Kommentar zur Zivilprozessordnung

Herausgegeben von
Prof. Dr. Hans-Joachim Musielak

Nachtrag zu: Musielak

Kommentar zur Zivilprozessordnung

6. Auflage 2008

Durch ein technisches Versehen, das wir zu entschuldigen bitten, wurde nicht die aktuellste Fassung der Kommentierung von Professor Dr. Wolfgang Voit zu **Anh. 5** (EuMahnVO) wiedergegeben. Die richtige Fassung wird daher im Anschluss noch einmal abgedruckt.

München, im Mai 2008 — Verlag Franz Vahlen

ANHANG 5

I. Vorteile und Nachteile des Europäischen Mahnverfahrens

1 Grundlage des Europäischen Mahnverfahrens ist die VO 1896/2006. Sie gibt dem Antragsteller bei einer grenzüberschreitenden Forderungsdurchsetzung ab dem **12. 12. 2008** die Möglichkeit, einen **ohne weiteres in allen Mitgliedsstaaten** mit Ausnahme von Dänemark **durchsetzbaren Titel,** den Europäischen Zahlungsbefehl, zu erhalten. Die Besonderheit des Verfahrens besteht darin, dass im Vollstreckungsstaat auf eine Prüfung der Anerkennungsvoraussetzungen verzichtet wird, vgl. Art. 19. Das Verfahren steht **neben den nationalen Mahnverfahren,** schließt diese also nicht aus, Art. 1 Abs. 2. Die Verordnung schafft unmittelbar geltendes Recht. Die noch ausstehenden ergänzenden nationalen Bestimmungen werden nach Auskunft des Bundesministeriums der Justiz voraussichtlich im 11. Buch der ZPO aufgenommen werden. Ein entsprechender Referentenentwurf liegt bereits vor,[10] der in der folgenden Übersicht berücksichtigt ist.

2 Aus Sicht des **Gläubigers** kann das Verfahren erhebliche **Vorteile** bieten. Das Verfahren ist anders als das Mahnverfahren nach deutschem Recht mit seinen doppelten Rechtsbehelfen des Widerspruchs und des Einspruchs nur **einstufig ausgestaltet.** Damit verkürzt sich nicht nur die Zeit bis zum Erreichen eines Titels, sondern es verringern sich zugleich mögliche Schwierigkeiten, insbesondere bei der Zustellung. **Nachteilig** für den Gläubiger sind die formalen Anforderungen an den Antrag, die höher sind als die im Mahnverfahren, weil Sachverhalt und Beweismittel anzugeben sind (näher Rn. 11). Eine wichtige **Einschränkung** der Zulässigkeit des Verfahrens besteht in der Ausnahme für **außervertragliche Schuldverhältnisse** (vgl. Rn. 6).

3 Die **Zuständigkeit** des Mahngerichts liegt nicht wie in Deutschland beim allgemeinen Gerichtsstand des Antragstellers, sondern wird eigenständig – voraussichtlich mit einer zentralen Zuständigkeit des AG Wedding in Berlin – geregelt (vgl. Rn. 14f.). Für den Gläubiger ist zu beachten, dass der **Einspruch ohne weiteres zum Übergang in das Streitverfahren** führt, sofern dies nicht bei Antragstellung ausgeschlossen wird. Anders als nach dem Widerspruch beim Mahnbescheid ist also ein Antrag auf Durchführung des streitigen Verfahrens nicht erforderlich.

4 Der Zahlungsbefehl erwächst in **Rechtskraft,** unterliegt aber nach Art. 20 Abs. 2 noch einer Überprüfungsmöglichkeit, wenn er gemessen an den in der Verordnung festgelegten Voraussetzungen oder aufgrund von anderen außergewöhnlichen Umständen offensichtlich zu Unrecht erlassen worden ist. Damit wird eine Möglichkeit eröffnet, die über die Korrektur des Vollstreckungsbescheids nach § 826 BGB (vgl. § 700 Rn. 3) noch hinausgeht, weil sie von subjektiven Voraussetzungen wie dem arglistigen Erschleichen des Titels oder der Vollstreckungsmöglichkeit unabhängig ist (näher Rn. 32).

5 Die **Vollstreckung** des Europäischen Zahlungsbefehls **im außereuropäischen Ausland** kann sich im Augenblick noch schwierig gestalten, da die bilateralen und multilateralen Vollstreckungsübereinkommen für nationale Vollstreckungstitel geschlossen wurden und nicht zwingend auch für Europäische Vollstreckungstitel Gültigkeit besitzen. Dabei liegt aus deutscher Sicht eine Gleichbehandlung mit nationalen Titeln sehr nahe, zumal die nationalen Gerichte den Zahlungsbefehl erlassen. Dafür spricht auch die im Referentenentwurf geplante Gleichstellung der Titel in § 794 Abs. 1 Nr. 6 ZPO (vgl. Rn. 26). Dennoch bleibt ein Restrisiko, denn der Titel wird gerade nicht auf nationaler, sondern auf gemeinschaftsrechtlicher Grundlage errichtet.[11] Die Notwendigkeit einer Anerkennungsentscheidung im Vollstreckungsstaat bestimmt sich nach den Vollstreckungsübereinkommen; Art. 19 gilt gegenüber Nichtmitgliedsstaaten nicht.

---

10 Abrufbar unter anderem unter dem Link www.BRAK.de/seiten/07.php.

11 *Rauscher* in Europäisches Zivilprozessrecht, 2. Aufl., 2006, Einf. EGMahnVO Rn. 7.

II. Anwendungsbereich

6 **1. Art des durchzusetzenden Anspruchs.** Es muss sich um eine im Antragszeitpunkt **fällige, bezifferte Geldforderung** handeln (vgl. Art. 4), die sich aus einer Zivil- oder Handelssache ableitet (vgl. dazu VO 44/2001 Art. 1 Rn. 1). Auch Ansprüche, die der **Arbeitsgerichtsbarkeit** unterliegen, sind dem Europäischen Mahnverfahren zugänglich, wobei der Ref-E eine Ausführungsregelung in § 46b ArbGG vorsieht. Art. 2 Abs. 2 nimmt Forderungen vom Europäischen Mahnverfahren aus und schränkt damit unter anderem die Durchsetzung von **Forderungen aus außervertraglichen Schuldverhältnissen** ein. Damit sind nach dem deutschen Verständnis des Begriffs „außervertragliche Schuldverhältnisse" insbesondere Ansprüche aus Delikt, Bereicherungsrecht, Geschäftsführung ohne Auftrag oder dem Eigentümer-Besitzer-Verhältnis im Grundsatz ausgenommen, während Rückabwicklungsansprüche nach dem Rücktrittsrecht eingeschlossen sind. Angesichts der gebotenen autonomen Auslegung der Verordnung ist dieses deutsche Verständnis aber nicht zwingend. Wegen des engen Zusammenhangs mit den vertraglichen Beziehungen spricht einiges dafür, auch auf eine Geldleistung gerichtete **Bereicherungsansprüche aus einem nichtigen Vertrag** oder Ansprüche aus **auftragloser Geschäftsführung** einzubeziehen, soweit diese an ein vertragliches Schuldverhältnis anknüpfen. Auf der anderen Seite zeigt die Verordnung 864/2007 über das auf außervertragliche Schuldverhältnisse anzuwendende Recht (Rom II), dass dem Zusammenhang solcher Schuldverhältnisse mit vertraglichen Vereinbarungen zwar durch Sonderanknüpfungen Rechnung getragen werden soll, dass diese Ansprüche aber gemeinschaftsrechtlich den außervertraglichen Schuldverhältnissen zugerechnet werden. Deshalb ist davon auszugehen, dass die gebotene autonome Auslegung diese Ansprüche vom europäischen Mahnverfahren ausnimmt. Damit sind auch die Ansprüche aus einer vorvertraglichen Sonderverbindung nach § 311 Abs. 2 BGB[12], die Eigenhaftung eines Dritten nach § 311 Abs. 3 BGB oder die Ansprüche aus einem Vertrag mit Schutzwirkung für Dritte nicht auf diesem Wege mahnfähig.

7 Ansprüche aus der Verletzung einer vertraglichen Schutzpflicht sind auch dann mahnfähig, wenn der Anspruch zugleich auf Delikt gestützt wird. Ausgenommen sind nach Art. 2 Abs. 2b auch Forderungen aus gerichtlichen **Vergleichen** und anderen Vergleichen. Wie die Systematik zeigt, sind damit nur Vergleiche bei der Bewältigung der Zahlungsunfähigkeit gemeint, nicht etwa alle Formen von Vergleichen. Andernfalls wäre Art. 2 Buchst. d (i) der Verordnung sinnlos. Werden **Forderungen, die einer Schiedsabrede unterliegen,** im Europäischen Mahnverfahren geltend gemacht, so muss der Antragsgegner die Schiedsbindung durch Einspruch und Erheben der Einrede des § 1032 ZPO geltend machen.[13] Geschieht dies nicht, so wird der Zahlungsbefehl rechtskräftig und kann auch nicht wegen der Schiedsabrede im Überprüfungsverfahren aufgehoben werden.

8 **2. Auslandsbezug.** Die Verordnung ist bei **innerstaatlichen Verfahren nicht** anwendbar.[14] Die Anforderungen an den erforderlichen Auslandsbezug ergeben sich aus Art. 3; zu den Einzelheiten bei der Bestimmung des Wohnsitzes vgl. die Kommentierung der Art. 59 und 60 EuGVVO. Dänemark gilt insoweit nicht als Mitgliedsstaat im Sinne der Verordnung, Art. 2 Abs. 3. Nach Art. 3 Abs. 1 reicht es aus, wenn eine der Parteien ihren Wohnsitz oder gewöhnlichen Aufenthalt in einem anderen Mitgliedsstaat als dem des befassten Gerichts hat. Sollen mit dem Verfahren Ansprüche gegen eine Person aus einem anderen Mitgliedsstaat und **zugleich** gegen eine **Person mit einem Wohnsitz im außereuropäischen Ausland** geltend gemacht werden, ist von dem Europäischen Mahnverfahren abzuraten, da mangels entsprechender Übereinkommen die Vollstreckungsmöglichkeit zumindest gegen diese andere Person im außereuropäischen Ausland nicht sichergestellt ist (zur Vollstreckung des Zahlungsbefehls im außereuropäischen Ausland vgl. auch Rn. 5). Ein Verfahren gegen mehrere Antragsgegner mit Wohnsitz in unterschiedlichen Staaten kann nur dann durchgeführt werden, wenn ein gemeinsamer Gerichtsstand eröffnet ist. Dies ist bei Verbrauchern wegen Art. 6 Abs. 2 ausgeschlossen.

III. Anforderungen an den Antrag

9 Die Anforderungen an den Antrag ergeben sich aus Art. 7. Diese Bestimmung ordnet die Verwendung der **Vordrucke zwingend** an. Die Angabe der Adresse des Antragsgegners ist zwingend; ist eine öffentliche Zustellung notwendig, scheidet das Verfahren aus (vgl. Rn. 22). **Anwaltliche Vertretung** ist möglich, wird aber nicht verlangt, Art. 24. Eine Antragstellung zu Protokoll der Geschäftsstelle ist nicht vorgesehen.[15] Die Übermittlung des Antrags über **Telekommunikationsmittel** richtet sich nach dem nationalen Recht des Lands der Antragstellung, Art. 7 Abs. 5. Die Mitgliedsstaaten teilen der Kommission bis zum 12. 6. 2008 mit, welche Mittel zugelassen sind (Art. 29 Abs. 1 Buchst. c). Für Deutschland sieht der Referentenentwurf die Möglichkeit vor, den Antrag auch in einer nur maschinell lesbaren Form zu stellen, wobei diese Form auch für Rechtsanwälte nicht obligatorisch ist (§ 1088 Abs. 1 ZPO-RefE). Hinsichtlich der elektronischen Signatur sind die Vorgaben in Art. 7 Abs. 6 zu beachten.

---

[12] *Sujecki* EuZW 2006, 330 f.; *ders.* NJW 2007, 1622, 1623.

[13] Wohl aA *Rauscher* Einf.EG MahnVO Rn. 9 (Ansprüche seien dem Mahnverfahren nicht zugänglich).

[14] Anders noch der erste Entwurf; zur Änderung vgl. KOM (2006) 57 endg. 11 f.; vgl. *Sujecki* EuZW 2006, 330 f.

[15] Dies fordert *Meyer-Berger*, Mahnverfahren und Vollstreckung, 2007, S. 154.

Zinsen müssen im Grundsatz im Antrag geltend gemacht werden. Dazu reicht die Angabe von Zinssatz, Forderung und Zeitraum aus, eine Bezifferung ist nicht erforderlich. Werden die Zinsen im Ursprungsmitgliedsstaat – also dem Staat, in welchem der Titel erlassen wurde – automatisch der Hauptforderung hinzugerechnet, sind diese Angaben nur dann erforderlich, wenn höhere als die gesetzlichen Zinsen verlangt werden. In Deutschland findet eine solche Zurechnung zur Hauptforderung nicht statt, § 308 Abs. 1 S. 2 ZPO, so dass die Zinsen mit den erforderlichen Angaben zum Zinssatz und dem entsprechenden Zeitraum geltend gemacht werden müssen (Art. 7 Abs. 2 Buchst. c). Hinsichtlich der Kosten ist auch der Betrag anzugeben. 10

Beim **Anspruchsgrund** verlangt Art. 7 Abs. 2 Buchst. d eine Beschreibung des Sachverhalts und damit **mehr als nur eine Individualisierung.** Der Erwägungsgrund 13 konkretisiert die Anforderungen, indem er fundierte Informationen verlangt, die dem Antragsgegner eine Entscheidung ermöglichen, ob er Einspruch einlegen möchte oder nicht. Die genaue Bestimmung dieser Anforderung ist nicht einfach und sie wird bis zu einer Entscheidung des EuGH kaum für alle Mitgliedsstaaten einheitlich möglich sein, da die Mitgliedsstaaten die Anforderungen in Anlehnung an die ihnen bekannten Modelle konkretisieren werden. Angesichts der Möglichkeit einer automatisierten Prüfung, wird man aus deutscher Sicht das Prüfungsrecht auf eine Plausibilitätsprüfung reduzieren (vgl. Rn. 18), so dass auch die Anforderungen an die Angaben im Antrag nicht überspannt werden dürfen. Dies gilt auch für die **Angabe von Beweisen** und die **Gründe für die Zuständigkeit.**[16] Kurze Stichworte müssen genügen, wenn nicht das Verfahren als Vereinfachung sinnlos werden soll. Die Beweismittel sind anzugeben, eine Beifügung der Beweismittel in Kopie ist nicht vorgesehen. Zulässig ist es auch, andere Beweismittel als Urkunden anzugeben. Da damit auch der für das Gericht nicht prüfbare **Zeugenbeweis** in Betracht kommt, kann eine Schlüssigkeitsprüfung auf dieser Grundlage nicht stattfinden. 11

Die **Versicherung der Richtigkeit der Abgaben** nach Art. 7 Abs. 3 ist zwingende Voraussetzung, wobei dem Antragsteller die konkreten Sanktionen im Ursprungsland und damit in einem für ihn fremden Staat nicht notwendig bekannt sein werden.[17] Fraglich ist, ob das versehentliche Fehlen dieser Versicherung die Aufhebung des Zahlungsbefehls in dem zeitlich nicht befristeten Überprüfungsverfahren nach Art. 20 Abs. 2 rechtfertigt. Auch wenn der Wortlaut der Bestimmung dieses Ergebnis nahezulegen scheint, spricht doch die Rechtssicherheit gegen eine solche zeitlich nicht befristete Aufhebungsmöglichkeit. Die Anforderungen an die Wahrheitspflicht werden nach deutschem Recht relativ großzügig bemessen (vgl. § 138 ZPO Rn. 2). Dieser nationale Maßstab gilt für die Auslegung der Verordnung nicht. Auch wenn die deutschen Gerichte dazu neigen werden, diesen Maßstab zu übernehmen,[18] wird man sich auf eine Verschärfung der Anforderungen einstellen müssen. 12

In dem Antrag kann der Antragsteller **erklären,** dass das Verfahren im Fall eines Einspruchs **nicht automatisch in ein Streitverfahren** übergeleitet werden soll, Art. 7 Abs. 4. Dem Antragsgegner wird diese Angabe nach der Anleitung auf dem amtlichen Vordruck nicht mitgeteilt. Die Erklärung bietet für den Gläubiger den Vorteil, dass möglicherweise unnötige Gerichtsgebühren vermieden werden. 13

Die **internationale Zuständigkeit** bestimmt sich nach Art. 6 und damit in erster Linie nach der EuGVVO. Zuständig sind in der Regel die Gerichte des **Mitgliedsstaats,** in welchem der **Antragsgegner seinen Wohnsitz** hat (zu besonderen Zuständigkeiten vgl. Artt. 5 ff. EuGVVO). Im Antrag ist die Zuständigkeit nach Art. 7 Abs. 2 Buchst. f zu begründen, etwa durch Hinweis auf eine Gerichtsstandsvereinbarung. Zu beachten ist, dass bei Ansprüchen gegen **Verbraucher** die Gerichte des Wohnsitzstaats ausschließlich zuständig sind, Art. 6 Abs. 2. Damit ist sichergestellt, dass Zahlungsbefehle gegen Verbraucher immer nur im Wohnsitzmitgliedsstaat erlassen werden können und die Überleitung in das Streitverfahren stets in diesem Staat stattfindet. 14

Die Zuständigkeitsbestimmung nach Art. 6 bezieht sich nicht auf die **örtliche** oder **sachliche Zuständigkeit** eines Gerichts innerhalb des Mitgliedsstaates (vgl. auch Erwägungsgrund 12).[19] Diese Zuweisung richtet sich nach den nationalen Regeln, wobei die Mitgliedsstaaten bis zum 12. 6. 2008 der Kommission die Zuständigkeitsregeln mitteilen (Art. 29 Abs. 1). Für Deutschland sieht der Referentenentwurf eine zentrale Zuständigkeit beim Amtsgericht Wedding in Berlin vor (§ 1087 ZPO-RefE). Sind Gerichte mehrerer Staaten international zuständig, so wird durch die Wahl des Mahngerichts auch die Einleitung des Streitverfahrens präjudiziert, denn das Streitverfahren wird bei dem Gericht des Zahlungsbefehls eingeleitet. Ein Abgabeverfahren ist nicht vorgesehen. Wegen Art. 17 Abs. 1 S. 2 wird man aber dem Antragsteller zugestehen müssen, sein Wahlrecht zwischen mehreren international zuständigen Gerichten auch in diesem Stadium noch auszuüben. 15

Die **Gerichtsgebühren** sollen nach dem Erwägungsgrund 15 bei der Einreichung des Antrags entrichtet werden. Der Referentenentwurf setzt dies in einer Einfügung des § 12 Abs. 4 GKG um. Die Rechtsanwaltsgebühren sollen denen im nationalen Mahnverfahren entsprechen.[20] 16

---

[16] Hintergrund dieser Anforderung sind unterschiedliche Traditionen in den Mitgliedsstaaten, vgl. *Meyer-Berger* Mahnverfahren und Vollstreckung, 2007, S. 138 f.; vgl. auch Grünbuch der Kommission Kom (2002) 746 endg. S. 17.

[17] Kritisch deshalb *Sujecki* EuZW 2006, 330, 331.

[18] *Rauscher* Einf.EG MahnVO Rn. 20.

[19] *Sujecki* NJW 2007, 1622, 1623 (auch zu möglichen Problemen wegen der Vorgaben der EuGVVO für die örtliche Zuständigkeit).

[20] Vgl. Begründung des Referentenentwurfs S. 23.

IV. Auswirkungen auf die Verjährung

17 Eine ausdrückliche Regelung der Frage, ob der Antrag zur Verjährungshemmung führt, enthält die VO nicht. Für das deutsche Recht sieht der Referentenentwurf einen Hemmungstatbestand in § 204 Abs. 1 Nr. 3 BGB vor. Die Rechtshängigkeit wird nach § 1090 Abs. 3 ZPO-RefE für den Fall der alsbaldigen Abgabe nach Einspruch auf den Zeitpunkt der Zustellung des Zahlungsbefehls zurückbezogen. § 167 findet dabei Anwendung. Für den Fall der Zurückweisung des Antrags bleibt wegen § 204 Abs. 2 BGB die verjährungshemmende Wirkung erhalten. Widerspricht der Antragsteller der Abgabe des Verfahrens an das Streitgericht für den Fall des Einspruchs (Art. 7 Abs. 4 S. 1), so sollte § 701 ZPO entsprechend herangezogen werden. Auch in diesem Fall richtet sich die Hemmung der Verjährung nach § 204 Abs. 2 BGB. Die Hemmung der Verjährung tritt nach der geplanten Änderung des § 204 Abs. 1 Nr. 3 BGB auch dann ein, wenn der Antragsteller die Abgabe an das Streitgericht ausgeschlossen hat.

V. Entscheidung über den Erlass eines Zahlungsbefehls und Zustellung

18 Der Zahlungsbefehl wird nach Art. 8 erlassen, wenn die **formalen Voraussetzungen** erfüllt sind und die **Forderung dem Gericht begründet erscheint.** Dabei beschränkt sich die Prüfung auf die Angaben im Antrag, so dass eine wirkliche Sachprüfung kaum möglich ist, zumal die angegebenen Beweismittel dem Gericht nicht zur Verfügung stehen. Aus deutscher Sicht spricht deshalb viel dafür, diese Prüfung darauf zu beschränken, ob die geltend gemachte Forderung aus Rechtsgründen nicht bestehen kann (vgl. § 691 ZPO Rn. 2). Dem entspricht es, dass der Referentenentwurf die Einführung der maschinellen Bearbeitung zulässt, § 1088 Abs. 2 ZPO-RefE). Zwingend ist dieses Verständnis aber nicht.[21] Ein Zurückweisung des Antrags sieht die Verordnung in Art. 11 Abs. 1 Buchst b nur bei einer offensichtlich unbegründeten Forderungen vor, so dass auch eine Auslegung nahe liegt, die oberhalb dieser Schwelle das Gericht zu Nachfragen nach Art. 9 berechtigt. Da diese Fragen sich in der Regel erst durch eine Prüfung ergeben, kann daraus auch ein Argument für eine stärkere Ausgestaltung der Prüfungspflicht abgeleitet werden. Da aber eine solche Prüfung zu erheblichen Verfahrensverzögerungen führen kann und zugleich ihr Ertrag angesichts der geringen Möglichkeiten einer Verifizierung der Angaben gering ist, spricht mehr für enge Auslegung der Prüfung des Antrags durch das Gericht.[22]

19 Nach Art. 9 ist dem Antragsteller **vor der Zurückweisung** seines Antrags die **Möglichkeit der Vervollständigung oder Berichtigung** zu geben. Dies entspricht der Regelung in § 691 Abs. 1 S. 2 ZPO. Im Unterschied zur deutschen Regelung ist aber keine **Gewährung des rechtlichen Gehörs** vorgesehen, wenn der Antrag unzulässig oder offensichtlich unbegründet ist. Diese Regelung ist erweiternd auszulegen, so dass bei behebbaren Mängeln auch in diesen Fällen ein Hinweisbeschluss ergehen muss.

20 Ist der Antrag nach Auffassung des Gerichts zum Teil nicht begründet oder unzulässig, so wird dem Antragsteller die **Reduktion auf den verbleibenden Teilbetrag** vorgeschlagen (Art. 10). Bei anwaltlicher Vertretung des Antragstellers ist die Zustellung an den Anwalt erforderlich, § 172 Abs. 1 ZPO. Stimmt der Antragsteller dem gerichtlichen Vorschlag nicht zu, so wird der Antrag insgesamt zurückgewiesen. Stimmt er zu, so regeln sich die Folgen für die verbleibende Forderung nach dem nationalen Recht, Art. 10 Abs. 2 S. 2. Nach deutschem Recht liegt in dieser Zustimmung eine Verfahrenshandlung, die den materiellrechtlichen Anspruch unberührt lässt. Sie ähnelt der Rücknahme des Mahnantrags und enthält ebenso wie die Klagerücknahme keine Stundung und auch keinen Verzicht auf die Forderung. Verjährungshemmung tritt aber nur für den Teilbetrag ein, dessentwegen der Antrag aufrechterhalten wurde. Auch hier sind die zu § 691 ZPO entwickelten Grundsätze entsprechend heranzuziehen, so dass dem Antragsteller für den Anspruch, den er nicht aufrecht erhalten hat, eine Monatsfrist zur Klageerhebung bleibt (vgl. § 691 ZPO Rn. 6). Dies gilt aber nicht zwingend in anderen Mitgliedsstaaten, wenn dort ein Europäisches Mahnverfahren eingeleitet wurde.

21 Die **Zurückweisung des Antrags** – auch wegen offensichtlicher Unbegründetheit der Forderung – steht weder einem Mahnverfahren nach dem deutschen Recht noch einer Klage entgegen, Art. 11 Abs. 3.

22 Die **Zustellung** des Zahlungsbefehls wird in den Artt. 13 ff. zwar eigenständig geregelt, diese Bestimmungen bilden aber nach Art. 12 Abs. 5 nur den Mindeststandard des Zustellungsrechts. Grundlage der Zustellung bleibt deshalb das nationale Recht.[23] Damit können Verstöße gegen nationale Bestimmungen die Wirksamkeit der Zustellung gefährden, auch wenn der Mindeststandard eingehalten ist. So wird man die in Art. 13 Buchst. d vorgesehene Zustellung per E-Mail nach deutschem Recht jedenfalls bei anderen Adressaten als Rechtsanwälten nicht als ausreichend ansehen können. Ist eine öffentliche Zustellung erforderlich, so kann das Europäische Mahnverfahren nicht durchgeführt werden, § 1089 Abs. 1 Satz 2 ZPO-RefE.

---

[21] *Sujecki* EuZW 2006, 330, 331.

[22] *Sujecki* NJW 2007, 1622, 1624 (keine Schlüssigkeitsprüfung, aber offensichtlich nicht begründete Forderungen zurückweisen).

[23] *Rauscher* Einf.EG MahnVO Rn. 25.

VI. Einspruch

Dem Antragsgegner steht der Einspruch gegen den Zahlungsbefehl offen. Anwaltliche Vertretung ist nicht erforderlich, Art. 24. Die Frist beträgt **30 Tage** ab dem Tag der Zustellung (Art. 16 Abs. 2). Die **Fristberechnung** erfolgt **nicht nach dem nationalen Recht,** sondern nach der VO 1182/71 (vgl. Erwägungsgrund 28). Gesetzliche Feiertage im Mitgliedsstaat, dessen Gericht den Zahlungsbefehl erlässt, werden berücksichtigt. Zur **Fristwahrung** reicht die **Absendung** des Einspruchs aus. Die Verordnung führt ein **Formular** für den Einspruch ein. Obwohl der Verordnungstext für eine zwingende Formvorschrift spricht, zeigt der Erwägungsgrund 23, dass auch ein in anderer Form schriftlich eingelegter Einspruch ausreicht. Die **Unterschrift** auf dem Einspruch ist zwingend vorgesehen. Einen **Nachweis der Bevollmächtigung** bei Einspruch durch einen Vertreter sieht die Verordnung nicht vor. 23

Der Einspruch leitet das Verfahren in ein **streitiges Verfahren** vor dem entsprechenden **Gericht des Ursprungsmitgliedsstaats** über (zum abweichenden Antrag vgl. Rn. 25). Nicht vorgesehen und auch nicht möglich ist es, das Streitverfahren vor dem Gericht eines anderen Mitgliedsstaates zu führen. Eine Rücknahme des Einspruchs ist nach deutschem Recht nicht vorgesehen, wie der Referentenentwurf durch die nur eingeschränkte Verweisung auf § 697 Abs. 1 bis 3 in § 1091 ZPO-RefE zu erkennen gibt. Da der Referentenentwurf eine Zuständigkeitskonzentration vorsieht, zugleich aber in den Vordrucken eine Angabe zum Streitgericht nicht verlangt wird, soll der Antragsteller zusammen mit der Information über den Einspruch aufgefordert werden, das zuständige Streitgericht zu benennen (§ 1090 Abs. 1 ZPO-RefE). 24

Das Verfahren wird nach Art. 17 Abs. 2 als ordentliches geführt. Die **Überleitung in ein Urkunds-, Scheck- oder Wechselverfahren** sieht die Verordnung nicht vor. Der Antragsteller hat aber wegen Art. 17 Abs. 1 S. 2 die Möglichkeit, zusammen mit der Anspruchsbegründung auch den Übergang in einen Urkundenprozess zu verlangen. Dem steht die Anordnung in Art. 17 Abs. 2 nicht entgegen, weil der Begriff des ordentlichen Zivilverfahrens nicht im Sinne des nationalen Rechts der Mitgliedstaaten zu verstehen ist (Erwägungsgrund 24). 25

VII. Vollstreckbar erklärter Zahlungsbefehl und Vollstreckung

Grundlage der Vollstreckung ist der nach Art. 18 **für vollstreckbar erklärte Zahlungsbefehl.** Für das deutsche Recht sieht der Referentenentwurf eine Erweiterung des § 794 Abs. 1 Nr. 6 ZPO vor, so dass ein für vollstreckbar erklärter Zahlungsbefehl einem nationalen Vollstreckungstitel gleichgestellt wird. Damit wird auch klargestellt, dass die Rechtsbehelfe des Vollstreckungsrechts auch für diese Titel gelten,[24] sofern sie mit der Verordnung vereinbar sind. Die Vollstreckbarerklärung erfolgt, wenn der Antragsgegner keinen oder keinen fristgerechten Einspruch eingelegt hat. Da die Einhaltung der Einspruchsfrist durch die Absendung des Einspruchs gewahrt wird, Art. 16 Abs. 2, ist nicht ganz klar bestimmbar, von welchem **Zeitpunkt** an das Gericht den Zahlungsbefehl für vollstreckbar erklären kann. Art. 18 Abs. 1 spricht lediglich von einem angemessenen Übermittlungszeitraum. In Deutschland wird man in Anlehnung an § 41 Abs. 2 VwVfG eine Postlaufzeit von höchstens drei Tagen annehmen können. Ein Einspruch, der nach Ablauf der Einspruchsfrist abgesendet wurde, ist verfristet, auch wenn er noch innerhalb dieser Übermittlungsfrist von drei Tagen bei Gericht eingeht. Geht ein fristgerecht eingelegter Einspruch erst nach Erlass des für vollstreckbar erklärten Zahlungsbefehls ein, so unterliegt dieser der Aufhebung in einem Überprüfungsverfahren nach Art. 20 Abs. 2.[25] 26

Die Vollstreckung richtet sich nach den Rechtsvorschriften des **Ursprungsstaats,** Art. 18 Abs. 2, soweit die Vollstreckung in diesem Staat in Rede steht. Nach deutschem Recht setzt die Vollstreckung grundsätzlich neben der Zustellung auch eine Vollstreckungsklausel voraus. **Zuzustellen** ist der für vollstreckbar erklärte Zahlungsbefehl. Die bereits erfolgte Zustellung des Zahlungsbefehls kann diese vollstreckungsrechtliche Voraussetzung nicht ersetzen. Eine Vollstreckungsklausel ist nicht erforderlich, § 1093 ZPO-RefE, titelübertragende Klauseln nach §§ 727ff. ZPO sind zulässig und zwar wegen der Gleichstellung in § 794 Abs. 1 Nr. 6 ZPO-RefE auch bei Zahlungsbefehlen, die von einem Gericht eines anderen Mitgliedsstaats erlassen wurden. 27

In **anderen Mitgliedsstaaten** wird der Vollstreckungstitel ohne weiteres Verfahren anerkannt, Art. 19. Es ist also weder eine besondere Vollstreckungsklausel nach Artt. 38ff. EuGVVO noch eine Bestätigung im jeweiligen Vollstreckungsstaat nach Artt. 5ff. EuVTVO erforderlich. Es ist aber eine **Übersetzung** in die Amtssprache vorzulegen, Art. 21 Abs. 2 Buchst. b, die nach dem deutschen Referentenentwurf beglaubigt sein muss, § 1094 ZPO-RefE. Die **Verweigerung der Vollstreckung** durch andere Mitgliedsstaaten ist nur unter den Voraussetzungen des Art. 22 zulässig, wobei diese Bestimmung eine Prüfung in der Sache ausschließt. Nicht ausdrücklich genannt, aber angesichts der Systematik der Bestimmung eindeutig ist, dass der Vollstreckungsstaat die Vollstreckung nicht wegen eines Verstoßes gegen den **ordre public** im Mitgliedsstaat versagen darf. Die Verordnung vertraut diese bislang genuine Kontrolle durch den Vollstreckungsstaat (vgl. Art. 34 EuGVVO) nun allein den Gerichten des Ursprungsstaats an, die aber andere Vorstellungen über den ordre public haben mögen als deutsche Ge- 28

[24] Begründung des Referentenentwurfs S. 39.
[25] *Rauscher* Einf.EG MahnVO Rn. 30.

richte. Damit wird dem Modell der EuVTVO gefolgt, das bereits auf Kritik gestoßen ist.[26] Diese setzt sich an dieser Regelung im Mahnverfahren fort.[27]

29 Verweigert wird die Vollstreckung, wenn eine **früher ergangene Entscheidung** oder ein früher erlassener Zahlungsbefehl besteht und dieser Umstand im Ursprungsmitgliedsstaat nicht geltend gemacht werden konnte, Art. 22 Abs. 1. Damit führt die Rechtskraftkollision anders als im deutschen Recht bislang üblich nicht mehr ohne weiteres dazu, dass die später ergehende Entscheidung nichtig ist. Die gerichtliche Zuständigkeit für die Entscheidung über den Antrag auf Verweigerung der Vollstreckung bestimmt sich nach dem Referentenentwurf nach den Regeln des § 1084 ZPO (näher § 1084 Rn. 2), vgl. § 1096 ZPO-RefE.

30 Die Vollstreckung wird weiterhin verweigert, wenn **die Zahlung erfolgt** ist, Art. 22 Abs. 2. Obwohl die Verordnung keine ausdrückliche Präklusionsregel enthält, kann man diese Einwendung nur nach Maßgabe des § 767 Abs. 2 ZPO zulassen.[28] Entschiede man anders, so fände letztlich eine Nachprüfung des Zahlungsbefehls in der Sache selbst statt, die durch Art. 22 Abs. 3 ausgeschlossen ist. Als maßgebenden Zeitpunkt sieht der Referentenentwurf den der Zustellung des Zahlungsbefehls sowie die Möglichkeit an, diese Einwendung durch Einspruch geltend machen zu können, §§ 1095 Abs. 2, 1096 Abs. 2 ZPO-RefE.

31 Die Vollstreckung darf Art. 21 Abs. 3 nicht wegen der Eigenschaft des Antragstellers als Ausländer von einer **Sicherheitsleistung** abhängig gemacht werden; dies schließt eine Sicherheitsleistung nach anderen Grundsätzen nicht aus.

Eine Nichtigerklärung oder eine Anfechtung der Anerkennung ist in anderen Mitgliedsstaaten als dem Ursprungsstaat nicht möglich. Art. 20 der Verordnung beschränkt vielmehr die Überprüfungsmöglichkeit auf den Ursprungsmitgliedsstaat.

VIII. Überprüfung des Zahlungsbefehls

32 Art. 20 Abs. 2 lässt eine Überprüfung und damit auch eine Nichtigerklärung des Zahlungsbefehls zu, wenn der **Zahlungsbefehl offensichtlich zu Unrecht** erlassen wurde. Damit steht die Rechtskraft dieser Entscheidung auf tönernen Füßen, denn es werden nicht nur die sehr engen Fälle des § 826 BGB erfasst, in denen nach deutschem Recht die Rechtskraft des Vollstreckungsbescheids zwar nicht beseitigt, aber wirtschaftlich neutralisiert wird, sondern im Grundsatz können auch Fehler im Verfahren dazu führen, dass der Zahlungsbefehl wieder aufgehoben wird.[29] Auch unrichtige Angaben im Antrag sollen nach dem Erwägungsgrund 25 eine Überprüfung und Aufhebung rechtfertigen. Wird der Zahlungsbefehl für nichtig erklärt, so endet nach dem Referentenentwurf das Verfahren. Dabei wird keine Möglichkeit vorgesehen, das Verfahren in ein ordentliches überzuleiten. Ob auch in diesem Fall der Hemmungstatbestand des § 204 Abs. 2 BGB anwendbar ist, ist ungewiss.

33 Als weiterer Grund für die Aufhebung des Zahlungsbefehls nach Ablauf der Einspruchsfrist wird in Art. 20 Abs. 1 Buchst. b die unverschuldete Fristversäumung genannt, wobei an das Fehlen des Verschuldens strenge Anforderungen zu stellen sind. Weitere Voraussetzung ist es in diesem Fall, dass der Antragsgegner unverzüglich tätig wird, also nach Entdecken der Fristversäumung ohne schuldhaftes Zögern das Überprüfungsverfahren einleitet. Die Überprüfungsmöglichkeit tritt nach dem Referentenentwurf an die Stelle der Möglichkeit einer Wiedereinsetzung in die Einspruchsfrist, § 1092 Abs. 4 ZPO-RefE.

34 Wurde die Forderung bereits beglichen, so ist es fraglich, ob die Überprüfungsgründe auch **inzident in einem Rückforderungsprozess** geltend gemacht werden können. Nach dem Grundgedanken der Verordnung darf das Gericht in einem solchen Fall keine Überprüfung des Zahlungsbefehls vornehmen, so dass das Verfahren auszusetzen ist, um ein Überprüfungsverfahren vor dem zuständigen Gericht des Ursprungsstaats zu ermöglichen.

35 Die **Zuständigkeit** des Gerichte im Ursprungsmitgliedsstaat und die Verfahrengrundsätze werden von den Mitgliedsstaaten bis zum 12. 6. 2008 der Kommission die Zuständigkeitsregeln mitgeteilt (Art. 29 Abs. 1). In Deutschland soll die Zuständigkeit für die Überprüfung beim AG Wedding in Berlin konzentriert werden, § 1087 ZPO-RefE.

---

[26] *Wagner* IPrax 2002, 75, 89 ff.; für Verzichtbarkeit auf eine ordre-public-Klausel hingegen *Hüßtege*, FS Jayme, 371 ff.; differenzierend *Meyer-Berger*, Mahnverfahren und Vollstreckung, 2007, S. 129 f. (ordre-public-Kontrolle nicht im Vollstreckungsverfahren, sondern durch § 826 BGB).

[27] *Rauscher* Einf.EG MahnVO Rn. 46 ff.

[28] So auch *Rauscher* Einf.EG MahnVO Rn. 40 f.

[29] Kritsch auch Sujecki EuZW 2006, 330, 333.

Kommentar zur Zivilprozessordnung

mit Gerichtsverfassungsgesetz

Herausgegeben von

Dr. Hans-Joachim Musielak
Professor an der Universität Passau

6., neubearbeitete Auflage

Verlag Franz Vahlen München 2008

Zitiervorschlag:
Musielak/*Bearbeiter*, ZPO, § ... Rn. ...

Verlag Franz Vahlen im Internet:
beck.de

ISBN: 978 3 8006 3485 9

Wilhelmstr. 9, 80801 München

Druck: Kösel GmbH & Co. KG
Am Buchweg 1, 87452 Altusried-Krugzell

Satz: Jung Crossmedia, Lahnau

Gedruckt auf säurefreiem, alterungsbeständigem Papier
(hergestellt aus chlorfrei gebleichtem Zellstoff)

Die Bearbeiter des Kommentars

Wolfgang Ball
Vorsitzender Richter am Bundesgerichtshof

Udo Becker
Vorsitzender Richter am Oberlandesgericht Hamm

Helmut Borth
Präsident des Amtsgerichts Stuttgart

Dr. Frank O. Fischer
Richter am Amtsgericht Offenbach am Main

Dr. Ulrich Foerste
o. Professor an der Universität Osnabrück

Dr. Mathias Grandel
Rechtsanwalt in Augsburg

Dr. Christian Heinrich
o. Professor an der Katholischen Universität Eichstätt/Ingolstadt

Dr. Michael Huber
Präsident des Landgerichts Passau, Honorarprofessor an der Universität Passau

Rolf Lackmann
Vorsitzender Richter am Oberlandesgericht Hamm

Dr. Hans-Joachim Musielak
em. o. Professor an der Universität Passau

Dr. Astrid Stadler
o. Professorin an der Universität Konstanz

Dr. Wolfgang Voit
o. Professor an der Universität Marburg

Dr. Stephan Weth
o. Professor an der Universität Saarbrücken, Richter am Saarländischen OLG

Dr. Johannes Wittschier
Richter am Amtsgericht Trier

Dr. Dieter Wolst
Richter am Bundesgerichtshof

Im Einzelnen haben bearbeitet:

Wolfgang Ball	§§ 511–577 §§ 946–1024
Udo Becker	§§ 803–882a
Helmut Borth	§ 127a, § 323, §§ 606–661 EheVO II, IntFamRVG
Dr. Frank O. Fischer	§§ 114–127 §§ 1076–1078
Dr. Ulrich Foerste	§§ 108–113 §§ 253–287
Dr. Mathias Grandel	§§ 230–238 Anwaltsgebühren
Dr. Christian Heinrich	§§ 1–49
Dr. Michael Huber	§§ 288–299a §§ 371–494a §§ 916–945
Dr. Hans-Joachim Musielak	Einleitung §§ 300–322 §§ 324–327, 329 §§ 578–591 Anh. 7
Rolf Lackmann	§§ 704–796 §§ 797–802 §§ 883–898 §§ 1079–1086 Art. 38–76 EuGVVO EuVTVO, AVAG
Dr. Astrid Stadler	§§ 128–165 §§ 214–229 §§ 239–252 §§ 328, 330–347 §§ 355–370 §§ 1072–1075 Vorb. z. Europäischen Zivilprozessrecht Art. 1–37 EuGVVO EuZustVO
Dr. Wolfgang Voit	§§ 592–605a §§ 688–703d §§ 796a–796c §§ 899–915h §§ 1025–1066 EuGFVO, EuMahnVO
Dr. Stephan Weth	§§ 50–90
Dr. Johannes Wittschier	§§ 348–350 §§ 495–510c §§ 10, 12, 13, 17, 17a, 17b, 23, 23a, 23b, 71, 72, 95–104, 119 GVG EG ZPO, EG GVG Sachregister
Dr. Dieter Wolst	§§ 91–107 §§ 166–195 §§ 1067–1071 Gerichtskosten

Vorwort zur 6. Auflage

Durch eine gründliche Überarbeitung aller Teile ist dieser Kommentar wieder auf den neuesten Stand gebracht worden. Dabei war eine Reihe von Gesetzen zu berücksichtigen, die seit Erscheinen der letzten Auflage das Zivilverfahrensrecht geändert und ergänzt haben. Dazu gehören das Zweite Gesetz zur Modernisierung der Justiz, das Gesetz zur Stärkung der Selbstverwaltung der Rechtsanwaltschaft, das Gesetz zur Änderung des Wohnungseigentumsgesetzes, das Gesetz zum Pfändungsschutz der Altersvorsorge, das Gesetz zur Änderung des Unterhaltsrechts und das Gesetz zur Neuregelung des Rechtsberatungsrechts und das Gesetz zur Klärung der Vaterschaft unabhängig vom Anfechtungsverfahren. Soweit einzelne Vorschriften dieser Gesetze erst zu einem späteren Zeitpunkt in Kraft gesetzt werden, wird bei der Kommentierung der betroffenen Bestimmungen darauf hingewiesen.

Grenzüberschreitende Rechtsgeschäfte und Rechtsbeziehungen innerhalb der Europäischen Union werden immer mehr zu einer alltäglichen Erscheinung und deshalb hat sich auch die Gerichtspraxis zunehmend mit der Anwendung der dafür einschlägigen Rechtsvorschriften zu befassen. Dies muss in einem Kommentar berücksichtigt werden, der sich zum Ziel gesetzt hat, eine verlässliche Arbeitshilfe für die forensisch Tätigen zu schaffen. Zwar ist bereits in den Vorauflagen dem Europäischen Zivilprozessrecht ein angemessener Raum gewährt worden, jedoch erschien es erforderlich, die darauf bezogenen Erläuterungen eingehend zu überarbeiten und zu ergänzen. Neu sind zwei EU-Verordnungen in den Kommentar aufgenommen und erläutert worden, die beide dem Ziel dienen, die Durchsetzung von Forderungen innerhalb der Europäischen Union zu verbessern. Es handelt sich um die Verordnung zur Einführung eines Europäischen Mahnverfahrens und um die Verordnung zur Einführung eines Europäischen Verfahrens für geringfügige Forderungen. Beide Verordnungen gelten zwar unmittelbar in Deutschland, sind jedoch durch nationale Durchführungsvorschriften zu ergänzen. Die entsprechenden Regelungen enthält das Gesetz zur Verbesserung der grenzüberschreitenden Forderungsdurchsetzung und Zustellung, dessen Entwurf von der Bundesregierung vorgelegt worden ist. Dadurch werden sich Änderungen und Ergänzungen der ZPO ergeben, die zum größten Teil am 12. Dezember 2008 in Kraft treten sollen. Wegen der Wichtigkeit dieser Regelungen werden sie im Anhang abgedruckt, soweit sie die ZPO betreffen.

Erneut haben Autoren und Verlag denjenigen zu danken, die durch ihre Hinweise, Anregungen und Fragen ihr Interesse an diesem Kommentar bekundet haben. Solche Meinungsäußerungen tragen dazu bei, den Kommentar zu verbessern, und sind deshalb stets willkommen.

Passau, im Februar 2008 Hans-Joachim Musielak

Aus dem Vorwort zur ersten Auflage (1999)

Das Erscheinen eines neuen Kommentars zur Zivilprozeßordnung auf dem wahrlich nicht unterentwickelten Markt juristischer Bücher bedarf sicherlich einer Rechtfertigung. Sie kann indes nicht in einem Vorwort durch den Verlag oder den Herausgeber geliefert werden. Daß sie und die an diesem Werk beteiligten Autoren ihren Kommentar für wichtig und trotz der Existenz ähnlicher Schriften für zumindest nützlich halten, wird bereits durch die Tatsache belegt, daß sie dieses Erläuterungswerk verfaßt und herausgegeben haben. Ob diese Einschätzung richtig ist, müssen andere, die Käufer und Benutzer des Buches, entscheiden. Positive Meinungsäußerungen in einem Vorwort können dazu nichts beitragen.

Von einem Vorwort kann dagegen erwartet werden, daß darin etwas über die Konzeption und das Ziel der Schrift gesagt wird. Dazu ist zu bemerken, daß dieser Kommentar in erster Linie für die in der forensischen Praxis tätigen Juristen gedacht ist und ihren praktischen Bedürfnissen entsprechen soll, ohne die notwendige wissenschaftliche Fundierung zu vernachlässigen. Hieraus folgt, daß bevorzugt die Rechtsprechung insbesondere des BGH Berücksichtigung findet und daß auf die in der Wissenschaft geführten Meinungsstreite nur insoweit eingegangen wird, als sich daraus bedeutsame Folgen für die praktische Rechtsanwendung ergeben. Entsprechend diesem Zweck setzt sich der Kreis der Autoren aus Praktikern und Hochschullehrern zusammen, die gemeinsam ihre Erfahrungen und ihren Sachverstand einbringen. Die Verfasser dieses Werkes wollen über Streitfragen und Meinungsverschiedenheiten bei der Auslegung der einzelnen Vorschriften sorgfältig, aber durchweg beschränkt auf die notwendigen Angaben informieren und stets klare Entscheidungsvorschläge unterbreiten. Dazu trägt auch bei, daß die für die Praxis wichtigen Fragen nach der Berechnung der Gerichtskosten und Anwaltsgebühren bei jeder einschlägigen Vorschrift erörtert werden.

Inhaltsverzeichnis

Inhaltsverzeichnis

Verzeichnis der Abkürzungen und der abgekürzt zitierten Literatur

Zeitschriften werden, soweit nicht anders angegeben, nach Jahr und Seite zitiert.

a.	auch
aA	anderer Ansicht
aaO	am angegebenen Ort
ABGB	Allgemeines Bürgerliches Gesetzbuch vom 1. 6. 1811 (Österreich)
AbgG	Gesetz über die Rechtsverhältnisse der Mitglieder des Deutschen Bundestages (Abgeordnetengesetz) idF d. Bek. v. 21. 2. 1996 (BGBl. I S. 326)
abgedr.	abgedruckt
Abh.	Abhandlung(en)
Abk.	Abkommen
ABl.	Amtsblatt
abl.	ablehnend
ABlEG	Amtsblatt der Europäischen Gemeinschaft
Abs.	Absatz
Abschn.	Abschnitt
Abt.	Abteilung
abwM	abweichende Meinung
AbzG	Abzahlungsgesetz v. 16. 5. 1894 (RGBl. I S. 450); abgelöst durch das VerbrKrG
AcP	Archiv für die civilistische Praxis (Zeitschrift; zitiert nach Band u. Seite; in Klammern Erscheinungsjahr des jeweiligen Bandes)
ADO (bay.)	Allgemeine Dienstordnung (Bayern) v. 1. 9. 1971 (BayGVBl. S. 305; BayRS 200-21-I)
AdoptG	Gesetz über die Annahme als Kind und zur Änderung anderer Vorschriften (Adoptionsgesetz) v. 2. 7. 1976 (BGBl. I S. 1749)
ADSp.	Allgemeine Deutsche Spediteurbedingungen idF v. 1. 1. 2003
AdVermiG	Gesetz über die Vermittlung der Annahme als Kind und über das Verbot der Vermittlung von Ersatzmüttern idF d. Bek. v. 27. 11. 1989 (BGBl. I S. 2016)
aE	am Ende
aF	alte Fassung
AFB	Allgemeine Bedingungen für die Feuerversicherung (VerBAV 1987, 330); s. a. VGB
AfP	Archiv für Presserecht (Zeitschrift)
AG	Aktiengesellschaft; Die Aktiengesellschaft (Zeitschrift); Amtsgericht (mit Ortsnamen)
AGB	Allgemeine Geschäftsbedingungen
AGB (Banken)	Allgemeine Geschäftsbedingungen der privaten Kreditinstitute
AGB (Deutsche Postbank)	Allgemeine Geschäftsbedingungen der Deutschen Postbank AG
AGB (Sp)	Allgemeine Geschäftsbedingungen der Spar-, Giro- und Kommunalbanken v. 1. 1. 1993
AGBG	Gesetz zur Regelung des Rechts der Allgemeinen Geschäftsbedingungen v. 9. 12. 1976 (BGBl. I S. 3317), aufgehoben durch SchuldRModG
AGBGE	Bunte, Entscheidungssammlung zum AGBG, Bd. I: Entscheidungen aus 1977–1980, Bd. II: Entscheidungen aus 1981, Bd. III: Entscheidungen aus 1982, Bd. IV: Entscheidungen aus 1983, Bd. V: Entscheidungen aus 1984, Bd. VI: Entscheidungen aus 1985 (zitiert nach Band, §, Nr.)
AGDöKV	Ausführungsgesetz zum Vertrag v. 25. 5. 1979 zwischen der Bundesrepublik Deutschland und der Republik Österreich auf dem Gebiet des Konkurs- und Vergleichs-(Ausgleichs-)rechts (BGBl. 1985 II S. 410) v. 8. 3. 1985 (BGBl. I S. 535), in Kraft getreten am 1. 7. 1985 aufgrund Bek. v. 6. 5. 1985 (BGBl. I S. 780)
AGGVG	Gesetz zur Ausführung des Gerichtsverfassungsgesetzes
AGH	Anwaltsgerichtshof

Abkürzungsverzeichnis

AG § 15a EGZPO	Gesetz zur Ausführung von § 15a des Gesetzes betreffend die Einführung der Zivilprozeßordnung (Ausführungsgesetz zu § 15a EGZPO – AG § 15a EGZPO) vom 9. 5. 2000 (GVBl. NRW S. 476)
AgrarR	Agrarrecht, Zeitschrift für das gesamte Recht der Landwirtschaft, der Agrarmärkte und des ländlichen Raumes
AGS	Anwaltsgebühren Spezial (Zeitschrift)
AHB	Allgemeine Versicherungsbedingungen für die Haftpflichtversicherung, Stand: März 1999
AKB	Allgemeine Bedingungen für die Kraftfahrtversicherung (Unverbindliche Empfehlung des Verbandes der Schadensversicherer e. V. an seine Mitgliedsunternehmen, Stand: Oktober 1996)
AK-BGB/*Bearbeiter*	Alternativkommentar zum Bürgerlichen Gesetzbuch, hrsg. v. *Wassermann*, 1979 ff.
AKostG	Auslandskostengesetz v. 21. 2. 1978 (BGBl. I S. 301)
AKostV	Auslandskostenverordnung v. 7. 1. 1980 (BGBl. I S. 21)
AktG	Aktiengesetz v. 6. 9. 1965 (BGBl. I S. 1089)
AktO	Aktenordnung (Fassung landesrechtlich, vgl. zB BayBSVJu. S. 252)
AKZ	s. ZAkDR
AK-ZPO/*Bearbeiter*	Alternativkommentar zur Zivilprozeßordnung, hrsg. v. *Ankermann/Wassermann*, 1987
allgM	allgemeine Meinung
ALG	Gesetz über die Alterssicherung der Landwirte v. 29. 7. 1994 (BGBl. I S. 1890)
ALR	Allgemeines Landrecht für die Preußischen Staaten von 1794 (zitiert nach §, Teil u. Titel)
Alt.	Alternative
aM	anderer Meinung
Amend	*Amend*, Insolvenzrecht in der anwaltlichen Praxis, 3. Aufl. 2002
AMG	Gesetz über den Verkehr mit Arzneimitteln (Arzneimittelgesetz) idF d. Bek. v. 19. 10. 1994 BGBl. I S. 3018
Amtl. Begr.	Amtliche Begründung
Amtl. Mitt.	Amtliche Mitteilung(en)
ANBA	Amtliche Nachrichten der Bundesanstalt für Arbeit (Zeitschrift)
Anders/Gehle	*Anders/Gehle/Kunze*, Antrag und Entscheidung im Zivilprozeß, 3. Aufl. 2000
Anders/Gehle Assessor	*Anders/Gehle*, Das Assessorexamen im Zivilrecht, 8. Aufl. 2005
Anders/Gehle/Kunze	*Anders/Gehle*, Streitwert-Lexikon, 4. Aufl. 2002
ÄndG	Gesetz zur Änderung
AnfG	Gesetz über die Anfechtung von Rechtshandlungen eines Schuldners außerhalb des Insolvenzverfahrens (Anfechtungsgesetz; Art 1 des EGInsO) v. 5. 10. 1994 (BGBl. I S. 2911)
Anm.	Anmerkung
AnwBl.	Anwaltsblatt (Zeitschrift)
anwendb.	anwendbar
AO	Abgabenordnung (AO 1977) idF d. Bek. v. 1. 10. 2002 (BGBl. I S. 3866)
AOK	Allgemeine Ortskrankenkasse
AöR	Archiv des öffentlichen Rechts (Zeitschrift; zitiert nach Band u. Seite; in Klammern Erscheinungsjahr des jeweiligen Bandes)
AP	Arbeitsrechtliche Praxis, Nachschlagewerk des Bundesarbeitsgerichts (1.1950–5.1954: Sammlung der Entscheidungen des Bundesarbeitsgerichts, der Landesarbeitsgerichte und der Arbeitsgerichte), Entscheidungssammlung mit Anm., Loseblatt (zitiert nach Gesetz, sofern nicht die ZPO gemeint ist, §, sofern sich die Gesetzesstelle nicht auf den gerade kommentierten Paragraphen bezieht, und Nr., ggf. zusätzlichem Stichwort)
ArbG	Arbeitsgericht (mit Ortsnamen)
ArbGeb.	Der Arbeitgeber (Zeitschrift)
ArbGG	Arbeitsgerichtsgesetz idF v. 2. 7. 1979 (BGBl. I S. 853; ber. S. 1036)
AR-Blattei	Arbeitsrecht-Blattei, Loseblatt (Entscheidungssammlung; zitiert nach Teil, Stichwort(en), Großbuchstaben u. römischen Ziffern)
ArbMin.	Arbeitsministerium

ArbN .... Arbeitnehmer
ArbnErfG .... Gesetz über Arbeitnehmererfindungen v. 25. 7. 1957 (BGBl. I S. 756)
ArbRspr. .... Die Rechtsprechung in Arbeitssachen (Entscheidungssammlung, 1.1927–5.1932, aufgegangen in RAGE; zitiert nach Jahr u. Seite)
ArbuR .... s. AuR
ArbZG .... Gesetz zur Vereinheitlichung und Flexibilisierung des Arbeitszeitrechts v. 6. 6. 1994 (BGBl. I S. 1170)
Arch. .... Archiv
ArchBürgR .... Archiv für Bürgerliches Recht (Zeitschrift, 1.1888–43.1919; zitiert nach Band u. Seite)
ArchivPT .... Archiv für Post und Telekommunikation (Zeitschrift)
arg. .... argumentum
Arnold/Meyer-Stolte/Bearbeiter .... Rechtspflegergesetz, Kommentar, begr. v. Arnold/Meyer-Stolte, 6. Aufl. 2002
ARS .... Arbeitsrechts-Sammlung (Entscheidungssammlung; 19.1934–47.1944; 1.1928–18.1933: Entscheidungen des Reichsarbeitsgerichts und der Landesarbeitsgerichte; zitiert nach Band u. Seite)
ARST .... Arbeitsrecht in Stichworten, Loseblatt (Entscheidungssammlung; zitiert nach Band u. Nr.)
Art. .... Artikel
ArztR .... ArztRecht (Zeitschrift)
AS .... Amtliche Sammlung; Amtl. Sammlung der Entscheidungen des rheinland-pfälzischen und des saarländischen OVG
AsylVfG .... Asylverfahrensgesetz idF d. Bek. v. 27. 7. 1993 (BGBl. I S. 1361)
AT .... Allgemeiner Teil
AtomG (AtG) .... Gesetz über die friedliche Verwendung der Kernenergie und den Schutz gegen ihre Gefahren (Atomgesetz) idF d. Bek. v. 15. 7. 1985 (BGBl. I S. 1565)
ATZG .... Altersteilzeitgesetz v. 23. 7. 1996 (BGBl. I S. 1078)
AUB .... Allgemeine Unfallversicherungs-Bedingungen (VerBAV 1961, 211; 1987, 417)
Auff. .... Auffassung
Aufl. .... Auflage
AUG .... Gesetz zur Geltendmachung von Unterhaltsansprüchen im Verkehr mit ausländischen Staaten (Auslandsunterhaltsgesetz) v. 19. 2. 1986 (BGBl. I S. 2563)
AuR .... Arbeit und Recht (Zeitschrift)
ausf. .... ausführlich
AusfG .... Ausführungsgesetz
AusfVO .... Ausführungsverordnung
AuslG .... Gesetz über die Einreise und den Aufenthalt von Ausländern im Bundesgebiet (Ausländergesetz) v. 9. 7. 1990 (BGBl. I S. 1354)
AV .... Allgemeine Verfügung
AVAG .... Gesetz zur Ausführung zwischenstaatlicher Anerkennungs- und Vollstreckungsverträge in Zivil- und Handelssachen v. 30. 5. 1988 (BGBl. I S. 662)
AVAVG .... Gesetz über Arbeitsvermittlung und Arbeitslosenversicherung idF d. Bek. v. 3. 4. 1957 (BGBl. I S. 321); außer Kraft getreten aufgrund § 249 Nr. 1 AFG, soweit nichts anderes bestimmt ist
AVB .... Allgemeine Versicherungsbedingungen; Allgemeine Vertragsbedingungen
AVO .... Ausführungsverordnung
AVV .... Allgemeine Verwaltungsvorschrift
AWD .... Außenwirtschaftsdienst des Betriebsberaters (Zeitschrift, 4.1958–20.1974; vorher und anschließend RIW)
AWG .... Außenwirtschaftsgesetz v. 28. 4. 1961 (BGBl. I S. 481, ber. S. 495 u. S. 1555)
BABl. .... Bundesarbeitsblatt (Zeitschrift)
Bärmann/Pick/Merle .... *Bärmann/Pick/Merle*, Wohnungseigentumsgesetz, Kommentar, 9. Aufl. 2003
BAföG .... Bundesgesetz über individuelle Förderung der Ausbildung (Bundesausbildungsförderungsgesetz)
BAG .... Bundesarbeitsgericht
BAGE .... Entscheidungssammlung des BAG (zitiert nach Band u. Seite)
Balzer .... *Balzer*, Beweisaufnahme und Beweiswürdigung im Zivilprozess, 2001

Bamberger/Roth/ Bearbeiter	*Bamberger/Roth*, Kommentar zum Bürgerlichen Gesetzbuch, 2. Aufl. 2007
BAnz.	Bundesanzeiger
BarwertVO	Verordnung zur Ermittlung des Barwerts einer auszugleichenden Versorgung nach § 1587a Abs. 3 Nr. 2, Abs. 4 des Bürgerlichen Gesetzbuchs (Barwert-Verordnung) v. 24. 6. 1977 (BGBl. I S. 1014)
Bassenge/Herbst/Roth	*Bassenge/Herbst/Roth*, Gesetz über die Angelegenheiten der Freiwilligen Gerichtsbarkeit, Rechtspflegergesetz, Kommentar, 11. Aufl. 2007
Bauer/v. Oefele/Bearbeiter	Grundbuchordnung, hrsg. v. *Bauer/v. Oefele*, 1999
BauFdgG	Gesetz zur Sicherung der Bauforderungen v. 1. 6. 1909 (RGBl. I S. 449)
Baumbach/Hefermehl	*Baumbach/Hefermehl*, Wechselgesetz und Scheckgesetz, Kommentar, 23. Auflage 2008
Baumbach/Hefermehl Wettbewerbsrecht	*Baumbach/Hefermehl/Köhler/Bornkamm*, Wettbewerbsrecht, Kommentar, 25. Aufl. 2007
Baumbach/Hopt	*Baumbach/Hopt*, Handelsgesetzbuch, Kommentar, 33. Aufl. 2008
Baumbach/Hueck/ Bearbeiter	GmbH-Gesetz, Kommentar, begr. v. *Baumbach/Hueck*, 18. Aufl. 2006
B/L/H	*Baumbach/Lauterbach/Hartmann*, Zivilprozessordnung, 66. Auflage 2008
Baumgärtel	*Baumgärtel*, Beweislastpraxis im Privatrecht, 1996
Baumgärtel/Bearbeiter	Handbuch der Beweislast im Privatrecht, Kommentar, 5 Bände, hrsg. v. *Baumgärtel*, 1. Aufl. 1981–1993, in 2. Aufl. Bände 1 (1991) und 2 (1999)
Baur Studien	*Baur*, Studien zum einstweiligen Rechtsschutz, 1967
Baur/Stürner InsR	*Baur/Stürner*, Zwangsvollstreckungs-, Konkurs- und Vergleichsrecht, Band II, Insolvenzrecht, 12. Aufl. 1990
Baur/Stürner ZwV	*Baur/Stürner*, Zwangsvollstreckungs-, Konkurs- und Vergleichsrecht, Band I, Einzelvollstreckungsrecht, 13. Aufl. 2006
BauR	Baurecht (Zeitschrift)
BaWü.	Baden-Württemberg
Bay., bay.	Bayern, bayerisch
BayAGBGB	Bayerisches Gesetz zur Ausführung des BGB v. 20. 9. 1982 (BayRS 400-1-J)
BayAGGVG	Bayerisches Gesetz zur Ausführung des Gerichtsverfassungsgesetzes und von Verfahrensgesetzen des Bundes v. 23. 6. 1981 (BayRS 300-1-1-J)
BayBG	Bayerisches Beamtengesetz idF d. Bek. v. 27. 8. 1998 (GVBl. S. 702; BayRS 2030-1-1-F)
BayBS	Bereinigte Sammlung des bayerischen Landesrechts (1802–1956, Bd. I–V)
BayBSVJu.	Bereinigte Sammlung der bayerischen Justizverwaltungsvorschriften (1863–1956, Bd. I–VII)
BayGVBl.	Bayerisches Gesetz- und Verordnungsblatt
BayJMBl.	Bayerisches Justizministerialblatt
BayKKGH	Bayerischer Kompetenzkonfliktsgerichtshof
BayNatSchG	Gesetz über den Schutz der Natur, die Pflege der Landschaft und die Erholung in der freien Natur (Bayerisches Naturschutzgesetz) idF d. Bek. v. 18. 8. 1998 (GVBl. S. 593; BayRS 791-1-U)
BayObLG	Bayerisches Oberstes Landesgericht
BayObLGZ	Sammlung von Entscheidungen des BayObLG in Zivilsachen (zitiert nach Jahr und Seite)
BayRS	Bayerische Rechtssammlung
BaySchlG	Bayerisches Gesetz zur obligatorischen außergerichtlichen Streitschlichtung in Zivilsachen und zur Änderung gerichtsverfassungsrechtlicher Vorschriften (Bayerisches Schlichtungsgesetz) v. 25. 4. 2000 (GVBl. S. 268, BayRS 300-1-5-J, 300-1-1-J)
BayVBl.	Bayerische Verwaltungsblätter (Zeitschrift)
BayVerfGH	Bayerischer Verfassungsgerichtshof
BayVfGHG	Gesetz über den Bayerischen Verfassungsgerichtshof v. 10. 5. 1990 (GVBl. S. 122, ber. S. 231; BayRS 1103-1-S)
BayVGH	Bayerischer Verwaltungsgerichtshof; Sammlung von Entscheidungen des BayVGH und BayVerfGH (zitiert nach Band u. Seite)

BayZ	Zeitschrift für Rechtspflege in Bayern (1.1905–30.1934)
BB	Der Betriebs-Berater (Zeitschrift)
BBankG	Gesetz über die Deutsche Bundesbank idF d. Bek. v. 22. 10. 1992 (BGBl. I S. 1782)
BBauBl.	Bundesbaublatt (Zeitschrift)
BBesG	Bundesbesoldungsgesetz idF d. Bek. v. 6. 8. 2002 (BGBl. I S. 3020)
BBG	Bundesbeamtengesetz idF d. Bek. v. 31. 3. 1999 (BGBl. I S. 675)
BbgSchlG	Gesetz zur Einführung einer obligatorischen außergerichtlichen Streitschlichtung im Land Brandenburg (Brandenburgisches Schlichtungsgesetz – BbgSchlG) v. 5. 10. 2000 (GVBl. I S. 134)
BbgVerfG	Brandenburgisches Verfassungsgericht
BBiG	Berufsbildungsgesetz v. 14. 8. 1969 (BGBl. I S. 1112)
Bd. (Bde.)	Band (Bände)
BDH	Bundesdisziplinarhof
BDO	Bundesdisziplinarordnung idF v. 20. 7. 1967 (BGBl. I S. 750, ber. S. 984)
BDSG	Bundesdatenschutzgesetz (Art. 1 des Gesetzes zur Fortentwicklung der Datenverarbeitung und des Datenschutzes) v. 20. 12. 1990 (BGBl. I S. 2954)
BeamtVG	Gesetz über die Versorgung der Beamten und Richter in Bund und Ländern (Beamtenversorgungsgesetz) idF d. Bek. v. 16. 3. 1999 (BGBl. I S. 322, ber. S. 847 und S. 2033)
Bearb., bearb.	Bearbeitung/Bearbeiter(in); bearbeitet
Beck'sches Richterhandbuch/*Bearbeiter*	Beck'sches Richterhandbuch, hrsg. v. *Seitz* und *Büchel*, 2. Aufl. 1999
BEG	Bundesgesetz zur Entschädigung für Opfer der nationalsozialistischen Verfolgung (Bundesentschädigungsgesetz) v. 29. 6. 1956 (BGBl. I S. 562)
Begr.	Begründung
begr. (v.)	begründet (von)
Beih.	Beiheft
Beil.	Beilage
BeistdG	Gesetz zur Abschaffung der gesetzlichen Amtspflegschaft und Neuordnung der Beistandschaft (Beistandschaftsgesetz) v. 4. 12. 1997 (BGBl. I S. 2846, ber. 1998 I S. 1660)
Bek.	Bekanntmachung
Bem.	Bemerkung
Bender/Nack	*Bender/Nack*, Tatsachenfeststellung vor Gericht, 3. Aufl. 2007
ber.	berichtigt
Bergerfurth	*Bergerfurth*, Der Zivilprozeß, 6. Aufl. 1991
Bergerfurth Anwaltzw.	*Bergerfurth*, Der Anwaltszwang und seine Ausnahmen, 2. Aufl. 1988 mit Nachtrag 1991
Bergerfurth/Rogner	*Bergerfurth/Rogner*, Der Ehescheidungsprozess und die anderen Eheverfahren, 15. Aufl. 2006
Bergmann/Ferid	Internationales Ehe- und Kindschaftsrecht mit Staatsangehörigkeitsrecht, hrsg. v. *Bergmann/Ferid*, Loseblatt
BerHG	Gesetz über Rechtsberatung und Vertretung für Bürger mit geringem Einkommen v. 18. 6. 1980 (BGBl. I S. 689)
Bericht 1961	Bericht der Kommission zur Vorbereitung einer Reform der Zivilgerichtsbarkeit, 1961
Bericht 1977	Bericht der Kommission für das Zivilprozeßrecht, 1977
BerlVerfGH	Berliner Verfassungsgerichtshof
BErzGG	Gesetz über die Gewährung von Erziehungsgeld und Erziehungsurlaub (Bundeserziehungsgeldgesetz) idF d. Bek. v. 7. 12. 2001 (BGBl. I S. 3358)
bes.	besonders, besondere(-r, -s)
Beschl.	Beschluss
Bespr.	Besprechung von
bestr.	bestritten
betr.	betreffend
BetrAVG	Gesetz zur Verbesserung der betrieblichen Altersversorgung v. 19. 12. 1974 (BGBl. I S. 3610)
BetrVG	Betriebsverfassungsgesetz idF d. Bek. v. 25. 9. 2001 (BGBl. 1989 I S. 1, ber. S. 2516)

Abkürzungsverzeichnis

Bettermann	*Bettermann*, Die Vollstreckung des Zivilurteils in den Grenzen seiner Rechtskraft, 1948
BeurkG	Beurkundungsgesetz v. 28. 8. 1969 (BGBl. I S. 1513)
BewVO	Verordnung (EG) Nr. 1206/2001 des Rates v. 28. 5. 2001 (abgedruckt in Anh. 2)
BewG	Bewertungsgesetz v. 28. 8. 1969 (BGBl. I S. 1513)
BezG	Bezirksgericht (DDR)
BfA	Bundesanstalt für Arbeit
BFH	Bundesfinanzhof
BFHE	Sammlung der Entscheidungen (bis 1963: und Gutachten) des BFH (zitiert nach Band u. Seite)
BFH/NV	Sammlung amtlich nicht veröffentlichter Entscheidungen des BFH
BGB	Bürgerliches Gesetzbuch
BGBl. I–III	Bundesgesetzblatt, Teil I-III (zitiert nach Jahr, sofern es nicht mit dem Jahr des Gesetzeserlasses übereinstimmt, Teil u. Seite)
BGE	Entscheidungssammlung des Schweizerischen Bundesgerichts (zitiert nach Band u. Seite)
BGH	Bundesgerichtshof
BGHGZS	Bundesgerichtshof, Großer Senat in Zivilsachen
BGHR	Systematische Sammlung der Entscheidungen des Bundesgerichtshofes, Loseblatt (zitiert nach Gesetz, sofern nicht die ZPO gemeint ist, §, sofern sich die Gesetzesstelle nicht auf den gerade kommentierten Paragraphen bezieht, und Stichwort)
BGHReport	Schnelldienst der Zivilrechtsprechung des Bundesgerichtshofes (Zeitschrift, zitiert nach Jahr und Seite)
BGHSt.	Entscheidungssammlung des BGH in Strafsachen (zitiert nach Band u. Seite)
BGHVGS	Bundesgerichtshof, Vereinigte Große Senate
BGHWarn.	Rechtsprechung des Bundesgerichtshofs in Zivilsachen, Fortsetzung von WarnR (zitiert nach Jahr u. Nr.)
BGHZ	Entscheidungssammlung des BGH in Zivilsachen (zitiert nach Band u. Seite)
Bienwald	*Bienwald*, Betreuungsrecht, Kommentar, 4. Aufl. 2005
BImSchG	Gesetz zum Schutz vor schädlichen Umwelteinwirkungen durch Luftverunreinigungen, Geräusche, Erschütterungen und ähnliche Vorgänge (Bundes-Immissionsschutzgesetz) idF d. Bek. v. 14. 5. 1990 (BGBl. I S. 880)
BinnSchG	Gesetz betreffend die privatrechtlichen Verhältnisse der Binnenschiffahrt idF v. 15. 6. 1898 (RGBl. I S. 868)
BinnSchHbÄndG	Gesetz zur Änderung der Haftungsbeschränkung in der Binnenschiffahrt v. 25. 8. 1998 (BGBl. I S. 2489)
BinnSchVerfG	Gesetz über das gerichtliche Verfahren in Binnenschifffahrtssachen v. 14. 5. 1965 (BGBl. I S. 389)
BJagdG	Bundesjagdgesetz v. 29. 9. 1976 (BGBl. I S. 2849)
BJM	Bundesjustizminister; Bundesjustizministerium
BKartA	Bundeskartellamt
BKGG	Bundeskindergeldgesetz idF d. Bek. v. 2. 1. 2002 (BGBl. I S. 7)
Bl.	Blatt
BLG	Bundesleistungsgesetz idF d. Bek. v. 27. 9. 1961 (BGBl. I S. 1769, ber. S. 1920)
BlGBW	Blätter für Grundstücks-, Bau- und Wohnungsrecht (Zeitschrift, 1.1952–34.1985)
BlGenW	Blätter für Genossenschaftswesen (Zeitschrift, 13.1866–119.1973, vorher – seit 1853 – Die Innung der Zukunft)
Blomeyer	Blomeyer, Zivilprozeßrecht – Erkenntnisverfahren, 2. Aufl. 1985
Blomeyer ZVR	Blomeyer, Zivilprozeßrecht – Vollstreckungsverfahren, 1975
BlPMZ	Blatt für Patent-, Muster- und Zeichenwesen (Zeitschrift)
BlStSozArbR	Blätter für Steuerrecht, Sozialversicherung und Arbeitsrecht (Zeitschrift, 1.1946–40.1985)
BMJ	Bundesminister(ium) der Justiz
BMJErl.	Das erste Gesetz zur Reform des Ehe- und Familienrechts vom 14. Juni 1976, Gesetzestext, Auszug aus den Materialien und ergänzende Erläuterungen, herausgegeben vom BMJ

BNotO	Bundesnotarordnung v. 24. 2. 1961 (BGBl. I S. 97)
BörsG	Börsengesetz idF d. Bek. v. 9. 9. 1998 (BGBl. I S. 2682)
Böttcher	*Böttcher*, Gesetz über die Zwangsversteigerung und Zwangsverwaltung (ZVG), 4. Aufl. 2005
BonnK/*Bearbeiter*	Bonner Kommentar zum Grundgesetz, Loseblatt
BORA	Berufsordnung der Rechtsanwälte
Borgmann/Haug	*Borgmann/Haug*, Anwaltshaftung, 4. Aufl. 2005
Bork	*Bork*, Einführung in das neue Insolvenzrecht, 4. Aufl. 2005
BPatA	Bundespatentamt
BPatG	Bundespatentgericht
BPersVG	Bundespersonalvertretungsgesetz v. 15. 3. 1974 (BGBl. I S. 693)
BRAK-Mitt.	BRAK-Mitteilungen (12.1981 ff.; vorher: Mitteilungen der Bundesrechtsanwaltskammer)
BRAO	Bundesrechtsanwaltsordnung v. 1. 8. 1959 (BGBl. I S. 565)
BRat	Bundesrat
BRatE	Entwurf des Deutschen Bundesrates
BR-Drucks.	Drucksache des Deutschen Bundesrates
BReg.	Bundesregierung
Breuer	*Breuer*, Insolvenzrechts-Formularbuch, 3. Aufl. 2006
BreVerf.	Verfassung der Freien und Hansestadt Bremen
Brox/Walker	*Brox/Walker*, Zwangsvollstreckungsrecht, 7. Aufl. 2003
BR-Prot.	Protokoll des Deutschen Bundesrates
BRRG	Beamtenrechtsrahmengesetz idF d. Bek. v. 31. 3. 1999 (BGBl. I S. 654)
Bruckmann	*Bruckmann*, Die Praxis der Zwangsvollstreckung, 4. Aufl. 2002
Bruns	*Bruns*, Zivilprozeßrecht, 2. Aufl. 1979
Bruns/Peters	*Bruns/Peters*, Zwangsvollstreckungsrecht, 3. Aufl. 1987
Brüssel I-VO	s. EuGVO
Brüssel II-VO	s. EheVO I
Brüssel IIa-VO	s. EheVO II
BSG	Bundessozialgericht
BSGE	Entscheidungssammlung des BSG (zitiert nach Band u. Seite)
BSHG	Bundessozialhilfegesetz idF d. Bek. v. 23. 3. 1994 (BGBl. I S. 646, ber. S. 2975)
Bsp.	Beispiel
BStBl. I – III	Bundessteuerblatt, Teil I – III (zitiert nach Jahr, Teil u. Seite)
BT	Besonderer Teil
BTag	Bundestag
BT-Drucks.	Drucksache des Deutschen Bundestages
BtÄndG	Gesetz zur Änderung des Betreuungsrechts sowie weiterer Vorschriften (Betreuungsrechtsänderungsgesetz) v. 25. 6. 1998 (BGBl. I S. 1580)
BtG	Gesetz zur Reform des Rechts der Vormundschaft und Pflegschaft für Volljährige (Betreuungsgesetz) v. 12. 9. 1990 (BGBl. I S. 2002)
BT-Prot.	Protokoll des Deutschen Bundestages
Buchholz	Sammel- und Nachschlagewerk zur Rechtsprechung des Bundesverwaltungsgerichts, begr. v. *Buchholz*, Loseblatt (zitiert nach Ordnungsnummer, Gesetz, § u. Nr.)
Buchst.	Buchstabe
B/B/G/S/Bearbeiter	*Bülow/Böckstiegel/Geimer/Schütze,* Der Internationale Rechtsverkehr in Zivil- und Handelssachen, Loseblatt
Büttner	*Büttner*, Wiedereinsetzung in den vorigen Stand, 2. Aufl. 1999
Bumiller/Winkler	*Bumiller/Winkler*, Freiwillige Gerichtsbarkeit, 8. Aufl. 2006
BundesSchuldenO	Verordnung über die Bundesschuldenverwaltung v. 13. 12. 1949 (BGBl. 1950 I S. 1)
Burhoff	*Burhoff*, Handbuch der nichtehelichen Lebensgemeinschaft, 2. Aufl. 1998
BVerfG	Bundesverfassungsgericht
BVerfGE	Entscheidungssammlung des BVerfG (zitiert nach Band u. Seite)
BVerfGG	Bundesverfassungsgerichtsgesetz idF d. Bek. v. 11. 8. 1993 (BGBl. I S. 1473)
BVerwG	Bundesverwaltungsgericht
BVerwGE	Entscheidungssammlung des BVerwG (zitiert nach Band u. Seite)

BVFG .... Gesetz über die Angelegenheiten der Vertriebenen und Flüchtlinge (Bundesvertriebenengesetz) idF d. Bek. v. 2. 6. 1993 (BGBl. I S. 829)
BVG .... Gesetz über die Versorgung der Opfer des Krieges (Bundesversorgungsgesetz) idF d. Bek. v. 22. 1. 1982 (BGBl. I S. 21)
BWNotZ .... Mitteilungen aus der Praxis, Zeitschrift für das Notariat in Baden-Württemberg (vorher WürttNotV)
BZRG .... Bundeszentralregistergesetz idF d. Bek. v. 21. 9. 1984 (BGBl. I S. 1229, ber. 1985 I S. 195)
CMR .... (Convention relative au Contract de transport international de marchandises par route) Übereinkommen v. 19. 5. 1956 über den Beförderungsvertrag im internationalen Straßengüterverkehr, G v. 16. 8. 1961 (BGBl. II S. 1119), in Kraft getreten am 5. 2. 1962 aufgrund Bek. v. 28. 12. 1961 (BGBl. 1962 II S. 12)
Cod. .... Codex
Coester-Waltjen .... *Coester-Waltjen*, Internationales Beweisrecht, 1983
CPO .... Civilprozeß-Ordnung von 1877
CR .... Computer und Recht (Zeitschrift)
DA .... Dienstanweisung für die Standesbeamten und ihre Aufsichtsbehörden idF v. 23. 11. 1987 (BAnz.– Beil. Nr. 227a)
Dallmayer/Eickmann ... *Dallmayer/Eickmann*, Rechtspflegergesetz, Kommentar, 1996
DAR .... Deutsches Autorecht (Zeitschrift)
Das Grundeigentum .... Zeitschrift für die gesamte Grundstücks-, Haus- und Wohnungswirtschaft
Dassler/Bearbeiter ..... *Dassler/Schiffhauer/Gerhart/Muth*, Gesetz über die Zwangsversteigerung und Zwangsverwaltung, 12. Aufl. 1991
DAVorm. .... Der Amtsvormund, Rundbrief des Deutschen Instituts für Vormundschaftswesen (Zeitschrift), ab 2001: JAmt
DB .... Der Betrieb (Zeitschrift)
DDR-FGB .... Familiengesetzbuch der DDR v. 20. 12. 1965 (GBl. (DDR) 1966 I S. 1)
Demharter .... *Demharter*, Grundbuchordnung, 25. Aufl. 2005
Denkschr. .... Denkschrift
ders. .... derselbe
DFG .... Deutsche Freiwillige Gerichtsbarkeit (Zeitschrift, 1.1936–9.1944)
DGB .... Deutscher Gewerkschaftsbund
DGH .... Dienstgerichtshof
dgl. .... desgleichen; dergleichen
DGVZ .... Deutsche Gerichtsvollzieher-Zeitung
dh. .... das heißt
Diepold/Hintzen ...... *Diepold/Hintzen*, Musteranträge für Pfändung und Überweisung, 10. Auflage 2002
Diss. .... Dissertation
DIV .... Deutsches Institut für Vormundschaftswesen
DIZPR .... Deutsches Internationales Zivilprozeßrecht
DJ .... Deutsche Justiz (Zeitschrift, 95.1933–107.1945, vorher PrJMBl.)
DJT .... Deutscher Juristentag
DJZ .... Deutsche Juristenzeitung (Zeitschrift, 1.1896–41.1936; ab 9.1904 zitiert nach Jahr u. Spalte)
DNotV .... Zeitschrift des Deutschen Notarvereins (1.1901–33.1933, dann DNotZ)
DNotZ .... Deutsche Notar-Zeitschrift
DÖD .... Der öffentliche Dienst (Zeitschrift)
DöKVAG .... s. AGDöKV
DONot .... Dienstordnung für Notare, Bundeseinheitliche Verwaltungsvorschrift der Landesjustizverwaltungen idF v. 1. 1. 1985
DÖV .... Die öffentliche Verwaltung (Zeitschrift)
DPA .... Deutsches Patentamt
DR .... Deutsches Recht (Zeitschrift, 1.1931–15.1945, ab 9.1939 geteilt in Ausgabe A u. B)
DRiG .... Deutsches Richtergesetz idF d. Bek. v. 19. 4. 1972 (BGBl. I S. 713)
DRiZ .... Deutsche Richterzeitung (Zeitschrift)
DRpfl. .... Deutsche Rechtspflege (mit) Rechtsprechungsbeilage (Zeitschrift, 1.1936–4.1939, aufgegangen in DR Ausgabe B)

DRspr. .... Deutsche Rechtsprechung, Entscheidungssammlung und Aufsatzhinweise, Loseblatt (zitiert nach Ordnungsnummer, Blatt u. Buchstabe)
DRZ .... Deutsche Rechts-Zeitschrift (1.1946–5.1950, vereinigt mit SJZ zu JZ)
DStR .... Deutsches Steuerrecht (Zeitschrift)
DStRE .... DStR-Entscheidungsdienst
Drucks. .... Drucksache
dt. .... deutsch
DtZ .... Deutsch-deutsche Rechts-Zeitschrift (1. 1990–8. 1997, vereinigt mit VIZ)
DV .... Deutsche Verwaltung (Zeitschrift, 1.1948–3.1950, dann DVBl.)
DVBl. .... Deutsches Verwaltungsblatt (Zeitschrift)
DVO .... Durchführungsverordnung
DWW .... Deutsche Wohnungswirtschaft (Zeitschrift)
DZWIR .... Deutsche Zeitschrift für Wirtschafts- und Insolvenzrecht (1.1991–8.1998: Deutsche Zeitschrift für Wirtschaftsrecht)
E .... Entwurf, Entscheidung (in der amtlichen Sammlung); Erwägung
ebd. .... ebenda
EBE .... Eildienst Bundesgerichtliche Entscheidungen (Zeitschrift)
EFG .... Entscheidungen der Finanzgerichte
EFSlg. .... (österreichische) Ehe- und familienrechtliche Entscheidungen
EFTA .... European Free Trade Association (Europäische Freihandelsassoziation)
EFZG .... Gesetz über die Zahlung des Arbeitsentgelts an Feiertagen und im Krankheitsfall (Entgeltfortzahlungsgesetz) v. 26. 5. 1994 (BGBl. I S. 1014)
EG .... Einführungsgesetz; Europäische Gemeinschaften; ersetzt die Abkürzung „EGV“ für die ab 1. 5. 1999 geltenden Bestimmungen dieses Vertrages, s. NJW 2000, 52
EGBGB .... Einführungsgesetz zum Bürgerlichen Gesetzbuch idF d. Bek. v. 21. 9. 1994 (BGBl. I S. 2494)
EGGVG .... Einführungsgesetz zum Gerichtsverfassungsgesetz v. 27. 1. 1877 (RGBl. I S. 77)
EGH .... Ehrengerichtshof; Entscheidungen der Ehrengerichtshöfe der Rechtsanwaltschaft
EGInsO .... Einführungsgesetz zur Insolvenzordnung v. 5. 10. 1994 (BGBl. I S. 2911)
EGInsOÄndG .... Gesetz zur Änderung des Einführungsgesetzes zur Insolvenzordnung und anderer Gesetze v. 19. 12. 1998 (BGBl. I S. 3836)
EGMR .... Europäischer Gerichtshof für Menschenrechte
EGStGB .... Einführungsgesetz zum Strafgesetzbuch v. 2. 3. 1974 (BGBl. I S. 469)
EGStPO .... Einführungsgesetz zur Strafprozeßordnung v. 18. 2. 1877 (RGBl. I S. 346)
EGV .... Umbenennung des EWGV (s. dort) seit dem Vertrag über die Europäische Union v. 7. 2. 1992 (BGBl. II S. 1251, 1255); für die ab dem 1. 5. 1999 geltenden Vorschriften wird die Abkürzung „EG“ verwendet, s. NJW 2000, 52
EGZPO .... Einführungsgesetz zur Zivilprozeßordnung v. 30. 1. 1877 (RGBl. I S. 244)
EheG .... Ehegesetz v. 20. 2. 1946 (KRG Nr. 16; ABl. KR S. 77, ber. S. 294); aufgehoben durch Art. 14 Nr. 1 EheSchlRG
1. EheRG .... Erstes Gesetz zur Reform des Ehe- und Familienrechts v. 14. 6. 1976 (BGBl. I S. 1421)
EheschlRG .... Gesetz zur Neuordnung des Eheschließungsrechts (Eheschließungsrechtsgesetz) v. 4. 5. 1998 (BGBl. I S. 833)
EheVO I .... Verordnung (EG) Nr. 1347/2000 des Rates v. 29. 5. 2000 über die Zuständigkeit und die Anerkennung und Vollstreckung von Entscheidungen in Ehesachen und in Verfahren betreffend die elterliche Verantwortung für die gemeinsamen Kinder der Ehegatten, ABl. 2000 L 160, 19 (sog. Brüssel II-Verordnung), aufgehoben durch EheVO II zum 1. 8. 2004
EheVO II .... Verordnung (EG) Nr. 2001/2003 des Rates v. 27. 11. 2003 über die Zuständigkeit und die Anerkennung und Vollstreckung von Entscheidungen in Ehesachen und in Verfahren betreffend die elterliche Verantwortung und zur Aufhebung der Verordnung (EG) Nr. 1347/2000, ABl. 2003 L 338, 1 (sog. Brüssel IIa-Verordnung)
EhrRiEG .... Gesetz über die Entschädigung ehrenamtlicher Richter idF d. Bek. v. 1. 10. 1969 (BGBl. I S. 1753), aufgehoben durch Art. 6 Nr. 3 KostenRMoG zum 1. Juli 2004

Einf.	Einführung
EinigsV	Vertrag v. 31. 8. 1990 zwischen der Bundesrepublik Deutschland und der Deutschen Demokratischen Republik über die Herstellung der Einheit Deutschlands (Einigungsvertrag), G v. 23. 9. 1990 (BGBl. II S. 885, 1239), in Kraft getreten am 29. 9. 1990 aufgrund Bek. v. 16. 10. 1990 (BGBl. II S. 1360)
einschl.	einschließlich
einschr.	einschränkend
einstwAnO	einstweilige Anordnung
einstwVfg.	einstweilige Verfügung
EJF	Entscheidungen aus dem Jugend- und Familienrecht, Loseblatt (zitiert nach Abschnitt u. Nr.)
EKMR	Europäische Kommission für Menschenrechte
EMRK	Konvention v. 4. 11. 1950 zum Schutze der Menschenrechte und Grundfreiheiten, G v. 7. 8. 1952 (BGBl. II S. 685, ber. S. 953), in Kraft getreten am 3. 9. 1953 aufgrund Bek. v. 15. 12. 1953 (BGBl. 1954 II S. 14)
Enders	*Enders*, RVG für Anfänger, 13. Aufl. 2006
Entsch.	Entscheidung
entspr.	entsprechend, entspricht
Entw.	Entwurf
ErbbauVO	Verordnung über das Erbbaurecht v. 15. 1. 1919 (RGBl. I S. 72, ber. S. 122)
Erg.	Ergänzung
ERJuKoG	Gesetz über elektronische Register und Justizkosten für Telekommunikation v. 10. 12. 2001 (BGBl. I S. 3422)
Erl.	Erläuterung(en)
Erman/Bearbeiter	Handkommentar zum Bürgerlichen Gesetzbuch, begr. v. *Erman*, 11. Aufl. 2004
EStG 1997	Einkommensteuergesetz idF d. Bek. v. 19. 10. 2002 (BGBl. I S. 4210)
EU	Europa, Europäische Union
EuAdÜbk.	Europäisches Übereinkommen v. 24. 4. 1967 über die Adoption von Kindern, G v. 25. 8. 1980 (BGBl. II S. 1093), in Kraft getreten am 11. 2. 1981 aufgrund Bek. v. 21. 1. 1981 (BGBl. II S. 72)
EuBewVO	Europäische Beweisverordnung, s. BeweisVO
EuGH	Gerichtshof der Europäischen Gemeinschaft
EuGHE	Entscheidungssammlung des EuGH (zitiert nach Band u. Seite)
EuGHSlg.	s. EuGHE
EuGRZ	Europäische Grundrechte (Zeitschrift)
EuGVÜ	Übereinkommen v. 27. 9. 1968 über die gerichtliche Zuständigkeit und die Vollstreckung gerichtlicher Entscheidungen in Zivil- und Handelssachen, G v. 24. 7. 1972 (BGBl. II S. 773), in Kraft getreten am 1. 2. 1973 aufgrund Bek. v. 12. 1. 1973 (BGBl. II S. 60); idF des Übk. v. 26. 5. 1989, G v. 20. 4. 1994 (BGBl. II S. 518), in Kraft getreten am 1. 12. 1994 aufgrund Bek. v. 25. 10. 1994 (BGBl. II S. 3707)
EuGVVO	Verordnung (EG) Nr. 44/2001 des Rates vom 22. Dezember 2000 über die gerichtliche Zuständigkeit und die Anerkennung und Vollstreckung von Entscheidungen in Zivil- und Handelssachen, Abl 2001 L 12, 1 (sog. Brüssel I-Verordnung)
EuLF	The European Legal Forum (Zeitschrift)
EuR	Europarecht (Zeitschrift)
EuRAG	Gesetz über die Tätigkeit europäischer Rechtsanwälte in Deutschland v. 9. 3. 2000 (BGBl. I S. 182, ber. S. 1349)
EuroEG	Gesetz zur Einführung des Euro (Euro-Einführungsgesetz) v. 9. 6. 1998 (BGBl. I S. 1242)
EuSorgRÜbk.	Europäisches Übereinkommen v. 20. 5. 1980 über die Anerkennung und Vollstreckung von Entscheidungen über das Sorgerecht für Kinder und die Wiederherstellung des Sorgeverhältnisses, G v. 5. 4. 1990 (BGBl. II S. 206, 220), in Kraft getreten am 1. 2. 1991 aufgrund Bek. v. 19. 12. 1990 (BGBl. 1991 II S. 392); zum Ausführungsgesetz s. SorgeRÜbkAG
EuÜ	Europäisches Abkommen v. 21. 4. 1961 über die internationale Handelsschiedsgerichtsbarkeit, G v. 17. 4. 1964 (BGBl. II S. 425), in Kraft getreten am 25. 1. 1965 aufgrund Bek. v. 21. 1. 1965 (BGBl. II S. 107)

EuVT	Europäischer Vollstreckungstitel für unbestrittene Forderungen
EuVTVO	Verordnung (EG) Nr. 805/2004 vom 21. April 2004 zur Einführung eines Europäischer Vollstreckungstitel für unbestrittene Forderungen
EuZustVO	Verordnung (EG) Nr. 1348/2000 des Rates über die Zustellung gerichtlicher und außergerichtlicher Schriftstücke in Zivil- und Handelssachen in den Mitgliedsstaaten vom 29. Mai 2000, Abl 2000 L 160, 37 (abgedruckt in Anh. 1)
EuZW	Europäische Zeitschrift für Wirtschaftsrecht
e. V.	eingetragener Verein
EVO	Eisenbahn-Verkehrsordnung idF d. Bek. v. 20. 4. 1999 (BGBl. I S. 782)
evtl.	eventuell
EWG	Europäische Wirtschaftsgemeinschaft, jetzt EG (s. dort und EGV)
EWGV	Vertrag v. 25. 3. 1957 zur Gründung der Europäischen Wirtschaftsgemeinschaft, G v. 27. 7. 1957 (BGBl. II S. 753, 1678; 1958 II S. 64), in Kraft getreten am 27. 7. 1958 aufgrund Bek. v. 27. 12 1957 (BGBl. 1958 II S. 1); jetzt EGV
EWiR	Entscheidungen zum Wirtschaftsrecht mit Anm., Loseblatt (zitiert nach Gesetz, sofern nicht die ZPO gemeint ist, §, sofern sich die Gesetzesstelle nicht auf den gerade kommentierten Paragraphen bezieht, Kennziffer, chronologischer Seite und – in Klammerzusatz – Name des Verfassers des Kurzkommentars)
EWIV	Europäische wirtschaftliche Interessenvereinigung, vgl. EWG-VO Nr. 2137/85 v. 25. 7. 1985 (ABlEG Nr. L 199 S. 1) und Gesetz zur Ausführung der EWG-Verordnung über die Europäische wirtschaftliche Interessenvereinigung (EWIV-Ausführungsgesetz) v. 14. 4. 1988 (BGBl. I S. 514)
EWIV-AG	EWIV-Ausführungsgesetz, s. EWIV
EWR	Europäischer Wirtschaftsraum
EWS	Europäisches Wirtschafts- und Steuerrecht (Zeitschrift)
Eyermann/Bearbeiter	VwGO, Kommentar, begr. v. *Eyermann*, 12. Aufl. 2000, Nachtrag 2006
EzA	Entscheidungssammlung zum Arbeitsrecht, Loseblatt (zitiert nach Gesetz, sofern nicht die ZPO gemeint ist, §, sofern sich die Gesetzesstelle nicht auf den gerade kommentierten Paragraphen bezieht, und Nr.)
EzFamR	Entscheidungssammlung zum Familienrecht, Loseblatt (zitiert nach Gesetz, sofern nicht die ZPO gemeint ist, §, sofern sich die Gesetzesstelle nicht auf den gerade kommentierten Paragraphen bezieht, und Nr.)
FA	Finanzamt; Fachanwalt Arbeitsrecht (Zeitschrift)
FamG	Familiengericht
FamRAG	Familienrechtsausführungsgesetz
FamRÄndG	Familienrechtsänderungsgesetz v. 11. 8. 1961 (BGBl. I S. 1221)
FamRefk/*Bearbeiter*	Familienrechtsreformkommentar, 1998
FamRZ	Zeitschrift für das gesamte Familienrecht
FamS	Familiensache/Familiensenat
FernUSG	Gesetz zum Schutz der Teilnehmer am Fernunterricht (Fernunterrichtsgesetz) v. 24. 8. 1976 (BGBl. I S. 2525)
Festg.	Festgabe
Festg. für BGH	50 Jahre Bundesgerichtshof, Festgabe aus der Wissenschaft, Bände I–III, 2000
Festschr.	Festschrift
FEVS	Fürsorgerechtliche Entscheidungen der Verwaltungs- und Sozialgerichte (zitiert nach Band u. Seite)
FF	Forum Familien- und Erbrecht (Zeitschrift)
FG; fG	Finanzgericht; freiwillige Gerichtsbarkeit
FGB	s. DDR-FGB
FGG	Gesetz über die Angelegenheiten der freiwilligen Gerichtsbarkeit idF d. Bek. v. 20. 5. 1898 (RGBl. I S. 771)
FG-Gericht	Gericht der freiwilligen Gerichtsbarkeit
FGO	Finanzgerichtsordnung idF v. 28. 3. 2001 (BGBl. I S. 433, ber. 2262, 2002 I 679)
FGPrax	Praxis der Freiwilligen Gerichtsbarkeit (Zeitschrift), vereinigt mit OLGZ
FideikommG	Gesetz über das Erlöschen der Familienfideikommisse und sonstiger gebundener Vermögen v. 6. 7. 1938 (RGBl. I S. 825)

Finke/Garbe/Bearbeiter .	Familienrecht in der anwaltlichen Praxis, hrsg. v. *Finke/Garbe*, 5. Aufl. 2003
Firsching/Graba	*Firsching/Graba*, Familienrecht, 1. Halbband: Familiensachen, 6. Aufl. 1998
Firsching/Dodegge	*Firsching/Dodegge*, Familienrecht, 2. Halbband: Kindschaftssachen, 6. Aufl. 1999
Fischer/Machunsky	*Fischer/Machunsky*, Haustürwiderrufsgesetz, Kommentar, 2. Aufl. 1995
FK-InsO/*Bearbeiter*	Frankfurter Kommentar zur Insolvenzordung, 3. Aufl. 2002
FLF	Finanzierung, Leasing, Factoring (Zeitschrift)
Fn.	Fußnote(n)
Frankfurt/M	Frankfurt am Main
Frankfurt/O	Frankfurt an der Oder
franz.	französisch
FreihEntzG	Gesetz über das gerichtliche Verfahren bei Freiheitsentziehungen v. 29. 6. 1956 (BGBl. I S. 599)
FPR	Familie, Partnerschaft, Recht (Zeitschrift)
FRES	Entscheidungssammlung zum gesamten Bereich von Ehe und Familie (1.1979–12.1982; zitiert nach Band u. Seite)
FS	Festschrift
FuR	Familie und Recht (Zeitschrift)
Furtner	*Furtner*, Das Urteil im Zivilprozeß, 5. Aufl. 1985
FWW	Die freie Wohnungswirtschaft (Zeitschrift)
G	Gesetz
GB	Grundbuch
GBA	Grundbuchamt
GBO	Grundbuchordnung idF d. Bek. v. 26. 5. 1994 (BGBl. I S. 1114)
GbR	Gesellschaft bürgerlichen Rechts
GBV	Verordnung zur Durchführung der Grundbuchordnung (Grundbuchverfügung) idF d. Bek. v. 24. 1. 1995 (BGBl. I S. 114)
GBVfg.	s. GBV
GE	Das Grundeigentum (Zeitschrift)
GebrMG	Gebrauchsmustergesetz idF d. Bek. v. 28. 8. 1986 (BGBl. S. 1455)
Geigel/Bearbeiter	Der Haftpflichtprozess, 25. Aufl. 2007
Geimer	*Geimer*, Internationales Zivilprozeßrecht, 5. Aufl. 2005
Geimer Beweisaufnahme	*Geimer*, Internationale Beweisaufnahme, 1998
Geimer/Schütze	*Geimer/Schütze*, Internationale Urteilsanerkennung, I 1 1996, I 2 1996, II 1996
Geimer/Schütze EuZVerf.	*Geimer/Schütze*, Europäisches Zivilverfahrensrecht, 2. Aufl. 2004
Genf. Abk.	Genfer Abkommen v. 26. 9. 1927 zur Vollstreckung ausländischer Schiedssprüche, G v. 28. 7. 1930 (RGBl. II S. 1067), in Kraft getreten am 1. 12. 1930 aufgrund Bek. v. 5. 11. 1930 (RGBl. II S. 1269); s. a. UNÜbkSchdG
Genf. Prot.	Genfer Protokoll v. 24. 9. 1923 über die Schiedsklauseln, in Kraft getreten am 27. 12. 1924 aufgrund Bek. v. 7. 2. 1925 (RGBl. II S. 47); s. a. UNÜbkSchdG
GenG	Gesetz betreffend die Erwerbs- und Wirtschaftsgenossenschaften (Genossenschaftsgesetz) idF d. Bek. v. 19. 8. 1994 (BGBl. I S. 2202)
Germelmann/Matthes/ Prütting	*Germelmann/Matthes/Prütting*, Arbeitsgerichtsgesetz, 6. Aufl. 2007
Gernhuber/Coester-Waltjen	*Gernhuber/Coester-Waltjen*, Lehrbuch des Familienrechts, 5. Aufl. 2006
GerOrgG	Gerichtsorganisationsgesetz (Landesrecht), Bayern: Gesetz vom 25. 4. 1973 (GVBl. S. 189; BayRS 300-2-2-J)
GeschmMG	Gesetz betreffend das Urheberrecht an Mustern und Modellen (Geschmacksmustergesetz) v. 11. 1. 1876 (RGBl. I S. 11)
GeschO	Geschäftsordnung
GesO	Gesamtvollstreckungsordnung idF d. Bek. v. 23. 5. 1991 (BGBl. I S. 1185); aufgehoben durch Art. 2 Nr. 7 EGInsO
GewA	Gewerbe-Archiv (Zeitschrift)
GewO	Gewerbeordnung idF d. Bek. v. 22. 2. 1999 (BGBl. I S. 202)
gewöhnl.	gewöhnlich
GewSchG	Gesetz zum zivilrechtlichen Schutz vor Gewalttaten und Nachstellungen (Gewaltschutzgesetz – GewSchG) vom 11. 12. 2001 (BGBl. I S. 3513)

GG .... Grundgesetz für die Bundesrepublik Deutschland v. 23. 5. 1949 (BGBl. S. 1)
GGZ .... Geschäftsgangbestimmungen für die Justizverwaltung v. 16. 2. 1939
Gießler .... *Gießler*, Vorläufiger Rechtsschutz in Ehe-, Familien- und Kindschaftssachen, 4. Aufl. 2005
GKG .... Gerichtskostengesetz idF d. Bek. v. 15. 12. 1975 (BGBl. I S. 3047), aufgehoben durch Art. 6 Nr. 1 KostenRMoG und ersetzt durch Gerichtskostengesetz idF des Art. 1 KostenRMoG vom 1. Juli 2004
GleichberG .... Gesetz über die Gleichberechtigung von Mann und Frau auf dem Gebiete des bürgerlichen Rechts v. 18. 6. 1957 (BGBl. I S. 609)
2. GleichberG .... Gesetz zur Durchsetzung der Gleichberechtigung von Frauen und Männern v. 24. 6. 1994 (BGBl. I S. 1406)
GmbH .... Gesellschaft mit beschränkter Haftung
GmbHG .... Gesetz betreffend die Gesellschaften mit beschränkter Haftung idF d. Bek. v. 20. 5. 1898 (RGBl. I S. 846)
GmbHR (GmbH-Rdsch.) GmbH-Rundschau (Zeitschrift)
GMBl. .... Gemeinsames Ministerialblatt
GmS-OGB .... Gemeinsamer Senat der Obersten Gerichtshöfe des Bundes
Göppinger/Börger ...... Vereinbarungen anläßlich der Ehescheidung, begr. v. *Göppinger*, 8. Aufl. 2005
Göppinger/Wax/Bearbeiter Unterhaltsrecht, begr. v. *Brühl*, fortgeführt v. *Göppinger*, 8. Aufl. 2003
Göttlich/Mümmler/Bearbeiter
Göttlich/Mümmler/
Bearbeiter KostO ...... Kostenordnung, Kommentar, 15. Aufl. 2003
Gottwald .... *Gottwald, Uwe*, Zwangsvollstreckung, Kommentierung der §§ 704–915h ZPO, 4. Aufl. 2002
Gottwald Zivilurteil .... *Gottwald, Uwe*, Das Zivilurteil, 2. Aufl. 2005
Gottwald/Bearbeiter .... Insolvenzrechts-Handbuch, hrsg. v. *Peter Gottwald*, 3. Aufl. 2006
Graba .... *Graba*, Die Abänderung von Unterhaltstiteln, 3. Aufl. 2004
Grdz. .... Grundzüge
griech. .... griechisch
GrS .... Großer Senat
Gruchot .... Beiträge zur Erläuterung des (bis 15.1871: Preußischen) Deutschen Rechts, begr. von *Gruchot* (Zeitschrift, 1.1857–73.1933)
GrundE .... Das Grundeigentum (Zeitschrift)
Grunsky .... *Grunsky*, Zivilprozessrecht, 12. Aufl. 2006 (zitiert nach Rn.)
Grunsky .... *Grunsky*, Grundlagen des Verfahrensrechts, 2. Aufl. 1974
Grunsky ArbGG .... *Grunsky*, Arbeitsgerichtsgesetz, Kommentar, 7. Aufl. 1995
GRUR .... Gewerblicher Rechtsschutz und Urheberrecht (Zeitschrift)
GRUR Ausl. .... Gewerblicher Rechtsschutz und Urheberrecht, Auslands- und internationaler Teil (Zeitschrift, 1952–1969, dann GRUR Int.)
GRUR Int. .... Gewerblicher Rechtsschutz und Urheberrecht, Internationaler Teil (Zeitschrift)
Grziwotz .... *Grziwotz*, Nichteheliche Lebensgemeinschaft, 4. Aufl. 2006
G/S/Bearbeiter .... *Gerold/Schmidt/v. Eicken/Madert*, RVG, 17. Aufl. 2006
GS .... Großer Senat; Gedächtnisschrift
GSZ .... Großer Senat in Zivilsachen
GüSchlG NRW .... Gesetz über die Anerkennung von Gütestellen im Sinne des § 794 Abs. 1 Nr. 1 der ZPO und die obligatorische außergerichtliche Streitschlichtung in Nordrhein-Westfalen vom 9. 5. 2000 (GVBl. S. 476)
GV .... Gerichtsvollzieher
GVBl. .... Gesetz- und Verordnungsblatt
GVG .... Gerichtsverfassungsgesetz idF d. Bek. v. 9. 5. 1975 (BGBl. I S. 1077)
GVGA .... Geschäftsanweisung für Gerichtsvollzieher
GVKostG .... Gesetz über Kosten der Gerichtsvollzieher (Gerichtsvollzieherkostengesetz) v. 19. 4. 2001 (BGBl. I S. 623)
GVKostGr. .... Durchführungsbestimmungen zu dem Gesetz über Kosten der Gerichtsvollzieher (Gerichtsvollzieherkostengrundsätze)
GVO .... Gerichtsvollzieherordnung
GVOBl. .... s. GVBl.
GVÜ .... Gerichts- und Vollstreckungsübereinkommen

GWB .... Gesetz gegen Wettbewerbsbeschränkungen idF d. Bek. v. 26. 8. 1998 (BGBl. I S. 2546)
HaagAbk. .... Haager Abkommen
HaagBeweisÜbk. .... Haager Übereinkommen v. 18. 3. 1970 über die Beweisaufnahme im Ausland in Zivil- oder Handelssachen, G v. 22. 12. 1977 (BGBl. II S. 1452, 1472), in Kraft getreten am 26. 6. 1979 aufgrund Bek. v. 21. 6. 1979 (BGBl. II S. 780)
HaagKindEÜbk. .... Haager Übereinkommen v. 25. 10. 1980 über die zivilrechtlichen Aspekte internationaler Kindesentführung, G v. 5. 4. 1990 (BGBl. II S. 206), in Kraft getreten am 1. 12. 1990 aufgrund Bek. v. 11. 12. 1990 (BGBl. 1991 II S. 329); zum Ausführungsgesetz s. SorgeRÜbkAG
Haarmeyer/Wutzke/Förster *Haarmeyer/Wutzke/Förster*, Vergütung im Insolvenzverfahren (InsVV), 4. Aufl. 2007
Haarmeyer/Wutzke/Förster/Hintzen .... *Haarmeyer/Wutzke/Förster/Hintzen*, Zwangsverwaltung, 4. Aufl. 2007
Habil. .... Habilitation
Hahn .... *Hahn*, Die gesamten Materialien zu den Reichsjustizgesetzen (soweit in den Fußnoten kein Vermerk erfolgt: Hahn, Die gesamten Materialien zur Civilprozeßordnung und dem Einführungsgesetz desselben v. 30. 1. 1877, 1880)
Halbbd. .... Halbband
Halbs. .... Halbsatz
HambKomm/*Bearbeiter* . Hamburger Kommentar zum Insolvenzrecht, 2. Auflage 2007
H/M-S/Bearbeiter ...... *Hannich/Meyer-Seitz*, ZPO-Reform 2002 mit Zustellungsreformgesetz 2002
HambKom/*Bearbeiter* .. Hamburger Kommentar zum Insolvenzrecht, 2. Aufl. 2007
Hansens .... *Hansens*, Bundesgebührenordnung für Rechtsanwälte, 9. Aufl. 2007
HansGZ .... Hanseatische Gerichtszeitung (Zeitschrift, 1.1880–48.1927, aufgegangen in HansRGZ)
HansOLG .... Hanseatisches Oberlandesgericht
HansRGZ .... Hanseatische Rechts- und Gerichtszeitschrift (11.1928–26.1943)
Hartmann .... *Hartmann*, Kostengesetze, 37. Aufl. 2007
Hartung/Holl .... Anwaltliche Berufsordnung, hrsg. v. *Hartung/Holl*, 3. Aufl. 2006
Harward Int. L. J. ..... Harward International Law Journal
Hauck/Helml .... *Hauck/Helml*, Arbeitsgerichtsgesetz, Kommentar, 3. Aufl. 2006
HAuslG .... Gesetz über die Rechtsstellung heimatloser Ausländer im Bundesgebiet v. 25. 4. 1951 (BGBl. I S. 269)
Hausmann/Hohloch/Bearbeiter .... Das Recht der nichtehelichen Lebensgemeinschaft, hrsg. v. *Hausmann/Hohloch*, 2. Aufl. 2004
HausratsVO .... Verordnung über die Behandlung der Ehewohnung und des Hausrats v. 21. 10. 1944 (RGBl. I S. 256)
HaustürWG .... Gesetz über den Widerruf von Haustürgeschäften und ähnlichen Geschäften v. 16. 1. 1986 (BGBl. I S. 122), aufgehoben durch Art. 6 Nr. 5 SchuldRModG zum 1. 1. 2002
HBewÜ .... s. HaagBeweisÜbk.
HbgVerf. .... Verfassung der Freien und Hansestadt Hamburg
Hdb. .... Handbuch
Hdb.-FamR/*Bearbeiter* .. Handbuch des Fachanwalts – Familienrecht, hrsg. v. *Gerhardt/v. Heintschel-Heinegg/Klein*, 6. Aufl. 2007
Heiß/Bearbeiter .... Unterhaltsrecht, Ein Handbuch für die Praxis, hrsg. v. *Heiß*, Loseblatt
Hellwig .... *Hellwig*, System des deutschen Zivilprozeßrechts 1912/ 19, Nachdruck 1968
Henckel Parteilehre .... *Henckel*, Parteilehre und Streitgegenstand im Zivilprozeß, 1961
Henckel ProzeßR ...... *Henckel*, Prozeßrecht und materielles Recht, 1970
Henssler/Prütting/Bearbeiter .... Kommentar zur Bundesrechtsanwaltsordnung, hrsg. v. *Henssler/Prütting*, 2. Aufl. 2004
Hess .... *Hess*, Kommentar zur Insolvenzordnung mit EGInsO und InsVV, 1999
Hess/Binz .... *Hess/Binz*, Formulare und Muster zum Insolvenzrecht, 2. Aufl. 2000

HessJMBl.	Hessisches Justizministerialblatt
HessRspr.	Hessische Rechtsprechung
HessStGHE	Entscheidungen des Hessischen Staatsgerichtshofs
HessVerf.	Verfassung des Landes Hessen
HEZ	Höchstrichterliche Entscheidungen in Zivilsachen (Zeitschrift, 1.1948–3.1950)
HFR	Höchstrichterliche Finanzrechtsprechung (Zeitschrift)
HGB	Handelsgesetzbuch v. 10. 5. 1897 (RGBl. I S. 219)
HK-BGB/*Bearbeiter*	*Schulze/Dörner/Ebert/Eckert/Hoeren/Kemper/Saenger/Schulte-Nölke/Staudinger*, Bürgerliches Gesetzbuch, Handkommentar, 4. Auflage 2005
HK-HGB/*Bearbeiter*	Heidelberger Kommentar zum Handelsgesetzbuch, 7. Aufl. 2007
HKiEntÜ	s. HaagKindEÜbk.
HK-InsO/*Bearbeiter*	Heidelberger Kommentar zur Insolvenzordnung, 4. Aufl. 2006
Hillach/Rohs	*Hillach/Rohs*, Handbuch des Streitwerts in Zivilsachen, 9. Aufl. 1995
hins.	hinsichtlich
HintO (HO)	Hinterlegungsordnung v. 10. 3. 1937 (RGBl. I S. 285)
Hintzen	*Hintzen*, Handbuch der Immobiliarvollstreckung, 3. Aufl. 1999
Hintzen/Wolf	*Hintzen/Wolf*, Handbuch der Mobiliarvollstreckung, 2. Aufl. 1999
Hinw.	Hinweis
hL	herrschende Lehre
hM	herrschende Meinung
HOAI	Verordnung über die Honorare für Leistungen der Architekten und Ingenieure (Honorarordnung für Architekten und Ingenieure) idF d. Bek. v. 4. 3. 1991 (BGBl. I S. 533)
Hoppenz	*Hoppenz*, Familiensachen, Kommentar anhand der Rechtsprechung des Bundesgerichtshofes, 9. Aufl. 2007
HPflG	Haftpflichtgesetz idF d. Bek. v. 4. 1. 1978 (BGBl. I S. 145)
HRefG	Gesetz zur Neuregelung des Kaufmanns- und Firmenrechts und zur Änderung anderer handels- und gesellschaftsrechtlicher Vorschriften (Handelsrechtsreformgesetz) v. 22. 6. 1998 (BGBl. I S. 1474)
HRR	Höchstrichterliche Rechtsprechung (Zeitschrift, 4.1928–18.1942; zitiert nach Jahr u. Nr.)
Hrsg., hrsg.	Herausgeber, herausgegeben
HRV	AV über die Einrichtung und Führung des Handelsregisters (Handelsregisterverfügung) v. 12. 8. 1937 (DJ S. 1251; RMBl. S. 515)
Huber	*Huber, Michael*, Anfechtungsgesetz, 10. Aufl. 2006 (zitiert nach Paragraphen)
Huber	*Huber, Michael*, Das Zivilurteil, 2. Aufl. 2003 (zitiert nach Rn.)
Huhnstock	*Huhnstock*, Abänderung und Aufhebung der Prozeßkostenhilfe (§ 120 Abs. 4 ZPO und § 124 ZPO), 1995
HUVÜ 1958	Haager Übereinkommen v. 15. 4. 1958 über die Anerkennung und Vollstrekkung von Entscheidungen auf dem Gebiet der Unterhaltspflicht gegenüber Kindern, G v. 18. 7. 1961 (BGBl. II S. 1005), in Kraft getreten am 1. 1. 1962 aufgrund Bek. v. 15. 12. 1961 (BGBl. 1962 II S. 15); Ausführungsgesetz v. 18. 7. 1961 (BGBl. I S. 1033)
HUVÜ 1973	Haager Übereinkommen v. 2. 10. 1973 über die Anerkennung und Vollstrekkung von Unterhaltsentscheidungen, G v. 25. 7. 1986 (BGBl. II S. 825), in Kraft getreten am 1. 4. 1987 aufgrund Bek. v. 25. 3. 1987 (BGBl. II S. 220); zum Ausführungsgesetz s. AVAG
HuW	Haus und Wohnung (Zeitschrift, 1.1946–12.1957; aufgegangen in GrundE)
HZustÜ	s. HZÜ
HZPÜ 1954	Haager Übereinkommen v. 1. 3. 1954 über den Zivilprozeß, G v. 18. 12. 1958 (BGBl. II S. 576), in Kraft getreten am 1. 1. 1960 aufgrund Bek. v. 2. 2. 1959 (BGBl. II S. 1388); zum Ausführungsgesetz s. AGHZPÜ 1954
HZÜ	Haager Übereinkommen v. 15. 11. 1965 über die Zustellung gerichtlicher und außergerichtlicher Entscheidungen im Ausland in Zivil- und Handelssachen, G v. 22. 12. 1977 (BGBl. II S. 1452), in Kraft getreten am 26. 6. 1979 aufgrund Bek. v. 21. 6. 1979 (BGBl. II S. 779); Ausführungsgesetz vom 22. 12. 1977 (BGBl. I S. 3105)
i. A.	im Allgemeinen
iBR	Immobilien- und Baurecht (Zeitschrift, zitiert nach Jahr und Seite)

IGH	Internationaler Gerichtshof (Weltgerichtshof) in Den Haag
IHK	Industrie- und Handelskammer
iHv.	in Höhe von
IJVO	Internationales Jahrbuch der Osnabrücker Juristenvereinigung (Zeitschrift)
i. L.	in Liquidation
Immenga/Mestmäcker/ Bearbeiter	GWB, Gesetz gegen Wettbewerbsbeschränkungen, Kommentar, hrsg. v. *Immenga/Mestmäcker*, 4. Aufl. 2007
InsO	Insolvenzordnung v. 5. 10. 1994 (BGBl. I S. 2866)
InsVV	Insolvenzrechtliche Vergütungsverordnung v. 19. 8. 1998 (BGBl. I S. 2205)
internat.	international
IntFamRVG	Gesetz zur Aus- und Durchführung bestimmter Rechtsinstrumente auf dem Gebiet des internationalen Familienrechts (Internationales Familienrechtsverfahrensgesetz) v. 26. 1. 2005 (BGBl. I S. 162)
IntRDipl.	Internationales Recht und Diplomatie (Zeitschrift, 1956–1980)
InVo	Insolvenz und Vollstreckung (Zeitschrift)
IPG	Gutachten zum internationalen und ausländischen Privatrecht
IPR	Internationales Privatrecht
IPRax	Praxis des Internationalen Privat- und Verfahrensrechts (Zeitschrift)
IPRG	Gesetz zur Neuregelung des Internationalen Privatrechts v. 25. 7. 1986 (BGBl. I S. 1142)
IPRspr.	Die deutsche Rechtsprechung auf dem Gebiet des internationalen Privatrechts (Zeitschrift, Sonderhefte zu RabelsZ; zitiert nach Jahr u. Nr.)
IuR	Informatik und Recht (Zeitschrift)
IZPR	Internationales Zivilprozeßrecht
IzRspr.	Sammlung der deutschen Entscheidungen zum interzonalen Privatrecht (Zeitschrift, 1945–1966/67)
JA	Juristische Arbeitsblätter (Zeitschrift)
Jaeger/Bearbeiter	Großkommentar zur Konkursordnung, begr. v. *Jaeger*, 8. Aufl. 1958–1973, 9. Aufl. 1977–1997 (nur §§ 1–42 erschienen)
JahrbIntR	Jahrbuch für internationales Recht (Zeitschrift)
JAmt	Das Jugendamt (Zeitschrift), bis 2000: DAVorm.
Jarass/Pieroth	*Jarass/Pieroth*, Grundgesetzkommentar, 9. Aufl. 2007
JArbSchG	Jugendarbeitsschutzgesetz v. 12. 4. 1976 (BGBl. I S. 965)
Jauernig ZPR	*Jauernig*, Zivilprozeßrecht, 29. Aufl. 2007
Jauernig ZVR	*Jauernig*, Zwangsvollstreckungs- und Insolvenzrecht, 22. Aufl. 2007
Jauernig/Bearbeiter	Bürgerliches Gesetzbuch, Kommentar, hrsg. v. *Jauernig*, 12. Aufl. 2007
Jb.	Jahrbuch
JBeitrO	Justizbeitreibungsordnung v. 11. 3. 1937 (RGBl. I S. 298)
JBlSaar.	Justizblatt des Saarlandes
Jessnitzer	*Jessnitzer/Ulrich*, Der gerichtliche Sachverständige, 12. Aufl. 2006
JFG	Jahrbuch für Entscheidungen in Angelegenheiten der freiwilligen Gerichtsbarkeit und des Grundbuchrechts (Zeitschrift, 1.1924–23.1943)
Jg.	Jahrgang
Jh.	Jahrhundert
JherJb.	Jherings Jahrbuch für die Dogmatik des bürgerlichen Rechts (Zeitschrift, 37.1897–90.1942)
JKMO	Justizkostenmarkenordnung, bundeseinheitlich vereinbart, in Bayern idF d. Bek. v. 22. 1. 1990 (BayJMBl. S. 13)
JM	Justizminister
JMBl.	Justizministerialblatt (Zeitschrift)
JMBlLSA	Justizministerialblatt für das Land Sachsen-Anhalt (Zeitschrift)
JMBlNRW	Justizministerialblatt von Nordrhein-Westfalen (Zeitschrift)
JMBlSaar	Justizministerialblatt für das Saarland (Zeitschrift)
Johannsen/Henrich/ Bearbeiter	Eherecht, Kommentar, hrsg. v. *Johannsen/Henrich*, 4. Aufl. 2003
JR	Juristische Rundschau (Zeitschrift)
JuMiG	Justizmitteilungsgesetz und Gesetz zur Änderung kostenrechtlicher Vorschriften und anderer Gesetze v. 18. 6. 1997 (BGBl. I S. 1430)

JuMoG .... 1. Gesetz zur Modernisierung der Justiz (Justizmodernisierungsgesetz) v. 24. 8. 2004 (BGBl. I S. 2198)
jur. .... juristisch(e)
Jura .... Juristische Ausbildung (Zeitschrift)
JurA .... Juristische Analysen (Zeitschrift, 1.1969–3.1971)
JurBüro .... Das Juristische Büro (Zeitschrift)
juris .... Online-Angebot der juris-GmbH
JuS .... Juristische Schulung (Zeitschrift)
Justiz .... Die Justiz (Zeitschrift, 1.1925/26–8.1932/33); Amtsblatt des Justizministeriums Baden-Württemberg
JustVA .... Justizverwaltungsabkommen
JVBl. .... Justizverwaltungsblatt (Zeitschrift, 81.1933–108.1972)
JVEG .... Gesetz über die Vergütung von Sachverständigen, Dolmetscherinnen, Dolmetschern, Übersetzerinnen und Übersetzern sowie die Entschädigung von ehrenamtlichen Richterinnen, ehrenamtlichen Richtern, Zeuginnen, Zeugen und Dritten (Justizvergütungs- und -entschädigungsgesetz), Art. 2 KostenRMoG, s. dort
JVKostO .... Justizverwaltungskostenordnung v. 14. 2. 1940 (RGBl. I S. 357)
JW .... Juristische Wochenschrift (Zeitschrift, 1.1872–68.1939)
JZ .... Juristenzeitung (Zeitschrift)
KAGG .... Gesetz über Kapitalanlagegesellschaften idF d. Bek. v. 9. 9. 1998 (BGBl. I S. 2726)
Kalthoener/Büttner ..... *Kalthoener/Büttner*, Die Rechtsprechung zur Höhe des Unterhalts, 9. Aufl. 2004
Kalthoener/Büttner/ Wrobel-Sachs PKH .... *Kalthoener/Büttner/Wrobel-Sachs*, Prozesskostenhilfe und Beratungshilfe, 4. Aufl. 2005
Kap. .... Kapital; Kapitel
KapMuG .... Gesetz zur Einführung von Kapitalanlegermusterverfahren (Kapitalanleger-Musterverfahrensgesetz) v. 16. 8. 2005 (BGBl. I S. 2437)
Kegel/Schurig .... *Kegel/Schurig*, Internationales Privatrecht, 9. Aufl. 2004
KEHE/*Bearbeiter* ...... *Kuntze/Ertl/Hermann/Eickmann*, Grundbuchrecht, Kommentar, 5. Aufl. 1999
Keidel/Bearbeiter ...... Freiwillige Gerichtsbarkeit, begr. v. *Keidel/Kuntze*, 15. Aufl. 2003
Keidel/Winkler BeurkG .. *Keidel/Winkler*, Beurkundungsgesetz, 15. Aufl. 2003
KF .... Karlsruher Forum (Beil. zu VersR)
KfH .... Kammer für Handelssachen
KG .... Kammergericht (Berlin); Kommanditgesellschaft
KGaA .... Kommanditgesellschaft auf Aktien
KGBl. .... Blätter für Rechtspflege im Bezirk des Kammergerichts in Sachen der freiwilligen Gerichtsbarkeit in Kosten-, Stempel- und Strafsachen (Zeitschrift, 1.1890–44.1934)
Kilger/Schmidt .... *Kilger/K. Schmidt*, Konkursordnung, 17. Aufl. 1997
KindRG .... Gesetz zur Reform des Kindschaftsrechts (Kindschaftsrechtsreformgesetz) v. 16. 12. 1997
KindUG .... Gesetz zur Vereinheitlichung des Unterhaltsrechts minderjähriger Kinder (Kindesunterhaltsgesetz) v. 6. 4. 1998 (BGBl. I S. 666)
KindUVV .... Verordnung zur Einführung von Vordrucken für das vereinfachte Verfahren über den Unterhalt minderjähriger Kinder (Kindesunterhalts-Vordruckverordnung) v. 19. 6. 1998 (BGBl. I S. 1364)
Kissel .... *Kissel*, Gerichtsverfassungsgesetz, Kommentar, 4. Aufl. 2005
Kleinknecht/Meyer-Goßner *Kleinknecht/Meyer-Goßner*, Strafprozeßordnung, 50. Aufl. 2007
Knöringer .... *Knöringer*, Die Assessorklausur im Zivilprozeß, 11. Aufl. 2005
Knöringer FGG .... *Knöringer*, Freiwillige Gerichtsbarkeit, 4. Aufl. 2005
KO .... Konkursordnung idF d. Bek. v. 20. 5. 1898 (RGBl. I S. 612); aufgehoben durch Art. 2 Nr. 4 EGInsO
Komm. .... Kommentar; Kommission
KonkTreuh. .... Vorgänger von KTS (Zeitschrift, 1.1927–15.1941)
KonsG .... Gesetz über die Konsularbeamten, ihre Aufgaben und Befugnisse (Konsulargesetz) v. 11. 9. 1974 (BGBl. I S. 2317)
Konv. .... Konvention

Kopp/Schenke . . . . *Kopp/Schenke*, Verwaltungsgerichtsordnung, Kommentar, 15. Aufl. 2007
Korintenberg/Bearbeiter . Kostenordnung, begründet von *Korintenberg*, 16. Aufl. 2005
KostÄndG . . . . Gesetz zur Änderung und Ergänzung kostenrechtlicher Vorschriften v. 26. 7. 1957 (BGBl. I S. 861)
KostO . . . . Gesetz über die Kosten in Angelegenheiten der freiwilligen Gerichtsbarkeit (Kostenordnung) idF v. 26. 7. 1957 (BGBl. I S. 960)
KostRMoG . . . . Gesetz zur Modernisierung des Kostenrechts (Kostenrechtsmodernisierungsgesetz) v. 5. 5. 2004 (BGBl. I S. 718)
KostRspr. . . . . Kostenrechtsprechung, Entscheidungssammlung mit Anm., Loseblatt (zitiert nach Gesetz, sofern nicht die ZPO gemeint ist, §, sofern sich die Gesetzesstelle nicht auf den gerade kommentierten Paragraphen bezieht, und Nr.)
KostVfg. . . . . Kostenverfügung idF v. 1. 3. 1976 und 1. 8. 1985 (bundeseinheitlich vereinbart), BayJMBl. 1976, 41; 1985, 246
KrG . . . . Kreisgericht
krit. . . . . kritisch
KritJ . . . . Kritische Justiz (Zeitschrift)
Kropholler . . . . *Kropholler*, Europäisches Zivilprozeßrecht, Kommentar zu EuGVO und LugÜ, 8. Aufl. 2005
KrVjschr. . . . . Kritische Vierteljahresschrift für Gesetzgebung und Rechtswissenschaft (Zeitschrift)
KRZ . . . . Bestimmungen über das Kassen- und Rechnungswesen der Justizverwaltung (amtl. Zusammenstellung nach dem Stand vom 1. 12. 1939)
KSchG . . . . Kündigungsschutzgesetz idF d. Bek. v. 25. 8. 1969 (BGBl. I S. 1317)
KSÜ . . . . Haager Übereinkommen vom 19. 10. 1996 über die Zuständigkeit, das anzuwendende Recht, die Anerkennung, Vollstreckung und Zusammenarbeit auf dem Gebiet der elterlichen Verantwortung und den Maßnahmen zum Schutz von Kindern
KTS . . . . Zeitschrift für Insolvenzrecht – Konkurs, Treuhand, Sanierung (bis 1989: Konkurs-, Treuhand- und Schiedsgerichtswesen)
KUG . . . . Gesetz betreffend das Urheberrecht an Werken der bildenden Künste und der Photographie v. 9. 1. 1907 (RGBl. I S. 7), aufgehoben durch § 141 Nr. 5 UrhG, soweit es nicht den Schutz v. Bildnissen betrifft
Kummer . . . . *Kummer*, Wiedereinsetzung in den vorigen Stand aller Prozessarten, 2003
Kübler/Prütting/Bearbeiter Insolvenzordnung, hrsg. v. *Kübler/Prütting*, Loseblatt
K&R . . . . Kommunikation und Recht (Zeitschrift)
KV . . . . Kostenverzeichnis (Anlage zum GKG)
KWG . . . . Gesetz über das Kreditwesen idF d. Bek. v. 9. 9. 1998 (BGBl. I S. 2776)
Lachmann . . . . *Lachmann*, Handbuch der Schiedsgerichtspraxis, 3. Aufl. 2007
Lackmann . . . . *Lackmann*, Zwangsvollstreckungsrecht, 8. Aufl. 2007
LAG . . . . Landesarbeitsgericht (mit Ortsnamen); Gesetz über den Lastenausgleich (Lastenausgleichsgesetz) idF d. Bek. v. 2. 6. 1993 (BGBl. I S. 845)
LAGE . . . . Entscheidungen der Landesarbeitsgerichte
Lappe . . . . *Lappe*, Justizkostenrecht, 2. Aufl. 1995
Lappe Familiens. . . . . . . *Lappe*, Kosten in Familiensachen, 5. Aufl. 1994
Larenz I . . . . *Larenz*, Lehrbuch des Schuldrechts, Band I, Allg. Teil, 14. Aufl. 1987
Larenz II/1 . . . . *Larenz*, Lehrbuch des Schuldrechts, Band II, Halbbd. 1, Bes. Teil, 13. Aufl. 1986
Larenz/Canaris . . . . *Larenz/Canaris*, Lehrbuch des Schuldrechts, Band II, Halbbd. 2, Bes. Teil, 13. Aufl. 1994
Larenz/Wolf . . . . *Larenz/Wolf*, Allgemeiner Teil des deutschen Bürgerlichen Rechts, 9. Aufl. 2004
LdR . . . . Lexikon des Rechts, Band: Zivilverfahrensrecht, 1989
Lechner/Zuck . . . . *Lechner/Zuck*, Bundesverfassungsgerichtsgesetz, Kommentar, 5. Aufl. 2006
LFGG . . . . Landesgesetz über die freiwillige Gerichtsbarkeit (Baden-Württemberg) v. 12. 2. 1975 (GBl. S. 116)
LG . . . . Landgericht (mit Ortsnamen)
LGEntlG . . . . Gesetz zur Entlastung der Landgerichte und zur Vereinfachung des gerichtlichen Protokolls v. 20. 12. 1974 (BGBl. I S. 3651)
LGZ . . . . (österreichisches) Landgericht für Zivilrechtssachen

Linke	*Linke*, Internationales Zivilprozessrecht, 4. Aufl. 2006
li. Sp.	linke Spalte
Lit.; lit.	Literatur; Litera
LJV	Landesjustizverwaltung
LM	Nachschlagewerk des Bundesgerichtshofs, Entscheidungssammlung mit Anm., begr. v. Lindenmaier/ Möhring, Loseblatt (zitiert nach Gesetz, sofern nicht die ZPO gemeint ist, §, sofern sich die Gesetzesstelle nicht auf den gerade kommentierten Paragraphen bezieht, Nr., ggf. zusätzlichem Stichwort)
LMK	Kommentierte BGH-Rechtsprechung
LöschungsG	Gesetz über die Aufhebung und Löschung von Gesellschaften und Genossenschaften v. 9. 10. 1934 (RGBl. I S. 914, BGBl. III 4 Nr. 4120-3); außer Kraft nach Maßgabe des Art. 110 Abs. 1 u. 3 durch Art. 2 Nr. 9 EGInsO
Löwe/Rosenberg/ Bearbeiter	Die Strafprozeßordnung und das Gerichtsverfassungsgesetz, begr. v. *Löwe/ Rosenberg*, 26. Aufl. 2006ff.
LPartG	Gesetz über die Eingetragene Lebenspartnerschaft (Lebenspartnerschaftsgesetz) v. 16. 2. 2001 (BGBl. I S. 266)
LS	Leitsatz
LSG	Landessozialgericht (mit Ortsnamen)
LStrG	Landesstraßengesetz
Lüderitz	*Lüderitz*, Familienrecht, begr. v. *Beitzke*, 28. Aufl. 2007
Lüke	*Lüke*, Zivilprozeßrecht, 9. Aufl. 2006
LuftfzRG	Gesetz über Rechte an Luftfahrzeugen v. 26. 2. 1959 (BGBl. I S. 57, ber. S. 223)
LuftRegV	Verordnung über die Einrichtung und die Führung des Registers für Pfandrechte an Luftfahrzeugen (Luftfahrzeugpfandrechtsregisterverordnung) v. 2. 3. 1999 (BGBl. I S. 279)
LuftVG	Luftverkehrsgesetz idF d. Bek. v. 27. 3. 1999 (BGBl. I S. 550)
LugÜ	Lugano-Übereinkommen v. 16. 9. 1988 über die gerichtliche Zuständigkeit und die Vollstreckung gerichtlicher Entscheidungen in Zivil- und Handelssachen, G v. 30. 9. 1994 (BGBl. II S. 2658, 3772), in Kraft getreten am 1. 3. 1995 aufgrund Bek. v. 8. 2. 1995 (BGBl. II S. 221)
Luthin/Bearbeiter	*Luthin/Bearbeiter*, Handbuch des Unterhaltsrechts, 10. Aufl. 2004
LVA	Landesversicherungsanstalt
LwG	Landwirtschaftsgericht
LwVG	Gesetz über das gerichtliche Verfahren in Landwirtschaftssachen v. 21. 7. 1953 (BGBl. I S. 667)
LZ	Leipziger Zeitschrift für Deutsches Recht (1.1907–27.1933)
MA	Der Markenartikel (Zeitschrift)
MaBV	Verordnung über die Pflichten der Makler, Darlehens- und Anlagenvermittler, Bauträger und Baubetreuer (Makler- und Bauträgerverordnung) idF d. Bek. v. 7. 11. 1990 (BGBl. I S. 2479)
Madert	*Madert*, Der Gegenstandswert in bürgerlichen Rechtsangelegenheiten, 4. Aufl. 1998
m. Anm.	mit Anmerkung
Mat.	s. Hahn
MarkenG	Gesetz über den Schutz von Marken und sonstigen Kennzeichen (Markengesetz) v. 25. 10. 1994 (BGBl. I S. 3082, ber. 1995 I S. 156)
Markl/Meyer	*Markl/Meyer*, Gerichtskostengesetz, Kommentar, 8. Aufl. 2006
Maunz/Dürig/Bearbeiter	Kommentar zum Grundgesetz, begr. v. *Maunz/Dürig*, Loseblatt
maW	mit anderen Worten
MB	Mahnbescheid
MBl.	Ministerialblatt
MDR	Monatsschrift für Deutsches Recht (Zeitschrift)
mE	meines Erachtens
MedR	Medizinrecht (Zeitschrift)
Meyer	*Meyer*, Gerichtskostengesetz, 8. Aufl. 2006
Meyer-Ladewig	*Meyer-Ladewig*, Sozialgerichtsgesetz, Kommentar, 8. Aufl. 2005
MHbeG	Gesetz zur Beschränkung der Haftung Minderjähriger (Minderjährigenhaftungsbeschränkungsgesetz) v. 25. 8. 1998 (BGBl. I S. 2487)

MHG	Gesetz zur Regelung der Miethöhe (Art. 3 des 2. WKSchG) v. 18. 12. 1974 (BGBl. I S. 3604)
MietR	NJW-Entscheidungsdienst Miet- und Wohnrecht (Zeitschrift)
Mio.	Million(en)
Mitt.	Mitteilung(en)
MittBayNot.	Mitteilungen des Bayerischen Notarvereins (Zeitschrift)
MittPat.	Mitteilungen der deutschen Patentanwälte (Zeitschrift)
MittRhNotK	Mitteilungen der Rheinischen Notarkammer (Zeitschrift)
Mizi	Anordnung über Mitteilungen in Zivilsachen vom 1. 10. 1967 (BAnz. Nr. 218), s. nunmehr JuMiG
MK/*Bearbeiter*	Münchener Kommentar zur ZPO, 3. Aufl. 2007
MK/*Bearbeiter* (AB)	Münchener Kommentar zur ZPO (Aktualisierungsband zur 2. Aufl.) 2002
MK-BGB/*Bearbeiter*	Münchener Kommentar zum BGB, Bd. 1–3, 5. Aufl. 2006f.; Bd. 4–11, 4. Aufl. 2000–2006
MK-InsO/*Bearbeiter*	Münchener Kommentar zur Invsolvenzordnung, 2001–2003
MM	Mietrechtliche Mitteilungen (Beilage der Zeitschrift Mieter Magazin – Organ des Berliner Mietervereins e.V.)
MMR	MultiMedia und Recht (Zeitschrift)
Mohrbutter/Mohrbutter/ Bearbeiter	Handbuch der Insolvenzverwaltung, begr. u. hrsg. v. *Jürgen* und *Harro Mohrbutter*, 8. Aufl. 2007
Mot.	Motive
MPI	Max-Planck-Institut für internationales und ausländisches Privatrecht
MRK	s. EMRK
MSA	Übereinkommen v. 5. 10. 1961 über die Zuständigkeit und das anzuwendende Recht auf dem Gebiet des Schutzes von Minderjährigen, G v. 30. 4. 1971 (BGBl. II S. 217), in Kraft getreten am 17. 9. 1971 aufgrund Bek. v. 11. 10 1971 (BGBl. II S. 1150)
m. (umf./weit./zahlr.) Nachw.	mit (umfangreichen/weiteren/zahlreichen) Nachweisen
v. Münch/Bearbeiter	Grundgesetz-Kommentar, begr. v. *v. Münch*, Band 1 (Präambel bis Art. 20) 5. Aufl. 2000, Band 2 (Art. 21 bis Art. 69) 5. Aufl. 2001, Band 3 (Art. 70 bis Art. 146) 5. Aufl. 2003
MuSchG	Gesetz zum Schutz der erwerbstätigen Mutter (Mutterschutzgesetz) idF d. Bek. v. 20. 6. 2002 (BGBl. I S. 2318)
Musielak	*Musielak*, Die Grundlagen der Beweislast im Zivilprozeß, 1975
Musielak, EK BuB,	*Musielak*, Examenskurs BuB, 2007
Musielak, GK BGB,	*Musielak*, Grundkurs BGB, 10. Aufl. 2007
Musielak, GK ZPO,	*Musielak*, Grundkurs ZPO, 9. Aufl. 2007
Mu/St	*Musielak/Stadler*, Grundfragen des Beweisrechts, Beweisaufnahme – Beweiswürdigung – Beweislast, 1984
MuW	Markenschutz und Wettbewerb (Zeitschrift, 5.1905–41.1941)
MWSt.	Mehrwertsteuer, s. UStG
Nachw.	Nachweis
Nagel/Gottwald	*Nagel/Gottwald*, Internationales Zivilprozeßrecht, 6. Aufl. 2007
NATO	North Atlantic Treaty Organization (Nordatlantikpakt)
Nbl.	Nachrichtenblatt
NDBZ	Neue Deutsche Beamtenzeitung (Zeitschrift, 1.1951–20.1970)
NdsMBl.	Niedersächsisches Ministerialblatt (Zeitschrift)
NdsRpfl.	Niedersächsische Rechtspflege (Zeitschrift)
NdsVBl.	Niedersächsisches Verwaltungsblatt (Zeitschrift)
NEhelG	Gesetz über die rechtliche Stellung der nichtehelichen Kinder v. 19. 8. 1969 (BGBl. I S. 1243)
Nerlich/Niehus	*Nerlich/Niehus*, Anfechtungsgesetz, 2000
Nerlich/Römermann/ Bearbeiter	Insolvenzordnung, hrsg. v. *Nerlich/Römermann*, Loseblatt
nF	neue Fassung
NichtehelG	s. NEhelG
Nies	*Nies*, Praxis der Mobiliarvollstreckung, 1998

NJ .... Neue Justiz (Zeitschrift)
NJOZ .... Neue Juristische Online-Zeitschrift (beck-online)
NJW .... Neue Juristische Wochenschrift (Zeitschrift)
NJW-CoR .... NJW-Computerreport (Zeitschrift)
NJWE-FER .... NJW-Entscheidungsdienst-Familien- und Erbrecht (Zeitschrift)
NJWE-MietR .... NJW-Entscheidungsdienst-Miet- und Wohnungsrecht (Zeitschrift)
NJWE-VHR .... NJW-Entscheidungsdienst-Versicherungs- und Haftungsrecht (Zeitschrift)
NJWE-WettbR .... NJW-Entscheidungsdienst-Wettbewerbsrecht (Zeitschrift)
NJW-RR .... Neue Juristische Wochenschrift – Rechtsprechungs-Report (Zeitschrift)
NN .... nomen nescio
NotBZ .... Zeitschrift für notarielle Beratungs- und Beurkundungspraxis
Nov. .... Novelle
NRW .... Nordrhein-Westfalen
NStE .... Neue Entscheidungssammlung für Strafrecht (zitiert nach Gesetz, § u. Nr.)
NStZ .... Neue Zeitschrift für Strafrecht
NStZ-RR .... Neue Zeitschrift für Strafrecht – Rechtsprechungs-Report
NTS .... Abkommen vom 19. 6. 1951 zwischen den Parteien des Nordatlantikvertrages über die Rechtsstellung ihrer Truppen (Nato-Truppen-Statut), G v. 18. 8. 1961 (BGBl. II S. 1183, 1190), in Kraft getreten am 1. 7. 1963 aufgrund Bek. v. 16. 6. 1963 (BGBl. II S. 745); s. a. NTS-AG u. NTS-ZA
NTS-AG .... Gesetz zu dem Abkommen zwischen den Parteien des Nordatlantikvertrages v. 19. 6. 1951 über die Rechtsstellung ihrer Truppen und zu den Zusatzvereinbarungen v. 3. 8. 1959 zu diesem Abkommen (Gesetz zum NATO-Truppenstatut und zu den Zusatzvereinbarungen) v. 18. 8. 1961 (BGBl. II S. 1183); s. a. NTS u. NTS-ZA
NVwZ .... Neue Zeitschrift für Verwaltungsrecht
NVwZ-RR .... Neue Zeitschrift für Verwaltungsrecht – Rechtsprechungs-Report
NWVBl. .... Nordrhein-Westfälische Verwaltungsblätter (Zeitschrift)
NZA .... Neue Zeitschrift für Arbeits- und Sozialrecht
NZA-RR .... Neue Zeitschrift für Arbeits- und Sozialrecht – Rechtsprechungs-Report
NZBau .... Neue Zeitschrift für Baurecht und Vergaberecht
NZG .... Neue Zeitschrift für Gesellschaftsrecht
NZI .... Neue Zeitschrift für Insolvenzrecht und Sanierung
NZM .... Neue Zeitschrift für Miet- und Wohnungsrecht
NZS .... Neue Zeitschrift für Sozialrecht
NZV .... Neue Zeitschrift für Verkehrsrecht
o. .... oben
o. a. .... oben angegeben
o. ä. .... oder ähnlich(es)
ObG .... Obergericht
obj. .... objektiv
öff. .... öffentlich
OECD .... Organization of Economic Cooperation and Development
OEG .... Gesetz über die Entschädigung für Opfer von Gewalttaten idF d. Bek. v. 7. 1. 1985 (BGBl. I S. 1)
Oelkers .... *Oelkers*, Sorge- und Umgangsrecht in der Praxis, 2. Aufl. 2004
Oestreich/Winter/Hellstab *Oestreich/Winter/Hellstab*, Gerichtskostengesetz, Kommentar, Loseblatt
o. g. .... oben genannt(e)
OG .... Oberster Gerichtshof (der DDR)
OGH .... Oberster Gerichtshof (Österreich)
OGH-BrZ .... Oberster Gerichtshof für die Britische Zone
OGHZ .... Entscheidungssammlung des OGH-BrZ in Zivilsachen (zitiert nach Band u. Seite)
OHG .... offene Handelsgesellschaft
oJ .... ohne Jahr
ÖJZ .... Österreichische Juristenzeitung (Zeitschrift)
OLG .... Oberlandesgericht (mit Ortsnamen)
OLG-NL .... OLG-Rechtsprechung Neue Länder (Zeitschrift)
OLGR .... OLG-Report (Zeitschrift)

OLGRspr. .... Die Rechtsprechung der OLG der auf dem Gebiete des Zivilrechts, hrsg. v. Mugdan und Falkmann (1.1900–46.1928, aufgegangene in HRR; zitiert nach Band u. Seite)
OLGZ .... Rechtsprechung der Oberlandesgerichte in Zivilsachen, Entscheidungssammlung (aufgegangen seit 1995 in FGPrax; zitiert nach Jahr und Seite)
Olivet .... *Olivet*, Die Kostenverteilung im Zivilurteil, 4. Aufl. 2006
OR .... Schweizerisches Obligationsrecht
österr. .... österreichisch
OVG .... Oberverwaltungsgericht
OWiG .... Gesetz über Ordnungswidrigkeiten idF d. Bek. v. 19. 2. 1987 (BGBl. I S. 602)
Palandt/Bearbeiter ..... Bürgerliches Gesetzbuch, Kommentar, begr. v. *Palandt*, 67. Aufl. 2008
PartG .... Gesetz über die politischen Parteien (Parteiengesetz) idF d. Bek. v. 31. 1. 1994 (BGBl. I S. 149)
PartGG .... Gesetz über Partnerschaftsgesellschaften Angehöriger Freier Berufe (Partnerschaftsgesellschaftsgesetz) v. 25. 7. 1994 (BGBl. I S. 1744), s. a. PRV
Pastor/Ahrens .... *Pastor/Ahrens*, Der Wettbewerbsprozeß, 5. Aufl. 2005
PatAnwO .... Patentanwaltsordnung v. 7. 9. 1966 (BGBl. I S. 557)
PatG .... Patentgesetz idF v. 16. 12. 1980 (BGBl. 1981 I S. 1)
Paulus .... *Paulus*, Zivilprozessrecht, Erkenntnisverfahren und Zwangsvollstreckung, 3. Aufl. 2004
PersV .... Die Personalvertretung (Zeitschrift)
Peters .... *Peters*, Zivilprozeßrecht einschließlich Zwangsvollstreckung und Konkurs, 4. Aufl. 1986
Peters Ausforschungsbeweis *Peters*, Ausforschungsbeweis im Zivilprozeß, 1966
Pfennig .... *Pfennig*, Die internationale Zustellung in Zivil- und Handelssachen, 1988
PflVG .... Gesetz über die Pflichtversicherung für Kraftfahrzeughalter (Pflichtversicherungsgesetz) v. 5. 4. 1965 (BGBl. I S. 213)
Piller/Hermann .... *Piller/Hermann*, Justizverwaltungsvorschriften, Loseblatt
PKH .... Prozeßkostenhilfe
PKHB 2000 .... Bekanntmachung zu § 115 der Zivilprozeßordnung (Prozeßkostenhilfebekanntmachung 2000) v. 7. 7. 2000 (BGBl. I S. 815)
PKHG .... Gesetz über die Prozeßkostenhilfe v. 13. 6. 1980 (BGBl. I S. 677)
PKV .... Prozeßkostenvorschuß
PostG .... Gesetz über das Postwesen idF d. Bek. v. 22. 12. 1997 (BGBl. I S. 3294)
PostNeuOG .... Gesetz zur Neuordnung des Postwesens und der Telekommunikation (Postneuordnungsgesetz) v. 14. 9. 1994 (BGBl. I S. 2325, ber. BGBl. 1996 I S. 103)
PostStruktG .... Gesetz zur Neustrukturierung des Post- und Fernmeldewesens und der Deutschen Bundespost (Poststrukturgesetz) v. 8. 6. 1989 (BGBl. I S. 1026)
PostUmwG .... Gesetz zur Umwandlung der Unternehmen der Deutschen Bundespost in die Rechtsform der Aktiengesellschaft (Postumwandlungsgesetz, Art. 3 des PostNeuOG) v. 14. 9. 1994 (BGBl. I S. 2339)
ProdHaftG .... Gesetz über die Haftung für fehlerhafte Produkte (Produkthaftungsgesetz) v. 15. 12. 1989 (BGBl. I S. 2198)
Prölss/Martin/Bearbeiter Versicherungsvertragsgesetz, Kommentar, begr. v. *Prölss/Martin*, 27. Aufl. 2004
Prot. .... Protokolle
ProtRA .... Protokolle des Rechtsausschusses
PrOVG .... Preußisches Oberverwaltungsgericht
ProzRB .... Der Prozess-Rechts-Berater (Zeitschrift)
PRV .... Verordnung über die Einrichtung und Führung des Partnerschaftsregisters (Partnerschaftsregisterverordnung) v. 16. 6. 1995 (BGBl. I S. 808), s. a. PartGG
PStG .... Personenstandsgesetz idF d. Bek. v. 8. 8. 1957 (BGBl. I S. 1125)
PStV .... Verordnung zur Ausführung des Personenstandsgesetzes idF d. Bek. v. 25. 2. 1977 (BGBl. I S. 377)
PTNeuOG .... s. PostNeuOG
Pukall .... *Pukall*, Der Zivilprozeß in der Praxis, 6. Aufl. 2006
RabelsZ .... Zeitschrift für ausländisches und internationales Privatrecht, begr. v. *Rabel* (zitiert nach Band u. Seite; in Klammern Erscheinungsjahr des jeweiligen Bandes)

RABerufsNeuOG	Gesetz zur Neuordnung des Berufsrechts der Rechtsanwälte und Patentanwälte v. 2. 9. 1994 (BGBl. I S. 2278)
RADG	Erstes Gesetz zur Änderung des Gesetzes zur Durchführung der Richtlinie des Rates der Europäischen Gemeinschaften vom 22. 3. 1977 zur Erleichterung der tatsächlichen Ausübung des freien Dienstleistungsverkehrs der Rechtsanwälte (Rechtsanwaltsdienstleistungsgesetz) v. 14. 3. 1990 (BGBl. I S. 479)
Raeschke-Kessler/Berger	*Raeschke-Kessler/Berger*, Recht und Praxis des Schiedsverfahrens, 4. Aufl. 2007
RAG	Reichsarbeitsgericht
RAGE	Sammlung der Entscheidungen des RAG (zitiert nach Band u. Seite)
Rahm/Künkel/Bearbeiter	Handbuch des Familiengerichtsverfahrens, hrsg. v. *Rahm/Künkel*, Loseblatt
Rauscher	*Rauscher*, Europäisches Zivilprozessrecht, 2. Aufl. 2006
RBerG	Rechtsberatungsgesetz v. 13. 12. 1935 (RGBl. I S. 1478)
RdA	Recht der Arbeit (Zeitschrift)
RdE	Recht der Energiewirtschaft (Zeitschrift)
RdErl.	Runderlaß
RdL	Recht der Landwirtschaft (Zeitschrift)
RdSchr.	Rundschreiben
Recht	Das Recht (Zeitschrift, 1.1897–38.1934)
Rechtstheorie	Rechtstheorie (Zeitschrift)
Red.	Redaktion
Redeker/von Oertzen	*Redeker/von Oertzen*, Verwaltungsgerichtsordnung, Kommentar, 14. Aufl. 2005
RE	Rechtsentscheid
RefE	Referentenentwurf
Reg.	Regierung
RegBetrVO	Regelbetrag-Verordnung (Art. 2 des KindUG) v. 6. 4. 1998 (BGBl. I S. 666, 668) idF der Ersten VO zur Änderung der RegBetrVO v. 25. 5. 1999 (BGBl. I S. 1100)
RegBl.	Regierungsblatt
RegE	Regierungsentwurf
RegVBG	Gesetz zur Vereinfachung und Beschleunigung registerrechtlicher und anderer Verfahren (Registerverfahrensbeschleunigungsgesetz) v. 20. 12. 1993 (BGBl. I S. 2182)
re. Sp.	rechte Spalte
RFH	Reichsfinanzhof
RG	Reichsgericht
RGBl.	Reichsgesetzblatt
RG-Praxis	Die Reichsgerichtspraxis im deutschen Rechtsleben, Festgabe der juristischen Fakultäten zum 50jährigen Bestehen des Reichsgerichts (1. Oktober 1929) in 6 Bänden, 1929
RGRK/*Bearbeiter*	Das Bürgerliche Gesetzbuch, Kommentar, hrsg. v. Mitgliedern des Bundesgerichtshofs, 12. Aufl. 1974–2000
R/G/S	*Rosenberg/Gaul/Schilken*, Zwangsvollstreckungsrecht, 11. Aufl. 1997
RGSt.	Sammlung von Entscheidungen des RG in Strafsachen (zitiert nach Band u. Seite)
RGZ	Sammlung von Entscheidungen des RG in Zivilsachen (zitiert nach Band u. Seite)
RhSchiffG	Rheinschiffahrtsgericht
RiA	Das Recht im Amt (Zeitschrift)
Riedel/Sußbauer/Bearbeiter	BRAGO, Bundesgebührenordnung für Rechtsanwälte, begr. v. *Riedel/Sußbauer* 9. Aufl. 2005
Rinsche	*Rinsche*, Die Haftung des Rechtsanwalts und des Notars, 7. Aufl. 2005
RIW	Recht der internationalen Wirtschaft (Zeitschrift, zeitweise AWD)
RJM	Reichsminister der Justiz
ROHG	Reichsoberhandelsgericht
ROHGE	Sammlung der Entscheidungen des ROHG (zitiert nach Band u. Seite)
Rohs/Wedewer/Belchhaus	*Rohs/Wedewer/Belchhaus*, Kostenordnung, Kommentar, Loseblatt
Rolland/Bearbeiter	Familienrecht-Kommentar (Fortführung des Kommentars zum 1. Eherechtsreformgesetz, 2. Aufl. 1982), hrsg. v. *Rolland*, Loseblatt

Rolland HRG .... *Rolland*, Gesetz zur Regelung von Härten im Versorgungsausgleich (HRG), Kommentar, 1983
Ro/S/Go .... *Rosenberg/Schwab/Gottwald*, Zivilprozessrecht, 16. Aufl. 2004
ROW .... Recht in Ost u. West (Zeitschrift)
Rpfl. .... Rechtspfleger
RpflBl. .... Rechtspflegerblatt (Zeitschrift)
Rpfleger .... Der Deutsche Rechtspfleger (Zeitschrift)
RpflEntlG .... Gesetz zur Entlastung der Rechtspflege v. 11. 1. 1993 (BGBl. I S. 50)
RPflG .... Rechtspflegergesetz v. 5. 11. 1969 (BGBl. I S. 2065)
RpflJB .... Rechtspflegerjahrbuch (Zeitschrift)
Rpfl. Stud. .... Rechtspfleger-Studienhefte (Zeitschrift)
RpflVereinfG .... Rechtspflege-Vereinfachungsgesetz v. 17. 12. 1990 (BGBl. I S. 2847)
r+s .... Recht und Schaden (Zeitschrift)
RSiedlG .... Reichssiedlungsgesetz v. 11. 8. 1919 (RGBl. I S. 1429)
Rspr. .... Rechtsprechung
RsprEinhG .... Gesetz zur Wahrung der Einheitlichkeit der Rechtsprechung der obersten Gerichtshöfe des Bundes v. 19. 6. 1968 (BGBl. I S. 661)
RÜG .... Gesetz zur Herstellung der Rechtseinheit in der gesetzlichen Renten- und Unfallversicherung (Renten-Überleitungsgesetz) v. 25. 7. 1991 (BGBl. I S. 1606)
RVG .... Gesetz über die Vergütung der Rechtsanwältinnen und Rechtsanwälte (Rechtsanwaltsvergütungsgesetz), Art. 3 des KostenRMoG, s. dort
RVGreport .... Gebührendienst für Rechtsanwälte (Zeitschrift, zitiert nach Jahr und Seite)
RVO .... Reichsversicherungsordnung idF d. Bek. v. 15. 12. 1924 (RGBl. I S. 779); teilweise aufgehoben durch Art. 35 Nr. 1 UVEG
S. .... Seite; Satz
s. a. .... siehe auch
SaBl. .... Sammelblatt für Rechtsvorschriften des Bundes und der Länder
SachenRBerG .... Gesetz zur Sachenrechtsbereinigung im Beitrittsgebiet (Sachenrechtsbereinigungsgesetz, Art. 1 des Gesetzes zur Änderung sachenrechtlicher Bestimmungen – SachenRÄndG) v. 21. 9. 1994 (BGBl. I S. 2457)
Sachs/Bearbeiter .... Grundgesetz, Kommentar, hrsg. v. *Sachs*, 4. Aufl. 2007
SAE .... Sammlung arbeitsrechtlicher Entscheidungen, Österreich (Zeitschrift; zitiert nach Jahr u. Nummer)
Sae/Bearbeiter .... *Saenger*, Zivilprozessordnung, Handkommentar, 2. Aufl. 2007
Schack .... *Schack*, Internationales Zivilverfahrensrecht, 4. Aufl. 2006
Schaub .... *Schaub*, Arbeitsrechts-Handbuch, 12. Aufl. 2007
ScheckG .... Scheckgesetz v. 14. 8. 1933 (RGBl. I S. 597)
Schellhammer .... *Schellhammer*, Zivilprozess, 12. Aufl. 2007
SchiedsVfG .... Gesetz zur Neuregelung des Schiedsverfahrensrechts (Schiedsverfahrens-Neuregelungsgesetz) v. 22. 12. 1997 (BGBl. I S. 3224)
SchiedsVZ .... Zeitschrift für Schiedsverfahren
SchiffG .... Schiffahrtsgericht
SchiffsRG .... Gesetz über Rechte an eingetragenen Schiffen und Schiffsbauwerken (Schiffsrechtegesetz) v. 15. 11. 1940 (RGBl. I S. 1499)
Schilken ZPR .... *Schilken*, Zivilprozeßrecht, 5. Aufl. 2006
Schilken GVR .... *Schilken*, Gerichtsverfassungsrecht, 4. Aufl. 2007
Sch/B/L .... *Schimansky/Bunte/Lwowski*, Bankrechts-Handbuch, 2 Bände, 3. Aufl. 2007
SchlG .... Schlichtungsgesetz
SchlH .... Schleswig-Holstein
SchlHA .... Schleswig-Holsteinische Anzeigen (Zeitschrift)
SchlHOLG .... Schleswig-Holsteinisches Oberlandesgericht
Schlosser Bd. I .... *Schlosser*, Zivilprozeßrecht, Bd. I, 2. Aufl. 1991
Schlosser Bd. II .... *Schlosser*, Zivilprozeßrecht, Bd. II, 1984
Schlosser EuZPR .... *Schlosser*, EU-Zivilprozessrecht, 2. Aufl. 2002
SchlStG .... Schiedsstellen- und Schlichtungsgesetz des Landes Sachsen-Anhalt v. 22. 6. 2001 (GVBl. S. 214)
Schlußanh. .... Schlußanhang
Schmidt-Räntsch .... *Schmidt-Räntsch*, Deutsches Richtergesetz, Kommentar, 6. Aufl. 2007
Schneider Beweis .... *Schneider*, Beweis und Beweiswürdigung, 5. Aufl. 1994

Schneider/Herget	*Schneider/Herget*, Streitwert-Kommentar für den Zivilprozeß in ABC-Form, 12. Aufl. 2004
Schneider/Mock	*Schneider/Mock*, Das neue Gebührenrecht für Anwälte, 2004
Schoch/Schmidt-Aßmann/ Pietzner/Bearbeiter	Verwaltungsgerichtsordnung, Kommentar, hrsg. v. *Schoch/Schmidt-Aßmann/ Pietzner*, Loseblatt
Schönke/Kuchinke	*Schönke/Kuchinke*, Zivilprozeßrecht, 9. Aufl. 1969
Schöner/Stöber	*Schöner/Stöber*, Grundbuchrecht, 14. Auflage 2008
Scholz/Stein/Bearbeiter	Praxishandbuch Familienrecht, hrsg. v. *Scholz/Stein*, Loseblatt, Stand 2006
Schoreit/Dehn	*Schoreit/Dehn*, Beratungshilfegesetz – Prozeßkostenhilfegesetz, 8. Aufl. 2004
Schrader/Steinert	*Schrader/Steinert*, Handbuch der Rechtspraxis, Zwangsvollstreckung in das bewegliche Vermögen, 8. Aufl. 2006
Schröder	*Schröder*, Internationale Zuständigkeit, 1971
Schröder-Kay/Bearbeiter	Das Kostenwesen der Gerichtsvollzieher, 12. Aufl. 2006
SchuldRAnpG	Gesetz zur Anpassung schuldrechtlicher Nutzungsverhältnisse an Grundstücken im Beitrittsgebiet (Schuldrechtsanpassungsgesetz, Art. 1 des Gesetzes zur Änderung schuldrechtlicher Bestimmungen im Beitrittsgebiet – SchuldRÄndG) v. 21. 9. 1994 (BGBl. I S. 2538)
SchuldRModG	Gesetz zur Modernisierung des Schuldrechts v. 26. 11. 2001 (BGBl. I S. 3138)
Schulze Rechtspr.	Rechtsprechung zum Urheberrecht, Entscheidungssammlung mit Anm., begr. v. *E. Schulze*, Loseblatt (zitiert nach Gericht u. Nr.)
Schuschke/Walker	*Schuschke/Walker*, Vollstreckung und vorläufiger Rechtsschutz, Band 1: Zwangsvollstreckung: §§ 704–915h ZPO, 3. Aufl. 2002; Band 2: Arrest, Einstweilige Verfügung, §§ 916–945 ZPO, 3. Aufl. 2005
Schütze	*Schütze*, Deutsches Internationales Zivilprozeßrecht, 1985
Schütze Schiedsrecht	*Schütze*, Schiedsgericht und Schiedsverfahren, 4. Aufl. 2007
Schütze/Tscherning/Wais	*Schütze/Tscherning/Wais*, Handbuch des Schiedsverfahrens, 2. Aufl. 1990
Schwab/Bearbeiter Familienrecht	Das neue Familienrecht, hrsg. v. *Schwab*, 1998
Schwab/Bearbeiter ScheidungsR	Handbuch des Scheidungsrechts, hrsg. v. *D. Schwab*, 5. Aufl. 2004
Schwab/Walter	*Schwab/Walter*, Schiedsgerichtsbarkeit, 7. Aufl. 2005
s. d.	siehe dort
SeuffA	Seufferts Archiv für Entscheidungen der obersten Gerichte in den deutschen Staaten (Zeitschrift, 1.1847–98.1944; zitiert nach Band u. Nr.)
SeuffBl	Seufferts Blätter für Rechtsanwendung (Zeitschrift, 72.1907–78.1913, vorher BlfRA, aufgegangen in BayZ; zitiert nach Band u. Seite)
Seuffert/Walsmann	*Seuffert/Walsmann*, Kommentar zur ZPO, 12. Aufl. 1932/33
SG	Sozialgericht
SGB	Sozialgesetzbuch
SGb.	Die Sozialgerichtsbarkeit (Zeitschrift)
SGG	Sozialgerichtsgesetz idF d. Bek. v. 23. 9. 1975 (BGBl. I S. 2535)
SGVNW	Sammlung des bereinigten Gesetz- und Verordnungsblattes für das Land Nordrhein-Westfalen, Loseblatt, 1962 ff.
SiG	Gesetz zur digitalen Signatur (Signaturgesetz) v. 22. 7. 1997 (BGBl. I S. 1872)
SJZ	Süddeutsche Juristenzeitung (Zeitschrift, 1.1946–5.1950, vereinigt mit DRZ zu JZ)
Smid	*Smid*, Grundzüge des neuen Insolvenzrechts, 4. Aufl. 2002
Smid/Bearbeiter	Insolvenzordnung, hrsg. v. *Smid*, 2. Aufl. 2001
s. o.	siehe oben
Sodan/Ziekow/Bearbeiter	Nomos-Kommentar zur Verwaltungsgerichtsordnung, hrsg. v. *Sodan/Ziekow*, Loseblatt
Soergel/Bearbeiter	Bürgerliches Gesetzbuch mit Einführungsgesetz und Nebengesetzen, begründet von *Soergel*, 12. Aufl. 1987–1999, 13. Aufl. 1999ff.
sog.	sogenannt(e)
SorgerechtsÄndG	Gesetz zur Neuregelung des Rechts der elterlichen Sorge v. 18. 7. 1979 (BGBl. I S. 1061)
SorgeRÜbkAG	Gesetz zur Ausführung des Haager Übereinkommens v. 25. 10. 1980 über die zivilrechtlichen Aspekte internationaler Kindesentführung und des Euro-

	päischen Übereinkommens v. 20. 5. 1980 über die Anerkennung und Vollstreckung von Entscheidungen über das Sorgerecht für Kinder und die Wiederherstellung des Sorgeverhältnisses (Sorgerechtsübereinkommens-Ausführungsgesetz) v. 5. 4. 1990 (BGBl. I S. 701); s. a. HaagKindEÜbk. u. EuSorgeRÜbk.
SozR	Sozialrecht, Rechtsprechung und Schrifttum, bearbeitet von den Richtern des Bundessozialgerichts (Zeitschrift)
SozVers.	Die Sozialversicherung (Zeitschrift)
Sp.	Spalte
span.	spanisch(er)
SpruchG	Gesetz über das gesellschaftsrechtliche Spruchverfahren (Spruchgesetz) v. 12. 6. 2003 (BGBl. I S. 838)
st.	ständig
Staat	Der Staat. Zeitschrift für Staatslehre, öffentliches Recht und Verfassungsgeschichte (zitiert nach Band u. Seite)
Stadler, Schutz des Unternehmensgeheimnisses	*Stadler*, Astrid, Der Schutz des Unternehmensgeheimnisses im deutschen und US-amerikanischen Zivilprozeß und im Rechtshilfeverfahren, 1989
StAG	Staatsangehörigkeitsgesetz, früher RuStAG, Bezeichnung geändert durch das Gesetz zur Reform des Staatsangehörigkeitsrechts v. 15. 7. 1999 (BGBl. I S. 1618)
StAnz.	Staatsanzeiger
Staub/Bearbeiter	Großkommentar zum HGB und seinen Nebengesetzen, begr. v. *Staub*, 4. Aufl. 1983 ff.
Staudinger/Bearbeiter	Kommentar zum Bürgerlichen Gesetzbuch, begr. von *Staudinger*, 12. Aufl. 1978–1999, 13. Aufl. 1993 ff.
StAZ	Das Standesamt (Zeitschrift)
StB	Der Steuerberater (Zeitschrift)
StBerG	Steuerberatungsgesetz idF d. Bek. v. 4. 11. 1975 (BGBl. I S. 2735)
Steiner/Bearbeiter	Zwangsversteigerung und Zwangsverwaltung, begr. v. *Steiner*, 9. Aufl. 1984–1986
Sten. Prot.	Stenographisches Protokoll
StGB	Strafgesetzbuch
StGH	Staatsgerichtshof
stillschw.	stillschweigend
St/J/Bearbeiter	*Stein/Jonas*, Zivilprozeßordnung, Kommentar, begr. v. *Gaupp/Stein/Jonas*, 21. Aufl. 1993 ff.; 22. Aufl. 2002 ff., bisher erschienen: Bd. 1 (Einl., §§ 1–40), Bd. 2 (§§ 41–127a), Bd. 3 (§§ 128–252), Bd. 5 (§§ 328–510b), Bd. 7 (§§ 704–827), Bd. 8 (§§ 828–915h), Bd. 9 (§§ 916–1068; EGZPO)
Stöber	*Stöber*, Forderungspfändung, 14. Aufl. 2005
Stöber ZVG	*Stöber*, Handbuch der Rechtspraxis, Zwangsvollstreckung in das unbewegliche Vermögen, 8. Aufl. 2007
Stöber ZVerstG	*Stöber*, Zwangsversteigerungsgesetz, 18. Aufl. 2006
Stollenwerk	*Stollenwerk*, Praxishandbuch Unterhaltsrecht, 2. Aufl. 1998
Storz	*Storz*, Praxis des Zwangsversteigerungsverfahrens, 10. Aufl. 2007
StPO	Strafprozeßordnung idF d. Bek. v. 7. 4. 1987 (BGBl. I S. 1074)
str.	streitig
StrEG	Gesetz über Entschädigungen für Strafverfolgungsmaßnahmen v. 8. 3. 1971 (BGBl. I S. 157)
st. Rspr.	ständige Rechtsprechung
Stürner Aufklärungspflicht	*Stürner*, Die Aufklärungspflicht der Parteien des Zivilprozesses, 1976
Stürner, Richterliche Aufklärung	*Stürner*, Die richterliche Aufklärung im Zivilprozeß, 1982
StuW	Steuer und Wirtschaft (Zeitschrift)
StV	Strafverteidiger (Zeitschrift)
StVG	Straßenverkehrsgesetz idF v. 5. 3. 2003 (BGBl. I S. 310, 919)
StVK	Strafvollstreckungskammer
StVO	Straßenverkehrs-Ordnung v. 16. 11. 1970 (BGBl. I S. 1565, ber. 1971 I S. 38)

StVollzG .... Strafvollzugsgesetz v. 16. 3. 1976 (BGBl. I S. 581)
StVZO .... Straßenverkehrs-Zulassungs-Ordnung idF d. Bek. v. 28. 9. 1988 (BGBl. I S. 1793)
s. u. .... siehe unten
SVertO .... Gesetz über das Verfahren bei der Errichtung und Verteilung eines Fonds zur Beschränkung der Haftung in der See- und Binnenschifffahrt (Schifffahrtsrechtliche Verteilungsordnung) idF d. Bek. v. 23. 3. 1999 (BGBl. I S. 531)
Sydow/Busch .... *Sydow/Busch/Krantz/Triebel*, ZPO, Kommentar, 22. Aufl. 1941
Tempel/Theimer Bd. I ... *Tempel/Theimer*, Mustertexte zum Zivilprozess, Band I: Erkenntnisverfahren erster Instanz, 6. Aufl. 2006
Tempel/Theimer Bd. II .. *Tempel/Theimer*, Mustertexte zum Zivilprozess, Band II: Arrest, einstweilige Verfügung, Zwangsvollstreckung, Kostenwesen, Rechtsmittel und Prozessvergleich – Relationstechnik, 6. Aufl. 2007
TKG .... Telekommunikationsgesetz v. 25. 7. 1996 (BGBl. I S. 1120)
T/P/Bearbeiter .... *Thomas/Putzo*, Zivilprozessordnung mit Gerichtsverfassungsgesetz und den Einführungsgesetzen, hrsg. v. *Thomas/Putzo* unter Mitarbeit von *Reichold* und *Hüßtege*, 28. Aufl. 2007
TransportR .... Transportrecht (Zeitschrift; bis 2.1979: Transport- und Speditionsrecht)
u. .... und; unten; unter
UÄndG .... Gesetz zur Änderung unterhaltsrechtlicher, verfahrensrechtlicher und anderer Vorschriften v. 20. 2. 1986 (BGBl. I S. 301)
u. Ä. .... und Ähnliche(s)
überwM .... überwiegende Meinung
Übk. .... Übereinkommen
UFITA .... Archiv für Urheber-, Film-, Funk- und Theaterrecht (Zeitschrift)
Uhlenbruck .... Insolvenzordnung, hrsg. v. *Uhlenbruck*, 12. Aufl. 2003
UJ .... Unsere Jugend (Zeitschrift)
UKlaG .... Gesetz über Unterlassungsklagen bei Verbraucherrechts- und anderen Verstößen (Unterlassungsklagengesetz), Art. 3 des Gesetzes zur Modernisierung des Schuldrechts vom 26. 11. 2001 (BGBl. I S. 3138)
umst. .... umstritten
UmweltHG .... Umwelthaftungsgesetz (Art. 1 des Gesetzes über die Umwelthaftung) v. 10. 12. 1990 (BGBl. I S. 2634)
UmwG .... Umwandlungsgesetz v. 28. 10. 1994 (BGBl. I S. 3210, ber. 1995 I S. 428)
UN .... United Nations
UNCITRAL .... United Nations Commission on International Trade Law (Kommission der Vereinten Nationen für Internationales Handelsrecht)
UNCTAD .... United Nations Conference of Trade and Development
UNIDROIT .... Institut International pour l'Unification du Droit Privé
UNO .... United Nations Organization
unstr. .... unstreitig
UntÄndG .... Gesetz zur vereinfachten Abänderung v. Unterhaltsrenten v. 29. 7. 1976 (BGBl. I S. 2029)
UntVorschG .... Gesetz zur Sicherung des Unterhalts von Kindern alleinstehender Mütter und Väter durch Unterhaltsvorschüsse oder Ausfalleistungen (Unterhaltsvorschußgesetz) idF d. Bek. v. 2. 1. 2002 (BGBl. I S. 2, 615)
UNÜbkSchdG .... UN-Übereinkommen v. 10. 6. 1958 über die Anerkennung und Vollstrekkung ausländischer Schiedssprüche, G v. 15. 3. 1961 (BGBl. II S. 121), in Kraft getreten am 28. 9. 1961 aufgrund Bek. v. 23. 3. 1962 (BGBl. II S. 102)
UNUÜ 1956 .... UN-Übereinkommen v. 20. 6. 1956 über die Geltendmachung von Unterhaltsansprüchen im Ausland, G v. 26. 2. 1959 (BGBl. II S. 149), in Kraft getreten am 19. 8. 1959 aufgrund Bek. v. 20. 11. 1959 (BGBl. II S. 1377)
UrhG .... Gesetz über Urheberrecht und verwandte Schutzrechte (Urheberrechtsgesetz) v. 9. 9. 1965 (BGBl. I S. 1273)
Urk. .... Urkunde
Urt. .... Urteil
UStG .... Umsatzsteuergesetz
usf. .... und so fort
usw. .... und so weiter
uU .... unter Umständen

UVG	s. UntVorschG
UWG	Gesetz gegen den unlauteren Wettbewerb v. 7. 6. 1909 (RGBl. I S. 499)
VAG	Gesetz über die Beaufsichtigung der privaten Versicherungsunternehmen (Versicherungsaufsichtsgesetz) idF d. Bek. v. 17. 12. 1992 (BGBl. I S. 2)
VAHRG	Gesetz zur Regelung von Härten im Versorgungsausgleich v. 21. 2. 1983 (BGBl. I S. 105)
VAÜG	Gesetz zur Überleitung des Versorgungsausgleichs auf das Beitrittsgebiet (Versorgungsausgleichs-Überleitungsgesetz, Art. 31 des RÜG) v. 25. 7. 1991 (BGBl. I S. 1606, 1702)
vAw.	von Amts wegen
VB	Vollstreckungsbescheid
VBL	Versorgungsanstalt des Bundes und der Länder
VBlBW	Verwaltungsblätter für Baden-Württemberg (Zeitschrift)
VerBAV	Veröffentlichungen des Bundesaufsichtsamtes für das Versicherungswesen (Zeitschrift; bis 21.1972: Versicherungs- und Bausparwesen)
VerbrGüK-RL	Richtlinie 1999/44/EG des Europäischen Parlaments und des Rates v. 25. 5. 1999 zu bestimmten Aspekten des Verbrauchsgüterkaufs und der Garantien für Verbrauchsgüter, ABl. EG Nr. L 171 S. 12
VerbrKrG	Verbraucherkreditgesetz v. 17. 12. 1990 (BGBl. I S. 2840), aufgehoben durch SchuldRModG
VereinfVerf.	Vereinfachtes Verfahren (zur Unterhaltstiteländerung), siehe UntÄndG
VereinsG	Gesetz zur Regelung des öffentlichen Vereinsrechts (Vereinsgesetz) v. 5. 8. 1964 (BGBl. I S. 593)
Verf.	Verfahren; Verfassung
VerfGH	Verfassungsgerichtshof
VerfOEGMR	Verfahrensordnung des Europäischen Gerichtshofes für Menschenrechte v. 26. 1. 1989 idF d. Bek. v. 27. 11. 1989 (BGBl. II S. 955)
VerfOEKMK	Verfahrensordnung der Europäischen Kommission für Menschenrechte v. 4. 9. 1990, idF d. Bek. v. 29. 5. 1991 (BGBl. II S. 838)
VerfOEuGH	Verfahrensordnung des Gerichtshofes der Europäischen Gemeinschaften v. 19. 6. 1991 (AblEG Nr. L 176 v. 4. 7. 1991 S. 7, ber. Nr. L 383 v. 29. 12. 1992 S. 117)
VerglO	Vergleichsordnung v. 26. 2. 1935 (RGBl. I S. 321, ber. S. 356); aufgehoben durch Art. 2 Nr. 1 EGInsO
VerkProspG	Wertpapier-Verkaufsprospektgesetz (Verkaufsprospektgesetz) v. 9. 9. 1998 (BGBl. I S. 2701)
VerlG	Gesetz über das Verlagsrecht v. 19. 6. 1901 (RGBl. I S. 217)
VermG	Gesetz zur Regelung offener Vermögensfragen (Vermögensgesetz) idF d. Bek. v. 21. 12. 1998 (BGBl. I S. 4026)
VersN	Der Versicherungsnehmer (Zeitschrift, 1.1949–20.1968)
VersorgAusglHärteG	s. VAHRG
VersR	Versicherungsrecht (Zeitschrift)
VersRdsch.	Versicherungsrundschau (Zeitschrift)
VersW	Versicherungswirtschaft (Zeitschrift)
VerwArch.	Verwaltungsarchiv (Zeitschrift)
VerwRdsch.	Verwaltungsrundschau (Zeitschrift)
VerwRspr.	Verwaltungsrechtsprechung in Deutschland (Zeitschrift, 1.1949–32.1981; zitiert nach Band u. Seite)
Vfg.	Verfügung
VG	Verwaltungsgericht
VGH	Verwaltungsgerichtshof
vgl.	vergleiche
vH	von (vom) Hundert
VHG	Gesetz über die richterliche Vertragshilfe (Vertragshilfegesetz) v. 26. 3. 1952 (BGBl. I S. 198)
VIZ	Zeitschrift für Vermögens- und Immobilienrecht (bis 6.1996: ... für Vermögens- und Investitionsrecht)
VO	Verordnung
VOB Teil A/B	Verdingungsordnung für Bauleistungen, Teil A: Allg. Best. für die Vergabe von Bauleistungen, Teil B: Allg. Vertragsbedingungen für die Ausführung

von Bauleistungen v. 9. 7. 1996 (BAnz. Nr. 125a, in der Fassung des Ergänzungsbandes 1998, BAnz. Nr. 125)

VOBl. .... Verordnungsblatt
Vol. .... Volume (= Band)
Vollstr. .... Vollstreckung
VollstrVergV .... Verordnung über die Vergütung von Beamten im Vollstreckungsdienst (Vollstreckungsvergütungsverordnung) v. 8. 7. 1976 (BGBl. I S. 1783)
Voraufl. .... Vorauflage
Vorb. .... Vorbemerkung(en)
VormG .... Vormundschaftsgericht
VR .... Verkehrsrechtliche Rundschau (Zeitschrift, 1.1921/22–23.1944); s. a. VerkRdsch.
VRS .... Verkehrsrechts-Sammlung (Zeitschrift; zitiert nach Band u. Seite)
VSSR .... Vierteljahresschrift für Sozialrecht (Zeitschrift)
VSV .... Verbraucherschutzverband
VuR .... Verbraucher und Recht (Zeitschrift)
VV .... Vergütungsverzeichnis, Anlage 1 (zu § 2 Abs. 2) des RVG
VVaG .... Versicherungsverein auf Gegenseitigkeit
VVDStRL .... Veröffentlichungen der Vereinigung Deutscher Staatsrechtslehrer (Zeitschrift)
VVG .... Gesetz über den Versicherungsvertrag v. 30. 5. 1908 (RGBl. I S. 263)
VwGO .... Verwaltungsgerichtsordnung idF d. Bek. v. 19. 3. 1991 (BGBl. I S. 686)
VwVfG .... Verwaltungsverfahrensgesetz des Bundes idF d. Bek. v. 23. 1. 2003 (BGBl. I S. 102)
VwVG .... Verwaltungs-Vollstreckungsgesetz v. 27. 4. 1953 (BGBl. I S. 157)
VwZG .... Verwaltungszustellungsgesetz v. 3. 7. 1952 (BGBl. I S. 379)
VZS .... Vereinigte Zivilsenate
WahlO .... Wahlordnung
WahrnG .... Gesetz über die Wahrnehmung von Urheberrechten und verwandten Schutzrechten (Urheberrechtswahrnehmungsgesetz) v. 9. 9. 1965 (BGBl. I S. 1294) und v. 24. 6. 1985 (BGBl. I S. 1137)
WarnR .... Rechtsprechung des Reichsgerichts, hrsg. v. *Warneyer* (Entscheidungssammlung, 1.1908–33.1941; zitiert nach Jahr und Nr.; ab 1958/59 fortgesetzt als BGH Warn.)
Walker .... *Walker*, Der einstweilige Rechtsschutz im Zivilprozeß und im arbeitsgerichtlichen Verfahren, 1993
Warn. .... s. BGHWarn.
WEG .... Gesetz über das Wohnungseigentum und das Dauerwohnrecht (Wohnungseigentumsgesetz) v. 15. 3. 1951 (BGBl. I S. 175)
Weise .... *Weise*, Praxis des selbständigen Beweisverfahrens, 1994
Weisemann/Smid/ Bearbeiter .... Handbuch Unternehmensinsolvenz, hrsg. v. *Weisemann/Smid*, 1999
Weitnauer/Bearbeiter ... *Weitnauer/Hauger/Lüke/Mansel*, Wohnungseigentumsgesetz, 9. Aufl. 2004
Wendl/Staudigl/Bearbeiter Das Unterhaltsrecht in der familienrichterlichen Praxis, begr. v. *Wendl/Staudigl*, 6. Aufl. 2004
Wenz .... *Wenz*, Zwangsvollstreckungsrecht, 4. Aufl. 2002
Werner/Pastor .... *Werner/Pastor*, Der Bauprozess, 11. Aufl. 2005
Wertenbruch .... *Wertenbruch*, Die Haftung von Gesellschaften und Gesellschaftsanteilen in der Zwangsvollstreckung, 2000
wg. .... wegen
WG .... Wechselgesetz v. 21. 6. 1933 (RGBl. I S. 399)
WHG .... Gesetz zur Ordnung des Wasserhaushalts (Wasserhaushaltsgesetz) idF d. Bek. v. 12. 11. 1996 (BGBl. I S. 1695)
WiB .... Wirtschaftsrechtliche Beratung (Zeitschrift, 1. 1994–4. 1997, aufgegangen in NZG)
Wiecz/Sch/Bearbeiter .... *Wieczorek/Schütze*, Zivilprozeßordnung und Nebengesetze, Kommentar, begr. von *Wieczorek*, hrsg. von Schütze, 2. Auflage 1976–1989, 3. Aufl. 1994 ff., bisher erschienen: Bd. 1 Teilbd. 1 (Einl., §§ 1–49), Teilbd. 2 (§§ 50–127a), Bd. 2 Teilb. 1 (§ 128–252), Bd. 3 Teilbd. 2 (§§ 592–703d),

	Bd. 4 Teilbd. 1 (§§ 704–807), Teilbd. 2 (§§ 808–915h), Bd. 5 (§§ 916–1048, GVG)
WiGBl.	Gesetzblatt der Verwaltung des Vereinigten Wirtschaftsgebietes
1. WiKG	Erstes Gesetz zur Bekämpfung der Wirtschaftskriminalität v. 29. 7. 1976 (BGBl. I S. 2034)
WiPO	Gesetz über eine Berufsordnung der Wirtschaftsprüfer (Wirtschaftsprüferordnung) idF d. Bek. v. 5. 11. 1975 (BGBl. I S. 2803)
WiSta	Wirtschaft und Statistik (Zeitschrift)
wistra	Zeitschrift für Wirtschaft, Steuer und Strafrecht
2. WKSchG	Zweites Gesetz über den Kündigungsschutz für Mietverhältnisse über Wohnraum (Zweites Wohnraumkündigungsschutzgesetz) v. 18. 12. 1974 (BGBl. I S. 3603)
WM	Zeitschrift für Wirtschafts- und Bankrecht, Wertpapiermitteilungen Teil IV
WobauG	Erstes Wohnungsbaugesetz idF d. Bek. v. 25. 8. 1953 (BGBl. I S. 1047)
2. WobauG	Zweites Wohnungsbaugesetz (Wohnungsbau- und Familienheimgesetz) idF d. Bek. v. 19. 8. 1994 (BGBl. I S. 2137)
WoGG	Wohngeldgesetz idF d. Bek. v. 1. 2. 1993 (BGBl. I S. 183)
WoGV	Wohngeldverordnung idF d. Bek. v. 30. 9. 1992 (BGBl. I S. 1686)
Wohlfahrt Bd. 1	*Wohlfahrt*, Familienrecht, Band 1: Scheidungs-, Sorge-, Umgangs-, Hausrats- und Kindschaftssachen, 2. Aufl. 2001
Wohlfahrt Bd. 2	*Wohlfahrt*, Familienrecht, Band 2: Unterhalts- und Güterrecht, 2. Aufl. 2001
Wolf	*M. Wolf*, Gerichtsverfassungsrecht aller Verfahrenszweige, 6. Aufl. 1987
Wolf/Horn/Lindacher	*M. Wolf/Horn/Lindacher*, AGB-Gesetz, Kommentar, 4. Auflage 1999
Wolfsteiner	*Wolfsteiner*, Die vollstreckbare Urkunde, 1978
WoM	Wohnungswirtschaft und Mietrecht (Zeitschrift)
WP	Wahlperiode; Wirtschaftsprüfer
WPg.	Die Wirtschaftsprüfung (Zeitschrift)
WpHG	Gesetz über den Wertpapierhandel (Wertpaperhandelsgesetz) v. 9.9. 1998 (BGBl. I S. 2708)
WpÜG	Wertpapiererwerbs- und Übernahmegesetz v. 20. 12. 2001 (BGBl. I S. 2701)
WRP	Wettbewerb in Recht und Praxis (Zeitschrift)
WRV	Verfassung des Deutschen Reiches (Weimarer Reichsverfassung) v. 11. 8. 1919 (RGBl. I S. 1383)
WSG	Gesetz über die Geld- und Sachbezüge und die Heilfürsorge der Soldaten, die auf Grund der Wehrpflicht Wehrdienst leisten (Wehrsoldgesetz) idF d. Bek. v. 24. 1. 1996 (BGBl. I S. 105)
WuB	Entscheidungssammlung zum Wirtschafts- und Bankrecht mit Anm., Loseblatt (zitiert nach Ordnungsnummer, Gesetz , sofern nicht die ZPO gemeint ist, §, sofern sich die Gesetzesstelle nicht auf den gerade kommentierten Paragraphen bezieht, Jahrgang und – in Klammerzusatz – Name des Verfassers des Kurzkommentars)
WÜD	Wiener Übereinkommen v. 18. 4. 1961 über diplomatische Beziehungen, G v. 6. 8. 1964 (BGBl. II S. 957, 1006, 1018), in Kraft getreten am 11. 12. 1964 aufgrund Bek. v. 13. 2. 1965 (BGBl. II S. 147)
WÜK	Wiener Übereinkommen v. 24. 4. 1963 über konsularische Beziehungen, G v. 26. 8. 1969 (BGBl. II S. 1585, 1674, 1688), in Kraft getreten am 7. 10. 1971 aufgrund Bek. v. 30. 11. 1971 (BGBl. II S. 1285)
WuM	vgl. WoM
WuR	Wirtschaft und Recht (Zeitschrift)
WürttNotV	Mitteilungen aus der Praxis, herausgegeben vom Württembergischen Notarverein (Zeitschrift, 1.1907/10–20.1954, dann BWNotZ)
WürttRpflZ	Württembergische Zeitschrift für Rechtspflege und Verwaltung
WuW	Wirtschaft und Wettbewerb (Zeitschrift)
WuW/E	Wirtschaft und Wettbewerb – Entscheidungssammlung zum Kartellrecht
WZG	Warenzeichengesetz idF d. Bek. v. 2. 1. 1968 (BGBl. I S. 29); aufgehoben durch MarkenG
z.	zur, zum
ZAkDR	Zeitschrift der Akademie für Deutsches Recht (1.1934–11.1944)
ZaöRV	Zeitschrift für ausländisches öffentliches Recht und Völkerrecht (zitiert nach Band u. Seite; in Klammern Erscheinungsjahr des jeweiligen Bandes)

ZAP .... Zeitschrift für die Anwaltspraxis
ZBB .... Zeitschrift für Bankrecht und Bankwirtschaft
ZBlJugR .... s. ZfJ
ZblSozVers. .... Zentralblatt für Sozialversicherung, Sozialhilfe und -versorgung (Zeitschrift)
ZBR .... Zeitschrift für Beamtenrecht
ZDG .... s. ZivildienstG
Zeiss/Schreiber .... *Zeiss/Schreiber*, Zivilprozeßrecht, 10. Aufl. 2003
Zeller/Stöber .... *Zeller/Stöber*, Zwangsversteigerungsgesetz, 16. Aufl. 1999, ab 17. Aufl.: Stöber s. dort
ZESG .... Gesetz über die Entschädigung von Zeugen und Sachverständigen idF d. Bek. v. 1. 10. 1969 (BGBl. I S. 1753), aufgehoben durch Art. 6 Nr. 2 KostenRMoG
ZEuP .... Zeitschrift für Europäisches Privatrecht
ZfA .... Zeitschrift für Arbeitsrecht
ZfBR .... Zeitschrift für deutsches und internationales Baurecht
ZfF .... Zeitschrift für das Fürsorgewesen
ZfgG .... s. ZgesGenW
ZfIR .... Zeitschrift für Immobilienrecht
ZfJ .... Zentralblatt für Jugendrecht (früher: und Jugendwohlfahrt) (Zeitschrift)
ZfRV .... Zeitschrift für Rechtsvergleichung
ZfS .... Zeitschrift für Schadensrecht
ZfSH .... Zeitschrift für Sozialhilfe (ab 22.1983:) und Sozialgesetzbuch
ZfV .... Zeitschrift für Versicherungswesen
ZGB .... Schweizerisches Zivilgesetzbuch
ZGB-DDR .... Zivilgesetzbuch der Deutschen Demokratischen Republik
ZgesGenW .... Zeitschrift für das gesamte Genossenschaftswesen
ZgesStaatsW .... (ZgS) Zeitschrift für die gesamte Staatswissenschaft
ZgesStrafW .... s. ZStW
ZGR .... Zeitschrift für Unternehmens- und Gesellschaftsrecht
ZHR .... Zeitschrift für das gesamte Handelsrecht und Wirtschaftsrecht, begr. v. *Goldschmidt* (bis 59.1906: Zeitschrift für das gesamte Handelsrecht; 60.1907–123.1951: und Konkursrecht) (zitiert nach Band u. Seite; in Klammern Erscheinungsjahr des jeweiligen Bandes)
Zi .... *Zimmermann*, ZPO, Kommentar, 8. Aufl. 2007
Zi Fallrep. .... *Zimmermann*, ZPO-Fallrepetitorium, 5. Aufl. 2004
Zi FG .... *Zimmermann*, Praktikum der freiwilligen Gerichtsbarkeit, 6. Aufl. 2004
Zi PKH .... *Zimmermann*, Prozeßkostenhilfe in Familiensachen, 2. Aufl. 2000
Ziff. .... Ziffer(n)
ZInsO .... Zeitschrift für das gesamte Insolvenzrecht
ZIP .... Zeitschrift für Wirtschaftsrecht (1.1980,1–7: Insolvenzrecht; 1.1980,8–3.1982: Zeitschrift für Wirtschaftsrecht und Insolvenzpraxis)
ZIR .... Zeitschrift für internationales Recht (früher NiemeyersZ); Zeitschrift für Immobilienrecht
ZKredW .... Zeitschrift für das gesamte Kreditwesen
ZMR .... Zeitschrift für Miet- und Raumrecht (ab 5.1952, vorher HMR)
ZNotP .... Zeitschrift für die Notarpraxis
Zö/Bearbeiter .... *Zöller*, Kommentar zur ZPO, begr. v. *Zöller*, 26. Aufl. 2007
ZPO .... Zivilprozeßordnung
ZPO-RG .... Gesetz zur Reform des Zivilprozesses (Zivilprozessreformgesetz – ZPO-RG) vom 27. Juli 2001, BGBl. I S. 1887
ZRHO .... Rechtshilfeordnung für Zivilsachen idF d. Bek. v. 26. 2. 1976 (BayJMBl. S. 63), zuletzt geändert durch Bek. v. 3. 2. 1994 (BayJMBl. S. 38)
ZRP .... Zeitschrift für Rechtspolitik
ZS .... Zivilsenat
ZSchweizR .... Zeitschrift für schweizerisches Recht
ZSEG .... Gesetz über die Entschädigung von Zeugen und Sachverständigen idF d. Bek. v. 1. 10. 1969 (BGBl. I S. 1756), aufgehoben durch Art. 6 Nr. 2 KostenRMoG zum 1. Juli 2004
ZSR .... Zeitschrift für Sozialreform
ZSW .... Zeitschrift für das gesamte Sachverständigenwesen (1.1980–10.1989)
zT .... zum Teil

Abkürzungsverzeichnis

ZUM	Zeitschrift für Urheber- und Medienrecht
zust.	zuständig, zustimmend
ZustDG	Gesetz zur Durchführung gemeinschaftlicher Vorschriften über die Zustellung gerichtlicher und außergerichtlicher Schriftstücke in Zivil- oder Handelssachen in den Mitgliedsstaaten vom 9. Juli 2001, BGBl. I, S. 1536
ZustG	Zustimmungsgesetz
zutr.	zutreffend
ZustUrk.	Zustellungsurkunde
z. Veröff. best	zur Veröffentlichung bestimmt
ZVersWes.	Zeitschrift für Versicherungswesen
ZVersWiss.	Zeitschrift für die gesamte Versicherungswissenschaft, s. a. VersArch.
ZVG	Gesetz über die Zwangsversteigerung und Zwangsverwaltung idF d. Bek. v. 20. 5. 1898 (RGBl. I S. 713)
ZVGÄndG	Gesetz zur Änderung des Gesetzes über die Zwangsversteigerung und die Zwangsverwaltung v. 18. 2. 1998 (BGBl. I S. 866)
ZVglRWiss.	Zeitschrift für vergleichende Rechtswissenschaft (zitiert nach Band u. Seite; in Klammern Erscheinungsjahr des jeweiligen Bandes)
ZVP	Zeitschrift für Verbraucherpolitik
2. ZwVÄndG	Zweites Gesetz zur Änderung zwangsvollstreckungsrechtlicher Vorschriften (2. Zwangsvollstreckungsnovelle) v. 17. 12. 1997 (BGBl. I S. 3039, ber. 1998 I S. 583)
ZwVerst.	Zwangsversteigerung
ZwVerw.	Zwangsverwaltung
zZ	zur Zeit
ZZP	Zeitschrift für (bis 62.1942: Deutschen) Zivilprozeß (zitiert nach Band u. Seite; in Klammern Erscheinungsjahr des jeweiligen Bandes)
ZZPInt	Zeitschrift für Zivilprozess International (zitiert nach Band u. Seite; in Klammern Erscheinungsjahr des jeweiligen Bandes)

ZIVILPROZESSORDNUNG

Vom 30. Januar 1877 (RGBl. S. 83)
in der Fassung der Bekanntmachung vom 5. Dezember 2005
(BGBl. I S. 3202, Ber. v. 14. 2. 2006, BGBl. I S. 431; Ber. 24. 7. 2007, BGBl. I S. 1781)
(BGBl. III/FNA 310-4)

Zuletzt geändert durch Gesetz vom 21. 12. 2007
(BGBl. I S. 3189)

Einleitung

Übersicht

I. Zivilprozess

1. Begriff. Als Zivilprozess wird das vor staatlichen Gerichten stattfindende gesetzlich geregelte Verfahren in bürgerlichen Rechtsstreitigkeiten (§ 13 GVG) bezeichnet, das auf die Feststellung und Durchsetzung privater Rechte des Einzelnen gerichtet ist. In Ausnahmefällen werden mit dem Zivilprozess öffentliche Interessen verfolgt, wie dies bei der Verbandsklage gemäß § 13 UWG und bei Klagen zur Durchsetzung von Ansprüchen bei Verbraucherrechts- und anderen Verstößen auf der Grundlage des Unterlassungsklagengesetzes geschieht.[1] Wenn auch im Regelfall die Prozessparteien kontroverse Standpunkte einnehmen und über das vom Kläger geltend gemachte Recht streiten, muss nicht jeder Zivilprozess als Rechtsstreit geführt werden. In Fällen der Säumnis des Beklagten (§ 331) oder des sofortigen Anerkenntnisses des klägerischen Anspruchs (§ 307) geht der Entscheidung des Gerichts in der Sache keine streitige Verhandlung voraus. Der Rechtsstreit ist also kein wesensbestimmendes Merkmal des Zivilprozesses, wie umgekehrt Rechtsstreitigkeiten auch außerhalb der staatlichen Gerichte durch Vergleich zB gemäß §§ 796a ff. beendet oder in einem schiedsgerichtlichen Verfahren (§§ 1025ff.) entschieden werden können. 1

2. Arten. Der Zivilprozess gliedert sich in das Erkenntnisverfahren und in das im Achten Buch der ZPO geregelte Verfahren der Zwangsvollstreckung. Während das **Erkenntnisverfahren** darauf gerichtet ist, über 2

[1] *Ro/S/Go* § 1 Rn. 8, § 47; *Palandt/Bassenge* vor § 1 UKlaG Rn. 2.

das vom Kläger geltend gemachte Recht zu entscheiden, geht es im **Zwangsvollstreckungsverfahren** um die Durchsetzung des dem Kläger nach dem Vollstreckungstitel zustehenden Anspruchs. Beide Verfahren sind nicht notwendigerweise verknüpft. Erfüllt der Beklagte freiwillig den vom Gericht festgestellten Anspruch des Klägers, dann kommt es nicht zu einem Zwangsvollstreckungsverfahren. Andererseits muss einem Zwangsvollstreckungsverfahren nicht zwingend eine gerichtliche Feststellung der zwangsweise durchzusetzenden Rechte vorausgehen, weil es neben dem Urteil auch andere vollstreckbare Schuldtitel gibt (vgl. § 794).

3 Aus unterschiedlichen Erwägungen hat der Gesetzgeber für bestimmte zivilgerichtliche Verfahren Sonderregelungen aufgestellt, die sie zu einer besonderen Prozessart werden lassen. Hierzu zählen das Verfahren vor den Amtsgerichten (§§ 495 bis 510b), der Urkunden-, Wechsel- und Scheckprozess (§§ 592 bis 605a), das Verfahren in Familiensachen (§§ 606 bis 632), das Verfahren in Kindschaftssachen (§§ 640 bis 641i), das Verfahren über den Unterhalt (§§ 642 bis 660), das Mahnverfahren (§§ 688 bis 703d), das summarische Erkenntnisverfahren auf Erlass eines Arrestes oder einer einstweiligen Verfügung (§§ 916 bis 945), das Aufgebotsverfahren (§§ 946 bis 1024) und das schiedsgerichtliche Verfahren (§§ 1025 bis 1066).

4 Der sog. streitigen Gerichtsbarkeit (vgl. aber Rn. 1) steht die freiwillige Gerichtsbarkeit gegenüber. Beide sind Teile der Zivilgerichtsbarkeit, wobei für die freiwillige Gerichtsbarkeit die Besonderheit gilt, dass für sie im FGG eine eigenständige, für die ihr zugewiesenen Rechtssachen besser passende Verfahrensregelung getroffen wird. Eine klare begriffliche, materielle Abgrenzung der Angelegenheiten der freiwilligen Gerichtsbarkeit von denen der streitigen lässt sich auf der Grundlage des geltenden Rechts nicht vornehmen;[2] vielmehr muss diese Abgrenzung auf Grund der die Parteien bindenden Entscheidungen des Gesetzgebers vollzogen werden.[3]

5 **3. Zweck und Aufgabe.** Dem Prozesszweck, das **private Recht** des Einzelnen **festzustellen und durchzusetzen,** entsprechen die den Zivilgerichten übertragenen Aufgaben: im Erkenntnisverfahren festzustellen, ob das vom Kläger geltend gemachte Recht besteht sowie bei Gefährdung eines Rechts durch Arrest oder einstweilige Verfügung seinen Bestand und seine Verwirklichung einstweilig zu sichern, im Vollstreckungsverfahren das festgestellte Recht zwangsweise durchzusetzen. Durch das unanfechtbare Urteil wird der Rechtsstreit der Parteien endgültig entschieden. Von der gerichtlichen Entscheidung gehen deshalb auch friedensstiftende Wirkungen aus. Die **Herstellung des Rechtsfriedens** ist aber Folge und nicht primärer Zweck richterlicher Tätigkeit.[4] Die Rechtsprechung, insbesondere der höheren Gerichte, trägt schließlich auch zur **Fortbildung des objektiven Rechts** und zur **Sicherung der Rechtseinheit** bei (vgl. § 511 Abs. 4 S. 1 Nr. 1, § 522 Abs. 2 S. 1 Nr. 3, § 543 Abs. 2 S. 1 Nr. 2, § 574 Abs. 2 Nr. 2 ZPO, § 132 Abs. 4 GVG). Die **soziale Funktion des Zivilprozesses** darf dabei nicht unterschätzt werden, die sich nicht allein in der Streitentscheidung erschöpft, sondern auch in den beschriebenen Folgewirkungen ausdrückt, den Rechtsfrieden zu sichern und die Rechtsentwicklung zu fördern. Demgegenüber kommt dem Streit, in welcher Rangordnung die verschiedenen Funktionen der rechtsprechenden Gewalt zueinander stehen, nur theoretische Bedeutung zu.

6 **4. Justizgewährungsanspruch und Rechtsschutzanspruch.** Wird das dem Einzelnen zustehende Recht von anderen nicht anerkannt oder verletzt, dann darf der Berechtigte grundsätzlich sein Recht nicht selbst zwangsweise durchsetzen. Denn Selbsthilfe ist nur in Ausnahmefällen zulässig, wenn dies zur Abwendung eines Rechtsverlustes zwingend geboten ist (§§ 227 bis 229, 562b Abs. 1, 859, 904, 962 BGB). In allen anderen Fällen ist der Berechtigte auf staatliche Hilfe für die Durchsetzung seines Rechts angewiesen. Als **Ausgleich für das Verbot der Selbsthilfe** besteht die Verpflichtung des Staates, dem Einzelnen bei der Durchsetzung seines Rechts zu helfen. Der Staatsbürger hat dementsprechend einen grundgesetzlich verbürgten Anspruch gegen den Staat, dass die zuständigen staatlichen Organe, insbesondere die Gerichte, ihm Rechtsschutz gewähren. Dieser Anspruch wird **Justizgewährungsanspruch** oder Justizanspruch genannt. Der Justizgewährungsanspruch, der in erster Linie aus dem Rechtsstaatsprinzip des Grundgesetzes (Art. 20 Abs. 3 GG) abzuleiten ist[5], gewährleistet nicht nur die Existenz einer Gerichtsbarkeit und den Zugang zu ihr, sondern hat zugleich auch den Anspruch auf einen wirkungsvollen Rechtsschutz zum Inhalt, durch den grundsätzlich eine umfassende tatsächliche und rechtliche Prüfung des Streitgegenstandes und eine verbindliche Entscheidung durch einen Richter sichergestellt ist.[6]

7 Aus dem Justizgewährungsanspruch ergibt sich auch das Recht auf ein faires Verfahren (Rn. 29f.) und auf Wahrung der Waffengleichheit zwischen den Parteien (Rn. 31f.),[7] sowie iVm. Art. 103 Abs. 1 GG der Anspruch auf rechtliches Gehör (Rn. 28).[8] Mit dem Justizgewährungsanspruch ist es durchaus vereinbar, dass die Inanspruchnahme der Gerichte vom Gesetzgeber gebührenpflichtig gemacht wird und sich die Höhe der Gebühren an dem Streit- oder Geschäftswert orientiert.[9] Jedoch dürfen die Gebühren nicht außer Verhältnis zu dem wirtschaftlichen Wert stehen, den das gerichtliche Verfahren für den Einzelnen hat. Ge-

---

[2] *Keidel/Schmidt* § 1 Rn. 2f.

[3] Vgl. die Aufzählung von *Schmidt* (Fn. 2) Rn. 47ff.

[4] Vgl. *Stürner,* Festschr. f. Baumgärtel, 1990, S. 545f.; MK/ *Rauscher* Rn. 9; *Ro/S/Go* § 1 Rn. 10f., auch zu abweichenden Auffassungen.

[5] BVerfGE 85, 337, 345 = NJW 1992, 1673; *Bethge* NJW 1991, 2391, 2393f., auch zu weiteren Rechtsgrundlagen.

[6] BVerfG (Fn. 5); BVerfGE 54, 277, 292 = NJW 1981, 39; BVerfGE 61, 82, 110f. = NJW 1982, 2173; *Vollkommer,* Festschr. f. Gerhardt, 2004, S. 1023, 1027ff.

[7] BVerfGE 69, 126, 140 = NJW 1985, 1149; *Bethge* (Fn. 5) S. 2393.

[8] BVerfG (Plenarentscheidung) NJW 2003, 1924, 1926.

[9] BVerfGE 80, 103, 106f. = NJW 1989, 1985.

setzliche Vorschriften, die den Zugang zu den Gerichten ausgestalten, dürfen ihn weder tatsächlich unmöglich machen noch in unzumutbarer, aus Sachgründen nicht mehr zu rechtfertigender Weise erschweren (Rn. 30). Eine unzumutbare Erschwerung des Zugangs zu den Gerichten stellt es auch dar, wenn das Kostenrisiko zu dem mit dem Verfahren angestrebten wirtschaftlichen Erfolg derart außer Verhältnis steht, dass die Anrufung der Gerichte nicht mehr sinnvoll erscheint.[10]

Aus dem Justizgewährungsanspruch folgt auch, dass die Gestaltung des Verfahrensrechts die Herbeiführung mit dem Gesetz übereinstimmender und danach richtiger Entscheidungen zu sichern hat.[11] Ein darüber hinausgehender eigenständiger Anspruch der Parteien auf einen der objektiven Rechtslage entsprechenden günstigen Rechtsschutz besteht dagegen nicht. Die ein solches Recht bejahende Lehre vom Rechtsschutzanspruch ist abzulehnen. Diese Lehre, die von Adolf Wach begründet wurde, hat nach Inkrafttreten des Grundgesetzes unter Berufung auf das aus ihm abzuleitende Rechtsstaatsprinzip und auf die darin ausgesprochene Bindung der Richter an Gesetz und Recht (Art. 20 Abs. 3 GG) neue Befürworter gefunden.[12] Die sich aus diesen grundgesetzlichen Regelungen ergebenden Forderungen an den Staat und seine Organe kommen hinreichend in dem Justizgewährungsanspruch zum Ausdruck und bedürfen keiner zusätzlichen Konkretisierung in einem Rechtsschutzanspruch. Denn ein sich daraus ergebendes Recht auf ein „richtiges" Urteil kann sich wegen der Dispositionsbefugnisse der Parteien (vgl. Rn. 35) und der naturgemäß eingeschränkten Erkenntnismöglichkeiten des Gerichts nur darauf richten, dass der Prozess nach rechtsstaatlichen Grundsätzen geführt und die Entscheidung nach Maßgabe des materiellen Rechts vom Richter getroffen wird. Ob ein auf diese Weise zustande gekommenes „richtiges" Urteil auch der wahren Rechtslage entspricht, stellt eine Frage dar, die in einem Zivilprozess nicht beantwortet werden kann. 8

II. Zivilprozessrecht

1. Gesetzliche Grundlagen. Die gesetzliche Regelung des Zivilprozessrechts, die in der Zivilprozessordnung enthalten ist, wird durch eine Reihe von weiteren Gesetzen ergänzt und insbesondere durch das **Verfassungsrecht** weiterentwickelt und modifiziert. Die besondere Bedeutung des Verfassungsrechts für den Zivilprozess erklärt sich dadurch, dass verfassungsrechtliche Normen gestaltend auf Gerichtsverfassung und gerichtliches Verfahren einwirken. Die rechtsprechende Gewalt ist den Richtern anvertraut und wird durch das Bundesverfassungsgericht, durch die im Grundgesetz vorgesehenen Bundesgerichte und durch die Gerichte der Länder ausgeübt (Art. 92 GG). Die Richter sind unabhängig und nur dem Gesetz unterworfen (Art. 97 Abs. 1 GG); ihre Rechtsstellung muss gesetzlich geregelt werden (Art. 98 GG). Der Anspruch auf den gesetzlichen Richter, der dem Einzelnen durch Art. 101 Abs. 1 S. 2 GG gewährt wird, macht eine Zuständigkeitsordnung und Geschäftsverteilung innerhalb der Gerichte erforderlich, aus der sich im Voraus ableiten lässt, welcher Richter für den einzelnen Rechtsstreit zuständig ist.[13] Das Grundgesetz sichert auch jedem einen Anspruch auf rechtliches Gehör zu (Art. 103 Abs. 1 GG). Das BVerfG sieht in dem Grundsatz des rechtlichen Gehörs „das prozessuale Urrecht des Menschen", durch das die Achtung der Würde des Menschen zum Ausdruck gebracht wird, „der in einer so schwerwiegenden Lage, wie der Prozess sie für gewöhnlich darstellt, die Möglichkeit haben muss, sich mit tatsächlichen und rechtlichen Argumenten zu behaupten".[14] Das Gebot, rechtliches Gehör vor Gericht zu sichern, ist als zentrales prozessuales Grundrecht zu begreifen, das den gerichtlichen Verfahrensgang wesentlich beeinflusst (vgl. dazu im Einzelnen Rn. 28). Weitere Verfahrensregelungen leiten sich aus dem Rechtsstaatsprinzip ab, wie es insbesondere in Art. 20 Abs. 3 und Art. 28 Abs. 1 GG beschrieben wird, sowie aus anderen Verfassungsgrundsätzen und einzelnen Grundrechten. Der erhebliche Einfluss des Verfassungsrechts auf den Zivilprozess erklärt es auch, weshalb durch die Rechtsprechung des BVerfG einzelne Institute des Zivilprozessrechts im Wege einer verfassungskonformen Auslegung konkretisiert worden sind. Hierauf wird im Rahmen der Kommentierung der einzelnen Vorschriften eingegangen werden. 9

Neben der Zivilprozessordnung und dem Grundgesetz sind als wichtigste Gesetze, die zivilverfahrensrechtliche Regelungen enthalten, zu nennen: das Gerichtsverfassungsgesetz, das Rechtspflegergesetz, das Deutsche Richtergesetz, die Bundesrechtsanwaltsordnung, das Gesetz über die Zwangsversteigerung und Zwangsverwaltung, das Gesetz betreffend die Anfechtung von Rechtshandlungen eines Schuldners außerhalb des Insolvenzverfahrens, das Gerichtskostengesetz, das Rechtsanwaltsvergütungsgesetz und das Gesetz über die Kosten der Gerichtsvollzieher. 10

unbesetzt 11

Da das gerichtliche Verfahren zur konkurrierenden Gesetzgebung gehört (Art. 74 Abs. 1 Nr. 1 GG), bleiben angesichts der umfassenden Regelungen des Bundesrechts nur wenig Möglichkeiten für landesrechtliche Vorschriften. So lässt beispielsweise das Aufgebotsverfahren der ZPO in den §§ 1006, 1009, 1023, 1024 Raum für landesgesetzliche Regelungen. Auch die Einführungsgesetze zum GVG und zur ZPO lassen für bestimmte Bereiche ergänzendes Landesrecht zu. Durch § 15a EGZPO werden zB die Landesgesetzgeber ermächtigt zu bestimmen, dass die Erhebung einer Klage unter bestimmten Voraussetzungen erst zuge- 12

---

[10] BVerfG (Fn. 5) S. 347.

[11] BVerfG (Fn. 7).

[12] Vgl. dazu *Detterbeck* AcP 192 (1992), 325, 333 ff.; *Vollkommer* GS f. Bruns, 1980, S. 195, 198 f.; *Berti* Schweizerische Zeitschrift für Zivilprozessrecht 2005, 67; *Ro/S/Go* § 3 Rn. 7 m. Nachw.

[13] BVerfG NJW 1997, 1497, 1498.

[14] BVerfGE 55, 1, 6 = NJW 1980, 2698; vgl. auch BVerfG (Fn. 8) S. 1926.

lassen wird, nachdem vergeblich von einer Gütestelle versucht worden ist, die Streitigkeit einvernehmlich beizulegen (vgl. Rn. 25).[15]

13 **2. Zeitliche und räumliche Geltung. a) Intertemporales Prozessrecht.** Das Zivilprozessrecht ist in der jeweils geltenden Fassung anzuwenden. Dies bedeutet, dass Änderungen des Gesetzes auch schwebende Verfahren ergreifen und diese vom Inkrafttreten des Änderungsgesetzes an nach den neuen Regeln zu beurteilen sind, soweit es nicht um Prozesshandlungen oder Prozesslagen geht, die bereits unter Geltung des alten Rechts abgeschlossen worden sind.[16] Allerdings können sich Einschränkungen dann ergeben, wenn das Vertrauen in den Fortbestand verfahrensrechtlicher Regelungen geschützt werden muss. Ein solcher **Vertrauensschutz** ist hinsichtlich von Rechtsmitteln zu bejahen, die nach dem alten Rechtszustand zulässig eingelegt wurden und nach neuem Recht nicht mehr statthaft sind. Sofern das Gesetz nicht mit hinreichender Deutlichkeit etwas Abweichendes bestimmt, bleiben deshalb bereits eingelegte Rechtsmittel weiterhin zulässig.[17] Auch die einmal begründete Zulässigkeit des Rechtswegs und die Zuständigkeit des angerufenen Gerichts werden nur dann durch neues Verfahrensrecht aufgehoben, wenn dies ausdrücklich angeordnet wird.[18] Ob dieses Ergebnis bereits aus § 17 Abs. 1 S. 1 GVG und § 261 Abs. 3 Nr. 2 folgt,[19] kann dahinstehen. Die vom BVerfG angestellten Erwägungen zu der Rückwirkung eines Rechtsmittelausschlusses[20] treffen auch auf diese Fälle zu. Es kommt stets darauf an, ob die Parteien eines anhängigen Verfahrens bereits eine Rechtsposition erworben haben, auf deren Bestand sie nach rechtsstaatlichen Grundsätzen vertrauen dürfen. Der sich aus den Rechtsstaatsprinzip ableitende Grundsatz der Rechtsmittelsicherheit führt auch dazu, dass durch Änderung des Instanzenzuges den Verfahrensbeteiligten nicht eine nach altem Recht eröffnete Instanz verloren gehen darf.[21] Im Übrigen bleibt es dabei, dass neue Verfahrensregeln nur dann nicht auf schwebende Verfahren anzuwenden sind, wenn dies ausdrücklich durch Übergangsbestimmungen angeordnet wird (zum ZPO-RG vgl. § 26 EGZPO) oder sich dies aus dem Sinn und Zweck der betreffenden Vorschrift oder aus dem Zusammenhang mit anderen Grundsätzen des Prozessrechts ergibt.[22]

14 **b) Internationales Prozessrecht.** Zivilprozesse vor deutschen Gerichten sind nach der ZPO und den anderen das deutsche Zivilprozessrecht regelnden Gesetzen durchzuführen. Dieser **Grundsatz der lex fori** ist auch in Verfahren anzuwenden, in denen das Gericht ausländisches materielles Recht seiner Entscheidung zu Grunde zu legen hat oder in denen die Parteien Ausländer sind.[23] Allerdings können in Verfahren mit Auslandsbezug Sonderregeln des deutschen internationalen Zivilprozessrechts eingreifen, nach denen von der lex fori abzuweichen ist. Diese Sonderregeln, nach denen vor deutschen Gerichten ausländisches Verfahrensrecht angewendet werden muss, heben zwar das lex-fori-Prinzip nicht auf, schränken es aber ein. Dieser Standpunkt der hM steht im Schrifttum einer Auffassung gegenüber, die wesentlich stärker vom lex-fori-Prinzip abweichen will und die Anwendung deutschen oder ausländischen Rechts in Prozessen mit Auslandsberührung vom Schwerpunkt der vom Gericht zu entscheidenden Rechtsfragen abhängig machen möchte.[24] Fragen der Anwendung des internationalen Prozessrechts ergeben sich insbesondere bei Entscheidung über die gerichtliche Zuständigkeit, im Rechtshilfeverkehr mit ausländischen Gerichten, bei Berücksichtigung einer ausländischen Rechtshängigkeit und bei Anerkennung ausländischer Urteile sowie ihrer Vollstreckung.[25]

15 **c) Europäisches Prozessrecht.** Als europäisches Zivilprozessrecht lässt sich der Teil des Internationalen Zivilprozessrechts bezeichnen, der durch Staatsverträge innerhalb der Europäischen Gemeinschaften (Europäischen Union) und durch Rechtsakte der Organe der EU gestaltet wird.[26] Hierzu gehören in erster Linie die verfahrensrechtlichen EG-Verordnungen (s. Anhang). Soweit es um die Anwendung und Auslegung von EG-Recht geht, muss die Zuständigkeit des Gerichtshofs der Europäischen Gemeinschaften (EuGH) beachtet werden.[27] Besondere Bedeutung ist der Kompetenz des **EuGH** beizumessen, auf Vorlage eines nationalen Gerichts über die Auslegung von Gemeinschaftsrecht zu entscheiden und durch seine Entscheidung die am Ausgangsverfahren beteiligten Gerichte zu binden.[28]

III. Rechtswege

16 **1. Die verschiedenen Gerichtszweige.** Die rechtsprechende Gewalt wird durch das Bundesverfassungsgericht sowie durch die im Grundgesetz vorgesehenen Bundesgerichte und durch die Gerichte der Länder ausgeübt (Art. 92 GG). Die im Grundgesetz genannten Bundesgerichte sind der Bundesgerichtshof, das

---

[15] Krit. dazu *Wagner* JZ 1998, 836, 845 f.
[16] BVerfGE 39, 156, 167 = NJW 1975, 1013; BGHZ 114, 1, 3 f. = NJW 1991, 1686 m. weit. Nachw.
[17] BVerfGE 87, 48, 64 = NJW 1993, 1123.
[18] MK/ *Rauscher* Rn. 409; aA *Ro/S/Go* § 6 Rn. 1.
[19] MK/ *Rauscher* (Fn. 18); *Zö/Greger* § 261 Rn. 12 f.; einschr. BGH NJW 1978, 427.
[20] BVerfG (Fn. 17).
[21] BGH NJW 1978, 1260.
[22] BGH (Fn. 16).
[23] *Stadler,* Schutz des Unternehmensgeheimnisses, S. 263; *Ro/S/Go* § 6 Rn. 3.
[24] *Grunsky* ZZP 89 (1976), 241, 249; *Coester-Waltjen* Rn. 7; *Schack* Rn. 44.
[25] Zu diesen und weiteren Fragen des Internationalen Prozessrechts: *Geimer,* Internationales Zivilprozessrecht; MK/ *Gottwald,* Schlussanhang; *Wiecz/Sch* Rn. 129 ff.; vgl. auch die in Fn. 24 Zitierten.
[26] *Ro/S/Go* § 6 Rn. 7 ff.
[27] Vgl. *Iglesias* NJW 2000, 1089.
[28] Zur Frage der Überprüfung von abgeleitetem Gemeinschaftsrecht durch das BVerfG vgl. BVerfGE 73, 339, 387 = NJW 1987, 577; s. aber auch BVerfGE 89, 155 = NJW 1993, 3047.

Bundesverwaltungsgericht, der Bundesfinanzhof, das Bundesarbeitsgericht und das Bundessozialgericht. Jedes dieser Gerichte ist für ein bestimmtes Fachgebiet errichtet worden; der Bundesgerichtshof für die ordentliche Gerichtsbarkeit (Art. 95 Abs. 1 GG). Diese fünf Gerichtszweige sind einander gleichrangig, während die Verfassungsgerichtsbarkeit auf Grund ihrer spezifischen Aufgabe, für die Beachtung der Verfassung Sorge zu tragen, eine besondere hervorgehobene Stellung einnimmt.

2. Ordentliche Gerichtsbarkeit. a) Begriff. Die Bezeichnung „ordentliche Gerichtsbarkeit“ erklärt sich 17
aus der geschichtlichen Entwicklung; durch sie wurde zunächst der einzige der gesetzlichen „Ordnung“ entsprechende Rechtsweg geschaffen. Erst später entwickelten sich die weiteren Gerichtszweige. Die ordentliche Gerichtsbarkeit gliedert sich in drei Bereiche: die ordentliche streitige Gerichtsbarkeit, die Strafgerichtsbarkeit und die freiwillige Gerichtsbarkeit. Für die Abgrenzung der ordentlichen streitigen Zivilgerichtsbarkeit von den anderen Gerichtsbarkeiten[29] stellt § 13 GVG den Grundsatz auf, dass alle bürgerlichen Rechtsstreitigkeiten vor die Zivilgerichte gehören. Ergänzt wird diese Vorschrift durch eine Reihe anderer Normen, die ausdrücklich die **Zuständigkeit der Zivilgerichte** begründen. Als Beispiel sei § 40 Abs. 2 VwGO genannt, der bestimmt, dass für vermögensrechtliche Ansprüche aus Aufopferung für das gemeine Wohl und aus öffentlich-rechtlicher Verwahrung sowie für Schadensersatzansprüche aus der Verletzung öffentlich-rechtlicher Pflichten, die nicht auf einem öffentlich-rechtlichen Vertrag beruhen, der ordentliche Rechtsweg gegeben ist. Zum Begriff der bürgerlichen Rechtsstreitigkeiten und zur Zuständigkeit der Zivilgerichte im Einzelnen wird auf die Erläuterungen zu § 13 GVG verwiesen.

b) **Aufbau.** Die Gerichte der ordentlichen Gerichtsbarkeit sind die Amtsgerichte, Landgerichte, Ober- 18
landesgerichte und der Bundesgerichtshof mit Sitz in Karlsruhe. Die funktionelle Zuständigkeit ist in der ersten Instanz zwischen dem Amtsgericht (vgl. §§ 23, 23a, 23b GVG) und dem Landgericht (vgl. § 71 GVG) geteilt. Die Zuständigkeiten in zweiter Instanz sind durch das ZPO-RG neu geordnet worden. Die Oberlandesgerichte sind nunmehr nicht nur zuständig für die Verhandlung und Entscheidung über die Rechtsmittel der Berufung und der Beschwerde gegen Entscheidungen der Landgerichte (§ 119 Abs. 1 Nr. 2 GVG) und der Amtsgerichte in den von den Familiengerichten entschiedenen Sachen (§ 119 Abs. 1 Nr. 1a GVG), sondern auch soweit Entscheidungen der Amtsgerichte einen Auslandsbezug aufweisen (§ 119 Abs. 1 Nr. 1b, c GVG). Außerdem sind die Länder durch § 119 Abs. 3 GVG ermächtigt worden, durch Landesgesetz zu bestimmen, dass für alle Berufungen und Beschwerden gegen amtsgerichtliche Entscheidungen die Oberlandesgerichte zuständig sind. Es handelt sich bei dieser Regelung um eine „Experimentierklausel“, die zeitlich begrenzt ist und nur für Berufungen und Beschwerden gilt, die vor dem 1. 1. 2008 eingelegt worden sind (§ 19 Abs. 5 GVG). Seit dem 1. 11. 2005 sind die OLG gemäß § 118 GVG auch zuständig für die Verhandlung und Entscheidung über Musterverfahren nach dem KapMuG (vgl. Erl. zu § 325a). Der Bundesgerichtshof ist zuständig für die Verhandlung und Entscheidung über die Rechtsmittel der Revision, der Sprungrevision und der Rechtsbeschwerde (§ 133 GVG).

c) **Besondere streitige Gerichtsbarkeit.** Neben der ordentlichen streitigen Zivilgerichtsbarkeit gibt es 19
noch eine besondere streitige Zivilgerichtsbarkeit, deren Zuständigkeit auf einen bestimmten Bereich von Rechtsstreitigkeiten beschränkt ist. Hierzu gehören die **Schifffahrtsgerichte** (§ 14 GVG), die über bestimmte Binnenschifffahrtssachen zu entscheiden haben.[30] Als weiteres besonderes Zivilgericht ist das **Bundespatentgericht** zu nennen, dessen Organisation und Verfahren im Patentgesetz geregelt sind. Bei einzelnen Landgerichten und Oberlandesgerichten sind Gemeinschaftspatentgerichte errichtet worden, denen die Aufgabe zufällt, zum Schutz von Gemeinschaftspatenten tätig zu werden.[31]

3. Kompetenzautonomie. Die Gleichrangigkeit aller Zweige der Fachgerichtsbarkeit kommt auch im 20
Grundsatz der Kompetenzautonomie zum Ausdruck, nach dem jedes Gericht über die Zulässigkeit seines eigenen Rechtswegs endgültig und mit Bindungswirkung für die anderen Zweige der Gerichtsbarkeit entscheidet (§ 17a Abs. 1 GVG). Der Grundsatz der Kompetenzautonomie wird durch den Grundsatz der Priorität eingeschränkt, nach dem das Gericht, das zuerst über den Rechtsweg befindet, durch seine Verweisung an ein anderes Gericht dessen Zuständigkeit verbindlich festlegt (§ 17a Abs. 2 S. 3 GVG). Zur Entscheidung über den Rechtsweg und zu den sich dabei ergebenden Fragen wird auf die Erläuterungen zu §§ 17, 17a GVG verwiesen.

IV. Möglichkeiten nicht streitiger Konfliktlösungen

1. Zur Notwendigkeit entsprechender Verfahren. Die ständig wachsende Belastung der Gerichte zwingt 21
dazu, Möglichkeiten zu schaffen und anzubieten, um zivilrechtliche Streitigkeiten außerhalb des zivilprozessualen Regelverfahrens zu erledigen.[32] Denn die Alternative, zur Arbeitsentlastung der Gerichte eine Straffung und Konzentration des Zivilprozesses durch Änderung seiner gesetzlichen Regelung herbeizuführen,[33]

---

[29] Zum Begriff der Gerichtsbarkeit vgl. *Ro/S/Go* § 9 Rn. 1ff.

[30] *Ro/S/Go* § 12 Rn. 8ff.

[31] *Scordamaglia* GRUR Int. 1990, 777, 779; *Foglia* GRUR Int. 1991, 465.

[32] Vgl. *Strempel/Rennig* ZRP 1994, 144. Zu Lösungsvorschlägen im angloamerikanischen Recht *Krapp* ZRP 1994, 115. Eingehend zu Möglichkeiten außergerichtlicher Streitbeilegung *Prütting,* Außergerichtliche Streitschlichtung, 2003; *Breidenbach,* Mediation, 1996; *Breidenbach/Henssler,* Mediation für Juristen, 1997; *W. Gottwald* WM 1998, 1257; vgl. auch *Stickelbrock* JZ 2002, 633; *Musielak,* Festschr. f. Beys, Athen 2003, Bd. 2 S. 1093.

[33] Vgl. *Gottwald,* Nikon University, Comparative Law, Vol. 10, 1993, S. 1. Einen weiteren Ansatz für Bemühungen, eine Verbesserung zu erreichen, bilden die gerichtlichen Arbeitsabläufe, deren Organisation und die dabei eingesetzten Arbeitsmittel moderner und effektiver gestaltet werden können; vgl. *Strempel/Rennig* (Fn. 32) S. 146f.

hat sich bisher als wenig erfolgreich erwiesen; die Vielzahl von Novellen zur ZPO, die einem solchen Ziel dienen sollten und die fortlaufend durch weitere ergänzt werden,[34] lässt sich als Beweis für diese Feststellung anführen. Das die durch das ZPO-RG angestrebte Qualitätsverbesserung und Effizienzsteigerung innerhalb der Ziviljustiz insoweit einen Fortschritt bringen, ist auf Grund der bisherigen Erfahrungen im Ganzen eher skeptisch zu beurteilen. Unabhängig davon müssen die im Folgenden dargestellten Verfahren einer nicht streitigen Konfliktlösung stärker als bisher genutzt werden. Dafür ist es erforderlich, diese Verfahren so zu gestalten, dass sie den Rechtsuchenden als ein attraktives Mittel erscheinen, um rasch und kostengünstig zu einer Beilegung ihres Streites zu gelangen. Mit der 1998 vollzogenen Reform des schiedsrichterlichen Verfahrens ist ein Schritt in diese Richtung getan worden.

22 **2. Selbständiges Beweisverfahren.** Das selbständige Beweisverfahren (§§ 485 ff.) dient neben der Beweissicherung dem Zweck, einen Rechtsstreit zu vermeiden (vgl. § 485 Abs. 2 S. 2). Streiten die Parteien über Ursache oder Umfang eines Schadens, dann kann im Wege der schriftlichen Begutachtung durch einen Sachverständigen eine Klärung herbeigeführt werden, die zu einer Konfliktlösung führt. Schließen die Parteien einen Vergleich (§ 492 Abs. 3), dann wird dadurch ein vollstreckbarer Titel geschaffen (§ 794 Abs. 1 Nr. 1).

23 **3. Anwaltsvergleich.** Ein weiteres Mittel einer nicht streitigen Streitbeilegung[35] ist durch den in §§ 796a bis 796c geregelten Anwaltsvergleich geschaffen worden. Die Parteien können außerhalb eines gerichtlichen Verfahrens gemeinsam mit ihren Rechtsanwälten einen Vergleich schließen, der auf Antrag einer Partei vom Prozessgericht für vollstreckbar erklärt werden kann. Eine Vollstreckbarkeitserklärung kann auch durch einen Notar gemäß § 796c Abs. 1 vorgenommen werden.

24 **4. Schiedsrichterliches Verfahren.** Die Entscheidung bürgerlicher Rechtsstreitigkeiten kann privaten Schiedsgerichten übertragen werden, die dann an die Stelle der staatlichen Gerichte treten. Das setzt eine entsprechende Vereinbarung der Parteien voraus, die in Form einer selbständigen Vereinbarung (Schiedsabrede) oder in Form einer Klausel in einem Vertrag (Schiedsklausel) geschlossen werden kann (§ 1029 Abs. 2). Schiedsfähig sind grundsätzlich alle Rechtsstreitigkeiten über vermögensrechtliche Ansprüche sowie über nichtvermögensrechtliche Gegenstände, über die von den Parteien ein Vergleich geschlossen werden kann (§ 1030). Soweit die Zuständigkeit eines Schiedsgerichts begründet ist, muss eine Klage auf Einrede des Beklagten hin als unzulässig abgewiesen werden (§ 1032).

25 **5. Schlichtungsverfahren.** Der Entlastung staatlicher Gerichte und der außergerichtlichen Streitbeilegung dienen Schlichtungsverfahren, die in unterschiedlicher Ausgestaltung geschaffen worden sind. Durch § 15a EGZPO ist der Landesgesetzgeber ermächtigt worden, durch Landesgesetze zu bestimmen, dass in vermögensrechtlichen Streitigkeiten vor dem Amtsgericht bis zu einem Streitwert von 750 Euro, in Nachbarrechtsstreitigkeiten und in Streitigkeiten über Ansprüche wegen Verletzung der persönlichen Ehre, die nicht in Presse und Rundfunk begangen wurde, die Erhebung einer Klage erst zulässig ist, nachdem zuvor von einer Gütestelle eine Beilegung des Streits vergeblich versucht wurde(vgl. § 495a Rn. 12). Daneben gibt es in den neuen Bundesländern auf landesrechtlicher Grundlage allgemeine Schiedsstellen in den Gemeinden. Bei den Industrie- und Handelskammern bestehen Einigungsstellen zur Beilegung von bürgerlichen Rechtsstreitigkeiten, in denen ein Anspruch auf Grund des Gesetzes gegen den unlauteren Wettbewerb geltend gemacht wird (§ 27a UWG). Bei Streitigkeiten aus der Anwendung der §§ 675a bis 676g und 676h S. 1 BGB kann eine Schlichtungsstelle bei der Deutschen Bundesbank angerufen werden (vgl. § 14 UKlaG). Weitere Schlichtungsverfahren finden sich im Bereich des Verbraucherschutzes, der Arzthaftung, zur Regulierung von Kraftfahrzeugschäden und zur Beilegung von Streitigkeiten mit Bauhandwerkern (vgl. § 794 Rn. 26). Soweit nicht gesetzlich etwas anderes bestimmt ist, kann ein Schlichtungsverfahren nur durchgeführt werden, wenn beide Parteien zustimmen. Scheitert die Schlichtung, dann kann Klage vor dem staatlichen Gericht erhoben werden.

25a **6. Mediation.** Ein Mittel zur außergerichtliche Beilegung von Streitigkeiten stellt schließlich die Mediation dar. Bei der Mediation unterstützt ein neutraler Dritter ohne Entscheidungskompetenz, der Mediator, bei dem sich im Regelfall um einen Rechtsanwalt handelt, die Parteien bei ihren Verhandlungs- und Lösungsversuchen. Das Charakteristikum der Mediation besteht darin, dass nicht ein Dritter in den Streit der Parteien eingreift, sondern dass die Parteien selbst über den Ausgang des Konflikts entscheiden. Der Mediator wirkt lediglich als Katalysator im Prozess der den Parteien selbst obliegenden Konsensfindung. Die auf diese Weise vermiedene Gewinner-Verlierer-Konstellation von Gerichtsentscheidungen ermöglicht insbesondere in Fällen vorteilhafte Lösung, in denen die Parteien zB als Nachbarn oder Arbeitskollegen in Langzeitbeziehungen verbunden sind.[36]

V. Verfahrensgrundsätze

26 **1. Begriff.** Der Begriff „Verfahrensgrundsätze" wird im unterschiedlichen Sinn verwendet, ihm wird bald ein engerer, bald ein weiterer Inhalt gegeben.[37] Im Folgenden werden unter diesen Begriff alle die Rechtsgrundsätze gefasst, die den äußeren Ablauf eines Zivilprozesses und das Verhalten von Gericht und Parteien bestimmen. Hierbei muss man sich im Klaren sein, dass die Bedeutung und das Gewicht der im Folgenden darzustellenden Verfahrensgrundsätze erhebliche Unterschiede aufweisen; manche von ihnen haben den Rang von Verfassungsprinzipien und müssen stets beachtet werden, andere wiederum beruhen

[34] Zur Entwicklung seit 1950 *Zö/Vollkommer* Rn. 7 ff.
[35] Vgl. dazu *Nerlich* MDR 1997, 416.
[36] A. Stadler NJW 1998, 2479, 2482; *Stickelbrock* JZ 2002, 633, 641 f.
[37] *St/J/Leipold* vor § 128 Rn. 3 f.; MK/ *Rauscher* Rn. 271 f.

auf Nützlichkeitserwägungen und gelten nicht durchweg in allen Verfahrensarten. Auf diese Unterschiede wird noch eingegangen werden.

27 **2. Verfassungsrechtlich fundierte Verfahrensgrundsätze.** Auf den Einfluss, den das Grundgesetz auf das Zivilprozessrecht ausübt, ist bereits hingewiesen worden (Rn. 9). Das Bundesverfassungsgericht hat auf der Grundlage von Grundrechten und Verfassungsprinzipien Regeln formuliert, denen der Rang von Verfahrensgrundsätzen zukommt und die jedes zivilgerichtliche Verfahren maßgebend gestalten.

28 **a) Anspruch auf rechtliches Gehör.** Der Anspruch auf rechtliches Gehör als ein verfahrensrechtliches Grundprinzip, das für ein rechtsstaatliches Verfahren im Sinne des Grundgesetzes schlechthin konstitutiv ist,[38] hat Verfassungsrang (Art. 103 Abs. 1 GG) und verpflichtet das Gericht, den Parteien zu ermöglichen, den von ihnen eingenommenen Standpunkt in ausreichender und sachgerechter Weise im Prozess darzulegen. Jeder Partei steht das Recht zu, Anträge zu stellen, Tatsachen zu behaupten und dafür Beweise anzubieten sowie von dem Vortrag der Gegenpartei so rechtzeitig zu erfahren, dass dazu Stellung genommen werden kann. Die Parteien werden auf diese Weise in die Lage versetzt, ihr Verhalten im Prozess eigenbestimmt und situationspezifisch zu gestalten.[39] Werden Tatsachen vom Gericht ermittelt, dann muss es den Parteien davon Mitteilung machen und sie hören.[40] Bei Zweifeln an der Richtigkeit und Vollständigkeit der entscheidungserheblichen Feststellungen, die sich schon aus der Möglichkeit unterschiedlicher Wertungen ergeben können, ist eine erneute Beweisaufnahme in der Berufungsinstanz zwingend geboten. Insbesondere muss das Gericht einen bereits in 1. Instanz vernommenen Zeugen nochmals vernehmen, wenn es dessen Glaubwürdigkeit abweichend vom Erstrichter beurteilen will.[41] Da Vorschriften über Formen und Fristen einschneidende Folgen für die Parteien nach sich ziehen und sich regelmäßig im grundrechtsrelevanten Bereich bewegen, wird die Anwendung solcher Vorschriften durch die Fachgerichte einer strengeren verfassungsrechtlichen Kontrolle unterzogen und eine Verletzung des Anspruchs auf rechtliches Gehör bereits dann bejaht, wenn sie offenkundig unrichtig ist.[42] Zwar verlangt der Anspruch auf rechtliches Gehör nicht, dass der Richter vor der Entscheidung auf seine Rechtsauffassung hinweist. Die Partei muss aber bei Anwendung der von ihr zu verlangenden Sorgfalt erkennen können, auf welche Gesichtspunkte es für die Entscheidung ankommt.[43] Der Richter darf deshalb nicht ohne einen vorherigen Hinweis Anforderungen an den Sachvortrag stellen, mit denen auch ein gewissenhafter und kundiger Prozessbeteiligter nach dem bisherigen Verlauf des Rechtsstreits nicht zu rechnen braucht.[44] Das entscheidende Gericht muss die Ausführungen der Prozessbeteiligten zur Kenntnis nehmen und in Erwägung ziehen.[45] Dies müssen auch die Entscheidungsgründe erkennen lassen. Wenn es auch nicht erforderlich ist, dass sich das Gericht in den Entscheidungsgründen mit jeder Tatsachenbehauptung der Parteien ausdrücklich befasst, muss es doch auf den wesentlichen Kern des Tatsachenvorbringens einer Partei eingehen, das für das Verfahren von zentraler Bedeutung ist, sofern es sich dabei nicht offensichtlich um einen unsubstantiierten oder nach dem Rechtsstandpunkt des Gerichts unerheblichen Vortrag handelt (vgl. § 313 Rn. 11; § 543 Rn. 9d f.).[46] Die Zurückweisung der Behauptung einer Partei mit der Begründung, es handele sich um eine bloße Schutzbehauptung, ohne zuvor darüber Beweis zu erheben, bedeutet eine verbotene vorweggenommene Würdigung nicht erhobener Beweise und verletzt den Anspruch auf rechtliches Gehör[47]. Da die Einflussnahme auf das Verfahren nicht nur durch das tatsächliches Vorbringen, sondern auch durch Rechtsausführungen geschehen kann, muss den Parteien Gelegenheit gegeben werden, sich zur Rechtslage zu äußern. Dies kann es erforderlich machen, dass vom Gericht auf die Rechtsauffassung hingewiesen wird, die es seiner Entscheidung zu Grunde legen will.[48] Den Beteiligten eines gerichtlichen Verfahrens obliegt es andererseits, alle sich bietenden und nicht offensichtlich aussichtslosen prozessualen Mittel und tatsächlichen Möglichkeiten zu nutzen, um sich rechtliches Gehör zu verschaffen. Versäumen sie dies, können sie sich nicht mehr mit Erfolg auf die Verletzung des Anspruchs auf rechtliches Gehör berufen.[49] Der Anspruch auf rechtliches Gehör wird in der ZPO nicht ausdrücklich normiert, sondern als eine selbstverständliche Grundregel jedes rechtsstaatlichen Verfahrens vorausgesetzt und in einer Reihe von Vorschriften konkretisiert (zB in §§ 99 Abs. 2 S. 3, 118 Abs. 1 S. 1, 136 Abs. 3, 139, 225 Abs. 2).[50]

29 **b) Anspruch auf faires Verfahren.** Das Recht auf ein faires Verfahren ist eng mit dem Anspruch auf rechtliches Gehör verbunden. Die Gewährung rechtlichen Gehörs stellt eine unabdingbare Voraussetzung für ein fair geführtes Verfahren dar, so dass das prozessuale Fairnessgebot als das umfassende prozessuale Grundrecht aufgefasst werden müsste. Da jedoch der Anspruch auf rechtliches Gehör im Grundgesetz aus-

---

38 BVerfG (Fn. 8) S. 1926.
39 BVerfG NJW 2007, 2242, 2243.
40 BVerfGE 84, 188, 190 = NJW 1991, 2823; BVerfG NJW 1994, 1210; 2001, 2531.
41 BVerfG NJW 2005, 1487; vgl. auch BVerfG NJW-RR 2004, 1150.
42 BVerfG NJW 2004, 3551, 3552.
43 BVerfG NJW 1996, 3202; FamRZ 2003, 1448, 1449; vgl. auch OLG Düsseldorf WM 1996, 1573.
44 BVerfG NJW 2003, 3687 m. weit. Nachw. (st. Rspr.); BGH FamRZ 2005, 700, 701.
45 BVerfGE 83, 24, 35 = NJW 1991, 1283; BVerfG NJW 1994, 2279; NJW-RR 1999, 1079; 2004, 1519 (st. Rspr.); VGH Kassel MDR 1996, 637, 638.
46 BVerfGE 86, 133, 146; BVerfG NJW 1994, 2279; 1999, 1387, 1388; vgl. auch BGH NJW 2003, 1943, 1947.
47 KG MDR 2005, 1431.
48 BVerfG NJW 2002, 1334.
49 BayVerfGH MDR 1996, 740.
50 Umfassende Schrifttumsnachweise zum Anspruch auf rechtliches Gehör finden sich bei *St/J/Leipold* vor § 128 vor Rn. 9.

drücklich geregelt ist und deshalb in der Rechtsprechung des BVerfG besonders hervorgehoben wird, werden manche Fragen dem Grundrecht des Art. 103 Abs. 1 GG zugeordnet, die streng genommen den Anspruch auf ein faires Verfahren betreffen.[51]

30 Das BVerfG leitet aus Art. 2 Abs. 1 GG iVm. dem Rechtsstaatsprinzip den Anspruch auf ein faires Verfahren als ein „allgemeines Prozessgrundrecht" ab[52], das den Richter verpflichtet, das Verfahren so zu gestalten, wie die Parteien des Zivilprozesses es von ihm erwarten dürfen. Insbesondere darf der Richter sich nicht widersprüchlich verhalten[53], aus eigenen oder ihm zurechenbaren Fehlern oder Versäumnissen Verfahrensnachteile für die Partei ableiten[54] und ist verpflichtet, gegenüber den Verfahrensbeteiligten Rücksicht in ihrer konkreten Situation zu üben.[55] Das Recht auf ein faires Verfahren gebietet, den Zugang zu den Gerichten und zu den in den Verfahrensordnungen eingeräumten Instanzen nicht in unzumutbarer, aus Sachgründen nicht mehr zu rechtfertigender Weise zu erschweren.[56] Die Gerichte sind zwar nicht gehindert, die Prozessbeteiligten im Interesse der Verfahrensbeschleunigung zu einem zügigen Betreiben eines Verfahrens anzuhalten. Doch müssen die Anforderungen, die an die Verfahrensbeteiligten gestellt werden, in einem vernünftigen Verhältnis zur Gesamtdauer des Verfahrens stehen. Auch haben die Gerichte bei ihren Anforderungen alle Interessen zu berücksichtigen, die von dem Verfahren betroffen sind.[57] So hat es beispielsweise das BVerfG als Verstoß gegen das Gebot einer fairen Verfahrensführung gewertet, dass die Gerichte die Zulässigkeit von Rechtsmitteln verneinten, weil entgegen einer langgeübten Praxis die unleserliche Unterschrift eines Rechtsanwalts nicht mehr als ordnungsgemäß angesehen wurde[58] oder weil in der Berufungsschrift Datum und Aktenzeichen des angefochtenen Urteils falsch angegeben wurden, obwohl durch Beifügung einer Kopie dieser Entscheidung erkennbar war, welches Urteil angefochten werden sollte.[59]

31 c) **Sonstige verfassungsrechtliche Grundsätze.** Der allgemeine Gleichheitssatz (Art. 3 Abs. 1 GG) gewährleistet im Zivilverfahren die Gleichwertigkeit der prozessualen Stellung der Parteien vor dem Richter und gebietet Gleichheit der Rechtsanwendung im Interesse materieller Gerechtigkeit. Diese verfassungsrechtliche Verpflichtung gilt auch für die Handhabung des Verfahrensrechts.[60] Aus diesem allgemeinen Gleichheitssatz und aus dem Rechtsstaatsprinzip (Art. 20 Abs. 3 GG) ist vom BVerfG der **Grundsatz der Waffengleichheit** der Parteien im Zivilprozess entwickelt worden.[61] Dieser Grundsatz wird heute fast allgemein anerkannt und in der Rechtsprechung angewendet,[62] sein genauer Inhalt und sein Verhältnis zu anderen verfassungsrechtlich fundierten Prozessmaximen sind jedoch noch nicht ausreichend geklärt.[63] So wird bei der verfassungskonformen Auslegung der Präklusionsvorschriften vom BVerfG sowohl der Grundsatz der Waffengleichheit als auch der Anspruch auf rechtliches Gehör herangezogen und aus beiden Grundsätzen die Forderung abgeleitet, den Parteien im Rahmen der Verfahrensordnungen gleichermaßen die Möglichkeit einzuräumen, alles für die gerichtliche Entscheidung Erhebliche vorzutragen und alle zur Abwehr des gegnerischen Angriffs erforderlichen prozessualen Verteidigungsmittel geltend zu machen.[64] Der Grundsatz der Waffengleichheit wird auch als Bestandteil eines fairen Verfahrens angesehen.[65]

32 Diese Nähe der verschiedenen das Prozessrecht prägenden Verfassungsprinzipien zueinander und die dabei festzustellenden Überschneidungen erklären sich aus ihren gemeinsamen Wurzeln.[66] Es mag dahinstehen, ob es deshalb überhaupt gelingen kann, eine sorgfältige Differenzierung zwischen ihnen vorzunehmen. Für die praktische Anwendung kommt es entscheidend darauf an, den Inhalt in einer Weise zu bestimmen, der die Berücksichtigung der einzelnen Grundsätze bei der Rechtsanwendung ermöglicht. Der Inhalt des Grundsatzes der Waffengleichheit wird zumindest in seinem Kerngehalt bereits durch die Bezeichnung angegeben. Waffengleichheit bedeutet Chancengleichheit der Parteien sowohl in formeller als auch in materieller Hinsicht. Die formelle Gleichheit bezieht sich auf die Rechtsstellung der Parteien im Prozess und verbietet im Grundsatz, Unterschiede allein danach zu machen, ob eine Partei als Kläger oder als Beklagter auftritt.[67] Die materielle Seite der Waffengleichheit verlangt ein Verfahren, das Chancen-

---

51 *St/J/Leipold* vor § 128 Rn. 65 b.
52 BVerfG NJW 1991, 3140; 1996, 3202; 2004, 2887.
53 BVerfGE 69, 381, 387 = NJW 1986, 244;. BVerfG FamRZ 2003, 1447.
54 BVerfGE 75, 183, 190 = NJW 1987, 2003.
55 BVerfGE 78, 123, 126 = NJW 1988, 2787; BVerfG (Fn. 41); BGH NJW 2003, 3202, 3203.
56 BVerfGE (Fn. 50) S. 385; BVerfG NJW 1998, 3703; 2004, 2887.
57 BVerfG NJW 1994, 1853.
58 BVerfG (Fn. 55) S. 126.
59 BVerfG NJW 1991, 3140; 1996, 3202.
60 BVerfGE 69, 248, 254 = NJW 1985, 3005.
61 Eingehend dazu *Vollkommer,* Festschr. f. Schwab, 1990, S. 503; vgl. auch EGMR NJW 1995, 1413; *Schlosser* NJW 1995, 1404.
62 Vgl. nur EGMR NJW 1995, 1413; BGHZ 91, 154, 160 = NJW 1984, 2831; BGHZ 98, 368, 372 = NJW 1987, 500; St/J/Leipold vor § 128 Rn. 115 ff.,; *Wiecz/Schl/Prütting* Rn. 97; weit. Nachw. bei *Vollkommer* (Fn. 61) S. 508 ff.
63 MK/*Lüke,* 2. Aufl. 2000, Einl. Rn. 143.
64 BVerfGE 55, 72, 94 = NJW 1981, 271; BVerfG (Fn. 7) S. 140.
65 BGHZ 98 (Fn. 62) S. 372; *Waldner,* Aktuelle Probleme des rechtlichen Gehörs im Zivilprozess, Diss. Erlangen 1983, S. 33; *Debernitz,* Das Recht auf ein sachgerechtes Verfahren im Zivilprozess, 1987, S. 100 ff.; *Jung,* Festschr. f. Lüke, 1997, S. 323, 331 f.; anders *Baumgärtel,* Festschr. f. Matscher, 1993, S. 29, 30 (Grundsatz der Waffengleichheit gegenüber Prinzip des fairen Verfahrens der speziellere Satz); ebenso *Stürner* NJW 1979, 2334, 2337.
66 Vgl. *St/J/Leipold* vor § 128 Rn. 64.
67 *Vollkommer* (Fn. 61) S. 516.

gleichheit bei der Durchsetzung der subjektiven Rechte im Prozess gewährleistet.[68] Waffengleichheit in diesem Sinn stellt sicher, dass der vom BVerfG an das Verfahrensrecht gerichteten Forderung entsprochen wird, zur „Herbeiführung gesetzmäßiger und unter diesem Blickpunkt richtiger, aber darüber hinaus auch im Rahmen dieser Richtigkeit gerechten Entscheidungen" zu dienen.[69] Mit dieser Zielsetzung ist der Grundsatz der Waffengleichheit vom Richter im einzelnen Prozess umzusetzen und bei der Anwendung der Verfahrensnormen zu berücksichtigen.

Ebenfalls dem Art. 3 Abs. 1 GG in Verbindung mit dem Rechtsstaatsprinzip entnimmt das Bundesver- 33
fassungsgericht ein **Willkürverbot,** das durch den Richterspruch dann verletzt wird, wenn er unter keinem denkbaren Aspekt rechtlich vertretbar ist und sich daher der Schluss aufdrängt, dass er auf sachfremden Erwägungen beruht.[70] Die Entscheidung über willkürliches Handeln des Richters ist anhand objektiver Kriterien zu treffen; schuldhaftes Handeln ist dafür nicht erforderlich.[71] Das BVerfG betont, dass die fehlerhafte Auslegung eines Gesetzes allein eine Gerichtsentscheidung noch nicht willkürlich macht. Willkür ist erst dann zu bejahen, wenn eine offensichtlich einschlägige Norm nicht berücksichtigt[72] oder der Inhalt einer Norm in krasser Weise missdeutet wird. Von willkürlicher Missdeutung kann jedoch nicht gesprochen werden, wenn das Gericht sich mit der Rechtslage eingehend auseinander setzt und seine Auffassung nicht jedes sachlichen Grundes entbehrt.[73] Die inhaltliche Nähe des so verstandenen Willkürverbots und des Anspruchs auf ein faires Verfahren ist offensichtlich.[74] Zu beachten ist auch, dass die aus dem Rechtsstaatsprinzip abzuleitende **Rechtsschutzgarantie** nicht nur gewährleistet, dass überhaupt ein Rechtsweg zu den Gerichten offen steht, sondern zugleich auch die Effektivität des Rechtsschutzes garantiert. Sie gilt nicht nur für den ersten Zugang zum Gericht, sondern für die Ausgestaltung des gesamten Verfahrens und richtet sich auch an den die Verfahrensordnung anwendenden Richter.[75]

Auch der von vielen als Prozessmaxime anerkannte **Konzentrationsgrundsatz** (Rn. 52), der eine mög- 34
lichst zügige Durchführung des Verfahrens verlangt,[76] konkretisiert den Anspruch des Einzelnen auf effektiven Rechtsschutz und damit auf ein faires Verfahren.[77] Diese Zurückführung auf das Gebot einer fairen Verfahrensgestaltung und damit letztlich auf das Rechtsstaatsprinzip macht erneut deutlich, dass die verschiedenen Verfahrensgrundsätze jeweils Teilaspekte eines rechtsstaatlichen Zivilprozesses darstellen, wie er auf Grund der Verfassung zu gestalten ist. Das Rechtsstaatsprinzip in Verbindung mit einzelnen Grundrechten insbesondere des Art. 3 Abs. 1 GG und des Art. 103 Abs. 1 GG gibt dem Einzelnen einen Anspruch auf effektiven Rechtsschutz. In diesem Anspruch lassen sich alle verfassungsrechtlich fundierten Verfahrensgrundsätze zusammenfassen. Denn ein effektiver Rechtsschutz bedingt ein faires, zügig durchzuführendes Verfahren,[78] das rechtliches Gehör der Verfahrensbeteiligten genauso garantiert wie Chancengleichheit und eine von Willkür freie Entscheidung.

3. Dispositionsgrundsatz. Als Inhalt des Dispositionsgrundsatzes ist das Recht der Parteien zu bezeich- 35
nen, über den Rechtsstreit im Ganzen zu verfügen, ihn durch Initiative des Klägers in Gang zu setzen, den Streitgegenstand (Rn. 68ff.) zu bestimmen, den Rechtsstreit durch Anträge maßgeblich zu beeinflussen und ihn auch vorzeitig, dh. ohne Urteil, zu beenden. Beginn und Durchführung des Zivilprozesses werden also weitgehend dem Selbstbestimmungsrecht der Parteien übertragen. Dies geschieht deshalb, weil es in Zivilverfahren um die Durchsetzung privater Rechte geht und es deshalb den Einzelnen auch überlassen bleiben kann, wie sie mit ihren Rechten umgehen. Die Dispositionsmaxime bedeutet die konsequente Übertragung des im materiellen Recht geltenden Grundsatzes der Privatautonomie auf den Zivilprozess.

Das dem Dispositionsgrundsatz entgegengesetzte Prinzip ist der **Offizialgrundsatz,** nach dem das Ver- 36
fahren von Amts wegen eröffnet, durchgeführt und beendet wird. Die Offizialmaxime gilt im Zivilprozess nicht. Lediglich in Verfahren, in denen über Ansprüche entschieden wird, die nicht dem Verfügungsrecht der Parteien unterliegen, ergeben sich Einschränkungen der Dispositionsmaxime. Dies betrifft beispielsweise Ehesachen und Kindschaftssachen. Auf die Ausprägung der Dispositionsmaxime im Besonderen und auf die insoweit zu beachtenden Einschränkungen wird bei Erläuterung der einzelnen Vorschriften eingegangen werden.

4. Verhandlungsgrundsatz und Untersuchungsgrundsatz. Der Verhandlungsgrundsatz gewährt den Par- 37
teien die Befugnis, die Tatsachen in den Prozess einzuführen, über die das Gericht zu befinden hat und auf die es sein Urteil stützt. Der Verhandlungsgrundsatz wird deshalb auch plastischer als Beibringungsgrundsatz bezeichnet. Nur was die Parteien vortragen, kann die tatsächliche Grundlage des Urteils bilden. Deshalb darf der **Richter** nur ihm bekannte Tatsachen, sein **privates Wissen,** nicht verwerten, wenn dies im Par-

---

[68] MK/ *Lüke* (Fn. 63) Rn. 144; *Vollkommer* (Fn. 61) S. 519f.
[69] BVerfGE 55 (Fn. 64) S. 93.
[70] BVerfGE 86, 59, 62ff. = NJW 1992, 1675; BVerfG NJW 2004, 2584f.; 2005, 2138, 2139, jeweils m. weit. Nachw.; BayVerfGH NJW 2005, 3771, 3772.
[71] BVerfGE 86 (Fn. 70) S. 62ff.
[72] BVerfG NJW 1996, 1531, weist darauf hin, dass es sich um ein Versehen handeln muss, das auf einer groben Verkennung des Grundrechtsschutzes beruht und auf einen leichtfertigen Umgang mit dem Grundrechtsschutz schließen lässt.
[73] BVerfGE 87, 273, 278 = NJW 1993, 996.
[74] *St/J/Leipold* vor § 128 Rn. 119.
[75] BVerfG NJW 2005,1999, 2001 m. Nachw.
[76] *Ro/S/Go* § 81; *Jauernig* ZPR § 28 II.
[77] *St/J/Leipold* vor § 128 Rn. 66b.
[78] BVerfG NJW 2004, 3320.

teivorbringen keine Stütze findet. Auch Tatsachen, die in einer Beweisaufnahme dem Gericht mitgeteilt werden, dürfen nur berücksichtigt werden, wenn sie von den Parteien aufgegriffen werden.[79] Allerdings muss die Partei nicht alles expressis verbis darlegen, was mit logischer Zwangsläufigkeit auf Grund der Lebenserfahrung aus ihrer Sachdarstellung folgt; solche notwendigerweise **verbundenen Tatsachen** sind ohne weiteres mit vorgetragen. Ob schließlich auch **offenkundige Tatsachen** von den Parteien behauptet werden müssen oder ob das Gericht sie unabhängig von den Parteibekundungen zu beachten hat, ist streitig (vgl. dazu § 291 Rn. 4).

38 Bei Geltung des Untersuchungsgrundsatzes (Inquisitionsmaxime) hat das Gericht für die Beschaffung und den Beweis der entscheidungserheblichen Tatsachen zu sorgen. Im Zivilprozess findet regelmäßig der Verhandlungsgrundsatz Anwendung, während der Untersuchungsgrundsatz eine Ausnahme darstellt. Dies erklärt sich aus der liberalen Grundanschauung des Gesetzgebers der ZPO, der die Verfahrensgestaltung nach dem Prinzip der Parteifreiheit und der Parteiverantwortung ausgerichtet hat, auf das sowohl Dispositionsgrundsatz als auch Verhandlungsgrundsatz zurückzuführen sind. Die Parteien sollen Herren des Verfahrens sein. Nur in Fällen, in denen ein öffentliches Interesse an einer umfassenden und richtigen Klärung der tatsächlichen Grundlagen einer gerichtlichen Entscheidung besteht, wie beispielsweise in Kindschaftssachen, im Aufgebotsverfahren und mit gewissen Einschränkungen in Ehesachen, findet der Untersuchungsgrundsatz Anwendung. Für die Geltung des Verhandlungsgrundsatzes im Zivilprozess sprechen auch Zweckmäßigkeitserwägungen: Das Interesse der Parteien an der Durchsetzung des eigenen Rechtsstandpunktes sorgt am besten dafür, dass die erheblichen Tatsachen von den Parteien dem Gericht vorgetragen und bewiesen werden.

39 Der Verhandlungsgrundsatz erfährt durch verschiedene Regelungen der ZPO Ergänzungen und Modifizierungen. So hat das Gericht darauf hinzuwirken, dass sich die Parteien rechtzeitig und vollständig erklären (§ 139 Abs. 1 S. 2). In der mündlichen Verhandlung hat der Vorsitzende dafür Sorge zu tragen, dass die Sache erschöpfend erörtert wird (§ 136 Abs. 3). Das Gericht hat die insoweit erforderlichen Fragen den Parteien zu stellen (§ 139 Abs. 1). Dass die in § 139 getroffene Regelung den Verhandlungsgrundsatz zwar ergänzt, ihn aber nicht aufhebt, zeigt sich bereits darin, dass es Sache der Parteien bleibt, aus den Hinweisen des Gerichts Folgerungen zu ziehen und ihren Vortrag entsprechend zu korrigieren (§ 139 Rn. 1).

40 Eine weitere wichtige Ergänzung erfährt die Verhandlungsmaxime durch die Wahrheits- und Vollständigkeitspflicht des § 138 Abs. 1. Die Parteien müssen sich bei ihrem Tatsachenvortrag an die Wahrheit halten und dürfen nicht bewusst Falsches vortragen (vgl. § 138 Rn. 1 ff.). Erkennt das Gericht, dass eine Partei lügt, dann darf es grundsätzlich dieses Vorbringen nicht berücksichtigen (zur Bindung an ein vorsätzlich falsch abgegebenes Geständnis vgl. § 290 Rn. 2).

41 Es kommt grundsätzlich nicht darauf an, welche Partei eine tatsächliche Behauptung in den Prozess einführt. Auch wenn eine Partei für sie ungünstige Tatsachen behauptet, sind sie vom Gericht zu berücksichtigen, wenn sie nicht vom Gegner bestritten werden oder wenn nicht ihr Gegenteil feststeht. Bestätigt wird diese Feststellung durch die in § 331 Abs. 2 getroffene Regelung, wonach auch bei Säumnis des Beklagten die Klage abzuweisen ist, wenn das Vorbringen des Klägers seinen Klageantrag nicht rechtfertigt. Der Vortrag des Klägers muss aber stets auch über den Fall der Säumnis des Beklagten hinaus die Schlüssigkeit seiner Klage ergeben. Ist dies nicht der Fall, dann ist die Klage abzuweisen, ohne dass es insoweit darauf ankommt, welche Tatsachen der Beklagte zur Verteidigung gegen die Klage vorträgt; das Verteidigungsvorbringen des Beklagten kann die Klage nicht schlüssig machen.[80] Allerdings kann sich der Kläger das Vorbringen des Beklagten zu Eigen machen und damit seine Klage schlüssig werden lassen. Dies kann auch hilfsweise geschehen, selbst dann, wenn dies mit dem eigenen Hauptvortrag nicht vereinbar ist, sofern nur die Wahrheitspflicht nicht verletzt wird.[81] Bestreitet jedoch der Kläger den Vortrag des Beklagten, dann muss allein auf Grund seines Tatsachenvortrages über die Klage entschieden werden.[82]

42 Dies gilt auch im Fall des sog. **gleichwertigen (äquipollenten) Parteivorbringens.** Der Tatsachenvortrag der Parteien wird dann als gleichwertig bezeichnet, wenn zwar die Sachverhaltsschilderung der Parteien divergiert und deshalb streitig ist, wie sich ein entscheidungserheblicher Vorgang in Wirklichkeit zugetragen hat, jedoch die rechtliche Bewertung der Behauptungen beider Parteien im Ergebnis gleich ausfällt. Dies ist beispielsweise der Fall, wenn der Kläger vom Beklagten Zahlung eines Geldbetrages wegen deliktischer Schädigung begehrt, der Beklagte die vom Kläger gegebene Darstellung des Schädigungsvorganges als falsch bezeichnet, aber seinerseits die tatsächlichen Ereignisse so schildert, dass der vom Kläger geforderte Schadensersatzanspruch als Folge eines Angriffsnotstandes nach § 904 S. 2 BGB begründet ist. In einem solchen Fall kann die Verurteilung des Beklagten auf dessen Tatsachenvortrag nur gestützt werden, wenn sich der Kläger diesen Vortrag zumindest hilfsweise zu Eigen macht und dadurch die vom Beklagten vorgetragenen Tatsachen unstreitig werden.[83] Die im Schrifttum vertretene Gegenauffassung[84], die mit verschiedenen Begründungen[85] meint, der Klage sei mit einer alternativen Sachverhaltsdarstellung stattzugeben,

---

[79] BGH NJW-RR 1990, 507; *Ro/S/Go* § 77 Rn. 12 m. weit. Nachw.

[80] MK/ *Rauscher* Rn. 296; *Jauernig* ZPR § 25 VI 2.

[81] BGH NJW 1985, 1841, 1842 m. Nachw.

[82] *St/J/Leipold* vor § 128 Rn. 157.

[83] BGH NJW 1989, 2756 = ZZP 103 (1990), 218 m. Anm. v. *Musielak;* BGH NJW-RR 1994, 1405 m. weit Nachw.; *St/J/Leipold* vor § 128 Rn. 157; *Th/P/Reichold* § 138 Rn. 6; *Ro/S/Go* § 133 Rn. 18.

[84] *E. Schneider* MDR 1970, 727, 728 f.; *Prütting,* Gegenwartsprobleme der Beweislast, 1983, S. 143 f.; *Jauernig,* Festschr. f. Schwab, 1990, S. 247.

[85] Vgl. dazu *Musielak* ZZP 103 (1990), 220.

ohne dass es darauf ankäme, dass sich der Kläger hilfsweise auf den Sachvortrag des Beklagten beruft, ist unvereinbar mit der bereits oben formulierten Forderung, dass der Kläger dem Gericht die Gründe mitzuteilen habe, auf die er das mit seiner Klage gegen den Beklagten geltend gemachte Recht stützt. Nur wenn die Darlegungen des Klägers sein Klagebegehren rechtfertigen und dadurch die Schlüssigkeit der Klage zu bejahen ist, besteht für das Gericht Anlass, sich dem Vorbringen des Beklagten und seiner Sachdarstellung zuzuwenden. Im praktischen Ergebnis fällt jedoch der Unterschied zwischen beiden Meinungen nicht so erheblich aus, wie das zunächst den Anschein haben mag. Denn die Rechtsprechung nimmt einen großzügigen Standpunkt in der Frage ein, welche Anforderungen zu stellen sind, damit das Gericht davon ausgehen darf, der Kläger habe sich den Tatsachenvortrag des Beklagten hilfsweise zu Eigen gemacht. Der BGH will sich dabei an dem Grundsatz orientieren, dass sich eine „vernünftige Partei" nicht dagegen sperren werde, ihren Anspruch auch hilfsweise auf einen Sachverhalt zu stützen, der zwar von ihrem Tatsachenvortrag abweicht, der aber ihrem Begehren letztlich zum Erfolg verhelfen kann.[86] Deshalb darf der Richter im Regelfall seiner Entscheidung eine entsprechende Annahme zu Grunde legen, wenn der Kläger nicht ausdrücklich Gegenteiliges erklärt.

Bei der Erhebung von Beweisen, dh. bei der Beschaffung und Benutzung von Beweismitteln, um die Richtigkeit streitiger Tatsachenbehauptungen festzustellen, ist das Gericht weitgehend von entsprechenden Anträgen der Parteien freigestellt und kann von Amts wegen tätig werden. Nur der Zeugenbeweis ist ausnahmslos von einem Parteiantrag abhängig. Auf Einzelheiten wird bei Erläuterung der einschlägigen Vorschriften eingegangen werden. In dieser Regelung der Beweiserhebung durch das Gericht liegt eine erhebliche Lockerung des Verhandlungsgrundsatzes. Im Unterschied zur Untersuchungsmaxime ist jedoch das Gericht nicht verpflichtet, von Amts wegen Beweise zu erheben; vielmehr ist eine Beweiserhebung von Amts wegen in das Ermessen des Gerichts gestellt.[87] 43

Gibt das Gesetz dem Gericht auf, bestimmte Punkte wie beispielsweise die Partei- und Prozessfähigkeit (vgl. § 56 Abs. 1) von Amts wegen zu berücksichtigen, dann bedeutet dies nicht, dass insoweit der Verhandlungsgrundsatz aufgehoben wird. Vielmehr bleibt die Beschaffung auch der von Amts wegen zu prüfenden Tatsachen den Parteien überlassen.[88] Das Gericht wird jedoch durch entsprechende Hinweise die Parteien veranlassen, Zweifel hinsichtlich der von Amts wegen zu berücksichtigenden Punkte auszuräumen (§ 139 Abs. 3). Bleiben Zweifel bestehen, führt die dann zu treffende Beweislastentscheidung regelmäßig dazu, die ungeklärten Tatsachen als nicht geschehen zu werten. 44

5. Grundsatz der Mündlichkeit und Schriftlichkeit. Wenn in § 128 Abs. 1 bestimmt wird, dass die Parteien über den Rechtsstreit vor dem erkennenden Gericht mündlich zu verhandeln haben, dann wird damit ausdrücklich der Grundsatz der Mündlichkeit des Verfahrens betont. Indes erfährt dieser Grundsatz durch andere Regelungen zu Recht wichtige Einschränkungen. So wird in §§ 129ff. vorgeschrieben, dass die mündliche Verhandlung durch Schriftsätze vorzubereiten ist. Zwar muss der Inhalt dieser Schriftsätze in der mündlichen Verhandlung vorgetragen werden und wird dadurch zum Gegenstand des Verfahrens gemacht, jedoch kann der Vortrag durch eine Bezugnahme auf die Schriftsätze ersetzt werden (§§ 137 Abs. 3, 297 Abs. 2). Durch diese Regelungen kommt der Gedanke zum Ausdruck, dass sich ein Gerichtsverfahren sinnvoll und praktikabel nur gestalten lässt, wenn die **Prinzipien der Mündlichkeit und der Schriftlichkeit miteinander verbunden** und die Vorteile beider nutzbar gemacht werden. Die mündliche Verhandlung vor dem erkennenden Gericht fördert die gründliche und konzentrierte Erörterung der Streitsache. Durch Rede und Gegenrede kann vieles besser und schneller geklärt werden als durch den Austausch von Schriftsätzen. Andererseits ist es insbesondere zur Beschleunigung des Verfahrens geboten, Gericht und Parteien bereits vor der mündlichen Verhandlung mit dem Streitstoff bekannt zu machen, damit sie sich darauf einstellen können. Darüber hinaus ist es unverzichtbar, einzelne Prozesshandlungen nach ihrem Inhalt und dem Zeitpunkt ihrer Vornahme genau festzuhalten, weil durch sie das Verfahren in wesentlichen Punkten gestaltet wird. Diesem Zweck dient beispielsweise die Anordnung der Schriftlichkeit für die Erhebung der Klage (§ 253), die Einlegung von Rechtsmitteln (§§ 519, 549, 569, 575) und ihrer Begründung (§§ 520, 551). 45

Auch in anderen Regelungen der ZPO finden sich Kombinationen des Mündlichkeits- und des Schriftlichkeitsprinzips, wobei bald das eine, bald das andere stärker betont wird. Als Beispiel sei auf die Vorbereitung des Haupttermins hingewiesen, für die in § 272 Abs. 2 entweder die Bestimmung des frühen ersten Termins zur mündlichen Verhandlung oder das schriftliche Vorverfahren zur Wahl gestellt wird. Aus alledem ergibt sich, dass für den Zivilprozess eine Kombination von Mündlichkeit und Schriftlichkeit gilt, die sich dahingehend beschreiben lässt, dass grundsätzlich das Gericht eine Entscheidung nur auf Grund einer mündlichen Verhandlung treffen darf und dass Gegenstand der mündlichen Verhandlung sein muss, was zur Grundlage der gerichtlichen Entscheidung gemacht wird, dass aber eine Reihe von Einschränkungen zu Gunsten der Schriftlichkeit gelten. Zu Einzelheiten wird auf die Erläuterungen zu § 128 verwiesen. 46

6. Grundsatz der Unmittelbarkeit. Der Grundsatz der Unmittelbarkeit des Verfahrens bedeutet, dass die Verhandlung des gesamten Rechtsstreits innerhalb einer Instanz vor demselben Gericht stattfinden muss und dass dieses Gericht dann auch die Entscheidung zu treffen hat. Dieser Grundsatz kommt in verschiedenen Vorschriften der ZPO zum Ausdruck. Zu verweisen ist auf § 128 Abs. 1, in dem bestimmt wird, dass über den Rechtsstreit „vor dem erkennenden Gericht" zu verhandeln ist, auf § 309, in dem angeordnet 47

[86] BGH DRiZ 1968, 423.
[87] *Zö/Greger* § 144 Rn. 2, § 448 Rn. 4a m. weit. Nachw.
[88] BGH NJW 1982, 1467, 1468; 1989, 2064; *Schreiber* Jura 1989, 86, 88.

wird, dass das Urteil nur von den Richtern gefällt werden darf, die an der für das Urteil maßgeblichen mündlichen Verhandlung teilgenommen haben, und schließlich auf § 355 Abs. 1 S. 1, in dem vorgeschrieben wird, dass die Beweisaufnahme vor dem Prozessgericht stattfinden muss. Der Grundsatz der Unmittelbarkeit muss insbesondere aus praktischen Gründen eingeschränkt werden. So kann die Beweisaufnahme unter bestimmten Voraussetzungen einem beauftragten oder ersuchten Richter übertragen werden; hierauf wird ausdrücklich in § 355 Abs. 1 S. 2 verwiesen (vgl. § 355 Rn. 10). Der durch das ZPO-RG eingefügte § 128a ermöglicht eine Verhandlung im Wege der Bild- und Tonübertragung.

48 Der Begriff der Unmittelbarkeit kann in einem unterschiedlichen Sinn verstanden werden.[89] Die Unmittelbarkeit der Beweisaufnahme, wie sie durch § 355 Abs. 1 S. 1 vorgesehen wird, betrifft das Verfahren, bezieht sich also auf die Unmittelbarkeit im formellen Sinn. Legt man dagegen der Unmittelbarkeit eine materielle Bedeutung bei, dann ist unter der Unmittelbarkeit des Beweises der Grundsatz zu verstehen, dass von allen verfügbaren Beweismitteln dasjenige zu wählen ist, das die Erkenntnis der erheblichen Tatsachen am unmittelbarsten ermöglicht. Ob ein solches Prinzip der materiellen Unmittelbarkeit in der ZPO gilt, ist umstritten.[90] Schließlich kann man die Unmittelbarkeit der Beweisaufnahme auch noch in einem zeitlichen Sinn auffassen und daraus die Forderung ableiten, die erhobenen Beweise in einem unmittelbaren Anschluss an die Beweisaufnahme zu würdigen.[91] Auch diese zeitliche Unmittelbarkeit ist zumindest nicht in § 355 verankert; in diesem Zusammenhang ist auch die in § 370 Abs. 1 getroffene Bestimmung zu beachten, im Anschluss an die Beweiserhebung über ihr Ergebnis zu verhandeln (vgl. auch § 279 Abs. 3).

49 **7. Grundsatz der Öffentlichkeit.** Für die mündliche Verhandlung gilt der Grundsatz der Öffentlichkeit. Dieser Grundsatz und seine Einschränkungen sind in §§ 169ff. GVG geregelt. Öffentlichkeit der Verhandlung bedeutet, dass jedem der Zutritt zum Verhandlungsraum freisteht und dass im Rahmen der verfügbaren Plätze eine Teilnahme an der Verhandlung als Zuhörer möglich sein muss. Die erforderliche Herstellung der Öffentlichkeit verlangt es auch, Interessenten von dem Ort und der Zeit der Verhandlung rechtzeitig Kenntnis zu geben. Findet die öffentliche Verhandlung außerhalb der üblicherweise benutzten Gerichtsgebäude statt, dann ist darauf in geeigneter Form hinzuweisen.

50 Der Grundsatz der Öffentlichkeit dient der Transparenz richterlicher Tätigkeit als Grundlage für das Vertrauen in eine unabhängige und neutrale Rechtspflege. Die Öffentlichkeit ist schon aus praktischen Gründen eng mit der Mündlichkeit verknüpft und bezieht sich auf Phasen des Verfahrens, für die Mündlichkeit vorgeschrieben ist, nämlich auf die Verhandlung vor dem erkennenden Gericht einschließlich der Verkündung von Urteilen und Beschlüssen (§ 169 S. 1 GVG). Da andererseits ein berechtigtes Interesse der Parteien anzuerkennen ist, nicht alle Angelegenheiten zur Kenntnis Dritter zu bringen, muss der Öffentlichkeitsgrundsatz eingeschränkt werden. Bestimmte gerichtliche Verhandlungen finden ganz oder zum Teil unter Ausschluss der Öffentlichkeit statt. Neben dem Interesse der Parteien oder Zeugen an einer Geheimhaltung kann auch das Interesse des Staates die öffentliche Verhandlung verhindern (zu Einzelheiten vgl. §§ 170ff. GVG).

51 Die „Parteiöffentlichkeit" hat das Recht der Parteien zum Inhalt, an jeder Beweisaufnahme im Rahmen ihres Rechtsstreits teilzunehmen, auch wenn sie nicht öffentlich stattfindet (§ 357 Abs. 1), die Prozessakten einzusehen und sich aus ihnen durch die Geschäftsstelle Ausfertigungen, Auszüge und Abschriften erteilen zu lassen (§ 299 Abs. 1) und darüber hinaus sich durch das Gericht über alle prozessualen Vorgänge unterrichten zu lassen, die erkennbar wesentliche Tatsachen für sie enthalten.[92] Die Parteiöffentlichkeit leitet sich aus dem Anspruch auf rechtliches Gehör ab. Ob das Interesse, bestimmte Informationen, wie zB Betriebs- und Geschäftsgeheimnisse, nicht offenbaren zu müssen, es rechtfertigt, die Parteiöffentlichkeit einzuschränken, ist streitig.[93]

52 **8. Konzentrationsgrundsatz.** Ob der Konzentrationsgrundsatz – auch synonym als Beschleunigungsgrundsatz bezeichnet – als eigene Prozessmaxime anzuerkennen ist, wird unterschiedlich beurteilt.[94] Dass er im Zivilprozess beachtet werden muss, ist dagegen unstreitig. Dieser Grundsatz kommt in einer Reihe von Vorschriften zum Ausdruck (zB in §§ 139, 272, 273, 282, 296, 358a). Insbesondere durch die dem Gericht und den Parteien auferlegten Prozessförderungspflichten soll eine Beschleunigung des Verfahrens erreicht werden.[95] Zwar lässt sich das Beschleunigungsgebot aus dem Anspruch auf ein faires Verfahren und damit letztlich aus dem Rechtsstaatsprinzip ableiten (vgl. Rn. 34), dennoch kann man einer beschleunigten Verfahrensführung noch keinen eigenständigen Wert zuerkennen. Vielmehr kann die einzelne Prozesssituation und der dabei zu beachtende Anspruch auf rechtliches Gehör verhindern, dass ein „kurzer Prozess" gemacht wird.[96] Eine zu lange Dauer eines Prozesses ist unbestreitbar ein Ärgernis und muss vermieden werden. Andererseits ist aber der Richter verpflichtet, die Parteien zu hören und sorgfältig die Entschei-

---

[89] Vgl. *St/J/Leipold* vor § 128 Rn. 203ff.

[90] Bejahend BAG AuR 1969, 61, 62 (Unzulässigkeit eines Beweises vom Hörensagen); *Rohwer,* Materielle Unmittelbarkeit der Beweisaufnahme, Diss. Kiel 1972, S. 47ff., 63ff.; *Bruns* Rn. 87; verneinend *Reichel,* Die Unmittelbarkeit der Beweisaufnahme in der Zivilprozessordnung, Diss. Gießen 1971, S. 67ff.; *Tropf* DRiZ 1985, 87, 88; *Prütting/Weth* DB 1989, 2273, 2276; *Mu/St* Rn. 43.

[91] *Reichel* (Fn. 90) S. 33; *Koukouselis,* Die Unmittelbarkeit der Beweisaufnahme im Zivilprozess, insbesondere bei der Zeugenvernehmung, 1990, S. 79ff.

[92] BGH NJW 1961, 363f.

[93] Vgl. MK/ *Heinrich* § 357 Rn. 9 m. Nachw.

[94] Dafür MK/ *Lüke* (Fn. 63) Rn. 212, dagegen *St/J/Leipold* vor § 128 Rn. 8; 2. zweifelnd MK/ *Rauscher* Rn. 321.

[95] Vgl. *Ro/S/Go* § 81 Rn. 5ff., 15ff.

[96] *Wiecz/Sch//Prütting* Rn. 102 unter Hinweis auf die Rspr. des BVerfG.

dungsgrundlagen zu prüfen, um zu einem richtigen Urteil zu gelangen. Durch die Forderungen nach Prozessbeschleunigung und sorgfältiger Arbeit entsteht ein Spannungsverhältnis, das die richterliche Tätigkeit prägt. Der Grundsatz der Verfahrensbeschleunigung bedeutet deshalb nur, dass der Richter den Rechtsstreit so rasch durchzuführen und zu entscheiden hat, wie ihm dies unter Ausschaltung aller vermeidbaren Verzögerungen auf Grund der Besonderheiten des Einzelfalles möglich ist (§ 300 Rn. 10).

9. Rechtsfolgen einer Verletzung von Verfahrensgrundsätzen. Werden Verfahrensgrundsätze verletzt, 53 dann führt dies **regelmäßig** nicht zur Nichtigkeit, sondern nur zur **Anfechtbarkeit** der gerichtlichen Entscheidung. Nur in Ausnahmefällen gilt etwas anderes. Fällt das Gericht unter Missachtung des Dispositionsgrundsatzes ein Urteil, obwohl keine Klage erhoben oder eine einmal erhobene Klage wirksam zurückgenommen wurde, dann ist eine solche Entscheidung unwirksam (§ 300 Rn. 5).[97] Der Erfolg eines in anderen Fällen einzulegenden Rechtsmittels hängt davon ab, ob die angefochtene Entscheidung auf dem Verfahrensfehler beruht, der die Verletzung von Verfahrensgrundsätzen darstellt. Allerdings bilden einzelne Verstöße gegen Verfahrensgrundsätze absolute Revisionsgründe, bei denen stets davon ausgegangen werden muss, dass die Entscheidung durch die Verletzung des Gesetzes beeinflusst worden ist. Dies gilt nach § 547 Nr. 5 bei Verletzung von Vorschriften über die Öffentlichkeit des Verfahrens. Hat entgegen § 309 das Urteil ein Richter gefällt, der nicht an der dem Urteil zu Grunde liegenden Verhandlung teilgenommen hat, dann bedeutet diese Verletzung des Unmittelbarkeitsgrundsatzes ebenfalls einen absoluten Revisionsgrund nach § 547 Nr. 1 (§ 309 Rn. 5). Werden im erstinstanzlichen Verfahren Verfahrensgrundsätze nicht eingehalten, dann leidet das Verfahren an einem wesentlichen Mangel iSv. § 538 Abs. 2 Nr. 1.

Soweit Verfahrensgrundsätze verfassungsrechtlich fundiert sind, wie der Anspruch auf rechtliches Gehör 54 oder der Anspruch auf ein faires Verfahren, können Verstöße gegen sie auch eine Verfassungsbeschwerde begründen (Art. 93 Abs. 1 Nr. 4a GG, § 90 BVerfGG). Die Verfassungsbeschwerde kann allerdings erst nach „Erschöpfung des Rechtswegs" erhoben werden (§ 90 Abs. 2 S. 1 BVerfGG). Das BVerfG geht von dem Grundsatz der Subsidiarität einer Verfassungsbeschwerde aus und verlangt, dass der Beschwerdeführer über die gebotene Erschöpfung des Rechtsweges hinaus alle ihm zur Verfügung stehenden prozessualen Möglichkeiten ergreift, um bereits im Ausgangsverfahren eine Korrektur der geltend gemachten Verfassungsverletzung zu erwirken oder einen Grundrechtsverstoß zu verhindern.[98] Denn in erster Linie haben die Fachgerichte dafür Sorge zu tragen, dass Verletzungen von Verfahrensgrundrechten beseitigt werden, die in zivilgerichtlichen Verfahren begangen worden sind. Durch das Anhörungsrügengesetz und und durch die dadurch vorgenommene Neufassung des § 321a ist der Gesetzgeber den ihm erteilten Auftrag des BVerfG nachgekommen, eine Regelung zu treffen, die sicherstellt, dass bei Verstößen gegen den Anspruch auf rechtliches Gehör zunächst eine Überprüfung durch ein Fachgericht stattfindet.[99] Diese Regelung erfasst jedoch nur Verstöße gegen den Anspruch auf rechtliches Gehör und lässt offen, wie im fachgerichtlichen Bereich auf die Verletzungn anderer Verfahrensgrundrechte reagiert werden soll (vgl. § 321a Rn. 6). Der durch das Zivilprozessrecht gewährte Rechtsschutz wird regelmäßig die durch § 90 Abs. 2 S. 2 BVerfGG geschaffene Möglichkeit ausschließen, dass das BVerfG über eine vor Erschöpfung des Rechtswegs eingelegte Verfassungsbeschwerde sofort entscheidet, weil dem Beschwerdeführer ein schwerer und unabwendbarer Nachteil entstünde, falls er zunächst auf den Rechtsweg verwiesen würde. Ist der innerstaatliche Rechtsweg (einschließlich einer Verfassungsbeschwerde) ergebnislos beschritten worden, kann noch Beschwerde zum Gerichtshof für Menschenrechte in Strassburg eingelegt werden, um die Verletzung von Konventionsrechten, dh. durch die EMRK geschützten Individualrechten, geltend zu machen (Art. 34f. EMRK).[100] Auch wenn es sich bei der EMRK um einfaches Gesetzesrecht handelt, das im Grundsatz keinen Vorrang vor der ZPO beanspruchen kann, wirkt sie doch bei der Auslegung und Anwendung der ZPO und kann insbesondere für die richterliche Ermessensausübung Bedeutung erlangen.[101]

VI. Grundbegriffe des Zivilprozessrechts

1. Prozessrechtsverhältnis. Der Prozess als ein rechtlich geordnetes Verfahren schafft zwischen den an 55 ihm Beteiligten, dem Gericht und den Parteien, rechtliche Beziehungen, die unter dem Begriff des Prozessrechtsverhältnisses zusammengefasst werden. Es handelt sich dabei um ein theoretisches Gebilde, das in erster Linie dazu dient, bestimmte Prozesslagen und prozessuale Rechtsinstitute besser zu erklären. Als Beispiel sei die Rechtsnachfolge auf Seiten einer Partei genannt, die durch den Eintritt in ein bestehendes Prozessrechtsverhältnis als rechtlicher Vorgang gut veranschaulicht werden kann.[102] Das Prozessrechtsverhältnis wird durch die Klageerhebung zunächst zwischen Kläger und Gericht und durch die Zustellung der Klageschrift an den Beklagten auch diesem gegenüber hergestellt. Es wird auch durch eine unzulässige Klage begründet.[103] Das Prozessrechtsverhältnis ist als ein **Dreiecksverhältnis** zu begreifen, das die Parteien

---

[97] LG Tübingen JZ 1982, 474f.; LAG Frankfurt BB 1982, 1924, 1925; LG Itzehoe NJW-RR 1994, 1216; *Jauernig,* Das fehlerhafte Zivilurteil, 1958, S. 153f.; *Zö/Vollkommer* vor § 300 Rn. 18.

[98] BVerfGE 81, 22, 27 = NJW 1990, 1595 (LS); BVerfGE 81, 97, 102f.; BVerfG NJW 1993, 51; 1993„ 2793; 2007, 3054.

[99] BVerfG NJW 2003, 1924, 1929 (Plenarentscheidung).

[100] Vgl. *Meyer-Ladewig* NJW 1995, 2813, 2815f.; *Schumann,* Festschr. f. Schwab, 1990, S. 449; *Zö/Vollkommer* Rn. 132ff. m. weit. Nachw.

[101] *Schumann* (Fn. 100) S. 460ff.

[102] *Ro/S/Go* § 2 Rn. 2.

[103] BGH NJW 1992, 2575f.; *Lüke* ZZP 108 (1995), 427, 436.

untereinander und das Gericht mit ihnen verbindet.[104] Dieses Verständnis des Prozessrechtsverhältnisses trägt dem Umstand Rechnung, dass Rechtsbeziehungen und die sich auf ihrer Grundlage ergebenden Rechte und Pflichten nicht nur zwischen den Parteien festzustellen sind, sondern auch gegenüber dem Gericht bestehen. Das Gericht kann deshalb nicht aus diesen Rechtsbeziehungen herausgenommen werden.[105] Stehen auf der Seite des Klägers oder des Beklagten noch weitere Personen als Streitgenossen, dann entsteht auch eine Mehrheit von Prozessrechtsverhältnissen. Das Prozessrechtsverhältnis endet in dem Zeitpunkt, in dem der Rechtsstreit seine Erledigung durch rechtskräftige Entscheidung gefunden hat; das Gleiche gilt, wenn der Rechtsstreit durch Vergleich, beiderseitige Erledigungserklärung oder Klagerücknahme abgeschlossen wird. Bis dahin bleibt es nach der Begründung in seiner Identität bestehen, auch wenn inhaltliche Änderungen etwa durch einen Gerichtswechsel auf Grund einer Verweisung, durch einen Parteiwechsel oder durch Änderung des Streitgegenstandes vollzogen werden.[106]

56 Das Prozessrechtsverhältnis ist öffentlich-rechtlicher Natur und unterscheidet sich von den privatrechtlichen Beziehungen der Parteien, über die im Rechtsstreit zu entscheiden ist. Es ergeben sich aus ihm sowohl Lasten als auch Pflichten der Parteien. Im Prozessrecht wird als **Last** bezeichnet, wenn ein an sich notwendiges Verhalten in das Belieben der Partei gestellt wird und es ihr überlassen bleibt, ob sie tätig wird oder ob sie dies ablehnt und die Nachteile in Kauf nimmt, die sich dann ergeben. Eine gewisse parallele Erscheinung zur prozessualen Last findet sich in der materiell-rechtlichen Obliegenheit. Beispielsweise gibt es für die Parteien keine Pflicht, Tatsachen vorzutragen und den Beweis dafür zu führen; sie müssen nur die nachteiligen Folgen aushalten, die sie abwenden können, wenn sie der „Last" entsprechen. Die Auferlegung prozessualer **Pflichten** stellt im Zivilprozess eine Ausnahme dar. Als prozessuale Pflicht ist allgemein die Wahrheits- und Vollständigkeitspflicht der Parteien anerkannt, die ihnen aufgibt, nicht bewusst Unwahres vorzutragen und nicht bewusst der Wahrheit zuwider gegnerische Behauptungen zu bestreiten. Die Wahrheitspflicht schließt auch ein, dass die Parteien ihre Erklärungen vollständig und nicht verkürzt um ungünstige Tatsachen abzugeben haben (§ 138 Rn. 5). Des Weiteren trifft die Parteien eine Redlichkeitspflicht, die ihnen gebietet, schikanöses und treuwidriges Verhalten zu unterlassen.[107] Schließlich haben die Parteien Prozessförderungspflichten zu beachten (§ 282 Rn. 2 ff.), müssen auf Anordnung des Gerichts persönlich zum Termin erscheinen (§ 141 Rn. 8 ff.; § 613 Rn. 6) und sind zur Vorlage von Urkunden gemäß den §§ 142, 421 ff. verpflichtet.

57 Auch dem Gericht obliegen den Parteien gegenüber Pflichten, die sich im Wesentlichen aus dem Rechtsstaatsprinzip ergeben und die gebieten, die Parteien fair zu behandeln, ihnen erforderliche Hinweise zu geben und Rücksicht zu üben, soweit sich dies aus der konkreten Situation als notwendig erweist (Rn. 30).[108]

58 **2. Prozesshandlungen. a) Begriff.** Als Prozesshandlung wird ein Verhalten des Gerichts oder der Parteien aufgefasst, das gestaltend auf den Prozess einwirkt. Es geht um die Handlungen der am Prozess Beteiligten, die dazu dienen, das Verfahren zu beginnen, fortzusetzen und schließlich zu beenden. Hierbei ist zu berücksichtigen, dass die **Prozesshandlungen des Gerichts** sich schon deswegen ganz wesentlich von denen der Parteien unterscheiden, weil es sich dabei um Akte eines Staatsorgans handelt und weil deshalb die Voraussetzungen und Wirkungen andere sind, als sie für die Prozesshandlungen der Parteien gelten. Die Prozesshandlungen des Gerichts lassen sich danach unterscheiden, ob sie der Streitentscheidung dienen (insoweit ist die wichtigste das Urteil), ob sie den Prozessbetrieb betreffen (zB Terminsbestimmung, Zustellung) oder ob sie die Beschaffung der tatsächlichen Urteilsgrundlagen bezwecken (Beweisaufnahme). In der ZPO wird der Begriff der Prozesshandlung wiederholt verwendet, ohne ihn näher zu beschreiben. Regelmäßig sind damit Parteiprozesshandlungen gemeint (wie zB in §§ 54, 67, 81, 230, 249 Abs. 2); der Begriff kommt jedoch auch in einem weiten die Prozesshandlung des Gerichts mitumfassenden Sinn vor (zB § 172 Abs. 1).

59 **b) Parteiprozesshandlungen.** Da die Bestimmung des Begriffs der Parteiprozesshandlungen von unterschiedlichen Standpunkten aus vorgenommen wird, fällt die Definition dieses Begriffs nicht einheitlich aus.[109] Herrschend ist ein funktioneller Prozesshandlungsbegriff, bei dem darauf abgestellt wird, dass die sich aus der Handlung ergebenden Wirkungen im Wesentlichen auf prozessualem Gebiet liegen.[110] Dieser Auffassung ist zuzustimmen, weil der Zweck der Definition darin besteht, eine Unterscheidung von den Rechtsgeschäften des bürgerlichen Rechts zu ermöglichen und dies am besten dadurch erreicht wird, dass auf die spezifischen Wirkungen der Handlung gesehen wird, um danach die Entscheidung über eine Zuordnung treffen zu können. Unter einer Prozesshandlung ist danach ein äußeres, auf einem Handlungswillen beruhendes Verhalten einer Partei zu verstehen, das darauf gerichtet ist, einen Erfolg herbeizuführen, dessen Wirkungen im Wesentlichen auf prozessualem Gebiet liegen. Nach dieser Definition sind auch Handlungen, die der **Vorbereitung eines prozessbezogenen Geschehens** dienen, wie die Erteilung einer Prozessvollmacht oder eine Gerichtsstandsvereinbarung, zu den Prozesshandlungen zu rechnen.[111] Prozess-

---

[104] Zö/Vollkommer Rn. 52; St/J/Brehm Rn. 204.
[105] So aber *B/L/H* vor § 128 Rn. 5.
[106] *Ro/S/Go* § 2 Rn. 9.
[107] Zur Geltung des Grundsatzes von Treu und Glauben im Zivilprozess vgl. *Baumgärtel* ZZP 86 (1973), 353; MK/*Rauscher* Rn. 34 f.; *Pfister,* Die neuere Rechtsprechung zu Treu und Glauben im Zivilprozessrecht, 1998.
[108] BVerfGE 78, 123, 126 = NJW 1988, 2787; BVerfG NJW 1991, 417, 418, 3140.
[109] Vgl. *Baumgärtel,* Wesen und Begriff der Prozesshandlung einer Partei im Zivilprozess, 2. Aufl. 1972, S. 12 ff.; *ders.* ZZP 87 (1974), 121 ff.; *St/J/Leipold* vor § 128 Rn. 207 ff.
[110] *Baumgärtel* (Fn. 109) S. 291; MK/ *Rauscher* Rn. 373; *St/J/Leipold* (Fn. 109) Rn. 211; *Ro/S/Go* § 63 Rn. 1.
[111] *St/J/Leipold* (Fn. 109).

handlungen können somit auch außerhalb eines Prozesses und vor seinem Beginn vollzogen werden. Sie setzen folglich nicht voraus, dass bereits ein Prozessrechtsverhältnis entstanden ist. Da es für die Prozesshandlung nur darauf ankommt, dass der Schwerpunkt ihrer Wirkungen im prozessualen Bereich zu finden ist, lässt es sich mit der hier vorgenommenen Begriffsbestimmung durchaus vereinbaren, dass durch eine Prozesshandlung auch materiell-rechtliche Wirkungen erzeugt werden. So äußert die Klageerhebung als Prozesshandlung mannigfaltige materiell-rechtliche Wirkungen, indem sie zB die Verjährung (§ 204 Abs. 1 Nr. 1 BGB) und Ersitzung (§ 939 BGB) hemmt und zu einer Haftungsverschärfung führt (§§ 292, 818 Abs. 4, 989, 2023 BGB); zu weiteren materiell-rechtlichen Wirkungen der Klageerhebung und der dadurch herbeigeführten Rechtshängigkeit vgl. die Erläuterungen zu § 262.

Durch eine Prozesshandlung kann zugleich auch ein materiell-rechtliches Rechtsgeschäft vorgenommen werden. Als Beispiel sei die sog. „Prozessaufrechnung" genannt, bei der die materiell-rechtliche Aufrechnungserklärung iSv. § 388 S. 1 BGB äußerlich mit ihrer Geltendmachung im Prozess als Prozesshandlung verbunden wird.[112] Schließlich gibt es mit dem Prozessvergleich sogar ein Rechtsinstitut, das sowohl dem Prozessrecht als auch dem materiellen Recht angehört, also eine echte Doppelnatur aufweist (vgl. § 794 Rn. 3). 60

c) **Arten der Parteiprozesshandlungen.** Der durch eine Parteiprozesshandlung bezweckte Erfolg muss nicht unmittelbar durch sie herbeigeführt werden, sondern kann auch erst auf Grund eines Tätigwerdens des Gerichts eintreten. Im zweiten Fall spricht man von **Erwirkungshandlungen,** während als **Bewirkungshandlungen** solche Prozesshandlungen bezeichnet werden, durch die unmittelbar eine prozessuale Rechtswirkung erzeugt wird. Beispiele für Bewirkungshandlungen sind die Klagerücknahme (§ 269), die Rücknahme des Einspruchs gegen ein Versäumnisurteil (§ 346), die Rücknahme der Berufung (§ 516) und der Revision (§ 516 iVm. § 565), der Verzicht auf die Berufung (§ 515) und auf die Revision (§ 515 iVm. § 565) sowie Verzicht (§ 306) und Anerkenntnis (§ 307). Erwirkungshandlungen sind Anträge, Behauptungen und Beweisführungen. Die Unterscheidung zwischen diesen Arten von Prozesshandlungen, dient keinem Selbstzweck, sondern berücksichtigt, dass hinsichtlich der an sie zu stellenden Anforderungen und der sich aus ihnen ergebenden Rechtsfolgen Unterschiede zwischen beiden Arten bestehen (Rn. 62 ff.). 61

d) **Anforderungen.** Die Zulässigkeit einer Erwirkungshandlung und die Wirksamkeit einer Bewirkungshandlung hängen davon ab, dass die sie vornehmende Partei die persönlichen **Prozesshandlungsvoraussetzungen** erfüllt. Sie muss also parteifähig, prozessfähig und postulationsfähig sein (vgl. dazu die Erläuterungen zu §§ 50, 52 und 78); bei einer gewillkürten Vertretung muss eine Vollmacht erteilt worden sein und bei der gesetzlichen Vertretung Vertretungsmacht bestehen. Wie Prozesshandlungen der Parteien zu vollziehen sind, ob sie notwendigerweise in der mündlichen Verhandlung vorgenommen werden müssen und welche **Form** dafür zu beachten ist, wird durch die Vorschriften der ZPO bestimmt, die sich auf die einzelne Prozesshandlung beziehen. Werden Prozesshandlungen in der Verhandlung vor dem Prozessgericht oder vor dem ersuchten oder beauftragten Richter durchgeführt, dann hat dies entsprechend dem Grundsatz der Mündlichkeit (Rn. 45) mündlich zu geschehen und ist im Protokoll zu vermerken (vgl. § 160). Die außerhalb der mündlichen Verhandlung vorgenommenen Prozesshandlungen bedürfen regelmäßig der Schriftform. Prozesshandlungen sind auslegungsfähig[113] und können umgedeutet werden.[114] Sie dürfen nicht mit einer (außerprozessualen) **Bedingung** verbunden werden (vgl. aber Rn. 66), weil die Ungewissheit, die auf diese Weise in den Prozess hineingetragen wird, im Interesse der Rechtspflege und der Gegenpartei nicht zugelassen werden kann. Dagegen können Erwirkungshandlungen sog. innerprozessuale Bedingungen hinzugefügt werden. Eine innerprozessuale Bedingung bezieht sich auf ein Ereignis, über dessen Eintritt oder Nichteintritt der weitere Verlauf des Verfahrens Gewissheit bringt. Die hierdurch erzeugte Ungewissheit wird also bis zum Verfahrensabschluss verbindlich geklärt und kann deshalb den Verfahrensbeteiligten zugemutet werden. 62

e) **Rücknahme und Widerruf.** Das Gesetz enthält für verschiedene Prozesshandlungen ausdrückliche Regelungen über ihre nachträgliche Beseitigung durch die sie vornehmende Partei. Als Beispiele seien die Rücknahme der Klage (§ 269), der Widerruf des Geständnisses (§ 290) sowie die Zurücknahme der Berufung (§ 516) und der Revision (§ 565 iVm. § 516) genannt. Ist durch eine **Bewirkungshandlung** der prozessuale Erfolg eingetreten, auf den sie zielt, dann kann sie nicht mehr widerrufen werden. Eine Ausnahme ist jedoch hinsichtlich aller nicht mehr einseitig rücknehmbarer Prozesshandlungen dann zuzulassen, wenn die Prozesshandlung von einem Restitutionsgrund iSv. § 580 betroffen ist, auf Grund dessen das Urteil, das auf der Prozesshandlung beruht, mit der Wiederaufnahmeklage beseitigt werden könnte (§ 578 Rn. 5).[115] **Erwirkungshandlungen** können so lange einseitig zurückgenommen werden, bis durch sie eine Prozesssituation geschaffen wird, die im Interesse der Gegenpartei nicht mehr ohne deren Einwilligung verändert oder aufgehoben werden darf. 63

Die Vorschriften über die Nichtigkeit oder Anfechtbarkeit materiell-rechtlicher Willenserklärungen (§§ 116 ff. BGB) sind nicht auf Prozesshandlungen anwendbar (zu den Besonderheiten, die für Prozessverträge gelten, vgl. Rn. 66). Auch wenn eine Partei zu der von ihr vorgenommenen Prozesshandlung durch Täuschung oder Drohung bestimmt worden ist oder sie sich dabei in einem Irrtum befunden hat, ist eine 64

---

112 Vgl. *Musielak* JuS 1994, 817.
113 BGH NJW 1988, 128 f.; 1990, 1118 f.
114 BGH NJW 1987, 1204, 3263 f.
115 BGHZ 80, 389, 394 = NJW 1981, 2193; BGH NJW 1997, 252; *St/J/Leipold* vor § 128 Rn. 286 m. weit. Nachw.

Korrektur durch Anfechtung ausgeschlossen.[116] Nur soweit Vorschriften der ZPO eingreifen, die eine nachträgliche Beseitigung bindender Prozesshandlungen zulassen, gilt etwas anderes.

65 **f) Mängel.** Mängel einer Erwirkungshandlung hat das Gericht bei seiner Entscheidung über die Zulässigkeit und gegebenenfalls über ihre Begründetheit festzustellen. Dies führt zur Zurückweisung und damit zur Erfolglosigkeit der Prozesshandlung. Mangelhafte Bewirkungshandlungen ergeben nicht die gewollten Rechtsfolgen, sondern bleiben wirkungslos. Wird der Mangel vom Gericht nicht beachtet, dann muss die beschwerte Partei dies mit dem dafür vorgesehenen Rechtsbehelf geltend machen. Unter bestimmten Voraussetzungen kann eine Heilung von mangelhaften Prozesshandlungen eintreten; darauf wird bei den einschlägigen Vorschriften eingegangen werden (vgl. insbesondere die Erläuterungen zu § 295).

66 **3. Prozessverträge.** Der durch eine Prozesshandlung herbeizuführende Erfolg (Rn. 59) kann auch von einem Zusammenwirken mehrerer Parteien abhängen und durch einen sog. Prozessvertrag herbeigeführt werden. Als Prozessverträge werden solche Vereinbarungen gewertet, deren unmittelbare Hauptwirkung auf prozessualem Gebiet liegt; dies weist sie als Parteiprozesshandlungen aus. Die **Zulässigkeit und Wirkung** von Prozessverträgen beurteilt sich nach dem Prozessrecht. Da jedoch das Prozessrecht Prozessverträge nur sehr unvollkommen und dann nur bezogen auf bestimmte Vereinbarungen regelt, muss ergänzend auf das bürgerliche Recht zurückgegriffen werden. Hierin besteht ein wesentlicher Unterschied zu einseitigen Prozesshandlungen. So richtet sich das **Zustandekommen eines Prozessvertrages** nach den Vorschriften des BGB.[117] Dies bedeutet, dass die Regeln des BGB über Geschäftsfähigkeit, Vertretung, Willensmängel und den Vertragsschluss gelten.[118] Regelmäßig können Prozessverträge mit Bedingungen versehen werden.[119] Wird ein Prozessvertrag im Rahmen eines anhängigen Rechtsstreits geschlossen, dann müssen die persönlichen Prozesshandlungsvoraussetzungen (Rn. 62) erfüllt sein. Bei Prozessverträgen, die vor Beginn oder außerhalb eines Prozesses zu Stande kommen, lässt es die hM ausreichen, dass entweder den persönlichen Prozesshandlungsvoraussetzungen oder aber den Erfordernissen des bürgerlichen Rechts genügt wird.[120]

67 Die Zulässigkeit von Prozessverträgen ist im Grundsatz zu bejahen und findet nur dort eine Grenze, wo zwingende Prozessvorschriften entgegenstehen. Soweit ein bestimmtes Verhalten der Parteien im Rechtsstreit in ihrem Belieben steht, können sie sich auch wirksam durch einen Prozessvertrag zur Vornahme oder Unterlassung verpflichten.[121]

68 **4. Streitgegenstand. a) Allgemeines.** Bei dem Streitgegenstand handelt es sich um einen zentralen Begriff des Zivilprozesses, von dessen Klärung die Beantwortung wichtiger Fragen abhängt. So richten sich beispielsweise die Grenzen der Rechtshängigkeit (§ 261 Abs. 1) und der Umfang der Rechtskraft eines Urteils (§ 322 Abs. 1) nach dem Streitgegenstand. Ebenso kommt es auf den Streitgegenstand an, wenn darüber entschieden werden soll, ob eine objektive Klagenhäufung (§ 260) oder eine Klageänderung (§ 263) anzunehmen ist. In allen diesen Fällen geht es darum zu klären, welchen „prozessualen Anspruch" der Kläger geltend macht und worüber das Gericht danach zu entscheiden hat. In der Rechtslehre wird intensiv und umfangreich über das richtige Verständnis des Streitgegenstandes diskutiert. Der praktisch bedeutsame Ertrag dieses Meinungsstreits steht allerdings im umgekehrten Verhältnis zum theoretischen Aufwand. Denn trotz erheblicher Unterschiede im Ausgangspunkt divergieren die Ergebnisse, zu denen die verschiedenen Lehren gelangen, nur in wenigen Fällen. Deshalb sollen im Folgenden nur kurz die wichtigsten Theorien dargestellt werden und es kann eine tiefer greifende Auseinandersetzung mit ihnen unterbleiben.

69 **b) Der Theorienstreit.** Herrschend ist die **Theorie vom zweigliedrigen Streitgegenstandsbegriff,** der sich auch der BGH angeschlossen hat.[122] Nach dieser Theorie wird der Streitgegenstand vom Antrag des Klägers und von dem zu seiner Begründung vorgetragenen Tatsachenkomplex (Lebenssachverhalt) bestimmt.[123] Antrag und Lebenssachverhalt sind gleichwertige Elemente, aus denen sich der Inhalt des Streitgegenstandes im konkreten Rechtsstreit ableitet. Auf der Grundlage dieser Auffassung lässt sich der Streitgegenstand definieren als das klägerische Begehren, das dieser auf den von ihm vorgetragenen Lebenssachverhalt stützt.

70 Die Theorie vom eingliedrigen Streitgegenstand hält den Antrag des Klägers allein für maßgebend und weist dem zu Grunde liegenden Lebenssachverhalt lediglich die Funktion einer Auslegungshilfe zu, wenn sich aus dem Antrag selbst nicht eindeutig genug ergibt, welchen prozessualen Anspruch der Kläger geltend macht.[124] Wird der Streitgegenstand eingliedrig verstanden und nur auf den Antrag des Klägers bezogen,

---

[116] BGH (Fn. 115); BGH NJW 1990, 1118; FamRZ 1993, 694; *Ro/S/Go* § 65 Rn. 46; aA *Arens,* Willensmängel bei Parteihandlungen im Zivilprozess, 1968, S. 119ff.; weit. Nachw. zur hM und zur Gegenauffassung bei *St/J/Leipold* vor § 128 Rn. 291 Fn. 165.

[117] BGHZ 59, 23, 26f. = NJW 1972, 1622; BGH NJW 1986, 1438, 1439.

[118] MK/ *Rauscher* Rn. 397f.; *Ro/S/Go* § 66 Rn. 10ff.

[119] *Zö/Greger* vor § 128 Rn. 29; *Ro/S/Go* § 66 Rn. 14.

[120] *St/J/Leipold* vor § 128 Rn. 308; *Ro/S/Go* § 66 Rn. 13.

[121] *Teubner/Künzel* MDR 1988, 720, 721f.

[122] St. Rspr. vgl. nur BGHZ 117, 1, 5 = NJW 1992, 1172; BGH NJW; 2000, 1958; 2001, 157, 158. NJW-RR 2006, 1502, 1503 <8>

[123] MK/ *Becker-Eberhard* vor § 253 Rn. 32; *B/L/H* § 2 Rn. 5; *Zi* Einl. I Rn. 15f.; *Th/P/Reichold* Einl. II Rn. 25; *Ro/S/Go* § 92 Rn. 22; *Lüke* Rn. 162.

[124] *Schwab,* Der Streitgegenstand im Zivilprozess, 1954; *Rosenberg/Schwab,* Zivilprozessrecht, 14. Aufl. 1986, § 96 III 3, IV. Zur Lehre von Schwab vgl. *G. Lüke,* Festschr. f. Schwab, 1990, S. 309; dazu *Schwab,* Festschr. f. G. Lüke, 1997, S. 793.

dann fällt der Inhalt dieses Begriffes weiter aus, als wenn zusätzlich noch zur Präzisierung auf den zur Begründung der Klage vorgetragenen Tatsachenkomplex zurückgegriffen wird. Nun gibt es im Zivilprozess durchaus Fälle, in denen ein weiter Streitgegenstandsbegriff besser der gesetzlichen Regelung entspricht, während in anderen Fällen gute Gründe für eine enge Auffassung sprechen. Deshalb wird im Schrifttum empfohlen, nicht von einem einheitlichen, für das gesamte Zivilprozessrecht geltenden Begriff des Streitgegenstandes auszugehen, sondern diesem Begriff einen variablen Inhalt zuzuerkennen, ihn bald eingliedrig, bald zweigliedrig zu fassen.[125] Ein eingliedriger Streitgegenstand soll für die Bestimmung der Rechtshängigkeit gelten, weil die aus prozessökonomischen Gründen zu fordernde Verhinderung paralleler Prozesse durch einen weiten Streitgegenstandsbegriff besser erreicht werden könne.[126] Auch bei der im Rahmen der Klagenhäufung (§ 260) zu entscheidenden Frage, ob der Kläger einen oder mehrere Ansprüche mit seiner Klage geltend macht, und bei der Frage, ob der Kläger seine Klage ändert (§ 263), soll ein eingliedriger und damit weiter Streitgegenstandsbegriff maßgebend sein.[127] Dagegen sollen die Grenzen der Rechtskraftwirkung durch einen zweigliedrigen Gegenstandsbegriff enger gezogen werden, weil sonst die Tendenz gefördert würde, den Prozessstoff auszuweiten, wenn die Parteien befürchten müssten, durch die Rechtskraftwirkung des Urteils an einer weiteren Rechtsverfolgung gehindert zu werden.[128]

Einen variablen Inhalt des Streitgegenstandsbegriffs befürwortet auch die Lehre, die sich dabei an der 71
Art der Klage und daran orientieren will, ob im Prozess der Verhandlungsgrundsatz oder der Untersuchungsgrundsatz gilt. In Prozessen mit Untersuchungsgrundsatz soll sich der Streitgegenstand allein nach dem Antrag bestimmen, weil der Sachverhalt vom Gericht zu ermitteln ist. Bei Verfahren mit Verhandlungsmaxime soll dagegen der Streitgegenstand durch Antrag und zu Grunde liegenden Lebenssachverhalt festgelegt werden, weil in solchen Verfahren der Kläger die Macht besitzt, den Sachverhalt, auf den er das geltend gemachte Recht stützt, enger zu fassen als in einem Verfahren mit Untersuchungsgrundsatz.[129] Eine Ausnahme wird für die Feststellungsklage gemacht, die vielfach bereits durch den Antrag hinreichend individualisiert werde, so dass ein Sachverhalt zur Konkretisierung überflüssig sei.[130]

Die bisher dargestellten Theorien gehen übereinstimmend von einem prozessualen Streitgegenstandsbe- 72
griff aus. Ihnen stehen Auffassungen gegenüber, die den materiell-rechtlichen Begriff des Anspruchs für die Bestimmung des Streitgegenstandes nutzbar machen wollen. Allerdings soll der Begriff des materiell-rechtlichen Anspruchs nicht im Sinn der sich aus der einzelnen Anspruchsnorm ergebenden Rechtsfolge verstanden werden; vielmehr soll es sich um ein und denselben Anspruch handeln, wenn ein Lebenssachverhalt den Tatbestand mehrerer Anspruchsnormen verwirklicht, deren Rechtsfolgen gleich sind. Dies gilt beispielsweise für die Klage auf Schadensersatz, die sowohl auf eine Verletzung vertraglicher Pflichten als auch auf § 823 Abs. 1 BGB gestützt wird. Trotz der unterschiedlichen Anspruchsnormen wird nach dieser Auffassung nur ein materiell-rechtlicher Anspruch geltend gemacht, der lediglich mehrfach rechtlich fundiert und begründet wird.[131] Zu einem gleichen Ergebnis gelangt man, wenn man die Abgrenzung des Anspruchs im Prozess danach vornimmt, ob es sich dabei um ein Verfügungsobjekt im zessionsrechtlichen Sinn handelt.[132] Tritt der Kläger des Schadensersatzprozesses den von ihm geltend gemachten Anspruch ab, dann überträgt er nur einen Anspruch mit verschiedenen rechtlichen Begründungen; dies zeige, dass es in dem als Beispiel angeführten Schadensersatzprozess nur um einen Streitgegenstand gehe.

Im europäischen Zivilprozessrecht wird auf Grund der Rechtsprechung des EuGH der Begriff des pro- 72a
zessualen Anspruchs in einem wesentlich weiteren Sinn verstanden als im deutschen Zivilprozess. Der EuGH[133] vertritt die sog. Kernpunkttheorie, bei der auf das Rechtsverhältnis gesehen wird, aus dem der geltend gemachte Anspruch abgeleitet wird.[134] Die Rechtsprechung des EuGH bezieht sich auf Artikel 21 EuGVÜ, der jetzt durch den wortgleichen Artikel 27 EuGVO ersetzt worden ist. Der Zweck dieser weiten Auslegung des Begriffs „desselben Anspruchs" im Sinne dieser Vorschriften[135] besteht darin zu verhindern, dass einander widersprechende Entscheidungen durch Gerichte verschiedener Mitgliedsstaaten ergehen, deren Anerkennung in dem anderen Mitgliedsstaat möglicherweise wegen der Entscheidung des eigenen Gerichts abgelehnt wird. Insoweit zeigen sich in dieser Frage gleiche Tendenzen wie in dem Vorschlag, auf der Grundlage eines variablen Begriffs des Streitgegenstandes im deutschen Zivilprozessrecht bei der Rechtshängigkeit von einer weiten Abgrenzung auszugehen (vgl. Rn. 70). Da also der EuGH mit der von ihm vertretenen Kernpunkttheorie spezielle Ziele verfolgt, erscheint sie als wenig geeignet, den Streitgegenstandsbegriff des deutschen Zivilprozessrechts wesentlich zu beeinflussen. Allerdings ist nicht zu verkennen, dass im Rahmen der Entwicklung eines einheitlichen Verfahrensrechts durchaus auch andere Vorstellungen über den Streitgegenstand Beachtung fordern.[136]

---

[125] *Baumgärtel* JuS 1974, 69, 72; *Blomeyer,* Festschr. f. Lent, 1957, S. 43 ff.; *St/J/Schumann* Rn. 285 ff.; vgl. auch *Zö/Vollkommer* Rn. 82.
[126] *St/J/Schumann,* 20. Aufl. 1977, Rn. 292.
[127] *St/J/Schumann* (Rn. 126) Rn. 291; *Baumgärtel* (Fn. 122) S. 74.
[128] *St/J/Schumann* (Rn. 126) Rn. 294.
[129] *Jauernig* ZPR § 37 VIII.
[130] *Jauernig* ZPR § 37 VIII 3; *Zö/Vollkommer* Rn. 77 (jedenfalls wenn es sich um absolute Rechte handelt).
[131] *Larenz,* Allgemeiner Teil des Bürgerlichen Rechts, 7. Aufl. 1989, § 14 IV; *Nikisch* AcP 154 (1955), 269, 282 ff.
[132] *Henckel,* Parteilehre und Streitgegenstand, 1961, S. 270 ff.
[133] NJW 1989, 665; EuZW 1995, 309; 1998, 443.
[134] Vgl *Ro/S/Go* § 92 Rn. 18 ff.
[135] Vgl. dazu auch BGH NJW 2002, 2795.
[136] Vgl. *Stürner,* Festschr. f. Lüke, 1997, S. 829, 835 ff.

73 c) **Stellungnahme.** Der Begriff des Anspruchs im prozessualen und im materiell-rechtlichen Sinn fällt unterschiedlich aus. Dieser Unterschied lässt sich nicht durch die Zusammenfassung eigenständiger materiellrechtlicher Ansprüche überwinden, wie dies von den materiell-rechtlichen Theorien vorgeschlagen wird. Der Haupteinwand gegen eine solche Lösung ergibt sich daraus, dass im materiellen Recht die hM die Selbstständigkeit der einzelnen Ansprüche bejaht, die als Rechtsfolgen aus den (miteinander konkurrierenden) Anspruchsnormen entstehen, also die vorgeschlagene Zusammenfassung derartiger Einzelansprüche zu einem einheitlichen, im Prozess den Streitgegenstand bildenden Anspruch gerade ablehnt. Wird aber eine solche Zusammenfassung ausschließlich zum Zweck der Brauchbarkeit des Anspruchsbegriffs im Zivilprozess vorgenommen, dann wird dadurch anerkannt, dass der Streitgegenstandsbegriff durch prozessuale Ziele bestimmt werden muss, es sich also dabei um ein prozessuales Rechtsinstitut handelt. Deshalb ist es vorzuziehen, den Streitgegenstand auch streng nach prozessualen Kriterien zu ermitteln[137], insbesondere auf den Antrag des Klägers, auf sein Rechtsbegehren gegenüber dem Gericht, zu sehen.

74 Die entscheidende Frage bezieht sich deshalb darauf, ob der Streitgegenstand in erster Linie durch den Antrag, also eingliedrig, oder zugleich auch durch den ihm zu Grunde liegenden Lebenssachverhalt, dem Klagegrund, definiert werden soll. In der Diskussion über diese Frage haben sich für beide Betrachtungsweisen sowohl Vorteile als auch Nachteile gezeigt. Es gibt immer wieder Fälle, in denen die Durchführung der eingliedrigen oder zweigliedrigen Streitgegenstandstheorie Schwierigkeiten bereitet. Greift man bei Bestimmung des Streitgegenstandes auf den Lebenssachverhalt zurück, dann kann die exakte Abgrenzung des Tatsachenstoffes, der im Einzelfall den „Lebenssachverhalt“ bilden soll, erhebliche Probleme aufwerfen (vgl. Rn. 75f.).[138] Der eingliedrige Streitgegenstandsbegriff ist nicht durchführbar, wenn der Antrag nicht hinreichend präzise ausweist, worauf das Begehren des Klägers gerichtet ist; in diesen Fällen muss notwendigerweise auf den zu Grunde liegenden Lebenssachverhalt zurückgegriffen werden. Damit erhält der Lebenssachverhalt, auch wenn man ihn lediglich als eine „Auslegungshilfe“ werten will, eine unverzichtbare Bedeutung. Auf Grund dieser Feststellung erscheint es dann aber folgerichtig, dem Lebenssachverhalt einen begriffsbestimmenden Wert zuzubilligen. Theorien im Zivilprozessrecht erfüllen keinen Selbstzweck, sondern dienen der Aufgabe, der Rechtspraxis brauchbare Hilfsmittel zur Verfügung zu stellen.[139] Dass die Lehre vom zweigliedrigen Streitgegenstandsbegriff diese Aufgabe zu erfüllen vermag, lässt sich nicht bezweifeln. Nachdem der BGH sich dieser Lehre angeschlossen hat und damit eine in der Praxis schon seit langem angewandte Konzeption bestätigte, dürfte es keinen überzeugenden Grund geben, weiterhin nach anderen Lösungen zu suchen. Die Vorteile einer einheitlichen Auffassung und Anwendung des Streitgegenstandsbegriffs sprechen auch gegen die Empfehlung, ihn den Zwecken des jeweiligen Prozessrechtsinstituts unterzuordnen und ihm einen variablen Inhalt zu geben.

75 Die praktische Bewährung der Lehre vom zweigliedrigen Streitgegenstand hängt davon ab, ob es gelingt, Kriterien aufzustellen, nach denen die Erfassung und Abgrenzung des im Einzelfall zu Grunde liegenden Lebenssachverhalts möglich sind. Hierfür genügt es allerdings nicht, auf eine natürliche, vom Standpunkt der Parteien ausgehende Betrachtungsweise[140] oder auf die Verkehrsauffassung[141] zu verweisen, nach denen sich beurteilen soll, welches einem Klageantrag zu Grunde liegende tatsächliche Geschehen zusammengehört und den Streitgegenstand bildet. Denn allein auf Grund einer „natürlichen Betrachtungsweise“ lässt sich zB nicht entscheiden, ob die Tatsache, dass der Verkäufer einer Sache erfüllungshalber einen Wechsel erhalten hat, vom Lebenssachverhalt umfasst wird, der einer auf den Kaufpreisanspruch gestützten Klage des Verkäufers zu Grunde liegt. Auf diese Entscheidung kommt es aber für die Antwort auf die Frage an, ob nach Abweisung der Kaufpreisklage der Verkäufer wegen der Wechselverbindlichkeit erneut klagen kann. Die hM bejaht diese Frage, weil sie in dem Grundgeschäft, also hier im Kauf, und in der Übergabe eines Wechsels oder Schecks verschiedene Lebenssachverhalte sieht.[142] Gleiche Abgrenzungsschwierigkeiten treten in dem im Schrifttum diskutierten Beispielsfall auf, in dem der Kläger Kauf und Lieferung einer Ware, nicht aber dessen Verbrauch durch den Käufer vorträgt und das Gericht die Klage auf Zahlung des Kaufpreises wegen Nichtigkeit des Kaufvertrages abweist. Ob der Kläger daraufhin einen auf Bereicherungsrecht gestützten Anspruch erneut klageweise geltend machen kann, hängt davon ab, ob der Verbrauch der Ware zum Lebenssachverhalt gerechnet wird, der den Streitgegenstand der Kaufpreisklage bestimmt.[143]

76 Hilft also eine „natürliche Betrachtungsweise“ bei dieser Abgrenzungsfrage nicht weiter, bleibt nur, sich an rechtlichen Gesichtspunkten zu orientieren. Dies entspricht der wohl überwiegenden Auffassung im juristischen Schrifttum, wobei allerdings die aus dieser Erkenntnis zu ziehenden Schlussfolgerungen umstrit-

---

137 Ein weiterer Vorwurf gegen die materiell-rechtlichen Theorien zielt darauf, dass sie nicht in der Lage sind, die Besonderheiten von Feststellungs- und Gestaltungsklagen zu erfassen; vgl. *Habscheid,* Festschr. f. Schwab, 1990, S. 181, 193ff.

138 Vgl. *Blomeyer* § 89 III 2b.

139 *Habscheid* (Fn. 136) S. 181.

140 So BGH NJW 1995, 967, 968; 1999, 3126, 3127; NJW-RR 1996, 826, 827; 1996, 1276, u. ö.

141 So BGH NJW 1995, 967, 968; NJW-RR 1996, 826, 827.

142 BGH NJW-RR 1987, 58; NJW 1992, 117; *Th/P/Reichold* Einl. II Rn. 32; vgl. dazu auch *Bub,* Streitgegenstand und Rechtskraft bei Zahlungsklage des Käufers wegen Sachmängeln, 2001, S. 162; *Musielak,* GK ZPO, Rn. 144.

143 *Walther Habscheid,* Der Streitgegenstand im Zivilprozess und im Streitverfahren der Freiwilligen Gerichtsbarkeit, 1956, S. 284ff., 290; *Jauernig,* Verhandlungsmaxime, Inquisitionsmaxime und Streitgegenstand, 1967, S. 7, 16ff., 50; *Edgar Habscheid* ZZP 117 (2004), 235.

ten sind.[144] Zu dem Lebenssachverhalt, der für den Streitgegenstand maßgebend ist, gehören alle Tatsachen, auf deren Existenz (oder auch Nichtexistenz) es für die Anwendung des den Klageantrag rechtfertigenden Rechtssatzes ankommt. Von dem schlüssigen Vortrag entsprechender Tatsachen hängt der Erfolg der Klage ab; weitere Fakten, die zwar in einem Zusammenhang mit diesem Tatsachenstoff stehen, jedoch für die Schlüssigkeit der Klage ohne Bedeutung sind, gehören folglich nicht zum maßgebenden Lebenssachverhalt.[145] Ganz in diesem Sinn erklärt der BGH[146], „eine Mehrheit von Streitgegenständen liegt auch bei gleichem Antrag dann vor, wenn die materiell-rechtliche Regelung die zusammentreffenden Ansprüche erkennbar unterschiedlich ausgestaltet". In den Beispielsfällen der Kaufpreisklage ist folglich die Wechselübergabe und der Verbrauch der gelieferten Ware ein eigenständiger, vom Streitgegenstand der Kaufpreisklage nicht erfasster Sachverhalt, der zum Gegenstand einer weiteren Klage gemacht werden kann. Wird dagegen von dem Kläger, der bei Beförderung durch eine Taxe körperlich verletzt wurde, gegen den Taxiunternehmer eine Schadensersatzklage erhoben, die sowohl aus Vertrag als auch aus Delikts- und Gefährdungshaftung begründet werden kann, dann handelt es sich bei dem Unfallgeschehen und den damit zusammenhängenden Tatsachen um einen Lebenssachverhalt, der den Kern aller den Anspruch des Klägers stützenden Rechtssätze verwirklicht (vgl. auch § 322 Rn. 18ff.). Anders als im Kaufpreis-Wechsel-Fall kann hier der Tatsachenstoff nicht sinnvoll auf verschiedene eigenständige Geschehensabläufe aufgeteilt werden.[147] Dass eine solche Orientierung an materiell-rechtlichen Normen bei der Abgrenzung des Streitgegenstandes die prozessualen Streitgegenstandslehren den materiell-rechtlichen Theorien annähert, ist nicht zu verkennen.

VII. Reform des Zivilprozessrechts

1. Vollzogene Änderungen. Von den Reformgesetzen der letzten Jahren im Bereich des Zivilprozessrechts ist als wichtigstes das am 1. Januar 2002 in Kraft getretene Zivilprozessreformgesetz zu nennen, das die ZPO erheblich und tief greifend geändert hat (zum Inhalt dieses Gesetzes vgl. die 4. Auflage dieses Kommentars Einl. Rn. 77). Eine Neuordnung des Zustellungsrecht wurde durch das am 1. 7. 2002 in Kraft getretene Zustellungsreformgesetz vollzogen. Auch danach wurden fortlaufend Änderungen und Ergänzungen der ZPO vorgenommen, die bald nur einzelne Vorschriften, betrafen, bald umfangreichere Novellierungen der ZPO bewirkt haben.[148] So wurde durch das EG-Beweisaufnahmedurchführungsgesetz mit Wirkung vom 1. 1. 2004 ein 11. Buch über die „Justizielle Zusammenarbeit in der Europäischen Gemeinschaft" in die ZPO eingefügt, das zunächst nur Abschnitt 1 Zustellung nach der Verordnung (EG) Nr. 1348/2000 (§§ 1067 bis 1071) und Abschnitt 2 Beweisaufnahme nach der Verordnung (EG) Nr. 1206/2001 (§§ 1072 bis 1075) enthielt. Durch das EG Prozesskostenhilfegesetz vom 15. 12. 2004 ist ein 3. Abschnitt Prozesskostenhilfe nach der Richtlinie 2003 /8/EG (§§ 1076 ist 1078) und durch das EG-Vollstreckungstitel-Durchführungsgesetz vom 18.8.05 ist ein 4. Abschnitt Europäische Vollstreckungstitel nach der Verordnung (EG) Nr. 805/2004 (1079 bis 1086) hinzugekommen. Mit dem am 1. 9. 2004 in Kraft getretene Erste Justizmodernisierungsgesetz verfolgt der Gesetzgeber das Ziel, die Zivilprozesse zu vereinfachen und effektiver zu gestalten (zum Inhalt dieses Gesetzes vgl. die 4. Auflage dieses Kommentars Einl. Rn. 78). Das Justizkommunikationsgesetz, das am 1. 4. 2005 in Kraft getreten ist, hat die gesetzlichen Grundlagen für eine elektronische Aktenbearbeitung geschaffen. Das Anhörungsrügengesetz hat mit Wirkung vom 1. 1. 2005 § 321a neu gefasst (vgl. dazu die Erl. zu 321a). Am 21. 10. 2005 ist das EG-Vollstreckungstitel-Durchführungsgesetz in Kraft getreten, durch das zur Umsetzung von EU-Recht die Voraussetzungen geschaffen werden, um unbestrittene titulierte Forderungen EU-weit (mit Ausnahme Dänemarks) vollstrecken zu können. Die am 1. 11. 2005 in Kraft getretenen Änderungen der ZPO durch das Kapitalanleger-Musterverfahrensgesetz[149] verfolgen den Zweck, die zivilprozessrechtlichen Folgerungen aus der durch dieses Gesetz geschaffene Regelung zur Einführung eines Kapitalanleger-Musterverfahrens zu ziehen (vgl. die Erl. zu §§ 32b, 325a). Am 31. 12. 2006 ist das Zweite Justizmodernisierungsgesetz in Kraft getreten,[150] durch das Vorschriften der ZPO geändert und die Fristen in § 26 Nr. 8 und 9 EGZPO verlängert worden sind, die für Einschränkungen der Nichtzulassungsbeschwerde im Revisionsverfahren gelten. Das am 1. 1. 2008 in Kraft getretene Gesetz zur Änderung des Unterhaltsrechts hat insbesondere Vorschriften des Vereinfachten Verfahrens über den Unterhalt Minderjähriger geändert. Durch das Gesetz zur Neuregelung des Rechtsberatungsrechts sind vornehmlich Bestimmungen der ZPO über die Prozessvertretung betroffen; die neuen Regelungen gelten fast durchweg erst ab 1. Juli 2008. Weitere Änderungen, die einzelnen Vorschriften betreffen, sind bei der Kommentierung der jeweiligen Vorschrift darstellt worden. Durch verschiedene Gesetze sind Vorschriften außerhalb der ZPO geändert oder neu geschaffen worden, die wichtige Bereiche des zivilgerichtlichen Verfahrens betreffen. So ist das Kostenrecht durch das Kostenrechtsmoder- 77

[144] Vgl. dazu *Bub* (Fn. 142) S. 163ff.; *Rimmelspacher* ZZP 116 (2003), 381, 383f.; *Teplitzky* WRP 2007, 1, 3; *Jauernig* ZPR § 37 IV–VI; *Schilken* ZPR Rn. 230ff.; *Grunsky* § 5 II 2; *Blomeyer* § 89 III 3 (allerdings nur für den Urteilsgegenstand, der vom Streitgegenstand unterschieden wird); *Schönke/Kuchinke* § 39 III; aA dagegen wohl BGHZ 117, 1, 6f. = NJW 1992, 1172; BGH NJW-RR 1996, 1276; abl. auch *St/J/Leipold* § 322 Rn. 233.

[145] Vgl. *Musielak* NJW 2000, 3593, 3595ff.

[146] NJW 1993, 2173; 1996, 3151, 3152.

[147] So auch *Schilken* ZPR Rn. 229, 231.

[148] Eine umfassende Darstellung findet sich bei MK/*Rauscher* Rn. 145ff.

[149] Vgl. dazu *Zypries* ZRP 2004, 177; *Kranz* MDR 2005, 1021.

[150] Eine Ausnahme gilt für den neu eingefügten Absatz 3 des § 690, der erst am 1. 12. 2008 in Kraft tritt.

nisierungsgesetz vom 5. 5. 2004 neu gestaltet worden. Zur Einführung eines europäischen Mahnverfahrens vgl. § 688 Fn. 1 und Anh. 2 Vorbem. Rn. 1ff.

78 *unbesetzt*

79 **2. Reformvorhaben.** Das BVerfG hat durch Urteil vom 13. Februar 2007[151] dem Gesetzgeber aufgegeben, bis zum 31. März 2008 eine verfahrensrechtliche Regelung zu schaffen, um das Recht des rechtlichen Vaters auf Kenntnis der Abstammung seines Kindes zu verwirklichen. Das diesen Auftrag ausführende Gesetz zur Klärung der Vaterschaft unabhängig vom Anfechtungsverfahren befindet sich zur Zeit der Drucklegung dieses Kommentars noch in der parlamentarischen Beratung.[152] Der Regierungsentwurf eines Gesetzes zur Reform des Verfahrens in Familiensachen und in Angelegenheiten der freiwilligen Gerichtsbarkeit (FGG-RG) ist zurzeit ebenfalls in der parlamentarischen Beratung. Das Gesetz ordnet das familiengerichtliche Verfahren und die FGG-Verfahren von Grund auf neu und schafft eine Verfahrensordnung für alle Familiensachen.[153] Dies bedingt u. a. die Herausnahme der im Sechsten Buch der ZPO enthaltenden Vorschriften über das Verfahren In Familiensachen aus diesem Gesetz. Außerdem wird die Zuständigkeit eines „Großen Familiengerichts" geregelt, das auch für bestimmte Verfahren mit Bezug zu Ehe und Familie zuständig werden soll, die bislang vor dem Zivilgerichten oder Vormundschaftsgerichten geführt werden. Durch ein Familienrechts-Ausführungsgesetz[154] soll ein innerstaatliches Verfahrensrecht eingeführt werden, das zur Ergänzung der Brüssel IIa-Verordnung dient. Das Bundeskabinett hat im September letzten Jahres den Entwurf eines Gesetzes zur Reform des Kontospfändungsschutzes beschlossen, durch den ein sog. Pfändungsschutzkonto eingeführt werden soll, auf den ein Schuldner für sein Guthaben einen automatischen Pfändungsschutz erhält.[155] Auf Initiative des Bundesrates soll der Entwurf eines Forderungssicherungsgesetzes (BR-Drucks. 458/04), der auf Grund der Neuwahlen der Diskontinuität unterfallen war, erneut aufgegriffen werden. Dieser Gesetzentwurf enthält in seinem prozessualen Bereich eine Änderung des § 301, die eine wesentliche Einschränkung des richterlichen Ermessens zum Erlass eines Teilurteils bezweckt; außerdem soll auch für ein Vorbehaltsurteil wie beim Teilurteil ein Antragsrecht vorgesehen werden. Die Länder Niedersachsen und Baden-Württemberg haben dem Bundesrat den Entwurf eines Gesetzes zur Begrenzung der Aufwendungen für Prozesskostenhilfe zugeleitet (BR-Drucks. 250/06). Das Gesetz soll zu Einsparungen bei den Ländern dadurch führen, dass die Leistungen der Prozesskostenhilfe durch Korrektur der Voraussetzungen für die Bewilligung und durch angemessene Erhöhung der Eigenbeteiligung begrenzt werden. Diejenigen, deren Einkommen und Vermögen über das im Sozialhilferecht definierte Existenzminimum hinausgeht, sollen Prozesskostenhilfe künftig nur noch als Darlehen erhalten. In Vorbereitung befindet sich auch eine Ergänzung des GVG, durch die das Rechtsinstitut einer Untätigkeitsbeschwerde geschaffen wird, die eingelegt werden kann, wenn ein gerichtliches Verfahren ohne zureichenden Grund nicht in angemessener Frist vom Gericht gefördert wird. Schließlich wird von den Justizministern der Länder das Vorhaben einer sog. „Großen Justizreform" mit Eifer verfolgt.[156] Das Land Schleswig-Holstein hat einen sich darin findenden Vorschlag aufgegriffen und will mit dem Entwurf eines Gesetzes zur Änderung der Zivilprozessordnung und des Arbeitsgerichtsgesetzes die Erhöhung des Wertes des Beschwerdegegenstandes für eine zulässige Berufung auf € 1 000,– erreichen.[157] Der Freistaat Bayern plant eine Bundesratsinitiative mit dem Ziel, in der ZPO als Alternative zur streitigen Gerichtsverhandlung eine gerichtsinterne Mediation zu verankern. Schließlich hat das Bundesjustizministerium den Entwurf eines Gesetzes zur Reform der Sachaufklärung in der Zwangsvollstreckung vorgelegt, der bezweckt, die Möglichkeiten der Informationsbeschaffung für den Gläubiger insbesondere auch unter Einsatz der modernen Informationstechnologie zu verbessern (vgl. § 899 Rn. 1, § 915 Rn. 1).

---

151 NJW 2007, 753.
152 Der Entwurf des Gesetzes ist abrufbar unter www.bmj.bund.de.
153 Vgl. BR-Drucks. 309/07; s. auch *Borth* Festschr. f. Musielak, 2004, S. 105; vor § 606 Rn. 17.
154 Vgl. dazu *Schlauß* FPR 2004, 279
155 *Fölsch/Janca* ZRP 2007, 253.
156 Vgl. *Heister-Neumann* ZRP 2005, 12; *Weth* ZRP 2005, 119; *Dury* ZRP 2005, 262.
157 Vgl. NJW 2007 Heft 29 S. VI.

BUCH 1. ALLGEMEINE VORSCHRIFTEN

Abschnitt 1. Gerichte

Titel 1. Sachliche Zuständigkeit der Gerichte und Wertvorschriften

1 *Sachliche Zuständigkeit* **Die sachliche Zuständigkeit der Gerichte wird durch das Gesetz über die Gerichtsverfassung bestimmt.**

I. Normzweck

Die §§ 1 bis 40 regeln die Abgrenzung des Geschäftskreises der einzelnen Gerichte und damit ihre Befugnis, im Einzelfall die Gerichtsbarkeit auszuüben (Zuständigkeit).[1] Die Zuständigkeitsregeln sind von zentraler Bedeutung für das Prozessrecht. Sie bestimmen die Voraussetzungen, unter denen der gesetzliche Richter iSv. Art. 101 Abs. 1 S. 2 GG zu ermitteln ist.[2] Die Orientierung an ihren Bestimmungen trägt entscheidend dazu bei, die Neutralität der Rechtspflege dadurch zu gewährleisten, dass die Bildung von – verfassungsrechtlich verbotenen – Sondergerichten ausgeschlossen ist (vgl. Art. 101 Abs. 1 S. 1 GG). § 1 verweist auf das GVG, welches die Art des im Einzelfall berufenen Gerichts regelt. Insoweit das GVG **Wertgrenzen** über die Art des berufenen Gerichts entscheiden lässt, stellt § 1 den Zusammenhang zwischen dem GVG und den §§ 2 bis 11 her. 1

II. Anwendungsbereich

Die Norm bezieht sich nach § 3 EGZPO, §§ 2, 3 EGGVG im Gerichtszweig der ordentlichen Gerichtsbarkeit auf Verfahren in bürgerlich-rechtlichen Streitigkeiten (vgl. für die Rechtswegzuständigkeit § 13 GVG bzw. § 40 VwGO). Als von der ordentlichen Gerichtsbarkeit zu unterscheidender Gerichtszweig (vgl. Art. 95 Abs. 1 GG) ist für die Arbeitsgerichtsbarkeit gemäß § 48 ArbGG ein eigener Rechtsweg eröffnet und damit die Anwendbarkeit der §§ 1ff. grundsätzlich ausgeschlossen. Zur sachlichen Zuständigkeit außerhalb von GVG und ZPO vgl. Rn. 12. 2

III. Entwicklung des Rechts der sachlichen Zuständigkeit

Der Gesetzgeber der Reichsjustizgesetze bestimmte einen viergliedrigen Aufbau der ordentlichen Gerichtsbarkeit und damit zwei Eingangsgerichte der Ziviljustiz, das Amtsgericht und das Landgericht. Hieraus folgte das Problem der sachlichen Zuständigkeit, denn es musste die Kompetenz der beiden Gerichte gegeneinander abgegrenzt werden. Der historische Gesetzgeber entschied sich für ein relativ einfaches System. Danach war das Landgericht bei allen nichtvermögensrechtlichen Streitfällen (zum Begriff vgl. § 3 Rn. 12) das zuständige Eingangsgericht. Dies galt unabhängig vom Streitwert für die den Fiskus und die Beamten betreffenden Klagen. Darüber hinaus war das Landgericht entsprechend dem Streitwert, sofern dieser über 300 Mark lag, für Streitigkeiten als erste Instanz berufen. Unterhalb dieses Streitwertes war das Amtsgericht zuständig. Ohne Berücksichtigung des Streitwertes waren dem Amtsgericht in Ausnahmefällen auch eine Reihe von Klagen zugewiesen, welche eine besondere Ortsnähe oder eine möglichst schnelle Entscheidung erforderten. Eine ausschließliche sachliche Zuständigkeit gab es für das Amtsgericht nicht, so dass das Landgericht bei Einverständnis der Parteien entscheiden konnte. Berufungsgericht gegenüber dem Amtsgericht war stets das Landgericht. 3

Diese Ausgangssituation hat im Laufe der Zeit eine grundlegende Änderung erfahren. Ließ sich früher ein Stufenverhältnis zwischen Amts- und Landgericht entsprechend der Bedeutsamkeit der Streitfälle entnehmen, so ist ein solches heute nicht oder doch nicht mehr in allen Fällen feststellbar. Mit Einführung von **Familiengerichten** als Abteilungen an Amtsgerichten (vgl. § 23b Abs. 1 S. 1 GVG)[3] und Familiensenaten der Oberlandesgerichte wurde für Familiensachen ein dreistufiger Instanzenzug eingeführt (Einl. Rn. 18). Für das Amtsgericht wurden **ausschließliche sachliche** Zuständigkeiten festgelegt, vgl. Rn. 9. 4

Das RpflEntlG beseitigte die grundsätzliche sachliche Zuständigkeit des Landgerichts für **nichtvermögensrechtliche** Streitigkeiten und ließ damit die Bedeutung des Unterschieds zu vermögensrechtlichen Streitigkeiten erheblich sinken,[4] s. a. Rn. 8. Seither ist das Amtsgericht auch für nichtvermögensrechtliche Ansprüche sachlich zuständig, wenn ihr Streitwert innerhalb der amtsgerichtlichen Streitwertgrenzen liegt (vgl. § 23 GVG Rn. 3, 4). 5

Durch das **Gesetz zur Reform des Zivilprozesses** traten am 1. Januar 2002 umfassende Änderungen in Kraft (vgl. Einl. Rn. 77). An der Zuständigkeit von Amts- und Landgerichten als Eingangsgerichte hat das ZPO-RG nichts geändert. Jedoch hat die Novellierung zu einer weiteren Abkehr von der Unterscheidung zwischen vermögensrechtlichen und nichtvermögensrechtlichen Streitigkeiten geführt.[5] So ist insbesondere mit § 543 (§ 546 aF) unabhängig von der Art der Streitigkeit die reine Zulassungsrevision eingeführt wor- 6

---

[1] *Zö/Vollkommer* Rn. 1; *St/J/Roth* Rn. 1.
[2] BVerfG NJW 2005, 3411 m. weit. Nachw.
[3] Eingefügt durch Gesetz v. 14. 6. 1976 (BGBl. I S. 1421).
[4] *St/J/Roth* Rn. 48; *Zö/Vollkommer* Rn. 12.
[5] *St/J/Roth* Rn. 48.

den. Weiter ist durch die Neufassung des § 40 Abs. 2 Nr. 1 den Parteien ermöglicht, in nichtvermögensrechtlichen Streitigkeiten, hinsichtlich derer die Zuständigkeit vom Streitwert abhängig ist, zu prorogieren. § 348 Abs. 1 führte an den Landgerichten den originären Einzelrichter ein, der ohne vorherige gesonderte Übertragungsentscheidung der Kammer zuständig ist, sofern keiner der in § 348 Abs. 1 S. 2 Nr. 1, 2 genannten Ausnahmetatbestände eingreift. In bestimmten weiteren Fällen (§ 119 Abs. 1 Nr. 1 lit. b, c GVG) ist das Oberlandesgericht die Berufungsinstanz zum Amtsgericht.[6] Weiterhin hat § 119 Abs. 3 GVG dem Landesgesetzgeber die Möglichkeit eröffnet, für Berufungen gegen amtsgerichtliche Entscheidungen die Zuständigkeit des OLG zu begründen.

IV. Arten der Zuständigkeit[7]

7 Die Zuständigkeitsordnung der ordentlichen Gerichtsbarkeit wird durch vier Gesichtspunkte bestimmt: Die **internationale** Zuständigkeit regelt, ob eine Streitigkeit mit Auslandsbezug die Zuständigkeit deutscher Gerichte in ihrer Gesamtheit begründet oder ob Gerichte in einem anderen Staat zuständig sind.[8] Dabei ist zu berücksichtigen, dass die internationale Zuständigkeit deutscher Gerichte mit derjenigen ausländischer Gerichte konkurrieren kann und nur selten ausschließlich ist.[9] Die **sachliche** Zuständigkeit verteilt die Rechtsstreitigkeiten erster Instanz auf die Gerichte verschiedener Ordnung (Amtsgericht, Landgericht) und verschiedener Art innerhalb eines Gerichtsbezirks. Die **örtliche** Zuständigkeit ordnet die Prozesse erster Instanz anhand des örtlichen Bezugs der beteiligten Personen bzw. der Streitsache einem Gericht (unter denen gleicher Art) in einem abgegrenzten Bezirk zu. Die **funktionelle** Zuständigkeit kennzeichnet diejenige, welche der Disposition der Parteien entzogen ist. Insbesondere ist zwischen der funktionellen Zuständigkeit im engeren Sinne, welche in derselben Sache die verschiedenartigen Rechtspflegeaufgaben auf verschiedene Gerichte (Instanzenordnung) verteilt, und der im weiteren Sinne zu unterscheiden; letztere grenzt eine verschiedenartige Berufung mehrerer Organe (Rechtspfleger, Urkundsbeamter der Geschäftsstelle, beauftragter oder ersuchter Richter, Vorsitzender der Kammer) an einem Gericht ab. Schließlich ergibt sich aus der gesetzlich geregelten Geschäftsverteilung (§ 93 Abs. 1 GVG: Kammer für Handelssachen, § 23b Abs. 1 GVG: Familiengericht, §§ 764 Abs. 1, 2, 828 Abs. 1, 2: Amtsgericht als Vollstreckungsgericht) das Verhältnis des allgemeinen Prozessgerichts zur Zuständigkeit der in den zitierten Vorschriften vorgesehenen besonderen Spruchkörper.

V. Einzelne Zuständigkeitsregelungen

8 **1. Regelungen über die sachliche Zuständigkeit im GVG.** Nach dem GVG entscheidet über die Eingangszuständigkeit grundsätzlich der Streitwert (vgl. §§ 23 Nr. 1, 71 Abs. 1 GVG) und zwar ohne Rücksicht auf die Natur der Streitigkeit als solche vermögensrechtlicher oder nichtvermögensrechtlicher Art (zur Abgrenzung vgl. § 3 Rn. 12).[10] Dabei gilt dies unabhängig vom missverständlichen Wortlaut des § 23 Nr. 1 GVG,[11] der nur auf vermögensrechtliche Ansprüche Bezug zu nehmen scheint. Nach wie vor hat die Unterscheidung noch Bedeutung[12] u. a. bei der Bestimmung des Gerichtsstands des Aufenthaltsorts zB bei Auszubildenden (§ 20) oder bei der Unzulässigkeit der Prorogation (§ 40 Abs. 2 Nr. 1). Weiter ist in vermögensrechtlichen Angelegenheiten die Zuständigkeit regelmäßig nicht ausschließlich, während die gesetzliche Zuständigkeit in nichtvermögensrechtlichen Sachen stets ausschließlichen Charakter hat.[13] Darüber hinaus werden für besondere Streitigkeiten Zuständigkeiten unabhängig vom Streitwert getroffen (vgl. §§ 23 Nr. 2, 23 a und 71 Abs. 2 GVG).

9 **2. Sachliche Zuständigkeit der Amtsgerichte.** Nach § 23 Nr. 1 GVG sind für Streitigkeiten bis zu einem Streitwert von einschließlich 5 000 Euro die Amtsgerichte sachlich zuständig. Unabhängig vom Streitwert ergibt sich eine sachliche Zuständigkeit der Amtsgerichte aus: § 23 Nr. 2 a GVG als ausschließliche Zuständigkeit (zum Begriff § 12 Rn. 8) für wohnraummietrechtliche Streitigkeiten,[14] § 23 Nr. 2 b GVG für bestimmte reisevertragsrechtliche Streitigkeiten, § 23 Nr. 2 d GVG für Streitigkeiten wegen Wildschadens, § 23 Nr. 2 g GVG für Streitigkeiten über Ansprüche aus einem mit der Überlassung eines Grundstücks in Verbindung stehenden Leibgedings-, Leibzuchts-, Altenteils- oder Auszugsvertrag, § 23 Nr. 2 h GVG für das Aufgebotsverfahren (§§ 946 ff.), § 23 a GVG für Kindschafts-, Unterhalts- und Ehesachen, wobei durch § 23 a Nr. 6 GVG[15] auch Lebenspartnerschaften erfasst sind. **§ 23 b GVG** regelt hingegen nicht die sachliche Zuständigkeit der Amtsgerichte, sondern setzt diese voraus. In den Fällen des § 23 b Abs. 1 GVG wird auf eine besondere Abteilung des Amtsgerichts, nämlich das Familiengericht verwiesen. § 23 b Abs. 1 GVG regelt folglich nur die Geschäftsverteilung.[16] Weiterhin sind die Amtsgerichte nach § 157 Abs. 1 GVG für die Gewährung von **Rechtshilfe** sachlich berufen.

---

[6] Vgl. BGH NJW 2007, 1211.
[7] Grundlegend zum Begriff *Wach,* Handbuch des Zivilprozesses, 1885, S. 347 ff.
[8] *Schack* Rn. 188; *Lüke* Rn. 84; *Geimer* Rn. 844; *Jauernig* ZPR § 6 II 1.
[9] *Jauernig* ZPR § 6 II 1; *T/P/Hüßtege* vor § 1 Rn. 6.
[10] RPflEntlG v. 11. 1. 1993, BGBl. I S. 50; *St/J/Roth* Rn. 46.
[11] BR-Drucks. 314/91, S. 136 f.; *Zö/Gummer* § 23 GVG Rn. 3.
[12] Weitere Normen, bei denen die Unterscheidung noch besteht: § 287 Abs. 2, § 708 Nr. 10, 11.
[13] *Zö/Vollkommer* Rn. 10, 11.
[14] Neugefasst als Generalklausel durch das RpflEntlG v. 11. 1. 1993 (BGBl. I S. 50).
[15] Eingefügt durch Gesetz v. 16. 2. 2001, BGBl. I S. 266.
[16] HM, BGHZ 97, 79, 82 m. weit. Nachw.; *Bosch* FamRZ 1986, 820; aA *Jauernig* ZPR § 9 II 3.

3. Sachliche Zuständigkeit der Landgerichte. Gemäß § 71 Abs. 1 GVG sind die Landgerichte als Eingangsgerichte sachlich berufen für alle bürgerlich-rechtlichen Streitigkeiten, welche nicht den Amtsgerichten zugewiesen sind. Eine Erweiterung des ordentlichen Rechtswegs ergibt sich aus dieser Vorschrift nicht, denn § 71 Abs. 1 GVG setzt den ordentlichen Rechtsweg voraus.[17] Nach §§ 71 Abs. 1, 23 Nr. 1 GVG ergibt sich eine Eingangszuständigkeit der Landgerichte für Streitigkeiten, deren Streitwert 5 000 Euro übersteigt, sofern diese nicht schon in besonderen Vorschriften den Amtsgerichten zugewiesen sind. Eine ausschließliche Eingangszuständigkeit der Landgerichte **ohne Rücksicht** auf den **Streitwert** ergibt sich nach § 71 Abs. 2 Nr. 1 GVG, § 19 Abs. 3 BNotO wegen beamtenrechtlicher Ansprüche gegen den Fiskus. Diese Regelung ist aber angesichts der spezielleren Vorschriften der § 126 BRRG, §§ 46, 71 Abs. 3 DRiG, welche auf den Verwaltungsrechtsweg verweisen, praktisch gegenstandslos. Ohne Rücksicht auf den Streitwert ist nach § 71 Abs. 2 Nr. 2 GVG eine ausschließliche Eingangszuständigkeit des Landgerichts für Ansprüche gegen Richter und Beamte wegen Überschreitung ihrer amtlichen Befugnisse oder pflichtwidriger Unterlassung von Amtshandlungen (§ 839 Abs. 1, 2 BGB, Art. 34 S. 1 GG) gegeben (vgl. § 71 GVG Rn. 7). Diese Vorschrift umfasst sämtliche **Amtshaftungsklagen,** stellt also nicht auf den statusrechtlichen, sondern auf den haftungsrechtlichen Beamtenbegriff ab.[18] Eine Mindermeinung[19] hält § 71 Abs. 2 Nr. 2 für verfassungswidrig, da der Kläger auf Grund des Anwaltszwangs vor den Landgerichten gezwungen ist, einen Anwalt einzuschalten (§ 71 GVG Rn. 7). Gemäß § 71 Abs. 2 Nr. 3 GVG besteht ferner eine ausschließliche Zuständigkeit des Landgerichts für Schadensersatzansprüche infolge falscher, irreführender oder unterlassener öffentlicher Kapitalmarktinformationen. Nach § 71 Abs. 3 GVG kann darüber hinaus eine ausschließliche Eingangszuständigkeit der Landgerichte vom Landesgesetzgeber für Ansprüche wegen Verfügungen der Verwaltungsbehörden und Ansprüche wegen öffentlicher Abgaben gegen den Staat bzw. öffentlich-rechtliche Körperschaften festgelegt werden. 10

4. Regelungen über die sachliche Zuständigkeit in der ZPO. Der Verweis des § 1 auf das **GVG** ist **nicht abschließend.** Zusätzlich zu den Regelungen des GVG über die sachliche Zuständigkeit (vgl. § 27 GVG) enthalten weitere Gesetze, einschließlich der ZPO, Normen, welche die sachliche Eingangszuständigkeit regeln. Ohne Berücksichtigung des Streitwerts ergibt sich zB eine Zuständigkeit des Amtsgerichts aus § 689 für das **Mahnverfahren.** Eine ausschließliche Zuständigkeit des Amtsgerichts als **Vollstreckungsgericht** folgt aus §§ 764, 802 für die den Gerichten zugewiesenen Anordnungen von Vollstreckungshandlungen. Die sachliche Zuständigkeit eines Amtsgerichts neben dem Gericht der Hauptsache ergibt sich für den Erlass von **Arresten** und **einstweiligen Verfügungen** aus den §§ 919, 936, 942. Im Übrigen obliegt für die Hauptintervention nach § 64, für die Klage auf Erteilung der Vollstreckungsklausel gemäß § 731, für die Vollstreckungsgegenklage nach § 767 Abs. 1, hinsichtlich der Klage gegen die Vollstreckungsklausel gemäß § 768, für die Zwangsvollstreckung zur Erzwingung von Handlungen §§ 887 Abs. 1, 888 Abs. 1, 890 Abs. 1 und bei der Klage auf Leistung des Interesses gemäß § 893 Abs. 2 dem Prozessgericht erster Instanz streitwertunabhängig die Entscheidungsbefugnis. Insofern bestimmt sich die Zuständigkeit des Amts- oder Landgerichts danach, bei welchem Gericht der entsprechende Rechtsstreit anhängig ist bzw. war.[20] 11

5. Regelungen über die sachliche Zuständigkeit außerhalb GVG und ZPO. Regelungen, welche die sachliche Eingangszuständigkeit innerhalb des ordentlichen Rechtswegs abweichend vom GVG normieren, finden sich weiterhin in vielen Gesetzen, welche spezielle Materien des Privatrechts regeln (vgl. § 71 GVG Rn. 12, 13 und § 40 Rn. 5 f.). Im Einzelnen sind zu nennen: im Hinblick auf die Zuständigkeit des Landgerichts § 6 Abs. 1 UKlaG, wobei die Norm insbesondere die Zuständigkeitsregelung des bisherigen § 14 Abs. 1 AGBG[21] ablöst[22]; §§ 98 Abs. 1 S. 1, 132 Abs. 1 S. 1, 246 Abs. 3 S. 1, 249 Abs. 1 S. 1, 250 Abs. 3 S. 1, 251 Abs. 3, 253 Abs. 2, 254 Abs. 2 S. 1, 255 Abs. 3, 256 Abs. 7, 257 Abs. 2 S. 1, 275 Abs. 4 S. 1 AktG; §§ 61 Abs. 3, 75 Abs. 2 GmbHG; § 19 Abs. 3 BNotO; §§ 51 Abs. 3 S. 3, 96 GenG; § 87 Abs. 1 S. 1 GWB; § 143 Abs. 1 PatG; § 140 Abs. 1 MarkenG; § 38 SortSchG; § 13 Abs. 1 S. 3 StrEG; §§ 217 ff. BauGB; § 3 Abs. 3 S. 2 HintO; im Hinblick auf die Zuständigkeit des Amtsgerichts vgl. Rn. 9 und zB § 2 Abs. 1 InsO. Zur Zuständigkeit der Arbeitsgerichte vgl. Rn. 2. 12

VI. Zuständigkeit kraft Sachzusammenhangs[23]

1. Grundsatz. Die sachliche sowie auch die örtliche Zuständigkeit eines Amtsgerichts bzw. eines Landgerichts können sich auch auf Grund des Sachzusammenhangs ergeben. Voraussetzung dafür ist, dass dies gesetzlich angeordnet ist. Eine solche gesetzliche Anordnung der Zuständigkeit kraft Sachzusammenhangs besteht, wenn eine Vorschrift eine Entscheidung dem Prozessgericht bzw. dem Gericht der Hauptsache zuweist. Derartige Regelungen enthalten u. a. die §§ 25, 26, 34, 486 Abs. 1, Abs. 2 S. 1, 584, 767 Abs. 1, 919, 936, 942 Abs. 1, § 88 GWB und der Gerichtsstand der Streitgenossenschaft nach Art. 6 Nr. 1 EuGVVO[24]. 13

---

[17] BGHZ 9, 322, 323 f. = NJW 1953, 1064.
[18] OLG Hamm NJW 1972, 2088 ff.
[19] LG Bremen VersR 1978, 978.
[20] *St/J/Roth* Rn. 56 f.
[21] Aufgehoben durch SchuldRModG.
[22] Vgl. *Palandt/Bassenge* UKlaG Einl. Rn. 1 f., § 6 Rn. 1.
[23] BGH NJW 2003, 828; 2002, 1426; 1996, 1411, 1413; vgl. BayObLG NJW-RR 1996, 508; *Schwab,* Festschr. f. Zeuner, 1994, S. 499; *Hoffmann* ZZP 107 (1994), 1, 11 ff.; *Würthwein* ZZP 106 (1993), 51, 76.
[24] Vgl. dazu *Piltz* NJW 2002, 789, 792.

14 **2. Grenzen.** Eine Zuständigkeit kraft Sachzusammenhangs über die gesetzlich normierten Fälle hinaus ist nach wie vor umstritten. Die frühere Rechtsprechung[25] und ein Teil der Lehre[26] verneinen eine solche Zuständigkeit. Eine Teilzuständigkeit in einzelnen Rechtsfragen solle gerade keine umfassende Abhandlung auch zuständigkeitsfremder Ansprüche ermöglichen. Insoweit wäre sonst dem Gericht die Klärung von Sachverhalts- und Rechtsfragen aufgegeben, die nicht zu seinem angestammten Tätigkeitsbereich gehören. Mit seinem Beschluss v. 10. 12. 2002[27] vollzog der BGH jedoch eine Abkehr von seiner bisherigen Rechtsprechung und ließ das Gericht der unerlaubten Handlung gemäß § 32 auch über Ansprüche nichtdeliktischer Art entscheiden. Dies wurde im Wesentlichen damit begründet, dass in Anbetracht von § 17 Abs. 2 GVG die Auslegung, dass im Gerichtsstand des § 32 nur über deliktsrechtliche Anspruchsgrundlagen entschieden werden dürfe, nicht mehr sachgerecht sei. Wenn über § 17 Abs. 2 GVG ein Gericht schon befugt sei, auch über rechtswegfremde Anspruchsgrundlagen (vgl. zum rechtswegübergreifenden Sachzusammenhang § 17 GVG Rn. 6 ff.) zu befinden, müsse dies erst recht für rechtswegeigene Anspruchsgrundlagen gelten[28] (vgl. ausführlich zum Streitstand § 12 Rn. 9 ff.; § 32 Rn. 10). Es bleibt offen, ob auf Grund dieser lediglich auf § 32 bezogenen Entscheidung allgemein der Schluss zulässig ist, es gäbe über die gesetzlich geregelten Fälle hinaus einen allgemeinen ungeschriebenen Gerichtsstand kraft Sachzusammenhangs. Insbesondere darf nicht vordergründig mit ökonomischen Gesichtspunkten[29] argumentiert werden, da dies zu einer gesetzlich nicht vorgesehenen Einschränkung des Rechtsschutzes führt.[30] Auch ist insofern Vorsicht angebracht, als die angeordneten Zuständigkeiten im Hinblick auf ihre verfassungsrechtliche Dimension (vgl. Rn. 1) im besonderen Maße an den Willen des Gesetzgebers gebunden sind und nicht unter Zweckmäßigkeitserwägungen umgangen werden dürfen.

VII. Prüfung der Zuständigkeit durch das Gericht

15 **1. Allgemeines. a) Sachentscheidungsvoraussetzung.** Die Zuständigkeit des Gerichts ist Sachentscheidungsvoraussetzung (Prozessvoraussetzung). Nur das international, sachlich, örtlich und funktionell zuständige Gericht darf eine Sachentscheidung vornehmen. Das Gericht erster Instanz hat im Parteiprozess (§ 79) seine funktionelle Zuständigkeit von Amts wegen[31] und unabhängig vom Verhalten der Parteien[32] zu prüfen. Dies gilt eingeschränkt auch für die internationale, sachliche und örtliche Zuständigkeit, weil das LG mit Rücksicht auf § 39 S. 1 abwarten kann, ob der Beklagte vor seiner Verhandlung zur Hauptsache die Unzuständigkeit rügt (Rn. 17).[33] Unterbleibt die Rüge, wird das Gericht dann in den Grenzen des § 40 Abs. 2 zuständig. Das Amtsgericht muss dagegen seine örtliche und sachliche Zuständigkeit prüfen, um der Belehrungspflicht gemäß § 504 nachkommen zu können. Im Übrigen hat das angerufene Gericht seine sachliche Zuständigkeit zu prüfen, wenn der Beklagte diese iSd. § 282 Abs. 3, § 296 Abs. 3 rügt. In der **Rechtsmittelinstanz** unterbleibt eine Überprüfung der Zuständigkeit des Gerichts erster Instanz wegen §§ 513 Abs. 2, 545 Abs. 2, 571 Abs. 2 S. 2, 576 Abs. 2;[34] dies gilt aus Gründen der Verfahrensbeschleunigung und Entlastung der Rechtsmittelgerichte[35] sowie unabhängig davon, ob ein vereinbarter oder ein ausschließlicher Gerichtsstand in Rede steht.[36] Obwohl nach Änderung durch das ZPO-RG § 513 Abs. 2 keine Beschränkung auf die örtliche und sachliche Zuständigkeit enthält,[37] wird für den Bereich der **internationalen Zuständigkeit** überwiegend[38] auf § 25 EuGVVO und Art. 9 EheVO I verwiesen und insoweit eine Prüfungspflicht auch in höherer Instanz bejaht.[39]

16 **b) Keine Amtsermittlung.** Dies bedeutet aber nicht, dass bei der Zuständigkeitsprüfung eine Amtsermittlung stattfindet. Es gelten die allgemeinen Grundsätze über eine Prüfung von Amts wegen (vgl. hierzu Einl. Rn. 44). Dem Kläger obliegt es (substantiiert) die Tatsachen darzutun und im Bestreitensfalle zu beweisen, welche die Zuständigkeit des angerufenen Gerichts begründen.[40] Grundsätzlich kommt es bei der Feststellung der Zuständigkeit auf eine Einlassung des Beklagten[41] nicht an. Etwas anderes gilt, wenn der Beklagte die Richtigkeit der Behauptungen zur Zuständigkeit rechtzeitig im Rahmen des § 39 gerügt hat (s.

---

[25] BGH NJW 1986, 2436; 1971, 564 m. weit. Nachw. (aus der Zeit vor Inkrafttreten von § 17 Abs. 2 GVG idF d. G v. 17. 12. 1990, BGBl I, 2809); BGH NJW 2002, 1426; 1996, 1411, 1413; OLG Hamm NJW-RR 2002, 1291; OLG Köln NJW-RR 2001, 55.

[26] MK/*Patzina* § 32 Rn. 19; *Jauernig* ZPR § 12 II; *Hager,* in: Festschr. f. Kissel, 1994, S. 327, 340; *Mankowski* IPRax 1997, 173, 178; *Peglau* JA 1999, 140.

[27] BGH NJW 2003, 828.

[28] BGH NJW 2003, 828, 829.

[29] So aber *St/J/Roth* Rn. 10 m. weit. Nachw.

[30] *Jauernig* ZPR § 12 II; *Gaul* AcP 168 (1969), 41 f.

[31] *St/J/Roth* Rn. 16.

[32] *Jauernig* ZPR § 12 I.

[33] *Jauernig* ZPR § 12 I.

[34] BGH NJW 2003, 2917; NJW-RR 2006, 930; 2005, 501, 504; *Ro/S/Go* § 39 Rn. 43 f.

[35] BGH NJW 2005, 1660, 1662; NJW-RR 2006, 930; 2005, 501, 504; MK/*Rimmelspacher* § 513 Rn. 2.

[36] BGH NJW 2003, 2917; NJW-RR 2006, 930; *Bungeroth* ZIP 2003, 2280 f.; BGH NJW 2000, 2822 (zur Regelung des § 549 aF); *Ro/S/Go* § 39 Rn. 43 f.

[37] Im Gegensatz zu §§ 512 a, 549 Abs. 2 aF.

[38] *Zö/Gummer* § 513 Rn. 8.

[39] BGH NJW 2004, 1456; 2004, 3706; 2003, 426; 2916; *Jauernig* ZPR § 6 II 1; *Schack* Rn. 385.

[40] Vgl. KG NJW-RR 2001, 1510; *Ro/S/Go* § 39 Rn. 3 ff.

[41] Zu Einwendungen kartellrechtlicher Art vgl. *Klein* NJW 2003, 2962.

Rn. 17).[42] Das Vorbringen des Beklagten kann aber auch dazu führen, dass der ganzheitlich zu würdigende klägerische Vortrag zur Zuständigkeit auf Grund einer Replik des Klägers unschlüssig wird, s. a. § 12 Rn. 14.[43] Durch rechtsmissbräuchliches Verhalten des Klägers, welches die Voraussetzungen der Gerichtszuständigkeit schaffen soll, kann die Zuständigkeit des angerufenen Gerichts nicht begründet werden.[44] Gleichermaßen kann für die Treu und Glauben widersprechende Inanspruchnahme der formal gegebenen Zuständigkeit des Gerichts das Rechtsschutzbedürfnis fehlen[45] oder eine zur Prozessverschleppung treuewidrig erhobene Unzuständigkeitsrüge unbeachtlich sein.[46]

c) **Rüge der Unzuständigkeit iSd. § 39.** Die Einlassung des Beklagten hebt im Allgemeinen die einmal begründete Zuständigkeit des angerufenen Gerichts nicht auf, weil insoweit der Grundsatz der perpetuatio fori (§ 261 Abs. 3 Nr. 2) zum Tragen kommt. Die Begründung der Zuständigkeit gemäß § 39 S. 1 eines an sich unzuständigen Gerichts durch mündliches Verhandeln seitens des Beklagten kann jedoch bei rechtzeitiger Unzuständigkeitsrüge verhindert werden (vgl. § 39 Rn. 3). Die Rüge der Unzuständigkeit ist nicht erforderlich, wenn im amtsgerichtlichen Verfahren die Belehrung nach § 504 unterblieben ist oder unvollständig war, da dann das Gericht unzuständig bleibt.[47] 17

2. Beweislast. a) Allgemeines. Sofern das angerufene Gericht, gegebenenfalls auf die Rüge des Beklagten hin, Bedenken an seiner Zuständigkeit erhebt, ist der Kläger beweisführungsbelastet bezüglich der Tatsachen, welche die Zuständigkeit des Gerichts begründen.[48] Weiter ist bei von Amts wegen zu prüfender ausschließlicher Zuständigkeit eine Beweiserhebung durchzuführen, wenn ein entsprechender Anlass besteht.[49] Die Beweisführungslast trifft bei einem Verzichtsurteil nach § 306 und bei einem Versäumnisurteil nach § 330 den Beklagten. Die Behauptungs- und Beweislast obliegt also auch hinsichtlich der sachlichen Zuständigkeit des Gerichts demjenigen, der eine Sachentscheidung begehrt. 18

b) **Einzelheiten.** Im Rahmen der Zuständigkeit zu beweisende Umstände können etwa der Wert der streitbefangenen herauszugebenden Sache (§ 6), der Wohnsitz des Beklagten (§ 13), der letzte Wohnsitz des Beklagten (§ 16), der Sitz der juristischen Person (§ 17), der Aufenthalt des Beklagten (§§ 16, 20), das Vermögen des Beklagten im Gerichtsbezirk (§ 23), der Erfüllungsort oder Vereinbarungen über denselben (§ 29), Gerichtsstandsvereinbarungen (§ 38) oder die Eigenschaft als Miet- oder Pachtraum (§ 29a Abs. 1) sein. 19

3. Doppelrelevante Tatsachen. Eine Beweiserhebung bezüglich der schlüssig vorgetragenen Tatsachen, welche sowohl die Zuständigkeit als auch die Begründetheit des geltend gemachten Anspruches rechtfertigen sollen (doppelrelevante Tatsachen),[50] findet im Rahmen der Zuständigkeitsprüfung nicht statt, sie werden als wahr unterstellt.[51] Eine solche Unterstellung ist aber nur bezüglich derartiger Tatsachen zulässig, die notwendigerweise für die Begründetheit des geltend gemachten Anspruches vorliegen müssen.[52] Sobald eine Tatsache betreffend die Zuständigkeit für die Beurteilung der Begründetheit nicht zwingend erforderlich ist, scheidet eine Unterstellung als wahr aus. Damit ist es vom Klageantrag abhängig, inwiefern bestimmte Tatsachen notwendigerweise im Rahmen der Zuständigkeitsprüfung zu unterstellen sind (vgl. § 12 Rn. 14). Für die internationale Entscheidungszuständigkeit deutscher Gerichte kommt ebenfalls die Lehre der doppelrelevanten Tatsachen zur Anwendung.[53] 20

4. Mehrheit von Ansprüchen oder Parteien. Bei einer **Mehrheit von prozessualen Streitgegenständen** (zum Begriff Einl. Rn. 68ff.) ist für jeden einzelnen prozessualen Anspruch die Zuständigkeit des angerufenen Gerichts zu prüfen. Dieser bezüglich der Zuständigkeitsprüfung zu beachtende Trennungsgrundsatz gilt auch bei einer Mehrheit von Prozessparteien. Hieraus folgt, dass für jedes einzelne Prozessrechtsverhältnis die Zuständigkeit zu prüfen ist. Insoweit ein allgemeiner Gerichtsstand des Sachzusammenhangs abgelehnt wird (s. Rn. 13f.), kann auch bei einem **einheitlichen Streitgegenstand** eine gespaltene Gerichtszuständigkeit dahingehend bestehen, dass das angerufene Gericht aus Zuständigkeitsgründen nicht für alle materiell-rechtlichen Fragen die Entscheidungskompetenz besitzt. Eine Zuständigkeitsprüfung bezüglich eines vom Kläger nur **hilfsweise** geltend gemachten Anspruches findet nur statt, wenn die vom Kläger gesetzte (innerprozessuale) Bedingung eingetreten ist. 21

5. Maßgeblicher Zeitpunkt der Zuständigkeit. Für die Zuständigkeitsbeurteilung kommt es auf den Schluss der mündlichen Verhandlung an. Es reicht also aus, wenn die Zuständigkeit des angerufenen Gerichts erst im Verlaufe des Prozesses eingetreten ist.[54] Im Übrigen gilt § 261 Abs. 3 Nr. 2 (perpetuatio fori); der Wegfall der einmal begründeten Zuständigkeit schadet nicht. 22

---

[42] *St/J/Roth* Rn. 22.

[43] *St/J/Roth* Rn. 17.

[44] *Zö/Vollkommer* § 12 Rn. 19; *St/J/Roth* Rn. 12; BGHZ 132, 195, 196f. (Schaffung eines Briefkastensitzes); BayObLGZ 2003, 192, 195 (Scheinverwaltungssitz); KGR 1996, 95; OLG Celle NJW-RR 2004, 627, 698 (jeweils erschlichene Verweisung).

[45] *Zö/Vollkommer* § 12 Rn. 19; OLG Hamm NJW 1987, 138.

[46] KG FamRZ 1989, 1105; OLG Frankfurt MDR 1980, 318; *B/L/H* Übers. vor § 12 Rn. 24.

[47] *St/J/Bork* § 39 Rn. 3.

[48] *Ro/S/Go* § 39 I 2; vgl. zur Frage der Rechtswegzuständigkeit KG NJW-RR 2001, 1509, 1510.

[49] *St/J/Roth* Rn. 22.

[50] Vgl. die ausführliche Darstellung bei *St/J/Roth* Rn. 24ff.

[51] AllgM, vgl. BGHZ 132, 105, 110; 124, 237, 241; *Schack* Rn. 387; *Roth,* Festschr. f. E. Schumann, 2001, S. 355, 365ff.

[52] RGZ 29, 371, 373.

[53] *St/J/Roth* Rn. 28f.

[54] RGZ 52, 136ff.; 95, 268.

23 **6. Feststellung der Unzuständigkeit. a) Klageabweisung und Verweisung auf Antrag.** Kann die sachliche (zur örtlichen § 12 Rn. 14f.) Zuständigkeit aus rechtlichen oder tatsächlichen Gründen nicht festgestellt werden, erfolgt die Abweisung der Klage als unzulässig, sofern der Kläger nicht die Verweisung beantragt (§ 281 Abs. 1 S. 1, § 506 Abs. 1); insoweit ist ein darauf gerichteter Hilfsantrag üblich und ratsam. §§ 17ff. GVG gelten im Gegensatz zur VwGO (§ 83 S. 1 VwGO) nicht entsprechend, so dass keine Verweisung von Amts wegen erfolgt. In Familiensachen kann eine Verweisung von Amts wegen unter den Voraussetzungen des § 621 Abs. 3 an das Gericht der Familiensache stattfinden. Wenn keine Verweisung in Frage kommt und das Gericht seine Unzuständigkeit feststellt, ergeht ein die Klage (als unzulässig) abweisendes Prozessurteil, sog. Prozessabweisung.[55] Dies gilt auch, wenn eine abgesonderte Verhandlung nach § 280 angeordnet war. Hinsichtlich internationaler und funktioneller Zuständigkeit scheidet eine Verweisungsmöglichkeit grundsätzlich aus (vgl. § 281 Rn. 2, 6).[56]

24 **b) Teilurteil.** Sind mehrere Ansprüche anhängig und nicht sämtlich unzulässig, kann die Abweisung auch in einem Teilurteil (§ 301) vorgenommen werden. Dies gilt nicht, wenn das Gericht nur über einzelne Klagegründe desselben Streitgegenstandes nicht befinden darf.[57] Bejaht das Gericht hingegen seine Zuständigkeit, so wird es in den Entscheidungsgründen des Sachurteils Ausführungen hierüber machen. War allerdings eine **abgesonderte Verhandlung** nach § 280 Abs. 1 angeordnet, muss die bejahende Entscheidung des Gerichtes in einem Zwischenurteil gemäß § 280 Abs. 2 getroffen werden.

VIII. Anfechtung der Zuständigkeitsentscheidung

25 Hinsichtlich der Anfechtung gerichtlicher Maßnahmen ist danach zu unterscheiden, ob vom Gericht die Zuständigkeit bejaht oder verneint wurde. Mit den üblichen Rechtsmitteln kann die in der Prozessabweisung liegende **Verneinung der Zuständigkeit** angegriffen werden.[58] Nicht mit der Revision angreifbar ist jedoch gemäß § 545 Abs. 2 die Ablehnung seiner Zuständigkeit durch das Gericht des ersten Rechtszuges.[59] Die **Bejahung der Zuständigkeit** ist nur begrenzt mit Rechtsmitteln angreifbar. Der Verweisungsbeschluss – wie auch ein Verweisungsurteil in höherer Instanz[60] – kann gemäß § 281 Abs. 2 S. 3 grundsätzlich nicht angefochten werden; eine Wiederaufnahme ist selbst bei Restitutions- und Nichtigkeitsgründen ausgeschlossen.[61] Die Prüfung der sachlichen und der örtlichen Zuständigkeit des Gerichts des ersten Rechtszuges ist aus prozessökonomischen Gründen dem Rechtsmittelgericht versagt, vgl. §§ 513 Abs. 2, 545 Abs. 2, 576 Abs. 2. Diese Normen erfassen jedoch trotz mehrdeutigen Wortlauts nicht die Frage der internationalen Zuständigkeit.[62] Vielmehr ist bei der Neufassung von § 513 Abs. 2, der insofern §§ 10, 512a aF abgelöst hat, und bei § 545 Abs. 2, welcher §§ 10, 549 Abs. 2 aF ersetzt, mangels Hinweises in der Gesetzesbegründung davon auszugehen, dass wie bisher das Rechtsmittelgericht nicht prüft, ob das erstinstanzliche Gericht „seine“ Zuständigkeit zu Unrecht angenommen hat.[63] Die Frage „seiner“ Zuständigkeit erfasst aber gerade nicht den Aspekt der internationalen Zuständigkeit, weil diese nur die Abgrenzung der Kompetenzen zwischen Gerichten eines Staates in ihrer Gesamtheit zu einem anderen Staat unabhängig von einer konkreten Zuständigkeit meint[64] (zum Begriff Rn. 7). Ermäßigungen oder Erweiterungen des Klagantrages und damit Veränderungen des Streitgegenstandes wirken sich auf die durch Klageerhebung einmal begründete Zuständigkeit grundsätzlich nicht aus (vgl. § 4 Rn. 4).

IX. Hemmung der Verjährung

26 Aus dem Umkehrschluss von § 212 BGB aF ergab sich bisher die Wirkung der Verjährungsunterbrechung einer vor dem sachlich unzuständigen Gericht erhobenen Klage.[65] Trotz der ersatzlosen Aufhebung dieser Regelung ist davon auszugehen, dass die Klageerhebung vor einem unzuständigen Gericht zur (nunmehr) Hemmung der Verjährung führt, §§ 204 Abs. 1 Nr. 1, 209 BGB.[66] Wird die Klage mangels Zuständigkeit des Gerichts durch Prozessurteil abgewiesen, endet die Hemmung gemäß § 204 Abs. 2 S. 1 BGB sechs Monate nach der rechtskräftigen Entscheidung des Verfahrens.[67]

2 *Bedeutung des Wertes* **Kommt es nach den Vorschriften dieses Gesetzes oder des Gerichtsverfassungsgesetzes auf den Wert des Streitgegenstandes, des Beschwerdegegenstandes, der Beschwer oder der Verurteilung an, so gelten die nachfolgenden Vorschriften.**

---

[55] *Jauernig* ZPR § 12 II.
[56] *St/J/Roth* Rn. 38; *T/P/Hüßtege* § 281 Rn. 1.
[57] BGH NJW 1971, 564.
[58] Vgl. OLG Stuttgart, Beschl. v. 26. 10. 2006, Az. 1 W 49/06.
[59] *St/J/Roth* Rn. 42.
[60] MK/*Prütting* § 281 Rn. 40; *T/P/Hüßtege* Rn. 11.
[61] *St/J/Leipold* § 281 Rn. 22.
[62] *Leible* NJW 2003, 407, 408; *St/J/Roth* Rn. 43; aA *Ishikawa*, Festschr. f. Geimer, 2002, S. 365, 373.
[63] BGH NJW 2003, 426, 427.
[64] *Leible* NJW 2003, 407, 408.
[65] § 212 BGB aF aufgehoben durch SchuldRModG.
[66] *Palandt/Heinrichs* § 204 Rn. 5.
[67] *Palandt/Heinrichs* § 204 Rn. 34.

I. Normzweck

§ 2 bestimmt den Anwendungsbereich der §§ 3 bis 9, in denen die Berechnung des Streitwerts geregelt ist und aus denen sich gemäß § 1 die sachliche Zuständigkeit ergibt (Zuständigkeitsstreitwert). Die von § 2 in Bezug genommenen Vorschriften spielen zwar insbesondere bei der Ermittlung des **Zuständigkeitsstreitwerts** eine Rolle. Aber auch für die Bestimmung weiterer Streitwertarten (zum Streitwertbegriff Rn. 2) wie zB des **Rechtsmittelstreitwertes** sind die Wertvorschriften der §§ 3 bis 9 maßgeblich (vgl. Rn. 3). 1

II. Streitwertbegriff

§ 3 Abs. 1 GKG nimmt eine **Legaldefinition** des Begriffs des Streitwerts für das Gebührenrecht vor. Auch diese Vorschrift knüpft an den Wert des Streitgegenstandes (zum Streitgegenstandsbegriff Einl. Rn. 68 ff.) an. Die Begriffsbestimmung ist jedoch für die ZPO nur bedingt geeignet, da auch der Wert des Beschwerdegegenstandes und der Beschwer sowie der Wert der Verurteilung direkt nach den Wertvorschriften der §§ 3 bis 9 bestimmt werden. Es muss daher nach den einzelnen Streitwertarten differenziert werden. Zu unterscheiden sind Zuständigkeits-, Rechtsmittel- und Gebührenstreitwert. Der **Zuständigkeitsstreitwert** ist der für die Abgrenzung der sachlichen Zuständigkeit maßgebende Wert des Streitgegenstandes. Der **Rechtsmittelstreitwert** wird durch den Wert des Beschwerdegegenstandes bzw. die Beschwer bestimmt (vgl. § 511 Abs. 2 Nr. 1, Abs. 4 S. 1 Nr. 2, § 567 Abs. 2, § 26 Nr. 8 EGZPO) und ist im Rahmen der Zulässigkeit des Rechtsmittels maßgeblich. Grundlage für die Berechnung der Gerichts- und Rechtsanwaltsgebühren ist der **Gebührenstreitwert** (vgl. §§ 3 Abs. 1, 48 Abs. 1 S. 1 Alt. 1, 47 Abs. 2 S. 1 (Obergrenze), 46 Abs. 1 S. 1 GKG, §§ 2 Abs. 1, 23 Abs. 1 S. 1, 32 Abs. 1, 33 Abs. 1 RVG). Daneben eröffnet der Bagatellstreitwert[1] dem Amtsgericht die Möglichkeit, sein Verfahren nach billigem Ermessen zu bestimmen (vgl. § 495 a S. 1)[2] bzw. legt dieser die Grenze für ein eventuell durchzuführendes Schlichtungsverfahren iSd. § 15 a Abs. 1 S. 1 Nr. 1 EGZPO fest. Der Verurteilungsstreitwert ist entscheidend für die Anordnung einer Sicherheitsleistung im Ausspruch zur vorläufigen Vollstreckbarkeit (vgl. § 708 Nr. 11)[3]. 2

III. Anwendungsbereich

Die §§ 3 bis 9 sind direkt und ausschließlich anwendbar zur Bestimmung des **Zuständigkeitsstreitwertes.** Daneben kommen sie zur Anwendung für den **Rechtsmittelstreitwert,** soweit dafür keine Sonderregeln bestehen. Hinsichtlich des **Gebührenstreitwertes** sind die §§ 3 bis 9 ebenfalls nur **subsidiär** (vgl. § 48 Abs. 1 GKG, § 23 Abs. 1 S. 1 RVG) einschlägig, weil hier die §§ 39 ff. und 48 ff. GKG und § 247 AktG als lex specialis vorgehen. Zu beachten ist in diesem Zusammenhang § 62 GKG sowie die Hinweispflicht des Rechtsanwalts[4] vor Übernahme des Auftrags gemäß § 49 b Abs. 5 BRAO. Der Verurteilungsstreitwert iSd. § 708 Nr. 11 bemisst sich nicht nach dem Streitgegenstand, so dass insofern nicht auf die anderen Streitwertarten und deren Bestimmung zurückzugreifen ist (§ 708 Rn. 10).[5] Der **Bagatellstreitwert** wird dagegen grundsätzlich nach denselben Regeln wie der Zuständigkeitsstreitwert, mithin nach den §§ 3 bis 9 ermittelt. 3

IV. Weitere Regelungen zur Wertberechnung

Daneben bestehen weitere Sonderregelungen im Bereich der Zwangsvollstreckung und des Arrestes, welche eine Anwendbarkeit der §§ 3 bis 9 grundsätzlich ausschließen. Regelungen über die Wertberechnung enthalten etwa die §§ 811 a, 813, 817 a, 866, 932. Soweit in diesem Bereich Vorgaben für die Wertberechnung fehlen, steht aber einer analogen Anwendung der §§ 3 ff. nichts entgegen.[6] Bestimmungen über die Wertberechnung finden sich auch in anderen Gesetzen, zB in § 182 InsO, in § 247 Abs. 1 AktG, § 53 PatG, § 142 Abs. 1 MarkenG, § 144 Abs. 1 PatG, § 26 Abs. 1 GebrMG und in §§ 23 a, 23 b UWG. 4

3 *Wertfestsetzung nach freiem Ermessen* **Der Wert wird von dem Gericht nach freiem Ermessen festgesetzt; es kann eine beantragte Beweisaufnahme sowie von Amts wegen die Einnahme des Augenscheins und die Begutachtung durch Sachverständige anordnen.**

Übersicht

---

1 MK/*Wöstmann* Rn. 6; *St/J/Roth* Rn. 1, 42; *Wiecz/Sch/Gamp* Rn. 23.
2 Gilt nicht im Arbeitsgerichtsverfahren, § 46 Abs. 2 ArbGG.
3 MK/*Wöstmann* Rn. 12; *St/J/Roth* Rn. 62.
4 *Hartmann* NJW 2004, 2484 f.
5 *St/J/Roth* Rn. 43; MK/*Wöstmann* Rn. 3 ff.
6 Vgl. *St/J/Roth* Rn. 2.

I. Normzweck

1 § 3 ist eine Auffangnorm für die Wertberechnung[1] und kommt nur dann zur Anwendung, wenn die Streitwertberechnung nicht durch speziellere Vorschriften (in erster Linie die normativen Streitwerte der §§ 4 bis 9) gesetzlich geregelt ist.[2] Dabei kommt die Vorschrift der Vielfältigkeit der zu bewertenden Sachverhalte dadurch entgegen, dass die Wertfindung in das Ermessen des Gerichts gestellt, mithin vereinfacht ist, und damit letztlich der Verfahrensbeschleunigung[3] dient.

II. Normativ bestimmte Streitwerte

2 **1. Grundsatz.** Im Gegensatz zu § 3 Halbs. 1 bezwecken normative Streitwerte (insbesondere die der §§ 4, 6 bis 9), eine Bewertung ausschließlich nach den konkreten Interessen des Klägers zu vermeiden. Die Regelungen der normativen Streitwerte legen nämlich im Interesse beider Parteien einen objektivierten Bewertungsmaßstab fest. Damit dienen die §§ 4, 6 bis 9 der Vereinfachung und der Rechtssicherheit, aber auch der prozessualen Gleichbehandlung.[4] Soweit § 3 Halbs. 1 einschlägig ist, ist jedoch von dem gesetzlichen Leitbild dieser Bestimmungen insofern abzuweichen, als sich der Streitwert nicht an den objektiven Parteiinteressen orientiert. Maßgeblich ist vielmehr das anhand objektiver Gesichtspunkte zu beurteilende tatsächliche Interesse, in vermögensrechtlichen Streitigkeiten mithin das wirtschaftliche Interesse des Klägers[5] unabhängig vom Beklagten[6] (vgl. Rn. 6).

3 **2. Keine wirtschaftliche Betrachtungsweise.** Wenn eine bezifferte Summe im Klageantrag genannt wird (ebenso bei einem Freistellungsbegehren)[7], ist diese für den Streitwert maßgebend.[8] Es handelt sich hierbei um einen normativen Streitwert, der auf der gleichen gesetzgeberischen Leitlinie beruht wie der nach den §§ 4 bis 9 zu ermittelnde Streitwert. Insoweit spielt das konkrete wirtschaftliche Interesse des Klägers keine Rolle. Deshalb bleiben die Frage der **tatsächlichen Einbringlichkeit** der Forderung oder etwaige Gegenansprüche (vgl. Rn. 29 „Herausgabeklagen", § 6 Rn. 4 f.)[9] außer Ansatz. Auch bei einem **Musterprozess** ist daher für den Streitwert das wirtschaftlich höhere Interesse des Klägers nicht entscheidend.

4 **3. Sonderregelungen.** Die **Gebührenstreitwerte,** für deren Ermittlung in den §§ 39 ff. und 48 ff. GKG Sonderregelungen bestehen, schließen eine Anwendung der §§ 3 bis 9 aus (vgl. hierzu § 2 Rn. 3). Dies rechtfertigt sich aus rechts- und sozialstaatlichen Erwägungen. Insbesondere führen hier Gesichtspunkte wie Rechtsschutzerleichterung und ein vorhersehbares Prozesskostenrisiko zu herabgesetzten Gebührenstreitwerten. Sozialstaatlich motivierte Sonderregelungen für die Bemessung des Streitwerts finden sich auch im **Arbeitsrecht** (§ 12 Abs. 7 ArbGG). **Weitere Sonderregelungen** für die Streitwertbestimmung, welche eine Anwendung des § 3 Halbs. 1 ausschließen, finden sich insbesondere in den in § 2 Rn. 4 aE aufgeführten Normen.

5 **4. Mittelbare Anwendung des § 3 Halbs. 1.** Grundsätzlich ist im Anwendungsbereich normativer Wertvorschriften ein Rückgriff auf § 3 Halbs. 1 ausgeschlossen. Das heißt, eine Korrektur normativer Streitwertregelungen über diese Norm findet nicht statt. Eingeschränkt wird dieser Grundsatz bei besonderen Wertvorschriften, welche auf § 3 Halbs. 1 verweisen oder dessen Anwendung voraussetzen. Auf diesem Weg kommt die Vorschrift häufig **mittelbar** zur Anwendung.[10] So wird die von § 6 S. 1 Alt. 1 für Eigentumsstreitigkeiten gegebene Regel derart ausgefüllt, dass das Gericht den Sachwert nach objektiven Verkehrswertgesichtspunkten zu schätzen hat.[11] Ähnlich liegt es bei § 7, wobei es insoweit auf den zu schätzenden Wert im Zeitpunkt der Klageeinreichung bzw. Rechtsmitteleinlegung ankommt.[12]

III. Grundlagen der Wertberechnung

6 **1. Angreiferinteresse als Berechnungsgrundlage.** Sind keine normativen Streitwerte (Rn. 2 bis 5) einschlägig, dann kommt § 3 Halbs. 1 zur Anwendung. Hiernach ist der Streitwert in dem Sinne konkret zu

---

1 *St/J/Roth* Rn. 1; *T/P/Hüßtege* Rn. 1.
2 MK/*Wöstmann* Rn. 1; Zi Rn. 1; *T/P/Hüßtege* Rn. 1.
3 MK/*Wöstmann* Rn. 1; *B/L/H* Grdz. vor § 1 Rn. 2.
4 *St/J/Roth* Rn. 3; MK/*Wöstmann* § 4 Rn. 1.
5 MK/*Wöstmann* Rn. 10; BGH NJW 1995, 664.
6 Zi Rn. 1; *B/L/H* Rn. 4; *Zö/Herget* Rn. 2.
7 MK/*Wöstmann* Rn. 12; *St/J/Roth* § 2 Rn. 12, 94.
8 Zi Rn. 1; *B/L/H* Rn. 7.
9 MK/*Wöstmann* Rn. 12; *St/J/Roth* Rn. 15.
10 *St/J/Roth* Rn. 12; *T/P/Hüßtege* § 6 Rn. 2.
11 *Zö/Herget* § 6 Rn. 2; *St/J/Roth* § 6 Rn. 16.
12 *Zö/Herget* § 7 Rn. 4; MK/*Wöstmann* § 7 Rn. 9.

bestimmen, dass das Interesse des Klägers für die Wertberechnung entscheidend ist.[13] Der Grund dafür ist, dass der Angreifer den Streitgegenstand (zum Begriff s. Einl. Rn. 68ff.) bestimmt und sich die Wertberechnung an diesem orientiert. Maßgebend ist mithin das objektiv zu ermittelnde wirtschaftliche Interesse des Klägers.[14]

2. Kein Rückgriff auf Pauschalwerte. Da der ZPO die Vorstellung zu Grunde liegt, dass für jeden vermögensrechtlichen Streitgegenstand eine Wertberechnung möglich ist,[15] ist ein Rückgriff auf Pauschalwerte ausgeschlossen. Dies gilt auch, wenn sich eine Wertfestsetzung in vermögensrechtlichen Streitigkeiten als schwierig erweist. Im Anwendungsbereich des § 3 Halbs. 1 hat das Gericht in jedem Fall eine eigene Ermessensentscheidung zu treffen. 7

3. Schätzung nach § 3 Halbs. 1. a) Verkehrswert. Soweit § 3 Halbs. 1 direkt oder mittelbar anwendbar ist, hat das Gericht den Wert nach freiem Ermessen auf Grund **objektiver Gesichtspunkte** festzusetzen. Obwohl das Gesetz den Begriff nicht benutzt, ist dabei der wahre Wert im Sinne des Verkehrswertes zu ermitteln. Nach der gesetzgeberischen Absicht sollte durch die Formulierung ermöglicht werden, dass im Ausnahmefall auch ein anderer Wert maßgebend sein kann.[16] 8

b) Bedeutung im Einzelnen. Verkehrswert bedeutet bei marktgängigen Waren der **Handelspreis** und bei Wertpapieren der **Kurswert.** Im Übrigen ist der Wert zu ermitteln, den der Gegenstand unter den besonderen Verhältnissen des Einzelfalles für jedermann besitzt.[17] Nicht maßgebend für die Bestimmung des Streitwerts – sondern lediglich Indiz – ist der Kaufpreis oder die Gegenleistung im konkreten Fall. Unerheblich ist auch eine steuerliche Bewertung[18] ebenso wie ein möglicher wirtschaftlicher Nutzen bzw. Gewinn, den der Kläger durch einen Prozesssieg erreicht.[19] **Liebhaber- und sonstige Affektionsinteressen** können dagegen im Unterschied zu sonstigen bürgerlich-rechtlichen Wertungen ausnahmsweise **mitberücksichtigt** werden,[20] denn auch ein Prozess über derartige Interessen muss geführt und sein Streitwert bestimmt werden können. Dagegen sind grundsätzlich generalpräventive Erwägungen[21] oder die Einbringlichkeit des geltend gemachten Anspruchs unerheblich.[22] Etwas anderes gilt insofern jedoch bei § 182 InsO. 9

c) „Verfahrensrechtlicher Dispens". Die Funktion des § 3 Halbs. 1 liegt im Wesentlichen darin, dass er dem Gericht ein **freies Ermessen** einräumt,[23] durch das es unabhängiger gestellt wird als bei der freien Beweiswürdigung nach § 286 und der Schätzung im Rahmen des § 287; man spricht in diesem Zusammenhang von einem „verfahrensrechtlichen Dispens".[24] Dieser „Dispens" hat zur Folge, dass das Gericht im Rahmen der Wertfestsetzung an die **Parteiangaben** zum Wert **nicht gebunden** ist. Freilich besteht für das Gericht bei übereinstimmenden Wertangaben der Parteien grundsätzlich keine Veranlassung, von diesen abzuweichen; seine Grenze findet dies jedoch etwa bei einem unangemessen niedrig angegebenen Wert, weil es sonst den Parteien möglich wäre, eine ungerechtfertigte Verkürzung der Gerichtsgebühren sowie eine Beschneidung der Rechtsmittelzulässigkeit zu erreichen.[25] Andererseits ermöglicht der Begriff „freies Ermessen" dem Gericht nicht, willkürlich im Sinne eines „freien Belieben" eine Wertfestsetzung vorzunehmen.[26] Vielmehr ist das Gericht an die Grenzen der pflichtgemäßen Ermessensausübung gebunden.[27] Dieser sich bereits aus der Formulierung der Vorschrift („kann") ergebende (sehr weite)[28] Ermessensspielraum hat zur Folge, dass es dem Gericht freisteht, eine Beweisaufnahme selbst dann zu unterlassen, wenn beide Parteien sie beantragen.[29] Der Streitwert kann also ohne Beweiserhebung festgelegt werden. Es dürfen auch Umstände berücksichtigt werden, welche dem Gericht erst nach der den Rechtszug abschließenden letzten mündlichen Verhandlung bekannt werden, zuvor aber bereits vorlagen.[30] Das Gericht kann wie bei § 144 Abs. 1 von Amts wegen einen Augenschein einnehmen oder einen Sachverständigen hören (Halbs. 2). Andere Beweisaufnahmen darf es demgegenüber nur auf Antrag vornehmen. Führt das Gericht Beweisaufnahmen durch, gelten die Grundsätze des Strengbeweises (s. § 284 Rn. 5).[31] Glaubhaftmachung[32] und Versicherung an Eides statt scheiden daher grundsätzlich im Rahmen des § 3 aus. Etwas anderes gilt nur für die 10

---

13 *Schumann* NJW 1982, 1257, 1260; Zi Rn. 1.

14 BayObLG JurBüro 1995, 27; OLG Stuttgart, Beschl. v. 30. 10. 2006, Az. 5 W 65/06; *Ro/S/Go* § 32 Rn. 30; *Zi* Rn. 1.

15 RGZ 10, 321, 322.

16 BT-Drucks. 7/650 S. 191 zu Art. 6 Nr. 3.

17 Vgl. LG Lübeck NJW 2001, 82.

18 Vgl. OLG Hamm Rpfleger 1964, 23; aA OLG Frankfurt Rpfleger 1952, 512.

19 *St/J/Roth* Rn. 15; MK/*Wöstmann* Rn. 7.

20 BGH FamRZ 1991, 547, 548; aA *St/J/Roth* Rn. 15.

21 OLG Frankfurt GRUR-RR 2005, 71; *Lappe* NJW 2006, 270, 271; aA OLG Hamburg GRUR-RR 2004, 342; KG GRUR 2005, 88 (jeweils zu Urheberrechtsverletzungen).

22 *St/J/Roth* Rn. 15; MK/*Wöstmann* Rn. 12.

23 BGH NJW 2005, 219, 220.

24 *Lappe* NJW 1986, 2558.

25 OLG Hamburg WRP 2007, 95.

26 *St/J/Roth* Rn. 14; *B/L/H* Rn. 6; *T/P/Hüßtege* Rn. 2.

27 *Hartmann* § 48 GKG Anh. I (§ 3 ZPO) Rn. 2ff.; *T/P/Hüßtege* Rn. 2; BGH NJW 2005, 219, 220; vgl. auch BGH NJW 1998, 2368; NJW-RR 2005, 501, 502 jeweils m. weit. Nachw.

28 *St/J/Roth* Rn. 17; MK/*Wöstmann* Rn. 15.

29 *B/L/H* Rn. 6; *St/J/Roth* Rn. 17; BGH NJW-RR 1998, 573.

30 LG Saarbrücken JurBüro 1998, 363.

31 *St/J/Roth* Rn. 17; aA *T/P/Hüßtege* Rn. 3.

32 AA *B/L/H* Rn. 6.

Nichtzulassungsbeschwerde gemäß § 26 Nr. 8 EGZPO[33] (nicht aber für die Rechtsbeschwerde gegen den Verwerfungsbeschluss gemäß § 522 Abs. 1 S. 3)[34] und hinsichtlich des Nachweises für das Erreichen der Berufungssumme, § 511 Abs. 2. Bei der Schätzung des Streitwerts darf das Gericht diesen jedoch nicht so unangemessen hoch festsetzen, dass es dem Bürger wegen des Prozesskostenrisikos praktisch unmöglich gemacht wird, das Gericht anzurufen. Dies würde der aus dem Rechtsstaatsprinzip abgeleiteten Gewährleistung effektiven Rechtsschutzes widersprechen.[35]

11 **4. Nichtvermögensrechtliche Streitigkeiten. a) Problemstellung.** Die für vermögensrechtliche Streitigkeiten bestehende Regelungstechnik, welche davon ausgeht, dass sich stets – gegebenenfalls über § 3 Halbs. 1 – ein Wert feststellen lässt, ist für nichtvermögensrechtliche Streitigkeiten ungeeignet. Dies ist unter anderem darauf zurückzuführen, dass das Gesetz nur bei Vermögensrechten stets von einer Berechenbarkeit des Wertes ausgeht.[36]

12 **b) Abgrenzung.** Die Bestimmung des Begriffs der nichtvermögensrechtlichen Streitigkeit ist in negativer Abgrenzung zur solchen vermögensrechtlicher Art vorzunehmen. Ansprüche sind vermögensrechtlicher Art, wenn sie aus einem **auf Geld oder Geldeswert** gerichteten Rechtsverhältnis resultieren. Vermögensrechtlicher Art sind auch diejenigen Streitigkeiten, welche zwar auf einem nichtvermögensrechtlichen Rechtsverhältnis beruhen, aber dennoch auf Geld oder Geldeswert gerichtet sind[37] oder der Wahrung wirtschaftlicher Belange dienen.[38] Hierzu gehören etwa die auf Unterhalt, Schadensersatz, Schmerzensgeld, Ausstattung, Aufhebung des ehelichen Güterstandes und Ähnliches gerichteten Ansprüche ebenso wie Unterlassungsansprüche aus dem UWG. Nichtvermögensrechtlicher Art sind dagegen die **eigentlichen Familienrechte**, das **Namensgebrauchsrecht**[39] des § 12 BGB bei natürlichen Personen, **Gegendarstellungen** nach Presserecht[40] (nicht jedoch, wenn der Anspruch auf die Abwehr wirtschaftlicher Nachteile, Schmerzensgeld oder Schadensersatz gerichtet ist)[41], der Schutz der **Ehre**[42] **sowie ähnliche Ansprüche, welche eine ideelle Zielsetzung** haben und im Wesentlichen durch Unterlassungsbegehren geltend gemacht werden. Dass sich an solche Ansprüche vermögensrechtliche Reflexwirkungen anknüpfen, ist unerheblich, solange diese im Prozess nicht geltend gemacht werden.[43]

13 **c) Wertfestsetzung.** Seit der Beseitigung der ausschließlichen Zuweisung nichtvermögensrechtlicher Streitigkeiten zum Landgericht[44] durch das RpflEntlG ist für die Bestimmung des Zuständigkeits- und des Rechtsmittelstreitwertes in nichtvermögensrechtlichen Streitigkeiten ebenfalls auf § 3 zurückzugreifen.[45] Um sinnvollerweise eine ungleiche Berechnung von Zuständigkeits- und Gebührenstreitwert zu vermeiden,[46] sind damit dieselben Gesichtspunkte entscheidend wie bei der Wertfestsetzung nach § 48 Abs. 2, 3 GKG.[47]

14 Die Generalklausel des § 48 Abs. 2 S. 1 GKG verlangt unter Berücksichtigung aller Umstände des Einzelfalles eine gerichtliche Ermessensentscheidung. Die in der Norm genannten Faktoren bezeichnen dabei nur Beispiele. Dies bedeutet, dass das Gericht nicht gehindert ist, den einzelnen Gesichtspunkten unterschiedliches Gewicht beizumessen und bzw. oder sich von anderen Aspekten des Einzelfalls leiten zu lassen. Dennoch ist grundsätzlich von einer Beachtung der im Gesetz genannten Umstände auszugehen, weil die Norm diese „insbesondere“ als maßgebend erwähnt.[48]

15 **aa) Umfang der Sache.** Der Umfang der Sache bezieht sich auf deren rechtliche ebenso wie auf ihre tatsächliche Dimension[49] für das Gericht; unbeachtlich ist, welche und wieviel Arbeit der Rechtsanwalt vorgerichtlich aufgewendet hat.[50] In **tatsächlicher Hinsicht** sind hier die Dauer der bisherigen Auseinandersetzung, die Komplexität des Sachverhaltes, die Anzahl der gestellten Sachanträge einschließlich gestellter Hilfsanträge sowie erhobene Widerklagen zu berücksichtigen. In **rechtlicher Hinsicht** ist die Schwierigkeit aufgeworfener Rechtsfragen in die Bewertung einzubeziehen, so dass etwa bei Berücksichtigung ausländi-

---

[33] BGH NJW 2002, 2720; 2002, 3180; WM 2002, 1899. Die ursprünglich bis zum 31. 12. 2006 vorgesehene Befristung der Bestimmung, dass für die Nichtzulassungsbeschwerde eine 20 000 Euro übersteigende Beschwer erforderlich ist (dazu BGH NJW-RR 2003, 645; *Piekenbrock/Schulze* JZ 2002, 911), wurde durch das 2. JuMoG (BGBl. I 2006, S. 3416) bis zum 31. 12. 2011 verlängert; dazu v. Preuschen NJW 2007, 321, 322; BGH WuM 2007, 93.

[34] BGH NJW-RR 2003, 132; *Schütt* MDR 2003, 46.

[35] BVerfG NJW-RR 2000, 946; NJW 1997, 311.

[36] *St/J/Roth* Rn. 10, 19.

[37] BGHZ 14, 72, 74; *Musielak,* GK ZPO, Rn. 50.

[38] BGHZ 89, 198, 200 = NJW 1984, 1104.

[39] Der Schadensersatzanspruch zB nach §§ 823ff. BGB wegen Verletzung des Namensrechts ist stets vermögensrechtlich, vgl. St/J/Roth § 1 Rn. 52.

[40] *St/J/Roth* Rn. 53; *Hartmann* § 48 GKG Rn. 9 „Gegendarstellung“.

[41] Vgl. BGH NJW 1976, 1198.

[42] BGH VersR 1962, 1088.

[43] BGHZ 98, 41, 42.

[44] Vgl. *Schilken,* Festschr. f. Musielak, 2004, S. 435, 454; MK/*Patzina* § 40 Rn. 4.

[45] *St/J/Roth* Rn. 19; MK/*Wöstmann* Rn. 99.

[46] *B/L/H* Anh. zu § 511 Rn. 4; *St/J/Roth* Rn. 19; *T/P/Hüßtege* § 23 GVG Rn. 8.

[47] MK/*Wöstmann* Rn. 99; *T/P/Hüßtege* Rn. 109; vgl. auch OLG Köln NJW-RR 2002, 1723; aA in entsprechender Anwendung von § 52 Abs. 2 GKG: *Zö/Herget* Rn. 16 „Nichtvermögensrechtliche Streitigkeiten“; *B/L/H* Rn. 7.

[48] *Hartmann* § 48 GKG Rn. 22.

[49] OLG Koblenz JurBüro 1999, 475; *St/J/Roth* Rn. 25.

[50] *Hartmann* § 48 GKG Rn. 24 m. weit. Nachw.

schen Rechts (zB in Ehesachen) ein höherer Schwierigkeitsgrad anzunehmen ist, wenn dessen Anwendung einen besonderen Aufwand erfordert.[51]

16 **bb) Bedeutung der Sache.** Auch die Bedeutung der Sache ist unter rechtlichen wie tatsächlichen Gesichtspunkten zu verstehen. Zugrundezulegen ist hier das **Interesse der Parteien,** so dass sich die Bedeutung nicht aus der Rechtsordnung oder den Interessen der Allgemeinheit ergibt.[52] Insoweit kann aber die Stellung einer Partei im öffentlichen Leben[53] oder zB ein zwischen den Parteien vereinbarter Musterprozess für die Wertberechnung von Belang sein. Auch sind **wirtschaftliche Folgen** für die Parteien, wie etwa bei Urheber- oder Namensstreitigkeiten, in die Wertberechnung einzubeziehen. Weiterhin ist der **Umfang der Wirkungen** des erstrebten Urteils auf die Beziehungen der Parteien beachtlich, so dass eine umfassende Streitbereinigung bedeutsamer einzustufen ist als eine nur teilweise Streitklärung.

17 **cc) Einkommens- und Vermögensverhältnisse.** Die Ermittlung des Streitwerts in nichtvermögensrechtlichen Streitigkeiten ist aus wirtschaftlicher Sicht insbesondere für die zu erstattenden Gebühren bedeutsam, so dass die Einkommens- und Vermögensverhältnisse einen wichtigen Faktor in der Gesamtabwägung aller Umstände einnehmen. Beim anzusetzenden Vermögen ist vom Nettostand auszugehen. Das bedeutet, dass auch die Schulden bzw. die Belastungen in Ansatz zu bringen sind.[54] Gleiches gilt für das Einkommen. Hier sind die gesetzlichen Steuern, Sozialabgaben, Pflichtbeiträge und Ähnliches abzuziehen. Auch **Prognosegesichtspunkte** sind in die richterliche Abwägung einzubeziehen, wenn sie schon hinreichend gesichert sind und für die Parteien zukünftig relevant werden.[55] So kann es bei der Gewichtung der Einkommensverhältnisse bedeutsam sein, dass eine Partei demnächst Rente bezieht. Aber auch ein sich abzeichnender Vermögenserwerb oder -verlust muss nicht unberücksichtigt bleiben. Nicht beachtlich sind dagegen kleinere Sparguthaben und Ähnliches.[56]

18 **dd) Ehesachen.**[57] In Ehesachen, also nach der Legaldefinition des § 606 Abs. 1 S. 1 Scheidung, Aufhebung oder Nichtigerklärung der Ehe, Feststellung des Bestehens oder Nichtbestehens der Ehe und die Herstellung des ehelichen Lebens, sowie in Lebenspartnerschaftssachen greifen §§ 46, 48 Abs. 3, 49 GKG als spezielle Bestimmungen ein. Dabei enthält § 48 Abs. 3 GKG für das Gericht eine bindende Regel bezüglich der Bewertung der Einkommensverhältnisse, während § 40 GKG als den maßgeblichen Zeitpunkt die Antragstellung[58] festlegt. Insofern sind staatliche Leistungen wie Sozialhilfe und Arbeitslosengeld II[59] im Gegensatz zu Arbeitslosengeld I nicht als Einkommen zu berücksichtigen.[60] Das enthebt das Gericht aber nicht von einer Gesamtabwägung im Rahmen der Generalklausel, so dass andere Umstände des Einzelfalles zu berücksichtigen sind. Hierzu zählen auch die Vermögensverhältnisse, weil § 48 Abs. 3 GKG nicht den Ausschluss der von den Einkommensverhältnissen verschiedenen Faktoren bezweckt.[61] Umfang und Bedeutung eines Scheidungsverfahrens werden nicht durch das Gewicht der mitzuentscheidenden **Folgesachen** bestimmt, diese haben vielmehr einen eigenen Streitwert, welcher gemäß § 46 Abs. 1 S. 1 GKG der Scheidungssache hinzuzurechnen ist.[62] Als untere Streitwertgrenze in Ehe- bzw. Lebenspartnerschaftssachen legt § 48 Abs. 3 S. 2 GKG einen Betrag von 2 000 Euro fest. Siehe auch Rn. 27 „Familiensachen".

19 **ee) Kein Rückgriff auf Bewertungstabellen.** Da es sich bei § 48 Abs. 2 S. 1 GKG um eine Generalklausel handelt, darf die Gewichtung des Vermögens nicht praxisbequem schematisiert[63] werden. Ein Rückgriff auf Bewertungstabellen scheidet daher aus.[64]

IV. Streitwertherabsetzung

20 Aus sozial- und rechtsstaatlichen Erwägungen enthalten eine Reihe von Gesetzen die Möglichkeit der Streitwertherabsetzung: § 144 Abs. 1 PatG, § 26 Abs. 1 GebrMG, § 23b Abs. 1 UWG, § 247 Abs. 2 AktG (analog anwendbar für Streitsachen bei einer GmbH oder Genossenschaft)[65]. Diese Vorschriften ermöglichen es einer wirtschaftlich schwächeren Partei auf Antrag, wenn sie glaubhaft machen kann, dass die Belastung mit den Prozesskosten des vollen Streitwerts sie wirtschaftlich gefährden würde, einen Teilstreitwert entsprechend ihrer wirtschaftlichen Lage anzusetzen.

---

51 OLG Karlsruhe MDR 2007, 620; OLG Schleswig JurBüro 1985, 1674, 1675; OLG Stuttgart FamRZ 1999, 604.
52 *St/J/Roth* Rn. 27; *Hartmann* § 12 GKG Rn. 26f.
53 KG NJW 1969, 1305.
54 *Schwolow* FuR 2002, 307; aA OLG Karlsruhe FamRZ 1992, 707.
55 *St/J/Roth* Rn. 28.
56 *Hartmann* § 48 GKG Rn. 32; *Mümmler* JurBüro 1976, 4.
57 Vgl. *Madert* FamRZ 2002, 278; *Kindermann* RVGReport 2004, 20.
58 OLG Koblenz FamRZ 2003, 1681.
59 Arbeitslosengeld II ist gleichermaßen wie Sozialhilfe einzuordnen: BverfG NJW 2006, 1581 (verfassungsrechtlich unbedenklich); OLG Düsseldorf FamRZ 2006, 807.
60 OLG Dresden OLGR 2007, 306; FamRZ 2004, 1225; OLG Nürnberg MDR 1996, 1040; OLG Celle FamRZ 2000, 1520; OLG Brandenburg FamRZ 2003, 1676; *Zö/Herget* Rn. 16 „Ehesachen"; aA OLG Hamm FamRZ 2006, 807; OLG Dresden FamRZ 2002, 1640; OLG Düsseldorf FamRZ 1994, 250; KGR 1993, 130.
61 OLG Hamm Rpfleger 1989, 104.
62 OLG Zweibrücken JurBüro 1979, 1864, 1865; OLG Brandenburg FamRZ 1997, 34; OLG Dresden FamRZ 2003, 1677; aA OLG Düsseldorf JurBüro 1995, 252.
63 *Hartmann* § 12 GKG Rn. 31, 34.
64 *St/J/Roth* Rn. 10, 28; *Hartmann* § 48 GKG Rn. 15, 34.
65 *St/J/Roth* Rn. 34, 53; LG Bayreuth JurBüro 1985, 768.

21 **Folgen** zeitigt ein herabgesetzter Streitwert aber nur bezüglich des Gebührenstreitwertes, so dass es für den Zuständigkeitsstreitwert und den Rechtsmittelstreitwert beim vollen Streitwert verbleibt. Zu beachten ist auch, dass die Bewilligung von Prozesskostenhilfe keinen Einfluss auf den Streitwert hat.[66] Ebenso schließt die Streitwertherabsetzung als von Prozesskostenhilfe zu unterscheidende Vergünstigung (vor § 114 Rn. 3) nicht die Gewährung von letzterer aus.[67] Dies ist darauf zurückzuführen, dass die Herabsetzung des Streitwertes im Gegensatz zur Prozesskostenhilfe grundsätzlich endgültig und auch gegenüber der obsiegenden Partei wirkt. Im Übrigen führt die Bewilligung von Prozesskostenhilfe nicht dazu, dass bei einem einseitigen Herabsetzen des Streitwertes gegenüber der bedürftigen Partei auch die aus der Staatskasse zu zahlenden Rechtsanwaltsgebühren dieser Partei entsprechend angepasst werden.[68]

V. Anfechtbarkeit der Wertfestsetzung

22 Im Hinblick auf die zur Bestimmung der **sachlichen Zuständigkeit** vorgenommene Streitwertfestsetzung durch gesonderten Beschluss, scheidet die isolierte Anfechtung mit der sofortigen Beschwerde aus.[69] Die Festsetzung kann nur im Zusammenhang mit der Entscheidung in der Hauptsache angefochten werden.[70] Eine Ausnahme wird insoweit zugelassen, wenn durch die Streitwertfestsetzung zugleich über die Anwendbarkeit des § 495a entschieden wird.[71] Gegen den Beschluss der Festsetzung des Streitwertes im Rahmen der **Gerichtsgebühren** nach § 63 Abs. 2 S. 1 GKG findet die Beschwerde gemäß § 68 Abs. 1 S. 1 GKG statt; Einwendungen gegen die vorläufige Festsetzung der Höhe sind jedoch nur im Rahmen der Beschwerde gegen die Anordnung einer Vorauszahlung nach § 63 Abs. 1 S. 2, § 67 Abs. 1 S. 1 GKG statthaft;[72] im Übrigen scheidet die Anfechtung aus.[73] Für den Rechtsanwalt gilt § 32 Abs. 2 RVG; ihm steht ein eigenes Beschwerderecht zu.[74] Siehe ferner Rn. 34 „Streitwertfestsetzung".

VI. Einzelfälle in alphabetischer Folge[75]

23 – **Abänderungsklage (§ 323).** Der Streitwert bemisst sich nach der Differenz zwischen dem bisherigen und dem künftig verlangten Jahresbetrag, es sei denn der verlangte Gesamtbetrag ist geringer. Der Wert einer Widerklage auf Herabsetzung des Unterhalts ist entsprechend zu berechnen und dem Streitwert der Klage zu addieren, da unterschiedliche Streitgegenstände vorliegen.[76] Bei vertraglichem Unterhalt kommt § 9 zur Anwendung. Für den Gebührenstreitwert gilt § 42 GKG, wobei die vor Klageeinreichung bereits fälligen Beträge nicht nur mit einem Bruchteil,[77] sondern voll hinzuzurechnen sind, § 42 Abs. 5 S. 1 GKG.
– **Abfindungsvergleich.** Der Streitwert bestimmt sich nach dem Wert des verglichenen Gegenstandes,[78] nicht dagegen nach der vereinbarten Kapitalabfindung oder sonstigen Leistungen.[79]
– **Abgesonderte Befriedigung** im Insolvenzverfahren (§§ 49ff. InsO). Es kommt § 6 S. 1 Alt. 2, S. 2 zur Anwendung, wobei vorgehende Pfandrechte nicht in Abzug gebracht werden.[80]
– **Ablehnung.** Nach einem Teil der Rechtsprechung[81] ist bei der Ablehnung eines **Richters** danach zu unterscheiden, ob sich die Ablehnung auf den gesamten Anspruch – dann Streitwert der Hauptsache[82] – oder Einzelansprüche bezieht.[83] Teilweise wird grundsätzlich ein geringerer Streitwert als derjenige der Hauptsache angenommen.[84] Dabei werden Werte zwischen 1/10 und 1/3 vom Gesamtwert veran-

---

[66] *St/J/Roth* Rn. 34; *Hartmann* § 48 GKG Anh. I (§ 3 ZPO) Rn. 32.
[67] *Hartmann* § 51 GKG Anh. I (§ 144 PatG) Rn. 2; *B/L/H* Übers. vor § 114 Rn. 10; MK/*Motzer* § 114 Rn. 8.
[68] MK/*Motzer* § 114 Rn. 8; *Hartmann* § 51 GKG Anh. I (§ 144 PatG) Rn. 2, 17.
[69] OLG Stuttgart, Beschl. v. 26. 10. 2006, Az. 1 W 49/06; OLG Karlsruhe MDR 2003, 1071; OLG Koblenz MDR 2004, 709; OLGR 2005, 602; OLG Düsseldorf OLGR 1994, 275; OLG Köln OLGR 1993, 359; 1999, 322; NJW-RR 1998, 279; OLG München MDR 1998, 1242; *Pabst/Rössel* MDR 2004, 730, 731; *Schneider* MDR 1992, 218; aA OLG Bremen NJW-RR 1993, 191, 192 m. weit. Nachw.
[70] *Zö/Herget* Rn. 7; OLG Karlsruhe MDR 2003, 1071; OLG Stuttgart, Beschl. v. 26. 10. 2006, Az. 1 W 49/06.
[71] LG München I NJW-RR 2002, 425, 426; aA LG Dortmund NJW-RR 2006, 1222, 1223.
[72] *Meyer* § 63 GKG Rn. 8; *Hartmann* § 63 GKG Rn. 14; KG NJW-RR 2004, 864; OLG Köln OLGR 2005, 38; OLG Hamm MDR 2005, 1309; OLG Bremen MDR 2006, 418.
[73] *Hartmann* § 68 GKG Rn. 3; OLG Stuttgart, Beschl. v. 26. 10. 2006, Az. 1 W 49/06.
[74] *Hartmann* § 68 GKG Rn. 5; *Meyer* § 68 GKG Rn. 1; *Zö/Herget* § 3 Rn. 10; *Schneider* MDR 2000, 380; aA OLG Jena OLGR 1999, 392; OLG Hamm MDR 2005, 1309 m. abl. Anm. Lappe NJW 2006, 270, 275.
[75] Im Hinblick auf die Streitwertrechtsprechung, die vor der Einführung des Euro ergangen ist, wurde eine Umrechnung von 2:1 vorgenommen.
[76] OLG Hamm KostRspr. GKG § 19 Nr. 48 m. Anm. *Schneider.*
[77] *Zö/Herget* Rn. 16 „Abänderungsklage"; aA OLG Koblenz JurBüro 1986, 415.
[78] OLG Düsseldorf JurBüro 1992, 51.
[79] OLG Schleswig JurBüro 1991, 584.
[80] MK/*Wöstmann* Rn. 88; *Sae/Kayser* Rn. 15 „Abgesonderte Befriedigung".
[81] BGH MDR 2007, 669; NJW 1968, 796; BayObLG WoM 1997, 70; OLG Brandenburg NJW-RR 2000, 1091, 1092.
[82] BGH KostRspr. Nr. 1034; OLG Frankfurt MDR 2007, 674; JurBüro 2006, 370 (LS); OLG Brandenburg NJW-RR 2000, 1091, 1092; 1999, 66; OLG Stuttgart OLGR 1998, 75; KGR 1998, 92; *T/P/Hüßtege* § 46 Rn. 2; MK/*Wöstmann* Rn. 108.
[83] Vgl. OLG Hamm MDR 1978, 582; OLG Brandenburg NJW-RR 2000, 1092; *B/L/H* Anh § 3 Rn. 3.
[84] OLG Bamberg BauR 2000, 773; OLG Frankfurt MDR 1980, 145; 2007, 1399; OLG Koblenz MDR 1989, 71; OLG Hamburg MDR 1990, 58; Zi Rn. 7 „Ablehnung"; St/J/Roth Rn. 22.

schlagt.[85] Für das Beschwerdeverfahren gegen die Entscheidung über das Ablehnungsgesuch (§ 46 Abs. 2) ist der Streitwert des Ablehnungsverfahrens maßgeblich. Bei der Ablehnung eines **Sachverständigen** (§ 406) ist der Wert des Beweisgegenstandes zu schätzen,[86] wobei dieser meist unter dem der Hauptsache angesetzt wird.[87] Hinsichtlich der Ablehnung eines **Schiedsrichters** (§§ 1036, 1037) ist die Rechtslage entsprechend.[88] Siehe ferner § 46 Rn. 12.

- **Abmahnung.** Grundsätzlich wird die Entfernung einer Abmahnung aus der Personalakte mit einem Bruttomonatsverdienst bewertet.[89] Steht die Entfernung mehrerer kurzzeitig aufeinander folgender Abmahnungen in Rede, wird entweder bereits ab der zweiten Abmahnung[90] oder erst ab der dritten Abmahnung[91] nur noch jeweils ein Drittel Monatsverdienst angesetzt; besteht jedoch ein enger zeitlicher, wirtschaftlicher und tatsächlicher Zusammenhang zwischen den weiteren Abmahnungen, entfällt eine Werterhöhung.[92] Fordert der Kläger nicht nur die Entfernung einer Abmahnung aus der Personalakte, sondern auch deren Widerruf, so ist für jede Abmahnung ein Wert von zwei Monatsgehältern festzusetzen.[93]
- **Abnahme.** Bei der Abnahme der gekauften Sache gemäß § 433 Abs. 2 BGB ist der Vorteil des Klägers iSd. § 3 Halbs. 1 anzusetzen, der in der Befreiung von weiterer Aufbewahrung liegt.[94] Anders liegt es, wenn zugleich auf Zahlung des Kaufpreises geklagt wird, dann ist der höhere Wert maßgeblich, wenn wirtschaftliche Identität besteht.[95]
- **Abtretung.** Bei Geldforderungen ist nach § 6 S. 1 der Betrag maßgeblich.[96] Ist die Werthaltigkeit der Forderung nach dem Vortrag des Klägers zweifelhaft, kann dessen nach § 3 Halbs. 1 zu schätzendes Interesse an der Abtretung derselben zugrundegelegt werden.[97] Bei wiederkehrenden Leistungen gilt § 9; es ist der dreieinhalbfache Wert des einjährigen Bezuges erheblich, es sei denn, der Gesamtbetrag der künftigen Bezüge ist geringer.
- **Allgemeine Geschäftsbedingungen.** Höchststreitwert bei Klagen auf Unterlassung nach §§ 1, 2 Abs. 1 UKlaG[98] sind gemäß § 48 Abs. 1 S. 2 GKG 250 000 Euro. In der Rechtsprechung wird idR ein Streitwert von 1 500 bis 2 500 Euro je angegriffener AGB-Klausel angenommen.[99] Bei Klagen von Verbänden iSd. § 3 UKlaG kommt bei Grundsatzurteilen zu vergleichbaren Klauseln mit dem insofern zu berücksichtigenden gesteigerten Allgemeininteresse aber auch ein höherer Betrag in Betracht.[100] Entscheidend ist dabei das (auf Grund objektivierter Betrachtung)[101] nach § 3 Halbs. 1 zu schätzende Interesse der Allgemeinheit an der Beseitigung der Klausel[102] bzw. inwieweit die Klausel eine grundlegende Bedeutung für einen ganzen Wirtschaftszweig hat.[103] Bei Verbandsklagen idS ist zu berücksichtigen, dass gemäß § 5 UKlaG iVm. § 12 Abs. 4 UWG eine Gebührenstreitwertherabsetzung erfolgen kann.[104]
- **Anfechtungsklagen.** Bei Anfechtungsklagen nach **§§ 11, 13 AnfG** und **Insolvenzanfechtungen** gemäß §§ 129ff. InsO[105] ist grundsätzlich die Forderung des Anfechtenden einschließlich Kosten und Zinsen[106] maßgeblich, wenn nicht entsprechend § 6 S. 1 Alt. 2, S. 2 der Wert des zurückzugewährenden Gegenstandes diesen Betrag unterschreitet (siehe ferner Rn. 30 „Insolvenzverfahren“).[107] Für **Anfechtungsklagen gegen Hauptversammlungsbeschlüsse einer AG (§ 247 Abs. 1 AktG)** ist nach § 3 Halbs. 1 das Interesse der Gesellschaft an der Aufrechterhaltung des Beschlusses unter Berücksichtigung seines Inhalts,

---

85 *Zi* Rn. 7 „Ablehnung“; *St/J/Roth* Rn. 22 m. weit. Nachw.; OLG Rostock OLGR 2006, 586 (1/10 je abgelehnten Richter).

86 *T/P/Hüßtege* Rn. 7; *B/L/H* Anh § 3 Rn. 4; OLG Brandenburg OLGR 2003, 194; aA OLG Koblenz NJW-RR 1998, 1222 m. weit. Nachw.

87 OLG Dresden JurBüro 1998, 318 (1/10); OLG Bamberg BauR 2000, 773; OLG Celle OLGR 1994, 109 (jeweils 1/3); abw. OLG Düsseldorf MDR 2004, 1083 (stets 1/3 des Hauptsachewertes); OLG Naumburg OLGR 1998, 323 (Hauptsachewert).

88 Vgl. OLG Hamburg MDR 1990, 58; OLG München, Beschl. v. 28. 6. 2006, Az. 34 SchH 2/06; OLG Düsseldorf NJW-RR 1994, 1086.

89 LAG Rheinland-Pfalz MDR 2007, 987; LAG Hessen NZA-RR 2000, 438f.; LAG Nürnberg NZA 1993, 430; aA LAG Baden-Württemberg NZA-RR 2006, 656 (Festsetzung nach den Umständen des Einzelfalls); vgl. dazu BAG NZA 2007, 829.

90 LAG Rheinland-Pfalz MDR 2007, 987.

91 LAG Hessen NZA-RR 2000, 438f.

92 LAG Rheinland-Pfalz MDR 2007, 987.

93 ArbG Düsseldorf AnwBl. 1998, 111.

94 BGH KostRspr. Nr. 499; *T/P/Hüßtege* Rn. 8; *St/J/Roth* Rn. 47 „Abnahme“; OLG Stuttgart Rpfleger 1964, 162.

95 KG Rpfleger 1962, 154; MK/*Wöstmann* Rn. 22, § 5 Rn. 4; *St/J/Roth* § 5 Rn. 12.

96 BGH NJW-RR 1997, 1562.

97 OLG Karlsruhe OLGR 2006, 497.

98 *Lindacher* MDR 1994, 231 (zu § 13 AGBG).

99 BGH NJW-RR 2001, 352; OLG Frankfurt AnwBl. 1994, 47; LG München NJW-RR 1998, 417; OLG Naumburg WM 1995, 547.

100 BGH NJW-RR 2001, 352; 2003, 1694; OLG Celle OLGR 2005, 703 (3 000 Euro).

101 OLG Celle OLGR 2006, 149.

102 BGH NJW-RR 1997, 884; NJW-RR 2001, 352; VersR 2004, 131; *Zö/Herget* Rn. 16 „Allgemeine Geschäftsbedingungen“; *T/P/Hüßtege* Rn. 13; *B/L/H* Anh. § 3 Rn. 6.

103 BGH NZM 1998, 402; OLG Frankfurt AnwBl. 1994, 47.

104 *Palandt/Bassenge* UKlaG § 5 Rn. 15f.

105 OLG Celle ZInsO 2001, 131 m. Anm. *Jens*.

106 *T/P/Hüßtege* Rn. 14; MK/*Wöstmann* Rn. 77; *Zö/Herget* Rn. 16 „Anfechtungsklagen“; aA bei Insolvenzanfechtung: FK-InsO/*Dauernheim* § 143 Rn. 46.

107 BGH NJW-RR 1999, 1080; WM 1982, 1434; *Hartmann* § 48 GKG Anh. I (§ 6 ZPO) Rn. 16.

Gegenstandes und der konkreten Einzelumstände zugrundezulegen.[108] Art und Zahl der gegen den Beschluss geltend gemachten Anfechtungsgründe bleiben dagegen unberücksichtigt.[109] Gemäß § 247 Abs. 2 S. 1 AktG ist auf Antrag eine Gebührenstreitwertabsenkung möglich. In Fällen einer **genossenschaftsrechtlichen Anfechtungsklage** ist der Streitwert auf Grund der vergleichbaren Interessenlage in analoger Anwendung von § 247 Abs. 1 AktG insbesondere nach der Bedeutung der Sache für beide Parteien zu bestimmen. Insofern kann trotz regelmäßig geringen Wertes der Geschäftsanteile des Klägers ein höherer Streitwert bestimmt werden, der auch das Beklagteninteresse an der Aufrechterhaltung des Beschlusses angemessen berücksichtigt.[110] Bei **Anfechtungsklagen gegen Beschlüsse von GmbH-Gesellschafterversammlungen** ist ebenfalls auf die Regelung des § 247 Abs. 1 AktG zurückzugreifen.[111] Dabei kommt jedoch mangels vergleichbarer Interessenlage nicht die Streitwertbeschränkung des § 247 Abs. 1 S. 2 AktG auf 500 000 Euro entsprechend zur Anwendung.[112] Nicht analog anwendbar ist die Norm des § 247 Abs. 1 AktG auf die (zweigliedrige) KG,[113] OHG und den Verein.[114] Zur **Vaterschaftsanfechtung** siehe Rn. 27 „Familiensachen".

- **Arrest.** Es gilt § 3 Halbs. 1; über § 53 Abs. 1 S. 1 Nr. 1 GKG auch für den Gebührenstreitwert. Obergrenze ist der Betrag der zu sichernden Forderung.[115] Auf Grund des vorläufigen Charakters ist jedoch regelmäßig ein Bruchteil der Hauptsache anzusetzen.[116] Die Werte bewegen sich dabei in Abhängigkeit von den Einzelumständen zwischen 1/3 und 1/2.[117] Für die Vollziehung des Arrestes kann der Streitwert nicht höher sein als für dessen Anordnung.[118] Im Falle der Sicherung von Unterhaltsforderungen ist § 42 Abs. 1 GKG maßgeblich;[119] nach anderer Ansicht ist die Wertfestsetzung dann nach § 53 Abs. 2 S. 1 GKG vorzunehmen.[120]
- **Aufgebotsverfahren.** In den Verfahren nach den §§ 946 ff. ist das Interesse des Antragstellers entscheidend. Maßstab ist dabei das Aufgebotsobjekt, von dem nach § 3 Halbs. 1 durch Schätzung des Gerichts (gemäß § 23 Nr. 2 h GVG streitwertunabhängig das Amtsgericht) ein Bruchteil von 10 bis 20 Prozent in Ansatz zu bringen ist, wenn Beweisurkunden, Legitimationspapiere, Grundschuld- oder Hypothekenbriefe in Rede stehen.[121] Beim Aufgebot bezogen auf Grundstückseigentum (§ 977) oder andere dingliche Rechte (§§ 982 ff.) ist jedoch § 6 heranzuziehen.[122]
- **Aufhebung einer Gemeinschaft (§ 741 BGB).** Soweit die Teilung der Gemeinschaft in Rede steht, ist der Wert des zu Verteilenden anzusetzen.[123] Nach anderer Ansicht ist das Interesse des Klägers, mithin der Betrag, den er erlangen will, maßgeblich.[124]
- **Aufhebung eines Vertrages.** Der Streitwert ist am Klägerinteresse am Nichtfortbestehen des Vertrages zu bemessen. Dabei sind die Vorzüge bzw. Nachteile, die der Kläger bei Fortsetzung des Vertrages in Kauf nehmen müsste, zu berücksichtigen.[125] Nicht entscheidend ist dagegen der Wert oder Kaufpreis des Vertragsobjekts.[126]
- **Auflassung.** Es kommt § 6 zur Anwendung. Streitwert ist der **Verkehrswert des Grundstücks,**[127] wobei Belastungen dann in Abzug zu bringen sind, wenn sie den Verkehrswert des Grundstücks mindern.[128] Maßgeblich ist dabei nach § 4 Abs. 1 der Zeitpunkt der Klageerhebung.[129] Im Übrigen ist ein Abzug von Schulden nicht vorzunehmen.[130] Wird der Antrag auf Abgabe der Auflassungserklärung zugleich mit dem auf Herausgabe des Grundstücks verbunden, so ist für den Streitwert ebenfalls § 6 heranzuziehen und dabei wiederum der Verkehrswert erheblich.[131] Ist bei einer Klage auf Zustimmung zur Grund-

---

108 BGH NJW-RR 1999, 910; WM 1992, 1370.
109 BGH NJW-RR 1995, 225.
110 OLG Naumburg JurBüro 1999, 310.
111 BGH NJW-RR 2002, 823; 1999, 1485.
112 OLG Karlsruhe GmbHR 1995, 300, 302; *St/J/Roth* Rn. 53 „GmbH"; MK/*Wöstmann* Rn. 76; aA *Happ/Pfeifer* ZGR 1991, 103, 120 f.
113 BGH NJW-RR 2002, 823.
114 BGH NJW-RR 1999, 1485; *Hartmann* § 51 GKG Anh. IV (§ 247 AktG) Rn. 4; *St/J/Roth* Rn. 61 „Offene Handelsgesellschaft".
115 OLG Köln FamRZ 2001, 432; *Schneider* MDR 1989, 389.
116 *Hartmann* § 48 GKG Anh. I (§ 3 ZPO) Rn. 16; *St/J/Roth* Rn. 47 „Arrest"; *T/P/Hüßtege* Rn. 16.
117 Vgl. OLG Koblenz JurBüro 1992, 191; OLG Bamberg JurBüro 1980, 278; *Schneider* MDR 1990, 291.
118 OLG Karlsruhe OLGR 1999, 330; OLG Köln JurBüro 1994, 113.
119 OLG Braunschweig NJW-RR 1996, 256; OLG Düsseldorf FamRZ 1985, 1155; *Hartmann* § 48 GKG Anh. I (§ 3 ZPO) Rn. 18.
120 *St/J/Roth* § 9 Rn. 37; *Schneider* MDR 1989, 389; *Zö/Herget* Rn. 16 „Unterhalt".
121 LG Berlin Rpfleger 1988, 548; *Zö/Herget* Rn. 16 „Aufgebotsverfahren"; *Hartmann* § 48 GKG Anh. I (§ 3 ZPO) Rn. 19; *T/P/Hüßtege* Rn. 17; *St/J/Roth* § 6 Rn. 8.
122 *St/J/Roth* Rn. 47 „Aufgebotsverfahren"; *Zö/Herget* Rn. 16 „Aufgebotsverfahren".
123 OLG Brandenburg JurBüro 1998, 421; *St/J/Roth* Rn. 53 „Gemeinschaft".
124 *Zö/Herget* Rn. 16 „Gemeinschaft"; *T/P/Hüßtege* Rn. 73.
125 *St/J/Roth* Rn. 47 „Aufhebung eines Vertrages"; *Zö/Herget* Rn. 16 „Aufhebung".
126 *Zö/Herget* Rn. 16 „Aufhebung"; RGZ 52, 427, 428; 66, 330, 331.
127 OLG Celle OLGR 1999, 200.
128 BGH MDR 1958, 676 f.
129 OLG Köln MDR 2005, 298.
130 OLG Düsseldorf JurBüro 1987, 395; OLG München MDR 1981, 501; aA OLG Frankfurt NJW-RR 1996, 636: Wert der Restforderung als Bemessungsgrenze.
131 BGH NJW-RR 2001, 518; OLG Celle NJW-RR 1998, 141.

bucheintragung zwischen den Parteien bei an sich unstreitiger Verpflichtung zur Auflassung lediglich noch die Freigabe der letzten Kaufpreisrate(n) zB wegen Mängeln am Grundstück streitig, so wird aus Gründen der Verhältnismäßigkeit auf den Wert des geltend gemachten Zurückbehaltungsrechts bzw. die Höhe der streitigen Restkaufpreisforderung abgestellt.[132] Diese Ansicht ist jedoch als mit der Zweckrichtung normativer Streitwerte wie des § 6 (Rn. 2, § 6 Rn. 1) nicht vereinbar abzulehnen.[133] Der Vereinfachungsgedanke der Vorschrift würde so missachtet[134] und die einseitige Ausrichtung am Beklagteninteresse verstieße gegen das System der Streitwertbestimmung, welches sich vorrangig am durch den Klageantrag deutlich werdenden Klägerinteresse orientiert (ausf. § 6 Rn. 4f.).[135] Daher ist etwa bei einer Klage auf Auflassung oder Herausgabe der Wert einer (geringen) Gegenforderung bzw. eines darauf gestützten Zurückbehaltungsrechts nicht zu berücksichtigen.[136] Davon zu unterscheiden ist der Fall, dass nach erfolgter Auflassung der Beklagte bereits die Eintragung bewilligt sowie beantragt hat und nur noch die Anweisung an den Notar notwendig ist, die **Umschreibung des Eigentums** durch Weiterleitung des Antrags an das Grundbuchamt zu veranlassen; maßgeblich ist dann das nach § 3 Halbs. 1 zu schätzende Interesse unter Berücksichtigung der Gegenforderung.[137] Im Rahmen des **Rechtsmittelstreitwertes** ist eine Berechnung anhand der geltend gemachten Beschwer vorzunehmen, weshalb etwa bei der Beschränkung auf das Gegenrecht auch nur dieses zu berücksichtigen ist.[138] Siehe ferner Rn. 38 „Willenserklärung". Zur Auflassungsvormerkung vgl. § 6 Rn. 6.

- **Auflösung einer OHG, KG oder GmbH.** Es gilt § 3 Halbs. 1, wobei das Interesse des Klägers an der Auflösung maßgeblich ist.[139] Der Streitwert berechnet sich dabei nach dem Verkehrswert des klägerischen Gesellschaftsanteils,[140] wobei teilweise auch nur ein Bruchteil davon angesetzt wird.[141] Das Gleiche gilt für Klagen wegen **Ausschlusses** (§ 140 Abs. 1 HGB) aus der Gesellschaft.[142]
- **Aufrechnung (§§ 387ff. BGB).** Für den **Zuständigkeitsstreitwert** ist unabhängig von der Aufrechnung nur auf die Klageforderung abzustellen.[143] Der **Gebührenstreitwert** richtet sich nach § 45 Abs. 3 GKG. Dabei ist zu unterscheiden: Die Wertaddition nach § 45 Abs. 3 GKG greift nur ein, wenn der Beklagte die Klageforderung bestreitet, die hilfsweise Aufrechnung erklärt, der Kläger diese zur Aufrechnung gestellte (von der Klageforderung unabhängige)[144] Forderung[145] bestreitet und das Gericht eine rechtskraftfähige Entscheidung darüber trifft. Daneben kommt dieses Additionsprinzip auch zur Anwendung, wenn mehrere Gegenforderungen gestaffelt eventualaufgerechnet werden.[146] In den übrigen Fällen, insbesondere dem der Primäraufrechnung, erfolgt keine Zusammenrechnung.[147] Etwas anderes gilt nur dann, wenn der Beklagte von der zunächst erklärten Eventualaufrechnung zur Primäraufrechnung wechselt und über die aufgerechnete Forderung eine der Rechtskraft fähige Entscheidung ergeht; insofern ist bis zum Wechsel eine Wertaddition vorzunehmen.[148] Trifft das Gericht keine Entscheidung, weil es die Aufrechnung (zB aus materiellrechtlichen Gründen) für unzulässig hält,[149] findet eine Zusammenrechnung nicht statt.[150] Hinsichtlich des Rechtsmittelstreitwertes ist auf § 322 Abs. 2 zu achten. Es kommt insoweit zu einer Wertaddition, wenn der Klage stattgegeben wird, die eventualiter geltend gemachte Aufrechnungsforderung verneint wurde und die Entscheidung darüber nach § 322 Abs. 2 in Rechtskraft erwachsen würde.[151]

---

132 OLG Frankfurt IBR 2005, 458; OLG Karlsruhe OLGR 2006, 32; OLG Schleswig OLGR 1998, 156; LG Hamburg MDR 1998, 372; *Zö/Herget* Rn. 16 „Auflassung"; *Zi* Rn. 9 „Auflassung".

133 OLG Köln MDR 2005, 298; OLG Hamm OLGR 2005, 16; *Müller* MDR 2003, 248 jeweils m. weit. Nachw.; *Roth,* Festschr. f. Kollhosser, 2004, Band 2, S. 559ff.

134 MK/*Wöstmann* Rn. 2; *St/J/Roth* Rn. 1; OLG München OLGR 1994, 239; NJW-RR 1998, 142; OLG Frankfurt OLGR 1995, 238; OLG Nürnberg MDR 1995, 966.

135 *St/J/Roth* Rn. 1; OLG München OLGR 1994, 239, 264; NJW-RR 1998, 142, 143; MDR 1981, 501; OLG Nürnberg MDR 1995, 966.

136 OLG Hamm BauR 2003, 132; IBR 2005, 297 (LS) m. Anm. *Wiesel;* OLG Stuttgart JurBüro 2002, 424; OLG München NJW-RR 1998, 142, 143; OLGR 1994, 239, 264; OLG Nürnberg MDR 1995, 966; OLG Frankfurt OLGR 1995, 238; *Müller* MDR 2003, 250; *St/J/Roth* Rn. 1, 12; *T/P/Hüßtege* Rn. 2; *B/L/H* § 6 Rn. 6.

137 BGH NJW 2002, 684 = MDR 2002, 295; OLG Karlsruhe OLGR 2006, 32.

138 MK/*Wöstmann* Rn. 6; *B/L/H* § 6 Rn. 6, 8; BGH NJW-RR 2004, 714; 1995, 706; vgl. auch BGH FamRZ 2005, 367, 368.

139 *Baumbach/Hopt* § 133 HGB Rn. 13; MK/*Wöstmann* Rn. 76.

140 MK/*Wöstmann* Rn. 76; *St/J/Roth* Rn. 61 „Offene Handelsgesellschaft".

141 *T/P/Hüßtege* Rn. 76; OLG Köln BB 1982, 1384.

142 BGHZ 19, 372 = NJW 1956, 182; OLG Köln JurBüro 1970, 427; *T/P/Hüßtege* Rn. 23.

143 *B/L/H* Anh. § 3 Rn. 23; *St/J/Roth* § 5 Rn. 60; MK/*Wöstmann* § 5 Rn. 8; Zi Rn. 10 „Aufrechnung"; *T/P/Hüßtege* Rn. 19.

144 BGH NJW 1994, 1538; OLG Düsseldorf MDR 1999, 957; KG JurBüro 2000, 419.

145 BGH NJW 1994, 1538 (Aufrechnung mit Schadensersatzforderung wegen Planungsfehler gegen Architektenhonorarforderung); OLG Hamm JurBüro 2005, 541 (Aufrechnung mit Verzugsschadensersatz gegen Werklohnanspruch).

146 *Sonnenfeld/Steder* Rpfleger 1995, 60; *St/J/Roth* § 5 Rn. 63; BGHZ 73, 249.

147 *Zi* Rn. 10 „Aufrechnung"; *St/J/Roth* § 5 Rn. 62f.; *B/L/H* Anh. § 3 Rn. 15; OLG Hamm MDR 2000, 296.

148 *Zö/Herget* Rn. 16 „Aufrechnung"; OLG Dresden MDR 1999, 119; LG Bayreuth JurBüro 1992, 761; aA OLG Hamm JurBüro 2002, 319; vgl. auch *Lappe* NJW 2003, 559, 561.

149 BGH NJW 2001, 3616.

150 BGH NJW-RR 1991, 127; NJW 2001, 3616; OLG Hamm OLGR 1999, 178; OLG Dresden JurBüro 2003, 475.

151 BGH NJW 2001, 3616; NJW-RR 1999, 1736; *St/J/Roth* § 5 Rn. 66; MK/*Wöstmann* § 5 Rn. 9.

- **Ausbau eines Verbrauchserfassungsgerätes.** Zuständigkeits- und Gebührenstreitwert für eine Klage auf Duldung des Ausbaus eines Stromzählers richten sich gemäß § 6 S. 1 nach dessen Verkehrswert, weil es um die Herausgabe einer Sache geht.[152] Nach anderer Ansicht sei das Interesse des Stromversorgers, die weitere Entnahme zu verhindern, zu Grunde zu legen, mithin der Jahreswert der fiktiven Vorauszahlungen auf das zu entrichtende Entgelt maßgeblich.[153]
- **Auskunft.** Grundsätzlich bestimmt iSd. § 3 Halbs. 1 das **Angriffsinteresse des Klägers** den Streitwert,[154] das wertmäßig einen Bruchteil des auch nach § 3 Halbs. 1 zu bemessenden Hauptinteresses ausmacht.[155] Dabei wird regelmäßig ein Wert zwischen 1/10 und 1/4 veranschlagt,[156] teilweise weniger.[157] Entscheidend ist, wie hoch der Kenntnisstand des Klägers wegen der die Leistungsklage begründenden Tatsachen ist; je geringer der Kenntnisstand, desto höher ist das Interesse an der Auskunft zu bewerten.[158] Deshalb ist auch unter Umständen eine höhere Bewertung bis zum Betrag des Leistungsanspruchs angebracht, wenn zB der Kläger ohne Auskunft seinen Anspruch nicht weiterverfolgen könnte.[159] Dagegen bemisst sich die Beschwer des zur Auskunft verurteilten Beklagten nach dem Interesse, die Auskunft nicht erteilen zu müssen;[160] idR also nach dem zur Erfüllung des titulierten Auskunftsanspruchs nötigen Aufwand an Zeit und Kosten, nach einem etwaigen Geheimhaltungsinteresse sowie eventuellem Aufwand für Fremdleistungen.[161] Gleiches gilt bei einer Verurteilung zur Herausgabe von Geschäftsunterlagen.[162] Ein für die Bemessung zu berücksichtigendes Geheimhaltungsinteresse des Beklagten ist von diesem substantiiert darzulegen und erforderlichenfalls ist glaubhaft zu machen, dass durch die Erteilung der Auskunft ein konkreter Nachteil droht.[163] Der nötige Aufwand wird teilweise pauschalisiert festgesetzt;[164] der Einsatz von Hilfspersonen des Auskunftspflichtigen kann nur dann werterhöhend berücksichtigt werden, wenn deren Hinzuziehung notwendig war.[165] Wird bei einer Stufenklage der Antrag auf Auskunft nicht weiter verfolgt, richtet sich der Streitwert nach dem Zahlungsanspruch, der nach § 3 Halbs. 1 zu schätzen ist.[166] Weist das Gericht die gesamte Stufenklage ab, ist die Beschwer nicht nur auf einen Teil der Hauptsache beschränkt.[167] Siehe auch Rn. 34 „Stufenklage“.
- **Aussetzung (§§ 148, 252, 614).** Es kommt § 3 Halbs. 1 zur Anwendung. Maßgeblich ist das Interesse der Parteien an der Aussetzung. Dabei ist im Verfahren über einen Aussetzungsantrag grundsätzlich ein Bruchteil (1/5) des Wertes der Hauptsache anzusetzen, sofern nicht besondere Umstände Anlass zu einer Erhöhung oder Ermäßigung geben.[168] Dabei ist eine Bewertung bis zum Hauptsachewert denkbar, wenn zB zur Klärung einer Vorfrage im Strafverfahren ausgesetzt wird.[169]
- **Aussonderung (§ 47 InsO).** Da § 47 InsO keinen eigenen Anspruch betrifft, sondern auf andere zur Aussonderung berechtigende Ansprüche verweist, bestimmt sich der Wert des konkret verfolgten Anspruchs nach allgemeinen Grundsätzen.[170] Zur Anwendung gelangt regelmäßig § 6.

24 – **Bauhandwerkersicherungshypothek.** Das Sicherungsinteresse des auf Bewilligung der Eintragung (§ 648 Abs. 1 S. 1 BGB) klagenden Gläubigers ist maßgeblich.[171] Es wird nach § 6 S. 1 Alt. 2, S. 2 durch die zu sichernde Forderung ohne Kosten bestimmt.[172] Dieser Wert bleibt auch erheblich, wenn daneben der Werklohnanspruch geltend gemacht wird, da insofern wirtschaftliche Identität gegeben ist (vgl. § 5

[152] AG Königstein NZM 2003, 616.
[153] LG Hamburg ZMR 2004, 586; AG Hamburg Bergedorf ZMR 2004, 273.
[154] *Schulte* MDR 2000, 805; BGH NJW-RR 2001, 569; OLG Stuttgart MDR 2001, 112.
[155] BGH FamRZ 1999, 1497; OLG Bamberg JurBüro 1985, 576; 1989, 1306; OLG Celle NdsRpfl. 1961, 221; KG Rpfleger 1962, 120; OLG München MDR 1972, 247; OLG Nürnberg MDR 1960, 507: 1/5 bis 1/4 des Werts der Hauptsache.
[156] BGH NJW 1997, 1016; BGH FamRZ 1996, 500; 2006, 619; OLG Naumburg, Beschl. v. 28. 6. 2006, Az. 3 WF 100/06; OLG Schleswig JurBüro 2002, 81; OLG Frankfurt MDR 2005, 164; KG VersR 1997, 470.
[157] OLG Koblenz JurBüro 2005, 39.
[158] BGH KostRspr. Nr. 619; OLG Frankfurt MDR 2005, 164.
[159] BGH FamRZ 1996, 500; *St/J/Roth* Rn. 47 „Auskunftsanspruch“; *B/L/H* Anh. § 3 Rn. 24.
[160] BGH NJW-RR 2005, 74.
[161] BGHZ 128, 85 (GrS); BGH NJW 2005, 3349; 2001, 1284; 1999, 3049; 1997, 2528, 3246; NJW-RR 2005, 74; 1997, 1089; 2002, 145; FamRZ 2005, 1064; 2003, 597, 856 (nicht erforderliche Beiziehung eines Steuerberaters findet keine Berücksichtigung); 1995, 349, 351; OLG Naumburg OLGR 1997, 274; OLG Stuttgart ZIP 1998, 1880; OLG Köln JurBüro 1998, 189.
[162] BGH NJW 1999, 3049.
[163] BGH NJW 2005, 3349; 1999, 3049; NJW-RR 1997, 1089; FamRZ 2005, 1064.
[164] OLG Köln FamRZ 1998, 1309; OLG Köln FamRZ 1999, 453; OLG Hamburg OLGR 1999, 99; AG Pinneberg WuM 1999, 337.
[165] BGH NJW 2001, 1284; NJW-RR 1993, 1028, 1029; FamRZ 2005, 104; 2006, 33.
[166] OLG Koblenz FuR 2005, 462.
[167] BGH MDR 2002, 107.
[168] BGHZ 22, 283; OLG Hamburg MDR 2002, 479; OLG Hamm OLGR 1997, 354.
[169] OLG Nürnberg KostRspr. Nr. 129; *St/J/Roth* Rn. 47 „Aussetzung des Verfahrens“; *B/L/H* Anh. § 3 Rn. 25; aA *T/P/Hüßtege* Rn. 24: keinesfalls höher als 1/3.
[170] *St/J/Roth* Rn. 47 „Aussonderung“.
[171] LG Frankenthal AnwBl. 1983, 556f.
[172] KG Rpfleger 1962, 156; LG Tübingen BauR 1984, 309; *Zö/Herget* Rn. 16 „Bauhandwerkersicherungshypothek“; aA OLG Celle NJW 1966, 2414.

Rn. 8).[173] Im Rahmen einer einstweiligen Verfügung auf Eintragung einer Vormerkung ist regelmäßig ein Bruchteil iHv. 1/4 bis 1/3 der Forderung anzusetzen.[174]

- **Baulandsachen.** Es findet § 6 Anwendung. Im Verfahren auf Einleitung einer Enteignung oder bei Anfechtung einer Enteignungsmaßnahme kommt es auf den objektiven Verkehrswert der Grundstücksfläche an.[175] In Umlegungsstreitigkeiten und bei vorzeitiger Besitzeinweisung ist unter Berücksichtigung des klägerischen Interesses nach § 3 Halbs. 1 zu schätzen. Dabei ist regelmäßig von 1/5 dieses Wertes[176] und nur unter besonderen Umständen von einem höheren oder niedrigeren Wert auszugehen.[177] Steht jedoch das Rechtsschutzinteresse eines an der Umlegung beteiligten Grundstückspächters in Rede, kommt es nicht auf den Grundstückswert, sondern auf die Bewertung des Nutzungsrechts an, welches in Anlehnung an § 41 GKG mit dem einjährigen Entgelt zu bemessen sein kann.[178]
- **Bedingte Ansprüche.** Unter Zugrundelegung des gegenwärtigen Interesses des Klägers und der Wahrscheinlichkeit des Eintritts der Bedingung ist bei aufschiebend bedingten Rechten (§ 158 Abs. 1 BGB) der Wert nach § 3 Halbs. 1 zu schätzen.[179] Dabei ist regelmäßig ein Bruchteil des Wertes des unbedingten Rechtes anzusetzen.[180] Bei auflösend bedingten Rechten (§ 158 Abs. 2 BGB) ist dagegen grundsätzlich der volle Wert bestimmend, da ein zunächst bestehendes Recht in Rede steht.[181]
- **Befreiung von einer Verbindlichkeit.** Für die Schuldbefreiung ist unter Anwendung von § 3 Halbs. 1 der Wert der Forderung anzusetzen, von welcher der Kläger Befreiung fordert.[182] Dabei ist dieser Wert nur einmal zu berücksichtigen, wenn zugleich die Befreiung von der persönlichen und der dinglichen Haftung begehrt wird.[183] Beim Anspruch auf Befreiung von Unterhaltsverpflichtungen ist ebenfalls unter Anwendung von § 3 Halbs. 1 auf die prognostizierte Höhe und Dauer der Unterhaltsbelastung abzustellen.[184] Verlangt dagegen ein Gesamtschuldner Befreiung, so ist sein Anteil an der Gesamtschuld im Innenverhältnis maßgeblich.[185] Bei einer Klage auf Befreiung von einer Mithaftung oder Bürgschaftsverpflichtung ist für die Bemessung des Streitwertes der Betrag der Schuld ausschlaggebend, von welcher der Kläger befreit zu werden beansprucht; es kommt nicht auf den Betrag einer möglichen Inanspruchnahme an.[186]
- **Berichtigung nach § 319.** Zwei Fallgruppen sind zu unterscheiden: Soll die Vollstreckung aus dem Urteil zB vorübergehend verhindert werden, ist das Interesse nach § 3 Halbs. 1 zu schätzen und ein Bruchteil des Hauptsachewertes zugrundezulegen.[187] Soll dagegen die Vollstreckung überhaupt ausgeschlossen werden, ist der volle Hauptsachewert bestimmend.[188] Zur Berichtigung des Grundbuchs siehe Rn. 28 „Grundbuchberichtigung".
- **Berufung.** Für die Berufungssumme (Wert des Beschwerdegegenstandes, § 511 Abs. 2 Nr. 1) ist das Interesse des Berufungsklägers an der beantragten Abänderung der angegriffenen Entscheidung maßgeblich. Die durch das ZPO-RG eingeführte Unterscheidung in § 511 Abs. 2 zwischen Wert- und Zulassungsberufung unter Bezugnahme auf den Begriff des Beschwerdegegenstandes (bei § 511 Rn. 18) führte bisher zu Auslegungsproblemen. Angenommen wurde insoweit, dass der erstinstanzliche Richter in jedem Fall unabhängig vom Wert der Beschwer gezwungen sei, die Zulassung der Berufung zu prüfen, weil ihm der Wert des Beschwerdegegenstandes nicht feststellbar ist.[189] Im Rahmen der Berufung sei entsprechend dem klaren gesetzlichen Wortlaut des § 511 Abs. 2 Nr. 1 „Wert des Beschwerdegegenstandes" tatsächlich nur auf diesen abzustellen und es dürfe keine berichtigende Auslegung in den „Wert der Beschwer" vorgenommen werden.[190] Danach wäre in Übereinstimmung mit § 4 Abs. 1 zur Berechnung des Rechtsmittelstreitwertes nur der Zeitpunkt der Einlegung der Berufung maßgeblich. Die Vorschrift des § 511 in der Fassung des ZPO-RG war jedoch missverständlich, weil das Ausschließlichkeitsverhältnis zwischen Wert- und Zulassungsberufung nicht hinreichend deutlich zum Ausdruck kam. Durch die Neufassung des § 511 Abs. 4 durch das JuMoG wird die Auffassung bestätigt, dass die Zulassung der Berufung nur in Betracht kommt, wenn die beschwerte Partei nicht Wertberufung einlegen

---

173 OLG Nürnberg IBR 2003, 586; OLG Koblenz OLGR 2003, 256; OLG Stuttgart BauR 2003, 131; aA OLG Düsseldorf NZBau 2005, 697; OLG München BauR 2000, 927.

174 LG Leipzig JurBüro 1995, 26; *St/J/Roth* § 6 Rn. 26; MK/*Wöstmann* Rn. 40; *Zö/Herget* Rn. 16 „Bauhandwerkersicherungshypothek"; *Zi* Rn. 11 „Bauhandwerkersicherungshypothek".

175 BGHZ 48, 200, 201 f.; 50, 291, 293 = NJW 1968, 2059.

176 BGH NJW 1973, 2202; BGHZ 51, 341; 61, 240; 49, 317, 320.

177 OLG Bamberg JurBüro 1998, 542; OLG Karlsruhe NJW-RR 2006, 1250; AnwBl. 1974, 377; OLG Hamburg NJW 1965, 2304.

178 OLG Karlsruhe NJW-RR 2006, 1250.

179 BGH MDR 1982, 36; *T/P/Hüßtege* Rn. 27.

180 MK/*Wöstmann* Rn. 42; *St/J/Roth* Rn. 48 „Bedingte Rechte".

181 *St/J/Roth* Rn. 48 „Bedingte Rechte"; MK/ *Wöstmann* Rn. 48; *Anders/Gehle/Kunze* S. 76 Rn. 3.

182 BGH NJW 1965, 2298; MDR 1995, 196; OLG Köln MDR 1985, 769.

183 KG JurBüro 1968, 466 f.

184 BGH NJW-RR 1995, 197; OLG Oldenburg FamRZ 1991, 966; *St/J/Roth* Rn. 48; *B/L/H* Anh. § 3 Rn. 27.

185 *St/J/Roth* Rn. 48 „Befreiung von Verbindlichkeit"; *T/P/Hüßtege* Rn. 28; *B/L/H* Anh. § 3 Rn. 27.

186 OLGR Karlsruhe 1998, 16.

187 OLG Saarbrücken JurBüro 1989, 522; OLG Zweibrücken KostRspr. Nr. 695.

188 OLG Frankfurt JurBüro 1980, 1893.

189 *Fischer* NJW 2002, 1551; *Fölsch* NJW 2002, 3758, 3759; *Greger* NJW 2002, 3049, 3051.

190 *Fischer* NJW 2002, 1551; *Greger* NJW 2002, 3049, 3051; *T/P/Reichold* § 511 Rn. 11 f.; MK/*Rimmelspacher* (AB) § 511 Rn. 44.

kann.[191] Die Regelung des § 511 Abs. 4 soll nämlich nicht einen erhöhten Arbeitsaufwand des Richters 1. Instanz bewirken, der nach gegenteiliger Ansicht immer gezwungen wäre, die Möglichkeit der Berufungszulassung zu prüfen.[192] Muss aber die Zulassung der Berufung nur geprüft werden, wenn eine Wertberufung nicht in Betracht kommt, kann der Richter in erster Instanz nur auf den für ihn feststellbaren Wert der Beschwer iSd. Wertes des Unterliegens durch die Entscheidung[193] abstellen.[194] In der Folge ist in Anlehnung an die Wertrevision des § 546 aF, der auf die Beschwer abstellte, und die dazu vertretene Auffassung[195] entgegen dem Wortlaut des § 4 Abs. 1 Halbs. 1 nicht der Zeitpunkt der Einlegung der Berufung der maßgebende Zeitpunkt, sondern der des Erlasses des erstinstanzlichen Urteils.[196] Für die Wertberufung[197] kommt jedoch § 4 Abs. 1 Halbs. 1 zur Anwendung. Bei einer Berufung nur wegen der Gegenleistung wird nur durch diese der Streitwert bestimmt.[198] Der Kostenstreitwert richtet sich nach dem Interesse an der beantragten Abänderung der angegriffenen Entscheidung, wobei der fristgerecht gestellte Antrag entscheidend ist, § 47 Abs. 1 GKG.[199] Kommt es nicht zur Antragsstellung, entscheidet die Beschwer auf Grund der erstinstanzlich erlassenen Entscheidung.[200] Wurde ein Antrag unterhalb der Rechtsmittelbeschwer gestellt und ist erkennbar nicht auf die Durchführung des Rechtsmittels gerichtet, ist die volle Beschwer als Wert anzusetzen.[201] Für wechselseitig eingelegte Berufungen gilt § 45 Abs. 2 GKG. Bei Rücknahme der Berufung ist nicht der Kostenwert, sondern der Hauptsachestreitwert der 2. Instanz zu Grunde zu legen.[202] Siehe auch „Beschwerde" und Rn. 32 „Nichtzulassungsbeschwerde".

- **Beschwerde.** Nach KV 1123, 1810, 1811, 1821, 1822, 1823, 1824, 2121 und KV 2124 fällt eine Festgebühr an; nur sofern eine Wertgebühr anfällt, ist der Beschwerdewert zu bestimmen. Für den Gebührenstreitwert gilt insofern § 47 GKG. Bei Angriffen gegen prozess- oder sachleitende Zwischenverfügungen ist nach § 3 Halbs. 1 das Interesse des Angreifenden an der angestrebten Entscheidung maßgeblich. Für die sofortige Beschwerde und die sofortige weitere Beschwerde gegen Entscheidungen des Amtsgerichts iSd. § 45 Abs. 1 WEG ist die Wertgrenze von 750 Euro zu beachten; der Beschwerdewert bemisst sich nach § 3 Halbs. 1 nach dem Interesse des Beschwerdeführers an der Änderung der angefochtenen Entscheidung (idR Bruchteil der Hauptsache iHv. 20 %) und nicht nach § 48 Abs. 3 GKG.[203] Im Rahmen einer Beschwerde nach §§ 116 ff. GWB (Vergabenachprüfungsverfahren) ist die Streitwertvorschrift des § 50 Abs. 2 GKG heranzuziehen. Dabei ist die Bruttoauftragssumme iSd. Vorschrift der Bruttoangebotspreis des Antragstellers und nicht des Mitbewerbers, der den Zuschlag erhalten hat; fehlt es jedoch an einem solchen Bruttoangebotspreis des Antragstellers, ist dessen Interesse gemäß § 3 Halbs. 1 zu schätzen, wobei insofern das Mitbewerberangbot als Bemessungsgrundlage herangezogen werden kann.[204] Siehe auch Rn. 38 „Wettbewerbsrecht" und Rn. 32 „Nichtzulassungsbeschwerde".
- **Beseitigung.** Bei der Beseitigung von Störungen, Überbauten etc. ist nach § 3 Halbs. 1 das wirtschaftliche Interesse des Klägers ausschlaggebend, welches regelmäßig der Wertminderung des Grundstücks[205] bzw. dem Aufwand bei der Beseitigung des Zustandes[206] entspricht. So sind etwa für die Beseitignung eines Anbaus auf einem Hausgrundstück die Kosten für die Abriss- und Entsorgungsarbeiten zu Grunde zu legen.[207] Dies gilt auch im Rahmen der negativen Feststellungsklage, mit der die Feststellung begehrt wird, die Störung nicht beseitigen zu müssen.[208] Bei Verurteilung des Beklagten ist der Wert in der Rechtsmittelinstanz unter Umständen höher anzusetzen als in der ersten Instanz. So zB wenn sich der Beklagte gegen die Kosten einer Ersatzvornahme wehrt.[209] Siehe auch Rn. 36 „Überbau".
- **Besitzstörungsklage (§ 862 BGB).** Es ist § 3 Halbs. 1 anzuwenden, da es insoweit nicht um die endgültige Erlangung oder Erhaltung des Besitzes, sondern lediglich um die Beseitigung der Störung geht (s. § 6 Rn. 2).[210] Maßgeblich ist das Interesse des Klägers an der Beseitigung bzw. Unterlassung, welches hoch

---

[191] BT-Drucks. 15/1508 S. 21; *Huber* ZRP 2003, 268, 269; *Althammer* NJW 2003, 1079.
[192] BT-Drucks. 15/1508 S. 21.
[193] *Jauernig* ZPR § 72 IV.
[194] *Jauernig* NJW 2003, 465, 466; *ders.* NJW 2001, 3027; *Musielak* JuS 2002, 1203, 1206 f.; *Althammer* NJW 2003, 1079.
[195] MK/*Wenzel* § 546 Rn. 10; *Jauernig* NJW 2003, 465 ff.
[196] *St/J/Roth* § 4 Rn. 9; *Jauernig* ZPR § 72 IV; aA *Anders/Gehle/Kunze* S. 265 Rn. 21 (Zeitpunkt der letzten mündlichen Tatsachenverhandlung).
[197] Vgl. BGH NJW-RR 2005, 219 (keine Bindung des Rechtsmittelgerichts an die erstinstanzliche Wertfestsetzung).
[198] *Zö/Herget* Rn. 16 „Berufung"; *B/L/H* Anh. § 3 Rn. 28; BGH MDR 1995, 1162.
[199] BGH NJW 1974, 1286; OLG München MDR 1974, 590; *Schumann* NJW 1982, 1257; *St/J/Roth* § 2 Rn. 39.
[200] OLG Rostock OLGR 2005, 17 (materielle Beschwer).
[201] Str., BGHZ 70, 365; OLG München JurBüro 1992, 252; OLG Hamm OLGR 1993, 252; OLH Bamberg OLGR 1998, 352; *Zö/Herget* Rn. 16 „Berufung"; *B/L/H* Anh. § 3 Rn. 28; aA OLG Hamm MDR 1978, 1038; OLG Celle MDR 1979, 1033; OLG Schleswig SchlHA 1988, 172.
[202] OLG München MDR 2004, 966.
[203] BayObLG NZM 2000, 1240; BayObLGR 2005, 317 (LS); vgl. auch BGH NJW 1991, 2280.
[204] OLG Rostock RVGReport 2005, 280; OLG Jena VergabeR 2002, 202.
[205] BGH ZfIR 1998, 749.
[206] OLG Düsseldorf NJW-RR 2001, 160; KG JurBüro 1956, 348 f.; aA *St/J/Roth* Rn. 47 „Abwehrklage".
[207] BGH NJW 1994, 735 f.; BGHReport 2004, 1102; NZM 2005, 677, 678 = WuM 2005, 525, 526.
[208] BGH WuM 2004, 352.
[209] BGHZ 124, 313; MK/*Wöstmann* Rn. 45; *Zö/Herget* Rn. 16 „Beseitigungsklage".
[210] *T/P/Hüßtege* Rn. 31; MK/*Wöstmann* § 6 Rn. 8.

anzusetzen ist, wenn unter Verletzung von Strafgesetzen gestört wird.[211] Bei Wohnbesitzstörungen ist die Höhe des Streitwertes durch den der Klage auf Feststellung des Bestehens eines Miet- oder Pachtverhältnisses begrenzt, § 42 Abs. 1 GKG.[212]

- **Betagte Ansprüche.** Entscheidend ist § 3 Halbs. 1; es ist das Interesse des Klägers anzusetzen (regelmäßig der Nominalbetrag der Forderung), wobei der Zeitraum bis zum Fälligwerden zu berücksichtigen ist.[213] Der Zwischenzins ist bei dieser Berechnung grundsätzlich nicht in Abzug zu bringen.[214] Betrifft der Streit aber ausschließlich die Fälligkeit, dann ist idR dieser Zwischenzinsbetrag maßgeblich.[215]
- **Beweissicherungsverfahren.** Siehe Rn. 34 „Selbständiges Beweisverfahren".
- **Buchauszug.** Es gelten dieselben Grundsätze wie beim Auskunftsbegehren (Rn. 23). Bei einer Verurteilung zur Erteilung eines handelsrechtlichen Buchauszuges bemisst sich das gemäß § 3 Halbs. 1 zu schätzende Interesse des Klägers mithin nach dem erforderlichen Zeit- und Kostenaufwand.[216]
- **Bezugsverpflichtung, Bierbezug.** Es ist auf § 3 Halbs. 1 abzustellen. Bestimmend ist das Interesse des klagenden Gläubigers, welches sich regelmäßig am entgangenen Gewinn orientiert.[217] Wenn der Bezugsverpflichtete klagt, ist dagegen dessen entsprechende Kostenersparnis maßgeblich,[218] es sei denn, es wird Weiterbelieferung beansprucht, dann ist unter Berücksichtigung des Bezugszeitraums und des klägerischen Antrags auf den Umfang der noch zu beziehenden Waren abzustellen.[219] Unerheblich ist grundsätzlich die Umsatzeinbuße, der Umsatz oder ein Bruchteil davon.[220] Teilweise wird jedoch bei längerfristigen Bierbezugsverträgen zusätzlich auf das Interesse der klagenden Brauerei an der Umsatzstetigkeit und Werbewirkung abgestellt, welches einem Bruchteil des Umsatzes entspräche.[221]
- **Bürgschaft.** Bei Feststellungsklagen über das Bestehen oder Nichtbestehen und bei Klagen auf Befreiung von oder Bestellung einer Bürgschaft greift § 6 S. 1 Alt. 2, S. 2 ein; entscheidend ist grundsätzlich der zu sichernde Forderungsbetrag,[222] nicht der Betrag, der wahrscheinlichen Inanspruchnahme.[223] Ebenso ist für die Klage gegen den Bürgen die zu sichernde Forderung maßgeblich.[224] Wegen der Klage auf Herausgabe der Bürgschaftsurkunde ist unter Anwendung von § 3 Halbs. 1 nur ein Bruchteil zu berechnen,[225] es sei denn mit dem Herausgabeverlangen soll die Inanspruchnahme aus der Bürgschaft verhindert werden,[226] dann gilt der zu sichernde Forderungsbetrag als bedeutsam.[227] Wird aber mit der Inanspruchnahme aus der Bürgschaft zugleich der Herausgabeanspruch auf die Urkunde geltend gemacht, erfolgt wegen wirtschaftlicher Gleichwertigkeit keine zusätzliche Bewertung.[228]
- **Darlehen (§ 488 BGB).** Wird auf Gewährung des vereinbarten Darlehens geklagt, ist die Höhe des Dar- 25
lehensbetrages erheblich.[229] Eine Klage auf Feststellung der Unwirksamkeit einer Darlehenskündigung ist mit dem vollen Betrag der von der Kündigung betroffenen Darlehenssumme zu bewerten.[230] Ebenso ist bei einer Klage auf Feststellung, dass ein Darlehensvertrag unwirksam ist, die Höhe der noch offenen Darlehensvaluta maßgeblich.[231] Beim Anspruch auf Abschluss eines Darlehensvertrages gelten, unter Zugrundelegung der durch das SchuldRModG Gesetz gewordenen Konsensualvertragstheorie,[232] die Grundsätze für den Vertragsschluss (Rn. 37). Bei Klagen auf Darlehensrückzahlung oder auf Feststellung der Unwirksamkeit des Darlehensvertrages[233] sind nach § 4 Abs. 1 Halbs. 2 die Zinsen und weitere Nebenforderungen (zum Begriff § 4 Rn. 10) nicht in die Wertberechnung einzubeziehen. Dies gilt grundsätzlich selbst dann, wenn Darlehensvaluta, Zinsen und Kreditnebenkosten in einem einheitlichen Be-

---

211 OLG Köln JMBlNRW 1976, 71; *B/L/H* Anh. § 3 Rn. 29.
212 OLG Neustadt Rpfleger 1967, 2; *Zö/Herget* Rn. 16 „Besitzstörungsklage".
213 LG Bielefeld KostRspr. Nr. 483; *Zö/Herget* Rn. 16 „Betagte Ansprüche".
214 *St/J/Roth* § 2 Rn. 101; *Hartmann* § 48 GKG Anh I (§ 3 ZPO) Rn. 29; *Voormann* MDR 1987, 722; aA KG JurBüro 1989, 1599; LAG Köln MDR 1987, 169 m. zust. Anm. *Hirte.*
215 MK/*Wöstmann* Rn. 69, 93.
216 BGH MDR 1992, 1007; OLG Köln OLGR 1999, 113.
217 BGH NJW-RR 1989, 381; OLG Bamberg MDR 1977, 935; OLG Bamberg JurBüro 1985, 441; *Zi* Rn. 12a „Bezugsverpflichtung".
218 BGH NJW-RR 1989, 381; MK/*Wöstmann* Rn. 48.
219 Vgl. auch *Zö/Greger* § 253 Rn. 13c.
220 *Hartmann* § 48 GKG Anh. I (§ 3 ZPO) Rn. 29; *T/P/Hüßtege* Rn. 34; *St/J/Roth* Rn. 48 „Bezugsverpflichtung"; aA *Hartmann* § 48 GKG Anh. I (§ 3 ZPO) Rn. 12; OLG Bamberg MDR 1977, 935.
221 OLG Bamberg MDR 1977, 935; OLG Bamberg JurBüro 1985, 441; OLG Braunschweig JurBüro 1979, 436; LG Bayreuth JurBüro 1979, 253.
222 *St/J/Roth* § 6 Rn. 29; Zö/Herget Rn. 16 „Bürgschaft"; *B/L/H* Anh. § 3 Rn. 30.
223 *Zö/Herget* Rn. 16 „ Bürgschaft"; OLG Frankfurt AnwBl. 1980, 460; OLG Stuttgart MDR 1980, 678.
224 KG BauR 2000, 1380; *Wiecz/Sch/Gamp* Rn. 183.
225 BGH WM 1993, 2229; NJW-RR 1994, 758; OLG Stuttgart JurBüro 1980, 896; OLG Köln MDR 1994, 101.
226 OLG Stuttgart OLGR 2000, 42; LG Berlin JurBüro 2002, 478.
227 OLG Dresden BauR 2003, 931 m. zust. Anm. *Handschumacher;* OLG Stuttgart OLGR 2000, 42.
228 *Hartmann* § 48 GKG Anh. I (§ 3 ZPO) Rn. 69; *Zö/Herget* Rn. 16 „Bürgschaft"; BGH NJW-RR 1994, 758; OLG Bamberg JurBüro 1974, 1437.
229 BGH NJW 1959, 1493.
230 BGH NJW 1997, 1787.
231 OLG Karlsruhe OLGR 2005, 353.
232 *Jauernig/Berger* § 488 Rn. 5; *St/J/Roth* Rn. 48 „Darlehensvertrag".
233 OLG Karlsruhe OLGR 2005, 353.

trag geltend gemacht werden (vgl. § 4 Rn. 14).[234] Für das in den Grundzügen mit dem Gelddarlehen übereinstimmende Sachdarlehen gemäß § 607 BGB[235] gilt das Ausgeführte entsprechend; dabei ist der objektive Verkehrswert der geschuldeten Sachen zugrundezulegen.

- **Dienstbarkeiten.** Bei einem Streit betreffend die Bestellung und Eintragung eines **unentgeltlichen dinglichen Wohnrechts** ist mangels einer auf Entgelt beruhenden Berechnungsgrundlage der Streitwert nicht nach § 41 Abs. 1 GKG,[236] sondern anhand des nach § 3 Halbs. 1 zu bemessenden Interesses des Klägers zu bestimmen,[237] wobei etwa die Regelung des § 24 KostO[238] oder § 9[239] ermessensleitend berücksichtigt werden kann. Sofern dabei nicht nur die Eintragungsbewilligung, sondern das Recht insgesamt im Streit steht, ist der monatliche Wert des Wohnrechts mit dem sich aus § 24 Abs. 2 ergebenden Faktor zu multiplizieren.[240]
- **Dienstverträge.** Im Hinblick auf Streitigkeiten über den Bestand oder die Beendigung ist der Streitwert anhand des nach § 3 Halbs. 1 zu bemessenden Klägerinteresses zu bestimmen. Beim Streit über den Bestand eines privatrechtlichen dauernden Dienstverhältnisses vor den ordentlichen Gerichten ist der Gebührenstreitwert grundsätzlich in Anlehnung an § 42 Abs. 3 GKG festzulegen; §§ 52 Abs. 4, 42 Abs. 4 GKG sind nicht entsprechend anwendbar.[241] Im Übrigen kommt für Streitigkeiten vor den Arbeitsgerichten betreffend das Bestehen, Nichtbestehen oder die Kündigung von **Arbeitsverhältnissen** § 42 Abs. 4, 5 GKG zur Anwendung,[242] der bisher maßgebliche § 12 Abs. 7 ArbGG wurde durch Art. 4 Abs. 24 KostRMoG mit Wirkung vom 1. 7. 2004 aufgehoben. Insofern kann auch beim Streit um die Verpflichtung des beklagten Arbeitgebers zur Einstellung des Klägers dessen Interesse in Anlehnung an § 42 Abs. 4 S. 1 GKG mit dem Vierteljahresentgelt bewertet werden.[243]
- **Drittschuldnerklage.** Entscheidend ist nicht nach § 6 der Wert des gepfändeten Anspruchs, sondern der Nominalbetrag des Anspruchs des Schuldners gegen den Dritten.[244] Dabei sind die zwischen Drittschuldner und Schuldner bestehenden Streitwertprivilegien bei der Wertbestimmung zu berücksichtigen.[245]
- **Drittwiderspruchsklage (§ 771).** Zugrundezulegen ist nach § 6 S. 1 Alt. 2 der Wert der Pfandforderung des Beklagten bei Klageeinreichung ohne Zinsen und Kosten (§ 4 S. 1 Halbs. 2) oder, wenn dieser geringer ist, gemäß § 6 S. 2 der (Verkehrs-)Wert des Pfandgegenstandes.[246] Der Wert des die Veräußerung hindernden Rechts ist unbeachtlich. Richtet sich die Widerspruchsklage gegen Anschlusspfändungen, ist der Wert der Forderungen der vorpfändenden Gläubiger grundsätzlich nicht abzuziehen, da sonst der Sachwert durch vorrangige Belastungen ausgeschöpft keine Streitwertberechnung mehr zuließe.[247] Etwas anderes kann nur gelten, soweit eine vorrangige Last zu einer den Verkehrswert nachhaltig beeinträchtigenden Wertminderung führt.[248] Dazu kann zB ein lebenslanger Nießbrauch zählen.[249] Bei der Widerspruchsklage zur Verhinderung der **Teilungsversteigerung** gemäß § 180 Abs. 1 ZVG ist das Interesse des Klägers an der Aufrechterhaltung der Gemeinschaft nach § 3 Halbs. 1 zu schätzen.[250] Dabei ist regelmäßig von einem Bruchteil des Grundstückswertes auszugehen.[251] Siehe ferner Rn. 39 „Zwangsvollstreckung".
- **Duldungsklage.** Bei Klagen auf Duldung einer Handlung ist auf das Interesse des Klägers abzustellen und der Streitwert nach § 3 Halbs. 1 zu schätzen.[252] Wird die Duldungsklage gemeinsam mit der Leistungsklage erhoben, ist idR wegen wirtschaftlicher Identität iSd. § 5 Halbs. 1 keine Wertaddition vorzunehmen; dies gilt selbst dann, wenn die Anträge gegen verschiedene Streitgenossen gerichtet sind (vgl. § 5 Rn. 8). Bei Duldungsklagen hinsichtlich der Herausgabe einer Sache ist gemäß § 6 S. 1 Alt. 1 auf deren Wert abzustellen (vgl. Rn. 23 „Ausbau eines Verbrauchserfassungsgerätes").[253] Bei der Klage auf

---

[234] *St/J/Roth* Rn. 48 „Darlehensvertrag", § 4 Rn. 23, 30; *Schneider* MDR 1990, 198; OLG Köln OLGR 1999, 220; OLG Bamberg JurBüro 1976, 343 f.; aA *Zö/Herget* § 4 Rn. 11; OLG München JurBüro 1976, 237 f.

[235] Vgl. *Jauernig/Berger* Anm. zu den §§ 607–609 Rn. 1; *Palandt/Weidenkaff* § 607 Rn. 1.

[236] OLG Köln JurBüro 2006, 704; *Schneider/Herget* Rn. 6336.

[237] OLG Köln JurBüro 2006, 477; OLG Frankfurt OLGR 1995, 132; *Schneider/Herget* Rn. 6340.

[238] OLG Köln JurBüro 2006, 477; OLG Schleswig AnwBl. 1967, 233; *Anders/Gehle/Kunze* „Wohnrecht" Rn. 1; *Schneider/Herget* Rn. 6340.

[239] Vgl. BGH NJW-RR 1994, 909; OLG München JurBüro 1951, 101.

[240] OLG Köln JurBüro 2006, 477.

[241] BGH NJW-RR 1986, 676; BGHReport 2005, 1288, 1289 (Hauptgeschäftsführer der Handwerkskammer); kritisch dazu *Lappe* NJW 2006, 270, 271.

[242] LAG Köln AuR 2006, 334 (LS).

[243] LAG Berlin MDR 2006, 1319.

[244] OLG Köln JurBüro 1991, 986; *Schneider* MDR 1990, 20; *St/J/Roth* § 6 Rn. 30; aA OLG Saarbrücken JurBüro 1989, 849.

[245] *St/J/Roth* § 6 Rn. 30.

[246] *MK/Wöstmann* Rn. 54; *T/P/Hüßtege* § 771 Rn. 25; BGH WM 1983, 246; aA OLG Karlsruhe FamRZ 2004, 1221 (stets § 3 Halbs. 1).

[247] *MK/Wöstmann* § 6 Rn. 12; *St/J/Roth* § 6 Rn. 35; *Zöller/Herget* Rn. 16 „Widerspruchsklage"; BGH WM 1983, 246; NJW 1952, 1335; aA OLG Bamberg JurBüro 1977, 1277.

[248] *MK/Wöstmann* § 6 Rn. 12; OLG München MDR 1981, 501; OLG Bamberg JurBüro 1990, 773.

[249] OLG Zweibrücken OLGR 1997, 324.

[250] BGH FamRZ 1991, 547.

[251] *MK/Wöstmann* Rn. 54; BGH WM 1997, 2049; FamRZ 1991, 547.

[252] OLG Koblenz AnwBl. 2000, 264.

[253] BGH NJW 1991, 3221, 3222; NJW-RR 1991, 1210; *Zö/Herget* Rn. 16 „Duldung".

Duldung der Zwangsvollstreckung (§§ 1147, 1192 BGB) bemisst sich der Wert gemäß § 6 S. 1 Alt. 2, S. 2 nach der Forderung, wegen welcher vollstreckt wird[254] bzw. nach dem geringeren Wert des Vollstreckungsobjektes (Rn. 39 „Zwangsvollstreckung").[255]

- **Ehrverletzungen.** Soweit die Ansprüche auf Widerruf, Gegendarstellung oder Unterlassung gerichtet und damit nichtvermögensrechtlicher Art (zum Begriff Rn. 12) sind, erfolgt die Streitwertermittlung nach § 48 Abs. 2 S. 1 GKG (vgl. Rn. 13 f.);[256] regelmäßig wird dabei unter Rückgriff auf § 23 Abs. 3 S. 2 RVG von einem Wert von 4 000 Euro ausgegangen,[257] wobei im Einzelfall auf Grund der Umstände (wesentlich) niedrigere[258] bzw. höhere[259] Werte anzusetzen sein können. Widerruf und Unterlassung einer Äußerung sind in der Regel gleich zu bewerten, jedoch nicht, wenn im Zeitpunkt der Geltendmachung des Widerrufs feststeht, dass die wirtschaftlichen Interessen des Klägers durch die Äußerung nicht beeinträchtigt wurden.[260] Die einzelnen ehrverletzenden Äußerungen sind grundsätzlich nicht getrennt, sondern insgesamt zu bewerten.[261] Wird der Widerrufs-, Gegendarstellungs- bzw. Unterlassungsanspruch mit einem vermögensrechtlichen Anspruch (zB Schadensersatz) verbunden, ist nur der höhere maßgebend, § 48 Abs. 4 GKG. 26
- **Eidesstattliche Versicherung (§§ 807, 836 Abs. 3 S. 2, 883 Abs. 2).** Im Rahmen der Abnahme der eidesstattlichen Versicherung durch den Gerichtsvollzieher in der Zwangsvollstreckung, § 899 Abs. 1, wird nach KV GvKostG Nr. 260 eine Festgebühr von 30 Euro erhoben; eine Gerichtsgebühr fällt nicht an. Für die Rechtsanwaltsgebühren ist § 25 Abs. 1 Nr. 4 RVG zu beachten; es gilt die Werthöchstgrenze von 1 500 Euro. Für die **eidesstattliche Versicherung nach materiellem Recht** (§§ 259 Abs. 2, 260 Abs. 2, 2006, 2028 Abs. 2, 2057 S. 2 BGB) ist § 3 Halbs. 1 anzuwenden. Streitwert ist, was der Kläger an Vorteilen zu ziehen erhofft, also regelmäßig ein Bruchteil des Wertes der Leistungsklage.[262] Dabei setzt die Rechtsprechung Abschläge zwischen 1/4 bis 3/4 fest.[263] Die Beschwer des Beklagten bemisst sich nach seinem Zeitaufwand und seinen Kosten,[264] so zB bei der Einsichtgewährung in „auszusortierende" Geschäftsunterlagen.[265] Für die Gerichtsgebühren ist keine Wertbestimmung notwendig, da insoweit die Festgebühr von 30 Euro nach KV 2113 anfällt.
- **Eigentum.** Es ist grundsätzlich § 6 S. 1 Alt. 1 anzuwenden, weil diese Norm nicht nur für den Besitz, sondern erst Recht für Eigentumsstreitigkeiten einschlägig ist.[266] Maßgebend ist der Wert der Sache. Dies gilt auch für das Herausgabeverlangen hinsichtlich einer unter Eigentumsvorbehalt gelieferten Sache.[267] Soweit Miteigentum betroffen ist, kommt es auf den klägerischen Anteil an. Etwas anderes gilt bei der Abwehr bloßer Störungen (§ 1004 BGB); iSd. § 3 Halbs. 1 ist das Interesse des Klägers an der Abwehr der Beeinträchtigung zu schätzen.[268] Siehe ferner Rn. 23 „Auflassung".
- **Einstweilige Anordnung.** In Ehesachen bzw. nach § 661 Abs. 2 in Lebenspartnerschaftssachen (vgl. § 661 Rn. 6 ff.) berechnet sich der Gebührenwert in Verfahren über die vermögensrechtlichen Gegenstände (§ 620 Nr. 4, 6 bis 10) nach deren Streitwert. Für § 620 Nr. 4 und Nr. 6 und § 644 greift nach § 53 Abs. 2 S. 1 GKG der sechsfache Monatsbetrag, bei der Benutzung der Ehewohnung gemäß § 620 Abs. 1 Nr. 7 bzw. der gemeinsamen Wohnung bei Lebenspartnerschaften (§ 661 Abs. 2) beträgt der Wert 2 000 Euro, § 53 Abs. 2 S. 2 GKG. Beim Streit über die Nutzung des Hausrats (§ 620 Nr. 7) ist ein Wert von 1 200 Euro anzusetzen, § 53 Abs. 2 S. 2 GKG. Steht dagegen die Herausgabe iSd. § 620 Nr. 8 in Rede, ist der Verkehrswert entscheidend.[269] Für die Verfahren nach § 620 Nr. 1 bis 3, 5 (vgl. KV 1421) fallen keine Gerichtsgebühren in erster Instanz an. Im Hinblick auf den zu ermittelnden Gebührenstreitwert des Beschwerdeverfahrens nach § 620c S. 1 oder § 641d Abs. 3 kann auf die Wertfestsetzung nach dem RVG zurückgegriffen werden.[270] Die für die Rechtsanwaltsgebühren notwendige Festsetzung des Streitwertes[271] richtet sich nach § 24 RVG, wobei nach § 24 S. 1 RVG für die einstweilige Anordnung nach § 620 Nr. 1, 2, 3 bzw. § 621g von einem Wert von 500 Euro auszugehen ist. Bei einer einstweiligen Anordnung auf Prozesskostenvorschuss iSd. § 127a ist der geforderte Betrag maßgebend.
- **Einstweilige Verfügung.** Die Zuständigkeit in einstweiligen Verfügungen ist wertunabhängig in § 937 Abs. 1 geregelt. Zuständig ist das Gericht der Hauptsache, in dringenden Fällen nach § 942 Abs. 1 das

---

254 BGH NJW-RR 1999, 1080; WM 1982, 435.
255 OLG Stuttgart OLGR 1998, 227.
256 MK/*Wöstmann* Rn. 59; *Hartmann* § 48 GKG Anh. I (§ 3 ZPO) Rn. 32; *Zö/Herget* Rn. 16 „Ehre"; aA BAG JurBüro 1998, 647 (Regelstreitwert nach § 52 Abs. 2 GKG).
257 *Zö/Herget* Rn. 16 „Ehre".
258 BGH WuM 2006, 396 (200 Euro).
259 OLG Schleswig JurBüro 2002, 316 (10 000 Euro).
260 OLG Köln OLGR 1999, 220.
261 OLG Frankfurt OLGR 1999, 296.
262 *St/J/Roth* Rn. 51 „Ehrverletzung"; MK/*Wöstmann* Rn. 60.
263 BGH KostRspr. Nr. 113; *Mümmler* JurBüro 1989, 295, 297; OLG Saarbrücken JurBüro 1985, 1238.
264 BGH NJW 2000, 2113; 1991, 1833; FamRZ 1999, 647.
265 BGH WM 2001, 827.
266 AllgM, MK/*Wöstmann* § 6 Rn. 6; *St/J/Roth* § 6 Rn. 12; *Zi* § 6 Rn. 1; BGH FamRZ 1991, 547; OLG Hamm MDR 2002, 1458.
267 *St/J/Roth* § 6 Rn. 4; OLG Frankfurt NJW 1970, 334.
268 *T/P/Hüßtege* Rn. 49; BGH NJW 1998, 2368.
269 Dörndorfer JurBüro 2002, 456, 457.
270 OLG Frankfurt OLGR 2005, 467; *Lappe* NJW 2006, 270, 272.
271 OLG Bamberg FamRZ 2002, 1640.

Amtsgericht, in dessen Bezirk sich der Streitgegenstand befindet. Der Gebührenstreitwert bemisst sich gemäß § 53 Abs. 1 Nr. 1 GKG, § 3 Halbs. 1 allein nach dem Interesse des Antragstellers an der Sicherung des Anspruchs.[272] Da eine vorläufige Entscheidung erstrebt wird, ist das spezifische Befriedigungsinteresse des Klägers durch Bildung eines Bruchteils vom Hauptsachewert zu berücksichtigen.[273] Dabei setzt die Rechtsprechung regelmäßig 1/3 an,[274] unter den besonderen Umständen des Einzelfalls bis zu 1/2[275] oder gar 2/3.[276] Deckt sich das Interesse an einstweiligem Rechtsschutz mit dem Befriedigungsinteresse (etwa weil durch den Erlass der einstweiligen Verfügung der Streit endgültig erledigt wird)[277] oder reicht es an dieses heran, ist auf den Prozessstreitwert zurückzugreifen;[278] insbesondere gilt dies für den Bereich des einstweiligen gewerblichen Rechtsschutzes (vgl. hierzu auch Rn. 38 „Wettbewerbsrecht"). Im Übrigen ist bei Unterhaltsverfügungen nicht iSd. § 42 Abs. 1 GKG[279] der Jahreswert der Unterhaltsleistungen zugrundezulegen, sondern in analoger Anwendung von § 53 Abs. 2 S. 1 GKG der sechsmonatige Bezug maßgeblich,[280] weil keine endgültige Befriedigung droht, sondern auf Antrag jederzeit gemäß §§ 926, 936 ein Hauptsacheverfahren möglich ist.[281]

- **E-Mails.** Siehe Rn. 38 „Werbung".
- **Erbrecht.** Bei **Feststellungsklagen** hinsichtlich der Erbenstellung ist unter Anwendung von § 6 auf die Erbquote abzustellen. Dabei ist kein Abschlag wegen der Feststellung vorzunehmen.[282] Unberücksichtigt bleiben aber unstreitige Pflichtteilsansprüche.[283] Ficht der Kläger ein Testament wegen **Erbunwürdigkeit** des Bedachten an, so richtet sich die Berechnung des Streitwertes nach § 3 Halbs. 1. Maßgeblich ist der Wert seines Anteils am Gesamtnachlass bei erfolgreicher Klage.[284] Trotz ex tunc-Wirkung der Erbunwürdigkeitserklärung gemäß § 2344 Abs. 1 BGB ist nach § 4 Abs. 1 Halbs. 1 zur Wertberechnung der Zeitpunkt des Einreichens der Klage maßgebend.[285] Bei der **Herausgabe des Erbscheins** ist iSd. § 3 Halbs. 1 das Interesse des Klägers an der Vermeidung des Missbrauchs (§§ 2366, 2367 BGB) des falschen Erbscheins bestimmend.[286] Bei Streitigkeiten unter Miterben auf Auseinandersetzung der **Erbengemeinschaft** ist zur Berechnung ebenfalls auf § 3 Halbs. 1 abzustellen. Entscheidend ist das wirtschaftliche Interesse des Klägers, welches regelmäßig seinem Erbanteil entspricht, wobei unstreitige Teile in Abzug zu bringen sind.[287] Dies gilt ebenso für die Klage auf Zustimmung zum Teilungsplan als auch bei der Feststellung seiner Unwirksamkeit.[288] Bei der Klage gegen einen Dritten auf Leistung an die Erbengemeinschaft (§ 2039 BGB) ist der Wert der geforderten Leistung maßgebend.[289] Dagegen ist bei der Klage gegen einen Miterben auf Erfüllung einer gegen ihn bestehenden Nachlassforderung dessen Anteil an der Forderung abzuziehen.[290] Begehrt der Kläger zusätzlich den Anteil des Beklagten für sich allein, so ist der Wert dieses beanspruchten Anteils erheblich.[291] Bei der Klage auf Feststellung der **Nichtigkeit des Testaments** ist nicht auf den gesamten Nachlass, sondern nur auf das Interesse des Klägers abzustellen.[292] Wird der Alleinerbe verurteilt, ein geordnetes **Nachlassverzeichnis** zu erstellen bzw. Auskunft zu erteilen, so richtet sich der Wert nach dem dafür erforderlichen Aufwand (vgl. Rn. 23 „Auskunft").[293]
- **Erledigung der Hauptsache.** Bei der **übereinstimmenden vollständigen Erledigungserklärung (§ 91 a)** in der Hauptsache ist der Wert der bisher angefallenen gerichtlichen und außergerichtlichen Kosten be-

---

[272] *T/P/Hüßtege* Rn. 52; *St/J/Roth* Rn. 51 „Einstweilige Verfügung"; Zi Rn. 14 „Einstweilige Verfügung"; OLG Köln FamRZ 2001, 432.
[273] LAG Köln NZA-RR 2005, 547; OLG Hamm AGS 2000, 134.
[274] OLG Frankfurt AnwBl. 1984, 94; OLG Brandenburg KostRspr. Nr. 1374; OLG Koblenz JurBüro 1994, 738; LG Dresden BauR 2006, 738 (LS); aA OLG Köln MDR 1995, 1140.
[275] OLG Saarbrücken JurBüro 1990, 1661; OLG Celle JurBüro 1982, 1227; OLG Bremen JurBüro 1982, 1052.
[276] KGR 2005, 208.
[277] LG Hamburg WuM 2006, 409 (LS).
[278] OLG Bamberg JurBüro 1978, 1552 f.; OLG Köln OLGR 1999, 336; OLG Frankfurt MDR 1991, 354; vgl. LG Lübeck NJW 2001, 82 (Girovertragskündigung); einschränkend OLG Brandenburg OLGR 2006, 371 f. (prognostizierte Zeitersparnis gegenüber Hauptsacheverfahren).
[279] AA OLG Hamm JurBüro 1979, 875; OLG Hamm JurBüro 1986, 1547; OLG Düsseldorf JurBüro 1982, 285 f.; OLG Düsseldorf 1994, 125; OLG Köln FamRZ 1997, 39.
[280] *Zö/Herget* Rn. 16 „Einstweilige Verfügung"; *St/J/Roth* Rn. 51 „Einstweilige Verfügung"; OLG Brandenburg FamRZ 2001, 779 (6-monatiger Bezug iSd. § 20 Abs. 2 S. 1 GKG aF, nunmehr § 53 Abs. 2 S. 1 GKG).
[281] *Zö/Herget* Rn. 16 „Einstweilige Verfügung"; *St/J/Roth* Rn. 51 „Einstweilige Verfügung"; OLG Hamm JurBüro 1982, 105.
[282] *St/J/Roth* Rn. 51 „Erbrecht", § 6 Rn. 14; BGH KostRspr. Nr. 873; OLG Frankfurt OLGR 1994, 66; aA BGH FamRZ 1989, 958; MK/*Wöstmann* Rn. 67; *Zö/Herget* Rn. 16 „Erbrechtliche Ansprüche".
[283] *Hartmann* § 48 GKG Anh. I (§ 3 ZPO) Rn. 42; BGH Rpfleger 1975, 127.
[284] *St/J/Roth* Rn. 51 „Erbrecht"; *Hartmann* § 48 GKG Anh. I (§ 3 ZPO) Rn. 42; *T/P/Hüßtege* Rn. 61; OLG Hamburg MDR 1959, 585; aA BGH NJW 1970, 197; OLG Koblenz ZEV 1997, 252 m. abl. Anm. *Roth;* OLG Koblenz 1997, 693.
[285] OLG Frankfurt JurBüro 1971, 540; *St/J/Roth* Rn. 51 „Erbunwürdigkeitsklage".
[286] *T/P/Hüßtege* Rn. 60; *St/J/Roth* Rn. 51 „Erbschein"; BGH KostRspr. Nr. 176.
[287] BGH NJW 1975, 1415; OLG Karlsruhe JurBüro 1992, 418 m. zust. Anm. *Mümmler; St/J/Roth* § 6 Rn. 19; aA BGH NJW 1962, 914.
[288] BGH NJW 1975, 1415; OLG München OLGR 1995, 142.
[289] OLG Schleswig JurBüro 1994, 26.
[290] OLG Köln OLGR 1995, 246.
[291] OLG Celle OLGR 2001, 142.
[292] *Zi* Rn. 15 „Erbrechtliche Klagen"; *Zö/Herget* Rn. 16 „Erbrechtliche Ansprüche"; BGH LM Nr. 9, 11.
[293] BGH NJWE-FER 1997, 233; KG JurBüro 1973, 151; OLG Köln MDR 1959, 223.

stimmend.[294] Dabei bildet der Streitwert der bisherigen Hauptsache die Obergrenze.[295] Bei der **übereinstimmenden teilweisen Erledigungserklärung** in der Hauptsache werden die bisherigen Nebenforderungen des erledigten Teils, also insbesondere Zinsen, zur Hauptforderung und sind neben der nicht erledigten noch anhängigen Hauptsache wertbestimmend.[296] Umstritten ist, ob auch die hinsichtlich des erledigten Teils angefallenen Prozesskosten streitwerterhöhend zu beachten sind. Für die Berücksichtigung der bisher angefallenen Prozesskosten wird insbesondere auf § 4 Abs. 1 Halbs. 2 verwiesen. Der Wegfall des erledigten Teils führe dazu, dass die bisherigen Nebenforderungen Hauptforderung würden und dann den Streitwert erhöhen würden.[297] Zu beachten ist jedoch, dass § 4 Abs. 1 Halbs. 2 mit dem Begriff „Kosten" nicht die im laufenden Verfahren angefallenen, sondern die Prozesskosten früherer Verfahren meint (§ 4 Rn. 16). Die Berücksichtigung der Kosten des laufenden Prozesses ist vielmehr unabhängig von einem entsprechenden Sachantrag dem Kostenfestsetzungsverfahren gemäß §§ 103ff. vorbehalten und es entspricht einem allgemeinen Grundsatz, dass sie bei der Wertbestimmung nicht einzubeziehen sind.[298] Dementsprechend entfällt ihre Berücksichtigung bei der übereinstimmenden teilweisen Erledigungserklärung, soweit auch nur ein Bruchteil der Hauptsache weiter im Streit steht.[299] Für die **einseitige vollständige Erledigungserklärung** des Klägers werden verschiedene Ansätze vertreten. Einmal wird auf den Charakter der einseitigen Erledigungserklärung als Klageänderung[300] mit einem Antrag auf Feststellung (§ 91a Rn. 28f.) abgestellt und insofern der bisherige Hauptsachewert unter Berücksichtigung eines entsprechenden Abschlags von bis zu 50 % der Wertberechnung zugrundegelegt.[301] Andererseits wird der Wert der bisherigen Hauptsache unverändert übernommen, weil das Gericht nach wie vor eine Entscheidung in der Hauptsache zu treffen habe.[302] Richtig ist es jedoch, bei der einseitigen Erledigungserklärung nach der Klageänderungstheorie von einem anderen Streitgegenstand und damit einem anderen Wert auszugehen. Trotz der inzidenter vorzunehmenden Prüfung der Zulässigkeit und Begründetheit der ursprünglichen Klage entfällt aber insofern ein Abstellen auf deren Hauptsachewert unter Berücksichtigung eines Abschlags. Vielmehr ist das Kosteninteresse der Parteien ausschlaggebend und damit der Wert der Prozess- und Parteikosten, die für die erledigte Hauptsache angefallen sind, zugrundezulegen.[303] Der Streitwert der Erledigungsfeststellungklage ist insofern auch für den in der Berufungsinstanz zu ermittelnden Streitwert maßgeblich.[304] Bei der **einseitigen teilweisen Erledigungserklärung** sind unter Anwendung des zur einseitigen vollständigen Erledigungserklärung Gesagten der Wert der verbliebenen Hauptsache und die Kosten des für erledigt erklärten Teils zusammenzurechnen.[305]

– **Eventualantrag.** Es findet im Rahmen des Zuständigkeitsstreitwertes keine Zusammenrechnung der jeweiligen Einzelwerte des Haupt- und des Eventualantrages statt.[306] Maßgebend ist vielmehr der höhere Wert (§ 5 Rn. 11).[307] Für den Gebührenstreitwert ist der Wert des Haupt- mit dem des Hilfsantrages zu addieren, soweit über den Hilfsantrag eine Entscheidung ergeht, § 45 Abs. 1 S. 2 GKG (vgl. § 5 Rn. 13). Eine Zusammenrechnung findet jedoch nicht statt, wenn iSd. § 45 Abs. 1 S. 3 GKG beide Anträge – wie regelmäßig beim echten Hilfsantrag[308] wirtschaftlich identisch sind.[309]

---

[294] *Zi* Rn. 16 „Erledigung der Hauptsache"; *T/P/Hüßtege* § 91a Rn. 57; *Zö/Herget* Rn. 16 „Erledigung der Hauptsache"; *Hartmann* § 48 GKG Anh. I (§ 3 ZPO) Rn. 47; OLG Hamburg MDR 1997, 890; LG München I NJW-RR 2001, 429.

[295] MK/*Wöstmann* Rn. 68; *Zö/Herget* Rn. 16 „Erledigung der Hauptsache".

[296] *St/J/Roth* § 4 Rn. 38; MK/*Wöstmann* Rn. 68; *T/P/Hüßtege* § 4 Rn. 9; *Hartmann* § 48 GKG Anh. I (§ 3 ZPO) Rn. 48; BGH NJW 1994, 1869; OLG Zweibrücken ZMR 2001, 227; OLG Brandenburg VIZ 1997, 697, 702; OLG Koblenz MDR 1992, 717; aA *Zö/Herget* Rn. 16 „Erledigung der Hauptsache"; *Zi* Rn. 16 „Erledigung der Hauptsache"; BGHZ 26, 174; BGH NJW 1994, 1869.

[297] MK/*Wöstmann* Rn. 68.

[298] *St/J/Roth* § 4 Rn. 25f.; BGH NJW 1995, 664, 665 m. Anm. *Roth* JZ 1995, 683.

[299] *St/J/Roth* § 4 Rn. 38; *T/P/Hüßtege* § 91 Rn. 57; BGHZ 26, 174; BGH NJW-RR 1995, 1089, 1090; 1991, 509; OLG Karlsruhe MDR 1996, 1298; OLG Köln VersR 1993, 80; aA OLG Brandenburg VIZ 1997, 697, 702; OLG Koblenz VersR 1993, 325.

[300] HM, BGH NJW 2002, 442 m. weit. Nachw.

[301] OLG Frankfurt OLGR 1998, 14; MDR 1995, 207; OLG München JurBüro 1995, 644; MDR 1998, 62; OLG Köln JurBüro 1991, 832; *Zi* Rn. 16 „Erledigung der Hauptsache".

[302] *B/L/H* Anh. § 3 Rn. 45; *Deckenbrock/Dötsch* JurBüro 2003, 287; OLG Schleswig OLGR 2005, 527, 528; OLG Brandenburg NJW-RR 1996, 1472; 2004, 342; OLG Köln FamRZ 1995, 1214; OLG München NJW-RR 1996, 1472; 1996, 956, 957; LG München I NJW-RR 2001, 429; LG Duisburg MDR 2004, 419, 962.

[303] *Zö/Vollkommer* § 91a Rn. 48; *T/P/Hüßtege* Rn. 61; *Deubner* JuS 2003, 66; BGH WuM 2007, 93, NZM 2005, 917; NJW-RR 1996, 1210 m. weit. Nachw.; FamRZ 1990, 1225; KG JurBüro 2006, 201 (LS); OLG Hamm JurBüro 2005, 598 (LS); OLG Jena OLG-NL 2002, 18; OLG Nürnberg JurBüro 2002, 368; OLG Schleswig SchlHA 1999, 134f.; OLG Hamm MDR 2000, 175; OLG Dresden NJW-RR 2001, 428; OLG Köln OLGR 2005, 19; NZM 2000, 305; KG JurBüro 2003, 644; MDR 2004, 116; 1999, 380; KGR 1997, 283; OLG Naumburg OLGR 1998, 138; OLG Schleswig OLGR 1999, 79.

[304] OLG Hamm NJOZ 2005, 3149.

[305] *T/P/Hüßtege* § 91a Rn. 62; BGH WM 1991, 2009; NJW-RR 1996, 1210; 1999, 1385 (Rechtsmittelbeschwer); 1988, 1465; OLG Nürnberg JurBüro 2006, 478; JurBüro 2002, 368; OLG Saarbrücken OLGR 1998, 396; OLG Düsseldorf WuM 2002, 501; aA bisheriger Hauptsachewert: *Zö/Herget* Rn. 16 „Einseitige Erledigungserklärung"; LG Frankfurt Rpfleger 2002, 382.

[306] *St/J/Roth* § 5 Rn. 34; *Zö/Herget* Rn. 16 „Eventual- und Hauptantrag".

[307] MK/*Wöstmann* § 5 Rn. 12; KG OLGZ 1979, 348f.

[308] *Lappe* NJW 2004, 2409, 2412.

[309] BGHReport 2003, 576.

27 – **Familiensachen.** In Ehe- und Lebenspartnerschaftssachen[310] sind §§ 46, 48 Abs. 3,[311] 49 GKG zu beachten.[312] Maßstab ist dabei zunächst das tatsächliche **Nettoeinkommen** der Eheleute bzw. Lebenspartner (Rn. 18). Dazu zählen nicht Sozialleistungen und Arbeitslosengeld II, weil diese keine Einkommensersatzfunktion haben.[313] Dies begegnet keinen verfassungsrechtlichen Bedenken.[314] Dagegen sind Arbeitslosengeld I[315], Unterhaltsgeld (§ 153 SGB III)[316], Blindenhilfe[317] und der nicht als Darlehen gewährte Teil der Ausbildungsförderung nach dem BAföG[318] als Einkommen zu berücksichtigen. Schulden[319] und Unterhaltspflichten, insbesondere gegenüber Kindern, sind in Abzug zu bringen. Bei **Kindesunterhalt** wird je Kind ein Betrag von bis zu 300 Euro vom Einkommen abgezogen.[320] **Schulden** werden jedoch von der Rechtsprechung teilweise nur berücksichtigt, wenn sie über normale Verhältnisse hinausgehen[321] bzw. werden sie nur zu einem Bruchteil in Abzug gebracht.[322] Wird **Prozesskostenhilfe** ohne Zahlungsbestimmung bewilligt, ist nicht ohne weiteres nur der Mindeststreitwert von 2 000 Euro anzusetzen, sondern vielmehr auf das von den Eheleuten in drei Monaten tatsächlich erzielte Nettoeinkommen abzustellen.[323] Im Hinblick auf **Vermögen** ist dessen Ertrag zu berücksichtigen, wobei privates Vermögen iHv. 10 % sowie Betriebsvermögen mit 5 % streitwerterhöhend herangezogen werden und Freibeträge für Eltern und Kinder zuzubilligen sind.[324] Wohneigentum wird mit der ersparten 3-fachen Monatskaltmiete angesetzt.[325] Nicht bei der Berechnung zu berücksichtigen sind sonstige gewöhnliche Kosten.[326] Maßgeblich ist gemäß §§ 48 Abs. 1 S. 1, 40 GKG iVm. § 4 Abs. 1 auch für Scheidungsverfahren der Zeitpunkt der Einreichung des Scheidungsantrages, das heißt Veränderungen des Wertes innerhalb der Instanz sind unbeachtlich.[327] Im Rahmen der einverständlichen Scheidung ist auf Grund ihrer statistischen Häufigkeit eine Absenkung des Streitwertes nicht gerechtfertigt.[328] Hinsichtlich des Einkommens zu erwartende Verschlechterungen können zu berücksichtigen sein, wenn sie zum Zeitpunkt der Antragstellung bereits erkennbar sind.[329] Weiterer wertbildender Faktor kann der **Umfang der Sache** sein (vgl. Rn. 15). Die „Bedeutung“ der Sache ist ebenso wenig zu berücksichtigen wie durch den Rechtsanwalt vorprozessual aufgewandte Arbeitszeit[330] oder etwa der Wert der **Folgesachen**[331]. Deren Streitwert wird jedoch im Scheidungsverbund mit dem des Scheidungsantrags addiert (§ 46 Abs. 1 S. 1 GKG). Dabei ist für den Versorgungsausgleich auch im Falle des § 1587o BGB ein Mindestwert von 500 Euro anzusetzen,[332] es sei denn, es ergibt sich, dass keiner der Ehegatten Anwartschaften erworben hat.[333] Nach Rücknahme des Scheidungsantrages sind die im Scheidungsverbund anhängig gemachten und selbständig fortführbaren Folgesachen (wie Ehegattenunterhalt und Zugewinnausgleich) bei der

---

310 Vgl. ausf. *Kindermann* RVGReport 2004, 20ff.
311 OLG Zweibrücken NJW-RR 2004, 355.
312 OLG Rostock FamRZ 2002, 1134.
313 *St/J/Roth* Rn. 32; OLG Düsseldorf FamRZ 2006, 807; OLG Celle FamRZ 2000, 1520; OLG Karlsruhe FamRZ 1998, 572; OLG Dresden FamRZ 2004, 1225 (LS); OLG Brandenburg FamRZ 2003, 1676; vgl. auch OLG Celle NJW 2006, 1356 (Für die Berechnung des Ehegattenunterhalts); aA OLG Dresden FamRZ 2002, 1640; OLG Düsseldorf FamRZ 1994, 250; KGR 1993, 130; *Zö/Herget* Rn. 16 „Ehesachen“.
314 BVerfG NJW 2006, 1581.
315 OLG Dresden JurBüro 1997, 479; OLG Köln FamRZ 1998, 310.
316 OLG Karlsruhe FamRZ 1999, 1678; *St/J/Roth* Rn. 32; *Zö/Herget* Rn. 16 „Ehesachen“.
317 OLG Saarbrücken JurBüro 1991, 983.
318 OLG München JurBüro 1980, 892.
319 Zi Rn. 13 „Ehesachen“; *Zö/Herget* Rn. 16 „Ehesachen“; OLG Koblenz JurBüro 1999, 475; OLG Celle NdsRpfl. 1998, 175; OLG München JurBüro 1980, 894; aA *Schwolow* FuR 2002, 307, 308.
320 *Hartmann* § 48 GKG Rn. 35; OLG Brandenburg MDR 2007, 1321; OLG Hamm FamRZ 2006, 718; JurBüro 1985, 255; OLG Düsseldorf FamRZ 1986, 706; OLG Nürnberg FamRZ 1986, 194; OLG Nürnberg FuR 1999, 95; OLG Koblenz FamRZ 1993, 827.
321 OLG Celle NdsRpfl. 1998, 175; OLG Hamm FamRZ 1997, 36; OLG Karlsruhe FamRZ 1992, 707; OLG Dresden JurBüro 1997, 479.
322 OLG Düsseldorf JurBüro 1987, 732; OLG Bamberg JurBüro 1983, 1539.
323 BVerfG NJW 2005, 2980; 2007, 1445, 1446; OLG Zweibrücken NJW-RR 2004, 355; OLG Hamburg FamRZ 2003, 1681; OLG Celle OLGR 2002, 153; OLG Karlsruhe JurBüro 2003, 141; MDR 2007, 620; OLG München FamRZ 2002, 683; aA OLG Stuttgart FamRZ 2000, 1518; OLG Hamm FamRZ 2004, 1664; OLG Hamburg OLGR 1999, 253; *Zö/Herget* Rn. 16 „Ehesachen“; *Schneider* MDR 1985, 354; vgl. *Sarres* JurBüro 2004, 4.
324 *Zö/Herget* Rn. 16 „Eheseachen“; OLG Koblenz FamRZ 2003, 1681 (§ 6 VermStG analog); OLG München OLGR 1998, 169.
325 OLG Schleswig OLGR 2003, 14; OLG Dresden MDR 2003, 536.
326 *St/J/Roth* Rn. 33; *Schwolow* FuR 2002, 307.
327 OLG Frankfurt NJW-RR 2000, 1383; OLG Dresden JurBüro 2003, 140; OLG Karlsruhe JurBüro 2003, 142; OLG Oldenburg NJW-RR 1999, 942; OLG Brandenburg NJW-RR 1998, 867.
328 OLG Dresden FamRZ 2003, 465; OLG Brandenburg FamRZ 1997, 34; MDR 2007, 1321; OLG Frankfurt FamRZ 1997, 35; OLG Köln FamRZ 1998, 310f.; OLG Jena FamRZ 1999, 1678; OLG Hamm FamRZ 2001, 238f., 431f.; OLG Naumburg OLGR 1999, 111; aA OLG Koblenz FamRZ 1999, 1678 und OLG Dresden JurBüro 1997, 479f.; *Zö/Herget* Rn. 16 „Ehesachen“; *Mümmler* JurBüro 1981, 1464; *Lappe* NJW 2000, 1148, 1149.
329 OLG Düsseldorf KostRspr. § 12 GKG Nr. 108 und Nr. 91 m. Anm. *Schneider.*
330 OLG Dresden FamRZ 2003, 1677; *Zö/Herget* Rn. 16 „Ehesachen“.
331 OLG Dresden FamRZ 2003, 1677; OLG Zweibrücken JurBüro 1979, 1864; OLG Nürnberg FamRZ 1986, 194; OLG Brandenburg FamRZ 1997, 24; aA OLG Düsseldorf JurBüro 1995, 252.
332 OLG Düsseldorf FamRZ 1979, 170.
333 OLG Hamm JurBüro 1979, 1336.

Streitwertfestsetzung zu berücksichtigen.[334] Bei der **Vaterschaftsanfechtung** bezüglich mehrerer Kinder, die von verschiedenen Anwälten vertreten werden, wird angesichts mehrerer Streitgegenstände (§ 5 Rn. 6) zur Ermittlung des Regelstreitwertes nach § 5 eine entsprechende Wertaddition vorgenommen.[335] Bei Feststellung der Vaterschaft gilt § 48 Abs. 3 S. 3 GKG.[336] Siehe auch Rn. 18 und Rn. 26 „Einstweilige Anordnung".

– **Feststellungsklagen.** Es ist grundsätzlich unter Anwendung von § 3 Halbs. 1 auf das wirtschaftliche Interesse des Klägers an der begehrten Feststellung abzustellen. Dabei ist bei **positiven Feststellungsklagen** der Wert des Gegenstandes oder des Rechtsverhältnisses zugrundezulegen und regelmäßig ein Abschlag von 20 %,[337] ausnahmsweise von 50 % (zB bei Feststellung der Pflicht zur Beseitigung von Altlasten)[338] oder mehr vorzunehmen.[339] Dies gilt selbst dann, wenn der Kläger bei stattgebendem Urteil davon ausgehen kann, dass der Beklagte leistet.[340] Im Übrigen können auch Zweifel an der Durchsetzbarkeit des Anspruchs einen höheren Abschlag rechtfertigen.[341] Jedoch ist für die Bemessung des Streitwertes einer Klage auf Feststellung des Eigentums[342] oder der Nichtigkeit eines Grundstückskaufvertrages ein Abzug von 20 % nicht gerechtfertigt.[343] Wird neben der Klage auf Leistung Zug-um-Zug gegen Erbringung der Gegenleistung die Feststellung beantragt, dass sich der Beklagte bzgl. der **Annahme** der Gegenleistung in **Verzug** befindet, ist der Streitwert anhand von § 3 Halbs. 1 zu bestimmen, jedoch idR von wirtschaftlicher Identität mit dem Leistungsantrag auszugehen und eine Erhöhung des Streitwertes nicht angezeigt.[344] Ansonsten ist die Kostenersparnis des Klägers zugrundezulegen, weil er die Ware nicht mehr anbieten muss.[345] Im Falle der **negativen Feststellungsklage** ist der Wert des geleugneten Rechts Bemessungsmaßstab.[346] Dies gründet sich darauf, dass der Kläger mit der Klage das Interesse verfolgt, nicht leisten zu müssen.[347] Damit kommt wertungsmäßig das Interesse bei einer vergleichbaren Leistungsklage zum Tragen, so zB bei der Feststellung der Nichtigkeit eines Darlehensvertrages[348] oder etwa eines Kaufvertrages[349]. Berühmt sich der Beklagte insofern einer noch nicht bezifferten Forderung, so ist deren Wert nach § 3 Halbs. 1 zu schätzen; irreale Berühmungen sind auf sinnvolle Werte zurückzuführen.[350] Bei einer negativen Feststellungsklage gegen eine auf Unterhaltszahlungen gerichtete einstweilige Anordnung ist zur Wertermittlung auf § 42 Abs. 1 GKG und nicht auf § 53 Abs. 2 GKG abzustellen, weil eine endgültige Entscheidung angestrebt wird.[351] Handelt es sich um eine negative Feststellungswiderklage, ist deren Wert mit dem der Klage zusammenzurechnen, soweit sie über die Klageforderung hinausgehende Forderungen erfasst.[352] Im **Insolvenzverfahren** ist bei Klagen auf Feststellung einer Forderung, deren Bestand vom Insolvenzverwalter oder einem Insolvenzgläubiger bestritten wird, zur Berechnung des Streitwertes der zu erwartende quotenmäßige Betrag zu Grunde zu legen, § 182 InsO; beim Feststellungsantrag iSd. § 184 InsO ist die Forderung ohne Abschlag[353] maßgeblich. Wird die Feststellung erstrebt, dass eine zur Insolvenztabelle festgestellte Forderung iSd. § 302 Nr. 1 InsO auf vorsätzlich begangener unerlaubter Handlung beruht, ist gleichfalls der Wert der Forderung in voller Höhe zu berücksichtigen.[354] Siehe auch Rn. 30 „Insolvenzverfahren" sowie § 5 Rn. 7f.

– **Freistellungsanspruch.** Der Wert eines unbeziffert geltend gemachten Freistellungsanspruches bemisst sich nach der gemäß § 3 Halbs. 1 zu schätzenden voraussichtlichen Inanspruchnahme des Klägers.[355] Bei einer ziffernmäßigen Geltendmachung ist dieser Betrag anzusetzen. Bei einem Antrag auf Befreiung von persönlicher Schuld, welche mit einem Grundpfandrecht gesichert ist, unterbleibt wegen wirtschaftlicher Identität eine Wertaddition. Für die Freistellung von einem Unterhaltsanspruch sind die prognos-

---

[334] OLG Jena FamRZ 1999, 175.
[335] OLG Köln FamRZ 2005, 1765.
[336] *Zi* Rn. 17 „Feststellungsklage".
[337] BGHReport 2005, 1288; BGH NJW-RR 2006, 791; 2000, 1266; 2001, 366; AnwBl. 2003, 598; Rpfleger 2004, 585; OLG Stuttgart, Beschl. v. 30. 10. 2006, Az. 5 W 65/06; vgl. wegen Bestehens eines Versicherungsvertrages: OLG Frankfurt OLGR 2000, 142; OLG Celle, Beschl. v. 3. 1. 2007, Az. 8 U 123/06; BGH NJW-RR 1997, 1562; 1999, 362, 689f.; KG NJW-RR 1997, 543; OLG München OLGR 1998, 162; LG Magdeburg VersR 2003, 263.
[338] OLG Saarbrücken OLGR 2005, 603.
[339] BGH NJW-RR 2001, 316.
[340] BGH NJW-RR 1999, 362; MDR 1997, 385; aA *Schneider* MDR 1985, 268.
[341] BGH AnwBl. 1992, 451.
[342] *St/J/Roth* § 6 Rn. 14; KG MDR 1970, 152; OLG Hamm MDR 1958, 250.
[343] OLG Oldenburg MDR 1996, 101; OLG Frankfurt OLGR 1999, 206 m. weit. Nachw.
[344] KG MDR 2005, 898; OLG Hamburg OLGR 2000, 455; OLG Karlsruhe OLGR 2004, 388.
[345] LG Essen JurBüro 1999, 531; OLG Naumburg OLGR 2000, 368.
[346] BGH NJW-RR 2005, 938; WuM 2004, 352; NJW 1970, 2025; OLG Brandenburg JurBüro 2003, 85; OLG Frankfurt NJW-RR 2000, 187; OLG Koblenz MDR 1996, 103; OLG Bamberg JurBüro 1990, 659; OLG Frankfurt 1997, 177; OLG Hamm JurBüro 2003, 537; *T/P/Hüßtege* Rn. 65.
[347] BGH NJW 1997, 680; OLG Brandenburg FamRZ 2004, 963; OLG Bamberg JurBüro 1990, 1659.
[348] BGH NJW 1997, 1787; OLG Karlsruhe OLGR 2005, 353.
[349] OLG Frankfurt NJW-RR 2000, 587.
[350] OLG Düsseldorf MDR 2003, 236; OLG Dresden JurBüro 2004, 141.
[351] *Hartmann* § 48 GKG Anh. I (§ 3 ZPO) Rn. 34; OLG Schleswig JurBüro 1992, 488, 489.
[352] *Zö/Herget* Rn. 16 „Feststellungsklagen"; OLG Düsseldorf MDR 2003, 236.
[353] LG Mühlhausen JurBüro 2004, 597.
[354] OLG Hamm ZInsO 2007, 215.
[355] BGH NJW-RR 1995, 197; KG MDR 1998, 1310.

tizierte Höhe und Dauer der Verpflichtung streitwertbestimmend.[356] Im Hinblick auf die Freistellung von der Verpfändung eines Bankkontos ist der Wert anhand des Guthabens und der Zinsen zu bestimmen.[357]

28 – **Gesellschaft.** Es ist grundsätzlich iSd. § 3 Halbs. 1 auf das wirtschaftliche Interesse des Klägers abzustellen. So ist bei Auflösung der Gesellschaft ebenso wie im Fall der Klage auf Übertragung eines Gesellschaftsanteils der Verkehrswert der entsprechenden Beteiligung zugrundezulegen.[358] Beansprucht der klagende Gesellschafter eine Leistung von der Gesellschaft, ist der Wert dieser Leistung ohne Abzug eines Klägeranteils maßgeblich.[359] Bei der Höhe nach feststehender, aber in monatlichen Raten zu erfüllender Gesamteinlagepflicht des Gesellschafters, richtet sich bei Streitigkeiten über den Bestand des Gesellschafterverhältnisses der Streitwert nicht nach § 9, sondern ist gemäß § 3 Halbs. 1 anhand des Wertes der Gesamteinlage zu bestimmen.[360] Siehe auch Rn. 23 „Anfechtungsklagen" und „Auflösung einer OHG, KG oder GmbH".

– **Grundbuchberichtigung (§ 894 BGB).** Bei der Klage auf Grundbuchberichtigung richtet sich gemäß § 6 der Streitwert nach dem **Verkehrswert** des Grundstücks,[361] wenn daneben die Feststellung des streitigen Eigentums begehrt wird. Dabei sind etwaige Belastungen unbeachtlich.[362] Im Übrigen ist das klägerische Interesse an der Berichtigung nach § 3 Halbs. 1 zu schätzen.[363] Siehe auch Rn. 31 „Löschung".

29 – **Handelsregister.** Wird auf Mitwirkung bei der Anmeldung geklagt, ist der Streitwert wegen Abgabe einer Willenserklärung maßgeblich und nach § 3 Halbs. 1 zu schätzen.[364] Dabei ist regelmäßig ein Bruchteil des klägerischen Anteils iHv. 10 % bis 20 % zugrundezulegen.[365] Im Übrigen kommt es auf das Interesse des Klägers an der Offenlegung der Beteiligungsverhältnisse an.[366]

– **Hausrat.** Der Wert des Hausrats ist nach §§ 1 Nr. 1 lit. b, c, 48 Abs. 1 S. 1 GKG, § 6 entscheidend,[367] wobei nicht der Wiederbeschaffungs-, sondern der Verkehrswert zu berücksichtigen ist.[368] Steht nur die Nutzung des Hausrats in Rede, ist gemäß § 3 Halbs. 1 der Streitwert zu schätzen. Dabei wird von einem Bruchteil des Verkehrswertes auszugehen sein.[369] Beim Streit über die Nutzung des Hausrats in Fällen des § 620 Nr. 7 ist ein Wert von 1 200 Euro anzusetzen, § 53 Abs. 2 S. 2 GKG. In Familiensachen nach § 621 Abs. 1 Nr. 7 ist nach § 100 Abs. 3 S. 1 Alt. 2 KostO der Wert des gesamten Hausrats maßgeblich, es sei denn, es ist nur die Benutzung zu regeln, § 100 Abs. 2 S. 2 KostO. Für Lebenspartnerschaftssachen gilt dies entsprechend, § 100 Abs. 3 KostO. Vgl. auch Rn. 26 „Einstweilige Anordnung".

– **Heimfallrecht (§ 2 Nr. 4 ErbbauVO).** Ausschlaggebend ist nach § 6 S. 1 (nicht dagegen § 41 Abs. 2 GKG) [370] der Wert des Heimfallrechts,[371] wobei der Verkehrswert des Grundstücks entscheidend ist.[372]

– **Herausgabeklagen.** Bei der **Herausgabe von Sachen** ist grundsätzlich auf § 6 S. 1 Alt. 1 abzustellen. Maßgeblich ist der objektive Verkehrswert der Sache im Zeitpunkt der Klageeinreichung, § 4 Abs. 1 Halbs. 1; nicht zu berücksichtigen sind Grundpfandrechte oder sonstige Grundstücksbelastungen,[373] der Kaufpreis oder bei Vorbehaltseigentum ein eventueller Restkaufpreis (vgl. § 6 Rn. 3).[374] Nach einer im Vordringen begriffenen Ansicht wird § 6 aus Gründen der Verhältnismäßigkeit derart eingeschränkt, dass insbesondere bei Klagen auf **Herausgabe oder Auflassung eines Grundstücks** der Wert des seitens des Beklagten geltend gemachten Restkaufpreises bzw. des darauf beruhenden Zurückbehaltungsrechts zu Grunde gelegt wird.[375] Diese Auffassung widerspricht jedoch dem Vereinfachungsgedanken der Vorschrift, eine berechenbare und einheitliche Bewertung zu ermöglichen,[376] und bevorzugt entgegen der Ausrichtung des Systems der Streitwertbestimmung, welches sich vorrangig am durch den Klageantrag deutlich werdenden Klägerinteresse orientiert, einseitig das Beklagteninteresse.[377] Deshalb ist grundsätzlich auch bei Geltendmachung eines geringfügigen Gegenrechts seitens des Beklagten der volle Verkehrs-

---

[356] BGH NJW-RR 1995, 197.
[357] BGH NJW-RR 1995, 362; *Zi* Rn. 17 „Freistellung".
[358] OLG Frankfurt JurBüro 1980, 606.
[359] RGZ 171, 51.
[360] OLG München NJOZ 2005, 3178.
[361] BGH JurBüro 1979, 896; KG MDR 2001, 56; *St/J/Roth* § 6 Rn. 14; AG Köln JurBüro 1995, 368.
[362] BGH NJW 1958, 1397; KG MDR 2001, 56.
[363] OLG Saarbrücken AnwBl. 1978, 106; LG Dresden JurBüro 2000, 83.
[364] BGH KostRspr. Nr. 892.
[365] BGH Rpfleger 1979, 194; WM 1978, 335; OLG Bamberg JurBüro 1984, 756f.
[366] OLG Köln DB 1971, 1055; OLG Bamberg JurBüro 1984, 756f.
[367] OLG Frankfurt JurBüro 1989, 1563f.
[368] OLG Saarbrücken AnwBl. 1984, 372; OLG Düsseldorf JurBüro 1992, 53; OLG Nürnberg MDR 1997, 510.
[369] OLG Düsseldorf JurBüro 1992, 53 (1/4).
[370] Zu § 16 Abs. 2 GKG aF: OLG Bremen AnwBl. 1996, 411; OLG Schleswig SchlHA 1968, 144.
[371] BGH JurBüro 1982, 697; OLG Frankfurt JurBüro 1985, 278f.
[372] OLG Nürnberg JurBüro 1992, 52; OLG Bamberg JurBüro 1985, 1705.
[373] BGH NJW-RR 2001, 518.
[374] OLG Frankfurt AnwBl. 1984, 94.
[375] OLG Celle NJW-RR 2001, 712; KG NJW-RR 2003, 787; OLG München KostRspr. Nr. 96 m. Anm. *Schneider;* OLG Celle KostRspr. Nr. 97 m. Anm. *Schneider;* LG Hamburg MDR 1998, 372; OLG Frankfurt JurBüro 1981, 759f.; OLG Köln KostRspr. Nr. 78 m. Anm. *Lappe.*
[376] MK/*Wöstmann* Rn. 2; *St/J/Roth* Rn. 1; OLG München OLGR 1994, 239; NJW-RR 1998, 142; OLG Frankfurt OLGR 1995, 238; OLG Nürnberg MDR 1995, 966.
[377] *St/J/Roth* Rn. 1; OLG München OLGR 1994, 239, 264; NJW-RR 1998, 142, 143; MDR 1981, 501; OLG Nürnberg MDR 1995, 966.

wert anzusetzen (ausführlich § 6 Rn. 4f.).[378] Bei der Herausgabe von **Wertpapieren** im engeren Sinne (insbesondere Scheck oder Wechsel) ist das verbriefte Recht wertbestimmend, während bei börsennotierten Wertpapieren der Kurswert entscheidet.[379] Bei anderen Urkunden wie Rektapapieren (insbesondere Grundschuld-, Hypothekenbriefe)[380], qualifizierten Legitimationspapieren (vor allem Sparbücher), reinen Beweisurkunden (zB Bürgschaftsurkunden) oder sonstigen Urkunden (etwa Kfz-Briefe, Versicherungsscheine[381]) ist gemäß § 3 Halbs. 1 auf das Interesse des Klägers an der Verfügungsgewalt bzw. dem Besitz und der damit verbundenen Verwendung abzustellen.[382] Dabei ist dieses Interesse jedoch idR durch den Wert des ausgewiesenen bzw. zu beweisenden Rechts begrenzt.[383] Zur Bestimmung des konkreten Interesses ist zu unterscheiden, ob die Urkunde zu Beweiszwecken herausverlangt wird oder zur Verfügung über das beurkundete Recht.[384] Wenn um die Vorlage einer Urkunde zur Einsicht gemäß § 810 BGB gestritten wird, ist ebenfalls auf das klägerische Interesse iSd. § 3 Halbs. 1 abzustellen, da es nicht um den Besitz der Urkunde geht (zur Herausgabe von Geschäftsunterlagen vgl. Rn. 23 „Auskunft"). Bei letzterem kann der Wert der entsprechenden Forderung ausschlaggebend sein, so zB bei der Herausgabe eines Sparbuches.[385] Bei einer **Bürgschaftsurkunde** ist die Höhe der Hauptschuld bestimmend, wenn dadurch die Inanspruchnahme verhindert wird oder die Rückgabe der Urkunde auflösende Bedingung der Bürgschaft ist.[386] Im Übrigen wird regelmäßig ein Bruchteil des Wertes zugrundegelegt. Bei der Bürgschaft ist dabei von einem Wert zwischen 20 % und 30 %[387] vom Forderungsbetrag auszugehen, während bei der Herausgabe eines **Kfz-Briefes** ein Wert zwischen 10 % und 50 % des Fahrzeug-Verkehrswertes maßgeblich ist.[388] Im Hinblick auf die Herausgabe von **Vollstreckungstiteln** ist ebenfalls nach § 3 Halbs. 1 das Interesse des Schuldners am Besitz an der Urkunde zugrundezulegen, wobei sich dieses etwa bei einem die Zwangsvollstreckung für unzulässig erklärenden Urteil darauf gründet, den Missbrauch des Titels durch den Gläubiger zu verhindern.[389] Beim Streit um die Herausgabe von **Arbeitspapieren** wie ausgefüllten Lohnsteuerkarten, dem Versicherungsnachweisheft sowie einer Arbeitsbescheinigung zur Vorlage bei der Arbeitsagentur ist der Streitwert gemäß § 3 Halbs. 1 mit 10 % des Bruttoarbeitslohns je Arbeitspapier zu errechnen.[390]

- **Hinterlegung (§ 372 BGB).** Soweit auf Einwilligung zur Auszahlung oder Herausgabe geklagt wird, handelt es sich um die Klage auf Abgabe einer Willenserklärung. Gemäß § 6 S. 1 ist insofern der Wert des hinterlegten Betrages bzw. der hinterlegten Sache zugrundezulegen. Dabei sind Zinsen des hinterlegten Geldbetrages iSd. § 4 Abs. 1 Halbs. 2 keine Nebenforderungen des auf Abgabe einer Willenserklärung gerichteten Anspruchs und daher mit in die Wertberechnung einzubeziehen.[391] Werden Klage und Widerklage auf Zustimmung zur Auszahlung erhoben, ist wegen wirtschaftlicher Identität iSd. § 45 Abs. 1 S. 1, 3 GKG keine Wertaddition vorzunehmen.[392] Bei der Klage auf Vornahme der Hinterlegung (zB §§ 432 Abs. 1 S. 2 Alt. 1, 660 Abs. 2 Halbs. 2, 1077 Abs. 1 S. 2 Halbs. 2, 1281 S. 2 Halbs. 2 BGB) hat diese Erfüllungswirkung gemäß § 362 BGB.[393] Trotzdem ist nicht der volle Wert der Sache bzw. des hinterlegten Betrages maßgeblich, sondern für das nach § 3 Halbs. 1 zu schätzende Interesse ist ein Abschlag vorzunehmen, weil der Gläubiger im Verhältnis zum ursprünglich Beanspruchten weniger verlangt.[394] Im Fall der Hinterlegung von Geld oder Wertpapieren als Sicherheit gemäß § 232 Abs. 1 BGB erwirbt der Berechtigte nach § 233 BGB ein Pfandrecht. Dementsprechend kommt § 6 S. 1 Alt. 2, S. 2 zur Anwendung; ausschlaggebend ist der Wert der zu sichernden Forderung, es sei denn, der Wert des Gegenstands des Pfandrechts ist geringer.
- **Immissionen (§ 906 BGB).** Zugrundezulegen ist die gemäß § 3 Halbs. 1 auch nach der erwarteten 30
Dauer der Beeinträchtigung zu schätzende Wertminderung des betroffenen klägerischen Grundstücks.[395] Eventuelle Aufwendungen des Beklagten zur Beseitigung der Immissionen sind grundsätzlich

[378] OLG Hamm BauR 2003, 132; OLG Stuttgart JurBüro 2002, 424; OLG München NJW-RR 1998, 142, 143; OLGR 1994, 239, 264; OLG Nürnberg MDR 1995, 966; OLG Frankfurt OLGR 1995, 238; *Müller* MDR 2003, 250; St/J/Roth Rn. 1, 12; *T/P/Hüßtege* Rn. 2; *B/L/H* § 6 Rn. 6.

[379] BGH WM 1989, 1004; OLG Düsseldorf JurBüro 1994, 494.

[380] OLG Frankfurt JurBüro 2003, 537.

[381] BGH NJW-RR 2002, 573.

[382] OLG Saarbrücken JurBüro 1990, 1661; KG Rpfleger 1962, 154; OLG Köln MDR 1997, 1537; OLG Düsseldorf MDR 1999, 891.

[383] *St/J/Roth* § 6 Rn. 8f.

[384] OLG Düsseldorf AnwBl. 1994, 47.

[385] OLG Düsseldorf KostRspr. § 6 Nr. 141; OLG München JurBüro 1974, 1169.

[386] BGH WM 1993, 2229; KG BauR 2000, 1380; OLG Dresden BauR 2003, 931; OLG München BauR 2000, 607 (Bürgschaft auf erstes Anfordern); LG Berlin JurBüro 2002, 478.

[387] *T/P/Hüßtege* Rn. 86; OLG Köln MDR 1994, 101.

[388] OLG Düsseldorf MDR 1999, 891 (1/3); OLG Saarbrücken JurBüro 1990, 1661; LG Augsburg JurBüro 2001, 143 (1/2).

[389] BGH NJW 2004, 2904.

[390] LAG Mainz, Beschl. v. 1. 8. 2006, Az. 10 Ta 142/06.

[391] *Zö/Herget* Rn. 16 „Hinterlegung"; BGH NJW 1967, 930; KG JurBüro 1980, 281.

[392] *St/J/Roth* Rn. 54 „Hinterlegung"; *Zö/Herget* Rn. 16 „Hinterlegung".

[393] *Palandt/Heinrichs* Einf. vor § 372 Rn. 2.

[394] *St/J/Roth* Rn. 54 „Hinterlegung".

[395] OLG Koblenz JurBüro 1995, 27 m. weit. Nachw.; OLG Schleswig SchlHA 1973, 88; LG Bonn JurBüro 2001, 593.

unbeachtlich.[396] Zur Berechnung des Rechtsmittelstreitwertes können sie jedoch zu berücksichtigen sein.[397]

- **Insolvenzverfahren.** Wegen der Unsicherheit der Befriedigungsaussichten des Gläubigers ist der Streitwert der Klage auf **Feststellung einer Forderung** mit einem Bruchteil des Nennwertes der bestrittenen Forderung zu beziffern. § 182 InsO schreibt insoweit wie die Vorgängerregelung des § 148 KO als Maß des Streitwerts die zu erwartende Quote vor.[398] Eine pauschale streitwertrechtliche Bewertung von Insolvenzforderungen mit 10 %[399] würde sich insofern aber als Ermessensunterschreitung des Gerichts darstellen. Das erkennende Gericht hat auf der Grundlage einer Auskunft des Verwalters[400] das Verhältnis von Teilungs- zur Schuldenmasse zu bestimmen und danach die voraussichtliche Quote festzustellen.[401] Bestehen gegen den Gläubiger aufrechenbare Gegenforderungen der Masse, erhöht sich diese und führt damit zur Erhöhung der erwarteten Quote und damit auch des Streitwertes.[402] Ist überhaupt keine Quote zu erwarten, geht der BGH[403] davon aus, dass ein Mindeststreitwert von 150 Euro anzusetzen sei.[404] Da mit § 182 InsO ein normativer Streitwert in Rede steht (vgl. Rn. 2 ff.),[405] ist das wirtschaftliche Interesse der Parteien an dem Rechtsstreit nicht ausschlaggebend.[406] Der Wert einer Klage des Insolvenzverwalters auf Herausgabe des zur Masse gehörenden Grundstücks gegen den Ehegatten des Schuldners bemisst sich gemäß § 6 nach dem Verkehrswert des Grundstücks; mangels eines mit einem Mietvertrag ähnlichen Rechtsverhältnisses scheidet die Anwendung des § 41 GKG aus.[407] Im Hinblick auf einen Antrag betreffend die **Versagung der Restschuldbefreiung** ist gemäß § 35 GKG iVm. § 3 Halbs. 1 das objektive wirtschaftliche Interesse des Antragstellers zugrundezulegen; maßgeblich ist dabei nicht der Nennbetrag der dem verfahrensbeteiligten Gläubiger verbleibenden Forderung,[408] sondern deren wirtschaftlicher Wert, bei dem auch die Erfolgsaussichten einer künftigen Beitreibung zu berücksichtigen sind.[409] Bei der Feststellungsklage gemäß § 184 InsO ist der Wert der festzustellenden Forderung ohne Abschlag anzusetzen.[410] Wird die Feststellung erstrebt, dass eine zur Insolvenztabelle festgestellte Forderung iSd. § 302 Nr. 1 InsO auf vorsätzlich begangener unerlaubter Handlung beruht, ist ebenfalls auf den Wert der Forderung in voller Höhe abzustellen.[411] Für die Wertberechnung der Gebühren beim **Antrag auf Eröffnung** und für die **Durchführung des Insolvenzverfahrens** sind § 58 GKG und § 28 RVG zu beachten; im Hinblick auf § 28 RVG bleibt die Bindungswirkung der gerichtlichen Streitwertfestsetzung iSd. § 32 Abs. 1 RVG unberücksichtigt.[412] Fehlt es insofern für die Entscheidung in einem Restschuldverfahren an einer greifbaren Schätzgrundlage, kann hilfsweise ein Wert von 4 000 Euro herangezogen werden.[413] Siehe auch Rn. 23 „Abgesonderte Befriedigung" und „Aussonderung".
- **Jagdrecht.** Bei Streitigkeiten um die Ausübung des Jagdrechts ist unter Anwendung von § 3 Halbs. 1 das klägerische Interesse zu schätzen.[414] Dabei ist der jährliche Ertrag des Jagdrechts Bemessungsgrundlage.[415] Bei Streitigkeiten über das Bestehen, die Beendigung oder die Dauer eines Jagdpachtvertrages gilt für den Zuständigkeitsstreitwert § 8 und für den Gebührenstreitwert § 41 Abs. 1, 2 GKG.[416]
- **Klageänderung.** Die Klageänderung führt in derselben Instanz zu verschiedenen Streitgegenständen. Daher sind die Werte vor und nach der Klageänderung nicht zusammenzurechnen, sondern gesondert zu bestimmen und festzusetzen.[417]
- **Kündigung eines Bankkontos.** Bei der Kündigung des Kontos einer politischen Partei ist gemäß § 3 Halbs. 1 auf das Interesse des Klägers an der Kontoweiterführung abzustellen.[418] Nach anderer Ansicht sind die Kontoführungsgebühren maßgeblich.[419]

---

[396] OLG Schleswig SchlHA 1973, 88.
[397] *St/J/Roth* Rn. 55 „Immissionen"; BGH NJW 1994, 733.
[398] BGH NJW-RR 2000, 354; bereits zu § 148 KO: BGH ZIP 1993, 50, 51; OLG Hamburg ZIP 1989, 1345; EWiR § 148 KO 1/89, 1221 *(Eickmann)*.
[399] OLG Frankfurt ZIP 1986, 1063; EWiR § 148 KO 1/86, 919 *(Schneider)*.
[400] OLG Köln KTS 1974, 48.
[401] *Kuhn/Uhlenbruck* § 148 InsO Rn. 1 d; *Hartmann* § 48 GKG Anh. II (§ 182 InsO) Rn. 7.
[402] *St/J/Roth* Rn. 56 „Insolvenzfeststellungsklage"; *Zö/Herget* Rn. 16 „Insolvenzverfahren"; BGH WM 2000, 211.
[403] BGH ZIP 1993, 50; EWiR § 148 KO 1/93, 169 *(Mohrbutter)*; LAG Hamm MDR 2001, 114.
[404] Vgl. LG Göttingen ZIP 1990, 61; EWiR § 148 KO 1/90, 85 *(Pape)*.
[405] *St/J/Roth* Rn. 56 „Insolvenzfeststellungsklage".
[406] So aber OLG Köln KTS 1971, 286.
[407] OLG Düsseldorf ZInsO 2006, 41.
[408] So AG Duisburg ZInsO 2002, 844.
[409] BGH ZInsO 2003, 217 (ohne hinreichende Anhaltspunkte idR 1 200 Euro).
[410] LG Mühlhausen JurBüro 2004, 597.
[411] OLG Hamm ZInsO 2007, 215.
[412] BGH ZInsO 2003, 217.
[413] BGH ZInsO 2003, 217; OLG Celle ZInsO 2002, 32, 33; 74, 76; 230, 232; *Uhlenbruck* § 290 InsO Rn. 91.
[414] *T/P/Hüßtege* Rn. 91; *B/L/H* Anh. § 3 Rn. 73.
[415] *Zö/Herget* Rn. 16 „Jagd- und Fischereirecht"; OLG Hamburg NJW 1965, 2406.
[416] LG Saarbrücken JurBüro 1991, 582.
[417] *T/P/Hüßtege* Rn. 93; *St/J/Roth* Rn. 57 „Klageänderung"; *Zö/Herget* Rn. 16 „Klageänderung"; OLG Düsseldorf NJW-RR 2000, 1594; OLG Frankfurt OLGR 1994, 72; OLG Bamberg JurBüro 1977, 960.
[418] *Zi* Rn. 18 „Kontokündigung".
[419] LG Lübeck NJW 2001, 82.

– **Löschung.** Bei Klagen, die auf Löschung von **Grundpfandrechten** gerichtet sind, ist der im Grundbuch eingetragene Nennbetrag für den Streitwert maßgebend.[420] Dabei sind Bestand und Höhe der gesicherten Forderung unberücksichtigt zu lassen.[421] Abweichend von § 6 stellt die Gegenansicht[422] gleichermaßen wie bei der Geltendmachung von Gegenrechten bei der Eigentumsklage (vgl. Rn. 23 „Auflassung", § 6 Rn. 4f.) auf die konkreten Parteiinteressen ab und hält die Höhe der Valutierung und das Löschungsinteresse des Klägers für maßgeblich oder setzt den Streitwert pauschal auf 20 % des restlichen Nominalwertes des Grundpfandrechts fest, sofern der Kläger nicht weitere Nachteile vorträgt.[423] Sofern es um die Löschung von anderen das Eigentum belastenden Eintragungen wie **Vormerkung,** Widerspruch oder anderen Verfügungsbeschränkungen geht, ist deren Wert an der Möglichkeit zur freien Verfügung[424] gemäß § 3 Halbs. 1 zu schätzen, wobei ein Bruchteil (meist zwischen 1/10 und 1/3) des Grundstückswertes erheblich ist.[425] Im Hinblick auf die Löschung des dinglichen Wohnrechts, welches einem mietähnlichen **Dauerwohnrecht** gleichkommt, kann dabei das Löschungsinteresse in Anlehnung an § 9 geschätzt werden.[426] 31
– **Mahnverfahren.** Für die Durchführung des Mahnverfahrens gilt die ausschließliche Zuständigkeit des § 689 Abs. 1 S. 1, Abs. 2 S. 1, 2. Nach Abgabe an das im Mahnbescheid bezeichnete Gericht, § 696 Abs. 1 S. 2, § 692 Abs. 1 Nr. 1, § 690 Abs. 1 Nr. 5, greift für die Wertberechnung § 6 S. 1 Alt. 2; maßgeblich ist der Forderungsbetrag. Geklärt ist die bisher streitige Frage nach dem maßgeblichen Zeitpunkt zur Wertberechnung auf Grund der durch das KostRMoG geänderten Fassung der Amtlichen Anmerkung zu KV 1210; entscheidend ist – selbst bei schon im Mahnantrag gestelltem Antrag auf Durchführung des streitigen Verfahrens gemäß § 696 Abs. 1 S. 2 – der Eingang der Akten beim Streitgericht.[427] Sowohl im Fall (teilweiser) Antragsrücknahme als auch bei (Teil-)Erledigung vor Abgabe ist folglich in Übereinstimmung mit § 696 Abs. 1 S. 4 die Anhängigkeit maßgeblich, mithin auf diesen Zeitpunkt für die Berechnung des zwischenzeitlich geänderten Streitgegenstandes abzustellen.[428]
– **Mietstreitigkeiten.**[429] Zur Bestimmung der Zuständigkeit sind § 23 Nr. 2a GVG und §§ 8, 29a sowie §§ 51, 52 WEG zu beachten. So gilt für Streitigkeiten über Ansprüche aus einem Mietverhältnis über Wohnraum oder über den Bestand eines solchen Mietverhältnisses die wertunabhängige ausschließliche sachliche Zuständigkeit des Amtsgerichts, § 23 Nr. 2a GVG. Steht die **Dauer oder der Bestand** eines sonstigen Miet- oder Pachtverhältnisses im Streit, gilt zur Berechnung des Zuständigkeits- und Rechtsmittelwertes[430] § 8. Dabei genügt es für die Anwendbarkeit dieser Norm regelmäßig, wenn die Frage um das Bestehen oder die Dauer des Mietverhältnisses nur eine präjudizielle Bedeutung für den eigentlichen Streitgegenstand hat.[431] So beispielsweise wenn auf Herausgabe oder Räumung geklagt wird, weil die Wirksamkeit des Mietvertrages oder dessen Kündigung streitig ist.[432] Zu unterscheiden ist davon der Fall des gescheiterten Kaufvertrages über Wohneigentum bei schon gestatteter Nutzung; insofern ist nicht auf das entsprechend § 41 Abs. 2 GKG berechnete Nutzungsentgelt abzustellen,[433] sondern auf den Verkehrswert des Grundstücks bzw. der Wohnung gemäß § 6 S. 1.[434] Anders ist jedoch beim Herausgabeverlangen gegen den Ehepartner des Mieters auf Grund deren sozialen Schutzgedankens die Vorschrift des § 41 Abs. 2 S. 2 GKG heranzuziehen.[435] Davon abweichend ist der Wert einer Klage des Insolvenzverwalters auf Herausgabe des zur Masse gehörenden Grundstücks gegen den Ehegatten des Schuldners gemäß § 6 nach dem Verkehrswert des Grundstücks zu bemessen; mangels eines mit einem Mietvertrag ähnlichen Rechtsverhältnisses scheidet insofern die Anwendung des § 41 GKG aus.[436] Zur Bestimmung des **Gebührenstreitwertes** in Miet- und Pachtstreitigkeiten ist § 41 GKG zu beachten. Diese Norm kommt bei Streitigkeiten über Bestand und Dauer von Mietverhältnissen[437] und daneben auch

---

420 OLG Saarbrücken MDR 2001, 897; OLG Düsseldorf MDR 1999, 506, 507; OLG Celle MDR 1977, 935; OLGR 1994, 111; KGR 2000, 378; OLG Frankfurt JurBüro 1977, 720; Roth, Festschr. f. Kollhosser, 2004, Band 2, S. 559, 564ff.; aA auf Valutierung abstellend: *T/P/Hüßtege* Rn. 99; OLG Celle NJW-RR 2001, 712; OLG Hamburg MDR 1975, 846ff.; OLG Köln MDR 1980, 1025.

421 OLG Düsseldorf MDR 1999, 506; *St/J/Roth* § 6 Rn. 36.

422 *Zö/Herget* § 3 Rn. 16 „Löschung"; OLG Hamburg MDR 1975, 846; OLG Köln JMBlNRW 1995, 118.

423 OLG Celle MDR 2005, 1196, 1197; NJW-RR 2001, 712.

424 BGHR Auflassungsvormerkung 1; OLG Saarbrücken AnwBl. 1979, 114.

425 *Zö/Herget* Rn. 16 „Mahnverfahren"; OLG Naumburg OLGR 1999, 336 (zur Löschung eines Vorkaufsrechtes); OLG Köln MDR 1983, 495 (1/10); OLG Nürnberg NJW 1977, 857 (1/4).

426 OLG Frankfurt, Beschl. v. 12.05.2006, Az. 19 W 16/06.

427 *Zö/Herget* Rn. 16 „Mahnverfahren"; *Anders/Gehle/Kunze* S. 218; *Hartmann* KV 1210 Rn. 5.

428 So schon zur bisherigen Gesetzesfassung OLG Dresden JurBüro 2004, 378; *Liebheit* NJW 2000, 2235, 2238; OLG München MDR 2001, 296; OLG Bamberg NJW-RR 2001, 574; OLG Hamm JurBüro 2002, 89; OLG Hamburg MDR 2001, 294.

429 Ausführlich zu Streitwerten in Mietsachen *Gies* NZM 2003, 886; *Bister* NZM 2004, 896.

430 BGH NZM 2006, 378.

431 *St/J/Roth* § 8 Rn. 4; MK/*Wöstmann* § 8 Rn. 7; BGH NZM 2000, 1227.

432 BGH NZM 2005, 677, 678 = WuM 2005, 525, 526; NJW-RR 1999, 1385; 2000, 1739; 1992, 1359.

433 *Zö/Herget* Rn. 16 „Mietstreitigkeiten"; OLG Schleswig OLGR 1998, 424; OLG Köln JurBüro 1996, 194.

434 BGH NJW 1967, 1863; OLG Nürnberg JurBüro 2004, 377 = NZM 2005, 359 (LS); OLG Celle OLGR 1996, 119.

435 OLG Karlsruhe NZM 2004, 880; weiter gehend OLG Jena MDR 1998, 63 (nichtehelicher Lebensgefährte); OLG Köln MDR 1999, 637 (geschiedener Ehegatte).

436 OLG Düsseldorf ZInsO 2006, 41.

437 BGH NZM 2006, 378.

zur Anwendung, wenn ein Dauerwohnrecht nach §§ 31ff. WEG,[438] ein dingliches Wohnrecht iSd. § 1093 BGB,[439] ein Heimvertrag,[440] ein Jagdpachtvertrag,[441] ein Leihvertrag[442] oder Leasing[443] in Rede stehen. Nießbrauch[444] oder ein Vertrag über das Aufstellen von Automaten werden dagegen nicht als „ähnliche Nutzungsverhältnisse" von § 41 Abs. 1, 2 GKG erfasst.[445] Ferner fallen Streitigkeiten, die ausschließlich den Vertragsinhalt betreffen, wie zB ein Einzelanspruch auf vertraglichen Konkurrenzschutz nicht in den Anwendungsbereich von § 41 GKG;[446] insofern bestimmt sich der Streitwert gemäß § 3 Halbs. 1 nach dem klägerischen Interesse. Wird **Mieterhöhung** verlangt, ist für den Gebührenstreitwert bei Wohnraum auf § 41 Abs. 5 GKG abzustellen; maßgebend ist höchstens der Jahresbetrag der zusätzlich geforderten Miete.[447] Im Hinblick auf eine Klage, mit der die **Zustimmung zur Untervermietung** iSd. § 540 Abs. 1 BGB begehrt wird, kommt § 48 Abs. 1 GKG iVm. § 3 Halbs. 1 zur Anwendung, wobei in Anlehnung an § 41 Abs. 5 GKG die aus der Untervermietung zu erzielende Jahresmiete als Wert zugrundegelegt werden kann.[448] Das Mietentgelt ist nunmehr nach § 41 Abs. 1 S. 1 GKG bestimmt und umfasst abweichend von früheren Auffassungen auch die Nebenkosten, soweit sie als Pauschale vereinbart sind und nicht gesondert abgerechnet werden.[449] Das von der Vorschrift in Bezug genommene Nettogrundentgelt ist die Mietsumme oder geldeswerte Gegenleistung des Mieters für den vertragsgemäßen Gebrauch der Mietsache;[450] obgleich des entgegenstehenden Wortlauts von § 41 Abs. 1 S. 2 GKG einschließlich der vereinbarten Umsatzsteuer.[451] Im Übrigen bemisst sich der (Zuständigkeits-, Rechtsmittel-)Streitwert bei Klagen auf (künftige) **Mietzahlung** und Mieterhöhungsklagen nach § 48 Abs. 1 GKG, § 9;[452] für Gewerberäume u. ä. wird entgegen dem klaren Wortlaut der Vorschrift teilweise eine analoge Anwendung von § 41 Abs. 5 GKG befürwortet.[453] Jedoch ist auch insofern die Anwendung von § 48 Abs. 1 GKG, § 9 angezeigt.[454] Soweit mit einer Klage zukünftige **Nutzungsentschädigung** im Rahmen eines **beendeten Mietvertrages** bis zur zeitlich ungewissen Herausgabe der Räumlichkeiten geltend gemacht wird, bemisst sich der Gebührenstreitwert nach hM ebenfalls gemäß § 48 Abs. 1 GKG, § 9 nach dem 3 ½-jährigen Bezug;[455] stellenweise wird bei erwarteter kürzerer Dauer das klägerische Interesse iSd. § 3 Halbs. 1 zugrundegelegt, wobei dafür je nach Fall etwa von einem Zeitraum von sechs Monaten[456] oder einem Jahr[457] ausgegangen wird. Bei absehbarem Ende der Nutzung ist jedenfalls auf den tatsächlichen Zeitraum abzustellen und der Streitwert nach § 3 Halbs. 1 zu bemessen; ein Rückgriff auf § 9 S. 1 ist entbehrlich.[458] Der Streitwert einer negativen Feststellungsklage des Mieters, mit der die künftige Pflicht zur Mietzinszahlung geleugnet wird, ist anhand § 3 Halbs. 1 zu bestimmen, wobei als Spiegelbild einer Zahlungsklage des Vermieters ebenfalls § 48 Abs. 1 GKG, § 9 zu Anwendung kommen.[459] Bei der Klage auf Feststellung des Bestehens des Mietverhältnisses gilt dagegen § 41 Abs. 1 GKG.[460] Bei einer Klage auf Herausgabe der **Mietkaution** wird der Streitwert durch die Summe der Kaution und die diese erhöhenden Zinsen gebildet,[461] wenn die Parteien eine entsprechende Regelung getroffen haben; bei Wohnraummietverträgen bedarf es einer solchen Regelung nicht, weil sich die Sicherheit unabdingbar um den Zinsertrag erhöht, § 551 Abs. 3 S. 4, Abs. 4 BGB. Wird die Freigabe der zur Sicherheit gestellten selbstschuldnerischen Bankbürgschaft gefordert, ist auf die Bürgschaftssumme abzustellen; für

---

438 Zu § 16 GKG aF: OLG Stuttgart Rpfleger 1964, 130; OLG Braunschweig OLGR 1999, 231.
439 Zu § 16 GKG aF: BVerfG AnwBl. 1996, 643; BGH NZM 2000, 1227; OLG München ZMR 1999, 173. Zum unentgeltlichen dinglichen Wohnrecht siehe Rn. 25 „Dienstbarkeiten".
440 OLG Stuttgart NJW-RR 2005, 1733.
441 Zu § 16 GKG aF: LG Saarbrücken JurBüro 1991, 582.
442 OLG Köln NJWE-MietR 1997, 273.
443 BGH KostRspr. GKG § 16 Nr. 57; OLG Celle MDR 1993, 1020.
444 *St/J/Roth* § 8 Rn. 21; OLG Schleswig SchlHA 1986, 46; aA OLG Köln KostRspr. GKG § 16 Nr. 16; *Zö/Herget* Rn. 16 „Mietstreitigkeiten".
445 Zu § 16 GKG aF: *St/J/Roth* § 8 Rn. 22; OLG Koblenz JurBüro 1980, 1861f.
446 BGH, Beschl. v. 9. 8. 2006, Az. XII ZR 165/05; NZM 2005, 519; 944, 946; abweichend BGH NZM 2006, 138, 139 (Kündigung eines störenden Mitmieters).
447 *Zö/Herget* § 3 Rn. 16 „Mietstreitigkeiten"; zu § 16 GKG aF: *Schneider* MDR 1991, 501; LG Köln JurBüro 1999, 305.
448 KG JurBüro 2006, 370.
449 LG Krefeld WuM 2005, 263; kritisch *Lappe* NJW 2004, 2411.
450 *Palandt/Weidenkaff* § 535 Rn. 71; BGH NJW 2002, 3322.
451 *Lappe* NJW 2006, 270, 271; KGR 2005, 525; OLG Düsseldorf NZM 2006, 583f.
452 BGH NZM 2004, 423; WuM 2007, 32; NJW 2000, 3142; *T/P/Hüßtege* Rn. 101; *Zi* Rn. 20 „Mietstreitigkeiten"; vgl. auch BVerfG NJW 1996, 1531; Meyer JurBüro 2004, 473; OLG Frankfurt OLGR 2001, 87; OLG Stuttgart NJW-RR 1997, 1303; LG Berlin GrundE 2005, 237; aA LG Darmstadt NJW-RR 1997, 775; LG Bremen WuM 1997, 334; LG Köln WuM 1998, 110; LG Saarbrücken WuM 1998, 171; LG Görlitz WuM 2003, 39; *B/L/H* § 9 Rn. 5.
453 *Schneider* MDR 1991, 499 (zu § 16 Abs. 5 GKG aF); *Zö/Herget* Rn. 16 „Mietstreitigkeiten".
454 BGH NJW-RR 2005, 938; JurBüro 1966, 309; OLG Brandenburg JurBüro 1996, 193; OLG Hamburg MDR 1990, 1024; *B/L/H* § 9 Rn. 5.
455 BGH NZM 2004, 824; OLG Stuttgart NJW-RR 1997, 1303; *Zö/Herget* Rn. 16 „Mietstreitigkeiten".
456 KGR 2000, 234; LG Berlin GrundE 2005, 237; vgl. OLG Düsseldorf NZM 2006, 583.
457 OLG Nürnberg NZM 2006, 540; KG Berlin MDR 2007, 645, 646; KGR 2000, 234; OLG Frankfurt OLGR 2004, 201; MDR 1980, 761.
458 OLG Düsseldorf NZM 2006, 583.
459 BGH NJW-RR 2005, 938; vgl. BGH NZM 2004, 423.
460 BGH Rpfleger 2005, 585; NZM 2006, 378.
461 LG Hamburg NJWE-MietR 1997, 199; LG Köln WuM 1995, 719.

das Berufungsverfahren bestimmt dieser Wert zugleich die Beschwer.[462] Bei der Klage auf Leistung der Kaution ist deren Nominalbetrag maßgeblich.[463] Wird neben der Klage auf Mietzahlung das Bestehen oder Nichtbestehen des Mietverhältnisses geltend gemacht, sind die beiden Ansprüche einzeln zu bewerten und soweit sie sich im Hinblick auf den entsprechenden Zeitraum nicht decken, zu addieren; überschneiden sich die Zeiträume, ist insoweit wegen wirtschaftlicher Identität der höhere Anspruch maßgeblich.[464] Der Streitwert einer Klage des Vermieters auf Duldung von **Instandhaltungsmaßnahmen**[465] ist wie eine Klage des Mieters auf Wiederherstellung des vertragsmäßigen Zustandes der Mietsache[466] gemäß § 9 nach dem dreieinhalbfachen Jahresbetrag einer gedachten möglichen Mietminderung zu bestimmen.[467] Nach anderer Ansicht ist bei einer Klage des Mieters auf Beseitigung von Wohnungsschäden der 36fache Betrag der monatlichen Mietminderung anzusetzen.[468] Wird ein selbständiges Beweissicherungsverfahren iSd. §§ 485ff. hinsichtlich bestimmter Mängel des Mietobjektes durchgeführt, bemisst sich der Streitwert gemäß § 9 nach dem dreieinhalbfachen jährlichen Minderungsbetrag.[469] Für Klagen wegen **Modernisierungsmaßnahmen** iSd. § 554 Abs. 2 BGB ist gemäß § 3 Halbs. 1 der Betrag der erwarteten Mieterhöhung für ein Jahr zu schätzen.[470] Nach anderer Ansicht ist der dreijährige Erhöhungsbetrag[471] oder der gedachte dreieinhalbfache jährliche Mietminderungsbetrag maßgeblich.[472] Wird die Beseitigung einer **Parabolantenne** seitens des klagenden Vermieters gefordert, so ist nach § 3 Halbs. 1 der Streitwert nach seinem Interesse an der Beseitigung festzusetzen. Dabei werden teilweise die Kosten der Beseitigung und das Interesse an der Erhaltung des optischen Gesamteindrucks[473] und stellenweise ausschließlich die Beseitigungskosten[474] als Maßstab herangezogen. Zutreffend ist jedoch allein auf die optische und/oder substanzielle Beeinträchtigung des Gebäudes abzustellen.[475] Dieser Wert bestimmt auch die Beschwer des unterlegenen klagenden Vermieters, der sein Begehren vollumfänglich weiterverfolgt.[476] Für die Beschwer des zur Beseitigung verurteilten Mieters sind demgegenüber die notwendig werdenden Aufwendungen streitwertbestimmend.[477] Insofern wird gelegentlich das Interesse des Mieters am Empfang weiterer Fernsehprogramme streitwerterhöhend berücksichtigt,[478] ebenso wie für dessen Klage auf Duldung der Installation einer solchen Antenne.[479] Im Hinblick auf das **Halten von Haustieren** wird für die Unterlassungsklage des Vermieters in Abhängigkeit von der Tierart unter Berücksichtigung der konkreten Umstände von Werten zwischen 200 Euro und 1 500 Euro ausgegangen.[480] Die Klage auf **Abschluss eines Mietvertrages** bestimmt sich iSd. § 3 Halbs. 1 nach dem zu schätzenden Interesse am Zustandekommen.[481] Wird im Rahmen einer **Gewerberaummiete** seitens des Vermieters der weitere Betrieb der Räumlichkeiten begehrt, ist das Interesse an der Einhaltung der Betriebspflicht nach § 3 Halbs. 1 zu schätzen; auf Grund der Umstände kann dabei der Jahresmietbetrag anzusetzen sein.[482] Siehe auch § 8 Rn. 5f.

– **Nebenintervention (§§ 66ff.).** Hinsichtlich der Beteiligung des Nebenintervenienten am Rechtsstreit 32
bzw. im Zwischenstreit um die Zulässigkeit der Nebenintervention iSd. § 71 Abs. 1 ist das Interesse des Beitretenden am Obsiegen der Hauptpartei gemäß § 3 Halbs. 1 zu schätzen.[483] Nicht abzustellen ist auf den Wert der Hauptsache. Das gilt selbst dann, wenn der Nebenintervenient dieselben Anträge wie die unterstützte Partei stellt, da die Nebenintervention auf Grund ihrer Wirkung nach § 68 einen vergleichsweise geringeren Wert hat als die Hauptsache.[484] Denkbar ist allenfalls, dass der Wert an den der Haupt-

---

462 BGH WuM 2006, 215; NJW-RR 1994, 758.
463 LG Essen MDR 2004, 207.
464 BGH NZM 2006, 138, 378.
465 LG Hamburg WuM 1999, 344.
466 BGH NJW 2000, 3142; LM § 2 Nr. 10; LG Hamburg ZMR 1998, 294; LG Berlin ZMR 1999, 556; aA LG Detmold WuM 1996, 50; LG Frankfurt/O NJW-RR 1999, 1459.
467 BGH NZM 2004, 295; NJW-RR 2003, 229 = NZM 2003, 158 m. weit. Nachw.; NJW 2000, 3142.
468 LG Aachen NJW-RR 1996, 777.
469 OLG Düsseldorf MDR 2001, 354; LG Frankfurt/M NZM 2000, 760; aA LG Köln WuM 2001, 345 (§ 16 GKG aF analog, nunmehr § 41 GKG).
470 *Zö/Herget* Rn. 16 „Mietstreitigkeiten“; *Zi* Rn. 12 „Duldung der Wohnungsmodernisierung“; LG Hamburg ZMR 1993, 570; LG Berlin WM 1996, 429.
471 LG Aachen ZMR 1995, 161; LG Berlin WuM 1995, 547; LG Fulda NJW-RR 1992, 658.
472 LG Hamburg WuM 1999, 344.
473 LG Frankfurt/M JurBüro 2002, 531 m. Anm. *Schneider; Schmittmann* JurBüro 1995, 509f.
474 LG München WuM 1993, 745; LG Kiel WuM 1996, 632.
475 BGH NJW 2006, 2639; LG Bonn WuM 1993, 468; LG Berlin GE 1993, 805; *Schneider* JurBüro 2002, 532.
476 BGH NJW 2006, 2639.
477 BGH NJW 2006, 2639; LG Berlin GE 2001, 1468.
478 LG Erfurt GE 2001, 1467.
479 *Schmittmann* JurBüro 1995, 509; *Zö/Herget* Rn. 16 „Mietstreitigkeiten“.
480 Hauskatze: LG Hamburg ZMR 1992, 506 (750 Euro); MDR 1993, 90 (500 Euro); LG Berlin NZM 2001, 41 (2 Katzen, 400 Euro); Hundehaltung: LG München I NZM 2002, 734 (1 500 Euro); NZM 2002, 820 (410 Euro); WuM 1992, 495 (500 Euro); LG Kassel WuM 1998, 296 (1 000 Euro).
481 *St/J/Roth* § 8 Rn. 5; *Schneider* KostRspr. GKG § 16 Nr. 71.
482 KG GrundE 2006, 577.
483 *St/J/Roth* Rn. 60 „Nebenintervention“; *T/P/Hüßtege* Rn. 108; *Hartmann* § 48 GKG Anh. I (§ 3 ZPO) Rn. 106 „Streithilfe“; OLG Nürnberg MDR 2006, 1318; OLG Hamburg JurBüro 1992, 249 m. weit. Nachw.; OLG Bamberg OLGR 1999, 100; aA BGHZ 31, 144, 146ff. = NJW 1960, 42; OLG München MDR 1997, 1166; NJW-RR 1998, 420.
484 OLG Koblenz OLGR 2004, 200; Rpfleger 1977, 175;OLG Stuttgart OLGR 2002, 55; OLG Nürnberg MDR 2006, 1318; OLG Köln MDR 2004, 1025; VersR 1993, 80; MDR 1990, 251; KG IBR 2002, 650 (LS); OLG Bamberg OLGR

sache heranreicht; zB bei möglichen Regressansprüchen gegen den Nebenintervenienten im Umfang der Hauptsache.[485] Regelmäßig wird für den Wert der Nebeninterventionswirkung ein Abschlag von 20 % vom Wert der Hauptsache angesetzt.[486]

- **Nichtvermögensrechtliche Streitigkeiten.** Siehe Rn. 11 ff.
- **Nichtzulassungsbeschwerde (§ 544).** Nach § 26 Nr. 8 EGZPO ist nunmehr bis zum 31. 12. 2011[487] die Beschwerde gegen die Nichtzulassung der Revision zulässig, wenn die mit der Revision geltend gemachte Beschwer 20 000 Euro übersteigt. Maßgeblich ist damit der Beschwerdegegenstand, wobei die Wertberechnung nach den allgemeinen Grundsätzen der §§ 3 ff. vorzunehmen ist;[488] eine Bindung des BGH an die Wertfestsetzung des Berufungsgerichts scheidet dabei aus.[489] Sind mehrere Beklagte als Gesamtschuldner zur Zahlung verurteilt, so ist auf den (einfachen) Betrag der Verurteilung abzustellen und dieser wegen wirtschaftlicher Identität nicht mit der Anzahl der verurteilten Beklagten zu vervielfältigen.[490] Im Übrigen bemisst sich der Gebührenstreitwert für das Verfahren der Nichtzulassungsbeschwerde gemäß § 47 GKG. Siehe auch Rn. 24 „Beschwerde" und „Berufung".
- **Nießbrauch (§§ 1030 ff. BGB).** Wird auf die Einräumung, Erfüllung, Aufhebung oder Löschung eines Nießbrauchs geklagt, richtet sich die Bestimmung des Streitwertes nach § 3 Halbs. 1.[491] Zu schätzen ist das Interesse, welches sich regelmäßig aus dem Jahresertrag abzüglich der Kosten ergibt.[492] Steht die Bestellung eines lebenslangen Nießbrauchs in Rede, ist zur Berechnung auf § 24 Abs. 2 KostO zurückzugreifen.[493] Nicht anwendbar sind §§ 7, 9 und § 42 GKG, da weder eine wiederkehrende Leistung bzw. Nutzung noch eine Grunddienstbarkeit nach §§ 1018 ff. BGB vorliegt.[494] Ebenso scheidet § 41 GKG aus, weil der Nießbrauch kein ähnliches Nutzungsverhältnis im Sinne dieser Vorschrift ist (vgl. Rn. 31 „Mietstreitigkeiten").[495]
- **Offenbarungsversicherung.** Siehe Rn. 26 „Eidesstattliche Versicherung".
- **Ordnungs-, Zwangsmittelverfahren.** Für die Festsetzung des Zwangsmittels nach § 888 Abs. 1 bzw. des Ordnungsmittels iSd. § 890 Abs. 1 S. 1 ist bei der **Beschwerde des Schuldners** gemäß § 3 Halbs. 1 auf dessen Interesse an der Abwehr der Zwangs- bzw. Ordnungsmaßnahme abzustellen.[496] Dabei entspricht dieses Abwehrinteresse dem Betrag des Ordnungsgeldes.[497] Anderer Ansicht nach sei dieses nur der Mindestbetrag[498] für die Berechnung. Maßgeblich sei der Wert des Interesses des Gläubigers an der Erzwingung, Handlung oder Unterlassung, mithin der Hauptsachewert,[499] bzw. sei Schätzung unter Berücksichtigung aller Umstände vorzunehmen.[500] Bei der **Beschwerde des Gläubigers** wegen der Ablehnung des Antrages ist sein Interesse an der Erzwingung zugrundezulegen. Dabei wird regelmäßig 1/5 bis 1/3 vom Wert der Hauptsache angesetzt.[501] Für das Ordnungsgeld iSd. § 890 Abs. 1 S. 1 ist hinsichtlich der **Rechtsanwaltsgebühren** § 25 Abs. 1 Nr. 3 RVG zu beachten; es gilt der Wert, den die zu erwirkende Handlung, Duldung oder Unterlassung für den Gläubiger hat. Bezüglich der Anträge des Schuldners gilt § 25 Abs. 2 RVG. Bei der Verhängung von Ordnungsmitteln gegen eine Partei gemäß § 141 Abs. 3 S. 1, gegen einen Zeugen nach § 380 Abs. 1 S. 2, Abs. 2, gegen einen Sachverständigen § 409 Abs. 1 S. 2, 3, § 411 Abs. 2 S. 1, 3 oder bei Maßnahmen der Sitzungspolizei iSd. § 178 Abs. 1 GVG ist auf die Höhe des erkannten Ordnungsgeldes abzustellen.[502] Im Hinblick auf die Gerichtsgebühren sind die durch das KostRMoG eingeführten Festgebühren nach KV 2110, 2121, 2124 zu beachten.
- **Pfandrecht.** Für den Streitwert ist der Forderungsbetrag nach § 6 S. 1 Alt. 2 ohne Nebenforderungen (§ 4 Abs. 1 Halbs. 2), höchstens jedoch der geringere Wert des Gegenstandes des Pfandrechts maßgebend,

---

1999, 100; *T/P/Hüßtege* Rn. 108; *St/J/Roth* Rn. 60 „Nebenintervention"; aA bei gleichen Anträgen Hauptsachewert: *Zi* Rn. 21 „Nebenintervention"; BGH NJW 1960, 42; OLG Düsseldorf MDR 2006, 743; OLG Karlsruhe OLGR 2002, 458; MDR 2003, 357; OLG München NJW-RR 1998, 420.

485 *St/J/Roth* Rn. 60 „Nebenintervention".

486 *St/J/Roth* Rn. 60 „Nebenintervention"; *Zö/Herget* Rn. 16 „Nebenintervention"; *Hartmann* § 48 GKG Anh. I (§ 3 ZPO) Rn. 106 „Streithilfe"; OLG Bamberg OLGR 1999, 100; OLG Hamburg JurBüro 1992, 251; OLG Köln VersR 1993, 80; OLG München AnwBl. 1985, 646.

487 Die ursprünglich bis zum 31. 12. 2006 vorgesehene Befristung der Bestimmung wurde durch das 2. JuMoG (BGBl. I 2006, S. 3416) verlängert; dazu v. Preuschen NJW 2007, 321, 322.

488 BGH NZM 2005, 677, 678 = WuM 2005, 525, 526; NJW 2002, 2720; BGHReport 2003, 757.

489 BGH BGHReport 2005, 1136.

490 BGH NJW-RR 2004, 638.

491 BGH NJW-RR 1988, 395; OLG Celle OLGR 1999, 330; OLG Schleswig SchlHA 1986, 422.

492 MK/*Wöstmann* Rn. 100; *St/J/Roth* Rn. 60 „Nießbrauch".

493 BGH NJW-RR 1988, 395, 396; *Anders/Gehle/Kunze* S. 242 Rn. 4.

494 *T/P/Hüßtege* Rn. 110; *St/J/Roth* Rn. 60 „Nießbrauch".

495 Zu § 16 GKG aF: *Anders/Gehle/Kunze* S. 241 Rn. 2; *St/J/Roth* § 8 Rn. 21; aA *Zö/Herget* Rn. 16 „Nießbrauch".

496 *St/J/Roth* Rn. 61 „Ordnungsgeld"; *Anders/Gehle/Kunze* S. 499 Rn. 1; OLG Düsseldorf MDR 1977, 676; LAG Bremen MDR 1989, 672.

497 *St/J/Roth* Rn. 61 „Ordnungsgeld"; LAG Bremen MDR 1989, 672.

498 OLG Frankfurt JurBüro 1997, 277; OLG Düsseldorf OLGR 1995, 139; *Anders/Gehle/Kunze* S. 499 Rn. 1.

499 OLG München MDR 1983, 1029; *T/P/Hüßtege* Rn. 115, 188; aA OLG Frankfurt OLGR 2004, 121.

500 *Zö/Herget* Rn. 16 „Ordnungs- und Zwangsmittelfestsetzung"; OLG Frankfurt OLGR 2004, 121.

501 *Zi* Rn. 21 „Ordnungsmittelverfahren"; *Zö/Herget* Rn. 16 „Ordnungs- und Zwangsmittelfestsetzung"; *St/J/Roth* Rn. 61 „Ordnungsgeld"; OLG Karlsruhe WRP 1992, 198; OLG Celle NdsRpfl. 1991, 54; OLG Köln WRP 1982, 288.

502 OLG Düsseldorf MDR 1977, 676; LAG Bremen MDR 1989, 672; *Hartmann* § 48 GKG Anh. I (§ 3 ZPO) Rn. 87; *T/P/Hüßtege* Rn. 115.

§ 6 S. 2.[503] Dabei erfasst die Norm sowohl gesetzliche und vertragliche Mobiliar- als auch Immobiliarpfandrechte sowie das Pfändungspfandrecht.[504]

- **Prozessvergleich.** Der Gegenstandswert eines Prozessvergleiches bemisst sich ohne Begrenzung auf den Klagestreitwert nach dem Wert aller (auch der nicht rechtshängigen) Ansprüche (ohne Zinsen und Kosten)[505], die durch den Vergleich erledigt oder geregelt werden.[506] Dieser Wert stimmt regelmäßig nicht mit dem Betrag überein, auf den sich die Parteien im Vergleich geeinigt haben.[507] Wird der Rechtsstreit auf Grund Anfechtung oder Nichtigkeit des Vergleichs fortgesetzt, ist auf die ursprünglichen Anträge abzustellen; es gilt der Streitwert des bisherigen Verfahrens.[508] Beteiligen sich am Prozessvergleich auch die Streithelfer, so bestimmt sich der Streitwert des Vergleichs nicht nur nach dem Streitwert zwischen den Hauptparteien, sondern auch nach der Summe aller untereinander verglichenen Ansprüche.[509] Wurde nur über die Kosten des Rechtsstreits ein Vergleich geschlossen, ist die Summe aller bisher entstandenen Kosten maßgebend.[510] Wird neben dem Haupt- auch ein Hilfsantrag geltend gemacht und werden beide durch Prozessvergleich erledigt, findet bei fehlender wirtschaftlicher Identität eine Wertaddition statt.[511]
- **Ratenkreditvertrag.** Siehe Rn. 25 „Darlehen". 33
- **Rechnungslegung.** Entscheidend ist iSd. § 3 Halbs. 1 das Interesse des Klägers an der Vorbereitung seiner Leistungsklage. So ist zur Bewertung seines Interesses der ohne Rechnungslegung erforderliche Arbeitsaufwand anzusetzen, der nötig wäre, um den Leistungsanspruch zu verfolgen.[512] Dies entspricht in der Praxis regelmäßig einem Bruchteil von 1/10 bis 1/5 des Wertes des eigentlichen Leistungsanspruchs.[513] Wäre dagegen der Leistungsanspruch ohne Rechnungslegung nicht realisierbar, kann der Streitwert die Höhe des Leistungsanspruchs erreichen.[514] Verfolgt der Kläger keine Leistungsklage, sondern nur die Rechnungslegung, ist allein deren Aufwand ausschlaggebend. Für den Rechtsmittelstreitwert ist das Interesse des verurteilten Beklagten an der Vermeidung des voraussichtlichen Rechnungslegungsaufwandes maßgeblich.[515] Vgl. auch Rn. 23 „Auskunft".
- **Rechtsanwaltsgebühren.** Der Gegenstandswert bestimmt sich nach den §§ 3 bis 9, soweit weder die RVG noch das GKG besondere Wertvorschriften enthalten (§ 23 Abs. 1, § 2 Abs. 1 RVG, § 48 Abs. 1 S. 1 GKG).
- **Rechtsschutzversicherung.** Siehe Rn. 37 „Versicherung".
- **Rechtsweg (§ 17a GVG).** Der Streitwert einer Beschwerde nach § 17a Abs. 4 S. 3 GVG gegen einen entsprechenden Verweisungsbeschluss ist auf einen Bruchteil des Hauptsachewertes festzusetzen.[516] Dabei werden Werte von 1/5 bis 1/3 des Hauptsachewertes angenommen.[517]
- **Restitutionsklage (§ 579).** Deren Streitwert ist mit dem Wert der Verurteilung des abgeschlossenen Verfahrens gleichzusetzen und nicht mit dem Streitwert des Vorprozesses selbst.[518] Nicht zu berücksichtigen sind Zinsen und Kosten.[519]
- **Rückerstattung (§ 717 Abs. 2, 3).** Maßgeblich ist der Wert der Verurteilung,[520] wegen der vollstreckt worden ist, wobei Zinsen und Kosten nicht hinzuzurechnen sind, § 43 GKG, § 4 Abs. 1.[521]
- **Rückkaufsrecht.** Der Streitwert bei einem Rechtsstreit um ein Rückkaufsrecht an einem belasteten Grundstück bemisst sich gemäß § 3 Halbs. 1 nach dem klägerischen Interesse an der Grundstückswiedererlangung, wobei dieser auch geringer als der Verkehrswert sein kann, wenn die Parteien einen ge-

---

[503] *T/P/Hüßtege* § 6 Rn. 6; *B/L/H* Anh. § 3 Rn. 89; *Zi* Rn. 21 „Pfandrecht"; FG Baden-Württemberg EFG 2000, 654.
[504] MK/*Wöstmann* § 6 Rn. 15; *St/J/Roth* § 6 Rn. 26; BGH NJW-RR 1995, 362 (vertragliches Pfandrecht).
[505] MK/*Wöstmann* Rn. 127; OLG Düsseldorf JurBüro 1984, 1865; *Schneider* MDR 1984, 265.
[506] OLG Saarbrücken MDR 2005, 179; OLG München AnwBl. 1999, 15; RVGprofessionell 2006, 129; OLG Köln NJW-RR 1999, 1303.
[507] MK/*Wöstmann* Rn. 127; OLG München JurBüro 2001, 141; OLG Nürnberg FamRZ 2002, 685; OLG Köln NJW-RR 1996, 1278, 1279; *Schneider* MDR 1990, 682.
[508] BGH KostRspr. Nr. 119; *Zö/Herget* Rn. 16 „Vergleich"; *T/P/Hüßtege* Rn. 157; *St/J/Roth* Rn. 68 „Vergleich"; LAG Düsseldorf MDR 2000, 1099; aA OLG Bamberg JurBüro 1998, 541 (Interesse der anfechtenden Partei); OLG Frankfurt NJW-RR 2004, 1296 (Wert der im Vergleich vorgesehenen Leistungen).
[509] OLG Koblenz JurBüro 1999, 196; OLG Köln MDR 1973, 324.
[510] *B/L/H* Anh. § 3 Rn. 127; *T/P/Hüßtege* Rn. 157.
[511] OLG Düsseldorf OLGR 2005, 586; ArbG Nürnberg MDR 2004, 907; *Zö/Herget* Rn. 16 „Vergleich".
[512] *Anders/Gehle/Kunze* S. 255 Rn. 2.
[513] BGH BB 1960, 796 (1/5); OLG Schleswig JurBüro 2002, 80 (1/10); OLG Düsseldorf JurBüro 1995, 484 (1/4); OLG Köln VersR 1976, 1154 (1/4); OLG Bamberg JurBüro 1989, 1307 (1/5).
[514] *St/J/Roth* § 5 Rn. 24; BGH MDR 1962, 564 (4/5); LG Landau ZMR 1990, 21.
[515] BGH FamRZ 2002, 666.
[516] BGH NJW 1998, 909; MDR 1997, 386; aA KG VIZ 1998, 266 (Hauptsachewert); LAG Köln MDR 1993, 915; OLG Karlsruhe MDR 1994, 415 (Anwaltskosten des Beklagten).
[517] BGH MDR 1997, 386; LG Berlin NZA-RR 1999, 212 (1/3); OLG Köln OLGR 1993, 294 (1/3); OLG Celle OLGR 1997, 43 (1/3); OLG Jena OLG-NL 1997, 96 (1/3); OLG Naumburg NJW-RR 1998, 1289 (1/5).
[518] BGH AnwBl. 1978, 260 f.; *Seetzen* NJW 1984, 348.
[519] *Zö/Herget* Rn. 16 „Restitutionsklage"; *St/J/Roth* Rn. 60 „Nichtigkeitsklage"; *Hartmann* § 48 GKG Anh. I (§ 3 ZPO) Rn. 85.
[520] BGHZ 38, 237, 240 f. = NJW 1963, 300.
[521] *B/L/H* Anh. § 3 Rn. 94; *Zö/Herget* Rn. 16 „Restitutionsklage".

ringwertigeren Kaufpreis vereinbart haben.[522] Dagegen berechnet sich der Streitwert einer Klage auf Herausgabe wegen Bestehens eines Rückkaufsrechts nach § 6 S. 1 Alt. 1.

- **Rücktritt.** Beim Streit um die Wirksamkeit der Erklärung des Rücktritts ist nach § 3 Halbs. 1 das Interesse des Klägers an der Befreiung von seiner vertraglichen Verpflichtung zugrundezulegen.[523] Wird nach Ausübung des Rücktritts auf Rückgewähr der Leistung geklagt, ist auf deren Wert abzustellen, wobei das klägerische Angebot auf Rückerstattung des seinerseits Erlangten keine gesonderte Berücksichtigung findet.[524]

34 – **Schadensersatz.** Auszugehen ist iSd. § 3 Halbs. 1 bei entsprechendem Antrag von dem bezifferten Betrag.[525] Bei **unbezifferten Anträgen** (insbesondere Schmerzensgeldanträge) ist nach § 3 Halbs. 1 der Betrag zu schätzen, der unter Zugrundelegung des als wahr unterstellten klägerischen Vortrages zuzusprechen wäre.[526] Abweichungen zwischen der richterlichen Schätzung und dem Ergebnis der Beweisaufnahme bleiben dabei ohne Einfluss auf den Zuständigkeitsstreitwert.[527] Zu beachten ist die Ober- und Untergrenze der im Klageantrag wegen § 253 Abs. 2 Nr. 2 erforderlichen Angabe einer allgemeinen Größenordnung (§ 253 Rn. 34f.) insofern, als der zu ermittelnde Streitwert nicht geringer sein kann als der geforderte Mindestbetrag.[528] Der als Obergrenze angegebene Betrag darf dagegen bei der Wertberechnung überschritten werden, wenn der Kläger (wie üblich) diesen als nicht bindend bezeichnet.[529] Der Gebührenstreitwert wird dadurch aber nicht notwendigerweise bestimmt, wenn der Kläger den zuzuerkennenden Schadensersatz ausdrücklich in das Ermessen des Gerichtes stellt.[530] Vielmehr hat insofern das Gericht auf Grund der vom Kläger vorgetragenen Tatsachen angemessen den Sachverhalt zu bewerten und den sich daraus ergebenden Anspruch zur Berechnung des Gebührenstreitwertes anzusetzen.[531] Beim Schadensersatz in Form von Geldrente ist § 42 Abs. 2 GKG zu beachten. Der Wert der Beschwer ergibt sich aus dem Zurückbleiben des zugesprochenen Schadensersatzes hinter dem geforderten Mindestbetrag bzw. der angegebenen Größenordnung.[532]

- **Selbständiges Beweisverfahren (§§ 485 ff.).** Da nach der Neufassung der §§ 485ff. der dort geführte Beweis immer vorgezogener Beweis zur Hauptsache ist, kommt **im anhängigen Verfahren** auch der Hauptsachewert zum Tragen.[533] Wird das selbständige Beweisverfahren **außerhalb des Streitverfahrens** durchgeführt, ist auf § 3 Halbs. 1 abzustellen, weil die Durchführung eines Hauptverfahrens noch nicht feststeht und damit auch nicht auf den Streitwert eines solchen zurückgegriffen werden kann.[534] Maßgebend ist das Interesse des Antragstellers an der Durchführung der Maßnahme zur Beweissicherung.[535] Teilweise wird dabei vertreten, dass der Streitwert nur mit einem Bruchteil des mutmaßlichen Wertes des künftigen Hauptsacheverfahrens anzusetzen sei.[536] Jedoch ist regelmäßig auch hier auf den zu schätzenden Hauptsachewert abzustellen, weil die Verwendung des Beweisergebnisses im folgenden Prozess einer Beweisaufnahme im Verfahren vor dem Prozessgericht gleichsteht, § 493 Abs. 1.[537] Für die Wertfestsetzung ist die verfahrenseinleitende Antragstellung (§ 40 GKG, § 4 Abs. 1 Halbs. 1) entscheidend, so dass es grundsätzlich nicht auf das Ergebnis bzw. den Erfolg der Beweisaufnahme, sondern auf den vom Antragsteller zu Beginn des Verfahrens vorgetragenen objektiven Wert der „Vorwurfstatsachen" an-

---

[522] OLG Köln OLGR 1999, 15.

[523] *Zö/Herget* Rn. 16 „Rücktritt"; OLG München JurBüro 1984, 1235f.

[524] *St/J/Roth* Rn. 64 „Rücktritt".

[525] *T/P/Hüßtege* Rn. 132; *Hartmann* § 48 GKG Anh. I (§ 3 ZPO) Rn. 95; MK/*Wöstmann* Rn. 111; *Zö/Herget* Rn. 16 „Schadensersatz".

[526] *St/J/Roth* § 2 Rn. 104; *Anders/Gehle/Kunze* S. 299 Rn. 4; *T/P/Hüßtege* Rn. 63; *Steinle* VersR 1992, 425; OLG Hamm AnwBl. 1984, 202; OLG München JurBüro 1980, 125.

[527] OLG Koblenz JurBüro 1977, 718.

[528] MK/*Wöstmann* Rn. 121; *B/L/H* Anh. § 3 Rn. 100; *St/J/Roth* § 2 Rn. 104; BGHZ 132, 341, 352; BGH NJW-RR 2004, 102; OLG München NJW 1995, 1117; LG Hamburg JurBüro 1992, 699.

[529] *St/J/Roth* § 2 Rn. 104; MK/*Wöstmann* Rn. 121; BGH MDR 1996, 886 m. Anm. *Jaeger;* OLG Köln VersR 1991, 1430.

[530] *St/J/Roth* § 2 Rn. 103; OLG Zweibrücken OLGR 1998, 157; OLG Bamberg VersR 1984, 875; aA OLG München NJW 1988, 1396; *Butzer* MDR 1992, 539, 543.

[531] *St/J/Roth* § 2 Rn. 105.

[532] MK/*Wöstmann* Rn. 121; *St/J/Roth* § 2 Rn. 107; BGH NJW 2002, 3769; 1992, 311, 312; 1999, 1339, 1340.

[533] BGH MDR 2005, 162 = NJW 2004, 3488, 3489; 2006, 2557; OLG Schleswig OLGR 2005, 217; OLG Karlsruhe OLGR 2005, 216; OLG Dresden BauR 2005, 606 (LS); OLG Brandenburg NJW 2001, 836; OLG Düsseldorf BauR 2001, 1785; 2005, 142; OLGR 2002, 59; 1999, 296; NJW-RR 1996, 383; OLG Koblenz MDR 2001, 356; OLG Jena OLGR 2001, 132; OLG Karlsruhe NJW-RR 1992, 766f.; OLG München NJW-RR 1992, 1471f.; OLG Frankfurt NJW-RR 2003, 647 (Mietminderung); OLG Bamberg MDR 2003, 835; OLG Braunschweig OLGR 1997, 84; OLG Köln OLGR 1999, 246; BauR 2003, 929 (Mietminderung); OLG Celle OLGR 1999, 199; OLG Rostock BauR 1998, 1278; aA OLG Rostock NJW-RR 1993, 1086.

[534] *St/J/Roth* Rn. 48 „Beweisverfahren"; OLG München BauR 1994, 408f.; *Wirth* BauR 1993, 281, 285.

[535] *Anders/Gehle/Kunze* S. 86 Rn. 2; *St/J/Roth* Rn. 48 „Beweisverfahren"; OLG Koblenz JurBüro 2005, 312; OLG München BauR 1994, 408f.

[536] OLG Schleswig OLGR 1998, 38; BauR 2003, 1078 m. abl. Anm. *Frank;* MDR 2004, 229 (50%); OLG Bamberg JurBüro 1998, 95 (25% Abschlag) m. Anm. *Enders;* OLG Düsseldorf NJW-RR 2001, 375 (50% im WEG-Verfahren); OLG Braunschweig BauR 2000, 1907; OLG Hamm OLGR 2000, 223; OLG Schleswig VersR 1995, 1254 (idR 50%).

[537] *St/J/Roth* Rn. 48 „Beweisverfahren"; *Anders/Gehle/Kunze* S. 86 Rn. 2; *T/P/Hüßtege* Rn. 33; BGH MDR 2005, 162; OLG München MDR 2002, 357; OLG Koblenz MDR 2001, 356; JurBüro 2005, 312; OLG Jena OLG-NL 2001, 95; OLG Brandenburg NJW-RR 2001, 311; OLG Düsseldorf MDR 2001, 649.

kommt.[538] Der vom Antragsteller angegebene Wert ist jedoch für das Gericht nicht bindend (§ 61 GKG), vielmehr hat das Gericht nach Einholung des Sachverständigengutachtens den „richtigen" Hauptsachewert, bezogen auf den Zeitpunkt der Verfahrenseinleitung und das Interesse des Antragstellers festzusetzen.[539] So kann etwa der Wert höher anzusetzten sein.[540] Sofern seitens des Sachverständigen nicht alle behaupteten Mängel bestätigt werden, ist das Interesse des Antragstellers unter Zugrundelegung seiner Ausführungen anhand der zu schätzenden Mängelbeseitigungskosten zu bestimmen.[541] Geht es um die voraussichtlichen Kosten der Mängelbeseitigung, ist, wenn alle Verfahrensbeteiligten vorsteuerabzugsberechtigt sind, der Nettobetrag zu berücksichtigen.[542] Richtet sich das selbständige Beweisverfahren gegen mehrere Antragsgegner (unechte Streitgenossen), sind entsprechend ihrer Beteiligung die jeweiligen Streitwerte festzusetzen.[543] Eine Beschwerde, mit der die das selbständige Beweisverfahren betreibende Partei eine Streitwertheraufsetzung erreichen will, ist mangels Rechtsschutzinteresse unzulässig.[544] Im Hinblick auf die Rechtsanwaltsgebühren ist die gebührenrechtliche Eigenständigkeit des selbständigen Beweisverfahrens zu beachten, wobei jedoch nach VV Vorbemerkung 3 Abs. 5 dessen Verfahrensgebühr auf die Verfahrensgebühr des Rechtsstreits mit demselben Gegenstand angerechnet wird.

- **Sicherungshypothek.** Siehe Rn. 24 „Bauhandwerkersicherungshypothek".
- **Streitwertfestsetzung.** Gegen den Beschluss der Festsetzung des Streitwertes im Rahmen der **Gerichtsgebühren** nach § 63 Abs. 2 S. 1 GKG findet die Beschwerde gemäß § 68 Abs. 1 S. 1 GKG statt; Einwendungen gegen die vorläufige Festsetzung der Höhe sind jedoch nur im Rahmen der Beschwerde gegen die Anordnung einer Vorauszahlung nach § 63 Abs. 1 S. 2, § 67 Abs. 1 S. 1 GKG statthaft.[545] Der Beschwerdewert berechnet sich nach dem Differenzbetrag zwischen den Rechtsanwalts- und Gerichtskosten auf Grund des festgesetzten und denjenigen auf Grund des angestrebten niedrigeren[546] Streitwertes.[547] Für den Rechtsanwalt gilt § 32 Abs. 2 RVG; ihm steht ein eigenes Beschwerderecht zu.[548] Für die Beschwerde des Rechtsanwalts (§ 32 Abs. 2 S. 1 RVG) kommt es dabei auf die Differenz der Rechtsanwaltsgebühren (§ 32 Abs. 1 RVG) hinsichtlich des festgesetzten zum erstrebten höheren Streitwert an.[549] Für das Beschwerdeverfahren, soweit es zulässig ist,[550] entstehen keine Gerichtsgebühren, § 68 Abs. 3 GKG. Siehe ferner Rn. 22.
- **Stufenklage.** Für den Zuständigkeitsstreitwert ist **keine Addition** der einzelnen Stufen vorzunehmen, vielmehr ist nur der höchste Anspruch (regelmäßig der eigentlich verfolgte Herausgabe- bzw. Zahlungsanspruch) maßgebend, weil es sich wirtschaftlich um eine Einheit handelt (vgl. § 5 Rn. 7, 9).[551] Wegen des Gebührenstreitwertes greift § 44 GKG ein;[552] bestimmend ist ebenfalls der höhere Wert. Dabei ist dieser höhere Wert des Hauptanspruchs auch dann für die Gerichtsgebühr (§ 3 GKG iVm. Anlage 1 KV Nr. 1210) entscheidend, wenn es nicht mehr zur Verhandlung über diesen kommt.[553] Zur Berechnung des Streitwertes dieses Anspruchs sind auf Grund der Tatsachenschilderung in der Klagebegründung das Interesse und die realistischen Erwartungen der Partei **im Zeitpunkt der Antragstellung** (§ 40 GKG, § 4 Abs. 1 Halbs. 1)[554] angemessen zu bewerten und der sich daraus ergebende Wert nach § 3 Halbs. 1 zu schätzen.[555] Unerheblich ist dabei, ob der Leistungsanspruch schon beziffert wurde,[556] spä-

---

538 OLG Frankfurt BauR 1997, 518; OLG Dresden OLG-NL 2002, 120; OLG Bamberg OLGR 1998, 282; OLG Köln OLGR 1999, 80; OLG Hamm OLGR 1999, 144; OLG Stuttgart OLGR 1999, 294; aA OLG Jena OLGR 1998, 24; OLG Düsseldorf OLGR 1999, 324.

539 BGH NJW 2004, 3488, 3489; OLG Hamburg NJW-RR 2000, 827.

540 OLG München BauR 2004, 707.

541 BGH NJW 2004, 3488, 3489; OLG Karlsruhe OLGR 2005, 216f.; OLG Jena OLGR 2001, 132; OLG Celle NJW-RR 2004, 234 (Korrektur bei offensichtlichen Fehlbewertungen); OLG Düsseldorf NJW-RR 2003, 1530; OLG Koblenz VersR 2003, 131.

542 OLG Düsseldorf NJW-RR 1996, 1469.

543 OLG Koblenz BauR 2005, 1372 (LS); *Zö/Herget* Rn. 16 „Selbständiges Beweisverfahren"; *St/J/Roth* Rn. 48 „Beweisverfahren"; KG NJW-RR 2000, 1622; OLG Nürnberg MDR 1999, 1522.

544 OLG Frankfurt OLGR 1997, 104.

545 *Meyer* § 63 GKG Rn. 8; *Hartmann* § 63 GKG Rn. 14; KG NJW-RR 2004, 864.

546 *St/J/Roth* § 2 Rn. 85; OLG Koblenz JurBüro 2002, 310; OLG Zweibrücken JurBüro 1985, 1850; OLG Köln WuM 1985, 126.

547 OLG Köln OLGR 1997, 167.

548 *Hartmann* § 68 GKG Rn. 5; *Meyer* § 68 GKG Rn. 1; *Zö/Herget* Rn. 9; *Schneider* MDR 2000, 380; aA OLG Jena OLGR 1999, 392; OLG Hamm MDR 2005, 1309 m. abl. Anm. *Lappe* NJW 2006, 270, 275.

549 OLG Koblenz JurBüro 2002, 310; LAG Düsseldorf JurBüro 1994, 669; LG Halle WuM 1994, 531.

550 OLG Koblenz NJW-RR 2000, 1239.

551 MK/*Wöstmann* § 5 Rn. 20; *St/J/Roth* § 5 Rn. 20; *Lappe* NJW 1988, 3130, 3131; *ders.* NJW 2004, 2412; OLG Brandenburg FamRZ 2003, 240; OLG Frankfurt JurBüro 1999, 303; OLG Schleswig JurBüro 2002, 81; aA *Zi* Rn. 21 „Stufenklage"; *T/P/Hüßtege* Rn. 141; OLG Brandenburg OLG-NL 2002, 167 m. weit. Nachw. (Wertaddition).

552 *T/P/Hüßtege* Rn. 141; OLG Frankfurt OLGR 1999, 56.

553 OLG Nürnberg FamRZ 2004, 962; KG MDR 2008, 45; OLG Celle MDR 2003, 55; OLG Schleswig JurBüro 2002, 80; OLG Bremen OLGR 1998, 192; aA KG NJW-RR 1998, 418.

554 KG JurBüro 2006, 594; MDR 1993, 696; aA KG MDR 1997, 598. Dies gilt auch bei Unterhaltsrückständen: KG AnwBl. 1984, 612; OLG Hamburg JurBüro 1990, 1336; OLG Bamberg JurBüro 1991, 108.

555 *St/J/Roth* § 5 Rn. 22; *T/P/Hüßtege* Rn. 141; OLG Nürnberg FamRZ 2004, 962; OLG Brandenburg FamRZ 2003, 240; OLG Schleswig JurBüro 2002, 80, 81; OLG Frankfurt 1999, 302; OLG Hamm FamRZ 1998, 1308; NJW-RR 1991, 1407; OLG Zweibrücken JurBüro 1989, 1455; aA KG NJW-RR 1998, 1615 m. weit. Nachw.

556 *T/P/Hüßtege* Rn. 141; OLG Hamm FamRZ 2004, 1664; KG FamRZ 2007, 69; JurBüro 2006, 595.

ter dem geschätzten Betrag tatsächlich entspricht, nach oben oder unten abweicht bzw. ob überhaupt über ihn entschieden wird.[557] Dies gilt auch dann, wenn das Auskunftsbegehren nicht weiter verfolgt wird,[558] oder in der Rechtsmittelinstanz, wenn die Klage bereits auf der Auskunftsstufe als unbegründet abzuweisen ist.[559] Siehe auch Rn. 23 „Auskunft".

35 – **Teilklage.** Für den Zuständigkeits-, Bagatell- und den Gebührenstreitwert (§ 36 Abs. 1 GKG) ist nur auf den eingeklagten Teil abzustellen; maßgeblich ist der Antrag.[560] Dessen Wert ist für den Gebührenstreitwert dem Betrag der Widerklage hinzuzurechnen, wenn mit dieser im Wege einer negativen Feststellungsklage der von der Klage nicht erfasste Teil geltend gemacht wird, § 45 Abs. 1 S. 1 GKG.[561] Insofern handelt es sich um zwei verschiedene Streitgegenstände und es fehlt an einer wirtschaftlichen Identität iSd. § 45 Abs. 1 S. 3 GKG.[562] Für den Bagatell- und Zuständigkeitsstreitwert gilt insoweit jedoch § 5 Halbs. 2; es unterbleibt eine Wertaddition.[563] Wird eine Teilklage in objektiver Klagehäufung iSd. § 260 gemeinsam mit einer positiven Feststellungsklage hinsichtlich des gesamten Rechtsverhältnisses erhoben, gilt dagegen § 5 Halbs. 1. Der den Wert der Teilklage übersteigende Betrag der Feststellungsklage ist abzüglich des üblichen 20%-Abschlags mit dem Wert des Leistungsantrages zu addieren.[564]

– **Telefax- und Telefonwerbung.** Siehe Rn. 38 „Werbung".

– **Testamentsvollstreckung.** Soweit Befugnisse, Bestehen oder Beendigung des Testamentsvollstreckeramtes zu beurteilen sind, handelt es sich um vermögensrechtliche Streitigkeiten; es kommt § 3 Halbs. 1 und nicht § 48 Abs. 2 GKG zur Anwendung.[565] Im Hinblick auf den Streit um die Reichweite der Testamentsvollstreckung kann ohne weitere Anhaltspunkte ein Wert von 10% des verwalteten Nachlasses anzusetzen sein.[566]

– **Titulierungsinteresse.** Die Bewertung richtet sich nach dem zu titulierenden Anspruch. Zu unterscheiden sind nicht realisierbare, streitige Ansprüche und solche, die unstreitig sind. Erstgenannte sind bei der Einbeziehung in einen Prozessvergleich mit dem vollen Wert zu veranschlagen, da bei einem bezifferten Betrag insoweit eine normative Streitwertermittlung (Rn. 2ff.) erfolgt und nicht das konkrete Klägerinteresse entscheidet.[567] Bezüglich unstreitiger Forderungen ist dagegen zu beachten, dass allein die Titulierung an sich einen wirtschaftlichen Wert aufweist, §§ 794 Abs. 1 Nr. 1, 795. Außerdem kann beispielsweise die gebührenpflichtige notarielle Beurkundung (§ 17 Abs. 1 S. 1 BNotO) durch einen Prozessvergleich erspart werden (zB § 925 Abs. 1 S. 3 BGB). Daher ist für diese Ansprüche eine Schätzung nach § 3 Halbs. 1 vorzunehmen.[568] Dabei wird regelmäßig ein Bruchteil des Nennbetrags zugrundegelegt.[569] Bei einer Unterhaltsklage in den Antrag einbezogene bereits freiwillig bezahlte Forderungen[570] oder solche, die bereits rechtskräftig tituliert waren,[571] sind aber mit dem vollen Wert zu berücksichtigen. Unbestrittene Forderungen finden allerdings in keinem Fall eine wertmäßige Berücksichtigung, wenn sie lediglich in klarstellender Funktion aufgeführt sind.[572]

36 – **Überbau (§ 912 BGB).** Bei Klagen, welche auf die Beseitigung oder Unterlassung des Überbaus gerichtet sind, kommt § 3 Halbs. 1 zur Anwendung.[573] Maßgeblich ist das Interesse des Klägers, wobei die Wertminderung zugrundezulegen ist, die das klägerische Grundstück erfährt.[574] Wird dagegen die Berechtigung zum Überbau basierend auf einer Grunddienstbarkeit geltend gemacht, ist die Bewertung nach § 7 vorzunehmen.[575] Legt der Beklagte Rechtsmittel ein, ist für den Streitwert der Kostenaufwand einer Ersatzvornahme erheblich.[576] Hinsichtlich einer Klage auf Zahlung von Überbaurente nach § 912 Abs. 2

---

557 *St/J/Roth* § 5 Rn. 21; *Anders/Gehle/Kunze* S. 289 Rn. 3; OLG Bremen OLGR 1998, 192; OLG Celle FamRZ 1997, 99; OLG Schleswig JurBüro 2002, 80; KG FamRZ 2007, 69; MDR 1993, 696.

558 OLG Koblenz FuR 2005, 462.

559 BGH MDR 1992, 1091; *Zö/Herget* Rn. 16 „Stufenklage".

560 *T/P/Hüßtege* Rn. 142; *Zö/Herget* Rn. 16 „Teilklagen"; *Hartmann* § 48 GKG Anh. I (§ 3 ZPO) Rn. 114.

561 OLG Bamberg JurBüro 1979, 251.

562 OLG Schleswig AnwBl. 1984, 205; OLG Bamberg JurBüro 1979, 251.

563 *St/J/Roth* § 5 Rn. 44.

564 *St/J/Roth* § 5 Rn. 10; OLG Bamberg JurBüro 1969, 955.

565 BGH NJW-RR 2004, 724 (Bruchteil des Nachlasswertes iHv. 10%); *T/P/Hüßtege* Rn. 143; vgl. ferner BGH ZEV 2000, 409.

566 BGH ZEV 2000, 409.

567 *Mümmler* JurBüro 1992, 117; aA *Anders/Gehle/Kunze* S. 311 Rn. 9; OLG Bamberg JurBüro 1989, 201.

568 *Zö/Herget* Rn. 16 „Titulierungsinteresse"; *Anders/Gehle/Kunze* S. 311 Rn. 10; *Büttner/Niepmann* NJW 2000, 2547, 2558; OLG Köln NJW-RR 1999, 1303.

569 OLG Nürnberg JurBüro 1994, 737 (1/20); LAG Stuttgart JurBüro 1991, 834 (1/5); OLG Bamberg JurBüro 1992, 628 (1/10); OLG Hamm 1985, 1360 (1/10); aA voller Betrag: OLG Nürnberg JurBüro 1985, 1395 m. abl. Anm. *Mümmler.*

570 OLG Braunschweig NJW-RR 1996, 256; OLG Karlsruhe FamRZ 1991, 468.

571 OLG Brandenburg JurBüro 1997, 196; OLG Düsseldorf JurBüro 1981, 1048.

572 LAG Köln MDR 2002, 1441, 1442; OLG München FamRZ 1998, 573; OLG Bamberg AnwBl. 1985, 1357; *Anders/Gehle/Kunze* S. 311 Rn. 10; *Zö/Herget* Rn. 16 „Titulierungsinteresse".

573 *T/P/Hüßtege* Rn. 145; *Zö/Herget* Rn. 16 „Überbau"; BGH NJW-RR 1986, 737; OLG München OLGR 1997, 140.

574 LG Bayreuth JurBüro 1985, 441; BGH NJW-RR 1986, 737.

575 *St/J/Roth* § 7 Rn. 5; *Zö/Herget* Rn. 16 „Überbau"; *T/P/Hüßtege* Rn. 145; *Schneider* KostRspr. § 7 Nr. 2; aA MK/*Wöstmann* § 7 Rn. 7; BGH NJW-RR 1986, 737.

576 MK/*Wöstmann* Rn. 120; *Anders/Gehle/Kunze* S. 116 Rn. 9; BGH NJW 1994, 735f.

S. 1 BGB ist zur Wertberechnung § 9 S. 1 heranzuziehen; zu berücksichtigen ist der dreieinhalbfache jährliche Bezug.[577] Siehe auch Rn. 24 „Beseitigung".

- **Unbezifferte Klageanträge.** Siehe Rn. 34 „Schadensersatz".
- **Unterhalt.** Abgesehen von der streitwertunabhängigen Zuständigkeit des Familiengerichts gemäß §§ 23a Nr. 2, 3, 23b Abs. 1 Nr. 5, 6, 13 GVG kommt bezüglich des Zuständigkeits- und Rechtsmittelstreitwertes § 9 zur Anwendung,[578] während § 42 GKG bzw. § 53 Abs. 2 S. 1 GKG für die einstweilige Anordnung (§§ 620 Nr. 4, 6, 641d, 644) im Hinblick auf den Gebührenstreitwert gesetzlicher Unterhaltsansprüche eingreift, sofern nicht die Geltendmachung gegen einen Dritten wegen der Verursachung der Unterhaltspflicht[579] in Rede steht. Folglich bemisst sich der Gebührenstreitwert der gesetzlichen Unterhaltsklage gemäß § 42 Abs. 1 S. 1 GKG nach den für die ersten 12 Monate nach Klageerhebung geforderten Beträgen zzgl. aufgelaufener Rückstände.[580] Wird der Anspruch für einen späteren Zeitraum geltend gemacht, ist dieser maßgeblich,[581] wobei unterhaltsfreie Zeiträume bei der Berechnung durch unterhaltspflichtige ersetzt werden können.[582] Für die Streitwertbemessung ist vom Regelbetrag das anteilige Kindergeld in Abzug zu bringen.[583] Bei der Abänderungsklage iSd. § 323 ist der niedrigere Gesamtbetrag der Abänderung maßgeblich.[584] § 9 greift zur Wertberechnung der Schadensersatzklage gegen den Rechtsanwalt ein, der die Verfolgung des entsprechenden Unterhaltsanspruchs versäumt hat.[585] Im Rechtsmittelverfahren richtet sich der Streitwert für den laufenden Unterhalt grundsätzlich nach den Beträgen, die für die ersten zwölf Monate noch im Streit sind, begrenzt durch den Wert des Streitgegenstands der ersten Instanz, sofern dieser nicht erweitert wurde.[586]
- **Unterlassung.** Maßgeblich ist nach § 3 Halbs. 1 das Interesse des Klägers an der Verhinderung bzw. Beseitigung der Beeinträchtigungen, wobei zu unterscheiden ist: In nichtvermögensrechtlichen Streitigkeiten (zum Begriff Rn. 12) ist in Anwendung von § 3 Halbs. 1, § 48 Abs. 2 S. 1 GKG der Streitwert unter Berücksichtigung aller Umstände des Einzelfalls nach Ermessen zu bestimmen (vgl. Rn. 13ff.). So wird bei **ehrverletzenden Äußerungen** beispielsweise von Werten zwischen 3 000 Euro und 5 000 Euro ausgegangen.[587] Dies gilt auch im Hinblick auf persönlichkeitsrechtsverletzende Äußerungen im Rahmen eines Internetportals, selbst wenn das zugrundeliegende Geschäft einen geringeren Wert verkörperte.[588] Da keine wirtschaftliche Identität besteht, sind bei einer Klage auf Unterlassung und Widerruf ehrverletzender Äußerungen die Werte gemäß § 5 Halbs. 1 zusammenzurechnen.[589] Wird neben dem nichtvermögensrechtlichen ein aus ihm resultierender vermögensrechtlicher Anspruch geltend gemacht, ist nur der höhere Wert maßgebend, § 48 Abs. 4 GKG. Bei vermögensrechtlichen Streitigkeiten ist § 3 Halbs. 1 iVm. § 48 Abs. 1 GKG anzuwenden. Bei einer Klage auf Unterlassung sittenwidriger Zwangsvollstreckung nach § 826 BGB[590] ist der Wert der titulierten Forderung ohne Zinsen und Kosten soweit erheblich, wie deren Vollstreckung verhindert werden soll.[591] Die Beseitigung einer Konkurrenzsituation, welche im Wege der Unterlassungsklage erstrebt wird, weil der Beklagte gegen eine entsprechende vertragliche Vereinbarung verstößt, bemisst sich nach dem Interesse, das Geschäft ohne die Konkurrenz ausüben und den dadurch drohenden Schaden von sich abwenden zu können, mithin dem Reingewinn, der dem Kläger infolge der Konkurrenzsituation entgeht.[592] Im Hinblick auf die Unterlassung **urheberrechtsverletzender Nutzung** von Stadtplanausschnitten im Internet wird entgegen den Bewertungsgrundsätzen (Rn. 9) der Gedanke einer wirkungsvollen Abschreckung als streitwertbestimmender Faktor angesehen und findet dementsprechend eine wertmäßige Berücksichtigung.[593] Ebenso soll die große Nachahmungsgefahr aus einem verbreiteten leichtfertigen Umgang mit derartigen Urheberrechten zu berücksichtigen sein.[594] Im Übrigen siehe Rn. 23 „Allgemeine Geschäftsbedingungen", Rn. 24 „Besitzstörungsklage", Rn. 26 „Ehrverletzung", „Eigentum" und „E-Mails", Rn. 38 „Wettbewerbsrecht".

---

577 MK/*Wöstmann* Rn. 120; *Anders/Gehle/Kunze* S. 117 Rn. 10; *T/P/Hüßtege* Rn. 145; *Zö/Herget* Rn. 16 „Überbau"; OLG Köln JurBüro 1991, 1386.
578 BGH NJW-RR 1999, 1080; OLG Hamburg 2003, 1199.
579 *T/P/Hüßtege* Rn. 151; BGH WM 1994, 182.
580 OLG Frankfurt JurBüro 2005, 97; OLG Brandenburg MDR 2003, 335; *Zö/Herget* Rn. 16 „Unterhalt".
581 OLG Celle FamRZ 2003, 1683.
582 OLG Hamburg FamRZ 2003, 1198.
583 OLG München OLGR 2005, 115; OLG Brandenburg FamRZ 2004, 962.
584 *T/P/Hüßtege* Rn. 151.
585 OLG Düsseldorf FamRZ 2004, 1225; vgl. auch BGH MDR 1979, 302.
586 BGH NJW-RR 2003, 1657.
587 BAG JurBüro 1998, 647 (etwa 4 000 Euro); OLG Frankfurt OLGR 1999, 296; LG Oldenburg NdsRpfl. 1993, 299 (etwa 3 000 Euro); AG Koblenz NJW-RR 2006, 1643.
588 AG Koblenz NJW-RR 2006, 1643; vgl. LG Düsseldorf MMR 2004, 496.
589 OLG München MDR 1993, 286; *Zö/Herget* Rn. 16 „Unterlassung".
590 *Brox/Walker* Rn. 1328.
591 OLG Köln JurBüro 1992, 251; OLG Karlsruhe MDR 1991, 353; *Schneider* MDR 1989, 395; aA OLG Hamburg MDR 1988, 1060 (einschließlich Zinsen).
592 BGH NJW 2006, 3060; KG Rpfleger 1962, 154.
593 OLG Hamburg GRUR-RR 2004, 342, 343.
594 KG GRUR 2005, 88.

37 – **Veräußerungsverbot.** Bei einem Veräußerungsverbot ist iSd. § 6 S. 1 Alt. 1 auf den Verkehrswert der Sache abzustellen.[595] Dementsprechend bleiben etwaige Gewinnaussichten oder sonstige wirtschaftliche Ziele außer Betracht.[596]
– **Verein.** Beim **Streit über die Mitgliedschaft** ist nach § 3 Halbs. 1 das Interesse des Klägers zugrundezulegen und der Streitwert zu schätzen.[597] Dabei ist in nichtvermögensrechtlichen Streitigkeiten für den Gebührenstreitwert § 48 Abs. 2 S. 1 GKG heranzuziehen (vgl. Rn. 12 ff.); dies gilt beispielsweise beim Streit um den Ausschluss[598] oder die Zugehörigkeit[599] zu einem Idealverein, über Vorstandswahlen[600] oder den Vereinsnamen. § 247 Abs. 1, Abs. 2 AktG kommt nicht entsprechend zur Anwendung.[601]
– **Verfügungsbeschränkung.** Bei einer Verfügungsbeschränkung ist zunächst auf den Verkehrswert der Sache abzustellen. Dabei ist jedoch iSd. § 3 Halbs. 1 das Maß der Gefährdung zu berücksichtigen, die dem Antragsteller bei nachteiliger Verfügung droht.[602]
– **Vergleich.** Siehe Rn. 32 „Prozessvergleich".
– **Veröffentlichung.** Wird die Bewilligung der Befugnis zur Veröffentlichung begehrt, ist ein solcher Antrag neben einem Unterlassungs- oder Schadensersatzanspruch gesondert zu bewerten, da keine wirtschaftliche Identität (§ 5 Rn. 7 ff.) besteht.[603] Die Bewertung erfolgt gemäß § 3 Halbs. 1; es ist das Interesse des Klägers an der Veröffentlichung zu schätzen, welches idR die Veröffentlichungskosten übersteigt.[604] Für die Wertberechnung bei der Veröffentlichung von Gegendarstellungen, vgl. Rn. 26 „Ehrverletzungen".
– **Versicherung.** Wird die Versicherungsleistung eingeklagt, ist grundsätzlich deren Höhe für die Wertberechnung bestimmend.[605] Bei der Klage gegen eine **Rechtsschutzversicherung** auf Deckung der Kosten für einen anstehenden Rechtsstreit ist nach § 3 Halbs. 1 zu schätzen; regelmäßig ist von den Gesamtkosten einer Instanz einschließlich eventueller Kosten einstweiligen Rechtsschutzes auszugehen.[606] Bei einer Feststellungsklage gegen die Rechtsschutzversicherung sind dann unter Berücksichtigung des üblichen Abschlags[607] von 20 % die entsprechend verminderten Kosten einer Instanz anzusetzen.[608] Bei Feststellungsklagen über das Bestehen der **Kranken- oder Berufsunfähigkeitsversicherung** wird dagegen in analoger Anwendung von § 9 unter Berücksichtigung der konkreten Umstände das dreieinhalbfache der jährlichen Versicherungsprämie zugrundegelegt[609] und teilweise ebenfalls der übliche Abzug von 20 %[610] oder ein solcher iHv. 50 %[611] vorgenommen, wenn zB der behauptete Versicherungsfall bislang ungeklärt ist.[612] Wird die Feststellung begehrt, dass die Versicherung für eine ungewisse Dauer verpflichtet ist, Leistungen aus der Krankentagegeldversicherung zu erbringen, ist der 6-monatige Bezug abzüglich der üblichen 20 % zugrundezulegen.[613] Weiter ist bei Klagen auf Feststellung des Fortbestandes einer **Lebensversicherung** die Versicherungssumme abzüglich 20 % entscheidend,[614] wobei behauptete, aber nicht eingeklagte Ansprüche zusätzlich mit 50 % ihres Wertes berücksichtigt werden.[615]
– **Vertragsschluss.** Maßgeblich ist das anhand von § 3 Halbs. 1 zu schätzende Interesse am Abschluss des Vertrages, nicht dagegen die Leistung, auf die der Vertrag gerichtet ist.[616]
– **Vollmacht.** Im Gegensatz zu Wertpapieren, bei denen der Wert der verbrieften Forderung ausschließlich durch die Urkunde verkörpert wird, handelt es sich bei einer Vollmachtsurkunde um eine reine Beweisurkunde, weshalb nicht § 6 S. 1 Alt. 1 zur Anwendung kommt.[617] Vielmehr bemisst sich der Streitwert bei einer Klage auf Herausgabe der Urkunde wegen Widerrufs der Vollmacht oder beim Streit um den Bestand der Vollmacht gemäß § 3 Halbs. 1 nach dem Interesse des Klägers. Dabei sind die Schäden auf

---

595 *Hartmann* § 48 GKG Anh. I (§ 6 ZPO) Rn. 3; *Zö/Herget* Rn. 16 „Veräußerungsverbot".
596 OLG Köln KostRspr. GKG § 20 Nr. 36.
597 *Mümmler* JurBüro 1987, 1331.
598 OLG Frankfurt JurBüro 2003, 644 (Einbeziehung von Affektionsinteresse und wirtschaftlichen Interesse); *Zi* Rn. 12 „Ausschließung".
599 OLG Köln MDR 1984, 153.
600 OLG Düsseldorf AnwBl. 1997, 680; LG Saarbrücken JurBüro 1995, 26.
601 BGH NJW-RR 2002, 823; MDR 1993, 183; ZIP 1992, 918, 919.
602 *Hartmann* § 48 GKG Anh. I (§ 6 ZPO) Rn. 3; *Zö/Herget* Rn. 16 „Verfügungsbeschränkung".
603 *St/J/Roth* Rn. 68 „Veröffentlichungsbefugnis"; *Zö/Herget* Rn. 16 „Veröffentlichungsbefugnis"; *B/L/H* Anh. § 3 Rn. 129; OLG Hamburg MDR 1977, 142; aA OLG Nürnberg JurBüro 1967, 72.
604 *St/J/Roth* Rn. 68 „Veröffentlichungsbefugnis"; OLG Hamm JMBlNRW 1954, 177.
605 *T/P/Hüßtege* Rn. 159; *St/J/Roth* Rn. 68 „Versicherung".
606 *St/J/Roth* Rn. 50 „Deckungsprozess".
607 BGH NJW 1997, 1241; *St/J/Roth* § 2 Rn. 27; *MK/Wöstmann* Rn. 71; *T/P/Hüßtege* Rn. 65.
608 BGH NJW-RR 2006, 791; OLG Oldenburg VersR 1999, 252; *Zi* Rn. 12 a „Deckungsklage".
609 BGH NVersZ 2002, 21.
610 *MK/Wöstmann* Rn. 128; BGH NJW-RR 2005, 259, 260; 2001, 316, 317; 2000, 1266; OLG Köln MDR 1996, 1194; OLG Celle, Beschl. v. 3. 1. 2007, Az. 8 U 123/06; OLG Hamm NJW-RR 2001, 533; LG Magdeburg VersR 2003, 263.
611 BGH NJW-RR 2001, 316; KGR 1999, 96.
612 BGH NJW-RR 2005, 259, 260; 2001, 316, 317.
613 OLG Karlsruhe OLGR 2006, 406.
614 *St/J/Roth* Rn. 68 „Versicherung"; *MK/Wöstmann* Rn. 128; *Zi* Rn. 23 „Versicherungsvertrag"; BGH NJW-RR 1997, 1562 (aber bei Risikolebensversicherung nur 20 % der Versicherungssumme); aA OLG Hamm AnwBl. 1994, 95 (vierfacher Jahresprämienbetrag); *Zö/Herget* Rn. 16 „Versicherungsschutz".
615 BGH AnwBl. 2003, 184; BGHReport 2002, 154.
616 *T/P/Hüßtege* Rn. 10; *St/J/Roth* Rn. 47 „Abschluss eines Vertrages".
617 *St/J/Roth* § 6 Rn. 9.

Grund eines möglichen Missbrauchs zu schätzen und bei der Berechnung zugrundezulegen.[618]

- **Vollstreckungsabwehrklage (§ 767).** Siehe Rn. 39 „Zwangsvollstreckung".
- **Vormerkung (§ 883 BGB).** Bei der Vormerkung iSd. § 883 Abs. 1 BGB ist zu unterscheiden: Ist die Eintragung einer Vormerkung bzw. deren Bewilligung zu beurteilen, bemisst sich der Streitwert gemäß § 6 S. 1 Alt. 2, S. 2 nach dem Betrag der zu Grunde liegenden Forderung.[619] Dies ist darauf zurückzuführen, dass die Vormerkung als Sicherungsmittel eigener Art für einen schuldrechtlichen Anspruch auf dingliche Rechtsänderung vom Begriff der „Sicherstellung" in § 6 S. 1 Halbs. 2 erfasst wird (§ 6 Rn. 6).[620] Nach anderer Ansicht ist dagegen zur Wertberechnung unter Anwendung des § 3 Halbs. 1 das zu schätzende Interesse des Klägers mit einem Bruchteil des Grundstückswertes anzusetzen.[621] Zutreffend ist § 3 Halbs. 1 nur anzuwenden, wenn eine einstweilige Verfügung auf Eintragung[622] oder aber die Löschung[623] einer Vormerkung in Rede steht, weil es dann auf die Sicherstellung iSd. § 6 S. 1 Alt. 2 nicht mehr ankommt bzw. nur eine vorläufige Regelung begehrt wird.[624] Für die Löschung ist auf die durch sie entstehenden wirtschaftlichen Nachteile abzustellen; dabei wird regelmäßig von 1/10 bis 1/3 des Verkehrswertes des Grundstücks ausgegangen.[625] Bei einer einstweiligen Verfügung auf Eintragung einer Vormerkung ist das Interesse des Antragstellers an der Sicherung seiner Forderung zu schätzen. Dabei ist ebenfalls ein Bruchteil des Grundstückswertes anzusetzen.[626] Vgl. auch Rn. 26 „Einstweilige Verfügung" und Rn. 31 „Löschung".
- **Wahlschuld (§ 262 BGB).** Wegen wirtschaftlicher Identität der mehreren zur Wahl stehenden Leistungen 38
  scheidet eine Addition der Werte nach § 5 Halbs. 1 aus.[627] Vielmehr findet § 3 Halbs. 1 Anwendung. Maßgebend ist dabei, ob der Schuldner oder der Gläubiger wahlberechtigt ist. Bei Klagen vom oder gegen den wahlberechtigten Schuldner ist auf die Leistung mit dem geringeren Wert abzustellen.[628] Steht dagegen das Wahlrecht dem Gläubiger zu, ist der höhere Betrag erheblich.[629] Ist die Person des Wahlberechtigten im Streit, kommt es auf den Unterschiedsbetrag zwischen den zur Auswahl stehenden Leistungen an.[630]
- **WEG-Verfahren.** Für Streitigkeiten betreffend die Gemeinschaft der Wohnungseigentümer ist die ausschließliche Zuständigkeit des § 43 WEG zu beachten. Der Streitwert bei der **Entziehung des Wohnungseigentums** bestimmt sich nach dem Verkehrswert der Wohnung ohne Belastungen einschließlich sonstiger Anteile des Wohnungseigentümers.[631] Nach anderer Ansicht ist auf die Höhe des streitigen Wohngeldes,[632] das Interesse des Sonderigentümers am Behaltendürfen[633] oder auf das schwierig zu bestimmende Interesse der übrigen Wohnungseigentümer am Eigentümerwechsel abzustellen.[634] Geht der Entziehung des Wohnungseigentums eine Abmahnung iSd. § 18 Abs. 2 Nr. 1 WEG voraus, ist diese mit einem Bruchteil von 1/3 vom Wert der Entziehung anzusetzen.[635] Bei einer Klage auf Räumung und Herausgabe beim Kauf einer Eigentumswohnung, ist nicht auf § 41 Abs. 2 S. 2 GKG, sondern auf § 6 S. 1 Alt. 1 abzustellen; maßgeblich ist der Verkehrswert.[636] Bei Streitigkeiten um die **Bestellung des Verwalters** kann auf dessen Vergütung abgestellt werden.[637]
- **Werbung.** Die Streitwertfestsetzung im Bezug auf **E-Mails,** die zur Werbung unerwünscht zugesandt werden, ist nicht an einem etwaigen volkswirtschaftlichen Gesamtschaden auszurichten. Vielmehr ist der Streitwert gemäß § 3 Halbs. 1 anhand des Interesses des Klägers im Einzelfall, durch entsprechende Reklame nicht belästigt zu werden, zu bestimmen.[638] Bei einer als verhältnismäßig geringfügig einzuordnenden Belästigung kommt etwa ein Streitwert iHv. 3 000 Euro in Betracht;[639] im Übrigen werden

---

618 KG Rpfleger 1970, 353; OLG Naumburg OLGE 21, 59.

619 MK/*Wöstmann* Rn. 36, § 6 Rn. 15; *St/J/Roth* § 6 Rn. 26, 32; OLG Zweibrücken Rpfleger 1967, 2.

620 *Zö/Herget* § 6 Rn. 8; *St/J/Roth* § 6 Rn. 26; MK/*Wöstmann* § 6 Rn. 15; OLG Zweibrücken Rpfleger 1967, 2; LG Saarbrücken AnwBl. 1981, 70.

621 *Zö/Herget* Rn. 16 „Vormerkung"; *Anders/Gehle/Kunze* S. 56 Rn. 2; *T/P/Hüßtege* Rn. 167; OLG Bamberg JurBüro 1976, 1094.

622 *Hartmann* § 48 GKG Anh. I (§ 6 ZPO) Rn. 14; MK/*Wöstmann* § 6 Rn. 18.

623 *Zö/Herget* Rn. 16 „Vormerkung"; *T/P/Hüßtege* Rn. 167; MK/*Wöstmann* Rn. 35; *Anders/Gehle/Kunze* S. 56 Rn. 4.

624 MK/*Wöstmann* § 6 Rn. 16; *St/J/Roth* § 6 Rn. 32.

625 BGH WM 2002, 1899 (1/3); OLG Bamberg JurBüro 1990, 1511 (1/10); OLG Celle JurBüro 1986, 1866 (1/4); OLG Frankfurt JurBüro 1983, 174 (1/4).

626 *St/J/Roth* § 6 Rn. 32; *B/L/H* § 6 Rn. 14; OLG Bremen AnwBl. 1976, 441 (9/10); LG Leipzig JurBüro 1995, 26 (1/4 bis 1/3).

627 MK/*Wöstmann* § 5 Rn. 26.

628 *St/J/Roth* § 5 Rn. 41; MK/*Wöstmann* § 5 Rn. 26; RGZ 55, 80.

629 *Anders/Gehle/Kunze* S. 451 Rn. 3; *St/J/Roth* § 5 Rn. 41.

630 MK/*Wöstmann* § 5 Rn. 26; *T/P/Hüßtege* Rn. 169; *B/L/H* Anh § 3 Rn. 137; *Anders/Gehle/Kunze* S. 451 Rn. 4.

631 BGH NJW 2006, 3428; 2000, 80; BayObLG WuM 1990, 95; OLG Rostock ZMR 2006, 476; OLG Karlsruhe AnwBl. 1980, 255; *T/P/Hüßtege* Rn. 182; *Anders/Gehle/Kunze* S. 479 Rn. 3; *Zö/Herget* Rn. 16 „Wohnungseigentum".

632 LG Köln ZMR 2002, 230; LG Hamburg WuM 1991, 55.

633 OLG Köln ZMR 1999, 284.

634 OLG Celle KostRspr. WEG § 18 Nr. 1 m. abl. Anm. *Schneider.*

635 LG Bremen WuM 1999, 599.

636 *Hartmann* § 48 GKG Anh. I (§ 3 ZPO) Rn. 141; BGH WM 1967, 662; OLG Frankfurt AnwBl. 1984, 203.

637 BayObLG NJW-RR 2004, 524.

638 BGH RVGReport 2005, 80 (LS).

639 BGH RVGReport 2005, 80 (LS).

uneinheitlich Streitwerte bis zu 10 000 Euro angenommen.[640] Zur Bestimmung des Streitwertes einer Klage auf Unterlassung von **Telefaxwerbeschreiben** ist nach § 3 Halbs. 1 das Unterlassungsinteresse des Klägers, mithin die auf Grund des beanstandeten Verhaltens zu besorgende wirtschaftliche Beeinträchtigung maßgeblich.[641] Unbeachtlich ist der volkswirtschaftliche Gesamtschaden oder eine etwaig bestehende Nachahmungsgefahr.[642] Dabei werden verschiedentlich Streitwerte bis zu 10 000 Euro angenommen.[643] Im Hinblick auf den Streitwert einer Klage auf Unterlassung von **Telefonwerbung** ist nach § 3 Halbs. 1 das Interesse des Betroffenen an der Unterlassung der Wiederholung zugrundezulegen und kann mit 2 000 Euro zu bemessen sein; nicht zu berücksichtigen ist die belästigende Gesamtwirkung, die durch unerlaubte werbende Anrufe allgemein entsteht.[644] Zu Unterlassungsansprüchen im Rahmen von Wettbewerbsverhältnissen siehe „Wettbewerbsrecht".

– **Wettbewerbsrecht.** Es kommt grundsätzlich § 3 Halbs. 1 iVm. § 48 Abs. 1 GKG zur Anwendung. Für die Wertberechnung in Streitsachen und in Rechtsmittelverfahren nach dem PatG, GebrMG, MarkenG, GeschmG, HalbleiterschutzG, SchriftzeichenG und SortenschutzG ist § 51 GKG zu beachten; der Wert ist nach billigem Ermessen zu bestimmen. In wettbewerbsrechtlichen Streitigkeiten gilt das wirtschaftliche Interesse des Klägers als maßgeblich. Dabei können u. a. die Größe des Unternehmens bzw. dessen Wirtschaftskraft,[645] die Art und Gefährlichkeit des Wettbewerbsverstoßes[646] bzw. dessen Dauer,[647] die Marktstellung des Antragsgegners[648] oder die befürchtete jährliche Umsatzeinbuße[649] weitere wertbestimmende Faktoren sein. Auch das Interesse der Verbandsmitglieder, die mit dem Beklagten in Konkurrenz treten, weil sie Waren oder gewerbliche Leistungen gleicher oder verwandter Art vertreiben, kann für die Bewertung ausschlaggebend sein.[650] Nicht erheblich ist insoweit ein entsprechendes Kostenrisiko[651] des Verbandes oder seine Größe.[652] Da gesetzlich keine Grundlage für die Bildung von Regelstreitwerten[653] besteht, ist auch in **Markensachen** ein solcher nicht anzuerkennen.[654] Vielmehr hängt der Streitwert eines markenrechtlichen Unterlassungsanspruchs wesentlich von Dauer und Umfang der bisherigen Benutzung, von unter dem Kennzeichen erzielten Umsätzen, Bekanntheitsgrad und Ruf des Kennzeichens, Grad der originären Kennzeichnungskraft sowie der allgemeinen Bedeutung von Kennzeichen für den Absatz nach Art des Produkts und der Branche ab.[655] Der Gebührenstreitwert eines Verfahrens der einstweiligen Verfügung, mit der ein **wettbewerbsrechtlicher Unterlassungsanspruch** verfolgt wird, bemisst sich gemäß § 53 Abs. 1 Nr. 1 GKG iVm. § 3 Halbs. 1 nach dem zu schätzenden Interesse am Erlass der Verfügung, wobei teilweise vom um 1/3 geminderten Hauptsachewert ausgegangen wird.[656] Richtet sich der Unterlassungsanspruch gegen mehrere streitgenössisch in Anspruch genommene Unternehmen,[657] sind dabei die nach § 3 Halbs. 1 für den jeweiligen Streitgenossen zu ermittelnden Streitwerte gemäß § 5 zusammenzurechnen.[658] Handelt es sich bei dem Antragsteller um einen nach § 8 Abs. 3 Nr. 2 UWG klagebefugten Verband, so ist das Interesse eines bedeutsamen und selbst betroffenen Verbandmitgliedes maßgeblich, welches sich regelmäßig nach dem Betrag bemisst, um den der Gewinn des betroffenen Mitglieds während des anzunehmenden Beeinträchtigungszeitraumes gemindert sein kann.[659] Teilweise wird vertreten, dass bei Unterlassungsansprüchen der Regelstreitwert in solchen einstweiligen Verfahren etwa 5 000 Euro,[660] 7 500 Euro,[661] 10 000 bis 20 000 Euro[662] bzw.

---

[640] OLG Düsseldorf MMR 2004, 820 (6 000 Euro); OLG Hamm MMR 2005, 378 (jedenfalls über 5 000 Euro); KG Berlin MMR 2003, 595; MDR 2007, 923 (7 500 Euro); JurBüro 2002, 371 (350 Euro bei einmaliger Zusendung); 2003, 142 (7 500 Euro); LG Berlin MMR 2004, 44 (7 500 Euro); AG Hamburg, Beschl. v. 24. 5. 2006, Az. 6 C 606/05 (600 Euro); OLG Köln NJW-RR 2002, 1723 (4 000 Euro); OLG Celle OLGR 2002, 48 (1 000 Euro bei einstweiliger Verfügung); OLG Zweibrücken OLGR 2006, 41 (6 000 Euro).

[641] OLG Hamm MMR 2005, 378.

[642] Vgl. BGH RVGReport 2005, 80 (LS).

[643] LG Wuppertal MMR 2003, 488 (5 500 Euro); OLG Hamm MMR 2005, 378 (jedenfalls über 5 000 Euro); AG Siegburg MDR 2002, 849 (4 000 Euro); Schmittmann JurBüro 1999, 572; ders. 2003, 398 (2 500 Euro bis 10 000 Euro, bei einem Mitbewerber 15 000 bis 50 000 Euro und bei einem Verband 25 000 bis 50 000 Euro); Hartmann Anh. § 3 Rn. 121 „Gewerblicher Rechtsschutz" (ca. 4 000 Euro).

[644] KG Dt Lebensmittel-Rdsch 2007, 99.

[645] OLG Zweibrücken JurBüro 2001, 418.

[646] OLG Celle KostRspr. Nr. 1366.

[647] OLG Bremen OLGR 1997, 363.

[648] OLG Brandenburg MDR 1997, 1069.

[649] BGH WM 1990, 2058; OLG Bamberg OLGR 1999, 246.

[650] OLG Frankfurt OLGR 1997, 45.

[651] BGH NJW-RR 1995, 44.

[652] BGH NJW-RR 1990, 1322; GRUR 1977, 748; OLG Stuttgart NJW-RR 1987, 429.

[653] *St/J/Roth* Rn. 69 „Wettbewerbsrechtliche Unterlassungsklage"; *Anders/Gehle/Kunze* S. 176 Rn. 2.

[654] KG NJWE-WettbR 1998, 139.

[655] *Ingerl/Rohnke*, MarkenG, 2. Aufl. 2003, § 142 Rn. 7; OLG Stuttgart NJWE-WettbR 1997, 207; OLG Frankfurt GRUR-RR 2005, 239.

[656] KG WRP 2005, 368; GRUR-RR 2007, 63, 64.

[657] Vgl. BGH GRUR 2006, 243.

[658] OLG Hamburg OLGR 2006, 731.

[659] OLG Saarbrücken OLGR 2005, 952.

[660] OLG Koblenz OLGR 1998, 434.

[661] OLG Schleswig OLGR 1999, 135.

[662] OLG Saarbrücken OLGR 2005, 952.

25 000 Euro betrage und zwar auch dann, wenn die Ansprüche von einem klagebefugten gewerblichen Interessenverband geltend gemacht werden.[663] Im vorläufigen Rechtsschutz ist im Hinblick auf eine pauschale Bewertung oder auch eine grundsätzliche Herabsetzung auf 1/3 oder 2/5 des Hauptsachewertes Vorsicht geboten, da dies idR im Widerspruch zu den Besonderheiten von Wettbewerbsstreitigkeiten steht.[664] Ebenso scheidet eine regelmäßige Gleichsetzung von Hauptsache- und Verfügungswert aus.[665] Steht ein **nachvertragliches Wettbewerbsverbot** im Streit, ist zur Wertberechnung auf das Interesse des Klägers an der Unterbindung weiterer Verstöße (im einstweiligen Rechtsschutz gekürzt um einen Abschlag)[666] bzw. den prognostizierten Schadensumfang unter Berücksichtigung der Karenzentschädigung abzustellen.[667] Eine Streitwertherabsetzung nach § 12 Abs. 4 UWG kommt zu Gunsten eines Wettbewerbsvereins in der Regel nur in Betracht, wenn der festzusetzende Streitwert die Revisionssumme deutlich übersteigen würde.[668] Im **vergaberechtlichen Nachprüfungsverfahren** richtet sich der Kostenstreitwert nach § 50 Abs. 2 GKG; zugrundezulegen ist ein Streitwert von 5 % der Bruttoauftragssumme, wobei zur Bestimmung dieser die gesamte Laufzeit des vom Auftraggeber beabsichtigten Vertrages maßgeblich ist.[669] Die Bruttoauftragssumme iSd. § 50 Abs. 2 GKG ist der Bruttoangebotspreis des Antragstellers und nicht des Mitbewerbers, der den Zuschlag erhalten hat; fehlt es an einem solchen Bruttoangebotspreis des Antragstellers, ist dessen Interesse gemäß § 3 Halbs. 1 zu schätzen, wobei insofern das Mitbewerberangbot als Bemessungsgrundlage herangezogen werden kann.[670] Der Gegenstandswert des Nachprüfungsverfahrens ist auch zur Berechnung der Anwaltsgebühren heranzuziehen.[671] Im Rahmen von Streitigkeiten betreffend Wettbewerbsbeschränkungen ist die Streitwertanpassung nach § 89a GWB nF zu beachten. Siehe ferner Rn. 24 „Beschwerde" und Rn. 26 „Einstweilige Verfügung".

- **Widerklage.** Siehe § 5 Rn. 14ff.
- **Willenserklärung.** Maßgeblich ist grundsätzlich das nach § 3 Halbs. 1 zu schätzende Interesse des Klägers an der Abgabe der Willenserklärung.[672] Dementsprechend ist auf den mit der begehrten Erklärung angestrebten Erfolg abzustellen.[673] So ist für die Klage auf Zustimmung zur Rückabwicklung eines Kaufvertrages auf den Wert des Kaufgegenstandes zzgl. der Zinsen auf den Kaufpreis abzustellen.[674] Bei der Abgabe einer Willenserklärung zur dinglichen Einigung für eine Eigentumsübertragung (zB Klage auf Auflassung) ist iSd. § 6 S. 1 Halbs. 1 auf den Verkehrswert der Sache abzustellen.[675] Davon sind jedoch Erklärungen, die für den Eigentumsübergang an sich grundbuchrechtlich unerheblich sind, nicht erfasst; insofern gilt wiederum § 3 Halbs. 1.[676] Bei einer Klage auf Eintragungsbewilligung eines unentgeltlichen lebenslänglichen Wohnungs- und Mitbenutzungsrechts ist zur Bestimmung des Gebührenstreitwertes ebenfalls auf das nach § 3 Halbs. 1 zu schätzende wirtschaftliche Interesse des Klägers abzustellen.[677] Siehe auch Rn. 23 „Auflassung".
- **Zeugnis (§ 630 BGB, § 113 GewO).** Hier ist iSd. § 3 Halbs. 1 das **Interesse des Arbeitnehmers** an der Erteilung des Zeugnisses unter Berücksichtigung der konkreten Umstände des Einzelfalls ausschlagebend.[678] Zu unterscheiden ist die Ausstellung eines qualifizierten Zwischenzeugnisses von der eines endgültigen qualifizierten Zeugnisses. Bei ersterem werden in der Praxis regelmäßig ein Bruchteil eines Bruttomonatseinkommens oder pauschalierte Beträge angesetzt.[679] Steht dagegen die Erteilung eines endgültigen qualifizierten Zeugnisses im Streit, ist in der Regel von einem vollen Monatseinkommen auszugehen.[680] Dies gilt selbst dann, wenn das Arbeitsverhältnis nur sehr kurze Zeit dauerte.[681] Im **Kündigungsrechtsstreit** ist der Wert des Anspruchs auf Erteilung eines Zeugnisses nicht gesondert zu berück- 39

---

[663] OLG Oldenburg NJW-RR 1996, 946.
[664] *St/J/Roth* Rn. 69 „Wettbewerbsrechtliche Unterlassungsklage"; *Anders/Gehle/Kunze* S. 176 Rn. 2; OLG Stuttgart OLGR 1999, 236; aA OLG Bamberg OLGR 1999, 46; KG AnwGeb. 1998, 185.
[665] KG NJW-RR 2000, 285; OLG Oldenburg NdsRpfl. 1991, 171.
[666] LAG Köln NZA-RR 2005, 547.
[667] LAG Nürnberg JurBüro 1999, 640; OLG Düsseldorf JurBüro 1994, 243; LAG Hamm AnwBl. 1984, 156; aA LAG Düsseldorf JurBüro 1985, 764.
[668] BGH NJW-RR 1998, 1421.
[669] OLG Brandenburg JurBüro 2005, 38; NZBau 2003, 688; BayObLG VergabeR 2004, 121.
[670] OLG Rostock RVGReport 2005, 280; OLG Jena VergabeR 2002, 202.
[671] OLG Stuttgart NZBau 2000, 599, 600; OLG Brandenburg JurBüro 2005, 38.
[672] OLG Koblenz MDR 2002, 379; OLG Düsseldorf JurBüro 1995, 254; OLG München OLGR 1995, 72; KG WuM 1992, 323; LG Kassel WuM 1998, 296.
[673] *T/P/Hüßtege* Rn. 6; *B/L/H* Anh. § 3 Rn. 140; MK/*Wöstmann* Rn. 19; *Zi* Rn. 7 „Abgabe einer Willenserklärung".
[674] BGH NJW-RR 2003, 823.
[675] *T/P/Hüßtege* Rn. 6; MK/*Wöstmann* Rn. 19; *St/J/Roth* Rn. 47 „Abgabe einer Willenserklärung".
[676] BGH MDR 2002, 295; OLG Bamberg JurBüro 1994, 361; *St/J/Roth* § 6 Rn. 15.
[677] OLG Saarbrücken, Beschl. v. 25. 7. 2005, Az. 4 W 209/05.
[678] LAG Stuttgart NZA-RR 2006, 537; JurBüro 1991, 1537; LAG Köln MDR 2004, 1067.
[679] LAG Mainz MDR 2002, 954 (1/2); LAG Dresden MDR 2001, 823 (1/2); LAG Erfurt MDR 2001, 538 (250 Euro); LAG Hamm BB 1989, 634 (1/2); LAG Hannover AnwBl. 1985, 97 (500 Euro); LAG Stuttgart AnwBl. 1985, 588 (250 Euro); LAG Düsseldorf JurBüro 1985, 1702 (1/4); LAG Kiel AnwBl. 1987, 497; LAG Hamburg AnwBl. 1985, 98; ArbG Hamburg JurBüro 2005, 428 (jeweils volles Bruttomonatsgehalt).
[680] LAG Köln NZA-RR 2001, 324; NZA-RR 2000, 218; LAG Dresden MDR 2001, 282; LAG Kiel AnwBl. 1987, 497; aA Festbeträge: LAG Nürnberg MDR 2004, 1387 (300 Euro); LAG Frankfurt NZA-RR 2003, 660 (250–500 Euro).
[681] LAG Frankfurt BB 1971, 653; LAG Köln AnwBl. 1992, 496.

sichtigen.[682] Der Streitwert einer Klage auf Berichtigung eines bereits erteilten Zeugnisses ist je nach Bedeutung des konkreten Berichtigungsbegehrens zu bemessen; dabei kann ein volles Monatseinkommen oder auch nur ein Abschlag davon in Betracht kommen.[683] Gelegentlich werden unabhängig vom bisher erzielten Monatseinkommen die Beeinträchtigung durch einen ungünstigen Zeugnisinhalt, die Aussicht auf eine neue Tätigkeit sowie deren Dauer herangezogen und mit 5 000 Euro bewertet.[684]

- **Zeugnisverweigerung (§§ 383 ff.).** Im Zwischenstreit über die Zeugnisverweigerung nach § 387 Abs. 1 ist in Abhängigkeit von der Natur der Streitigkeit als vermögensrechtlich (dann § 3 Halbs. 1) oder als nichtvermögensrechtlich (dann § 48 Abs. 2 S. 1 GKG) der Streitwert zu schätzen.[685] Nach anderer Ansicht ist entweder stets von § 3 Halbs. 1 auszugehen[686] oder aber nur § 48 Abs. 2 S. 1 GKG anwendbar.[687] Unter Zugrundelegung des Wertes der Hauptsache und der Bedeutung der Aussage hierfür ist dabei regelmäßig ein Bruchteil des Hauptsachewertes anzunehmen,[688] in Ausnahmefällen der volle Wert.[689]
- **Zinsen.** Soweit Zinsen als Nebenforderung geltend gemacht werden, bleiben sie unberücksichtigt, § 4 Abs. 1 Halbs. 2 und § 43 Abs. 1 GKG (vgl. § 4 Rn. 14). Werden sie als Hauptforderung beansprucht, zB als Teil eines hinterlegten Betrages bei der Freigabeklage,[690] als novierender Teil eines abstrakten Schuldanerkenntnisses,[691] wenn sie unstreitig einen bereits beglichenen und daher nicht anhängig gewordenen Teil des Hauptanspruchs betreffen,[692] wenn sie durch gesonderten Vertrag der Hauptforderung zugeschlagen sind oder wenn eine Saldierung im echten Kontokorrent iSd. § 355 Abs. 1 HGB stattfindet,[693] sind sie zu berücksichtigen. Die Wertberechnung richtet sich insoweit gemäß § 3 Halbs. 1 entweder nach dem bezifferten Nennbetrag oder, soweit der Zeitraum bis zur Erfüllung ungewiss ist, nach dem erwarteten Betrag.[694]
- **Zug-um-Zug-Leistung.** Der Gebühren- und der Zuständigkeitsstreitwert werden durch die Gegenleistung grundsätzlich nicht beeinflusst.[695] Die Berechnung richtet sich gemäß § 6 allein nach dem im Klageanspruch deutlich werdenden Interesse. Dies gilt selbst dann, wenn nur die Gegenleistung streitig und um ein Vielfaches geringer ist.[696] Besonderheiten kommen für den Rechtsmittelstreitwert zum Tragen: Ergeht nach uneingeschränktem Antrag des Klägers ein Urteil zur Leistung Zug-um-Zug, ist der Wert der vom Kläger zu erbringenden Gegenleistung maßgeblich, wobei der Streitwert des Antrags die Obergrenze darstellt.[697] Will der Beklagte in der Berufungsinstanz statt einer unbeschränkten eine Zug-um-Zug-Verurteilung erreichen, richtet sich die Wertbestimmung nach dem Gegenanspruch, begrenzt auf die Höhe des Klageanspruchs.[698] Nicht zu berücksichtigen ist jedoch die erfolglose Geltendmachung des Zurückbehaltungsrechts durch den Beklagten, unabhängig davon, wie viele und welche erfolglosen Einwendungen er bereits erhoben hat.[699] Wird neben der Klage auf Leistung Zug-um-Zug gegen Erbringung der Gegenleistung die Feststellung beantragt, dass sich der Beklagte bzgl. der Annahme der Gegenleistung in Verzug befindet, ist der Streitwert anhand von § 3 Halbs. 1 zu bestimmen, wobei idR von wirtschaftlicher Identität mit dem Leistungsantrag auszugehen und eine Erhöhung des Streitwertes nicht angezeigt ist.[700] Siehe auch Rn. 23 „Auflassung".
- **Zurückbehaltungsrecht.** Siehe „Zug-um-Zug-Leistung".
- **Zustellung.** Bei einer Versagung der öffentlichen **Zustellung** kann der Wert der dagegen gerichteten Beschwerde mit einem Bruchteil der Hauptsache angenommen werden, sofern die Ablehnung der Zustellung den Kläger nicht endgültig daran hindert, zu einem Titel zu gelangen.[701]
- **Zwangsvollstreckung.** Die Zuständigkeit ist für die **Vollstreckungsgegenklage** wertunabhängig in §§ 767 Abs. 1, 802 geregelt. Zuständig ist das Prozessgericht des ersten Rechtszuges. Im Übrigen bestimmt sich die Wertberechnung gemäß § 3 Halbs. 1 nach dem Nennbetrag des zu vollstreckenden Anspruchs und

---

[682] LAG Köln NZA-RR 2001, 324; aA *Anders/Gehle/Kunze* S. 43 Rn. 20.
[683] LAG Köln MDR 2001, 717; LAG Mainz NZA 1992, 524; LAG Köln MDR 1999, 1336 (Abschlag).
[684] LAG Stuttgart NZA-RR 2006, 537 f.
[685] *Hartmann* § 48 GKG Anh. I (§ 3 ZPO) Rn. 142.
[686] *St/J/Roth* Rn. 22; *Anders/Gehle/Kunze* S. 486.
[687] *T/P/Hüßtege* Rn. 184; *Zö/Herget* Rn. 16 „Zeugnisverweigerung".
[688] *Anders/Gehle/Kunze* S. 486; *St/J/Roth* Rn. 22; BGH KostRspr. Nr. 1034; OLG Köln MDR 1983, 321; OLG Karlsruhe Rpfleger 1966, 84.
[689] *Hartmann* § 48 GKG Anh. I (§ 3 ZPO) Rn. 147; KG NJW 1968, 1937 = JurBüro 1968, 739.
[690] BGH MDR 1967, 280; BGHR § 4 Abs. 1 Hinterlegungszinsen 2.
[691] OLG Koblenz JurBüro 1999, 197.
[692] OLG Stuttgart OLGR 2006, 948.
[693] *St/J/Roth* Rn. 23; *Mümmler* JurBüro 1990, 956; OLG München JurBüro 1976, 237.
[694] MK/*Wöstmann* Rn. 140; *St/J/Roth* § 4 Rn. 27; *T/P/Hüßtege* Rn. 185; BGH WM 1981, 1091.
[695] MK/*Wöstmann* § 6 Rn. 13; *Müller* MDR 2003, 248 m. weit. Nachw.; *St/J/Roth* Rn. 53 „Gegenrechte"; *Anders/Gehle/Kunze* S. 487 Rn. 1; KGR 1997, 57.
[696] *Anders/Gehle/Kunze* S. 487 Rn. 2; *St/J/Roth* Rn. 53 „Gegenrechte"; MK/*Wöstmann* § 6 Rn. 13; OLG Koblenz JurBüro 1983, 916; OLG München JurBüro 1981, 892; aA *T/P/Hüßtege* Rn. 186; BGH NJW 1999, 723.
[697] BGH KostRspr. Nr. 560; NJW 1999, 723; NJW-RR 1986, 419; OLG Celle OLGR 1995, 227; *Zö/Herget* Rn. 16 „Zug-um-Zug-Leistungen"; vgl. auch BGH WM 1985, 1457.
[698] BGH NJW-RR 1995, 706; JZ 1991, 132; *St/J/Roth* Rn. 53 „Gegenrechte".
[699] *Zö/Herget* Rn. 16 „Zug-um-Zug-Leistungen"; BGH NJW-RR 1996, 828.
[700] KG Berlin MDR 2005, 898; OLG Hamburg OLGR 2000, 455.
[701] OLG Frankfurt OLGR 1999, 220.

zwar soweit die Vollstreckung aus diesem verhindert werden soll.[702] Dabei sind Kosten (unabhängig von der Höhe des aufgelaufenen Betrags)[703] des Vorprozesses unbeachtlich, § 4 Abs. 1 Halbs. 2, § 43 Abs. 1 GKG, es sei denn, sie haben nicht den Charakter einer Nebenforderung (vgl. § 4 Rn. 10, 16).[704] Auch Zinsen sind nicht gesondert zu berücksichtigen; eine Ausnahme gilt dann, wenn sie unstreitig einen bereits beglichenen und daher nicht anhängig gewordenen Teil des Hauptanspruchs betreffen.[705] Ebenfalls in die Wertberechnung nicht einzubeziehen sind die bereits erfolgte vollständige oder teilweise Tilgung der Forderung,[706] der Vermögensverfall des Schuldners[707] oder der Umfang bereits eingeleiteter Vollstreckungsmaßnahmen.[708] Steht die Fälligkeit der titulierten Forderung im Streit oder wird die Unzulässigkeit der Vollstreckung nur auf bestimmte Zeit begehrt, ist das Interesse des Klägers an späterer Erfüllung nach § 3 Halbs. 1 mit einem Bruchteil der Forderung zu veranschlagen.[709] Bei der Vollstreckung von wiederkehrenden Leistungen (zB Unterhaltszahlungen)[710] sind zur Streitwertbestimmung § 42 GKG und § 9 zu beachten. Bei der Vollstreckungsabwehrklage gegen einen **Auskunftstitel** ist auf das Interesse des Schuldners an der Verhinderung des entstehenden Aufwands und der Kosten bei Vollstreckung abzustellen.[711] Wird Vollstreckungsschutz (zB nach § 765 a) begehrt, sind die Festgebühren von KV 2111, 2112, 2121, 2124 zu beachten. Für die Anwaltsgebühren ist der Gegenstandswert insofern nach § 25 Abs. 2 RVG, § 3 Halbs. 1 unter Berücksichtigung des Schuldnerinteresses nach billigem Ermessen zu bestimmen.[712] Für die **Drittwiderspruchsklage** gemäß § 771 wird nach § 6 S. 1 auf die Höhe der gepfändeten Forderung ohne Zinsen und Kosten (§ 4) abgestellt, nach oben begrenzt durch den Wert des gepfändeten Gegenstandes, § 6 S. 2.[713] Siehe ferner Rn. 25 „Drittwiderspruchsklage" und „Duldungsklage".

– **Zwischenstreit.** Beim Zwischenstreit über die Zulässigkeit der Klage iSd. § 280 Abs. 1 ist auf den Streitwert des vollen Anspruchs, der mit der Klage geltend gemacht wird, abzustellen.[714] Dies gilt auch für die Wertberechnung in der Rechtsmittelinstanz.[715] Nach anderer Ansicht soll nur ein Bruchteil des Hauptsachewerts maßgeblich sein.[716] Dazu auch Rn. 32 „Nebenintervention".

4 *Wertberechnung; Nebenforderungen*

(1) Für die Wertberechnung ist der Zeitpunkt der Einreichung der Klage, in der Rechtsmittelinstanz der Zeitpunkt der Einlegung des Rechtsmittels, bei der Verurteilung der Zeitpunkt des Schlusses der mündlichen Verhandlung, auf die das Urteil ergeht, entscheidend; Früchte, Nutzungen, Zinsen und Kosten bleiben unberücksichtigt, wenn sie als Nebenforderungen geltend gemacht werden.

(2) Bei Ansprüchen aus Wechseln im Sinne des Wechselgesetzes sind Zinsen, Kosten und Provision, die außer der Wechselsumme gefordert werden, als Nebenforderungen anzusehen.

I. Normzweck

§ 4 dient dem Interesse der Verfahrenssicherheit und Verfahrensvereinfachung,[1] indem in Abs. 1 Halbs. 1 der für die Wertberechnungen im Zivilprozess maßgebliche Zeitpunkt, mithin der Stichtag für die Bewertung der Gegenstände[2] festgelegt wird. Die Norm bezweckt jedoch nicht, für die sachliche Zuständigkeit endgültig auf den Streitwert im Zeitpunkt des Eingangs der Klage abzustellen.[3] Vielmehr sind Änderungen des Streitgegenstandes (zum Begriff s. Einl. Rn. 68 ff.) und eine damit verbundene Über- oder Unterschreitung des Zuständigkeitsstreitwertes nach Eingang der Klage unter Berücksichtigung der § 261 Abs. 3 Nr. 2, § 506 (vgl. Rn. 4, § 1 Rn. 22, § 261 Rn. 13 ff., § 506 Rn. 1 f.) zu beurteilen. Die Vorschrift gilt hinsichtlich der Zuständigkeit der Eingangsinstanz sowie für den Beschwerdegegenstandswert iSd. §§ 511 1

---

[702] BGH NJW 1995, 3318; NJW-RR 2006, 1146; 1992, 190; WM 1991, 1616, 1617; OLG Karlsruhe FamRZ 2004, 1226; OLG Bamberg OLGR 2005, 400; OLG Düsseldorf JurBüro 1999, 326; OLG Koblenz FamRZ 2001, 845.

[703] OLG Hamm JurBüro 1990, 649; OLG Karlsruhe AnwBl. 1991, 590; aA LG Osnabrück KostRspr. § 4 Nr. 69.

[704] *Zö/Herget* Rn. 16 „Vollstreckungsabwehrklage"; *T/P/Hüßtege* § 767 Rn. 32; *Anders/Gehle/Kunze* S. 444 Rn. 5; BGH NJW 1968, 1275; OLG Düsseldorf JurBüro 1999, 326.

[705] OLG Stuttgart OLGR 2006, 948.

[706] OLG Hamm Rpfleger 1991, 1237; OLG Bamberg JurBüro 1984, 1398; aA OLG Koblenz VersR 1988, 1304; OLG Hamm OLGR 1997, 335.

[707] BGH NJW-RR 1988, 444.

[708] *Anders/Gehle/Kunze* S. 444 Rn. 2.

[709] OLG Schleswig SchlHA 1983, 142; OLG Bremen Rpfleger 1965, 99; *B/L/H* Anh. § 3 Rn. 133; *Zö/Herget* Rn. 16 „Vollstreckungsabwehrklage".

[710] *Anders/Gehle/Kunze* S. 445 Rn. 5; OLG München OLGR 1994, 23.

[711] BGH NJW 2000, 3074 (Teilurteil); OLG Hamburg FamRZ 1989, 770; *Anders/Gehle/Kunze* S. 445 Rn. 6; vgl. auch OLG Köln OLGR 2007, 770 (Rechnungslegung).

[712] OLG Koblenz NZM 2005, 360; *B/L/H* Anh. § 3 Rn. 134 „Vollstreckungsschutz".

[713] BGH WM 1983, 246; OLG Düsseldorf Rpfleger 1978, 426.

[714] *Zö/Herget* Rn. 16 „Zwischenstreit"; *Lappe* NJW 1994, 1190; *St/J/Roth* Rn. 65 „Sachurteilsvoraussetzungen"; BGHZ 5, 394; 37, 264, 268 f.; OLG Koblenz JurBüro 1983, 558.

[715] BGHZ 37, 264; OLG Zweibrücken NJW 1995, 537, 538; *St/J/Roth* Rn. 65 „Sachurteilsvoraussetzungen"; *Hartmann* § 48 GKG Anh. I (§ 3 ZPO) Rn. 90 „Prozessvoraussetzungen"; aA *Zö/Herget* Rn. 16 „Zwischenstreit"; OLG Frankfurt OLGR 1999, 153.

[716] BGH NJW 1998, 909; OLG Stuttgart Justiz 1993, 143.

[1] BGH WM 1956, 609 f.

[2] MK/*Wöstmann* Rn. 9.

[3] MK/*Wöstmann* Rn. 7.

Abs. 2 Nr. 1, 567 Abs. 2. In Abs. 1 Halbs. 2 sowie im Sonderfall des Abs. 2 ist geregelt, welche Nebenforderungen bei der Wertberechnung nicht in Ansatz gebracht werden.

II. Anwendungsbereich

2 Grundsätzlich umfasst die Regelung des § 4 alle Wertvorschriften für den Zuständigkeits-, Rechtsmittel- und Verurteilungsstreitwert. **Sondervorschriften** sind bei der Bestimmung des Gebührenstreitwerts in §§ 40, 43, 47 GKG zu beachten. Eine Ausnahmeregel enthält auch § 8. Die Regelung des § 4 umfasst dem Wortlaut nach nur **Klagen.** Hierunter ist auch die Vollstreckungsgegenklage zu subsumieren, so dass die maßgeblichen Zeitpunkte auch für die Berechnung des Streitwertes der Vollstreckungsabwehrklage sowie aller weiteren Anträge im Vollstreckungsverfahren gelten.[4]

III. Entscheidender Zeitpunkt

3 **1. Grundsatz der Wertkonstanz.** Für die einzelnen Werte nennt § 4 Abs. 1 Halbs. 1 zwar unterschiedliche Zeitpunkte. Gemeinsam ist allen Werten jedoch der Grundsatz der Wertkonstanz, so dass Veränderungen des Streitgegenstandswertes selbst vor oder nach[5] diesem Zeitpunkt in der Regel ohne Bedeutung sind (Ausnahmen vgl. Rn. 1).[6] Damit sind zB Kursschwankungen bei Aktien oder Wertverluste durch Beeinträchtigungen oder Beschädigungen einer Sache unerheblich.[7] Ebenso tritt keine Streitwertverschiebung ein, wenn hinsichtlich einer Klage auf wiederkehrende Leistungen während der Rechtshängigkeit künftige Raten fällig werden.[8] Der Grundsatz der Wertkonstanz gilt auch für den Gebührenstreitwert, vgl. § 40 GKG.[9]

4 **2. Zuständigkeitsstreitwert.** Der für den Zuständigkeitsstreitwert maßgebende Zeitpunkt ist der der Klageeinreichung,[10] also **nicht** der Klageerhebung im Sinne der Zustellung der Klageschrift an den Beklagten, §§ 253, 261. Dabei ist es unerheblich, ob die Klage zur Zeit ihres Einreichens unzulässig oder sonst nicht ordnungsgemäß war.[11] Wird der Gegenstand des anhängigen Rechtsstreits über die Grenzen der amtsgerichtlichen Zuständigkeit durch Anträge iSd. § 264 Nr. 2, 3, § 256 Abs. 2 oder durch die Erhebung einer Widerklage erweitert, so hat das Amtsgericht gemäß § 506 Abs. 1 seine Unzuständigkeit auszusprechen. Maßgeblicher Zeitpunkt für die nunmehrige Wertermittlung ist der Zeitpunkt des Einreichens eines entsprechenden Schriftsatzes (zB im selbständigen Beweisverfahren)[12] oder der Geltendmachung in der mündlichen Verhandlung. Im **Mahnverfahren** nach §§ 688 ff. ist der Tag des Akteneingangs beim bezeichneten Gericht (§ 690 Abs. 1 Nr. 5) als Zeitpunkt der Klageeinreichung anzusehen,[13] weil in diesem Zeitpunkt der Rechtsstreit als bei diesem Gericht anhängig gilt, § 696 Abs. 1 S. 4, § 700 Abs. 3 S. 2. Bei Arrest und einstweiliger Verfügung ist auf den Zeitpunkt der Antragstellung abzustellen.[14] Ist die Zuständigkeit des Landgerichtes einmal begründet, so berührt eine spätere **Verminderung des Streitgegenstandes** die Zuständigkeit des Landgerichtes nicht. Dies folgt schon aus dem in § 261 Abs. 3 Nr. 2 niedergelegten Grundsatz der perpetuatio fori und dem Fehlen einer § 506 Abs. 1 korrespondierenden Norm. Der nach § 4 berechnete Zuständigkeitsstreitwert bleibt auch dann ausschlaggebend, wenn der Prozess nach **§ 145 getrennt** wird oder wenn ein **Teilurteil** nach § 301 ergeht. Das heißt, die Zuständigkeit bleibt selbst dann bestehen, wenn der nach Abtrennung übrig bleibende Teil nicht mehr in die Zuständigkeit des Landgerichts fällt.[15]

5 **3. Rechtsmittelstreitwert** (Begriff vgl. § 2 Rn. 2). Für die Berufungssumme (Wert des Beschwerdegegenstandes, § 511 Abs. 2 Nr. 1) und die Beschwerdesumme (§ 567 Abs. 2) kommt es auf den Tag an, an dem das Rechtsmittel eingelegt wurde,[16] § 4 Abs. 1 Halbs. 1. Für die Zulassungsrevision nach § 543 hat auch hinsichtlich der Übergangsvorschrift des § 26 Nr. 8 EGZPO (Nichtzulassungsbeschwerde) der Wert der Beschwer (zum Begriff s. vor § 511 Rn. 16, 20 ff.) keine Bedeutung mehr (§ 544 Rn. 6).[17] Die durch das ZPO-RG eingeführte Unterscheidung in § 511 Abs. 2 zwischen Wert- und Zulassungsberufung unter Bezugnahme auf den Begriff des Beschwerdegegenstandes (bei § 511 Rn. 18) führte bisher zu Auslegungsproblemen. Angenommen wurde insoweit, dass der erstinstanzliche Richter in jedem Fall unabhängig vom Wert der Beschwer gezwungen sei, die Zulassung der Berufung zu prüfen, weil ihm der Wert des Beschwerdegegenstandes nicht feststellbar ist.[18] Im Rahmen der Berufung sei entsprechend dem klaren gesetzlichen Wortlaut des § 511 Abs. 2 Nr. 1 „Wert des Beschwerdegegenstandes" tatsächlich nur auf diesen abzustellen

---

[4] BGH NJW 2000, 607; BGHR ZPO § 4 Abs. 1, 2; FG Baden-Württemberg EFG 2000, 654; OLG Hamm OLGR 2000, 223.
[5] OLG Brandenburg NJW-RR 1998, 867, 868 (Einkommensreduzierung während erstinstanzlichem Scheidungsverfahren).
[6] *Zö/Herget* Rn. 2.
[7] *St/J/Roth* Rn. 6.
[8] *St/J/Roth* § 9 Rn. 13; *B/L/H* Rn. 9.
[9] *St/J/Roth* Rn. 4, 11; MK/*Wöstmann* Rn. 14.
[10] KG JZ 1998, 800; *T/P/Hüßtege* Rn. 2; aA *Wiecz/Schütze/Gamp* Rn. 5.
[11] *B/L/H* Rn. 3; *St/J/Roth* Rn. 5.
[12] OLG Bamberg OLGR 1998, 282; OLG Koblenz JurBüro 1998, 267.
[13] OLG Frankfurt NJW-RR 1992, 1341, 1342 (Teilerledigung vor Eingang); 1996, 1403; LG Bayreuth JurBüro 1987, 1692.
[14] *T/P/Hüßtege* Rn. 2.
[15] *St/J/Roth* Rn. 8.
[16] BGH NJW 1989, 2755; OLG Hamm MDR 1971, 1019.
[17] BGH NJW 2002, 2720.
[18] *Fischer* NJW 2002, 1551; *Fölsch* NJW 2002, 3758, 3759; *Greger* NJW 2002, 3049, 3051.

und es dürfe keine berichtigende Auslegung in den „Wert der Beschwer" vorgenommen werden.[19] Danach wäre in Übereinstimmung mit § 4 Abs. 1 zu Berechung des Rechtsmittelstreitwertes nur der Zeitpunkt der Einlegung der Berufung maßgeblich.

Die Vorschrift des § 511 in der Fassung des ZPO-RG war jedoch missverständlich, weil das Ausschließlichkeitsverhältnis zwischen Wert- und die Zulassungsberufung nicht hinreichend deutlich zum Ausdruck kam. Durch die Neufassung des § 511 Abs. 4 durch das JuMoG wird die Auffassung bestätigt, dass die Zulassung der Berufung nur in Betracht kommt, wenn die beschwerte Partei nicht Wertberufung einlegen kann.[20] Die Regelung des § 511 Abs. 4 soll nämlich nicht einen erhöhten Arbeitsaufwand des Richters 1. Instanz bewirken, der nach gegenteiliger Ansicht immer gezwungen wäre die Möglichkeit der Berufungszulassung zu prüfen.[21] Muss aber die Zulassung der Berufung nur geprüft werden, wenn eine Wertberufung nicht in Betracht kommt, kann der Richter in erster Instanz nur auf den für ihn feststellbaren Wert der Beschwer iSd. Wertes des Unterliegens durch die Entscheidung[22] abstellen.[23] In der Folge ist in Anlehnung an die Wertrevision des § 546 aF, der auf die Beschwer abstellte, und die dazu vertretene Auffassung[24] entgegen dem Wortlaut des § 4 Abs. 1 Halbs. 1 nicht der Zeitpunkt der Einlegung der Berufung der maßgebende Zeitpunkt, sondern der des Erlasses des erstinstanzlichen Urteils.[25] Für die Wertberufung[26] kommt jedoch § 4 Abs. 1 Halbs. 1 zur Anwendung. Sinkt der Wert später oder ändern sich die Umstände und bedingen sie eine Einschränkung des Antrags, ist das bedeutungslos. Wird der Antrag jedoch ohne einen solchen Anlass willkürlich herabgesetzt, so kann dies zur Unzulässigkeit des Rechtsmittels führen.[27] Dies gilt auch, wenn die Antragsänderung darauf zurückzuführen ist, dass der Rechtsmittelführer die gegnerische Partei vollständig oder nur zum Teil befriedigt.[28] Insoweit kommt also der Grundsatz der Wertkonstanz nicht zum Tragen. Im Übrigen ist zu beachten, dass im Rahmen der Berufung bei einem klageabweisenden Urteil am Schluss der mündlichen Verhandlung vor dem Berufungsgericht die in dem angefochtenen Urteil liegende Beschwer weiterhin bekämpft werden muss.[29]

4. Verurteilungsstreitwert. Für den Verurteilungsstreitwert ist gemäß § 4 Abs. 1 Halbs. 1 der Schluss der mündlichen Verhandlung maßgebend, auf die das Urteil ergeht. Beim vereinbarten schriftlichen Verfahren gemäß § 128 Abs. 2 ist entsprechend der Zeitpunkt entscheidend, bis zu dem Schriftsätze eingereicht werden können.[30] 6

5. Gebührenstreitwert (zum Begriff vgl. § 2 Rn. 2). Für den Gebührenstreitwert ist nach § 40 GKG der Zeitpunkt der Antragstellung maßgeblich. Im Übrigen ist § 4 Abs. 1 Halbs. 1 wegen § 48 Abs. 1 GKG entsprechend anwendbar.[31] Der Grundsatz der Wertkonstanz gilt auch hinsichtlich des Gebührenstreitwerts; Werterhöhungen oder Wertminderungen während der Instanz sind unbeachtlich.[32] Bei erst später im Prozess erfolgender Veränderung des Streitgegenstandes, zB durch Klageänderung, ist dieser spätere Zeitpunkt entscheidend.[33] Insofern ist § 40 GKG nicht anwendbar; es liegen dann für die gleiche Instanz verschiedene Streitwerte vor.[34] 7

6. Bagatellstreitwert.[35] Für den Bagatellstreitwert gilt das zum Zuständigkeitsstreitwert Erörterte entsprechend. 8

7. PKH-Antrag. Ein der Klage bzw. sonstigem Antrag vorausgehender PKH-Antrag ändert nichts an den nach § 4 Abs. 1 maßgeblichen Zeitpunkten.[36] Bei Unterhalt und anderen wiederkehrenden Leistungen ist für PKH die Sondervorschrift des § 42 Abs. 5 S. 2 GKG zu beachten.[37] 9

IV. Nebenforderungen

1. Begriff der Nebenforderung. Gemäß § 4 Abs. 1 Halbs. 2 bleiben bei der Wertberechnung diejenigen Teile der Forderung unberücksichtigt, die als Nebenforderungen geltend gemacht werden. Nebenforderungen beruhen auf einem eigenen Entstehungsgrund (Rn. 11), sind dabei zum Gegenstand der Hauptsache in materiellrechtlicher Abhängigkeit stehende und getrennt von der Hauptsache berechnete Forderungen, die 10

---

19 *Fischer* NJW 2002, 1551; *Greger* NJW 2002, 3049, 3051; *T/P/Reichold* § 511 Rn. 11 f.; MK/*Rimmelspacher* (AB) § 511 Rn. 44.
20 BT-Drucks. 15/1508 S. 21; *Huber* ZRP 2003, 268, 269; *Althammer* NJW 2003, 1079.
21 BT-Drucks. 15/1508 S. 21.
22 *Jauernig* ZPR § 72 IV.
23 *Jauernig* NJW 2003, 465, 466; *ders.* NJW 2001, 3027; *Musielak* JuS 2002, 1203, 1206 f.
24 MK/*Wenzel* § 546 Rn. 10; *Jauernig* NJW 2003, 465 ff.
25 *St/J/Roth* Rn. 9; *Jauernig* ZPR § 72 IV; aA *Anders/Gehle/Kunze* S. 265 Rn. 21 (Zeitpunkt der letzten mündlichen Tatsachenverhandlung).
26 Vgl. BGH NJW-RR 2005, 219 (keine Bindung des Rechtsmittelgerichts an die erstinstanzliche Wertfestsetzung).
27 BGH NJW 1983, 1063; BAG NZA 2007, 56 (LS); OLG Düsseldorf FamRZ 1982, 498; OLG Hamm NJW 1975, 1834.
28 BGH NJW 1951, 275.
29 BGH NJW-RR 2002, 1435, 1436.
30 *B/L/H* Rn. 7; MK/*Wöstmann* Rn. 12.
31 *St/J/Roth* Rn. 11.
32 *St/J/Roth* Rn. 11; MK/*Wöstmann* Rn. 14.
33 MK/*Wöstmann* Rn. 14.
34 *Hartmann* § 40 GKG Rn. 2.
35 Vgl. *St/J/Roth* Rn. 14.
36 MK/*Wöstmann* Rn. 11.
37 *St/J/Roth* Rn. 3; *T/P/Hüßtege* Rn. 3.

im gleichen Rechtsstreit von einer Partei gegen den gleichen Gegner geltend gemacht werden wie die Hauptforderung.[38] Nicht in § 4 Abs. 1 Halbs. 2 genannte Forderungen gehören zur Hauptsache.[39] Ihren unselbständigen Charakter verlieren Nebenforderungen, wenn sie als Hauptforderungen geltend gemacht werden. Die in § 4 Abs. 1 Halbs. 2 aufgestellte Regel gilt für alle Wertberechnungen außer der des **Gebührenstreitwerts.** Hier trifft § 43 GKG eine Sonderregelung (s. Rn. 19).

11 **2. Entstehungsgrund.** Eine Nebenforderung liegt nur dann vor, wenn sie nicht schon kraft Gesetzes ohne weiteres Bestandteil des Hauptanspruches ist. Um eine Nebenforderung handelt es sich also, wenn für sie ein eigener Tatbestand als Entstehungsgrund gegeben und sie unselbständig, dh. in ihrer Entstehung vom Bestand der Hauptforderung abhängig ist.[40] Ein solcher Tatbestand kann sowohl ein gesetzlicher sein wie Verzug oder Rechtshängigkeit (§§ 987ff. BGB) als auch eine Nebenabrede im Sinne einer Vereinbarung zwischen den Parteien.[41] Die Einordnung als Nebenforderung geschieht jedoch unabhängig vom Willen der Parteien und unabhängig davon, ob sie den Betrag der Hauptforderung übersteigt.[42]

12 **3. Auslegung.** § 4 Abs. 1 Halbs. 2 ist eng auszulegen und umfasst nur die dort aufgeführten Nebenforderungen. Nebenforderungen sind Früchte (Rn. 13), Zinsen (Rn. 14), Nutzungen (Rn. 15) und Kosten (Rn. 16). Die aufgeführten Begriffe sind identisch mit denen des BGB. Eine analoge Anwendung auf andere Nebenansprüche wie etwa Zuwachs (§ 946 BGB), Zubehör (§§ 97f. BGB), die in den §§ 1115, 1158 BGB erwähnten Zusatzleistungen oder die Draufgabe nach § 336 BGB ist unzulässig. Schäden fallen nicht unter § 4 Abs. 1 Halbs. 2. Das Gleiche gilt für auf die Hauptsache gemachte Aufwendungen und Auflagen. Als Hauptforderungen zu betrachten sind auch auf Deliktsrecht gestützte Sachverständigenkosten,[43] Rechtsverfolgungskosten,[44] Vertragsstrafen, Mietzinsen, Finanzierungskosten, Frachten, Zölle, Steuern etc. Nebenforderungen bleiben nur dann in der Wertberechnung unberücksichtigt, wenn sie als solche geltend gemacht werden, § 4 Abs. 1 Halbs. 2.

13 a) **Früchte** einer Sache sind deren Erzeugnisse und sonstige Ausbeute, welche aus der Sache ihrer Bestimmung gemäß gezogen werden oder die eine Sache vermöge eines Rechtsverhältnisses gewährt, § 99 Abs. 1, Abs. 3 BGB. Früchte eines Rechts sind die Erträge, welche das Recht seiner Bestimmung nach gewährt, § 99 Abs. 2 BGB. Bei der Herausgabeklage bezogen auf Aktien nebst Dividendenscheinen sind letztere Früchte iSd. Vorschrift und daher unbeachtlich. Etwas anderes gilt hinsichtlich der aus einer Aktie resultierenden Bezugsrechte.[45]

14 b) **Zinsen** sind die vom Schuldner auf Grund Vertrag oder Gesetz[46] zu entrichtenden fortlaufenden Entschädigungen bzw. Entgelt für die Überlassung von Kapital.[47] Sie sind nach Abs. 1 Halbs. 2 auch dann nicht zu berücksichtigen, wenn sie ausgerechnet und als Kapitalbetrag der Hauptforderung zugeschlagen werden.[48] Dies gilt selbst dann, wenn sie auf Grund deklaratorischen Schuldanerkenntnisses mit der Hauptsumme verlangt oder im Rahmen eines Vergleichs übernommen wurden.[49] Ebenso sind Vorfälligkeitszinsen[50] wie auch Verzugszinsen bei der Berechnung des Streitwerts grundsätzlich außer Betracht zu lassen. Dagegen sind die Zinsen als Teil eines hinterlegten Betrages bei der Freigabeklage für die Berechnung des Streitwerts zu berücksichtigen[51] sowie, wenn sie novierender Teil eines abstrakten Schuldanerkenntnisses sind.[52] Zinsen sind ebenso keine Nebenforderungen, wenn sie durch gesonderten Vertrag der Hauptforderung zugeschlagen werden, eine Saldierung im echten Kontokorrent iSd. § 355 Abs. 1 HGB stattfindet[53] oder wenn sie klageweise geltendgemacht einen bereits beglichenen und daher nicht anhängig gewordenen Teil des Hauptanspruchs betreffen.[54]

15 c) **Nutzungen** sind die Früchte einer Sache oder eines Rechts sowie die Vorteile, die der Gebrauch der Sache oder des Rechts gewährt, § 100 BGB. Dabei sind, weil Früchte schon ausdrücklich durch § 4 Abs. 1 Halbs. 2 erfasst sind, hier insbesondere Gebrauchsvorteile maßgeblich.

16 d) **Kosten** im Sinne des § 4 Abs. 1 Halbs. 2 sind die für die Durchsetzung, Feststellung, Sicherung oder Abwehr eines Anspruches aufgewendeten Vermögensopfer, soweit sie **vorprozessual** entstanden sind.[55]

---

[38] BGH KostRspr. Nr. 72 m. krit. Anm. *Lappe;* BGH MDR 1976, 649f.; NJW 1998, 2060, 2061; OLG Stuttgart OLGR 2006, 948; OLG München NJW-RR 1994, 1484, 1485; *Tomson* NJW 2007, 267, 268; Beispiele vgl. *Zimmermann* JuS 1991, 234ff.

[39] *Zö/Herget* Rn. 8.

[40] BGH NJW 1998, 2060, 2061; DB 1976, 1220; OLG Stuttgart, Beschl. v. 7. 12. 2006, Az. 1 AR 10/06; *St/J/Roth* Rn. 17.

[41] BGH NJW 1998, 2060, 2061; *St/J/Roth* Rn. 17.

[42] *St/J/Roth* Rn. 17.

[43] OLG Brandenburg BauR 2000, 1774.

[44] LG Berlin, Beschl. v. 5. 5. 2006, Az. 82 AR 52/06.

[45] *St/J/Roth* Rn. 20.

[46] BGH NJW 1998, 2060, 2061.

[47] *Zö/Herget* Rn. 11.

[48] OLG Köln OLGR 1999, 220; OLG Schleswig OLGR 1999, 79, 80; aA *Zö/Herget* Rn. 11 und § 3 Rn. 16 „Ratenzahlungskredit" m. weit. Nachw.

[49] *Zö/Herget* Rn. 11.

[50] BGH NJW 1998, 2060, 2061.

[51] BGH MDR 1967, 280.

[52] OLG Koblenz JurBüro 1999, 197.

[53] *St/J/Roth* Rn. 23.

[54] OLG Stuttgart OLGR 2006, 948.

[55] BGH MDR 2007, 919, 1149; RG JW 1931, 1035; RGZ 56, 256, 257.

Dazu gehören zum einen die Prozesskosten eines Vorprozesses, wenn der laufende Rechtsstreit wirtschaftlich die gleiche Forderung betrifft,[56] aber auch die außergerichtlichen Kosten wie solche für Gutachten,[57] Mahnauslagen,[58] Protestkosten, Portokosten, Bearbeitungsgebühren[59] und Inkassogebühren,[60] soweit der Hauptanspruch noch im Streit ist.[61] Kosten iSd. § 4 Abs. 1 Halbs. 2 sind aber auch die Aufwendungen, die aus Anlass des der Klage zu Grunde liegenden Rechtsgeschäfts entstanden sind, wie die Kosten der Hinterlegung oder Versteigerung (§§ 381, 386 BGB), der Übergabe, der Versendung, der Auflassung, der Untersuchung bemängelter Ware. Zu den Kosten zählen weiter die gegen den Bürgen gemäß § 767 Abs. 2 BGB im Prozess geltend gemachten Kosten, welche durch die Inanspruchnahme des Hauptschuldners entstanden sind.[62] Kosten des laufenden Prozesses sind bei der Wertbemessung nicht zu berücksichtigen, da sie neben der Hauptsache regelmäßig nicht in einem eigenen Sachantrag geltend gemacht und sie im Kostenfestsetzungsverfahren bestimmt werden.[63] Werden sie im laufenden Verfahren mit eigenständigem Sachantrag beansprucht, sind sie jedoch als Nebenforderung zu behandeln und gemäß § 4 Abs. 1 Halbs. 2 nicht zu berücksichtigen.[64] Dies gilt auch für Rechtsanwaltsgebühren, die nicht auf die Verfahrensgebühr des gerichtlichen Verfahrens angerechnet werden und die mit einem eigenen Sachantrag geltend gemacht werden.[65]

5. **Veränderungen im laufenden Verfahren.** Die Nebenforderung wird zur Hauptforderung, wenn über die Hauptsache nicht mehr gestritten wird. Dies ist der Fall, wenn die Parteien iSd. § 91 a übereinstimmend die Erledigung des Rechtsstreits in der Hauptsache erklärt haben (siehe auch § 3 Rn. 26 „Erledigung der Hauptsache"). Dies gilt auch für die Rücknahme der Klage nach § 269 Abs. 1. Richtet sich eine **Berufung** nur gegen die Aberkennung des geltend gemachten Zinsanspruches, so wird dieser dadurch zur Hauptsache,[66] es sei denn dass der Beklagte seinerseits mit der Berufung die Hauptforderung bekämpft.[67] 17

V. Regelung des Abs. 2

Abs. 2 stellt für die Ansprüche aus Art. 45 ScheckG und Art. 48 Abs. 1 WG klar, dass Diskontspesen und Wechselunkosten Teil der Hauptforderung sind, wenn der Kläger sie im Regresswege beglichen hat.[68] Im Übrigen sind bei allen Regressklagen die Zinsen, Kosten und Provisionen, die als Nebenforderungen zu der Wechselsumme gefordert werden, nicht zu berücksichtigen und zwar sowohl im Wechsel- und Scheckprozess (§§ 602, 605 a) als auch im ordentlichen Verfahren.[69] 18

VI. Gerichtskosten

Für die Berechnung gilt nicht § 4 Abs. 1 Halbs. 2, Abs. 2. Insoweit ist § 43 GKG lex specialis,[70] so dass sich die Berechnung des Gebührenstreitwerts nach dieser Norm richtet, wenn Nebenforderungen geltend gemacht werden. Hinsichtlich des maßgeblichen Zeitpunktes gilt das unter Rn. 7 Gesagte. Obwohl grundsätzlich Zinsen nicht streitwerterhöhend zu berücksichtigen sind, wird ausnahmsweise die (teilweise) Abweisung des geltend gemachten Zinsanspruchs im Rahmen der Kostenentscheidung nach § 92 berücksichtigt, wenn der Zinsforderung im Verhältnis zur Hauptforderung erhebliches Gewicht zukommt.[71] 19

5 *Mehrere Ansprüche* **Mehrere in einer Klage geltend gemachte Ansprüche werden zusammengerechnet; dies gilt nicht für den Gegenstand der Klage und der Widerklage.**

I. Normzweck

§ 5 trifft eine Wertregelung, wenn Anspruchsmehrheiten geltend gemacht werden. Wie sich auch aus Halbs. 2 ergibt, werden von dem Prinzip der Zusammenrechnung nur die jeweils von einer Partei gestellten Anträge erfasst. Dies ist Ausdruck des im Streitwertrecht geltenden Grundsatzes, dass auf die Interessen der Gegenseite nicht abzustellen ist.[1] In der Folge bezweckt § 5 Halbs. 2 damit auch, dass der Beklagte durch Erhebung einer in die Zuständigkeit des Amtsgerichts fallenden Widerklage nicht die Zuständigkeit des Landgerichts begründen kann.[2] Berücksichtigt wird mit der Wertaddition, dass bei einer Mehrheit von An- 1

---

56 MK/*Wöstmann* Rn. 24; *St/J/Roth* Rn. 25.
57 Einschränkend BGH MDR 2007, 852, 853 m. weit. Nachw. auch zur Gegenauffassung.
58 OLG Bamberg JurBüro 1985, 589.
59 OLG Köln VersR 1974, 605.
60 OLG Saarbrücken JurBüro 1977, 1276, 1277.
61 BGH MDR 2007, 919; BGHZ 128, 85, 92.
62 RGZ 56, 256.
63 BGH MDR 2007, 919; MDR 1990, 1099; BGH NJW 1995, 664, 665; *St/J/Roth* Rn. 26.
64 *St/J/Roth* Rn. 26; *Enders* JurBüro 2004, 57 f.
65 BGH MDR 2007, 919; OLG Frankfurt RVGreport 2006, 156; LG Berlin JurBüro 2005, 427; *Tomson* NJW 2007, 267, 268; *Steenbruck* MDR 2006, 423 f.; *Enders* JurBüro 2004, 57.
66 BGH WM 1981, 1091 f.; *Zimmermann* JuS 1991, 758.
67 OLG Koblenz NJW-RR 2007, 2.
68 *Zö/Herget* Rn. 13.
69 *B/L/H* Rn. 27 f.
70 *St/J/Roth* Rn. 40.
71 OLG Koblenz OLGR 2007, 53 ff.; aA OLG Saarbrücken OLGR 2006, 794.
1 *St/J/Roth* Rn. 1; MK/*Wöstmann* Rn. 2.
2 MK/*Wöstmann* Rn. 2; BGH NJW 1994, 3292.

sprüchen in der Regel größere wirtschaftliche Werte umstritten sind. Daraus folgt im Wege der teleologischen Reduktion des § 5, dass eine Wertzusammenrechnung dann nicht erfolgt, wenn trotz prozessualer Anspruchsmehrheiten keine wirtschaftliche Werthäufung entsteht. Dies ist dann der Fall, wenn die nebeneinander geltend gemachten Ansprüche wirtschaftlich identisch sind.

II. Anwendungsbereich

2 Die Wertberechnung nach § 5 erfolgt beim **Zuständigkeitsstreitwert** und über § 2 auch beim Bagatellstreitwert, beim **Rechtsmittelstreitwert** sowie beim Verurteilungsstreitwert. Die Norm greift dabei sowohl bei objektiver (§ 260) als auch bei subjektiver (§§ 59ff.) Klagehäufung ein, sofern verschiedene Streitgegenstände (Rn. 6ff., zum Streitgegenstandsbegriff Einl. Rn. 68ff.) vorliegen.[3] Weiter ist es unerheblich, ob die Anspruchsmehrheit ursprünglich in der Klageschrift oder **später** durch das Verhalten des Klägers oder des Beklagten entstanden ist (vgl. Rn. 3, § 263 Rn. 2ff. und 23ff.). Letzteres ergibt sich daraus, dass ansonsten die Erwähnung der Widerklage in Halbs. 2 keinen Sinn ergäbe, weil diese erst während eines Prozesses erhoben werden kann (vgl. § 33 Rn. 6). Ebenso gilt die Wertberechnung nach § 5 auch für durch Prozessverbindung nach § 147 zu Stande gekommene Anspruchsmehrheiten (s. Rn. 3). Eine Zusammenrechnung nach § 5 Halbs. 1 erfolgt sowohl im Klageverfahren als auch im Mahn-, Arrest- und Verfügungsverfahren.[4] Für den **Gebührenstreitwert** gilt grundsätzlich § 39 Abs. 1 GKG. Zu beachten sind jedoch §§ 41 Abs. 3, 42 Abs. 3, 5, 44, 45 Abs. 1 S. 3, 48 Abs. 4 GKG.

III. Anspruchsmehrheit

3 **1. Entstehung; Prozessverbindung.** Für die Wertberechnung nach § 5 Halbs. 1 ist es unerheblich, ob die Anspruchsmehrheit bereits im Zeitpunkt der Klageeinreichung oder erst später durch das Verhalten des Klägers oder Beklagten entsteht. Deshalb ist auch bei durch Prozessverbindung nach § 147 zu Stande gekommenen Anspruchsmehrheiten die Wertaddition vorzunehmen. Dies kann jedoch Auswirkungen auf den Zuständigkeitsstreitwert haben.

4 War etwa vor der Prozessverbindung der landgerichtliche Zuständigkeitsstreitwert nicht erreicht, so wird dieser Mangel dadurch geheilt, dass die Ansprüche nach § 5 Halbs. 1 zusammengerechnet werden. Dies ergibt sich aus dem Grundsatz, dass es unschädlich ist, wenn eine Sachurteilsvoraussetzung erst im Laufe des Prozesses eintritt. Da insoweit keine Neuberechnung, sondern eine Zusammenrechnung erfolgt, steht das auch nicht im Widerspruch zu § 4 Abs. 1. Im umgekehrten Fall, dass durch Prozessverbindung mehrerer amtsgerichtlicher Klagen durch die Zusammenrechnung nach § 5 ein landgerichtlicher Streitwert entsteht, ist dies wegen §§ 495, 261 Abs. 3 Nr. 2 für die einmal begründete Zuständigkeit unbeachtlich (§ 147 Rn. 6). Das gilt freilich nicht bei nachträglicher Erweiterung des Klageantrags iSd. § 264 Nr. 2, weil insoweit § 506 Abs. 1 zur Anwendung kommt (§ 506 Rn. 1).[5]

5 **2. Gleichzeitigkeit.** Eine nach § 5 zu behandelnde Anspruchsmehrheit ist nur dann gegeben, wenn die Ansprüche nebeneinander geltend gemacht werden. Dies bedeutet, dass eine Gesamtleistung, bestehend aus mehreren Teilen, gleichzeitig beansprucht werden muss. Nicht genügend ist das Verlangen erst der einen Leistung und nach Klageänderung einer anderen Leistung an deren Stelle.[6] Ebenso ist mangels nebeneinander stehender Ansprüche der Parteiwechsel nicht von § 5 Halbs. 1 erfasst.[7]

6 **3. Antragsmehrheit.** Eine Anwendung der Bewertungregel nach § 5 kommt nur dann in Frage, wenn im Prozess verschiedene prozessuale Ansprüche, dh. mehrere Streitgegenstände (zum Begriff Einl. Rn. 68ff.) nebeneinander bestehen.[8] Diese sich aus dem Wortlaut der Norm „mehrere geltend gemachte Ansprüche" ergebende Voraussetzung liegt zB bei Anträgen auf Löschungsbewilligung und Räumung vor[9] oder bei der Räumungsklage und der Geltendmachung von zukünftiger Nutzungsentschädigung.[10] Ebenso wird etwa bei der **Vaterschaftsanfechtung** bezüglich mehrerer Kinder, die von verschiedenen Anwälten vertreten werden, angesichts mehrer Streitgegenstände zur Ermittlung des Regelstreitwertes eine entsprechende Wertaddition vorgenommen.[11] Eine Anspruchsmehrheit im Sinne des § 5 besteht hingegen nicht, wenn ein Antrag lediglich mit verschiedenen rechtlichen Begründungen gestellt wird, da es sich insoweit nur um einen Streitgegenstand handelt (Einl. Rn. 72, 76, § 322 Rn. 18ff.).[12] Prozessual **unzulässige Antragsmehrheiten** (zB §§ 610 Abs. 2, 623 Abs. 1 S. 2, 632 Abs. 2) dürfen nicht nach § 5 zusammengerechnet werden (vgl. § 145 Rn. 2ff., § 260 Rn. 14). Sie sind also nach § 145 zu trennen. Ihr Streitwert ist nach dem einzelnen Anspruch im jeweiligen Prozess zu bemessen.

---

[3] BGH AnwBl. 1976, 339.
[4] *Zö/Herget* Rn. 3; *Hartmann* § 48 Anh. I (§ 5 ZPO) Rn. 2.
[5] *T/P/Hüßtege* § 506 Rn. 1f.; MK/*Wöstmann* Rn. 5.
[6] *B/L/H* Rn. 7f.; KG Rpfleger 1968, 289.
[7] *St/J/Roth* Rn. 5; MK/*Wöstmann* Rn. 3.
[8] BGH AnwBl. 1976, 339; OLG Köln MDR 2001, 941; OLG Düsseldorf NJW-RR 2000, 1594; vgl. auch OLG Köln OLGR 2007, 29.
[9] OLG Braunschweig OLGR 1999, 231, 232.
[10] *Meyer* JurBüro 2004, 473.
[11] OLG Köln FamRZ 2005, 1765.
[12] BGH NJW 2001, 2638ff.; *St/J/Roth* Rn. 6; ausf. *Musielak,* GK ZPO, Rn. 141ff.

IV. Wirtschaftliche Einheit

1. Grundsatz. Eine Werteaddition nach § 5 Halbs. 1 kommt trotz verschiedener Streitgegenstände nicht in Betracht, wenn es sich wirtschaftlich um eine Einheit handelt.[13] Die Anwendung der Norm erfordert demnach kumulativ mehrere Streitgegenstände mit wirtschaftlich verschiedenen, voneinander unterscheidbaren Werten.[14] Daher ist etwa auch dann nach § 5 Halbs. 1 zusammenzurechnen, wenn etwa mehrere nebeneinander geltend gemachte Ansprüche auf derselben Anspruchsgrundlage beruhen.[15] Sofern die genannten Voraussetzungen nicht erfüllt sind, etwa weil durch Gegenanträge für und gegen das Hauptinteresse gestritten wird,[16] erfolgt keine Zusammenrechnung, es entscheidet vielmehr der höchste Wert.[17] 7

2. Einzelfälle. Wirtschaftlich unselbständige Anträge sind insbesondere **Feststellungsanträge** (§ 256 8
Abs. 1, 2) über bedingende Rechtsverhältnisse, wenn sie neben dem Leistungsantrag erhoben werden.[18] Dabei ist es ohne Einfluss auf die Wertberechnung, wenn das bedingende Rechtsverhältnis im Wege der selbständigen Feststellungsklage zusammen mit der Leistungsklage durch objektive Klagehäufung nach § 260 geltend gemacht wird oder sich der Kläger der Zwischenfeststellungsklage gemäß § 256 Abs. 2 bedient. Eine mehrfache Bewertung eines Teils des Streitgegenstandes scheidet in beiden Fällen aus.[19] Dementsprechend entfällt auch bei der Klage auf Feststellung des Annahmeverzuges mit der Gegenleistung neben der Leistungsklage auf Kaufpreiszahlung eine Wertaddition.[20] Ebenso ist bei Verbindung der Anträge auf Herausgabe mit Fristsetzung und Schadensersatz bei fruchtlosem Fristablauf[21] keine Addition vorzunehmen. Daneben sind aber auch wirtschaftlich selbständige Feststellungsanträge möglich, nämlich insoweit, als sie einen messbaren wirtschaftlichen Vorteil aufweisen,[22] indem etwa die Leistungsanträge hinter der beantragten Feststellungswirkung zurückbleiben. Dies ist insbesondere dann der Fall, wenn lediglich einzelne Teile einer möglichen Gesamtleistung neben dem Antrag auf Feststellung des gesamten Rechtsverhältnisses gefordert werden. In derartigen Fällen ist der über den Leistungsantrag hinausgehende Wert des Feststellungsantrages mit der in ihm enthaltenen Leistung, die nicht gefordert wird, zusammenzurechnen.[23] Auch **Leistungsanträge** können wirtschaftlich unselbständig sein, wenn sie in einem anderen Antrag mitenthalten sind. Beispiel hierfür ist der Antrag auf Abnahme der Ware bei gleichzeitiger Kaufpreisklage oder der Antrag auf Bewilligung einer Sicherungshypothek neben dem Anspruch auf Werklohnzahlung (§ 3 Rn. 24 „Bauhandwerkersicherungshypothek“).[24] Voraussetzung ist aber, dass einem solchen Leistungsantrag tatsächlich keine eigene wirtschaftliche Bedeutung zukommt. So ist beispielsweise einer mitbeantragten Abnahme bei Abfällen eine eigene wirtschaftliche Bedeutung beizumessen und in der Wertberechnung zu berücksichtigen.[25] Auch bei einer **Streitgenossenschaft** werden die Werte nicht zusammengerechnet, wenn aus wirtschaftlicher Sicht nur ein Streitgegenstand besteht.[26] Daher findet **keine Zusammenrechnung** statt, wenn eine Mehrheit von Antragstellern in einem Prozess identische Ansprüche geltend macht,[27] bei Klagen von Gesamtgläubigern bzw. gegen Gesamtschuldner hinsichtlich derselben Leistung[28] und bei Klagen gegen die Personengesellschaft und ihre Gesellschafter.[29] Genauso liegt es bei der Verbindung eines Leistungsantrags auf Zahlung gegen den einen Streitgenossen, verbunden mit dem Antrag auf Duldung der Zwangsvollstreckung gegen den anderen Streitgenossen, oder der Klage des Gläubigers gegen Schuldner und Bürgen.[30] **Nebenforderungen** (zum Begriff § 4 Rn. 10) scheiden bei der Wertberechnung schon im Rahmen des § 4 Abs. 1 Halbs. 2, Abs. 2 aus.

3. Stufenklage. Bei der Stufenklage (§ 254) sind zur Bestimmung des Zuständigkeits- und Bagatellstreit- 9
werts die verschiedenen Ansprüche nicht zu addieren.[31] Auch hier gilt also das Additionsverbot bei wirtschaftlicher Identität. Dabei kommt zum Tragen, dass erst durch die Erfüllung vorbereitender Ansprüche auf Auskunft und gegebenenfalls eidesstattliche Versicherung die eigentlich geschuldete Leistung ermittelbar ist. Nur an dieser hat aber der Kläger ein Interesse, so dass die ersten beiden Stufen wirtschaftlich in der

---

13 BGHReport 2004, 638; *Schumann* NJW 1982, 2800; *J. Frank,* Anspruchsmehrheiten im Streitwertrecht, 1986, S. 164ff., 206; *T/P/Hüßtege* Rn. 8; *Zi* Rn. 2.

14 *St/J/Roth* Rn. 8.

15 BGH NJW-RR 2003, 713.

16 LG Osnabrück JurBüro 1998, 548.

17 MK/*Wöstmann* Rn. 4; *T/P/Hüßtege* Rn. 8; OLG Köln KostRspr. Nr. 55.

18 RGZ 126, 18, 21.

19 BGH WM 1991, 2121, 2122.

20 KG MDR 2005, 898; OLG Hamburg OLGR 2000, 455; *T/P/Hüßtege* Rn. 8; MK/*Wöstmann* Rn. 4; offen gelassen bei BGH NJW-RR 1989, 826.

21 OLG Jena OLGR 1999, 100.

22 OLG Dresden MDR 2008, 50.

23 OLG Bamberg JurBüro 1969, 955f.; KG BauR 1998, 829; aA OLG Düsseldorf OLGR 1997, 136; OLG München OLGR 1999, 347.

24 *St/J/Roth* Rn. 12; OLG Nürnberg IBR 2003, 586; OLG Koblenz OLGR 2003, 256; KGR 1997, 283, 284; OLG Frankfurt JurBüro 1977, 1136; *St/J/Roth* Rn. 12; *Mümmler* JurBüro 1974, 1107; aA OLG Düsseldorf NZBau 2005, 697; OLGR 1997, 136; OLG München OLGR 1999, 347.

25 *St/J/Roth* Rn. 12; BGH KostRspr. § 3 Nr. 499.

26 OLG Karlsruhe MDR 1991, 353.

27 VGH Mannheim NVwZ 1991, 275, 276; OVG Münster JurBüro 2002, 532.

28 BGH NJW-RR 1991, 186; NJW-RR 2004, 638.

29 *Anders/Gehle/Kunze* S. 211 Rn. 1; *St/J/Roth* Rn. 13.

30 OLG Düsseldorf OLGR 1997, 199; OLG Celle KostRspr. Nr. 102; *St/J/Roth* Rn. 12f.; *T/P/Hüßtege* Rn. 8.

31 MK/*Wöstmann* Rn. 20; *St/J/Roth* Rn. 20; aA *Zö/Herget* Rn. 7; *Hartmann* § 44 GKG Rn. 3; *T/P/Hüßtege* Rn. 4; OLG Brandenburg FamRZ 2002, 1642.

dritten enthalten sind.[32] Der Streitwert bestimmt sich dann in der Folge durch den Anspruch, welcher den höchsten Wert hat, also meistens den des Hauptanspruches (zur Wertberechnung § 3 Rn. 34 „Stufenklage"). Damit erfolgt die Ermittlung des Zuständigkeits- und des Rechtsmittelstreitwerts in entsprechender Anwendung des § 44 GKG.[33] Für den Gebührenstreitwert ist bei der **Stufenklage** § 44 GKG einschlägig. Dabei ist § 36 Abs. 1 GKG zu beachten: so fällt zB für das Urteil in der Auskunftsstufe die Gebühr nur aus diesem Wert an.

V. Additionsverbote

10 Bei der Ermittlung des Zuständigkeitsstreitwertes dürfen im Rahmen des § 5 Halbs. 1 nur die Ansprüche zusammengerechnet werden, für deren Streitigkeiten streitwertabhängige Zuständigkeiten bestehen. Nicht zu addieren sind daher Streitigkeiten, die unabhängig vom Streitwert der ausschließlichen Zuständigkeit des Amtsgerichts zugewiesen sind, § 23 Nr. 2 GVG.[34] Wird etwa rückständige Miete geltend gemacht, existiert für diese Streitigkeit gemäß § 23 Nr. 2a GVG eine ausschließliche sachliche streitwertunabhängige amtsgerichtliche Zuständigkeit (vgl. § 1 Rn. 9). Werden neben diesem Anspruch weitere Ansprüche mit einer streitwertabhängigen Zuständigkeit erhoben, darf der Anspruch auf rückständige Miete nicht einberechnet werden. Etwas anderes gilt für Streitigkeiten, die zur ausschließlichen Zuständigkeit des Landgerichts gehören, § 71 Abs. 2 GVG. Insoweit wäre ein Additionsverbot sinnwidrig, da die Zuständigkeit des Landgerichts in sachlich nicht gerechtfertigter Weise eingeengt würde, wenn der streitwertabhängige Anspruch, der die Wertgrenze nicht übersteigt, nicht vor dem Landgericht verhandelt würde, weil der andere Anspruch ausschließlich vor das Landgericht gehört.[35] Weitere Additionsverbote gelten für den Gebührenstreitwert. Zu beachten sind insbesondere §§ 41 Abs. 3, 42 Abs. 5, 44, 45, 48 Abs. 4 GKG.

VI. Hilfsanträge

11 **1. Zuständigkeitsstreitwert.** Haupt- und Hilfsantrag sind im ersten Rechtszug regelmäßig wirtschaftlich identisch, weil der Kläger den Gegenstand des Hilfsanspruches an Stelle des Hauptgegenstandes fordert. Insoweit findet eine Werteaddition nicht statt.[36] Der **Zuständigkeits- und Bagatellstreitwert** bestimmen sich nach dem Wert des Hauptantrags oder nach dem gegebenenfalls höheren Wert des Hilfsantrages.[37] Dies gilt selbst dann, wenn Haupt- und Hilfsantrag (einzeln zur Zuständigkeit des Amtsgerichts) gehörend, in der Summe die Zuständigkeit des Landgerichts begründen würden.[38] Fällt dagegen der Hilfsantrag wertmäßig in die Zuständigkeit des Landgerichts (§§ 71 Abs. 1, 23 Nr. 1 GVG: über 5 000 Euro) während der Hauptantrag nur die amtsgerichtliche Zuständigkeit begründet, ist das Landgericht sachlich zuständig. Damit wird vermieden, dass ein Amtsgericht über den seine Zuständigkeit übersteigenden Hilfsantrag entscheidet.[39] Nicht abzustellen ist zur Wertberechnung auf die Anträge, über die entschieden wurde, weil deren Wert im Zeitpunkt des Einreichens der Klage gerade nicht feststellbar ist.[40]

12 **2. Rechtsmittelwert.** Der Wert der Beschwer des verurteilten Beklagten richtet sich danach, ob das Gericht dem Hilfs- oder dem Hauptantrag stattgegeben hat. Eine Addition unterbleibt, wenn der Beklagte nach Abweisung des Hauptantrages auf den Hilfsantrag hin verurteilt wird; maßgeblich ist dann nur der Hilfsantrag. Der Wert der Beschwer des Klägers richtet sich bei **abgewiesenem Hauptantrag** nach dessen Wert,[41] sofern ihm nicht ein wirtschaftlich identischer Hilfsanspruch zuerkannt wurde. In diesem Fall ist der Wert der Beschwer die Differenz zwischen beiden Ansprüchen.[42] Der **insgesamt abgewiesene Kläger** ist um beide Ansprüche beschwert, weil das Urteil die rechtskräftige Abweisung zur Folge hat. Der Wert der Beschwer richtet sich bei wirtschaftlich identischem Streitgegenstand nach dem höheren Anspruch, bei wirtschaftlicher Verschiedenheit jedoch nach der Wertesumme;[43] ob im Hinblick auf die insgesamt geltend gemachte Beschwer ein abtrennbarer Teil für sich die Wertsumme nicht erreicht, ist dabei unbeachtlich.[44] Beim so genannten **unechten Hilfsantrag,** welcher nur für den Fall des Erfolgs der Hauptsache gestellt wird, findet eine Wertaddition statt, wenn diesem stattgegeben wird und keine wirtschaftliche Identität vorliegt. Soweit aber eine solche besteht, ist der Wert des höheren Anspruches entscheidend.

13 **3. Gebührenstreitwert.** Gemäß § 45 Abs. 1 S. 2 GKG findet eine Wertaddition statt, soweit eine Entscheidung über den Hilfsantrag ergeht. Dies gilt jedoch nur bei fehlender Identität der Gegenstände; ist eine solche gegeben, dann ist nach § 45 Abs. 1 S. 3 GKG der höhere Wert maßgeblich. Dabei ist eine wirtschaftliche Identität aber nicht allein deshalb anzunehmen, weil beide Anträge auf derselben Anspruchs-

---

[32] *Hartmann* § 44 GKG Rn. 2 (zum Gebührenstreitwert).
[33] *St/J/Roth* Rn. 20.
[34] MK/*Wöstmann* Rn. 29; *St/J/Roth* Rn. 26.
[35] MK/*Wöstmann* Rn. 29; *St/J/Roth* Rn. 27.
[36] *Zö/Herget* Rn. 4; *T/P/Hüßtege* Rn. 6; MK/*Wöstmann* Rn. 12; *St/J/Roth* Rn. 34.
[37] *T/P/Hüßtege* Rn. 6; MK/*Wöstmann* Rn. 12; *St/J/Roth* Rn. 34; *Zö/Herget* Rn. 4; aA *Zi* Rn. 2; *Fleischmann* NJW 1993, 506.
[38] MK/*Wöstmann* Rn. 13; *St/J/Roth* Rn. 36.
[39] *Schumann* NJW 1982, 2800; *St/J/Roth* Rn. 37; MK/*Wöstmann* Rn. 13.
[40] *St/J/Roth* Rn. 36.
[41] *St/J/Roth* Rn. 40; BGHZ 26, 295, 296f.
[42] BGH NJW 1984, 371.
[43] BGH NJW-RR 1999, 1157; BGH AnwBl. 1976, 339.
[44] BGH NJW-RR 2006, 1097.

grundlage beruhen.[45] In den übrigen Fällen findet eine Zusammenrechnung nicht statt. Wertbestimmend ist allein der Hauptantrag, wenn nur über ihn entschieden worden ist.

VII. Widerklage

14 Grundsätzlich legt § 5 Halbs. 2 für die wertabhängige **Eingangszuständigkeit** die Unabhängigkeit der Klage von der Widerklage fest. Eine Wertaddition findet nicht statt.[46] Dabei richtet sich die Eingangszuständigkeit grundsätzlich nicht nach dem höheren Wert einer der Klagen,[47] sondern ist für jede Klage gesondert zu bestimmen. Nur ausnahmsweise ist der höhere Wert der Widerklage ausschlaggebend, wenn er für sich genommen die landgerichtliche Zuständigkeit erreicht. Dann ist bei zur Zuständigkeit des Amtsgerichts gehörender Klage auf Antrag (§ 506 Abs. 1) der gesamte Rechtsstreit an das Landgericht zu verweisen, es sei denn die mangelnde Zuständigkeit wird nach Belehrung gemäß § 504 durch § 39 geheilt. Im Übrigen erfolgt sonst eine Abweisung wegen Unzuständigkeit. Weiter kann bei landgerichtlicher Zuständigkeit für die Klage eine an sich in die Zuständigkeit der Amtsgerichte fallende Widerklage zum Landgericht erhoben werden. Dagegen wird die Unzuständigkeit des Landgerichts für die bereits erhobene Klage gerade nicht beseitigt, wenn nur die Widerklage in dessen Zuständigkeit fällt.[48]

15 Der **Gebührenstreitwert** bei der Widerklage richtet sich nach § 45 Abs. 1 GKG. Hier ist der einfache Gegenstandswert des höheren Anspruchs maßgeblich, wenn Klage und Widerklage denselben gebührenrechtlichen Streitgegenstand im Sinne einer wirtschaftlichen Einheit, § 45 Abs. 1 S. 3 GKG, betreffen.[49] Der gebührenrechtliche Streitgegenstandsbegriff geht insofern über den zivilprozessualen hinaus, weil regelmäßig wirtschaftliche Übereinstimmung zu bejahen ist, wenn die Stattgabe gegenüber dem einen Antrag das Abweisen des anderen bedingt.[50] Nur wenn Klage und Widerklage jeweils verschiedene Streitgegenstände im wirtschaftlichen Sinne (Rn. 1) betreffen, sind deren Werte nach § 45 Abs. 1 S. 1 GKG für die Ermittlung des Gebührenstreitwerts zu addieren. Dies kommt zB in Betracht bei gegenläufigen güterrechtlichen Ansprüchen, wenn etwa mit der Klage die Erhöhung und mit der Widerklage die Absenkung des Unterhaltsbetrages angestrebt wird,[51] beiderseits Zugewinnausgleich erstritten und zugleich die eigene Inanspruchnahme durch den jeweils anderen abgewehrt werden soll[52] oder etwa wenn bei der Klage des Eigentümers auf Herausgabe widerklagend Werklohn geltend[53] gemacht wird.

16 Beim **Rechtsmittelstreitwert** ist § 5 Halbs. 2 nicht anwendbar; es ist der Wert auf Kläger- bzw. Beklagtenseite jeweils gesondert aus dem Umfang des Unterliegens hinsichtlich der Klage und Widerklage zu ermitteln und zusammenzurechnen, soweit diese nicht wirtschaftlich identisch sind. Die Praxis einiger Gerichte,[54] § 5 auf die Berechnung des Rechtsmittelstreitwerts anzuwenden, stellt eine unzulässige Zugangssperre zum Rechtsmittelverfahren dar. Für **mehrere Widerklagen** gilt der Grundsatz der Werteaddition. Die Widerklage mit Haupt- und Hilfsanträgen folgt den Regeln, welche bei der Klage gelten (Rn. 12). Die Wider-Widerklage (§ 33 Rn. 15) steht der Anspruchshäufung gleich, ihr Wert wird dem Wert der Klage hinzugerechnet, wenn sie wirtschaftlich eigenständig ist.

VIII. Aufrechnung

17 Durch eine Aufrechnung werden der **Zuständigkeitsstreitwert** sowie der Bagatellstreitwert nicht berührt. Die Aufrechnung ist lediglich ein Verteidigungsmittel und macht anders als die Widerklage den Anspruch, mit dem aufgerechnet wird, nicht rechtshängig.

18 Für den **Rechtsmittelstreitwert** ergeben sich wegen § 322 Abs. 2 Besonderheiten. Insoweit ordnet diese Vorschrift an, dass die Entscheidung, die zur Aufrechnung gestellte Forderung bestehe nicht, der Rechtskraft fähig ist. Dies hat Auswirkungen auf die Beschwer des Beklagten. Entsprechend sind hier die Werte der Klageforderung und der (hilfsweise geltend gemachten) Aufrechnungsforderung zusammenzurechnen, wenn der Beklagte aus der Klageforderung verurteilt und über das Bestehen oder Nichtbestehen der Aufrechnungsforderung entschieden wurde.[55]

19 Beim **Gebührenstreitwert** ist die Aufrechnung durch den Beklagten nur von Bedeutung, wenn sie **hilfsweise** geltend gemacht wird. Sie führt in diesem Fall nach § 45 Abs. 3 GKG zu einer Addition, sofern die Gegenforderung bestritten wird und soweit über sie eine der Rechtskraft fähige Entscheidung (§ 322 Abs. 2) ergeht.

---

[45] BGH NJW-RR 2003, 713.
[46] *St/J/Roth* Rn. 43; MK/*Wöstmann* Rn. 30f.; *Zi* Rn. 2; *B/L/H* Rn. 12; BGHZ 23, 333, 339; LAG Mainz NZA-RR 2005, 275.
[47] *St/J/Roth* Rn. 43; *Mayer* JuS 1991, 678; aA *Zö/Herget* Rn. 2; *Zi* Rn. 2; *B/L/H* Rn. 12.
[48] *St/J/Roth* Rn. 43f.; vgl. MK/*Wöstmann* Rn. 31.
[49] BGHZ 43, 31, 33; BGH NJW-RR 2005, 506; *Lappe* NJW 2006, 270, 272.
[50] BGH NJW 1994, 3292; OLG Hamburg OLGR 2000, 306; OLG Köln JurBüro 1997, 316; OLG Brandenburg FamRZ 2004, 962; MK/*Wöstmann* Rn. 34.
[51] OLG Naumburg JurBüro 2004, 379.
[52] OLG Stuttgart FamRZ 2006, 1055.
[53] OLG Hamm Rpfleger 1990, 40.
[54] OLG Düsseldorf NJW 1992, 3246; OLG Oldenburg NJW-RR 1993, 827; dagegen krit. *Zö/Herget* Rn. 2.
[55] BGHZ 48, 212f. = NJW 1967, 2162; *T/P/Hüßtege* § 2 Rn. 14.

6 ***Besitz; Sicherstellung; Pfandrecht*** **[1]Der Wert wird bestimmt: durch den Wert einer Sache, wenn es auf deren Besitz, und durch den Betrag einer Forderung, wenn es auf deren Sicherstellung oder ein Pfandrecht ankommt. [2]Hat der Gegenstand des Pfandrechts einen geringeren Wert, so ist dieser maßgebend.**

I. Normzweck

1 Die Vorschrift trifft eine normative Wertregelung für die **Eingangszuständigkeit** und die **Rechtsmittelzuständigkeit** in Streitigkeiten, bei denen es auf den Besitz einer Sache, die Sicherstellung einer Forderung oder ein Pfandrecht ankommt. Maßgeblich ist dabei entweder der Wert der Sache oder die Höhe der gesicherten Forderung, es sei denn, das Haftungsobjekt des Pfandrechts hat einen geringeren Wert, § 6 S. 2.[1] Damit dient die Bestimmung losgelöst von einer rein wirtschaftlichen Ausrichtung an den Parteiinteressen der Vereinfachung sowie einheitlichen Bewertung der von ihr in Bezug genommenen Streitigkeiten[2] und damit der Prozessökonomie. § 6 trifft jedoch nicht nur im Hinblick auf den in S. 1 genannten Besitz eine Bewertungsregel, sondern erfasst nach allgM auch Klagen, bei denen das Eigentum an einer Sache im Streit steht (Rn. 2ff.). Für den **Gebührenstreitwert** ist § 6 über § 48 Abs. 1 S. 1 GKG heranzuziehen.

II. Anwendungsbereich

2 **1. Besitz. a) Begriff.** Die Vorschrift erfasst **jegliche Form von Besitz** iSd. §§ 854ff. BGB[3] und zwar sowohl an **beweglichen** als auch an **unbeweglichen Sachen,** § 90 BGB. Auch der Besitz eines Wertpapiers im engeren Sinne,[4] dh. von Inhaber- und Orderpapieren,[5] ist einbezogen. Ausgeschlossen sind dagegen sonstige Urkunden wie Rektapapiere (insbesondere Grundschuld-, Hypothekenbriefe), qualifizierte Legitimationspapiere (etwa Sparbücher), reine Beweisurkunden (vor allem Bürgschaftsurkunden) und weiter solche Urkunden (etwa Kfz-Briefe), an denen zwar Besitz begründet wird, aus dem sich indes keine Berechtigung ergibt (vgl. § 3 Rn. 29 „Herausgabeklagen“).[6] Erfasst werden der unmittelbare iSd. § 854 Abs. 1 BGB wie der mittelbare Besitz[7] gemäß § 868 BGB, der Eigenbesitz nach § 872 BGB und der Fremdbesitz. § 6 kommt insofern zur Anwendung bei allen Klagen, die auf **Herausgabe** (zB §§ 985[8], 1368[9], 2039[10] BGB), auf **Wiedererlangung** (zB § 861 Abs. 1 BGB)[11] oder **Rückgewähr** (zB § 346 Abs. 1 BGB)[12] gerichtet sind; dies gilt ebenso für das Gemeinschaftseigentum von Wohnungseigentümern,[13] der Herausgabe einer Immobilie[14] oder die Leistung der Sache auf Grund Vertrages,[15] Feststellungsklagen,[16] bei Verweigerung der Besitzverschaffung oder auch die Abtretung des Herausgabeanspruchs. § 6 greift ein bei Klagen aus § 1007 BGB[17] sowie nach allgM bei Streitigkeiten betreffend das **Eigentum.**[18] Dagegen ist § 6 **nicht anwendbar** bei **Besitzstörungsklagen** gemäß § 862 BGB (§ 3 Rn. 24 „Besitzstörungsklage“), weil es dort nicht um die Sache, sondern ihren Gebrauch geht.[19]

3 **b) Bewertung. aa) Grundsatz.** Maßgeblich ist der nach § 3 Halbs. 1 zu ermittelnde objektive **Verkehrswert** der Sache oder des Wertpapiers (Rn. 2).[20] Bei der Klage auf Duldung der Zwangsvollstreckung ist die Höhe der zu vollstreckenden Forderung einschließlich Zinsen und Kosten bzw. der Wert des Vollstreckungsobjekts wertbestimmend, falls dieser geringer ist.[21] Bei der Klage auf Auflassung,[22] Eigentumsumschreibung,[23] Herausgabe[24] oder Rückübertragung eines Grundstücks ist der Verkehrswert ohne Berück-

---

[1] MK/*Wöstmann* Rn. 1; *St/J/Roth* Rn. 2.
[2] *Hahn* S. 148; MüKo/*Wöstmann* Rn. 1; *St/J/Roth* Rn. 1.
[3] *Wiecz/Sch/Gamp* Rn. 4; *T/P/Hüßtege* Rn. 4.
[4] *St/J/Roth* Rn. 7; BGH KostRspr. Nr. 174.
[5] OLG Köln MDR 1975, 60.
[6] *St/J/Roth* Rn. 7ff.; *Zö/Herget* Rn. 7.
[7] RGZ 61, 92.
[8] OLG Frankfurt OLGR 1998, 156; OLG Düsseldorf ZInsO 2006, 41.
[9] KG JurBüro 1970, 1088.
[10] RGZ 149, 193; LG Dresden JurBüro 2000, 83.
[11] *Zö/Herget* Rn. 3; *St/J/Roth* Rn. 4; aA *T/P/Hüßtege* § 3 Rn. 31.
[12] *Hartmann* § 48 GKG Anh. I (§ 6 ZPO) Rn. 2 „Rückgewähr“.
[13] BGH NJW 2000, 80 = MDR 1999, 1457.
[14] OLG Düsseldorf ZInsO 2006, 41.
[15] *Zö/Herget* Rn. 3; *St/J/Roth* Rn. 4.
[16] *Wiecz/Sch/Gamp* Rn. 7; MK/*Wöstmann* Rn. 9; *St/J/Roth* Rn. 14.
[17] *Wiecz/Sch/Gamp* Rn. 6.
[18] AllgM MK/*Wöstmann* Rn. 6; *Zi* Rn. 1; *T/P/Hüßtege* Rn. 4; *St/J/Roth* Rn. 12; KG NJW 1970, 334; OLG Köln MDR 2005, 298; OLG Frankfurt JurBüro 1985, 278f.
[19] RGZ 3, 390, 394; OLG Frankfurt WuM 1986, 19; OLG Zweibrücken JurBüro 1984, 284; aA *Hartmann* § 48 GKG Anh. I (§ 6 ZPO) Rn. 2 „Besitzklage“.
[20] *St/J/Roth* Rn. 16; *B/L/H* Rn. 4; *Zö/Herget* Rn. 2; *T/P/Hüßtege* Rn. 2.
[21] BGH NJW-RR 1999, 1080.
[22] OLG Köln MDR 2005, 298; OLG Celle OLGR 1999, 200; NJW-RR 1998, 141; OLG München NJW-RR 1998, 142; *Müller* MDR 2003, 248; anders bei Verweigerung wegen geringfügiger Gegenforderung LG Hamburg MDR 1998, 372, 373; dagegen jedoch OLG Hamm IBR 2005, 297 (LS) m. Anm. *Wiesel* (siehe dazu Rn. 4f.).
[23] KGR 1997, 57, 58.
[24] BGH NJW-RR 2001, 518; OLG Düsseldorf ZInsO 2006, 41.

sichtigung etwaiger Belastungen (vor allem durch Grundpfandrechte)[25] zu Grunde zu legen. Gleiches gilt, wenn das Grundstück unter Auflage der Bebauung in einer bestimmten Frist veräußert worden ist,[26] und zwar auch dann, wenn es wegen der Nichtigkeit des Vertrages an einem Recht zum Besitz fehlt.[27] Zu berücksichtigen sind bei der Verkehrswertberechnung jedoch Lasten, welche die wirtschaftliche Nutzbarkeit und damit den Wert des Grundstücks dauerhaft beschränken.[28] Dazu gehören insbesondere Grunddienstbarkeiten und Erbbaurechte.[29] Bedingungen und Betagungen des Besitzes sind ebenso bei der Wertberechnung zu berücksichtigen.[30] Bei Teilbesitz bildet dessen Verkehrswert[31] die Berechnungsgrundlage iSd. § 6 S. 1 Alt. 1, so dass bei der Klage eines Mitbesitzers gegen die anderen der Anteil des Klägers vom Wert der Sache in Abzug zu bringen ist.[32] Anders verhält es sich, wenn der Berechtigte den Besitz zu Gunsten einer Gesamthand etwa nach § 2039 BGB geltend macht; maßgebend ist der volle Verkehrswert.[33] Bei einer Grenzregelung kommt nur der Wert der Teilfläche zum Ansatz, um deren Gewinn oder Verlust es geht.[34] Der Streitwert einer Klage auf Herausgabe eines **Kfz-Briefes** bestimmt sich nicht anhand von § 6, sondern gemäß § 3 Halbs. 1 nach dem Interesse an der Verfügungsgewalt über das Dokument, wobei der Wert des Kraftfahrzeugs und der Grund des Streites zwischen den Parteien zu berücksichtigen sind.[35]

bb) Gegenrechte. Insbesondere im Hinblick auf den **Gebührenstreitwert** wird nach einer in der Judikatur im Vordringen begriffenen Ansicht[36] § 6 aus Gründen der Verhältnismäßigkeit eingeschränkt und auf das tatsächliche Interesse der Parteien abgestellt. Auch das Bundesverfassungsgericht[37] hat für einen Einzelfall einen Verstoß gegen den Justizgewährungsanspruch angenommen, wenn bei formaler Anwendung des § 6 die beklagte Partei auf Grund der Streitwertfestsetzung mit Kosten belastet würde, die weit über den eigentlichen wirtschaftlichen Wert des Rechtsstreits hinausgehen. Insoweit sei dann eine Orientierung am wirtschaftlichen Interesse des Beklagten gerechtfertigt.[38] In der Folge wird angenommen, dass es vor allem bei solchen Klagen, die auf Herausgabe oder Auflassung eines Grundstücks gerichtet sind und gegen die sich der Beklagte mit einem Zurückbehaltungsrecht auf Grund einer verhältnismäßig geringen Gegenforderung verteidigt, erforderlich sei, eine Anpassung vorzunehmen, weil sonst der Wert der eigentlich im Streit stehenden Frage um ein vielfaches durch die Kosten des Rechtsstreits übertroffen werde[39] und so zu einer unverhältnismäßigen Belastung der unterlegenen Partei führe. Deshalb sei nicht der volle Verkehrswert des Grundstücks, sondern das von der Gegenseite geltend gemachte Zurückbehaltungsrecht bzw. die streitige Restkaufpreisforderung zur Wertberechnung heranzuziehen.[40] 4

Diese Ansicht, die sich insbesondere auf die zweifelhafte Entscheidung des BVerfG stützt, ist jedoch als mit der Zweckrichtung normativer Streitwerte wie des § 6 (Rn. 1, § 3 Rn. 2f.) nicht vereinbar abzulehnen.[41] Der Vereinfachungsgedanke der Vorschrift, eine berechenbare und einheitliche Bewertung zu ermöglichen, würde so missachtet[42] und die einseitige Ausrichtung am Beklagteninteresse verstieße gegen das fein abgestimmte System der Streitwertbemessung, welches sich vorrangig am durch den Klageantrag deutlich werdenden Klägerinteresse orientiert.[43] Auch geht der Ansatz fehl, dass durch die Verweisung in § 48 Abs. 1 GKG nur eine entsprechende Anwendung von § 6 angeordnet, mithin eine Einschränkung möglich sei.[44] Vielmehr wird durch die Regelung klar die Geltung der Vorschriften über die Streitwertberechnung bzgl. der Zuständigkeit des Prozessgerichts oder der Zulässigkeit des Rechtsmittels angeordnet, soweit das 5

[25] BGH NJW-RR 2001, 518; NJW 1958, 1397; KG MDR 2001, 56; OLG Karlsruhe FamRZ 2004, 43, 45; OLG Bamberg JurBüro 1992, 560; OLG Düsseldorf JurBüro 1987, 395; OLG Hamm Rpfleger 1964, 23f.; OLG Braunschweig AnwBl. 1972, 319; OLG Köln OLGR 1999, 15 (für Rückkaufsrecht).

[26] OLG Hamm Rpfleger 1964, 23f.; OLG Köln MDR 1973, 147; OLG Oldenburg MDR 1998, 1406 (bei Größenabweichung aber Wert der Flächendifferenz maßgeblich).

[27] *Wiecz/Sch/Gamp* Rn. 6.

[28] *T/P/Hüßtege* Rn. 2; *St/J/Roth* Rn. 17; MK/*Wöstmann* Rn. 12.

[29] BGH JurBüro 1958, 387; OLG Zweibrücken OLGR 1997, 324; LG Bayreuth JurBüro 1974, 638; OLG Bamberg JurBüro 1992, 560.

[30] KG MDR 1968, 770; aA RGZ 118, 321; *Wiecz/Sch/Gamp* Rn. 6 aE.

[31] MK/*Wöstmann* Rn. 5; *T/P/Hüßtege* Rn. 3; *Zi* Rn. 1.

[32] BGH NJW 1972, 909f.; 1975, 1415, 1416f.

[33] *St/J/Roth* Rn. 20.

[34] BGHZ 51, 341, 345 = NJW 1969, 1114; vgl. auch BGH NJW 1963, 2173.

[35] OLG Düsseldorf MDR 1999, 891; OLG Saarbrücken JurBüro 1990, 1661.

[36] BVerfG NJW-RR 2000, 946; OLG Celle NJW-RR 2001, 712; KG NJW-RR 2003, 787; OLG München KostRspr. Nr. 96 m. Anm. *Schneider;* OLG Celle KostRspr. Nr. 97 m. Anm. *Schneider;* LG Hamburg MDR 1998, 372; OLG Frankfurt JurBüro 1981, 759f.; OLG Köln KostRspr. Nr. 78 m. Anm. *Lappe.*

[37] BVerfG NJW-RR 2000, 946.

[38] BVerfG NJW-RR 2000, 946; aA eingehend *Roth,* Festschr. f. Kollhosser, 2004, Band 2, S. 559ff.

[39] Vgl. KG NJW-RR 2003, 787.

[40] KG NJW-RR 2003, 787; OLG Braunschweig NJW 1973, 1982; OLG Frankfurt NJW-RR 1996, 636; *Schneider/Herget* Rn. 341ff.; *Schneider* MDR 1984, 266.

[41] *St/J/Roth* Rn. 1; *Roth,* Festschr. f. Kollhosser, 2004, Band 2, S. 559, 564; vgl. insoweit auch OLG Celle NJW-RR 2001, 712, 713.

[42] *St/J/Roth* Rn. 1; OLG München OLGR 1994, 239; NJW-RR 1998, 142; OLG Frankfurt OLGR 1995, 238; OLG Nürnberg MDR 1995, 966; zweifelnd MK/*Wöstmann* Rn. 2.

[43] *St/J/Roth* Rn. 1; *Sae/Kayser* § 3 Rn. 2; OLG München OLGR 1994, 239, 264; NJW-RR 1998, 142, 143; MDR 1981, 501; OLG Nürnberg MDR 1995, 966.

[44] So aber KG NJW-RR 2003, 787; *Schneider/Herget* Rn. 341ff. (zu § 12 GKG aF).

GKG nichts anderes bestimmt.[45] Mangels entsprechender Bestimmung im GKG für die genannten Fälle kommt daher die Norm des § 6 unmittelbar zur Anwendung, so dass etwa bei einer Klage auf Auflassung oder Herausgabe der Wert einer (geringen) Gegenforderung bzw. eines darauf gestützten Zurückbehaltungsrechts nicht zu berücksichtigen ist.[46] Allenfalls bei einem exorbitanten Auseinanderfallen der Höhe der zu erwartenden Kosten auf der einen und dem wirtschaftlichen Interesse der beklagten Partei auf der anderen Seite kann in Anlehnung an die Entscheidung des BVerfG eine Anpassung des Streitwertes abweichend von § 6 anzunehmen sein. Dies folgt nicht zuletzt auch daraus, dass es verfassungsrechtlich nicht geboten sein kann, für jeden Einzelfall ein ohnehin bei Streitigkeiten vor Gericht zu erwartendes erhöhtes Kostenrisiko einer der Parteien im Wege einer Streitwertabsenkung zu berücksichtigen.[47] Ein solches Vorgehen ginge zu Lasten der Rechtssicherheit und widerspräche der in den §§ 3ff. zum Ausdruck kommenden Bewertungsanordnung des Gesetzgebers mit der dazu ergangenen Rechtsprechung, welche dem Klägerinteresse die maßgebliche Bedeutung beimisst.[48] Im Rahmen des **Rechtsmittelstreitwertes** ist freilich eine Berechnung anhand der geltend gemachten Beschwer vorzunehmen, weshalb etwa bei der Beschränkung auf das Gegenrecht auch nur dieses zu berücksichtigen ist.[49]

6 **2. Forderungen, Sicherstellung. a) Begriff.** Unter Sicherstellung iSd. § 6 S. 1 Alt. 2 ist jede erst noch zu leistende Sicherheit zu verstehen. Dies sind u. a. **Bürgschaft,**[50] Duldung der Zwangsvollstreckung,[51] Hinterlegung einer Sicherheit,[52] Stellung einer Kaution,[53] **Sicherungsabtretung** und -übereignung,[54] die Bewilligung einer **Vormerkung**[55] (nicht jedoch deren Löschung)[56] oder der Eintragung einer Bauhandwerkersicherungshypothek[57] sowie die Anfechtung nach dem AnfG[58] und die Insolvenzanfechtung[59]. Der **Eigentumsvorbehalt ist nicht** als Sicherung der Kaufpreisforderung anzusehen, weil er den Rückgewähranspruch sichert.[60] Damit ist insoweit bei einer Herausgabeklage gemäß § 6 S. 1 Alt. 1 auf den Verkehrswert der Sache abzustellen.[61] Auch aufschiebend bedingte (§ 158 Abs. 1 BGB) oder auflösend bedingte Forderungen (§ 158 Abs. 2 BGB) fallen unter § 6.[62] Der Streitwert einer Klage auf Abtretung einer Forderung bestimmt sich nach dem Betrag der abzutretenden Forderung.[63] § 6 findet keine Anwendung, wenn die Forderung erloschen ist.[64]

7 **b) Bewertung.** Bei Bestellung einer Sicherheit für eine Forderung ist nach S. 1 der Betrag der Forderung maßgeblich. Nebenforderungen bleiben bei der Wertberechnung unberücksichtigt, § 4 Abs. 1 Halbs. 2. Beläuft sich der Nennwert der Sicherung auf einen Geldbetrag, ist dieser zugrundezulegen.[65] Der wirtschaftliche Wert der Sicherheit selbst bleibt außer Betracht.[66] Ebenso bleiben etwaige Gegenrechte, Gegenforderungen oder Einreden für die Wertberechnung unberücksichtigt (vgl. Rn. 4f.).[67] Zur Teilbewertung vgl. Rn. 3.

8 **3. Pfandrecht.** Die Alt. 3 des § 6 S. 1 betrifft den Rechtsstreit, der um Pfandrechte geführt wird.[68] Pfandrecht iSd. Norm ist dabei jede bereits bestehende Sicherheit für eine Forderung.[69] Dazu zählen alle Grundpfandrechte gemäß §§ 1113ff. BGB, vertragliche Pfandrechte der §§ 1205ff. BGB, das Werkunternehmerpfandrecht nach § 647 BGB,[70] das Pfändungspfandrecht aus § 804 oder persönliche Zurückbehaltungsrechte iSd. § 273 BGB, § 369 HGB.[71] Die Klage kann auch auf vorzugsweise Befriedigung gemäß

---

[45] OLG München NJW-RR 1997, 142, 143; *St/J/Roth* Rn. 12.
[46] OLG Hamm BauR 2003, 132; IBR 2005, 297 (LS) m. Anm. *Wiesel;* OLG Stuttgart JurBüro 2002, 424; OLG München NJW-RR 1998, 142, 143; OLGR 1994, 239, 264; OLG Nürnberg MDR 1995, 966; OLG Frankfurt OLGR 1995, 238; *Müller* MDR 2003, 250; *St/J/Roth* Rn. 1, 12; *Roth,* Festschr. f. Kollhosser, 2004, Band 2, S. 559, 564; *T/P/Hüßtege* Rn. 2; *B/L/H* Rn. 6.
[47] Vgl. OLG Celle NJW-RR 2001, 712, 713; *St/J/Roth* Rn. 1; *Roth,* Festschr. f. Kollhosser, 2004, Band 2, S. 559ff.
[48] Vgl. insoweit OLG Celle NJW-RR 2001, 712, 713.
[49] MK/*Wöstmann* Rn. 14; *B/L/H* Rn. 6, 8; BGH NJW-RR 2004, 714; 1995, 706; vgl. auch BGH FamRZ 2005, 367, 368.
[50] *Zö/Herget* Rn. 8; MK/*Wöstmann* Rn. 15; *T/P/Hüßtege* Rn. 5; RGZ 25, 366.
[51] BGH NJW-RR 1999, 1080; WM 1982, 435.
[52] OLG Köln JurBüro 1980, 281.
[53] *St/J/Roth* Rn. 26; RGZ 31, 386, 387.
[54] BGH NJW 1959, 939; OLG Koblenz MDR 1968, 334.
[55] OLG Zweibrücken Rpfleger 1967, 2; MK/*Wöstmann* Rn. 15; aA *Anders/Gehle/Kunze* S. 56 Rn. 2.
[56] *St/J/Roth* Rn. 32; BGH WM 2002, 1899; OLG Bamberg JurBüro 1990, 1511.
[57] *St/J/Roth* Rn. 26; OLG Düsseldorf NZBau 2005, 697; LG Tübingen BauR 1984, 309.
[58] BGH WM 1982, 435; *Schneider* MDR 1983, 274.
[59] BGH KTS 1982, 449; OLG Celle ZInsO 2001, 131 m. Anm. *Jens;* aA *St/J/Roth* Rn. 27.
[60] OLG Frankfurt Rpfleger 1970, 69.
[61] *Anders/Gehle/Kunze* S. 117 Rn. 1; *St/J/Roth* Rn. 13.
[62] *Wiecz/Sch/Gamp* Rn. 10 aE.
[63] BGH NJW-RR 1997, 1562.
[64] OLG Köln MDR 1980, 1025.
[65] OLG Hamburg Rpfleger 1951, 570f. (Höchstbetragshypothek).
[66] *Wiecz/Sch/Gamp* Rn. 14.
[67] MK/*Wöstmann* Rn. 13; *St/J/Roth* Rn. 6.
[68] FG Baden-Württemberg EFG 2000, 654.
[69] *St/J/Roth* Rn. 25; MK/*Wöstmann* Rn. 15.
[70] OLG Frankfurt MDR 2003, 356.
[71] *Wiecz/Sch/Gamp* Rn. 12.

§ 805 oder auf abgesonderte Befriedigung gegen den Insolvenzverwalter gerichtet sein.[72] Ferner erfasst § 6 die **Drittwiderspruchsklage** nach § 771 (zu den Maßstäben der Bewertung Rn. 3).[73]

4. Gegenstand der Klage. Ein Streit um die Sicherstellung oder das Pfandrecht muss in Rede stehen, damit § 6 S. 1 Alt. 2, 3 Anwendung findet. Daraus folgt, dass die Klage sich nicht notwendig ihrem Antrag,[74] wohl aber dem mit ihr verfolgten Zwecke nach[75] auf die Bestellung, Erhaltung oder Aufhebung der Sicherstellung bzw. des Pfandrechts richten muss. Dabei kommen sowohl Leistungs- als auch Feststellungsklagen[76] in Betracht.[77] Bei der Löschungsklage ist grundsätzlich der eingetragene Nennwert des Grundpfandrechts entscheidend.[78] Abweichend von § 6 stellt die Gegenansicht[79] gleichermaßen wie bei der Geltendmachung von Gegenrechten bei der Eigentumsklage (Rn. 4 f.) auf die konkreten Parteiinteressen ab und hält die Höhe der Valutierung und das Löschungsinteresse des Klägers für maßgeblich oder setzt den Streitwert pauschal auf 20 % des restlichen Nominalwertes des Grundpfandrechts fest, sofern der Kläger nicht weitere Nachteile vorträgt.[80] Zu beachten ist die von § 6 S. 2 angeordnete Obergrenze des Wertes des Sicherungsgegenstandes, wenn dieser einen geringeren Betrag als die Forderung aufweist. Nicht unter die Bewertung nach § 6 fallen Anträge auf einstweiligen Rechtsschutz; diese sind nach § 3 Halbs. 1 zu beurteilen.[81] Der Streit um die Forderung selbst richtet sich unabhängig von einem etwaigen Sicherungsmittel nach ihrem Nennbetrag.[82] 9

7 *Grunddienstbarkeit* Der Wert einer Grunddienstbarkeit wird durch den Wert, den sie für das herrschende Grundstück hat, und wenn der Betrag, um den sich der Wert des dienenden Grundstücks durch die Dienstbarkeit mindert, größer ist, durch diesen Betrag bestimmt.

I. Normzweck

Unabhängig davon, ob der Eigentümer des dienenden, des herrschenden Grundstücks oder ein Dritter klagende Partei ist, stellt der normative Streitwert dieser Vorschrift nicht auf den Wert des Begehrens des Klägers ab. Vielmehr ist der Wert der Grunddienstbarkeit für das herrschende Grundstück maßgeblich. Nur wenn die Wertminderung des dienenden Grundstücks einen höheren Betrag aufweist, ist auf diesen abzustellen. Die Regelung weicht damit von der grundsätzlichen Orientierung an Mittelwerten ab[1] und bezweckt eine Vereinfachung und Vereinheitlichung, indem unabhängig von der Parteirolle der höhere Wert entscheidend ist.[2] 1

II. Anwendungsbereich

1. Streitgegenstand. a) Grunddienstbarkeit. Nach dem Wortlaut der Vorschrift muss eine Grunddienstbarkeit streitgegenständlich sein. Damit sind zumindest Grunddienstbarkeiten iSd. §§ 1018 ff. BGB erfasst. Um solche handelt es sich, wenn der Eigentümer eines (dienenden) Grundstücks einzelne Benutzungen seines Grundstücks dulden muss, einzelne tatsächliche Handlungen auf seinem Grundstück nicht vornehmen oder aus dem Eigentum fließende Rechte nicht ausüben darf. Berechtigter der Grunddienstbarkeit ist dabei der Eigentümer eines anderen, nicht notwendig angrenzenden (herrschenden) Grundstücks, welchem die Gebrauchswerteinschränkung des dienenden Grundstücks dienstbar gemacht wird.[3] 2

b) Sonstige subjektiv-dingliche Rechte. Der Anwendungsbereich der Norm erfasst auf Grund der weiten prozessualen Ausrichtung über den Begriff der Grunddienstbarkeit des BGB hinaus auch sonstige subjektiv-dinglichen Rechte, die zu einer Wertverschiebung zwischen einem dienenden und einem herrschenden Grundstück führen.[4] Im Einzelnen sind zu nennen: Überbau gemäß § 912 Abs. 1 BGB,[5] Notweg nach § 917 Abs. 1 S. 1 BGB,[6] Grenzrechte iSd. §§ 920 ff. BGB,[7] subjektiv-dingliche Reallasten § 1105 Abs. 2 BGB,[8] rein dingliche Nachbarrechte[9] wie zB Licht- oder Fensterrechte,[10] Fischereirechte[11] und solche 3

[72] *Wiecz/Sch/Gamp* Rn. 11 aE.
[73] BGH KostRspr. Nr. 105; OLG München JurBüro 1989, 848.
[74] *Wiecz/Sch/Gamp* Rn. 11.
[75] MK/*Wöstmann* Rn. 16; vgl. OLG Frankfurt MDR 2003, 356 (Werkunternehmerpfandrecht).
[76] RGZ 25, 366.
[77] *Wiecz/Sch/Gamp* Rn. 15.
[78] OLG Düsseldorf MDR 1999, 506, 507; OLG Saarbrücken MDR 2001, 897; OLG Frankfurt JurBüro 1977, 720; OLG Celle OLGR 1994, 111; KGR 2000, 378; *Roth*, Festschr. f. Kollhosser, 2004, Band 2, S. 559, 564 ff.
[79] *Zö/Herget* § 3 Rn. 16 „Löschung"; OLG Hamburg MDR 1975, 846; OLG Köln JMBlNRW 1995, 118.
[80] OLG Celle MDR 2005, 1196, 1197; NJW-RR 2001, 712.
[81] MK/*Wöstmann* Rn. 16; *St/J/Roth* Rn. 15, 32.
[82] *Zö/Herget* Rn. 8; *St/J/Roth* Rn. 33.
[1] *Wiecz/Sch/Gamp* Rn. 3.
[2] MK/*Wöstmann* Rn. 1; *St/J/Roth* Rn. 1.
[3] MK/*Wöstmann* Rn. 3 f.; *St/J/Roth* Rn. 3.
[4] *St/J/Roth* Rn. 3.
[5] *St/J/Roth* Rn. 5; MK/*Wöstmann* Rn. 3; LG Bonn AnwBl. 1962, 153; aA LG Düsseldorf NJW 1963, 2178.
[6] OLG Jena JurBüro 1999, 196; OLG Köln JurBüro 1991, 1386; LG Stuttgart Rpfleger 1959, 393; 1964, 163.
[7] *Wiecz/Sch/Gamp* Rn. 5; aA *Anders/Gehle/Kunze* S. 180 „Grenzklagen".
[8] *St/J/Roth* Rn. 5.
[9] RGZ 3, 381, 384.
[10] RGZ 67, 81; BGH Rpfleger 1959, 112; OLG Schleswig Rpfleger 1957, 2.
[11] *Anders/Gehle/Kunze* S. 181 Rn. 6; KG OLGZ 75, 138.

Rechte, die gemäß Art. 184 EGBGB weiterhin beachtlich sind.[12] Auf die Eintragung kommt es nicht an, Art. 187 Abs. 1 S. 1 EGBGB, wenn die Grunddienstbarkeit bereits in dem Zeitpunkt bestand, indem das Grundbuch als angelegt anzusehen war.[13]

4 c) **Grenzen. Nicht** unter § 7 fallen persönliche Rechte, die keinen subjektiv-dinglichen Charakter haben, also der Nießbrauch gemäß §§ 1030ff. BGB, die beschränkte persönliche Dienstbarkeit nach §§ 1090 Abs. 1,[14] 1093 Abs. 1 BGB, das subjektiv-persönliche dingliche Vorkaufsrecht (§ 1094 Abs. 1. BGB),[15] die subjektiv-persönliche Reallast iSd. §§ 1105 Abs. 1,[16] 1106 BGB und auch nicht die Grundpfandrechte gemäß §§ 1113ff. BGB.[17] § 7 ist ebenfalls nicht anwendbar, wenn die Beseitigung oder Unterlassung des Überbaus geltend gemacht wird. Insofern ist dann nach § 3 Halbs. 1 das klägerische Interesse an der Beseitigung bzw. Unterlassung zu schätzen (vgl. § 3 Rn. 36 „Überbau"). [18] Etwas anderes gilt jedoch dann, wenn der Beklagte eine Berechtigung zum Überbau aus einer Grunddienstbarkeit beansprucht; es kommt § 7 zur Anwendung.[19]

5 **2. Klagen** auf Bestellung oder Löschung[20] des subjektiv-dinglichen Rechts (Leistungsklagen) sowie solche auf Feststellung des Bestehens oder Nichtbestehens oder ihres Umfangs fallen unter § 7. Ferner gehören dazu Klagen zur Abwehr von Beeinträchtigungen gemäß § 1027 BGB,[21] sofern sie nicht auf die Beseitigung einzelner Störungen gerichtet sind. Steht der Bestand und der Umfang der Grunddienstbarkeit selbst nicht im Streit, sind Klagen hinsichtlich der Störung der Ausübung der Rechte aus der Grunddienstbarkeit nach § 3 Halbs. 1 zu bewerten. Im Übrigen sind vom Anwendungsbereich der Norm Verfahren des einstweiligen Rechtsschutzes[22] und Abwehrklagen aus § 1004 BGB – soweit die Störung nicht in der Ausübung einer angemaßten Grunddienstbarkeit besteht[23] – ausgenommen.

III. Wertberechnung

6 Die wirtschaftlichen bzw. normativen Werte sind für das herrschende ebenso wie für das dienende Grundstück durch Schätzung nach § 3 Halbs. 1 zu ermitteln.[24] Dabei ist der Zeitpunkt der Antragstellung gemäß § 4 Abs. 1 Halbs. 1 (Klageerhebung oder Einreichung des Rechtsmittels) zu Grunde zu legen.[25] Insofern können Beseitigungskosten,[26] die Höhe zu entrichtender Überbau- oder Notwegrenten[27] oder sonstige Aufwendungen zu berücksichtigen sein, wobei die Grundstückswerte regelmäßig als oberste Grenze anzusehen sind.[28] Der Streitwert der Klage auf Einräumung eines Notwegrechtes wird durch die damit bewirkte Wertsteigerung des herrschenden Grundstücks bestimmt.[29] Die Wertberechnung nach § 7 gilt dabei für die Ermittlung des Zuständigkeits-, Bagatell-, Verurteilungs- und Gebührenstreitwerts (§ 48 Abs. 1 S. 1 GKG).[30] Für die Ermittlung des Rechtsmittelstreitwertes ist die Norm dagegen nicht anwendbar;[31] maßgeblich ist allein das Interesse des Rechtsmittelführers soweit er eine Abänderung der ihn beschwerenden Entscheidung begehrt (vgl. § 3 Rn. 24 „Berufung").[32] Insofern ist etwa bei der Anfechtung der Verurteilung zur Bestellung einer Dienstbarkeit der Beschwerdewert anhand der Wertminderung des dienenden Grundstücks zu bestimmen.[33]

8 *Pacht- oder Mietverhältnis* **Ist das Bestehen oder die Dauer eines Pacht- oder Mietverhältnisses streitig, so ist der Betrag der auf die gesamte streitige Zeit entfallenden Pacht oder Miete und, wenn der 25fache Betrag des einjährigen Entgelts geringer ist, dieser Betrag für die Wertberechnung entscheidend.**

---

12 *Wiecz/Sch/Gamp* Rn. 5; *St/J/Roth* Rn. 5.
13 *Palandt/Bassenge* Art. 187 EGBGB Rn. 1; *Wiecz/Sch/Gamp* Rn. 5 aE.
14 *Zö/Herget* Rn. 5; *Wiecz/Sch/Gamp* Rn. 6.
15 *Wiecz/Sch/Gamp* Rn. 6; *St/J/Roth* Rn. 6.
16 *Zö/Herget* Rn. 5; *Wiecz/Sch/Gamp* Rn. 6.
17 *Wiecz/Sch/Gamp* Rn. 6.
18 *T/P/Hüßtege* § 3 Rn. 145; *Zö/Herget* § 3 Rn. 16 „Überbau"; BGH NJW-RR 1986, 737; OLG München OLGR 1997, 140.
19 *St/J/Roth* Rn. 5; *Schneider* KostRspr. Nr. 2; *Zö/Herget* § 3 Rn. 16 „Überbau"; aA MK/*Wöstmann* Rn. 7; *Zi* Rn. 1; BGH NJW-RR 1986, 737.
20 OLG Celle OLGR 2006, 534f.
21 *St/J/Roth* Rn. 7.
22 MK/*Wöstmann* Rn. 8; *St/J/Roth* Rn. 8.
23 *Zö/Herget* Rn. 3; *St/J/Roth* Rn. 7.
24 LG Bayreuth JurBüro 1980, 930; *T/P/Hüßtege* Rn. 1; *B/L/H* Rn. 4.
25 OLG Köln OLGR 1999, 246; *Zö/Herget* Rn. 4.
26 *B/L/H* Rn. 4; *Zö/Herget* Rn. 4.
27 MK/*Wöstmann* Rn. 9.
28 *Anders/Gehle/Kunze* S. 182 Rn. 10; *Hillach/Rohs* S. 215.
29 OLG Jena JurBüro 1999, 196.
30 *St/J/Roth* Rn. 2; MK/*Wöstmann* Rn. 2.
31 *Zö/Herget* Rn. 4; *St/J/Roth* Rn. 9; MK/*Wöstmann* Rn. 2.
32 BGHZ 23, 205.
33 BGH VIZ 2004, 134; NJW-RR 1994, 1145.

I. Normzweck

1 Wegen § 29 und § 23 Nr. 2a GVG ist der normative Streitwert des § 8 eines wesentlichen Anwendungsbereichs enthoben. Soweit die Norm jedoch eingreift, dient sie der Rechtssicherheit[1] durch Vereinfachung und Vereinheitlichung[2] der Bestimmung des Zuständigkeits-[3] und des Rechtsmittelwertes.[4] Die auf Grund des Mietrechtsreformgesetzes[5] ausgetauschten Begriffe „Mietzins" und „Pachtzins" durch die Bezeichnungen „Miete" und „Pacht" bzw. „Entgelt" bezweckten dabei lediglich eine Modernisierung der Gesetzessprache, bleiben aber in der Interpretation unverändert.[6]

II. Anwendungsbereich

2 **1. Miet- oder Pachtverhältnisse**[7] nach § 8 sind Verträge, welche die Gebrauchsüberlassung beweglicher oder unbeweglicher Sachen oder Sachteile gegen Entgelt iSd. §§ 535 ff., 581 ff. BGB zum Gegenstand haben.[8] Dazu gehören auch Untermiet-, Unterpacht-, Jagdpacht[9] – und Unternehmenspachtverträge.[10] Für Streitigkeiten über Ansprüche aus einem Mietverhältnis über Wohnraum oder über den Bestand eines solchen Mietverhältnisses gilt jedoch die wertunabhängige ausschließliche sachliche Zuständigkeit des Amtsgerichts, § 23 Nr. 2a GVG. § 8 ist lex specialis gegenüber den §§ 3 und 6.[11] Im Falle von Klagen, die sich auf Herausgabe sowohl aus dem Eigentum gemäß § 985 BGB als auch aus Miet- oder Pachtvertrag stützen, ist die Norm daher anzuwenden,[12] unabhängig davon, ob der Kläger seine Klage ausdrücklich auf miet- oder pachtrechtliche Gründe stützt oder sich dies nur aus dem Tatsachenvortrag ergibt.[13] Dementsprechend ist § 8 auch bei auf das Eigentum gestützten Herausgabeklagen heranzuziehen, denen ein Miet- oder Pachtverhältnis entgegengehalten wird, dessen Bestehen oder Dauer streitig ist.[14] Für auf **Lebenszeit** geschlossene Verträge greift jedoch § 9 ein.[15] Bei gemischttypischen Verträgen ist darauf abzustellen, ob das Leitbild von Miete oder Pacht im Vordergrund steht.[16] Stellt die entgeltliche Gebrauchsüberlassung den wesentlichen Vertragsinhalt dar, ist § 8 anzuwenden; zB bei Leasingverträgen,[17] Beherbergungsverträgen,[18] Campingverträgen, beim Filmverleih[19] oder bei nach dem Recht der ehemaligen DDR geschlossenen Nutzungsverträgen.[20] Über den Bereich der Verträge der §§ 535 ff., 581 ff. BGB hinaus wird die Vorschrift für ähnliche Nutzungsverhältnisse nach der hM nicht, auch nicht analog, angewendet.[21] Darunter werden etwa Werk- und Dienstverträge, Leihe,[22] Nießbrauch,[23] dingliche Wohnrechte (§ 1093 BGB, Art. 115 EGBGB), Erbbauwohnrechte, Wärmelieferungsverträge[24] und Ansprüche aus Wohnungseigentum gefasst. Dies gilt weiter auch für ein altrechtliches Ausbeutungsrecht.[25] Entgegen dieser engen Auslegung ist jedoch im Interesse der mit dem normativen Streitwert des § 8 verfolgten Ziele Rechtssicherheit, Rechtsklarheit und Vereinfachung (vgl. Rn. 1) eine Anwendung auch für miet- bzw. pachtrechtsähnliche Rechtsverhältnisse geboten, soweit eine Gebrauchsüberlassung gegen Entgelt im Vordergrund steht.[26] Dafür spricht auch die überwiegende Meinung,[27] welche eine Anwendung für gemischttypische Verträge bejaht; deren Typik ist jedoch einem Miet- bzw. Pachtvertrag iSd. § 8 ebenfalls nur ähnlich.

---

[1] BVerfG MietR 1996, 54; BGH NJW-RR 1999, 1532.
[2] *St/J/Roth* Rn. 1; MK/*Wöstmann* Rn. 1.
[3] *St/J/Roth* Rn. 1; OLG Düsseldorf FGPrax 2000, 189.
[4] BVerfG NZM 2006, 578; BGH NZM 2007, 355; NJW-RR 1994, 256; *Schneider* NZM 2007, 512; im Hinblick auf die Nichtzulassungsbeschwerde ist bis 31. 12. 2011 die Vorschrift des § 26 Nr. 8 EGZPO zu beachten.
[5] Gesetz zur Neugliederung, Vereinfachung und Reform des Mietrechts vom 19. 6. 2001 (BGBl. I S. 1149).
[6] *Palandt/Weidenkaff* Einf v § 535 Rn. 77a; MK/*Wöstmann* Rn. 1; LG Rostock NZM 2002, 857.
[7] BGH NZM 2000, 1227.
[8] *Wiecz/Sch/Gamp* Rn. 5.
[9] BGH NJW 1962, 446; *St/J/Roth* Rn. 2.
[10] BGH NJW 1952, 821; OLG Kiel HRR 1933, 1242.
[11] MK/*Wöstmann* Rn. 4; *Anders/Gehle/Kunze* S. 219 Rn. 2; *B/L/H* Rn. 1; *St/J/Roth* Rn. 1.
[12] BGH NJW 1953, 384.
[13] BGH WM 1991, 1616; NJW 1952, 1052, 1056; MDR 1955, 731; OLG Celle NdsRpfl. 1952, 1056; aA AG Lübeck JurBüro 1960, 219.
[14] BGH NZM 2005, 157; BGHReport 2003, 757.
[15] BGH NJW 1966, 778, 779.
[16] *St/J/Roth* Rn. 2; MK/*Wöstmann* Rn. 5; BGH WM 1996, 1064, 1065.
[17] OLG Frankfurt JurBüro 1977, 1748.
[18] *Anders/Gehle/Kunze* S. 220 Rn. 7; *St/J/Roth* Rn. 3.
[19] *Anders/Gehle/Kunze* S. 220 Rn. 7; *St/J/Roth* Rn. 3.
[20] BGH NZM 2005, 157 m. weit. Nachw.
[21] *T/P/Hüßtege* Rn. 2; *Zö/Herget* Rn. 3; MK/*Wöstmann* Rn. 5; *Anders/Gehle/Kunze* S. 220 Rn. 4; *Wiecz/Sch/Gamp* Rn. 6; *St/J/Roth* Rn. 2; BGH NZM 1999, 189; BayObLG JurBüro 1995, 27.
[22] *T/P/Hüßtege* Rn. 2; *St/J/Roth* Rn. 2.
[23] OLG Schleswig SchlHA 1986, 46.
[24] BGH NJW-RR 1989, 381.
[25] BayObLG JurBüro 1995, 27.
[26] Ähnlich *St/J/Roth* Rn. 2; *B/L/H* Rn. 3; MK/*Wöstmann* Rn. 5; BayObLG JurBüro 1995, 27; offen gelassen von BGH NZM 1999, 189.
[27] *T/P/Hüßtege* Rn. 2; *Zö/Herget* Rn. 3; MK/*Wöstmann* Rn. 5; *Anders/Gehle/Kunze* S. 220 Rn. 4; *Wiecz/Sch/Gamp* Rn. 6; *St/J/Roth* Rn. 2; BayObLG JurBüro 1995, 27.

3 **2. Streitgegenstand.** Gemäß § 8 muss der **Bestand oder die Dauer** eines der in Rn. 2 bezeichneten Verträge im Streit sein.[28] Dabei reicht es regelmäßig aus, wenn diesem Tatbestandsmerkmal im Rechtsstreit präjudizielle Bedeutung zukommt (vgl. § 3 Rn. 31 „Mietstreitigkeiten"). Die Norm ist damit auch dann anwendbar, wenn unabhängig vom konkreten Klageantrag das Bestehen oder die Dauer zum Gegenstand des Streits wird,[29] etwa auf die Einlassung des Beklagten hin.[30] Dazu gehört weiter die Herausgabe des Mietobjekts (zB Räumungsklage) nach vorheriger Kündigung, wenn deren Wirksamkeit an sich oder der Zeitpunkt ihres Wirksamwerdens streitig ist.[31] Ferner ist auch die Klage auf Verlängerung des Miet- oder Pachtverhältnisses nach §§ 574a ff., 576a, 581 Abs. 2 BGB erfasst.[32] Dabei ist unbeachtlich, ob eine **Leistungsklage** erhoben wird oder eine **positive oder negative Feststellungsklage,** bei welcher nicht der sonst übliche Abschlag vorzunehmen ist.[33] **Nicht** vom Anwendungsbereich der Vorschrift erfasst sind **Klagen auf Leistung des (auch künftigen) Entgelts** und zwar unabhängig davon, ob letztlich nur der Bestand des Mietvertrages streitig ist.[34] Für diese Klagen ist § 9 heranzuziehen.[35] Das ist auch der Fall, wenn nur die Höhe des vereinbarten Entgelts im Streit steht, ebenso, wenn bei unstreitigem Grundverhältnis und unstreitiger Beendigung auf Herausgabe der Mietsache oder wenn auf Vornahme der Instandhaltung des Miet- oder Pachtobjekts geklagt wird.[36] Für die Klage auf Abschluss eines Mietvertrages kommt § 3 Halbs. 1 zur Anwendung; es ist das Interesse am Zustandekommen zu schätzen. Vgl. im Übrigen § 3 Rn. 31 „Mietstreitigkeiten".

4 **3. Parteien** eines Rechtsstreits iSd. § 8 sind die Parteien des (auch nur vermeintlichen)[37] Miet- bzw. Pachtvertrages. Dazu gehören Vermieter und Mieter, Verpächter und Pächter ebenso wie die Parteien eines entsprechenden Untermiet- oder Unterpachtverhältnisses. Ferner ist für Streitigkeiten zwischen dem Hauptvermieter und dem Untermieter oder etwa Miet- und Pachtbürgen[38] § 8 maßgeblich, weil auch insoweit der Bestand des Miet- bzw. Pachtvertrages zumindest präjudizielle Wirkung entfaltet. Im Übrigen ist die Vorschrift nicht auf Prozesse zwischen Vermietern oder Streitigkeiten unter Mietern[39] sowie gegenüber Dritten anwendbar.[40]

III. Bewertungsmaßstäbe

5 Die für den Zeitraum, in dem der Bestand des Vertrages streitig ist,[41] zu entrichtende Miete oder Pacht bzw. das Nutzungsentgelt bilden den erheblichen Streitwert. Dabei ist zunächst die vertraglich vereinbarte Entgelthöhe maßgeblich. Soweit eine solche Vereinbarung nicht erkennbar oder streitig ist, kommt das – unter Vermeidung einseitiger Berücksichtigung nur einer Vertragspartei – nach objektivem Maßstab zu ermittelnde Entgelt in Ansatz.[42] Das **Mietentgelt** ist nunmehr nach § 41 Abs. 1 S. 1 GKG bestimmt und umfasst abweichend von früheren Auffassungen[43] auch die Nebenkosten soweit sie als Pauschale vereinbart sind und nicht gesondert abgerechnet werden.[44] Das von der Vorschrift in Bezug genommene Nettogrundentgelt ist die Mietsumme oder geldeswerte Gegenleistung des Mieters für den vertragsgemäßen Gebrauch der Mietsache;[45] obgleich des entgegenstehenden Wortlauts von § 41 Abs. 1 S. 2 GKG einschließlich vereinbarter Umsatzsteuer.[46] Bei wechselnder Höhe des Entgelts sind die höchsten Beträge dann ausschlaggebend, wenn sie für den streitigen Zeitraum zu zahlen wären.[47] **Streitiger Zeitraum** ist regelmäßig derjenige, der mit der Klageerhebung beginnt,[48] es sei denn, das behauptete Wirksamwerden der Kündigung liegt danach, dann ist dieser Zeitpunkt maßgeblich.[49] Die streitige Zeit endet grundsätzlich mit regulärem

---

[28] *Wiecz/Sch/Gamp* Rn. 7; *T/P/Hüßtege* Rn. 3; *B/L/H* Rn. 2.

[29] *St/J/Roth* Rn. 4; BGH NZM 2000, 1227; MK/*Wöstmann* Rn. 7.

[30] BGH NJW-RR 1999, 1531; NZM 2005, 157; BGHReport 2003, 757; BGHZ 48, 177, 179; MK/*Wöstmann* Rn. 10; *St/J/Roth* Rn. 4.

[31] BGH NJW-RR 1992, 1359; 2000, 1739; WuM 2005, 525, 526; OLG Bamberg JurBüro 1988, 516; LG Wiesbaden WuM 2000, 617.

[32] *Wiecz/Sch/Gamp* Rn. 9.

[33] MK/*Wöstmann* Rn. 11; BGH NZM 1999, 21; NJW 1958, 1291; OLG Düsseldorf JurBüro 1988, 227.

[34] MK/*Wöstmann* Rn. 7; BGH NJW-RR 2002, 1233; OLG Stuttgart NJW-RR 1997, 1303.

[35] *St/J/Roth* Rn. 4; *Zö/Herget* Rn. 4.

[36] RG JW 1927, 1931; BGH NJW-RR 1995, 781; OLG Karlsruhe WuM 1994, 338, 339; *Meyer* JurBüro 2001, 351.

[37] *St/J/Roth* Rn. 8; *T/P/Hüßtege* Rn. 3.

[38] *Wiecz/Sch/Gamp* Rn. 10; aA *St/J/Roth* Rn. 9.

[39] BGH LM Nr. 6.

[40] BGH LM § 256 Nr. 25; *Wiecz/Sch/Gamp* Rn. 11.

[41] BGH NZM 1999, 21.

[42] *Anders/Gehle/Kunze* S. 221 Rn. 9; MK/*Wöstmann* Rn. 13; *Zö/Herget* Rn. 6; BGH WM 1996, 1064; NJW-RR 1997, 648.

[43] Nur Nettomiete: BGH NJW-RR 1999, 1385, 1386; OLG Celle NJW 2003, 367; OLG Bamberg OLGR 2000, 165; OLG Köln WuM 2001, 33; LG Rostock NJW-RR 2002, 1523 m. weit. Nachw.; LG Dortmund NZM 2001, 986; Bruttomiete: KG NJW-RR 2001, 443; OLG Düsseldorf ZMR 1998, 692; OLG Hamm MDR 2001, 1377; ZMR 1995, 359; LG Paderborn MDR 2003, 56; Nettomiete zzgl. verbrauchsunabhängige Nebenkosten: BGHZ 18, 168; OLG Düsseldorf WuM 2000, 617; OLG München ZMR 1999, 172; OLG Dresden ZMR 1997, 527.

[44] LG Krefeld, WuM 2005, 263; kritisch Lappe NJW 2004, 2411.

[45] *Palandt/Weidenkaff* § 535 Rn. 71; BGH NJW 2002, 3322.

[46] *Lappe* NJW 2006, 270, 271; KGR 2005, 775.

[47] MK/*Wöstmann* Rn. 15.

[48] BGH NJW-RR 1999, 1385; 1992, 1359; MDR 1955, 731.

[49] BGH NJW-RR 2005, 867.

Ablauf des Vertrages. Dabei ist bei bestimmter Laufzeit das Ende dieser und bei unbestimmter Vertragsdauer der Zeitpunkt der frühest möglichen Kündigung maßgeblich. Macht der Nutzungsberechtigte das Kündigungsrecht einschränkende Schutzregelungen geltend, die ihm ein Recht zur weiteren Nutzung einräumen, endet der nach § 8 maßgebliche Zeitraum zu dem Zeitpunkt, den er als den für ihn günstigsten Beendigungszeitpunkt des Nutzungsvertrages in Anspruch nimmt.[50] Ist jedoch dieser Zeitpunkt der Beendigung des Nutzungsrechts ungewiss, etwa weil er einen solchen Zeitpunkt nicht benennt oder er sich auf einen auf Lebenszeit geschlossenen Vertrag beruft, ist zur Bestimmung der „streitigen Zeit" § 9 entsprechend heranzuziehen.[51] Wird nach dem Klageantrag die Feststellung begehrt, dass das Vertragsverhältnis für einen bestimmten Zeitraum besteht bzw. nicht besteht oder bestand bzw. nicht bestand, ist auf diesen behaupteten Zeitrahmen abzustellen.[52] Bei der Klage auf Verlängerung des Mietverhältnisses kommt es auf den begehrten Zeitraum an.[53] Soweit die streitige Zeit iSd. § 8 genau bestimmt und damit der Betrag der auf diese Zeit entfallenden Miete oder Pacht berechnet werden kann, wird als Höchstbetrag für die Wertberechnung das 25fache Jahresentgelt bestimmt.[54]

IV. Gebührenstreitwert

Die Vorschrift greift für den Gebührenstreitwert nicht ein; vielmehr ist allein § 41 GKG[55] einschlägig. 6
Dabei erfasst § 41 GKG, im Gegensatz zur engen Interpretation des § 8 durch die herrschende Meinung (Rn. 2), auch ähnliche Nutzungsverhältnisse wie zB die Leihe.[56] Die Vorschrift kommt weiter zur Anwendung, wenn ein Dauerwohnrecht nach §§ 31 ff. WEG,[57] ein dingliches Wohnrecht iSd. § 1093 BGB,[58] ein Jagdpachtvertrag,[59] ein Leihvertrag[60] oder Leasing[61] in Rede stehen. Nießbrauch[62] oder ein Vertrag über das Aufstellen von Automaten werden dagegen nicht als „ähnliche Nutzungsverhältnisse" erfasst.[63] Weiter kann § 41 GKG auch nicht für die Bestimmung der Rechtsmittelbeschwer herangezogen werden; insoweit gilt § 8.[64] Im Übrigen ist zur Interpretation von § 41 GKG auf die Grundsätze bei § 8 zurückzugreifen.[65] Vgl. ferner § 3 Rn. 31 „Mietstreitigkeiten".

9

Wiederkehrende Nutzungen oder Leistungen **[1]Der Wert des Rechts auf wiederkehrende Nutzungen oder Leistungen wird nach dem dreieinhalbfachen Wert des einjährigen Bezuges berechnet. [2]Bei bestimmter Dauer des Bezugsrechts ist der Gesamtbetrag der künftigen Bezüge maßgebend, wenn er der geringere ist.**

I. Normzweck

§ 9 dient als normative Streitwertregel (§ 3 Rn. 2 ff.) der Rechtssicherheit durch Vereinfachung, Vereinheitlichung und dem gerechten Ausgleich der Parteiinteressen.[1] Dabei wurde durch das Rechtspflegeentlastungsgesetz[2] eine Absenkung der ursprünglich viel längeren Bewertungszeiträume auf den höchstens dreieinhalbfachen Jahresbetrag vorgenommen und damit eine Entlastung der Landgerichte und Oberlandesgerichte bewirkt.[3] 1

II. Anwendungsbereich

Die Norm findet grundsätzlich nicht nur im Hinblick auf die Zuständigkeit, sondern auf alle Streitwert- 2
arten[4] Anwendung. Für den Zuständigkeitsstreitwert gilt die Norm jedoch nur, wenn nicht streitwertunabhängig § 23 Nr. 2 GVG eingreift oder eine ausschließliche Zuständigkeit einschlägig ist. Einschränkungen ergeben sich ebenfalls für den Gebührenstreitwert insoweit, als die Sonderregeln der §§ 41 Abs. 5, 42, 49, 53 Abs. 2 GKG zu beachten sind. In den übrigen Fällen ist § 9 wegen § 48 Abs. 1 S. 1 GKG auch für die Be-

---

[50] BGH NZM 2004, 460; 2005, 677; WuM 2005, 350; NJW-RR 1996, 316; 1999, 1531; 1992, 1359.
[51] BGH WuM 2004, 353; 1999, 189; 2005, 350; NJW-RR 2005, 867; NJW-RR 1996, 316; kritisch dazu *Lappe* NJW 2006, 270, 271.
[52] BGH NZM 1999, 21; MDR 1955, 731; NJW 1958, 1291.
[53] MK/*Wöstmann* Rn. 19; BGH NJW-RR 1992, 1359, 1362.
[54] BGH NJW-RR 2005, 867; 1992, 1359; 2000, 1739.
[55] BGH ZfIR 2006, 348 (LS).
[56] MK/*Wöstmann* Rn. 27; OLG Köln NJWE-MietR 1997, 273.
[57] OLG Stuttgart Rpfleger 1964, 130; OLG Braunschweig OLGR 1999, 231.
[58] BVerfG AnwBl. 1996, 643; BGH NZM 2000, 1227; OLG München ZMR 1999, 173.
[59] LG Saarbrücken JurBüro 1991, 582.
[60] OLG Köln NJWE-MietR 1997, 273.
[61] BGH KostRspr. GKG § 16 Nr. 57; OLG Celle MDR 1993, 1020.
[62] *St/J/Roth* § 8 Rn. 21; OLG Schleswig SchlHA 1986, 46; aA OLG Köln KostRspr. GKG § 16 Nr. 16; *Zö/Herget* § 3 Rn. 16.
[63] *St/J/Roth* § 8 Rn. 22; OLG Koblenz JurBüro 1980, 1861 f.
[64] *Zö/Herget* Rn. 1; *St/J/Roth* Rn. 20; BVerfG AnwBl. 1996, 643; aA LG Berlin MDR 1985, 1034.
[65] *St/J/Roth* Rn. 22.
[1] MK/*Wöstmann* Rn. 1; *St/J/Roth* Rn. 1.
[2] Gesetz zur Entlastung der Rechtspflege v. 11. 1. 1993 (BGBl. I S. 50).
[3] *St/J/Roth* Rn. 1.
[4] BGH JurBüro 2004, 207 (Rechtsmittelstreitwert).

rechnung der Gerichtsgebühren und über § 23 Abs. 1 S. 1 RVG für die Rechtsanwaltsgebühren maßgebend.

III. Wiederkehrende Nutzungen und Leistungen

3 **1. Nutzungen und Leistungen.** Die Vorschrift erfasst Nutzungen gemäß § 100 BGB, also die Früchte einer Sache oder eines Rechts sowie die Vorteile, die der Gebrauch der Sache oder des Rechts gewährt, und Leistungen iSd. §§ 241 ff. BGB. Dabei müssen die Nutzungen oder Leistungen wiederkehrender Art sein. Wiederkehrend iSd. Regelung sind diese Rechte dann, wenn sie auf einem einheitlichen Rechtsverhältnis beruhend in regelmäßigen oder unregelmäßigen Abständen in gleichmäßigem bzw. nahezu gleichmäßigem Umfang verlangt werden können.[5] § 9 ist deshalb nicht auf Einzelnutzungen oder -leistungen bzw. bei in Raten zu erbringenden Einzelleistungen[6] anwendbar.[7] Unter § 9 fallen geschuldete Leistungen aus Miete und Pacht (auch wegen künftiger Zahlungen oder Entgelterhöhungen, vgl. aber § 3 Rn. 31 „Mietstreitigkeiten"),[8] Darlehen, Dienstvertrag und Erbbaurechten.[9] Ferner erfasst die Norm Renten,[10] Reallasten,[11] Altenteilverträge,[12] Leibgedinge,[13] laufende Versicherungsleistungen,[14] Krankenversicherungsverträge,[15] Versicherungsverträge wegen Kfz-Haftpflicht,[16] Schadensrenten aller Art,[17] die Verpflichtung der Beitragszahlung zu Lebensversicherungen,[18] Ansprüche aus einer Berufsunfähigkeitsversicherung,[19] Stromeinspeisungsverträge,[20] Notweg- und Überbaurenten,[21] Ansprüche auf zukünftige Beitragsbefreiung[22] und schließlich Unterhaltspflichten,[23] wobei insofern auch der Ersatzanspruch gegen einen Rechtsanwalt auf Zahlung einer Unterhaltsrente wegen versäumter Durchsetzung der entsprechenden Forderung gegen den Unterhaltspflichtigen erfasst wird.[24] Der Streitwert einer Klage des Vermieters auf **Duldung von Instandhaltungsmaßnahmen**[25] ist wie eine Klage des Mieters auf Wiederherstellung des vertragsmäßigen Zustandes der Mietsache[26] ebenfalls gemäß § 9 nach dem dreieinhalbfachen Jahresbetrag einer gedachten möglichen Mietminderung zu bestimmen.[27] Um eine unangemessene Bewertung bei Bezugsrechten kürzerer Laufzeit zu vermeiden, ist § 9 einschränkend dahin auszulegen, dass der Bezug des Rechts zumindest dreieinhalb Jahre dauert bzw. – bei unbestimmter Laufzeit – dauern kann; ist der Zeitrahmen kleiner, ist nach § 3 Halbs. 1 zu bewerten.[28] Weiter darf es sich nicht um ein ununterbrochen fortdauerndes Recht handeln, weil diesen der von § 9 vorausgesetzte periodische Leistungsbezug fehlt.[29] Beispiele hierfür sind Nießbrauch,[30] Wohnrechte,[31] Jagd- und Fischereirechte. Die Bewertung richtet sich dann ebenfalls nach § 3 Halbs. 1. Letztendlich müssen die Ansprüche des Klägers auf künftige Leistung gerichtet sein; soweit er wegen bereits fälliger Ansprüche klagt, kommt § 9 nicht zur Anwendung; maßgeblich ist dann der geforderte Betrag.[32]

4 **2. Klageart.** Die Klageart spielt für die Berechnung gemäß § 9 grundsätzlich keine Rolle.[33] Notwendig ist jedoch, dass das (Stamm-)Recht selbst oder dessen Nichtbestehen geltend gemacht wird.[34] Dementsprechend scheidet die Klage eines Dritten auf Befreiung von einer wiederkehrenden Verbindlichkeit[35] oder

---

[5] *Zö/Herget* Rn. 2; MK/*Wöstmann* Rn. 3; *St/J/Roth* Rn. 3; OLG Stuttgart, Beschl. v. 30. 10. 2006, Az. 5 W 65/06.
[6] OLG München OLGR 2001, 220.
[7] OLG München OLGR 2001, 220; NJOZ 2005, 3178; *Zö/Herget* Rn. 3; *Wiecz/Sch/Gamp* Rn. 5.
[8] BGH JurBüro 2004, 207; NJW 2000, 3142; OLG Stuttgart NJW-RR 1997, 1303; LG Bremen WuM 1997, 334; LG Darmstadt NJW-RR 1997, 775; OLG Brandenburg NJW-RR 1996, 844; aA BGH ZEV 1999, 233; LG Köln WuM 1997, 279; LG Saarbrücken WuM 1998, 171 (nicht bei Mieterhöhungsbegehren).
[9] OLG München JurBüro 1977, 1002; OLG Frankfurt JurBüro 1977, 1132; aA OLG Karlsruhe MDR 1977, 407.
[10] OLG Frankfurt MDR 1974, 1028.
[11] OLG Frankfurt OLGR 1993, 47; MK/*Wöstmann* Rn. 4.
[12] MK/*Wöstmann* Rn. 4; LG Freiburg AnwBl. 1973, 169.
[13] OLG Freiburg Rpfleger 1951, 571 ff.
[14] BGH NVersZ 2002, 22.
[15] OLG Frankfurt OLGR 2000, 142; LG Hamburg MDR 1997, 1169.
[16] BGH VersR 2001, 492.
[17] BGHZ 7, 335, 336 f. = NJW 1953, 104; BGH-Report 2001, 530; NJW 1960, 1460; Rpfleger 1954, 439; VersR 1952, 342 f.; OLG München JurBüro 2000, 416; LG Schleswig SchlHA 1951, 65.
[18] BGH VersR 1968, 278 f.; OLG Celle VersR 1968, 840.
[19] BGH NJW-RR 2005, 259, 260; 2001, 316, 317; 2000, 1266.
[20] OLG Schleswig OLGR 1998, 347 = SchlHA 1999, 54.
[21] OLG Köln JurBüro 1991, 1386; OLG Celle JR 1951, 26; *Zö/Herget* Rn. 4.
[22] OLG München JurBüro 2000, 416.
[23] *Wiecz/Sch/Gamp* Rn. 9; BGH FamRZ 1999, 1497; NJW 1997, 1016; 1981, 1318.
[24] OLG Düsseldorf FamRZ 2004, 1225.
[25] LG Hamburg WuM 1999, 344.
[26] BGH NJW 2000, 3142; BGH LM ZPO § 2 Nr. 10; LG Hamburg ZMR 1998, 294; LG Berlin ZMR 1999, 556; aA LG Detmold WuM 1996, 50; LG Frankfurt/O NJW-RR 1999, 1459.
[27] BGH NZM 2004, 295; NJW-RR 2003, 229 = NZM 2003, 158 m. weit. Nachw.; NJW 2000, 3142.
[28] BGHZ 36, 144, 147; KG Rpfleger 1962, 156; MK/*Wöstmann* Rn. 4; *Zö/Herget* Rn. 1.
[29] *St/J/Roth* Rn. 7; *Zö/Herget* Rn. 3.
[30] *T/P/Hüßtege* Rn. 2; *St/J/Roth* Rn. 7; aA OLG Schleswig SchlHA 1986, 46.
[31] *St/J/Roth* Rn. 7; *Zö/Herget* Rn. 3.
[32] OLG Bamberg AnwBl. 1984, 94; *St/J/Roth* Rn. 13.
[33] *Wiecz/Sch/Gamp* Rn. 12; MK/*Wöstmann* Rn. 8.
[34] OLG Karlsruhe NJOZ 2005, 2051; OLG Köln OLGReport 1999, 404; *T/P/Hüßtege* Rn. 3; MK/*Wöstmann* Rn. 8.
[35] BGH NJW 1974, 2128; KG Rpfleger 1964, 321.

aber die Geltendmachung nur einzelner Leistungen aus.[36] Denkbar sind aber Klagen auf Unterlassung,[37] da Gegenstand einer Leistung sowohl positives Tun als auch ein Unterlassen sein kann (vgl. § 241 Abs. 1 S. 2 BGB) und die Wiederkehr iSd. § 9 aus dem Unterlassen zu periodisch aufeinander folgenden Zeitpunkten resultiert. So kommt zB das Abstellen von Gegenständen auf angemieteten Flächen an bestimmten Wochentagen oder eine wettbewerbsrechtliche Unterlassungsklage in Betracht.[38] Weiter richtet sich bei positiven und negativen Feststellungsklagen, Vollstreckungsgegenklagen[39] und Klagen aus § 826 BGB die Berechnung nach § 9.[40] Dabei wendet die herrschende Meinung[41] bei der positiven Feststellungsklage die Norm nur über den Umweg des § 3 Halbs. 1 an und setzt das klägerische Interesse unterhalb des nach § 9 errechneten Betrages an, weil das Recht nicht voll geltend gemacht werde. Im Ergebnis führt diese Bewertung jedoch regelmäßig zum selben, gemäß § 9 direkt bestimmten Betrag abzüglich der üblichen 20 %.[42]

IV. Bewertungsmaßstäbe

1. Allgemeines. Gemäß § 9 S. 1 ist grundsätzlich der dreieinhalbfache Wert des einjährigen Bezuges 5 maßgebend. Dabei ist der Jahresbezug ab dem Zeitpunkt des Einreichens der Klage für die darauf folgenden 12 Monate zu errechnen.[43] Der Wert von Ansprüchen, die sich auf Sachnutzungen bzw. -leistungen beziehen, ist nach § 3 Halbs. 1 zu schätzen.[44] Bei unterschiedlichen Jahresbeträgen sind die höchsten streitigen Werte anzusetzen.[45] Bedingte Zahlungsansprüche sind mit einem Bruchteil nach Maßgabe der Wahrscheinlichkeit des Bedingungseintritts zu bewerten.[46] Bis zur Klageerhebung aufgelaufene Rückstände, welche mittels Leistungsklage beansprucht werden, sind dem nach § 9 ermittelten Wert der Klage hinsichtlich der zukünftig fällig werden Beträge hinzuzurechnen.[47] Im Übrigen führt der Grundsatz der Wertkonstanz (§ 4 Rn. 3) dazu, dass während der Rechtshängigkeit fällig werdende Forderungen nicht zu berücksichtigen sind.[48] Etwas anderes gilt, wenn die zwischenzeitlich fällig gewordenen Beträge mittels weiteren Leistungsantrages (§ 260) geltend gemacht werden; insofern erfolgt dann eine Addition gemäß § 5 Halbs. 1.

2. Rechte unbestimmter Dauer. Wie § 9 S. 2 zeigt, ist der dreieinhalbfache Jahresbezug dann ausschlag- 6 gebend, wenn nicht eine bestimmte Dauer feststeht und der daraus resultierende Gesamtbetrag geringer ist.[49] Damit ist § 9 S. 1 immer dann anzuwenden, wenn der Bezugszeitraum nicht bestimmt ist. Dieser Gesichtspunkt greift ein, wenn zwar der Wegfall des Leistungs- oder Nutzungsanspruchs an sich gewiss ist, aber gerade nicht der Zeitpunkt. Das ist etwa der Fall, wenn Rechte durch Kündigung zum Wegfall gebracht werden können, also etwa bei Darlehensansprüchen.[50] Auch bei Miet- oder Pachtverträgen, die ein zeitlich begrenztes Nutzungsrecht einräumen, bei denen aber der Beendigungszeitpunkt ungewiss ist, kommt insofern § 9 entsprechend zur Anwendung (§ 8 Rn. 5).[51] Ferner gehören Unterhaltsansprüche hierher, die mit dem Tod des Gläubigers oder des Schuldners oder bei juristischen Personen mit deren Auflösung erlöschen.[52]

3. Rechte bestimmter Dauer haben dagegen den Wert ihrer Laufzeit, der jedoch durch den dreieinhalb- 7 fachen Jahresbezug als Höchstbetrag begrenzt wird.

IV. Gebühren

Für den Gebührenstreitwert wird § 9 verdrängt, soweit § 42 GKG eingreift; nach § 42 Abs. 5 S. 1 GKG 8 sind bei Klageeinreichung rückständige Beträge hinzuzurechnen.

10 *(weggefallen)*[1]

[36] *Zö/Herget* Rn. 3; OLG München OLGR 2001, 220.
[37] OLG Saarbrücken AnwBl. 1978, 467; aA *St/J/Roth* Rn. 9.
[38] LG Mannheim WuM 1999, 224; OLG Saarbrücken AnwBl. 1978, 467.
[39] KG Rpfleger 1962, 118.
[40] BGH NJW 1960, 1460; OLG Düsseldorf FamRZ 1977, 1002.
[41] *St/J/Roth* Rn. 11; *Hartmann* § 48 GKG Anh. I (§ 9 ZPO) Rn. 8; BGHZ 1, 43; BGH NJW-RR 2005, 259, 260; 2001, 316, 317; 1992, 608; VersR 1968, 278; OLG Frankfurt OLGR 1998, 349, 350; OLG Schleswig OLGR 1998, 347, 348.
[42] *St/J/Roth* Rn. 11; *Anders/Gehle/Kunze S.* 466 Rn. 7; *Zö/Herget* § 3 Rn. 16 „Rentenansprüche"; *T/P/Hüßtege* Rn. 3; MK/*Wöstmann* Rn. 8, 10; vgl. bei Rentenleistung aus einer Versicherung: BGH NJW-RR 2005, 259, 260; 2001, 316, 317.
[43] MK/*Wöstmann* Rn. 9.
[44] *T/P/Hüßtege* Rn. 5; OLG Saarbrücken JurBüro 1980, 280.
[45] BGH NJW 1953, 104; MDR 1966, 321; *T/P/Hüßtege* Rn. 5.
[46] BGH NJW-RR 1991, 509.
[47] *Hartmann* § 48 GKG Anh. I (§ 9 ZPO) Rn. 8; *Anders/Gehle/Kunze* S. 468 Rn. 14; MK/*Wöstmann* Rn. 11; RGZ 77, 325; BGH NJW 1960, 1459f. (für die Rechtsmittelinstanz).
[48] BGH NJW 1960, 1459; OLG Nürnberg JurBüro 1962, 647; OLG Schleswig SchlHA 1962, 270.
[49] BGH NJW-RR 1999, 1080; BGH FuR 1999, 376.
[50] *St/J/Roth* Rn. 14; OLG Bamberg JurBüro 1982, 284; aA OLG Frankfurt OLGR 1998, 349; *St/J/Roth* Rn. 9.
[51] BGH NZM 1999, 189; 2004, 460, NJW-RR 2005, 867 m. weit. Nachw.; kritisch *Lappe* NJW 2006, 270, 271.
[52] OLG Saarbrücken JVBl. 1969, 5; *St/J/Roth* Rn. 14.
[1] Aufgehoben durch das Gesetz zur Reform des Zivilprozessrechts vom 27. Juli 2001 (BGBl. I, S. 1887).

11 *Bindende Entscheidung über Unzuständigkeit* **Ist die Unzuständigkeit eines Gerichts auf Grund der Vorschriften über die sachliche Zuständigkeit der Gerichte rechtskräftig ausgesprochen, so ist diese Entscheidung für das Gericht bindend, bei dem die Sache später anhängig wird.**

I. Normzweck

1 Die Vorschrift verhindert negative Kompetenzkonflikte[1] iSd. § 36 Abs. 1 Nr. 6 durch Anordnung der Verbindlichkeit des rechtskräftigen Ausspruchs der sachlichen Unzuständigkeit des erkennenden Gerichts. Die Entscheidung entfaltet dabei Bindungswirkung für das später angerufene Gericht (Rn. 5). Damit dient die Norm der Prozessökonomie und gleichzeitig als Ergänzung zu den Verweisungsregeln der §§ 281 Abs. 1 S. 1, 506 Abs. 1 bzw. den Normen über die Abgabe §§ 696 Abs. 1 S. 1, 700 Abs. 3.

II. Anwendungsbereich

2 **1. Allgemeines.** § 11 findet umfassend Anwendung für die sachliche Zuständigkeit. Die Vorschrift erfasst nach allgM entsprechend die funktionelle Zuständigkeit[2] und gilt im Verhältnis streitiger Zivilgerichtsbarkeit zur Verfahrenszuständigkeit der freiwilligen Gerichtsbarkeit,[3] wobei insoweit ergänzend auch §§ 17 bis 17b GVG analog herangezogen werden.[4] Die Norm bezieht sich auch auf die Zuständigkeitsverteilung zwischen ordentlichen und besonderen Gerichten iSd. § 14 GVG.[5] Nicht erfasst ist dagegen die örtliche Zuständigkeit.[6] Da durch das 4. VwGO-ÄndG[7] in § 48 Abs. 1 ArbGG die Verweisung auf § 11 aufgehoben wurde, spielt die Norm im Bezug auf die Arbeitsgerichtsbarkeit keine Rolle mehr (vgl. § 1 Rn. 2).[8] Im Übrigen meint § 11 als nationales Recht grundsätzlich auch **nicht** das Verhältnis zwischen einem inländischen Gericht und ausländischen Gerichten oder Schiedskommissionen.[9]

3 **2. Unzuständigkeitsentscheidung. a) Form.** § 11 betrifft alle rechtskräftigen Entscheidungen über die sachliche Zuständigkeit außerhalb des Anwendungsbereichs von § 281 (Rn. 6) unabhängig von der Form, in der diese Entscheidungen gefällt werden.[10] Neben Urteilen ist § 11 daher auch dann anwendbar, wenn das angerufene Gericht seine Zuständigkeit durch Beschluss, der einem Urteil gleichsteht,[11] verneint.[12] Dies ist zB bei einem Beschluss im Vollstreckungsverfahren,[13] nicht jedoch bei einem solchen, der die Bewilligung von PKH zurückweist,[14] der Fall.

4 **b) Andere sachliche Zuständigkeit.** In seiner Entscheidung muss ein Amts- oder Landgericht seine erstinstanzliche Zuständigkeit verneint und die Klage deshalb abgewiesen haben.[15] Ferner fällt unter § 11 der Fall, dass ein Berufungsurteil auf die fehlende sachliche Zuständigkeit von Landgericht oder Oberlandesgericht gestützt wird.[16]

5 **c) Wirkung.** Die Entscheidung über seine Unzuständigkeit des zunächst angegangenen Gerichts bindet ein jedes Amts- oder Landgericht, welches später mit der gleichen Sache befasst ist.[17] Dementsprechend darf das weitere Gericht sich nicht für unzuständig erklären mit dem Hinweis, das zunächst angegangene Gericht sei zuständig.[18] Dies gilt selbst dann, wenn das Gericht, welches zuerst mit der Sache befasst war, tatsächlich und sogar ausschließlich zuständig gewesen wäre.[19] Erklärt sich das andere Gericht unter Verstoß gegen die vorangegangene Entscheidung ebenfalls für sachlich unzuständig, so ist das zuständige Gericht nach § 36 Abs. 1 Nr. 6 zu bestimmen.[20] Andererseits geht die Bindungswirkung nicht so weit, dass dann angegangene Gericht immer zwingend zuständig wäre. Vielmehr kann sich dieses ebenfalls mit der Begründung, ein weiteres Gericht sei zuständig, für unzuständig erklären.[21] Als problematisch stellt sich dar, wenn das später angerufene Gericht den Rechtsstreit gemäß § 281 Abs. 1 S. 1 an das ursprüngliche Ge-

---

[1] *Hahn* S. 148; MK/*Wöstmann* Rn. 1.

[2] *St/J/Roth* Rn. 9; *Zö/Vollkommer* Rn. 2; MK/*Wöstmann* Rn. 2; *T/P/Hüßtege* Rn. 1; BGH NJW 1997, 869; OLG Oldenburg FamRZ 1978, 345.

[3] BGHZ 97, 287, 291 = NJW 1986, 1994, 1995; *T/P/Hüßtege* Rn. 1; MK/*Wöstmann* Rn. 2.

[4] BayObLG NJW-RR 1991, 1358; OLG Frankfurt FGPrax 1996, 33; *St/J/Roth* Rn. 9.

[5] *Zö/Vollkommer* Rn. 2; MK/*Wöstmann* Rn. 2.

[6] BGH NJW 1997, 869; *T/P/Hüßtege* Rn. 1; *Zi* Rn. 1; MK/*Wöstmann* Rn. 2; *St/J/Roth* Rn. 2, 4; aA AK-ZPO/ *Röhl* Rn. 2.

[7] Gesetz zur Neuregelung des verwaltungsgerichtlichen Verfahrens v. 17. 12. 1990 (BGBl. I S. 2809).

[8] *St/J/Roth* Rn. 8; *Zö/Vollkommer* Rn. 2.

[9] *Wiecz/Sch/Gamp* Rn. 6 f.

[10] OLG München NJW 1956, 187.

[11] *B/L/H* Rn. 3.

[12] AllgM, *B/L/H* Rn. 3; *T/P/Hüßtege* Rn. 2; *St/J/Roth* Rn. 6; MK/*Wöstmann* Rn. 7; OLG München NJW 1956, 187.

[13] OLG München NJW 1956, 187; *B/L/H* Rn. 3; *Zö/Herget* Rn. 3.

[14] *St/J/Roth* Rn. 6; *B/L/H* Rn. 3.

[15] *Wiecz/Sch/Gamp* Rn. 4.

[16] *St/J/Roth* Rn. 5.

[17] MK/*Wöstmann* Rn. 4; *St/J/Roth* Rn. 5.

[18] MK/*Wöstmann* Rn. 5.

[19] *Zö/Vollkommer* Rn. 4; RGZ 66, 17.

[20] BGHZ 17, 168, 170 f. = NJW 1955, 948; BGH NJW 1997, 869.

[21] MK/*Wöstmann* Rn. 5.

richt, welches sich für unzuständig erklärt hatte, verweist. Insofern ist denkbar, dass die Bindungswirkung des § 281 Abs. 2 S. 4 diejenige des § 11 verdrängt (§ 281 Rn. 16).[22] Dem widerspricht jedoch Sinn und Zweck des § 281, in erster Linie eine Zeit- und Kostenersparnis zu bewirken und nutzlose Zuständigkeitsverfahren zu vermeiden.[23] Gerade das wäre aber der Fall, wenn § 281 Abs. 2 S. 4 für die Fälle des § 11 angewendet, einen bereits abgeschlossenen negativen Kompetenzkonflikt erneut in Streit stellt. Daher entfällt die Bindung gemäß § 281 Abs. 2 S. 4 für das Gericht, welches sich zuvor nach § 11 für unzuständig erklärt hat.[24] Erfolgt unter Missachtung von § 11 dennoch eine Verweisung nach § 281 Abs. 1 S. 1, gilt § 36 Abs. 1 Nr. 6. Im Übrigen entfällt die Bindungswirkung des § 281 Abs. 2 S. 4 auch dann, wenn dem Verweisungsbeschluss jede Rechtsgrundlage fehlt und er sich deshalb als willkürlich erweist (vgl. § 281 Rn. 17).[25]

3. Verhältnis zum Beschluss über die Verweisung oder die Abgabe. Eine Entscheidung nach § 11 ist ausgeschlossen, wenn das angerufene Gericht die Sache nach den §§ 281 Abs. 1 S. 1, 506 Abs. 1 auf Antrag verweist oder nach den §§ 696 Abs. 1 S. 1, 700 Abs. 3 abgibt. Zu beachten ist insofern für arbeitsgerichtliche Verfahren § 48 Abs. 1 ArbGG, § 17a GVG. 6

Titel 2. Gerichtsstand

12 ***Allgemeiner Gerichtsstand; Begriff*** **Das Gericht, bei dem eine Person ihren allgemeinen Gerichtsstand hat, ist für alle gegen sie zu erhebenden Klagen zuständig, sofern nicht für eine Klage ein ausschließlicher Gerichtsstand begründet ist.**

I. Normzweck

§ 12 bestimmt die grundsätzliche Zuständigkeit des Gerichts des allgemeinen Gerichtsstandes (zum Begriff Rn. 2), soweit nicht für die Klage ein ausschließlicher Gerichtsstand eingreift. Damit ist das Gericht des allgemeinen Gerichtsstandes nach § 12 wenigstens auffangweise für alle Zivilprozesse, die gegen eine Person geführt werden, zuständig. Zu berücksichtigen ist dabei, dass die Bestimmung des Gerichtsstandes nicht allein Frage einer Zweckmäßigkeitsentscheidung ist,[1] die gewährleistet, dass ein orts-, sachnahes und fachkundiges Gericht zur Entscheidung berufen wird. Vom Gerichtsstand hängt vielmehr ab, ob den Parteien der gesetzliche Richter gewährt wird, worauf sie einen verfassungsrechtlich nach Art. 101 Abs. 1 S. 2 GG verbürgten Anspruch haben (vgl. § 1 Rn. 1).[2] Die Regelungen der §§ 12ff. bestimmen den gesetzlichen Richter dabei nach Gesichtspunkten, denen iSd. Art. 3 GG der Gedanke der Waffengleichheit der Parteien im Zivilprozess[3] (Einl. Rn. 31) zu Grunde liegt. Diesem Gedanken wird durch ein fein austariertes und differenziertes System Rechnung getragen, welches die Interessen des Beklagten genauso wie die des Klägers angemessen berücksichtigt. Insoweit wird von einem eigenen **Gerechtigkeitswert** der den Gerichtsstand begründenden Vorschriften gesprochen.[4] Die Grundsatzentscheidung der ZPO, dass der Beklagte grundsätzlich an seinem Wohnsitz (§ 13) bzw. eine juristische Person an ihrem Sitz (§ 17) verklagt werden muss, berücksichtigt dabei den Umstand, dass der Kläger den Vorteil genießt, mit seiner Klage den Beklagten zur Einlassung zu zwingen. Es würde die Waffengleichheit der Parteien verletzen, wäre der Beklagte gezwungen, sich vor einem auswärtigen Gericht zu verteidigen, ohne selbst unmittelbar Initiator des Verfahrens gewesen zu sein. Der Beklagte genießt daher grundsätzlich den „favor defensionis".[5] Dem entspricht es, dass der Kläger den Beklagten „aufzusuchen" hat, um ihn zu verklagen (Grundsatz des „actor sequitur forum rei").[6] Dieser Gesichtspunkt rechtfertigt über den der Zweckmäßigkeit hinaus auch die besonderen Gerichtsstände (Rn. 5ff.); so trägt der deliktische Gerichtsstand des § 32 dem Umstand Rechnung, dass der örtliche Bezug der Veranlassung des Rechtsstreits zufällig war. Insofern wäre es mit der Waffengleichheit der Parteien nicht vereinbar, den Geschädigten mit seiner Klage an das Gericht des Gerichtsstandes des Beklagten zu verweisen. Ein weiterer Grundsatz ist zu Gunsten des Klägers ausgestaltet: Unter mehreren zuständigen Gerichten hat er nach § 35 die Wahl. 1

II. Begriff des Gerichtsstandes

Der Gerichtsstand ist in der Begrifflichkeit der ZPO grundsätzlich derjenige Ort, an dem der Kläger wegen eines konkreten Streits Klage erheben muss, damit beim Vorliegen der weiteren Zulässigkeitsvoraus- 2

---

[22] *St/J/Roth* Rn. 7.
[23] MK/*Prütting* § 281 Rn. 1ff.; *Zö/Greger* § 281 Rn. 1.
[24] MK/*Wöstmann* Rn. 7; *Zö/Herget* Rn. 4; *B/L/H* § 281 Rn. 48; *T/P/Hüßtege* § 281 Rn. 14; *Zö/Greger* § 281 Rn. 17; OLG München NJW 1956, 187.
[25] BGH NJW 2002, 3634; NJW-RR 2002, 1498; NJW 1997, 1161; KG NJW-RR 1999, 1011; MDR 1999, 438; 2002, 1147.
[1] So aber zT die Rechtsprechung, vgl. LG München NJW 1973, 1617f.; *Ro/S/Go* § 30 V.
[2] *St/J/Roth* Rn. 3; *Zö/Vollkommer* Rn. 2 aE; *B/L/H* Übers. vor § 12 Rn. 1.
[3] Vgl. *Vollkommer*, Festschr. f. Schwab, 1990, S. 503; *Schlosser* NJW 1995, 1404.
[4] *St/J/Roth* vor § 12 Rn. 3; MK/*Patzina* Rn. 2; *Zö/Vollkommer* Rn. 2; BayObLG MDR 1996, 850; LG Karlsruhe NJW 1996, 1417.
[5] BGHZ 88, 331, 335 = NJW 1984, 739; BGH NJW 1986, 3209; OLG Hamm OLGZ 1987, 336, 338 = NJW 1987, 138.
[6] BGHZ 88, 331, 335; 115, 90, 92 = NJW 1991, 3092; *Wacke* JA 1980, 654ff.

setzungen eine Sachentscheidung ergehen kann. Die §§ 12ff. treffen also Regelungen darüber, welches Amts- oder Landgericht aus der Vielzahl der gleichen Gerichte an unterschiedlichen Orten zur Entscheidung der konkreten Streitigkeit berufen ist. Damit bestimmen die Regelungen über den Gerichtsstand ieS das örtlich zuständige Gericht. Eine **Ausnahme** stellen die §§ 34, 40 Abs. 2 S. 1, 802 dar, als auch Anordnungen hinsichtlich der sachlichen Zuständigkeit (dazu § 1 Rn. 8ff.) getroffen werden. Die Bestimmung des Gerichtsstandes erfolgt im Allgemeinen auf Grund örtlicher Beziehungen der Parteien bzw. der geltend gemachten Ansprüche oder auch der streitbefangenen Sachen und Handlungen.[7] Ob im Übrigen die Zuständigkeit des Amtsgerichts oder Landgerichts begründet ist, folgt nicht aus den §§ 12ff., sondern ist nach den Grundsätzen über die sachliche Zuständigkeit zu ermitteln (vgl. Erl. zu § 1).

III. Örtliche Anknüpfungspunkte des allgemeinen Gerichtsstandes

3 **1. Wohnsitz und Sitz des Beklagten.** Für den Gerichtsstand sind im Allgemeinen nach den §§ 13 bis 19 die örtlichen Verhältnisse des Beklagten wesentlich, namentlich der Wohnsitz bei natürlichen Personen (§ 13) bzw. der Sitz bei juristischen Personen (§ 17). Demgegenüber stellt der Wohnsitz bzw. Sitz des Klägers grundsätzlich keinen Anknüpfungspunkt für die Bestimmung der örtlichen Zuständigkeit dar. Ausnahmen bilden die §§ 23a, § 29c Abs. 1 S. 1, 30, 606 Abs. 2 S. 2 Alt. 2, 640a Abs. 1, 642 Abs. 1 S. 1, 689 Abs. 2 S. 1 und § 371 Abs. 4 HGB sowie § 26 Abs. 1 FernUSG. Ferner wird nach hM für den Fall einer negativen Feststellungsklage grundsätzlich auch das Gericht als zuständig angesehen, welches für die hypothetische Leistungsklage umgekehrten Rubrums zuständig wäre.[8] Jedoch ist unter dem Gesichtspunkt der Waffengleichheit der Parteien (Rn. 1) sowie zur Vermeidung von Kläger-Foren nur unter besonderen Umständen und dem Zweck der jeweiligen Zuständigkeitsnorm entsprechend die Annahme eines solchen Gerichtsstandes angezeigt (§ 256 Rn. 36).[9]

4 **2. Parteien kraft Amtes.** Dies gilt auch für Klagen, die gegen eine Partei kraft Amtes (§ 51 Rn. 19) gerichtet sind. Klagen gegen den Zwangsverwalter, Nachlassverwalter, Testamentsvollstrecker und den vorläufigen Insolvenzverwalter iSd. § 22 InsO sind an deren Gerichtsstand zu erheben,[10] weil sie nicht als Vertreter oder Organ[11] des verwalteten Vermögens zu qualifizieren sind (s. a. § 13 Rn. 3 und § 17 Rn. 6).[12] Für gegen den **Insolvenzverwalter** gerichtete Klagen, die sich auf die Insolvenzmasse beziehen, gilt § 19a.

IV. Besondere Gerichtsstände

5 **1. Begriff.** Den allgemeinen Gerichtsständen stehen die besonderen Gerichtsstände vor allem der §§ 20 bis 34, 35a gegenüber. Besondere Gerichtsstände sind die ausdrücklich vom Gesetz als solche bezeichneten und dienen der Geltendmachung bestimmter einzelner materiellrechtlicher Ansprüche.

6 **2. Sachnähe und Sachzusammenhang.** Die Bestimmungen der besonderen Gerichtsstände berücksichtigen verschiedenartige Anknüpfungspunkte. Ihren Regelungen liegt der Gedanke einer besonderen Sachnähe des Gerichts zu Grunde, wobei örtliche Gesichtspunkte ebenfalls eine Rolle spielen: § 24 knüpft an die Belegenheit des Grundstücks und § 23 an die des Streitobjekts an. Dagegen stellt § 32 den Begehungsort der unerlaubten Handlung bzw. § 32a den der Umwelthaftung in den Vordergrund sowie § 29 den Erfüllungsort eines Vertrages. Die örtliche Zuständigkeit des Gerichts bei einer Schuldklage aus einem Grundpfandrecht nach § 25, der Widerklage iSd. § 33 und der Honorarklagen des Prozessbevollmächtigten gemäß § 34 folgt aus dem Gedanken des Sachzusammenhanges.

7 **3. Weitere besondere Gerichtsstände.** Als weitere besondere Gerichtsstände in der ZPO sind u.a. zu nennen: die §§ 64ff. für die Hauptintervention, § 256 Abs. 2 für Zwischenfeststellungsklagen und -widerklagen, für das Beweissicherungsverfahren § 486, für die Nichtigkeits- und Restitutionsklagen § 584, für den Wechsel- und Scheckprozess § 603, für das Mahnverfahren § 689 Abs. 2, für Ehe-, Familien- und Kindschaftsverfahren §§ 606, 621 Abs. 2, 640a Abs. 1, 642, im Zwangsvollstreckungsverfahren die §§ 731, 764, 767, 768, 771, 796, 797, 800, 802, im Verfahren des vorläufigen Rechtsschutzes die §§ 919, 937 Abs. 1, 942 Abs. 1, Abs. 2 S. 1, 943 Abs. 2, für das Aufgebotsverfahren § 946 Abs. 2 iVm. §§ 957 Abs. 2, 978, 981a S. 2, 983, 987a S. 2, 988, 990, 1001, 1002 Abs. 2, 1005 und schließlich § 1062 bei einem schiedsrichterlichen Verfahren. Neben der ZPO finden sich Regelungen besonderer Gerichtsstände in § 6 Abs. 1 UklaG, § 48 Abs. 1 VVG, § 14 UWG, §§ 246 Abs. 3 S. 1, 249 Abs. 1 S. 1, 275 Abs. 4 S. 1 AktG, § 3 Abs. 1 BinnSchVerfG, § 49 BörsG, § 14 HpflG, § 20 GebrMG, §§ 15 Abs. 1, 16 Abs. 2 GeschMG, §§ 87 Abs. 2, 109 Abs. 3 GenG, §§ 61 Abs. 3, 69 Abs. 2, GmbHG, §§ 488, 508 HGB, §§ 2 Abs. 1, 3, 180 Abs. 1 S. 2, 3, 202, 315, 332 Abs. 1 InsO.

---

7 MK/*Patzina* Rn. 4; *St/J/Roth* Rn. 1.

8 *Zö/Vollkommer* Rn. 3; *Keller* WRP 2000, 908; *T/P/Reichold* § 256 Rn. 2.

9 Eingehend *Foerste,* Festschr. f. Kollhosser, 2004, Band 2, S. 141ff. m. weit. Nachw.

10 BGHZ 32, 114, 118 = NJW 1960, 1006; BGHZ 49, 11, 16 = NJW 1968, 300; BGHZ 68, 16, 17 = NJW 1977, 900; BGHZ 88, 331, 334 = NJW 1984, 739.

11 *Palandt/Heinrichs* Einf v § 164 Rn. 9; *Smid/Rattunde* § 80 Rn. 11ff.; BGHZ 24, 396; 88, 335; 38, 284; 51, 214; aA *K. Schmidt* KTS 1984, 345, 382.

12 RGZ 120, 189, 192; BGHZ 88, 331, 334 = NJW 1984, 739.

V. Ausschließliche und nicht ausschließliche Gerichtsstände

Gelegentlich sind besondere Gerichtsstände ausschließlicher Natur (zB §§ 24, 32 a, 640 a), um vor allem die Orts- und Sachnähe des Gerichts zu gewährleisten.[13] Soweit das Gesetz einen ausschließlichen Gerichtsstand als solchen ausdrücklich bezeichnet, verdrängt dieser im Falle der Konkurrenz einen nicht ausschließlichen Gerichtsstand. Liegt ein ausschließlicher Gerichtsstand vor, ist die Begründung der Zuständigkeit durch Prorogation (§ 38) oder durch rügelose Einlassung (§ 39) gemäß § 40 Abs. 2 S. 1 Nr. 2, S. 2 ausgeschlossen.[14] Die Klage kann zulässig nur zum Gericht des ausschließlichen Gerichtsstandes erhoben werden. Bei mehreren konkurrierenden ausschließlichen Gerichtsständen hat der Kläger nach § 35[15] die Wahl, es sei denn, es gilt ein Vorrangverhältnis, zB § 689 Abs. 2 S. 3. 8

VI. Örtliche Zuständigkeit kraft Sachzusammenhangs

1. Problem (vgl. auch § 1 Rn. 13 f.). Stützt der Kläger seinen Antrag auf verschiedene Klagegründe können sich auf die jeweilige materielle Anspruchsgrundlage gestützt unterschiedliche örtliche Gerichtszuständigkeiten ergeben. Damit stellt sich die Frage, ob das vom Kläger angerufene Gericht, welches für eine der geltend gemachten Anspruchsgrundlagen auf Grund der Zuständigkeitsvorschriften zur Entscheidung berufen ist, auch über die anderen Klagegründe **kraft Sachzusammenhangs** entscheiden kann. Lehnt man dies ab, könnte das Gericht, soweit es teilweise für vorgebrachte Klagegründe unzuständig ist, eine Teilabweisung oder Teilverweisung[16] entsprechend § 281 Abs. 2 S. 1 an das zuständige Gericht vornehmen.[17] 9

2. Stellungnahme. Teilweise nehmen Vorschriften die Zuweisung einer Entscheidung an das Prozessgericht bzw. das Gericht der Hauptsache vor und ordnen damit die örtliche Zuständigkeit eines Amtsgerichts bzw. eines Landgerichts auf Grund des Sachzusammenhangs an. Derartige Regelungen enthalten u. a. die §§ 25, 26, 34, 486 Abs. 1, Abs. 2 S. 1, 584, 767 Abs. 1, 919, 936, 942 Abs. 1, § 88 GWB und der Gerichtsstand der Streitgenossenschaft nach Art. 6 Nr. 1 EuGVVO[18]. Eine Erweiterung der besonderen Gerichtsstände durch die Annahme einer ungeschriebenen örtlichen Zuständigkeit kraft Sachzusammenhangs lehnte jedoch die ältere höchstrichterliche Judikatur[19] grundsätzlich ab. Eine Teilzuständigkeit in einzelnen Rechtsfragen solle gerade keine umfassende Abhandlung auch zuständigkeitsfremder Ansprüche ermöglichen. Insoweit wäre sonst dem Gericht die Klärung von Sachverhalts- und Rechtsfragen aufgegeben, die nicht zu seinem angestammten Tätigkeitsbereich gehören. Mit seinem Beschluss v. 10. 12. 2002[20] vollzog der BGH jedoch eine Abkehr von dieser Rechtsprechung und ließ das Gericht der unerlaubten Handlung gemäß § 32 auch über Ansprüche nichtdeliktischer Art entscheiden. Dies wurde im Wesentlichen damit begründet, dass in Anbetracht von § 17 Abs. 2 GVG die Auslegung, dass im Gerichtsstand des § 32 nur über deliktsrechtliche Anspruchsgrundlagen entschieden werden dürfe, nicht mehr sachgerecht sei. Wenn über § 17 Abs. 2 GVG ein Gericht schon befugt sei, auch über rechtswegfremde Anspruchsgrundlagen (vgl. zum rechtswegübergreifenden Sachzusammenhang § 17 GVG Rn. 2 ff.) zu befinden, müsse dies erst recht für rechtswegeigene Anspruchsgrundlagen gelten.[21] Der BGH[22] hat in weiteren Entscheidungen eine Zuständigkeit kraft Sachzusammenhangs für verschiedene Anspruchsgrundlagen in solchen Fällen bejaht, in denen das Familiengericht als besonders spezialisiertes Gericht eingesetzt ist (§ 621 Rn. 4 ff.). Auch in der Literatur haben sich eine Vielzahl von Autoren[23] für eine ungeschriebene Zuständigkeit kraft Sachzusammenhangs ausgesprochen. Die durch die ZPO normierte Zuständigkeitsordnung rufe Zuständigkeitsüberschneidungen geradezu hervor; die Befürwortung der Zuständigkeit kraft Sachzusammenhangs sei geboten, um zweckmäßige und prozessökonomisch sinnvolle Streiterledigungen zu ermöglichen. 10

Dem ist entgegenzuhalten, dass die Gerichtsstände der §§ 12 ff. eine gerechte, weil unter Bedingungen der Waffengleichheit der Parteien unter Berechenbarkeit des gesetzlichen Richters begründete Zuständigkeit anstreben (Rn. 1). Soweit die ZPO Zuständigkeiten kraft Sachzusammenhangs anordnet, sind dies Ausnahmevorschriften, die einer erweiternden Auslegung nicht zugänglich sind. An dieser gesetzlich vorgegebenen Werteordnung wurde trotz Kenntnis der Problematik vom Gerichtsstand des Sachzusammenhangs und vielfachen ZPO-Reformen[24] durch den Gesetzgeber keine Veränderung vorgenommen. Vielmehr wurde eine dem § 17 Abs. 2 GVG (Zuständigkeit für **rechtswegfremde** Anspruchsgrundlagen) entsprechende Norm ge- 11

[13] *St/J/Roth* Rn. 6; MK/*Patzina* Rn. 29.

[14] *Musielak,* GK ZPO, Rn. 44; *Schilken* ZPR Rn. 308.

[15] *Thümmel* NJW 1986, 556, 558.

[16] MK/*Patzina* Rn. 51 ff.; aA BGH NJW 1971, 564.

[17] Abl. BGHZ 5, 105, 107 = NJW 1952, 619; BGHZ 13, 145, 154 = NJW 1954, 1321; BGHZ 49, 33, 36 = NJW 1968, 351.

[18] Vgl. dazu *Piltz* NJW 2002, 789, 792.

[19] RGZ 27, 385, 386; BGH NJW 1986, 2436; 1971, 564; 1974, 410 ff. m. krit. Anm. *Geimer* NJW 1974, 1045; OLG Freiburg JZ 1953, 473 f. (aus der Zeit vor Inkrafttreten von § 17 Abs. 2 GVG idF d. G v. 17. 12. 1990, BGBl I S. 2809); BGH NJW 2002, 1426; 1996, 1411, 1413; OLG Hamm NJW-RR 2002, 1291; OLG Köln NJW-RR 2001, 55.

[20] BGH NJW 2003, 828.

[21] BGH NJW 2003, 828, 829.

[22] BGH FamRZ 1983, 155 f. m. Anm. *Walter* FamRZ 1983, 363.

[23] *Baur,* Festschr. f. Hippel, 1967, 1, 15 ff.; *Kiethe* NJW 2003, 1294; *Fischer* ZZP 49 (1923), 343, 353 ff.; *Rimmelspacher* AcP 174 (1974), 509; *Spellenberg* ZZP 95 (1982), 17, 35; *Rosenberg* ZZP 57 (1933), 185, 213 ff.; *Zö/Vollkommer* Rn. 20; *Ro/S/Go* § 36 Rn. 56; *Hoffmann* ZZP 107 (1994), 3, 11 ff.; *Schwab,* Festschr. f. Zeuner, 1994, 499; MK/ *Lüke* vor § 253 Rn. 39; *Schilken* ZPR Rn. 319; *Zeiss/Schreiber* Rn. 91; *Baur/Grunsky* Rn. 59 a.

[24] Bereits mehr als 50 Gesetzesnovellen seit Einführung des § 17 Abs. 2 GVG, vgl. *Jauernig* ZPR § 12 II.

rade nicht in die ZPO eingefügt. Das zeigt, dass der Gesetzgeber an der bisherigen Ausgestaltung der Gerichtsstände im Rahmen der Zivilgerichtsbarkeit nichts ändern,[25] sondern das fein abgestimmte System der angemessenen Interessenbewertung innerhalb der ZPO unberührt lassen wollte. Damit erklärt sich auch die Norm des § 17 Abs. 2 GVG. Gerade wenn ein Gericht zur Entscheidung über eine bestimmte Anspruchsgrundlage berufen ist und damit den Weg zum Wertesystem einer Verfahrensordnung (mit den ihr eigenen materiellen Gerechtigkeitserwägungen) eingeschlagen hat, wäre es sinnwidrig, dann die Zuständigkeit des Gerichts eines anderen Rechtsweges zu fordern, wenn die Klärung weiterer rechtswegfremder Anspruchsgrundlagen in Rede steht. Vielmehr ist dann zur Vermeidung von Wertungswidersprüchen der Rechtsstreit unter allen in Betracht kommenden Gesichtspunkten zu entscheiden. Wenn aber bereits ein Rechtsweg beschritten ist, darf das vorhandene Zuständigkeitssystem nicht seinem eigentlichen Sinn und Zweck zuwider unter prozessökonomischen Aspekten ausgehöhlt werden. Dagegen spricht auch nicht die Geltung von § 17 Abs. 2 GVG in einigen Verfahrensordnungen kraft Verweisung, zB § 48 Abs. 1 ArbGG, § 83 VwGO, § 98 SGG. Eine solche Anordnung fehlt gerade für die ZPO. Damit wird der Wille des Gesetzgebers deutlich, eine derart weite Auslegung[26] des § 17 Abs. 2 GVG im Rahmen der „innerzivilprozessualen" Zuständigkeitsordnung nicht zu befürworten. Außerdem würde eine Anwendung des Rechtsgedankens von § 17 Abs. 2 GVG im Rahmen der Zuständigkeitsregelungen der ZPO zu einer gesetzlich nicht vorgesehenen Einschränkung des Rechtsschutzes führen,[27] wenn auf Kosten der Rechtssicherheit bei Bejahung einer vagen örtlichen Generalzuständigkeit[28] kraft Sachzusammenhangs die Berechenbarkeit des gesetzlichen Richters eingeschränkt würde. Weiter wäre für den Kläger die Möglichkeit eröffnet, zB durch Erhebung einer auf den Gesichtspunkt der unerlaubten Handlung des Beklagten gestützten Klage, vor dem Gericht nach § 32 einen ihm genehmen Gerichtsstand zu wählen[29] und dort die Klage auf Erfüllung o. ä. umzustellen, was gemäß § 263 grundsätzlich zulässig wäre und an der Zuständigkeit des ursprünglich angerufenen Gerichts nichts ändern würde (perpetuatio fori, § 261 Abs. 3 Nr. 2). Das ist aber gerade unter dem Gesichtspunkt des in den Zuständigkeitsregeln der ZPO festgeschriebenen Grundsatzes des Beklagtenschutzes abzulehnen. Im Übrigen würde auch zu Lasten des Klägers die Rechtssicherheit gefährdet, da er Gefahr läuft – mit dem damit verbundenen Kosten- und Verjährungsrisiko – den im Sachzusammenhang vermuteten Teil seiner Klage als unzulässig abgewiesen zu bekommen.[30] Auch die Bejahung des Gerichtsstandes kraft Sachzusammenhangs durch den BGH[31] in familienrechtlichen Angelegenheiten begegnet diesen durchgreifenden Bedenken. Zwar hatte der BGH die besondere Situation der familiengerichtlichen Zuständigkeit vor Augen und verfolgte dabei das Ziel, die Führung zweier Prozesse zwischen den Parteien – einen vor dem Familiengericht und einen vor dem ordentlichen Prozessgericht – zu vermeiden. Gleichwohl ist auch insofern durch den Gesetzgeber mit der Entscheidung gegen ein „großes Familiengericht"[32] eine eindeutige Zuständigkeitsordnung geschaffen worden, die nicht unter Zweckmäßigkeitserwägungen umgangen werden kann.[33] Deshalb ist ein ungeschriebener Gerichtsstand des Sachzusammenhangs abzulehnen.[34] Im Übrigen bleibt offen, ob auf Grund der lediglich auf § 32 bezogenen Entscheidung des BGH vom 10. 12. 2002[35] allgemein der Schluss zulässig ist, es gäbe über die gesetzlich normierten Fälle hinaus einen allgemeinen ungeschriebenen Gerichtsstand kraft Sachzusammenhangs. Insbesondere darf nicht vordergründig mit ökonomischen Aspekten[36] argumentiert werden, weil dies wie beschrieben zu einer gesetzlich nicht vorgesehenen Einschränkung des Rechtsschutzes führt[37] und auch die verfassungsrechtliche Dimension der Zuständigkeitsregeln (vgl. § 1 Rn. 1) außer Acht lässt.

12 Dementsprechend ist mit dem durch das Gesetz zur Verfügung gestellten Instrumentarium das Problem konkurrierender Zuständigkeiten zu lösen, indem das Gericht, soweit es für einzelne Klagegründe unzuständig ist, eine Teilabweisung oder Teilverweisung analog § 281 Abs. 1 S. 1 vornimmt. Letzterem Wege ist dabei der Vorzug einzuräumen,[38] entspricht er doch den gesetzlich geregelten Zuständigkeiten.[39] Der BGH[40] sieht insoweit keinen Raum für eine Verweisung, weil zwei verschiedene Begründungen des Klagebegehrens keine verschiedenen Klageansprüche im prozessualen Sinne darstellen. Eine Teilverweisung setze außerdem voraus, dass statt eines Klagegrundes mehrere Ansprüche geltend gemacht würden, da nur so auch ein Teilurteil gemäß § 301 ergehen könne. Die Unzulässigkeit einer Teilentscheidung zwingt jedoch

---

[25] *Jauernig* ZPR § 12 II.
[26] Welche sich auch nicht den Gesetzesmaterialien entnehmen lässt, vgl. BR.-Drucks. 135/90 S. 114; Entwurf der Bundesregierung, BT-Drucks. 11/7030 S. 37; MK/*Patzina* Rn. 50.
[27] *Jauernig* ZPR § 12 II; *Gaul* AcP 168 (1968), 41 f.
[28] MK/*Patzina* Rn. 50.
[29] Diese Bedenken teilt BGH NJW 1996, 1411, 1413; anders LG Köln NJW 1978, 329 f.
[30] MK/*Patzina* Rn. 50.
[31] BGH FamRZ 1983, 155 f. m. Anm. *Walter* FamRZ 1983, 363.
[32] *Kissel* § 23 b Rn. 3; *Bosch* FamRZ 1980, 1, 9 ff.
[33] Krit. daher *Smid* AcP 189 (1989), 51, 59.
[34] *Jauernig* ZPR § 12 II; *Patzina* LMK 2003, 71; *Peglau* MDR 2000, 723 f.; *ders.* JA 1999, 140; *Spickhoff* ZZP 109 (1996), 493 ff.; BGH ZZP 111 (1998), 102; MDR 1996, 1136 f.; NJW 2002, 1425, 1426; BGHZ 132, 105, 112 ff. (keine internationale Zuständigkeit kraft Sachzusammenhangs); OLG Hamm NJW-RR 2002, 904; OLGR 2003, 82; aA s. Fn. 21.
[35] BGH NJW 2003, 828.
[36] So aber *St/J/Roth* Rn. 10 m. weit. Nachw.
[37] *Jauernig* ZPR § 12 II; *Gaul* AcP 168 (1968), 41 f.
[38] MK/*Patzina* Rn. 49; aA *Zö/Vollkommer* Rn. 20 m. weit. Nachw.
[39] Vgl. auch *Grunsky* JZ 1971, 337.
[40] BGH NJW 1971, 564; krit. *Bökelmann* JR 1971, 246; *Grunsky* JZ 1971, 337.

nicht dazu, eine Teilverweisung auszuschließen, wenn sich im Fall einer am Gerichtsstand des § 32 erhobenen Klage herausstellt, dass die Klage zwar nicht aus dem Gesichtspunkt des Delikts, wohl aber aus dem des Vertrages begründet sein kann.[41] Vielmehr ist in rechtsfortbildender Auslegung die Vorschrift des § 281 Abs. 1 S. 1 nicht nur für eine Teilverweisung bei kumulativer Anspruchshäufung[42] anzuwenden, sondern auch im Falle mehrerer Anspruchsgrundlagen.[43] So ist das ausgewogene zivilprozessuale System der Zuständigkeitsregelungen aufrecht zu erhalten und dem im Vordergrund stehenden Beklagtenschutz in angemessener Weise gerecht zu werden.

VII. Gewillkürte örtliche Zuständigkeit

Die örtliche Zuständigkeit kann ferner durch Parteidisposition unter den Voraussetzungen der §§ 38, 40 13
oder durch das rügelose Einlassen des Beklagten nach §§ 39, 40 Abs. 2 S. 1, 2 begründet werden.

VIII. Prüfung von Amts wegen

1. Aufgaben des Gerichts. Die örtliche Zuständigkeit gehört zu den Prozessvoraussetzungen (vor § 253 14
Rn. 1 ff.). Der Gerichtsstand ist daher von Amts wegen zu prüfen; im Parteiprozess iSd. § 79 gilt zusätzlich die Belehrungspflicht nach § 504 (vgl. § 504 Rn. 2). Das Gericht ist aber nicht dazu verpflichtet, eigene Ermittlungen von Amts wegen anzustellen (§ 1 Rn. 16).[44] Vielmehr ist bei der Prüfung der örtlichen Zuständigkeit das tatsächliche Vorbringen des Klägers zu Grunde zu legen, wobei das Gericht eine eigene rechtliche Würdigung vorzunehmen hat, bei der es nicht an die des Klägers gebunden ist.[45] Es obliegt daher dem Kläger, beim Auftreten von Zweifeln des Gerichts durch Beweisantritte zB den Wohn- oder Unternehmenssitz nach den §§ 13[46] bzw. 17 unter Beweis zu stellen. Werden aber vom Beklagten **doppelrelevante Tatsachen** (§ 1 Rn. 20) bestritten, die zugleich der Begründung der durch das klägerische Begehren aufgeworfenen materiellrechtlichen Frage dienen, bedarf es keines Beweises, den der Kläger anzutreten hätte.[47] Vielmehr genügt es, dass der Kläger die zuständigkeitsbegründende doppelrelevante Tatsache schlüssig vorträgt, diese wird dann als wahr unterstellt.[48] Eine solche Unterstellung ist aber nur bezüglich derartiger Tatsachen zulässig, die notwendigerweise für die Begründetheit des geltend gemachten Anspruches vorliegen müssen.[49] Dem Beklagten steht sonst die Möglichkeit offen, das Fehlen der örtlichen Zuständigkeit zu rügen, §§ 39 S. 1, 282 Abs. 3 S. 1. Wird etwa die Klage wegen einer angeblichen unerlaubten Handlung des Beklagten erhoben, wird auf Grund des schlüssigen Vorbringens im Rahmen der Zulässigkeitsprüfung unterstellt, dass eine unerlaubte Handlung des Beklagten vorgelegen habe. Bestreitet der Beklagte dann aber, dass in dem Gerichtsbezirk, dessen Gericht angerufen worden ist, die Handlung stattgefunden hat, muss der Kläger entsprechend Beweis führen.

2. Folgen örtlicher Unzuständigkeit. Das angerufene Gericht bejaht seine Zuständigkeit in den Gründen 15
des Endurteils (§§ 300, 313 Abs. 1 Nr. 6, Abs. 3) oder in einem Zwischenurteil nach § 280 Abs. 2 S. 1. Auf Rüge des Beklagten spricht es seine örtliche Unzuständigkeit mit einem klageabweisenden Prozessurteil aus, sofern nicht der Kläger einen Verweisungsantrag iSd. § 281 Abs. 1 S. 1 gestellt hat. Im Rechtsmittelverfahren ist der in der ersten Instanz unangegriffen gebliebene Gerichtsstand einer Partei einer Nachprüfung durch das Rechtsmittelgericht grundsätzlich entzogen.[50] Siehe ferner § 1 Rn. 15 ff.

IX. Gerichtsbezirk

Der Gerichtsbezirk (Gerichtssprengel) beschreibt das Gebiet innerhalb dessen lokaler Grenzen ein Ge- 16
richt zuständig ist. Die Einrichtung von Gerichtsbezirken erfolgt durch Gesetz.[51] Im Rahmen der Zivilgerichtsbarkeit können die Landesjustizverwaltungen Gerichtsbezirke im Hinblick auf die Zuständigkeit der Kammern für Handelssachen nach § 93 Abs. 1 Alt. 2 GVG verkleinern. Ebenso liegen darüber hinaus sonstige Gerichtsbezirksverkleinerungen in der Kompetenz der Landesgesetzgeber.[52] Zur Erzielung einer schnellen und rationellen Bearbeitung und Entscheidung bestimmter, meist wirtschaftsrechtlicher Sachverhalte durch besonders geeignete Richter kann die Erledigung über den eigentlichen Gerichtsbezirk hinausgehender Sachen einem Gericht zugewiesen werden.[53] Eine solche Zuständigkeitszuweisung kommt beispielsweise in Betracht bei Aufgebotsverfahren nach § 1006 Abs. 1, in Binnenschifffahrtssachen gemäß § 2 BinnSchVerfG, in Baulandsachen § 219 Abs. 2 BauGB, im Mahnverfahren § 689 Abs. 3, in Patentstreitsachen § 143 Abs. 2 PatG, bei Gebrauchsmusterstreitigkeiten nach § 27 Abs. 2 GebrMG, Kartellsachen ge-

---

41 *Ritter* NJW 1971, 1217.
42 *T/P/Reichold* § 281 Rn. 9; *Zi* § 281 Rn. 14.
43 MK/*Wöstmann* Rn. 51.
44 BGH WM 1991, 1009, 1011.
45 BGHZ 16, 275, 280 f. = NJW 1955, 707.
46 BGH NJW 2006, 1808, 1809.
47 Weitgehend einhellige Meinung vgl. BGHZ 132, 105, 110; 124, 237, 241; *Schack* Rn. 387; *Roth,* Festschr. f. E. Schumann, 2001, S. 355, 365 ff.; RGZ 29, 371, 372; BGH NJW 1964, 497, 498.
48 RGZ 29, 371, 372; OLG Nürnberg NJW 1985, 1296, 1297.
49 RGZ 29, 371, 373.
50 BGH NJW 2004, 3266; NJW-RR 2007, 1437; BB 2007, 2091; *Zö/Vollkommer* Rn. 13.
51 BVerfGE 2, 307, 316.
52 *St/J/Roth* vor § 12 Rn. 19; BVerfG NJW 2000, 1325.
53 *St/J/Roth* vor § 12 Rn. 15; *Kissel* § 23 b GVG Rn. 1.

mäß §§ 87, 89 GWB und Bundesentschädigungssachen iSd. § 208 BEG. Für Streitigkeiten nach dem UKlaG kann für mehrere Landgerichtsbezirke die Zuständigkeit eines Landgerichts bestimmt werden, § 6 Abs. 2 UKlaG. Schließlich begründet § 23c S. 1 GVG eine überbezirkliche Zuständigkeit der Amtsgerichte als Familiengerichte für Familien-, Vormundschafts-, Betreuungs- und Unterbringungssachen. § 660 Abs. 1 S. 1 ermächtigt die Landesregierungen, im Rahmen des Vereinfachten Verfahrens über den Unterhalt Minderjähriger ebenfalls den Amtsgerichten überbezirkliche Zuständigkeiten zuzuweisen.

X. Internationale Zuständigkeit

17 Die **internationale** Zuständigkeit regelt, ob eine Streitigkeit mit Auslandsbezug die Zuständigkeit deutscher Gerichte in ihrer Gesamtheit begründet oder ob Gerichte in einem anderen Staat zuständig sind.[54] Dabei ist zu berücksichtigen, dass die internationale Zuständigkeit deutscher Gerichte mit derjenigen ausländischer Gerichte konkurrieren kann und nur selten ausschließlich ist.[55] Die ZPO enthält Regelungen über die internationale Zuständigkeit in den §§ 606a Abs. 1, 640a Abs. 2, 661 Abs. 3. Im Unterschied zur internationalen bezieht sich die örtliche Zuständigkeit auf ein vom Kläger konkret angerufenes Gericht. Daraus folgt regelmäßig aber auch, dass, sobald unter Anwendung der Gerichtsstandsregelungen der ZPO die örtliche Zuständigkeit eines Gerichts gegeben ist, ebenso die internationale Zuständigkeit besteht (Grundsatz der Doppelfunktionalität der örtlichen Zuständigkeitsnormen).[56] Zu beachten sind auch die Zuständigkeitsregelungen der EUGVVO (Brüssel-I-Verordnung). Diese Verordnung ersetzt das EuGVÜ. Während das EuGVÜ als völkerrechtlicher Vertrag der Ratifikation durch die einzelnen Mitgliedstaaten bedurfte, gilt die EuGVVO unmittelbar. Das EuGVÜ bleibt auf Grund einer Sonderabrede im Verhältnis zu Dänemark (Art. 1 Abs. 3 EuGVVO) und teilweise zu den nach Art. 299 EG vom Anwendungsbereich des EG ausgenommenen (idR vom jeweiligen Mitgliedstaat räumlich getrennten, aber abhängigen)[57] Territorien anwendbar.[58] Die EuGVVO enthält unmittelbar anwendbare Zuständigkeitsregelungen zB in den Art. 5ff. EuGVVO, die auch die örtliche Zuständigkeit betreffen.[59] Durch sie wird die innerstaatliche Zuständigkeitsordnung der Vertragsparteien verdrängt. Diese Regelungen sind daher bereits im Erkenntnisverfahren vom deutschen Richter anzuwenden.

13 *Allgemeiner Gerichtsstand des Wohnsitzes* **Der allgemeine Gerichtsstand einer Person wird durch den Wohnsitz bestimmt.**

I. Normzweck

1 Der allgemeine Gerichtsstand natürlicher Personen wird durch die Vorschrift des § 13 am Ort ihres Wohnsitzes begründet. Dort hat die Person regelmäßig ihre rechtlichen Angelegenheiten wahrzunehmen. Die Waffengleichheit der Parteien (§ 12 Rn. 1) gebietet es, dass der Beklagte sich gegen einen Angriff des Klägers nicht vor einem auswärtigen Gericht soll verteidigen müssen.[1] Es ist aber nicht notwendig, dass die maßgeblichen rechtlichen Angelegenheiten des Beklagten tatsächlich an dessen Wohnsitz wahrgenommen werden. Geht der Beklagte seinen rechtlichen oder wirtschaftlichen Angelegenheiten de facto an einem anderen Orte als seinem Wohnsitz nach, rührt daraus kein Recht des Beklagten her, verlangen zu können, nicht an seinem allgemeinen Gerichtsstand verklagt zu werden. Dies gilt, obwohl in diesen Fällen die Gerechtigkeitserwägungen, die der Normierung des allgemeinen Gerichtsstandes zu Grunde liegen, im Einzelfall nicht zum Tragen kommen.

II. Anwendungsbereich

2 **1. Wohnsitz.** Der Gerichtsstand gemäß § 13 greift unabhängig von der Staatsangehörigkeit[2] nur für **natürliche Personen** ein, die einen Wohnsitz im Inland haben.[3] Für juristische Personen kommt § 17 zur Anwendung. Der Wohnsitz der Person ist nach den Vorschriften der §§ 7 bis 11 BGB zu bestimmen.[4] Gleichwohl handelt es sich bei dem von den Vorschriften der ZPO über den Gerichtsstand gebrauchten Begriff des Wohnsitzes um ein prozessuales Institut, so dass sich die Frage des Wohnsitzes eines **Ausländers** im Inland nicht nach dem Personalstatut entscheidet, sondern allein nach deutschem Recht. **Wohnsitz** ist der Ort, an dem sich jemand niederlässt, um ihn zum räumlichen Schwerpunkt (Mittelpunkt) seiner gesamten Lebensverhältnisse zu machen.[5] Die Begründung des Wohnsitzes ist dabei die tatsächliche Niederlassung verbunden mit dem Willen, den Ort zum ständigen Schwerpunkt der Lebensverhältnisse zu machen.[6] Die-

---

[54] *Schack* Rn. 188; *Lüke* Rn. 84; *Jauernig* ZPR § 6 II 1.
[55] *T/P/Hüßtege* § 1 Vorbem Rn. 6; *Jauernig* ZPR § 6 II 1.
[56] *Schilken,* Festschr. f. Musielak, 2004, S. 435, 439; BGHZ 115, 90ff.; 94, 156, 157 m. weit. Nachw.; BGH NJW 1999, 1396; BGHReport 2001, 894; *Schack* Rn. 190, 236; *Lüke* Rn. 84.
[57] Ausführlich *Kropholler* Einl. z. EUGVO Rn. 20ff.
[58] Vgl. *Adolphsen* IPRax 2000, 81ff.; *Hess* NJW 2000, 23ff.
[59] *T/P/Hüßtege* Vor Art. 5–7 EUGVVO Rn. 1.
[1] BGHZ 88, 331, 335 = NJW 1984, 739; BGHZ 115, 90, 92 = NJW 1991, 3092.
[2] BGH WM *1975, 915*; FamRZ 1994, 299; *Schack* Rn. 244; *Kropholler* Einl. Rn. 68, Art. 2 EuGVO Rn. 1.
[3] OLG Köln IPRax 2003, 459.
[4] BGH NJW 2002, 960; RGZ 126, 8, 9f.; *Bengelsdorf* BB 1989, 2394.
[5] BGH FamRZ 1987, 693, 694; BGH LM § 7 BGB Nr. 3; BayObLGZ 1985, 161.
[6] BGHZ 7, 104, 107f. = NJW 1952, 1251; BayObLG 1985, 161; *Palandt/Heinrichs* § 7 Rn. 6.

ser Akt stellt sich insoweit als rechtsgeschäftsähnliche Handlung dar und kann auch konkludent erfolgen.[7] Dabei ist auch die Begründung eines Doppelwohnsitzes denkbar, wenn beide Wohnsitze den Lebensschwerpunkt bilden (zB Sommer- und Winterdomizil).[8] Nicht ausreichend zur Begründung eines Wohnsitzes ist es, wenn an eine im Ausland lebende Person anlässlich eines Besuchs in Deutschland in zulässiger Weise eine Klage zugestellt werden konnte.[9] Der Wohnsitz ist daher etwas anderes als der Aufenthaltsort einer Partei, an den die Vorschrift des § 16 anknüpft und der durch ein rein tatsächliches Verhalten (das längere Verweilen an einem Ort)[10] begründet wird (§ 16 Rn. 3). § 7 Abs. 1 BGB spricht vom „Ort"; Wohnsitz bezeichnet daher die politische Gemeinde, in der die Wohnung des Beklagten liegt. Dieser Wohnsitz muss nicht auf eine Gemeinde beschränkt sein. Befinden sich auf dem Gemeindeterritorium mehrere Gerichtsbezirke, gibt den Ausschlag, in welchem Gebiet der Gemeinde die Wohnung liegt.[11] Ändern sich die Gemeindegrenzen, dann kommt es zur entsprechenden Änderung des Wohnsitzes.[12] Bei einer Reihe von Personen besteht ein **gesetzlicher Wohnsitz.** Für (Berufs- und Zeit-) Soldaten ist dies gemäß § 9 Abs. 1 S. 1 BGB der aktuelle Standort (Garnisonsort) oder, wenn dieser im Ausland liegt, der letzte inländische Standort, § 9 Abs. 1 S. 2 BGB. Minderjährige Kinder teilen nach § 11 S. 1 BGB den Wohnsitz ihrer Eltern, wenn diese einen gemeinsamen Wohnsitz unterhalten. Haben die Eltern verschiedene Wohnsitze und gemeinsames Sorgerecht (§§ 1626 Abs. 1, 1626a Abs. 1 BGB), besteht für die Kinder ein abgeleiteter Doppelwohnsitz.[13] Dieser entfällt jedoch bei Auflösung der gemeinsamen Sorge iSd. § 1671 Abs. 1 BGB. Dies gilt auch, wenn ein Kind erst nach der Trennung geboren wurde.[14] Hat nur ein Elternteil die Personensorge, haben die Kinder den bzw. die abgeleiteten Wohnsitze dieses Elternteils, § 11 S. 1 Alt. 2 BGB. Mit dem Wechsel der Alleinsorge der Mutter zu der des Vaters gemäß § 1672 Abs. 1 S. 1 BGB ändert sich der Wohnsitz des Kindes.[15] Der bei gemeinsamen Sorgerecht und getrennten Wohnungen bestehende Doppelwohnsitz des Kindes entfällt beim Tode eines Elternteils nicht automatisch, sondern bedarf der Aufhebung, § 11 S. 3.[16] Für Unterhaltsklagen volljähriger Kinder greift § 13 und nicht § 642 Abs. 1 ein.[17]

2. Partei kraft Amtes. Steht auf der Beklagtenseite eine Partei kraft Amtes (zB Zwangsverwalter, Testamentsvollstrecker), so ist Gerichtsstand deren Wohnsitz.[18] Denn der Vermögensverwalter rückt in die Verwaltungs- und Verfügungsbefugnisse des Gemeinschuldners auf Grund der Einsetzung in sein Amt ein.[19] Auf den Wohnsitz, den Sitz des Gemeinschuldners[20] oder den Sitz der Masse[21] kommt es demgegenüber nicht an (§ 12 Rn. 4 und § 17 Rn. 6). Für Klagen gegen den **Insolvenzverwalter,** die sich auf die Insolvenzmasse beziehen, gilt jedoch die spezielle Regel des § 19a (§ 19a Rn. 4f.). 3

3. Aufhebung des Wohnsitzes. Nach § 7 Abs. 3 BGB setzt die Aufhebung des Wohnsitzes die tatsächliche Aufgabe der Niederlassung ebenso wie einen (auch konkludent erklärten)[22] Willen zur Aufhebung voraus.[23] Daran fehlt es bei unfreiwilliger Aufgabe des Wohnsitzes, etwa auf Grund einer Inhaftierung der Person.[24] Geschäftsunfähige und beschränkt Geschäftsfähige können gemäß § 8 Abs. 1 BGB nur mit Zustimmung der gesetzlichen Vertreter ihren Wohnsitz aufgeben; etwas anderes gilt nur für Minderjährige, die verheiratet sind oder waren, § 8 Abs. 2 BGB. Betreute Volljährige stehen nur bei Anordnung eines Einwilligungsvorbehaltes für den Aufgabenkreis des Betreuers (§ 1903 Abs. 1 S. 1, Abs. 3 BGB) den beschränkt Geschäftsfähigen gleich. In diesem Fall entscheidet der Betreuer gemäß § 1902 BGB über den Wohnsitz; seine Entscheidung zur Aufgabe der Mietwohnung bedarf jedoch der Genehmigung des Vormundschaftsgerichts (§ 1907 Abs. 1 BGB). 4

III. Internationale Zuständigkeit

Im Anwendungsbereich der EuGVVO kommt deren Art. 2 zum Tragen. Diese Vorschrift knüpft auch an den Wohnsitz an und legt die internationale Zuständigkeit fest, während § 13 die örtliche Zuständigkeit innerhalb Deutschlands regelt.[25] Zur Bestimmung des Wohnsitzes ist dann nach Art. 59 Abs. 1 EuGVVO das Recht des angerufenen Gerichts anzuwenden. Wird insoweit kein Wohnsitz im Inland festgestellt, 5

---

7 BGHZ 7, 104, 107f. = NJW 1952, 1251; *Palandt/Heinrichs* § 7 Rn. 7.
8 BVerwG NJW 1986, 674; *Palandt/Heinrichs* § 7 Rn. 13.
9 OLG Köln NJW-RR 2003, 864.
10 BGH NJW 1983, 2771f.
11 BVerfG NJW 1980, 1618, 1619.
12 BVerwGE 5, 108; *Palandt/Heinrichs* § 7 Rn. 1.
13 BGHZ 48, 228, 234; BGH NJW 1995, 1224 m. weit. Nachw.; NJW 1993, 4; NJW-RR 1994, 322.
14 KG NJW 1964, 1577f.; OLG Karlsruhe NJW 1963, 1252; aA OLG Saarbrücken FamRZ 1964, 633.
15 MK/*Patzina* Rn. 19; BGH NJW 1995, 1224 m. weit. Nachw.
16 *St/J/Roth* Rn. 9; MK/*Patzina* Rn. 22; BayObLGZ 1973, 331.
17 OLG Stuttgart OLGR 1999, 129; OLG Hamm FamRZ 2005, 1259.
18 *B/L/H* Rn. 3; *Zi* Rn. 1; BGH NJW 1984, 739; aA OLG Frankfurt OLGR 1997, 175.
19 BGHZ 24, 396; 88, 335; 38, 284; 51, 214; *Palandt/Heinrichs* Einf v § 164 Rn. 9; *Smid/Rattunde* § 80 Rn. 11ff.; aA *K. Schmidt* KTS 1984, 345, 382.
20 *St/J/Roth* Rn. 18; MK/*Patzina* Rn. 8; aA *K. Schmidt* NJW 1984, 1341.
21 *Tintelnot* ZZP 98 (1985), 86, 89; *St/J/Roth* Rn. 18; anders BGHZ 88, 331, 335 = NJW 1984, 739.
22 MK-BGB/*Schmitt* § 7 Rn. 39; OLG Karlsruhe Rpfleger 1972, 202.
23 BGH NJW 1988, 713; BayObLG NJW-RR 1998, 85.
24 MK-BGB/*Schmitt* § 7 Rn. 40; BayObLGZ 1962, 230, 231.
25 *Kropholler* Art. 2 EuGVO Rn. 1.

kommt subsidiär Art. 59 Abs. 2 EuGVVO zur Anwendung. Zu prüfen ist, ob ein Wohnsitz in einem anderen Mitgliedsstaat besteht, wobei dann dessen Recht maßgeblich ist.

14 *(weggefallen)*

15 *Allgemeiner Gerichtsstand für exterritoriale Deutsche*

(1) [1]Deutsche, die das Recht der Exterritorialität genießen, sowie die im Ausland beschäftigten deutschen Angehörigen des öffentlichen Dienstes behalten den Gerichtsstand ihres letzten inländischen Wohnsitzes. [2]Wenn sie einen solchen Wohnsitz nicht hatten, haben sie ihren allgemeinen Gerichtsstand beim Amtsgericht Schöneberg in Berlin.

(2) Auf Honorarkonsuln ist diese Vorschrift nicht anzuwenden.

I. Normzweck

1 Die Vorschrift des § 15 stellt sicher, dass Personen, die regelmäßig keinen Wohnsitz iSd. § 13, §§ 7 bis 11 BGB haben, vor einem allgemeinen inländischen (Hilfs-)Gerichtsstand verklagt werden können. Die Norm erhält im Gegensatz zur Vorgängerregelung des § 15 aF nicht den bisherigen **Wohnsitz** aufrecht oder fingiert einen solchen, sondern schafft unmittelbar einen Gerichtsstand im Inland.[1] Dennoch ist die Vorschrift des § 15 auch im Rahmen der EuGVVO, welche auf den nach nationalem Recht zu bestimmenden und ohnehin nicht in allen Mitgliedstaaten einheitlich geregelten Begriff „Wohnsitz" abstellt,[2] ein Anknüpfungspunkt zur Bestimmung der internationalen Zuständigkeit.[3] Da der Personenkreis, den § 15 Abs. 1 S. 1 Alt. 1 erfasst, im Gastland regelmäßig den Status von Exterritorialen (entsprechend dem Begriff der §§ 18ff. GVG)[4] einnimmt und daher dort nicht vor Gericht gezogen werden kann, dient die Norm der Justizgewährleistung.[5] Für den genannten Personenkreis bestimmt Abs. 1 S. 1 einen allgemeinen Gerichtsstand, der am Orte ihres letzten inländischen Wohnsitzes liegt. Fehlt es an einem solchen, sind auf Grund der durch das JuMoG geänderten Fassung des Abs. 1 S. 2 die Schwierigkeiten der Zuständigkeitsbestimmung innerhalb Berlins beseitigt;[6] gleichermaßen wie zB bei §§ 606 Abs. 3, 640a Abs. 1 S. 4, 689 Abs. 2 S. 2 ist dann der Gerichtsstand beim Amtsgericht Schöneberg in Berlin begründet.

II. Anwendungsbereich

2 **1. Deutsche Exterritoriale.** Der persönliche Anwendungsbereich des § 15 Abs. 1 S. 1 Alt. 1 erstreckt sich auf deutsche Exterritoriale. Die Norm knüpft damit im Gegensatz zu § 13 an die **deutsche Staatsangehörigkeit** an. Wer die deutsche Staatsangehörigkeit besitzt und damit Deutscher iSd. Vorschrift ist, richtet sich nach den §§ 2ff. StAG. Wer das Recht der Exterritorialität genießt, ergibt sich zum einen aus völkerrechtlichen Regelungen, zum anderen aus den §§ 18 bis 20 GVG. Dabei zielen diese Vorschriften auf Exterritoriale in der Bundesrepublik Deutschland ab, welche Immunität mit der Folge der Befreiung von der deutschen Gerichtsbarkeit für sich beanspruchen können. Eine gegen solche Personen innerhalb Deutschlands erhobene Klage wäre als unzulässig abzuweisen.[7] Daraus folgt, dass die Norm des § 15 Abs. 1 S. 1 Alt. 1 nur die im Ausland lebenden exterritorialen Deutschen[8] erfasst.

3 **2. Deutsche Angehörige des öffentlichen Dienstes.** Gemäß § 15 Abs. 1 S. 1 Alt. 2 sind deutsche Angehörige des öffentlichen Dienstes ebenfalls in den Anwendungsbereich der Norm einbezogen. Dabei handelt es sich namentlich um Beamte, Angestellte und Arbeiter des Bundes, der Länder oder von Körperschaften oder Anstalten des öffentlichen Rechts sowie Berufskonsuln iSd. § 18 KonsG. Problematisch ist bei dieser Personengruppe, dass sie im Ausland keine Exterritorialität genießt und damit bei fehlendem Wohnsitz in Deutschland innerhalb des Geltungsbereichs der EuGVVO im Ausland gemäß Art. 2 Abs. 1 EuGVVO verklagt werden kann, wenn dort ein Wohnsitz besteht.[9] In diesen Fällen bedarf es an sich nicht der Justizgewährung (Rn. 1) und damit der Schaffung eines inländischen Gerichtsstandes. Außerdem stellt sich die Frage der internationalen Zuständigkeit. Zu berücksichtigen ist jedoch, dass § 15 auch als Anknüpfungspunkt für den Wohnsitz iSd. EuGVVO dient (Rn. 1) und beim Vorliegen seiner Voraussetzungen auch die internationale Zuständigkeit zu bejahen ist, Art. 2 Abs. 1, 59 Abs. 1 EuGVVO.[10] Damit bestehen nicht nur besondere Gerichtsstände, sondern evtl. auch ein ausländischer Gerichtsstand neben der Regelung des § 15.[11] **Honorarkonsuln** nach § 20 KonsG werden durch § 15 Abs. 2 von der Regelung des Abs. 1 ausdrücklich ausgenommen.

---

[1] *St/J/Roth* Rn. 6.
[2] *Geimer,* Festschr. f. Musielak, 2004, S. 169, 172.
[3] *St/J/Roth* Rn. 9.
[4] *T/P/Hüßtege* Rn. 1; MK/*Patzina* Rn. 2; BGH NJW 2006, 1810.
[5] *Zö/Vollkommer* Rn. 2; *St/J/Roth* Rn. 1; OLG Köln IPrax 2003, 59.
[6] *Zö/Vollkommer* Rn. 1; *T/P/Hüßtege* Rn. 2.
[7] MK/*Patzina* Rn. 2.
[8] Vgl. BGH NJW 2006, 1810.
[9] *St/J/Roth* Rn. 10; ausf. zum Wohnsitz innerhalb der europäischen Zuständigkeitsordnung *Geimer,* Festschr. f. Musielak, 2004, S. 169, 170ff.
[10] *St/J/Roth* Rn. 9f.; idS MK/*Patzina* Rn. 11.
[11] *Zi* Rn. 1; *B/L/H* Rn. 1; MK/*Patzina* Rn. 7, 11; *St/J/Roth* Rn. 7, 9f.

3. Abgeleiteter Gerichtsstand. Kinder von Personen, die der Regelung des § 15 Abs. 1 S. 1 unterfallen, unterliegen ebenfalls der Gerichtsstandsfiktion, soweit sie einen abgeleiteten Wohnsitz gemäß § 11 BGB haben. Dabei ist zu beachten, dass § 15 Abs. 1 keine Wohnsitzfiktion normiert; dies wird indes als Gesetzgebungsversehen aufgefasst,[12] welches die Erstreckung der Gerichtsstandsfiktion auf die Kinder der Angehörigen des öffentlichen Dienstes nicht hindert. Im Übrigen scheidet eine entsprechende Anwendung des § 15 auf Deutsche, die ihren Wohnsitz zwar im Ausland haben, aber nicht Exterritorialität genießen oder Angehörige des öffentlichen Dienstes sind, aus.[13] 4

4. Gerichtsstand beim Amtsgericht Schöneberg in Berlin. Soweit die von § 15 Abs. 1 S. 1 in Bezug genommenen Personen (Rn. 2ff.) einen entsprechenden Wohnsitz nicht hatten, wird für sie gemäß § 15 Abs. 1 S. 2 der allgemeine Gerichtsstand beim Amtsgericht Schöneberg in Berlin begründet. Im Hinblick auf die sachliche Zuständigkeit bleibt es unter den Voraussetzungen des § 71 GVG bei der Zuständigkeit des LG Berlin. 5

III. Verfahren

Die Gerichtsstandsfiktion greift nur ein, soweit der Beklagte keinen allgemeinen inländischen Gerichtsstand hat. Behauptet der Beklagte, einen ausländischen Wohnsitz innezuhaben und hat er daneben noch einen früheren inländischen Wohnsitz beibehalten, greifen entweder §§ 12, 13 ein oder der Gerichtsstand des angerufenen Gerichts ergibt sich aus § 15 Abs. 1 S. 1. Das Gericht kann insoweit seine Zuständigkeit im Wege einer Wahlfeststellung bejahen.[14] 6

IV. Systematische Stellung

Neben § 15 können auch die besonderen Gerichtsstände der §§ 20 bis 34 eingreifen.[15] Der Sondergerichtsstand des § 606 Abs. 2 schließt dagegen die Anwendbarkeit des § 15 Abs. 1 aus. Ebenso sind sonstige ausschließliche Gerichtsstände nach deutschem Prozessrecht vorrangig.[16] Verfügt der Beklagte über einen ausländischen Gerichtsstand, bleibt dieser neben § 15 Abs. 1 bestehen (Rn. 3). 7

16 *Allgemeiner Gerichtsstand wohnsitzloser Personen* **Der allgemeine Gerichtsstand einer Person, die keinen Wohnsitz hat, wird durch den Aufenthaltsort im Inland und, wenn ein solcher nicht bekannt ist, durch den letzten Wohnsitz bestimmt.**

I. Normzweck

Die Vorschrift bezweckt, Klagen gegen wohnsitzlose Personen unabhängig von deren Staatsangehörigkeit[1] dadurch zu ermöglichen, dass für diese ein allgemeiner Gerichtsstand begründet wird. § 16 erlangt damit als Auffangnorm insbesondere gegenüber Landfahrern, herumziehenden Schaustellern, Artisten u. ä., aber auch für (politische) Flüchtlinge Bedeutung.[2] 1

II. Anwendungsbereich

§ 16 ist unter der Voraussetzung anwendbar, dass der Beklagte **gänzlich wohnsitzlos** ist (zum Wohnsitz § 13 Rn. 2).[3] Maßstab hierfür ist § 7 BGB. Bei Ausländern ist hingegen nur das Bestehen eines inländischen Wohnsitzes nach deutschem Recht, das Vorhandensein eines Wohnsitzes im Ausland jedoch nach ausländischem Recht zu bestimmen.[4] Wird der Wohnsitz aufgegeben und ist die Begründung eines neuen Wohnsitzes trotz Nachforschung nicht geklärt, bleibt § 16 bis zum Nachweis des neuen Wohnsitzes anwendbar.[5] Wohnsitzlos iSd. Vorschrift sind etwa Seeleute mit dauerndem Aufenthalt auf einem Schiff.[6] Besteht ein Wohnsitz im Ausland, kommt § 16 nicht zur Anwendung, vielmehr gilt dann § 13.[7] Ebenso ist die Norm grundsätzlich nicht auf Kinder von Wohnsitzlosen anwendbar.[8] Für diese ist bis zu seiner rechtsgültigen Aufhebung der abgeleitete letzte Wohnsitz der Eltern (§ 11 S. 1, 3 BGB) maßgeblich; eine Ausnahme greift nur, wenn die Eltern bereits zur Zeit der Geburt des Kindes wohnsitzlos waren und seitdem keinen neuen Wohnsitz begründet haben.[9] 2

---

12 *St/J/Roth* Rn. 6; MK/*Patzina* Rn. 5.
13 OLG Köln IPrax 2003, 59ff.
14 MK/*Patzina* Rn. 7; *St/J/Roth* Rn. 8.
15 *Zö/Vollkommer* Rn. 3; *B/L/H* Rn. 1.
16 *St/J/Roth* Rn. 7.
1 *Geimer* Rn. 1141; *St/J/Roth* Rn. 2.
2 MK/*Patzina* Rn. 7; *St/J/Roth* Rn. 1.
3 OLG Köln IPRax 2003, 59; OLG Köln NZI 2001, 380, 381; OLG Stuttgart Justiz 1999, 16; OLG Saarbrücken NJW-RR 1993, 191; LG Hamburg NJW-RR 1995, 184; *Hein* IPRax 2004, 418.
4 MK/*Patzina* Rn. 3; KG FamRZ 1961, 383, 384; aA *Neuhaus* FamRZ 1961, 540.
5 LG Hamburg Rpfleger 2002, 467 m. zust. Anm. *Schmidt;* OLG Zweibrücken Rpfleger 1999, 499, 500.
6 *T/P/Hüßtege* Rn. 1; *St/J/Roth* Rn. 5; BGH IPRax 1983, 80; aA LG Hamburg NJW-RR 1995, 194.
7 *Schack* Rn. 247; *Zö/Vollkommer* Rn. 4; OLG Stuttgart Justiz 1999, 16.
8 MK/*Patzina* Rn. 4; *Zö/Vollkommer* Rn. 3.
9 *St/J/Roth* Rn. 6; MK/*Patzina* Rn. 4.

III. Aufenthaltsort

3 Anknüpfungspunkt der Bestimmung des allgemeinen Gerichtsstandes wohnsitzloser Personen ist deren Aufenthaltsort. Unter diesem Begriff ist das tatsächliche gewollte oder ungewollte, gewöhnliche dauernde oder wenigstens vorübergehende körperliche Sein an einem Ort zu verstehen.[10] Im Sinne der Vorschrift des § 16 ist jedoch nur der Ort **wenigstens vorübergehenden Aufenthalts,** etwa bei einer Durchreise,[11] zu verstehen. Nicht erforderlich ist ein dem § 20 entsprechender „dauernder" oder ein „gewöhnlicher" Aufenthalt iSd. § 606 Abs. 1, Abs. 2 S. 1, 2.[12] Maßgeblich ist die Möglichkeit der Zustellung einer Klageschrift an den Beklagten,[13] wobei die Vornahme derselben im Wege der Ersatzzustellung genügt.[14] Unbeachtlich ist der Grund des Aufenthalts. Dieser kann dehalb auch unfreiwillig, zB in einem Krankenhaus oder einer Strafanstalt, sein.[15] Hat der Beklagte seinen Aufenthaltsort im **Ausland,** wird dadurch der Gerichtsstand gemäß § 16 nicht ausgeschlossen,[16] vgl. § 16 Halbs. 2. Lag indes der letzte bekannte Wohnsitz im Ausland, ist darauf zurückzugreifen.[17]

IV. Verfahren

4 Der Kläger hat den **Nachweis** für die Voraussetzungen des § 16 zu führen, mithin dass der Beklagte wohnsitzlos ist.[18] Hierfür genügt, dass ein Wohnsitz trotz ernstlicher Nachforschungen, etwa über die Einholung einer polizeilichen Auskunft, nicht bekannt ist.[19] Dem Kläger obliegt es zudem, den Nachweis des Aufenthaltsortes des Beklagten sowie des letzten Wohnsitzes im Bezirk des angerufenen Gerichts zu erbringen. Das Gericht kann dabei im Wege der **Wahlfeststellung** die Bestimmung des einschlägigen Wohnsitzes bzw. Gerichtsstandes vornehmen, wenn der Beklagte entweder seinen Wohnsitz (§§ 12, 13) oder seinen Aufenthaltsort (§ 16 Alt. 1) im Gerichtsbezirk hat oder dort seinen letzten Wohnsitz hatte (§ 16 Alt. 2). Der Gerichtsstand des Aufenthaltsortes ist seitens des Beklagten durch den Nachweis des Bestehens eines Wohnsitzes im Zeitpunkt der Klageerhebung (§§ 253 Abs. 1, 261 Abs. 1) widerlegbar.[20] Hinsichtlich des Gerichtsstandes des letzten Wohnsitzes iSd. § 16 Alt. 2 genügt, dass im Zeitpunkt der Klageerhebung der Aufenthaltsort unbekannt war. Insoweit kann der Beklagte die Anwendung von § 16 jedoch ausschließen, wenn er nachweist, dass der Kläger Kenntnis vom Aufenthaltsort hatte.[21] Im Übrigen führt ein nachträgliches Bekanntwerden des gegenwärtigen Aufenthaltsortes nicht zur Unzuständigkeit des Gerichts, da insoweit § 261 Abs. 3 Nr. 2 Anwendung findet (perpetuatio fori).[22]

V. Internationale Zuständigkeit

5 Neben dem allgemeinen Gerichtsstand aus § 16 können **besondere Gerichtsstände** gegeben sein. Auch insofern greift die Möglichkeit einer Wahlfeststellung des Gerichts ein (Rn. 4). Im Geltungsbereich der **EuGVVO** gilt bei Fehlen eines nach deutschem Recht zu bestimmenden Wohnsitzes (Art. 59 Abs. 1 EuGVVO) des Beklagten in Deutschland zunächst Art. 4 Abs. 1 EuGVVO. Danach ist § 16 anwendbar, wenn der Beklagte im Hoheitsgebiet eines Vertragsstaates keinen Wohnsitz hat. Dazu ist auf das Recht des jeweiligen Mitgliedsstaates abzustellen, Art. 59 Abs. 2 EuGVVO. Lässt sich dann ein entsprechender Wohnsitz nicht ermitteln, hat aber der Beklagte einen Aufenthaltsort im Inland iSd. in Rn. 3 dargestellten Maßstäbe, kommt § 16 zur Anwendung. Fehlt ein solcher Aufenthaltsort im Inland und hatte der Beklagte seinen letzten Wohnsitz im Ausland, scheidet § 16 aus; die Klage ist dann in dem Mitgliedsstaat des letzten Wohnsitzes zu erheben.[23]

17 ***Allgemeiner Gerichtsstand juristischer Personen*** **(1) [1]Der allgemeine Gerichtsstand der Gemeinden, der Korporationen sowie derjenigen Gesellschaften, Genossenschaften oder anderen Vereine und derjenigen Stiftungen, Anstalten und Vermögensmassen, die als solche verklagt werden können, wird durch ihren Sitz bestimmt. [2]Als Sitz gilt, wenn sich nichts anderes ergibt, der Ort, wo die Verwaltung geführt wird.**

(2) Gewerkschaften haben den allgemeinen Gerichtsstand bei dem Gericht, in dessen Bezirk das Bergwerk liegt, Behörden, wenn sie als solche verklagt werden können, bei dem Gericht ihres Amtssitzes.

---

10 LG Hamburg NJW-RR 1995, 184; *B/L/H* Rn. 3; vgl. auch BayObLG NJW 2003, 596 (zu § 73 Abs. 1 FGG).
11 *Zö/Vollkommer* Rn. 7; *St/J/Roth* Rn. 4; MK/*Patzina* Rn. 6; KG OLGZ 1973, 149, 150.
12 *Wiecz/Sch/Hausmann* Rn. 6; *St/J/Roth* Rn. 4.
13 MK/*Patzina* Rn. 6; *St/J/Roth* Rn. 4; *Wiecz/Sch/Hausmann* Rn. 6.
14 *Wiecz/Sch/Hausmann* Rn. 6, Fn. 16.
15 BGH NJW-RR 1988, 387; BayObLG VersR 1985, 741; KG OLGZ 1973, 149, 151.
16 *Zö/Vollkommer* Rn. 5; MK/*Patzina* Rn. 8; OLG Stuttgart Justiz 1999, 16.
17 *B/L/H* Rn. 3; *St/J/Roth* Rn. 5.
18 *St/J/Roth* Rn. 7.
19 BGH NJW-RR 1992, 578; OLG Düsseldorf OLGZ 1966, 303; OLG Zweibrücken NJW-RR 2000, 929; aA LG Halle Rpfleger 2002, 467 (stets Meldeauskunft und weiter gehende Ermittlungen erforderlich) m. abl. Anm. *Schmidt.*
20 *B/L/H* Rn. 4; OLG Hamburg OLGRspr. 19, 131.
21 *B/L/H* Rn. 4.
22 RGZ 27, 401.
23 *St/J/Roth* Rn. 3.

(3) Neben dem durch die Vorschriften dieses Paragraphen bestimmten Gerichtsstand ist ein durch Statut oder in anderer Weise besonders geregelter Gerichtsstand zulässig.

I. Normzweck

1 Die Vorschrift bestimmt mit Ausnahme des Fiskus für alle nichtnatürlichen Personen, die passiv parteifähig (§ 50 Rn. 13ff.) sind, einen allgemeinen Gerichtsstand. Entgegen dem Wortlaut der durch das ZPO-RG eingefügten amtlichen Überschrift sind von der Norm nicht nur juristische Personen des öffentlichen Rechts und des Privatrechts erfasst. Vielmehr bezweckt die Norm als Gegenstück zu § 13 die Regelung des umfassenden allgemeinen Gerichtsstandes auch von sonstigen passiv parteifähigen Personenverbindungen.[1] Die Norm dient damit wie auch die §§ 12, 13 der Prozesswirtschaftlichkeit, indem grundsätzlich passiv parteifähige nichtnatürliche Personen bei diesem Gerichtsstand aus jedem Rechtsgrund verklagt werden können. Für den Fiskus kommt § 18 zur Anwendung.

II. Anwendungsbereich

2 **1. Juristische Personen des Privatrechts.** Die vorliegende Vorschrift ist im Bereich der juristischen Personen des Privatrechts, also auf den rechtsfähigen Verein (§§ 21 bis 53, 55 bis 79 BGB), die Aktiengesellschaft (§§ 1ff. AktG), die Kommanditgesellschaft auf Aktien (§§ 278 bis 290 AktG), die Gesellschaft mit beschränkter Haftung (§§ 1ff. GmbHG), eingetragene Genossenschaften (§§ 1ff. GenG), den Versicherungsverein auf Gegenseitigkeit (§§ 15ff. VAG) und rechtsfähige Stiftungen des Privatrechts (§§ 80 bis 88 BGB) anwendbar. Aus dem ehemaligen öffentlichen Sondervermögen der Deutschen Bundespost sind als Unternehmen in privater Rechtsform die Deutsche Post AG, die Deutsche Postbank AG und die Deutsche Telekom AG hervorgegangen (Rechtsgrundlagen: Gesetz zur Änderung des GG,[2] Art. 87f Abs. 2 S. 1, 143b GG, PostumwandlungsG = Art. 3 des PostneuordnungsG – PTNeuOG).[3] Der allgemeine Gerichtsstand nach § 17 Abs. 1 der drei Postnachfolgeunternehmen ist damit seit dem 1. Mai 1995 Bonn. Die Deutsche Bahn AG hat als Rechtsnachfolgerin der Deutschen Bundesbahn ihren Sitz und damit ihren allgemeinen Gerichtsstand in Berlin.[4]

3 **2. Nicht rechtsfähige Personen- und Personenhandelsgesellschaften.** Über den Bereich der rechtsfähigen juristischen Personen hinaus findet § 17 auch auf diejenigen Personifikationen Anwendung, die im Zivilprozess passiv parteifähig sind (Rn. 1). Hierzu zählen die offene Handelsgesellschaft (§ 124 Abs. 1 HGB), die Kommanditgesellschaft (§§ 124 Abs. 1, 161 Abs. 2 HGB), die Partnerschaft (§ 7 Abs. 2 PartGG) und die EWIV[5], der nichtrechtsfähige Verein (§ 50 Abs. 2) sowie Gewerkschaften iSv. Koalitionen der Arbeitnehmer[6] (§ 50 Abs. 2, vgl. auch § 10 ArbGG) und politische Parteien (§ 3 PartG). Nach nunmehr gefestigter Rechtsprechung zählt hierzu auch die aktiv am Rechtsverkehr teilnehmende BGB-Gesellschaft.[7] Diese ist insofern rechtsfähig und damit im Prozess aktiv und passiv parteifähig.[8] Auf Grund der Verweisung in § 54 S. 1 BGB ist in der Konsequenz auch der nichtrechtsfähige Verein als rechtsfähig und damit parteifähig[9] einzuordnen. Damit ist an sich die Norm des § 50 Abs. 2 überflüssig (vgl. § 33 Rn. 5).[10] Darüber hinaus findet § 17 unabhängig vom Streit um ihre Rechtsnatur auch auf die Vor-GmbH[11] und die Vor-AG Anwendung.[12]

4 **3. Juristische Personen des öffentlichen Rechts.** Die Vorschrift ist auch auf juristische Personen des öffentlichen Rechts anwendbar. Um juristische Personen des öffentlichen Rechts handelt es sich bei den in den Staatsapparat eingegliederten oder autonom gestellten Körperschaften. Dazu gehören der Bund, die Länder, die Gemeinden und Gemeindeverbände. Weiter erfasst die Norm diejenigen, welche ausdrücklich von Gesetzes wegen als juristische Person des öffentlichen Rechts anerkannt sind. Hierzu zählen Anstalten, Sozialversicherungsträger, öffentlich-rechtliche Stiftungen, Handwerkskammern, Landwirtschaftskammern, Rechtsanwalts- und Ärztekammern, Innungen, Zweckverbände, Jagdgenossenschaften,[13] Religionsgemeinschaften (Art. 140 GG, Art. 137 WRV)[14] und sonstige öffentlich-rechtliche Körperschaften sowie schließlich die durch internationale Verträge geschaffenen öffentlich-rechtlichen juristischen Personen. Im Hinblick auf die gegen den Fiskus gerichteten Klagen greift der allgemeine Gerichtsstand nach § 18; zu den Einzelheiten siehe dort.

---

[1] *Zö/Vollkommer* Rn. 1; *Jauernig* ZPR § 9 III 1; *St/J/Roth* Rn. 1; MK/*Patzina* Rn. 1.
[2] Vom 30. 8. 1994 (BGBl. I S. 2245).
[3] Vom 14. 9. 1994 (BGBl. I S. 2325).
[4] *St/J/Roth* Rn. 3; aA *Zö/Vollkommer* Rn. 14; MK/*Patzina* Rn. 7.
[5] Europäische Wirtschaftliche Interessenvereinigung (EWIV), vgl. Verordnung (EWG) Nr. 2137/85 des Rates v. 25. Juli 1985.
[6] BGHZ 50, 325, 333f. = NJW 1968, 1830; BGHZ 109, 16ff.; LG Frankfurt NJW 1977, 538.
[7] BGHZ 146, 341 = NJW 2001, 1056; ZIP 2002, 614; NJW 2003, 1043; OLG Köln NJW 2004, 862; LG Bonn NJW-RR 2002, 1399; *Müther* MDR 2002, 987; *Wertenbruch* NJW 2002, 324, 325.
[8] BVerfG NJW 2002, 3533 (Grundrechtsfähigkeit der GbR); BGH ZIP 2002, 614; NJW 2002, 1642; 2001, 1056; OLG Celle OLGR 2001, 198; LG Bonn NJW-RR 2002, 1399; aA *Jauernig* ZPR § 19 II 1 m. weit. Nachw.
[9] *Jauernig* ZPR § 19 II 2; BGHZ 50, 327ff.; *St/J/Roth* Rn. 4.
[10] *St/J/Roth* Rn. 4; *Jauernig* ZPR § 19 II 2.
[11] BGH NJW 1998, 1080; BayObLGZ 1978, 267; OLG Brandenburg OLG-NL 2004, 40.
[12] *St/J/Roth* Rn. 4; BGH NJW 1992, 1824.
[13] OLG Celle NJW 1955, 834.
[14] RGZ 62, 355, 359; 118, 22, 27 (zur katholischen Kirche); *Scheffler* NJW 1977, 740 (zu den evangelischen Kirchen).

5 **4. Gründung und Liquidation.** Für die Begründung und das Ende des Gerichtsstandes gemäß § 17 ist der Erwerb der Rechtsfähigkeit oder der Teilrechtsfähigkeit bzw. deren Verlust maßgeblich. Der Gerichtsstand des § 17 endet noch nicht mit dem Eintritt der Auflösung, Abwicklung bzw. der Liquidation.[15] Dabei ist insbesondere für die GmbH § 69 Abs. 2, für Aktiengesellschaft § 264 Abs. 2 AktG, für die Genossenschaft § 87 Abs. 2 GenG, für den Verein § 49 Abs. 2 BGB und für die Kommanditgesellschaft auf Aktien § 278 Abs. 3 AktG zu beachten, wonach auf die vollzogene Verteilung des Vermögens abzustellen ist.[16] Unerheblich ist auch, ob im Bezug auf die juristische Person oder Personifikation ein Verfahren der Auseinandersetzung, Umwandlung oder Verschmelzung durchgeführt wird.[17]

6 **5. Keine Anwendbarkeit auf Sondervermögen.** Dagegen greift § 17 nicht ein,[18] soweit Klagen mit dem Ziel erhoben werden, die rechtliche Voraussetzung der Haftung der Masse als Sondervermögen festzustellen. So ist insbesondere bei Klagen gegen Parteien kraft Amtes (zB Zwangsverwalter, Testamentsvollstrecker) Gerichtsstand deren Wohnsitz, § 13.[19] Auf den Sitz der Masse[20] kommt es demgegenüber nicht an (§ 12 Rn. 4 und § 13 Rn. 3). Auch die frühere Streitfrage im Konkursrecht, ob Klagen gegen die Konkursmasse am (Wohn-)Sitz des Gemeinschuldners, des Konkursverwalters oder am Ort der Konkursverwaltung erhoben werden müssen,[21] ist geklärt, weil dies durch § 19a[22] für den **Insolvenzverwalter** geregelt ist (vgl. § 19a Rn. 1).

III. Sitz und allgemeiner Gerichtsstand der juristischen Person

7 **1. Grundsatz: Bestimmung des Sitzes aus dem materiellen Recht, § 17 Abs. 1 S. 1.** Zur Bestimmung des Ortes, an dem sich der Sitz befindet, ist auf die jeweiligen Regelungen im materiellen Recht zurückzugreifen. a) **Inländische juristische Personen und Personifikationen des Privatrechts.** Im Allgemeinen legen juristische Personen des Privatrechts ihren Sitz durch Satzung fest. Für die Aktiengesellschaft ergibt sich dies aus § 5 AktG, die Kommanditgesellschaft auf Aktien nach § 278 AktG, die GmbH gemäß § 3 Abs. 1 GmbHG, den Verein über §§ 24, 57 BGB, privatrechtliche Stiftungen aus § 80 Abs. 1 BGB, eingetragene Genossenschaften nach § 6 Nr. 1 GenG und den Versicherungsverein auf Gegenseitigkeit gemäß § 18 VAG. Der Sitz von Personenhandelsgesellschaften ist zum Handelsregister anzumelden, vgl. zur OHG § 106 Abs. 2 HGB und zur KG §§ 106 iVm. 161 Abs. 2 HGB. Bei fehlender Eintragung kommt § 17 Abs. 1 S. 2 zur Anwendung (Rn. 10). Zu ausländischen juristischen Personen siehe Rn. 9.

8 **b) Juristische Personen des öffentlichen Rechts.** Hier ist der hoheitliche Errichtungsakt, der den Sitz festlegt, entscheidend. Gegebenenfalls ist die juristische Person des öffentlichen Rechts auf Grund gesetzlicher Ermächtigung zur Sitzbestimmung im Wege der Satzung ermächtigt.[23]

9 **c) Ausländische juristische Personen.** Um solche handelt es sich außerhalb des Anwendungsbereichs der EuGVVO nach der Sitztheorie[24], wenn der effektive Verwaltungssitz der juristischen Person im Ausland liegt.[25] Dies ist nach der Rechtsprechung des BGH[26] der Ort, an dem die grundlegenden Entscheidungen der Unternehmensleitung in laufende Geschäftsführungsakte umgesetzt werden. Vorrangig ist dabei der durch die Satzung bestimmte Sitz zu berücksichtigen.[27] Bei einer umfassenden Verwaltungskonzentration in der inländischen Niederlassung einer ausländischen Gesellschaft kann aber trotz abweichender Satzung die Niederlassung als inländischer Sitz behandelt werden (vgl. Rn. 13).[28] Auf den Sitz von Betriebs- oder Produktionsstätten kommt es dagegen grundsätzlich nicht an.[29] Ebenso kann nicht ohne weiteres aus dem Umstand, dass eine nach englischem Recht gegründete Limited überwiegend oder vollständig im Inland Geschäfte betreibt, geschlossen werden, dass diese ihre Hauptverwaltung oder ihre Hauptniederlassung im Inland hat.[30] Allenfalls kann sich insoweit eine Zuständigkeit aus § 21 oder § 23 ergeben.[31] Bei **Konzerngesellschaften** ist für die Bestimmung des Sitzes nicht auf den der Muttergesellschaft abzustellen, sondern die Rechtsordnung am Sitz des beherrschten Unternehmens maßgeblich, weil dort die Herrschaftsmacht nach außen erkennbar ausgeübt wird.[32] Für eine inländische Gesellschaft ist die satzungsmäßige

---

[15] *Wiecz/Sch/Hausmann* Rn. 27; *T/P/Hüßtege* Rn. 2.
[16] MK/*Patzina* Rn. 8; *Zö/Vollkommer* Rn. 12.
[17] *St/J/Roth* Rn. 20; *B/L/H* Rn. 1; *Zö/Vollkommer* Rn. 12.
[18] BGHZ 88, 331, 335 = NJW 1984, 739.
[19] *Zi* Rn. 1; BGH NJW 1984, 739; aA OLG Frankfurt OLGR 1997, 175.
[20] *Tintelnot* ZZP 98 (1985), 86, 89; *St/J/Roth* Rn. 18; anders BGHZ 88, 331, 335 = NJW 1984, 739.
[21] Vgl. auch die Begründung BT-Drucks. 12/3803 S. 67f. (Entwurf) und 12/7303 S. 108 (Rechtsausschuss) zum zunächst vorgesehenen § 31a.
[22] Eingefügt durch Art. 18 EGInsO v. 5. 10. 1994 (BGBl. I S. 2911).
[23] BGH NJW 1960, 98 (LS) = JZ 1960, 444 m. Anm. *Pohle*.
[24] BGH NJW 2002, 3539 m. weit. Nachw.; OLG Köln ZIP 2007, 935.
[25] BGHZ 51, 27, 28 = NJW 1969, 188; BGHZ 53, 181, 183 = NJW 1970, 998; BGHZ 78, 318, 334 = NJW 1981, 522; BGHZ 97, 269, 271 = NJW 1986, 2194; OLG Saarbrücken NJW 1990, 647; OLG Frankfurt NJW 1990, 2204; vgl. auch *Borges* RIW 2000, 170ff.
[26] BGHZ 78, 318, 334 = NJW 1981, 522; BGHZ 97, 269, 271 = NJW 1986, 2194.
[27] *St/J/Roth* Rn. 13; OLG München NJW 1986, 2197f.; OLG Hamburg MDR 1977, 759.
[28] BayObLG WM 1986, 1557; NJW 1999, 654; LG Frankfurt VersR 1975, 993.
[29] BayObLGZ 1985, 272, 279.
[30] BayObLG NJW-RR 2006, 206.
[31] *St/J/Roth* Rn. 13.
[32] *Staudinger/Großfeld,* Internationales Gesellschaftsrecht, Rn. 241; OLG Hamburg MDR 1976, 402.

Angabe eines Sitzes im Ausland ohne sachlichen Anknüpfungspunkt nichtig,[33] da sich die juristische Person nicht durch die Angabe eines ausländischen Satzungssitzes der registergerichtlichen und verwaltungsrechtlichen Kontrolle im Inland entziehen kann. Insofern gilt dann der Verwaltungssitz nach § 17 Abs. 1 S. 2. Bei einer ausländischen Gesellschaft, der nach deutschem Recht die Rechtsfähigkeit und damit die nach § 17 Abs. 1 S. 1 erforderliche passive Parteifähigkeit an sich versagt wäre, kann bei Sitzverlegung nach Deutschland der Status einer vergleichbaren rechtsfähigen Gesellschaft zuerkannt werden. Insofern ist dann regelmäßig in Anlehnung an die Rechtsprechung des BGH zur GbR (vgl. Rn. 3) zumindest eine rechtsfähige Personengesellschaft iSd. § 14 Abs. 2 BGB anzunehmen und diese aktiv und passiv parteifähig.[34] Im Bereich der Anwendbarkeit der **EuGVVO** ist nach deren Art. 60 Abs. 1 im Gegensatz zu § 17 neben dem satzungsmäßigen Sitz auf den Ort der Hauptverwaltung oder den der Hauptniederlassung abzustellen. Etwas anderes gilt jedoch nach Art. 22 Nr. 2 EuGVVO für Klagen wegen der Gültigkeit, Nichtigkeit oder Auflösung der Gesellschaft oder juristischen Person sowie gegen die Beschlüsse ihrer Organe. Insoweit ist der ausschließliche Gerichtsstand am Sitz der Gesellschaft.[35] Bei der Entscheidung darüber, wo sich der Sitz befindet, wendet das Gericht die Vorschriften seines internationalen Privatrechts an; Art. 60 Abs. 1 EuGVVO ist insofern nicht anwendbar.[36]

2. Sitzbestimmung nach dem Ort der Verwaltung, § 17 Abs. 1 S. 2. Sofern sich der Sitz nicht aus der Satzung bzw. dem Gründungsakt entnehmen lässt, seine Bestimmung unwirksam (Rn. 10) oder sonst ein satzungsmäßiger Sitz nicht vorhanden ist (insbesondere **BGB-Außengesellschaft**), greift – hilfsweise – Abs. 1 S. 2 ein.[37] Dabei wird an den **Mittelpunkt** der geschäftlichen **Oberleitung** der Beklagten angeknüpft.[38] Darunter ist der Ort zu verstehen, an dem die laufenden grundlegenden Geschäftsführungsakte der dazu berufenen Vertretungsorgane vorgenommen werden.[39] Dagegen kommt es nicht auf den Ort der tatsächlichen Ausführung der geschäftlichen Entscheidungen an.[40] Ebenso sind, auch wenn die streitige Forderung dort entstanden ist, **Zweigniederlassungen** (vgl. § 50 Rn. 26)[41] sowie **Produktionsstätten** für die Bestimmung des allgemeinen Gerichtsstandes gemäß § 17 Abs. 1 S. 2 unerheblich; maßgeblich ist der Hauptsitz der juristischen Person. Ist bei einer ausländischen juristischen Person die inländische Zweigniederlassung in **wirtschaftlicher** Hinsicht verselbständigt, kommt mangels eigenständiger Rechts- und Parteifähigkeit Abs. 1 S. 2 nicht zur Anwendung.[42] Etwas anderes kann jedoch bei einer über die wirtschaftliche Verselbständigung hinausgehenden umfassenden und effektiven Verwaltungskonzentration in der inländischen Niederlassung in Betracht kommen (vgl. Rn. 9f.). Zu inländischen Niederlassungen ausländischer Versicherungsunternehmen vgl. § 106 VAG.[43] Für den Fall, dass ein nach dem Wortlaut von § 17 Abs. 1 S. 1 nicht vorgesehener Doppelsitz bestimmt ist, kommt die Auslegungsregel des § 17 Abs. 1 S. 2 ergänzend zur Anwendung.[44] Entscheidend ist dann der Ort, wo die Verwaltung geführt wird. 10

IV. Bergrechtliche Gewerkschaften und Behörden, § 17 Abs. 2

Bergrechtliche Gewerkschaften[45] haben mit dem 1. Januar 1986 durch Umwandlung in AG oder GmbH aufgehört zu existieren, § 163 Abs. 1 BBergG.[46] **Behörden** handeln regelmäßig als Vertreter[47] von Körperschaften oder des Fiskus (§ 18); Abs. 2 hat insoweit keinen Gegenstandsbereich. Im Übrigen haben sie ihren allgemeinen Gerichtsstand beim Gericht des Amtssitzes, § 17 Abs. 2 Halbs. 2.[48] 11

V. Zusatzgerichtsstand des Nebensitzes, § 17 Abs. 3

Juristische Personen können durch satzungsmäßige Festlegung neben dem allgemeinen Gerichtsstand des § 17 Abs. 1 S. 1 (Rn. 7ff.) noch einen **weiteren** allgemeinen Gerichtsstand an ihrem Nebensitz begründen.[49] Dabei handelt es sich nur um einen Zusatzgerichtsstand, der daher nicht als ausschließlicher geregelt werden darf.[50] Dieser Zusatzgerichtsstand schließt dementsprechend nicht die Befugnis des Klägers aus, zwischen dem allgemeinen und dem Zusatzgerichtsstand frei zu wählen. Weiter kann der zusätzliche Ge- 12

---

33 *Staudinger/Großfeld,* Internationales Gesellschaftsrecht, Rn. 243, 244; RGZ 107, 94, 97; BGHZ 19, 102, 105 = NJW 1956, 183; BGHZ 29, 320, 328 = NJW 1959, 1126.

34 BGH NJW 2002, 3539, 3540 m. Anm. *Haack* MDR 2002, 1383; OLG München ZIP 2002, 2132.

35 *Wiecz/Sch/Hausmann* Rn. 28 m. weit. Nachw.

36 *T/P/Hüßtege* Art. 22 EuGVVO Rn. 10.

37 *Zö/Vollkommer* Rn. 10; vgl. OLG Köln NJW 2004, 862, 863 (Anwaltssozietät); aA OLG Celle OLGR 2001, 198, 199 (§ 36 Abs. 1 Nr. 3).

38 *Wiecz/Sch/Hausmann* Rn. 20; MK/*Patzina* Rn. 13.

39 BGHZ 97, 269, 272; BGH ZIP 1986, 643, 644; BayObLGZ 1987, 267, 271.

40 OLG Köln ZIP 2007, 935.

41 RGZ 27, 421, 423; *Schlemmer* Rpfleger 1978, 201, 202.

42 *St/J/Roth* Rn. 15; *Wiecz/Sch/Hausmann* Rn. 21.

43 LG Frankfurt VersR 1975, 993.

44 LAG Düsseldorf EzA-SD 2003, 15.

45 RGZ 30, 208, 210.

46 Vom 13. August 1980 (BGBl. I S. 1310).

47 *Wiecz/Sch/Hausmann* Rn. 23; *B/L/H* Rn. 4.

48 MK/*Patzina* Rn. 16; *St/J/Roth* Rn. 16.

49 BGH NJW 1998, 1322; BayObLGR 1996, 23.

50 *St/J/Roth* Rn. 17; MK/*Patzina* Rn. 17; *Wiecz/Sch/Hausmann* Rn. 24 aE unter Hinweis darauf, dass die anders lautende Entscheidung des BGH (JZ 1960, 444 m. Anm. *Pohle*) durch die Gerichtsstandsnovelle von 1974 überholt ist.

richtsstand iSd. § 17 Abs. 3 „in anderer Weise" geregelt werden. Aus dem Kontext der Norm ergibt sich dabei, dass es sich insoweit um eine Regelung handeln muss, die im Rang einer Satzung bzw. der vergleichbaren Regelung des Grundverhältnisses entspricht.[51] So kann insbesondere bei juristischen Personen des öffentlichen Rechts zB durch Gesetz ein zusätzlicher Gerichtsstand geschaffen werden.[52]

VI. Konkurrenzen und internationale Zuständigkeit

13 Soweit gesetzlich geregelte ausschließliche Gerichtsstände eingreifen (§§ 132 Abs. 1 S. 1, 246 Abs. 3 S. 1, 249 Abs. 1 S. 1, 275 Abs. 4 S. 1 AktG, §§ 61 Abs. 3, 75 Abs. 2 GmbHG iVm. § 246 Abs. 3 S. 1 AktG, § 51 Abs. 3 S. 3 GenG, § 48 Abs. 1 VVG, § 3 Abs. 1 InsO[53], wird § 17 durch diese derogiert. Im Übrigen ist zu beachten, dass die Norm des § 17 doppelfunktionale Bedeutung hat.[54] Das heißt, soweit die Vorschrift Anwendung findet, ist neben der örtlichen regelmäßig auch die internationale Zuständigkeit gegeben (vgl. § 12 Rn. 17). Sofern eine ausländische Gesellschaft zwar nach der Satzung ihren Sitz im Ausland hat, jedoch ihre Verwaltung tatsächlich in Deutschland führt, ist deshalb auch die internationale Zuständigkeit deutscher Gerichte anzunehmen.[55]

18 *Allgemeiner Gerichtsstand des Fiskus* Der allgemeine Gerichtsstand des Fiskus wird durch den Sitz der Behörde bestimmt, die berufen ist, den Fiskus in dem Rechtsstreit zu vertreten.

I. Normzweck

1 § 18 ergänzt die Regelung des § 17 im Hinblick auf die gegen den Fiskus gerichteten Klagen und begründet dessen allgemeinen Gerichtsstand. Dadurch bezweckt die Norm eine Entlastung der Gerichte am Sitz großer Verwaltungsrechtsträger. Zum anderen soll die Rechtsverfolgung des Klägers erleichtert werden, indem er die Klage beim Sitz der vertretungsberechtigten Behörde erheben kann.[1] Die Vorschrift regelt einschränkend, dass auf den Sitz der Behörde abzustellen ist, welche dazu „berufen ist", den Fiskus zu vertreten. Damit wird vermieden, dass der Fiskus in einer Vielzahl von Gerichtsständen verklagt werden kann, wenn andere Verwaltungsbehörden gehandelt haben.[2]

II. Fiskus

2 Unter Fiskus versteht man den nicht hoheitlich handelnden, sondern dem Bürger als Privatrechtssubjekt gegenübertretenden Staat. Zur Erfüllung seiner fiskalischen Aufgaben bedient sich der Staat der Formen des Privatrechts, indem er zu den Bürgern mittels schuldrechtlicher Verträge in Kontakt tritt. Fiskus im Sinne eines als Privatrechtssubjekt handelnden Staates können alle Körperschaften des öffentlichen Rechts (Bund, Länder und Gemeinden), aber auch Kirchen, öffentlich-rechtliche Religionsgemeinschaften, sonstige öffentlich-rechtliche Körperschaften sowie Anstalten und Stiftungen sein. Die einzelnen fiskalischen Stellen (stationes fisci) sind dagegen Behörden, welche nicht die Qualität einer Rechtspersönlichkeit aufweisen.[3]

III. Gerichtsstand

3 **1. Allgemeines.** § 18 ordnet für den Fiskus einen allgemeinen Gerichtsstand an, der von dem des § 17 abweichen kann. Maßgeblich ist der Sitz der Behörde, die nach dem Staats- und Verwaltungsrecht des Bundes und der Länder zur Vertretung des Fiskus berufen und befugt ist.

4 **2. Unübersichtlichkeit, Reformbedarf.** Die Verweisung auf die umfangreichen und häufigen Novellierungen unterliegenden öffentlich-rechtlichen Regelungen über die Vertretung des Fiskus führt zur Unübersichtlichkeit des Rechts des allgemeinen Gerichtsstandes nach § 18. Diese Unübersichtlichkeit wurde noch dadurch vertieft, dass die (allerdings überwiegend ältere) Judikatur von Eintrittsrechten[4] bzw. Delegationsrechten der vorgesetzten Behörde[5] sogar noch nach Klageerhebung[6] ausging. Ob an dieser Rechtsprechung heute im Zweifels- und Streitfalle festgehalten würde, bleibt offen. Reformvorschläge[7] haben bislang kein Gehör gefunden.

5 **3. Auskunfts- und Belehrungspflichten.** Auf Grund der Vielschichtigkeit der Regelungen ergeben sich hinsichtlich der aus dem Rechtsstaatsprinzip resultierenden Gewährleistung effektiven Rechtsschutzes Auskunfts- und Belehrungspflichten der befassten bzw. übergeordneten Behörden. Im Zweifel sind daher im Vorfeld die Bundesministerien bei gegen den Bundesfiskus gerichteten Klagen, die obersten Landesbe-

---

[51] MK/*Patzina* Rn. 17; *St/J/Roth* Rn. 18.
[52] *Wiecz/Sch/Hausmann* Rn. 26; MK/*Patzina* Rn. 17.
[53] Vor dem 1. 1. 1999 § 71 KO.
[54] MK/*Patzina* Rn. 19; *St/J/Roth* Rn. 10.
[55] OLG Köln ZIP 2007, 935.
[1] *Wiecz/Sch/Hausmann* Rn. 1; *St/J/Roth* Rn. 1.
[2] BGHZ 8, 197, 201; *Hummel* DÖV 1970, 368.
[3] *Palandt/Heinrichs* vor § 89 Rn. 1.
[4] OLG Celle NdsRpfl. 1955, 214.
[5] KG OLGRspr. 1920, 294.
[6] RGZ 35, 13, 15.
[7] Vgl. ausf. *St/J/Roth* Rn. 8; Bericht der Kommission für das Zivilprozessrecht, 1977, S. 66ff., 273f.

hörden bei gegen den Landesfiskus gerichteten Klagen wegen der Vertretungsregelungen auskunftspflichtig; entsprechendes gilt für die übrige fiskalisch handelnde Verwaltung.[8] Dieser Grundsatz ist auch schon im Rahmen einer etwaig erfolgenden Rechtsbehelfsbelehrung zu beachten.[9]

4. Sitz der Behörde. Der nach § 18 maßgebliche Behördensitz ist regelmäßig durch Gesetz oder Verordnung bestimmt. Mangelt es an einer entsprechenden Regelung, ist auf die Grundsätze von § 17 zurückzugreifen (§ 17 Rn. 7ff.). Im Übrigen ist der Ort des Dienstgebäudes entscheidend.[10] 6

5. Anforderungen an die Klageschrift. Gemäß § 253 Abs. 2, 3 ist nicht erforderlich, dass die Bezeichnung der Vertretungsbehörde in der Klageschrift enthalten ist. Vielmehr ist eine ordnungsgemäße Klageerhebung möglich, wenn nur der vertretene Fiskus und nicht das Vertretungsorgan genannt wird.[11] Bei Weiterleitung der an die nichtvertretungsberechtigte Behörde zugestellten Klageschrift (§ 253 Abs. 1) an die zur Vertretung befugte (wobei eine diesbezügliche Pflicht umstritten ist)[12] greift § 189 ein.[13] Maßgeblich ist der tatsächliche Zugang. Sofern die Wahrung einer Frist in Rede steht, kommt § 167 zur Anwendung, wobei geringfügige Verzögerungen auf Grund der Falschbezeichnung unbeachtlich sind.[14] Bei falscher Bezeichnung der endvertretungsberechtigten Behörde und Zustellung an diese, ist die Zustellung jedoch nicht „demnächst", wenn die Partei schuldhaft eine erhebliche Verzögerung verursacht, indem sie trotz Kenntnis von der richtigen Vertretungsbehörde nicht die rechtzeitige Zustellung an diese veranlasst.[15] 7

6. Ausländischer Fiskus. Wegen solcher gegen den ausländischen Fiskus gerichteten Klagen ist § 18 nicht anwendbar, da dessen allgemeiner Gerichtsstand nicht im Inland liegt.[16] Zu beachten ist aber, dass ein ausländischer Staat für seine privatwirtschaftliche Betätigung im Inland keine Immunität genießt (§ 23 Rn. 5), sondern uneingeschränkt der deutschen Gerichtsbarkeit unterliegt.[17] Seine Vertretung richtet sich jedoch nach dem Recht des ausländischen Staates.[18] 8

IV. Bestimmungen der Zuständigkeit für die Vertretung im Einzelnen

1. Bundesrepublik Deutschland. a) Übersicht. In Ermangelung einer einheitlichen Vertretungsbehörde des Bundes[19] folgt aus Art. 65 Abs. 1 S. 2 GG die Vertretungskompetenz der einzelnen Bundesminister für ihre jeweiligen Ressorts.[20] Dies wird durch §§ 6, 7 Abs. 1 der Gemeinsamen Geschäftsordnung der Bundesministerien bestätigt, wonach für jedes Ministerium sowie die jeweiligen Einrichtungen innerhalb des Geschäftsbereiches die Leitung vertretungsbefugt ist. Sofern eine eindeutige Zuordnung nicht möglich ist, greift hilfsweise die Zuständigkeit des **Bundesministers der Finanzen,** weil dieser die entsprechenden Haushaltsmittel im Falle eines Unterliegens des Bundes bereitzustellen hat.[21] Für die **Bundesagentur für Arbeit** als eigenständige Körperschaft gilt § 17. In Streitigkeiten wegen des Bundesvermögens, zu dem auch ehemaliges Reichsvermögen (Art. 134 GG) und das dem Bund infolge des EinigsV zugefallene Vermögen der DDR zu zählen sind, ist in Zweifelsfällen die Zuständigkeit des **Oberfinanzpräsidenten** begründet.[22] 9

b) Einzelheiten. Soweit für die einzelnen Geschäftsbereiche besondere Regelungen über die Vertretung getroffen wurden, ist Folgendes zu berücksichtigen: 10

- **Bundesministerium der Finanzen (Sitz in Berlin):** Anordnung über die Vertretung der Bundesrepublik Deutschland im Bereich der Bundesfinanzverwaltung (VertrOBFV) v. 24. August 2005 (GMBl. S. 1233 = BAnz. Nr. 197); die Vertretungsbefugnis steht grundsätzlich dem Bundesminister der Finanzen zu, in den einzelnen Geschäftsbereichen aber dem Bundesamt für Finanzen, den Oberfinanzdirektionen, Hauptzoll- und Zollämtern, Bundesvermögensämtern, Bundesforstämtern, der Bundesschuldenverwaltung, der Bundesmonopolverwaltung für Branntwein und dem Bundesamt zur Regelung offener Vermögensfragen.[23] Letzteres hat seinen allgemeinen Gerichtsstand in Berlin (§ 29a Abs. 3 S. 2 VermG).
- **Bundesministerium des Innern (Sitz in Berlin):** Nach der Anordnung über die Vertretung der Bundesrepublik Deutschland im Geschäftsbereich des Bundesministeriums des Innern sowie über das Verfahren bei der Vertretung vom 30. Dezember 2005 (GMBl. 2006 S. 571) steht die Vertretungsbefugnis dem Bundesminister des Innern zu, wobei teilweise eine Übertragung auf nachgeordnete Behörden erfolgt ist (zB Bundesverwaltungsamt, Bundeskriminalamt, Bundesamt für Zivilschutz).
- **Bundesministerium der Justiz (Sitz in Berlin):** Anordnung v. 25. April 1958 (BAnz. Nr. 82) idF der Bekanntmachung v. 10. Oktober 1958 (BAnz. Nr. 201), v. 8. Juni 1961 (BAnz. Nr. 113), v. 6. September

---

8 AllgM, *St/J/Roth* Rn. 4; *Zö/Vollkommer* Rn. 3; MK/*Patzina* Rn. 4; BayObLGZ 1995, 78.
9 *Zö/Vollkommer* Rn. 3; allgemein BVerfG 1995, 3173.
10 *T/P/Hüßtege* Rn. 2.
11 OLG Zweibrücken OLGZ 1978, 107, 109; MK/*Patzina* Rn. 5; *St/J/Roth* Rn. 6.
12 Bejahend *St/J/Roth* Rn. 6; MK/*Patzina* Rn. 5; aA BayObLGZ 1995, 77.
13 MK/*Patzina* Rn. 5; OLG Zweibrücken OLGZ 1978, 107, 108.
14 BayObLGZ 2002, 160, 165f.
15 BGH DÖV 2005, 35.
16 *Wiecz/Sch/Hausmann* Rn. 5.
17 BVerfGE 16, 27, 64; *Wiecz/Sch/Hausmann* Rn. 5.
18 *Zö/Vollkommer* Rn. 3a; MK/*Patzina* Rn. 6; BGHZ 40, 197, 199 = NJW 1964, 203; OLG München MDR 1975, 411.
19 BGHZ 8, 197, 201f. = NJW 1953, 380.
20 AllgM, BGH NJW 1967, 1755; MK/*Patzina* Rn. 7; *St/J/Roth* Rn. 10; *Zö/Vollkommer* Rn. 5.
21 BGH NJW 1967, 1755.
22 *St/J/Roth* Rn. 10; *Hummel* DÖV 1970, 368ff.; MK/ *Patzina* Rn. 8.
23 Einzelheiten bei *Hummel* DÖV 1970, 368ff.

1967 (BGBl. I S. 970) und v. 4. November 1971 (BAnz. Nr. 29) idF v. 8. Dezember 1972 (BGBl. I S. 2014). Vertretungsbefugnis steht dem Bundesjustizminister bzw. im jeweiligen Geschäftsbereich dem Präsidenten des Deutschen Patent- und Markenamtes bzw. den Leitern der Justizbeitreibungsstellen zu.

- **Bundesministerium für Verkehr, Bau- und Stadtentwicklung (Sitz in Berlin):** Für das dem Ministerium unterstehende Bundeseisenbahnvermögen als gesetzliches Sondervermögen, welches trotz fehlender Rechtsfähigkeit aktiv und passiv parteifähig ist,[24] gilt das Gesetz zur Neuregelung des Eisenbahnwesens (ENeuOG). Der allgemeine Gerichtsstand wird durch den Sitz der Vertretungsbehörde bestimmt (Art. 1 § 4 Abs. 3 iVm. der Verwaltungsordnung gemäß § 6 Abs. 6 ENeuOG), wobei die gerichtliche und außergerichtliche Vertretungsbefugnis dem Präsidenten, der Hauptverwaltung (Sitz) und den regionalen Dienststellen zusteht (Art. 1 §§ 2, 6 Abs. 3 ENeuOG). Im Übrigen ist nach der Zusammenlegung[25] des Bundesministeriums für Verkehr und dem für Raumordnung, Bauwesen und Städtebau die Vertretungsordnung Bundesverkehrsverwaltung (VertrOBVV) v. 4. April 2005 (VkBl. S. 391) anzuwenden.[26]
- **Bundesministerium der Verteidigung (Sitz in Bonn):** Bisher maßgebend war die Anordnung v. 21. März 1969 (VMBl. S. 185) sowie v. 9. Juni 1976 (BGBl. I S. 1492) idF v. 10. September 1980 (BGBl. I S. 1682), v. 27. Februar 1980 (VMBl. S. 162) und v. 10. Juli 1985 (BGBl. I S. 1498). Nunmehr ist auf die Vertretungsanordnung v. 19. Dezember 2002 (VMBl. 2003 S. 2), geändert am 19. Februar 2003 (VMBl. 2003 S. 86), abzustellen; vertretungsbefugt sind die Wehrbereichsverwaltungen in Zivilverfahren und das Bundesamt für Wehrtechnik und Beschaffung sowie das Bundesamt für Wehrverwaltung im Rahmen ihres jeweiligen Zuständigkeitsbereiches. Bei der Vertretung des Bundes als Drittschuldner im Bereich des Bundesministeriums der Verteidigung gilt laut Anordnung v. 30. Januar 2002 (VMBl. S. 131) in Abhängigkeit von der Art der gepfändeten Bezüge entweder der Kommandeur des Bataillons, die zuständige Wehrbereichsverwaltung oder sonst die zahlungsanordnende Stelle als vertretungsbefugt. Vertretungsbehörde in zivilen Rechtsstreitigkeiten aus Baumaßnahmen für den Geschäftsbereich der NATO- und Gaststreitkräfte ist die jeweilige Oberfinanzdirektion, § 8 Abs. 7 S. 1 FVG idF v. 4. April 2006 (BGBl. I S. 846) iVm. der entsprechenden Verwaltungsvereinbarung mit dem jeweiligen Bundesland.
- **Bundesministerium für Umwelt, Naturschutz und Reaktorsicherheit (Sitz in Bonn):** Vertretungsordnung v. 27. Januar 1987 (GMBl. S. 249) geändert am 29. Dezember 1989 (GMBl. 1990 S. 94), neu gefasst durch Anordnung v. 5. Februar 1999 (GMBl. S. 270); vertretungsbefugt ist grundsätzlich der Bundesminister für Umwelt, in ihrem jeweiligen Geschäftsbereich aber auch die Präsidenten des Umweltbundesamtes, des Bundesamtes für Strahlenschutz und des Bundesamtes für Naturschutz.[27]
- **Bundesministerium für Ernährung, Landwirtschaft und Verbraucherschutz (Sitz in Bonn):** Eine Vertretungsanordnung fehlt für dieses Ressort, deshalb vertritt grundsätzlich der Bundesminister den Fiskus.[28] Im Übrigen wird das Bundesministerium durch nachgeordnete Bundeseinrichtungen wie Bundesforschungsanstalten und die Zentralstelle für Agrardokumentation und -information (ZADI) in deren Geschäftskreisen vertreten, wobei der jeweilige Leiter der Einrichtung wiederum zu deren Vertretung berufen ist.[29]
- **Bundesministerium für Familie, Senioren, Frauen und Jugend (Sitz in Berlin):** Für Klagen aus dem Beamtenverhältnis, soweit die Klagen Beamtinnen beziehungsweise Beamte der Besoldungsgruppen A 1 bis A 15 der Bundesbesoldungsordnung und entsprechende Beamtinnen und Beamte bis zur Anstellung betreffen, wurde durch Vertretungsanordnung v. 22. September 1997 (BGBl. I S. 2387) die Vertretung des Dienstherrn dem Bundesamt für Zivildienst übertragen.
- **Bundesministerium für Bildung und Forschung (Sitz in Bonn):** Es wurde keine Vertretungsregelung getroffen. Für die Forschungseinrichtungen im Geschäftsbereich des Ministeriums (zB Max-Planck-Gesellschaft, Helmholtz-Gemeinschaft) gelten die allgemeinen gesetzlichen Vertretungsregeln der jeweiligen Gesellschaftsform.
- Das **Bundesverfassungsgericht** wird in dessen Geschäftsbereich durch seinen Präsidenten vertreten, § 5 Abs. 1 GeschO des BVerfG v. 2. September 1975 (BGBl. I S. 2515) idF v. 15. Dezember 1986 (BGBl. I S. 2529).
- Der **Generalbundesanwalt ist** über seinen Geschäftsbereich hinaus vertretungsbefugt für gerichtliche Verfahren die den BGH, das BVerwG, den BFH oder das Bundesdisziplinargericht betreffen.[30]

11 **2. Länder.** Für die Länder gilt:

- **Baden-Württemberg.** Nach Art. 49 Abs. 2 BWVerf. vertritt die oberste Landesbehörde in ihrem Ressort, § 1 Abs. 1 Anordnung v. 17. Januar 1955 (GBl. S. 210) idF v. 19. Juni 1973 (GBl. S. 210). Vgl. auch die Bekanntmachung v. 12. Oktober 1987 (GBl. S. 464) wegen der Delegationskompetenz auf nachgeordnete Stellen gemäß § 1 Abs. 2 Anordnung v. 17. Januar 1955. In Verfahren vor ordentlichen Gerichten wird das Land grundsätzlich durch die Generalstaatsanwaltschaften vertreten; zu beachten ist auch die Vertretungsanordnung v. 25. September 2001 (GBl. S. 552) und die Bekanntmachung der Ministerien

[24] *B/L/H* Rn. 7 „Bundeseisenbahnvermögen"; *St/J/Roth* Rn. 14 „Bundesministerium für Verkehr, Bau- und Wohnungswesen".
[25] Bekanntmachung des Organisationserlasses v. 27. 10. 1998 (BGBl. I S. 3288).
[26] *St/J/Roth* Rn. 14 „Bundesministerium für Verkehr, Bau- und Wohnungswesen".
[27] *Zö/Vollkommer* Rn. 14.
[28] *Zö/Vollkommer* Rn. 15; *St/J/Roth* Rn. 14 „Bundesministerium für Verbraucherschutz, Ernährung und Landwirtschaft".
[29] *St/J/Roth* Rn. 14 „Bundesministerium für Verbraucherschutz, Ernährung und Landwirtschaft".
[30] *Zö/Vollkommer* Rn. 7.

über die Vertretung des Landes in gerichtlichen Verfahren und förmlichen Verfahren vor den Verwaltungsbehörden v. 30. November 2004 (GBl. S. 874).

- **Bayern.** Maßgeblich ist die VertrVO idF. der Bekanntmachung v. 4. Oktober 1995 (GVBl. S. 733), zuletzt geändert durch Verordnung v. 16. Mai 2006 (GVBl. S. 305). Der Freistaat wird vor den ordentlichen Gerichten durch das Staatsministerium für Finanzen bzw. die jeweiligen Bezirksfinanzdirektionen vertreten.[31]
- **Berlin.** Allgemeines Zuständigkeitsgesetz (AZG) v. 2. Oktober 1958 (GVBl. S. 957, 1020) geändert durch Art. 1 des Verwaltungsreformgesetzes v. 19. Juli 1994 (GVBl. S. 241), zuletzt geändert durch Gesetz v. 25. Mai 2006 (GVBl. S. 450) sowie die Verwaltungsvorschriften v. 23. Januar 1990 betreffend die Grundsätze für die Behandlung von Rechtsstreitigkeiten Berlins (ABl. S. 202). Jedes Senatsmitglied vertritt grundsätzlich in seinem Geschäftsbereich das Land Berlin. Zu beachten ist im Justizressort der Senatsverwaltung die Anordnung v. 3. Juni 1998 (ABl. S. 2460).
- **Brandenburg.** Das Land wird für den jeweiligen Geschäftsbereich durch den zuständigen Fachminister vertreten, Art. 89 S. 2 VerfBrandenbg v. 20. August 1992 (GVBl. S. 298). Dabei sind für die jeweiligen Ministerien erlassene Vertretungsanordnungen zu beachten.[32] Im Übrigen werden die Landesoberbehörden und die unteren Landesbehörden nach §§ 6, 7 Landesorganisationsgesetz Brandenburg als vertretungsbefugt angesehen.[33]
- **Bremen.** Der Fiskus wird vertreten durch den Senat nach Art. 118 Abs. 1 S. 2 BremVerf sowie innerhalb ihres Ressorts durch die Mitglieder des Senats gemäß Art. 120 BremVerf iVm. § 6 GeschO des Senats v. 7. Juli 1999 (BremABl. S. 571). Rechtsverbindliche Erklärungen können der Präsident des Senats bzw. sein Stellvertreter für die Freie Hansestadt Bremen abgeben.[34] Vgl. im Übrigen das Allgemeine ZuständigkeitsG (GVBl. 1958, S. 947, 974, 1020, 1028 III).
- **Hamburg.** Art. 18 Abs. 2, Art. 42 Abs. 2 Verf. v. 20. Juni 1996 (GVBl. S. 129, 133); vertretungsbefugt sind der Präsident der Bürgerschaft und die Senatsmitglieder. Im Übrigen ergibt sich aus dem Gesetz über die Verwaltungsbehörden v. 30. Juli 1952 (HmbBl. I S. 2000a), zuletzt geändert durch Gesetz v. 11. April 2006 (HmbGVBl. S. 169) und das Zweite Gesetz zur Reform der Bezirksverwaltung v. 6. Juli 2006 (BezVG), die Vertretungsbefugnis der Finanzbehörde im Allgemeinen und weiter der Fachbehörden, Bezirksämter und sonstigen Behörden im Rahmen ihres Geschäftsbereiches.
- **Hessen.** Die Vertretung erfolgt grundsätzlich durch den Ministerpräsidenten gemäß Art. 103 Abs. 1 HessVerf.; diese Befugnis ist jedoch mit Anordnung des Hessischen Ministerpräsidenten v. 2. Juli 2002 (StAnz. S. 2694) auf die Minister für ihren jeweiligen Geschäftsbereich und den Präsidenten des Rechnungshofes für sein Ressort delegiert worden. Die einzelnen Ministerien haben dann insoweit Vertretungsregelungen für ihren Bereich erlassen.[35] Dabei sind im Bereich der Finanzverwaltung idR die Oberfinanzdirektion Frankfurt/M und für die innere Verwaltung die Regierungspräsidien vertretungsbefugt.[36]
- **Mecklenburg-Vorpommern.** Gemäß Art. 47 Verf M-V v. 23. Mai 1993 (GVBl. S. 372), zuletzt geändert durch Gesetz v. 4. April 2000 (GVBl. S. 168), § 5 Abs. 2 des Vorläufigen Statuts für das Land Mecklenburg-Vorpommern v. 26. Oktober 1990 (GVBl. Mecklenburg-Vorpommern Nr. 1 v. 26. Oktober 1991 S. 1) sowie des Erlasses des Ministerpräsidenten v. 7. November 1990 (ABl. 1991 S. 38, 39) steht die Vertretungsbefugnis den Fachministern in ihrem jeweiligen Geschäftsbereich zu. Von der Möglichkeit der weiteren Delegation dieser Befugnis auf untergeordnete Behörden wurde teilweise (zB Ministerium für Bildung, Wissenschaft und Kultur, ABl. 2000 S. 666) Gebrauch gemacht.[37] Im Bereich der Justizverwaltung ist die Anordnung v. 14. 1. 2003 (ABl. 2003 S. 54), berichtigt am 12. 2. 2003 (ABl. 2003 S. 143), zu beachten.
- **Niedersachsen.** Die Minister vertreten das Land innerhalb ihres jeweiligen Ressorts sowie Bezirksregierungen und die Oberfinanzpräsidenten in Angelegenheiten ihres Bereichs, gemeinsamer Runderlass v. 16. November 2004 (NdsMBl. S. 772), geändert durch Gemeinamen Runderlass v. 24. April 2006 (NdsMBl. S. 503).
- **Nordrhein-Westfalen.** Nach außen wird das Land durch die Landesregierung vertreten, Art. 57 S. 1 Verf NW. Diese Befugnis wurde gemäß Art. 57 S. 2 Verf NW durch Bekanntmachung v. 8. Februar 1960 (GVBl. NRW S. 13) zunächst auf den Ministerpräsidenten und von diesem auf die jeweiligen Minister übertragen. Die Regelung des Art. 55 Abs. 2 Verf NW hat daneben keine eigenständige Bedeutung für die Befugnis zur Vertretung des Landes nach außen.[38] Im Übrigen ist davon auszugehen, dass die Berechtigung der Ministerien zur Vertretung aus der Befugnis resultiert, den jeweiligen Geschäftsbereich selbständig unter eigener Verantwortung zu leiten, Art. 55 Abs. 2 Verf NW.[39] Diese Vertretungsbefugnis ist teilweise auf nachgeordnete Behörden delegiert worden. So zB durch Runderlass des Ministerium für

---

[31] Vgl. BayObLGZ 1999, 392; 1995, 69.
[32] *St/J/Roth* Rn. 15 „Brandenburg".
[33] *St/J/Roth* Rn. 15 „Brandenburg".
[34] *Zö/Vollkommer* Rn. 20; *St/J/Roth* Rn. 15 „Bremen".
[35] Vgl. ausf. MK/*Patzina* Rn. 31; *St/J/Roth* Rn. 15 „Hessen".
[36] *Zö/Vollkommer* Rn. 22.
[37] Vgl. ausf. *St/J/Roth* Rn. 15 „Mecklenburg-Vorpommern".
[38] OLG München OLGR 1999, 128f. = NVwZ 1999, 548f.
[39] *Zö/Vollkommer* Rn. 25; *St/J/Roth* Rn. 15 „Nordrhein-Westfalen".

Schule, Jugend und Kinder sowie Ministerium für Wissenschaft und Forschung v. 23. Oktober 2002 (MBl. NW S. 1164) und des Finanzministeriums v. 6. Februar 2006 (MBl. NW S. 146).[40]

- **Rheinland-Pfalz.** Vertretungsbefugt für das jeweilige Ressort sind die zuständigen Minister, Art. 104 der Verfassung Rheinland-Pfalz.[41] Darüber hinaus bestehen teilweise besondere Vertretungsanordnungen zB für die Justiz (VertretungsO v. 10. Mai 1988, GVBl. S. 106, geändert durch Vertretungsordnung v. 22. August 1997, GVBl. S. 331, GVBl. 2001 S. 94), wonach die Generalstaatsanwälte befugt sind, und für die Finanzverwaltung (VertretungsO v. 18. November 1988, GVBl. S. 293, zuletzt geändert durch Gesetz v. 16. Dezember 2002, GVBl. S. 496) die jeweiligen Oberfinanzdirektionen.[42]
- **Saarland.** Vertretungsbefugt sind nach Maßgabe des Gesetzes v. 15. November 1960 (ABl. S. 920), zuletzt geändert durch Gesetz v. 26. Januar 1994 (ABl. S. 509) die jeweiligen Minister. Teilweise wurde die Vertretungsbefugnis auf untergeordnete Behörden übertragen zB für die Justizverwaltung auf die Generalstaatsanwaltschaften, Leiter der Gerichtskassen und der Strafvollzugsanstalten, vgl. Bekanntmachung v. 27. Juli 1992 (ABl. S. 841).[43]
- **Sachsen.** Gemäß Art. 65 Abs. 1 der Verfassung, § 58 Sächsisches Justizgesetz v. 24. November 2000 (SächsGVBl. S. 482, bereinigt SächsGVBl. 2001 S. 704) und der VertrVO idF der Bekanntmachung v. 27. Dezember 1999 (SächsGVBl. 2000 S. 2), geändert am 10. April 2003 (SächsGVBl. S. 94), besteht eine grundsätzliche Vertretungsbefugnis des Landesamtes für Finanzen und seiner Außenstellen vor den ordentlichen Gerichten. Im Übrigen wird der Freistaat durch die jeweilige oberste Landesbehörde, zu deren Fachbereich die Angelegenheit gehört, vertreten.[44]
- **Sachsen-Anhalt.** Auf der Basis von Art. 69 Abs. 1 der Verfassung und dem gemeinsamen Runderlass der Staatskanzlei und der Ministerien v. 17. Mai 1994 (MBl. S. 1289), zuletzt geändert durch Runderlass v. 17. März 2004 (MinBl. LSA S. 232), sind jedes Ministerium im Rahmen seines Geschäftsbereichs, die Regierungspräsidien in allen Angelegenheiten ihres Aufgabenbereichs und wegen Grundstücksangelegenheiten die Behörde, in deren Aufgabenbereich die Sache fällt, vertretungsbefugt.
- **Schleswig-Holstein.** Der Ministerpräsident ist grundsätzlich vertretungsbefugt nach Art. 25 Abs. 1 Landessatzung (jetzt Art. 30 der Verfassung) idF v. 7. Februar 1984 (GVOBl. S. 53). Diese Befugnis wurde mit Erlass v. 30. Oktober 1950 (ABl. S. 461), geändert mit Erlass v. 15. April 1978 (ABl. S. 176), zuletzt geändert durch Erlass v. 25. März 1993 (ABl. S. 292) delegiert, wonach die Fachminister in ihrem Ressort Vertretungsbefugnis haben. Die jeweiligen Fachminister übertrugen teilweise die Befugnis zur Vertretung auf ihnen nachgeordnete Behörden, so im Justizressort durch Erlass v. 16. Januar 1967 (ABl. S. 30), idF v. 18. Februar 1991 (SchlHA S. 38) auf den Generalstaatsanwalt, Bezirksrevisoren und zum Teil auf die Geschäftsleiter jeweils benannter Gerichte.[45]
- **Thüringen.** Nach Art. 77 Abs. 1 S. 1 der Verfassung des Freistaates Thüringen v. 25. Oktober 1993 (GVBl. S. 625) vertritt der Ministerpräsident das Land nach außen. Diese Befugnis kann gemäß Art. 77 Abs. 1 S. 2 der Verfassung übertragen werden. Dementsprechend sind die Ministerien im Rahmen ihres Geschäftsbereichs vertretungsbefugt, Anordnung über die Vertretung des Landes Thüringen v. 18. Dezember 1990 (GVBl. 1991 S. 15), § 15 ThürAGGVG idF v. 12. Oktober 1993 (GVBl. S. 612). Teilweise hat eine Weiterdelegierung auf nachgeordnete Behörden stattgefunden. So zB für das Justizministerium auf den Generalstaatsanwalt, VertrO Justiz v. 25. August 2004 (ThürJMBl. S. 66).

12 **3. Deutsches Reich.** Das Deutsche Reich wird als fortbestehend angesehen;[46] es kann verklagt werden und klagen, wobei es durch diejenige Behörde vertreten wird, die das Reichsvermögen verwaltet;[47] im Zweifel ist daher die Oberfinanzdirektion für den Bundesminister der Finanzen vertretungsbefugt.[48]

V. Konkurrenzen

13 Neben § 18 ist § 17 anwendbar.[49] Weiter können daneben besondere Gerichtsstände eingreifen, so zB §§ 21,[50] 24 und 29.[51] Sofern kein ausschließlicher Gerichtsstand zum Tragen kommt, hat dabei der Kläger unter mehreren ein Wahlrecht, § 35.

19 *Mehrere Gerichtsbezirke am Behördensitz* **Ist der Ort, an dem eine Behörde ihren Sitz hat, in mehrere Gerichtsbezirke geteilt, so wird der Bezirk, der im Sinne der §§ 17, 18 als Sitz der Behörde gilt, für die Bundesbehörden von dem Bundesminister der Justiz, im Übrigen von der Landesjustizverwaltung durch allgemeine Anordnung bestimmt.**

[40] Vgl. ausf. *St/J/Roth* Rn. 15 „Nordrhein-Westfalen".
[41] MK/*Patzina* Rn. 35.
[42] Vgl. ausf. MK/*Patzina* Rn. 35; *St/J/Roth* Rn. 15 „Rheinland-Pfalz".
[43] MK/*Patzina* Rn. 36.
[44] *St/J/Roth* Rn. 15 „Sachsen"; *Zö/Vollkommer* Rn. 28.
[45] Vgl. ausf. MK/*Patzina* Rn. 39.
[46] BVerfGE 3, 288, 319 f.
[47] BGHZ 13, 265, 292 = NJW 1954, 1073; OLG Kiel MDR 1950; OLG Tübingen DRZ 1950, 91.
[48] BGHZ 8, 197, 201 f. = NJW 1953, 380.
[49] BGHZ 19, 261 = NJW 1956, 343; *St/J/Roth* Rn. 3; MK/*Patzina* Rn. 41; aA *Zö/Vollkommer* Rn. 2.
[50] OLG Zweibrücken OLGZ 1978, 108.
[51] MK/*Patzina* Rn. 44; *Zö/Vollkommer* Rn. 2; BGH NJW 2001, 1071.

I. Normzweck

1 Bei einer Verteilung der Dienstgebäude einer Behörde in mehrere Gerichtsbezirke bestehen Zweifel hinsichtlich der Bestimmung des Behördensitzes iSv. §§ 17, 18.[1] Die Vorschrift des § 19 ermöglicht es der Verwaltung diese Zweifel hinsichtlich des Gerichtsstandes im Wege einer Anordnung zu beseitigen.

II. Reichweite und Verfahren

2 § 19 gilt nur für Behörden. Trotz Erwähnung des § 17 ist die Norm nicht für juristische Personen des öffentlichen Rechts, also auch nicht für Gemeinden anwendbar. Die Vorschrift greift aber ein, wenn die Behörde als solche verklagt werden kann (vgl. § 17 Rn. 11) oder sie gemäß § 18 den Fiskus vertritt.[2] Bei mehreren Behördensitzen kann der Gerichtsstand auch nach § 36 Abs. 1 Nr. 2 bestimmt werden.[3] Besondere Gerichtsstände bleiben durch § 19 unberührt und unter mehreren möglichen hat der Kläger gemäß § 35 die Wahl.

19a *Allgemeiner Gerichtsstand des Insolvenzverwalters* **Der allgemeine Gerichtsstand eines Insolvenzverwalters für Klagen, die sich auf die Insolvenzmasse beziehen, wird durch den Sitz des Insolvenzgerichts bestimmt.**

I. Normzweck

1 Der mit dem Inkrafttreten der InsO am 1. Januar 1999 geschaffene Gerichtsstand (Art. 18 Nr. 1 EGInsO) dient der Klärung der im früheren Konkursrecht streitigen Frage, ob Klagen gegen die Konkursmasse am (Wohn-) Sitz des Gemeinschuldners, des Konkursverwalters oder am Ort der Konkursverwaltung zu erheben sind.[1] Die Einführung des § 19a wurde dabei durch die Rechtsprechung des BGH veranlasst, der den Gerichtsstand am Wohnsitz des Konkursverwalters bestimmte (vgl. § 12 Rn. 4 aE, § 13 Rn. 3 und § 17 Rn. 6).[2] Kritik erfuhr diese Rechtsprechung deshalb, weil Insolvenzverwalter häufig bundesweit tätig sind und das danach zuständige Gericht weitab vom Ort der Insolvenzverwaltung liegen konnte.[3] Die Vorschrift des § 19a schließt den allgemeinen Gerichtsstand am Wohnsitz des Insolvenzverwalters für Klagen aus,[4] die sich auf die Insolvenzmasse beziehen. Mit der Zuordnung des allgemeinen Gerichtsstandes zum Sitz des Insolvenzgerichts (§ 3 Abs. 1 S. 1 InsO) und damit regelmäßig zum (Wohn-)Sitz des Schuldners nach §§ 13, 17, dient die Norm der Wahrung des Sachzusammenhangs mit dem Insolvenzverfahren.[5] Damit einhergehend wird der Prozesswirtschaftlichkeit Rechnung getragen, indem die Vorschrift Ortsnähe und Sachvertrautheit des Gerichts gewährleistet und daher kostengünstigere Verfahren ermöglicht.[6]

II. Anwendungsbereich

2 **1. Person des Insolvenzverwalters.** Die Regelung gilt nur für den Insolvenzverwalter, dh. **ab** seiner Bestellung (§ 56 Abs. 1 InsO) **bis zu** seiner Abwahl (§ 57 S. 1, 2 InsO), Entlassung (§ 59 Abs. 1 S. 1 InsO) oder der Beendigung des Verfahrens (§§ 200 Abs. 1, 207 Abs. 1 S. 1, 212 S. 1, 213 Abs. 1 S. 1, 258 Abs. 1 iVm. § 259 Abs. 1 S. 1 InsO). Auch ein **vorläufiger Insolvenzverwalter** (§§ 21 Abs. 2 Nr. 1, 22 InsO), soweit er mit Verfügungs- und Verwaltungsmacht iSd. § 22 Abs. 1 S. 1 InsO bestellt ist, wird von der Norm erfasst.[7] Der vorläufige Verwalter bereitet die Eröffnung des Insolvenzverfahrens vor und wird regelmäßig bei Eröffnung des Verfahrens zum Insolvenzverwalter bestellt. Wäre der vorläufige Insolvenzverwalter ausgenommen, würde der unter Umständen weit entfernte (Rn. 1) Gerichtsstand des § 13 eingreifen. Bei anschließender Eröffnung des Insolvenzverfahrens wäre dann bei zuvor erhobener Klage wegen § 261 Abs. 3 Nr. 2 die durch § 19a bezweckte Wahrung des Sachzusammenhangs nicht verwirklicht (vgl. Rn. 1).[8] Obwohl eine § 240 S. 2 entsprechende Formulierung nicht in § 19a eingefügt wurde, kommt im Übrigen dem vorläufigen Verwalter eine weitgehend dem Insolvenzverwalter angenäherte Stellung zu.[9] So gelten vor allem nach § 24 Abs. 2 InsO die §§ 85 Abs. 1 S. 1, 86 InsO entsprechend.

3 Ausscheiden muss dagegen nach dem klaren Wortlaut eine Anwendung des § 19a für **sonstige Parteien kraft Amtes** (vgl. beispielhaft § 12 Rn. 4). Ebenso gilt die Norm nicht für den Sachwalter auf Grund seiner wesentlich schwächeren Stellung (§ 270 Abs. 1 S. 1, Abs. 3 S. 1 InsO) im Vergleich zum Insolvenzverwalter.[10] Ein **Wechsel in der Person des Verwalters** (veranlasst durch Tod, Prozessunfähigkeit, Wahl eines ande-

---

1 *Ehricke* NJW 1996, 812, 817; MK/*Patzina* Rn. 1.
2 MK/*Patzina* Rn. 3.
3 MK/*Patzina* Rn. 5.

1 Vgl. auch die Begründung BT-Drucks. 12/3803 S. 67f. (Entwurf) und 12/7303 S. 108 (Rechtsausschuss) zu dem zunächst vorgesehenen § 31a.
2 BGHZ 88, 331, 333ff. = NJW 1984, 737 m. weit. Nachw.
3 *St/J/Roth* Rn. 1; MK/*Patzina* Rn. 1.
4 KG NZI 2006, 352.
5 *Zö/Vollkommer* Rn. 2; *St/J/Roth* Rn. 1.
6 *B/L/H* Rn. 2.
7 *St/J/Roth* Rn. 6; *B/L/H* Rn. 4 aE; MK/*Patzina* Rn. 4; aA *Sae/Kayser* Rn. 2.
8 *St/J/Roth* Rn. 6.
9 FK-InsO/Schmerbach § 22 Rn. 5a; MK/*Patzina* Rn. 4; *Pape* ZIP 1994, 89, 96.
10 MK/*Patzina* Rn. 4; *St/J/Roth* Rn. 6.

ren Insolvenzverwalters iSd. § 57 S. 1 InsO oder Entlassung nach § 59 Abs. 1 S. 1, 2 InsO) stellt zwar einen Parteiwechsel dar,[11] lässt aber die Zuständigkeit für laufende und künftige Prozesse unberührt, weil allein an den Sitz des Insolvenzgerichts angeknüpft wird (Rn. 1); § 261 Abs. 3 Nr. 2 braucht insoweit für das laufende Verfahren nicht herangezogen zu werden.

4 **2. Sachliche Voraussetzungen.** Praktische Bedeutung entfaltet § 19a für Klagen aller Art, die sich **gegen** die Insolvenzmasse richten.[12] Die **Insolvenzmasse** umfasst dabei das Vermögen des Schuldners iSd. §§ 35, 36 InsO. Über diesen, in der Insolvenzordnung nicht einheitlich verwendeten[13] Begriff der Insolvenzmasse hinaus, werden auch die Vermögensgegenstände erfasst, die der Aus- und Absonderung unterliegen. Beispiele für solche Verfahren iSd. § 19a sind daher Streitigkeiten über die Verwaltung der Masse (§ 148 Abs. 1 InsO) und insbesondere solche über Ansprüche auf **Aussonderung**[14] von Gegenständen, die nicht zur Insolvenzmasse gehören (§ 47 InsO). Darüber hinaus kann das Bestehen von **Absonderungsrechten** infolge von Vorrechten nach §§ 49 bis 51 InsO mit der anschließenden Verwertungsmöglichkeit nach den §§ 165ff. InsO Gegenstand von Klagen mit dem Gerichtsstand des § 19a sein.

5 **3. Grenzen.** Vom Anwendungsbereich der Vorschrift ausgenommen sind **Insolvenzfeststellungsklagen** nach §§ 179ff. InsO mit ihrem ausschließlichen Gerichtsstand gemäß § 180 Abs. 1 S. 2, 3 InsO. Dabei handelt es sich jedoch um eine inhaltlich weitgehend mit § 19a übereinstimmende Vorschrift, weil grundsätzlich auf das Amtsgericht abgestellt wird, bei dem das Insolvenzverfahren anhängig ist oder war, § 180 Abs. 1 S. 2 InsO. Für **Klagen, die der Insolvenzverwalter erhebt,** ist § 19a ebenfalls nicht anwendbar,[15] auch nicht im Hinblick auf die internationale Zuständigkeit.[16] Die Norm zielt gerade nicht auf eine Arbeitserleichterung für den Insolvenzverwalter, sondern erhält mit seiner Stellung im Gesetz den innerhalb der Gerichtsstandsregelungen maßgebenden Beklagtenschutz (vgl. § 12 Rn. 1) aufrecht.[17] Insoweit gelten daher die allgemeinen Zuständigkeitsregeln insbesondere der §§ 12, 13, 17. Die örtliche Zuständigkeit des **Insolvenzgerichts** bestimmt § 3 InsO.

III. Konkurrenzen und internationale Zuständigkeit

6 Da die Zuständigkeitsregelung des § 19a nicht ausschließlich ist,[18] kommen weitere besondere Gerichtsstände in Betracht, so zB § 29 (vgl. ebenda Rn. 13). Soweit ein ausschließlicher Gerichtsstand, zB § 29a eingreift, ist § 19a ausgeschlossen. Kommen besondere Gerichtsstände neben § 19a zur Anwendung, hat der Kläger gemäß § 35 die Wahl. Für vor der Eröffnung des Insolvenzverfahrens zwischen dem Gläubiger und dem Schuldner getroffene Gerichtsstandsvereinbarungen iSd. § 38 tritt eine Bindungswirkung für den Insolvenzverwalter ein.[19] Maßgebend dafür ist, dass es für die Voraussetzungen der Prorogation auf den Zeitpunkt des Abschlusses ankommt.[20] Außerdem soll der Übergang des Verwaltungs- und Verfügungsrechts auf den Insolvenzverwalter nach § 80 Abs. 1 InsO nicht wirksame Gerichtsstandsvereinbarungen zunichte machen,[21] die im Übrigen bei Aktivklagen des Insolvenzverwalters auch diesem zugute kommen können. § 19a regelt nach dem Grundsatz der Doppelfunktionalität (§ 12 Rn. 17) innerhalb seines Anwendungsbereichs auch die internationale Zuständigkeit deutscher Gerichte.[22] Ferner ist zu beachten, dass § 19a bei Passivprozessen der Insolvenzverwalter ausländischer Hauptverfahren nach Art. 3 Abs. 1 der am 31. Mai 2002 in Kraft getretenen Verordnung über Insolvenzverfahren[23] nicht anwendbar ist.[24] Insoweit kommt Art. 2 EuGVVO mit der Bezugnahme auf den Wohnsitz des Insolvenzverwalters zum Tragen, weil Art. 1 Abs. 2 lit. b EuGVVO solche Klagen nicht ausschließt.[25]

20 *Besonderer Gerichtsstand des Aufenthaltsorts* **Wenn Personen an einem Ort unter Verhältnissen, die ihrer Natur nach auf einen Aufenthalt von längerer Dauer hinweisen, insbesondere als Hausgehilfen, Arbeiter, Gewerbegehilfen, Studierende, Schüler oder Lehrlinge sich aufhalten, so ist das Gericht des Aufenthaltsortes für alle Klagen zuständig, die gegen diese Personen wegen vermögensrechtlicher Ansprüche erhoben werden.**

---

11 *Uhlenbruck* § 80 Rn. 91; aA *Gogger,* Insolvenzrecht, 2. Aufl. 2006, 5. Teil A II 4.d.

12 BGH ZInsO 2003, 707; LG Lübeck DZWIR 2001, 220; HambKomm/*Kuleisa* § 80 Rn. 40; aA *Wessel* DZWIR 2000, 196.

13 *Kübler/Prütting/Holzer* § 35 Rn. 3.

14 BayObLG ZIP 2003, 541, 542.

15 HM, BGH NJW 2003, 2916 = WM 2003, 1542 m. zust. Anm. *Mankowski* NZI 2003, 1546; OLG Schleswig MDR 2001, 1375; OLG Bremen ZInsO 2002, 189; *St/J/Roth* Rn. 2; *T/P/Hüßtege* Rn. 3; *Zi* Rn. 1; *Zö/Vollkommer* Rn. 6; MK/*Patzina* Rn. 10; aA *B/L/H* Rn. 4; *Wessel* DZWIR 2000, 196.

16 *Leible* LMK 2004, 15 m. weit. Nachw.; *Mankowski* RIW 2004, 600; *Zö/Vollkommer* Rn. 6.

17 BGH WM 2003, 1542 m. zust. Anm. *Mankowski* NZI 2003, 1546; *Gerhardt,* Festschr. f. Brandner, 1996, S. 605, 614.

18 BayObLG NJW-RR 2003, 926.

19 *St/J/Roth* Rn. 7; *Zö/Vollkommer* § 38 Rn. 10; aA *B/L/H* Rn. 1; LG Kleve MDR 2001, 291 m. abl. Anm. *Treffer;* LG Trier NJW 1982, 286.

20 *St/J/Bork* § 38 Rn. 15, 48; OLG Köln NJW-RR 1992, 571 m. weit. Nachw.; BayObLGZ 1999, 76; aA LG Trier NJW 1982, 286.

21 Vgl. *St/J/Bork* § 38 Rn. 14.

22 BGH NJW 2003, 2916; *St/J/Roth* Rn. 8.

23 Verordnung Nr. 1346/2000 des Rates vom 29. 5. 2000 (Amtsblatt Nr. L 160 vom 30. 6. 2000, S. 1).

24 *St/J/Roth* Rn. 8.

25 MK/*Gottwald* Art. 1 EuGVÜ Rn. 19; MK/*Gottwald* (AB) Art. 1 EuGVO Rn. 1.

I. Normzweck

1 Die Vorschrift leitet die besonderen Gerichtsstände ein. Besondere Gerichtsstände und damit auch § 20 dienen der Geltendmachung bestimmter einzelner materiellrechtlicher Ansprüche (§ 12 Rn. 5) und erleichtern dem Kläger damit die Erhebung der Klage unter besonderen Voraussetzungen. Die Regelung des § 20 bezweckt insofern auch die Gewährleistung der Waffengleichheit der Parteien (§ 12 Rn. 1). Die Klageerhebung soll an dem Ort möglich sein, an dem ein Beklagter seinen Aufenthalt hat, wenn dieser nur von längerer Dauer ist. Denn an diesem Ort geht der Beklagte häufig Rechtsverhältnisse ein, aus denen sich Prozesse ergeben können. Für diese Fälle sieht § 20 einen fakultativen Gerichtsstand neben dem des Wohnsitzes vor.

II. Persönlicher Anwendungsbereich

2 **1. Allgemeines.** § 20 erfasst natürliche Personen und zwar unabhängig von deren Staatsangehörigkeit. Damit gilt die Regelung auch für **Ausländer.** Für juristische Personen scheidet sowohl eine direkte als auch eine analoge Anwendung der Vorschrift aus.[1]

3 **2. Kinder, Minderjährige.** Wegen des Gerichtsstandes von **Kindern** kann nicht an den Aufenthaltsort der Eltern bzw. der gesetzlichen Vertreter iSd. § 20 angeknüpft werden.[2] Die Norm des § 11 BGB stellt insoweit nicht auf den Aufenthaltsort ab, sondern nur auf den Wohnsitz als Anknüpfungspunkt zur Ableitung des Gerichtsstandes.[3] Einen nach § 20 beachtlichen Ort längeren Aufenthalts kann ein Minderjähriger im Übrigen ausschließlich mit Zustimmung des Erziehungsberechtigten begründen.[4] Die Gegenansicht[5] stellt dagegen darauf ab, dass die Norm unabhängig vom konkreten Willen ausschließlich an tatsächliche Gegebenheiten anknüpfe. Im Übrigen spräche § 57 Abs. 2 dafür, dass der Minderjährige den Gerichtsstand des Aufenthalts ohne Zustimmung seines gesetzlichen Vertreters begründen kann. Dem widerspricht jedoch der Wortlaut des § 57 Abs. 2. Die Norm stellt einzig darauf ab, dass eine nicht prozessfähige Person beim Gericht ihres Aufenthalts verklagt werden kann. Der Regelung ist gerade nicht zu entnehmen, wie die Person den Gerichtsstand begründet hat. Nur wenn der Gerichtsstand des Aufenthalts des Prozessunfähigen einmal (mit Zustimmung des gesetzlichen Vertreters) wirksam begründet wurde, kann er dann auch an diesem iSd. § 57 Abs. 2 verklagt werden.[6] Außerdem sind die Regelungen des Gerichtsstandes aus dem Sinngehalt des gesamten Rechtssystems zu verstehen. Insoweit sind die grundsätzliche Entscheidung des Gesetzgebers für den Minderjährigenschutz nach den §§ 104ff. BGB und die prozessuale Schutzbedürftigkeit des Minderjährigen[7] zwingend bei der Bestimmung des Gerichtsstandes zu beachten.[8]

III. Sachlicher Anwendungsbereich

4 **1. Vorhandensein eines Hauptwohnsitzes.** § 20 begründet neben dem Gerichtsstand gemäß § 13 einen weiteren besonderen Gerichtsstand. Voraussetzung für die Anwendbarkeit der Norm ist daher, dass der Beklagte über einen anderweitigen Wohnsitz verfügt. Außerhalb des Anwendungsbereichs der EuGVVO kann dieser Wohnsitz wegen Art. 4 Abs. 1 EuGVVO auch im Ausland liegen. Liegt der Wohnsitz außerhalb Deutschlands aber innerhalb der Mitgliedstaaten der EuGVVO gilt dagegen Art. 2 Abs. 1, Art. 59 Abs. 2 EuGVVO. Die Klage ist in dem entsprechenden Mitgliedstaat zu erheben (vgl. Rn. 11). Handelt es sich beim Beklagten um eine wohnsitzlose Person, kommt § 16 zur Anwendung. Insofern ist dann jedoch ein vorübergehender Aufenthalt ausreichend (§ 16 Rn. 3).

5 **2. Längerer Aufenthalt.** Der Begriff des Aufenthalts von längerer Dauer ist gesetzlich nicht definiert. Aus der Gesetzessystematik ergibt sich jedoch, dass es sich dabei um einen Aufenthalt handeln muss, der mehr als nur ein vorübergehender iSd. § 16 und weniger als der gewöhnliche gemäß § 606 Abs. 1, Abs. 2 S. 1, 2 ist (vgl. § 16 Rn. 3). Für die Bestimmung des **längeren Aufenthalts** kommt es dabei nicht auf die tatsächliche Verweildauer an.[9] Entscheidend ist vielmehr die „Natur" des Aufenthalts.[10] Wenn zum Zeitpunkt der Begründung ein längerer Aufenthalt vorgesehen war, fällt er unter § 20, ohne dass es auf die anschließende tatsächliche Dauer des Verweilens ankäme.[11]

6 **3. Aufzählung.** Die von der Vorschrift genannten Beispiele für Tätigkeitsfelder, die einen längeren Aufenthalt an einem Ort begründen können, sind nicht abschließend.[12] So kommen weiter Saisonarbeitsverhältnisse in Betracht, also zB das Arbeitsverhältnis zur Montage auf einer Großbaustelle,[13] die Arbeit als

---

1 *St/J/Roth* Rn. 1; *T/P/Hüßtege* Rn. 1; *Zö/Vollkommer* Rn. 2.
2 BGHZ 78, 293, 295f. = NJW 1981, 520.
3 MK/*Patzina* Rn. 5; *St/J/Roth* Rn. 1.
4 *Mann* JZ 1956, 466, 470; MK/*Patzina* Rn. 10; *St/J/Roth* Rn. 6; aA *Wiecz/Sch/Hausmann* Rn. 8.
5 LG Verden MDR 1964, 766f.; LG Wuppertal DAVorm. 1968, 203, 204; *Zö/Vollkommer* Rn. 2; *Wiecz/Sch/Hausmann* Rn. 8.
6 *St/J/Roth* Rn. 6.
7 *Schröder,* Internationale Zuständigkeit, 1971, S. 145; *St/J/Roth* Rn. 6.
8 MK/*Patzina* Rn. 10.
9 MK/*Patzina* Rn. 7; *St/J//Roth* Rn. 4.
10 *Wiecz/Sch/Hausmann* Rn. 4.
11 MK/*Patzina* Rn. 7.
12 *Geimer* Rn. 1267; MK/*Patzina* Rn. 6; *Zö/Vollkommer* Rn. 5.
13 *Bengelsdorf* BB 1989, 2390, 2394.

Kellner im Gastronomiebereich,[14] die Tätigkeit als Schauspieler,[15] Skilehrer oder Animateur usw., aber auch der Vorbereitungsdienst von Referendaren oder die Ableistung von auswärtigem Wehrdienst als Soldat.[16] Ein Abhängigkeitsverhältnis ist nicht vorausgesetzt. § 20 kann deshalb selbständige Unternehmer oder Abgeordnete am Sitz des Parlaments während der Sitzungsperiode[17] oder auch Tagungsteilnehmer betreffen. Auch eine berufliche Tätigkeit ist nicht erforderlich. Die Vorschrift kommt daher auch bei einem Aufenthalt in einer Ferienwohnung oder einem Wochenendhaus[18] zur Anwendung.

7 **4. Unfreiwilliger Aufenthalt.** Die Freiwilligkeit des Aufenthalts wird nicht gefordert. Die Vorschrift erfasst ebenso den Aufenthaltsort, den eine Person auf Grund ihrer Unterworfenheit unter „besondere Gewaltverhältnisse"[19] einnimmt. § 20 betrifft daher auch Insassen von Justizvollzugs-[20] (vgl. a. § 16 Rn. 3) oder Heilanstalten[21] und die schutzsuchenden Bewohnerinnen eines Frauenhauses bei nicht nur vorübergehendem Aufenthalt.[22] Die Norm ist weiter bei **Soldaten** anwendbar, die ihren Wohnsitz nach § 9 Abs. 1 BGB und damit ihren allgemeinen Gerichtsstand nach § 13 an ihrem Standort haben. § 20 kommt dann bei örtlichen Verwendungen außerhalb des Standorts zur Anwendung,[23] zB während einer längeren Militärübung.

8 **5. Vorübergehende Abwesenheit.** Eine vorübergehende Abwesenheit vom Aufenthaltsort hebt den Gerichtsstand des § 20 nicht auf. Daher ist es nicht erforderlich, dass der Beklagte zum Zeitpunkt der Zustellung einer Klageschrift am Aufenthaltsort zugegen ist.[24]

9 **6. Grenzen der Anwendbarkeit des § 20.** Die Vorschrift ist nicht auf solche Personen anwendbar, die sich nur kurzfristig außerhalb ihres Wohnortes aufhalten. Dabei ist an so genannte Pendler[25] ebenso zu denken wie an Urlauber oder die Personen, deren Gerichtsstand wegen des nur vorübergehenden Charakters des Aufenthalts nach § 16 (ebenda Rn. 1, 3) beurteilt wird.[26]

10 **7. Vermögensrechtliche Ansprüche.** § 20 greift nur bei Klagen wegen vermögensrechtlicher Ansprüche ohne Rücksicht auf ihren Entstehungsgrund. Zur Unterscheidung vermögensrechtlicher Ansprüche von nicht vermögensrechtlichen siehe § 3 Rn. 12 ff.

IV. Konkurrenzen und internationale Zuständigkeit

11 § 20 normiert neben dem allgemeinen einen weiteren fakultativen Gerichtsstand, so dass dem Kläger die Wahlmöglichkeit des § 35 offen steht. Soweit Art. 2 Abs. 2 und Art. 59 **EuGVVO** die Anwendbarkeit des § 20 ausschließen (Rn. 4), ist die Klage grundsätzlich vor dem Gericht des Wohnsitzstaates zu erheben, da die EuGVVO keine Anknüpfung an den Aufenthaltsort vorsieht (Rn. 4).[27] Ein deutsches Gericht ist insofern grundsätzlich international unzuständig.[28] Bei einem Wohnsitz des Beklagten **außerhalb** des Geltungsbereichs der EuGVVO bzw. des EuGVÜ (für Dänemark) begründet der Ort längeren Aufenthalts im Inland gemäß § 20 zugleich auch die internationale Zuständigkeit des angerufenen Gerichts,[29] soweit im Übrigen die Voraussetzungen des § 20 vorliegen (Grundsatz der Doppelfunktionalität, § 12 Rn. 17).

21 *Besonderer Gerichtsstand der Niederlassung*

(1) Hat jemand zum Betrieb einer Fabrik, einer Handlung oder eines anderen Gewerbes eine Niederlassung, von der aus unmittelbar Geschäfte geschlossen werden, so können gegen ihn alle Klagen, die auf den Geschäftsbetrieb der Niederlassung Bezug haben, bei dem Gericht des Ortes erhoben werden, wo die Niederlassung sich befindet.

(2) Der Gerichtsstand der Niederlassung ist auch für Klagen gegen Personen begründet, die ein mit Wohn- und Wirtschaftsgebäuden versehenes Gut als Eigentümer, Nutznießer oder Pächter bewirtschaften, soweit diese Klagen die auf die Bewirtschaftung des Gutes sich beziehenden Rechtsverhältnisse betreffen.

I. Normzweck

1 Dem Kläger wäre seine Rechtsverfolgung erschwert, müsste er im Prozess gegen Gewerbetreibende wegen Streitigkeiten, die aus ihrer gewerblichen Tätigkeit erwachsen, stets vor dem allgemeinen Gerichtsstand der §§ 13, 17 prozessieren. Zur Wahrung der Waffengleichheit der Parteien (§ 12 Rn. 1) sieht § 21 daher einen besonderen Gerichtsstand vor. Dies führt dazu, dass der Kläger wegen vermögensrechtlichen An-

---

[14] *St/J/Roth* Rn. 3; MK/*Patzina* Rn. 6.
[15] *Bengelsdorf* BB 1989, 2390.
[16] *Zö/Vollkommer* Rn. 5; LG Verden MDR 1964, 766.
[17] KG OLGRspr. 20, 286.
[18] OLG Koblenz NJW 1979, 1309.
[19] LG Verden MDR 1964, 766 f.
[20] BGH NJW 1997, 1154 = JR 1998, 32.
[21] LG Wuppertal DAVorm. 1968, 204.
[22] BGH NJW 1995, 1224; OLG Saarbrücken FamRZ 1990, 1119.
[23] *Wiecz/Sch/Hausmann* Rn. 9.
[24] RG JW 1900, 653; RGZ 30, 326, 328.
[25] *St/J/Roth* Rn. 4; RGZ 30, 326 ff.; LG Karlsruhe ZZP 38 (1909), 424, 425.
[26] *St/J/Roth* Rn. 4; MK/*Patzina* Rn. 8; RGZ 30, 326 ff.; RG JW 1893, 365.
[27] Vgl. *Wiecz/Sch/Hausmann* Rn. 10; *St/J/Roth* Rn. 2.
[28] *St/J/Roth* Rn. 2; vgl. *Wiecz/Sch/Hausmann* Rn. 10.
[29] *T/P/Hüßtege* Art. 4 EuGVVO Rn. 1; *Zö/Geimer* Art. 4 EuGVVO Rn. 1.

sprüchen (zum Begriff § 3 Rn. 12)[1] ein örtlich günstiger gelegenes Gericht anzurufen berechtigt ist, das zudem wegen seiner räumlichen Nähe zur Ausübung der gewerblichen Tätigkeit des Beklagten oftmals sachnäher ist als das Gericht der §§ 13, 17.[2] Zudem führt die Anknüpfung an den Ort der Geschäftsbeziehung mit den aus ihr resultierenden Streitigkeiten zur Wahrung des Grundsatzes des „actor sequitur forum rei" (§ 12 Rn. 1).[3] Der Kläger begibt sich nämlich zur prozessualen Durchsetzung seiner Ansprüche an den Ort des Beklagten, den dieser mit seiner gewerblichen Tätigkeit vorgibt. Trotz der Ähnlichkeit mit dem Gerichtsstand des Wohnsitzes[4] bezweckt § 21 nicht die Schaffung eines weiteren Wohn- oder Nebenwohnsitzes.[5]

II. Voraussetzungen

1. Der Begriff der Niederlassung ist aus der Funktion des § 21 (Rn. 1) zu ermitteln. Vor dem Hintergrund der Wahrung der Waffengleichheit der Parteien ist es für die Begründung des Gerichtsstandes des Orts der Niederlassung ausreichend, wenn die gewerbliche Tätigkeit von einer ständig betriebenen[6] und auf eine **gewisse Dauer**[7] errichteten Geschäftsstelle ausgeübt wird.[8] Ausschlaggebend ist dabei, dass die Niederlassung über eine hinreichende Organisation zur Aufrechterhaltung des Gewerbes verfügt und berechtigt sein muss, selbsttätig nach eigenständiger Entscheidung Geschäfte abzuschließen.[9] Dem Wortlaut der Norm folgend kann es insofern nicht darauf ankommen, ob die Niederlassung von dem Stammunternehmen errichtet worden ist.[10] Nicht maßgeblich sind im Zusammenhang der Gerichtsstandsbestimmung die Maßstäbe, die § 13 HGB normiert,[11] insbesondere ist unerheblich, inwieweit im Innenverhältnis eine Berechtigung zum Abschluss der fraglichen Geschäfte vorliegt oder ob eine gewerbe- oder handelsregisterrechtliche Eintragung besteht. Es genügt, dass die Niederlassung tatsächlich vorhanden ist. § 21 greift aber auch in Fällen, in denen der **Schein einer Niederlassung**[12] verursacht worden ist. Die tatsächliche innerbetriebliche Organisationsstruktur ist unbeachtlich, wenn zurechenbar der Rechtsschein gesetzt wird, es handle sich um eine selbständige (Rn. 5f.), aus eigener Entscheidung heraus handelnde Geschäftsstelle, welche zum Abschluss von Geschäften befugt und auf gewisse Dauer eingerichtet ist. Dafür kann schon die Eintragung als Zweigniederlassung im Handelsregister genügen.[13] Der Betrieb der Niederlassung kann auch saisonal erfolgen.[14] Eine nur virtuelle Repräsentanz im Internet auf einem lokalen Server reicht für eine Niederlassung nicht.[15] Notwendig ist zum dauerhaften Betrieb die Verknüpfung mit einer räumlichen Einrichtung.[16] Daher findet § 21 nicht für die Tätigkeit auf Märkten und Messen[17] Anwendung. 2

2. Umfang und gewerbliche Tätigkeit der Niederlassung. a) Allgemeines. Die Niederlassung muss in einer Weise organisiert sein, dass sie zum Betrieb einer Fabrik, einer Handlung oder eines anderen Gewerbes geeignet ist, § 21 Abs. 1 Halbs. 1.[18] **Gewerbe** bedeutet dabei jedes Unternehmen einer natürlichen oder juristischen Person, welches auf Erwerb abzielt.[19] Nicht maßgebend ist der gewerbeordnungsrechtliche Begriff des § 6 GewO. Vielmehr fallen auch die Ausübung freier Berufe,[20] künstlerischer oder erzieherischer Tätigkeiten sowie der Urproduktion (Forst- und Fischereiwirtschaft u. ä.)[21] unter § 21. 3

b) Betriebe der Landwirtschaft begründen gemäß **Abs. 2** einen besonderen Gerichtsstand der Niederlassung. Dabei muss der Beklagte als Eigentümer, Nutznießer oder Pächter ein Gut auf seinen Namen und seine Rechnung durch einen anderen bewirtschaften und verwalten lassen.[22] Maßgebend sind hierfür nur die Geschäfte und Rechtshandlungen, die die Bewirtschaftung des Gutes betreffen. Nicht erfasst sind dagegen Rechtsgeschäfte, welche den Abschluss oder die Aufhebung des der Bewirtschaftung zu Grunde liegenden Rechtsverhältnisses beinhalten.[23] Auf Klagen gegen den Verpächter findet § 21 ebenfalls keine Anwendung, weil es insoweit an der Bewirtschaftung des Gutes mangelt.[24] 4

---

[1] *Jauernig* ZPR § 9 III 2b; LG München ZZPInt 1996, 405, 409.
[2] Vgl. BGHZ 88, 336; OLG Köln OLGR 2004, 191.
[3] BGHZ 115, 90, 92 = NJW 1991, 3092; BGHZ 88, 331, 335; *Wacke* JA 1980, 654ff.
[4] OLG Hamburg WoM 1990, 394.
[5] *B/L/H* Rn. 1; MK/*Patzina* Rn. 1; OLG Hamburg MDR 1977, 759.
[6] *St/J/Roth* Rn. 11.
[7] OLG Frankfurt WM 1989, 57.
[8] HM, vgl. m. weit. Nachw. MK/ *Patzina* Rn. 2.
[9] OLG München RIW 1983, 127, 128; *St/J/Roth* Rn. 11; *Wiecz/Sch/Hausmann* Rn. 7.
[10] *Zö/Vollkommer* Rn. 6; *St/J/Roth* Rn. 11; aA BGH NJW 1987, 3081, 3082; OLG München IPRspr. 1996, 314.
[11] BAG ZIP 1996, 2031; *Staub/Hüffer* § 13 Rn. 1, 6.
[12] BGH WM 1987, 1089, 1090f.; NJW 1987, 3081f.; ZIP 1989, 830, 833; OLG Frankfurt OLGR 2002, 351; OLG Düsseldorf WM 1989, 50, 52ff.; Rpfleger 1997, 32; OLG Naumburg OLGR 2002, 105; AG Köln NJW-RR 1993, 1504; vgl. LG Darmstadt ZIP 2004, 1924 (zu Art. 15 Abs. 2 EuGVO).
[13] MK/*Patzina* Rn. 11; OLG Düsseldorf Rpfleger 1997, 32.
[14] MK/*Patzina* Rn. 10; *St/J/Roth* Rn. 13.
[15] *Fricke* VersR 2001, 925, 932f.; MK/*Patzina* Rn. 9; *St/J/Roth* Rn. 12.
[16] OLG Hamburg OLGRspr. 19, 131; BayObLG Rpfleger 1980, 1486; *T/P/Hüßtege* Rn. 2.
[17] *B/L/H* Rn. 5; MK/*Patzina* Rn. 10; *St/J/Roth* Rn. 12; RGZ 69, 308.
[18] MK/*Patzina* Rn. 4.
[19] MK/*Patzina* Rn. 5; *Wiecz/Sch/Hausmann* Rn. 15.
[20] BGHZ 88, 331, 336 = NJW 1984, 739; aber auch BayObLG WM 1989, 871.
[21] MK/*Patzina* Rn. 5.
[22] RGZ 44, 350.
[23] *Zö/Vollkommer* Rn. 12.
[24] *St/J/Roth* Rn. 21.

5 **3. Selbständigkeit.** a) **Übersicht.** Voraussetzung für die Anwendbarkeit des § 21 ist weiter, dass die (rechts- oder nichtrechtsfähige)[25] Niederlassung in ihrer gewerblichen Tätigkeit **selbständig** ist. Das ist der Fall, wenn von ihr aus **unmittelbar und eigenverantwortlich** Geschäfte im Namen und für Rechnung des Beklagten[26] getätigt werden.[27] Auf Hauptniederlassungen[28] trifft dies grundsätzlich zu. Bei Zweigniederlassungen kommt es darauf an, ob ihnen ein Teil des Geschäftsbetriebs zur selbständigen Erledigung übertragen worden[29] bzw. Mittelpunkt eines bestimmten Teils der Geschäftsbeziehungen des Inhabers[30] ist. Das kann bei der inländischen Niederlassung eines Unternehmens mit Stammsitz im Ausland der Fall sein.[31] Aber auch die Lokalredaktion einer überregional tätigen Zeitung oder eines anderen Medienunternehmens,[32] Bahnhöfe der Deutschen Bahn AG[33] oder die Geschäftsstelle eines Mobilfunkbetreibers,[34] in der Vertragschluss, Telefon- und Kartenübergabe erfolgen, fallen unter diese Begriffsbestimmung. Nur untergeordnete, dem eigenen Geschäftsbetrieb dienende Geschäfte wie die Vergabe von Reparaturaufträgen oder die Einstellung oder Entlassung von Arbeitskräften vermögen die geforderte Selbständigkeit nicht zu begründen.[35] Auch nicht unter § 21 fallen Geschäfte, die unter Einschaltung eines Kommissionärs geschlossen werden.[36] Zur Erweckung des Scheins der Selbständigkeit bei Rn. 2.

6 b) **Weitere Einzelfälle.** Zweigstellen von (gemäß § 53 Abs. 1, 3 KWG unabdingbar auch ausländischen)[37] Kreditinstituten sind selbständig iSv. § 21.[38] In Betracht kommt auch der (vertraglich bezeichnete) Sitz einer Arbeitsgemeinschaft von Bauunternehmen,[39] nicht aber ein Baubüro. Vom Stammhaus hergestellte und über ein Ladengeschäft vertriebene Waren begründen ebenfalls eine Niederlassung in diesem Sinne.[40] Nicht selbständig sind bloße Annahmestellen oder Geschäftsstellen ausländischer Fluggesellschaften,[41] es sei denn, die Fluggesellschaft unterhält im Inland keine anderweitige Stelle zum Abschluss von Geschäften.[42] Weiter unterfallen der Norm des § 21 nicht Agenturen, sofern sie bloß die Vermittlung von Geschäften betreiben;[43] anders dagegen die Regelung des Art. 5 Nr. 5 EuGVVO, der aber nicht ohne ausdrückliche legislatorische Entscheidung zur Auslegung des § 21 herangezogen werden darf.[44] Wegen Versicherungsagenten vgl. § 48 VVG, der den Wohnsitz des Agenten als dessen Gerichtsstand bestimmt.[45] Zu Art. 31 CMR s. Rn. 10.

7 **4. Persönlicher Anwendungsbereich.** § 21 begründet einen Gerichtsstand des Inhabers am Ort der Niederlassung. Das heißt, im Gerichtsstand des § 21 erhobene Klagen richten sich gegen den Inhaber, nicht die Niederlassung selbst. Dabei schadet es jedoch nicht, wenn der Inhaber unter der Firma der Zweigniederlassung verklagt wird.[46] Beim Inhaber kann es sich um eine **natürliche oder eine juristische Person** handeln.[47] Daneben werden auch sonstige parteifähige Gebilde werden von der Norm erfasst, so zB die OHG.[48] Wie aus dem Wortlaut von § 21 Abs. 2 deutlich wird, bezieht sich der Begriff des Inhabers nicht nur auf den Eigentümer, sondern auch auf den Nutznießer oder Pächter (vgl. Rn. 4).[49]

8 **5. Bezug der Klage zum Geschäftsbetrieb.** Unter den Gerichtsstand des § 21 fallen alle Klagen, die zu dem Geschäftsbetrieb der Niederlassung Bezug haben.[50] Dazu gehören also insbesondere Klagen, welche die Geltendmachung von Primär- oder Sekundäransprüchen hinsichtlich der mit der Niederlassung geschlossenen Verträge betreffen. Ausreichend kann aber auch sein, dass zwar die Verträge nicht mit der Niederlassung oder an ihrem Ort geschlossen worden sind, aber mit Rücksicht auf ihren Geschäftsbetrieb. Daher werden auch Ansprüche einbezogen, welche die Begründung[51] oder die Aufhebung der Niederlassung

---

[25] *St/J/Roth* Rn. 14; BGH NJW 1998, 1322.
[26] BayObLG MDR 1989, 459; OLG Frankfurt WM 1989, 57.
[27] BGH NJW 1987, 3081, 3082; OLG Düsseldorf NJW-RR 1989, 433; OLG Dresden OLG-NL 1998, 17; OLG Düsseldorf Rpfleger 1997, 32; OLG Köln VersR 1993, 1172; OLG München RIW 1983, 127, 128.
[28] *Zö/Vollkommer* Rn. 7; *St/J/Roth* Rn. 14; *Wiecz/Sch/Hausmann* Rn. 17.
[29] BGH NJW 1987, 3081; BSG AuB 2001, 120; OLG Frankfurt RIW 1988, 399f.
[30] OLG Stuttgart OLGRspr. 19, 51.
[31] OLG Düsseldorf NJW-RR 1989, 432, 433 = EWiR 1989, 513 (*Wach*).
[32] OLG Naumburg OLG-NL 1999, 200.
[33] *St/J/Roth* Rn. 15.
[34] AG Frankfurt/O NJW-RR 2001, 276.
[35] *Wiecz/Sch/Hausmann* Rn. 7.
[36] RG 44, 355, 356.
[37] *St/J/Roth* Rn. 16.
[38] BGH WM 1987, 1089, 1090; *Stöber* Rpfleger 1995, 277, 280; *Zö/Vollkommer* Rn. 8.
[39] BayObLGZ 1985, 314, 317.
[40] OLG München OLGR 2001, 254.
[41] OLG München RIW 1983, 127, 128.
[42] BGHZ 84, 339, 344ff. = NJW 1983, 518; MK/*Patzina* Rn. 9.
[43] BGH NJW 1987, 3081f.; BayObLG BB 1989, 583.
[44] So zutr. *Wiecz/Sch/Hausmann* Rn. 9.
[45] MK/*Patzina* Rn. 9.
[46] BGHZ 4, 62, 64.
[47] BGH NJW 1998, 1322; BayOBLG DB 2002, 1545; *Zö/Vollkommer* Rn. 2; *St/J/Roth* Rn. 9.
[48] *St/J/Roth* Rn. 9; *Zö/Vollkommer* Rn. 2.
[49] *Wiecz/Sch/Hausmann* Rn. 6.
[50] Grdl. BGH NJW 1995, 1225, 1226; RGZ 30, 328.
[51] *Staub/Hüffer* (Fn. 11) Vor § 13 Rn. 16; aA OLG Rostock OLGRspr. 25, 52f.; OLG Hamm OLGZ 1991, 79, 80; vgl. auch OLG Hamburg WoM 1990, 394f.

betreffen[52] oder an einem anderen Ort zu erfüllen sind.[53] Ferner gilt § 21 bei Klagen, die sich aus Folgen der Geschäftstätigkeit der Niederlassung ergeben.[54] Einen Geschäftsbezug haben daher auch Klagen wegen unerlaubter Handlungen, zB wenn die Zweigstelle zur Schadensabwicklung tätig wird.[55] Es kommen Ansprüche wegen (vor-)vertraglicher Pflichtverletzungen iSd. §§ 280 Abs. 1, 311 Abs. 2, 3, 241 Abs. 2 BGB,[56] aus Gefährdungshaftung,[57] Unterlassungsklagen gemäß §§ 1, 2 UKlaG (Rn. 9) oder auch Ansprüche wegen Wettbewerbsverletzungen[58] in Betracht. Bei letztgenannten ist dabei die den § 21 konkretisierende Sonderregelung des § 14 UWG (Rn. 9) zu beachten. Der Geschäftsbezug ist dagegen nicht bei Ansprüchen mit nur mittelbarer Verbindung[59] zur Niederlassung gegeben. So scheidet die Anwendbarkeit des § 21 aus, wenn die Herausgabe von Sachen des Hauptunternehmens begehrt wird, die sich zufällig im Besitz der Niederlassung befinden.[60] Insoweit fehlt es an einem selbständigen Geschäftsbetrieb der Niederlassung. Weiter ist § 21 nicht anwendbar bei Aktivprozessen des Inhabers der Niederlassung und beim Mahnverfahren.[61]

III. Besondere Gerichtsstände

1. Gerichtsstände des Ortes der Niederlassung. Für Wettbewerbssachen besteht eine an den Ort der Niederlassung anknüpfende Zuständigkeitsregelung in § 14 Abs. 1 S. 1 UWG und für Unterlassungsklagen aus dem UKlaG eine Gerichtsstandsregelung in dessen § 6 Abs. 1. Für das Insolvenzverfahren bestimmen §§ 2 Abs. 1, 3 Abs. 1 InsO die ausschließliche örtliche und sachliche Zuständigkeit. 9

2. Weitere besondere Gerichtsstände. Für Versicherungsagenten vgl. § 48 Abs. 1 VVG (Rn. 6). Zur Pflicht der Unterhaltung einer Niederlassung von im Inland tätigen ausländischen Versicherungsgesellschaften vgl. §§ 105, 106 Abs. 2, 109 S. 1 VAG. Zweigstellen ausländischer Banken im Inland werden gemäß § 53 Abs. 1 KWG als selbständige Niederlassung iSd. § 21 behandelt. Diese Regelung ist nach § 53 Abs. 3 KWG unabdingbar. Art. 31 Abs. 1 CMR[62] stellt für Streitigkeiten aus Beförderungsverträgen des internationalen Straßengüterverkehrs einen Gerichtsstand am Ort der Zweigniederlassung oder Geschäftsstelle zur Verfügung, an der oder durch deren Vermittlung der Beförderungsvertrag geschlossen worden ist.[63] 10

IV. Internationale Zuständigkeit

§ 21 unterfällt dem Grundsatz der Doppelfunktionalität der örtlichen Zuständigkeitsnormen (§ 12 Rn. 17). Soweit die Voraussetzungen der Vorschrift gegeben sind, begründet die örtliche gleichzeitig auch die internationale Zuständigkeit.[64] Bei Unterhaltung einer Zweigniederlassung, Agentur oder sonstigen Niederlassung in Deutschland mit Hauptsitz im ausländischen EuGVVO-Vertragsstaat wird die internationale und örtliche Zuständigkeit der deutschen Gerichte aus Art. 5 Nr. 5 EuGVVO begründet.[65] Insoweit ist die Anwendung des § 21 ausgeschlossen. In Versicherungs- und Verbrauchersachen ist auf die Art. 8ff., 15ff. EuGVVO zu verweisen.[66] Bei einem Unternehmen mit Hauptsitz in einem Staat, hinsichtlich dessen die EuGVVO nicht anwendbar ist, begründet die Niederlassung in Deutschland nach § 21 zugleich auch die internationale Zuständigkeit der deutschen Gerichte.[67] Bei Klagen gegen in Drittstaaten ansässige Versicherungsunternehmen, die innerhalb des Geltungsbereichs der EuGVVO tätig sind, ist durch § 9 Abs. 2 EuGVVO geregelt, dass diese so zu behandeln sind, als ob sie am Ort ihrer Niederlassung im Mitgliedstaat einen Wohnsitz hätten. Die Zuständigkeit für die Klage ergibt sich insoweit aus Art. 9 Abs. 1 lit. a, b EuGVVO; zuständig ist entweder ein Gericht im Mitgliedstaat der Niederlassung oder im Mitgliedstaat, in dem der Versicherungsnehmer seinen Wohnsitz hat. Insoweit sind gemäß § 13 EuGVVO Prorogationen möglich. 11

22 *Besonderer Gerichtsstand der Mitgliedschaft* **Das Gericht, bei dem Gemeinden, Korporationen, Gesellschaften, Genossenschaften oder andere Vereine den allgemeinen Gerichtsstand haben, ist für die Klagen zuständig, die von ihnen gegen ihre Mitglieder als solche oder von den Mitgliedern in dieser Eigenschaft gegeneinander erhoben werden.**

[52] *Zö/Vollkommer* Rn. 11; *St/J/Roth* Rn. 20; aA *T/P/Hüßtege* Rn. 4; OLG Hamm OLGZ 1991, 79.
[53] MK/*Patzina* Rn. 12.
[54] RGZ 23, 424, 428; 30, 326, 328f.
[55] OLG Saarbrücken OLGR 2004, 137.
[56] *Zö/Vollkommer* Rn. 11; *St/J/Roth* Rn. 20.
[57] MK/*Patzina* Rn. 12.
[58] RGZ 44, 361, 362.
[59] RGZ 103, 432.
[60] BGHZ 4, 62, 65 = NJW 1952, 182; RGZ 30, 326, 328f.
[61] BGH NJW 1998, 1322; BayObLG Rpfleger 2002, 528.
[62] Übereinkommen über den Beförderungsvertrag im internationalen Straßengüterverkehr (CMR) v. 19. Mai 1956 (BGBl. II 1961 S. 1119); vgl. BGH NJW-RR 2002, 31.
[63] *Nagel/Gottwald* § 3 Rn. 346; *Wiecz/Sch/Hausmann* Rn. 37.
[64] BGH NJW 1987, 3081; OLG Düsseldorf Rpfleger 1997, 32; *Wiecz/Sch/Hausmann* Rn. 38.
[65] *St/J/Roth* Rn. 7; *Wiecz/Sch/Hausmann* Rn. 31.
[66] *Wiecz/Sch/Hausmann* Rn. 32; vgl. LG Darmstadt ZIP 2004, 1924 (Rechtsschein einer Niederlassung iSd. Art. 15 Abs. 2 EuGVO).
[67] BGHZ 109, 29, 34 = NJW 1990, 317 (zu § 14 AGBG). Für Dänemark bleibt das EuGVÜ anwendbar, Art. 1 Abs. 3 EuGVO.

I. Normzweck

1 Die Vorschrift fasst diejenigen vermögensrechtlichen oder nichtvermögensrechtlichen Streitigkeiten,[1] die um die inneren Rechtsbeziehungen zwischen Gesellschaft oder Verein mit Gesellschaftern bzw. Mitgliedern geführt werden, am allgemeinen Gerichtsstand der Gesellschaft gemäß § 17 zusammen.[2] Aber auch Streitigkeiten zwischen den Mitgliedern der Vereinigung in ihrer Eigenschaft als solche, werden von der Norm erfasst. Damit wird eine einheitliche Anwendung und Auslegung von Satzungen, Statuten und Gesellschaftsverträgen erreicht, wobei die örtliche Sachnähe des Gerichts die Einbeziehung von Registern und Akten sowie die Feststellung des Gerichtsstandes erleichtert.[3] Für eine teilweise vorgenommene restriktive Anwendung (Rn. 3)[4] des § 22, welche auf die Sicherung des durch die Gerichtsstandsregelungen erstrebten Beklagtenschutzes abzielen (vgl. § 12 Rn. 1), besteht indes kein Anlass, weil § 22 aus dem Gesichtspunkt der Waffengleichheit der Parteien keinen Widerspruch in der Begründung der Gerichtsstände darstellt. Die Vorschrift weicht nämlich nicht nur aus Zweckmäßigkeitsgesichtspunkten vom Grundsatz des Beklagtengerichtsstandes ab, sondern trägt im Falle der **gegen Mitglieder** gerichteten Klage dem Umstand Rechnung, dass diese Beklagten sich zuvor auf die Mitgliedschaft eingelassen haben. Im Übrigen würden bei einer einschränkenden Auslegung der Vorschrift die beabsichtigte Rechtsklarheit[5] und die damit verbundene Rechtssicherheit aufgegeben.

II. Personenvereinigungen

2 **1. Allgemeines.** Die Norm des § 22 ist auf die Personenvereinigungen anwendbar, die § 17 (ebenda Rn. 2ff.) erfasst. Schon bisher galt die Regelung für Industriegewerkschaften (arbeitsrechtliche Koalitionen) trotz ihrer Rechtsform als nichtrechtsfähige Vereine auf Grund ihrer aktiven und passiven Parteifähigkeit (§ 17 Rn. 3).[6] Nunmehr müssen auf Grund der geänderten Rechtsprechung des BGH[7] zur Rechts- und Parteifähigkeit der **Gesellschaft bürgerlichen Rechts** gemäß § 705 BGB auch diese[8] in den Anwendungsbereich des § 22 einbezogen werden.[9] Davon ist auch die in Form der GbR geführte Anwaltssozität erfasst.[10] Sofern der Sitz nicht iSd. § 17 Abs. 1 S. 1 aus der Satzung bzw. dem Gründungsakt erkennbar oder sonst bestimmt ist, greift § 17 Abs. 1 S. 2 ein (§ 17 Rn. 10). Abzustellen ist dann auf den Ort des Mittelpunktes der geschäftlichen Oberleitung bzw. Verwaltung.[11] Der Gerichtsstand des § 22 greift bereits in der Gründungsphase der Gesellschaft ein,[12] aber auch während deren Liquidation.[13] Nicht vom Anwendungsbereich des § 22 wird die stille Gesellschaft (§ 230 HGB) erfasst,[14] weil sie eine reine Innengesellschaft ist.[15] Bei dieser tritt nur der Inhaber des Handelsgeschäfts im Rechtsverkehr auf (vgl. § 230 Abs. 2 HGB).

3 **2. Auslegungsfragen. a) Überregionale Massenvereine.** Die im Wege einschränkender Auslegung der Norm (vgl. Rn. 1) teilweise erfolgte Verneinung[16] der Anwendbarkeit für überregional tätige Massenvereine ist de lege lata abzulehnen. § 22 ist für diese ebenfalls anwendbar, da bei Schaffung der Vorschrift dem Gesetzgeber die Existenz überörtliche Vereine nicht unbekannt war und trotz zahlreich vorgenommener Novellierungen der ZPO eine Veränderung insoweit nicht erfolgt ist.[17] Im Übrigen würde sonst der Rechtsunsicherheit Vorschub geleistet (vgl. Rn. 1).[18] Unabhängig von seiner Größe gilt § 22 daher auch für Klagen des VVaG wegen rückständiger Prämienzahlungen seiner Mitglieder (Rn. 5).[19]

4 **b) Prospekthaftung.** Nach der Rechtsprechung des BGH soll § 22 auch auf solche Personen anwendbar sein, die bei einer wortlautgetreuen Auslegung der Vorschrift ihrem Geltungsbereich nicht unterfallen würden. Namentlich sind davon die Gründer, Initiatoren oder Gestalter eines Prospektes erfasst.[20] Das ist vor dem Hintergrund der Struktur der Prospekthaftung[21] überzeugend. Insofern geht es um die Feststellung der Verantwortlichkeit der das Management beherrschenden Personen, die nicht der Gesellschaft angehören,

---

[1] *St/J/Roth* Rn. 1; *Zö/Vollkommer* Rn. 3.
[2] BGHZ 76, 231, 235 = NJW 1980, 1470; OLG Karlsruhe ZIP 1998, 1005, 1006; *Giesecke* DB 1984, 973.
[3] *St/J/Roth* Rn. 1; *MK/Patzina* Rn. 22.
[4] *T/P/Hüßtege* Rn. 1; LG Frankfurt NJW 1977, 538; LG Hannover VersR 1979, 341.
[5] *St/J/Roth* Rn. 3.
[6] BGHZ 50, 325, 334 = NJW 1968, 1830.
[7] BGH ZIP 2002, 614; NJW 2002, 1642; 2003, 1043; BGHZ 146, 341 = NJW 2001, 1056; vgl. BVerfG NJW 2002, 3533 (Grundrechtsfähigkeit der GbR).
[8] LG Bonn NJW-RR 2002, 1400; *St/J/Roth* Rn. 9; *B/L/H* Rn. 1, 7; *T/P/Hüßtege* Rn. 1.
[9] *Zi* Rn. 1; *T/P/Hüßtege* Rn. 1; aA *Zö/Vollkommer* Rn. 2; OLG Celle OLGR 2001, 198.
[10] OLG Köln NJW 2004, 862.
[11] *Jauernig* ZPR § 9 III 1; *St/J/Roth* § 17 Rn. 7; *T/P/Hüßtege* § 17 Rn. 3; aA OLG Celle OLGR 2001, 198, 199 (unter Verweis auf § 36 Abs. 1 Nr. 3); *St/J/Roth* Rn. 9; *Zö/Vollkommer* Rn. 1.
[12] BGHZ 76, 231, 235 = NJW 1980, 1470; BayObLG BB 1978, 1685.
[13] *MK/Patzina* Rn. 8 aE.
[14] *Zö/Vollkommer* Rn. 2; *St/J/Roth* Rn. 9.
[15] *Baumbach/Hopt* Einl v § 105 Rn. 18.
[16] LG Frankfurt NJW 1977, 538; LG Hannover VersR 1979, 341; *Voosen* VersR 1975, 499.
[17] BGHZ 80, 343; *Stöber*, Handbuch zum Vereinsrecht, 9. Aufl. 2004, Rn. 739 Fn. 3; *Zö/Vollkommer* Rn. 2; *MK/ Patzina* Rn. 4; *T/P/Hüßtege* Rn. 1; *Zi* Rn. 1.
[18] *MK/Patzina* Rn. 3; aA LG Frankfurt NJW 1977, 538f.
[19] OLG Celle VersR 1975, 993; LG Karlsruhe VersR 1976, 1029; aA LG Hannover VersR 1979, 341f.
[20] BGHZ 76, 231, 235 = NJW 1980, 1470.
[21] BGHZ 71, 284, 287ff. = NJW 1978, 1625; BGHZ 79, 337, 340 = NJW 1981, 1449; BGHZ 84, 141, 143 = NJW 1982, 2493.

ihr aber nahe stehen und diese regelmäßig vertreten haben.[22] Der Zweck des § 22, Streitigkeiten, die sich auf die inneren Rechtsbeziehungen der Gesellschaft beziehen, bei einem sachnahen Gericht zusammenzufassen, rechtfertigt daher die Anwendung der Vorschrift auch auf Prospekthaftungsklagen.[23] Davon müssen jedoch selbständige Werbeunternehmen,[24] selbständige Vermittler (siehe § 32b Rn. 5) und deren Erfüllungsgehilfen ausgenommen bleiben.[25] Für diese kann bei gesamtschuldnerischer Inanspruchnahme mit der Gesellschaft zur Bestimmung des zuständigen Gerichts § 36 Abs. 1 Nr. 3 Platz greifen und § 22 entsprechend zur Anwendung kommen.[26]

III. Klagen

1. Klagen gegen die Mitglieder als solche. Der besondere Gerichtsstand des § 22 greift ein, wenn sich die Klage auf das Rechtsverhältnis der Mitgliedschaft bezieht.[27] Erforderlich ist also, dass die Streitigkeit aus der Eigenart der Mitgliedschaft resultiert, oder anders, dass der geltend gemachte Anspruch den Beklagten in seiner Eigenschaft als Mitglied betrifft.[28] Diese Bestimmung ist weit zu fassen, so dass auch Klagen wegen Streitigkeiten aus der Begründung der Mitgliedschaft und gegen ausgeschiedene Mitglieder[29] (zB aus einem Beherrschungs- und Gewinnabführungsvertrag)[30] oder deren Rechtsnachfolger[31] einbezogen sind. Typischerweise von der Norm betroffen sind insbesondere Klagen auf Beitragszahlung,[32] rückständige Prämien beim VVAG[33] und Ansprüche auf Rückzahlung unberechtigt empfangener Leistungen.[34] Der Gerichtsstand greift auch für Klagen des Insolvenzverwalters einer schuldnerischen GmbH auf Rückgewähr eigenkapitalersetzender Gesellschafterleistungen.[35] Dagegen handelt es sich bei Geltendmachung des Anspruchs auf Zahlung der Einlage gegen den Kommanditisten einer KG nach § 171 Abs. 2 HGB durch den Insolvenzverwalter nicht um einen Anspruch der Gesellschaft, sondern einen solchen der Gläubiger der KG.[36] Insofern kommt die Vorschrift des § 22 nicht zur Anwendung. Ausreichend ist nicht, wenn die Klage aus Gründen erhoben wird, die nicht in der Natur der Mitgliedschaft begründet sind. Dazu gehören unter anderem selbständige Verträge zwischen der Personenvereinigung und dem Mitglied zB über die Miete einer Wohnung oder deliktische Ansprüche[37] zwischen Gesellschaft und Gesellschaftern. Wegen unerlaubter Handlungen von Vorständen oder Aufsichtsräten einer AG ist § 22 ebenfalls nicht anwendbar.[38] 5

2. Klagen der Mitglieder gegeneinander. Anwendbar ist § 22 weiter auf Klagen der Mitglieder als solche gegeneinander. Damit scheiden Klagen aus, die gegen oder von Dritten erhoben werden bzw. sich auf Drittrechte beziehen.[39] Die Vorschrift des § 22 erfasst Auflösungs- oder Ausschließungsklagen gemäß §§ 133, 140 HGB,[40] Streitigkeiten unter Gesellschaftern um das Auseinandersetzungsguthaben bei einer GbR,[41] Klagen wegen der Nachhaftung aus § 736 Abs. 2 BGB, § 160 HGB[42] und Klagen zwischen Gesellschaftern einer Publikums-KG wegen mittelbarer Beteiligung eines Kapitalgebers.[43] 6

IV. Konkurrenzen und internationale Zuständigkeit

1. Verhältnis zu anderen Gerichtsständen der ZPO. Der Gerichtsstand des § 22 schließt weitere Gerichtsstände (zB § 21) nicht aus. Soweit kein ausschließlicher Gerichtsstand eingreift, ist die Norm neben den allgemeinen Gerichtsständen der §§ 13 und 17 anwendbar, dabei hat der Kläger ein Wahlrecht gemäß § 35. Besondere Regelungen greifen etwa für die Klage wegen Nichtigkeit eines Hauptversammlungbeschlusses (§ 249 Abs. 1 S. 1 AktG), der Klage wegen Anfechtung des Beschlusses über die Verwendung des Bilanzgewinnes (§ 254 Abs. 1 AktG), wegen Anfechtung der Feststellung des Jahresabschlusses (§ 257 AktG), wegen Feststellung der Nichtigkeit der Gesellschaft (§ 275 Abs. 3, 4 AktG), der Anfechtungsklage 7

[22] *Zö/Vollkommer* Rn. 8; *St/J/Roth* Rn. 15; BGHZ 71, 284, 287ff. = NJW 1978, 1625.
[23] BGH Beschl. v. 6. 4. 2004, Az. X ARZ 384/03; BayObLGR 2005, 396; *Zö/Vollkommer* Rn. 8; *Wiecz/Sch/Hausmann* Rn. 13; *B/L/H* Rn. 5.
[24] BayObLG DB 2002, 2210, 2211 = NJW-RR 2002, 1684, 1685.
[25] BGHZ 76, 231, 236; BayObLG NJW-RR 2003, 134.
[26] BayObLG ZIP 2003, 141, 142; NJW-RR 2003, 134; 2002, 1684.
[27] Vgl. OLG Köln NJW 2004, 862.
[28] *Wiecz/Sch/Hausmann* Rn. 9; OLG Hamburg IPRax 1993, 172.
[29] OLG Celle VersR 1975, 993; OLG Köln NJW 2004, 862; LG Bochum ZIP 1986, 1386.
[30] MK/*Patzina* Rn. 6; *St/J/Roth* Rn. 14; LG Bochum ZIP 1986, 1386f. m. zust. Anm. *Timm;* aA AG Ebersberg MDR 1987, 146.
[31] *St/J/Roth* Rn. 16; MK/*Patzina* Rn. 6; RGZ 54, 207f.
[32] BGH NJW 1980, 343.
[33] OLG Celle VersR 1975, 993; LG Karlsruhe VersR 1976, 1029.
[34] *Manthey* VersR 1972, 327.
[35] OLG München ZIP 2006, 2402, 2403; OLG Karlsruhe ZIP 1998, 1005 m. Anm. *Mankowski* EWiR 1/98, 571; OLG Düsseldorf InVo 1997, 326; OLG Frankfurt OLGR 1997, 175; OLG Hamburg WM 1992, 1941, 1943.
[36] OLG Schleswig ZIP 1980, 256ff.
[37] OLG Karlsruhe BB 1998, 389.
[38] MK/*Patzina* Rn. 7.
[39] *St/J/Roth* Rn. 14.
[40] BayObLG BB 1978, 1625.
[41] LG Bonn NJW-RR 2002, 1399.
[42] OLG Köln OLGR 2003, 247.
[43] *Giesecke* DB 1984, 973.

wegen Beschlüssen der Generalversammlung (§ 51 Abs. 3 GenG) sowie bei einer Klage wegen Nichtigkeit der GmbH (§ 75 GmbHG iVm. §§ 246 bis 248 AktG).

8 **2. Art. 22 Nr. 2 EuGVVO.** Diese Vorschrift normiert eine ausschließliche internationale Zuständigkeit für Klagen, deren Gegenstand die Gültigkeit, Nichtigkeit oder die Auflösung einer juristischen Person oder Gesellschaft oder Beschlüsse ihrer Organe ist.[44] Die Bestimmung des Begriffs der juristischen Person iSd. Vorschrift erfolgt dabei nach nationalem Recht,[45] während bei der Entscheidung darüber, wo sich der Sitz befindet, das Gericht sein internationales Privatrecht anwendet, Art. 22 Nr. 2 S. 2 EuGVVO. Die Regelung des Art. 22 EuGVVO verdrängt § 22 wegen der internationalen Zuständigkeit der deutschen Gerichte beim Gesellschaftssitz in Deutschland. Da die Norm jedoch nicht den Gerichtsstand regelt, kommt § 22 insoweit zur Bestimmung der örtlichen Zuständigkeit des Gerichts zur Anwendung.[46] Liegen die Voraussetzungen des Art. 22 Nr. 2 EuGVVO nicht vor, greift § 22 jedoch auch wegen der internationalen Zuständigkeit der deutschen Gerichte ein.[47] Das Gleiche gilt, wenn der Beklagte seinen Wohnsitz nicht in einem Mitgliedstaat iSd. Art. 1 EuGVVO hat.[48]

23 *Besonderer Gerichtsstand des Vermögens und des Gegenstands* **[1]Für Klagen wegen vermögensrechtlicher Ansprüche gegen eine Person, die im Inland keinen Wohnsitz hat, ist das Gericht zuständig, in dessen Bezirk sich Vermögen derselben oder der mit der Klage in Anspruch genommene Gegenstand befindet. [2]Bei Forderungen gilt als der Ort, wo das Vermögen sich befindet, der Wohnsitz des Schuldners und, wenn für die Forderungen eine Sache zur Sicherheit haftet, auch der Ort, wo die Sache sich befindet.**

I. Normzweck

1 **1. Allgemeines.** Die Bedeutung der Vorschrift liegt in der Begründung einer örtlichen und primär einer internationalen Zuständigkeit[1] deutscher Gerichte bei der Rechtsverfolgung gegen Ausländer und Deutsche, die nicht über einen inländischen Wohnsitz verfügen, sowie ausländischen Staaten, soweit das Inlandsvermögen nicht der Immunität unterliegt.[2] Sofern sich haftendes Vermögen des Beklagten im Inland befindet, soll dem Kläger die Verfolgung seiner Ansprüche durch § 23 erleichtert, vielfach sogar überhaupt erst ermöglicht werden.[3] Damit bezweckt die Vorschrift die Verhinderung deutscher Vollstreckungsenklaven[4] von Personen, die keinen allgemeinen Gerichtsstand nach den §§ 13, 17 haben. Hierfür schafft § 23 zwei Anknüpfungspunkte: den des Vermögens (S. 1 Alt. 1, Rn. 7ff.) und den des mit der Klage in Anspruch genommenen Gegenstandes, wenn dieser nicht zum Vermögen des Beklagten gehört (S. 1 Alt. 2, Rn. 13).

2 **2. Hinreichender Inlandsbezug.** Aus der Weite der Sachverhalte, welche die von der Norm geforderten Anknüpfungspunkte (Rn. 1) erfassen, erwachsen auch die Bedenken, die gegen die Vorschrift vorgebracht werden[5] und die daran festmachen, dass sie als „Ausländerforum“[6] einen exorbitanten und daher unerwünschten Gerichtsstand darstellt.[7] Die international nicht einheitlich interpretierten und nicht allgemein anerkannten Zuständigkeitsmerkmale sowie die völkerrechtliche Vertragspraxis[8] seien daher Grund genug, exorbitante Normen wie die des § 23 abzuschaffen bzw. sie erheblich in ihrem Anwendungsbereich einzuschränken.[9] Zu beachten ist aber, dass § 23 weder gegen Völker-[10] noch gegen Verfassungsrecht verstößt.[11] Exorbitante Normen und insbesondere § 23 dienen dazu, Rechtsschutzlücken für den Kläger zu schließen, die sich aus dem Grundsatz des „actor sequitor forum rei“(§ 12 Rn. 1) ergeben. So kann es beim Fehlen eines für den Kläger in der Nähe liegenden besonderen Gerichtsstandes unzumutbar sein, im Ausland zu klagen. Insofern erleichtert es § 23 wie auch § 23a (vgl. § 23a Rn. 1) dem Kläger, seinen Anspruch zu verfolgen, und trägt dem fein austarierten und differenzierten System der Zuständigkeitsregelungen Rechnung, welches die Interessen des Beklagten genauso wie die des Klägers angemessen berücksichtigt (§ 12 Rn. 1). Als Korrektiv des Gerichtsstandes nach § 23 verlangt die höchstrichterliche Rechtsprechung[12] jedoch trotz-

---

[44] *St/J/Roth* Rn. 5; *Wiecz/Sch/Hausmann* Rn. 14.
[45] *Schlosser* Art. 22 EuGVO Rn. 16; *Kropholler* Art. 22 EuGVO Rn. 33.
[46] OLG Naumburg NZG 2000, 1218.
[47] *St/J/Roth* Rn. 6; *Wiecz/Sch/Hausmann* Rn. 15; OLG München ZInsO 2007, 1330, 1331; aA *Schack* Rn. 241.
[48] OLG Naumburg NZG 2000, 1218, 2019; *Wiecz/Sch/Hausmann* Rn. 17; MK/*Patzina* Rn. 11.
[1] *Kropholler,* Internationales Privatrecht, 6. Aufl. 2006, § 58 II 1 b; *St/J/Roth* Rn. 1; *Zö/Vollkommer* Rn. 1; BGHZ 94, 156, 158 = NJW 1985, 2090; BGHZ 63, 219, 220 = NJW 1975, 114; OLG Frankfurt OLGR 1998, 375; OLG Stuttgart GRUR-RR 2002, 55; aA *Wiecz/Sch/Hausmann* Rn. 46 (primär örtliche Zuständigkeit).
[2] LG Frankfurt/M IPRax 1999, 247.
[3] OLG Hamburg NJW-RR 1996, 203; *Thieme* IJVO 1995/1996, 44, 46ff.; *B/L/H* Rn. 2.
[4] *Wiecz/Sch/Hausmann* Rn. 1; *Lüke* ZZP 95 (1992), 324f.
[5] *Schack* ZZP 97 (1984), 48ff.
[6] IE *Schack* ZZP 97 (1984), 48ff.
[7] *Schack* Rn. 195; *Zö/Vollkommer* Rn. 1; MK/*Patzina* Rn. 2.
[8] BVerfGE 64, 1; BGHZ 115, 90, 92.
[9] *Jellinek,* Die zweiseitigen Staatsverträge über Anerkennung ausländischer Zivilurteile, 1953, S. 222; *Heldrich,* Internationale Zuständigkeit und anwendbares Recht, 1969, S. 117, 142, 161; vgl. *Schack* Rn. 195.
[10] BGH NJW 1984, 2037; 1989, 1431.
[11] BGHZ 115, 90, 92; *Geimer* Rn. 1348; offen gelassen BVerfGE 64, 18f.
[12] BGHZ 115, 90, 94ff. = NJW 1991, 3092; BAG IPRax 2003, 258; NZA 1997, 1182; OLG München NJW-RR 1993, 704; *Schack* JZ 1992, 54; *Lüke* ZZP 105 (1992), 321.

dem einen **hinreichenden Inlandsbezug des Rechtsstreits.** Nur ein derartiges Verständnis des § 23 ZPO würde dem aus der Entstehung abzuleitenden Sinn und Zweck der Vorschrift gerecht. Die Regelung sei ursprünglich von der Überlegung getragen gewesen, Inländern unabhängig von ihrer Nationalität einen Gerichtsstand gegen Ausländer mit im Inland belegenen Vermögen zu schaffen, die andernfalls nicht verklagt werden könnten.[13] Nicht bezweckt war jedoch, die Zuständigkeit eines deutschen Gerichts zu ermöglichen, wenn die Rechtsstreitigkeit ohne jeglichen Inlandsbezug ist.[14] Dementsprechend sei aus der Entstehungsgeschichte des § 23 zu schließen, dass für die Vermögenszuständigkeit ein stärkerer Inlandsbezug erforderlich sei, als ihn allein die Vermögensbelegenheit vermittelt.[15]

Dieser Auffassung wird unter Hinweis auf den klaren Wortlaut der Norm in der Literatur widersprochen. 3 Auf Grund eines teilweise rechtspolitisch unerwünschten Ergebnisses könne nicht eine einschränkende Auslegung vorgenommen werden.[16] Im besonderen Maße sei durch die Forderung des „Inlandsbezuges" die Rechtssicherheit und Rechtsklarheit gefährdet. Beim Rückgriff auf diesen unbestimmten Rechtsbegriff im Zusammenhang mit der dazu zwischenzeitlich ergangenen Rechtsprechung, welche auf verschiedene Indizien abstellt, sei die Rechtssicherheit beeinträchtigt. Es wird zB teilweise angenommen, der notwendige Inlandsbezug sei bei einem Wohnsitz oder Aufenthaltsort des Klägers im Inland zu bejahen.[17] Auch sei es möglich auf einen in Deutschland erfolgten Vertragsschluss und Einzahlungen bei einem inländischen Kreditinstitut,[18] auf die Rechts- und Beweisnähe der Streitigkeit zu Deutschland,[19] auf die frühere deutsche Staatsangehörigkeit des Beklagten[20] oder des Klägers[21] oder die Teilnahme des Beklagten am Geschäftsleben in Deutschland[22] abzustellen. Daneben müsse die Zuständigkeit gemäß § 23 nur noch begründbar sein, wenn sonst entgegen dem Verbot der Rechtsverweigerung die Klage abgewiesen werden müsste (sog. Notzuständigkeit).[23] Andererseits soll kein hinreichender Inlandsbezug gegeben sein, wenn ein Zahlungsort im Inland liegt[24] oder ein Arbeitnehmer vorübergehend ins Inland entsendet wurde.[25] Festzuhalten bleibt, dass in der Tat die Forderung nach einem hinreichenden Inlandsbezug nicht der Rechtssicherheit dient. Auch ist ein Abstellen auf den Sinn und Zweck der Norm anhand der Gesetzesgeschichte nur bedingt tauglich, zur Lösung des Problems beizutragen. Denn der Vermögensgerichtsstand hat hinsichtlich seiner personellen Anforderungen und übrigen Voraussetzungen im Laufe der Zeit eine Reihe von Veränderungen erfahren. Die Vorschrift sah zunächst nur eine Anwendung auf den „preußischen Untertan" und gerade nicht auf Ausländer vor. Im Laufe der Zeit führten aber Gesetzesnovellen bis zum Wegfall jeglicher Einschränkung in der heutigen Fassung.[26] Dabei handelte es sich nicht um ein redaktionelles Versehen,[27] sondern um klare Entscheidungen des in seinen Modellvorstellungen gewandelten Gesetzgebers.[28] Insofern kann bei entsprechendem Erfordernis einer Einschränkung der Norm nur der Gesetzgeber handeln und im Interesse der Rechtssicherheit und Rechtsklarheit muss ein Rückgriff auf die weitere Tatbestandsvoraussetzung des hinreichenden Inlandsbezuges versagt bleiben.[29] Dies gilt auch für das Verfahren auf Anerkennung der Vollstreckbarkeit einer ausländischen Entscheidung nach § 722 Abs. 1; das im Inland befindliche Vermögen des Beklagten ist genügender Anknüpfungspunkt.[30] Eine im Einzelfall notwendige Korrektur wird im Übrigen dadurch erreicht, dass die Erschleichung des Gerichtsstandes der Arglisteinrede bzw. den aus dem Rechtsstaatsprinzip folgenden Grundsätzen von Treu und Glauben unterworfen ist (Einzelheiten s. Rn. 15 f.).[31]

II. Anwendungsbereich

1. Allgemeines. Die Regelung des § 23 begründet einen Gerichtsstand für Klagen nur wegen vermögens- 4 rechtlicher Streitigkeiten. Das ist der Fall, wenn der Anspruch auf einem Rechtsverhältnis beruht, das auf

[13] *Schumann,* Festschr. f. Liebman II, 1979 II, S. 839, 843; vgl. *Fricke* IPRax 1991, 159, 161.
[14] RGZ 6, 400, 403, 405; BGHZ 115, 90 = NJW 1991, 3092.
[15] BGHZ 115, 90; BAG DB 1998, 2619; LAG Köln NZA-RR 2002, 41; OLG Brandenburg OLG-NL 1996, 233; OLG Düsseldorf RIW 1996, 598; OLG Frankfurt NJW 1993, 305; OLG München OLGR 1993, 63; *Lüke* ZZP 105 (1992), 321; *Schlosser* IPRax 1992, 140; *Zö/Vollkommer* Rn. 1; *T/P/Hüßtege* Rn. 2; *Zi* Rn. 6.
[16] *B/L/H* Rn. 16.
[17] Vgl. *Schack,* Festschr. f. Nakamura, 1996, S. 491, 508 f.; *Mark/Ziegenhain* NJW 1992, 3062; *Wiecz/Sch/Hausmann* Rn. 49; BGH NJW 1997, 324, 325; OLG Stuttgart IPRax 1991, 179.
[18] BGH IPRax 1997, 257.
[19] Vgl. *St/J/Roth* Rn. 10.
[20] BGH NJW-RR 1993, 5; OLG Hamburg NJW-RR 1996, 203.
[21] OLG Frankfurt NJW-RR 1993, 257.
[22] *Mark/Ziegenhain* NJW 1992, 3062.
[23] MK/*Patzina* Rn. 10.
[24] OLG Frankfurt OLGR 1997, 2281.
[25] BAG BB 1998, 2619; NZA 1997, 1184.
[26] Vgl. ausf. *St/J/Roth* Rn. 12.
[27] *Pfeiffer* LM Nr. 7; *St/J/Roth* Rn. 12.
[28] *Fricke* NJW 1992, 3066; *St/J/Roth* Rn. 12.
[29] *B/L/H* Rn. 16; *St/J/Roth* Rn. 10 ff.; *Pfeiffer* LM Nr. 7; *ders.* IPRax 1996, 205, 209; *Schack* JZ 1992, 54; *ders.*, Festschr. f. Nakamura, 1996, S. 491, 496; *Grothe* RabelsZ 58 (1994), 686, 715; *Roth* JZ 2003, 201; *Mankowski* JR 1997, 464; *Schlosser* JZ 1997, 364.
[30] BGH ZIP 1997, 159 m. zust. Anm. *Walker* EWiR 1/97, 329; *Mankowski* JR 1997, 464; *Wollenschläger* IPRax 2002, 98.
[31] *Baumgärtel* ZZP 86 (1973), 353, 362 ff.; MK/*Patzina* Rn. 10; *St/J/Roth* Rn. 33.

Geld oder geldwerte Güter gerichtet ist bzw. wenn das Klagebegehren auf Geld oder geldwerte Güter zielt (vgl. zur Abgrenzung § 3 Rn. 12).[32] Beim von der Vorschrift beschriebenen Beklagtenvermögen handelt es sich um jeglichen geldeswerten Gegenstand, sei es eine Forderung, eine Sache oder ein sonstiges Vermögensrecht, wobei die Vorschrift unabhängig davon eingreift, ob dieser zur Befriedigung geeignet oder ausreichend ist.[33]

5 **2. Wohnsitzloser Beklagter.** Der Gerichtsstand des § 23 greift nur ein, soweit der Beklagte keinen Wohnsitz gemäß § 13 bzw. Sitz nach § 17 im Inland, keinen inländischen[34] allgemeinen Gerichtsstand nach §§ 15, 16[35] (Rn. 1) und keinen sonstigen Wohnsitz bzw. Sitz im Geltungsbereich der EuGVVO[36] hat. Damit erfasst die Norm In- und Ausländer ohne Rücksicht auf ihre Staatsangehörigkeit, natürliche und juristische Personen und sonstige passiv parteifähige Personenmehrheiten. Streit herrscht darüber, in welchen Fällen **Ausländer als Kläger** sich des Gerichtsstandes des § 23 bedienen dürfen. Es wird die Ansicht vertreten, § 23 sei dahingehend eingeschränkt auszulegen, dass nur Kläger mit inländischem Wohnsitz (aber ohne Rücksicht auf deren Staatsangehörigkeit) am Gerichtsstand des § 23 klagen könnten.[37] Das würde aber zu einer Erschwerung der Rechtsverfolgung für diesen Personenkreis führen, für die angesichts der insoweit eindeutigen gesetzlichen Regelung kein Raum ist. Daher steht § 23 klagenden Ausländern ohne Rücksicht auf deren Wohnsitz zur Verfügung.[38] Die Anwendung auf den **ausländischen Fiskus** ist ebenfalls streitig.[39] Dabei ist jedoch zu berücksichtigen, dass der Wortlaut des § 23 die Anwendbarkeit für jede Person eröffnet, die keinen Wohnsitz bzw. Sitz im Inland hat. Dies trifft auch auf ausländische Staaten als juristische Personen zu, auch wenn diese keinen inländischen Sitz begründen können.[40] Im Übrigen wird die grundsätzliche Anwendbarkeit der Vorschrift für ausländische Staaten auch daran deutlich, dass es ansonsten des Ausschlusses des § 23 im Europäischen Übereinkommen über Staatenimmunität[41] im Verhältnis der vertragschließenden Staaten nicht bedurft hätte.

6 **3. Klage- und Verfahrensart.** § 23 greift bei Leistungsklagen, bei positiven ebenso wie bei negativen Feststellungsklagen[42] und bei Gestaltungsklagen[43] ein. Er ist neben dem zivilgerichtlichen auch im arbeitsgerichtlichen Verfahren[44] anwendbar. Ferner kommt er im Verfahren wegen der Anordnung eines **Arrestes,**[45] des Erlasses **einstweiliger Verfügungen** und im **Zwangsvollstreckungsverfahren** (vgl. die ausdrücklichen Verweisungen in §§ 797 Abs. 5, 828 Abs. 2, 930 Abs. 1 S. 3 mit der Folge der Begründung eines ausschließlichen Gerichtsstandes, § 802) zum Tragen.[46] Weiterer Anwendungsfall ist das Verfahren auf Anerkennung der Vollstreckbarkeit einer ausländischen Entscheidung, § 722 Abs. 2.[47] Im Forderungspfändungsverfahren ist der Sitz des Drittschuldners maßgeblich.[48] Zum einstweiligen Rechtsschutz im Arrestverfahren im Bereich der EuGVVO vgl. Rn. 19. Der Gerichtsstand des § 23 ist durch Prorogation abdingbar.[49]

7 **4. Vermögensrechtlicher Klagegegenstand, § 23 S. 1 Alt. 1.** Die Vorschrift des § 23 Abs. 1 stellt in der ersten Alternative auf das Vermögen des Beklagten ab. Dieser Begriff wird in Rechtsprechung und Literatur uneinheitlich ausgelegt. Weithin anerkannt ist, dass es sich zumindest um einen geldwerten Gegenstand handeln muss.[50] Kein Vermögen stellen deshalb dar, der Anspruch auf Auskunfts-, Zeugnis-, Rechnungs- oder Quittungserteilung, Herausgabe von Akten, Briefen usw., soweit diese Ansprüche nicht in einem Geldwert zu messen sind.[51] Die Unentbehrlichkeit oder Wichtigkeit für den Beklagten bildet insofern ein unbeachtliches Affektionsinteresse.[52] Es kommt nicht darauf an, um welche Art von Vermögensgegenstand es sich handelt. § 23 umfasst Sachen,[53] Immaterialgüter,[54] Pfändungspfandrechte,[55] dingliche Verwertungs-

---

[32] BGHZ 14, 72, 74.
[33] BGH NJW 1988, 966, 967; OLG München WM 2006, 1556, 1557.
[34] BGHZ 4, 62, 65 = NJW 1952, 182 (zur DDR).
[35] *Wiecz/Sch/Hausmann* Rn. 7.
[36] *St/J/Roth* Rn. 8.
[37] *Schumann* ZZP 93 (1980), 408, 432.
[38] *Schack* ZZP 97 (1984), 65 ff. m. weit. Nachw.; *Zö/Vollkommer* Rn. 3; MK/*Patzina* Rn. 13; OLG Karlsruhe MDR 2002, 231.
[39] Dafür *Schack* ZZP 97 (1984), 48 ff., 64 ff. m. weit. Nachw.; *Wiecz/Sch/Hausmann* Rn. 7; dagegen *Zö/Vollkommer* Rn. 3 m. weit. Nachw.
[40] *Schack* ZZP 97 (1984), 48 ff., 64 ff. m. weit. Nachw.; *Wiecz/Sch/Hausmann* Rn. 7; MK/*Patzina* Rn. 14; *St/J/Roth* Rn. 7; OLG Frankfurt IPRax 1999, 247; aA *Zö/Vollkommer* Rn. 3; *Schumann* ZZP 93 (1980), 408, 433 ff.
[41] V. 16. 5. 1972 (BGBl. 1990 II S. 35); Bek. v. 24. 10. 1990 (BGBl. II S. 1400).
[42] MK/*Patzina* Rn. 6; BGH NJW 1977, 1637.
[43] *Wiecz/Sch/Hausmann* Rn. 4.
[44] BAG RIW 1984, 316 ff.; NJW 1985, 2910, 2911.
[45] OLG München MDR 1960, 146; OLG Frankfurt NJW-RR 1988, 572 f.
[46] OLG Frankfurt OLGZ 1983, 99, 100; NJW-RR 1988, 572; OLG Hamburg RIW 1990, 225.
[47] BGH ZIP 1997, 159 m. Anm. *Walker* EWIR 1/97, 329; *St/J/Roth* Rn. 4.
[48] OLG Stuttgart Justiz 1999, 16.
[49] BGHZ 94, 158.
[50] MK/*Patzina* Rn. 16; *T/P/Hüßtege* Rn. 6; *Wiecz/Sch/Hausmann* Rn. 13; *B/L/H* Rn. 8; *St/J/Roth* Rn. 13 f.; BGH NJW 1997, 326; *Schütze* DZWIR 1991, 241.
[51] MK/*Patzina* Rn. 17.
[52] *Schack* ZZP 97 (1984), 46, 65; *St/J/Roth* Rn. 16.
[53] BGH WM 1980, 410, 412.
[54] *Wiecz/Sch/Hausmann* § 22 Rn. 13.
[55] OLG Karlsruhe Justiz 1970, 87.

rechte[56] und sonstige Pfandrechte,[57] namentlich Grundschulden[58] an inländischen Immobilien. Um **Vermögen** handelt es sich auch bei Bankguthaben,[59] Büroausstattungen,[60] Eigentumswohnungen[61] und Forderungen.[62] Die Forderungen können dabei grundsätzlich auch gegen den Kläger selbst bestehen,[63] es sei denn, der Bestand der Forderungen wird von diesem bestritten (weitere Ausnahmen bei Rn. 15f.).[64] Unter § 23 fallen ferner zur Aufhebung des Arrestes hinterlegte Sicherheiten,[65] betagte, befristete[66] und bedingte Ansprüche[67] sowie Anwartschaftsrechte.

Das Bestehen einer Aufrechnungslage ist bei einer Forderung unbeachtlich,[68] solange diese noch nicht 8
wegen Aufrechnung erloschen ist (§§ 388 S. 1, 389 BGB).[69] Als Gestaltungsrecht führt erst die Erklärung der Aufrechnung zum Erlöschen der Forderung und kann daher nicht unterstellt werden. Anders mag dies dann sein, wenn der Kläger (arglistig) die Aufrechnungserklärung hinauszögert, um den Vermögensgerichtsstand zu begründen (vgl. Rn. 15f.). Dass gegen eine Forderung Einreden erhoben werden können, reicht ebenfalls nicht aus, um die Anwendbarkeit des § 23 auszuschließen. Eine Forderung begründet daher ein Vermögen des Beklagten iSv. § 23 auch dann, wenn gegen sie die Einrede des noch nicht erfüllten gegenseitigen Vertrages (§ 320 Abs. 1 BGB) erhoben oder ein Zurückbehaltungsrecht (§ 273 Abs. 1 BGB) geltend gemacht werden könnte.[70] Umstritten ist, ob es zur Begründung der internationalen Zuständigkeit gemäß § 23 S. 1 Alt. 1 notwendig ist, dass es sich um pfändbares Vermögen handelt[71] und das es zur Befriedigung der Klageforderung gereicht.[72] Darüber hinaus wird eine Anwendbarkeit der Norm für die Fälle abgelehnt, in denen der Wert des Vermögensgegenstandes unverhältnismäßig geringer als die Klageforderung ist.[73] Doch auch hier gilt das bereits zum zusätzlich geforderten Tatbestandsmerkmal des Inlandsbezuges Gesagte entsprechend (Rn. 2f.). Der insoweit klare Wortlaut der Norm fordert gerade kein angemessenes Verhältnis zwischen Beklagtenvermögen im Inland und klägerischer Forderung, geschweige denn, dass bei der Zwangsvollstreckung ein Überschuss über die Kosten erreicht werden müsse. Gerade das Prinzip der Trennung von Erkenntnis- und Vollstreckungsverfahren unter Berücksichtigung der verfassungsrechtlich gebotenen Rechtsklarheit und -sicherheit macht es erforderlich, auch unpfändbares und der vollständigen Befriedigung nicht gereichendes Vermögen zur Begründung des Gerichtsstandes genügen zu lassen.[74] Die Möglichkeit der tatsächlichen Befriedigung ist eine Frage der Zwangsvollstreckung, die nicht zum Gegenstand der Zulässigkeit der Klage gemacht werden darf.[75] Im Übrigen hindert die gegenwärtige Unpfändbarkeit nicht, dass sich eine spätere Pfändbarkeit ergibt, sei es weil die Unpfändbarkeit weggefallen oder weil weiteres Vermögen vom Beklagten ins Inland verbracht worden ist.[76] Es ist daher zur Begründung des Gerichtsstandes des § 23 ausreichend, dass Vermögen vorhanden ist, welches zumindest theoretisch zur Befriedigung des Gläubigers herangezogen werden kann.[77] Etwas anderes kann unter dem Gesichtspunkt des treuwidrigen Verhaltens gelten (vgl. Rn. 15f.). So kann im Einzelfall ein Verstoß gegen das Verbot der Erschleichung des Gerichtsstandes zB bei einem extrem niedrigen Vermögen und einer sehr hohen Forderung gegeben sein.[78]

5. Belegenheit des Vermögens. a) Körperliche Gegenstände. Bei körperlichen Vermögensgegenständen 9
ist allein maßgeblich, wo sie sich tatsächlich befinden. Demgegenüber kommt es nicht darauf an, wer mit-

---

56 BGH NJW 1990, 992.

57 OLG Frankfurt IPRspr. 66/67 Nr. 35.

58 BGH NJW 1989, 1154; OLG Frankfurt MDR 1981, 322, 323.

59 *Zö/Vollkommer* Rn. 8; OLG Frankfurt NJW 1988, 572 (nicht Kontoverbindungen ohne Guthaben).

60 BGH NJW-RR 1991, 423, 425; BAG IPRax 2003, 258.

61 BGH NJW-RR 1993, 2684.

62 BGH NJW 1981, 2642; LG Hamburg VersR 1984, 687; zu Bankguthaben: BGH WM 1987, 1353, 1354; OLG Frankfurt WM 1987, 276; LG Frankfurt/M IPRax 1999, 247; z. Kontokorrent beim Aktivsaldo zu Gunsten des Beklagten vgl. RGZ 44, 386, 387ff.; *Wiecz/Sch/Hausmann* Rn. 15.

63 *Zö/Vollkommer* Rn. 8; MK/*Patzina* Rn. 15; *Wiecz/Sch/Hausmann* Rn. 16; BGH NJW 1993, 1073, 1075; OLG Saarbrücken NJW 2000, 670.

64 Vgl. OLG Breslau OLGRspr. 17, 84.

65 RGZ 34, 356, 357f.; OLG Frankfurt OLGZ 1983, 99, 100.

66 *Wiecz/Sch/Hausmann* Rn. 20.

67 RGZ 75, 414, 418.

68 RGZ 7, 309, 321, 324; 58, 258, 259; OLG Düsseldorf NJW 1991, 3103; *Ro/S/Go* § 36 I 3; MK/*Patzina* Rn. 16; *B/L/H* Rn. 9; aA *Wiecz/Sch/Hausmann* Rn. 17; *Zö/Vollkommer* Rn. 8; *St/J/Roth* Rn. 19.

69 OLG Hamburg OLGRspr. 17, 85.

70 RG JW 1899, 531; *Wiecz/Sch/Hausmann* Rn. 17.

71 OLG München NJW 1993, 701; *Zö/Vollkommer* Rn. 7f.; BGH NJW 1993, 2684; vgl. zur Pfändbarkeit von Botschaftskonten BGH NJW 2006, 425.

72 *Zö/Vollkommer* Rn. 7; LG Hamburg MDR 1972, 55; *Geimer* JZ 1984, 981; *Schumann* ZZP 93 (1980), 432; OLG Hamburg NJW-RR 1996, 203.

73 OLG Celle IPRax 2001, 338; *Zö/Vollkommer* Rn. 7.

74 MK/*Patzina* Rn. 8; *B/L/H* Rn. 20; *Wollenschläger* IPRax 2001, 320; *ders.* IPRax 2002, 96; BGH NJW-RR 1991, 425; *Schütze* DZWIR 1991, 241; vgl. BGH NJW 1997, 326.

75 *Wollenschläger* IPRax 2001, 320; ders. IPRax 2002, 96; *Schack* Rn. 328.

76 MK/*Patzina* Rn. 8; *Schlosser* JZ 1997, 364; *B/L/H* Rn. 20; iE BGH NJW 1997, 326.

77 BGH MDR 1989, 345; OLG Düsseldorf NJW 1991, 3108; OLG München NJW-RR 1993, 701; vgl. auch OLG München WM 2006, 1556, 1557.

78 *B/L/H* Rn. 20; in dieser Richtung wohl auch OLG Celle IPRax 2001, 338; aA OLG Karlsruhe IPRspr. 1973 Nr. 130 (Zeitschriften im Wert von je einem Dollar gegenüber Klageforderung iHv. 4100 Dollar).

telbarer oder unmittelbarer Besitzer der Sache ist oder wer die Sache an den Ort verbracht hat.[79] § 23 S. 1 Alt. 1 ist auch einschlägig, wenn die Sache auf Grund eines gegen den Beklagten erwirkten dinglichen Arrests im Inland festgehalten wird.[80]

10 b) **Immobiliargüterrechte.** Bei Patent-, Gebrauchsmuster- oder Markenrechten[81] ist auf den (Wohn-) Sitz des Inhabers des Rechts,[82] hilfsweise auf den des bestellten Inlandsvertreters und hilfsweise auf den des zuständigen Patentamtes[83] abzustellen, vgl. § 25 Abs. 1, 3 PatG, § 28 Abs. 1, 3 GebrMG, § 96 Abs. 1, 3 MarkenG, § 35 WZG.

11 c) **Forderungen.** Der Ort der Belegenheit einer Forderung ist lege fori zu bestimmen.[84] § 23 S. 2 Alt. 1 regelt, dass insoweit der Wohnsitz des (Dritt-) Schuldners[85] der Forderung entscheidet. Bei unbestrittenen Forderungen (vgl. Rn. 7) kann dieser mit dem Kläger identisch sein.[86] Handelt es sich um eine juristische Person, entscheidet deren Sitz.[87] Ist der Wohnsitz des Drittschuldners im Ausland, kommt § 23 nicht zur Anwendung.[88] Unerheblich ist ein allgemeiner Gerichtsstand des Drittschuldners gemäß §§ 15, 16, 17 Abs. 3 für die Begründung der Zuständigkeit des Gerichts gemäß § 23.[89] Ebenso ist nicht auf den Erfüllungsort für die Forderung iSd. § 29 abzustellen.[90] Entscheidend ist daher bei einer Forderung auf Grund Bankguthabens der Sitz der Bank,[91] nicht der kontoführenden Zweigniederlassung.[92] Der **Geschäftsanteil eines Gesellschafters** begründet einen Gerichtsstand sowohl am Wohnsitz des Gesellschafters als auch am Sitz der Gesellschaft.[93] Bei **verbrieften** Forderungen, soweit Wechsel oder andere indossable Papiere ausgestellt worden sind, entscheidet der Ort, an dem sich das Papier befindet.[94] Da indossable Papiere auch im Rahmen der Zwangsvollstreckung wie bewegliche Sachen behandelt werden (§§ 821, 831), kommt es auf Wohnsitz des Drittschuldners oder den Sitz der Gesellschaft nicht an.[95]

12 d) **Gesicherte Forderungen.** § 23 S. 2 Alt. 2 begründet neben dem Sitz des Drittschuldners der Forderung des Beklagten einen weiteren Gerichtsstand. Dabei stellt die Norm auf den Ort ab, an dem sich die Sache befindet, mit der die Forderung gesichert ist. Unerheblich ist, ob der Grund hierfür in einem vertraglichen Pfandrecht, einem Arrest, einem Pfändungspfandrecht[96] oder der Ausübung eines Zurückbehaltungsrechts liegt.[97] Unmaßgeblich ist auch, ob der Sicherungsgegenstand dem Beklagten oder einem Dritten gehört.[98] Hierbei handelt es sich um einen **zusätzlichen**[99] Gerichtsstand; der Kläger hat insofern gemäß § 35 die Wahl zwischen dem Gerichtsstand des Drittschuldners und dem der Belegenheit des Sicherungsobjekts.[100]

13 **6. Mit der Klage in Anspruch genommener Gegenstand, § 23 S. 1 Alt. 2.** Dieser Gerichtsstand greift in Ergänzung zur ersten Alternative ein, soweit der Klagegegenstand nicht zum Vermögen des Beklagten gehört.[101] Ebenso ist es nicht notwendig, dass sich der Gegenstand in dessen Besitz befindet.[102] Im Hinblick auf die internationale Zuständigkeit begegnet dieses Tatbestandsmerkmal nicht den Bedenken, die gegen den Vermögensgerichtsstand iSd. § 23 S. 1 Alt. 1 (Rn. 2f.) erhoben werden, da am Streitobjekt angeknüpft wird.[103] Im Übrigen setzt die Begründung der Zuständigkeit nach § 23 S. 1 Alt. 2 die gleichen Tatbestandsmerkmale voraus wie für den Vermögensgerichtsstand,[104] vgl. Rn. 7ff. Damit kommen insbesondere auf dingliches oder persönliches Recht gestützte Herausgabeklagen (vgl. aber § 24), die Geltendmachung dinglicher Rechte an Sachen, sonstige Forderungen[105] und Streitigkeiten um Erb- oder Gesellschaftsanteile[106] in Betracht.[107]

---

[79] RGZ 51, 256, 258; *Wiecz/Sch/Hausmann* Rn. 24; MK/*Patzina* Rn. 18; *St/J/Roth* Rn. 26.
[80] OLG Frankfurt NJW-RR 1988, 572.
[81] LG München GRUR 1959, 156.
[82] *Wiecz/Sch/Hausmann* Rn. 25.
[83] *Zö/Vollkommer* Rn. 10; *St/J/Roth* Rn. 29.
[84] *St/J/Roth* Rn. 27; *Wiecz/Sch/Hausmann* Rn. 27.
[85] Zum Begriff *St/J/Brehm* § 829 Rn. 23; OLG Stuttgart Justiz 1999, 16.
[86] OLG Hamm IPRspr. 1985 Nr. 143.
[87] RGZ 59, 106, 107f.; BGH NJW-RR 1988, 172f.; BAG IPRax 1985, 276, 278; OLG Hamburg MDR 1977, 759; OLG Düsseldorf WM 1989, 50, 54.
[88] OLG Hamburg MDR 1977, 759.
[89] RGZ 159, 106; *Wiecz/Sch/Hausmann* Rn. 27.
[90] *St/J/Roth* Rn. 28; OLG Düsseldorf WM 1989, 50, 54.
[91] BGH NJW-RR 1988, 172, 173.
[92] *Geimer* Rn. 1373a; BAG RIW 1984, 316; OLG Frankfurt RIW 1988, 133, 134; offen gelassen von OLG Frankfurt IPRax 1999, 247; aA *St/J/Roth* Rn. 27 (auch der Ort der Zweigniederlassung).
[93] OLG Frankfurt MDR 1958, 108; NJW-RR 1996, 187.
[94] RGZ 58, 8, 10; 107, 44, 46f.; OLG Frankfurt NJW-RR 1996, 187.
[95] BGH NJW 1993, 2683, 2684; *St/J/Roth* Rn. 29.
[96] *Lipp* JuS 1988, 109.
[97] *Zö/Vollkommer* Rn. 11; *Wiecz/Sch/Hausmann* Rn. 30.
[98] *St/J/Roth* Rn. 30.
[99] MK/*Patzina* Rn. 19 aE; *T/P/Hüßtege* Rn. 7.
[100] BGH DB 1977, 718, 719.
[101] AllgM, *St/J/Roth* Rn. 39; *Zö/Vollkommer* Rn. 14; *T/P/Hüßtege* Rn. 8; OLG Frankfurt MDR 1981, 322, 323.
[102] MK/*Patzina* Rn. 20; *Zö/Vollkommer* Rn. 15; RGZ 51, 255.
[103] Vgl. *Wiecz/Sch/Hausmann* Rn. 31 m. weit. Nachw.; *St/J/Roth* Rn. 40.
[104] *Wiecz/Sch/Hausmann* Rn. 31 aE; *St/J/Roth* Rn. 40.
[105] BGH NJW 1985, 2037; *St/J/Roth* Rn. 39; *Zö/Vollkommer* Rn. 15; *B/L/H* Rn. 22.
[106] OLG Frankfurt MDR 1958, 108.
[107] *Wiecz/Sch/Hausmann* Rn. 32.

7. Zeitpunkt. Zur Begründung des Gerichtsstandes nach § 23 müssen dessen Voraussetzungen zum Zeitpunkt der Klageerhebung vorliegen.[108] Dagegen kommt es **nicht** auf den Zeitpunkt der Klageeinreichung oder den der Stellung eines Mahnantrags (§ 693 Abs. 2) an.[109] Dementsprechend ist nach § 253 Abs. 1 auf die Zustellung der Klageschrift abzustellen. Zu diesem Zeitpunkt muss es an einem inländischen (Wohn-)Sitz des Beklagten fehlen und dessen Vermögen oder das Streitobjekt im Bezirk des angerufenen Gerichts belegen sein. Unter diesen Voraussetzungen greift bezüglich § 23 der Grundsatz der perpetuatio fori gemäß § 261 Abs. 3 Nr. 2 ein.[110] 14

III. Arglisteinrede

1. Allgemeines. Als auch im Zivilverfahren zu beachtendes Prinzip[111] gilt entsprechend § 242 BGB der Grundsatz von Treu und Glauben auch im Anwendungsbereich des § 23.[112] Insoweit kommt ein Verstoß gegen diesen Grundsatz in Betracht, wenn der Kläger arglistig Vermögensgegenstände in den Bezirk des angerufenen Gerichts verbringt oder durch Dritte bringen lässt, um die Zuständigkeit des Gerichts zu begründen.[113] Weiter kommt die arglistige Veranlassung zur Sicherheitsleistung,[114] das Verschaffen eines Schadensersatzanspruchs als Vermögenswert iSd. § 23 S. 1 Alt. 1 durch unerlaubte Handlung seitens des Klägers oder die Wegnahme eines Gegenstandes als Verstoß gegen Treu und Glauben in Betracht.[115] Der Gerichtsstand soll im Übrigen auch dann nicht gegeben sein, wenn der Wert des Vermögens im Verhältnis zu dem Streitgegenstand „extrem gering" ist (vgl. Rn. 8 aE).[116] 15

2. Kostenerstattungsansprüche. Als ein weiterer Verstoß gegen den Grundsatz von Treu und Glauben kommen die Fälle in Betracht, in denen der Kläger dem Beklagten arglistig Kostenerstattungsansprüche verschafft. So soll auf § 23 nicht zurückgegriffen werden können, wenn der Kläger zunächst einen Prozess gegen den Beklagten im Inland vor einem unzuständigen Gericht anstrengt, die Klage aus diesem Gesichtspunkt wie begehrt als unzulässig abgewiesen wird, woraus dem Beklagten – im Inland belegene – Kostenerstattungsansprüche erwachsen.[117] Denn der damit verbundene Erwerb inländischen Vermögens durch den Beklagten ist dann Folge des vom Kläger angestrengten Vorprozesses. Insofern muss es dem Kläger verwehrt sein, sich aus diesem Grunde auf § 23 zu berufen.[118] Dies gilt auch für den bedingt entstanden Kostenerstattungsanspruch des laufenden Verfahrens.[119] 16

IV. Darlegungs- und Beweislast

Dem Kläger obliegt die Darlegung der Voraussetzungen des § 23 und im Streitfall deren Beweis,[120] der wegen des Vorhandenseins von Vermögen des Beklagten im Inland bereits im Rahmen der Zulässigkeitsprüfung zu erheben ist.[121] Sind die Voraussetzungen des § 23 zwischen den Parteien unstreitig, hat das Gericht den Gerichtsstand zugrundezulegen.[122] 17

V. Internationale Zuständigkeit

1. EuGVVO. a) Allgemeines. Im Geltungsbereich der EuGVVO findet § 23 dann keine Anwendung, wenn der Beklagte einen Wohnsitz iSv. Art. 59 und 60 EuGVVO in einem Mitgliedstaat hat, Art. 3 Abs. 2 (Anlage I) EuGVVO.[123] Soweit der Beklagte seinen Wohnsitz außerhalb der Mitgliedstaaten hat, Art. 4 Abs. 1 EuGVVO, greift deutsches Zivilprozessrecht, mithin auch § 23 ein.[124] Wenn § 23 zur Anwendung gelangt, wird seine Wirkung durch die EuGVVO noch erweitert, weil dann an diesem Gerichtsstand getroffene Entscheidungen in den anderen Mitgliedsstaaten anzuerkennen sind.[125] 18

b) Vorläufiger Rechtsschutz. Art. 31 EuGVVO lässt die nationale Zuständigkeitsregelung auf dem Gebiet des einstweiligen Rechtsschutzes unberührt. Für Verfahren des Arrests und der einstweiligen Verfü- 19

---

[108] BGH NJW 1997, 2886; OLG Frankfurt IPRax 1999, 247, 249; *Schütze* DZWIR 1991, 239, 241.
[109] OLG Karlsruhe Justiz 1970, 87; OLG Bremen IPRspr. 1952/1953 Nr. 291; *Schütze* DZWIR. 1991, 241.
[110] BGH NJW 1996, 2096; OLG Celle RIW 1990, 320, 321.
[111] BVerfGE 101, 404; BGHZ 20, 206; 43, 292; 57, 11; NJW-RR 2000, 208; *Bittmann* ZZP 110 (1997), 32 (für die Zwangsvollstreckung).
[112] *Baumgärtel* ZZP 86 (1973), 353, 362 ff.; *St/J/Roth* Rn. 33; *T/P/Hüßtege* Rn. 10; *Zeiss,* Die arglistige Prozesspartei, 1967, S. 53 ff., 70 ff.
[113] *Wiecz/Sch/Hausmann* Rn. 36; *Schütze* DZWIR 1991, 241.
[114] LG Hamburg IPRspr. 1973 Nr. 9.
[115] *St/J/Roth* Rn. 34.
[116] OLG Celle OLGR 1999, 165.
[117] *Wiecz/Sch/Hausmann* Rn. 38; *St/J/Roth* Rn. 33.
[118] OLG Darmstadt JW 1929, 121; OLG Stuttgart OLGRspr. 25, 53; *Schack* ZZP 97 (1984), 48 ff., 61 f.
[119] *St/J/Roth* Rn. 33; *Wiecz/Sch/Hausmann* Rn. 16; aA RGZ 145, 13, 15.
[120] BGH NJW 1987, 3081, 3082; RGZ 75, 147, 149; OLG Frankfurt WM 1989, 57 (Nachweis eines Kontos des Beklagten bei einer inländischen Bank); *St/J/Roth* Rn. 35.
[121] *St/J/Roth* Rn. 35; *Wiecz/Sch/Hausmann* Rn. 39 aE; MK/*Patzina* Rn. 21; aA *T/P/Hüßtege* Rn. 4; *Schlosser* JZ 1997, 364 (schlüssiger Vortrag genügt).
[122] BGH NJW 1987, 3193, 3194.
[123] OLG München NJW-RR 1988, 1023; *Geimer* WM 1976, 880.
[124] BGH NJW 1984, 2037; NJW-RR 1988, 172, 173; OLG München WM 2006, 1556 m. Anm. *Emde* EWiR 2006, 621; OLG Saarbrücken NJW 2000, 670, 671; OLG Celle RIW 1990, 320, 321; *Schlosser* EuGVVO Art. 4 Rn. 1.
[125] *Kropholler* Art. 3 EuGVO Rn. 5; vgl. *Schlosser,* Festschr. f. Kralik, 1986, S. 287 ff.

gung greift § 23 daher unbeschadet des Art. 3 Abs. 2 EuGVVO ein.[126] So ist im Anwendungsbereich des Art. 31 EuGVVO die Hauptsachezuständigkeit nach §§ 919 Alt. 1, 937 unter Rückgriff auf § 23 zu bestimmen.[127]

20 **2. Das Europäische Übereinkommen über Staatenimmunität.** Dieses Übereinkommen vom 16. Mai 1972[128] schließt Klagen gegen Vertragsstaaten u. a. dann aus, wenn die Zuständigkeit auf § 23 gestützt wird, es sei denn, der beklagte Vertragsstaat hat sich rügelos auf die Klage eingelassen oder es handelt sich um ein dinglich gesichertes Recht.[129]

21 **3. Ausschluss des § 23 in bilateralen Verträgen.** In einer Reihe bilateraler Verträge ist die Anwendbarkeit des § 23 ausgeschlossen, zB in Art. 20 Abs. 1, 2 des deutsch-norwegischen Anerkennungs- und Vollstreckungsvertrages vom 17. 6. 1977[130] oder in Art. 24 Lugano-Abkommen[131] im Hinblick auf die nicht der EuGVVO unterfallenden Staaten Schweiz, Norwegen, Island und Polen. Im Übrigen ist zu berücksichtigen, dass eine Klage im Gerichtsstand des § 23 nicht deshalb als unzulässig abgewiesen werden darf, weil die zu treffende Entscheidung eventuell von den Rechtsbeziehungen und den völkerrechtlichen Regelungen von Staaten abhängt.[132]

23a *Besonderer Gerichtsstand für Unterhaltssachen* **Für Klagen in Unterhaltssachen gegen eine Person, die im Inland keinen Gerichtsstand hat, ist das Gericht zuständig, bei dem der Kläger im Inland seinen allgemeinen Gerichtsstand hat.**

I. Normzweck

1 Wären Gläubiger von Unterhaltsansprüchen zur Klage am Sitz des Unterhaltsverpflichteten gezwungen, wäre ihre Rechtsverfolgung unter Berücksichtigung ihrer sozialen Lage häufig erheblich erschwert. Die Regelung des § 23a bezweckt zur Vermeidung dieses Nachteils eine Erleichterung bei der Geltendmachung solcher Ansprüche.[1] Die Vorschrift schafft damit bei Unterhaltssachen einen Klägergerichtsstand[2] und dient insofern der Herstellung der Waffengleichheit der Parteien (vgl. § 12 Rn. 1).[3] Dabei geht die Norm weiter als das HUVÜ[4] von 1958, durch dessen Ausführungsgesetz (§ 12 AusfG) die Vorschrift ins Gesetz eingefügt wurde, weil sie alle Unterhaltsklagen unterhaltsberechtigter Personen und nicht allein die von Kindern betrifft. Durch seine Formulierung nimmt § 23a insbesondere Auslandsfälle in Bezug und regelt damit neben der örtlichen primär die internationale Zuständigkeit.[5]

II. Anwendungsbereich

2 **1. Allgemeines.** Der Normzweck des § 23a eröffnet einen weiten Anwendungsbereich.[6] Die Norm ist deshalb unabhängig davon einschlägig, ob es sich um eine Leistungs- oder Feststellungsklage, eine Gestaltungsklage in Form der Abänderungsklage (§ 323)[7] oder um vorläufigen Rechtsschutz handelt.[8] Bei Abänderungsklagen kann dabei zB auch der Unterhaltsverpflichtete am Gerichtsstand des § 23a klagen, sofern nicht eine ausschließliche Zuständigkeit eingreift.[9] Etwas anderes gilt für das vereinfachte Verfahren auf Abänderung nach § 655 Abs. 1. Insoweit kommt nicht § 23a, sondern die ausschließliche Zuständigkeit des § 642 Abs. 1 zum Tragen (§ 642 Rn. 1). Im Bereich des vorläufigen Rechtsschutzes sind in deren Anwendungsbereich die vorrangigen Sonderregeln der §§ 620 Nr. 4, 6 iVm. 606; §§ 641d iVm. 640a zu berücksichtigen.[10]

3 **2. Grenzen.** Die Anwendung des § 23a ist ausgeschlossen, soweit eine besondere Zuständigkeit auf Grund der Verbindung mit einer anhängigen Statusklage[11] begründet ist. In Unterhaltssachen als Scheidungsfolgesachen (Familiensachen, §§ 23b Abs. 1 Nr. 5, 6 GVG, 621 Abs. 1 Nr. 4, 5) gemäß § 623 Abs. 1

---

126 *T/P/Hüßtege* Art. 3 EuGVVO Rn. 1; *Schulz* ZEuP 2002, 805; OLG Düsseldorf NJW 1977, 2034; OLG Düsseldorf ZIP 1999, 1521; OLG Frankfurt RIW 1983, 289, 290; LG Bremen RIW 1980, 366; OLG Koblenz NJW 1976, 2081 m. krit. Anm. *Schlafen.*
127 *Kropholler* Art. 31 EuGVO Rn. 18; OLG Karlsruhe MDR 2002, 231.
128 BGBl. 1990 II S. 35 idF. d. Bek. v. 24. Oktober 1990 (BGBl. II S. 1400).
129 *Wiecz/Sch/Hausmann* Rn. 43.
130 BGBl. II 1981 S. 341; vgl. *Wiecz/Sch/Hausmann* Rn. 44, 45.
131 *St/J/Roth* Rn. 2.
132 BGH IPRax 1997, 173.
1 BGHZ 106, 300, 302 = NJW 1989, 1356; OLG Oldenburg FamRZ 1988, 631, 632.
2 *St/J/Roth* Rn. 1; MK/*Patzina* Rn. 1.
3 IdS MK/*Patzina* Rn. 1; *Wiecz/Sch/Hausmann* Rn. 1.
4 Haager Übereinkommen über die Anerkennung und Vollstreckung von Entscheidungen auf dem Gebiet der Unterhaltspflicht gegenüber Kindern v. 15. 4. 1958 (BGBl. II 1961 S. 1006), neugefasst durch Haager Übereinkommen über die Anerkennung und Vollstreckung von Unterhaltsentscheidungen v. 2. 10. 1973 (BGBl. II 1986 S. 826).
5 *St/J/Roth* Rn. 1; *Kropholler,* Internationales Privatrecht, 6. Aufl. 2006, § 58 II 1b.
6 Zutr. *Wiecz/Sch/Hausmann* Rn. 2.
7 *Zö/Vollkommer* Rn. 3; *St/J/Roth* Rn. 12.
8 MK/*Patzina* Rn. 2; *B/L/H* Rn. 3 aE; *Zö/Vollkommer* Rn. 3.
9 BGH NJW-RR 1987, 1474; BayObLGZ 1985, 18, 19; OLG Hamm IPRspr. 1988 Nr. 149; AG Mönchengladbach FamRZ 1996, 1086.
10 *St/J/Roth* Rn. 5f.
11 *Zö/Vollkommer* Rn. 3 aE; *Wiecz/Sch/Hausmann* Rn. 2; *St/J/Roth* Rn. 13.

S. 1 kann der ausschließliche Gerichtsstand des § 606 Abs. 2 S. 2 eingreifen,[12] wodurch dem Schutzgedanken (Rn. 1) hinreichend Rechnung getragen wird.[13] Güterrechtliche Streitigkeiten stellen keine Unterhaltssachen iSd. § 23a dar. Auch soweit nach § 18a HausratsVO iVm. § 1361a und b BGB unterhaltsrechtliche Gedanken eine Rolle spielen,[14] ist die Norm nicht anzuwenden.

III. Unterhaltssachen

1. Begriff. Der Begriff der Unterhaltssachen ist weit zu fassen (Rn. 2). Die Rechtsgrundlage des Anspruchs kann auf Vertrag, Gesetz oder Delikt beruhen.[15] Im Anwendungsbereich des Haager Übereinkommens (vgl. Art. 18 EGBGB) kann die Anspruchsgrundlage auch auf ausländischem materiellen Recht beruhen, soweit sie ihrer nach dem ausländischen Recht zu beurteilenden Funktion nach auf Unterhalt gerichtet ist.[16] 4

2. Einzelheiten. a) Gesetzliche Unterhaltsansprüche. Um solche handelt es sich im deutschen Recht in folgenden Fällen: Unterhaltsansprüche der Verwandten (§§ 1601 ff. BGB), Unterhalt für die Vergangenheit (§ 1613 Abs. 1, 2 BGB), Ehegattenunterhalt (§§ 1360ff., 1361 Abs. 1 S. 1 BGB) unter Einschluss des (unterhaltsrechtlich begründeten)[17] Anspruchs auf Prozesskostenvorschuss (§ 1360a Abs. 4 BGB), der Geschiedenenunterhalt (§§ 1569ff. BGB) einschließlich der Ansprüche auf Sicherheitsleistung gemäß § 1585a Abs. 1 S. 1 BGB und Unterhalt für die Vergangenheit nach § 1585b BGB, Unterhaltsansprüche von Kindern nicht miteinander verheirateter Eltern (§ 1615a BGB), zu denen auch der Anspruch der nichtehelichen Mutter auf Unterhalt (§ 1615l BGB) und der Ersatz von Schwangerschafts-, Entbindungs- und Beerdigungskosten (§§ 1615l, 1615m BGB) zu zählen sind. Insoweit ist § 642 Abs. 3 zu beachten, der einen weiteren nicht ausschließlichen Gerichtsstand eröffnet, der neben § 23a anwendbar ist.[18] Ferner handelt es sich um gesetzliche Unterhaltsansprüche bei den Unterhaltspflichten, die auf Grund unerlaubter Handlung geschuldet werden (§§ 843 Abs. 1, 844 Abs. 2 BGB, 845 S. 1 BGB, § 11 S. 1 StVG, § 38 LuftVG, §§ 6 S. 1, 8 Abs. 1, 2 HPflG). Im Anspruchssystem des BGB handelt es sich dabei zwar um Schadensersatzansprüche, die aber auf Grund ihrer Schutzausrichtung nach unterhaltsrechtlichen Maßstäben zu bestimmen sind.[19] 5

b) Vertraglich begründete Unterhaltsansprüche. Diese fallen ebenfalls unter § 23a, wenn sie eine gesetzliche Unterhaltspflicht konkretisieren oder eine nicht von Gesetzes wegen bestehende Unterhaltspflicht begründen.[20] 6

c) Ausgleichs- und Erstattungsansprüche. Die Rechtsprechung[21] wendet § 23a auch auf familienrechtliche Ausgleichs-, Erstattungs- und Freistellungsansprüche vertraglicher Art[22] an, weil diese Ansprüche eng mit dem Unterhaltsanspruch zusammenhängen. Diese Auffassung ist abzulehnen, weil der besondere Schutzzweck des § 23a in derartigen Fällen nicht eingreift.[23] Zudem begründet diese Auslegung der Vorschrift im Verhältnis zu den Zuständigkeitsordnungen internationaler Abkommen einen abzulehnenden sehr umfangreichen Gerichtsstand.[24] 7

3. Geltendmachung durch Zessionar oder Rechtsnachfolger. Ist der als unterhaltsrechtlich zu qualifizierende Anspruch auf eine andere Person übergegangen, sind vor dem Hintergrund des Schutzzwecks des § 23a (Rn. 1) verschiedene Fallgestaltungen zu unterscheiden. Handelt es sich um einen **gesetzlichen Forderungsübergang** (§ 1584 S. 3 BGB, §§ 1607 Abs. 2 S. 2 und Abs. 3, 1608 S. 3, 1615a BGB,[25] § 116 SGB X, § 67 VVG, § 91 BSHG, § 37 BAföG[26]), kann der Unterhaltsanspruch vor dem Gerichtsstand des § 23a geltend gemacht werden,[27] da ein Bezug zu dem unterhaltsrechtlich begründeten Schutzzweck der Norm besteht. Das ist aber in Fällen des Forderungsübergangs auf Grund Abtretung oder Pfändung bzw. Verpfändung oder der Schuld- bzw. Vermögensübernahme gerade **nicht** der Fall. Wäre insofern die Zuständigkeit nach § 23a begründet, würde ein weiterer Gerichtsstand für solche Kläger eröffnet, deren Schutz der Gesetzgeber bei Schaffung der Norm gerade nicht beabsichtigt hatte. Außerdem würde dann die mit der Norm bezweckte Wahrung der Waffengleichheit der Parteien in ihr Gegenteil verkehrt. Insofern muss daher der Gerichtsstand des § 23a grundsätzlich ausgeschlossen bleiben.[28] Im Falle des Todes des Schadensersatzberechtigten aus §§ 843, 844 BGB (Rn. 5 aE) oder des geschiedenen Ehegatten gemäß § 1586b BGB[29] 8

---

[12] MK/*Patzina* Rn. 4.
[13] Vgl. *Smid* Jura 1990, 400, 406.
[14] OLG Hamm FamRZ 1989, 621 f.
[15] BGHZ 106, 300, 302 = NJW 1989, 1356; MK/*Patzina* Rn. 5; *St/J/Roth* Rn. 13.
[16] *St/J/Roth* Rn. 13; *Wiecz/Sch/Hausmann* Rn. 3; MK/*Patzina* Rn. 5.
[17] KG FamRZ 1988, 167.
[18] *St/J/Roth* Rn. 15.
[19] *Wiecz/Hausmann* Rn. 6; MK/*Patzina* Rn. 5 aE; *St/J/Roth* Rn. 15; BGHZ 106, 300, 302.
[20] BGHZ 106, 300, 303 f. = NJW 1989, 1356; *Wiecz/Sch/Hausmann* Rn. 5.
[21] BGHZ 106, 300, 302 = NJW 1989, 1356; OLG Oldenburg FamRZ 1988, 631, 632.
[22] BGHZ 31, 329, 334 = NJW 1960, 957; BGH FamRZ 1984, 775 f.
[23] OLG Oldenburg FamRZ 1988, 631; *Coester-Waltjen* IPRax 1990, 27; *Wiecz/Sch/Hausmann* Rn. 10; aA *St/J/Roth* Rn. 15 aE; *Zö/Vollkommer* Rn. 4; *T/P/Hüßtege* Rn. 2.
[24] *Coester-Waltjen* IPRax 1990, 27.
[25] *Wiecz/Sch/Hausmann* Rn. 9; *St/J/Roth* Rn. 17.
[26] MK/*Patzina* Rn. 6 aE.
[27] Insoweit AllgM, *St/J/Roth* Rn. 16 f.; *Wiecz/Sch/Hausmann* Rn. 9; *Zö/Vollkommer* Rn. 4; MK/*Patzina* Rn. 6.
[28] AA die hL, *St/J/Roth* Rn. 7; *Wiecz/Sch/Hausmann* Rn. 8; MK/*Patzina* Rn. 6.
[29] Vgl. *Roessink* FamRZ 1990, 924.

steht der Geltendmachung des Anspruchs vor dem Gerichtsstand des § 23a aber nichts entgegen, da insoweit der unterhaltsrechtliche Bezug für den Rechtsnachfolger des Erblassers fortwirkt.

IV. Gerichtsstand der Parteien

9 **1. Kein Gerichtsstand des Beklagten im Inland.** § 23a ist nur unter der Voraussetzung anwendbar, dass der Beklagte keinen allgemeinen oder besonderen Gerichtsstand im Inland hat, wozu zB die Gerichtsstände der §§ 16,[30] 23,[31] 29[32] oder 32 zu zählen sind. Zudem kommt der Gerichtsstand nach § 606 Abs. 2 S. 2 in Betracht.[33] Schließlich wird die Zuständigkeit gemäß § 23a durch zulässige Prorogation ausgeschlossen.[34]

10 **2. Inlandsgerichtsstand des Klägers.** Der Kläger muss iSd. §§ 13 bis 16 über einen **allgemeinen** Gerichtsstand im Inland verfügen. Liegen ausschließlich besondere Gerichtsstände des Klägers (zB §§ 20, 23) vor, scheidet eine Anwendung des § 23a aus.[35] Ein weiterer Wohnsitz des Klägers im Ausland (Doppelwohnsitz) ist dagegen unschädlich.[36] Soweit die Geltendmachung des Unterhaltsanspruchs durch den Rechtsnachfolger im Gerichtsstand des § 23 möglich ist (Rn. 8), ist jedoch der allgemeine Gerichtsstand des ursprünglichen Unterhaltsberechtigten maßgeblich, nicht der des dann Klagenden.[37]

V. Konkurrenzen und internationale Zuständigkeit

11 **1. Gerichtsstand des § 35a.** Im Falle von Unterhaltsklagen eines Kindes gegen beide Eltern sieht § 35a vor, dass die Klage gegen einen Elternteil vor dem Gericht, das für die Klage gegen den anderen zuständig ist, erhoben werden kann (besonderer Gerichtsstand der Streitgenossenschaft, s. § 35a Rn. 1).[38] Insofern hat das die Klage erhebende Kind gemäß § 35 die Wahl zwischen den Gerichtsständen des § 23a und des § 35a.

12 **2. Sachliche Zuständigkeit.** Das Amtsgericht ist gemäß § 23a Nr. 2, 3 GVG sachlich zuständig, wenn der Rechtsstreit eine durch Ehe oder Verwandtschaft begründete Unterhaltspflicht betrifft oder wenn es um Unterhaltsansprüche nach §§ 1615l und 1615m BGB geht.[39] Dabei wird in den von §§ 23b Abs. 1 Nr. 5, 6, 13 GVG erfassten Fällen die Abteilung für Familiensachen (Familiengericht) tätig.

13 **3. Art. 5 Nr. 2 EuGVVO, Art. 2, 5 Lugano-Abkommen.** Diese Normen verdrängen sowohl als örtlicher Gerichtsstand[40] als auch hinsichtlich der Bestimmung der internationalen Zuständigkeit deutscher Gerichte die Regelung des § 23a,[41] wenn der Beklagte seinen Wohnsitz in einem Mitgliedstaat der EuGVVO hat.[42] Dies gilt auch für den Fall, dass eine Abänderungsklage erhoben wird, welche sich auf ein von einem deutschen Gericht erlassenes Unterhaltsurteil bezieht,[43] etwa für die Klage des Landes aus nach § 37 BaföG übergegangenem Recht.[44] Beim Wohnsitz des Beklagten **außerhalb** des Geltungsbereichs der EuGVVO begründet § 23a die internationale Zuständigkeit deutscher Gerichte (Rn. 1).[45] Daneben kann auch die internationale Zuständigkeit gemäß § 35a begründet sein, wenn ein Elternteil einen inländischen Gerichtsstand hat (vgl. § 35a Rn. 6).[46]

24 *Ausschließlicher dinglicher Gerichtsstand*

(1) Für Klagen, durch die das Eigentum, eine dingliche Belastung oder die Freiheit von einer solchen geltend gemacht wird, für Grenzscheidungs-, Teilungs- und Besitzklagen ist, sofern es sich um unbewegliche Sachen handelt, das Gericht ausschließlich zuständig, in dessen Bezirk die Sache belegen ist.

(2) Bei den eine Grunddienstbarkeit, eine Reallast oder ein Vorkaufsrecht betreffenden Klagen ist die Lage des dienenden oder belasteten Grundstücks entscheidend.

I. Normzweck

1 Die Vorschrift ist Teil der Regelungen des dinglichen Gerichtsstandes (forum rei sitae) in den §§ 24 bis 26. Dem dinglichen Gerichtsstand liegt die deutschrechtlichen Ursprüngen entstammende Annahme zu Grunde, er gewährleiste eine besondere Sachnähe der zuständigen Gerichte, in deren Bezirken etwa die

---

[30] AG Lübeck IPRspr. 1976 Nr. 173.
[31] *Henrich* IPRax 1982, 140; *B/L/H* Rn. 1.
[32] BGHZ 106, 300, 302 = NJW 1989, 1356; *St/J/Roth* Rn. 9.
[33] MK/*Patzina* Rn. 7.
[34] *St/J/Roth* Rn. 8, § 38 Rn. 66; *Wiecz/Sch/Hausmann* Rn. 11 aE.
[35] BGHZ 106, 300, 302 = NJW 1989, 1356; MK/*Patzina* Rn. 8.
[36] *Wiecz/Sch/Hausmann* Rn. 13.
[37] *St/J/Roth* Rn. 11.
[38] *Wiecz/Sch/Hausmann* Rn. 14.
[39] MK/*Patzina* Rn. 9.
[40] Insoweit fern liegend OLG Hamm FamRZ 2002, 54.
[41] OLG Nürnberg NJW 2005, 1054; *Kropholler* Art. 5 EuGVO Rn. 55; *Wiecz/Sch/Hausmann* Rn. 20; *St/J/Roth* Rn. 2; AG Heilbronn DAVorm 1997, 795.
[42] OLG Schleswig FamRZ 1993, 1333; OLG Jena FamRZ 2000, 681; OLG Hamm IPRspr. 1988 Nr. 149; AG Heilbronn DAVorm. 1997, 795; *Jayme* IPRax 1990, 60.
[43] OLG Jena FamRZ 2000, 681; OLG Nürnberg NJW 2005, 1054.
[44] OLG Dresden NJW 2007, 446.
[45] BGH NJW-RR 1987, 1474; KG IPRspr. 1999 Nr. 128.
[46] MK/*Patzina* § 35a Rn. 10; *St/J/Roth* § 35a Rn. 2; aA *Schack* Rn. 357.

Grundbücher oder Grundstückskataster leichter einzusehen seien.[1] Dieser Zweck verliert jedoch nach und nach an Bedeutung, weil moderne Technologien und Datentransfers die Einsichtnahme auch an fernen Orten unkompliziert ermöglichen. Allgemein geht es deshalb darum, die Sachkunde des Gerichts am Ort der Belegenheit der Sache zu nutzen. § 24 schafft dafür einen **ausschließlichen Gerichtsstand,** der auch die Exterritorialität durchbricht.[2] Die Norm gilt nur für im Inland belegene Grundstücke.[3]

II. Unbewegliche Sachen

1. Allgemeines. Die ZPO bestimmt nicht, was unter einer unbeweglichen Sache zu verstehen ist.[4] Auf den von der Norm des § 864 in Bezug genommenen Begriff, der auch Schiffe und eingetragene Luftfahrzeuge umfasst, kann wegen der strukturellen Verschiedenartigkeit der dort angesprochenen registerrechtlichen Probleme gegenüber den in § 24 geregelten prozessualen Fragen nicht zurückgegriffen werden (vgl. § 864 Rn. 1). 2

2. Begriff. Das Tatbestandsmerkmal der unbeweglichen Sache des § 24 ist unter Rückgriff auf die Legaldefinition des bürgerlichen Rechts[5] in den §§ 93 bis 96 BGB zu bestimmen. Danach handelt es sich bei unbeweglichen Sachen um Grundstücke, also abgegrenzte Teile der Erdoberfläche,[6] die im Bestandsverzeichnis eines Grundbuchblattes unter einer besonderen Nummer gemäß § 3 Abs. 1 bzw. § 4 Abs. 1 GBO geführt sind.[7] Dazu gehören auch die wesentlichen (§§ 93, 94 BGB, Gebäude, bauliche Anlagen und Pflanzen) und, für die Dauer der Verbindung,[8] die nichtwesentlichen Bestandteile. Wie sich aus der in § 24 Abs. 2 vorgenommenen Aufzählung ergibt, sind auch subjektiv-dingliche Rechte, die mit dem Eigentum am Grundstück verbunden sind, erfasst. Dazu gehören die von der Vorschrift genannte Grunddienstbarkeit gemäß § 1018 BGB, das subjektiv-dingliche Vorkaufsrecht nach § 1094 Abs. 2 BGB und die subjektiv-dingliche Reallast iSd. § 1105 Abs. 2 BGB. Ferner gehören dazu die Anwartschaften auf Eintragung solcher Belastungen.[9] Dabei handelt es sich gemäß § 96 BGB um Grundstücksbestandteile, die auf Grund der Untrennbarkeit vom Eigentum am Grundstück als wesentliche Bestandteile einzuordnen sind. 3

3. Grundstücksgleiche Rechte. Neben Grundstücken und ihren Bestandteilen sind auch grundstücksgleiche Rechte von § 24 Abs. 1 erfasst. Dazu gehören insbesondere selbständig begründetes Sondereigentum iSd. § 295 Abs. 2 ZGB-DDR (welches nicht Bestandteil des Grundstücks iSd. § 94 BGB ist, Art. 231 § 5 Abs. 1 EGBGB),[10] das Erbbaurecht gemäß § 11 Abs. 1 S. 1 ErbbauVO und das Bergwerkseigentum nach § 9 Abs. 1 BBergG. Weiter nimmt die Vorschrift des § 24 bestimmte landesgesetzliche Rechte (Art. 63, 67ff., 196 EGBGB) in Bezug. 4

4. Bruchteilseigentum. Auch Bruchteile an Grundstücken oder grundstücksgleichen Rechten werden von § 24 erfasst, also insbesondere Miteigentumsanteile iSd. § 1008 BGB und das Wohnungseigentum nach §§ 1, 2 WEG (vgl. auch Rn. 6).[11] 5

5. Grenzen. Nicht zu § 24 gehören bewegliche Sachen wozu auch das Zubehör gemäß §§ 97f. BGB gehört. Auch sonstige Rechte an Grundstücken, sofern nicht um ihren Bestand gestritten oder aus ihnen geklagt wird, unterfallen nicht dem Begriff der unbeweglichen Sache iSd. Vorschrift. Dazu zählen insbesondere Grundschulden, Hypotheken, Rentenschulden, subjektiv-persönliche Vorkaufsrechte (§ 1094 Abs. 1 BGB) und persönliche Reallasten (§§ 1105 Abs. 1, 1111 Abs. 1 BGB).[12] Soweit die Klage auf Begründung oder Übertragung solcher dinglichen Lasten gerichtet ist, wird nicht die dingliche Belastung oder die Freiheit von ihr iSd. § 24 Abs. 1 geltend gemacht.[13] Etwas anderes gilt, wenn über den Bestand des Grundpfandrechts gestritten oder aus ihm auf Duldung der Zwangsvollstreckung geklagt wird (Rn. 7, 10f.). Im gerichtlichen Verfahren der Zusammenführung von Sondereigentum iSd. § 295 Abs. 2 ZGB-DDR mit dem Grundeigentum auf Grundlage des BGB (Sachenrechtsbereinigung) richtet sich die Zuständigkeit ausschließlich nach § 103 Abs. 1 S. 2 SachenRBerG.[14] In Verfahren wegen Entziehung des Wohnungseigentums bzw. Streitigkeiten um ein Dauerwohnrecht ist nach §§ 43, 51, 52 WEG das Amtsgericht, in dessen Bezirk das Grundstück liegt, zuständig. In Verfahren grundstücksbezogener Zwangsvollstreckungsklagen ist nach §§ 800 Abs. 3, § 797 Abs. 5 das Gericht zuständig, in dessen Bezirk das Grundstück belegen ist. Gleiches gilt für das Aufgebotsverfahren, §§ 978, 983, 1005 Abs. 2. 6

---

1 BGHZ 54, 201, 202ff.; RGZ 15, 386, 387.
2 *B/L/H* Einführung vor §§ 24 bis 26 Rn. 3; *St/J/Roth* Rn. 1; MK/*Patzina* Rn. 1.
3 BGH NJW 1998, 1321.
4 Vgl. RGZ 86, 277.
5 *Wiecz/Sch/Hausmann* Rn. 2; *St/J/Roth* Rn. 10; *Zö/Vollkommer* Rn. 2; *Zi* Rn. 1.
6 RGZ 68, 25.
7 OLG Oldenburg Rpfleger 1977, 22; *Wiecz/Sch/Hausmann* Rn. 3.
8 RGZ 158, 369.
9 OLG Köln OLGZ 1968, 353, 455.
10 *St/J/Roth* Rn. 10; *Zö/Vollkommer* Rn. 4.
11 *St/J/Roth* Rn. 10; MK/*Patzina* Rn. 3.
12 MK/*Patzina* Rn. 5; *St/J/Roth* Rn. 10; *Zö/Vollkommer* Rn. 3.
13 BGHZ 54, 201.
14 MK-BGB/*Cremer* SachenRBerG § 103 Rn. 4f.

III. Klagearten

7 **1. Allgemeines.** Unter § 24 werden sowohl Leistungsklagen wie auch positive und negative Feststellungsklagen gefasst.[15] Dabei meint die Norm zB die Klagen auf Duldung der Zwangsvollstreckung bei Grundpfandrechten gemäß §§ 1147, 1192 BGB (Rn. 10),[16] solche auf Erfüllung aus den §§ 1094, 1105 BGB,[17] die Klage aus § 894 BGB auf Grundbuchberichtigung[18] und die des Eigentümers wegen der Umschreibung der zur Eigentümergrundschuld gewordenen Hypothek (§ 1163 BGB).[19] Für die Zuständigkeit nach § 24 ist es unerheblich, ob die Klagebegründung schlüssig ist. Ausreichend ist die Behauptung der die Zuständigkeit begründenden Tatsachen.[20] Über den Bereich von Klagen hinaus greift § 24 über die Verweisungen auf das Gericht der Hauptsache in §§ 919, 937, 943 auch für Anträge auf Anordnung von **Arrest** oder **einstweilige Verfügung.**[21]

8 **2. Klagen zur Geltendmachung des Eigentums. a) Fallgruppen.** Unter § 24 fallen die in Rn. 7 genannten Klagen, wenn mit ihnen eine rechtskraftfähige Entscheidung über bestehendes Eigentum oder Miteigentum begehrt wird. Im Einzelnen handelt es sich um Klagen auf **Feststellung des Eigentums** oder auf **Grundbuchberichtigung (§ 894 BGB)** durch Eintragung des Eigentums des Klägers bzw. der Löschung einer als Eigentümer eingetragenen Person. Der Gerichtsstand greift aber auch wegen solcher Klagen ein, mit denen auf der Grundlage des und aus dem Eigentum geklagt wird, ohne dass eine rechtskräftige Entscheidung über das Eigentum selbst ergeht. Hierbei handelt es sich vor allem um die **Herausgabeklage** gemäß § 985 BGB, **Abwehrklagen** nach § 1004 BGB,[22] §§ 905, 1004 BGB und aus dem Nachbarrecht iSd. §§ 906 ff., 1004 BGB[23] und ferner die Klage wegen missbräuchlicher Nutzung gegen den Nießbraucher gemäß § 1053 BGB.[24] Weiter zählen zwar thematisch die nach dem SachenRBerG zu erhebenden Klagen dazu. Insoweit greift jedoch die Spezialvorschrift des § 103 Abs. 1 S. 2 SachenRBerG ein; ausschließlich zuständig ist das Gericht, in dessen Bezirk das Grundstück ganz oder zum überwiegenden Teil belegen ist.

9 **b) Grenzen.** Das Eigentum wird nicht iSd. § 24 durch persönliche Klagen geltend gemacht, auch wenn sie auf die Verurteilung zur Bewilligung einer Vormerkung (vgl. aber Rn. 10 f.) oder zur Auflassung gerichtet sind.[25] Gleiches ist der Fall bei Anfechtungsklagen, wenn sie Grundstücke betreffen,[26] oder bei Klagen wegen Gläubigeranfechtung mit dem Zweck der Ermöglichung der Vollstreckung in ein Grundstück.[27] Ebenso wenig erfasst die Vorschrift Erbschaftsklagen gemäß §§ 2018 ff. BGB, weil sie die Erbschaft in ihrer Gesamtheit betreffen.[28] Dies gilt auch dann, wenn der Nachlass im Wesentlichen aus einem Grundstück besteht.[29] Weiter greift § 24 Abs. 1 nicht bei gesellschaftsrechtlichen Klagen, wenn die Gesellschaft über Grundeigentum verfügt[30] und bei Klagen des Nacherben auf Feststellung der Unwirksamkeit der Verfügung des Vorerben über ein zur Erbschaft gehörendes Grundstück nach § 2113 BGB, da es sich bis zum Eintritt des Nacherbfalls nur um ein Anwartschaftsrecht handelt.[31]

10 **3. Klagen zur Geltendmachung einer dinglichen Belastung.** Der Gerichtsstand des § 24 Abs. 1 ist ferner wegen aller Klagen begründet, die **aus** einer dinglichen Belastung an unbeweglichen Sachen (Rn. 2 f.) erhoben werden. Die Vorschrift greift daher für Klagen aus dem oder wegen des Erbbaurechts, Nießbrauchs (§§ 1030 ff. BGB), beschränkter persönlicher Grunddienstbarkeiten (§§ 1090 ff. BGB), Reallasten (§ 1105 BGB), rechtsgeschäftlich bestellter und gesetzlich begründeter[32] Vorkaufsrechte (§§ 1094 ff. BGB, nicht jedoch für das Vorkaufsrecht nach § 2034 Abs. 1 BGB, da sich dieses nur auf den Erbanteil bezieht). Hierzu zählen ferner ein Rechtsstreit des Grundstückseigentümers mit dem Grundpfandgläubiger über Bestand und Wirksamkeit des Pfandrechts,[33] Klagen auf Duldung der Zwangsvollstreckung gemäß §§ 1147, 1192 BGB, Klagen auf Grundbuchberichtigung bei irrtümlich gelöschtem Pfandrecht[34] und solche auf Zahlung von Kapital, Zinsen und Renten wegen Grundpfandrechten oder Rentenschulden.[35] Als zwischenzeitlich nahezu bedeutungslos sind ebenfalls von § 24 die dem Deich-, Siel- und Bergrecht angehörenden Belastungen nach Art. 65 ff., 195 EGBGB eingeschlossen.[36] Im Übrigen wird zwar nicht die Bewilligung der Eintra-

---

15 RGZ 13, 386.
16 MK/*Patzina* Rn. 10; *St/J/Roth* Rn. 20.
17 *Zö/Vollkommer* Rn. 11; MK/*Patzina* Rn. 10.
18 RGZ 82, 20, 24; OLG Celle NJW 1954, 961; KG OLGRspr. 27, 18.
19 MK/*Patzina* Rn. 10.
20 *Zö/Vollkommer* Rn. 7; *T/P/Hüßtege* Rn. 2; MK/*Patzina* Rn. 6.
21 MK/*Patzina* Rn. 6; *Wiecz/Sch/Hausmann* Rn. 13; *Zö/Vollkommer* Rn. 7.
22 BayObLGZ 96, 14, 15; OLG Celle VersR 1978, 570.
23 RGZ 122, 199 f.
24 *St/J/Roth* Rn. 15; *Zö/Vollkommer* Rn. 8.
25 *Zö/Vollkommer* Rn. 9; MK/*Patzina* Rn. 7; *T/P/Hüßtege* Rn. 3.
26 OLG Hamburg BB 1957, 274; *Zö/Vollkommer* Rn. 9; MK/*Patzina* Rn. 8; aA LG Itzehoe MDR 1983, 674.
27 KG JW 1926, 1595; OLG Celle MDR 1986, 1031 m. weit. Nachw.; aA OLG Hamm OLGR 2002, 262; LG Hamburg MDR 1972, 55, 56.
28 *Zö/Vollkommer* Rn. 9; *St/J/Roth* Rn. 16; *B/L/H* Rn. 4.
29 BGHZ 24, 352, 354 ff. = NJW 1957, 1316; OLG Celle MDR 1962, 992.
30 BGHZ 24, 352, 354 ff. = NJW 1957, 1316.
31 RGZ 102, 104; *Zö/Vollkommer* Rn. 9; *St/J/Roth* Rn. 16.
32 BGHZ 58, 78, 82 = NJW 1972, 488; BGHZ 60, 275, 293 = NJW 1973, 1278.
33 RGZ 149, 191, 192.
34 OLG Celle NJW 1954, 961; *T/P/Hüßtege* Rn. 4.
35 MK/*Patzina* Rn. 10; *Zö/Vollkommer* Rn. 11.
36 *Zö/Vollkommer* Rn. 10; *T/P/Hüßtege* Rn. 4.

gung einer Vormerkung (Rn. 9) oder Geltendmachung des durch sie gesicherten Anspruchs, aber die Klage gegen den Dritterwerber auf Zustimmung iSd. §§ 883 Abs. 2, 888 BGB von § 24 erfasst.[37]

4. Klagen auf Freiheit von einer dinglichen Belastung. Neben Klagen, durch welche eine dingliche Belastung geltend gemacht wird (Rn. 10), erfasst § 24 Abs. 1 umgekehrt auch die Geltendmachung der Freiheit von einer dinglichen Belastung.[38] Neben den von der Norm in Bezug genommenen Klagen gegen eine dingliche Belastung wird unter diese Tatbestandsvariante aber auch die Befreiung von einer Vormerkung gefasst.[39] Weiter gehören hierher zB alle Löschungsklagen (§ 894 BGB), die Klage auf Befreiung von einer Belastung, die Klage auf Grundbuchberichtigung, Klagen auf Vorlegung (§ 896 BGB) und Aushändigung des Briefes und sonstiger Urkunden (§ 1144 BGB) und solche aus Ansprüchen wegen schuldrechtlicher Befreiung eines Grundstücks von einer Belastung wie nach § 1169 BGB, § 143 InsO oder gemäß § 11 AnfG.[40] Ferner greift § 24 Abs. 1 bei der Klage auf Abwehr der Zwangsvollstreckung aus einer gegen den jeweiligen Eigentümer vollstreckbaren Urkunde, in der sich der Schuldner auch persönlich der sofortigen Zwangsvollstreckung unterworfen hat, wenn die Klage zugleich den dinglichen und den persönlichen Anspruch betrifft,[41] nicht jedoch, wenn sich die Klage allein gegen den persönlichen Anspruch richtet.[42] Nicht unter § 24 Abs. 1 fallen Klagen, die wegen der Belastung eines Grundpfandrechts, der persönlichen Verpflichtung eines Dritten, die Löschung der Belastung zu bewirken,[43] der Feststellung der Unwirksamkeit einer Kündigung,[44] der Löschung der Pfändung einer Hypothek[45] oder im Hinblick auf deren Übertragung wegen Wegfall des Sicherungsgrundes[46] erhoben werden. 11

5. Grenzscheidungs-, Teilungs- und Besitzklagen. Grenzscheidungsklagen sind die aus § 920 BGB bzw. die auf Abmarkung gerichteten Klagen gemäß § 919 BGB. **Teilungsklagen** sind auf die Teilung eines Grundstücks oder grundstücksgleicher Rechte gerichtet. Anspruchsgrundlagen können die §§ 749ff., 1008ff. BGB sein. Zu ihnen zählen dagegen **nicht** Auseinandersetzungsklagen zwischen Gesellschaftern oder Miterben oder sonstige Klagen auf Teilung der Vermögensmasse, weil diese Klagen sich auch dann auf die jeweilige Gemeinschaft beziehen, wenn diese allein über das Grundstück als Vermögen verfügt.[47] **Besitzklagen:** Hierzu sind Klagen wegen Besitzentziehung oder -störung zu rechnen, die auf Wiedereinräumung des Besitzes nach § 861 BGB oder Beseitigung der Störung gemäß § 862 BGB gerichtet sind. Dabei können diese Ansprüche auch durch den mittelbaren Besitzer gemäß § 869 BGB geltend gemacht werden. Ferner zählen dazu Klagen gegen eine Störung der Ausübung einer Grunddienstbarkeit iSd. § 1029 BGB, **nicht** aber petitorische Klagen, die aus obligatorischem Grunde, zB Miet- oder Kaufvertrag,[48] auf Besitzverschaffung gerichtet sind.[49] Ebenso wenig wird der Anspruch gegen den Erbschaftsbesitzer nach § 2018 BGB erfasst.[50] 12

IV. Örtliche Zuständigkeit

Maßgeblich ist unabhängig davon, wer klagt,[51] die örtliche Belegenheit des Grundstücks im Gerichtsbezirk.[52] Auf den Ort der Störung kommt es nicht an.[53] Nach § 24 Abs. 2 sind bei Grunddienstbarkeiten, Reallasten oder Vorkaufsrechte betreffenden Klagen die Lage des dienenden bzw. belasteten Grundstücks ausschlaggebend. Überschreitet die Belegenheit der Sache die Grenzen eines Gerichtsbezirks, ist das zuständige Gericht nach § 36 Abs. 1 Nr. 4 zu bestimmen. 13

V. Konkurrenzen und internationale Zuständigkeit

1. Ausschließlichkeit des Gerichtsstandes. Der Gerichtsstand des § 24 ist ausschließlich. Dementsprechend durchbricht er allgemeine, besondere und vereinbarte Gerichtsstände ebenso wie den Gerichtsstand der Widerklage gemäß §§ 33 Abs. 2, 40 Abs. 2 und die Exterritorialität.[54] 14

2. Internationale Zuständigkeit. Nach Art. 22 Nr. 1 EuGVVO ist in dessen Geltungsbereich die ausschließliche internationale Zuständigkeit der Gerichte des Belegenheitsstaates begründet.[55] Die örtliche Zuständigkeit innerhalb Deutschlands richtet sich nach § 24. Gemäß Art. 22 Nr. 1 EuGVVO besteht die ausschließliche Zuständigkeit auch für Streitigkeiten aus Miet- oder Pachtverhältnissen betreffend unbewegliche Sachen am Ort der Belegenheit des Grundstücks. Damit sind insbesondere Klagen, bei denen zwi- 15

---

37 KG OLGRspr. 20, 288, 289; *Zö/Vollkommer* Rn. 10; *T/P/Hüßtege* Rn. 4; *St/J/Roth* Rn. 19.
38 *Wiecz/Sch/Hausmann* Rn. 28; *St/J/Roth* Rn. 23.
39 *T/P/Hüßtege* Rn. 5; *B/L/H* Rn. 9; *St/J/Roth* Rn. 23; *Zö/Vollkommer* Rn. 13.
40 LG Itzehoe MDR 1983, 674.
41 BayObLG NJW-RR 2002, 1295; OLG Hamburg MDR 2003, 1072; OLG Köln OLGR 2004, 235.
42 OLG Hamm WM 2004, 1969; *Vollkommer* ZfIR 2003, 1015.
43 RGZ 25, 384; 35, 365ff.
44 OLG Breslau OLGRspr. 20, 288.
45 RGZ 51, 231, 233f.
46 BGHZ 54, 201, 203 = NJW 1970, 1789.
47 MK/*Patzina* Rn. 14; *Zö/Vollkommer* Rn. 16.
48 LG Bonn NJW 1958, 1685.
49 MK/*Patzina* Rn. 15; *Zi* Rn. 1; *T/P/Hüßtege* Rn. 6.
50 *B/L/H* Rn. 14; *St/J/Roth* Rn. 26.
51 RGZ 86, 278, 280.
52 OLG Celle VersR 1978, 570.
53 RGZ 86, 278.
54 MK/*Patzina* Rn. 20; *Zö/Vollkommer* Rn. 18.
55 *Kropholler* Art. 22 EuGVO Rn. 1.

schen den Parteien über das Bestehen oder die Auslegung des Vertrages, den Ersatz der vom Nutzungsberechtigten verursachten Schäden, die Räumung oder Mietzins- bzw. Pachtzinszahlung gestritten wird, erfasst.[56] Bei so genannten Time-Sharing-Clubmitgliedschaften innerhalb der EU, bei denen die Clubmitgliedschaft im Vordergrund steht und ein dieser untergeordnetes tauschbares Teilnutzungsrecht eingeräumt wird, greift Art. 22 Nr. 1 EuGVVO nicht ein.[57]

25 *Dinglicher Gerichtsstand des Sachzusammenhanges* **In dem dinglichen Gerichtsstand kann mit der Klage aus einer Hypothek, Grundschuld oder Rentenschuld die Schuldklage, mit der Klage auf Umschreibung oder Löschung einer Hypothek, Grundschuld oder Rentenschuld die Klage auf Befreiung von der persönlichen Verbindlichkeit, mit der Klage auf Anerkennung einer Reallast die Klage auf rückständige Leistungen erhoben werden, wenn die verbundenen Klagen gegen denselben Beklagten gerichtet sind.**

I. Normzweck

1 Die Vorschrift bestimmt einen gesetzlichen Fall der Zuständigkeit kraft Sachzusammenhangs in Angelegenheiten dinglicher Klagen. Nach § 25 wird die Rechtsverfolgung dadurch erleichtert, dass die im Zusammenhang mit der dinglichen Hauptklage stehenden Klagen an deren Gerichtsstand (§ 24) erhoben werden können. Entgegen dem Grundsatz, dass bei verbundenen Ansprüchen (vgl. § 260) die Sachurteilsvoraussetzungen für jeden gesondert zu prüfen sind,[1] entfällt im Rahmen des § 25 eine solche Prüfung hinsichtlich der örtlichen Zuständigkeit. Bedeutung erlangt die Vorschrift insbesondere für die Fälle, in denen der Beklagte nicht seinen allgemeinen Gerichtsstand beim nach § 24 zuständigen Gericht hat und auch kein besonderer Gerichtsstand bei diesem Gericht besteht.[2]

II. Einzelheiten

2 Die Zuständigkeit kraft Sachzusammenhangs nach dieser Vorschrift greift ein, wenn für eine Klage die Zuständigkeit nach § 24 begründet ist. Die Norm schafft demnach für die isoliert geltend gemachten Ansprüche iSd. § 25 keinen selbständigen Gerichtsstand. Bei den mit der dinglichen Klage iSd. § 24 **verbundenen Schuldklagen** nach § 25 kann es sich um Leistungs- oder Feststellungsklagen handeln. Diese beziehen sich auf die durch eine Hypothek (§ 1113 BGB), Grund- (§ 1191 BGB) oder Rentenschuld (§ 1199 Abs. 1 BGB) gesicherte persönliche Schuld. Dabei ergibt sich die Verknüpfung zwischen persönlicher Forderung und Sicherungsmittel bei der Hypothek aus deren grundsätzlicher Akzessorität (§§ 1113, 1153 BGB, Ausnahme wegen §§ 892, 1138 BGB möglich) und bei der Grund- und Rentenschuld häufig durch eine schuldrechtliche Vereinbarung (Sicherungsabrede). Die **Klage auf Befreiung** von einer solchen persönlichen Verbindlichkeit kann mit Klagen auf Löschung oder Umschreibung einer Hypothek (etwa bei §§ 1143, 1163, 1168, 1170f., 1173 BGB), Grund- oder Rentenschuld verbunden werden. Dabei werden vom Begriff der Befreiungsklage die negative Feststellungsklage und die auf Anfechtung, Aufhebung oder sonst auf Rückabwicklung gerichtete Klage erfasst.[3] Beim Gerichtsstand der dinglichen Klage auf Anerkennung einer Reallast (§ 1105 BGB) können nach § 25 auch **Klagen wegen rückständiger Leistungen** iSd. § 1108 Abs. 1 BGB erhoben werden. Werden die Zusammenhangsklagen gegen **mehrere Beklagte** (§§ 59, 60) erhoben, kommt § 36 Abs. 1 Nr. 3 zur Anwendung.[4]

III. Konkurrenzen und internationale Zuständigkeit

3 **1. Die Unbegründetheit der dinglichen Klage** hat nicht die Unzuständigkeit des für die Zusammenhangssachen angerufenen Gerichts zur Folge.[5] Der durch § 25 begründete Gerichtsstand ist nicht ausschließlich. Soweit andere Gerichtsstände eingreifen, kann der Kläger nach seiner Wahl die von § 25 erfassten Ansprüche dort anhängig machen.

4 **2. Internationale Zuständigkeit.** Die Vorschrift des § 25 wird im Geltungsbereich der **EuGVVO** durch deren Regelungen verdrängt.[6] Jedoch bestimmt Art. 22 Nr. 1 S. 1 EuGVVO die ausschließliche internationale Zuständigkeit für Streitigkeiten über dingliche Rechte.[7] Insofern besteht in Art. 6 Nr. 4 EuGVVO eine vergleichbare Sachzusammenhangsregelung. Persönliche Klagen wie die von § 25 genannten sind daher idR vor den durch die Normen der Art. 22 Nr. 1 S. 1, Art. 6 Nr. 4 EuGVVO für sie vorgesehenen Gerichtsständen zu verfolgen.[8] Im Übrigen indiziert der Gerichtsstand des Sachzusammenhangs nach § 25 auch die internationale Zuständigkeit.[9]

---

[56] *Kropholler* Art. 22 EuGVO Rn. 23.
[57] EuGH NZM 2005, 912 m. weit. Nachweisen.
[1] *Musielak*, GK ZPO, Rn. 198 aE; *St/J/Roth* Rn. 1.
[2] MK/*Patzina* Rn. 1; *Wiecz/Sch/Hausmann* Rn. 1.
[3] AllgM, *Zö/Vollkommer*, Rn. 5; MK/*Patzina* Rn. 4; *St/J/Roth* Rn. 3.
[4] *Zö/Vollkommer* Rn. 1 aE; MK/*Patzina* Rn. 2; aA AK-ZPO/*Röhl* §§ 24–26 Rn. 7.
[5] MK/*Patzina* Rn. 6 aE; *Zö/Vollkommer* Rn. 2; *St/J/Roth* Rn. 1.
[6] MK/*Patzina* Rn. 7; *St/J/Roth* Rn. 5.
[7] *Kropholler* Art. 22 EuGVO Rn. 1.
[8] *Kropholler* Art. 6 EuGVO Rn. 46f.
[9] *St/J/Roth* Rn. 5.

26 ***Dinglicher Gerichtsstand für persönliche Klagen*** **In dem dinglichen Gerichtsstand können persönliche Klagen, die gegen den Eigentümer oder Besitzer einer unbeweglichen Sache als solche gerichtet werden, sowie Klagen wegen Beschädigung eines Grundstücks oder hinsichtlich der Entschädigung wegen Enteignung eines Grundstücks erhoben werden.**

I. Normzweck

Die Norm begründet einen besonderen Gerichtsstand für bestimmte persönliche Klagen mit passiver oder aktiver Beteiligung des Grundstückseigentümers bzw. -besitzers. Hierzu ist keine anhängige dingliche Hauptklage wie bei § 25 erforderlich. § 26 ermöglicht damit isolierte persönliche Klagen[1] und stellt daher keinen Gerichtsstand des Sachzusammenhangs dar. Die Vorschrift lässt wie § 24 eine Entscheidung der von ihr erfassten Streitigkeiten durch den ortsnahen Richter zu und dient der Erleichterung der Rechtsverfolgung.[2] 1

II. Anwendungsbereich

1. Persönliche Klagen gegen Eigentümer oder Besitzer. Voraussetzung des Eingreifens des Gerichtsstandes nach dieser Vorschrift ist, dass Eigentümer oder Besitzer gerade wegen ihres Eigentums oder Besitzes an der unbeweglichen Sache (§ 24 Rn. 3) in Anspruch genommen werden.[3] Eigentümer nach § 26 meint dabei auch den Miteigentümer.[4] **Besitzer** iSd. Vorschrift sind sowohl der unmittelbare als auch der mittelbare Eigen- und Fremdbesitzer.[5] Neben schuldrechtlichen Ansprüchen fallen in den Geltungsbereich des § 26 auch solche dinglicher Art im Zusammenhang mit beweglichen Sachen, wenn diese Klagen gegen den Eigentümer oder Besitzer eines Grundstücks als richtigen Beklagten zu richten sind.[6] 2

2. Einzelfälle. a) Klagen gegen den Eigentümer. Die Vorschrift meint insbesondere Klagen auf Zahlung der Überbaurente iSd. § 913 Abs. 1 BGB, Klagen auf gemeinschaftliche Benutzung von Grenzanlagen gemäß § 921 BGB, Klagen bezüglich der Art der Benutzung und auf Zahlung des Unterhalts bei solchen Grenzanlagen gemäß § 922 BGB, Klagen des Besitzers auf Ersatz der Verwendungen gegen den Eigentümer aus §§ 994, 999 Abs. 2, 1000 ff. BGB, die Klagen des Grundstücksmiteigentümers gegen den anderen Miteigentümer aus § 748 BGB auf Beteiligung an Sanierungskosten,[7] Klagen des Nießbrauchers gemäß § 1049 BGB, Klagen des Vormerkungsgläubigers gegen den Eigentümer auf Eigentumsverschaffung bzw. Bewilligung der Eintragung dinglicher Rechte am Grundstück (vgl. Rn. 5) und die Klagen auf Einräumung einer Bauhandwerkersicherungshypothek gemäß § 648 BGB.[8] § 26 greift jedoch nicht bei der Geltendmachung von Aufwendungsersatz gemäß § 3 Abs. 3 S. 4 VermG.[9] 3

b) Klagen gegen den Besitzer. Solche sind vor allem die Klage auf Gestattung der Wegschaffung gemäß §§ 867 S. 1, 1005 BGB, Klagen auf Gestattung der Besichtigung iSd. § 809 BGB und die Klage gegen den Besitzer auf Abwendung drohenden Einsturzes nach § 908 BGB. 4

c) **Grenzen.** Nicht von § 26 erfasst werden Klagen wegen § 836 BGB, soweit nicht die Beschädigung des Nachbargrundstücks in Rede steht,[10] und solche persönlichen Ansprüche gegen den Eigentümer aus einer Reallast § 1108 BGB, da diese Ansprüche nur im Zeitpunkt der Anspruchsentstehung die Eigentümer- bzw. Besitzereigenschaft erfordern und dann unabhängig davon weiter verfolgt werden können.[11] Weiter gehören nicht Ansprüche aus Vermietung, Verpachtung und Anfechtungsklagen nach InsO oder AnfG hierher, weil diese ebenfalls nicht notwendig einen Zusammenhang zum Besitz bzw. Eigentum erfordern. Zweifelhaft ist, ob die Klage auf Auflassung (Verschaffung des Eigentums) von § 26 erfasst ist. So kann auch ein Nichtberechtigter Schuldner des Auflassungsanspruchs sein (Kettenverträge), so dass die Klage gerade nicht gegen den Eigentümer des Grundstücks gerichtet wäre.[12] Der Wortlaut der Norm und der Umstand, dass der Auflassungsverpflichtete ja gerade als dinglich Berechtigter in Anspruch genommen wird (denn nur dieser ist in der Lage die dingliche Rechtsänderung zu bewirken), lassen jedoch die Norm auch für diese Fälle anwendbar sein.[13] 5

2. Klagen des Eigentümers oder Besitzers. a) Beschädigung des Grundstücks. Der Gerichtsstand des § 26 greift wegen solcher Klagen des Eigentümers oder Besitzers der unbeweglichen Sache, die dieser wegen deren Beschädigung gegen einen anderen erhebt. Unerheblich ist dabei, auf welchem Rechtsgrund die Klage beruht, so dass sowohl erlaubte wie auch unerlaubte Handlungen in Betracht kommen.[14] An- 6

---

[1] *Wiecz/Sch/Hausmann* Rn. 1; *St/J/Roth* Rn. 1.
[2] MK/*Patzina* Rn. 1; *Wiecz/Sch/Hausmann* Rn. 1.
[3] OLG Stuttgart NJW-RR 1999, 744.
[4] MK/*Patzina* Rn. 2; *T/P/Hüßtege* Rn. 1; OLG Stuttgart NJW-RR 1999, 744.
[5] *St/J/Roth* Rn. 4; MK/*Patzina* Rn. 2.
[6] *Wiecz/Sch/Hausmann* Rn. 3; *St/J/Roth* Rn. 3; MK/*Patzina* Rn. 2.
[7] OLG Stuttgart NJW-RR 1999, 744.
[8] *T/P/Hüßtege* Rn. 1; *Zö/Vollkommer* Rn. 2; *St/J/Roth* Rn. 6; OLG Braunschweig OLGZ 1974, 210, 211; aA *B/L/H* Rn. 5; LG Leipzig ZAP-EN Nr. 671/2001 (LS).
[9] OLG Rostock OLGR 1998, 169, 170.
[10] *Zö/Vollkommer* Rn. 2; *St/J/Roth* Rn. 7.
[11] MK/*Patzina* Rn. 3; *St/J/Roth* Rn. 7.
[12] *Zö/Vollkommer* Rn. 2; *Ro/S/Go* § 36 III 3b.
[13] *Wiecz/Sch/Hausmann* Rn. 5; *St/J/Roth* Rn. 6.
[14] *B/L/H* Rn. 6; MK/*Patzina* Rn. 4.

spruchsgrundlagen können daher zB die §§ 1004, 823, 826 oder 904 S. 2 BGB sein; zur Gebäudehaftung des Besitzers kommen auch §§ 836, 837 BGB in Betracht, wenn die Beschädigung des Nachbargrundstücks in Rede steht (vgl. Rn. 5). § 26 bezieht sich auch auf Klagen, welche auf Ersatz eines Wild- oder Jagdschadens nach §§ 29 ff. BJagdG gerichtet sind.

7 b) **Enteignungsentschädigung.** § 26 nimmt weiter Klagen hinsichtlich der Entschädigung wegen Enteignung des Grundstücks in Bezug. Insoweit können Eigentümer und Besitzer die auf Grund Enteignung oder enteignungsgleicher Eingriffe[15] zu leistende Entschädigung vor dem Gerichtsstand des § 26 geltend machen. Die Eröffnung des Zivilrechtsweges folgt aus Art. 14 Abs. 3 GG. Zu beachten ist jedoch, dass regelmäßig über § 15 Nr. 2 EGZPO das Landesrecht eine ausschließliche Zuständigkeit des Gerichts im Bezirk der belegenen Sache bestimmt (zB Art. 45 Abs. 1 S. 2 BayEG).

III. Konkurrenzen und internationale Zuständigkeit

8 § 26 begründet im Allgemeinen **keinen ausschließlichen Gerichtsstand,** es sei denn, es wird landesgesetzlich für Entschädigungsprozesse etwas anderes bestimmt, vgl. § 15 Nr. 2 EGZPO. § 24 geht als ausschließlicher Gerichtsstand der Norm des § 26 vor. Bei mehreren in Betracht kommenden Gerichtsständen hat der Kläger gemäß § 35 die Wahl. Im Anwendungsbereich der EuGVVO ist deren Art. 22 Nr. 1 S. 1 Alt. 1 zu beachten. Soweit keine der in erster Linie von § 26 erfassten persönlichen Klagen in Rede steht (vgl. Rn. 2), kann sich für dingliche Rechte aus Art. 22 Nr. 1 S. 1 Alt. 1 EuGVVO die internationale Zuständigkeit ergeben.[16] Ansonsten ergibt sich die internationale Zuständigkeit bei Beklagtenwohnsitz im Inland aus Art. 2 Abs. 1 EuGVVO. Da diese Regelung jedoch nicht die örtliche Zuständigkeit erfasst,[17] folgt die örtliche Zuständigkeit, sofern das Grundstück im Inland belegen ist, weiter aus § 26.[18]

27 *Besonderer Gerichtsstand der Erbschaft*

(1) Klagen, welche die Feststellung des Erbrechts, Ansprüche des Erben gegen einen Erbschaftsbesitzer, Ansprüche aus Vermächtnissen oder sonstigen Verfügungen von Todes wegen, Pflichtteilsansprüche oder die Teilung der Erbschaft zum Gegenstand haben, können vor dem Gericht erhoben werden, bei dem der Erblasser zur Zeit seines Todes den allgemeinen Gerichtsstand gehabt hat.

(2) Ist der Erblasser ein Deutscher und hatte er zur Zeit seines Todes im Inland keinen allgemeinen Gerichtsstand, so können die im Absatz 1 bezeichneten Klagen vor dem Gericht erhoben werden, in dessen Bezirk der Erblasser seinen letzten inländischen Wohnsitz hatte; wenn er einen solchen Wohnsitz nicht hatte, so gilt die Vorschrift des § 15 Abs. 1 Satz 2 entsprechend.

I. Normzweck

1 Die Vorschrift des § 27 Abs. 1 regelt einen besonderen Gerichtsstand[1] und gewährleistet, dass bestimmte die Erbschaft betreffende Rechtsstreitigkeiten vor einem idR leicht feststellbaren[2] Gericht ausgetragen werden können. Daneben bezweckt die Norm gemeinsam mit § 28 die Konzentration der im Zusammenhang mit einem Erbfall auftretenden Prozesse vor einem regelmäßig sach- und vollstreckungsnahen Gericht.[3] § 27 begründet den besonderen Gerichtsstand der Erbschaft aber auch dann, wenn sich der Nachlassgegenstand niemals im Gerichtsbezirk befunden hat[4] oder sich gar im Ausland befindet.[5] Mit § 27 Abs. 2 zielt die Norm auf die Anwendung des deutschen Rechts an einem inländischen Hilfsgerichtsstand für Deutsche, die zur Zeit ihres Todes keinen allgemeinen Gerichtsstand im Inland hatten (vgl. Rn. 2).[6]

II. Anknüpfung an den Gerichtsstand des Erblassers

2 Der Gerichtsstand des **§ 27 Abs. 1** knüpft an den allgemeinen Gerichtsstand an, den der Erblasser zum Zeitpunkt seines Todes nach den §§ 13 bis 16 innehatte. Handelt es sich dabei um mehrere Gerichtsstände, setzen sich diese über die Regelung des § 27 Abs. 1 fort.[7] In der Folge hat der Kläger gemäß § 35 unter den mehreren Gerichtsständen die Wahl.[8] **§ 27 Abs. 2** regelt den Gerichtsstand wegen der den Nachlass betreffenden Rechtsstreitigkeiten bei solchen deutschen Erblassern, die im Zeitpunkt ihres Todes keinen allgemeinen Gerichtsstand im Inland hatten. Damit nimmt die Norm Bezug auf die Regelungen der §§ 13 bis 16. Nur soweit der Erblasser keinen allgemeinen Gerichtsstand nach diesen Vorschriften hatte, er also keinen Wohnsitz iSd. § 13 hatte, nicht unter die Regelung des § 15 fiel und sich im Todeszeitpunkt nicht iSd. § 16 im Inland aufgehalten hat, kommt § 27 Abs. 2 zum Tragen. Die Vorschrift trägt der materiellrechtlichen

---

[15] *St/J/Roth* Rn. 9; *Zö/Vollkommer* Rn. 4; MK/*Patzina* Rn. 5; LG Göttingen NdsRpfl. 1957, 135.
[16] *St/J/Roth* Rn. 12.
[17] *Kropholler* vor Art. 2 EuGVO Rn. 3.
[18] MK/*Patzina* Rn. 7; *St/J/Roth* Rn. 11.
[1] RGZ 35, 418; *Schack* Rn. 321; *St/J/Roth* Rn. 1.
[2] *St/J/Roth* Rn. 1; MK/*Patzina* Rn. 1.
[3] *Wiecz/Sch/Hausmann* Rn. 1; *St/J/Roth* Rn. 1; *Zö/Vollkommer* Rn. 1.
[4] *B/L/H* Rn. 1; *Zö/Vollkommer* Rn. 1; BayObLG NJW 1950, 310.
[5] BGH WM 1968, 759; *Otte* IPRax 1993, 143, 144.
[6] MK/ *Patzina* Rn. 1.
[7] RGZ 35, 418.
[8] MK/*Patzina* Rn. 2; *B/L/H* Rn. 1; *St/J/Roth* Rn. 3; OLG Hamburg SeuffA 51, 343.

Anordnung des Art. 25 Abs. 1 EGBGB Rechnung, derzufolge Deutsche auch dann nach deutschem Recht beerbt werden, wenn sie ihren Wohnsitz im Ausland hatten. Dabei kommt zunächst das Gericht in Betracht, in dessen Bezirk der Erblasser seinen letzten inländischen Wohnsitz gehabt hat, § 27 Abs. 2 Halbs. 1. Wenn ein solcher nicht bestand, gelangt nach § 27 Abs. 2 Halbs. 2 als Hilfsgerichtsstand § 15 Abs. 1 S. 2 entsprechend zur Anwendung. Der Gerichtsstand ist in Berlin begründet.[9] Der sowohl nach § 27 Abs. 1 als auch Abs. 2 maßgebende Todeszeitpunkt ist in Übereinstimmung mit der medizinischen Wissenschaft der Eintritt des Gesamthirntodes, dh. der vollständige Ausfall aller Funktionen von Großhirn, Kleinhirn und Hirnstamm.[10] Zur Bestimmung dieses Zeitpunktes kann auch auf eine amtliche Todeserklärung zurückgegriffen werden.[11]

III. Voraussetzungen

1. Gegenstand der Klage. Voraussetzung der Zulässigkeit der Klage im Gerichtsstand des § 27 ist, dass sie einen der in der Vorschrift genannten Gründe zum Gegenstand hat (Rn. 4ff.). Dabei ist es gleichgültig, ob diese Gründe gegen den Erben, den mit einem Vermächtnis Beschwerten,[12] den Nachlassverwalter[13] oder den Testamentsvollstrecker[14] geltend gemacht werden oder ob der Erbe oder der Testamentsvollstrecker klägerische Partei ist.[15] Die Klage kann auch gegen einen Dritten gerichtet sein, etwa gegen den Erben eines durch ein Vermächtnis Beschwerten,[16] gegen den Nachlasspfleger oder Nachlassinsolvenzverwalter. Im Übrigen ergibt sich aus der Bezugnahme auf die in der Vorschrift genannten Klagegründe, dass erbrechtliche Streitigkeiten, die nicht den Eintritt des Erbfalls bedingen, nicht von § 27 erfasst werden.[17] 3

2. Einzelne Klagegründe. a) Klage auf Feststellung des Erbrechts. Nach Eintritt des Erbfalls kann vor dem Gerichtsstand des § 27 auf Feststellung des Erbrechts geklagt werden. Damit erfasst die Regelung diejenigen Streitigkeiten, in denen entweder die durch rechtsgeschäftliche Anordnung (Testament, Erbvertrag) oder die unmittelbar durch Gesetz bestimmte Erbfolge in Rede steht. Hierzu zählen insbesondere Feststellungsklagen (§ 256), die der Kläger auf ein (vermeintliches) Erbrecht auf Grund gesetzlicher Erbfolge gemäß §§ 1922, 2032 Abs. 1 BGB oder § 1936 BGB (Fiskus), auf Grund Testaments gemäß § 2087 Abs. 1 BGB, Erbvertrags gemäß § 2278 Abs. 1 BGB oder auf das Recht des Nacherben gemäß §§ 2100, 2108 Abs. 1, 2142 BGB gründet. Ferner werden die Testamentsanfechtung nach §§ 2078ff. BGB, die Erbunwürdigkeitsklage gemäß § 2342 BGB[18] oder die Anfechtung oder der Erbverzicht nach § 2346 BGB erfasst. Der schuldrechtliche Anspruch des Erbschaftskäufers aus § 2374 BGB begründet den Gerichtsstand des § 27 dagegen ebenso wenig wie die Klage wegen Rechten an einzelnen Nachlassgegenständen.[19] Weiter wird auch nicht das Recht auf Fortsetzung der Gütergemeinschaft nach dem Tod eines Ehegatten iSd. § 1483 Abs. 1 BGB erfasst. Eine Klage wegen des Rechts auf Widerruf einer erbvertraglichen Einsetzung fällt nicht unter § 27.[20] 4

b) Klage gegen den Erbschaftsbesitzer. Erbschaftsbesitzer ist nach der Legaldefinition des § 2018 BGB jeder, der auf Grund eines ihm in Wirklichkeit nicht zustehenden Erbrechts etwas aus der Erbschaft erlangt hat. Nach den §§ 2018 bis 2021 BGB kann der Erbe daher im Gerichtsstand des § 27 gegen den Erbschaftsbesitzer, gegen dessen Erben[21] oder gegen den Erbschaftserwerber nach § 2030 BGB auf Herausgabe des aus der Erbschaft Erlangten[22] klagen, sofern die Klage das Gesamterbe und nicht nur Rechte an einzelnen Nachlassgegenständen betrifft.[23] Dazu gehört jedoch nicht die Klage gegen den Testamentsvollstrecker.[24] Wegen der engen Verknüpfung des Auskunftsanspruchs hinsichtlich der Erbschaftsgegenstände, auf die sich der Herausgabeanspruch gegen den Erbschaftsbesitzer bezieht, können auch Klagen iSd. § 2027 Abs. 1 BGB (auch im Wege der Stufenklage, § 254)[25] im Gerichtsstand des § 27 erhoben werden.[26] Gleiches gilt für die darauf bezogene Abgabe der eidesstattlichen Versicherung.[27] Davon müssen jedoch nach dem klaren Wortlaut von § 27 Abs. 1 Auskunftsansprüche gegen andere als den Erbschaftsbesitzer iSd. §§ 2027 Abs. 2,[28] 2028,[29] 2362 5

---

9 Vgl. Bek. v. 22. 7. 1999 (BGBl. I S. 1725).
10 OLG Frankfurt NJW 1997, 3099 m. weit. Nachw.; *Palandt/Edenhofer* § 1922 Rn. 2.
11 *B/L/H* Rn. 1; *Wiecz/Sch/Hausmann* Rn. 2 Fn. 4.
12 MK/*Patzina* Rn. 4; *Zö/Vollkommer* Rn. 3.
13 MK/*Patzina* Rn. 4; RGZ 26, 380, 381.
14 *St/J/Roth* Rn. 10.
15 *T/P/Hüßtege* Rn. 1; *Zö/Vollkommer* Rn. 3.
16 RGZ 3, 380f.
17 OLG Celle MDR 1962, 992 (Streit um einen Erbvertrag); *St/J/Roth* Rn. 9.
18 *T/P/Hüßtege* Rn. 1; *St/J/Roth* Rn. 11; MK/*Patzina* Rn. 5; *B/L/H* Rn. 4.
19 MK/*Patzina* Rn. 5; *Zö/Vollkommer* Rn. 4.
20 OLG Celle MDR 1962, 992; MK/*Patzina* Rn. 5; *B/L/H* Rn. 4.
21 OLG Nürnberg OLGZ 1981, 115, 116.
22 BayObLG OLGRspr. 15, 57.
23 MK/*Patzina* Rn. 8; *Zö/Vollkommer* Rn. 5; *T/P/Hüßtege* Rn. 2.
24 RGZ 81, 151.
25 *Palandt/Edenhofer* Einf. vor § 2018 Rn. 2.
26 *St/J/Roth* Rn. 12; *Wiecz/Sch/Hausmann* Rn. 9.
27 OLG Nürnberg OLGZ 1981, 115, 116.
28 *St/J/Roth* Rn. 13; OLG Köln OLGZ 1986, 212; aA OLG Nürnberg OLGZ 1981, 115, 116f.; *T/P/Hüßtege* Rn. 2; *B/L/H* Rn. 5.
29 *T/P/Hüßtege* Rn. 2; *B/L/H* Rn. 5; *St/J/Roth* Rn. 13; *Palandt/Edenhofer* § 2028 Rn. 2; aA *Zö/Vollkommer* Rn. 5; MK/*Patzina* Rn. 7.

Abs. 2 BGB[30] ausgenommen sein. Diese Vorschriften sind vom in § 27 Abs. 1 in Bezug genommenen Herausgabeanspruch gegen den Erbschaftsbesitzer nicht erfasst. Vielmehr handelt es sich insoweit um Einzelansprüche, welche mangels Ähnlichkeit der Sachverhalte keiner analogen Anwendung des § 27, der ohnehin kein allgemeiner Gerichtsstand der Erbschaft ist (Rn. 1), zugänglich sind.[31] Auch andere „Einzelklagen" etwa gegen einen Beauftragten des Erblassers[32] begründen mangels Bezug zum Gesamterbe und fehlender Stellung als Erbschaftsbesitzer den Gerichtsstand des § 27 nicht. Im Übrigen kann nicht auf Herausgabe des zu Unrecht ausgestellten Erbscheins oder eines solchen Testamentvollstreckerzeugnisses vor dem Gerichtsstand des § 27 geklagt werden, weil sich diese Klagen ebenfalls nicht gegen einen Erbschaftsbesitzer idS richten.[33]

6 c) **Klagen wegen Ansprüchen aus Vermächtnissen.** Hierbei handelt es sich um Klagen wegen Ansprüchen auf Grund Anordnungen des Erblassers in einem Testament oder Erbvertrag, die dem Vermächtnisnehmer einen Vermögensvorteil zuwenden, ohne ihn als Erben einzusetzen, §§ 1939, 1941, 2150, 2279, 2299 BGB. Dazu zählen auch Ansprüche wegen gesetzlicher Vermächtnisse iSd. §§ 1932, 1969 BGB. Hinsichtlich der genannten Ansprüche ist der Vermächtnisnehmer Nachlassgläubiger gemäß §§ 2174, 1967 Abs. 2 BGB, soweit der Erbe beschwert ist. § 27 gilt auch für Klagen auf Feststellung des Nichtbestehens oder wegen einer Anfechtung des Vermächtnisses.[34]

7 d) **Ansprüche aus sonstigen Verfügungen von Todes wegen.** Dies sind insbesondere solche aus Auflagen gemäß §§ 1940, 2192, 2278 BGB und deren Vollziehung iSd. §§ 2194, 2208 Abs. 2 BGB oder Schenkungen auf den Todesfall nach § 2301 BGB.

8 e) **Klagen wegen Pflichtteilsansprüchen.** Die Regelung des § 27 erfasst insoweit Ansprüche gemäß §§ 2303 ff. BGB auf Zahlung, wegen Pflichtteilsergänzungsansprüchen nach § 2329 BGB sowie die gegen den unwürdigen Pflichtteilsberechtigten aus § 2345 Abs. 2 BGB.

9 f) **Klagen auf Erbschaftsteilung.** Hierzu zählt vor allem die auf dem Klagewege betriebene Auseinandersetzung unter Miterben gemäß §§ 2042 ff. BGB und der Ausgleichung nach §§ 2050 ff. oder § 2057 a BGB.[35] § 27 kommt auch zur Anwendung in den Fällen des § 1482 BGB,[36] des § 1483 Abs. 2 BGB,[37] bei der Klage auf Zustimmung zu einem Auseinandersetzungsplan[38] und bei der Anfechtung einer erfolgten Teilung.[39] Nicht von § 27 werden jedoch die Klagen auf Aufhebung und die Vornahme der Auseinandersetzung einer fortgesetzten Gütergemeinschaft gemäß §§ 1495 ff. BGB erfasst.[40]

IV. Konkurrenzen und internationale Zuständigkeit

10 Neben anderen Gerichtsständen des Beklagten steht dem Kläger gemäß § 35 die Wahl des Gerichtsstandes nach § 27 offen. Die Vorschrift des Art. 1 Abs. 2 a **EuGVVO** hat das Erb- und Testamentsrecht vom Anwendungsbereich der EuGVVO ausdrücklich ausgenommen. Daher begründet § 27 **auch** im Geltungsbereich der EuGVVO neben der örtlichen die deutsche internationale Zuständigkeit.[41] Jedoch können Bestimmungen einer ausschließlichen internationalen Zuständigkeit in bilateralen Verträgen wie in Art. 20 des deutsch-türkische Konsularvertrages v. 28. 5. 1929[42] beachtlich sein. Insoweit tritt § 27 hinter diesen Regelungen zurück.[43]

28 *Erweiterter Gerichtsstand der Erbschaft* **In dem Gerichtsstand der Erbschaft können auch Klagen wegen anderer Nachlassverbindlichkeiten erhoben werden, solange sich der Nachlass noch ganz oder teilweise im Bezirk des Gerichts befindet oder die vorhandenen mehreren Erben noch als Gesamtschuldner haften.**

I. Normzweck

1 Die Vorschrift erweitert den Gerichtsstand der Erbschaft des § 27 für Klagen wegen weiterer Nachlassverbindlichkeiten. Damit bezweckt § 28 eine Erleichterung der Rechtsverfolgung[1] für einen begrenzten Zeitraum, nämlich solange sich Nachlassgegenstände im Gerichtsbezirk befinden oder bei mehreren Erben noch die gesamtschuldnerische Haftung besteht.[2]

---

30 *St/J/Roth* Rn. 13; *Wiecz/Sch/Hausmann* Rn. 11.
31 *St/J/Roth* Rn. 13.
32 OLG Köln OLGZ 1986, 210, 212.
33 *St/J/Roth* Rn. 14; *Wiecz/Sch/Hausmann* Rn. 11; *Zö/Vollkommer* Rn. 5.
34 MK/*Patzina* Rn. 9; *St/J/Roth* Rn. 15.
35 BGH NJW 1992, 364.
36 MK/*Patzina* Rn. 12; *St/J/Roth* Rn. 18.
37 MK/*Patzina* Rn. 12; *Zö/Vollkommer* Rn. 9; *B/L/H* Rn. 9.
38 *Palandt/Edenhofer* § 2042 Rn. 16; MK/*Patzina* Rn. 12; *Zö/Vollkommer* Rn. 9.
39 MK/*Patzina* Rn. 12 aE.
40 *Zö/Vollkommer* Rn. 9; *B/L/H* Rn. 9.
41 MK/*Patzina* Rn. 14; *St/J/Roth* Rn. 4, 6.
42 RGBl. 1930 II S. 747, 758, 761.
43 *Schack* Rn. 321; *St/J/Roth* Rn. 5; *Geimer* Rn. 1342; *Wiecz/Sch/Hausmann* Rn. 18.
1 MK/*Patzina* Rn. 1; *Wiecz/Sch/Hausmann* Rn. 1.
2 BayObLG NJW-RR 2006, 15; *St/J/Roth* Rn. 3; Zö/*Vollkommer* Rn. 4.

II. Voraussetzungen

1. Nachlassverbindlichkeiten. a) Allgemein. Bei Nachlassverbindlichkeiten iSd. § 1967 Abs. 2 BGB handelt es sich um solche Verbindlichkeiten, die vom Erblasser herrühren und nicht durch seinen Tod erloschen sind (Erblasserschulden, Rn. 3), aus Anlass der Erbschaft entstanden sind (Erbfallschulden, Rn. 4) sowie solche, die der Erbe in ordnungsgemäßer Verwaltung des Nachlasses eingegangen ist (Nachlasserbenschulden, Rn. 5) und für die der Nachlass haftet.[3] 2

b) Erblasserschulden. Sofern mit der Klage Verbindlichkeiten (gesetzlicher, vertraglicher oder außervertraglicher Art)[4] geltend gemacht werden, die zwar nicht unter den Katalog der in § 27 aufgezählten Klagen fallen, aber nach § 1967 BGB vom Erblasser herrühren, nicht mit dessen Tod erloschen sind[5] und den Nachlass daher belasten, greift § 28 ein. Gleiches gilt für dingliche und diesen gleichgestellte Ansprüche gemäß § 1971 BGB.[6] In Betracht kommen daher zB Ansprüche, die sich auf eine unerlaubte Handlung des Erblassers gründen, auch wenn sich deren Folge erst nach dem Erbfall realisiert,[7] Rückzahlungsansprüche aus einem zu Lebzeiten durch den Erblassers geschlossenen Darlehensvertrag,[8] Forderungen aus einer Krankenbehandlung des Erblassers[9] oder Klagen auf Grund des aus § 1967 BGB abgeleiteten Zahlungsanspruchs des Lebensgefährten des Erblassers gegen die Erben.[10] 3

c) Erbfallschulden. Dabei handelt es sich idR um bereits von § 27 erfasste Pflichtteilsansprüche nach den §§ 2303ff. BGB, Vermächtnisse iSd. § 2174 BGB und Auflagen, §§ 1940, 2192ff., 2278, 2299 BGB. Ergänzend kommt die Vorschrift des § 28 daher vor allem zur Anwendung bei Streitigkeiten um die Beerdigungskosten nach § 1968 BGB[11] oder den Unterhalt der werdenden Mutter eines Erben gemäß § 1963 S. 1 BGB. Darüber hinaus gehören auch die Erbschaftssteuerschulden[12] und die Verbindlichkeiten (einschließlich Gebühren und Vergütung) dazu, die auf Grund wirksamer Rechtshandlungen des Nachlasspflegers (§§ 1960, 1961 BGB) oder -verwalters (§§ 1975, 1981, 1987 BGB), im Rahmen eines Nachlassinsolvenzverfahrens (§ 315 InsO, § 1978 BGB) oder durch Tätigkeiten des Testamentsvollstreckers[13] (§§ 2205ff. BGB) entstanden sind.[14] 4

d) Nachlasserbenschulden. Weiterhin greift der Gerichtsstand des § 28 ein im Falle von Klagen wegen Nachlasserbenschulden. Dabei handelt es sich um Verbindlichkeiten, die eine Eigenhaftung des Erben (weil er die Verbindlichkeit eingegangen ist)[15], aber auch eine Haftung des Nachlasses begründen, wenn sie zur ordnungsgemäßen Abwicklung der Erbschaft gehören.[16] Dazu gehören etwa Zahlungsverpflichtungen aus Versorgungsverträgen (Energie, Wasser) für zur Erbschaft gehörenden Unternehmen, der Werklohnanspruch bei zum Nachlass gehörigen reparaturbedürftigem Haus[17] oder auch Schadensersatzansprüche aus Pflichtverletzungen (§ 280 BGB) des Erben hinsichtlich der im Rahmen der Nachlassabwicklung geschlossenen Verträge.[18] 5

e) Grenze. Nicht aus der Verwaltung des Nachlasses resultieren die Ansprüche des Nachlasskäufers aus §§ 2371ff. BGB, weil sie ihren Grund im Kaufvertrag haben.[19] Ebenso erfasst § 28 nicht die Verpflichtung zur Abführung der Einkommenssteuer für Einkünfte, die der Erbe nach dem Tode des Erblassers aus dem Nachlass erzielt[20] oder Ansprüche auf Rückzahlung des nach Eintritt des Erbfalls weitergezahlten Altersgeldes.[21] 6

2. Befindlichkeit eines Nachlassgegenstandes im Gerichtsbezirk. a) Allgemeines. Als zeitliches Moment legt § 28 fest, dass die Klage im Gerichtsstand der Erbschaft erhoben werden kann, solange sich der Nachlass oder Teile davon im Gerichtsbezirk befinden. Ist nur ein Erbe vorhanden, muss sich bei Beginn der Rechtshängigkeit daher wenigstens ein Nachlassgegenstand im Bezirk des nach § 28 angerufenen Gerichts befinden, damit dessen örtliche Zuständigkeit begründet wird. Dabei kommt es auf den Wert des Nachlassgegenstandes nicht an.[22] Handelt es sich bei dem Nachlassgegenstand um eine Forderung, kommt § 23 S. 2 zu entsprechender Anwendung,[23] so dass es auf den Wohnsitz des Schuldners, gegen den die Forderung gerichtet ist, ankommt (§ 23 Rn. 11). 7

---

[3] *Leipold* Erbrecht, 16. Aufl. 2006, Rn. 700ff.; *Palandt/Edenhofer* § 1967 Rn. 1ff.
[4] *Wiecz/Sch/Hausmann* Rn. 4; *Palandt/Edenhofer* § 1967 Rn. 2.
[5] *Palandt/Edenhofer* § 1967 Rn. 2.
[6] *St/J/Roth* Rn. 2; MK/*Patzina* Rn. 2.
[7] BGH NJW 1987, 1013; *Wiecz/Sch/Hausmann* Rn. 4.
[8] Vgl. BayObLG FamRZ 1999, 1175.
[9] BayObLG NJW-RR 2006, 15.
[10] OLG Saarbrücken FamRZ 1979, 796; vgl. BFH NJW 1989, 1696.
[11] OLG Karlsruhe OLGR 2003, 347.
[12] BFH NJW 1993, 350; aA OLG Hamm MDR 1990, 1014.
[13] RGZ 60, 30.
[14] *Palandt/Edenhofer* § 1967 Rn. 7; *Wiecz/Sch/Hausmann* Rn. 6.
[15] *Leipold* Erbrecht, 16. Aufl. 2006, Rn. 703.
[16] RGZ 90, 91; BGHZ 32, 60, 64ff.; 38, 193; OLG Schleswig MDR 2007, 1200, 1201.
[17] HK-BGB/*Hoeren* § 1967 Rn. 7.
[18] *Staudinger/Marotzke* § 1967 Rn. 53.
[19] MK/*Patzina* Rn. 2 aE; *Zö/Vollkommer* Rn. 2.
[20] BGH NJW 1993, 350.
[21] KG FamRZ 1977, 349.
[22] *Zö/Vollkommer* Rn. 3; *T/P/Hüßtege* Rn. 2.
[23] *St/J/Roth* Rn. 4; *T/P/Hüßtege* Rn. 2; MK/*Patzina* Rn. 3.

8 **b) Entfernung der Nachlassgegenstände.** Wird vor Rechtshängigkeit (§ 261 Abs. 1) der Nachlassgegenstand aus dem Bezirk entfernt, ist der Gerichtsstand des § 28 grundsätzlich nicht begründet. Dabei kann sich etwas anderes ergeben, wenn durch arglistiges Hinschaffen oder Wegbringen von Nachlassgegenständen die Begründung des Gerichtsstandes treuwidrig beeinflusst wird (vgl. § 23 Rn. 15).[24]

9 **c) Mehrheit von Erben.** Sind mehrere Erben vorhanden, besteht der Gerichtsstand des § 28 solange, wie die Erbengemeinschaft **für die eingeklagten Nachlassverbindlichkeiten**[25] der gesamtschuldnerischen Haftung gemäß §§ 2058ff., 421 BGB unterworfen ist.[26] Auch hier ist die Rechtshängigkeit der Klage, § 261 Abs. 1, 3 Nr. 2 maßgeblich. In diesem Zeitpunkt darf die Gesamthaftung der Erben bezüglich der streitigen Nachlassverbindlichkeit noch nicht iSd. §§ 2060, 2061 BGB beendet sein;[27] für den Wegfall der Voraussetzungen der gesamtschuldnerischen Haftung obliegt der Nachweis den Erben (Rn. 10).[28] Es kommt nicht darauf an, ob sich noch ein Nachlassgegenstand im Gerichtsbezirk befindet.[29] § 28 bezieht sich auch auf Streitigkeiten unter den Miterben einer Erbengemeinschaft iSd. § 2032 BGB.[30] Dies folgt aus dem Übergang der Forderung nach § 426 Abs. 2 S. 1 BGB, wenn eine vom Erblasser herrührende Verbindlichkeit iSd. § 1967 Abs. 2 BGB durch einen Miterben zum Erlöschen gebracht wird. Insofern steht weiter eine Nachlassverbindlichkeit in Rede, für welche die Erben der gesamtschuldnerischen Haftung unterliegen.[31]

III. Prozessuales

10 Die **Darlegungs- und Beweislast** hinsichtlich der den Gerichtsstand nach § 28 begründenden Umstände trifft den Kläger. Dagegen muss der Wegfall der Gesamthaftung durch die beklagten Erben bewiesen werden, weil es sich insoweit um eine Tatsache handelt, welche die gesetzlich angeordnete Gesamthaftung nach § 2058 BGB aufhebt.[32]

IV. Konkurrenzen und internationale Zuständigkeit

11 Neben anderen gegen den Beklagten begründeten Gerichtsständen hat der Kläger gemäß § 35 die **Wahl,** vor dem Gerichtsstand des § 28 zu klagen. § 28 begründet regelmäßig unabhängig von der Staatsangehörigkeit der Parteien neben der örtlichen auch die internationale Zuständigkeit (Grundsatz der Doppelfunktionalität der örtlichen Zuständigkeitsnormen, vgl. § 12 Rn. 17), da das Erbrecht einschließlich des Testamentsrechts gemäß Art. 1 Abs. 2a EuGVVO vom Anwendungsbereich der EuGVVO ausgenommen ist. Erbrechtliche Streitigkeiten iSd. Vorschrift meint dabei die Geltendmachung von Ansprüchen, die aus dem Nachlass resultieren oder gegen ihn gerichtet sind und sich unmittelbar auf Erbrecht stützen (Art. 1 EuGVVO Rn. 5).[33] Insofern jedoch der Beklagte seinen Wohnsitz im Geltungsbereich der EuGVVO hat, wird § 28 verdrängt, soweit Streitigkeiten in Rede stehen, die ihre Grundlage nicht im Erbrecht haben und bei denen die Erbberechtigung nur Vorfrage ist.[34] So finden zB durch einen Erblasser eingegangene Verpflichtungen ihre rechtliche Grundlage nicht im Erbrecht, selbst wenn die entsprechende Forderung erst nach Eintritt des Erbfalls erhoben wird.[35]

29 *Besonderer Gerichtsstand des Erfüllungsorts* **(1) Für Streitigkeiten aus einem Vertragsverhältnis und über dessen Bestehen ist das Gericht des Ortes zuständig, an dem die streitige Verpflichtung zu erfüllen ist.**

(2) Eine Vereinbarung über den Erfüllungsort begründet die Zuständigkeit nur, wenn die Vertragsparteien Kaufleute, juristische Personen des öffentlichen Rechts oder öffentlich-rechtliche Sondervermögen sind.

Übersicht

[24] *B/L/H* Rn. 3; MK/*Patzina* Rn. 3 aE.
[25] MK/*Patzina* Rn. 4; *St/J/Roth* Rn. 6; *B/L/H* Rn. 5; *T/P/Hüßtege* Rn. 3.
[26] BayObLG FamRZ 1999, 1175, 1176; NJW-RR 2004, 944; MDR 2005, 1397.
[27] BayObLG NJW-RR 2004, 944.
[28] BayObLG MDR 2005, 1397; *Zö/Vollkommer* Rn. 4.
[29] BayObLG NJW 1950, 310.
[30] OLG Karlsruhe OLGR 2003, 347.
[31] OLG Karlsruhe OLGR 2003, 347.
[32] BayObLG MDR 2005, 1397; *St/J/Roth* Rn. 8; MK/*Patzina* Rn. 5; *B/L/H* Rn. 6.
[33] *Schlosser* EuGVVO Art. 1 Rn. 18; *T/P/Hüßtege* Art. 1 EuGVVO Rn. 6.
[34] *Kropholler* Art. 1 EuGVO Rn. 28; *St/J/Roth* Rn. 9.
[35] *Kropholler* Art. 1 EuGVO Rn. 28; *Schlosser* EuGVVO Art. 1 Rn. 18.

I. Normzweck

1 **1. § 29 Abs. 1.** Die Vorschrift stellt einen besonderen Gerichtsstand zur Verfügung, welcher der Gewährleistung der Waffengleichheit der Parteien dient (§ 12 Rn. 1). Wäre der Kläger auch bei Streitigkeiten aus einem Vertragsverhältnis stets darauf verwiesen, vor den Gerichten am (Wohn-)Sitz des Beklagten zu klagen, würde dieser unverdiente Vorteile in solchen Fällen erfahren, in denen der Vertrag nur geringe räumliche Beziehungen zu dessen allgemeinen Gerichtsstand aufweist. Dem Kläger wird daher die Befugnis eingeräumt, am Gericht des Erfüllungsortes zu klagen. Auf Grund der Regelung des § 269 Abs. 1 BGB wird häufig der besondere Gerichtsstand des § 29 mit dem allgemeinen nach § 13 übereinstimmen, wenn sich die Klage gegen den Schuldner richtet.[1] Gegenüber dem beklagten Schuldner ist diese Regelung auch deshalb zweckmäßig, weil er sich dort gegen Klagen aus dem Vertrag zu verteidigen hat, wo er zur Erbringung der Leistung verpflichtet ist.[2] Dadurch wird über die Gewährleistung prozessualer Chancengleichheit zwischen Kläger und Beklagten hinaus sichergestellt, dass eine Entscheidung vom örtlich und sachlich näheren Gericht[3] gefällt und Erkenntnis- und Vollstreckungsverfahren örtlich konzentriert werden.

2 **2. § 29 Abs. 2.** Diese 1974 durch die Gerichtsstandsnovelle[4] neu gefasste Vorschrift schließt für Rechtsstreitigkeiten, an denen Nichtkaufleute beteiligt sind, die Begründung eines Gerichtsstandes durch Vereinbarungen des Erfüllungsortes aus. Damit wird der Schutz rechtlich unkundiger bzw. geschäftlich ungewandter Schuldner bezweckt, denen ein für sie ungünstiger Gerichtsstand aufgedrängt werden könnte.[5] Die Vorschrift dient insofern der Ergänzung und Vermeidung der Umgehung des Prorogationsverbots nach § 38 für den nichtkaufmännischen Rechtsverkehr.[6] Dementsprechend setzt die wirksame Begründung des Gerichtsstandes durch eine Vereinbarung des Erfüllungsortes voraus, dass es sich bei den Parteien um Kaufleute (§§ 1–3 HGB) handelt,[7] Soweit eine Gerichtsstandsvereinbarung zwischen Nichtkaufleuten in Rede steht, ist dagegen umstritten, ob diese auch prozessuale Wirkungen zeitigt, wenn sie materiellrechtlich gewollt und nicht zur Umgehung des § 38 erfolgt ist (Rn. 42).

II. Anwendungsbereich

3 **1. Begriff des Vertragsverhältnisses. a) Allgemeines.** Der weite Gesetzeswortlaut erfasst alle Streitigkeiten, die sich aus **Verpflichtungsverträgen** (vgl. Rn. 6) ergeben.[8] Hierzu zählen auch öffentlich-rechtliche Verträge nach den §§ 54ff. VwVfG, wenn und soweit der ordentliche Rechtsweg eröffnet ist.[9] Der Gerichtsstand des § 29 ist unabhängig davon begründet, ob die vertraglichen Ansprüche gegen den Rechtsnachfolger des Vertragspartners des Klägers gerichtet sind oder ob die Forderung ihrerseits auf eine andere Person übergegangen ist.[10] Ebenso kann auch der Begünstigte eines Vertrages zu Gunsten Dritter iSd. § 328 BGB beim nach § 29 zuständigen Gericht seine Ansprüche geltend machen.[11]

4 **b) Vertragsähnliche Sonderbeziehungen.** Weiter kann aus vertragsähnlichen Sonderbeziehungen an dem Gerichtsstand des § 29 geklagt werden. Dazu gehören Ansprüche aus dem Gesichtspunkt der culpa in contrahendo iSd. §§ 311 Abs. 2, 241 Abs. 2 BGB,[12] wenn es zum Vertragsschluss gekommen ist,[13] nach richtiger Ansicht aber auch dann, wenn ein Vertrag nicht geschlossen wurde,[14] da materiellrechtlich der Grund der Haftung vertraglicher Natur ist. Weiter zählt zu den von § 29 erfassten vertragsähnlichen Sonderbeziehungen jene zwischen einem Vertragspartner und dem Vertreter oder Verhandlungsgehilfen der anderen

---

1 *Zö/Vollkommer* Rn. 1; *St/J/Roth* Rn. 1.
2 *Geimer* EuZW 1992, 518.
3 LG Kiel NJW 1989, 841; *Müller* BB 2002, 1096; *Brehm/John/Preusche* NJW 1975, 26, 27.
4 Gesetz zur Änderung der ZPO v. 21. 3. 1974 (BGBl. I S. 753).
5 BT-Drucks. 7/268 S. 1, 5; *Schilken,* Festschr. f. Musielak, 2004, S. 435, 449; *Wiecz/Sch/Hausmann* Rn. 85; ähnlich *B/L/H* Rn. 2 (Schutz vor Missbrauch).
6 *St/J/Roth* Rn. 34; *Zö/Vollkommer* Rn. 26; OLG Nürnberg NJW 1985, 1296, 1298.
7 LG Hamburg NJW 1976, 199.
8 *T/P/Hüßtege* Rn. 3; *St/J/Roth* Rn. 4ff.; BGH NJW 1996, 1411.
9 BGHZ 87, 9, 15f. = NJW 1983, 2312.
10 BayObLG NJW-RR 2006, 15; *Wiecz/Sch/Hausmann* Rn. 12; *St/J/Roth* Rn. 12.
11 *B/L/H* Rn. 3; MK/*Patzina* Rn. 11.
12 BayObLG NJW-RR 2002, 1502, 1503.
13 BGH LM Nr. 1; RGZ 52, 54, 56; BayObLG VersR 1985, 741, 743.
14 OLG München NJW 1980, 1531; BayObLG NJW-RR 2002, 1502, 1503; MK/*Patzina* Rn. 11; *St/J/Roth* Rn. 18; *Wiecz/Sch/Hausmann* Rn. 5; aA LG Essen NJW 1973, 1703f.; LG Arnsberg NJW 1985, 1172; LG Kiel NJW 1989, 841.

Partei nach §§ 311 Abs. 3, 241 Abs. 2 BGB[15] und die Haftung des falsus procurator aus § 179 Abs. 1 BGB.[16]

5 Aber auch das Rechtsverhältnis, welches aus der **Haftung gesellschaftsrechtlicher Organe** gegenüber ihren Verbänden aus §§ 93 Abs. 2, 116 AktG,[17] § 43 Abs. 2 GmbHG, §§ 34, 41 GenG resultiert, fällt unter § 29. Ansprüche daraus haben keinen deliktsrechtlichen Charakter, sondern sind in den quasivertraglichen Beziehungen zwischen den Beteiligten angelegt. Der Gerichtsstand des Erfüllungsortes ist weiter dann gegeben, wenn die vertragliche Verbindlichkeit auf Grund gesellschaftsrechtlich begründeter Haftung gegen einen außerhalb des Vertragsverhältnisses Stehenden geltend gemacht werden kann. Zu solch einer abgeleiteten Haftung der Gesellschafter führen vor allem § 128 HGB[18] und die §§ 161, 171 HGB.[19] Auch die persönliche Haftung des Handelnden gemäß § 54 S. 2 BGB,[20] § 11 Abs. 2 GmbHG, § 41 Abs. 1 S. 2 AktG[21] sowie Ansprüche aus dem Verhältnis der Wohnungseigentümer nach § 10 Abs. 1 WEG[22] und aus dem Gemeinschaftsverhältnis iSd. §§ 741 ff. BGB[23] sind erfasst.

6 c) **Grenzen.** Auf Grund des Wortlauts des § 29 Abs. 1, der auf die streitige „Verpflichtung" Bezug nimmt, sind **Verfügungen** vom Anwendungsbereich ausgenommen.[24] Demnach gilt die Vorschrift nicht für Rechtsgeschäfte, die auf die Aufhebung, Übertragung, Belastung oder Inhaltsänderung eines Rechts gerichtet sind. Ausgeschlossen sind daher vor allem Zessionen nach § 398 BGB und Übereignungen gemäß §§ 873, 925 und §§ 929 ff. BGB. Auch erbrechtliche Verträge iSd. §§ 2274 ff., § 2346 BGB,[25] **Schuldverhältnisse auf Grund einseitiger Willenserklärung** wie die Auslobung nach § 657 BGB,[26] prozessrechtliche Vereinbarungen wie etwa Schiedsverträge iSd. §§ 1025 ff.[27] und die Geschäftsführung ohne Auftrag[28] sind nicht erfasst. Ebenso scheiden Ansprüche wegen **Gewinnzusagen** gemäß § 661 a BGB aus,[29] weil es sich insoweit um die Haftung aus einem gesetzlichen und nicht vertraglichen Schuldverhältnis handelt, welches durch eine geschäftsähnliche Handlung begründet wurde (vgl. Rn. 45, § 32 Rn. 9).[30] Dagegen können Vereinbarungen unter Miterben im Rahmen der Auseinandersetzung dem Anwendungsbereich des § 29 unterfallen.[31]

7 Weiter sind gesetzliche Verpflichtungen aus Delikt nach §§ 823 ff. BGB[32] (§ 32 Rn. 2 ff.), Inhaberschuldverschreibungen iSd. § 794 BGB,[33] Ansprüche auf Erteilung einer Quittung oder Rückgabe des Schuldscheins gemäß §§ 368, 371 BGB oder solche aus ungerechtfertigter Bereicherung (§§ 812 ff. BGB) ausgenommen. Im Rahmen **kondiktionsrechtlicher Ansprüche** ist jedoch zu unterscheiden. Im Allgemeinen gilt, dass für diese Ansprüche der Gerichtsstand des § 29 nicht eröffnet ist,[34] weil es sich nicht um Ansprüche vertraglicher Art handelt. Dabei ist jedoch der Kläger im Hinblick auf das zuständige Gericht nach § 29 besonders deshalb und dann schutzbedürftig, wenn die Nichtigkeit des Vertrages (zB nach § 142 Abs. 1 BGB) seine Ursache in einem Verhalten des Beklagten findet.[35] Der zunächst vorgenommene Leistungsaustausch auf Grund (vermeintlichen) Vertrages rechtfertigt insofern keine unterschiedliche Behandlung der Rückabwicklung im Bereicherungsrecht im Vergleich zu einer solchen nach erfolgtem Rücktritt iSd. § 346 BGB. So zeitigt das Gegenseitigkeitsverhältnis des fehlgeschlagenen Vertrages nach der Saldotheorie[36] auch Wirkungen auf das Rückabwicklungsverhältnis.[37] Das Fortwirken des inneren Zusammenhangs zwischen den ausgetauschten Leistungen ist daher auch im Rahmen des § 29 zu berücksichtigen, weshalb Ansprüche aus Leistungskondiktion auf Grund nichtiger Verträge dem Anwendungsbereich der Norm unterfallen.[38] Auf

---

[15] *St/J/Roth* Rn. 18; *Zö/Vollkommer* Rn. 7.
[16] *T/P/Hüßtege* Rn. 3; OLG Hamburg MDR 1975, 227.
[17] BGH NJW-RR 1992, 801; OLG München ZIP 1999, 1558.
[18] RGZ 32, 44 f.
[19] RGZ 46, 352 f.; BayObLG MDR 2002, 1360; OLG Schleswig BB 2002, 462.
[20] *St/J/Roth* Rn. 15.
[21] OLG München OLGZ 1966, 424, 425 f.
[22] OLG Stuttgart Justiz 2000, 85.
[23] OLG Karlsruhe OLGR 2000, 191.
[24] OLG Celle MDR 1962, 992.
[25] *T/P/Hüßtege* Rn. 3; *Zö/Vollkommer* Rn. 11; *B/L/H* Rn. 3; MK/*Patzina* Rn. 12; OLG Celle MDR 1962, 992; *St/J/Roth* Rn. 7.
[26] MK/*Patzina* Rn. 12; *T/P/Hüßtege* Rn. 3.
[27] BGH NJW 1952, 1336; *Zö/Vollkommer* Rn. 13; MK/*Patzina* Rn. 12; aA *St/J/Roth* Rn. 8.
[28] BayObLG MDR 1981, 233, 234.
[29] AA *Zö/Vollkommer* Rn. 6, 25 „Gewinnzusage".
[30] Vgl. EuGH NJW 2005, 811, 812; BGH NJW 2006, 230, 232; 2004, 1652 f.; *Lorenz* NJW 2000, 3305, 3307; ders. IPRax 2002, 192 f.; *Lorenz/Unberath* IPRax 2005, 219, 221 ff.; aA *T/P/Hüßtege* Rn. 3 unter Verweis auf OLG Dresden MDR 2005, 591, wobei dort nur die Anwendbarkeit von § 32 ausgeschlossen wurde.
[31] *St/J/Roth* Rn. 8; *Wiecz/Sch/Hausmann* Rn. 11.
[32] RGZ 2, 408, 410.
[33] *Zö/Vollkommer* Rn. 15; *B/L/H* Rn. 3.
[34] BGH NJW 1996, 1412; BayObLG BB 1990, 2442; *St/J/Roth* Rn. 6.
[35] *Wiecz/Sch/Hausmann* Rn. 8; MK/*Patzina* Rn. 6.
[36] BGH NJW 1995, 454, 455; 1999, 1181.
[37] *Musielak,* GK BGB, Rn. 731; *Palandt/Sprau* § 818 Rn. 48; *Medicus,* Bürgerliches Recht, 20. Auflage 2004, Rn. 227 ff.
[38] *Mues* ZIP 1996, 742; *Zö/Vollkommer* Rn. 13; MK/*Patzina* Rn. 6; *St/J/Roth* Rn. 6; Spickhoff ZZP 109 (1996), 510; in diese Richtung auch OLG Saarbrücken NJW 2005, 906, 907; aA *Zi* Rn. 5 b; RGZ 49, 421; BGH NJW 1962, 739; BayObLG BB 1990, 2442.

Grund der engen Verknüpfung zur vertraglichen Beziehung wird dies auch dann angenommen, wenn bei bestehendem Vertrag die Rückzahlung überzahlter Beträge aus Bereicherungsrecht verlangt wird.[39]

Familienrechtlich begründete Verpflichtungen wie beispielsweise das Verlöbnis iSd. §§ 1298ff. BGB werden nicht vom Gerichtsstand des § 29 in Bezug genommen. Wegen seiner besonderen Rechtsnatur kann das **Verlöbnis** als Vertragsverhältnis im weiteren Sinn anderen schuldrechtlichen Vereinbarungen nicht gleichgesetzt werden.[40] Die Unklagbarkeit der Einlösung des Eheversprechens, § 1297 Abs. 1 BGB, sowie die Rechtsnatur des Anspruchs aus § 1301 BGB[41] als selbständigen besonderen Rechtsgrund für einen Bereicherungsanspruch schließen eine Anwendung des § 29 aus.[42] Ebenso muss bei familienrechtlichen Verträgen, die eine Konkretisierung der gesetzlichen Unterhaltsverpflichtung darstellen, die Anwendung des § 29 versagt bleiben.[43] Die verfassungsrechtlich nicht zu beanstandende Ungleichbehandlung von nichtehelichen Lebensgemeinschaften und Ehen[44] und die fehlende Kongruenz von Verlöbnis und nichtehelicher Lebensgemeinschaft[45] lassen bei letzterer eine andere Beurteilung zu. So unterfallen Verpflichtungsverträge zwischen Partnern einer nichtehelichen Lebensgemeinschaft dem § 29.[46] 8

2. Begriff der Streitigkeiten. a) Allgemeines. Die Regelung des § 29 erfasst alle **Klagen** und Anträge auf **vorläufigen Rechtsschutz,** denen (vermeintliche) Ansprüche aus Verpflichtungsverträgen zu Grunde liegen.[47] Die Vorschrift greift daher grundsätzlich bei Leistungs-, Gestaltungs- und Feststellungsklagen genauso wie bei Arrestanträgen (§ 919) und solchen auf Erlass einer einstweiligen Verfügung (§ 937) ein. Welches Recht zwischen den Parteien anwendbar ist, ob es sich um eine vermögens- oder nichtvermögensrechtliche Streitigkeit handelt[48] oder worauf der Anspruch gerichtet ist, hat auf die Anwendbarkeit des § 29 keinen Einfluss.[49] Der Antrag kann gegen den Vertragspartner gerichtet sein oder gegen Dritte wie etwa die abgeleitet haftenden Gesellschafter nach §§ 128,[50] 161, 171 HGB (Rn. 5)[51] oder etwaige Rechtsnachfolger (vgl. Rn. 3). 9

b) Leistungsklagen. Dazu gehören insbesondere solche, die auf Erfüllung des Vertrages gerichtet sind. Unerheblich ist dabei, ob die vertragliche Verpflichtung Haupt- oder Nebenleistung ist bzw. in einem Tun, Dulden oder Unterlassen besteht. § 29 ist daher auch auf Streitigkeiten wegen selbständiger vertraglicher Nebenpflichten wie der Abnahme der Ware beim Kaufvertrag nach § 433 Abs. 2 BGB, der Verpflichtung zur Sicherheitsleistung oder Zahlung einer Vertragsstrafe anwendbar.[52] Aber auch Klagen auf **Rückgewähr der Leistung** gehören hierher, etwa wenn der Vertrag unter auflösender Bedingung geschlossen wurde,[53] ein vertragliches oder gesetzliches Rücktrittsrechts iSd. § 346 BGB[54] oder aber Ansprüche aus § 812 Abs. 1 S. 1 Alt. 1 BGB auf Grund nichtigen Vertrages geltend gemacht werden (Rn. 7).[55] Die Vorschrift erfasst Streitigkeiten aus Vertriebsvereinbarungen, die einem Makler Provisionsansprüche einräumen.[56] Weiter gehören hierher die Ansprüche, welche auf **Schadensersatz** wegen Verletzung einer vertraglichen Haupt- oder Nebenpflicht (insbesondere § 280 BGB) gerichtet sind.[57] Hierunter fällt auch das von §§ 280, 311 Abs. 2, 3, 241 Abs. 2 BGB gesetzlich geregelte Verschulden bei Vertragsschluss[58] und die positive Vertragsverletzung.[59] Die Inanspruchnahme des falsus procurator nach § 179 Abs. 1 BGB (Rn. 4), der Ersatz des negativen Interesses gemäß § 122 Abs. 1 BGB[60] und Klagen auf Zustimmung zur Auszahlung von Auseinandersetzungsguthaben nach Beendigung einer GbR werden ebenfalls erfasst.[61] 10

c) Gestaltungsklagen unterfallen dem Gerichtsstand des § 29 insoweit, wie sie die Anpassung eines Vertrages, dessen Umgestaltung oder dessen Aufhebung betreffen.[62] Dazu gehören etwa solche wegen Wegfalls der Geschäftsgrundlage (§ 313 Abs. 1 BGB), auf Auflösung der Gesellschaft oder Ausschluss eines Gesell- 11

---

[39] OLG Stuttgart BauR 1996, 149; OLGR 2004, 362.

[40] Vgl. BGHZ 20, 195, 196; 28, 375, 377.

[41] RGZ 23, 172; aA OLG Celle MDR 1949, 368.

[42] BGH LM Nr. 8 (7/1996) m. Anm. *Geimer* = NJW 1996, 1411, 1412; *T/P/Hüßtege* Rn. 3; *Zö/Vollkommer* Rn. 10; *Mankowski* IPRax 1997, 175; *Ro/S/Go* § 36 II 1; MK/*Patzina* Rn. 12; aA *St/J/Roth* Rn. 8; *B/L/H* Rn. 3.

[43] BayObLG NJW-RR 1999, 1293, 1294; OLG Dresden MDR 2000, 1325; *Zö/Vollkommer* Rn. 10; aA MK/*Patzina* Rn. 12; AG Siegburg MDR 1998, 61; *St/J/Roth* Rn. 8.

[44] BVerfG FamRZ 2003, 356.

[45] *Palandt/Brudermüller* Einl. vor § 1297 Rn. 11.

[46] *St/J/Roth* Rn. 8; *Wiecz/Sch/Hausmann* Rn. 10; aA *Zö/Vollkommer* Rn. 10.

[47] *T/P/Hüßtege* Rn. 3; *St/J/Roth* Rn. 4ff.; BGH NJW 1996, 1411.

[48] RGZ 7, 338, 340; OLG Celle MDR 1949, 368.

[49] *Wiecz/Sch/Hausmann* Rn. 4.

[50] RGZ 32, 44f.

[51] RGZ 46, 352f.; BayObLG MDR 2002, 1360; OLG Schleswig BB 2004, 462.

[52] MK/*Patzina* Rn. 3; *Zö/Vollkommer* Rn. 18; OLG Karlsruhe OLGR 2000, 403 (Vertragsstrafe gegen GbR).

[53] *St/J/Roth* Rn. 16; MK/*Patzina* Rn. 5.

[54] BGH NJW 1983, 1479; 1962, 739; RGZ 32, 430, 431f.; BayObLG NZM 2002, 796; MDR 2004, 646; OLG Saarbrücken NJW 2005, 906, 907; MK/*Patzina* Rn. 5; *T/P/Hüßtege* Rn. 4.

[55] MK/*Patzina* Rn. 6; *St/J/Roth* Rn. 16; vgl. auch OLG Saarbrücken NJW 2005, 906, 907.

[56] KGR 2000, 232.

[57] OLG Schleswig OLGR 2005, 631; OLG Saarbrücken NJW 2000, 670, 671; BayObLG NJW 2002, 2888.

[58] *Jauernig* ZPR § 9 III 2f; *T/P/Hüßtege* Rn. 4; BayObLG NZM 2002, 796; VersR 1985, 741, 743; *Zimmer* NJW 2002, 1, 6f.; aA LG Kiel NJW 1989, 841.

[59] BGH NJW 1974, 410f.; BayObLG BB 2001, 1923; 1997, 1868 m. Anm. *Vollkommer* EWiR § 36 1/98, 141.

[60] MK/*Patzina* Rn. 8; *Zö/Vollkommer* Rn. 20.

[61] OLG Zweibrücken EWiR 1/98, 911 m. Anm. *Schneider.*

[62] *Zö/Vollkommer* Rn. 19; *St/J/Roth* Rn. 17.

schafters (§§ 133 Abs. 1, 140 Abs. 1 S. 1 HGB), auf Bestimmung der vertragsgemäßen Leistung (§§ 315 ff. BGB) sowie Herabsetzung der Vertragsstrafe (§ 343 Abs. 1 S. 1 BGB), des Anwaltshonorars (§ 4 Abs. 4 RVG) oder des Mäklerlohns (§ 655 BGB).[63]

12 d) **Feststellungsklagen** iSd. § 256 werden von der Vorschrift erfasst, sofern sie das Bestehen oder Nichtbestehen[64] einzelner vertraglicher Verpflichtungen oder des gesamten Vertrages zum Gegenstand haben. Nicht zulässig ist die bloße Feststellung des Abschlusses des Vertrages, weil dies nicht dem von § 256 Abs. 1 geforderten Rechtsverhältnis unterfällt.[65]

13 e) **Grenzen.** Die Vorschrift greift nicht ein, soweit ausschließliche Gerichtsstände zu berücksichtigen sind. Das ist der Fall bei Streitigkeiten aus Miet- oder Pachtverhältnissen gemäß § 29a, Haustürgeschäften iSd. § 29 Abs. 1 S. 2, Fernunterrichtsverträgen nach § 26 FernUSG und bei der Zuständigkeit für das Mahnverfahren aus § 689 Abs. 2 S. 1, 2. Sofern der familiengerichtliche Gerichtsstand gemäß § 621 begründet ist, kommt § 29 ebenfalls nicht zur Anwendung.[66] Aber auch wirksam nach § 38 vorgenommene Gerichtsstandsvereinbarungen und die besonderen (nicht ausschließlichen) Gerichtsstände der §§ 603, 605a für Ansprüche aus Wechsel oder Scheck sind zu beachten; für das Aufgebotsverfahren gilt § 1005. Im Übrigen können **Anfechtungsklagen** gemäß §§ 129 ff. InsO[67] oder nach §§ 3 ff. AnfG[68] nicht vor dem Vertragsgerichtsstand erhoben werden. Ebenso wenig gehören **Aussonderungsklagen** gegen den Insolvenzverwalter hierher.[69] Wegen Klagen von Massegläubigern auf Grund der Erfüllungswahl des Verwalters aus § 103 InsO kommt demgegenüber § 29 zur Anwendung (vgl. auch die Erl. zu § 19a). Als selbständige Bereicherungstatbestände fallen familienrechtlich begründete Ansprüche aus §§ 1301, 812 ff. bzw. §§ 531 Abs. 2, 812 ff. BGB nicht in den sachlichen Geltungsbereich des § 29 (Rn. 8).

III. Erfüllungsort

14 **1. Gesetzlicher Erfüllungsort, § 29 Abs. 1. a) Allgemeines.** Die Regelung des § 29 Abs. 1 bestimmt als zuständiges Gericht dasjenige an dem Ort, wo die streitige Verpflichtung zu erfüllen ist. Dabei genügt für die Begründung des Vertragsgerichtsstandes, dass zumindest ein Teil der Leistung im Bezirk des angerufenen Gerichts zu erbringen ist.[70] Handelt es sich um mehrere Verpflichtungen, ist nicht zwingend ein einheitlicher Erfüllungsort gegeben; vielmehr ist grundsätzlich der Erfüllungsort **für jede Verpflichtung gesondert** zu bestimmen.[71] Dies gilt auch für die Geltendmachung synallagmatisch verknüpfter Leistungspflichten.[72] Aus den Umständen des Vertrages kann sich dabei ergeben, dass dennoch ein gemeinsamer Erfüllungsort anzunehmen ist (Rn. 17).[73] Soweit die Feststellung des Bestehens oder Nichtbestehens des gesamten Vertrages zu beurteilen ist, ist auf den Erfüllungsort für die klägerische Hauptleistungspflicht abzustellen.[74]

15 b) **Bestimmung des Erfüllungsorts.** Der Ort der Erfüllung der vertraglichen Verpflichtung folgt aus **sachlichem Recht,** dh. er bestimmt sich danach, wo auf Grund materiellrechtlicher Vorschriften oder (ausdrücklicher oder konkludenter) Parteivereinbarung die im Streit befindliche vertragliche Verpflichtung zu erfüllen ist.[75] Für die prozessual beachtliche Vereinbarung eines Erfüllungsortes sind dabei die Voraussetzungen des § 29 Abs. 2 zu berücksichtigen (Rn. 38 ff.). Als gesetzliche Sonderregelungen kommen vor allem die §§ 374 Abs. 1, 604 Abs. 1, 697, 700 Abs. 1 S. 3, 811 Abs. 1, 1194 BGB, § 36 VVG, Art. 1 Nr. 5, Art. 2 Abs. 3, Art. 75 Nr. 4, Art. 76 Abs. 3 WG, Art. 1 Nr. 4, Art. 2 Abs. 2, 3 ScheckG in Betracht.

16 c) **Haupt- und Nebenleistungspflichten.** Im Hinblick auf vertragliche Nebenleistungspflichten normiert § 269 Abs. 3 BGB eine negative Auslegungsregel. Derzufolge kann aus der Vertragspflicht des Schuldners, die **Versendungskosten** zu tragen, nicht darauf geschlossen werden, dass der Bestimmungsort auch Leistungsort sei.[76] Soweit die Parteien des Vertrages keine Abrede darüber getroffen haben, sind Nebenpflichten regelmäßig am Ort der Hauptleistungspflicht zu erfüllen.[77] Das gilt insbesondere für Ansprüche auf **Auskunfts- und Rechnungslegung,**[78] eine Vertragsstrafeverpflichtung[79] oder ein Unterlassungsbegehren.[80] Ebenso bestimmt der Übergabeort der verkauften Sache den Ort, an dem vertraglich geschuldete Beratungen zu erbringen sind.[81] Wird **Schadensersatz** verlangt, ist auf die den Anspruch begründende Pflichtverlet-

---

[63] MK/*Patzina* Rn. 7.
[64] LG Saarbrücken WM 1985, 939, 940.
[65] *B/L/H* Rn. 7; *St/J/Roth* Rn. 14.
[66] MK/*Patzina* Rn. 2.
[67] RGZ 30, 402; OLG Karlsruhe MDR 1979, 681.
[68] BayObLG BB 1990, 2442.
[69] RGZ 31, 392, 393; *Zö/Vollkommer* Rn. 15; aA *St/J/Roth* Rn. 5.
[70] LG Trier NJW-RR 2003, 287, 288 (zu Art. 5 Nr. 1 EuGVÜ).
[71] BGH NJW 2004, 54 = BB 2003, 2709; BayObLG BB 1983, 1696; NJW-RR 1997, 699; *Womelsdorf* MDR 2001, 1161.
[72] RGZ 140, 69; BGH NJW 1995, 1546 f.; NJW 1986, 935; OLG Karlsruhe NJW 2003, 2175; MK/*Patzina* Rn. 20.
[73] *St/J/Roth* Rn. 19.
[74] RGZ 56, 138; *St/J/Roth* Rn. 21; *B/L/H* Rn. 16; aA *Zö/Vollkommer* Rn. 24 aE; *Wiecz/Sch/Hausmann* Rn. 25.
[75] MK/*Patzina* Rn. 19; *Einsiedler* NJW 2001, 1549; *Geimer* DNotZ 1996, 1054.
[76] *Wiecz/Sch/Hausmann* Rn. 37.
[77] RGZ 70, 199; *Fricke* VersR 1997, 404; *B/L/H* Rn. 15; OLG Karlsruhe OLGR 2000, 403.
[78] BGH NJW 2002, 2703 (Depotvertrag); OLG Düsseldorf NJW 1974, 2185; LG Offenburg ZIP 1988, 1562, 1563.
[79] RGZ 69, 12; OLG Karlsruhe OLGR 2000, 403.
[80] OLG Dresden OLG-NL 2002, 210.
[81] OLG Celle RIW 1985, 571, 575.

zung abzustellen, weil die Schadensersatzpflicht Surrogat für die ursprüngliche Verpflichtung ist;[82] soweit dies eine Nebenpflicht ist, bestimmt wiederum die entsprechende Hauptleistungspflicht den Erfüllungsort. Im Rückgewährschuldverhältnis nach Rücktritt ist die Rückgabeverpflichtung maßgeblich. Dabei ist auf den Ort abzustellen, wo sich die zurückzugewährende Leistung im Zeitpunkt des Rücktritts vertragsgemäß befindet (sog. Austauschort).[83]

d) **Gemeinsamer Erfüllungsort für Leistung und Gegenleistung.** Zwar ist auch bei gegenseitigen Verträ- 17
gen der Erfüllungsort für jede Verpflichtung gesondert zu bestimmen und nicht notwendig einheitlich (Rn. 14).[84] Bei **ortsbezogenen Verpflichtungen** folgt jedoch nach überwiegender Ansicht der Erfüllungsort der Gegenleistung dem der vertragscharakteristischen Leistung.[85] Zu Recht wird kritisch darauf aufmerksam gemacht, dass damit der Schutz des Gläubigers der Gegenleistung zu Gunsten der Entscheidung durch ein orts- und damit sachnahes Gericht vernachlässigt wird.[86] Auch wenn eine vertragscharakteristische Leistungspflicht besteht, lässt sich allein hieraus noch nicht herleiten, dass diese den Schwerpunkt des Vertrags bestimme. Das Grundprinzip des gegenseitigen Vertrags, welches – entsprechend den Vorstellungen der Vertragsparteien – von der Gleichwertigkeit der beiderseitigen Leistungen ausgeht, widerspricht der Begründung eines einheitlichen Erfüllungsortes nur anhand der einen Leistungspflicht.[87] Deshalb kann ein solcher Erfüllungsort nur ausnahmsweise zu Grunde gelegt werden, wenn besondere zusätzliche Umstände aus der Natur des Vertrages eine Auseinandersetzung an einem Vertragsgerichtsstand interessengerecht erscheinen lassen.[88] Insofern kommen etwa Barkäufe des täglichen Lebens (vgl. Rn. 28 „Kaufverträge"),[89] Bauwerksverträge (vgl. Rn. 36 „Werkverträge")[90] oder aber Arbeitsverträge (vgl. Rn. 20)[91] in Betracht. So ist erstgenannten Verträgen die Charakteristik eigen, sofort erledigt zu werden, bei Bauwerksverträgen erfolgt eine ortsgebundene Errichtung des Werkes und eine dortige Abnahme seitens des Bestellers und bei Arbeitsverträgen ist am Ort der Erbringung der Arbeitsleistung auch eine besondere Fürsorgepflicht seitens des Arbeitgebers begründet.[92]

2. Natur des Schuldverhältnisses. Soweit keine gesetzlichen Sonderregelungen (vgl. Rn. 15) oder eine 18
Parteivereinbarung eingreifen, ist der Erfüllungsort den vertraglichen Umständen zu entnehmen. Dabei ist gemäß § 269 Abs. 1 BGB insbesondere auf die Natur des Schuldverhältnisses abzustellen und unter Kaufleuten sind etwa bestehende Handelsbräuche zu berücksichtigen, § 346 HGB.[93]

3. Auslegungsregel des § 269 Abs. 1, 2 BGB. Nur soweit keine Bestimmung über den Erfüllungsort ge- 19
troffen ist und dieser sich nicht aus den Umständen ergibt, hat die Leistung an dem Ort zu erfolgen, an welchem der Schuldner zur Zeit der Entstehung des Schuldverhältnisses seinen Wohnsitz hatte, § 269 Abs. 1 BGB. Damit kommt subsidiär der Wohnsitz nach §§ 7ff. BGB, bei einer Gesellschaft deren Sitz (§ 17 Rn. 7ff.)[94] und bei einer im Gewerbebetrieb des Schuldners entstandenen Verbindlichkeit der Ort der Niederlassung (§ 269 Abs. 2 BGB) zum Tragen. Gemäß § 269 Abs. 1 BGB ist der Zeitpunkt der Entstehung des Schuldverhältnisses maßgebend; ein späterer Wohnsitz- oder Niederlassungsortswechsel ist unbeachtlich.[95] Eine Ausnahme bildet insoweit die Vorschrift des § 36 VVG, welche für die Prämienzahlung auf den jeweiligen Wohnsitz bzw. Sitz der Niederlassung des Versicherungsnehmers abstellt.

4. Einzelfälle.

– **Anwaltsverträge.** Bei Klagen auf Zahlung des Anwaltshonorars ist in der Regel nicht auf den Ort des 20
Kanzleisitzes, sondern auf den Wohnsitz des Beklagten zur Zeit der Entstehung des Schuldverhältnisses (§ 269 Abs. 1 BGB) abzustellen.[96] Angesichts der Wandlung des Berufsbildes des Rechtsanwalts, den Wegfall der Zulassungsbeschränkungen für die vor den Landgerichten geführten Verfahren, die Zunahme des bargeldlosen Zahlungsverkehrs und der Natur des Anwaltsvertrages ist nicht mehr ein ein-

---

[82] RGZ 55, 423; BGHZ 134, 201, 205 (zu Art. 5 Nr. 1 EuGVÜ); BayObLG MDR 1998, 737; NJW 2002, 2888; OLG Schleswig OLGR 2005, 630; 2005, 631; OLG Frankfurt OLGR 2005, 568; *Musielak,* GK ZPO, Rn. 48.

[83] *St/J/Roth* Rn. 21; RGZ 155, 105, 111; BGHZ 87, 105, 109f.; OLG Bremen OLGR 2003, 99.

[84] BGH NJW 2004, 54 = BB 2003, 2709; BayObLG NJW-RR 2006, 15.

[85] BGH NJW 1996, 1411, 1412; *St/J/Roth* Rn. 44; MK/*Patzina* Rn. 24; *Zö/Vollkommer* Rn. 24; MK-BGB/*Krüger* § 269 Rn. 19ff.; *Palandt/Heinrichs* § 269 Rn. 13; abl. *Einsiedler* NJW 2001, 1549; *Stöber* NJW 2006, 2661, 2662; *Schmidt* MDR 1993, 410; *Prechtel* NJW 1999, 3617, 3618; *Siemon* MDR 2002, 366.

[86] *Wiecz/Sch/Hausmann* Rn. 39; AG Frankfurt/M NJW 2000, 1802f.; vgl. auch *Prechtel* BGHReport 2004, 183.

[87] *Einsiedler* NJW 2001, 1549; *Stöber* NJW 2006, 2661, 2662f.; *Schmidt* MDR 93, 410; OLG Karlsruhe NJW 2003, 2174, 2175; LG Mainz NJW 2003, 1612; AG Frankfurt/M NJW 2000, 1802f.

[88] BGH BB 2003, 2709; BayObLG NJW-RR 2006, 15; vgl. *Stöber* NJW 2006, 2661, 2663; *ders.* AGS 2006, 413, 414.

[89] BGH MDR 2003, 402.

[90] BGH NJW 1986, 935.

[91] BAG NZA 2003, 339.

[92] BGH BB 2003, 2709; *Prechtel* MDR 2003, 667, 668.

[93] BGH NJW 1981, 2042, 2043; LG Waldshut-Tiengen RIW 1979, 784, 785.

[94] BayObLG ZIP 2002, 1998 (Sitz einer GbR).

[95] BGH NJW 1988, 1914; BayObLG NJW-RR 1996, 956; OLG München MDR 2007, 1278, 1279; OLG Zweibrücken EWiR 1998, 912; OLG Stuttgart NJW 1987, 1076.

[96] BGH NJW 2004, 54; NJW-RR 2004, 932; BB 2003, 2709; OLG Karlsruhe NJW 2003, 2174; LG Frankfurt/M NJW 2001, 2640; OLG Frankfurt NJW 2001, 1583; AG Spandau NJW 2000, 1654; AG Frankfurt/M NJW 2000, 1802; *Einsiedler* NJW 2001, 1549; *Prechtel* NJW 1999, 3617f.; ders. BGHReport 2004, 183; *Balthasar* JuS 2004, 571; *Krügermayer-Kalthoff* MDR 2004, 166; *Schneider* AnwBl. 2004, 121; AG Potsdam NJW-RR 2003, 1080; LG Hanau MDR 2002, 1032; AG Hamburg-Bergedorf MDR 2002, 851; LG Ravensburg BRAK-Mitt. 2002, 99.

heitlicher Erfüllungsort am Sitz der Kanzlei anzunehmen.[97] Damit liegt auch der Erfüllungsort für Ansprüche aus solchen Verträgen auf Zahlung des Honorars nicht am Ort der Kanzlei, sondern vielmehr ist Erfüllungsort für die Gebührenschuld als Geldschuld iSd. § 270 BGB der Wohnsitz des Beklagten, soweit keine andere Bestimmung getroffen ist, § 269 Abs. 1 BGB.[98] Zudem ist durch den besonderen Wahlgerichtsstand des § 34 ZPO sichergestellt, dass für Gebührenklagen von Prozessbevollmächtigten die besondere Sachkunde des Gerichts des Hauptprozesses genutzt werden kann.[99] Im Hinblick auf Mandanten, die ihren (Wohn-)Sitz in einem Mitgliedstaat der Europäischen Gemeinschaft haben, ist jedoch Art. 5 Nr. 1 lit. b Alt. 2 EuGVVO zu berücksichtigen; maßgeblich ist idR der Kanzleisitz als einheitlicher Erfüllungsort.[100]

– **Arbeitsverträge.** Im Hinblick auf den Gerichtsstand des § 29 Abs. 1 ist bei Arbeitsverhältnissen idR von einem einheitlichen (gemeinsamen) Erfüllungsort auszugehen (Rn. 17).[101] Maßgebend ist der wirtschaftliche und technische Mittelpunkt des Arbeitsverhältnisses.[102] Abzustellen ist daher nicht auf den Unternehmenssitz,[103] sondern grundsätzlich auf den Beschäftigungsort an dem der Arbeitnehmer die Arbeitsleistung zu erbringen hat.[104] Dieser Gerichtsstand des Erfüllungsorts gilt für alle Streitigkeiten aus dem Arbeitsverhältnis.[105] Auf die Frage, von wo aus das Arbeitsentgelt gezahlt wird und wo sich die Personalverwaltung befindet, kommt es regelmäßig nicht an. Lässt sich wegen wechselnder Einsatzorte ein Mittelpunkt des Arbeitsverhältnisses nicht bestimmen, ist der Ort entscheidend, an dem das Direktionsrecht durch Weisungserteilung ausgeübt wird,[106] regelmäßig handelt es sich dabei um den Betriebssitz.[107] Der Erfüllungsort für die Arbeitsleistung eines für die Bearbeitung in einem größeren fest bestimmten Bezirk reisenden Angestellten ist jedoch dessen Wohnsitz, wenn er von dort aus seine Reisetätigkeit ausübt. Dies gilt unabhängig davon, ob er täglich nach Hause zurückkehrt und in welchem Umfang er vom Betrieb Anweisungen für die Gestaltung seiner Reisetätigkeit erhält.[108] Nach anderer Ansicht ist auch insofern auf den Ort abzustellen, von dem aus die Arbeitsleistungen tatsächlich gelenkt werden.[109] Die örtliche Zuständigkeit des Arbeitsgerichts richtet sich nicht nach dem Erfüllungsort des Arbeitsverhältnisses iSd. § 29 Abs. 1, sondern nach dem Unternehmenssitz des beklagten Arbeitgebers gemäß § 17 Abs. 1, wenn sich der Arbeitnehmer bereits in der Freistellungsphase eines Altersteilzeitverhältnisses nach dem Blockmodell befindet.[110]
– **Architektenverträge.** Zur Bestimmung des Erfüllungsortes ist darauf abzustellen, ob dem Architekten die umfassende Baubetreuung mit Folge der Überwachung und Kontrolle als ortsbezogenes Geschäft am Ort der Baustelle[111] anvertraut ist. In diesem Fall liegt der gemeinsame Erfüllungsort entsprechend den Grundsätzen beim Werkvertrag über ein Gebäude (Rn. 36) beim Bauwerk.[112] Ist der Architekt dagegen lediglich mit Aufgaben der Planung betraut, wird ein gemeinsamer Erfüllungsort für die Vertragsverpflichtungen am Ort des Bürositzes des beauftragten Architekten angenommen.[113] Nach richtiger Ansicht ist jedoch entsprechend dem Grundsatz der Bestimmung des Erfüllungsortes für jede Pflicht gesondert (Rn. 14) nach § 269 Abs. 1 BGB für die Planungsleistungen der Geschäftssitz des Architekten und für die Zahlungspflicht des Auftraggebers dessen Geschäfts- oder Wohnsitz maßgebend.[114] Kommt es entgegen der vertraglichen Vereinbarung nicht zur Errichtung des Bauwerks, wird ein einheitlicher Erfüllungsort am Wohnsitz des Auftraggebers unterstellt.[115]

---

[97] *Einsiedler* NJW 2001, 1549; *Prechtel* NJW 1999, 3617f.; *ders.* MDR 2003, 667, 668; *ders.* BGHReport 2004, 183; OLG Dresden NJW-RR 2002, 929; ausf. dazu Stöber AGS 2006, 413, 416.
[98] AA BGH NJW 1991, 3095; BayObLG NJW-RR 2001, 928; NJW 2003, 366; AnwBl 2003, 120; OLG Hamburg BRAK-Mitt. 2002, 44; OLG Köln NJW-RR 1997, 825; LG Magdeburg NJW-RR 2003, 130; LG Berlin MDR 2002, 1096; *B/L/H* Rn. 18; krit. auch *Scherf* NJW 2004, 722.
[99] OLG Dresden NJW-RR 2002, 929.
[100] *Neumann/Spangenberg* BB 2004, 901.
[101] BAG NZA 1994, 479; 1986, 366; EuGH EuZW 2003, 412; LAG Stuttgart ArbuR 2005, 165.
[102] BAG NZA 1994, 479.
[103] LAG Nürnberg BB 1969, 1271; LG Braunschweig GRUR 1976, 585, 586f.; *Rewolle* BB 1979, 170.
[104] BAG NZA 2005, 297 m. Anm. *Franzen* IPRax 2006, 221; 2003, 339; EzA § 36 Nr. 18; NJW 2002, 3196; BGH ZIP 1985, 157; LAG Stuttgart ArbuR 2005, 165; ArbG Chemnitz NZA 1997, 1362; *Tappermann* NJW 1973, 2096.
[105] BAG NZA 2003, 339; BAGE 95, 372; NJW 1995, 2373 (Zeugniserteilung).
[106] LAG Mainz NZA 1985, 540; ArbG Pforzheim NZA 1994, 384.
[107] BGH ZIP 1985, 157.
[108] BAG NJW-RR 1988, 482; LAG Stuttgart ArbuR 2005, 165; ArbG Bayreuth NZA 1993, 1055; *Müller* BB 2002, 1095; *Schulz* NZA 1995, 15.
[109] ArbG Regensburg NZA 1995, 96; *Ehler* BB 1995, 1849; *Ostrop/Zumkeller* NZA 1994, 644; ArbG Bamberg NZA 1995, 96.
[110] ArbG Dortmund NZA 2002, 1359.
[111] OLG Stuttgart BauR 1977, 72 m. Anm. *Locher;* OLG Frankfurt MDR 1993, 683, 684.
[112] BGH NJW 2001, 1936 m. zust. Anm. *Wenner* EWiR 2001, 625; LG Kaiserslautern IBR 2006, 369.
[113] OLG Zweibrücken BauR 1990, 513f.; LG Baden-Baden BauR 1982, 606; OLG Oldenburg NJW-RR 1999, 865; aA LG Mainz NJW-RR 1999, 670; LG Kaiserslautern NJW 1988, 652.
[114] OLG Köln MDR 1994, 729; KG BauR 1999, 940; LG Mainz NJW-RR 1999, 670.
[115] OLG Oldenburg NJW-RR 1999, 865 m. weit. Nachw.

- **Ausbildungsverträge.** Bei Verträgen, deren Gegenstand die Erbringung von Schulungen bzw. Unterricht beinhaltet, ist der Kursort[116] bzw. der Internatssitz[117] Erfüllungsort für die beiderseitigen Leistungspflichten.
- **Behandlungsverträge.** Im Bezug auf ärztliche Behandlungsverträge oder mit einem Heilpraktiker ge- 21
schlossene Verträge ist die Rechtsprechung nicht einheitlich. Überwiegend wird jedoch ebenfalls auf die vertragscharakteristische Leistung abgestellt und ein einheitlicher Erfüllungsort am Ort der Praxis bzw. des Krankenhauses angenommen.[118] Nach anderer Ansicht ist kein gemeinsamer Erfüllungsort angezeigt. Daher gelte unabhängig davon, ob es sich um stationäre oder ambulante Behandlung bzw. Behandlung in der Praxis eines niedergelassenen Arztes handelt, für die Verpflichtung zur Zahlung eines privatärztlichen Honorars nicht der Ort der Klinik oder Praxis, sondern der Wohnsitz des Patienten als maßgeblich.[119]
- **Beherbergungsverträge.** Solche haben wegen der beiderseitigen ortsbezogenen Verpflichtungen den Gerichtsstand des Beherbergungsortes. Dies gilt auch dann, wenn der Gast das Hotel nicht aufgesucht hat,[120] da das keinen Einfluss auf die Vertragspflichten und deren Erfüllungsort haben kann und ansonsten die vertragswidrige Partei prozessual ungerechtfertigt nur am allgemeinen Gerichtsstand verklagt werden könnte.[121] Etwas anderes gilt für den Fall, dass der Beherbergungsvertrag für einen Kunden vom Reisebüro im eigenen Namen abgeschlossen wird; insofern kommt ein einheitlicher Erfüllungsort nicht in Betracht, sondern der Gerichtsstand für die Zahlungsklage ist dann regelmäßig der Sitz des Reisebüros.[122] Siehe auch Rn. 32 „Reiseverträge".
- **Bürgschaftsverträge.** Wegen des Anspruchs aus der **Bürgschaft** ist bei Fehlen einer anderweitigen Vereinbarung der (Wohn-)Sitz des Bürgen maßgeblich.[123] Der Erfüllungsort für die Bürgschaftsschuld richtet sich nicht nach dem der Hauptschuld.[124] Verpflichtet sich der Gläubiger dem Bürgen gegenüber, eine zur Sicherung der Hauptschuld bestellte Grundschuld an diesen abzutreten, so ist diese Verpflichtung am Sitz des Gläubigers zu erfüllen,[125] weil der Wohnsitz des Gläubigers als Schuldner der auf die Zession gerichteten Forderung des Bürgen für die Bestimmung des Leistungsortes ausschlaggebend ist, § 269 Abs. 1 BGB.
- **Darlehensverträge.** Es gilt kein einheitlicher Erfüllungsort (Rn. 17). Das zuständige Gericht ist für die 22
jeweilige Verpflichtung gesondert zu bestimmen. Für den Rückzahlungsanspruch ist daher als Gerichtsstand nicht das Geschäftslokal der kreditierenden Bank,[126] sondern der Wohnsitz des Schuldners (§§ 269 Abs. 1, 270 Abs. 1, 4 BGB) maßgebend.[127] Die Pflicht der Bank zur Gewährung des Darlehens ist dagegen an ihrem Sitz bzw. am Ort ihrer Niederlassung zu erfüllen.[128]
- **Dienstverträge.** Regelmäßig ist der Leistungsort der Dienste maßgeblicher Anknüpfungspunkt.[129] Es bleibt abzuwarten, ob auf Grund der geänderten Rechtsprechung zum Anwaltsvertrag (Rn. 20) auch für Dienstverträge von Angehörigen anderer freier Berufe eine differenzierte Beurteilung der jeweiligen Verpflichtung geboten ist. Bisher wurde für Notare,[130] und Steuerberater[131] auf den Amtssitz bzw. den Kanzleiort als gemeinsamer Erfüllungsort abgestellt. Abweichend hiervon wird in der neueren Rechtsprechung für den Wirtschaftsprüfer der Gerichtsstand des Erfüllungsortes auf Grund des Schwerpunktes seiner Tätigkeit am Sitz der zu prüfenden Gesellschaft angenommen.[132] Für „Anwaltsverträge", „Architektenverträge" und für „Behandlungsverträge" siehe Rn. 21.
- **Energielieferungsverträge.** Für die sich aus einem Energie- oder Wasserlieferungsvertrag ergebenden 23
Verpflichtungen beider Vertragspartner gilt der Ort der Abnahme als gemeinsamer Erfüllungsort, da an

---

116 OLG Karlsruhe NJW-RR 1986, 351.

117 OLG Hamm NJW-RR 1989, 1530.

118 BayObLG NJW-RR 2006, 15; MDR 2005, 677 (Belegarztvertrag); OLG Celle NJW 1990, 777 f.; MDR 2007, 604; LG München NJW-RR 2003, 488; MDR 2003, 53; AG Rottweil NJW-RR 1999, 866; *Schinnenburg* MedR 2001, 401; *St/J/Roth* Rn. 44; *Zö/Vollkommer* Rn. 25 „Ärztlicher Behandlungsvertrag"; *Hauser* MedR 2006, 332.

119 LG Mainz NJW 2003, 1612; LG Osnabrück NJW-RR 2003, 789; AG Frankfurt/M NJW 2000, 1802 f.; AG Köln NJW-RR 1995, 185; *Prechtel* MDR 2006, 246.

120 OLG Nürnberg NJW 1985, 1296, 1297; LG Kempten BB 1987, 929; Nettesheim BB 1986, 547, 548; AG Neuss NJW-RR 1986, 1210 (Ferienhaus); aA LG Bonn MDR 1985, 588; AG Freyung MDR 1979, 850; Wiecz/Sch/Hausmann Rn. 54.

121 MK/*Patzina* Rn. 36.

122 BGH NJW-RR 2007, 777.

123 BGH NJW 1997, 398; 1995, 1546; BayObLG Rpfleger 2003, 139; MK/*Patzina* Rn. 33; OLG Düsseldorf NJW 1969, 380 (Wechselbürgschaft).

124 BayObLG MDR 2003, 1103.

125 BGH NJW 1995, 1546.

126 LG Kassel NJW-RR 1989, 106; *Palandt/Heinrichs* § 269 Rn. 12; *Vollkommer* BB 1974, 1316; BayObLG NJW-RR 1996, 956; aA AG Hamburg BB 1974, 1316.

127 OLG Stuttgart BB 1992, 2386; BayObLG NJW-RR 1996, 956; OLG Düsseldorf RIW 2001, 63; MK/*Patzina* Rn. 39.

128 OLG Dresden ZIP 2001, 1531.

129 BGH ZIP 1985, 157; BayObLG ZIP 1992, 1652 (GmbH-Geschäftsführervertrag); OLG Celle NJW 1990, 777; LG Hamburg NJW 1976, 199; *St/J/Roth* Rn. 44; *B/L/H* Rn. 21.

130 KG JW 1927, 1324.

131 LG Darmstadt AnwBl. 1984, 503; BayObLG NJW 2003, 1196; aA LG Berlin NJW-RR 2002, 207 (Steuerbraterhonorar am Wohnsitz des Mandanten); offen gelassen von BGH NJW 2003, 3201, 3202.

132 LG Bonn BB 2005, 994 m. Anm. *Ditges;* aA MK/*Patzina* Rn. 41.

diesem nicht nur das Versorgungsunternehmen seine Hauptleistungspflicht, sondern auch der Abnehmer wesentliche Pflichten zu erfüllen hat.[133]

24 – **Frachtverträge.** Solche haben grundsätzlich den Erfüllungsort am Bestimmungs- bzw. Ablieferungsort der Sache,[134] während für den Anspruch auf Zahlung der Fracht der Wohnsitz des Schuldners entscheidend ist.[135] Für Frachtverträge, die dem HGB unterfallen (§ 407 Abs. 3 HGB), gilt der zusätzliche Gerichtsstand des § 440 HGB. Besonderheiten gelten für Straßenbeförderungsverträge zwischen verschiedenen Staaten iSd. Art. 1 CMR. Art. 31 Abs. 1 b CMR bestimmt insoweit die internationale Zuständigkeit der Gerichte des Ortes der Übernahme bzw. der Ablieferung des Gutes.[136] Soweit dann die deutsche internationale Zuständigkeit gegeben ist, gelten hinsichtlich des Gerichtsstandes die allgemeinen Regeln deutschen Prozessrechts; maßgeblich ist der Ablieferungsort.[137] Beim Seefrachtvertrag ist der Bestimmungshafen der den Gerichtsstand begründende Erfüllungsort.[138] Für den Luftfrachtvertrag ist § 56 LuftVG zu beachten.

25 – **Geldschulden.** Diese sind gemäß § 270 Abs. 1 BGB grundsätzlich Schickschulden.[139] Damit wird aber der Gläubigerwohnsitz nicht zwingend zum Gerichtsstand von auf Zahlung von Geld gerichteten Klagen. Vielmehr greift § 270 Abs. 4 BGB ein. Der Zahlungsanspruch ist daher am (Wohn-)Sitz des Schuldners geltend zu machen, § 269 Abs. 1, 2 BGB.[140] Dies gilt auch für die Klage auf Zahlung des Kaufpreises (vgl. Rn. 28 „Kaufverträge").[141]

– **Gesamtschuldner.** Grundsätzlich erfolgt die Bestimmung des Erfüllungsortes für jeden Gesamtschuldner selbständig.[142] Dabei kann die Leistung eines jeden Gesamtschuldners an einem einheitlichen Ort zu erbringen sein.[143] Soweit die Ausgleichsforderung eines Gesamtschuldners in Rede steht, ist, wenn keine andere Bestimmung greift, der Erfüllungsort nach § 269 Abs. 1 BGB der Wohnsitz des Beklagten.[144] Sollen Gesamtschuldner (zB der frühere Prozessbevollmächtigte und der frühere Korrespondenzanwalt) auf Schadenersatz in Anspruch genommen werden, ist der Gerichtsstand des § 29 Abs. 1 nicht begründet.[145] Im Übrigen gilt für **Gesamthandsschulden** ein einheitlicher Erfüllungsort.[146]

– **Gesellschaftsverträge.** Maßgeblicher Erfüllungsort bei Handelsgesellschaften ist der Sitz der Gesellschaft.[147] Das gilt sowohl für die Verpflichtungen der Gesellschafter gegenüber der Gesellschaft[148] als auch bei Klagen aus Organhaftung.[149] Bei Klagen gegen die für eine Gesellschaftsschuld haftenden Gesellschafter ist der Erfüllungsort für die Gesellschaftsschuld erheblich.[150] Dies gilt auch für Klagen gegen die Gesellschafter einer GbR wegen der Gesellschaftsschuld.[151] Hingegen ist bei Streitigkeiten zwischen den Gesellschaftern einer GbR auf den Wohnsitz des Schuldners abzustellen.[152] Im Übrigen ist der besondere Gerichtsstand des § 22 zu berücksichtigen.

26 – **Handelsvertreterverträge.** Solche weisen keinen einheitlichen Gerichtsstand (Rn. 17) auf.[153] Die Bestimmung des Erfüllungsortes erfolgt für jede Pflicht gesondert. Erfüllungsort der Pflichten des Handelsvertreters ist grundsätzlich dessen Geschäftssitz;[154] teilweise wird auch der Ort der Tätigkeit des Handelsvertreters angenommen.[155] Soweit ein Anspruch auf Erteilung eines Buchauszuges gegen den Unternehmer in Rede steht oder seine Zahlungspflicht geltend gemacht wird, ist der Unternehmenssitz maßgebend.[156]

27 – **Internetverträge.** Soweit nur der Vertragsschluss im Internet erfolgt ist, die Abwicklung aber herkömmlichen Regeln folgt, gelten keine Besonderheiten. Wird ein Kaufvertrag geschlossen, der das Herunterladen von Software von einem Server gegen Geldzahlung beinhaltet, ist entsprechend den Grundsätzen zum Kaufvertrag (Rn. 28) kein einheitlicher auf Ortsgebundenheit beruhender Erfüllungsort anzuneh-

---

133 BGH NJW 2003, 3418; OLG Jena MDR 1998, 828; OLG Rostock RdE 1997, 76; OLG Dresden RdE 2000, 160 f.; LG Darmstadt RdE 1994, 75; *B/L/H* Rn. 32 „Versorgungsvertrag"; *Riemer* RdE 1989, 242; *St/J/Roth* Rn. 44; MK/*Patzina* Rn. 42; aA LG Leipzig MDR 1999, 1086.

134 *Wiecz/Sch/Hausmann* Rn. 63.

135 OLG Hamburg RIW 1991, 61, 62; OLG Dresden RIW 1999, 968; *B/L/H* Rn. 22.

136 *Baumbach/Hopt* Art. 31 CMR Rn. 1; vgl. BGH NJW-RR 2004, 762; OLG Stuttgart OLGR 2002, 336; OLG Hamm RIW 1987, 470, 471.

137 *Zö/Vollkommer* Rn. 25 „Frachtvertrag"; *Baumbach/Hopt* Art. 31 CMR Rn. 1.

138 OLG Bremen VersR 1985, 987.

139 OLG Hamm OLGZ 1991, 79, 80; LG Bonn MDR 1985, 588.

140 BGHZ 120, 334, 347 f. = NJW 1993, 1073, 1076.

141 BGHZ 113, 106, 111.

142 BayObLG MDR 1998, 180.

143 BGH NJW 1986, 935; MK/*Patzina* Rn. 52.

144 OLG Hamm FamRZ 2003, 315.

145 BayObLG NJW-RR 1996, 52.

146 MK/*Patzina* Rn. 51; *Zö/Vollkommer* Rn. 25 „Gesamtschuld".

147 OLG Karlsruhe OLGR 2003, 432; OLG Schleswig BB 2004, 462.

148 OLG Jena ZIP 1998, 1497.

149 BGH NJW-RR 1992, 801.

150 BayObLG DB 2002, 2318; *Zö/Vollkommer* Rn. 25 „Gesamtschuld".

151 BayObLG MDR 2002, 1360.

152 BayObLG BB 1996, 2115; OLG Zweibrücken EWiR 1998, 911 (Auseinandersetzungsanspruch nach § 734 BGB).

153 BGH DB 1988, 549; NJW 1988, 966; 1993, 2754; aA Emde RIW 2003, 509.

154 OLG Frankfurt OLGR 1995, 154; *Wiecz/Sch/Hausmann* Rn. 64.

155 BGHZ 53, 332, 337; LG Heidelberg IPRspr. 1973 Nr. 129 a.

156 BGH NJW 1988, 966, 967; 1993, 2754; OLG Frankfurt RIW 1980, 585.

men.[157] Vielmehr gilt für die Zahlungspflicht des Käufers dessen Wohnsitz und für die Bereitstellung der Software der Standort des Servers beim Anbieter als maßgeblich.[158]

– **Kaufverträge:** Es gilt grundsätzlich kein einheitlicher Erfüllungsort (Rn. 17). Für die Kaufpreisklage ist daher der **Wohnort des Käufers** entscheidend.[159] Dessen (Wohn-)Sitz ist auch Erfüllungsort für die kaufvertraglichen Nebenpflichten wie etwa die Abnahme nach § 433 Abs. 2 BGB,[160] so dass an diesem Gerichtsstand auch wegen Verletzung der Pflicht (zB Annahmeverzug nach § 293 BGB) zu klagen ist.[161] Wird der Kaufpreis kreditiert, ist Erfüllungsort nach der allgemeinen Regel des § 269 Abs. 1, 2 BGB der (Wohn-)Sitz des Schuldners,[162] und zwar auch bei Hingabe eines garantierten Schecks zahlungshalber. Bei Barkäufen etwa im Ladenlokal oder bei einer Auktion ist zur Bestimmung des Erfüllungsortes auf den Ort des Geschäftsabschlusses als einheitlicher Erfüllungsort abzustellen.[163] Dies gilt jedoch nicht, wenn beispielsweise eine auf ständiger Übung beruhende Vorleistungspflicht des Verkäufers besteht.[164] Wird durch den Verkäufer die Anlieferung der Ware übernommen, ist beim Fehlen einer anderweitigen Bestimmung idR eine Bringschuld anzunehmen.[165] Damit gilt etwa bei der Lieferung von Nutztieren,[166] Kohle, Heizöl oder Möbeln[167] oder im Versandhandel[168] der Sitz des Käufers als Erfüllungsort iSd. § 29 Abs. 1. In Fällen der Klage auf Rückgewähr der Leistung Zug-um-Zug (vgl. Rn. 10) ist die Klage einheitlich an dem Ort zu erheben, wo sich der Kaufgegenstand vertragsgemäß befindet bzw. befinden müsste (sog. Austauschort, idR der Wohnsitz des Käufers)[169] bzw. beim Grundstückskauf der Ort der Belegenheit desselben.[170] Dies gilt auch, soweit Rückgewähransprüche bei Teilzahlung und Widerruf nach §§ 346, 357, 355, 495 Abs. 1, 503 Abs. 1 BGB geltend gemacht werden.[171] Wider den Grundsatz, das zuständige Gericht für die jeweilige Leistungspflicht gesondert zu ermitteln (Rn. 14), muss dieser einheitliche Erfüllungsort auch dann maßgeblich sein, wenn der Käufer die Sache bereits zurückgegeben hat und nur noch Rückzahlung verlangt, weil er sonst schlechter stehen würde, als wenn er die Sache noch nicht zurückgewährt hätte.[172] Ebenso ist der Austauschort für neben dem Rücktritt (vgl. § 325 BGB) geltend gemachten Schadensersatz statt der Leistung iSd. §§ 437 Nr. 3, 280, 281 BGB[173] oder etwa für die Nacherfüllungspflicht[174] iSd. § 439 BGB maßgeblich. Für Schadensersatzklagen, die wegen der Verletzung von Nebenpflichten erhoben werden (§§ 280, 311 Abs. 2, 3, 241 Abs. 2 BGB) ist Anknüpfungspunkt der Erfüllungsort der Hauptleistungspflicht (vgl. Rn. 16). Im Rahmen des Handelsverkehrs gilt beim Fehlen entgegenstehender Abreden, dass Warenlieferungen sich als Schickschulden darstellen (§ 447 BGB) mit der Folge, dass Erfüllungsort der Sitz des Verkäufers ist.[175] Dieser Ort ist auch gerichtsstandsbestimmend im UN-Kaufrecht für die Kaufpreiszahlung als Bringschuld gemäß Art. 57 Abs. 1 a CISG[176] und die Lieferpflicht des Verkäufers nach Art. 31 CISG.[177] Beim Kauf von Geschäftsanteilen iSd. § 15 Abs. 4 GmbHG ist der Ort der Beurkundung der Erfüllungsort iSd. § 29 Abs. 1.[178] Kommt der bei einem Grundstückskaufvertrag erfolgten Beratung eine eigenständige Bedeutung zu und ist deshalb als **hinzutretender Beratungsvertrag** einzuordnen,[179] bedarf dieser einer gesonderten Betrachtung und teilt nicht ohne weiteres den Erfüllungsort der Rückabwicklung des Kaufvertrages am Ort der Belegenheit des Grundstücks.[180] Findet insofern die Beratung in der Wohnung des Käufers statt, ist dessen Wohnsitz nach § 269 Abs. 1 BGB der Erfüllungsort für die Beratungspflicht.[181] 28

[157] AG München CR 2001, 132; *St/J/Roth* Rn. 21; MK/ *Patzina* Rn. 73.
[158] MK/*Patzina* Rn. 73 m. weit. Nachw.; *St/J/Roth* Rn. 21; *Zö/Vollkommer* Rn. 25 „Online-Verträge".
[159] BGHZ 113, 106, 111; NJW 1993, 1076.
[160] RGZ 49, 72.
[161] RGZ 55, 423.
[162] *Wiecz/Sch/Hausmann* Rn. 42 f.
[163] BGH NJW-RR 2003, 192, 193; NJW 2004, 54, 55; OLG Düsseldorf NJW 1991, 1492, 1493; OLG München NJW 1975, 504 m. Anm. *Geimer* NJW 1975, 1086; RGZ 102, 282 f.
[164] BGH NJW-RR 2003, 192, 193.
[165] MK-BGB/*Krüger* § 269 Rn. 20; *Palandt/Heinrichs* § 269 Rn. 12.
[166] Vgl. BGH BB 2004, 853, 854 (zu Art. 57 Abs. 1 lit. b CISG).
[167] *Palandt/Heinrichs* § 269 Rn. 12; OLG Oldenburg NJW-RR 1992, 1527.
[168] OLG Stuttgart NJW-RR 1999, 1576, 1577; OLG Frankfurt NJW-RR 1989, 957; MK-BGB/*Krüger* § 269 Rn. 20; *Borges* DB 2004, 1815; aA BGH NJW 2003, 3341; *Lorenz* JuS 2004, 105, 106.
[169] BGHZ 87, 104, 109 = NJW 1983, 1479, 1480; BayObLG MDR 2004, 646; *Zi* Rn. 5 b; *St/J/Roth* Rn. 46; MK/*Patzina* Rn. 62; *Zö/Vollkommer* Rn. 25 „Kaufvertrag"; aA Stöber NJW 2006, 2661, 2663; LG Krefeld MDR 1977, 1018.
[170] RGZ 70, 198.
[171] Vgl. *Mues* ZIP 1996, 742 f. m. weit. Nachw.
[172] *St/J/Roth* Rn. 46; MK/*Patzina* Rn. 62; AG Münsingen CR 1993, 502; aA RGZ 31, 383.
[173] *St/J/Roth* Rn. 45; *Zi* Rn. 5 b; *Zö/Vollkommer* Rn. 25 „Kaufvertrag"; zu § 463 BGB aF: OLG Hamm MDR 1989, 63; OLG Celle OLGR 2000, 81; aA OLG Lüneburg MDR 1991, 992.
[174] AG Menden NJW 2004, 2171; vgl. *Huber* NJW 2002, 1006.
[175] BGHZ 113, 106, 111.
[176] BGHReport 2003, 897, 899; OLG Düsseldorf RIW 1993, 845; OLG Karlsruhe OLGR 2004, 164.
[177] BGHZ 134, 206 ff.
[178] OLG Stuttgart RIW 2000, 631.
[179] Dazu BGH NJW 2004, 64, 65; 2003, 1811, 1812; WuM 2005, 205, 206; 2004, 2349, 2351; OLG Schleswig OLGR 2005, 631.
[180] OLG Schleswig OLGR 2005, 631.
[181] OLG Schleswig OLGR 2005, 630.

- **Kommissionsverträge.** Der Erfüllungsort ist entsprechend dem Grundsatz für jede Verpflichtung gesondert zu bestimmen (Rn. 14); es gilt beim Fehlen einer anderweitigen Bestimmung kein einheitlicher Ort der Erfüllung.[182]

29 – **Lagerverträge.** Für die jeweilige Verpflichtung ist der Erfüllungsort gesondert festzulegen (Rn. 14). Wegen der Leistungspflichten des Lagerhalters ist daher am Lagerort der Gerichtsstand des § 29 (vgl. § 467 HGB) begründet; wegen seiner Gegenleistungspflicht (Zahlung von Lagerkosten) ist das Gericht am (Wohn-)Sitz des Auftraggebers maßgeblich.[183]

- **Leasingverträge.** Bei solchen ist, wenn keine Vereinbarung des Erfüllungsortes getroffen wurde, zu unterscheiden: Wegen der Pflicht des Leasinggebers auf Gebrauchsüberlassung ist dessen Sitz entscheidend, wegen der Zahlungspflicht des Leasingnehmers dessen (Wohn-)Sitz.[184] Steht die Heraus- bzw. Rückgabe des Leasinggegenstandes in Rede, ist das Gericht, in dessen Bezirk der Leasingnehmer bei Vertragsschluss seinen Wohnsitz hatte, zuständig.[185] Nach anderer Ansicht ist die Rückgabepflicht eine Bringschuld,[186] so dass der Erfüllungsort beim Leasinggeber liegt.[187]

30 – **Maklerverträge.** Provisionsansprüche aus Maklerverträgen sind am allgemeinen Gerichtsstand des Beklagten geltend zu machen.[188] Für die Verpflichtungen des Maklers ist grundsätzlich dessen Sitz maßgeblich (§ 269 Abs. 1, 2 BGB), nicht der des vermittelten Geschäfts.[189]

- **Mietverträge.** Für die Miet- bzw. Pachtzinszahlung ist der Erfüllungsort grundsätzlich beim (Wohn-)Sitz des Schuldners im Zeitpunkt der Begründung des Vertrages,[190] nicht der Ort der Belegenheit des vermieteten Grundstücks.[191] Etwas anderes gilt beim Beherbergungsvertrag (Rn. 21) oder dem Mietvertrag über ein Ferienhaus.[192] Wegen Miet- oder Pachtverträgen über Räume siehe § 29a.

31 – **Negative Feststellungsklagen.** Diese haben den Gerichtsstand an dem Ort, an dem der Kläger die geleugnete Leistung zu erfüllen hätte.[193] Erhebt beispielsweise der Darlehensnehmer gegen die Bank wegen des Darlehensvertrages die negative Feststellungsklage, ist sein Wohnsitz maßgeblich (Rn. 22 „Darlehensverträge“).[194]

32 – **Reiseverträge.** Die Klage des Reiseveranstalters aus dem **Reisevertrag** iSd. § 651a Abs. 1 BGB hat den Gerichtsstand am Wohnsitz des Kunden.[195] Für die Klage des Kunden ist das Reiseziel als gerichtsstandsbestimmender Erfüllungsort oftmals unpraktikabel. Insofern ist es sinnvoll, nach § 21 auf den Ort der Buchung (Reisebüro bzw. Niederlassung des Reiseveranstalters) abzustellen.[196] Bei Flugreisen gilt ähnlich der Ankunftsort als Erfüllungsort, weil der Reisende dahin befördert werden soll, jedoch kann wegen an diesem zu erbringender Teilleistungen auch der Abflugort herangezogen werden.[197] Im Übrigen ist der Reiseveranstalter gemäß §§ 12, 17 an seinem Sitz zu verklagen;[198] wenn dieser im Ausland liegt und die Reise im Inland vermittelt wurde, soll die Klage beim AG Berlin-Schöneberg erhoben werden können.[199] Siehe auch Rn. 21 „Beherbergungsverträge“.

33 – **Schadensersatz.** Bei Schadensersatzklagen ist die verletzte Pflicht maßgeblich, für deren Nicht- oder Schlechterfüllung Ersatz begehrt wird.[200] Unerheblich ist dabei, ob es sich um eine Haupt- oder Nebenpflicht handelt, wobei letztere den Erfüllungsort der entsprechenden Hauptpflicht teilt (Rn. 16).[201]

34 – **Unterlassungsklagen.** Für diese besteht der Gerichtsstand an dem Ort, an welchem der Schuldner bei Begründung der vertraglichen Unterlassungspflicht seinen (Wohn-)Sitz hatte.[202] Dies gilt auch in solchen Fällen, in denen sich die Unterlassungspflicht über ein ausgedehntes Gebiet erstreckt; dadurch werden nicht alle in dem betreffenden Gebiet gelegenen Gerichte zuständig.[203] Kommt eine Unterlassungspflicht nur an einem bestimmten Ort in Betracht, ist die Zuständigkeit des dortigen Gerichts begründet.[204] Für

---

[182] OLG Frankfurt OLGR 1995, 153, 154; *Zö/Vollkommer* Rn. 25 „Kommissionsvertrag“.
[183] OLG Karlsruhe OLGRspr. 3, 43f.; *Wiecz/Sch/Hausmann* Rn. 66; MK/*Patzina* Rn. 66.
[184] BGH NJW 1988, 1914; MK/*Patzina* Rn. 43.
[185] LG Lüneburg NJW-RR 2002, 1584; aA OLG Rostock OLGR 2001, 255 (Ort der Übernahme des Leasinggegenstandes).
[186] *v. Westphalen,* Der Leasingvertrag, 5. Aufl. 1998, Rn. 969; MK-BGB/*Habersack* nach § 507 Anh. Rn. 108 m. weit. Nachw.
[187] Vgl. OLG Rostock OLGR 2001, 255.
[188] BayObLG NJW-RR 1998, 1291.
[189] OLG Stuttgart NJW-RR 1987, 1076; *Zö/Vollkommer* Rn. 25 „Maklervertrag“.
[190] BGH NJW 1988, 1914.
[191] RGZ 140, 67; LG Trier NJW 1982, 286; *Zö/Vollkommer* Rn. 25 „Mietvertrag“; aA OLG Hamm OLGZ 1991, 80; OLG Düsseldorf OLGZ 1991, 491.
[192] AG Neuss NJW-RR 1986, 1210.
[193] *Zö/Vollkommer* Rn. 25 „Negative Feststellungsklage“; *B/L/H* Rn. 32 „Verneinende Feststellungsklage“.
[194] LG Kassel NJW-RR 1989, 106.
[195] *Zö/Vollkommer* Rn. 25 „Reisevertrag“; *Zi* Rn. 5c.
[196] *Zö/Vollkommer* Rn. 25 „Reisevertrag“; *B/L/H* Rn. 30; vgl. MK-BGB/*Tonner* § 651g Rn. 10.
[197] *Lehmann* NJW 2007, 1500, 1502.
[198] MK/*Patzina* Rn. 77 m. weit. Nachw.
[199] *B/L/H* Rn. 30; OLG Karlsruhe MDR 1999, 1401.
[200] BGHZ 134, 201, 205; BayObLG MDR 1998, 737; NJW 2002, 2888.
[201] OLG Karlsruhe OLGR 2000, 403; *Fricke* VersR 1997, 404.
[202] RGZ 51, 311; BGH NJW 1974, 410; *Bengelsdorf* DB 1992, 1342, 1345.
[203] *Zö/Vollkommer* Rn. 25 „Unterlassungspflicht“ m. weit. Nachw.
[204] BGH NJW 1974, 410; *Zö/Vollkommer* Rn. 25 „Unterlassungspflicht“.

den Anspruch auf Unterlassung der Einziehung einer sicherheitshalber zedierten Forderung ist regelmäßig auf den (Wohn-)Sitz des Drittschuldners abzustellen.[205]

- **Vertragsstrafe.** Der Erfüllungsort für die Vertragsstrafe stimmt mit dem der Hauptverpflichtung überein.[206] 35
- **Werkverträge.** Erfüllungsort der Verpflichtung des Unternehmers ist grundsätzlich dessen Wohnort bzw. Sitz.[207] Dagegen gilt für alle Verpflichtungen aus einem durch eine besondere Ortsbezogenheit der Werkleistung gekennzeichneten Werkvertrag (vgl. Rn. 17) der Ort als maßgeblich, an dem diese Werkleistung erbracht wird.[208] So liegt bei Streitigkeiten aus Verträgen über Kfz-Reparaturen der Erfüllungsort für die Durchführung der Reparatur und die Zahlung des Werklohns am Ort der Werkstatt.[209] Ebenso haben Bauwerkverträge über die Errichtung von Gebäuden den einheitlichen Erfüllungsort am Ort der Bauausführung.[210] Dies gilt auch für Streitigkeiten hinsichtlich der Einräumung einer Sicherungshypothek aus § 648 BGB.[211] Vgl. „Anwaltsverträge" und „Architektenverträge" Rn. 20. 36
- **Wohnungseigentümer.** Für Klagen betreffend die Rechte und Pflichten aus Gemeinschaftsverhältnis der Wohnungseigentümer ist nicht mehr § 29 Abs. 1 anwendbar; es gilt die ausschließliche Zuständigkeit des § 43 Nr. 2 WEG.[212] Gleichermaßen greift diese Vorschrift bei Klagen Dritter gegen die Wohnungseigentümer oder die Gemeinschaft, soweit sie sich auf das gemeinschaftliche Eigentum, seine Verwaltung oder das Sondereigentum beziehen.[213]
- **Zug-um-Zug-Leistung.** Der Erfüllungsort unterliegt grundsätzlich der gesonderten Bestimmung für die jeweilige Leistungspflicht (Rn. 14).[214] Nur wenn eine besondere Ortsbezogenheit der vertragscharakteristischen Leistung gegeben ist (Rn. 17), gilt diese als bestimmend für einen einheitlichen Erfüllungsort. Solches wird etwa für Werkverträge (Rn. 36), Behandlungs- und Beherbergungsverträge (Rn. 21) und Arbeitsverträge (Rn. 20) angenommen. 37

5. Vereinbarung des Erfüllungsortes, § 29 Abs. 2. a) Allgemeines. Gemäß § 29 Abs. 2 sind Vereinbarungen über den Erfüllungsort nur unter beschränkten Voraussetzungen gerichtsstandsbegründend. Damit dient die Vorschrift in Ergänzung des § 38 der Verhinderung unzulässiger Prorogationen[215] durch die mit bloß prozessualer Wirkung bedachte Vereinbarung eines Erfüllungsortes (vgl. Rn. 2). 38

b) Personeller Geltungsbereich. Nur die in § 29 Abs. 2 genannten Rechtssubjekte – Kaufleute, juristische Personen des öffentlichen Rechts und öffentlich-rechtliche Sondervermögen – können im Hinblick auf den Gerichtsstand wirksam einen Erfüllungsort vereinbaren. Die Abgrenzung des Personenkreises erfolgt dabei nach den gleichen Grundsätzen wie bei § 38 Abs. 1 (vgl. § 38 Rn. 9f.). Die von § 29 Abs. 2 vorausgesetzte Eigenschaft der Parteien muss im **Zeitpunkt** des Abschlusses der Vereinbarung gegeben sein. Eine **Heilung** durch nachträglichen Erwerb der erforderlichen Prorogationsbefugnis kommt nicht in Betracht.[216] Wenn sie dagegen später entfällt, schadet dies nicht.[217] Ebenso bleiben Einzel- oder Gesamtrechtsnachfolger ungeachtet ihrer Zugehörigkeit zu den von § 29 Abs. 2 erfassten Personen an eine wirksam geschlossene Vereinbarung des Erfüllungsortes gebunden.[218] 39

c) Abschluss der Vereinbarung. Dieser beurteilt sich als Rechtsgeschäft nach materiellem Recht und ist grundsätzlich formlos möglich.[219] Etwas anderes gilt nur dann, wenn der Vertrag selbst Formerfordernissen unterliegt.[220] Wegen des erfassten Personenkreises (Rn. 39) greifen insbesondere die Regelungen über das Schweigen auf ein **kaufmännisches Bestätigungsschreiben**[221] oder die widerspruchslose Entgegennahme einer Schlussnote gemäß § 94 HGB.[222] Weiter kann der Erfüllungsort auch auf Grund der Verwendung von AGB vereinbart werden, wobei die Grenzen zum einen in der Inhaltskontrolle nach § 307 BGB,[223] andererseits beim Vorliegen einer überraschenden Erfüllungsortsbestimmung iSd. § 305c Abs. 1 BGB (etwa ohne jeglichen Bezug zum Vertrag im Übrigen) zu ziehen sind.[224] Häufig unterfallen Allgemeine 40

---

205 OLG Dresden EWiR 2001, 887.
206 *Bengelsdorf* BB 1989, 2395; RGZ 69, 12; OLG Hamm NJW 1990, 652, 653; OLG Karlsruhe OLGR 2000, 403.
207 *Zö/Vollkommer* Rn. 25 „Werkvertrag".
208 BayObLGR 2000, 56; OLG Schleswig NJW-RR 1993, 314; OLG Celle NJW 1990, 777.
209 OLG Düsseldorf MDR 1976, 496; OLG Frankfurt DB 1978, 2217.
210 BGH NJW 1986, 935; 2001, 1936; BayObLG MDR 2002, 942; 2004, 273; OLG Stuttgart OLGR 2004, 362; OLG Naumburg MDR 2001, 770; OLG Schleswig MDR 2000, 1453; aA LG Karlsruhe MDR 1990, 1010; LG Wiesbaden BauR 1984, 88.
211 OLG Köln RIW 1985, 571; *Zö/Vollkommer* Rn. 25 „Werkvertrag".
212 In der Fassung des Gesetzes zur Änderung des Wohnungseigentumsgesetzes und anderer Gesetze v. 26. März 2007 (BGBl. I S. 370).
213 Ausführlich zu den Novellierungen im WEG *Gottschalg* NZM 2007, 194; *Niedenführ* NJW 2007, 1841.
214 BGH NJW 1995, 1546; OLG Hamm NJW-RR 1995, 188; *Zö/Vollkommer* Rn. 25 „Zug-um-Zug-Leistung"; aA OLG Stuttgart NJW 1982, 529.
215 OLG Nürnberg NJW 1985, 1296, 1298; *Zö/Vollkommer* Rn. 26.
216 LG Trier NJW 1982, 286; MK/*Patzina* Rn. 100.
217 St/J/Roth Rn. 40; *Wiecz/Sch/Hausmann* Rn. 86.
218 *Wiecz/Sch/Hausmann* Rn. 86; OLG Koblenz BB 1983, 1635; OLG Köln NJW-RR 1992, 571.
219 MK/*Patzina* Rn. 98; *Zi* Rn. 6; *Zö/Vollkommer* Rn. 28.
220 *B/L/H* Rn. 36; vgl. *Palandt/Grüneberg* § 311b Rn. 25.
221 RGZ 57, 408, 410; 58, 66, 68f.; *St/J/Roth* Rn. 37; MK/*Patzina* Rn. 98.
222 RGZ 59, 350.
223 OLG Koblenz WM 1989, 892, 894 = NJW-RR 1989, 1460 (zu § 9 AGBG).
224 *Wiecz/Sch/Hausmann* Rn. 89.

Geschäftsbedingungen, die dem von § 29 Abs. 2 erfassten Personenkreis gegenüber verwendet werden, gemäß § 310 Abs. 1 BGB nicht den Regelungen über die Einbeziehung in den Vertrag (§ 305 Abs. 2, 3 BGB) und den Klauselverboten der §§ 308, 309 BGB. Zu beachten ist dabei die fehlende Deckungsgleichheit des Kaufmannbegriffs in § 29 Abs. 2 mit dem Unternehmerbegriff der §§ 14, 310 Abs. 1 S. 1 BGB.[225] Insoweit bedarf es dann bei der Verwendung gegenüber nicht von § 310 Abs. 1 BGB erfassten Personen einer wirksamen Einbeziehung der AGB in den Vertrag[226] und einer Prüfung der genannten Klauselverbote.

41 d) **Zeitpunkt.** Die Vereinbarung des Erfüllungsortes kann nachträglich erfolgen und auch noch – übereinstimmend, gegebenenfalls auch stillschweigend[227] – später von den Parteien abgeändert werden.[228] Im Zeitpunkt der Vereinbarung müssen die Parteien zu dem von § 29 Abs. 2 erfassten Personenkreis gehören (Rn. 39).

42 e) **Wirkung der Vereinbarung.** Nach dem Wortlaut der Vorschrift begründet eine Vereinbarung über den Erfüllungsort nur dann die Zuständigkeit des Gerichts an diesem Ort, wenn sie von den genannten Personen getroffen wurde. Der Gerichtsstand des § 29 Abs. 2 ist dabei selbst dann begründet, wenn an diesem Ort tatsächlich keine Erfüllung erfolgt bzw. erfolgen soll.[229] Ausreichend ist insoweit, dass die Erfüllung an diesem Ort möglich wäre.[230] Problematisch ist jedoch, wenn eine vertragliche Abrede über den Erfüllungsort durch **nicht von § 29 Abs. 2 erfassten Personen** getroffen wird, die tatsächlich an dem vereinbarten Ort erfüllen wollen. Unberührt bleibt in jedem Fall die sachlich-rechtliche Wirkung solcher Erfüllungsortsvereinbarungen, da § 29 Abs. 2 keinen Einfluss auf das materielle Recht hat.[231] Bislang nicht geklärt ist hingegen, ob Vereinbarungen über den Erfüllungsort unter Nichtkaufleuten schlechthin den Gerichtsstand des § 29 nicht begründen können. So wird angeführt, dass die Vereinbarung des Erfüllungsortes als eine ernstlich gewollte vertragsautonome Abrede der Parteien des Vertrages nicht der Annahme eines Vertragsgerichtsstandes an diesem Ort widerspreche. So könne etwa entgegen der gesetzlich durch § 269 Abs. 1 BGB vorgesehenen Holschuld eine Bringschuld vereinbart sein. Insofern wäre dann bei formaler Anwendung des § 29 Abs. 2 der Käufer entgegen der vertragsautonomen Entscheidung prozessual gezwungen, wegen § 269 Abs. 1, 2 BGB am Schuldnersitz und damit einem anderen Ort als dem eigentlichen Erfüllungsort zu klagen.[232] Dies würde weiter zu dem ungewollten Ergebnis führen, dass beim Gericht des prozessualen Erfüllungsorts zur Leistung am materiellrechtlichen abweichenden Erfüllungsort zu verurteilen wäre.[233] Daher könne die Vereinbarung nur dann nach § 29 Abs. 2 keine gerichtsstandsbegründende Wirkung haben, wenn zwischen den nicht unter § 29 Abs. 2 fallenden Parteien des Vertrages ein Erfüllungsort verabredet wird, um das Verbot der unzulässigen Prorogation des § 38 zu unterlaufen. § 29 Abs. 2 führe eben nicht generell zur prozessualen Unbeachtlichkeit der Vereinbarung des Erfüllungsortes unter Nichtkaufleuten, sondern nur dann, wenn sie abstrakt und materiell-rechtlich nicht gewollt vereinbart wurde.[234] Dazu ist zunächst festzustellen, dass dem Zivilprozess eine Verurteilung zur Leistung an einem anderen Ort als dem des angerufenen Gerichts nicht fremd ist. Vielmehr kann sich schon dann ein solcher abweichender Ort ergeben, wenn nach Wahl des Klägers (§ 35) am allgemeinen Gerichtsstand des Schuldners geklagt wird. Aber auch aus weiteren Gründen ist eine prozessuale Wirkung der Vereinbarung eines Erfüllungsortes unter Nichtkaufleuten abzulehnen. Dem widerspricht nämlich schon die Ausrichtung des § 29 Abs. 2 als Ergänzung zu § 38 mit dem Ziel, generell Gerichtsstandsvereinbarungen zwischen Nichtkaufleuten zu vermeiden (Rn. 2). Durch die Bejahung einer prozessualen Wirkung materiellrechtlich gewollter Erfüllungsortsvereinbarungen ist gerade nicht die Gefahr gebannt, dass der durch Einfügung der Norm bezweckte Schutz (vgl. Rn. 2) und das Prorogationsverbot nach § 38 unterlaufen werden.[235] Dafür spricht auch die Gesetzesbegründung,[236] die klar formuliert, dass nur noch dem von §§ 29 Abs. 2, 38 Abs. 1 in Bezug genommen Personenkreis die Möglichkeit gerichtsstandsbegründender Vereinbarungen gegeben sein soll. Nur so ist gewährleistet, dass rechtlich unkundigen bzw. geschäftlich ungewandten Schuldnern unbewusst ein für sie ungünstigerer Gerichtsstand aufgedrängt werden könnte.[237] Zwar wurde beim durch Gerichtsstandsnovelle[238] neu gefassten § 29 Abs. 2 eine Harmonisierung mit der materiellrechtlichen Regelung des § 269 BGB versäumt.[239] Jedoch ist die generelle Ablehnung prozessual wirksamer Prorogationen unter Nichtkaufleuten mittelbar über die Erfüllungsortsvereinbarung auch geboten, um eine der Rechtsklarheit und Rechtssicherheit zuwiderlaufende Differenzierung im Einzelfall zu vermeiden, ob die Abrede materiellrechtlich gewollt sei. Im Ergebnis tritt daher hinsichtlich der prozessualen gerichtsstandsbegründ-

---

[225] *St/J/Roth* Rn. 38; vgl. *Palandt/Heinrichs* § 14 Rn. 2.
[226] OLG Hamm BB 1983, 1814f.; LG München NJW 1996, 402.
[227] *Wiecz/Sch/Hausmann* Rn. 88.
[228] RGZ 106, 210, 211; OLG Schleswig IPRax 1993, 95 m. Anm. *Vollkommer.*
[229] *Zö/Vollkommer* Rn. 30; *St/J/Roth* Rn. 36, 55; *Wiecz/Sch/Hausmann* Rn. 90 (Umdeutung in Gerichtsstandsvereinbarung); aA RGZ 41, 358, 361.
[230] *St/J/Roth* Rn. 36; *Wiecz/Sch/Hausmann* Rn. 90.
[231] MK/*Patzina* Rn. 101; *Wiecz/Sch/Hausmann* Rn. 101; *T/P/Hüßtege* Rn. 10.
[232] Vgl. *St/J/Roth* Rn. 33.
[233] *St/J/Roth* Rn. 58.
[234] *Fasching,* Festschr. f. Nagel, 1987, S. 26, 29; *St/J/Roth* Rn. 35 aE; *Zö/Vollkommer* Rn. 30 aE; *Schumann,* Festschr. f. Larenz, 1983, S. 571, 640ff.
[235] *Wiecz/Sch/Hausmann* Rn. 100; *Bengelsdorf* DB 1992, 1340, 1342; *Schmidt* MDR 1993, 410.
[236] BT-Drucks. 7/268 S. 6.
[237] BT-Drucks. 7/268 S. 1, 5; *Schilken,* Festschr. f. Musielak, 2004, S. 435, 449.
[238] Gesetz zur Änderung der ZPO v. 21. 3. 1974 (BGBl. I S. 753).
[239] *Schilken,* Festschr. f. Musielak, 2004, S. 435, 449; *St/J/Roth* Rn. 33.

enden Funktion grundsätzlich eine Wirkungsminderung der Erfüllungsortsvereinbarung ein, wenn diese zwischen bzw. mit privaten Personen und Gewerbetreibenden, die nicht Kaufleute sind, getroffen wurde.[240] Insoweit bleibt es dann beim gesetzlich durch § 269 Abs. 1, 2 BGB bestimmten Erfüllungsort, der den Gerichtsstand des § 29 Abs. 1 begründet.[241]

f) **Auslegung der Vereinbarung.** Grundsätzlich bedeutet die Vereinbarung des Erfüllungsortes, dass damit ein gemeinsamer Gerichtsstand für beide Vertragsparteien gewollt ist.[242] Wird der Erfüllungsort nur für eine Leistungspflicht vertraglich geregelt, bleibt die Gegenleistungspflicht des Schuldners davon unberührt.[243] Die Klauseln „fob" (free on board) und „cif" (cost, insurance, freight) begründen nach der Rechtsprechung des Reichsgerichts eine Vermutung dafür, dass der Abladehafen Erfüllungsort sei.[244] Nach anderer Ansicht handelt es sich insoweit nur um Gefahr- und Kostentragungsregeln (§ 269 Abs. 3 BGB), die keine Bestimmung des Erfüllungsorts beinhalten.[245] Dem ist zuzustimmen, falls sich nicht aus den Umständen des Falls etwas anderes ergibt. 43

IV. Prozessuales

Die Prüfung der Zuständigkeit als Sachentscheidungsvoraussetzung folgt den allgemeinen Regeln (§ 1 Rn. 15). Dabei müssen sich aus dem schlüssigen Sachvortrag des Klägers[246] die den Gerichtsstand des § 29 begründenden Umstände ergeben. Zur Begründung der Zuständigkeit des nach § 29 Abs. 2 angerufenen Gerichts ist weiter die schlüssige Darstellung der Erfüllungsortsvereinbarung[247] und der persönlichen Eigenschaften der Parteien erforderlich. Bei insofern streitigen Tatsachen ist Beweis zu erheben.[248] Das gilt auch für das Säumnisverfahren, da die Geständnisfiktion des § 331 Abs. 1 S. 1 nicht für die Vereinbarung des Erfüllungsortes greift, § 331 Abs. 1 S. 2 (§ 331 Rn. 4).[249] Stellt sich im Rahmen der Begründetheitsprüfung heraus, dass der behauptete Vertrag nicht besteht, entfällt nicht die Zuständigkeit des Gerichts, vielmehr wird das Bestehen als so genannte doppelrelevante Tatsache für die Zuständigkeit unterstellt.[250] Eine Vereinbarung des Erfüllungsorts kann idR nicht dahingehend ausgelegt werden, dass die Parteien sich der Möglichkeit der Klage vor anderen Gerichtsständen begeben wollen, daher kann von der Ausschließlichkeit des Gerichtsstandes iSd. § 29 Abs. 2 nicht ausgegangen werden.[251] Zwischen mehreren (auch durch mehrere vertraglich vereinbarte Erfüllungsorte begründeten) Gerichtsständen hat der Kläger daher gemäß § 35 die Wahl. 44

V. Internationale Zuständigkeit

1. **Allgemeines.** Innerhalb des Geltungsbereichs der EuGVVO verdrängt deren Art. 5 Nr. 1 die Regelung des § 29. Dabei ist zu unterscheiden zwischen Kauf- und Dienstleistungsverträgen einerseits und den übrigen Verträgen andererseits. Für erstere bestimmt Art. 5 Nr. 1 lit. b EuGVVO neben der internationalen Zuständigkeit den Gerichtsstand an dem Ort, an den die verkaufte Sache zu liefern bzw. an dem die Dienstleistung zu erbringen ist, als einheitlichen Erfüllungsort für alle Vertragspflichten.[252] Ist die Dienstleistung in mehreren Mitgliedstaaten zu erbringen, gilt als maßgeblicher Anknüpfungspunkt der Schwerpunkt der Tätigkeit.[253] Für Kaufverträge über bewegliche Sachen mit mehreren Lieferorten innerhalb eines Mitgliedstaates gilt die Vorschrift ebenfalls, wobei dann ähnlich auf den Ort der nach wirtschaftlichen Gesichtspunkten zu bestimmenden Hauptleistung abzustellen ist; kann ein solcher nicht festgestellt werden, hat der Kläger unter den Lieferorten ein Wahlrecht.[254] Für die übrigen Vertragstypen ist in Anwendung des Art. 5 Nr. 1 lit. a EuGVVO wie bisher der Erfüllungsort für die jeweilige Verpflichtung gesondert nach dem dafür anzuwendenden Internationalen Privatrecht (Art. 27ff. EGBGB) zu ermitteln.[255] Erfüllungsortvereinbarungen unterfallen, soweit sie nicht lediglich prozessual wirken sollen, grundsätzlich nicht dem Formerfordernis des Art. 23 EuGVVO und haben zuständigkeitsbegründende Wirkung.[256] Soweit die 45

[240] *T/P/Hüßtege* Rn. 10; MK/*Patzina* Rn. 101; *Palandt/Heinrichs* § 269 Rn. 3; *Wiecz/Sch/Hausmann* Rn. 101; *Bengelsdorf* DB 1992, 1340, 1342; *Jauernig* ZPR § 9 III 2f; *Schilken*, Festschr. f. Musielak, 2004, S. 435, 449; BayObLG NJW-RR 1990, 1020; *Grunsky* ZPR Rn. 63; offen gelassen vom OLG Nürnberg NJW 1985, 1296, 1298.

[241] *T/P/Hüßtege* Rn. 10; *Wiecz/Sch/Hausmann* Rn. 101.

[242] *Palandt/Heinrichs* § 269 Rn. 9; *St/J/Roth* Rn. 39 m. weit. Nachw.

[243] RGZ 30, 411, 412; 49, 75f.

[244] RGZ 87, 134; 90, 1, 2; 96, 230, 231.

[245] MK-BGB/*Krüger* § 269 Rn. 17 m. weit. Nachw.; *Staudinger/Bittner* § 269 Rn. 13f.; *St/J/Roth* Rn. 37; vgl. auch OLG Koblenz OLGR 2003, 33 („frei Baustelle"); OLG Saarbrücken NJW 2000, 671 („frei Haus").

[246] BGH NJW 1994, 1413; 1996, 1411; 2001, 1936, 1937 (zu Art. 5 Nr. 1 Lugano-Übereinkommen); LG München I NJW 1973, 59; MK/*Patzina* Rn. 102.

[247] BGH NJW-RR 1995, 702 (Vereinbarung durch AGB).

[248] *St/J/Roth* Rn. 57.

[249] *Zö/Vollkommer* Rn. 29; aA MK/*Patzina* Rn. 102.

[250] *St/J/Roth* Rn. 57; *T/P/Hüßtege* Rn. 7; vgl. BGH NJW 1994, 1413.

[251] *Wiecz/Sch/Hausmann* Rn. 97.

[252] *Kropholler* Art. 5 EuGVO Rn. 27; *Geimer*, Festschr. f. Musielak, 2004, S. 169, 174; *Leipold*, GS f. Lüderitz, 2000, S. 404, 446f.; Piltz IHR 2006, 53; vgl. auch *Neumann/Spangenberg* BB 2004, 902f. (Kanzleisitz).

[253] BGH NJW 2006, 1806.

[254] EuGH NJW 2007, 1799 m. Anm. *Piltz*.

[255] *St/J/Roth* Rn. 56; *Kropholler* Art. 5 EuGVO Rn. 31; EuGH NJW 2000, 721.

[256] *Zö/Vollkommer* Rn. 3; *Kropholler* Art. 5 EuGVO Rn. 35f.; vgl. EuGH NJW 1980, 1218; OLG Karlsruhe RIW 1994, 1947.

EuGVVO nicht anwendbar ist, begründet § 29 neben der örtlichen auch die internationale Zuständigkeit.[257] Welches materielle Recht zur Bestimmung des Erfüllungsortes einschlägig ist, richtet sich dabei nach deutschem Kollisionsrecht, §§ 27ff. EGBGB, dh. maßgeblich ist das Vertragsstatut.[258] Im Hinblick auf grenzüberschreitende Gewinnzusagen iSd. § 661a BGB kommt ebenfalls Art. 5 Nr. 1 EuGVVO zur Anwendung und bestimmt insofern neben der internationalen die örtliche Zuständigkeit am Wohnsitz des Empfängers der Zusage, weil nach der ratio legis des § 661a BGB bzgl. der Leistung des Preises von einer Bringschuld auszugehen ist (siehe auch Rn. 6 sowie § 32 Rn. 9, 24).[259]

46 **2. Arbeitsrechtliche Streitigkeiten.** Solche können wegen der Verweisung des § 46 Abs. 2 ArbGG grundsätzlich vor dem Gerichtsstand des § 29 anhängig gemacht werden (vgl. auch Rn. 20).[260] Die EuGVVO hält in Art. 18 bis 21 besondere Zuständigkeitsregelungen für individuelle Arbeitsverträge bereit. Maßgebend ist für Klagen gegen den Arbeitgeber idR der Ort, an dem der Arbeitnehmer gewöhnlich seine Arbeit verrichtet, Art. 19 Nr. 2 lit. a EuGVVO.[261] Soweit vorrangige internationale Verträge oder Übereinkommen nicht bestehen, wird die internationale Zuständigkeit der deutschen Gerichte für Arbeitssachen durch die örtliche Zuständigkeit indiziert. Der für § 29 Abs. 1 maßgebende Erfüllungsort ist dann gemäß § 269 Abs. 1 BGB aus der Natur des Arbeitsverhältnisses zu bestimmen. Dabei ist in der Regel von einem einheitlichen (gemeinsamen) Erfüllungsort dort auszugehen, wo der Arbeitnehmer seine Arbeitsleistung zu erbringen hat, also der tatsächliche Mittelpunkt seiner Berufstätigkeit liegt (vgl. zu Arbeitsverträgen Rn. 20).[262]

29a *Ausschließlicher Gerichtsstand bei Miet- oder Pachträumen*

(1) Für Streitigkeiten über Ansprüche aus Miet- oder Pachtverhältnissen über Räume oder über das Bestehen solcher Verhältnisse ist das Gericht ausschließlich zuständig, in dessen Bezirk sich die Räume befinden.

(2) Absatz 1 ist nicht anzuwenden, wenn es sich um Wohnraum der in § 549 Abs. 2 Nr. 1 bis 3 des Bürgerlichen Gesetzbuchs genannten Art handelt.

I. Normzweck

1 Die Vorschrift zielt vorrangig auf den Schutz (insbesondere vor Gerichtsstandsvereinbarungen, Rn. 15[1] von Wohnraummietern, die am Ort ihrer Wohnung zur Prozessführung berechtigt sind.[2] Dieser Schutzzweck des § 29a macht eine weite Auslegung erforderlich.[3] Daneben wird die Sach- und Ortsnähe des zur Entscheidung berufenen Gerichts in den von der Vorschrift erfassten Streitigkeiten gewährleistet. Dies wird etwa deutlich im Hinblick auf die erleichterte Feststellung ortsüblicher Vergleichsmieten (§ 558 Abs. 2 BGB) oder aber wegen etwaiger Beweisaufnahmen[4] (zB Inaugenscheinnahme wegen Mängeln, Lage und Beschaffenheit des Objekts) und dergleichen mehr. Damit dient die Norm zugleich auch dem Grundsatz der Prozessökonomie.[5]

2 Bis zum RpflEntlG (Art. 1 Nr. 2) normierte die Vorschrift auch die sachliche Zuständigkeit des Amtsgerichts. Dies regelt nunmehr, systematisch korrekt,[6] § 23 Nr. 2a GVG. Ferner hat die Gesetzesänderung den Gerichtsstand des § 29a über den Bereich der Wohnraummietstreitigkeiten hinaus umfassend auf solche wegen Miet- und Pachtverhältnissen über Räume jeder Art ausgedehnt. Damit erfolgte im Unterschied zur Regelung über die sachliche Zuständigkeit in § 23 Nr. 2a GVG auch die Einbeziehung von Streitigkeiten aus Miet- bzw. Pachtverhältnissen wegen gewerblicher Zwecke. So wird zugleich dem Umstand Rechnung getragen, dass im Hinblick auf Gewerberäume ebenfalls soziale Gesichtspunkte eingreifen können; etwa der Schutz kleiner Gewerbetreibender.[7] Die Regelung des § 29a Abs. 2 erfuhr durch das MietrechtsRG vom 19. 6. 2001[8] eine Änderung, welche seit 1. 9. 2001 in Kraft ist. Inhaltlich handelt es sich insoweit nur um eine redaktionelle Anpassung an die neugeordneten Bestimmungen des materiellen Mietrechts.[9]

II. Anwendungsbereich

3 **1. Allgemeines.** Die Vorschrift nimmt alle Streitigkeiten über Ansprüche aus Miet- oder Pachtverhältnissen für alle Arten von Räumen in Bezug. Daneben werden ebenfalls Streitigkeiten über das Bestehen dieser Verhältnisse von § 29a Abs. 1 erfasst. Die bisherigen Unterscheidungsprobleme zur Begründung des Gerichtsstandes zwischen gewerblicher Raummiete und Wohnraummiete sind nach der Novellierung des § 29a Abs. 1 durch das RpflEntlG entfallen; vgl. § 23 GVG Rn. 8.

---

[257] *St/J/Roth* Rn. 52; MK/*Patzina* Rn. 104.
[258] *St/J/Roth* Rn. 52; OLG Saarbrücken NJW 2000, 670; *Geimer* Rn. 1482.
[259] BGH NJW 2006, 230, 233 m. weit. Nachw.; vgl. dazu *Meller-Hannich* NJW 2006, 2516, 2519.
[260] MK/*Patzina* Rn. 109.
[261] EuGH NJW 1997, 2668; BAG NJW 2002, 3196.
[262] BAG NZA 2003, 339.
[1] *Klug*, Neue Regelungen im Bereich der Gerichtsstände der ZPO, 1998, S. 83; *St/J/Roth* Rn. 1.
[2] MK/*Patzina* Rn. 2; *St/J/Roth* Rn. 1; BGHZ 89, 283; OLG Hamm ZMR 1986, 12.
[3] LG Hamburg WuM 2003, 38; *B/L/H* Rn. 2; *Zi* Rn. 3.
[4] Vgl. BR-Drucks. 314/91 S. 97; LG Frankenthal NJW-RR 1997, 334; OLG Frankfurt WoM 1989, 585.
[5] LG Hamburg WuM 2003, 38; *B/L/H* Rn. 2.
[6] Vgl. BR-Drucks. 314/91 S. 138.
[7] BR-Drucks. 314/91 (v. 5. 7. 1991), S. 67; *St/J/Roth* Rn. 1.
[8] BGBl. I S. 1149.
[9] MK/*Patzina* (AB) Rn. 2.

2. Räume. Dabei handelt es sich um alle Gebäude und Innenräume von Bauwerken, also mit Grundstücken verbundene Räumlichkeiten. Dazu gehören auch Überbauten gemäß Art. 231 § 5, Art. 233 § 8 EGBGB wie zB Mobilfunkanlagen, vgl. §§ 3ff. SachenRBerG.[10] Es kommt nicht darauf an, ob die Räume für den Aufenthalt von Menschen, für die Lagerung von Waren oder für andere Zwecke bestimmt sind.[11] Auch die konkrete Nutzung als Wohnraum, Gewerberaum oder als Mischnutzung ist gleichgültig.[12] So gehören zu den Räumen insbesondere Wohnungen, Gaststätten, Fabrikhallen, Werkstätten, Keller, Schuppen, Abstellkammern, Lagerräume usw. Zu den Räumen iSd. § 29a Abs. 1 zählen ferner durch Gitteranlagen mit Schiebtoren abgegrenzte Pferdeboxen innerhalb einer geschlossenen Halle,[13] transportable Behelfsheime,[14] Baracken, Wohnschiffe u. dgl. mehr, sofern diese nicht nur vorübergehend mit dem Grundstück verbunden sind.[15] Entscheidend ist, dass deren Bewohner bei nicht nur vorübergehendem Gebrauch (§ 549 Abs. 2 Nr. 1 BGB, § 29 Abs. 2) den gleichen Schutz verdienen wie die fester Gebäude.[16] Dies gilt auch für Büro- oder Verkaufscontainer, soweit sie für eine dauernde Nutzung aufgestellt sind[17] und nicht nur als vorübergehendes Provisorium dienen.[18] Vom Begriff der Räume iSd. § 29 Abs. 1 sind nicht erfasst Gebäudeaußenflächen,[19] Schaukästen oder etwa bloße Grundstücksflächen, selbst dann, wenn sie eingefriedet sind.[20] Ebenfalls nicht dem Schutz des § 29a unterfällt der Mietvertrag über einen Dauerparkplatz in einem Parkhaus.[21] Dagegen können letztgenannte Mietobjekte dem Gerichtsstand des § 29a Abs. 1 dann zuzurechnen sein, wenn sie im Zusammenhang mit der Überlassung von Räumen stehen.[22] 4

3. Ausnahmen gemäß § 29a Abs. 2. Nach § 29a Abs. 2 ist der Gerichtsstand bei Miet- oder Pachträumen dann ausgeschlossen, wenn Wohnraum iSv. § 549 Abs. 2 Nr. 1 bis 3 BGB in Rede steht. Dabei handelt es sich um solchen Wohnraum, der von den Beschränkungen hinsichtlich der Mieterhöhung (§§ 557 bis 561 BGB) und den Regelungen zum Kündigungsschutz ausgenommen ist.[23] Dazu zählt insbesondere nach § 549 Abs. 2 Nr. 1 BGB vorübergehend angemieteter, nicht notwendig möblierter Wohnraum, wenn die Verträge von vornherein über eine kürzere, absehbare Zeit abgeschlossen werden. Zu den erfassten Fällen gehören etwa eine Wohnungsanmietung durch Messegäste, die Beherbergung in Hotel, Pension oder Jugendherberge, die Vermietung für ein vorübergehendes Arbeitsverhältnis (Urlaubsvertretung, Saisonarbeiter) und die Miete im Inland belegener Ferienwohnungen,[24] sofern sie nicht langfristig als Zweitwohnsitz des Mieters dienen.[25] Weiter zählen auch Wohnräume in Studentenwohnheimen dazu, sofern sie nur vorübergehend gemietet werden (Gastsemester, Lehrgang). Dagegen muss die dauerhafte Miete des Studentenwohnheimplatzes mangels Verweisung des § 29a Abs. 2 auf § 549 Abs. 3 BGB dem Gerichtsstand des § 29a unterfallen.[26] Weiter greift § 29a Abs. 1 nicht bei Einliegerwohnraum einer vom Vermieter selbst bewohnten und von ihm möblierten Wohnung, sofern er dem Mieter nicht dauerhaft den Gebrauch mit Familie oder mit Personen für einen auf Dauer angelegten gemeinsamen Haushalt überlassen hat, § 549 Abs. 2 Nr. 2 BGB. Der auf Dauer angelegte gemeinsame Haushalt erfordert dabei ein über die reine Wohn- und Wirtschaftsgemeinschaft hinausgehendes Füreinandereinstehen.[27] Außerdem ist auch die Vermietung in Erfüllung öffentlicher Aufgaben gemäß § 549 Abs. 2 Nr. 3 BGB erfasst. Dabei handelt es sich in erster Linie um die Zwischenmiete durch Gemeinden oder Wohlfahrtsverbände zur anschließenden Überlassung an Personen mit dringendem Wohnungsbedarf. Für die von der Zuständigkeit des Gerichts nach § 29a Abs. 2 ausgeschlossenen Streitigkeiten kommt dann neben den allgemeinen Gerichtsständen nach §§ 13ff. auch der besondere Gerichtsstand gemäß § 29 in Betracht. 5

4. Miet- und Pachtverträge. Die Vorschrift des § 29a Abs. 1 greift ein für Haupt-, Zwischen- und Untermiet- bzw. Pachtverträge[28] über Räume (§§ 535ff., 549ff., 565, 578 Abs. 2, 581ff. BGB). Ebenso sind echte Mietverträge zu Gunsten Dritter iSd. § 328 BGB[29] sowie Werkmietverträge erfasst.[30] Auch wegen der Schadensersatzansprüche Dritter, die aus der Verletzung der drittbezogenen Schutzpflichten aus dem Miet- oder Pachtvertrag herrühren, ist der Gerichtsstand des § 29a Abs. 1 begründet. Dies gilt ferner für Ansprüche gegen Dritte, die aus einem Schuldbeitritt gemäß § 414 BGB haften.[31] Der Vertrag muss zwar nicht notwen- 6

---

[10] *Kniep* WuM 2006, 182.
[11] *Klug* (Fn. 1) S. 97f.
[12] *St/J/Roth* Rn. 7; *Zö/Vollkommer* Rn. 5.
[13] AG Menden MDR 2007, 648.
[14] OLG München MDR 1977, 497; *St/J/Roth* Rn. 8; aA OLG München MDR 1979, 939.
[15] Vgl. aber *Zö/Vollkommer* Rn. 5.
[16] *St/J/Roth* Rn. 8; *Klug* (Fn. 1) S. 101; MK/*Patzina* Rn. 5.
[17] MK/*Patzina* Rn. 4; *St/J/Roth* Rn. 8; aA *B/L/H* Rn. 3.
[18] BFH BStBl. 1980, 113, 115; OLG Düsseldorf WM 1992, 111.
[19] *St/J/Roth* Rn. 7; *Wiecz/Sch/Hausmann* Rn. 6.
[20] *Zö/Vollkommer* Rn. 5; MK/*Patzina* Rn. 4.
[21] OLG Frankfurt OLGR 1998, 214.
[22] *St/J/Roth* Rn. 7; *Wiecz/Sch/Hausmann* Rn. 6.
[23] Vgl. *Kinne* ZMR 2001, 599, 602.
[24] OLG Celle OLGR 2000, 244.
[25] OLG Hamburg NJW-RR 1993, 84.
[26] *Wiecz/Sch/Hausmann* Rn. 11.
[27] *Sprau* NZM 2001, 220, 222; *St/J/Roth* Rn. 11.
[28] *Zö/Vollkommer* Rn. 6; *Wiecz/Sch/Hausmann* Rn. 19; *T/P/Hüßtege* Rn. 5.
[29] Im Ergebnis ebenso OLG München Rpfleger 1972, 31, 32; *Zö/Vollkommer* Rn. 6a.
[30] LAG Mannheim LAGE § 2 ArbGG 1979 Nr. 26; *Klug* (Fn. 1) S. 121f.
[31] BGH NJW 2004, 1239.

dig zwischen den streitenden Parteien des Prozesses bestehen. Es genügt etwa auch eine Zwischenvermietung,[32] so dass beim Eintritt des Hauptvermieters nach § 565 Abs. 1 BGB ebenfalls § 29a eingreift. Auf eine Unterscheidung zwischen gewerblicher und nichtgewerblicher Zwischenvermietung kommt es dabei nicht an.[33] Nicht erfasst sind jedoch Streitigkeiten mit sonstigen Dritten etwa aus Mietgarantieverträgen, bei denen der Garantiegeber die Verpflichtung zur Vermietung an Endmieter übernommen hat, oder Bürgschaftsverträgen hinsichtlich des Mietzinses,[34] weil es sich insoweit um Streitigkeiten aus selbständigen Rechtsgeschäften handelt.[35] Ist in einem Grundstückskaufvertrag der garantierte Mietzins nur als Nebenpflicht vereinbart und steht die Gebrauchsüberlassung nicht im Vordergrund, greift § 29a ebenfalls nicht.[36] Ebenso muss der Anspruch aus einem Vorvertrag auf Abschluss eines Miet- oder Pachtvertrages vom Anwendungsbereich der Vorschrift ausgenommen bleiben.[37] § 29a Abs. 1 greift jedoch dann ein, wenn ein Anspruch gemäß § 826 BGB auf Unterlassung der Zwangsvollstreckung aus einem Titel über Wohnraummiete geltend gemacht wird.[38]

7 **5. Typengemischte Verträge. a) Leasingverträge.** Mietkaufverträge, insbesondere Leasingverträge, fallen dann unter § 29a, wenn das mietvertragliche Element überwiegt (sog. Übergewichtstheorie).[39] Teilweise wird zur Bestimmung des vertraglichen Schwerpunktes auf das Verhältnis zwischen Kaufpreis und Leasingraten abgestellt.[40] Demgegenüber ist es sinnvoll, an die steuerrechtliche Beurteilung der Zuordnung des Leasinggutes anzuknüpfen, was auf die steuerrechtliche Kategorie des „wirtschaftlichen Eigentums" bei der Zuordnung des Leasinggutes verweist.[41]

8 **b) Werkmiet- und Werkdienstwohnungsverträge.** Werkmietwohnungsverträge iSd. § 576 BGB beruhen auf einem selbständigen Mietvertrag, weshalb § 29a Abs. 1 anwendbar ist.[42] Bei Werkdienstwohnungen ist demgegenüber § 576b BGB einschlägig. Solche werden als unmittelbarer Bestandteil des Arbeitsverhältnisses überlassen, weshalb der Rechtsweg zu den Arbeitsgerichten § 2 Abs. 1 Nr. 3 lit. a ArbGG begründet ist.[43] Insoweit ist dann das Arbeitsgericht gemäß § 46 Abs. 2 S. 1 ArbGG, § 29a örtlich zuständig, in dessen Bezirk die Werkdienstwohnung belegen ist.[44]

9 **c) Unternehmenspachtverträge** stellen sich ebenfalls als typengemischte Verträge dar. Ausschlaggebend ist, ob die Unternehmenspacht überwiegend die Gebrauchsüberlassung der Räume zum Gegenstand hat oder – wie üblich – die Gesamtheit der Rechte des Unternehmens betrifft. Im letzteren Fall greift der Gerichtsstand des § 29a Abs. 1 nicht ein.

10 **6. Klage- und Verfahrensarten. a) Allgemeines.** Der Gerichtsstand des § 29a Abs. 1 nimmt nach seinem Wortlaut keine Einschränkung auf bestimmte Klage- und Verfahrensarten vor. Deshalb gilt die Vorschrift für Leistungs-, Feststellungs- und Gestaltungsklagen[45] sowie für Verfahren des einstweiligen Rechtsschutzes (§§ 919, 937).[46] Für das Mahnverfahren gilt jedoch § 689 Abs. 2 S. 1, 3 (Rn. 15).

11 **b) Positive oder negative[47] Feststellungsklagen (§ 256 Abs. 1).** Diese Klagen werden von § 29a Abs. 1 ausdrücklich als „Streitigkeit" iSd. Vorschrift angeführt.[48] Gegenstand kann auch das Bestehen oder Nichtbestehen einer einzelnen mietrechtlichen Pflicht oder einzelner Rechte sein.[49] Hierzu zählen etwa Klagen auf Feststellung mietrechtlicher Gewährleistungsrechte wie etwa einer Mietzinsminderung.[50] Aber auch Streitigkeiten um die Vertragsanbahnung und den Vertragsschluss fallen hierunter.[51]

12 **c) Leistungsklagen wegen Erfüllungsansprüchen.[52]** Die Aufzählung in § 29a Abs. 1 ist nicht abschließend.[53] Daher zählen auch Klagen auf Erfüllung der vertraglichen Hauptpflichten (§ 535 Abs. 1 S. 1, Abs. 2 BGB,[54] § 581 Abs. 1 S. 1, 2 BGB) bzw. solche auf Erfüllung vertraglicher Nebenpflichten[55] dazu.

---

[32] BGHZ 114, 96 = NJW 1991, 1815; *Zö/Vollkommer* Rn. 6.
[33] BayObLG MDR 1996, 40, 42; *Zö/Vollkommer* Rn. 6.
[34] BayObLG MDR 1999, 1461; OLG Karlsruhe NJW-RR 2002, 1167, 1168; *Leo/Schmitz* NZM 2007, 387, 389.
[35] BGH NJW 2004, 1239; BayObLG NZM 2000, 784; OLG Karlsruhe NJW-RR 2002, 1167, 1168; aA LG Köln NJW-RR 1999, 1171; AG Köln NZM 1998, 1005; LG Hamburg WuM 2003, 38.
[36] BayObLG NZM 2000, 784; BayObLGR 2002, 276.
[37] *T/P/Hüßtege* Rn. 5; aA AG Schöneberg ZMR 2000, 31; *St/J/Roth* Rn. 19.
[38] LG Hamburg WuM 2003, 38.
[39] BGH NJW 1979, 309; OLG Hamm ZMR 1986, 11; OLG Karlsruhe MDR 1988, 414; MK/*Patzina* Rn. 12; *Wiecz/Sch/Hausmann* Rn. 17, 21.
[40] *Wiecz/Sch/Hausmann* Rn. 21; *Klug* (Fn. 1) S. 111 f., 113.
[41] Eingehend *Fehl*, Finanzierungsleasing und Bauherrenmodell, 1986, S. 71 ff., 74 ff.
[42] BAG MDR 1990, 656.
[43] BAG MDR 2000, 600; MK/*Patzina* Rn. 18; *Zö/Vollkommer* Rn. 6; aA ArbG Hannover DB 1991, 1838; ArbG Wetzlar NZA 1989, 233.
[44] BAG MDR 2000, 600.
[45] *T/P/Hüßtege* Rn. 4; *Zö/Vollkommer* Rn. 7; *St/J/Roth* Rn. 14.
[46] KG ZMR 1983, 380; MK/*Patzina* Rn. 19; *T/P/Hüßtege* Rn. 4.
[47] MK/*Patzina* Rn. 20 aE; *Klug* (Fn. 1) S. 134 f.
[48] BT-Drucks. 314/91 S. 67; OLG Kiel SchlHA 1975, 94 (zum früheren Recht).
[49] OLG Karlsruhe ZMR 1984, 18, 19; LG Essen ZMR 1970, 31.
[50] BGH WM 1985, 1213 f. m. zust. Anm. *Wolf* EWiR 1985, 811.
[51] MK/*Patzina* Rn. 20; *Zö/Vollkommer* Rn. 8.
[52] *Klug* (Fn. 1) S. 137 f.
[53] BGHZ 89, 275, 283 = NJW 1984, 1615 (Rückzahlung überzahlten Mietzinses).
[54] OLG Karlsruhe NJW-RR 2002, 1167; LG Mannheim NJW 1969, 1071, 1072.
[55] OLG Düsseldorf ZMR 1985, 383 (Verwendungsersatz nach § 539 BGB); OLG Hamburg ZMR 1999, 99, 106 (Auskunftsanspruch).

Auch solche Streitigkeiten betreffend die Abwicklungspflichten,[56] Klagen auf Zustimmung zum Mieterhöhungsbegehren gemäß § 558 BGB,[57] Rückerstattung zuviel gezahlten Mietzinses[58] sowie die Klagen wegen der Rückgewähr von Mietkautionen unterfallen § 29a.[59]

d) **Schadensersatzansprüche.** Außerdem ist für alle sich aus dem Miet- bzw. Pachtverhältnis ergebenden Schadensersatzansprüche der Gerichtsstand des § 29a eröffnet, gleich ob sie auf die §§ 536a Abs. 1, 581 Abs. 1 S. 1, BGB[60], positive Vertragsverletzung[61] gemäß §§ 280 Abs. 1, 241 Abs. 2 BGB (u. a. Schadenersatz wegen vorgeschobener Eigenbedarfskündigung des Vermieters)[62] oder culpa in contrahendo[63] nach §§ 280 Abs. 1, 241 Abs. 2, 311 Abs. 2 BGB gestützt werden. Darunter fällt ferner der Anspruch auf Schadensersatz wegen Abbruchs der Vertragsverhandlungen bei Nichtzustandekommen des Miet- bzw. Pachtvertrages[64] sowie wegen der Verletzung von Verkehrssicherungspflichten[65] aus dem Miet- oder Pachtverhältnis. Die Vorschrift kommt jedoch nicht zur Anwendung, wenn Ansprüche geltend gemacht werden, welche aus der Übernahme einer Mietgarantie (auch durch einen Zwischenvermieter iSd. § 565 BGB) resultieren.[66] 13

e) **Räumung.** In allen aus dem Miet- oder Pachtvertrag herrührenden Streitigkeiten kommt § 29a zur Anwendung (Rn. 3)[67] und zwar auch dann, wenn das Räumungsbegehren neben den §§ 546 Abs. 1, 2, 581 Abs. 2 BGB auf § 985 BGB gestützt wird.[68] Folgt dagegen der Herausgabeanspruch in keiner Weise aus einem Miet- oder Pachtverhältnis, ist § 29a nicht einschlägig.[69] Ebenso ist im Zusammenhang einer auf ungerechtfertigte Bereicherung gemäß § 812 Abs. 1 S. 1 Alt. 1 BGB gestützten Räumungs- bzw. Herausgabeklage erforderlich, dass die Unwirksamkeit des Miet- oder Pachtvertrages geltend gemacht wird. **Klagen auf Fortsetzung des Mietverhältnisses** gemäß §§ 574 bis 574c BGB können vor dem Gerichtsstand des § 29a erhoben werden. Bezogen auf **Herausgabeklagen auf Grund vermögensrechtlicher Zuordnung des Grundstücks** kommen § 104 SachenRBerG und § 55 SchuldRAnpG[70] zur Anwendung. 14

III. Konkurrenzen und internationale Zuständigkeit

1. **Ausschließlichkeit.** Wegen der beschriebenen Schutzfunktionen (Rn. 1) ist der Gerichtsstand des § 29a **ausschließlich** am Ort der Belegenheit der Räumlichkeiten.[71] Nach § 40 Abs. 2 S. 1 Nr. 2, S. 2 scheiden Prorogation und Zuständigkeitsbegründung durch rügeloses Verhandeln aus.[72] Etwas anderes gilt in den von § 29a Abs. 2 genannten Fällen.[73] Die Vorschrift verdrängt in ihrem Anwendungsbereich insbesondere den Gerichtsstand des Erfüllungsortes nach § 29.[74] Dagegen besteht bei der auf Vertrag und auf § 985 BGB gestützten Herausgabeklage der Gerichtsstand des § 29a neben dem ausschließlichen dinglichen nach § 24,[75] der jedoch ebenfalls an die Belegenheit des Grundstücks anknüpft. Im Mahnverfahren wird § 29a durch die vorrangige Regelung des § 689 Abs. 2 S. 1, 3 verdrängt. Für die sachliche Zuständigkeit gelten die allgemeinen Regelungen der §§ 23 Nr. 1, 71 Abs. 1 GVG; nur für Wohnraummietstreitigkeiten ist die ausschließliche sachliche Zuständigkeit des Amtsgerichts nach § 23 Nr. 2 lit. a GVG begründet (vgl. § 23 Nr. 2a GVG Rn. 8). 15

2. **Internationale Zuständigkeit.** § 29a begründet die ausschließliche internationale Zuständigkeit deutscher Gerichte bei Belegenheit des Raumes im Bezirk eines deutschen Gerichts,[76] so dass Urteile ausländischer Gerichte insoweit nicht anzuerkennen sind, § 328 Abs. 1 Nr. 1.[77] Dagegen greift wegen im Ausland belegenen Wohnraums § 29a nicht ein.[78] Jedoch kann sich insoweit entsprechend dem Grundsatz der Doppelfunktionalität (§ 12 Rn. 17 aus sonstigen Zuständigkeitsnormen (zB §§ 12, 13) die internationale Zuständigkeit deutscher Gerichte ergeben.[79] 16

---

[56] OLG Brandenburg NZM 2002, 927 (zu § 55 SchuldRAnpG).
[57] LG Köln WoM 1992, 256; *Fehl* NJW 1974, 928 (zu § 2 MHG).
[58] BAG NZA 1990, 539.
[59] OLG Düsseldorf ZMR 1985, 383; *Wiecz/Sch/Hausmann* Rn. 31.
[60] *Wiecz/Sch/Hausmann* Rn. 32.
[61] BayObLGZ 1992, 100, 103 = NJW-RR 1992, 1040; OLG München Rpfleger 1972, 31.
[62] AG Heidelberg WuM 1975, 67, 68.
[63] Vgl. LG Frankenthal NJW-RR 1997, 335; *Wiecz/Sch/Hausmann* Rn. 32.
[64] *St/J/Roth* Rn. 21; *Zö/Vollkommer* Rn. 9; *Wiecz/Sch/Hausmann* Rn. 32; aA *T/P/Hüßtege* Rn. 7; LG Frankenthal NJW-RR 1997, 334; *B/L/H* Rn. 10 „Verschulden bei Vertragsverhandlung".
[65] OLG Düsseldorf WuM 2006, 46.
[66] BayObLGR 2002, 276; vgl. BGHZ 94, 11, 14; *Zö/Vollkommer* Rn. 9 aE; aA OLG Köln NJW-RR 1999, 1171; OLG Hamburg WuM 2003, 38 (obiter dictum).
[67] *Zö/Vollkommer* Rn. 7.
[68] *St/J/Roth* Rn. 23; MK/*Patzina* Rn. 24; *Zö/Vollkommer* Rn. 13; aA *Röwe* MDR 1991, 183.
[69] OLG Braunschweig NdsRpfl. 1983, 225; *Schneider* MDR 1992, 433; *St/J/Roth* Rn. 16, 23; *Wiecz/Sch/Hausmann* Rn. 34.
[70] Vgl. OLG Brandenburg OLGR 2002, 506.
[71] *Klug* (Fn. 1) S. 82, 93f.
[72] OLG Frankfurt MDR 1979, 851; OLG Düsseldorf WuM 1992, 548; LG München ZMR 1987, 271.
[73] *St/J/Roth* Rn. 1.
[74] *St/J/Roth* Rn. 3; *Zö/Vollkommer* Rn. 3.
[75] *St/J/Roth* Rn. 3; *Zö/Vollkommer* Rn. 3.
[76] BGH MDR 1997, 93, 94; OLG Düsseldorf ZMR 2001, 180; MK/*Patzina* Rn. 30; aA *St/J/Roth* Rn. 5 (Internationale Zuständigkeit folgt aus Art. 22 Nr. 1 S. 1 EuGVO.).
[77] *St/J/Roth* Rn. 5; aA LG Bonn NJW 1974.
[78] LG Bonn NJW 1974, 427ff.
[79] *Wenner,* Festschr. f. Jagenburg, 2002, S. 1026; OLG Düsseldorf ZMR 1990, 144; LG Bonn NJW 1974, 427 m. zust. Anm. *Geimer* NJW 1974, 2189.

17 Im Geltungsbereich der **EuGVVO** richtet sich die internationale Zuständigkeit nach Art. 22 Nr. 1 S. 1 EuGVVO, der bestimmt, dass die Gerichte des Mitgliedstaates ausschließlich international zuständig sind, in denen die unbewegliche Sache belegen ist.[80] Etwas anderes gilt nach Art. 22 Nr. 1 S. 2 EuGVVO dann, wenn Miete oder Pacht unbeweglicher Sachen zum vorübergehenden privaten Gebrauch für höchstens sechs aufeinander folgende Monate in Rede steht. Sind Mieter und Vermieter natürliche Personen und wohnen beide in Deutschland, besteht zusätzlich der Gerichtsstand am Wohnsitz des Beklagten gemäß §§ 12, 13. Hat eine der am Rechtsstreit vor dem Amtsgericht beteiligten Parteien ihren allgemeinen Gerichtsstand im Ausland, ist die Zuständigkeit des OLG für die Berufung nach § 119 Abs. 1 Nr. 1 lit. b GVG zu berücksichtigen.[81] Bei so genannten Time-Sharing-Clubmitgliedschaften innerhalb des Geltungsbereiches der EuGVVO, bei denen die Clubmitgliedschaft im Vordergrund steht und ein dieser untergeordnetes tauschbares Teilnutzungsrecht eingeräumt wird, greift jedoch Art. 22 Nr. 1 EuGVVO nicht ein.[82] Etwas anderes kann jedoch im Hinblick auf Mietverträge über Ferienhäuser gelten.[83] Siehe ferner Art. 22 EuGVVO Rn. 4.

29b

(Aufgehoben durch das Gesetz zur Änderung des Wohnungseigentumsgesetzes und anderer Gesetze v. 26. März 2007, BGBl. I S. 370).

29c

Besonderer Gerichtsstand für Haustürgeschäfte **(1) [1]Für Klagen aus Haustürgeschäften (§ 312 des Bürgerlichen Gesetzbuchs) ist das Gericht zuständig, in dessen Bezirk der Verbraucher zur Zeit der Klageerhebung seinen Wohnsitz, in Ermangelung eines solchen seinen gewöhnlichen Aufenthalt hat. [2]Für Klagen gegen den Verbraucher ist dieses Gericht ausschließlich zuständig.**

(2) § 33 Abs. 2 findet auf Widerklagen der anderen Vertragspartei keine Anwendung.

(3) Eine von Absatz 1 abweichende Vereinbarung ist zulässig für den Fall, dass der Verbraucher nach Vertragsschluss seinen Wohnsitz oder gewöhnlichen Aufenthalt aus dem Geltungsbereich dieses Gesetzes verlegt oder sein Wohnsitz oder gewöhnlicher Aufenthalt im Zeitpunkt der Klageerhebung nicht bekannt ist.

I. Normzweck

1 **1. Allgemeines.** Durch das SchuldRModG vom 26. 11. 2001[1] wurde das Haustürwiderrufsgesetz in der Fassung vom 16. 1. 1986[2] aufgehoben und in das Bürgerliche Gesetzbuch eingegliedert. Die bisherige Regelung des Gerichtsstandes in § 7 HaustürWG ist als rein verfahrensrechtliche Regelung nunmehr in die ZPO eingegangen und bildet die Grundlage für § 29c, der seit 1. 1. 2002 in Kraft ist.

2 **2. Schutzfunktion.** Die Vorschrift des § 312 Abs. 1 S. 1 Halbs. 1 BGB, der eine Legaldefinition für Haustürgeschäfte enthält, dient dazu, die rechtsgeschäftliche Entscheidungsfreiheit des Kunden wiederherzustellen, die in der typischen Verhandlungssituation eines Haustürgeschäftes regelmäßig eingeschränkt ist. Diese Zielsetzung flankiert § 29c auf prozessualer Ebene. Für die Prozessführungsbereitschaft der Partei ist der jeweilige Gerichtsstand von entscheidender Bedeutung. § 29c Abs. 1 S. 1 gibt daher dem Verbraucher iSd. § 13 BGB einen Gerichtsstand **an seinem Wohnsitz** und vermeidet so die Unannehmlichkeiten, die bei der Prozessführung an einem fremden Gerichtsstand entstehen[3] und den Verbraucher möglicherweise von einer Klageerhebung abhalten.[4]

3 **3. Ausschließlichkeit.** Auf Grund der beschriebenen Schutzfunktion für den Verbraucher sind **Klagen gegen diesen** gemäß § 29c Abs. 1 S. 2 ausschließlich am Gerichtsstand des Wohnsitzes bzw. am gewöhnlichen Aufenthaltsort zu erheben. Damit verstärkt die Vorschrift den grundsätzlichen Schutz des Beklagten (favor defensionis, vgl. § 12 Rn. 1) und sichert das Prinzip der Waffengleichheit der Parteien[5] im Zivilprozess. Dementsprechend sind nachteilige Gerichtsstandsvereinbarungen nach § 40 Abs. 2 S. 1 Nr. 2, mit Ausnahme der von § 29c Abs. 3 erfassten Fälle (Rn. 13), ausgeschlossen.

4 In Abkehr zum bisherigen § 7 HaustürWG ist jedoch der Gerichtsstand des § 29c bei **Klagen von Seiten des Verbrauchers** nicht mehr ausschließlich, sondern gibt diesem einen zusätzlichen Gerichtsstand.[6] Damit ist es dem Verbraucher unbenommen, auch an einem anderen Gerichtsstand zu klagen, wobei hier insbesondere an den Gerichtsstand der Niederlassung nach § 21 zu denken ist. Daneben kommen aber etwa auch der allgemeine Gerichtsstand nach §§ 13, 17 oder die besonderen nach §§ 23, 29 in Betracht.[7] Der Gesetzgeber hat sich mit dieser Änderung den schon bei Entstehung des § 7 HaustürWG[8] vorgebrachten Be-

---

80 OLG Düsseldorf RIW 2001, 380.
81 Vgl. BGH NJW 2003, 3278; 2004, 1049; NJW-RR 2005, 780; *Zö/Vollkommer* Rn. 4.
82 EuGH NJW 2006, 39 (LS) = NZM 2005, 912 m. weit. Nachweisen (Vorlagebeschluss des OLG Hamm NJW 2004, 240).
83 EuGH NJW 2000, 2009; LG Bonn NJW-RR 2001, 1574.
1 BGBl. I S. 3138.
2 BGBl. I S. 2840.
3 Vgl. BGH NJW 2003, 1190; MK/*Patzina* (AB) Rn. 2.
4 So die Begründung zu § 7 HaustürWG, vgl. BT-Drucks. 10/2876, S. 15.
5 Vgl. *Vollkommer,* Festschr. f. Schwab, 1990, S. 503; *Schlosser* NJW 1995, 1404.
6 OLG Celle OLGR 2003, 393.
7 MK/*Patzina* (AB) Rn. 2; *Zö/Vollkommer* Rn. 6; *St/J/Roth* Rn. 1.
8 Vgl. Stellungnahme der Bundesregierung BT-Drucks. 7/4078, S. 17.

denken angeschlossen, nachdem es für den Schutz des Verbrauchers nicht notwendig sei, ihm die Wahl zwischen mehreren Gerichtsständen (§ 35) zu versagen.

II. Anwendungsbereich

1. Allgemeines. § 29c erfasst nach dem ausdrücklichen Wortlaut Klagen aus Haustürgeschäften iSd. § 312 BGB. Erforderlich ist demnach, dass die Klage sowohl in persönlicher als auch in sachlicher Hinsicht unter § 312 BGB fällt. 5

2. Persönlicher Anwendungsbereich. Unter den Begriff des Haustürgeschäftes können nach der Legaldefinition des § 312 Abs. 1 S. 1 Halbs. 1 BGB nur Verträge zwischen **Unternehmern und Verbrauchern** fallen. Der Begriff des Verbrauchers sowie des Unternehmers ist in den §§ 13, 14 BGB legaldefiniert. Zu beachten ist dabei, dass der Begriff des Unternehmers nicht im Sinne des Handelsrechtes, sondern vielmehr in seiner funktionellen Bedeutung zu verstehen ist. Damit reicht § 29c in personeller Hinsicht weiter als der vom Prorogationsverbot des § 38 Abs. 1 ausgenommene Personenkreis, der lediglich Kaufleute iSd. §§ 1 bis 3, 5, 6 HGB erfasst (vgl. § 38 Rn. 10). § 29c betrifft etwa auch Freiberufler, Handwerker, Landwirte oder auch Kleingewerbetreibende, die nicht im Handelsregister eingetragen sind,[9] soweit es sich um die Ausübung einer planmäßigen und dauerhaften Tätigkeit gegen Entgelt handelt.[10] 6

2. Sachlicher Anwendungsbereich. a) Übersicht. Entsprechend dem Normzweck ist § 29c weit auszulegen. Anwendbar ist der Gerichtsstand auf alle Streitigkeiten, die wegen einer Vereinbarung geführt werden, die unabhängig vom Vertragstyp[11] unter den besonderen Bedingungen des § 312 Abs. 1 S. 1 Halbs. 1 BGB geschlossen wurde. Deshalb gehören auch Haustürgeschäfte hierher, bei denen kein Widerrufs- oder Rückgaberecht iSd. § 312 Abs. 3 BGB besteht.[12] Soweit dem Umgehungsverbot des § 312f BGB unterfallende Geschäfte in Rede stehen, greift die Vorschrift des § 29c ebenfalls ein.[13] Weiter werden Verträge iSd. § 312a, bei denen ein Widerrufs- bzw. Rückgaberecht (§§ 355, 356 BGB) nach anderen Vorschriften besteht, vom besonderen Gerichtsstand für Haustürgeschäfte erfasst. Dies folgt zum einen daraus, dass es sich bei § 312a BGB um eine materielle Ausschlussregelung handelt, die keine prozessualen Wirkungen hinsichtlich des Gerichtsstandes nach § 29c zeitigt.[14] Zum anderen kann der durch die Vorschrift bezweckte Verbraucherschutz nur dann volle Wirkung entfalten, wenn die Zuständigkeit des Gerichts nach § 29c auch bei Haustürgeschäften greift, die mit einem Verbraucherdarlehens-, Sicherungs- oder Teilzeitwohnrechtevertrag verbunden sind.[15] Erfasst werden vertragliche Ansprüche, also insbesondere Erfüllungsansprüche, sowie sämtliche Ansprüche im Rahmen der Rückabwicklung nach Widerruf gemäß §§ 312, 355, 357, 346ff. BGB, aber auch solche aus einem Rückgewährschuldverhältnis, das nicht auf §§ 312, 355 BGB beruht.[16] Weiter gehören Sekundäransprüche hierher, also vor allem Schadensersatz aus positiver Vertragsverletzung gemäß §§ 280 Abs. 1, 241 Abs. 2 BGB, culpa in contrahendo nach §§ 280 Abs. 1, 311 Abs. 2, 241 Abs. 2 BGB oder sonstige vertragliche Schadensersatzansprüche iSd. §§ 280, 281 BGB[17] und solche auf Herausgabe nach § 985 BGB.[18] Der umfassende Verbraucherschutz gebietet hier eine Bündelung aller Ansprüche an einem Gericht.[19] Deshalb fallen auch deliktische Ansprüche, die mit dem Haustürgeschäft in Zusammenhang stehen und vom Verbraucher gegen den Unternehmer geltend gemacht werden, unter § 29c.[20] Dagegen verbleibt es auf Grund des fehlenden Schutzbedürfnisses des Verbrauchers im umgekehrten Fall bei dem Gerichtsstand des § 32.[21] Auch Klagen gegen den am Haustürgeschäft beteiligten Vertreter sind im Gerichtsstand des § 29c zu erheben.[22] Bürgschaftsverträge sind dagegen nur erfasst, wenn sie ihrerseits ein Haustürgeschäft iSd. § 312 Abs. 1 S. 1 Halbs. 1 BGB darstellen;[23] auf das zu sichernde Geschäft kommt es insoweit nicht an.[24] Andere Verbraucherverträge sind nach dem ausdrücklichen Wortlaut der Vorschrift sowie auf Grund des Normzwecks (Rn. 1f.) nicht von § 29c erfasst.[25] 7

b) Wechsel und Scheck. Bei Klagen des Unternehmers aus einem Wechsel oder Scheck hat der auf Abstraktheit beruhende Gerichtsstand des § 603 Abs. 1 hinter den Schutzzweck des § 29c zurückzutreten.[26] Je- 8

---

[9] *Palandt/Heinrichs* § 14 Rn. 2; *Jauernig/Jauernig* § 14 Rn. 2.

[10] MK-BGB/*Micklitz* § 14 Rn. 14ff.; *Palandt/Heinrichs* § 14 Rn. 2.

[11] Für Versicherungsverträge LG Landshut NJW 2003, 1197; *Bauer* NJW 2004, 1507, 1508.

[12] *St/J/Roth* Rn. 5; *Zö/Vollkommer* Rn. 4; OLG München VersR 2006, 1517; OLG Frankfurt OLGR 2005, 568; LG Landshut NJW 2003, 1197 (Versicherungsvertrag); aA *Staudinger/Werner* § 7 HaustürWG Rn. 6; MK-BGB/*Ulmer* § 7 HaustürWG Rn. 4.

[13] *St/J/Roth* Rn. 7; *Zö/Vollkommer* Rn. 4.

[14] *St/J/Roth* Rn. 6.

[15] Vgl. BT-Drucks. 14/7052 S. 191; MK-BGB/*Ulmer* § 312a Rn. 5; *St/J/Roth* Rn. 6; idS. MK/*Patzina* (AB) Rn. 11; aA zur alten Regelung des § 7 HaustürWG BGH ZIP 2002, 1083.

[16] OLG Hamm ZIP 1987, 152, 153 (zum früheren § 6a AbzG); *Fischer/Machunsky,* Haustürwiderrufsgesetz, 2. Aufl. 1995, § 7 Rn. 10.

[17] OLG Celle NJW 2004, 2602, 2603; *T/P/Hüßtege* Rn. 1; MK/*Patzina* (AB) Rn. 16.

[18] *St/J/Roth* Rn. 7; *Zö/Vollkommer* Rn. 4.

[19] MK/*Patzina* (AB) Rn. 16; *T/P/Hüßtege* Rn. 1; aA *Erman/Saenger* § 7 HaustürWG Rn. 4.

[20] BGH NJW 2003, 1190; *Staudinger/Werner* § 7 HaustürWG Rn. 6; *B/L/H* Rn. 3 aE.

[21] MK-BGB/*Ulmer* § 7 HaustürWG Rn. 5; *Staudinger/Werner* § 7 HaustürWG Rn. 6; aA *St/J/Roth* Rn. 7 aE.

[22] BGH NJW 2003, 1190; OLG Celle NJW 2004, 2602, 2603.

[23] *St/J/Roth* Rn. 3; MK/*Patzina* (AB) Rn. 12.

[24] MK-BGB/*Ulmer* § 312 Rn. 22; *St/J/Roth* Rn. 3.

[25] *Heidehoff* IPRax 2006, 612; aA *Woitkewitsch* CR 2006, 284.

[26] MK/*Patzina* (AB) Rn. 14; *St/J/Roth* Rn. 8; *Staudinger/Werner* § 7 HaustürWG Rn. 7a.

doch muss sich für das Gericht bei der von Amts wegen durchzuführenden Zulässigkeitsprüfung ein tatsächlicher Anhaltspunkt für eine wirtschaftliche Einheit zwischen Scheck oder Wechsel und Haustürgeschäft ergeben.[27] Klagt der Verbraucher aus einem Scheck oder Wechsel gegen den Unternehmer, hat er auf Grund der Neufassung der Vorschrift nunmehr gemäß § 35 die Wahl zwischen § 603 und § 29c.

9 c) **Mahnverfahren.** Für ein Mahnverfahren gelten alleine die §§ 688ff. mit der vorrangigen Zuständigkeitsregelung des § 689 Abs. 2 S. 1, 3. Erst wenn eine Überleitung in das streitige Verfahren erfolgt, findet § 29c Anwendung.[28] Auf Grund seiner Schutzbedürftigkeit ist insoweit, trotz der durch §§ 696 Abs. 3, 700 Abs. 2 angeordneten rückwirkenden Rechtshängigkeit, der Wohnsitz des Verbrauchers im Abgabezeitpunkt maßgeblich.[29]

III. Rechtsfolgen

10 **1. § 29c Abs. 1 Halbs. 1. a) Bestimmung des Gerichtsstandes.** Die Vorschrift des § 29c Abs. 1 Halbs. 1 beschränkt sich auf die Bestimmung der örtlichen, nicht aber der sachlichen Zuständigkeit. Der maßgebliche Wohnsitz des Verbrauchers entspricht der Begriffsbestimmung des § 13 und folgt damit den Regelungen der §§ 7 bis 11 BGB (§ 13 Rn. 2). Fehlt es an einem Wohnsitz, so bestimmt sich der Gerichtsstand hilfsweise nach dem gewöhnlichen Aufenthaltsort. Dies ist der Ort, an dem sich jemand nicht nur vorübergehend, sondern ständig oder zumindest für längere Zeit aufhält (vgl. § 606 Rn. 17–20). Fehlt sowohl ein Wohnsitz als auch ein gewöhnlicher Aufenthaltsort, scheidet der Gerichtsstand des § 29c aus.[30] In Betracht kommen dann die Zuständigkeit des Gerichts nach § 16, die besonderen Gerichtsstände der §§ 23, 29 oder Prorogation iSd. § 29c Abs. 3 (Rn. 13).[31] Sollen mehrere Verbraucher mit unterschiedlichem Wohnort als Streitgenossen verklagt werden, greift § 36 Abs. 1 Nr. 3 (§ 36 Rn. 13ff.). Umgekehrt hat der Verbraucher, wenn er mehrere Unternehmer verklagt, gemäß § 35 ein Wahlrecht, weil ihm § 29c lediglich einen besonderen fakultativen Gerichtsstand gewährt.[32] Maßgeblicher Zeitpunkt ist derjenige der Klageerhebung, § 253 Abs. 1; der Moment des Vertragschlusses ist unerheblich.[33] Ein späterer Wohnortwechsel lässt die Zuständigkeit unberührt, § 261 Abs. 3 Nr. 2 (perpetuatio fori).

11 b) **Unzuständigkeit.** Wird die Klage des Unternehmers gegen den Verbraucher beim örtlich unzuständigen Gericht erhoben, hat sich auf Grund des ausschließlichen Charakters des § 29c Abs. 1 S. 2 das Gericht für örtlich unzuständig zu erklären und die Klage abzuweisen. Dabei besteht für den Kläger die Möglichkeit, etwa auf entsprechenden richterlichen Hinweis gemäß § 139 Abs. 3, einen Verweisungsantrag nach § 281 Abs. 1 zu stellen. Erklärt sich das Gericht entgegen § 29c nicht für unzuständig, kann nach § 513 Abs. 2 die Berufung nicht darauf gestützt werden, dass das Gericht des ersten Rechtszuges seine Zuständigkeit zu Unrecht angenommen hat. Entsprechendes gilt für die Revision gemäß § 545 Abs. 2 und das Beschwerdeverfahren nach § 571 Abs. 2 S. 2. Bei Klagen des Verbrauchers gegen den Unternehmer stellt § 29c Abs. 1 S. 1 lediglich einen besonderen (fakultativen) Gerichtsstand dar. Ist das angerufene Gericht unzuständig, kommt daher die Begründung der Zuständigkeit über § 39 infolge rügeloser Verhandlung in Betracht.

12 **2. § 29c Abs. 2.** Dieser Absatz ist durch das SchuldRMG neu gefasst worden und hatte keine Entsprechung in § 7 HaustürWG. Erhebt der Verbraucher gegen den Unternehmer Klage an einem Gerichtsstand, der nicht dem des § 29c Abs. 1 S. 1 entspricht und erhebt daraufhin der Unternehmer **Widerklage,** müsste diese an sich nach § 145 abgetrennt und an das nach § 29c Abs. 1 S. 2 ausschließlich zuständige Gericht verwiesen werden. Der Gerichtsstand der Widerklage, § 33 Abs. 1, wäre auf Grund des § 29c Abs. 1 S. 2 nicht begründet, §§ 33 Abs. 2, 40 Abs. 2 Nr. 2. Durch § 29c Abs. 2 ist es jedoch möglich, die Widerklage am besonderen Gerichtstand des § 33 Abs. 1 zu verhandeln, obwohl mit § 29c Abs. 1 S. 2 ein ausschließlicher Gerichtsstand besteht. Die Vorschrift dient damit dem angemessenen Ausgleich der Interessen des Beklagten und des Klägers. Begibt sich der Verbraucher des besonderen Gerichtsstandes nach § 29c Abs. 1, muss er hinnehmen, dass er bei dem gewählten Gericht auch dem Angriff mit einer Widerklage ausgesetzt ist.[34] Auf der anderen Seite wird es ihm auf diesem Wege ermöglicht, die gesamten Streitigkeiten konzentriert an einem Gerichtsstand zu Ende zu bringen. Mangels entsprechender Schutzwürdigkeit muss diese Regelung eine Einschränkung für den Fall erfahren, wenn eine nicht im Zusammenhang stehende Widerklage des Unternehmers gegen den Verbraucher erhoben wird.[35] Insofern bleibt es bei der ausschließlichen Zuständigkeit nach § 29c Abs. 1 S. 2 selbst dann, wenn aus anderen Gründen die örtliche Zuständigkeit beim Gericht der Hauptklage gegeben wäre.[36]

---

[27] MK-BGB/*Ulmer* § 7 HaustürWG Rn. 6; *Fischer/Machunsky* (Fn. 14) § 7 Rn. 12; MK/*Patzina* (AB) Rn. 14.

[28] *St/J/Roth* Rn. 9; MK/*Patzina* (AB) Rn. 17.

[29] *St/J/Roth* Rn. 9; MK-BGB/*Ulmer* § 7 HaustürWG Rn. 7; *Zi* Rn. 1; *Schäfer* NJW 1985, 296f.; *Zö/Vollkommer* Rn. 8; aA *Erman/Saenger* § 7 HaustürWG Rn. 8; MK/*Patzina* (AB) Rn. 17.

[30] *Zö/Vollkommer* Rn. 7; *St/J/Roth* Rn. 10.

[31] *Zi* Rn. 1; *St/J/Roth* Rn. 10.

[32] Bei § 7 HaustürWG war dies streitig, vgl. *Staudinger/Werner* § 7 HaustürWG Rn. 21.

[33] OLG Celle OLGR 2003, 393.

[34] Vgl. BT-Drucks. 14/6040 S. 278; *St/J/Roth* Rn. 12.

[35] *Zö/Vollkommer* Rn. 10.

[36] *Zö/Vollkommer* Rn. 10; *St/J/Roth* Rn. 12 aE.

IV. Gerichtsstandsvereinbarungen nach § 29c Abs. 3

13 In Abweichung von § 29c Abs. 1 S. 2 kann für die Fälle, in denen der Verbraucher seinen Gerichtsstand nach Vertragsschluss ins Ausland verlegt oder sein gewöhnlicher Aufenthaltsort im Zeitpunkt der Klageerhebung unbekannt ist, eine hilfsweise Gerichtsstandsvereinbarung getroffen werden, § 29c Abs. 3. Damit wird der Unternehmer unter den genannten Umständen vor einer erschwerten Rechtsverfolgung seiner Ansprüche bewahrt.[37] Die Vereinbarung muss den Anforderungen der §§ 38 Abs. 3, 40 Abs. 1 entsprechen, also schriftlich und ausdrücklich getroffen werden und sich auf ein bestimmtes Rechtsverhältnis und die sich daraus ergebenden Streitigkeiten beziehen. Die Vorschrift entspricht im Übrigen § 38 Abs. 3 Nr. 2 (vgl. § 38 Rn. 23f.).

V. Prozessuales

14 Als Sachentscheidungsvoraussetzung ist die Zuständigkeit des Gerichts nach § 29c Abs. 1 von Amts wegen zu prüfen (vgl. § 12 Rn. 14). Maßgeblich ist dabei der schlüssige Sachvortrag des Klägers. Da die Voraussetzungen der Vorschrift auch Tatsachen betreffen, die für die Begründetheit der Klage eine Rolle spielen, werden diese nach dem Grundsatz der doppelrelevanten Tatsachen (§ 1 Rn. 20) für die Zuständigkeitsprüfung als wahr unterstellt.

VI. Internationale Zuständigkeit

15 Soweit der Gerichtsstand des § 29c begründet ist, folgt aus dem Prinzip der Doppelfunktionalität der örtlichen Zuständigkeitsnormen (§ 12 Rn. 17) auch die internationale Zuständigkeit deutscher Gerichte.[38] Im Geltungsbereich der EuGVVO wird die Vorschrift des § 29c durch Art. 15, 16 EuGVVO verdrängt.

30

***Gerichtsstand bei Bergungsansprüchen* Für Klagen wegen Ansprüchen aus Bergung nach dem Achten Abschnitt des Fünften Buches des Handelsgesetzbuchs gegen eine Person, die im Inland keinen Gerichtsstand hat, ist das Gericht zuständig, bei dem der Kläger im Inland seinen allgemeinen Gerichtsstand hat.**

I. Normzweck

1 Die Vorschrift ist durch Art. 4 des Dritten Seerechtsänderungsgesetzes[1] eingefügt worden und am 8. 10. 2002 gemeinsam mit dem Internationalen Übereinkommen von 1989 über Bergung (Art. 10 Gesetz v. 16. 5. 2001)[2] in Kraft getreten.[3] § 30 dient als besonderer (nicht ausschließlicher)[4] Gerichtsstand der Geltendmachung von Ansprüchen, die sich aus Bergungsmaßnahmen ergeben (Rn. 2). Damit bezweckt die Norm den Schutz des Klägers indem die Rechtsverfolgung und effektive Durchsetzung entsprechender Ansprüche, welche häufig einen ausländischen Bezug aufweisen, durch Erweiterung der deutschen internationalen Zuständigkeit erleichtert wird.[5] An die Stelle der allgemeinen Gerichtsstände tritt für den Fall des Fehlens eines Gerichtsstandes des Beklagten im Inland der allgemeine Gerichtsstand des Klägers.

II. Anwendungsbereich

2 **1. Allgemeines.** In erster Linie hat die Vorschrift die Durchsetzung der Ansprüche des klagenden Bergers im Blick (Rn. 1).[6] Dennoch eröffnet der Wortlaut von § 30 den Gerichtsstand „Für Klagen wegen Ansprüchen aus Bergung …". Damit ist die örtliche Zuständigkeit nach dieser Regelung auch gegeben, wenn Ansprüche gegen den Berger in Rede stehen.[7] Unbeachtlich ist eine etwaige Rechtsnachfolge in der Person des Anspruchstellers, da dies nicht die Qualifikation als Anspruch aus der Bergung hindert.[8] Dabei ist jedoch auf den allgemeinen Gerichtsstand des ursprünglichen Berechtigten abzustellen um eine gewillkürte Verschiebung des zuständigen Gerichts zu vermeiden.[9] Dabei geschieht die Geltendmachung vor allem im Wege von Leistungs- oder Feststellungsklagen. Daneben kommt § 30 beim einstweiligen Rechtsschutz, insbesondere der einstweiligen Verfügung nach § 753a HGB, zur Anwendung.[10]

3 **2. Ansprüche aus Bergung.** Der Gerichtsstand des § 30 erfasst insbesondere die Geltendmachung von Ansprüchen auf Zahlung von Bergelohn nach § 742 Abs. 1 S. 1 HGB, Ersatz der Bergekosten iSd. § 742 Abs. 2 S. 2 oder Sondervergütung gemäß § 744 Abs. 1 S. 1 HGB oder solchen auf Ausgleich iSd. § 747 Abs. 1, 2 HGB. Diese Ansprüche greifen ein, wenn in Seegewässern einem in Gefahr befindlichen See-

---

37 MK/*Patzina* (AB) Rn. 23; *T/P/Hüßtege* Rn. 3.
38 *St/J/Roth* Rn. 15; MK/*Patzina* (AB) Rn. 27.
1 Gesetz zur Neuregelung des Bergungsrechts in der See- und Binnenschifffahrt v. 16. 5. 2001 (BGBl. I S. 898ff.).
2 BGBl. I 2002 S. 1944.
3 MK/*Patzina* (AB) Rn. 12.
4 *T/P/Hüßtege* Rn. 2a; *St/J/Roth* Rn. 1; *B/L/H* Rn. 1.
5 *B/L/H* Rn. 2; *Zö/Vollkommer* Rn. 1; *St/J/Roth* Rn. 1.
6 Vgl. BT-Drucks. 14/4672 S. 27; *St/J/Roth* Rn. 9.
7 *Zö/Vollkommer* Rn. 1; *St/J/Roth* Rn. 9.
8 *St/J/Roth* Rn. 7, 10.
9 Vgl. *St/J/Roth* Rn. 7.
10 *St/J/Roth* Rn. 8; *Zö/Vollkommer* Rn. 1; *B/L/H* Rn. 3.

oder Binnenschiff oder sonstigen Vermögensgegenstand, einem in Binnengewässern in Gefahr befindlichen Seeschiff oder von einem Seeschiff aus einem in Binnengewässern in Gefahr befindlichen Binnenschiff oder sonstigen Vermögensgegenstand erfolgreich Hilfe geleistet wird, § 740 Abs. 1 und 3 HGB. Ein Anspruch auf Sondervergütung nach § 744 Abs. 1 HGB besteht aber auch dann, wenn die Bergung teilweise oder vollständig misslungen ist.[11] Auf Grund des Schutzzwecks (Rn. 1) gilt in weiter Auslegung § 28 auch für Ansprüche aus einem Bergungsvertrag iSd. § 750 HGB, für weiter gehende Schadensersatzansprüche des Bergers zB deliktischer Art, die im Zusammenhang mit der Bergung entstanden sind, oder auch bei Feststellungsanträgen, dass etwa entsprechende Bergungskosten nicht geschuldet seien.[12] Schadensersatzansprüche gegen den Berger, die der Schiffseigentümer oder der Eigentümer der sonstigen in Gefahr befindlichen Vermögensgegenstände beispielsweise aus einer Verletzung von Sorgfaltspflichten iSd. § 741 HGB zustehen, fallen ebenfalls in den Anwendungsbereich des § 30. Nicht von der Vorschrift erfasst sind Ansprüche deliktischer Art dann, wenn sie sich nicht aus der Bergung ergeben.[13]

4 **3. Fehlender Beklagtengerichtsstand.** Notwendige Voraussetzung für die Begründung des Gerichtsstandes nach § 30 ist, dass die beklagte Person im Inland keinen Gerichtsstand hat. Dementsprechend scheidet die Vorschrift aus, wenn der in Anspruch genommene Beklagte (natürliche oder juristische Person)[14] in Deutschland einen allgemeinen (§§ 13 bis 17) oder besonderen Gerichtsstand hat. Dabei kommen die besonderen Gerichtsstände der ZPO wie zB der des Aufenthalts nach § 16,[15] der Niederlassung gemäß § 21 oder der des Vermögens iSd. § 23 in Betracht. Aber auch nach § 3 Abs. 1, § 2 Abs. 1 lit. e BinnSchVerfG[16] oder auf Grund Vereinbarung nach § 38 zB im Bergungsvertrag kann § 30 ausgeschlossen sein.[17]

5 **4. Inländischer Klägergerichtsstand.** Die Vorschrift begründet die örtliche Zuständigkeit des Gerichts in dem Bezirk, in welchem der Kläger seinen inländischen allgemeinen Gerichtsstand hat. Nicht ausreichend sind nur besondere Gerichtsstände des Klägers, zB §§ 20, 23.[18] Nebeneinander bestehende allgemeine Gerichtsstände (auch im Ausland)[19] sind dagegen unschädlich (Doppelwohnsitz, vgl. § 13 Rn. 2).

III. Internationale Zuständigkeit

6 Im Anwendungsbereich der EuGVVO wird § 30 durch deren Vorschriften idR verdrängt. Insbesondere kommen Art. 2 Abs. 1; Art. 5 Nr. 1, 5, 7 EuGVVO zur Begründung der internationalen Zuständigkeit in Betracht.[20] Hat der Anspruchsgegner seinen Wohnsitz außerhalb des Hoheitsgebiets der Mitgliedstaaten (Art. 4 Abs. 1 EuGVVO), kommt unmittelbar § 30 zur Anwendung. Insoweit indiziert die örtliche dann auch die internationale Zuständigkeit.[21]

31 *Besonderer Gerichtsstand der Vermögensverwaltung* **Für Klagen, die aus einer Vermögensverwaltung von dem Geschäftsherrn gegen den Verwalter oder von dem Verwalter gegen den Geschäftsherrn erhoben werden, ist das Gericht des Ortes zuständig, wo die Verwaltung geführt ist.**

I. Normzweck

1 Die Vorschrift schafft einen besonderen (nicht ausschließlichen)[1] Gerichtsstand für Streitigkeiten zwischen Vermögensverwalter und Geschäftsherrn am Ort der faktischen Vermögensverwaltung. Dabei greift § 31 unabhängig von deren Parteirolle ein und unabhängig davon, wo die Verwaltung nach den Abreden zwischen den Parteien von Rechts wegen zu führen wäre.[2] Dadurch wird die Rechtsverfolgung in diesen Angelegenheiten für die Parteien erleichtert und die Entscheidung dem auf Grund Ortsnähe kundigeren Gericht zugewiesen.

II. Anwendungsbereich

2 **1. Rechtliche Grundlage. a) Allgemeines.** Der Gerichtsstand des § 31 ist eröffnet, sofern Ansprüche aus der Vermögensverwaltung geltend gemacht werden. Dabei können die Streitigkeiten auf unterschiedlichen rechtlichen Grundlagen beruhen. In Betracht kommen **gesetzliche** Gründe wie die elterliche Vermögenssorge für das Kind gemäß § 1626 Abs. 1 BGB oder die Verwaltung des Gesamtgutes der Gütergemeinschaft nach § 1421 BGB, eine gerichtliche Einsetzung im Falle der Vormundschaft iSd. §§ 1774, 1793 Abs. 1, 1802ff. BGB, Pflegschaft gemäß §§ 1909ff. BGB, Nachlassverwaltung (§ 1985 BGB), Verwaltung eines Re-

---

[11] *St/J/Roth* Rn. 9.
[12] Mit anderer Begründung (Gerichtsstand kraft Sachzusammenhang, vgl. dazu § 1 Rn. 13f., § 12 Rn. 9ff.): *St/J/Roth* Rn. 9 aE; *Zö/Vollkommer* Rn. 2.
[13] MK/*Patzina* (AB) Rn. 6.
[14] *B/L/H* Rn. 4.
[15] MK/*Patzina* (AB) Rn. 9; aA *Zö/Vollkommer* Rn. 2.
[16] *St/J/Roth* Rn. 5.
[17] *B/L/H* Rn. 1; *Zö/Vollkommer* Rn. 2; *St/J/Roth* Rn. 5.
[18] *St/J/Roth* Rn. 6.
[19] *St/J/Roth* Rn. 6.
[20] *St/J/Roth* Rn. 3.
[21] MK/*Patzina* (AB) Rn. 11.
[1] MK/*Patzina* Rn. 5; *Wiecz/Sch/Hausmann* Rn. 2.
[2] *St/J/Roth* Rn. 2.

stitutionsgrundstückes nach § 3 Abs. 3 VermG[3] und Testamentsvollstreckung[4] (§§ 2197ff. BGB) in den Fällen des § 2216 BGB. Außerdem kommt Vermögensverwaltung auf Grund **Vertrages** in Betracht, wobei insbesondere Dienstverträge iSd. § 611 BGB, Geschäftsbesorgungsverträge nach § 675 BGB, Aufträge gemäß § 662 BGB oder als quasivertragliches Verhältnis auch eine Geschäftsführung ohne Auftrag (§ 677 BGB)[5] erfasst sind.

b) **Ansprüche.** Im Einzelnen kommen vor allem Ansprüche des **Geschäftsherrn** auf Rechnungslegung, Auskunftserteilung und Herausgabe des Erlangten oder des **Verwalters** auf Aufwendungsersatz, Entlastung oder Vergütung in Betracht. Ansprüche Dritter wegen der Vermögensverwaltung fallen nicht unter § 31. Die Vorschrift findet jedoch Anwendung, wenn die Forderung aus dem Vermögensverwaltungsverhältnis an einen Dritten abgetreten wird.[6] Soweit ein Vermögensverwalter die Vergütung gerichtlich festgesetzt erhält, wie es §§ 63, 64 Abs. 1 InsO und § 153 Abs. 1 ZVG vorsehen, sind seine Ansprüche in dem damit verbundenen Verfahren geltend zu machen. Für die Regelung des § 31 ist dann kein Raum.[7] 3

c) **Vermögensverwaltung.** Auf den vorbezeichneten Grundlagen muss dem Verwalter iSd. § 31 die Befugnis zustehen, über einzelne Angelegenheiten hinaus **vielgestaltige Rechtshandlungen** vornehmen zu dürfen, die zur Verwaltung eines konkreten Vermögens erforderlich sind.[8] Dazu genügt nicht allein die Befugnis und Rechtspflicht, ein Warenlager zu halten, nicht die Besorgung einzelner Geschäfte durch einen Agenten (im Gegensatz zum Generalagenten einer Versicherungsgesellschaft)[9] oder die Berechtigung als Frachtführer oder Spediteur mit fremden Waren umzugehen.[10] Ebenso wenig werden Ansprüche erfasst, die nur bei Gelegenheit der Vermögensverwaltung (zB die Beschädigung einer Sache) entstanden sind.[11] 4

2. Gerichtsstand. Maßgeblich ist der geschäftliche Mittelpunkt der Vermögensverwaltung. Dabei handelt es sich um den Ort, an dem Kassen und Bücher geführt werden;[12] auf den Ort des Gerichts, das die Einsetzung des Vermögensverwalters verfügt hat, kommt es nicht an.[13] Ebenso ist die tatsächliche Lage des Vermögens oder der Ort der Aufsicht über die Verwaltung unbeachtlich.[14] Solange noch Ansprüche der in Rn. 3 und 4 bezeichneten Art aus der Verwaltung herrühren, begründet dies den Gerichtsstand des § 31 auch nach der Beendigung der Verwaltung.[15] 5

III. Internationale Zuständigkeit

Die Vorschrift des § 31 begründet außerhalb des Geltungsbereichs der EuGVVO neben der örtlichen auch **die deutsche internationale Zuständigkeit,** wenn der Ort der Verwaltung in Deutschland liegt.[16] Hat der Beklagte seinen Wohnsitz innerhalb der Mitgliedstaaten der EuGVVO, ist § 31 ausgeschlossen. Das gilt trotz Fehlens einer § 31 entsprechenden Bestimmung in der Verordnung, weil die EuGVVO eine umfassende Sperrwirkung gegenüber deutschen Regelungen über die Begründung der internationalen Zuständigkeit entfaltet.[17] Zur Anwendung können dann insbesondere Art. 2 Abs. 1 EuGVVO, der auf den Wohnsitz abhebt, oder Art. 5 Nr. 1 EuGVVO Gerichtsstand der Niederlassung gelangen. 6

32 *Besonderer Gerichtsstand der unerlaubten Handlung* **Für Klagen aus unerlaubten Handlungen ist das Gericht zuständig, in dessen Bezirk die Handlung begangen ist.**

I. Normzweck

Der Zweck des besonderen (fakultativen) Deliktsgerichtsstandes (forum delicti commissi) liegt zum einen in der Erleichterung der Prozessführung für den Deliktsgläubiger, um dessen Waffengleichheit gegenüber dem weniger schutzwürdigen[1] Deliktsschuldner zu gewährleisten, zum anderen in der Zuweisung der betreffenden Angelegenheiten an orts- und beweisnahe und damit sachkundigere[2] Gerichte. Infolgedessen führt die Anwendung der Vorschrift zu einer kostengünstigern Entscheidung und dient zugleich der Prozessökonomie.[3] 1

---

3 OLG Brandenburg OLGR 2006, 455.
4 OLG München OLGRspr. 23, 83, 84.
5 MK/*Patzina* Rn. 2; *St/J/Roth* Rn. 5; *Zö/Vollkommer* Rn. 1.
6 OLG Brandenburg OLGR 2006, 455.
7 *Wiecz/Sch/Hausmann* Rn. 5; *St/J/Roth* Rn. 6.
8 MK/*Patzina* Rn. 2.
9 *St/J/Roth* Rn. 4; *Zö/Vollkommer* Rn. 1; RGZ 20, 364.
10 RG JW 1899, 2.
11 *St/J/Roth* Rn. 6; *Wiecz/Sch/Hausmann* Rn. 5.
12 *T/P/Hüßtege* Rn. 2; *Zö/Vollkommer* Rn. 2; *Wiecz/Sch/Hausmann* Rn. 7.
13 RG JW 1894, 278; OLG Bamberg OLGRspr. 1, 160f.
14 *B/L/H* Rn. 4; *St/J/Roth* Rn. 7.
15 MK/*Patzina* Rn. 3; *Zö/Vollkommer* Rn. 2.
16 *St/J/Roth* Rn. 3; *Wiecz/Sch/Hausmann* Rn. 9.
17 *Kropholler* vor Art. 2 Rn. 17.
1 *Schröder,* Internationale Zuständigkeit, 1971, 265ff.; *Zö/Vollkommer* Rn. 1.
2 BGH NJW 1977, 1590; 1980, 1224, 1225; OLG München NJW-RR 1993, 701, 703; OLG Hamm NJW 1987, 138.
3 *B/L/H* Rn. 5.

II. Anwendungsbereich

2 **1. Sachlich. a) Allgemeines.** Unter die von § 32 erfassten unerlaubten Handlungen fallen alle von den §§ 823 (auch dessen Abs. 2 iVm. einem Schutzgesetz)[4] bis 826,[5] 829, 831, 833 bis 838 BGB, Art. 34 GG iVm. § 839[6] und §§ 858ff., §§ 989, 990, 992[7] BGB erfassten deliktischen Tatbestände unabhängig davon, ob sie die Haftung des Schadensersatzverpflichteten an ein Verschulden anknüpfen oder als Gefährdungstatbestände[8] ausgestaltet sind. Ausschlaggebend ist, dass die Begründung der Haftung nicht auf der Verletzung eines Vertrages beruht.[9]

3 Der Gerichtsstand greift auch dann ein, wenn sich eine Klage auf außerhalb des BGB geregelte Delikts- oder Gefährdungshaftungstatbestände stützt. Hierzu zählen: § 1 ProdHaftG, § 3 PflVersG, §§ 1, 2, 3, 14 HPflG, §§ 7ff., 20 StVG, §§ 56ff. LuftVG, §§ 32ff. GenTG,[10] § 22 Abs. 2 WHG,[11] §§ 25ff. AtomG und § 84 AMG. Die Regelung des § 32 ist ferner wegen der Ansprüche auf Grund unberechtigter Zwangsvollstreckung gemäß §§ 302 Abs. 4, 600 Abs. 2, 717 Abs. 2, 945, 1065 Abs. 2 S. 2 anwendbar.[12] Im Bereich des Staatshaftungsrechts greift § 32 auch bei Klagen aus Ansprüchen wegen **enteignungsgleichen** oder **aufopferungsgleichen** Eingriffen ein.[13] Den deliktischen Tatbeständen ieS sind ferner vergleichbare Handlungen wie die missbräuchliche Ausnutzung konzernrechtlich beherrschender Stellungen gemäß §§ 302, 303 AktG gleichzustellen.[14]

4 **b) Weitere Fallgruppen. aa) Wettbewerbs- und kartellrechtliche Tatbestände.** Im Bereich des unlauteren Wettbewerbs stellt § 14 Abs. 2 UWG einen besonderen Gerichtsstand der unerlaubten Handlung zur Verfügung. Insoweit besteht für unmittelbar von einer Handlung betroffene Wettbewerber der Gerichtsstand des § 14 Abs. 1 UWG am Sitz der Niederlassung bzw. hilfsweise am Wohnsitz und wahlweise daneben gemäß § 14 Abs. 2 S. 1 UWG beim Gericht am Ort der Handlung.[15] Für mittelbar Betroffene iSd. § 8 Abs. 3 Nr. 2 bis 4 UWG greift dagegen § 14 Abs. 2 S. 2 UWG; Klagen sind (nicht durch Prorogation abdingbar)[16] nur im Gerichtsstand nach § 14 Abs. 1 UWG zulässig, es sei denn, der Beklagte hat keinen inländischen Niederlassungs- bzw. Wohnsitz.[17] Soweit zugleich eine unerlaubte Handlung (wie regelmäßig bei einem Wettbewerbsverstoß)[18] zu beurteilen ist, wird neben § 14 UWG auch § 32 für anwendbar gehalten.[19]

5 Verwirklicht ein Kartellrechtsverstoß gemäß §§ 20, 33 GWB (Boykottmaßnahmen) zugleich einen Eingriff in den eingerichteten und ausgeübten Gewerbebetrieb, ist § 32 anwendbar.[20] Daneben können aber zB auch Verstöße gegen das Diskriminierungsverbot des § 26 GWB im Gerichtsstand des § 32 geltend gemacht werden.[21]

6 **bb) Ansprüche aus Durchgriffshaftung.** Derartige Ansprüche beruhen nicht auf einer Verletzung vertraglicher Verpflichtungen, sondern auf der missbräuchlichen Ausnutzung der das Unternehmen beherrschenden Stellung. Die damit einhergehende Gefährdungssituation für fremde Interessen gehört strukturell in den Bereich deliktischer Haftung. Daher ist auch insoweit der Gerichtsstand des § 32 eröffnet.[22]

7 **cc) Eingriffskondiktion.** Klagen wegen Ansprüchen aus § 812 Abs. 1 S. 1 Alt. 2 BGB beruhen auf einem Eingriff in Rechte, die nach ihrem Zuweisungsgehalt dem Bereicherungsschuldner nicht zustehen. Die Eingriffskondiktion stellt sich daher in dem weiten, von § 32 intendierten Sinne als eine Form unerlaubter, weil der Rechtsordnung zuwiderlaufender Handlung dar, so dass der Gerichtsstand des § 32 eröffnet ist.[23]

8 **dd) Haftung von Insolvenzverwalter und Gläubigerausschussmitglied.** Wegen der deliktsrechtlichen Struktur ist für die Streitigkeiten wegen der Haftung von Insolvenzverwaltern (§ 60, § 61 InsO) und Gläubigerausschuss- bzw. -beiratsmitgliedern (§ 71 InsO) wegen Verletzung der ihnen obliegenden insolvenzspezifischen Pflichten der Gerichtsstand des § 32 begründet.[24] Aber auch bei Insolvenzstraftaten (§§ 283ff. StGB) als Schutzgesetze iSd. § 823 Abs. 2 BGB greift der Gerichtsstand der unerlaubten Handlung ein.[25]

---

4 BGHZ 116, 13; *T/P/Hüßtege* Rn. 1.
5 BGH WM 1989, 1047, 1049 = EWiR 8/89, 765 (*Wach*).
6 LG Mainz NJW-RR 2000, 588; *Zö/Vollkommer* Rn. 5; *Wiecz/Sch/Hausmann* Rn. 9.
7 Vgl. *Spickhoff* ZZP 109 (1996), 514.
8 RGZ 60, 300, 302f.
9 BGH NJW 1956, 911; 1974, 410, 411.
10 *Zö/Vollkommer* Rn. 7; *Luttermann* JZ 1998, 174.
11 BGHZ 80, 1, 3 = NJW 1981, 1516.
12 MK/*Patzina* Rn. 6; *Wiecz/Sch/Hausmann* Rn. 10.
13 *St/J/Roth* Rn. 20; *Wiecz/Sch/Hausmann* Rn. 16; *Zö/Vollkommer* Rn. 5.
14 BGHZ 122, 123; OLG Köln ZIP 1998, 74.
15 *St/J/Roth* Rn. 10; *Zö/Vollkommer* Rn. 10; zum im Wesentlichen übereinstimmenden § 24 UWG aF: OLG Düsseldorf NJW 1995, 60; KG NJW-RR 1995, 876; OLG Zweibrücken GRUR 1997, 77; aA LG Frankenthal NJW-RR 1996, 234.
16 BGH NJW 1998, 1149; KGR 1996, 258; *St/J/Roth* Rn. 11.
17 OLG Düsseldorf NJW 1995, 60, 61; KG NJW-RR 1995, 876 (zu § 24 UWG aF).
18 So zutr. *St/J/Roth* Rn. 10f.
19 *B/L/H* Rn. 2; *T/P/Hüßtege* Rn. 7; LG Nürnberg-Fürth AnwBl. 1997, 226; LG Hamburg GRUR-RR 2001, 95; einschränkend nur für unmittelbar Betroffene: *Zö/Vollkommer* Rn. 10; MK/*Patzina* Rn. 9; aA *St/J/Roth* Rn. 10f.
20 BGH NJW 1980, 1224, 1225 (Liefersperre).
21 KGR 2000, 181; OLG München NJW 1996, 2382; *Ehricke* ZZP 111 (1998), 174.
22 KrG Erfurt ZIP 1991, 1233, 1238f.; *Wiecz/Sch/Hausmann* Rn. 15.
23 *Spickhoff* ZZP 109 (1996), 513; *Zö/Vollkommer* Rn. 9; *Wiecz/Sch/Hausmann* Rn. 17.
24 OLG Celle WM 1988, 131, 133; vgl. BGHZ 93, 278.
25 *Zö/Vollkommer* Rn. 11a; OLG Hamm BB 2000, 431.

c) **Grenzen.** Klagen wegen aller Formen von Vertragsverletzungen, sei es wegen Schlecht-, Nichtleistung, der Verletzung (vor-)vertraglicher Nebenpflichten, Verstoß gegen eine vertragliche Unterlassungspflicht[26] oder der Verwirkung einer Vertragsstrafe,[27] Bereicherungsansprüchen,[28] mit Ausnahme derer auf Grund Eingriffskondiktion (Rn. 7), aber auch wegen der Verletzung familienrechtlicher Pflichten nach § 1298ff. BGB[29] sowie der Gläubiger- bzw. Insolvenzanfechtung (§§ 3ff. AnfG, §§ 129ff. InsO)[30] fallen nicht unter § 32. Ferner greift der Gerichtsstand der unerlaubten Handlung nicht für Ansprüche der Gesamtschuldner untereinander (§§ 421, 426 BGB), auch wenn die zu Grunde liegende Haftung auf eine unerlaubte Handlung zurückgeht, §§ 823ff., 840 BGB.[31] Gleichermaßen wie im Hinblick auf die internationale Zuständigkeit (Rn. 24) kommt für eine Zahlungsklage auf Grund einer Gewinnzusage im Versandhandel gemäß § 661a BGB der Gerichtsstand der unerlaubten Handlung nicht in Betracht, weil der Charakter der Gewinnzusage als geschäftsähnliche Handlung einzuordnen ist,[32] die Erfüllungs- und nicht deliktische Schadensersatzansprüche begründet (vgl. § 29 Rn. 6, 45).[33] Im Gegensatz zu den ebenfalls nicht § 32 unterfallenden Ansprüchen aus Geschäftsführung ohne Auftrag[34] können jedoch solche aus der unberechtigten Eigengeschäftsführung gemäß § 687 Abs. 2 BGB im Gerichtsstand der unerlaubten Handlung geltend gemacht werden.[35] Im Gerichtsstand des § 32 ZPO kann außerdem Klage auf Feststellung der Unwirksamkeit eines angefochtenen Vertrages erhoben werden, wenn die Anfechtung auf die behauptete unerlaubte Handlung (zB Betrug) gestützt ist.[36] 9

d) **Zusammentreffen deliktischer und vertraglicher Schadensersatzansprüche.** Fallen deliktische und vertragliche Schadensersatzansprüche zusammen, ist das Gericht des § 32 nach bislang überwiegender Auffassung nur zur Entscheidung über den deliktischen Anspruch zuständig.[37] Damit wird der Streitgegenstand, über den das gemäß § 32 zuständige Gericht zu entscheiden hat, durch diese Vorschrift eingeschränkt[38] mit der Folge, dass bei einer Abweisung der deliktischen Klage vor dem zuständigen Gericht mit einem unveränderten Tatsachenvortrag eine auf vertragliche Schadensersatzansprüche gestützte erneute Klage erhoben werden kann.[39] 10

Mit seinem Beschluss vom 10. 12. 2002[40] vollzog der BGH jedoch eine Abkehr von dieser Ansicht und ließ in Übereinstimmung mit der jüngeren Rechtsprechung einiger Instanzgerichte[41] das Gericht der unerlaubten Handlung gemäß § 32 auch über Ansprüche nichtdeliktischer Art entscheiden. Dies wurde im Wesentlichen damit begründet, dass in Anbetracht von § 17 Abs. 2 GVG die Auslegung, dass im Gerichtsstand des § 32 nur über deliktsrechtliche Anspruchsgrundlagen entschieden werden dürfe, nicht mehr sachgerecht sei. Wenn über § 17 Abs. 2 GVG ein Gericht schon befugt sei, auch über rechtswegfremde Anspruchsgrundlagen (vgl. zum rechtswegübergreifenden Sachzusammenhang § 17 GVG Rn. 2ff.) zu befinden, müsse dies erst recht für rechtswegeigene Anspruchsgrundlagen gelten (vgl. ausf. zum Streit § 12 Rn. 9ff., § 1 Rn. 13f.).[42] 11

2. Persönlich. a) Kläger. Die Klage (Rn. 14) kann sowohl vom Geschädigten, seinen Rechtsnachfolgern[43] oder denjenigen erhoben werden, denen die Schadensersatzforderung auf Grund gesetzlichen Forderungsübergangs gemäß § 116 Abs. 1 SGB X,[44] §§ 158f. VVG[45] oder etwa § 6 Abs. 1 EFZG zusteht.[46] 12

b) Beklagte. Vor dem nach § 32 zuständigen Gericht kann gegen den Täter einer unerlaubten Handlung, gegen Mittäter,[47] aber auch gegen Anstifter oder Gehilfen iSd. § 830 BGB, ferner gegen die Rechtsnachfolger dieser Personen geklagt werden.[48] Weiter gilt der Gerichtsstand des § 32 für die Klagen gegen 13

---

[26] BGH NJW 1974, 411; *T/P/Hüßtege* Rn. 6.
[27] *Zö/Vollkommer* Rn. 12; MK/*Patzina* Rn. 18.
[28] OLG Karlsruhe NJW-RR 1988, 1389, 1390; *Spickhoff* ZZP 109 (1996), 493, 513.
[29] MK/*Patzina* Rn. 17; *Wiecz/Sch/Hausmann* Rn. 22; BGH NJW 1996, 1411 (Auflösung eines Verlöbnisses).
[30] BGH NJW 1990, 990, 991; *St/J/Roth* Rn. 21; *Henckel*, Festschr. f. Deutsch, 1999, S. 968ff.
[31] MK/*Patzina* Rn. 17; *Kühnen* GRUR 1997, 21 (zu § 33 PatG); aA OLG Celle VersR 1991, 234f.; *Zö/Vollkommer* Rn. 5, 12; *Spickhoff* VersR 2003, 666. Für die internationale Zuständigkeit offen gelassen von OLG Stuttgart NJW-RR 2006, 1362, 1364 (jedoch wird die Zuständigkeit kraft Sachzusammenhangs befürwortet).
[32] BGH NJW 2006, 230, 232; 2003, 3620, 3621; OLG Dresden MDR 2005, 591; aA OLG Karlsruhe OLGR 2004, 255.
[33] BGH NJW 2006, 230, 233 m. weit. Nachw.; OLG Düsseldorf OLGR 2005, 348; OLG Dresden MDR 2005, 591; aA OLG Karlsruhe OLGR 2004, 255.
[34] *St/J/Roth* Rn. 21; *Wiecz/Sch/Hausmann* Rn. 21.
[35] OLG Hamm OLGR 2003, 82 (LS).
[36] BayObLG MDR 2003, 1311; MK/*Patzina* Rn. 18.
[37] BGH NJW 1986, 2436, 2437 = LM Nr. 12; NJW 1996, 1411, 1413; 2002, 1425; *Peglau* MDR 2000, 723f.; *ders.* JA 1999, 140; *Spickhoff* ZZP 109 (1996), 493ff.; BGH ZZP 111 (1998), 102; OLG Hamm NJW-RR 2002, 1291; OLG Köln NJW-RR 2001, 55; KGR 1995, 202; OLG Karlsruhe TranspR 1997, 166; OLG Frankfurt MDR 1982, 1023.
[38] BGH NJW 1988, 1466f.
[39] BGH VersR 1978, 59, 60; RGZ 27, 385, 389.
[40] BGH NJW 2003, 828; zust. *Kiethe* NJW 2003, 1294; *Zö/Vollkommer* Rn. 20.
[41] BayObLG NJW-RR 1996, 508; OLG Frankfurt OLGR 1996, 118; OLG Hamburg MDR 1997, 884; OLG Köln NJW-RR 1999, 1081.
[42] BGH NJW 2003, 828, 829.
[43] BGH NJW 1990, 2316; MK/*Patzina* Rn. 14.
[44] BGH NJW 1990, 1533, 2316.
[45] OLG Celle VersR 1991, 234; OLG München OLGZ 1967, 174, 175.
[46] *Wiecz/Sch/Hausmann* Rn. 30.
[47] BGH NJW-RR 1990, 604; NJW 1995, 1226.
[48] RGZ 84, 242, 253.

die Personen, die für die unerlaubten Handlungen anderer haftungsrechtlich einzustehen haben. Namentlich handelt es sich dabei um verfassungsmäßig berufene Vertreter (Organe, § 31 BGB),[49] Geschäftsherrn gemäß § 831 BGB,[50] Gesellschafter, die nach §§ 161 Abs. 2, 128 HGB für die Delikte der OHG oder KG einzustehen haben,[51] sowie Aufsichtspersonen gemäß §§ 832, 834 BGB und Gastwirte, § 701 BGB.[52] Schließlich greift der Gerichtsstand des § 32 für die Klage, die gegen den Versicherer (§ 3 Nr. 1 PflVG) unmittelbar erhoben wird.[53] Soweit unerlaubte Handlungen mehrerer Haftender in Rede stehen, ist für jeden der Gerichtsstand gesondert zu bestimmen.[54] Dabei ist jedoch eine Zurechnung der Tatbeiträge gemäß § 830 Abs. 1 S. 1 BGB vorzunehmen.[55]

III. Klagen

14 Vor dem Gerichtsstand des § 32 können unabhängig von deren konkreten Begehren (Naturalrestitution, Geldersatz, Rückgabe, Auskunft[56]) Leistungsklagen ebenso wie positive oder negative Feststellungsklagen[57] erhoben werden, soweit sie auf unerlaubte Handlungen gestützt sind. Dazu gehören auch Klagen, die auf Widerruf[58] oder solche, die auf das Verbot einer Handlung gerichtet sind.[59] Obwohl der Wortlaut des § 32 an den Ort anknüpft, an dem die unerlaubte Handlung begangen worden ist, kann vor dem Deliktsgerichtsstand auch eine **vorbeugende Beseitigungs- und Unterlassungsklage** erhoben werden.[60] Ebenso kann die **negatorische Unterlassungsklage** im Gerichtsstand der unerlaubten Handlung geltend gemacht werden.[61]

IV. Begehungsort

15 **1. Allgemeines.** Zur Bestimmung des nach § 32 maßgeblichen Begehungsortes ist zwischen drei Orten zu unterscheiden,[62] nämlich dem **Handlungsort,** an dem der Täter gehandelt hat, dem **Erfolgsort,** an dem die Schädigung des Rechtsgutes eingetreten ist (vgl. auch Rn. 16)[63] und schließlich dem **Schadensort,** sofern an anderem Ort ein über den Verletzungserfolg hinausgehender Schaden eingetreten ist. Sowohl der Handlungs- als auch der Erfolgsort sind nach allgM Anknüpfungspunkt für den Begehungsort iSd. deliktischen Gerichtsstandes.[64] Der Schadensort ist für § 32 grundsätzlich unerheblich, da die Vorschrift an das Begehen der unerlaubten Handlung anknüpft.[65] Davon wird jedoch dann eine Ausnahme gemacht, wenn die Schadensrealisierung zum Tatbestand der unerlaubten Handlung gehört,[66] so etwa im Fall des **§ 826 BGB**[67] oder wenn etwa reine Vermögensschäden (insbesondere bei § 823 Abs. 2 BGB iVm. § 263 StGB) in Rede stehen.[68] Lässt sich der Begehungsort nicht feststellen, kommt eine Gerichtsstandsbestimmung nach § 36 Abs. 1 Nr. 2 in Betracht.[69]

16 **2. Einzelne Begehungsorte.** Soweit zu seiner Bestimmung auf den Handlungsort abgestellt wird, ist jeder Ort maßgebend, an dem wesentliche tatbestandsmäßige Ausführungshandlungen, auch Teilakte,[70] vorgenommen worden sind.[71] Entscheidend ist, dass die Handlung Außenwirkungen gezeitigt und über das Stadium bloßer Vorbereitungshandlungen hinausgekommen ist.[72] Der Ort der Entwicklung und Planung des fehlerhaften Produkts,[73] das Verfassen des inkriminierten Berichts oder seine drucktechnische Herstel-

---

49 *Zö/Vollkommer* Rn. 13; MK/*Patzina* Rn. 14.
50 BGH ZIP 1989, 830, 831 f.
51 BayObLGZ 1980, 13, 14 f.
52 BGHZ 15, 149; *St/J/Roth* Rn. 24; aA *Zö/Vollkommer* Rn. 12.
53 BGH NJW 1983, 1799; BayObLG NJW 1988, 2184.
54 BayObLGZ 1995, 303; *St/J/Roth* Rn. 24.
55 BGH NJW 1995, 1226; NJW-RR 1990, 604; OLG Hamm NJW-RR 2000, 727.
56 OLG Düsseldorf GRUR 1959, 540.
57 MK/*Patzina* Rn. 10; OLG Hamburg NJW-RR 1995, 1510 (§ 24 UWG); OLG Köln WRP 1978, 917.
58 BGHZ 31, 308; 37, 187, 189 f.; BGH NJW 1966, 647, 649.
59 *St/J/Roth* Rn. 22; *Wiecz/Sch/Hausmann* Rn. 25.
60 BGH NJW 1956, 911 f.; MDR 1995, 282; KG NJW 1997, 3321; OLG Stuttgart NJW-RR 2006, 1362; OLG Hamburg GRUR 1987, 403 f.; OLG Düsseldorf NJW-RR 1988, 939, 940; OLG Karlsruhe NJW-RR 1988, 1389; OLG Koblenz NJW-RR 1989, 1013; *Behr* GRUR Int. 1992, 604.
61 *St/J/Roth* Rn. 23; *Zö/Vollkommer* Rn. 14; *Ro/S/Go* § 36 Rn. 27.
62 *Wiecz/Sch/Hausmann* Rn. 31.
63 BGH NJW 1994, 1414; 1996, 1413; BayObLGZ 1995, 303.
64 BGHZ 124, 237, 245; 132, 105, 111; BGH NJW 1990, 1533; BayObLGZ 1995, 301, 303; OLG Koblenz WM 1989, 622; *St/J/Roth* Rn. 26; *Zö/Vollkommer* Rn. 16; MK/*Patzina* Rn. 20; *Zi* Rn. 4.
65 BGH NJW 1977, 1590; 1987, 592 = EWiR 1/87, 93 (*Geimer*); OLG Düsseldorf NJW-RR 1988, 940; OLG München NJW-RR 1993, 703; aA LG Mainz NJW-RR 2000, 588 (Amtshaftung).
66 BGHZ 40, 391, 395; 52, 108, 111 = NJW 1969, 1532; BGH NJW 1977, 1590; 1990, 1533; BayObLGZ 1995, 301, 303; OLG München GRUR 1990, 677; OLG Düsseldorf NJW-RR 1988, 939, 940; OLG Frankfurt OLGZ 1986, 495, 496.
67 BGH LM Nr. 5; BGHZ 40, 391, 395 = NJW 1964, 969.
68 BGHZ 132, 105; OLG Köln NJW-RR 1999, 1081, 1082; *Kiethe* NJW 1994, 222, 227; *St/J/Roth* Rn. 30.
69 BayObLG DB 1999, 523; KGR 1999, 154.
70 BGHZ 40, 391, 395 = NJW 1964, 969; RGZ 72, 41, 44.
71 BayObLG NJW-RR 1996, 508, 509.
72 RGZ 13, 424, 425; BGH MDR 1957, 29, 31 m. Anm. *Pohle; St/J/Roth* Rn. 28.
73 *Wiecz/Sch/Hausmann* Rn. 32.

lung stellen bloße Vorbereitungshandlungen dar. Das Delikt wird begangen, wenn das Produkt den Herstellungsprozess verlässt (Handlungsort) und dann zum Unfall führt (Erfolgsort).[74] Erfolgt die **Produktherstellung** arbeitsteilig sowie unter Verwendung von Zulieferteilen gilt als Handlungsort auch der Ort, an dem das die Produkthaftung auslösende Teil in das Endprodukt eingebaut wird.[75] Unmaßgeblich ist der Vertriebsweg, der Ort der Werbung oder der Erwerbsort des Produkts.[76] Bei Druckwerken ist zur Bestimmung des zuständigen Gerichts nach § 32 auf den Ort des Erscheinens aber auch auf den der bestimmungsgemäßen Kenntnisnahme abzustellen.[77] Die ernsthafte **Drohung** mit einer unerlaubten Handlung stellt bereits selbst einen Eingriff in die Freiheit des Bedrohten dar und begründet damit an ihrem Orte einen eigenen Gerichtsstand gemäß § 32.[78] Wird das Delikt (etwa bei Ehrdelikten) durch Absenden eines **Briefes** oder per Fax verwirklicht, ist der Handlungsort beim Absender[79] und Erfolgsort der des Empfangs.[80] Ebenso wird bei fernmündlichen Äußerungen auch auf den Ort der Vernehmung abgestellt.[81] Bei **Boykottaufrufen** ist Begehungsort derjenige der Verlautbarung[82] ebenso wie der Ort, an dem der Aufruf die Adressaten erreicht hat.[83] Daneben wird auch der davon abweichende Sitz des vom Boykottaufruf Betroffenen angenommen.[84]

Bei Verletzung von **Immaterialgüterrechten** wie etwa dem Urheberrecht ist das Gericht zuständig, in dessen Bezirk die Verletzungshandlung begangen wurde; unerheblich ist der Ort, an dem eine etwaige Genehmigung einzuholen gewesen wäre.[85] Für **Immissionsdelikte** ist der Ort der Anlage maßgeblich, daneben kommt der Ort der Schädigung als Erfolgsort in Betracht (vgl. § 32a Rn. 1ff.).[86] Die **sittenwidrige Ausnutzung von Vollstreckungstiteln** (§ 826 BGB) hat kumulativ[87] als Begehungsort den Ort der Erwirkung des Titels,[88] den Sitz des klagenden Vollstreckungsschuldners[89] und den Ort der erfolgten oder drohenden Vollstreckungsmaßnahmen.[90] Der Begehungsort von **Unterlassungen** liegt dort, wo die pflichtwidrig unterlassene Handlung hätte verwirklicht werden müssen.[91] Hat der Beklagte gegen ein Unterlassungsurteil verstoßen, kommt es auf den Ort des Verstoßes an.[92] Bei vorbeugenden Unterlassungsklagen kommt es auf den Ort des bedrohten Rechtsguts an.[93] Schadensersatzansprüche wegen **Gesundheitsverletzungen** können nach § 32 am Wohnort des Verletzten eingeklagt werden.[94] Das gilt auch dann, wenn die Ursache im Rahmen einer falschen telefonischen Beratung im Anschluss an die Behandlung eines Patienten gesetzt wurde.[95] Bei **Ehrverletzungen bzw. Persönlichkeitsdelikten** ist der Handlungsort derjenige der Entäußerung; daneben geht die Rechtsprechung davon aus, dass in den am Wohnsitz lokalisierten Achtungsanspruch des Verletzten mit der Folge eingegriffen wird, dass dort der Gerichtsstand des § 32 begründet ist.[96] Bei einer betrugsbedingten vermögensschädigenden Anweisung zum Geldtransfer ist der Gerichtsstand am Ort der Bank begründet, bei der das belastete Konto des Geschädigten geführt wird.[97] Das gilt auch bei der Veruntreuung von Anlagevermögen.[98] 17

3. Delikte mit räumlicher Verbreitung. Pressedelikte wie vor allem unerlaubte Handlungen durch **Film** oder **Fernsehen** können in verschiedenen Gerichtsbezirken verwirklicht werden. Insofern ist die Zuständigkeit des Gerichts an dem Ort begründet, an welchem die Sendung empfangen wurde bzw. werden sollte.[99] Entsprechendes gilt, wenn **Teilakte** einer unerlaubten Handlung in verschiedenen Gerichtsbezirken verwirklicht worden sind.[100] Bei grenzüberschreitenden Presse- und Rundfunkdelikten ist indes zu berücksichtigen, dass der verantwortliche Redakteur nur nach den im Verbreitungs- oder Sendegebiet geltenden Regeln haftet.[101] Begehungsort der Verletzung von Firmen- und Namensrechten durch Verwendung von 18

---

74 *Schack* Rn. 301; *St/J/Roth* Rn. 35; OLG Frankfurt OLGR 1995, 119; AG Neustadt/Weinstr. VersR 1984, 1180.
75 OLG Stuttgart NJW-RR 2006, 1362.
76 *Zö/Vollkommer* Rn. 17; *St/J/Roth* Rn. 35; *Schack* Rn. 301.
77 BGH NJW 1996, 1128; MDR 1995, 282; OLG München OLGZ 1987, 217.
78 BGH MDR 1995, 282; OLG Hamburg GRUR 1987, 403f.; LG Düsseldorf WM 1997, 1446.
79 RGZ 27, 418, 419.
80 BGH NJW 1964, 970.
81 *Zö/Vollkommer* Rn. 17; OLG München NJW-RR 1994, 190; AG Limburg NJW-RR 2002, 751.
82 *Wiecz/Sch/Hausmann* Rn. 39; *Zö/Vollkommer* Rn. 17.
83 OLG Frankfurt OLGZ 1986, 495, 496 = NJW-RR 1986, 1189.
84 BGH NJW 1980, 1225; *Zö/Vollkommer* Rn. 17.
85 BGHZ 52, 108, 111 = NJW 1969, 1532.
86 OLG Köln BB 1993, 1387, 1388.
87 Str., OLG Koblenz NJW-RR 1989, 1013; *Zö/Vollkommer* Rn. 17; abl. OLG Köln NJW-RR 1987, 941.
88 OLG Köln BB 1993, 1387, 1388.
89 OLG München NJW-RR 1993, 701, 703; OLG Schleswig NJW-RR 1992, 239.
90 OLG Koblenz NJW-RR 1989, 1013; OLG Hamm NJW-RR 1989, 305; MDR 1987, 1029; OLG Frankfurt WM 1986, 287; LG Lübeck 1990, 2892.
91 OLG Karlsruhe MDR 1960, 56; OLG Hamm NJW-RR 1989, 305; 1987, 1337.
92 OLG Hamm NJW 1958, 1831.
93 BGH MDR 1995, 282; LG Düsseldorf WM 1997, 1446; *St/J/Roth* Rn. 28.
94 BGH NJW 1990, 1533; KG NJW 2006, 2336.
95 OLG Karlsruhe OLGR 2003, 438.
96 BGH NJW 1977, 1590; vgl. BGHZ 89, 201; *Wiecz/Sch/Hausmann* Rn. 42.
97 BayObLG MDR 2003, 893; Rpfl. 2004, 365.
98 OLG Stuttgart RIW 1998, 809; *Zö/Vollkommer* Rn. 17.
99 OLG München OLGZ 1987, 217; LG Hamburg NJW 2003, 1952.
100 OLG Hamburg NJW-RR 1993, 173; RGZ 72, 41, 44.
101 BGH NJW 1987, 1323, 1324; OLG München ZUM 1990, 255, 257.

„domain names" im **Internet** ist überall dort, wo die Website bestimmungsgemäß abrufbar ist.[102] Dies soll jedoch bei bloßer Werbung über das Internet nicht gelten.[103] Bei Ansprüchen wegen unlauteren Wettbewerbs oder der Verletzung von Urheber- und Markenrechten[104] kann das Verbreitungsgebiet der Internetwerbung durch sogenante Disclaimer, also zur Beschränkung gedachten textlichen Hinweisen auf der Webseite, eingegrenzt werden, wenn sie eindeutig gestaltet und auf Grund ihrer Aufmachung als ernst gemeint erkannt und vom Werbenden tatsächlich beachtet werden.[105]

V. Prozessuale Voraussetzungen des Gerichtsstandes

19 Der Gerichtsstand des § 32 wird dadurch begründet, dass der Kläger **schlüssig Tatsachen behauptet,** aus denen sich ergibt, dass im Gerichtsbezirk eine unerlaubte Handlung begangen worden ist.[106] Bei mehreren Beklagten (passive Streitgenossenschaft) bedarf es für die Zulässigkeit der schlüssigen Darlegung für jeden Streitgenossen.[107] Im Rahmen der Zulässigkeitsprüfung ist die Richtigkeit des Klägervorbringens zu unterstellen (Grundsatz der doppelrelevanten Tatsachen, vgl. § 1 Rn. 20);[108] erweist sich dieser Tatsachenvortrag im Verlauf des Prozesses nicht als wahr, so macht dies die Klage nicht unzulässig. Sie ist als unbegründet abzuweisen.[109] Bei der **Provokation** einer unerlaubten Handlung durch den Kläger kommt eine Berufung auf den Gerichtsstand des § 32 wegen rechtsmissbräuchlichen Verhaltens nicht in Frage.[110] Die internationale Anerkennungszuständigkeit gemäß § 328 Abs. 1 Nr. 1 ist demgegenüber selbständig zu prüfen, da der Beklagte andernfalls zur Verteidigung vor einem ausländischen Gericht gezwungen wäre.[111]

VI. Konkurrierende Gerichtsstände

20 **1. Fakultativer Gerichtsstand.** § 32 normiert einen nicht ausschließlichen Gerichtsstand, der nach Wahl des Klägers (§ 35)[112] neben dem allgemeinen Gerichtsstand am Wohnsitz des Beklagten eingreift.[113] Unter den Voraussetzungen einer zulässigen Gerichtsstandsvereinbarung nach § 38 ist die Vorschrift des § 32 derogierbar, soweit die unerlaubte Handlung bereits begangen ist.[114] Für unerlaubte Handlungen, die zukünftig zu besorgen sind, ist dies denkbar, wenn sich die Vereinbarung auf ein bestimmtes Rechtsverhältnis iSd. § 40 Abs. 1 bezieht.[115] Auf einen Ausschluss des Gerichtsstandes des § 32 auf Grund einer vertragliche Ansprüche betreffenden Gerichtsstandsvereinbarung gemäß § 38 kann dann im Wege der Auslegung geschlossen werden, wenn die in Bezug genommenen Verletzungshandlungen typischerweise auch deliktischen Charakter haben.[116] Für Schadensersatzbegehren, die auf einer Umwelteinwirkung beruhen, ist der ausschließliche Gerichtsstand nach § 32a zu berücksichtigen; insofern ist die Anwendung des § 32 ausgeschlossen (vgl. § 32a Rn. 9).

21 **2. Zuständigkeit des Gerichts am Tatort.** In einer Reihe von Tatbeständen besteht eine fakultative Zuständigkeit des Gerichts am Tatort der Gefährdungshaftung, namentlich §§ 7 Abs. 1, 18 Abs. 1, 20[117] StVG, § 14 HPflG, § 56 Abs. 1 LuftVG, § 6 Abs. 2 ÖlschadenG,[118] § 94a AMG.[119]

22 **3. Weitere Gerichtsstände.** § 32b normiert einen besonderen ausschließlichen Gerichtsstand, der u. a. auch für Prospekthaftungsansprüche eingreift. Bei Ansprüchen einer Verwertungsgesellschaft wegen Verletzung eines von ihr wahrgenommenen Rechts bestimmt § 17 Abs. 1 WahrnG die ausschließliche Zuständigkeit des Gerichts, in dessen Bezirk die Verletzungshandlung vorgenommen wurde.[120] Für Eingriffe in das Recht an einer Gemeinschaftsmarke ist Art. 93 Abs. 5 der EG- Verordnung Nr. 40/94 beachtlich[121]

---

[102] KG Berlin NJW 1997, 3321; ausf. *Bachmann* IPRax 1998, 980; LG München RIW 2000, 466; aA OLG Celle OLGR 2003, 47 (nur der Ort, an dem sich der Verstoß tatsächlich ausgewirkt hat).

[103] OLG Bremen EWiR 2000, 651; OLG Hamburg ZUM-RD 2003, 124; aA LG München IPRax 1998, 208; LG Nürnberg-Fürth AnwBl. 1997, 226.

[104] Ausf. dazu *Danckwerts* GRUR 2007, 104.

[105] BGH NJW 2006, 2630 m. zust. Anm. *Mankowski* GRUR Int. 2006, 609; *Hoeren* MMR 2006, 464; *Rehm* LMK 2006, 183, 948; *Danckwerts* GRUR 2007, 104.

[106] BGH GRUR 1980, 227, 230; NJW 1996, 1413; 2002, 1425; BGHZ 98, 263, 273 = NJW 1987, 592; RGZ 95, 268, 270; 129, 175, 179; BayObLGZ 1995, 301, 303; OLG München NJW 1990, 3097, 3098.

[107] BGH NJW 2002, 1425; *Zö/Vollkommer* Rn. 19; aA *Würthwein* ZZP 106 (1993), 54ff.

[108] BGH NJW 1987, 1323, 1324.

[109] *Schumann,* Festschr. f. Nagel, 1987, S. 402, 422; *Zö/Vollkommer* Rn. 19.

[110] OLG München NJW 1990, 3097, 3098; *St/J/Roth* Rn. 13.

[111] BGHZ 124, 241 = NJW 1995, 1413.

[112] BayObLG VersR 1981, 626; 1986, 299; NJW-RR 1990, 893.

[113] OLG Düsseldorf NJW-RR 1988, 939, 940.

[114] MK/*Patzina* Rn. 39; *Zö/Vollkommer* Rn. 18.

[115] MK/*Patzina* Rn. 39; *Ehricke* ZZP 111 (1998), 163ff.; aA OLG Stuttgart BB 1974, 1270.

[116] *St/J/Roth* Rn. 2; *Wiecz/Sch/Hausmann* Rn. 3 aE; aA OLG Hamburg MDR 1949, 368; OLG Stuttgart BB 1974, 1270.

[117] BayObLG NJW 1988, 2184.

[118] Art. IX des internationalen Übereinkommens über die zivilrechtliche Haftung für Ölverschmutzungsschäden v. 29. 11. 1969 (BGBl. 1975 II S. 305), in Kraft seit 18. 8. 1975 (BGBl. 1975 II S. 1106), geändert durch Gesetz v. 30. 9. 1988 (BGBl. II S. 301).

[119] BGH NJW 1990, 1533, 2316.

[120] BGHZ 52, 108, 110; *Wiecz/Sch/Hausmann* Rn. 53.

[121] *Wichard* ZEuP 2002, 23, 29; *Knaak* GRUR Int. 2007, 386; *St/J/Roth* Rn. 12.

und für Ansprüche wegen der Verletzung eines Gemeinschaftsgeschmacksmusters gilt Art. 82 Abs. 5 der EG-Verordnung Nr. 6/2000.[122]

VII. Internationale Zuständigkeit

1. Deutsche internationale Zuständigkeit. § 32 begründet auch die internationale Zuständigkeit deutscher Gerichte (Grundsatz der Doppelfunktionalität der örtlichen Zuständigkeitsnormen; § 12 Rn. 17).[123] Im Einzelnen ist dies der Fall, wenn die deliktische Handlung oder der Erfolg in Deutschland eingetreten ist,[124] wobei es genügt, wenn ein Teil des Erfolges im Inland Platz greift[125] oder wenn im Falle einer vorbeugenden Unterlassungsklage im Inland mit der zu verbietenden Handlung ernsthaft gedroht (Rn. 16) wird.[126] Soweit auch im Sachzusammenhang stehende nichtdeliktische Ansprüche geltend gemacht werden, begründet § 32 für diese nicht die internationale Zuständigkeit.[127] 23

2. EuGVVO. § 32 wie auch die weiteren besonderen Deliktsgerichtsstände (Rn. 20ff.) werden im Anwendungsbereich der EuGVVO durch Art. 5 Nr. 3 EuGVVO, der die örtliche und internationale Zuständigkeit regelt,[128] verdrängt. Danach kann das Gericht des Ortes angerufen werden, an dem das ursächliche Geschehen stattgefunden hat oder das schädigende Ereignis eingetreten ist.[129] Anhand des Wortlauts der Vorschrift „einzutreten droht" ist bei einer unerlaubten Handlung, die noch zu besorgen ist, der Ort der drohenden Erstbegehung maßgeblich.[130] Nicht ausreichend zur Begründung der Zuständigkeit ist der Ort einer bloß mittelbaren Schadensverursachung[131] bzw. der Ort, an dem nur der Eintritt einer weiteren Schadensfolge[132] zu verzeichnen ist.[133] Das nach Art. 5 Nr. 3 EuGVVO zuständige Gericht ist zur Entscheidung über Klagen berufen, die auf einer unerlaubten Handlung oder ihr gleichgestellten Handlung beruhen und nicht an einen Vertrag iSd. Art. 5 Nr. 1 EuGVVO anknüpfen.[134] Dabei ist der Begriff der unerlaubten Handlung gemeinschaftskonform zu bestimmen[135] und kann daher in Grenzfällen auch Ansprüche aus culpa in contrahendo nach §§ 280 Abs. 1, 311 Abs. 2 BGB erfassen, soweit sie deliktsähnlich sind, dh. Verletzung gegenüber jedermann einzuhaltenden Pflichten,[136] und nicht nur aus der spezifischen mit dem Vertrag zusammenhängenden Aufklärungs- und Beratungsfunktion resultieren.[137] Art. 5 Nr. 3 EuGVVO greift auch in Wettbewerbssachen ein.[138] Nicht erfasst sind jedoch Gewinnzusagen iSd. § 661 a BGB;[139] diese unterfallen Art. 15, 16 EuGVVO (bei Verknüpfung mit einem entsprechenden Verbrauchervertrag) bzw. Art. 5 Nr. 1 EuGVVO (siehe auch Rn. 9, § 29 Rn. 6, 45).[140] Ferner können nichtdeliktische, nur im Sachzusammenhang stehende Ansprüche nicht im Gerichtsstand des Art. 5 Nr. 3 geltend gemacht werden.[141] 24

32a *Ausschließlicher Gerichtsstand der Umwelteinwirkung*

[1]Für Klagen gegen den Inhaber einer im Anhang 1 des Umwelthaftungsgesetzes genannten Anlage, mit denen der Ersatz eines durch eine Umwelteinwirkung verursachten Schadens geltend gemacht wird, ist das Gericht ausschließlich zuständig, in dessen Bezirk die Umwelteinwirkung von der Anlage ausgegangen ist. [2]Dies gilt nicht, wenn die Anlage im Ausland belegen ist.

---

[122] *St/J/Roth* Rn. 12.

[123] *St/J/Roth* Rn. 3; MK/*Patzina* Rn. 28.

[124] EuGH NJW 1977, 493; OLG Stuttgart NJW-RR 2006, 1362, 1364; OLG Karlsruhe RIW 1977, 719; *Schack* JZ 1998, 753f. (zum Internet).

[125] OLG Celle IPRspr. 1977 Nr. 119; OLG Frankfurt ZUM 1991, 563.

[126] OLG Hamburg GRUR 1987, 403f.

[127] BGH NJW 2003, 828; 1996, 1411, 1413; *T/P/Hüßtege* Rn. 5; abl. *St/J/Roth* Rn. 4; OLG Stuttgart NJW-RR 2006, 1362.

[128] BGH NJW 2006, 689; OLG Koblenz, Urteil v. 25. 6. 2007, Az. 12 U 1717/05; MK/*Patzina* Rn. 41; *St/J/Roth* Rn. 5; *Kiethe* NJW 1994, 222, 223.

[129] EuGH NJW 1977, 493; EuGHE 1995, 2719; OLG Stuttgart NJW-RR 1999, 138; OLG Köln ZIP 1998, 74 m. weit. Nachw.; *Kropholler* Art. 5 EuGVO Rn. 81f.; *Schlosser* EuGVVO Art. 5 Rn. 18.

[130] EuGH NJW 2002, 3617, 3619; *Zö/Vollkommer* Rn. 3.

[131] EuGH NJW 1991, 631.

[132] BGHZ 98, 275; *Kiethe* NJW 1994, 225ff.

[133] *Kropholler* Art. 5 EuGVO Rn. 87; *St/J/Roth* Rn. 6; *Zö/Vollkommer* Rn. 3; EuGH Slg. 1995 I, 2719; OLG Stuttgart RIW 1998, 810.

[134] BGH NJW 2006, 689; EuGH NJW 2002, 3617, 3618 m. weit. Nachw.

[135] *Kropholler* Art. 5 EuGVO Rn. 72; *St/J/Roth* Rn. 6; ausf. *Stadler*, Festschr. f. Musielak, 2004, S. 569ff.

[136] *Stadler*, Festschr. f. Musielak, 2004, S. 569, 582.

[137] *Kropholler* Art. 5 EuGVO Rn. 75; *Geimer/Schütze* Art. 5 EuGVÜ Rn. 18, 162; LG Dortmund IPRspr. 1998, Nr. 139; vgl. EuGH NJW 2002, 3159.

[138] BGH NJW 1988, 1467.

[139] EuGH NJW 2002, 2697; 2005, 811; unentschieden BGH NJW 2003, 426 (entweder Art. 15f. oder Art. 5 Nr. 3 EuGVO).

[140] EuGH NJW 2005, 811; EuGH NJW 2002, 2697; BGH NJW 2006, 230, 232 m. weit. Nachw.; vgl. OLG Hamm NJW-RR 2003, 717; OLG Dresden OLG-NL 2002, 97; OLG Nürnberg NJW 2002, 3637; OLG Rostock MDR 2006, 559 (Art. 15 Abs. 1 lit. c EuGVO); noch unentschieden BGH NJW 2003, 426 (Art. 15, 16 oder Art. 5 Nr. 3 EuGVO); unterscheidend nach der Verknüpfung mit einer Warenbestellung: *Leible* NJW 2003, 407; *ders.* IPRax 2003, 28, 33.

[141] EuGH NJW 1988, 3088, 3089; BGH NJW 2003, 828; 1996, 1411, 1413; *Kropholler*, Internationales Privatrecht, 6. Aufl. 2006, § 58 III, S. 621; kritisch *St/J/Roth* Rn. 4.

I. Normzweck

1 § 32a begründet für Schadensersatzansprüche aller Geschädigten wegen einer Umwelteinwirkung einen besonderen ausschließlichen (Rn. 9) Gerichtsstand, wodurch diese Streitigkeiten beim Gericht im Bezirk der schädigenden Anlage konzentriert werden.[1] Die Vorschrift verfolgt damit mehrere Ziele. Zum einen wird der Grundsatz der Prozessökonomie gewahrt, wenn bei einer größeren Zahl von durch die Umwelteinwirkung Geschädigten eine Zersplitterung der örtlichen Zuständigkeiten vermieden wird.[2] Ansonsten wären bei sog. Massenschäden[3] zahllose Parallelverfahren notwendig und damit einhergehend die Beweiserhebung insbesondere durch eine Vielzahl kostenintensiver (und einander möglicherweise widersprechender) Sachverständigengutachten notwendig.[4] Zum anderen wird durch die Vorschrift die Sachverhaltsaufklärung am Ort des schadensstiftenden Ereignisses vereinfacht, eine einheitliche Beurteilung der häufig komplexen Umstände ermöglicht und in der Konsequenz auch die Sachkenntnis des Gerichts für etwaige Folgeprozesse gesteigert. Letztendlich führen diese Gesichtspunkte auch zu einer höheren Rechtsklarheit, Rechtssicherheit und zu weiterer Kostenersparnis.

II. Anwendungsbereich

2 **1. Begriff der Anlage.** Nach der Legaldefinition des § 3 Abs. 2 UmweltHG zählen zu den Anlagen sowohl ortsfeste Einrichtungen wie Betriebsstätten und Lager. Gemäß § 3 Abs. 3 UmweltHG sind aber auch ortsveränderliche technische Einrichtungen wie Maschinen, Geräte, Fahrzeuge und Nebeneinrichtungen, soweit sie mit der Anlage im räumlichen oder betriebstechnischen Zusammenhang stehen und für Umwelteinwirkungen von Bedeutung sein können, erfasst. Aus § 2 UmweltHG ergibt sich, dass dazu auch nicht mehr betriebene sowie noch nicht fertig gestellte Anlagen gehören. Die von der Vorschrift des § 32a erfassten Anlagen sind abschließend[5] im Anhang 1 zu § 1 UmweltHG[6] aufgeführt. Dieser Katalog enthält eine Vielzahl von Anlagetypen aus verschiedenen Bereichen der Industrie und des Gewerbes. Dazu zählen etwa die Zweige Wärmeerzeugung, Bergbau, Energie, Steine, Erden, Glas, Keramik, Baustoffe, Stahl, Eisen und sonstige Metalle, chemische Erzeugnisse, Mineralölraffination, Arzneimittel, Holz, Zellstoff, Nahrungs-, Genuss- und Futtermittel. Nicht in der Auflistung des Anhangs I des UmweltHG enthalten sind Verkehrsanlagen wie Flughäfen oder Bahnhöfe und ferner Kleinemittenten wie Kraftfahrzeuge oder Heizungsanlagen in Gebäuden.[7]

3 **2. Schädigende Umwelteinwirkung.** Eine solche ist im Sinne des § 3 Abs. 1 UmweltHG gegeben, wenn sich Stoffe, Erschütterungen, Geräusche, Druck, Strahlen, Gase, Dämpfe, Wärme oder sonstige Erscheinungen über die Umwelt, also Erde, Luft oder Wasser, ausbreiten und einen Schaden verursachen können. Dementsprechend muss die Umwelteinwirkung geeignet sein, einen Menschen zu töten, seinen Körper oder seine Gesundheit zu verletzen oder eine Sache zu beschädigen.[8]

4 **3. Verursachung.** Nach der Kausalitätsvermutung des § 6 Abs. 1 UmweltHG gilt ein Schaden als durch Umwelteinwirkungen der Anlage verursacht, wenn sie nach den Gegebenheiten des Einzelfalles geeignet sind, den entstandenen Schaden herbeizuführen.[9] Nach § 6 Abs. 2, § 7 UmweltHG greift die Vermutung nicht bei bestimmungsgemäßem Betrieb der Anlage bzw. bei möglichen Alternativursachen. Nach dem Grundsatz der doppelrelevanten Tatsachen (§ 1 Rn. 20) werden diese Umstände im Rahmen der Zuständigkeitsprüfung regelmäßig nicht klärungsbedürftig sein.[10] Ausreichend ist der schlüssige Vortrag des Klägers, der insoweit als wahr unterstellt wird.

5 **4. Parteien. a) Kläger.** Im Gerichtsstand des § 32a kann jeder klagen, der behauptet, auf Grund der Umwelteinwirkungen der Anlage einen Schaden erlitten zu haben. Neben dem Personenkreis der beeinträchtigten Nachbarn oder sonstigen außerhalb der Anlage stehenden möglichen Betroffenen gehören dazu auch Arbeiter, Angestellte, Besucher oder andere Personen, die sich innerhalb der Anlage aufhalten.[11]

6 **b) Beklagter.** Nach dem Wortlaut der Vorschrift muss die Klage gegen den Inhaber der Anlage gerichtet sein. Eine Legaldefinition des Inhaberbegriffs fehlt im UmweltHG, so dass der Begriff unter Zugrundelegung seiner materiellrechtlichen Bedeutung zu bestimmen ist.[12] Insoweit ist die Nähe zum Umweltrecht ausschlaggebend, wo es nicht auf die formalrechtliche Eigentümerstellung ankommt. Maßgebend ist vielmehr die Person, welche mit Verfügungsgewalt die Anlage auf eigene Kosten und Rechnung in Gebrauch hat.[13] Damit ist neben dem Eigentümer ebenso der Betreiber, der auch im Anhang I zu § 1 UmweltHG ge-

---

[1] *Landsberg/Lülling* DB 1990, 2211; *Pfeiffer* ZZP 106 (1993), 160f.; *St/J/Roth* Rn. 1.
[2] Vgl. BT-Drucks. 11/7881, S. 38; *Rest* NJW 1989, 2153, 2169; *Wiecz/Sch/Hausmann* Rn. 1; MK/*Patzina* Rn. 1.
[3] *Zö/Vollkommer* Rn. 2; *St/J/Roth* Rn. 1.
[4] *St/J/Roth* Rn. 1; *T/P/Hüßtege* Rn. 1; *Zö/Vollkommer* Rn. 2.
[5] *Marburger* AcP 192 (1992), 1, 18; *B/L/H* Rn. 4; *Landsberg/Lülling* DB 1990, 2205.
[6] BGBl. 1990 I S. 2639.
[7] *St/J/Roth* Rn. 13.
[8] MK/*Patzina* Rn. 6.
[9] *Marburger* AcP 192 (1992), 1, 33ff.; *Hager* NJW 1991, 137.
[10] *St/J/Roth* Rn. 12; MK/*Patzina* Rn. 9.
[11] BT-Drucks. 11/7104 S. 16; *St/J/Roth* Rn. 3; MK/*Patzina* Rn. 4.
[12] *St/J/Roth* Rn. 4; *Wiecz/Sch/Hausmann* Rn. 5.
[13] *Landsberg/Lülling* DB 1990, 2206; *Zö/Vollkommer* Rn. 5; *Klug*, Neue Regelungen im Bereich der Gerichtsstände der ZPO, 1998, S. 28, 31f.; *St/J/Roth* Rn. 4; *Wiecz/Sch/Hausmann* Rn. 5; BGH NJW 1981, 1516 (zu § 22 Abs. 2 WHG).

nannt wird,[14] als Inhaber iSd. § 32a anzusehen.[15] Nur diese Interpretation kann der Zielsetzung des § 32a (Rn. 1) im Zusammenspiel mit dem UmweltHG gerecht werden. So wird ferner berücksichtigt, dass die Vermutungsregel nach § 6 Abs. 2 UmweltHG nicht eingreift, wenn die Anlage bestimmungsgemäß **betrieben** wurde.[16] Durch diese Einordnung wird in der gebotenen Weise den Besonderheiten der Anlagenhaftung als Gefährdungshaftung[17] Rechnung getragen.

5. Schadensersatzklage. Die Vorschrift nimmt ohne Eingrenzung alle Klagen in Bezug, die auf Ersatz 7
eines Schadens gerichtet sind, der durch eine Umwelteinwirkung verursacht wurde. Für den Gerichtsstand des § 32a kommt es nicht auf die nähere materiellrechtliche Qualifikation des geltend gemachten Schadensersatzanspruchs an, sofern es sich nur um einen solchen handelt, der einen umweltrechtlichen Entstehungsgrund hat.[18] Daher kann die Schadensersatzklage auf deliktischen oder auf vertraglichen[19] Anspruchsgrundlagen beruhen. In erster Linie kommen jedoch die Schadensersatzansprüche nach §§ 1ff. UmweltHG in Betracht. Daneben (vgl. § 18 Abs. 1 UmweltHG) aber auch solche aus §§ 823ff. BGB, wegen Gefährdungshaftung (StVG, ArzneiMG, HaftpflG, BimSchG, WHG) oder etwa der nachbarrechtliche Ausgleichsanspruch nach § 906 Abs. 2 S. 2 BGB. Als vertraglicher Anspruch ist beispielsweise die positive Vertragsverletzung gemäß §§ 280 Abs. 1, 241 Abs. 2, 311 Abs. 1 BGB denkbar.

6. Atomrechtliche Ansprüche. Unter die im Gerichtsstand des § 32a zu erhebenden Klagen fallen nicht 8
solche, die auf Schäden zurückgehen, die durch nukleare Unfälle beim Betrieb von Kernanlagen entstanden sind, § 18 Abs. 2 UmweltHG. Der Gerichtsstand der Umwelteinwirkung kommt dagegen zur Anwendung in Fällen des § 26 AtomG.[20]

III. Konkurrenzen und internationale Zuständigkeit

1. Ausschließlichkeit. Der Ort des Ausgangs einer Umwelteinwirkung bestimmt den Gerichtsstand.[21] 9
§ 32a begründet eine ausschließliche Zuständigkeit des Gerichts für die von der Vorschrift erfassten Schadensersatzklagen, auch sofern das Schadensersatzbegehren auf verschiedene Anspruchsgrundlagen gestützt wird (Rn. 7). Daher werden sämtliche anderen in Betracht kommenden Gerichtsstände (zB §§ 29, 32) verdrängt.[22] Nach § 40 Abs. 2 S. 1 Nr. 2, S. 2 scheiden Prorogation und Zuständigkeitsbegründung durch rügeloses Verhandeln aus. Liegt die Anlage in mehreren Gerichtsbezirken, kommt auf Grund der Ähnlichkeit der Sachverhalte § 36 Abs. 1 Nr. 4 entsprechend zu Anwendung.[23] Für die sachliche Zuständigkeit gelten die allgemeinen Regeln (vgl. § 1 Rn. 8ff.).

2. Deutsche internationale Zuständigkeit. Im Geltungsbereich der **EuGVVO** verdrängen Art. 2, Art. 5 10
Nr. 3 EuGVVO die Norm des § 32a. Hat der beklagte Inhaber seinen Wohnsitz in einem Mitgliedstaat iSd. Art. 1 EuGVVO, kann er nach Wahl des Klägers gemäß Art. 2 Abs. 1 EuGVVO vor den Gerichten dieses Mitgliedstaates oder nach Art. 5 Nr. 3 Abs. 1 beim Gericht an dem Ort verklagt werden, an dem das schädigende Ereignis eingetreten ist. Dabei fällt unter letzteres sowohl der Handlungsort als Ort der Schadensverursachung als auch der Erfolgsort als Ort der Rechtsgutverletzung.[24] Außerhalb des Anwendungsbereichs der EuGVVO bestimmt die Vorschrift grundsätzlich neben der örtlichen auch die internationale Zuständigkeit deutscher Gerichte.[25] Dabei ist umstritten, ob die internationale Zuständigkeit ausschließlich ist. Augenscheinlich wird das Problem bei im Inland belegener Anlage aber im Ausland ansässigen Geschädigten. Bei Annahme einer ausschließlichen internationalen Zuständigkeit deutscher Gerichte wäre der Geschädigte gezwungen, im Gerichtsstand des § 32a zu klagen, weil einem in seinem Heimatland erwirkten Urteil nach § 328 Abs. 1 Nr. 1 die Anerkennung versagt bliebe. Diese als ungerechtfertigt empfundene Benachteiligung des Klägers wird abgelehnt und § 32a S. 1 lediglich als örtlich ausschließliche Bestimmung angesehen.[26] Nach Beitritt der an Deutschland angrenzenden osteuropäischen Staaten zum Hoheitsgebiet der Brüssel-I-Verordnung erübrigt sich diese Frage, ist doch dann praktisch kaum noch eine Konstellation denkbar, in der eine Umweltbeeinträchtigung einer deutschen Anlage im Ausland nicht unter Art. 5 Nr. 3 EuGVVO fällt. Bei im Ausland belegenen Anlagen greift die Vorschrift nach § 32a S. 2 nicht ein. Es ist dann nach den allgemeinen Regeln ein Gerichtsstand am (Wohn-)Sitz (§§ 13, 17) und beim Gericht der unerlaubten Handlung gegeben.[27]

---

14 Vgl. Anhang I Nr. 3 vor „Wärmeerzeugung, Bergbau, Energie"; MK/*Patzina* Rn. 5.

15 MK/*Patzina* Rn. 5; *Zö/Vollkommer* Rn. 5; *Klug* (Fn. 13) S. 31f.; vgl. auch *Hager* NJW 1991, 134, 138f.; VGH Kassel NVwZ 1987, 816; aA *B/L/H* Rn. 4 (nur Eigentümer).

16 *Zö/Vollkommer* Rn. 5; *Wiecz/Sch/Hausmann* Rn. 5.

17 *Hager* NJW 1991, 134, 136; *Wiecz/Sch/Hausmann* Rn. 5; *Zö/Vollkommer* Rn. 5.

18 *Wiecz/Sch/Hausmann* Rn. 8; *Klug* (Fn. 13) S. 33f., 34; *Zö/Vollkommer* Rn. 1.

19 *Pfeiffer* ZZP (1993), 159, 163; *St/J/Roth* Rn. 8.

20 *Klug* (Fn. 13) S. 38; *Pfeiffer* ZZP (1993), 159, 164.

21 MK/*Patzina* Rn. 8; *St/J/Roth* Rn. 15.

22 *St/J/Roth* Rn. 16; *Wiecz/Sch/Hausmann* Rn. 17, 18.

23 *St/J/Roth* Rn. 18; *Zö/Vollkommer* Rn. 7.

24 EuGHE 1995, 2719; EuGH NJW 1977, 493; MK/*Patzina* Rn. 11; *Reinmüller* IPRax 1985, 233; *Schack* Rn. 293f.

25 MK/*Patzina* Rn. 12; *Klug* (Fn. 13) S. 48; *Pfeiffer* ZZP 106 (1993), 159; *Zö/Vollkommer* Rn. 3.

26 *St/J/Roth* Rn. 24; *Jayme* IPRax 1992, 338, 339; *Lindacher* ZZP 112 (1999), 510, 511; *Landsberg/Lülling* DB 1990, 2205, 2211; aA *Klug* (Fn. 13) S. 48f.; *Pfeiffer* ZZP 106 (1993), 159, 179; *Wiecz/Sch/Hausmann* Rn. 24; *Zö/Vollkommer* Rn. 3.

27 BT-Drucks. 11/8134 S. 6; *Mayer* MDR 1991, 813ff.; *Zö/Vollkommer* Rn. 3.

32b *Ausschließlicher Gerichtsstand bei falschen, irreführenden oder unterlassenen öffentlichen Kapitalmarktinformationen* **(1) [1]Für Klagen, mit denen**

1. der Ersatz eines auf Grund falscher, irreführender oder unterlassener öffentlicher Kapitalmarktinformationen verursachten Schadens oder

2. ein Erfüllungsanspruch aus Vertrag, der auf einem Angebot nach dem Wertpapiererwerbs- und Übernahmegesetz beruht,

geltend gemacht wird, ist das Gericht ausschließlich am Sitz des betroffenen Emittenten, des betroffenen Anbieters von sonstigen Vermögensanlagen oder der Zielgesellschaft zuständig. [2]Dies gilt nicht, wenn sich dieser Sitz im Ausland befindet.

(2) [1]Die Landesregierungen werden ermächtigt, durch Rechtsverordnung die in Absatz 1 genannten Klagen einem Landgericht für die Bezirke mehrerer Landgerichte zuzuweisen, sofern dies der sachlichen Förderung oder schnelleren Erledigung der Verfahren dienlich ist. [2]Die Landesregierungen können diese Ermächtigung auf die Landesjustizverwaltungen übertragen.

I. Normzweck

1 Das Gesetz zur Einführung von Kapitalanleger-Musterverfahren[1] erweitert zur Verbesserung des Kapitalanlegerschutzes die prozessualen Möglichkeiten im Bereich kollektiver Rechtsschutzformen.[2] In diesem Zusammenhang wurde § 32b in die ZPO eingefügt, wobei die Regelung des Abs. 2 am 20. 8. 2005 und die des Abs. 1 am 1. 11. 2005 in Kraft getreten ist.[3] Die Geltungsdauer der Vorschrift endet am 31. 10. 2010.[4] Bis zu diesem Zeitpunkt soll die Tauglichkeit der Bestimmung in der Praxis erprobt werden.[5] Durch § 32b Abs. 1 S. 1 wird die ausschließliche örtliche Zuständigkeit am Sitz des betroffenen Emittenten, des betroffenen Anbieters von sonstigen Vermögensanlagen oder der Zielgesellschaft konzentriert. Die Neuregelung soll einer Zersplitterung der örtlichen Zuständigkeiten entgegen wirken.[6] Ferner erfordert die Klärung beweisbedürftiger Umstände in kapitalmarktrechtlichen Prozessen häufig die Einholung von Sachverständigengutachten. Die Bündelung der Verfahren bei einem Gericht führt dazu, dass grundsätzlich nur noch ein Gutachten eingeholt werden muss. Auf diese Weise werden die Einheitlichkeit der Beweisaufnahme gefördert, Kosten vermindert und das Verfahren beschleunigt.[7] Klagen gegen Emittenten, Anbieter oder Zielgesellschaften iSd. Abs. 1 S. 1 mit Sitz im Ausland sind gemäß Abs. 1 S. 2 von der Zuständigkeitskonzentration ausgenommen (vgl. Rn. 7). Die Bestimmung des Abs. 2 ermöglicht den Landesregierungen, durch Rechtsverordnungen die Spezialisierung eines (oder mehrerer) Eingangsgerichte auf Schadensersatzklagen von Anlegern zu fördern, indem diese Rechtsstreitigkeiten noch stärker, als durch Abs. 1 vorgesehen, bei einem (oder mehreren) Landgericht(en) zusammengefasst werden.[8] Von der Ermächtigung ist bislang wie folgt Gebrauch gemacht worden: Zuständig ist in Nordrhein-Westfalen für Streitigkeiten im OLG-Bezirk Düsseldorf das LG Düsseldorf, im OLG-Bezirk Hamm das LG Dortmund und im OLG-Bezirk Köln das LG Köln.[9] In Bayern ist das LG München I,[10] in Hessen das LG Frankfurt am Main für die Bezirke der Landgerichte in Hessen[11] sowie in Thüringen das LG Gera für den Bezirk des OLG zuständig.[12]

II. Anwendungsbereich

2 **1. Öffentliche Kapitalmarktinformation.** Nach der Legaldefinition des § 1 Abs. 1 S. 3 KapMuG[13] sind öffentliche Kapitalmarktinformationen für eine Vielzahl von Kapitalanlegern bestimmte Informationen über Tatsachen, Umstände, Kennzahlen und sonstige Unternehmerdaten, die einen Emittenten von Wertpapieren oder Anbieter von sonstigen Vermögensanlagen betreffen. Die in § 1 Abs. 1 S. 4 KapMuG aufgezählten Regelbeispiele sind nicht abschließend.[14]

3 **2. Sitz.** Sofern der Beklagte als juristische Person oder Personifikation, die im Zivilprozess passiv parteifähig ist (§ 17 Rn. 2f.), einen Sitz etwa durch Satzung festgelegt hat, ist dieser maßgeblicher Anknüpfungspunkt (§ 17 Rn. 7). Im Übrigen gilt nach § 17 Abs. 1 S. 2 der Ort, wo die Verwaltung geführt wird, als Sitz (§ 17 Rn. 10).[15]

---

[1] Vom 16. 8. 2005 (BGBl. I S. 2437).

[2] BT-Drucks. 15/5695 S. 1; BT-Drucks. 15/5091 S. 1.

[3] Art. 2 Nr. 2, Art. 9 Abs. 1 KapMuG.

[4] Art. 9 Abs. 2 KapMuG.

[5] BT-Drucks. 15/5091 S. 47; *Schneider* BB 2005, 2249.

[6] BT-Drucks. 15/5091 S. 33; *Hess* WM 2004, 2329, 2331.

[7] BT-Drucks. 15/5091 S. 33.

[8] BT-Drucks. 15/5091 S. 34; *Möllers/Weichert* NJW 2005, 2737, 2739.

[9] Konzentrations-VO vom 23. 11. 2005, GVBl. NRW S. 920.

[10] § 24a der Verordnung über gerichtliche Zuständigkeiten im Bereich des Staatsministeriums der Justiz v. 16. November 2004, GVBl. S. 471, geändert durch Verordnung v. 2. November 2005, GVBl. S. 547.

[11] § 1 der Verordnung über die Zuständigkeit in Kapitalmarktstreitsachen nach § 32b Abs. 1 S. 1 der Zivilprozessordnung vom 30. Januar 2006, GVBl. I S. 25.

[12] § 5 Abs. 3 der Verordnung über gerichtliche Zuständigkeiten in der ordentlichen Gerichtsbarkeit v. 12. August 1993, idF v. 23. Dezember 2005, GVBl. 2005 S. 446.

[13] Zuletzt geändert durch Art. 12 TransparenzRL-Umsetzungsgesetz v. 5. Januar 2007 (BGBl. I S. 10); hierzu *Hutter/Kaulamo* NJW 2007, 471ff., 550ff.

[14] *Plaßmeier* NZG 2005, 609, 610; *Schneider* BB 2005, 2249.

[15] BT-Drucks. 15/5091 S. 33.

3. Parteien. a) Kläger. Im Gerichtsstand des § 32b können Kapitalanleger Klagen erheben, welche einen Schadensersatzanspruch im Sinne des Abs. 1 Nr. 1 oder einen vertraglichen Erfüllungsanspruch gemäß Abs. 1 Nr. 2 zum Gegenstand haben. 4

b) Beklagter. Als mögliche Beklagte nennt § 32b Abs. 1 S. 1 den Emittenten, den Anbieter von sonstigen Vermögensanlagen oder – bei übernahmerechtlichen Sachverhalten[16] – die Zielgesellschaft. Daneben kommen auch die Organe des Emittenten bzw. Anbieters, der Emissionsbegleiter, die Mitglieder des Verwaltungs- und Aufsichtsorgans, Bieter nach § 2 Abs. 4 WpÜG sowie sonstige Dritte sofern diese etwa als Prospektverantwortliche gelten in Betracht.[17] 5

4. Streitigkeiten. Nach der Gesetzesbegründung sind von **§ 32b Abs. 1 S. 1 Nr. 1** nur außervertragliche Schadensersatzklagen erfasst.[18] In Betracht kommen als Ansprüche etwa solche nach §§ 37b, 37c WpHG, iSd. § 823 Abs. 2 BGB iVm. § 264a StGB, gemäß § 400 AktG sowie aus § 331 HGB.[19] Auf Grund des Wortlauts des § 1 Abs. 1 S. 3 KapMuG in der auf Empfehlung des Rechtsausschusses erweiterten Fassung[20] sowie wegen des Normzwecks (Rn. 1) greift die Vorschrift auch für Klagen ein, welche auf die von der Rechtsprechung entwickelten Grundsätze der Prospekthaftung gestützt werden, zB hinsichtlich Altemissionen und geschlossenen Fonds, die dem ungeregelten so genannten **grauen Kapitalmarkt** zugeordnet sind.[21] Sofern der Anspruch auf die Verletzung eines **Anlageberatungsvertrages** gestützt wird, in dessen Rahmen der Inanspruchgenommene sich seinerseits auf öffentliche Kapitalmarktinformationen bezogen hat, was regelmäßig bei Banken oder ähnlichen Beratern der Fall sein dürfte, beruht der Schaden nicht iSd. § 32b Abs. 1 S. 1 Nr. 1 auf den für eine Vielzahl von Kapitalanlegern bestimmten Informationen, sondern auf der fehlerhaften oder unterlassenen individuellen Beratung.[22] Vertragliche Erfüllungsansprüche gemäß **§ 32b Abs. 1 S. 1 Nr. 2** können Gegenstand des Rechtsstreits sein, soweit sie auf ein Angebot nach dem Wertpapiererwerbs- und Übernahmegesetz zurückzuführen sind. Denkbar sind zB Nacherfüllungsansprüche nach § 31 Abs. 4, 5 S. 1 WpÜG.[23] 5a

III. Konkurrenzen und internationale Zuständigkeit

1. Ausschließlichkeit. Durch die Neuregelung wird, trotz vieler kritischer Stimmen[24], die für Prospekthaftungsklagen ausschließliche Zuständigkeit des LG Frankfurt am Main nach § 48 BörsG[25] und § 13 Abs. 2 VerkProspG[26] aufgegeben. Die Prorogation sowie eine Zuständigkeitsbegründung durch rügeloses Verhandeln scheiden nach § 40 Abs. 2 S. 1 Nr. 2, S. 2 aus. Der Grundsatz der Zuständigkeitserhaltung des ursprünglich örtlich und sachlich zuständigen Gerichts nach Klageerhebung gemäß § 261 Abs. 3 Nr. 2 (perpetuatio fori) gilt auch bei gesetzlichen Änderungen der Zuständigkeit (§ 261 Rn. 14). Insofern erfolgt keine Verweisung von Rechtsstreitigkeiten nach § 281 Abs. 1, die vor Inkrafttreten des § 32b Abs. 1 (Rn. 1) eingeleitet wurden.[27] Die **ausschließliche sachliche Zuständigkeit** der Landgerichte als Eingangsgerichte für Schadensersatzansprüche auf Grund falscher, irreführender oder unterlassener öffentlicher Kapitalmarktinformationen ergibt sich aus § 71 Abs. 2 Nr. 3 GVG. 6

2. Internationale Zuständigkeit. Die Regelung des Abs. 1 S. 1 gilt nach Abs. 1 S. 2 nicht für Emittenten, Anbieter und Zielgesellschaften mit Sitz im Ausland. Im Übrigen ist für Sachverhalte mit Auslandberührung zu unterscheiden: Innerhalb des Geltungsbereichs der EuGVVO bzw. des EuGVÜ im Verhältnis zu Dänemark (§ 12 Rn. 17) sowie des LugÜ bestimmt § 32b nur dann die örtliche Zuständigkeit, soweit die Regelungen von EuGVVO, EuGVÜ oder LugÜ nicht auch die örtliche Zuständigkeit betreffen (zB Art. 5 Nr. 3 EuGVVO).[28] Außerhalb dieses Bereichs regelt § 32b nach dem Grundsatz der Doppelfunktionalität (§ 12 Rn. 17) neben der örtlichen auch die internationale Zuständigkeit.[29] Die Frage, ob dabei auch die internationale Zuständigkeit als ausschließliche ausgestaltet ist, wird unterschiedlich beantwortet. Anders als beim vergleichbaren Streit bzgl. der Regelung des Umweltgerichtsstandes nach § 32a (ebenda Rn. 9) ist 7

---

16 *Schneider* BB 2005, 2249, 2250.

17 *B/L/H* Rn. 3; *Reuschle* WM 2004, 2334, 2343; *Schneider* BB 2005, 2249, 2250f.; vgl. *Keller/Kolling* BKR 2005, 399ff.

18 BT-Drucks. 15/5691 S. 33; vgl. OLG Koblenz NJW 2006, 3723 m. abl. Anm. *Stöber;* LG Hildesheim BB 2006, 2212.

19 BT-Drucks. 15/5091 S. 34; *Plaßmeier* NZG 2005, 609, 610.

20 BT-Drucks. 15/5691 S. 23.

21 BGH NJW 2007, 1365; BB 2007, 686 m. zust. Anm. *Rothe/Stumpf;* OLG Nürnberg BB 2006, 2213; OLG Koblenz NJW 2006, 3723 m. zust. Anm. *Stöber; Bachmann* IPRax 2007, 77, 85; aA OLG München WM 2007, 255; AG 2006, 722 m. zust. Anm. *Weck* AG 2006, R 470.

22 BGH NJW 2007, 1365; BB 2007, 686 m. insoweit abl. Anm. *Rothe/Stumpf;* OLG München WM 2007, 255; AG 2006, 722; aA OLG Nürnberg BB 2006, 2213; OLG Koblenz NJW 2006, 3723 m. abl. Anm. *Stöber;* LG Hildesheim BB 2006, 2212.

23 *Reuschle* WM 2004, 2334, 2336.

24 *Duve/Pfitzner* BB 2005, 673, 675; *Möllers/Weichert* NJW 2005, 2737, 2739; *Plaßmeier* NZG 2005, 609, 613f.; *Sessler* WM 2004, 2344, 2346; vgl. BT-Drucks. 15/5091 S. 46.

25 Aufgehoben durch Art. 8 Nr. 2 KapMuG.

26 Aufgehoben durch Art. 7 Nr. 1 KapMuG.

27 BT-Drucks. 15/5091 S. 33.

28 BT-Drucks. 15/5091 S. 17; *Hess* RIW 2004, 2329, 2332; *Möllers/Weichert* NJW 2005, 2737, 2739; *Reuschle* WM 2004, 2334, 2343; *Schneider* BB 2005, 2249, 2250; *von Hein* RIW 2004, 602, 604, 607; *Bachmann* IPRax 2007, 77, 80.

29 *Haß/Zerr* RIW 2005, 721, 727; *Reuschle* WM 2004, 2334, 2343; *Schneider* BB 2005, 2249, 2251; *von Hein* RIW 2004, 602, 608; *Bachmann* IPRax 2007, 77, 80.

die Klärung hier von praktischer Bedeutung. Während die Situation, dass Immissionen aus Deutschland einen Staat außerhalb des Geltungsbereichs der EuGVVO bzw. EuGVÜ oder LugÜ erreichen, kaum denkbar ist,[30] kommt es nämlich häufiger vor, dass deutsche Aktiengesellschaften an Börsen in Drittstaaten (zB an der New York Stock Exchange) notiert sind.[31] Würde insofern eine ausschließliche internationale Zuständigkeit eines deutschen Gerichts angenommen, wäre der Geschädigte gezwungen, im Gerichtsstand des § 32b zu klagen, weil einem im Ausland erwirkten Urteil nach § 328 Abs. 1 Nr. 1 die Anerkennung versagt bliebe.[32] Angesichts dieser ungerechtfertigten Schlechterstellung begründet § 32b lediglich die örtlich ausschließliche Zuständigkeit.[33]

33 ***Besonderer Gerichtsstand der Widerklage*** **(1) Bei dem Gericht der Klage kann eine Widerklage erhoben werden, wenn der Gegenanspruch mit dem in der Klage geltend gemachten Anspruch oder mit den gegen ihn vorgebrachten Verteidigungsmitteln in Zusammenhang steht.**

(2) Dies gilt nicht, wenn für eine Klage wegen des Gegenanspruchs die Vereinbarung der Zuständigkeit des Gerichts nach § 40 Abs. 2 unzulässig ist.

I. Normzweck

1 Die Vorschrift folgt dem Gedanken des Sachzusammenhangs (vgl. § 12 Rn. 6).[1] In einem schwebenden Rechtsstreit (Hauptklage) kann durch eine Widerklage vor dem Gericht der Hauptsache ein Gegenanspruch eingeführt werden.[2] Dadurch soll eine Zersplitterung von Rechtsstreitigkeiten und die inhaltliche Divergenz von Entscheidungen vermieden werden.[3] Damit bezweckt die Vorschrift zugleich eine Konzentration von Rechtsstreitigkeiten an einem einheitlichen Gerichtsstand und trägt so zu prozessökonomischen Verfahren bei.[4] Über diese prozessualen Zweckmäßigkeitsgesichtspunkte hinaus dient § 33 der Gewährleistung der Waffengleichheit der Parteien,[5] weil dem Beklagten am Ort des prozessualen Angriffs des Klägers die Möglichkeit zu einem Gegenangriff eröffnet wird.[6]

II. Anwendungsbereich

2 **1. Sachzusammenhang. a) Begriff.** Gefordert wird von § 33 Abs. 1 ein **rechtlicher** Zusammenhang zwischen Klage und Widerklage[7] oder mit den gegen die Klage vorgebrachten selbständigen Verteidigungsmitteln des Beklagten; ein lediglich tatsächlicher oder wirtschaftlicher Zusammenhang genügt dagegen nicht.[8] Nach der Zwecksetzung des § 33, einer Zersplitterung von Rechtsstreitigkeiten entgegenzuwirken und zusammenhängende Fragen in einem Rechtsstreit zu klären, ist der Begriff des rechtlichen Zusammenhangs dabei weit zu verstehen und liegt in Anlehnung an § 273 Abs. 1 BGB dann vor, wenn die Ansprüche aus einem einheitlichen innerlich zusammengehörigen Lebensverhältnis entspringen.[9] Dies ist beispielsweise anzunehmen bei Verträgen im Rahmen laufender Geschäftsbeziehungen,[10] wenn sie zusammengefasst, einheitlich oder untrennbar erscheinen,[11] bei Widerklagen, die sich gegen die erhobenen Kaufpreisklage mit Gewährleistungsansprüchen richten,[12] Ansprüchen aus dem Grundgeschäft gegenüber Wechsel- oder Scheckforderungen,[13] dem Grundbuchberichtigungsanspruch gegenüber dem Anspruch auf Ersatz von aufgewendeten Hypothekenzinsen,[14] Honoraransprüchen gegenüber Schadensersatzansprüchen wegen mangelhafter Vertragserfüllung,[15] gegeneinander bestehenden Ansprüchen aus dem Eigentümer-Besitzer-Verhältnis (§§ 985ff., 994ff. BGB),[16] einer Besitzschutzklage (§§ 861, 862 BGB) und einer auf das Recht zum Besitz gestützten Widerklage des Eigentümers (vgl. Rn. 14), bei Mieterhöhungsklagen und widerklagend geltend gemachten Mängelbeseitigungsansprüchen[17] sowie bei wechselseitigen deliktischen Schadens-

---

30 *von Hein* RIW 2004, 602.

31 *von Hein* RIW 2004, 602f.

32 *Haß/Zerr* RIW 2005, 721, 727.

33 *Hess* WM 2004, 2229, 2232; *Reuschle* NZG 2004, 590, 591; aA *Haß/Zerr* RIW 2005, 721, 727; *Bachmann* IPRax 2007, 77, 80; *von Hein* RIW 2004, 602, 608.

1 AllgM, MK/*Patzina* Rn. 1; *St/J/Roth* Rn. 1; *Pfaff* ZZP 96 (1983), 334, 352f.; *Zö/Vollkommer* Rn. 2.

2 Vgl. *Ott,* Die Parteiwiderklage, 1999, S. 15.

3 BGH NJW 1981, 2642, 2643; 2001, 2094; 2002, 751, 753.

4 *B/L/H* Rn. 3; MK/*Patzina* Rn. 1.

5 *Pfaff* ZZP 96 (1983), 334, 352.

6 MK/*Patzina* Rn. 1; *Wiecz/Sch/Hausmann* Rn. 1.

7 RGZ 11, 423; BGH NJW 1966, 1028; 1970, 425; *Jauernig* ZPR § 46 II; *Musielak,* GK ZPO, Rn. 321; *St/J/Roth* Rn. 26; *Zi* Rn. 5; *Zö/Vollkommer* Rn. 15; MK/*Patzina* Rn. 20; *B/L/H* Rn. 8; *Ott* (Fn. 2) S. 87f.

8 AA *Ro/S/Go* § 95 Rn. 18; *Lüke* Rn. 237.

9 *Ott* (Fn. 2) S. 94f.; *Musielak,* GK ZPO, Rn. 321; *St/J/Roth* Rn. 28; *Wiecz/Sch/Hausmann* Rn. 32; *Zö/Vollkommer* Rn. 15.

10 Vgl. *Busse* MDR 2001, 730; BGH NJW 2002, 2182.

11 MK/*Patzina* Rn. 21; *T/P/Hüßtege* Rn. 5; *St/J/Roth* Rn. 28; BGHZ 54, 244, 250 = NJW 1970, 2019; RGZ 68, 32, 34; OLG Düsseldorf NJW 1978, 703.

12 BGHZ 52, 30, 34 = NJW 1969, 1563.

13 BGH NJW 1991, 2838.

14 RG WarnR 1911, 391.

15 BGH NJW 2001, 2094.

16 *St/J/Roth* Rn. 28.

17 KGR 2004, 91.

ersatzansprüchen aus einem einheitlichen Schadensereignis. Der von § 33 weiter in Bezug genommene Fall des rechtlichen Zusammenhangs mit gegen die Klage vorgebrachten Verteidigungsmitteln erweitert den Gerichtsstand für Widerklagen, die an selbständige Gegenrechte anknüpfen. Dazu gehört insbesondere die klageweise Geltendmachung des den Klagebetrag überschießenden Teils einer aufrechenbaren Gegenforderung (Rn. 13).[18] Voraussetzung ist jedoch, dass das Verteidigungsmittel materiell und prozessual zulässig ist (zB kein Verstoß gegen §§ 393ff. BGB).[19]

b) Örtliche Zuständigkeit. Die Vorschrift betrifft nach überwiegender Auffassung[20] die **örtliche** Zuständigkeit des angerufenen Gerichts, regelt aber entgegen einer älteren, vereinzelt heute noch vertretenen Ansicht[21] **nicht** die besondere **Zulässigkeitsvoraussetzung des Sachzusammenhangs** der Widerklage. Gerade die systematische Stellung des § 33 innerhalb der Gerichtsstandsnormen und die Bezugnahme auf die Zuständigkeit in § 33 Abs. 2 stützen die überwiegende Auffassung.[22] Zwar kann aus dem Wortlaut der Vorschrift kein eindeutiger Schluss gezogen werden,[23] jedoch geht aus § 145 Abs. 2 und § 533 deutlich hervor, dass das Gesetz auch inkonnexe Widerklagen kennt, weshalb eine in § 33 geforderte besondere Zulässigkeitsvoraussetzung des Sachzusammenhangs sinnwidrig wäre.[24] Dementsprechend bestimmt § 33 einen besonderen Gerichtsstand, der dann zum Tragen kommt, wenn für die im Zusammenhang stehende Widerklage nicht schon aus anderen Gründen die örtliche Zuständigkeit am Gericht der Hauptsache begründet ist.[25] Eine nicht-konnexe Widerklage kann ohne Rückgriff auf § 33 Abs. 1 vor dem Gericht der Klage erhoben werden, wenn dieses örtlich (zB §§ 13, 17) zuständig ist.[26] Besteht kein Sachzusammenhang iSd. § 33 Abs. 1, kann der Zuständigkeitsmangel durch rügelose Einlassung gemäß § 39 geheilt werden.[27] Auch nach der Gegenmeinung ist der Zulässigkeitsmangel des fehlenden sachlichen Zusammenhangs nach § 295[28] heilbar, so dass die praktische Bedeutung der unterschiedlichen Auffassungen nicht erheblich ist.[29] 3

2. Regelung des § 33 Abs. 2. Eine Widerklage kann nicht im Gerichtsstand nach Abs. 1 erhoben werden und ist wegen örtlicher Unzuständigkeit abzuweisen,[30] wenn eine Prorogation für die Erhebung einer selbständigen Klage gemäß § 40 Abs. 2 ausgeschlossen wäre. Daher greift § 33 Abs. 1 nur wegen vermögensrechtlicher Ansprüche und solchen nichtvermögensrechtlichen, die nicht dem Amtsgericht ohne Rücksicht auf den Streitwert zugewiesen sind (vgl. § 40 Rn. 4). Der Gerichtsstand des Abs. 1 ist für konnexe Widerklagen auch dann nicht begründet, wenn für den damit geltend gemachten Anspruch iSd. § 40 Abs. 2 S. 1 Nr. 2 besondere ausschließliche Zuständigkeiten (zB §§ 24, 29a, 32a) bestehen.[31] Eine Einschränkung findet § 33 Abs. 2 für Haustürgeschäfte nach § 29c Abs. 2. 4

III. Widerklage

1. Voraussetzungen der Widerklage. a) Grundsatz. Für die Zulässigkeit der Widerklage als eigenständige Klage müssen die Sachurteilsvoraussetzungen erfüllt sein, die für jede Klage gelten. So müssen für sie die deutsche Gerichtsbarkeit[32] und der Rechtsweg zu den ordentlichen Gerichten iSd. § 13 GVG eröffnet[33] sowie Partei und Prozessfähigkeit gegeben sein.[34] Dabei ist nach neuerer Rechtsprechung des BGH nunmehr auch die Gesellschaft bürgerlichen Rechts, die aktiv am Rechtsverkehr teilnimmt, als parteifähig anzusehen (§ 50 Rn. 22).[35] Für nichtrechtsfähige Vereine wird gemäß § 50 Abs. 2 Halbs. 2 eine beschränkte Parteifähigkeit derart festgelegt, dass sie als Beklagte im Rechtsstreit die Stellung eines rechtsfähigen Vereins genießen. Damit haben auch nichtrechtsfähige Vereine die Möglichkeit Widerklage zu erheben (§ 50 Rn. 27).[36] Daneben folgt dies auch aus der geänderten Auffassung zur Rechts- und Parteifähigkeit der GbR und der Anwendung der Vorschriften über die BGB-Gesellschaft auf den nichtrechtsfähigen Verein (§ 54 S. 1 BGB), da diesem damit allgemein die aktive Parteifähigkeit zuzuerkennen und § 50 Abs. 2 insofern als obsolet anzusehen ist (§ 50 Rn. 29).[37] Schließlich muss auch die **sachliche Zuständigkeit** des Gerichts gegeben sein, vor dem die Widerklage erhoben wird. Die Eingangszuständigkeit wird dabei gemäß § 5 Halbs. 2 allein vom Wert der Klage bestimmt (vgl. § 5 Rn. 14); war die Klage beim Amtsgericht anhän- 5

---

18 *Prütting/Weth* ZZP 98 (1985), 131, 153; *Zö/Vollkommer* Rn. 16; *St/J/Roth* Rn. 29.

19 Ausf. *Ott* (Fn. 2) S. 102ff. m. weit. Nachw.; *Zö/Vollkommer* Rn. 16.

20 *St/J/Roth* Rn. 2, 3; *Wiecz/Sch/Hausmann* Rn. 5; MK/*Patzina* Rn. 2.

21 RGZ 23, 396, 397f.; 110, 97, 98; BGHZ 40, 185; BGH NJW 1975, 1228; *Fischer* ZZP 43 (1913), 96ff.; *Heinsheimer* ZZP 38 (1909), 1ff.; differenzierend *Rimmelspacher,* Festschr. f. G. Lüke, 1997, S. 655, 664; *Ott* (Fn. 2) S. 87f.

22 Vgl. *Zi* Rn. 1; *St/J/Roth* Rn. 4; *B/L/H* Rn. 1.

23 Ausf. *Ott* (Fn. 2) S. 62ff.; aA *St/J/Roth* Rn. 4; *Zö/Vollkommer* Rn. 1.

24 *St/J/Roth* Rn. 4; *Zi* Rn. 1; MK/*Patzina* Rn. 2.

25 *T/P/Hüßtege* Rn. 1; *Zö/Vollkommer* Rn. 1; MK/*Patzina* Rn. 2; *B/L/H* Rn. 1; OLG Zweibrücken NJW-RR 2000, 590; aA BGH NJW 1975, 1228; *Ro/S/Go* § 98 II 2c.

26 MK/*Patzina* Rn. 2; *St/J/Roth* Rn. 3; *Zö/Vollkommer* Rn. 1; *T/P/Hüßtege* Rn. 1.

27 *T/P/Hüßtege* Rn. 19; *Zö/Vollkommer* Rn. 1; MK/*Patzina* Rn. 2.

28 *Ro/S/Go* § 98 II 2c.

29 Vgl. MK/*Patzina* Rn. 2; *Zö/Vollkommer* Rn. 1 aE.

30 RGZ 51, 322.

31 *Wiecz/Sch/Hausmann* Rn. 4 aE.

32 RGZ 111, 149f.

33 RG Gruchot 38, 475; *St/J/Roth* Rn. 10.

34 *Nussbaum* ZZP 34 (1921), 148; *St/J/Roth* Rn. 12.

35 BGH NJW 2001, 1056; 2002, 1207; *Wiedemann* JZ 2001, 661; *Wertenbruch* NJW 2002, 324.

36 RGZ 74, 371, 374; *Musielak,* GK ZPO, Rn. 117; *St/J/Roth* Rn. 12.

37 *Jauernig* ZPR § 19 II 2; *ders.* NJW 2001, 2231, 2232; *St/J/Roth* Rn. 12.

gig, ist nach § 506 Abs. 1 auf Antrag der gesamte Rechtsstreit an das Landgericht zu verweisen, wenn der Wert der Widerklage die landgerichtliche Zuständigkeit eröffnet (§ 506 Rn. 2). Wird dagegen bei landgerichtlicher Zuständigkeit für die Klage widerklagend ein Anspruch geltend gemacht, der zur Zuständigkeit der Amtsgerichte gehört, bleibt es nach der Zwecksetzung des § 33 (Rn. 1) bei der sachlichen Zuständigkeit des Landgerichts.[38] Die Zivilkammer ist auch für Widerklagen zuständig, die vor die **Kammer für Handelssachen** gehören würden.[39] Wird im umgekehrten Fall einer Klage vor der Kammer für Handelssachen eine nicht handelsrechtliche Widerklage erhoben, sind beide Klagen auf Antrag des Widerbeklagten („Gegner" iSd. § 99 Abs. 1 GVG) an die Zivilkammer zu verweisen, § 99 GVG.[40] Die Verweisung kann in den Fällen der §§ 97 Abs. 2, 99 Abs. 2 GVG auch von Amts wegen erfolgen.

6 **b) Zeitpunkt der Erhebung der Widerklage.** Die zulässige Widerklage setzt schon begrifflich eine (noch) rechtshängige Hauptklage voraus.[41] Die Widerklage muss, wenn die Hauptklage in **1. Instanz** rechtshängig ist, bis zum Schluss der mündlichen Verhandlung (§§ 256 Abs. 2, 261 Abs. 2) erhoben werden, nach deren Schluss ist die Widerklage unzulässig,[42] soweit die Verhandlung nicht nach § 156 wiedereröffnet wird.[43] Im schriftlichen Verfahren ist dies der Zeitpunkt, bis zu dem Schriftsätze eingereicht werden können, § 128 Abs. 2 S. 2. In der **2. Instanz** kann die Widerklage erhoben werden, wenn die Voraussetzungen nach § 533 Nr. 2 erfüllt sind und der Kläger einwilligt oder das Gericht die Geltendmachung des Anspruchs für sachdienlich hält (§ 533 Nr. 1, ebenda Rn. 19f.).[44] Die Nichterteilung der Einwilligung ist dabei unbeachtlich, wenn der Kläger die Zustimmung rechtsmissbräuchlich verweigert.[45] Sachdienlichkeit ist gegeben, wenn etwa das Gericht nach seinem nicht nachprüfbaren Ermessen[46] annimmt, dass weiteren zu erwartenden Rechtsstreitigkeiten vorgebeugt und der gegenwärtige Prozessstoff voraussichtlich schneller erledigt werden kann.[47] In der **Revisionsinstanz** ist die Widerklage gemäß § 559 Abs. 1 grundsätzlich ausgeschlossen.[48] Ausgenommen davon sind jedoch Anträge auf Schadensersatz, die inzidenter in den Fällen der §§ 302 Abs. 4, 600 Abs. 2, 717 Abs. 2, 3, 1056 Abs. 2 S. 2 gestellt werden (vgl. § 717 Rn. 14, s. a. Rn. 17).

7 c) **Hauptklage.** Voraussetzung der Widerklage ist, dass eine Hauptklage erhoben und rechtshängig geworden ist (Rn. 6).[49] Deshalb scheidet eine Widerklage im Mahnverfahren aus[50] und ist erst statthaft, wenn der Übergang zum Streitverfahren vollzogen ist.[51] Auf die Zulässigkeit der Hauptklage kommt es nicht an.[52] Daher kann der Beklagte Widerklage auch vor dem für die Hauptklage örtlich unzuständigen Gericht erheben.[53] Jedoch wird dadurch nicht etwa im Sinne einer spiegelbildlichen Anwendung des § 33 die Zuständigkeit für die Hauptklage begründet, weil nach der Vorschrift die zeitliche Reihenfolge der Klagen maßgeblich und insofern eine Privilegierung des Beklagten und nicht des Klägers bezweckt ist.[54] Die Rechtshängigkeit muss zur Zeit der Erhebung der Widerklage noch andauern, wobei es ausreicht, dass ein Nachverfahren nach Vorbehaltsurteil rechtshängig ist.[55] Ist die Klage gemäß § 269 **zurückgenommen,** durch beiderseitige **Erledigungserklärung** beseitigt oder durch **Vergleich** erledigt, entfällt die Rechtshängigkeit der Streitsache und die Erhebung der Widerklage ist damit ausgeschlossen.[56] Daher ist auch im Rahmen der mündlichen Verhandlung über die Kosten des Rechtsstreits nach übereinstimmender Erledigung eine Widerklage unzulässig.[57] Eine gleichwohl eingelegte Widerklage kann dann aber als Hauptklage behandelt werden.[58] Für deren örtliche Zuständigkeit gelten dann die allgemeinen Regelungen der §§ 12ff. Wegen der Erhebung der Widerklage vor Wegfall der Rechtshängigkeit der Klage vgl. Rn. 10.

8 d) **Abweichungen** greifen wegen der Form der Erhebung (§ 261 Abs. 2). Zudem ist kein Gerichtskostenvorschuss zu entrichten (§ 65 Abs. 1 S. 4 GKG); Ausländer und Staatenlose müssen bei Erhebung einer Widerklage keine Sicherheit leisten, § 110 Abs. 2 Nr. 4. Für die Widerklage bedarf es keines Güteverfahrens, § 15a Abs. 2 Nr. 1 EGZPO.

---

[38] *T/P/Hüßtege* Rn. 18; *Jauernig* ZPR § 46 III 2; *St/J/Roth* Rn. 14; *Musielak,* GK ZPO, Rn. 319.
[39] *Gaul* JZ 1984, 57, 62; *Ott* (Fn. 2) S. 170f.
[40] *Ott* (Fn. 2) S. 168f.
[41] BGH NJW-RR 2001, 60; BGHZ 53, 92 = NJW 1970, 425; *Musielak,* GK ZPO, Rn. 316; *St/J/Roth* Rn. 16.
[42] BGH NJW 2000, 2513; 1981, 1217f.; 1982, 1533f.; NJW-RR 1992, 1085; OLG Stuttgart OLGR 2003, 395, 396f.; OLG Düsseldorf NJW-RR 2000, 173; OLG Köln MDR 2004, 962; zu den Folgen eines Verstoßes *Ott* (Fn. 2) S. 192f.
[43] BGH NJW 2000, 2512f.
[44] RG JW 1930, 142; BGH VersR 1967, 477; NJW-RR 2005, 437; NJW-RR 1992, 736.
[45] BGH NJW-RR 1990, 1265, 1267.
[46] BGH NJW 1985, 3079.
[47] BGHZ 33, 398, 400 = NJW 1961, 702; OLG Düsseldorf NJW-RR 1991, 367, 369; *Ott* (Fn. 2) S. 209f.
[48] BGHZ 24, 279, 285 = NJW 1957, 1279.
[49] BGH NJW-RR 2001, 60; BGHZ 40, 185, 187 = NJW 1964, 44 m. Anm. *Putzo* S. 500; OLG Frankfurt VersR 1969, 546, 547.
[50] *Zö/Vollkommer* Rn. 17; AG Lübeck NJW-RR 1990, 1152.
[51] *St/J/Roth* Rn. 20.
[52] RG JW 1917, 295; OLG Hamburg OLGRspr. 40, 348; OLG Neustadt NJW 1954, 1371.
[53] KG OLGRspr. 19, 132, 133; *St/J/Roth* Rn. 16; *MK/Patzina* Rn. 12.
[54] OLG Hamburg OLGR 2006, 416.
[55] BGHZ 40, 185, 189; überholt die aA des KG OLGRspr. 23, 84, 85.
[56] RGZ 34, 366, 368; BGH NJW-RR 2001, 60; *Ott* (Fn. 2) S. 185f.
[57] *Zö/Vollkommer* Rn. 17; *Wiecz/Sch/Hausmann* Rn. 20; *MK/Patzina* Rn. 13; aA *Bork* JA 1981, 387; OLG München OLGZ 1965, 40.
[58] RGZ 22, 419, 420; OLG Celle FamRZ 1981, 790, 791; vgl. aber auch OLG Celle NJW 1963, 1555, 1556.

2. Eigenständiger Streitgegenstand. Eine Widerklage wird vom Zeitpunkt ihrer zulässigen Erhebung an wie eine selbständige Klage behandelt.[59] Sie hat einen gegenüber der Klage **eigenständigen Streitgegenstand;**[60] das bloße Entgegentreten gegen den Klageantrag, beispielsweise durch einen negativen Feststellungsantrag gegen eine positive Feststellungsklage oder gegenüber einer Leistungsklage, dass der geltend gemachte Betrag nicht geschuldet werde (kontradiktorisches Gegenteil), genügt nicht.[61] Beharrt der Beklagte in diesen Fällen trotz richterlichen Hinweises (§ 139) darauf, eine Widerklage zu erheben, ist diese wegen Rechtshängigkeit des Streitgegenstandes (§ 261 Abs. 3 Nr. 1) als unzulässig abzuweisen.[62] Das Gleiche gilt trotz differierender Streitgegenstände wegen fehlenden Rechtsschutzbedürfnisses, wenn widerklagend die Unterlassung klagebegründender Behauptungen begehrt wird.[63] Der mit der Widerklage geltend gemachte Anspruch ist aber nicht wegen anderweitiger Rechtshängigkeit unzulässig, wenn etwa der Abänderungsklage nach § 323 mit einer Widerklage auf Herabsetzung der Unterhaltspflicht entgegengetreten wird[64] oder wenn gegen die negative Feststellungsklage widerklagend Leistung begehrt wird;[65] dadurch stellt sich die negative Feststellungsklage (vorgreifliches Rechtsverhältnis) als Fall der Zwischenfeststellungsklage dar. Auf eine anderweitige Bezeichnung kommt es insofern nicht an.[66] 9

3. Unabhängiger Fortbestand der Widerklage. Die Selbständigkeit der einmal erhobenen Widerklage wird daran deutlich, dass ihr Fortbestand, wie auch § 301 ergibt, nicht mehr von der andauernden Rechtshängigkeit der Hauptklage abhängt. So lässt zB die Zurücknahme der Hauptklage, deren Abweisung wegen Unzuständigkeit[67] oder die vergleichsweise Erledigung die zuvor erhobene Widerklage unberührt (vgl. § 261 Abs. 3 Nr. 2). Ebenso kann die Abtrennung der Widerklage gemäß § 145 nicht zur Änderung der einmal nach § 33 Abs. 1 begründeten örtlichen Zuständigkeit führen (§ 261 Abs. 3 Nr. 2).[68] 10

4. Kein Angriffs- oder Verteidigungsmittel. Bei der Widerklage handelt es sich nicht um ein Angriffs- oder Verteidigungsmittel iSd. §§ 282, 296, 530, 531, sondern um einen eigenständigen (Gegen-)Angriff.[69] Aus diesem Grund greifen die Vorschriften der §§ 296, 530, 531 zur **Präklusion** nicht ein. Somit ist Vorbringen, welches hinsichtlich der Hauptklage an sich verspätet wäre, zur Widerklage zu berücksichtigen. Da aber Vorbringen nach § 296 auch nur dann als verspätet zurückgewiesen werden darf, wenn es nach freier Überzeugung des Gerichts den gesamten Rechtsstreit[70] verzögert (zum Verzögerungsbegriff § 296 Rn. 13), dies aber auf Grund der notwendigen Erörterungen zur Widerklage gerade nicht der Fall ist, muss der Vortrag auch im Rahmen der Hauptklage Berücksichtigung finden („Flucht in die Widerklage", vgl. § 296 Rn. 42). Über diese darf dann nicht durch Teilurteil (§ 301) entschieden werden, um dann gesondert über die Widerklage zu entscheiden.[71] Da die ZPO den Parteien die Möglichkeit eröffnet, während eines laufenden Verfahrens die Klage oder Widerklage zu erweitern oder eine Widerklage zu erheben, kann die Beschränkung dieser Dispositionsfreiheit grundsätzlich auch nicht unter dem Aspekt rechtsmissbräuchlichen Verhaltens in Betracht kommen, weil sonst mittelbar die Präklusion des Angriffs die Folge wäre.[72] Im Übrigen würde die nicht gleichermaßen erfolgende Berücksichtigung prozessualen Vorbringens im Rahmen von Klage und Widerklage, dem Zweck der Vorschrift zuwider (Rn. 1), der Gefahr sich widersprechender Entscheidungen Vorschub leisten.[73] 11

5. Eventualwiderklage. Obwohl die Widerklage Prozesshandlung und damit grundsätzlich bedingungsfeindlich ist, kann sie eventualiter erhoben werden, wenn es sich um eine innerprozessuale Bedingung handelt.[74] Dabei ist der Beklagte sowohl zu einer Widerklage für den Fall des Misserfolges („eigentlicher" Eventualantrag) als auch für den Fall der Stattgabe seines Klageabweisungsantrages („uneigentliches" Eventualverhältnis) oder für den Fall sonstiger Bedingungen, soweit sie nicht in einem außerprozessualen Ereignis bestehen, befugt.[75] Ausgeschlossen ist eine parteierweiternde Hilfswiderklage gegen Dritte, da es sich im Rahmen des Prozessrechtsverhältnisses zum Dritten nicht um eine innerprozessuale Bedingung handelt und dieses Verhältnis nicht im Schwebezustand gelassen werden darf.[76] Es gelten die allgemeinen Grundsätze zu Hilfsanträgen (vgl. § 260 Rn. 4, 8f.). 12

---

59 BAG NZA 1990, 987, 988.
60 BGH WM 1991, 1154; NJW 1986, 1178; BAG NZA 1990, 987, 988.
61 BAG NZA 1990, 987, 988; RGZ 71, 68, 75; RG JW 1918, 309.
62 *Ott* (Fn. 2) S. 52f.; MK/*Patzina* Rn. 8.
63 BGH NJW 1987, 3188, 3189.
64 BGH FamRZ 1998, 99, 100; *St/J/Roth* Rn. 7.
65 BGH NJW 2002, 751, 752; *Ott* (Fn. 2) S. 48ff.; *Wiecz/Sch/Hausmann* Rn. 8.
66 *Ott* (Fn. 2) S. 48; RGZ 51, 318, 321.
67 LG München I NJW 1978, 953; *Zö/Vollkommer* Rn. 17.
68 LG Halle, Beschl. v. 11. 4. 2005, Az. 8 O 142/05; *T/P/Reichold* § 145 Rn. 4; MK/*Peters* § 145 Rn. 13, 16.
69 BGH NJW 1995, 1223, 1224; 1981, 1217; BAG NZA 1990, 987f.; *Ott* (Fn. 2) S. 19; *Zö/Vollkommer* Rn. 8.
70 BGH NJW-RR 1999, 787; NJW 1995, 1223; 1985, 3079; OLG Brandenburg NJW-RR 1998, 498; *T/P/Reichold* § 296 Rn. 12; aA *Prütting/Weth* ZZP 98 (1985), 131f.
71 BGH NJW 1995, 1223 = LM Nr. 22 m. zust. Anm. *Wax;* BGH NJW-RR 1989, 786; 1986, 864; *Ott* (Fn. 2) S. 193f.; aA *Prütting/Weth* ZZP 98 (1985), 131, 138f.; *Gounalakis* MDR 1997, 216, 217ff.
72 BGH NJW 1995, 1223.
73 *Zö/Vollkommer* Rn. 9; *St/J/Roth* Rn. 48.
74 BGHZ 132, 390, 397f. = NJW 1996, 2306; BGH NJW 1996, 320; 1996, 2166; NJW 2002, 2182, *Ott* (Fn. 2) S. 29f.
75 BGH NJW 1996, 2306; NJW 1996, 320; *Ott* (Fn. 2) S. 30f.
76 MK/*Patzina* Rn. 32; *Zö/Vollkommer* Rn. 27; *St/J/Roth* Rn. 42 aE.

13 **6. Aufrechnung.** Die Prozessaufrechnung als Verteidigungsmittel ermöglicht dem Beklagten bei deren Erfolg die Abweisung der Klage zu erreichen. Im Gegensatz dazu kann auch im Wege der Widerklage die aufrechenbare Gegenforderung geltend gemacht werden (vgl. Rn. 2). Dementsprechend stehen dem Beklagten unter Berücksichtigung prozessstrategischer Gesichtspunkte zwei Wege offen, seine Gegenforderung ins Verfahren einzubringen. So hat er etwa zur Vermeidung der Zurückweisung der Prozessaufrechnung wegen Verspätung (§ 296) die Möglichkeit der „Flucht in die Widerklage" (Rn. 11). Aber auch sonst kann sich aus prozesstaktischen Erwägungen ein Zusammenspiel von Aufrechnung und Widerklage als nützlich erweisen. Beispielsweise kann die Aufrechnung hilfsweise erklärt werden für den Fall, dass der Kläger mit seinem Klageantrag durchdringt. Damit verbunden kann die Gegenforderung mittels einer Hilfswiderklage (Rn. 12) für den Fall geltend gemacht werden, dass die Klage abgewiesen wird.[77] In Betracht kommt ferner, dass der Klageanspruch nach Grund und Betrag an sich unstreitig ist, aber der Kläger gegenüber dem Aufrechnungseinwand des Beklagten geltend macht, die Aufrechnung gegen die Klageforderung sei vertraglich ausgeschlossen. Auch dann kann der Beklagte die in erster Reihe zur Aufrechnung gestellte Forderung hilfsweise mit einer **Eventualwiderklage** verfolgen, wobei dann über die Zulässigkeit der Aufrechnung zuvor zu entscheiden ist.[78]

14 **7. Prozessart.** Widerklagen sind im Urkunden- und Wechselprozess nach § 595 Abs. 1 nicht statthaft. Zulässig ist dagegen, im ordentlichen Verfahren eine Widerklage im Urkunden- und Wechselprozess zu erheben.[79] Zum Nachverfahren gemäß § 600 vgl. Rn. 6. **Ehe- und Statussachen** können nicht im Wege der Widerklage im ordentlichen Prozess anhängig gemacht werden.[80] Auch umgekehrt ist eine in einem Familienverfahren erhobene Widerklage mit einem nicht-familienrechtlichen Anspruch unzulässig, §§ 610 Abs. 2, 632 Abs. 2, 640c Abs. 1 S. 2.[81] Allein Familiensachen iSd. § 621 Abs. 1 Nr. 4, 5, 8 und 11 können im Wege der Widerklage innerhalb dieser Verfahren rechtshängig gemacht werden. Gegenstände des § 621 Abs. 1 Nr. 10 in Verfahren nach § 1600e Abs. 1 BGB sind zwar ZPO-Familiensachen im vorgenannten Sinne, aber gleichzeitig Statusverfahren, für die dementsprechend § 640c Abs. 1 gilt; eine Widerklage ist nicht statthaft. Ebenso ist nach rechtskräftigen Abschluss des Scheidungsverfahrens und Abtrennung der Folgesache Kindesunterhalt für ein bei dem einen Elternteil lebendes Kind die Widerklage des anderen Elternteils wegen eines bei ihm lebenden Kindes unzulässig. Dies ist darauf zurückzuführen, dass die Fortsetzung als abgetrennte Folgesache nur im bisherigen Umfang sowie mit den bisher beteiligten Parteien vorgesehen ist und es sich daher um die unzulässige Erhebung einer Widerklage eines bisher am Rechtsstreit nicht beteiligten Dritten handeln würde (vgl. Rn. 19).[82] Zulässig ist die Widerklage des nichtehelichen Vaters auf Feststellung seiner Vaterschaft gegen eine Klage auf Feststellung der Unwirksamkeit einer Vaterschaftsanerkennung.[83] Wird aber die Hauptklage auf eine Vaterschaftsanfechtung gemäß § 1599 Abs. 1 iVm. § 1592 Nr. 2 BGB erhoben, ist eine solche Widerklage nicht möglich.[84] **Petitorische Widerklagen,** also auf das Recht zum Besitz oder zur Vornahme der störenden Handlung gestützte Widerklagen, sind gegenüber einer Besitzschutzklage (§§ 861, 862 BGB) nach der Judikatur des BGH nicht nur innerhalb der in § 863 BGB bezeichneten Grenzen zulässig.[85] Ist die Besitzschutzklage erfolgreich, ist dieser dann jedoch sofort durch Teilurteil (§ 301) stattzugeben, um dem Herausgabeanspruch des Klägers zu befriedigen.[86] Für den Fall, dass Klage und Widerklage gleichzeitig zuzusprechen sind, bietet sich dann jedoch eine entsprechende Anwendung des § 864 Abs. 2 BGB an.[87] **Verfahren auf vorläufigen Rechtsschutz:** Im Arrest- oder Verfügungsverfahren können Widerklagen in Ermangelung der Rechtshängigkeit der Hauptsache nicht erhoben werden. Es kann aber der Erlass einer im Sachzusammenhang stehenden Gegenverfügung begehrt werden.[88] Eine solche Gegenverfügung scheidet jedoch im Hauptsacheverfahren aus.[89]

15 **8. Besondere Fälle. a) Wider-Widerklagen.** Gegen die Widerklage gibt es eine (auch hilfsweise) Wider-Widerklage.[90] Wurde eine Wider-Widerklage durch die eigentliche Widerklage veranlasst und steht sie mit dieser im Zusammenhang iSd. § 33, ist sie nicht nach den Vorschriften über die Klageänderung (§ 263 Rn. 2 ff.) sondern nach denjenigen über die Widerklage zu behandeln[91] (zB Widerklage auf Feststellung geringerer Unterhaltsrenten und auf höhere Unterhaltsrenten gerichtete Wider-Widerklage). Die Zuständigkeit folgt daher aus § 33.

16 **b) Zwischenfeststellungswiderklage.** Dem Beklagten wird mit einer Zwischenfeststellungswiderklage gemäß § 256 Abs. 2 ermöglicht, solche Rechtsverhältnisse durch rechtskräftiges (Zwischen-)Urteil zu klä-

---

77 Vgl. BGH NJW 2002, 2182, 2183; *St/J/Roth* Rn. 9; MK/*Patzina* Rn. 11.
78 BGH LM Nr. 5 = NJW 1961, 1862; zum Zusammenhang mit Verteidigungsmitteln vgl. *Ott* (Fn. 2) S. 99 ff.
79 BGH NJW 2002, 751 m. zust. Anm. *Remmerbach* MDR 2002, 407; *St/J/Roth* Rn. 20.
80 OLG Kassel OLGRspr. 2, 367; *St/J/Roth* Rn. 21.
81 BGHZ 97, 79, 81 = NJW 1986, 1178; BGH NJW 2002, 751, 753; OLG Düsseldorf FamRZ 1982, 511, 512.
82 OLG Köln OLGR 2005, 167.
83 *Wieser* NJW 1998, 2023, 2024.
84 *St/J/Roth* Rn. 21; *Wieser* NJW 1998, 2023, 2024.
85 BGHZ 53, 166, 168 ff. = NJW 1970, 707; BGHZ 73, 355; s. auch *Ott* (Fn. 2) S. 108 f.
86 BGH NJW 1970, 707; 1979, 1358; *St/J/Roth* Rn. 22; *Hagen* JuS 1972, 124; *T/P/Hüßtege* Rn. 6 aE.
87 *Ott* (Fn. 2) S. 110 m. weit. Nachw.; *Zö/Vollkommer* Rn. 29; BGH NJW 1979, 1358, 1359.
88 LG Köln MDR *1959*, 40; einschr. *Weber* WRP 1985, 527 ff.
89 *St/J/Roth* Rn. 20; *Zö/Vollkommer* Rn. 19; MK/*Patzina* Rn. 6; KGR 1998, 421; aA OLG Hamburg NJW-RR 2007, 40.
90 BGH NJW 1959, 1183; *Zö/Vollkommer* Rn. 28.
91 BGH NJW-RR 1996, 65; *St/J/Roth* Rn. 35.

ren, die für die Hauptsache vorgreiflich sind.[92] Die Vorgreiflichkeit (§ 256 Rn. 41) eines zwischen den Parteien festzustellenden Rechtsverhältnisses ist daher besondere Voraussetzung der Zwischenfeststellungswiderklage nach § 256 Abs. 2. Zur Zwischenfeststellungswiderklage in der Berufungsinstanz siehe § 533 Rn. 16ff.

c) Schadensersatz bei Vorbehaltsurteilen. Die Geltendmachung von Schadensersatz bei aufgehobenem Vorbehaltsurteil gemäß §§ 302 Abs. 4, 600 Abs. 2, 717 Abs. 2 und 3 sowie § 1065 Abs. 2 ist privilegiert, da sie unter den Voraussetzungen der zitierten Vorschriften durch einfachen Inzidentantrag erfolgen kann, ohne dass es der allgemeinen Voraussetzungen einer Widerklage bedarf (Rn. 6 aE).[93] Besonderheiten gelten insofern, als die Rechtshängigkeit dieser Anträge rückwirkend auf den Zeitpunkt des schadensstiftenden Ereignisses angenommen wird.[94] 17

IV. Parteien der Widerklage

1. Widerkläger. a) Grundsatz. Widerkläger ist grundsätzlich der Beklagte der Hauptsache, wobei jeder Streitgenosse selbständig Widerklage erheben kann. Zur Widerklage sind ferner berechtigt Hauptintervenienten gemäß § 64, diesen gegenüber beide Parteien der Hauptsache[95] und der Kläger gegenüber dem Beklagten im Wege der Wider-Widerklage. Nicht befugt ist hingegen der Streithelfer (§§ 67, 72), dem keine Dispositionsbefugnis hinsichtlich des Streitgegenstandes der Hauptsache zusteht.[96] 18

b) Keine Widerklage durch Dritte. Eine durch am Rechtsstreit bislang nicht beteiligte Dritte oder durch den Streithelfer (Rn. 18) erhobene Widerklage ist grundsätzlich unzulässig.[97] Ein Widerklageantrag eines Dritten wird als eigenständige Klage behandelt, die mit der Anregung erhoben wird, den neuen mit dem bereits anhängigen Rechtsstreit nach § 147 zu verbinden.[98] 19

2. Widerbeklagter. a) Grundsatz. Die Widerklage muss sich grundsätzlich gegen den Kläger des Hauptprozesses richten.[99] Davon werden Ausnahmen gemacht.[100] Zwei Fallgruppen sind zu unterscheiden, nämlich eine gegen den Kläger des Hauptprozesses und einen Dritten erhobene Widerklage auf der einen und die nur gegen einen Dritten erhobene Widerklage auf der anderen Seite. 20

b) Widerklage gegen den Kläger der Hauptsache und gegen Dritte. Die herrschende Meinung hält eine parteierweiternde Widerklage für zulässig, wenn sie neben dem beklagten Dritten auch gegen den Kläger gerichtet wird.[101] **aa) Voraussetzungen.** Wird eine solche Widerklage gegen den Kläger und einen Dritten (auch den Streithelfer des Beklagten)[102] erhoben, führt dies nachträglich zur subjektiven Klagehäufung und begründet eine Streitgenossenschaft. Daher sind die Voraussetzungen der §§ 59, 60 zu beachten (§ 60 Rn. 7ff.).[103] Als nicht rechtsmissbräuchlich stellt sich dabei dar, dass der Dritte als möglicher Zeuge ausgeschaltet wird.[104] Voraussetzung auch der parteierweiternden Widerklage ist, dass sie mit der Klage in **rechtlichem Zusammenhang** steht (dazu Rn. 2).[105] Weiter ist der Eintritt einer neuen Person als Partei nach den Regeln der **Klageänderung** (§ 263) zu beurteilen.[106] Erforderlich ist daher, dass der Dritte zur parteierweiternden Widerklage einwilligt oder dass diese sachdienlich ist.[107] Sachdienlichkeit ist dabei insbesondere gegeben, wenn die Parteiänderung die endgültige Erledigung des gesamten Streitstoffes der Parteien in dem anhängigen Verfahren fördert, eine Beschränkung der Widerklage auf einen von mehreren in Anspruch genommenen Gesamtschuldnern hingegen zu einem neuen Rechtsstreit gegen die anderen Gesamtschuldner führen würde.[108] 21

bb) Gerichtsstand. Als problematisch stellt sich die Begründung der örtlichen Zuständigkeit des Gerichts gegenüber dem Drittwiderbeklagten dar, es sei denn, dieser hat am für die Hauptklage zuständigen 22

---

92 BGHZ 69, 37, 41 = NJW 1977, 1637; *Schneider* MDR 1973, 270; *Ott* (Fn. 6) S. 43f.

93 *St/J/Roth* Rn. 34; *Wiecz/Sch/Hausmann* Rn. 40; anders dagegen das RG, RGZ 63, 367, 368; 124, 182, 184.

94 *Bork* JA 1981, 390.

95 *St/J/Roth* Rn. 23.

96 OLG München AnwBl. 1973, 359 = JurBüro 1973, 1085.

97 BGH JR 1973, 18; OLG Hamburg NJW-RR 2004, 62; OLG Hamm FamRZ 1987, 710, 711; *St/J/Roth* Rn. 45; *Zö/Vollkommer* Rn. 23.

98 BGH NJW 2000, 1871; BGH LM Nr. 12 m. abl. Anm. *Fenge* JR 1973, 17; OLG Karlsruhe ZZP 88 (1975), 451; OLG Hamm FamRZ 1987, 710, 711 m. Anm. *Roelen;* OLG Schleswig MDR 1992, 406; *Wiecz/Sch/Hausmann* Rn. 48.

99 *St/J/Roth* Rn. 24; *T/P/Hüßtege* Rn. 9; *Wiecz/Sch/Hausmann* Rn. 27.

100 Näher *Uhlmannsiek,* Die Zulässigkeit der Drittwiderklage, 1995; *Costa Filho,* Die streitgenössische Widerklage, 1997.

101 BGHZ 40, 185, 189 = NJW 1964, 44; BGHZ 56, 73, 75; 69, 37, 44 = NJW 1977, 1637; BGHZ 91, 132, 134; vgl. auch *Johannsen* in Anmerkung zu BGHZ 40, 185 in LM Nr. 6; *MK/Patzina* Rn. 27ff.; *Ro/S/Go* § 98 II 4; *St/J/Roth* Rn. 41; *Zö/Vollkommer* Rn. 18ff.; *T/P/Hüßtege* Rn. 10ff.; *Schröder* AcP 164 (1964), 517, 531, 532; *Zi* Rn. 6.

102 BGHZ 131, 76, 78; *St/J/Roth* Rn. 40; aA *Ro/S/Go* § 98 II 4.

103 *St/J/Roth* Rn. 42; *T/P/Hüßtege* Rn. 12; BGH NJW 1975, 1228.

104 *Luckey* MDR 2002, 743; *Uhlmannsieck* MDR 1996, 114f.; *St/J/Roth* Rn. 40; aA LG Koblenz MDR 1999, 1020.

105 BGH LM Nr. 8 = NJW 1966, 1028.

106 BGHZ 131, 76; BGH NJW 1991, 2838; 1987, 3138; 1981, 2642; *St/J/Roth* Rn. 41; aA *T/P/Hüßtege* Rn. 12; *Zö/Vollkommer* Rn. 24.

107 BGH NJW 1975, 1228, 1229; 1991, 2838; 1996, 196; OLG Düsseldorf MDR 1990, 728; *St/J/Roth* Rn. 42; *MK/Patzina* Rn. 29.

108 BGHZ 40, 185 = NJW 1964, 44 m. Anm. *Putzo* NJW 1964, 500; *Hofmann* NJW 1964, 1026; *Schröder* AcP 164 (1964), 517.

Gericht auch seinen allgemeinen oder einen besonderen Gerichtsstand.[109] Nach früherer,[110] teilweise aber auch neuer[111] Rechtsprechung wurde zur Vermeidung der Zersplitterung und Vervielfältigung der Prozesse angenommen, dass § 33 auch den Gerichtsstand gegenüber dem Drittwiderbeklagten begründe. In weiteren Entscheidungen ist die überwiegende Rechtsprechung davon wieder abgerückt und hielt eine Gerichtsstandsbestimmung entsprechend § 36 Abs. 1 Nr. 3 für erforderlich, weil weder § 33 noch die Sachdienlichkeit in entsprechender Anwendung des § 263 die örtliche Zuständigkeit gegenüber dem Dritten begründen können.[112]

23 Beachtlich ist, dass die Besonderheit der Widerklage gerade darin besteht, dass der Beklagte an dem Gerichtsstand der Klage gegen Kläger eine Widerklage erheben kann („Waffengleichheit der Parteien", vgl. Rn. 1). Ein Dritter hat aber den Beklagten nicht in diesen Gerichtsstand gezwungen, war nicht an dem Rechtsstreit beteiligt und kann daher auch nicht ohne weiteres an diesem Gericht einer Widerklage ausgesetzt werden.[113] Nur wenn er unabhängig vom Hauptsacheprozess an diesem Gerichtsstand verklagt werden könnte, weil er dort seinen allgemeinen oder einen besonderen Gerichtsstand hat, ist dies auch im Rahmen einer Drittwiderklage möglich. Fehlt es an einem allgemeinen oder besonderen Gerichtsstand des Drittwiderbeklagten beim Gericht der Klage, ist daher die örtliche Zuständigkeit gemäß § 36 Nr. 3 ZPO zu bestimmen.[114]

24 Eine Gerichtsstandsbestimmung scheidet jedoch für den Fall aus, dass die Widerbeklagten (Kläger und Dritter) einen gemeinsamen allgemeinen oder besonderen Gerichtsstand haben. Dann ist die Anwendung der Vorschrift des § 36 Abs. 1 Nr. 3, der aus Zweckmäßigkeits- und Prozesswirtschaftlichkeitserwägungen eine Abweichung vom Grundsatz des § 12 zulässt, um dem Kläger die Durchsetzung eines einheitlichen prozessualen Anspruchs gegen mehrer Beklagte mit unterschiedlichen Gerichtsständen an einem Gericht zu ermöglichen, abzulehnen, wenn die widerbeklagten Streitgenossen vor einem gemeinsamen Gericht in Anspruch genommen werden können.[115]

25 Danach bleibt festzuhalten, dass das Gericht der Hauptsache auch für einen bisher nicht am Verfahren beteiligten Drittwiderbeklagten örtlich zuständig ist, wenn entweder dieser seinen allgemeinen oder einen besonderen Gerichtsstand bei diesem hat oder der Drittwiderbeklagte die mangelnde örtliche Zuständigkeit nicht rügt und keine ausschließliche Zuständigkeit eines anderen Gerichts besteht (§ 39, § 40 Abs. 2) oder das übergeordnete Gericht unter der Voraussetzung, dass die Widerbeklagten keinen gemeinsamen allgemeinen oder besonderen Gerichtsstand haben, den Gerichtsstand nach § 36 Abs. 1 Nr. 3 ZPO bestimmt.[116]

26 **c) Widerklage ausschließlich gegen Dritte.** Nach ständiger Rechtsprechung ist eine Widerklage des Beklagten in der Regel unzulässig, wenn sie ausschließlich gegen einen bisher nicht am Rechtsstreit beteiligten Dritten gerichtet ist (isolierte Drittwiderklage).[117] Nur unter besonderen Umständen werden von diesem Grundsatz Ausnahmen angenommen, wenn ein tatsächlich und rechtlich enger Zusammenhang besteht und keine schutzwürdigen Interessen des Widerbeklagten entgegenstehen.[118] So wird etwa eine Widerklage gegen die außerhalb des Rechtsstreits stehenden Gesellschafter der klagenden Gesellschaft für zulässig erachtet, weil das Urteil über die Widerklage für die Klägerin verbindlich ist und damit für eine gegen die Klägerin gerichtete Zahlungsklage vorgreiflich sein kann.[119] Der BGH lässt weitere Ausnahmen zu, wenn der Gegenstand einer gegen den bisher am Prozess nicht beteiligten Zedenten erhobenen Drittwiderklage auf dem selben rechtlichen und tatsächlichen Sachverhalt (zB Verkehrsunfall) beruht wie die vom Zessionar im Rahmen der Klage geltend gemachte abgetretene Forderung.[120] Ferner wird eine isolierte Drittwiderklage gegen den (nur) materiell Berechtigten als zulässig erachtet, wenn die Geltendmachung des eingeklagten Rechts in gewillkürter Prozessstandschaft erfolgt.[121]

27 Auch hinsichtlich isolierter Drittwiderklagen ist als weitere Voraussetzung erforderlich, dass der Dritte seinen allgemeinen oder besonderen Gerichtsstand beim Gericht der Hauptsache hat; § 33 begründet inso-

---

[109] Vgl. BGHZ 147, 220 = NJW 2001, 2094; LG Bonn NJW-RR 2002, 1399.

[110] BGH NJW 1966, 1028; 1964, 44; *Bornkamm* NJW 1989, 2713, 2717.

[111] OLG Dresden OLG-NL 2003, 65.

[112] BGH NJW 1993, 2120; 1991, 2838; 1992, 982; BAG NZA 1997, 1071; LG Koblenz MDR 1999, 1020; *Vossler* NJW 2006, 117, 121.

[113] Vgl. *St/J/Roth* Rn. 43.

[114] BGH NJW 1993, 2120; 1991, 2838; 1992, 982; vgl. BayObLGZ 1996, 88; *J/Roth* Rn. 43; *T/P/Hüßtege* Rn. 13; *Zi* Rn. 6; Roth, Festschr. f. Beys, 2003, S. 1359, 1365 ff.; aA *Zö/Vollkommer* Rn. 23; *M. Vollkommer/G. Vollkommer* WRP 2000, 1062; OLG Dresden OLG-NL 2003, 65.

[115] BGH NJW 2000, 1871; aA *Roth,* Festschr. f. Beys, 2003, S. 1359, 1365 ff.

[116] Vgl. BGH NJW 1993, 2120; 2000, 1871.

[117] BGHZ 40, 185, 188; BGH NJW 2001, 2094; 2007, 1753; 1971, 466; 1975, 1228; 1991, 2838 = EWiR 1/92, 925 (*Müller*); OLG Düsseldorf OLGR 1999, 270.

[118] BGH NJW 2007, 1753; vgl. auch BGH NJW 1964, 44; BGHZ 91, 132, 135 = NJW 1984, 2104.

[119] BGHZ 91, 132 = NJW 1984, 2104.

[120] BGH NJW 2007, 1753; 2001, 2094 (wobei in diesem Fall die Widerklageforderung auf Grund einer Hilfsaufrechnung bereits Gegenstand des Prozesses war); zust. *Luckey* MDR 2002, 743; *Zö/Vollkommer* Rn. 24; noch offen gelassen von BGH NJW 1993, 2120.

[121] *Rüßmann* AcP 172 (1972), 520, 548 ff.; *Rüßmann/Eckstein-Puhl* JuS 1998, 441, 443; vgl. LG Bonn NJW-RR 2002, 1399 f.; aA *Frank* ZZP 92 (1979), 326.

weit nicht die örtliche Zuständigkeit.[122] Ebenso scheidet die Gerichtsstandsbestimmung nach § 36 Abs. 1 Nr. 3 aus, weil es schon begrifflich bei einer isolierten Drittwiderklage an der Voraussetzung der Streitgenossenschaft iSd. Vorschrift fehlt.[123]

d) **Lage in der Berufungsinstanz.** Für eine Drittwiderklage im Berufungsverfahren ist Sachdienlichkeit iSd. § 263 nicht ausreichend, vielmehr bedarf es der Zustimmung des Drittwiderbeklagten, es sei denn, er verweigert sie rechtsmissbräuchlich.[124] Steht die Überprüfung einer erstinstanzlich erhobenen Widerklage in der Berufungsinstanz in Rede, kann die fehlerhaft angenommene örtliche Zuständigkeit des Gerichts im Verhältnis zum Drittwiderbeklagten nicht mehr geltend gemacht werden, § 513 Abs. 2.[125] Für eine Trennung der Verfahren ist insofern kein Raum mehr, wenn die Hauptsacheklage rechtskräftig erledigt ist und vom Berufungsgericht nur noch über das Widerklagebegehren zu entscheiden ist.[126] 28

V. Wirkung von Gerichtsstandsvereinbarungen auf die Widerklage

Fehlen die Voraussetzungen des Gerichtsstands der Widerklage, kann das Gericht der Hauptklage auch durch rügeloses Verhandeln (§ 39) oder Gerichtsstandsvereinbarung zuständig werden (§ 38). Da § 33 keinen ausschließlichen Gerichtsstand der Widerklage begründet, kann er auch durch Prorogation abbedungen werden (§ 38 Rn. 26f.).[127] Wird dann am Gericht der Hauptklage dennoch eine Widerklage erhoben, ist diese mangels örtlicher Zuständigkeit unzulässig.[128] Ebenso kann die aus § 33 Abs. 1 folgende internationale Zuständigkeit deutscher Gerichte derogiert werden.[129] Ist etwa durch Vereinbarung eines alleinigen Gerichtsstands im Ausland auch der Gerichtsstand der Widerklage derogiert worden,[130] wird dieser nicht ohne weiteres dadurch wieder hergestellt, dass der ausländische Vertragspartner vor einem deutschen Gericht klagt und der Beklagte sich rügelos auf die Klage einlässt.[131] An den Ausschluss der Widerklagezuständigkeit sind indes strenge Anforderungen[132] zu stellen, weil dadurch, ebenso wie etwa durch ein Aufrechnungsverbot, die Rechtsposition des Klägers bei der Durchsetzung seiner Forderungen verstärkt und umgekehrt die entsprechende Stellung des Beklagten geschwächt wird.[133] Im Wege der Auslegung sind daher Prorogationen daraufhin zu überprüfen, ob sie zugleich die Widerklagezuständigkeit derogieren sollen.[134] 29

VI. Internationale Zuständigkeit

Im Geltungsbereich der **EuGVVO** wird § 33 vollständig verdrängt.[135] An die Stelle dieser Vorschrift tritt Art. 6 Nr. 3 EuGVVO, wonach gegen eine Person, die in einem anderen Vertragsstaat ihren Sitz hat, vor dem (nach der EuGVVO zuständigen)[136] Gericht der Hauptklage Widerklage erhoben werden kann, wenn sie auf denselben Vertrag oder Sachverhalt wie die Klage gestützt wird.[137] Dabei ist im Gegensatz zu § 33 der Begriff des Zusammenhangs eng auszulegen. So reicht es etwa nicht aus, wenn Gegenstand der Widerklage ein von dem der Klage verschiedener Kaufvertrag im Rahmen laufender Geschäftsbeziehungen zwischen den Parteien ist, ohne dass ein Rahmen- oder Sukzessivlieferungsvertrag besteht.[138] Ferner sieht Art. 12 Abs. 2 EuGVVO einen besonderen Widerklagegerichtsstand in Versicherungssachen vor (s. ferner Art. 16 Abs. 3 und Art. 20 Abs. 2 EuGVVO). Außerhalb des Anwendungsbereichs der EuGVVO gilt der Grundsatz der Doppelfunktionalität der örtlichen Zuständigkeitsnormen (§ 12 Rn. 17). Insofern begründet wegen konnexer Widerklagen § 33 auch die **internationale Zuständigkeit** der deutschen Gerichte.[139] Soweit § 33 Abs. 2 eingreift, entfällt jedoch die internationale Zuständigkeit deutscher Gerichte aus § 33 Abs. 1. Die Widerklage ist daher vor dem deutschen Gericht unzulässig, wenn eine anderweitige ausschließliche internationale Zuständigkeit, auch auf Grund Prorogation (vgl. Rn. 27), besteht. 30

---

122 BGH NJW 2001, 2049; 1993, 2120; *St/J/Roth* Rn. 44; *T/P/Hüßtege* Rn. 13; *Zi* Rn. 6; aA OLG Dresden OLG-NL 2003, 65; OLG Zweibrücken VersR 1995, 197; *Zö/Vollkommer* Rn. 24; *M. Vollkommer/G. Vollkommer* WRP 2000, 1062; vgl. ferner *Schumann*, Festschr. f. Musielak, 2004, S. 457, 485f.

123 *St/J/Roth* Rn. 44; BGH NJW 1993, 2120; 1992, 982.

124 BGH NJW-RR 1990, 1267; *St/J/Roth* Rn. 42 aE; aA OLG Schleswig MDR 1992, 406.

125 Vgl. BGH ZIP 1995, 555 (zu § 512a ZPO aF).

126 BGH ZIP 1995, 555.

127 *T/P/Hüßtege* Rn. 3; *St/J/Roth* Rn. 6; *Zö/Vollkommer* Rn. 2, 30; aA *Eisner* NJW 1970, 2141.

128 BGHZ 52, 30; BGH NJW-RR 1987, 227f.; MDR 1985, 911.

129 BGH NJW 1981, 2644; GRUR 1986, 325; *T/P/Hüßtege* Rn. 3; MK/*Patzina* R. 35.

130 BGHZ 52, 30, 34 = NJW 1969, 1563.

131 BGH NJW 1981, 2644 = LM Nr. 16; NJW-RR 1986, 1281f.; abl. *Pfaff* ZZP 109 (1996), 334.

132 Vgl. BGH NJW 1983, 1266, 1267; MK/*Patzina* Rn. 35; *Wiecz/Sch/Hausmann* § 38 Rn. 96; *Zö/Vollkommer* Rn. 30.

133 BGH NJW 1983, 1266, 1267.

134 *Zö/Vollkommer* Rn. 30; vgl. BGH NJW-RR 1987, 228f.

135 *St/J/Roth Rn. 50;* MK/*Patzina* Rn. 36; *T/P/Hüßtege* Rn. 20.

136 MK/*Gottwald* Art. 6 EuGVÜ Rn. 14; *Kropholler* Art. 6 EuGVO Rn. 36; *Schlosser* EuGVVO Art. 6 Rn. 9.

137 LG Köln EWiR Art. 6 EuGVÜ 1/97, 511; AG Trier NJW-RR 2005, 1013; dazu *Stürner* IPRax 2007, 21.

138 AG Trier NJW-RR 2005, 1013; *Kropholler* Art. 6 EuGVO Rn. 38; aA *Stürner* IPRax 2007, 21.

139 BGH NJW 2002, 2182; 1981, 2642; WM 1985, 1507, 1509; NJW-RR 1987, 228; *St/J/Roth* Rn. 51; *T/P/Hüßtege* Rn. 20.

VII. Rechtsanwaltsgebühren

31 Die Anwaltsgebühren bestimmen sich gemäß § 2 Abs. 1 RVG nach dem Gegenstandswert. Dieser ergibt sich aus § 45 Abs. 1 GKG (§ 23 Abs. 1 RVG).

34 *Besonderer Gerichtsstand des Hauptprozesses* **Für Klagen der Prozessbevollmächtigten, der Beistände, der Zustellungsbevollmächtigten und der Gerichtsvollzieher wegen Gebühren und Auslagen ist das Gericht des Hauptprozesses zuständig.**

I. Normzweck

1 Auf Grund des engen Zusammenhangs zwischen dem Hauptprozess und Streitigkeiten wegen der aus ihm resultierenden Gebühren und Auslagen[1] ordnet § 34 einen besonderen Gerichtsstand beim Gericht der Hauptsache an. Darüber hinaus bestimmt die Vorschrift (ebenfalls nicht ausschließlich)[2] auch die **sachliche Zuständigkeit**[3] des Gerichts des Hauptprozesses. Da der zivilprozessualen Verfahrensordnung eine ungeschriebene örtliche Zuständigkeit kraft Sachzusammenhangs fremd ist (vgl. § 12 Rn. 9ff.), bedurfte es der ausdrücklichen Regelung des § 34 für die von der Norm erfassten Klagen. Damit wird eine Bündelung der mit einem Hauptprozess zusammenhängenden Kostenstreitigkeiten an einem Gericht ermöglicht und der Prozesswirtschaftlichkeit gedient.[4] Besonders in Fällen der Vertretung ausländischer Mandanten vor deutschen Gerichten soll die Verfolgung von Gebührenforderungen erleichtert werden (Rn. 10).[5]

II. Parteien

2 **1. Kläger.** Als Kläger in den von § 34 erfassten Verfahren kommen Prozessbevollmächtigte gemäß §§ 78ff., ihre Unterbevollmächtigten oder sonstige Vertreter iSd. § 5 RVG,[6] Beistände § 90 sowie Zustellungsbevollmächtigte gemäß § 184 (nicht solche nach § 171)[7] in Betracht. Ferner erfasst die Vorschrift die Rechtsnachfolger der genannten Personen.[8] Die erwähnten **Gerichtsvollzieher** werden heute nicht mehr auf Grund eines privatrechtlichen Auftragsverhältnisses tätig und treiben daher ihre Kosten im Verwaltungsverfahren nach § 1 Abs. 1 Nr. 7, 8 JBeitrO, § 9 Abs. 1 GVKostG ein. Gegenstandslos ist § 34 für Gebührenforderungen der Notare. Insoweit kommt die Vorschrift des § 155 KostO zur Anwendung. Bei Vergütungsansprüchen des Betreuers, Pflegers oder Vormundes greift § 56g Abs. 1 FGG ein.[9]

3 **2. Beklagte.** Dies sind die Auftraggeber oder deren Rechtsnachfolger sowie Bürgen[10] oder Schuldübernehmer, sofern sie für die Verpflichtung des Auftraggebers einzustehen haben. Hat der Hauptbevollmächtigte im eigenen Namen einen Unterbevollmächtigten verpflichtet, kann letzterer vor dem Gericht des § 34 auch gegen den Hauptbevollmächtigten seine Gebühren einklagen.[11] Die Vorschrift gilt nicht für Klagen der Prozessparteien gegeneinander, gegen deren Bevollmächtigte bzw. Beistände usw. oder gegen Dritte.[12] Für Ansprüche der Partei auf Erstattung der Prozesskosten greift insoweit das Kostenfestsetzungsverfahren nach § 104 ein.

III. Sachlicher Anwendungsbereich

4 **1. Gebühren und Auslagen. a) Grundsatz.** Alle Klagen wegen Gebühren, Auslagen, verauslagter Gerichtskosten, der Umsatzsteuer sowie angefallener Verzugszinsen[13] fallen in den sachlichen Anwendungsbereich des § 34. Voraussetzung ist, dass die genannten Kosten in einem nach der ZPO geführten Verfahren auf Grund Gesetz oder Vereinbarung angefallen sind. Neben der Vertretung in allen zivilprozessualen Erkenntnis-, Mahn-, Arrest-, Beweissicherungs-, Aufgebots- und Zwangsvollstreckungsverfahren kommt § 34 auch wegen der Vertretung in allen Bereichen des Insolvenzverfahrens sowie wegen der Vertretung in Schiedsverfahren in den durch §§ 1050, 1062ff. erfassten Fällen[14] zur Anwendung.

5 **b) Arbeitsrecht.** § 34 bestimmt **nicht** die örtliche und sachliche Zuständigkeit des Arbeitsgerichts wegen Streitigkeiten in Bezug auf solche Gebührenforderungen, die im Arbeitsgerichtsprozess entstanden sind (vgl. § 46 Abs. 2 ArbGG).[15] Insoweit wäre sonst durch den Kläger bei mehreren möglichen Gerichtsständen

---

1 BGHZ 97, 79, 83 = NJW 1986, 1178; MK/*Patzina* Rn. 1.
2 OLG Brandenburg NJW 2004, 780, 781
3 AllgM, BGHZ 97, 79, 83 = NJW 1986, 1178; RGZ 29, 414; *Zö/Vollkommer* Rn. 1; *St/J/Roth* Rn. 1; *T/P/Hüßtege* Rn. 3.
4 *B/L/H* Rn. 2.
5 *Hahn* S. 158.
6 Vgl. RGZ 58, 109, 110.
7 *St/J/Roth* Rn. 9.
8 *St/J/Roth* Rn. 5; MK/*Patzina* Rn. 2.
9 *Zi* Rn. 1 aE.
10 OLG Kiel OLGRspr. 7, 273.
11 *Wiecz/Sch/Hausmann* Rn. 4; *St/J/Roth* Rn. 5.
12 *Zö/Vollkommer* Rn. 3; MK/*Patzina* Rn. 4; *B/L/H* Rn. 6.
13 *St/J/Roth* Rn. 14; MK/*Patzina* Rn. 6.
14 *B/L/H* Rn. 3 aE; *Hansens* NJW 1989, 1131, 1136; aA *Wiecz/Sch/Hausmann* Rn. 6.
15 BAGE 87, 29, 30 = NJW 1998, 1092; OLG Zweibrücken FamRZ 1982, 85f.; *St/J/Roth* Rn. 11; *Zö/Vollkommer* Rn. 5; *T/P/Hüßtege* Rn. 1; *Zi* Rn. 3; *B/L/H* Rn. 4; aA LAG Hamm DB 1984, 2356; LAG Hamburg MDR 1995, 213; *Wiecz/Sch/Hausmann* Rn. 13.

(§ 35) durch Auswahl des Gerichts nach § 34 die Begründung der Zuständigkeit eines rechtswegfremden (vgl. Art. 95 Abs. 1 GG, §§ 1 ff. ArbGG) Gerichts möglich.[16]

c) **Grenzen des sachlichen Anwendungsbereichs.** Gebühren und Auslagen wegen der Vertretung in **Strafverfahren,**[17] in Verfahren der **freiwilligen Gerichtsbarkeit**[18] sowie wegen Ansprüchen wegen einer **außergerichtlichen Tätigkeit**[19] begründen **nicht** den Gerichtsstand des § 34. 6

2. Kostenfestsetzungsverfahren gemäß § 11 RVG. Wegen der aus anwaltlicher Tätigkeit in einem gerichtlichen Verfahren herrührenden Vergütungsansprüche ist § 11 RVG anzuwenden. Entsprechende Ansprüche (welche Gebühren angefallen sind und in welcher Höhe) sind im besonderen Kostenfestsetzungsverfahren zu verfolgen. Ebenso ist für die Gebührenansprüche des als Beistand auftretenden Anwalts[20] und der Rechtsbeistände iSd. Art. 1 § 1 Abs. 1 RBerG, § 4 Abs. 1 der 2. RBerV das Festsetzungsverfahren nach § 11 RVG einschlägig, soweit sie im Rahmen des gerichtlichen Verfahren tätig geworden sind.[21] Insofern erhobenen Gebührenklagen fehlt das Rechtsschutzbedürfnis; § 34 wird nicht angewendet. Macht der Auftraggeber aber Einwendungen oder Einreden iSd. § 11 Abs. 5 RVG geltend, die ihren **Grund nicht im Gebührenrecht** haben (fehlende Mandatierung, Zahlung, Verjährung, Aufrechnung, Zurückbehaltungsrechte, Stundung o. dgl. mehr), steht der Gebührenklage des Anwalts der Gerichtsstand des § 34 offen.[22] Daneben kann der Anwalt auch seine vereinbarten Gebührenansprüche iSd. § 4 RVG, und damit nicht gesetzliche iSd. § 11 Abs. 1 RVG, beim Gericht nach § 34 geltend machen.[23] 7

IV. Zuständiges Gericht des Hauptprozesses

1. Allgemeines. Gericht des Hauptprozesses iSv. § 34 ist das Gericht der 1. Instanz.[24] Dies gilt unabhängig davon, ob beispielsweise im Falle der Gebühren wegen einer Wiederaufnahmeklage diese vor dem Berufungsgericht erhoben worden ist[25] oder ob der Streitwert an sich die (sachliche) Zuständigkeit eines anderen Gerichts begründen würde, da § 34 auch die sachliche Zuständigkeit regelt (Rn. 1).[26] Gericht der Hauptsache ist auch das Gericht, an das ein Rechtsstreit nach § 281 Abs. 1 verwiesen worden ist, unabhängig davon, ob die Verweisung rechtmäßig oder unrechtmäßig erfolgte.[27] 8

2. Einzelheiten. Nach zutreffender Ansicht[28] sind die allgemeinen Prozessabteilungen des Amtsgerichts zur Entscheidung der Gebührenklage berufen, die wegen der **Vertretung in Familiensachen** anfällt. Die dagegen vorgebrachte Auffassung,[29] das Familiengericht könne sachnäher über die Gebührenklage entscheiden, verkennt, dass dem Kläger nach seiner Wahl auch ein anderes allgemeines Gericht zur Erhebung seiner Klage zur Verfügung steht. Im Übrigen regelt § 34 nicht die Geschäftsverteilung, so dass durch die Vorschrift gerade nicht bestimmt ist, dass derselbe Spruchkörper bzw. dieselbe Abteilung zur Entscheidung berufen ist.[30] Die **Kammern für Handelssachen** sind demgegenüber auch in Prozessen wegen der Gebührenforderungen zuständig.[31] Die insoweit vorgebrachte Vergleichbarkeit mit der Rechtslage bei Familiengerichten[32] greift nicht, weil nur bei letzteren für eine Gebührenklage die von § 34 nicht bezweckte Rechtsmittelzuständigkeit des OLG begründet wäre, § 119 Abs. 1 Nr. 1 GVG.[33] 9

V. Internationale Zuständigkeit

Außerhalb des Geltungsbereichs der EuGVVO (vgl. Art. 4 Abs. 1 EuGVVO) begründet § 34 zugleich die **internationale Zuständigkeit** der deutschen Gerichte (Grundsatz der Doppelfunktionalität der örtlichen Zuständigkeitsnormen, vgl. § 12 Rn. 17), wenn der beklagte Auftraggeber seinen Sitz im Ausland hat, unabhängig davon, ob der klagende Rechtsanwalt seinen Sitz im Inland hat.[34] Die **EuGVVO** trifft keine dem § 34 entsprechende Regelung. Dennoch ist die Vorschrift durch die vorrangigen Regelungen der Verord- 10

---

[16] *Zö/Vollkommer* Rn. 5; *St/J/Roth* Rn. 11.
[17] OLG Hamburg OLGRspr. 23, 85; *Hansens* NJW 1989, 1131, 1136.
[18] BGHZ 97, 79, 84 = NJW 1986, 1178; *Hansens* NJW 1989, 1131, 1136.
[19] BGHZ 97, 79, 83 = NJW 1986, 1178, 1179; OLG Schleswig FamRZ 1984, 1119.
[20] *Hartmann* § 11 RVG Rn. 17; *St/J/Roth* Rn. 9.
[21] *St/J/Roth* Rn. 8 f. (zu § 19 BRAGO); *Hartung/Römermann/Schons*, RVG, 2. Aufl. 2006, § 11 Rn. 22; *Gerold/Schmidt/von Eicken*, RVG, 17. Aufl. 2006, § 11 Rn. 20, 21.
[22] *Wiecz/Sch/Hausmann* Rn. 7 aE.
[23] *St/J/Roth* Rn. 7; MK/*Patzina* Rn. 6.
[24] RGZ 29, 414; *Zö/Vollkommer* Rn. 5; *B/L/H* Rn. 3; *T/P/Hüßtege* Rn. 3.
[25] *St/J/Roth* Rn. 12; RGZ 29, 414, 415.
[26] *Wiecz/Sch/Hausmann* Rn. 10.
[27] AG München AnwBl. 1974, 271; vgl. BGH NJW-RR 1994, 126; 1995, 702; BayObLG NJW 2003, 366.
[28] BGHZ 97, 79, 83 = NJW 1986, 1178; OLG Zweibrücken FamRZ 1982, 85 f.; OLG Koblenz FamRZ 1983, 1253; OLG Frankfurt FamRZ 1984, 1119; OLG München AnwBl. 1984, 370; OLG Karlsruhe FamRZ 1985, 498; OLG Saarbrücken FamRZ 1986, 73; *Sojka* ZZP 99 (1986), 471 f.; *Bosch* FamRZ 1986, 347; *Hansens* NJW 1989, 1131, 1136; *St/J/Roth* Rn. 13; *Wiecz/Sch/Hausmann* Rn. 11.
[29] KG FamRZ 1981, 1089, 1090; OLG Hamburg FamRZ 1985, 409; *Walter* JZ 1986, 589; MK/*Patzina* Rn. 11.
[30] *Zö/Vollkommer* Rn. 5; *St/J/Roth* Rn. 13; *T/P/Hüßtege* Rn. 3.
[31] OLG Saarbrücken FamRZ 1986, 73; *T/P/Hüßtege* Rn. 3; *Zö/Vollkommer* Rn. 5; *Wiecz/Sch/Hausmann* Rn. 12; offen gelassen von BGHZ 97, 82, 85 = NJW 1986, 1178; aA *Zi* Rn. 3; *St/J/Roth* Rn. 13.
[32] *Walter* JZ 1986, 589.
[33] *Zö/Vollkommer* Rn. 5.
[34] *St/J/Roth* Rn. 4.

nung ausgeschlossen,[35] so dass die internationale Zuständigkeit der deutschen Gerichte nicht auf § 34 gestützt werden kann, wenn der Auftraggeber seinen (Wohn-)Sitz in einem Vertragsstaat hat.[36] Zur Anwendung kommt regelmäßig Art. 5 Nr. 1 lit. b EuGVVO.[37]

35 *Wahl unter mehreren Gerichtsständen* Unter mehreren zuständigen Gerichten hat der Kläger die Wahl.

I. Normzweck

1 Die Vorschrift stellt klar, dass dem Kläger die Wahl zwischen **mehreren zuständigen Gerichten** eröffnet ist. Als Ausdruck der prozessualen Dispositionsfreiheit[1] liegt es beim Kläger, wo er in diesen Fällen die Klage erhebt. Dadurch erfährt der Grundsatz des „actor sequitur forum rei" Ausnahmen, die zum angemessenen Ausgleich der Interessen der Parteien geboten sind (vgl. § 12 Rn. 1). Der Kläger kann vor dem Gericht klagen, das ihm günstiger erscheint.[2]

II. Anwendungsbereich

2 Die Vorschrift des § 35 eröffnet dem Kläger Wahlmöglichkeiten zwischen dem allgemeinen Gerichtsstand (§§ 13 bis 19a) einerseits und den besonderen Gerichtsständen sowie unter mehreren allgemeinen und besonderen Gerichtsständen. Liegt daneben ein ausschließlicher Gerichtsstand vor, kommt § 35 nicht zur Anwendung.[3] Dagegen greift die Wahlmöglichkeit des Klägers ein, wenn **mehrere ausschließliche** Gerichtsstände aufeinander treffen.[4] Die Möglichkeit der Wahl des zuständigen Gerichts nach § 35 kommt auch im **Mahnverfahren** zum Tragen. So kann im Mahnantrag (§ 690 Abs. 1 Nr. 5) das für das streitige Verfahren zuständige unter mehreren konkurrierenden Gerichten nach § 35 bestimmt werden.[5] Der Fall, dass mehrere Antragsteller im Mahnverfahren vorgehen, hat in § 689 keine ausdrückliche Regelung gefunden (vgl. § 689 Rn. 2). Darin liegt jedoch kein Ausschluss einer solchen subjektiven Antragshäufung (vgl. §§ 688, 691).[6] Bei einer Mehrheit von Antragstellern mit jeweils unterschiedlichen allgemeinen Gerichtsständen (§ 689 Abs. 2 S. 1) ist daher zwischen diesen die Wahl eröffnet, vor welchem der Mahnantrag gestellt werden soll.[7] Auch im Insolvenzverfahren[8] (§ 3 InsO) oder etwa bei der aktiven Streitgenossenschaft kommt eine Wahl in Betracht,[9] wenn die Zuständigkeit an den Klägerwohnsitz anknüpft, zB bei § 797 Abs. 5, § 29c oder § 26 Abs. 1 FernUSG. Die Wahlmöglichkeit ist dem Antragsteller überdies in Verfahren des **vorläufigen Rechtsschutzes** eröffnet, also im Arrestverfahren gemäß § 919 und in Verfahren einstweiliger Verfügungen nach § 937.

III. Grenzen und Rechtsfolgen der Ausübung des Wahlrechts

3 **1. Form der Ausübung des Wahlrechts.** Das Wahlrecht des Klägers setzt die Zuständigkeit mehrerer Gerichte voraus[10] und wird dadurch ausgeübt, dass er vor einem der zuständigen Gerichte Klage[11] erhebt (§ 253 Abs. 2), den Verweisungsantrag nach § 281 Abs. 1 S. 1 stellt,[12] an das Gericht den Mahnantrag mit der Bezeichnung des zuständigen Gerichts iSd. § 696 Abs. 1 Nr. 5[13] oder den Antrag auf Durchführung eines selbständigen Beweisverfahrens[14] richtet. Gleiches gilt für die Erhebung einer Widerklage iSd. § 33.[15] Der Kläger ist im Verfahrenszug an die durch ordnungsgemäße Klageerhebung (§§ 253 Abs. 1, 261 Abs. 1) bzw. Stellung eines entsprechenden Antrages getroffene Wahl **gebunden.**[16] Etwas anderes kann allenfalls dann gelten, wenn in Unkenntnis von Umständen, welche einen besonderen Gerichtsstand begründen, Klage zum allgemeinen Gerichtsstand erhoben wurde.[17] Im **Mahnverfahren** tritt die Bindungswirkung durch Zustellung des Mahnbescheids ein; die Abgabe an ein anderes Gericht ist nur iRd. § 696 Abs. 1 S. 1 aE möglich. Keine Bindungswirkung entfaltet die Wahl des Gerichtsstandes für einen weiteren Prozess des Beklagten gegen den ursprünglichen Kläger (umgekehrtes Rubrum).[18] Wird das Verfahren durch Prozessurteil oder

---

[35] BGH NJW 1991, 3095; *St/J/Roth* Rn. 3; MK/*Patzina* Rn. 16; *Roth* ZZP 104 (1991), 458, 459.
[36] *St/J/Roth* Rn. 3; MK/*Patzina* Rn. 15.
[37] BGH NJW 2006, 1806f.; OLG Karlsruhe NJW 2008, 85, 86.
[1] *St/J/Roth* Rn. 1; *B/L/H* Rn. 2.
[2] OLG Hamm NJW 1987, 138f.; MK/*Patzina* Rn. 1.
[3] MK/*Patzina* Rn. 2; *Wiecz/Sch/Hausmann* Rn. 2.
[4] *St/J/Roth* Rn. 2; *Zö/Vollkommer* Rn. 1; *Thümmel* NJW 1986, 556, 558.
[5] BGH NJW 1993, 1273; 1997, 1154; 2002, 3634; BayObLGZ 2003, 187; *St/J/Roth* Rn. 3.
[6] BT-Drucks. 7/2729 S. 96ff., ferner Bericht des Rechtsausschusses, BT-Drucks. 7/5250 S. 13ff.
[7] BGH NJW 1978, 321; *Jauernig* ZPR § 90 III.
[8] OLG Naumburg NJW-RR 2002, 1705.
[9] BGH NJW 1991, 2910 m. weit. Nachw.
[10] OLG Schleswig MDR 2007, 1280, 1281; OLG München MDR 2007, 1154, 1155.
[11] OLG Köln MDR 1980, 763; BayObLG MDR 1999, 1461.
[12] KGR 1999, 395; BayObLG MDR 1999, 1461; NJW-RR 1991, 187; *T/P/Hüßtege* Rn. 2; *St/J/Roth* Rn. 5.
[13] BGH NJW 1993, 1273; MDR 2002, 661; BayObLG MDR 2002, 661; OLG Schleswig NJW 2006, 3360f.; KGR 1999, 165; OLG Celle OLGR 2000, 244; OLG Stuttgart OLGR 2001, 33; OLG Schleswig NJW-RR 2001, 646.
[14] OLG Zweibrücken BauR 1997, 885; OLG Schleswig NJOZ 2007, 151.
[15] OLG Zweibrücken NJW-RR 2000, 590.
[16] AllgM, OLG Naumburg NJW-RR 2002, 1705; BayObLG NJW-RR 2001, 646, 647; 1991, 187, 188; *T/P/Hüßtege* Rn. 2; *B/L/H* Rn. 5.
[17] KG NJW-RR 2001, 62; *Zö/Vollkommer* Rn. 2; *St/J/Roth* Rn. 6; aA *T/P/Hüßtege* Rn. 3.
[18] *Zö/Vollkommer* Rn. 2 aE; OLG Karlsruhe OLGR 2003, 246.

ohne Urteil beendet, also beispielsweise durch Prozessvergleich (§ 794 Rn. 2) oder Klagerücknahme (§ 269 Abs. 1), endet damit auch die auf Grund der getroffenen Gerichtsstandswahl folgende Bindungswirkung. Für einen weiteren Rechtsstreit lebt die Wahlmöglichkeit daher wieder auf.[19] Dies gilt selbst dann, wenn der gleiche Beklagte und ein ähnlicher Sachverhalt in Rede stehen.[20] Keine Bindungswirkung tritt durch die Ausübung der Wahl im **Arrestverfahren** gemäß § 919 und in Verfahren **einstweiliger Verfügungen** nach § 937 (Rn. 2) für das Hauptsacheverfahren ein, weil es insoweit an der Rechtshängigkeit der Hauptsache mangelt.[21] Demgegenüber ist wegen der ausdrücklichen Regelungen der §§ 767 und 578ff., 584 der Kläger an seine im Hauptverfahren getroffene Wahl für eine später zu erhebende **Vollstreckungsabwehrklage** bzw. eine **Wiederaufnahmeklage** gebunden.[22]

2. Keine Schranken der Wahlbefugnis. Die Wahlbefugnis ist dem Kläger aus Gründen der Gewährleistung prozessualer Waffengleichheit von Gesetzes wegen eingeräumt (Rn. 1). Grundsätzlich sind deshalb weder (vermeintliche) Belange des Beklagten noch Kostenaspekte bei der Ausübung des Wahlrechts vom Kläger zu berücksichtigen.[23] Daher kann der Kläger seinem Wahlrecht nach § 35 auch dann folgen, wenn er Prozesskostenhilfe in Anspruch nehmen will, durch die Wahl die Rechtsverfolgung des Beklagten erschwert wird oder etwa höhere Kosten entstehen.[24] Im Einzelfall kann eine andere Beurteilung aus Gründen des treuwidrigen oder rechtsmissbräuchlichen Verhaltens des Klägers geboten sein, wenn aus sachfremden Erwägungen und der eigentliche Zweckbestimmung der Gerichtsstandsregelungen zuwider ein formal gegebener Gerichtsstand angerufen wird.[25] 4

IV. Internationale Zuständigkeit

Sofern in einem Streit sowohl die Zuständigkeit deutscher als auch ausländischer Gerichte eröffnet ist, greift § 35 ebenfalls ein,[26] es sei denn, nach deutschem Recht greift eine ausschließliche internationale Zuständigkeit ausländischer Gerichte. Im Geltungsbereich der EuGVVO besteht für den Kläger ebenfalls ein Wahlrecht unter mehreren konkurrierenden Gerichtsständen, soweit kein ausschließlicher eingreift.[27] 5

35a *Besonderer Gerichtsstand bei Unterhaltsklagen* **Das Kind kann die Klage, durch die beide Eltern auf Erfüllung der Unterhaltspflicht in Anspruch genommen werden, vor dem Gericht erheben, bei dem der Vater oder die Mutter einen Gerichtsstand hat.**

I. Normzweck

Die Regelung des § 35a ist infolge der Abschaffung des abgeleiteten Gerichtsstandes der Ehefrau am Wohnsitz des Ehemannes auf Grund des Gleichberechtigungsgesetzes eingefügt worden.[1] Die Vorschrift begründet einen der ZPO an sich unbekannten besonderen Gerichtsstand der Streitgenossenschaft.[2] Dadurch wird Kindern die Wahl ermöglicht, gegen beide Elternteile vor einem Gericht eine Unterhaltsklage zu erheben, bei dem entweder der eine oder andere Elternteil einen Gerichtsstand hat. Die Erleichterung der Rechtsverfolgung der Kinder wird von sozialpolitischen Erwägungen getragen.[3] So führt die gegen beide Elternteile an einem Gerichtsstand erhobene Unterhaltsklage zur Kostenersparnis und ausgeglichenen Festsetzung der jeweils geschuldeten Unterhaltsbeträge (§ 1606 Abs. 3 S. 1 BGB) und damit insgesamt zur sachgerechten und beschleunigten Entscheidung der erfassten Streitigkeiten.[4] 1

II. Anwendungsbereich

1. Parteien. a) Kläger. Nach dem ausdrücklichen Wortlaut ist der Gerichtsstand nur für Klagen von Kindern gegen ihre Eltern begründet. Die Vorschrift gilt für eheliche und nichteheliche Kinder iSd. §§ 1592, 1615a BGB sowie gemeinschaftlich von einem Ehepaar angenommene Kinder (§§ 1741f., 1754f., 1767ff. BGB).[5] Dabei sind Staatsangehörigkeit, Wohnsitz oder gewöhnlicher Aufenthalt des Kindes unerheblich.[6] Nicht erfasst sind Enkel oder sonstige Abkömmlinge.[7] Soweit die Klage eines minderjährigen Kindes zu beurteilen ist, geht der ausschließliche Gerichtsstand des **§ 642 Abs. 1 S. 1** vor. Etwas ande- 2

[19] LAG Kiel AP § 276 Nr. 1; *St/J/Roth* Rn. 7.
[20] *St/J/Roth* Rn. 7.
[21] MK/*Patzina* Rn. 5; *T/P/Hüßtege* Rn. 2; OLG Karlsruhe NJW 1973, 1509.
[22] *Wiecz/Sch/Hausmann* Rn. 9; *St/J/Roth* Rn. 7.
[23] KG Rpfleger 1976, 323; OLG München JurBüro 1978, 1875; OLG Frankfurt AnwBl. 1983, 186; OLG Köln JurBüro 1992, 104.
[24] OLG München JurBüro 1994, 477; OLG Köln Rpfleger 1992, 222; MDR 1976, 496; OLG Karlsruhe NJW 2005, 2718f.; *St/J/Roth* Rn. 5; *Zö/Vollkommer* Rn. 3.
[25] OLG Hamm NJW 1987, 138; OLG Karlsruhe NJW 2005, 2718f.; MK/*Patzina* Rn. 3; *Zö/Vollkommer* Rn. 3; *Wiecz/Sch/Hausmann* Rn. 6.
[26] *St/J/Roth* Rn. 8.
[27] *Schlosser* EuGVVO Vorb. Art. 2 Rn. 1; *Kropholler* vor Art. 2 EuGVO Rn. 1.
[1] BGBl. 1957 I S. 609.
[2] *Gottwald* JA 1982, 64, 65; MK/*Patzina* Rn. 1; *St/J/Roth* Rn. 1.
[3] *Gottwald* JA 1982, 65; *St/J/Roth* Rn. 1.
[4] *T/P/Hüßtege* Rn. 2; *B/L/H* Rn. 2; *Zö/Vollkommer* Rn. 1.
[5] *St/J/Roth* Rn. 4.
[6] *Wiecz/Sch/Hausmann* Rn. 3.
[7] *St/J/Roth* Rn. 4; MK/*Patzina* Rn. 5.

res gilt jedoch dann, wenn das Kind oder ein Elternteil seinen allgemeinen Gerichtsstand im Ausland hat, § 642 Abs. 1 S. 2.

3 b) **Beklagte.** Die im Gerichtsstand des § 35a erhobene Unterhaltsklage muss sich gegen beide Eltern des Kindes **gemeinschaftlich** richten.[8] Dabei genügt die **nachträgliche** Einbeziehung des anderen Elternteils in den bereits rechtshängig gemachten Prozess gegen einen Beklagten,[9] weil der Kläger seine Wahlbefugnis auf diesem Wege bereits ausgeübt hat. Unbeachtlich ist das Ausscheiden eines Beklagten nach Rechtshängigkeit, § 261 Abs. 3 Nr. 2. Dies gilt auch dann, wenn dies der zuständigkeitsbegründende Elternteil war.[10]

4 **2. Verfahrensarten.** Gegenstand der Klage muss die **Unterhaltspflicht der Eltern** gegenüber dem Kinde sein. In den Anwendungsbereich des § 35a fallen daher auf Unterhaltsleistung gerichtete Klagen ebenso wie solche, die auf Feststellung der Unterhaltspflicht zielen. Ferner gilt § 35a im Bereich von Abänderungsklagen gemäß § 323.[11] Gleichgültig ist, ob der materiellrechtliche Unterhaltsanspruch auf Vertrag oder Gesetz beruht und ob er deutschem oder ausländischem Recht zuzuordnen ist.[12] Der Unterhaltsanspruch kann daher familienrechtlichen (§§ 1601ff., 1615a BGB), aber auch deliktsrechtlichen (vgl. §§ 843 bis 845 BGB) Ursprungs sein, wenn dieser auf Unterhaltspflichten gegenüber dem Kinde zurückzuführen ist. Der Wahlgerichtsstand des § 35a greift auch in Verfahren **einstweiligen Rechtsschutzes** ein.[13] Für Klagen wegen der **Unterhaltspflicht des Kindes** gegenüber seinen Eltern ist der Gerichtsstand des § 35a nicht begründet.[14]

III. Örtliche Zuständigkeit

5 Nach § 35a wird für den streitgenossenschaftlich mitbeklagten Ehegatten der Wahlgerichtsstand zum einen am Wohnsitz des beklagten anderen Ehegatten (§ 13) begründet, zum anderen ist Gerichtsstand iSd. Vorschrift auch jeder besondere Gerichtsstand, vor dem Unterhaltsklagen erhoben werden können. In Betracht kommt etwa der besondere Gerichtsstand des Aufenthaltsortes gemäß § 20,[15] bei vertraglichen Unterhaltspflichten der nach § 29 und im Falle deliktischer Unterhaltspflichten der Gerichtsstand des § 32. Denkbar ist auch der besondere Klägergerichtsstand des § 23a. So etwa bei einer Klage gegen den im Ausland ansässigen einen Elternteil am allgemeinen Gerichtsstand des klagenden Kindes unter Einbeziehung des anderen Elternteils über § 35a.[16]

IV. Konkurrenzen und internationale Zuständigkeit

6 Handelt es sich bei der Unterhaltssache um eine **Familiensache** gemäß § 23b Abs. 1 S. 2 Nr. 5 GVG, § 621 Abs. 1 Nr. 4 und ist eine Ehesache anhängig (zB § 623 Abs. 1 S. 1), geht die ausschließliche Zuständigkeit des § 621 Abs. 2 dem besonderen Gerichtsstand nach § 35a vor.[17] Die sachliche Zuständigkeit für durch Ehe oder Verwandtschaft begründete gesetzliche Unterhaltsansprüche ist beim Amtsgericht (Familiengericht) begründet, §§ 23a Nr. 2, 23b Abs. 1 Nr. 5 GVG. Außerhalb des Geltungsbereichs der EuGVVO begründet § 35a nach dem Grundsatz der Doppelfunktionalität der örtlichen Zuständigkeitsnormen (§ 12 Rn. 17) ebenfalls die internationale Zuständigkeit deutscher Gerichte.[18] Daneben kann auch die internationale Zuständigkeit gemäß § 23a begründet sein (vgl. § 23a Rn. 13).[19] Soweit die **EuGVVO** eingreift, verdrängt deren vorrangige Regelung des Art. 6 Nr. 1 EuGVVO den besonderen Gerichtsstand für Unterhaltsklagen nach § 35a. Daneben ist auch die örtliche und internationale Zuständigkeit des Gerichts am Wohnsitz oder Ort des gewöhnlichen Aufenthalts des Unterhaltsberechtigten nach Art. 5 Nr. 2 EuGVVO zu beachten.

36 *Gerichtliche Bestimmung der Zuständigkeit* (1) **Das zuständige Gericht wird durch das im Rechtszug zunächst höhere Gericht bestimmt:**

1. wenn das an sich zuständige Gericht in einem einzelnen Fall an der Ausübung des Richteramtes rechtlich oder tatsächlich verhindert ist;
2. wenn es mit Rücksicht auf die Grenzen verschiedener Gerichtsbezirke ungewiss ist, welches Gericht für den Rechtsstreit zuständig sei;
3. wenn mehrere Personen, die bei verschiedenen Gerichten ihren allgemeinen Gerichtsstand haben, als Streitgenossen im allgemeinen Gerichtsstand verklagt werden sollen und für den Rechtsstreit ein gemeinschaftlicher besonderer Gerichtsstand nicht begründet ist;
4. wenn die Klage in dem dinglichen Gerichtsstand erhoben werden soll und die Sache in den Bezirken verschiedener Gerichte belegen ist;
5. wenn in einem Rechtsstreit verschiedene Gerichte sich rechtskräftig für zuständig erklärt haben;

---

8 OLG Nürnberg FamRZ 1996, 172.
9 MK/*Patzina* Rn. 3; *Wiecz/Sch/Hausmann* Rn. 4.
10 *B/L/H* Rn. 4; *St/J/Roth* Rn. 4.
11 *Zö/Vollkommer* Rn. 3; *St/J/Roth* Rn. 8.
12 *St/J/Roth* Rn. 7; MK/*Patzina* Rn. 4.
13 MK/*Patzina* Rn. 6; *St/J/Roth* Rn. 9.
14 *St/J/Roth* Rn. 7; *Wiecz/Sch/Hausmann* Rn. 5 aE.
15 *B/L/H* Rn. 4; *St/J/Roth* Rn. 6.
16 *St/J/Roth* Rn. 6; aA *Wiecz/Sch/Hausmann* Rn. 8.
17 *St/J/Roth* Rn. 6; MK/*Patzina* Rn. 7.
18 *St/J/Roth* Rn. 2; MK/*Patzina* Rn. 10; *Geimer* Rn. 1162.
19 MK/*Patzina* Rn. 10; *St/J/Roth* Rn. 2; aA *Schack* Rn. 357.

6. wenn verschiedene Gerichte, von denen eines für den Rechtsstreit zuständig ist, sich rechtskräftig für unzuständig erklärt haben.

(2) Ist das zunächst höhere gemeinschaftliche Gericht der Bundesgerichtshof, so wird das zuständige Gericht durch das Oberlandesgericht bestimmt, zu dessen Bezirk das zuerst mit der Sache befasste Gericht gehört.

(3) [1]Will das Oberlandesgericht bei der Bestimmung des zuständigen Gerichts in einer Rechtsfrage von der Entscheidung eines anderen Oberlandesgerichts oder des Bundesgerichtshofs abweichen, so hat es die Sache unter Begründung seiner Rechtsauffassung dem Bundesgerichtshof vorzulegen. [2]In diesem Fall entscheidet der Bundesgerichtshof.

Übersicht

I. Normzweck

Die verfassungsrechtliche Garantie des gesetzlichen Richters (Art. 101 Abs. 1 S. 2 GG) erfordert es, dass tatsächliche oder rechtliche Unklarheiten über den Gerichtsstand durch ein gesetzlich bestimmtes Verfahren ausgeräumt werden.[1] Die Vorschrift des § 36 ermöglicht insoweit im Zusammenspiel mit § 37 eine schnelle und kostengünstige und damit prozessökonomische Abhilfe bei einem Zuständigkeitsstreit, um die alsbaldige Beschäftigung des zuständigen Gerichts mit der Sache zu ermöglichen.[2] Damit soll gleichzeitig vermieden werden, dass Gerichte einerseits mehrfach mit einer Sache befasst werden[3] und andererseits eine Rechtsschutzverweigerung gegenüber den Parteien stattfindet. Die durch das SchiedsVfG mit Wirkung vom 1. 4. 1998 angefügten Absätze 2 und 3 dienen der Vermeidung einer Überlastung[4] des BGH mit Zuständigkeitskonflikten. Nur wenn im Ausnahmefall (vgl. Rn. 4, 27) Zuständigkeitsstreitigkeiten zwischen Gerichten unterschiedlicher Gerichtszweige[5] in Rede stehen oder das Oberlandesgericht iSd. § 36 Abs. 3 bei der Bestimmung des zuständigen Gerichts in einer Rechtsfrage von der Entscheidung eines anderen Oberlandesgerichts oder des BGH abweichen will (Divergenzvorlage, Rn. 10), besteht eine Zuständigkeit des BGH.[6] 1

II. Anwendungsbereich

1. Zuständigkeit. a) Örtliche und sachliche Zuständigkeit. § 36 greift ein, wenn das örtlich zuständige Gericht aus den Gründen des Abs. 1 Nr. 1 bis 6 ungewiss oder verhindert ist. Die Regelung kommt selbst dann zur Anwendung, wenn ein ausschließlicher Gerichtsstand begründet ist.[7] Darüber hinaus kann in den 2

---

[1] BVerfGE 6, 45, 50 = NJW 1957, 337; BVerfGE 9, 223, 226 = NJW 1959, 871.

[2] BGHZ 71, 69, 74 = NJW 1964, 1416, 1417; BGHZ 71, 15, 18; 102, 338, 340 = NJW 1988, 1794; BGH NJW 2002, 1425, 1426; 2001, 3631; *Vossler* NJW 2006, 117.

[3] BGHZ 90, 155, 157 = NJW 1984, 1624; vgl. *Vossler* NJW 2006, 117.

[4] BGH NJW 2000, 81; *Kemper* NJW 1998, 3551.

[5] BGH NJW 2001, 3631, 3632; BayObLGZ 1999, 80; MK/*Patzina* Rn. 1; vgl. *Deubner* JuS 1999, 896.

[6] BGH NJW 1999, 221; *Kemper* NJW 1998, 3551; *Vossler* NJW 2006, 117, 118.

[7] BGHZ 90, 155, 157 = NJW 1984, 1624; BGH NJW 1998, 686; BayObLG NJW-RR 1999, 1293; *Zö/Vollkommer* Rn. 14, 18.

Fällen des § 36 Abs. 1 Nr. 1, 3, 5 und 6 auch das **sachlich** zuständige Gericht bestimmt werden,[8] während Nr. 2 und 4 des Abs. 1 sich ausschließlich auf die örtliche Zuständigkeit beziehen.[9]

3 **b) Funktionelle Zuständigkeit.** Grundsätzlich meint die Vorschrift nicht Kompetenzstreitigkeiten unter verschiedenen Spruchkörpern desselben Gerichts, weil ihre Zuständigkeit im Rahmen des Geschäftsverteilungsplans durch das Präsidium des Gerichts bestimmt wird.[10] Dennoch ist unter bestimmten Voraussetzungen eine entsprechende Anwendung des § 36 Abs. 1 Nr. 6 zu befürworten. Der Zuständigkeitskonflikt muss im Verfahren nach § 36 Abs. 1 Nr. 6 (analog) behoben werden, wenn keine Verteilungs- und Entscheidungskompetenz des Präsidiums in Rede steht, sondern die Streitigkeit nur durch eine Auslegung **gesetzlicher Zuständigkeitsvorschriften** gelöst werden kann.[11] Denn dem Präsidium des Gerichts, das bei einer den Geschäftsverteilungsplan betreffenden Meinungsverschiedenheit mehrerer Spruchkörper grundsätzlich eingreifen kann, ist es verwehrt, einen Kompetenzstreit durch Anwendung einer gesetzlichen Zuständigkeitsnorm verbindlich zu entscheiden.[12] Nach diesen Grundsätzen wurde etwa eine entsprechende Anwendung für den Kompetenzkonflikt zwischen einer Kammer für Baulandsachen und der ordentlichen Zivilkammer[13] oder bei einer wechselseitigen Unzuständigerklärung der Kammer für Handelssachen und der Zivilkammer am Landgericht[14] angenommen. Ferner werden durch die Rechtsprechung negative Zuständigkeitsstreitigkeiten zwischen einem **Familiensenat** und einem Senat desselben Oberlandesgerichts im Verfahren nach § 36 Abs. 1 Nr. 6 entschieden, wenn die beteiligten Senate verschiedener Ansicht darüber sind, ob es sich um eine Familiensache handelt.[15] Hängt die Entscheidung wesentlich davon ab, ob durch die im ersten Rechtszug erfolgte Verweisung der Sache an das Familiengericht die Rechtsmittelzuständigkeit des Oberlandesgerichts begründet worden ist, muss zur Beantwortung dieser Frage die Tragweite der Bindungswirkung der Verweisung nach § 281 Abs. 2 S. 4 beurteilt werden, über die das Präsidium des Gerichts nicht verbindlich entscheiden kann, so dass § 36 Abs. 1 Nr. 6 (analog) eingreift,[16] vgl. Rn. 23, 27. Dagegen kommt eine Anwendung des § 36 Abs. 1 für Kompetenzstreitigkeiten innerhalb desselben Spruchkörpers, etwa zwischen Einzelrichter und Senat (organinterner Zuständigkeitsstreit), nicht in Betracht. Solche Kompetenzkonflikte, die insbesondere auf Grund der durch das ZPO-RG geschaffenen originären Einzelrichterzuständigkeit (§§ 348, 568) auftreten können, sind in entsprechender Anwendung des § 348 Abs. 2 durch unanfechtbaren Beschluss zu erledigen.[17] Ebenso scheidet eine Anwendung des § 36 aus, wenn ein gemeinsamer Gerichtsstand für unterschiedliche Streitgegenstände fehlt,[18] bei mehreren Kostenfestsetzungsbeschlüssen eine einheitliche Festsetzung erfolgen soll[19] oder etwa durch das Rechtsmittelgericht eine Zurückverweisung der Sache erfolgt ist und das angewiesene Gericht die Bearbeitung der Sache verweigert.[20] Streitigkeiten über die Zuständigkeit juristischer oder technischer Beschwerdesenate betreffen Geschäftsverteilungsfragen, ohne Gesichtspunkte gesetzlicher Zuständigkeitsvorschriften iSd. § 36 Abs. 1 zu berühren; für deren Entscheidung ist das Präsidium gemäß § 21 e GVG zuständig.[21]

4 **2. Verfahrensarten. a) Verfahren nach der ZPO, Rechtsweg.** § 36 kann in jedem Verfahren nach der ZPO eingreifen,[22] namentlich neben dem ordentlichen Erkenntnisverfahren auf Grund Klage (auch Abänderungsklagen[23] gemäß § 323 Abs. 1, Rn. 22, oder bei einer parteierweiternden Drittwiderklage[24] nach Abs. 1 Nr. 3, vgl. Rn. 17f.), im Kostenfestsetzungsverfahren[25] gemäß §§ 103ff., im Prozesskostenhilfeverfahren[26] nach §§ 114ff., im Verfahren zur Sicherung des Beweises iSd. §§ 485ff.[27] sowie unter Einschränkungen nach den §§ 603 Abs. 2, 605a im Hinblick auf § 36 Abs. 1 Nr. 3 auch im Urkunden-, Wechsel- oder Scheckprozess.[28] Ferner greift § 36 im Mahnverfahren (§§ 688ff.);[29] soweit mehrere Antragsteller einen Mahnbescheid beantragen, gilt jedoch § 35 (Rn. 20, § 35 Rn. 2). Im Zwangsvollstreckungsverfah-

---

[8] BGHZ 90, 155, 157 = NJW 1984, 1624; BGH NJW 1998, 685; BayObLGZ 1986, 51, 53.
[9] *Wiecz/Sch/Hausmann* Rn. 6 aE.
[10] BGH NJW 2003, 3636; 2000, 80, 81.
[11] BGH NJW 2003, 3636.
[12] BGHZ 71, 264, 270; BGH NJW 2003, 3636.
[13] OLG Oldenburg MDR 1977, 497.
[14] OLG Nürnberg NJW 1993, 3208; OLG Braunschweig NJW-RR 1995, 1535.
[15] BGHZ 71, 264, 270; BGH NJW-RR 1993, 1282; BayObLG FamRZ 1979, 315.
[16] Vgl. BGH NJW-RR 1990, 1026.
[17] BGH NJW 2003, 3636.
[18] BayObLG NJW-RR 1999, 1293; vgl. BayObLG FamRZ 2003, 1569.
[19] OLG Karlsruhe Rpfleger 1997, 767.
[20] BGH FamRZ 1998, 477.
[21] BGH MDR 1972, 397 = LM Nr. 7 zu § 36 Nr. 6; BayObLG Rpfleger 1987, 124, 125; OLG Oldenburg MDR 1977, 497f.
[22] BayObLG Rpfleger 1987, 124, 125; RGZ 139, 351.
[23] BGH NJW 1986, 3209; 1998, 685; BayObLG NJW-FER 2001, 81; OLG Frankfurt FamRZ 1999, 25.
[24] *St/J/Roth* Rn. 3, § 33 Rn. 43; BGH NJW 1991, 2838; KG NJW-RR 2000, 1374; einschr. BGH NJW 2000, 1871.
[25] BGH NJW 1982, 2070; BayObLG Rpfleger 1987, 124, 125; BayObLGZ 1989, 237 (Vollstreckungskosten).
[26] BGH NJW 1982, 1000; NJW-RR 1991, 1342; BayObLG EzFamR aktuell 2003, 137; OLG Dresden NJW 1999, 797; OLG Düsseldorf FamRZ 1988, 299; OLG Bamberg FamRZ 1989, 409; OLG Hamm FamRZ 1991, 206; ausf. *Gsell/Mehring* NJW 2002, 1991.
[27] BGH NJW-RR 1999, 1010; BayObLGZ 1991, 343, 344; BayObLG NJW-RR 1998, 209; OLG Brandenburg MDR 2006, 1184; OLG Zweibrücken NJW-RR 2000, 1084.
[28] *Wiecz/Sch/Hausmann* Rn. 11.
[29] BGH NJW 1993, 2752; 1995, 3317; BayObLGZ 1980, 149, 151; KGR 2005, 97.

ren[30] (§§ 704ff., 803ff., 828ff.[31]). Im Verfahren der Vollstreckbarkeitserklärung[32] gemäß §§ 722, 723, im gerichtlichen Verfahren der Abnahme der eidesstattlichen Versicherung[33] nach §§ 899ff.[34] sowie in Verfahren einstweiligen Rechtsschutzes §§ 916ff.,[35] 935ff.[36] und im Aufgebotsverfahren iSd. § 946 ist § 36 ebenfalls einschlägig.[37] Gemäß § 4 InsO kommt § 36 im Insolvenzverfahren zur Anwendung.[38] Bei Kompetenzkonflikten zwischen **Gerichten verschiedener Gerichtsbarkeiten** kann zwar neben § 17a GVG auch eine entsprechende Anwendung von § 36 Abs. 1 Nr. 6 in Betracht kommen. Diese scheidet jedoch grundsätzlich aus, wenn ein Gericht iSd. § 17a Abs. 2 S. 1 GVG bereits rechtskräftig die Unzulässigkeit des beschrittenen Rechtsweges ausgesprochen hat, weil das Gericht, an welches verwiesen wurde, an den Beschluss gebunden und dieser einer weiteren Überprüfung entzogen ist.[39] Eine Durchbrechung dieser Bindungswirkung ist unter Berücksichtigung der von § 17a GVG eingeräumten Überprüfungsmöglichkeit nur in absoluten Ausnahmefällen denkbar, wenn der verfassungsrechtliche Grundsatz des gesetzlichen Richters derart beeinträchtigt ist, dass die Entscheidung schlechthin nicht mehr zu rechtfertigen ist, unverständlich erscheint und offensichtlich unhaltbar ist (vgl. Rn. 27).[40]

b) Verfahren nach dem FGG, Arbeitsrechtsstreitigkeiten. § 5 FGG trifft für Verfahren der freiwilligen 5
Gerichtsbarkeit eine eigene Regelung der Bestimmung des Gerichtsstandes, neben der die §§ 36, 37 grundsätzlich nicht anwendbar sind.[41] Eine Ausnahme wird dann zugelassen, wenn der Kompetenzkonflikt zwischen Gerichten der FGG nicht die örtliche Zuständigkeit betrifft,[42] sowie in Familiensachen, die nach dem FGG geführt werden (§ 621a Abs. 1).[43] Besonderheiten gelten aber für das Verbundverfahren vor den Familiengerichten. Gemäß § 46 Abs. 2 ArbGG greift die Vorschrift des § 36 auch im arbeitsgerichtlichen Verfahren ein.[44]

3. Erweiterter Anwendungsbereich. Die gesetzliche Regelung der Fälle, in denen eine Bestimmung der 6
Zuständigkeit in Betracht kommt, ist vor dem Hintergrund der Garantie des gesetzlichen Richters nach Art. 101 Abs. 1 S. 2 GG grundsätzlich (zu Ausnahmen vgl. Rn. 3) abschließend.[45] Eine erweiternde Auslegung der Vorschrift auf andere Fälle ist damit jedenfalls dann ausgeschlossen, wenn die Bestimmung der Zuständigkeit eines Gerichts allein aus Zweckmäßigkeitserwägungen sinnvoll erschiene.[46]

III. Bestimmungsverfahren

1. Allgemeines. Die Einleitung eines Gerichtsstandsbestimmungsverfahrens erfolgt grundsätzlich auf 7
Grund Antrags (Gesuchs) einer Partei und endet durch Beschluss, § 37 Abs. 1. Zu den Einzelheiten der im Verfahren zu berücksichtigenden Grundsätze, insbesondere zum Umfang der das bestimmende Gericht treffenden Prüfungspflichten vgl. § 37 Rn. 2ff. In den Fällen des § 36 Abs. 1 **Nr. 5** und **Nr. 6** kann die Entscheidung auch **von Amts wegen**[47] auf Grund Vorlage eines am Kompetenzkonflikt beteiligten Gerichts erfolgen.[48] Der Rechtspfleger ist im Rahmen seiner Zuständigkeit zur Vorlage berechtigt.[49]

2. Zuständigkei. a) Grundsatz. Ausgangspunkt ist die Bestimmung durch das nächsthöhere Gericht; 8
entscheidend ist aber nicht der allgemeine Gerichtsaufbau, sondern die Rechtsmittelzuständigkeit in der jeweiligen Verfahrensart.[50] Dabei ist auf die Regelungen des GVG abzustellen. So ist für die Kompetenzstreitigkeiten zwischen Amtsgerichten desselben Gerichtsbezirks das Landgericht, das OLG für die Landgerichte seines Bezirks und für die Amtsgerichte unterschiedlicher LG-Bezirke zuständig. Durch das Abstellen auf die Rechtsmittelzuständigkeit zur Begründung des für die Gerichtsbestimmung zuständigen Gerichts ist zur Entscheidung eines Zuständigkeitsstreites zwischen allgemeiner Prozessabteilung und Familiengericht desselben Amtsgerichts oder zwischen mehreren Familiengerichten nicht das Landgericht, sondern das Oberlandesgericht berufen (vgl. § 119 Abs. 1 Nr. 1 GVG);[51] es entscheidet der Familiense-

---

[30] BGH NJW 1983, 1859; RGZ 139, 351; OLG München NJW 1975, 504 m. Anm. *Geimer* S. 1086.
[31] OLG Brandenburg OLGR 2001, 62; BayObLGZ 1985, 397; 1994, 113; BayObLG Rpfleger 1999, 31.
[32] BayObLG NJW 1988, 2184f.
[33] OLG Frankfurt OLGZ 1978, 475f.
[34] Vgl. LG Berlin Rpfleger 1999, 188.
[35] RGZ 36, 347.
[36] BGH FamRZ 1989, 847; BayObLG Rpfleger 2004, 365.
[37] RGZ 45, 388; 121, 20, 21.
[38] BGH LM Nr. 3 zu § 36 Nr. 3; OLG München NJW-RR 1987, 382; BayObLG BB 2003, 2370; MDR 2003, 1380; BayObLGZ 2003, 192, 229; zur Zuständigkeitsbestimmung im Insolvenzverfahren *Pape* ZInsO 2005, 1140.
[39] BGHZ 144, 21, 24; BGH NJW 2003, 2990; 2002, 2474; 2000, 1343.
[40] BGH NJW 2003, 2990; WM 2002, 406; BAG MDR 2003, 1010; NJW 2006, 1372, 2798.
[41] *Wiecz/Sch/Hausmann* § 36 Rn. 15; *Sae/Kayser* Rn. 2.
[42] BGH 104, 363, 364; OLG Köln FamRZ 1996, 357.
[43] BGH NJW 1972, 111; NJW-RR 1995, 514; 1992, 578; BayObLG FamRZ 2000, 166.
[44] BAGE 44, 223, 224; BGH NJW 1990, 53, 54; LAG Stuttgart ArbuR 2005, 165.
[45] *Wiecz/Sch/Hausmann* Rn. 24; *T/P/Hüßtege* Rn. 1.
[46] *St/J/Roth* Rn. 5; MK/*Patzina* Rn. 4.
[47] *St/J/Roth* § 37 Rn. 2; *Zö/Vollkommer* § 37 Rn. 2; *Wiecz/Sch/Hausmann* § 37 Rn. 5.
[48] BGH NJW 1979, 1048; 1985, 2537; BAGE 93, 751; BayObLGZ 1991, 151; OLG Brandenburg NJW-RR 2001, 430; OLG Frankfurt NJW 1993, 2448; BayObLG NZM 2002, 461; *St/J/Roth* § 37 Rn. 2; *T/P/Hüßtege* § 37 Rn. 1; *Zö/Vollkommer* § 37 Rn. 2; aA OLG Nürnberg NJW 1975, 2346; OLG Oldenburg FamRZ 1978, 347.
[49] BayObLG NJW-RR 2000, 959; *Zö/Vollkommer* § 37 Rn. 2 aE; BayObLGZ 1985, 399; *T/P/Hüßtege* Rn. 2.
[50] BGHZ 104, 363, 366; vgl. zur Neuregelung *Kemper* NJW 1998, 3551.
[51] BGHZ 71, 264, 271 m. weit. Nachw.; OLG Dresden OLG-NL 2001, 71; OLG Jena OLG-NL 1999, 211; *St/J/Roth* Rn. 6.

nat.[52] Die Absätze 2 und 3 des § 36 dienen der Entlastung des BGH in Fällen, in denen er bislang zur Entscheidung des Kompetenzkonflikts berufen war. Damit sind entsprechende Gesuche zum BGH, mit Ausnahme der Vorlage nach § 36 Abs. 3, im Fall des § 36 Abs. 1 Nr. 1, wenn das eigentlich zuständige Gericht verhindert ist,[53] oder im Fall einer ausnahmsweise vorzunehmenden Bestimmung des Gerichts des zulässigen Rechtsweges (Rn. 4, 27), unzulässig.[54]

9 Nach **Abs. 2** (Prioritätsprinzip) soll das zuständige Gericht durch dasjenige OLG bzw. im Arbeitsgerichtsprozess durch das LAG[55] bestimmt werden, in dessen Bezirk sich das Gericht befindet, bei dem der Rechtsstreit seinen Ausgang fand[56] (sog. Erstbefassung, zum Zeitpunkt der Bestimmung s. Rn. 13), im Fall des § 36 Abs. 1 Nr. 3 unabhängig davon, ob dort einer der Streitgenossen seinen allgemeinen Gerichtsstand hat.[57] Das gilt auch, wenn sich Kompetenzkonflikte erst auf der Ebene der OLG ergeben.[58] Dass insoweit das nach § 36 Abs. 2 entscheidende Oberlandesgericht bzw. in Arbeitssachen das LAG in dem Kompetenzkonflikt selbst eines der betroffenen Gerichte ist, hindert nicht seine Entscheidungsbefugnis; eine Vorlage an den BGH bzw. an das BAG kommt nicht in Betracht.[59] In den Fällen des § 36 Abs. 1 Nr. 2, 3 und 4 fehlt es regelmäßig an einem erstbefassten Gericht, weil dieses zunächst bestimmt werden soll. In der Situation des § 36 Abs. 1 Nr. 3 kommt daher jedes OLG in Betracht, in dessen Bezirk eine der Personen, die verklagt werden sollen, ihren allgemeinen Gerichtsstand hat (vgl. aber Rn. 17, 24);[60] unter mehreren Gerichten hat der Kläger die Wahl (§ 35). Wird der Rechtsstreit durch Mahnverfahren eingeleitet, ist das zuerst mit der Sache befasste Gericht dasjenige, an welches das Mahngericht die Sache nach Einlegung des Widerspruchs (§ 696 Abs. 1 S. 1) abgegeben hat.[61]

10 **Abs. 3** regelt die Divergenzvorlage zum BGH in Fällen, in denen ein OLG bei der Zuständigkeitsbestimmung im Anwendungsbereich des § 36 Abs. 1 von der Rechtsprechung eines anderen Oberlandesgerichts, des BayObLG (vgl. § 8 EGGVG) oder des BGH abweichen will.[62] Sie setzt voraus, dass der BGH das zunächst höhere Gericht ist und die Bestimmungszuständigkeit des OLG aus § 36 Abs. 2 folgt.[63] Dementsprechend kommt die Vorlage nur im anhängigen Bestimmungsverfahren nach § 36 Abs. 2 in Betracht; eine ausgedehnte Anwendung auf die sonstigen Fälle originärer Zuständigkeit des OLG ist mit der Zwecksetzung des § 36 Abs. 2 und 3 (Rn. 1) nicht vereinbar.[64] Die beabsichtigte Abweichung von der Entscheidung eines anderen OLG (oder anderen Senats desselben OLG),[65] des BayObLG oder des BGH iSd. Vorschrift kann sich sowohl auf materiellrechtliche als auch prozessrechtliche Fragen beziehen, welche für die Bestimmung des zuständigen Gerichts nach Auffassung des vorlegenden OLG (BayObLG) erheblich sind.[66] Ausscheiden muss daher eine Divergenzvorlage, die zwar richtigerweise eine abweichende Rechtsauffassung des vorlegenden Gerichts zu anderen Oberlandesgerichten in Bezug nimmt, aber mit Fragen der Zuständigkeit innerhalb ein und desselben Spruchkörpers keinen der von § 36 Abs. 1 erfassten Sachverhalte betrifft.[67] Der Vorlagebeschluss iSd. § 36 Abs. 3 S. 1 zum BGH enthält eine Darstellung der Divergenzentscheidung des anderen OLG (BayObLG), der abweichenden Rechtsauffassung des vorlegenden Gerichts und macht die Entscheidungserheblichkeit deutlich. Durch die zulässige Vorlage wird die Zuständigkeit des BGH begründet, der dann nicht nur über die gestellte Rechtsfrage entscheidet, sondern auch die Bestimmung des zuständigen Gerichts vornimmt, § 36 Abs. 3 S. 2.[68]

11 **b) Bayerisches Oberstes Landesgericht.** Mit Ablauf des 30. Juni 2006 ist das BayObLG aufgelöst worden.[69] Die im Zeitpunkt der Auflösung anhängigen Verfahren der Gerichtsstandsbestimmung sind gemäß Art. 55 Abs. 7 S. 1 BayAGGVG in dem Stand, in dem sie sich befanden, auf das OLG Nürnberg, OLG München bzw. das OLG Bamberg übergegangen.

12 **c) Kompetenzkonflikte zwischen Gerichten verschiedener Gerichtszweige.** Bei negativen Kompetenzkonflikten zwischen einem Gericht der ordentlichen Gerichtsbarkeit und dem Gericht eines anderen Gerichtszweiges kann in seltenen Ausnahmesituationen auch eine entsprechende Anwendung von § 36 Abs. 1 Nr. 6 in Betracht kommen (vgl. Rn. 4, 27). In diesen Fällen hat dasjenige oberste Bundesgericht den

---

[52] OLG Brandenburg OLG-NL 2006, 260.
[53] *T/P/Hüßtege* Rn. 8; *St/J/Roth* Rn. 10; *Kemper* NJW 1998, 3551, 3552.
[54] BGH NJW 1999, 1403; NJW-RR 1999, 1081.
[55] BAG NZA 1998, 1189; LAG Mainz BB 1999, 964; LAG Bremen EzA-SD 2003, Nr. 16, 13.
[56] BAG NZA 1998, 1189; OLG Frankfurt FamRZ 1999, 25; OLG Karlsruhe OLGR 2005, 171.
[57] OLG München NJW 2007, 163.
[58] BGH NJW 1999, 221; 2001, 1499; NJW-RR 1999, 1081.
[59] BGH NJW-RR 1999, 1081; NJW 2001, 1499; LAG Bremen EzA-SD 2003, Nr. 16, 13.
[60] BayObLG NJW-RR 1999, 1296; abw. OLG Stuttgart OLGR 1998, 362.
[61] OLG Köln NJW-RR 1999, 1440; KG MDR 1998, 618; BayObLG NJW-RR 1999, 1294, 1296.
[62] BGH NJW 2003, 3636; 2002, 444; 2001, 1499; 2000, 1871; 1999, 221, 1403; NJW-RR 2002, 1498; OLG Karlsruhe NJW 2003, 2175.
[63] BGH NJW 2002, 444; 2000, 1499, 3214; *Zö/Vollkommer* Rn. 10; *St/J/Roth* Rn. 17.
[64] BGH NJW-RR 1999, 1081; NJW 2000, 80, 81; *Zö/Vollkommer* Rn. 10.
[65] *Zö/Vollkommer* Rn. 10; aA OLG Schleswig BB 2000, 1321.
[66] *St/J/Roth* Rn. 18; *Zö/Vollkommer* Rn. 10; BGH NJW 2002, 1425, 1426.
[67] BGH NJW 2003, 3636.
[68] *T/P/Hüßtege* Rn. 11; *St/J/Roth* Rn. 19.
[69] Gesetz zur Auflösung des Bayerischen Obersten Landesgerichts und der Staatsanwaltschaft bei diesem Gericht, GVBl. 2004 S. 400; rechtspolitisch dazu *Hirsch* NJW 2006, 3255; vgl. auch *Kruis* NJW 2004, 640; zur Vereinbarkeit dieses Gesetzes mit der Bayerischen Verfassung vgl. BayVerfGH NJW 2005, 3699.

Zuständigkeitsstreit zu entscheiden, das zuerst darum angegangen wird.[70] Eine Anwendung des § 36 Abs. 2 scheidet insofern aus.[71]

3. Zeitpunkt. Die Bestimmung des zuständigen Gerichts ist nach § 36 Abs. 1 nicht generell davon abhängig, dass das durchzuführende Verfahren bereits rechtshängig oder auch nur anhängig geworden ist. Es genügt die tatsächliche Kompetenzleugnung beider Gerichte im PKH-Verfahren[72] oder im selbständigen Beweisverfahren.[73] Die Nummern 3[74] und 4 der Vorschrift sehen für die dort genannten Fallgruppen die Zuständigkeitsbestimmung ausdrücklich schon **vor Erhebung der Klage** vor. Auch in den Fällen des § 36 Abs. 1 **Nr. 1 und 2** ist bereits vor dem Eintritt der Rechtshängigkeit (und vor dem Anhängigwerden) des Verfahrens eine Zuständigkeitsbestimmung möglich.[75] Die Bestimmung des zuständigen Gerichts gemäß § 36 Abs. 1 **Nr. 3 und 4** kann auch noch nach Rechtshängigkeit[76] bzw. nach Erhebung der Zuständigkeitsrüge[77] vorgenommen werden, solange keine Beweisaufnahme stattgefunden hat, vgl. Rn. 21 f. Dagegen setzt § 36 Abs. 1 **Nr. 5 und 6** einen Zuständigkeitsstreit in einem rechtshängigen Verfahren voraus, weil vor dem Eintritt der Rechtshängigkeit keine rechtskräftigen Entscheidungen über die Unzuständigkeit bzw. Zuständigkeit im Sinne der Vorschrift erlassen werden können.[78] Dagegen kann im Mahnverfahren vor Erlass des Mahnbescheids das zuständige Mahngericht in entsprechender Anwendung des § 36 Abs. 1 Nr. 6 bestimmt werden, obwohl keine rechtskräftigen Unzuständigkeitserklärungen vorliegen (vgl. Rn. 28).[79] 13

IV. Regelungen des § 36 Abs. 1 Nr. 1 bis 6 im Einzelnen

1. Verhinderung des Gerichts, § 36 Abs. 1 Nr. 1. Nur ein an sich zuständiges Gericht kann verhindert sein iSd. § 36 Abs. 1 Nr. 1. Die Verhinderung muss sich auf den nach der Geschäftsverteilung zuständigen Richter und seine geschäftsverteilungsmäßigen Vertreter beziehen.[80] Im Falle eines Kollegialgerichts muss sie sich dergestalt auswirken, dass auch unter Berücksichtigung der Vertretungsregelungen des Geschäftsverteilungsplans eine ordnungsgemäße Besetzung des Spruchkörpers nicht mehr in Betracht kommt.[81] Eine solche Lage **rechtlicher Verhinderung** kann wegen Ausschlusses vom Richteramt (Inhabilität nach § 41) oder auf Grund erfolgreicher Ablehnung gemäß § 42 bestehen.[82] Der Streit um die angenommene Ablehnung nach § 45 Abs. 2 S. 2 – als Kompetenzkonflikt zwischen den einzelnen Richtern desselben Gerichts (derselben Abteilung) – fällt unter § 36 Abs. 1 Nr. 6.[83] **Tatsächliche Verhinderungen** kommen unter normalen Verhältnissen nicht vor; sie setzen einen Ausnahmezustand voraus, also etwa den Stillstand der Rechtspflege wegen Krieges,[84] Aufruhr oder Naturkatastrophen, auf Grund derer die Ausübung der Rechtspflege im Gerichtsbezirk nicht möglich ist. Die Verhinderung muss zum Zeitpunkt des Bestimmungsverfahrens noch andauern. 14

2. Ungewissheit der Zuständigkeit, § 36 Abs. 1 Nr. 2. Bestehen Zweifel hinsichtlich derjenigen Voraussetzungen, auf Grund derer die Zuständigkeit für eine Sache in einem **bestimmten Gerichtsbezirk** begründet ist, kommt das Bestimmungsverfahren nach Abs. 1 Nr. 2 zur Anwendung. Nr. 2 greift daher ein, wenn Ungewissheit über die Grenzen der jeweiligen in Frage kommenden Gerichtsbezirke besteht. Im Einzelnen kann diese Ungewissheit auf Unklarheiten über den Verlauf der – gegebenenfalls bezirksüberschreitenden – **Grundstücksgrenzen** in Fällen der §§ 24 bis 26 zurückzuführen sein oder etwa die Zugehörigkeit des Ortes der unerlaubten Handlung (§ 32) zu einem bestimmten Gerichtsbezirk[85] betreffen. Eine Spezialregelung trifft § 3 Abs. 1 S. 2 BinnSchVerfG, wenn sich die maßgebliche Tatsache auf einem Gewässer ereignet hat. Ist das Gewässer an der Grenze verschiedener Gerichtsbezirke belegen, sind die Gerichte beider Ufer zuständig. 15

3. Gerichtsstandsbestimmung bei Streitgenossenschaft, § 36 Abs. 1 Nr. 3. a) Grundsatz. Ein besonderer Gerichtsstand der Streitgenossenschaft steht nach der ZPO nicht zur Verfügung; haben zu verklagende oder verklagte (vgl. Rn. 13) Streitgenossen keinen gemeinsamen allgemeinen oder besonderen Gerichtsstand,[86] bedarf es daher des Bestimmungsverfahrens gemäß Abs. 1 Nr. 3.[87] Voraussetzung ist, dass ein entsprechen- 16

---

[70] BAG NZA 1998, 1190; NJW 2006, 1372; 2003, 427; BGHZ 44, 14f. = NJW 1965, 1596; BGH NJW 2001, 3633; WM 2002, 406; NZA 2002, 637.
[71] BGH NJW 2001, 3632; *Zö/Vollkommer* Rn. 4b; vgl. *Deubner* JuS 1999, 896.
[72] BGH NJW 2002, 444, 445; OLG Dresden NJW 1999, 797; *Gsell/Mehring* NJW 2002, 1991, 1993.
[73] BayObLG NJW-RR 1999, 1010.
[74] OLG Karlsruhe NJW 1998, 3359; OLG Stuttgart OLGR 1998, 362.
[75] *B/L/H* Rn. 14; *Zö/Vollkommer* Rn. 8.
[76] BGH FamRZ 1990, 1224f.; NJW 1980, 188; BayObLG BB 2005, 2265, 2266; BayObLGZ 1993, 170, 171; BayObLG JurBüro 2002, 599; FamRZ 1999, 1175, 1176; NJW-RR 1990, 742; OLG Zweibrücken OLGR 1998, 454; OLG Celle OLGR 2005, 212.
[77] BGHZ 88, 333; BayObLG NJW-RR 1994, 890.
[78] BGH NJW 2002, 444, 445; 1980, 1281; NJW-RR 1994, 645; BAG AP Nr. 17; BayObLGZ 1964, 224, 227 = NJW 1964, 1573, 1574.
[79] BayObLG DB 2002, 1545.
[80] *St/J/Roth* Rn. 20; MK/*Patzina* Rn. 20.
[81] RGZ 16, 413, 414.
[82] RGZ 44, 394, 395f.
[83] MK/*Patzina* Rn. 20; *Zö/Vollkommer* Rn. 29.
[84] BGHZ 7, 307, 310 = NJW 1952, 1413.
[85] *T/P/Hüßtege* Rn. 13; MK/*Patzina* Rn. 21.
[86] KG NJW-RR 2006, 775.
[87] BayObLG NJW-RR 1997, 699; 1999, 1294; 1998, 815; DB 2003, 2543; BAG BB 1996, 2414; BayObLGR 2005, 396.

der Antrag seitens des Klägers gestellt wird. Eine Bestimmung des zuständigen Gerichts kann nicht auf Antrag des Beklagten erfolgen.[88] Ebenso wenig ist die Vorlageverfügung eines Gerichtes[89] ausreichend, noch kann eine Gerichtsstandsbestimmung nach Abs. 1 Nr. 3 von Amts wegen vorgenommen werden.[90] Für die Begründetheit des Antrags kommt es allein auf die tatsächlichen Behauptungen des Klägers an, nicht aber darauf, ob diese den Klageanspruch begründen, zutreffen oder schlüssig sind.[91] Jedoch ist hinsichtlich der Voraussetzungen der Streitgenossenschaft auch die Schlüssigkeit des klägerischen Vorbringens zu prüfen.[92] Ausreichend ist es, wenn auf Grund der klägerischen Sachverhaltsschilderung ein gemeinschaftlicher besonderer Gerichtsstand nicht zuverlässig feststellbar ist.[93] Außerhalb zivilprozessualer Verfahren kommt die Vorschrift etwa bei Eröffnung des **Insolvenzverfahrens** über das Vermögen einer BGB-Gesellschaft iSd. § 11 Abs. 2 Nr. 1 InsO zur Anwendung,[94] sofern nicht der Sitz der Gesellschaft feststellbar ist.[95] § 11 Abs. 2 Nr. 1 InsO verleiht der BGB-Gesellschaft nicht die passive Parteifähigkeit.[96] Allerdings ist nach der Rechtsprechung des BGH die BGB-Gesellschaft, die aktiv am Rechtsverkehr teilnimmt, als parteifähig anzusehen.[97]

17 b) **Streitgenossenschaft.** Eine Gerichtsstandsbestimmung kann nach § 36 Abs. 1 Nr. 3 erfolgen, wenn **die Beklagten** nach § 62 in **notwendiger,** aber auch wenn sie gemäß §§ 59, 60 in **einfacher** Streitgenossenschaft verklagt werden,[98] da § 36 Abs. 1 Nr. 3 alle Arten der Streitgenossenschaft erfasst.[99] Die Vorschrift findet im Fall der aktiven Streitgenossenschaft keine Anwendung, weil in den fraglichen Fällen (§§ 29c Abs. 1 S. 1, 797 Abs. 5, § 26 Abs. 1 FernUSG) den Klägern die Wahl des zuständigen Gerichts nach § 35 offen steht (§ 35 Rn. 2).[100] Das Bestimmungsverfahren soll auch dann in Gang gesetzt werden können, wenn zu Gunsten eines der Beklagten ein **ausschließlicher Gerichtsstand** begründet ist; seinen Interessen ist dann im Verfahren nach §§ 36, 37 Rechnung zu tragen.[101] Dagegen kommt eine Anwendung des § 36 Abs. 1 Nr. 3 grundsätzlich nicht in Betracht, wenn der Kläger mit einem der Streitgenossen eine wirksame **Gerichtsstandsvereinbarung** getroffen hat,[102] weil der prorogierte Gerichtsstand dem begünstigten Streitgenossen nicht über § 36 Abs. 1 Nr. 3 entzogen werden kann.[103] Insofern kann etwa der durch zulässige Prorogation begründete Gerichtsstand des Hauptschuldners auch nicht nach § 36 Abs. 1 Nr. 3 dem zu verklagenden Bürgen aufgedrängt werden.[104] Ausnahmsweise kommt jedoch die Bestimmung des prorogierten Gerichts nach § 36 Abs. 1 Nr. 3 in Betracht, wenn unter dem Gesichtspunkt der Waffengleichheit der Parteien (§ 12 Rn. 1, Einl. Rn. 31) die Gerichtsstandsvereinbarung den anderen Streitgenossen zumutbar ist,[105] etwa wenn die übrigen Streitgenossen ihren allgemeinen Gerichtsstand ohnehin beim vereinbarten Gericht haben.[106] Fehlt es im Falle einer **parteierweiternden Drittwiderklage** an einem allgemeinen oder besonderen Gerichtsstand des Drittwiderbeklagten beim Gericht der Klage, ist die örtliche Zuständigkeit gemäß § 36 Abs. 1 Nr. 3 zu bestimmen (vgl. § 33 Rn. 22 f.).[107] Eine Gerichtsstandsbestimmung scheidet jedoch bei einer isolierten Drittwiderklage[108] und für den Fall aus, dass die Widerbeklagten (Kläger und Dritter) einen gemeinsamen allgemeinen oder besonderen Gerichtsstand haben (vgl. Rn. 18). In letzterem Fall ist die Anwendung der Vorschrift des § 36 Abs. 1 Nr. 3, der aus Zweckmäßigkeits- und Prozesswirtschaftlichkeitserwägungen eine Abweichung vom Grundsatz des § 12 zulässt, um dem Kläger die Durchsetzung eines einheitlichen prozessualen Anspruchs gegen mehrere Beklagte mit unterschiedlichen Gerichtsständen an einem Gericht zu ermöglichen, abzulehnen. Die widerbeklagten Streitgenossen können vor einem gemeinsamen Gericht in Anspruch genommen werden.[109]

---

[88] BGH NJW 1987, 439; 1990, 2751 f.
[89] OLG Köln OLGR 1999, 78.
[90] BGH NJW 1987, 439; NJW-RR 1991, 767; BayObLGR 2005, 345; noch aA BayObLGZ 1987, 289, 290.
[91] BayObLG DB 2003, 2543; MDR 1998, 180.
[92] BayObLG MDR 1998, 180; NJW-RR 2003, 134; *Zö/Vollkommer* Rn. 18; aA OLG Zweibrücken MDR 1983, 495.
[93] BayObLG DB 2003, 2543; BayObLGZ 1985, 314; KG NJW-RR 2006, 775 m. weit. Nachw.
[94] Vgl. *Smid/Smid* § 11 Rn. 11 f.; *Uhlenbruck* § 11 Rn. 233; MK/*Patzina* Rn. 22.
[95] BayObLGZ 1985, 314, 318 = NJW 1986, 389 (LS); einschränkend BayObLG NJW-RR 1990, 1020.
[96] Vgl. die Begründung des Rechtsausschusses BT-Drucks. 12/7302 S. 156.
[97] BGH NJW 2001, 1056; 2002, 1207; 2005, 2061; OLG Düsseldorf ZMR 2005, 710; *Wiedemann* JZ 2001, 661; *Wertenbruch* NJW 2002, 324.
[98] BGHZ 88, 331, 332 = NJW 1984, 734; BGH NJW 1986, 3209; 1992, 981; NJW-RR 1991, 381; 1999, 1010; BAGE 44, 223, 224 f.; BayObLG NJW-RR 1990, 742; MDR 1999, 807; OLG Dresden OLGR 2003, 92; OLG Celle OLGR 2001, 97.
[99] OLG Frankfurt OLGR 2005, 568; *Zö/Vollkommer* Rn. 14.
[100] BayObLG NJW 2006, 924; *Zö/Vollkommer* Rn. 14; *Bornkamm* NJW 1989, 2713, 2715; MK/*Patzina* Rn. 22.
[101] BGHZ 90, 155, 160 = NJW 1984, 1624; BGH NJW 1998, 686; BayObLG NJW-RR 1999, 1293; *Vossler* NJW 2006, 117, 118.
[102] BGH NJW 1983, 996; *Zö/Vollkommer* Rn. 15.
[103] BGH NJW 2000, 646, 647; BayObLG NJW-RR 2000, 660.
[104] BayObLGZ 1999, 75; vgl. BayObLG MDR 2003, 1103.
[105] BayObLGZ 1999, 75, 77; BayObLG NJW-RR 2000, 1592; OLG Zweibrücken NJW-RR 2000, 1084; KGR 2001, 218; aA OLG Köln OLGR 2002, 187.
[106] KGR 2005, 880; *Bornekamm* NJW 1989, 2713, 2716; *Vossler* NJW 2006, 117, 121.
[107] BGH NJW 1993, 2120; 1991, 2838; 1992, 982; vgl. BayObLGZ 1996, 88; *Vossler* NJW 2006, 117, 121; *St/J/Roth* Rn. 23, § 33 Rn. 43; *T/P/Hüßtege* § 33 Rn. 13; *Zi* § 33 Rn. 6; aA *Zö/Vollkommer* § 33 Rn. 23; *M. Vollkommer/G. Vollkommer* WRP 2000, 1062; OLG Dresden OLG-NL 2003, 65.
[108] BGH AnwBl. 1993, 242; BayObLG NJW-RR 2000, 1375.
[109] BGH NJW 2000, 1871; KGR 2000, 310; *Vossler* NJW 2006, 117, 121; aA *Roth,* Festschr. f. Beys, 2003, S. 1359, 1365 ff.; *St/J/Roth* Rn. 3.

c) **Fehlen eines gemeinsamen Gerichtsstandes.** Die Bestimmung des Gerichtsstandes nach § 36 Abs. 1 Nr. 3 setzt grundsätzlich voraus, dass die Streitgenossen keinen gemeinsamen allgemeinen Gerichtsstand bei einem deutschen Gericht haben.[110] Lässt sich ein gemeinsamer **besonderer Gerichtsstand** (zB der Deliktsgerichtsstand nach § 32, der erweiterte Gerichtsstand der Erbschaft nach § 28 oder der Vertragsgerichtsstand gemäß § 29)[111] feststellen, welcher möglicherweise auch erst nachträglich begründet wurde, schließt dies idR die Gerichtsstandsbestimmung ebenfalls aus,[112] sofern das Gericht für die Klage in ihrem vollem Umfang zuständig ist.[113] Ist der ursprünglich gegebene gemeinsame Gerichtsstand weggefallen, scheidet eine Gerichtsstandsbestimmung nach Abs. 1 Nr. 3 auch bei klägerischer Unkenntnis über den vormaligen gemeinschaftlichen Gerichtsstand aus; in Betracht kommt dann eine Verweisung nach § 281.[114] Ausnahmsweise wird beim Bestehen eines gemeinsamen besonderen Gerichtsstandes der Streitgenossen angenommen, dass eine Gerichtsstandsbestimmung möglich ist, wenn das als zuständig in Betracht kommende und schon mit der Sache befasste Gericht, erhebliche Zweifel an seiner Zuständigkeit deutlich macht.[115] Unter diesen Umständen entfaltet die Ablehnung einer Gerichtsstandsbestimmung durch das bestimmende Gericht wegen eines nach dessen Auffassung eventuell bestehenden gemeinsamen Gerichtsstands gegenüber dem bereits befassten Gericht keine Bindungswirkung.[116] Da insofern dem Antragsteller nur die Möglichkeit bliebe, die Rechtsauffassung des Gerichts nach Erlass eines klageabweisenden Prozessurteils im Rechtsmittelverfahren überprüfen zu lassen, ist in diesen Fällen aus prozessökonomischen Gründen die Bestimmung des zuständigen Gerichts zuzulassen.[117] Bei Sachverhalten mit Auslandsbezug ist es erforderlich, dass alle Streitgenossen der internationalen Zuständigkeit deutscher Gerichte unterliegen.[118] Dabei kommt der Grundsatz der Doppelfunktionalität der örtlichen Zuständigkeitsnormen zum Tragen (vgl. § 12 Rn. 17). Hat ein Beklagter einen **Gerichtsstand im Ausland,** ist dies daher unschädlich, wenn er wegen der gegen ihn erhobenen Klage wenigstens einen besonderen Gerichtsstand im Inland hat.[119] § 36 Abs. 1 Nr. 3 erfasst auch den Fall, dass ein Antragsgegner seinen allgemeinen und ein anderer seinen besonderen Gerichtsstand des Vermögens im Inland hat.[120] Fehlt es dagegen an einem inländischen Gerichtsstand eines der Beteiligten, muss eine Gerichtsstandsbestimmung nach Abs. 1 Nr. 3 ausscheiden.[121] Die Bestimmung des zuständigen Gerichts nach § 36 Abs. 1 Nr. 3 wird nicht dadurch ausgeschlossen, dass für einen oder mehrere Streitgenossen **ausschließliche Gerichtsstände** begründet sind.[122] 18

d) **Sachliche und funktionelle Zuständigkeit.** Nach § 36 Abs. 1 Nr. 3 kann entgegen dem Wortlaut der Vorschrift das zuständige Gericht auch dann bestimmt werden, wenn für die zu verklagenden Streitgenossen verschiedene **sachliche** Zuständigkeiten begründet sind. Eine sachlich ausschließliche Zuständigkeit hindert die Bestimmung grundsätzlich nicht.[123] Konflikte wegen der **funktionellen** Zuständigkeit können ebenfalls nach Nr. 3 entschieden werden, beispielsweise wenn nur für einen von mehreren verklagten Streitgenossen die Zuständigkeit der Kammer für Handelssachen begründet ist (vgl. Rn. 3).[124] Eine Bestimmung des zuständigen Gerichts nach § 36 Abs. 1 Nr. 3 unterbleibt bei objektiver Klagehäufung, wenn die Ansprüche teils als Familiensache und teils als Nichtfamiliensache einzuordnen sind.[125] 19

e) **Grenzen. aa) Mahnverfahren.** Mehrere Antragsteller mit verschiedenen allgemeinen Gerichtsständen, die einen gemeinsamen Mahnbescheid gegen einen Schuldner beantragen wollen, haben gemäß § 35 für die Antragstellung die Wahl unter den Gerichten, bei denen einer oder mehrere von ihnen einen allgemeinen Gerichtsstand haben.[126] Für eine Gerichtsstandsbestimmung – in entsprechender Anwendung des § 36 Abs. 1 Nr. 3 – ist kein Raum.[127] Werden im Mahnverfahren mehrere, an verschiedenen Orten wohnhafte Personen (Antragsgegner) als Streitgenossen in Anspruch genommen, kann nach Abgabe der Verfah- 20

---

110 BGH NJW 1986, 935; 1988, 1914; BayObLG WuM 2001, 86.

111 OLG Karlsruhe OLGR 2000, 403; OLG Stuttgart BB 2001, 99; LAG Bremen EzA-SD 2003, Nr. 23.

112 BGH NJW 2000, 1871; LAG Bremen EzA-SD 2003, Nr. 23; OLG Hamburg OLGR 1997, 380; BayObLG DB 1999, 523; OLG Köln OLGR 1999, 78; KGR 1999, 154; BayObLG NJW-RR 1996, 509f.; MDR 2003, 1103; FamRZ 1999, 124; NJW-RR 1998, 814.

113 BayObLGR 2005, 396.

114 *St/J/Roth* Rn. 27; *Zö/Vollkommer* Rn. 15; KG NJW 2006, 2336; OLG München Rpfleger 1978, 185; aA OLG Köln OLGR 2001, 388.

115 KGR 2005, 723; 2003, 230, 232; IPRax 2002, 515; BayOBLG NJW-RR 2004, 944; OLG Karlsruhe OLGR 2004, 257.

116 OLG Karlsruhe OLGR 2004, 257.

117 *Vossler* NJW 2006, 117, 120; BayObLG NJW-RR 2004, 944; KGR 2005, 723; 2003, 230.

118 BGH FamRZ 1990, 1225; BayObLG DB 2003, 819; *Zö/Vollkommer* Rn. 15.

119 BGH NJW 1971, 196; 1987, 439; 1988, 646.

120 BayObLGZ 2003, 215.

121 BGH NJW 1980, 2646; FamRZ 1990, 1225; NJW-RR 1999, 1010; OLG Karlsruhe OLGR 2004, 284; *Vossler* NJW 2006, 117, 119.

122 BGHZ 90, 155, 159 = NJW 1984, 1624; BGH NJW 1987, 459; 1998, 686; BayObLG NJW-RR 1999, 1293.

123 BGHZ 90, 155, 156 = NJW 1984, 1624 entgegen OLG Köln NJW 1961, 2355; OLG Düsseldorf OLGZ 1975, 351f.; OLG Oldenburg NJW 1963, 1626; OLG Koblenz OLGR 1998, 70.

124 OLG Frankfurt OLGZ 1992, 463f. = NJW 1992, 2900; OLG Koblenz OLGR 1998, 70; OLG Schleswig NJW-RR 2003, 1650.

125 BayObLG FamRZ 2003, 1569.

126 BGH NJW 1993, 1273; 1978, 321; *Jauernig* ZPR § 90 III; *St/J/Roth* Rn. 26.

127 *St/J/Roth* Rn. 26; *Zö/Vollkommer* Rn. 14; BGH NJW 1978, 321; BayObLG FamRZ 1999, 1175; KGR 1999, 154.

ren auf Antrag eine Zuständigkeitsbestimmung nach § 36 Abs. 1 Nr. 3 vorgenommen werden.[128] Aber auch vor Abgabe des Verfahrens (§ 696 Abs. 1) ist die Bestimmung des zuständigen Gerichts möglich, wenn damit zu rechnen ist, dass das Streitverfahren durchgeführt wird.[129]

21 **bb) Vorangegangene Beweisaufnahme.** Eine Gerichtsstandsbestimmung gemäß § 36 Abs. 1 Nr. 3 kann nach der Rechtsprechung[130] zwar noch nach Klageerhebung, aber nicht mehr nach Durchführung einer Beweisaufnahme zur Hauptsache oder nach Entscheidung des Rechtsstreits gegen einen der beiden Beklagten vorgenommen werden.

22 **cc) Weitere Fälle.** Eine Gerichtsstandsbestimmung nach § 36 Abs. 1 Nr. 3 scheidet grundsätzlich aus, wenn gegen einen der beiden Beklagten der Rechtsstreit bereits in erster Instanz entschieden worden ist.[131] Die Rechtsprechung sieht aber eine Bestimmung der Zuständigkeit nach § 36 Abs. 1 Nr. 3 auch dann noch als zulässig an, wenn bereits **Klage erhoben und die Einrede der örtlichen Unzuständigkeit** des Gerichts geltend gemacht worden ist.[132] Entscheidend ist hierfür, dass die Bestimmung des § 36 Abs. 1 Nr. 3 auf Zweckmäßigkeitserwägungen beruht[133] und es im Interesse der Parteien liegen kann, bei einer von vornherein gegen mehrere Beklagte (mit verschiedenen allgemeinen Gerichtsständen) gerichteten Klage auch noch nach Klageerhebung ein für alle Beklagten zuständiges Gericht zu bestimmen, um die Entscheidung des Rechtsstreits durch ein einziges Gericht herbeizuführen. Diese Zweckmäßigkeitserwägungen müssen jedoch dann zurücktreten, wenn auf Grund des Prozessstandes die Bestimmung eines anderen als des mit der Klageerhebung angerufenen Gerichts aus Gründen der Prozessökonomie praktisch ausscheidet und damit dem übergeordneten Gericht im Ergebnis keine Wahlmöglichkeit bei der Bestimmung des zuständigen Gerichts nach § 36 Abs. 1 Nr. 3 bleibt.[134] Der Gerichtsstandsbestimmung nach dieser Regelung steht es deshalb auch nicht entgegen, wenn etwa das Bankgeheimnis der Streitgenossen berührt wird, weil es sich insoweit nur um eine Reflexwirkung handelt.[135] Die Vorschrift des § 36 Abs. 1 Nr. 3 greift ein, wenn gegen mehrere Schuldner, denen die zu pfändende Forderung gemeinschaftlich zusteht, einheitlich vollstreckt werden soll.[136] Sind für die Festsetzung von Vollstreckungskosten aus mehreren Kostenfestsetzungsbeschlüssen für und gegen dieselben Parteien verschiedene Prozessgerichte zuständig, kann nicht nach Abs. 1 Nr. 3 ein gemeinsam zuständiges Gericht bestimmt werden – die Kosten sind jeweils getrennt festzusetzen.[137] Das übergeordnete Gericht hat trotz § 642 Abs. 1 S. 1 bei einer Abänderungsklage gegen mehrere Unterhaltsberechtigte die Bestimmungsmöglichkeit nach Nr. 3.[138]

23 **dd) Verweisung nach § 281.** Im Verfahren zur Bestimmung des zuständigen Gerichts nach § 36 Abs. 1 Nr. 3 ist die verfahrensrechtliche Bindungswirkung nach § 281 Abs. 2 S. 4 oder eine sonstige Zuständigkeitsverfestigung (§ 261 Abs. 3 Nr. 2) zu berücksichtigen. Ist der Rechtsstreit hinsichtlich einzelner Streitgenossen auf Antrag des im Verfahren nach § 36 Abs. 1 Nr. 3 antragstellenden Klägers bindend an das zuständige Gericht verwiesen worden, schließt dies eine Gerichtsstandsbestimmung aus,[139] es sei denn, die Tragweite der Bindungswirkung ist zu beurteilen (§ 36 Abs. 1 Nr. 3 analog),[140] vgl. Rn. 3, 31.

24 **f) Auswahl des zuständigen Gerichts.** Wird seitens des Klägers die Bestimmung eines konkreten Gerichts beantragt, scheidet die Bestimmung eines anderen Gerichts aus.[141] Regelmäßig wird jedoch ein solches Begehren nach entsprechendem richterlichen Hinweis als bloße Anregung aufzufassen sein.[142] Unter dem Gesichtspunkt der Zweckmäßigkeit[143] ist grundsätzlich ein Gericht zu wählen, bei dem einer der Streitgenossen seinen allgemeinen Gerichtsstand hat.[144] Ist ein Gericht im Verhältnis zu einem Streitgenossen prorogiert[145] oder ist wegen eines der Streitgenossen ein ausschließlicher Gerichtsstand (zB §§ 24, 29a, § 24 UWG) begründet, kann das **ausschließlich zuständige** Gericht auch dann bestimmt werden, wenn in dessen Bezirk keiner der Streitgenossen seinen allgemeinen Gerichtsstand hat (vgl. Rn. 17).[146] Bei der Ausübung des dem Gericht eingeräumten Auswahlermessens sind vornehmlich Gesichtspunkte zu berücksich-

---

128 BGH NJW 1978, 1982; BayObLGZ 1978, 220; OLG Düsseldorf Rpfleger 1978, 184 m. zust. Anm. *Vollkommer;* OLG Celle OLGR 2005, 212.

129 BayObLGZ 1980, 149; BayObLG NJW-RR 1999, 1296; MK/*Patzina* Rn. 30.

130 BGH NJW 1978, 321; OLG Zweibrücken OLGR 1998, 454; OLG Koblenz OLGR 1998, 70; BayObLGZ 1993, 170, 171; 1987, 389.

131 BGH NJW 1978, 321; OLG Koblenz OLGR 2005, 958.

132 BGH NJW 1951, 656; OLG Stuttgart OLGR 1999, 182; OLG Zweibrücken OLGR 1998, 454; OLG Koblenz OLGR 1998, 70.

133 OLG Hamm NJW 2000, 1347.

134 BGH NJW 1978, 321.

135 BGH NJW-RR 2006, 1289.

136 BayObLG KTS 1999, 128.

137 OLG Karlsruhe Rpfleger 1997, 173.

138 BGH NJW 1986, 3209; BayObLG NJWE-FER 2001, 81.

139 RGZ 158, 222, 223; BGH NJW 2006, 699; BayObLGZ 1992, 89, 90; BayObLG BB 2005, 2265; OLG Düsseldorf MDR 2002, 1209; BAG NZA 1997, 227; aA OLG Köln MDR 1987, 851 m. abl. Anm. *Vollkommer.*

140 Vgl. *Scherer* ZZP 110 (1997), 167; BGH FamRZ 1990, 1224.

141 *Vossler* NJW 2006, 117, 118f.; *Bornekamm* NJW 1989, 2713, 2715; *St/J/Roth* § 37 Rn. 1; abw. Ansicht 4. Aufl. m. Nachw.

142 *Bornekamm* NJW 1989, 2713, 2715; *Vossler* NJW 2006, 117, 118f.

143 BGH NJW 1993, 2752, 2753; BayObLG NJW-RR 1999, 1010; DB 1999, 523; OLG Hamm NJW 2000, 1347.

144 BGH NJW 1986, 3209; 1987, 439; BayObLGZ 1991, 343, 344; BayObLG NJW-RR 2000, 1592; 1998, 209; KG NJW-RR 2006, 775; OLG Hamm NJW 2000, 1347; OLG Hamburg OLGR 2006, 567.

145 BGH NJW 1988, 646, 647.

146 BGH NJW 1987, 439; 1988, 646; BayObLG MDR 1999, 760; NJW-RR 2000, 1592; KGR 2001, 218; 2007, 154.

tigen, die sich auf die Herstellung oder Wahrung der Waffengleichheit der Parteien beziehen. Insofern kann deshalb ein Gericht, bei dem keiner der zu verklagenden Streitgenossen seinen allgemeinen Gerichtsstand hat, bestimmt werden, wenn nicht überwiegende Interessen der Antragsgegner entgegenstehen und es dem Antragsteller sonst verwehrt wäre, die Streitgenossen gemeinschaftlich in Anspruch zu nehmen.[147] Daneben können das räumliche Schwergewicht des Rechtsstreits,[148] etwa der Sitz der in Anspruch genommenen Anlagegesellschaft,[149] prozessökonomische Gesichtspunkte,[150] die Bedeutung des Rechtsstreits für die Streitgenossen, die Konzentration gleichartiger Verfahren oder von Verfahren gegen einen Beklagten,[151] die Anträge der Mehrheit der Beklagten für einen Gerichtsstand,[152] die in der EuGVVO geregelten Zuständigkeiten[153] sowie die Vertretung durch dieselbe Anwaltssozietät[154] weitere Aspekte im Rahmen der Bestimmung des zuständigen Gerichts darstellen.

4. Bezirksüberschreitende Grundstücke, § 36 Abs. 1 Nr. 4. Die Gerichtsstandsbestimmung gemäß § 36 25
Abs. 1 Nr. 4 kann in allen Klagen erfolgen, mit denen das Eigentum oder seine Belastung geltend gemacht wird, vgl. §§ 24 bis 26. Die Vorschrift setzt voraus, dass es sich rechtlich um ein in verschiedenen Gerichtsbezirken belegenes einheitliches Grundstück handelt, das gegebenenfalls durch Vereinigung nach § 890 BGB gebildet wurde.[155] § 36 Abs. 1 Nr. 4 gilt auch für Klagen wegen der Haftung eines in mehreren Gerichtsbezirken belegenen Grundstücks aus einer Grundschuld.[156] Gleichgültig ist bei Klagen aus § 1004 BGB, in welchem Bezirk die Störung eingetreten ist.[157] Die Vorschrift kommt ferner im Aufgebotsverfahren nach §§ 1003 ff. zur Anwendung.[158] Entsprechende Anwendung kann die Vorschrift des § 36 Abs. 1 Nr. 4 auf zwei einer Partei gehörende und in verschiedenen Gerichtsbezirken belegene Grundstücke finden, wenn die Interessen der Parteien der Bestimmung eines gemeinsamen Gerichts nicht entgegenstehen und dies aus prozessökonomischer Sicht zweckmäßig erscheint.[159]

5. Positiver Zuständigkeitsstreit, § 36 Abs. 1 Nr. 5. Die Vorschrift betrifft die örtliche, sachliche und 26
funktionelle Zuständigkeit.[160] Haben sich verschiedene Gerichte in einer Sache – wegen einer Streitigkeit über denselben Anspruch – durch rechtskräftiges Zwischenurteil (§ 280)[161] für zuständig erklärt, ohne in der Sache selbst zu entscheiden, kann eine Gerichtsstandsbestimmung nach § 36 Abs. 1 Nr. 5 erfolgen. Dementsprechend muss der **positive Kompetenzkonflikt** nach dem Eintritt der Rechtshängigkeit aufgetreten sein.[162] Liegt eine rechtskräftige Sachentscheidung eines der beiden Gerichte vor, ist für die Gerichtsstandsbestimmung kein Raum mehr.[163] Die Vorschrift des § 36 Abs. 1 Nr. 5 gilt auch für Kompetenzkonflikte zwischen den Gerichten verschiedener Gerichtsbarkeiten (vgl. Rn. 4, 27, zur Vorabentscheidung nach § 17a Abs. 3 GVG vgl. ebenda Rn. 11 ff.).

6. Negativer Zuständigkeitsstreit, § 36 Abs. 1 Nr. 6. a) Grundsatz. § 36 Abs. 1 Nr. 6 ist anwendbar, 27
wenn sich mehrere Gerichte für unzuständig erklärt haben und eines der beteiligten Gerichte tatsächlich zuständig ist.[164] Die Vorschrift erfasst auch den Streit über die Zuständigkeit im **Instanzenzug**[165] und sie greift ein bei Streitigkeiten über die **funktionelle** Zuständigkeit (Rn. 3). Erklären sich etwa im Rahmen der Berufung zum Oberlandesgericht ein Familiensenat und ein Senat für allgemeine Zivilsachen für unzuständig, weil sie verschiedener Ansicht darüber sind, ob aus der im ersten Rechtszug erfolgten Verweisung die Rechtsmittelzuständigkeit des Oberlandesgerichts folgt, ist der Streit darüber im Verfahren nach § 36 Abs. 1 Nr. 6 (analog) zu entscheiden.[166] Gleiches gilt etwa bei einem erstinstanzlichen Zuständigkeitskonflikt zwischen einer Kammer für Handelssachen und einer Zivilkammer,[167] der Baulandkammer und der Zivilkammer,[168] zwischen der Abteilung für Familiensachen und dem Prozessgericht des AG[169] oder der Zivilkammer am

---

[147] KGR 2007, 154 m. zust. Anm. *Gebauer* NJ 2007, 80.
[148] BayObLGZ 1959, 270, 271 f.; 1987, 289, 290.
[149] BayObLG NJW-RR 2003, 134; ZIP 2003, 541.
[150] BGHZ 90, 155, 157 = NJW 1984, 1624; KG NJW-RR 2006, 775.
[151] BAGE 44, 225.
[152] OLG Frankfurt NJW-RR 2006, 864.
[153] KGR 2007, 154 m. zust. Anm. *Gebauer* NJ 2007, 80.
[154] BAGE 72, 61, 64.
[155] RGZ 86, 272, 279.
[156] RGZ 91, 41, 42.
[157] RGZ 86, 272, 280.
[158] BayObLG Rpfleger 1977, 448; *T/P/Hüßtege* Rn. 19.
[159] BayObLG MDR 2005, 589; aA RGZ 91, 41, 42.
[160] *St/J/Roth* Rn. 35; *Zö/Vollkommer* Rn. 21.
[161] BGH NJW 1980, 1281; RGZ 121, 20, 21.
[162] BGH NJW 1980, 1281; *St/J/Roth* Rn. 35; vgl. OLG Brandenburg ZIP 2002, 1590 (nach Anhängigkeit im Insolvenzverfahren).
[163] BGH NJW 1980, 1281; *Bornkamm* NJW 1989, 2713.
[164] BGH NJW 1995, 534; BayObLGZ 1988, 306; OLG Rostock OLG-NL 2005, 140.
[165] BGH NJW 1972, 111; BayObLG Rpfleger 1987, 124.
[166] BGH NJW 1980, 1282 f. = FamRZ 1980, 557; NJW 1979, 719; FamRZ 1984, 36; NJW-RR 1996, 891; OLG Brandenburg OLG-NL 2006, 260.
[167] OLG Köln NJW-RR 2002, 426; OLG Stuttgart OLGR 1999, 98; OLG Brandenburg NJW-RR 2001, 429; OLG Nürnberg NJW 1993, 3208; OLG Braunschweig NJW-RR 1995, 1535.
[168] OLG Oldenburg MDR 1977, 497.
[169] OLG Dresden NJW 2006, 2128; OLG Jena OLG-NL 1999, 211; OLG Karlsruhe NJW 1997, 202; OLG Bamberg OLGZ 1993, 472.

LG,[170] in zweiter Instanz zwischen dem Familiensenat des OLG und dem allgemeinen Zivilsenat[171] sowie zwischen einem Gericht der freiwilligen Gerichtsbarkeit (etwa in Vormundschaftsangelegenheiten[172]) und einem solchen der streitigen Gerichtsbarkeit.[173] In negativen Kompetenzstreitigkeiten zwischen Gerichten verschiedener Rechtswege wird § 36 Abs. 1 Nr. 6 in Ausnahmesituationen (vgl. Rn. 4) dann entsprechend angewendet, wenn die Bindungswirkung des rechtskräftigen Verweisungsbeschlusses (§ 17a GVG) derart im Streit steht, dass keines der beteiligten Gerichte zur Bearbeitung der Sache bereit ist. § 36 Abs. 1 Nr. 6 bietet insofern ein geeignetes Mittel, die Rechtswegzuständigkeit zu klären, um unter dem Aspekt der Rechtssicherheit eine funktionierende Rechtspflege zu gewährleisten.[174] Zuständig für die Entscheidung des Kompetenzkonflikts ist das zuerst wegen des Sachverhalts angerufene oberste Bundesgericht.[175] Im Übrigen ist jedoch auf Grund der abschließenden Überprüfungsmöglichkeit nach § 17a Abs. 4 GVG und der Bindungswirkung auch eines rechtswidrigen Verweisungsbeschlusses eine Anwendung des § 36 Abs. 1 Nr. 6 grundsätzlich ausgeschlossen, soweit die angerufenen Gerichte verschiedenen Gerichtsbarkeiten angehören.[176]

28 **b) Voraussetzungen. aa) Rechtshängigkeit.** Nach der Vorschrift müssen sich die verschiedenen Gerichte rechtskräftig für unzuständig erklärt haben. Dies setzt voraus, dass die Streitsache rechtshängig ist; vor Rechtshängigkeit können grundsätzlich keine entsprechenden Unzuständigkeitserklärungen iSd. § 36 Abs. 1 Nr. 6 ergehen.[177] Gleichwohl ist trotz fehlender Rechtshängigkeit der Hauptsache eine Zuständigkeitsbestimmung im Prozesskostenhilfeverfahren möglich[178] oder im Mahnverfahren ist etwa vor Erlass des Mahnbescheids das zuständige Mahngericht in entsprechender Anwendung des § 36 Abs. 1 Nr. 6 bestimmbar, obwohl insoweit keine rechtskräftigen Unzuständigkeitserklärungen erfolgen.[179] Davon abgesehen ist nur in Ausnahmefällen vom Erfordernis der Rechtshängigkeit abzuweichen, wenn die konkrete verfahrensrechtliche Situation nicht erwarten lässt, dass der Kompetenzkonflikt beigelegt wird.[180]

29 **bb) Ausnahmen.** Für die anderen Verfahrensarten der ZPO, in denen § 36 Abs. 1 Nr. 6 entsprechend anwendbar ist (vgl. Rn. 27), gelten die vorstehend für das Klageverfahren dargelegten Grundsätze sinngemäß, soweit auch in diesen die Gegenpartei vor der Entscheidung am Verfahren zu beteiligen ist. Die Zuständigkeitsbestimmung setzt daher auch insoweit regelmäßig einen Zuständigkeitsstreit nach Zustellung oder – wo dies nach den verfahrensrechtlichen Vorschriften genügt – nach Mitteilung der Antragsschrift voraus.[181] Dies gilt nur dann nicht, wenn, wie im Verfahren der Forderungspfändung gemäß § 834, der Antragsgegner im Verfahren zunächst nicht zu hören ist.[182]

30 **cc) Unzuständigkeitserklärung.** Die ZPO sieht die Unzuständigkeitserklärung des (zuerst angerufenen) Gerichts im Rahmen eines klageabweisenden Prozessurteils, im Rahmen eines bindenden Verweisungsbeschlusses nach § 281 Abs. 2 S. 2, 4,[183] bei einer Entscheidung über die Gewährung von Prozesskostenhilfe nach § 127 Abs. 2 S. 2 sowie in den Fällen des § 102 GVG,[184] § 48 Abs. 1 Nr. 1 ArbGG, § 17a Abs. 2 S. 3 GVG[185] und § 17b GVG vor. Voraussetzung ist die Rechtskraft der Entscheidung, wobei dieser Begriff im weiten Anwendungsbereich der Vorschrift etwa auch die Bindungswirkung von Verweisungs- und Abgabebeschlüssen genügen lässt oder beim Fehlen einer gesetzlich angeordneten Bindungswirkung (etwa in analoger Anwendung des § 36 Abs. 1 Nr. 6 bei der Abgabe eines Spruchkörpers an den anderen beim selben Gericht) allein die gerichtliche Ablehnung seiner Zuständigkeit ausreichend ist.[186] Nicht erfasst als Unzuständigkeitserklärung sind bloße gerichtsinterne Vorgänge,[187] die Rücksendung der Akte mit der Anregung, den Verweisungsbeschluss abzuändern bzw. aufzuheben,[188] oder etwa die bloße Missachtung der Bindungswirkung eines Verweisungsbeschlusses nach § 281 Abs. 2 S. 4.[189] Die rechtskräftige Unzuständigkeitserklärung setzt die Mitteilung der Entscheidung an die Parteien voraus.[190]

---

170 BGH NJW 1983, 1913; BayObLG NJW-RR 1993, 10.
171 BGH NJW-RR 1993, 1282; BayObLG NJW-RR 1986, 7; *St/J/Roth* Rn. 38.
172 BGHZ 78, 108; BayObLG FamRZ 2000, 1107; 1998, 376.
173 BGH NJW 1984, 740; OLG Köln NJW-RR 1999, 1440; BayObLG NJW-RR 1998, 474 m. Anm. *Holzer* WiB 1997, 1242.
174 BAG NJW 2003, 1068; 2006, 1372, 2798; NZA 2006, 454 (LS); EzA Nr. 28; BGH NJW 2001, 3633; 2002, 2474; NJW-RR 2002, 713; NZA 2002, 637; BFHE 2004, 413.
175 BAG NZA 1998, 1190; NJW 2003, 427; 2006, 1372; NZA 2006, 454; BGHZ 44, 14f. = NJW 1965, 1596; BGH NJW 2001, 3633; WM 2002, 406; NZA 2002, 637.
176 BGH NJW 2002, 2474; NJW-RR 2002, 713; BayObLGZ 1999, 78; vgl. *Deubner* JuS 2002, 899.
177 *St/J/Roth* Rn. 41; BGH NJW 2002, 444, 445; NJW-RR 1994, 645; 1996, 254; 1997, 1161; BayObLG NJW-RR 2000, 1311, 1312; BayObLGZ 1999, 94.
178 BGH NJW 2002, 444; OLG Dresden NJW 1999, 797; OLG Düsseldorf NJW-RR 2006, 431.
179 BGH NJW 1993, 2752; BayObLG DB 2002, 1545.
180 BayObLG NJW-RR 1992, 569; OLG Naumburg FamRZ 2000, 1166; OLG Brandenburg MDR 2002, 536.
181 BGH NJW-RR 1994, 645; FamRZ 1993, 307; NJW-RR 1995, 514; BayObLGR 2003, 167; OLG Dresden NJW 1999, 797 (PKH-Verfahren).
182 BGH NJW 1983, 1859; BayObLGZ 1985, 397, 398 = NJW-RR 1986, 421; BayObLG Rpfleger 2004, 365.
183 BayObLG BB 2005, 2265, 2266; *Zö/Vollkommer* Rn. 28.
184 OLG Brandenburg NJW-RR 2001, 429; OLG Köln NJW-RR 2002, 426, 427.
185 LAG Nürnberg BB 1995, 2432.
186 OLG Dresden NJW 2006, 2128; OLG Rostock FamRZ 2004, 956.
187 BGH FamRZ 1993, 49, 50; *St/J/Roth* Rn. 43.
188 OLG Köln ZIP 2000, 155.
189 Vgl. BayObLG NJW-RR 1999, 1924, 1925; *St/J/Roth* Rn. 43.
190 BGH NJW-RR 1997, 1161; 1995, 641; 1993, 49, 50; BayObLG NJW-RR 2005, 1012; BayObLG FamRZ 1998, 376; KGR 1998, 267; BayObLGR 2003, 167.

dd) Zuständigkeit der beteiligten Gerichte. Im Verfahren ist das tatsächlich zuständige Gericht zu bestimmen.[191] Insofern ist das bestimmende Gericht nicht an den Antrag des Klägers gebunden.[192] Voraussetzung für die Entscheidung nach § 36 Abs. 1 Nr. 6 ist, dass eines der beteiligten Gerichte zuständig ist; ob daneben weitere, am negativen Kompetenzkonflikt nicht beteiligte Gerichte zuständig sind, ist dagegen unerheblich. Als ausreichend zur Bestimmung des zuständigen Gerichts ist auch anzusehen, dass eines der beteiligten Gerichte an einen ersten Verweisungsbeschluss gemäß § 281 Abs. 2 S. 4 gebunden ist.[193] Aus Gründen der Prozessökonomie wird in analoger Anwendung der Vorschrift eine Gerichtsstandsbestimmung ebenso dann zugelassen, wenn ein drittes, am Kompetenzkonflikt nicht beteiligtes Gericht ausschließlich zuständig ist und der erforderliche Verweisungsantrag gestellt ist[194] oder etwa ein nicht beteiligtes drittes Gericht durch bindenden Verweisungsbeschluss (§ 281 Abs. 2 S. 4) eines der streitenden Gerichte bereits zuständig geworden ist.[195] Zu beachten sind ferner Zuständigkeitsverfestigungen iSd. § 261 Abs. 3 Nr. 2 (perpetuatio fori).[196] So ist etwa ein nachträglicher Wohnsitzwechsel nicht beachtlich.[197] Die Bindungswirkung eines Verweisungsbeschlusses tritt zwar grundsätzlich unabhängig von seiner etwaigen Rechtswidrigkeit oder Fehlerhaftigkeit ein,[198] geht jedoch nicht über den Verweisungsgrund[199] bzw. den Bindungswillen des Gerichts hinaus[200] und darf nicht derart grob gesetzeswidrig sein, dass es an jeglicher gesetzlicher Grundlage fehlt und er daher willkürlich ist.[201] Hinsichtlich der Reichweite der Bindungswirkung kann der Verweisungsbeschluss beschränkt sein,[202] wenn zB nur die örtliche oder die sachliche Zuständigkeit geprüft wurde,[203] oder aber weitere Zuständigkeitsfragen erfassen, soweit sie vom verweisenden Gericht tatsächlich geprüft worden sind.[204] Als grob gesetzeswidrig ist beispielsweise anzusehen, wenn das Amtsgericht bei der Festsetzung des für die Zuständigkeit maßgebenden Streitwertes § 5 Halbs. 2 nicht beachtet hat.[205] Ein Verweisungsbeschluss entfaltet zudem keine Bindungswirkung, wenn sich unübersehbar Anhaltspunkte für eine Zuständigkeitserschleichung im Rahmen einer so genannten gewerbsmäßigen Firmenbestattung ergeben.[206] Ein gemäß § 36 Abs. 1 Nr. 6 als funktionell zuständig bestimmtes Gericht ist durch die Entscheidung des Kompetenzkonflikts nicht daran gehindert, seine örtliche Unzuständigkeit anzunehmen.[207] Vgl. ausf. zum Umfang der Bindungswirkung § 281 Rn. 15 ff. 31

c) Grenzen. Grundsätzlich umfassen die Vorschriften des § 36 Abs. 1 Nr. 5 und 6 auch den Streit über die Zuständigkeit für das Rechtsmittelverfahren.[208] Hat zB das LG eine Berufungssache unzulässig an das OLG verwiesen, greift Abs. 1 Nr. 6 ein.[209] Die Vorschrift ist jedoch nicht anwendbar, wenn zwischen Rechtsmittelgericht und Vorinstanz die bindende Wirkung einer Aufhebung und Zurückverweisung im Streit steht,[210] denn das vorinstanzliche Gericht ist nicht nur an die Zurückverweisung gebunden, sondern auch an die rechtliche Beurteilung, die der Aufhebung zugrundeliegt.[211] Das vorinstanzliche Gericht kann auch nicht auf dem Umweg der Vorlage nach § 36 Abs. 1 Nr. 6 die Überprüfung des Zurückverweisungsbeschlusses vom übergeordneten Gericht erreichen.[212] 32

V. Gerichtskosten

Es fallen keine an. Für das Beschwerdeverfahren gilt KV Nr. 1812. 33

37 *Verfahren bei gerichtlicher Bestimmung* (1) **Die Entscheidung über das Gesuch um Bestimmung des zuständigen Gerichts ergeht durch Beschluss.**

(2) **Der Beschluss, der das zuständige Gericht bestimmt, ist nicht anfechtbar.**

---

191 BVerfGE 29, 49.
192 OLG Hamm FamRZ 1980, 66.
193 BGH NJW-RR 1994, 126; 1995, 702; BayObLG NJW 2003, 366; NJW-RR 2002, 359, 1152; OLG Köln NJW-RR 2002, 426; OLG Frankfurt NJW-RR 2002, 1481; LAG Stuttgart ArbuR 2005, 165.
194 BGHZ 71, 69, 74 f. = NJW 1978, 1163; BGH NJW 1980, 1252; NJW-RR 1988, 521, 522; BayObLG NJW-RR 2000, 67; OLG Rostock OLG-NL 2005, 140 = VersR 2005, 1306.
195 BayObLG EzFamR aktuell 2003, 138.
196 BGH FamRZ 1995, 729; BayObLG 1991, 389; 1994, 113; *Bornkamm* NJW 1989, 2720 f.
197 *Zö/Vollkommer* Rn. 28; *St/J/Roth* Rn. 47; BGH NJW-RR 1994, 126.
198 BGH NJW-RR 2002, 1498, 2474; BayObLG NJW-RR 2002, 1152; OLG Schleswig NJW 2006, 3361; *St/J/Roth* Rn. 47; *T/P/Hüßtege* Rn. 25.
199 BayObLG NJW-RR 1996, 956.
200 BAG NJW 1993, 752, 1879; vgl. BayObLGR 2003, 186.
201 BGH NJW 2002, 3634; NJW-RR 2002, 1498; BayObLG BB 2005, 2265, 2266; OLG Celle ZIP 2006, 2098, 2099; OLG Saarbrücken NJW 2005, 906; OLG Schleswig DB 2004, 753; KG MDR 2002, 1147.
202 BAG NJW 1993, 752, 1879; *Fischer* NJW 1993, 2417.
203 BayObLGZ 1982, 383; 1985, 389; *Zö/Vollkommer* Rn. 28.
204 BayObLGR 2003, 186; BayObLG NZM 2002, 461; NJW-RR 2003, 357.
205 KG MDR 1999, 438; vgl. auch KG NJW-RR 1999, 1011 (zu § 696 Abs. 1 S. 4).
206 OLG Celle ZIP 2006, 2098; Pape ZIP 2006, 877, 880 f.; vgl. insofern zu den Prüfungsanforderungen des Gerichts, an das verwiesen wurde, BGH NJW 2006, 847 m. weit. Nachw.
207 BayObLG NJW-RR 1996, 956; OLG Nürnberg NJW-RR 1997, 379.
208 BGH NJW 1972, 111; FamRZ 1978, 102.
209 BGH NJW-RR 1996, 891.
210 BGH NJW 1994, 2956, 2957.
211 BGH FamRZ 1998, 477.
212 BGH FamRZ 1998, 477.

I. Normzweck

1 § 37 Abs. 1 wurde durch das ZPO-RG redaktionell an die ebenfalls neugefasste Vorschrift des § 128 Abs. 4 angepasst.[1] Die Norm ermöglicht aus Gründen der Verfahrensbeschleunigung und Prozessökonomie eine Abweichung vom zivilprozessualen Mündlichkeitsprinzip (§ 128 Abs. 1) für das Verfahren bei Bestimmung des zuständigen Gerichts. § 37 Abs. 2 ordnet die Unanfechtbarkeit der nach § 37 Abs. 1 zu fällenden Entscheidung an, um im Hinblick auf die Durchführung des Verfahrens für eindeutige Verhältnisse zu sorgen.

II. Regelung des § 37 Abs. 1

2 **1. Antrag.** Die Bestimmung des zuständigen Gerichts erfolgt auf Antrag einer Partei, der auch nach Einleitung des Verfahrens solange gestellt werden kann, wie eine **Verweisung** gemäß § 281 Abs. 1 noch **nicht** erfolgt ist (vgl. § 36 Rn. 23, 31).[2] Neben dem Kläger oder etwa seinem Nebenintervenienten kommt in den Fällen des § 36 Abs. 1 Nr. 1, 5 und 6 auch der Beklagte oder sein Streithelfer als Antragsteller in Betracht.[3] Der Antrag ist zu Protokoll der Geschäftsstelle oder schriftlich zu stellen. Das Gericht hat zur Vermeidung aufwendiger Nachforschungen die Prozessfähigkeit[4] und die Parteifähigkeit[5] des Antragstellers für das Verfahren nach § 37 Abs. 1 nicht zu prüfen.[6] Gleiches gilt für die weiteren Prozessvoraussetzungen und die Schlüssigkeit der zu erhebenden Klagen (vgl. Rn. 6).[7] Wird der Antrag auf Gerichtsstandsbestimmung an ein unzuständiges Gericht gestellt, findet keine Verweisung entsprechend § 281, sondern nur eine formlose Abgabe statt.[8] Im Verfahren besteht unabhängig davon, vor welchem Gericht es ausgetragen wird, kein Anwaltszwang, § 78 Abs. 5 Halbs. 2.[9] Der Antrag muss in tatsächlicher Hinsicht die Voraussetzungen für eine Entscheidung gemäß § 36 Abs. 1 nennen; dagegen ist es nicht erforderlich, aber ratsam, das Gericht zu bezeichnen, das für zuständig erklärt werden soll.

3 **2. Wirkungen der Antragstellung.** Durch die Antragstellung gemäß § 37 Abs. 1 werden die Verjährung nach § 204 Abs. 1 Nr. 13, § 209 BGB und die Ersitzung nach § 939 Abs. 1 S. 1 iVm. § 204 Abs. 1 Nr. 13 BGB gehemmt, vorausgesetzt, es erfolgt binnen dreier Monate nach Entscheidung Klage vor dem zuständigen Gericht.[10]

4 **3. Von Amts wegen.** In den Fällen des § 36 Abs. 1 **Nr. 5** und **Nr. 6** kann die Entscheidung auch **von Amts wegen**[11] auf Grund Vorlage eines am Kompetenzkonflikt beteiligten Gerichts erfolgen.[12] Davon ist die Bestimmung des zuständigen Gerichts in Fällen des § 36 Abs. 1 **Nr. 3** ausgenommen,[13] weil die dem Kläger eingeräumte Dispositionsbefugnis hinsichtlich des Gerichtsstandes andernfalls unzulässig untergraben würde.[14] Auch der Rechtspfleger ist im Rahmen seiner Zuständigkeit zu Vorlage berechtigt.[15]

5 **4. Verfahren.** Im nach § 128 Abs. 4 regelmäßig ohne mündliche Verhandlung durchzuführenden Bestimmungsverfahren gilt der **Verhandlungsgrundsatz** (zum Antrag Rn. 2). Die Voraussetzungen des § 36 Abs. 1 sind nicht von Amts wegen zu ermitteln.[16] Das Gericht ist aber nicht an das Strengbeweisverfahren (§ 284 Rn. 5) gebunden, vielmehr greifen die Regeln des **Freibeweises** (§ 284 Rn. 5) ein, so dass Art und Umfang etwaiger Ermittlungen in das Ermessen des Gerichts gestellt sind.[17] Ist die Gerichtsstandsbestimmung nicht ohne die Ermittlung weiterer Tatsachen möglich, kann die Sache gegebenenfalls zu weiteren Ermittlungen an das vorlegende Ausgangsgericht zurückzugeben sein.[18] Das Bestimmungsverfahren greift in den Anspruch der Beteiligten auf den gesetzlichen Richter gemäß Art. 101 Abs. 1 S. 2 GG ein.[19] Bereits aus Art. 103 Abs. 1 GG ergibt sich, dass in diesem Verfahren allen Beteiligten[20] **rechtliches Gehör** zu gewähren ist. Eine Ausnahme gilt für die Bestimmung des Gerichts im Bereich Zwangsvollstreckung und

---

[1] Vgl. MK/*Patzina* (AB) Rn. 2f.
[2] RGZ 158, 222, 223.
[3] *Zö/Vollkommer* Rn. 1; MK/*Patzina* Rn. 2; OLG Düsseldorf MDR 1989, 646; vgl. BGH NJW 1990, 2751.
[4] BGH NJW-RR 1987, 757; *Bornkamm* NJW 1989, 2713, 2715.
[5] BayObLGZ 1974, 459f.
[6] BayObLGZ 1974, 459f.; BayObLG RIW 2003, 387; BGH NJW-RR 1987, 757; *Bornkamm* NJW 1989, 2713, 2715.
[7] BayObLG MDR 1998, 180f.
[8] BayObLGZ 2003, 215, 217.
[9] AllgM, *T/P/Hüßtege* Rn. 1; *St/J/Roth* Rn. 1; *Zi* Rn. 1.
[10] *St/J/Roth* Rn. 3; *Zö/Vollkommer* Rn. 6.
[11] *St/J/Roth* Rn. 2; *Zö/Vollkommer* Rn. 2; *Wiecz/Sch/Hausmann* Rn. 5.
[12] BGH NJW 1979, 1048; 1985, 2537; BAGE 93, 751; BayObLGZ 1991, 151; OLG Brandenburg NJW-RR 2001, 430; OLG Frankfurt NJW 1993, 2448; BayObLG NZM 2002, 461; *St/J/Roth* Rn. 2; *T/P/Hüßtege* Rn. 1; *Zö/Vollkommer* Rn. 2; aA OLG Nürnberg NJW 1975, 2346; OLG Oldenburg FamRZ 1978, 347.
[13] BGH NJW 1987, 439; NJW 1990, 2751, 2752; NJW-RR 1991, 767; OLG Köln NJW-RR 2000, 589, 590; aA BayObLGZ 1987, 289, 290.
[14] BGH NJW-RR 1991, 767; OLG Köln NJW-RR 2000, 589, 590.
[15] *Zö/Vollkommer* Rn. 2 aE; BayObLGZ 1985, 399; *St/J/Roth* Rn. 2 aE.
[16] BGH NJW 1995, 534; FamRZ 1997, 171; BayObLG NJW-RR 2000, 1311, 1312.
[17] BayObLGZ 1985, 18, 19.
[18] BGH NJW 1995, 534; BayObLG NJW-RR 2000, 1311; MK/*Patzina* Rn. 5; *Jauernig* NJW 1995, 2017.
[19] BVerfGE 61, 37, 40 = NJW 1982, 2367.
[20] OLG Zweibrücken OLGR 2001, 44; *St/J/Roth* Rn. 1; MK/*Patzina* Rn. 5.

einstweiliger Rechtsschutz, wo im Interesse eines erfolgreichen Zugriffs auf das Schuldnervermögen auf eine vorherige Anhörung verzichtet wird, §§ 834, 921.[21]

a) **Prüfungsumfang.** Das Gericht prüft nach Feststellung seiner Zuständigkeit für das Bestimmungsverfahren, ob der Antragsteller antragsbefugt (vgl. Rn. 2) ist, ob er ein Rechtsschutzinteresse[22] an der Bestimmung des Gerichtsstandes hat und ob die tatbestandsmäßigen Voraussetzungen des § 36 Abs. 1 Nr. 1 bis 6 erfüllt sind. Die **Prozessvoraussetzungen** oder **Erfolgsaussichten** des Hauptsacheverfahrens sind dagegen **nicht** zu prüfen.[23] Dies ist Gegenstand des Verfahrens vor dem nach § 36 Abs. 1 bestimmten, erkennenden Gericht.[24] Wenn absehbar ist, dass das Hauptsacheverfahren in Deutschland nicht durchgeführt werden kann, ist eine Gerichtsstandsbestimmung unzulässig.[25] § 37 greift nicht ein, wenn sich ein Gericht für international, das andere für örtlich unzuständig erklärt hat.[26] 6

b) **Beschluss.** Die Entscheidung im Gerichtsstandsbestimmungsverfahren ergeht im Wege des Beschlusses, § 37 Abs. 1. Dieser ist trotz seiner Unanfechtbarkeit nach § 37 Abs. 2 mit einer **Begründung** zu versehen.[27] Der Beschluss ist dem Antragsteller formlos mitzuteilen, wenn er vor **Anhängigkeit** der Hauptsacheklage ergeht, § 329 Abs. 2;[28] bei Zustellung der Klage ist dann eine beglaubigte Ablichtung des Beschlusses beizufügen.[29] **Nach Klageerhebung** ergangene Beschlüsse sind beiden Parteien nach § 329 Abs. 2 formlos mitzuteilen.[30] Der auf Grund einer (fakultativen) mündlichen Verhandlung hin ergangene Beschluss ist nach § 329 Abs. 1 zu verkünden. Soweit durch den Beschluss ein Gerichtsstand bestimmt ist, erfolgt keine Kostenentscheidung. Die Kosten sind solche des Hauptsacheverfahrens.[31] Eine Kostenentscheidung ergeht jedoch dann, wenn ein gegen den Antragsgegner gerichtetes Klageverfahren nicht als Hauptsache zu dem ohne Bestimmung des zuständigen Gerichts abgeschlossenen Verfahren nach § 37 anzusehen ist.[32] Bei Zurückweisung des Antrags richtet sich die Kostenentscheidung nach § 91,[33] bei Antragsrücknahme ist entsprechend § 269 Abs. 3 zu entscheiden.[34] Der Streitwert dieses Verfahrens ist regelmäßig nach § 3 mit einem Bruchteil von 1/4 des Hauptsachewertes festzusetzen.[35] 7

III. Rechtsmittel, § 37 Abs. 2

Gegen den zurückweisenden Beschluss des Landgerichts ist die sofortige Beschwerde gemäß § 567 Abs. 1 Nr. 2 eröffnet. Ein zurückweisender Beschluss des OLG ist nicht mit der Rechtsbeschwerde nach § 574 Abs. 1 anfechtbar.[36] Nach § 37 Abs. 2 sind grundsätzlich solche Beschlüsse unanfechtbar, mit denen Gerichtsstandsbestimmungen vorgenommen werden. Auf Grund der Novellierung des Beschwerderechts durch das ZPO-RG ist auch eine außerordentliche Beschwerde gegen den unanfechtbaren Beschluss eines Amts- oder Landgerichts nicht statthaft.[37] Ob gleichwohl in eng begrenzten Ausnahmefällen eine Anfechtung wegen **greifbarer Gesetzwidrigkeit** (§ 281 Rn. 11) in Betracht kommt, ist umstritten. Aus Gründen der Rechtssicherheit und der Möglichkeit zur Selbstkorrektur über § 321 a entsprechend besteht jedoch in diesen Fällen kein Bedarf für eine außerordentliche Beschwerde.[38] 8

IV. Wirkung

War das bestimmte Gericht bislang nicht zuständig, begründet der Beschluss seine Zuständigkeit. Ohne dass es eines Verweisungsbeschlusses gemäß § 281 Abs. 1 bedarf, wird die Zuständigkeit des bisher mit der Sache befassten Gerichts durch den Beschluss nach § 37 Abs. 1 aufgehoben.[39] Das bestimmte Gericht ist an den Beschluss gebunden.[40] Mit der Bestimmung des zuständigen Gerichts wird geklärt, welches Gericht sich mit einem Rechtsschutzgesuch zu befassen hat, nicht jedoch, ob das eigentliche Rechtsschutzgesuch 9

---

[21] BayObLG Rpfleger 1999, 31; NJW-RR 1986, 421; *Zö/Vollkommer* Rn. 3.
[22] BGHZ 19, 108, 109; BayObLGZ 1979, 292, 294.
[23] BGH NJW-RR 1987, 757; *Bornkamm* NJW 1989, 2713, 2715.
[24] BGH NJW-RR 1987, 757; BayObLG NZM 2002, 796; DB 1999, 523; OLG Frankfurt FamRZ 1999, 25, 26.
[25] BGHZ 19, 108, 109.
[26] OLG Schleswig RIW 2000, 799.
[27] *St/J/Roth* Rn. 4; *Wiecz/Sch/Hausmann* Rn. 9; *B/L/H* Rn. 5.
[28] RGZ 125, 299, 311 f.; *Zö/Vollkommer* Rn. 3 a; *St/J/Roth* Rn. 4.
[29] *Wiecz/Sch/Hausmann* Rn. 9; *Zö/Vollkommer* Rn. 3 a.
[30] MK/*Patzina* Rn. 6; *St/J/Roth* Rn. 4.
[31] BayObLG NJW-RR 2000, 141; OLG Düsseldorf MDR 1983, 846.
[32] BGH NJW-RR 1987, 757; BayObLG NJW-RR 2000, 141.
[33] OLG Koblenz OLGR 2000, 419; BGH NJW-RR 1987, 757; BayObLG NJW-RR 2000, 141.
[34] BGH NJW-RR 1987, 757; BayObLG JurBüro 1992, 700; NJW-RR 2002, 2888; OLG Stuttgart NJW-RR 2003, 1706 f.; aA OLG Düsseldorf MDR 1983, 846; *B/L/H* Rn. 5.
[35] BayObLGZ 1992, 89, 90 f.; *St/J/Roth* Rn. 4.
[36] BayObLG NJW-RR 2002, 2888 m. weit. Nachw.; *Zö/Vollkommer* Rn. 4; aA OLG Stuttgart NJW-RR 2003, 1706.
[37] BGHZ 150, 133 = NJW 2002, 1577; KG MDR 2002, 1086; OLG Rostock MDR 2002, 1393.
[38] BGH FamRZ 2006, 695; NJW 2002, 1577; OLG Celle NJW 2002, 3715; *Lipp* NJW 2002, 1700, 1702; *Müller* NJW 2002, 2743; *Pape* NZI 2003, 12; für das FGG-Verfahren: BayObLG MDR 2003, 410; OLG München FGPrax 2006, 109 m. Anm. *Demharter;* OLG Jena FGPrax 2006, 115; OLG Naumburg FamRZ 2006, 1287; aA OLG Frankfurt OLGR 2003, 67; *T/P/Reichold* § 567 Rn. 9; zur früheren Rechtslage: BGHZ 119, 372, 374 = NJW 1993, 135; BGHZ 121, 397.
[39] OLG Düsseldorf Rpfleger 1978, 184.
[40] RGZ 86, 404, 405 f.; BGH FamRZ 1980, 671; OLG München NJW-RR 2002, 1722; BayObLG NJW-RR 1991, 187, 188.

statthaft ist.[41] Eine bereits begründete Rechtshängigkeit beim unzuständigen Gericht geht auf das bestimmte Gericht über.[42] Die Bindungswirkung trifft auch die dem bestimmten Gericht übergeordnete Rechtsmittelgerichte.[43] Die Reichweite der Zuständigkeitsbestimmung hängt vom **Bindungswillen** des bestimmenden Gerichts ab.[44] Bezieht sich etwa die Bestimmung nur auf die funktionelle Zuständigkeit, ist es dem bestimmten Gericht nicht verwehrt, seine örtliche Unzuständigkeit auszusprechen.[45] Beim Streit über die Zuständigkeit von Gerichten verschiedener Rechtswege bindet die Bestimmung nur hinsichtlich des Rechtswegs,[46] im Übrigen entspricht sie der Bindungswirkung des Verweisungsbeschlusses (vgl. § 36 Rn. 4, 30). Wird eine Klage über einen anderen Sachverhalt als im Beschluss angenommen erhoben, entfaltet dieser keine Bindungswirkung.[47] **Änderungen der tatsächlichen Verhältnisse** berühren jedoch die durch den Beschluss begründete Zuständigkeit im grundsätzlich nicht, § 261 Abs. 3 Nr. 2.[48]

V. Gebühren und Kosten

10 **1. Rechtsanwaltsgebühren.** Die Tätigkeit des Anwalts gehört zum Rechtszug, wird also durch die Gebühren der Nr. 3100ff. VV RVG abgegolten (§ 19 Abs. 1 Nr. 3 RVG). Ist der Anwalt nicht Prozessbevollmächtigter, erhält er die Verfahrensgebühr der Nr. 3403 VV RVG.

11 **2. Gerichtskosten.** Gerichtsgebühren werden nicht erhoben. Für das Beschwerdeverfahren gilt KV Nr. 1812.

Titel 3. Vereinbarung über die Zuständigkeit der Gerichte

38 ***Zugelassene Gerichtsstandsvereinbarung*** **(1) Ein an sich unzuständiges Gericht des ersten Rechtszuges wird durch ausdrückliche oder stillschweigende Vereinbarung der Parteien zuständig, wenn die Vertragsparteien Kaufleute, juristische Personen des öffentlichen Rechts oder öffentlich-rechtliche Sondervermögen sind.**

(2) [1]Die Zuständigkeit eines Gerichts des ersten Rechtszuges kann ferner vereinbart werden, wenn mindestens eine der Vertragsparteien keinen allgemeinen Gerichtsstand im Inland hat. [2]Die Vereinbarung muss schriftlich abgeschlossen oder, falls sie mündlich getroffen wird, schriftlich bestätigt werden. [3]Hat eine der Parteien einen inländischen allgemeinen Gerichtsstand, so kann für das Inland nur ein Gericht gewählt werden, bei dem diese Partei ihren allgemeinen Gerichtsstand hat oder ein besonderer Gerichtsstand begründet ist.

(3) Im Übrigen ist eine Gerichtsstandsvereinbarung nur zulässig, wenn sie ausdrücklich und schriftlich
1. nach dem Entstehen der Streitigkeit oder
2. für den Fall geschlossen wird, dass die im Klageweg in Anspruch zu nehmende Partei nach Vertragsschluss ihren Wohnsitz oder gewöhnlichen Aufenthaltsort aus dem Geltungsbereich dieses Gesetzes verlegt oder ihr Wohnsitz oder gewöhnlicher Aufenthalt im Zeitpunkt der Klageerhebung nicht bekannt ist.

Übersicht

[41] KGR 2003, 374f.
[42] *Zö/Vollkommer* Rn. 7; *St/J/Roth* § 36 Rn. 16; OLG Düsseldorf Rpfleger 1978, 184.
[43] BGH FamRZ 1980, 670, 672; BayObLG Rpfleger 1987, 124, 125; aA OLG Schleswig SchlHA 1981, 67, 68.
[44] AG Lübeck NJW 1978, 649 m. Anm. *Jauernig* S. 1271; OLG Nürnberg NJW-RR 1997, 379; *St/J/Roth* Rn. 7; vgl. KGR 2003, 374f.
[45] OLG Nürnberg NJW-RR 1997, 379; *Jauernig* NJW 1978, 1271; *St/J/Roth* Rn. 7.
[46] BAG MDR 1993, 57.
[47] *St/J/Roth* Rn. 7; OLG München NJW-RR 88, 128.
[48] *St/J/Roth* Rn. 6; *Wiecz/Sch/Hausmann* Rn. 17; OLG München NJW-RR 2002, 1722; vgl. aber OLG Köln OLGRspr. 25, 60; OLG Celle OLGRspr. 31, 13.

I. Normzweck

Der Normenkomplex der §§ 38 bis 40 regelt ein grundsätzliches Verbot von Gerichtsstandsvereinbarungen.[1] Prorogationen sind daher über einen restriktiv[2] zu handhabenden begrenzten Rahmen hinaus unzulässig, um die durch die gesetzlichen Vorgaben der §§ 13 bis 37 gewährleistete Waffengleichheit der Parteien (vgl. § 12 Rn. 1) nicht zu deren Disposition zu stellen. Damit einhergehend erfährt die Grundsatzentscheidung der ZPO, dass der Beklagte grundsätzlich an seinem allgemeinen Gerichtsstand zu verklagen ist (vgl. § 12 Rn. 1), eine Aufwertung.[3] Die unabdingbare[4] Vorschrift des § 38 regelt die Voraussetzungen, unter denen ausnahmsweise eine Gerichtsstandsvereinbarung, also die zwischen den Parteien eines künftigen oder gegenwärtigen Rechtsstreits getroffene Vereinbarung über die Zuständigkeit des erstinstanzlich zur Entscheidung berufenen Gerichts, Wirksamkeit erlangt. Die Beschränkung auf die Zulässigkeit einer durch Kaufleute (Abs. 1) geschlossenen Gerichtsstandsvereinbarung erklärt sich aus den Gefährdungen, die einer geschäftsunerfahrenen schwächeren Partei aus derartigen Vereinbarungen erwachsen würden. § 38 findet u. a. eine Ergänzung durch § 29 Abs. 2, der Umgehungen des Prorogationsverbots durch Erfüllungsortvereinbarungen für Nichtkaufleute ausschließt (vgl. § 29 Rn. 2, 42).[5] Zu unterscheiden sind die **Prorogation,** die Begründung der Zuständigkeit eines an sich nicht zuständigen Gerichts, und die **Derogation,** der Ausschluss der Zuständigkeit eines an sich zuständigen Gerichts. Auch für letzteres kommen trotz ihrer Bezugnahme nur auf positive Gerichtsstandsvereinbarungen die Vorschriften der §§ 38ff. zur Anwendung.[6] 1

II. Anwendungsbereich

Die Fälle des § 38 betreffen Vereinbarungen über die örtliche, sachliche und internationale[7] Zuständigkeit des erstinstanzlichen Gerichts.[8] Dagegen ist § 38 nicht auf Vereinbarungen wegen der Zuständigkeit eines besonderen Gerichts gemäß § 14 GVG (beispielsweise Patentgerichte)[9] oder im Hinblick auf – unzulässige – Vereinbarungen über den Rechtsweg[10] anwendbar. Mit Ausnahme der Vereinbarungen iSd. § 2 Abs. 4 ArbGG gilt dies auch für den Rechtsweg zu den Arbeitsgerichten. Unzulässig sind Vereinbarungen zwischen den Parteien über die **funktionelle** Zuständigkeit (zum Begriff § 1 Rn. 7),[11] etwa dass ein bestimmter Spruchkörper eines Gerichts vorgesehen ist oder Vereinbarungen, durch die an Stelle der Gerichte der streitigen Zivilrechtspflege die der freiwilligen Gerichtsbarkeit[12] festgelegt werden. 2

III. Rechtsnatur und Wirksamkeit der Gerichtsstandsvereinbarung

1. Qualifikation. Eine Gerichtsstandsvereinbarung ist ein Vertrag über prozessrechtliche Beziehungen, dessen Zulässigkeit und Wirkung sich nach Prozessrecht beurteilen, während das Zustandekommen sich nach bürgerlichem Recht richtet.[13] Demgegenüber ordnet die überwiegende Meinung[14] Gerichtsstandsvereinbarungen als Prozessrechtsverträge ein. Hinsichtlich des Zustandekommens und der Rechtsbeständigkeit wird jedoch ein Rückgriff auf das materielle Recht, also insbesondere die Regelungen über die Vertretung, die Geschäftsfähigkeit, Anfechtung und den Vertragsschluss, nicht ausgeschlossen.[15] Im Rahmen der internationalen Zuständigkeit ist bei der Einordnung von Prorogationen zu unterscheiden: Hinsichtlich des Zustandekommens gelten die Regeln des deutschen internationalen Privatrechts; die Wirksamkeit des Ab- 3

---

1 BGH NJW 1983, 159, 162; *Musielak,* GK ZPO, Rn. 50; *Jauernig* ZPR § 11 II; MK/*Patzina* Rn. 1; *Schilken,* Festschr. f. Musielak, 2004, S. 435, 443ff.

2 *Ehricke* ZZP 111 (1998), 145, 152ff.; *Schilken* (Fn. 1) S. 443 m. weit. Nachw.

3 *Zö/Vollkommer* vor § 38 Rn. 9; MK/*Patzina* Rn. 1.

4 *T/P/Hüßtege* Rn. 2; MK/*Patzina* Rn. 9; BGH NJW 1983, 1320, 1322.

5 MK/*Patzina* Rn. 1; OLG Nürnberg NJW 1985, 1296, 1298.

6 AllgM, *Schilken* (Fn. 1) S. 443; *Wagner* Prozessverträge, 1998, S. 558 m. weit. Nachw.

7 BGH MDR 1985, 911; BGH NJW-RR 2005, 929, 931.

8 *T/P/Hüßtege* vor § 38 Rn. 3; *St/J/Bork* Rn. 1; *Schilken* (Fn. 1) S. 437ff. m. weit. Nachw.

9 BGHZ 8, 16, 18ff. = NJW 1953, 262.

10 BGH NJW 1997, 328; MK/*Patzina* Rn. 10.

11 BGH VersR 1977, 430; *St/J/Bork* Rn. 1; *Schilken,* Festschr. f. Musielak, 2004, S. 435, 437; *T/P/Hüßtege* vor § 38 Rn. 4; MK/*Patzina* Rn. 10.

12 BGH NJW 1952, 1055.

13 *Musielak,* GK ZPO, Rn. 52; BGHZ 49, 384, 387 = NJW 1968, 1233; BGHZ 59, 23, 26f. = NJW 1972, 1622 m. Anm. *Geimer;* BGH NJW 1983, 2772; 1986, 1438, 1439; OLG München IPRax 1991, 46, 48f.

14 BGHZ 59, 22, 26 = NJW 1972, 1622; BGH NJW 1989, 1431, 1432; 1997, 2885, 2886; *St/J/Bork* Rn. 47; *Zö/Vollkommer* Rn. 4; *T/P/Hüßtege* vor § 38 Rn. 2; *Baumgärtel,* Wesen und Begriff der Prozeßhandlungen einer Partei im Zivilprozeß, 1957, S. 279; *Ro/S/Go* § 37 I 1, S. 182.

15 Vgl. *St/J/Bork* Rn. 47ff.; *Zö/Vollkommer* Rn. 5f.; *T/P/Hüßtege* vor § 38 Rn. 2.

schlusses der Gerichtsstandsvereinbarung richtet sich nach der Rechtsordnung, die für das Rechtsgeschäft selbst maßgebend ist.[16] Bezüglich Zulässigkeit und Wirkung ist die Vereinbarung der Zuständigkeit nach der lex fori zu beurteilen.[17] Wird eine Klage bei dem ohne Prorogation zuständigen deutschen Gericht erhoben und die vereinbarte ausschließliche Zuständigkeit eines ausländischen Gerichts eingewandt, ist zunächst zu prüfen, ob die Vereinbarung nach deutschem Recht wirksam ist. Ob die mit der Derogation der deutschen Gerichtsbarkeit verbundene Prorogation der ausschließlichen Zuständigkeit der Gerichte eines ausländischen Staates nach deutschem Prozessrecht zulässig ist, richtet sich nach §§ 38, 40, die gleichermaßen für die Vereinbarung der Zuständigkeit an sich nicht zuständiger inländischer und ausländischer Gerichte gelten.[18] Als maßgeblicher Zeitpunkt zur Bestimmung gilt dabei derjenige der Rechtshängigkeit, weil eine Gerichtsstandsvereinbarung als Zuständigkeitsoption ohne Folgen bleibt, solange noch kein gerichtliches Verfahren eingeleitet worden ist.[19]

4 **2. Materiellrechtliche Wirksamkeitsvoraussetzungen. a) Übersicht.** Neben den besonderen prozessualen Voraussetzungen des § 38 richtet sich das Zustandekommen und Wirksamwerden einer Gerichtsstandsvereinbarung nach den Vorschriften des **bürgerlichen Rechts.** Für die Einigung der Parteien sind die §§ 145ff. BGB (Einl. Rn. 66),[20] sowie gegebenenfalls die Regelungen über Allgemeine Geschäftsbedingungen (§§ 305ff. BGB) einschlägig.[21] Grundsätzlich ist die Gerichtsstandsvereinbarung formfrei; Ausnahmen gelten im Rahmen des § 38 Abs. 2 und Abs. 3. Auch beschränkt Geschäftsfähige können mit Zustimmung ihrer gesetzlichen Vertreter eine Gerichtsstandsvereinbarung treffen,[22] so dass es für ihren Abschluss der Prozessfähigkeit nicht bedarf. Ein möglicher Schwebezustand lässt sich dann nach § 108 BGB beseitigen. Die Gerichtsstandsvereinbarung kann wegen Willensmängeln nach den §§ 119, 120 BGB und § 123 BGB **angefochten** werden. Die Anfechtung führt auch nach Rechtshängigkeit der Sache zur Beseitigung der Gerichtsstandsvereinbarung. Dem steht § 261 Abs. 3 Nr. 2 nicht entgegen, da die Anfechtung ex tunc wirkt und § 142 Abs. 1 BGB der Sperre der perpetuatio fori vorgeht.[23] **Nach Einlassung** des Beklagten zur Hauptsache entfällt in entsprechender Anwendung der §§ 39, 269 Abs. 1 die Anfechtungsmöglichkeit.[24] Gerichtsstandsvereinbarungen können vom gesetzlichen Vertreter im Rahmen seiner Vertretungsmacht[25] oder im durch Auslegung[26] zu ermittelnden Rahmen seiner Vollmacht vom gewillkürten Vertreter[27] geschlossen werden. Eine Prozessvollmacht umfasst dabei regelmäßig auch die Befugnis zum Abschluss von Gerichtsstandsvereinbarungen.[28] Ist der Hauptvertrag nichtig,[29] führt dies nicht zwingend auch zur Nichtigkeit der Gerichtsstandsvereinbarung, weil diese im Allgemeinen gerade auch im Hinblick auf Streitigkeiten wegen der Wirksamkeit des Hauptvertrages geschlossen zu werden pflegt.[30] Ob dies der Fall ist, hat das Gericht im Wege der Auslegung zu ermitteln.[31] In Ausnahmefällen mag die Gerichtsstandsvereinbarung isoliert gemäß § 138 BGB, zB wegen sittenwidriger Ausnutzung wirtschaftlicher Überlegenheit einer Partei, als nichtig anzusehen sein.[32] Ferner kann unter besonderen Umständen das Berufen auf die Zuständigkeit eines vereinbarten Gerichts als rechtsmissbräuchlich einzuordnen sein.[33]

5 **b) Auslegung.** Die Vereinbarung unterliegt der Auslegung nach den §§ 133, 157 BGB.[34] Gelten etwa für einen Lieferungsvertrag im Außenhandel die Allgemeinen Geschäftsbedingungen der einen Partei mit einer Gerichtsstandsklausel zu ihren Gunsten und ist im Einzelfall ein Schiedsvertrag vereinbart, ist in der Regel die Auslegung gerechtfertigt, dass die Gerichtsstandsklausel dann gelten soll, wenn die Parteien übereinstimmend nicht das Schiedsgericht, sondern die staatlichen Gerichte anrufen.[35]

6 **c) Perpetuatio fori.** Eine Gerichtsstandsvereinbarung kann nach dem Eintritt der Rechtshängigkeit nicht dazu führen, die Unzuständigkeit des einmal angerufenen zuständigen Gerichts zu begründen.[36] Das gilt

---

[16] *T/P/Hüßtege* vor § 38 Rn. 6; BGH NJW 1989, 1431, 1432; 1972, 1460; 1997, 2885; *Schack* IPRax 1990, 19f.

[17] *Schack* IPRax 1990, 19f.; *Geimer* NJW 1971, 323; MK/*Patzina* Rn. 13; BGH NJW 1989, 1431, 1432; 1972, 1622; 1986, 1438, 1439.

[18] *T/P/Hüßtege* vor § 38 Rn. 7; BGH NJW 1986, 1438 m. zust. Anm. *Geimer;* BGH WM 1985, 1507, 1509; OLG Koblenz IHR 2005, 169; dazu *Weller* IPRax 2006, 444.

[19] OLG Hamm RIW 2000, 382f.; *Zö/Vollkommer* Rn. 5.

[20] BGHZ 49, 384, 386f.; BGH NJW 1983, 2772, 2773; OLG Bremen VersR 1985, 988; LG Rottweil NJW-RR 1992, 688.

[21] BGHZ 101, 271, 275 = NJW 1987, 2867; *Wiecz/Sch/Hausmann* Rn. 13; OLG Frankfurt MDR 1998, 664; OLG Stuttgart BauR 1999, 683.

[22] MK/*Patzina* Rn. 11; *Wiecz/Sch/Hausmann* Rn. 15; *St/J/Bork* Rn. 53; aA *Kornblum* FamRZ 1973, 422.

[23] *St/J/Bork* Rn. 58; *Wiecz/Sch/Hausmann* Rn. 16.

[24] *Arens,* Willensmängel bei Parteihandlungen im Zivilprozeß, 1968, S. 95; *St/J/Bork* Rn. 58.

[25] LG Düsseldorf NJW 1966, 553 (zu § 1357 BGB).

[26] OLG München NJW 1974, 195 m. Anm. *Vollkommer.*

[27] *St/J/Bork* Rn. 49.

[28] MK/*Patzina* Rn. 11; *St/J/Bork* Rn. 49.

[29] Vgl. RGZ 87, 7, 9f.; 140, 149, 151.

[30] BGH LM Nr. 4; RGZ 140, 149, 151; OLG München OLGR 1995, 118; 1999, 342; *Jayme* IPRax 1989, 362.

[31] BGH LM Nr. 4; KG BB 1983, 213; OLG Düsseldorf NJW 1991, 1492; OLG Frankfurt NJW-RR 1999, 604.

[32] *St/J/Bork* Rn. 59.

[33] OLG Köln IPRax 1998, 472; LG Freiburg NJW-RR 1999, 1505, 1506; *St/J/Bork* Rn. 59.

[34] RGZ 159, 256, 258; BGH NJW 1996, 3013, 3014; OLG Brandenburg NJW 2006, 3444, 3445; *St/J/Bork* Rn. 56.

[35] BGHZ 52, 30, 39 = NJW 1969, 1563.

[36] BGH NJW 1994, 126f.; 1963, 585 m. Anm. *Zeuner* JZ 1963, 754; OLG Nürnberg MDR 1963, 851; aA MK/ *Lüke* § 261 Rn. 93; *Wilske/Kocher* NJW 2000, 3549; LG Waldshut-Tiengen MDR 1985, 941.

auch hinsichtlich des Gerichts, an welches nach § 281 Abs. 1 verwiesen wurde.[37] Weiter kann eine nach Rechtshängigkeit bis dahin schwebend unwirksame Gerichtsstandsvereinbarung nicht mehr mit der Wirkung iSd. § 108 BGB **genehmigt** werden, dass die Zuständigkeit des angerufenen Gerichts wegfiele. Trotz der Rückwirkung der Genehmigung gemäß § 184 Abs. 1 BGB ist insoweit die Regelung des § 261 Abs. 3 Nr. 2 vorrangig.[38] Für das Mahnverfahren kommt dagegen nach Einreichung des Antrags und vor Abgabe des Rechtsstreits an das nach §§ 692 Abs. 1 Nr. 1, 690 Abs. 1 Nr. 5 bezeichnete Gericht die Vereinbarung eines anderen Gerichts in Betracht.[39] Nach Abgabe an das bezeichnete zuständige Gericht ist jedoch ein Verweisungsbeschluss nach § 281 Abs. 1, der auf eine nachträgliche anderweitige Gerichtsstandsvereinbarung abstellt, willkürlich und daher nicht bindend.[40] Vgl. ausf. zum Umfang der Bindungswirkung § 281 Rn. 15ff.

3. Prozessrechtliche Schranken. Weitere Grenzen des Abschlusses von Gerichtsstandsvereinbarungen 7
ergeben sich aus § 40, s. die Erl. dort. Gegenstand der Vereinbarung muss der Gerichtsstand an einem bestimmten oder doch wenigstens für den Zeitpunkt der Klageerhebung bestimmbaren erstinstanzlichen Gericht sein,[41] wobei die Anknüpfung an den Sitz einer Partei ausreichend ist.[42] Die nach Abschluss der Vereinbarung erfolgte Verlegung des maßgeblichen Sitzes führt dann aber nicht ohne weiteres zur Begründung der Zuständigkeit des Gerichts am neuen Sitz.[43] Für hinreichend bestimmt wird von der Judikatur[44] auch die Vereinbarung eines Gerichtsstandes am Sitz eines in Person noch nicht feststehenden künftigen Zessionars gehalten. Das geht aber zu weit, weil die Parteien unter dieser Voraussetzung nicht absehen können, vor welchem Gericht gegebenenfalls eine Zuständigkeit begründet ist.[45] Zulässig sind dagegen Vereinbarungen alternativer Gerichtsstände, etwa danach, welche Partei die Initiative ergreift[46] oder dass einer der Parteien die Auswahl (§ 35) zwischen mehreren Gerichtsständen überlassen bleiben soll, wobei etwa die Wahl durch den zukünftigen Beklagten dann innerhalb angemessener Frist vorzunehmen ist.[47]

4. Zeitpunkt des Abschlusses. In den Fällen des § 38 Abs. 1, 2 und Abs. 3 Nr. 1 sind unter den weiteren 8
Voraussetzungen **vor Rechtshängigkeit** (zum Begriff § 261 Rn. 2ff.) der Sache geschlossene Gerichtsstandsvereinbarungen ohne weiteres zulässig. **Nach** Eintritt der **Rechtshängigkeit** ist die Prorogation nur zulässig, wenn das Gericht noch nicht infolge Einlassung des Beklagten zur Sache (§ 39 Rn. 3) zuständig geworden ist.[48] Im Übrigen steht § 261 Abs. 3 Nr. 2 der Wirksamkeit einer Prorogation entgegen (vgl. Rn. 6).

IV. Kaufmännischer Bereich, § 38 Abs. 1

1. Grundsatz. Anknüpfungspunkt ist die typischerweise bestehende Geschäftserfahrung derer, die dem 9
von der Vorschrift genannten Personenkreis angehören.[49] Beide vertragsschließende Parteien müssen die subjektiven Voraussetzungen des Abs. 1 erfüllen, um auf Grund ihrer Prorogationsbefugnis eine wirksame Gerichtsstandsvereinbarung abschließen zu können.[50] Die Vertragsparteien müssen aber nicht derselben Gruppe angehören.

2. Persönlicher Anwendungsbereich. Maßgeblich sind die Regelungen des Handelsrechts. Zum Perso- 10
nenkreis des § 38 Abs. 1 gehören daher **Kaufleute** gemäß §§ 1 bis 3 HGB und die Handelsgesellschaften iSd. § 6 HGB, also die OHG, KG, AG, KGaA, GmbH, eingetragene Genossenschaften sowie größere Versicherungsvereine auf Gegenseitigkeit (§§ 16, 53 VAG), der wirtschaftliche Verein (§ 22 BGB) und rechtsfähige Stiftungen nach §§ 80ff. BGB. Ferner ist § 38 auf **Kaufleute kraft Eintragung** gemäß § 5 HGB[51] sowie auf nicht eingetragene **Scheinkaufleute** anwendbar.[52] Auch erlangen infolge Aufnahme des Gesellschaftsbetriebes die Mitglieder einer OHG und die Komplementäre einer KG Kaufmannseigenschaft,[53] nicht jedoch die Kommanditisten.[54] **Stellvertretung:** Entscheidend ist die Kaufmannseigenschaft der Partei, für die und in deren Namen die Gerichtsstandsvereinbarung geschlossen worden ist. Dagegen kommt es nicht darauf an, ob

---

[37] KGR 2000, 10; OLG München OLGZ 1965, 187, 190; MK/*Patzina* Rn. 14; aA MK/*Lüke* § 261 Rn. 93; OLG Oldenburg MDR 1962, 60.
[38] *St/J/Bork* Rn. 62f.
[39] BayObLG NJW-RR 1995, 635; Rpfleger 2002, 629, 630; *Schäfer* NJW 1985, 297; aA *Niepmann* NJW 1985, 1453.
[40] BayObLG Rpfleger 2002, 629; vgl. BGH NJW 1993, 1273; abw. für Ausnahmefall BayObLG NJW-RR 2002, 1152.
[41] BGH MDR 1968, 474; OLG Brandenburg NJW 2006, 3444, 3445; *Jauernig* ZPR § 11 V; *St/J/Bork* Rn. 65; vgl. EuGH NJW 2001, 501 (Art. 17 EuGVÜ).
[42] OLG Bremen VersR 1985, 988; LG Frankfurt RIW 1986, 543.
[43] *Kleinrahm* NJW 1959, 465; *St/J/Bork* Rn. 65 aE.
[44] OLG Hamm NJW 1955, 995; OLG Frankfurt MDR 1965, 582.
[45] LG Kiel NJW 1955, 995; LG Dortmund MDR 1955, 112; LG Nürnberg-Fürth NJW 1964, 1138.
[46] BGH NJW-RR 1986, 1311; OLG Koblenz BB 1983, 1635.
[47] BGH NJW 1983, 996; OLG Koblenz BB 1983, 1635.
[48] BGH NJW 1976, 626; OLG Zweibrücken NJW-RR 1989, 716; BAG BB 1974, 1124.
[49] OLGR München 2001, 27; *St/J/Bork* Rn. 10.
[50] *Klunzinger* JR 1974, 272; *T/P/Hüßtege* Rn. 7.
[51] MK/*Patzina* Rn. 15; *St/J/Bork* Rn. 10.
[52] BT-Drucks. 13/8444 S. 26; OLG Karlsruhe MDR 2002, 1269; OLG Frankfurt BB 1974, 1366; *Zö/Vollkommer* Rn. 18; aA *St/J/Bork* Rn. 10 aE.
[53] BGHZ 45, 282, 284 = NJW 1966, 1960; *St/J/Bork* Rn. 10; MK/*Patzina* Rn. 15.
[54] BGHZ 45, 282, 285 = NJW 1966, 1960; BGH NJW 1980, 1049; *Baumbach/Hopt* § 161 HGB Rn. 5.

der Vertreter selbst Kaufmannseigenschaft hat.[55] **Juristische Personen des öffentlichen Rechts:** Dabei handelt es sich um Körperschaften, Anstalten und Stiftungen des öffentlichen Rechts, vgl. § 17 Rn. 4. **Öffentlich-rechtliche Sondervermögen:** Dazu zählen u. a. das ausgegliederte und gesondert geführte Bundesvermögen oder etwa Lastenausgleichsfonds.[56] **Abschließende Regelung:** Im Interesse der Rechtssicherheit beschränkt § 38 den Kreis der nach Abs. 1 prorogationsbefugten Personen. Eine ausdehnende Auslegung etwa auf solche Personen wie Rechtsanwälte, Notare, Steuerberater oder Angehörige wirtschaftsberatender Berufe ist daher unzulässig.[57] Auch der Insolvenzverwalter ist nicht prorogationsbefugt.[58] Im Übrigen fällt nicht in den Anwendungsbereich der Vorschrift die BGB-Außengesellschaft als solche,[59] der nicht im Handelsregister eingetragene Inhaber eines Gewerbes, welches keinen nach Art und Umfang in kaufmännischer Weise eingerichteten Geschäftsbetrieb erfordert (§ 1 Abs. 2 HGB) und Gesellschafter oder Organmitglieder der GmbH oder AG.[60]

11 **3. Zeitpunkt.** Bei Abschluss der Vereinbarung müssen die Parteien dem vorgenannten Personenkreis angehört haben.[61] Eine **Heilung** durch nachträglichen Erwerb der erforderlichen Eigenschaften kommt nicht in Betracht.[62] Einzel- oder Gesamtrechtsnachfolger bleiben aber ungeachtet ihrer etwaigen Nichtzugehörigkeit zur Personengruppe des § 38 Abs. 1 an eine wirksam geschlossene Prorogation gebunden.[63]

12 **4. Gegenstand und Form der Vereinbarung.** Die Prorogation muss nicht notwendig ein Handelsgeschäft iSv. § 343 HGB sein.[64] Die Vereinbarung kann formfrei, ausdrücklich oder stillschweigend[65] im Rahmen des Hauptvertrages, durch Schweigen auf ein kaufmännisches Bestätigungsschreiben,[66] schlüssige Bezugnahme auf AGB,[67] Aufnahme in die Satzung einer Kapitalgesellschaft,[68] die Geltung von Handelsbräuchen gemäß § 346 HGB[69] oder als eigenständige Abrede getroffen werden. Notwendig ist nur, dass die Vereinbarung als solche nach außen erkennbar ist.[70] Bei einer Prorogation durch **Allgemeine Geschäftsbedingungen**[71] richtet sich die Wirksamkeit nach den allgemeinen Regeln.[72] Häufig unterfallen Allgemeine Geschäftsbedingungen, die dem von § 38 Abs. 1 erfassten Personenkreis gegenüber verwendet werden, gemäß § 310 Abs. 1 BGB nicht den Regelungen über die Einbeziehung in den Vertrag (§ 305 Abs. 2, 3 BGB) und den Klauselverboten der §§ 308, 309 BGB. Zu beachten ist dabei die fehlende Deckungsgleichheit des Kaufmannbegriffs in § 38 Abs. 1 mit dem Unternehmerbegriff der §§ 14, 310 Abs. 1 S. 1 BGB.[73] Insofern bedarf es dann bei der Verwendung gegenüber nicht von § 310 Abs. 1 BGB erfassten Personen einer wirksamen Einbeziehung der AGB in den Vertrag[74] und einer Prüfung der genannten Klauselverbote. Die gerichtsstandbegründenden AGB unterliegen jedenfalls der Inhaltskontrolle gemäß § 307 BGB.[75] Unter Kaufleuten ist es üblich, dass eine Gerichtsstandsvereinbarung in Allgemeinen Geschäftsbedingungen aufgenommen ist, weshalb dies regelmäßig keine überraschende Klausel iSd. § 305c BGB darstellt.[76] Eine in AGB enthaltene Gerichtsstandsklausel, die nicht die in Abs. 1 vorgesehene Beschränkung auf Kaufleute, juristische Personen des öffentlichen Rechts oder öffentlichrechtliche Sondervermögen enthält, ist wirksam, wenn sie im konkreten Fall auf einen Kaufmann angewendet wird.[77] Sind beide Vertragspartner eines Bauvertrages Kaufleute, wird mit Einbeziehung der VOB/B auch die Gerichtsstandsregelung des § 18 Nr. 1 VOB/B vereinbart und der Gerichtsstand des Erfüllungsortes ausgeschlossen.[78] Allein der Umstand, dass ein Gerichtsstand in den AGB

---

[55] *St/J/Bork* Rn. 13; *Wiecz/Sch/Hausmann* Rn. 35 aE.
[56] MK/*Patzina* Rn. 16; *St/J/Bork* Rn. 12.
[57] *St/J/Bork* Rn. 11; *Wiecz/Sch/Hausmann* Rn. 35; *T/P/Hüßtege* Rn. 10; abl. *Siems* NJW 2003, 1297.
[58] OLG Bamberg OLGR 1998, 302.
[59] *B/L/H* Rn. 17; *Zö/Vollkommer* Rn. 18; LG Freiburg NJW-RR 1999, 1505, 1506.
[60] BGHZ 5, 134; OLG München OLGR 2005, 19; *Schmidt* ZIP 1986, 1511; *St/J/Bork* Rn. 10.
[61] OLG Karlsruhe MDR 2002, 1269; BayObLG BB 1978, 1685; OLG Köln NJW-RR 1992, 571; *Diederichsen* BB 1974, 379; *Klunzinger* JR 1974, 272; *Kornblum* ZHR 138 (1974), 484.
[62] LG Trier NJW 1982, 286; *St/J/Bork* Rn. 15; aA OLG Düsseldorf NJW-RR 1998, 2978, 2980 (in Gründung befindliches Handelsgeschäft).
[63] OLG Koblenz BB 1983, 1635; OLG Köln NJW-RR 1992, 571; *St/J/Bork* Rn. 14; aA MK/*Patzina* Rn. 20; LG Trier NJW 1982, 286f.
[64] *Kornblum* ZHR 138 (1974), 484; *Löwe* NJW 1974, 475; *Zö/Vollkommer* Rn. 19f.
[65] OLG Koblenz BB 1983, 1635; OLG Karlsruhe NJW-RR 1993, 567, 568; OLG Brandenburg NJW 2006, 3444, 3445; LG Rottweil NJW-RR 1992, 688.
[66] BGH NJW 1971, 323 m. Anm. *Geimer.*
[67] BGH NJW 2004, 3706; OLG Koblenz BB 1983, 1635.
[68] BGH NJW 1994, 51; *Wilm* WiB 1994, 253.
[69] EuGH JZ 1997, 839, 840 („MSG") m. krit. Anm. *Koch.*
[70] BGHZ 69, 260, 265f. = NJW 1978, 212.
[71] OLG Hamburg VersR 1982, 341; OLG Stuttgart BB 1974, 1270; OLG Schleswig NJW 2006, 3361f.; OLG Hamm IPRax 2007, 125; dazu *Schellenberg* IPRax 2007, 98.
[72] OLG Hamburg NJW-RR 1999, 1506; OLG Schleswig NJW 2006, 3361; *Wiecz/Sch/Hausmann* Rn. 40; *Palandt/Heinrichs* § 307 Rn. 107.
[73] *St/J/Roth* § 29 Rn. 38; vgl. *Palandt/Heinrichs* § 14 Rn. 2.
[74] OLG Hamm BB 1983, 1814f.; LG München NJW 1996, 402.
[75] BGH NJW 1983, 1322; OLG Hamburg MDR 2000, 170; OLG Köln ZIP 1989, 1068; *St/J/Bork* Rn. 18; *Wiecz/Sch/Hausmann* Rn. 42.
[76] OLG Hamburg NJW-RR 1999, 1506; OLG Hamm NJW 1995, 2499; LG Frankenthal NJW 1997, 203; *Ehricke* ZZP 111 (1998), 150ff.
[77] KG MDR 1998, 664; *Vollkommer* MDR 1997, 231; *Fischer* MDR 2000, 682f.; OLG Frankfurt MDR 1998, 664; aA LG Karlsruhe NJW-RR 1997, 56.
[78] BGH NJW 1985, 2090; OLG Frankfurt NJW-RR 1999, 604; OLG Brandenburg 1997, 1518.

vereinbart wurde, spricht weder für noch gegen seine Ausschließlichkeit;[79] erforderlich ist vielmehr die Auslegung der Klausel, jedoch spricht bei fehlenden Anhaltspunkten der mutmaßliche Wille des AGB-Verwenders dafür, dass er eine Ausschließlichkeit für Klagen gegen sich selbst herbeiführen will, während bei Aktivprozessen die Wahlmöglichkeit nach § 35 für ihn offen bleiben soll.[80]

5. Internationale Prorogation. Wegen der besonderen Tragweite der internationalen Gerichtsstandsvereinbarungen wird gefordert, dass auch bei deren Abschluss durch Kaufleute die Formerfordernisse des § 38 Abs. 2 gewahrt werden müssten.[81] Den in Abs. 1 genannten Personen ist jedoch eine Prorogation der internationalen Zuständigkeit der deutschen Gerichte möglich, ohne dass dabei die Voraussetzungen des Abs. 2 einzuhalten oder die Beschränkungen des Abs. 3 zu berücksichtigen sind.[82] Die systematische Stellung des Abs. 1 und der von ihm speziell erfasste Personenkreis lassen eine Einschränkung durch Abs. 2 und Abs. 3 nicht zu. Vielmehr bezweckt § 38 Abs. 2, 3, Prorogationen über den Anwendungsbereich des Abs. 1 hinaus zu gestatten und nicht auf solche unter Kaufleuten, juristischen Personen des öffentlichen Rechts oder öffentlich-rechtlichem Sondervermögen zu beschränken.[83] Eine Begrenzung auf den inländischen Geschäftsverkehr[84] bzw. die Anwendbarkeit des Abs. 2 S. 2[85] lässt sich daher Abs. 1 nicht entnehmen und ist abzulehnen. Die Kaufmannseigenschaft einer ausländischen Partei ist nach der lex fori zu bestimmen.[86] 13

V. Gerichtsstandsvereinbarung betreffend die internationale Zuständigkeit, § 38 Abs. 2

1. Vorrang der EuGVVO. Im Geltungsbereich der EuGVVO geht deren Art. 23 als lex specialis der Vorschrift des § 38 sowie sondergesetzlichen Vorschriften über die Prorogation vor.[87] Nach der Neuformulierung des Art. 23 Abs. 1 EuGVVO ist auch eine Abrede zulässig, wonach die Gerichte des vereinbarten Mitgliedstaates nicht ausschließlich zuständig sind. Daneben ist entgegen dem Wortlaut der Vorschrift die Vereinbarung mehrerer Gerichte zur Wahl des Klägers möglich.[88] 14

2. Persönlicher Anwendungsbereich. a) Grundsatz. Für den internationalen Rechtsverkehr (s. aber Rn. 18f.) wird durch § 38 Abs. 2 auch Verbrauchern und den sonstigen nicht nach Abs. 1 prorogationsbefugten Personen, einschließlich Arbeitnehmern wegen arbeitsrechtlicher Streitigkeiten im Rahmen des Schutzbedürfnisses der Arbeitnehmer,[89] das Recht zur Gerichtsstandsvereinbarung eingeräumt. 15

b) Voraussetzungen im Einzelnen. Wenigstens eine Partei darf, unabhängig von ihrer Staatsangehörigkeit, zum Zeitpunkt des Abschlusses der Prorogation[90] ihren allgemeinen Gerichtsstand gemäß §§ 13ff., 17ff. nicht im Inland haben.[91] Haben beide Parteien ihren allgemeinen Gerichtsstand im Inland, schließt der Wortlaut des Abs. 2 S. 3 eine Gerichtsstandsvereinbarung auch dann aus, wenn eine Partei daneben noch einen allgemeinen Gerichtsstand im Ausland hat.[92] Dagegen ist das Vorhandensein besonderer inländischer Gerichtsstände nach §§ 21, 23 oder 29 unschädlich.[93] 16

c) Form. Grundsätzlich gilt § 38 Abs. 2 S. 2: Danach bedarf eine nach Abs. 2 getroffene Gerichtsstandsvereinbarung der Schriftform oder, wenn sie mündlich geschlossen worden ist, der schriftlichen Bestätigung. Dem Schriftformerfordernis ist bereits durch einen entsprechenden Briefwechsel der Parteien iSd. § 127 Abs. 2 S. 1 aE BGB Genüge getan (sog. „halbe Schriftlichkeit"); es bedarf nicht der Einhaltung der Form des im Verfahrensrecht nicht unmittelbar geltenden § 126 BGB.[94] **Schriftliche Bestätigungen**[95] können nach den Grundsätzen über das Schweigen auf ein kaufmännisches Bestätigungsschreiben zu einer Willenseinigung führen.[96] Die Vereinbarung der internationalen Zuständigkeit eines deutschen Gerichts bedarf im **kaufmännischen** Rechtsverkehr auch dann keiner Form, wenn nach dem für das Zustandekom- 17

---

79 RGZ 159, 254, 256; BGH NJW 1972, 1671; OLG Hamburg TranspR 2002, 111; *Zö/Vollkommer* § 38 Rn. 14.

80 OLG Schleswig NJW 2006, 3360, 3361.

81 *Zö/Vollkommer* Rn. 25; *Vollkommer* Rpfleger 1974, 134; abl. OLG Saarbrücken NJW-RR 1989, 828, 829; offen gelassen durch OLG Karlsruhe NJW-RR 1993, 568.

82 BGH WM 1985, 1507, 1509; OLG Karlsruhe IPRax 1979 Nr. 159; OLG Hamburg RIW 1986, 462, 464; OLG Saarbrücken NJW-RR 1989, 828, 829; NJW 2000, 670, 671; OLG München OLGR 2001, 27; OLG Rostock RIW 1997, 1042f.; *St/J/Bork* Rn. 19; MK/*Patzina* Rn. 24; *T/P/Hüßtege* Rn. 15; *Schack* Rn. 438; *Zi* Rn. 10; aA OLG Nürnberg NJW 1985, 1296f.; *Zö/Vollkommer* Rn. 25.

83 *St/J/Bork* Rn. 19; *Schack* Rn. 438.

84 So OLG Nürnberg NJW 1985, 1296f.; AG Berlin-Charlottenburg NJW 1975, 502.

85 AG Berlin-Charlottenburg NJW 1975, 502 m. abl. Anm. *Putzo/Samtleben* S. 1606; *Wolf/Horn/Lindacher* Anh. § 2 AGBG Rn. 98.

86 OLG Saarbrücken NJW-RR 1989, 828, 829; *Schack* Rn. 439; *St/J/Bork* Rn. 10.

87 Hierzu *Saenger* ZZP 110 (1997), 477f. m. weit. Nachw.; *Schack* Rn. 435.

88 OLG Hamm IPRax 2007, 125; dazu *Schellenberg* IPRax 2007, 98.

89 BAG NJW 1973, 727, 728; BAG NJW 1984, 1320.

90 *St/J/Bork* Rn. 24; *Wiecz/Sch/Hausmann* Rn. 47; aA *Zö/Vollkommer* Rn. 26; *B/L/H* Rn. 21 (Zeitpunkt der Rechtshängigkeit); offen gelassen BGH-RR 2005, 929ff.

91 BGH NJW-RR 2005, 929, 931.

92 BGH NJW 1986, 1438, 1439 m. Anm. *Geimer;* BGH NJW-RR 2005, 929, 931.

93 *St/J/Bork* Rn. 23; *Zö/Vollkommer* Rn. 26.

94 *St/J/Bork* Rn. 26f.; *Bork* ZZP 105 (1992), 337; MK/*Patzina* Rn. 32; *Franzen* RIW 2000, 86; *Pfeiffer* NJW 1994, 1454f.; BGH NJW 2001, 1731; offen gelassen durch BGHZ 116, 80.

95 BGH WM 1986, 402.

96 EuGH NJW 1997, 1431, 1432; OLG Hamburg ZIP 1984, 1241f.

men der Vereinbarung maßgeblichen Recht[97] eine bestimmte Form erforderlich ist.[98] Im Falle der Zuständigkeitsvereinbarung auf Grund AGB ist erforderlich, dass die von beiden Parteien unterschriebene Vereinbarung ausdrücklich auf die AGB Bezug nimmt.[99] Ist die Zuständigkeitsvereinbarung zuvor mündlich geschlossen worden, kann sie durch eine Partei **schriftlich bestätigt** werden (Abs. 2 S. 2 Halbs. 2). Gefordert wird, dass dies in zeitlichem Zusammenhang mit dem Vertragsschluss erfolgt[100] und dass auf die mündliche Vereinbarung Bezug genommen wird.[101] Die Bestätigung muss der anderen Partei zugehen und diese darf nicht widersprochen haben.[102] Nicht ausreichend ist Schweigen auf eine Auftragsbestätigung, die erstmals eine Gerichtsstandsvereinbarung in die Verhandlungen der Parteien einführt.[103]

18 **3. Materiellrechtliche Voraussetzungen. a) Anwendbares Recht.** Die Frage des Zustandekommens einer Gerichtsstandsvereinbarung ist nach den Regeln des internationalen Privatrechts zu entscheiden (vgl. Rn. 3).[104] Soweit die Parteien sich im Rahmen des Hauptvertrages über die Gerichtsstandsvereinbarung geeinigt haben, ist auf der Grundlage der Art. 27ff. EGBGB das Vertragsstatut zu ermitteln. Nach dem gewählten Recht ist dann zu beurteilen, ob die Gerichtsstandsvereinbarung zu Stande gekommen ist.[105] Vereinbaren im Inland ansässige (kaufmännische) Parteien einen ausländischen Gerichtsstand nur im Interesse einer von ihnen, bleibt diese zu einer Inlandsklage unabhängig davon berechtigt, ob hier Art. 17 LugÜ oder § 38 anzuwenden ist.[106] Maßgebend für die Beurteilung der Frage des Zustandekommens einer Gerichtsstandsvereinbarung im Seefrachtgeschäft ist das Recht des Bestimmungshafens.[107]

19 **b) Zulässigkeit, Inhalt.** Zur Bestimmbarkeit des prorogierten Gerichts vgl. Rn. 7. Es genügt die isolierte Derogation der Zuständigkeit des deutschen Gerichtes, womit notwendig zugleich die Prorogation der internationalen Zuständigkeit eines ausländischen Gerichtes verbunden ist.[108] Die Parteien können, sofern der Streitgegenstand ihrer Verfügung unterliegt und die deutschen Gerichte nicht ausschließlich zuständig sind, die ausschließliche Zuständigkeit eines ausländischen Gerichts vereinbaren, auch wenn dessen Urteil mangels Verbürgung der Gegenseitigkeit in Deutschland nicht anerkannt wird.[109] Auch wenn im Land des als zuständig vereinbarten Gerichts vollstreckungsfähiges Vermögen des Schuldners nicht vorhanden ist und nur eine in Deutschland geleistete Sicherheit als Gegenstand der Vollstreckung in Betracht kommt, ist die Gerichtsstandsvereinbarung zulässig.[110]

20 Ausgeschlossen sind jedoch internationale Gerichtsstandsvereinbarungen, durch die ausländische Gerichte für zuständig erklärt werden, wenn dadurch zwingend einzuhaltende Schutzvorschriften der deutschen Rechtsordnung umgangen werden.[111] Dazu gehören etwa Rechtsstreitigkeiten aus **Börsentermingeschäften,** bei welchen das ausländische Gericht nicht den Termin- und Differenzeinwand iSd. §§ 53, 61 BörsG beachtet.[112] Ferner ist die Derogation deutscher Gerichte nicht wirksam, wenn das ausländische Recht die über Art. 34 EGBGB geschützten zwingenden Vorschriften der **Handelsvertreterrichtlinie**[113] über Ausgleich und Entschädigung nach Vertragsbeendigung (vgl. § 89b HGB) nicht kennt und die nahe liegende Gefahr besteht, das die deutschen Regelungen nicht zur Anwendung kommen.[114] Eine Gerichtswahlklausel, welche die inländische Gerichtsbarkeit ausschaltet, ist darüber hinaus unwirksam, wenn eine Partei ihre **wirtschaftliche Überlegenheit** dazu benutzt, den anderen Teil zum Vertragsabschluss zu nötigen, wenn ein Gericht als zuständig bestimmt wird, das den Rechtsstreit nicht entscheiden will, oder bei dem eine geordnete und sachgerechte Prüfung der Ansprüche nicht gewährleistet ist, so dass die Klausel einem Verzicht auf den Rechtsschutz gleichkommt.[115] Für Streitigkeiten aus **Seefrachtverträgen,** insbesondere aus Konnossementen, die eine Beförderung nach einem deutschen Bestimmungshafen betreffen, können die

---

[97] BGHZ 49, 384, 387 = NJW 1968, 1233.

[98] BGHZ 59, 23, 29f. = NJW 1972, 1622 m. Anm. *Geimer* S. 1624; OLG Bremen RIW 1985, 894; OLG Saarbrücken NJW-RR 1989, 828.

[99] Zu Art. 17 EuGVÜ: EuGH NJW 1977, 494; BGH MDR 1977, 1013; NJW 1994, 2700; OLG Düsseldorf RIW 2001, 63; OLG Karlsruhe RIW 2001, 621; BayObLG BB 2001, 1498.

[100] OLG Düsseldorf NJW-RR 1998, 1145.

[101] BGH NJW 1993, 1071; 2001, 1731, 1732.

[102] BGH NJW 1983, 2772f.; OLG Düsseldorf NJW-RR 1998, 1145.

[103] EuGH NJW 1977, 494; BGH WM 1994, 1090.

[104] BGH NJW 1983, 2772f.

[105] BGHZ 99, 207, 209 = NJW 1987, 1145; BGH NJW 1989, 1431, 1432; OLG Bamberg NJW-RR 1989, 371f.; OLG München IPRax 1991, 46, 48; aA BGH NJW 1983, 2773.

[106] BGH NJW-RR 1999, 137.

[107] BGH NJW 1983, 2772f.

[108] BGHZ 49, 124, 126 = NJW 1968, 356; BGH NJW 1986, 1438f.; BAG NJW 1984, 1320; OLG Koblenz IHR 2005, 169; dazu *Weller* IPRax 2006, 444.

[109] BGHZ 49, 124, 126 = NJW 1968, 356.

[110] BGH NJW 1971, 985 m. Anm. *Geimer* S. 1524.

[111] *Zö/Vollkommer* Rn. 30; OLG München WM 2006, 1556, 1558; vgl. LAG Hessen NJOZ 2001, 45, 52.

[112] BGH NJW 1984, 2037; WM 1987, 1153; OLG Frankfurt WM 1986, 449, 450f. Enger BGH NJW 1998, 2358, wonach bei einem ausländischen Börsentermingeschäft der deutsche ordre public international nicht berührt sei, weshalb die Anerkennung des ausländischen Urteils nicht versagt werden könne.

[113] Art. 17–19 der Richtlinie des Rates vom 18. Dezember 1986 zur Koordinierung der Rechtsvorschriften der Mitgliedstaaten betreffend die selbständigen Handelsvertreter (86/653/EWG).

[114] OLG München WM 2006, 1556 m. Anm. *Emde* EWiR 2006, 621; *Thume* IHR 2006, 169.

[115] BGH VersR 1974, 471.

Parteien mit Wirkung gegen den deutschen Empfänger die ausschließliche Zuständigkeit eines ausländischen Gerichts vereinbaren.[116]

VI. Regelung des § 38 Abs. 2 S. 3

§ 38 Abs. 2. S. 3 beschränkt die Wahlfreiheit für den Fall, dass eine Partei ihren Gerichtsstand im Inland hat. Gewählt werden kann dann nur das Gericht, bei dem diese Partei ihren allgemeinen Gerichtsstand hat oder bei dem ein besonderer Gerichtsstand begründet ist, wodurch insbesondere der Schutz des inländischen Verbrauchers gegenüber dem ausländischen Vertragspartner verwirklicht werden soll.[117] 21

VII. Gerichtsstandsvereinbarungen nach § 38 Abs. 3

1. Regelung des § 38 Abs. 3 Nr. 1. Nachfolgende Gerichtsstandsvereinbarungen sind für den Bereich nichtkaufmännischer Parteien, also außerhalb des Bereichs des Abs. 1 dieser Vorschrift, nach Abs. 3 Nr. 1 zulässig, sofern sie nach Abschluss des Hauptvertrages, aber **vor Rechtshängigkeit** (§ 261 Abs. 3 Nr. 2)[118] des Rechtsstreits als gesonderte Vereinbarung abgeschlossen worden sind. Eine bloße Unsicherheit über die vertraglichen Rechte oder Pflichten genügt hierfür nicht, vielmehr muss zwischen den Parteien ein außergerichtlicher Streit, also eine Meinungsverschiedenheit über bestimmte vertragliche Rechte oder Pflichten bestehen. Anzeichen dafür, aber nicht erforderlich ist, dass ein Prozess beabsichtigt oder angedroht ist.[119] Eine Gerichtsstandsvereinbarung, die zugleich mit dem Vertrag abgeschlossen worden ist, dessen künftige Streitigkeiten sie regelt, fällt nicht unter § 38 Abs. 3 Nr. 1.[120] **Form:** Erforderlich ist Schriftlichkeit der Gerichtsstandsvereinbarung, vgl. Rn. 17. **Ausdrücklichkeit:** Die Gerichtsstandsvereinbarung muss ausdrücklich geschlossen worden sein. Daraus folgt nicht nur, dass nach Abs. 3 Nr. 1 stillschweigend geschlossene Vereinbarungen ausgeschlossen sind, sondern dass der Inhalt der Prorogation (Gericht, Rechtsverhältnis) unmissverständlich niedergelegt sein muss.[121] Eine globale Bezugnahme etwa auf AGB genügt nicht.[122] Für den in Rn. 10 dargestellten Kreis von Parteien gilt Abs. 3 Nr. 1 nicht.[123] 22

2. Vereinbarung eines Hilfsgerichtsstandes, § 38 Abs. 3 Nr. 2. a) 1. Alternative. Die 1. Alt. setzt voraus, dass eine der Parteien des Hauptvertrages nach dessen Abschluss ihren zuvor im Inland belegenen Wohnsitz ins Ausland verlegt und dadurch der zum Zeitpunkt des Abschlusses des Hauptvertrages in Deutschland begründete allgemeine Gerichtsstand des Beklagten weggefallen ist. Zieht der Beklagte nach Deutschland zurück, entfällt damit die Legitimationsgrundlage der Prorogation gemäß Abs. 3 Nr. 2 Alt. 1. 23

b) 2. Alternative. Danach ist eine Gerichtsstandsvereinbarung wirksam, wenn weder ein allgemeiner Gerichtsstand des Beklagten im Inland begründet noch sein gewöhnlicher Aufenthaltsort im Inland bekannt ist. 24

3. Inhaltliche Anforderungen. Inhaltlich kann die Gerichtsstandsvereinbarung in den beiden Fällen des Abs. 3 Nr. 2 nur die örtliche, nicht hingegen die sachliche Zuständigkeit umfassen.[124] Zum Formerfordernis gilt das unter Rn. 22 Gesagte. 25

VIII. Gerichtsstandsvereinbarungen und Widerklage

Der Gerichtsstand des § 33 kann durch die Vereinbarung eines ausschließlichen Gerichtsstands abbedungen werden (vgl. § 33 Rn. 29). Dies ist im Wege der Auslegung zu ermitteln. Die schlichte Vereinbarung eines deutschen Gerichtsstandes bei einem Lieferungsgeschäft ins Ausland hat nicht die Wirkung, dass damit der Gerichtsstand des § 33 für eine Widerklage des ausländischen Käufers ausgeschlossen ist, wenn der deutsche Verkäufer den Käufer vor dessen Heimatgericht verklagt. Erhebt der deutsche Lieferant gegen seinen französischen Abnehmer Klage vor einem französischen Gericht und wird er auf eine Widerklage des Abnehmers zur Zahlung von Schadensersatz verurteilt, ist für die Anerkennung dieses Urteils die Gegenseitigkeit als verbürgt anzusehen.[125] 26

Bestimmt eine Gerichtsstandsklausel im Außenhandel die alleinige Zuständigkeit der Gerichte am Domizil des Verkäufers mit der Maßgabe, dass dieser auch am Sitz des Käufers klagen kann, kann damit auch der Gerichtsstand der Widerklage für eine solche des Käufers ausgeschlossen sein, wenn der Verkäufer ihn an dessen Domizil verklagt.[126] 27

---

116 BGH NJW 1971, 325 m. Anm. *Geimer* S. 1524; vgl. BGH NJW 1983, 2772.
117 *Samtleben* NJW 1974, 1590, 1596; *Sae/Kayser* Rn. 19.
118 OLG Zweibrücken MDR 2005, 1187ff.
119 *St/J/Bork* Rn. 35; MK/*Patzina* Rn. 35; aA *Vollkommer* Rpfleger 1974, 132; M. *Wolff* ZZP 88 (1975), 344, 346; *Zö/Vollkommer* Rn. 33.
120 BGH DB 1986, 684; *Sae/Kayser* Rn. 19; Zi Rn. 15.
121 *Zö/Vollkommer* Rn. 34; *T/P/Hüßtege* Rn. 17, 27; *Wiecz/Sch/Hausmann* Rn. 78.
122 OLG Stuttgart NJW-RR 1987, 1076; *St/J/Bork* Rn. 42; *Leible* RIW 2001, 428.
123 *St/J/Bork* Rn. 19, 38; *Wiecz/Sch/Hausmann* Rn. 75.
124 *B/L/H* Rn. 35; *T/P/Hüßtege* Rn. 19; MK/*Patzina* Rn. 8; *Löwe* NJW 1974, 475; aA *St/J/Bork* Rn. 43.
125 BGHZ 59, 116, 119 = NJW 1972, 1671; BGHZ 50, 100ff.
126 BGH NJW 1969, 1563.

IX. Verfahren vor dem angerufenen Gericht

28 Die örtliche Zuständigkeit gehört zu den Prozessvoraussetzungen (vor § 253 Rn. 1 ff.). Die Begründung des Gerichtsstands durch Vereinbarung ist daher von Amts wegen zu prüfen. Das gilt auch im Säumnisverfahren.[127] Eine Gerichtsstandsvereinbarung ist zur Überzeugung des Gerichts (§ 335 Abs. 1 Nr. 1) nachzuweisen.[128] Die schlüssige Schilderung der Gerichtsstandsvereinbarung gilt nicht als zugestanden, § 331 Abs. 1 S. 2. Durch Vorlage eines Handelsregisterauszuges[129] kann ferner die Kaufmannseigenschaft der Parteien nachzuweisen sein, sofern sie sich nicht iSd. § 6 HGB aus deren Rechtsform ergibt.[130] Im Falle des Abs. 3 Nr. 2 Alt. 2 hat der Kläger die Unbekanntheit des Aufenthaltsorts des Beklagten durch eine Bescheinigung der Meldebehörde nachzuweisen.[131]

39 ***Zuständigkeit infolge rügeloser Verhandlung*** **[1]Die Zuständigkeit eines Gerichts des ersten Rechtszuges wird ferner dadurch begründet, dass der Beklagte, ohne die Unzuständigkeit geltend zu machen, zur Hauptsache mündlich verhandelt. [2]Dies gilt nicht, wenn die Belehrung nach § 504 unterblieben ist.**

I. Normzweck

1 Die Vorschrift führt zu einer angemessenen Berücksichtigung der Interessen des Klägers und dient damit dem Prinzip der Waffengleichheit der Parteien (vgl. § 12 Rn. 1). Dem Beklagten kann es nicht überlassen sein, zu einem in sein Belieben gestellten Zeitpunkt die Unzuständigkeit des Gerichts zu rügen, nachdem er bereits zur Sache verhandelt hat.[1] Daneben dient die Vorschrift auch der Prozessökonomie und der Verfahrensbeschleunigung,[2] wird doch durch diese Bestimmung vermieden, dass bereits vorgenommene Verhandlungsabschnitte zu wiederholen sind.

II. Anwendungsbereich

2 § 39 betrifft die örtliche, sachliche[3] und die internationale Zuständigkeit.[4] Die Vorschrift ist auch im Verfahren vor dem OLG zur Aufhebung eines Schiedsspruches nach §§ 1059 Abs. 1, 1062 Abs. 1 anwendbar.[5] Sie greift nicht im schiedsrichterlichen Verfahren[6] und bezieht sich auch nicht auf die Zulässigkeit des Rechtsweges.[7] Gemäß § 54 Abs. 2 S. 3 ArbGG gilt § 39 S. 1 nicht im arbeitsgerichtlichen Güteverfahren.[8] Ebenso kann die örtliche Zuständigkeit des Gerichts für ein selbständiges Beweisverfahren nicht durch rügelose Einlassung begründet werden.[9]

III. Rügeloses Einlassen

3 **1. Regelung des § 39 S. 1. a) Maßgeblicher Zeitpunkt für die Unzuständigkeitsrüge.** Nach der Vorschrift ist die Zuständigkeit des an sich unzuständigen Gerichts begründet, wenn der Beklagte nicht bis zum Beginn der mündlichen Verhandlung die Unzuständigkeit geltend macht. Dies gilt auch, wenn eine Klageerwiderungsfrist gemäß § 275 Abs. 1 S. 1 bzw. § 276 Abs. 1 S. 2 festgesetzt wurde und diese abgelaufen ist.[10] Dem § 39 S. 1 kommt als Sondervorschrift insoweit eine die Präklusionsvorschriften der §§ 282 Abs. 3, 296 Abs. 3 verdrängende Funktion zu.[11]

4 **b) Verhandlung zum Streitgegenstand.** Der Beklagte hat rügelos zur Hauptsache verhandelt, wenn er mit oder ohne Stellung der Anträge[12] tatsächliche oder rechtliche Ausführungen zum Streitgegenstand in der mündlichen Verhandlung oder im schriftlichen Verfahren nach § 128 Abs. 2, 3[13] gemacht hat. Unerheblich ist, ob sich der Beklagte darüber im Klaren war, mit vorbehaltlosen Erklärungen zur Sache die Wirkung des § 39 herbeizuführen.[14] Im Einzelnen liegt dies etwa vor, wenn der Beklagte der Erledigungserklä-

---

[127] *Heinrich,* Säumnis im Zivil- und Arbeitsgerichtsprozess, 2001, Rn. 88.
[128] OLG Frankfurt MDR 1981, 762.
[129] *Vollkommer* Rpfleger 1974, 139; MK/*Patzina* Rn. 46.
[130] *Zö/Vollkommer* Rn. 45; MK/*Patzina* Rn. 46; *Baumgärtel* BB 1974, 1174.
[131] *Wiecz/Sch/Hausmann* Rn. 80 aE; *Sae/Kayser* Rn. 28.
[1] BGH NJW 1979, 1104 m. Anm. *Geimer* S. 1784.
[2] MK/*Patzina* Rn. 1; *B/L/H* Rn. 3; *Wiecz/Sch/Hausmann* Rn. 1.
[3] KG VersR 1988, 909, 910.
[4] BGH NJW 1987, 3181; 1979, 1104; 1993, 1073; OLG Hamm NJW 1988, 653; OLG Düsseldorf ZIP 1988, 1383, 1384.
[5] OLG Stuttgart NJW-RR 2003, 495.
[6] *Wackenhuth* KTS 1985, 429.
[7] *St/J/Bork* Rn. 2; *Wiecz/Sch/Hausmann* Rn. 3; ArbG Passau BB 1992, 359.
[8] LAG Hamburg LAGE § 36 ZPO Nr. 3.
[9] OLG Jena OLGR 2000, 59.
[10] BGH NJW 1997, 397 m. zust. Anm. *Pfeiffer* ZZP 110 (1997), 360, 367; *Grunsky* EWiR 1997, 95; OLG Frankfurt OLGZ 1983, 99, 101 ff.
[11] *Grunsky* EWiR 1997, 95; *Dörner/Staudinger* IPRax 1999, 338.
[12] OLG Dresden JurBüro 1999, 667; *Zö/Vollkommer* Rn. 8; vgl. aber BGHZ 100, 383, 389 f. = NJW 1987, 3263; BGHZ 104, 41, 44 f. = NJW 1990, 840; OLG Dresden NJW-RR 1997, 765; OLG Nürnberg NJW-RR 1994, 1353.
[13] BGH NJW 1970, 198, 199; OLG Saarbrücken OLGR 2002, 331.
[14] BGH NJW 1970, 198, 199.

rung des Klägers zustimmt[15] oder ein Anerkenntnis abgibt. Im Anwaltsprozess kommt es auf die Erklärungen des Anwalts, nicht des Beklagten selbst an.[16] Auf Grund ihrer rechtlichen Selbständigkeit ist bei mehreren Ansprüchen (§ 260) oder einfachen Streitgenossen (§§ 59, 60) jeweils gesondert zu prüfen, ob entsprechende Ausführungen des Beklagten zum Streitgegenstand erfolgt sind.[17] Im Verfahren zur Entscheidung nach Lage der Akten gemäß §§ 251a, 331a Abs. 1 wird die schriftliche Einlassung wirksam, wenn die letzte Erklärung zum schriftlichen Verfahren abgegeben werden musste.[18] In anderen Verfahren ohne mündliche Verhandlung kommt § 39 nicht zur Anwendung; sofern die Durchführung einer mündlichen Verhandlung in das Ermessen des Gerichts gestellt ist, hängt davon die Möglichkeit des Beklagten ab, gemäß § 39 S. 1 zu verfahren.[19] Im schriftlichen Vorverfahren (§§ 272 Abs. 2, 276 Abs. 1) kommt die Vorschrift nicht zur Anwendung.[20] Einlassungen des Beklagten anlässlich eines Güteversuchs iSd. §§ 278, 279[21] oder reine Vergleichsverhandlungen[22] unterfallen ebenfalls nicht dem Verhandeln zur Hauptsache im vorgenannten Sinne. Hat der Beklagte im Mahnverfahren die örtliche Zuständigkeit des angegebenen späteren Streitgerichts gerügt, bedarf es des ausdrücklichen oder stillschweigenden **Rügeverzichts** in der mündlichen Verhandlung.[23] **Keine rügelose Einlassung** stellt die Verhandlung lediglich über die Prozessvoraussetzungen oder die Wirksamkeit von Prozesshandlungen dar.[24] Da die **Widerklage** kein bloßes Verteidigungsmittel, sondern zugleich eigenständige Klage ist, begründet ihre Erhebung kein rügeloses Einlassen gegenüber der Klage,[25] es sei denn, der widerklagende Beklagte lässt erkennen, dass er vor dem angerufenen Gericht zur Klage verhandeln will. Verhandelt der Beklagte nur **hilfsweise unter dem Vorbehalt der Rüge** der Unzuständigkeit zur Sache, greift § 39 ebenfalls nicht ein.

c) **Rügeverzicht vor der Verhandlung.** Ein solcher entfaltet nur Wirkungen, wenn Form und sachliche Voraussetzungen für eine Gerichtsstandsvereinbarung gemäß § 38 gegeben sind.[26] 5

d) **Säumnis des Beklagten.** Diese bleibt folgenlos. Ein Versäumnisurteil darf durch das unzuständige Gericht mangels Einlassungszwang des Beklagten nicht erlassen werden. 6

e) **Säumnis des Klägers.** Insofern greift § 39 ein, wenn der Beklagte Antrag auf Erlass eines Versäumnisurteils nach § 330 stellt. Nach Einlegung des Einspruchs durch den Kläger kann der Beklagte wegen § 342 noch bis zum Beginn der mündlichen Verhandlung die Unzuständigkeit des Gerichts rügen, § 342, ebenda Rn. 2.[27] 7

2. Belehrung des Beklagten durch das Amtsgericht, § 39 S. 2. Danach tritt die Wirkung des § 39 S. 1 nicht ein, wenn der Beklagte nicht ordnungsgemäß gemäß § 504 über die örtliche oder sachliche Unzuständigkeit des Amtsgerichts und die Folgen rügelosen Einlassens[28] belehrt worden ist, und zwar auch dann nicht, wenn der Beklagte anwaltlich vertreten wird. Die Belehrung, welche sich auch auf die internationale Unzuständigkeit erstrecken muss,[29] kann bis zum Schluss der mündlichen Verhandlung nachgeholt werden oder danach, wenn das Gericht zur Belehrung noch einmal in die mündliche Verhandlung eintritt, § 156.[30] 8

IV. Wirkungen

Die rügelose Einlassung des Beklagten begründet die Zuständigkeit des angerufenen Gerichts unabhängig vom Willen und den Vorstellungen der Parteien. Dies gilt selbst dann, wenn die Parteien eine anderweitige Zuständigkeit vereinbart haben.[31] Unter den Voraussetzungen des § 39 S. 2 kann die Zuständigkeit auf Grund rügeloser Einlassung nicht bewirkt werden (Rn. 8). Von der Begründung der Zuständigkeit werden nur die Anträge erfasst, die zur Zeit der rügelosen Einlassung gestellt worden sind. In ihrem Umfang wird der Streitgegenstand vor dem angerufenen als zuständigen Gericht verhandelt.[32] Bei mehreren Beklagten (§§ 59, 60) wirkt der Rügeverlust nur für den einzelnen Beklagten.[33] Die Folgen nach § 39 treten nicht ein im Falle des § 40 Abs. 2 S. 1, 2 (s. ebenda Rn. 4f.). Die rügelose Einlassung soll rechtsmissbräuchlich sein, wenn beim angegangenen Gericht keinerlei Zuständigkeit besteht.[34] 9

---

15 OLG Frankfurt JurBüro 1985, 1556; OLG Saarbrücken OLGR 2002, 331.
16 *Schütze* RIW 1979, 591.
17 *Zö/Vollkommer* Rn. 7; OLG Saarbrücken OLGR 2002, 332.
18 BGH NJW 1970, 198, 199.
19 *Künzel* BB 1991, 758.
20 BGHZ 134, 127, 136; OLG Frankfurt OLGZ 1983, 99, 102; IPRax 2000, 525; *Leipold* IPRax 1982, 223f.
21 OLG Celle VersR 1955, 75.
22 OLG Bamberg MDR 1988, 148f.
23 OLG Koblenz OLGR 1998, 429.
24 MK/*Patzina* Rn. 6.
25 *St/J/Roth* Rn. 8; *Wiecz/Sch/Hausmann* Rn. 8; MK/*Patzina* Rn. 7; aA *Zö/Vollkommer* Rn. 7; *T/P/Hüßtege* Rn. 7.
26 MK/*Patzina* Rn. 7; *Zö/Vollkommer* Rn. 5.
27 *Zö/Vollkommer* Rn. 9; MK/*Patzina* Rn. 9.
28 BGH NJW-RR 1992, 1021.
29 *St/J/Bork* Rn. 3; *Zö/Vollkommer* Rn. 10; *Geimer* WM 1977, 67; *Schack* Rn. 485.
30 LG Hannover MDR 1985, 772.
31 BGH NJW 1997, 397 m. weit. Nachw.
32 BGH NJW 1979, 1104; WM 1985, 1507, 1509.
33 *Wiecz/Sch/Hausmann* Rn. 19.
34 LG Berlin NJW-RR 1997, 378; aA *Deubner* JuS 1997, 253f.; *T/P/Hüßtege* Rn. 8 aE; *Zö/Vollkommer* Rn. 11.

V. Internationale Zuständigkeit

10 Wenn sich ein ausländischer Beklagter rügelos zur Sache einlässt, wird dadurch gemäß § 39 auch die internationale Zuständigkeit der deutschen Gerichte begründet.[35] Soweit § 504 eingreift, muss das Amtsgericht auch über die internationale Zuständigkeit belehren.[36] Im Geltungsbereich der **EuGVVO** wird die Zuständigkeit auf Grund rügeloser Einlassung nach Art. 24 S. 1 EuGVVO begründet. Dies gilt gemäß Art. 24 S. 2 EuGVVO nicht, soweit der Beklagte sich einlässt, um den Mangel der Zuständigkeit geltend zu machen, oder wenn eine ausschließliche Zuständigkeit nach Art. 22 EuGVVO eingreift.

40 *Unwirksame und unzulässige Gerichtsstandsvereinbarung* **(1) Die Vereinbarung hat keine rechtliche Wirkung, wenn sie nicht auf ein bestimmtes Rechtsverhältnis und die aus ihm entspringenden Rechtsstreitigkeiten sich bezieht.**

(2) [1]Eine Vereinbarung ist unzulässig, wenn
1. der Rechtsstreit nichtvermögensrechtliche Ansprüche betrifft, die den Amtsgerichten ohne Rücksicht auf den Wert des Streitgegenstandes zugewiesen sind, oder
2. für die Klage ein ausschließlicher Gerichtsstand begründet ist.
[2]In diesen Fällen wird die Zuständigkeit eines Gerichts auch nicht durch rügeloses Verhandeln zur Hauptsache begründet.

I. Normzweck

1 Die Vorschrift wurde durch das ZPO-RG geändert und ist in dieser Fassung seit dem 1. 1. 2002 in Kraft, Art. 53 Nr. 3 ZPO-RG. Lediglich in § 40 Abs. 2 S. 1 Nr. 1 ist dadurch eine inhaltliche Änderung erfolgt, welche bezweckt, dass prorogationsbefugte Personen (§ 38 Rn. 9ff.) in nichtvermögensrechtlichen Streitigkeiten (zum Begriff § 3 Rn. 12), für welche eine streitwertunabhängige Zuständigkeit des AG nicht begründet ist, ein anderes zuständiges Gericht vereinbaren können.[1] Diese Änderung geht auf die durch das RpflEntlG vorgenommene Beseitigung der ausschließlichen Zuständigkeit des Landgerichts für nichtvermögensrechtliche Streitigkeiten zurück. Allgemein dient § 40 in Verbindung mit §§ 38, 39 der Verhinderung schrankenloser Gerichtsstandsvereinbarungen, indem die genannten Normen ein grundsätzliches Verbot von Prorogationen begründen.[2] Die Vorschrift des § 40 Abs. 1 gibt insofern einen Bestimmtheitsgrundsatz für Zuständigkeitsvereinbarungen nach § 38 vor.[3] Damit soll eine ausufernde, für den Betroffenen nicht mehr überschaubare und über das konkrete Rechtsverhältnis hinausgehende Aufhebung des allgemeinen Gerichtsstandes (§§ 13ff.) vermieden werden.[4] § 40 Abs. 2 schafft weitere Wirksamkeitshindernisse für Prorogationen, die gemäß § 40 Abs. 2 S. 2 auch für die Begründung der Zuständigkeit durch rügeloses Verhandeln (§ 39 S. 1) Anwendung finden.

II. Anwendungsbereich

2 **1. Allgemeines.** Die Vorschrift des § 40 gilt für die sachliche, örtliche und internationale[5] Zuständigkeit[6] und ist von Amts wegen zu beachten. Wie auch aus § 40 Abs. 2 S. 2 deutlich wird, greifen gegenüber der auf die Norm gestützten Rüge der Unzuständigkeit des Gerichts die Präklusionsregeln der §§ 282 Abs. 3, 296 Abs. 3 nicht ein. Etwas anderes gilt jedoch in den Rechtsmittelinstanzen. Nach § 513 Abs. 2 kann die Berufung nicht darauf gestützt werden, dass das Gericht des ersten Rechtszuges seine Zuständigkeit zu Unrecht angenommen hat. Der Begriff der Zuständigkeit in § 513 Abs. 2 meint dabei die örtliche und sachliche, nicht jedoch die internationale Zuständigkeit.[7] Entsprechendes gilt für die Revision gemäß § 545 Abs. 2 und das Beschwerdeverfahren nach § 571 Abs. 2 S. 2.

3 **2. Beschränkung auf bestimmte Rechtsverhältnisse, § 40 Abs. 1.** Vorprozessual abgeschlossene Gerichtsstandsvereinbarungen sind nach dieser Regelung unwirksam, wenn sie sich nicht auf ein bestimmtes Rechtsverhältnis (zum Begriff § 256 Rn. 2ff.) und die daraus resultierenden Streitigkeiten beziehen. Bestimmtheit in diesem Sinne ist gegeben, wenn die konkrete Rechtsbeziehung hinreichend individualisiert werden kann[8] und sich daraus potenziell ergebende Streitigkeiten für die Beteiligten abschätzbar sind.[9] Wirksam sind daher unter den Voraussetzungen des § 38 solche Gerichtsstandsvereinbarungen, die sich auf alle Streitigkeiten aus einem bestimmten Vertragsverhältnis beziehen. Dazu gehören auch Dauerschuldverhältnisse wie Gesellschafts- und Versicherungsverträge[10] oder aber ein Kontokorrentverhältnis.[11] Ferner

---

[35] BGH NJW 1987, 3181, 3182.
[36] *Schröder* NJW 1980, 473, 479.
[1] MK/*Patzina* (AB) Rn. 2f.; *Zö/Vollkommer* Rn. 5; *Musielak,* GK ZPO, Rn. 50.
[2] *Musielak,* GK ZPO, Rn. 50; *Jauernig* ZPR § 11 II; MK/*Patzina* Rn. 2.
[3] *Schilken,* Festschr. f. Musielak, 2004, S. 435, 442; *St/J/Bork* Rn. 1.
[4] MK/*Patzina* Rn. 2; *Schilken* (Fn. 3) S. 443.
[5] BGH MDR 1985, 911.
[6] *T/P/Hüßtege* Rn. 1; MK/*Patzina* Rn. 4.
[7] BGH NJW 2003, 426; OLG Celle ZIP 2002, 2168; aA OLG Stuttgart MDR 2003, 351.
[8] *Ehricke* ZZP 111 (1998), 145, 153; *Zö/Vollkommer* Rn. 3; MK/*Patzina* Rn. 5; *Schilken* (Fn. 3) S. 435.
[9] MK/*Patzina* Rn. 2; *Wiecz/Sch/Hausmann* Rn. 2; *Schilken* (Fn. 3) S. 435.
[10] OLG München WM 1989, 602, 604; *St/J/Bork* Rn. 1.
[11] *T/P/Hüßtege* Rn. 4; *Wiecz/Sch/Hausmann* Rn. 2.

ist etwa eine Gerichtsstandsvereinbarung wegen aller Streitigkeiten der Gesellschafter mit der Gesellschaft oder deren Organen wirksam, wenn sie dahingehend ausgelegt werden kann, dass sie allein Streitigkeiten aus dem Gesellschaftsverhältnis betrifft.[12] Wegen Ansprüchen aus Delikt kann eine Gerichtsstandsvereinbarung wirksam geschlossen werden, wenn die Ansprüche bereits entstanden sind.[13] Aber auch für künftige deliktische Ansprüche, soweit sie mit vertraglichen konkurrieren, sind Prorogationen zulässig.[14] Aus der Vereinbarung muss sich ergeben, dass diese Ansprüche mit erfasst sein sollen.[15] Davon wird jedoch regelmäßig auszugehen sein, weil den Parteien so ermöglicht ist, eine doppelte Prozessführung zu vermeiden.[16] Dagegen sollen Gerichtsstandsvereinbarungen in AGB deliktische Ansprüche im Zweifel nicht erfassen,[17] sich jedoch zumindest nicht auf vorsätzlich begangene unerlaubte Handlungen, insbesondere Straftaten erstrecken.[18] Nicht genügend bestimmt iSd. § 40 Abs. 1 sind Gerichtsstandsvereinbarungen, die für alle aus einer bestehenden oder zukünftigen Geschäftsverbindung resultierenden oder überhaupt alle künftigen Rechtsstreitigkeiten gelten soll.[19] Insofern kann eine Prorogation derart auszulegen sein, das sie nur für den konkreten Vertrag gelten soll.[20]

3. Beschränkung auf vermögensrechtliche Ansprüche, § 40 Abs. 2 S. 1 Nr. 1. Gerichtsstandsvereinbarungen, die sich auf andere als vermögensrechtliche Ansprüche (zum Begriff § 3 Rn. 12f.) beziehen, sind nach dieser Vorschrift unzulässig,[21] sofern sie dem Amtsgericht ohne Rücksicht auf den Streitwert zugewiesen sind. Eine solche streitwertunabhängige sachliche Zuständigkeit der Amtsgerichte greift insbesondere in den von § 23 Nr. 2 GVG erfassten Fällen ein. Aber auch die von § 23a GVG in Bezug genommenen Streitigkeiten in Kindschafts- und Ehesachen, nach § 23a Nr. 6 GVG[22] auch Lebenspartnerschaften, sind ohne Rücksicht auf den Streitwert den Amtsgerichten zugewiesen. 4

4. Unwirksamkeit von Gerichtsstandsvereinbarungen bei ausschließlicher Zuständigkeit, § 40 Abs. 2 S. 1 Nr. 2. Ist für die Klage **von Gesetzes wegen**[23] ein ausschließlicher Gerichtsstand (zum Begriff s. § 12 Rn. 8) begründet, ist eine entgegenstehende Prorogation nach dieser Regelung unzulässig. Der Begriff des Gerichtsstandes in dieser Vorschrift meint die örtliche, sachliche und internationale Zuständigkeit (Rn. 2, § 12 Rn. 2).[24] Ist die Ausschließlichkeit der Zuständigkeit nur in einer Hinsicht gegeben, bleiben Prorogationen im Übrigen zulässig.[25] So kann etwa bei der gesetzlichen Anordnung einer ausschließlichen örtlichen Zuständigkeit eine wirksame Vereinbarung hinsichtlich der sachlichen Zuständigkeit getroffen werden. 5

Ausschließliche örtliche Zuständigkeiten begründen etwa der besondere Gerichtsstand für Haustürgeschäfte nach § 29c,[26] der dingliche Gerichtsstand gemäß § 24, der Gerichtsstand bei Miet- und Pachträumen aus § 29a, der Gerichtsstand der Umwelteinwirkung gemäß § 32a und in Wettbewerbssachen § 24 UWG[27]. **Ausschließliche sachliche Zuständigkeiten** bestimmen § 71 Abs. 2 GVG, § 143 PatG, § 15 GeschmMG, § 27 GebrMG, § 140 MarkenG und § 87 Abs. 1 GWB. Eine **sachlich und örtlich ausschließliche Zuständigkeit** normieren § 29a iVm. § 23 Nr. 2a GVG für Wohnraummietstreitigkeiten, § 584, §§ 606, 621, § 640a iVm. § 621 Abs. 1 Nr. 11, § 642 iVm. § 621 Abs. 1 Nr. 4, §§ 802, 887 bis 890, §§ 957ff.; ferner §§ 246, 249, 275, 278 AktG; §§ 61 Abs. 3, 69 Abs. 2 GmbHG, § 6 UklaG, §§ 2, 3, 180 InsO. Keine ausschließliche Zuständigkeit begründet § 48 Abs. 1 VVG, doch ist die Vorschrift ebenfalls nicht durch Vereinbarung abdingbar, § 48 Abs. 2 VVG. Dies gilt nach § 109 VAG auch für die Zuständigkeit des Gerichts am Ort der Zweigniederlassung ausländischer Versicherungsunternehmen.[28] 6

III. Internationale Gerichtsstandsvereinbarungen

Soweit die in ihrem Geltungsbereich vorrangige Regelung des § 23 EuGVVO[29] nicht einschlägig ist, greift wegen des Grundsatzes der Doppelfunktionalität (§ 12 Rn. 17) § 40 neben den §§ 38, 39 auch für Vereinbarungen über die internationale Zuständigkeit deutscher Gerichte.[30] Zulässigkeit und Wirkung einer vorprozessual getroffenen internationalen Gerichtsstandsvereinbarung sind bei Anrufung eines deutschen Gerichts nach deutschem Recht zu beurteilen.[31] 7

---

[12] BGH NJW 1994, 51, 52 m. zust. Anm. *Bork* EWiR 1994, 49; aA OLG Koblenz ZIP 1992, 1234, 1235.
[13] *Wiecz/Sch/Hausmann* Rn. 3; *St/J/Bork* Rn. 1.
[14] BAG NJW 1970, 2180, 2181; *Busse* MDR 2001, 733; OLG München WM 1989, 602, 604.
[15] *Ehricke* ZZP 111 (1998), 145, 154ff., 163ff.; *St/J/Bork* Rn. 1.
[16] KG BB 1983, 213f.; OLG München WM 1989, 602, 604; OLG Stuttgart RIW 1991, 333, 334.
[17] OLG Hamburg VersR 1982, 341; OLG Stuttgart BB 1974, 1270; MK/*Patzina* Rn. 5.
[18] OLG Hamburg VersR 1982, 341.
[19] RGZ 36, 422; OLG München WM 1989, 604; OLG Koblenz ZIP 1992, 1235; LG Bielefeld IHR 2001, 199; *Ehricke* ZZP 111 (1998), 145, 152ff.
[20] LG Bielefeld IHR 2001, 199.
[21] OLG Hamburg IPRax 1986, 153; KG JW 1929, 3099.
[22] Eingefügt durch Gesetz vom 16. 2. 2001 (BGBl. I S. 266).
[23] MK/*Patzina* Rn. 7; *St/J/Bork* Rn. 5.
[24] *Zö/Vollkommer* Rn. 6; MK/*Patzina* Rn. 7; *T/P/Hüßtege* Rn. 1.
[25] *St/J/Bork* Rn. 4; *Zi* Rn. 3; *T/P/Hüßtege* Rn. 6.
[26] Vgl. BGH NJW 2003, 1190; AG Hamburg VuR 1998, 346 (zu §§ 1, 7 HaustürWG).
[27] Zur aF: BGH NJW-RR 1987, 229.
[28] *Zö/Vollkommer* Rn. 6; MK/*Patzina* Rn. 13.
[29] *Schack* Rn. 435; *Kropholler* Art. 23 Rn. 16.
[30] BGH NJW 1972, 1622; *Schack* Rn. 435; *Schilken* (Fn. 3) S. 429; *Roth* ZZP 93 (1980), 174.
[31] OLG Köln VersR 1998, 735; *Schack* Rn. 436.

Titel 4. Ausschließung und Ablehnung der Gerichtspersonen

41 ***Ausschluss von der Ausübung des Richteramtes*** **Ein Richter ist von der Ausübung des Richteramtes kraft Gesetzes ausgeschlossen:**
1. in Sachen, in denen er selbst Partei ist oder bei denen er zu einer Partei in dem Verhältnis eines Mitberechtigten, Mitverpflichteten oder Regresspflichtigen steht;
2. in Sachen seines Ehegatten, auch wenn die Ehe nicht mehr besteht;
2a. in Sachen seines Lebenspartners, auch wenn die Lebenspartnerschaft nicht mehr besteht;
3. in Sachen einer Person, mit der er in gerader Linie verwandt oder verschwägert, in der Seitenlinie bis zum dritten Grad verwandt oder bis zum zweiten Grad verschwägert ist oder war;
4. in Sachen, in denen er als Prozessbevollmächtigter oder Beistand einer Partei bestellt oder als gesetzlicher Vertreter einer Partei aufzutreten berechtigt ist oder gewesen ist;
5. in Sachen, in denen er als Zeuge oder Sachverständiger vernommen ist;
6. in Sachen, in denen er in einem früheren Rechtszug oder im schiedsrichterlichen Verfahren bei dem Erlass der angefochtenen Entscheidung mitgewirkt hat, sofern es sich nicht um die Tätigkeit eines beauftragten oder ersuchten Richters handelt.

I. Normzweck

1 Die §§ 41 ff. bezwecken die Gewährleistung der Unparteilichkeit der Richter. Sie stellen ein Kernstück der Vorkehrungen des Zivilprozessrechts dar, durch die eine an Recht und Gesetz gebundene Rechtserkenntnis garantiert wird. Denn dass ein Urteil allein auf der Erkenntnis des Rechts beruht und daher als richtig und gerecht wahrgenommen werden kann, setzt voraus, dass das Gericht als unparteiischer und neutraler Dritter entscheidet. Dessen Unparteilichkeit ist institutionell durch die richterliche Unabhängigkeit (Art. 97 Abs. 1 GG) sichergestellt. Dagegen kann die Unparteilichkeit des einzelnen Richters fraglich sein, dem es auf Grund fehlender Distanz zu Parteien und Streitgegenstand an der gebotenen Unvoreingenommenheit fehlt. Der einzelne Richter in Person – nicht das Gericht[1] – ist daher iudex inhabilis, wenn ein Tatbestand des § 41 eingreift.[2] Nur der unparteiisch, im notwendigen Abstand zum streitigen Interesse objektiv entscheidende Richter kann gesetzlicher Richter iSd. Art. 101 Abs. 1 S. 2 GG sein.[3]

II. Allgemeines

2 **1. Beachtung von Amts wegen und Richterablehnung.** Die Ausschließung des disqualifizierten iudex inhabilis gemäß § 41 vom Richteramt ist von Amts wegen zu berücksichtigen.[4] Der Ausschluss bezieht sich dabei stets auf das konkrete Verfahren, in dem ein Tatbestand des § 41 eingreift und erstreckt sich auch auf die gemäß §§ 59, 60, 147 verbundenen Verfahren für den Zeitraum der Verbindung.[5] Der ausgeschlossene Richter hat sich auch ohne Erlass einer entsprechenden Entscheidung kraft Gesetzes jeder richterlichen Tätigkeit zu enthalten[6] (zu den weiteren Folgen Rn. 14). Zum Zwecke der Nachprüfbarkeit der Vorgänge und der Gewähr des gesetzlichen Richters ist ein Vermerk in die Prozessakte aufzunehmen.[7] Daneben haben auch die Parteien gemäß § 42 Abs. 1 die Befugnis, im Wege der Ablehnung des der Inhabilität suspekten Richters dessen Ausschließung vom Verfahren zu verlangen. Insofern ist dann nach Maßgabe der §§ 44 ff. über das Vorhandensein eines Ausschließungsgrundes zu entscheiden.

3 **2. Enumerativer Katalog der Ausschließungsgründe.** § 41 führt die Ausschließungsgründe abschließend auf.[8] Eine erweiternde Auslegung würde gegen Art. 101 Abs. 1 S. 2 GG verstoßen und ist daher abzulehnen.[9] Ähnliche Fallgestaltungen sind daher nach § 42 zu würdigen.

III. Anwendungsbereich

4 **1. Persönlich.** Die Vorschriften der §§ 41 ff. nehmen die Person des Richters in Bezug. Darunter ist sowohl der Berufsrichter als auch der ehrenamtliche Richter iSd. §§ 1, 45 a DRiG, § 95 Abs. 1 BRAO zu verstehen. Dazu gehören damit auch der Handelsrichter bei der Kammer für Handelssachen, §§ 105 ff. GVG, oder etwa der Beisitzer im Verfahren über Landwirtschaftssachen gemäß § 2 Abs. 2, § 3, § 5 LwVG. **Andere Justizpersonen** als Richter iSd. Art. 97, 98 GG, §§ 1, 45 a DRiG fallen nicht unmittelbar unter die §§ 41 ff. Die Anwendung der §§ 41 ff. setzt also die öffentlichrechtliche Richteramtsbefähigung des Auszuschließen-

---

1 Vgl. BGH NJW-RR 2002, 789; OLG Brandenburg FamRZ 2001, 290.
2 *Zö/Vollkommer* vor § 41 Rn. 1; *Wiecz/Sch/Niemann* Rn. 1.
3 BVerfGE 4, 12; 21, 139, 145 f. = NJW 1967, 1123; BVerfGE 30, 149, 153 = NJW 1971, 1029; BVerfGE 40, 268, 271.
4 BGH NJW 1963, 46; MK/*Gehrlein* Rn. 2.
5 *Zö/Vollkommer* Rn. 4; MK/*Gehrlein* Rn. 26; *Wiecz/Sch/Niemann* Rn. 1 aE.
6 RGSt 33, 309 f.
7 MK/*Gehrlein* Rn. 29; *Wiecz/Sch/Niemann* Rn. 15.
8 BGH NJW 1991, 425; OLG Düsseldorf NJW-RR 1998, 1763; BVerwG NJW 1980, 2722; aA LSG SchlH NJW 1998, 2925.
9 BGH LM GG Art. 101 Nr. 19; BGH MDR 1976, 574, 837; NJW 1981, 1273; NJW 1991, 425; BVerwG NVwZ 1990, 460, 461; LSG Hessen, Urteil v. 13. 7. 2005, Az. L 6/7 KA 564/02; OLG Zweibrücken NJW 1974, 955; LAG München, Urteil v. 15. 3. 2005, Az. 8 Sa 914/04; vgl. OLG Düsseldorf NJW-RR 1998, 1763 m. weit. Nachw.

den iSd. §§ 5 ff. DRiG voraus.[10] Fehlt es an dieser, bestehen sonstige die Ausübung des Richteramtes hindernde körperliche oder geistige Mängel oder besteht keine geschäftsplanmäßige Zuständigkeit greifen nicht die §§ 41 ff. Insofern kommt eine Geltendmachung im Rahmen der ordentlichen Rechtsbehelfe in Betracht.[11]

2. Sachlich. a) Verfahren der ZPO. Die Vorschriften der §§ 41 ff. gelten in allen Verfahren und Verfah- 5
rensarten der ZPO. Sie kommen daher im Erkenntnisverfahren einschließlich summarischer Verfahren (Urkunds-, Scheck- und Wechselprozesse) zur Anwendung, ferner im Mahnverfahren, in den Verfahren vorläufigen Rechtsschutzes, in Betreuungs-, Aufgebots- und in Tatbestandsberichtigungsverfahren.[12]

b) Verweisungen. Auf die Regelungen der §§ 41 ff. wird teilweise mit Abweichungen durch die §§ 46 6
Abs. 2 S. 1, 49, 80 Abs. 2 S. 1, 103 Abs. 2, 3 ArbGG, § 60 SGG,[13] § 54 VwGO, § 51 Abs. 1 S. 1 FGO,[14] § 11 LwVG, § 4 InsO,[15] §§ 27 Abs. 6, 81 Abs. 1, 86 PatG,[16] §§ 72 Abs. 1, 88 Abs. 1 S. 1 MarkenG, §§ 73 Nr. 2, 75 Abs. 4 S. 1, 76 Abs. 5 S. 1, 120 Abs. 2 GWB, §§ 65 Abs. 1, 66 Abs. 1, 83 DRiG verwiesen. Nachdem § 6 Abs. 2 S. 2 aF FGG vom BVerfG für nichtig erklärt wurde,[17] sind die §§ 41 ff. auch in Verfahren nach dem FGG ergänzend heranzuziehen.[18] Eine entsprechende Anwendung ist beim Rechtspfleger (§ 10 RpflG),[19] dem Urkundsbeamten der Geschäftsstelle nach § 49 (ebenda Rn. 1 ff.) und für den Insolvenzverwalter[20] angezeigt.

Für das **Schiedsverfahren** regeln §§ 1036 f. die Ablehnung eigenständig, aber inhaltlich den §§ 41, 42 7
entsprechend.[21] Weiter gelten Sondernormen etwa für den Notar in § 16 Abs. 2 BNotO, § 3 BeurkG, das Einigungsverfahren iSd. § 76 BetrVG,[22] den Dolmetscher (§ 191 GVG) und den Sachverständigen gemäß § 406[23]. Ferner ist zu beachten, dass in verfassungsrechtlich nicht zu beanstandender Weise[24] die entsprechende Anwendung der §§ 41 ff. für Gerichtsvollzieher ausscheidet;[25] es gilt allein § 155 GVG.

IV. Ausschließungsgründe

1. Personen- und familienbezogene Ausschließungsgründe. a) Beteiligung des Richters, Nr. 1. Maßge- 8
bende Voraussetzung unparteilicher Rechtserkenntnis ist die Beachtung des Grundsatzes, dass **niemand Richter in eigener Sache** sein darf, nemo iudex in sua causa.[26] Dies wäre der Fall, wenn der Richter zugleich als Partei (Kläger, Beklagter, Antragsteller, Antragsgegner) innerhalb eines Verfahrens agieren würde. Partei in diesem Sinne ist auch diejenige kraft Amtes, also beispielsweise der Insolvenzverwalter oder der Testamentsvollstrecker; aber auch soweit der Richter Gemeinschuldner oder Erbe des im Streit stehenden Vermögens ist, zählt er dazu. Weiter greift der gesetzliche Ausschluss nach Nr. 1, wenn der Richter gemäß §§ 265 f., 325 ff., 727 ff. das Urteil bzw. dessen Vollsteckung gegen sich wirken lassen müsste (Rechtskrafterstreckung) oder wenn er als Dritter nach §§ 75 ff. oder als Nebenintervenient iSd. § 66 am Verfahren teilnimmt.[27] Allein die Streitverkündung gemäß §§ 72, 73 ohne darauf erfolgten Beitritt (§ 74) genügt nicht, um iSv. Nr. 1 die Inhabilität des Richters herbeizuführen. Außerdem ist nach § 41 Nr. 1 Halbs. 2 ein **Mitberechtigungs-, Mitverpflichtungs- oder Regressverhältnis** zwischen dem Richter und der Partei gesetzlicher Ausschlussgrund. Erforderlich ist eine unmittelbare Rechtsbeziehung zum Streitstoff.[28] Dies ist etwa der Fall, wenn der Richter Gesamtschuldner oder -gläubiger (§§ 421 ff. BGB) ist, als Bürge, Gesellschafter[29] (KG, OHG, GbR) oder aus einem Wechsel haftet oder Eigentümer eines für die Schuld der Partei haftenden Grundstücks[30] ist. Ferner kann ein Regress- oder Mitverpflichtungsverhältnis bestehen, wenn der Richter Mitglied eines nichtrechtsfähigen Vereins ist,[31] es sei denn, dass dem Richter aus einem Unterliegen keine eigene Haftung[32] oder ein sonstiger begründeter Nachteil erwachsen kann. **Nicht** unter Nr. 1 fällt ein bloß mittelbares Interesse des Richters am Ausgang des Rechtsstreits,[33] etwa wenn er Aktionär der am Verfahren beteiligten AG, Gesellschafter einer GmbH, künftiger (potenzieller) Erbe einer Partei oder sein Dienst-

---

10 MK/*Gehrlein* Rn. 12; *St/J/Bork* vor § 41 Rn. 1.
11 *Zö/Vollkommer* Rn. 2; MK/*Gehrlein* Rn. 12; *St/J/Bork* vor § 41 Rn. 1.
12 MK/*Gehrlein* Rn. 3.
13 LSG Hessen, Urteil v. 13. 7. 2005, Az. L 6/7 KA 564/02.
14 BFH NJW-RR 2000, 1733; FG Hamburg DStRE 2005, 1365.
15 BayObLG NJW 1989, 44; BVerfG ZIP 1988, 74; OLG Köln Rpfleger 2002, 95.
16 BGH GRUR 2001, 47.
17 BVerfGE 21, 139, 145 f. = NJW 1967, 1123.
18 BayObLG NJW 2002, 3262; MDR 1998, 37; vgl. BGH Rpfleger 2003, 239.
19 Dazu ausf. *Marx* Rpfleger 1999, 518.
20 BGH NJW 1991, 982 ff.; *Hill* ZInsO 2005, 1289.
21 Vgl. die Begründung des Entwurfs des SchiedsVfG BT-Drucks. 13/5274 S. 40.
22 BAGE 99, 42.
23 BGH NZBau 2006, 239; OLG Bamberg IBR 2006, 306; OLG Frankfurt IBR 2005, 124 m. Anm. *Volze.*
24 BVerfG NJW-RR 2005, 365.
25 BGH NJW 2005, 149 m. abl. Anm. *Kieselstein* DGVZ 2005, 40.
26 BGHZ 94, 98; BGH NJW 1985, 1903 (Schiedsrichter); 1991, 985 (Insolvenzverwalter).
27 Vgl. *Böckermann* MDR 2002, 1349; *Zö/Vollkommer* Rn. 6.
28 *St/J/Bork* Rn. 8; *B/L/H* Rn. 8; BGH DRiZ 1991, 99.
29 LG Hamburg MDR 1951, 177 f. (Schiedsrichter); *Wiecz/Sch/Niemann* Rn. 4; *St/J/Roth* Rn. 8.
30 MK/*Gehrlein* Rn. 17; *Wiecz/Sch/Niemann* Rn. 4.
31 OLG Königsberg JW 1931, 226; *T/P/Hüßtege* Rn. 2.
32 BAG NJW 1961, 2371 (Gewerkschaftsmitglied); *Zö/Vollkommer* Rn. 7.
33 BGH NJW 1991, 425; RGZ 7, 311 (Gemeindemitglied).

herr am Rechtsstreit beteiligt ist.[34] In diesen Fällen kann aber eine Ablehnung nach § 42 in Betracht (vgl. § 42 Rn. 15) kommen.[35] Die Vorschrift des § 41 Nr. 1 greift im Fall eines Sachverständigen nicht ein, wenn dieser etwa zuvor als gerichtlich bestellter Vertragsprüfer tätig war[36] oder zB auf der Seite des Klägers nach Streitverkündung beitritt;[37] in Betracht kommt jedoch die Ablehnung nach § 406 (ebenda Rn. 2).

9 **b) Ehe, Lebenspartnerschaft, Nr. 2, 2a.** Erfasst wird die bestehende, aber auch die geschiedene, aufgehobene oder für nichtig erklärte Ehe[38] zwischen dem Richter und einer Partei des Verfahrens oder einer Person, die wie in Nr. 1 zu einer Partei des Verfahrens in einem Mitberechtigungs-, Mitverpflichtungs- oder Regressverhältnis (Rn. 8) steht.[39] Nicht ausreichend ist die Mitwirkung der Ehefrau des Rechtsmittelrichters bei Erlass der angefochtenen (Kollegial-)Entscheidung im Hinblick auf dessen Beteiligung im Rechtsmittelverfahren.[40] Aber auch die Ehe mit dem Prozessvertreter führt nicht zum gesetzlichen Ausschluss des Richters. Insofern kann jedoch die Besorgnis der Befangenheit nach § 42 Abs. 2 begründet sein.[41] Ein Verlöbnis oder eheähnliches Zusammenleben fallen ebenfalls nicht unter Nr. 2,[42] vgl. aber § 42 Rn. 15. Für den Fall der Zugehörigkeit des Richters zu einer Lebenspartnerschaft iSd. §§ 1 ff. LPartG gilt das vorstehende entsprechend.

10 **c) Verwandtschaft oder Schwägerschaft, Nr. 3.** Die Feststellung der Verwandtschaft oder Schwägerschaft folgt gemäß Art. 51 EGBGB den Vorschriften der §§ 1589 f., 1591 ff., 1754 ff. BGB. Daher gehört etwa auch das anerkannte oder nach § 1600d gerichtlich festgestellte Vaterschaftsverhältnis (§ 1592 Nr. 2, 3 BGB) oder die durch Adoption begründete Verwandtschaft hierher.[43] Beim Rechtsstreit einer **Partei kraft Amtes** (§ 12 Rn. 4) kommt ein Verwandtschafts- oder Schwägerschaftsverhältnis mit der Partei ebenso wie mit dem Vermögensträger selbst in Betracht.[44] Gleiches gilt für den gesetzlichen Vertreter der Partei (vgl. § 41 Nr. 4).[45] Dagegen begründet die Verwandtschaft oder Verschwägerung des Richters mit dem Prozessbevollmächtigten der Partei keinen Ausschluss nach Nr. 3.[46]

11 **2. Ausschließung auf Grund Sachnähe oder Vorbefasstheit. a) Vertretung der Partei, Nr. 4.** Die **gewillkürte Vertretung** einer Partei durch den Richter im selben Verfahren als Prozessbevollmächtigter iSd. §§ 81 ff., auch soweit die Vollmacht iSd. § 83 Abs. 2 nur für einzelne Prozesshandlungen erteilt ist, als Unterbevollmächtigter oder als Beistand gemäß § 90 begründen ohne Rücksicht auf den Umfang der Vollmacht den Ausschluss nach Nr. 4. Der Richter muss den der Vollmacht zu Grunde liegenden Auftrag angenommen haben. Die einseitige Vollmachtserteilung durch die Partei nach § 167 Abs. 1 BGB bewirkt noch nicht den Ausschluss nach Nr. 4. Eine an einen Sozius erteilte Vollmacht führt zum Ausschluss auch der anderen Sozien, wenn nicht die Vollmacht ausdrücklich personenbezogen erteilt worden ist.[47] Ferner sind vom Ausschlusstatbestand der Nr. 4 diejenigen Personen erfasst, die gemäß §§ 52, 53 BRAO zum Vertreter eines Bevollmächtigten oder zum Abwickler seiner Kanzlei, § 55 BRAO, bestellt worden sind. Der Richter ist auch dann ausgeschlossen, wenn er in der Sache nicht tätig geworden ist, da er sich dann ein Vor-Urteil in der Sache gebildet hat und – wie in Fällen des § 41 Nr. 5 – nicht mehr unparteiisch entscheiden kann.[48] Verfahrensgleichheit ist nicht erforderlich; in Nr. 4 bedeutet Sachgleichheit Identität des Streitgegenstandes.[49] Die Gegenansicht[50] verkennt die Bedeutung der aus dem Mandat folgenden Bindungen des Bevollmächtigten. **Gesetzlicher Vertreter** (vgl. § 51) der Partei ist der Richter als Vormund gemäß § 1773 BGB, Betreuer nach §§ 1896 ff. BGB oder Pfleger §§ 1909 ff. BGB sowie als Organ der juristischen Person. **Grenzen:** Die Mitwirkung an dem streitgegenständlichen Rechtsgeschäft als Notar, als allgemeiner außerprozessualer Vertreter oder als Zustellungsbevollmächtigter gemäß § 174 begründen den Ausschluss nach Nr. 4 nicht. Ebenso wenig ist die Mitwirkung des ehrenamtlichen Richters im parallelen Verwaltungsverfahren und seine Zugehörigkeit zum am Verfahren beteiligten Beschwerdeausschuss – soweit er nicht zu dessen Vertretung berechtigt ist oder war – nach Nr. 4 ausgeschlossen.[51]

12 **b) Zur Sache vernommener Zeuge oder Sachverständiger, Nr. 5.** Typischerweise befangen und daher von Gesetzes wegen vom Richteramt ausgeschlossen ist der Richter, der tatsächlich zur Sache im Verfahren als Zeuge oder Sachverständiger schriftlich oder mündlich vernommen (§§ 377 Abs. 3, 411) worden ist. Nr. 5 stellt einen Sonderfall des Ausschlusses des iudex in sua causa (Nr. 1) dar. Daher ist Voraussetzung des Ausschlusses nach Nr. 5, dass der Richter tatsächlich zur Sache vernommen worden ist und nicht allein

---

[34] MK/*Gehrlein* Rn. 17.
[35] Vgl. BGHZ 113, 277; BVerfG NJW 2003, 3404, 3405 f.
[36] OLG Düsseldorf DB 2001, 190.
[37] BGH NZBau 2006, 239; *T/P/Hüßtege* § 406 Rn. 1; aA *Zö/Vollkommer* Rn. 6; vgl. auch OLG Bamberg IBR 2006, 306.
[38] RG HRR 1930 Nr. 1059.
[39] MK/*Gehrlein* Rn. 17; *T/P/Hüßtege* Rn. 3.
[40] BGH NJW 2004, 163; vgl. *Feiber* NJW 2004, 650.
[41] OLG Brandenburg OLGR 2000, 77; KG NJW-RR 2000, 1164.
[42] *Wiecz/Sch/Niemann* Rn. 5; *St/J/Bork* Rn. 30.
[43] *Zö/Vollkommer* Rn. 9; *B/L/H* Rn. 11.
[44] *St/J/Bork* Rn. 12; OLG Köln NJW-RR 1988, 254.
[45] *Ro/S/Go* § 25 I 1 b; *Zö/Vollkommer* Rn. 9; aA *Wiecz/Sch/Niemann* Rn. 6 aE.
[46] BayObLG WuM 1989, 45; KG NJW-RR 2000, 1164.
[47] *Wiecz/Sch/Niemann* Rn. 8.
[48] RGZ 152, 9, 10; BSG NJW 1993, 2070; *Zö/Vollkommer* Rn. 10.
[49] RGZ 152, 9, 10; *Wiecz/Sch/Niemann* Rn. 10; *St/J/Roth* Rn. 14.
[50] *T/P/Hüßtege* Rn. 7.
[51] LSG Hessen, Urteil v. 13. 7. 2005, Az. L 6/7 KA 564/02.

als solcher benannt wurde,[52] so dass er noch an der Beschlussfassung über seine Vernehmung im Verfahren mitwirken kann.[53] Die Vernehmung muss zum gleichen Sachverhalt erfolgt sein. Nicht notwendig ist, dass der Richter im selben Verfahren vernommen wurde[54] oder dass ein rechtlicher Zusammenhang zwischen beiden Verfahren besteht.[55] Die Abgabe dienstlicher Stellungnahmen fällt **nicht** unter Nr. 5.[56]

c) **Mitwirkung an der angefochtenen Entscheidung, Nr. 6.** Ein Richter, der in einer früheren Instanz oder in einem vorangegangenen schiedsrichterlichen Verfahren[57] mit der Sache vorbefasst war, ist unter den weiteren Voraussetzungen der Nr. 6 vom Richteramt in derselben Sache ausgeschlossen. Sinn und Zweck der Vorschrift ist es, die Funktionstüchtigkeit eines unparteiisch entscheidenden Instanzenzuges[58] zu gewährleisten. Der Richter, der eine Entscheidung erlassen hat, soll von der Überprüfung derselben ausgeschlossen sein.[59] Daher greift der Ausschluss nach § 41 Nr. 6 auf Grund der Mitwirkung des Richters (beim Erlass, § 309, nicht Verkündung, s. u.) an jeder Entscheidung, die nach der Anfechtung mit einem ordentlichen Rechtsmittel (§§ 511ff., 542ff., 567ff.) der Überprüfung durch das Rechtsmittelgericht unterliegt.[60] Dazu gehören also Endurteile erster und zweiter Instanz und Zwischenurteile gemäß § 303.[61] Nach dem Wortlaut des § 41 Nr. 6 muss der ausgeschlossene Richter beim **Erlass der angefochtenen Entscheidung** mitgewirkt haben. Damit ist die Mitwirkung an der angefochtenen Entscheidung vorausgehenden Entscheidungen unbeachtlich.[62] Eine erweiternde Auslegung der Vorschrift ist weder geboten noch im Hinblick auf den gesetzlichen Richter gemäß Art. 101 Abs. 1 S. 2 GG angezeigt (vgl. Rn. 3).[63] Dies ist auf Grund einer nach § 42 Abs. 2 möglichen Ablehnung des Richters wegen der Besorgnis der Befangenheit auch verfassungsrechtlich unbedenklich.[64] Daher ist ein Richter, der nicht an dem angefochtenen Widerspruchsurteil, sondern lediglich am vorhergegangenen Beschluss mitgewirkt hat, selbst dann nicht im Berufungsrechtszug ausgeschlossen, wenn das angefochtene Urteil auf die zu Grunde liegende einstweilige Verfügung Bezug nimmt.[65] Gleiches gilt für die Mitwirkung des Richters beim Erlass eines Grundurteils, wenn anschließend die Entscheidung des Betragsverfahrens angefochten wird,[66] beim Erlass des VU, wenn die Berufung gegen die das VU bestätigende Entscheidung nach § 343 S. 1 gerichtet ist, an welcher der Richter nicht mitgewirkt hat,[67] oder wenn der Richter nur beim Erlasses des Auskunftsurteils mitgewirkt hat, dann aber die Entscheidung der Betragsstufe angefochten wird.[68] Eine entsprechende Anwendung des § 41 Nr. 6 scheidet aus, wenn in einem Regressprozess ein früheres Verfahren, an dem der abgelehnte Richter beteiligt war, wieder aufgerollt werden muss.[69] Ferner findet kein Ausschluss des Richters bei der Überprüfung in zweiter Instanz oder beim Erlass der Entscheidung des Nachverfahrens statt, wenn er nur beim Urkundsprozess (§§ 592ff.) mitgewirkt hat.[70] **Nicht** zum Ausschluss führt weiter die Mitwirkung an Beweisbeschlüssen,[71] Beweissicherungen, Beweisaufnahmen,[72] Vorlagebeschlüssen nach Art. 100 GG zum BVerfG oder gemäß Art. 234 EGV zum EuGH,[73] oder die Mitwirkung an der bloßen Verkündung des Urteils ohne Tätigwerden bei seinem Erlass.[74] Von der Sachstruktur her ist auch der Richter, der das Unterhaltsurteil erlassen hat, im Falle der Abänderungsklage nicht ausgeschlossen.[75] Nicht zum Ausschluss führt die Vorbefassung bei Mitwirkung am Streit über die Restitutionsklage,[76] bei der Entscheidung über Einwendungen gegen die Vollstreckungsklausel, wenn er bei deren Erteilung mitgewirkt hat[77] oder über die Vollstre- 13

---

[52] BVerwG MDR 1980, 168; OLG Saarbrücken NJW-RR 1994, 765.
[53] RGZ 44, 394, 395; BVerwG MDR 1980, 168.
[54] Vgl. BGH NJW 1983, 2711 (zu § 22 Nr. 5 StPO); OLG Frankfurt FamRZ 1989, 518, 519; *Lipp*, Das private Wissen des Richters, 1995, S. 86f.; *Zö/Vollkommer* Rn. 11; OLG Kiel HRR 1936, Nr. 1249 (Vollstreckungsgegenklage); aA *T/P/Hüßtege* Rn. 7.
[55] Vgl. BGH NJW 1983, 2711 (zu § 22 Nr. 5 StPO); OLG Frankfurt FamRZ 1989, 518, 519; *St/J/Roth* Rn. 15; *Wiecz/Sch/Niemann* Rn. 11.
[56] Vgl. BGH NJW 2002, 2402; BVerwG MDR 1980, 168; OLG München NJW 1964, 1377.
[57] LG Bonn NJW 1996, 2168.
[58] *M. J. Schmid* NJW 1974, 729; MK/*Gehrlein* Rn. 23.
[59] RGZ 148, 199; MK/*Gehrlein* Rn. 23.
[60] *Zö/Vollkommer* Rn. 13; *Wiecz/Sch/Niemann* Rn. 13; *T/P/Hüßtege* Rn. 7.
[61] *St/J/Bork* Rn. 18; *Wiecz/Sch/Niemann* Rn. 13; *T/P/Hüßtege* Rn. 7.
[62] Str., MK/*Gehrlein* Rn. 25; *T/P/Hüßtege* Rn. 7; BVerwG NJW 1975, 1241; aA *Zö/Vollkommer* Rn. 13; *St/J/Roth* Rn. 18.
[63] BVerfG NJW 2001, 3533.
[64] BVerfG NJW 2001, 3533; vgl. *Zö/Vollkommer* Rn. 13.
[65] OLG Hamburg NJW-RR 2002, 789; OLG Rostock NJW-RR 1999, 1444; MK/*Gehrlein* Rn. 25; aA OLG München NJW 1969, 754; *Zö/Vollkommer* Rn. 13.
[66] BGH NJW 1960, 1762; OLG Karlsruhe FamRZ 1992, 1194; MK/*Gehrlein* Rn. 25.
[67] MK/*Gehrlein* Rn. 25; *Wiecz/Sch/Niemann* Rn. 13; aA BAG NJW 1968, 814.
[68] OLG Karlsruhe FamRZ 1996, 556; *B/L/H* Rn. 15 „Betragsverfahren".
[69] OLG Düsseldorf NJW-RR 1998, 1763.
[70] RGZ 148, 199, 200f.; MK/*Gehrlein* Rn. 25; *B/L/H* Rn. 18.
[71] RGZ 105, 17; vgl. LG Würzburg NJW 1973, 48.
[72] RGZ 148, 199, 200f.
[73] *Zö/Vollkommer* Rn. 14; BFHE 129, 251.
[74] RGZ 26, 383f.; OLG Brandenburg OLGR 2000, 77.
[75] *Wiecz/Sch/Niemann* Rn. 14.
[76] BGHZ 125, 289; BGH MDR 1981, 481.
[77] OLG Frankfurt OLGZ 1968, 170.

ckungsabwehrklage,[78] die erneute Befassung nach Zurückverweisung durch das Rechtsmittelgericht[79] oder im Nichtigkeitsverfahren, wenn er zuvor im Patentverletzungsverfahren tätig gewesen ist.[80] Ferner ist die Mitwirkung in einem vorherigen Vollstreckungsverfahren der Finanzverwaltung gegen eine GmbH kein Ausschlussgrund für das finanzgerichtliche Haftungsverfahren gegen den Geschäftsführer, weil es sich dabei nicht um einen § 41 Nr. 6 ergänzenden Ausschließungsgrund der vorausgegangenen Mitwirkung in dem Verwaltungsverfahren iSd. § 51 Abs. 2 FGO handelt.[81] Ebenso stellt es keinen Ausschlussgrund im Hinblick auf die Beteiligung des Rechtsmittelrichters an der Entscheidung im Rechtsmittelverfahren dar, wenn seine Ehefrau bei Erlass der angefochtenen (Kollegial-)Entscheidung mitgewirkt hat.[82] Auch ist die Mitwirkung des ehrenamtlichen Richters am Arbeitsgericht nicht ausgeschlossen, wenn er zuvor an einer Entscheidung des Widerspruchsausschusses an einem Integrationsamt mitgewirkt hat, bei dem über den Widerspruch gegen den Zustimmungsbescheid zur beabsichtigten Kündigung des Klägers zu dessen Lasten entschieden worden ist, weil es sich dabei nicht um ein zum Rechtzug iSd. § 42 Nr. 6 zugehöriges Verfahren handelt.[83] Im Übrigen führt nicht zum Ausschluss eine frühere Tätigkeit als **ersuchter und beauftragter Richter, Nr. 6 Halbs. 2.** Der Richter, der am Erlass der erstinstanzlichen Entscheidung mitgewirkt hat, kann auch in zweiter Instanz als ersuchter oder beauftragter Richter fungieren.[84]

V. Folgen der Mitwirkung trotz Ausschlusses

14 Der ausgeschlossene Richter muss sich auch ohne Parteiantrag vom Verfahren fern halten. An seine Stelle tritt der nach dem Geschäftsverteilungsplan bestimmte Vertreter (§§ 21e, 21g GVG). Fehlt es an einem (weiteren) Vertreter ist nach § 36 Nr. 1 zu verfahren. Ist die Ausschließung kraft Gesetzes zweifelhaft, gilt § 48; daneben steht den Parteien das Verfahren der Ablehnung nach §§ 44ff. offen. Die Mitwirkung des ausgeschlossenen Richters macht die **Entscheidung** nicht nichtig, sondern anfechtbar gemäß §§ 547 Nr. 2, 579 Abs. 1 Nr. 2, 576 Abs. 3. Nach Rechtskraft der Entscheidung, die unter Mitwirkung des ausgeschlossenen Richters erlassen wurde, kommt die Nichtigkeitsklage gemäß § 579 Abs. 1 Nr. 2 in Betracht.[85] **Andere Prozesshandlungen,** die der ausgeschlossene Richter vorgenommen oder an denen er mitgewirkt hat, können von oder mit dem geschäftsplanmäßigen Vertreter wiederholt werden, wenn das Gericht nicht daran gebunden (§ 318) und der Rechtszug noch nicht beendet ist. Die Wirksamkeit der **Prozesshandlungen der Parteien** wird vom Ausschluss des Richters nach § 41 nicht berührt.

42 *Ablehnung eines Richters*

(1) Ein Richter kann sowohl in den Fällen, in denen er von der Ausübung des Richteramts kraft Gesetzes ausgeschlossen ist, als auch wegen Besorgnis der Befangenheit abgelehnt werden.

(2) Wegen Besorgnis der Befangenheit findet die Ablehnung statt, wenn ein Grund vorliegt, der geeignet ist, Misstrauen gegen die Unparteilichkeit eines Richters zu rechtfertigen.

(3) Das Ablehnungsrecht steht in jedem Fall beiden Parteien zu.

Übersicht

I. Normzweck

1 Über die gesetzlich normierten Ausschlussgründe des § 41 hinaus bedarf es der Gewährleistung der Neutralität des zur Entscheidung berufenen Richters in weiteren Fällen, in denen die Besorgnis der Befangenheit besteht. Die Regelung des § 42 stellt den Parteien mit der Möglichkeit der Ablehnung ein Mittel zur Verfügung, den Ausschluss des Richters durchzusetzen, der sich dem Misstrauen in seine Unparteilichkeit ausgesetzt sieht. Damit dient die Vorschrift dem Grundsatz des gesetzlichen Richters iSd. Art. 101 Abs. 1

[78] BGH NJW 1976, 2135; MK/*Gehrlein* Rn. 25.
[79] *Zö/Vollkommer* Rn. 14; BVerwG NJW 1975, 1241.
[80] BGH NJW-RR 2003, 479.
[81] FG Hamburg DStRE 2005, 1365.
[82] BGH NJW 2004, 163; MK/*Gehrlein* Rn. 23.
[83] LAG München, Urteil v. 15. 3. 2005, Az. 8 Sa 914/04.
[84] *Zö/Vollkommer* Rn. 14; *Wiecz/Sch/Niemann* Rn. 12.
[85] BAG DB 1999, 644; *St/J/Roth* Rn. 3.

S. 2 GG,[1] der mit der notwendigen Distanz[2] gehalten ist, unparteiisch und unparteilich erscheinend[3] das Recht zu erkennen und ein faires Verfahren[4] zu gewähren. Rechtstatsächlich führen Ablehnungsgesuche der Parteien eher selten zu der beantragten Entscheidung und gelten im Hinblick auf das Verhältnis der prozessbevollmächtigten Anwälte zum Gericht als bedenklich.

II. Ablehnung eines Richters

Anknüpfungspunkt für die Ablehnung ist nur die Person eines bestimmten Richters bzw. einzelner Richter. Eine Ablehnung des Gerichts oder des Spruchkörpers als solchem kann dagegen grundsätzlich nicht begehrt werden (vgl. § 41 Rn. 1).[5] Ebenso scheidet die Ablehnung des Richters auf Grund seiner Zugehörigkeit zu einem Gericht oder Spruchkörper[6] oder eine auf der Zugehörigkeit beruhende Zurechnung möglicher Befangenheitsgründe anderer Senatmitglieder aus.[7] Statthaft kann dagegen ausnahmsweise ein Ablehnungsgesuch gegen alle zur Entscheidung berufenen Richter des Spruchkörpers sein, wenn eine Kollegialentscheidung den Grund für die Ablehnung darstellt.[8] Eine Kollektivablehnung kann in eine Ablehnung einzelner Richter umzudeuten sein.[9] 2

III. Ablehnung in den Fällen eines Ausschließungsgrundes, § 42 Abs. 1

Der nach § 41 ausgeschlossene Richter hat sich auch ohne Erlass einer entsprechenden Entscheidung kraft Gesetzes jeder richterlichen Tätigkeit zu enthalten (§ 41 Rn. 2).[10] Bei Zweifeln hierüber ist nach § 48 Halbs. 2 die Ausschließung vom Richteramt von Amts wegen zu prüfen.[11] Über diese Fälle hinaus stellt § 42 Abs. 1 klar, dass einer Partei, die über die Ausschließung eines Richters eine gerichtliche Entscheidung herbeiführen will, das Instrumentarium der Ablehnung im Verfahren nach den §§ 44ff. zur Verfügung steht. Da die gesetzlichen Ausschließungsgründe unverzichtbar sind,[12] ist eine Ablehnung, die auf einen solchen Grund gestützt wird, bis zum vollständigen Abschluss der Instanz zu jedem Zeitpunkt möglich. Jedoch scheidet eine vorsorgliche Ablehnung des noch nicht zuständigen Richters[13] ebenso wie die Ablehnung nach Ausscheiden des Richters aus dem Spruchkörper mangels Rechtsschutzbedürfnis[14] als unzulässig aus (vgl. § 44 Rn. 5). 3

IV. Ablehnung wegen Besorgnis der Befangenheit, § 42 Abs. 2

1. Voraussetzungen der Befangenheit. a) Begriff. Unter Befangenheit ist eine innere Einstellung[15] des Richters zu verstehen, auf Grund derer er die erforderliche Distanz zu dem Streit und die notwendige Unparteilichkeit gegenüber den Parteien derart vermissen lässt,[16] dass es infolge sachfremder Erwägungen[17] zu Bevorzugungen oder Benachteiligungen einer Partei kommt.[18] 4

b) Besorgnis der Befangenheit. Die Besorgnis der Befangenheit ist gegeben, wenn ein Grund besteht, der aus der Sicht einer ruhig und vernünftig denkenden Partei in der Person des Ablehnenden unter Würdigung aller Umstände berechtigten Anlass gibt, an der Unvoreingenommenheit oder Unparteilichkeit eines Richters zu zweifeln.[19] Auf eine tatsächliche Befangenheit des Richters oder seine Selbsteinschätzung[20] kommt es nicht an, da sich seine tatsächliche innere Befindlichkeit einer Feststellung entzieht. Trotz des Wortlauts von § 42 Abs. 2, der nicht das Misstrauen einer bestimmten Person in Bezug nimmt, ist nach Sinn und 5

---

[1] BVerfGE 40, 268, 271; BVerfG NJW 1998, 370.

[2] BGH VersR 2002, 1575.

[3] BVerfG NJW 1998, 370; BGH VersR 2002, 1575; OLG Karlsruhe NJW 2003, 2174; EGMR EuGRZ 1993, 122.

[4] OLG Celle MDR 2001, 767.

[5] BGH WM 2003, 847; NJW-RR 2002, 789; NJW 1992, 983, 984; OLG Rostock OLGR 2007, 370; OLG Brandenburg FamRZ 2001, 290; BFH GmbHR 2000, 748; OLG Naumburg OLGR 1997, 186; OLG Köln NJW-RR 1992, 894; aA OLG Zweibrücken OLGR 2000, 416.

[6] BGH NJW 1974, 55; NJW-RR 2002, 789; BayVerfGH MDR 2000, 659; *Zö/Vollkommer* Rn. 3; BayObLGZ 1985, 312; *Günther* NJW 1986, 282.

[7] FG Hessen NVwZ-RR 2005, 663.

[8] BVerwGE 50, 36; BVerwG NJW 1977, 312; OLG Zweibrücken OLGR 2000, 416; OLG Rostock OLGR 2004, 146; *Schneider* MDR 2001, 170; *Günther* NJW 1986, 282.

[9] *Zi* Rn. 2; *Zö/Vollkommer* Rn. 3; vgl. OLG Rostock OLGR 2007, 370.

[10] RGSt 33, 309f.

[11] MK/*Gehrlein* Rn. 2.

[12] *St/J/Bork* vor § 42 Rn. 3; *Zö/Vollkommer* Rn. 4.

[13] OLG Zweibrücken OLGR 2000, 1287 (LS).

[14] BFH NJW-RR 1996, 57f.; OLG Frankfurt OLGR 1997, 305.

[15] BGHSt 1, 34, 39 = NJW 1951, 323, 324.

[16] BGH NJW-RR 1986, 738.

[17] MK/*Gehrlein* Rn. 5; *Zö/Vollkommer* Rn. 8.

[18] *Wiecz/Sch/Niemann* Rn. 4.

[19] BVerfGE 73, 330, 335; 82, 30, 38; NJW 2000, 2808; BGHZ 77, 70, 72; BGH NJW 2004, 164; 2006, 2492, 2494; 2002, 2396; 1995, 1677, 1679; NJW-RR 2003, 1220, 1221; BFH/NV 2003, 1331; 2005, 2027; KG MDR 2001, 107; BayObLG NJW 1999, 1875; OLG Dresden MDR 2005, 106; *Günther* ZZP 105 (1992), 22f.; OLG Zweibrücken OLGR 2000, 416.

[20] BVerfGE 73, 335; 99, 56; BFH/NV 2005, 2027; BFH DB 1977, 1124; KGR 2007, 410; OLG Schleswig OLGR 2006, 22; LG Bayreuth NJW-RR 1986.

Zweck der Vorschrift auf die Sicht einer durchschnittlichen, vernünftigen und besonnen handelnden Partei[21] und nicht des Prozessbevollmächtigten[22] oder eines beliebigen Dritten abzustellen.[23]

6 Erforderlich ist, dass auf Grund der äußeren, objektiv feststellbaren Umstände in der Person des Ablehnenden der Eindruck erzeugt werden kann, dass die Besorgnis der Befangenheit des abgelehnten Richters besteht.[24] Die weit gehende Objektivierung[25] bei der Beurteilung der Umstände beinhaltet damit auch eine subjektive Komponente,[26] deren Bedeutung jedoch nicht über die Berücksichtigung durchschnittlicher Ansichten und Verhaltensweisen eines Ablehnenden hinausgeht. Die Grenze ist in der Äußerung unbesonnener oder unvernünftiger Vorstellungen[27] oder etwa im überzogenen („unnormalen") Misstrauen[28] einer Partei gesetzt. Die naturgemäß objektivere („besonnene und vernünftige") Sichtweise des Gerichts darf aber andererseits nicht vollständig die Stellung der Partei außer Acht lassen, auf deren Wahrnehmungen es ankommt.[29] Vielmehr sind die Ablehnungsgründe in ihrer Gesamtheit zu würdigen.[30] Deshalb kann zu berücksichtigen sein, wie die ablehnende Partei die Tatsachen aus ihrer ungewohnten Rolle als Prozessbeteiligte heraus verstanden hat,[31] und auf der Ebene der Bewertung der Umstände ist bei Zweifeln darüber, ob der Richter auf ihrer Grundlage als befangen erscheint, dem Ablehnungsgesuch stattzugeben.[32]

7 c) **Eigenes Verhalten der Partei** wie beleidigende Äußerungen[33] gegenüber dem Richter oder eine gegen ihn erstattete Strafanzeige[34] rechtfertigen die Befangenheitsablehnung nicht, weil es andernfalls in der Hand der Partei läge, durch eigenes unangemessenes Verhalten eine Situation herbeizuführen, in der die Ablehnung des Richters gleichsam automatisch vonstatten geht. Dies gilt grundsätzlich auch, wenn die Partei Beleidigungen gegen den Richter ausspricht und dieser dann deshalb Strafanzeige erstattet.[35] Gleichwohl ist dem Gericht Zurückhaltung aufgegeben[36] und es ist zu prüfen, ob sich hinter bloßen Beschimpfungen nicht doch die Substanz eines ernsthaften Antrags verbirgt.[37]

8 Ausscheiden muss jedoch die rechtsmissbräuchliche Anbringung eines Ablehnungsgesuchs mangels Rechtsschutzbedürfnis, wenn etwa der Antrag nur zum Zwecke der Verfahrensverschleppung,[38] als bloße Wiederholung eines bereits gestellten und abgelehnten Antrags,[39] nur um eigene Rechtsansichten durchzusetzen[40] oder aus sonstigen verfahrensfremden Zwecken gestellt wird (vgl. § 44 Rn. 5). Insoweit kann nicht das vorangegangene Verhalten der Partei, sondern nur die Reaktion des Richters auf dieses Verhalten[41] die Besorgnis der Befangenheit begründen (zu den Fallgruppen Rn. 9ff.).

9 **2. Fallgruppen. a) Dienstliche Erklärungen des Richters.** Eine Anzeige des Richters iSd. § 48 begründet für sich allein regelmäßig noch nicht die Besorgnis der Befangenheit. Ebenso entsteht grundsätzlich kein selbständiger Ablehnungsgrund, wenn der Richter nach Stellung des Befangenheitsantrages in der nach § 44 Abs. 3 abzugebenden dienstlichen Äußerung seine vermeintliche Befangenheit nicht einräumt.[42] Etwas anderes kann sich jedoch dann ergeben, wenn diese Erklärungen die Schilderung von Umständen enthalten, auf Grund derer sich der Richter selbst nicht mehr als unbefangen betrachtet und wenn dadurch aus der Sicht einer ruhig abwägenden Partei Zweifel hinsichtlich der Unvoreingenommenheit und Unparteilichkeit des Richters begründet sind.[43] Ergibt sich aus der dienstlichen Äußerung nach § 44 Abs. 3 ein unaufklärbarer Widerspruch zum geltend gemachten Ablehnungsgrund, der die Unabhängigkeit des Richters

---

[21] BVerfGE 82, 30, 38; 92, 139; BGH NJW 2002, 2396; BAG NJW 1993, 879; OLG Hamm FamRZ 2007, 835; OLG Frankfurt NJW 2007, 928 m. zust. Anm. *Kroppenberg;* OLG Schleswig OLGR 2006, 22; KG MDR 2001, 107.

[22] *Schneider* MDR 2005, 671.

[23] OLG Celle AnwBl. 1997, 295; LG Berlin NJW 1986, 1000; *B/L/H* Rn. 10; aA VGH Mannheim NJW 1986, 2068.

[24] BVerfG NJW 1993, 2230 m. weit. Nachw.; BGH MDR 2003, 892; NJW-RR 1986, 738; MK/*Gehrlein* Rn. 4.

[25] MK/*Gehrlein* Rn. 4; OLG Köln NJW-RR 1999, 288; OLG Bamberg FamRZ 1997, 1223; *Zö/Vollkommer* Rn. 9.

[26] OLG Köln NJW-RR 1999, 288; *Zö/Vollkommer* Rn. 9; OLG Bamberg FamRZ 1997, 1223.

[27] BayObLG NJW-RR 1988, 191; OLG Brandenburg MDR 2001, 1413; OLG München NJW-RR 2002, 862; OLG Hamburg FamRZ 1988, 186; OLG Karlsruhe NJW-RR 1987, 126, 127; OLG Saarbrücken NJW-RR 1994, 763.

[28] BGH JZ 1969, 437, 438 m. abl. Anm. *Arzt.*

[29] BayObLG MDR 1988, 970.

[30] *Zö/Vollkommer* Rn. 9; OLG Köln OLGR 2004, 290; BayObLGZ 1987, 309 m. weit. Nachw.

[31] OLG Celle NJW 1990, 1308, 1309.

[32] OLG Hamm FamRZ 2007, 835; OLG Stuttgart MDR 2007, 545; OLG Celle MDR 1988, 970; OLG Zweibrücken OLGR 2000, 416; BayObLGZ 1974, 131; KG MDR 1999, 1019; OLG Köln OLGR 2001, 260, 261; OLG Braunschweig OLGR 2000, 122; LG Hanau NJW-RR 2003, 1368; *Pfeiffer* ZIP 1994, 769, 771f.; *Zö/Vollkommer* Rn. 10; *T/P/Hüßtege* Rn. 9; aA BayObLG DRiZ 1978, 44; MK/*Gehrlein* Rn. 6; einschränkend *B/L/H* Rn. 12f.; OLG Braunschweig OLGR 2000, 122 (Ablehnung ist nur bei Zweifeln über die objektiven Umstände gerechtfertigt).

[33] OLG Düsseldorf OLGR 1996, 108; OLG Karlsruhe NJW 1973, 1658.

[34] OLG Saarbrücken NJW-RR 1994, 763, 766; OLG Dresden FamRZ 2002, 830.

[35] OLG Koblenz OLGR 2003, 21.

[36] LG Frankfurt/M NJW-RR 2000, 1086; OLG Stuttgart NJW 1977, 112.

[37] OLG Stuttgart NJW 1977, 112; *B/L/H* Rn. 7.

[38] OLG Brandenburg FamRZ 2002, 1042; OLG Köln NJW-RR 1997, 828; OLG Braunschweig MDR 2000, 846; OLG Düsseldorf Rpfleger 1994, 340; *Günther* NJW 1986, 281, 286.

[39] KG FamRZ 1986, 1022; LG Kiel Rpfleger 1988, 544; OLG Naumburg OLG-NL 1997, 262; OLG Dresden FamRZ 2002, 830.

[40] OLG Schleswig OLGR 2003, 540.

[41] *Günther* ZZP 105 (1992), 20, 40.

[42] OLG Saarbrücken OLGR 2007, 336.

[43] OLG Karlsruhe NJW-RR 2000, 591.

zumindest als fraglich erscheinen lässt, ist dem Ablehnungsgesuch im Zweifel stattzugeben.[44] Auch bei unsachlichen Äußerungen in dieser Stellungnahme,[45] oder in der terminvorbereitenden Ausarbeitung (Votum)[46] oder bei einem Verstoß gegen die Wartepflicht gemäß § 47 Abs. 1[47] kann die Besorgnis der Befangenheit anzunehmen sein.

b) Verhalten des Richters im Verfahren. aa) Mangelnde fachliche Eignung des Richters. Ein solcher Mangel stellt an sich keinen Ablehnungsgrund dar. Einfache Rechtsfehler oder eine (auch in einem früheren Verfahren vertretene)[48] **falsche Rechtsauffassung**[49] begründen ein Befangenheitsablehnungsgesuch ebenso wenig wie der Verdacht eines Verstoßes gegen Denkgesetze.[50] Da das Ablehnungsverfahren nicht dazu dient, richterliche Entscheidungen auf ihre Richtigkeit zu überprüfen,[51] kann eine Ablehnung daher nur dann greifen, wenn ein festgestellter Rechtsfehler auf einer unsachlichen Einstellung des Richters beruht und die Entscheidung so grob fehlerhaft ist, dass sie das Gepräge eines willkürlichen Handelns trägt.[52] Der Befangenheitsvorwurf kann sich beispielsweise daraus ergeben, dass sich der Richter pauschal und einseitig die Argumentation einer Partei zu Eigen macht, ohne sich ausreichend mit den Argumenten der Gegenparteiauseinanderzusetzen,[53] dass er beharrlich an Rechtsauffassungen festhält, die durch obergerichtliche Rechtsprechung oder aus anderen Gründen offensichtlich keine Geltung mehr beanspruchen können,[54] oder dass er die **Bindungswirkung der Rechtsmittelentscheidung** nach § 563 Abs. 2, § 572 Abs. 3 willkürlich missachtet.[55] Letzteres gilt auch dann, wenn etwa das Berufungsgericht sich deshalb für nicht an die Revisionsentscheidung gebunden betrachtet, weil diese auf einer verfassungswidrigen, unzulässigen Rechtsfortbildung contra legem beruhe.[56] Davon abzugrenzen und für sich allein nicht die Besorgnis der Befangenheit begründend ist allerdings die Äußerung erheblicher Bedenken gegen die Bindungswirkung im Rahmen einer prozessleitenden Verfügung, wenn sie sich als bloße Vorüberlegung darstellen und nicht erkennbar ist, dass die Meinungsbildung innerhalb des Spruchkörpers bereits ihren Abschluss gefunden hat.[57] Kommen zu der Äußerung des Richter, dass er die Rechtsmittelentscheidung für unrichtig hält, jedoch weitere Umstände hinzu wie zB das Zugrundelegen von Tatsachen, die keine Partei vorgetragen hat, die Zurückweisung eines ordnungsgemäßen Terminsverlegungsantrages (dazu auch Rn. 11) ohne nachvollziehbare Begründung sowie die Rechtfertigung eines Verstoßes gegen § 922 Abs. 3 mit der Äußerung, dass die Gegenpartei seriös sei, kann die Besorgnis der Befangenheit anzunehmen sein (siehe auch Rn. 12).[58] 10

bb) Art und Weise der Verfahrensführung. Auch die Art und Weise der Verfahrensführung des Richters kann als dem Kernbereich der richterlichen Unabhängigkeit zugeordnet grundsätzlich nicht die Besorgnis der Befangenheit begründen.[59] Vielmehr bedarf es insofern einer verfahrensrechtlich unsachgemäßen Vorgehensweise. Unsachgemäß in diesem Sinne ist die Verfahrensleitung, wenn sie ausreichender gesetzlicher Grundlage entbehrt oder sich aus der Art der Prozessleitung und dem prozessualen Vorgehen durch den Richter das Verfahren so weit vom üblicherweise praktizierten entfernt, dass sich die Besorgnis einer **sachwidrigen Benachteiligung** aufdrängt bzw. dass an die Stelle richtiger Rechtsanwendung **Willkür** tritt.[60] Dazu gehören idR Verstöße gegen die **Verfahrensgrundsätze** (Einl. Rn. 26ff.) vor allem den des rechtlichen Gehörs.[61] Ein Richter verstößt gegen diesen Grundsatz in die Besorgnis der Befangenheit begründender Weise bei mangelnder Bereitschaft, Parteivorbringen zur Kenntnis zu nehmen,[62] insbesondere bei der Weigerung, den Parteivortrag vollständig anzuhören, wenn er dem Anwalt aus unsachlichen Gesichtspunkten das Wort entzieht,[63] er mehrfach äußert, dass ihn die ZPO nicht interessiere, und er entsprechende Hin- 11

---

44 OLG Stuttgart MDR 2007, 545, 546.

45 OLG Karlsruhe Justiz 1987, 144; OLG Stuttgart ZIP 1994, 778, 779; vgl. BGH NJW 1980, 2530.

46 OLG Frankfurt MDR 2007, 544, 545.

47 BayObLG FamRZ 1988, 743, 744; OLG Karlsruhe NJW-RR 1997, 1350; OLG Köln OLGR 2004, 290; NJW-RR 1985, 419, 420.

48 KG NJW 2004, 2104, 2105.

49 BayObLG MDR 1988, 1063; OLG Köln NJW-RR 1988, 694; OLG Schleswig OLGR 2002, 327; OLG Braunschweig OLGR 1995, 155; OLG Bamberg OLGR 1998, 289; KGR 1998, 33; OLG Brandenburg OLGR 1998, 465; OLG München OLGR 1995, 107; OLG Köln OLGR 1998, 36; 281.

50 OLG Hamburg OLGZ 1989, 204, 205f.

51 BGH NJW 2002, 2396; OLG Frankfurt NJW 2004, 621; OLG Saarbrücken OLGR 2003, 362, 363.

52 OLG Köln OLGR 2002, 85; BFH DStRE 2003, 1418; OLG Schleswig OLGR 2006, 22; OLG Oldenburg FamRZ 1992, 193; BayObLG DRiZ 1977, 244, 245; OLG Saarbrücken OLGR 2003, 362.

53 OLG Schleswig FamRZ 2007, 401.

54 OLG Brandenburg OLGR 1998, 465; OLG München OLGR 1995, 107; OLG Köln OLGR 1998, 36.

55 OLG Frankfurt MDR 1984, 408; 1988, 415 m. Anm. *Schneider;* OLG Köln OLGR 1998, 281; OLG München MDR 2003, 1070; OLG Karlsruhe OLGZ 1984, 102, 104; OLG Celle NdsRpfl. 2005, 322, 323.

56 OLG Schleswig OLGR 2006, 26.

57 OLG Schleswig OLGR 2006, 26.

58 OLG Celle NdsRpfl. 2005, 322, 323.

59 KG NJW 2004, 2104, 2105.

60 BayObLG FamRZ 1979, 737, 739; 1988, 743, 744; KGR 2001, 266; KG NJW 2004, 2104, 2105; OLG Karlsruhe MDR 1991, 1195; OLG Oldenburg FamRZ 1992, 192f.; OLG Frankfurt NJW 1972, 2310; OLGR 2000, 36; OLG Schleswig OLGZ 1993, 479; OLG Saarbrücken NJW-RR 1994, 763, 766; OLGR 2003, 262, 263; FamRZ 1994, 908 m. Anm. *Gottwald;* krit. *Schneider* NJW 1997, 1823.

61 KGR 2001, 266; OLG Saarbrücken OLGR 2005, 881; OLG Frankfurt OLGR 2002, 250; 2000, 36; vgl. BVerfGE 60, 247, 249; 70, 288, 293f.

62 OLG Hamm VersR 1978, 646; OLG Oldenburg FamRZ 1992, 192f.

63 OLG Nürnberg AnwBl. 1962, 282.

weise der Partei nicht zur Kenntnis nimmt[64] oder er sich weigert, Anträge anzuhören und zu protokollieren.[65] Ferner gehört hierher die Weigerung des Richters, seine akustisch schlecht verständliche Äußerung zu wiederholen,[66] die Forderung eines überhöhten Kostenvorschusses für Sachverständigengutachten,[67] „private" Inaugenscheinnahmen in Begleitung einer der Parteien[68] oder die Anordnung einer Parteivernehmung gemäß § 448, für die die erforderlichen Voraussetzungen ersichtlich nicht gegeben sind.[69] Dies gilt auch dann, wenn der Richter das persönliche Erscheinen der Partei für den Fall anordnet, dass sie gegen die Erwartung des Gerichts die Klage nicht zurücknimmt.[70] Ablehnungsgrund kann ferner die **vorweggenommene Beweiswürdigung** sein, etwa wenn die Richterin äußert, sie habe von der Ladung einer bestimmten Zeugin abgesehen, weil sie kein „Fan" von der Ladung und Vernehmung naher Verwandter einer Partei sei.[71] Einen typischen Fall der Befangenheit auf Grund rechtsfehlerhafter Verfahrensführung stellt weiter die **Untätigkeit des Richters** ohne sachlichen Grund dar,[72] wenn er zB auf Anträge[73] nicht reagiert.[74] Dazu gehört ferner die ungebührliche Verfahrensverzögerung bei besonderer Eilbedürftigkeit,[75] die **Nichtverbescheidung** von Terminsanträgen,[76] einem Wiedereinsetzungsantrag[77] oder des Ablehnungsantrages,[78] die lang andauernde Nichtbearbeitung von Prozesskostenhilfeersuchen[79] oder etwa die Fortsetzung des Verfahrenstermins trotz seiner verkündeten Beendigung ohne Einverständnis einer Partei, wenn zuvor bereits verfahrensfehlerhafte Entscheidungen ergangen sind.[80] Demgegenüber ist bei hinreichend sorgfältiger objektiver Prüfung der Akten im Hinblick auf den Verdacht einer Straftat und der anschließenden Erstattung einer **Strafanzeige** sowie Zuleitung der Akten an die Staatsanwaltschaft idR nicht von der Besorgnis der Befangenheit auszugehen, weil dem Richter als Organ der Rechtspflege ein solches Vorgehen zuzubilligen ist (vgl. Rn. 12).[81] Insofern kann dann jedoch der Verzicht auf die vorherige Anhörung der Partei nur aus Gründen der Verdunklungsgefahr oder auf Grund der sich objektiv belegbar aus den Akten ergebenden Umstände als sachgemäß und nicht auf Voreingenommenheit beruhend, mithin nicht die Besorgnis der Befangenheit begründend anzunehmen sein.[82] Ferner kann die verfahrensfehlerhaft ohne Anhörung des Prozessgegners vorgenommene Rubrumsberichtigung für sich allein aus der Sicht der durchschnittlichen, vernünftigen und besonnen handelnden Partei nicht Zweifel an der Objektivität und Unparteilichkeit des Richters hervorrufen.[83] Auch **unbeabsichtigt unterlaufene Verfahrensfehler,** etwa die Ablehnung einer Terminsverlegung,[84] eine unter Verstoß gegen § 225 Abs. 2 gewährte Fristverlängerung,[85] die einmalige Verletzung der Wartepflicht des § 47 Abs. 1,[86] die versehentliche Verkündung eines als Entwurf gefertigten Urteils vor Ablauf einer gewährten Schriftsatzfrist[87] oder die vor Ablauf der Stellungnahmefrist getroffene Entscheidung über ein Ablehnungsgesuch bezüglich des Sachverständigen[88] begründen ohne das Hinzutreten weiterer Umstände[89] regelmäßig nicht die Besorgnis der Befangenheit.[90] Dabei sind im Hinblick auf die Verweigerung einer **beantragten Terminsverlegung** nur dann Zweifel an der Unparteilichkeit

---

[64] LG Mönchengladbach NJW-RR 2004, 1003, 1004.
[65] OLG Köln NJW-RR 1999, 288; OLGZ 1971, 376, 379; vgl. auch OLG Frankfurt, Beschl. v. 16. 8. 2007, Az. 9 W 18/07.
[66] LG Kiel SchlHA 1985, 178.
[67] OLG Karlsruhe OLGZ 1984, 102, 103.
[68] OLG Düsseldorf MDR 1956, 557; LG Berlin MDR 1952, 558.
[69] LG Berlin MDR 1982, 154.
[70] OLG Köln NJW-RR 1997, 1083.
[71] OLG Rostock OLGR 2001, 130.
[72] OLG Naumburg EzFamR aktuell 2003, 155; OLG München OLGR 1998, 331; OLG Düsseldorf MDR 1998, 1052 m. Anm. *Schneider* MDR 1998, 1397; OLG Brandenburg OLG-NL 2000, 263; einschr. OLG Dresden OLGR 2001, 129; BayObLGZ 1998, 37.
[73] OLG Bamberg FamRZ 1997, 166; OLG Karlsruhe OLGR 1998, 13; vgl. aber OLG Köln MDR 1998, 432.
[74] OLG Celle OLGR 1999, 108.
[75] OLG Bamberg FamRZ 2000, 1287; OLG Karlsruhe FamRZ 1994, 46; OLG Düsseldorf OLGR 1999, 321; vgl. aber OLG Hamm NJW-RR 1999, 1291; BayObLGZ 1998, 35.
[76] OLG Karlsruhe MDR 1991, 1195; OLG Zweibrücken OLGR 1999, 291; OLG Brandenburg MDR 1997, 690.
[77] OLG Rostock NJW-RR 1999, 1507.
[78] *Schneider* MDR 2005, 671.
[79] OLG Brandenburg FamRZ 2001, 552; OLG Oldenburg FamRZ 1992, 193; OLG Hamm JMBlNRW 1976, 111; OLG Karlsruhe FamRZ 1999, 444.
[80] OLG Schleswig OLGR 2005, 664, 665.
[81] OLG Naumburg OLGR 2005, 875, 876; OLG Frankfurt MDR 1986, 943; OLG Hamburg MDR 1989, 1000; OLG Brandenburg MDR 1997, 779, 780; OLG Koblenz OLGR 2003, 21; vgl. KG MDR 2001, 107.
[82] OLG Naumburg OLGR 2005, 875, 876; IBR 2003, 538 (LS).
[83] OLG Naumburg OLGR 2005, 788.
[84] BGH NJW 2006, 2492, 2494; BayObLG MDR 1986, 416; NJW-RR 1988, 191; OLG Köln NJW-RR 2000, 591; MDR 2003, 170; OLG Koblenz MDR 1991, 448; OLG Zweibrücken MDR 1999, 113; OLG Brandenburg NJW-RR 1999, 1291; LG Lübeck MDR 1999, 57 m. krit. Anm. *Schneider.*
[85] OLG Celle OLGR 1999, 246.
[86] OLG Celle OLGR 2006, 603 (Anberaumung eines neuen Verhandlungstermins); vgl. aber OLG Brandenburg NJW-RR 2000, 1091; OLG Karlsruhe NJW-RR 1997, 1350; OLG Hamburg NJW 1992, 1463; OLG Köln NJW-RR 1996, 420 (mehrfacher bzw. schwerwiegender Verstoß gegen § 47 Abs. 1 begründet die Befangenheitsbesorgnis).
[87] LG Traunstein NJW-RR 2005, 1088.
[88] OLG München, Beschl. v. 15. 6. 2007, Az. 1 W 1576/07.
[89] OLG Karlsruhe OLGZ 1984, 101.
[90] BayObLGZ 1986, 249, 253; OLG Karlsruhe OLGZ 1978, 225; OLG Zweibrücken MDR 1982, 940.

berechtigt, wenn die Gründe für den Verlegungsantrag erheblich sind und mit der Verweigerung eine augenfällige Ungleichbehandlung der Prozessparteien zum Ausdruck kommt.[91] Ferner rechtfertigen allein „Spannungen“ zwischen dem Richter und einem Prozessbevollmächtigten für sich nicht die Ablehnung.[92] Auch die Anhörung des Sachverständigen im Beratungszimmer unter Ausschluss der Parteien zur Vorbereitung eines Vergleichsvorschlags begründet nicht den Verdacht der Befangenheit.[93] Bei Meinungsverschiedenheiten über die Zulässigkeit von Fragen an einen Zeugen ist vor der Richterablehnung eine Entscheidung nach § 397 Abs. 3 herbeizuführen.[94]

cc) **Richterliche Hinweise.** Soweit sie vom Umfang (dazu § 139 Rn. 5) der richterlichen Aufklärungs- 12
pflicht gedeckt sind,[95] begründen Hinweise gemäß §§ 136 Abs. 3, 139, 273 Abs. 2 Nr. 1, 278 Abs. 2 S. 2, 279 Abs. 3 eine Befangenheit des Richters nicht.[96] Dies gilt umso mehr nach der teilweisen Novellierung der genannten Vorschriften durch das ZPO-RG, die nunmehr verstärkt auf eine frühzeitige Streitbeilegung (§ 278 Abs. 1) durch erhöhte **Aufklärungs- und Hinweispflichten des Richters** hinsichtlich der entscheidungserheblichen rechtlichen und tatsächlichen Gesichtspunkte in einem Rechtsgespräch mit den Parteien abzielen.[97] Daher sind im Zusammenhang mit der Erörterung des Sach- und Streitstandes durch das Gericht erfolgte Belehrungen, Meinungsäußerungen, Hinweise[98] und Hilfestellungen grundsätzlich zulässig, soweit sie sachgerecht sowie hinreichend korrekt und distanziert sind, so dass bei vernünftiger Betrachtung nicht die Befürchtung geweckt wird, der Richter stünde der Sache nicht unvoreingenommen und damit unparteiisch gegenüber.[99] Dies gilt auch für den Hinweis auf eine mögliche Strafanzeige und Vorlage der Akten an die StA wegen strafbarer Handlungen der Partei (vgl. Rn. 11).[100] Unter dem Gesichtspunkt der Verhandlungs- und Dispositionsmaxime besteht eine Hinweispflicht dann nicht, wenn sich im Vortrag der Partei keine Anhaltspunkte dafür finden, dass die Rechtsposition, auf die hingewiesen wurde, geltend gemacht werden sollte.[101] Nicht zulässig ist daher der Rat zur Flucht in die Säumnis[102] oder die Empfehlung, sich wegen der Unschlüssigkeit der Klage einen Anwalt zu nehmen.[103] Die zitierten eine Aufklärungspflicht bestimmenden Vorschriften begründen es ferner nicht, dass der Richter unter Aufgabe seiner Neutralität einer Partei weiter gehende Hilfestellungen gibt, etwa durch die Mitteilung eines neuen Klagegrundes,[104] den Rat, Anschlussberufung einzulegen[105] oder einen neuen Zeugenbeweis zu beantragen,[106] eine Abtretung vorzunehmen, um Probleme der Aktivlegitimation zu umgehen[107] sowie – nach der überwiegenden Auffassung – auch **Hinweise auf Einreden** und Gegenrechte wie die der Verjährung.[108] Nach anderer Ansicht soll der Hinweis auf die einer Partei ungünstige materielle Rechtslage noch keine Verletzung der richterlichen Neutralität begründen,[109] weil der Gegner im Hinblick auf die Unkenntnis der Partei nicht schutzwürdig[110] und es im Übrigen gut vertretbar sei, den Hinweis auf eine Einrede als von der Aufklärungspflicht mit umfasst anzusehen, weshalb insofern zumindest keine Befangenheit anzunehmen sei[111] (vgl. § 139 Rn. 6). Teilweise wird einschränkend ein Ablehnungsgrund bei einem entsprechenden richterlichen Hinweis nur angenommen, wenn er im Rahmen anwaltlich vertretener Parteien erfolgt (§ 139 Rn. 6).[112] **Rechtliche Meinungsäußerungen** etwa im Rahmen der Einführung in den Sach- und Streitstand sind grundsätzlich dann unbedenklich, wenn der Rich-

[91] OLG Köln MDR 2003, 170; NJW-RR 2000, 591, 592; 1997, 828; KG MDR 2005, 708; NJW 2006, 2787; OLG Zweibrücken MDR 1999, 113; OLG Schleswig NJW 1994, 1227.

[92] OLG Celle OLGR 2007, 78; KGR 1999, 279; vgl. OLG Oldenburg ZMGR 2005, 119 (Spannungen zwischen Prozessbevollmächtigtem und Sachverständigen).

[93] OLG Stuttgart NJW-RR 1996, 1469.

[94] KGR 1999, 153.

[95] OLG Stuttgart NJW 2001, 1145; KG FamRZ 1990, 1006; OLG Karlsruhe OLGZ 1978, 224, 226; OLG Köln VersR 1992, 380; OLG Düsseldorf NJW 1993, 2542.

[96] BVerfGE 42, 88, 90; BSG MDR 1986, 85; OLG Koblenz NJW-RR 2000, 1376; OLG Düsseldorf NJW 1993, 2542; OLG Köln NJW-RR 1993, 1277; *Peters* FamRZ 1990, 1007; abw. OLG Köln MDR 1999, 375.

[97] Vgl. BGH NJW 2004, 164; *Rensen* MDR 2002, 1175; *Musielak*, GK ZPO, Rn. 105; *Zö/Vollkommer* Rn. 26; MK/*Gehrlein* Rn. 23; vgl. BVerfGE 75, 188ff.; OLG Köln NJW-RR 1993, 1277.

[98] OLG München MDR 2004, 52 (Hinweis wie die Rechtslage ist und nicht nur, wie sie sein könnte.).

[99] MK/*Gehrlein* Rn. 32; *Zö/Vollkommer* Rn. 26; BGH NJW 2004, 164; OLG Stuttgart NJW 2001, 1145; OLG Schleswig OLGR 2006, 26; KG MDR 2007, 1216, 1217.

[100] OLG Naumburg OLGR 2005, 875, 876; KG MDR 2001, 107; OLG Zweibrücken FamRZ 1993, 576; *Schneider* MDR 2001, 290.

[101] BGH NJW 2004, 164, 165 (zu § 139); *Wiecz/Sch/Niemann* Rn. 9.

[102] OLG München NJW 1994, 60; aA *Meyer* JurBüro 1994, 450.

[103] OLG Köln MDR 1999, 375.

[104] Vgl. BGH NJW 2004, 164, 165; KG JW 1931, 87.

[105] KG JW 1931, 1104; OLG Rostock NJW-RR 2002, 576; vgl. *Deubner* JuS 2002, 686; aA *Rensen* MDR 2002, 50; *Zö/Vollkommer* Rn. 26.

[106] AA OLG Frankfurt NJW 1976, 2025, 2026.

[107] OLG Frankfurt NJW 1970, 1884; aA OLG Frankfurt MDR 2007, 674f.

[108] Begr. BT-Drucks. 14/4722 S. 77; BGH NJW 2004, 164; OLG Bremen NJW 1986, 999; 1979, 2215; OLG Hamburg NJW 1984, 2710; OLG Köln MDR 1979, 1027; *Prütting*, Festschr. f. Musielak, 2004, S. 496ff.; *T/P/Hüßtege* Rn. 12; *Schneider* MDR 1979, 977; *B/L/H* Rn. 38; MK/*Gehrlein* Rn. 34.

[109] *Zö/Vollkommer* Rn. 27; *Zi* Rn. 13; BGH NJW 1998, 612 (Ausnahmefall); BayObLG NJW 1999, 1875; KG NJW-RR 2002, 1732; OLG Frankfurt OLGR 2001, 146; OLG Naumburg 2002, 105; LG Halle JMBlLSA 2001, 194.

[110] *Zö/Vollkommer* Rn. 27.

[111] *Zö/Vollkommer* Rn. 27; *St/J/Bork* Rn. 11 Fn. 58 m. weit. Nachw.; vgl. *Rensen* MDR 2004, 491; BGH NJW 1998, 612.

[112] Vgl. *Rensen* MDR 2002, 1175; *T/P/Hüßtege* Rn. 12; *St/J/Bork* Rn. 11 Fn. 58 m. weit. Nachw.

ter, ohne sich endgültig festgelegt zu haben, zu den Erfolgsaussichten eines Antrags Stellung nimmt,[113] Äußerungen im Rahmen von Vergleichsgesprächen[114] tätigt oder einer Rechtsauffassung folgt, die von den Instanzgerichten nicht mehr geteilt wird (vgl. aber Rn. 10).[115]

13 **dd) Unsachlichkeit.** Das unsachliche Verhalten des Richters begründet die Besorgnis seiner Befangenheit, wenn er sich grob in der Form vergriffen hat, da dies nicht durch die prozessualen Aufgaben des Richters gerechtfertigt sein kann.[116] Naturgemäß fallen unter den Katalog dieser Fallgruppe die kränkende oder beleidigende Wortwahl eines Richters gegenüber der Partei oder dem Prozessbevollmächtigten[117] einer Partei,[118] etwa der unberechtigte Vorwurf standeswidrigen Verhaltens,[119] nicht ohne weiteres jedoch die Bezeichnung des Parteivorbringens als „rabulistisch",[120] „utopisch"[121] oder des Verhaltens der Partei als „tricky"[122]. Auch können „lautstarke" Äußerungen des Richters in Wahrnehmung seiner **sitzungspolizeilichen Aufgaben**[123] oder die Androhung von Ordnungsmitteln bei umgangssprachlichen, jedoch in der Sache nicht zu beanstandenden Äußerungen der Partei[124] anders zu beurteilen sein. Als die Besorgnis der Befangenheit begründend wird es jedoch angesehen, wenn der Sachvortrag der Partei oder ihres Prozessbevollmächtigten als Unsinn[125] oder ein Verfahrensbeteiligter als Schreibwerkzeug des anderen bezeichnet wird,[126] sich der Richter an die Stirn tippt[127] oder eine andere die Missachtung offenbarende Gestik und Mimik während des Parteivortrags an den Tag legt.[128] Gleiches gilt von dem voreilig und ungeprüft erhobenen Vorwurf, eine Partei habe einen Prozessbetrug begangen,[129] bei sachfremden Fragen gegenüber einem Drogensüchtigen,[130] nicht aber bereits wegen geäußerter Zweifel an der Glaubwürdigkeit eines Zeugen.[131] Auch heftige Reaktionen wie beispielsweise Unmutsäußerungen des Richters – etwa wegen des Widerrufs eines Vergleichs[132] – können die Besorgnis der Befangenheit auslösen, nicht jedoch die nachdrückliche Ermahnung einer Partei, wahrheitsgemäß auszusagen,[133] während die pauschale Bemerkung, dem Gericht sei bekannt, dass keine der Parteien die volle Wahrheit sage,[134] einen Ablehnungsgrund darstellen kann. Reagiert der Richter unsachlich auf ein Ablehnungsgesuch („das nehme ich persönlich"), kann dies das Gesuch auch nachträglich rechtfertigen.[135] Dagegen ist es nicht notwendig unsachlich, wenn ein Richter ein vorinstanzliches Urteil für „unhaltbar" hält.[136]

14 **ee) Vorbefasstheit des Richters.** Eine frühere Mitwirkung des Richters in derselben Sache stellt grundsätzlich keinen Ablehnungsgrund dar.[137] Die Vorschrift des § 41 Nr. 4 bis 6 (§ 41 Rn. 4, 13) regelt diese Probleme nach verbreiteter Ansicht[138] abschließend. „Grenzfälle" des § 41 Nr. 4 bis 6 – in denen also nicht unmittelbar davon ausgegangen werden kann, dass der Richter kein unparteiischer Dritter ist – fallen unter § 42. Das sind regelmäßig die Situationen, in denen der Richter nicht gewillt ist, eine bereits gefasste Mei-

---

[113] BGHZ 77, 73; KG FamRZ 1979, 322; OLG Karlsruhe OLGZ 1987, 248 f.; BFH NJW 1996, 216; OLG Karlsruhe NJW-RR 1998, 1446; OLG Stuttgart NJW 2001, 1145; OLG München MDR 2004, 52; OLG Naumburg MDR 2007, 794 f. (Bemerkung bzgl. Parteierwartung zu obsiegen „Da werden Sie sich wundern!").

[114] OLG Köln NJW 1975, 788; OLG Stuttgart Justiz 1973, 92, 93; KGR 1998, 359; KG MDR 1999, 253; vgl. auch KG MDR 2007, 1216 f.

[115] OLG Köln OLGR 1998, 281.

[116] OLG Düsseldorf AnwBl. 1999, 236; OLG Rostock OLGR 2001, 130; MK/*Gehrlein* Rn. 24.

[117] OLG München OLGR 1998, 209; OLG Brandenburg MDR 2000, 47; OLG Frankfurt NJW 2007, 928 m. zust. Anm. *Kroppenberg;* OLG Jena OLGR 2003, 147; *Wiecz/Sch/Niemann* Rn. 7; vgl. OLG Stuttgart MDR 2003, 50.

[118] OLG Hamburg NJW 1992, 2036; OLG Frankfurt FamRZ 1994, 909; NJW-RR 1995, 890; OLG Hamburg MDR 1989, 71: „jeden Unsinn anhören zu müssen"; OLG Jena OLG-NL 2002, 282: „derartige Mätzchen einer nicht rechtzeitigen Rüge zu unterlassen"; OLG Nürnberg MDR 1967, 310: „das Geschrei des Prozessbevollmächtigten sei nicht förderlich"; OLG Schleswig SchlHA 1979, 51: „Verhältnis einer verheirateten Frau zu einem Mann als Bratkartoffelverhältnis"; OLG Hamburg OLGRspr. 25, 61: „offensichtlich betrügerisches Gebaren des Beklagten"; LG Bayreuth NJW-RR 1986, 678: „das Schreiben des Antragstellers gehört in den Papierkorb".

[119] LG Kassel AnwBl. 1986, 104; aA *Günther* ZZP 105 (1992), 20, 37.

[120] OLG Frankfurt NJW 2004, 621.

[121] OLG Brandenburg FamRZ 1995, 1498.

[122] OLG Düsseldorf AnwBl. 1999, 236.

[123] KGR 2000, 310.

[124] OLG Hamm FamRZ 2007, 835.

[125] LSG NRW NJW 2003, 2933.

[126] BGH Rpfleger 2003, 453.

[127] OVG Lüneburg DRiZ 1974, 194; OLG Frankfurt FamRZ 1983, 631.

[128] OLG Celle MDR 1988, 970.

[129] OLG Frankfurt NJW-RR 1986, 1319, 1320; NJW-RR 1997, 1084; OLG Hamburg MDR 1989, 1000; OLG Hamm FamRZ 1992, 575; LG Bonn NJW 1973, 2069; *Günther* VerwArch 1991, 179, 203 f.; vgl. *Knoche* MDR 2000, 371.

[130] LG Essen NJW-RR 2003, 1719.

[131] OLG Bamberg OLGR 2001, 89.

[132] LG Kiel AnwBl. 1964, 23.

[133] OLG Zweibrücken FamRZ 1993, 576.

[134] OLG Zweibrücken MDR 1982, 940.

[135] LG Berlin NJW-RR 1997, 315, 316; OLG Karlsruhe Justiz 1993, 54.

[136] KGR 1999, 279.

[137] BAG NJW 1993, 879; OLG Düsseldorf NJW-RR 1998, 1763; BayObLG WuM 1999, 186; OLG Karlsruhe MDR 2007, 1336; OLG Saarbrücken NJW-RR 1994, 764; VerfGH Berlin NJW-RR 2002, 70; OLG Bremen WuM 2002, 398; OLG Naumburg MDR 1999, 824.

[138] MK/*Gehrlein* Rn. 14; *Zö/Vollkommer* Rn. 15; LSG Hessen, Urteil v. 13. 7. 2005, Az. L 6/7 KA 564/02.

nung bzw. rechtliche Beurteilung kritisch zu hinterfragen und einer erneuten Überprüfung, gegebenenfalls unter Berücksichtigung weiterer neuer Umstände, zuzuführen.[139] Dabei ist in Konstellationen einer typischen von der Verfahrensordnung vorgesehenen Vorbefassung Zurückhaltung geboten. So wird grundsätzlich die Besorgnis der Befangenheit nicht anzunehmen sein, wenn der Richter bereits im PKH-Verfahren[140] oder beim vorherigen Erlass des Arrests oder einer einstweiligen Verfügung[141] mitgewirkt hat oder er etwa wegen der Zurückverweisung iSd. § 563 Abs. 1 oder im Verfahren nach Einspruch gegen das Versäumnisurteil tätig wird.[142] Ebenso wenig wird ein Grund für die Besorgnis der Befangenheit in der Mitwirkung des ehrenamtlichen Richters im parallelen Verwaltungsverfahren und seine Zugehörigkeit zum am Verfahren beteiligten Beschwerdeausschuss (soweit er nicht zu dessen Vertretung berechtigt ist oder war) gesehen.[143] Ferner kann allein die Mitwirkung in einem vorherigen Vollstreckungsverfahren der Finanzverwaltung gegen eine GmbH für das spätere finanzgerichtliche Haftungsverfahren gegen den Geschäftsführer nicht die Besorgnis der Befangenheit begründen, soweit nicht weitere Anhaltspunkte vorgetragen werden.[144] Anders kann dies bei einer aus prozessrechtlicher Sicht **atypischen Vorbefassung des Richters**[145] der Fall sein, zB bei der früheren Befassung des Zivilrichters mit dem gleichen Sachverhalt als Anklagevertreter[146] oder Strafrichter,[147] in den über § 41 Nr. 6 hinausgehenden Fällen der Versetzung des Richter in eine andere Instanz[148] oder wenn er etwa als Referent des Gerichtspräsidenten bei Bearbeitung der Streitigkeit zur Rechtslage im konkreten Fall Stellung genommen hatte.[149] Ebenso wird in Fällen, in denen der Richter außerdienstlich im Rahmen einer Nebentätigkeit einseitig rechtsberatend für einen der Verfahrensbeteiligten tätig geworden ist, eine atypische Vorbefasstheit und damit die Besorgnis der Befangenheit anzunehmen sein.[150] In Ermangelung einer dem § 23 Abs. 2 StPO entsprechenden Vorschrift ist der vorbefasste Richter ohne das Hinzutreten weiterer Umstände im Wiederaufnahmeverfahren nicht ausgeschlossen (§ 41 Rn. 13).[151] Etwas anderes kann dann gelten, wenn gegen ihn der Vorwurf von (strafbaren) Amtspflichtverletzungen erhoben wird.[152] Ebenso kann die Besorgnis der Befangenheit begründet sein, wenn der Richter im Regressprozess zur Beurteilung des eigenen Urteils berufen ist[153] oder nach Mitwirkung im Patentverletzungsprozess auch im anschließenden Nichtigkeitsberufungsverfahren tätig wird.[154] Die Wahrnehmung von Aufgaben in der Justizverwaltung führt zum Ausschluss beim Tätigwerden in richterlichen Aufgaben gleicher Art.[155] Die für eine Partei nachteilige Entscheidung in einem anderen Verfahren rechtfertigt dagegen eine Ablehnung grundsätzlich nicht,[156] ebenso wenig die erfolgreiche Ablehnung des Richters in einem früheren Verfahren, dem ein anderer Sachverhalt zu Grunde lag,[157] oder die vormalige Tätigkeit des Richters beim notaraufsichtlichen Verfahren gegen den Prozessbevollmächtigten.[158]

c) **Besondere Beziehungen zum Verfahrensgegenstand oder den Verfahrensbeteiligten.** Entscheidend für 15
die Begründung der Besorgnis der Befangenheit ist die Intensität, die der geschäftliche oder soziale Kontakt zwischen dem Richter und dem Verfahrensbeteiligten bzw. dem Streitstoff aufweist.[159] Beispiele dafür sind: engere geschäftliche Verbindungen des Richters oder naher Angehöriger zu einer der Parteien, etwa ein zwischen der Ehefrau des Richters und einer Partei geschlossener Werkvertrag über einen Hausbau,[160] aber auch bei Wettbewerbsverhältnissen zwischen einer Partei und dem ehrenamtlichen Richter einer Kammer für Handelssachen.[161] Bloße **Sympathie** oder Antipathie begründen für sich genommen noch nicht die

---

139 *T/P/Hüßtege* Rn. 13; MK/*Gehrlein* Rn. 14f.
140 OLG Hamm NJW 1976, 1459.
141 OLG Saarbrücken OLGZ 1976, 469.
142 Vgl. OLG Rostock NJW-RR 1999, 1445 (Widerspruchsverfahren); OLG Karlsruhe OLGZ 1984, 104; MK/*Gehrlein* Rn. 15.
143 LSG Hessen, Urteil v. 13. 7. 2005, Az. L 6/7 KA 564/02.
144 FG Hamburg DStRE 2005, 1365.
145 BGH NJW-RR 2003, 479; OLG Naumburg MDR 1999, 824, 825.
146 KGR 2007, 410.
147 BGH NJW 1967, 155, 156; OLG Frankfurt Rpfleger 1980, 300; OLG Koblenz NJW 1967, 2213; LG Würzburg MDR 1985, 850; aA OLG Karlsruhe OLGZ 75, 243; OLG Zweibrücken OLGR 2000, 441; OLG Bamberg OLGR 2007, 1257.
148 Vgl. OLG Karlsruhe FamRZ 1992, 1194; FamRZ 1996, 556 (bei besonderen Umständen); aA OLG Naumburg MDR 1999, 824.
149 OLG Dresden MDR 2005, 106.
150 FG Hamburg, Urteil v. 12. 9. 2005, Az. III 149/05.
151 BGH NJW 1981, 1273, 1274; OLG Hamburg FamRZ 1988, 186; OLG Karlsruhe OLGZ 1975, 242, 243f.; OLG Zweibrücken NJW-RR 1994, 763; vgl. auch KGR 2007, 410.
152 OLG Celle MDR 1955, 425; OLG Düsseldorf NJW 1967, 987 (Schiedsurteil).
153 LG Darmstadt NJW-RR 1999, 289; vergleichbar BayObLG WuM 1999, 186; aA OLG Düsseldorf NJW-RR 1998, 1763.
154 BGH NJW-RR 1986, 738; 2003, 353.
155 OLG Frankfurt OLGR 1999, 73; vgl. aber OLG Frankfurt OLGR 1998, 151.
156 BayObLG WuM 1999, 186; OLG Naumburg MDR 1999, 824; LG Darmstadt NJW-RR 1999, 289; OLG Zweibrücken RPfleger 2000, 236.
157 OLG Karlsruhe JurBüro 1998, 612; OLG Frankfurt FamRZ 1986, 291.
158 OLG Celle OLGR 2007, 78.
159 LAG Düsseldorf ArbuR 2001, 157; MK/*Gehrlein* Rn. 8; vgl. BGH NJW 2005, 2858 (geschäftliche Kontakte des Instituts des bestellten Sachverständigen).
160 LG Regensburg FamRZ 1979, 525.
161 *Wiecz/Sch/Niemann* Rn. 15.

Besorgnis der Befangenheit des Richters.[162] Anders kann dies sein, wenn sich im Verhalten des Richters im Prozess unsachliches oder parteiliches Auftreten bemerkbar macht, vgl. Rn. 11ff. Ein Ablehnungsgrund kann vorliegen, wenn den Richter mit einer Partei ein nicht unter § 41 Nr. 3 fallendes Verwandtschafts- oder Schwägerschaftsverhältnis[163] verbindet, Partei und Richter **verlobt** sind, ein **Liebesverhältnis** oder eine (enge) **Freundschaft** unterhalten.[164] Dies gilt weiter, wenn Richter und Partei an einem Gericht tätig sind und Gespräche über das streitige Rechtsverhältnis geführt haben. Aber auch die **Ehe** zwischen dem Richter und einer bei der Prozesspartei tätigen Person oder die Ehe[165] oder ein Schwägerschaftsverhältnis zum Prozessvertreter[166] kann die Besorgnis der Befangenheit begründen.[167] Ist ein Richter mit dem Prozessbevollmächtigten der Partei persönlich bekannt[168] oder befreundet[169] und äußert er sich diesem gegenüber zu einer allgemeinen Frage, rechtfertigt das ohne Hinzutreten weiterer Umstände jedoch nicht die Besorgnis der Befangenheit.[170] Das gilt auch beim Fehlen zusätzlicher Anhaltspunkte für den Fall, dass der Sohn des Richters in einer verfahrensbeteiligten Anwaltskanzlei tätig ist.[171] Nicht ausreichend ist ferner die Mitwirkung der Ehefrau des Rechtsmittelrichters bei Erlass der angefochtenen (Kollegial-)Entscheidung im Hinblick auf dessen Beteiligung im Rechtsmittelverfahren.[172] Eine **Bewirtung** durch die Partei bei einem Augenscheinstermin, die nicht über das gebotene Maß der Gastfreundschaft hinausgeht (eine Tasse Kaffee ist unbedenklich, ein ausgedehntes gemeinsames Essen problematisch)[173] oder die Mitnahme des Richters zum auswärtigen Termin im Auto einer Partei[174] begründen idR nicht die Besorgnis der Befangenheit, wohl aber, wenn eine Partei Vermieter der vom Richter gemieteten Wohnung ist.[175]

16 Vor allem innerhalb kleinerer Gerichte kann das **Kollegialitätsverhältnis** Anknüpfungspunkt für die Befangenheitsbesorgnis sein,[176] insbesondere wenn Richter und Partei ansonsten in einer Kammer ständig zusammenarbeiten[177] oder der Anverwandte eines solchen Richterkollegen Partei ist. Jedoch bedarf es auch insoweit regelmäßig näherer, über das bloße Kollegialitätsverhältnis hinausgehender beruflicher oder privater Beziehungen der Richterkollegen zueinander.[178] Nicht ausreichend ist es, wenn freundschaftliche Beziehungen zwischen dem zur Entscheidung berufenen und einem zuvor mit der Sache befassten Richter bestehen, selbst wenn der früher zuständige Richter mit Erfolg wegen Besorgnis der Befangenheit abgelehnt worden ist oder hätte abgelehnt werden können.[179] Ist der Richter **Mitglied in einem Verein** wie dem Rotary Club[180] oder in einem gesellschaftlichen Zusammenschluss,[181] der seinem Wesen nach die Kontaktpflege zum Gegenstand hat, kann eine gemeinsame Mitgliedschaft die Ablehnung des Richters begründen. Jedoch wird idR die bloße Mitgliedschaft des Richters in einem prozessbeteiligten Verein mit umfangreicher Mitgliederzahl für sich allein nicht ausreichen.[182] Dies gilt auch für den Fall, dass ein anderes Mitglied des Vereins Prozesspartei ist.[183] Ebenfalls nicht genügend ist in den Grenzen der Wahrung der richterlichen Unabhängigkeit nach § 39 DRiG die Mitgliedschaft in **Gewerkschaften,**[184] **politischen Parteien oder sonstigen Vereinigungen.**[185] Etwas anderes kann gelten, wenn der abgelehnte Richter in ihnen eine exponierte Stellung innehat[186] oder sonst weitere Umstände darauf schließen lassen, dass dem Richter die notwendige Distanz zum Rechtsstreit oder den Parteien fehlt. Die Besorgnis der Befangenheit kann auch dann bestehen, wenn über die Fälle des § 41 Nr. 1 hinaus der Richter ein durch einen Verband oder eine juristische Person vermitteltes **wirtschaftliches Interesse** am Ausgang des Verfahrens hat.[187] Der Umstand, dass es

---

[162] BVerfGE 73, 330, 339 = NJW 1987, 430, 431; OLG Zweibrücken NJW-RR 2000, 864.
[163] KGR 1999, 276; KG MDR 1999, 1018; LAG Kiel AnwBl. 2002, 376.
[164] BayObLG NJW-RR 1987, 127; *Günther* ZZP 105 (1992), 27f.; LG Leipzig NJW-RR 2004, 1003 (enge Duz-Freundschaft zu Streitverkündeten); *Wiecz/Sch/Niemann* Rn. 15; OLG Saarbrücken OLGR 2004, 321.
[165] OLG Jena OLGR 2000, 77; OLG Celle OLGR 1995, 272; LG Stendal AnwBl. 2000, 140; abl. für nicht sachbearbeitendes Sozietätsmitglied: LG Hanau NJW-RR 2003, 1368.
[166] KG NJW-RR 2000, 1164.
[167] BGH NJW 1995, 1677, 1678f.; VGH Kassel AnwBl. 1991, 161.
[168] OLG Hamburg MDR 2003, 287.
[169] OLG Koblenz WuM 2003, 509.
[170] OLG Koblenz WuM 2003, 509.
[171] OLG Celle OLGR 1995, 272; OLG Hamburg OLGR 2005, 406; LG Stendal AnwBl. 2000, 140; aA OLG Schleswig OLGR 2000, 390.
[172] BGH NJW 2004, 163; krit. *Feiber* NJW 2004, 650; *Vollkommer* EWiR 2004, 206.
[173] OLG Schleswig SchlHA 1956, 186, 187; aA OLG Bamberg BayJMBl. 1955, 156.
[174] LG Kassel NJW 1956, 1761; OLG Frankfurt NJW 1960, 1622f.
[175] LG Berlin WuM 2000, 333.
[176] *Teplitzky* NJW 1962, 2044, 2045.
[177] OLG Hamm MDR 1978, 583; OLG Nürnberg NJW 1967, 1864; aA OLG Schleswig MDR 1988, 236.
[178] BGH NJW 1957, 1400.
[179] OLG Düsseldorf OLGR 1998, 409.
[180] *B/L/H* Rn. 54; offen OLG Karlsruhe NJW-RR 1988, 1534; ablehnend OLG Schleswig SchlHA 1996, 49; OLG Frankfurt NJW-RR 1998, 1764.
[181] OLG Frankfurt NJW-RR 1998, 1764.
[182] BGHReport 2001, 432, 433; BGH NJW-RR 2003, 281; OLG Hamburg MDR 2003, 287.
[183] BGH WM 2003, 847.
[184] BAG AP Nr. 2 zu § 41 ZPO m. Anm. *Wieczorek;* BVerfG NJW 1984, 1874.
[185] BVerfGE 43, 128; 88, 23; OLG Koblenz NJW 1969, 1177; VGH Baden-Württemberg NJW 1975, 1048.
[186] *Wiecz/Sch/Niemann* Rn. 19.
[187] BGH NJW 1991, 982, 985; OLG Stuttgart NJW-RR 1995, 300; KG NJW 1963, 451, OLG Zweibrücken NJW-RR 1998, 857.

sich um einen Richter auf Probe handelt, rechtfertigt nicht die Besorgnis seiner Befangenheit (etwa in einem Streit gegen das beklagte Land, das durch den Gerichtspräsidenten vertreten wird), weil die Parteien auch in diesem Fall darauf vertrauen dürfen, dass der Richter auf Probe in der Lage und bereit ist, dem Recht zu dienen, und nicht in erster Linie seinem Vorgesetzten gefällig sein will.[188] Gleiches gilt für den gesetzlichen Richter, der durch seine Tätigkeit in der Justizverwaltung zu seinem Dienstherren und damit dem beklagten Land in besonderer Beziehung steht.[189] Selbstverständlich ist eine Richterin nicht allein deshalb befangen, weil sie eine Frau ist.[190]

d) Meinungsäußerungen des Richters. In der Öffentlichkeit geäußerte Rechtsansichten und Meinungen, sofern sie Beziehung zum Streitstoff oder zu den Parteien aufweisen, können mit dem Maßhaltegebot des § 39 DRiG in Konflikt geraten.[191] Die Vorschrift dient auch der Sicherung der Unparteilichkeit und Unvoreingenommenheit des Richters.[192] Die Pflicht zur Wahrung der richterlichen Unabhängigkeit ist über Art. 33 Abs. 5, 97 Abs. 1 GG Teil der Verfassungsordnung, so dass dadurch das auch dem Richter zustehende Grundrecht auf freie Meinungsäußerung in zulässiger Weise Schranken erfährt, soweit es um allgemeine politische[193] oder sonstige außerdienstliche Stellungnahmen geht. Etwas anderes sind frühere **wissenschaftliche Äußerungen** des Richters etwa in der Fachpresse oder bei Vorträgen[194] und zwar auch dann, wenn sie Rechtsfragen betreffen, die für den anhängigen Streit bedeutsam sind.[195] Denn es wird vom Richter erwartet, dass er sich unabhängig von anstehenden Entscheidungen mit Rechtsproblemen auseinander setzt, für neue Argumente aber offen ist.[196] Einschränkungen können sich dann ergeben, wenn die Publikation erst während des laufenden Verfahrens im Zusammenhang mit diesem erfolgt[197] oder wenn der Richter eine Rechtsmeinung in einem früheren Verfahren als Partei vertreten hat.[198] Siehe insofern Rn. 14. 17

V. Ablehnungsberechtigung, § 42 Abs. 3

Da die Ablehnungsmöglichkeit die Gewähr des gesetzlichen Richters und der Waffengleichheit im Verfahren umsetzt, steht das Ablehnungsrecht gemäß § 42 Abs. 3 den Parteien zu, unabhängig davon, ob der Befangenheitsgrund nur in der Person des Gegners gegeben ist.[199] Ebenso können Streitgehilfen (§ 67) ein Ablehnungsrecht geltend machen.[200] Daneben ist jeder, der sonst im eigenen Namen an einem (Neben-) Verfahren beteiligt ist, ablehnungsberechtigt. Dazu gehören Zeugen im Hinblick auf ein gegen sie verhängtes Ordnungsgeld,[201] Sachverständige bezüglich der Festsetzung ihrer Entschädigung nach § 16 ZSEG[202] oder Gläubiger im Insolvenzverfahren, soweit sie unmittelbar von einer Maßnahme des Insolvenzgerichts betroffen sind.[203] Kein eigenes Ablehnungsrecht hat der Prozessbevollmächtigte,[204] eine Partei kraft Amtes wie etwa der Insolvenzverwalter[205] oder der gesetzliche Vertreter.[206] Dem Richter selbst steht nur die Möglichkeit der Anzeige nach § 48 offen. 18

43 *Verlust des Ablehnungsrechts* **Eine Partei kann einen Richter wegen Besorgnis der Befangenheit nicht mehr ablehnen, wenn sie sich bei ihm, ohne den ihr bekannten Ablehnungsgrund geltend zu machen, in eine Verhandlung eingelassen oder Anträge gestellt hat.**

I. Normzweck

Eines gesetzlicher Ausschließungsgrund nach § 41 kann von den Parteien zu jedem Zeitpunkt des Verfahrens geltend gemacht werden, weil es dabei um objektive Mängel der Eignung zum Richteramt im konkreten Verfahren (Inhabilität) geht (§ 41 Rn. 1). Dieses Recht ist unverzichtbar. Dagegen unterliegt die prozessuale Befugnis der Partei zur Ablehnung nach § 42 ihrer Disposition. Dieser Dispositionsfreiheit setzt § 43 eine zeitliche Grenze, so dass bei nicht rechtzeitiger Geltendmachung ein entsprechendes Ablehnungs- 1

---

188 KG NJW-RR 1997, 1403; MDR 1995, 1164; aA LG Berlin NJW 1956, 1402; *Zö/Vollkommer* Rn. 12a.
189 OLG Frankfurt OLGR 1998, 151.
190 OLG Naumburg EzFamR aktuell 2000, 364; LSG Hessen NJW 2003, 1270.
191 *Gilles* DRiZ 1983, 41; *Schmidt-Jortzig* NJW 1984, 2057.
192 BVerfG NJW 1989, 93; MK/*Gehrlein* Rn. 20.
193 OLG Koblenz NJW 1969, 1177; OVG Lüneburg NJW 1986, 1126.
194 BVerfG NJW 2001, 1482; BGH WM 2003, 848; NJW 2002, 2396; EWiR 2003, 41 (*Vollkommer*); OLG Köln NJW-RR 2000, 455; BSG NJW 1993, 2262.
195 OLG Köln NJW-RR 2000, 455.
196 BGH WM 2003, 848; BSG NJW 1993, 2261, 2262; MDR 1969, 516; LG Göttingen NJW 1999, 2826.
197 BVerfGE 35, 253; 88, 4; 98, 138; BVerfG NJW 2000, 2808.
198 LG Aachen MDR 1963, 602 m. Anm. *Teplitzky.*
199 OLG Hamburg OLGR 2000, 322; *Schneider* MDR 1987, 374.
200 OLG Celle OLGR 1995, 273.
201 OLG Celle NdsRpfl. 1971, 230.
202 OLG Frankfurt OLGR 1997, 305.
203 MK/*Gehrlein* Rn. 3; offen gelassen von OLG Köln NJW-RR 1988, 694.
204 OLG Karlsruhe NJW-RR 1987, 126; OLG Hamm OLGR 1996, 45; OLG Nürnberg MDR 1972, 332; BayObLG NJW 1975, 699.
205 OLG Zweibrücken Rpfleger 2000, 265; *Zö/Vollkommer* Rn. 2.
206 OLG Köln NJW-RR 1988, 694.

gesuch unzulässig ist.[1] § 43 hat seinen Grund in der Prozessförderungspflicht der Parteien (§ 282 Abs. 2),[2] vermeidet, dass bereits erfolgte Verfahrenshandlungen nutzlos werden, und dient damit zugleich der Prozesswirtschaftlichkeit.[3]

II. Voraussetzungen

2 **1. Verhandeln. a) Grundsatz.** Verhandeln (Einlassen in der Sache) ist jede Parteihandlung, mit der die Sachbearbeitung durch den Richter ermöglicht wird.[4] Dazu gehören zB die Abgabe von (mündlichen) Erklärungen auf (Verfahrens-)Fragen des Richters,[5] die Beteiligung an der Beweisaufnahme[6] oder die Aufnahme von Vergleichsverhandlungen.[7] Schriftsätzliche Äußerungen über prozessuale Streitpunkte im schriftlichen Verfahren[8] oder bei fakultativer Verhandlung genauso wie eine Beschwerde-[9] oder Erinnerungseinlegung[10] stellen Verhandeln dar.[11] Die mündliche Verhandlung lediglich vorbereitende Schriftsätze[12] oder die Anzeige der Verteidigungsbereitschaft im schriftlichen Vorverfahren[13] sind dagegen nicht erfasst. **Anträge** iSd. § 43 aE sind mündliche[14] oder schriftliche Sachanträge nach § 297. Auch solche prozessualer Art,[15] wenn sie entsprechenden Sachbezug aufweisen,[16] wie Beweisanträge oder solche auf Erlass eines Versäumnis- oder Anerkenntnisurteils gehören dazu. Darunter wird weiter die Zustimmung zur Entscheidung im schriftlichen Verfahren gemäß § 128 Abs. 2 gefasst.[17] Bloße förmliche Anträge, die auf Unterbrechung einer Sitzung, Terminsverlegung[18] oder Akteneinsicht[19] und dergleichen mehr gerichtet sind und die keinen unmittelbaren Bezug zur Sachentscheidung haben,[20] führen dagegen nicht zum Verlust der Ablehnungsbefugnis.[21] Ebenso gehört eine Gegenvorstellung nicht hierher.[22]

3 **b) Ablehnungsgesuch.** Vor der Einlassung zur Sache bzw. vor Stellung der Anträge (Rn. 2) muss das Ablehnungsgesuch schriftlich oder mündlich (§ 44 Rn. 2) gestellt werden.[23] Sofern der Ablehnungsgrund während der Verhandlung (vgl. § 44 Abs. 4) bekannt wird,[24] ist dieser spätestens bis zum Abschluss der mündlichen Verhandlung anzubringen[25] und durch Protokollierung aufzunehmen.[26] Die bloße Ankündigung genügt nicht.[27] Stehen mehrere Ablehnungsgründe im Raum, sind diese sämtlich geltend zu machen. Ein Ablehnungsgesuch oder eine sofortige Beschwerde, welche auf einen bereits zuvor bekannten Grund gestützt werden, sind unzulässig.[28] Ausnahmsweise wird jedoch ein Ablehnungsgesuch, welches sich auch auf bereits früher bekannte und noch nicht geltend gemachte Anhaltspunkte stützt, zu Recht für zulässig erachtet, wenn sich aus der Gesamtbetrachtung mehrere, jeweils für sich geringfügige Umstände in der Summe als die Besorgnis der Befangenheit begründend darstellen.[29]

4 **c) Verhandlung nach Ablehnungsgesuch.** Grundsätzlich soll nach Stellung des Ablehnungsgesuchs nicht weiter verhandelt werden. Dabei ist aber zu berücksichtigen, dass unter Verstoß gegen die Wartepflicht gemäß § 47 Abs. 1 vorgenommene Handlungen des Richters wirksam bleiben (§ 47 Rn. 5). Besteht insofern

---

[1] *T/P/Hüßtege* Rn. 1; *B/L/H* Rn. 2; MK/*Gehrlein* Rn. 1; BPatG GRUR 1982, 359f.; BFH/NV 2005, 2027; OLG Frankfurt OLGZ 1979, 452, 453; OLG Hamburg MDR 1976, 845; OLG München MDR 1980, 145, 146; OLG Düsseldorf OLGR 1997, 289; aA *Zö/Vollkommer* Rn. 1; *Vossler* MDR 2007, 992; BGH NJW 2006, 695, 696 (Verspätete Geltendmachung führt zur Unbegründetheit des Gesuchs.).

[2] MK/*Gehrlein* Rn. 1; *B/L/H* Rn. 2.

[3] OLG Karlsruhe MDR 1992, 409; *B/L/H* Rn. 2.

[4] *Vossler* MDR 2007, 992; OLG Düsseldorf AnwBl. 2002, 119; OLG Frankfurt OLGR 2000, 84; BFH/NV 2005, 2027; OLG Köln NJW-RR 1996, 1334, 1339; OLG Koblenz MDR 1986, 60; LG München NJW-RR 2002, 862.

[5] OVG Bremen NJW 1985, 823; *Schneider* MDR 2005, 671.

[6] MK/*Gehrlein* Rn. 5; OLG Köln NJW-RR 1996, 1334; OLG Frankfurt Beschl. v. 16. 8. 2007, Az. 9 W 18/07.

[7] OLG Frankfurt FamRZ 1991, 839; BayObLG WoM 1994, 299.

[8] BayObLG MDR 1988, 1063; OLG Karlsruhe OLGR 1998, 75; KGR 1998, 33.

[9] OLG Koblenz MDR 1986, 60.

[10] OLG Düsseldorf Rpfleger 1993, 188.

[11] OLG Koblenz OLGR 1998, 292; OLG Stuttgart OLGR 1998, 75.

[12] OLG Koblenz OLGR 1998, 292.

[13] *Vossler* MDR 2007, 992, 993; *Zö/Vollkommer* Rn. 4; aA LG Rostock NJW-RR 2002, 356.

[14] OLG Karlsruhe FamRZ 1989, 643.

[15] BFH/NV 2005, 2027; *T/P/Hüßtege* Rn. 5; *Zö/Vollkommer* Rn. 5.

[16] MK/*Gehrlein* Rn. 4.

[17] OLG München MDR 1980, 146; BFH DB 1987, 1976; *Schneider* MDR 2005, 671, 672; *Vossler* MDR 2007, 992.

[18] *T/P/Hüßtege* Rn. 5; *B/L/H* Rn. 6; *Zö/Vollkommer* Rn. 5; RGZ 36, 378; BVerwG WM 1964, 1156, 1157; aA BPatG GRUR 1982, 360; LG Tübingen MDR 1982, 412.

[19] BayObLG NJW-RR 2001, 642.

[20] OLG Bremen MDR 1957, 105; LG Tübingen MDR 1982, 411.

[21] BVerwG WM 1964, 1156, 1157; offen lassend BGH NJW 1992, 983, 984.

[22] *Zö/Vollkommer* Rn. 5; MK/*Gehrlein* Rn. 4; OLG Schleswig MDR 2001, 169f.; aA *B/L/H* Rn. 8; *Vossler* MDR 2007, 992, 993.

[23] LG Rostock NJW-RR 2002, 356; OLG Karlsruhe FamRZ 1989, 643.

[24] OLG Köln OLGZ 1971, 376, 377f.

[25] OLG Frankfurt OLGZ 1979, 452, 453; BFH BFH/NV 2005, 1617; *Zö/Vollkommer* Rn. 5; *Vossler* MDR 2007, 992, 993.

[26] OLG Schleswig OLGR 2002, 307; 2006, 67 (Verweis auf Schriftsatzeinreichung ist unzulässig); *Schneider* MDR 2005, 671; *Zö/Vollkommer* Rn. 1.

[27] BayObLG WuM 1997, 462; s. aber OLG Köln NJW-RR 1998, 857.

[28] Zö/Vollkommer Rn. 7.

[29] *Vossler* MDR 2007, 992, 994; OLG Schleswig OLGR 2005, 121.

im Rahmen eines schriftlichen Verfahrens iSd. § 495a die Gefahr einer Sachentscheidung[30] oder steht der Erlass eines Versäumnisurteils oder etwa einer Aktenlageentscheidung im Raum,[31] ist die Partei zur Vermeidung prozessualer Nachteile berechtigt, in diesen Fällen zur Sache zu verhandeln, ohne damit die Folge des § 43 zu riskieren.[32] Dies gilt auch für den Fall des § 47 Abs. 2, dass im Rahmen der mündlichen Verhandlung das Ablehnungsgesuch angebracht wird und zur Entscheidung über dieses eine Vertagung notwendig wäre (§ 47 Rn. 7).

2. Kenntnis des Ablehnungsgrundes. Die Partei muss (positive) Kenntnis von den Tatsachen haben, auf welche die Ablehnung gestützt wird. Die Kenntnis des Prozessbevollmächtigten wird der Partei gemäß § 85 Abs. 2 zugerechnet.[33] Bloßes Kennenmüssen genügt nicht.[34] Die Partei hat Kenntnis idS, wenn sowohl die **Person des Richters** (nicht notwendig der Name)[35] als auch die **Umstände,** die in Beziehung auf den Verfahrensgegenstand oder die Parteien seine Befangenheit begründen, bekannt sind.[36] Insoweit steht der Partei das Recht zu, auf Antrag Auskunft über den sachbearbeitenden Richter zu erhalten und seinen Namen zu erfahren.[37] 5

3. Weitere Verfahren. Auf Grund der Dispositionsbefugnis der Partei bleibt es ihr unbenommen, ob sie Ablehnungsgründe vorträgt. Der Verzicht auf die Geltendmachung wirkt grundsätzlich nur in dem jeweils anhängigen Verfahren.[38] Daher können die Ablehnungsgründe in einem späteren neuen Rechtsstreit mittels Ablehnungsgesuch vorgebracht werden.[39] Dies gilt jedoch nach dem Zweck der Vorschrift sowie aus Gründen der Rechtssicherheit und Prozessökonomie nicht, wenn der Folgeprozess in einem tatsächlichen oder rechtlichen Zusammenhang zum Vorprozess steht (aA Vorauflage).[40] 6

44 ***Ablehnungsgesuch*** **(1) Das Ablehnungsgesuch ist bei dem Gericht, dem der Richter angehört, anzubringen; es kann vor der Geschäftsstelle zu Protokoll erklärt werden.**

(2) [1]Der Ablehnungsgrund ist glaubhaft zu machen; zur Versicherung an Eides statt darf die Partei nicht zugelassen werden. [2]Zur Glaubhaftmachung kann auf das Zeugnis des abgelehnten Richters Bezug genommen werden.

(3) Der abgelehnte Richter hat sich über den Ablehnungsgrund dienstlich zu äußern.

(4) Wird ein Richter, bei dem die Partei sich in eine Verhandlung eingelassen oder Anträge gestellt hat, wegen Besorgnis der Befangenheit abgelehnt, so ist glaubhaft zu machen, dass der Ablehnungsgrund erst später entstanden oder der Partei bekannt geworden sei.

I. Normzweck

Ergänzt um die §§ 45 und 46 bestimmt die Vorschrift das Verfahren der Ablehnung eines Richters gemäß § 42. Damit nimmt die Regelung des § 44 unter dem Gesichtspunkt des gesetzlichen Richters iSd. Art. 101 Abs. 1 S. 2 GG eine wesentliche Rolle ein. Die von § 44 genannten Voraussetzungen bezwecken dabei einerseits die Aufrechterhaltung des gesetzlichen Richters durch die Abwehr sachlich nicht gerechtfertigter Ablehnungsgesuche und andererseits die Vereinfachung des Verfahrens, was der Beschleunigung und in der Folge der Prozessökonomie dient.[1] § 44 Abs. 1 bis 3 bezieht sich auf ein Ablehnungsgesuch, welches sowohl auf einen gesetzlichen Ausschlussgrund (§§ 41, 42 Abs. 1 Alt. 1) als auch auf die Besorgnis der Befangenheit (§ 42 Abs. 1 Alt. 2, Abs. 2) gestützt sein kann. § 44 Abs. 4 betrifft allein die Ablehnung wegen der Befangenheitsbesorgnis. 1

II. Zulässigkeit des Ablehnungsgesuchs, § 44 Abs. 1

1. Anforderungen. Voraussetzung für den Antrag ist die **Partei- und Prozessfähigkeit** des Antragstellers.[2] Im Ablehnungsverfahren ist der Antragsteller als partei- und prozessführungsbefugt zu behandeln, wenn hierüber Streit besteht.[3] **Form und Frist:** Das Ablehnungsgesuch ist **schriftlich, mündlich** in der Verhandlung 2

---

[30] OLG Düsseldorf OLGR 2001, 374.

[31] OLG Köln VersR 1993, 1550; KG NJW 1975, 1842; *Zö/Vollkommer* Rn. 8; vgl. auch OLG Saarbrücken OLGR 2007, 336.

[32] MK/*Gehrlein* Rn. 7; OLG Düsseldorf AnwBl. 2002, 119; OLG Köln NJW-RR 2000, 592; VersR 1993, 1550.

[33] *Vossler* MDR 2007, 992; OLG Hamburg MDR 1985, 232; MDR 1976, 845; OLG Düsseldorf Rpfleger 1993, 188.

[34] OLG Hamburg OLGRspr. 37, 203, 204; *B/L/H* Rn. 4.

[35] *B/L/H* Rn. 7.

[36] *Vossler* MDR 2007, 992; BayObLG Rpfleger 1978, 17, 18; BayVGH BayVBl. 1980, 343; LG Rostock NJW-RR 2002, 356.

[37] BayObLG Rpfleger 1978, 17, 18; MK/*Gehrlein* Rn. 3.

[38] OLG Karlsruhe NJW-RR 1992, 572 m. weit. Nachw.; *T/P/Hüßtege* Rn. 1; MK/*Gehrlein* Rn. 8; *Zö/Vollkommer* Rn. 7; *Zi* Rn. 2; aA OLG Hamm NJW 1967, 1864, 1865.

[39] MK/*Gehrlein* Rn. 8; *Zö/Vollkommer* Rn. 7; OLG Celle NdsRpfl. 1951, 11; OLG Düsseldorf NJW 1955, 553; aA OLG Hamm NJW 1967, 1864 m. abl. Anm. *Teplitzky* S. 2318.

[40] BGH NJW 2006, 2776, 2777; BFH DB 1987, 1967; OLG Koblenz MDR 1986, 60, 61; 1989, 647; OLG Celle NJW 1960, 1670; *Schneider* MDR 1977, 441, 443; MK/*Gehrlein* Rn. 8; vgl. auch *Vossler* MDR 2007, 992, 994, der jedoch generell eine verfahrensübergreifende Wirkung für bedenkenswert hält.

[1] *B/L/H* Rn. 2.

[2] RG JW 1935, 2895; LG Stuttgart ZZP 69 (1956), 48; VGH Baden-Württemberg VBlBW 1990, 135.

[3] BGHZ 24, 91, 94; 35, 1, 6; BGH NJW 1990, 1734, 1735; OLG Zweibrücken JurBüro 1987, 308.

(vgl. § 47 Abs. 2 S. 1, § 160 Abs. 4 S. 1)[4] oder mündlich zu Protokoll der Geschäftsstelle bei dem Gericht zu stellen, bei dem der abgelehnte Richter tätig ist. Unter Gericht iSd. § 44 Abs. 1 sind das Dezernat oder der Spruchkörper (Kammer, Senat) zu verstehen, die mit der Hauptsache befasst sind.[5] **Anwaltszwang** besteht nach § 78 Abs. 5 Halbs. 2 nicht.[6] Das gilt auch im Rahmen eines Rechtsmittelverfahrens.[7] Das Ablehnungsgesuch kann, wenn die Besorgnis der Befangenheit geltend gemacht wird unter Beachtung der §§ 43 und 44 Abs. 4 (§ 43 Rn. 3), **von der Anhängigkeit** des Verfahrens bis zu dessen rechtskräftigen Abschluss angebracht werden.[8] Daher ist ein Antrag etwa auch noch im Tatbestandsberichtigungsverfahren iSd. § 320 zulässig.[9]

3 Das Gesuch kann bis zum Erlass einer Entscheidung darüber (§ 46 Abs. 1) zurückgenommen werden.[10] Ist eine **Instanz** vollständig abgeschlossen, wird ein Ablehnungsantrag, selbst wenn etwa noch eine Gegenvorstellung zu bescheiden ist,[11] unzulässig.[12] Insofern kann ein übersehener Ablehnungsgrund wegen Besorgnis der Befangenheit im Rahmen des statthaften Rechtsmittels etwa der Berufung in Form des § 520 Abs. 3 Nr. 2 bzw. der Revision nach § 551 Abs. 3 Nr. 2b gegen das die Instanz abschließende Endurteil zu berücksichtigen sein.[13] Ebenso können die gesetzlichen Ausschließungsgründe (§ 41) noch in der Rechtsmittelinstanz geltend gemacht werden, §§ 529 Abs. 2, 547 Abs. 1 Nr. 2.[14]

4 **2. Zulässiger Inhalt.** Das Gesuch ist mit der Erklärung der Ablehnung des Richters anzubringen. Ob eine Ablehnung gewollt ist, hat das Gericht im Wege der Auslegung zu ermitteln, wobei es ausreicht, dass die Befassung eines anderen Richters mit der Angelegenheit beantragt[15] oder das Gesuch als Gegenvorstellung bezeichnet wird.[16] Die Ablehnung muss sich auf **einen bestimmten Richter** beziehen (vgl. § 42 Rn. 2), nicht auf das Gericht als solches (unzulässige Globalablehnung).[17] Der Richter braucht dabei nicht namentlich benannt zu werden, wenn seine Identität anderweitig zweifelsfrei festgestellt werden kann.[18] Das Gesuch muss weiter die substantiierte Darstellung der Gründe enthalten, auf welche die Ablehnung gestützt wird (vgl. Rn. 6).[19] Eine bloße Wertung, die einen Tatsachenkern nicht erkennen lässt, reicht ebenso wenig aus wie die Ankündigung, das Ablehnungsgesuch künftig begründen zu wollen.[20] Zulässig ist jedoch eine spätere Ergänzung des Vortrags.[21]

5 **3. Rechtsschutzbedürfnis.** Ein Ablehnungsgesuch, das ersichtlich nur der Verschleppung des Verfahrens oder verfahrensfremden Zwecken dient, ist mangels Rechtsschutzbedürfnisses unzulässig.[22] Darunter fallen die Wiederholung eines zurückgewiesenen Ablehnungsgesuchs ohne neue Gründe,[23] ein Gesuch gegen alle Richter, welches im Rahmen des vom Ablehnenden zuvor beantragten Tatbestandsberichtigungsverfahrens angebracht wird, weil dann bei Begründetheit des Gesuchs die angestrebte Berichtigung des Tatbestandes nicht mehr möglich sowie jede weitere richterliche Tätigkeit ausgeschlossen wäre,[24] das Fehlen wenigstens ansatzweisen substantiierten, nachvollziehbaren Bezugs zum konkreten Rechtsstreit,[25] insbesondere bei querulatorischen Eingaben,[26] und gegebenenfalls Gesuche, die grobe Beleidigungen und Beschimpfungen gegenüber den beteiligten Richtern enthalten.[27] Gleichwohl ist dem Gericht Zurückhaltung aufgegeben[28] und es ist zu prüfen, ob sich etwa hinter bloßen Beschimpfungen nicht doch die Substanz

---

[4] BVerfG DtZ 1992, 183; LG Rostock NJW-RR 2002, 356; *Schneider* MDR 2005, 671.

[5] RGZ 36, 362, 364.

[6] RGZ 35, 351, 358; OLG Köln NJW-RR 1998, 857.

[7] BGH MDR 1995, 520.

[8] BayObLG FamRZ 1994, 1270; OLG Rostock OLGR 2007, 370; OLG Frankfurt OLGZ 1979, 452, 453; KG FamRZ 1986, 1024; BFH BFH/NV 2005, 1617; NJW-RR 1996, 57; *Wiecz/Sch/Niemann* Rn. 6; MK/*Gehrlein* Rn. 4.

[9] BGH NJW 1963, 46 = ZZP 76 (1963), 118, 119; NJW-RR 2007, 1653; OLG Frankfurt MDR 1979, 940.

[10] Vgl. BVerwG NJW 1992, 1186; *Wiecz/Sch/Niemann* Rn. 3 aE; *Zö/Vollkommer* Rn. 5.

[11] OLG Frankfurt OLGR 1997, 154.

[12] BGH NJW-RR 2007, 1653; NJW 2001, 1502; BFHE 130, 21; BVerwG MDR 1970, 442; OLG Rostock OLGR 2007, 370 (Gegenvorstellung verbunden mit Ablehnungsantrag); OLG Zweibrücken OLGR 2000, 417; BayObLG MDR 1993, 471; BayObLGZ 1985, 307, 310; OLG Koblenz MDR 1986, 151.

[13] *Zö/Vollkommer* Rn. 5, § 42 Rn. 4.

[14] Vgl. *Wiecz/Sch/Niemann* Rn. 6 aE.

[15] LG Kiel SchlHA 1987, 55.

[16] OLG Düsseldorf MDR 1957, 364.

[17] BVerfGE 46, 200; BGH WM 2003, 847; BGH NJW-RR 2002, 789; NJW 1992, 983, 984; 1974, 55, 56.

[18] BVerfGE 2, 295, 297; OLG Rostock OLGR 2007, 370; OLG Köln OLGR 2004, 236; *Zi* § 42 Rn. 2; *Günther* NJW 1986, 281, 282.

[19] OLG Köln NJW-RR 1996, 1339; BayObLG WuM 1994, 350; BVerwG NJW 1997, 3327; *Zi* Rn. 1.

[20] MK/*Gehrlein* Rn. 5; OLG Köln NJW-RR 1996, 1339; KGR 1998, 422; BFH NJW-RR 1996, 702; BayObLG WuM 1994, 350; OLG Köln MDR 1964, 423 m. Anm. *Teplitzky;* BFH NJW-RR 1996, 701, 702.

[21] MK/*Gehrlein* Rn. 5; *Wiecz/Sch/Niemann* Rn. 13.

[22] OLG Brandenburg FamRZ 2002, 1042; OLG Köln NJW-RR 1997, 828; OLG Braunschweig MDR 2000, 846; OLG Düsseldorf Rpfleger 1994, 340; KGR 2005, 110; *Günther* NJW 1986, 281, 286; OLG Zweibrücken MDR 1980, 1025f.

[23] OLG Frankfurt NJW-RR 1989, 569, 570; OLG Naumburg OLG-NL 1997, 262; KG FamRZ 1986, 1022; *Schumann* JZ 1973, 484, 485; MK/*Gehrlein* Rn. 6.

[24] BGH NJW-RR 2007, 1653 m. weit. Nachw.

[25] BVerwG NJW 1997, 3327.

[26] BVerfGE 11, 5.

[27] OLG Karlsruhe NJW 1973, 1658.

[28] LG Frankfurt/M NJW-RR 2000, 1086; OLG Stuttgart NJW 1977, 112, vgl. auch BVerfG NJW 2005, 2310, 2312 (zu § 26a StPO).

eines ernsthaften Antrags verbirgt.[29] Vor Eintritt des Vertretungsfalles kann ein nur vertretungshalber zuständiger Richter nicht (vorsorglich) abgelehnt werden.[30] Beim Ausscheiden des Richters aus dem Spruchkörper entfällt die Ablehnung mangels Rechtsschutzbedürfnis (vgl. auch § 46 Rn. 7ff.).[31]

III. Glaubhaftmachung, § 44 Abs. 2

1. Tatsachenbehauptungen. Der Antragsteller muss im Ablehnungsgesuch die Tatsachen behaupten, 6
auf die er den Verdacht der Inhabilität oder die Besorgnis der Befangenheit des Richters stützt.[32] Zwar trifft das Gericht eine Aufklärungspflicht, doch darf das Gesuch nicht auf eine unzulässige Ausforschung[33] etwa dadurch hinauslaufen, dass allgemein auf Akten verwiesen wird.[34] Das Gericht hat bei seiner Entscheidung solche neuen Ablehnungsgründe zu berücksichtigen, die sich aus der dienstlichen Äußerung des Richters nach § 44 Abs. 3 ergeben.[35]

2. Liquide Beweismittel. Gemäß § 44 Abs. 2 S. 1 Halbs. 1 ist der Ablehnungsgrund **glaubhaft zu ma-** 7
chen. Damit greift für das Ablehnungsverfahren die erleichterte Beweisführung des § 294 Abs. 1; ausreichend ist es, wenn nach freier Beweiswürdigung des Gerichts überwiegende Wahrscheinlichkeit für den Ablehnungsgrund besteht.[36] Der schlüssige Tatsachenvortrag hinsichtlich der Voraussetzungen der §§ 41, 42 Abs. 2 ist mit präsenten Beweismitteln gemäß § 294 Abs. 2 zu belegen. Entgegen § 294 Abs. 1 aE ist die eidesstattliche Versicherung der Partei ausgeschlossen, § 44 Abs. 2 S. 1 Halbs. 2. Offenkundige Tatsachen brauchen nach § 291 nicht glaubhaft gemacht zu werden. Gleiches gilt für die als wahr unterstellten Tatsachen.[37] Zur Glaubhaftmachung ist die Benennung von abwesenden Zeugen nicht ausreichend, während aber die Vorlage einer von diesen verfassten schriftlichen Erklärung oder eidesstattlichen Versicherung genügt.[38] Die zur Glaubhaftmachung dienenden Mittel können bis zur Entscheidung über das Ablehnungsgesuch nachgereicht werden, wobei eine Frist hierfür nicht einzuräumen ist.[39] Sind im Verfahren über die Ablehnung eines Richters wegen Befangenheit die tatsächlichen Grundlagen der Auseinandersetzung schlüssig dargelegt, aber unaufklärbar, spricht der Anschein für die Besorgnis der Befangenheit.[40]

3. Verwertung der dienstlichen Äußerung gemäß § 44 Abs. 3. Nach § 44 Abs. 2 S. 2 ist eine Bezugnahme 8
auf das Zeugnis des abgelehnten Richters möglich. Darunter ist die dienstliche Äußerung zu verstehen, welche der Richter nach § 44 Abs. 3 abzugeben hat. Sie ist vom Gericht auch dann zu verwerten, wenn die Bezugnahme darauf im Ablehnungsgesuch nicht ausdrücklich erklärt worden ist.[41]

IV. Dienstliche Äußerung des Abgelehnten, § 44 Abs. 3

Der abgelehnte Richter hat sich dienstlich zum Ablehnungsgesuch zu äußern,[42] sofern das Gesuch zuläs- 9
sig ist. Unzulässige, offensichtlich missbräuchliche und nicht schlüssig begründete Gesuche lösen die Äußerungspflicht des § 44 Abs. 3 nicht aus.[43] Die grundsätzlich **schriftlich**[44] abzugebende Äußerung wird Aktenbestandteil.[45] Bei der Stellungnahme geht es nicht darum, dass der Richter sich „gegen" das Ablehnungsgesuch verwahren kann, sondern Sinn der Äußerung ist die **Klärung des Sachverhalts,** insbesondere im Hinblick auf den geltend gemachten Ablehnungsgrund.[46] Daher bedarf es einer Stellungnahme dann nicht, wenn das Ablehnungsgesuch auf aktenkundige Gründe[47] gestützt ist oder diese Gründe zur Ablehnung erkennbar nicht geeignet sind.[48] Die Äußerung iSv. § 44 Abs. 3 stellt sich nach der höchstrichterlichen Judikatur[49] als Teil der richterlichen Tätigkeit (§ 26 DRiG) dar und ist damit der **Dienstaufsicht entzogen.**[50] Beiden Parteien ist **rechtliches Gehör** zu gewähren,[51] indem ihnen die Tatsachen unter Einschluss der

---

[29] OLG Stuttgart NJW 1977, 112; vgl. auch *Günther* NJW 1986, 281f.
[30] OLGR Zweibrücken 2000, 1287 (LS).
[31] OLG Frankfurt OLGR 1997, 305; BFH NJW-RR 1996, 57; BayObLG FamRZ 1994, 1269.
[32] OLG Köln NJW-RR 1996, 1339; BayObLG WuM 1994, 350; *Zi* Rn. 1; OLG Braunschweig NJW 1976, 2024, 2025.
[33] *Dallinger* MDR 1970, 899 (zu §§ 24ff. StPO).
[34] KG OLGRspr. 41, 248, 249.
[35] BGH JR 1972, 119 m. abl. Anm. *Peters;* LG Aachen MDR 1965, 667; *Teplitzky* JuS 1969, 318, 324.
[36] BGH MDR 2007, 669, 670.
[37] OLG Naumburg OLGFR 2005, 1245, 1246; VGH Mannheim NJW 1975, 1048.
[38] BGHSt 21, 334, 347 = NJW 1968, 710, 712 (zu § 26 StPO).
[39] *St/J/Roth* Rn. 3; *Wiecz/Sch/Niemann* Rn. 15; *Schneider* MDR 2000, 1305; OLG München NJW 1976, 436.
[40] OLG Braunschweig OLGR 2000, 122; BayObLGZ 1974, 131.
[41] OLG Celle NdsRpfl. 1982, 100 (zu § 26 StPO); *T/P/Hüßtege* Rn. 2; *Wiecz/Sch/Niemann* Rn. 15; aA MK/*Gehrlein* Rn. 8; OLG Frankfurt NJW 1977, 767 (nicht bei anwaltlicher Vertretung).
[42] Krit. *Schneider* MDR 1998, 454; 2005, 671, 672; *Fleischer* MDR 1998, 757.
[43] BVerfGE 11, 1, 3; BayVerfGH MDR 2000, 659; OLG Köln OLGR 2000, 474.
[44] AllgM, *Zö/Vollkommer* Rn. 4; *B/L/H* Rn. 8; *T/P/Hüßtege* Rn. 3.
[45] OLG Hamburg OLGRspr 15, 129.
[46] Zö/Vollkommer Rn. 4, vgl. OLG Saarbrücken OLGR 2003, 362.
[47] OLG Bremen NJW 1986, 999.
[48] BVerfGE 11, 3; BayVerfGH MDR 2000, 659; OLG Köln OLGR 2000, 474; FG Düsseldorf EFG 2005, 1454; MK/*Gehrlein* Rn. 9.
[49] BGHZ 77, 70, 72 = NJW 1980, 2530.
[50] BGH NJW 1980, 2530; *Zö/Vollkommer* Rn. 4 aE; MK/*Gehrlein* Rn. 9.
[51] MK/*Gehrlein* § 46 Rn. 1; *Zö/Vollkommer* § 46 Rn. 3; OLG Frankfurt FamRZ 1998, 377; einschränkend: *B/L/H* Rn. 4 (Anhörung des Gegners kann geboten sein.); ebenso *Zi* Rn. 1; *T/P/Hüßtege* Rn. 1 (Wenn das Gesuch begründet sein kann.).

dienstlichen Äußerung des Abgelehnten nach § 44 Abs. 3[52] bekannt gegeben werden, auf die das Gericht seine Entscheidung zu stützen gedenkt, § 46 Rn. 2. Ergeben sich unaufklärbare Widersprüche zwischen der dienstlichen Äußerung und der Glaubhaftmachung der ablehnenden Partei, ist im Zweifel den Äußerungen im Gesuch der Vorzug zu geben (vgl. § 42 Rn. 6).[53]

V. Anforderungen an das Ablehnungsgesuch nach Einlassung oder Antragstellung, § 44 Abs. 4

10 Nach Einlassung oder Antragstellung erfolgende Ablehnungsgesuche sind gemäß § 43 grundsätzlich ausgeschlossen, es sei denn, der Ablehnungsgrund war der Partei noch nicht bekannt. Die Vorschrift bezieht sich nur auf die Besorgnis der Befangenheit. Zur Glaubhaftmachung der späteren Kenntnisnahme gilt die Einschränkung des § 44 Abs. 2 S. 1 Halbs. 2 nicht; die Versicherung an Eides statt durch den Ablehnenden ist zulässig.[54]

45 *Entscheidung über das Ablehnungsgesuch* **(1) Über das Ablehnungsgesuch entscheidet das Gericht, dem der Abgelehnte angehört, ohne dessen Mitwirkung.**

(2) [1]Wird ein Richter beim Amtsgericht abgelehnt, so entscheidet ein anderer Richter des Amtsgerichts über das Gesuch. [2]Einer Entscheidung bedarf es nicht, wenn der abgelehnte Richter das Ablehnungsgesuch für begründet hält.

(3) Wird das zur Entscheidung berufene Gericht durch Ausscheiden des abgelehnten Mitglieds beschlussunfähig, so entscheidet das im Rechtszug zunächst höhere Gericht.

I. Normzweck

1 § 45 wurde durch Art. 2 Abs. 1 Nr. 4 ZPO-RG neu gefasst und ist gemäß Art. 53 Nr. 1 ZPO-RG seit 1. 1. 2002 in Kraft. Die Vorschrift regelt entgegen dem Wortlaut der nunmehr amtlichen Überschrift[1] nicht die Entscheidung über das Ablehnungsgesuch, sondern die Zuständigkeit zur Entscheidung nach § 46.[2] Dabei dient § 45 in erster Linie dem grundsätzlichen Verbot der Selbstentscheidung durch den vom Ablehnungsgesuch betroffenen Richter.[3] Die Vorschrift verstärkt in der Neufassung den Grundsatz der Prozesswirtschaftlichkeit durch Vereinfachung und Beschleunigung des Ablehnungsverfahrens,[4] indem nach § 45 Abs. 2 die Zuständigkeit beim Amtsgericht verbleibt, während bisher das Landgericht bzw. Oberlandesgericht zur Entscheidung berufen waren. Nur im Ausnahmefall des § 45 Abs. 3 ergeht der Beschluss durch die nächsthöhere Instanz.

II. Anwendungsbereich

2 **1. Zuständigkeit des Kollegialgerichts, § 45 Abs. 1. a) Grundsatz.** Die Regelung des § 45 Abs. 1 nimmt sämtliche Kollegialgerichte in Bezug.[5] Die Entscheidung obliegt grundsätzlich dem Spruchkörper, dem der Abgelehnte angehört und bei dem das Verfahren anhängig ist.[6] Der Abgelehnte nimmt an der Entscheidung nicht teil; bei gleichzeitiger Ablehnung mehrerer Richter ist jeder abgelehnte Richter in der Verhandlung wegen seiner möglichen Befangenheit ausgeschlossen.[7] Dabei ist, vorbehaltlich einer anders lautenden Bestimmung im Geschäftsverteilungsplan (zB Zuständigkeit eines anderen Spruchkörpers für Ablehnungsverfahren)[8], der um den geschäftsplanmäßigen Vertreter ergänzte Spruchkörper zur Entscheidung berufen.[9] Bei möglicher Ablehnbarkeit des berufenen Vertreters ist dann auf den nach dem Geschäftsverteilungsplan zur weiteren Vertretung berufenen Richter zurückzugreifen.[10] Wird im Geschäftsverteilungsplan (etwa für einen überbesetzten Senat)[11] die Tätigkeit eines Richters für bestimmte abschließend aufgezählte Fälle vorgesehen, zu denen Befangenheitsanträge nicht gehören, und fehlt es auch sonst an einer ihn betreffenden generellen Vertretungszuständigkeit innerhalb des Senats, dann ist dieser Richter nicht zur Entscheidung über das Ablehnungsgesuch iSd. § 45 Abs. 1 berechtigt.[12] Auch soweit der abgelehnte Richter in der Hauptsache allein zur Entscheidung befugt wäre (der **Einzelrichter** nach §§ 348f.,[13] 526, 527, 568, 944

---

[52] BVerfG NJW 1968, 1621; VGH Kassel NJW 1969, 1399; OLG Köln MDR 1973, 57; OLG Karlsruhe OLGZ 1984, 102.
[53] OLG Stuttgart MDR 2007, 545; OLG Celle MDR 1988, 970; *Schneider* MDR 2000, 1304f.
[54] *T/P/Hüßtege* Rn. 4; *Zö/Vollkommer* Rn. 5.
[1] Art. 2 Abs. 2 ZPO-RG.
[2] MK/*Gehrlein* Rn. 1; *Sae/Kayser* Rn. 1.
[3] MK/*Gehrlein* Rn. 1.
[4] *B/L/H* Rn. 2; MK/*Gehrlein* Rn. 1; *Zö/Vollkommer* Rn. 5.
[5] *T/P/Hüßtege* Rn. 1; *Zö/Vollkommer* Rn. 1.
[6] RGZ 16, 413, 414; BAGE 14, 46, 48 = AP Nr. 1 m. Anm. *Pohle;* BFH/NV 2001, 176; 2005, 2027.
[7] BGH NJW 1968, 710; RGZ 16, 413, 414.
[8] OLG Karlsruhe MDR 2007, 853, 854; OLG Bamberg OLGR 2007, 630; MK/*Gehrlein* Rn. 3; *T/P/Hüßtege* Rn. 1; *Sae/Kayser* Rn. 2.
[9] BGH NJW-RR 2007, 932, 933; BGHR 2001, 432; OLG Rostock OLGR 2004, 146; OLG Schleswig OLGR 2006, 22; *Zö/Vollkommer* Rn. 1.
[10] BGHR 2001, 432; OLG Schleswig OLGR 2006, 22.
[11] Zur Geschäftsverteilung bei überbesetzten Senaten vgl. BVerfG NJW 1997, 1497.
[12] BGH NJW-RR 2007, 932, 933f.; OLG Schleswig OLGR 2006, 22.
[13] OLG Hamburg NJW 1992, 1462, 1463; OLG Karlsruhe OLGZ 1978, 256.

bzw. der Vorsitzende einer Kammer für Handelssachen, § 349[14]), entscheidet die Kammer oder der Senat nach § 45 Abs. 1 in voller Besetzung ohne Mitwirkung des Abgelehnten.[15] Die insbesondere im Hinblick auf den Einzelrichter geäußerte gegenteilige Auffassung,[16] welche sich u. a. darauf stützt, dass aus ökonomischen Gesichtspunkten eine Ausweitung der Einzelrichterzuständigkeit angestrebt sei, verkennt ausweislich der Gesetzesbegründung,[17] dass der Gesetzgeber in Übereinstimmung mit der bisherigen Rechtsprechung gerade keine Ausdehnung der Einzelrichterzuständigkeit im Rahmen des § 45 beabsichtigt hatte.[18] Die Einführung der originären Einzelrichterzuständigkeit bezieht sich auf die Entscheidung in der Sache. Ist jedoch die der eigentlichen Sachentscheidung vorgelagerte Frage des gesetzlichen Richters zu klären, ist durch das ZPO-RG keine inhaltliche Änderung erfolgt. Vielmehr ist der vormalige Abs. 1 Halbs. 1 unverändert auf Grund des ZPO-RG als neu gefasster Abs. 1 übernommen worden. Infolgedessen findet im Gleichklang mit § 27 StPO die Vorschrift des § 45 daher wie bislang Anwendung und führt zur Entscheidungszuständigkeit der (voll besetzten) Kammer im Hinblick auf die Klärung der verfassungsrechtlich sensiblen Frage des gesetzlichen Richters nach Art. 101 Abs. 1 S. 2 GG. In Arbeitsgerichtsverfahren kommt § 49 Abs. 1 ArbGG zur Anwendung; es entscheidet die vollbesetzte Kammer beim Arbeitsgericht, also einschließlich der ehrenamtlichen Richter.[19]

b) Mitwirkung des Abgelehnten bei missbräuchlichem Ablehnungsgesuch. Entgegen dem Verbot der Selbstentscheidung (Rn. 1) ist (gleichermaßen wie in § 26a StPO für das Strafverfahren) die Mitwirkung des abgelehnten Richters in Fällen möglich, wenn ein offensichtlich unzulässiges bzw. rechtsmissbräuchliches Ablehnungsgesuch zu beurteilen ist.[20] Insoweit ist kein Verstoß gegen den Grundsatz des gesetzlichen Richters nach Art. 101 Abs. 1 S. 2 GG gegeben.[21] Dabei kann es sich aber nur um Ausnahmesituationen handeln, in denen ein Ablehnungsgesuch unzulässigerweise global bezüglich des ganzen Gerichts[22] gestellt wird oder offensichtlich nur mit Verschleppungsabsicht[23] angebracht wurde (§ 44 Rn. 5).[24] In Fällen, in denen sich die Frage der Unzulässigkeit des Gesuchs nicht klar und eindeutig beantworten lässt, ist zur Vermeidung des Anscheins der Entscheidung in eigener Sache jedoch eine Teilnahme des abgelehnten Richters nicht zulässig.[25] Nicht zur Mitwirkung befugt ist der Abgelehnte daher, wenn das Gesuch einen grob verunglimpfenden Inhalt hat.[26] Ebenfalls nicht ausreichend sind bloße Zulässigkeitsmängel, etwa die Prozessunfähigkeit des Antragstellers.[27] Darüber hinaus ist in Anlehnung an die Rechtsprechung des BVerfG zu § 26a StPO auch in Fällen offenkundiger Unbegründetheit eine Teilnahme des abgelehnten Richters ausgeschlossen,[28] weil sonst gegen den Grundsatz des gesetzlichen Richters nach Art. 101 Abs. 1 S. 2 GG verstoßen werden würde.[29] 3

2. Verfahren bei Ablehnung des Richters beim Amtsgericht, § 45 Abs. 2. a) Amtsrichter. Die Vorschrift nimmt den Richter am Amtsgericht in Bezug. Damit sind sowohl der Richter der allgemeinen Prozessabteilung als auch der Familienrichter, der Richter für Landwirtschaftssachen oder der Rechtshilferichter erfasst.[30] 4

b) Billigung des Gesuchs. Erachtet der abgelehnte Richter das Gesuch für begründet, bedarf es nach § 45 Abs. 2 S. 2 keiner Entscheidung; er scheidet aus dem Verfahren aus. Da die Gewähr des gesetzlichen Richters in Rede steht, handelt es sich dabei jedoch nicht um einen internen Vorgang,[31] sondern das Verfahren entspricht im Wesentlichen dem des § 46 (vgl. § 46 Rn. 2). Deshalb hat der Abgelehnte zuvor den Parteien rechtliches Gehör zu gewähren und seine Entscheidung förmlich zu begründen.[32] Die Akten sind 5

---

[14] BayObLG MDR 1980, 237; OLG Frankfurt DRiZ 1965, 272.

[15] BGH NJW 2006, 2492, 2493; MDR 2007, 669, 670; OLG Saarbrücken OLGR 2007, 509; OLG Oldenburg NJW-RR 2005, 1660; BAG AP Nr. 2 zu § 42 m. Anm. *Vollkommer;* OLG Frankfurt OLGR 2004, 271; OLG Schleswig OLGR 2005, 10; FG Düsseldorf EFG 2005, 1454; MK/*Gehrlein* Rn. 3; *B/L/H* Rn. 5; *Ro/S/Go* § 24 Rn. 20; *Zi* Rn. 1, 3f., 9; vgl. auch BVerfG NZA 2007, 607, 608f.

[16] OLG Rostock OLGR 2006, 586; OLG Oldenburg NJW-RR 2005, 931; KG NJW 2004, 2104; OLG Karlsruhe OLGR 2003, 523; 2004, 490; OLG Naumburg MDR 2005, 1245, 1246; OLGR 2005, 788; LG Halle, Beschl. v. 15. 3. 2005, Az. 12 O 14/05 (Vorsitzender der Kammer für Handelssachen).

[17] Vgl. *Hannich/Meyer-Seitz/Engers,* ZPO-Reform, Einführung – Texte – Materialien, 2001, S. 152; *Oberheim,* Die Reform des Zivilprozesses, 2001, S. 12.

[18] OLG Oldenburg NJW-RR 2005, 1660.

[19] MK/*Gehrlein* Rn. 3; *Zö/Vollkommer* Rn. 2.

[20] BVerfG NJW 2007, 3771; BGH NJW 1992, 983, 984; NJW-RR 2005, 1226, 1227; SächsVerfGH NJW-RR 1999, 287; vgl. auch BVerfG NJW 2005, 3410, 3412; 2006, 3129f.; BGH NJW 2005, 3434, 3435 (zu § 26a StPO); aA *T/P/Hüßtege* Rn. 1.

[21] BVerfG NJW 2005, 3410ff.; BGH NJW 2005, 3434, 3435 (zu § 26a StPO); HessStGH NJW-RR 2002, 501.

[22] BGH NJW 1974, 55, 56; BVerwG NJW 1988, 722; OLG Düsseldorf OLGR 1995, 230.

[23] BGH NJW 1992, 983, 984; BayObLG NJW-RR 1993, 1278; OLG Brandenburg FamRZ 2002, 1042; KG MDR 1992, 997; OLG Braunschweig NJW 1976, 2024, 2025; 1995, 2114; OLG Frankfurt NJW-RR 1989, 569; 1996, 417, 418; OLG Celle NJW-RR 1989, 569.

[24] OLG Frankfurt NJW-RR 1996, 417, 418.

[25] BVerfG NJW 2005, 3410, 3412; 2006, 3129f. (zu § 26a StPO).

[26] OLG Stuttgart OLGZ 1977, 107; aA OLG Karlsruhe NJW 1974, 915.

[27] OLG Hamburg MDR 1954, 423; RG JW 1935, 2895.

[28] Abweichend zur Vorauflage; aA BVerwG NJW 1997, 3327.

[29] BVerfG NJW 2005, 3410ff. (zu § 26a StPO).

[30] *Zö/Vollkommer* Rn. 5; *B/L/H* Rn. 8.

[31] BVerfGE 1989, 36ff.; *Zö/Vollkommer* Rn. 7.

[32] OLG Frankfurt FamRZ 1998, 377; MK/*Gehrlein* Rn. 7; *Wiecz/Sch/Niemann* Rn. 7; *Zö/Vollkommer* Rn. 7.

dann dem im Geschäftsverteilungsplan bestimmten Vertreter vorzulegen. Dieser überprüft, ob die Voraussetzungen des § 45 Abs. 2 S. 2 erfüllt sind,[33] wobei er an die Entscheidung des Abgelehnten soweit gebunden ist, wie sie sich nicht als Willkürakt darstellt.[34] Liegt die Entscheidungskompetenz ausnahmsweise bei dem abgelehnten Amtsrichter (vgl. Rn. 3), entscheidet das LG als Beschwerdeinstanz über einen zurückweisenden Beschluss (§ 46 Rn. 4).[35] Bei einer Selbstablehnung nach § 48 scheidet die Anwendung des § 45 Abs. 2 S. 2 aus (§ 48 Rn. 5).

6 c) **Vorlage, Zuständigkeit.** Hält der Amtsrichter das Ablehnungsgesuch nicht für begründet, hat er die Sache einem anderen Richter an seinem Amtsgericht vorzulegen, § 45 Abs. 2 S. 1. Dabei handelt es sich, vorbehaltlich einer anderen Regelung, um den durch Geschäftsverteilungsplan benannten zuständigen Vertreter (vgl. Rn. 2).[36] Mit dem Gebot des gesetzlichen Richters ist es nicht vereinbar, würde nur für den konkreten Fall ein anderer Richter bestimmt.[37] Nach dem Geschäftsverteilungsplan eines Amtsgerichts kann im Vertretungsfalle auch ein „Nicht-Familienrichter" für Entscheidungen in Familiensachen zuständig sein.[38] Die Zurückweisung des Befangenheitsgesuchs durch den abgelehnten Richter ist grundsätzlich unzulässig, weil er sachlich unzuständig ist.[39] Der Abgelehnte ist nur noch zu den unaufschiebbaren Handlungen iSd. § 47 Abs. 1 berechtigt (§ 47 Rn. 4), soweit nicht die Ausnahme des § 47 Abs. 2 eingreift. Zur gesondert geregelten Ablehnung des **Rechtspflegers** (§ 49 Rn. 3, 7): Zuständig ist in erster Instanz der Amtsrichter, das LG in zweiter Instanz.[40]

7 **3. Beschlussunfähigkeit, § 45 Abs. 3.** Die Entscheidung erfolgt bei Beschlussunfähigkeit des nach § 45 Abs. 1, Abs. 2 berufenen Gerichts durch das im Rechtszug zunächst höhere Gericht, § 45 Abs. 3. Beschlussunfähigkeit tritt ein, wenn nach Wegfall des abgelehnten Richters eine ordnungsgemäße Besetzung (§§ 22 Abs. 1, 75, 105 Abs. 1, 122 Abs. 1 GVG) durch Ergänzung des Spruchkörpers nach dem Geschäftsverteilungsplan iSd. § 21e GVG nicht mehr möglich ist.[41] Dabei kommt bei einem Amtsgericht, welches nur mit einem Richter besetzt ist, zunächst der zur Vertretung berufene Richter im Landgerichtsbezirk iSd. § 22b Abs. 1 GVG in Betracht.[42] Bei Zuständigkeit des LG als nächsthöherem Gericht ergeht die Entscheidung durch den Einzelrichter.[43] Das von § 45 Abs. 3 genannte zunächst höhere Gericht bestimmt sich nach der Rechtsmittelzuständigkeit in der Hauptsache. Dementsprechend ergibt sich bei Beschlussunfähigkeit des Amtsgerichts eine Entscheidungszuständigkeit des OLG nach Maßgabe von § 119 Abs. 1 Nr. 1.[44] Keine Vorsorge ist für den Fall getroffen, dass das oberste Gericht beschlussunfähig werden sollte.[45] Wird die Kammer des Arbeitsgerichts iSd. § 49 Abs. 1 ArbGG (Rn. 2) beschlussunfähig, entscheidet das Landesarbeitsgericht, § 49 Abs. 2 ArbGG.

46 *Entscheidung und Rechtsmittel* **(1) Die Entscheidung über das Ablehnungsgesuch ergeht durch Beschluss.**

(2) Gegen den Beschluss, durch den das Gesuch für begründet erklärt wird, findet kein Rechtsmittel, gegen den Beschluss, durch den das Gesuch für unbegründet erklärt wird, findet sofortige Beschwerde statt.

I. Normzweck

1 Die Vorschrift bestimmt, in welcher Form das nach § 45 zuständige Gericht in einem selbständigen Zwischenverfahren über das Ablehnungsgesuch iSd. §§ 42 Abs. 1, 44 Abs. 1 abschließend zu entscheiden hat.[1] Die Entscheidung über Ablehnungsgesuche ist eilbedürftig, um eine baldige Klärung über die Frage des zur Entscheidung berufenen (gesetzlichen) Richters iSd. Art. 101 Abs. 1 S. 2 GG herbeizuführen. Daher ist über § 128 Abs. 4 die mündliche Verhandlung freigestellt und § 46 Abs. 2 begrenzt die gegen den Beschluss zulässigen Rechtsmittel. Damit dient die Vorschrift auch der Prozessförderung und Prozesswirtschaftlichkeit.[2] § 46 Abs. 1 wurde durch das ZPO-RG geändert und ist nach dessen Art. 53 Nr. 3 in der neuen Fassung seit 1. 1. 2001 in Kraft.

II. Verfahren und Entscheidung nach § 46 Abs. 1

2 Das Gericht **muss** grundsätzlich über ein Ablehnungsgesuch **entscheiden.** Die Entscheidung ist selbst dann erforderlich, wenn alle Mitglieder des Spruchkörpers unter Einschluss des Abgelehnten die Ablehnung für

---

[33] MK/*Gehrlein* Rn. 7; *B/L/H* Rn. 12.
[34] OLG Frankfurt FamRZ 1989, 518, 519; *Pentz* NJW 1999, 2000.
[35] OLG Braunschweig MDR 2000, 846.
[36] *Zö/Vollkommer* Rn. 5; *T/P/Hüßtege* Rn. 2; *B/L/H* Rn. 10 aE.
[37] *B/L/H* Rn. 10 aE; vgl. auch *Hartmann* NJW 2001, 2582.
[38] OLG Frankfurt FamRZ 1998, 134.
[39] LG Lübeck MDR 1999, 57 m. Anm. *Schneider; Schneider* MDR 1999, 14.
[40] *Zö/Vollkommer* Rn. 8.
[41] RGZ 16, 413, 414.
[42] *Zö/Vollkommer* Rn. 6.
[43] OLG Karlsruhe OLGR 2003, 196; *Zö/Vollkommer* Rn. 6; aA OLG Karlsruhe FamRZ 2006, 1555.
[44] *T/P/Hüßtege* Rn. 5; *Zö/Vollkommer* Rn. 6; zu § 45 Abs. 2 S. 1 aF: OLG Celle OLGR 1998, 116; BayObLGZ 87, 213; *Pentz* NJW 1999, 2000, 2002; aA BGH NJW-RR 1989, 825.
[45] Vgl. *St/J/Bork* Rn. 2; *Wiecz/Sch/Niemann* Rn. 5.
[1] *Günther* MDR 1989, 691; *Zö/Vollkommer* Rn. 1; BFH/NV 2005, 2027; BayObLGZ 86, 367; KG MDR 1988, 237.
[2] *B/L/H* Rn. 2.

begründet halten.[3] Es genügt nicht eine Vertagung und weitere Verhandlung ohne den Abgelehnten.[4] Kein Entscheidungszwang besteht nur dann, wenn das Ablehnungsgesuch offenkundig missbräuchlich ist, dazu § 45 Rn. 3. In diesem Fall ist auch eine dienstliche Äußerung des abgelehnten Richters entbehrlich.[5] Für das Verfahren ist die (ohnehin nicht übliche)[6] mündliche Verhandlung nach § 128 Abs. 4 fakultativ[7] und es gilt der Amtsermittlungsgrundsatz.[8] Da in diesem Zwischenverfahren eine Entscheidung über den gesetzlichen Richter der Parteien (und evtl. Streithelfer)[9] für das Hauptverfahren erfolgt (Rn. 1), sind sowohl der Antragsteller als auch sein Gegner Beteiligte des Ablehnungsverfahrens.[10] Dementsprechend ist beiden Parteien **rechtliches Gehör** zu gewähren,[11] indem ihnen die Tatsachen unter Einschluss der dienstlichen Äußerung des Abgelehnten nach § 44 Abs. 3[12] bekannt gegeben werden, auf die das Gericht seine Entscheidung zu stützen gedenkt. Das rechtliche Gehör kann in der Beschwerdeinstanz nachgeholt werden.[13] Konnte die ablehnende Partei nicht zu der dienstlichen Stellungnahme des Richters iSd. § 44 Abs. 3 gehört werden, ist diese nicht verwertbar.[14] Das muss selbst dann gelten, wenn sich die Stellungnahme in formelhaften Aussagen erschöpft[15] oder keine neuen Tatsachen[16] enthält.[17] Die nach § 46 Abs. 1 durch Beschluss ergehende Entscheidung ist, wenn das Gericht mündlich verhandelt hat, gemäß § 329 Abs. 1 S. 1 zu verkünden. Andernfalls ist sie den Parteien nach § 329 Abs. 2 S. 1 formlos mitzuteilen. Da der zurückweisende Beschluss der sofortigen Beschwerde, §§ 46 Abs. 2, 567 Abs. 1 Nr. 1, unterliegt, ist er dem Antragsteller gemäß § 329 Abs. 3 zuzustellen. Unabhängig von ihrem Ausgang ist die Entscheidung zu **begründen.**[18] Dies gilt auch für die stattgebende Entscheidung nicht zuletzt deswegen, weil ansonsten für den Gegner nicht erkennbar wäre, warum ihm der gesetzliche Richter entzogen wird.[19] Im Übrigen wäre die Gefahr wesentlicher Zweifel an einer bedachten Entscheidung gegeben und jegliche Kontrollmöglichkeit für irgendeine andere Instanz ausgeschlossen, sei es nun ein im Instanzenzug übergeordnetes Gericht oder das Bundesverfassungsgericht.[20] Die zurückweisende Entscheidung wird erst mit Eintritt ihrer Unanfechtbarkeit **wirksam** (§§ 46 Abs. 2, 569 Abs. 1), die stattgebende sofort. Das Gesuch kann bis zum Erlass der Entscheidung zurückgenommen werden.[21]

III. Rechtsbehelf, § 46 Abs. 2

1. Stattgebende Entscheidung. Grundsätzlich ist die dem Ablehnungsgesuch stattgebende Entscheidung erster Instanz oder der Beschwerdeinstanz unanfechtbar, § 46 Abs. 2 Halbs. 1.[22] Etwas anderes wird vertreten, wenn der Anspruch auf rechtliches Gehör (Art. 103 Abs. 1 GG) verletzt wurde[23] oder greifbare Gesetzeswidrigkeit (§ 281 Rn. 11, vor § 511 Rn. 35, § 567 Rn. 15 ff.)[24] gegeben ist. Insofern komme nach § 567 Abs. 1 eine sofortige Beschwerde in Betracht,[25] wenn es sich bei dem anzufechtenden Beschluss um eine Entscheidung handelt, die im ersten Rechtszug ergangen ist (§ 567 Rn. 9).[26] Aus Gründen der Rechtssicherheit und der Möglichkeit zur Selbstkorrektur über § 321 a entsprechend (in Form der dann fristgebundenen Gegenvorstellung) besteht jedoch in diesen Fällen kein Bedarf mehr für eine außerordentliche Beschwerde (vgl. § 37 Rn. 8).[27] Da eine im Beschwerdeverfahren ergangene Zwischenentscheidung als Entscheidung im 3

---

[3] OLG Frankfurt NJW 1976, 1545.

[4] BAGE 14, 46, 48 = NJW 1963, 1518 = AP Nr. 1 zu § 45 m. Anm. *Pohle; B/L/H* Rn. 6; *Zö/Vollkommer* Rn. 4.

[5] BFH/NV 2003, 1285.

[6] *Zi* Rn. 1; *T/P/Hüßtege* Rn. 1; MK/*Gehrlein* Rn. 1.

[7] Vgl. BFH DB 1992, 2122.

[8] OLG Frankfurt OLGZ 1980, 109; OLG Hamm Rpfleger 1974, 404; MK/*Gehrlein* Rn. 1; *St/J/Bork* Rn. 1; *B/L/H* Rn. 4.

[9] MK/*Gehrlein* Rn. 1.

[10] BGH NJW 2005, 2233, 2234; *Zö/Vollkommer* Rn. 3; MK/*Gehrlein* Rn. 1.

[11] MK/*Gehrlein* Rn. 1; *Zö/Vollkommer* Rn. 3; *St/J/Bork* Rn. 1; *Wiecz/Sch/Niemann* Rn. 2; OLG Frankfurt FamRZ 1998, 377; einschränkend: *B/L/H* Rn. 4 (Anhörung des Gegners kann geboten sein.); ebenso *Zi* Rn. 1; *T/P/Hüßtege* Rn. 1 (Wenn das Gesuch begründet sein kann.).

[12] BVerfG NJW 1968, 1621; VGH Kassel NJW 1969, 1399; OLG Köln MDR 1973, 57; OLG Karlsruhe OLGZ 1984, 102.

[13] OLG Koblenz OLGZ 1977, 111; VGH Kassel NJW 1983, 901.

[14] BVerfGE 24, 56; BVerfG NJW 1993, 2229.

[15] AA OLG Köln MDR 1973, 57.

[16] AA OLG Karlsruhe OLGZ 1984, 101, 102.

[17] *Zö/Vollkommer* Rn. 3; *Schneider* MDR 1998, 454.

[18] *B/L/H* Rn. 6; *Zö/Vollkommer* Rn. 9; MK/*Gehrlein* Rn. 1; OLG Düsseldorf OLGZ 1972, 245; OLG Oldenburg NJW-RR 1995, 830; ebenso SächsVerfGH NJW-RR 1999, 287; aA *Zi* Rn. 2 (bei stattgebenden Beschluss).

[19] *Zö/Vollkommer* Rn. 9; *Wiecz/Sch/Niemann* Rn. 3.

[20] OLG Oldenburg NJW-RR 1995, 830; vgl. OLG Brandenburg OLG-NL 2000, 46; *Zö/Vollkommer* Rn. 9.

[21] Vgl. BVerwG NJW 1992, 1186; *Wiecz/Sch/Niemann* Rn. 3 aE; *Zö/Vollkommer* Rn. 5.

[22] RGZ 51, 144, 146; BGH VersR 1995, 317 (keine Nachprüfung in der Revisionsinstanz); BFH NJW-RR 1996, 57; OLG Oldenburg NJW-RR 1995, 830.

[23] *B/L/H* Rn. 8; MK/*Gehrlein* Rn. 2; *Zö/Vollkommer* Rn. 13; OLG Frankfurt MDR 1979, 940; MDR 1984, 323; BayObLG NJW 1989, 44.

[24] *Zö/Vollkommer* Rn. 13; vgl. OLG Oldenburg NJW-RR 1995, 830.

[25] *Zi* Rn. 2; OLG Frankfurt MDR 1979, 940; *Zö/Vollkommer* Rn. 13; *T/P/Hüßtege* Rn. 5.

[26] BayObLG NJW 2002, 3262.

[27] Vgl. BVerfG NJW 2003, 1924; BGHZ 150, 133 = NJW 2002, 1577; BFH NJW 2005, 526; BayObLG MDR 2003, 410 (für das FGG-Verfahren); OLG Celle NJW 2002, 3715; OLG Naumburg NJW 2003, 353; Lipp NJW 2002, 1700, 1702; aA *Bloching/Kettinger* NJW 2005, 860.

Beschwerdeverfahren gilt,[28] ist bei einer Entscheidung des LG als Beschwerdegericht auf Grund des ZPO-RG nicht mehr die sofortige Beschwerde eröffnet, sondern unter deren Voraussetzungen nur die Rechtsbeschwerde nach § 574 Abs. 1 statthaft (vgl. auch Rn. 4).[29] Weiter kann, wenn das Oberlandesgericht die Ablehnung eines Richters unter Verletzung des rechtlichen Gehörs für begründet erklärt hat, auch hier die Zulassung von Gegenvorstellungen der gebotene Weg sein, den Grundrechtsverstoß durch Selbstkorrektur zu beseitigen, weil andernfalls die auf einem schweren Verfahrensverstoß beruhende Entscheidung allein im Verfahren der Verfassungsbeschwerde korrigiert werden könnte.[30]

4 **2. Zurückweisende Entscheidungen.** Der das Ablehnungsgesuch zurückweisende Beschluss ist gemäß §§ 46 Abs. 2, 567 Abs. 1 Nr. 1 mit der sofortigen Beschwerde anfechtbar. Entgegen dem Wortlaut des § 46 Abs. 2 ist die sofortige Beschwerde nach § 567 Abs. 1 Nr. 2 auch dann statthaft, wenn das Ablehnungsgesuch als unzulässig zurückgewiesen worden ist.[31] Weitere Voraussetzung ist gemäß § 567 Abs. 1, dass es sich um eine **erstinstanzliche Entscheidung** des Amts- oder Landgerichts handelt. In der Folge ist dann bei zurückweisenden Beschlüssen des AG das LG, in Familiensachen oder anderen Fällen des § 119 Abs. 1 GVG das OLG und bei Entscheidungen des LG das OLG zur Entscheidung über die sofortige Beschwerde berufen. Bei Zurückweisung durch den abgelehnten, nur ausnahmsweise tätigen (§ 45 Rn. 3), Einzelrichter am LG entscheidet in der Regel der Einzelrichter des OLG-Senats.[32] Das gilt nicht für den Vorsitzenden einer Kammer am LG, der ohne Mitwirkung der übrigen Richter entscheidet. Dieser ist nicht Einzelrichter im Sinne des § 568 S. 1, so dass über eine sofortige Beschwerde gegen seine Entscheidung der vollbesetzte Senat des OLG zu entscheiden hat.[33] Richtet sich die Beschwerde gegen den unter Mitwirkung des Abgelehnten ergangenen Verwerfungsbeschluss und hält das Beschwerdegericht das Ablehnungsgesuch für zulässig, hat es zur Entscheidung desselben die Sache an das Landgericht zurückzuverweisen, da es an einer eigenen Sachentscheidung gehindert ist.[34] Soweit die Zwischenentscheidung über das Ablehnungsgesuch durch das **LG als Berufungs- oder Beschwerdeinstanz** ergeht, ist die Rechtsbeschwerde unter den Voraussetzungen des § 574 Abs. 1 Nr. 2, Abs. 3 zum BGH (§ 133 GVG) statthaft.[35] Unanfechtbar mit der sofortigen Beschwerde sind gemäß § 567 Abs. 1 unabhängig von ihrem Inhalt die Beschlüsse des OLG[36] und zwar auch dann, wenn es in Kindschafts- und Familiensachen erstinstanzlich über ein Ablehnungsgesuch zu entscheiden hatte.[37] Insoweit geht § 574 Abs. 1 Nr. 2, Abs. 3 der Vorschrift des § 46 Abs. 2 vor; statthaft ist die Rechtsbeschwerde, wenn sie entsprechend zugelassen wurde.[38] Eine Inzidentprüfung durch das Revisionsgericht fand bisher nicht statt.[39] Soweit eine Rechtsbeschwerde nicht zugelassen wurde, ist der BGH auch nach Inkrafttreten des ZPO-RG der Auffassung, dass gemäß § 557 Abs. 2 eine Inzidentprüfung ausgeschlossen ist;[40] zutreffend ist es jedoch, auf Grund der geänderten Rechtslage zum Beschwerdeverfahren sowie im Hinblick auf die Klärung der verfassungsrechtlich sensiblen Frage des gesetzlichen Richters nach Art. 101 Abs. 1 S. 2 GG, davon auszugehen, dass eine Überprüfung inzidenter im Revisionsverfahren möglich ist.[41] Soweit das **Ablehnungsgesuch missbräuchlich** ist (Rn. 2, § 45 Rn. 3) und das erstinstanzliche Gericht dies nur in den Urteilsgründen darlegt, scheidet eine sofortige Beschwerde aus. Die Urteilsgründe können nicht selbständig angefochten werden; sie unterliegen der Prüfung nur im Rahmen von Rechtsmitteln gegen das Urteil.[42] Zurückweisende Entscheidungen des Bundespatentgerichts sind nicht anfechtbar.[43] Ebenso scheidet im Arbeitsgerichtsverfahren nach § 49 Abs. 3 ArbGG die Anfechtbarkeit grundsätzlich aus.[44] Eine Ausnahme kann wegen Art. 101 Abs. 1 S. 2 GG dann gelten, wenn das Gericht das Ablehnungsgesuch unter Mitwirkung des Abgelehnten rechtsmissbräuchlich verwirft.[45]

5 **3. Einlegung der Beschwerde. a) Beschwerdeberechtigung.** Beschwerdeberechtigt sind der abgewiesene Antragsteller, um ein weiteres Ablehnungsgesuch zu vermeiden aber auch die andere Partei,[46] sofern sie sich das bisherige Vorbringen zu Eigen macht.

---

[28] OLG Zweibrücken NJW-RR 2002, 1507.

[29] *B/L/H* Rn. 8; OLG Köln OLGR 2003, 140; OLG Stuttgart NJW-RR 2003, 494; BayObLGZ 2002, 89; OLG Zweibrücken OLGR 2003, 267; NJW-RR 2002, 1507 (zu § 406 Abs. 5).

[30] BGH NJW 1995, 403; vgl. BVerfG NJW 1987, 1319; KG MDR 2000, 169; OLG Düsseldorf MDR 1968, 767.

[31] OLG Frankfurt FamRZ 1993, 1467; OLG Köln OLGR 2004, 236; BayObLG WoM 1993, 212; *T/P/Hüßtege* Rn. 6; *Zö/Vollkommer* Rn. 14; OLG Bremen MDR 1998, 1242; *Pentz* NJW 1999, 2003; aA OLG Köln MDR 1979, 850.

[32] OLG Köln OLGR 2003, 107.

[33] OLG Frankfurt OLGR 2002, 250.

[34] OLG Köln OLGR 2004, 236.

[35] BayObLGZ 2002, 89; OLG Celle OLGR 2002, 228; OLG Stuttgart NJW-RR 2003, 494; OLG Karlsruhe MDR 2003, 651; OLG Köln OLGR 2003, 140.

[36] BGH NVwZ-RR 1991, 167; BGH NJW-RR 1993, 644.

[37] BGH NJW-RR 1987, 191.

[38] BGH NJW 2004, 163; *Vollkommer* NJW 2001, 1830; *Zö/Vollkommer* Rn. 14 a.

[39] BGHZ 85, 145, 148 = NJW 1983, 889; BGHZ 95, 302, 306; NJW 1995, 403.

[40] BGH MDR 2007, 599, 600; NJW-RR 2005, 294, 295.

[41] *Vollkommer* NJW 2001, 1830; *Zö/Vollkommer* Rn. 14 a; vgl. auch BayVerfGH NJW-RR 2005, 1729 zur Frage, inwieweit bei fehlender Korrekturmöglichkeit in der Revisionsinstanz der Weg über die Verfassungsbeschwerde angezeigt ist.

[42] BFH NJW-RR 1996, 701; OLG Köln OLGR 2001, 158; BFH/NV 1993, 244.

[43] BGHZ 110, 26; 95, 302, 306 = NJW 1986, 2702; *Zö/Vollkommer* Rn. 14 aE.

[44] *B/L/H* Rn. 10; *Zö/Vollkommer* Rn. 22.

[45] *B/L/H* Rn. 10; *Zö/Vollkommer* Rn. 22.

[46] *B/L/H* Rn. 11; *Zö/Vollkommer* Rn. 15.

6 b) **Anwaltszwang.** Ein solcher besteht grundsätzlich in den Fällen der §§ 78 Abs. 1, 569 Abs. 2. Ausnahmen gelten unter den Voraussetzungen nach §§ 78 Abs. 3, Abs. 5 Halbs. 2, 569 Abs. 3. So herrscht dann kein Anwaltszwang für die Beschwerde, wenn der Rechtsstreit beim AG anhängig ist oder war,[47] eine Ablehnung im PKH-Verfahren in Rede steht, § 569 Abs. 3 Nr. 2[48] oder sich das Ablehnungsgesuch gegen ein Mitglied der Berufungskammer am Landgericht richtet, § 569 Abs. 3 Nr. 1.[49] Etwas anderes gilt wegen §§ 44 Abs. 1, 78 Abs. 5, 569 Abs. 3 Nr. 1 bei Ablehnung des Richters am Landgericht als erste Instanz, weil insoweit der **Rechtsstreit** (nicht das Zwischenverfahren) als Anwaltsprozess zu führen ist, § 78 Abs. 1.[50]

7 c) **Rechtsschutzbedürfnis.** Abgesehen davon, dass das Rechtsschutzbedürfnis für die Beschwerde nicht dadurch entfällt, dass der Antragsteller zur Vermeidung von Nachteilen vor dem abgelehnten Richter weiterverhandelt, der unter Verstoß gegen § 47 Abs. 1 die Verhandlung weiterführt,[51] sind verschiedene Verfahrenssituationen zu beachten. Zum einen ist danach zu unterscheiden, ob der Richter, gegen den sich die Ablehnung wendet, an der Entscheidung weiter mitwirkt bzw. mit weiteren zu besorgenden Entscheidungen befasst werden kann oder etwa zuvor ausscheidet. Zum anderen ist maßgeblich, ob es sich um eine vollständig instanzabschließende anfechtbare oder unanfechtbare Entscheidung handelt.

8 aa) Scheidet der abgelehnte Richter ohne an einer Sachentscheidung mitzuwirken **vor Abschluss des Hauptverfahrens** auf Grund einer Versetzung, wegen Krankheit oder etwa Änderungen des Geschäftsverteilungsplans aus dem Spruchkörper bzw. bei dem Gericht aus, entfällt das Rechtsschutzbedürfnis für die sofortige Beschwerde.[52]

9 bb) Entscheidet **vor Erledigung des Gesuchs** das Gericht in der **Hauptsache,** ist die Beschwerde weiter zulässig, wenn der Richter nochmals, etwa in Form einer Tatbestandsberichtigung (§ 320),[53] in einem Nachverfahren iSd. § 600 Abs. 1,[54] einer Folgesache nach § 623[55] oder bei möglicher Verfahrensfortsetzung nach einem Versäumnisurteil (§ 342)[56] mit der Sache befasst sein kann.[57] Auf diese Weise gelingt es, die suspendierende Wirkung des Ablehnungsgesuchs iSd. § 47 Abs. 1 aufrecht zu erhalten.

10 cc) Ergeht dagegen unter Mitwirkung des abgelehnten Richters eine **vollständig instanzbeendigende Entscheidung,** fehlt das Rechtsschutzbedürfnis für die sofortige Beschwerde.[58] Insoweit kommt die inzidente Überprüfung des Ablehnungsgrundes (als Verfahrensfehler iSd. §§ 529 Abs. 2, 545 Abs. 1) nur im Rahmen einer Berufung bzw. Revision gegen die Hauptsacheentscheidung in Betracht.[59] Bei bereits abgelaufenen Rechtsmittelfristen ist insofern Wiedereinsetzung (§ 233) möglich.[60] Nach anderer Ansicht[61] besteht auch nach Verfahrensbeendigung ein Rechtsschutzbedürfnis für die sofortige Beschwerde wegen der Ablehnungsentscheidung fort, weil sonst nach § 512 bindend feststünde, dass das Ablehnungsgesuch unbegründet ist, mithin das Rechtsmittel nicht auf einen Verstoß gegen § 47 gestützt werden kann.[62] Dies widerspricht aber dem Umstand, dass das eigentliche Ziel, den befangenen Richter für das laufende Verfahren auszuschließen, nicht mehr erreicht werden kann, wenn dieses beendet ist.[63] Hinzu kommt, dass es an einer abschließenden Entscheidung im Hinblick auf das Ablehnungsgesuch fehlt, wenn über die sofortige Beschwerde noch nicht entschieden worden ist; soll dann aber ohnehin die instanzbeendigende Entscheidung angefochten werden, entspricht es der Prozessökonomie zugleich im Rahmen der Berufung bzw. Revision den geltendgemachten Ablehnungsgrund zu prüfen.[64]

11 dd) Bei **nicht anfechtbaren** entgegen der Wartepflicht nach § 47 Abs. 1 vorgenommenen endgültigen **Entscheidungen** wird vorgebracht, dass eine unzulässige weitere Mitwirkung des Abgelehnten ohnehin nicht mehr in Betracht komme,[65] die nachträgliche Feststellung der Besorgnis der Befangenheit verfassungsrechtlich nicht geboten,[66] mithin das Rechtsschutzbedürfnis für die Beschwerde entfallen sei. Dem ist jedoch entgegenzuhalten, dass bei einer unanfechtbaren instanzbeendigenden Entscheidung nur noch in diesem Wege über den Ablehnungsgrund entschieden und damit dem Interesse der ablehnenden Partei ge-

---

[47] OLG Köln OLGR 2005, 381 (LS).
[48] OLG Brandenburg OLG-NL 2000, 46.
[49] OLG Brandenburg OLGR 2000, 35; OLG Düsseldorf MDR 1961, 61; KG MDR 1983, 60; *Habscheid* NJW 1967, 1330.
[50] OLG Köln OLGR 1999, 218; MDR 1996, 1182; OLG Schleswig SchlHA 1996, 222; *T/P/Hüßtege* Rn. 6; MK/*Gehrlein* Rn. 3; *Zö/Vollkommer* Rn. 16.
[51] KG NJW 1975, 1842.
[52] MK/*Gehrlein* Rn. 5; *T/P/Hüßtege* Rn. 8; *Zö/Vollkommer* Rn. 18; vgl. BGH WM 2003, 848.
[53] BGH NJW 1963, 46; LM § 42 Nr. 4; anders RGZ 66, 46, 47.
[54] OLG Frankfurt MDR 1979, 762; NJW 1986, 1000.
[55] KG FamRZ 1986, 1022; *Zö/Vollkommer* Rn. 18b.
[56] OLG Frankfurt NJW 1986, 1000.
[57] *B/L/H* Rn. 16; *Günther* MDR 1989, 693; *Zö/Vollkommer* Rn. 18b.
[58] BGH NJW-RR 2007, 411; WM 2003, 848; *Zö/Vollkommer* Rn. 18ff.; *B/L/H* Rn. 14f.
[59] *Zö/Vollkommer* Rn. 18a; MK/*Gehrlein* Rn. 5.
[60] *Zö/Vollkommer* Rn. 18a aE.
[61] OLG Braunschweig NJW 1976, 2024, 2025; KG MDR 1988, 237 m. weit. Nachw.; OLG Bremen OLGZ 1992, 485; OLG Koblenz NJW-RR 1992, 1464; *Kahlke* ZZP 95 (1982), 288, 295; *Schneider* MDR 1983, 188; *T/P/Hüßtege* Rn. 8.
[62] *St/J/Bork* Rn. 6.
[63] MK/*Gehrlein* Rn. 5; *B/L/H* Rn. 14.
[64] *Zö/Vollkommer* Rn. 18a.
[65] RGZ 66, 46; BayObLG FamRZ 1986, 291; OLG Frankfurt NJW 1986, 1000.
[66] *St/J/Bork* Rn. 7, § 44 Rn. 11f.

dient werden kann, weshalb dieses das Beschwerdeverfahren fortzusetzen ist.[67] Insofern kommt dann bei einer Entscheidung zu Gunsten des Beschwerdeführers eine entsprechende Anwendung des § 579 Abs. 1 Nr. 3 (Nichtigkeitsklage) in Betracht.[68]

IV. Gebühren und Kosten

12 **1. Rechtsanwaltsgebühren.** Die Tätigkeit des Anwalts im Ablehnungsverfahren gehört zum Rechtszug, wird also durch die Gebühren der Nr. 3100ff. VV RVG abgegolten (§ 19 Abs. 1 Nr. 3 RVG). Ist der Anwalt nicht Prozessbevollmächtigter, erhält er die Verfahrensgebühr der Nr. 3403 VV RVG. Das **Beschwerdeverfahren** gehört nicht zum Rechtszug.[69] Der auftragsgemäß tätige Anwalt (auch der des die Stellung eines Verfahrensbeteiligten innehabenden Gegners der ablehnenden Partei)[70] erhält die Gebühren der Nr. 3500, 3513 VV RVG (§ 15 Abs. 2 S. 2 RVG).[71] Insofern bedarf es seitens des idR auch für das Beschwerdeverfahren beauftragten Anwalts des Beschwerdegegners keines schriftsätzlichen Hervortretens damit die Gebühr entsteht.[72] Der Beschwerdewert entspricht idR dem Wert der Hauptsache.[73]

13 **2. Gerichtskosten.** Gerichtsgebühren werden nicht erhoben. Für das Beschwerdeverfahren gilt KV 1812. Bei erfolgloser Beschwerde gilt § 97 Abs. 1; die Kosten fallen dem Antragsteller zur Last.[74]

47 *Unaufschiebbare Amtshandlungen* **(1) Ein abgelehnter Richter hat vor Erledigung des Ablehnungsgesuchs nur solche Handlungen vorzunehmen, die keinen Aufschub gestatten.**

(2) [1]Wird ein Richter während der Verhandlung abgelehnt und würde die Entscheidung über die Ablehnung eine Vertagung der Verhandlung erfordern, so kann der Termin unter Mitwirkung des abgelehnten Richters fortgesetzt werden. [2]Wird die Ablehnung für begründet erklärt, so ist der nach Anbringung des Ablehnungsgesuchs liegende Teil der Verhandlung zu wiederholen.

I. Normzweck

1 Durch das Ablehnungsgesuch iSd. §§ 42 Abs. 1, 44 Abs. 1 wird deutlich, dass es sich bei dem Abgelehnten möglicherweise nicht um den gesetzlichen Richter iSv. Art. 101 Abs. 1 S. 2 GG handelt. Darauf reagiert § 47 Abs. 1 mit einem vorläufigen Tätigkeitsverbot gegen den Richter, um dessen Ablehnung nach § 42 ersucht wird. Insofern dient die Vorschrift dem Interesse der antragenden Partei aber auch der Prozesswirtschaftlichkeit.[1] Die Norm kommt auch bei der Selbstablehnung nach § 48 zur Anwendung (§ 48 Rn. 5). Bei rechtsmissbräuchlichen Ablehnungsgesuchen (vgl. § 44 Rn. 5) gilt § 47 Abs. 1 jedoch nicht.[2] Die so genannte Wartepflicht wurde bisher nur im Fall der Wahrnehmung unaufschiebbarer Aufgaben durchbrochen, um auch dem Interesse der Gegenpartei gerecht zu werden (Rn. 4).[3] Eine weitere Einschränkung ist durch Art. 1 Nr. 2 des JuMoG[4] erfolgt; der bisherige Wortlaut der Vorschrift wurde Abs. 1, die Bestimmung des Abs. 2 wurde neu angefügt. Die Regelung ordnet im Falle der Anbringung eines Ablehnungsgesuchs während der Verhandlung die Fortsetzung unter Mitwirkung des abgelehnten Richters an. In Anlehnung an § 29 Abs. 2 StPO soll damit das gerichtliche Verfahren vereinfacht und effizienter gestaltet werden, indem missbräuchlichen Ablehnungsgesuchen vorgebeugt und eine sonst eintretende Verzögerung vermieden werden.[5] Zudem wird eine Harmonisierung der Prozessordnungen erreicht.[6]

II. § 47 Abs. 1

2 **1. Ablehnungsgesuch.** Für den Fall des Abs. 1 muss das Ablehnungsgesuch iSd. §§ 42 Abs. 1, 44 Abs. 1 oder die Anzeige gemäß § 48 außerhalb der Verhandlung im laufenden Verfahren gestellt worden sein, in dem eine Handlung vorzunehmen wäre. Wird während der Verhandlung ein entsprechender Antrag eingebracht, greift die Regelung des § 47 Abs. 2 ein (Rn. 8ff.). Auf die Zulässigkeit des Gesuchs kommt es nicht an. Etwas anderes gilt nur, wenn das Ablehnungsgesuch offensichtlich missbräuchlich ist (§ 44 Rn. 5). Be-

---

[67] BFHE 134, 513; BGH NJW 1995, 1679; OLG Koblenz NJW-RR 1992, 1464; *T/P/Hüßtege* Rn. 8; *Zi* Rn. 6; aA BGH NJW 1993, 400; KG MDR 1988, 237.

[68] BFHE 134, 513; BGH NJW 1995, 1679; *Zö/Vollkommer* Rn. 18b aE; aA BGH NJW 1993, 400; WM 2003, 848, 849; *St/J/Bork* Rn. 7.

[69] OLG Saarbrücken JurBüro 1992, 742; *Hartmann* § 19 RVG Rn. 16.

[70] BGH NJW 2005, 2233ff. m. weit. Nachw.

[71] BGH NJW 2005, 2233.

[72] BGH NJW 2005, 2233f. m. weit. Nachw.; OLG Köln JurBüro 1986, 1663; OLG Hamburg MDR 1994, 522; OLG Stuttgart JurBüro 1998, 190.

[73] BGH MDR 2007, 669; NJW 1968, 796; OLG Frankfurt MDR 2006, 1079; OLG Brandenburg NJW-RR 2000, 1092; OLG Bremen OLGR 1998, 111; KGR 1998, 92; aA OLG Frankfurt MDR 2007, 1399; s. o. § 3 Rn. 22.

[74] *T/P/Hüßtege* Rn. 9; *Zi* Rn. 5; MK/*Gehrlein* Rn. 6; *B/L/H* Rn. 18; OLG Nürnberg NJW-RR 2002, 720; OLG Frankfurt Rpfleger 1981, 408; OLG Stuttgart AnwBl. 1979, 22; aA *Zö/Vollkommer* Rn. 20; OLG Frankfurt NJW-RR 1992, 510; OLG Zweibrücken FamRZ 1993, 577.

[1] *B/L/H* Rn. 2.

[2] BGH NJW-RR 2005, 1226, 1227.

[3] MK/*Gehrlein* Rn. 1; *Wiecz/Sch/Niemann* Rn. 3; OLG Celle NJW-RR 1989, 569.

[4] Dazu *Huber* ZRP 2003, 268.

[5] Begr. zum Regierungsentwurf (BT-Drucks. 15/1508 S. 16).

[6] Begr. zum Regierungsentwurf (BT-Drucks. 15/1508 S. 16).

hält sich die ablehnende Partei die Begründung ihres Gesuchs vor[7] oder handelt es sich um eine ersichtlich ungeeignete Begründung[8] bzw. eine Globalablehnung, tritt die Wartepflicht nicht ein. Ablehnungsgesuche in Parallelverfahren lösen die Folge des § 47 ebenfalls nicht aus.[9] Das Ablehnungsgesuch bezieht sich nur auf Befangenheitsgründe nach § 42 Abs. 1 Halbs. 2, Abs. 2, da ein gesetzlicher Ausschlussgrund iSd. § 41 ohne weiteres dazu führt, dass der Richter von der Ausübung seines Amtes ausgeschlossen ist.[10]

2. Zeitlicher Rahmen des Tätigkeitsverbots. Die Wartepflicht greift ein im Zeitraum zwischen dem Eingang[11] des Gesuchs gemäß § 44 Abs. 1 und seiner Erledigung. Wann letzteres der Fall ist, wird unterschiedlich beurteilt. Aus Gründen der Beschleunigung des Rechtsstreits wird die Ansicht[12] vertreten, das Gesuch sei mit der erstmaligen Entscheidung hierüber iSv. § 47 Abs. 1 „erledigt". Erledigung sei gerade nicht die endgültige Entscheidung über das Gesuch, weil ansonsten der Gesetzgeber das Tätigkeitsverbot in § 47 Abs. 1 auf die Dauer der Rechtsmittelfrist bzw. die Dauer des Verfahrens darüber erstreckt hätte. Dementsprechend sei es mit der Anordnung der Regelung des § 570 Abs. 1, dass eine sofortige Beschwerde iSd. § 46 Abs. 2 keine aufschiebende Wirkung hat, nicht vereinbar, den rechtskräftigen Abschluss des Ablehnungsverfahrens abzuwarten.[13] Dieser Ansatz nimmt im Wesentlichen aus prozessökonomischen Erwägungen in Kauf, dass in jedem Fall bis zur endgültigen Entscheidung über das Ablehnungsgesuch von einem befangenen Richter Handlungen vorgenommen werden. Das widerspricht dem Prinzip des gesetzlichen Richters iSd. Art. 101 Abs. 1 S. 2 GG. Auch der Hinweis auf den Gesetzgeber, der keine entsprechende Anordnung in § 47 Abs. 1 vorgenommen habe, ist, wie an § 71 Abs. 3 deutlich wird, verfehlt.[14] Dafür spricht ferner die Neufassung des Abs. 2, der nur für den Fall, dass während der Verhandlung ein Ablehnungsgesuch angebracht wird, deren Fortsetzung anordnet, um Verzögerungen zu vermeiden. Damit ist davon auszugehen, dass der Gesetzgeber im Zuge der Neuregelung der Norm auch Abs. 1 anders gefasst hätte, wenn unter Erledigung nicht das Gegenstandsloswerden des Gesuchs verstanden werden soll. Ein solches Gegenstandsloswerden tritt aber erst ein, wenn das Ziel des Antrags nicht mehr erreicht werden kann, mithin das Gesuch endgültig abgeschlossen ist.[15] Im Übrigen würde im Widerstreit mit § 47 und dessen Zielsetzung, die Entscheidung des Ablehnungsgesuchs unbehelligt vom Hauptverfahren zu ermöglichen, die Einlegung von Rechtsmitteln hinsichtlich der Verfahrenshandlungen des später endgültig abgelehnten Richters, gefördert.[16] Daher ist mit der Gegenansicht[17] davon auszugehen, dass eine Erledigung des Gesuchs iSv. § 47 Abs. 1 dessen rechtskräftige (nicht weiter anfechtbare) Entscheidung voraussetzt.[18] Damit ist bei Zurückweisung des Ablehnungsgesuchs der Ablauf der Beschwerdefrist bzw. die Entscheidung über die Beschwerde abzuwarten,[19] es sei denn, es greift die Ausnahme vom Tätigkeitsverbot nach Abs. 2 (Rn. 8ff.). Die Entscheidung über eine eingelegte Verfassungsbeschwerde wegen der erfolglosen Richterablehnung muss dagegen nicht abgewartet werden, weil diese kein zusätzliches Rechtsmittel ist.[20] 3

3. Unaufschiebbare Handlungen. Unaufschiebbarkeit besteht, wenn dem Antragsgegner durch die Wartepflicht infolge eines Ablehnungsgesuchs wesentliche Nachteile drohen, würden die Handlungen nicht vorgenommen.[21] Das heißt, wenn beim Unterlassen der Handlungen Gefahr im Verzug[22] besteht, ist der abgelehnte Richter (oder Rechtspfleger)[23] befugt, entgegen dem Tätigkeitsverbot des Abs. 1 die Handlungen vorzunehmen. Insoweit kommt es auf die Eilbedürftigkeit der Maßnahme, nicht auf die Erfolgsaussichten des Ablehnungsgesuchs an.[24] Als eilbedürftige Handlungen kommen Maßnahmen einstweiligen Rechtsschutzes,[25] auch Beweissicherungsverfahren, sitzungspolizeiliche Maßnahmen (§§ 177ff. GVG)[26] und die wegen § 47 Abs. 1 gebotene Aufhebung eines Termins[27] in Betracht. Weiter können die Durchführung eines Versteigerungstermins ohne Zuschlag,[28] die Einstellung der Zwangsvollstreckung nach 4

---

[7] OLG Köln MDR 1964, 423.
[8] BVerwG NJW 1988, 722.
[9] BayObLG Rpfleger 1980, 193.
[10] *Zö/Vollkommer* Rn. 1.
[11] BGH NJW 2001, 1502; OLG Frankfurt NJW 1998, 1238.
[12] RGZ 66, 46, 47; BFHE (GrS) 134, 525, 529; 125, 12, 14; KG MDR 1954, 750; OLG Frankfurt OLGZ 1992, 383; OVG Münster NJW 1990, 1749; *Günther* MDR 1989, 695f.
[13] RGZ 66, 47; OLG Frankfurt WM 1992, 1089; MDR 1992, 409.
[14] Vgl. *St/J/Bork* Rn. 1.
[15] *Zö/Vollkommer* Rn. 1; MK/*Gehrlein* Rn. 2.
[16] *Zö/Vollkommer* Rn. 1.
[17] BSG NZS 2001, 221; BayObLGZ 1986, 251; FamRZ 1988, 743, 744; OLG Karlsruhe OLGZ 1978, 224, 225; NJW-RR 1997, 1350; OLG Köln NJW-RR 2000, 592; OLGR 2004, 236; OLG Brandenburg NJW-RR 2000, 1089; OLG Hamburg NJW 1992, 1462, 1463; OLG Koblenz NJW-RR 1992, 1464; *Kahlke* ZZP 95 (1982), 300f.; *T/P/Hüßtege* Rn. 1; *Zö/Vollkommer* Rn. 1; *B/L/H* Rn. 4; *St/J/Bork* Rn. 1; MK/*Gehrlein* Rn. 2.
[18] OLG Karlsruhe NJW-RR 1997, 1350.
[19] *Zi* Rn. 1.
[20] OLG Hamm MDR 1999, 374.
[21] OLG Celle NJW-RR 1989, 569.
[22] BPatG GRUR 1985, 373; *Weber* Rpfleger 1983, 491.
[23] LG Detmold Rpfleger 1998, 152.
[24] *Wiecz/Sch/Niemann* Rn. 3; vgl. KG MDR 2005, 708.
[25] *B/L/H* Rn. 6 „Arrest, einstweilige Verfügung"; *Zö/Vollkommer* Rn. 3; LG Konstanz Rpfleger 1983, 491.
[26] OLG Hamburg LZ 1928, 854; LSG Essen NJW 1973, 2224.
[27] BPatG GRUR 1985, 373; OLG Celle OLGR 2006, 603; LG Kiel Rpfleger 1988, 544.
[28] OLG Celle NJW-RR 1989, 569 (Rechtspfleger); BayVerfGH NJW 1982, 1746; LG Aachen Rpfleger 1986, 59; aA LG Konstanz Rpfleger 1983, 49 m. abl. Anm. *Weber*.

§ 719[29] oder in Ausnahmefällen Endurteile, wenn auf Grund besonderer Eilbedürftigkeit der Gegner eines solchen bedarf,[30] unaufschiebbar sein. Keine Unaufschiebbarkeit liegt dagegen idR bei einer Verweisung,[31] beim Ansetzen eines Termins[32] oder der Entscheidung über die Zulässigkeit eines Rechtsmittels vor.[33] Soweit nicht § 47 Abs. 2 eingreift (Rn. 8 ff.), hat der abgelehnte Richter alle weiteren Handlungen zu unterlassen, insbesondere solche, welche die Entscheidung über das Ablehnungsgesuch beeinflussen können.[34] Darüber hinaus besteht jedoch keine Pflicht, bereits vorgenommene Verfahrenshandlungen rückgängig zu machen bzw. sie aktiv zu beseitigen.[35]

5 **4. Rechtsfolgen. a) Verstoß gegen die Wartepflicht des § 47 Abs. 1.** Wie sich aus der Regelung des § 579 Abs. 1 Nr. 3 ergibt, bleiben unter Verstoß gegen die Wartepflicht vorgenommene Handlungen des Richters grundsätzlich wirksam. Insofern lässt sich aus der Verletzung des § 47 Abs. 1 allein ohne das Hinzutreten weiterer Umstände auch nicht die Besorgnis der Befangenheit begründen.[36] Der durch das verbotswidrige Tätigwerden des Richters eingetretene Verfahrensfehler kann nur gerügt werden, wenn das Ablehnungsgesuch Erfolg hat.[37] Insofern kann dann die Hauptsacheentscheidung mit den gewöhnlichen Rechtsmitteln angegriffen werden (vgl. § 46 Rn. 10).[38] Bei Zurückweisung des Gesuchs stellt sich dagegen der Verstoß gegen die Wartepflicht als unbeachtlich dar.[39]

6 **b) Vor dem Ablehnungsgesuch vorgenommene und unaufschiebbare Handlungen.** Frühere oder unaufschiebbar vorgenommene Handlungen des endgültig abgelehnten Richters bleiben wirksam.[40] Insofern kommt weder die Nichtigkeitsklage gemäß § 579 Abs. 1 Nr. 3 noch der absolute Revisionsgrund des § 547 Nr. 3 in Betracht, weil diese Vorschriften nur für den Zeitraum greifen, nachdem das Ablehnungsgesuch für begründet erklärt worden ist.[41]

7 **c) Befangenheit.** Enthält sich der Richter nicht seiner Tätigkeit im Zeitraum, innerhalb dessen er wegen der Prüfung eines Ausschließungsgrundes nach § 41 der Wartepflicht unterliegt, kann darin ein Ablehnungsgrund iSd. § 42 Abs. 1 Halbs. 2, Abs. 2 liegen.[42]

III. § 47 Abs. 2

8 **1. Ablehnungsgesuch während der Verhandlung.** Wird das Ablehnungsgesuch nach §§ 42 Abs. 1, 44 Abs. 1 oder die Anzeige gemäß § 48 während der Verhandlung gestellt, greift Abs. 2 ein.[43] Maßgeblicher Zeitraum für die Anwendung der Vorschrift ist derjenige des Termins einer mündlichen Verhandlung, welche mit dem Aufruf der Sache durch den Vorsitzenden gemäß §§ 136 Abs. 1, 220 Abs. 1 (§ 220 Rn. 2) eröffnet wird bis zu deren Schluss iSd. § 220 Abs. 2 (§ 220 Rn. 3).[44] Dazu gehören auch der Abschnitt informeller Erörterung und etwa die Güteverhandlung.[45] Ein Abstellen auf die Antragstellung[46] nach § 137 Abs. 1 als Beginn der von § 47 Abs. 2 in Bezug genommenen Verhandlung hieße, bei Anbringung des Ablehnungsgesuchs vor diesem Zeitpunkt – aber nach Aufruf der Sache – trotz gleicher Umstände dem Zweck der Vorschrift zuwider (Rn. 1) und sachlich nicht gerechtfertigt eine Verfahrensverzögerung hinzunehmen. Freilich ist es der Partei unbenommen, das Ablehnungsgesuch vor und nach der Verhandlung zu stellen; insofern bleibt es bei der Anwendung von § 47 Abs. 1. Zu beachten ist dabei jedoch § 43 (ebenda Rn. 2 f.).

9 **2. Vertagung der Verhandlung.** Wird ein Ablehnungsgesuch gestellt und wäre zur Entscheidung über dieses die Anberaumung eines neuen Termins erforderlich, ist der abgelehnte Richter befugt, ohne Rücksicht auf die Beschränkung des Abs. 1 den begonnenen Termin bis zu dessen Ende zu führen. Ausgeschlossen ist dabei jedoch grundsätzlich der Erlass endgültiger, nicht wiederholbarer Entscheidungen wie zB eines Endurteils;[47] solche dürfen erst nach Bescheidung desAblehnungsgesuchs ergehen.[48] Freilich kommt bei

---

[29] *Zö/Vollkommer* Rn. 3.
[30] *B/L/H* Rn. 6 „Endurteil“; *Zö/Vollkommer* Rn. 3; *T/P/Hüßtege* Rn. 1; OLG Köln ZIP 1988, 111; aA *St/J/Bork* Rn. 2; MK/*Gehrlein* Rn. 2; *Wiecz/Sch/Niemann* Rn. 3.
[31] OLG Karlsruhe NJW 2003, 2174.
[32] *Zö/Vollkommer* Rn. 3; OLG Celle OLGR 2006, 603; OLG Köln NJW-RR 1986, 420; OLG Hamburg NJW 1992, 1463; aA LG Leipzig MDR 2000, 106 m. abl. Anm. *Schneider.*
[33] RG JW 1935, 2895.
[34] *T/P/Hüßtege* Rn. 1; *Zö/Vollkommer* Rn. 3.
[35] BGH NJW 2001, 1503.
[36] OLG Celle OLGR 2006, 603.
[37] BGHZ 120, 141, 144 = NJW 1993, 400.
[38] MK/*Gehrlein* Rn. 5; *B/L/H* Rn. 11; *St/J/Bork* Rn. 5; *Wiecz/Sch/Niemann* Rn. 4; BayObLG FamRZ 1998, 635.
[39] *B/L/H* Rn. 10; MK/*Gehrlein* Rn. 5; *St/J/Bork* Rn. 6; BVerfG ZIP 1988, 174, 175; BGH ZVI 2004, 753; BayVerfGH NJW 1982, 1746; BAG BB 2000, 1948; BayObLGZ 1986, 252; OLG München MDR 1993, 892; OLG Frankfurt WM 1992, 1089; KG MDR 1977, 673.
[40] *Zö/Vollkommer* Rn. 4; *St/J/Bork* Rn. 5.
[41] *B/L/H* Rn. 11; *St/J/Bork* Rn. 5; aA OLG Bremen OLGZ 92, 486; *Zö/Vollkommer* Rn. 6 (analoge Anwendung des § 579 Abs. 1 Nr. 3).
[42] BayObLG FamRZ 1988, 743; OLG Hamburg NJW 1992, 1462, 1463; OLG Bremen OLGZ 1992, 485; LG Detmold Rpfleger 1998, 152.
[43] Kritisch *Schneider* MDR 2005, 671, 672.
[44] *T/P/Hüßtege* Rn. 5; *Zi* Rn. 4.
[45] OLG Karlsruhe MDR 2007, 795.
[46] So *Zö/Vollkommer* Rn. 3.
[47] *Zö/Vollkommer* Rn. 3 a; aA *Zi* Rn. 5.
[48] BGH JurBüro 2007, 608; *Zö/Vollkommer* Rn. 3.

Terminsfortsetzung im Hinblick auf die Einlassungen der Partei zur Sache nicht der Verlust des Ablehnungsrechts in Betracht (§ 43 Rn. 4).[49] Da die Entscheidung über die Ablehnung deren rechtskräftige Erledigung meint (Rn. 3), wird bei in der Verhandlung gestellten Ablehnungsgesuchen weit überwiegend eine Vertagung notwendig sein und deshalb bei solchen Sachverhalten die Mitwirkung des Abgelehnten zum Regelfall.[50]

3. Entscheidung über die Ablehnung. Die Entscheidung über den Antrag auf Ablehnung erfolgt nach den Bestimmungen der §§ 45, 46 (ebenda jeweils Rn. 2 ff.). Wird das **Ablehnungsgesuch** für **begründet** erklärt, ist ohne Mitwirkung des abgelehnten Richters nach Abs. 2 S. 2 die Wiederholung des Verhandlungsteils vorzunehmen, der nach der Antragstellung liegt. Dabei sind unter Mitwirkung des geschäftsplanmäßigen Vertreters (vgl. § 45 Rn. 2) alle Handlungen des Abgelehnten im fortgesetzten Termin, die maßgeblich für die Sachentscheidung sind, erneut vorzunehmen. Dazu gehört zB eine stattgefundene Beweisaufnahme oder der durch Beschluss nach § 278 Abs. 6 S. 2 festgestellte Prozessvergleich,[51] nicht jedoch der nur protokollierte Vergleich.[52] Stellt sich dagegen die **Unbegründetheit des Gesuchs** heraus, hat dies keine Auswirkungen auf den fortgesetzten Verhandlungsabschnitt.[53] 10

48 ***Selbstablehnung; Ablehnung von Amts wegen*** **Das für die Erledigung eines Ablehnungsgesuchs zuständige Gericht hat auch dann zu entscheiden, wenn ein solches Gesuch nicht angebracht ist, ein Richter aber von einem Verhältnis Anzeige macht, das seine Ablehnung rechtfertigen könnte, oder wenn aus anderer Veranlassung Zweifel darüber entstehen, ob ein Richter kraft Gesetzes ausgeschlossen sei.**

I. Normzweck

Dem Richter wird durch § 48 die Möglichkeit der so genannten Selbstablehnung eingeräumt. Dieser Begriff ist angesichts des Wortlauts der Vorschrift verfehlt,[1] weil der Richter im Wege einer Anzeige die von der Norm in Bezug genommenen Umstände aus seiner Sicht schildert und dann eine Entscheidung durch das nach § 45 zuständige Gericht erfolgt. Erst diese Entscheidung kann den Richter an der weiteren Ausübung seines Richteramtes hindern.[2] Die Regelung dient dem Prinzip des gesetzlichen Richters iSd. Art. 101 Abs. 1 S. 2 GG und damit verbunden dem Grundsatz rechtlichen Gehörs nach Art. 103 Abs. 1 GG,[3] indem der Richter seiner Amtspflicht folgend (Rn. 2) durch die Anzeige ein unparteiliches und neutrales Verfahren sichert.[4] Damit bezweckt § 48 eine Ergänzung der Regelungen der §§ 41, 42, wenn ein Ablehnungsgrund von Seiten der Parteien nicht geltend gemacht wird und der Richter aber die Besorgnis der Befangenheit oder einen gesetzlichen Ausschließungsgrund für bestehend oder zumindest zweifelhaft hält. Die Vorschrift gilt auch in Verfahren der freiwilligen Gerichtsbarkeit[5] und solchen nach § 111 BNotO.[6] 1

II. Voraussetzungen

1. Anzeige. Nach dem Wortlaut der Vorschrift erfolgt die so genannte Selbstablehnung durch eine Anzeige des Richters. Dabei handelt es sich um eine schriftliche Äußerung über Umstände (Tatsachen oder Rechtsverhältnisse) entsprechend § 44 Abs. 3,[7] welche mit den Prozessakten dem nach § 45 zuständigen Gericht vorzulegen ist.[8] Die Anzeige hat unverzüglich bei Kenntnis von den maßgeblichen Umständen zu erfolgen.[9] Neben der Anzeige besteht für die Parteien bis zur Grenze des § 43 das Ablehnungsrecht weiter. 2

2. Amtspflicht. Den Richter trifft die **Amtspflicht,** die Umstände zur Anzeige zu bringen, die seine Ablehnung, dh. die Besorgnis der Befangenheit (§ 42 Abs. 2) oder einen Ausschließungsgrund (§ 41) rechtfertigen könnten.[10] Dabei ist auf die Sicht einer bedacht und vernünftig denkenden Partei abzustellen.[11] Unbeachtlich ist, ob der Richter sich tatsächlich für befangen oder unbefangen hält.[12] Neben den in § 42 aufgezählten Gründen (§ 42 Rn. 3 ff.) kann hierzu ein ernsthafter Gewissenskonflikt[13] zählen, in den sich der Richter dann versetzt fühlt, wenn es ihm durch ein näher beschriebenes Verhalten des Klägers unmög- 3

---

[49] *T/P/Hüßtege* Rn. 5; *Schneider* MDR 2005, 671, 672; *Knauer/Wolf* NJW 2004, 2857.
[50] *Zi* Rn. 4; *Zö/Vollkommer* Rn. 3.
[51] *Knauer/Wolf* NJW 2004, 2857, 2860; *T/P/Hüßtege* Rn. 6.
[52] *Knauer/Wolf* NJW 2004, 2857, 2860.
[53] *Zö/Vollkommer* Rn. 3; *Knauer/Wolf* NJW 2004, 2857, 2860.
[1] MK/*Gehrlein* Rn. 2; *Jauernig* ZPR § 14 II aE; *Zö/Vollkommer* Rn. 1.
[2] BayObLGR WuM 1999, 360; *Wiecz/Sch/Niemann* Rn. 5.
[3] BGH NJW 1995, 403, 1679; *B/L/H* Rn. 2.
[4] MK/*Gehrlein* Rn. 1.
[5] BayObLG WuM 1999, 360; Rpfleger 1979, 423; OLG Frankfurt OLGZ 80, 110.
[6] BGH MDR 2000, 914.
[7] *Zö/Vollkommer* Rn. 3; *B/L/H* Rn. 4; MK/*Gehrlein* Rn. 2.
[8] MK/*Gehrlein* Rn. 2, 6; *B/L/H* Rn. 4.
[9] MK/*Gehrlein* Rn. 3; KGR 1999, 276, 277.
[10] BVerfGE 46, 38; 20, 26, 29 f.; *Jauernig* ZPR § 14 II aE; MK/*Gehrlein* Rn. 1 f.
[11] MK/*Gehrlein* Rn. 3; OLG Frankfurt OLGR 1996, 55.
[12] *T/P/Hüßtege* Rn. 1; *Zö/Vollkommer* Rn. 2; BVerfG NJW 1997, 1500; 1996, 2022; BGHR 2001, 432 (unter Hinweis auf § 42 Abs. 3).
[13] *Wiecz/Sch/Niemann* Rn. 1; *Zö/Vollkommer* Rn. 3.

lich ist, das Verfahren unbefangen weiter zu führen.[14] Die Selbstablehnung wegen Befangenheit kann ferner begründet sein, wenn die Richterin, die den angefochtenen Beschluss erlassen hat, und der Richter, der für die Beschwerdeentscheidung gegen diesen Beschluss zuständig ist, miteinander verheiratet sind.[15] Im Einzelfall kann auch ein Kollegialitätsverhältnis zwischen dem Richter und einer Partei oder ein Verwandtschaftsverhältnis einer Partei zu einem Kollegen eine Anzeige nach § 48 stützen.[16] Nicht ausreichend ist, wenn ein Mitglied eines Kollegialgerichtes als Zeuge zu Tatsachen benannt ist, die ausschließlich im Zusammenhang mit seiner früheren dienstlichen Tätigkeit stehen.[17] Es ist ferner keine Besorgnis der Befangenheit gegeben, wenn der Richter in vergleichbaren Verfahren eine bestimmte Rechtsauffassung vertreten oder an früheren Verfahren in derselben Sache teilgenommen hat.[18] Dies gilt auch, wenn bei Zurückverweisung der Sache der erstinstanzliche Richter an die Auffassung des Rechtsmittelgerichts gebunden ist.[19] Weiter genügt es nicht, wenn der Richter als (einfaches) Mitglied dem klagenden Verein angehört,[20] mit einer der Parteien in derselben Gemeinde wohnt und beabsichtigt, nähere geschäftliche Beziehungen aufzubauen[21] oder ihm aus sonstigen Gründen die Entscheidung in der Sache unangenehm ist.[22] Ebenso ist regelmäßig eine Anzeige des Richters iSd. § 48 unbegründet, die darauf beruht, dass eine Partei versucht hat, einen ihr unbequemen Richter dadurch auszuschalten, dass sie ihn beleidigt und mit Strafanzeige (wegen Rechtsbeugung) bedroht.[23] Auf diese Weise wäre ansonsten den Parteien eines Rechtsstreits ermöglicht, sich ihrem gesetzlichen Richter zu entziehen (vgl. Rn. 1).

4 **3. Rechtsfolgen unterlassener Anzeige.** Konnten die Parteien den Ablehnungs- oder Ausschließungsgrund nicht rechtzeitig (§ 295) erkennen und hat der Richter den ihm eingeräumten **Ermessensspielraum** (Rn. 3) dadurch missbraucht,[24] dass er trotz eigener Bedenken die gebotene Anzeige unterlassen hat, stellt sich die Entscheidung durch diesen Richter als rechtsfehlerhaft dar. Insofern kann die Anfechtung des Urteils gerechtfertigt sein.[25]

III. Verfahren

5 Die Entscheidung über die Anzeige des Richters ergeht nur für das konkrete Verfahren[26] durch das nach § 45 Abs. 1 zuständige Gericht. Dabei gilt für den Amtsrichter § 45 Abs. 2 S. 1; da § 48 eine Entscheidung durch das zuständige Gericht vorsieht, kommt ein Ausscheiden nach § 45 Abs. 2 S. 2 nicht in Betracht.[27] Das Bestehen von gesetzlichen Ausschlussgründen, nicht aber von Gründen, welche die Besorgnis der Befangenheit gemäß § 42 begründen, hat das Kollegialgericht jederzeit wegen Art. 101 Abs. 1 S. 2 GG von Amts wegen zu prüfen. § 47 ist entsprechend anzuwenden.[28] Steht die Frage der Besorgnis der Befangenheit in Rede, ist zu entscheiden, ob aus der Sicht einer ruhig und vernünftig denkenden Partei der vom Richter selbst angezeigte Sachverhalt Anlass gibt, an der Unvoreingenommenheit des Richters zu zweifeln (vgl. § 42 Rn. 3ff.).[29] Den Parteien ist vor der Entscheidung über die Selbstablehnung rechtliches Gehör mit der Möglichkeit der Stellungnahme zu gewähren.[30] Die anders lautende Regelung des § 48 Abs. 2 wurde aufgehoben.[31] Die Entscheidung über die Selbstablehnung ergeht nach § 45 durch förmlichen Beschluss.[32] Dieser ist den Parteien von Amts wegen mitzuteilen.[33] Dabei ist gegen den Beschluss, durch den die Anzeige für unbegründet erklärt wird, entsprechend § 46 Abs. 2 die sofortige Beschwerde möglich;[34] im Übrigen ist er unanfechtbar.

---

[14] OLG Karlsruhe MDR 1999, 956.
[15] LSG Niedersachsen-Bremen NdsRpfl. 2003, 161.
[16] *B/L/H* Rn. 2; aA *Zö/Vollkommer* Rn. 3.
[17] BFH/NV 2002, 40.
[18] OLG Saarbrücken NJW-RR 1994, 766ff.; *Zö/Vollkommer* Rn. 3.
[19] LG Frankfurt MDR 1988, 150f. m. Anm. *Schneider;* LG Frankfurt MDR 1988, 1062.
[20] BGHReport 2001, 432.
[21] OLG Zweibrücken NJW-RR 1998, 857.
[22] OLG Frankfurt OLGR 1996, 55 (langjährige Freundschaft mit Prozesspartei); MK/*Gehrlein* Rn. 3.
[23] OLG Dresden OLGR 2002, 210.
[24] *Teplitzky* JuS 1969, 325.
[25] BGH NJW 1995, 1677, 1679 (obiter dictum); *Vollkommer* NJW 1994, 2008; MDR 1998, 362; MK/*Gehrlein* Rn. 5; aA BGH NJW 1993, 400, 401; *St/J/Bork* Rn. 3 aE, Rn. 4.
[26] MK/*Gehrlein* Rn. 7.
[27] *B/L/H* Rn. 2; *Zö/Vollkommer* Rn. 8.
[28] MK/*Gehrlein* § 47 Rn. 1; *Wiecz/Sch/Niemann* Rn. 3; OLG Frankfurt FamRZ 1998, 377.
[29] OLG Saarbrücken NJW-RR 1994, 763.
[30] BVerfG NJW 1993, 2229; BGH NJW 1995, 403f.; OLG Frankfurt FamRZ 1998, 377; MK/*Gehrlein* Rn. 6.
[31] Art. 2a BerHÄndG v. 14. 9. 1994 (BGBl. I S. 2323).
[32] BGH NJW-RR 2000, 1664.
[33] *Zö/Vollkommer* Rn. 10; MK/*Gehrlein* Rn. 8.
[34] *Zö/Vollkommer* Rn. 10; *T/P/Hüßtege* Rn. 3; *Vollkommer* NJW 1994, 2007;MK/*Gehrlein* Rn. 9; BGH NJW 1995, 403; OLG Karlsruhe NJW-RR 2000, 591; aA VGH Kassel NJW 1994, 1083; OLG Bremen FamRZ 1976, 112; *B/L/H* Rn. 12.

49 ***Urkundsbeamte*** **Die Vorschriften dieses Titels sind auf den Urkundsbeamten der Geschäftsstelle entsprechend anzuwenden; die Entscheidung ergeht durch das Gericht, bei dem er angestellt ist.**

I. Normzweck

1 Die Vorschrift erklärt die Regelungen über die Richterablehnung und Richterausschließung für den Urkundsbeamten der Geschäftsstelle (§ 153 Abs. 1 GVG) für entsprechend anwendbar. Damit gewährleistet § 49 verfahrensrechtlich dessen Unparteilichkeit, da auch der Urkundsbeamte eigene prozessuale Aufgaben zu erfüllen hat. Er wirkt etwa gemäß § 159 gleichberechtigt neben dem Vorsitzenden bei der Herstellung und Berichtigung der Verhandlungsniederschrift mit,[1] erteilt Rechtskraft- und Notfristzeugnisse nach § 706 oder vollstreckbare Ausfertigungen iSd. § 724 Abs. 2.

II. Anwendungsbereich

2 **1. Urkundsbeamte. a) Grundsatz.** Urkundsbeamter der Geschäftsstelle ist jede Person, welche das von § 153 GVG in Bezug genommene Amt ausübt. Als einem Organ der Rechtspflege[2] kommt dem Urkundsbeamten eine selbständige Stellung zu und er nimmt weisungsunabhängig[3] von Richtern oder Justizverwaltung die Aufgaben wahr, die der Rechtsprechung vor- und nachgelagert sind oder diese begleiten.[4] Auf die Ausbildung der als Urkundsbeamter der Geschäftsstelle tätig werdenden Person kommt es ebenso wenig an wie auf das von ihr im Übrigen wahrgenommene Amt. Auch als Urkundsbeamte fungierende Rechtspfleger oder als Protokollführer eingesetzte **Rechtsreferendare**[5] fallen daher unter § 49. Ebenso können Gerichtsvollzieher von ihrem Dienst freigestellt und mit den Aufgaben eines Urkundsbeamten der Geschäftsstelle betraut werden.[6]

3 **b) Grenzen. Nicht** unter § 49 fallen Rechtspfleger in Wahrnehmung der ihnen anvertrauten Aufgaben. Insofern ist die Regelung des § 10 RpflG anzuwenden; in Zivilsachen gelten für Rechtspfleger die Vorschriften der §§ 41 bis 48 entsprechend (Rn. 7).[7] Auch der Gerichtsvollzieher ist kein Urkundsbeamter iSd. Vorschrift. Für ihn greift § 155 GVG ein. Deshalb ist der Gerichtsvollzieher nicht wegen Besorgnis der Befangenheit (auch nicht in analoger Anwendung der §§ 42 ff.)[8] ablehnbar. Schließlich wird der Bezirksrevisor der Staatskasse nicht von der Regelung des § 49 erfasst.[9]

4 **2. Fallgruppen. a) Grundsatz.** § 49 erklärt die Vorschriften dieses Titels und damit die §§ 41 bis 48 auf den Urkundsbeamten uneingeschränkt für anwendbar. Dazu gehört auch § 41 Nr. 6, wenn der Urkundsbeamte zB zuvor als Rechtspfleger im Kostenfestsetzungsverfahren (§ 21 Nr. 1 RPflG, § 104) beteiligt[10] oder etwa mit einem Mahnbescheidsverfahren (§ 20 Nr. 1 RPflG, §§ 689 ff.) betraut war. Dabei entfällt bei letzterem zwar die Schlüssigkeitsprüfung (§§ 690 Abs. 1 Nr. 3, 699 Abs. 1), jedoch obliegt dem Rechtspfleger die Prüfung der Zulässigkeit,[11] womit ihm eine entscheidende Funktion zukommt.[12]

5 **b) Einzelheiten.** § 41 Nr. 2 kommt in Fällen in Betracht, in denen ein Ehegatte des Urkundsbeamten Partei des Rechtsstreits ist; § 41 Nr. 4, wenn ein Rechtsreferendar als Protokollführer in einem Rechtsstreit eingesetzt werden soll, in dem er zuvor als amtlich bestellter Vertreter des Rechtsanwalts einer Partei aufgetreten ist[13] und § 41 Nr. 6, wenn der Urkundsbeamte in der Sache früher rechtspflegerisch tätig gewesen ist (Rn. 4).[14] Kein Ausschließungsgrund besteht, wenn der Richter mit dem Urkundsbeamten verwandt oder verschwägert ist.[15] Insofern kann jedoch der Ablehnungsgrund wegen Besorgnis der Befangenheit gegeben sein.[16] Im Hinblick auf § 42 Abs. 2 wird zu Recht darauf hingewiesen,[17] dass die Tätigkeiten des Urkundsbeamten nicht die Reichweite der Entscheidungsbefugnis eines Richters haben und damit auch weniger die Interessen der Parteien tangieren. Daher werden Urkundsbeamte idR weniger anfällig für eine Ablehnung aus Befangenheitsgründen sein als Richter.

6 **c) Verfahren.** Die Entscheidung über die Ablehnung erfolgt durch das Gericht, bei welchem der Urkundsbeamte beschäftigt ist. In Verfahren des Einzelrichters nach den §§ 348 ff. wird durch diesen entschieden.[18] Die Erklärung des Ablehnungsgesuchs zu Protokoll iSd. § 44 Abs. 1 Halbs. 2 kann durch den abzulehnenden

---

1 MK/*Patzina* Rn. 1; *Zö/Vollkommer* Rn. 1.
2 RGZ 110, 311, 315; MK/*Wolf* § 153 GVG Rn. 9; *B/L/H* Übers. vor § 153 GVG Rn. 3, § 153 GVG Rn. 4.
3 Vgl. auch BVerwG DRiZ 1970, 27; *Zö/Gummer* § 153 GVG Rn. 11; MK/*Wolf* § 153 GVG Rn. 9.
4 MK/*Wolf* § 153 GVG Rn. 9; *B/L/H* Übers. vor § 153 GVG Rn. 3, § 153 GVG Rn. 4, § 153 GVG Rn. 3.
5 Vgl. BGH NJW 1985, 3033; OLG Koblenz Rpfleger 1985, 77.
6 OLG Hamm VRS 1983, 445; *Zö/Gummer* § 253 GVG Rn. 2.
7 BGH MDR 2003, 892 = NJW-RR 2003, 1220; *T/P/Hüßtege* Rn. 1; MK/*Gehrlein* Rn. 4.
8 BGH DGVZ 2004, 167 m. zust. Anm. *Kieselstein* DGVZ 2005, 40; LG Köln MDR 2001, 649; LG Coburg DGVZ 1990, 89; *Zö/Vollkommer* Rn. 6; *B/L/H* Rn. 7; vgl. BVerfG NJW-RR 2005, 365; aA MK/*Wolf* § 155 GVG Rn. 6.
9 OLG Koblenz Rpfleger 1985, 172; *Zö/Vollkommer* Rn. 2.
10 *Wiecz/Sch/Niemann* Rn. 2; *B/L/H* Rn. 3; *Zö/Vollkommer* Rn. 1; MK/*Gehrlein* Rn. 3.
11 *B/L/H* Rn. 3; aA *Zö/Vollkommer* Rn. 1.
12 Vgl. *St/J/Bork* Rn. 2.
13 *Wiecz/Sch/Hausmann* Rn. 2; MK/*Gehrlein* Rn. 2.
14 Zum umgekehrten Fall, der aber die Probleme verdeutlicht: BayObLG Rpfleger 1974, 391.
15 *B/L/H* Rn. 3; *Wiecz/Sch/Niemann* Rn. 2.
16 *Zö/Vollkommer* Rn. 1; *B/L/H* Rn. 3.
17 MK/*Patzina* Rn. 3.
18 *Wiecz/Sch/Niemann* Rn. 2; *Zö/Vollkommer* Rn. 1.

Urkundsbeamten selbst aufgenommen werden.[19] Die Sperrwirkung des § 47 kommt erst dann zum Tragen, wenn das Ablehnungsgesuch dem Gericht vorliegt.[20] Da kein Art. 101 Abs. 1 S. 2 GG vergleichbarer Anspruch auf den „gesetzlichen“ Urkundsbeamten besteht, kann der Urkundsbeamte ohne ein förmliches Verfahren ausgetauscht werden.[21] Damit ist dann idR eine Entscheidung über die Selbstablehnung nach § 48 entbehrlich. Im Übrigen kommen die §§ 43 bis 47 zur Anwendung.

7 **3. Rechtspfleger.**[22] Über § 10 RPflG kommen die Regelungen der §§ 41 bis 48 für die Ausschließung und Ablehnung des Rechtspfleger entsprechend zur Anwendung.[23] Über die Ablehnung entscheidet der nach § 28 RPflG zuständige Richter, § 10 S. 2 RPflG.[24] Bei Zurückweisung des Gesuchs ist entsprechend § 46 Abs. 2 das Rechtsmittel der sofortigen Beschwerde statthaft.[25] Dem Rechtspfleger ist beispielsweise entsprechend § 41 Nr. 6 verwehrt, in derselben Sache den Geschäftswert festzusetzen oder über Erinnerungen gegen den Kostenansatz zu entscheiden, wenn er zuvor als Kostenbeamter die Kostenrechnung aufgestellt hat.[26]

8 Die Ablehnung wegen der Besorgnis der Befangenheit iSd. § 42 Abs. 2 unterliegt denselben Grundsätzen wie bei einem Richter. Sie ist daher gegeben, wenn objektiv ein Grund besteht, der geeignet ist, vom Standpunkt des Ablehnenden aus, Misstrauen gegen die Unparteilichkeit des Rechtspflegers zu rechtfertigen.[27] Solch ein Grund kann zB gegeben sein, wenn der Rechtspfleger versucht, einen Gläubiger bei der Ausübung seines Stimmrechts im Insolvenzverfahren zu beeinflussen,[28] bei Vereinbarungen des Rechtspflegers mit einer Partei während die andere davon nichts weiß[29] oder bei nicht ordnungs- und sachgemäßer Behandlung von Eingaben oder anderen Anträgen durch unangemessene Äußerungen im Schriftverkehr.[30] Sind die Ablehnungsgesuche eindeutig querulatorisch bzw. sonst missbräuchlich, kann sie der Rechtspfleger selbst verwerfen (vgl. § 42 Rn. 8, § 45 Rn. 3).[31] Im Übrigen gilt auch die Regelung des § 47 Abs. 1, wobei die Durchführung eines bereits angesetzten Versteigerungstermins unaufschiebbar iSd. Vorschrift sein kann.[32]

Abschnitt 2. Parteien

Titel 1. Parteifähigkeit; Prozessfähigkeit

50 ***Parteifähigkeit*** **(1) Parteifähig ist, wer rechtsfähig ist.**

(2) Ein Verein, der nicht rechtsfähig ist, kann verklagt werden; in dem Rechtsstreit hat der Verein die Stellung eines rechtsfähigen Vereins.

Übersicht

[19] *St/J/Bork* Rn. 4; *Zö/Vollkommer* Rn. 1.
[20] MK/*Gehrlein* Rn. 3; *Wiecz/Sch/Niemann* Rn. 2.
[21] MK/*Gehrlein* Rn. 3.
[22] Grundlegend *Wolf* ZZP 99 (1986), 361.
[23] BGH NJW-RR 2003, 1220; LG München Rpfleger 2000, 407; *Marx* Rpfleger 1999, 518.
[24] OLG Frankfurt Rpfleger 1982, 190; AG Göttingen Rpfleger 1999, 289.
[25] Vgl. BayVerfGH NJW 1982, 1746.
[26] BayObLG Rpfleger 1974, 391, 393.
[27] BGH NJW-RR 2003, 1220.
[28] LG Düsseldorf ZIP 1985, 631; *Wiecz/Sch/Niemann* Rn. 5.
[29] *Marx* Rpfleger 1999, 520 ff.
[30] LG Bayreuth NJW-RR 1986, 678; *Zö/Vollkommer* Rn. 3.
[31] MK/*Gehrlein* Rn. 5; *Zö/Vollkommer* Rn. 3; OLG Celle NJW-RR 1989, 569.
[32] *B/L/H* Rn. 5; *Zö/Vollkommer* Rn. 4; OLG Celle NJW-RR 1989, 569 m. weit. Nachw.

I. Die Parteien

Die Parteien sind Gegenstand des Zweiten Abschnitts des ersten Buches der ZPO (§§ 50–127a). In der Person der Partei treten etwa die Wirkungen der Prozessführung, der Rechtshängigkeit und der Rechtskraft ein; sie ist auch von Belang für den Gerichtsstand, die Zustellung und die Zwangsvollstreckung. Die Bestimmung der (richtigen) Partei (dazu Rn. 6ff.) ist daher von gewichtiger Bedeutung. 1

1. Parteistellung. Die Rechtsstellung der Parteien ist formell eine gleiche, materiell aber ungleichartig. Die formelle Gleichheit zeigt sich darin, dass beiden Parteien in gleicher Weise und unter denselben Voraussetzungen dieselben prozessualen Rechte zustehen. Hier ist etwa auf den Anspruch der Parteien auf rechtliches Gehör hinzuweisen. Materiell ist die Rechtsstellung der Parteien unterschiedlich. Der Kläger kann allenfalls mit der Klage abgewiesen und in die Kosten verurteilt werden. Der Beklagte hingegen kann außer zur Kostentragung auch zu einer Leistung an den Kläger verurteilt werden. 2

2. Parteibegriff. In der ZPO gilt der **formelle Parteibegriff.** Partei ist, wer selbst Rechtsschutz begehrt oder gegen den Rechtsschutz begehrt wird. Der Parteibegriff ist von der materiellen Berechtigung der Beteiligten unabhängig; es ist also für die prozessuale Parteistellung ohne Bedeutung, ob der Kläger Inhaber des Rechts oder ob der Beklagte der wahre Verpflichtete oder Betroffene ist. 3

3. Zweiparteienprinzip. Der Zivilprozess hat zur Voraussetzung, dass sich zwei Parteien gegenüberstehen, von denen die eine gegen die andere Rechtsschutz begehrt, ihm ist also das Erfordernis der **Personenverschiedenheit** von Kläger und Beklagtem wesenseigentümlich.[1] 4

Mehr als zwei Parteien sind im Zivilprozess nicht möglich. Wohl können auf jeder Parteiseite mehrere Personen beteiligt sein. Es liegt dann **Streitgenossenschaft** vor (§§ 59–63). Aber auch in diesem Fall treten sich nur zwei Parteien gegenüber, weil jeder Streitgenosse in einem eigenen Prozessrechtsverhältnis zum Gegner steht und die mehreren Prozesse nur zur einheitlichen Verhandlung und Entscheidung verbunden sind; es liegen also mehrere Parallelprozesse vor. Es ist auch möglich, dass ein Dritter neben eine Partei zu ihrer Unterstützung, aber zur Wahrung eigener Interessen tritt. Der Dritte kann das aus eigenem Antrieb oder in Folge der **Streitverkündung,** also auf Veranlassung einer Partei, tun. Die Rechtsstellung eines **Nebenintervenienten** ist wesentlich schwächer als die einer Partei. Da im Zivilprozess Personenverschiedenheit von Kläger und Beklagtem erforderlich ist, ist ein Prozess gegen sich selbst nicht möglich **(Verbot des Insichprozesses).** Wegen dieses Verbotes endet das Verfahren in der Hauptsache von selbst, wenn eine Partei vom Prozessgegner allein beerbt wird. Das Verfahren kann allerdings zur Kostenentscheidung fortgesetzt werden.[2] 5

4. Bestimmung der Partei durch den Kläger. Die Parteien müssen individuell bestimmt sein. Eine Klage gegen „unbekannt" oder „wen es angeht" ist unzulässig.[3] Es ist Sache des Antragstellers, die Parteien zu bestimmen. Partei ist, wen der Antragsteller als Partei bezeichnet hat. Die Bezeichnung muss in der Klageschrift erfolgen (§ 253 Abs. 2 Nr. 1). Im Berufungsrechtsweg ist eine gewillkürte Parteierweiterung ausgeschlossen.[4] Die Bezeichnung ist der Auslegung zugänglich. 6

a) Auslegung der Klageschrift. Wer Partei sein soll, ist durch Auslegung der Klageschrift zu ermitteln; Klarstellungen durch den Kläger im Laufe des Prozesses sind zulässig.[5] Die Auslegung der in der Klageschrift enthaltenen prozessualen Willenserklärung ist uneingeschränkt auch noch im Revisionsverfahren zulässig.[6] Maßgebend für die Auslegung ist, wie die Bezeichnung bei objektiver Deutung aus Sicht der Empfänger (Gericht und der Gegenpartei) zu verstehen ist. Bei objektiv unrichtiger oder auch mehrdeutiger Bezeichnung ist grundsätzlich diejenige Person als Partei anzusehen, die erkennbar durch die Parteibezeichnung betroffen werden soll.[7] Das gilt selbst bei äußerlich eindeutiger, aber offenkundig unrichtiger Bezeichnung.[8] Für Auslegung ist allerdings kein Raum, wenn die prozessuale Lage insoweit eindeutig ist, als kein Zweifel darüber besteht, dass der Kläger den gegenwärtigen Prozess im eigenen Namen führen möchte. In diesem Fall kommt auch eine Rubrumsberichtigung (vgl. unten Rn. 9) nicht in Betracht.[9] 7

b) Benennung des falschen Beklagten. Richtet der Kläger die Klage irrtümlich gegen eine Person, gegen die er keinen Prozess führen wollte, so wird diese Person Partei, da es allein auf den objektiv erkennbaren Willen des Klägers ankommt.[10] Eine Parteiberichtigung (s. Rn. 9) ist hier ausgeschlossen, da ansonsten eine Änderung der Parteiidentität vorläge. Die Rechtsprechung lässt allerdings sehr (zu?) großzügig Berichtigungen zu. Ist die Parteiberichtigung ausgeschlossen, so ist die Klage als unbegründet abzuweisen. Um das zu vermeiden, kann der Kläger die Klage zurücknehmen. Möglich ist auch ein gewillkürter Parteiwechsel (s. dazu § 263 Rn. 14ff.).[11] Die Umstellung einer zunächst gegen die persönlich haftenden Gesellschafter gerichteten Klage auf die OHG als Beklagte ist ebenso wie im ungekehrten Fall die Umstellung der gegen 8

---

[1] MK/*Lindacher* vor § 50 Rn. 4.
[2] BGH NJW-RR 1999, 1152 = JuS 1999, 1236.
[3] *Ro/S/Go* § 41 Rn. 1.
[4] Sächsisches LAG LAG Report 2005, 251.
[5] BGH NJW 1981, 1453, 1454.
[6] BAGE 109, 47, 51.
[7] BGH Beschl. v. 15. 5. 2006, juris Rn. 11; BGH BauR 2004, 366; BGH NJW-RR 1995, 764; BGH NJW 1987, 1946, 1947; 1981, 1453, 1454; BGHZ 4, 328, 334 = NJW 1952, 545; BAGE 109, 47, 51.
[8] BAG NZA 2007, 404, 406 Rn. 24.
[9] OLG Dresden, Urt. v. 26. 10. 2006, juris Rn. 23.
[10] BGH NJW 1987, 1946, 1947.
[11] Vgl. *Zö/Vollkommer* Vorb. Rn. 9.

die Gesellschaft gerichteten Klage auf die Klage gegen die Gesellschafter nur im Wege des Parteiwechsels möglich.[12]

9 c) **Falsche Bezeichnung des Beklagten.** Bei objektiver Erkennbarkeit sind fehlerhafte Parteibezeichnungen unschädlich. In diesen Fällen muss aber eine **Parteiberichtigung** erfolgen.[13] Voraussetzung ist, dass die Identität der Partei gewahrt bleibt, die durch die Parteibezeichnung getroffen werden sollte.[14] Die Parteiberichtigung ist in jeder Phase des Verfahrens zulässig[15] und muss streng von der Parteiänderung unterschieden werden. Bleibt die Partei nicht diesselbe, liegt keine Berichtigung vor, sondern es wird im Wege der Parteiänderung eine andere Partei in den Prozess eingeführt.[16] Die Rechtsprechung lässt sehr großzügig Berichtigungen zu. Die Berichtigung wird **nach** Urteilserlass durch Beschluss nach § 319 Abs. 1 durchgeführt. Bei Berichtigung durch das Gericht **vor** Urteilserlass handelt es sich nach Auffassung des BAG um einen im Gesetz nicht ausdrücklich vorgesehenen Beschluss, mit dem das Gericht, wenn insoweit Streit entsteht, seine Auffassung darüber mitteilt, wen es als Partei ansieht. Insofern handelt es sich um eine in Beschlussform gehaltene prozessleitende Verfügung, die jederzeit abgeändert werden kann.[17] Die Berichtigung kann von Amts wegen erfolgen.[18] Ist statt des Insolvenzverwalters die Schuldnerin verklagt und lässt sich aus der Klageschrift oder den beigefügten Unterlagen entnehmen, dass das Insolvenzverfahren eröffnet ist, so ist eine Berichtigung möglich. Ist aber aus der Klageschrift (samt Anlagen) nicht ersichtlich, dass das Insolvenzverfahren eröffnet ist, kommt eine Parteiberichtigung nicht in Betracht.[19] Eine Berichtigung des Beklagtenrubrums soll nach Auffassung des BAG ebenfalls möglich sein, wenn in einer Kündigungsschutzklage zunächst die einzelnen Partner statt der Partnergesellschaft noch dem PartGG verklagt sind.[20] Zur Berichtigung des Klagenrubrums, wenn die Gesellschafter eine Forderung der Gesellschaft bürgerlichen Rechts einklagen, vgl. unten Rn. 22. Eine vor Rechtshängigkeit erfolgte **formwechselnde** Umwandlung einer Kapital- in eine Personengesellschaft lässt die Parteifähigkeit der umgewandelten Gesellschaft im nachfolgenden Verfahren auch dann unberührt, wenn diese noch unter ihrer früheren Rechtsform klagt und unter dieser im Prozess auftritt. Es handelt sich dann nach Auffassung der OLG Köln nicht um die Klage einer nicht existenten Partei, sondern um die falsche Bezeichnung des Rechtsträgers, dessen Identität durch die formwechselnde Umwandlung unberührt bleibe. Der veränderten Rechtsform könne durch Parteiberichtigung Rechnung getragen werden.[21]

10 d) **Falsche Zustellung.** Wird die Klage einer anderen als der in der Klageschrift bezeichneten Person zugestellt, wird niemand Partei. Der in der Klage Bezeichnete nicht, weil es an der Zustellung fehlt,[22] der Zustellungsempfänger nicht, weil er objektiv erkennbar nicht Partei des Prozesses sein soll.[23] Die Zustellung hat nämlich nicht die Aufgabe, den Beklagten zu bestimmen.[24] Der Zustellungsempfänger ist im Fall der falschen Zustellung **Scheinbeklagter,** aber zur Geltendmachung dieser Tatsache zum Prozess zuzulassen.[25] Im Prozess hängen seine prozessualen Rechte vom weiteren Verhalten des Klägers ab. Räumt der Kläger ein, dass sich seine Klage nicht gegen den Zustellungsempfänger richtet, so kann dieser (ohne Anwaltszwang) beantragen, durch Beschluss aus dem Prozess entlassen zu werden und den Kläger bei ihm zurechenbarer Veranlassung der falschen Zustellung zur Tragung der Kosten zu verurteilen, die zur Rechtsverteidigung notwendig waren.[26] In diesem Fall ist eine erneute Zustellung an die wahre Partei erforderlich.[27] Für eine Berichtigung der Parteibezeichnung nach § 319 ZPO ist im vorliegenden Fall der Zustellung an den Scheinbeklagten kein Raum. Ergeht dennoch ein Berichtigungsbeschluss gem. § 319 Abs. 2 kann der Scheinbeklagte gegen diesen nach dem Grundsatz der Meistbegünstigung sofortige Beschwerde gem. § 319 Abs. 3 einlegen.[28] Besteht dagegen der Kläger (fälschlicherweise) auf der Identität des Zustellungsempfängers mit dem in der Klageschrift Bezeichneten, so ist die Klage von nun an gegen diesen gerichtet und die Parteibezeichnung zu berichtigen.[29] Der Beklagte bedarf in diesem Fall im Verfahren vor den Landgerichten und vor den Gerichten des höheren Rechtszuges eines Anwalts zur Geltendmachung seiner Rechte. Stellt sich in der Berufungsinstanz heraus, dass (fälschlicherweise) der Scheinbeklagte verurteilt worden ist, kann das Berufungsgericht die Sache wegen eines wesentlichen Verfahrensmangels gem. § 538

---

[12] BAGE 109, 47, 51.
[13] OLG Frankfurt/M. NJW-RR 1990, 767; OLG Hamm NJW-RR 1991, 188; NJW-RR 1999, 469; vgl. zur Parteiberichtigung *Burbulba,* MDR 2007, 439.
[14] BAG NZA 2007, 404, 406 Rn. 24; *T/P/Hüßtege* Vorb. Rn. 4.
[15] BGH NJW 1981, 1453, 1454; LG Köln MDR 1988, 150.
[16] BAG NZA 2007, 404, 406, Rn. 24.
[17] BAGE 109, 47, 51.
[18] BAG NZA 2007, 404, 406 Rn. 24.
[19] BAG NZA 2007, 404, 406 Rn. 25.
[20] BAG NJW 2007, 2877.
[21] OLG Köln GmbHR 2003, 1489 m. weit. Nachw. auch zur Gegenauffassung.
[22] MK/*Lindacher* vor § 50 Rn. 17.
[23] OLG Nürnberg OLGZ 1987, 482, 484; OLG Köln OLGZ 1989, 237; OLG Hamm MDR 1991, 1201.
[24] Vgl. nur BGH NJW-RR 1995, 764, 765.
[25] BGH MDR 1978, 307; OLG München MDR 1984, 946; OLG Köln OLGZ 1989, 237, 238f.; OLG Hamm MDR 1991, 1201; OLG Stuttgart NJW-RR 1999, 216; vgl. auch BGH NJW-RR 1995, 764, 765.
[26] OLG Nürnberg MDR 1977, 320f.; OLG Düsseldorf MDR 1986, 504; OLG München OLGZ 1985, 72; OLG Stuttgart NJW-RR 1999, 216; vgl. auch BGH NJW-RR 1995, 764, 765.
[27] BGH NJW-RR 1995, 764, 765.
[28] OLG Stuttgart NJW-RR 1999, 216.
[29] MK/*Lindacher* vor § 50 Rn. 18.

an das erstinstanzliche Gericht zurückverweisen,[30] wenn auch die übrigen dort genannten Voraussetzungen vorliegen.

11 **5. Prüfung der Identität der Partei.** Bestehen konkrete Zweifel, dass die im Verfahren auftretende Person mit der wahren Partei identisch ist, so ist das Gericht zur Nachprüfung in jeder Lage des Verfahrens verpflichtet.[31] Das gilt auch im Anwaltsprozess.[32] § 88 Abs. 2, auf den die Gegenansicht verweist, ist hier nicht einschlägig. Genehmigt die wahre Partei die Prozessführung (was nur in Gänze möglich ist), so entfalten die vorgenommenen Prozesshandlungen volle Wirksamkeit.[33] Sind Kläger und Beklagter einig, dass der Beklagte nicht die richtige Partei ist, so sind die von ihm vorgenommenen Prozesshandlungen unbeachtlich; es scheidet der Beklagte ohne richterliche Entscheidung aus dem Rechtsstreit aus;[34] es erscheint allerdings sinnvoll, dass das Gericht insoweit einen klarstellenden Beschluss fasst.[35] Der Prozess wird sodann mit der richtigen Partei fortgesetzt. Behauptet hingegen der Kläger, der Beklagte sei die richtige Partei, so liegt ein Zwischenstreit vor. Im Fall der Identitätsverneinung ist die Nichtpartei durch unechtes Zwischenurteil aus dem Prozess zu verweisen, ansonsten ergeht echtes Zwischenurteil gemäß § 303.[36] Ergeht unter Nichtbeachtung der fehlenden Parteiidentität ein Urteil, so entfaltet dieses gegenüber der wahren Partei zunächst volle Wirksamkeit. Es bleibt aber auch nach Eintritt der formellen Rechtskraft anfechtbar (vgl. §§ 547 Nr. 4, 579 Abs. 1 Nr. 4).[37]

12 **6. Nichtexistente Partei.** Bei Nichtexistenz einer Partei (es besteht etwa nur die Firma X, Inhaber Y, nicht aber die verklagte X-GmbH),[38] in deren Namen geklagt oder die verklagt wird, ist die Klage als unzulässig abzuweisen. Die Kostenlast trifft denjenigen, der das Verfahren veranlasst[39] hat.[40] Die nichtexistente Partei ist in einem gegen sie angestrengten Rechtsstreit insoweit als bestehend anzusehen, als sie ihre Nichtexistenz geltend macht.[41] Die insoweit im Rechtsstreit als parteifähig erachtete Partei gilt auch im anschließenden Kostenfestsetzungsverfahren als parteifähig.[42] Zur Frage der Existenz einer Gesellschaft im Falle einer identitätswahrenden Umwandlung, vgl. oben Rn. 9.

II. Die Parteifähigkeit (Abs. 1)[43]

13 **1. Begriff, Bedeutung und Funktion.** Unter Parteifähigkeit versteht man die Fähigkeit, zulässigerweise Subjekt eines Rechtsstreits zu sein, Kläger und Beklagter im Urteilsverfahren, Antragsteller und Antragsgegner im Beschlussverfahren und Gläubiger und Schuldner im Vollstreckungsverfahren. § 50 Abs. 1 knüpft die Parteifähigkeit an die Rechtsfähigkeit. Das geltende Prozessrecht beruht auf dem Gleichlauf von Rechtsfähigkeit und Parteifähigkeit.[44] Nach Abs. 1 ist damit jede rechtsfähige Person parteifähig; sie kann klagen (**aktive Parteifähigkeit**) und verklagt werden (**passive Parteifähigkeit**). Die Klage einer Person, der die aktive Parteifähigkeit fehlt, ist ebenso als unzulässig abzuweisen, wie die Klage gegen eine Person, der die passive Parteifähigkeit fehlt. Bei **Klage eines nicht Parteifähigen** sind die Kosten demjenigen aufzuerlegen, der das Verfahren für den nicht Parteifähigen eingeleitet hat.[45]

14 Die Parteifähigkeit ist **Sachurteilsvoraussetzung.** Ein Sachurteil kann also nur ergehen, wenn sie spätestens zum Zeitpunkt der letzten mündlichen Verhandlung vorliegt. Das Gericht hat sie in jeder Lage des Verfahrens von Amts wegen zu prüfen,[46] wenn Bedenken gegen sie auftreten (siehe auch § 56). Die Parteifähigkeit ist darüber hinaus **Prozesshandlungsvoraussetzung** (s. a Einl. Rn. 62). Ihr Fehlen bewirkt die Unwirksamkeit der vorgenommenen Prozesshandlungen. Eine Heilung dieses Mangels ex tunc ist aber möglich, wenn die Partei nach (Wieder-) Herstellung ihrer Parteifähigkeit die bisherigen unwirksamen Prozesshandlungen genehmigt, wozu bereits die rügelose Fortführung des Prozesses genügt.[47] Die Genehmigung kann auch noch in der Revisionsinstanz wirksam erteilt werden.[48] Wird die Genehmigung verweigert, so ist die Klage als unzulässig abzuweisen.

15 Im Streit über die Parteifähigkeit eines Beteiligten (**sog. Zulassungsstreit**) ist dieser als parteifähig zu behandeln.[49] Das Gericht entscheidet den Streit durch Zwischenurteil (§§ 280 Abs. 2, 303) oder im Endurteil,

30 OLG Hamm NJW-RR 1999, 217.
31 AllgM; vgl. nur *Zö/Vollkommer* Vorb. Rn. 10; *T/P/Hüßtege* Vorb. Rn. 8.
32 MK/*Lindacher* vor § 50 Rn. 23; aA OLG Nürnberg OLGZ 1987, 482, 485; *St/J/Bork* Vorb. Rn. 13; *T/P/Hüßtege* Vorb. Rn. 8; *Ro/S/Go* § 41 Rn. 19; *Zö/Vollkommer,* Vorb. Rn. 10.
33 RGZ 126, 261, 263; 110, 268, 231.
34 *Ro/S/Go* § 41 Rn. 20; *Zö/Vollkommer,* Vorb. Rn. 10.
35 Vgl. dazu *Zö/Vollkommer* Vorb. Rn. 10.
36 MK/*Lindacher* vor § 50 Rn. 25; *T/P/Hüßtege* Vorb. Rn. 10; *Zö/Vollkommer* Vorb. Rn. 10.
37 OLG Nürnberg OLGZ 1987, 482, 486.
38 Vgl. dazu OLG Hamburg MDR 1976, 845.
39 Vgl. zur Frage wer Veranlasser ist, OLG Frankfurt/M MDR 1997, 303.
40 AllgM; vgl. nur BGH NJW 2001, 1056, 1060.
41 OLG Saarbrücken OLGR 2002, 259; OLG Hamburg MDR 1976, 845; vgl. BGHZ 24, 91, 94 = NJW 1957, 989.
42 OLG Brandenburg MDR 2004, 1134; BAG Urt. v. 24. 6. 2004, juris.
43 Vgl. dazu *Wagner* ZZP 117 (2004), 305.
44 BGHZ 122, 342, 345 = NJW 1993, 2307.
45 OLG Düsseldorf MDR 1977, 759.
46 RGZ 118, 196, 198, BGH MDR 1959, 121.
47 BGHZ 41, 104, 106 = NJW 1964, 1129; BGHZ 51, 27 = NJW 1969, 188; BGH NJW 1992, 2575; OLG Rostock EWiR § 50 ZPO 1/02, 171 mit abl. Anm. *Vollkommer.*
48 BGHZ 41, 104, 106 = NJW 1964, 1129; BGHZ 51, 27, 29.
49 AllgM; vgl. BGHZ 24, 91, 94 = NJW 1957, 989; BGH NJW 1982, 238; NJW-RR 1986, 394; NJW 1993, 2943.

das bei Verneinung der Parteifähigkeit als Prozessurteil ergeht. Zur Geltendmachung ihrer Parteifähigkeit kann die Partei auch Rechtsmittel einlegen.[50] Das Rechtsmittelgericht muss, falls es ebenfalls zur Verneinung der Parteifähigkeit kommt, das Rechtsmittel als unbegründet zurückweisen.[51] Einer auf den Wegfall der Parteifähigkeit gestützte Erledigungserklärung des Gegners kann die Partei widersprechen und Klageabweisung beantragen.[52] Einer Entscheidung, die in Verkennung der Parteiunfähigkeit eines Beteiligten ergangen ist, fehlt es nicht an der Wirksamkeit. Sie bleibt aber mit den üblichen Rechtsbehelfen anfechtbar, nach Eintritt der formellen Rechtskraft mit der Nichtigkeitsklage analog § 579 Abs. 1 Nr. 4 (vgl. auch § 56 Rn. 9).[53]

16 **2. Natürliche Personen.** Die Rechtsfähigkeit und damit Parteifähigkeit beginnt mit der Vollendung der Geburt (§ 1 BGB) und endet mit dem Tod oder der Todeserklärung. Der Leibesfrucht (**Nasciturus**) räumt das bürgerliche Recht bestimmte Rechte ein, die unter der Bedingung der Lebendgeburt stehen (vgl. zB §§ 844 Abs. 2 S. 2, 1923 Abs. 2, 2043, 2108 Abs. 1, 2178 BGB). Dem Nasciturus insoweit Parteifähigkeit zuzubilligen begegnet daher keinen Bedenken.

17 **3. Juristische Personen des Privatrechts. a) Beginn der Parteifähigkeit.** Die Entstehung einer juristischen Person vollzieht sich in einem zeitlich gestreckten Verfahren, das mit der Errichtung (Abschluss eines wirksamen Gesellschaftsvertrages) beginnt und mit der Registereintragung endet. In dieser Zwischenzeit besteht die sog. Vorgesellschaft;[54] sie untersteht weitgehend dem GmbH-Recht.[55] Die **Vorgesellschaft** wird als **passiv parteifähig** angesehen, wenn sie im Rechtsverkehr bereits wie eine juristische Person (also zB als GmbH) aufgetreten ist.[56] Die Vorgesellschaft ist **aktiv parteifähig,**[57] auch wenn sie kein Handelsgewerbe betreibt und § 124 HGB auf sie nicht anwendbar ist.[58] Die Vorgesellschaft soll nach Auffassung des OLG Köln[59] nicht mehr aktiv parteifähig sein, wenn sie, insbesondere durch Auflösung, beendigt ist. Auflösung trete stets ein, wenn die Eintragung ins Handelsregister rechtskräftig abgelehnt sei; der Zweck der Vorgesellschaft sei dann endgültig verfehlt. Es scheint vorzugswürdig, die Vorgesellschaft auch bezüglich dieser Frage wie die (entstandene) juristische Person zu behandeln (vgl. Rn. 18), so dass die Parteifähigkeit der GmbH in Gründung, so weit sie als Liquidationsgesellschaft fortbesteht, erst wegfällt, wenn kein Abwicklungsbedarf mehr besteht, der die Führung von Aktiv- oder Passivprozessen fordert.[60] Anders als für die Vorgesellschaft gilt für eine vor Abschluss des Gründungsvertrages schon bestehende, die spätere GmbH-Tätigkeit vorbereitende Personenvereinigung (sog. **Vorgründungsgesellschaft**) das GmbH-Recht noch nicht.[61] Die Vorgründungsgesellschaft ist aber unabhängig davon, ob sie eigenständige Gesellschaft bürgerlichen Rechts (vgl. Rn. 22) oder offene Handelsgesellschaft ist, parteifähig (vgl. Rn. 21).

18 **b) Ende der Parteifähigkeit.** Mit der Auflösung etwa durch Beschluss der Gesellschaft oder gerichtliches Urteil (§ 60 GmbHG) ist die juristische Person noch nicht beendet. Sie tritt nur in ein Liquidationsstadium ein und besteht mit Liquidationszweck fort. Sie ist noch parteifähig.[62] Verlust der Parteifähigkeit tritt erst mit **Vollbeendigung** der juristischen Person ein.[63] Vollbeendigung liegt – insoweit besteht wohl Einigkeit – vor, wenn das gesamte Vermögen verteilt, kein sonstiger Abwicklungsbedarf besteht und die Löschung im Handelsregister erfolgt ist. Streitig ist allerdings, ob die Parteifähigkeit der juristischen Person endet, wenn während des **Passivprozesses** ihr Vermögen verteilt wird und daher keine Liquidationsmasse mehr vorhanden ist. Nach Auffassung des BGH ist in dem Fall, dass unstreitig keine Liquidationsmasse mehr vorhanden ist, die gegen die juristische Person gerichtete Klage als unzulässig abzuweisen;[64] die Beklagte bleibt allerdings parteifähig, wenn der Kläger behauptet, der Beklagten stünden noch Ansprüche zu.[65] Entgegen der Auffassung des BGH dauert nach zutreffender Ansicht des BAG und der herrschenden Meinung in der Literatur die Parteifähigkeit einer beklagten juristischen Person bis zum Ende des anhängigen Prozesses fort auch wenn während des Prozesses das gesamte Vermögen verteilt wird.[66] Darüber hinaus bleibt auch die gelöschte juristische Person, unabhängig von der Frage, ob noch Haftungsmasse vorhanden ist, parteifähig, wenn sonstiger Abwicklungsbedarf besteht (etwa Anspruch des Klägers auf Zeugniserteilung; An-

---

[50] OLG Stuttgart NJW 1969, 1493; OLG Düsseldorf MDR 1977, 759.
[51] BGHZ 24, 91, 94 = NJW 1957, 989; BGHZ 74, 212, 214f. = NJW 1979, 1592.
[52] BGH NJW-RR 1986, 394.
[53] BGH MDR 1959, 121; aA MK/*Lindacher* Rn. 64.
[54] AllgM; vgl. nur BGHZ 117, 323, 326 = NJW 1992, 1824; BGHZ 120, 103, 105 = NJW 1993, 459.
[55] BGHZ 91, 148, 151.
[56] AllgM; vgl. nur BGHZ 72, 45 = NJW 1978, 1978; BGHZ 79, 239, 241 = NJW 1981, 873; KG NJW-RR 1994, 495; OLG Hamm WM 1985, 658, 659.
[57] BGH NJW 1998, 1079 = BB 1998, 862 mit Anm. Demuth BB 1998, 966 = DStR 1988, 499 mit Anm. *Goette.*
[58] So aber *Ro/S/Go* § 43 Rn. 11.
[59] OLG Köln BB 1997, 1119 = VersR 1998, 207.
[60] Vgl. BGH NJW 1998, 1079, 1079, 1080 = DStR 1998, 499 mit Anm. *Goette.*
[61] BGHZ 91, 148, 151.
[62] RGZ 134, 91, 94; BGHZ 1, 325 = NJW 1951, 650 (*Hueck*); BGH WM 1964, 152, 153; BAG NJW 1988, 2637.
[63] Vgl. nur BGH NJW 1996, 2035.
[64] BGHZ 74, 212= NJW 1979, 1592 = JZ 1979, 566 m. Anm. *Theil;* vgl. auch BGH NJW 1982, 238.
[65] BGHZ 48, 303, 307 = NJW 1968, 297; BGH NJW-RR 1991, 660 m. weit. Nachw.; OLG Düsseldorf DB 1988, 543; BAG, NZA 2003, 1049, 1050; vgl. auch BGHZ 94, 105, 108.
[66] Vgl. nur BAGE 36, 125, 128f. = NJW 1982, 1831 = JZ 1982, 372 mit zust. Anm. *Theil* = AP Nr. 4 mit zust. Anm. *Stumpf;* BPatG, Beschl. v. 26. 6. 2003, juris; *B/L/H* Rn. 22; *Bork* JZ 1991, 841, 848, 850; vgl. auch OLG Koblenz ZIP 1998, 967: wegen des bedingten Kostenerstattungsanspruchs der beklagten Partei könne nicht von Vermögenslosigkeit ausgegangen werden; die Beklagte bleibe daher parteifähig.

spruch des Klägers auf Feststellung der Unwirksamkeit einer fristlosen Kündigung[67]). Im **Aktivprozess** besteht die aufgelöste und gelöschte juristische Person schon allein deshalb fort, weil sie sich eines Anspruchs berühmt. Insoweit kann nicht von der Vermögenslosigkeit der juristischen Person ausgegangen werden.[68]

c) **Parteifähigkeit der Organe.** Ob Organe von juristischen Personen (etwa der Aufsichtsrat einer AG) parteifähig sind, ist streitig. Nach einer Auffassung sind die Organe dann parteifähig, wenn sie eigene Organrechte gegenüber einem anderen Organ oder der juristischen Person geltend machen (sog. **relative Parteifähigkeit**).[69] Dem ist zu Recht entgegengehalten worden, dass die Parteifähigkeit der Organe ein Fremdkörper im Zivilprozess sei, da Organe weder als Vollstreckungsschuldner, noch – mangels Vermögens – als Kostenschuldner tauglich seien. Im Übrigen führe die Gegenmeinung, die die Parteifähigkeit von Organen nur in bestimmten, nicht immer eindeutig umschriebenen Fallgruppen anerkenne, zu Abgrenzungsproblemen und nicht hinnehmbarer Rechtsunsicherheit[70]. 19

4. Juristische Personen des öffentlichen Rechts. Sie sind ebenso wie juristische Personen des Privatrechts parteifähig. Parteifähigkeit besitzen daher alle Gebietskörperschaften der Bundesrepublik Deutschland (Bund, Länder, kommunale Gebietskörperschaften), nicht dagegen einzelne Behörden, sofern diese nicht kraft besonderer gesetzlicher Bestimmungen parteifähig sind (wie etwa die den Verwaltungsakt erlassende Stelle in Baulandsachen, vgl. § 222 Abs. 1 S. 2 BauGB). Parteifähigkeit besitzen auch sonstige Körperschaften (etwa Fraktionen im Bundestag und in den Landtagen[71]), Anstalten und Stiftungen des öffentlichen Rechts, Sondervermögen des Bundes. Für die Religionsgemeinschaft der Zeugen Jehovas in Deutschland ist früher angenommen worden, sie sei keine Körperschaft des öffentlichen Rechts und daher nicht parteifähig.[72] Das kann nach der Entscheidung des BVerfG v. 19. 12. 2000 nicht aufrechterhalten werden.[73] Es ist heute davon auszugehen, dass die Religionsgemeinschaft der Zeugen Jehovas eine Körperschaft öffentlichen Rechts und damit parteifähig ist.[74] Ein im Gründungsstadium befindlicher, nichtrechtsfähiger kommunaler Zweckverband kann, je nach dem Grad der körperschaftlichen Verselbstständigung, hinsichtlich seiner privatrechtlichen Betätigung entweder mit der Gesellschaft bürgerlichen Rechts oder mit dem nichtsrechtsfähigen wirtschaftlichen Verein verglichen werden; in beiden Fällen kann er Zuordnungssubjekt privatrechtlicher Rechte und Pflichten sein.[75] 20

5. Personenhandelsgesellschaften. Die OHG ist gemäß § 124 Abs. 1 HGB und die KG gemäß § 161 Abs. 1 HGB parteifähig.[76] Auch die Europäische Wirtschaftliche Interessenvereinigung (EWIV) ist parteifähig (Art. 1 Halbs. 2 EWIV-AG, Art. 1 Abs. 2 EWIV-VO). 21

6. Gesellschaft bürgerlichen Rechts. Ob die Gesellschaft bürgerlichen Rechts **rechts- und parteifähig** ist, war heftig umstritten. Die hM in Literatur und Rechsprechung hatte dies verneint. Der BGH hat dazu im Urteil vom 29. 1. 2001[77] unter Aufgabe seiner bisherigen Rechtsprechung die Rechts- und Parteifähigkeit bejaht. Die **(Außen-)Gesellschaft bürgerlichen Rechts** sei, so weit sie durch Teilnahme am Rechtsverkehr eigene Rechte und Pflichten begründe, (ohne juristische Person zu sein) **rechtsfähig** (vgl. § 14 Abs. 2 BGB). In diesem Rahmen sei sie zugleich im Zivilprozess aktiv und passiv parteifähig. Das BAG hat sich im Urteil vom 1. 12. 2004 der Rechtsprechung des BGH angeschlossen und klargestellt, eine Gesellschaft bürgerlichen Rechts sei im Arbeitsgerichtsverfahren aktiv und passiv parteifähig.[78] 22

Für die Praxis[79] folgt aus dieser Rechtsprechung: Es ist streng zwischen dem Prozess der Gesellschaft und dem Prozess der Gesellschafter zu unterscheiden.[80] 22a

a) **Passivprozesse.** Soll wegen einer Gesellschaftsverpflichtung (= Gesellschaftsverbindlichkeit, Gesellschaftsschuld) auf das Gesellschaftsvermögen zugegriffen werden, ist ein Titel gegen „die Gesellschaft als Partei" erforderlich.[81] Die dem Titel zu Grunde liegende Klage ist gegen die Gesellschaft zu richten. Diese kann unter ihrem Namen verklagt werden (zB Schöner Bauen – Gesellschaft Bürgerlichen Rechts); es ist aber zur Bezeichnung der Gesellschaft auch die Nennung der Gesellschafternamen ausreichend. Es muss dann aber etwa durch einen Zusatz (etwa „in Gesellschaft bürgerlichen Rechts") klargestellt werden, dass sich die Klage gegen die Gesellschaft und nicht gegen die Gesellschafter richtet.[82] Der Gläubiger kann aller- 22b

---

67 BAGE 36, 125, 128 f. = NJW 1982, 1831 = JZ 1982, 372 (*Theil*) = AP Nr. 4 (*Stumpf*).

68 BGHZ 48, 303, 307 = NJW 1968, 297; BGH NJW-RR 1986, 394 = WM 1986, 145; KTS 1989, 857; VersR 1991, 121; NJW-RR 1994, 542; OLG Frankfurt NJW-RR 1991, 318; OLG Hamm BB 1996, 1029; MDR 1996, 525; BB 1998, 1654; OLG Karlsruhe BB 2004, 2324; *Bork* JZ 1991, 841, 846 f.; vgl. auch OLG Hamburg KTS 1986, 506.

69 LG Darmstadt ZIP 1986, 1389, 1391; OLG Düsseldorf DB 1997, 1170; *Bork* ZGR 1989, 122 f. und ZIP 1991, 137, 139; *Hommelhoff* ZHR 143 (1979), 305 ff.; MK/*Lindacher* Vorb. Rn. 8.

70 OLG Hamburg DB 1992, 774 = EWiR 1992, 421 (*Bork*); *Stodolkowitz* ZHR 154 (1990), 4, 23; vgl. auch BGHZ 122, 342, 345.

71 Vgl. LG Bremen NJW-RR 1992, 447.

72 OLG Köln NJW 1998, 235.

73 BVerfG NJW 2001, 429.

74 Vgl. OVG Berlin, Urt. v. 2. 12. 2004, juris Rn. 27; BVerwG NJW 2006, 3156.

75 BGH NJW 2001, 748, 749

76 AllgM; vgl. nur RGZ 86, 63, 65; BGHZ 62, 131, 132 = NJW 1974, 750.

77 BGH NJW 2001, 1056 = BGHZ 146, 341; vgl. dazu auch BVerfG NJW 2002, 3533.

78 NZA 2005, 318.

79 Vgl. zu den Folgen für die Praxis *Scholz* NZG 2002, 153; vgl. zu den Folgeproblemen der Rechtsfähigkeit von Gesellschaften bürgerlichen Rechts auch *Geibel* WM 2007, 1496.

80 *K. Schmidt* NJW 2001, 993, 999.

81 BGH NJW 2001, 1056, 1060.

82 vgl. *K. Schmidt* NJW 2001, 993, 1000.

dings nach Auffassung des BGH nicht nur mit einem **Titel gegen die Gesellschaft** als Partei in das Gesellschaftsvermögen vollstrecken, sondern auch mit einem **Titel gegen alle einzelnen Gesellschafter** aus ihrer persönlichen Mithaftung. Das ergebe sich aus § 736 ZPO, der in dieser Auslegung einen eigenständigen Regelungsgehalt behalte. Die Rechtslage bei der BGB-Gesellschaft sei insoweit anders als bei der OHG, wo gem. § 124 Abs. 2 HGB eine Vollstreckung in das Gesellschaftsvermögen ausschließlich mit einem gegen die Gesellschaft lautenden Titel möglich sei.[83] Die Titel gegen alle Gesellschafter können nacheinander erstritten werden; werden die Gesellschafter gemeinsam verklagt sind sie einfache Streitgenossen (vgl. § 62 Rn. 11).

22c Soll auf das Privatvermögen der Gesellschafter zugegriffen werden, so bedarf es eines Titels gegen die Gesellschafter. Die früher offen gelassene Einordnung der Gesellschafterhaftung hat der BGH nunmehr vorgenommen und sich zu Gunsten einer akzessorischen Haftung der Gesellschafter für die Gesellschaftsverbindlichkeiten entschieden. Soweit der Gesellschafter für die Verbindlichkeiten der Gesellschaft auch persönlich hafte, sei der jeweilige Bestand der Gesellschaftsschuld für die persönliche Haftung maßgebend. Insoweit entspreche das Verhältnis zwischen Gesellschafts- und Gesellschafterhaftung der Rechtslage in den Fällen der akzessorischen Gesellschafterhaftung gem. §§ 128 f. HGB bei der OHG.[84]

22d Im Passivprozess ist es nach Auffassung des BGH „praktisch immer ratsam", **neben der Gesellschaft auch die Gesellschafter zu verklagen.** Das komme insbesondere dann in Betracht, wenn nicht sicher sei, ob eine wirkliche Außengesellschaft mit Gesamthandsvermögen existiere. Stelle sich während des Prozesses heraus, dass die Gesellschafter nicht als Gesamthandsgemeinschaft verpflichtet seien, sondern nur einzeln als Gesamtschuldner aus einer gemeinschaftlichen Verpflichtung schuldeten (§ 427 BGB), werde nur die Klage gegen die Gesellschaft – nicht aber die gegen die Gesellschafter persönlich – abgewiesen.[85] Die Klage ist in diesem Fall der Nichtexistenz der Außengesellschaft als unzulässig abzuweisen (Vgl. dazu oben Rn. 12). Zu Recht weist K. Schmidt darauf hin, dass dies nicht die optimale Strategie sei. Gerade wenn eine Abweisung der Klage gegen die Gesellschaft im Raum stehe, sei es aus Kostengründen günstiger, nur die Gesellschafter zu verklagen. Aus dem Urteil könne dann auch in das Gesellschaftsvermögen vollstreckt werden.[86] Etwas anderes gilt allerdings dann, wenn dem Kläger nicht alle Gesellschafter bekannt sind. Hier empfiehlt sich eine Klage gegen die bekannten Gesellschafter und die Gesellschaft. Die Gesellschaft und die Gesellschafter sind in diesem Fall **einfache Streitgenossen** (vgl. dazu § 62 Rn. 7).[87]

22e **b) Aktivprozesse.** Hier ist es den für die Gesellschaft auftretenden Personen nach Auffassung des BGH ohne weiteres zumutbar, die Gesellschaft durch die möglichst exakte Bezeichnung der Gesellschafter, der gesetzlichen Vertreter und der Bezeichnung, unter der die Gesellschaft im Verkehr auftritt, identifizierbar zu beschreiben.[88] Im Einzelnen: Die Gesellschaft kann unter ihrem Namen klagen (zB Schöner Bauen – Gesellschaft bürgerlichen Rechts); es reicht aber zur Bezeichnung der Gesellschaft auch die Nennung der Gesellschafter, wobei in diesem Fall klargestellt werden muss, dass die Gesellschaft Partei sein soll und es sich nicht um eine Klage der Gesellschafter handelt.[89] Das kann etwa dadurch geschehen, dass die Gesellschaft bürgerlichen Rechts – bestehend aus den namentlich bezeichneten Gesellschaftern – klagt, oder dass etwa die Gesellschafter A, B und C in Gesellschaft bürgerlichen Rechts klagen.[90] Die Gesellschaft wird durch die vertretungsberechtigten Gesellschafter gesetzlich vertreten, diese sollen (§ 130), müssen aber nicht in der Klageschrift angegeben werden. Im Zweifel sind gesetzliche Vertreter gem. § 714 BGB alle Gesellschafter gemeinschaftlich.[91] Klagen die Gesellschafter einen zum Gesellschaftsvermögen gehörenden Anspruch ein so ist nach Auffassung als BGH das Klagerubrum dahin zu berichtigen, dass die Klägerin die aus den im Klagerubrum genannten Personen gebildete Gesellschaft bürgerlichen Rechts ist. Für Forderungen der Gesellschaft sei nämlich diese selbst materiell Rechtsinhaberin und damit richtige Partei eines Rechtsstreits, nicht aber die Gesellschafter als Streitgenossen.[92] Stellt sich im Verlauf des Prozesses heraus, dass keine Außengesellschaft existiert, muss derjenige für die Prozesskosten aufkommen, der im Namen der vermeintlichen Gesellschaft als deren Vertreter den Prozess ausgelöst hat (vgl dazu oben Rn. 12).[93]

23 **7. Gemeinschaften.** Die Bruchteilsgemeinschaft iSd. §§ 741 ff. BGB ist als solche nicht rechts- und damit nicht parteifähig. Nach früherer Rechtsprechung[94] hatte die **Wohnungseigentümergemeinschaft** nach WEG keine eigene Rechtspersönlichkeit und war als solche weder rechts- noch parteifähig. Unter Aufgabe dieser Rechtsprechung hatte der BGH mit Beschluss vom 2. 6. 2005, der als Jahrhundertentscheidung bezeichnet worden ist, für die Wohnungseigentümergemeinschaft die Rechts- und Parteifähigkeit bejaht, soweit die Gemeinschaft der Wohnungseigentümer bei der Verwaltung des gemeinschaftlichen Eigentums

[83] BGH NJW 2001, 1056, 1060; BGH DNotZ 2005, 120, 122.
[84] BGH NJW 2001, 1056, 1061.
[85] BGH NJW 2001, 1056, 1060.
[86] *K. Schmidt* NJW 2001, 993, 1000.
[87] OLG Frankfurt BB 2001, 2392.
[88] BGH NJW 2001, 1056, 1060.
[89] vgl. *K. Schmidt* NJW 2001, 993, 999.
[90] vgl. *Wieser* MDR 2001, 421; *K. Schmidt* NJW 2001, 993, 999.
[91] *K. Schmidt* NJW 2001, 993, 999.
[92] BGH JuS 2006, 268, 269; OLG Dresden NJ 2006, 510 mit Anm. *Zenker.*
[93] BGH NJW 2001, 1056, 1060.
[94] Vgl. nur BGH, NJW 1977, 1686; 1990, 2553; OLG Koblenz, NJW 1977, 55.

am Rechtsverkehr teilnimmt[95] oder – wie der BGH an anderer Stelle formuliert hat – bei Rechtsgeschäften oder Rechtshandlungen im Außenverhältnis (**Teilrechtsfähigkeit der Wohnungseigentümergemeinschaft**).[96] Der BGH spricht davon, die Gemeinschaft der Wohnungseigentümer sei ein **rechtsfähiger Verband sui generis.**[97] Die Teilrechtsfähigkeit der Wohnungseigentümergemeinschaft hat Konsequenzen für das Haftungssystem. Da Vertragspartner in der Regel der Verband der Wohnungseigentümer ist, haftet er mit seinem Verwaltungsvermögen. Daneben kommt – so der BGH – einer gesamtschuldnerische Haftung der Wohnungseigentümer nur ins Betracht, wenn sie sich neben dem Verband klar und eindeutig auch persönlich verpflichtet haben[98] oder sie ausdrücklich gesetzlich angeordnet ist.[99] Durch die WEG-Novelle[100] sind die Vorgaben der Entscheidung des BGH vom 2. 6. 2005 zur Teilrechtsfähigkeit weitgehend kodifiziert worden.[101] Die Teilrechtsfähigkeit der Gemeinschaft ist nunmehr in § 10 Abs. 6 WEG geregelt. Die Gemeinschaft kann im Rahmen der gesamten Verwaltung des gemeinschaftlichen Eigentums gegenüber Dritten und Wohnungseigentümern selbst Rechte erwerben und Pflichten eingehen (§ 10 Abs. 6 S. 1 WEG). Die Rechtsfähigkeit erfasst die in der Person der Gemeinschaft gesetzlich begründeten und die von ihr rechtsgeschäftlich erworbenen Rechte und Pflichten (§ 10 Abs. 6 S. 2 WEWG). Das sind im Wesentlichen alle Geschäfte, die der Verwalter im Rahmen der ihm gem. § 27 Abs. 1 und 2 WEG zugewiesenen oder ihm übertragenen Aufgaben und Befugnisse schließt (zB Bestellung von Heizöl, die Beauftragung von Handwerkern, Einholung von Kostenvoranschlägen).[102] Satz 3 des § 10 Abs. 6 WEG betrifft die gemeinschaftsbezogenen Rechte und Pflichten der Wohnungseigentümergemeinschaft, die bislang von der Gesamtheit der Wohnungseigentümer geltend gemacht und erfüllt wurden und die zukünftig von der Gemeinschaft auszuüben und zu erfüllen sind. Inhaber dieser Rechte bleiben die Wohnungseigentümer, es steht der Wohnungseigentümergemeinschaft lediglich die Ausübungsbefugnis zu (zB Ansprüche auf Zahlung der Beiträge zu den Lasten und Kosten).[103] Von den gemeinschaftsbezogenen Rechten sind die Individualrechte zu unterscheiden. Ihre Geltendmachung bleibt Sache eines jeden Eigentümers.[104] Satz 4 des § 10 Abs. 6 WEG stellt klar, dass die Gemeinschaft die Bezeichnung „Wohnungseigentümergemeinschaft"gefolgt von der bestimmten Aufgabe des gemeinschaftlichen Grundstücks führen muss. Nach Satz 5 kann die Gemeinschaft klagen und verklagt werden. Gem. § 10 Abs. 8 WEG haften die Wohnungseigentümer – mit gewissen Einschränkungen – für Verbindlichkeiten der Wohnungseigentümergemeinschaft. Der Gesetzgeber weicht damit von der Rechtsprechung des BGH ab, da diese „die Kreditfähigkeit der Gemeinschaft schwächt und den Schutz ihrer Gläubiger zu stark einschränkt".[105] Die Wohnungseigentümergemeinschaft wird durch den Verwalter vertreten (§ 27 Abs. 3 WEG). Die **Erbengemeinschaft** ist nach Auffassung des BGH nicht rechts- und parteifähig. Sie sei – anders als die Wohnungseigentümergemeinschaft – nicht zur dauerhaften Teilnahme am Rechtsverkehr bestimmt und geeignet. Sie verfüge zudem nicht über eigene Organe durch die sie im Rechtsverkehr handeln könne.[106]

8. Politische Parteien und Verbände. a) Parteien. Politische Parteien sind gemäß § 3 PartG parteifähig, 24
ebenso ihre Gebietsverbände der höchsten Stufe, also die Landesverbände (§ 3 S. 2 PartG). Andere Unterorganisationen, also Kreis- und Ortsverbände, sind nicht aktiv parteifähig.[107] Sie können aber uU nach Abs. 2 passiv parteifähig sein.[108] Parteifähig sind auch die Fraktionen im Bundestag und in den Landtagen.[109]

b) Gewerkschaften. Sie sind im Arbeitsgerichtsverfahren gemäß § 10 ArbGG parteifähig. Für den Zivil- 25
prozess hat die Rechtsprechung die Parteifähigkeit der Gewerkschaften mit Hinweis auf Art. 9 Abs. 3 GG anerkannt (s. unten Rn. 29). Die Unterorganisationen der Gewerkschaften sind nicht aktiv,[110] wohl aber unter bestimmten Voraussetzungen passiv parteifähig (s. u. Rn. 28).

9. Sonstige. Nicht parteifähig ist die **Firma des Einzelkaufmanns;** Träger der Rechte und Pflichten ist 26
allein ihr Inhaber. Dieser ist Partei. § 17 Abs. 2 HGB erleichtert lediglich die Parteibezeichnung. Der unter seiner Firma verklagte Kaufmann bleibt auch dann Partei, wenn die Firma ihren Inhaber wechselt.[111] Die

95 BGH, NJW 2005, 2061 = BGHZ 163, 154. Vgl. dazu *Bub/Petersen,* NJW 2005, 2590; *Hügel,* ZAP 2005 Fach 7, s. 295; *Schmidt,* NotBZ 2005, 309. Vgl. zum Vertrauensschutz gegenüber der geänderten Rspr., OLG München NJW 2007, 2862.

96 BGH WM 2007, 1095, 1096 Rn. 21f.

97 BGH NJW 2007, 1952, 1953 Rn. 12.

98 BGH Wm 2007, 1095, 1096 Rn. 21.

99 BVerwG NJW 2006, 791, 792 Rn. 15, die Teilrechtsfähigkeit der Wohnungseigentümergemeinschaft hindere die Geltung einer im Kommunalen Abgabenrecht statuierten gesamtschuldnerischen Haftung der Wohnungseigentümer für Grundbesitzabgaben nicht.

100 Gesetz zur Änderung des Wohnungseigentümergesetzes und anderer Gesetze, BGBl. I 2007, 370.

101 *Niedenführ,* NJW 2007, 1841.

102 BT-Drucks. 16/887, S. 60.

103 BT-Drucks. 16/887, S. 61.

104 BT-Drucks. 16/887, S. 62.

105 BT-Drucks. 16/3843.

106 BGH NJW 2006, 3715 Rn. 7.

107 BGH MDR 1972, 859; vgl. auch OLG Frankfurt MDR 1984, 1030; aA MK/*Lindacher* Rn. 34.

108 BGHZ 73, 275, 277 = NJW 1979, 1402; OLG Frankfurt OLGZ 1984, 468, 469 = MDR 1984, 1030; OLG Zweibrücken OLGZ 1986, 145 = NJW-RR 1986, 181; aA *Kainz* NJW 1985, 2616, 2617f.; MK/*Lindacher* Rn. 34.

109 LG Bremen NJW-RR 1992, 447; OLG Stuttgart NJW 2004, 1747.

110 OLG Düsseldorf NJW-RR 1986, 1505, 1507; aA (auch aktiv parteifähig) MK/*Lindacher* Rn. 46.

111 OLG München NJW 1971, 1615.

Zweigniederlassung einer Firma hat keine eigene Rechtspersönlichkeit und ist deshalb nicht parteifähig.[112] **Bürgerinitiativen** sind – auch wenn es um die Durchsetzung eines Gegendarstellungsanspruchs geht – nicht parteifähig.[113] Dem Betriebsrat fehlt in einem Verfahren auf Feststellung der Nichtigkeit eines Umwandlungsbeschlusses nach dem Umwandlungsgesetz die Parteifähigkeit.[114] Dem Gesamtpersonalrat fehlt die Parteifähigkeit im Gegendarstellungsverfahren.[115]

III. Die Parteifähigkeit nichtrechtsfähiger Vereine (Abs. 2)

27 **1. Passive Parteifähigkeit.** Als Ausnahme vom Grundsatz des Abs. 1 verleiht Abs. 2 dem nichtrechtsfähigen Verein die **passive Parteifähigkeit.** Der beklagte Verein darf alle Prozesshandlungen eines Beklagten vornehmen.[116] (Die folgenden Ausführungen sind nur dann noch von Belang, wenn man nicht die aktive Parteifähigkeit des nichtrechtsfähigen Vereins bejaht, vgl. unter Rn. 29). Der Verein kann also aufrechnen,[117] Prozessvergleiche abschließen, Widerklage (§ 33),[118] Zwischenfeststellungsklage und -widerklage (§ 256 Abs. 2) erheben, das Verfahren nach Erlass eines Vorbehaltsurteils (§§ 302, 599) fortsetzen, Ansprüche gem. § 945 und §§ 302 Abs. 4 S. 3, 4, 600 Abs. 2, 717 Abs. 2 oder § 717 Abs. 3 im anhängigen Rechtsstreit[119] geltend machen, Aufhebung des Arrestes oder einer einstweiligen Verfügung (§ 927) und Kostenfestsetzung (§§ 103ff.) beantragen, Rechtsmittel einlegen, Wiederaufnahmeklage (§ 578) und Vollstreckungsabwehrklage (§ 767) erheben[120] und die Zwangsvollstreckung bezüglich der Widerklageansprüche und der Ansprüche auf Schadensersatz und Kostenerstattung[121] betreiben. All dies liegt noch in den Grenzen des Rechtsstreits; denn nur dafür ist dem Verein die Parteifähigkeit verliehen. Nicht befugt ist der Verein zur Erhebung der Klagen aus §§ 731, 771, 805, 878 (str.),[122] zur Verfolgung des Schadensersatzanspruchs aus § 945 sowie der Ansprüche aus §§ 302 Abs. 4, 600 Abs. 2, 717 Abs. 2 und 3 in selbstständiger Klage. Wenn der nichtrechtsfähige Verein nicht aktiv parteifähig (str., vgl. dazu unten Rn. 29) ist, müssen alle Mitglieder klagen; sie sind notwendige Streitgenossen (s. § 62 Rn. 10f.).[123] Ob einzelne Mitglieder in gewillkürter Prozessstandschaft die Rechte des Vereins geltend machen und etwa auf Leistung an ihn klagen können, ist streitig.[124] Als nichtrechtsfähige Vereine, die passiv parteifähig sind, sind etwa die Landtagsfraktionen[125] angesehen worden. Zur kostenrechtlichen Behandlung des nichtrechtsfähigen Vereins, vgl. § 91 Rn. 54.

28 **Unterorganisationen von Hauptverbänden** sind nach Abs. 2 (passiv) parteifähig, sofern sie selbst als nicht rechtsfähige Vereine zu qualifizieren sind. Voraussetzungen sind eine eigene körperschaftliche Verfassung, das Führen eines Gesamtnamens, Unabhängigkeit vom Wechsel der Mitglieder und Wahrnehmung von eigenständigen Aufgaben.[126] Eine eigene Satzung ist nicht erforderlich, die Regelung in der Satzung des Hauptverbandes ist ausreichend.[127] Analoge Anwendung findet Abs. 2 auf Verwaltungsorganisationen von Miteigentümern mit einer körperschaftlichen Verfassung und einem eigenen Namen,[128] dagegen nicht auf die Wohnungseigentümergemeinschaft.[129]

29 **2. Aktive Parteifähigkeit.** Obwohl Gewerkschaften als nichtrechtsfähige Vereine organisiert sind, hat die Rechtsprechung ihnen mit Hinweis auf Art. 9 Abs. 3 GG aktive Parteifähigkeit zuerkannt (s. Rn. 25).[130] Über diese Ausnahme hinaus will eine Auffassung allen nichtrechtsfähigen Vereinen die aktive Parteifähigkeit zubilligen; die weit gehende Angleichung des nichtrechtsfähigen an den rechtsfähigen Verein im materiellen Recht verlange als Konsequenz die aktive Parteifähigkeit für nichtrechtsfähige Vereine. Die Gegenauffassung laufe auf eine auch verfassungsrechtlich bedenkliche weit gehende Verweigerung von gerichtlichem Rechtsschutz hinaus.[131] Dem hatte der BGH im Urt. v. 6. 10. 1989[132] entgegengehalten, die gesetzliche Regelung sei klar und eindeutig. Es gebe keine Rechtfertigung dafür, allen nichtrechtsfähigen Vereinen contra legem die aktive Parteifähigkeit zuzuerkennen. Der BGH hatte zur Begründung u. a. auf § 54 S. 1 BGB hingewiesen. Nach dieser Regelung finden auf nichtrechtliche Vereine die Vorschriften über die Gesellschaft Anwendung. Wer nunmehr – wie der BGH – die Gesellschaft bürgerlichen Rechts als

---

[112] AllgM; vgl. nur BGHZ 4, 62, 65; LG Aurich WH 1997, 684; MK/*Lindacher* Rn. 48; *Ro/S/Go* § 43 Rn. 7.
[113] KG NJW 1971, 947; aA LG Aachen NJW 1977, 255.
[114] OLG Naumburg DB 1997, 466.
[115] OLGR Schleswig 1998, 92.
[116] Ausführlich *Jung* NJW 1986, 159ff.; MK/*Lindacher* Rn. 43f.
[117] *St/J/Bork* Rn. 32.
[118] RGZ 74, 371, 375.
[119] *St/J/Bork* Rn. 32.
[120] MK/*Lindacher* Rn. 43; *St/J/Bork* Rn. 33.
[121] Vgl. nur *St/J/Bork* Rn. 33.
[122] AA im Hinblick auf § 731 *T/P/Hüßtege* Rn. 7.
[123] Vgl. nur *T/P/Hüßtege* Rn. 8.
[124] Bejahend: *T/P/Hüßtege* Rn. 8; ablehnend OLG Celle NJW 1989, 2477; vgl. OLG Koblenz NJW-RR 1993, 697.
[125] OLG Stuttgart OLGR 2003, 425; OLG München VersR 1992, 312, 313; OLG München NJW 1989, 910, 911; aA LG Bremen NJW-RR 1992, 447, Körperschaft des öffentlichen Rechts.
[126] BGHZ 90, 331, 332 = NJW 1984, 2223; BGH NJW 1990, 905; OLG Zweibrücken NJW-RR 1986, 181.
[127] BGHZ 90, 331 = NJW 1984, 2223.
[128] BGHZ 25, 311, 313.
[129] OLG Koblenz NJW 1977, 55.
[130] BGHZ 42, 210, 217 = NJW 1965, 156; BGHZ 50, 325.
[131] Vgl. nur *Palandt/Heinrichs* § 54 Rn. 11 MK/*Lindacher* Rn. 36f; Zö/*Vollkommer* Rn. 37.
[132] BGHZ 109, 15, 18 = NJW 1990, 186; OLG Koblenz NJW-RR 1993, 697.

rechts- und parteifähig ansieht (vgl. oben Rn. 22), wird – gestützt auf § 54 S. 1 BGB – auch den „nichtrechtsfähigen" Verein als rechts- und parteifähig ansehen müssen.[133]

IV. Parteifähigkeit von Ausländern

Die Parteifähigkeit von Ausländern richtet sich nach deren Heimatrecht (Art. 7 EGBGB).[134] Anknüpfungspunkt bei juristischen Personen ist das Recht, das am Ort des tatsächlichen Verwaltungssitzes gilt.[135] Parteifähig ist, wer nach seinem Heimatrecht entweder rechtsfähig oder parteifähig ist (str.).[136] 30

V. Parteifähigkeit von ausländischen Gesellschaften

Die (deutsche) Rechtsprechung zur Rechts- und Parteifähigkeit solcher ausländischer Gesellschaften, die unter dem Schutz der im EG-Vertrag geschützten Niederlassungsfreiheit stehen, hat sich mit dem **Urt. des BGH vom 13. 3. 2003**[137], das seinerseits auf der Entscheidung der EuGH vom 15. 11. 2002[138] beruht, geändert. Die **Sitztheorie,** die die deutsche Rechtspraxis lange dominiert hat[139], wurde damit zu Gunsten der **Gründungstheorie** aufgegeben. 31

Folge des Urteils des BGH ist, dass die Parteifähigkeit einer ausländischen Gesellschaft, die im Ausland gegründet worden ist und sodann ihren tatsächlichen Verwaltungssitz nach Deutschland verlegt hat, nicht mehr mit dem Argument in Frage gestellt werden kann, die Gesellschaft sei nach deutschem Recht nicht parteifähig. Die Anerkennung der Parteifähigkeit der ausländischen Gesellschaft mit neuem Sitz im Inland setzt nur voraus, dass die Gesellschaft nach dem Recht ihres Gründungsstaates rechtsfähig ist. Es muss nicht einmal Parteifähigkeit nach ausländischem Recht vorliegen. Diese folgt aus § 50 Abs. 1 ZPO.[140] Dieses Ergebnis resultiert daraus, dass nicht mehr an das Recht des Landes angeknüpft wird, in dem die Gesellschaft ihren tatsächlichen Verwaltungssitz (Geschäftsführung) hat, sondern an das Recht des Staates, in dem die Gesellschaft ihren Gründungssitz (Registereintrag) hat. Im Urt. v. 19. 9. 2005 hat der BGH nun festgestellt, dass in dem Fall, dass in einem **EFTA-Staat** (Lichtenstein, Island, Norwegen) nach dessen Vorschriften wirksam eine Kapitalgesellschaft gegründet worden ist, diese auf Grund des EWR-Abkommens in einem anderen Vertragsstaat dieses Abkommens in der Rechtsform anzuerkennen ist, in der sie gegründet wurde. Eine lichtensteinische AG sei daher befugt, ihre vertraglichen Rechte in der Bundesrepublik Deutschland geltend zu machen und gerichtlich durchzusetzen. Das EWR-Abkommen beinhalte nämlich in Art. 31 EWR eine Bestimmung, die im Wesentlichen mit Art. 43 EG gleich lautend sei.[141] 32

Die Entscheidung des BGH vom 13. 3. 2003 betrifft nur die Zuzugs-, nicht die Wegzugsfälle und nicht Gesellschaften aus Nicht-EU-Ländern (Drittstaaten). Ob es für diese Fälle bei der bisherigen Auffassung bleibt (Sitztheorie im Falle der Drittstaaten,[142] Daily-Mail-Doktrin[143] bei Wegzugsfällen[144]) oder ob auch hier die Rechtsprechung zur Gründungsanknüpfung übergeht, muss die Zukunft zeigen. Der Übergang zur Gründungsanknüpfung ist im Hinblick auf deren wettbewerbsfördernde Aspekte, mit Hinblick auf Rechtssicherheit und -klarheit und mit Hinblick auf die Einheitlichkeit der Ankúpfung im internationalen Gesellschaftsrecht gefordert worden.[145] Das OLG Hamburg hat allerdings in seiner Entscheidung v. 30. 3. 2007 die Anwendung der Gründungstheorie in den hier in Frage stehenden Fällen abgelehnt. Zwar sprächen beachtliche Gründe für einen generellen Übergang zur Gründungstheorie. Bei einem solchen handele es sich aber letztlich um eine rechtspolitische Entscheidung und es sei nicht Aufgabe eines Instanzgerichts, der einheitlichen Rechtsentwicklung vorzugreifen. Es sei daher weiter die Sitztheorie anwendbar; das gelte auch für Gesellschaften von der **Isle of Man.**[146] Nach Auffassung des OLG Hamm ist zumindest auf die **Schweiz** – obwohl nicht EU-Mitglied und nicht EWR-Staat – die Gründungstheorie anwendbar. Dafür sprächen Gründe der Rechtssicherheit und -klarheit sowie Gründe der Einheitlichkeit der Anknüpfung im internationalen Gesellschaftsrecht.[147] Auf Grund von Art. XXV Abs. 5 S. 2 des deutsch-amerikanischen Freundschaftsvertrages vom 29. 10. 1954 sind **amerikanische Gesellschaften** nach dem Recht zu beurtei- 33

---

[133] LG Berlin MDR 2003, 1197; *Jauernig* NJW 2001, 2231, 2232; AG Witzenhausen NJW-RR 2003, 614; *T/P/Hüßtege* Rn. 8; Zö/*Vollkommer* Rn. 37.

[134] *Palandt/Heldrich* Art. 7 EGBGB Rn. 2; *T/P/Hüßtege* Rn. 1.

[135] Vgl. auch BGHZ 51, 27, 28; BGHZ 97, 269, 271 = NJW 1986, 2194; LG Mainz Rpfleger 1997, 178.

[136] Vgl. zu den Einzelheiten *Wiecz/Hausmann* Rn. 70ff. m. weit. Nachw.

[137] BGH, BB 2003, 915; BauR 2003, 1072; DB 2003, 915; DStR 2003, 947; JuS 2003, 821; JZ 2003, 525 mit Anm. *Eidenmüller;* NJW 2003, 1461; MDR 2003, 825; ProzRB 2003, 271.

[138] EuGH, BB 2002, 2401; DB 2002, 2425; EuZW 2002, 754; NJW 2002, 3614 – Überseering.

[139] *Eidenmüller,* JZ 2003, 526.

[140] *Wertenbruch,* NZG 2003, 618.

[141] BGH NJW 2005, 3351 = GmbHR 2005, 1483. DNotZ 2006, 143 mit Anm. *Thölke.* Vgl. auch die Bspr. von *Weller,* ZGR 2006, 748.

[142] Vgl. *Noak,* LMK 2003; *Reichling,* ProzRB 2003, 272 man müsse vom Fortbestand der Sitztheorie ausgehen.

[143] Nach dieser Doktrin kann der Wegzug-Staat unabhängig vom europäischen Recht über die Folgen des Wegzugs befinden.

[144] Vgl. *Reichling,* ProzRB 2003, 272; *Eidenmüller,* JZ 2003, 526, 528 der darauf hinweist, der EuGH habe in seiner Überseering-Entscheidung an dieser Doktrin festgehalten.

[145] *Eidenmüller.* JZ 2003, 526, 528.

[146] OLG Hamburg DB 2007, 1245, 1247.

[147] OLG Hamm DB 2006, 2487, 2489.

len, nach dem sie gegründet wurden. Die Sitztheorie ist auf sie folglich nicht anzuwenden.[148] Für EFTA-Staaten, vgl. oben Rn. 32.

51 *Prozessfähigkeit; gesetzliche Vertretung; Prozessführung* **(1) Die Fähigkeit einer Partei, vor Gericht zu stehen, die Vertretung nicht prozessfähiger Parteien durch andere Personen (gesetzliche Vertreter) und die Notwendigkeit einer besonderen Ermächtigung zur Prozessführung bestimmt sich nach den Vorschriften des bürgerlichen Rechts, soweit nicht die nachfolgenden Paragraphen abweichende Vorschriften enthalten.**

(2) Das Verschulden eines gesetzlichen Vertreters steht dem Verschulden der Partei gleich.

(3) Hat eine nicht prozessfähige Partei, die eine volljährige natürliche Person ist, wirksam eine andere natürliche Person schriftlich mit ihrer gerichtlichen Vertretung bevollmächtigt, so steht diese Person einem gesetzlichen Vertreter gleich, wenn die Bevollmächtigung geeignet ist, gemäß § 1896 Abs. 2 Satz 2 des Bürgerlichen Gesetzbuchs die Erforderlichkeit einer Betreuung entfallen zu lassen.

Übersicht

I. Normzweck

1 **Abs. 1** enthält eine Regelung, die allgemein als unsystematisch und unvollkommen angesehen wird. Systematisch sollten im Rahmen der Prozessführung unterschieden werden: die **Prozessfähigkeit** als die Fähigkeit, Prozesshandlungen selbst oder durch selbst bestellte Vertreter wirksam vorzunehmen oder entgegenzunehmen (dazu § 52), die **gesetzliche Vertretung Prozessunfähiger** (dazu sogleich Rn. 2 ff.), die **gewillkürte Vertretung,** also die Vertretung auf Grund einer Prozessvollmacht (dazu §§ 78–90) und die **Prozessführungsbefugnis** (dazu unten Rn. 14 ff.). **Abs. 2** will vermeiden, dass das Prozessrisiko zu Lasten der gegnerischen Partei verschoben wird.[1] Der Vertretene soll nicht besserstehen, als wenn er den Prozess selbst geführt hätte.[2] Durch **Abs. 3** soll das Rechtsinstitut der Vorsorgevollmacht gestärkt werden, indem diese prozessual anerkannt und es ermöglicht wird, dass ein Geschäftsunfähiger im Zivilprozess durch einen Bevollmächtigten vertreten werden kann.[3]

II. Gesetzliche Vertretung Prozessunfähiger (Abs. 1)

2 **1. Funktion.** Die Prozessfähigkeit ist **Prozessvoraussetzung,** also Voraussetzung der Zulässigkeit der Klage. Liegt sie nicht vor, ist die Klage als unzulässig abzuweisen. Die Prozessfähigkeit ist darüber hinaus **Prozesshandlungsvoraussetzung** (s. § 50 Rn. 14). Die prozessunfähige Partei ist daher nicht im Stande, wirksame Prozesshandlungen vorzunehmen. Das Erfordernis der Prozessfähigkeit dient zum einen dem Schutz des Prozessunfähigen vor den nachteiligen Folgen unsachgemäßer Prozessführung und dient zum anderen dem Prozessgegner und dem Gericht, die ein Interesse an einem geordneten und zielgerichteten Prozessverlauf unter Vermeidung zweckwidrigen Prozesshandelns haben.[4] Durch die gesetzliche Vertre-

[148] BGHZ 153, 353.
[1] BGH NJW-RR 1993, 131; MK/*Lindacher* §§ 51, 52 Rn. 32.
[2] BGHZ 2, 205, 207 = NJW 1951, 963; BGHZ 66, 122, 124 = NJW 1976, 1218.
[3] BT-Drucks. 15/2494, S. 39.
[4] BAG NZA 1991, 363, 364; *Urbanczyk* ZZP 95 (1982), 339, 357; MK/*Lindacher* §§ 51, 52 Rn. 2; *Wiecz/Hausmann* Rn. 4; *Rimmelspacher,* Zur Prüfung von Amts wegen im Zivilprozess, 1966, S. 70 f.

tung werden Klagen von und gegen prozessunfähige Personen ermöglicht. Die Vertretungsmacht beruht im Fall der gesetzlichen Vertretung auf Gesetz oder staatlicher Anordnung. Sie tritt als Einzelvertretungsmacht (Einzelberechtigung) oder als Gesamtvertretungsmacht (gemeinschaftliche Berechtigung) auf (vgl. Rn. 12).

2. Bestimmung und Bezeichnung des gesetzlichen Vertreters. Die Person des gesetzlichen Vertreters so- 3
wie Voraussetzungen und Umfang seiner Vertretungsmacht werden durch das materielle Recht bestimmt, bei natürlichen und juristischen Personen des Privatrechts also durch das Privatrecht, bei juristischen Personen des öffentlichen Rechts durch die jeweils einschlägigen öffentlichrechtlichen Normen. Die Bezeichnung des gesetzlichen Vertreters erfolgt in der Klageschrift. Eine falsche Bezeichnung schadet nicht.[5] Die Angabe des gesetzlichen Vertreters vermag allerdings die Parteinennung nicht zu ersetzen.[6]

3. Fälle gesetzlicher Vertretung. a) Gesetzliche Vertreter natürlicher Personen. Bei **Minderjährigen** ist 4
für die Vertretung maßgebend, wer Inhaber des Sorgerechts ist. Gesetzliche Vertreter sind daher bei ehelichen, legitimierten und bei den von einem Ehepaar gemeinschaftlich angenommenen unter elterlicher Sorge stehenden Kindern die Eltern in Gesamtvertretung (vgl. § 1629 Abs. 1 S. 2 BGB).[7] Ist ein Elternteil allein sorgeberechtigt, so vertritt er das Kind allein (§ 1629 Abs. 1 S. 3 BGB). Bei dem als Kind Angenommenen ist gesetzlicher Vertreter der Annehmende bzw. die Annehmenden (vgl. § 1754f. BGB). Für nicht unter elterlicher Sorge stehende Minderjährige oder wenn die Eltern von jeder Vertretung ausgeschlossen sind, ist gesetzlicher Vertreter der Vormund (vgl. §§ 1773, 1793 BGB) und bei Verhinderung des Vormunds der Pfleger (vgl. §§ 1795ff., 1909 BGB). Ein **beschränktes Vertretungsrecht** der elterlichen Sorgeberechtigten liegt vor bei: verheirateten Minderjährigen (vgl. § 1633 BGB), bei einem Prozess gegen einen Elternteil (vgl. § 1909 Abs. 1 BGB), bei Entziehung der Sorgeberechtigung nur für bestimmte Angelegenheiten (vgl. § 1629 Abs. 2 S. 3 BGB). Im Rahmen der §§ 112, 113 BGB entfällt das Erfordernis der gesetzlichen Vertretung weil der Minderjährige in Rechtsstreitigkeiten, die die in §§ 112, 113 BGB benannten Materien betreffen, voll geschäftsfähig und damit prozessfähig ist (gegenständlich beschränkte Prozessfähigkeit). Das Erfordernis der gesetzlichen Vertretung entfällt ebenso in Ehesachen (vgl. § 607 Abs. 1) und ggf. bei Anfechtung der Vaterschaft (vgl. § 640b).

Prozessunfähige Volljährige werden – soweit nicht Abs. 3 greift – von dem für sie bestellten Betreuer ver- 5
treten (vgl. § 1902 BGB). Dies gilt, wenn ein Einwilligungsvorbehalt gem. § 1903 BGB erlassen wurde. Ist ein Einwilligungsvorbehalt unterblieben, so bleibt der Betreute voll geschäfts- und damit prozessfähig, er steht allerdings in einem Prozess, den der Betreuer im Rahmen seines Aufgabenbereiches für ihn führt, einer nicht prozessfähigen Person gleich (vgl. § 53 Rn. 3). Die **Leibesfrucht** wird im Prozess durch den Pfleger nach § 1912 BGB vertreten. Für **Abwesende** ist in Vermögensangelegenheiten gesetzlicher Vertreter der Abwesenheitspfleger nach § 1911 BGB. Ist **unbekannt** oder **ungewiss,** wer bei einer Angelegenheit der Beteiligte ist, so ist ein Pfleger gem. § 1913 BGB zu bestellen. In **Erbschaftsangelegenheiten** kann das Gericht für denjenigen, der Erbe wird, einen Nachlasspfleger gem. § 1960 Abs. 2 BGB bestellen.

b) Gesetzliche Vertreter juristischer Personen und parteifähiger Personenvereinigungen. Ob juristische 6
Personen prozessfähig sind, ist umstritten. Zu Recht weist Gottwald[8] darauf hin, dass diese Streitfrage keine praktische Bedeutung hat. Unstreitig haben die Organe juristischer Personen im Zivilprozess nämlich die Stellung von gesetzlichen Vertretern Prozessunfähiger; nur durch die gesetzlichen Vertreter können juristische Personen handeln.

Wer gesetzlicher Vertreter ist, ergibt sich **bei juristischen Personen des öffentlichen Rechts** aus der Orga- 7
nisationsnorm für die jeweilige Person.[9] Etwaige Schwierigkeiten bei der Bestimmung können ggf. bereits im vorprozessualen Verkehr durch Auskunftsverlangen ausgeräumt werden (s. a. die Erl. zu § 18).[10] Für **juristische Personen des Privatrechts** gilt: Bei **Aktiengesellschaften** ist Vertreter grundsätzlich der Vorstand (vgl. § 78 Abs. 1 AktG) – uU ein bestellter Notvorstand (vgl. § 85 AktG) –, auch bei Klagen einzelner Aufsichtsratsmitglieder (vgl. §§ 246 Abs. 2 S. 3, 249 Abs. 1 AktG). Bei Anfechtungs- und Nichtigkeitsklagen von Aktionären ist gesetzlicher Vertreter Vorstand und Aufsichtsrat in Gesamtvertretung (vgl. §§ 246 Abs. 2 S. 2, 249 Abs. 1, 275 Abs. 4 AktG); bei Klage des Vorstandes oder eines Vorstandsmitglieds wird die AG durch den Aufsichtsrat vertreten (vgl. §§ 112, 246 Abs. 2 S. 3 AktG). Auch wenn die Organstellung des Vorstandsmitglieds schon vor Erhebung der Klage durch Zeitablauf erloschen ist, wird die AG in einem Rechtsstreit über die Wirksamkeit des Widerrufs der Bestellung zum Vorstandsmitglied durch den Aufsichtsrat vertreten.[11] Gleiches gilt, wenn sich ein ausgeschiedenes Vorstandsmitglied gegen die Kündigung seines für die Dauer der Vorstandstätigkeit ruhendes Arbeitsverhältnisses wendet.[12] Im Prozess der AG mit der Witwe eines früheren Vorstandsmitgliedes um Ansprüche aus einer Versorgungszusage bzw. um die Zulässigkeit ihres Widerrufs wird die AG ebenfalls gem. § 112 AktG durch den Aufsichtsrat vertreten.[13] Bei der **Kommanditgesellschaft auf Aktien** sind Vertreter grundsätzlich die persönlich haftenden Gesellschafter in Einzelvertretung (vgl. § 278 Abs. 2 AktG iVm. §§ 125, 161 Abs. 2, 170 HGB). Im Prozess mit den persönlich haftenden Gesellschaftern werden die Kommanditaktionäre durch den Aufsichtsrat bzw.

---

5 *T/P/Hüßtege* Rn. 7; *St/J/Bork* Rn. 24; vgl. auch RGZ 157, 374; BGHZ 4, 328, 334 = NJW 1952, 545.
6 RG JW 1901, 168; KG OLGRspr. 7, 151; *St/J/Bork* Rn. 24.
7 Vgl. BGH NJW 1987, 1947, 1948; LG Nürnberg-Fürth NJW 1976, 633; *St/J/Bork* Rn. 42.
8 *Ro/S/Go*, § 44 Rn. 7.
9 Vgl. nur *T/P/Hüßtege* Rn. 7; *St/J/Bork* Rn. 32.
10 *T/P/Hüßtege* Rn. 7.
11 BGHZ 103, 213, 216 = NJW 1988, 1384.
12 BAG NJW 2002, 1444 = NZA 2002, 401; LAG Köln EWiR § 112 AktG 1/2000, 653 (*Grimm*).
13 BGH DB 2006, 2805 Rn. 1.

besondere von der Hauptversammlung gewählte Vertreter vertreten (vgl. § 287 Abs. 2 S. 1 AktG). Im Übrigen gilt das zur Aktiengesellschaft Gesagte, wobei an die Stelle des Vorstands die persönlich haftenden Gesellschafter treten (vgl. §§ 283 Nr. 13, 278 Abs. 3 AktG).

8 Vertreter der **Gesellschaft mit beschränkter Haftung (GmbH)** sind die Geschäftsführer (vgl. § 35 S. 1 GmbHG), uU ein Notgeschäftsführer entsprechend §§ 85 AktG, 29 BGB.[14] Im Prozess mit dem (auch ausgeschiedenen) Geschäftsführer ist Vertreter der Aufsichtsrat, sofern ein solcher besteht (vgl. § 52 GmbHG), ansonsten der zu bestellende besondere Prozessvertreter, bei Unterbleiben der Bestellung die übrigen Geschäftsführer (vgl. § 46 Nr. 8 GmbHG).[15] Bei Nichtigkeitsklagen gem. § 75 Abs. 1 GmbHG findet § 246 AktG entsprechende Anwendung (vgl. § 75 Abs. 2 GmbHG, § 29 Abs. 2 EGAktG). Im Fall der Nichtigkeitsklage gegen die Bestellung eines Geschäftsführers ist im Prozess derjenige Vertreter, der im Fall des Obsiegens als Geschäftsführer anzusehen ist.[16] Bei Anfechtungsklagen und Nichtigkeitsklagen gegen Gesellschafterbeschlüsse sind abweichend von § 246 AktG nur die Geschäftsführer gesetzliche Vertreter, auch wenn ein Aufsichtsrat existiert.[17] Ist eine GmbH ohne Geschäftsführer, weil dieser sein Amt niedergelegt hat oder weil er abberufen worden ist und die Gesellschafter sich weigern, einen neuen Geschäftsführer zu bestellen, so ist die Gesellschaft nicht vertreten. In diesem Fall muss der Gläubiger nach Auffassung des OLG Dresden beim zuständigen Registergericht die Bestellung eines Notgeschäftsführers anregen.[18] Bei Gefahr im Verzuge ist ein Prozesspfleger zu bestellen (vgl. § 57).[19]

9 Vertreter der **OHG** ist jeder Gesellschafter, sofern der Gesellschaftsvertrag nichts Abweichendes vorsieht oder kein Ausschluss durch gerichtliche Anordnung vorliegt (vgl. §§ 125ff. HGB). Bei der **KG** ist jeder persönlich haftende Gesellschafter Vertreter (vgl. §§ 161 Abs. 2, 170 HGB). Die **GmbH & Co KG** wird durch den oder die Geschäftsführer der Komplementär – GmbH, vertreten.[20] Deren Alleinvertretungsbefugnis wird auch durch die Ablehnung der Eröffnung des Insolvenzverfahrens über das Vermögen der GmbH & Co KG mangels Masse nicht berührt.[21]

10 **Genossenschaften** werden grundsätzlich durch den Vorstand vertreten (vgl. § 24 GenG), uU durch einen Notvorstand entsprechend §§ 85 AktG, 29 BGB.[22] Bei Aktiv- und Passivprozessen gegen gegenwärtige oder ehemalige Vorstandsmitglieder ist gesetzlicher Vertreter der Aufsichtsrat (vgl. § 39 Abs. 1 GenG);[23] bei Prozessen gegen Aufsichtsratsmitglieder ein von der Generalversammlung zu bestellender Vertreter (vgl. § 39 Abs. 3 GenG). Bei Anfechtung von Beschlüssen der Generalversammlung und Klagen auf Nichtigerklärung ist Vertreter der Genossenschaft der Vorstand, sofern er nicht selbst klagt, und der Aufsichtsrat (§§ 51 Abs. 3 S. 2, 96 GenG). Beim **rechtsfähigen Verein** findet die Vertretung durch den Vorstand statt (vgl. § 26 Abs. 2 S. 1 BGB); mangels abweichender Satzungsregelung gilt das Mehrheitsprinzip, nicht Gesamtvertretung der Vorstandsmitglieder.[24] Bei Fehlen einer organschaftlichen Vertretung kann gem. § 29 BGB die Bestellung eines Notvorstandes bzw. einzelner Notvorstandsmitglieder beantragt werden. **Stiftungen** werden durch den Vorstand vertreten (vgl. §§ 86, 26 Abs. 2 S. 1 BGB), so weit sich nicht aus der Verfassung etwas anderes ergibt. Die **Europäische wirtschaftliche Interessenvereinigung** (s. a. § 50 Rn. 21) wird idR durch die Geschäftsführer einzeln vertreten (vgl. Art. 20 EWIV – VO).

11 **c) Gesetzliche Vertretung bei werdenden juristischen Personen und juristischen Personen in Liquidation.** Bei Vorgesellschaft (s. § 50 Rn. 17) und Vorverein richtet sich die Vertretung nach den Vorschriften für die angestrebte Endform.[25] Die juristische Person in Liquidation wird durch ihre Abwickler (Liquidatoren) nach Maßgabe des jeweiligen Organisationsgesetzes vertreten (vgl. für die AG §§ 265, 269 AktG, für die KGaA § 290 AktG, für die GmbH § 66 GmbHG, für Genossenschaften § 88 GenG, für rechtsfähige Vereine § 48 BGB). Im Einzelnen: Vertreter einer aufgelösten GmbH sind – außer im Fall der Insolvenz – die gem. § 67 GmbHG anzumeldenden bisherigen Geschäftsführer als Liquidatoren, wenn nicht die Liquidation durch den Gesellschaftsvertrag oder durch Beschluss der Gesellschaft anderen Personen übertragen wird (vgl. § 66 Abs. 1 GmbHG). Besteht nach Abwicklung und Löschung der AG weiterer Abwicklungsbedarf, so wird die fortbestehende Gesellschaft durch die nach § 273 Abs. 4 AktG vom Registergericht wieder oder neu zu bestellenden Abwickler vertreten.[26] Die Liquidatoren sind auf Antrag der Gesellschaft oder des Gegners zu bestellen. Bis dahin wird das Verfahren gem. § 241 unterbrochen. War die Gesellschaft anwaltlich vertreten, gilt § 241 nicht; das Verfahren ist jedoch auf Antrag des Prozessbevollmächtigten gem. § 246 auszusetzen.[27]

---

14 BayObLG NJW 1981, 996.
15 BGH WM 1992, 731 = NJW-RR 1992, 993.
16 BGHZ 36, 207 = NJW 1962, 538; BGH DB 1981, 368.
17 AllgM; BGH GmbHR 1962, 134; MK/*Lindacher* §§ 51, 52 Rn. 25.
18 OLG Dresden NJW-RR 2000, 579.
19 Vgl. *Kutzer* ZIP 2000, 654, 655.
20 Vgl. BayObLG BB 1989, 171; DB 1988, 1210; OLG Zweibrücken ZIP 1983, 941.
21 Zur KO BGHZ 75, 178, 182 = NJW 1980, 233.
22 BGHZ 18, 334, 337 = NJW 1955, 996.
23 BGHZ 130, 108, 111; BGH NJW 1998, 1646; DB 2005, 1102.
24 HM vgl. nur *Palandt/Heinrichs* § 26 Rn. 6.
25 MK/*Lindacher* §§ 51, 52 Rn. 27; *Wiecz/Hausmann* Rn. 35.
26 Vgl. MK/*Lindacher* §§ 51, 52 Rn. 29.
27 Vgl. BGH LM GmbHG § 74 Nr. 1; KTS 1989, 857; BFH NJW 1986, 2589; GmbHR 1989, 55; *Bork* JZ 1991, 841, 846.

4. Voraussetzungen und Wirkung der gesetzlichen Vertretung. Auf Umfang, Beginn und Ende der Vertretungsmacht hat der Vertreter keinen unmittelbaren Einfluss. Insoweit bestimmt vielmehr das materielle Recht die jeweilige Rechtslage.[28] Das Gericht prüft von Amts wegen, ob die zuständige Stelle den Vertreter in der vorgeschriebenen Form bestellt hat; die Prüfung beschränkt sich allerdings auf Nichtigkeitsgründe.[29] Der gesetzliche Vertreter muss selbst prozessfähig sein. Wer nicht einmal seinen eigenen Prozess führen kann, ist auch nicht geeignet, einem anderen dessen Rechtsstreit zu führen.[30] Eine Klage eines prozessunfähigen Vertreters ist daher durch Prozessurteil abzuweisen. Im Prozess handelt der Vertreter, Partei ist aber allein der Vertretene; allein in seiner Person treten die Wirkungen der Handlungen und Unterlassungen des Vertreters ein. Der Vertreter muss erkennbar im Namen des Vertretenen auftreten; der Rechtsstreit muss sich auf Angelegenheiten beziehen, die in seinen Wirkungskreis fallen.[31] Der Vertreter ist bei Führung des Prozesses vom Wissen und Willen des Vertretenen unabhängig.[32] Bei **Gesamtvertretung** müssen alle Gesamtvertreter bei der Vornahme von Prozesshandlungen gemeinsam handeln. Beteiligt sich einer von ihnen nicht, so ist die Handlung prozessrechtlich unwirksam.[33] Dagegen können Prozesshandlungen auch einem einzelnen Gesamtvertreter gegenüber vorgenommen werden (vgl. § 170 Abs. 3).[34] Nach Maßgabe von § 455 Abs. 2 kann der Prozessunfähige selbst als Partei vernommen werden. Obwohl der gesetzliche Vertreter nicht Partei ist, wird er im Prozess in vielerlei Hinsicht wie eine Partei behandelt, etwa bei der Anordnung des persönlichen Erscheinens und bei der Parteivernehmung (§ 455 Abs. 1).[35] Er kann aber nicht Zeuge und auch kein Nebenintervenient sein. Bei Verhinderung des Vertreters[36] ist vom Vormundschaftsgericht ein anderer Vertreter zu bestellen.[37] Tod des Vertreters oder Ende der Vertretungsmacht führen zur Unterbrechung bzw. Aussetzung des Verfahrens (vgl. §§ 241, 246), eine erteilte Vollmacht wirkt aber fort.[38] 12

III. Verschulden des gesetzlichen Vertreters (Abs. 2)

§ 51 Abs. 2 gilt in jeder Verfahrensart, also auch in Statusprozessen, für jedwedes Verschulden bei der Prozessführung.[39] Verschulden iSd. § 51 Abs. 2 ist zu bejahen, wenn die übliche, von einer ordentlichen Prozesspartei zu fordernde Sorgfalt außer Acht gelassen wurde.[40] Verschuldensfähigkeit im Sinne von §§ 276 Abs. 1 S. 2, 827, 828 BGB ist erforderlich; Geschäfts-(Prozess-)unfähigkeit iSd. § 104 Nr. 2 BGB schließt Verschulden aus.[41] Im Rahmen der Prüfung des Verschuldens muss maßgeblich berücksichtigt werden, ob die Person in prozessualen Angelegenheiten unerfahren ist, so dass keine allzu hohen Anforderungen an ihr Beurteilungsvermögen gestellt werden können.[42] 13

IV. Vertretung eines Geschäftsunfähigen durch einen Bevollmächtigten (Abs. 3)

Da in der Rechtsprechung umstritten war, ob derjenige, der eine wirksame Vorsorgevollmacht erteilt hat, nach Eintritt der Geschäftsunfähigkeit dennoch einen Betreuer (§ 1902 BGB) benötigt, ist der Gesetzgeber tätig geworden und hat in Abs. 3 klargestellt, dass ein Betreuer nicht zu bestellen ist, wenn eine ausreichende Vorsorgevollmacht erteilt worden ist.[43] Voraussetzung ist, dass ein volljährige natürliche Person einer anderen natürlichen Person eine wirksame Vollmacht erteilt hat. Juristische Personen sind von der Regelung des Abs. 3 ausgenommen.[44] 13a

Der Bevollmächtigte darf nicht zu den in § 1897 Abs. 3 genannten Personen gehören. Die Bevollmächtigung muss schriftlich erfolgt sein. Sie muss geeignet sein, eine Betreuung entfallen zu lassen (§ 1896 Abs. 2 S. 2 BGB). Das muss auch Ziel der Bevollmächtigung gewesen sein. Fälle, in denen eine Vollmacht eine ganz andere Zielrichtung hatte als die Vermeidung einer Betreuung, sollen durch den Hinweis in Abs. 3 auf § 1896 Abs. 2 S. 2 BGB ausgeschlossen werden.[45] Die Vollmacht kann isoliert für den Prozess (**isolierte Prozessvollmacht = Prozessvollmacht i. e. S.**) oder als Teil einer umfassenden materiellrechtlichen Vollmacht (**Prozessvollmacht i. w. S.**) erteilt werden. Der Prinzipal muss zum Zeitpunkt der Erteilung der Voll- 13b

---

[28] *Ro/S/Go* § 54 Rn. 1.

[29] RGZ 137, 341; BGHZ 5, 242 = NJW 1952, 818; BGHZ 33, 195, 201 = NJW 1961, 22; OLG Koblenz FamRZ 1974, 222; MK/*Lindacher* §§ 51, 52 Rn. 21; *St/J/Bork* Rn. 29.

[30] OLG Zweibrücken ZIP 1983, 941.

[31] Vgl. nur RGZ 146, 231; *St/J/Bork* Rn. 24.

[32] *St/J/Bork* Rn. 22.

[33] ArbG Düsseldorf NJW-RR 1992, 366

[34] *Zö/Vollkommer* Rn. 13.

[35] MK/*Lindacher* §§ 51, 52 Rn. 31; *Ro/S/Go* § 54 Rn. 17.

[36] Etwa bei der Klage des Prozessunfähigen gegen seinen gesetzlichen Veretreter.

[37] *Zö/Vollkommer* Rn. 16.

[38] Vgl. *St/J/Bork* Rn. 23.

[39] BVerfGE 35, 41 = NJW 1973, 1315; BGH NJW-RR 1993, 130 = FamRZ 1993, 308; BGH NJW 1972, 584 = FamRZ 1972, 560 (m. Anm. v. *Bosch*); MK/*Lindacher* §§ 51, 52 Rn. 33; aA *Bosch* FamRZ 1993, 308 m. weit. Nachw.

[40] BGH VersR 1985, 139; *Zö/Vollkommer* Rn. 20.

[41] BGH MDR 1987, 315; *Zö/Vollkommer* Rn. 20.

[42] BGH VersR 1981, 834.

[43] BT-Drucks. 15/2494, S. 39; vgl. zur Vorsorgevollmacht für den Zivilprozess *von Sachsen Gessaphe* in: FS für Werner Bienwald, 2006, S. 273 ff.

[44] BT-Drucks. 15/4874, S. 28.

[45] BT-Drucks. 15/4874, S. 28.

macht über die erforderliche rechtliche Handlungsfähigkeit verfügt haben.[46] Liegen die genannten Voraussetzungen vor, hat der Bevollmächtigte die Stellung eines gesetzlichen Vertreters.

13c In den Gesetzesmaterialien wird ausdrücklich herausgestellt, dass §§ 86, 241, 246 unberührt bleiben; § 53 ZPO sei nicht anwendbar[47], dh. wenn Abs. 3 anwendbar ist, ist der Bevollmächtigte und nicht der – fehlerhafterweise bestellte – Betreuer der richtige Vertreter.

V. Prozessführungsbefugnis

14 **1. Begriff und Funktion.** Der formelle Parteibegriff (dazu § 50 Rn. 3) ermöglicht die Begründung eines Prozessrechtsverhältnisses zwischen Personen (Kläger und Beklagter), die materiellrechtlich keine Beziehung miteinander haben.[48] Damit besteht die Gefahr, dass sich jemand eigenmächtig zum Sachwalter fremder Angelegenheiten macht; Popularklagen wären also möglich. Es ist Aufgabe der Prozessführungsbefugnis, solche **Popularklagen auszuschließen.**[49]

15 Die Prozessführungsbefugnis gibt Auskunft darüber, wer die richtige Partei ist, ob also der Kläger zur Geltendmachung des Anspruchs berechtigt ist und ob der Anspruch diesem Beklagten gegenüber geltend gemacht werden darf.[50] Die Prozessführungsbefugnis ist **Prozessvoraussetzung;** sie ist von Amts wegen zu prüfen.[51] Nur wenn sie vorliegt, kann es zu einer Entscheidung in der Sache kommen. Die Prozessführungsbefugnis muss sowohl für den Kläger als auch für den Beklagten gegeben sein. Ist eine der Parteien nicht prozessführungsbefugt, ist die Klage als unzulässig abzuweisen.[52] Anders als die Partei- oder Prozessfähigkeit stellt die Prozessführungsbefugnis **keine Prozesshandlungsvoraussetzung** dar (s. § 50 Rn. 14).[53] Alle Prozesshandlungen von bzw. gegenüber einem nicht Prozessführungsbefugten sind daher wirksam.

16 Prozessführungsbefugt ist, wer ein behauptetes Recht als eigenes in Anspruch nimmt bzw. gegen wen eine Rechtspflicht als eigene geltend gemacht wird oder wem kraft Gesetzes, kraft Hoheitsakts oder kraft besonderen Verwaltungs- und Verfügungsrechts die Befugnis zur Verfolgung fremder Rechte zusteht.[54] Die **Geltendmachung fremder Rechte im eigenen Namen** wird als Prozessstandschaft bezeichnet.[55] Erfolgt sie kraft gesetzlicher Ermächtigung, spricht man von **gesetzlicher Prozessstandschaft,** erfolgt sie auf Grund einer Ermächtigung seitens des Inhabers des Rechts, spricht man von **gewillkürter Prozessstandschaft.**

17 Wird das geltend gemachte Recht vom Kläger als eigenes oder als gegen den Beklagten persönlich gerichtet in Anspruch genommen, so muss ein besonderer Grund vorliegen, wenn die Prozessführungsbefugnis der Parteien fehlen soll. Wird allerdings das eingeklagte Recht vom Kläger als fremdes oder als nicht gegen den Beklagten persönlich gerichtet in Anspruch genommen, in den Fällen der Prozessstandschaft also, bedarf es umgekehrt eines besonderen Grundes, wenn den Parteien die Prozessführungsbefugnis zustehen soll.[56] Die Prozessführungsbefugnis gewinnt im Zivilprozess nur in Ausnahmefällen Bedeutung, da in den meisten Fällen eigene Rechte geltend gemacht werden und den Trägern des streitigen Rechtsverhältnis nur in seltenen Fällen die Prozessführungsbefugnis entzogen ist (zB im Falle der Insolvenzverwaltung, Zwangsverwaltung, Nachlassverwaltung, Testamentsvollstreckung).[57]

18 Die Prozessführungsbefugnis ist streng von der **Sachlegitimation** (**Aktivlegitimation** auf Seiten des Klägers, **Passivlegitimation** auf Seiten des Beklagten) zu unterscheiden. Die Sachlegitimation gehört zur Begründetheit der Klage. Sie fehlt, wenn der Anspruch nicht für den Kläger oder nicht gegen den Beklagten, sondern für oder gegen eine dritte Person besteht.[58] Die Prozessführungsbefugnis ist dagegen **Prozessvoraussetzung.** Hier reicht zur Geltendmachung eigener Rechte aus, dass der Kläger behauptet, ihm stehe das geltend gemachte Recht zu. Ob ihm das Recht tatsächlich zusteht, ist eine Sache der Begründetheit.

19 **2. Gesetzliche Prozessstandschaft.** Bei der gesetzlichen Prozessstandschaft erfolgt die Geltendmachung fremder Rechte im eigenen Namen auf Grund gesetzlicher Ermächtigung. Sie ist bei jeder Klageart möglich.[59] **a) Prozessführung kraft Amtes.** Nach der herrschenden Amtstheorie sind Verwalter fremden Vermögens wie der Insolvenzverwalter (§ 80 InsO), der vorläufige Insolvenzverwalter (im Fall des § 22 Abs. 1 InsO)[60], Zwangsverwalter, der Testamentsvollstrecker oder der Nachlassverwalter als Parteien kraft Amtes prozessführungsbefugt; dem Rechtsträger selbst ist die Prozessführungsbefugnis hinsichtlich des zu verwal-

---

46 *Von Sachsen Gessaphe* in: FS für Werner Bienwald, 2006, S 276f.
47 BT-Drucks. 15/4874, S. 28.
48 Vgl. nur BGHZ 4, 328, 334; *Lüke* ZZP 76 (1963), 1, 13.
49 Ganz hM; vgl. nur *Lüke* ZZP 76 (1963), 1, 13; *St/J/Bork* vor § 50 Rn. 20.
50 *Ro/S/Go* § 46 Rn. 1; *Lüke* ZZP 76 (1963), 1, 19.
51 *Zö/Vollkommer* vor § 50 Rn. 19; *St/J/Bork* § 50 Rn. 21; BGHZ 131, 90, 91; aA *Grunsky* § 28 I 8, nach dessen Auffassung das Institut der Prozessführungsbefugnis die Existenzberechtigung verloren hat, weil schon das materielle Recht dafür sorgt, dass grundsätzlich nur der Rechtsinhaber selbst sein Recht mit Erfolg einklagen kann. Mit dieser Auffassung hat sich Grunsky nicht durchsetzen können.
52 *Zö/Vollkommer* vor § 50 Rn. 19 m. weit. Nachw.
53 AllgM vgl. nur BGHZ 31, 279, 280 = NJW 1960, 576.
54 *Lüke* ZZP 76 (1963), 1, 19.
55 *Zö/Vollkommer* vor § 50 Rn. 20.
56 *Rosenberg,* ZPR, 9. Aufl. 1961, § 45 II; vgl. auch *Lüke* ZZP 76 (1963), 1, 18.
57 *Ro/S/Go* § 46 Rn. 5.
58 *Ro/S/Go* § 46 Rn. 3.
59 Vgl. LG Saarbrücken ZMR 1992, 60, 61; *B/L/H* Grundzüge § 50 Rn. 26.
60 *Zö/Vollkommer* vor § 50 Rn. 21 und § 51 Rn. 7

tenden Vermögens völlig entzogen.[61] Bei der Testamentsvollstreckung sind aber §§ 2212, 2213 BGB zu beachten. Gemäß § 2212 BGB ist für Aktivprozesse nur der Testamentsvollstrecker prozessführungsbefugt. Der Testamentsvollstrecker ist aber – so der BGH – von der Verwaltung des Erbes ausgeschlossen, wenn er selbst als Nachlassschuldner in Anspruch genommen wird, weil er nicht gegen sich selbst prozessieren kann. In diesen Fällen kann der Erbe den Testmentsvollstrecker verklagen.[62] Für Passivprozesse ist die Prozessführungsbefugnis des Erben nicht eingeschränkt; es kann vielmehr die Klage gemäß § 2213 BGB entweder gegen den Testamentsvollstrecker oder den Erben oder gegen beide gerichtet werden.[63] Etwas anderes gilt allerdings für den Pflichtteilsanspruch. Er kann nur gegen den Erben geltend gemacht werden (§ 2213 Abs. 1 S. 3).[64] Die Aufhebung der Zwangsverwaltung nach ZVG führt nicht zum Verlust der Prozessführungsbefugnis des Verwalters für laufende Prozesse.[65] Zur Abwicklung kann der Verwalter sogar einen neuen Prozess anstrengen.[66] Die Prozessführungsbefugnis entfällt aber, wenn die Zwangsverwaltung vor Rechtshängigkeit der Streitsache aufgehoben wird.[67] Nach Abschluss des Insolvenzverfahrens bleibt der Insolvenzverwalter bezüglich der Vermögensgegenstände prozessführungsbefugt, für die eine Nachtragsverteilung nach § 203 InsO in Betracht kommt.[68] Stehen mehrere unter Verwaltung desselben Insolvenzverwalters stehende Gesellschaften (etwa die KG einerseits und die Komplementär-GmbH andererseits) auf derselben Seite eines Prozesses liegt subjektive Klagenhäufung (Streitgenossenschaft) vor.[69] Die Prozessführungsbefugnis des Insolvenzverwalters kann sich – wenn er nicht schon kraft Amtes zur Prozessführung befugt ist – nach den zur gewillkürten Prozessstandschaft entwickelten Grundsätzen ergeben. So können etwa Sicherungsgläubiger den Insolvenzsverwalter zur Einziehung von Forderungen ermächtigen, die nicht unter das gesetzliche Einziehungsrecht des § 166 Abs. 2 InsO fallen.[70]

b) **Prozessführung kraft prozessrechtlicher Ermächtigung.** Gem. § 265 führt bei Veräußerung der streitbefangenen Sache oder Abtretung des geltend gemachten Anspruchs der Rechtsvorgänger, sofern kein Eintritt des Erwerbers in den Prozess erfolgt, den Rechtsstreit trotz Verlustes der Sachlegitimation als Prozesstandschafter für den Rechtsnachfolger fort.[71] Dies gilt auch in den Fällen der Verpfändung des streitbefangenen Gegenstandes nach Rechtshängigkeit, der Nießbrauchsbestellung und in dem Fall, dass die rechtshängige Forderung für einen Gläubiger des Klägers gepfändet und diesem überwiesen wird.[72] Allerdings muss der Rechtsvorgänger, um nicht in der Sache abgewiesen zu werden, seinen Klageantrag auf Leistung an den Rechtsnachfolger umstellen (s. § 265 Rn. 10). Bei der Überweisung einer gepfändeten Forderung zur Einziehung ist der Pfändungsgläubiger, der die Forderung klageweise geltend macht, nicht Prozessstandschafter (str., vgl. § 835 Rn. 7, 18 ff.). 20

c) **Prozessführung kraft materiellrechtlicher Ermächtigung.** Bei der **Gütergemeinschaft** ist der Ehegatte, der das Gesamtgut verwaltet, gesetzlicher Prozessstandschafter für alle das Gesamtgut betreffenden Prozesse (§ 1422 BGB). Bei fortgesetzter Gütergemeinschaft hat der überlebende Ehegatte Prozessführungsbefugnis hinsichtlich des Gesamtguts (vgl. §§ 1422, 1487 Abs. 1 BGB). Der nicht bzw. nicht allein verwaltende Ehegatte ist in den Fällen der §§ 1429, 1454 und 1428, 1455 Nr. 8 BGB gesetzlicher Prozessstandschafter. Bei der **Erbengemeinschaft** verleiht § 2039 BGB dem einzelnen Miterben Prozessführungsbefugnis zur Durchsetzung von Nachlassansprüchen gegen Dritte[73]. Bei Gestaltungsklagen gilt § 2039 BGB nicht. 21

Bei **Personenhandelsgesellschaften** können Ansprüche der Gesellschaft aus dem Gesellschaftsverhältnis **gegen Mitgesellschafter** (sog. **Sozialansprüche**) auch von einzelnen Gesellschaftern im eigenen Namen zu Gunsten der Gesellschaft geltend gemacht werden.[74] Die Klage des einzelnen Gesellschafters auf Leistung an die Gesellschaft (**actio pro socio**) wird teilweise[75] als Prozessführung in gesetzlicher Prozessstandschaft angesehen.[76] Ansprüche der Gesellschaft **gegen Dritte** können grundsätzlich nicht im Wege der actio pro socio durchgesetzt werden (str.); §§ 432, 2039 BGB finden auch keine entsprechende Anwendung.[77] Eine Ausnahme von dieser Regel wird man aber für den Fall des kollusiven Zusammenwirkens zwischen Mitge- 22

---

[61] BGHZ 79, 245, 248 = NJW 1981, 1097; vgl. auch BGH ZIP 1984, 83; MK/*Lindacher* vor § 50 Rn. 44; *Zö/Vollkommer* vor § 50 Rn. 21; *St/J/Bork* vor § 50 Rn. 27, 32 a.
[62] BGH WM 2003, 1570, 1571.
[63] BGHZ 104, 1, 3 f. = NJW 1988, 1390.
[64] Vgl. auch BGHZ 51, 125, 129 = NJW 1969, 424.
[65] BGH NJW-RR 1990, 1213, 1214; 1993, 442, 443.
[66] OLG Düsseldorf MDR 1990, 833.
[67] BGH MDR 2005, 1306.
[68] Vgl. zur KO BGHZ 83, 102 = NJW 1982, 1765.
[69] *Brödermann/Busse* ZIP 1997, 1779.
[70] BGH NZI 2003, 496, 497 = WM 2003, 1367; vgl. auch BGH NJW 2003, 2231.
[71] Vgl. nur BGH NJW-RR 1988, 289; OLG Koblenz Rpfleger 1986, 449; OLG Nürnberg FamRZ 1995, 237; MK/*Lindacher* vor § 50 Rn. 45.
[72] BGH NJW 1986, 3206, 3207 = ZIP 1986, 583; *Zö/Vollkommer* vor § 50 Rn. 22.
[73] Vgl. nur *Ro/S/Go* § 46 Rn. 25.
[74] BGH NJW 1985, 2830, 2831.
[75] OLG Karlsruhe NJW 1995, 1296; MK/*Lindacher* vor § 50 Rn. 50; *Zö/Vollkommer* vor § 50 Rn. 23; *Ro/S/Go* § 46 Rn. 27; *Hassold* JuS 1980, 32, 34; *Berger* ZHR 149 (1985), 604 f.; aA *Soergel/Hadding* § 705 Rn. 50; *St/J/Bork* vor § 50 Rn. 37 a; *Höfler* JuS 1992, 388, 391 m. weit. Nachw.
[76] Offen gelassen BGH NJW 1992, 1890, 1892; vgl. *Früchte* NJW 1996, 1327.
[77] BGH NJW 1988, 1585, 1586; 1973, 2198; *Hadding* JZ 1975, 161 f.; *Nitzschke* ZHR 128 (1966), 48 ff.

sellschaftern und dem Dritten machen müssen.[78] Inwieweit weitere Ausnahmen möglich sind, ist umstritten.[79] Sie ist aber jedenfalls zulässig, wenn sich das Vorgehen des Klägers als treuwidrig erweist.[80] Scheidet der im Wege der actio pro socio klagende Gesellschafter während des Rechtsstreits aus der Gesellschaft aus, so führt dies zur Unzulässigkeit der actio pro socio. § 265 findet keine Anwendung.[81]

23 Klagen eines **Mitgläubigers** nach § 432 Abs. 1 S. 2 BGB sind Klagen in gesetzlicher Prozessstandschaft. Bei der **Bruchteilsgemeinschaft** ist im Rahmen des § 744 Abs. 2 BGB (Notprozessführung) der einzelne Mitberechtigte im Hinblick auf den gemeinsamen Gegenstand gesetzlicher Prozessstandschafter.[82] Die Klage eines von mehreren Miteigentümern aus dem Eigentum gegenüber Dritten gem. § 1011 BGB ist ebenfalls Klage in gesetzlicher Prozessstandschaft,[83] so dass es auch hier der Einräumung eines eigenen materiellen Rechts des Miteigentümers nicht bedarf. Soweit das Gesetz der **Wohnungseigentümergemeinschaft** die Befugnis verleiht, Rechte durchzusetzen oder die Durchsetzung der Rechte zur gemeinschaftlichen Angelegenheit zu machen, wird sie materiell-rechtlich zur Ausübung der Rechte ermächtigt und handelt es sich verfahrensrechtlich um eine gesetzliche Prozessstandschaft.[84] § 21 Abs. 1, 5 Nr. 2 WEG verleiht der Wohnungseigentümergemeinschaft unter bestimmten Voraussetzungen die Befugnis, die Rechte der Erwerber an der Bausubstanz des Gemeinschaftseigentums geltend zu machen und gerichtlich durchzusetzen.[85]

24 **d) Wirkungen der gesetzlichen Prozessstandschaft.** Der Prozessstandschafter ist Partei des Rechtsstreits. Der Rechtsträger ist im Prozess Dritter und kann Zeuge sein;[86] der Prozessstandschafter ist prozessual Herr des Verfahrens.[87]

25 **3. Gewillkürte Prozessstandschaft (Prozessgeschäftsführung).** Die Prozessführungsbefugnis beruht hier auf einer Ermächtigung durch den Rechtsinhaber. Zulässig ist grundsätzlich die aktive gewillkürte Prozessstandschaft. Eine gewillkürte passive Prozessstandschaft ist unzulässig. In Fällen mit Auslandsberührung richtet sich die Zulässigkeit einer gewillkürten Prozessstandschaft nach deutschem Recht als lex fori.[88]

26 **a) Voraussetzungen. aa) Wirksame Ermächtigung.** Die Rechtsnatur der Ermächtigung ist streitig.[89] Erteilung, Bestand und Willensmängel richten sich nach dem materiellen Recht.[90] Die Ermächtigung muss sich auf einen bestimmten Anspruch beziehen; eine Generalermächtigung (etwa die **Ermächtigung des Hausverwalters,** sämtliche Rechte und Pflichten aus dem Mietvertrag geltend zu machen[91]) ist wegen Verstoßes gegen Art. 1 § 1 Abs. 1 RBerG unwirksam.[92] Die Erteilung ist formlos möglich. Sie kann sich aus schlüssigem Verhalten[93] und darüber hinaus auch im Wege der Auslegung oder Umdeutung ergeben.[94] Die Erteilung der Ermächtigung ist bis zum Schluss der letzten mündlichen Verhandlung möglich[95] und unterliegt nicht dem Anwaltszwang.[96] Eine nachträglich erteilte Ermächtigung wirkt nicht auf den Zeitpunkt der Klageerhebung zurück.[97] Eine einmal wirksam erteilte Ermächtigung besteht bei Abtretung des Anspruchs durch den Rechtsinhaber nach Rechtshängigkeit fort (vgl. § 265 Abs. 2).[98] Sie bleibt auch von der späteren Insolvenz des Ermächtigten grundsätzlich unberührt.[99] Die Ermächtigung endet entsprechend §§ 168 S. 1, 673 BGB mit dem Tod des Ermächtigten und gilt nicht für dessen Erben.[100] An die Stelle des Ermächtigten tritt der Rechtsinhaber durch gewillkürten Parteiwechsel.[101] Eine rechtsmissbräuchlich erteilte Ermächtigung ist gem. § 138 BGB nichtig.[102] Die Ermächtigung und damit die Prozessführungsbefugnis endet auch

---

[78] BGHZ 17, 340, 346 = NJW 1955, 1393; BGHZ 39, 14, 16 = NJW 1963, 641; BGHZ 102, 152, 154f. = NJW 1988, 558f.; *St/J/Bork* vor § 50 Rn. 37a m. weit. Nachw.

[79] Vgl. nur *Grunewald,* Die Gesellschafterklage in der Personengesellschaft und der GmbH, 1990, S. 12ff., 40ff.

[80] OLG Düsseldorf OLGR 2006, 770.

[81] OLG Karlsruhe NJW 1995, 1296, 1297; *Früchtl* NJW 1996, 1327; aA *Hörstel* NJW 1995, 1271.

[82] HM; BGHZ 94, 117, 120f. = NJW 1985, 1826; BGHZ 110, 220 = NJW 1990, 1106.

[83] HM; BGHZ 79, 245, 247 = NJW 1981, 1097; BGH NJW 1985, 2825 = JZ 1985, 888 (*Tiedtke*); *St/J/Bork* vor § 50 Rn. 37; AK-ZPO/*Koch* vor § 50 Rn. 15; aA *Zö/Vollkommer* vor § 50 Rn. 26 m. weit. Nachw.

[84] BGH NJW 2007, 1952, 1953 Rn. 15.

[85] BGH NJW 2007, 1957, 1558 Rn. 22; NJW 2007, 1952.

[86] BGH NJW-RR 1988, 126f.; MK/*Lindacher* vor § 50 Rn. 54; *Zö/Vollkommer* vor § 50 Rn. 33.

[87] Vgl OLG Hamm FamRZ 1988, 187, 189.

[88] BGH WM 1994, 958 = NJW 1994, 2549.

[89] Prozesshandlung: RGZ 73, 309; BGH NJW 1958, 338; 1989, 1932, 1933; *Zö/Vollkommer* vor § 50 Rn. 45; *St/J/Bork* vor § 50 Rn. 43; Ermächtigung nach § 185 BGB: *Ro/S/Go* § 46 Rn. 33.

[90] BGH NJW 2000, 738, 739 = ZIP 2000, 149; MK/*Lindacher* vor § 50 Rn. 56; *St/J/Bork* vor § 50 Rn. 43.

[91] LG Saarbrücken WoM 1998, 421; LG Kiel WoM 1999, 293.

[92] OLG Köln WRP 1985, 659; LG Kassel NJW-RR 1991, 529; LG Berlin NJW-RR 1993, 1234; MK/*Lindacher* vor § 50 Rn. 56; *Zö/Vollkommer* vor § 50 Rn. 45.

[93] BGH NJW 1989, 1932, 1933.

[94] Vgl. BGH NJW-RR 1988, 126, 127.

[95] BGH NJW-RR 1993, 670; *T/P/Hüßtege* Rn. 33; *St/J/Bork* vor § 50 Rn. 44; *Wiecz/Hausmann* vor § 50 Rn. 43.

[96] MK/*Lindacher* vor § 50 Rn. 56; *St/J/Bork* vor § 50 Rn. 43.

[97] BGH NJW-RR 1993, 670; NJW 1958, 338, 340; aA *Zö/Vollkommer* vor § 50 Rn. 45, bei offen gelegter Prozessstandschaft wirke die nachträglich erteilte Ermächtigung auf den Zeitpunkt der Klageerhebung zurück.

[98] BGH NJW 1989, 1932, 1933; *Gottwald* JuS 1986, 716.

[99] Vgl. Zur KO BGH NJW 1989, 1932, 1933; OLG Hamm NJW 1989, 463; NJW-RR 1987, 1254, 1255; aA *Boecken/Krause* NJW 1987, 421.

[100] BGHZ 123, 132, 135 = NJW 1993, 3073.

[101] BGHZ 123, 132, 135 = NJW 1993, 3073.

[102] RGZ 81, 175; RG JW 1932, 1206; BGH MDR 1959, 299; BGHZ 96, 151, 154 = WM 1986, 57.

durch Widerruf.[103] Die Ermächtigung berechtigt den Ermächtigten grds. nicht, das Prozessführungsrecht auf einen Dritten weiterzuübertragen.[104]

bb) Eigenes rechtliches Interesse. Nach hM und stRspr ist ein schutzwürdiges Eigeninteresse des Ermächtigten an der Prozessführung im eigenen Namen Voraussetzung einer wirksamen gewillkürten Prozessstandschaft.[105] Es liegt immer dann vor, wenn die Entscheidung **Einfluss** auf die eigene **Rechtsstellung des Prozessführungsbefugten** hat.[106] Die Rechtsprechung scheint aber in neuerer Zeit mehr und mehr von dem Erfordernis eines rechtlichen Interesses abzurücken und auch die Schutzwürdigkeit eines wirtschaftlichen Interesses zu bejahen.[107] 27

Die Schutzwürdigkeit des Interesses wurde bejaht: Bei Klage des nicht verwaltenden Ehegatten bei Alleinverwaltung durch den anderen im Rahmen der **Gütergemeinschaft,**[108] bei Klage auf Grundbuchberichtigung aus § 894 BGB durch den Verkäufer eines als lastenfrei verkauften Grundstücks für den Käufer gegen den eingetragenen Dritten;[109] bei Klage des **Pflichtteilsberechtigten** für den Erben mit Einverständnis des Erben;[110] bei Klage des Pächters mit Zustimmung des Eigentümers gem. § 985 BGB auf Herausgabe an sich selbst;[111] bei Klage des **Bauträgers,** der seine Gewährleistungsansprüche gegen Bauhandwerker an den Erwerber abgetreten hat und dann auf Verlangen des Erwerbers die Mangelbeseitigung doch selbst in die Hand genommen hat;[112] bei Klage des Sicherungsgebers mit Ermächtigung des Sicherungsnehmers auf Herausgabe **sicherungsübereigneter Gegenstände**[113] oder Zahlung der Versicherungssumme bei Beschädigung oder Untergang der Gegenstände;[114] bei Klage aus einer abgetretenen Forderung durch den Verkäufer der Forderung;[115] bei Klage des Zedenten bei der **Sicherungszession;**[116] vor Offenlegung der Zession kann der Sicherungsgeber auf Leistung an sich selbst klagen, nach Offenlegung der Zession muss allerdings auf Leistung an den Zessionar geklagt werden;[117] bei Klage des Versicherungsnehmers nach Forderungsübergang (vgl. § 67 VVG);[118] bei Klage eines Versicherungsnehmers mit der die Verurteilung des Beklagten begehrt wird, an die Vollkaskoversicherung des Klägers zu zahlen (das rechtliche Interesse des Klägers liegt hier darin, den Versicherungsvertrag „schadensfrei" zu halten);[119] bei Klage eines **BGB-Gesellschafters,** der von den übrigen Gesellschaftern ermächtigt ist, einen Anspruch der Gesellschaft im eigenen Namen und auf eigene Rechnung geltend zu machen;[120] bei Klage des beherrschenden Gesellschafters einer GmbH wegen Schadensersatzansprüchen der GmbH;[121] bei Klagen aller Gesellschafter einer **BGB-Gesellschaft** liegen nach Auffassung des KG die Voraussetzungen des gewillkürten Prozessstandschaft regelmäßig vor, so dass diese die Ansprüche der Gesellschaft selbst einklagen und auch Leistung an sich verlangen könnten;[122] bei Klagen des Geschädigten aus dem Anspruch des Vertragspartners bei der **Drittschadensliquidation;**[123] **bei Klage des Miteigentümers** eines Grundstücks mit Zustimmung des anderen gem. § 1011 BGB;[124] bei Klage einzelner **Wohnungseigentümer** die wegen Mängel am Gemeinschafts- und Sondereigentum Klage erheben (hier besteht auch ein schutzwürdiges Interesse gemeinsam mit den anderen Mängeln solche Mängel geltend zu machen, die das Sondereigentum von Wohnungseigentümern betreffen, die nicht am Rechtsstreit beteiligt sind);[125] bei Klage des Verwalters einer Wohnungseigentümergemeinschaft über die Befugnisse nach § 27 WEG hinaus wegen Ansprüchen von oder gegen Wohnungseigentümer nach Mehrheitsbeschluss[126] (aber nicht bei Mietzinsklagen gegen Mieter[127]); bei Klagen einzelner Wohnungseigentümer, die bei Mängeln am Gemeinschafts- 28

---

[103] Vgl. BGH NJW 1989, 1932, 1933.
[104] BGH NJW 1998, 3205.
[105] Vgl. nur BGHZ 92, 349; 96, 152 = NJW 1986, 850; BGHZ 100, 218 = NJW 1987, 1210; BGHZ 107, 389 = NJW 1990, 1987; BGHZ 108, 56 = NJW 1989, 2751; BGHZ 119, 242 = BGH NJW 1993, 919; BGH NJW 1993, 3073; 1994, 1866; 1999, 1717; *MK/Lindacher* vor § 50 Rn. 55; aA *Grunsky,* § 28 I 4; *Heintzmann,* Die Prozessführungsbefugnis, 1970, S. 94ff.
[106] Vgl. nur BGH NJW-RR 1988, 127; OLG Celle NJW 1989, 2477; *T/P/Hüßtege* Rn. 34; *Ro/S/Go* § 46 Rn. 35.
[107] Vgl. hierfür BGHZ 102, 293 = NJW 1988, 1210 = LM AGBG § 2 Nr. 7; BGH NJW-RR 1989, 690; NJW 1995, 3186; OLG Hamm NJW 1989, 463; 1991, 22f.; enger noch BGH NJW-RR 1986, 158.
[108] *Zö/Vollkommer* vor § 50 Rn. 63; *St/J/Bork* vor § 50 Rn. 54.
[109] Vgl. BGH NJW 1986, 1676.
[110] BGH NJW-RR 1988, 126, 127; WM 1966, 1224.
[111] BGH NJW-RR 1986, 158; vgl. dazu *Werner* JuS 1987, 855.
[112] BGHZ 70, 389 = NJW 1978, 1375.
[113] Vgl. BGHZ 96, 182, 185 = NJW 1986, 424.
[114] OLG Nürnberg NJW 1977, 1543.
[115] Vgl. BGH NJW 1979, 924, 925; BGH NJW 1989, 1932, 1933.
[116] BGH NJW 1989, 1932, 1933; 1990, 1117; NJW-RR 1992, 61; OLG Hamm WM 1992, 1649; OLG Karlsruhe WM 1993, 357; *Brehm* KTS 1985, 1, 3.
[117] BGH NJW-RR 1992, 61; *Ro/S/Go* § 46 Rn. 38.
[118] OLG Köln NJW-RR 1994, 27.
[119] OLG Celle, Urt. v. 8. 8. 2006, juris Rn. 6.
[120] BGH NJW 1988, 1585; 1987, 3121; OLG Düsseldorf ZIP 1985, 1000, 1001.
[121] BGH NJW 1965, 1962; NJW-RR 1987, 57; weiter gehend OLG Saarbrücken WRP 1990, 198, 199.
[122] KG Grundeigentum 2003, 356; vgl. auch LG Berlin NJW-RR 2002, 1378.
[123] BGHZ 25, 250, 259f. = NJW 1957, 1838; BGH NJW 1981, 2640.
[124] BGH NJW 1985, 2825.
[125] BGHZ 100, 391, 393 = NJW-RR 1987, 1046; OLG Hamm ZMR 1989, 99.
[126] BGHZ 74, 258, 267 = NJW 1979, 2207; BGHZ 81, 35 = NJW 1981, 1841; BGHZ 100, 393; BGH NJW 1992, 1883; 1994, 1866.
[127] AG Neuss NJW-RR 1989, 269; *Zö/Vollkommer* vor § 50 Rn. 50.

eigentum die auf das Sondereigentum ausstrahlen von der Wohnungseigentümergemeinschaft ermächtigt waren, wegen Minderung[128] oder Schadensersatz[129] gegen den Veräußerer zu klagen;[130] bei Klage der Wohnungseigentümergemeinschaft aus Bürgschaftsansprüchen von Wohnungseigentümern und bei Klage der Wohnungseigentümergemeinschaft auf Freigabe von Grundschulden;[131] bei Klage eines Kindes auf Herausgabe von beigetriebenen **Unterhaltsbeträgen** bei Ermächtigung durch den gem. § 1629 Abs. 3 BGB als Kläger aufgetretenen Elternteil.[132] Für die Fälle der **Rückermächtigung** gilt: Der Insolvenzverwalter kann den Schuldner, der eine natürliche Person ist, zur Geltendmachung eines zur Masse gehörenden Rechts ermächtigen.[133] Auch der Nachlassverwalter kann den Erben wirksam zur Geltendmachung von **Nachlassansprüchen** im eigenen Namen ermächtigen.[134] Das Gleiche gilt für die Ermächtigung des Gläubigers durch den Pfändungsgläubiger, dem die gepfändete Forderung zur Einziehung überwiesen wurde.[135] Nach Auffassung des Brandenburgischen OLG soll das erforderliche Interesse regelmäßig vorliegen, wenn der Prozessstandschafter im Falle des Obsiegens von eigenen Verbindlichkeiten befreit werde[136] (vgl. aber Rn. 29).

29 **Schutzwürdiges Eigeninteresse wurde verneint bei:** missbräuchlicher Verwendung der Ermächtigung, so bei gezielter Verschiebung der Prozessrollen zur unbilligen Beeinträchtigung der Belange des Prozessgegners, etwa um das eigene Kostenrisiko auszuschließen oder zu mindern,[137] dagegen nicht bei einer reinen Gefährdung von Kostenerstattungsansprüchen,[138] da niemand einen Anspruch darauf hat, von einem zahlungskräftigen Kläger verklagt zu werden.[139] Ein schutzwürdiges Eigeninteresse wurde weiter verneint bei bloßen Interessen der Prozesswirtschaftlichkeit oder der technischen Erleichterung der Prozessführung, so etwa bei Durchsetzung von Ansprüchen mehrerer Mitberechtigter durch einen von ihnen;[140] Geltendmachung von abgetretenen Kundenforderungen für die Hausbank mit deren Ermächtigung, wenn die Zedentin eine überschuldete vermögenslose GmbH ist und keine Aussicht auf Geschäftsfortführung besteht[141] (anderes kann bei nachträglichem Eintritt der Vermögenslosigkeit gelten[142] und dann, wenn es sich um eine natürliche Person handelt[143]); Allgemein hat der BGH für die **überschuldete, vermögenslose GmbH** formuliert, er verneine bei ihr in der Regel ein schutzwürdiges Eigeninteresse daran, abgetretene Forderungen im eigenen Namen und auf eigene Kosten zu Gunsten des neuen Gläubigers einzuklagen, weil sich mit der Liquidation der Gesellschaft deren Verbindlichkeiten von selbst erledigten und in Anbetracht dessen eine unzumutmare Beeinträchtigung des Gegners darin zu sehen sei, dass er den ihm bei erfolgloser Klage zustehenden Erstattungsanspruch voraussichtlich nicht durchsetzen könne. Die höchstrichterliche Richtersprechung lasse jedoch die Prozessstandschaft zu, sofern der Gegner auf Grund besonderer Umstände nicht mutwillig benachteiligt werde.[144] Ein schutzwürdiges Eigeninteresse besteht nicht für die Klage eines **Arbeitgeberverbandes** für seine Mitglieder gegen eine Gewerkschaft aus Unterlassungsansprüchen wegen bestimmter Arbeitskampfmaßnahmen;[145] Geltendmachung von Räumungs- und Herausgabeansprüchen, die dem Hauptvermieter gegen den Untermieter zustehen durch den Hauptmieter;[146] Mieterhöhungsklage (vgl. §§ 557ff., insbesondere 558b Abs. 2 BGB, früher §§ 2, 3 MHRG) eines von mehreren Vermietern für die Mieter eines anderen Vermieters.[147] Schließlich haben die **Vorstandsmitglieder eines Vereins** kein schutzwürdiges Interesse daran, Ansprüche des Vereins geltend zu machen.[148] Eine missbräuchliche Verwendung der Ermächtigung durch den **Insolvenzverwalter** liegt vor, wenn dieser eine Gemeinschuldnerin ermächtigt, die eine juristische Person ist und keine Aussicht auf Betriebsfortführung nach Protzessende besteht.[149] Dasselbe soll bei Rückermächtigung des **Pfändungsgläubigers** an den vermögenslosen ursprünglichen Forderungsinhaber bei drohender Beklagtenbenachteiligung gelten.[150]

---

128 BGHZ 110, 258, 260 = NJW 1990, 1663; BGH NJW 1983, 453.
129 BGHZ 114, 383, 387 = NJW 1991, 2480.
130 Vgl. dazu auch BGH NJW 2007, 1952, 1954 Rn. 22.
131 BGH NJW 2007, 1957.
132 BGH NJW 1991, 840.
133 Zur KO BGHZ 100, 217, 218 = NJW 1987, 2018 (dazu *Koch* JZ 1987, 991 und *Brehm* JR 1988, 14); OLG Hamm WM 1988, 1543; WM 1992, 1649; aA OLG Nürnberg MDR 1957, 683.
134 BGHZ 38, 281, 283 = NJW 1963, 297 (dazu *Bötticher* JZ 1963, 582); BGH NJW 1978, 1529.
135 BGH NJW 1986, 423; OLG Hamm NJW-RR 1992, 763.
136 Brandenburgisches OLG ZMR 1999, 87, 99.
137 BGHZ 35, 180, 183 = NJW 1961, 1528; BGH NJW 1989, 1933; OLG Hamm NJW-RR 1992, 763; allg. BGHZ 96, 151, 155 = NJW 1986, 850; BGH NJW 1989, 1933; 1990, 1117.
138 BGHZ 100, 217, 221 = NJW 1987, 2018; OLG Hamm NJW 1989, 463, 464; WM 1992, 1650; NJW-RR 1992, 763; vgl. *Boecken/Krause* NJW 1987, 420.
139 BGH NJW 1999, 1717, 1718.
140 Vgl. BGHZ 78, 14 = NJW 1980, 2462; NJW 1988, 1210.
141 BGHZ 96, 151, 152 = WM 1986, 57 = NJW 1986, 850 = JR 1986, 288 (*Olzen*); BGH EWiR BGB § 990 1/91, 365 (*Paulus*); NJW-RR 1990, 505; OLG Hamm NJW RR 1992, 763; *Boecken/Krause* NJW 1987, 420, 421.
142 OLG Karlsruhe WM 1993, 357; *Zö/Vollkommer* vor § 50 Rn. 50.
143 BGH NJW 1999, 1717; vgl. auch BGH NJW 1990, 1117 hier war dem Prozessgegner zur Kostenerstattung eine Bankbürgschaft angeboten worden; *T/P/Hüßtege* Rn. 35a.
144 BGH NJW 2003, 2232.
145 BAG NJW 1983, 1750; DB 1984, 2563.
146 LG Köln WuM 1959, 22 = ZMR 1959, 131; LG Berlin NJW-RR 1993, 1234.
147 Vgl. AG Stuttgart ZMR 1973, 159; *Zö/Vollkommer* vor § 50 Rn. 50.
148 BGH NJW 1989, 2477.
149 BGHZ 35, 180, 184 = NJW 1961, 1528; BGHZ 38, 281, 287 = NJW 1963, 297; BGHZ 96, 151, 152.
150 OLG Hamm NJW-RR 1992, 763.

cc) Weitere Voraussetzungen (Offenlegung, Abtretbarkeit). Der Prozessstandschafter muss sich grundsätzlich auf die Ermächtigung berufen und kenntlich machen, wessen Rechte er einklagt.[151] Offenlegung dient dem Schutz der Gegenpartei; sie soll Gelegenheit erhalten, sich auf die besondere Art des prozessualen Vorgehens einzustellen und ihre Verteidigung entsprechend einzurichten.[152] Offenlegung ist aber entbehrlich, wenn allen Beteiligten deutlich ist, welche Rechte geltend gemacht werden.[153] Offenlegung ist auch entbehrlich bei der stillen Sicherungszession. Bei ihr soll der Zessionar von seinen Gläubigerrechten keinen Gebrauch machen dürfen, solange der Zedent ihm dazu nicht durch Säumigkeit in der Erfüllung seiner Zahlungsverpflichtungen Anlass gibt. Der Zedent ist befugt die Forderung einzuklagen und Zahlung an sich selbst zu verlangen, solange er seine Verpflichtungen gegenüber dem Gläubiger erfüllt.[154] Wird die Sicherungszession im Prozess offen gelegt, muss der Zedent Zahlung an den Zessionar verlangen.[155] Ob die **Abtretbarkeit** des streitgegenständlichen Rechtes Voraussetzung einer wirksamen gewillkürten Prozessstandschaft ist, ist **streitig.** Jedenfalls scheidet die Prozessstandschaft bei höchstpersönlichen Rechten aus.[156] Im Übrigen ist zu unterscheiden. Besteht ein Abtretungsverbot und umfasst es nach seinem Sinn und Zweck auch die Befugnis zur gerichtlichen Geltendmachung, da andernfalls das Abtretungsverbot durch eine gerichtliche Geltendmachung praktisch unterlaufen würde, ist eine gewillkürte Prozessstandschaft unzulässig.[157] Sie ist hingegen zulässig, wenn sie dem Abtretungsverbot nicht entgegensteht.[158] Eine gewillkürte Prozessstandschaft kommt allerdings auch bei unübertragbaren Rechten wie den §§ 894, 985 BGB in Betracht, da diese zur Ausübung überlassen werden können.[159] 30

b) Rechtsfolgen der gewillkürten Prozessstandschaft. Partei ist allein der Prozessstandschafter; er ist prozessual Herr des Verfahrens.[160] Dass allein der Prozessstandschafter Partei ist, hat Auswirkungen auf die Zeugenstellung; der Rechtsträger kann als Zeuge vernommen werden.[161] Prozesskostenhilfe kann nach Auffassung des BGH in aller Regel nur gewährt werden wenn weder der Prozessführer noch der Rechtsinhaber im Stande ist, die Prozessführungskosten aufzubringen.[162] Endet die Prozessstandschaft (etwa bei Tod des Prozessstandschafters, beim Wechsel der Prozessführungsbefugnis oder beim Übergang auf den Rechtsträger), so finden die Regeln über den Parteiwechsel (§ 263), nicht § 265 Abs. 2, Anwendung.[163] 31

c) Der Sonderfall Einziehungsermächtigung. Die nach § 185 iVm. § 362 Abs. 2 BGB zulässige Einziehungsermächtigung vermittelt dem Ermächtigten das Recht, außerprozessuale Einziehungshandlungen wirksam im eigenen Namen vorzunehmen und Leistung an sich zu verlangen.[164] Das Recht wird zur Ausübung überlassen, verbleibt aber beim Rechtsträger. Trotz gewisser Ähnlichkeiten besteht zwischen ihr und der Prozessführungsermächtigung kein notwendiger Zusammenhang.[165] Ein vorschneller Schluss von der Einziehungsermächtigung auf die Ermächtigung zur Prozessführung wäre daher verfehlt. Im Zweifel wird indes beides gewollt sein. Konsequenz aus der Unabhängigkeit der Einziehungsermächtigung von der Prozessführungsermächtigung ist, dass die Klage des Ermächtigten im eigenen Namen auch im Fall der Einziehungsermächtigung idR ein **schutzwürdiges Eigeninteresse** des Ermächtigten voraussetzt. Hierfür kann das Provisionsinteresse,[166] aber auch das Interesse an der Sicherung eigener Ansprüche[167] genügen. 32

4. Verbandsklagen. Ob Verbände bei der Geltendmachung satzungsmäßiger Rechte in (gesetzlicher oder gewillkürter) Prozessstandschaft handeln oder eigene Rechte bzw. Allgemeininteressen wahrnehmen, ist umstritten. Für die praktisch wichtigen Fälle der §§ 8 Abs. 3 Nr. 2 UWG (Verbände zur Förderung gewerblicher Interessen) und der §§ 8 Abs. 3 Nr. 3 UWG, 3 Abs. 1 Nr. 1, 4 UKlaG (qualifizierte Einrichtungen) stehen nach hM diesen Verbänden zur Wahrnehmung ihrer Aufgaben im öffentlichen Interesse eigene materiellrechtliche Unterlassungsansprüche zu. 33

Unabhängig von diesen gesetzlichen Klagerechten kommt grds. in Betracht, dass Verbände Rechte ihrer Mitglieder bei entsprechender Ermächtigung durch alle Mitglieder auch in **gewillkürter Prozessstandschaft** einklagen. Ermächtigt werden können nur rechtsfähige Verbände[168]. 34

5. Entscheidung des Gerichts beim Streit **um die Prozessführungsbefugnis,** vgl. dazu § 56 Rn. 1 und 12. 35

6. Rechtskrafterstreckung. Das Problem stellt sich nur, wenn gegen den Prozessstandschafter ein klageabweisendes Urteil ergangen ist. Bei der **gewillkürten Prozessstandschaft** erstreckt sich die Rechtskraft des Urteils (zwischen dem Prozessstandschafter und dessen Gegner) auch auf den Rechtsinhaber. Da dieser den 36

---

151 BGHZ 94, 117, 122 = NJW 1985, 1826; BGH NJW 1988, 1585, 1587; 1994, 653; ZIP 1994, 549.
152 BGH NJW 1988, 1585.
153 BGHZ 94, 117, 122 = NJW 1985, 1826; BGHZ 108, 56 = NJW 1989, 2751
154 Vgl. BGH NJW 1978, 698, 699.
155 BGH NJW-RR 1992, 61; *Ro/S/Go* § 46 Rn. 38.
156 BGH MDR 1978, 1919; NJW 1983, 1559, 1561; NJW 1990, 1986, 1987; *St/J/Bork* vor § 50 Rn. 43a.
157 Vgl. BGH JZ 1964, 771, 772; BGHZ 56, 228, 236 = NJW 1971, 1750; OLG Köln WM 1987, 1279, 1280.
158 OLG Hamm NJW-RR 1992, 22, 23.
159 BGH NJW-RR 1988, 126f. (zu § 894 BGB); BGH NJW-RR 1986, 158.
160 Vgl. OLG Hamm FamRZ 1988, 187, 189.
161 BGHZ 94, 117, 123 = NJW 1985, 1826; BGHZ 108, 52 = NJW 1989, 2751; BGH NJW-RR 1988, 127.
162 BGHZ 96, 151, 153 = NJW 1986, 850; BGH NJW-RR 1988, 127; OLG Hamm NJW 1990, 1053.
163 Vgl. BGHZ 123, 132 = NJW 1993, 3072.
164 Vgl. BGHZ 82, 283, 288 = JZ 1982, 276.
165 *St/J/Bork* vor § 50 Rn. 45.
166 BGH NJW 1988, 1210; *T/P/Hüßtege* Rn. 35; aA RGZ 160, 204, 210f.; *Rüßmann* AcP 172 (1972), 520.
167 OLG Hamm NJW-RR 1992, 23; *Zö/Vollkommer* vor § 50 Rn. 52.
168 *Zö/Vollkommer* vor § 50 Rn. 60.

Prozessstandschafter ermächtigt hat, muss er auch die Wirkungen des Urteils hinnehmen (vgl. § 325 Rn. 22).[169] Bei **gesetzlicher Prozessstandschaft** ist außerordentlich streitig, ob sich die Rechtskraft des Urteils auch auf den Rechtsinhaber erstreckt. Das wird zu bejahen sein, wenn dem Prozessstandschafter vom Gesetz eine ausschließliche Prozessführungsbefugnis zuerkannt ist und diese dem Rechtsträger entzogen ist,[170] so etwa im Fall der Partei kraft Amtes.[171] Hat hingegen neben dem Prozessstandschafter auch der Rechtsinhaber Prozessführungsbefugnis, erstreckt sich die Rechtskraft des Urteils nicht auf den Rechtsinhaber.[172] Daher erwächst in dem Fall, das ein Miteigentümer gemäß § 1011 BGB einen Grundbuchberichtigungsanspruch einem Dritten gegenüber geltend macht das klageabweisende Urteil gegenüber dem nichtklagenden Miteigentümer nicht in Rechtskraft (vgl. § 325 Rn. 21).

52 *Umfang der Prozessfähigkeit* **Eine Person ist insoweit prozessfähig, als sie sich durch Verträge verpflichten kann.**

I. Normzweck

1 § 52 knüpft die Prozessfähigkeit an die Geschäftsfähigkeit des materiellen Rechts an. Die Prozessfähigkeit kann daher als prozessuale Handlungsfähigkeit bezeichnet werden; sie hat die Aufgabe, einerseits prozessunfähige Personen vor den nachteiligen Folgen unsachgemäßer Prozessführung zu schützen und andererseits dem Interesse des Prozessgegners und des Gerichts an einem geordneten, zielgerichteten Rechtsgang unter Vermeidung zweckwidrigen Prozesshandelns Rechnung zu tragen.[1]

II. Begriff

2 Prozessfähigkeit ist die Fähigkeit, Prozesshandlungen selbst oder durch selbst bestellte Vertreter vorzunehmen oder entgegenzunehmen. Die Prozessfähigkeit ist **Prozess- und Prozesshandlungsvoraussetzung;** fehlt sie, so sind die Prozesshandlungen der prozessunfähigen Partei unwirksam, s. § 50 Rn. 14. Die Klage ist als unzulässig abzuweisen. Im Anwaltsprozess muss auch der Prozessbevollmächtigte selbst prozessfähig sein.[2]

III. Prozessfähige Personen

3 **Voll prozessfähig** sind unbeschränkt Geschäftsfähige. Betreute (mit Ausnahme der gem. § 1903 BGB Betreuten) und Abwesende (vgl. § 1911 BGB) bleiben trotz Bestellung des Betreuers oder Pflegers voll prozessfähig, werden aber in von den Betreuern oder Pflegern geführten Prozessen wie Prozessunfähige behandelt (s. dazu § 53 und § 1902 BGB).[3] Minderjährige sind in den Rechtsstreitigkeiten, die die in §§ 112, 113 BGB benannten Materien betreffen, voll geschäfts- und damit prozessfähig (**gegenständlich beschränkte Prozessfähigkeit**). In den Fällen des § 607 Abs. 1 und des § 640b ist die Prozessfähigkeit zu Gunsten in der Geschäftsfähigkeit beschränkter Personen erweitert. Unter den Begriff der **erweiterten Prozessfähigkeit** fällt auch die Zubilligung der Prozessfähigkeit im Rahmen des sog. Zulassungsstreits (Streit um die Prozessfähigkeit).[4]

IV. Prozessunfähige Personen

4 **Geschäftsunfähige** Personen sind stets prozessunfähig. Das sind Minderjährige unter 7 Jahren (§ 104 Nr. 1 BGB) sowie Volljährige im Falle des § 104 Nr. 2 BGB. Zur Prozessfähigkeit juristischer Personen, vgl. § 51 Rn. 6 (Wer von der Prozessfähigkeit juristischer Personen ausgeht, muss konsequenterweise auch von der Prozessfähigkeit der ihnen gleichgestellten Personengesellschaften – etwa KG und OHG[5] – ausgehen). Das Prozessrecht kennt keine der beschränkten Geschäftsfähigkeit gem. § 106 BGB entsprechende **beschränkte Prozessfähigkeit.** § 52 meint nämlich die Fähigkeit, sich selbstständig (ohne Mitwirkung des gesetzlichen Vertreters) zu verpflichten.[6] Es gibt auch keine im Voraus herstellbare Prozessfähigkeit durch Einwilligung des gesetzlichen Vertreters (Ausnahmen: §§ 112, 113 BGB).[7] Deshalb sind prozessunfähig: Minderjährige über 7 Jahre (vgl. §§ 107ff. BGB), Volljährige bei Betreuung mit Einwilligungsvorbehalt (vgl. § 1903 I iVm. §§ 108ff. BGB) im Aufgabenkreis des Betreuers und des Einwilligungsvorbehalts (vgl. auch § 69 Nr. 4 FGG).[8]

---

169 BGHZ 78, 1, 7 = NJW 1980, 2461; BGH NJW 1988, 2375; BGHZ 123, 132 = NJW 1993, 3072, 3073; OLG Köln VersR 1993, 1382; *Ro/S/Go* § 46 Rn. 62.
170 BGHZ 79, 245, 248 = NJW 1981, 1097; *Ro/S/Go* § 46 Rn. 58.
171 BGHZ 79, 245, 248 = NJW 1981, 1097; vgl. auch BGHZ 88, 331, 334 = NJW 1984, 739.
172 BGHZ 79, 245, 248 = NJW 1981, 1097; *Ro/S/Go* § 46 Rn. 59.
1 MK/*Lindacher* §§ 51, 52 Rn. 2; ausführlich *Rimmelspacher,* Zur Prüfung von Amts wegen im Zivilprozess, 1966, S. 70f.; *M. Reinicke,* Festschr. für Lukes, 1989, S. 755, 765.
2 Vgl. BVerfGE 37, 67; 76, 78.
3 Vgl. BGHZ 41, 303, 306 = NJW 1964, 1855; BGH NJW 1988, 49, 51.
4 Vgl. BGHZ 110, 295 = NJW 1990, 1735 = ZZP 103 (1990), 465 (*Bork*); *Kahlke* ZZP 100 (1987), 11, 16.
5 So *Zö/Vollkommer* Rn. 2.
6 AllgM; vgl. nur MK/*Lindacher* §§ 51, 52 Rn. 4; *St/J/Bork* § 51 Rn. 2; *Ro/S/Go* § 44 Rn. 6.
7 HM; vgl. nur MK/*Lindacher* §§ 51, 52 Rn. 4, 11; *St/J/Bork* § 51 Rn. 3; aA AK-ZPO/*Koch* §§ 51, 52 Rn. 8.
8 BGH FPR 2002, 460; *Bork* MDR 1991, 79f.; MK/*Lindacher* §§ 51, 52 Rn. 14.

V. Gegenständlich beschränkte Prozessunfähigkeit

Die Prozessunfähigkeit besteht in diesem Fall nur für einen bestimmten Kreis von Angelegenheiten. Die vollgeschäftsfähige Person ist in diesen Prozessen wegen Vorliegens einer Geistesstörung prozessunfähig[9] (Beispiele: Ehestreitigkeiten[10], Prozess bezüglich Rechtsfragen eines bestimmten Lebensbereichs).[11] Streng hiervon zu unterscheiden ist die häufig diskutierte sog. relative Prozessunfähigkeit (Prozessunfähigkeit für schwierige Prozesse). Diese ist dem geltenden Recht fremd und damit nicht anzuerkennen.[12] 5

VI. Folgen des Fehlens der Prozessfähigkeit[13]

Zweifel hinsichtlich der Prozessfähigkeit einer Partei müssen in jedem Stadium des Verfahrens von Amts wegen überprüft werden (vgl. § 56), wenn sich Anhaltspunkte für berechtigte Zweifel ergeben.[14] Lässt sich nicht feststellen, ob eine Partei prozessfähig ist, muss sie als prozessunfähig angesehen werden.[15] Bei Fehlen der Prozessfähigkeit ist die Klage durch Prozessurteil abzuweisen; bevor ein solches Urteil ergeht, sollte jedoch immer die Vertagung des Rechtsstreits erwogen werden, um Gelegenheit zur Behebung der Prozessunfähigkeit zu geben.[16] Ein in Verkennung der Prozessunfähigkeit ergangenes Urteil ist auch dann durch Nichtigkeitsklage gem. § 579 Abs. 1 Nr. 4 anfechtbar, wenn das Gericht die Prozessfähigkeit ausdrücklich bejaht hat. Dies folgt daraus, dass rechtliches Gehör wirksam nur dadurch gewährt wird, dass der gesetzliche Vertreter zu Wort kommt (aA *Musielak* § 579 Rn. 6, 10).[17] 6

53 *Prozessunfähigkeit bei Betreuung oder Pflegschaft* **Wird in einem Rechtsstreit eine prozessfähige Person durch einen Betreuer oder Pfleger vertreten, so steht sie für den Rechtsstreit einer nicht prozessfähigen Person gleich.**

I. Normzweck

Die gesetzliche Vertretung durch Betreuer oder Pfleger hat keinen Einfluss auf die Geschäftsfähigkeit der vertretenen Person.[1] Betreute (mit Ausnahme der nach § 1903 Betreuten, § 52 Rn. 5) und Abwesende (§ 1911 BGB) bleiben also selbst prozessfähig und können klagen oder verklagt werden.[2] Es besteht daher die Gefahr, dass der gesetzliche Vertreter und der Vertretene sich widersprechende Rechtshandlungen vornehmen. § 53 löst diesen Konflikt für das Verfahrensrecht, indem er im Interesse eines sachgemäßen und ordentlichen Prozessverlaufs die Handlungsmacht der vertretenen Person einschränkt und die Prozessführung allein dem gesetzlichen Vertreter überträgt.[3] 1

II. Anwendungsbereich

§ 53 erfasst unmittelbar die Fälle der Betreuung ohne Einwilligungsvorbehalt (vgl. § 1896 BGB) sowie der Pflegschaft für Abwesende (§ 1911) und unbekannte Beteiligte (vgl. §§ 1913, 1960 BGB). In den Fällen der §§ 494 Abs. 2, 779 Abs. 2 ist § 53 entsprechend anwendbar.[4] Er gilt für alle Verfahrensarten, auch für Ehesachen (trotz § 607).[5] Bleibt der nach § 57 bestellte Vertreter untätig, so ist der Vertretene befugt, selbstständig, etwa durch Einlegung von Rechtsmitteln, geltend zu machen, er sei prozessfähig. § 53 gilt für diesen Fall nicht.[6] Bei parzieller Prozessunfähigkeit (siehe dazu § 52 Rn. 5) ist § 53 auf die Prozessführung durch den Vertreter anzuwenden.[7] 2

III. Stellung der Beteiligten

Der Vertretene bleibt solange prozessfähig, bis der Vertreter an seiner Stelle in den Prozess eintritt. Das ist auch gegen den Widerspruch des Vertretenen möglich.[8] Die Prozessführung muss im Aufgabenkreis des Vertreters liegen. Im Verfahren der eidesstattlichen Versicherung ist daher eine Vertretung nur möglich, wenn der **Aufgabenkreis des Vertreters** die Verwaltung des Schuldnervermögens umfasst.[9] Der Vertreter hat seine **Bestellung** durch Vorlage der Bestellungsurkunde oder einer beglaubigten Abschrift nachzuwei- 3

---

[9] RGZ 162, 223, 229; BayObLGZ 1986, 214, 215f.; NJW 1992, 2100f.
[10] BGHZ 18, 184, 186 = NJW 1955, 1744; OLG Frankfurt Rpfleger 1984, 101.
[11] BGHZ 93, 1, 3 = NJW 1985, 433; BayObLGZ 1986, 214, 215f. und 338, 340; BAG AP BGB § 104 Nr. 1.
[12] AllgM; vgl. BGH NJW 1953, 1342; 1961, 261; 1970, 1680f.; BayObLG NJW 1989, 1678.
[13] Vgl. hierzu auch § 56.
[14] BAG AP § 56 Nr. 5 mit zust. Anm. *Rimmelspacher.*
[15] BGH NJW-RR 2007, 735, 736; BGH NJW 1990, 1734, 1735; OLG München NJW-RR 1989, 255.
[16] Vgl. MK/*Lindacher* §§ 51, 52 Rn. 47.
[17] BGHZ 84, 24ff. = NJW 1982, 2449; MK/*Lindacher* §§ 51, 52 Rn. 52; aA *Blomeyer* § 8 III 4.
[1] *Palandt/Diederichsen* § 1902 Rn. 5.
[2] BGHZ 35, 1, 5 = NJW 1961, 1397; BGH WM 1974, 272, 274; NJW 1988, 49, 51.
[3] BGHZ 41, 303, 306 = NJW 1964, 1855; BGH DB 1983, 420; NJW 1988, 49, 51; MK/*Lindacher* Rn. 1.
[4] MK/*Lindacher* Rn. 2; *B/L/H* Rn. 4; *Zö/Vollkommer* Rn. 2; *St/J/Bork* Rn. 8, 14.
[5] BGHZ 41, 303, 306 = NJW 1964, 1855; *Zö/Vollkommer* Rn. 2; aA OLG Hamburg MDR 1963, 761, 762.
[6] BGH NJW 1966, 2210 = FamRZ 1966, 573 (*Grunsky*); BSG NJW 1994, 215; *St/J/Bork* Rn. 14.
[7] *Zö/Vollkommer* Rn. 3 *Bork* MDR 1991, 99.
[8] BGH NJW 1988, 49, 51; OLG Düsseldorf OLGZ 1983, 119, 121; OLGZ 1981, 104, 106.
[9] KG OLGZ 1968, 428; OLG Celle FamRZ 1969, 492.

sen.[10] Bestehen Zweifel an der Rechtswirksamkeit etwa der Bestellung eines Pflegers, ist das Verfahren entsprechend § 148 auszusetzen und die Entscheidung des sachlich zuständigen Vormundschaftsrichters herbeizuführen.[11]

4 Die Prozesshandlungen des Vertreters haben Vorrang.[12] Der Vertreter kann aber die Prozesshandlungen des Vertretenen **genehmigen,** was auch durch rügelose Fortführung des ohne seine Zustimmung begonnenen Verfahrens möglich ist.[13] **Zustellungen** sind an den Vertreter zu richten.[14] Da der Vertretene seine materiellrechtliche Verfügungsbefugnis nicht verliert und insoweit allein sein Wille entscheidend ist, kann er durch rechtsgeschäftlich wirksame Erklärungen, etwa den Abschluss eines Erlassvertrages, unmittelbar Einfluss auf den eingeklagten Anspruch nehmen, so dass die Klage des Vertreters als unbegründet abzuweisen ist.[15] Die durch § 53 bewirkte Gleichstellung mit einem Prozessunfähigen **gilt für** den Rechtsstreit insgesamt, einschließlich **Widerklage,** Nachverfahren und Kostenfestsetzung sowie der anschließenden **Vollstreckung**[16], **nicht** aber für das Wiederaufnahmeverfahren oder die Klagen nach §§ 731, 767, 768. In den letzten Fällen bleibt der Vertretene prozessfähig, bis auch hier die Voraussetzungen des § 53 vorliegen.[17]

53a *Vertretung eines Kindes durch Beistand* **Wird in einem Rechtsstreit ein Kind durch einen Beistand vertreten, so ist die Vertretung durch den sorgeberechtigten Elternteil ausgeschlossen.**

I. Normzweck

1 Gemäß § 1712 Abs. 1 BGB kann eine freiwillige Beistandschaft von allen allein sorgeberechtigten Elternteilen beantragt werden. Beistand ist das Jugendamt. Durch die Beistandschaft wird die elterliche Sorge nicht eingeschränkt (§ 1716 Satz 1 BGB). Es kann daher sowohl der sorgeberechtigte Elternteil als auch das Jugendamt gesetzlicher Vertreter des Kindes im Prozess sein. Um widerstreitende Erklärungen der gesetzlichen Vertreter zu vermeiden, ordnet § 53a an, dass die Vertretung durch das Jugendamt Vorrang haben soll und der sorgeberechtigte Elternteil die Fähigkeit, den Prozess als gesetzlicher Vertreter des Kindes zu führen, verliert. Der Gesetzgeber ist der Auffassung, dass die teilweise Einschränkung der gesetzlichen Vertretungsmacht des sorgeberechtigten Elternteils hinnehmbar ist, da dieser jederzeit die Beendigung der Beistandschaft verlangen kann (§ 1715 Abs. 1 S. 1 BGB).[1]

II. Stellung der gesetzlichen Vertreter

2 Das Jugendamt kann stets als gesetzlicher Vertreter im Prozess auftreten. Wenn das Jugendamt klagt, ist der sorgeberechtigte Elternteil von der Vertretung ausgeschlossen. Gleiches gilt, wenn das Jugendamt in den Prozess eintritt, den der sorgeberechtigte Elternteil angestrengt hat.[2] Solange das Jugendamt sich an diesem Prozess nicht beteiligt, ist der sorgeberechtigte Elternteil zur Prozessvertretung befugt. Tritt das Jugendamt in den Prozess ein, haben seine Erklärungen, so weit sie den bis dahin abgegebenen Erklärungen des sorgeberechtigten Elternteils widersprechen, Vorrang. Ansonsten gelten die Erklärungen des sorgeberechtigten Elternteils fort[3]. Mit Volljährigkeit des Kindes ist die Beistandschaft des Jugendamtes beendet.[4]

54 *Besondere Ermächtigung zu Prozesshandlungen* **Einzelne Prozesshandlungen, zu denen nach den Vorschriften des bürgerlichen Rechts eine besondere Ermächtigung erforderlich ist, sind ohne sie gültig, wenn die Ermächtigung zur Prozessführung im Allgemeinen erteilt oder die Prozessführung auch ohne eine solche Ermächtigung im Allgemeinen statthaft ist.**

1 § 54 ist nur historisch zu verstehen; er sollte unabhängig von etwaigen landesrechtlichen Ermächtigungsvorbehalten dem gesetzlichen Vertreter eine umfassende Vertretungsberechtigung verschaffen.[1] Heute bestehen solche Ermächtigungsvorbehalte des bürgerlichen Rechts für einzelne Prozesshandlungen nicht mehr. § 54 ist damit **gegenstandslos.**[2]

2 Eine andere, von § 54 aber nicht geregelte Frage ist die nach der Erforderlichkeit einer Genehmigung für die Vornahme materiellrechtlicher Rechtsgeschäfte durch den gesetzlichen Vertreter im Prozess. Die Wirksamkeit solcher Rechtsgeschäfte richtet sich allein nach materiellem Recht. Der gesetzliche Vertreter bedarf daher uU einer Genehmigung durch das Vormundschaftsgericht (vgl. zB §§ 1819ff., 1643 BGB).[3] Das ma-

---

[10] BFH DB 1983, 320; *Zö/Vollkommer* Rn. 4.
[11] BGHZ 41, 303, 310 = NJW 1964, 1855.
[12] BGH NJW 1988, 49, 51.
[13] Vgl. BGHZ 41, 104, 107 = NJW 1964, 1129; OLG Köln Rpfleger 1971, 30; *St/J/Bork* Rn. 16.
[14] BFH DB 1983, 301 und 320.
[15] BGH NJW 1988, 49, 51; OLG Düsseldorf OLGZ 1981, 104, 106; OLGZ 1983, 119, 121.
[16] MK/*Lindacher* Rn. 4; *St/J/Bork* Rn. 17.
[17] So mit Recht *St/J/Bork* Rn. 17; *Wiecz/Hausmann* Rn. 15 Fn. 42
[1] Vgl. Begr. RegE, BT-Drucks. 13/892, S. 47.
[2] Vgl. *B/L/H* Rn. 4.
[3] Vgl. MK/*Lindacher* Rn. 3.
[4] OLG Karlsruhe OLGR 2001, 150.
[1] MK/*Lindacher* Rn. 1; *St/J/Bork* Rn. 1; vgl. auch OLG Hamm JAmt 2001, 368.
[2] AllgM; MK/*Lindacher* Rn. 1; *St/J/Bork* Rn. 1; AK-ZPO/*Koch* Rn. 1.
[3] *Zö/Vollkommer* Rn. 1; *St/J/Bork* Rn. 2.

teriellrechtliche Genehmigungserfordernis gilt aber nicht bei reinen Prozesshandlungen wie dem Anerkenntnis oder dem Verzicht (s. die Erl. zu § 306 f.);[4] anders aber beim Prozessvergleich auf Grund dessen Doppelnatur als Prozesshandlung und Rechtsgeschäft (§ 794 Rn. 3).[5]

55 *Prozessfähigkeit von Ausländern* **Ein Ausländer, dem nach dem Recht seines Landes die Prozessfähigkeit mangelt, gilt als prozessfähig, wenn ihm nach dem Recht des Prozessgerichts die Prozessfähigkeit zusteht.**

I. Normzweck

1 § 55 behandelt die Prozessfähigkeit von Ausländern im deutschen Zivilprozess. Er geht dabei nach seinem Wortlaut davon aus, dass ein Ausländer unabhängig von seiner Geschäftsfähigkeit immer dann prozessfähig ist, wenn er nach seinem Heimatrecht für ein entsprechendes Verfahren in seinem Heimatstaat prozessfähig wäre.[1] Darüber hinaus ist gem. § 55 ein nach seinem Heimatrecht prozessunfähiger Ausländer im Inlandsprozess prozessfähig, wenn ein Deutscher in der gleichen prozessualen Lage prozessfähig wäre.[2] Ein Ausländer ist also prozessfähig, wenn er dies nach seinem Heimatrecht oder nach deutschem Recht ist. Etwas anderes gilt allerdings, wenn für einen Ausländer im Inland eine Betreuung mit Einwilligungsvorbehalt gemäß Art. 24 Abs. 1 S. 2 EGBGB in Verbindung mit §§ 1903 Abs. 1, 108 ff. BGB angeordnet wurde und diese im Heimatstaat nicht anerkannt wird; er also in seinem Heimatstaat prozessfähig wäre. Hier ist von der Prozessunfähigkeit des Ausländers vor deutschen Gerichten auszugehen.[3]

II. Wirkung des § 55

2 Ist ein im Heimatstaat prozessunfähiger Ausländer nach deutschem Recht prozessfähig, kann ein im Ausland bestellter Vormund nicht als gesetzlicher Vertreter im Prozess, sondern lediglich mit Einwilligung des Mündels als Beistand gemäß § 90 auftreten. Streitgehilfe nach § 66 kann er nur sein, wenn er ein eigenes rechtliches Interesse am Prozesssieg des Mündels hat.[4]

III. Prozessfähigkeit von Staatenlosen

3 Für die Prozessfähigkeit des Staatenlosen gilt § 55 entsprechend. Er ist prozessfähig, wenn ein Deutscher in der gleichen prozessualen Lage prozessfähig wäre.[5] Darüber hinaus ist der Staatenlose prozessfähig, wenn er nach dem Recht des gewöhnlichen Aufenthaltsortes, mangels eines solchen nach dem Recht des schlichten Aufenthalts (s. dazu § 606 Rn. 17 ff., 606 a Rn. 11 ff.), prozessfähig ist.[6]

56 *Prüfung von Amts wegen* **(1) Das Gericht hat den Mangel der Parteifähigkeit, der Prozessfähigkeit, der Legitimation eines gesetzlichen Vertreters und der erforderlichen Ermächtigung zur Prozessführung von Amts wegen zu berücksichtigen.**

(2) [1]Die Partei oder deren gesetzlicher Vertreter kann zur Prozessführung mit Vorbehalt der Beseitigung des Mangels zugelassen werden, wenn mit dem Verzug Gefahr für die Partei verbunden ist. [2]Das Endurteil darf erst erlassen werden, nachdem die für die Beseitigung des Mangels zu bestimmende Frist abgelaufen ist.

I. Normzweck

1 Es gibt fünf Prozessvoraussetzungen im Hinblick auf die Parteien. Die Parteien müssen existieren, parteifähig, prozessfähig und prozessführungsbefugt sein. Bei Mangel der Prozessfähigkeit muss der ordnungsgemäße gesetzliche Vertreter handeln. Abs. 1 statuiert für diese Prozessvoraussetzungen den Grundsatz der Amtsprüfung. Abs. 2 der Vorschrift eröffnet die Möglichkeit zur einstweiligen Zulassung zur Prozessführung für den Fall, dass eine Prozessvoraussetzung fehlt, der Mangel aber behebbar ist.

II. Amtsprüfung gemäß Abs. 1

2 **1. Feststellung des Mangels.** Amtsprüfung bedeutet nicht Amtsermittlung; das Gericht hat nicht die Aufgabe, den Sachverhalt selbstständig zu ermitteln, es gilt also nicht der Untersuchungsgrundsatz.[1] Erst

---

[4] HM; BGH JZ 1956, 62 m. Anm. *Pohle* JZ 1956, 53, 55 f.; *Zö/Vollkommer* Rn. 1; *St/J/Bork* Rn. 4; aA *Häsemeyer* ZZP 85 (1972), 207, 227; *Thomas* ZZP 89 (1976), 80 ff.; *Cahn*, AcP 198 (1998), 35, 64 ff.

[5] RGZ 56, 333; 133, 259; 153, 65, 67; 154, 320; 162, 198; LAG Stuttgart AP § 51 Nr. 54 (*Wieczorek*); *St/J/Bork* Rn. 3; AK-ZPO/*Koch* Rn. 2.

[1] HM; *Pagenstecher* ZZP 64 (1950/51), 249, 276 ff.; MK/*Lindacher* Rn. 1; *St/J/Bork* Rn. 1; AK-ZPO/*Koch* Rn. 1; *Wiecz/Hausmann* Rn. 2; *Ro/S/Go* § 44 Rn. 4; *Geimer* Rn. 2217 f.; *Schack* Rn. 535; *Hepting* FamRZ 1975, 458; aA BGHZ 19, 240 = JZ 1956, 535; KG FamRZ 1991, 1456; LG Zwickau BB 1995, 1664.

[2] AllgM; vgl. nur MK/*Lindacher* Rn. 2; *B/L/H* Rn. 1 f.; *St/J/Bork* Rn. 2; AK-ZPO/*Koch* Rn. 2.

[3] MK/*Lindacher* Rn. 2; *St/J/Bork* Rn. 3; *Wiecz/Hausmann* Rn. 4; *Staudinger/Beitzke* Art. 7 EGBGB Rn. 32.

[4] *St/J/Bork* Rn. 6; *Wieczorek/Hausmann* Rn. 7.

[5] *Wiecz/Hausmann* Rn. 13.

[6] MK/*Lindacher* Rn. 4; *St/J/Bork* Rn. 4; *Wiecz/Hausmann* Rn. 13; *Ro/S/Go* § 44 Rn. 5.

[1] AllgM; RGZ 160, 338, 346 f.; BAG NJW 1958, 1699; NJW 1976, 149; BGH NJW 1989, 2064, 2065.

wenn sich auf Grund des vorgetragenen Sachverhalts ausreichende Anhaltspunkte für das Nichtvorliegen einer Prozessvoraussetzung ergeben, wenn sich also die Möglichkeit eines Mangels der Prozessvoraussetzung nicht von der Hand weisen lässt, setzt die Prüfungspflicht des Gerichts ein.[2] Die Prüfung hat **unabhängig** von der **Rüge** einer Partei zu erfolgen, da die Prozessvoraussetzungen nicht der Parteidisposition unterliegen.[3] Ihr Mangel kann **nicht** durch Anerkenntnis, Verzicht oder rügelose Einlassung **geheilt** werden.[4] Ein Geständnis der die Prozessvoraussetzung begründenden Tatsachen ist für den Richter nicht bindend.[5]

3 Ergeben sich für das Gericht Anhaltspunkte für das Nichtvorliegen einer Prozessvoraussetzung hat es die Parteien auf seine Bedenken **hinzuweisen** (§ 139 Abs. 3) und sie zur Behauptung der erforderlichen Tatsachen aufzufordern. Das Gericht kann darüber hinaus die Partei zur Vorlage entsprechender Nachweise auffordern. Scheint eine Beseitigung des Mangels möglich, wird das Gericht je nach Verfahrensfortgang entweder der Partei eine Frist zum Nachweis der Prozessvoraussetzung setzen[6] oder die Verhandlung über den Mangel nach § 227 vertagen[7].

4 Das Gericht muss das Vorliegen der Prozessvoraussetzungen **in jeder Lage des Verfahrens**[8] und in jedem Rechtszug[9] und auch im Falle verspäteten Vorbringens von Amts wegen prüfen. Es darf in die Sachprüfung grundsätzlich erst eintreten, wenn feststeht, dass die Prozessvoraussetzungen gegeben sind.[10] Das Revisionsgericht ist bei Prüfung der parteibezogenen Prozessvoraussetzungen nicht an die Tatsachenfeststellungen der Vorinstanz gebunden[11], sondern kann insoweit abweichend von § 559 auch neues Tatsachenvorbringen berücksichtigen[12] und ist sogar zur selbstständigen Beweiserhebung befugt.[13] Anderes gilt allerdings in den Fällen der gesetzlichen oder gewillkürten Prozessstandschaft. Hier verlangt der BGH, dass die Tatsachen, aus denen sich die Prozessführungsbefugnis ergibt, spätestens im Zeitpunkt der letzten Verhandlung vor dem Berufungsgericht vorgelegen haben. Tatsachenvorbringen nach Schluss der mündlichen Verhandlung vor dem Tatrichter kann somit grundsätzlich nicht nachgereicht werden.[14] Das Revisionsgericht ist in den Fällen, in denen es neues Tatsachenvorbringen berücksichtigen und Beweis erheben darf, nicht verpflichtet, dies zu tun. Es kann sich auch darauf beschränken, das Berufungsurteil aufzuheben und dem Berufungsgericht die erforderliche Prüfung übertragen.[15] Das Berufungsgericht tritt dann in eine neue Prüfung ein. Hat das Revisionsgericht hingegen die Frage des Vorliegens der Prozessvoraussetzung ausdrücklich und abschließend erörtert, prüft das Berufungsgericht nicht erneut.[16] **Maßgeblicher Zeitpunkt** für das Vorliegen der einzelnen Prozessvoraussetzungen ist der Schluss der letzten mündlichen Verhandlung, möglicherweise also erst der Schluss der letzten mündlichen Verhandlung in der Revisionsinstanz.[17]

5 Bei der Prüfung der Prozessvoraussetzungen ist das Gericht nicht an das sonst vorgeschriebene Beweisverfahren gebunden, es kann vielmehr Beweis im Wege des so genannten **Freibeweisverfahrens** erheben (s. § 284 Rn. 5).[18] Das Gericht ist daher bei der Auswahl und Verwertung seiner Beweismittel frei.[19] Es kann etwa Versicherungen an Eides statt verwerten[20] oder amtliche Auskünfte einholen. Eines Beweisbeschlusses bedarf es nicht.[21]

6 Das Gericht muss, wenn sich Anhaltspunkte für die Prozessunfähigkeit ergeben, nach Auffassung des BGH alles tun, um die Frage der Prozessfähigkeit zu klären; das Gericht darf insbesondere die Prozessunfähigkeit erst feststellen, wenn es den Betroffenen dazu gehört hat.[22] Eine Beweislastentscheidung kommt

---

[2] AllgM; BAG NJW 1958, 1699; BAG AP Nr. 5 (*Rimmelspacher*); BAG NZA 2000, 613, 614; BGH NJW 1969, 1574; NJW-RR 1986, 157; NJW 2004, 2523, 2524; OLG Frankfurt NJW-RR 1992, 763; OLG München NJW-RR 2007, 735, 736; *St/J/Bork* Rn. 4.

[3] AllgM; BAG NJW 1958, 1699; BGH NJW 1969, 1574; NJW-RR 1986, 157.

[4] MK/*Lindacher* Rn. 2; *Zö/Vollkommer* Rn. 5; *St/J/Bork* Rn. 6; *Wiecz/Hausmann* Rn. 6.

[5] BAG NJW 1958, 1699, 1700; MK/*Lindacher* Rn. 2; *Zö/Vollkommer* Rn. 5.

[6] Vgl. OLG Hamburg MDR 1966, 594 (zur Prozessfähigkeit); *Wiecz/Hausmann* Rn. 4.

[7] BGH NJW 1990, 1734, 1736; NJW-RR 1986, 1119; *Zö/Vollkommer* Rn. 11.

[8] AllgM; BGHZ 5, 240, 242 = NJW 1952, 818; BGHZ 40, 197, 198 = NJW 1964, 203; BGH NJW 1969, 1574; NJW 1996, 1059 = ZZP 110 (1997), 109 (*Oda*); BGH NJW 2000, 738 = ZIP 2000, 149; BAGE 6, 76.

[9] Für die Berufungsinstanz OLG Hamm MDR 1992, 412; OLG Frankfurt NJW-RR 1992, 763; für die Revisionsinstanz RGZ 160, 204, 209; BGHZ 31, 279 = NJW 1960, 523; BGHZ 86, 184, 188 = NJW 1983, 996; BGH NJW-RR 1986, 157; BGH NJW 2000, 738 = ZIP 2000, 149; BAG NJW 1958, 1699; DB 1974, 1244.

[10] BGH NJW 2000, 738 = ZIP 2000, 149.

[11] BGHZ 18, 98, 106 = NJW 1955, 1513; BGHZ 31, 279, 281 f. = NJW 1960, 523; BGH NJW 1969, 1574.

[12] BGHZ 31, 279, 281 f. = NJW 1960, 523; BGH NJW 1962, 1510; 1970, 1683; NJW-RR 1986, 157.

[13] BAG AP Nr. 5 (*Rimmelspacher*); MK/*Lindacher* §§ 51, 52 Rn. 37; *Wiecz/Hausmann* Rn. 7.

[14] BGH NJW 1988, 1585, 1587; BGH NJW 2000, 738, 739 = ZIP 2000, 149.

[15] BGH NJW-RR 1986, 157, 158; BAG AP Nr. 5 (*Rimmelspacher*); MK/*Lindacher* §§ 51, 52 Rn. 37.

[16] BGH NJW 1958, 291; *Zö/Vollkommer* Rn. 2; *St/J/Bork* Rn. 4.

[17] BGHZ 18, 98, 106 = NJW 1955, 1513; BGH NJW 1980, 520; NJW 1996, 1059, 1060 = ZZP 110 (1997), 109 (*Oda*); *Ro/S/Go* § 96 V 4 d; aA *Arens* AcP 161 (1962), 177, 211; *Mattern* JZ 1963, 649.

[18] HM; BGH NJW 1951, 441 f.; BGH ZZP 101 (1988), 294 (*Peters*); BGHZ 110, 296, 297 = ZZP 103 (1990), 468 (*Bork*); BGH NJW 1992, 627, 628; 1996, 1059, 1060; BAG NZA 2000, 613, 614; *Zö/Vollkommer* Rn. 8; AK-ZPO/*Rüßmann* vor § 284 Rn. 28; aA MK/*Lindacher* §§ 51, 52 Rn. 46; *St/J/*Bork Rn. 7; *Ro/S/Go* § 77 Rn. 49.

[19] BGH NJW 1951, 441, 442; 1987, 2875; BGHZ 110, 296, 297 f. = NJW 1990, 1734, 1736; BAG NZA 2000, 613, 614.

[20] BGH NJW 1992, 627, 628.

[21] BGH NJW 1951, 441.

[22] BGH NJW 2000, 289, 290; OLG München NJW-RR 2007, 735, 736.

erst in Betracht, wenn sich nach Erschöpfung aller erschließbaren Erkenntnisquellen nicht klären lässt, ob Prozessunfähigkeit einer Partei vorliegt.[23] Die **objektive Beweislast** trägt derjenige, der aus der behaupteten Prozessvoraussetzung Rechte für sich herleiten will.[24] Der Beklagte trägt daher die Beweislast für das Vorliegen der Prozessvoraussetzungen, wenn er ein Verzichts- oder Versäumnisurteil begehrt.[25] Besonderes gilt allerdings nach der Rechtsprechung des BGH für die Prozessfähigkeit. Da nach der Lebenserfahrung Störungen der Geistestätigkeit Ausnahmeerscheinungen seien, könne im Allgemeinen von der Prozessfähigkeit einer Partei ausgegangen werden. Die Partei, die sich auf die Prozessunfähigkeit berufe, müsse daher die Tatsachen darlegen, aus denen sich ausreichende Anhaltspunkte ergeben könnten, dass die Behauptung der Prozessunfähigkeit richtig sein könne.[26] Ergeben sich allerdings Anhaltspunkte für die Prozessunfähigkeit, ist nicht mehr von dem Grundsatz auszugehen, dass eine Partei im Allgemeinen prozessfähig ist. Das Gericht muss dann von sich aus alles tun, um die Frage der Prozessfähigkeit einer Klärung zuzuführen[27] (vgl. dazu unten Rn. 7f.). Lässt sich auch nach Erschöpfung aller erschließbarer Erkenntnisquellen durch das Gericht nicht klären, ob eine Partei geschäftsfähig ist, muss von ihrer Prozessunfähigkeit ausgegangen werden.[28] Die Parteien tragen zwar die objektive Beweislast für die Prozessvoraussetzungen, nicht aber die **subjektive Beweislast** (Beweisführungslast). Vielmehr ist das Gericht gehalten, von Amts wegen die in Frage kommenden Beweise zu erheben, um Zweifel der Prozessfähigkeit aufzuklären. Das gilt insbesondere für Sachverständigengutachten;[29] die Einholung eines Sachverständigengutachtens soll nach Auffassung des OLG Rostock wegen der Erheblichkeit des Eingriffs erst dann zulässig sein, wenn das Gericht sich vorher durch die persönliche Anhörung der Partei einen unmittelbaren Eindruck darüber verschafft hat, ob die Zweifel an der Prozessfähigkeit begründet sind.[30]

2. Folgen des Mangels. Bei einem **anfänglichen** Mangel ist die Klage durch Prozessurteil abzuweisen, 7
wenn der Mangel unbehebbar ist.[31] Liegt ein behebbarer Mangel vor, ist den Parteien Gelegenheit zur Behebung des Mangels zu geben (s. Rn. 3)[32]. Ein Versäumnisurteil (Klageabweisung durch unechtes Versäumnisurteil) kommt erst in Betracht, wenn feststeht, dass der Mangel nicht mehr behebbar ist (vgl. § 335 Nr. 1).[33] Wird der Mangel erst in der **Rechtsmittelinstanz** festgestellt, so hat das Rechtsmittelgericht im Falle des Vorliegens eines unbehebbaren Mangels die Klage als unzulässig abzuweisen und nicht das Rechtsmittel als unzulässig zu verwerfen.[34]

Beim **Streit** über das Vorliegen der Partei- bzw. Prozessfähigkeit in erster Instanz ist ein Rechtsmittel zur 8
Klärung dieser Frage stets zulässig.[35] Gelangt das Rechtsmittelgericht zu der Überzeugung, dass der Mangel besteht, die Partei also partei- bzw. prozessunfähig ist, ist die Klage wegen Unzulässigkeit abzuweisen (s. Rn. 7 aE). Vergleichbares gilt beim Streit über die gesetzliche Vertretung der Partei. Hier kann die Partei den Streit, ob sie im Prozess durch den richtigen gesetzlichen Vertreter vertreten worden ist, in der Rechtsmittelinstanz klären lassen. Um die Partei nicht unzumutbaren Risiken auszusetzen, wird ihr Rechtsmittel, mit dem sie die Klärung des genannten Streits erstrebt, stets als zulässig angesehen.[36] Würde man das Rechtsmittel nur zulassen, wenn es vom richtigen gesetzlichen Vertreter eingelegt ist, würde die Partei folgendes Risiko eingehen: Wenn sie das Rechtsmittel durch den vom Vordergericht als zur Prozessvertretung befugt angesehenen einlegen lässt, liefe sie Gefahr, dass ihr Rechtsmittel als unzulässig abgewiesen wird, wenn das Rechtsmittelgericht eine vom Vordergericht abweichende Rechtsansicht vertritt. Das Urteil erster Instanz hätte also Bestand, obwohl es – jedenfalls aus Sicht des Rechtsmittelgerichts – falsch ist. Hält die Partei hingegen an ihrer Rechtsansicht fest, riskiert sie, dass das Rechtsmittelgericht die Ansicht des Vordergerichts teilt und daher das von der Partei durch einen Unbefugten eingelegte Rechtsmittel als unzulässig verwirft. Die Partei könnte eine Klärung der Frage, wer richtiger gesetzlicher Vertreter ist, nicht herbeiführen.[37] Beim Streit über die Wirksamkeit einer gewillkürten Vertretung treten solche Risiken nicht auf. Hier kann die Partei dem Risiko, dass ihr Rechtsmittel verworfen wird, dadurch entgehen, dass sie eine an-

---

[23] BGH NJW 1996, 1059, 1060 = ZZP 110 (1997), 109 (*Oda*).

[24] BAGE 6, 76, 81; *Zö/Vollkommer* Rn. 9; *St/J/Bork* Rn. 8.

[25] *T/P/Hüßtege* vor § 253 Rn. 13; *Zö/Vollkommer* Rn. 9; *Ro/S/Go* § 93 Rn. 35.

[26] BGH NJW 1969, 1577; 1996, 1059, 1060 = ZZP 110 (1997), 109 (*Oda*).

[27] BGH NJW 1996, 1059, 1060; BAG NZA 2000, 613, 614.

[28] BGHZ 18, 184, 190 = NJW 1955, 1714; BGHZ 86, 184, 189 = NJW 1983, 996; BGH NJW-RR 1986, 157; BAG NJW 1958, 1699; OLG Hamburg MDR 1966, 1594; OLG Frankfurt NJW-RR 1992, 763; OLG Hamm MDR 1992, 411, 412; OLG München NJW-RR 2007, 735, 736; MK/*Lindacher* §§ 51, 52 Rn. 46; *Zö/Vollkommer* Rn. 9; *Ro/S/Go* § 44 Rn. 32; aA AK-ZPO/*Koch* Rn. 3; *Musielak* NJW 1997, 1736.

[29] BGH NJW 1996, 1059; BAG NZA 2000, 613, 614 AA (Beweisführungslast der Partei, die die objektive Beweislast trage) *Oda* ZZP 110 (1997), 109, 114f.

[30] OLG Rostock, Beschl. v. 28. 11. 2005, juris, Rn. 20.

[31] BGHZ 18, 184, 190 = NJW 1955, 1714; BGH NJW-RR 1986, 157; OLG Frankfurt NJW-RR 1992, 763; OLG Hamm MDR 1992, 411, 412.

[32] BGH NJW-RR 1986, 1119; *B/L/H* Rn. 14; *Zö/Vollkommer* Rn. 11.

[33] *B/L/H* Rn. 17; *Zö/Vollkommer* Rn. 12; *St/J/Bork* Rn. 15.

[34] BGHZ 24, 91, 94 = NJW 1957, 989; BGHZ 40, 197, 199 = NJW 1964, 203; BGHZ 110, 294f. = NJW 1990, 1734; BGH NJW 2000, 289, 291 = JuS 2000, 405; BAG NJW 1958, 1699, 1700; OLG Hamm MDR 1992, 411, 412.

[35] Vgl. BGHZ 40, 197, 198 = NJW 1964, 203; BGHZ 86, 184, 186 = NJW 1983, 996; BGHZ 110, 294 = NJW 1990, 1734; BGH NJW 1996, 1059 = ZZP 110 (1997), 109 (*Oda*); BGH NJW 2000, 289.

[36] BGHZ 18, 98, 106 = NJW 1955, 513; OLG Koblenz NJW 1977, 55; OLG Düsseldorf MDR 1997, 500.

[37] Vgl. dazu BGHZ 111, 219, 221f. = NJW 1990, 3152.

derweitige Prozessvollmacht oder gegebenenfalls nochmals eine ordnungsgemäße Prozessvollmacht erteilt.[38]

9 Bei einem **behebbaren** Mangel kann das Rechtsmittelgericht die auf dem Mangel beruhende und deshalb fehlerhafte Entscheidung der unteren Instanz aufheben und die Sache zur erneuten Entscheidung dorthin verweisen[39] (für die Berufungsinstanz ist insoweit § 538 zu beachten). Bleibt ein Mangel bis zum Erlass des Urteils **unentdeckt,** so tritt – wenn kein Rechtsmittel eingelegt wird – im Interesse von Rechtsfrieden und Rechtssicherheit formelle Rechtskraft des Urteils ein.[40] Es steht der betroffenen Partei im Falle des Fehlens der Prozessfähigkeit die Nichtigkeitsklage nach § 579 Abs. 1 Nr. 4 offen, auch wenn die Prozessfähigkeit im Hauptverfahren ausdrücklich bejaht wurde.[41] Bei Fehlen der Parteifähigkeit findet § 579 Abs. 1 Nr. 4 analoge Anwendung (str., vgl. § 50 Rn. 15).[42] Wurde eine Instanz durch Prozessvergleich beendet, ist der Antrag der prozessunfähigen Partei auf Fortsetzung des Rechtsstreits wegen Unwirksamkeit des geschlossenen Vergleichs unwirksam (weil die prozessunfähige Partei keinen wirksamen Antrag auf Fortsetzung des Verfahrens stellen kann) und muss als unzulässig zurückgewiesen werden.[43] Tritt der Mangel erst während eines Rechtsstreits ein **(nachträglicher Mangel),** wird das Verfahren nach den §§ 239, 241, 246 unterbrochen.[44]

10 **3. Heilung des Mangels.** Mängel, die durch ein Fehlen der die Parteien betreffenden Prozessvoraussetzungen bedingt sind, sind heilbar. Die Heilung tritt durch **rückwirkende Genehmigung** der ganzen Prozessführung (etwa durch den gesetzlichen Vertreter, der in einen zunächst von der prozessunfähigen Partei geführten Rechtsstreit eintritt) ein, ohne dass es der Zustimmung des Gegners bedarf.[45] Die Genehmigung ist eine Prozesshandlung[46] und kann in jeder Phase des Verfahrens (bis zum Schluss der letzten mündlichen Verhandlung) erteilt werden, auch konkludent, etwa durch rügelose Fortführung des Verfahrens.[47] Sie ist wegen ihrer Rückwirkung jederzeit von Amts wegen zu beachten.[48] Schränkt der Genehmigende seine Genehmigung durch Ausnahme auch nur einer Prozesshandlung ein, so ist die erteilte Genehmigung jedoch insgesamt unwirksam,[49] der Genehmigende kann nämlich nur entweder die bisherige Prozessführung genehmigen oder die Folgen der Prozessunfähigkeit geltend machen.[50]

11 **4. Entscheidung des Gerichts.** Den Streit über das Vorliegen eines Mangels entscheidet das Gericht bei Zulässigkeit der Klage durch Zwischenurteil gem. § 280, bei Unzulässigkeit durch klageabweisendes Endurteil.[51]

III. Vorläufige Zulassung gemäß Abs. 2

12 **1. Voraussetzungen.** Eine Prozessvoraussetzung im Sinne des Abs. 1 muss entweder fehlen oder das Gericht muss zumindest Zweifel an deren Vorliegen haben.[52] Der Mangel muss innerhalb eines angemessenen, dem Prozessgegner zumutbaren Zeitraums behoben bzw. ein fehlender Nachweis innerhalb dieser Frist nachgereicht werden können.[53] Es muss Gefahr im Verzuge sein, dh es muss für den Fall, dass eine Zulassung nicht erfolgen würde, für die betreffende Partei eine Gefährdung ihrer Rechtsposition bestehen.[54] Nicht ausreichend ist daher als drohender Schaden die Kostenlast im Falle des Unterliegens.[55]

13 **2. Verfahren.** Aus § 56 Abs. 2 S. 2 ergibt sich, dass die vorläufige Zulassung mit einer Fristsetzung zur Beseitigung des Mangels oder zum Nachweis der Prozessvoraussetzung verbunden werden muss.[56] Deshalb und wegen der weit reichenden Folgen, die an den Fristablauf geknüpft sind, hat die **Zulassung** richtigerweise **durch förmlichen Beschluss** des Gerichts zu erfolgen.[57] Die Frist kann nach § 224 Abs. 2 verlängert werden. Der ablehnende Beschluss unterliegt der sofortigen Beschwerde nach § 567, während der die Zulassung anordnende Beschluss unanfechtbar ist.

14 **3. Wirkungen der Zulassung.** Die Zulassung ermächtigt zu allen Prozesshandlungen und verpflichtet die Gegenpartei zur Verhandlung, als sei der Mangel nicht vorhanden.[58] Wird der fehlende Nachweis der Prozessvoraussetzung fristgerecht erbracht, sind die vorgenommenen Prozesshandlungen endgültig wirk-

---

[38] BGHZ 111, 219, 221 f. = NJW 1990, 3152.
[39] BGH FamRZ 1972, 35, 36; BGHZ 110, 294 f. = NJW 1990, 1734, 1736; *St/J/Bork* Rn. 16.
[40] BGHZ 104, 109, 110 ff. = NJW 1988, 2049; OLG Zweibrücken FamRZ 1999, 27, 28.
[41] BGHZ 84, 24, 26 ff. = NJW 1982, 2449, 2450 f.; OLG Zweibrücken FamRZ 1999, 27, 28.
[42] BGH JZ 1959, 127; *T/P/Hüßtege* § 50 Rn. 12; *Zö/Vollkommer* Rn. 15; aA MK/*Lindacher* § 50 Rn. 64.
[43] BGHZ 86, 184, 188 = NJW 1983, 996; *Zö/Vollkommer* Rn. 11; aA MK/*Lindacher* §§ 51, 52 Rn. 45.
[44] *Zö/Vollkommer* Rn. 10; *Wiecz/Hausmann* Rn. 32.
[45] RGZ 126, 261, 263; BGH NJW 1991, 2961; BAGE 61, 265; OLG Hamm OLGR 1996, 166; *Zö/Vollkommer* Rn. 11; *St/J/Bork* Rn. 3.
[46] BGHZ 41, 104, 107 = NJW 1964, 1129; BGHZ 51, 27, 29 = NJW 1969, 188; *T/P/Hüßtege* § 51 Rn. 17.
[47] RGZ 126, 261, 263; OLG Saarbrücken Rpfleger 1991, 513; *T/P/Hüßtege* § 51 Rn. 17; *St/J/Bork* Rn. 3.
[48] RGZ 126, 261, 263; BGHZ 86, 184, 189 = NJW 1983, 996.
[49] AllgM; RGZ 110, 228, 230 f.; BGHZ 92, 137, 140 ff. = NJW 1987, 130; OLG Celle NJW-RR 1995, 518, 519.
[50] BGHZ 92, 137, 141 f. = NJW 1987, 130.
[51] Vgl. nur *Zö/Vollkommer* Rn. 13; *T/P/Hüßtege* § 280 Rn. 4 f.
[52] MK/*Lindacher* Rn. 5; *St/J/Bork* Rn. 11; *Wieczorek/Hausmann* Rn. 24.
[53] *T/P/Hüßtege* Rn. 2; AK-ZPO/*Koch* Rn. 4; *Wiecz/Hausmann* Rn. 24.
[54] *T/P/Hüßtege* Rn. 3; AK-ZPO/*Koch* Rn. 5; *Wiecz/Hausmann* Rn. 25.
[55] Vgl. *T/P/Hüßtege* Rn. 3.
[56] MK/*Lindacher* Rn. 6; aA AK-ZPO/*Koch* Rn. 6.
[57] MK/*Lindacher* Rn. 6; *T/P/Hüßtege* Rn. 4; *Wiecz/Hausmann* Rn. 26; aA *B/L/H* Rn. 25; *Zö/Vollkommer* Rn. 16; *St/J/Bork* Rn. 12.
[58] *St/J/Bork* Rn. 12; MK/*Lindacher* Rn. 7; *T/P/Hüßtege* Rn. 5; *Wiecz/Hausmann* Rn. 27.

sam.[59] Wird der Mangel nicht behoben, so ist das gesamte bisherige Prozessgeschehen (einschließlich eines Zwischenurteils) unwirksam.[60] Nach nochmaliger mündlicher Verhandlung ergeht dann Klageabweisung durch Prozessurteil.

57 *Prozesspfleger* **(1) Soll eine nicht prozessfähige Partei verklagt werden, die ohne gesetzlichen Vertreter ist, so hat ihr der Vorsitzende des Prozessgerichts, falls mit dem Verzug Gefahr verbunden ist, auf Antrag bis zu dem Eintritt des gesetzlichen Vertreters einen besonderen Vertreter zu bestellen.**

(2) Der Vorsitzende kann einen solchen Vertreter auch bestellen, wenn in den Fällen des § 20 eine nicht prozessfähige Person bei dem Gericht ihres Aufenthaltsortes verklagt werden soll.

I. Normzweck

Soll eine prozessunfähige Person, die ohne gesetzlichen Vertreter ist, verklagt werden, so obliegt es grundsätzlich dem Klagewilligen, zunächst die Bestellung eines gesetzlichen Vertreters für den Prozessunfähigen im Rahmen des FGG-Verfahrens zu veranlassen (vgl. § 69f. FGG; vgl. auch §§ 1961, 29 BGB, 85 AktG).[1] Nach Auffassung des OLG Zweibrücken wird die Bestellung eines Prozesspflegers für eine GmbH nach § 57 ZPO allerdings nicht dadurch ausgeschlossen, dass auch die Bestellung eines Notgeschäftsführers gem. § 29 BGB analog in Betracht kommt. Die Bestellung eines Prozesspflegers sei nämlich der erhebich einfachere und in der Sache auch angemessene Weg, weil die Bestellung eines Prozesspflegers für die beklagte Partei weit weniger einschneidend sei als die gerichtliche Bestellung eines Vertretungsorgans.[2] Gelingt es dem Klagewilligen nicht rechtzeitig im Rahmen des angesprochenen FGG-Verfahrens einen Vertreter besteln zu lassen, so besteht die Gefahr, dass die Verzögerung zu erheblichen Nachteilen für den Klagewilligen führt. Abs. 1 eröffnet deshalb die Möglichkeit zur vorübergehenden Bestellung eines besonderen Vertreters (Prozesspflegers), um dem Kläger zu einem Sachurteil zu verhelfen. Die Rechtsverfolgung darf nämlich wegen des Gebots des effektiven Rechtsschutzes nicht an der Vertretungslosigkeit eines Prozessunfähigen scheitern.[3] § 57 ist gleichermaßen auf natürliche wie juristische[4] Personen anwendbar. Entsprechende Anwendung findet die Regelung im FGG-Verfahren,[5] nicht aber in der Zwangsvollstreckung.[6] Für den Kläger gilt § 57 schon nach seinem Wortlaut nicht.[7] 1

II. Vertreterbestellung nach § 57

1. Voraussetzungen nach Abs. 1. Der Beklagte muss **prozessunfähig** sein oder es müssen trotz Erschöpfung aller erschließbaren Erkenntnisquellen ernste und begründete Zweifel an der Prozessfähigkeit bestehen.[8] § 57 greift, wenn die Prozessunfähigkeit **vor Rechtshängigkeit** vorliegt. Er ist entsprechend anwendbar, wenn sich die vor Rechtshängigkeit bereits vorliegende Prozessunfähigkeit erst im Laufe des Prozesses herausstellt,[9] nicht aber wenn die Prozessunfähigkeit erst nach Rechtshängigkeit eingetreten ist. Hier gilt § 241, so weit der Beklagte nicht anwaltlich vertreten ist. Ist er anwaltlich vertreten, gilt § 246. Weitere Voraussetzung des § 57 ist, dass eine **Klage** oder ein Antrag auf Erlass einer einstweiligen Verfügung, eines Mahnbescheids oder ein Arrestgesuch **beabsichtigt** ist. Es muss sodann ein gesetzlicher Vertreter überhaupt fehlen (wenn auch nur vorübergehend)[10] oder er muss rechtlich (nicht tatsächlich)[11] verhindert sein. Weiter muss **Gefahr im Verzuge** sein. Das ist der Fall, wenn ein Abwarten bis zur Bestellung eines gesetzlichen Vertreters durch die zuständige Stelle erhebliche Nachteile für den Kläger mit sich bringen würde.[12] Fallen die Gründe, die eine Vertreterbestellung hindern, jedoch in den Verantwortungsbereich des Klägers, liegt keine Gefahr im Verzuge vor.[13] Schließlich muss der Klagewillige einen **Antrag** stellen. Er kann schriftlich oder zu Protokoll der Geschäftsstelle abgegeben werden und unterliegt nicht dem Anwaltszwang.[14] In dem Antrag sind die Tatsachen glaubhaft zu machen (vgl. § 294).[15] 2

2. Voraussetzungen nach Abs. 2. Soll gem. § 20 eine Person beim Gericht ihres Aufenthaltsortes verklagt werden, muss nicht Gefahr im Verzuge vorliegen.[16] Im Übrigen kann gem. Abs. 2 auch dann ein Pro- 3

59 MK/*Lindacher* Rn. 7; AK-ZPO/*Koch* Rn. 7; *Wiecz/Hausmann* Rn. 27.
60 Vgl. *B/L/H* Rn. 25; *St/J/Bork* Rn. 12.
1 RGZ 7, 404, 405; OLG Saarbrücken OLGZ 1967, 423; MK/*Lindacher* Rn. 1; *St/J/Bork* Rn. 1.
2 OLG Zweibrücken GmbHR 2007, 544.
3 BGHZ 93, 1, 9 = NJW 1985, 433; OVG Koblenz, NVwZ-RR 1998, 693, 694.
4 BFH DB 1980, 2068; LAG Niedersachsen MDR 1985, 170; *St/J/Bork* Rn. 1.
5 BGH FamRZ 1989, 271; *Zö/Vollkommer* Rn. 1.
6 KG JW 1933, 2067 Nr. 4; KG OLGZ 1968, 428, 430; *Zö/Vollkommer* Rn. 1; *Wiecz/Hausmann* Rn. 4; aA MK/ *Lindacher* Rn. 5; *St/J/Bork* Rn. 1a.
7 AllgM; RGZ 129, 98, 108; *Zö/Vollkommer* Rn. 1; *St/J/Bork* Rn. 2.
8 BGH NJW 1962, 1510.
9 AllgM; RGZ 105, 401, 404; BGH NJW 1951, 441; BGHZ 110, 294f. = NJW 1990, 1734; MK/*Lindacher* Rn. 8.
10 BGH FamRZ 1964, 76, 78; *T/P/Hüßtege* Rn. 4.
11 MK/*Lindacher* Rn. 6; *Wiecz/Hausmann* Rn. 7; vgl. auch RGZ 89, 396, 397; aA *St/J/Bork* Rn. 3.
12 Vgl. MK/*Lindacher* Rn. 9; *T/P/Hüßtege* Rn. 5; vgl. auch OVG Koblenz, NVwZ-RR 1998, 693, 694.
13 MK/*Lindacher* Rn. 9; *Wiecz/Hausmann* Rn. 10.
14 AllgM; MK/*Lindacher* Rn. 12; *T/P/Hüßtege* Rn. 1; *Zö/Vollkommer* Rn. 5.
15 RGZ 105, 401, 402; MK/*Lindacher* Rn. 14; *B/L/H* Rn. 6; *Eckert* KTS 1990, 38.
16 *B/L/H* Rn. 10; *St/J/Bork* Rn. 10.

zesspfleger bestellt werden, wenn der Beklagte einen gesetzlichen Vertreter hat. Eine solche Bestellung macht etwa dann Sinn, wenn der Vertreter nicht ermittelbar oder nicht erreichbar ist.

4 **3. Verfahren.** Der Vorsitzende des Prozessgerichts, das der Klagewillige anrufen will, entscheidet nach Prüfung der Voraussetzungen des § 57. Eine Prüfung der Zuständigkeit des Gerichts für die angestrebte Klage findet grundsätzlich nicht statt. Ist allerdings das angerufene Gericht offensichtlich unzuständig, dann ist der Antrag zurückzuweisen.[17] Die Entscheidung ergeht ohne mündliche Verhandlung, im Falle des Stattgebens als unanfechtbare Verfügung, ansonsten als Beschluss, der der sofortigen Beschwerde nach § 567 unterliegt.[18] Liegen die Voraussetzungen nach Abs. 1 vor, so ist der Vorsitzende zur Bestellung des Vertreters verpflichtet. Im Fall des Abs. 2 kann ein Vertreter bestellt werden. In jedem Falle ist dem Prozessunfähigen vor der Entscheidung rechtliches Gehör zu gewähren.[19] Das folgt aus Art. 103 Abs. 1 GG und dient u. a. dem Schutz des Betroffenen vor unlauteren Machenschaften.[20]

5 **4. Stellung der Beteiligten.** Den bestellten Vertreter trifft **keine Verpflichtung zur Annahme** des Amtes.[21] Lehnt er die Annahme aber nicht ab, so hat er für den beabsichtigten Prozess die Stellung eines gesetzlichen Vertreters.[22] Er hat gegen den Beklagten[23] sowie gegen den zur Tragung der Kosten Verurteilten[24] Anspruch auf Vergütung und Auslagenersatz. Vom Kläger kann er Kostenvorschuss fordern.[25] Eine Beiordnung des Vertreters im Wege der Prozesskostenhilfe ist möglich.[26] Die Vertretung endet mit Eintritt des ordentlichen gesetzlichen Vertreters, mit Widerruf der Bestellung für die Zukunft[27] oder dem Eintritt der Prozessfähigkeit des Beklagten.[28] Die innerhalb der Vertretungsmacht vorgenommenen Prozesshandlungen des Vertreters behalten aber in jedem Falle volle Wirksamkeit, selbst wenn die Prozessfähigkeit des Vertretenen von Anfang an gegeben war.[29] Die Bestellung hindert den prozessunfähigen Beklagten nicht daran, die **Prüfung einer Prozessfähigkeit** durch das Prozessgericht zu verlangen. Er gilt insoweit als prozessfähig.[30] Zur Klärung der Prozessfähigkeit kann er Rechtsmittel einlegen (s. § 56 Rn. 8).[31] Dem Vertretenen sind Schriftsätze und Entscheidungen zuzustellen so weit er aufnahmefähig ist.[32] Er ist auch zu laden.[33]

III. Gebühren und Kosten

6 **1. Rechtsanwaltsgebühren.** Die Tätigkeit des Anwalts gehört zum Rechtszug, wird also durch die Gebühren der Nrn. 3100ff. VV RVG abgegolten (§ 19 Abs. 1 RVG). Ist der Anwalt nicht Prozessbevollmächtigter, erhält er die Gebühren der Nr. 3403 VV RVG. Ist der Pfleger Rechtsanwalt, erhält er die Gebühren der RVG (§ 1835 Abs. 3 BGB); bei Prozesskostenhilfe vgl. § 45 Abs. 1 RVG.

7 **2. Gerichtskosten.** Gerichtsgebühren werden nicht erhoben; für die Beschwerde gilt KV Nr. 1812.

58 *Prozesspfleger bei herrenlosem Grundstück oder Schiff* **(1) Soll ein Recht an einem Grundstück, das von dem bisherigen Eigentümer nach § 928 des Bürgerlichen Gesetzbuchs aufgegeben und von dem Aneignungsberechtigten noch nicht erworben worden ist, im Wege der Klage geltend gemacht werden, so hat der Vorsitzende des Prozessgerichts auf Antrag einen Vertreter zu bestellen, dem bis zur Eintragung eines neuen Eigentümers die Wahrnehmung der sich aus dem Eigentum ergebenden Rechte und Verpflichtungen im Rechtsstreit obliegt.**

(2) Absatz 1 gilt entsprechend, wenn im Wege der Klage ein Recht an einem eingetragenen Schiff oder Schiffsbauwerk geltend gemacht werden soll, das von dem bisherigen Eigentümer nach § 7 des Gesetzes über Rechte an eingetragenen Schiffen und Schiffsbauwerken vom 15. November 1940 (RGBl. I S. 1499) aufgegeben und von dem Aneignungsberechtigten noch nicht erworben worden ist.

I. Normzweck

1 Mit der Aufgabe des Eigentums an einem Grundstück nach § 928 BGB wird dieses herrenlos und steht der Aneignung durch den Landesfiskus (vgl. § 928 Abs. 2 BGB) offen. Rechte Dritter werden von der Eigentumsaufgabe nicht berührt.[1] Aus dem Gebot effektiven Rechtsschutzes folgt, dass den Inhabern solcher

---

[17] MK/*Lindacher* Rn. 13; *St/J/Bork* Rn. 6; *Wiecz/Hausmann* Rn. 15.
[18] AllgM; vgl. nur MK/*Lindacher* Rn. 15, 18; *T/P/Hüßtege* Rn. 6; *St/J/Bork* Rn. 8.
[19] BSG NJW 1994, 215; MK/*Lindacher* Rn. 15; *St/J/Bork* Rn. 7; *Grunsky* FamRZ 1966, 572f.
[20] Vgl. BSG NJW 1994, 215f.
[21] AllgM; vgl. BayObLG WuM 1989, 534; *T/P/Hüßtege* Rn. 6; MK/*Lindacher* Rn. 17; *St/J/Bork* Rn. 11.
[22] AllgM; KG JW 1939, 566; OLG München MDR 1972, 155; MK/*Lindacher* Rn. 19; *T/P/Hüßtege* Rn. 7.
[23] Im Ergebnis allgM; für §§ 683, 670, 1835 Abs. 2 BGB analog *Zö/Vollkommer* Rn. 8; wohl auch *St/J/Bork* Rn. 11; für §§ 669, 670, 1835 Abs. 1 BGB analog *Wiecz/Hausmann* Rn. 24 Fn. 59.
[24] Vgl. *Zö/Vollkommer* Rn. 8; *Wiecz/Hausmann* Rn. 26.
[25] *T/P/Hüßtege* Rn. 6.
[26] *B/L/H* Einf. §§ 57, 58 Rn. 4.
[27] AllgM; vgl. nur MK/*Lindacher* Rn. 20.
[28] MK/*Lindacher* Rn. 20; *Zö/Vollkommer* Rn. 9; *Wiecz/Hausmann* Rn. 20; aA *St/J/Bork* Rn. 9.
[29] Vgl. *Zö/Vollkommer* Rn. 9; *St/J/Bork* Rn. 9; *Wiecz/Hausmann* Rn. 22; *Dunz* NJW 1961, 441.
[30] AllgM; BSG NJW 1994, 215; OLG Celle ZZP 79 (1966), 151, 152; MK/*Lindacher* Rn. 21; AK-ZPO/*Koch* Rn. 4.
[31] BGH NJW 1966, 2210 = FamRZ 1966, 571 (*Grunsky*); OLG Celle ZZP 79 (1966), 151, 152; *Ro/S/Go* § 54 Rn. 6.
[32] BSG NJW 1994, 215; *T/P/Hüßtege* Rn. 7; MK/*Lindacher* Rn. 23; *Wiecz/Hausmann* Rn. 24.
[33] *T/P/Hüßtege* Rn. 7; *Dunz* NJW 1961, 441, 443; vgl. auch MK/*Lindacher* Rn. 23 wonach der Vertretene vom Termin zu unterrichten ist, ebenso *Wiecz/Hausmann* Rn. 24; aA *St/J/Bork* Rn. 9.
[1] AllgM; vgl. nur *Palandt/Bassenge* § 928 Rn. 3.

Rechte auch im **Zeitraum der Herrenlosigkeit** die Möglichkeit zur klageweisen Durchsetzung ihrer Rechte erhalten bleiben muss.[2] Aus diesem Grund gewährt § 58 diesen Personen, unabhängig von der Möglichkeit, eine Pflegerbestellung nach § 1913 BGB zu veranlassen oder die Aneignung bei der dazu zuständigen Stelle zu betreiben, ein Recht auf Bestellung eines besonderen Vertreters (Prozesspfleger).[3] Gleiches gilt bei der Aufgabe des Eigentums an eingetragenen Schiffen oder Schiffsbauwerken (Abs. 2). § 58 gilt nur im Klageverfahren, seit der Streichung von § 688 Abs. 1 S. 2 aF nicht mehr im Mahnverfahren.[4] Für die Anwendung der Vorschrift ist kein Raum, wenn der Fall des § 928 BGB **nach Rechtshängigkeit** eintritt; es gilt dann ausschließlich § 265.[5]

II. Voraussetzungen der Bestellung

Das Grundstück bzw. Schiff/Schiffsbauwerk muss vor Rechtshängigkeit herrenlos sein und es muss sich bei der beabsichtigten Klage um eine Klage aus dinglichem Recht handeln.[6] In Betracht kommen insoweit nicht nur beschränkt dingliche Rechte, sondern auch vorgemerkte und nachbarrechtliche Ansprüche.[7] § 58 Abs. 1 ist entsprechend anwendbar im Falle der Ausschließung eines Eigentümers im Aufgebotsverfahren (vgl. § 927 BGB).[8] 2

III. Verfahren

Das Verfahren der Bestellung entspricht demjenigen des § 57 (s. § 57 Rn. 4). Im Gegensatz zu § 57 hat der Vorsitzende des Prozessgerichts aber im Rahmen des § 58 auch zu prüfen, ob das Gericht für die beabsichtigte Klage örtlich zuständig ist (vgl. § 24). Ist dies nicht der Fall, muss der Antrag zurückgewiesen werden.[9] 3

IV. Stellung des Prozesspflegers

Aufgabe des Prozesspflegers ist die Abwehr unzulässiger sowie unbegründeter Klagen und damit die Wahrnehmung von Interessen des späteren Eigentümers. Nach richtiger Auffassung ist er daher **gesetzlicher Vertreter** des künftigen Eigentümers.[10] Er ist zur Übernahme des Amtes nicht verpflichtet[11] und kann diese von einem Kostenvorschuss des Klägers abhängig machen.[12] Für die **Kosten** des Vertreters haftet der Antragsteller. So weit dessen Recht die dingliche Haftung für solche Kosten vorsieht (vgl. zB § 1118 BGB; §§ 10 Abs. 2, 162 ZVG), kann er den entsprechenden Betrag als Nebenforderung mit der dinglichen Klage geltend machen.[13] Die Vertreterbestellung endet mit der Eintragung des neuen Eigentümers (nicht erst mit dessen Eintritt in den Prozess)[14] und mit dem Ende der Herrenlosigkeit auf andere Weise als nach § 928 Abs. 2 BGB. In diesen Fällen wird der Prozess ohne Unterbrechung von dem neuen Eigentümer übernommen.[15] Das Amt endet ferner mit Widerruf der Bestellung. 4

V. Gebühren und Kosten

1. Rechtsanwaltsgebühren. Vgl. § 57 Rn. 6. 5

2. Gerichtsgebühren werden nicht erhoben; für die Beschwerde gilt KV Nr. 1812. 6

Titel 2. Streitgenossenschaft

59 *Streitgenossenschaft bei Rechtsgemeinschaft oder Identität des Grundes* **Mehrere Personen können als Streitgenossen gemeinschaftlich klagen oder verklagt werden, wenn sie hinsichtlich des Streitgegenstandes in Rechtsgemeinschaft stehen oder wenn sie aus demselben tatsächlichen und rechtlichen Grund berechtigt oder verpflichtet sind.**

60 *Streitgenossenschaft bei Gleichartigkeit der Ansprüche* **Mehrere Personen können auch dann als Streitgenossen gemeinschaftlich klagen oder verklagt werden, wenn gleichartige und auf einem im Wesentlichen gleichartigen tatsächlichen und rechtlichen Grund beruhende Ansprüche oder Verpflichtungen den Gegenstand des Rechtsstreits bilden.**

---

[2] MK/*Lindacher* Rn. 1; *Zö/Vollkommer* Rn. 1; *St/J/Bork* Rn. 1; *Wiecz/Hausmann* Rn. 1.
[3] Vgl. *St/J/Bork* Rn. 1; MK/*Lindacher* Rn. 1; AK-ZPO/*Koch* Rn. 3.
[4] MK/*Lindacher* Rn. 3; *Wiecz/Hausmann* Rn. 2.
[5] AllgM; vgl. nur MK/*Lindacher* Rn. 8; *St/J/Bork* Rn. 4.
[6] MK/*Lindacher* Rn. 4; *T/P/Hüßtege* Rn. 1; *St/J/Bork* Rn. 3; vgl. auch LG Hamburg JW 1935, 1198.
[7] Vgl. dazu *Staudinger/Pfeifer* § 928 Rn. 35.
[8] MK/*Lindacher* Rn. 9; *St/J/Bork* Rn. 5; *Wiecz/Hausmann* Rn. 7.
[9] AllgM; vgl. nur MK/*Lindacher* Rn. 7.
[10] HM; vgl. MK/*Lindacher* Rn. 2; *B/L/H* Rn. 6; *St/J/Bork* Rn. 6; *Wiecz/Hausmann* Rn. 9; aA LG Cottbus DR 1940, 48 (m. Anm. v. *Gaede*).
[11] *B/L/H* Einf. §§ 57, 58 Rn. 4; *St/J/Bork* Rn. 8.
[12] Vgl. MK/*Lindacher* Rn. 13; *Wiecz/Hausmann* Rn. 12.
[13] MK/*Lindacher* Rn. 13.
[14] AllgM; vgl. nur MK/*Lindacher* Rn. 11; *B/L/H* Rn. 6; *St/J/Bork* Rn. 7.
[15] MK/*Lindacher* Rn. 11; *St/J/Bork* Rn. 7; *Wiecz/Hausmann* Rn. 10.

I. Normzweck

1 Gegenstand des Zweiten Titels des Zweiten Abschnitts des Ersten Buches ist die Streitgenossenschaft. Das Gesetz beschreibt dabei zunächst in den §§ 59, 60 den Begriff der Streitgenossenschaft und regelt deren Zulässigkeit. § 61 behandelt das Verhältnis der Streitgenossen zueinander und § 62 die Wirkungen der notwendigen Streitgenossenschaft. § 63 schließlich enthält eine Regelung über den Prozessbetrieb und die Ladung.

2 Wollte ein Kläger mehrere Beklagte oder wollten mehrere Kläger einen bzw. mehrere Beklagte verklagen, so könnte dies – gäbe es die Streitgenossenschaft nicht – selbst bei Prozessrechtsverhältnissen, die in innerem Zusammenhang stehen, nur in getrennten Prozessen erfolgen. Wegen der prozessualen Unabhängigkeit der einzelnen Prozesse bestünde die Gefahr von Wiederholungen in der Sachverhaltsermittlung und der Beweisaufnahme, sowie die Gefahr widersprüchlicher Entscheidungen. Auch die Kosten des Rechtsstreits würden dadurch unnötig in die Höhe getrieben. Das Gesetz eröffnet deshalb in den §§ 59, 60 die Möglichkeit zur Verbindung von selbstständigen Prozessrechtsverhältnissen, die aus tatsächlichen und rechtlichen Gründen miteinander zusammenhängen, in einem einzigen Verfahren. Dies dient zum einen der Prozessökonomie und der Kostenersparnis,[1] andererseits aber auch der Rechtssicherheit, indem durch die Möglichkeit einer einheitlichen Behandlung des Tatsachenstoffs sich widersprechende Entscheidungen vermieden werden. §§ 59ff. finden auf alle Verfahrensarten der ZPO Anwendung.[2] Im Verfahren nach dem FGG sind sie nicht anwendbar.[3] In Baulandsachen gehen §§ 217 bis 231 BauGB den §§ 59ff. vor.[4]

II. Begriff der Streitgenossenschaft

3 Streitgenossenschaft (**subjektive Klagenhäufung**) liegt vor, wenn auf mindestens einer Parteiseite mehrere Personen (Streitgenossen) stehen; sie ist die aus prozesswirtschaftlichen Gründen erfolgte Zusammenfassung mehrerer Einzelprozesse (Parallelprozesse, s. Rn. 2).[5] Sie kann nur zwischen mehreren selbstständigen Parteien in derselben Parteirolle (sei es als Kläger oder als Beklagte) bestehen.[6] Von Streitgenossenschaft ist daher nicht auszugehen, wenn eine parteifähige Personenvereinigung klagt oder verklagt wird, denn hier besteht nur eine Partei. Auch mehrere Vertreter einer Partei können deshalb keine Streitgenossen sein.[7] Die Streitgenossenschaft ist streng von der Beteiligung Dritter am Rechtsstreit (Nebenintervention, vgl. § 66; Streitverkündung, vgl. § 72; notwendige Beiladung, vgl. §§ 640e, 856 Abs. 3) zu unterscheiden. Bei der Beteiligung Dritter werden die Beteiligten nicht selbst Partei, während die Streitgenossen immer Hauptparteien des Rechtsstreits sind.[8]

III. Arten der Streitgenossenschaft

4 Die praktisch wichtigste Unterscheidung findet ihren Ausdruck in § 62, der von einer **notwendigen Streitgenossenschaft** spricht. Alle übrigen Fälle werden deshalb allgemein als **einfache Streitgenossenschaft** bezeichnet (zu den Abgrenzungskriterien s. die Erl. zu § 62). Ferner lassen sich nach dem Zeitpunkt der Entstehung die **ursprüngliche** und die **nachträgliche** (s. § 263 Rn. 23) und je nach dem, ob Parteienmehrheit auf Kläger- oder Beklagtenseite besteht, die **aktive** und **passive** Streitgenossenschaft differenzieren. Innerhalb der notwendigen Streitgenossenschaft werden die Fälle prozessrechtlich und materiellrechtlich notwendiger Streitgenossenschaft unterschieden.

IV. Entstehung und Beendigung der Streitgenossenschaft

5 **1. Entstehung.** Die Streitgenossenschaft entsteht in der Regel mit Einleitung des Verfahrens durch gemeinschaftliche Klageerhebung/Antragstellung mehrerer Kläger und/oder gegen mehrere Beklagte.[9] Hierzu ist nicht erforderlich, dass dieselben Anträge gegen alle Streitgenossen gestellt werden. Unterschiedliche Klagearten sind also für die Streitgenossenschaft ohne Belang.[10] Einer gleichzeitigen Zustellung bedarf es nicht.[11] Ein prozessualer **Zwang** zur gemeinsamen Klageerhebung besteht grundsätzlich **nicht.** Dem Kläger steht frei, getrennt oder zusammen zu verklagen.[12] Macht das materielle Recht aber eine gemeinsame Klage erforderlich, so muss die Einzelklage abgewiesen werden. Eine nachträgliche Streitgenossenschaft entsteht durch Parteierweiterung,[13] wenn also auf Klägerseite eine weitere Partei beitritt oder die Klage gegen einen weiteren Beklagten erstreckt wird (s. § 263 Rn. 23). Hierzu zählt auch der Beitritt eines Gläubigers gemäß

---

1 Vgl. BGH NJW 1992, 981, 982; *Wiecz/Schütze* § 59 Rn. 5; MK/*Schultes* § 59 Rn. 1.
2 Vgl. nur MK/*Schultes* § 59 Rn. 2; *T/P/Hüßtege* vor § 59 Rn. 4; *Zö/Vollkommer* Rn. 3a.
3 HM; KG ZMR 1984, 249, 250; MK/*Schultes* § 59 Rn. 2.
4 BGH NJW 1989, 1038, 1039.
5 BGH WM 1989, 997, 998; NJW 1992, 981, 982; OLG München NJW-RR 1992, 123; *St/J/Bork* vor § 59 Rn. 1.
6 Vgl. nur *Zö/Vollkommer* § 60 Rn. 2; *Wiecz/Schütze* § 59 Rn. 7.
7 *St/J/Bork* vor § 59 Rn. 1.
8 Vgl. schon RGZ 151, 210, 211f.; *Gottwald* JA 1982, 64.
9 MK/*Schultes* § 59 Rn. 15; *T/P/Hüßtege* vor § 59 Rn. 1 und 5; *St/J/Bork* vor § 59 Rn. 1.
10 BayObLG NJW-RR 1990, 742 und 1020; *Zö/Vollkommer* Rn. 7; *Wiecz/Schütze* § 59 Rn. 11.
11 RGZ 36, 364.
12 BGH NJW 1987, 439; WM 1990, 1562; *St/J/Bork* vor § 59 Rn. 2, 4 und § 59 Rn. 1; *Gottwald* JA 1982, 64.
13 BGH NJW 1989, 3225.

§ 856 Abs. 2.[14] Eine nachträgliche Streitgenossenschaft entsteht auch durch Erhebung einer Widerklage gegen den Kläger und einen Dritten, § 33 Rn. 20ff.;[15] im Fall des Eintritts mehrerer Gesamtrechtsnachfolger an die Stelle einer Partei,[16] sowie bei einer Verbindung nach § 147[17]. Daneben kennt die ZPO Vorschriften, die unabhängig von den Voraussetzungen der §§ 59, 60 bestimmte Personen zu Streitgenossen erklären (vgl. §§ 64, 805 Abs. 3).[18]

2. Beendigung. Die Streitgenossenschaft endet bei Eintritt einer Einzelperson an die Stelle der Streit- 6
genossen, daneben durch Trennung nach § 145[19] (s. §§ 145, 147) oder durch die Beendigung eines Einzelprozesses eines Streitgenossen.[20] Eine solche Beendigung tritt aber solange nicht ein, wie der Streitgenosse noch an einem Rechtsmittel-, Betrags- oder Nachverfahren bzw. an der Kostenentscheidung beteiligt ist.

V. Voraussetzungen der Streitgenossenschaft

1. Zweckmäßigkeit der gemeinsamen Verhandlung und Entscheidung. Die Rechtsprechung und Teile 7
der Literatur halten eine Abgrenzung der Einzelfälle der §§ 59, 60 zu Recht für kaum durchführbar und legen daher diese Vorschriften dahin aus, dass eine Streitgenossenschaft immer dann zulässig ist, wenn eine gemeinsame Verhandlung und Entscheidung zweckmäßig ist.[21] Teilweise wird auch davon gesprochen, die Streitgenossenschaft sei zulässig, wenn eine gemeinsame Verhandlung und Entscheidung zweckmäßig sei und wenn keine Unübersichtlichkeit oder Verwirrung der Prozessführung drohe.[22] Das ist etwa dann der Fall, wenn die gegen die Streitgenossen geltend gemachten Ansprüche in einem **inneren sachlichen Zusammenhang** stehen.[23] Wenn hingegen keinerlei innerer Zusammenhang zwischen den geltend gemachten Ansprüchen besteht, ist eine gemeinsame Verhandlung und Entscheidung nicht zweckmäßig.[24] Nach einer Formulierung des BayObLG kann von Zweckmäßigkeit einer gemeinsamen Entscheidung und Verhandlung ausgegangen werden, wenn damit ein geringerer prozessualer Aufwand verbunden ist als mit Durchführung getrennter Prozesse und wenn dadurch **einander widersprechende Entscheidungen vermieden** werden.[25] Eine bloße sachliche Ähnlichkeit des Geschehensablaufs und des wirtschaftlichen Hintergrundes reicht nicht aus.[26] Die in §§ 59, 60 genannten Fallgruppen (dazu sogleich Rn. 8ff.) sind insoweit von Bedeutung, als bei ihrem Vorliegen die Zweckmäßigkeit einer gemeinsamen Verhandlung und Entscheidung jedenfalls zu bejahen ist und sie Anhaltspunkte für die Auslegung des Begriffs der Zweckmäßigkeit geben. Neben der Zweckmäßigkeit müssen die unter Rn. 11 genannten Voraussetzungen vorliegen.

2. Rechtsgemeinschaft (§ 59 Alt. 1). Gemäß § 59 1. Alternative liegt Streitgenossenschaft vor, wenn 8
die Streitgenossen in (behaupteter) Rechtsgemeinschaft stehen.[27] Unter Streitgegenstand ist hier der in Streit stehende materiellrechtliche Gegenstand (Sache oder Recht) zu verstehen.[28] Bei der Rechtsgemeinschaft kann es sich um Gemeinschaften von Miteigentümern;[29] Gesamthandsgemeinschaften;[30] Gesamtschuldnerschaft[31] und Gesamtgläubigerschaft handeln.[32] Eine Rechtsgemeinschaft liegt auch vor in Fällen akzessorischer Haftung (etwa zwischen Bürge und Hauptschuldner[33]) und in Fällen anteiliger Haftung.[34]

3. Identität des tatsächlichen und rechtlichen Grundes (§ 59 Alt. 2). Identität lediglich der tatsächlichen 9
Grundlage reicht nicht aus.[35] Die Voraussetzungen des § 59 Alt. 2 sind erfüllt bei Ansprüchen aus gemein-

---

[14] MK/*Schultes* § 59 Rn. 17; *Wiecz/Schütze* § 59 Rn. 22; *Ro/S/Go* § 48 Rn. 4.
[15] BGH NJW 1975, 1228; MK/*Schultes* § 59 Rn. 19; *St/J/Bork* vor § 59 Rn. 5.
[16] *Zö/Vollkommer* Rn. 3; MK/*Schultes* § 59 Rn. 18; *Ro/S/Go* § 48 Rn. 4.
[17] OLG Köln VersR 1973, 285; MK/*Schultes* § 59 Rn. 20; *T/P/Hüßtege* vor § 59 Rn. 5; *Ro/S/Go* § 48 Rn. 4.
[18] MK/*Schultes* § 59 Rn. 21; *St/J/Bork* vor § 59 Rn. 7.
[19] MK/*Schultes* § 59 Rn. 23; *B/L/H* § 59 Rn. 6; *T/P/Hüßtege* vor § 59, Rn. 6; *St/J/Bork* vor § 59 Rn. 11.
[20] BGH LM § 66 Nr. 1; MK/*Schultes* § 59 Rn. 23; *T/P/Hüßtege* vor § 59 Rn. 6.
[21] BAGE 24, 355, 359; BGH NJW 1975, 1228; 1992, 981, 982; MDR 1991, 222; NJW-RR 1991, 381 = JZ 1990, 1036; BayObLG NJW-RR 1990, 742; BayObLGZ 1991, 346; vgl. auch *St/J/Bork* § 59 Rn. 2.
[22] *Zö/Vollkommer* Rn. 7; LAG Hamm, Urt. v. 20. 7. 2006, juris Rn. 28; LAG Mecklenburg-Vorpommern, Urt. v. 29. 9. 2006, juris Rn. 30. Soweit sich die Vorgenannten auf BGH NJW 1992, 981, 982 beziehen, wird der BGH überinterpretiert. Einen solchen allgemeinen Grundsatz hat er nicht aufgestellt. Es kann also durchaus eine gemeinsame Verhandlung und Entscheidung zweckmäßig sein, wenn die Angelegenheit unübersichtlich ist. Da sind Verfahren mit vielen Beteiligten häufig.
[23] Vgl. BGH NJW-RR 1991, 381, OLG Zweibrücken MDR 1983, 495, OLG Frankfurt, Beschl. v. 9. 3. 2006, juris, Rn. 14.
[24] OLG Zweibrücken MDR 1983, 495.
[25] BayObLG NJW-RR 1990, 742; NJW-RR 1990, 1020; OLG Dresden OLG-NL 2003, 47.
[26] KG MDR 2000, 1394; OLG Dresden OLG-NL 2003, 47.
[27] AK-ZPO/*Koch* Rn. 4; *Wiecz/Schütze* § 59 Rn. 31; *Ro/S/Go* § 48 Rn. 5.
[28] AllgM; OLG Zweibrücken MDR 1983, 495; MK/*Schultes* § 59 Rn. 8; *Wiecz/Schütze* § 59 Rn. 31.
[29] RGZ 60, 269, 270; BGHZ 92, 351, 353 = NJW 1985, 385.
[30] MK/*Schultes* § 59 Rn. 8; *T/P/Hüßtege* Rn. 2; *Zö/Vollkommer* Rn. 5; *Ro/S/Go* § 48 Rn. 5.
[31] BayObLGZ 1985, 314, 317; DB 1992, 2434.
[32] MK/*Schultes* § 59 Rn. 8; AK-ZPO/*Koch* Rn. 4; *Ro/S/Go* § 48 Rn. 5.
[33] AllgM; MK/*Schultes* § 59 Rn. 8; *T/P/Hüßtege* Rn. 2; *Zö/Vollkommer* Rn. 5; *Fenge* NJW 1971, 1920.
[34] BayObLGZ 1983, 65, 66.
[35] HM; MK/*Schultes* § 59 Rn. 9; *Zö/Vollkommer* Rn. 6; *St/J/Bork* § 59 Rn. 4; aA *Blomeyer* § 109 I 1.

samem Vertrag[36] oder aus derselben deliktischen Handlung (Hauptanwendungsfall: Verkehrsunfallprozess)[37]; bei Ansprüchen der Mutter und des nichtehelichen Kindes gegen den Vater.[38]

10 **4. Gleichartigkeit von Ansprüchen auf Grund eines im Wesentlichen gleichartigen tatsächlichen und rechtlichen Grundes (§ 60).** Die bei § 59 Alt. 2. geforderte Identität wird hier durch das Kriterium der Gleichartigkeit ersetzt. Die Vorschrift ist im Interesse der Prozesswirtschaftlichkeit extensiv auszulegen.[39] Einer drohenden Unübersichtlichkeit oder Verwirrung des Verfahrens kann durch Trennung nach § 145 oder Erlass von Teilurteilen begegnet werden.[40] Gleichartigkeit des Anspruchs (Gleichheit nicht erforderlich)[41] liegt vor bei einer Übereinstimmung nach dem abstrakten Inhalt des Anspruchs,[42] so zB bei mehreren Schadensersatzansprüchen.[43] Des Weiteren muss der Tatsachenstoff im Wesentlichen gleichartig sein. Das ist etwa der Fall bei der Klage gegen mehrere Bauherren aus gemeinsamem Bauvertrag.[44] Gleichzeitig muss eine Gleichartigkeit des Rechtsgrundes vorliegen, so zB bei gleichem Vertragstypus, bei GoA, bei unerlaubter Handlung, bei ungerechtfertigter Bereicherung. Als Beispiel lassen sich hier nennen: Anspruch auf Zahlung von Maklerlohn gegen Käufer und Verkäufer eines Grundstücks aus jeweils getrennten Verträgen[45]; Ansprüche mehrerer Mithaftender aus einem Leasingvertrag[46]; Drittwiderspruchsklage gem. § 771 mehrerer Dritter gegen dieselbe Pfändung.[47] Ansprüche des Bauherrn wegen Baumängeln sowohl gegen den mit der Planung beauftragten als auch gegen den mit der Bauaufsicht beauftragten Architekten.[48] Wenn der Kläger zwei Ärzte in Anspruch nimmt, weil er den geltend gemachten Schaden auf Behandlungsfehler beider zurückführt, liegt nach Auffassung des BayObLG Streitgenossenschaft gem. § 60 vor; auch wenn die Ärzte ihn hintereinander und unabhängig voneinander behandelt haben. Der innere Zusammenhang ergebe sich daraus, dass nach der Behauptung des Klägers die Behandlungsfehler bei der Beklagten zu dem zum Schadensersatz verpflichtenden Zustand zusammengewirkt hätten.[49]

11 **5. Weitere Voraussetzungen.** Eine subjektive Klagenhäufung führt immer **zugleich** zu einer **objektiven Klagenhäufung,** denn der Streitgegenstand ist jeweils ein anderer.[50] Deshalb ist die Vorschrift des § 260, die unmittelbar nur die Fälle mehrerer Ansprüche eines Klägers gegen denselben Beklagten betrifft, hier analog anzuwenden.[51] Das Prozessgericht muss demnach für sämtliche Klagen zuständig sein. Die Zuständigkeit für einzelne Klagen kann ggf. nach § 36 Abs. 1 Nr. 3 begründet werden, vgl. auch § 61 Rn. 4. Wenn aber ein Streitgenosse mit der Gegenpartei einen Gerichtsstand vereinbart hat, muss sich ein anderer Streitgenosse grds. nicht im Wege der Gerichtsstandsbestimmung gem. § 36 Abs. 1 Nr. 3 diesen Gerichtsstand aufdrängen lassen.[52] Es muss zudem dieselbe Prozessart zulässig und gewählt sein. Darüber hinaus darf kein Verbindungsverbot bestehen (vgl. §§ 610 Abs. 2, 640 c).[53] Schließlich ist als unausgesprochene Voraussetzung der §§ 59, 60 erforderlich, dass die als Streitgenossen in Anspruch genommenen Personen zumindest einem gemeinschaftlichen Gegner gegenüberstehen.[54] Zu Recht hat deshalb der BGH in einem Fall in dem keiner der 19 Antragsteller Ansprüche gegen mehrere oder alle 18 Antragsgegner verfolgt hat, entschieden, dass die Antragsgegner nicht Streitgenossen zu einem bestimmten Antragsteller sind.[55]

VI. Eventuelle Streitgenossenschaft

12 Eine eventuelle subjektive Klagenhäufung (Abhängigmachen des Zweitprozesses vom Unterliegen des Beklagten des Erstprozesses) ist unzulässig.[56] Die Begründung für dieses Ergebnis variiert. Während manche den Grund der Unzulässigkeit in der Abhängigkeit der Klage von einer außerprozessualen Bedingung sehen[57], gehen andere davon aus, dass sich die Unzulässigkeit der Eventualklagenhäufung auf Grund der mit ihr verbundenen Schwierigkeiten bei der Kostentragung und im Rechtsmittelzug, des Weiteren auch auf Grund eines berechtigten Interesses des Beklagten an einem für ihn günstigen Sachurteil **(kein „Prozess**

---

[36] *B/L/H* § 59 Rn. 7; MK/*Schultes* § 59 Rn. 9; *T/P/Hüßtege* Rn. 3; *Zö/Vollkommer* Rn. 6.
[37] *T/P/Hüßtege* Rn. 3; MK/*Schultes* § 59 Rn. 9.
[38] Derzeit nicht besetzt.
[39] AllgM; BGH NJW 1975, 1228; 1986, 3209; 1992, 981, 982; NJW-RR 1991, 381; BayObLGZ 1991, 343, 346.
[40] *St/J/Bork* § 60 Rn. 1.
[41] BGH NJW 1975, 1228; 1986, 3209; NJW-RR 1991, 381 = JZ 1990, 1036.
[42] MK/*Schultes* § 60 Rn. 2; *Wiecz/Schütze* § 60 Rn. 5.
[43] RGZ 103, 188, 196; BGH NJW 1975, 1228, 1229; MK/*Schultes* § 60 Rn. 2.
[44] BayObLGZ 1983, 64, 66.
[45] HM; BGH NJW-RR 1991, 381 = JZ 1990, 1036; MK/*Schultes* § 60 Rn. 2; *Zö/Vollkommer* Rn. 7; aA OLG Zweibrücken MDR 1983, 495; *B/L/H* § 60 Rn. 3.
[46] BGH JR 1987, 291, 292.
[47] KG KGBl. 1904, 30; OLG Zweibrücken MDR 1983, 495; *St/J/Bork* § 60 Rn. 3; *Wiecz/Schütze* § 59 Rn. 38.
[48] BayObLG NJW-RR 1998, 814.
[49] BayObLG BayObLGR 2002, 425; aA wohl OLG Celle OLGR Celle 2005, 663.
[50] MK/*Schultes* § 59 Rn. 10; *St/J/Bork* vor § 59 Rn. 7; *Ro/S/Go* § 48 Rn. 10.
[51] MK/*Schultes* § 59 Rn. 10; *Wiecz/Schütze* § 59 Rn. 39; *Jauernig* ZPR § 81 I; *Lindacher* 1986, 379, 380.
[52] BayObLG MDR 1999, 760, 761 = NJW-RR 2000, 660.
[53] Vgl. *Ro/S/Go* § 96 Rn. 12.
[54] BGH NJW 1992, 981.
[55] BGH NJW 1992, 981.
[56] HM; RGZ 58, 248, 249; BGH NJW 1972, 2302; BAG NJW 1994, 1084, 1086; LAG Köln MDR 1999, 376 = NZA-RR 1999, 186; *Ro/S/Go* § 65 Rn. 34; vgl. auch BGH WM 1989, 998; aA AK-ZPO/*Koch* Rn. 7.
[57] OLG Celle, Urt. v. 18. 12. 2003, juris; OLG Hamm MDR 2005, 533; *Zö/Vollkommer* Rn. 10.

auf Probe“) ergibt.[58] Eine unzulässig bedingte subjektive Klagenhäufung gegen einen weiteren Beklagten kann aber uU als Streitverkündung im Sinne des § 72 angesehen werden.[59]

VII. Fehlen der Voraussetzungen einer zulässigen Streitgenossenschaft

Fehlen die oben genannten (Rn. 7 und 11) Voraussetzungen, so hat das Gericht gemäß § 145 zu trennen, 13
wenn es nicht dessen ungeachtet die Voraussetzungen einer Verbindung nach § 147 bejahen will.[60] Im Falle einer Trennung kann sich die sachliche Zuständigkeit ändern (vgl. dazu § 5). Keine Trennung, sondern eine Abweisung der Klage als unzulässig hat im Falle einer eventuellen subjektiven Klagenhäufung zu erfolgen. Die **Zulässigkeit der Streitgenossenschaft** ist streng von der **Zulässigkeit der Klagen** zu unterscheiden. Die Prüfung der **Prozessvoraussetzungen** erfolgt für jeden Streitgenossen gesondert. Das folgt aus der Unabhängigkeit der einzelnen Prozessrechtsverhältnisse.[61] Liegt insoweit ein unbehebbarer Mangel vor, ist die von dem Mangel betroffene Klage als unzulässig abzuweisen[62] oder eine Teilverweisung mit Abtrennung (vgl. §§ 145, 281) vorzunehmen.[63] Fallen Prozessvoraussetzungen im Laufe des Prozesses bei einzelnen Streitgenossen weg, so treten Unterbrechung und Aussetzung des Verfahrens nur in deren Prozessrechtsverhältnis ein.[64] Vgl. i. Ü. die Erl. zu § 61.

VIII. Gebühren und Kosten

1. Rechtsanwaltsgebühren. Vertritt der Anwalt in einer Angelegenheit (§ 15 Abs. 2 S. 1 RVG) mehrere 14
Auftraggeber, erhält er (nur) dann einen Zuschlag auf die Verfahrens- oder Geschäftsgebühr in Höhe einer Gebühr von 0,3 je weiteren Auftraggeber bis zu einer maximalen Erhöhung von insgesamt 2,0, wenn der Gegenstand der anwaltlichen Tätigkeit derselbe ist, Nr. 1008 VV RVG. Zum Mehrvertretungszuschlag vgl. auch § 91 Rn. 52 und 69; zur bes. Problematik bei Satzrahmengebühren vgl. G/S-Müller/Rabe VV 1008 Rn. 224ff.; AnwK-RVG/Schnapp VV 1008 Rn. 44f.

2. Gerichtskosten. Für die Haftung von Streitgenossen vgl. § 32 GKG. 15

61 *Wirkung der Streitgenossenschaft* **Streitgenossen stehen, soweit nicht aus den Vorschriften des bürgerlichen Rechts oder dieses Gesetzes sich ein anderes ergibt, dem Gegner dergestalt als Einzelne gegenüber, dass die Handlungen des einen Streitgenossen dem anderen weder zum Vorteil noch zum Nachteil gereichen.**

I. Normzweck

§ 61 stellt den Grundsatz der prozessualen Selbstständigkeit der einzelnen Streitgenossen auf. Jeder 1
Streitgenosse ist danach so zu behandeln, als ob er nur allein mit dem Gegner prozessieren würde.[1] Die Vorschrift wird jedoch für die notwendige Streitgenossenschaft weitgehend durch die Regelung des § 62 verdrängt.

II. Grundsatz der Selbstständigkeit der Streitgenossen

Streitgenossenschaft bedeutet zunächst nicht mehr als die rein formale Verbindung sachlich selbststän- 2
diger Prozesse und Prozessrechtsverhältnisse zu einem gemeinsamen Verfahren.[2] Aus der Unabhängigkeit der einzelnen Prozesse folgt, dass jeder Streitgenosse seinen Prozess selbstständig führt und betreibt und im Prozess des anderen keine Prozesshandlung vornehmen kann (s. auch § 63).[3] Der Grundsatz der Selbstständigkeit der Streitgenossen unterliegt jedoch verschiedenen Einschränkungen, die aus der verfahrensmäßigen Verbindung der Einzelprozesse resultieren.

1. Verfahrensablauf. Jeder Einzelprozess beginnt unabhängig vom anderen mit der Zustellung der 3
ihn eröffnenden Klage.[4] Das hat zur Folge, dass die **Rechtshängigkeit** für jeden Streitgenossen selbstständig eintritt. Die Selbstständigkeit der Einzelprozesse bedingt auch, dass alle **Fristen** für jeden Streitgenossen getrennt laufen[5] und Ruhen, Stillstand, Aussetzung und Unterbrechung des Verfahrens (vgl. §§ 239 bis 251) in jedem Prozessrechtsverhältnis gesondert eintreten.[6] Dennoch hat die Verbindung der Verfahren Auswirkungen auf den Prozessablauf: So sind sämtliche Streitgenossen zu allen Terminen zu **laden** (s. dazu näher § 63) und **Beweise** nur einmal zu erheben und einheitlich zu würdigen.[7] Ein **schrift-**

---

[58] MK/*Schultes* § 59 Rn. 11; *St/J/Bork* vor § 59 Rn. 4a.
[59] MK/*Schultes* § 59 Rn. 11; *Zö/Vollkommer* Rn. 10; *Blomeyer* § 108 I 1.
[60] MK/*Schultes* § 59 Rn. 12; *Zö/Vollkommer* Rn. 8; *St/J/Bork* vor § 59 Rn. 9; *Ro/S/Go* § 48 Rn. 11.
[61] *Zö/Vollkommer* Rn. 9; *T/P/Hüßtege* Rn. 7; *Ro/S/Go* § 48 Rn. 12.
[62] MK/*Schultes* § 59 Rn. 11; *Zö/Vollkommer* Rn. 9; *St/J/Bork* vor § 59 Rn. 10; *Ro/S/Go* § 48 Rn. 20.
[63] *Wiecz/Schütze* § 61 Rn. 2.
[64] RGZ 41, 414; *Ro/S/Go* § 48 III 1c; MK/*Schultes* § 61 Rn. 6; *St/J/Bork* vor § 59 Rn. 10.
[1] BGH WM 1989, 997, 998; BGH NJW-RR 1989, 1099.
[2] RGZ 55, 310, 311; BGHZ 8, 72, 78 = NJW 1953, 420; BGH NJW-RR 1989, 1099; BAGE 24, 355, 358.
[3] BAGE 24, 355, 358; MK/*Schultes* Rn. 2; *Ro/S/Go* § 48 III 1c.
[4] *T/P/Hüßtege* Rn. 4; *Wiecz/Schütze* Rn. 7; *Ro/S/Go* § 48 Rn. 16.
[5] BGH GRUR 1984, 37; KG VersR 1975, 350; *B/L/H* Rn. 8.
[6] RGZ 41, 414, 415; *T/P/Hüßtege* Rn. 10; MK/*Schultes* Rn. 6; *Zö/Vollkommer* Rn. 8; *St/J/Bork* vor § 59 Rn. 10.
[7] *T/P/Hüßtege* Rn. 12; MK/*Schultes* Rn. 9; *St/J/Bork* Rn. 10.

liches Verfahren gemäß § 128 Abs. 2 kann nur mit Einverständnis aller Streitgenossen durchgeführt werden.[8]

4 **2. Prozessvoraussetzungen.** Die Prüfung der Prozessvoraussetzungen hat wegen der Selbstständigkeit der Prozesse für jeden Streitgenossen gesondert zu erfolgen (s. §§ 59, 60 Rn. 13).[9] Das Vorliegen einer Streitgenossenschaft kann sich aber auf die Zuständigkeit des Gerichts auswirken. Das gilt zum einen für die internationale Zuständigkeit im Anwendungsbereich der Brüssel I – VO. Hier können bei Konnexität (vgl. Art. 28 Abs. 3) alle Streitgenossen im Wohnsitzstaat eines Streitgenossen verklagt werden (vgl. Art. 6 Nummer 1). Im Rahmen der Prüfung der **sachlichen Zuständigkeit** ist die in § 5 vorgesehene Streitwertaddition zu beachten.[10] Auf die **örtliche Zuständigkeit** wirkt sich das Vorliegen einer Streitgenossenschaft im Fall der Unterhaltsklage des Kindes gegen beide Eltern (vgl. § 35 a), bei Wechselklagen gegen mehrere Beklagte (vgl. §§ 603 Abs. 2, 605 a) und in den Fällen des § 56 LuftVG aus. Im Rahmen der örtlichen Zuständigkeit erfolgt eine Bestimmung durch das höhere Gericht nach **§ 36 Nr. 3,** wenn mehrere Personen, die bei verschiedenen Gerichten ihren allgemeinen Gerichtsstand haben, als Streitgenossen im allgemeinen Gerichtsstand verklagt werden sollen und für den Rechtsstreit ein besonderer Gerichtsstand nicht begründet ist.[11] Wird der **Zivilrechtsweg** vom Landgericht für unzulässig erklärt und der Rechtsstreit an das Arbeitsgericht verwiesen, so kann, wenn auf Beklagtenseite nur einer von mehreren einfachen Streitgenossen Beschwerde (gem. § 17 a Abs. 4 GVG) einlegt, die angefochtene Entscheidung nicht auch in Bezug auf die anderen Streitgenossen überprüft werden.[12]

5 **3. Stellung der Streitgenossen im Prozess.** Jeder Streitgenosse ist nur in seinem Rechtsstreit Partei. Er kann deshalb **Nebenintervenient** im Prozess des anderen Streitgenossen sein,[13] auch dem (gemeinsamen) Gegner als Nebenintervenient beitreten.[14] Auch hat er die Möglichkeit, einem anderen Streitgenossen den Streit zu verkünden.[15] Umstritten ist, ob ein Streitgenosse im Rahmen einer Beweisaufnahme als **Zeuge** vernommen werden darf. Mit der hM wird man dies grds. für unzulässig erachten müssen. Während das RG von diesem Grundsatz keine Ausnahme gemacht hat,[16] gilt nach heute hM eine Ausnahme dann, wenn das Beweisthema ausschließlich Relevanz für das Verfahren des anderen Streitgenossen hat.[17] Das ist die notwendige Korrektur für die großzügige Auslegung der §§ 59, 60, wonach eine Streitgenossenschaft schon dann für zulässig erachtet wird, wenn eine gemeinsame Verhandlung und Entscheidung zweckmäßig ist.[18] Die Gegenmeinung, die dem Streitgenossen umfassende Zeugenfähigkeit einräumen will,[19] verkennt, dass jeder Streitgenosse bezüglich aller ihn betreffender Beweisthemen die Stellung einer Partei einnimmt und deswegen nur den Regeln über die Parteivernehmung unterliegt.[20] Aus der fehlenden Zeugenfähigkeit des Streitgenossen können sich zwar Beweisschwierigkeiten ergeben, so zB wenn ein Streitgenosse nur deshalb mitverklagt wird, um ihn als Zeugen auszuschalten. Diesen Schwierigkeiten kann aber durch Trennung der einzelnen Verfahren gemäß § 145 begegnet werden.[21] Umfassende Zeugenfähigkeit erlangt ein Streitgenosse mit seinem rechtskräftigen Ausscheiden aus dem Prozess.[22] Davon ist auch dann auszugehen, wenn noch nicht über die Kosten entschieden ist, eine den Streitgenossen belastende Kostenentscheidung aber nicht mehr möglich erscheint.[23] Für die Parteivernehmung gilt § 449. Bei einfachen Streitgenossen darf eine Prozesshandlung gegenüber einem ersten Streitgenossen nicht vom Ausgang des Prozesses gegen einen zweiten Streitgenossen abhängig gemacht werden, weil es sich dabei – bezogen auf den ersten Streitgenossen – um eine außerprozessuale Bedingung handelt. Diese ist unzulässig und macht die gesamte Prozesshandlung unwirksam. Die Bedingung ist außerprozessual, weil jeder Streitgenosse so zu behandeln ist, als ob er nur allein mit dem Gegner prozessieren würde.[24]

6 **4. Prozessführung.** Jeder Streitgenosse führt seinen Prozess selbstständig und kann Prozesshandlungen nur in seinem Prozess vornehmen. Er kann sich deshalb durch einen eigenen **Prozessbevollmächtigten** vertreten lassen (Ausnahme: § 69 Abs. 1 AktG)[25] oder auch die Prozessvertretung eines anderen übernehmen.[26] Die Möglichkeit der Vertretung aller Streitgenossen durch einen gemeinsamen Bevollmächtigten

---

[8] MK/*Schultes* Rn. 10; *T/P/Hüßtege* Rn. 9; *Zö/Vollkommer* Rn. 6; *St/J/Bork* Rn. 14; aA *B/L/H* Rn. 10, 12.
[9] BGH GRUR 1984, 37; OLG Frankfurt NJW-RR 1995, 319; *Zö/Vollkommer* §§ 59, 60 Rn. 9.
[10] *St/J/Bork* vor § 59 Rn. 9; BAGE 24, 355, 358.
[11] Vgl. BayObLG DB 1992, 2334.
[12] BGH NZA 2006, 119, 120.
[13] AllgM; BGHZ 68, 81, 85 = NJW 1977, 1013; MK/*Schultes* Rn. 7.
[14] BGHZ 8, 72, 78 f. = NJW 1953, 420; BGH VersR 1985, 80 f.; *T/P/Hüßtege* Rn. 6; aA RGZ 151, 210.
[15] AllgM vgl. nur BGHZ 8, 72, 78 = NJW 1953, 420; MK/*Schultes* Rn. 7; *Ro/S/Go* § 48 Rn. 16.
[16] Vgl. RGZ 29, 370; 91, 37 f.
[17] HM; BGH NJW-RR 1991, 256; NJW 1983, 2508; BAGE 24, 355, 357 ff. = JZ 1973, 58; KG OLGZ 1977, 244, 245; OLG Düsseldorf MDR 1971, 56; OLG Hamm NJW-RR 1986, 391, 392; MK/*Schultes* Rn. 8; *T/P/Hüßtege* Rn. 7; *Zö/Vollkommer* Rn. 4; *St/J/Bork* Rn. 11; *Ro/S/Go* § 48 Rn. 17; gänzlich abl. noch RGZ 29, 370; 91, 37 f.
[18] BAGE 24, 355, 359.
[19] *Gottwald* JA 1982, 64, 65; *Lindacher* JuS 1986, 379, 381.
[20] Vgl. BGH WM 1983, 729; BAGE 24, 355, 357.
[21] Zutreffend MK/*Schultes* Rn. 8; *Wiecz/Schütze* Rn. 30.
[22] RGZ 91, 37 f.; OLG Köln NJW-RR 1999, 140; *T/P/Hüßtege* Rn. 7; *B/L/H* Rn. 9; *Zö/Vollkommer* Rn. 4.
[23] OLG Celle NJW-RR 1991, 62 f.
[24] OLG Hamm MDR 2005, 533.
[25] OLG Hamm MDR 1971, 312; OLG Frankfurt MDR 1981, 149; MK/*Schultes* Rn. 3.
[26] *Ro/S/Go,* 15. Aufl., § 48 III 1 c.

wird dadurch nicht ausgeschlossen.[27] Wegen der sachlichen Unabhängigkeit der Prozesse braucht der **Tatsachenstoff** der einzelnen Verfahren nicht derselbe zu sein.[28] So kann etwa ein Streitgenosse eine Tatsache bestreiten, während ein anderer dieselbe Tatsache zugestehen kann.[29] Die gesamte Prozessführung eines Streitgenossen wirkt sich unmittelbar nur auf den jeweiligen Einzelprozess aus. Prozesshandlungen wie ein Geständnis (§ 288), Anerkenntnis (§ 307) oder ein Verzicht (§ 306) entfalten ihre Wirksamkeit daher unmittelbar nur in dem jeweiligen Einzelprozess.[30] Wenn allerdings nicht irgendwie zum Ausdruck gebracht ist, dass **Angriffs- und Verteidigungsmittel** nur für oder gegen einzelne Streitgenossen gelten sollen, ist davon auszugehen, dass sie auch für die Prozesse der anderen Streitgenossen gelten.[31] Angriffs- und Verteidigungsmittel müssen also grds. nur von oder gegenüber einem Streitgenossen vorgebracht werden.[32] Bei Zweifeln muss der Richter fragen (vgl. § 139 Abs. 1).[33] Auch auf die Beweiswürdigung kann die Prozessführung eines der Streitgenossen mittelbaren Einfluss haben. Hat ein Streitgenosse etwa eine Tatsache zugestanden oder einen Anspruch anerkannt, so kann das Gericht dies im Rahmen der freien Beweiswürdigung nach § 286 für die Prozesse sämtlicher anderer Streitgenossen berücksichtigen.[34] Die Beweiswürdigung durch das Gericht kann nach durchgeführter Beweisaufnahme über eine gemeinsame Tatsache nur einheitlich ausfallen, so dass insoweit unterschiedliche Ergebnisse gegenüber einzelnen Streitgenossen ausgeschlossen sind.[35] Hält ein Berufungsgericht daher eine Wiederholung einer Zeugenvernehmung zu einem Beweisthema für erforderlich, das für alle Streitgenossen gleichermaßen von Bedeutung ist, so darf es sie nicht auf ein Prozessrechtsverhältnis beschränken und das andere vorab durch Teilurteil entscheiden.[36] Auch das Ergebnis der Parteivernehmung einzelner Streitgenossen ist gegenüber allen anderen einheitlich zu würdigen.[37]

5. Ausgang der Prozesse. Aus der Selbstständigkeit der Einzelprozesse folgt, dass auch der Prozessausgang für jeden Streitgenossen ein anderer sein kann.[38] So kann gegen einen Streitgenossen ein Verweisungsbeschluss, gegen einen Zweiten ein Prozessurteil, gegen einen Dritten ein abweisendes Sachurteil und gegen den Vierten schließlich ein stattgebendes Sachurteil ergehen. In der Regel ergehen alle inhaltlich verschiedenen Entscheidungen in einem einheitlichen Urteil/Beschluss.[39] Bei vorzeitiger **Entscheidungsreife eines Einzelprozesses** kann das Gericht ein Teilurteil nach § 301 erlassen.[40] Ein Teilurteil darf aber nur ergehen, wenn die Gefahr einander widerstreitender Erkenntnisse auch durch das Rechtsmittelgericht nicht besteht. Das gilt auch bei Klagen gegen mehrere einfache Streitgenossen.[41] Bei notwendiger Streitgenossenschaft darf ein Teilurteil grds. nur für oder gegen alle, nicht aber für oder gegen einzelne Streitgenossen ergehen.[42] Bei **Säumnis eines Streitgenossen** muss das Gericht auf Antrag ein Versäumnisurteil gegen den säumigen Streitgenossen erlassen.[43] Ein Urteil ergeht stets nur im Verhältnis jedes Streitgenossen zu dem Prozessgegner und ist deshalb von jedem Streitgenossen gegenüber dem Gegner oder vom Gegner gegenüber jedem Streitgenossen anfechtbar,[44] nicht jedoch von einem Streitgenossen gegenüber einem anderen.[45] Für jeden Streitgenossen läuft dabei die **Rechtsmittelfrist** gesondert.[46] Die Art des einzulegenden Rechtsbehelfs richtet sich für jeden Streitgenossen nach dem Inhalt der ihn betreffenden Entscheidung.[47] Dem einen kann daher zB der Einspruch nach § 338, dem anderen die Berufung bzw. Revision zustehen. Für jeden Streitgenossen ist der **Eintritt der Rechtskraft** gesondert zu beurteilen.[48] Auch die Anforderungen an die Revisionszulassung sind vom Gericht für jeden Streitgenossen einzeln zu prüfen.[49] Die Zulassung für den einen Streitgenossen wirkt nicht für den anderen.[50] Eine **Rechtskrafterstreckung** findet auf Grund der Streitgenossenschaft nicht statt.[51] Es muss hier auf die allgemeinen Grundsätze zurückgegriffen werden (siehe aber § 62 Rn. 21).[52] 7

[27] AllgM; MK/*Schultes* Rn. 9; *Zö/Vollkommer* Rn. 2; *T/P/Hüßtege* Rn. 8; *St/J/Bork* Rn. 8.
[28] MK/*Schultes* Rn. 4; *St/J/Bork* Rn. 3; *Ro/S/Go* 15. Aufl., § 48 III 1c.
[29] BGH NJW-RR 2003, 1344.
[30] MK/*Schultes* Rn. 4f.; *T/P/Hüßtege* Rn. 5; *Zö/Vollkommer* Rn. 8; *St/J/Bork* Rn. 1, 3; *Wiecz/Schütze* Rn. 11.
[31] *Ro/S/Go* § 48 Rn. 19 und 28.
[32] HM, vgl. nur BGH LM Nr. 1; *T/P/Hüßtege* Rn. 11; *Ro/S/Go* § 48 Rn. 19 und 28; *Lindacher* JuS 1986, 379, 380.
[33] AK-ZPO/*Koch* Rn. 3; MK/*Schultes* Rn. 4; *St/J/Bork* Rn. 9; *Wiecz/Schütze* Rn. 10.
[34] AllgM; MK/*Schultes* Rn. 4; *T/P/Hüßtege* Rn. 12; *Zö/Vollkommer* Rn. 8; *Ro/S/Go* § 48 Rn. 30.
[35] AllgM, vgl. nur RGZ 41, 415, 419; BGH WM 1992, 242; MK/*Schultes* Rn. 9; *Ro/S/Go* § 48 Rn. 31.
[36] BGH NJW-RR 1992, 253, 254.
[37] *St/J/Bork* Rn. 10; MK/*Schultes* Rn. 9; *Ro/S/Go* § 48 Rn. 30.
[38] *B/L/H* Rn. 7; *T/P/Hüßtege* Rn. 14; *Wiecz/Schütze* Rn. 35; *Ro/S/Go* § 48 Rn. 20.
[39] Vgl. *T/P/Hüßtege* Rn. 14; *St/J/Bork* Rn. 12.
[40] BGH NJW-RR 1992, 253, 254; BGH NJW 1999, 1638, 1639; BAG NZA 2004, 489, 490.
[41] BGH JZ 2004, 732 m. Anm. *Deutsch;* vgl. OLG Karlsruhe NJW-RR 2005, 798; BAG NZA 2004, 489.
[42] BGH NJW 1999, 1639; BGHZ 131, 376, 381f. = NJW 1996, 1060.
[43] RGZ 55, 310; vgl. auch *St/J/Bork* Rn. 3; *Wiecz/Schütze* Rn. 14.
[44] MK/*Schultes* Rn. 6; *T/P/Hüßtege* Rn. 16; *Zö/Vollkommer* Rn. 9; *Ro/S/Go* § 48 Rn. 21.
[45] RGZ 37, 376f.; *T/P/Hüßtege* Rn. 16; *Ro/S/Go* § 48 Rn. 21.
[46] BGH GRUR 1984, 37; KG VersR 1975, 350; *T/P/Hüßtege* Rn. 15; *B/L/H* Rn. 8.
[47] *Wiecz/Schütze* Rn. 18.
[48] OLG Karlsruhe OLGZ 1989, 77; MK/*Schultes* Rn. 6; vgl. BGHZ 8, 72, 78 = NJW 1953, 420.
[49] BGH NJW 1952, 786; BAG NJW 1956, 808; *Wiecz/Schütze* Rn. 18.
[50] BGH NJW 1952, 786.
[51] Hessisches LAG, Beschl. v. 15. 12. 2006, juris Rn. 23.
[52] AllgM; vgl. nur *T/P/Hüßtege* Rn. 17; *Ro/S/Go* § 48 Rn. 21.

III. Gesetzliche Ausnahmen von der Selbstständigkeit der Streitgenossen

8 Ausnahmen werden durch Vorschriften des **bürgerlichen Rechts** und der ZPO bestimmt (§ 61 Halbs. 1). Aus dem bürgerlichen Recht sind hier von praktischer Bedeutung vor allem §§ 423 bis 425 BGB bei Gesamtschuldnerschaft sowie § 429 BGB bei Gesamtgläubigerschaft. Auch die Bestimmungen, die zu einer materiellrechtlich notwendigen Streitgenossenschaft führen (siehe § 62 Rn. 8 ff.), zählen hierzu. Aus dem Prozessrecht zu nennen sind zum einen die Fälle einer prozessrechtlich notwendigen Streitgenossenschaft (s. § 62 Rn. 3 ff.), des Weiteren alle Vorschriften der ZPO, die einen gemeinsamen Antrag oder das Einverständnis aller Streitgenossen voraussetzen,[53] so etwa §§ 128 Abs. 2, 349 Abs. 3, 527 Abs. 4. Bei fehlendem Einverständnis bleibt aber eine Trennung nach § 145 möglich.[54]

62 *Notwendige Streitgenossenschaft* **(1) Kann das streitige Rechtsverhältnis allen Streitgenossen gegenüber nur einheitlich festgestellt werden oder ist die Streitgenossenschaft aus einem sonstigen Grund eine notwendige, so werden, wenn ein Termin oder eine Frist nur von einzelnen Streitgenossen versäumt wird, die säumigen Streitgenossen als durch die nicht säumigen vertreten angesehen.**

(2) Die säumigen Streitgenossen sind auch in dem späteren Verfahren zuzuziehen.

Übersicht

I. Normzweck

1 § 62 enthält eine Regelung der prozessrechtlichen Stellung von Streitgenossen, deren Prozesse nur einheitlich entschieden werden können. Aus dem Zwang zur einheitlichen Entscheidung erwächst in diesen Fällen ein Bedürfnis, die Prozesse der einzelnen Streitgenossen über die Wirkungen des § 61 hinaus enger miteinander zu verbinden. Dem versucht § 62 Rechnung zu tragen, indem er von § 61 abweichende Verfahrensregeln bei Termins- und Fristensäumnis durch einzelne Streitgenossen aufstellt. Sonstige von § 61 abweichende Wirkungen der notwendigen Streitgenossenschaft sind nicht beschrieben, werden aber aus dem Gebot der einheitlichen Sachentscheidung hergeleitet. § 61 bleibt subsidiär anwendbar. Zu Recht ist die notwendige Streitgenossenschaft als eines der schwierigsten Gebiete des Zivilprozesses bezeichnet worden. Der Grund für die Schwierigkeiten liege in der unzureichenden gesetzlichen Regelung.[1]

II. Begriff der notwendigen Streitgenossenschaft

2 Eine notwendige Streitgenossenschaft liegt vor, wenn die Sachentscheidung gegenüber mehreren Personen einheitlich sein muss.[2] Die Notwendigkeit der einheitlichen Entscheidung kann sich aus **prozessrechtlichen** (§ 62 Abs. 1 Alt. 1) oder aus **materiellrechtlichen Gründen** (§ 62 Abs. 1 Alt. 2) ergeben. Beide Alternativen schließen einander nicht aus. Sie sind aber abschließend und zwingend, so dass eine Erweiterung der Fälle notwendiger Streitgenossenschaft durch Parteivereinbarung nicht möglich ist.[3] Einfache und notwendige Streitgenossenschaft können innerhalb eines gemeinsamen Verfahrens nebeneinander bestehen. Das gilt im Falle einer objektiven Klagenhäufung (§ 260), wenn für einen prozessualen Anspruch notwendige Streitgenossenschaft besteht, für einen anderen nicht.[4]

---

[53] MK/*Schultes* Rn. 10; *Zö/Vollkommer* Rn. 6; *St/J/Bork* Rn. 14; *Wiecz/Schütze* Rn. 34.
[54] MK/*Schultes* Rn. 10; *Zö/Vollkommer* Rn. 6; *St/J/Bork* Rn. 14; *Wiecz/Schütze* Rn. 34.
[1] *Ro/S/Go* § 49 Rn. 2.
[2] BGHZ 36, 187, 189 f. = NJW 1962, 633; *T/P/Hüßtege* Rn. 1; *Wiecz/Schütze* Rn. 2; *Ro/S/Go* § 49 Rn. 3.
[3] BAGE 42, 398, 400 f. = MDR 1983, 1052; MK/*Schultes* Rn. 2; *B/L/H* Rn. 1; *Zö/Vollkommer* Rn. 1; vgl. auch BGHZ 30, 195, 199 = NJW 1959, 1683; BGHZ 54, 251, 254 f. = NJW 1970, 1740.
[4] BGH NJW 1954, 1200; MK/*Schultes* Rn. 2; *St/J/Bork* Rn. 3; *Wiecz/Schütze* Rn. 7.

III. Notwendige Streitgenossenschaft aus prozessrechtlichen Gründen (§ 62 Abs. 1 Alt. 1)

1. Voraussetzungen. Notwendige Streitgenossenschaft aus prozessualen Gründen liegt vor, wenn bei getrennt geführten Prozessen die in dem einen Verfahren zu treffende Entscheidung Rechtskraft- oder Gestaltungswirkung auch für das andere Verfahren hätte.[5] Im Fall der **Rechtskraftwirkung** ergibt sich die Notwendigkeit einheitlicher Feststellung daraus, dass bei einem Nacheinander der Prozesse in der Sache gleich entschieden werden müsste, so dass dies erst recht bei einem Miteinander der Prozesse gelten muss.[6] Im Fall der **Gestaltungswirkung** folgt die Notwendigkeit aus der Wirkung des Gestaltungsurteils; es ändert unmittelbar das materielle Recht und wirkt daher gegenüber jedermann. Wären unterschiedliche Entscheidungen möglich, könnte also die Gestaltungsklage eines Klagebefugten abgewiesen, der eines anderen aber stattgegeben werden, so würde die Gestaltungswirkung gegenüber dem Ersten doch eintreten. Das zeigt, dass unterschiedliche Entscheidungen hier keinen Sinn machen würden.[7] In allen Fällen von prozessrechtlich notwendiger Streitgenossenschaft bleiben jedoch getrennte Einzelklagen uneingeschränkt möglich[8] (anders bei der Streitgenossenschaft aus materiellrechtlichen Gründen, vgl. unten Rn. 8ff.). Unter Umständen kann sich aber aus Art. 103 Abs. 1 GG eine Pflicht des Gerichts zur Unterrichtung „nicht beteiligter Streitgenossen" ergeben.[9] 3

2. Anwendungsfälle. a) Rechtskrafterstreckung. Eine **allseitige Rechtskrafterstreckung,** die bei stattgebendem **und** abweisendem Sachurteil eingreift, besteht nur in seltenen Fällen. Der praktisch wichtigste Fall der Rechtskrafterstreckung nach § 325 kommt als Anwendungsfall der notwendigen Streitgenossenschaft nicht in Betracht. Gemäß §§ 265, 266 kann zwar unter Umständen der Rechtsnachfolger an Stelle des Rechtsvorgängers in den Prozess eintreten, für eine Streitgenossenschaft von Rechtsvorgänger und Rechtsnachfolger bleibt aber kein Raum.[10] Auch die Rechtskrafterstreckung nach § 326 wird hier grundsätzlich keine Rolle spielen, denn dem Nacherben fehlt die Prozessführungsbefugnis, solange der Vorerbe prozessführungsbefugt ist.[11] Auf Grund der Regelung des § 327 Abs. 2 kommt aber eine prozessrechtlich notwendige Streitgenossenschaft zwischen Testamentsvollstrecker und Erben in Betracht, wenn die Voraussetzungen des § 2213 Abs. 1 S. 1 BGB vorliegen (vgl. auch § 327 Rn. 3).[12] Eine allseitige Rechtskrafterstreckung liegt auch in den Fällen des § 640h vor, in denen jedoch in aller Regel eine gleichzeitige Parteistellung ausscheidet.[13] Ein weiterer Fall von allseitiger Rechtskrafterstreckung ist derjenige des § 856 Abs. 4, wenn sich ein Pfändungsgläubiger einem anderen Pfändungsgläubiger bei dessen Klage gegen den Drittschuldner nach § 856 Abs. 1 anschließt (vgl. § 856 Abs. 2);[14] die Pfändungsgläubiger sind notwendige Streitgenossen. 4

Prozessrechtlich notwendige Streitgenossenschaft liegt auch in Fällen **einseitiger Rechtskrafterstreckung** vor, in denen entweder einem klagestattgebenden oder abweisenden Sachurteil Rechtskrafterstreckung zukommt.[15] Ein Beispiel für eine Rechtskrafterstreckung eines stattgebenden Urteils stellt gemäß der ausdrücklichen Anordnung des § 248 Abs. 1 S. 1 AktG die Klage auf Feststellung der Nichtigkeit eines Hauptversammlungsbeschlusses dar (§ 249 iVm. § 248 AktG, vgl. auch § 51 GenG).[16] Meist werden hierzu auch die Klagen nach §§ 246,[17] 275 AktG, 75 GmbHG, 1495, 2342 BGB gezählt,[18] bei denen jedoch eindeutig die Gestaltungswirkung im Vordergrund steht, so dass schon deswegen von prozessrechtlich notwendiger Streitgenossenschaft auszugehen ist.[19] 5

b) Gestaltungswirkung. Eine prozessrechtlich notwendige Streitgenossenschaft liegt auch dann vor, wenn ein Urteil Gestaltungswirkung gegenüber allen Streitgenossen entfaltet.[20] Hier kommt allerdings oftmals schon eine notwendige Streitgenossenschaft aus materiellrechtlichen Gründen in Betracht.[21] Als Beispiele werden hier meist die Klagen nach §§ 246, 275 AktG, 51, 96 GenG, 75 GmbHG, ferner die aus §§ 1496, 2342 BGB genannt.[22] 6

---

5 *T/P/Hüßtege* Rn. 7; *Zö/Vollkommer* Rn. 2f.; *St/J/Bork* Rn. 5; AK-ZPO/*Koch* Rn. 5; *Jauernig* ZPR § 82 II; *Lindacher* JuS 1986, 379, 382; vgl. auch BGHZ 92, 351, 354 = NJW 1985, 385 = JZ 1985, 633 (*Waldner*).

6 *Ro/S/Go* § 49 II; so auch BGHZ 92, 351, 354 = NJW 1985, 385 = JZ 1985, 633 (*Waldner*); *T/P/Hüßtege* Rn. 7; AK-ZPO/*Koch* Rn. 5; *Lindacher* JuS 1986, 379, 382.

7 Zutreffend MK/*Schultes* Rn. 10; *Schwab*, Festschr. f. Lent, 1957, S. 271, 278ff.; *Lindacher* JuS 1986, 379, 382.

8 BGHZ 30, 195, 198 = NJW 1959, 1683; BGHZ 36, 187 = NJW 1962, 633; MK/*Schultes* Rn. 1, 5, 47; *St/J/Bork* Rn. 4; AK-ZPO/*Koch* Rn. 1; *Wiecz/Schütze* Rn. 7; *Lindacher* JuS 1986, 379, 382.

9 Vgl. BVerfGE 60, 7ff.

10 Vgl. BAG NZA 1994, 260, 261; MK/*Schultes* Rn. 7; *Ro/S/Go* § 49 II 1a.

11 Vgl. dazu nur *Palandt/Edenhofer* vor § 2100 Rn. 4; *Gottwald* JA 1982, 64, 67.

12 MK/*Schultes* Rn. 7; *Wiecz/Schütze* Rn. 12; *Ro/S/Go* § 49 Rn. 8; *Lindacher* JuS 1986, 379, 382.

13 Zutreffend MK/*Schultes* Rn. 7; vgl. aber auch BGH NJW 1976, 1590.

14 Unstr.; vgl. nur MK/*Schultes* Rn. 7; *Zö/Vollkommer* Rn. 3; *Ro/S/Go* § 49 Rn. 9.

15 AllgM; vgl. nur MK/*Schultes* Rn. 8; *Ro/S/Go* § 49 Rn. 14; *Lindacher* JuS 1986, 379, 382.

16 Vgl. BGHZ 122, 211, 240 = NJW 1993, 1976; BGH NJW 1999, 1638, 1639; MK/*Schultes* Rn. 8; *Ro/S/Go* § 49 Rn. 15; vgl. auch *Zö/Vollkommer* Rn. 3; *St/J/Bork* Rn. 6; *Lindacher* JuS 1986, 379, 382.

17 Vgl. dazu BGHZ 122, 211, 240 = NJW 1993, 1976; BGH NJW 1999, 1638, 1639.

18 Vgl. etwa *B/L/H* Rn. 9ff.; *Blomeyer* § 108 III 2a; *Bruns* Rn. 63.

19 Zutreffend MK/*Schultes* Rn. 8; *Wiecz/Schütze* Rn. 20.

20 MK/*Schultes* Rn. 9; *T/P/Hüßtege* Rn. 7; *Zö/Vollkommer* Rn. 4; AK-ZPO/*Koch* Rn. 5; *Lindacher* JuS 1986, 379, 382.

21 Zutreffend MK/*Schultes* Rn. 9; *St/J/Bork* Rn. 7.

22 Vgl. nur MK/*Schultes* Rn. 9; *T/P/Hüßtege* Rn. 10; *Zö/Vollkommer* Rn. 4; *St/J/Bork* Rn. 7.

7 **3. Abgrenzung.** Eine Abgrenzung der prozessrechtlich notwendigen Streitgenossenschaft zu den Fällen einfacher Streitgenossenschaft kann nur gelingen, wenn man daran festhält, dass bei der prozessrechtlich notwendigen Streitgenossenschaft Rechtskraft- oder Gestaltungswirkung erforderlich ist. Identität des Streitgegenstandes allein kann eine Streitgenossenschaft ebenso wenig zu einer notwendigen machen[23] wie die Berufung auf einen angeblichen logischen Zwang.[24] Auch eine Bindungswirkung bzgl. einer **Vorfrage (Präjudizialität),** die für die Entscheidung für oder gegen mehrere Streitgenossen Bedeutung erlangt, vermag noch keine notwendige Streitgenossenschaft zu begründen. Denn es besteht in diesen Fällen immer noch die Möglichkeit, dass einer der Streitgenossen aus in seiner Person liegenden Gründen obsiegt oder verliert.[25] Mit Hilfe dieser Gesichtspunkte lassen sich auch Zweifelsfälle einer adäquaten Lösung zuführen. Bei Klagen gegen eine **OHG** und einen ihrer persönlich haftenden Gesellschafter liegt daher auch dann keine notwendige Streitgenossenschaft vor, wenn der Gesellschafter keine persönlichen Einwendungen geltend macht und die Ausschlusswirkung des § 129 HGB eintritt.[26] Denn die Entscheidung gegenüber der Gesellschaft einerseits und gegenüber dem persönlich haftenden Gesellschafter andererseits kann (im Hinblick auf die Möglichkeit persönlicher Einwendungen) grundsätzlich verschieden ausfallen, so dass bei einem Nacheinander der Prozesse keine einheitliche Entscheidung erforderlich wäre.[27] Zudem verbieten Rechtssicherheit und Rechtsklarheit die Entscheidung, ob notwendige oder einfache Streitgenossenschaft vorliegt, von den Zufälligkeiten der Prozessführung des persönlich haftenden Gesellschafters, nämlich davon abhängig zu machen, ob dieser sich mit persönlichen Einwendungen verteidigt oder nicht.[28] Auch **Hauptschuldner und Bürge** können nur einfache Streitgenossen sein. Die günstige Wirkung eines klageabweisenden Urteils (die Rechtskraft eines Urteils **gegen** den Hauptschuldner wirkt ohnehin nicht gegen den Bürgen)[29] folgt nicht aus einer Rechtskrafterstreckung, sondern vielmehr aus einem materiellrechtlichen Einwendungsdurchgriff (vgl. § 768 Abs. 1 S. 1 BGB) zu Gunsten des Bürgen.[30] Die gleichen Überlegungen gelten bei Klagen gegen den **persönlichen Schuldner** und den **Eigentümer** der dinglich haftenden beweglichen oder unbeweglichen Sache (vgl. §§ 1211, 1137 BGB). Beide sind nur einfache Streitgenossen.[31] Von größerer praktischer Bedeutung ist die Frage, ob **Kfz-Halter und Haftpflichtversicherer** notwendige Streitgenossen sein können. Das wird teilweise im Hinblick auf § 3 Nr. 8 PflVG bejaht.[32] Diese Auffassung ist abzulehnen, denn auch hier kann die Sachentscheidung gegen den Versicherer anders ausfallen als die Sachentscheidung gegen den Versicherungsnehmer, so etwa wenn der Versicherer einen Risikoausschluss geltend macht.[33] Ob bei gemeinsamen Klagen von **Mitgläubigern, Miteigentümern** oder **Miterben** diese als notwendige Streitgenossen zu behandeln sind, auch so weit sie für Aktivprozesse Einzelprozessführungsbefugnis besitzen (vgl. §§ 432, 1011, 2039 BGB), wird seit langem kontrovers diskutiert. Vielfach wird hier eine notwendige Streitgenossenschaft aus prozessrechtlichen Gründen angenommen.[34] Zwar wird allgemein eine Rechtskrafterstreckung in diesen Fällen abgelehnt,[35] dennoch gehen die Befürworter dieser Meinung davon aus, dass der Streitgegenstand in diesen Fällen praktisch unteilbar sei und deshalb die Notwendigkeit einer einheitlichen Entscheidung bestünde.[36] Das kann nicht überzeugen. Steht es nämlich im Belieben der Mitberechtigten, gemeinsam oder in getrennten Prozessen vorzugehen und können in den getrennten Verfahren mangels Rechtskrafterstreckung unterschiedliche Entscheidungen ergehen, so besteht auch bei gemeinsamer Prozessführung kein Zwang zu einheitlicher Entscheidung.[37] Auch **Gesamtschuldner** sind nur einfache Streitgenossen. § 425 Abs. 1 BGB steht einer notwendig einheitlichen Entscheidung entgegen; das gegen einen Gesamtschuldner ergangene Urteil entfaltet Rechtskraft nur für und gegen diesen.[38] Das Gleiche gilt bei **Gesamtgläubigern** (vgl. § 429 Abs. 3 BGB).[39]

---

[23] HM; MK/*Schultes* Rn. 5, 12; *St/J/Bork* Rn. 9; *Ro/S/Go* § 49 I; *Lindacher* JuS 1986, 379, 383; *Fenge* NJW 1971, 1920, 1923; vgl. auch BGHZ 92, 351, 353f. = NJW 1985, 385 = JZ 1985, 633 (*Waldner*); aA wohl *T/P/Hüßtege* Rn. 7.

[24] Vgl. BGHZ 23, 73, 75 = NJW 1957, 537; BGHZ 30, 195, 199 = NJW 1959, 1683; BGHZ 36, 187, 190 = NJW 1962, 633; BGHZ 92, 351, 354 = NJW 1985, 385 = JZ 1985, 633 (*Waldner*); BGH NJW 1989, 2133, 2134.

[25] *St/J/Bork* Rn. 10.

[26] BGHZ 54, 251, 254f. = NJW 1970, 1740; BGHZ 63, 51, 54 = NJW 1974, 21; BGH VersR 1985, 548; BGH NJW 1988, 2113; OLG Celle NJW 1969, 515; OLG München NJW 1975, 504, 505.

[27] So insbesondere BGHZ 54, 251, 254f. = NJW 1970, 1740; BGH VersR 1985, 548; BGH NJW 1988, 2113.

[28] BGHZ 54, 251, 255 = NJW 1970, 1740; BGH NJW 1988, 2113.

[29] Siehe dazu BGH WM 1971, 614; BGHZ 76, 222, 230 = NJW 1980, 1460.

[30] MK/*Schultes* Rn. 15; im Ergebnis allgM; vgl. nur *St/J/Bork* Rn. 11; AK-*Koch* Rn. 8; *Ro/S/Go* § 49 Rn. 11.

[31] MK/*Schultes* Rn. 15.

[32] OLG Oldenburg VersR 1969, 47; OLG Köln VersR 1970, 678, 679; VersR 1974, 64; OLG Frankfurt NJW 1974, 1473; LG Saarbrücken VersR 1973, 513, 515.

[33] BGHZ 63, 51, 55 = NJW 1974, 21, 24; BGH NJW 1982, 996, 997; OLG Düsseldorf VersR 1974, 229; KG VersR 1975, 350; MK/*Schultes* Rn. 16; *St/J/Bork* Rn. 13; *Ro/S/Go* § 49 II 2b; *Denck* VersR 1980, 704, 708.

[34] So etwa *T/P/Hüßtege* Rn. 8; *St/J/Bork* Rn. 8; vgl. auch OLG Düsseldorf OLGZ 1979, 457, 459.

[35] Vgl. nur für Miteigentümer RGZ 119, 163, 169; BGHZ 79, 245, 247 = NJW 1981, 1097; BGHZ 92, 351, 354 = NJW 1985, 385 = JZ 1985, 633 (*Waldner*); OLG Köln MDR 1989, 1111; für Miterben RGZ 93, 127, 130; BFH FamRZ 1989, 975, 976f.; aA für § 2039 BGB *Jauernig/Stürner* § 2039 BGB Rn. 6; wohl auch *Waldner* JZ 1985, 633, 635.

[36] *T/P/Hüßtege* Rn. 8; *St/J/Bork* Rn. 8; AK-ZPO/*Koch* Rn. 11; *Wiecz/Schütze* Rn. 33.

[37] BGHZ 92, 351, 354 = NJW 1985, 395 = JZ 1985, 633 (*Waldner*); BFH FamRZ 1989, 975, 977; BSG, Beschl. v. 30. 3. 2004, juris; MK/*Schultes* Rn. 20; *Gottwald* JA 1982, 64, 68.

[38] Vgl. nur BGH JZ 1964, 722; BGH NJW 1992, 2413f.; BAG JZ 1973, 58, 59; MK/*Schultes* Rn. 22.

[39] Vgl. nur MK/*Schultes* Rn. 22; *Zö/Vollkommer* Rn. 10.

IV. Notwendige Streitgenossenschaft aus materiellrechtlichen Gründen (§ 62 Abs. 1 Alt. 2)

1. Voraussetzungen. Eine notwendige Streitgenossenschaft aus materiellrechtlichen Gründen liegt vor, wenn die Streitgenossenschaft „aus einem sonstigen Grunde eine notwendige" ist. Mit dieser unklaren Umschreibung will das Gesetz all jene Fälle erfassen, in denen mehrere gemeinsam klagen oder verklagt werden müssen, die Klage Einzelner oder gegen einzelne Streitgenossen mithin wegen fehlender (Einzel-) Prozessführungsbefugnis als unzulässig abgewiesen werden müsste.[40] 8

2. Anwendungsfälle. Die Anwendungsfälle der notwendigen Streitgenossenschaft aus materiellrechtlichen Gründen betreffen vor allem die Aktiv- und Passivprozesse von Gesamthandsgemeinschaften, aber auch andere Gemeinschaften von Mitberechtigten, bei denen sich aus dem Fehlen einer (Einzel-) Prozessführungsbefugnis der Streitgenossen die Notwendigkeit eines gemeinschaftlichen Prozesses ergibt. 9

a) Gesamthandsklagen. aa) Aktivprozesse. Wollen die Gesamthänder ein gemeinsames Recht durch **Leistungsklage** geltend machen, müssen sie grundsätzlich gemeinsam vorgehen, so weit nicht eine actio pro socio möglich ist. Die Gesamthänder sind notwendige Streitgenossen.[41] Ist der Klageantrag namens aller Gesellschafter gestellt, sind aber irrtümlich in der Klageschrift nicht alle Gesellschafter aufgeführt, ist lediglich das Rubrum unrichtig. Es kann berichtigt werden.[42] Anderes gilt, wenn eine **Einzelprozessführungsbefugnis** besteht. Die Gesamthänder (etwa die Mitglieder einer Erbengemeinschaft) sind dann nur einfache Streitgenossen (vgl. schon Rn. 7). Die Gegenmeinung, die in diesem Fall von notwendiger Streitgenossenschaft ausgeht und dies damit zu begründen versucht, dass die Gesamthänder nicht aus ihrer jeweiligen Einzelklagebefugnis vorgingen, sondern den nur der Gesamthand zustehenden Anspruch geltend machten,[43] kann nicht überzeugen, da auch bei Einzelklagen der Gesamthandsanspruch geltend gemacht wird.[44] Darüber hinaus besteht auch kein zwingender praktischer Grund, bei einem Miteinander der Prozesse einheitlich zu entscheiden, wenn bei einem Nacheinander unterschiedliche Entscheidungen möglich sind.[45] Letzteres gilt jedenfalls, solange man mit der überwiegenden Meinung eine Rechtskrafterstreckung (zu Lasten der Gesamthänder) ablehnt.[46] Für Forderungen der **BGB-Gesellschaft** ist diese selbst materielle Rechtsinhaberin und damit richtige Partei eines Rechtsstreits, nicht aber die Gesellschafter als Streitgenossen.[47] Gleiches gilt für die **Wohnungseigentümergemeinschaft,** soweit diese (teil-)rechtsfähig ist.[48] Bei einer **Feststellungsklage** der Gesamthänder besteht eine materiellrechtlich notwendige Streitgenossenschaft, wenn sich die Klage auf ein Recht bezieht, das nur gemeinschaftlich besteht und geltendgemacht werden kann.[49] Das wird vor allem bei Klagen auf Feststellung eines der Gesamthand zustehenden absoluten Rechtes (etwa Eigentum) oder eines gemeinschaftlichen Rechtsverhältnisses der Fall sein.[50] Letzteres gilt etwa für den Feststellungsstreit zwischen Gesellschaftern einer Personengesellschaft über die Mitgliedschaft eines Gesellschafters.[51] Wird dagegen auf Feststellung von Ansprüchen im Sinne des § 194 BGB geklagt, so ist die Rechtslage dieselbe wie bei Leistungsklagen der Gesamthänder (siehe oben).[52] **Gestaltungsklagen** von Gesamthändern erfordern stets eine gemeinschaftliche Prozessführung, weil das Gestaltungsrecht nur allen gemeinsam zusteht und nur von allen geltend gemacht werden kann.[53] Das gilt etwa im Falle der Klage auf **Auflösung einer OHG** nach § 133 HGB, bei der grundsätzlich alle Gesellschafter gemeinschaftlich klagen müssen, selbstverständlich mit Ausnahme derjenigen, die verklagt werden.[54] Auch bei der Klage auf **Ausschließung eines Gesellschafters** nach § 140 HGB besteht ein Zwang zu gemeinschaftlicher Prozessführung. Ist die Ausschließungsklage allerdings gegen mehrere Gesellschafter gerichtet, so genügt es, dass sie von den nicht auszuschließenden Gesellschaftern erhoben wird[55] und die widersprechenden (selbst nicht auszuschließenden) Gesellschafter auf Zustimmung (§ 894) mitverklagt werden.[56] Einer Beteiligung aller Gesellschafter bedarf es in den genannten Fällen nicht, wenn die an dem Prozess nichtbeteiligten Gesellschafter mit dem Klageziel einverstanden sind und dies mit verpflichtender Wirkung zum Ausdruck gebracht haben.[57] Entsprechendes muss auch für die KG[58] und bei der Klage auf Nichtigerklärung einer fak- 10

---

[40] BGH WM 1984, 1030; BGHZ 92, 351, 353 = NJW 1985, 385 = JZ 1985, 633 (*Waldner*); OLG Rostock NJW-RR 1995, 381; MK/*Schultes* Rn. 24; *Ro/S/Go* § 49 III; *Lindacher* JuS 1986, 379, 381; anders noch BGHZ 23, 73, 75 = NJW 1975, 537; BGHZ 30, 195, 197 = NJW 1959, 1683 (Abweisung wegen fehlender Sachlegitimation).

[41] OLG Bamberg OLGR 2002, 415.

[42] BGH NJW 1997, 1236.

[43] Vgl. etwa *Lindacher* JuS 1986, 379, 383.

[44] Vgl. MK/*Schultes* Rn. 20; *Gottwald* JA 1982, 64, 68.

[45] Zutreffend *Gottwald* JA 1982, 64, 68; vgl. auch BGHZ 92, 351, 353 f. = NJW 1985, 385.

[46] Darauf weist *Gottwald* JA 1982, 64, 68 zu Recht hin.

[47] BGH JuS 2006, 268, 269; OLG Dresden NZG 2006, 622 = NJ 2006, 510 mit Anm. *Zenker;* vgl. dazu auch oben § 50 Rn. 22.

[48] Vgl. oben § 50 Rn. 23.

[49] MK/*Schultes* Rn. 36; *Zö/Vollkommer* Rn. 21; *St/J/Bork* Rn. 22; *Gottwald* JA 1982, 64, 69; vgl. auch BGH NJW-RR 1992, 1151; OLG Köln NJW-RR 1994, 491; *Schultes* JR 1990, 461, 462.

[50] *Ro/S/Go* § 49 Rn. 21; MK/*Schultes* Rn. 36.

[51] BGHZ 91, 132, 133 = NJW 1984, 2104.

[52] MK/*Schultes* Rn. 36; *Ro/S/Go* § 49 Rn. 21; vgl. auch *St/J/Bork* Rn. 22.

[53] *Ro/S/Go* § 49 Rn. 22; *T/P/Hüßtege* Rn. 12; *Lindacher* JuS 1986, 379, 381.

[54] MK/*Schultes* Rn. 27.

[55] BGHZ 64, 253, 255 = NJW 1975, 1410 = JZ 1976, 95 (*Ulmer*); MK/*Schultes* Rn. 27; *St/J/Bork* Rn. 15.

[56] BGHZ 68, 81, 84 = NJW 1977, 1013; *Merle* ZGR 1979, 69 ff.

[57] BGH NJW 1958, 418; BGHZ 68, 81, 83 = NJW 1977, 1013; BGH NJW 1998, 146; MK/*Schultes* Rn. 27.

[58] MK/*Schultes* Rn. 27; *St/J/Bork* Rn. 15; vgl. auch BGHZ 6, 113, 114 = NJW 1952, 875.

tischen Gesellschaft gelten.[59] Notwendige Streitgenossenschaft nach § 62 Abs. 1 Alt. 2 liegt schließlich bei den Klagen der übrigen Gesellschafter nach §§ 117, 127 HGB vor.[60]

11 **bb) Passivprozesse.** Bei **Leistungsklagen** gegen Gesamthänder liegt eine materiellrechtlich notwendige Streitgenossenschaft vor, wenn die Leistung von den Gesamthändern nur gemeinsam erbracht werden kann,[61] wenn also – wie der BGH an anderer Stelle formuliert hat – eine ihrem Gegenstand nach nur von allen Gesellschaftern einheitlich erfüllbare Verpflichtung geltend gemacht wird.[62] Nur bei der **Gesamthandschuldklage,** mit der echte Gesamthandsverbindlichkeiten geltend gemacht werden, sind die Gesamthänder deshalb notwendige Streitgenossen im Sinne des § 62 Abs. 1 Alt. 2;[63] so etwa, wenn die Gesamthänder auf Auflassung verklagt werden, da hier nur eine gemeinschaftliche Verfügungsbefugnis besteht (vgl. §§ 747 S. 2, 1450 Abs. 1, 2040 Abs. 1 BGB),[64] so etwa, wenn die Mitglieder einer Erbengemeinschaft auf Zustimmung zu einer Grundbuchberichtigung verklagt werden.[65] Wird eine Gesellschaftsverbindlichkeit der **BGB-Gesellschaft** eingeklagt, so sind entgegen früher vertretener Auffassung nicht die BGB-Gesellschafter (als notwendige Streitgenossen) zu verklagen; die Klage ist vielmehr gegen die BGB-Gesellschaft zu richten (vgl. oben § 50 Rn. 22). Bei einer gerichtlichen Auseinandersetzung über die Gewinnansprüche in einer KG sind grds. alle Gesellschafter als notwendige Streitgenossen zu verklagen. Aus prozessökonomischen Gründen ist allerdings eine Klageerhebung gegen einzelne Streitgenossen zulässig, wenn die Übrigen zuvor erklärt haben, zu der mit der Klage begehrten Leistung verpflichtet und bereit zu sein.[66] In den übrigen Fällen, in denen die Gesamthänder als Gesamtschuldner in Anspruch genommen werden (**Gesamtschuldklage**),[67] besteht dagegen lediglich einfache Streitgenossenschaft, denn der einzelne Gesamthänder kann die begehrte Leistung als Einzelperson erbringen.[68] Zwar erfordert die Zwangsvollstreckung in das Gesamthandvermögen einen Titel gegen alle Gesamthänder (vgl. §§ 736, 740 Abs. 2, 747), doch können diese Titel auch nacheinander erstritten werden.[69] Streitig ist, ob Gesamthänder als Beklagte einer **Feststellungsklage** notwendige Streitgenossen aus materiellrechtlichen Gründen sind. Wie bei Leistungsklagen wird man hier differenzieren müssen. Begehrt der Kläger die Feststellung einer Forderung, für die lediglich eine **gesamtschuldnerische Haftung** besteht, so ist die Streitgenossenschaft keine notwendige, wie etwa bei der Klage gegen einen einzelnen für den Pflichtteilsanspruch haftenden Miterben auf Feststellung des Pflichtteilsanspruchs (vgl. § 2058 BGB).[70] Ist Gegenstand der Klage dagegen eine **Gesamthandschuld,** so muss sie gegen alle Gesamthänder gerichtet werden, freilich wiederum mit Ausnahme derjenigen, die der Feststellung zuvor in verbindlicher Form zugestimmt haben.[71] Auch bei **Klagen auf Feststellung** eines absoluten Rechts oder eines gemeinschaftlichen Rechtsverhältnisses ist die Streitgenossenschaft grundsätzlich eine notwendige, so ist zB die Klage auf Feststellung des Pflichtteilsrechtes gegen alle Miterben zu erheben. Sie sind notwendige Streitgenossen.[72] Anderes gilt aber für die Feststellung des Erbrechts gegen mehrere Miterben. Hier besteht nur einfache Streitgenossenschaft, da durch den Prozess erst geklärt werden soll, wer Erbe geworden ist und deshalb eine Klage gegen einzelne Miterben nicht unzulässig sein kann.[73] Auch bei der Klage eines OHG-Gesellschafters gegen einen von mehreren Mitgesellschaftern auf Feststellung der Höhe seiner Beteiligung[74] oder des Ausscheidens eines Gesellschafters[75] liegt wegen der Möglichkeit einer Einzelklage nur einfache Streitgenossenschaft vor. Bei **Gestaltungsklagen** gegen die Gesamthänder ist stets von materiellrechtlich notwendiger Streitgenossenschaft auszugehen, so etwa bei der Auflösungsklage nach § 133 HGB gegen mehrere sich der Auflösung widersetzende Gesellschafter[76] und bei der Ausschließungsklage nach § 140 HGB gegen mehrere auszuschließende Gesellschafter.[77]

12 **b) Sonstige Fälle.** Hier sind vor allem die Fälle zu nennen, in denen das Gesetz selbst eine gemeinsame Klage anordnet. Neben den bereits erwähnten Klagen aus §§ 117, 127, 133, 140, 161 Abs. 2 HGB zählen hierzu auch die gemeinsame Klage in den Fällen der Verwaltungsgemeinschaft, so etwa bei mehreren **Testamentsvollstreckern** nach § 2224 BGB, aber auch in der ehelichen **Gütergemeinschaft** bei bestehender Gesamtverwaltung (vgl. §§ 1450,[78] 1472 BGB). Gemeinsame Klage fordert das Gesetz ferner beim Nieß-

---

[59] MK/*Schultes* Rn. 27; *Zö/Vollkommer* Rn. 19; *St/J/Bork* Rn. 15; vgl. auch BGHZ 3, 285, 288 = NJW 1952, 97.
[60] Vgl. dazu BGHZ 30, 195, 197 = NJW 1959, 1683.
[61] BGH NJW 1975, 310, 311; *St/J/Bork* Rn. 20; AK-ZPO/*Koch* Rn. 12; *Lindacher* JuS 1986, 379, 382.
[62] BGH NJW 2000, 291, 292 = ZIP 1999, 2009.
[63] MK/*Schultes* Rn. 32; *T/P/Hüßtege* Rn. 14; *St/J/Bork* Rn. 20; AK-ZPO/*Koch* Rn. 12.
[64] BGH NJW 1962, 1722 = ZZP 76 (1963), 96 (*Bauer*); WM 1975, 619, 620; beachte aber für die ungeteilte Erbengemeinschaft auch BGH NJW 1963, 1611 = JZ 1964, 722 (*Bötticher*).
[65] OLG Naumburg NJW-RR 1998, 308.
[66] OLG München NZG 1999, 440.
[67] Zum Unterschied Gesamthandschuld-Gesamtschuld siehe BGH NJW-RR 1990, 867.
[68] AllgM; BGHZ 54, 251, 254 = NJW 1970, 1740; BGHZ 63, 51, 54 = NJW 1974, 2124; BGH WM 1975, 619, 620; WM 1983, 1279, 1280; VersR 1985, 548; MK/*Schultes* Rn. 31; *St/J/Bork* Rn. 19a.
[69] MK/*Schultes* Rn. 31; *St/J/Bork* Rn. 19; *Gottwald* JA 1982, 64, 69.
[70] MK/*Schultes* Rn. 37; *St/J/Bork* Rn. 23; AK-ZPO/*Koch* Rn. 14; *Ro/S/Go* § 49 III 1b.
[71] MK/*Schultes* Rn. 37; *Ro/S/Go* § 49 III 1b; vgl. auch BGH NJW 1982, 441, 442.
[72] MK/*Schultes* Rn. 37; *St/J/Bork* Rn. 23; *Ro/S/Go* § 49 Rn. 30.
[73] *Gottwald* JA 1982, 64, 69; MK/*Schultes* Rn. 37; vgl. des Weiteren RGZ 95, 97, 98.
[74] MK/*Schultes* Rn. 37; *St/J/Bork* Rn. 23.
[75] BGHZ 30, 195, 197f. = NJW 1959, 1683.
[76] BGH NJW 1958, 418; MK/*Schultes* Rn. 28; *T/P/Hüßtege* Rn. 12; *St/J/Bork* Rn. 16; *Ro/S/Go* § 49 Rn. 33.
[77] BGHZ 64, 253, 255 = NJW 1975, 1410 = JZ 1976, 95 (*Ulmer*); MK/*Schultes* Rn. 28; *T/P/Hüßtege* Rn. 12.
[78] Vgl. dazu BGH WM 1975, 619, 620.

brauch im Rahmen der §§ 1066 Abs. 2, 1082 BGB und beim Pfandrecht am Anteil eines Miteigentümers im Rahmen des § 1258 Abs. 2. BGB. Neben diesen gesetzlich bestimmten werden noch weitere Fälle unter dem Aspekt der notwendigen Streitgenossenschaft aus materiellrechtlichen Gründen diskutiert. Das gilt vor allem für die **Klagen von oder gegen Mitberechtigte** wie etwa Bruchteilseigentümer oder Miterben. Während eine prozessrechtlich notwendige Streitgenossenschaft in diesen Fällen grundsätzlich ausscheidet (vgl. Rn. 7), ist eine notwendige Streitgenossenschaft aus materiellrechtlichen Gründen jedenfalls dann möglich, wenn sich die Klage auf das gesamte Recht bezieht und die Prozessführung den Mitberechtigten nur gemeinsam zusteht (bei Einzelprozessführungsbefugnis – etwa gemäß § 2039 BGB – scheidet notwendige Streitgenossenschaft aus, vgl. Rn. 7), so etwa, wenn eine Leistung gefordert wird, die ihrem Inhalt nach nur von allen Rechtsinhabern gemeinsam erbracht werden kann.[79] Deshalb müssen bei der Klage auf Auflassung eines Grundstücks alle Bruchteilseigentümer verklagt werden, weil diese nach §§ 747 S. 2, 1008 BGB nur gemeinschaftlich über das Grundstück insgesamt verfügen können.[80] Auch die Einräumung eines Notwegs an einem Grundstück kann nur von allen Miteigentümern gemeinsam verlangt werden.[81] Notwendige Streitgenossenschaft liegt ferner bei der Klage gegen mehrere **Wohnungseigentümer** auf Übernahme einer sich auf das gemeinschaftliche Eigentum beziehenden Baulast vor.[82] Auch bei der Klage auf Feststellung der Unwirksamkeit eines **Mietverhältnisses** sind die Vermieter notwendige Streitgenossen, da sich das Begehren auf das gesamte Recht bezieht und nur gemeinsam geltend gemacht werden kann.[83] Das Gleiche gilt bei der Klage auf Zustimmung zu einem Mieterhöhungsverlangen.[84] In diesen Fällen ist eine Klage gegen einzelne Streitgenossen aber immer dann zulässig, wenn die anderen sich vor Klageerhebung zu der verlangten Leistung als verpflichtet bekannt haben.[85] Bei Klagen gegen Mitgesellschafter auf **Feststellung der Bilanz** liegt ebenfalls notwendige Streitgenossenschaft aus materiellrechtlichen Gründen vor, nicht aber bei Klagen auf Mitwirkung bei der Aufstellung von Bilanzen, da diese von jedem einzelnen Gesellschafter vorgenommen werden kann.[86] In einem Prozess über die Wirksamkeit eines Einheitstarifvertrages sind die Vertragsparteien der einen Seite notwendige Streitgenossen, weil sie aus dem Tarifvertrag gemeinsam berechtigt und verpflichtet werden und ihre Rechte gegenüber der Gegenpartei nur gemeinsam ausüben können.[87] Bei **Gestaltungsklagen** ist notwendige Streitgenossenschaft stets anzunehmen, wenn das materielle Recht eine klageweise Geltendmachung nur durch oder gegen alle Streitgenossen notwendig macht. Das gilt etwa bei der Ausschließungsklage gegen einer Gesellschafter einer GmbH.[88] Mehrere Patentinhaber, denen gemeinsam ein Patent erteilt wurde, sind notwendige Streitgenossen,[89] denn die Verwaltung eines Patents steht allen Patentinhabern gemeinschaftlich zu.[90]

V. Wirkungen der notwendigen Streitgenossenschaft

Auch das Vorliegen der notwendige Streitgenossenschaft ändert nichts an dem Grundsatz der Selbstständigkeit der einzelnen Streitgenossen, die wie bei der einfachen Streitgenossenschaft ihren jeweiligen Prozess selbstständig führen und Prozesshandlungen grundsätzlich nur mit Wirkung für ihr jeweiliges Prozessrechtsverhältnis vornehmen können.[91] Es gibt keine einheitliche Streitpartei.[92] So führt etwa die Klageerhebung gegenüber einzelnen Streitgenossen nicht zur Unterbrechung der Verjährung bei den anderen notwendigen Streitgenossen.[93] Im Folgenden werden die sich aus dem Gebot der einheitlichen Sachentscheidung ergebenden Abweichungen von der einfachen Streitgenossenschaft dargestellt werden, die § 62 allerdings nur unzureichend beschreibt. 13

1. Vertretung bei Säumnis (§ 62 Abs. 1 letzter Halbsatz). a) Terminssäumnis. Für den Fall der Säumnis einzelner Streitgenossen bestimmt § 62 Abs. 1 letzter Halbs., dass die nichtsäumigen Streitgenossen die säumigen vertreten. Es handelt sich hierbei um eine Vertretungsfiktion.[94] Gegen die säumigen Streitgenossen darf deshalb weder ein Versäumnisurteil noch eine Aktenlageentscheidung ergehen. Entsprechende Anträge sind nach § 335 Abs. 1 Nr. 1 durch Beschluss zurückzuweisen. Trotzdem ergangene Urteile können 14

---

[79] BGH NJW 1984, 2210; OLG Karlsruhe NJW-RR 1986, 1432; vgl. auch OLG Celle NJW-RR 1994, 854f.

[80] BGH NJW 1962, 1722 = ZZP 76 (1963), 96 (*Bauer*); NJW 1994, 1470, 1471; BGHZ 131, 376, 379 = NJW 1996, 1060; MK/*Schultes* Rn. 33; *St/J/Bork* Rn. 20.

[81] BGHZ 36, 187, 188ff. = NJW 1962, 633; BGH NJW 1984, 2210; MK/*Schultes* Rn. 33; *St/J/Bork* Rn. 20; aA LG Nürnberg/Fürth NJW 1980, 2477, 2478.

[82] BGH NJW-RR 1991, 333.

[83] OLG Celle NJW-RR 1994, 854f.

[84] KG ZMR 1986, 117; LG Kiel ZMR 1989, 429, 430.

[85] HM; BGH NJW 1958, 418; 1962, 1722, 1723; 1982, 441, 442; NJW RR 1991, 333, 334; NJW 1992, 1101, 1102; KG ZMR 1986, 117; LG Kiel ZMR 1989, 429, 430; *Grunsky* § 29 II 1 a, bb; aA MK/*Schultes* Rn. 34.

[86] BGH WM 1983, 1279, 1280.

[87] BAG NZA 2005, 600.

[88] Vgl. dazu BGHZ 9, 157 = NJW 1957, 1800.

[89] BPatG, Beschl. v. 9. 12. 2004, juris.

[90] BPatG, Beschl. v. 11. 3. 2004, juris.

[91] AllgM., vgl. nur BGH NJW 2001, 1056, 1058.

[92] BGHZ 131, 376, 379 = NJW 1996, 1060.

[93] BGHZ 131, 376, 378ff. = NJW 1996, 1060, 1061.

[94] RGZ 90, 42, 46; BFH FamRZ 1989, 975, 977; *T/P/Hüßtege* Rn. 20; *St/J/Bork* Rn. 26; *Wiecz/Schütze* Rn. 61; *Ro/S/Go* § 49 Rn. 46; *Lindacher* JuS 1986, 379, 384; aA (unwiderlegliche Vermutung) BAGE 24, 261, 263 = NJW 1972, 1388; OLG Köln VersR 1970, 678, 679; MK/*Schultes* Rn. 43.

rechtskräftig werden[95] (vgl. auch Rn. 21). Sind dagegen **alle Streitgenossen** säumig, so gilt § 62 Abs. 1 letzter Halbs. nicht und es kann Versäumnisurteil ergehen.[96] Mit den nicht säumigen Streitgenossen wird mit Wirkung für alle streitig verhandelt.[97] Prozesshandlungen des nicht Säumigen entfalten auch für die Säumigen Wirkung,[98] mit Ausnahme derjenigen Prozesshandlungen, die sich, wie etwa ein **Prozessvergleich** (s. § 794 Rn. 3) auch auf die materielle Rechtslage auswirken und deshalb neben der Prozesshandlungsbefugnis eine entsprechende materiellrechtliche Verfügungsbefugnis voraussetzen.[99] Auf der Grundlage des Sachvortrages des nicht säumigen Streitgenossen und der von ihm mit Gesamtwirkung vorgenommenen Prozesshandlungen kann streitiges Endurteil[100] oder Anerkenntnisurteil ergehen.[101] Umstritten ist, ob das Prozessverhalten des fleißigen Streitgenossen in seinen Wirkungen zu Lasten der säumigen Streitgenossen von Dauer ist. Richtigerweise wird man sagen müssen, dass der Säumige dem Prozessverhalten des fleißigen Streitgenossen immer dann widersprechen kann, wenn es nicht bereits zu einer unanfechtbaren Entscheidung gekommen ist.[102] Denn der Zweck des § 62 besteht nur in der Herbeiführung der einheitlichen Sachentscheidung, nicht aber in der Statuierung einer dauerhaften Bindung der säumigen Streitgenossen an das Prozessverhalten des nicht säumigen Streitgenossen.[103] Das Gericht hat allerdings die Möglichkeit, unter den Voraussetzungen des § 296 nachträgliches Vorbringen durch die säumigen Streitgenossen als verspätet zurückzuweisen.[104]

15 b) **Fristversäumung.** Fristen laufen zwar grundsätzlich getrennt.[105] § 62 Abs. 1 letzter Halbs. bestimmt aber, dass Fristen durch die rechtzeitige Handlung eines Streitgenossen gewahrt werden. Die Folgen der Fristversäumnis werden so zu Gunsten aller Streitgenossen abgewendet. Die einem Streitgenossen bewilligte Fristverlängerung (vgl. §§ 520 Abs. 2, 551 Abs. 2) kommt auch den übrigen Streitgenossen zugute.[106]

16 **2. Zuziehung säumiger Streitgenossen. (§ 62 Abs. 2).** Den säumigen Streitgenossen soll dadurch die Möglichkeit gegeben werden, sich wieder am Verfahren zu beteiligen. Daraus folgt, dass alle Handlungen des Gerichts auch ihnen gegenüber vorzunehmen sind. Das gilt vor allem für Ladungen. Auch Prozesshandlungen kann der säumige Streitgenosse wieder selbst vornehmen.[107]

17 **3. Sonstige Wirkungen.** a) **Zulässigkeit der Klagen.** Erweist sich bei der Prüfung der Zulässigkeit, die im Verhältnis zu jedem Streitgenossen zu erfolgen hat, die Klage eines Streitgenossen oder gegen einen Streitgenossen als unzulässig, so ist diese durch Prozessurteil abzuweisen. Bei der **prozessrechtlich** notwendigen Streitgenossenschaft ist der Prozess weiter zu führen, denn § 62 zwingt nur zu einer einheitlichen **Sachentscheidung.** Bei notwendiger Streitgenossenschaft aus **materiellrechtlichen** Gründen führt die Unzulässigkeit einer Klage auch zur Unzulässigkeit der übrigen Klagen;[108] **Teilurteile** gegen einzelne Streitgenossen sind hier ausgeschlossen[109] (vgl. § 61 Rn. 7).

18 b) **Prozesshandlungen.** Jeder Streitgenosse führt seinen Prozess selbstständig und nimmt Prozesshandlungen nur mit Wirkung für seinen Prozess vor; die Prozesshandlungen der notwendigen Streitgenossen sind grundsätzlich gesondert zu beurteilen.[110] Durch die **rügelose Verhandlung** zur Hauptsache nur durch einen Streitgenossen werden die anderen Streitgenossen nicht gehindert, etwa die Zuständigkeit des Gerichts zu rügen, der Klageänderung zu widersprechen und Rügen zur Zulässigkeit der Klage vorzubringen.[111] §§ 39, 267, 282 Abs. 3 greifen insoweit nicht. Dispositionshandlungen wie **Anerkenntnis** (§ 307) und **Verzicht** (§ 306) sind nur dann wirksam, wenn sie von allen Streitgenossen erklärt werden.[112] Eine Ausnahme gilt für den Fall der Säumnis (Rn. 14). Umstritten ist die Frage, ob eine Klagerücknahme durch einen Streitgenossen, die bei der notwendigen Streitgenossenschaft aus prozessrechtlichen Gründen uneingeschränkt möglich ist,[113] auch bei einer notwendigen Streitgenossenschaft aus materiellrechtlichen Gründen wirksam erklärt werden kann. Mit der wohl herrschenden Auffassung wird man das grundsätzlich bejahen können.[114] Denn die Rücknahme führt zwar zur Unzulässigkeit der anderen Klagen, aber nicht zu widersprüchlicher Sachentscheidung. Dass der Streitgenosse sich möglicherweise pflichtwidrig verhält, berührt nur sein Verhältnis zu den anderen Streitgenossen, nicht aber seine Handlungsbefugnis in seinem Pro-

---

[95] Vgl. nur RGZ 132, 349; BGH WM 1963, 728; NJW 1989, 2133, 2134; aA *B/L/H* Rn. 23.
[96] AllgM; MK/*Schultes* Rn. 43; *T/P/Hüßtege* Rn. 21; *Zö/Vollkommer* Rn. 28; *St/J/Bork* Rn. 32.
[97] RGZ 90, 42; MK/*Schultes* Rn. 43; *Ro/S/Go* § 49 Rn. 46.
[98] MK/*Schultes* Rn. 43; *St/J/Bork* Rn. 27; *Ro/S/Go* § 49 Rn. 46.
[99] MK/*Schultes* Rn. 43; *St/J/Bork* Rn. 27.
[100] RGZ 90, 42; MK/*Schultes* Rn. 43; *T/P/Hüßtege* Rn. 20; *St/J/Bork* Rn. 27; *Ro/S/Go* § 49 Rn. 46.
[101] Vgl. nur *T/P/Hüßtege* Rn. 20; *Ro/S/Go* § 49 IV 3b.
[102] Zutreffend MK/*Schultes* Rn. 43; vgl. auch *Ro/S/Go* § 49 Rn. 46; *St/J/Bork* Rn. 29; *Lindacher* JuS 1986, 379, 384.
[103] Überzeugend *Ro/S/Go* § 49 Rn. 47.
[104] *Ro/S/Go*, 15. Aufl., § 49 IV 3b; MK/*Schultes* Rn. 43.
[105] HM; MK/*Schultes* Rn. 44; *T/P/Hüßtege* Rn. 19.
[106] *St/J/Bork* Rn. 28.
[107] MK/*Schultes* Rn. 45; *St/J/Bork* Rn. 29.
[108] AllgM; *Zö/Vollkommer* Rn. 23, 30; *Ro/S/Go* § 49 Rn. 40; vgl. auch BGH WM 1963, 728, 731.
[109] BGHZ 131, 376, 381f. = NJW 1996, 1060.
[110] BGHZ 131, 376, 381 = NJW 1996, 1060.
[111] MK/*Schultes* Rn. 48; *Wiecz/Schütze* Rn. 73.
[112] HM; MK/*Schultes* Rn. 49; *T/P/Hüßtege* Rn. 17; *Zö/Vollkommer* Rn. 26; *Jauernig* ZPR § 82 IV 3; *Gottwald* JA 1982, 64, 70; *Lindacher* JuS 1986, 379, 384.
[113] HM; MK/*Schultes* Rn. 49; *T/P/Hüßtege* Rn. 17; *Zö/Vollkommer* Rn. 25; *St/J/Bork* Rn. 35; AK-ZPO/*Koch* Rn. 4; *Wiecz/Schütze* Rn. 74; *Ro/S/Go* § 49 Rn. 38; *Blomeyer* § 108 IV 3b; *Lindacher* JuS 1986, 379, 384.
[114] Vgl. die in der vorigen Fn. Genannten; aA *B/L/H* Rn. 20.

zessrechtsverhältnis zum Gegner. Die materiellrechtlichen Beziehungen der Streitgenossen untereinander und die prozessrechtliche Stellung der einzelnen Streitgenossen sind nämlich strikt zu trennen.[115] Die gleichen Überlegungen gelten auch für eine **übereinstimmende Erledigung.**[116] Erklärt also ein Streitgenosse die Hauptsache für erledigt und stimmt der Beklagte dem zu, so werden die Klagen der übrigen Streitgenossen unzulässig. Eine Ausnahme von der Zulässigkeit der Klagerücknahme durch einen Streitgenossen wird man im Fall eines kollusiven Zusammenwirkens zwischen dem Streitgenossen und dem Prozessgegner machen müssen.[117] **Prozesshandlungen des Gegners** sind gegenüber allen Streitgenossen vorzunehmen, denn schon ein Unterliegen in einem der mehreren Prozesse würde für den Gegner zum Verlust des einheitlich zu entscheidenden Gesamtprozesses führen.[118] Sich widersprechenden Vortrag verschiedener Streitgenossen kann das Gericht gem. § 286 ZPO frei würdigen.[119]

c) **Prozessablauf. Unterbrechung, Aussetzung und Ruhen** des Verfahrens wirken unmittelbar nur im jeweiligen Einzelprozess. Wegen der gebotenen Einheitlichkeit der Entscheidung verhindern sie aber eine Sachentscheidung in den anderen Prozessen, so dass das Verfahren insgesamt analog §§ 148, 251 auszusetzen bzw. zum Ruhen zu bringen ist. Die Vertretungsfiktion des § 62 Abs. 1 kann hier nicht eingreifen.[120] 19

d) **Rechtsbehelfe.** Die Rechtsbehelfe der Streitgenossen sind grundsätzlich getrennt zu beurteilen. Jeder Streitgenosse kann nur in seinem Prozess Rechtsbehelfe einlegen und begründen.[121] Rechtsbehelfsfristen laufen für jeden Streitgenossen gesondert, können aber durch rechtzeitiges Handeln eines Streitgenossen insgesamt gewahrt werden (siehe Rn. 16). Der Streitgenosse, der einen Rechtsbehelf nicht oder **nicht rechtzeitig eingelegt** hat, wird durch das fristwahrende Handeln des anderen Streitgenossen **Partei** des Rechtsbehelfsverfahrens mit der Wirkung des § 62 Abs. 2.[122] Der Prozessgegner kann sich ihm gegenüber einem Rechtsmittel anschließen.[123] Rechtsbehelfsführer sind aber nur die Streitgenossen, die den Rechtsbehelf fristwahrend eingelegt haben, so dass der untätige Streitgenosse an deren Antrag und an eine eventuelle Rücknahme des Rechtsbehelfs gebunden ist.[124] Ergeht auf ein Rechtsmittel des tätigen Streitgenossen eine Entscheidung in der Sache, so muss auch der untätige Streitgenosse die Möglichkeit haben, selbst ein weiteres Rechtsmittel einzulegen, denn die Entscheidung wirkt auch für und gegen ihn als Partei des Rechtsmittelverfahrens.[125] 20

e) **Rechtskraft.** Die Rechtskraft eines Urteils tritt erst dann ein, wenn **keiner** der Streitgenossen es mehr anfechten kann, denn die rechtzeitige Einlegung eines Rechtsmittels oder des Einspruchs durch einen Streitgenossen hindert den Eintritt der Rechtskraft auch gegenüber den Streitgenossen, die nicht oder nicht zulässig angefochten haben. Dagegen erwächst ein zulässig ergangenes Prozessurteil gegen einen Streitgenossen unabhängig von dem Prozessverhalten der anderen in Rechtskraft.[126] Ob ein **unzulässiges Teilurteil** (vgl. Rn. 17) in Rechtskraft erwachsen kann, ist streitig, wird aber im Ergebnis zu bejahen sein. Denn auch ein unzulässigerweise ergangenes Urteil ist keineswegs nichtig und kann deshalb in formelle und materielle Rechtskraft erwachsen.[127] Daraus kann jedoch nicht gefolgert werden, dass die materielle Rechtskraft eines solchen Urteils auch für und gegen die anderen Streitgenossen wirkt. Aus § 62 kann nämlich keine Ausnahme von dem Grundsatz hergeleitet werden, dass die materielle Rechtskraft nur inter partes wirkt. Die Prozessführung durch einen einzelnen Streitgenossen als einer nicht verfügungsberechtigten Partei kann deshalb die eigentlichen Rechtsträger (alle Streitgenossen) nicht binden und schon gar nicht zum Verlust einer Rechtsposition führen.[128] 21

63 *Prozessbetrieb; Ladungen* Das Recht zur Betreibung des Prozesses steht jedem Streitgenossen zu; zu allen Terminen sind sämtliche Streitgenossen zu laden.

I. Recht zur Betreibung des Prozesses (§ 63 Halbs. 1)

§ 63, der auf die einfache wie auf die notwendige Streitgenossenschaft Anwendung findet, stellt die Selbstständigkeit jedes Streitgenossen bei der Betreibung seines Prozesses heraus. Jeder Streitgenosse kann 1

[115] Überzeugend *Konzen*, Rechtsverhältnisse zwischen Prozessparteien, 1976, S. 222ff.; *Lindacher* JuS 1986, 379, 384; OLG Rostock NJW-RR 1995, 381f.

[116] MK/*Schultes* Rn. 49; *T/P/Hüßtege* Rn. 17.

[117] MK/*Schultes* Rn. 49; *Gottwald* JA 1982, 64, 70.

[118] Vgl. nur MK/*Schultes* Rn. 51; ausführlich *Ro/S/Go* § 49 Rn. 41.

[119] BGH NJW 2001, 1056, 1058.

[120] MK/*Schultes* Rn. 50; *B/L/H* Rn. 25; *T/P/Hüßtege* Rn. 18; *St/J/Bork* Rn. 36; *Ro/S/Go* § 49 Rn. 53; *Schumann* AP § 246 Nr. 1; aA BAGE 24, 261, 263 = NJW 1972, 1388.

[121] Vgl. nur *T/P/Hüßtege* Rn. 24.

[122] Vgl. nur BGH FamRZ 1976, 376; OLG Karlsruhe ZIP 1991, 101, 102; MK/*Schultes* Rn. 52; *St/J/Bork* Rn. 40; *Lindacher* JuS 1986, 379, 384; ausführlich *Schumann* ZZP 76 (1963), 381, 389ff.

[123] RGZ 38, 26; MK/*Schultes* Rn. 52; *Ro/S/Go* § 49 Rn. 50.

[124] Vgl. nur MK/*Schultes* Rn. 52; *T/P/Hüßtege* Rn. 25; *St/J/Bork* Rn. 42; *Ro/S/Go* § 49 Rn. 50.

[125] Zutreffend *St/J/Bork* Rn. 42; *Gottwald* JA 1982, 64, 70; *Schumann* ZZP 76 (1963), 381, 393, 399 Fn. 49; aA BSG NJW 1972, 175, 176; MK/*Schultes* Rn. 52; *Wiecz/Schütze* Rn. 84.

[126] *T/P/Hüßtege* Rn. 30.

[127] RGZ 132, 349, 352; BGH NJW 1989, 2133, 2134 = JR 1990, 458 (*Schultes*); BGHZ 131, 376, 382 = NJW 1996, 1060; MK/*Schultes* Rn. 53; *Ro/S/Go* § 49 Rn. 54; aA *T/P/Hüßtege* Rn. 30, *Zö/Vollkommer* Rn. 31; *B/L/H* Rn. 23; *Wiecz/Schütze* Rn. 82.

[128] BGHZ 131, 376, 382f. = NJW 1996, 1060, 1061.

daher alle auf die Fortentwicklung des Verfahrens gerichteten Handlungen selbstständig vornehmen, etwa Anträge auf Terminsanberaumung stellen oder auch ein ausgesetztes oder unterbrochenes Verfahren wieder aufnehmen.[1]

II. Terminsladung (§ 63 Halbs. 2)

2 Alle Streitgenossen, die noch am Verfahren beteiligt sind, müssen von Amts wegen zu allen Terminen geladen werden. Notwendige Streitgenossen sind stets zu laden, einfache Streitgenossen dagegen nur, so weit sie nicht rechtskräftig ausgeschieden sind oder ihnen gegenüber das Verfahren unterbrochen oder ausgesetzt ist.[2] Entsprechendes gilt für die Fälle der Bekanntmachung von Terminen nach den §§ 341a, 523, 553. Auch **Zustellungen** haben analog § 63 an sämtliche Streitgenossen zu erfolgen, sofern nicht lediglich der einzelne Streitgenosse betroffen ist wie etwa beim zulässigen Teilurteil gegen einen einfachen Streitgenossen.[3] Nach Auffassung des LAG Hamm[4] sind die Schriftsätze einfacher Streitgenossen nur dem Gegner, nicht auch den auf gleicher Seite gemeinschaftlich streitenden Personen zuzustellen. Wollten sich die Streitgenossen auf eine gemeinsame Linie verständigen, möge dies zur Gründung einer Interessengemeinschaft und/oder zur Beauftragung eines gemeinsamen Prozessbevollmächtigten führen, so dass auf diesem Weg rein tatsächlich eine einheitliche rechtliche Beurteilung gegenüber sämtlichen Streitgenossen erreicht werde. Auch der Gesichtspunkt des rechtlichen Gehörs gebiete nicht die wechselseitige Zustellung von Schriftsätzen unter Streitgenossen. Vielmehr beschränke sich der Anspruch auf rechtliches Gehör auf das eigene Prozessrechtsverhältnis. Hier irrt das LAG. Da das Gericht im Rahmen der freien Beweiswürdigung des Zugestehen einer Tatsache durch einen Streitgenossen oder einer Anerkenntnis eines Streitgenossen für die Prozesse sämtlicher anderer Streitgenossen berücksichtigen kann und da Angriffs- und Verteidigungsmittel eines Streitgenossen auch für die Prozesse der anderen Streitgenossen gelten, wenn nicht irgendwie zum Ausdruck gebracht ist, dass sie nur für einen Streitgenossen gelten sollen (vgl. oben § 61 Rn. 6), müssen die Schriftsätze eines Streitgenossen, den übrigen Streitgenossen zugestellt oder mitgeteilt werden (vgl. § 270) damit diese ggf. Stellung nehmen können. Das folgt aus dem Anspruch auf rechtliches Gehör. Bei einem Verstoß gegen § 63 gelten die allgemeinen Regeln. So darf etwa gegen den säumigen Streitgenossen, der nicht zum Termin geladen war, kein Versäumnisurteil ergehen, wohl aber gegen den gemeinsamen Gegner, sofern dieser ordnungsgemäß geladen war und ein nicht säumiger Streitgenosse Erlass eines Versäumnisurteils beantragt.[5] Heilung eines Verstoßes gegen § 63 ist nach § 295 möglich.[6]

Titel 3. Beteiligung Dritter am Rechtsstreit

Vorbemerkung

I. Allgemeines

1 Der Zivilprozess ist durch das Zweiparteienprinzip geprägt (s. § 50 Rn. 4f.); es müssen sich stets zwei Parteien gegenüberstehen, von denen die eine gegen die andere Rechtsschutz begehrt. Mehr als zwei Parteien sind im Zivilprozess nicht möglich. Dass im Falle der Streitgenossenschaft mehrere Personen auf Kläger- oder Beklagtenseite stehen können, ist keine Durchbrechung des Zweiparteienprinzips (vgl. dazu § 50 Rn. 5). Wer Partei eines Zivilprozesses ist, bestimmen die Parteien durch ihre Anträge (Klage und Widerklage). Darüber hinaus ist die Beteiligung weiterer Personen, die weder Parteien noch Streitgenossen[1] sind, möglich. Eine solche Beteiligung eines **Dritten** kann auf Initiative der Parteien hin, auf Veranlassung des Dritten selbst oder durch das Gericht erfolgen.

II. Beteiligung Dritter auf Initiative der Parteien oder des Dritten

2 Wenn der Dritte Titel des Zweiten Abschnitts des Ersten Buches der ZPO (§§ 64–77) mit „Beteiligung Dritter am Rechtsstreit" überschrieben ist, so ist damit nur die Beteiligung Dritter auf Grund der Initiative einer Partei oder des Dritten selbst gemeint. Die Parteien können die Beteiligung Dritter erreichen, indem sie diesen Personen den **Streit verkünden** (§ 72 ZPO). Dritte können sich im Wege der **Nebenintervention** (§§ 66ff.) am Rechtsstreit beteiligen. Gemeinsam ist den Fällen der §§ 64–77, dass für die Bestimmung, wer am Prozess zu beteiligen ist, nicht das Gericht verantwortlich ist; es muss nicht von sich aus tätig werden und von sich aus bestimmte Personen zum Prozess beiziehen.

---

[1] Vgl. BGH MDR 1964, 669.
[2] MK/*Schultes* Rn. 4; *T/P/Hüßtege* Rn. 1; *St/J/Bork* Rn. 3.
[3] MK/*Schultes* Rn. 4; für die Zustellung nach § 519a, 553a Abs. 2 auch *St/J/Bork* Rn. 2.
[4] LAG Hamm MDR 2001, 531, 532.
[5] MK/*Schultes* Rn. 5; *Wiecz/Schütze* Rn. 5.
[6] *T/P/Hüßtege* Rn. 2.

[1] Abweichend von der hier vertretenen Auffassung rechnet *W. Lüke*, Die Beteiligung Dritter im Zivilprozess, 1993, S. 12ff. die Streitgenossen zu den Dritten.

III. Beteiligung Dritter durch das Gericht

1. Beteiligung auf Grund zivilprozessualer Vorschriften. Dass das Gericht von sich aus tätig werden und bestimmte Personen zum Prozess beiziehen muss, ist in der ZPO nur ausnahmsweise vorgesehen. Einen solchen Ausnahmefall regelt § 640e ZPO. Ein weiterer Fall der Beiladung findet sich in § 856 Abs. 3 (Klage bei mehrfacher Pfändung). 3

2. Beteiligung gemäß Art. 103 Abs. 1 GG.[2] Über die soeben genannten Fälle hinaus, ergeben sich weitere Fälle der Drittbeteiligung direkt aus Art. 103 Abs. 1 GG.[3] Der Anspruch auf rechtliches Gehör beschränkt sich nämlich nicht auf die formell am Verfahren Beteiligten, also die Parteien.[4] Er steht vielmehr auch demjenigen zu, demgegenüber die richterliche Entscheidung materiellrechtlich wirkt.[5] Aus Art. 103 Abs. 1 GG kann daher die Verpflichtung des Gerichts folgen, alle diejenigen zu einem von anderen Parteien betriebenen Verfahren hinzuzuziehen, die vom Ergebnis dieses Verfahrens in ihrer Rechtsstellung (also materiell) möglicherweise betroffen werden. Insoweit besteht weitgehend Einigkeit.[6] Fraglich erscheint allerdings, welches Maß rechtlicher Betroffenheit vorliegen muss, damit sich aus Art. 103 Abs. 1 GG eine Verpflichtung des Gerichts ergibt, Dritte zum Verfahren beizuziehen. 4

a) Voraussetzungen. Das Gericht muss einen Dritten nicht schon dann an einem zwischen (anderen) Parteien geführten Prozess (**Erstprozess**) beteiligen, wenn er durch das Urteil im Erstprozess irgendwie betroffen wird; der Dritte ist vielmehr nur dann zu beteiligen, wenn er durch das Urteil **unmittelbar rechtlich betroffen** werden kann.[7] Die Beeinträchtigung ideeller, wirtschaftlicher oder sonstiger Interessen reicht nicht aus. Eine unmittelbare rechtliche Betroffenheit liegt immer dann vor, wenn dem Gericht des Nachfolgeprozesses für den Fall, dass im Vorprozess die Entscheidung rechtskräftig würde, die Prüfungskompetenz in mindestens einer entscheidungserheblichen Frage entzogen wird. Es muss dann derjenige, dem die Möglichkeit genommen wird, die für ihn entscheidungserhebliche Frage zur Prüfung des Gerichts zu stellen, im Vorprozess (Erstprozess) beteiligt werden.[8] Auch wenn diese Voraussetzungen vorliegen, muss der Dritte allerdings ausnahmsweise dann nicht am Erstprozess beteiligt werden, wenn ein Fall materiellrechtlicher Abhängigkeit oder ein Fall materiellrechtlichen Schutzes vorliegt. Ein Fall **materiellrechtlicher Abhängigkeit** ist gegeben, wenn der Dritte auch eine rechtsgeschäftliche Verfügung der Parteien hinnehmen müsste. Anders formuliert ist der Dritte immer dann nicht zu beteiligen, wenn für die Prozessbeteiligten materiellrechtlich die Möglichkeit besteht, über die im Prozess umstrittene Beziehung ohne Mitsprache des Dritten mit einer ihn treffenden Wirkung zu disponieren.[9] Als Beispiel lässt sich hier § 326 Abs. 2 nennen. Nach dieser Vorschrift wirkt ein Urteil, das zwischen einem Vorerben und einem Dritten über einen der Nacherbfolge unterliegenden Gegenstand ergeht, auch gegen den Nacherben. Diese in § 326 Abs. 2 ausgesprochene Rechtskrafterstreckung ist zulässig, weil der Vorerbe in den Grenzen der §§ 2112ff. BGB über Erbschaftsgegenstände verfügen kann. Da der Nacherbe die Verfügungen des Vorerben materiellrechtlich gegen sich gelten lassen muss, kann er auch prozessual nicht weiter gehend geschützt sein.[10] Ein Fall **materiellrechtlichen Schutzes** liegt vor, wenn materiellrechtliche Mittel zur Verfügung stehen, die die Stellung des Dritten gegenüber der zwischen den Prozessparteien ergehenden Entscheidung abzuschirmen vermögen und er daher des Gehörs zur Geltendmachung seines Schutzes nicht bedarf.[11] Allerdings ist sowohl in Fällen des materiellrechtlichen Schutzes als auch in Fällen der materiellrechtlichen Abhängigkeit eine Bindung des Dritten an die zwischen anderen Parteien ergehende Entscheidung nur zulässig, wenn sie ausdrücklich gesetzlich angeordnet ist. Fehlt eine solche Anordnung, muss der Dritte (wenn Bindungswirkung entsteht) im Erstprozess beteiligt werden.[12] 5

b) Form der Beteiligung. Der Dritte, der durch die Entscheidung in einem Verfahren zwischen anderen Parteien unmittelbar rechtlich betroffen wird, ist nach herrschender Auffassung in diesem Verfahren als **streitgenössischer Nebenintervenient** zu beteiligen.[13] Allerdings unterscheidet sich die Stellung des Dritten, der in unmittelbarer Anwendung des Art. 103 Abs. 1 GG am Verfahren zwischen anderen Parteien zu beteiligen ist, erheblich von der Stellung des streitgenössischen Nebenintervenienten, wie ihn die ZPO regelt. Zwei Punkte sind besonders hervorzuheben: Zum einen muss der Dritte nicht von sich aus tätig werden; vielmehr trifft das Gericht die Verpflichtung, ihn vom Verfahren zu unterrichten. Erst nach dieser **Unterrichtung** durch das Gericht muss der Dritte tätig werden, wenn er sich am Verfahren beteiligen will. Er 6

---

[2] Vgl. dazu im Einzelnen *W. Lüke* (Fn. 1) S. 94ff.; *Weth,* Das arbeitsgerichtliche Beschlussverfahren, 1995, S. 50ff.

[3] Das hat das BVerfG insbesondere in folgenden Entscheidungen klargestellt: BVerfGE 21, 132 = NJW 1967, 492; BVerfGE 60, 7; BVerfG NJW 1988, 1963 = FamRZ 1988, 1247 mit Anmerkung *Frank/Wassermann;* vgl. auch BVerfGE 92, 158, 183ff.

[4] Heute ganz hM, vgl. nur BVerfGE 60, 7; *Grunsky* § 25 II 2b; *Schlosser,* Gestaltungsklagen und Gestaltungsurteile, 1966, S. 172ff.; *M. Wolf,* JZ 1971, S. 405ff.; *Ro/S/Go* § 85 II; *Waldner,* Der Anspruch auf rechtliches Gehör, 1989, Rn. 407; *Zeuner,* Rechtliches Gehör, materielles Recht und Urteilswirkungen, 1974, S. 9ff., 18.

[5] BVerfGE 60, 7, 13; BVerfG NJW 1988, 1963.

[6] Vgl. nur BVerfGE 21, 132, 139 = NJW 1967, 492; BVerfGE 60, 7, 13ff.; BVerfG NJW 1988, 1963; *Waldner* (Fn. 4) Rn. 407.

[7] Vgl. nur BVerfG NJW 1988, 1963.

[8] Vgl. dazu *Weth* (Fn. 2) S. 59ff.

[9] *Grunsky* § 25 II 2a; *Zeuner* (Fn. 4) S. 28; *Rosenberg/Schwab,* 14. Auflage 1986, § 85 II; *Waldner* (Fn. 4) Rn. 426.

[10] *Waldner* (Fn. 5) Rn. 426; *M. Wolf* JZ 1971, 405, 407f.

[11] *Calavros,* Urteilswirkungen zu Lasten Dritter, 1978, S. 41; *M. Wolf* JZ 1971, 405, 408.

[12] Vgl. *Weth* (Fn. 2), S. 62ff. m. weit. Nachw.

[13] Vgl. nur BVerfGE 21, 132, 137f. = NJW 1967, 492; BVerfGE 60, 7, 12f.; BGHZ 89, 121, 125 = NJW 1984, 353.

muss dann dem Verfahren beitreten. Zum anderen darf der Dritte, wenn das Gericht ihn verspätet vom Verfahren unterrichtet hat, nur insoweit an den **Stand des Verfahrens** im Zeitpunkt seines Beitritts gebunden werden, als sein Anspruch auf rechtliches Gehör dadurch nicht verkürzt wird.[14] Eine bereits durchgeführte Beweisaufnahme muss also auf Verlangen des Dritten wiederholt werden. Nur wenn die genannten Einschränkungen berücksichtigt werden, gewährleistet die streitgenössische Nebenintervention dem Dritten volles rechtliches Gehör.

7 **c) Folgen fehlerhafter Nichtbeteiligung.** Wird ein Dritter fehlerhaft nicht am Verfahren zwischen (anderen) Parteien beteiligt und dadurch sein Anspruch auf rechtliches Gehör verletzt, so führt das weder zur Unwirksamkeit[15] noch zur Teilunwirksamkeit des Urteils.[16] Vielmehr muss der Dritte die Verletzung des rechtlichen Gehörs rügen. Wie dies zu geschehen hat, ist streitig. So wird vertreten, dem Dritten stehe nur die Verfassungsbeschwerde zur Verfügung,[17] der Dritte könne Rechtsmittel einlegen[18] oder Wiedereinsetzung in den vorigen Stand beantragen.[19] Schließlich wird vertreten, der Dritte könne Nichtigkeitsklage erheben.[20] Zuzustimmen ist der Auffassung des BGH, die eine Anfechtung der Entscheidung, die ohne Beteiligung des Dritten ergangen ist, mit Rechtsmitteln zulässt. Die Verfassungsbeschwerde bleibt allerdings dann die einzige Möglichkeit, wenn ein Rechtsmittel nicht statthaft ist. Bezüglich des vom Dritten einzulegenden Rechtsmittels gelten folgende **Besonderheiten:** Die Frist zur Einlegung des Rechtsmittels beginnt nicht mit der Zustellung der Entscheidung an die Partei zu laufen, sondern erst mit Zustellung des Urteils an den (fehlerhaft nichtbeteiligten) Dritten.[21] Die Parteien können, um die Rechtskraft des Urteils zu erreichen, das Gericht auffordern, dem Dritten die Entscheidung zuzustellen. Folgt das Gericht dieser Aufforderung nicht, können sie selbst dem Dritten eine Ausfertigung des Urteils übersenden. Auch diese Übersendung ist geeignet, die Rechtsmittelfrist in Lauf zu setzen. Durch sie wird nämlich gewährleistet, dass der Dritte vom Urteil in vollständig abgefasster Form Kenntnis erlangen kann. In entsprechender Anwendung des § 586 Abs. 2 S. 2 kann der Dritte die Verletzung seines rechtlichen Gehörs nicht mehr rügen, wenn seit dem Ablauf der Rechtsmittelfrist für die Parteien fünf Jahre vergangen sind.

64

Hauptintervention **Wer die Sache oder das Recht, worüber zwischen anderen Personen ein Rechtsstreit anhängig geworden ist, ganz oder teilweise für sich in Anspruch nimmt, ist bis zur rechtskräftigen Entscheidung dieses Rechtsstreits berechtigt, seinen Anspruch durch eine gegen beide Parteien gerichtete Klage bei dem Gericht geltend zu machen, vor dem der Rechtsstreit im ersten Rechtszug anhängig wurde.**

65

Aussetzung des Hauptprozesses **Der Hauptprozess kann auf Antrag einer Partei bis zur rechtskräftigen Entscheidung über die Hauptintervention ausgesetzt werden.**

I. Normzweck

1 Anders als der Nebenintervenient, der Gehilfe der unterstützten Partei im bisherigen Prozess ist, führt gemäß § 64 ein Dritter (der Hauptintervenient) einen **eigenen (neuen) Prozess** gegen beide Parteien eines bereits anhängigen Prozesses. § 64 ist also vom Gesetzgeber zu Unrecht in den Titel „Beteiligung Dritter am Rechtsstreit" eingeordnet worden. Die Hauptintervention dient der Verfahrenskonzentration und der Vermeidung von widersprüchlichen Entscheidungen. Der Dritte kann, statt im Wege der Hauptintervention vorzugehen, auch getrennte Klagen gegen den Kläger und den Beklagten des Hauptprozesses erheben.[1] § 64 schließt ein solches Vorgehen nicht aus. Er hat kaum praktische Bedeutung.

II. Begriff

2 Hauptintervention (**Einmischungsklage, Einwirkungsklage, Interventionsklage**) ist die Klage eines Dritten (des Hauptintervenienten) gegen beide Parteien eines bereits anhängigen Rechtsstreits (Haupt- oder Erstprozess) durch die er den Gegenstand des Hauptprozesses für sich in Anspruch nimmt.[2] Mit der Hauptintervention beteiligt sich der Dritte aber nicht am Hauptprozess; vielmehr eröffnet die Hauptintervention als selbstständige Klage ein neues Urteilsverfahren. In diesem neuen Verfahren sind die Parteien des Erstprozesses Streitgenossen.[3]

---

[14] *Schlosser* JZ 1967, 431, 434; *Calavros* (Fn. 11), 43 ff.
[15] So aber, jedenfalls für bestimmte Fälle, *Jauernig* ZZP 101 (1988), 361, 370 ff.
[16] So aber *Grunsky* FamRZ 1966, 642, 643.
[17] Vgl. BVerfGE 21, 132 ff. = NJW 1967, 492; BVerfGE 60, 7 ff.; BVerfG NJW 1988, 1963.
[18] BGHZ 89, 121 f. = NJW 1984, 353.
[19] *Waldner* JR 1984, 157.
[20] *Marotzke* ZZP 100 (1987), 164, 202.
[21] BGHZ 89, 121, 125 = NJW 1984, 353.
[1] Vgl. nur *Wiecz/Mansel* § 64 Rn. 7 f.
[2] *Ro/S/Go* 52 Rn. 1.
[3] *Zö/Vollkommer* § 64 Rn. 5; MK/*Schultes* § 64 Rn. 12.

III. Zulässigkeit

Gemäß § 64 ist **ausschließlich** sachlich und örtlich das Gericht (nicht der Spruchkörper[4]) **zuständig,** bei dem der Hauptprozess im ersten Rechtszug anhängig wurde. Das gilt auch, wenn der Rechtsstreit sich bereits in höherer Instanz befindet.[5] Wird der Hauptprozess nach Rechtshängigkeit der Klage des Hauptintervenienten verwiesen, so ändert sich die gerichtliche **Zuständigkeit für die Interventionsklage** nicht (vgl. § 261 Abs. 3 Nr. 2).[6] Der Hauptprozess muss – so der Wortlaut des § 64 – anhängig (s. dazu § 253 Rn. 3, 11, § 261 Rn. 1) sein. Wird der Hauptprozess erst anhängig, wenn die Interventionsklage bereits erhoben ist, so wird diese mit Einreichung der Klage im Hauptprozess zulässig.[7] Rechtshängigkeit (s. dazu § 253 Rn. 3, § 261 Rn. 2ff.) ist nicht erforderlich.[8] Hauptintervention ist weder im Verfahren des einstweiligen Rechtsschutzes[9] noch im Mahnverfahren (§§ 688ff.) möglich;[10] Letzteres folgt daraus, dass für die Interventionsklage im formalisierten Ablauf des Mahnverfahrens kein Raum ist.[11] Streiten die Parteien vor dem Schiedsgericht, so ist bei allseitigem Einverständnis eine Hauptintervention zum Schiedsgericht – nicht aber zum ordentlichen Gericht – zulässig.[12] Die Hauptintervention setzt weiter voraus, dass der Hauptprozess bei Erhebung der Interventionsklage noch nicht rechtskräftig entschieden ist[13] und auch sonst nicht, etwa durch Klagerücknahme (§ 269) oder Vergleich (§ 794), abschließend erledigt ist.[14] Wird allerdings der Hauptprozess nach Erhebung der Interventionsklage aus einem der genannten Gründe abschließend erledigt, so schadet das nicht.[15] Der Hauptintervenient darf nicht Partei des Hauptprozesses sein; es schadet allerdings nicht, wenn er im Hauptprozess als Nebenintervenient auftritt.[16] 3

Die Zulässigkeit der Hauptintervention setzt schließlich einen **Interventionsgrund** voraus. Der Dritte muss eine Sache oder ein Recht, um das im ersten Prozess gestritten wird, ganz oder teilweise für sich in Anspruch nehmen.[17] Das ist etwa dann der Fall, wenn der Kläger im Hauptprozess Feststellung seines Eigentums an einer Sache begehrt und der Hauptintervenient der Ansicht ist, er sei Eigentümer; wenn der Kläger im Hauptprozess einen Eigentumsherausgabeanspruch geltend macht und der Hauptintervenient meint, ihm stehe dieser Anspruch zu;[18] wenn der Kläger eine ihm vom Hauptintervenienten abgetretene Forderung gegen den Schuldner geltend macht und der Hauptintervenient die Unwirksamkeit der Abtretung behauptet.[19] Ein Interventionsgrund liegt darüber hinaus aber auch dann vor, wenn der Hauptintervenient das Vorgehen der Parteien des Hauptprozesses hinsichtlich einer bestimmten Sache nicht zu dulden hat.[20] Das ist etwa dann der Fall, wenn der Vermieter klageweise vom Mieter Herausgabe der Mietsache verlangt. Hier kann der Eigentümer, wenn er behauptet, der Vermieter sei nicht mehr zum Besitz berechtigt, im Wege der Hauptintervention vorgehen.[21] 4

IV. Verfahren

Die Interventionsklage richtet sich gegen beide Parteien des Hauptprozesses. **Gegen den Kläger** wird der Hauptintervenient in der Regel auf Feststellung klagen, dass ihm kein Recht gegen den Beklagten zusteht, oder dass ihm jedenfalls kein gegenüber dem Hauptintervenienten bestandskräftiges Recht zusteht.[22] Das Feststellungsinteresse wird hier, wenn die Voraussetzungen der Hauptintervention vorliegen, stets zu bejahen sein.[23] **Gegen den Beklagten** des Hauptprozesses wird der Hauptintervenient regelmäßig auf Leistung klagen.[24] Das Verfahren gegen die beiden Beklagten der Interventionsklage kann durchaus einen unterschiedlichen Fortgang nehmen;[25] so kann etwa gegen einen Beklagten ein Teilurteil erlassen werden.[26] 5

---

4 *Ro/S/Go* § 52 II 1a; *St/J/Bork* § 64 Rn. 15.
5 MK/*Schultes* § 64 Rn. 11; *Zö/Vollkommer* § 64 Rn. 4.
6 *Ro/S/Go* § 52 Rn. 8; *St/J/Bork* § 64 Rn. 14; aA LG München NJW 1967, 787.
7 *St/J/Bork* § 64 Rn. 4a; MK/*Schultes* § 64 Rn. 4; *Wiecz/Mansel* § 64 Rn. 15.
8 AA RGZ 61, 241; *Ro/S/Go* § 52 Rn. 13.
9 *St/J/Bork* § 64 Rn. 4c.
10 *Zö/Vollkommer* § 64 Rn. 2; aA MK/*Schultes* § 64 Rn. 4.
11 *St/J/Bork* § 64 Rn. 4d.
12 *Ro/S/Go* § 52 Rn. 13; *St/J/Bork* § 64 Rn. 4c.
13 RGZ 61, 241; *St/J/Bork* § 64 Rn. 6.
14 *St/J/Bork* § 64 Rn. 6; *Wiecz/Mansel* § 64 Rn. 16.
15 MK/*Schultes* § 64 Rn. 4; *St/J/Bork* § 64 Rn. 5; *Wiecz/Mansel* § 64 Rn. 17.
16 *Ro/S/Go* § 52 Rn. 16; *Wiecz/Mansel* § 64 Rn. 8; vgl. auch RGZ 46, 404, 405.
17 MK/*Schultes* § 64 Rn. 6; vgl. auch *Pfeiffer* ZZP 111 (1998), 131ff.
18 RGZ 61, 241; OLG Frankfurt NJW-RR 1994, 957.
19 RGZ 100, 60; vgl. auch OLG Frankfurt NJW-RR 1994, 957.
20 *Ro/S/Go* § 52 Rn. 17.
21 *Ro/S/Go* § 52 Rn. 20.
22 MK/*Schultes* § 64 Rn. 15; *Ro/S/Go* § 52 Rn. 17; vgl. BAGE 43, 312, 316.
23 BAGE 43, 312, 316; MK/*Schultes* § 64 Rn. 13; *St/J/Bork* § 64 Rn. 2.
24 MK/*Schultes* § 64 Rn. 15; *Ro/S/Go* § 52 Rn. 17; vgl. BAGE 43, 312, 316.
25 *Ro/S/Go* § 52 Rn. 27; MK/*Schultes* § 64 Rn. 15.
26 MK/*Schultes* § 64 Rn. 15.

V. Wirkung

6 Der Interventionsprozess wirkt grundsätzlich nicht auf den Hauptprozess ein.[27] Allerdings ist es möglich und zweckmäßig, entweder **Haupt- und Interventionsprozess,** wenn sie in derselben Instanz schweben, gemäß § 147 **zu verbinden**[28] **oder** den **Hauptprozess auszusetzen.** Das kann gemäß § 148 von Amts wegen[29] oder gemäß § 65 geschehen. Nach § 65 kann der Hauptprozess auf Antrag einer Partei des Hauptprozesses bis zur Entscheidung über die Hauptintervention ausgesetzt werden. Der Hauptintervenient hat kein Recht, die Aussetzung zu beantragen.[30] Eine Aussetzung des Interventionsprozesses bis zur Erledigung des Hauptprozesses kommt hingegen in aller Regel nicht in Betracht.[31] Der Aussetzungsantrag gem. § 65 ist möglich bis entweder der Interventionsprozess oder der Hauptprozess rechtskräftig abgeschlossen ist.[32] Ob das Gericht auf den Antrag der Partei hin das Verfahren aussetzt, steht nach hM im pflichtgemäßen Ermessen des Gerichts.[33] Es ist allerdings nicht ersichtlich, wo hier Raum für die Betätigung des Ermessens sein soll. Das Gericht wird daher, wenn die Hauptintervention nicht offensichtlich rechtsmissbräuchlich ist, auf Antrag einer Partei den Hauptprozess aussetzen müssen.[34] Die Aussetzung hat die in § 249 geregelten Wirkungen.[35] Gegen die Ablehnung des Aussetzungsantrags ist ebenso sofortige Beschwerde gegeben wie gegen den Aussetzungsbeschluss (§ 252). Die **Rechtskraft** der Entscheidung des Interventionsprozesses erstreckt sich nicht auf den Hauptprozess.[36] Ebenso wenig erstreckt sich die Rechtskraft des Hauptprozesses auf den Interventionsprozess.[37] Es kann daher ein Schuldner sowohl im Hauptprozess als auch im Interventionsprozess zur Leistung verurteilt werden.[38] Der Schuldner kann dieser Gefahr dadurch entgehen, dass er im Interventionsprozess dem Kläger den Streit verkündet.

VI. Rechtsanwaltsgebühren

7 Der Anwalt des Hauptintervenienten erhält, so weit nach dem Zeitpunkt des Beitritts die Gebührentatbestände verwirklicht werden, die Gebühren der Nrn. 3100ff. VV RVG. Er erhält eine Terminsgebühr, wenn zwar nur die Hauptparteien zur Sache verhandeln/erörtern, er aber eingreifbereit teilnimmt. Für die Prozessbevollmächtigten der Hauptparteien entstehen durch die Hauptintervention keine zusätzlichen Gebühren.

66

Nebenintervention (1) **Wer ein rechtliches Interesse daran hat, dass in einem zwischen anderen Personen anhängigen Rechtsstreit die eine Partei obsiege, kann dieser Partei zum Zwecke ihrer Unterstützung beitreten.**

(2) **Die Nebenintervention kann in jeder Lage des Rechtsstreits bis zur rechtskräftigen Entscheidung, auch in Verbindung mit der Einlegung eines Rechtsmittels, erfolgen.**

I. Normzweck

1 Nebenintervention ist die Beteiligung eines Dritten an der Führung eines **fremden Rechtsstreits** in **eigenem Interesse** zur Unterstützung einer Partei, der Hauptpartei. Durch die Nebenintervention erhält ein Dritter die Möglichkeit, auf einen Prozess zwischen anderen Parteien, der sich negativ auf seine Rechtsstellung auswirken kann, Einfluss zu nehmen.[1] Die wichtigsten **Wirkungen** der Nebenintervention sind, dass sie zum einen den Anspruch des Dritten auf rechtliches Gehör gewährleistet und dass sie zum anderen widersprüchliche Prozessergebnisse vermeiden hilft.[2] Die Nebenintervention erfolgt selten aus eigenem Antrieb sondern meist infolge Streitverkündung und scheint insgesamt eine in der Praxis zu wenig genutzte Möglichkeit. Die Nebenintervention kann uU Voraussetzung sein, um Grundrechtsverstöße des Gerichts erfolgreich mit der Verfassungsbeschwerde anfechten zu können (vgl. dazu Rn. 17).

II. Voraussetzungen der Nebenintervention

2 **1. Anhängigkeit.** Voraussetzung der Nebenintervention ist, dass ein Rechtsstreit zwischen anderen Personen (Hauptprozess) anhängig (s. § 253 Rn. 3, 11; § 261 Rn. 1) ist oder gleichzeitig mit dem Beitritt anhängig wird. Rechtshängigkeit (s. § 253 Rn. 3, § 261 Rn. 2ff.) ist nicht erforderlich.[3] Der Rechtsstreit darf

---

[27] *Ro/S/Go* § 52 Rn. 26; MK/*Schultes* § 64 Rn. 15.
[28] BGHZ 101, 103, 104 = BGH NJW 1988, 1204, 1205; *Ro/S/Go* § 52 Rn. 26.
[29] MK/*Schultes* § 65 Rn. 1.
[30] *T/P/Hüßtege* § 65 Rn. 1; *St/J/Bork* § 65 Rn. 1; aA MK/*Schultes* § 65 Rn. 1; *Wiecz/Mansel* § 65 Rn. 1.
[31] OLG Düsseldorf OLGR 2003, 14.
[32] Vgl. MK/*Schultes* § 65 Rn. 1.
[33] Vgl. nur *B/L/H* § 65 Rn. 4; *St/J/Bork* § 65 Rn. 1.
[34] Vgl. OLG Frankfurt NJW-RR 1994, 957.
[35] *Wiecz/Mansel* § 65 Rn. 3.
[36] HM; AK-ZPO/*Koch* Rn. 1; *Ro/S/Go* § 53 Rn. 28; *St/J/Bork* § 64 Rn. 20.
[37] *Ro/S/Go* § 50 Rn. 49; *St/J/Bork* § 64 Rn. 20.
[38] Vgl. RGZ 64, 321.
[1] MK/*Schultes* Rn. 1.
[2] Vgl. MK/*Schultes* Rn. 1; *Wiecz/Mansel* Rn. 4; AK-ZPO/*Koch* Rn. 1.
[3] BGHZ 92, 251, 257 = NJW 1985, 328; *Ro/S/Go* § 50 Rn. 9; *Zö/Vollkommer* Rn. 4; *Wiecz/Mansel* Rn. 12; aA *B/L/H* Rn. 4; differenzierend *St/J/Bork* Rn. 6ff.

noch nicht beendet sein, sei es durch rechtskräftiges Urteil oder auf andere Weise (etwa Klagerücknahme, § 269, Vergleich, § 794, Erledigung der Hauptsache, § 91 a).[4] Bis zur der **Beendigung** (§ 261 Rn. 8) des Rechtsstreits kann der Beitritt in jeder Lage des Verfahrens auch in Verbindung mit der Einlegung eines Rechtsmittels erfolgen (Abs. 2); Nebenintervention kann also noch in der Berufungs- und Revisionsinstanz erfolgen.

Die ZPO sieht die Nebenintervention grundsätzlich in Rechtsstreitigkeiten jeder Art vor.[5] Hauptprozess 3
kann daher nicht nur ein Klageverfahren sein, sondern jedes Entscheidungsverfahren, durch dessen Entscheidung die Rechtslage des Nebenintervenienten beeinflusst werden kann.[6] Nebenintervention ist etwa zulässig im selbstständigen Beweisverfahren (§ 487 Rn. 2),[7] im Mahnverfahren,[8] im Verfahren des einstweiligen Rechtsschutzes,[9] im Ehelichkeitsanfechtungsprozess,[10] im Ehescheidungsfolgesachen,[11] im kontradiktorischen Verfahren der Zwangsvollstreckung (etwa §§ 722, 731, 767, 768, 771, 805, 891),[12] im arbeitsgerichtlichen Verfahren,[13] auch im arbeitsgerichtlichen Beschlussverfahren.[14] Im **schiedsgerichtlichen Verfahren** ist die Nebenintervention zulässig, wenn das Schiedsgericht und die Parteien zustimmen.[15] Die Wirkung des § 68 tritt aber nur ein, wenn der Nebenintervenient sie durch Erklärung ausdrücklich auf sich nimmt.[16] Auch im echten Streitverfahren der **freiwilligen Gerichtsbarkeit** ist die Nebenintervention möglich.[17] Die Vorschriften über die Nebenintervention sind nicht anwendbar etwa im Insolvenzverfahren,[18] im Erinnerungsverfahren,[19] im Aufgebotsverfahren,[20] im Kostenfestsetzungsverfahren.[21]

2. Rechtsstreit zwischen anderen Personen. Der Hauptprozess muss zwischen anderen Personen anhän- 4
gig sein. Die Partei oder ein gesetzlicher Vertreter kann auf keiner Seite beitreten;[22] die Partei kann also nicht sich selbst oder dem Gegner beitreten. Der gesetzliche Vertreter kann nicht der von ihm vertretenen Partei oder dem Gegner beitreten;[23] Gleiches gilt für den gewillkürten Vertreter.[24] Der Partei kraft Amtes kann grundsätzlich der Rechtsträger beitreten.[25] Wer nicht Partei ist kann beitreten, etwa derjenige, der als Partei ausgeschieden ist.[26] Weiter können dem verklagten nicht rechtsfähigen Verein seine Mitglieder beitreten;[27] der Aktiengesellschaft ihre Aktionäre (vgl. dazu aber unten Rn. 6).[28] Fraglich ist, ob der OHG auch die vertretungsberechtigten Gesellschafter,[29] der KG auch ihre persönlich haftenden Gesellschafter[30] beitreten können. Eine Partei kann ihrem Streitgenossen oder dem Streitgenossen ihres Gegners beitreten.[31] Es verliert daher der Nebenintervenient nicht seine Stellung als solcher, wenn er später dadurch, dass er mitverklagt wird, Streitgenosse des Gegners wird.[32] Die Zulässigkeit der Nebenintervention endet, wenn der Nebenintervenient Partei wird,[33] etwa dadurch, dass er Rechtsnachfolger einer Prozesspartei wird.

3. Rechtliches Interesse (Interventionsgrund). a) Begriff. Der Nebenintervenient muss ein rechtliches In- 5
teresse daran haben, dass eine Hauptpartei obsiegt (**sog. Interventionsgrund**). Ein rechtliches Interesse des Dritten ist zu bejahen, wenn die Entscheidung des Hauptprozesses durch Inhalt oder Vollstreckung mittelbar oder unmittelbar auf seine privatrechtlichen oder öffentlichrechtlichen Verhältnisse rechtlich einwirkt.[34] Das rechtliche Interesse fehlt, wenn die Ansprüche gegen den Nebenintervenienten vom Ausgang

---

4 BGH NJW 1992, 229, 230.
5 BGH NJW 1980, 1693.
6 HM, vgl. nur *Ro/S/Go* § 50 Rn. 6; *Zö/Vollkommer* Rn. 2; *MK/Schultes* Rn. 2; *Wiecz/Mansel* Rn. 13.
7 BGHZ 134, 190 = NJW 1997, 859 = MDR 1997, 390; OLG Köln NJW 1993, 1661; MDR 1993, 575; OLG Koblenz MDR 1993, 575 = OLGZ 1994, 231; MDR 1994, 619; *Ro/S/Go* § 50 Rn. 6; *Zö/Vollkommer* Rn. 2 a.
8 BGH NJW 2006, 773 = BGHZ 165, 358, 361; *Ro/S/Go* § 50 Rn. 6; *Zö/Vollkommer* Rn. 2; *MK/Schultes* Rn. 2; *Wiecz/Mansel* Rn. 14; aA *B/L/H* Rn. 10; *St/J/Bork* Rn. 6 c; vgl. auch *Seggewiße* NJW 2006, 3037.
9 OLG Düsseldorf NJW 1958, 794; *Ro/S/Go* § 50 Rn. 6; *Zö/Vollkommer* Rn. 2; *MK/Schultes* Rn. 2.
10 BGH NJW 1984, 353; *Ro/S/Go* § 50 Rn. 6; *Zö/Vollkommer* Rn. 2; *MK/Schultes* Rn. 2.
11 OLG Braunschweig NJW-RR 2005, 589.
12 *MK/Schultes* Rn. 2; *Wiecz/Mansel* Rn. 14; vgl. auch *St/J/Bork* Rn. 6 a.
13 BAGE 42, 349, 356; *Zö/Vollkommer* Rn. 2.
14 *Weth*, Das arbeitsgerichtliche Beschlussverfahren, 1995, S. 212 ff.
15 *Ro/S/Go* § 50 Rn. 7; *MK/Schultes* Rn. 2; vgl. auch *St/J/Bork* Rn. 6 a.
16 *Ro/S/Go* § 50 Rn. 7; vgl. dazu auch BGH ZZP 79 (1966), 121 mit Anm. *Habscheid*.
17 BGHZ 38, 110, 111; OLG Hamm NJW-RR 1991, 1992 m. weit. Nachw.; *Zö/Vollkommer* Rn. 2 a.
18 Zur KO OLG Frankfurt Rpfleger 1978, 417; *MK/Schultes* Rn. 2; *Wieczorek/Mansel* Rn. 15.
19 *MK/Schultes* Rn. 2; *Zö/Vollkommer* Rn. 3; *B/L/H* Rn. 8; *St/J/Bork* Rn. 6 b.
20 HM; vgl. *MK/Schultes* Rn. 2; *Zö/Vollkommer* Rn. 3; aA *Wiecz/Mansel* Rn. 14.
21 OLG Karlsruhe Rpfl. 1996, 83.
22 *Ro/S/Go* § 50 Rn. 12; *MK/Schultes* Rn. 4; *Zö/Vollkommer* Rn. 7; *Wiecz/Mansel* Rn. 22.
23 AA OLG Hamm NZG 1999, 597; vgl. auch *Wiecz/Mansel* Rn. 23, nach dessen Auffassung der gesetzliche Vertreter in bestimmten Fallkonstellationen der Partei beitreten kann; *St/J/Bork* Rn. 8.
24 AA *Wiecz/Mansel* Rn. 24, nach dessen Auffassung in bestimmten Fallkonstellationen ein Beitritt zulässig ist.
25 *Wiecz/Mansel* Rn. 25 m. weit. Nachw.
26 *MK/Schultes* Rn. 4.
27 *Zö/Vollkommer* Rn. 5; *Wiecz/Mansel* Rn. 29; *St/J/Bork* Rn. 8.
28 *Zö/Vollkommer* Rn. 5; *St/J/Bork* Rn. 8.
29 Bejahend *Zö/Vollkommer* Rn. 5; verneinend *Ro/S/Go* § 50 Rn. 13; *MK/Schultes* Rn. 4; differenzierend *Wiecz/Mansel* Rn. 29.
30 Bejahend *Zö/Vollkommer* Rn. 5.
31 BGHZ 8, 72, 79 = NJW 1953, 420; BGHZ 68, 81, 85 = NJW 1977, 1013; *St/J/Jonas/Bork* Rn. 9.
32 BAG ZIP 1993, 1189; *Zö/Vollkommer* Rn. 6.
33 BGHZ 8, 72, 78 = NJW 1953, 420; *Ro/S/Go* § 50 Rn. 12; *MK/Schultes* Rn. 4.
34 BGH WM 2006, 1252; *Zö/Vollkommer* Rn. 8; *MK/Schultes* Rn. 7; vgl. auch RGZ 111, 236, 238.

des Hauptprozesses unabhängig sind; es liegt allerdings auch dann vor, wenn das Unterliegen der Hauptpartei dem Nebenintervenienten keinen Nachteil, der Sieg aber einen Vorteil bringt.[35] Der Begriff des rechtlichen Interesses ist weit auszulegen.[36]

6 Im Einzelnen gilt: es muss ein **rechtliches Interesse** sein, ein bloß tatsächliches (vgl. dazu aber unten Rn. 7), ideelles oder wirtschaftliches Interesse reicht nicht aus;[37] es reicht also etwa nicht aus, das Interesse des Aktionärs am Obsiegen seiner AG, weil dies Auswirkungen auf seine Dividende hat.[38] Wenn die Mitgliedschaftsrechte des Aktionärs berührt sind, ist hingegen Nebenintervention möglich.[39] Es muss sich weiter bei dem rechtlichen Interesse um ein **gegenwärtiges** handeln. Das ist der Fall, wenn die Rechtsposition des Nebenintervenienten, die durch das Urteil im Vorprozess berührt wird, bereits besteht oder ihr Bestehen allein vom Ausgang des Vorprozesses abhängt.[40] Das rechtliche Interesse muss zudem ein **eigenes** sein, dh es muss eine eigene Rechtsposition des Dritten betroffen sein.[41] **Allgemeininteressen** reichen in der Regel nicht aus (anders, wenn der Gesetzgeber die Befugnis zur Verfolgung von Allgemeininteressen als eigene eingeräumt hat).

7 **b) Fallgruppen.** Es lassen sich folgende vier Fallgruppen nennen, in denen ein rechtliches Interesse bejaht werden kann: Das Urteil im Hauptprozess entfaltet gegenüber dem Dritten Rechtskraft;[42] es kommen alle Fälle der **Rechtskrafterstreckung** in Betracht,[43] etwa die Fälle der §§ 76 Abs. 4 S. 2, 325, 326, 327, 640h ZPO, 129 Abs. 1, 372 Abs. 2 HGB, 407 Abs. 2, 408 BGB, 248 Abs. 1 S. 1 AktG. Der Nebenintervenient wird von der **Gestaltungswirkung** eines Urteils betroffen[44] (vgl. dazu auch vor § 64 Rn. 5).[45] Aus dem Urteil kann gegen den Nebenintervenienten **vollstreckt** werden,[46] etwa nach § 729 Abs. 2 iVm. §§ 25 HGB, §§ 738, 740, 741. Als weitere Fälle, in denen eine Nebenintervention zulässig sein soll, werden die Fälle der **Präjudizialität (Vorgreiflichkeit)** genannt. Sie werden beschrieben als Fälle, in denen das im Hauptprozess streitige Rechtsverhältnis für die rechtlichen Beziehungen des Nebenintervenienten zu seiner Partei vorgreiflich ist.[47] Zu den unter dem Stichwort „Präjudizialität" genannten Fällen, die in der Praxis wohl die größte Bedeutung haben, werden die **Regressfälle** und die Fälle **akzessorischer Schuld und Haftung** gezählt,[48] Fälle also, in denen die unterstützte Hauptpartei einen Anspruch gegen den Nebenintervenienten hat, wenn sie den Prozess verliert[49] oder anders formuliert: Fälle des vom Ausgang des Prozesses abhängigen Rückgriffs gegen den Dritten (Nebenintervenienten).[50] Zu Recht geht die ganz herrschende Meinung von der Zulässigkeit der Nebenintervention in diesen Fällen aus.[51] Ebenso zu Recht hat aber *Schultes* darauf hingewiesen, dass es sich bei den genannten Fällen nicht um Fälle der Präjudizialität handelt.[52] Präjudizialität ist gegeben, wenn eine festgestellte oder verneinte Rechtsfolge in einem späteren Prozess mit identischen Parteien als Vorfrage von Bedeutung ist. In diesen Fällen ist der Richter des zweiten Verfahrens an die rechtskräftigen Feststellungen im Erstprozess gebunden.[53] Er muss also diese Feststellungen ungeprüft seiner Entscheidung zu Grunde legen und ist so weit an einer abweichenden Entscheidung gehindert.[54] In den hier fraglichen Fällen des Regresses und der akzessorischen Schuld oder Haftung wird der zweite Prozess aber gerade nicht zwischen den Parteien geführt, die auch den Erstprozess (Hauptprozess) geführt haben. Der Richter ist deshalb im Zweitprozess gerade nicht gebunden und muss nicht die Feststellungen des Erstprozesses seiner Entscheidung ungeprüft zu Grunde legen. Es geht hier vielmehr darum, dass mit Entscheidung des Vorprozesses eine **tatsächliche Vorentscheidung** für den Anspruch oder die Verpflichtung des Dritten getroffen wird (s. § 68 Rn. 3 ff.).[55] Zu Recht ist darauf hingewiesen worden, dass allein die Existenz der Entscheidung des Erstprozesses die Gefahr begründet, dass die Betroffenen sich an dieser Entscheidung aus faktischen Gründen orientieren werden, wenn über die Rechtspositionen des Dritten (Nebenintervenienten) mit der Hauptpartei gestritten wird. Insoweit trete eine Rechtsgefährdung ein, da im Zweifel eine Klage des Dritten oder gegen ihn unterbleiben werde, wenn sie im Widerspruch zu den rechtskräftigen

---

35 HM; *Wiecz/Mansel* Rn. 40; MK/*Schultes* Rn. 9; aA *Ro/S/Go* § 50 Rn. 14.
36 BGHZ 166, 18, 20 Rn. 7; *Zö/Vollkommer* Rn. 8; *Wiecz/Mansel* Rn. 30; MK/*Schultes* Rn. 7.
37 BGHZ 166, 18, 20 Rn. 7; RGZ 23, 341, 343; RGZ 83, 182, 183; OLG Schlewsig ZIP 1999, 1760, 1761; OLG München BauR 2003, 1438; *Ro/S/Go* § 50 Rn. 14; *Wiecz/Mansel* Rn. 31; MK/*Schultes* Rn. 8; vgl. auch *St/J/Bork* Rn. 14.
38 RGZ 83, 182, 184; OLG Schleswig ZIP 1999, 1760, 1761; MK/*Schultes* Rn. 17; *St/J/Bork* Rn. 14.
39 *St/J/Bork* Rn. 14.
40 *Wiecz/Mansel* Rn. 36; *St/J/Bork* Rn. 15.
41 *St/J/Bork* Rn. 13.
42 AllgM, vgl. nur *Ro/S/Go* § 50 Rn. 15; *Zö/Vollkommer* Rn. 11.
43 MK/*Schultes* Rn. 11.
44 BGHZ 68, 81, 85 = NJW 1977, 1013; BGHZ 166, 18, 20 Rn. 7; *Ro/S/Go* § 50 Rn. 15; *Zö/Vollkommer* Rn. 11; *Wiecz/Mansel* Rn. 56; MK/ *Schultes* Rn. 12; *St/J/Bork* Rn. 19.
45 Vgl. zum Patentnichtigkeitsverfahren, BGHZ 166, 18, 20 Rn. 7; zur aktienrechtlichen Anfechtungsklage gem § 246 AktG, BGH DB 2007, 1744 = WM 2007, 1565; *Sturm* NZG 2006, 921.
46 *Ro/S/Go* § 50 Rn. 15; *Zö/Vollkommer* Rn. 12.
47 *Zö/Vollkommer* Rn. 13; *St/J/Bork* Rn. 22.
48 Vgl. nur *Zö/Vollkommer* Rn. 13; MK/*Schultes* Rn. 15.
49 *T/P/Hüßtege* Rn. 5.
50 AK-ZPO/*Koch* Rn. 4.
51 MK/*Schultes* Rn. 15 ff.; *Zö/Vollkommer* Rn. 13; vgl. auch *St/J/Bork* Rn. 14.
52 MK/*Schultes* Rn. 15.
53 Vgl. nur *Prütting* RdA 1991, 257, 260 m. weit. Nachw.
54 *Zö/Vollkommer* vor § 322 Rn. 22 ff.
55 So zu Recht MK/*Schultes* Rn. 15.

Feststellungen der Erstentscheidung stehen sollte. Dieser faktische Umstand reiche zur Begründung eines Interventionsinteresses aus.[56]

Fälle akzessorischer Schuld- und Haftung: Im Prozess gegen den Hauptschuldner kann der Bürge, der Verpfänder, der Hypothekenbesteller bzw. der Schuldmitübernehmer als Nebenintervenient beitreten.[57] Der Gesellschafter kann im Prozess gegen die OHG bzw. die KG beitreten (vgl. auch oben Rn. 4);[58] der Untermieter im Prozess gegen den Hauptmieter;[59] der Haftpflichtversicherer im Prozess zwischen dem schädigenden Versicherungsnehmer und dem Geschädigten;[60] auch wenn der Versicherer als Gesamtschuldner neben seinem Versicherungsnehmer verklagt ist.[61] 8

Regressfälle. Der Verkäufer hat ein rechtliches Interesse daran, dass sein Käufer, der von einem Drittkäufer wegen eines Sachmangels an der verkauften Sache verklagt ist, obsiegt. Der Verkäufer kann auch dem auf Herausgabe verklagten Käufer beitreten; ein Gesamtschuldner kann dem anderen Gesamtschuldner beitreten.[62] Bei Forderungsabtretung kann der Altgläubiger dem Neugläubiger in dessen Prozess gegen den Schuldner beitreten, weil er für den rechtlichen Bestand der Forderung haftet.[63] Der Hauptschuldner kann im Prozess des Gläubigers gegen den Bürgen dem Bürgen beitreten, weil der Bürge im Falle des Prozessverlustes einen Rückgriffsanspruch gegen den Hauptschuldner hat.[64] Kein rechtliches Interesse besteht bei einem mit Sicherheit aussichtslosen Regressanspruch.[65] 9

Bei **Prozessstandschaft** (vgl. dazu § 51 Rn. 13ff.) besteht ein rechtliches Interesse des Rechtsinhabers, dem Prozessstandschafter beizutreten,[66] so kann etwa der Vermögensträger der Partei kraft Amtes beitreten (der Schuldner dem Insolvenzverwalter; der Erbe dem Testamentsvollstrecker).[67] 10

III. Rechtsfolgen

So weit die vorgenannten Voraussetzungen vorliegen, hat der Dritte ein Recht – nicht die Pflicht – zum Beitritt. Er allein hat darüber zu entscheiden, ob er von diesem Recht Gebrauch machen will.[68] Unterlässt er den Beitritt, so ist das für ihn – was seine zivilprozessuale Stellung betrifft- nicht nachteilig,[69] (vgl. aber unten Rn. 17) insbesondere tritt nicht die Wirkung des § 68 ein. Etwas anderes gilt im Fall der Streitverkündung. Hier trifft den Dritten, wenn er nicht beitritt, die Last des § 68 (vgl. § 74).[70] Werden mehrere prozessuale Ansprüche geltend gemacht (**objektive Klagenhäufung**) kann der Beitritt auf einen von ihnen begrenzt werden.[71] Die Begrenzung auf einen prozessualen Anspruch ist notwendig, wenn bzgl. der anderen prozessualen Ansprüche das rechtliche Interesse fehlt.[72] Wenn der Dritte nichts anderes erklärt hat, gilt der Beitritt für alle prozessualen Ansprüche.[73] Die Begrenzung auf einen Teil eines Anspruchs ist unzulässig.[74] 11

Der Dritte hat ein Wahlrecht, welcher Partei er beitritt, wenn für beide Parteien die Voraussetzungen des § 66 vorliegen, wenn er also am Obsiegen jeder der beiden Parteien ein Interesse hat.[75] Eine gerichtliche **Entscheidung über** die **Zulassung** der Nebenintervention ergeht nur, wenn eine Partei des Hauptprozesses die Zurückweisung des Nebenintervenienten beantragt hat. In diesem Fall kommt es zu einem Zwischenstreit gemäß § 71, in dem das Gericht alle Voraussetzungen der Nebenintervention prüft.[76] Im Übrigen werden die oben genannten (Rn. 2ff.) Voraussetzungen der Nebenintervention anders als die persönlichen Voraussetzungen für den Beitritt nicht von Amts wegen geprüft (vgl. unten Rn. 13).[77] 12

IV. Der Beitritt (Abs. 2)

1. Persönliche Voraussetzungen für den Beitritt. Da der Beitritt Prozesshandlung ist, müssen die Prozesshandlungsvoraussetzungen (s. § 50 Rn. 14, Einl. Rn. 62) vorliegen. Der Dritte muss parteifähig, prozessfähig oder durch gesetzlichen Vertreter vertreten sein. Er muss postulationsfähig sein. Sein gewillkürter 13

---

56 *Wiecz/Mansel* Rn. 61.
57 *Wiecz/Mansel* Rn. 63c.
58 OLG Hamburg ZIP 1988, 663.
59 *Wiecz/Mansel* Rn. 63c.
60 LG Köln VersR 1993, 1095; *Wiecz/Mansel* Rn. 63c.
61 OLG Karlsruhe VersR 1998, 386; OLGR Braunschweig 1997, 21; OLG Düsseldorf VersR 2004, 1020.
62 Vgl. LG Köln, VersR 1993, 1095, 1096; OLG Düsseldorf VersR 2004, 1020.
63 *Zö/Vollkommer* Rn. 13.
64 BGHZ 86, 267, 272.
65 OLG Frankfurt NJW 1970, 817; *T/P/Hüßtege* Rn. 6.
66 *Wiecz/Mansel* Rn. 54 und 64; MK/*Schultes* Rn. 18; *Zö/Vollkommer* Rn. 13a.
67 *T/P/Hüßtege* Rn. 3.
68 RGZ 61, 286, 288.
69 *Wiecz/Mansel* Rn. 75.
70 *B/L/H* Rn. 5; *St/J/Bork* Rn. 4.
71 *St/J/Bork* Rn. 11; *Ro/S/Go* § 50 Rn. 16; MK/*Schultes* Rn. 20.
72 MK/*Schultes* Rn. 20.
73 *St/J/Bork* Rn. 11; MK/*Schultes* Rn. 20.
74 *St/J/Bork* Rn. 11; MK/*Schultes* Rn. 20.
75 BGHZ 18, 110 = NJW 1955, 1316; RGZ 130, 297; *St/J/Bork* Rn. 3; *Wiecz/Mansel* Rn. 77; MK/*Schultes* Rn. 20.
76 MK/*Schultes* Rn. 21.
77 BGHZ 165, 358, 359 = NJW 2006, 773 Rn. 9; RGZ 163, 361, 365; BGHZ 38, 110, 111; MK/*Schultes* Rn. 21; aA *Wiecz/Mansel* Rn. 85.

Vertreter muss wirksam bevollmächtigt sein.[78] Das Vorliegen dieser persönlichen Voraussetzungen ist von Amts wegen zu prüfen;[79] die allgemeinen Prozessvoraussetzungen, die sich auf den Prozessgegenstand beziehen, sind hingegen nicht von Amts wegen zu prüfen, ob der Nebenverdienst lediglich in einen fremden Prozess eintritt und seine etwaigen Ansprüche nicht rechtshängig und nicht entschieden werden. Die besonderen Voraussetzungen der Nebenintervention werden nur auf Antrag einer Partei im Verfahren nach § 71 ZPO geprüft.[80] Fehlen die persönlichen Prozessvoraussetzungen, so ist die Nebenintervention durch Beschluss als unzulässig zurückzuweisen. Dieser Beschluss ist mit sofortiger Beschwerde anfechtbar (§§ 128 Abs. 4; 567 Abs 1 Nr. 2). Etwas anderes gilt, wenn eine Partei des Hauptverfahrens einen Antrag gemäß § 71 gestellt hat und diesen allein oder auch darauf gestützt hat, die persönlichen Voraussetzungen lägen nicht vor. In diesem Fall ist gemäß § 71 zu verfahren und durch Zwischenurteil zu entscheiden.[81]

14 **2. Zeitpunkt und Form des Beitritts.** Der Beitritt kann in jeder Lage des Rechtsstreits, von Anhängigkeit bis zur rechtskräftigen Entscheidung erfolgen (s. o. Rn. 2).[82] Er kann mit der Einlegung eines Rechtsmittels oder Rechtsbehelfs (wie etwa Einspruch[83]) verbunden werden.[84] Eine Nachholung des Beitritts mit einem Wiedereinsetzungsgesuch ist nicht möglich.[85] Erfolgt der Beitritt nach Schluss der mündlichen Verhandlung, muss das Verfahren nicht wieder eröffnet (§ 156) werden.[86] Der Beitritt ist gegebenenfalls in Verbindung mit Einlegung eines Rechtsmittels zu wiederholen, wenn er für die nächste Instanz wirksam werden soll.[87] In welcher **Form** der Beitritt zu erfolgen hat, ist in § 70 geregelt. Zu den Einzelheiten vergleiche dort.

15 **3. Zulassung der Nebenintervention.** Der Dritte erhält, wenn er gegenüber dem Gericht erklärt hat, er wolle sich am Verfahren beteiligen, ohne Zulassungsverfahren und ohne Zulassungsentscheidung die Stellung eines Nebenintervenienten.[88] Einer Entscheidung über die Nebenintervention bedarf es allerdings, wenn eine Partei des Hauptprozesses Zurückweisung der Nebenintervention beantragt (vgl. dazu Rn. 13).

V. Ende der Nebenintervention

16 Die Nebenintervention endet durch **Zurücknahme;** § 269 ist analog anwendbar.[89] Allerdings ist für die Wirksamkeit der Rücknahme die Zustimmung der Parteien des Hauptprozesses nicht erforderlich.[90] Die Rücknahme wirkt nur für die Zukunft. Es bleiben also die bisherigen Prozesshandlungen des Nebenintervenienten wirksam. Die Wirkungen der Nebenintervention (§ 68) werden durch die Rücknahme nicht berührt.[91] Die Nebenintervention endet auch durch Beendigung des Hauptprozesses, etwa durch Klagerücknahme,[92] übereinstimmende Erledigungserklärung durch die Parteien des Hauptprozesses,[93] Vergleich oder rechtskräftige Entscheidung.[94] Sie endet schließlich, wenn der Nebenintervenient Partei wird (etwa gemäß § 75 bis § 77 oder durch Erbfall)[95] und wenn die Partei, der der Nebenintervenient beigetreten ist, aus dem Prozess ausscheidet und an ihrer Stelle ein anderer den Hauptprozess fortsetzt. Es ist dann eine neue Nebenintervention bzgl. der neuen Partei erforderlich.

VI. Nebenintervention als Voraussetzung einer erfolgreichen Verfassungsbeschwerde

17 Der Dritte hat (vgl. oben Rn. 11) ein Recht nicht aber die Pflicht, im Hauptprozess einer Partei als Nebenintervenient beizutreten. Das Unterlassen des Beitritts kann für den Dritten insoweit nachteilige Folgen haben, als er sich dadurch die Möglichkeit abschneidet, das Urteil im Hauptprozess mit der Verfassungsbeschwerde anzufechten. Das hat seinen Grund in der Subsidiarität der Verfassungsbeschwerde. Der Grundsatz der Subsidiarität (§ 90 Abs. 2 S. 1 BVerfGG) fordert über das Gebot der Erschöpfung des Rechtswegs im engeren Sinn hinaus, alle nach Lage der Sache zur Verfügung stehenden prozessualen Möglichkeiten zu ergreifen, um die Korrektur der geltend gemachten Grundrechtsverstöße zu erwirken. Der (spätere) Verfassungsbeschwerdeführer muss bereits im Ausgangsverfahren alle prozessualen Möglichkeiten ausschöpfen, um es gar nicht erst zu dem Verfahrensverstoß kommen zu lassen oder um die geschehene Grundrechtsverletzung zu beseitigen (Grundsatz der materiellen Subsidiarität). Zu den Möglichkeiten, die der (spätere) Verfassungsbeschwerdeführer ergreifen muss, gehört auch, dass er sich im Wege der Nebenintervention

---

78 *Ro/S/Go* § 50 Rn. 17; *Wiecz/Mansel* Rn. 77.

79 BGHZ 165, 358, 359 = NJW 2006, 773 Rn. 9; RGZ 163, 361, 365; OLG Köln NJW 1993, 1661, 1662; *Zö/Vollkommer* Rn. 14; *St/J/Bork* Rn. 25.

80 BGHZ 165, 358, 359 = NJW 2006, 773 Rn. 9.

81 Vgl. BGHZ 165, 358, 359 = NJW 2006, 773 Rn. 9.

82 RGZ 89, 424, 426; BGH NJW 1991, 229, 230; *St/J/Bork* Rn. 6.

83 MK/*Schultes* Rn. 24; *Zö/Vollkommer* Rn. 15.

84 BGH NJW 1997, 2385.

85 BGH NJW 1991, 229, 230; aA MK/*Schultes* Rn. 24; *Zö/Vollkommer* Rn. 15; zweifelnd OLG Naumburg FamRZ 2001, 103.

86 OLG Köln MDR 1983, 409, MK/*Schultes* Rn. 24.

87 *Zö/Vollkommer* Rn. 16.

88 *Wiecz/Mansel* Rn. 82.

89 *Ro/S/Go* § 50 Rn. 28; vgl. auch RGZ 56, 28, 29.

90 RGZ 61, 286, 291 f.; *Ro/S/Go* § 50 Rn. 28; MK/*Schultes* Rn. 25.

91 RGZ 61, 286, 289; *T/P/Hüßtege* Rn. 12.

92 BGH NJW 1965, 760; *Wiecz/Mansel* Rn. 88.

93 *Wiecz/Mansel* Rn. 88.

94 *Ro/S/Go* § 50 Rn. 29; *Wiecz/Mansel* Rn. 88.

95 *Ro/S/Go* § 50 Rn. 30.

gem. § 66 am Hauptprozess beteiligt, um die ihm „als Nebenintervenient zustehenden prozessualen Mittel auszuschöpfen, um es gar nicht zu den behaupteten Grundrechtsverstößen kommen zu lassen."[96] Tut der Dritte das nicht, ist seine Verfassungsbeschwerde unzulässig, weil der Rechtsweg nicht erschöpft ist.[97]

67 *Rechtsstellung des Nebenintervenienten* **Der Nebenintervenient muss den Rechtsstreit in der Lage annehmen, in der er sich zur Zeit seines Beitritts befindet; er ist berechtigt, Angriffs- und Verteidigungsmittel geltend zu machen und alle Prozesshandlungen wirksam vorzunehmen, insoweit nicht seine Erklärungen und Handlungen mit Erklärungen und Handlungen der Hauptpartei in Widerspruch stehen.**

I. Normzweck

§ 67 behandelt sowohl die Rechtsstellung des sog. gewöhnlichen (= unselbstständigen) Nebenintervenienten also auch die Rechtsstellung des streitgenössischen (= selbstständigen) Nebenintervenienten. Die Stellung der streitgenössischen Nebenintervenienten wird allerdings in § 69 modifiziert. 1

II. Die Rechtsstellung des Nebenintervenienten

Der Nebenintervenient wird nicht Partei des Hauptprozesses und nicht Vertreter einer Partei. Er beteiligt sich an einem fremden Prozess;[1] er ist **Dritter.** Der Nebenintervenient handelt neben der Hauptpartei. Wenn die Hauptpartei untätig bleibt, handelt er gegebenenfalls an ihrer Stelle.[2] Der Nebenintervenient handelt stets in eigenem Namen[3] und kraft eigenen Rechts.[4] Er kann keinen Rechtsschutz im eigenen Interesse verlangen; eigene Interessen verfolgt er nur durch prozessuale Unterstützung der Partei, der er beitritt;[5] er hilft also der Hauptpartei, ihr Rechtsschutzziel zu erreichen.[6] Der Nebenintervenient handelt nur zu Gunsten des fremden Sieges.[7] Die Rechte des Nebenintervenienten zur Vornahme von Prozesshandlungen werden durch das Verhalten der Hauptpartei beschränkt.[8] Der Nebenintervenient wird auch als **Streithelfer, Prozesshelfer** oder **Nebenpartei** bezeichnet. Da der Nebenintervenient nicht Partei ist, wird er nicht als Partei vernommen; er kann Zeuge sein.[9] Gegen den Nebenintervenienten kann kein Antrag gestellt werden; ihm wird nichts zu- oder aberkannt.[10] Der Nebenintervenient ist ebenso wie die Partei der prozessualen Wahrheitspflicht unterworfen.[11] Sein Tod führt nicht zur Unterbrechung des Verfahrens;[12] Gleiches gilt für die Eröffnung des Insolvenzverfahrens über sein Vermögen.[13] 2

Damit der Nebenintervenient die Partei unterstützen und die ihm in § 67 eingeräumten Rechte ausüben kann, muss der Nebenintervenient, wenn er seinen Beitritt erklärt hat (§ 70), im Hauptprozess zugezogen werden (vgl. § 71 Abs. 3). Der Nebenintervenient hat also ein Recht, an der mündlichen Verhandlung teilzunehmen und er hat die Berechtigung, sie durch Schriftsätze vorzubereiten.[14] Damit ihm das möglich ist, müssen ihm alle Schriftsätze mitgeteilt werden, alle Ladungen und Bekanntmachungen von Terminen müssen auch an ihn ergehen,[15] fristsetzende Verfügungen müssen ihm formlos mitgeteilt werden.[16] Werden dem Nebenintervenienten Rechtsmittelschriften und Terminsladungen nicht (zumindest) formlos mitgeteilt und gewechselte Schriftsätze nicht übersandt, liegt darin ein Verstoß gegen Art. 103 Abs. 1 GG.[17] Ist der Nebenintervenient nicht zum Termin geladen, darf kein Versäumnisurteil ergehen (§ 335 Abs. 1 Nr. 2) und kein Urteil zu Ungunsten der von ihm unterstützten Partei. Es muss dann vielmehr vertagt werden.[18] Ein Urteil zu Gunsten der unterstützten Partei ist allerdings möglich.[19] Urteile müssen dem Nebenintervenienten nicht zugestellt,[20] wohl aber – um dem Anspruch auf rechtliches Gehör zu genügen – formlos mitgeteilt werden.[21] Alle Entscheidungen des Gerichts, die der Vorbereitung oder Fortführung des Prozesses dienen, 3

---

[96] BVerfG NJW 1998, 2663, 2664.
[97] BVerfG NJW 1998, 2663, 2664.
[1] AllgM; vgl. nur *Ro/S/Go* § 50 Rn. 1 und 33; *Zö/Vollkommer* Rn. 1.
[2] *Ro/S/Go* § 50 Rn. 2; *T/P/Hüßtege* § 66 Rn. 1; *Wiecz/Mansel* Rn. 7.
[3] *Ro/S/Go* § 50 Rn. 2; *Wiecz/Mansel* Rn. 8.
[4] RGZ 18, 416, 417; MK/*Schultes* Rn. 2.
[5] BGH NJW 1981; 2062; BGH NJW 1986, 257.
[6] *Ro/S/Go* § 50 Rn. 2.
[7] RGZ 42, 389, 391; *St/J/Bork* § 66 Rn. 1.
[8] MK/*Schultes* Rn. 8.
[9] MK/*Schultes* Rn. 3; *Ro/S/Go* § 50 Rn. 33; *Zö/Vollkommer* Rn. 1; AK-ZPO/*Koch* Rn. 1.
[10] RGZ 108, 132, 134; *Ro/S/Go* § 50 Rn. 33; *Zö/Vollkommer* Rn. 1; MK/*Schultes* Rn. 3; *T/P/Hüßtege* Rn. 2.
[11] *Zö/Vollkommer* Rn. 1.
[12] *Ro/S/Go* § 50 Rn. 33; *Zö/Vollkommer* Rn. 1; *T/P/Hüßtege* Rn. 3.
[13] *T/P/Hüßtege* Rn. 3.
[14] *Ro/S/Go* § 50 Rn. 47.
[15] *Ro/S/Go* § 50 Rn. 48; *T/P/Hüßtege* Rn. 9; *Wiecz/Mansel* Rn. 72 ff.
[16] *Zö/Vollkommer* Rn. 4.
[17] Das BAG fordert sogar Zustellung von Rechtsmittelschriften und Terminsladungen, vgl. BAG SAE 1988, 214 = MDR 1988, 346.
[18] *T/P/Hüßtege* Rn. 8.
[19] Vgl. *Ro/S/Go* § 50 Rn. 48.
[20] BGH VersR 1985, 1088; BGH NJW 1990, 190; *Ro/S/Go* § 50 IV 4; *Wiecz/Mansel* Rn. 75 ff. m. weit. Nachw.
[21] *Wiecz/Mansel* Rn. 75; *Zö/Vollkommer* Rn. 5; vgl. auch BAG SAE 1988, 214; aA BGH VersR 1988, 417.

sind dem Nebenintervenienten formlos mitzuteilen.[22] Die Rechtsmittelfrist bestimmt sich nach der Urteilszustellung an die unterstützte Hauptpartei.[23] Der Nebenintervenient muss selbst sicherstellen, dass er durch geeignete Maßnahmen (etwa Anfrage bei der Geschäftsstelle) vom Datum der Zustellung des Urteils an die Hauptpartei erfährt.[24]

III. Befugnisse des Nebenintervenienten

4 Der Nebenintervenient ist berechtigt, alle **Prozesshandlungen** wirksam vorzunehmen, die die Hauptpartei wirksam vornehmen könnte.[25] Das Gesetz hebt besonders hervor, dass der Nebenintervenient berechtigt ist, **Angriffs- und Verteidigungsmittel** geltend zu machen. Der Nebenintervenient ist auch berechtigt, alle Prozesshandlungen, die die Partei entgegennehmen müsste, in der mündlichen Verhandlung entgegenzunehmen.[26] Nimmt der Nebenintervenient die Prozesshandlung vor oder entgegen, so hat dies grundsätzlich die gleiche Wirkung, als hätte die Hauptpartei gehandelt[27] (vgl. aber unten Rn. 7ff.). Der Nebenintervenient kann daher ein Versäumnisurteil gegen die unterstützte Partei abwenden, wenn er in der mündlichen Verhandlung auftritt.[28] Er kann für die Hauptpartei **Rechtsmittel einlegen** und begründen.[29] Dann wird der Nebenintervenient Rechtsmittelkläger, die von ihm unterstützte Partei aber Hauptpartei des Rechtsmittelverfahrens.[30] Nimmt die unterstützte Hauptpartei den Antrag des Nebenintervenienten auf oder legt sie selbst Rechtsmittel ein, liegt nur ein einheitliches Rechtsmittel vor.[31] Der Nebenintervenient kann allerdings nur solange Rechtsmittel einlegen, wie die Rechtsmittelfrist für die Hauptpartei läuft[32] und nicht die Nebenintervention rechtskräftig zurückgewiesen ist.[33]

5 Der Nebenintervenient darf Prozesshandlungen aber **nicht** (materiell-rechtliche) Rechtsgeschäfte für die Partei vornehmen.[34] Er ist daher beispielsweise nicht berechtigt, Willenserklärungen der Hauptpartei anzufechten,[35] mit einer Forderung, die der unterstützten Hauptpartei zusteht, aufzurechnen,[36] vom Vertrag zurückzutreten[37] oder einen Vergleich mit Wirkung für oder gegen die Hauptpartei zu schließen.[38]

6 Grundsätzlich darf der Nebenintervenient **alle Prozesshandlungen** vornehmen (vgl. aber unten Rn. 7ff.). Er darf alle Tatsachenbehauptungen, Bestreitungen, Beweismittel und Beweiseinreden zur Begründung der Klage (Angriffsmittel) bzw. zur Abwehr der Klage (Verteidigungsmittel) geltend machen, die der Hauptpartei zustehen. Hingegen darf er nicht Angriffs- und Verteidigungsmittel aus eigenem Recht geltend machen.[39] Er kann also etwa als Tatsache in den Prozess einführen, die Hauptpartei habe ein Gestaltungsrecht ausgeübt (Anfechtung, Aufrechnung) und er kann materiellrechtliche Einreden der Hauptpartei erheben (Verjährung, Vorausklage, Zurückbehaltung).[40] Beim verspäteten Vorbringen von Angriffs- und Verteidigungsmitteln sei, so wird formuliert, allein auf die Partei abzustellen und auf ihr Verschulden, nicht aber auf den Streithelfer, für den insbesondere § 278 BGB nicht anzuwenden sei.[41] Genau zu prüfen sei auch ein eigenes Verschulden der Partei, insbesondere in den Fällen, in denen sie dem Streithelfer die Prozessführung überlasse.[42] Der Nebenintervenient müsse eine in der Person der Hauptpartei begründete Präklusion hinnehmen.[43] Letzterem ist zuzustimmen. Wenn die unterstützte Partei Angriffs- oder Verteidigungsmittel gemäß § 296 verloren hat, muss der Nebenintervenient das hinnehmen.[44] Richtig ist auch, dass es für die Verspätung im Sinne des § 296 nicht auf die Person des Nebenintervenienten und sein Verhalten ankommen kann. Nur wenn die Partei etwa eine zum Vorbringen gesetzte Frist nicht eingehalten hat und sie an der Verspätung ein Verschulden trifft, kann das Vorbringen gemäß § 296 zurückgewiesen werden. Allerdings darf das Vorbringen der Partei, obwohl es verspätet ist, nicht zurückgewiesen werden, wenn der Nebenintervenient innerhalb der gesetzten Frist die erforderlichen Tatsachen vorgebracht hat. Insoweit ist also nicht auf die Partei

---

[22] *Wiecz/Mansel* Rn. 75; *T/P/Hüßtege* Rn. 9.
[23] BGH VersR 1985, 1088; BGH NJW 1990, 190; *Ro/S/Go* § 50 Rn. 49; aA *Windel* ZZP 104 (1991), 321, 342ff. das Urteil sei dem Streithelfer zuzustellen und damit werde eine eigene Rechtsmittelfrist für ihn in Gang gesetzt.
[24] Vgl. BGH VersR 1986, 686, 687; VersR 1988, 417; vgl. auch BAG NZA 1985, 68.
[25] BGH NJW 1985, 2480; *Ro/S/Go* § 50 Rn. 34; *T/P/Hüßtege* Rn. 6; *Wiecz/Mansel* Rn. 2.
[26] *Ro/S/Go* § 50 Rn. 34; MK/*Schultes* Rn. 4; aA (der Streithelfer sei nicht tauglicher Adressat von Prozesshandlungen) *Windel* ZZP 104 (1991), 321, 340.
[27] BGH NJW 1985, 2480; *Ro/S/Go* § 50 IV 2; *T/P/Hüßtege* Rn. 6; *Wiecz/Mansel* Rn. 2.
[28] RGZ 102, 303; BGH ZIP 1994, 787, 788; *Zö/Vollkommer* Rn. 3; *Ro/S/Go* § 50 IV 2.
[29] BGH NJW 1990, 190; 1985, 2480; *Zö/Vollkommer* Rn. 5.
[30] RGZ 64, 67, 70; *Ro/S/Go* § 50 IV 2.
[31] RGZ 158, 100; BGH NJW 1982, 2069; 1986, 257; 1988, 712; JZ 1989, 807; NJW 1990, 190, 191; 1993, 2944; BAG ZIP 1991, 334, 335; aA *Windel* ZZP 104 (1991), 321, 333.
[32] BGHZ 1990, 190; *Zö/Vollkommer* Rn. 5.
[33] BGH NJW 1982, 2070; *Zö/Vollkommer* Rn. 5.
[34] OLG Düsseldorf MDR 1974, 406; *Ro/S/Go* § 50 Rn. 36; MK/*Schultes* Rn. 4 und Rn. 15; *Zö/Vollkommer* Rn. 11.
[35] MK/*Schultes* Rn. 15; *Ro/S/Go* § 50 Rn. 36.
[36] BGH NJW 1966, 930; OLG Düsseldorf MDR 1974, 406; *Ro/S/Go* § 50 Rn. 36; MK/*Schultes* Rn. 15.
[37] MK/*Schultes* Rn. 15.
[38] MK/*Schultes* Rn. 15; *Zö/Vollkommer* Rn. 11.
[39] *Ro/S/Go* § 50 Rn. 37; MK/*Schultes* Rn. 5.
[40] BGH VersR 1985, 80, 85; MK/*Schultes* Rn. 5; *Ro/S/Go* § 50 Rn. 37; *Zö/Vollkommer* Rn. 11.
[41] MK/*Schultes* Rn. 5; *Zö/Vollkommer* Rn. 4; *Wiecz/Mansel* Rn. 36.
[42] MK/*Schultes* Rn. 5.
[43] *Zö/Vollkommer* Rn. 4.
[44] Vgl. BGH JZ 1989, 807, 808.

abzustellen. Der Nebenintervenient kann nicht nur Angriffs- und Verteidigungsmittel vorbringen sondern auch andere Prozesshandlungen vornehmen, so weit die Hauptpartei dies könnte.[45] Er kann **Anträge** stellen,[46] Rechtsmittel einlegen und begründen (vgl. oben Rn. 4), Verlängerung der Rechtsmittelbegründungsfrist beantragen;[47] **Fristverlängerungen**, die dem Nebenintervenienten gewährt werden, wirken auch zu Gunsten der Hauptpartei;[48] er kann **Wiedereinsetzung** beantragen, allerdings nur aus Gründen, die in der Person der Hauptpartei liegen.[49] Enthält ein Urteil, mit dem die unterstützte Hauptpartei obsiegt, keinen Ausspruch über die Kosten, die durch die Nebenintervention verursacht sind, kann der Nebenintervenient, dem das Urteil nicht zugestellt worden ist, ungeachtet dessen Rechtskraft auf Urteilsergänzung antragen.[50] Im **selbständigen Beweisverfahren** ist der Streithelfer des Antraggegners nach Auffassung des OLG Köln grds. befugt gem. § 494 a Abs. 1 ZPO eine Anordnung der Klageerhebung und unter den Voraussetzungen des § 494 a Abs. 2 eine Kostenentscheidung zu beantragen, da er ansonsten keine Möglichkeit hätte, eine Kostenentscheidung zu seinen Gunsten herbeizuführen.[51] Der Nebenintervenient darf im selbständigen Beweisverfahren dieses nicht um Beweisfragen erweitern, die nur sein Verhältnis zu einer Partei betreffen, jedoch für das Verhältnis zwischen den Parteien ohne Bedeutung sind.[52]

IV. Schranken der Befugnisse

Dem Nebenintervenienten sind insoweit Schranken gesetzt, als er sich mit seinen Erklärungen und Handlungen nicht mit den Erklärungen und Handlungen der unterstützten Hauptpartei in Widerspruch setzen darf. Der Nebenintervenient darf, wie das RG formuliert hat, **für die Partei mit oder ohne ihren Willen, nicht aber gegen ihren Willen** handeln.[53] Darüber hinaus ist der Nebenintervenient an den Stand des Hauptprozesses gebunden, dem dieser zum Zeitpunkt seines Beitritts hat. Nimmt der Nebenintervenient Handlungen vor, die sich nicht innerhalb der genannten Schranken halten, die er also nicht vornehmen darf, sind sie unwirksam. Das Gericht darf ihnen keinerlei Folge geben.[54] 7

1. Stand des Hauptprozesses. Der Nebenintervenient muss den Rechtsstreit in der Lage annehmen, in der sich zurzeit seines Beitritts befindet. Er ist also an die Prozesshandlungen der Parteien und des Gerichts gebunden,[55] also etwa an Verzichts- und Einwilligungserklärungen und Versäumungen.[56] Er ist auch an die Lage des Prozesses gebunden, die durch Schluss der mündlichen Verhandlung und durch Beginn oder Ende von Rechtsmittelfristen herbeigeführt ist.[57] Der Streithelfer ist dabei grundsätzlich an die für die Hauptpartei laufenden Fristen gebunden; eine Rechtsmitteleinlegung durch ihn ist also nur solange möglich, als die Rechtsmittelfrist für die Hauptpartei läuft.[58] Über den Streitgegenstand hat der Nebenintervenient keine Dispositionsbefugnis,[59] er kann daher nicht die Klage beschränken oder zurücknehmen, keine Klageänderung vornehmen und einer solchen auch nicht zustimmen, keinen Vergleich schließen, keine Erledigung erklären, kein Anerkenntnis oder Verzicht aussprechen[60] und schließlich auch keine Zwischenfeststellungsklage oder Widerklage[61] erheben.[62] 8

2. Vorrang der Hauptpartei. Die Erklärungen und Handlungen des Nebenintervenienten dürfen nicht mit den Erklärungen und Handlungen der Hauptpartei in Widerspruch stehen. Widerspruch der Hauptpartei kann sich sowohl aus einer ausdrücklichen Erklärung als auch aus ihrem Gesamtverhalten im Prozess ergeben.[63] Der Nebenintervenient darf Prozesshandlungen solange vornehmen, wie sich ein entgegenstehender Wille der Hauptpartei nicht feststellen lässt.[64] Im Zweifel bleibt die Handlung des Nebenintervenienten wirksam.[65] Untätigkeit der Hauptpartei stellt kein Hindernis für eigene Prozesshandlungen des Streithelfers dar.[66] Bloße Untätigkeit in diesem Sinne ist auch das Nichtausnutzen einer Frist.[67] Weil der Nebenintervenient sich nicht in Widerspruch zur Hauptpartei setzen darf, darf er nicht einen Sachverständigen ablehnen, den die 9

[45] MK/*Schultes* Rn. 6.
[46] BGH NJW 1981, 2060.
[47] BGH NJW 1982, 2069; *Ro/S/Go* § 50 Rn. 37.
[48] BGH NJW 1982, 2069; *Zö/Vollkommer* Rn. 5.
[49] BGH NJW 1991, 229; *Ro/S/Go* § 50 Rn. 37; aA *Zö/Vollkommer* Rn. 5.
[50] BGH MDR 2005, 526.
[51] OLG Köln OLGR Köln 2005, 219, 220; aA OLG Koblenz NJW-RR 2001, 1726.
[52] OLG Düsseldorf ProzRB 2005, 5.
[53] RGZ 17, 33, 34.
[54] RGZ 53, 204, 208; MK/*Schultes* Rn. 8; *Ro/S/Go* § 50 Rn. 46; *T/P/Hüßtege* Rn. 11.
[55] MK/*Schultes* Rn. 9.
[56] *Ro/S/Go* § 50 Rn. 40; MK/*Schultes* Rn. 9.
[57] MK/*Schultes* Rn. 9; *Ro/S/Go* § 50 Rn. 40.
[58] BGH NJW 1986, 257; BGH JZ 1989, 807; BGH NJW 2001, 1355.
[59] RGZ 20, 390, 393; *Ro/S/Go* § 50 Rn. 41; AK-ZPO/*Koch* Rn. 1; MK/*Schultes* Rn. 16; *Zö/Vollkommer* Rn. 9.
[60] RGZ 20, 390, 393.
[61] BGH ZZP 86 (1973), 67; OLG Hamburg OLGR 2003, 373.
[62] Vgl. zum Ganzen *Ro/S/Go* § 50 Rn. 41; *Zö/Vollkommer* Rn. 9 a; vgl. auch AK-ZPO/*Koch* Rn. 1.
[63] BGHZ 165, 358, 361 = NJW 2006, 773 Rn. 8; RGZ 147, 125, 127, OLG Saarbrücken MDR 2002, 842; MK/*Schultes* Rn. 11.
[64] BGHZ 165, 358, 361 = NJW 2006, 773 Rn. 8; WM 1990, 2077; *Zö/Vollkommer* Rn. 9.
[65] RGZ 147, 125, 127; BGH NJW 1985, 2480: *Ro/S/Go*, 15. Aufl., § 50 IV 3c; *Wiecz/Mansel* Rn. 18.
[66] BGHZ 165, 358, 361 = NJW 2006, 773 Rn. 8.
[67] BGH NJW 1985, 2480.

Hauptpartei gewünscht hat.[68] Aus diesem Grund dürfen nach Auffassung des OLG Düsseldorf die Beweisfragen der Nebenintervenienten nicht so sein, dass ihre Beantwortung allein zu Lasten der unterstützten Hauptpartei geht.[69] Der Nebenintervenient darf ein Geständnis der Hauptpartei widerrufen, sofern die Hauptpartei dem nicht widerspricht und sofern die Partei selbst das Geständnis gem. § 290 wirksam widerrufen könnte.[70] Der Nebenintervenient darf nicht ein von der Hauptpartei eingelegtes Rechtsmittel zurücknehmen oder beschränken.[71] Das Rechtsmittel, das der Nebenintervenient selbst (für die Hauptpartei) eingelegt hat, kann er zurücknehmen, wenn die Partei untätig geblieben ist;[72] sein Rechtsmittel wird unzulässig, wenn die Hauptpartei das Rechtsmittel zurücknimmt, weil sie den Rechtsstreit nicht fortsetzen will.[73] Wenn hingegen in der Zurücknahme des Rechtsmittels keine Missbilligung des vom Nebenintervenienten eingelegten Rechtsmittels liegt, bleibt das vom Nebenintervenienten eingelegte Rechtsmittel zulässig.[74] Es bestehe, so der BGH, kein ins Gewicht fallender Unterschied zur Einreichung mehrerer Rechtsmittelschriften durch die Partei selbst. Auch dort hänge die Bedeutung des zweiten Einlegungsaktes von der Wirksamkeit und dem Wirksambleiben des ersten Einlegungsaktes ab. Die zweite Berufungseinlegung gewinne immer dann selbstständige Bedeutung, wenn und sobald die Unwirksamkeit des ersten feststehe (vgl. auch § 519 Rn. 23).[75] Eine Missbilligung des vom Nebenintervenienten eingelegten Rechtsmittels muss die Partei ausdrücklich erklären oder durch schlüssiges Verhalten zum Ausdruck bringen.[76] Das kann etwa durch Anerkennung des Klageanspruchs oder außergerichtlichen Vergleich geschehen.[77] Äußerst fraglich erscheint allerdings die Auffassung des OLG Hamburg, wonach im Rechtsmittelverzicht nicht ein Verhalten gesehen werden kann, das den Willen der Hauptpartei bekundet, dass der Nebenintervenient eine Berufung nicht weiter betreiben soll.[78] Solange das Rechtsmittel des Nebenintervenienten zulässig bleibt, darf das Rechtsmittel der Hauptpartei nicht als unzulässig verworfen werden, da das Rechtsmittel des Nebenintervenienten das der Hauptpartei ist.[79]

68 *Wirkung der Nebenintervention*

Der Nebenintervenient wird im Verhältnis zu der Hauptpartei mit der Behauptung nicht gehört, dass der Rechtsstreit, wie er dem Richter vorgelegen habe, unrichtig entschieden sei; er wird mit der Behauptung, dass die Hauptpartei den Rechtsstreit mangelhaft geführt habe, nur insoweit gehört, als er durch die Lage des Rechtsstreits zur Zeit seines Beitritts oder durch Erklärungen und Handlungen der Hauptpartei verhindert worden ist, Angriffs- oder Verteidigungsmittel geltend zu machen, oder als Angriffs- oder Verteidigungsmittel, die ihm unbekannt waren, von der Hauptpartei absichtlich oder durch grobes Verschulden nicht geltend gemacht sind.

I. Normzweck

1 Das Urteil im Vorprozess hat in einem späteren Rechtsstreit zwischen dem Nebenintervenienten und der von ihm unterstützten Hauptpartei die in § 68 genannten **Interventionswirkungen.** Die Interventionswirkung bindet das Gericht des Folgeprozesses an die Entscheidung des Vorprozesses (s. Rn. 3). Der Nebenintervenient kann im Folgeprozess daher nicht geltend machen, der Hauptprozess sei unrichtig entschieden. Etwas anderes gilt nur dann, wenn die Hauptpartei den Vorprozess mangelhaft geführt hat, wenn dem Nebenintervenienten also die Einrede mangelhafter Prozessführung durch die Hauptpartei zusteht (vgl. dazu unten Rn. 6 ff.). Die Interventionswirkung ist von Amts wegen zu beachten,[1] die Einrede der mangelhaften Prozessführung hingegen nicht. Sie muss vom Nebenintervenienten erhoben werden[2] (vgl. auch unten Rn. 6). Die Interventionswirkung hindert nur den Nebenintervenienten, die Unrichtigkeit des Urteils im Vorprozess geltend zu machen, die Hauptpartei kann dies tun (Vgl. unten Rn. 5).

II. Voraussetzungen der Interventionswirkung

2 Voraussetzung für die Nebeninterventionswirkung ist, dass die Partei des Folgeprozesses Nebenintervenient der anderen Partei **im Vorprozess** war und dass es im Vorprozess zu einer **rechtskräftigen Entscheidung** gekommen ist.[3] Es kommt jede Art von rechtskräftiger Entscheidung in Betracht,[4] auch ein Grundur-

---

[68] OLG Frankfurt MDR 1983, 232; *Ro/S/Go* § 50 Rn. 43; MK/*Schultes* Rn. 11.
[69] OLG Düsseldorf ProzRB 2005, 5.
[70] BGH NJW 1976, 292, 293; OLG München NJW 1956, 1927; OLG Hamm NJW 1955, 873, 874; *Wiecz/Mansel* Rn. 35; AK-ZPO/*Koch* Rn. 2; aA OLG Schleswig MRD 1999, 1152; *Ro/S/Go* § 50 Rn. 43; *T/P/Hüßtege* Rn. 13.
[71] *Ro/S/Go,* 15. Aufl., § 50 IV 3c; aA *Zö/Vollkommer* Rn. 5; MK/*Schultes* Rn. 12; BayObLG NJW 1964, 302; OLG Hamburg = NJW 1989, 1362; OLGZ 1989, 115.
[72] RGZ 147, 125, 127; BGH NJW 1985, 2480; *Ro/S/Go* § 50 Rn. 44; MK/*Schultes* Rn. 12.
[73] *Ro/S/Go* § 50 Rn. 44.
[74] BGHZ 49, 183, 188; BGH NJW 1989, 1357 m. weit. Nachw.; OLG Hamburg NJW 1989, 1362.
[75] BGH NJW 1985, 2480.
[76] BGHZ 49, 183, 188; BGH NJW 1993, 2944.
[77] OLG Dresden NJW-RR 1994, 1550.
[78] OLG Hamburg NJW 1989, 1362, 1363 = OLGZ 1989, 115.
[79] BGH NJW 1982, 2069; 1985, 2480; *Ro/S/Go* § 50 Rn. 44.
[1] BGHZ 16, 217, 228; BGH VersR 1985, 568, 569; BGHZ 96, 50, 51; *Zö/Vollkommer* Rn. 1; *Wiecz/Mansel* Rn. 163 ff.; *Ro/S/Go* § 50 Rn. 63; MK/*Schultes* Rn. 23; *St/J/Bork* Rn. 25.
[2] *Zö/Vollkommer* Rn. 1; aA MK/*Schultes* Rn. 19.
[3] BGH NJW 1969, 1480, 1481; *Ro/S/Go* § 50 Rn. 57; *St/J/Bork* Rn. 3; AK-ZPO/*Koch* Rn. 3; *T/P/Hüßtege* Rn. 4.
[4] MK/*Schultes* Rn. 5.

teil (§ 304),[5] ein Teilurteil (§ 301)[6] oder ein Urteil nach vergleichsweiser Rechtsmittelrücknahme.[7] Ein Prozessurteil hat keine Interventionswirkung;[8] Gleiches gilt für einen Prozessvergleich.[9] Für die Interventionswirkung ist ohne Belang, ob die Voraussetzungen der Nebenintervention (vgl. dazu § 66 Rn. 2ff.) gegeben waren und ob der Nebenintervenient ordnungsgemäß beigetreten ist. Entscheidend ist lediglich, dass der Dritte im Vorprozess Nebenintervenient war und dass die Nebenintervention nicht rechtskräftig zurückgewiesen worden ist (vgl. § 71).[10] Der Nebenintervenient kann im Prozess zwischen ihm und der Hauptpartei auch nicht mit Erfolg geltend machen, ihm habe im Vorprozess die Partei- oder Prozessfähigkeit gefehlt oder seinem Vertreter habe die Vertretungsmacht gefehlt.[11] Die Nebeninterventionswirkung kann nicht dadurch beseitigt werden, dass der Nebenintervenient die Nebenintervention zurücknimmt[12] oder dass er im Vorprozess untätig bleibt.[13]

III. Interventionswirkung

Bei der Interventionswirkung handelt es sich **nicht um Rechtskraftwirkung.** Sie erfasst nämlich im Gegensatz zur Rechtskraftwirkung auch die rechtlichen und tatsächlichen Grundlagen des Ersturteils (vgl. dazu unten Rn. 4 und § 66 Rn. 7); insoweit ist sie weiter als die Rechtskraftwirkung. Die Interventionswirkung ist hingegen insoweit enger, als ihr gegenüber die Einrede mangelhafter Prozessführung erhoben werden kann. Das ist bei der Rechtskraft nicht möglich.[14] Bei der Interventionswirkung handelt es sich auch nicht um eine Erstreckung der Rechtskraft auf Dritte.[15] Es handelt sich vielmehr um eine Entscheidungswirkung eigener Art,[16] die Folge der Rechtskraft des Urteils im Vorprozess ist.[17] Die Interventionswirkung ist von Amts wegen zu beachten (vgl. Rn. 1). Die Parteien des Folgeprozesses können vereinbaren, dass das Urteil des Vorprozesses keine Interventionswirkungen entfalten soll.[18] Es kann allerdings das Eingreifen der Interventionswirkung auch außerhalb des Rechtsstreits vereinbart werden, wenn etwa eine Partei erklärt, sie wolle sich für den Fall der Geltendmachung von Regressansprüchen so behandeln lassen, als ob ihr der Streit verkündet worden wäre.[19] 3

1. Objektiver Umfang. Die Interventionswirkung erfasst alle für die Entscheidung erheblichen **Tatsachenfeststellungen** und ihre **rechtlichen Beurteilungen**[20] mit der Folge, dass der Richter des Folgeprozesses an alle tatsächlichen und rechtlichen Umstände gebunden ist, auf denen das Urteil des Vorprozesses beruht.[21] Gibt es für eine Entscheidung verschiedene Begründungsmöglichkeiten, so nehmen die Feststellungen an der Interventionswirkung teil, die vom Erstgericht auf dem von diesem beschrittenen Lösungsweg notwendigerweise getroffen wurden.[22] Streitig ist, welchen Umfang die Interventionswirkung bei **Teilklagen** hat. Nach hM ist die Interventionswirkung nicht durch den Streitwert begrenzt und tritt nach einem Teilurteil in vollem Umfang ein.[23] Das sei die Konsequenz aus der Tatsache, dass sie die Interventionswirkung nicht nur auf den Streitgegenstand beschränke, sondern alle tatsächlichen und rechtlichen Grundlagen der Entscheidung mit umfasse. Daher sei es ohne Bedeutung, ob es sich bei dem Vorprozess nur um eine Teilklage gehandelt habe (s. zur Rechtskraft § 322 Rn. 67).[24] Die Interventionswirkung erfasst nur die für die Entscheidung erheblichen Feststellungen des Ersturteils, nicht unmaßgebliche **Hilfserwägungen,** obiter dicta und bloße **Rechtsansichten.**[25] Die Interventionswirkung erfasst darüber hinaus nicht sog. **überschießende Feststellungen,** also Feststellungen, die im Erstprozess nicht erheblich und daher bei korrektem Verfahren nicht zu treffen waren. Ob die Entscheidung des Gerichts auf den Feststellungen beruht oder ob es sich um überschießende Feststellungen handelt, ist nicht aus der subjektiven Sicht des Erstgerichts, sondern aus objektiver Sicht zu beurteilen.[26] Eine bei dem vom Erstgericht gewählten Begründungsansatz not- 4

---

[5] BGHZ 65, 127, 135; *Ro/S/Go* § 50 Rn. 57; *T/P/Hüßtege* Rn. 4.
[6] MK/*Schultes* Rn. 5; *Zö/Vollkommer* Rn. 4; *T/P/Hüßtege* Rn. 4.
[7] BGH NJW 1969, 1480, 1481; *Zö/Vollkommer* Rn. 4; MK/*Schultes* Rn. 5.
[8] *Zö/Vollkommer* Rn. 4; MK/*Schultes* Rn. 5; *T/P/Hüßtege* Rn. 4.
[9] BGH VersR 1958, 762, 763; WM 1967, 1968; NJW 1969, 1480, 1481; *Zö/Vollkommer* Rn. 4.
[10] *Ro/S/Go* § 50 Rn. 57; MK/*Schultes* Rn. 4.
[11] *St/J/Bork* Rn. 4; aA *Ro/S/Go* § 50 Rn. 58; MK/*Schultes* Rn. 4; *Zö/Vollkommer* Rn. 3; *Wiecz/Mansel* Rn. 72.
[12] RGZ 61, 286, 289; *Ro/S/Go* § 50 Rn. 57; MK/*Schultes* Rn. 4; *Zö/Vollkommer* Rn. 3; *T/P/Hüßtege* Rn. 3.
[13] *Ro/S/Go* § 50 Rn. 57; MK/*Schultes* Rn. 4.
[14] Vgl. nur *Wiecz/Mansel* Rn. 9.
[15] *Ro/S/Go* § 50 Rn. 66; MK/*Schultes* Rn. 6.
[16] MK/*Schultes* Rn. 6.
[17] *Ro/S/Go* § 50 Rn. 61.
[18] *Zö/Vollkommer* Rn. 14.
[19] OLG Düsseldorf NJW-RR 1993, 1471.
[20] BGHZ 5, 12, 15 = NJW 1952, 700; BGH NJW 1983, 820, 821; BGHZ 85, 252, 255 = NJW 1983, 820; BGHZ 103, 275, 278 = NJW 1988, 1378; BAG KTS 1990, 655, 656 = VersR 1990, 1256; OLG Köln NJW-RR 1992, 120.
[21] BGH VersR 1985, 568, 569; NJW-RR 1989, 766, 767; OLG Hamm NJW-RR 1988, 155, 156.
[22] OLG Köln, NJW-RR 1992, 119, 120.
[23] BGH NJW 1969, 1480, 1481 = ZZP 83 (1970), 220; VersR 1985, 568, 569; OLG Hamm NJW-RR 1988, 155, 156; OLG Saarbrücken, Urt. v. 23. 11. 2006, juris Rn. 29; *Ro/S/Go* § 50 Rn. 62; zweifelnd *Zö/Vollkommer* Rn. 10; aA MK/*Schultes* Rn. 17; *Wiecz/Mansel* Rn. 124.
[24] OLG Hamm NJW-RR 1988, 155, 156.
[25] *Zö/Vollkommer* Rn. 9; MK/*Schultes* Rn. 15.
[26] BGH MDR 2004, 464 = BGHZ 157, 97; OLG Köln NJW-RR 1992, 120; LG Stuttgart NJW-RR 1993, 296, 297.

wendige Feststellung wird nicht deshalb zu einer überschießenden Feststellung, weil sie sich bei einem anderen Begündungsansatz erübrigt hätte.[27] Die Interventionswirkung erfasst nicht fehlende Feststellungen also Feststellungen, die das Gericht hätte treffen müßen aber nicht getroffen hat.[28] Hat das Gericht des Erstprozesses eine **Beweislastentscheidung** getroffen, weil eine Tatsache unaufklärbar war, nimmt die Unaufklärbarkeit an der Interventionswirkung teil,[29] so dass der beweispflichtige Nebenintervenient im Folgeprozess nicht mehr zum Beweis der Tatsache zugelassen wird.[30] Ist der Folgeprozess in einem **anderen Rechtsweg** zu führen, tritt keine Interventionswirkung ein.[31]

5 **2. Subjektiver Umfang.** Interventionswirkung entfaltet sich nur im Verhältnis zwischen Nebenintervenienten und der von ihm **unterstützten** Hauptpartei; die Wirkung tritt weder im Verhältnis des Nebenintervenienten zum Gegner der Hauptpartei,[32] noch im Verhältnis der Hauptpartei zu ihrem Gegner[33] noch im Verhältnis Nebenintervenient zum gesetzlichen Vertreter der Hauptpartei ein.[34] Die Interventionswirkung tritt **nur zu Gunsten** nicht zu Ungunsten der unterstützten Hauptpartei ein.[35] Die Interventionswirkung ist unteilbar, dh sie kann dem Nebenintervenienten nur uneingeschränkt oder überhaupt nicht entgegengehalten werden. Hingegen kann sich die Hauptpartei nicht nur auf die für sie günstigen Feststellungen des Ersturteils berufen.[36]

IV. Einrede mangelhafter Prozessführung (Halbs. 2)

6 Die Interventionswirkung und damit die Bindung des Richters des Folgeprozesses an die Entscheidung des Vorprozesses entfällt, wenn der Nebenintervenient erfolgreich die Einrede mangelhafter Prozessführung durch die Hauptpartei geltend machen kann. Das ist der Fall, wenn der Nebenintervenient durch die Lage des Hauptprozesses zurzeit seines Beitritts oder durch das Verhalten der Hauptpartei gehindert war, seine Angriffs- oder Verteidigungsmittel geltend zu machen, wenn der Nebenintervenient also keine oder nicht ausreichende Gelegenheit hatte, auf die Entscheidung des Vorprozesses Einfluss zu nehmen.[37] So etwa beim Beitritt nach Verhandlungsschluss bei einer nicht rechtsmittelfähigen Entscheidung[38] oder wenn der Nebenintervenient seine Angriffs- und Verteidigungsmittel nicht vorbringen konnte, weil er sich damit in Widerspruch zum Vorbringen der Hauptpartei begeben hätte.[39] Gleiches soll auch gelten, wenn der Nebenintervenient die Folgen einer Erklärung der unterstützten Hauptpartei nur mit geringen Erfolgsaussichten wieder beseitigen könnte.[40] Das scheint zweifelhaft. Es erscheint durchaus zumutbar, dass der Nebenintervnient das zumindest versucht. In Fällen, in denen dem Nebenintervenienten das Urteil des Vorprozesses erst nach oder kurz vor Ablauf der Rechtsmittelfrist der Hauptpartei bekannt gegeben wurde, ist dem Nebenintervenienten eine rechtzeitige **Rechtsmitteleinlegung** nicht mehr zumutbar. Da die Rechtsmittelfrist der Hauptpartei auch für den Nebenintervenienten maßgebend ist (vgl. § 67 Rn. 4), ist dem Problem dadurch Rechnung zu tragen, dass die Interventionswirkung nicht greift.[41] Soweit in der Lit. gefordert wird,[42] es müsse immer dann, wenn einem Streithelfer nicht die volle Rechtsmittelfrist zur Verfügung stehe, die Bindungswirkung des § 68 entfallen, kann dem nicht gefolgt werden. Diese Auffassung berücksichtigt nämlich nicht, dass das Gesetz in § 67 für die Rechtsmittelfrist an die Hauptpartei – und eben nicht an den Nebenintervenienten – anknüpft. Es muss daher im Einzelfall geprüft werden, ob die dem Nebenintervenienten verbleibende Frist zur Rechtsmitteleinlegung ausreichend war. Die Nebeninterventionswirkung greift auch dann nicht, wenn die Hauptpartei Angriffs- oder Verteidigungsmittel, die dem Nebenintervenienten unbekannt waren, absichtlich oder grob fahrlässig nicht vorgebracht hat. Der Nebenintervenient muss die mangelhafte Prozessführung durch die unterstützte Hauptpartei behaupten und beweisen können.[43] Der Nebenintervenient muss die mangelhafte Prozessführung durch die Hauptpartei geltend machen; sie ist nicht von Amts wegen zu berücksichtigen.[44] Weiter ist erforderlich, dass die Angriffs- und Verteidigungsmittel, die auf Grund der mangelhaften Prozessführung nicht vorgebracht wurden, zu einer anderen Entscheidung im Vorprozess geführt hätten.[45]

---

[27] OLG Saarbrücken, Urt. v. 23. 11. 2006, juris Rn. 31.

[28] BGHZ 85, 252, 256 = NJW 1983, 820; OLG Karlsruhe OLGR 2005, 629.

[29] BGHZ 85, 252, 257f. = NJW 1983, 820; MK/*Schultes* Rn. 16; aA *Wiecz/Mansel* Rn. 115ff.

[30] BGHZ 16, 217, 218; 85, 252, 258 = NJW 1983, 820; OLG Düsseldorf NJW 1992, 1177; *Zö/Vollkommer* Rn. 10; aA *St/J/Bork* Rn. 10.

[31] BGHZ 123, 44, 48 = NJW 1993, 2539 = MDR 1993, 1121.

[32] BGHZ 3, 385, 387; 92, 275, 277 = NJW 1985, 386; BGH NJW 1993, 122, 123.

[33] *Ro/S/Go* § 50 Rn. 60; MK/*Schultes* Rn. 7.

[34] RGZ 148, 321, 322; *Ro/S/Go* § 50 Rn. 60; MK/*Schultes* Rn. 7.

[35] BGH NJW 1997, 2387, 2388; BGHZ 100, 257, 260ff. = NJW 1987, 1894; OLG Köln OLGZ 1994, 573, 574; *Zö/Vollkommer* Rn. 6; *Ro/S/Go* § 50 Rn. 59; vgl. auch BGH NJW 1987, 2874; *T/P/Hüßtege* Rn. 1; MK/*Schultes* Rn. 9ff.; aA *St/J/Bork* Rn. 10; AK-ZPO/*Koch* Rn. 2; *Wiecz/Mansel* Rn. 141ff.

[36] RGZ 153, 271, 274; BGH NJW-RR 1989, 766, 767; OLG Köln OLGZ 1994, 573, 575; aA *St/J/Bork* Rn. 12.

[37] BGH VersR 2006, 1707, 1708 Rn. 8; vgl. auch *Zö/Vollkommer* Rn. 11.

[38] Köln MDR 1983, 409.

[39] BGH NJW 1982, 281, 282.

[40] BGH NJW 1976, 292.

[41] *Deckenbrock/Dötsch* JR 2004, 6, 8.

[42] *Deckenbrock/Dötsch* JR 2004, 6, 8.

[43] *Ro/S/Go* § 50 Rn. 68.

[44] *Zö/Vollkommer* Rn. 1; *Wiecz/Mansel* Rn. 155 m. weit. Nachw.; aA MK/*Schultes* Rn. 19.

[45] *Ro/S/Go* § 50 Rn. 70; MK/*Schultes* Rn. 19.

69 *Streitgenössische Nebenintervention* **Insofern nach den Vorschriften des bürgerlichen Rechts die Rechtskraft der in dem Hauptprozess erlassenen Entscheidung auf das Rechtsverhältnis des Nebenintervenienten zu dem Gegner von Wirksamkeit ist, gilt der Nebenintervenient im Sinne des § 61 als Streitgenosse der Hauptpartei.**

I. Normzweck

Streitgenössische oder selbstständige Nebenintervention liegt vor, wenn zwischen dem Nebenintervenienten und der **Gegenpartei** ein Rechtsverhältnis besteht, für das die Entscheidung des Hauptprozesses von Wirksamkeit ist.[1] 1

II. Voraussetzungen

Für die streitgenössischen Nebenintervenienten müssen zunächst die in § 66 genannten Voraussetzungen vorliegen.[2] Daneben müssen die in § 69 genannten Voraussetzungen gegeben sein. Es muss also zum einen eine Rechtsbeziehung im Verhältnis des Nebenintervenienten zur Gegenpartei bestehen. Es muss sich zum anderen die Rechtskraft des Urteils des Hauptprozesses auf diese Rechtsbeziehung erstrecken.[3] Anlass zur Prüfung, ob die Voraussetzungen der streitgenössischen Nebenintervention vorliegen, besteht nur dann, wenn der Nebenintervenient Befugnisse in Anspruch nimmt, die nur dem streitgenössischen Nebenintervenienten zustehen (vgl. unten Rn. 3 und Rn. 4). 2

1. Rechtsverhältnis. Es muss eine Rechtsbeziehung zwischen Nebenintervenient und Gegner der unterstützten Partei gegeben sein.[4] Ein Rechtsverhältnis zur unterstützten Partei reicht nicht aus.[5] Ein Rechtsverhältnis im Sinne des § 69 ist eine durch den Sachverhalt auf Grund einer Rechtsnorm gegebene Beziehung einer Person zu einer anderen oder zu Gegenständen (s. § 256 Rn. 2).[6] 3

2. Rechtskraftwirkung. Es muss sich die Rechtskraft des Vorprozesses auf die Rechtsbeziehung zwischen Nebenintervenient und Gegner der Hauptpartei erstrecken. Der Wortlaut des § 69, wonach die Rechtskraft „nach den Vorschriften des bürgerlichen Rechts" einwirken muss, ist nach allgemeiner Auffassung zu eng.[7] **Rechtskrafterstreckung** – gleich nach welchen Vorschriften – reicht aus (Bsp. § 76 Abs. 4). Darüber hinaus ist § 69 nicht auf Fälle der Rechtskrafterstreckung beschränkt. Er erfasst daneben auch die Fälle der **Gestaltungswirkung**[8] (Bsp. § 1496 BGB). Eine formell rechtskräftige Gestaltungsentscheidung ändert unmittelbar das geltende Recht; sie hat also Gestaltungswirkung und wirkt daher gegenüber jedermann. Bei der Gestaltungswirkung handelt es sich nicht um eine Rechtskraftwirkung (s. § 322 Rn. 63). Da aber auch bei der Gestaltungswirkung eine unmittelbare Einwirkung der Entscheidung des Vorprozesses auf den Nebenintervenienten vorliegen kann, ist hier zumindest eine analoge Anwendung des § 69 gerechtfertigt.[9] Schließlich ist § 69 auch in den Fällen **erweiterter Vollstreckbarkeit** (Beispiel § 740) anwendbar.[10] Ebenso wie in den Fällen, in denen das Gesetz die Erstreckung der Rechtskraft für und gegen alle anordnet (etwa § 640h S. 1, vgl. unten Rn. 5), muss auch bei der Gestaltungswirkung und den Fällen erweiterter Vollstreckbarkeit geprüft werden, ob ein Rechtsverhältnis zwischen dem Nebenintervenienten und dem Gegner unmittelbar betroffen ist.[11] Ein Fall des § 69 liegt etwa vor bei einer Klage eines Gesellschafters auf Auflösung einer Gesellschaft,[12] bei Klage eines Gesellschafters auf Feststellung der Nichtigkeit eines Gesellschafterbeschlusses einer GmbH[13] oder bei Klage auf Feststellung der Nichtigkeit eines Hauptversammlungsbeschlusses einer AG.[14] Da die Rechtskraft der Entscheidungen über diese Klagen das Rechtsverhältnis eines anderen Gesellschafters zur Gesellschaft erfasst, kann dieser als streitgenössischer Nebenintervenient beitreten.[15] Weitere Fälle finden sich etwa in §§ 76 Abs. 4, 326, 327, 640e, 728, 856 Abs. 4; §§ 248, 249, 256 Abs. 7 AktG;[16] § 3 Nr. 8 PflVG; §§ 407 Abs. 2, 408 BGB. 4

Die Rechtskrafterstreckung muss sich gerade auf die Beziehung zwischen dem Nebenintervenienten und dem Gegner der Hauptpartei beziehen;[17] sie muss durch das Urteil im Erstprozess unmittelbar normiert werden.[18] Eine Erstreckung der **Rechtskraft für und gegen alle,** wie sie etwa § 640h S. 1 anordnet, reicht für die Anwendung des § 69 nicht aus.[19] Zur Begründung hat der BGH zu Recht darauf hingewiesen, dass 5

---

1 *Ro/S/Go* § 50 Rn. 70.
2 MK/*Schultes* Rn. 3; *Wiecz/Mansel* Rn. 6.
3 *Ro/S/Go* § 50 Rn. 70.
4 AA *Wieser* ZZP 112 (1999), 439, 440.
5 HM; BGHZ 92, 275, 277ff. = NJW 1985, 386; *Zö/Vollkommer* Rn. 2; aA *Wiecz/Mansel* Rn. 13.
6 BGHZ 92, 275, 278 m. weit. Nachw. = NJW 1985, 386; ausführlich zum Rechtsverhältnis *Wiecz/Mansel* Rn. 10ff.
7 Vgl. nur BGHZ 92, 275, 277 = NJW 1985, 386; MK/*Schultes* Rn. 5; *Zö/Vollkommer* Rn. 1.
8 *Zö/Vollkommer* Rn. 3; *T/P/Hüßtege* Rn. 4; AK-ZPO/*Koch* Rn. 3.
9 MK/*Schultes* Rn. 8.
10 *Zö/Vollkommer* Rn. 4; MK/*Schultes* Rn. 8.
11 MK/*Schultes* Rn. 7 und 8.
12 *Ro/S/Go* § 50 Rn. 72.
13 BGH DtZ 1994, 29; *Ro/S/Go* § 50 Rn. 72.
14 *Ro/S/Go* § 50 Rn. 72.
15 Vgl. *Ro/S/Go* § 50 Rn. 72; *Wiecz/Mansel* Rn. 23.
16 BGH DStR 2007, 1265 Rn. 7 = WM 2007, 1238. OLG Schleswig NJW-RR 1993, 931.
17 BGH NJW-RR 1997, 919; BGHZ 92, 275, 277 = NJW 1985, 386; *Ro/S/Go* § 50 VI 1; *Zö/Vollkommer* Rn. 2.
18 *St/J/Bork* Rn. 2.
19 BGHZ 92, 275, 277 = NJW 1985, 386; *Ro/S/Go* § 50 Rn. 71.

der eigentliche Grund dafür, dass die Befugnisse des streitgenössischen Nebenintervenienten gegenüber einem einfachen Streithelfer erheblich erweitert sind, nicht der Umstand sei, dass er von der ergehenden Entscheidung wie jedermann betroffen werde, sondern dass die Rechtskraft der ergehenden Entscheidung gerade für ein Rechtsverhältnis zwischen ihm und dem Prozessgegner von Bedeutung sei. Wirke sich die Entscheidung lediglich auf ein Rechtsverhältnis des Nebenintervenienten zu der von ihm unterstützten Partei aus, biete die Vorschrift des § 68 hinreichenden Schutz. Der Nebenintervenient könne nämlich, wenn er durch einen Widerspruch der von ihm unterstützten Partei an zweckentsprechenden Prozesshandlungen gehindert worden sei, in einem Folgeprozess die Einrede der mangelhaften Prozessführung erheben. Bei einer Auswirkung des Urteils auf ein Rechtsverhältnis zu dem Prozessgegner versage dieser Schutz, so dass das Gesetz in § 69 dem Nebenintervenienten erweiterte Befugnisse gewähre.[20]

III. Rechtsstellung des streitgenössischen Nebenintervenienten

6 Der streitgenössische Nebenintervenient hat eine (eigentümliche) Doppelstellung.[21] Er gilt als Streitgenosse der unterstützten Partei, als notwendiger Streitgenosse, wenn die Voraussetzungen des § 62 gegeben sind.[22] Er wird aber nicht Partei sondern bleibt Streitgehilfe der Partei, der er beitritt.[23] Der streitgenössische Nebenintervenient ist also weniger als eine Partei, aber mehr als ein gewöhnlicher Nebenintervenient. Ein einfacher Nebenintervenient wird nicht dadurch zum streitgenössischen, dass das Gericht ihn zu Unrecht (fälschlicherweise) als solchen behandelt.[24] Die Frage, ob der Nebenintervenient gewöhnlicher (einfacher) Nebenintervenient oder streitgenössischer Nebenintervenient ist, wird nur dann von Bedeutung, wenn er Befugnisse in Anspruch nimmt, die dem einfachen Nebenintervenienten nicht zustehen[25] (vgl. dazu unten Rn. 8). **Im Streitfall** ist über die Frage durch Zwischenurteil zu entscheiden, das mit der sofortigen Beschwerde anfechtbar ist. § 71 ist entsprechend anzuwenden.[26]

7 Der streitgenössische Nebenintervenient führt (in seiner Stellung als Nebenintervenient) einen fremden Rechtsstreit.[27] Er muss daher den Prozess in der Lage annehmen, in der er sich zurzeit seines Beitritts befindet.[28] Ihm kann nichts zu- oder aberkannt werden, da das Urteil nur für und gegen die Parteien und nur über deren Rechtsverhältnis ergeht.[29] Er kann nicht über den Streitgegenstand als solchen verfügen[30] und daher die Klage nicht ändern und nicht zurücknehmen,[31] andererseits aber auch nicht den Prozess nach Klagerücknahme durch die Hauptpartei selbständig weiterführen[32]; er kann keine Widerklage erheben;[33] er kann keine Zwischenfeststellungsklage oder -widerklage erheben[34] und kein von der Hauptpartei eingelegtes Rechtsmittel zurücknehmen.[35] Er muss weder der Klagerücknahme durch die Hauptpartei noch einer übereinstimmenden Erledigungserklärung der Parteien zustimmen.[36] Insoweit weist das OLG München zu Recht darauf hin, dass in beiden Fällen – anders als bei einer Anerkenntnis der beklagten Hauptpartei (vgl. dazu unten Rn. 8) – der Rechtsstreit beendet wird, ohne dass eine Entscheidung ergeht, deren Rechtskraft und Gestaltungswirkung sich auf den Nebenintervenienten auswirken kann (vgl. auch § 62 Rn. 18).[37] Der streitgenössische Nebenintervenient kann aber – wie jeder Nebenintervenient – Prozesshandlungen vor- und entgegennehmen (s. a. § 67 Rn. 2u. 4ff.).[38] **§ 68** findet auf den streitgenössischen Nebenintervenienten Anwendung,[39] allerdings mit der **Einschränkung,** dass er, so weit er von der Rechtskraft der Erstentscheidung erfasst wird, diese nicht gemäß § 68 mit der Einrede der mangelhaften Prozessführung beseitigen kann.[40]

8 Da der streitgenössische Nebenintervenient gleichzeitig als Streitgenosse gilt, kann er im Unterschied zum gewöhnlichen Nebenintervenienten Prozesshandlungen auch im Widerspruch zu den Handlungen und Erklärungen der Hauptpartei vornehmen und etwa gegen den Widerspruch der Hauptpartei Angriffs- und Verteidigungsmittel vorbringen.[41] Wird eine Tatsache vom streitgenössischen Nebenintervenienten zu-

---

[20] BGHZ 92, 275, 278 = NJW 1985, 386.
[21] *Ro/S/Go* § 50 Rn. 74; *Zö/Vollkommer* Rn. 5.
[22] Vgl. RGZ 93, 31, 32; 108, 132, 134; *Ro/S/Go* § 50 Rn. 74; *Zö/Vollkommer* Rn. 5; aA MK/*Schultes* Rn. 11; *Wiecz/Mansel* Rn. 40, er sei stets notwendiger Streitgenosse.
[23] *Ro/S/Go* § 50 Rn. 74.
[24] BayObLG NJW-RR 1987, 1423; *Zö/Vollkommer* Rn. 5.
[25] *St/J/Bork* Rn. 5; *Wiecz/Mansel* Rn. 21; vgl. BGHZ 76, 299, 301 = NJW 1980, 1693.
[26] AA (Zwischenurteil gem. § 303) *St/J/Bork* Rn. 5; *Wiecz/Mansel* Rn. 21.
[27] *Ro/S/Go* § 50 Rn. 75; *Zö/Vollkommer* Rn. 6.
[28] *Zö/Vollkommer* Rn. 6; *Wiecz/Mansel* Rn. 44.
[29] *Wiecz/Mansel* Rn. 37, *Ro/S/Go* § 50 VI 2a; *Zö/Vollkommer* Rn. 6.
[30] OLG Köln NZG 2004, 46, 47.
[31] *T/P/Hüßtege* Rn. 6; *Zö/Vollkommer* Rn. 8.
[32] OLG Köln NZG 2004, 46, 47.
[33] *Zö/Vollkommer* Rn. 6; *Wiecz/Mansel* Rn. 46.
[34] *T/P/Hüßtege* Rn. 6; *Zö/Vollkommer* Rn. 8; str.
[35] *Zö/Vollkommer* Rn. 8; *Wiecz/Mansel* Rn. 46.
[36] OLG München MDR 2000, 1152; *T/P/Hüßtege § 91a Rn. 18; aA B/L/H § 91a Rn. 78.*
[37] OLG München MDR 2000, 1152.
[38] *Ro/S/Go* § 50 Rn. 76.
[39] *Ro/S/Go* § 50 Rn. 75; *Zö/Vollkommer* Rn. 9.
[40] *Zö/Vollkommer* Rn. 9; *T/P/Hüßtege* Rn. 9; *St/J/Bork* Rn. 13.
[41] RGZ 42, 389; 392; BGHZ 89, 121, 124 = NJW 1984, 353; BGHZ 92, 275, 276 = NJW 1985, 386; OLG Schleswig NJW-RR 1993, 930; *Zö/Vollkommer* Rn. 7; *Ro/S/Go* § 50 Rn. 76.

gestanden und von der Hauptpartei bestritten und umgekehrt, so hat das Gericht sie nach § 286 frei zu würdigen.[42] Er kann anerkennen (§ 307) und verzichten (§ 306). Diesen Prozesshandlungen nimmt jedoch der Widerspruch der Hauptpartei ihre Wirkung.[43] Er kann ein wirksames Anerkenntnis durch seinen Widerspruch verhindern.[44] Dem streitgenössischen Nebenintervenienten müssen gerichtliche Entscheidungen zugestellt werden. Mit dieser Zustellung läuft die **Rechtsmittelfrist** unabhängig von der Frist der Hauptpartei.[45] Nach Auffassung des BGH besteht im Rechtsstreit eines Gesellschafters über die Gültigkeit eines Gesellschafterbeschlusses keine Pflicht des Gerichts, den als Nebenintervenienten in Betracht kommenden, aber noch nicht beigetretenen Personen das Urteil zuzustellen oder ihnen hiervon Mitteilung zu machen.[46] Dem kann so nicht gefolgt werden. Es muss vielmehr im Einzelfall geprüft werden, ob die als Nebenintervenient in Betracht kommende Person durch das Urteil materiellrechtlich betroffen wird und diese nicht ausnahmsweise ohne Beteiligung am Hauptprozess hinzunehmen ist (vgl. vor § 64 Rn. 4 ff.). Der streitgenössische Nebenintervenient unterliegt nicht den Schranken des § 67 Halbs. 2 und kann auch gegen den Willen der Hauptpartei Rechtsmittel einlegen und durchführen.[47] Das Gesetz räumt insoweit dem streitgenössischen Nebenintervenienten ein **eigenes Prozessführungsrecht** ein, das unabhängig vom Willen der von ihm unterstützten Hauptpartei ist.[48] Der streitgenössische Nebenintervenient kann Zurückweisung des gegnerischen Rechtsmittels beantragen auch gegen den Willen der Hauptpartei und auch dann, wenn die Hauptpartei auf das Rechtsmittel verzichtet hat oder die Frist versäumt hat.[49] Der streitgenössische Nebenintervenient wird als **Partei** und nicht als Zeuge **vernommen.**[50] Zur Aufklärung des Sachverhalts kann sein persönliches Erscheinen angeordnet werden (§ 141).[51] Der Tod des streitgenössischen Nebenintervenienten oder die Eröffnung des Insolvenzverfahrens über sein Vermögen unterbricht den Prozess;[52] Wiedereinsetzung kann er nur aus Gründen in seiner Person beantragen.[53]

70

Beitritt des Nebenintervenienten (1) [1]**Der Beitritt des Nebenintervenienten erfolgt durch Einreichung eines Schriftsatzes bei dem Prozessgericht und, wenn er mit der Einlegung eines Rechtsmittels verbunden wird, durch Einreichung eines Schriftsatzes bei dem Rechtsmittelgericht.** [2]**Der Schriftsatz ist beiden Parteien zuzustellen und muss enthalten:**
1. die Bezeichnung der Parteien und des Rechtsstreits;
2. die bestimmte Angabe des Interesses, das der Nebenintervenient hat;
3. die Erklärung des Beitritts.

(2) **Außerdem gelten die allgemeinen Vorschriften über die vorbereitenden Schriftsätze.**

I. Normzweck

§ 70 regelt die Form und den Inhalt der Beitrittserklärung. Er gilt für die einfache (§ 66 ff.) und die streitgenössische (§ 69) Nebenintervention und für die Streitverkündung (§ 72 ff.). Durch § 70 wird sichergestellt, dass die Parteien des Hauptprozesses vom Beitritt erfahren. Sie können dann entweder die Zurückweisung der Nebenintervention beantragen (vgl. § 71) oder die Nebenintervention hinnehmen. 1

II. Erklärung des Beitritts

1. Einreichung eines Schriftsatzes. Der Beitritt erfolgt durch eine Beitrittserklärung. Sie ist Prozesshandlung,[1] die im amtsgerichtlichen Verfahren zu Protokoll der Geschäftsstelle abgegeben werden kann (§ 496). Im Anwaltsprozess erfolgt der Beitritt durch Einreichung eines Schriftsatzes, der als bestimmender Schriftsatz gemäß § 129 Abs. 1 von einem Anwalt unterzeichnet sein muss.[2] Der Schriftsatz ist beim Prozessgericht einzulegen. Wenn er mit der Einlegung eines Rechtsmittels verbunden wird, ist er beim Rechtsmittelgericht einzureichen. Er ist beiden Parteien des Hauptprozesses von Amts wegen zuzustellen.[3] 2

2. Notwendiger Inhalt des Beitrittsschriftsatzes. Der Schriftsatz muss die Bezeichnung der Parteien und des Rechtsstreits enthalten, an dem der Beitretende sich beteiligen will[4] **(Nr. 1)**; er muss den Interventionsgrund angeben **(Nr. 2)**. Hierzu ist aber ausreichend, dass er etwa auf eine vorausgegangene Streitverkün- 3

---

[42] *Wiecz/Mansel* Rn. 66; MK/*Schultes* Rn. 13; vgl. auch *Zö/Vollkommer* Rn. 8.
[43] *Zö/Vollkommer* Rn. 8; aA *T/P/Hüßtege* Rn. 6: er könne nicht anerkennen und verzichten; ebenso *Wiecz/Mansel* Rn. 47 m. weit. Nachw.
[44] BGH NJW-RR 1993, 1254; OLG Schleswig MDR 1994, 460; *Zö/Vollkommer* Rn. 7; *Ro/S/Go* § 50 Rn. 76; *T/P/Hüßtege* Rn. 7.
[45] BGHZ 89, 121, 125 = NJW 1984, 353; BGH NJW 2001, 1355. *Ro/S/Go* § 50 Rn. 76; *T/P/Hüßtege* Rn. 3.
[46] BGH NJW-RR 1997, 865; ZIP 2005, 45.
[47] BGH NJW-RR 1997, 919; BGH DtZ 1994, 29; BGHZ 92, 275, 276 = NJW 1985, 386; BAG DB 1985, 1537, 1538; OLG Schleswig NJW-RR 1993, 930.
[48] BGHZ 92, 275, 276 = NJW 1985, 386.
[49] *Ro/S/Go* § 50 Rn. 76.
[50] *T/P/Hüßtege* Rn. 1; *Ro/S/Go* § 50 Rn. 76; *Zö/Vollkommer* Rn. 7.
[51] *Ro/S/Go* § 50 Rn. 76.
[52] *Ro/S/Go* § 50 Rn. 76; *Zö/Vollkommer* Rn. 7.
[53] *Zö/Vollkommer* Rn. 7.
[1] BGH NJW 1994, 1537; *T/P/Hüßtege* Rn. 1; *Wiecz/Mansel* Rn. 1.
[2] BGH NJW 1991, 229, 230; *Zö/Vollkommer* Rn. 1; *Wiecz/Mansel* Rn. 2 ff.
[3] RGZ 42, 401, 403; *Ro/S/Go* § 50 Rn. 19; *Wiecz/Mansel* Rn. 19.
[4] BGH NJW 1994, 1537.

dung Bezug nimmt.[5] Der Beitrittsschriftsatz muss schließlich die Erklärung des Beitritts enthalten (**Nr. 3**). Sie muss erkennen lassen, welcher Partei der Dritte beitritt;[6] sie braucht nicht ausdrücklich zu erfolgen, es genügt eine dem Sinne nach eindeutige Äußerung.[7] Eine solche Äußerung liegt etwa vor, wenn der Dritte, der beitreten will, im Schriftsatz als Nebenintervenient oder als Streithelfer bezeichnet wird.[8] Als Beitrittserklärung reicht auch aus, dass die Rechtsmitteleinlegung „im Namen des Streitverkündeten" erfolgt.[9] Ein Beitritt zum Rechtsstreit ohne Angabe der Partei, der beigetreten wird, macht die Beitrittserklärung unzulässig.[10] Erklärt sich der Beitretende nicht ausdrücklich zum Umfang seines Beitritts, so ist davon auszugehen, dass sich der Beitritt nur auf die Rückgriffsansprüche bezieht, denen der Streithelfer nach dem Inhalt der Streitverkündungsschrift und dem zu Grunde liegenden Prozessstoff im Falle des Unterliegens der Streitverkündenden ausgesetzt ist.[11] Ggf. kann ein Rechtsmittel, das der Rechtsmittelkläger in der irrtümlichen Annahme eingelegt hat, er sei Partei, in einen Beitritt als Nebenintervenient verbunden mit der Einlegung eines Rechtsmittels in dieser Eigenschaft, umgedeutet werden.[12]

4 **3. Mängel.** Wenn der Beitrittsschriftsatz nicht den inhaltlichen Anforderungen des Abs. 1 genügt, so ist das nicht von Amts wegen, sondern nur auf Rüge hin zu berücksichtigen.[13] Der Mangel kann gemäß § 295 durch rügelose Einlassung geheilt werden;[14] auf die Rüge des Mangels kann verzichtet werden. Wird der Mangel gerügt, so ist gemäß § 71 zu entscheiden.[15] Bis zum Schluss der mündlichen Verhandlung gemäß § 71 Abs. 1 können die Mängel im Beitrittsschriftsatz beseitigt werden.[16]

71 *Zwischenstreit über Nebenintervention*

(1) **[1]Über den Antrag auf Zurückweisung einer Nebenintervention wird nach mündlicher Verhandlung unter den Parteien und dem Nebenintervenienten entschieden. [2]Der Nebenintervenient ist zuzulassen, wenn er sein Interesse glaubhaft macht.**

(2) Gegen das Zwischenurteil findet sofortige Beschwerde statt.

(3) Solange nicht die Unzulässigkeit der Intervention rechtskräftig ausgesprochen ist, wird der Intervenient im Hauptverfahren zugezogen.

I. Normzweck

1 Wenn eine Partei des Hauptprozesses die Zurückweisung des Nebenintervenienten beantragt, entsteht über die Zulassung des Nebenintervenienten ein besonderer Zwischenstreit[1] (**Interventionsstreit**). § 71 dient der schnellen Klärung der Frage, ob ein Dritter am Rechtsstreit zu beteiligen ist. Diese Klärung erfolgt ohne Belastung des Hauptprozesses.

II. Der Antrag auf Zurückweisung

2 Der Antrag auf Zurückweisung des Nebenintervenienten ist Sachantrag (§ 297).[2] Er kann von jeder Partei des Hauptprozesses gestellt werden und auch von jedem Streitgenossen.[3] Im Fall der Streitverkündung kann der Gegner der streitverkündenden Partei den Antrag auf Zurückweisung stellen. Die streitverkündende Partei selbst kann den Antrag nur stellen, wenn der Nebenintervenient dem Gegner beitritt.[4] Der Antrag auf Zurückweisung ist gemäß § 295 nicht mehr zulässig, wenn die Partei des Hauptprozesses bereits streitig verhandelt hat, ohne die Zurückweisung zu beantragen[5] oder auf das Rügerecht verzichtet hat.[6] Das gilt allerdings **nicht** bezüglich der **persönlichen Beitrittsvoraussetzungen** (vgl. oben § 66 Rn. 13).[7]

3 Der Antrag auf Zurückweisung der Nebenintervention kann zum einen darauf gestützt werden, eine der **Voraussetzungen** des § 66 fehle (vgl. dazu oben § 66 Rn. 2 ff.). Er kann zum anderen darauf gestützt werden, die **Form** des Beitritts sei verletzt. Der Antrag kann darüber hinaus nach zutreffender Auffassung auch darauf gestützt werden, es seien die **persönlichen Voraussetzungen** für den Beitritt (vgl. dazu oben § 66 Rn. 13) nicht gegeben.[8]

---

[5] BGH NJW 1994, 1537; OLG Düsseldorf NJW-RR 1997, 443; *Ro/S/Go* § 50 Rn. 20.
[6] MK/*Schultes* Rn. 5.
[7] BGH NJW 1994, 1537; *St/J/Bork* Rn. 3.
[8] RGZ 102, 276; BGH NJW 1994, 1537; OLG Hamm NJW-RR 1994, 1277; MK/*Schultes* Rn. 5.
[9] BGH NJW 1994, 1537; *T/P/Hüßtege* Rn. 3; zu kleinlich OLG Hamm NJW-RR 1994, 1277, 1278.
[10] BAG NZA 2002, 228, 230.
[11] OLG Düsseldorf NJW-RR 1997, 443.
[12] BGH NJW 2001, 1217 = ZIP 2001, 305.
[13] RGZ 15, 396, 398; *Zö/Vollkommer* Rn. 2; *T/P/Hüßtege* Rn. 6.
[14] BGH NJW 1976, 292; OLG Hamm NJW-RR 1994, 1277, 1278; *St/J/Bork* Rn. 5; *Zö/Vollkommer* Rn. 2.
[15] *Zö/Vollkommer* Rn. 2.
[16] AA (bis zur rechtskräftigen Zurückweisung des Nebenintervenienten) MK/*Schultes* Rn. 5; *T/P/Hüßtege* Rn. 6.
[1] Vgl. RGZ 10, 339.
[2] *T/P/Hüßtege* Rn. 2; *St/J/Bork* Rn. 3.
[3] MK/*Schultes* Rn. 3; *Zö/Vollkommer* Rn. 1.
[4] MK/*Schultes* Rn. 3; *Zö/Vollkommer* Rn. 1; *St/J/Bork* Rn. 4.
[5] BGH JR 1964, 63; *Ro/S/Go* § 50 Rn. 21; MK/*Schultes* Rn. 3; *Wiecz/Mansel* Rn. 12; *St/J/Bork* Rn. 3.
[6] MK/*Schultes* Rn. 3; *Wiecz/Mansel* Rn. 12; *St/J/Bork* Rn. 3.
[7] *St/J/Bork* Rn. 3.
[8] *Wiecz/Mansel* Rn. 10; MK/*Schultes* Rn. 4; *St/J/Bork* Rn. 2; aA *Ro/S/Go* § 50 Rn. 22; *Zö/Vollkommer* Rn. 4.

III. Verfahren

4 Parteien des Interventionsstreits sind jedenfalls der Nebenintervenient und die widersprechende Partei oder die widersprechenden Parteien. Hat die unterstützte Partei dem Beitritt ausdrücklich zugestimmt, ist sie ebenfalls Partei. So weit herrscht Einigkeit. Streitig ist allerdings, ob die Partei des Hauptverfahrens, die weder der Nebenintervention zugestimmt noch ihr widersprochen hat (sog. **neutrale Erstpartei**), Partei des Interventionsstreits ist. Dies wird teilweise verneint, allerdings mit unterschiedlichen Auffassungen darüber, welche Folge das hat. Nach einer Auffassung ist die neutrale Erstpartei am Interventionsstreit (wenigstens) zu beteiligen,[9] nach anderer Auffassung bleibt sie unbeteiligt.[10] Schon der Wortlaut des § 71 spricht dafür, dass im Interventionsstreit die Parteien des Erstprozesses und der Nebenintervenient Parteistellung und Parteirechte haben.

5 Über den Zurückweisungsantrag ist **mündlich** zu **verhandeln.** Herrscht für das Hauptverfahren Anwaltszwang, gilt dies auch für das Interventionsverfahren.[11] Eine **Versäumnisentscheidung** ist ausgeschlossen. Erscheint eine Partei nicht, so ist auf Grund des Vortrags der anderen Parteien und der Schriftsätze zu entscheiden[12]; erscheint keine Partei, ergeht Entscheidung nach Aktenlage.[13] Das Vorliegen eines **Interventionsgrundes** (vgl. dazu oben § 66 Rn. 5) muss der Nebenintervenient glaubhaft machen; tut er dies nicht, ist die Nebenintervention unzulässig.[14]

IV. Das Zwischenurteil

6 Die Entscheidung im Zwischenverfahren ergeht als Zwischenurteil. Es ist **Feststellungsurteil** und lautet entweder auf Zulassung oder Zurückweisung des Nebenintervenienten.[15] Das Urteil ist von Amts wegen **zuzustellen.** Die Entscheidung im Interventionsstreit über die **Zulassung** des Nebenintervenienten kann **auch** mit dem **Endurteil** im Hauptverfahren verbunden werden.[16] Die Entscheidung über die **Zulassung** der Nebenintervention kann auch dadurch erfolgen, dass einer Partei **im Endurteil** die Kosten der Nebenintervention auferlegt werden. Hierin liegt eine stillschweigende Zulassung der Nebenintervention und eine stillschweigende Ablehnung des Zurückweisungsantrags.[17] Auch wenn die Entscheidung über die Zulassung der Nebenintervention mit dem Endurteil verbunden wird, ändert das an dem Charakter der Entscheidung nichts. Sie bleibt ein Zwischenurteil und ist (allein) mit der sofortigen Beschwerde anfechtbar.[18] **Nach Rechtskraft des Endurteils** (im Hauptverfahren) kann die Entscheidung über die Zulassung des Beitritts nicht mehr angefochten werden, da der Nebenintervenient nunmehr der Hauptpartei nicht mehr zu Hilfe kommen kann. Die sofortige Beschwerde wäre zwecklos. Ihr fehlt daher das Rechtsschutzbedürfnis.[19]

V. Sofortige Beschwerde

7 Das Zwischenurteil ist mit der sofortigen Beschwerde anfechtbar. Die Beschwerdefrist beträgt zwei Wochen (§ 569 Abs. 1). **Beschwerdeberechtigt** ist im Falle der Zurückweisung der Nebenintervenient und die unterstützte Hauptpartei.[20] Im Fall der Zulassung sind beide Parteien des Hauptverfahrens beschwerdeberechtigt.[21]

VI. Beteiligung des Nebenintervenienten am Hauptverfahren

8 Solange das Zwischenurteil nicht rechtskräftig ist, muss der Nebenintervenient zum Hauptprozess zugezogen werden, dh er hat Stellung (vgl. dazu oben § 67 Rn. 2f.) und Befugnisse des Nebenintervenienten[22] (vgl. dazu oben § 67 Rn. 4ff.). Er kann also wirksame Prozesshandlungen vornehmen.[23] Die durch ihn oder ihm gegenüber vorgenommenen Prozesshandlungen bleiben auch nach Rechtskraft des zurückweisenden Zwischenurteils wirksam.[24] Das gilt allerdings nicht, wenn der Nebenintervenient wegen Fehlens der persönlichen Beitrittsvoraussetzungen (vgl. dazu oben § 66 Rn. 13) zurückgewiesen worden ist.[25]

---

9 *Wiecz/Mansel* Rn. 15; wohl auch *T/P/Hüßtege* Rn. 3.
10 MK/*Schultes* Rn. 7; *B/L/H* Rn. 6.
11 MK/*Schultes* Rn. 7; *T/P/Hüßtege* Rn. 3; *St/J/Bork* Rn. 5.
12 Vgl. BAGE 19, 366, 368 = NJW 1968, 73; *Zö/Vollkommer* Rn. 3; *St/J/Bork* Rn. 6.
13 *Zö/Vollkommer* Rn. 3; *St/J/Bork* Rn. 6.
14 BAGE 19, 366, 368 = NJW 1968, 73.
15 MK/*Schultes* Rn. 9; *St/J/Bork* Rn. 7; *Wiecz/Mansel* Rn. 27; *Ro/S/Go* § 50 Rn. 24.
16 RGZ 10, 339; 15, 412, 413; 18, 139, 140; BGH NJW 1982, 2070 = MDR 1982, 650; *T/P/Hüßtege* Rn. 5.
17 BGH NJW 1963, 2027 = MDR 1963, 997.
18 RGZ 15, 412, 413; 18, 139, 140; 38, 400, 402; BGH NJW 1963, 2027 = MDR 1963, 997; BGH VersR 1985, 551; OLG Nürnberg MDR 1994, 834; *St/J/Bork* Rn. 7; *Wiecz/Mansel* Rn. 28.
19 OLG Nürnberg MDR 1994, 834; *Zö/Vollkommer* Rn. 6; *St/J/Bork* Rn. 2.
20 OLG Frankfurt NJW 1970, 817; *Wiecz/Mansel* Rn. 37; MK/*Schultes* Rn. 10; aA *St/J/Bork* Rn. 8.
21 *Zö/Vollkommer* Rn. 6; *St/J/Bork* Rn. 8.
22 BGH NJW 2006, 773, 774 Rn. 11 = BGHZ 165, 358, 363.
23 BGH VersR 1985, 551.
24 *Ro/S/Go* § 50 Rn. 27; *T/P/Hüßtege* Rn. 8; *St/J/Bork* Rn. 10.
25 *Ro/S/Go* § 50 Rn. 27; *St/J/Bork* Rn. 10.

VII. Gebühren und Kosten

9 **1. Rechtsanwaltsgebühren.** Der Anwalt des Nebenintervenienten erhält, so weit nach dem Zeitpunkt des Beitritts die Gebührentatbestände verwirklicht werden, die Gebühren der Nrn. 3100ff. VV RVG. Er erhält eine Terminsgebühr, wenn nur die Hauptparteien zur Sache verhandeln/erörtern,[26] er aber teilnimmt. Für die Prozessbevollmächtigten der Hauptparteien entstehen durch die Nebenintervention keine zusätzlichen Gebühren. Vertritt ein Anwalt eine Hauptpartei und zugleich den Nebenintervenienten ist Nr. 1008 VV RVG zu prüfen, s. §§ 59, 60 Rn. 14. Zum Beschwerdeverfahren vgl. § 567 Rn. 29.

10 **2. Gerichtskosten.** Gerichtsgebühren werden für das Zwischenurteil nicht erhoben; für das Beschwerdeverfahren nach Abs. 2 gilt KV Nr. 1810.

72 *Zulässigkeit der Streitverkündung*

(1) Eine Partei, die für den Fall des ihr ungünstigen Ausganges des Rechtsstreits einen Anspruch auf Gewährleistung oder Schadloshaltung gegen einen Dritten erheben zu können glaubt oder den Anspruch eines Dritten besorgt, kann bis zur rechtskräftigen Entscheidung des Rechtsstreits dem Dritten gerichtlich den Streit verkünden.

(2) Das Gericht und ein vom Gericht ernannter Sachverständiger sind nicht Dritter im Sinne dieser Vorschrift. § 73 Satz 2 ist nicht anzuwenden.

(3) Der Dritte ist zu einer weiteren Streitverkündung berechtigt.

I. Normzweck

1 Streitverkündung ist die förmliche Benachrichtigung eines Dritten (= **Streitverkündungsempfänger, Streitverkündungsgegner, Streitverkündeter**) von einem anhängigen Rechtsstreit durch eine Partei (= **Streitverkünder**). Die Streitverkündung soll widersprechende Beurteilungen desselben Sachverhalts durch verschiedene Richter verhindern und überflüssige Prozesse vermeiden;[1] sie soll dem Dritten Kenntnis vom anhängigen Rechtsstreit verschaffen und ihm Gelegenheit zur Nebenintervention oder – in den Fällen der §§ 75 bis 77 – zur Übernahme des Rechtsstreits geben. Die Wirkungen der Streitverkündung treten unabhängig davon ein, ob der Streitverkündete beitritt oder nicht.[2] Die Streitverkündung dient vor allem den Interessen des Streitverkünders.[3] Er wird durch die Interventionswirkung gemäß §§ 74, 68 davor geschützt, dass er den Vor- und den Folgeprozess verliert, obwohl er nach der materiellrechtlichen Rechtslage einen Prozess gewinnen müsste.[4] Ohne Interventionswirkung könnte der Geschädigte etwa bei alternativer Haftung den Prozess gegen beide mögliche Schädiger verlieren. In Regressfällen könnte die Regresspflicht verneint werden, weil eine Hauptverbindlichkeit in Wirklichkeit nicht besteht.[5] Die Streitverkündung ist grundsätzlich in das Belieben des Streitverkünders gestellt. Er ist gemäß §§ 72, 75–77 zur Streitverkündung berechtigt. Lediglich § 841 enthält eine Verpflichtung zur Streitverkündung. Zu Recht ist in der Literatur darauf hingewiesen worden, dass – gemessen an den Vorteilen der Streitverkündung für den Streitverkünder – von der Möglichkeit der Streitverkündung in der Praxis zu wenig Gebrauch gemacht wird.[6] Der Anwendungsbereich der Streitverkündung gemäß § 72 entspricht dem **Anwendungsbereich** der Nebenintervention (vgl. dazu § 66 Rn. 3). Im Verfahren auf Erlass einer einstweiligen Verfügung soll nach Auffassung des LAG Nürnberg eine Streitverkündung jedoch grds. nicht in Betracht kommen. Das Gericht begründet das damit, dass im einstweiligen Verfügungsverfahren keine rechtskräftige Entscheidung ergehe.[7] Dieser Auffassung ist nicht zu folgen. Es ist nicht ersichtlich, warum im einstweiligen Verfügungsverfahren Nebenintervention, nicht aber Streitverkündung zulässig sein soll. Ein Ausschluss der Streitverkündung durch Prozessvertrag ist möglich.[8]

II. Voraussetzungen der Streitverkündung

2 **1. Anhängigkeit des Hauptprozesses.** Ebenso wie die Nebenintervention setzt die Streitverkündung voraus, dass ein Rechtsstreit anhängig ist. Rechtshängigkeit ist nicht erforderlich.[9] Die Streitverkündung ist bis zur Beendigung des Prozesses möglich (vgl. zu den Einzelheiten § 66 Rn. 2). Die ZPO sieht die Streitverkündung – wie die Nebenintervention – grundsätzlich in Rechtsstreitigkeiten jeder Art vor (vgl. im Einzelnen § 66 Rn. 3).

3 **2. Grund der Streitverkündung.** Voraussetzung der Streitverkündung ist nach dem Wortlaut des § 72, dass die Partei für den Fall des ungünstigen Ausgangs des Rechtsstreits entweder einen Anspruch auf Gewährleistung oder Schadloshaltung erheben zu können glaubt oder dass die Partei einen Anspruch eines Dritten besorgt, dass ihr also der Anspruch eines Dritten droht.

---

[26] *G/S-Müller-Rabe* VV3104 Rn. 8f.
[1] BGHZ 36, 212, 215 = NJW 1962, 387; BGH VersR 1962, 952, 953; BGHZ 116, 95, 100 = NJW 1992, 1698.
[2] *Ro/S/Go* § 51 Rn. 2.
[3] Vgl. nur BGHZ 100, 257, 262 = NJW 1987, 1894; BGHZ 116, 95, 100; *Wiecz/Mansel* Rn. 4 m. weit. Nachw.
[4] BGH VersR 1997, 1363, 1365; BGHZ 100, 257, 262 = NJW 1987, 1894.
[5] *Ro/S/Go* § 51 Rn. 3.
[6] *Wiecz/Mansel* Rn. 5 m. weit. Nachw.
[7] LAG Nürnberg, Urt. v. 30. 11. 2004, juris.
[8] Zu den Einzelheiten und Wirkungen *Mansel* ZZP 109 (1996) 61ff.
[9] Vgl. nur BGHZ 92, 251, 257 = NJW 1985, 328.

Die Möglichkeit der Streitverkündung ist gegeben, wenn die Partei glaubt, dass ihr bei ungünstigem Ausgang des Rechtsstreits, also bei rechtskräftiger, **ungünstiger Sachentscheidung** im Vorprozess,[10] Ansprüche eines Dritten drohen oder wenn sie glaubt, in diesem Fall Ansprüche gegen einen Dritten zu haben. Fürchtet die Partei, dass die Zwangsvollstreckung erfolglos bleibt, eröffnet das nicht die Möglichkeit der Streitverkündung.[11] Sie ist ebenfalls **unzulässig,** wenn dem Streitverkünder ausschließlich im Fall des **günstigen Ausgangs** des Rechtsstreits Ansprüche drohen oder Ansprüche zustehen.[12] Nicht erforderlich ist allerdings, dass die Partei nur für den Fall des ihr ungünstigen Ausgangs des Rechtstreits einen Anspruch des Dritten besorgt. Die Streitverkündung ist auch zulässig, wenn die Partei sowohl im Fall des Unterliegens als auch im Fall des Obsiegens einen Anspruch besorgt.[13] Das ist etwa in folgender Konstellation der Fall:[14] Der vom Besteller A beauftragte Unternehmer B beauftragt Subunternehmer C, der mangelhaft leistet. Klagt nun B gegen C auf Schadenersatz, muss er unabhängig vom Ausgang des Prozesses mit Ansprüchen des A rechnen. Er hat aber ein Interesse, dass die Interventionswirkung greift. Streitverkündung ist daher zulässig.[15] 4

Es ist nicht Voraussetzung der Streitverkündung, dass der Partei ein Anspruch gegen den Dritten wirklich zusteht oder dass ein Dritter einen Anspruch gegen die Partei hat. **Ausschlaggebend** ist vielmehr die **subjektive Sicht des Streitverkünders.**[16] Es kommt auf die **berechtigte Annahme** des Streitverkünders an, dass ein Streitverkündungsgrund gegeben ist.[17] Anders formuliert: Die Streitverkündung ist zulässig, wenn die Partei im **Zeitpunkt** der Streitverkündung aus in diesem Augenblick nahe liegenden Gründen für den Fall des ihr ungünstigen Ausgangs des Rechtsstreits einen Anspruch auf Gewährleistung oder Schadloshaltung gegen einen Dritten erheben zu können glaubt.[18] Welchen Ausgang der Prozess tatsächlich nimmt, ist unerheblich.[19] Es kommt auch nicht darauf an, ob der angenommene Anspruch später tatsächlich geltend gemacht wird.[20] 5

So weit § 72 von einem Anspruch auf Gewährleistung oder Schadloshaltung spricht, ist der Wortlaut nach einhelliger Auffassung **zu eng.**[21] Die Rechtsprechung verfährt bei der Auslegung des Streitverkündungsgrundes großzügig.[22] Die Streitverkündung ist über den Wortlaut des § 72 hinaus immer dann zulässig, wenn der erwartete oder befürchtete Anspruch (auf Grund dessen die Streitverkündung zulässig ist) mit dem im Erstprozess geltend gemachten Anspruch in einem Verhältnis **der wechselseitigen Ausschließung (Alternativverhältnis)** steht.[23] Die alternativ in Betracht kommenden Ansprüche müssen weder inhaltlich identisch sein, noch müssen sie auf derselben Rechtsgrundlage beruhen;[24] es genügt, dass mit ihnen **das Gleiche wirtschaftliche Ziel** verfolgt wird.[25] Anders als bei alternativer Haftung scheidet die Streitverkündung bei kumulativer[26] oder subsidiärer Haftung aus.[27] Ein Fall kumulativer Haftung liegt vor, wenn mehrere Personen als Gesamtschuldner haften.[28] Allerdings ist Streitverkündung zulässig, wenn nicht alle Gesamtschuldner im gleichen Umfang haften.[29] Im Einzelnen ist die Streitverkündung in folgenden Fällen zulässig: Der Streitverkünder hat gegen den Dritten einen **Anspruch auf Gewährleistung** etwa in den Fällen der §§ 365, 434ff., 523, 536ff., 600, 634ff., 651, 651d, 1624, 2182, 2376 BGB; 377ff. HGB.[30] Einen **Anspruch auf Schadloshaltung** hat die Partei in den Fällen, in denen sie aus Gesetz oder Vertrag Ersatz eines Schadens oder Wertersatz oder Rückzahlung oder Ähnliches verlangen kann, weil sie im Hauptprozess unterlegen ist.[31] Solche Ansprüche hat etwa der verurteilte Bürge gegen den Hauptschuldner (§ 774 BGB);[32] der versicherte Schädiger gegen den Versicherer;[33] der Versicherer gegen den Versicherungsnehmer;[34] der wegen nicht rechtzeitiger Unterbrechung der Verjährung unterliegende Mandant gegen den Rechtsanwalt.[35] Die Partei hat den **Anspruch eines Dritten zu besorgen,** wenn ihr im Falle des Unterliegens im Vor- 6

[10] *Zö/Vollkommer* Rn. 4; MK/*Schultes* Rn. 6; *Wiecz/Mansel* Rn. 41.
[11] *Zö/Vollkommer* Rn. 4; MK/*Schultes* Rn. 6.
[12] *Wiecz/Mansel* Rn. 43. *Zö/Vollkommer* Rn. 4; MK/*Schultes* Rn. 6.
[13] BGH VersR 1997, 1363.
[14] Beispiel nach *Wiecz/Mansel* Rn. 42.
[15] AA *Göbel* BauR 2004, 1533.
[16] BGHZ 65, 127, 131 = NJW 1976, 39; BGHZ 70, 187, 189 = NJW 1978, 643; BGH VersR 1962, 952.
[17] BGH VersR 1962, 952; OLG Köln OLGR 2005, 219; vgl. *Wiecz/Mansel* Rn. 36 m. weit. Nachw.; aA MK/*Schultes* Rn. 7.
[18] BGHZ 36, 212, 214 = NJW 1962, 387; BGHZ 65, 127, 131 = NJW 1976, 39; BGH NJW 1987, 1894.
[19] BGHZ 36, 212, 214 = NJW 1962, 387; BGHZ 65, 127, 131 = NJW 1976, 39; BGH VersR 1962, 952.
[20] BGHZ 65, 127, 132 = NJW 1976, 39; BGHZ 116, 95, 101.
[21] Vgl. nur BGHZ 116, 95, 100 = NJW 1992, 1698; *Ro/S/Go* § 51 Rn. 16.
[22] So zu Recht *T/P/Hüßtege* Rn. 6.
[23] BGH NJW 1989, 521, 522; *Zö/Vollkommer* Rn. 5; MK/*Schultes* Rn. 9; *Ro/S/Go* § 51 Rn. 16f.
[24] BGHZ 116, 95, 101 = NJW 1992, 1698; *Ro/S/Go* § 51 Rn. 17; *Zö/Vollkommer* Rn. 8; MK/*Schultes* Rn. 12.
[25] BGHZ 116, 95, 101 = NJW 1992, 1698.
[26] OLG Hamm NJW-RR 1986, 1506; *Ro/S/Go* § 51 II 3b; *Zö/Vollkommer* Rn. 8.
[27] OLG Hamm MDR 1985, 588; *Zö/Vollkommer* Rn. 8.
[28] BGHZ 100, 257, 259 = NJW 1987, 1894; vgl. BGHZ 65, 127, 131 = NJW 1976, 39; OLG Saarbrücken OLGR 2005, 371.
[29] BGHZ 70, 187, 191 = NJW 1978, 643.
[30] *Zö/Vollkommer* Rn. 6; *Ro/S/Go* § 51 Rn. 13; *Wiecz/Mansel* Rn. 51.
[31] *Ro/S/Go* § 51 Rn. 14; *Zö/Vollkommer* Rn. 7; MK/*Schultes*Rn. 11; vgl. auch OLG Bamberg OLGZ 1979, 209, 210.
[32] Vgl. *Zö/Vollkommer* Rn. 7; MK/*Schultes* Rn. 11; *Wiecz/Mansel* Rn. 52.
[33] *Zö/Vollkommer* Rn. 7.
[34] MK/*Schultes* Rn. 11.
[35] *Zö/Vollkommer* Rn. 7.

prozess eine von ihr selbst zu tragende Schadensersatzverpflichtung droht, wenn sie also eine eigene Ersatzpflicht befürchten muss.[36] Das ist der Fall, wenn die Partei den **Rechtsstreit über ein fremdes Recht** führt und deshalb gegebenenfalls einem Dritten haften könnte.[37] Dabei ist es unerheblich, ob sie den Prozess im eigenen Interesse oder in fremdem Interesse führt.[38] Ein **Verhältnis wechselseitiger Ausschließung (Alternativverhältnis)** liegt etwa vor, wenn ein Schadenersatzanspruch wegen Verletzung der Streupflicht entweder gegen die Stadt oder den Hauseigentümer bzw. gegen die Ortsgemeinde oder die Verbandsgemeinde[39] gegeben ist; dem Streitverkünder ein Anspruch wegen Baumängeln entweder gegen den Bauherrn oder den Baubetreuer zusteht;[40] wenn zwei Firmen unabhängig voneinander am Bau tätig waren und ein Schadensersatzanspruch entweder gegen die eine oder die andere Firma besteht;[41] wenn – bei zeitlich aufeinander folgenden Versicherungsverträgen – entweder die eine oder die andere Versicherung Deckung gewähren muss;[42] wenn die Werklohnforderung entweder gegen den Mieter oder den Hauseigentümer besteht.[43]

6a Die Streitverkündung setzt entweder einen Anspruch gegen einen **Dritten** voraus oder, dass eine Partei einen Anspruch eines Dritten besorgt. Da weder der streitentscheidende Richter noch ein (im anhängigen Verfahren) gerichtlich bestellter Sachverständiger Dritter ist, kann diesen nicht der Streit verkündet werden. Das stellt Abs. 2 klar, der durch das 2. Justizmodernisierungsgesetz[44] in die ZPO eingefügt worden ist und eine heftige Diskussion über diese Frage beendet. Kurz bevor Abs. 2 in Kraft getreten ist, hatte der BGH die früher von ihm offen gelassene Frage der Zulässigkeit der Streitverkündung gegenüber einem gerichtlichen Sachverständigen verneint. Der Sachverständige sei nicht Dritter i. S. d. § 72 Abs. 1 ZPO; er stehe als neutraler vom Gericht bestellter Gehilfe des Richters ähnlich dem Richter nicht außerhalb des Prozesses. Er sei wie dieser zur Unparteilichkeit verpflichtet und unterliege gem. § 406 ZPO einer vergleichbaren Regelung über die Ablehnung wegen Befangenheit.[45] Vor Einführung des Abs. 2 war ebenfalls streitig, ob der Streitverkündungsschriftsatz bei Streitverkündung an einen Sachverständigen zugestellt werden muss.[46] Auch diese Streitfrage ist durch Abs. 2 jetzt entschieden. Nach Satz 2 ist in diesem Fall der Streitverkündungsschriftsatz nicht zuzustellen.

III. Die Streitverkündung

7 Die Streitverkündung kann an jeden Dritten (vgl. dazu oben Rn. 6 a) erfolgen, der nicht Partei ist. Die Partei kann also nicht sich selbst oder dem Gegner den Streit verkünden,[47] wohl aber dem eigenen Streitgenossen[48] oder dem Streitgenossen des Prozessgegners.[49] Die Streitverkündung ist Prozesshandlung; es müssen daher die Prozesshandlungsvoraussetzungen erfüllt sein:[50] Der Streitverkündende muss also parteifähig, prozessfähig oder durch seinen Vertreter vertreten und postulationsfähig sein. Seine gewillkürte Vertretung muss wirksam bevollmächtigt sein. Die **Prüfung der Voraussetzungen** der Streitverkündung erfolgt nicht im Hauptverfahren, sondern im **Folgeprozess.**[51] Ob die Zulässigkeit der Streitverkündung ausnahmsweise schon im (inländischen) Hauptprozess zu prüfen ist, wenn der Folgeprozess im Ausland stattfindet, ist streitig.[52]

IV. Doppelte Streitverkündung

8 Sind die Voraussetzungen der Streitverkündung im Verhältnis jeder Partei des Hauptprozesses zum Dritten gegeben, so kann jede Partei den Streit verkünden. Der Dritte kann aber nur einer Partei beitreten.[53] Bezüglich der Interventionswirkung gelten im Fall der doppelten Streitverkündung keine Besonderheiten.

V. Weitere Streitverkündung (Abs. 3)

9 Gemäß Abs. 3 ist der Dritte, dem eine Partei des Erstprozesses den Streit verkündet hat, zu einer weiteren Streitverkündung berechtigt. Dieses Recht des Dritten besteht unabhängig davon, ob er dem Hauptprozess beigetreten ist.[54] Absatz 3 kann praktisch von Bedeutung werden beim mehrstufigen Warenab-

---

[36] BGHZ 116, 95, 100 = NJW 1992, 1698; vgl auch *Ro/S/Go* § 51 II 3 a; MK/*Schultes* Rn. 14.
[37] BGHZ 116, 95, 100 = NJW 1992, 1698; *Ro/S/Go* § 51 Rn. 14; *Zö/Vollkommer* Rn. 9; MK/*Schultes* Rn. 14.
[38] BGHZ 116, 95, 100 = NJW 1992, 1698; MK/*Schultes* Rn. 14.
[39] BGH MDR 1986, 127.
[40] BGHZ 70, 187 = NJW 1978, 643.
[41] BGHZ 65, 127 = NJW 1976, 39.
[42] RGZ 130, 297, 299.
[43] OLG Bamberg OLGZ 1979, 209.
[44] BGBl. I 2006, 3416, 3421.
[45] BGH NJW 2006, 3214 Rn. 11; NJW 2007, 919 Rn. 5.
[46] Vgl. dazu die Vorauflage § 73 Rn. 3.
[47] *Zö/Vollkommer* Rn. 1; MK/*Schultes* Rn. 15; *Ro/S/Go* § 51 II 2.
[48] *Ro/S/Go* § 51 Rn. 5; *Zö/Vollkommer* Rn. 1; MK/*Schultes* Rn. 15; *St/J/Bork* Rn. 3.
[49] BGHZ 8, 72, 78 f.; BAG ZIP 1993, 1189; *Zö/Vollkommer* Rn. 1; MK/*Schultes* Rn. 15; *Ro/S/Go* § 51 Rn. 5.
[50] Vgl. MK/*Schultes* Rn. 3.
[51] St. Rspr; BGHZ 65, 127, 130 = NJW 1976, 36; BGH VersR 1962, 952; BGHZ 100, 257, 259 = NJW 1987, 1894; BGHZ 116, 95, 98 = NJW 1992, 1698.
[52] Vgl. OLG Köln RIW 2003, 73 m. weit. Nachw.
[53] MK/*Schultes* Rn. 19; *Zö/Vollkommer* Rn. 11.
[54] BGH VersR 1997, 1363, 1365; MK/*Schultes* Rn. 20.

satz, wenn der Letztverkäufer seinem Verkäufer und dieser wiederum seinem Verkäufer den Streit verkündet.[55]

VI. Rechtsanwaltsgebühren

Die Streitverkündigung gehört für den Anwalt der streitverkündenden Partei zum Rechtzug, wird also durch die Gebühren der Nrn. 3100ff. VV RVG abgegolten.[56] 10

73 *Form der Streitverkündung* **[1]Zum Zwecke der Streitverkündung hat die Partei einen Schriftsatz einzureichen, in dem der Grund der Streitverkündung und die Lage des Rechtsstreits anzugeben ist. [2]Der Schriftsatz ist dem Dritten zuzustellen und dem Gegner des Streitverkünders in Abschrift mitzuteilen. [3]Die Streitverkündung wird erst mit der Zustellung an den Dritten wirksam.**

I. Normzweck

§ 73 regelt Form und Inhalt der Streitverkündungserklärung. Die Formerfordernisse dienen insbesondere dem Schutz des Dritten. Er soll nicht den Bindungswirkungen gemäß §§ 74, 68 unterworfen werden, ohne dass er die Möglichkeit hatte, auf die Streitverkündung zu reagieren.[1] 1

II. Form der Streitverkündung

Die Streitverkündung erfolgt sowohl im Partei- als auch im Anwaltsprozess durch Einreichung eines Schriftsatzes oder durch Erklärung zu Protokoll der Geschäftsstelle.[2] Bei dem Schriftsatz handelt es sich um einen **bestimmenden Schriftsatz** (§ 129 Abs. 1),[3] der nicht dem Anwaltszwang unterliegt.[4] Obwohl für die Streitverkündung **kein Anwaltszwang** besteht, muss der Streitverkündungsschriftsatz, wenn die Partei von einem Anwalt vertreten ist und dieser den Streitverkündungsschriftsatz fertigt und einreicht, von diesem eigenhändig unterschrieben werden. Fehlt die Unterschrift des Anwalts, ist die Streitverkündung nicht wirksam. Ohne Unterschrift fehlt es nämlich an der für bestimmende Schriftsätze erforderlichen Gewissheit, dass die betreffende Prozesshandlung von dem dafür verantwortlichen Anwalt auch gewollt ist.[5] Die fehlende Unterschrift kann allerdings nachgeholt werden, der Mangel ist dann geheilt (s. § 129 Rn. 13).[6] 2

III. Inhalt des Streitverkündungsschriftsatzes

Der Streitverkündungsschriftsatz muss die Erklärung enthalten, dass der Streit verkündet wird. Das kann, da die Streitverkündung bedingungsfeindlich ist, nur **unbedingt** geschehen.[7] Der Streitverkündungsschriftsatz muss den Dritten so bezeichnen, dass die Zustellung an ihn möglich ist.[8] Er muss darüber hinaus die Angabe des **Streitverkündungsgrundes** (vgl. oben § 72 Rn. 3ff.) enthalten. Schließlich muss die **Lage des Rechtsstreits** angegeben werden. Es ist dazu der Rechtsstreit selbst zu kennzeichnen und das Gericht, vor dem der Prozess schwebt. Die Parteien sind zu benennen, der Streitgegenstand ist mitzuteilen. Es ist anzugeben, welche Entscheidungen und Beweiserhebungen bereits vorliegen und auf wann terminiert ist.[9] Abschriften des bisherigen Akteninhalts müssen nicht beigefügt werden.[10] Der Streitverkündungsempfänger hat ein Recht auf Akteneinsicht.[11] Die Angaben im Streitverkündungsschriftsatz müssen insgesamt so klar sein, dass der Streitverkündungsempfänger die Notwendigkeit seines Beitritts prüfen kann.[12] Der Streitverkündungsschriftsatz ist **bei dem Gericht einzureichen,** bei dem der Erstprozess anhängig ist.[13] Er wird dem Dritten **von Amts wegen zugestellt** und der Gegenpartei in Abschrift mitgeteilt (§ 73 S. 2); unterbleibt die Mitteilung an die Gegenpartei ist das unschädlich.[14] Mit der Zustellung an den Streitverkündungsgegner wird die Streitverkündung wirksam (§ 73 S. 3).[15] 3

---

[55] *Zö/Vollkommer* Rn. 10.
[56] *G/S-Madert* § 60 RVG Rn. 66.
[1] Vgl. AK-ZPO/*Koch* §§ 72, 73 Rn. 6.
[2] *Zö/Vollkommer* Rn. 1.
[3] BGHZ 92, 251, 253 = NJW 1985, 328.
[4] BGHZ 92, 251, 254 = NJW 1985, 328.
[5] BGHZ 92, 251, 254 = NJW 1985, 328; ablehnend *Zö/Vollkommer* Rn. 1; *Wiecz/Mansel* Rn. 5.
[6] BGHZ 92, 251, 254 = NJW 1985, 328; vgl. auch *Wiecz/Mansel* Rn. 4.
[7] BGH NJW-RR 1989, 766, 767 = MDR 1989, 539; *T/P/Hüßtege* Rn. 2.
[8] *Wiecz/Mansel* Rn. 10.
[9] *Wiecz/Mansel* Rn. 11ff.; *T/P/Hüßtege* Rn. 4; *St/J/Bork* Rn. 3.
[10] MK/*Schultes* Rn. 2; *St/J/Bork* Rn. 3.
[11] OLG München MDR 1989, 548.
[12] *Wiecz/Mansel* Rn. 9; vgl. auch BGH NJW 1976, 292 = MDR 1976, 213.
[13] *Wiecz/Mansel* Rn. 6.
[14] *Ro/S/Go* § 51 Rn. 22; *Zö/Vollkommer* Rn. 1.
[15] BGHZ 92, 251, 254 = NJW 1985, 328.

IV. Heilung von Mängeln

4 Verstöße gegen die **Form** der Streitverkündung werden nach § 295 geheilt, wenn sie in der ersten mündlichen Verhandlung des **Folgeprozesses** nicht gerügt werden (s. a. § 129 Rn. 13).[16] Mängel des **Beitritts** werden nach § 295 geheilt, wenn sie nicht (in der ersten mündlichen Verhandlung nach dem Beitritt) im **Erstprozess** gerügt werden.[17]

74 ***Wirkung der Streitverkündung*** **(1) Wenn der Dritte dem Streitverkünder beitritt, so bestimmt sich sein Verhältnis zu den Parteien nach den Grundsätzen über die Nebenintervention.**

(2) Lehnt der Dritte den Beitritt ab oder erklärt er sich nicht, so wird der Rechtsstreit ohne Rücksicht auf ihn fortgesetzt.

(3) In allen Fällen dieses Paragraphen sind gegen den Dritten die Vorschriften des § 68 mit der Abweichung anzuwenden, dass statt der Zeit des Beitritts die Zeit entscheidet, zu welcher der Beitritt infolge der Streitverkündung möglich war.

I. Normzweck

1 Die Streitverkündung hat materiellrechtliche und prozessuale Wirkungen. § 74 regelt lediglich die prozessualen Wirkungen der Streitverkündung. Die Vorschrift unterscheidet zunächst danach, ob der Dritte dem Streitverkünder beitritt (Abs. 1) oder nicht (Abs. 2) und ordnet dann für beide Fälle die Interventionswirkung der Entscheidung des Erstprozesses an (Abs. 3).[1] Die materiellrechtlichen Wirkungen der Streitverkündung ergeben sich aus den einschlägigen Regelungen des Zivilrechts.

II. Beitritt (Abs. 1)

2 Tritt der Streitverkündungsempfänger dem Streitverkünder bei, so bestimmt sich sein Verhältnis nach den Grundsätzen über die Nebenintervention. Der Dritte hat also die Stellung eines Nebenintervenienten; die Grundsätze über die Nebenintervention (§§ 66–69 und § 71) finden Anwendung.[2] Voraussetzung dafür ist, dass der Beitritt formell den Anforderungen des § 70 entspricht,[3] und dass die materiellen Voraussetzungen des § 66 erfüllt sind.[4] Die Streitverkündung ist in aller Regel ein ausreichender Interventionsgrund.[5] Anders jedoch bei einer grundlosen Streitverkündung.[6] Die genannten Voraussetzungen werden nicht von Amts wegen sondern nur auf Zurückweisungsantrag hin gemäß § 71 geprüft (s. § 66 Rn. 15, § 71 Rn. 1).[7] Der Zurückweisungsantrag kann idR nur von der Gegenpartei des Hauptprozesses – nicht vom Streitverkünder[8] und nicht vom Streitverkündungsempfänger[9] – gestellt werden; die streitverkündende Partei kann den Antrag allerdings dann stellen, wenn der Streitverkündungsempfänger dem Gegner beitritt (§ 71 Rn. 2). Wurde gemäß § 71 verfahren, findet eine Prüfung der Zulässigkeit der Streitverkündung im Folgeprozess nicht mehr statt.[10] Gleiches gilt nach wohl einhelliger Ansicht, wenn der Dritte von den Hauptparteien unbeanstandet und ohne sich gegen die Zulässigkeit der Streitverkündung zu wenden beigetreten ist.[11] In diesem Fall treten die Interventionswirkungen auch dann ein, wenn die Streitverkündung unzulässig war.[12] Streitig ist, ob auch dann, wenn der Dritte bei seinem Beitritt geltend gemacht hat, ein Streitverkündungsgrund liege nicht vor, eine Prüfung der Zulässigkeit der Streitverkündung im Folgeprozess entfällt.[13] Würde man das bejahen, könnte der Streitverkündungsempfänger eine Überprüfung der Frage, ob ein Streitverkündungsgrund vorliegt nur erreichen, wenn er den für ihn gefährlichen Weg des Nichtbeitritts ginge (vgl. Rn. 3). Nach richtiger Auffassung ist daher in der vorliegenden Fallkonstellation eine Überprüfung der Zulässigkeit der Streitverkündung im Folgeprozess nicht ausgeschlossen.[14] Wird dem Antrag auf Zurückweisung stattgegeben, treten die Rechtsfolgen des § 74 Abs. 3 nicht ein, weil der Streitverkündungsempfänger keine Möglichkeit hatte, sich am Verfahren zu beteiligen.[15] Der Beitritt des Streitverkündungsempfängers hindert den Streitverkünder nicht daran, (Dritt)Widerklage gegen den Streitverkündungsempfänger zu erheben.[16]

---

[16] BGH NJW 1976, 292 = MDR 1976, 213; BGHZ 96, 50, 53 = NJW 1986, 848.
[17] BGHZ 96, 50, 53 = NJW 1986, 848.
[1] Vgl. *Wiecz/Mansel* Rn. 1.
[2] *Zö/Vollkommer* Rn. 4; MK/*Schultes* Rn. 4.
[3] RGZ 124, 142, 145; *Zö/Vollkommer* Rn. 1; MK/*Schultes* Rn. 3; *Ro/S/Go* § 51 Rn. 25.
[4] OLG Köln OLGR Köln 2005, 219; *Ro/S/Go* § 51 Rn. 25; *Zö/Vollkommer* Rn. 2; MK/*Schultes* Rn. 3.
[5] *St/J/Bork* Rn. 3; *Ro/S/Go* § 51 Rn. 25; aA *Wiecz/Mansel* Rn. 24ff.
[6] OLG Köln OLGR Köln 2005, 219.
[7] MK/*Schultes* Rn. 3.
[8] *Ro/S/Go* § 51 Rn. 25.
[9] *Bischof* MDR 1999, 787f.
[10] OLG Hamm NJW-RR 1988, 155.
[11] Vgl. nur *Ro/S/Go* § 51 Rn. 26; MK/*Schultes* Rn. 7.
[12] Vgl. BGH WM 1976, 56.
[13] So die wohl hM, vgl. MK/*Schultes* Rn. 7 und § 72 Rn. 17 m. weit. Nachw.
[14] *Bischof* MDR 1999, 788f.
[15] So zu Recht *Ro/S/Go* § 51 Rn. 28.
[16] BGHZ 131, 76 = NJW 1996, 196.

III. Nichtbeitritt (Abs. 2)

3 Tritt der Verkündungsempfänger dem Streitverkünder nicht bei oder erklärt er sich nicht, wird der Prozess ohne ihn fortgesetzt. Der Verkündungsempfänger hat also in diesem Fall im Erstprozess keine Befugnisse und Funktionen.[17] Um festzustellen, ob die Voraussetzungen des Abs. 3 vorliegen, muss die Zulässigkeit der Streitverkündung im Folgeprozess geprüft werden.[18] Tritt der Verkündungsempfänger dem Gegner des Streitverkünders bei, liegt darin im Verhältnis zum Streitverkünder ein Nichtbeitritt.[19]

IV. Nebeninterventionswirkung (Abs. 3)

4 Die Nebeninterventionswirkung gemäß Abs. 3 tritt ein, gleichgültig, ob ein Beitritt erfolgt ist oder nicht.[20] **Voraussetzungen** der Nebeninterventionswirkung ist, dass die Streitverkündung formgültig erklärt wurde (vgl. § 73), dass sie gemäß § 72 zulässig ist, dass die Möglichkeit der Einflussnahme bestand (s. u.) und der Erstprozess durch eine rechtskräftige Sachentscheidung beendet wurde.[21] Nicht erforderlich ist, dass der Erstprozess für den Streitverkünder ungünstig ausgegangen ist.[22] Liegen die genannten Voraussetzungen vor, hat die Streitverkündung die in § 68 aufgeführten Interventionswirkungen. Sie treten nur im Verhältnis des Streitverkünders zum Streitverkündungsempfänger ein.[23] Die Interventionswirkung besteht nur zu Gunsten der streitverkündenden Partei.[24] **Maßgeblicher Zeitpunkt** für die Interventionswirkung ist gemäß Abs. 3 der Zeitpunkt, in welchem der Beitritt infolge der Streitverkündung möglich war. Es kommt also, wenn der Streitverkündungsempfänger beitritt, nicht auf den Zeitpunkt des Beitritts an. Die Interventionswirkung wird nicht ausgelöst, wenn die Streitverkündung zu einem so späten Zeitpunkt erfolgt, dass der Streitverkündungsempfänger keine Möglichkeit mehr hat, auf der Erstprozess Einfluss zu nehmen.[25] Das ist etwa der Fall, wenn die Nebenintervention nach Schluss der mündlichen Verhandlung in der letzten Tatsacheninstanz erfolgt.[26]

V. Materiellrechtliche Folgen der Streitverkündung

5 Die Streitverkündung hemmt die Verjährung (§§ 204 Abs. 1 Nr. 6, 209 BGB).[27] Das gilt allerdings nur, wenn eine formal ordnungsgemäße, den Anforderungen der §§ 72, 73 genügende Streitverkündung vorliegt.[28] Die materiellrechtlichen Folgen treten unabhängig davon ein, ob auch die prozessuale Nebeninterventionswirkung eintreten konnte, ob also der Streitverkündungsempfänger noch auf den Erstprozess Einfluss nehmen konnte.[29] Die genannten Wirkungen treten nur ein, wenn die Streitverkündung zulässig ist.[30] Verjährungshemmende Wirkung tritt nicht ein, wenn und soweit auch vom Standpunkt der streitverkündenden Partei aus der der Streitverkündung zu Grunde liegende vermeintliche Anspruch durch den Ausgang des Rechtsstreits nicht berührt werden kann.[31]

75 *Gläubigerstreit*

[1]Wird von dem verklagten Schuldner einem Dritten, der die geltend gemachte Forderung für sich in Anspruch nimmt, der Streit verkündet und tritt der Dritte in den Streit ein, so ist der Beklagte, wenn er den Betrag der Forderung zugunsten der streitenden Gläubiger unter Verzicht auf das Recht zur Rücknahme hinterlegt, auf seinen Antrag aus dem Rechtsstreit unter Verurteilung in die durch seinen unbegründeten Widerspruch veranlassten Kosten zu entlassen und der Rechtsstreit über die Berechtigung an der Forderung zwischen den streitenden Gläubigern allein fortzusetzen. [2]Dem Obsiegenden ist der hinterlegte Betrag zuzusprechen und der Unterliegende auch zur Erstattung der dem Beklagten entstandenen, nicht durch dessen unbegründeten Widerspruch veranlassten Kosten, einschließlich der Kosten der Hinterlegung, zu verurteilen.

I. Normzweck

1 § 75 regelt den Fall, dass zwei Parteien einen Rechtsstreit über eine Forderung führen und ein Dritter diese Forderung für sich in Anspruch nimmt. Insoweit ist der in § 75 geregelte Prätendentenstreit durchaus mit der in § 64 geregelten Hauptintervention vergleichbar. Im Fall der Hauptintervention erhebt der

---

17 MK/*Schultes* Rn. 5.
18 BGHZ 65, 127, 131 = NJW 1976, 39; BGHZ 70, 187, 189 = NJW 1978, 643; *Zö/Vollkommer* Rn. 5.
19 BGHZ 85, 252, 255 = NJW 1983, 821; BGHZ 103, 275, 278 = NJW 1988, 1379.
20 BGHZ 8, 72, 77.
21 *Zö/Vollkommer* Rn. 6; MK/*Schultes* Rn. 8.
22 BGHZ 36, 212, 214 = NJW 1962, 387; BGHZ 65, 127, 131 = NJW 1976, 39, BGHZ 70, 187, 189 = NJW 1978, 1165; *St/J/Bork* Rn. 5, *T/P/Hüßtege* Rn. 2; aA *Zö/Vollkommer* Rn. 6; *Ro/S/Go* § 51 Rn. 23; MK/*Schultes* Rn. 8.
23 BGHZ 70, 187 = NJW 1978, 1165; *T/P/Hüßtege* Rn. 2.
24 BGHZ 100, 257 = NJW 1987, 1894; BGH NJW 1987, 2874.
25 BGH NJW 1982, 281, 282; *St/J/Bork* Rn. 4.
26 *St/J/Bork* Rn. 4.
27 Vgl. nur BGHZ 36, 212, 214 = NJW 1962, 387.
28 BGH VersR 2001, 253, 254.
29 Vgl. BGH NJW 1979, 264, 265.
30 BGHZ 65, 127, 130 = NJW 1976, 39; BGHZ 70, 187, 189 = NJW 1978, 1165; BGHZ 100, 257, 259 = NJW 1987, 1894 m. weit. Nachw.; BGHZ 116, 95, 98 = NJW 1992, 1698; aA *Ro/S/Go* § 51 Rn. 23; MK/*Schultes* Rn. 12.
31 BGH NJW 2002, 1414, 1416.

Schuldner (Beklagter des Hauptprozesses) allerdings Einwendungen. Der Hauptintervenient muss daher seinen Anspruch sowohl gegen den Kläger als auch gegen den Beklagten des Hauptprozesses durchsetzen. Beim Prätendentenstreit hingegen ist der Schuldner zur Erfüllung an den Berechtigten bereit. Deshalb muss hier der **Dritte (Zweitprätendent)** nur gegen den **Kläger des Hauptprozesses (Erstprätendent, Urkläger)** vorgehen. Das geschieht dadurch, dass der Dritte in den Streit zwischen Urkläger und Urbeklagtem eintritt; er wird also Partei. Der **Schuldner (Urbeklagter)** hingegen wird aus dem Rechtsstreit (Schuldnerprozess) entlassen, er verliert seine Parteistellung. § 75 verbessert prozessual die Situation des Schuldners, der leistungsbereit, aber über die Person des Gläubigers im Zweifel ist.[1] Der Streit zwischen zwei Gläubigern (Urkläger und Drittem) darüber, wem die Forderung zusteht, kann allerdings nicht nur im Wege des § 75 geklärt werden. Es ist vielmehr auch eine Feststellungsklage des einen gegen den anderen Gläubiger möglich **(sog. vorweggenommener Prätendentenstreit)**. Dazu besteht ein Feststellungsinteresse. Dass die Entscheidung zwischen den beiden streitenden Gläubigern nicht auch gegenüber dem Schuldner Rechtskraft entfaltet, steht dem nicht entgegen.[2] § 75 hat lediglich **geringe praktische Bedeutung.**[3] Es handelt sich hier, so ist in der Literatur aufgeführt worden, wegen der praktischen Bedeutungslosigkeit und dogmatischen Unzulänglichkeit um eine überflüssige Vorschrift.[4]

II. Voraussetzungen des Prätendentenprozesses

2 **Gegenstand** des Rechtsstreits zwischen Urkläger und Urbeklagtem (Schuldnerprozess) muss eine Forderung auf Leistung hinterlegungsfähiger Gegenstände sein (vgl. § 372 BGB).[5] Der Urkläger muss diese Forderung im Wege der **Leistungsklage** geltend gemacht haben.[6] Der Dritte muss die Forderung für sich ganz oder teilweise in Anspruch nehmen; die vom Dritten in Anspruch genommene Forderung muss mit der eingeklagten Forderung identisch oder zumindest teilidentisch sein.[7] Der Urbeklagte muss dem Dritten den **Streit verkünden** und der Dritte muss in den Rechtsstreit eintreten. Der **Eintritt** erfolgt durch bloße Eintrittserklärung;[8] sie unterliegt im Anwaltsprozess dem Anwaltszwang.[9] Wenn der Dritte nicht in den Streit eintritt, wird der Prozess zwischen den ursprünglichen Parteien fortgesetzt. Dem Dritten bleibt in diesem Fall die Möglichkeit, als Nebenintervenient dem Beklagten beizutreten.[10] Der Schuldner muss den Gegenstand unter Verzicht auf das Recht der Zurücknahme **hinterlegen.**

III. Wirkungen des Eintritts des Dritten

3 Wenn der Urbeklagte keinen Entlassungsantrag stellt, so ist der Dritte als Streithelfer des Beklagten anzusehen.[11] Der Entlassungsantrag ist in mündlicher Verhandlung, die unter Beteiligung des Urklägers, des Urbeklagten und des Dritten stattfinden muss,[12] zu stellen (§ 297). Wird der Entlassungsantrag abgewiesen, so geschieht dies durch Zwischenurteil (analog § 71), das sowohl vom Urbeklagten als auch vom Dritten mit sofortiger Beschwerde angefochten werden kann.[13] Wird dem **Entlassungsantrag** stattgegeben, so erfolgt die Entlassung durch Endurteil.[14] Durch dieses Urteil sind dem Beklagten die Kosten aufzuerlegen, die durch seinen unbegründeten Widerspruch entstanden sind; über die sonstigen Kosten wird im Schlussurteil entschieden.[15]

IV. Verfahren nach Entlassung

4 Nach Entlassung des Urbeklagten wird der Prozess zwischen den streitenden Gläubigern (Urkläger und Dritter) fortgesetzt. Es kommt zum eigentlichen Prätendentenstreit.[16] Hier ist vieles umstritten. Nach zutreffender Auffassung wird nicht der alte Rechtsstreit fortgesetzt;[17] es beginnt ein **neuer Rechtsstreit** zwischen dem ursprünglichem Kläger und dem Dritten ohne Übernahme des bisherigen Prozessstandes,[18] lediglich das Bestehen der Forderung gegen den Schuldner ist entgültig geklärt.[19] Der Dritte tritt an die Stelle des bisherigen Beklagten.[20] Allerdings wird der Dritte in aller Regel anders als der Urbeklagte nicht

---

1 *Wiecz/Mansel* Rn. 8; vgl. auch MK/*Schultes* Rn. 1.
2 BGH NJW-RR 1987, 1439, 1440; *Zö/Vollkommer* Rn. 1.
3 BGH NJW-RR 1987, 1439, 1440; 1992, 1151; NJW 1993, 2540.
4 *Wiecz/Mansel* Rn. 9
5 *Zö/Vollkommer* Rn. 2; *St/J/Bork* Rn. 2.
6 BGH KTS 1981, 217; MK/*Schultes* Rn. 4; *Wiecz/Mansel* Rn. 21.
7 Vgl. BGH NJW 1996, 1673; *T/P/Hüßtege* Rn. 3; MK/*Schultes* Rn. 5; *St/J/Bork* Rn. 5; *Wiecz/Mansel* Rn. 23.
8 MK/*Schultes* Rn. 7.
9 *Wiecz/Mansel* Rn. 30.
10 *Zö/Vollkommer* Rn. 3; MK/*Schultes* Rn. 7; *St/J/Bork* Rn. 7 a; *Wiecz/Mansel* Rn. 13.
11 *B/L/H* Rn. 8; MK/*Schultes* Rn. 8; aA *Wiecz/Mansel* Rn. 38.
12 *Zö/Vollkommer* Rn. 4.
13 MK/*Schultes* Rn. 9; *Zö/Vollkommer* Rn. 7; *St/J/Bork* Rn. 9.
14 *Zö/Vollkommer* Rn. 4; MK/*Schultes* Rn. 9.
15 *Zö/Vollkommer* Rn. 5; *Wiecz/Mansel* Rn. 44.
16 MK/*Schultes* Rn. 10.
17 So aber *B/L/H* Rn. 2, anders allerdings in Rn. 10 „ganz neuer Rechtsstreit"; wohl auch RGZ 63, 319, 322.
18 AK-ZPO/*Koch* Rn. 2; MK/*Schultes* Rn. 12; *St/J/Bork* Rn. 11; *Wiecz/Mansel* Rn. 56.
19 MK/*Schultes* Rn. 12.
20 So wohl *B/L/H* Rn. 10; aA *Wiecz/Mansel* Rn. 62.

nur Klageabweisung begehren.[21] Er will vielmehr auch erreichen, dass der Kläger dazu verurteilt wird, in die Auszahlung des hinterlegten Betrages einzuwilligen.[22] Der **Kläger** wird daher in der Regel zum einen **beantragen festzustellen,** dass der von dem Urbeklagten hinterlegte Betrag dem Kläger zusteht und zum anderen beantragen, den Beklagten zu verurteilen, in die Auszahlung des hinterlegten Betrages an den Kläger einzuwilligen. Der **Dritte** wird **beantragen,** die Klage abzuweisen. Er wird weiter – **widerklagend** – beantragen, den Kläger zu verurteilen, in die Auszahlung des hinterlegten Betrages an den Beklagten einzuwilligen.[23]

V. Entscheidung

Der Prätendentenprozess kann entweder damit enden, dass die hinterlegte Forderung einer Partei dieses Prozesses zugesprochen wird. Er kann aber auch dadurch enden, dass die **Forderung keiner der Parteien zugesprochen** wird.[24] Diesen Fall hält *Bork* für ausgeschlossen. Es ist aber nicht ersichtlich, warum das Gericht nicht etwa durch Auslegung eines Vertrages zu dem Ergebnis gelangen kann, dass die Forderung gegen den Schuldner weder dem Urkläger noch dem Dritten sondern einer nicht am Verfahren beteiligten Person zusteht. In diesem Fall ist der hinterlegte Betrag dem Urbeklagten wieder auszuhändigen, ohne dass es einer neuen Klage seinerseits bedarf.[25] Die **Rechtskraft** des Urteils erstreckt sich auch auf den ausgeschiedenen Beklagten.[26] Hat der Dritte nur Klageabweisung beantragt und nicht Widerklage auf Einwilligung zur Auszahlung des hinterlegten Betrages erhoben, so kann der Dritte, wenn die Klage abgewiesen wird, nicht Auszahlung des hinterlegten Betrages verlangen, da mit Klageabweisung nur rechtskräftig entschieden ist, dass dem Kläger unter keinem rechtlichen Gesichtspunkt ein Anspruch auf Einwilligung zusteht. Es steht hingegen nicht bindend fest, dass der Dritte zum Empfang der hinterlegten Summe berechtigt ist.[27] **Materiellrechtliche Grundlage** des Anspruchs auf Zustimmung zur Auszahlung des hinterlegten Betrages ist § 812 Abs. 1 S. 1 2. Alt. BGB. Für die sich aus dieser Norm ergebende Freigabeverpflichtung ist entscheidend, wer im Verhältnis zum hinterlegenden Schuldner Inhaber der Forderung ist, zu deren Erfüllung der hinterlegte Betrag bestimmt ist. Entscheidend ist also die Gläubigerstellung gegenüber dem hinterlegenden Schuldner. Auf Rechtsbeziehungen zwischen den Forderungsprätendenten kommt es grds. nicht an; es ist daher unerheblich, wem der hinterlegte Betrag nach dem Innenverhältnis der Forderungsprätendenten zusteht.[28] 5

VI. Gebühren und Kosten

1. Rechtsanwaltsgebühren. Die Streitverkündung gehört für den Anwalt der streitverkündenden Partei zum Rechtszug, wird also durch die Gebühren der Nrn. 3100ff. VV RVG abgegolten.[29] 6

2. Gerichtskosten. Wird durch Zwischenurteil der Antrag des Beklagten auf Entlassung zurückgewiesen, fallen keine Gebühren an, ebenso wenig für Endurteile. Allerdings ist eine Gebührenermäßigung nach KV Nrn. 1211, 1222, 1223 dann nicht mehr möglich. 7

76 *Urheberbenennung bei Besitz*

(1) [1]Wer als Besitzer einer Sache verklagt ist, die er auf Grund eines Rechtsverhältnisses der im § 868 des Bürgerlichen Gesetzbuchs bezeichneten Art zu besitzen behauptet, kann vor der Verhandlung zur Hauptsache unter Einreichung eines Schriftsatzes, in dem er den mittelbaren Besitzer benennt, und einer Streitverkündungsschrift die Ladung des mittelbaren Besitzers zur Erklärung beantragen. [2]Bis zu dieser Erklärung oder bis zum Schluss des Termins, in dem sich der Benannte zu erklären hat, kann der Beklagte die Verhandlung zur Hauptsache verweigern.

(2) Bestreitet der Benannte die Behauptung des Beklagten oder erklärt er sich nicht, so ist der Beklagte berechtigt, dem Klageantrage zu genügen.

(3) [1]Wird die Behauptung des Beklagten von dem Benannten als richtig anerkannt, so ist dieser berechtigt, mit Zustimmung des Beklagten an dessen Stelle den Prozess zu übernehmen. [2]Die Zustimmung des Klägers ist nur insoweit erforderlich, als er Ansprüche geltend macht, die unabhängig davon sind, dass der Beklagte auf Grund eines Rechtsverhältnisses der im Absatz 1 bezeichneten Art besitzt.

(4) [1]Hat der Benannte den Prozess übernommen, so ist der Beklagte auf seinen Antrag von der Klage zu entbinden. [2]Die Entscheidung ist in Ansehung der Sache selbst auch gegen den Beklagten wirksam und vollstreckbar.

---

[21] Auch das ist allerdings möglich, vgl. RGZ 63, 319, 322.
[22] MK/*Schultes* Rn. 14.
[23] Zö/*Vollkommer* Rn. 6.
[24] AK-ZPO/*Koch* Rn. 4; MK/*Schultes* Rn. 13.
[25] AK-ZPO/*Koch* Rn. 4; MK/*Schultes* Rn. 14; *Wiecz/Mansel* Rn. 71.
[26] BGH NJW-RR 1987, 1493, 1440; 1992, 1151; MK/*Schultes* Rn. 15; aA *Wiecz/Mansel* Rn. 67.
[27] OLG Zweibrücken OLGZ 1980, 237, 238f.
[28] BGH WM 1997, 513, 514 = NJW-RR 1997, 594; NJW 2000, 291, 292; aA MK/*Schultes* Rn. 14.
[29] *G/S-Madert* § 60 RVG Rn. 66.

I. Normzweck

1 § 76 regelt den Fall, dass der unmittelbare Besitzer, der die Sache für einen Dritten besitzt, vom Kläger als dem wahren oder besser Berechtigten verklagt wird. Der Beklagte hat dann gemäß § 76 die Möglichkeit, den Dritten (mittelbaren Besitzer) zum Eintritt in den Prozess an seiner Stelle zu veranlassen oder gefahrlos dem Klageantrag zu genügen, wenn der Dritte nicht in den Prozess eintritt.[1] § 76 ist nach einer Formulierung des RG eine Rechtswohltat für den Beklagten, indem er diesem unter den geforderten Voraussetzungen der Verpflichtung zur Verteidigung enthebt und diese Verpflichtung auf den Benannten überträgt.[2] § 76 ist fast ohne praktische Bedeutung; die in ihm enthaltene Prozessfigur ist „mehr ein juristisches Gedankenspiel als eine Erscheinung der Praxis".[3]

II. Voraussetzungen (Abs. 1)

2 Der unmittelbare Besitzer ist auf Herausgabe einer beweglichen oder unbeweglichen Sache (§§ 985, 1007 Abs. 2, 1227 BGB), auf Vorlegung zur Besichtigung (§ 809 BGB), auf Gestattung der Aufsuchung (§ 867 BGB) verklagt.[4] Ein Anspruch gemäß §§ 861, 1007 Abs. 1 BGB[5] oder ein schuldrechtlicher Herausgabeanspruch reicht nicht aus.[6] Das lässt sich wie folgt begründen: § 76 Abs. 1 S. 2 setzt voraus, dass der Besitzer einer Sache verklagt ist; der Besitz muss als allein passiv legitimierender Umstand ausreichen. Es dürfen nicht weitere, auf den Besitz bezogene qualifizierende Tatbestandsmerkmale gegeben sein. Letzteres ist aber bei §§ 861 und 1007 Abs. 1 BGB der Fall. § 861 BGB setzt fehlerhaften Besitz voraus; § 1007 Abs. 1 BGB setzt Bösgläubigkeit des Besitzers voraus.[7]

3 Der Beklagte muss behaupten, er besitze auf Grund eines Besitzmittlungsverhältnisses (§ 868 BGB).[8] Besitzdienerschaft (§ 855 BGB) genügt nicht.[9] Schließlich muss der Beklagte vor der Verhandlung zur Hauptsache einen Schriftsatz bei Gericht einreichen, in dem er den mittelbaren Besitzer benennt, ihm den Streit verkündet und beantragt, den mittelbaren Besitzer zur Erklärung zu laden. Im amtsgerichtlichen Verfahren kann die Benennung des mittelbaren Besitzers und der Ladungsantrag auch zu Protokoll der Geschäftsstelle erfolgen (§ 496). Im Anwaltsprozess besteht für den Schriftsatz kein Anwaltszwang.[10] Die Zustellung des Schriftsatzes des Beklagten, die Terminsbestimmung und die Ladung des Benannten erfolgen von Amts wegen.[11] Liegen die genannten Voraussetzungen der Urheberbestimmung vor, so kann der Beklagte die Verhandlung zur Hauptsache verweigern, bis der Benannte sich erklärt oder bis zum Schluss des Termins, in dem sich der Benannte zu erklären hat. Der zur Erklärung durch den Benannten anberaumte Termin ist rechtlich selbstständig.[12]

III. Bestreiten oder Schweigen des Benannten (Abs. 2).

4 Bestreitet der Benannte, dass er mittelbarer Besitzer ist oder erklärt er sich nicht, so wird der Beklagte ihm gegenüber von jeder Haftung frei.[13] Im Übrigen kann der Beklagte wählen, ob er den Prozess fortsetzen oder dem Klageantrag genügen, also den Kläger hinsichtlich seines Anspruchs befriedigen will.[14] Im letztgenannten Fall besteht die Möglichkeit der Erledigung der Hauptsache.[15] Die Rechtskraft der Entscheidung zwischen Kläger und Beklagtem erstreckt sich nicht auf den Benannten; sie hat aber Streitverkündungswirkung.[16]

IV. Übernahme des Prozesses (Abs. 3)

5 Der Benannte kann gemäß Abs. 3 S. 1 den Prozess übernehmen, wenn er das Vorbringen des Beklagten zu den Besitzverhältnissen als richtig anerkennt. Das kann auch durch konkludentes Verhalten geschehen.[17] Der Benannte kann aber auch dem Beklagten als Streitgehilfe beitreten oder im Wege der Hauptintervention vorgehen.[18] Die Übernahme des Prozesses vollzieht sich durch Übernahmeerklärung des Benannten in der mündlichen Verhandlung ohne gerichtliche Entscheidung.[19] Die Zustimmung des Beklagten ist erforderlich; die **Zustimmung des Klägers** aber nur, wenn er Ansprüche gegen den Beklagten geltend

---

1 Vgl. AK-ZPO/*Koch* Rn. 1; MK/*Schultes* Rn. 1.
2 RGZ 22, 393, 395.
3 *B/L/H* Rn. 1.
4 MK/*Schultes* Rn. 2; Zö/*Vollkommer* Rn. 1; vgl. zu den Einzelheiten *Wiecz/Mansel* Rn. 101ff.
5 MK/*Schultes* Rn. 2 *St/J/Bork* Rn. 3.
6 Zö/*Vollkommer* Rn. 1; *St/J/Bork* Rn. 3.
7 Vgl. zum Ganzen *Wiecz/Mansel* Rn. 17.
8 MK/*Schultes* Rn. 3; Zö/*Vollkommer* Rn. 2; vgl. auch LG Bonn MDR 1948, 415.
9 MK/*Schultes* Rn. 3; *St/J/Bork* Rn. 4.
10 Zö/*Vollkommer* Rn. 3; MK/*Schultes* Rn. 4.
11 MK/*Schultes* Rn. 4; Zö/*Vollkommer* Rn. 3.
12 *St/J/Bork* Rn. 13.
13 *T/P/Hüßtege* Rn. 2; Zö/*Vollkommer* Rn. 4.
14 MK/*Schultes* Rn. 7.
15 *St/J/Bork* Rn. 14.
16 MK/*Schultes* Rn. 7.
17 MK/*Schultes* Rn. 8.
18 Zö/*Vollkommer* Rn. 5.
19 Zö/*Vollkommer* Rn. 5; *St/J/Bork* Rn. 16.

macht, die vom Besitzmittlungsverhältnis zum Benannten unabhängig sind.[20] Erkennt der Benannte die Behauptung des Beklagten als richtig an, übernimmt den Prozess aber nicht, greift nicht die Haftungsfreistellung des Abs. 2 zu Gunsten des Beklagten.[21] Der Prozess wird zwischen Kläger und Beklagtem fortgesetzt; die Entscheidung hat keine Rechtskraftwirkung bzgl. des Benannten, wohl aber Streitverkündungswirkung.[22]

V. Ausscheiden des Beklagten (Abs. 4)

Auf seinen Antrag hin ist der Beklagte von der Klage zu entbinden. Die Entscheidung erfolgt nach mündlicher Verhandlung über den Antrag.[23] Sie erfolgt durch Zwischenurteil (§ 303), wenn der Antrag abgewiesen wird.[24] Das Urteil ist mit der sofortigen Beschwerde anfechtbar (vgl. § 71 Abs. 2).[25] Für eine Kostenentscheidung ist in diesem Urteil kein Raum;[26] sie erfolgt im Schlussendurteil.[27] Die Entlassung aus dem Rechtsstreit erfolgt durch Endurteil.[28] Der Prozess wird dann zwischen Kläger und dem Benannten (weiter) geführt. Die zwischen dem Kläger und dem Benannten ergehende Entscheidung wirkt auch gegen den ausgeschiedenen Beklagten.[29] Stellt der Beklagte keinen Entlassungsantrag, verbleibt er im Prozess. Er und der als weiterer Beklagter eintretende Benannte werden Streitgenossen.[30] 6

VI. Gebühren und Kosten

S. § 75 Rn. 6 f. 7

77 *Urheberbenennung bei Eigentumsbeeinträchtigung* **Ist von dem Eigentümer einer Sache oder von demjenigen, dem ein Recht an einer Sache zusteht, wegen einer Beeinträchtigung des Eigentums oder seines Rechts Klage auf Beseitigung der Beeinträchtigung oder auf Unterlassung weiterer Beeinträchtigungen erhoben, so sind die Vorschriften des § 76 entsprechend anzuwenden, sofern der Beklagte die Beeinträchtigung in Ausübung des Rechtes eines Dritten vorgenommen zu haben behauptet.**

Ebenso wie von §§ 75, 76 wird auch von § 77 in der Praxis selten Gebrauch gemacht. Auch er könnte gestrichen werden.[1] § 77 betrifft den Fall, dass der Beklagte der auf andere Weise als durch Besitzentziehung oder Besitzvorenthaltung das Eigentum des Klägers oder dessen Rechte an einer Sache beeinträchtigt hat, vom Kläger auf Beseitigung der Beeinträchtigung oder Unterlassung weiterer Beeinträchtigungen verklagt wird. § 77 setzt neben einer Klage wegen Beeinträchtigung eines absoluten Rechts voraus, dass der Beklagte behauptet, er habe die Beeinträchtigung in Ausübung eines Rechts eines Dritten vorgenommen. 1

Titel 4. Prozessbevollmächtigte und Beistände

78 *Anwaltsprozess* **(1) [1]Vor den Landgerichten und Oberlandesgerichten müssen sich die Parteien durch einen Rechtsanwalt vertreten lassen. [2]Ist in einem Land auf Grund des § 8 des Einführungsgesetzes zum Gerichtsverfassungsgesetz ein oberstes Landesgericht errichtet, so müssen sich die Parteien vor diesem ebenfalls durch einen Rechtsanwalt vertreten lassen. [3]Vor dem Bundesgerichtshof müssen sich die Parteien durch einen bei dem Bundesgerichtshof zugelassenen Rechtsanwalt vertreten lassen. [4]Die Sätze 1 bis 3 gelten entsprechend für die Beteiligten und beteiligte Dritte in Familiensachen.**

(2) Vor den Familiengerichten müssen sich die Ehegatten in Ehesachen und Folgesachen, Lebenspartner in Lebenspartnerschaftssachen nach § 661 Abs. 1 Nr. 1 bis 3 und Folgesachen und die Parteien und am Verfahren beteiligte Dritte in selbständigen Familiensachen des § 621 Abs. 1 Nr. 8 und des § 661 Abs. 1 Nr. 6 durch einen zugelassenen Rechtsanwalt vertreten lassen.

(3) Am Verfahren über Folgesachen beteiligte Dritte und die Beteiligten in selbständigen Familiensachen des § 621 Abs. 1 Nr. 1 bis 3, 6, 7, 9, 10, soweit es sich um ein Verfahren nach § 1600e Abs. 2 des Bürgerlichen Gesetzbuchs handelt, sowie Nr. 12, 13 und des § 661 Abs. 1 Nr. 5 und 7 brauchen sich vor den Oberlandesgerichten nicht durch einen Rechtsanwalt vertreten zu lassen.

---

20 MK/*Schultes* Rn. 8; *St/J/Bork* Rn. 16.
21 *St/J/Bork* Rn. 17.
22 MK/*Schultes* Rn. 9; *St/J/Bork* Rn. 17.
23 *Zö/Vollkommer* Rn. 6; MK/*Schultes* Rn. 10.
24 OLG Düsseldorf OLGZ 1992, 254, 255; *Zö/Vollkommer* Rn. 6; aA *B/L/H* Rn. 9.
25 MK/*Schultes* Rn. 10; aA nicht eigenständig anfechtbar OLG Düsseldorf OLGZ 1992, 254, 255; *Zö/Vollkommer* Rn. 6.
26 OLG Köln NJW 1954, 238.
27 OLG Köln NJW 1954, 238; *Zö/Vollkommer* Rn. 6.
28 *Zö/Vollkommer* Rn. 6; MK/*Schultes* Rn. 10; *St/J/Bork* Rn. 18.
29 *Zö/Vollkommer* Rn. 6; *St/J/Bork* Rn. 20; aA MK/*Schultes* Rn. 12.
30 *Wiecz/Mansel* Rn. 3.
1 *Wiecz/Mansel* Rn. 1.

(4) Das Jugendamt, die Träger der gesetzlichen Rentenversicherungen sowie sonstige Körperschaften, Anstalten oder Stiftungen des öffentlichen Rechts und deren Verbände einschließlich der Spitzenverbände und ihrer Arbeitsgemeinschaften brauchen sich als Beteiligte für die Nichtzulassungsbeschwerde und die Rechtsbeschwerde nach § 621e Abs. 2 nicht durch einen Rechtsanwalt vertreten zu lassen.

(5) Diese Vorschriften sind auf das Verfahren vor einem beauftragten oder ersuchten Richter sowie auf Prozesshandlungen, die vor dem Urkundsbeamten der Geschäftsstelle vorgenommen werden können, nicht anzuwenden.

(6) Ein Rechtsanwalt, der nach Maßgabe der Absätze 1 und 2 zur Vertretung berechtigt ist, kann sich selbst vertreten.

Übersicht

I. Normzweck

1 Die Vorschrift bestimmt, für wen und vor welchen Gerichten **Anwaltszwang** besteht. Anwaltszwang ist die Notwendigkeit der Vertretung einer Prozesspartei oder eines Dritten durch einen Rechtsanwalt.[1] So weit Anwaltszwang besteht, liegt nach der Terminologie des Gesetzes ein **Anwaltsprozess** vor. Den Gegenbegriff dazu bildet der **Parteiprozess** nach § 79. Indem § 78 den Anwaltszwang begründet, hat er sowohl **öffentliche Interessen** als auch den **Schutz der Prozessparteien** im Auge.[2]

2 Da die Anordnung des Anwaltszwangs zur Erreichung dieser Ziele des § 78 bestimmt und geeignet ist und die Grenzen der Verhältnismäßigkeit nicht überschritten werden, ist § 78 als Bestandteil der verfassungsmäßigen Ordnung zu begreifen, durch die die allgemeine Handlungsfreiheit der Parteien gemäß Art. 2 Abs. 1 GG zulässigerweise beschränkt wird.[3] Auch im Übrigen verstößt der Anwaltszwang nicht gegen die Bestimmungen des Grundgesetzes, so dass er insgesamt als **verfassungsgemäß** anzusehen ist.[4]

II. Geltung

3 Die Partei muss sich vor den Landesgerichten und Oberlandesgerichten durch einen Rechtsanwalt vertreten lassen. Beim BGH muss sich die Partei von einem beim BGH zugelassenen Rechtsanwalt vertreten lassen. Zur Vertretung durch **ausländische Rechtsanwälte** vgl. unter Rn. 35.

III. Wirkungen des Anwaltszwangs

4 **1. Bedeutung für die Postulationsfähigkeit.** Die Geltung des Anwaltszwangs hat zur Folge, dass nur zugelassene Rechtsanwälte postulationsfähig sind. Postulationsfähigkeit ist die Fähigkeit, dem prozessualen Handeln die rechtserhebliche Erscheinungsform zu geben. Sie ist erforderlich, um in eigener Person verhandeln und **im Prozess wirksam Erklärungen abgeben** zu können. Im Parteiprozess steht sie grundsätzlich jeder prozessfähigen Person zu; sie fehlt lediglich bei Personen, denen die Fähigkeit zum geeigneten Vortrag mangelt (§ 157 Abs. 2), die der deutschen Sprache nicht mächtig sind (§ 187 GVG) oder die gemäß § 157 Abs. 1 von der Verhandlung ausgeschlossen sind. Im Anwaltsprozess hat die Partei die Postulationsfähig-

[1] Vgl. BGH FamRZ 1992, 48, 49; *Zö/Vollkommer* Rn. 1a.
[2] BGH FamRZ 1987, 57, 58; BVerwG NJW 1984, 625; OLG Frankfurt FamRZ 1990, 765, 766; *Urbanczyk* ZZP 95 (1982), 339, 356f.
[3] BVerfG NJW 1993, 3192.
[4] BVerfG NJW 1993, 3192; BGHZ 111, 339, 342 = NJW 1990, 3085; BGH FamRZ 1987, 57, 58; BVerwG NJW 1980, 1706; BVerwG NJW 1984, 625; *St/J/Bork* Rn. 16 m. weit. Nachw., auch für die ältere Gegenansicht.

keit dagegen nur für Prozesshandlungen, die vom Anwaltszwang ausgenommen sind; für alle anderen Handlungen muss sie einen zugelassenen Rechtsanwalt einschalten. Die Postulationsfähigkeit ist nicht Prozessvoraussetzung, sondern nur **Prozesshandlungsvoraussetzung;**[5] sie muss daher nur bei der Vornahme der Handlung gegeben sein, nicht dagegen im Zeitpunkt der Entscheidung.[6] Ein Mangel der Postulationsfähigkeit macht für sich allein regelmäßig nicht die Klage unzulässig. Etwas anderes gilt nur dann, wenn der Mangel schon bei der Klageerhebung selbst besteht; denn in diesem Fall liegt keine ordnungsgemäße Klageerhebung vor (zur Heilungsmöglichkeit s. Rn. 7). Wird um die Postulationsfähigkeit gestritten, so ist die Partei als postulationsfähig zu behandeln.[7] **Kammerrechtsbeistände** sind im Anwaltsprozess nicht vertretungsberechtigt. Das verletzt nicht deren Rechte aus Art. 12 GG.[8]

2. Stellung der Partei im Anwaltsprozess. Im Geltungsbereich des Anwaltszwangs kann die Partei Prozesshandlungen grundsätzlich nicht wirksam vornehmen, da sie selbst nicht postulationsfähig ist. Sie kann allerdings neben dem Anwalt erscheinen, neben ihm das Wort verlangen (§ 137 Abs. 4)[9], Erklärungen über Tatsachen und Geständnisse abgeben[10] und solche des Anwalts widerrufen und berichtigen (vgl. § 85 Abs. 1 S. 2). Die eigenen Erklärungen der Partei hat das Gericht zu berücksichtigen, auch ohne dass der Anwalt sie aufnimmt.[11] In bestimmten Fällen muss die Partei erscheinen, wenn das Gericht dies angeordnet hat (§§ 141, 273 Abs. 2 Nr. 3, 278 Abs. 3, 613, 640 Abs. 1). Unter den Voraussetzungen der §§ 78bf., 121, 625 ist der Partei ein Rechtsanwalt vom Gericht beizuordnen. 5

Nimmt die Partei im Anwaltsprozess eine Prozesshandlung selbst vor, so ist diese **unwirksam;** dasselbe gilt für die Handlung eines nicht zugelassenen Anwalts.[12] In der Regel ergreift die Unwirksamkeit auch ein in der Prozesshandlung enthaltenes materiell-rechtliches Rechtsgeschäft; ausnahmsweise kann dieses jedoch aufrechterhalten werden, wenn anzunehmen ist, dass die Parteien dies bei Kenntnis der prozessualen Unwirksamkeit gewollt hätten, und die materielle Wirksamkeit nicht von der prozessualen abhängig ist (s. § 140 BGB).[13] Die im Anwaltsprozess von der Partei oder einem nicht zugelassenen Anwalt **erhobene Klage** ist als **unzulässig** abzuweisen;[14] sie **unterbricht nicht** die **Verjährung** und löst auch die sonstigen materiellrechtlichen Folgen der Rechtshängigkeit nicht aus.[15] In eindeutigen Fällen ist schon die Zustellung der Klage und die Terminsbestimmung zu verweigern.[16] Erscheint die Partei **im Termin** zur mündlichen Verhandlung ohne zugelassenen Rechtsanwalt, so kann gegen sie ein **Versäumnisurteil** ergehen, da sie mangels Postulationsfähigkeit nicht verhandeln kann (vgl. § 333). 6

Die von der Partei selbst oder von einem nicht zugelassenen Anwalt vorgenommene und daher unwirksame Prozesshandlung kann durch einen postulationsfähigen Bevollmächtigten genehmigt und auf diese Weise **geheilt** werden. Sie muss in diesem Fall nicht förmlich wiederholt werden, vielmehr genügt eine Bezugnahme auf die unwirksame Handlung;[17] dies gilt insbesondere auch für die Klageerhebung.[18] Allerdings hat die Genehmigung **keine Rückwirkung.**[19] Für fristgebundene Prozesshandlungen hat dies zur Folge, dass sie nur innerhalb der für sie geltenden Frist genehmigungsfähig sind.[20] Anders als bei der Genehmigung einer vollmachtlosen Vertretung (vgl. § 89 Rn. 14) muss die Genehmigung hier nicht notwendig die gesamte Prozessführung umfassen; da sie im Gegensatz zu jener keine Rückwirkung entfaltet, kann sie auch auf einzelne Prozesshandlungen beschränkt werden.[21] Eine Heilung nach **§ 295** ist anders als die Heilung durch Genehmigung nicht möglich, da die Postulationsfähigkeit eine unverzichtbare Prozesshandlungsvoraussetzung ist,[22] die in jeder Lage des Verfahrens von Amts wegen zu prüfen ist.[23] Wird der Mangel der Postulationsfähigkeit in einer Instanz übersehen, so begründet dies weder einen absoluten Revisionsgrund gemäß § 547 Nr. 4 noch einen Nichtigkeitsgrund nach § 579 Abs. 1 Nr. 4; folglich ist auch die Möglichkeit einer (rückwirkenden) Genehmigung nach diesen Vorschriften nicht gegeben.[24] 7

---

[5] BGH NJW 1980, 2317, 2318; DtZ 1995, 175, 176; NJW 2005, 3773, 3774.
[6] BVerfG DtZ 1992, 183; BGH NJW 2005, 3773, 3774; vgl. auch BGH NJW 1992, 2706.
[7] OLG Frankfurt FamRZ 1994, 1477.
[8] BGH NJW 2003, 3765, 3766.
[9] Vgl. dazu BGHZ 129, 108, 110 = NJW 1995, 1432; BVerwG NJW 1984, 625.
[10] BGHZ 8, 235, 237; aA Zö/*Greger* § 288 Rn. 3c.
[11] *St/J/Bork* Rn. 53; MK/*v. Mettenheim* Rn. 20.
[12] BGHZ 111, 339, 342 = NJW 1990, 3085; BGHZ 90, 249, 253 = NJW 1984, 1559; BGH NJW 1992, 1700, 1701; 1984, 1465; 1988, 210.
[13] BGH NJW 1985, 1962, 1963; MK/*v. Mettenheim* Rn. 45.
[14] BGHZ 90, 249, 253 = NJW 1984, 1559; BVerwG MDR 1976, 781; OLG Frankfurt FamRZ 1994, 1477.
[15] BGHZ 90, 249, 253 = NJW 1984, 1559; BGH NJW-RR 1987, 322, 323.
[16] BGH NJW-RR 1987, 322, 323; *Urbanczyk* ZZP 95 (1982), 339, 352; aM MK/*v. Mettenheim* Rn. 47.
[17] HM; BGHZ 111, 339, 343f. = NJW 1990, 3085.
[18] Vgl. BGHZ 111, 339 = NJW 1990, 3085.
[19] BGHZ 90, 249, 253; BGH FamRZ 1993, 695; OLG Köln MDR 1982, 1024.
[20] BGHZ 111, 339, 343f.; *St/J/Bork* Rn. 20; *Wiecz/Steiner* Rn. 5.
[21] MK/*v. Mettenheim* Rn. 51; aM OLG Celle FamRZ 1996, 297, 298.
[22] BGHZ 111, 339, 343 = NJW 1990, 3085; *St/J/Bork* Rn. 20 m. weit. Nachw., auch für die Gegenmeinung.
[23] Vgl. BGH NJW 1992, 2706; OLG Hamm FamRZ 1994, 714, 715; OLG Köln MDR 1982, 1024.
[24] BAG NJW 1991, 1252, 1253; *Urbanczyk* ZZP 95 (1982), 339, 355ff.; *St/J/Bork* Rn. 20; *Wiecz/Steiner* Rn. 5.

IV. Postulationsfähigkeit des Rechtsanwalts

8 **1. Zulassung.** Bei den Amts-, Land- und Oberlandesgerichten ist jeder zugelassene Rechtsanwalt (vgl. §§ 4ff. BRAO) postulationsfähig. Beim BGH sind nur die dort zugelassenen Rechtsanwälte postulationsfähig.[25]

9 *unbesetzt*

10 **2. Prozessfähigkeit des Anwalts.** Postulationsfähig ist nur ein prozessfähiger Rechtsanwalt. Bestehen hinsichtlich der Postulationsfähigkeit Zweifel, so hat das Gericht ihnen von Amts wegen nachzugehen.[26] Mit Rücksicht darauf, dass die Verneinung der Postulationsfähigkeit eines Rechtsanwalts sich in folgenschwerer Weise auf seine durch Art. 12 Abs. 1 GG geschützte Berufsausübung auswirkt, verlangt das BVerfG zu Recht, dass das Verfahren, in dem über die **Zweifel an der Prozessfähigkeit** entschieden wird, streng rechtsstaatlich ausgestaltet sein muss. Erforderlich ist eine gesonderte Entscheidung, die vom Rechtsanwalt selbstständig angefochten werden kann.[27] Das kann dadurch erreicht werden, dass entsprechend §§ 71, 135, 387 ein Zwischenurteil erlassen wird, gegen das die sofortige Beschwerde statthaft ist. Verliert der Anwalt während des anhängigen Prozesses seine Prozessfähigkeit, so tritt eine Unterbrechung des Verfahrens ein (§ 244 und § 86 Rn. 7).[28]

11 **3. Berufs- oder Vertretungsverbot sowie Ausschluss aus der Rechtsanwaltschaft.** Ist gegen den Anwalt ein vorläufiges Berufs- oder Vertretungsverbot nach §§ 150ff. BRAO verhängt, so muss das Gericht ihn als Prozessbevollmächtigten nach § 156 Abs. 2 BRAO zurückweisen. Hat er allerdings schon Prozesshandlungen vorgenommen, dann wird deren Wirksamkeit durch das Berufs- oder Vertretungsverbot nicht berührt (§ 155 Abs. 5 BRAO).[29] Fällt die Postulationsfähigkeit infolge eines Berufs- oder Vertretungsverbots während des anhängigen Prozesses fort, so wird das Verfahren ebenso wie bei einem Verlust der Prozessfähigkeit unterbrochen, § 244.[30] Steht eine Aufhebung der Zulassung nach § 14 BRAO in Frage, so kann das Gericht den Prozess nach § 148 aussetzen, bis über die Aufhebung entschieden ist.[31] Nimmt der frühere Rechtsanwalt nach Verlust seiner Zulassung für die vertretene Partei Prozesshandlungen vor, sind diese unwirksam.[32]

12 **4. Einschaltung weiterer Personen.** Werden für den Rechtsanwalt weitere Personen tätig, so ist im Hinblick auf deren Postulationsfähigkeit zu differenzieren: Lässt der Bevollmächtigte im Anwaltsprozess einen **Vertreter** für sich auftreten, so muss dieser selbst postulationsfähig sein, um wirksam handeln zu können (§ 52 Abs. 1 BRAO). Etwas anderes gilt, wenn der Bevollmächtigte dem anderen lediglich die Ausführung der Parteirechte in der mündlichen Verhandlung überlassen will. Das ist kein Fall der Vertretung und kann jedem Rechtsanwalt, in Anwesenheit des Bevollmächtigten gestattet werden (§ 52 Abs. 2 BRAO).[33] Auf einen Rechtsbeistand kann diese Vorschrift dagegen nicht ausgedehnt werden, und zwar auch dann nicht, wenn er nach § 209 BRAO Mitglied der Rechtsanwaltskammer geworden ist.[34]

13 Handelt für den Anwalt sein **allgemeiner Vertreter** (§ 53 BRAO), so kommt es darauf an, ob der Vertreter vom Anwalt selbst oder von der Landesjustizverwaltung bestellt worden ist. **Selbst bestellter** allgemeiner Vertreter kann nach § 53 Abs. 2 S. 1 BRAO nur ein Rechtsanwalt sein, der derselben Rechtsanwaltskammer angehört. Dagegen gilt diese Einschränkung für den **amtlich bestellten Vertreter** nicht (§ 453 Abs. 4 S. 1 BRAO); er muss nach § 53 Abs. 4 S. 2 BRAO nicht einmal Rechtsanwalt sein. Da dem allgemeinen Vertreter gemäß § 53 Abs. 7 BRAO alle Befugnisse des vertretenen Anwalts zustehen, hat dies zur Folge, dass der amtlich bestellte Vertreter auch ohne eigene Zulassung postulationsfähig ist, sofern nur der Vertretene die Voraussetzungen des § 78 erfüllt. Im Übrigen kann der allgemeine Vertreter nur während der Dauer seiner Bestellung wirksam handeln. Allerdings schadet es nicht, wenn eine von ihm verfasste Rechtsmittelschrift erst nach Wegfall der Bestellung beim Rechtsmittelgericht eingeht, sofern er sie bereits vorher unterzeichnet und auf den Weg gebracht hat.[35] Im Zeitraum seiner Bestellung steht der allgemeine Vertreter dem Vertretenen völlig gleich, und zwar auch dann, wenn der Vertretene die Anzeigepflicht nach § 53 Abs. 6 BRAO verletzt hat.[36] Dies gilt natürlich nur, wenn der allgemeine Vertreter in dieser Eigenschaft handelt und nicht etwa für die eigene Praxis. Er sollte sein Vertreterhandeln möglichst durch eine ausdrückliche Erklärung erkennbar machen, zumindest muss aus den die Prozesshandlung begleitenden Umständen hinreichend erkennbar sein, dass ein Handeln für einen anderen postulationsfähigen Rechtsanwalt vorliegt.[37] Auch der von der Landesjustizverwaltung bestellte **Kanzleiabwickler** hat dieselben Befugnisse wie der verstorbene Rechtsanwalt (§ 55 Abs. 2 S. 3 BRAO); für ihn gilt daher Entsprechendes wie für den (amtlich bestellten) allgemeinen Vertreter. Ein **Referendar** kann ebenfalls amtlich bestellter Vertreter eines

---

[25] Die Vorschriften über die Wahl der Rechtsanwälte beim BGH (§§ 164ff. BRAO) sind verfassungsgemäß, BGH NJW 2006, 1136; NJW 2005, 2304.

[26] BGH NJW 2005, 3773, 3774.

[27] BVerfGE 37, 67, 82 = NJW 1974, 1279.

[28] *St/J/Bork* Rn. 50; *Wiecz/Steiner* Rn. 18.

[29] Vgl. OLG Hamm NJW-RR 1989, 442f.

[30] BGHZ 111, 104, 106 = NJW 1990, 1854.

[31] *St/J/Bork* Rn. 38; *Wiecz/Steiner* Rn. 18.

[32] BGH NJW 2006, 2260, 2261 Rn. 15.

[33] *Wiecz/Steiner* Rn. 21; *Zö/Vollkommer* Rn. 26.

[34] BGH WM 2004, 491, 492; *MK/v. Mettenheim* Rn. 16.

[35] BGH NJW 1990, 1305; OLG Frankfurt NJW 1984, 2896f.

[36] BGHNJW 1981, 1740, 1741; s. auch BGH NJW 1991, 1175, 1176; OLG München MDR 1995, 318f.

[37] BGH NJW 1993, 1925; VersR 1996, 254; NJW 1999, 365; vgl. auch BGH NJW 2005, 3415.

Rechtsanwalts nach § 53 Abs. 4 BRAO sein, sofern er schon seit zwölf Monaten im Vorbereitungsdienst beschäftigt ist; auch er ist folglich postulationsfähig, wenn der Vertretene dies ist. Referendare, die dem Rechtsanwalt zur Ausbildung überwiesen sind (sog. Stationsreferendare) dürfen abweichend von § 157 Abs. 1 und 2 nicht zurückgewiesen werden und ihnen kann auch nicht der Vortrag untersagt werden, wenn sie – im Anwaltsprozess – in Anwesenheit des Rechtsanwaltes – im Parteiprozess – ohne Anwalt allein vor Gericht auftreten und die Parteirechte wahrnehmen (§ 59 Abs. 2 BRAO).[38] **Nebentätigkeitsreferendare** hingegen sind von der mündlichen Verhandlung ausgeschlossen und zurückzuweisen.

V. Anwaltszwang vor den Kollegialgerichten (Abs. 1)

1. Landgerichte und Gerichte des höheren Rechtszuges. Nach Abs. 1 besteht Anwaltszwang vor den Landgerichten und vor allen Gerichten des höheren Rechtszuges. Beim Landgericht spielt es keine Rolle, ob das Verfahren vor der Zivilkammer, der Kammer für Handelssachen, dem Einzelrichter (§§ 348, 348 a) oder vor dem Vorsitzenden der Kammer für Handelssachen (§ 349) zu führen ist. Ebenso ist unerheblich, ob es sich um erst- oder zweitinstanzliche Sachen handelt und ob das Verfahren eine bürgerliche Rechtsstreitigkeit darstellt oder eine öffentlichrechtliche Streitigkeit, die dem ordentlichen Rechtsweg zugewiesen ist.[39] Ausgenommen sind lediglich die Fälle des Abs. 5. Gerichte des höheren Rechtszuges sind neben dem Landgericht als Berufungsinstanz die Oberlandesgerichte und der BGH. Kein Anwaltszwang besteht vor der allgemeinen Zivilabteilung des Amtsgerichts; dagegen ist für Familiensachen, auch wenn für sie das Amtsgericht zuständig ist, die anwaltliche Vertretung in Abs. 2 vorgeschrieben. Eine Pflicht zum Hinweis auf den Anwaltszwang für das einzulegende Rechtsmittel besteht nach Auffassung des BGH für das Gericht, dessen Entscheidung angefochten werden soll, nicht. Ein unterlassener Hinweis begründet somit auch keine Wiedereinsetzung in den vorigen Stand.[40] 14

2. Dem Anwaltszwang unterliegende Personen. Der in Abs. 1 angeordnete Anwaltszwang gilt in erster Linie für die Parteien, also für den Kläger und den Beklagten. Wie auch sonst in der ZPO gilt ein rein formeller Parteibegriff (vgl. § 50 Rn. 3). Danach ist die Parteistellung von der materiellrechtlichen Berechtigung bzw. Verpflichtung unabhängig; Partei ist, wer im eigenen Namen Rechtsschutz begehrt oder gegen den Rechtsschutz begehrt wird. **Über** den **Wortlaut** des Gesetzes **hinaus** ergreift der Anwaltszwang des Abs. 1 aber auch die **Nebenintervenienten,** die **Streitverkündeten,** wenn sie beigetreten sind (§ 74 Abs. 1), und die in §§ 75–77 genannten Personen.[41] Im Fall der Parteienhäufung gilt der Anwaltszwang für jeden **Streitgenossen;** allerdings ist bei der notwendigen Streitgenossenschaft die Vertretungsfiktion des § 62 Abs. 1 zu beachten. Für den persönlichen Anwendungsbereich des Abs. 1 spielt es keine Rolle, ob es sich bei den Parteien um natürliche oder juristische Personen handelt;[42] auch **öffentlichrechtliche Körperschaften** müssen sich durch einen zugelassenen Rechtsanwalt vertreten lassen;[43] eine Ausnahme findet sich insoweit in Abs. 4 (Rn. 29). Im Verfahren der Rechtsbeschwerde nach §§ 574 iVm. 127 Abs. 3 ist der Bezirksrevisor vor dem BGH postulationsfähig. Er ist weder Partei noch Beteiligter oder beteiligter Dritter, sondern hat eine ihm durch § 127 Abs. 3 zugewiesene besondere Rechtsstellung, die dem Anwaltszwang nach § 78 nicht unterfällt.[44] An der Geltung des Anwaltszwangs ändert sich grundsätzlich auch dadurch nichts, dass die Partei selbst rechtskundig ist.[45] Etwas anderes gilt allerdings für einen beim Prozessgericht zugelassenen Rechtsanwalt; letzterer kann sich nach **Abs. 6** selbst vertreten und muss daher keinen anderen Anwalt mit der Prozessvertretung beauftragen, s. Rn. 34. Der gesetzliche oder gewillkürte Vertreter eines Verfahrensbeteiligten ist nicht selbst Partei und dem Anwaltszwang folglich **nicht** unterworfen. Dasselbe gilt für sonstige Verfahrensbeteiligte, wie zB **Zeugen,**[46] sowie für zufällig – etwa durch falsche Zustellung – in den Prozess hineingezogene Personen (vgl. dazu § 50 Rn. 10).[47] Streitig ist die Geltung des Anwaltszwangs für denjenigen, der **einem Prozessvergleich als Dritter** beitreten will.[48] Im Hinblick darauf, dass § 794 Abs. 1 Nr. 1 klar zwischen Parteien und Dritten trennt, Abs. 1 aber nur die Parteien erwähnt, sollte der Anwaltszwang hier abgelehnt werden. Zu Recht weist der BGH darauf hin, dass der am Prozessvergleich beteiligte Dritte keine parteiähnliche Stellung einnimmt und dass er auch des durch Abs. 1 bezweckten Schutzes nicht bedarf, da seine Situation keine andere ist als bei einer außergerichtlichen Einigung, bei der gegen ihn ein Vollstreckungstitel geschaffen wird.[49] 15

3. Sachlicher Umfang des Anwaltszwangs. Der Anwaltszwang gilt grundsätzlich für das gesamte **Verfahren vor dem Prozessgericht.**[50] Vorbehaltlich der in Abs. 5 vorgesehenen Ausnahmen erstreckt er sich 16

---

[38] *St/J/Bork* Rn. 44.
[39] BGH NJW-RR 1993, 1022.
[40] BGH NJW-RR 2005, 1726.
[41] BGH MDR 2005, 928 = NJW-RR 2005, 1237.
[42] *Wiecz/Steiner* Rn. 22.
[43] MK/*v. Mettenheim* Rn. 24.
[44] BGH NJW-RR 2005, 1237 = MDR 2005, 928.
[45] *St/J/Bork* Rn. 21; *Wiecz/Steiner* Rn. 22; MK/*v. Mettenheim* Rn. 23.
[46] AK-ZPO/*Christian* Rn. 29.
[47] *Zö/Vollkommer* Rn. 7; AK-ZPO/*Christian* Rn. 28.
[48] Für Anwaltszwang OLG Köln AnwBl. 1982, 113, 114 (jedenfalls dann, wenn ein Vollstreckungstitel gegen den Dritten geschaffen wird); *Wiecz/Steiner* Rn. 13; MK/*v. Mettenheim* Rn. 34, 49; AK-ZPO/*Christian* Rn. 27; gegen Anwaltszwang BGHZ 86, 160 ff. = NJW 1983, 1433 mit zahlreichen Nachw. für beide Meinungen.
[49] BGHZ 86, 160, 164 ff. = NJW 1983, 1433.
[50] Vgl. OLG Düsseldorf MDR 1983, 942 f.

auf alle Prozesshandlungen, die vor oder gegenüber dem Gericht vorgenommen werden, unabhängig davon, ob sie in der mündlichen Verhandlung oder schriftsätzlich erfolgen.[51] Vom Anwaltszwang werden auch solche Prozesshandlungen erfasst, die gleichzeitig materiellrechtliche Erklärungen beinhalten, wie etwa der Abschluss eines Prozessvergleichs. Wird die materiellrechtliche Erklärung dagegen **außerhalb des Prozesses** abgegeben, gilt dies natürlich nicht; in diesem Fall bedarf es aber eines Rechtsanwalts, um die Tatsache der außergerichtlichen Abgabe in den Prozess einzuführen.[52] Handlungen **nach Beendigung des Rechtsstreits,** zB im Rahmen der **Zwangsvollstreckung,** der Streitwertfestsetzung oder der Kostenfestsetzung, unterliegen grundsätzlich nicht dem Anwaltszwang.[53] Ein Antrag auf einstweilige Einstellung der Zwangsvollstreckung (§§ 544 Abs. 4 S. 2, 719 Abs. 2) kann beim BGH auch im Verfahren der Nichtzulassungsbeschwerde nur von einem dort zugelassenen Anwalt gestellt werden.[54] Außergerichtliche Verträge über den Prozess fallen nicht in den Anwendungsbereich des Abs. 1. Daher kann zB ein Klage- oder Rechtsmittelrücknahmeversprechen[55], eine Prorogation[56] oder die Vereinbarung über eine Sprungrevision[57] ohne Einschaltung eines zugelassenen Rechtsanwalts vorgenommen werden; daran ändert sich auch dann nichts, wenn die Parteien die Vereinbarungen ausnahmsweise innerhalb des anhängigen Prozesses treffen.[58] Nicht unter den Anwaltszwang fallen ferner solche Handlungen, die keine Prozesshandlungen im engeren Sinn sind, weil sie nicht dem Gericht oder dem Gegner gegenüber vorgenommen werden, wie etwa die Streitverkündung an einen Dritten (§ 72), die Niederlegung von Urkunden (§ 134) oder der Auftrag zur Zustellung.[59] Für die **Entgegennahme von Prozesshandlungen** des Gegners gilt der Anwaltszwang grundsätzlich nur innerhalb der mündlichen Verhandlung.[60] Außerhalb der mündlichen Verhandlung kann die Partei selbst Zustellungen und Erklärungen wirksam entgegennehmen, so weit nicht § 172 eingreift.[61] Im Übrigen impliziert der Schutzzweck des Anwaltszwangs, dass in seinem Anwendungsbereich ein zugelassener Anwalt den Streitstoff verarbeiten und ihn dem Gericht unter eigener Verantwortung unterbreiten muss; diesem Erfordernis ist in der Regel nicht genügt, wenn der Anwalt nur auf ein Parteischreiben Bezug nimmt;[62] ihm ist auch nicht genügt, wenn eine vom Kläger gefertigte und unterschriebene Rechtsmittelschrift am Ende des vom Anwalt unterschriebenen Vermerk „vertreten durch Rechtsanwalt …" trägt.[63] Zwar muss der Schriftsatz nicht vom Anwalt selbst verfasst sein; der fremde Schriftsatz muss aber von ihm nach eigenverantwortlicher Prüfung genehmigt und unterschrieben sein.[64]

17 Vom Anwaltszwang erfasst ist insbesondere auch der Abschluss eines **Prozessvergleichs** unter den Parteien,[65] und zwar auch dann, wenn er vor dem Einzelrichter geschlossen wird.[66] Etwas anderes gilt dagegen für einen Prozessvergleich vor dem beauftragten oder ersuchten Richter; er ist ohne anwaltliche Mitwirkung möglich (s. Abs. 5).[67] Grundsätzlich kann das Gericht das Verfahren jederzeit zwecks eines Vergleichsabschlusses an eines seiner Mitglieder als beauftragten Richter verweisen.[68] Diese Möglichkeit steht aber nur einem Kollegialgericht offen; der Einzelrichter kann das Verfahren dagegen nicht an sich selbst als beauftragten Richter verweisen, um den normalerweise geltenden Anwaltszwang zu umgehen.[69] Auch der **Widerruf** eines Prozessvergleichs unterliegt dem Anwaltszwang, wenn der Vergleich vorsieht, dass der Widerruf gegenüber dem Gericht, also in Form einer Prozesshandlung, erklärt werden soll.[70] Kein Anwaltszwang besteht für einen dem Prozessvergleich beitretenden Dritten, auch wenn mit dem Vergleich ein Vollstreckungstitel gegen ihn geschaffen wird (s. dazu o. Rn. 15). Ohne anwaltliche Mitwirkung ist ferner ein Vergleich im **Prozesskostenhilfeverfahren** (vgl. § 118 Abs. 1 S. 3) möglich, da er nach § 20 Nr. 4a RpflG vor dem Rechtspfleger geschlossen werden kann und § 78 daher nicht anzuwenden ist (§ 13 RpflG).[71]

18 Der Anwaltszwang des Abs. 1 gilt ferner für den **Verzicht** (§ 306)[72] und grundsätzlich auch für die **Klagerücknahme** (§ 269). Allerdings kann nach hM in dem Fall, dass der Beklagte ein Rechtsmittel eingelegt hat und der Kläger in der höheren Instanz noch nicht durch einen dort zugelassenen Rechtsanwalt vertreten ist, die Klage noch durch den Prozessbevollmächtigten der Vorinstanz zurückgenommen wer-

[51] *Wiecz/Steiner* Rn. 7; *Zö/Vollkommer* Rn. 9; AK-ZPO/*Christian* Rn. 3; *T/P/Hüßtege* Rn. 7.
[52] *St/J/Bork* Rn. 28; *Wiecz/Steiner* Rn. 15; AK-ZPO/*Christian* Rn. 5.
[53] OLG München JurBüro 1987, 1088.
[54] BGH WuM 2004, 416.
[55] BGH NJW 1984, 805; WM 1986, 1061, 1062; NJW 1989, 39; *St/J/Bork* Rn. 31 m. weit. Nachw.
[56] *St/J/Bork* Rn. 31; *Wiecz/Steiner* Rn. 16.
[57] BGH MDR 1986, 313.
[58] MK/*v. Mettenheim* Rn. 20; aM *St/J/Bork* Rn. 31.
[59] *St/J/Bork* Rn. 41; MK/*v. Mettenheim* Rn. 25; *Zö/Vollkommer* Rn. 49; zur Streitverkündung s. auch BGHZ 92, 251, 254 = NJW 1985, 328; zur Einreichung von Urkunden durch die Partei vgl. OLG Brandenburg NJW-RR 1995, 1471.
[60] *St/J/Bork* Rn. 27; *Wiecz/Steiner* Rn. 14; *Zö/Vollkommer* Rn. 10.
[61] *Wiecz/Steiner* Rn. 14; *Zö/Vollkommer* Rn. 10; AK-ZPO/*Christian* Rn. 6; *T/P/Hüßtege* Rn. 7.
[62] Vgl. *St/J/Bork* Rn. 23 m. weit. Nachw.
[63] Vgl. VGH Baden-Württemberg BB 1998, 1608.
[64] OLG Hamburg, Urt. v. 31. 1. 2007, juris Rn. 126.
[65] HM; *St/J/Bork* Rn. 28; *Wiecz/Steiner* Rn. 13; offen gelassen von BGHZ 86, 160, 163.
[66] BGH FamRZ 1986, 458; *St/J/Bork* Rn. 28; *Wiecz/Steiner* Rn. 13; aM OLG Köln NJW 1973, 907.
[67] HM; BGHZ 77, 264, 272 = NJW 1980, 2307; OLG Düsseldorf NJW 1975, 2298, 2299.
[68] OLG Düsseldorf NJW 1975, 2298ff. mit zust. Anm. *Jauernig.*
[69] BGH FamRZ 1986, 458; OLG Frankfurt FamRZ 1987, 737f.
[70] LAG Köln AnwBl. 1990, 626.
[71] Vgl. OLG Hamburg FamRZ 1988, 1299.
[72] BGH NJW 1988, 210.

den.[73] Die genannte Ausnahme ist vom BGH zunächst nur für die Revisionsinstanz entschieden worden. Entschließt man sich aber, sie anzuerkennen, so erscheint es nur konsequent zu folgern, dass auch der erstinstanzliche Anwalt des Klägers die Klage noch in der Berufungsinstanz zurücknehmen kann. Wird eine von der Partei beim Amtsgericht erhobene Klage an das Landgericht verwiesen, so kann die Partei selbst die Klage (wirksam) zurücknehmen.[74]

19 Auch der **Rechtsmittelverzicht** unterliegt dem Anwaltszwang.[75] Dasselbe gilt in der Regel für die **Rechtsmittelrücknahme.**[76] Hat allerdings die Partei selbst oder durch einen postulationsunfähigen Vertreter ein (unzulässiges) Rechtsmittel eingelegt, so kann sie es in derselben Art wieder zurücknehmen.[77] Vom Anwaltszwang erfasst ist weiterhin der **Antrag auf Verlängerung der Begründungsfrist für ein Rechtsmittel** (§§ 520 Abs. 2, 551 Abs. 2),[78] und der **Einspruch** gegen ein Versäumnisurteil.[79] Dasselbe gilt grundsätzlich auch für die nach dem Erlass des landgerichtlichen Urteils erklärte **Zustimmung zur Sprungrevision** (zu der vor Erlass des Urteils abgegebenen Verpflichtung, die Zustimmung zu erteilen, vgl. dagegen Rn. 16);[80] sie kann allerdings gemäß § 566 Abs. 2 auch von dem Prozessbevollmächtigten der Vorinstanz abgegeben werden. Die Rechtsbeschwerde (§§ 574 ZPO, 133 GVG) ist durch Einreichen einer Beschwerdeschrift durch einen beim BGH zugelassenen Rechtsanwalt einzulegen.[81]

20 Anwaltszwang gilt auch für die **Äußerung zur Übertragung der Sache auf den Einzelrichter** (§ 277 Abs. 1 S. 2).[82] Dagegen können **Verweisungsanträge,** die nicht in der mündlichen Verhandlung gestellt werden, auch ohne einen zugelassenen Anwalt vorgebracht werden. Ist der Rechtsstreit im **Mahnverfahren** begonnen worden und hat das Amtsgericht die Sache zur Durchführung des streitigen Verfahrens an das Landgericht abgegeben, so ist die Sache nunmehr dort anhängig; es gilt daher Anwaltszwang.[83] Bis zum Beginn der mündlichen Verhandlung des Antragsgegners zur Hauptsache ist aber eine Rücknahme des Antrags auf Durchführung des streitigen Verfahrens ohne Anwaltszwang möglich; denn sie kann zu Protokoll der Geschäftsstelle erklärt werden (§§ 696 Abs. 4 S. 2, 78 Abs. 5).[84] Dasselbe gilt für eine Rücknahme des Einspruchs (§§ 700 Abs. 3 S. 2, 697 Abs. 4 S. 2, 78 Abs. 5).[85] Dagegen wird man für die Rücknahme der Klage **nach Erlass eines Vollstreckungsbescheids** die anwaltliche Mitwirkung fordern müssen. Das **Vollstreckungsverfahren nach §§ 887ff.** unterliegt dann dem Anwaltszwang, wenn dieser für das Verfahren vor dem Prozessgericht erster Instanz angeordnet ist.[86] In **Baulandsachen** besteht grundsätzlich Anwaltszwang; er gilt jedoch im Verfahren vor dem Landgericht und dem Oberlandesgericht nur für solche Beteiligte, die Anträge in der Hauptsache stellen (§ 222 Abs. 3 S. 2 BauGB).[87] Ohne anwaltliche Mitwirkung sind daher zB möglich: der bei der Verwaltungsbehörde einzureichende Antrag auf gerichtliche Entscheidung (§ 217 BauGB)[88], der Antrag auf Entscheidung nach Lage der Akten (§ 227 BauGB)[89] und Anträge zur Kostenentscheidung, wenn für den Beteiligten im vorangegangenes Verfahren ein Anwaltszwang nicht bestand, weil er keinen Sachantrag gestellt hatte.[90] Dagegen ist in den **Verfahren nach dem StrEG** eine anwaltliche Mitwirkung erforderlich.[91]

VI. Anwaltszwang in Familiensachen

21 **1. Allgemeines.** Abs. 1 S. 5, 2–4 regeln die Vertretung in Familiensachen. Zuständiges Gericht ist erstinstanzlich die Abteilung für Familiensachen beim Amtsgericht (Familiengericht, vgl. §§ 23a, 23b GVG); es handelt sich hierbei um den einzigen Fall des Anwaltszwanges vor dem Amtsgericht. Die abschließende Regelung des § 78 gilt ausschließlich für Familiensachen; entscheidend ist insoweit die materielle Lage. Kommt eine Nichtfamiliensache irrtümlich vor das Familiengericht, so richtet sich der Anwaltszwang nach den für Verfahren der betreffenden Art sonst maßgebenden Vorschriften.[92] Grundsätzlich besteht Anwaltszwang vor dem OLG, den obersten Landesgerichten und dem BGH (Abs. 1 S. 5). Ausnahmen ergeben sich insoweit aus Abs. 3 und 4. Vor den Familiengerichten besteht Anwaltszwang in den in Abs. 2 genannten Angelegenheiten.

---

73 BGHZ 14, 210ff. = NJW 1954, 1405; BGH NJW 1978, 1262; ebenso die hL; aM aber MK/*v. Mettenheim* Rn. 34.
74 OLG Koblenz MDR 2000, 225; ablehnend *Kaiser* ZAP 2000, 357.
75 BGH NJW 1984, 1465.
76 BGH NJW 1984, 805.
77 BGH NJW-RR 1994, 759.
78 BGHZ 93, 301, 303 = NJW 1985, 1558; BGH NJW 1988, 211.
79 BGH NJW 1992, 1700, 1701.
80 *St/J/Bork* Rn. 23; *Wiecz/Steiner* Rn. 10.
81 BGH NJW 2002, 2181.
82 *St/J/Bork* Rn. 23; *Wiecz/Steiner* Rn. 10.
83 BGH NJW 1979, 1658; NJW 1999, 365.
84 OLG Koblenz MDR 1984, 322; LG Frankfurt Rpfleger 1979, 429.
85 LG Bonn NJW-RR 1986, 223.
86 S. dazu OLG Köln FamRZ 1995, 312f.; *Zö/Vollkommer* Rn. 17 m. weit. Nachw.
87 Vgl. BGH NJW-RR 1994, 1021; OLG Sachsen-Anhalt OLGR Naumburg 2005, 645.
88 BGH MDR 1985, 30; NJW-RR 1994, 1021.
89 KG NJW 1970, 614.
90 OLG Koblenz NJW 1983, 2036.
91 BGH NJW-RR 1993, 1021f.
92 BT-Drs. 10/2888 S. 22; *Bergerfurth* FamRZ 1985, 545, 546.

22 **2. Ehesachen und Folgesachen. Ehesachen** sind die in § 606 Abs. 1 S. 1 abschließend aufgeführten Verfahren auf Scheidung, Aufhebung einer Ehe, auf Feststellung des Bestehens oder Nichtbestehens einer Ehe zwischen den Parteien und auf Herstellung des ehelichen Lebens. Der Begriff der **Folgesachen** (vgl. § 623 Rn. 8ff.) wird in § 623 Abs. 1 S. 1–3 definiert; es handelt sich um Familiensachen nach § 621 über die eine Entscheidung für den Fall der Scheidung zu treffen ist. Abs. 2 erfasst demnach den gesamten Scheidungsverbund, unabhängig davon,ob die betreffende Folgesache nach ZPO- oder FGG-Grundsätzen zu verhandeln ist.[93] Folgesachen fallen auch bei einer Verhandlung im abgetrennten Verfahren nach **§ 628** sowie bei einer **isolierten Anfechtung** des Verbundurteils nur wegen der Folgesache in den Anwendungsbereich der Vorschrift.[94]

23 Bei Ehesachen besteht für die **Ehegatten** Anwaltszwang in allen Rechtszügen. Im Hinblick auf den in Familiensachen geltenden **Untersuchungsgrundsatz** sind allerdings Besonderheiten zu beachten. Nach § 612 Abs. 4 darf in Ehesachen ein Versäumnisurteil gegen den Beklagten nicht ergehen. Dies hat insbesondere in Scheidungssachen zur Folge, dass der Antragsgegner keinen Rechtsanwalt beauftragen muss. Ergreift er diese Möglichkeit, so kann das Gericht ihm einen Rechtsanwalt nach § 625 beiordnen. Unterbleibt jedoch eine solche Beiordnung, so ist dem Antragsgegner die Vornahme von Prozesshandlungen verwehrt. Er ist in diesem Fall auf eine persönliche Anhörung (§ 613) beschränkt.[95] Dort kann er die Zustimmung zur Scheidung erklären, eine erteilte Zustimmung widerrufen sowie eheerhaltende Tatsachen nebst entsprechenden Beweisanträgen vorbringen und sich auf die Härteklausel nach § 1568 BGB, § 616 Abs. 3 berufen.[96] Ob der anwaltlich nicht vertretene Antragsgegner auch einen **Vergleich** schließen kann, ist umstritten. Entgegen einer teilweise vertretenen Ansicht[97] ist die Frage zu verneinen.[98] Denn der Wortlaut der Vorschrift ergreift eindeutig auch den Abschluss eines Prozessvergleichs, und überzeugende Gründe für eine teleologische Reduktion sind nicht gegeben. Wird der Anwaltszwang auf der Seite des Antragsgegners nicht beachtet, so ist der Vergleich als Prozesshandlung unwirksam. Der Mangel wird auch nicht dadurch geheilt, dass das Gericht den Vergleich genehmigt.[99]

24 Für am Verfahren über Folgesachen **beteiligte Dritte** ist nach Abs. 3 kein Anwaltszwang vor dem Amtsgericht und dem OLG angeordnet, wohl aber für die Rechtsbeschwerde und die Nichtzulassungsbeschwerde vor dem BGH. Drittbeteiligte kann es im vorliegenden Zusammenhang nur in Folgesachen geben, die nach FGG-Regeln zu verhandeln sind;[100] denn zivilprozessuale Folgesachen werden bei einer Beteiligung Dritter abgetrennt und verlieren dadurch ihren Charakter als Folgesachen.[101] Dies ist auch der Grund dafür, dass für die Drittbeteiligten einen Anwaltszwang nur vor dem BGH anordnet ist. Als beteiligte Dritte kommen etwa der Rentenversicherungsträger beim Versorgungsausgleich (§ 53b Abs. 2 S. 1 FGG) oder der Vermieter in Hausratsangelegenheiten (§ 7 HausratsVO) in Betracht.

25 **3. Lebenspartnerschaftssachen.** § 78 ordnet für die Lebenspartnerschaftssachen des § 661 Abs. 1 Nr. 1 bis 3 und Folgesachen in allen Rechtszügen Anwaltszwang an.

26 **4. Selbstständige ZPO-Familien- und Lebenspartnerschaftssachen** Abs. 2 3. Alt. ordnet für die Familiensachen nach § 621 Abs. 1 Nr. 8 einen Anwaltszwang auch dann an, wenn sie nicht als Folgesachen, sondern selbstständig vor Gericht gebracht werden. Familiensachen nach § 621 Abs. 1 **Nr. 8** sind solche, die Ansprüche aus dem **ehelichen Güterrecht** (§§ 1363–1563 BGB) betreffen. Sie sind Anwaltsprozesse vor dem Amtsgericht, dem OLG und dem BGH. Abs. 2 3. Alt. normiert folglich dieselbe Rechtsfolge, die nach Abs. 2 1. Alt. auch gilt, wenn die Angelegenheit als Folgesache ausgetragen wird. Für die Ehegatten spielt es in güterrechtlichen Sachen demnach keine Rolle, ob die Angelegenheit im Scheidungsverbund behandelt wird; nur für die am Verfahren beteiligten **Dritten** ergibt sich im Ergebnis ein Unterschied. Für sie gilt in Verfahren nach § 621 Abs. 1 Nr. 8 Anwaltszwang; in anderen Verfahren des § 621 Abs. 1 nicht (vgl. § 78 Abs. 3). Auch für die im selbständigen Verfahren geltend gemachten Ansprüche aus dem lebenspartnerschaftlichen Güterrecht (§ 661 Abs. 1 Nr. 6) gilt Anwaltszwang in allen Rechtszügen.

27 Für selbstständige Familiensachen nach § 621 Abs. 1 **Nr. 4, 5, 10** (soweit es sich nicht um Verfahren nach § 1600e Abs. 2 BGB handelt) sowie für Angelegenheiten nach **Nr. 11** besteht kein Anwaltszwang vor den Familiengerichten. Anwaltszwang für alle (Parteien und Beteiligte) besteht vor dem BGH und den Oberlandesgerichten.

28 **5. Für selbstständige FGG-Familiensachen** nach § 621 Abs. 1 Nr. 1–3, 6, 7, 9, 10 in Verf. nach § 1600e Abs. 2 BGB, 12 und 13 besteht kein Anwaltszwang vor den Familien- und Oberlandesgerichten, wohl aber vor dem BGH.

29 **6. Behördenprivileg (Abs. 4).** Abs. 4 enthält das sog. Behördenprivileg. Danach sind das Jugendamt (§§ 69ff. SGB VIII), die Träger der gesetzlichen Rentenversicherungen sowie sonstige Körperschaften, Anstalten und Stiftungen des öffentlichen Rechts und deren Verbände einschließlich der Spitzenverbände und ihrer Arbeitsgemeinschaften insoweit vom Anwaltszwang ausgenommen als sie sich nicht durch einen beim BGH zugelassenen Anwalt vertreten lassen müssen, wenn sie gegen eine Beschwerdeentscheidung

---

[93] Vgl. § 621a; BGH NJW 1979, 766.
[94] BGH NJW 1981, 233, 234; VersR 1985, 1185, 1186; OLG Köln FamRZ 1995, 312, 313.
[95] Vgl. OLG Hamm NJW-RR 1998, 1459.
[96] *Wiecz/Steiner* Rn. 33; *Zö/Vollkommer* Rn. 31.
[97] Vgl. insbesondere OLG München Rpfleger 1986, 408, 409.
[98] So auch die hM; BGH NJW 1991, 1743; FamRZ 1986, 458; *St/J/Bork* Rn. 29 m. weit. Nachw.
[99] BGH NJW 1991, 1743, 1744.
[100] *Bergerfurth* FamRZ 1985, 545, 546f.
[101] Vgl. BT-Drs. 10/2888 S. 22.

des Familiensenats Rechtsbeschwerde (§ 621e Abs. 2 S. 1 Nr. 1) oder Nichtzulassungsbeschwerde (§ 621e Abs. 2 S. 1 Nr. 2) einlegen.[102] Insoweit gilt § 79. Daher kann die beteiligte Behörde bzw. juristische Person den Prozess nicht nur selbst führen; sie kann auch einen nicht zugelassenen Rechtsanwalt mit ihrer Vertretung beauftragen.[103]

VII. Ausnahmen vom Anwaltszwang (Abs. 5)

1. Verfahren vor dem beauftragten oder ersuchten Richter. Kein Anwaltszwang besteht nach Abs. 5 für das Verfahren vor dem beauftragten oder ersuchten Richter (vgl. §§ 278 Abs. 5, 361, 362, 372 Abs. 2, 375, 434, 479). Der beauftragte oder ersuchte Richter ist nicht mit dem Einzelrichter (§§ 348, 348a) zu verwechseln. Für das Verfahren vor diesem gilt Abs. 5 ebenso wenig wie für das Verfahren vor dem Vorsitzenden der Kammer für Handelssachen. Jedoch schadet eine irrtümliche Bezeichnung des beauftragten Richters als „Einzelrichter" nicht.[104] Vor dem beauftragten oder ersuchten Richter kann auch ein **Prozessvergleich** ohne Anwaltszwang geschlossen werden.[105] Das Gericht kann den Prozess gerade zu diesem Zweck an eines seiner Mitglieder als beauftragten Richter verweisen.[106] Im Hinblick auf die Gefahr einer Umgehung des Anwaltszwangs ist es dagegen nicht möglich, dass ein Einzelrichter das Verfahren an sich selbst als beauftragten Richter abgibt.[107] 30

2. Prozesshandlungen, die vor dem Urkundsbeamten der Geschäftsstelle vorgenommen werden können. Vom Anwaltszwang befreit sind ferner alle Prozesshandlungen, die zu Protokoll der Geschäftsstelle erklärt werden können. Als Beispiele sind hier insbesondere zu nennen: das Gesuch um **Ablehnung eines Richters** oder Sachverständigen (§§ 44 Abs. 1, 406 Abs. 2 S. 3), die Erklärung der **Erledigung** in der Hauptsache (§ 91a Abs. 1), der Antrag auf **Rückgabe einer Sicherheit** (§§ 109 Abs. 3, 715), der Antrag auf Bewilligung von **Prozesskostenhilfe** und die Stellungnahme des Gegners hierzu (§ 117 Abs. 1 S. 1, 118 Abs. 1 S. 2), das Gesuch um **Aussetzung** des Verfahrens (§ 248 Abs. 1), Anträge und Erklärungen zur **Zuständigkeit** des Gerichts (§ 281 Abs. 2 S. 1), der Antrag auf Durchführung des **selbstständigen Beweisverfahrens** (§ 486 Abs. 4) und das Gesuch um Anordnung eines **Arrests** oder einer **einstweiligen Verfügung** (§§ 920 Abs. 3, 936)[108] bzw. einer **einstweiligen Anordnung** (§§ 620a Abs. 2 S. 2, § 641d Abs. 2 S. 2). In bestimmten (in § 569 Abs. 3 genannten) Fällen kann auch die **Beschwerde** zu Protokoll der Geschäftsstelle eingelegt werden.[109] 31

Für die Befreiung vom Anwaltszwang reicht die bloße **Möglichkeit**, die Prozesshandlung vor dem Urkundsbeamten der Geschäftsstelle vorzunehmen; ist diese Voraussetzung erfüllt, so unterfällt die Handlung auch dann nicht dem Anwaltszwang, wenn sie tatsächlich in einem Schriftsatz erfolgt.[110] Zu beachten ist aber, dass durch Abs. 5 nur die betreffende **Prozesshandlung** vom Anwaltszwang ausgenommen wird, nicht jedoch das sich **anschließende Verfahren,** so weit es dem Anwaltszwang unterliegt, und insbesondere nicht eine mündliche Verhandlung.[111] Wird allerdings keine mündliche Verhandlung anberaumt, so kommt für die Erwiderung des Gegners eine Befreiung vom Anwaltszwang entsprechend § 571 Abs. 4 in Betracht. Kein Anwaltszwang besteht im Übrigen auch für Anträge, die sich an den Urkundsbeamten der Geschäftsstelle selbst richten, wie zB Anträge auf Erteilung von Abschriften, § 299, sowie für Erinnerungen gegen Entscheidungen des Urkundsbeamten oder des beauftragten oder ersuchten Richters (vgl. §§ 573 Abs. 1). 32

3. Verfahren vor dem Rechtspfleger. Nach der ausdrücklichen Anordnung des § 13 RpflG ist § 78 Abs. 1 weiterhin nicht auf das Verfahren vor dem Rechtspfleger anzuwenden. Dies betrifft die in § 20 RpflG aufgezählten Angelegenheiten und insbesondere auch die **Kostenfestsetzung** nach § 21 RpflG. Die sofortige Beschwerde gegen den Kostenfestsetzungsbeschluss des Rechtspflegers beim Landgericht (vgl. §§ 104 Abs. 3, 11 RPflG, 569 Abs. 3) kann ohne Anwaltszwang eingelegt werden, weil das Verfahren in erster Instanz vor dem Rechtspfleger nicht als Anwaltsprozess zu führen ist und die Beschwerde sich gegen die Entscheidung des Rechtspflegers, nicht aber gegen die Entscheidung des Gerichtes richtet (s. § 104 Rn. 25).[112] 33

VIII. Selbstvertretungsrecht des Rechtsanwalts (Abs. 6)

Nach Abs. 6 kann sich ein postulationsfähiger Rechtsanwalt in eigenen Angelegenheiten selbst vertreten. Voraussetzung ist, dass der **Rechtsanwalt Partei** des Verfahrens ist; es genügt, dass er als Partei kraft Amtes am Verfahren teilnimmt, etwa als Insolvenzverwalter, als Testamentsvollstrecker, als Pfleger oder als gesetzlicher Vertreter.[113] Das Selbstvertretungsrecht nach Abs. 6 besteht in allen Fällen, die seine Postu- 34

---

[102] T/P/*Hüßtege* Rn 14.
[103] BGH NJW 1993, 1208f.
[104] BGHZ 77, 264, 272f. = NJW 1980, 2307.
[105] *Wiecz/Steiner* Rn. 42.
[106] OLG Düsseldorf NJW 1975, 2298ff. mit zust. Anm. *Jauernig.*
[107] BGH FamRZ 1986, 458; OLG Frankfurt FamRZ 1987, 737f.
[108] OLG Saarbrücken NJW-RR 1998, 1611, 1612; vgl. OLG Hamburg Rpfleger 1979, 28.
[109] OLG Saarbrücken NJW-RR 1998, 1611, 1612 m. weit. Nachw.
[110] Vgl. BGH NJW 1984, 2413; vgl. § 91a Rn. 12.
[111] OLG Frankfurt NJW 1981, 2203; FamRZ 1983, 516f.; OLG Düsseldorf OLGZ 1983, 358f.; OLG Hamm MDR 1996, 1182; OLG Saarbrücken NJW-RR 1998, 1611, 1612; OLG Frankfurt MDR 1999, 186 (str.).
[112] OLG München MDR 1999, 1224, 1225; OLG Nürnberg MDR 2000, 233; OLG Köln OLGR Köln 2005, 406; aA OLG Nürnberg MDR 1999, 894; Hans. OLG Hamburg MDR 1999, 1223.
[113] BFH DB 1985, 28; KG NJW 1955, 593; OLG Oldenburg NdsRpfl. 1997, 286; *St/J/Bork* Rn. 22.

lationsfähigkeit umfassen würde, wenn er als Prozessbevollmächtigter auftreten würde.[114] Eine Ausdehnung des Selbstvertretungsrechts auf **andere volljuristische Berufe,** auf sonstige rechtskundige Personen sowie auf den nicht zugelassenen Anwalt kommt im Zivilprozess nicht in Betracht;[115] auch aus dem Gleichheitssatz gemäß Art. 3 Abs. 1 GG lässt sich nichts Gegenteiliges folgern.[116] Macht ein Rechtsanwalt von seinem Selbstvertretungsrecht Gebrauch, so ist er als Anwalt im Sinne der ZPO-Regeln zu behandeln.[117] Bestellt er einen anderen Anwalt *neben* sich als Vertreter, so liegt ein Fall des § 84 vor; etwas anderes gilt natürlich, wenn er sich nur von diesem vertreten lässt.[118] Umstritten ist, ob sich der Anwalt, der von seinem Selbstvertretungsrecht Gebrauch machen will, zum Prozessbevollmächtigten bestellen muss.[119] Da ihm ungeachtet des Abs. 6 immer noch die Wahl bleibt, ob er sich selbst vertreten oder einen anderen Rechtsanwalt beauftragen will, sollte man dies im Grundsatz bejahen; meist wird jedoch eine konkludente Bestellung anzunehmen sein.[120] Stirbt der Rechtsanwalt während des Prozesses oder wird er postulationsunfähig, so tritt auch bei der Selbstvertretung eine Unterbrechung des Verfahrens nach § 244 Abs. 1 ein (vgl. o. Rn. 10f.).[121] Dagegen sind die §§ 86, 246 nicht anwendbar, da sie eine Personenmehrheit voraussetzen.[122] Vor den europäischen Gerichten ist nach deren Rechtsprechung eine Selbstvertretung von Rechtsanwälten verboten. Die deutsche Regelung in § 78 Abs. 6 ZPO wird dadurch nicht in Frage gestellt.[123]

IX. Rechtsanwälte aus den Mitgliedstaaten der Europäischen Union und den Vertragsstaaten des Europäischen Wirtschaftsraumes

35 **1. Niedergelassene europäische Rechtsanwälte.** Das Gesetz zur Umsetzung von Richtlinien der Europäischen Gemeinschaft auf dem Gebiet des Berufsrechts der Rechtsanwälte (EuRAG) vom 9. 3. 2000[124] regelt die Berufsausübung und Zulassung zur Rechtsanwaltschaft in Deutschland für Staatsangehörige der Mitgliedstaaten der Europäischen Union und der anderen Vertragsstaaten des Abkommens über den Europäischen Wirtschaftsraum und der Schweiz (§ 1). Das Gesetz ist auf solche Personen anwendbar, die in ihrem Herkunftsstaat berechtigt sind, als Rechtsanwälte selbstständig tätig zu sein.[125] Es nennt sie **europäische Rechtsanwälte** (§ 1). Sie können ohne Ablegung einer zusätzlichen Prüfung und ohne Ableistung von Anpassungslehrgängen in Deutschland unter der Berufsbezeichnung ihres Herkunftsstaates[126] den Rechtsanwaltsberuf ausüben, wenn sie sich auf Dauer in Deutschland niederlassen. Das Gesetz spricht dann vom **niedergelassenen europäischen Rechtsanwalt** (§ 2). Diese Personen sind hinsichtlich ihrer beruflichen Befugnisse einem deutschen Rechtsanwalt grundsätzlich gleichgestellt. Die früher gem. § 206 BRAO geltenden Beschränkungen sind weggefallen. Es ist daher die Rechtsbesorgung im deutschen Recht nunmehr ebenso möglich wie ein Auftreten vor deutschen Gerichten. Der niedergelassene europäische Rechtsanwalt ist wie der nach der BRAO zugelassene Rechtsanwalt ein Organ der Rechtspflege. Er übt einen freien Beruf aus und ist kein Gewerbetreibender. Er kann in allen Fällen tätig werden, in denen nach den Gesetzen das Handeln oder Auftreten eines Rechtsanwalts vorgeschrieben ist, und es finden alle Vorschriften der Verfahrensordnung und sonstiger Gesetze auf ihn Anwendung, die in ihrem Tatbestand an die Eigenschaft als Rechtsanwalt anknüpfen.[127] Voraussetzung für die Berufsausübung des niedergelassenen europäischen Rechtsanwalts in Deutschland ist lediglich die Aufnahme in die zuständige Rechtsanwaltskammer (§ 2). Diese setzt nur voraus, dass der Antragsteller bei der zuständigen Stelle des Herkunftsstaates als europäischer Rechtsanwalt eingetragen ist. Herkunftsstaat bezeichnet dabei nicht den Heimatstaat, sondern den Staat, in dem die betreffende Person als Rechtsanwalt zugelassen ist und in dem sie in der Regel auch ihre berufliche Qualifikation erworben hat.[128]

36 *unbesetzt*

37 **2. Dienstleistende europäische Rechtsanwälte.** Der europäische Rechtsanwalt, der sich nicht in der Bundesrepublik niederlässt, ist gem. § 25ff. des Gesetzes zur Umsetzung von Richtlinien der Europäischen Gemeinschaft auf dem Gebiet des Berufsrechts der Rechtsanwälte berechtigt, vorübergehend in Deutschland die Tätigkeit eines Rechtsanwalts auszuüben. Das Gesetz bezeichnet diese Personen als **dienstleistende eu-**

---

114 Vgl. BFH DB 1985, 28; LAG München AnwBl. 1988, 72.

115 BGH NJW-RR 1987, 1086, 1087; vgl. dort aber auch zum Patentnichtigkeitsverfahren.

116 *Zö/Vollkommer* Rn. 55.

117 *St/J/Bork* Rn. 22; MK/*v. Mettenheim* Rn. 78.

118 *St/J/Bork* Rn. 22.

119 Dagegen KG NJW 1955, 593.

120 MK/*v. Mettenheim* Rn. 78.

121 BGHZ 111, 104, 107 = NJW 1990, 1854; KG, Beschl. v. 9. 7. 2007, juris Rn. 12.

122 *St/J/Bork* Rn. 22; MK/*v. Mettenheim* Rn. 78; KG, Beschl. v. 9. 7. 2007, juris Rn. 12.

123 Vgl. *Römermann/Schulte* AnwBl. 2002, 198.

124 BGBl. I 2000, 182; vgl. dazu *Lach* NJW 2000, 1609; *Kranz* BB 2000, 989; *Sassenbach/Stöhr* BRAK-Mitt. 2007, 155.

125 Betroffen sind Personen aus folgenden Ländern: Belgien, Bulgarien, Dänemark, Estland, Finnland, Frankreich, Griechenland, Großbritannien, Irland, Island, Italien, Lettland, Lichtenstein, Litauen, Luxemburg, Malta, Niederlande, Norwegen, Österreich, Polen, Portugal, Rumänien, Schweden, Schweiz, Slowakei, Slowenien, Spanien, Tscheschische Republik, Ungarn, Zypern.

126 Vgl. dazu die Anlage zu § 1 des Gesetzes v. 23. 10. 2003, BGBl. I 2074.

127 Vgl. Regierungsentwurf eines Gesetzes zur Umsetzung von Richtlinien der Europäischen Gemeinschaft auf dem Gebiet des Berufsrechts der Rechtsanwälte, BT-Drucks. 14/2269, 23.

128 Regierungsentwurf eines Gesetzes zur Umsetzung von Richtlinien der Europäischen Gemeinschaft auf dem Gebiet des Berufsrechts der Rechtsanwälte, BT-Drucks. 14/2269, 23.

ropäische Rechtsanwälte (§ 25 Abs. 1). Diese Rechtsanwälte sind von der Vertretung vor dem Bundesgerichtshof ausgeschlossen (§ 27 Abs. 1 S. 2). Im Übrigen haben diese Personen im Zusammenhang mit der Vertretung oder Verteidigung eines Mandanten im Bereich der Rechtspflege oder vor Behörden die Stellung eines Rechtsanwalts, insbesondere dessen Rechte und Pflichten (§ 27 Abs. 1 S. 1). In den Fällen, in denen Anwaltszwang herrscht, dürfen die dienstleistenden europäischen Rechtsanwälte allerdings nur im Einvernehmen mit einem Rechtsanwalt (Einvernehmensanwalt) handeln, der beim entsprechenden Gericht zugelassen ist (§ 28 Abs. 1).

78a *(weggefallen)*

78b *Notanwalt*

(1) Insoweit eine Vertretung durch Anwälte geboten ist, hat das Prozessgericht einer Partei auf ihren Antrag durch Beschluss für den Rechtszug einen Rechtsanwalt zur Wahrnehmung ihrer Rechte beizuordnen, wenn sie einen zu ihrer Vertretung bereiten Rechtsanwalt nicht findet und die Rechtsverfolgung oder Rechtsverteidigung nicht mutwillig oder aussichtslos erscheint.

(2) Gegen den Beschluss, durch den die Beiordnung eines Rechtsanwalts abgelehnt wird, findet die sofortige Beschwerde statt.

I. Normzweck

1 § 78b eröffnet die Möglichkeit der Beiordnung eines sog. Notanwalts und verhindert so, dass einer Partei im Anwaltsprozess der Rechtsschutz entzogen wird, weil sie keinen zur Vertretung bereiten Rechtsanwalt findet. Sie dient damit der **Sicherung gleicher Chancen bei der Rechtsverfolgung und Rechtsverteidigung**[1] und lässt sich insoweit als Ausprägung des Rechtsstaatsprinzips begreifen. Dass die Beiordnung durch § 78b an sachliche Voraussetzungen geknüpft wird, ist verfassungsrechtlich unbedenklich, da ihr Vorliegen in einem justizförmigen Verfahren überprüft werden kann.[2]

2 Die Beiordnung nach § 78b ist zu unterscheiden von der Beiordnung eines Anwalts im Prozesskostenhilfeverfahren gemäß § 121. Im Gegensatz zu dieser Vorschrift stellt § 78b nur einen vertretungsbereiten Rechtsanwalt zur Verfügung, gewährt der Partei aber keine sonstigen Vergünstigungen, insbesondere nicht hinsichtlich der Kostentragung. Einen dritten Fall der Anwaltsbeiordnung enthält § 625 für das Scheidungsverfahren. Diese Vorschrift unterscheidet sich von § 78b dadurch, dass sie eine Beiordnung auch gegen den Willen der Partei gestattet. In der Praxis ist die Beiordnung eines Notanwalts nach § 78b selten.

II. Voraussetzungen

3 **1. Vertretung durch Anwälte geboten.** Eine Beiordnung nach § 78b kommt **anders als** im Fall des **§ 121** (s. dort Rn. 9ff.) nur im Anwaltsprozess in Betracht. Ein Notanwalt kann in allen Anwaltsprozessen beigeordnet werden, und zwar für jeden Beteiligten, der vom Anwaltszwang erfasst wird. Über den Wortlaut des § 78b hinaus ist die Beiordnung daher auch zu Gunsten eines **Nebenintervenienten** möglich.[3] Im Parteiprozess kommt eine Beiordnung nach § 78b nicht in Betracht.[4] Besteht Anwaltszwang nur für einzelne Prozesshandlungen oder Verfahrensabschnitte, so darf eine Beiordnung nur für diese Prozesshandlungen oder Verfahrensabschnitte erfolgen.[5]

4 **2. Vergebliche Anwaltssuche.** Nur wenn die Partei **einen zur Vertretung bereiten Rechtsanwalt nicht findet,** ist die Beiordnung eines Notanwalts möglich. Welche Anforderungen an die Anwaltssuche zu stellen sind, richtet sich nach den Umständen des Einzelfalls. Allgemein lässt sich lediglich formulieren, dass die Partei alle **zumutbaren Anstrengungen** unternehmen muss.[6] So wird man von ihr zu fordern haben, dass sie eine angemessene Anzahl von Rechtsanwälten um ihre Vertretung bittet;[7] ihr ist jedoch nicht zuzumuten, sämtliche beim Gericht zugelassenen Anwälte zu ersuchen;[8] der erfolglose Versuch drei[9] bzw. vier[10] der am BGH zugelassenen Rechtsanwälten zu beauftragen reicht nicht aus; vielmehr wird ein Notanwalt erst dann beigeordnet, wenn sich eine Partei an mehr als vier beim BGH zugelassene Rechtsanwälte gewandt hat.[11] Welche Zahl angemessen ist, bemisst sich insbesondere nach der **Eilbedürftigkeit** der Angelegenheit. Die Partei darf sich bei ihrer Suche nicht auf die ihr genehmen Rechtsanwälte beschränken,[12] doch kann ein Herantreten an bestimmte Anwälte im Einzelfall unzumutbar sein.[13] Der Antrag auf Beiordnung ist of-

---

[1] BVerwG NJW 1979, 2117; *St/J/Bork* Rn. 1; AK-ZPO/*Christian* Rn. 2.
[2] MK/*v. Mettenheim* Rn. 1.
[3] Vgl. nur *Wiecz/Steiner* Rn. 1; *Zö/Vollkommer* Rn. 2.
[4] Vgl. BGH MDR 1989, 257.
[5] *St/J/Bork* Rn. 4; *Wiecz/Steiner* Rn. 1; aA. MK/*v. Mettenheim* Rn. 4.
[6] *Wiecz/Steiner* Rn. 4; MK/*v. Mettenheim* Rn. 3.
[7] KG OLGZ 1977, 245, 247; BVerwG DVBl. 1999, 1662, 1663; VGH Mannheim NVwZ-RR 1999, 280.
[8] BVerwG DVBl. 1999, 1662, 1663; VGH Mannheim NVwZ-RR 1999, 280.
[9] BGH MDR 2000, 412.
[10] BGH NJW-RR 2004, 864.
[11] BGH, Beschl. v. 25. 1. 2007, juris.
[12] *St/J/Bork* Rn. 6; *Wiecz/Steiner* Rn. 4.
[13] *St/J/Bork* Rn. 5.

fensichtlich unbegründet, wenn Rechtsanwälte beim BGH zwar zur Vertretung bereit waren, nicht aber dazu, die vom Revisionsführer selbst entworfene, ungeeignete Revisionsbegründung ins Verfahren einzuführen.[14] Gleiches gilt, wenn die Rechtsanwälte nicht bereit waren, den rechtlichen Überlegungen des Klägers zu folgen und sie zur Grundlage eines Begründungsschriftsatzes zu machen.[15] Am fehlenden Vorschuss darf das Mandat nicht scheitern[16] (vgl. § 78c Abs. 2), ebenso nicht daran, dass sich ein vertretungsbereiter Rechtsanwalt zwar findet, er die Prozesschancen aber schlecht einschätzt.[17] Soweit die Auffassung vertreten wird, allein die fehlende Bereitschaft zur Zahlung eines über den gesetzlichen Gebühren liegenden Honorars und daraus resultierende Schwierigkeiten bei der Einschaltung eines Rechtsanwalts begründeten keinen Anspruch auf Einschaltung eines Notanwalts[18], kann dem nicht gefolgt werden. Das Tatbestandsmerkmal „einen zur ihrer Vertretung bereiten Rechtsanwalt nicht findet" ist schon dann erfüllt, wenn die Partei keinen Anwalt findet, der sie zu den gesetzlichen Gebühren vertritt. Die Partei ist nicht verpflichtet über den gesetzlichen Gebühren liegende Gebühren zu akzeptieren. Dass die Anwaltssuche vergeblich war, hat die Partei substantiiert darzulegen und ggf. zu beweisen[19] durch namentliche Benennung der ersuchten Anwälte und durch die Vorlage schriftlicher Ablehnungen.[20]

5 Hat die Partei einen Vormund oder Pfleger, der Rechtsanwalt und bei dem Prozessgericht zugelassen ist und dessen Wirkungskreis die Prozessführung umfasst, dann kommt eine Beiordnung nicht in Betracht.[21] Dasselbe gilt, wenn die Partei schon einen Anwalt hatte, die **Beendigung des Mandats** aber **schuldhaft verursacht** hat.[22] Eine Beiordnung nach § 78b scheidet auch dann aus, wenn die Partei die Geltendmachung eines Schadensersatzanspruches beabsichtigt, den Anwalt zunächst aber nur sucht, um die Höhe des Anspruchs ermitteln oder errechnen zu lassen.[23] Will die Partei lediglich eine Revisionsschrift in den Prozess einführen lassen, die sie selbst verfasst hat, kann ihr ein Notanwalt ebenfalls nicht beigeordnet werden.[24]

6 **3. Rechtsverfolgung oder Rechtsverteidigung nicht mutwillig oder aussichtslos.** Die Beiordnung eines Notanwalts setzt ferner voraus, dass die Rechtsverfolgung oder Rechtsverteidigung nicht mutwillig oder aussichtslos erscheint. Beide Begriffe haben im vorliegenden Zusammenhang eine etwas andere Bedeutung als die vergleichbaren Voraussetzungen der Prozesskostenhilfebewilligung nach § 114 (s. dort Rn. 19ff., 30ff.).[25] Während dort der Schutz der Staatskasse zu berücksichtigen ist, muss dieser Gesichtspunkt hier außer Betracht bleiben;[26] denn bei der Beiordnung nach § 78b hat die Partei den Rechtsanwalt selbst zu bezahlen, so dass die Einschränkungen allein den Zweck verfolgen, den Anwalt vor querulatorischen Mandanten zu bewahren. Entscheidendes Kriterium für die **Mutwilligkeit** ist folglich die Zumutbarkeit der Übernahme des Mandats für den beizuordnenden Anwalt.[27] Hinsichtlich der **Erfolgsaussichten** lässt sich der Unterschied zu § 114 bereits aus dem Wortlaut des § 78b erkennen. Während Prozesskostenhilfe nur bewilligt werden kann, wenn die beabsichtigte Rechtsverfolgung oder Rechtsverteidigung „hinreichende Aussicht auf Erfolg bietet", darf die Beiordnung eines Notanwalts nur versagt werden, wenn das Rechtsschutzbegehren „aussichtslos erscheint". **Aussichtslosigkeit** in diesem Sinne ist nur dann gegeben, wenn die Erfolglosigkeit offenbar ist und ein günstiges Ergebnis auch bei Beratung durch einen Anwalt nicht erzielt werden kann.[28] Eine Beiordnung nach § 78b muss also unter Umständen selbst dann erfolgen, wenn der Partei Prozesskostenhilfe mangels Erfolgsaussicht nicht bewilligt werden dürfte; umgekehrt kommt eine Prozesskostenhilfebewilligung nicht in Betracht, wenn schon die Beiordnung nach § 78b wegen Aussichtslosigkeit abgelehnt worden ist.[29] Diese sehr strengen Anforderungen an eine Ablehnung der Beiordnung sind aus verfassungsrechtlichen Gründen geboten.[30] Wenn der Verwaltungsgerichthof die Berufung zugelassen hat und dann die Beiordnung eines Notanwalts wegen Aussichtslosigkeit der Rechtsverfolgung ablehnt, verletzt er Art. 19 Abs. 4 GG.[31]

7 **4. Antrag.** Schließlich verlangt § 78b einen Antrag der Partei auf Beiordnung eines Notanwalts. Er richtet sich an das Prozessgericht und unterliegt nicht dem Anwaltszwang. Er ist nicht an eine Form gebunden und kann daher sowohl schriftlich als auch zu Protokoll der Geschäftsstelle gestellt werden.[32] In ihm sind die Voraussetzungen für die Beiordnung darzulegen.

---

14 BGH EzFamR ZPO § 78b Nr. 4.
15 BGH, Beschl. v. 20. 6. 2006, juris, Rn. 3.
16 BGH NJW 1966, 780; BGH MDR 2000, 412.
17 OLG Karlsruhe Justiz 1971, 25.
18 OVG Münster NJW 2003, 2624; BFH, Beschl. v. 19. 1. 2004, juris.
19 VGH Mannheim NVwZ-RR 1999, 280; BFH, Beschl. v. 17. 1. 2005, juris; BGH NJW-RR 2004, 864.
20 OLG Koblenz Rpfleger 1971, 441, 442; vgl. BGH NJW-RR 1995, 1016.
21 BVerwG NJW 1979, 2117.
22 MK/*v. Mettenheim* Rn. 4.
23 KG OLGZ 1977, 245, 247.
24 BGH NJW 1995, 537.
25 Anders hinsichtlich der Mutwilligkeit: MK/*v. Mettenheim* Rn. 5.
26 *Wiecz/Steiner* Rn. 2; *T/P/Hüßtege* Rn. 1.
27 *St/J/Bork* Rn. 7; *Zö/Vollkommer* Rn. 3.
28 BGH FamRZ 1988, 1152, 1153; BSG, Beschl. v. 3. 1. 2005, juris; OLG Schleswig NJW 1961, 366.
29 BGH FamRZ 1988, 1152, 1153; OLG Saarbrücken JMBlSaar 1962, 52, 53.
30 *Wiecz/Steiner* Rn. 3.
31 BVerfG, Beschl. v. 27. 12. 2002, juris.
32 *St/J/Bork* Rn. 11; *Wiecz/Steiner* Rn. 5; MK/*v. Mettenheim* Rn. 7; AK-ZPO/*Christian* Rn. 5.

III. Entscheidung

Über den Antrag der Partei entscheidet das Prozessgericht durch **Beschluss.**[33] Mündliche Verhandlung ist freigestellt (früher § 78b Abs. 1 S. 2, jetzt § 128 Abs. 4). Der **Gegner** muss vor der Entscheidung **nicht gehört** werden; denn seine Rechtsstellung wird durch sie nicht unmittelbar berührt.[34] Der Beschluss bedarf grundsätzlich einer **Begründung;**[35] er ist bei Entscheidung nach mündlicher Verhandlung zu verkünden (§ 329 Abs. 1 S. 1); andernfalls ist er formlos mitzuteilen (§ 329 Abs. 2 S. 1). Eine Unterrichtung des Prozessgegners ist nicht erforderlich, da diesem kein Beschwerderecht zusteht.[36] 8

Sind die Voraussetzungen der Beiordnung erfüllt, so ist dem Antrag stattzugeben; das Gericht hat insoweit keinen Ermessensspielraum.[37] Der stattgebende Beschluss spricht aus, dass der Partei „ein beim Prozessgericht zugelassener Rechtsanwalt" beigeordnet wird. Er stellt nur eine **Grundentscheidung** dar und nennt noch keinen bestimmten Rechtsanwalt. Die **Auswahl** des beizuordnenden Anwalts obliegt vielmehr nach § 78c dem Vorsitzenden allein. Ist die Entscheidung über die Auswahl ausnahmsweise schon im Beschluss des Prozessgerichts enthalten, dann gilt dieser Teil als vom Vorsitzenden entschieden.[38] Andernfalls verpflichtet die Grundentscheidung den Vorsitzenden zur Auswahl und verschafft der Partei insoweit einen Anspruch.[39] Ein Anspruch auf Bestellung eines Fachanwalts besteht nicht.[40] 9

IV. Rechtsmittel (Abs. 2)

1. Der **stattgebende Beschluss** ist unanfechtbar;[41] denn die antragstellende Partei wird durch ihn nicht beschwert, der Prozessgegner ist durch eine Beiordnung nicht unmittelbar betroffen, und ein bestimmter Anwalt kann erst durch die Beiordnungsverfügung nach § 78c berührt werden.[42] Auch eine Aufhebung des Beiordnungsbeschlusses wegen Wegfalls seiner Voraussetzungen ist im Gesetz nicht vorgesehen.[43] So weit der Beiordnungsbeschluss allerdings bereits die Person des beizuordnenden Anwalts bestimmt (vgl. Rn. 9), ist dieser Teil der Entscheidung nach § 78c Abs. 3 anfechtbar.[44] 10

2. Gegen einen **ablehnenden Beschluss** findet nach Abs. 2 die Beschwerde statt, für die **kein Anwaltszwang** gilt. 11

V. Gebühren und Kosten

1. **Rechtsanwaltsgebühren.** Der nach § 78b beigeordnete Anwalt erhält die Gebühren der Nrn. 3100ff. VV RVG. Er hat im Gegensatz zu dem nach § 625 beigeordneten Anwalt keinen Anspruch auf Vergütung aus der Staatskasse. Der Notanwalt kann aber trotz seiner Beiordnung die Vertretung davon abhängig machen, dass ihm die Partei einen Vorschuss bezahlt (§ 9 RVG, § 78c Abs. 2).[45] Wenn die Partei den Vorschuss nicht bezahlt, kann der Anwalt die Aufhebung seiner Beiordnung beantragen. 12

2. **Gerichtkosten.** Für den Beschluss werden keine Gebühren erhoben; für das Beschwerdeverfahren gilt KV Nr. 1812. 13

78c *Auswahl des Rechtsanwalts*

(1) Der nach § 78b beizuordnende Rechtsanwalt wird durch den Vorsitzenden des Gerichts aus der Zahl der in dem Bezirk des Prozessgerichts niedergelassenen Rechtsanwälte ausgewählt.

(2) Der beigeordnete Rechtsanwalt kann die Übernahme der Vertretung davon abhängig machen, dass die Partei ihm einen Vorschuss zahlt, der nach dem Rechtsanwaltsvergütungsgesetz zu bemessen ist.

(3) [1]Gegen eine Verfügung, die nach Absatz 1 getroffen wird, steht der Partei und dem Rechtsanwalt die sofortige Beschwerde zu. [2]Dem Rechtsanwalt steht die sofortige Beschwerde auch zu, wenn der Vorsitzende des Gerichts den Antrag, die Beiordnung aufzuheben (§ 48 Abs. 2 der Bundesrechtsanwaltsordnung), ablehnt.

I. Normzweck

Die Vorschrift ergänzt § 78b, der die Grundentscheidung über die Beiordnung betrifft (vgl. § 78b Rn. 9), und regelt die **Auswahl des beizuordnenden Anwalts.** Ihr Anwendungsbereich ist jedoch nicht auf die Fälle des § 78b begrenzt, sondern erstreckt sich kraft ausdrücklicher Verweisung auch auf die Anwaltsbeiord- 1

---

33 *Zö/Vollkommer* Rn. 5; *B/L/H* Rn. 6; AK-ZPO/*Christian* Rn. 9.
34 *St/J/Bork* Rn. 12; *Wiecz/Steiner* Rn. 5; MK/*v. Mettenheim* Rn. 8.
35 *B/L/H* Rn. 6.
36 *St/J/Bork* Rn. 13.
37 *St/J/Bork* Rn. 9; *Zö/Vollkommer* Rn. 6.
38 *St/J/Bork* § 78c Rn. 15; *B/L/H* Rn. 6.
39 *St/J/Bork* Rn. 16.
40 OVG Münster NJW 2003, 2624.
41 AllgM; vgl. nur *Zö/Vollkommer* Rn. 6; *T/P/Hüßtege* Rn. 3.
42 *St/J/Bork* Rn. 14; *Wiecz/Steiner* Rn. 6; MK/*v. Mettenheim* Rn. 11.
43 *St/J/Bork* Rn. 17.
44 *St/J/Bork* § 78c Rn. 15; *B/L/H* Rn. 8.
45 *G/S-Madert* § 9 RVG Rn. 5.

nung in Scheidungssachen (§ 625 Abs. 1 S. 1 Halbs. 2); ausgenommen ist insoweit allerdings Abs. 2. Darüber hinaus ist § 78c in den Fällen der Beiordnung nach § 121 Abs. 5 anzuwenden.

II. Verfahren und Entscheidung

2 **1. Zuständigkeit.** Im Gegensatz zur Grundentscheidung über die Beiordnung wird die Auswahlentscheidung nicht durch das vollständig besetzte Prozessgericht, sondern allein durch den **Vorsitzenden** getroffen. Er hat nach Erlass des Beiordnungsbeschlusses **von Amts wegen** tätig zu werden; ein Antrag der Partei ist nicht erforderlich.[1] Die Fürsorgepflicht des Gerichts verpflichtet ihn zu unverzüglichem Handeln.[2]

3 **2. Auswahl.** Welchen Rechtsanwalt der Vorsitzende auswählt, steht in seinem **pflichtgemäßen Ermessen.** Die Partei hat keinen Anspruch auf Beiordnung einer bestimmten Person.[3] Allerdings sind ihre Wünsche und Bedenken ebenso wie die des in Betracht gezogenen Anwalts zu berücksichtigen, sofern sie gerechtfertigt erscheinen. Da sich zwischen Partei und Anwalt möglichst ein Vertrauensverhältnis einstellen soll, ist es unzweckmäßig, einen Rechtsanwalt auszuwählen, der die Vertretung der Partei nicht übernehmen will oder den die Partei strikt ablehnt.[4] Im Übrigen sollte der Vorsitzende darauf achten, dass der Anwalt keinem Vertretungsverbot unterliegt oder er sonst für den konkreten Prozess ungeeignet erscheint.[5] Eine **Sozietät** als solche kann nicht als Notanwalt bestimmt werden; es ist vielmehr ein namentlich bestimmter Rechtsanwalt beizuordnen.[6] Der Notanwalt ist aus dem Kreis der im Bezirk des Prozessgerichts niedergelassenen Rechtsanwälte auszuwählen. Die Auswahl eines anderen Anwalts ist anfechtbar, nicht aber unwirksam.[7]

4 **3. Beiordnung.** Die Beiordnung des ausgewählten Anwalts erfolgt durch **Verfügung.**[8] Sie bedarf grundsätzlich einer **Begründung** und ist sowohl dem Rechtsanwalt als auch der Partei **formlos mitzuteilen.**[9] Eine Unterrichtung des Gegners ist nicht notwendig.[10] Die Beiordnungsverfügung kann nicht früher Wirksamkeit erlangen als die Grundentscheidung nach § 78b.[11] Sie ist bei Zustimmung aller Beteiligten jederzeit, sonst aber nur bei Vorliegen wichtiger Gründe (§§ 48 Abs. 2, 45 BRAO) **abänderbar** (vgl. Rn. 8).[12] Können der Partei Kostennachteile durch die Abänderung erwachsen, weil Gebührenansprüche doppelt entstehen, dann empfiehlt sich vor ihrer Zustimmung ein Hinweis des Gerichts.[13]

III. Folgen der Beiordnung

5 **1. Übernahmepflicht.** Der beigeordnete Rechtsanwalt ist kraft seiner Berufsordnung zur Übernahme der Vertretung verpflichtet (§ 48 Abs. 1 Nr. 2 BRAO).[14] Die Beiordnung als solche begründet allerdings weder ein Mandatsverhältnis, noch ersetzt sie die Vollmachterteilung durch die Partei. Erforderlich sind auch hier der **Abschluss eines** bürgerlich-rechtlichen **Anwaltsvertrages** und, damit der Anwalt die Stellung eines Prozessbevollmächtigten erlangt, die Erteilung der **Prozessvollmacht.**[15] Den beigeordneten Rechtsanwalt trifft jedoch ein Kontrahierungszwang,[16] der ihm auferlegt, zwecks Abschlusses des Mandatsvertrages an die Partei heranzutreten.[17] Der Vertrag kann nach allgemeinen Regeln auch stillschweigend geschlossen werden; es reicht aber nicht aus, wenn die Partei von dem ausgewählten Anwalt über die Beiordnung informiert wird und daraufhin schweigt.[18] Die Partei wird ihrerseits durch die Beiordnung nicht verpflichtet, einen Vertrag abzuschließen und Vollmacht zu erteilen. Ebenso kann sie das erteilte Mandat nachträglich wieder entziehen und die bereits erteilte Vollmacht widerrufen. Sie erwirbt dadurch aber keine weiteren Rechte; die Beiordnung eines neuen Anwalts etwa kann sie nur verlangen, wenn für die Auflösung des Mandats ein wichtiger Grund gegeben ist.[19] Umgekehrt ergibt sich für den beigeordneten Anwalt schon aus der Übernahmepflicht, dass er das Mandatsverhältnis auch nachträglich nicht einseitig beenden darf. Ihn trifft im Übrigen schon ab Zugang der Beiordnungsverfügung eine Pflicht zur vorläufigen Interessenwahrnehmung für die Partei.[20] Zur Stellung des nach § 625 beigeordneten Anwalts vgl. § 625 Rn. 7.

6 **2. Vorschuss (Abs. 2).** Auch der als Notanwalt beigeordnete Anwalt hat Anspruch auf die üblichen Gebühren. Dazu gehört insbesondere auch ein angemessener Vorschuss für die schon entstandenen und die

---

1 *St/J/Bork* Rn. 16; *Zö/Vollkommer* Rn. 3; AK-ZPO/*Christian* Rn. 4.
2 *B/L/H* Rn. 4.
3 OLG Schleswig SchlHA 1978, 84.
4 BGHZ 60, 255, 258 = NJW 1973, 757; OLG Schleswig (Fn. 5).
5 MK/*v. Mettenheim* Rn. 5.
6 Vgl. nur *Zö/Vollkommer* Rn. 5; *T/P/Hüßtege* Rn. 3.
7 AA (Unwirksamkeit) *B/L/H* Rn. 5.
8 Vgl. nur *Wiecz/Steiner* Rn. 3; AK-ZPO/*Christian* Rn. 7; *T/P/Hüßtege* Rn. 3.
9 *St/J/Bork* Rn. 17; MK/*v. Mettenheim* Rn. 6.
10 MK/*v. Mettenheim* Rn. 6.
11 *St/J/Bork* Rn. 17; *Zö/Vollkommer* Rn. 5; *B/L/H* Rn. 7.
12 *Zö/Vollkommer* Rn. 5; *B/L/H* Rn. 7; AK-ZPO/*Christian* Rn. 7.
13 AK-ZPO/*Christian* Rn. 8.
14 BGHZ 60, 255, 258 = NJW 1973, 757.
15 BGHZ 60, 255, 258 = NJW 1973, 757; BGH NJW 1987, 440f.
16 *St/J/Bork* Rn. 24; *Wiecz/Steiner* Rn. 4; *Zö/Vollkommer* Rn. 11.
17 MK/*v. Mettenheim* Rn. 12; *B/L/H* Rn. 8f.; AK-ZPO/*Christian* Rn. 10.
18 Ebenso *St/J/Bork* Rn. 22; anders LG Traunstein AnwBl. 1976, 345.
19 BGH NJW-RR 1992, 189; OLG Düsseldorf FamRZ 1995, 241, 242; *St/J/Bork* Rn. 31 m. weit. Nachw.
20 BGHZ (Fn. 17) S. 258f.

voraussichtlich noch entstehenden Gebühren und Auslagen. Nach Abs. 2, der auf die Fälle des § 625 nicht anwendbar ist (§ 625 Abs. 1 S. 1 Halbs. 2), kann der Anwalt die Übernahme der Vertretung von der Vorschusszahlung abhängig machen. Zahlt die Partei den Vorschuss nicht, dann ist auf Antrag des Rechtsanwalts eine Aufhebung der Beiordnung nach § 48 Abs. 2 BRAO geboten (vgl. Rn. 8).[21] Wird durch die Nichtzahlung des Vorschusses eine Frist versäumt, so kommt eine Wiedereinsetzung nicht in Betracht, da die Partei schuldhaft gehandelt hat.[22]

IV. Rechtsbehelfe (Abs. 3)

1. Beschwerde gegen die Beiordnung. Gegen die Beiordnungsverfügung des Vorsitzenden ist die Beschwerde statthaft, für den beigeordneten Rechtsanwalt mit dem Ziel, die Beiordnung aufzuheben, für die Partei mit dem Ziel, einen anderen Anwalt beigeordnet zu erhalten. Ein nicht beigeordneter Rechtsanwalt ist nicht beschwerdebefugt.[23] Im Rahmen der Beschwerde ist zu prüfen, ob der Vorsitzende sein Ermessen (vgl. Rn. 3) sachgerecht ausgeübt hat.[24] 7

2. Antrag auf Aufhebung der Beiordnung. Neben der Beschwerde steht dem beigeordneten Anwalt der Antrag nach **§ 48 Abs. 2 BRAO** offen. Danach kann er die Aufhebung der Beiordnung beantragen, wenn hierfür wichtige Gründe vorliegen. Die Entscheidung über den Antrag obliegt dem Vorsitzenden.[25] Gegen dessen Ablehnung ist wiederum die Beschwerde des Anwalts statthaft (Abs. 3 S. 2). Nach dem Wortlaut des § 48 Abs. 2 BRAO kommen als **wichtige Gründe** für die Aufhebung der Beiordnung alle Umstände in Betracht, die einer ordnungsgemäßen Wahrnehmung der Vertretung entgegenstehen, ohne Rücksicht darauf, ob sie vor oder nach der Beiordnung entstanden sind und ob sie bei der Beiordnung schon geprüft worden sind.[26] Insbesondere ist die Beiordnung aufzuheben, wenn das Vertrauensverhältnis zwischen Anwalt und Partei nachhaltig gestört ist.[27] Sie ist aber auch möglich, wenn die Partei dem Vorschussverlangen des Rechtsanwalts nicht entsprochen hat (vgl. Rn. 6). Bejaht der Vorsitzende das Vorliegen eines wichtigen Grundes und gibt er deshalb dem Antrag des Anwalts statt, steht der Partei ein Rechtsmittel gegen die Aufhebung der Beiordnung nicht zu[28]. Umgekehrt ist die Partei auch dann nicht beschwerdebefugt, wenn der Antrag des Anwalts vom Vorsitzenden abgelehnt wird.[29] Die **Partei** kann auch einen eigenen Antrag auf Aufhebung der Beiordnungsverfügung stellen.[30] Widerspricht der Anwalt, dann muss sie jedoch ein berechtigtes Interesse an der Änderung der Auswahlentscheidung dartun.[31] Wird der Antrag abgelehnt, so steht der Partei ein eigenes Beschwerderecht zu.[32] Wird dem Antrag dagegen stattgegeben, ist kein Rechtsmittel statthaft. Ein Beschwerderecht des Anwalts in Analogie zu Abs. 3 S. 2[33] ist abzulehnen, da er als Notanwalt kein berechtigtes eigenes Interesse an dem Mandat hat. Nach Auffassung des OLG Sachsen-Anhalt hat der Notanwalt die sofortige Beschwerde, wenn die Beiordnung ohne seinen Antrag und gegen seinen Willen aufgehoben wird.[34] 8

79 *Parteiprozess* Insoweit eine Vertretung durch Anwälte nicht geboten ist, können die Parteien den Rechtsstreit selbst oder durch jede prozessfähige Person als Bevollmächtigten führen.

I. Normzweck

§ 79 setzt voraus, dass eine Vertretung durch Rechtsanwälte nicht geboten ist. Diese Voraussetzung ist gegeben, wenn § 78 Abs. 1, 2 keinen Anwaltszwang anordnet, insbesondere also im gesamten amtsgerichtlichen Verfahren mit Ausnahme der Familiensachen. Soweit Anwaltszwang nicht besteht, handelt es sich auch dann um einen Parteiprozess, wenn die Parteien sich durch Rechtsanwälte als Bevollmächtigte vertreten lassen.[1] 1

II. Prozessführung durch die Partei

So weit eine Vertretung durch Anwälte nicht geboten ist, kann die Partei den Prozess selbst führen oder eine prozessfähige Person zu ihrem Bevollmächtigten bestellen. Dies gilt auch für einen Nebenintervenienten. Eine Prozessführung durch die Partei selbst kommt nur in Betracht, wenn sie **prozessfähig,** dh. voll ge- 2

---

[21] AllgM; vgl. nur *Wiecz/Steiner* Rn. 5; *T/P/Hüßtege* Rn. 4.
[22] BGH VersR 1991, 122.
[23] *St/J/Bork* Rn. 21; *Zö/Vollkommer* Rn. 8.
[24] Vgl. dazu *St/J/Bork* Rn. 19f.; *Wiecz/Steiner* Rn. 6; *Zö/Vollkommer* Rn. 6f.
[25] *St/J/Bork* Rn. 29; *Wiecz/Steiner* Rn. 8; abweichend OLG Hamm MDR 1971, 139.
[26] *St/J/Bork* Rn. 30; aM *Zö/Vollkommer* Rn. 9.
[27] BGH NJW-RR 1992, 189.
[28] HM; vgl. *Wiecz/Steiner* Rn. 8; MK/*v. Mettenheim* Rn. 10.
[29] OLG Frankfurt NJW-RR 1989, 569, 570; *St/J/Bork* Rn. 31 Fn. 42; aM OLG Düsseldorf FamRZ 1995, 241; *Zö/Vollkommer* Rn. 9.
[30] OLG Köln FamRZ 1992, 966, 967; OLG Düsseldorf FamRZ 1995, 241; *St/J/Bork* Rn. 31; aM OLG Frankfurt NJW-RR 1989, 569, 570.
[31] MK/*v. Mettenheim* Rn. 8.
[32] OLG Köln FamRZ 1992, 966, 967; *St/J/Bork* Rn. 31; MK/*v. Mettenheim* Rn. 10.
[33] So *St/J/Bork* Rn. 31; *Zö/Vollkommer* Rn. 9.
[34] OLGR Naumburg 2005, 644.
[1] St. Rspr.; vgl. zB BGH NJW 1993, 1208, 1209.

schäftsfähig ist (§ 52); andernfalls muss das Verfahren durch den gesetzlichen Vertreter betrieben werden. Eine prozessfähige Partei kann in der mündlichen Verhandlung nur zurückgewiesen werden, wenn ihr die Fähigkeit zum geeigneten Vortrag mangelt (§ 157 Abs. 2).

III. Prozessführung durch Bevollmächtigte

3 **1. Prozessführung durch Rechtsanwälte.** Die Partei kann sich auch im Parteiprozess durch einen Rechtsanwalt vertreten lassen; das Verfahren wird dadurch nicht zum Anwaltsprozess (vgl. Rn. 1). Unerheblich ist, bei welchem Gericht der Anwalt zugelassen ist; besteht kein Anwaltszwang, dann kann jeder Rechtsanwalt vor jedem Gericht Prozessbevollmächtigter sein.[2] Im Parteiprozess steht der Rechtsanwalt anderen Prozessbevollmächtigten grundsätzlich gleich. Auch hier gelten aber die Sondervorschriften der §§ 88 Abs. 2, 104 Abs. 2 S. 2, 135 Abs. 1, 2, 157 Abs. 2, 317 Abs. 4 S. 2, 397 Abs. 2 und des § 14 Nr. 3b GKG. Der Rechtsanwalt kann sich seinerseits durch einen Untervertreter vertreten lassen, insbesondere auch durch einen Referendar (§ 78 Rn. 12f.).[3] Eine Untervertretung durch Büropersonal ist dagegen auch im Parteiprozess nicht möglich.[4]

4 **2. Prozessführung durch andere Bevollmächtigte.** Neben den Anwälten kommt im Parteiprozess jede prozessfähige Person als Prozessbevollmächtigter in Betracht. Ob sie rechtskundig ist, spielt keine Rolle.[5] Ob eine juristische Person prozessfähig ist, ist streitig (vgl. dazu oben § 50 Rn. 6). Demzufolge ist auch die Frage streitig, ob eine juristische Person Bevollmächtigter sein kann.[6] Für die Anwalts-GmbH hat der Gesetzgeber das ausdrücklich klargestellt (§ 59l BRAO). Sie kann als Prozess- oder Verfahrensbevollmächtigter beauftragt werden.[7] Sie handelt durch ihre Organe und Vertreter, in deren Person die für die Erbringung rechtsbesorgender Leistungen gesetzlich vorgeschriebene Voraussetzungen im Einzelfall vorliegen müssen (§ 59l S. 3 BRAO). Wird bei anderen juristischen Personen diese selbst bevollmächtigt, dann ist das nach Auffassung derjenigen, die von der Prozessunfähigkeit juristischer Personen ausgehen, im Zweifel dahin auszulegen, dass die Vollmacht dem gesetzlichen Vertreter erteilt sein soll.[8] Für die Praxis ist also festzuhalten, dass – unabhängig davon, welcher Meinung man folgt, also unabhängig davon, ob man die juristische Person als prozessfähig ansieht oder nicht – bei Bevollmächtigung einer juristischen Person diese im Zivilprozess durch ihre Organe und Vertreter für den Vollmachtgeber handelt, und zwar durch solche Organe und Vertreter, in deren Person die für die Erbringung rechtsbesorgender Leistungen gesetzlich vorgeschriebene Voraussetzungen im Einzelfall vorliegen müssen (vgl. § 59l BRAO). Die für die juristische Person handelnde natürliche Person muss also postulationsfähig sein, um prozessual wirksam handeln zu können (vgl. oben § 78 Rn. 4). Sonstige Personenvereinigungen, wie etwa eine **Sozietät** (s. § 80 Rn. 8u. § 84 Rn. 2), können als solche nicht zu Bevollmächtigten bestellt werden.[9] Dasselbe gilt für Behörden und Körperschaften. In Unterhaltsprozessen kann folglich auch das Jugendamt nicht als Prozessvertreter tätig werden; diese Funktion kann lediglich durch einen Bediensteten der Behörde als natürliche Person wahrgenommen werden (vgl. § 55 SGB VIII).[10] Der Prozessgegner und sein Vertreter scheiden naturgemäß als Prozessbevollmächtigte der Partei aus (Rechtsgedanke des § 181 BGB).[11] Ein Vertreter, der die Prozessführung geschäftsmäßig betreibt, bedarf einer Erlaubnis nach dem RBerG; will er in der mündlichen Verhandlung auftreten, dann ist zusätzlich die Zulassung als Prozessagent erforderlich (§ 157 Abs. 1, 3).[12]

5 Wird ein **Prozessunfähiger** als Bevollmächtigter bestellt, so ist die erteilte Vollmacht – ebenso die von dem Prozessunfähigen vorgenommenen Prozesshandlungen – unwirksam.[13] Der prozessunfähige Vertreter kann gemäß § 157 Abs. 2 vom Gericht zurückgewiesen werden.[14] Die unwirksamen Prozesshandlungen können allerdings von der prozessfähigen Partei genehmigt und damit wirksam werden[15]; dasselbe gilt, wenn die Partei einen anderen Bevollmächtigten beauftragt und dieser die Handlungen genehmigt bzw. wenn der Prozessbevollmächtigte prozessfähig wird und selbst genehmigt. Die **Genehmigung** hat **keine rückwirkende Kraft** (s. a. § 78 Rn. 7).[16] Ist der Bevollmächtigte prozessfähig, aber **ungeeignet,** insbesondere in den Fällen des § 157, so ist er vom Gericht zurückzuweisen.[17] Dasselbe gilt, wenn er die Prozessführung geschäftsmäßig betreibt, ohne im Besitz der nach dem RBerG erforderlichen Erlaubnis zu sein.[18] Unberührt

---

2 BGH 1993, 1208, 1209.
3 *St/J/Bork* Rn. 6.
4 LAG Berlin BB 1980, 994; MK/*v. Mettenheim* Rn. 6.
5 LSG Stuttgart NJW 1985, 582.
6 Verneinent BayObLG FamRZ 1986, 597, 598; BFH NJW 1977, 776; OVG Berlin NJW 1974, 2254, 2255; *St/J/Bork* Rn. 3; *Wiecz/Steiner* Rn. 3; *T/P/Hüßtege* Rn. 4; aM *Zö/Vollkommer* Rn. 2.
7 *Henssler* NJW 1999, 241, 243.
8 BayObLG FamRZ 1986, 597, 598; *St/J/Bork* Rn. 3; *B/L/H* Rn. 1; *T/P/Hüßtege* Rn. 4.
9 BFH BB 1989, 1477, 1478.
10 OLG Düsseldorf FamRZ 1985, 641, 642; vgl. OLG Jena FamRZ 1996, 418, 419.
11 *Wiecz/Steiner* Rn. 3; *T/P/Hüßtege* Rn. 4.
12 Näher dazu *Zö/Vollkommer* vor § 78 Rn. 9ff.
13 BGHZ 30, 112, 118f. = NJW 1959, 1587; *St/J/Bork* Rn. 2; *Wiecz/Steiner* Rn. 2; MK/*v. Mettenheim* Rn. 7.
14 *St/J/Bork* Rn. 2; *Wiecz/Steiner* Rn. 2; *Zö/Vollkommer* Rn. 3; zweifelnd OLG Düsseldorf FamRZ 1985, 641.
15 *Zö/Vollkommer* § 78 Rn. 3; AK-ZPO/*Christian* Rn. 4.
16 MK/*v. Mettenheim* Rn. 7.
17 MK/*v. Mettenheim* Rn. 8.
18 LG Koblenz Rpfleger 1986, 396; OLG Stuttgart AnwBl. 1964, 144f.

bleibt in diesen Fällen aber die Wirksamkeit der erteilten Vollmacht; auch die bis zur Zurückweisung vorgenommenen Prozesshandlungen sind wirksam und bedürfen daher keiner Genehmigung.[19]

80 *Prozessvollmacht* (1) **Der Bevollmächtigte hat die Bevollmächtigung durch eine schriftliche Vollmacht nachzuweisen und diese zu den Gerichtsakten abzugeben.**

(2) [1]**Das Gericht kann auf Antrag des Gegners die öffentliche Beglaubigung einer Privaturkunde anordnen.** [2]**Wird der Antrag zurückgewiesen, so ist dagegen kein Rechtsmittel zulässig.** [3]**Bei der Beglaubigung bedarf es weder der Zuziehung von Zeugen noch der Aufnahme eines Protokolls.**

I. Normzweck

1 § 80 regelt die Form, in der der Prozessbevollmächtigte die von der vertretenen Partei erteilte Vollmacht nachweisen muss. Die Vorschrift dient der **Rechtssicherheit** und **Rechtsklarheit** und besteht daher sowohl im öffentlichen Interesse als auch im Interesse des Prozessgegners. Da ein Mangel der Prozessvollmacht schwerwiegende Auswirkungen auf das gesamte Verfahren hat, muss für alle Prozessbeteiligten zweifelsfrei feststellbar sein, ob eine Bevollmächtigung erfolgt ist. § 80 dient damit zugleich der Sicherung eines reibungslosen Prozessverlaufs und des Prozessergebnisses.[1]

II. Begriff und Wesen der Prozessvollmacht

2 **1. Begriff.** Der Begriff der Prozessvollmacht wird in der ZPO nicht völlig einheitlich gebraucht. Er bezeichnet in erster Linie die spezielle Vertretungsmacht, die den Prozessbevollmächtigten zur Prozessführung im Namen des Vertretenen ermächtigt. Mit dieser Bedeutung wird er insbesondere in §§ 81–84, 86–88 und 89 Abs. 2 verwendet. Daneben lässt sich der Begriff der Prozessvollmacht aber auch iS der **Vollmachtsurkunde** verstehen, in der die Erteilung der Vertretungsmacht festgehalten wird. Diese Terminologie liegt zB § 80 Abs. 1 zu Grunde, wenn er von der „schriftlichen Vollmacht" spricht; dasselbe gilt für § 86 Halbs. 2 und für § 89 Abs. 1. In Abgrenzung dazu wird der Erteilungsakt als solcher von § 80 Abs. 1 nicht als Vollmacht, sondern als Bevollmächtigung bezeichnet. Eine prozessuale Vertretungsmacht kann allerdings nicht allein auf einer solchen Bevollmächtigung beruhen; sie kann sich insbesondere auch aus dem Gesetz ergeben, etwa kraft einer öffentlich-rechtlichen Stellung oder auf Grund gesetzlicher Vertretung (näher dazu u. Rn. 9 f.).[2]

3 **2. Wesen.** Ebenso wie bei der bürgerlichrechtlichen Vollmacht ist auch bei der Prozessvollmacht zwischen Außen- und Innenverhältnis und damit zwischen rechtlichem Können und rechtlichem Dürfen zu unterscheiden.[3] Während sich die Wirksamkeit der vom Prozessbevollmächtigten vorgenommenen Prozesshandlungen und Rechtsgeschäfte im **Außenverhältnis** allein nach dem Umfang der Prozessvollmacht bestimmt (s. §§ 81 ff.), richtet sich seine Handlungsbefugnis gegenüber der vertretenen Partei nach dem der Prozessvollmacht zu Grunde liegenden Rechtsgeschäft (**Grundverhältnis**). Wie dieses zu qualifizieren ist, ist ausschließlich nach materiellem Recht zu beurteilen.[4] Es kann sich um einen Auftrag, einen Dienst-, Werk- oder Arbeitsvertrag (zB bei Angestellten oder Prokuristen), uU auch um einen Gesellschaftsvertrag handeln. Zumeist liegt der Vollmacht aber ein Geschäftsbesorgungsvertrag zu Grunde, insbesondere wenn ein Rechtsanwalt zum Prozessbevollmächtigten bestellt wird; einen Anwaltsvertrag als eigenständigen Vertragstyp kennt das BGB nicht. Aus dem Geschäftsbesorgungsvertrag ergibt sich die Pflicht der Partei zur Honorarzahlung sowie das Recht und die Pflicht des Bevollmächtigten zur Prozessvertretung. Es wird überlagert durch die berufsrechtlichen Regeln der BRAO, die dem Verhältnis zwischen der Partei und ihrem Vertreter auch einen öffentlichrechtlichen Einschlag verschaffen.

4 Die Prozessvollmacht ist ebenso wie die bürgerlichrechtliche Vollmacht **abstrakt,** dh. sie ist in ihrer Wirksamkeit vom Grundverhältnis unabhängig.[5] Mängel des Grundgeschäfts berühren die Vollmacht demnach nicht.[6] Verstößt etwa ein Anwalt durch die Annahme des Mandats gegen Berufs- oder Standesrecht, so hat dies keinen Einfluss auf die ihm erteilte Vollmacht.[7] Ebenso enden die Vollmacht und das Grundgeschäft unabhängig voneinander. So kann zB die Prozessvollmacht widerrufen werden, obwohl das Grundverhältnis fortbesteht (vgl. § 168 S. 2 BGB). Schließlich müssen sich Vollmacht und Grundgeschäft auch ihrem Umfang nach nicht decken.[8] Daher kann es dem Bevollmächtigten im Innenverhältnis zB verwehrt sein, die Klage ohne Zustimmung des Mandanten zurückzunehmen, obwohl ihm die Vollmacht im Außenverhältnis die rechtliche Möglichkeit dazu gibt (vgl. § 83). Ist allerdings nichts besonderes vereinbart, so ist im Zweifel anzunehmen, dass das Innen- und das Außenverhältnis nach dem Parteiwillen übereinstimmen sollen.

---

[19] KG OLGZ 1966, 112, 115; OLG Köln MDR 1974, 310.
[1] MK/*v. Mettenheim* Rn. 1.
[2] *St/J/Bork* Rn. 1 a; MK/*v. Mettenheim* Rn. 3.
[3] Vgl. etwa BGH NJW 1993, 1926; OLG Hamm NJW 1992, 1174, 1175; OLG Hamm AnwBl. 1989, 397.
[4] *St/J/Bork* vor § 78 Rn. 12; *Wiecz/Steiner* vor § 78 Rn. 2; *T/P/Hüßtege* vor § 78 Rn. 3.
[5] HM; vgl. nur OLG Hamm NJW 1992, 1174, 1175 f.; *Urbanczyk* ZZP 95 (1982), 339, 344.
[6] ZB BGH NJW 1993, 1926; OLG Hamm AnwBl. 1989, 397; NJW 1992, 1174, 1175.
[7] BGH NJW 1993, 1926; NJW 1992, 1174, einschränkend LG Frankenthal VersR 1996, 777, 778.
[8] *St/J/Bork* Rn. 2; *B/L/H* Rn. 5; AK-ZPO/*Christian* Rn. 2.

III. Erteilung der Prozessvollmacht

5 **1. Rechtsnatur.** Die Erteilung der Prozessvollmacht ist in der ZPO nicht ausdrücklich geregelt. Sie ist **Prozesshandlung.** Die §§ 78ff. bilden – so der BGH – ein Sonderrecht für die Prozessvollmacht. Die allgemeinen Regeln der §§ 164ff. BGB finden auf die Prozessvollmacht nur insoweit Anwendung, als die ZPO auf sie verweise oder in ihnen allgemeine Rechtsgedanken zum Ausdruck kommen.[9] Dies hat insbesondere zur Folge, dass die Regeln des BGB über die Nichtigkeit und Anfechtbarkeit von Rechtsgeschäften (zB §§ 119, 138 BGB) außer Betracht bleiben müssen; ihre Anwendung würde eine unerträgliche Rechtsunsicherheit in den Prozess hineintragen.[10] Auch die §§ 172ff. BGB gelten für die Prozessvollmacht nicht;[11] die §§ 80, 88 und 89 enthalten abschließende Spezialregelungen, die eine Rechtsscheinvollmacht i. S. d. §§ 171, 172 BGB nicht vorsehen.[12] Aus der Einordnung als Prozesshandlung folgt außerdem, dass die Erteilung der Prozessvollmacht **bedingungsfeindlich** ist.[13] Schließlich ist sie aus diesem Grund stets nach deutschem Recht zu beurteilen, sofern sie sich auf einen im Inland zu führenden Prozess bezieht; dies gilt auch dann, wenn sie im **Ausland** erfolgt ist.[14] Davon zu unterscheiden ist die Frage, nach welchem Recht sich die Vertretungsmacht der Person beurteilt, die die Vollmacht im Namen der Partei erteilt. Insoweit gilt, dass die Vertretungsmacht des Vollmachtgebers sich nach dem Recht des Ortes bemisst, an dem von ihr Gebrauch gemacht wird; erteilt der Parteivertreter die Prozessvollmacht demnach im Ausland, so ist seine Vertretungsmacht nach dem ausländischen Recht zu beurteilen.[15]

6 **2. Vollmachtgeber.** Eine Prozessvollmacht kann von einer Partei, einem Nebenintervenienten und von einem am Prozess beteiligten Dritten erteilt werden.[16] Stellvertretung bei der Erteilung ist möglich. Welche Anforderungen an die Prozess- bzw. Geschäftsfähigkeit des Vollmachtgebers zu stellen sind, richtet sich nach der Rechtsnatur, die man dem Erteilungsakt beimisst (vgl. Rn. 5). Diejenigen, die die Erteilung der Prozessvollmacht für ein Rechtsgeschäft halten, stellen folgerichtig auf die Regeln des BGB über die Geschäftsfähigkeit ab und lassen demnach auch die bloß beschränkte Geschäftsfähigkeit des Vollmachtgebers genügen, sofern dieser mit der Einwilligung seines gesetzlichen Vertreters handelt (vgl. § 111 BGB).[17] Da die Erteilung jedoch richtigerweise als Prozesshandlung einzuordnen ist, ist für ihre Vornahme die volle **Prozessfähigkeit** (§§ 51f.) des Vollmachtgebers zu fordern. Fehlt sie, so kann die Prozessvollmacht nur vom gesetzlichen Vertreter wirksam erteilt werden.[18]

7 **3. Bevollmächtigter.** Auch auf Seiten des Bevollmächtigten setzt eine wirksame Erteilung der Prozessvollmacht die volle Prozessfähigkeit (§§ 51f.) voraus.[19] Denn eine Vollmacht, die auf die Prozessvertretung gerichtet ist, läuft ins Leere, wenn der Bevollmächtigte von vornherein zu einer solchen Vertretung nicht fähig ist. Wird die Prozessvollmacht einer **juristischen Person** erteilt, so ist sie im Zweifel dahin auszulegen, dass der gesetzliche Vertreter der juristischen Person bevollmächtigt sein soll und einen Verfahrensbevollmächtigten bestellen kann.[20] Anders als die Prozessfähigkeit ist die **Postulationsfähigkeit** des Bevollmächtigten keine Wirksamkeitsvoraussetzung für die Erteilung der Prozessvollmacht.[21] Wird einem Postulationsunfähigen, im Anwaltsprozess etwa einem Nichtanwalt oder einem nicht zugelassenen Anwalt, Prozessvollmacht erteilt, so ist nicht die Vollmacht als solche unwirksam, sondern allenfalls die auf Grund der Vollmacht vorgenommenen Prozesshandlungen.[22] Die Bevollmächtigung eines Postulationsunfähigen ist auch nicht ohne Sinn; denn er kann immerhin solche Handlungen wirksam vornehmen, die nicht dem Anwaltszwang unterliegen, und im Übrigen einen postulationsfähigen Bevollmächtigten bestellen.

8 Lässt sich die Partei durch eine **Anwaltssozietät** vertreten, so ist durch Auslegung zu ermitteln, ob sich die Bevollmächtigung nur auf den das Mandat entgegennehmenden Rechtsanwalt oder auch auf die übrigen Sozien erstrecken soll. Dabei ist zu beachten, dass die Prozessvollmacht im Zweifel denselben Personen erteilt werden wird, mit denen auch der Anwaltsvertrag zu Stande kommt; denn Innen- und Außenverhältnis stimmen zwar nicht notwendig überein, in der Regel werden sie sich nach dem Parteiwillen aber decken (vgl. o. Rn. 4). Da die in einer Sozietät zusammengeschlossenen Rechtsanwälte bei der Annahme eines Mandats in der Regel im Namen der gesamten Sozietät handeln (s. § 84 Rn. 2),[23] sind regelmäßig auch alle Sozietätsmitglieder bevollmächtigt. Das gilt zumindest dann, wenn in der Vollmacht kein bestimmter

---

9 BGH NJW 2003, 963, 964; OLG Frankfurt, Urt. v. 8. 9. 2005, juris.
10 *St/J/Bork* Rn. 4ff.; *Wiecz/Steiner* Rn. 4; AK-ZPO/*Christian* Rn. 3.
11 BGH ZIP 2005, 1361; OLG Frankfurt, Urt. v. 8. 9. 2005, juris.
12 OLG Frankfurt, Urt. v. 10. 4. 2007, juris, Rn. 13; vgl. auch BGHZ 154, 283, 288.
13 *St/J/Bork* Rn. 5; *Wiecz/Steiner* Rn. 6.
14 BGHZ 40, 197, 203 = NJW 1964, 203; BGH ZZP 71 (1958), 471, 472f.; BGH NJW 1990, 3088.
15 BGH NJW 1990, 3088.
16 AK-ZPO/*Christian* Rn. 5; *T/P/Hüßtege* Rn. 4.
17 *Rosenberg/Schwab,* 14. Aufl. 1986, § 54 II 1a; *Blomeyer* § 9 III 1.
18 BGH ZZP 71 (1958), 471, 473; *Urbanczyk* ZZP 95 (1982), 339, 350; *St/J/Bork* Rn. 4, 6; *Wiecz/Steiner* Rn. 3, 8.
19 BVerfGE 37, 67, 76 = NJW 1974, 1279; BGHZ 30, 112, 118 = NJW 1959, 1587.
20 BayObLG FamRZ 1986, 597, 598; *St/J/Bork* Rn. 8; *Wiecz/Steiner* Rn. 8.
21 OLG München AnwBl. 1993, 576; *Urbanczyk* ZZP 95 (1982), 339, 350f.; *St/J/Bork* Rn. 10; *Wiecz/Steiner* Rn. 9; *Zö/Vollkommer* Rn. 1.
22 *Urbanczyk* ZZP 95 (1982), 339, 350f.; AK-ZPO/*Christian* Rn. 8.
23 BGH NJW 1991, 1225; BGHZ 83, 328, 329f. = NJW 1982, 1866.

Rechtsanwalt benannt ist.[24] Ist die Vollmacht dagegen nur auf einen einzelnen und genau bestimmten Anwalt ausgestellt, so ist nur dieser als bevollmächtigt anzusehen.[25] Zur Anwaltssozietät näher bei § 84.

9 **4. Form und Wirksamwerden.** Die Prozessvollmacht wird durch eine **einseitige empfangsbedürftige Erklärung** des Vollmachtgebers gegenüber dem Gericht[26], dem zu Bevollmächtigenden oder dem Prozessgegner erteilt.[27] Die Erteilung wird wirksam, wenn sie einem der möglichen Erklärungsempfänger zugeht, unabhängig davon, ob sie den anderen Beteiligten mitgeteilt wird.[28] Auf eine Kenntnis des Bevollmächtigten von der Vollmachterteilung kommt es daher nicht an.[29] Zum notwendigen **Inhalt** der Erklärung gehören die Bezeichnung des Rechtsstreits, für den die Vollmacht gelten soll, die Benennung des Vertreters und die Erklärung der Bevollmächtigung[30] (vgl. für Ehesachen § 609). Eine bestimmte **Form** ist für die Bevollmächtigung nicht vorgeschrieben;[31] § 80 befasst sich nur mit dem Nachweis und nicht mit der Erteilung der Prozessvollmacht. Wie sich schon § 89 Abs. 2 entnehmen lässt, ist insbesondere auch eine mündliche Bevollmächtigung möglich; ebenso kann die Prozessvollmacht durch schlüssiges Verhalten erteilt werden.[32] Eine konkludente Vollmachterteilung ist etwa dann anzunehmen, wenn der Antragsteller in seinem PKH-Gesuch einen ganz bestimmten Rechtsanwalt benennt und um dessen Beiordnung bittet; dagegen kann in dem **Antrag auf Beiordnung** eines Rechtsanwalts keine Bevollmächtigung des später Beigeordneten gesehen werden, s. § 78c Rn. 5.[33] In der Praxis erfolgt die Bevollmächtigung schon wegen des erforderlichen Nachweises gemäß Abs. 1 regelmäßig in schriftlicher Form.

10 Die Prozessvollmacht muss nicht unbedingt speziell für den Prozess erteilt werden; sie kann auch **Teil einer umfassenden materiellrechtlichen Handlungsbefugnis** sein. Zu denken ist vor allem an eine Generalvollmacht, an die Prokura (§ 49 HGB) oder an eine Handlungsvollmacht (§ 54 HGB), ferner an die Stellung des geschäftsführenden Gesellschafters einer Gesellschaft bürgerlichen Rechts (§ 714 BGB) sowie an den Vorstand eines nicht rechtsfähigen Vereins (§ 54 BGB). Auch in diesen Fällen tritt der Handelnde nicht etwa als gesetzlicher Vertreter, sondern als Prozessbevollmächtigter auf;[34] seine Prozessvollmacht beruht jedoch nicht auf einer gesonderten Erteilung, sondern ist als gesetzliche Folge an den jeweiligen materiellrechtlichen Bestellungsakt geknüpft. Die Erteilung der Handlungsbefugnis und damit auch der Prozessvollmacht bestimmt sich aus diesem Grund allein nach dem materiellen Recht.[35]

11 **5. Prozesshandlungsvoraussetzung.** Die wirksame Erteilung der Prozessvollmacht ist keine Prozessvoraussetzung, sondern lediglich eine Prozesshandlungsvoraussetzung, s. dazu allg. § 50 Rn. 14.[36] Leidet sie an einem Mangel, so macht dieser für sich allein nicht die Klage unzulässig, sondern zunächst einmal nur die Prozesshandlungen des Vertreters. Nur wenn der Mangel der Vollmacht schon **bei der Klageerhebung** selbst vorliegt, ist die Klage unzulässig; in diesem Fall fehlt es nämlich an einer ordnungsgemäßen Klageerhebung und damit an einer Prozessvoraussetzung.[37] Allgemein zu den Folgen des Fehlens der Prozessvollmacht vgl. bei § 88 Rn. 10ff.

IV. Bestellung

12 Damit der Bevollmächtigte voll in die Rechtsstellung eines Prozessbevollmächtigten einrücken und die damit verbundenen Rechte für sich in Anspruch nehmen kann, muss er sich gegenüber dem Gericht und dem Gegner als solcher bestellen.[38] Die **Bestellung** ist die Verlautbarung der Vollmachterteilung durch die Partei oder den Bevollmächtigten.[39] Sie ist auch dann nicht ohne Bedeutung, wenn es in Wirklichkeit an einer Vollmachterteilung fehlt; denn erst die Bestellung zum Prozessbevollmächtigten schafft die Voraussetzung für eine einstweilige Zulassung gemäß § 89.[40]

V. Nachweis der Bevollmächtigung

13 **1. Umfang der Nachweispflicht.** Obwohl die Bevollmächtigung formlos wirksam ist, hat der Bevollmächtigte sie nach **Abs. 1** durch eine schriftliche Vollmacht nachzuweisen und diese zu den Gerichtsakten abzugeben. Die Nachweispflicht gilt grundsätzlich in allen Prozessen und in allen Verfahrensarten. **Ausgenommen** ist nach § 703 S. 1 das **Mahnverfahren.** Dort bedarf es eines Vollmachtsnachweises nicht; allerdings hat der Bevollmächtigte bei der Einreichung von Anträgen und der Einlegung von Rechtsmitteln seine Bevollmächtigung nach § 703 S. 2 zu versichern, vgl. dazu § 703 Rn. 1ff. In den sonstigen Verfahren

---

[24] BGHZ 124, 47, 49 = NJW 1994, 257; BGH MDR 1978, 746; AK-ZPO/*Christian* Rn. 6.
[25] BGHZ 70, 247, 251 = NJW 1978, 996; AK-ZPO/*Christian* Rn. 6.
[26] Vgl. BGH VersR 1986, 580.
[27] BGH FamRZ 1995, 1484; *St/J/Bork* Rn. 12; *Wiecz/Steiner* Rn. 5; MK/*v. Mettenheim* Rn. 2; *Zö/Vollkommer* Rn. 4.
[28] *St/J/Bork* Rn. 12; *Wiecz/Steiner* Rn. 5.
[29] BGH VersR 1974, 548.
[30] *T/P/Hüßtege* Rn. 6.
[31] Vgl. BGHZ 40, 197, 203 = NJW 1964, 203; BGH VersR 1992, 1244, 1245.
[32] BGH FamRZ 1981, 865, 866; BGHZ 126, 266, 269 = NJW 1994, 2298; BGH WM 2004, 27, 29.
[33] Vgl. etwa *Zö/Vollkommer* Rn. 5.
[34] So auch *St/J/Bork* Rn. 1a.
[35] *St/J/Bork* Rn. 5, 18; *Wiecz/Steiner* Rn. 6.
[36] BGHZ 111, 219, 221 = NJW 1990, 3152; BGH NJW 1991, 1175, 1176.
[37] *Zö/Vollkommer* vor § 78 Rn. 5; *T/P/Hüßtege* vor § 78 Rn. 2.
[38] MK/*v. Mettenheim* Rn. 5.
[39] KG MDR 1987, 329, 330; *Zö/Vollkommer* Rn. 1.
[40] MK/*v. Mettenheim* Rn. 5.

muss der Prozessbevollmächtigte einen Nachweis gemäß Abs. 1 erbringen, wenn der Prozessgegner einen Mangel der Vollmacht rügt (§ 88 Abs. 1) oder das Gericht (beim Auftreten eines Nichtanwalts) den Vollmachtsnachweis von Amts wegen verlangt (vgl. § 88 Abs. 2). Die Nachweispflicht gilt für alle Prozessbevollmächtigten, auch für den nach §§ 78bf., 121 beigeordneten Anwalt; denn die Beiordnung als solche begründet noch keine Vollmacht, s. § 78c Rn. 5.[41] Im Fall der Beiordnung nach § 625 bedarf es dagegen keiner zusätzlichen Bevollmächtigung und mithin auch keines Nachweises. Der **Unterbevollmächtigte** hat den Vollmachtsnachweis in der Form zu führen, dass seine Vertretungsmacht bis auf die Partei selbst zurückgeführt werden kann; er muss daher nicht nur die Untervollmacht nachweisen, sondern auch die Vertretungsmacht der Personen, von denen er die Untervollmacht ableitet.[42] Kommt der Prozessbevollmächtigte seiner Nachweispflicht nicht nach, so kann das Gericht ihm eine **Frist zur Beibringung des Nachweises** setzen und ihn nach § 89 einstweilen zur Prozessführung zulassen. Es kann die Verhandlung aber auch vertagen und dem Vertreter formlos Gelegenheit zum Nachbringen der Vollmacht geben. Gelingt dem Vertreter der Vollmachtsnachweis auch bis zum Fristablauf nicht, so liegt ein endgültiger Mangel der Vollmacht vor. Näher zu den Folgen des fehlenden Nachweises vgl. bei § 88 Rn. 10ff.

14 **2. Form des Nachweises.** Der Vollmachtsnachweis ist nach Abs. 1 dadurch zu führen, dass der Prozessbevollmächtigte eine schriftliche Vollmacht vorlegt und sie zu den Gerichtsakten abgibt. Diese Form des Nachweises soll dem Interesse der anderen Beteiligten an Rechtsklarheit für den weiteren Prozessverlauf Rechnung tragen; sie hat daher nur Bedeutung für die **Zukunft.** Wird dagegen geprüft, ob eine bereits vorgenommene Prozesshandlung wirksam ist, geht es also um den Bestand der Vollmacht in der **Vergangenheit,** so kann die Bevollmächtigung auch in anderer Form nachgewiesen werden, s. a. § 89 Rn. 13.[43] Zum Nachweises der Bevollmächtigung für das weitere Verfahren ist die Vollmachtsurkunde im Original vorzulegen;[44] eine beglaubigte Abschrift genügt ebenso wenig[45] wie eine Fotokopie oder ein Telefax.[46] Bezüglich des Nachweises der Bevollmächtigung in **elektronischer Form** §§ 126 Abs. 3, 126a BGB, 130a bestimmen gem. § 130a Abs. 2 die Bundesregierung und die Landesregierungen für ihren Bereich durch Rechtsverordnung den Zeitpunkt, von dem an elektronische Dokumente bei den Gerichten eingereicht werden können[47]. Die Urkunde muss die Erteilung der Vollmacht als Willenserklärung enthalten. Dazu ist es uU ausreichend, wenn die Partei den für sie tätig gewordenen Anwalt in einem Schriftsatz ausdrücklich als ihren Prozessbevollmächtigten bezeichnet.[48] Dagegen erfüllt eine Urkunde, die lediglich ein Indiz dafür bildet, dass die Vollmacht außerhalb der Urkunde erteilt worden ist, die Voraussetzung des Abs. 1 nicht; auch ein Zeugenbeweis über die Vollmachterteilung ist ausgeschlossen.[49] Regelmäßig muss der Bevollmächtigte in der Urkunde namentlich bezeichnet sein;[50] jedoch kann auch eine **Blankovollmacht** ausreichen.[51] Da der Vollmachtsnachweis des Abs. 1 nur für die Zukunft Bedeutung hat, muss das **Datum** der Bevollmächtigung nicht in der Urkunde enthalten sein; es kann aber wichtig werden, wenn über die Wirksamkeit vorgenommener Prozesshandlungen gestritten wird.[52]

15 Die Vollmachtsurkunde muss den Anforderungen an die **Schriftform** genügen. Es gilt insoweit zwar nicht § 126 BGB, da die Vollmachterteilung formlos möglich ist; die Bevollmächtigung muss aber jedenfalls im Rahmen der Beweiskraft des § 416 dokumentiert sein.[53] Sie muss daher von der Partei (oder ihrem Vertreter) unterschrieben oder mittels notariell beglaubigten Handzeichens unterzeichnet sein. Bei Kaufleuten reicht die Zeichnung mit der Firma.[54] Umstritten ist, ob die **Unterschrift eigenhändig und handschriftlich** erfolgen muss.[55] Im Hinblick auf den Zweck der Vorschrift sollte dies bejaht werden; eine Unterzeichnung mittels Faksimilestempel genügt daher nicht.[56] Ebenso ist die Schriftform des Abs. 1 nicht gewahrt, wenn die Vollmachtsurkunde per Telegramm[57] oder per **Telefax**[58] übermittelt wird (s. aber allg. § 129 Rn. 11, § 130 Rn. 9; zur elektronischen Form, vgl. oben Rn. 14). Da es hier nicht um die Ausnutzung von Fristen geht, greifen die Gesichtspunkte, die für die Zulassung einer telegrafischen oder fernschriftlichen Rechtsmitteleinlegung sprechen, nicht ein[59]. Ist über eine mündliche Erklärung eine öffentliche Urkunde iS des

---

[41] BGHZ 60, 255, 258 = NJW 1973, 757.
[42] BGH NJW-RR 2002, 933; OLG München OLGZ 1993, 223, 224.
[43] *St/J/Bork* Rn. 11, 21; MK/*v. Mettenheim* Rn. 11.
[44] BGHZ 126, 266, 267f. = NJW 1994, 2298; BGH ZIP 1997, 1474.
[45] Vgl. auch LAG Düsseldorf BB 1995, 731.
[46] BGHZ 126, 266, 267f. = NJW 1994, 2298.
[47] Vgl. VO über den elektronischen Rechtsverkehr beim Bundesgerichtshof BGBl. I 2001, 3225.
[48] BGH VersR 1984, 850, 851.
[49] OLG München OLGZ 1993, 223, 225.
[50] BFH DB 1984, 2284.
[51] BFH DB 1988, 1684; BVerwG MDR 1984, 256; BFH DB 1992, 1916.
[52] *St/J/Bork* Rn. 28; *Wiecz/Steiner* Rn. 14; *T/P/Hüßtege* Rn. 8.
[53] MK/*v. Mettenheim* Rn. 12.
[54] *St/J/Bork* Rn. 27; *Wiecz/Steiner* Rn. 14; MK/*v. Mettenheim* Rn. 15; *Zö/Vollkommer* Rn. 8.
[55] Dafür *Wiecz/Steiner* Rn. 14; MK/*v. Mettenheim* Rn. 14; dagegen *St/J/Bork* Rn. 27.
[56] Ebenso *Wiecz/Steiner* Rn. 14; MK/*v. Mettenheim* Rn. 14; *Zö/Vollkommer* Rn. 8; aM *St/J/Bork* Rn. 27.
[57] *Wiecz/Steiner* Rn. 14; MK/*v. Mettenheim* Rn. 12; aM BFH BB 1987, 2012; *St/J/Bork* Rn. 26.
[58] BGHZ 126, 266, 267f. = NJW 1994, 2298; JZ 1997, 855, 856; BFH NJW 1996, 871, 872; BB 1996, 1263; FG Kassel NJW-RR 1995, 639; *Zärban* BB 1996, 519, 520; *Laghzaoui/Wirges* MDR 1996, 230, 232f.; *Bork* JZ 1997, 256; MK/*v. Mettenheim* Rn. 14; aM *Wiecz/Steiner* Rn. 14; *Ebnet* JZ 1996, 507, 512; kritisch auch *Karst* NJW 1995, 3278.
[59] Vgl. BGHZ 126, 266, 267f. = NJW 1994, 2298.

§ 415 aufgenommen worden, so wird die Schriftform durch sie voll ersetzt;[60] in diesem Fall genügt nach § 435 auch die Vorlage einer beglaubigten Abschrift. Eine schriftliche Vollmacht ist entbehrlich, wenn die Bevollmächtigung zu Protokoll der Geschäftsstelle oder zum Sitzungsprotokoll (§ 160 Abs. 2) erfolgt.[61] Ergibt sich die Prozessvollmacht aus einer umfassenden materiellrechtlichen Handlungsbefugnis (vgl. Rn. 10), so genügt ein entsprechender urkundlicher Nachweis; der Prokurist etwa kann seine Vertretungsmacht mittels eines Handelsregisterauszuges nachweisen.[62]

Die Vollmachtsurkunde ist im Original **zu den Gerichtsakten abzugeben.** Dies ist eine Ausnahme zu der 16
sonst geltenden Regel, dass die Originale vorgelegter Urkunden in der Hand des Beweisführers bleiben.[63] Die Abgabe soll sicherstellen, dass die Vertretungsmacht des Prozessbevollmächtigten jederzeit beweisbar ist. Da dies auch noch im Rahmen einer Nichtigkeitsklage bedeutsam sein kann (vgl. § 579 Abs. 1 Nr. 4), scheidet eine **Rückgabe der Vollmachtsurkunde** grundsätzlich auch nach dem Ende des Rechtsstreits aus.[64] Sie kommt allenfalls dann in Betracht, wenn die Partei sich auf das Vorliegen besonderer Gründe berufen kann;[65] dies wird etwa bei einer Generalvollmacht angenommen.[66]

Problematisch ist, inwieweit der Vollmachtsnachweis auch durch **Bezugnahme auf eine bei Gericht vor-** 17
liegende Vollmacht geführt werden kann. Eine Besonderheit gilt insoweit für die Zwangsvollstreckung. Da sie nach § 81 von der Prozessvollmacht umfasst wird, braucht der im Titel angegebene Prozessbevollmächtigte hier keine gesonderte Vollmacht vorzulegen und abzugeben; er kann sich vielmehr auf die bei den Prozessakten befindliche Urkunde berufen.[67] Im Übrigen genügt die Bezugnahme auf eine zu den **Gerichtsakten** eines anderen Verfahrens gereichte Prozessvollmacht jedoch in der Regel nicht, selbst wenn diese als Generalvollmacht auch den konkreten Prozess deckt.[68] Denn „Gerichtsakten" iS des Abs. 1 sind grundsätzlich nur die zur jeweiligen Streitsache gehörenden Prozessakten, nicht alle Akten, die sich beim zuständigen Gericht befinden.[69] Eine **Ausnahme** sollte allerdings für den Fall zugelassen werden, dass die Akten, auf die Bezug genommen wird, unmittelbar verfügbar sind;[70] diese Voraussetzung wird in der Regel nur dann gegeben sein, wenn beide Verfahren vor demselben Spruchkörper stattfinden.[71] Nach Auffassung des BFH genügt eine Bezugnahme auch dann, wenn die Vollmacht Bestandteil der Akten eines anderen Spruchkörpers des Gerichts ist und dort verfügbar ist.[72] Darüber hinaus besteht die Möglichkeit, eine Generalvollmacht in den Generalakten des Gerichts niederzulegen und darauf bei Bedarf Bezug zu nehmen.[73]

VI. Öffentliche Beglaubigung (Abs. 2)

Das Gericht kann nicht von Amts wegen anordnen, dass die Bevollmächtigung durch Vorlage einer 18
öffentlich beglaubigten Vollmachtsurkunde nachzuweisen ist. Voraussetzung ist vielmehr, dass ein entsprechender **Antrag des Prozessgegners** vorliegt, in dem begründete Zweifel an der Ordnungsmäßigkeit der Vollmacht dargelegt werden. Eine Glaubhaftmachung der Bedenken nach § 294 ist nicht erforderlich.[74] Das Gericht entscheidet über den Antrag nach **pflichtgemäßem Ermessen;** eine mündliche Verhandlung ist möglich, aber nicht nötig.[75] Sieht das Gericht keine durchgreifenden Bedenken gegen die Echtheit der privaten Vollmachtsurkunde, so weist es den Antrag zurück. Der **zurückweisende Beschluss** ist **unanfechtbar** (Abs. 2 S. 2). Hält das Gericht die Bedenken des Prozessgegners dagegen für berechtigt, so hat es eine Frist zur Beibringung einer öffentlich beglaubigten Vollmacht zu setzen. Bis zum Ablauf der Frist kann der Vertreter gemäß § 89 einstweilen zur Prozessführung zugelassen werden. Wegen § 567 Abs. 1 ist auch die **stattgebende Entscheidung** des Gerichts **nicht** mit Rechtsmitteln **angreifbar.** Die öffentliche Beglaubigung erfolgt gemäß § 129 BGB durch den Notar. Die dafür anfallenden **Gebühren** trägt zunächst der Vollmachtgeber. Hatte der Prozessgegner jedoch einen Antrag nach Abs. 2 gestellt oder war ein solcher Antrag den Umständen nach zu erwarten, dann handelt es sich um Kosten, die zur zweckentsprechenden Rechtsverfolgung oder – verteidigung erforderlich und daher gemäß § 91 erstattungsfähig sind.[76] Besondere Gerichtsgebühren fallen für die Anordnung der Beglaubigung regelmäßig nicht an. Da die Zuziehung von Zeugen und die Aufnahme eines Protokolls für die öffentliche Beglaubigung heute ohnehin nicht mehr vorgeschrieben sind, ist die Regelung des Abs. 2 S. 3 gegenstandslos.[77]

---

[60] *St/J/Bork* Rn. 26; MK/*v. Mettenheim* Rn. 15; *T/P/Hüßtege* Rn. 8.
[61] *St/J/Bork* Rn. 24; *Wiecz/Steiner* Rn. 15; MK/*v. Mettenheim* Rn. 15.
[62] *St/J/Bork* Rn. 23; *Wiecz/Steiner* Rn. 15; Zö/*Vollkommer* Rn. 9.
[63] *St/J/Bork* Rn. 34.
[64] *St/J/Bork* Rn. 34; *Wiecz/Steiner* Rn. 16; MK/*v. Mettenheim* Rn. 16; *Zö/Vollkommer* Rn. 11.
[65] *St/J/Bork* Rn. 34; *Wiecz/Steiner* Rn. 16.
[66] OLG Karlsruhe GRUR 1992, 876, 877; *Wiecz/Steiner* Rn. 16; MK/*v. Mettenheim* Rn. 16; *Zö/Vollkommer* Rn. 11.
[67] *St/J/Bork* Rn. 36; *Wiecz/Steiner* Rn. 15; MK/*v. Mettenheim* Rn. 14; *Zö/Vollkommer* Rn. 8.
[68] BGH NJW-RR 1986, 1252, 1253; BFH BB 1991, 2363, 2364; FG München EFG 1998, 384.
[69] BFH BB 1991, 2363, 2364.
[70] BFH BB 1991, 2363, 2364; *Wiecz/Steiner* Rn. 15.
[71] *St/J/Bork* Rn. 35; MK/*v. Mettenheim* Rn. 16.
[72] BFH NVwZ-RR 1998, 528.
[73] LG Berlin ZVI 2005, 200; *Zö/Vollkommer* Rn. 11; aA *B/L/H* Rn. 13.
[74] *St/J/Bork* Rn. 30; MK/*v. Mettenheim* Rn. 17.
[75] *St/J/Bork* Rn. 30; *Wiecz/Steiner* Rn. 17; MK/*v. Mettenheim* Rn. 17; AK-ZPO/*Christian* Rn. 14.
[76] *St/J/Bork* Rn. 33; *Zö/Vollkommer* Rn. 12.
[77] *St/J/Bork* Rn. 31.

VII. Gerichtskosten

19 Gerichtsgebühren werden für die gerichtliche Anordnung nach Abs. 2 nicht erhoben. Die Beglaubigungsgebühr des Notars bemisst sich nach § 45 Abs. 1 iVm § 141 KostO.

81 *Umfang der Prozessvollmacht* **Die Prozessvollmacht ermächtigt zu allen den Rechtsstreit betreffenden Prozesshandlungen, einschließlich derjenigen, die durch eine Widerklage, eine Wiederaufnahme des Verfahrens, eine Rüge nach § 321a und die Zwangsvollstreckung veranlasst werden; zur Bestellung eines Vertreters sowie eines Bevollmächtigten für die höheren Instanzen; zur Beseitigung des Rechtsstreits durch Vergleich, Verzichtleistung auf den Streitgegenstand oder Anerkennung des von dem Gegner geltend gemachten Anspruchs; zur Empfangnahme der von dem Gegner oder aus der Staatskasse zu erstattenden Kosten.**

I. Normzweck

1 Die Vorschrift bestimmt den Umfang der Prozessvollmacht. Sie dient auf diese Weise der **Rechtssicherheit** und **Rechtsklarheit,** der im Prozessrechtsverkehr ein besonders hoher Stellenwert zukommt. Ohne die Regelung des § 81 müsste die Reichweite der Prozessvollmacht aus dem Innenverhältnis zwischen der Partei und ihrem Bevollmächtigten abgeleitet werden; dieses ist aber weder dem Gericht noch dem Prozessgegner hinreichend erkennbar. Aus diesem Grund legt § 81 (gemeinsam mit der ergänzenden Regelung des § 82) einen gesetzlich typisierten Umfang der Prozessvollmacht fest, der nur in den Grenzen des § 83 mit Außenwirkung beschränkt werden kann. Das **Innenverhältnis** zwischen Partei und Bevollmächtigtem kann dagegen grundsätzlich beliebig gestaltet werden; sind insoweit aber keine Abmachungen getroffen, so orientieren sich die Rechte des Bevollmächtigten auch im Innenverhältnis am Umfang der §§ 81, 82.[1] Die Grundsätze des § 81 gelten entsprechend für Vollmachten, die nur ein bestimmtes Verfahren, wie etwa die Zwangsvollstreckung, betreffen.[2]

II. Alle den Rechtsstreit betreffenden Prozesshandlungen

2 **1. Rechtsstreit.** Die Prozessvollmacht ist grundsätzlich eine Generalvollmacht für den Prozess als Ganzes;[3] Spezialvollmacht für einzelne Prozesshandlungen kann sie nur im Parteiprozess sein (§ 83 Abs. 2). Gemäß § 81 ermächtigt die Prozessvollmacht zu allen den Rechtsstreit betreffenden Prozesshandlungen. Rechtsstreit in diesem Sinne ist das Verfahren, das zwischen bestimmten Parteien über einen bestimmten Streitgegenstand geführt wird.[4] Nach der ausdrücklichen Anordnung in Halbs. 1 schließt dieser Begriff auch eine **Widerklage** (§ 33), eine Wiederaufnahme des Verfahrens (§§ 579ff.), eine Rüge nach § 321a sowie die Zwangsvollstreckung ein. Bei der **Wiederaufnahme** ist allerdings zu beachten, dass das Grundverhältnis zwischen Partei und Bevollmächtigtem mit Abschluss des Vorprozesses regelmäßig beendet ist. Dies bedeutet, dass das Wiederaufnahmeverfahren zwar von der Prozessvollmacht gedeckt ist, dass es jedoch einer neuen Beauftragung bedarf, um den Prozessbevollmächtigten zum „Vertreter" iS des § 85 zu machen.[5] Im Verfahren der **Zwangsvollstreckung** sind von der Prozessvollmacht **auch** alle anlässlich der Vollstreckung entstehenden **selbstständigen Klagen** (zB §§ 731, 767, 768, 771, 785, 786, 796 Abs. 3, 797 Abs. 5, 805) **und Rechtsbehelfe** erfasst.[6] Dies gilt selbst dann, wenn die neue Klage zu einem Rechtsstreit mit einem Dritten führt; der Bevollmächtigte kann daher auch gegen einen Drittschuldner vorgehen.[7] Ob die Prozessvollmacht auch die Vertretung in einem aus der Zwangsvollstreckung entstehenden **Insolvenzverfahren** erfasst, ist streitig,[8] wird aber wohl zu bejahen sein; denn insbesondere der Eröffnungsantrag und die Anmeldung der Forderung zur Tabelle lassen sich als Handlungen begreifen, die „durch die Zwangsvollstreckung veranlasst werden".

3 Da die Prozessvollmacht grundsätzlich für den gesamten Rechtsstreit erteilt wird, ist sie weder auf eine Instanz noch auf ein bestimmtes Gericht beschränkt. Sie schließt **alle Rechtszüge** sowie **Verweisungen** und Abgaben ein, auch wenn der Prozessbevollmächtigte beim anderen Gericht nicht zugelassen ist.[9] In diesem Fall darf er – insbesondere für die höheren Instanzen – auf Grund der Prozessvollmacht einen Bevollmächtigten beauftragen (vgl. u. Rn. 9).[10] Die Prozessvollmacht umfasst den Rechtsstreit im Übrigen auch weitgehend unabhängig von **Änderungen der Parteien oder des Streitgegenstandes.** Sie besteht fort, wenn die Klage geändert oder erweitert wird (§§ 263, 264), wenn ein Streitgehilfe beitritt oder wenn auf der Seite des Prozessgegners eine Parteiänderung erfolgt.[11] Die vom Nebenintervenienten des Beklagten erteilte Prozessvollmacht umfasst auch dessen Vertretung als Beklagten, wenn die Klage auf ihn erstreckt wird.[12] Da-

---

[1] MK/*v. Mettenheim* Rn. 2f.
[2] *St/J/Bork* Rn. 2; *Wiecz/Steiner* Rn. 1.
[3] *Zö/Vollkommer* Rn. 1.
[4] Vgl. *St/J/Bork* Rn. 4; *Wiecz/Steiner* Rn. 2.
[5] BGHZ 31, 351, 354 = NJW 1960, 818.
[6] MK/*v. Mettenheim* Rn. 6; *T/P/Hüßtege* Rn. 1; vgl. auch FG Bremen EFG 1998, 384.
[7] *St/J/Bork* Rn. 7; *Wiecz/Steiner* Rn. 4; MK/*v. Mettenheim* Rn. 6.
[8] Dafür MK/*v. Mettenheim* Rn. 6; *B/L/H* Rn. 25; aA *St/J/Bork* Rn. 7; *Wiecz/Steiner* Rn. 4.
[9] *St/J/Bork* Rn. 6, 19; *Wiecz/Steiner* Rn. 3; MK/*v. Mettenheim* Rn. 5.
[10] Vgl. BGH NJW 1994, 320; NJW-RR 1994, 542.
[11] *St/J/Bork* Rn. 4; *Wiecz/Steiner* Rn. 2; MK/*v. Mettenheim* Rn. 4; *T/P/Hüßtege* Rn. 3.
[12] BGHZ 57, 105, 107 = NJW 1972, 52.

gegen muss eine **neue Vollmacht** erteilt werden, wenn die Klage **gegen** eine **andere** als die in der Vollmacht genannte **Person** begonnen oder auf sie erweitert werden soll.[13] Ebenso bedarf es einer neuen Vollmacht regelmäßig dann, wenn eine andere Person an die Stelle des Vollmachtgebers tritt.[14]

Der Prozessbevollmächtigte darf seinen Auftraggeber auch in Verfahren vertreten, die mit dem Rechtsstreit unmittelbar zusammenhängen, so zB im Prozesskostenhilfeverfahren, im Kostenfestsetzungsverfahren,[15] im Beweissicherungsverfahren, bei der Streitwertbeschwerde,[16] im Nachverfahren gemäß §§ 302 Abs. 4, 600 und bei Anträgen auf Berichtigung oder Ergänzung des Urteils oder des Tatbestandes (§§ 319ff.). Auch der Streit um die Wirksamkeit eines prozessbeendenden Vergleichs (§ 794 Rn. 21) ist von der Prozessvollmacht gedeckt.[17] Wird ein Schadensersatzanspruch nach §§ 302 Abs. 4 S. 4, 717 Abs. 2 S. 2 durch Inzidentantrag im anhängigen Rechtsstreit geltend gemacht, so darf der Prozessbevollmächtigte insoweit ebenfalls tätig werden. Im Übrigen erweitert § 82 den Umfang der Prozessvollmacht auch auf die Nebenverfahren der Hauptintervention, des Arrests und der einstweiligen Verfügung. Die nach § 609 für eine Scheidungssache erteilte Vollmacht erstreckt sich nach § 624 Abs. 1 ausdrücklich auch auf Scheidungsfolgesachen. 4

Nicht von der Prozessvollmacht erfasst sind Klagen aus §§ 323, 324, 893 sowie die Schadensersatzansprüche nach §§ 302 Abs. 4, 600 Abs. 2, 717 Abs. 2, 945, wenn sie im Wege einer selbstständigen Klage, dh. nicht durch einen Inzidentantrag im anhängigen Rechtsstreit, geltend gemacht werden.[18] Obwohl sie einen sachlichen Zusammenhang mit dem Vorprozess aufweisen, muss für sie eine neue Prozessvollmacht erteilt werden. Eine neue Prozessvollmacht ist auch dann erforderlich, wenn die ursprüngliche Klage nach ihrer Abweisung oder nach Klagerücknahme erneuert wird.[19] 5

2. Prozesshandlungen. Die Prozessvollmacht ermächtigt sowohl zur Abgabe als auch zur Entgegennahme aller den Rechtsstreit betreffenden Prozesshandlungen, etwa zum Empfang einer im Zusammenhang mit einer Räumungsklage oder einer arbeitsrechtlichen Kündigungsschutzklage abgegebenen Folgekündigung.[20] Die zur Verteidigung gegenüber einem Mieterhöhungsverlangen erteilte Prozessvollmacht ermächtigt auch zur Entgegennahme eines während des Verfahrens abgegebenen (weiteren) Mieterhöhungsverlangens.[21] Der Begriff der Prozesshandlung ist im Rahmen des § 81 sehr weit zu verstehen. Er umfasst alle Handlungen, die auf den Betrieb oder auf die Beendigung des Rechtsstreits gerichtet sind oder der Durchsetzung einer ergangenen Entscheidung dienen.[22] Die Aufzählung einzelner Prozesshandlungen in § 81 hat nur beispielhaften Charakter.[23] Der Prozessbevollmächtigte kann insbesondere eine Klage erheben, ändern oder zurücknehmen, er kann Rechtsmittel einlegen, sie zurücknehmen oder auf sie verzichten, ferner kann er Tatsachen behaupten, bestreiten und zugestehen, er kann Anträge stellen, Zustellungs- und Vollstreckungsaufträge erteilen und Zustellungen entgegennehmen. Nach Halbs. 3 ist er ausdrücklich zum Abschluss eines Vergleichs sowie zur Erklärung eines Anerkenntnisses und eines Verzichts ermächtigt. 6

3. Rechtsgeschäfte. Verschiedene Prozesshandlungen beinhalten zugleich auch materiellrechtliche Erklärungen oder setzen sie zu ihrer Wirksamkeit voraus (zB Verzicht, Vergleich, etc.). Daraus wird allgemein gefolgert,[24] dass die Prozessvollmacht auch zur Abgabe und Empfangnahme **materiellrechtlicher Erklärungen** ermächtigt, so weit sie sich auf den Streitgegenstand beziehen und der Erreichung des Prozessziels dienen;[25] dabei spielt es keine Rolle, ob die Erklärungen innerhalb oder außerhalb des Prozesses abgegeben werden.[26] Welche Erklärungen konkret von der Prozessvollmacht umfasst werden, erschließt sich nach den Besonderheiten des Einzelfalles und dem inneren Zusammenhang der Erklärung mit dem Gegenstand des Rechtsstreits. Der Prozessbevollmächtigte darf und muss insbesondere alle außerprozessualen Handlungen vornehmen, die notwendig sind, um den Prozess siegreich zu beenden. Die Vollmacht reicht danach so weit, wie sich der Bevollmächtigte bei vernünftiger, wirtschaftlicher Betrachtungsweise nach dem vorprozessualen Streitstoff angesichts des Zwecks, der mit seiner Beauftragung verfolgt wird, zu einer Rechtshandlung im Interesse seines Auftrag- und Vollmachtgebers als ermächtigt ansehen darf.[27] Sie umfasst nicht die Verfügung über Vermögensgegenstände, die sich nicht im Rechtsstreit befinden.[28] 7

Materiellrechtliche Erklärungen, die der Prozessbevollmächtigte nach diesen Grundsätzen abgeben und entgegennehmen kann, sind zB die Anfechtung, die Aufrechnung,[29] der Rücktritt, die Kündigung und die Genehmigung. So schließt die einem Rechtsanwalt zur Abwehr einer Räumungsklage erteilte Prozessvollmacht die Befugnis zum Empfang einer im Zusammenhang mit dem Rechtsstreit erklärten Kündigung 8

---

13 *St/J/Bork* Rn. 4; MK/*v. Mettenheim* Rn. 4.
14 *St/J/Bork* Rn. 4.
15 BVerfGE 81, 123, 127f. = NJW 1990, 1104; OLG Hamm Rpfleger 1978, 421, 422; OLGR Hamm 2005, 385.
16 LAG Düsseldorf MDR 1995, 1074f.
17 *St/J/Bork* Rn. 5f.; *Wiecz/Steiner* Rn. 3.
18 HM; vgl. *St/J/Bork* Rn. 4; *Wiecz/Steiner* Rn. 5; MK/*v. Mettenheim* Rn. 4; *Zö/Vollkommer* Rn. 8.
19 *St/J/Bork* Rn. 5; MK/*v. Mettenheim* Rn. 4.
20 BGH NJW 2003, 963, 964.
21 BGH NJW 2003, 963, 964; BGH WuM 2003, 149.
22 *Wiecz/Steiner* Rn. 5; MK/*v. Mettenheim* Rn. 3.
23 *Wiecz/Steiner* Rn. 2; *B/L/H* Rn. 4.
24 Vgl. etwa *St/J/Bork* Rn. 10; AK-ZPO/*Christian* Rn. 10; etwas anders in der Begründung MK/*v. Mettenheim* Rn. 7f.
25 Vgl. nur BGH NJW 1992, 1963, 1964; BGH NJW 2003, 963, 964; Rpfleger 1994, 29.
26 BAG BB 1978, 207; BGH NJW 2003, 963, 964.
27 BGH NJW 1992, 1963, 1964; Rpfleger 1994, 29.
28 BGH (Fn. 28) S. 1964, vgl. auch BGH NJW 1982, 1809, 1810.
29 BGHZ 31, 206, 209 = NJW 1960, 480; BGH Rpfleger 1994, 29; BAG BB 1978, 207.

ein.[30] Ferner kann der Prozessbevollmächtigte die Rechte der Wandelung und der Minderung geltend machen sowie die Wahlrechte des bürgerlichen Rechts ausüben. Auch die Auflassung kann im Einzelfall von der Prozessvollmacht gedeckt sein.[31] Nach herrschender Meinung kann der Prozessbevollmächtigte auch einen **außergerichtlichen Vergleich** abschließen.[32] Voraussetzung ist aber, dass er sich dabei im Rahmen des Streitgegenstandes hält[33]. Ist ihm Prozessvollmacht für eine Klage auf Nießbrauchsnutzungen erteilt, so darf er in einem Vergleich daher nicht die Löschung des Nießbrauchs bewilligen.[34] Rechtsgeschäfte mit Dritten sind jedenfalls dann nicht von der Prozessvollmacht umfasst, wenn sie über reine Hilfsgeschäfte hinausgehen; das gilt auch dann, wenn sie mit dem Prozess in Verbindung stehen. Aus diesem Grund ist der Prozessbevollmächtigte nicht dazu befugt, die eingeklagte Forderung für den Kläger vom wahren Berechtigten zu erwerben.[35] Die Prozessvollmacht ermächtigt ferner nicht zu einer Erklärung gegenüber einer Behörde, deren Wirksamkeit von der Vorlegung einer öffentlich beglaubigten Vollmacht abhängt.[36] Ferner schließt sie nicht die Befugnis ein, den Vollmachtgeber beim Abschluss eines Grundstückskaufvertrages zu vertreten.[37] Sie umfasst schließlich auch nicht den Abschluss einer Schiedsvereinbarung[38], während die Rechtswahlvereinbarung im Prozess noch von ihr gedeckt ist.[39]

III. Bestellung eines Vertreters

9 Die Prozessvollmacht ermächtigt nach Halbs. 2 ausdrücklich zur Bestellung eines Untervertreters sowie zur Beauftragung eines Bevollmächtigten für die höheren Instanzen (Instanzvollmacht).[40] Eine **Untervollmacht** kommt bis zur wirksamen Beendigung der Prozessvollmacht nach § 87 in Betracht.[41] Sie darf aber nicht dazu führen, dass die Prozessvollmacht in der Weise an einen anderen weitergegeben wird, dass dieser neben dem von der Partei bestellten Prozessbevollmächtigten die Vertretung für den Prozess im Ganzen übernimmt.[42] Eine derart umfassende Übertragung ist allenfalls dann zulässig, wenn die Prozessvollmacht nur die Folge einer außerprozessualen Vollmacht ist oder wenn der Erstbevollmächtigte wegen fehlender Postulationsfähigkeit nicht in der Lage ist, die Vertretung selbst zu führen[43]. Die Bevollmächtigung eines sog. „Kartellanwalts“ durch den Prozessbevollmächtigten lässt sich jedenfalls dann nicht mit den Erfordernissen einer geordneten Rechtspflege in Einklang bringen, wenn der „Kartellanwalt“ keinerlei Informationen für die Führung des Rechtsstreits erhält.[44] Ein Unterbevollmächtigter handelt als Vertreter der Partei, nicht des Hauptbevollmächtigten. Die **Instanzvollmacht** ist insbesondere dann von Bedeutung, wenn der Bevollmächtigte bei den Gerichten der höheren Instanzen selbst nicht zugelassen ist; die Erteilung der Instanzvollmacht enthält zugleich (gegebenenfalls stillschweigend) die Begründung eines Vertragsverhältnisses zur Partei.[45]

IV. Empfangnahme der Kosten

10 Die Prozessvollmacht ermächtigt schließlich zur Empfangnahme der vom Gegner oder aus der Staatskasse zu erstattenden Prozesskosten. Gemäß § 83 ist eine Einschränkung der Vollmacht insoweit auch dann nicht mit Außenwirkung möglich, wenn der Partei ein Auskehrungsanspruch gegen ihren Prozessbevollmächtigten zusteht.[46] Umgekehrt bedeutet die Regelung, dass eine Empfangsvollmacht kraft Gesetzes nur bezüglich der Kosten, nicht aber hinsichtlich der Hauptsache gegeben ist. Soll der Bevollmächtigte auch dazu ermächtigt werden, so muss der Umfang der Prozessvollmacht entsprechend erweitert werden;[47] das gilt auch in der Zwangsvollstreckung.[48] In der Praxis wird eine derartige Erweiterung formularmäßig vorgenommen.

V. Beschränkungen und Erweiterungen

11 Die Reichweite der Prozessvollmacht ist im Innenverhältnis zwischen der Partei und ihrem Bevollmächtigten grundsätzlich beliebig beschränkbar.[49] Im Außenverhältnis gegenüber Gericht und Gegner wirken **Be-**

---

[30] BGH NJW-RR 2000, 745.
[31] Vgl. dazu MK/*v. Mettenheim* Rn. 9.
[32] BAG NJW 1963, 1469f.; *St/J/Bork* Rn. 11; *Wiecz/Steiner* Rn. 11; MK/*v. Mettenheim* Rn. 11.
[33] Bay ObLG NJW-RR 1999, 235, 236.
[34] BGH NJW 1992, 1963, 1964.
[35] BGH Rpfleger 1994, 29.
[36] BGHZ 31, 206, 209f. = NJW 1960, 480.
[37] LG Neubrandenburg MDR 1995, 1270.
[38] *St/J/Bork* Rn. 12; *Wiecz/Steiner* Rn. 11; MK/*v. Mettenheim* Rn. 4; *Zö/Vollkommer* Rn. 11.
[39] *St/J/Bork* Rn. 10; *Wiecz/Steiner* Rn. 11. 1984, 2736, 2739.
[40] Vgl. BGH NJW 1994, 542; BGH NJW 2001, 1356.
[41] BGH NJW 1980, 999.
[42] BGH NJW 1981, 1727, 1728.
[43] *St/J/Bork* Rn. 14.
[44] OLG Düsseldorf NJW 1976, 1324.
[45] BGH NJW 2006, 2334, 2335 Rn. 14.
[46] Vgl. auch MK/*v. Mettenheim* Rn. 15.
[47] LG Bielefeld DGVZ 1993, 28; *St/J/Bork* Rn. 22; MK/*v. Mettenheim* Rn. 12, 16; *Zö/Vollkommer* Rn. 7.
[48] Vgl. § 62 Nr. 2 GVGA; kritisch *Christmann* DGVZ 1991, 132.
[49] Grenzen können sich allerdings aus dem Standesrecht ergeben; vgl. *Wiecz/Steiner* Rn. 1; *B/L/H* Rn. 1.

schränkungen des in §§ 81, 82 festgelegten Umfangs dagegen nur nach Maßgabe des § 83. **Erweiterungen** der gesetzlich typisierten Vertretungsmacht sind grundsätzlich ohne Einschränkung zulässig; sie können ausdrücklich, unter Umständen aber auch stillschweigend vorgenommen werden.[50] Die Vollmachtsformulare, deren sich die Praxis bedient, machen von dieser Möglichkeit Gebrauch, indem sie den Prozessbevollmächtigten zB zur Empfangnahme der Hauptsache ermächtigen (vgl. Rn. 10).[51] In Einzelfällen kann eine Erweiterung der Prozessvollmacht allerdings standeswidrig sein oder gegen § 305c BGB verstoßen.[52]

82 *Geltung für Nebenverfahren* **Die Vollmacht für den Hauptprozess umfasst die Vollmacht für das eine Hauptintervention, einen Arrest oder eine einstweilige Verfügung betreffende Verfahren.**

I. Normzweck

Die Vorschrift ergänzt die in § 81 enthaltene Regelung zum Umfang der Prozessvollmacht und dient wie 1 diese der **Rechtssicherheit und Rechtsklarheit** im Prozess. Sie erstreckt die Vollmacht für den Hauptprozess auf die Nebenverfahren der Hauptintervention (§ 64) sowie des Arrests und der einstweiligen Verfügung (§§ 916ff.). § 82 gilt über seinen Wortlaut hinaus auch für das Verfahren der **einstweiligen Anordnung nach §§ 620, 620b, 641d, 644.** Dass sich die Prozessvollmacht für eine Scheidungssache (§ 609) auch auf Folgesachen erstreckt, ergibt sich dagegen aus § 624 Abs. 1.

II. Hauptprozess und Nebenverfahren

§ 82 setzt ein Verhältnis von Hauptprozess und Nebenverfahren voraus. Dieses liegt im Fall der einst- 2 weiligen Verfügung dann vor, wenn als Verfügungsanspruch **derselbe Anspruch** wie im Klageverfahren geltend gemacht wird; bei der Regelungsverfügung genügt bereits ein **enger sachlicher Zusammenhang.**[1] Unerheblich ist, ob dasselbe Gericht zuständig ist und ob das vorläufige Verfahren vor oder nach Beginn des Hauptprozesses eingeleitet wird.[2]

III. Rechtsfolgen

Die für den Hauptprozess erteilte Vollmacht erstreckt sich auch auf die jeweiligen Nebenverfahren. **Zu-** 3 **stellungen** können daher an den Prozessbevollmächtigten des Hauptprozesses ergehen; da aber sowohl der Interventionsprozess als auch das Verfahren des einstweiligen Rechtsschutzes einen gegenüber dem Hauptprozess selbstständigen Rechtsstreit bilden, greift § 172 nicht ein, so dass in beiden Fällen auch an die Partei selbst zugestellt werden kann.[3] § 82 gibt also das Recht, Zustellungen auch an den Prozessbevollmächtigten des Hauptprozesses zu bewirken; aus ihm folgt aber keine entsprechende Pflicht.[4] Wird die Vollmacht lediglich für ein Nebenverfahren iS des § 82 erteilt, was sowohl im Anwaltsprozess wie auch im Parteiprozess möglich ist,[5] so erfasst diese Vollmacht **nicht auch umgekehrt** ein Tätigwerden im Hauptprozess.[6] Sie bleibt andererseits von der Bestellung eines Prozessbevollmächtigten für den Hauptprozess unberührt.[7] § 82 hat ebenso wie § 81 unmittelbare Bedeutung nur für das **Außenverhältnis** und ist wie dieser nur in den Grenzen des § 83 abdingbar. Im Anwaltsprozess ist § 82 daher zwingend; im Parteiprozess gilt § 83 Abs. 2. Für das Innenverhältnis trifft § 82 keine Regelung,[8] dh. eine Beschränkung des Auftrags auf die Führung des Hauptprozesses ist jedenfalls möglich.[9] Eine andere Frage ist, ob der in §§ 81, 82 festgelegte Umfang der Prozessvollmacht als Anhaltspunkt herangezogen werden kann, wenn die Reichweite des Auftrags nicht ausdrücklich vereinbart ist und daher durch Auslegung ermittelt werden muss. Da sich das Innen- und Außenverhältnis nach dem Parteiwillen im Zweifel decken werden, ist diese Frage zu bejahen.[10]

83 *Beschränkung der Prozessvollmacht* **(1) Eine Beschränkung des gesetzlichen Umfanges der Vollmacht hat dem Gegner gegenüber nur insoweit rechtliche Wirkung, als diese Beschränkung die Beseitigung des Rechtsstreits durch Vergleich, Verzichtleistung auf den Streitgegenstand oder Anerkennung des von dem Gegner geltend gemachten Anspruchs betrifft.**

(2) Insoweit eine Vertretung durch Anwälte nicht geboten ist, kann eine Vollmacht für einzelne Prozesshandlungen erteilt werden.

---

[50] *St/J/Bork* Rn. 1; *Wiecz/Steiner* Rn. 12.
[51] *T/P/Hüßtege* Rn. 8.
[52] OVG Münster NJW 1987, 3029; *Wiecz/Steiner* Rn. 12; *Zö/Vollkommer* Rn. 12.
[1] MK/*v. Mettenheim* Rn. 2.
[2] Vgl. *St/J/Bork* Rn. 1; MK/*v. Mettenheim* Rn. 2.
[3] RGZ 45, 364, 366; OLG Frankfurt MDR 1984, 58; OLG Nürnberg MDR 2002, 232.
[4] OLG Oldenburg MDR 2002, 290.
[5] AllgM; vgl. nur *Wiecz/Steiner* Rn. 2; *T/P/Hüßtege* Rn. 1.
[6] RG SeuffA 80 Nr. 36; OLG Hamburg OLGRspr. 21, 94.
[7] OLG München OLGRspr. 29, 86.
[8] MK/*v. Mettenheim* Rn. 1; *T/P/Hüßtege* Rn. 1.
[9] OLG Köln JurBüro 1975, 185; *Wiecz/Steiner* Rn. 1.
[10] AM OLG Köln JurBüro 1975, 185.

I. Normzweck

1 Die Vorschrift regelt, inwieweit die Prozessvollmacht im Außenverhältnis beschränkt werden kann. Sie dient der Vereinfachung des Verfahrens sowie der Schaffung klarer Verhältnisse im Prozess.[1] Geschützt wird dadurch insbesondere der Prozessgegner in seinem Bedürfnis nach Rechtssicherheit; denn er muss sich auf die Wirksamkeit von Handlungen des Prozessbevollmächtigten verlassen können.[2]

II. Zulässigkeit einer Beschränkung der Prozessvollmacht

2 **1. Anwaltsprozess (Abs. 1).** So weit eine Vertretung durch Anwälte geboten ist, kann die Prozessvollmacht zwar im **Innenverhältnis** zwischen der Partei und ihrem Bevollmächtigten in beliebiger Weise wirksam beschränkt werden,[3] im **Außenverhältnis** ist sie jedoch umfassend und grundsätzlich unbeschränkbar. Dem Prozessgegner sowie – über den Normwortlaut hinaus – auch dem Gericht gegenüber[4] hat eine Beschränkung des in §§ 81, 82 gesetzlich geregelten Umfangs der Prozessvollmacht für den Anwaltsprozess (§ 78) nur insoweit rechtliche Wirkung, als sie die Beendigung des Prozesses durch Vergleich (s. § 794 Rn. 19), Verzicht (§ 306) oder Anerkenntnis (§ 307) betrifft. Darüber hinausgehende Beschränkungen wirken im Außenverhältnis selbst dann nicht, wenn sie dem Gegner bekannt oder in die Vollmachtsurkunde aufgenommen sind.[5] Diese Einschränkung, die auch in Statusverfahren gilt,[6] ist Ausdruck der Abstraktheit der Vollmacht.[7] In Rechtsprechung und Literatur ist anerkannt, dass eine Vollmachtsbeschränkung über den zu engen Wortlaut des Abs. 1 hinaus zulässig ist, wenn der Bevollmächtigte sonst in eine **Interessenkollision** gedrängt würde und dem Vollmachtgeber nach Treu und Glauben eine Zurechnung seines Handelns nicht zuzumuten ist.[8] In solchen Fällen ist die Vollmacht nach Maßgabe des Innenverhältnisses beschränkt. Dementsprechend nimmt der BGH an, dass in Fällen, in denen wechselseitige Schadensersatzansprüche aus einem Verkehrsunfall erhoben werden, für den auf beiden Seiten derselbe Haftpflichtversicherer aufzukommen hat, die von diesem erteilte Prozessvollmacht sich nur auf die Klage bzw. die Widerklage erstreckt.[9] Nach Auffassung des OLG Brandenburg soll aus § 83 Abs. 2 im Umkehrschluss folgen, dass auch die im Anwaltsprozess erteilte Prozessvollmacht durch die Partei insoweit beschränkt werden kann das einzelne Prozesshandlungen nicht dem Anwaltszwang unterliegen.[10]

3 **2. Parteiprozess (Abs. 2).** So weit eine Vertretung durch Anwälte nicht geboten ist (§ 79), findet Abs. 1 trotz seines umfassenden Wortlauts keine Anwendung, wie sich aus dem systematischen Verhältnis beider Absätze zueinander ergibt.[11] In einem Parteiprozess kann die Prozessvollmacht beliebig beschränkt und sogar nur für einzelne Prozesshandlungen erteilt werden. Sinn dieser Abweichung von Abs. 1 ist es, einen indirekten Anwaltszwang im Parteiprozess zu verhindern.[12] Allerdings sind auch im Parteiprozess die §§ 81 und 82 anwendbar, so dass die Prozessvollmacht im Zweifel als unbeschränkte Vollmacht erteilt ist.[13] Wird im Parteiprozess eine **Vollmacht für einzelne Prozesshandlungen** erteilt, so ist ihr Umfang entsprechend § 81 durch Auslegung zu ermitteln.[14] In der Praxis häufig ist die Terminsvollmacht, die zu allen zweckgerechten, im Termin vorkommenden Prozesshandlungen ermächtigt.[15] Möglich ist auch eine Vollmacht zur Abgabe einzelner Erklärungen sowie eine reine Zustellungsermächtigung; ist die Vollmacht in dieser Weise beschränkt, dann können Zustellungen auch an die Partei selbst erfolgen, denn § 172 gilt nur für die unbeschränkte Vollmacht.

III. Durchführung der Beschränkung

4 Eine nach Abs. 1 oder Abs. 2 zulässige Beschränkung der Prozessvollmacht kann im Außenverhältnis nur dann wirksam werden, wenn sie dem Gegner gegenüber **unzweideutig zum Ausdruck** gebracht wird.[16] Dies geschieht etwa durch eine ausdrückliche, schriftliche oder mündliche Mitteilung an den Prozessgegner. Wird die Beschränkung jedoch bereits bei Erteilung der Vollmacht vorgenommen, dann genügt auch die bloße Aufnahme in die Vollmachtsurkunde, die dem Gericht vorgelegt wird; in diesem Fall ist keine eigene Bekanntmachung an den Gegner erforderlich.[17] Eine Beschränkung, die diesen Erfordernissen an die Verlautbarung nicht genügt, ist im Außenverhältnis unwirksam; sie behält aber ihre Bedeutung für das In-

---

1 *St/J/Bork* Rn. 1; MK/*v. Mettenheim* Rn. 1.
2 *B/L/H* Rn. 2; AK-ZPO/*Christian* Rn. 1.
3 Vgl. nur *Zö/Vollkommer* Rn. 1; *T/P/Hüßtege* Rn. 3. Grenzen setzt allerdings das Standesrecht, vgl. *Wiecz/Steiner* § 81 Rn. 1; *B/L/H* Rn. 1.
4 BGH NJW 2001, 1356 = AnwBl. 2001, 242 = BB 2001, 492 = MDR 2001, 585.
5 BGHZ 112, 345, 347f. = NJW 1991, 1176; BGH NJW 2001, 1356.
6 BGH FamRZ 1988, 496; BGH FamRZ 1994, 300, 301.
7 OLG Hamm NJW 1992, 1174, 1175f.
8 BGHZ 112, 345, 348f. = NJW 1991, 1176; *Wiecz/Steiner* Rn. 2; *Zö/Vollkommer* Rn. 3.
9 BGHZ 112, 345, 349 = NJW 1991, 1176.
10 OLG Brandenburg NJW 2007, 1470.
11 Vgl. BGHZ 92, 137, 142 = NJW 1987, 130; *St/J/Bork* Rn. 5.
12 BGHZ 92, 137, 143 = NJW 1987, 130.
13 *Wiecz/Steiner* Rn. 3; MK/*v. Mettenheim* Rn. 8.
14 *St/J/Bork* Rn. 6.
15 Vgl. nur *B/L/H* Rn. 4; *T/P/Hüßtege* Rn. 5.
16 BGHZ 16, 167, 170 = NJW 1955, 545; LAG Köln LAGE TVG § 4 Nr. 5; vgl. auch BFH NJW 1997, 1029, 1030.
17 *St/J/Bork* Rn. 2; *B/L/H* Rn. 1; *T/P/Hüßtege* Rn. 1.

nenverhältnis.[18] Auch wenn dem Prozessbevollmächtigten nach dem Inhalt der Vollmachtsurkunde eine unbeschränkte Vollmacht erteilt worden ist, steht es ihm im Parteiprozess frei, sich nur in einem beschränkten Umfang zu bestellen. Lässt sich den Erklärungen des Prozessbevollmächtigten eine solch **beschränkte Bestellung** eindeutig entnehmen, dann hat dies die gleiche Außenwirkung wie eine Vollmachtsbeschränkung selbst.[19]

IV. Wirkung der Beschränkung

Eine **ordnungsgemäß durchgeführte Beschränkung** der Vollmacht hat das Gericht von Amts wegen zu berücksichtigen; es muss den Gegner, der die Vollmachtsurkunde nicht kennt, auf sie hinweisen.[20] Überschreitet der Prozessbevollmächtigte eine solche Beschränkung, so fehlt es an einer **Prozesshandlungsvoraussetzung** mit der Folge, dass die vollmachtlos abgegebene oder entgegengenommene Prozesshandlung unwirksam ist.[21] So ist etwa der vollmachtlos geschlossene Prozessvergleich unwirksam; das erlassene Anerkenntnis- bzw. Verzichtsurteil unterliegt nach § 579 Abs. 1 Nr. 4 der Nichtigkeitsklage und kann daher auch mit ordentlichen Rechtsmitteln angefochten werden, insbesondere nach § 547 Nr. 4 auch mit der Revision.[22] Überschreitet der Prozessbevollmächtigte dagegen eine Beschränkung, die **lediglich im Innenverhältnis** Wirkung entfaltet, dann ist die von ihm vorgenommene bzw. entgegengenommene Prozesshandlung wirksam,[23] so etwa die weisungswidrige Erklärung einer Rechtsmittelrücknahme bzw. eines Rechtsmittelverzichts.[24] Der Bevollmächtigte macht sich in diesem Fall aber möglicherweise schadensersatzpflichtig.[25] 5

84 *Mehrere Prozessbevollmächtigte*

[1]Mehrere Bevollmächtigte sind berechtigt, sowohl gemeinschaftlich als einzeln die Partei zu vertreten. [2]Eine abweichende Bestimmung der Vollmacht hat dem Gegner gegenüber keine rechtliche Wirkung.

I. Normzweck

§ 84 regelt die Vertretungsmacht für den Fall, dass die Partei sich mehrerer Bevollmächtigter bedient. Ebenso wie § 83 verfolgt die Vorschrift den Zweck, das Verfahren zu vereinfachen und Rechtssicherheit im Prozess zu schaffen. Indem sie die Befugnisse mehrerer Bevollmächtigter im Außenverhältnis abschließend festlegt, trägt sie zur Vermeidung von Zweifeln über die Wirksamkeit von Prozesshandlungen bei.[1] 1

II. Mehrere Bevollmächtigte

§ 84 setzt voraus, dass eine Partei **mehrere Bevollmächtigte** hat. Anders als die StPO (vgl. § 137 Abs. 1 StPO, drei Verteidiger) schreibt die ZPO insoweit keine Höchstgrenze vor; vielmehr kann sich die Partei durch beliebig viele Bevollmächtigte vertreten lassen. Sie hat die Möglichkeit, zur gleichen Zeit mehrere Personen zu bevollmächtigen oder nacheinander mehrere Vollmachten zu erteilen; im letzten Fall ist allerdings zu prüfen, ob in der zweiten Bevollmächtigung nicht ein Widerruf der ersten liegt (vgl. § 86 Rn. 5).[2] Besondere Bedeutung hat die Vorschrift für die Beauftragung einer **Anwaltssozietät** (§ 59a BRAO). Die in einer Sozietät zusammengeschlossenen Rechtsanwälte handeln bei der Annahme eines Mandats in der Regel im Namen der gesamten Sozietät, so dass **im Zweifel,** wenn also keine ausdrückliche Vereinbarung getroffen ist, nicht nur der einzelne Anwalt beauftragt und bevollmächtigt wird, sondern alle Mitglieder der Sozietät, s. § 80 Rn. 8.[3] Bei der **überörtlichen Sozietät** sind im Zweifel nicht die Anwälte an entfernten Kanzleiorten beauftragt.[4] Ist ein Mitglied der Sozietät als Notanwalt bestellt oder im Verfahren der Prozesskostenhilfe beigeordnet und demgemäss von der Partei beauftragt worden, scheidet eine Mitbevollmächtigung der anderen Sozietätsmitglieder aus.[5] Die dem einzelnen Rechtsanwalt bereits vor Gründung der Sozietät erteilte Vollmacht erstreckt sich nur dann auf die **neuen Sozien,** wenn diese zumindest stillschweigend in das bisherige Einzelmandat einbezogen werden.[6] Ist das Mandat einer bereits bestehenden Sozietät erteilt worden und tritt ihr ein weiterer Sozius bei, so ist der Wille auf dessen Einbeziehung in das Mandatsverhältnis dem Anwaltsvertrag in aller Regel durch Auslegung zu entnehmen.[7] Von der Anwalts- 2

---

18 *St/J/Bork* Rn. 2; MK/*v. Mettenheim* Rn. 5.
19 OLG Hamm AnwBl. 1972, 189.
20 MK/*v. Mettenheim* Rn. 5.
21 Vgl. zB *Wiecz/Steiner* Rn. 2; AK-ZPO/*Christian* Rn. 3; *T/P/Hüßtege* Rn. 6.
22 *St/J/Bork* Rn. 3; MK/*v. Mettenheim* Rn. 6.
23 BGH NJW 1991, 1175, 1176; FamRZ 1988, 496.
24 BGH FamRZ 1988, 496; FamRZ 1994, 300, 301.
25 *Zö/Vollkommer* Rn. 1; *B/L/H* Rn. 2; AK-ZPO/*Christian* Rn. 3.
1 MK/*v. Mettenheim* Rn. 1.
2 Vgl. *St/J/Bork* Rn. 1 m. weit. Nachw.
3 BGHZ 56, 355, 359 = NJW 1971, 1801; BGHZ 70, 247, 249 = NJW 1978, 996; 1991, 49, 50; 1991, 1225; 1991, 2294; BGHZ 124, 47, 48 f. = NJW 1994, 257; BGH NJW 1994, 2302; BGH NJW 1995, 1841.
4 Vgl. *Zö/Vollkommer* § 80 Rn. 6 m. weit. Nachw.
5 BGHZ 56, 355, 361 = NJW 1971, 1801; BGH NJW 1991, 2294.
6 BGH NJW 1988, 1973.
7 BGHZ 124, 47, 49 f. = NJW 1994, 257.

sozietät zu unterscheiden ist die bloße **Bürogemeinschaft;** ist sie gegeben, dann kann nur der jeweils beauftragte Rechtsanwalt als Bevollmächtigter angesehen werden.[8] Zur **Anwalts-GmbH** vgl. § 79 Rn. 4.

III. Rechtsfolgen

3 **1. Einzelvertretungsmacht.** Mehrere Bevollmächtigte können die Partei sowohl gemeinschaftlich als auch einzeln vertreten. Jeder von ihnen besitzt im Außenverhältnis Einzelvertretungsmacht, kann Prozesshandlungen also wirksam allein vornehmen und entgegennehmen. Nach Satz 2 kann diese Position auch nicht mit Außenwirkung beschränkt werden; eine **abweichende Bestimmung der Vollmacht** entfaltet lediglich im Innenverhältnis rechtliche Wirkung. Dies gilt selbst dann, wenn die Beschränkung der Vertretungsmacht dem Prozessgegner mitgeteilt wird.[9]

4 **2. Widersprechende Erklärungen.** Nehmen mehrere Prozessbevollmächtigte Prozesshandlungen bzw. Rechtsgeschäfte vor, die einander widersprechen, so ist deren Wirksamkeit je nach dem Erklärungsinhalt unterschiedlich zu beurteilen. Handelt es sich um bindende, nicht frei widerrufliche Prozesshandlungen (zB Geständnis, Anerkenntnis, Verzicht, Rechtsmittelrücknahme[10]) oder um empfangsbedürftige Willenserklärungen, so gilt nur die frühere Erklärung;[11] bei allen anderen Erklärungen, insbesondere bei Tatsachenbehauptungen, gilt dagegen die spätere, sofern sie als Widerruf der früheren aufgefasst werden kann.[12] Werden die Erklärungen gleichzeitig abgegeben, so besteht in der Literatur Streit, ob die sich widersprechenden Erklärungen wirkungslos sind,[13] ob sie vom Gericht frei gewürdigt werden müssen[14] oder ob zwischen prozessualen Willenserklärungen einerseits und tatsächlichen Erklärungen andererseits differenziert werden muss.[15] Insoweit ist zunächst festzustellen, dass der Streit um die gleichzeitige Abgabe widersprechender Erklärungen wohl eher akademischer Natur ist, wie bereits die fehlende Rechtsprechung zu diesem Problem belegt. So weit der Fall überhaupt auftritt, wird man das Gericht für verpflichtet halten müssen, unter Ausnutzung des richterlichen Fragerechts (§ 139) auf die Klarstellung des Parteivortrags hinzuwirken. Gelingt es auch auf diesem Wege nicht, den Widerspruch zu beseitigen, dann müssen die gegensätzlichen Erklärungen als unbeachtlich angesehen werden;[16] denn das Risiko, dass mehrere Prozessbevollmächtigte widersprüchlich handeln, hat allein die Partei zu tragen.

5 **3. Zustellungen und Zugang.** Hat die Partei mehrere Bevollmächtigte, so können die Prozesshandlungen des Gerichts und des Prozessgegners gegenüber jedem Bevollmächtigten vorgenommen werden.[17] Für eine wirksame Zustellung von Prozesshandlungen sowie für den Zugang von Willenserklärungen genügt daher der Empfang durch einen der Bevollmächtigten.[18] Wird an mehrere Prozessbevollmächtigte zugestellt, so ist für den **Beginn von Fristen** allein die erste Zustellung maßgebend; die spätere Zustellung setzt nicht etwa eine neue Frist in Lauf.[19] Dabei kommt es insbesondere nicht darauf an, ob die anderen Prozessbevollmächtigten von der ersten Zustellung Kenntnis erlangt haben.[20] In einer Anwaltssozietät ist grundsätzlich jeder für jeden zur Entgegennahme von Zustellungen berechtigt;[21] dies gilt allerdings nicht bei einer **überörtlichen Sozietät** für den Sozius am auswärtigen Kanzleiort.[22] Sind mehrere Bevollmächtigte bestellt, so muss auch die gegebenenfalls erforderliche Kenntnis bzw. das Verschulden (vgl. § 85 Abs. 2) nur bei einem von ihnen gegeben sein.[23]

IV. Rechtsanwaltsgebühren

6 Jeder Anwalt erhält die volle Vergütung, § 6 RVG.

85 *Wirkung der Prozessvollmacht*

(1) [1]Die von dem Bevollmächtigten vorgenommenen Prozesshandlungen sind für die Partei in gleicher Art verpflichtend, als wenn sie von der Partei selbst vorgenommen wären. [2]Dies gilt von Geständnissen und anderen tatsächlichen Erklärungen, insoweit sie nicht von der miterschienenen Partei sofort widerrufen oder berichtigt werden.

(2) Das Verschulden des Bevollmächtigten steht dem Verschulden der Partei gleich.

---

[8] *Wiecz/Steiner* Rn. 1; *Zö/Vollkommer* Rn. 2.
[9] *Wiecz/Steiner* Rn. 2.
[10] OLG München, Beschl. v. 26. 4. 2006, juris, Rn. 18.
[11] OLG München, Beschl. v. 26. 4. 2006, juris, Rn. 18.
[12] *Wiecz/Steiner* Rn. 2; MK/*v. Mettenheim* Rn. 3; *Zö/Vollkommer* Rn. 1; AK-ZPO/*Christian* Rn. 4.
[13] So insbesondere *T/P/Hüßtege* Rn. 3.
[14] Dafür *B/L/H* Rn. 4; AK-ZPO/*Christian* Rn. 4.
[15] In diesem Sinne *St/J/Bork* Rn. 2; *Wiecz/Steiner* Rn. 2.
[16] OLG München, Beschl. v. 26. 4. 2006, juris, Rn. 18.
[17] *St/J/Bork* Rn. 3.
[18] BGH MDR 1986, 582; BVerwG NJW 1984, 2115; VGH Mannheim Justiz 1996, 37.
[19] BGH NJW 2003, 2100; BGHZ 112, 345, 347 = NJW 1991, 1176; FamRZ 2004, 865; BVerwG NJW 1984, 2115; 1980, 2269; NJW 1998, 3582.
[20] OVG Münster DÖV 1976, 608.
[21] BGH NJW 1980, 999; 1969, 1486.
[22] KG NJW 1994, 3111, 3112; *Boin* MDR 1995, 882; vgl. dazu auch OLG Düsseldorf NJW-RR 1995, 376.
[23] BGH FamRZ 1991, 318; *St/J/Bork* Rn. 2, 6.

I. Normzweck

Die Vorschrift enthält in Abs. 1 S. 1 den **Grundsatz der unmittelbaren Stellvertretung.** Sie bestimmt – ebenso wie § 164 BGB für den bürgerlichrechtlichen Bereich –, dass die Handlungen des Bevollmächtigten der von ihm vertretenen Partei zugerechnet werden. Der Vertreter bindet also durch sein Verhalten nicht sich selbst, sondern den Vertretenen; seine Handlungen sind so anzusehen, als seien sie Handlungen der Partei. Ergänzt wird dieser Grundsatz durch das **Prinzip der Verschuldenszurechnung** nach Abs. 2. Danach steht ein Verschulden des Prozessbevollmächtigten dem Verschulden der Partei gleich. Beiden Absätzen liegt ein gemeinsamer Gedanke zu Grunde: Die Partei, die den Prozess durch einen Vertreter führt, soll in jeder Weise so behandelt werden, als wenn sie den Rechtsstreit selbst führen würde. Die Heranziehung des Prozessvertreters darf nicht zu einer Verschiebung des Prozessrisikos zu Lasten des Gegners führen.[1] 1

Das BVerfG hat § 85 für **verfassungskonform** erklärt. Es hält die Anwendung der Vorschrift nicht nur in vermögensrechtlichen Streitigkeiten für unbedenklich, sondern insbesondere auch in Statusverfahren, bei denen ein Fehlverhalten des Prozessbevollmächtigten nicht durch Schadensersatzleistung ausgeglichen werden kann. Das BVerfG verweist zu Recht darauf, dass die Regelung der **Rechtssicherheit** und der **Verfahrensvereinfachung** diene und die Partei nicht unzumutbar belaste.[2] In der Literatur wird diese Beurteilung häufig nicht geteilt. Im Hinblick auf den personalen Charakter dieser Verfahrensarten und die dort besonders gravierenden Folgen der Verschuldenszurechnung werden nicht selten Bedenken gegen die Anwendung des § 85 geltend gemacht.[3] 2

II. Grundsatz der unmittelbaren Stellvertretung (Abs. 1)

1. Voraussetzungen. Der Grundsatz der unmittelbaren Stellvertretung gilt nach dem Wortlaut des Abs. 1 für die von dem Bevollmächtigten vorgenommenen Prozesshandlungen. Der Begriff der **Prozesshandlungen** ist dabei im weitesten Sinn zu verstehen. Er umfasst alle Handlungen, die von der Prozessvollmacht gedeckt sind,[4] ebenso die **Unterlassungen** und Versäumnisse des Vertreters.[5] Die Vertretungswirkung gilt auch für die Entgegennahme von Prozesshandlungen des Gerichts oder des Gegners, insbesondere für Zustellungen.[6] Eine Ausnahme bildet insoweit nur die Anordnung des persönlichen Erscheinens der Partei; bei ihr ist die Ladung der Partei selbst mitzuteilen (§ 141 Abs. 2 S. 2). So weit die Prozessvollmacht zur Abgabe und Empfangnahme **materiellrechtlicher Erklärungen** ermächtigt (s. dazu § 81 Rn. 7f.), werden auch diese der Partei nach Abs. 1 zugerechnet.[7] Für Geständnisse und andere tatsächliche Erklärungen gilt die Vertretungswirkung ebenfalls, wenn auch vorbehaltlich der Einschränkung in Abs. 1 S. 2 (dazu u. Rn. 5f.). Dagegen wird die Partei durch **Rechtsausführungen** ihres Bevollmächtigten nicht gebunden; diese können jederzeit berichtigt werden.[8] Ob rechtliche Ausführungen des Prozessbevollmächtigten im Prozess eine Rechtsberühmung der Partei enthalten können, die eine negative Feststellungsklage (s. § 256 Rn. 9) rechtfertigt, ist streitig;[9] für den Regelfall dürfte die Frage zu verneinen sein. Zugerechnet wird der Partei auch die Kenntnis ihres Vertreters entsprechend § 166 Abs. 1 BGB.[10] Handelt der Bevollmächtigte allerdings auf Weisung, so muss sich die Partei entsprechend § 166 Abs. 2 BGB auch ihre eigene Kenntnis entgegenhalten lassen.[11] 3

2. Wirkung. Die von Abs. 1 S. 1 angeordnete Rechtsfolge besteht darin, dass die Partei sich die Handlungen ihres Bevollmächtigten in gleicher Weise zurechnen lassen muss, als hätte sie sie selbst vorgenommen. Über den Wortlaut des Gesetzes hinaus gilt diese Fremdwirkung des Vertreterverhaltens allerdings nicht nur in verpflichtender, sondern ebenso in berechtigender Hinsicht.[12] Sie tritt unabhängig davon ein, ob das Handeln des Vertreters von seiner **Befugnis im Innenverhältnis** gedeckt ist. Entscheidend ist allein, dass die Prozessvollmacht den Vertreter im Außenverhältnis zu der betreffenden Handlung ermächtigt.[13] Aus diesem Grund ist eine Zurechnung sogar dann anzunehmen, wenn der Vertreter mit seinem Verhalten gegen **ausdrückliche Weisungen des Vertretenen** verstößt. Ausnahmen von diesem Grundsatz sind nur in engen Grenzen anzuerkennen. So braucht sich die Partei das Verhalten ihres Vertreters nicht zurechnen zu lassen, wenn dieser kollusiv mit dem Prozessgegner zusammenwirkt.[14] Darüber hinaus ist dem Gegner die Berufung auf eine Prozesshandlung des Bevollmächtigten möglicherweise dann verwehrt, wenn die Handlung zu dem wirklichen Willen der Partei im Widerspruch stand und der Irrtum des Bevollmächtigten, auf dem seine Handlung beruht, für den Gegner und das Gericht offensichtlich war.[15] Die von Abs. 1 S. 1 ange- 4

---

[1] BGHZ 66, 122, 124f. = NJW 1976, 1218; BGH FamRZ 1993, 308; BVerwG NVwZ 1982, 35f.; OLG Düsseldorf FamRZ 1986, 288; vgl. auch BGH NJW 1982, 2324, 2325; NJW-RR 1993, 130, 131 (zu § 51 Abs. 2).

[2] BVerfGE 35, 41, 47 = NJW 1973, 1315; BVerfGE 60, 253, 266 = NJW 1982, 2425; BVerfG NJW 1990, 1104.

[3] *Leipold* ZZP 93 (1980), 237, 255f.; *Stürner* JZ 1986, 1089, 1092; *Wiecz/Steiner* Rn. 3; *Zö/Vollkommer* Rn. 2; vgl. das Minderheitsvotum *v. Schlabrendorff* BVerfGE 35, 41, 51= NJW 1973, 1316.

[4] *Wiecz/Steiner* Rn. 1; MK/*v. Mettenheim* Rn. 2.

[5] *St/J/Bork* Rn. 3; MK/*v. Mettenheim* Rn. 1, 3.

[6] *St/J/Bork* Rn. 3; *Wiecz/Steiner* Rn. 5.

[7] *Wiecz/Steiner* Rn. 1; *Zö/Vollkommer* Rn. 1; anders MK/*v. Mettenheim* Rn. 4.

[8] *Wiecz/Steiner* Rn. 8; MK/*v. Mettenheim* Rn. 2; *Zö/Vollkommer* Rn. 1; *B/L/H* Rn. 6.

[9] Dafür *Wiecz/Steiner* Rn. 8; dagegen *Zö/Vollkommer* Rn. 1.

[10] AllgM; vgl. nur BGHZ 51, 141, 145ff. = BGH NJW 1969, 925; BGH WM 1993, 972, 973.

[11] BGHZ 51, 141, 145ff. = BGH NJW 1969, 925; RGZ 146, 348, 353; *St/J/Bork* Rn. 3; *Wiecz/Steiner* Rn. 4.

[12] *Wiecz/Steiner* Rn. 1; AK-ZPO/*Christian* Rn. 2.

[13] BGH VersR 1988, 526, 527; *St/J/Bork* Rn. 4; *Wiecz/Steiner* Rn. 1.

[14] *Wiecz/Steiner* Rn. 1.

[15] BGH VersR 1977, 574; 1988, 526, 527.

ordnete Wirkung gilt auch im **Parteiprozess.** Da die Partei dort aber selbst postulationsfähig ist, ist ein sofortiger Widerspruch über Abs. 1 S. 2 hinaus bei sämtlichen Prozesshandlungen zu beachten.[16] Im Übrigen gilt die Fremdwirkung grundsätzlich nur für die prozessualen Auswirkungen des Vertreterhandelns, während sich die **materiellrechtlichen Folgen** nach bürgerlichem Recht richten.[17] Etwas anderes ist nur insoweit anzuerkennen, als die Prozessvollmacht auch materiellrechtliche Erklärungen deckt (s. o. Rn. 3).

5 **3. Widerruf und Berichtigung.** Nach Abs. 1 S. 2 hat die miterschienene Partei die Möglichkeit, sich in begrenztem Umfang von der Zurechnung des Vertreterverhaltens zu befreien. Sie kann **Geständnisse** und andere **tatsächliche Erklärungen** des Bevollmächtigten widerrufen bzw. berichtigen und auf diese Weise die Fremdwirkung beseitigen. Nutzt die Partei diese Möglichkeit und widerspricht sie der Sachdarstellung des Prozessbevollmächtigten, dann gilt nur ihre Erklärung;[18] denn die Partei kennt die Tatsachen besser als der von ihr informierte Vertreter.[19] Die Widerrufsmöglichkeit gilt im Partei- wie auch im Anwaltsprozess (vgl. § 137 Abs. 4); sie ist nicht an die sonst geltenden gesetzlichen Beschränkungen, zB nicht an die Anforderungen des § 290, gebunden.[20] Sie bezieht sich allerdings nur auf Geständnisse (§ 288 Abs. 1) und andere Erklärungen tatsächlichen Inhalts (§ 138 Abs. 1–4). An alle sonstigen Erklärungen ihres Bevollmächtigten ist die Partei – jedenfalls im Anwaltsprozess (für den Parteiprozess s. Rn. 4) – ohne eigene Einflussmöglichkeit gebunden. Das gilt auch, wenn die Erklärung eine Verfügung über den Streitgegenstand enthält, wie etwa bei einem Vergleich, einem Verzicht oder einem Anerkenntnis.[21] Bei ihnen handelt es sich um **rechtliche Erklärungen,** die sich auf den Klageanspruch selbst beziehen und die das Gesetz von den tatsächlichen Erklärungen trennt.[22] Ein Widerruf der Partei ist bei solchen Erklärungen wirkungslos. Hier hat die Partei allenfalls die Möglichkeit, im Innenverhältnis Ansprüche gegen den Bevollmächtigten wegen schlechter Prozessführung geltend zu machen.[23]

6 Der Widerruf und die Berichtigung sind nur **„sofort"** möglich. Die Partei muss widersprechen, sobald sie zu Wort kommt. Im Parteiprozess hat sie dazu stets die Gelegenheit, da sie postulationsfähig ist. Im Anwaltsprozess kann sie sich nach § 137 Abs. 4 Gehör verschaffen. Unterlässt die Partei einen sofortigen Widerspruch, so ist er später nur noch nach den allgemeinen Regeln möglich, dh. die Partei kann die Erklärungen des Bevollmächtigten nur insoweit widerrufen, als sie auch eine eigene Erklärung widerrufen könnte.[24] Im Anwaltsprozess führt dies jedoch nicht ohne weiteres dazu, dass allein die Erklärung der Partei gilt; es liegt vielmehr ein Widerspruch zwischen den Erklärungen der Partei und ihres Prozessbevollmächtigten vor, der vom Gericht ebenso aufgeklärt werden muss wie in sich widersprüchliche Erklärungen der Partei.[25] Bleiben Zweifel, so hat das Gericht die Erklärungen nach § 286 frei zu würdigen. Dabei wird es meist zu Gunsten der Parteierklärung zu entscheiden haben, da der Bevollmächtigte seine Information in der Regel von der Partei erhält.[26] Im Übrigen kann die Partei auch im Anwaltsprozess oder bei der Parteivernehmung Tatsachen zugestehen, die ihr Anwalt vorher bestritten hatte[27] (vgl. § 78 Rn. 5).

III. Zurechnung des Verschuldens des Bevollmächtigten (Abs. 2)

7 **1. Allgemeines.** Abs. 2 ist durch die VereinfNov. eingefügt worden und hat für den Bereich der gewillkürten Vertretung den bis zum 1. 7. 1977 gültigen § 232 Abs. 2 ersetzt. Nach § 85 Abs. 2 wird das Verschulden des Bevollmächtigten der von ihm vertretenen Partei zugerechnet; es gilt im Rahmen der ZPO-Bestimmungen, bei denen es auf ein Verschulden der Partei ankommt (zB §§ 233, 296, 337 S. 1, 367 Abs. 2, 530, 531, 532, 615) als eigenes Verschulden der Partei. Dabei spielt es keine Rolle, welche Anforderungen die jeweilige Vorschrift an den Grad des Verschuldens stellt. Auch bei nicht normierten Schuldvorwürfen, etwa dem des treuwidrigen Prozessverhaltens, findet Abs. 2 Anwendung.[28] Eine Exkulpation durch die Partei ist nicht möglich.[29] Für die Verschuldenszurechnung ist es insbesondere unerheblich, ob die Partei den Bevollmächtigten auswählen, überwachen oder kontrollieren konnte; daher muss sich die Partei das Verschulden ihres Bevollmächtigten selbst dann entgegenhalten lassen, wenn sie sich zur fraglichen Zeit in Strafhaft befunden hat.[30] Auch dass das Gericht die durch das Verschulden des Prozessbevollmächtigten entstandenen Nachteile hätte abwenden können, ändert an der Zurechnung nach Abs. 2 nichts.[31] Vermögensrechtliche Beeinträchtigungen, die die Partei infolge der Verschuldenszurechnung erleidet, können allein durch **Schadensersatzansprüche gegen den Bevollmächtigten** kompensiert werden. Dessen schuldhaftes Verhalten begründet idR eine positive Forderungsverletzung im Hinblick auf den Mandatsvertrag.

---

16 *St/J/Bork* Rn. 6; *Wiecz/Steiner* Rn. 6; *Zö/Vollkommer* Rn. 5.
17 *St/J/Bork* Rn. 2; MK/*v. Mettenheim* Rn. 1; *Zö/Vollkommer* Rn. 1; AK-ZPO/*Christian* Rn. 3.
18 *St/J/Bork* Rn. 5; *Zö/Vollkommer* Rn. 7; *B/L/H* Rn. 6; AK-ZPO/*Christian* Rn. 9.
19 *T/P/Hüßtege* Rn. 4.
20 *T/P/Hüßtege* Rn. 5.
21 *St/J/Bork* Rn. 6; *T/P/Hüßtege* Rn. 4.
22 Vgl. *B/L/H* Rn. 7.
23 AK-ZPO/*Christian* Rn. 9.
24 *St/J/Bork* Rn. 7; *Wiecz/Steiner* Rn. 7; MK/*v. Mettenheim* Rn. 7; *Zö/Vollkommer* Rn. 8.
25 MK/*v. Mettenheim* Rn. 8.
26 BGH LM § 141 Nr. 2; *St/J/Bork* § 78 Rn. 41; MK/*v. Mettenheim* Rn. 8.
27 MK/*v. Mettenheim* Rn. 5; *Zö/Vollkommer* Rn. 9.
28 OLG Koblenz NJW-RR 1990, 960; *St/J/Bork* Rn. 10.
29 *St/J/Bork* Rn. 24; *Wiecz/Steiner* Rn. 17.
30 BGH VersR 1984, 850, 851.
31 BGH NJW-RR 1990, 1241, 1242; NJW 1994, 55, 56; vgl. auch BGH NJW-RR 1996, 443.

Insoweit muss der Bevollmächtigte auch für seine Erfüllungsgehilfen einstehen (vgl. § 278 BGB). Er ist der vertretenen Partei insbesondere dann zum Schadensersatz verpflichtet, wenn der Prozess ohne sein schuldhaftes Verhalten einen günstigeren Ausgang genommen hätte. Die Partei ist in diesem Fall so zu stellen, wie sie stünde, wenn der Rechtsstreit bei pflichtgemäßem Verhalten des Vertreters zutreffend entschieden worden wäre.[32]

Grundgedanke der Vorschrift ist ebenso wie bei Abs. 1, dass die Partei, die sich eines Bevollmächtigten bedient, nicht besser dastehen soll, als wenn sie den Rechtsstreit selbst führen würde; das Prozessrisiko soll nicht zu Lasten des Gegners verschoben werden, s. o. Rn. 1. Mit Rücksicht auf diesen **Zweck** ist die Norm nicht nur als Untervorschrift zu Abs. 1, sondern als allgemein anwendbare Regelung anzusehen.[33] Zugleich ergibt sich aus der so formulierten Schutzrichtung, dass eine Zurechnung des Vertreterverhaltens nur im Verhältnis zu anderen Prozessbeteiligten in Betracht kommt. Gegenüber Dritten, die außerhalb des Prozessrechtsverhältnisses stehen, muss die Partei sich ein Fehlverhalten ihres Bevollmächtigten nur nach Maßgabe des bürgerlichen Rechts, insbesondere nach § 831 BGB, zurechnen lassen.[34] Zudem haftet die Partei nach Abs. 2 nicht für die äußere Form der Prozesshandlung sowie für ein Verhalten, das nur äußerlich mit der Prozessführung verbunden ist (zB eine Beleidigung).[35] 8

2. Sachlicher Anwendungsbereich. Abs. 2 ist grundsätzlich auf die gesamte Prozessführung des Bevollmächtigten anzuwenden.[36] Die Verschuldenszurechnung gilt für alle Prozessarten im Zivilprozess und darüber hinaus in allen Verfahren, in denen die ZPO entsprechend angewandt wird.[37] Nach der verfassungsgerichtlichen Rechtsprechung sind auch **Status-, Kindschafts- und Familiensachen** nicht auszunehmen.[38] Streitig ist, ob die Verschuldenszurechnung auch für das **Prozesskostenhilfeverfahren** Geltung beanspruchen kann. Teilweise wird dies mit der Begründung bejaht, die Zurechnung des Vertreterverhaltens innerhalb konkretisierter Rechtsbeziehungen entspreche einem allgemeinen Rechtsprinzip; im Übrigen seien §§ 114ff. unabhängig von ihrem Sozialzweck prozessförmig ausgestaltet.[39] Dem wird entgegengehalten, dass das Prozesskostenhilfeverfahren kein kontradiktorisches Verfahren sei, bei dem sich die Parteien einander gegenüberstehen. Der spätere Prozessgegner sei im Verfahren nach §§ 114ff. nicht Partei. Vielmehr stehe dem Antragsteller die Staatskasse gegenüber. Der Normzweck des Abs. 2, eine Verschiebung des Prozessrisikos zu Lasten des Prozessgegners zu verhindern, greife folglich nicht ein.[40] Der BGH hat im Urt. v. 12. 6. 2001 ausgesprochen, dass Abs. 2 im Prozesskostenhilfeverfahren gilt. Insoweit sei die gesetzliche Entscheidung klar und eindeutig und zudem überzeugend. Der Prozessgegner des Antragstellers werde durch die im Prozesskostenhilfeverfahren zu treffende Entscheidung erheblich in seinen Interessen berührt; so werde er etwa mit dem Risiko belastet, im Falle des Obsiegens seinen Kostenerstattungsanspruch gegen die unbemittelte Gegenpartei nicht realisieren zu können. Auf der anderen Seite würden die Interessen der unbemittelten Partei nicht unbillig beeinträchtigt, weil sie sich wegen der Folgen schuldhafter Versäumnisse ihres Prozessbevollmächtigten bei diesem schadlos halten könne.[41] 9

Da Abs. 2 nur die prozessualen Folgen des Verschuldens regelt, ist er nicht anwendbar, wenn **materiellrechtliche Folgen** an das Fehlverhalten des Bevollmächtigten geknüpft werden sollen.[42] So weit es um den Ablauf materiellrechtlicher Fristen geht, zB um die Verjährung, ist ein Verschulden meist gar nicht von Bedeutung. Ist allerdings § 203 BGB zu prüfen, so kann das Verschulden des Prozessbevollmächtigten unter dem Gesichtspunkt der Risikoverteilung nicht als höhere Gewalt bewertet werden.[43] Streitig ist die Anwendung des Abs. 2 auf die Wahrung der „Klagefrist" nach **§ 4 KSchG** und damit die Frage, ob bei Fristversäumung, die auf einem Verschulden des Anwalts beruht, die verspätete Klage gem. § 5 KSchG zuzulassen ist oder nicht. Da es sich bei der Frist des § 4 KSchG nach zutreffender Auffassung um eine materiellrechtliche Frist handelt, die nicht die Zulässigkeit, sondern lediglich die Begründetheit der Kündigungsschutzklage betrifft, ist die Anwendbarkeit des Abs. 2 im Ergebnis zu verneinen.[44] Die Gegenmeinung, die wohl als herrschend bezeichnet werden kann, will Abs. 2 dagegen analog anwenden; sie verweist darauf, dass die nach § 4 KSchG erforderliche Klageerhebung zugleich eine Prozesshandlung darstelle und die materiellrechtliche Frist in einem sehr engen Zusammenhang mit der verfahrensrechtlichen Geltendmachung des Anspruchs stehe.[45] Dem ist nicht zu folgen. Abs. 2 normiert eine – jedenfalls nach der gegenwärtigen Aus- 10

---

32 Vgl. BGH WM 1988, 987, 992ff.
33 VGH Mannheim NJW 1978, 122.
34 *St/J/Bork* Rn. 2, 27; *Wiecz/Steiner* Rn. 2; MK/*v. Mettenheim* Rn. 13.
35 *St/J/Bork* Rn. 2; *Wiecz/Steiner* Rn. 2.
36 *T/P/Hüßtege* Rn. 7.
37 Vgl. BVerfGE 60, 253, 267 = NJW 1982, 2425.
38 BVerfGE 35, 41, 47 = NJW 1973, 1315; BVerfGE 60, 253, 266 = NJW 1982, 2425; BVerfG NJW 1990, 1104.
39 OLG Köln NJW-RR 1994, 1093; OLG Brandenburg FamRZ 1998, 249; *St/J/Bork* Rn. 9.
40 OLG Düsseldorf FamRZ 1986, 288; FamRZ 1992, 457; *Schneider* MDR 1990, 596, 597; *Wiecz/Steiner* Rn. 9; *Zöl/Vollkommer* Rn. 11.
41 BGH NJW 2001, 2720, 2721f.
42 MK/*v. Mettenheim* Rn. 13.
43 BGHZ 31, 342, 347 = NJW 1960, 766; BGH NJW 1987, 3120, 3121; BGHZ 81, 353, 356 = NJW 1982, 96.
44 LAG Hamm NJW 1983, 1631; MDR 1994, 810, 811; LAGE § 5 KSchG Nr. 68, 73; LAG Hamburg BB 1986, 1020; MDR 1987, 875; AuR 1997, 220; LAGE KSchG § 5 Nr. 85; LAG Köln LAGE § 4 KSchG Nr. 41; MDR 1999, 772; LAG Schleswig-Holstein AnwBl. 1998, 664; LAG Hamburg NZA-RR 2005, 489; *Tschöpe/Fleddermann* BB 1998, 157.Vollkommer, Festschrift f. Stahlhacke, 1995, S. 599ff.; *Rieble* LAGE § 5 KSchG Nr. 65; AK-ZPO/*Christian* Rn. 12.
45 LAG Frankfurt NZA 1984, 40; LAG München BB 1981, 915; LAG Mainz NJW 1982, 2461; LAG Düsseldorf ZIP 1996, 191; LAG Köln LAGE § 5 KSchG Nr. 67; LAG Düsseldorf NZA-RR 2003, 80; LAG Nürnberg NZA-RR 2002,

legung in der Rechtsprechung – überaus strenge und für die Partei folgenreiche Verschuldenszurechung. Sie ist ausschließlich für das Prozessrechtsverhältnis konzipiert und sollte daher auch nicht auf Handlungen ausgedehnt werden, die vor dem Prozessbeginn liegen. Es muss sich also der Arbeitnehmer die Fristversäumung durch seinen Anwalt nicht entgegenhalten lassen. Es ist vielmehr davon auszugehen, dass er allein mit der Beauftragung eines Anwalts die ihm zumutbare Sorgfalt iS des § 5 KSchG angewendet hat.

11 **3. Persönlicher Anwendungsbereich.** Zugerechnet wird nach Abs. 2 das Verschulden des „Bevollmächtigten". Bevollmächtigte in diesem Sinne sind **rechtsgeschäftlich bestellte Vertreter,** die für die Partei im Rechtsstreit eigenverantwortlich tätig werden.[46] Die Anwendung der Norm setzt grundsätzlich voraus, dass eine wirksame **Vollmacht** erteilt worden ist.[47] Fehlt es daran, so kommt eine Verschuldenszurechnung nur in Betracht, wenn die vertretene Partei die ursprünglich vollmachtlose Prozessführung nachträglich genehmigt.[48] Ein nach § 89 **einstweilen zugelassener Vertreter** wird demgemäß von Abs. 2 erfasst, wenn eine Vollmacht bereits vorher erteilt war und lediglich der Nachweis fehlte oder wenn die Partei die Genehmigung erklärt.[49] Nicht entscheidend ist, in welchem Umfang eine Vollmacht erteilt worden ist; wer nur zu einzelnen Handlungen ermächtigt ist, ist allerdings auch nur in diesem Umfang Bevollmächtigter iS von Abs. 2.[50] Neben der wirksamen Bevollmächtigung setzt die Zurechnung voraus, dass auch ein der Vollmacht zu Grunde liegendes **Grundverhältnis** zu Stande gekommen ist (näher u. Rn. 15f.).[51] Hat die Partei **mehrere Vertreter,** so haftet sie für jeden von ihnen, sofern das Verschulden des jeweiligen Vertreters in die Zeit seiner Bevollmächtigung fällt;[52] mit dieser Maßgabe muss sich die Partei auch das schuldhafte Verhalten **früherer Bevollmächtigter** zurechnen lassen, gleichgültig in welchem Stadium der Prozess sich jetzt befindet.[53]

12 Bevollmächtigter gemäß Abs. 2 ist **insbesondere** derjenige, den die Partei unmittelbar mit der Prozessführung beauftragt und dem sie eine entsprechende Vollmacht erteilt hat. Unerheblich ist, ob es sich dabei um einen Rechtsanwalt handelt; auch auf die **Postulationsfähigkeit** des Vertreters kommt es nicht an.[54] Bevollmächtigter ist daher auch der **Nichtanwalt,** der nur die Korrespondenz mit dem Prozessbevollmächtigten führen oder einen Rechtsanwalt mit der Prozessführung beauftragen soll. Folglich kann der Partei auch das Verschulden eines Generalbevollmächtigten zurechenbar sein.[55] Bevollmächtigte iS des Abs. 2 sind ferner der **Verkehrsanwalt,**[56] der **Zustellungsbevollmächtigte** (§ 184)[57] sowie der **Kanzleiabwickler** gemäß § 55 BRAO.[58] Ebenso ist der Partei das Verschulden eines **allgemeinen Vertreters** des Rechtsanwalts zuzurechnen; denn diesem stehen nach § 53 Abs. 7 BRAO dieselben anwaltlichen Befugnisse wie dem Vertretenen zu.[59] Dies gilt auch dann, wenn die Landesjustizverwaltung gemäß § 53 Abs. 4 BRAO einen **Referendar** zum amtlichen Vertreter bestellt hat.[60] Eine Verschuldenszurechnung erfolgt beim allgemeinen Vertreter trotz § 54 BRAO nur bis zum Tod des Rechtsanwalts.[61] Ist eine **Anwaltssozietät** (§ 59a BRAO) beauftragt, so kommt das Mandat in der Regel mit allen der Sozietät angehörenden Anwälten zu Stande (vgl. § 84 Rn. 2); es sind daher regelmäßig auch alle Sozien Bevollmächtigte iS des Abs. 2.[62] Ein Verschulden wird der Partei demnach unabhängig davon zugerechnet, ob der schuldhaft handelnde Sozius der zuständige Sachbearbeiter ist.[63] Etwas anderes gilt allerdings, wenn nach den Umständen des Falles ein Einzelmandat vorliegt; das ist etwa dann anzunehmen, wenn der Rechtsanwalt dem Mandanten als Notanwalt oder als PKH-Anwalt beigeordnet worden ist.[64] Ein nur in **Bürogemeinschaft** mit dem beauftragten Rechtsanwalt arbeitender Kollege ist nicht Bevollmächtigter iS des Abs. 2.[65]

13 Bedient sich der Bevollmächtigte **weiterer Personen,** so hängt die Frage, ob auch deren Verschulden der Partei nach Abs. 2 zuzurechnen ist, davon ab, ob die jeweilige Hilfsperson mit der selbstständigen Bearbeitung des Rechtsstreits[66] oder nur mit einer vorbereitenden und untergeordneten Tätigkeit betraut worden

---

490; LAG Niedersachsen LAG Report 2005, 281; *Brehm* LAGE § 5 KSchG Nr. 73; *Grundstein* BB 1975, 523; *St/J/Bork* Rn. 10; *Wiecz/Steiner* Rn. 9.

46 BGH VersR 1984, 239.

47 BGH NJW 1987, 440.

48 RGZ 138, 346, 354; *St/J/Bork* Rn. 12; *Wiecz/Steiner* Rn. 10.

49 *St/J/Bork* Rn. 12; MK/*v. Mettenheim* Rn. 16.

50 Vgl. BGH NJW 1982, 2447; VersR 1984, 241.

51 BGHZ 47, 320, 322 = NJW 1967, 1567; BGH FamRZ 1996, 408, 409.

52 BGH NJW-RR 1993, 957.

53 BGH NJW 1990, 2822, 2823.

54 BGH VersR 1983, 1082, 1083; NJW 1988, 2672, 2673; VersR 1986, 816, 817; FamRZ 1998, 1506.

55 BGH VersR 1985, 1185, 1186.

56 BGH NJW 1982, 2447; NJW-RR 1988, 508; VersR 1990, 801; NJW 1991, 1892; NJW-RR 1991, 91; VersR 1996, 606; NJW-RR 1995, 839f.; zum ausländischen Korrespondenzanwalt vgl. BGH NJW-RR 1986, 287, 288.

57 *St/J/Bork* Rn. 11; *Wiecz/Steiner* Rn. 14; MK/*v. Mettenheim* Rn. 20.

58 BGH VersR 1984, 988, 989.

59 OVG Hamburg NJW 1993, 747, 748; differenzierend BGH VersR 1982, 770; speziell zum amtlich bestellten Vertreter vgl. BGH LM § 232 Nr. 15; BGH VersR 1982, 144, 145; 1984, 585, 586; NJW 1994, 2957, 2958; zum Urlaubsvertreter vgl. BGH LM § 232 Nr. 15; BGH VersR 1986, 468, 469; OVG Hamburg NJW 1993, 747, 748.

60 BGH VersR 1976, 92f.; BAG NJW 1973, 343, 344; *St/J/Bork* Rn. 17.

61 BGH NJW 1982, 2324, 2325.

62 BGH FamRZ 1991, 318; VersR 1986, 686; BGHZ 56, 355, 359 = NJW 1971, 1801; BGHZ 124, 47, 48f. = NJW 1994, 257; *Henssler* EWiR 1994, 127, 128; vgl. auch BGH NJW 1994, 1878.

63 BGH VersR 1975, 1028, 1029.

64 BGH NJW 1991, 2294.

65 BGH VersR 1979, 160; BayObLG MDR 1988, 683.

66 BGH VersR 1984, 239, 240; 1984, 443; BAG NJW 1987, 1355; BVerwG NJW 1985, 1178.

ist.[67] So ist etwa auch der angestellte oder als freier **Mitarbeiter** tätige Rechtsanwalt und der Urlaubsvertreter „Bevollmächtigter", sofern er den Rechtsstreit im Wesentlichen selbstständig bearbeitet.[68] Ob diese Voraussetzung erfüllt ist, müssen die Umstände des Einzelfalls ergeben; es kommt darauf an, ob der Handelnde den Prozessverlauf maßgeblich beeinflussen kann.[69] Unerheblich ist hingegen, welchen Status der Anwalt in der Kanzlei hat[70], ob er unterschriftsbefugt und beim Prozessgericht zugelassen ist.[71] Für einen nichtanwaltlichen juristischen Mitarbeiter des Bevollmächtigten, etwa einen **Assessor** oder einen **Referendar,** gilt im Hinblick auf die Abgrenzung nichts anderes.[72] Auch auf den vom Prozessbevollmächtigten eingeschalteten **Untervertreter** ist Abs. 2 anwendbar, sofern diesem nicht nur eine untergeordnete Tätigkeit obliegt,[73] wie sie etwa bei der reinen Terminsvertretung anzunehmen ist.[74]

Keine Bevollmächtigte iS des Abs. 2 sind demnach die **unselbstständigen Hilfskräfte** des Prozessbevollmächtigten, gleichgültig ob es sich um Büropersonal oder um juristische Mitarbeiter handelt. Deren Verschulden wird der Partei nicht zugerechnet; denn die ZPO kennt keine dem § 278 BGB entsprechende Vorschrift,[75] und § 278 BGB selbst ist nur im Innenverhältnis zwischen der Partei und dem Prozessbevollmächtigten anwendbar, nicht aber im Außenverhältnis gegenüber Gericht und Gegner.[76] Das Fehlverhalten unselbstständig handelnder Personen kann der Partei nur dann zum Nachteil gereichen, wenn der Prozessbevollmächtigte bei der Auswahl, Anleitung oder Überwachung der Hilfskräfte nicht die im Verkehr erforderliche Sorgfalt beobachtet hat. Ein solches **Organisationsverschulden** ist der Partei wiederum als eigenes Verschulden ihres Bevollmächtigten zuzurechnen (s. dazu auch die Erl. zu § 233); dabei ist allerdings zu beachten, dass sich ein Rechtsanwalt grundsätzlich darauf verlassen darf, dass geschultes und zuverlässiges Personal seine Weisungen befolgen wird.[77] Kein Bevollmächtigter der Partei ist ferner der bei der Zustellung eingeschaltete **Gerichtsvollzieher** bzw. **Postbedienstete.**[78] Dasselbe gilt für die die Zustellung vermittelnde **Geschäftsstelle;** denn sie handelt als Organ des Gerichts ohne Bindung an Weisungen der Partei.[79] Ebenso wenig muss sich die Partei das Verschulden einer Ersatz- oder Abholperson iS der §§ 178, 181, etwa ihres Ehegatten, zurechnen lassen.[80] Schließlich fällt auch der **Beistand** nach § 90 nicht in den Anwendungsbereich des Abs. 2.[81] 14

4. Zeitlicher Anwendungsbereich. Die Verschuldenszurechnung nach Abs. 2 gilt so lange, wie die Vollmacht und das ihr zu Grunde liegende Vertragsverhältnis währen. Auch wenn der Wortlaut der Vorschrift dies nahe legt, müssen der Zeitraum der Verschuldenszurechnung und derjenige der Bevollmächtigung nicht notwendig übereinstimmen. Denn die Zurechnung setzt immer auch das **Bestehen eines wirksamen Mandats** im Innenverhältnis voraus; dieses entsteht und endet aber unabhängig von der Vollmacht (s. § 80 Rn. 4). Wird ein Rechtsanwalt mit der Vertretung beauftragt, so ist Abs. 2 nicht schon dann anwendbar, wenn die Partei den Auftrag und die Vollmacht erteilt hat, sondern erst in dem Zeitpunkt, in dem der Anwalt das Mandat angenommen hat.[82] Das vor der Annahme des Mandats liegende Verschulden des Vertreters ist auch dann nicht zuzurechnen, wenn das Mandatsverhältnis später zu Stande kommt.[83] Da die **Beiordnung** eines Rechtsanwalts als solche noch nicht zum Entstehen eines Mandatsverhältnisses führt, kommt eine Verschuldenszurechnung auch hier erst in Betracht, wenn die Partei den Anwalt beauftragt und dieser den Auftrag angenommen hat.[84] 15

Die Anwendbarkeit des Abs. 2 endet, wenn das Mandat durch die Partei oder den Prozessbevollmächtigten gekündigt wird oder sich auf andere Weise erledigt.[85] Dies gilt ohne Rücksicht auf einen möglichen Fortbestand der Vollmacht nach § 87.[86] Denn die Verschuldenszurechnung beruht auf dem Gedanken, dass die Partei für ihren Bevollmächtigten als Person ihres Vertrauens einzustehen hat. Dieses Vertrauensverhältnis besteht aber nicht mehr, wenn das Mandat auch nur im Innenverhältnis beendet ist.[87] Eine **Ausnahme** wird vom BGH allerdings für den Fall anerkannt, dass der Bevollmächtigte **zur Unzeit gekündigt** hat, insbesondere dass er keine geeignete Vorsorge für die Wahrung einer kurz vor dem Ablauf stehenden 16

---

[67] BGH NJW-RR 1992, 1019, 1020.
[68] St. Rspr.; BGH NJW 1996, 2939; NJW-RR 1993, 892, 893; 1992, 1019, 1020; VersR 1990, 874; 1982, 71; BGH NJW 2001, 1575; BVerwG NJW 1985, 1178; BAG NJW 1987, 1355; vgl. auch VGH Mannheim NJW 1997, 1324f.
[69] Vgl. nur BAG NJW 1987, 1355; BGH VersR 1984, 443.
[70] BGH VersR 1984, 239, 240.
[71] BGH VersR 1990, 874; 1982, 71; 1978, 665; NJW 1995, 1841; BGH NJW 2001, 1575.
[72] MK/*v. Mettenheim* Rn. 20; vgl. *Wiecz/Steiner* Rn. 13.
[73] BGH VersR 1984, 239; 1990, 874.
[74] BGH VersR 1979, 255.
[75] Vgl. BAG NJW 1990, 2707; BGH NJW 1996, 2939.
[76] MK/*v. Mettenheim* Rn. 17.
[77] BGH NJW-RR 1992, 1278f.; 1993, 1213, 1215; 1990, 1149; BVerwG NJW 1992, 63, 64; vgl. dazu auch BGH VersR 1996, 1403f.; FamRZ 1996, 1004; NJW-RR 1997, 697, 698.
[78] *St/J/Bork* Rn. 21; *Wiecz/Steiner* Rn. 14.
[79] *St/J/Bork* Rn. 21.
[80] BSG NJW 1963, 1645f.; LAG München NJW 1987, 2542, 2543; vgl. auch OLG Karlsruhe NJW-RR 1995, 954.
[81] *T/P/Hüßtege* Rn. 13.
[82] BGHZ 47, 320, 321f. = NJW 1967, 1567; BGH VersR 1982, 950; LAG Bremen MDR 2003, 1059.
[83] LAG Bremen NZA 2004, 228; *St/J/Bork* Rn. 13; MK/*v. Mettenheim* Rn. 21.
[84] BGH NJW 1987, 440; BGHZ 60, 255, 258 = NJW 1973, 757.
[85] BGH VersR 1985, 1185, 1186.
[86] BGH NJW 2006, 2334, 2335 Rn. 12.
[87] BGHZ 47, 320, 322 = NJW 1967, 1567; BGH NJW 1980, 999; VersR 1983, 540; 1985, 1185, 1186.

Rechtsmittelfrist getroffen hat; in diesem Fall muss sich die Partei das in der Kündigung und damit vor Mandatsende liegende Verschulden zurechnen lassen.[88] Dagegen fehlt es bereits an einem Verschulden des Bevollmächtigten, wenn er das Mandat so rechtzeitig niedergelegt hat, dass der Mandant die Fristen noch wahren konnte; eine Fristversäumung hat die Partei dann nicht nach Abs. 2, sondern allenfalls wegen eines eigenen Verschuldens zu vertreten.[89] Hat die Partei selbst die Kündigung zur Unzeit ausgesprochen, so trifft sie ebenfalls ein eigenes Verschulden.[90] Im Übrigen gehört es noch zu den Pflichten eines erstinstanzlichen Prozessbevollmächtigten, der Partei das Urteil zu übersenden, dessen Zustellung mitzuteilen und auf die Rechtsmittelmöglichkeiten hinzuweisen.[91] Hat der Prozessbevollmächtigte das Mandat nach der Einlegung eines Rechtsmittels niedergelegt, so muss er die Partei über die laufende Begründungsfrist belehren.[92] Ein schuldhafter Verstoß gegen diese Pflichten ist der Partei nach Abs. 2 zuzurechnen. Überträgt der erstinstanzliche Bevollmächtigte die **Vertretung für die höhere Instanz** einem anderen, so ist er bis zur Mandatsübernahme durch diesen als Bevollmächtigter iSv. von Abs. 2 anzusehen;[93] er muss daher auch noch dafür sorgen, dass der andere die Rechtsmittelfrist wahren kann.[94]

17 **5. Verschulden.** Nach Abs. 2 wird der Partei das Verschulden ihres Bevollmächtigten zugerechnet. Der Begriff des Verschuldens entspricht demjenigen des § 276 BGB; er umfasst sowohl fahrlässiges als auch vorsätzliches Verhalten.[95] In der Literatur wird demgegenüber teilweise die Auffassung vertreten, die Partei müsse sich das Handeln ihres Bevollmächtigten nicht zurechnen lassen, wenn diesem Vorsatz, Leichtfertigkeit oder sittenwidriges Verhalten zur Last falle;[96] teilweise wird eine Einschränkung der Zurechnung zumindest bei **sittenwidrigem oder deliktischem Handeln,** etwa bei sittenwidriger Erschleichung eines Urteils, befürwortet.[97] Die Vertreter dieser Ansicht argumentieren, die Partei dürfe insbesondere bei anwaltlicher Vertretung darauf vertrauen, dass ein Rechtsanwalt als Rechtspflegeorgan seine Berufspflichten achte; bei einem Verstoß müsse sie nur nach § 831 BGB dafür einstehen. Diese Meinung ist abzulehnen.[98] Sie findet im Gesetz keine Stütze und läuft dem Normzweck des Abs. 2 zuwider. Die Auswahl des Prozessbevollmächtigten liegt im Einflussbereich der Partei, und das Vertrauen auf die Einhaltung der Berufspflichten betrifft allein das Innenverhältnis. Würde man der Partei ein vorsätzliches Handeln des Vertreters nicht zurechnen, so würde man das aus der Auswahl resultierende Risiko dem Gegner aufbürden und diesen auf einen Schadensersatzanspruch gegen den gegnerischen Anwalt verweisen. Das aber soll durch Abs. 2 gerade verhindert werden.

18 Für die Frage nach den **Anforderungen an die gebotene Sorgfalt** ist auf die Person des Bevollmächtigten anhand eines **objektiv-typisierten Maßstabs** abzustellen.[99] Daher können an einen Rechtsanwalt höhere Anforderungen gestellt werden als an die Partei selbst;[100] von einem Referendar wiederum kann regelmäßig weniger verlangt werden als von einen Rechtsanwalt.[101] Ebenso sind an einen juristischen Laien geringere Anforderungen zu stellen als an einen Rechtskundigen.[102] Auch wenn es sich bei dem Bevollmächtigten um einen Rechtsanwalt handelt, ist nicht etwa die äußerste oder größtmögliche, sondern nur die **übliche, von einem ordentlichen Anwalt zu erwartende Sorgfalt** als Maßstab heranzuziehen.[103] Wenngleich die Rechtsprechung dies im Grundsatz anerkennt und stets betont, dass die Beachtung der Sorgfalt im Einzelfall zumutbar sein müsse,[104] ist festzustellen, dass die Gerichte die Anforderungen – trotz gegenteiliger Beteuerungen[105] – häufig überspannen.[106] Sie formulieren allgemein, der Bevollmächtigte habe den Prozess so zu führen, dass er innerhalb der kürzest möglichen Zeit mit dem geringsten Aufwand das beste für den Auftraggeber mögliche Ergebnis erziele;[107] von mehreren denkbaren und gleichwertigen Maßnahmen habe er die sicherste und gefahrloseste zu wählen.[108] Im Detail werden aber teilweise Maßstäbe angelegt, die den Rechtsanwalt schlichtweg überfordern. Es wäre an der Zeit, die überzogenen Anforderungen auf ein angemessenes Niveau herunterzuschrauben.

---

88 BGH VersR 1985, 543; 1992, 378f.; BFH, Beschl. v. 20. 12. 2006, juris Rn. 3; aM *St/J/Bork* Rn. 14.
89 Vgl. BGH VersR 1992, 378; 1987, 286.
90 BGH NJW 2006, 2334, 2335 Rn. 16; MK/*v. Mettenheim* Rn. 22.
91 BGH NJW 1990, 189, 190; 1980, 999; VersR 1978, 1159, 1160; vgl. auch BGH NJW-RR 1997, 55.
92 *Zö/Vollkommer* Rn. 24.
93 BGH VersR 1978, 722; *Zö/Vollkommer* § 86 Rn. 1.
94 BGH VersR 1990, 801; NJW-RR 1993, 957.
95 MK/*v. Mettenheim* Rn. 23, 25; *T/P/Hüßtege* Rn. 8.
96 AK-ZPO/*Christian* Rn. 13.
97 VG Stade NJW 1983, 1509; *Zö/Vollkommer* Rn. 4, 13.
98 Ebenso *St/J/Bork* Rn. 22; *Wiecz/Steiner* Rn. 2; MK/*v. Mettenheim* Rn. 25.
99 BAG NJW 1987, 1355; *St/J/Bork* Rn. 22; *Wiecz/Steiner* Rn. 18; MK/*v. Mettenheim* Rn. 23; *Zö/Vollkommer* Rn. 13; AK-ZPO/*Christian* Rn. 14; aM (subjektiver Maßstab) *Borgmann/Haug* S. 152f., 345.
100 *St/J/Bork* Rn. 22.
101 *Wiecz/Steiner* Rn. 18; *Zö/Vollkommer* Rn. 13.
102 BGH VersR 1985, 1185, 1186.
103 BGH MDR 1988, 389; NJW 1985, 495, 496; 1985, 1710, 1711; 1992, 2488, 2489; MK/*v. Mettenheim* Rn. 23.
104 BVerfGE 79, 372, 378 = NJW 1989, 1147; BGH NJW 1985, 1710, 1711.
105 Vgl. nur BVerfG NJW 1991, 2894, 2895; BGH NJW 1989, 1432, 1433; vgl. BVerfG NJW 1995, 249, 711; 1996, 309.
106 Kritisch auch *Förster* NJW 1980, 432; *Prinz* VersR 1986, 317; *Hübner* NJW 1989, 5, 7; *Wiecz/Steiner* Rn. 18.
107 OLG Oldenburg VersR 1981, 340, 341.
108 BGH NJW 1990, 2128, 2129; VersR 1986, 297; NJW 1974, 1865, 1866; OLG Oldenburg VersR 1981, 340, 341.

Zu der Frage, welches Handeln des Bevollmächtigten nach der gegenwärtigen Rechtsprechung als schuldhaft anzusehen ist, gibt es eine kaum zu überblickende **Kasuistik;**[109] sie entfaltet ihre Bedeutung allerdings vorrangig für das Innenverhältnis und die daraus resultierenden Ersatzansprüche der Partei gegen den Bevollmächtigten, vgl. die Erl. zu § 233.[110] Für Einzelfälle kann auf die Kommentierung zu den ZPO-Vorschriften verwiesen werden, die ein Verschulden voraussetzen. 19

86 *Fortbestand der Prozessvollmacht* **Die Vollmacht wird weder durch den Tod des Vollmachtgebers noch durch eine Veränderung in seiner Prozessfähigkeit oder seiner gesetzlichen Vertretung aufgehoben; der Bevollmächtigte hat jedoch, wenn er nach Aussetzung des Rechtsstreits für den Nachfolger im Rechtsstreit auftritt, dessen Vollmacht beizubringen.**

I. Normzweck

Die Vorschrift enthält – ebenso wie § 87 – keine allgemeine Regelung über das Erlöschen der Prozessvollmacht. Sie bestimmt lediglich, dass die Vollmacht im Fall des Todes des Vollmachtgebers oder bei einer Veränderung in seiner Prozessfähigkeit oder seiner gesetzlichen Vertretung fortdauert. § 86 soll auf diesem Wege verhindern, dass die Wirksamkeit von Prozesshandlungen an Ereignisse geknüpft ist, die im Prozess nur unzureichend erkennbar sind. Er dient damit insbesondere dem **Schutz des Prozessgegners.** Indem er aber dazu beiträgt, dass der einmal begonnene Prozess ohne Verzug zu Ende geführt werden kann, hat er zugleich **öffentliche Interessen** im Auge.[1] 1

II. Erlöschen der Vollmacht

Abgesehen von den bruchstückhaften Regelungen der §§ 86, 87 ist das Erlöschen der Prozessvollmacht **in der ZPO nicht geregelt.** Insoweit muss daher auf allgemeine, insbesondere auch materiellrechtliche, Grundsätze sowie auf den sachlichen Zweck der Vollmacht zurückgegriffen werden.[2] Allgemein endet die Prozessvollmacht entweder durch Willenserklärungen des Vollmachtgebers bzw. -nehmers oder durch den Eintritt bestimmter vom Willen der Beteiligten unabhängiger Ereignisse.[3] Im Einzelnen sind folgende **Erlöschensgründe** anzuerkennen: 2

1. Zweckerreichung. Die Prozessvollmacht findet ihr bestimmungsgemäßes Ende in der Erreichung ihres Zwecks. Ist sie, wie dies im Anwaltsprozess stets erforderlich ist, als Generalvollmacht für den Prozess als Ganzes erteilt (s. § 81 Rn. 2), so erlischt sie bei endgültiger **Beendigung des Rechtstreits.** Erforderlich ist insoweit ein rechtskräftiges Sachurteil oder aber eine Klagerücknahme.[4] Eine Klageabweisung durch Prozessurteil, etwa wegen Unzuständigkeit, bringt die Prozessvollmacht dagegen nicht zum Erlöschen.[5] Dasselbe gilt für die Beendigung nur einer Instanz,[6] und zwar auch dann, wenn der Anwalt in der höheren Instanz nicht postulationsfähig ist; denn er kann nach § 81 für das weitere Verfahren seinerseits einen Bevollmächtigten beauftragen. Selbst nachdem er dies getan hat, ist seine Vollmacht nicht beendet, sondern lediglich eingeschränkt.[7] **Nach rechtskräftigem Abschluss** des Prozesses bleibt die Prozessvollmacht immerhin noch für ein Wiederaufnahmeverfahren, für das Verfahren der Kostenfestsetzung und für die Zwangsvollstreckung wirksam; diese Verfahren werden von § 81 als Bestandteile des „Rechtsstreits" behandelt (vgl. § 81 Rn. 2, 4). Ist im Parteiprozess eine auf einzelne Prozesshandlungen beschränkte Vollmacht erteilt (vgl. § 83 Abs. 2), so erlischt sie durch Zweckerreichung, sobald die Aufgabe des Bevollmächtigten erfüllt ist und keine Handlung mehr durch die Vollmacht gedeckt sein kann.[8] 3

2. Wegfall des Kausalverhältnisses. Die Prozessvollmacht endet ferner durch Beendigung des ihr zu Grunde liegenden Kausalverhältnisses (vgl. § 168 S. 1 BGB), insbesondere mit einer **Kündigung des Anwaltsvertrages** durch die Partei oder den Prozessbevollmächtigten.[9] Die Kündigung ist gemäß §§ 671, 675, 627 BGB ohne Einhaltung einer Frist jederzeit durch formlose einseitige Erklärung möglich. Im Innenverhältnis wirkt sie sofort, im Außenverhältnis gegenüber Gericht und Gegner wird sie dagegen erst nach Maßgabe des § 87 wirksam. Auch wenn die Prozessvollmacht sich aus einer umfassenden materiellrechtlichen Vollmacht ergibt, erlischt sie, sobald das betreffende Grundverhältnis, zB das Anstellungsverhältnis des Prokuristen, endet.[10] 4

3. Widerruf. Auch bei fortbestehendem Kausalverhältnis kann die Prozessvollmacht dadurch erlöschen, dass sie vom Vollmachtgeber widerrufen wird (vgl. § 168 S. 2 BGB). Ein isolierter Widerruf ist jederzeit möglich[11] und kann auch vertraglich nicht ausgeschlossen werden.[12] Ebenso wie eine Kündigung des 5

---

[109] Vgl. dazu etwa die Übersicht bei *Hansens* NJW 1992, 1353.
[110] AK-ZPO/*Christian* Rn. 13.
[1] BGHZ 121, 263, 265 = NJW 1993, 1654; MK/*v. Mettenheim* Rn. 1.
[2] *Wiecz/Steiner* Rn. 1; AK-ZPO/*Christian* Rn. 1, § 87 Rn. 2.
[3] AK-ZPO/*Christian* § 87 Rn. 2.
[4] *St/J/Bork* Rn. 7.
[5] AllgM; vgl. nur *Wiecz/Steiner* Rn. 2.
[6] Vgl. BGH NJW-RR 1991, 1213, 1214; OVG Münster NJW 1986, 1707.
[7] Ausführlich *St/J/Bork* Rn. 9.
[8] *St/J/Bork* Rn. 7; *Wiecz/Steiner* Rn. 2.
[9] *Schmellenkamp* AnwBl. 1985, 14; *T/P/Hüßtege* § 87 Rn. 2.
[10] *Wiecz/Steiner* Rn. 4; AK-ZPO/*Christian* § 87 Rn. 7.
[11] *Wiecz/Steiner* Rn. 3; *Zö/Vollkommer* Rn. 2.
[12] *St/J/Bork* § 87 Rn. 7.

Grundverhältnisses entfaltet er nur im Innenverhältnis sofortige Wirkung, während im Außenverhältnis § 87 zu beachten ist. Der Widerruf erfolgt durch eine einseitige und empfangsbedürftige Erklärung, die ausdrücklich oder konkludent[13] gegenüber dem Gericht, dem Gegner oder dem Prozessbevollmächtigten abgegeben werden kann.[14] Da die Partei die Möglichkeit hat, sich durch mehrere Prozessbevollmächtigte vertreten zu lassen (vgl. § 84), kann die **Bestellung eines neuen Bevollmächtigten** allerdings nicht ohne weiteres als Widerruf der Bestellung des früheren Prozessbevollmächtigten gedeutet werden, s. § 87 Rn. 5.[15] Auch daraus, dass die Partei und ihr Bevollmächtigter den Kontakt zueinander abbrechen, kann weder auf eine Kündigung des Mandatsverhältnisses noch auf einen isolierten Widerruf der Prozessvollmacht geschlossen werden.[16] Ein derartiger Schluss ist auch nicht allein dadurch gerechtfertigt, dass die Partei in der Zwangsvollstreckung selbst einen Schuldnerschutzantrag stellt oder sonstige Prozesshandlungen vornimmt.[17] Schließlich kann nicht unterstellt werden, dass die Partei das Mandat oder die Vollmacht beenden will, sobald die ihr gewährte Prozesskostenhilfebewilligung nach § 124 aufgehoben wird.[18]

6 **4. Tod des Bevollmächtigten.** Stirbt der Prozessbevollmächtigte, so erlischt das Mandatsverhältnis (vgl. §§ 673, 675 BGB) und daher auch die Prozessvollmacht (§ 168 S. 1 BGB, vgl. Rn. 4).[19] Falls aber ein **Kanzleiabwickler** nach § 55 BRAO bestellt wird, gilt dieser als von der Partei bevollmächtigt, sofern diese nicht für die Wahrnehmung ihrer Rechte in anderer Weise gesorgt hat (§ 55 Abs. 2 S. 4 BRAO). War für den verstorbenen Rechtsanwalt ein **Vertreter** gemäß § 53 BRAO bestellt, so sind Rechtshandlungen, die vom Vertreter oder ihm gegenüber vor der Löschung des Anwalts vorgenommen werden, nicht deshalb unwirksam, weil der Rechtsanwalt zurzeit der Bestellung des Vertreters oder zurzeit der Vornahme der Handlung nicht mehr gelebt hat (§ 54 BRAO). Ein Verschulden, das dem Vertreter des Anwalts nach dessen Tode zur Last fällt, wird der Partei aber nicht mehr nach § 85 Abs. 2 zugerechnet, s. a. § 244 Rn. 3.[20]

7 **5. Prozessunfähigkeit des Bevollmächtigten.** Die Prozessvollmacht erlischt weiterhin dann, wenn der Prozessbevollmächtigte prozessunfähig wird, s. § 78 Rn. 10.[21] Im Anwaltsprozess führt dies wie der Tod des Anwalts zu einer Unterbrechung des Verfahrens nach § 244.[22] Dagegen hat der Verlust der **Postulationsfähigkeit** keinen Einfluss auf den Bestand der Vollmacht, ebenso wie das ursprüngliche Fehlen der Postulationsfähigkeit ihre wirksame Erteilung nicht hindert; die Prozessvollmacht besteht folglich auch dann fort, wenn die Zulassung des Anwalts erlischt oder zurückgenommen wird.[23] In seinem Beschluss vom 26. 1. 2006 hat der BGH diese Frage letzlich offengelassen, allerdings ausgeführt, der Senat neige dazu, einen Fortbestand der Prozessvollmacht mit Rücksicht auf das Bedürfnis, die Mandanten vor ungeeigneten Rechtsvertretern zu schützen, zu verneinen.[24]

8 **6. Insolvenz des Vollmachtgebers.** Letztlich erlischt die Prozessvollmacht, wenn über das Vermögen des Vollmachtgebers das Insolvenzverfahren eröffnet wird. Dies ergibt sich unmittelbar aus der Regelung der §§ 115, 116 InsO. Danach erlischt durch die Eröffnung des Insolvenzverfahrens zunächst das von der Partei erteilte Mandat, was nach § 168 S. 1 BGB aber wiederum auf die Prozessvollmacht durchschlägt (vgl. Rn. 4).[25] Die Gegenmeinung,[26] lässt sich mit dem klaren Wortlaut der §§ 115, 116 InsO nicht vereinbaren. Da die Vollmacht in diesem Fall kraft Gesetzes erlischt und nicht etwa durch eine Kündigung des Insolvenzverwalters, findet auch die Vorschrift des § 87 Abs. 1 keine Anwendung.[27]

III. Fortbestehen der Vollmacht (Halbs. 1)

9 Ist die Partei durch einen Prozessbevollmächtigten vertreten, so endet die Prozessvollmacht nach der ausdrücklichen Anordnung des § 86 weder durch den **Tod des Vollmachtgebers** noch bei einer **Veränderung in seiner Prozessfähigkeit oder seiner gesetzlichen Vertretung.** Ein Anwendungsfall der zweiten Alternative liegt insbesondere dann vor, wenn die Partei die Prozessfähigkeit nachträglich erwirbt oder verliert,[28] etwa weil sie geisteskrank wird[29] oder eine Betreuung nötig ist,[30] bzw. wenn der gesetzliche Vertreter wechselt oder wegfällt.[31] Die Vorschrift ist aber auch dann anwendbar, wenn eine **juristische Person** im Handelsregister gelöscht wird und ihr bisheriger gesetzlicher Vertreter aus diesem Grund seine Ver-

---

13 *Schmellenkamp* AnwBl. 1985, 14f.; *St/J/Bork* § 87 Rn. 7; AK-ZPO/*Christian* § 87 Rn. 8.
14 BGHZ 43, 135, 137 = NJW 1965, 1019; BGH NJW 1980, 2309, 2310; LG Trier Rpfleger 1988, 29.
15 BGH NJW 1980, 2309, 2310; BSG MDR 1998, 616; OVG Münster DÖV 1976, 608.
16 Vgl. BGH VersR 1977, 334.
17 *T/P/Hüßtege* § 87 Rn. 5; aA LG Trier Rpfleger 1988, 29; vgl. auch LG Berlin MDR 1994, 307.
18 *B/L/H* Rn. 11.
19 *Wiecz/Steiner* Rn. 6; *Zö/Vollkommer* Rn. 4.
20 BGH NJW 1982, 2324, 2325.
21 *St/J/Bork* Rn. 10; *Wiecz/Steiner* Rn. 7; *Zö/Vollkommer* Rn. 5.
22 Vgl. dazu auch OLG München NJW-RR 1989, 255.
23 VGH Baden-Württemberg VBlBW 2001, 231; *St/J/Bork* Rn. 10; aA *Wiecz/Steiner* Rn. 7; *Zö/Vollkommer* Rn. 5.
24 BGH NJW 2006, 2260, 2261 Rn. 16.
25 Zur KO: BGH NJW-RR 1989, 183; NJW 1964, 47; RGZ 118, 158, 160ff.; Zur InsO: MK/*v. Mettenheim* Rn. 3.
26 *B/L/H* Rn. 12.
27 Zur KO: BGH NJW-RR 1989, 183; RGZ 118, 158, 161.
28 Vgl. dazu BGHZ 121, 263, 265 = NJW 1993, 1654.
29 Vgl. BGH NJW 1983, 996, 997; BGH LM § 52 Nr. 6; vgl. auch OLG München NJW-RR 1989, 255.
30 *Bork* MDR 1991, 97, 99.
31 Vgl. OLG Hamburg FamRZ 1983, 1262.

tretungsbefugnis verliert[32] oder auch, wenn eine GmbH in eine AG verschmolzen wird.[33] Darüber hinaus findet sie entsprechende Anwendung auf die Beendigung einer Parteistellung kraft Amtes, so zB beim Wechsel in der Person des Insolvenzverwalters sowie bei der Beendigung des Insolvenzverfahrens.[34] In diesen Fällen hat sie zur Folge, dass die vom Insolvenzverwalter erteilte Prozessvollmacht bestehen bleibt. Die Anordnung des § 86 gilt auch, wenn im **Parteiprozess** lediglich eine Spezialvollmacht für einzelne Prozesshandlungen (§ 83 Abs. 2) erteilt worden ist.[35] Sie gilt ohne Unterschied auch für die Vollmacht des nach § 78b bzw. § 121 **beigeordneten Anwalts.**

IV. Rechtsfolgen des Fortbestehens

10 Der Fortbestand der Prozessvollmacht nach § 86 hat zur Folge, dass das Verfahren abweichend von §§ 239, 241 **nicht unterbrochen** wird (§ 246 Abs. 1 Halbs. 1). Der Prozess wird grundsätzlich vom Prozessbevollmächtigten fortgeführt und lediglich auf dessen Antrag, im Fall des Todes auch auf Antrag des Prozessgegners, ausgesetzt (§ 246 Abs. 1 Halbs. 2). Das Recht, die **Aussetzung** zu beantragen, soll dem Bevollmächtigten bzw. dem Prozessgegner die Möglichkeit verschaffen, sich auf die neue Situation einzustellen und ihr durch geeignete Maßnahmen Rechnung zu tragen. Es besteht allerdings nur, wenn eine Prozessvollmacht für den Prozess als Ganzes und nicht nur eine Spezialvollmacht für einzelne Prozesshandlungen erteilt ist. Aus dem Innenverhältnis kann der Prozessbevollmächtigte uU auch verpflichtet sein, die Aussetzung zu beantragen.[36] Dies ändert aber nichts daran, dass er den Prozess ungestört fortsetzen und weiterhin wirksame Prozesshandlungen vornehmen kann; bei einer Verletzung der Pflichten aus dem Kausalverhältnis riskiert er lediglich haftungsrechtliche Folgen.

11 **Im Fall des Todes der Partei** treten an ihre Stelle die Erben (§ 1922 BGB).[37] Handlungen des Bevollmächtigten im Prozess wirken für und gegen diese, auch wenn sie in Unkenntnis des Todes noch im Namen der ursprünglichen Partei vorgenommen worden sind.[38] Es spielt dafür auch keine Rolle, ob der Prozessbevollmächtigte die Sache im Zeitpunkt des Todes bereits anhängig gemacht hat. Erhebt er die von der Prozessvollmacht gedeckte Klage erst nach dem Tod des Vollmachtgebers, so sind die Erben Kläger.[39] Auch ein Urteil, das auf den Namen der verstorbenen Partei ergangen ist, wirkt für und gegen die Erben; das gilt auch dann, wenn die Rechtsnachfolge schon vor Rechtshängigkeit iS des § 325 stattgefunden hat.[40] Da die Erben wirksam vertreten worden sind, ist eine Nichtigkeitsklage nach § 579 Abs. 1 Nr. 4 nicht begründet.[41] Der Prozessbevollmächtigte kann das Verfahren gegebenenfalls auch im Namen unbekannter Erben fortsetzen.[42] Seine Vollmacht endet regelmäßig auch nicht dadurch, dass das Verfahren in eine **höhere Instanz** erwächst.[43] Dies gilt zumindest dann, wenn er in der höheren Instanz postulationsfähig ist. Ob er auch hier einen Bevollmächtigten für die höhere Instanz bestellen kann, sofern ihm die Postulationsfähigkeit fehlt, ist umstritten,[44] wird aber wegen § 81 mit der hM zu bejahen sein.

12 Beim **Verlust der Prozessfähigkeit** der Partei oder beim **Wegfall ihres gesetzlichen Vertreters** bleiben die Prozesshandlungen des Bevollmächtigten wirksam, sofern die Prozessvollmacht wirksam erteilt worden ist.[45] Auch in diesen Fällen ist die Partei iSd. § 579 Abs. 1 Nr. 4 „nach Vorschrift der Gesetze vertreten", obwohl für die prozessunfähige Partei zunächst kein gesetzlicher Vertreter bestellt ist und ein Mangel der Prozessfähigkeit gemäß § 56 Abs. 1 von Amts wegen zu beachten ist; nach hM liegt eine ordnungsgemäße Vertretung selbst dann vor, wenn die Prozessfähigkeit schon vor Eintritt der Rechtshängigkeit der Klage weggefallen ist.[46]

V. Vollmacht des Rechtsnachfolgers (Halbs. 2)

13 Auch wenn gemäß § 246 Abs. 1 Halbs. 2 die Aussetzung des Verfahrens angeordnet wird (vgl. Rn. 10), erlischt die Prozessvollmacht nicht.[47] Der zweite Halbsatz des § 86 stellt keine Ausnahme zu Halbs. 1 dar und ordnet nicht die Notwendigkeit einer neuen Bevollmächtigung an, sondern er statuiert lediglich im Sinne einer Ordnungsvorschrift ein **Nachweiserfordernis.**[48] Das bedeutet insbesondere, dass auch bei einer Aussetzung des Verfahrens alle **Zustellungen** an den Prozessbevollmächtigten erfolgen müssen. Er muss allerdings, wenn er nach Aussetzung für den Rechtsnachfolger der Partei auftritt, dessen Vollmacht nachwei-

---

32 BGH NJW-RR 1994, 542; OLG Köln OLGZ 1975, 349, 350; OLG Hamburg GmbHR 1996, 860f.; *Saenger* GmbHR 1994, 300, 305; differenzierend OLG Oldenburg NJW-RR 1996, 160f.; BayObLG DB 2004, 2258.
33 BGH NJW 2003, 1528.
34 Vgl. *Zö/Vollkommer* Rn. 9.
35 MK/*v. Mettenheim* Rn. 7.
36 MK/*v. Mettenheim* Rn. 6.
37 Vgl. auch OLG Düsseldorf MDR 1989, 468; BFH NJW 1998, 1511, 1512.
38 BGHZ 121, 263, 265 = NJW 1993, 1654; RGZ 68, 390, 391; OLG München MDR 1991, 672, 673.
39 BGHZ 121, 263, 265 = NJW 1993, 1654; *St/J/Bork* Rn. 1.
40 RGZ 124, 146, 150; *Wiecz/Steiner* Rn. 8.
41 OLG Schleswig MDR 1986, 154.
42 OLG München MDR 1991, 672f.; OVG Münster NJW 1986, 1707.
43 OVG Münster NJW 1986, 1707.
44 Dafür OLG Schleswig MDR 1986, 154; *Zö/Vollkommer* Rn. 12; dagegen *Zö/Greger* § 246 Rn. 2.
45 BAG NZA 2000, 613, 614; BFHE 191, 494, 496; BGHZ 121, 263, 265f. = NJW 1993, 1654.
46 BGHZ 121, 263, 265f. = NJW 1993, 1654; aA *Bork* MDR 1991, 97, 99; *Vollkommer* EWiR 1/93, 615, 616.
47 LG Göttingen Rpfleger 1990, 90, 91; *St/J/Bork* Rn. 2; *Zö/Vollkommer* Rn. 13; aA wohl LG Berlin ZMR 1992, 25f.
48 *St/J/Bork* Rn. 2.

sen (§§ 80, 88). Dadurch soll sichergestellt werden, dass der Nachfolger die Prozessvollmacht nicht widerrufen hat.[49] Entsprechend den Grundsätzen des § 88 hat das Gericht den Vollmachtsnachweis nur dann von Amts wegen einzufordern, wenn nicht als Bevollmächtigter ein Rechtsanwalt auftritt. Im Anwaltsprozess sowie im Parteiprozess, in dem ein Rechtsanwalt tätig wird, ist der Nachweis daher nur auf Rüge des Prozessgegners zu verlangen.[50] Die Gegenmeinung, die den Vollmachtsnachweis unabhängig von einer Rüge des Gegners für erforderlich ansieht und sich insoweit auf den Wortlaut des Halbs. 2 beruft,[51] übersieht, dass das Nachweiserfordernis des § 80 Abs. 1 ähnlich strikt formuliert ist und dennoch nur in den Grenzen des § 88 überprüft wird. Bis zum Nachweis der Vollmacht des Rechtsnachfolgers kommt eine einstweilige Zulassung nach § 89 in Betracht.[52]

87 *Erlöschen der Vollmacht* **(1) Dem Gegner gegenüber erlangt die Kündigung des Vollmachtvertrags erst durch die Anzeige des Erlöschens der Vollmacht, in Anwaltsprozessen erst durch die Anzeige der Bestellung eines anderen Anwalts rechtliche Wirksamkeit.**

(2) Der Bevollmächtigte wird durch die von seiner Seite erfolgte Kündigung nicht gehindert, für den Vollmachtgeber so lange zu handeln, bis dieser für Wahrnehmung seiner Rechte in anderer Weise gesorgt hat.

I. Normzweck

1 Die Vorschrift regelt ebenso wenig wie § 86 die Gründe für das Erlöschen der Prozessvollmacht. Sie behandelt in ihrem Abs. 1 allein die Frage, unter welchen Voraussetzungen eine Kündigung des „Vollmachtvertrags" dem Prozessgegner gegenüber Wirksamkeit erlangt; in Abs. 2 ordnet sie ferner an, zu welchen Handlungen der Prozessbevollmächtigte nach einer Niederlegung des Mandats noch berechtigt ist. Die Regelung des **Abs. 1** soll verhindern, dass Ereignisse, die in der Sphäre einer Partei liegen, dem Prozessgegner und dem Gericht die Fortführung und Abwicklung des Rechtsstreits erschweren. Für Gericht und Gegner soll stets eindeutig erkennbar sein, wer für sie der richtige Ansprechpartner ist. Auf diese Weise dient die Vorschrift sowohl der **Rechtssicherheit** als auch der **Prozessökonomie.**[1] Die Regelung des **Abs. 2** hat eine doppelte Schutzrichtung: Indem sie dem Prozessbevollmächtigten auch nach der Mandatsniederlegung noch Handlungsbefugnisse einräumt, bezweckt sie zum einen den **Schutz der Partei** vor einer Situation, in der sie ohne Vertreter ist. Sie dient darüber hinaus aber auch dem **Schutz des Prozessbevollmächtigten,** der sich nach der Mandatsniederlegung einer drohenden Haftung nach § 671 Abs. 2 S. 2 BGB gegenübersieht und die Möglichkeit haben soll, den Eintritt eines Schadens durch geeignete Maßnahmen abzuwenden.[2]

II. Kündigung des „Vollmachtvertrags"

2 Abs. 1 spricht von der „Kündigung des Vollmachtvertrags" und regelt, wann diese im Außenverhältnis rechtliche Wirksamkeit erlangt. Einen Vollmachtvertrag gibt es nach heutiger Auffassung aber überhaupt nicht. Die Prozessvollmacht wird ebenso wenig wie die Vollmacht des materiellen Rechts durch einen Vertrag begründet, sondern vom Vollmachtgeber durch einen **einseitigen Akt** erteilt (vgl. § 80 Rn. 9). Vgl. zum Erlöschen der Vollmacht, oben § 86 Rn. 2 ff.

III. Wirksamwerden im Außenverhältnis (Abs. 1)

3 Während der Widerruf der Prozessvollmacht bzw. die Kündigung des Mandatsverhältnisses im Innenverhältnis unmittelbar zum Wegfall der Vertretungsbefugnis führen, müssen weitere Voraussetzungen erfüllt sein, damit das Erlöschen der Vollmacht im Außenverhältnis beachtet wird. Bis dahin wird ihr Fortbestand (nicht dagegen der des Grundverhältnisses[3]) fingiert. Obwohl der Wortlaut des § 87 nur von der Wirkung gegenüber dem Gegner spricht, gilt die Anordnung des Abs. 1 auch im Verhältnis zum Gericht.[4] Die Anforderungen, die an das Erlöschen der Prozessvollmacht im Außenverhältnis zu stellen sind, richten sich danach, ob es sich um einen Partei- oder um einen Anwaltsprozess handelt.

4 **1. Parteiprozess.** In Parteiprozessen gilt die Prozessvollmacht trotz eines Widerrufs oder einer Kündigung des Mandatsverhältnisses so lange als fortbestehend, bis ihr **Erlöschen** dem Gericht und dem Gegner angezeigt wird. Die Anzeige kann durch eine formlose Mitteilung,[5] unter Umständen auch stillschweigend erfolgen.[6] Sie muss aber eindeutig zu erkennen geben, dass das Mandat gekündigt oder die Vollmacht widerrufen worden ist. Daher reicht es zB nicht aus, wenn dem Gericht mitgeteilt wird, dass zwischen der Partei und dem Bevollmächtigten kein Kontakt mehr besteht, s. a. § 86 Rn. 5.[7] Unerheblich ist, ob die An-

---

[49] AK-ZPO/*Christian* Rn. 7; *T/P/Hüßtege* Rn. 2.
[50] *St/J/Bork* Rn. 2; MK/*v. Mettenheim* Rn. 9; *Zö/Vollkommer* Rn. 13.
[51] *B/L/H* Rn. 13.
[52] *St/J/Bork* Rn. 2; *Wiecz/Steiner* Rn. 10; *Zö/Vollkommer* Rn. 13.
[1] BGH NJW 1975, 120, 121; VersR 1985, 1185, 1186; OLG Köln FamRZ 1985, 1278.
[2] MK/*v. Mettenheim* Rn. 2.
[3] BGHZ 31, 32, 35 = NJW 1959, 2307; BGHZ 43, 135, 137 f. = NJW 1965, 1019.
[4] AllgM; vgl. nur BGH NJW 1980, 999; VersR 1985, 1185, 1186; OLG Karlsruhe MDR 1995, 531, 532.
[5] BGH NJW 1980, 2309, 2310; OLG Hamm NJW 1982, 1887, 1888.
[6] LG Trier Rpfleger 1988, 29; *St/J/Bork* Rn. 11; *Wiecz/Steiner* Rn. 3; *Zö/Vollkommer* Rn. 1.
[7] Vgl. BGH VersR 1977, 334.

zeige durch die Partei, den (bisherigen) Bevollmächtigten oder auch durch einen neuen Parteivertreter abgegeben wird. Wird das Erlöschen der Vollmacht nur dem Gericht oder nur dem Gegner mitgeteilt, so ist es auch **nur im Verhältnis zu** dem jeweiligen **Erklärungsgegner** zu beachten.[8] Die Anzeige des Erlöschens wird nicht durch eine anderweitige Kenntniserlangung ersetzt.[9] Wird die Anzeige abgegeben, obwohl die Prozessvollmacht nicht erloschen ist, zB weil der Widerruf oder die Kündigung nach den Vorschriften des bürgerlichen Rechts unwirksam ist, so ist streitig, ob sich die Partei aus Gründen des Vertrauensschutzes an der falschen Anzeige festhalten lassen muss.[10] Richtigerweise ist dies zu verneinen, denn der Wortlaut des § 87 setzt mit dem Tatbestandsmerkmal der „Kündigung" das Erlöschen der Vollmacht bereits voraus und stellt für die Wirksamkeit im Außenverhältnis lediglich zusätzliche Voraussetzungen auf. Es kann daher nicht allein auf die Anzeige abgestellt werden; vielmehr muss der Widerruf oder die Kündigung wirksam sein, damit die Vollmacht auch gegenüber Gericht und Gegner als erloschen gilt.[11]

2. Anwaltsprozess. In Verfahren mit Anwaltszwang reicht die Anzeige des Erlöschens allein nicht aus, 5
um dessen Wirksamkeit im Außenverhältnis herbeizuführen. Hier ist **zusätzlich** die **Anzeige der Bestellung eines anderen Anwalts** erforderlich. Auch diese Anzeige ist formlos möglich,[12] auch sie muss eindeutig sein.[13] Notwendig ist die namentliche Benennung eines neuen Rechtsanwalts.[14] Die Anzeige kann mit der Mitteilung des Erlöschens der früheren Prozessvollmacht verbunden werden, aber auch getrennt von dieser erfolgen.[15] Das Erlöschen der Vollmacht setzt allerdings voraus, dass der neue Rechtsanwalt in der Lage ist, die Partei rechtswirksam zu vertreten; er muss also postulationsfähig sein.[16] Zeigt ein neuer Anwalt seine Bestellung an, ohne dass bereits eine Anzeige des Erlöschens der alten Vollmacht vorliegt, so ist den Voraussetzungen des § 87 noch nicht Genüge getan[17]; denn die Anzeige der Bestellung eines neuen Bevollmächtigten beinhaltet nicht notwendig die Erlöschensanzeige, da die Partei die Möglichkeit hat, sich durch mehrere Prozessbevollmächtigte vertreten zu lassen (vgl. § 86 Rn. 5). Wenn der neue Bevollmächtigte in solchen Fällen nicht zum Ausdruck bringt, dass er anstelle des alten handeln will, muss regelmäßig vom Fortbestand der alten Vollmacht ausgegangen werden;[18] im Außenverhältnis gelten dann beide als von der Partei bevollmächtigt.[19] Der Wille anstelle des alten Bevollmächtigten handeln zu wollen muss nicht ausdrücklich erklärt sein. Er kann sich aus den Umständen ergeben. Er muss aber auch in diesem Fall eindeutig sein.[20] Im Übrigen sind die gegenüber dem Parteiprozess verschärften Anforderungen des Halbs. 2 immer nur anzuwenden, so weit der Anwaltszwang reicht[21], nicht dagegen in selbstständigen Nebenverfahren, in denen die Partei selbst postulationsfähig ist, wie etwa im Kostenfestsetzungsverfahren, vgl. § 103 Rn. 8.

3. Rechtslage bis zum Wirksamwerden. Solange das Erlöschen der Prozessvollmacht im Außenverhält- 6
nis noch keine Wirksamkeit erlangt hat, können das Gericht und der Prozessgegner dem bisherigen Prozessbevollmächtigten gegenüber wirksam handeln. Insbesondere müssen alle **Zustellungen** an ihn erfolgen (vgl. § 172). Der Prozessbevollmächtigte hat die Zustellungen entgegenzunehmen und die Partei unabhängig vom Erlöschen seiner Vertretungsmacht im Innenverhältnis davon zu unterrichten.[22] Die an ihn erfolgten Zustellungen sind – ebenso wie die sonstigen ihm gegenüber vorgenommenen Handlungen – wirksam und müssen nach dem Wirksamwerden des Erlöschens grundsätzlich nicht wiederholt werden; im Hinblick auf Art. 103 Abs. 1 GG kann in Ausnahmefällen etwas anderes gelten.[23] Der bisherige Prozessbevollmächtigte kann die Partei auch noch aktiv vertreten und für sie wirksam Prozesshandlungen vornehmen, zB ein Rechtsmittel einlegen oder zurücknehmen.[24] Steht eine Rechtsmittelrücknahme allerdings in Widerspruch zum wirklichen Willen der Partei und ist der Irrtum des bisherigen Prozessbevollmächtigten dem Gericht und dem Prozessgegner offensichtlich, so muss seine Handlung nach Treu und Glauben als unwirksam behandelt werden.[25] Schließlich ist der Fortbestand der Vollmacht im Außenverhältnis auch bei der Frage zu beachten, ob die Partei im Termin zur mündlichen Verhandlung erschienen ist.[26]

---

[8] *St/J/Bork* Rn. 10; *Wiecz/Steiner* Rn. 3; *Zö/Vollkommer* Rn. 1; AK-ZPO/*Christian* Rn. 10.
[9] *St/J/Bork* Rn. 9; *Wiecz/Steiner* Rn. 3; MK/*v. Mettenheim* Rn. 4.
[10] Dafür *Wiecz/Steiner* Rn. 3; MK/*v. Mettenheim* Rn. 4.
[11] So auch BGH VersR 1977, 334; BVerwG MDR 1984, 170, 171; BVerwG NVwZ 1985, 337.
[12] *T/P/Hüßtege* Rn. 5.
[13] BGH NJW 1980, 2309, 2310.
[14] Vgl. BGH VersR 1985, 1185, 1186.
[15] *St/J/Bork* Rn. 12.
[16] BGH NJW 2007, 2124, 2125.
[17] BGH NJW 1980, 2309, 2310; BGH, Beschl. v. 30. 5. 2007, juris Rn. 39.; OLG Frankfurt NJW-RR 1986, 1500; VGH Mannheim Justiz 1996, 37; *Wiecz/Steiner* Rn. 4; MK/*v. Mettenheim* Rn. 5; AK-ZPO/*Christian* Rn. 13; abw. BSG NJW 1990, 600.
[18] BGH FamRZ 2004, 865; BSG NJW 2001, 1598 f.; OLG Bremen MDR 2005, 1186, 1187; MK/*v. Mettenheim* Rn. 5.
[19] OLG Hamm Rpfleger 1978, 421, 422.
[20] OLG Bremen MDR 2005, 1186, 1187.
[21] OLG Celle NdsRpfl. 1971, 135; OLG Koblenz VersR 1984, 545; OLG München Rpfleger 1979, 465.
[22] BGH NJW 1980, 999.
[23] BVerwG Rpfleger 1983, 116; MK/*v. Mettenheim* Rn. 6; *Zö/Vollkommer* Rn. 4.
[24] BGHZ 31, 32, 36 = NJW 1959, 2307; BGHZ 43, 135, 137 = NJW 1965, 1019; BGH VersR 1990, 328, 329; BAG NJW 1982, 2519, 2520.
[25] BGH VersR 1977, 574; 1990, 328, 329.
[26] *St/J/Bork* Rn. 14.

7 Durch diese Rechtsfolgen, die Abs. 1 vorwiegend zum Schutz der übrigen Prozessbeteiligten anordnet (vgl. Rn. 1), wird die Partei nicht unzumutbar belastet.[27] Gibt etwa der bisherige Prozessbevollmächtigte pflichtwidrig eine Zustellung nicht an die Partei weiter und wird dadurch eine Frist versäumt, dann kommt für die Partei eine Wiedereinsetzung in Frage;[28] denn nach der **Beendigung des Mandatsverhältnisses** ist der Prozessbevollmächtigte nicht mehr Vertreter iS des § 85 Abs. 2, so dass eine Zurechnung des Verschuldens nicht mehr in Betracht kommt (s. § 85 Rn. 16).[29] Daneben steht der Partei ggf. ein Schadensersatzanspruch gegen ihren früheren Bevollmächtigten zu. Sobald die nach § 87 erforderlichen Anzeigen ihren Adressaten zugehen, erlischt die Vollmacht mit Wirkung ex nunc auch im Außenverhältnis.[30] Ab diesem Zeitpunkt ist der bisherige Prozessbevollmächtigte nicht mehr als prozessualer Ansprechpartner zu betrachten; an ihn kann daher nicht mehr wirksam zugestellt werden.[31]

IV. Handlungsbefugnis nach Mandatsniederlegung (Abs. 2)

8 Nach Abs. 2 bleibt der Prozessbevollmächtigte auch nach einer Mandatsniederlegung zum Handeln für den Vollmachtgeber berechtigt, bis dieser für die Wahrnehmung seiner Rechte in anderer Weise gesorgt hat. Ob diese Regelung als Ausnahme zu Abs. 1 zu begreifen ist, die die Prozessvollmacht auch nach einer wirksamen Erlöschensanzeige fortwirken lässt,[32] oder ob Abs. 2 an der Grundregel des Abs. 1 nichts ändert und dem bisherigen Prozessbevollmächtigten lediglich eine gesetzliche Vertretungsmacht einräumt,[33] ist praktisch ohne Bedeutung. Klar ist jedenfalls, dass Abs. 2 die **Rechte des Prozessbevollmächtigten** auf die Zeit nach einer wirksamen Anzeige gemäß Abs. 1 **erweitert.** Diese Erweiterung ist nicht auf das Innenverhältnis des Bevollmächtigten zur Partei beschränkt, sondern gilt auch im Verhältnis zu Gericht und Gegner.[34] Sie spielt allerdings **für** den **Anwaltsprozess** im Außenverhältnis **keine Rolle;** denn wenn nach Abs. 1 die Bestellung eines neuen Anwalts angezeigt ist, hat die Partei bereits in anderer Weise für die Wahrnehmung ihrer Rechte gesorgt.[35] Die Vorschrift entfaltet daher **nur** für den **Parteiprozess** Bedeutung gegenüber Gericht und Gegner.

9 Voraussetzung des Abs. 2 ist eine **Kündigung von Seiten des Bevollmächtigten.** Da er nicht die Vollmacht, sondern nur das Grundverhältnis kündigen kann (s. Rn. 2), betrifft die Vorschrift nur den Fall, dass der Prozessbevollmächtigte sein Mandat niederlegt. Die für diesen Fall angeordnete Handlungsbefugnis besteht so lange, bis der Vollmachtgeber **für die Wahrnehmung seiner Rechte in anderer Weise gesorgt** hat. Diese Voraussetzung ist insbesondere dann gegeben, wenn ein neuer postulationsfähiger Prozessbevollmächtigter bestellt ist oder der im Parteiprozess selbst postulationsfähige Vollmachtgeber Gelegenheit zu Eigenem Handeln hat.[36] Bis zu diesem Zeitpunkt ist der bisherige Prozessbevollmächtigte berechtigt, seinen Auftraggeber weiterhin aktiv zu vertreten. Dagegen ist er nach der Mandatsniederlegung nicht mehr Vertreter iS des § 85 Abs. 2, so dass eine Verschuldenszurechnung nicht mehr in Betracht kommt (s. § 85 Rn. 16).[37]

10 Der **Umfang der Handlungsbefugnis** des bisherigen Prozessbevollmächtigten richtet sich nach §§ 81, 82[38] und umfasst daher nicht nur Prozesshandlungen, sondern auch Rechtsgeschäfte (vgl. § 81 Rn. 7 f.).[39] Sie deckt insbesondere auch die Durchführung des Kostenfestsetzungsverfahrens, und zwar auch dann, wenn der Auftraggeber bereits im Handelsregister gelöscht worden ist.[40] Umstritten ist, ob die Handlungsbefugnis nach Abs. 2 nur solche Maßnahmen erfasst, die für die Partei günstig sind. Teilweise wird die Ansicht vertreten, das Handeln des Prozessbevollmächtigten dürfe nicht **zu Lasten des Mandanten** gehen, so dass der Bevollmächtigte nicht zur Empfangnahme der Zustellung eines Versäumnisurteils oder eines Kostenfestsetzungsbeschlusses befugt sei.[41] Eine derartige Einschränkung der Handlungsbefugnis ist mit der hM jedoch abzulehnen;[42] sie findet keine Stütze im Gesetzeswortlaut und wird auch durch den Schutzzweck des Abs. 2 (vgl. Rn. 1) nicht gefordert. Auch wenn die Zustellung an den bisherigen Bevollmächtigten erfolgt, ist die Partei keineswegs schutzlos gestellt. Denn der bisherige Prozessbevollmächtigte wird durch Abs. 2 zum weiteren Handeln für den Vollmachtgeber nur berechtigt, **nicht aber verpflichtet.**[43] Unbeschadet einer möglichen materiellrechtlichen Handlungspflicht aus § 671 Abs. 2 BGB (Kündigung zur Unzeit) kann er sich daher grundsätzlich frei entscheiden, ob er die Interessen seines Mandanten auch weiterhin noch wahren, insbesondere eine Zustellung noch entgegennehmen will.[44] Entschließt er sich aber,

---

27 Vgl. auch BGH NJW 1975, 120, 121.
28 BGH NJW 1975, 120, 121.
29 BGH VersR 1985, 1185, 1186; BFH DStRE 2002, 788, 790.
30 *St/J/Bork* Rn. 13 m. weit. Nachw.
31 BGH NJW 1991, 295, 296; OLG Hamm NJW 1982, 1887.
32 So etwa *Schmellenkamp* AnwBl. 1985, 14, 16.
33 So *St/J/Bork* Rn. 15 ff.
34 *Schmellenkamp* AnwBl. 1985, 14, 16; *St/J/Bork* Rn. 18; MK/*v. Mettenheim* Rn. 10.
35 *St/J/Bork* Rn. 15 ff.; vgl. auch MK/*v. Mettenheim* Rn. 11.
36 Vgl. *T/P/Hüßtege* Rn. 2.
37 BGHZ 47, 320, 322 = NJW 1967, 1567; BGH VersR 1985, 1185, 1186.
38 MK/*v. Mettenheim* Rn. 10.
39 *T/P/Hüßtege* Rn. 8.
40 OLG Hamburg MDR 1986, 324.
41 OLG Hamm NJW 1982, 1887 f.; OLG Köln Rpfleger 1992, 242.
42 Vgl. auch OLG Bremen NJW-RR 1986, 358 f.; *Schmellenkamp* AnwBl. 1985, 14, 16; *St/J/Bork* Rn. 17.
43 BGHZ 43, 135, 137 = NJW 1965, 1019; OLG Bremen NJW-RR 1986, 358, 359.
44 BGHZ 43, 135, 137 f. = NJW 1965, 1019; OLG Bremen NJW-RR 1986, 358 f.

dies zu tun, so treffen ihn dieselben Pflichten wie beim Bestehen der Prozessvollmacht.[45] Demnach muss er die Partei von jeder Zustellung, die er entgegennimmt und die dieser gegenüber wegen § 172 wirksam ist, unterrichten.[46] Auf diese Weise ist der Schutz der vertretenen Partei ausreichend gesichert.

88 *Mangel der Vollmacht* **(1) Der Mangel der Vollmacht kann von dem Gegner in jeder Lage des Rechtsstreits gerügt werden.**

(2) Das Gericht hat den Mangel der Vollmacht von Amts wegen zu berücksichtigen, wenn nicht als Bevollmächtigter ein Rechtsanwalt auftritt.

I. Normzweck

1 Die Vorschrift regelt, inwieweit ein Mangel der Prozessvollmacht vom Prozessgegner gerügt werden kann und vom Gericht berücksichtigt werden muss. Indem sie die Vollmachtsrüge in Abs. 1 unbeschränkt zulässt und für den Fall der Vertretung durch einen Nichtanwalt in Abs. 2 eine Amtsprüfung der Vollmacht vorschreibt, dient sie in erster Linie der **Schaffung klarer Verhältnisse im Prozess.** Die frühzeitige Klärung der Frage, ob die Vollmacht ordnungsgemäß erteilt und nachgewiesen ist, erscheint umso wichtiger, als die vollmachtlose Vertretung einen schweren Verfahrensmangel darstellt, der sowohl die Revision als auch die Nichtigkeitsklage (vgl. §§ 547 Nr. 4, 579 Abs. 1 Nr. 4) begründet. Eine zweifelsfreie Feststellung der Bevollmächtigung liegt daher nicht nur im Interesse des Prozessgegners, sondern auch im Interesse der Allgemeinheit. Dadurch, dass § 88 beim Auftreten eines Rechtsanwalts auf eine Amtsprüfung verzichtet, trägt er der Tatsache Rechnung, dass die Anwälte vor den Gerichten ein besonderes Vertrauen genießen. Das ihnen eingeräumte Privileg dient in erster Linie der **Vereinfachung des Verfahrens.**[1] Es trägt ferner dazu bei, dass die Gesamtregelung des § 88 in ihrem Bemühen um Rechtssicherheit nicht den Grundsatz der Parteiherrschaft außer Acht lässt.[2]

II. Mangel der Vollmacht

2 Ein Mangel der Vollmacht liegt vor, wenn die Prozessvollmacht nicht oder nicht wirksam erteilt worden ist, wenn sie wirksam widerrufen oder aus sonstigen Gründen erloschen ist, wenn ihr Umfang überschritten worden ist oder wenn sie nicht in der erforderlichen Form nachgewiesen wird. Alle diese Fälle gelten unabhängig davon, ob die Vollmacht auf der Kläger- oder auf der Beklagtenseite erteilt worden ist[3] und ob es sich um eine Haupt- oder Untervollmacht handelt.[4] Kein Mangel der Vollmacht liegt dagegen vor, wenn einem **nicht postulationsfähigen Bevollmächtigten** Vollmacht erteilt wurde; denn dies berührt die Wirksamkeit der Vollmachterteilung nicht (vgl. § 80 Rn. 7).[5] Die Prüfung der Postulationsfähigkeit des Bevollmächtigten wird überhaupt nicht von § 88 erfasst. Ihr Vorliegen ist immer von Amts wegen zu prüfen.[6] Auch ein Mangel der gesetzlichen Vertretung ist nicht nach § 88, sondern nach § 56 zu behandeln; dasselbe gilt, wenn ein falscher gesetzlicher Vertreter eine Prozessvollmacht erteilt hat.[7]

III. Rüge des Prozessgegners (Abs. 1)

3 **1. Rüge.** Nach Abs. 1 ist eine Rüge des Vollmachtsmangels in jeder Lage des Rechtsstreits möglich. Die Rüge ist eine formlose Prozesshandlung. Sie kann entgegen dem Gesetzeswortlaut nicht nur durch den Prozessgegner, sondern auch von der vollmachtlos vertretenen Partei selbst sowie durch einen Nebenintervenienten erhoben werden.[8] Die Rüge betrifft alle Prozesshandlungen, die nach §§ 81, 82 von der Prozessvollmacht gedeckt wären.[9] Wird sie in der unteren Instanz erhoben, so wirkt sie in der Rechtsmittelinstanz fort, ohne dass sie wiederholt werden müsste.[10] Auf das Rügerecht kann nicht wirksam verzichtet werden[11] (s. § 295 Abs. 2), jedoch kann eine einmal erhobene Rüge wieder zurückgenommen werden;[12] in diesem Fall hat eine Amtsprüfung zu unterbleiben, wenn als Bevollmächtigter ein Anwalt auftritt.

4 **2. In jeder Lage des Rechtsstreits.** Die Rüge kann grundsätzlich in jedem Stadium des Verfahrens erhoben werden. Sie ist insbesondere auch in der Berufungs- und der Revisionsinstanz noch möglich.[13] Die Rüge kann sich auch auf einen früheren Zeitpunkt des Verfahrens, etwa die untere Instanz, beziehen;[14] in diesem Fall kann der Mangel zurzeit der Rüge aber bereits geheilt sein. Umstritten ist, ob die Vollmachts-

---

[45] OLG Bremen NJW-RR 1986, 358, 359.
[46] BGH NJW 1980, 999; OLG Bremen NJW-RR 1986, 358, 359.
[1] MK/*v. Mettenheim* Rn. 1.
[2] *B/L/H* Rn. 2.
[3] *B/L/H* Rn. 17.
[4] *St/J/Bork* Rn. 1; *B/L/H* Rn. 1.
[5] AK-ZPO/*Christian* Rn. 1.
[6] *St/J/Bork* Rn. 1 a; *Wieczorek/Steiner* Rn. 1.
[7] *Wiecz/Steiner* Rn. 1; *B/L/H* Rn. 1.
[8] OLG Köln NJW-RR 1992, 1162; OLG Saarbrücken NJW 1970, 1464; OLG Köln NJW 1972, 1330.
[9] *Zö/Vollkommer* Rn. 3; *T/P/Hüßtege* Rn. 3.
[10] BGH NJW-RR 1986, 1252, 1253; OLG Hamburg NJW-RR 1988, 1182, 1183.
[11] OLG München OLGZ 1992, 217.
[12] OLG Köln NJW-RR 1992, 1162.
[13] Vgl. etwa OLG München OLGZ 1992, 217.
[14] OLG München OLGZ 1992, 217; OLG Hamburg NJW-RR 1988, 1182, 1183.

rüge nach allgemeinen Regeln präkludiert sein kann. Teilweise wird die Auffassung vertreten, § 296 Abs. 3 sei auf die Rüge des § 88 analog anwendbar und eine verspätete, den Rechtsstreit verzögernde und offensichtlich nur der Prozessverschleppung dienende Rüge könne zurückgewiesen werden.[15] Dem wird in der Literatur jedoch zu Recht entgegengehalten, dass eine Präklusion der Rüge eine unzulässige analoge Anwendung des § 296 wäre[16]; zudem stünde die Präklusion der Rüge zu den Regelungen der §§ 547 Nr. 4, 579 Abs. 1 Nr. 4 in Widerspruch. Die Vollmachtsrüge ist auch in der Zwangsvollstreckung und im Verfahren der Kostenfestsetzung noch möglich.[17] Die Reichweite der gerichtlichen Prüfungsbefugnis wird dabei aber durch die Rechtskraft der Hauptsacheentscheidung begrenzt.[18] Im Mahnverfahren ist eine Rüge des Vollmachtsmangels wirkungslos; denn dort bedarf es nach § 703 keines Vollmachtsnachweises.

IV. Prüfung der Prozessvollmacht (Abs. 2)

5 **1. Auftreten eines Rechtsanwalts als Bevollmächtigter.** Tritt als Bevollmächtigter der Partei ein Rechtsanwalt auf, so wird die Prozessvollmacht – ebenso die Untervollmacht[19] – nur auf Rüge hin geprüft. Die Rüge ist regelmäßig eine unverzichtbare Voraussetzung, dh. das Gericht darf grundsätzlich nicht von Amts wegen tätig werden, sondern hat bis zur Erhebung der Rüge von einer wirksamen Vollmacht auszugehen.[20] Eine **Amtsprüfung** ist nach hM allerdings in solchen Ausnahmefällen zulässig, in denen sich auch ohne Rüge ein Anlass zu begründeten Zweifeln an der Wirksamkeit der Vollmacht ergibt.[21] Dem Auftreten eines Rechtsanwalts steht es nicht gleich, wenn für einen Anwalt ein Referendar oder Assessor tätig wird.[22]

6 Das **Rügeerfordernis** gilt nicht nur im Anwaltsprozess, sondern auch im Parteiprozess, wenn sich die Partei eines Rechtsanwalts als Bevollmächtigten bedient. Es gilt folglich auch für einzelne Handlungen und Verfahrensabschnitte, die nicht dem Anwaltszwang unterliegen, wie zB die Zwangsvollstreckung, das Kostenfestsetzungsverfahren oder das Verfahren vor dem beauftragten oder ersuchten Richter.[23] Ferner ist es auch in solchen Verfahren zu beachten, die selbstständig sind und außerhalb des eigentlichen Klageverfahrens liegen, wie etwa im **Prozesskostenhilfeverfahren** sowie im Verfahren des **einstweiligen Rechtsschutzes.**[24] Schließlich gilt das Rügeerfordernis auch in **Ehe-, Familien- und Kindschaftssachen.**[25]

7 **2. Auftreten eines Nichtanwalts als Bevollmächtigter.** Tritt im (Partei-) Prozess ein Nichtanwalt als Bevollmächtigter auf, so hat das Gericht **von Amts wegen** zu prüfen, ob eine ordnungsgemäße Prozessvollmacht vorliegt, und ggf. deren Vorlage (§ 80) zu verlangen. Auf die Prüfung der Vollmacht kann auch im Einverständnis des Gegners nicht verzichtet werden;[26] umgekehrt hat eine vom Gegner erhobene Vollmachtsrüge nur die Wirkung einer Anregung zur Amtsprüfung.[27] In der Literatur herrscht Streit, was die Verpflichtung zur Amtsprüfung im Einzelnen bedeutet, insbesondere ob das Gericht in allen Fällen auf der Einreichung einer Vollmachtsurkunde zu bestehen hat[28] oder ob es nur begründeten Zweifeln nachgehen muss.[29] Für die erste Ansicht spricht bereits die Vorschrift des § 80, die die Vorlage der Urkunde als Vollmachtsnachweis explizit vorsieht; außerdem kann nur die Vollmachtsurkunde eine über den Prozess hinausreichende Beweisbarkeit der Bevollmächtigung sichern.[30]

8 Die **Amtsprüfung** hat in jedem Stadium des Prozesses zu erfolgen, so weit das Gericht überhaupt in der Lage ist, eine Prüfung vorzunehmen; regelmäßig findet sie in der mündlichen Verhandlung statt.[31] Das Berufungsgericht hat von Amts wegen auch die ordnungsgemäße Vollmacht des erstinstanzlichen Vertreters zu prüfen;[32] der Mangel kann in diesem Fall aber geheilt sein, auch noch durch eine Vollmachtsvorlage in der Berufungsinstanz.[33] Eine Amtsprüfung erübrigt sich, wenn sich die Bevollmächtigung schon aus einem rechtskräftigen Urteil ergibt, wie etwa in der Zwangsvollstreckung oder in der Kostenfestsetzung.[34]

V. Verfahren und Entscheidung

9 **1. Verfahren.** Wird die Vollmacht auf Rüge hin geprüft, so ist eine mündliche Verhandlung zur Frage der Bevollmächtigung erforderlich.[35] Zu ihr muss der Vertreter jedenfalls zugelassen werden.[36] Ihm allein

[15] LG Münster MDR 1980, 853, 854.
[16] *Weth,* Die Zurückweisung verspäteten Vorbringens im Zivilprozess, S. 25.
[17] *St/J/Bork* Rn. 2; MK/*v. Mettenheim* Rn. 6; *B/L/H* Rn. 6.
[18] Vgl. LG Bonn AnwBl. 1983, 518, 519.
[19] BGH VersR 1984, 781f.; BAG NJW 1990, 2706.
[20] MK/*v. Mettenheim* Rn. 4; AK-ZPO/*Christian* Rn. 4.
[21] BGH NJW 2001, 2095, 2096; *St/J/Bork* Rn. 4; *Wiecz/Steiner* Rn. 3; MK/*v. Mettenheim* Rn. 4.
[22] *St/J/Bork* Rn. 5.
[23] *Wiecz/Steiner* Rn. 3; *Zö/Vollkommer* Rn. 2; unrichtig LG Saarbrücken Rpfleger 1987, 211.
[24] MK/*v. Mettenheim* Rn. 7; *Zö/Vollkommer* Rn. 2; aM AK-ZPO/*Christian* Rn. 5.
[25] OLG Frankfurt FamRZ 1979, 323; OLG Hamm NJW 1979, 2316; aM *Bergerfurth* Anwaltszw. Rn. 339.
[26] *St/J/Bork* Rn. 7; *Wiecz/Steiner* Rn. 4; MK/*v. Mettenheim* Rn. 7.
[27] *St/J/Bork* Rn. 2; *Wiecz/Steiner* Rn. 4; MK/*v. Mettenheim* Rn. 4.
[28] So OLG Köln Rpfleger 1976, 101, 102; MK/*v. Mettenheim* Rn. 8.
[29] So *St/J/Bork* Rn. 6.
[30] MK/*v. Mettenheim* Rn. 8.
[31] *St/J/Bork* Rn. 8.
[32] *St/J/Bork* Rn. 8a; *B/L/H* Rn. 9; AK-ZPO/*Christian* Rn. 6; vgl. OLG Hamburg NJW-RR 1988, 1182, 1183.
[33] OLG Karlsruhe GRUR 1992, 876, 877.
[34] LG Bonn AnwBl. 1983, 518, 519; *Wiecz/Steiner* Rn. 4.
[35] BGH NJW 2002, 1957; *St/J/Bork* Rn. 3; MK/*v. Mettenheim* Rn. 9.
[36] BGH NJW 2002, 1957; *Wiecz/Steiner* Rn. 5; MK/*v. Mettenheim* Rn. 9; *Zö/Vollkommer* Rn. 7.

obliegt es, seine Vollmacht – ggf. auch seine Untervollmacht[37] – nachzuweisen; eine Amtsermittlung findet nicht statt.[38] Kann der Vertreter den erforderlichen Nachweis nicht führen, dann richten sich die Möglichkeiten des Gerichts danach, ob der Mangel der Vollmacht voraussichtlich behebbar ist oder nicht.

2. Entscheidung. Ist der **Vollmachtsmangel nicht behebbar,** etwa weil die Vollmacht endgültig erloschen ist oder weil der Vertreter erklärt, die Vollmacht nicht beibringen zu können, dann hat das Gericht den nicht legitimierten Vertreter zurückzuweisen; die Zurückweisung kann durch gesonderten Beschluss oder aber in den Gründen des Endurteils erfolgen.[39] Der Beschluss unterliegt nach § 567 der sofortigen **Beschwerde,** die nur durch die Partei selbst oder zumindest in ihrem Namen eingelegt werden kann. Der zurückgewiesene Vertreter selbst ist nicht beschwert und daher zur Einlegung im eigenen Namen nicht befugt; ebenso wenig steht dem Prozessgegner ein Beschwerderecht zu.[40] Mit dem Wirksamwerden der Zurückweisung scheidet der Vertreter aus dem Prozess aus; er ist auch nicht mehr Zustellungsempfänger iSd. § 172.[41] 10

Ergreift der Mangel bereits die Erhebung der **Klage,** so ist diese **als unzulässig abzuweisen.**[42] Es ergeht kein Versäumnisurteil, auch wenn die nicht ordnungsgemäß vertretene Partei oder ihr Gegner nicht erschienen ist, s. vor §§ 330–347 Rn. 9, 11f., § 330 Rn. 2, § 331 Rn. 3. Durch das abweisende Prozessurteil ist die Partei an einer Erneuerung der Klage nicht gehindert.[43] Hat der vollmachtlose Vertreter ein **Rechtsmittel** eingelegt, so ist dieses **als unzulässig zu verwerfen.**[44] Bei einem Vollmachtsmangel, der schon in der ersten Instanz bestand, aber erst in der **Berufungsinstanz erkannt** wird, ist zu differenzieren: Lag der Mangel nur in der unteren Instanz vor, so ist nicht das Rechtsmittel zu verwerfen, sondern die Klage unter Aufhebung des Ersturteils als unzulässig abzuweisen. Betrifft der Mangel dagegen sowohl das Verfahren der unteren Instanz als auch die Rechtsmitteleinlegung, dann muss es nach der Rechtsprechung des BGH bei dem Grundsatz bleiben, dass das vollmachtlos eingelegte Rechtsmittel zu verwerfen ist.[45] Das hat jedenfalls dann zu gelten, wenn der Vollmachtsmangel bereits in der Vorinstanz zur Sprache gekommen ist und die Partei daher die Möglichkeit hatte, für eine ordnungsgemäße Vertretung in der Rechtsmittelinstanz zu sorgen.[46] Für eine ausnahmsweise Zulässigkeit des Rechtsmittels, wie sie im Fall der gesetzlichen Vertretung anerkannt wird, damit der Streit über die ordnungsgemäße Vertretungsmacht in zumutbarer Weise ausgetragen werden kann (§ 56 Rn. 8[47]), besteht bei der gewillkürten Vertretung regelmäßig kein Bedürfnis.[48] Etwas anderes sollte nur in dem Fall gelten, dass die Vollmacht in der unteren Instanz nicht bezweifelt worden ist. Würde das Rechtsmittel auch hier verworfen, so würde die fehlerhaft (als Sachurteil) ergangene Entscheidung rechtskräftig, obwohl der Mangel – wie bei der gesetzlichen Vertretung – nicht in zumutbarer Weise ausgeräumt werden konnte.[49] War die **Klage ordnungsgemäß erhoben** oder das Rechtsmittel wirksam eingelegt und tritt der Mangel der Vollmacht erst später ein, dann sind die **weiteren Prozesshandlungen unwirksam;** sie können aber von der Partei genehmigt werden (§ 89 Rn. 15).[50] Im Übrigen gilt die Partei dann im Termin als säumig, so dass auf Antrag ein Versäumnisurteil oder eine Entscheidung nach Lage der Akten gegen sie ergehen kann. 11

Kann der **Vollmachtsmangel voraussichtlich noch behoben** werden, sei es durch nachträgliche und rückwirkende Erteilung oder Erweiterung der Vollmacht, sei es nur durch Nachreichung der Vollmachtsurkunde, so kann das Gericht den vollmachtlosen Vertreter nach § 89 einstweilen zur Prozessführung zulassen und sofort in die Sachverhandlung eintreten. Es kann das weitere Verfahren aber auch vertagen und dem Vertreter – ggf. unter Fristsetzung – formlos Gelegenheit zum Nachbringen der Vollmacht geben.[51] 12

In jedem Fall ergehen die **Entscheidungen für und gegen die vollmachtlos vertretene Partei.**[52] Denn trotz der fehlenden Vertretungsmacht kann der Prozess für den Vertretenen wirksam werden, wenn er die Prozessführung genehmigt. Dann aber muss auch vorher schon er und nicht etwa der vollmachtlose Vertreter Partei gewesen sein.[53] Folglich stehen auch die statthaften Rechtsmittel allein dem vollmachtlos Vertretenen zu, ebenso nach Eintritt der Rechtskraft die Nichtigkeitsklage.[54] Die als Vertreter aufgetretene Person sollte allerdings zur Klarstellung im Rubrum der Entscheidung mit einem kennzeichnenden Zusatz erwähnt werden.[55] 13

---

37 MK/*v. Mettenheim* Rn. 7.

38 *Zö/Vollkommer* Rn. 7; *B/L/H* Rn. 11.

39 BAG NJW 1965, 1041; vgl. auch OLG München OLGZ 1993, 223; *St/J/Bork* Rn. 9; MK/*v. Mettenheim* Rn. 11f.

40 *St/J/Bork* Rn. 9; *Wiecz/Steiner* Rn. 5; MK/*v. Mettenheim* Rn. 11.

41 OLG Zweibrücken MDR 1982, 586.

42 Vgl. nur BGHZ 91, 111, 114 = NJW 1984, 2149; BayObLG NJW 1987, 136, 137.

43 *St/J/Bork* Rn. 13; MK/*v. Mettenheim* Rn. 13.

44 Vgl. nur BGHZ 91, 111, 115 = NJW 1984, 2149; BGHZ 111, 219, 221 = NJW 1990, 3152; BGH NJW 1991, 1175, 1176; BayObLG NJW 1987, 136, 137.

45 BGHZ 111, 219, 221ff. = NJW 1990, 3152; vgl. auch OLG Koblenz OLGR 1999, 478, 479.

46 So auch *St/J/Bork* Rn. 17a.

47 Vgl. BGHZ 40, 197, 198f. = NJW 1964, 203; BayObLGZ 1990, 333, 337.

48 BGHZ 111, 219, 221ff. = NJW 1990, 3152; aM OLG Köln MDR 1982, 239, OLG Köln Rpfleger 1976, 101, 102; *Wiecz/Steiner* Rn. 7; AK-ZPO/*Christian* Rn. 9.

49 *St/J/Bork* Rn. 17a.

50 *Zö/Vollkommer* Rn. 7; AK-ZPO/*Christian* Rn. 11.

51 Vgl. OLG Frankfurt OLGZ 1980, 278, 281; *Wiecz/Steiner* Rn. 6; *Zö/Vollkommer* Rn. 7; AK-ZPO/*Christian* Rn. 8.

52 *St/J/Bork* Rn. 13; *Wiecz/Steiner* Rn. 8; MK/*v. Mettenheim* Rn. 12; *Renner* MDR 1974, 353f.

53 Vgl. etwa BGH VersR 1980, 89, 90; *St/J/Bork* Rn. 13.

54 *Wiecz/Steiner* Rn. 8; MK/*v. Mettenheim* Rn. 12; AK-ZPO/*Christian* Rn. 10.

55 OLG Köln MDR 1971, 54; *St/J/Bork* Rn. 13; *Wiecz/Steiner* Rn. 8; aM *Renner* MDR 1974, 353, 354.

14 **3. Kosten.** Hat der Vollmachtsmangel die Abweisung der Klage oder die Verwerfung eines Rechtsmittels zur Folge, so sind die Kosten des Rechtsstreits – ggf. abweichend von §§ 91 ff. – demjenigen aufzuerlegen, der das Auftreten des vollmachtlosen Vertreters veranlasst hat (**Veranlassungsprinzip**).[56] Die nur vereinzelt vertretene Gegenauffassung, die die Kosten in strenger Anwendung des § 91 immer der vertretenen Partei auferlegen und diese ggf. auf einen Ersatzprozess gegen den Vertreter verweisen will,[57] führt weder zu gerechten Ergebnissen noch dient sie der Prozessökonomie.[58] Schließlich lässt sich auch sagen, dass § 91 selbst auf dem Gedanken der Veranlassung beruht, so dass die hM sich auf eine analoge Anwendung dieser Vorschrift stützen kann.[59]

15 Wer das Auftreten des vollmachtlosen Vertreters veranlasst hat, muss im Einzelfall entschieden werden. Dies kann die vertretene Partei sein, etwa dann, wenn sie mangels Geschäftsfähigkeit eine nichtige Vollmacht an den gutgläubigen Vertreter erteilt hat.[60] Es kann auch der Prozessgegner sein, zB wenn er die Klage an einen vollmachtlosen Vertreter hat zustellen lassen.[61] Meist aber ist es der **vollmachtlose Vertreter** selbst, vor allem wenn er in Kenntnis des Vollmachtsmangels aufgetreten ist;[62] bloße Fahrlässigkeit steht seiner Kenntnis allerdings nicht gleich.[63] Hat der vollmachtlose Vertreter ein Rechtsmittel eingelegt, dann kommt er auch in höherer Instanz als Kostenschuldner in Betracht.[64] Durch Klage- bzw. Rechtsmittelrücknahme oder durch Mandatsniederlegung kann er sich seiner Prozesskostenpflicht nicht entziehen.[65] Diese Pflicht trifft ihn auch dann, wenn die Partei selbst die Klage oder das Rechtsmittel zurückgenommen hat.[66] Einem nicht am Prozess beteiligten Dritten können die Kosten nicht auferlegt werden.[67]

16 Sollen dem vollmachtlosen Vertreter die Kosten des Rechtsstreits auferlegt werden, so wird dies durch einen gesonderten Beschluss ausgesprochen, der mit dem Urteil in der Sache verbunden werden kann.[68] Der Vertreter kann die Kostenentscheidung in analoger Anwendung von § 99 Abs. 2 S. 1 mit der **sofortigen Beschwerde** anfechten.[69]

89 *Vollmachtloser Vertreter*

(1) [1]**Handelt jemand für eine Partei als Geschäftsführer ohne Auftrag oder als Bevollmächtigter ohne Beibringung einer Vollmacht, so kann er gegen oder ohne Sicherheitsleistung für Kosten und Schäden zur Prozessführung einstweilen zugelassen werden.** [2]**Das Endurteil darf erst erlassen werden, nachdem die für die Beibringung der Genehmigung zu bestimmende Frist abgelaufen ist.** [3]**Ist zu der Zeit, zu der das Endurteil erlassen wird, die Genehmigung nicht beigebracht, so ist der einstweilen zur Prozessführung Zugelassene zum Ersatz der dem Gegner infolge der Zulassung erwachsenen Kosten zu verurteilen; auch hat er dem Gegner die infolge der Zulassung entstandenen Schäden zu ersetzen.**

(2) **Die Partei muss die Prozessführung gegen sich gelten lassen, wenn sie auch nur mündlich Vollmacht erteilt oder wenn sie die Prozessführung ausdrücklich oder stillschweigend genehmigt hat.**

I. Normzweck

1 § 89 erlaubt die einstweilige Zulassung eines Prozessvertreters, dem keine wirksame Vollmacht erteilt worden ist oder der die Bevollmächtigung nicht in ordnungsgemäßer Form nachweisen kann. Die Vorschrift behandelt nicht nur den Fall der bewusst vollmachtlosen Vertretung; sie ist vielmehr auf jeden behebbaren Vollmachtsmangel anwendbar.[1] § 89 dient der **Prozessökonomie.**[2] Sie soll verhindern, dass das Verfahren wegen des Vollmachtsmangels durch Prozess- oder Versäumnisurteil beendet und später wiederholt werden muss, obwohl von Anfang an zu erwarten ist, dass der Mangel behoben werden kann.[3] Abs. 1 S. 2 und 3 sowie Abs. 2 enthalten notwendige ergänzende Regeln zur Möglichkeit der einstweiligen Zulassung. Indem Abs. 1 S. 2 den Erlass eines Endurteils erst dann gestattet, wenn die für die Beibringung der Vollmacht zu bestimmende Frist abgelaufen ist, schützt er vor der Gefahr, dass (Fehl-)Entscheidungen

---

[56] Vgl. aus der Rspr. etwa BGHZ 121, 397, 400 = NJW 1993, 1865; BGH NJW 1992, 1458 f.; NJW-RR 1986, 1252, 1253; NJW 1983, 883, 884; NJW-RR 1998, 63; KG WuM 1996, 377; OLG Karlsruhe ZfS 1995, 11; NJW-RR 1997, 1290, 1291; OVG Münster NJW 1993, 3155, 3156; OLG Hamm NJW-RR 1990, 767.
[57] *Renner* MDR 1974, 357.
[58] KG WuM 1996, 377; *Zö/Vollkommer* Rn. 11.
[59] *St/J/Bork* Rn. 14.
[60] BGHZ 121, 397, 400 = NJW 1993, 1865; BGH NJW 1992, 1458 f.; KG WuM 1996, 377.
[61] *Zö/Vollkommer* Rn. 11; AK-ZPO/*Christian* Rn. 12.
[62] BGHZ 121, 397, 400 = NJW 1993, 1865; vgl. auch BGH NJW 1983, 883, 884; NJW-RR 1998, 63; OLG Köln NJW 1972, 1330; OLG Hamm NJW-RR 1989, 1532, 1534; 1990, 767; VGH Mannheim NJW 1982, 842; OLG Kiel SchlHA 1995, 320, 322; OLG Karlsruhe FamRZ 1996, 1335; NJW-RR 1997, 1290, 1291.
[63] BGHZ 121, 397, 400 = NJW 1993, 1865; KG WuM 1996, 377.
[64] OVG Münster NJW 1993, 3155, 3156; KG WuM 1996, 377.
[65] KG WuM 1996, 377; *Zö/Vollkommer* Rn. 11; AK-ZPO/*Christian* Rn. 12.
[66] AA KG WuM 1996, 377; *Zö/Vollkommer* Rn. 11; AK-ZPO/*Christian* Rn. 12.
[67] BGH NJW 1992, 1458, 1459; LG Heidelberg NJW-RR 1992, 316, 317.
[68] *Zö/Vollkommer* Rn. 12.
[69] BGH NJW 1988, 49, 50; OLG Karlsruhe FamRZ 1996, 1335.
[1] Offen gelassen: BAG NZA 2003, 628.
[2] *Wiecz/Steiner* Rn. 1.
[3] Vgl. MK/*v. Mettenheim* Rn. 1.

durch einen Unbefugten herbeigeführt werden.[4] Abs. 1 S. 3 und Abs. 2 sollen dem Prozessgegner die im Interesse der Prozessökonomie in Kauf genommenen Risiken so weit wie möglich abnehmen und der Partei bzw. dem vollmachtlosen Vertreter auferlegen.[5]

II. Einstweilige Zulassung zur Prozessführung

1. Mangel[6] der Vollmacht. Abs. 1 S. 1 setzt voraus, dass jemand als Geschäftsführer ohne Auftrag oder als Bevollmächtigter ohne Beibringung einer Vollmacht handelt. Die Vorschrift differenziert demnach nicht, ob der Auftretende die Nichterteilung einer Vollmacht zugibt oder ob er die Vollmachterteilung behauptet und sie lediglich nicht in ausreichender Form nachweisen kann. Eine einstweilige Zulassung zur Prozessführung kommt nur in Betracht, wenn der Mangel voraussichtlich **behebbar** ist. Steht von vornherein fest, dass er nicht behoben werden kann, so ist der Vertreter sofort vom Verfahren auszuschließen und etwa die Klage abzuweisen oder das Rechtsmittel zu verwerfen (vgl. § 88 Rn. 10ff.). Nach Auffassung des OLG München kommt eine einstweilige Zulassung auch dann nicht in Betracht, wenn die Sache entscheidungsreif ist und die Voraussetzungen für eine Vertagung nicht vorliegen; es ist dann zu entscheiden.[7] 2

2. Zulassung. Die einstweilige Zulassung des vollmachtlosen Vertreters setzt keinen ausdrücklichen Antrag voraus. Es genügt vielmehr ein Verhalten des Vertreters, aus dem sein Wille, die Vertretung fortzuführen, hervorgeht.[8] Anders als die vergleichbare Vorschrift des § 56 Abs. 2 ist § 89 auch nicht davon abhängig, dass Gefahr im Verzug ist.[9] Die Zulassung steht im **pflichtgemäßen Ermessen** des Gerichts.[10] Auch wenn ihre Voraussetzungen vorliegen, hat weder die Partei noch der Vertreter einen Anspruch auf ihre Vornahme.[11] Das Gericht kann das Verfahren auch vertagen und dem Vertreter Gelegenheit zum Nachbringen der Vollmacht geben (vgl. § 88 Rn. 12). Die Entscheidung über die einstweilige **Zulassung** ergeht **auf Grund mündlicher Verhandlung.**[12] Sofern der Prozessgegner ihr nicht widerspricht, kann die Zulassung stillschweigend erfolgen.[13] Ansonsten wird sie durch einen Beschluss vorgenommen, der wegen § 567 unanfechtbar ist.[14] Ob die Zulassung nachträglich widerrufen werden kann, ist streitig.[15] Angesichts der durch die Fristsetzung gewährleisteten Vorläufigkeit der Zulassung wird es indessen für einen Widerruf kaum ein Bedürfnis geben. 3

3. Sicherheitsleistung. Die einstweilige Zulassung zur Prozessführung kann von einer Sicherheitsleistung gemäß §§ 108, 109 abhängig gemacht werden. Die Sicherheitsleistung dient der Abdeckung von Kosten und Schäden, die durch die einstweilige Zulassung entstehen können. Der **Maßstab für ihre Bemessung** ist daher nicht die Höhe des Streitgegenstandes, sondern die Summe der dem Prozessgegner eventuell erwachsenden finanziellen Nachteile. Ob eine Sicherheitsleistung festgesetzt wird, steht im Ermessen des Gerichts.[16] Ist die Festsetzung erfolgt, so darf der vollmachtlose Vertreter erst dann zur Prozessführung zugelassen werden, wenn die Sicherheitsleistung nachgewiesen ist; die Verhandlung ist im Hinblick darauf zu vertagen. Für die Beibringung der Sicherheit kann das Gericht eine besondere, kürzere Frist als für das Nachbringen der Vollmacht setzen und den Vertreter bis dahin einstweilen ohne Sicherheitsleistung zulassen. Wird die festgesetzte **Sicherheit nicht geleistet,** so ist der Vertreter vom Verfahren auszuschließen. Bringt der Vertreter nach der Festsetzung die Vollmacht bei oder wird die Prozessführung von der Partei genehmigt, so entfällt die Veranlassung für die Sicherheitsleistung; ist sie bereits geleistet worden, so ist sie zurückzugeben.[17] Sie steht dem Prozessgegner nicht für die Befriedigung in der Hauptsache zur Verfügung.[18] Da die Sicherheitsleistung im Übrigen an den Gegner zu erfolgen hat und allein zur Abdeckung seiner Kosten und Schäden dient, darf die Gerichtskasse sich nicht an sie halten.[19] 4

4. Fristsetzung. Das Gericht hat dem einstweilen zugelassenen vollmachtlosen Vertreter eine Frist zur Beibringung einer Vollmacht bzw. einer Genehmigung durch die Partei zu setzen. Die Fristsetzung erfolgt regelmäßig gleichzeitig mit der Zulassung. Sie kann aber auch später noch durch Verfügung des Vorsitzenden nachgeholt werden. Die Frist muss nach Zeitabschnitten bemessen sein; ein unbestimmter Rechtsbegriff wie „umgehend" genügt nicht.[20] Bei der Bemessung der Frist sind die Interessen der Beteiligten angemessen zu berücksichtigen; eine zu kurze Frist kann den Anspruch der vertretenen Partei auf rechtliches Gehör verletzen.[21] Auf Antrag kann die gesetzte Frist verlängert werden (§§ 224f.). 5

---

4 *B/L/H* Rn. 2.
5 MK/*v. Mettenheim* Rn. 1.
6 Vgl. zum Begriff § 88 Rn. 2.
7 OLG München NVwZ-RR 1999, 548.
8 *St/J/Bork* Rn. 1; *Wiecz/Steiner* Rn. 1; MK/*v. Mettenheim* Rn. 3.
9 *St/J/Bork* Rn. 1; MK/*v. Mettenheim* Rn. 2; *B/L/H* Rn. 1.
10 BAG NJW 1965, 1041; *St/J/Bork* Rn. 1; *Wiecz/Steiner* Rn. 1; MK/*v. Mettenheim* Rn. 4.
11 MK/*v. Mettenheim* Rn. 4.
12 MK/*v. Mettenheim* Rn. 5.
13 *St/J/Bork* Rn. 2; *Wiecz/Steiner* Rn. 1; *B/L/H* Rn. 4; AK-ZPO/*Christian* Rn. 2.
14 BAG NJW 1965, 1041; OLG Braunschweig NdsRpfl. 1973, 253, 254.
15 Dafür *St/J/Bork* Rn. 1; *B/L/H* Rn. 1; dagegen *Wiecz/Steiner* Rn. 1.
16 *St/J/Bork* Rn. 1; MK/*v. Mettenheim* Rn. 6; *Wiecz/Steiner* Rn. 2; *T/P/Hüßtege* Rn. 3.
17 *St/J/Bork* Rn. 3; *Wiecz/Steiner* Rn. 2; *Zö/Vollkommer* Rn. 4.
18 MK/*v. Mettenheim* Rn. 7.
19 MK/*v. Mettenheim* Rn. 7.
20 OVG Koblenz NJW 1993, 2457.
21 BFH DB 1980, 2020.

6 **5. Folgen der Zulassung.** Lässt das Gericht den vollmachtlosen Vertreter einstweilen zu, so wird mit ihm weiterverhandelt. Der Zugelassene hat alle Rechte und Pflichten eines Prozessbevollmächtigten und ist vom Gericht und vom Gegner als solcher zu behandeln. Der Prozess befindet sich jedoch in einem Schwebezustand. Daher darf vor dem Ablauf der Frist keine Entscheidung ergehen, durch die der Prozess einen auch nur vorläufigen Abschluss erfährt.[22] Entgegen dem zu engen Wortlaut von **Abs. 1 S. 2**, der nur den Erlass eines Endurteils ausdrücklich verbietet, gilt dieser Grundsatz nicht nur für instanzbeendende Entscheidungen, sondern für alle Entscheidungen, die die prozessuale Rechtsstellung der Partei unmittelbar berühren.[23] Bis zum Fristablauf darf daher weder ein Vorbehaltsurteil noch ein selbstständiges Zwischenurteil oder ein Verweisungsbeschluss ergehen. Ein Versäumnisurteil kommt ausschließlich bei Säumnis des einstweilen Zugelassenen in Betracht;[24] dagegen darf es nicht wegen Mangels der Vollmacht gegen die vertretene Partei ergehen und auch nicht gegen ihren Gegner.[25] Auch ein **Prozessvergleich** (§ 794 Rn. 2ff.) darf nur unter der Bedingung der Nachreichung der Vollmacht geschlossen werden; denn ein unbedingter Vergleich würde das Verfahren ebenfalls zu einem Abschluss bringen.[26]

III. Verfahren nach Fristablauf

7 Wie nach dem Fristablauf weiter zu verfahren ist, hängt davon ab, ob eine ordnungsgemäße Vollmacht bzw. die Genehmigung der Prozessführung durch die Partei beigebracht worden ist. Über die Folgen des Fristablaufs ist mündlich zu verhandeln; der vorläufig Zugelassene ist zu der mündlichen Verhandlung zu laden.[27]

8 **1. Beibringung der Vollmacht/Genehmigung.** Wird die Vollmacht oder die Genehmigung der Prozessführung rechtzeitig beigebracht, so ist das bisherige Verhandlungsergebnis für die Partei wirksam, und das Endurteil in der Sache kann verkündet werden.[28] Rechtzeitig ist die Beibringung uU auch noch nach dem Ablauf der vom Gericht bestimmten Frist;[29] der **späteste Zeitpunkt,** zu dem die Vollmacht oder die Genehmigung beigebracht werden können, ist aber der Schluss der mündlichen Verhandlung, auf die ein Urteil ergeht (näher dazu u. Rn. 16f.).[30] Eine nachträglich erteilte Vollmacht der vertretenen Partei enthält auch die Genehmigung der bisherigen Prozessführung.[31] Umgekehrt berechtigt eine Genehmigung aber nicht ohne weiteres auch für die Zukunft; denn die Partei kann sich für das weitere Verfahren eines anderen Vertreters bedienen, selbst wenn sie die bisherige Prozessführung gegen sich gelten lässt.[32] Die Genehmigung kann auch stillschweigend erfolgen; als solche ist insbesondere ein Verhalten anzusehen, durch welches die Partei zum Ausdruck bringt, dass sie einen in der Prozessführung des vollmachtlosen Vertreters erzielten Vorteil für sich in Anspruch nimmt.[33]

9 **2. Keine Beibringung der Vollmacht/Genehmigung.** Wird bis zum Schluss der mündlichen Verhandlung weder eine ordnungsgemäße Vollmacht noch eine Genehmigung der bisherigen Prozessführung beigebracht, so liegt ein endgültiger Mangel der Vollmacht vor. Es ergeht dann eine Entscheidung, wie sie auch erlassen wird, wenn der Vollmachtsmangel von vornherein nicht behebbar ist und eine einstweilige Zulassung nach § 89 daher ausscheidet. Bezüglich ihres Inhalts kann somit auf die bei § 88 Rn. 10ff. dargestellten Grundsätze verwiesen werden.

10 Die **infolge der einstweiligen Zulassung** erwachsenen **Kosten** sind nach Abs. 1 S. 3 dem vollmachtlosen Vertreter aufzuerlegen. Die Verurteilung ist von Amts wegen auszusprechen;[34] sie hat ohne Rücksicht auf ein Verschulden des Vertreters zu erfolgen.[35] Betroffen sind nur die Kosten, die kausal durch die einstweilige Zulassung entstanden sind, zB die Kosten einer zusätzlichen Beweisaufnahme, nicht dagegen solche, die bereits vorher entstanden waren.[36] Auf die **Kosten des Rechtsstreits** bezieht sich Abs. 1 S. 3 nach seinem eindeutigen Wortlaut nicht.[37] Kostenpflichtig ist nur der einstweilen zur Prozessführung Zugelassene. Der angeblich Vertretene haftet daneben nicht;[38] er kommt allerdings für den vollmachtlosen Vertreter als Schuldner eines Freistellungs- oder Rückgriffsanspruchs aus §§ 683, 670 BGB in Betracht.[39] Die Verurteilung des Vertreters in die durch die Zulassung erwachsenen Kosten kann in einem gesonderten Beschluss ausgesprochen werden; ein Beschluss ist jedoch entbehrlich, wenn der Vertreter auch die Kosten des

---

22 *B/L/H* Rn. 5; AK-ZPO/*Christian* Rn. 3.
23 MK/*v. Mettenheim* Rn. 11; vgl. auch *St/J/Bork* Rn. 5; *Wiecz/Steiner* Rn. 4.
24 *St/J/Bork* Rn. 4; *Wiecz/Steiner* Rn. 4; MK/*v. Mettenheim* Rn. 10.
25 MK/*v. Mettenheim* Rn. 10.
26 Vgl. *Zö/Vollkommer* § 88 Rn. 10.
27 *St/J/Bork* Rn. 7; MK/*v. Mettenheim* Rn. 12; *B/L/H* Rn. 7.
28 *St/J/Bork* Rn. 12; *Wiecz/Steiner* Rn. 4.
29 RGZ 30, 398, 400.
30 BGHZ 91, 111, 115 = NJW 1984, 2149; vgl. auch BGHZ 31, 279, 283 = NJW 1960, 523.
31 BAG NZA 2003, 628, 630.
32 *St/J/Bork* Rn. 12; MK/*v. Mettenheim* Rn. 8.
33 Bayerischer VGH, Beschl. v. 21. 2. 2007, juris, Rn. 10.
34 *St/J/Bork* Rn. 9.
35 *St/J/Bork* Rn. 9; MK/*v. Mettenheim* Rn. 13; *Zö/Vollkommer* Rn. 8; *T/P/Hüßtege* Rn. 5.
36 MK/*v. Mettenheim* Rn. 14.
37 VGH Mannheim NJW 1982, 842.
38 *B/L/H* Rn. 8.
39 MK/*v. Mettenheim* Rn. 13.

Rechtsstreits trägt (vgl. dazu § 88 Rn. 14ff.).[40] In beiden Fällen kann der einstweilen Zugelassene die Auferlegung der Kosten analog § 99 Abs. 2 mit der **sofortigen Beschwerde** anfechten.[41]

Nach Abs. 1 S. 3 Halbs. 2 hat der einstweilen Zugelassene dem Prozessgegner auch die **infolge der Zulassung** entstandenen **Schäden** zu ersetzen. Die Vorschrift begründet einen materiellrechtlichen Anspruch, der in einem gesonderten Prozess zu verfolgen ist.[42] Da der vollmachtlose Vertreter nicht selbst Partei ist, ist eine Geltendmachung im anhängigen Rechtsstreit regelmäßig nicht möglich; etwas anderes gilt lediglich dann, wenn der Vertreter im Wege einer Widerklage zulässig in den Prozess hineingezogen werden kann (Drittwiderklage, § 33 Rn. 19ff.).[43] **Ersatzfähig** ist nach dieser Vorschrift etwa ein Schaden, der sich aus einer Verzögerung des Prozesses ergibt oder auch daraus, dass infolge der unwirksamen Zustellung an den vollmachtlosen Vertreter der Anspruch gegen den Vertretenen verjährt.[44] Ein **Verschulden** auf Seiten des Vertreters ist auch hier **nicht** erforderlich;[45] jedoch ist ein etwaiges Mitverschulden des Prozessgegners zu berücksichtigen.[46] Eine weiter gehende schadensersatzrechtliche Haftung nach anderen Vorschriften wird durch den Anspruch aus Abs. 1 S. 3 Halbs. 2 nicht ausgeschlossen.[47] 11

IV. Mündliche Vollmacht und Genehmigung (Abs. 2)

Nach Abs. 2 muss die Partei die Prozessführung eines vollmachtlosen Vertreters gegen sich gelten lassen, wenn sie ihn zumindest mündlich bevollmächtigt hat oder wenn sie die Prozessführung ausdrücklich oder stillschweigend genehmigt. Der Anwendungsbereich dieser Vorschrift ist nicht auf Fälle beschränkt, in denen der vollmachtlose Vertreter bewusst nach Abs. 1 zugelassen worden ist. Er ergreift vielmehr auch Fälle, in denen der Mangel der Vollmacht unbemerkt geblieben ist.[48] 12

1. Mündliche Vollmacht. Da § 80 nicht die Erteilung, sondern nur den Nachweis der Prozessvollmacht betrifft, ist auch die bloß mündlich erteilte Vollmacht wirksam. Die Festschreibung der Schriftform zum Nachweis im Prozess trägt insbesondere dem Interesse des Gegners an Rechtsklarheit für den weiteren Prozessverlauf Rechnung. Geht es dagegen – wie hier – um die Frage, ob die vertretene Partei die bisherige Prozessführung gegen sich gelten lassen muss, so ist dieses Interesse nicht mehr tangiert. Folglich kann die Bevollmächtigung hier durch jedes Beweismittel nachgewiesen werden; es gilt der Grundsatz der freien Beweiswürdigung.[49] Dies ändert allerdings nichts daran, dass der Prozessgegner für das weitere Verfahren die Vorlage einer schriftlichen Vollmacht verlangen kann. Erfolgt sie nicht, so ist eine Zurückweisung des Vertreters möglich, obwohl die Erteilung der Vollmacht auf anderem Weg nachgewiesen ist.[50] 13

2. Genehmigung. Die vertretene Partei kann die Prozessführung eines vollmachtlosen Vertreters nachträglich genehmigen. Die Genehmigung ist dem Gericht, dem Prozessgegner oder dem Vertreter gegenüber zu erklären.[51] Sie ist insbesondere **auch stillschweigend** möglich,[52] etwa durch rügelose Weiterführung des Prozesses[53] oder durch Bevollmächtigung des bisher vollmachtlosen Vertreters in Kenntnis der Prozesslage.[54] Die Auslegung eines solchen Verhaltens als konkludente Genehmigung setzt aber stets voraus, dass die Partei von der bisher erfolgten Prozessführung Kenntnis hat. Die Kenntnis braucht sich zwar nicht auf Einzelheiten zu beziehen, sie muss aber die wesentlichen Verfahrensakte umfassen. Daher ist ein Rechtsmittelverzicht nur dann von der Genehmigung erfasst, wenn die Partei von der Verzichtserklärung Kenntnis hat.[55] Im Übrigen kann die **Genehmigung** allerdings **nicht auf einzelne Prozesshandlungen beschränkt** werden, sondern muss die gesamte Prozessführung umfassen; eine Teilgenehmigung ist auch für den genehmigten Teil wirkungslos.[56] 14

Durch eine Genehmigung der Partei werden die **prozessualen Folgen des Vollmachtsmangels mit rückwirkender Kraft geheilt.**[57] Die vom vollmachtlosen Vertreter vorgenommenen Prozesshandlungen werden voll wirksam und binden die vertretene Partei.[58] Entgegen dem etwas missverständlichen Wortlaut des Abs. 2 gilt dies nicht nur für Handlungen, die der Partei nachteilig sind; auch die für sie vorteilhaften Prozesshandlungen erlangen gegenüber der Gegenpartei volle Wirksamkeit.[59] So ist zB die **Verjährung** unterbrochen, wenn ein vollmachtloser Vertreter im Namen der aktivlegitimierten Partei eine Klage erhebt oder 15

---

40 *Wiecz/Steiner* Rn. 6.
41 *St/J/Bork* Rn. 9; *Wiecz/Steiner* Rn. 6; *Zö/Vollkommer* Rn. 8; AK-ZPO/*Christian* Rn. 6.
42 Vgl. AG Hamburg NJW-RR 1986, 1120, 1121; *St/J/Bork* Rn. 11; *Wiecz/Steiner* Rn. 7.
43 *B/L/H* Rn. 10.
44 *St/J/Bork* Rn. 11; MK/*v. Mettenheim* Rn. 16.
45 *St/J/Bork* Rn. 11; *Wiecz/Steiner* Rn. 7; MK/*v. Mettenheim* Rn. 16.
46 MK/*v. Mettenheim* Rn. 16.
47 *St/J/Bork* Rn. 11; MK/*v. Mettenheim* Rn. 16.
48 *St/J/Bork* Rn. 13.
49 *St/J/Bork* Rn. 15; *Wiecz/Steiner* Rn. 8.
50 MK/*v. Mettenheim* Rn. 17.
51 *St/J/Bork* Rn. 15; *Wiecz/Steiner* Rn. 8; MK/*v. Mettenheim* Rn. 19; *T/P/Hüßtege* Rn. 14.
52 BayObLG NJW-RR 1994, 527, 528.
53 RGZ 47, 413, 415f.
54 BGHZ 10, 147, 148 = NJW 1953, 1470.
55 BGHZ 10, 147, 148f. = NJW 1953, 1470; *St/J/Bork* Rn. 16; MK/*v. Mettenheim* Rn. 21.
56 BGHZ 92, 137, 140f. = NJW 1987, 130; *Wiecz/Steiner* Rn. 10; einschränkend *Fenger* NJW 1987, 1183.
57 BGHZ 92, 137, 140 = NJW 1987, 130; BGH NJW 1991, 1175, 1176; NJW-RR 1993, 669, 670; MDR 1980, 308.
58 *St/J/Bork* Rn. 13; AK-ZPO/*Christian* Rn. 7.
59 *St/J/Bork* Rn. 13; *Wiecz/Steiner* Rn. 8.

einen Mahnbescheid beantragt, sofern die Partei nach dem Ablauf der Verjährung die Genehmigung erklärt.[60] Ebenso wird durch die Genehmigung der Rang einer vom vollmachtlosen Vertreter ausgebrachten Vorpfändung gewahrt.[61]

16 Da die Genehmigung der vertretenen Partei grundsätzlich auf den Zeitpunkt der Vornahme der Prozesshandlung zurückwirkt, braucht sie nicht innerhalb der Frist erklärt zu werden, die für die genehmigte Prozesshandlung gilt. Eine Rechtsmittelfrist ist daher gewahrt, wenn die Einlegung des Rechtsmittels durch den vollmachtlosen Vertreter vor Fristablauf, die Genehmigung durch die Partei aber erst danach erfolgt. Auf diese Weise macht die Möglichkeit der Genehmigung nach Abs. 2 auch eine Wiedereinsetzung in den vorigen Stand gemäß §§ 233 ff. entbehrlich.[62]

17 Grundsätzlich kann die Genehmigung auch noch **in der höheren Instanz** erklärt und dadurch ein Vollmachtsmangel bei der Klageerhebung oder der Rechtsmitteleinlegung geheilt werden. Dies gilt jedoch nicht, wenn die Klage bzw. das Rechtsmittel in der Vorinstanz gerade wegen der fehlenden Vollmacht als unzulässig abgewiesen bzw. verworfen worden ist.[63] Denn die Genehmigung soll dazu dienen, den Schwebezustand zu beenden, der durch die vollmachtlose Erhebung der Klage bzw. die vollmachtlose Einlegung des Rechtsmittels entstanden ist. Ist aber bereits ein zurückweisendes Prozessurteil ergangen, so ist die zunächst schwebend unwirksame Prozesshandlung endgültig unwirksam geworden. Es fehlt daher in diesem Fall an einer **genehmigungsfähigen Schwebelage.** Die Zulassung einer rückwirkenden Genehmigung würde in einer solchen Konstellation letztlich dazu führen, dass dem richtigen Prozessurteil die Grundlage entzogen und die Rechtsmittelfrist verlängert würde.[64] Lag allerdings schon vor dem Erlass des Urteils eine Vollmacht vor, so lag keine schwebende Unwirksamkeit vor, die durch das Prozessurteil beendet worden ist. In diesem Fall kann das Vorliegen der Vollmacht im Rechtsmittelweg erfolgreich geltend gemacht werden;[65] die **früher erteilte Vollmacht** kann sogar noch in der Revisionsinstanz **nachgereicht** werden.[66] Darüber hinaus ist eine Genehmigung nur dann ausgeschlossen, wenn das Prozessurteil gerade auf den Vollmachtsmangel gestützt ist.[67] Ist der Mangel dagegen in der Vorinstanz unentdeckt geblieben oder verneint worden, so ist eine **Genehmigung** in der Rechtsmittelinstanz und sogar noch **nach Rechtskrafteintritt** möglich (vgl. §§ 547 Nr. 4, 579 Abs. 1 Nr. 4, s. § 579 Rn. 5).[68]

90 *Beistand* **(1) Insoweit eine Vertretung durch Anwälte nicht geboten ist, kann eine Partei mit jeder prozessfähigen Person als Beistand erscheinen.**

(2) Das von dem Beistand Vorgetragene gilt als von der Partei vorgebracht, insoweit es nicht von dieser sofort widerrufen oder berichtigt wird.

I. Normzweck

1 § 90 regelt, unter welchen Voraussetzungen sich die Partei eines Beistandes bedienen darf, welche Anforderungen an seine Person zu stellen sind und welche prozessuale Stellung ihm zukommt. Unter einem Beistand versteht die ZPO denjenigen, der in der mündlichen Verhandlung neben der anwesenden Partei auftritt, um sie durch Ausführung der Parteirechte zu unterstützen.[1] Die Bedeutung des § 90 ist allerdings begrenzt; denn sein Regelungsgehalt lässt sich im Wesentlichen bereits aus §§ 79, 83 Abs. 2 sowie aus den allgemein zum Parteiprozess geltenden Grundsätzen folgern.[2]

II. Auftreten als Beistand (Abs. 1)

2 **1. Vertretung durch Anwälte nicht geboten.** Nach Abs. 1 kann die Partei mit einem Beistand erscheinen, so weit eine Vertretung durch Anwälte nicht geboten ist. Diese Formulierung stimmt mit der des § 79 überein und nimmt damit erkennbar Bezug auf den **Parteiprozess.** Teilweise wird demgegenüber die Ansicht vertreten, eine Beistandschaft sei auch im Anwaltsprozess möglich.[3] § 90 Abs. 1 gewähre der Partei ein Recht auf Zulassung des Beistandes zwar nur im Fall des Parteiprozesses, er erkläre aber die Beistandschaft im Übrigen nicht für unzulässig.[4] Dieser Auffassung kann nicht gefolgt werden. Mit der hM ist anzunehmen, dass im Anwaltsprozess Beistände nicht mit der Wirkung des Abs. 2 neben dem Prozessbevollmächtigten der Partei auftreten können.[5] Dafür spricht nicht nur der klare Wortlaut des Abs. 1,[6] sondern auch

---

[60] BGH MDR 1961, 313, 314.
[61] MK/*v. Mettenheim* Rn. 22 m. Nachw. aus der älteren Rspr.
[62] BGHZ 128, 280, 283 = NJW 1995, 1901.
[63] BGHZ 91, 111, 115 = NJW 1984, 2149; BGH NJW 1991, 1175, 1176; aA wohl OLG Frankfurt OLGZ 1984, 193, 196.
[64] BGHZ 91, 111, 116 = NJW 1984, 2149.
[65] BGHZ 91, 111, 115 = NJW 1984, 2149; JZ 1997, 855; BFH BB 1984, 2249.
[66] BGH NJW 1992, 627; JZ 1997, 855.
[67] Vgl. dazu BGH MDR 1980, 308.
[68] *Zö/Vollkommer* Rn. 11.
[1] Vgl. *St/J/Bork* Rn. 1; *Zö/Vollkommer* Rn. 1; *Ro/S/Go* § 57 I.
[2] Vgl. MK/*v. Mettenheim* Rn. 1.
[3] *Zö/Vollkommer* Rn. 1; *Ro/S/Go* § 57 II.
[4] *Ro/S/Go* § 57 II.
[5] *St/J/Bork* Rn. 2; *Wiecz/Steiner* Rn. 2; AK-ZPO/*Christian* Rn. 1; wohl auch KG FamRZ 2001, 1619.
[6] *Wiecz/Steiner* Rn. 2.

die Regelung des § 52 Abs. 2 BRAO, nach der der im Anwaltsprozess bestellte Prozessbevollmächtigte einem nicht zugelassenen Rechtsanwalt die Ausführung der Parteirechte in der mündlichen Verhandlung überlassen kann. Diese Vorschrift enthält für den Anwaltsprozess eine der Beistandschaft entsprechende Einrichtung und trägt dem Interesse an der Beiziehung Dritter in ausreichendem Maß Rechnung.[7] Für **Ehesachen** enthält § 625 Abs. 2 eine Sonderregelung. Danach hat der gemäß § 625 Abs. 1 beigeordnete Rechtsanwalt nur die Stellung eines Beistandes und nicht die eines Prozessbevollmächtigten. Damit wird auf § 90 verwiesen mit der Folge, dass der beigeordnete Anwalt ebenso wie der Beistand im Parteiprozess nur in Anwesenheit der Partei tätig werden kann.[8] Vgl. dazu auch § 625 Rn. 7.

2. Anwesenheit der Partei. Der Gesetzeswortlaut, nach dem die Partei mit dem Beistand erscheinen kann, lässt eindeutig erkennen, dass ein Beistandleisten allein in der mündlichen Verhandlung und nur in Anwesenheit der Partei möglich ist. Der gesetzliche Vertreter steht der Partei allerdings gleich.[9] Außer den Parteien können sich auch andere im eigenen Namen handelnde Verfahrensbeteiligte, wie zB der Nebenintervenient, eines Beistandes bedienen.[10] In diesem Fall ist das Auftreten des Beistandes an deren Anwesenheit geknüpft. 3

3. Prozessfähige Person. § 90 setzt die Prozessfähigkeit (§§ 51, 52) des Beistandes voraus. Sie ist erforderlich, da der Beistand Prozesshandlungen vornehmen soll.[11] Mangels Prozessfähigkeit scheidet etwa das Jugendamt als tauglicher Beistand aus;[12] als Beistand iS des § 90 kommt lediglich der gemäß § 55 Abs. 2 SGB VIII beauftragte Beamte oder Angestellte des Jugendamtes in Betracht.[13] Im Übrigen entspricht der in Betracht kommende Personenkreis dem Kreis der im Parteiprozess geeigneten Prozessbevollmächtigten. Handelt der Beistand geschäftsmäßig oder fehlt ihm die Fähigkeit zum ordnungsgemäßen Vortrag, so ist eine Zurückweisung nach § 157 Abs. 1 bzw. 2 möglich.[14] 4

III. Stellung des Beistands (Abs. 2)

Der Beistand ist **nicht Prozessbevollmächtigter** der Partei, wie sich schon aus der Titelüberschrift vor § 78 ergibt.[15] Anders als der Stellvertreter wird er nicht anstelle der Partei, sondern neben ihr (oder ihrem gesetzlichen Vertreter) tätig;[16] er bedarf daher auch keiner Vollmacht.[17] Seine Legitimation ergibt sich daraus, dass die Partei ihn im Prozess mitbringt und für sich vortragen lässt.[18] Eine gerichtliche Beiordnung erfolgt nicht. Da die Rechtsposition des Beistandes an die Anwesenheit der Partei gebunden ist, endet sie, wenn sich die Partei aus dem Saal entfernt.[19] Der Beistand darf mit Wirkung für die Partei **alle Prozesshandlungen** vornehmen, zu denen die mündliche Verhandlung Anlass bietet.[20] Das von ihm Vorgetragene **gilt als Vortrag der Partei,** so weit es von dieser nicht sofort widerrufen oder berichtigt wird. Das Widerrufsrecht des Abs. 2 ist nicht auf tatsächliche Erklärungen beschränkt, sondern bezieht sich zB auch auf Anträge sowie auf Anerkenntnis- und Verzichtserklärungen;[21] es ist daher weiter als das des § 85 Abs. 1 S. 2.[22] Widerspricht die Partei nicht, dann eignet sie sich den Vortrag des Beistandes stillschweigend an. Daher muss in Bezug auf Irrtums- und Verschuldensprobleme allein auf ihre Person abgestellt werden.[23] Da sich die Rechtsstellung des Beistandes nur auf die mündliche Verhandlung erstreckt, haben **Zustellungen** nicht an ihn, sondern an die Partei zu erfolgen.[24] 5

IV. Rechtsanwaltsgebühren

Der Anwalt erhält als Beistand die gleichen Gebühren wie als Vertreter. Die Wertfestsetzung ist auch für ihn maßgebend. Er kann die Festsetzung seiner Gebühren auch gegen die eigene Partei gemäß § 11 RVG betreiben. Zur Zuständigkeit für Klagen wegen Gebührenforderungen vgl. § 34. 6

---

7 *St/J/Bork* Rn. 8; *Wiecz/Steiner* Rn. 2.
8 MK/*v. Mettenheim* Rn. 2.
9 *St/J/Bork* Rn. 3; *B/L/H* Rn. 3.
10 *St/J/Bork* Rn. 1.
11 *Wiecz/Steiner* Rn. 1.
12 *St/J/Bork* Rn. 4; vgl. auch das Schreiben des Justizministers NRW AnwBl. 1984, 548f.
13 OLG Düsseldorf FamRZ 1985, 641, 642.
14 *Ro/S/Go* § 57 Rn. 5; *Blomeyer* § 10, 2.
15 *Zö/Vollkommer* Rn. 1; *Ro/S/Go* § 57 I.
16 MK/*v. Mettenheim* Rn. 1; AK-ZPO/*Christian* Rn. 1; *T/P/Hüßtege* Rn. 1.
17 *Zö/Vollkommer* Rn. 1.
18 *Ro/S/Go* § 57 Rn. 2.
19 *St/J/Bork* Rn. 5; MK/*v. Mettenheim* Rn. 2.
20 *Zö/Vollkommer* Rn. 4; *Ro/S/Go* § 57 Rn. 6.
21 *St/J/Bork* Rn. 5; *Wiecz/Steiner* Rn. 1; *Ro/S/Go* § 57 Rn. 6.
22 *Wiecz/Steiner* Rn. 1; *Zö/Vollkommer* Rn. 4.
23 *Ro/S/Go* § 57 Rn. 1.
24 AK-ZPO/*Christian* Rn. 2; vgl. (zu § 625) BGH NJW 1995, 1225.

Titel 5. Prozesskosten

Vorbemerkung

I. Normzweck der §§ 91–107

1 Gemäß § 308 Abs. 2 hat das Gericht von Amts wegen über die Verpflichtung zur Tragung der Prozesskosten zu erkennen; ausnahmsweise wird über die Kosten nur auf Antrag entschieden (§ 269 Abs. 4). Die §§ 91–101 bestimmen zusammen mit einigen Sondervorschriften (zB § 281 Abs. 3, §§ 344, 380 Abs. 1), wie diese gerichtliche Entscheidung inhaltlich auszusehen hat. Diese Vorschriften regeln, ob die Prozesskosten einer Partei bzw. eines Nebenintervenienten von dieser bzw. diesem endgültig zu tragen sind oder ob gegen die andere Partei ein Anspruch auf Erstattung dieser Kosten besteht. Die Entscheidung betrifft allein das Verhältnis der Parteien untereinander, im Fall des § 101 Abs. 1 auch das Verhältnis des Nebenintervenienten zum Gegner der unterstützten Partei. Sie wird **Kostengrundentscheidung** genannt, weil sie bestimmt, wer unter diesen Personen die Prozesskosten dem Grunde nach zu tragen hat. Die §§ 103–107 regeln das **Kostenfestsetzungsverfahren,** in welchem geklärt wird, welcher Betrag dem Kostengläubiger nach der Kostengrundentscheidung „in Euro und Cent" von der Gegenpartei, bzw. vom die Gegenpartei unterstützten Nebenintervenienten zu erstatten ist. Es findet nur auf Antrag statt und endet grundsätzlich mit einem Kostenfestsetzungsbeschluss für die erstattungsberechtigte Partei. Aus diesem Beschluss kann der Kostengläubiger im Wege der Zwangsvollstreckung (§ 794 Abs. 1 Nr. 2) seinen prozessualen Kostenerstattungsanspruch durchsetzen. Die §§ 91–107 enthalten weder eine Regelung zur Höhe der Prozesskosten noch zu der Frage, wer der Staatskasse die Gerichtskosten schuldet.

2 Die §§ 91–107 betreffen das Verhältnis der Parteien untereinander. Sie sind deshalb nur in solchen Verfahren der ZPO anzuwenden, die ein Streitverhältnis zwischen den Parteien zum Gegenstand haben (kontradiktorische Verfahren).[1] Dazu zählt auch das Verfahren zur Ablehnung eines Richters (§ 46),[2] nicht aber das Verfahren zur Ablehnung eines Sachverständigen (§ 406)[3] und das Verfahren über einen Antrag auf Bestellung eines Notanwalts (§ 78b). Diese letzteren Verfahren finden zwischen dem Ablehnenden bzw. Antragsteller einerseits und dem Gericht andererseits statt.[4] In Verfahren außerhalb der ZPO sind sie anzuwenden, sofern und so weit auf sie Bezug genommen wird, wie etwa in § 13a Abs. 3 FGG und § 464b S. 3 StPO. Sondervorschriften enthalten ergänzende Regelungen oder sehen Ausnahmen vor (§ 269 Abs. 3 S. 2–3, § 281 Abs. 3 S. 2, § 344, § 380 Abs. 1 S. 1, § 516 Abs. 3, § 565; für das erstinstanzliche Urteilsverfahren in Arbeitssachen § 12a ArbGG[5]). Im Verklarungsverfahren nach § 11 BinnSchG hat der Geschädigte keinen selbständigen Anspruch auf Kostenerstattung.[6]

II. Prozesskosten

3 **1. Begriff und Umfang.** Prozesskosten sind die unmittelbaren Aufwendungen einer Partei zur Führung eines Rechtsstreits. Sie zerfallen in Gerichts- und außergerichtliche Kosten. Nicht dazu zählen die einer Partei auf Grund des Rechtsstreits entstehenden Schäden.[7]

4 **2. Gerichtskosten.** Die nach dem GKG anfallenden Gerichtskosten setzen sich aus Gebühren und Auslagen zusammen. **Gebühren** werden als öffentlich-rechtliche Abgaben für die Inanspruchnahme gerichtlicher Organe erhoben. Deren Höhe richtet sich gemäß § 3 Abs. 1 GKG nach dem Streitwert, soweit nicht ein fester Betrag nach dem KV bestimmt ist. Dabei ist der Gebührenstreitwert nach §§ 39ff. GKG maßgeblich. **Auslagen** sind die von Gerichten erbrachten geldwerten Aufwendungen, zB für die Entschädigung von Zeugen, Sachverständigen, Dolmetschern und Übersetzern; daneben Schreibauslagen, Zustellungskosten und Entgelte für Telekommunikationsdienstleistungen und beim Vollzug von Haft (§§ 899ff., 933) deren Kosten. Im KV ist in Nr. 9000–9018 geregelt, ob und in welcher Höhe Auslagen erhoben werden.

5 **3. Außergerichtliche Kosten.** Dies sind insbesondere die Gebühren und Auslagen der Rechtsanwälte, die sich nach dem Rechtsanwaltsvergütungsgesetz – RVG[8] berechnen; darüber hinaus Aufwendungen für nichtanwaltliche Prozessbevollmächtigte, Beistände und für Gerichtsvollzieher nach GVKostG, sowie Reisekosten der Parteien und Entschädigungen für deren Zeitversäumnis. Ist der Geschäftsbesorgungsvertrag mit dem Rechtsanwalt nichtig, führt dies zum Verlust eines entsprechenden Erstattungsanspruchs gegen den Prozessgegner;[9] Gleiches gilt bei einem Verstoß gegen das Rechtsberatungsgesetz[10] oder gegen § 46 BRAO.[11]

---

[1] Zum Verfahren der Gerichtsstandsbestimmung nach § 36 Abs. 1 Nr. 3 vgl. BayObLG NJW-RR 2000, 141.
[2] BGH NJW 2005, 2233f.
[3] OLG Brandenburg MDR 2002, 1092; nach konsequenter Berücksichtigung von BGH NJW 2005, 2233f. ist allerdings auch dies als ein kontradiktorisches Verfahren zu bewerten.
[4] OLG München Rpfleger 1993, 304; aA für die Richter- und Sachverständigenablehnung OLG Hamburg JurBüro 1994, 606.
[5] Vgl. hierzu *Kösling* AnwBl. 1994, 112ff.
[6] OLG Nürnberg NJW-RR 2000, 1456.
[7] T/P/*Hüßtege* Rn. 2.
[8] BGBl. I 2004 S. 788ff.
[9] OLG Stuttgart JurBüro 1999, 314f.
[10] LG Tübingen Rpfleger 1999, 454f.
[11] OLG Stuttgart MDR 1999, 1530f.; zu § 45 Abs. 1 Nr. 1 Abs. 3 vgl. OLG Schleswig MDR 2002, 1459f.

III. Kostenschuldner

1. Allgemeines. Kostenschuldner ist derjenige, der gegenüber der Staatskasse öffentlich-rechtlich verpflichtet ist, die Gerichtskosten zu bezahlen. Wer dies ist, ergibt sich aus §§ 22–33 GKG. Die Kostenschuld gegenüber der Staatskasse nach dem GKG und die Kostentragungs- oder -erstattungspflicht nach den §§ 91ff. sind strikt voneinander zu trennen. So schuldet der Kostenschuldner weiterhin der Staatskasse die Gerichtskosten, auch wenn er nach inzwischen ergangener Kostengrundentscheidung keine Kosten zu tragen bzw. gegen seinen Prozessgegner einen Kostenerstattungsanspruch hat. Bestimmte Parteien genießen **Kostenfreiheit:** der Bund und die Länder sowie die nach Haushaltsplänen des Bundes oder eines Landes verwalteten öffentlichen Anstalten und Kassen sind gemäß § 2 Abs. 1 GKG von der Zahlung der Gerichtskosten befreit. Dies trifft nach richtiger Ansicht für die Bundesanstalt für vereinigungsbedingte Sonderaufgaben (BvS) nicht zu;[12] auch nicht für die Bundesagentur für Arbeit.[13] Gebührenbefreiung genießt das Deutsche Rote Kreuz.[14] Weitere Befreiungen können sich aus § 2 Abs. 2 GKG ergeben. Die Neustrukturierung des Bahn- und Postwesens hat insoweit zu Änderungen geführt. Früher waren Bundesbahn und Bundespost als bundeseigene Verwaltungen nach § 2 Abs. 1 GKG von der Zahlung der Gebühren – nicht der Auslagen – befreit. An die Stelle der Bundesbahn sind die „Deutsche Bahn AG“[15] und das „Bundeseisenbahnvermögen“[16] getreten. Kostenfreiheit – auch hinsichtlich der Auslagen – genießt das vom Bund als Sondervermögen verwaltete „Bundeseisenbahnvermögen“,[17] nicht jedoch die Handelsgesellschaft „Deutsche Bahn AG“. Für Verfahren, in deren Verlauf die Neuordnung in Kraft getreten ist, bleibt der Bund kostenbefreit, es sei denn, die Bahn AG ist zwischenzeitlich Inhaberin des Anspruchs geworden.[18] Als Handelsgesellschaften sind die „Deutsche Post AG“, „Postbank AG“ und „Telekom AG“[19] kostenpflichtig, nicht jedoch die entsprechende Bundesverwaltung. Träger der Sozialversicherung sind nach § 64 Abs. 2 Nr. 1 SGB X, solche der Sozialhilfe nach § 64 Abs. 3 S. 2 SGB X kostenprivilegiert. Zum Teil wird angenommen, dieses Privileg entfalle, wenn Sozialhilfeträger vor dem Zivilgericht einen kraft Gesetzes übergegangenen bürgerlich-rechtlichen Schadensersatzanspruch geltend machen.[20] Dabei wird übersehen, dass Sozialhilfeträger im Gegensatz zu Sozialversicherungsträgern umfassend befreit sind. Bei Sozialhilfeträgern bleibt daher auch nach gesetzlichem Forderungsübergang die Kostenfreiheit bestehen.[21] Die als Eigenbetriebe geführten bremischen Zentralkrankenhäuser genießen keine Gebührenfreiheit.[22] Die von einem Landesgesetz gewährte Kostenfreiheit erstreckt sich nicht auf das Verfahren vor dem Bundesgerichtshof.[23] Ein als rechtsfähiger Verein oder in rechtsfähiger Form errichteter Träger von Kirchengut ist vor dem Bundesgerichtshof von Gerichtskosten befreit; dazu gehört auch ein rechtsfähiger Verein, der Träger einer muslimischen Glaubensgemeinde ist.[24] In Verfahren vor den Richterdienstgerichten werden Gerichtskosten nicht erhoben.[25] 6

2. Kostenschuldnerarten. a) Antragsschuldner. Nach § 22 Abs. 1 S. 1 GKG schuldet die Gerichtskosten, wer das Verfahren des Rechtszuges beantragt hat. Dies ist in erster Instanz derjenige, der eine Klage, einen Scheidungsantrag, einen Antrag auf Anordnung eines Arrestes oder einstweiligen Verfügung einreicht. Das kann auch der nicht bevollmächtigte Rechtsanwalt sein.[26] Nach Durchführung des Mahnverfahrens ist Antragsschuldner, wer den Vollstreckungsbescheid beantragt. Für das Verfahren in der Instanz ist der Rechtsmittelführer Antragsteller. Das ist auch die vom nicht bevollmächtigten Rechtsanwalt als Rechtsmittelklägerin bezeichnete Partei, sofern sie vom anhängigen Rechtsstreit Kenntnis hatte und so in der Lage war, die Einlegung des Rechtsmittels zu verhindern.[27] 7

b) Entscheidungsschuldner. Nach § 29 Nr. 1 GKG ist Kostenschuldner, wem durch gerichtliche Entscheidung die Verfahrenskosten auferlegt wurden. Dadurch gewinnt die im Verhältnis der Parteien zueinander ergehende Entscheidung nach §§ 91ff. auch Bedeutung für die öffentlich-rechtliche Kostenschuld. Wird eine Kostenentscheidung durch eine andere aufgehoben oder abgeändert, erlischt die Kostenschuld insoweit (§ 30 S. 1 GKG). Die gleiche Folge tritt ein, wenn in der Rechtsmittelinstanz der Rechtsstreit für erledigt erklärt oder durch Klagerücknahme beendet wird.[28] Wird dagegen im höheren Rechtszug das Ver- 8

---

[12] BGHR GKG § 2 Abs. 1 Anstalt, öffentliche 1.
[13] OLG München NJW-RR 2005, 1230f.
[14] OLG Hamburg NJW-RR 2007, 1655f.
[15] Art. 2 § 1 ENeuOG.
[16] Art. 1 §§ 1ff. ENeuOG.
[17] BGH NJW-RR 1998, 1533f. mit eingehender Begründung; aA KG JurBüro 1996, 42.
[18] OLG Düsseldorf JurBüro 1995, 150; OLG Köln JurBüro 1997, 204f.
[19] OLG Saarbrücken JurBüro 1996, 657f. (verneint wird eine Kostenbefreiung auch für vor dem 1. Januar 1995 anhängig gewordene und von der Deutschen Telekom AG fortgeführte Verfahren).
[20] OLG Düsseldorf Rpfleger 1995, 182f. m. weit. Nachw.; vgl. aber auch OLG Düsseldorf NJW-RR 1999, 1669f.
[21] BGH NJW-RR 2006, 717f.
[22] OLG Bremen NJW-RR 1999, 1517f.
[23] BGH NJW-RR 1998, 1222.
[24] BGH NJW-RR 2007, 644f.
[25] BGH NJW-RR 2006, 1003f.
[26] OLG Zweibrücken JurBüro 1999, 650ff.; vgl. aber auch OLG Koblenz MDR 2005, 778f. Zur Haftung des Insolvenzverwalters vgl. BGH NJW-RR 2005, 356f.
[27] BGH NJW-RR 1997, 510f. Zum Vertreter ohne Vertretungsmacht vgl. auch OLG Karlsruhe FamRZ 1996, 1335f. m. Anm. v. *Vollkommer/Schwaiger* und *Meyer* JurBüro 1997, 288f.
[28] Zö/*Herget* Rn. 4.

fahren durch Vergleich mit einer anderen Kostenregelung abgeschlossen, erlischt die Zahlungspflicht nicht nach § 30 GKG.[29]

9 c) **Übernahmeschuldner.** Das ist derjenige, der eine Kostenschuld durch dem Gericht gegenüber abgegebene oder mitgeteilte Erklärung oder durch gerichtlichen oder dem Gericht mitgeteilten Vergleich übernommen hat (§ 29 Nr. 2 GKG). Enthält der Vergleich keine Kostenregelung und sind deshalb im Verhältnis der Parteien zueinander die Kosten nach § 98 aufgehoben, sind sie gleichzeitig jeweils für die halben Gerichtskosten Übernahmeschuldner (§ 29 Nr. 2 Halbs. 2 GKG). Gegen einen nicht am Verfahren Beteiligten können indes aus der in einem Vergleich enthaltenen Kostenregelung keine Kosten festgesetzt werden.[30] Übernahmekostenschuldner ist auch der Rechtsanwalt, so weit er gegenüber dem Gericht die persönliche Haftung für Gerichtskosten erklärt, welche die von ihm vertretene Partei treffen.

10 d) **Haftungsschuldner.** Nach § 29 Nr. 3 GKG ist Kostenschuldner, wer für die Kostenschuld eines anderen kraft Gesetzes haftet. Dies trifft u. a. den Erben (§ 1967 BGB) oder Firmenfortführer (§ 25 HGB). Diese Personen sind Kostenschuldner, ohne dass es dafür einer vorherigen feststellenden gerichtlichen Entscheidung bedarf. Deshalb können sie von der Staatskasse unmittelbar in Anspruch genommen werden.[31] War dem Erblasser allerdings ratenfreie Prozesskostenhilfe bewilligt worden und nehmen nach seinem Tod die Erben den Rechtsstreit nicht auf, können sie nicht in Anspruch genommen werden.[32]

11 e) **Vollstreckungsschuldner.** Im Zwangsvollstreckungsrecht wird der als Vollstreckungsschuldner bezeichnet, gegen den der im Titel enthaltene vollstreckbare Anspruch vollstreckt wird.[33] Nach § 29 Nr. 4 GKG schuldet dieser die notwendigen (gerichtlichen) Kosten der Zwangsvollstreckung gegenüber der Staatskasse.

12 **3. Mehrere Kostenschuldner.** Grundsätzlich haften sie nach § 31 Abs. 1 GKG als Gesamtschuldner. Für die Praxis wichtige Ausnahmen ergeben sich aus § 31 Abs. 2 GKG: neben Entscheidungs- und Übernahmeschuldnern sollen andere Schuldner erst herangezogen werden, wenn die Zwangsvollstreckung in das bewegliche Vermögen der ersteren erfolglos geblieben ist oder aussichtslos erscheint. Wurde dem Entscheidungsschuldner Prozesskostenhilfe bewilligt, darf die Mithaftung anderer Kostenschuldner nicht geltend gemacht werden. Damit wird verhindert, dass die Staatskasse die Folgen bewilligter Prozesskostenhilfe auf die andere Partei abwälzt. Die Vorschrift hat keine Bedeutung für den Teil der Kostenlast, den der andere über seine Mithaftung hinaus allein zu tragen hat. Damit haftet der Antragsschuldner der Staatskasse auf die halben Gerichtskosten, wenn seinem Gegner Prozesskostenhilfe bewilligt wurde und das Gericht auf Kostenaufhebung erkannt hat. Ebenso wenig gilt das Privileg, wenn die PKH- berechtigte Partei nicht als Entscheidungsschuldner haftet. Dadurch soll einem Missbrauch zu Lasten der Staatskasse bei vergleichsweiser Kostenregelung vorgebeugt werden.

IV. Kostenerstattungsanspruch

13 Dieser Anspruch ist das Recht, von einem anderen Ersatz der Prozesskosten zu verlangen. Grundsätzlich hat jede Partei zunächst die ihr entstandenen Kosten zu tragen. So hat der Kläger die Verfahrensgebühr nach § 6 Abs. 1 Nr. 1 a GKG, der Beweisführer nach § 379 einen Auslagenvorschuss vorzuschießen, damit die Klage zugestellt bzw. der angetretene Beweis erhoben wird; die Partei muss uU ihrem Prozessbevollmächtigten nach § 9 RVG einen angemessenen Vorschuss leisten, damit dieser für sie tätig wird. Wirtschaftlich interessant ist deshalb für die Partei, ob die aufgewendeten Prozesskosten nach Beendigung des Verfahrens an ihr „hängen bleiben“, sie gar noch dem Gegner dessen Kosten zu erstatten hat, oder ob ihr ein Anspruch auf Erstattung der ihr erwachsenen Kosten gegenüber dem Gegner zusteht. Gläubiger oder Schuldner eines solchen Anspruchs können auch Nebenintervenienten sein. Prozessualer und materiellrechtlicher Kostenerstattungsanspruch sind zu unterscheiden.[34]

14 **1. Prozessualer Kostenerstattungsanspruch.** Dieser ergibt sich ausschließlich aus dem Prozessrecht, insbesondere aus den §§ 91–101. Er kann erst geltend gemacht werden, wenn eine Kostengrundentscheidung ergangen ist und zwar nur im Festsetzungsverfahren nach §§ 103–107 desjenigen Rechtsstreits, in welchem er entstanden ist.[35] Der Anspruch **entsteht** bereits mit Klageerhebung, allerdings aufschiebend bedingt;[36] mit der vorläufigen Vollstreckbarkeit der Kostengrundentscheidung wird er zum auflösend bedingten,[37] mit Rechtskraft der Kostengrundentscheidung zum unbedingten Anspruch.[38] Bei Klage- oder Rechtsmittelrücknahme wandelt er sich kraft Gesetzes mit der Rücknahme (§ 269 Abs. 3, § 516 Abs. 3, § 565), beim Prozessvergleich mit dessen Wirksamkeit zum unbedingtem Recht. Voraussetzung eines prozessualen Kostenerstattungsanspruchs ist, dass ein Prozessrechtsverhältnis begründet wurde. Damit muss die Streitsache rechtshängig geworden, die Klage mithin zugestellt sein (§ 261 Abs. 1, § 253 Abs. 1). Ohne Zustellung gibt es grundsätzlich keinen prozessualen Kostenerstattungsanspruch.[39] § 269 Abs. 2 Satz 3 ermöglicht aller-

[29] OLG Düsseldorf Rpfleger 1974, 234.
[30] OLG Frankfurt/M JurBüro 1998, 599f.
[31] OLG Schleswig SchlHA 1984, 167.
[32] OLG Düsseldorf MDR 1999, 803f.
[33] T/P/*Hüßtege* vor § 704 Rn. 11.
[34] *Lappe* ZAP 1966, 523ff. (*Fach* 24, S. 331ff.).
[35] BGHZ 28, 302, 308f. = NJW 1959, 434; BGH NJW 1983, 284f.
[36] BGH NJW 1992, 2575.
[37] BGH NJW 1988, 3204, 3205.
[38] BGH NJW 1988, 3204, 3205.
[39] OLG Karlsruhe FamRZ 2001, 501.

dings davon eine Ausnahme (vgl. Erl. dort). Die Prozessunfähigkeit einer Partei steht einem gegen sie gerichteten Erstattungsanspruch nicht entgegen.[40] Bereits vor Erlass der Kostengrundentscheidung kann der (aufschiebend bedingte) Erstattungsanspruch abgetreten,[41] ver- und gepfändet sowie im Konkurs angemeldet werden. Hat die erstattungsberechtigte Partei bereits während des Rechtsstreits ihren aufschiebend bedingten Anspruch abgetreten, bleibt der Zessionar Inhaber des Anspruchs, auch wenn der Zedent als obsiegende Partei mit Zustimmung des Abtretungsempfängers die vom Gegner zu erstattenden Kosten hat festsetzen lassen.[42] Sobald die Kostengrundentscheidung ergangen ist, kann mit dem prozessualen Kostenerstattungsanspruch **aufgerechnet** werden; weder ist erforderlich, dass die Kosten bereits festgesetzt wurden, noch, dass die Kostenentscheidung schon in Rechtskraft erwachsen ist.[43] Die Aufrechenbarkeit setzt allerdings voraus, dass die Erstattungsforderung in der geltend gemachten Höhe unstreitig ist.[44] Auch ist die Aufrechnung nicht im laufenden Verfahren, etwa in der zweiten Instanz, gegen die streitige Hauptforderung zulässig; anderenfalls würden dort für die Kostenentscheidung kaum lösbare Probleme entstehen. Ist allerdings ausgeschlossen, dass die Aufrechnung die Kostenentscheidung im noch schwebenden (Rest-)Verfahren berührt, bestehen gegen eine Aufrechnung keine Bedenken.[45] Im Schrifttum wird vereinzelt die Zulässigkeit der Vollstreckungsabwehrklage gegen den prozessualen Kostenerstattungsanspruch bereits ab Erlass der Kostengrundentscheidung bejaht.[46] Der prozessuale Kostenerstattungsanspruch **verjährt** in 30 Jahren gemäß §§ 197, 197 Abs. 1 Nr. 3 BGB.[47] Im Verfahren der Verfassungsbeschwerde steht dem Anhörungsberechtigten kein prozessualer Kostenerstattungsanspruch gegenüber dem Beschwerdeführer zu.[48]

2. Materiell-rechtlicher Kostenerstattungsanspruch. Er folgt allein aus dem materiellen Recht. Einen allgemeinen Anspruch auf Erstattung von Prozesskosten kennt das bürgerliche Recht nicht;[49] es bedarf daher jeweils einer besonderen sachlich-rechtlichen Anspruchsgrundlage. Sie kann sich aus einem Vertrag ergeben, wenn ein anderer darin die Kosten des Rechtsstreits übernommen hat. Als gesetzliche Grundlage kommt u. a. ein Schadensersatzanspruch wegen Schuldnerverzugs (§ 286 Abs. 1 BGB) in Betracht. Darauf stützt sich die Rechtsprechung des BGH zur Kostenentscheidung nach erhobener Stufenklage, wenn die erteilte Auskunft ergibt, dass ein Leistungsanspruch nicht besteht und der Kläger deshalb einseitig den Rechtsstreit für erledigt erklärt[50] (vgl. § 91a Rn. 43). Der Anspruch kann sich auch aus unerlaubter Handlung, Gefährdungshaftung, Geschäftsführung ohne Auftrag, positiver Vertragsverletzung,[51] aus § 13 Abs. 6 UWG, § 840 Abs. 2 S. 2 oder § 945 ergeben. Die Kostenvorschriften der ZPO können nicht in entsprechender Anwendung zur Begründung eines materiell-rechtlichen Kostenerstattungsanspruchs herangezogen werden.[52] So kann ein Anspruch auf Erstattung der Kosten des gescheiterten Schiedsverfahrens nicht aus den Kostenvorschriften der ZPO hergeleitet werden.[53] Während der prozessuale Kostenerstattungsanspruch nur im Festsetzungsverfahren geltend gemacht werden kann, ist für die Durchsetzung dieses Anspruchs ein neuer Rechtsstreit erforderlich. Doch kann er auch durch Klageänderung im anhängigen Rechtsstreit verfolgt werden; die zitierte Rechtsprechung des BGH zur Kostenentscheidung bei der Stufenklage ist dafür ein Beispiel. Zu diesem Zweck kann ein unbezifferter Klageantrag gestellt werden, zB: „Es wird festgestellt, dass der Beklagte verpflichtet ist, dem Kläger die gerichtlichen und außergerichtlichen Kosten zu erstatten, die ihm in diesem Verfahren entstanden sind und noch entstehen werden.“ 15

3. Verhältnis beider Ansprüche zueinander. a) Allgemeines. Der prozessuale kann den materiell-rechtlichen Kostenerstattungsanspruch begrenzen. Dies gilt etwa für § 12a ArbGG. Die Vorschrift schließt auch einen nach materiellen Recht ersatzfähigen Schaden in Höhe der Kosten der Zuziehung eines Prozessbevollmächtigten aus.[54] Die im prozessualen Erstattungsrecht geltenden Grundsätze stehen einem sachlichrechtlichen Schadensersatzanspruch des Geschädigten für den eigenen Zeitaufwand bei der außergerichtlichen Schadensabwicklung entgegen.[55] Grundsätzlich lässt allerdings die prozessuale Kostentragungspflicht Raum für einen ergänzenden materiell-rechtlichen Anspruch auf Kostenerstattung; letzterer kann je nach Sachlage neben die prozessuale Kostenregelung treten, er kann der prozessualen Regelung sogar entgegengerichtet sein, sofern zusätzliche Umstände hinzukommen, die bei der prozessualen Kostenentscheidung nicht berücksichtigt werden konnten.[56] So weit sich beide Ansprüche decken und das Kostenfestsetzungsverfahren zur Durchsetzung des prozessualen Kostenerstattungsanspruchs noch nicht ausgeschöpft ist, fehlt das Rechtsbedürfnis für eine klageweise Geltendmachung des materiellen Anspruchs, weil der Weg über 16

---

[40] BGHZ 121, 397, 399 = MDR 1993, 1249.
[41] BGH NJW 1988, 3204, 3205.
[42] BGH NJW 1988, 3204, 3205.
[43] OLG Karlsruhe NJW 1994, 593f.
[44] OLG Karlsruhe NJW 1994, 593; LG Frankfurt/M JurBüro 1996, 272.
[45] OLG Karlsruhe NJW 1994, 593, 594; vgl. auch *Schmitz* NJW 1994, 567f.
[46] *Münzberg* NJW 1996, 2126, 2128f.
[47] BGH NJW 2006, 1962f.
[48] BVerfG NJW 1999, 204f.
[49] BHG NJW 2007, 1458ff.
[50] BGH NJW 1994, 2895f.
[51] BGH NJW 1983, 284.
[52] BGH NJW 1988, 2032f.; für Landwirtschaftssachen vgl. BGHR LwVG § 45 Kostenerstattungsanspruch 1.
[53] BGH NJW-RR 1998, 234f.
[54] BAG MDR 1994, 179f.
[55] BGHZ 66, 112, 114f. = NJW 1976, 1256.
[56] BGH JZ 1995, 840 = NJW-RR 1995, 495.

das Kostenfestsetzungsverfahren regelmäßig weniger aufwändig ist.[57] Von Bedeutung ist daher der materiell-rechtliche Kostenerstattungsanspruch dort, wo ein prozessualer Erstattungsanspruch nicht oder gegenläufig besteht.[58] Besonderheiten gelten für den Bereich der **Vorbereitungskosten.** Dies sind Aufwendungen, die mit Rücksicht auf den noch zu führenden, uU auch bereits anhängigen Rechtsstreit entstehen.[59] Sie können verursacht worden sein durch ein vorgerichtliches Privatgutachten,[60] einen Testkauf,[61] vorgerichtliche Abmahnung auf dem Gebiet des gewerblichen Rechtsschutzes[62] oder durch einen Pfändungs- und Überweisungsbeschluss, den der Kläger erwirkt hat, um gegen den Drittschuldner vorgehen zu können.[63] Solche Vorbereitungskosten sind nur dann notwendige Kosten des Rechtsstreits iSd. § 91, wenn sie prozessbezogen sind. Dieses Merkmal entzieht sich eindeutiger Bestimmbarkeit. Sind Vorbereitungskosten prozessbezogen, dann haben sie eine Doppelnatur. Der Gläubiger kann sie entweder im Festsetzungsverfahren nach §§ 103ff. oder in einem neuen Prozess geltend machen. Letzteres empfiehlt sich dann, wenn die Kostenentscheidung eine Quotelung enthält, der Gläubiger aber der Ansicht ist, auf Grund seines materiell-rechtlichen Kostenerstattungsanspruchs könne er die betreffenden Kosten in voller Höhe verlangen.

17 b) **Auswirkungen rechtskräftiger Entscheidungen.** Wurde eine Kostenposition rechtskräftig zuerkannt, kann sie nicht noch einmal in der anderen Verfahrensart geltend gemacht werden.[64] Es ist jedoch nicht ausgeschlossen, dass nach rechtskräftiger Zuerkennung im Kostenfestsetzungsverfahren die andere Partei den materiell-rechtlichen Kostenerstattungsanspruch mit gegenläufigem Ziel einklagt. Gegen Kritik aus dem Schrifttum[65] hält jedoch der BGH daran fest, dass eine Klage unzulässig ist, wenn der Sachverhalt unverändert und bereits insgesamt in der Kostengrundentscheidung des Vorprozesses berücksichtigt ist. Dabei neigt das Gericht im Interesse des Rechtsfriedens dazu, die „Revidierung" der prozessualen Kostenentscheidung einzudämmen.[66] Dies belegt folgendes Beispiel: Der Antrag auf Erlass einer einstweiligen Verfügung wird mit der Kostenfolge des § 269 Abs. 3 S. 2 zurückgenommen, weil die Verfügung vom Antragsteller innerhalb der Vollziehungsfrist des § 929 Abs. 2 nicht wirksam zugestellt worden ist; im Hauptsacheverfahren obsiegt anschließend der Antragsteller. Der BGH schließt einen materiellen Kostenerstattungsanspruch des im Hauptsacheverfahren Erfolgreichen aus, weil der gesamte kostenrechtlich bedeutsame Sachverhalt bereits der prozessualen Entscheidung zugrundegelegen habe.[67] Die restriktive Rechtsprechung wird auf den auch aus §§ 99, 91a erkennbaren Willen des Gesetzgebers gestützt, Streitigkeiten allein über die Kosten möglichst einzuschränken.[68] Danach ist es konsequent, nach rechtskräftiger Abweisung des materiell-rechtlichen Kostenerstattungsanspruchs grundsätzlich eine spätere Berücksichtigung im Kostenfestsetzungsverfahren auszuschließen.[69] Besonderheiten gelten auch hier bei den **Vorbereitungskosten** (vgl. Rn. 16): deren Doppelnatur gestattet die wahlweise Geltendmachung im Festsetzungsverfahren (als Prozesskosten) oder im Streitverfahren (als sachlich-rechtlichen Anspruch). Der Misserfolg in einer Verfahrensart steht einer anschließenden Geltendmachung auf dem anderen Weg nicht entgegen.[70] Aus der Rechtskraft folgt nichts anderes. Wurde etwa im Kostenfestsetzungsverfahren die Prozessbezogenheit einer kostenverursachenden Maßnahme verneint, so kann dessen ungeachtet ein materieller Anspruch auf Schadensersatz bestehen und auch durchgesetzt werden, weil möglicherweise die Frage der Prozessbezogenheit für das materielle Recht bedeutungslos ist. Umgekehrt gilt Gleiches.

91

Grundsatz und Umfang der Kostenpflicht (1) **[1]Die unterliegende Partei hat die Kosten des Rechtsstreits zu tragen, insbesondere die dem Gegner erwachsenen Kosten zu erstatten, soweit sie zur zweckentsprechenden Rechtsverfolgung oder Rechtsverteidigung notwendig waren. [2]Die Kostenerstattung umfasst auch die Entschädigung des Gegners für die durch notwendige Reisen oder durch die notwendige Wahrnehmung von Terminen entstandene Zeitversäumnis; die für die Entschädigung von Zeugen geltenden Vorschriften sind entsprechend anzuwenden.**

(2) **[1]Die gesetzlichen Gebühren und Auslagen des Rechtsanwalts der obsiegenden Partei sind in allen Prozessen zu erstatten, Reisekosten eines Rechtsanwalts, der nicht bei dem Prozessgericht zugelassen ist und am Ort des Prozessgerichts auch nicht wohnt, jedoch nur insoweit, als die Zuziehung zur zweckentsprechenden Rechtsverfolgung oder Rechtsverteidigung notwendig war. [2]Die Kosten mehrerer Rechtsanwälte sind nur insoweit zu erstatten, als sie die Kosten eines Rechtsanwalts nicht übersteigen oder als in der Person des Rechtsanwalts ein Wechsel eintreten musste. [3]In eigener Sache sind dem Rechtsanwalt die Gebühren und Auslagen zu erstatten, die er als Gebühren und Auslagen eines bevollmächtigten Rechtsanwalts erstattet verlangen könnte.**

---

[57] BGHZ 111, 168, 171 = NJW 1990, 2060; LG Karlsruhe AnwBl. 1994, 94f.
[58] Vgl. OLG Dresden NJW 1998, 1872f.
[59] MK/*Giebel* Rn. 19.
[60] OLG Karlsruhe VersR 1994, 1206f.
[61] OLG Stuttgart JurBüro 1995, 37.
[62] OLG Nürnberg Rpfleger 1993, 38; OLG Hamburg JurBüro 1993, 487f.
[63] OLG Düsseldorf JurBüro 1993, 224.
[64] OLG München NJW-RR 1997, 1294; OLG Karlsruhe Rpfleger 1998, 174.
[65] *Becker-Eberhard* JZ 1995, 814ff.; Zö/*Herget* Rn. 13.
[66] BGHZ 45, 251, 257 = NJW 1966, 1513; BGH NJW-RR 1995, 495.
[67] BGH NJW-RR 1995, 495; sehr kritisch dazu *Becker-Eberhard* JZ 1995, 814, 816.
[68] Zustimmend MK/*Belz* Rn. 14.
[69] OLG Nürnberg MDR 1977, 936.
[70] MK/*Giebel* Rn. 19.

(3) Zu den Kosten des Rechtsstreits im Sinne der Absätze 1, 2 gehören auch die Gebühren, die durch ein Güteverfahren vor einer durch die Landesjustizverwaltung eingerichteten oder anerkannten Gütestelle entstanden sind; dies gilt nicht, wenn zwischen der Beendigung des Güteverfahrens und der Klageerhebung mehr als ein Jahr verstrichen ist.

(4) Zu den Kosten des Rechtsstreits im Sinne von Absatz 1 gehören auch Kosten, die die obsiegende Partei der unterlegenen Partei im Verlaufe des Rechtsstreits gezahlt hat.

Übersicht

I. Normzweck

1 Die Vorschrift will auf möglichst einfache Weise Kostengerechtigkeit schaffen. Sie schreibt vor, dass der Unterliegende die gesamten Kosten des Rechtsstreits zu tragen hat. Von diesem Grundsatz einheitlicher Kostenauferlegung[1] wird in einer Vielzahl von Sonderregelungen abgewichen, die eine Kostentrennung verwirklichen, um auch in besonderen prozessualen Situationen ein gerechtes Ergebnis zu erzielen. Solche Vorschriften sind §§ 91a–98, 100 Abs. 3, §§ 101, 238 Abs. 4, § 281 Abs. 3 S. 2, §§ 344, 516 Abs. 3 S. 1, § 565. Zum Schutze des Kostenschuldners bringt § 91 das Gebot sparsamer Prozessführung: es sind nur

[1] *St/J/Bork* Rn. 14.

die Kosten zu erstatten, die zur zweckentsprechenden Rechtsverfolgung oder Rechtsverteidigung notwendig waren.

II. Absatz 1

2 **1. Kostenentscheidung. a) Von Amts wegen.** Nach § 308 Abs. 2 muss das Gericht über die Prozesskosten auch ohne Anträge der Parteien eine Entscheidung treffen. Anders ist dies zB bei der Klagerücknahme (§ 269 Abs. 4). Fehlt die erforderliche Kostenentscheidung ganz oder teilweise, ist das gerichtliche Erkenntnis auf Antrag gemäß § 321 zu ergänzen.

3 **b) Erforderlichkeit.** Jedes Vollendurteil bedarf einer Entscheidung zum Kostenpunkt; das gilt auch für Urteile im Arrest- und einstweiligen Verfügungsverfahren; ebenso für Vorbehaltsurteile (§§ 302, 599), Zwischenurteile gegen Dritte (§ 71, § 135 Abs. 2, § 387) und Ausschlussurteile im Aufgebotsverfahren (§ 952). Ein Teilurteil darf einen Kostenausspruch nur insoweit enthalten, als dieser losgelöst vom weiteren Rechtsstreit über den Rest getroffen werden kann; dies kann nach dem Ausscheiden eines Streitgenossen hinsichtlich seiner außergerichtlichen Kosten der Fall sein.[2] Scheidet einer von mehreren Beklagten aus dem Rechtsstreit aus, weil ihm gegenüber die Klage zurückgenommen wird, ist auf dessen Antrag schon vor Abschluss der Instanz nach § 269 Abs. 3, 4 über die Kosten zu erkennen; dies gilt hinsichtlich seiner außergerichtlichen Kosten und etwaiger von ihm gezahlter Auslagenvorschüsse.[3] Unzulässig ist eine Kostenentscheidung im Grundurteil; doch ist in der Berufungsentscheidung nach erstinstanzlichem Grundurteil über die Kosten des Berufungsverfahrens zu erkennen.[4] **Beschlüsse** bedürfen einer Kostenentscheidung, wenn sie ein Verfahren mit fakultativer mündlicher Verhandlung abschließen (§ 329); dies gilt etwa für die Verwerfung oder Zurückweisung[5] der Berufung oder Verwerfung der Revision als unzulässig (§ 522, § 552 Abs. 2), indes nicht für das PKH-Bewilligungsverfahren (§ 118 Abs. 1 S. 4). Auch in Beschlüssen, in denen über eine Beschwerde oder ein Gesuch auf Erlass eines Arrests oder einstweiligen Verfügung entschieden wird[6] – auch wenn das Gesuch ohne Anhörung des Gegners zurückgewiesen wird[7] – ist über die Kosten zu entscheiden, ebenso in solchen, die einen Schiedsspruch oder Schiedsvergleich für vollstreckbar erklären (§§ 1063, 1066);[8] auch Kostenfestsetzungsbeschlüsse, sofern im Kostenfestsetzungsverfahren selbst Kosten entstanden sind (s. § 104 Rn. 15) und Entscheidungen nach §§ 890ff.[9] ergehen mit einem Kostenausspruch. Ohne Kostenziffer werden dagegen Beschlüsse in Verfahren der einstweiligen Anordnung erlassen; für die Kosten dieser Verfahren gilt die Kostenentscheidung in der Hauptsache (§ 570 Abs. 3, §§ 620g, 707, § 732 Abs. 2, § 924 Abs. 3).[10] Verweisungsbeschlüsse (§§ 281, 506), im Mahnverfahren Abgabebeschlüsse (§ 696 Abs. 1 S. 5, § 700 Abs. 3 S. 2) und Entscheidungen im Verfahren über die Beschwerde gegen die Streitwertfestsetzung (§ 68 Abs. 3 GKG) sind ebenfalls ohne Kostenentscheidung zu erlassen; Gleiches gilt bei erfolgreicher Beschwerde gegen Ordnungsmittel wegen unentschuldigten Ausbleibens (§ 380).[11] Im PKH-Beschwerdeverfahren werden dem Gegner Kosten nicht erstattet; deshalb ist eine Kostenentscheidung nicht erforderlich. Im Hinblick auf KV Nr. 1811 empfiehlt es sich, bei nicht vollständig erfolgreichen PKH-Beschwerden auszusprechen, ob die Beschwerdegebühr ganz, teilweise oder nicht zu erheben ist.

4 **c) Inhalt.** Ergeht die Kostenentscheidung ausschließlich nach § 91, genügt der Satz: „Der Kläger (Beklagte) hat die Kosten des Rechtsstreits zu tragen". Im Berufungs- oder Revisionsurteil kann klarstellend ergänzt werden „… des Rechtsstreits in beiden (sämtlichen) Rechtszügen zu tragen". Zur Kostenquotelung bei teilweisem Obsiegen vgl. § 92 Rn. 2–5, zur Tenorierung beim Unterliegen einzelner Streitgenossen bzw. unterschiedlichem Teilunterliegen verschiedener Streitgenossen vgl. § 100 Rn. 7–10.

5 **2. Unterliegende Partei. a) Unterliegen.** Eine Partei ist unterlegen, wenn die gerichtliche Entscheidung nicht ihrem Sachantrag entspricht. Dabei kommt es auf das letztinstanzliche Erkenntnis an: Wird die Klage erstmals in der Revisionsinstanz abgewiesen, hat der Kläger die Kosten des Rechtsstreits (in allen drei Rechtszügen) zu tragen. Es unterliegt auch der Beklagte, der auf Grund eines Anerkenntnisses nach § 307 verurteilt wird, der Kläger, dessen Klage nach Verzicht gemäß § 306 abgewiesen wird; beim sofortigen Anerkenntnis kann die Ausnahmevorschrift des § 93 in Betracht kommen. Erreicht der Kläger, der unbedingte Leistung verlangt hatte, lediglich eine Verurteilung Zug-um-Zug, ist jede Partei teilweise unterlegen. Wird die Klage auf Grund unbedingter Aufrechnung durch den Beklagten abgewiesen, unterliegt der Kläger voll.[12] Hat der Beklagte hingegen hilfsweise aufgerechnet, kann nur ein Teilunterliegen angenommen werden (vgl. § 92 Rn. 2). Auch die Partei unterliegt, die nur auf Grund einer Rechtsänderung während des Verfahrens verliert;[13] Gleiches gilt, wenn die Verurteilung auf eine Klageänderung zurückzuführen ist, es sei denn, die Klageänderung bestand in einem Parteiwechsel oder hat zu einem verminderten Streitwert ge-

---

2 OLG Düsseldorf NJW 1970, 568f.
3 OLG Köln JurBüro 1995, 491.
4 BGHZ 110, 196, 205 = NJW 1990, 1106.
5 OLG München MDR 2003, 522.
6 BGHZ 45, 251, 255 = NJW 1966, 1513.
7 KG JW 1938, 1542.
8 *St/J/Bork* Rn. 9.
9 OLG München NJW 1991, 1086f. (bestr.!).
10 MK/*Giebel* Rn. 8.
11 OLG Brandenburg MDR 1999, 508 (str.).
12 T/P/*Hüßtege* Rn. 2.
13 BGHZ 37, 233, 246f. = NJW 1962, 1715.

führt. Fehlende Geschäfts- oder Prozessfähigkeit steht der Kostentragung wegen Unterliegens nicht entgegen.[14] Eine Haftungsbeschränkung in der Hauptsache ist hier ohne Bedeutung.

b) Partei. Das ist stets, wer in der Klage- (§ 253 Abs. 2 Nr. 1) oder Antragsschrift als solche bezeichnet ist. 6
Für die Parteistellung ist es unbeachtlich, ob die als Kläger bezeichnete natürliche oder juristische Person sachlich-rechtlich aktiv bzw. passiv legitimiert ist, ob sie wirksam vertreten oder überhaupt parteifähig ist. Partei ist der Prozessstandschafter. Verliert er, richtet sich die Kostenentscheidung gegen ihn. Doch haftet der Prozessstandschafter nicht mit seinem Vermögen. Ergeht gegen eine nichtexistente Partei eine Verurteilung, kann die Kostenentscheidung nicht vollstreckt werden.[15] Jedoch können die Kosten gegen den für die Nichtpartei Handelnden festgesetzt werden; Voraussetzung ist lediglich, dass er aus dem Rubrum ersichtlich ist.[16] Gleiches gilt für den vollmachtlosen Vertreter: er kann an Stelle der Partei in die Kosten verurteilt werden.[17] Nach OLG Dresden ist dies nur zulässig, wenn sich sicher feststellen lässt, dass er nicht auf eine ordnungsgemäße Bevollmächtigung vertrauen durfte.[18] Wird eine bereits bei Rechtshängigkeit nicht existente juristische Person erfolglos verklagt, können Kosten zu ihren Gunsten nicht festgesetzt werden.[19]

3. Kosten des Rechtsstreits. Zum Begriff der Prozesskosten vgl. vor § 91 Rn. 3–5. **a) Rechtsstreit.** Dies 7
ist das Erkenntnisverfahren. Zu ihm gehören das Güteverfahren gemäß § 91 Abs. 3,[20] das PKH-Verfahren nach § 118 Abs. 1 S. 5 (Kosten des PKH-Beschwerdeverfahrens sind nach § 127 Abs. 4 nicht zu erstatten), die sachgemäße Vorbereitung des Rechtsstreits (vgl. Rn. 73), das vorangegangene Mahnverfahren, das selbstständige Beweisverfahren, so weit der Streitstoff mit dem Hauptsacheprozess identisch ist (vgl. Rn. 65–67), das Verfahren zur gerichtlichen Bestimmung der Zuständigkeit (§§ 36f.), Verweisungsverfahren (§§ 281, 506, 696, 700), Widerklage, Verfahren zur Ergänzung, Berichtigung und Zustellung des Urteils, Berufungs- und Revisionsverfahren, Verfahren der sofortigen Beschwerde und der Rechtsbeschwerde, sofern nicht in beiden letzteren eigene Kostenentscheidungen ergangen sind, einstweilige Anordnungen nach §§ 620ff. oder bei Klagen nach §§ 767, 771 Anordnungen nach §§ 709, 719. **Nicht** zum Rechtsstreit gehören vorangegangene Arrest- oder einstweilige Verfügungsverfahren, das Zwangsvollstreckungsverfahren, Maßnahmen zur versuchten Abwendung des Rechtsstreits (Mahnschreiben,[21] Kosten eines Inkassobüros – vgl. Rn. 49 –), Vorverfahren vor Verwaltungsbehörden, schiedsgerichtliche Verfahren,[22] Kosten für eine Sicherheitsleistung nach §§ 709, 711, 712, selbstständige Räumungsverfahren nach § 721 Abs. 2, 3 u. 4, sowie Handlungen zur Erfüllung des Urteilsspruchs.[23] Auch Anwaltskosten für außergerichtliche Vergleichsverhandlungen zu Forderungen, die vor Einbeziehung in den gerichtlichen Vergleich nicht rechtshängig waren,[24] sowie Anwaltskosten für das Vorgehen aus einer Prozessbürgschaft sind keine Kosten des Rechtsstreits;[25] ebenso wenig die Kosten der Finanzierung eines solchen.[26]

b) Notwendige Kosten. Nur die zur zweckentsprechenden Rechtsverfolgung oder Rechtsverteidigung 8
notwendigen Kosten hat der Unterliegende zu erstatten. Das Kostenrecht gebietet – so weit eine Erstattung verlangt wird – eine sparsame Prozessführung.[27] Daher sind nicht immer die Kosten optimaler Führung eines Rechtsstreits zu ersetzen. Notwendig sind die Kosten nur für solche Maßnahmen, die objektiv erforderlich und geeignet erscheinen, das streitige Recht zu verfolgen oder zu verteidigen.[28] Für die Beurteilung ist der Zeitpunkt der Vornahme der kostenverursachenden Handlung entscheidend. Stellt sich später heraus, dass sie unnötig war, ist dies unbeachtlich.[29] Die Einreichung einer Schutzschrift nach Rücknahme des Antrags auf Erlass einer einstweiligen Verfügung ist allerdings keine zur Rechtsverteidigung objektiv erforderliche Maßnahme, auf die (verschuldete oder unverschuldete) Unkenntnis des Antragsgegners von der Antragsrücknahme kommt es nicht an.[30] Nicht „notwendig" sind die Kosten für die Unterrichtung einer Vielzahl von Mitgliedern einer Wohnungseigentümergemeinschaft über den Verfahrensstand durch gesonderte Briefe.[31] „Notwendige" Kosten sind hingegen die von einer Partei einem Zeugen erstatteten Auslagen, wenn das Gericht angeregt hatte, den im Ausland lebenden Zeugen zum Termin mitzubringen.[32]

aa) Verfolgt der Kläger in einer **Mehrheit von Prozessen** mehrere selbstständige Ansprüche aus einem 9
einheitlichen wirtschaftlichen Lebensvorgang, kann er die Mehrkosten getrennter Geltendmachung nur verlangen, wenn die getrennte Prozessführung sachlich begründet war.[33] Andernfalls ist dieses Vorgehen

---

[14] BGH NJW 1993, 1895.
[15] Vgl. OLG Koblenz NJW-RR 2001, 285.
[16] OLG Düsseldorf Rpfleger 1980, 437; vgl. auch BGH VII ZB 23/07 (juris).
[17] BGH NJW 1983, 883f.
[18] OLG Dresden JurBüro 1989, 480f.
[19] BGH NJW-RR 2004, 1505f.
[20] LG Nürnberg-Fürth NJW-RR 2003, 1508.
[21] BGH-NJW 2006, 2560f.
[22] OLG Hamm Rpfleger 1973, 369.
[23] OLG München Rpfleger 1997, 453.
[24] BGH AnwBl. 2005, 434f.
[25] OLG München NJW-RR 2001, 936.
[26] OLG Koblenz NJW-RR 2006, 502.
[27] OLG Hamm MDR 1994, 103f.; BayVGH AnwBl. 2000, 323.
[28] T/P/*Hüßtege* Rn. 9; siehe aber auch OLG Bamberg JurBüro 2003, 144f.
[29] MK/*Giebel* Rn. 40.
[30] BGH Report 2007, 739f.
[31] LG Hannover NJW-RR 1998, 303.
[32] OLG Hamburg JurBüro 2000, 479f.
[33] OLG Hamburg MDR 2004, 778.

rechtsmissbräuchlich.[34] Dies kann im Kostenfestsetzungsverfahren überprüft werden.[35] Grundsätzlich sind daher (vorzeitiger) Zugewinnausgleich und Trennungsunterhalt in einer Klage geltend zu machen, wenn Kostennachteile vermieden werden sollen.[36] Es verstößt gegen das Gebot sparsamer Prozessführung, wenn ein Ehepartner in zwei isolierten Verfahren die Zuweisung der Ehewohnung nach § 1361 BGB und die Übertragung des Sorgerechts für die Zeit des Getrenntlebens betreibt, obwohl dieselben Ziele kostengünstiger durch einstweilige Anordnungen nach § 620 S. 1 Nr. 1, 7 hätten erreicht werden können.[37] Gleiches ist grundsätzlich anzunehmen, wenn außerhalb des Verbundes des § 623 ein isoliertes Verfahren betrieben wird, sofern das Antragsziel im Verbund durch einstweilige Anordnung nach § 620 zu erreichen war.[38] Sachliche Gründe rechtfertigen es, in getrennten Prozessen Hauptschuldner und Bürgen,[39] nicht aber, mehrere Bürgen zu verklagen.[40] Die Problematik stellt sich ebenso bei wettbewerbsrechtlichen Klagen mehrerer Geschädigter.[41] Bestehen **mehrere Gerichtsstände**, wird kostenrechtlich das Wahlrecht des Klägers (§ 35) nicht eingeschränkt. Er muss sich nicht für den kostengünstigsten Gerichtsstand entscheiden.[42]

10 **bb)** Für **Zeitversäumnis der Partei** ist diese in den von § 91 Abs. 1 S. 2 gezogenen Grenzen zu entschädigen. Deshalb wird einer Partei nicht der allgemeine Zeitaufwand für Aktenstudium, Lesen und Anfertigen von Schriftsätzen[43] ersetzt, den eine Prozessführung mit sich bringt.[44] Zu erstatten ist nur die Zeitversäumnis, die durch notwendige Reisen oder durch die notwendige Wahrnehmung von Terminen entstanden ist. Dies gilt auch, wenn für die Partei deren Angestellter, Organ oder gesetzlicher Vertreter handelt.[45] Nach zutreffender, allerdings bestrittener Ansicht steht diese Entschädigung grundsätzlich auch Behörden und juristischen Personen des öffentlichen Rechts zu;[46] für eine abweichende Behandlung besteht kein Grund. Die Partei kann keine Entschädigung für den Zeitaufwand verlangen, der zur Information ihres Prozessbevollmächtigten erforderlich war. Ist allerdings hierzu eine Reise erforderlich, ist die Zeitversäumnis zu erstatten. Voraussetzung dafür ist, dass der Anwalt in einer anderen Gemeinde seine Kanzlei betreibt[47] und der Partei schriftliche Informationserteilung nicht zugemutet werden konnte. Die **Wahrnehmung von Terminen** (Verhandlungs- und Beweisterminen) wird häufig auch für die anwaltlich vertretene Partei notwendig sein. Nach neuerer Rechtsprechung ist dafür nicht Voraussetzung, dass das Gericht das persönliche Erscheinen angeordnet hat. Der Partei muss ohne Kostennachteile die Möglichkeit offen stehen, den Erörterungen zu folgen, ihren eigenen Rechtsanwalt zu unterstützen, notfalls zu berichtigen und selbst dem Gericht ihren Standpunkt darzulegen.[48] Etwas anderes gilt allerdings bei reinen Formalterminen (Verkündungsterminen) oder in Bagatellstreitigkeiten. Für die Höhe der Entschädigung verweist § 91 Abs. 1 S. 2 auf das JVEG.[49] In Betracht kommen die §§ 19ff. JVEG. Zu den **Reisekosten** der Partei vgl. Rn. 63.

III. Absatz 2 – Anwaltskosten

11 **1. Grundsatz.** Der obsiegenden Partei sind in allen Prozessen die gesetzlichen Gebühren und Auslagen eines Rechtsanwalts zu erstatten. Ohne Bedeutung ist deshalb, ob für das einzelne Verfahren Anwaltszwang besteht; eine Partei soll sich im Prozess grundsätzlich anwaltlicher Hilfe bedienen können, ohne Kostennachteile befürchten zu müssen. Das gilt auch für die rechtskundige Partei und für diejenige, die über eine eigene Rechtsabteilung verfügt. Im Kostenfestsetzungsverfahren nach §§ 103ff. ist daher grundsätzlich nicht zu prüfen, ob die Partei für das Verfahren einen Rechtsanwalt beauftragen durfte. Zu überprüfen ist indes, ob die einzelne Maßnahme des Prozessbevollmächtigten zur zweckentsprechenden Rechtsverfolgung oder -verteidigung notwendig war.[50] Dies ist zB zu verneinen, wenn nach einer ausdrücklich nur zur Fristwahrung eingelegten Berufung der gegnerische Anwalt sogleich den Sachantrag auf Zurückweisung der Berufung schriftsätzlich ankündigt (vgl. näher Rn. 16). Verstößt die Prozessvertretung der obsiegenden Partei gegen § 46 BRAO, erwächst kein Kostenerstattungsanspruch gegenüber dem Gegner[51] (s. auch vor § 91 Rn. 5). Geschäftsgebühren eines Rechtsanwalts, der sich nicht zum Prozessbevollmächtigten bestellt hat, können für die vorgerichtliche oder außergerichtliche Tätigkeit grundsätzlich nicht geltend gemacht werden.[52]

---

[34] BGH NJW-RR 2006, 474ff.; OLG München AnwBl. 2002, 435.
[35] OLG Stuttgart Rpfleger 2001, 617f.
[36] OLG Zweibrücken Rpfleger 1993, 41f.
[37] OLG Düsseldorf JurBüro 1993, 354.
[38] OLG Düsseldorf JurBüro 1994, 547; vgl. auch JurBüro 2002, 486ff.
[39] OLG Koblenz Rpfleger 1991, 80.
[40] OLG Koblenz Rpfleger 1991, 81.
[41] KG JurBüro 2002, 35ff.; *Dieter Meyer* JurBüro 2002, 70f.; vgl. auch BGH NJW-RR 2004, 335ff.
[42] OLG Hamburg JurBüro 1999, 367.
[43] OLG Schleswig JurBüro 1981, 122; OLG Koblenz AnwBl. 1996, 412.
[44] BGHZ 66, 112, 114 = NJW 1976, 1256.
[45] KG MDR 2007, 920f.; OLG Stuttgart Die Justiz 1990, 185.
[46] OLG Karlsruhe Rpfleger 1993, 484; vgl. auch LAG Sachsen-Anhalt JurBüro 2000, 535.
[47] OLG Hamm JurBüro 1981, 144.
[48] OLG Köln Rpfleger 1993, 126f.; enger *Zö/Herget* Rn. 13 „Zeitversäumnis".
[49] Justizvergütungs- und -entschädigungsgesetz vom 5. Mai 2004, BGBl. I S. 776ff.
[50] OLG Karlsruhe JurBüro 1995, 88f.; aM (keine Notwendigkeitsprüfung; nur bei Rechtsmissbrauch keine Erstattungsfähigkeit) BPatG Rpfleger 1995, 40.
[51] OLG Stuttgart MDR 1999, 1530f.
[52] OLG Frankfurt/M. JurBüro 2003, 201.

2. Anlass zur Bestellung. a) Allgemeines. Zur Bestellung eines Rechtsanwalts besteht Anlass, wenn gegen einen anderen ein Rechtsstreit begonnen werden soll, oder jemand von einem anderen mit einem Rechtsstreit überzogen wird. Das ist bereits mit dem Antrag auf Erlass bzw. mit der Zustellung eines Mahnbescheids,[53] eines Arrestbefehls oder einer einstweiligen Verfügung, mit Erhebung bzw. Zustellung einer Klage der Fall; grundsätzlich immer dann, wenn eine gerichtliche Entscheidung oder Maßnahme beantragt oder rechtliches Gehör vor Erlass einer Entscheidung des Gerichts gewährt wird; das gilt auch für Verfahren der Zwangsvollstreckung. 12

b) Berufungseinlegung insbesondere: Inwieweit durch die **Zustellung einer Berufungseinlegungsschrift** dem Berufungsbeklagten Anlass zur Inanspruchnahme anwaltlicher Hilfe gegeben wird, ist sehr streitig. Kostenrechtlich wird dies bedeutsam, wenn die Berufung nicht begründet und entweder vor Ablauf der Berufungsbegründungsfrist zurückgenommen oder nach deren Ablauf gemäß § 522 verworfen wird. Hat in diesen Fällen bereits ein Anwalt seine Bestellung durch den Berufungsbeklagten angezeigt, ist gemäß RVG VV Nr. 3201 ein Gebührensatz von 1,1 angefallen; hat der Anwalt sich nicht nur bestellt, sondern auch einen Sachantrag schriftsätzlich angekündigt (regelmäßig den Antrag, die Berufung zurückzuweisen), ist stattdessen bereits eine Gebühr von 1,6 (RVG VV Nr. 3200) entstanden. Dass der Berufungsbeklagte diese Gebühren seinem Anwalt schuldet, ist keine Frage. Fraglich ist allein, ob die entstandenen Kosten zur Rechtsverteidigung notwendig waren und deshalb vom Berufungskläger zu erstatten sind. Es ist zu differenzieren: 14

aa) Die Berufungsschrift enthält **nicht** den Zusatz, sie sei **lediglich zur Fristwahrung** eingelegt, ebenso wenig die Bitte, Sachanträge vor Ablauf einer bestimmten Frist nicht zu stellen. Hier ist der Berufungsgegner berechtigt, sogleich einen Anwalt für die Berufungsinstanz zu beauftragen und diesen seine Vertretung gegenüber dem Berufungsgericht anzeigen zu lassen.[54] Etwas anderes kann nur aus besonderen Gründen gelten, etwa wenn die Partei außergerichtlich Kenntnis davon erlangt, dass die Berufung nur fristwahrenden Charakter hat,[55] oder das Berufungsgericht dem Berufungsbeklagten bei Zustellung mitteilt, es beabsichtige, die Berufung aus formellen Gründen als unzulässig zu verwerfen.[56]

Unterschiedlich wird beantwortet, ob in diesem Verfahrensstadium bereits die schriftsätzliche **Ankündigung eines Sachantrages** „notwendig" ist. Dies wird verschiedentlich ohne Einschränkungen bejaht.[57] Die Grenzen des Rechtsmissbrauchs seien erst erreicht, wenn die Parteien im Hinblick auf das Rechtsmittel ein Stillhalteabkommen vereinbart hätten. Nach anderer Auffassung „darf" ein Sachantrag erst angekündigt werden, wenn die Berufungsschrift ihrerseits zwar noch keine Begründung, wohl aber bereits Sachanträge enthält[58] oder wenn der Berufungsbeklagte davon ausgehen durfte, dass die Berufung durchgeführt werde:[59] Nach einer weiteren Ansicht ist vor zugestellter Berufungsbegründung grundsätzlich nur eine Gebühr von 1,1 erstattungsfähig.[60] Der letztgenannten Auffassung ist zuzustimmen mit der Maßgabe, dass ausnahmsweise bereits dann eine 1,6 Gebühr zu erstatten ist, wenn über die bloße Rechtsmitteleinlegung hinaus der Berufungsbeklagte aus besonderen Gründen davon ausgehen musste, das Rechtsmittel werde durchgeführt. Damit entfällt die 1,6 Gebühr auch dann, wenn der Rechtsmittelgegner gebeten wurde, vor Ablauf einer bestimmten Frist Sachanträge nicht zu stellen und das Rechtsmittel vor Fristablauf zurückgenommen wurde.[61] Stellt der Berufungsbeklagte nach Begründung des Rechtsmittels und vor einer Entscheidung des Gerichts über dessen mögliche Zurückweisung durch Beschluss einen Sachantrag, handelt es sich insoweit um „notwendige" Kosten.[62] 15

bb) Wird die Berufung ausdrücklich **nur zur Fristwahrung** eingelegt, dann hält eine Mindermeinung schon die Beauftragung eines Rechtsanwalts für nicht notwendig.[63] Teilweise wird das jedenfalls angenommen, wenn der Rechtsmittelgegner sich im Berufungsverfahren durch den erstinstanzlichen Prozessbevollmächtigten vertreten ließ.[64] Mit der ganz überwiegenden Auffassung ist indessen dem Berufungsbeklagten zur Wahrung seiner Rechte zuzubilligen, einen Rechtsanwalt zu beauftragen, der sich bestellen darf.[65] Doch ist zu diesem Zeitpunkt die Ankündigung von Sachanträgen zur zweckentsprechenden Rechtsverteidigung (noch) nicht notwendig. Da in diesen Fällen bei Rücknahme vor Begründung nicht feststand, dass das Rechtsmittel durchgeführt wird (vgl. Rn. 15), sind auch bei angekündigtem Antrag auf Zurückweisung nur eine Gebühr von 1,1 aus dem Berufungsstreitwert zu erstatten.[66] Dies gilt auch dann, wenn die Beru- 16

---

[53] AA allein OLG Nürnberg (8. ZS) NJW 1998, 388f.; zu Recht ist die Entscheidung auf Ablehnung gestoßen, vgl. OLG Nürnberg (5. ZS) NJW 1999, 656 und (1. ZS) NJW-RR 2000, 1518.

[54] OLG Karlsruhe JurBüro 1995, 88f.

[55] OLG Dresden JurBüro 1998, 469f.

[56] OLG Koblenz JurBüro 2006, 485; LAG Düsseldorf JurBüro 1994, 424f.

[57] OLG Frankfurt/M MittPat. 1995, 80f.; OLG Düsseldorf AnwBl. 1996, 589f.

[58] OLG Koblenz FamRZ 2005, 1848; OLG Hamburg JurBüro 1997, 141; anders allerdings, wenn die frühzeitige Erwiderung ausnahmsweise zweckentsprechend erscheint: OLG Hamburg JurBüro 1997, 142.

[59] LAG Düsseldorf JurBüro 1994, 427 m. zust. Anm. v. *Mümmler* u. weit. Nachw.; OLG Schleswig AnwBl. 1997, 681.

[60] BAG NJW 2003, 3796f. Ebenso OLG Karlsruhe JurBüro 1997, 142f.: auch wenn der Berufungsführer um Verlängerung der Begründungsfrist nachsucht, ist deshalb die Ankündigung von Sachanträgen noch nicht notwendig.

[61] OLG Karlsruhe JurBüro 1993, 36.

[62] BGH NJW 2004, 73; weitergehend OLG Stuttgart JurBüro 2007, 36: auch bei Antrag vor Einreichung der Berufungsbegründung.

[63] OLG Hamburg JurBüro 1994, 423; OLG Dresden MDR 2000, 852.

[64] LG Göttingen NdsRpfl. 1994, 246f.

[65] Jetzt BGH NJW 2003, 756f.

[66] BGH NJW 2003, 2992f.; vgl. auch BGH BauR 2004, 114f.

fungsbegründungsfrist antragsgemäß mehrfach verlängert wurde.[67] Nach richtiger Ansicht besteht überhaupt kein Erstattungsanspruch, wenn sich erst nach Rücknahme des Rechtsmittels ein Rechtsanwalt bestellt und lediglich den Antrag nach § 516 Abs. 3 stellt. Über die Kosten ist nunmehr von Amts wegen zu entscheiden.[68] Entsprechendes gilt insgesamt nach Rücknahme einer Revision.[69]

17 **3. Reisekosten des Anwalts.** Bei einer Reise muss das Ziel außerhalb der Gemeinde liegen, in der sich die Kanzlei oder Wohnung des Rechtsanwalts befindet (RVG VV Vorbemerkung 7 Abs. 2).

a) **Satz 1.** Durch den Wegfall des Lokalisierungsgrundsatzes ist die Problematik der Erstattung von Reisekosten des Prozessbevollmächtigten in der Praxis enorm bedeutsam geworden. Die nunmehrige Zuständigkeit des Bundesgerichtshofs für Fragen des Kostenrechts hat zu einer Vielzahl von einschlägigen Entscheidungen geführt, die die bisher oft uneinheitliche Rechtsprechung der Oberlandesgerichte zurücktreten lassen. Grundsätzlich sind danach Reisekosten des am Wohn- und Geschäftssitz der Partei ansässigen Rechtsanwalts als zweckentsprechende Kosten erstattungsfähig, auch wenn die Klage vor einem auswärtigen Gericht zu erheben ist.[70] Dies gilt auch dann, wenn Partei ein Haftpflichtversicherer ist, der keine eigene Rechtsabteilung unterhält, sondern einen Hausanwalt an seinem Geschäftsort beauftragt.[71] Auch kann ein eingehendes persönliches Mandantengespräch, das die Zuziehung eines Anwalts notwendig erscheinen lässt, einem Unternehmen nicht mit der Begründung verwehrt werden, dem Unternehmen sei die Einrichtung einer Rechtsabteilung zuzumuten.[72] Ist ein Unternehmen, dessen Rechtsangelegenheiten an seinem Hauptsitz bearbeitet werden, am Ort seiner Zweigniederlassung verklagt, sind die Reisekosten zum Prozessgericht im Regelfall erstattungsfähig.[73] Nichts anderes gilt, wenn sich die Partei gelegentlich am Ort des Prozessgerichts aufhält.[74] Die zu erstattenden Reisekosten sind der Höhe nach nicht notwendig auf die fiktiven Kosten der Beauftragung eines Terminvertreters beschränkt.[75] Dieselben Grundsätze gelten auch für die Vertretung im Berufungsverfahren.[76] Die Reisekosten eines **Rechtsanwalts am dritten Ort** (weder Gerichtsort noch Wohn- oder Geschäftsort der Partei) sind nach den obigen Grundsätzen bis zur Höhe der fiktiven Reisekosten eines am Wohn- oder Geschäftsort der Partei ansässigen Rechtsanwalts erstattungsfähig.[77] **Nicht erstattungsfähig** sind die Kosten, wenn schon im Zeitpunkt der Beauftragung feststeht, dass ein eingehendes, persönliches Mandantengespräche nicht erforderlich sein wird,[78] etwa bei einem Verband zur Verfolgung gewerblicher Interessen, iSv. § 13 Abs. 2 Nr. 2 UWG, der in der Regel ebenso wie ein Unternehmen mit eigener Rechtsabteilung in der Lage ist, einen Prozessbevollmächtigten am Sitz des Prozessgerichts schriftlich zu instruieren.[79] Zur schriftlichen Information ist auch ein zum Insolvenzverwalter bestellter Rechtsanwalt in der Lage.[80]

18 *unbesetzt*

19 c) **Notwendigkeit der Reise.** Sie ist zu prüfen, weil auch § 91 Abs. 2 unter dem in Abs. 1 festgeschriebenen Grundsatz steht, dass allein die zur zweckentsprechenden Rechtsverfolgung bzw. -verteidigung notwendigen Kosten zu erstatten sind (vgl. Rn. 8 f.)[81]. Zu **bejahen:** auch bei weiter Reise zur Beweisaufnahme vor dem ersuchten Amtsrichter[82] und bei sonstiger auswärtiger Beweisaufnahme bis zur Höhe der Gebühren eines örtlichen Anwalts nach § 54 BRAGO, darüber hinaus dann, wenn die Anwesenheit des Prozessanwalts erforderlich ist; bei Besichtigung des streitgegenständlichen Grundstücks zur Vorbereitung der Klage bzw. deren Erwiderung.[83] Zu **verneinen:** zur Teilnahme am Verkündungstermin;[84] an Verhandlungsterminen, wenn durch zu spätes Eintreffen nicht verhandelt werden kann;[85] wenn bei einer überörtlichen Sozietät – auch einer Patentanwaltssozietät – ein Sozius am Gerichtsort ansässig ist;[86] wenn die Reise deshalb erforderlich ist, weil die Partei einen die Zweigniederlassung betreffenden Prozess von der Zentrale aus führen lässt.[87] Die Rechtsprechung der Gerichte ist insgesamt nahezu unübersichtlich geworden.[88]

---

[67] OLG Köln JurBüro 1992, 801 f. m. zust. Anm. v. *Mümmler;* aM OLG Karlsruhe NJW-RR 2000, 512 f.; OLG Stuttgart MDR 2005, 1438: Erstattungspflicht, sofern Verwerfungsantrag nach ungenütztem Ablauf der Berufungsbegründungsfrist gestellt wurde.
[68] Vgl. OLG Hamburg MDR 2003, 1261.
[69] BGH NJW 2003, 1324; OLG München Rpfleger 1997, 540 f.
[70] BGH NJW 2007, 2048 f.; Rpfleger 2007, 429 f.; anders bei Beauftragung durch einen Insolvenzverwalter BGH NJW-RR 2007, 129.
[71] BGH NJW-RR 2004, 430 f.; vgl. auch BGH NJW 2006, 3008 f. m. Anm. v. *H.J. Mayer;* BGH-I ZB 42/06 (juris).
[72] BGH NJW-RR 2004, 857 f.; OLG Koblenz JurBüro 2006, 484 f.
[73] BGH NJW-RR 2004, 1724 f.; vgl. auch BGH MDR 2007, 1222 f.
[74] BGH NJW-RR 2004, 1216 f.
[75] BGH NJW-RR 2005, 1662.
[76] BGH NJW-RR 2004, 1500.
[77] BGH NJW-RR 2004, 855 f., 858 f.; OLG Düsseldorf Rpfleger 2007, 112 ff.
[78] BGH NJW-RR 2004, 1212 f.
[79] BGH NJW-RR 2004, 856 f.; besondere Umstände können allerdings eine Ausnahme rechtfertigen OLG Frankfurt NJW-RR 2007, 214 f.
[80] BGH NJW 2004, 3187 f.; NJW-RR 2005, 1591 f.
[81] LG Kassel MDR 1992, 1189 f.; aM (nur bei Rechtsmissbrauch keine Erstattung) BPatG Rpfleger 1994, 40.
[82] LG Stuttgart ZfS 1994, 462 (LS).
[83] VG Stuttgart AnwBl. 1985, 544.
[84] VGH Mannheim MDR 1993, 701 (zu § 162 Abs. 1 VwGO).
[85] LG Kassel MDR 1992, 1189 f.
[86] OLG München AnwBl. 1994, 198.
[87] LAG Nürnberg JurBüro 1993, 297.
[88] Vgl. *Karczewski* MDR 2005, 481 ff.

d) **Umfang.** Die Höhe zu erstattender Aufwendungen richtet sich nach RVG VV Nr. 7003 bis 7006. Bei mehrtägiger auswärtiger Beweisaufnahme ist zu prüfen, ob dem Anwalt ein zwischenzeitliches Zurückkehren zuzumuten war.[89] Der Rechtsanwalt ist nicht gezwungen, jeweils das billigste Verkehrsmittel zu benutzen.[90] Bringt es einen erhebliche Zeitgewinn, kann auch die Benutzung eines Flugzeugs erstattungsfähig sein.[91] Bei Benutzung des eigenen Fahrzeugs waren nach ausdrücklicher Regelung durch § 28 Abs. 2 Nr. 1 BRAGO auch Parkgebühren zu ersetzen. Nunmehr können Parkgebühren nach RVG VV Nr. 7006 gefordert werden. Verwendet der Anwalt für die Bahnfahrt[92] eine Bahncard, sind die Kosten für deren Erwerb anteilig bei der einzelnen Reise bis zur Grenze der Kosten einer regulären Fahrkarte erstattungsfähig.[93] Da erst nach Ablauf der Gültigkeit der Bahncard feststeht, inwieweit sie für private Fahrten und andere Geschäftsreisen benutzt wurde, kann sich empfehlen, die Festsetzung dieser Kosten zunächst zurückzustellen und einer Nachliquidation (vgl. § 104 Rn. 41) zu überlassen.[94] Eine „Verpflichtung", eine Bahncard zu benutzen, besteht nicht.[95] Taxikosten in einer fremden Stadt sind zu ersetzen.[96] 20

e) **Arbeitsgerichtsbarkeit.** Gemäß § 12a Abs. 1 ArbGG sind im erstinstanzlichen Urteilsverfahren Reisekosten des Anwalts vom Gegner nicht zu erstatten. In den höheren Instanzen sind die Reisekosten eines nicht am Ort des Berufungs- bzw. Revisionsgericht ansässigen Anwalts in der Regel zu erstatten.[97] Unterhält allerdings das zur Vertretung berufene Ministerium oder die juristische Person des öffentlichen Rechts eine Außenstelle am Gerichtsort oder ist dort eine nachgeordnete Behörde vorhanden, sind Reisekosten eines Anwalts nicht zu erstatten.[98] Auch die Kosten eines von einer im Bezirk des Landesarbeitsgerichts vertretenen Gewerkschaft beauftragten Unterbevollmächtigten sind nicht zu erstatten.[99] 21

4. Mehrere Rechtsanwälte. Nach Abs. 2 S. 2 hat der Gegner in einer Instanz nur die Kosten zu erstatten, die bei der Beauftragung eines einzigen Anwalts entstehen, auch wenn die Partei mehrere Anwälte nacheinander oder nebeneinander mandatiert hat.[100] Das gilt auch im verfassungsrechtlichen Verfahren.[101] Von diesem Grundsatz gibt es Ausnahmen:[102] 22

a) **Notwendiger Anwaltswechsel (s. auch: Mahnverfahren).** Liegt ein solcher vor, sind auch die Kosten des späteren Anwalts zu erstatten. Ein Wechsel war dann notwendig, wenn er weder von der Partei noch vom Anwalt verschuldet wurde. Bejaht wird dies, wenn der Anwalt verstirbt, es sei denn, der Verstorbene gehörte einer Sozietät an (weil sich der Auftrag auf die anderen Mitglieder erstreckt hat, können diese den Auftrag fortführen);[103] wenn der frühere angestellte Anwalt die Kanzlei des Verstorbenen als Selbstständiger weiterführt; bei krankheitsbedingter Aufgabe der anwaltlichen Tätigkeit.[104] Bei freiwilliger Aufgabe der Zulassung wurde in der früheren Rechtsprechung anwaltliches Verschulden angenommen.[105] Dagegen setzt sich zunehmend die Auffassung durch, dass ein notwendiger Anwaltswechsel vorliegt, wenn der Anwalt die Zulassung (beim Prozessgericht) aus achtenswerten Gründen aufgibt, zB wegen Änderung der Gerichtsorganisation, die den Umsatz spürbar senken wird.[106] Der Anwalt verletzt seine Pflichten gegenüber seinem Auftraggeber jedoch schuldhaft, wenn er bereits bei Übernahme des Mandats weiß, dass er in absehbarer Zeit seine Zulassung aufgeben wird. Er verliert dann seinen Gebührenanspruch gegenüber seinem Mandanten – in dem gleichen Umfang scheidet eine Erstattungspflicht des Gegners aus. Nur ein besonderer, weder von der Partei noch vom Anwalt zu vertretender Grund, rechtfertigt nach Zurückverweisung der Sache an das untere Gericht die Beauftragung eines anderen als des früher in der unteren Instanz tätigen Anwalts.[107] Bei Verweisung eines Rechtsstreits an das zuständige Gericht ist es nicht geboten, sich durch einen weit entfernt ansässigen Rechtsanwalt weiter vertreten zu lassen.[108]

Nicht notwendig ist der Anwaltswechsel beim Tod der Partei,[109] Erkrankung oder Überlastung des Anwalts,[110] Kündigung des Mandats wegen persönlicher Differenzen,[111] Veräußerung der Praxis,[112] freiwilli- 23

---

89 OLG Düsseldorf JurBüro 1993, 674.
90 AG Norden JurBüro 2000, 76 m. zust. Anm. v. *Warfsmann.*
91 LAG Kiel MDR 1994, 216f.; vgl. auch LG Leipzig MDR 2007, 433.
92 Dabei kann auch der Zuschlag für das Nachlösen im Zug erstattungsfähig sein: VG Freiburg AnwBl. 1996, 589.
93 OLG Frankfurt NJW 2006, 2337f.
94 *Mümmler* JurBüro 1993, 336; aA VG Köln NJW 2005, 3513.
95 VG Freiburg AnwBl. 1996, 589.
96 LG Berlin JurBüro1999, 526.
97 LAG Düsseldorf MDR 2003, 1321f.
98 LAG Berlin JurBüro 1995, 38ff.
99 LAG Schleswig-Holstein AnwBl. 2001, 310f.
100 Vgl. *Henssler/Deckenbrock* MDR 2005, 1322ff.
101 BVerfG NJW 1998, 590.
102 Zur Vertretung von Streitgenossen s. Rn. 69.
103 OLG München AnwBl. 1995, 109.
104 OLG Koblenz JurBüro 2006, 543: sofern bei Erteilung des Mandats nicht vorhersehbar war, dass eine abschließende Bearbeitung ausschied.
105 OLG Hamm JurBüro 1960, 529.
106 OLG Koblenz JurBüro 1978, 1068; aA OLG München AnwBl. 2002, 117.
107 OLG Köln JurBüro 1992, 175.
108 OLG Nürnberg MDR 2001, 1134.
109 OLG Hamburg MDR 1979, 762f.
110 OLG München 1970, 428.
111 OLG Köln JurBüro 1992, 175.
112 OLG Braunschweig JurBüro 1973, 871f.

ger Aufgabe der Zulassung ohne „achtenswerten" Grund (vgl. Rn. 22);[113] wenn der Abwickler der Kanzlei des verstorbenen Anwalts (§ 55 BRAO) nach Aufhebung seiner Bestellung die Angelegenheit als Prozessbevollmächtigter fortsetzt;[114] wenn der Kläger nach anwaltlicher Vertretung im selbständigen Beweisverfahren für das Hauptsacheverfahren einen anderen Anwalt beauftragt;[115] nach Verweisung an das Landgericht, nachdem nach beim Amtsgericht erhobener Teilklage die Klage erhöht wurde, der Kläger aber von Anfang an seine Forderung wesentlich höher beziffert hatte,[116] nach Verweisung an die funktionell zuständige Kartellkammer eines anderen Landgerichts, wenn der ursprüngliche Anwalt bei sog. konzentrierter Zuständigkeit (§ 89 GWB) auch vor der Kartellkammer auftreten kann.[117] Zutreffend verneint das OLG München[118] einen Anwaltswechsel, wenn nach Verweisung wegen Unzuständigkeit Rechtsanwälte einer überörtlichen Sozietät sowohl vor dem verweisenden als auch vor dem zuständigen Gericht tätig waren; zu Unrecht folgt dem das OLG Düsseldorf nur, wenn die Partei vorher mit der Verweisung rechnete.[119]

24 Beim Übergang in das Streit- nach einem **Mahnverfahren** ist nach der ab 1. 1. 2000 geltenden Fassung von § 78 (s. dort Rn. 8f.) ein Anwaltswechsel wegen fehlender Postulationsfähigkeit nicht mehr erforderlich.[120] Die (zusätzlichen) Kosten für Reisen des nicht beim Prozessgericht residierenden Anwalts zu Terminen waren nach früherer Ansicht nur dann zu erstatten, wenn der Gläubiger nicht mit der Erhebung eines Widerspruchs zu rechnen hatte.[121] Musste der Gläubiger mit einem Widerspruch rechnen, konnte er lediglich die Kosten fiktiver Informationsreisen (s. Rn. 32) beanspruchen. Nunmehr ist die im Wandel begriffene Rechtsprechung zur Frage der Reisekosten des Anwalts einschlägig (s. Rn. 17–20). Die im Anwaltsprozess anfallenden Mehrkosten, die durch die Beauftragung eines Rechtsbeistandes im Mahnverfahren anfallen, sind neben den Kosten des im streitigen Verfahren beauftragten Anwalts nicht erstattungsfähig.[122]

25 **b) Spezialanwalt.** Grundsätzlich hat sich jeder Rechtsanwalt die für ein Verfahren erforderlichen speziellen Kenntnisse zu verschaffen. Auf Kosten des Gegners kann deshalb nur ganz ausnahmsweise ein auf einem Sachgebiet besonders kundiger Anwalt neben dem Prozessbevollmächtigten beauftragt werden.[123] In einem Rechtsstreit über einen Bierbezugsvertrag ist die Zuziehung eines Spezialanwalts wegen kartell- und europarechtlicher Fragen nicht notwendig,[124] ebenso wenig ein Spezialist als Korrespondenzanwalt für Verfahren über Anlagen- und Termingeschäfte[125] oder einen Arzthaftungsprozess.[126] Gleiches soll gelten, wenn ein Rechtsstreit vom Landgericht an das Verwaltungsgericht verwiesen wurde.[127] Besonderheiten gelten für den **Patentanwalt.** Für ihn sind kraft Gesetzes neben einem Rechtsanwalt die Kosten nach § 143 Abs. 5 PatG, § 27 Abs. 5 GebrMG und § 140 Abs. 3 MarkenG zu erstatten; dies gilt für jede Instanz.[128] Die zusätzliche Geltendmachung eines wettbewerbsrechtlichen Anspruches berührt die Erstattungsfähigkeit nicht.[129] Ist der Patentanwalt gleichzeitig Prozessbevollmächtigter, sind Patentanwalts- und Rechtsanwaltskosten nebeneinander erstattungsfähig.[130] In Wettbewerbssachen sind die Kosten eines Patentanwalts grundsätzlich nicht zu erstatten.[131] Etwas anderes ist anzunehmen, wenn schwierige technische, patent- oder markenrechtliche Fragen eine Rolle spielen und deshalb die Zuziehung eines Patentanwalts notwendig erscheint.[132] In besonders gelagerten Verfahren der Verfassungsbeschwerde mit mündlicher Verhandlung kann die Mandatierung mehrer Anwälte „notwendig" sein.[133] Zum Auftreten des Patentanwalts in eigener Sache vgl. Rn. 33.

26 **c) Unterbevollmächtigter.**[134] Die Kosten eines Unterbevollmächtigten sind erstattungsfähig, wenn sie die (fiktiven) Reisekosten des Prozessbevollmächtigten am Wohnsitz der Partei nicht erheblich übersteigen.[135] Wer kostenrechtlich Unterbevollmächtigter sein kann, ergibt sich abschließend aus § 5 RVG. Es scheiden daher aus der nichtanwaltliche Diplomjurist[136] und ebenso der Rechtsreferendar,[137] der weder Stationsreferendar, noch amtlich bestellter Vertreter ist. Grundsätzlich sind deren Kosten nicht zu erstatten.

---

[113] LG Flensburg Rpfleger 1994, 383.
[114] OLG München JurBüro 1994, 300f.; vgl. auch OLG Hamburg MDR 2005, 839f.
[115] OLG Koblenz Rpfleger 2002, 281; OLG München NJW-RR 2000, 657.
[116] OLG Düsseldorf NJW-RR 1998, 71.
[117] OLG Frankfurt/M JurBüro 1991, 249f.
[118] OLG München Rpfleger 1995, 432f.
[119] OLG Düsseldorf NJW-RR 1995, 376f.
[120] OLG Stuttgart Rpfleger 2001, 516f.
[121] OLG Zweibrücken JurBüro 2001, 202f.; LG Frankfurt/Oder Rpfleger 2000, 516; aA (die Wahrscheinlichkeit eines Widerspruchs ist ohne Bedeutung) OLG Düsseldorf AnwBl. 2001, 306ff.
[122] BGH NJW 2006, 446ff.
[123] BVerfG NJW 1993, 1460; OLG Karlsruhe AnwBl. 1998, 540f.
[124] OLG Frankfurt/M JurBüro 1992, 105.
[125] OLG Düsseldorf NJW-RR 1997, 128.
[126] OLG Celle NdsRpfl. 1995, 129.
[127] BayVGH AnwBl. 2000, 323f.
[128] OLG München Jurbüro 2004, 201.
[129] OLG Stuttgart JurBüro 1983, 766f.
[130] BGH NJW-RR 2003, 913f.
[131] OLG Jena NJW-RR 2003, 105f.; OLG München JurBüro 1993, 223.
[132] OLG Frankfurt/M JurBüro 1989, 1129f.
[133] BVerfG NJW 1999, 133f.
[134] *Bischof* Anw Bl. 2004, 365ff.
[135] BGH Rpfleger 2005, 112; OLG Bamberg JurBüro 2006, 514f.: maximal 10 %.
[136] LAG Sachsen-Anhalt AnwBl. 1995, 561f. u. 562.
[137] OLG Düsseldorf Jurbüro 2005, 364f.

Sind allerdings durch die Einschaltung notwendige Informationsreisen der Partei zum Prozessbevollmächtigten erspart worden, können die fiktiven Reisekosten, ebenso wie beim Verkehrsanwalt (vgl. Rn. 32), verlangt werden. Ausdrücklich ist nunmehr, anders noch § 4 BRAGO, auch der Assessor als möglicher Unterbevollmächtigter genannt. Der Gesetzgeber sah es als sachwidrig an, dass nach altem Recht zwar der Stationsreferendar, nicht aber der Assessor Unterbevollmächtigter im kostenrechtlichen Sinne sein konnte.[138] Umstritten ist, ob bei einer Terminvertretung durch nicht von § 5 RVG erfasste Personen eine dem Rechtsanwalt gemäß § 612 BGB geschuldete angemessene Vergütung vom Gegner zu erstatten ist.[139] Dagegen spricht, dass § 5 RVG kostenrechtlich als abschließende Regelung ausgestaltet ist. So weit ein Erstattungsanspruch angenommen wird,[140] wird für dessen Höhe von den Gebührensätzen der BRAGO (jetzt RVG) ausgegangen und von diesen ein unterschiedlich hoher Prozentsatz je nach Qualifikation des Vertreters abgezogen.[141] Um der Gefahr einer Umgehung der Vorschrift des § 5 RVG zu begegnen, sollte eine pauschalierte Entschädigung nur in Betracht kommen, wenn zwischen dem Hauptbevollmächtigten und seinem Mandanten eine entsprechende Vereinbarung getroffen wurde133 (s. ergänzend Rn. 27).

d) Verkehrsanwalt. Das ist der Rechtsanwalt, der lediglich den Verkehr der Partei mit dem Prozessbevollmächtigten führt (§ RVG VV Nrn. 3400, 3401). In der Regel ist es ein Anwalt am Wohnsitz der Partei, die nicht am Ort des Prozessgerichts wohnt.[142] Auf Grund der seit 1. Januar 2000 bzw. 1. August 2002 geltenden Fassung von § 78 (§ 78 Rn. 8f.) wird die Bedeutung des Verkehrsanwalts stark abnehmen und sich auf Verfahren vor dem BGH und auf solche Verfahren beschränken, bei denen eine Partei aus dem Ausland beteiligt ist. Nunmehr ist jeder bei – irgendeinem – Amts- oder Landgericht zugelassene Rechtsanwalt bei jedem Amts- bzw. Landgericht postulationsfähig; nach dem OLG VertrÄndG[143] (§ 78 Abs. 1 Satz 2 nF) beim Oberlandesgericht jeder bei einem Oberlandesgericht zugelassene Rechtsanwalt. Im Regelfall wird daher wohl ein Rechtsanwalt am Wohnsitz der Partei bestellt werden, der entweder selbst den Termin am entfernten Prozessgericht wahrnimmt oder hierzu einen Terminanwalt oder Unterbevollmächtigen beauftragt. Erstattungsfähig sind bei einer geschäftlich und rechtlich unerfahrenen Partei damit zusätzlich zu den Kosten eines Anwalts diejenigen eines Unterbevollmächtigten, allerdings maximal in Höhe fiktiver Reisekosten des Anwalts zum Prozessgericht bzw. der Partei zu einem Anwalt am Prozessgericht.[144] Ob weiterhin von der geschäftlich und rechtlich erfahrenen Partei verlangt werden kann, im Interesse einer sparsamen Prozessführung schriftlich einen Rechtsanwalt am Prozessgericht zu beauftragen – und deshalb ihr die Kosten für einen Unterbevollmächtigten überhaupt nicht zu erstatten – wird die Praxis zeigen. Gegen eine solche Unterscheidung sprechen die damit verbundenen Abgrenzungsschwierigkeiten, die das auf rasche Erledigung ausgerichtete Verfahren der Kostenfestsetzung verzögern. Für die Erstattung der Kosten von Verkehrsanwälten für deren Tätigkeit vor dem 1. 1. 2000 verbleibt es bei der bisherigen Rechtsprechung, die deshalb nachfolgend weiterhin dargestellt wird. Er erhält nach dieser Vorschrift für seine Tätigkeit eine Prozessgebühr, wie sie dem Prozessbevollmächtigten zusteht. Die Kosten des Verkehrsanwalts sind **grundsätzlich nicht erstattungsfähig.** Dies folgt aus § 91 Abs. 1 u. 2 S. 2 u. 3. Nach der außergewöhnlich umfangreichen Einzelfallrechtsprechung erfährt dieser Grundsatz **Ausnahmen.** Danach können etwa die Kosten eines Verkehrsanwalts zur zweckentsprechenden Rechtsverfolgung oder -verteidigung notwendig sein, wenn die Partei geschäftsungewandt ist, der Prozessstoff ungewöhnlich schwierig ist und aus diesen oder sonstigen Gründen die unmittelbare Information des auswärtigen Prozessbevollmächtigten der Partei entweder nicht möglich, nicht zumutbar oder nicht hinreichend sicher gewesen wäre. Dabei wird meist auf Entfernung, Verkehrsverbindung, berufliche Belastung, Fähigkeit zu schriftlicher Information und Informationshäufigkeit[145] und darauf abgestellt, ob die Kosten einer unmittelbaren Information des Prozessbevollmächtigten die des Verkehrsanwalts erreichen würden. Ob die Kosten eines Verkehrsanwalt danach notwendig sind, hat der Rechtspfleger unter Berücksichtigung aller Umstände des Einzelfalles zu entscheiden; pauschale Erklärungen des Kostengläubigers reichen ebenso wenig aus wie das Schweigen des Gegners zu einem entsprechenden Kostenfestsetzungsgesuch.[146] An die Erstattungsfähigkeit einer Vergleichsgebühr ist ein besonders strenger Maßstab anzulegen.[147] 27

Im Einzelnen gilt folgendes: Für die **ausländische Partei** gelten keine Besonderheiten. Nimmt sie im Inland am Wirtschaftsleben teil, muss sie sich hinsichtlich der Erstattungsfähigkeit der Kosten eines Verkehrsanwalts wie eine inländische Partei behandeln lassen.[148] Notwendige Kosten liegen nicht vor, wenn die unmittelbare schriftliche Information eines inländischen Prozessbevollmächtigten möglich und zumutbar gewesen wäre;[149] ebenso wenig, wenn der Geschäftsführer einer Partei, die eine juristische Person nach deutschem Recht ist und am Wirtschaftsleben in Deutschland teilnimmt, der deutschen Sprache nicht mächtig ist, und deshalb zunächst einen Anwalt beauftragt hat, der seine Sprache beherrscht, aber nicht 28

---

138 BT-Drucks. 15/1971 S. 188; zur Übergangszeit vgl. BGH NJW-RR 2004, 1143f.
139 Vgl. die Nachweise bei *Schall* StB 1996, 71, 74 und 276.
140 OLG Frankfurt/M Rpfleger 1995, 128; LG Hamburg AnwBl. 1996, 170.
141 LG Münster JurBüro 1996, 639f. (1/3 der Anwaltsgebühren, wenn der Bürovorsteher den Termin wahrnahm).
142 OLG Düsseldorf NJW-RR 1997, 190f.; OLG Frankfurt/M. JurBüro 1998, 305.
143 Gesetz vom 23. Juli 2002 (BGBl. I S. 2850).
144 Ähnlich *Enders* JurBüro Jubiläums-Sonderheft 1999, 1, 9.
145 OLG Stuttgart Rpfleger 2002, 657f.; OLG Köln AnwBl. 2002, 116; T/P/*Hüßtege* Rn. 27.
146 OLG Karlsruhe JurBüro 1993, 295.
147 OLG Brandenburg AnwBl. 2001, 125.
148 OLG Düsseldorf NJW-RR 1997, 574f.; vgl. auch LG Berlin JurBüro 2007, 37.
149 OLG Düsseldorf JurBüro 1993, 427; vgl. aber auch JurBüro 2006, 485.

am Prozessgericht zugelassen ist.[150] Ausnahmsweise sind notwendige Kosten anzunehmen, wenn der ausländische Versicherer Ansprüche aus einer Vielzahl von internationalen Autoverschiebungen in Deutschland geltend macht.[151] Der Umstand, dass der Heimatstaat der Partei der Europäischen Union angehört, spricht nicht dagegen, notwendige Kosten anzunehmen.[152] Sind im konkreten Fall die Kosten eines **ausländischen Verkehrsanwalts** nach den allgemeinen Regeln zu erstatten, sind dessen Kosten nur in Höhe der Gebühren eines deutschen Anwalts erstattungsfähig.[153]

29 In der **Berufungsinstanz** ist die Einschaltung eines Verkehrsanwalts in aller Regel nicht notwendig.[154] Dies liegt daran, dass der gesamte in der unteren Instanz unterbreitete Tatsachenstoff bereits vorliegt. Anders kann dies nur sein, wenn im Berufungsverfahren grundlegend neue Tatsachen in erheblichem Umfang vorzutragen sind.[155] In den – seltenen – Fällen der Erstattung der Kosten eines Verkehrsanwalts in der Revisionsinstanz[156] beträgt die Prozessgebühr für Altfälle 13/10. Die Einschaltung eines sog. **Hausanwalts** rechtfertigt für sich allein nicht die Erstattung von Verkehrsanwaltskosten.[157] Das gilt auch dann, wenn der Hausanwalt die Vorkorrespondenz geführt hat oder aus sonstigen Gründen den Sachverhalt besser kennt als die Partei;[158] ohne Belang ist, dass für die vorprozessuale Tätigkeit in Altfällen schon Gebühren nach § 118 BRAGO angefallen sind.[159] Für **Eilverfahren** gelten nach überwiegender Ansicht keine Besonderheiten.[160] Auch hier kommt es deshalb darauf an, ob der Partei die unmittelbare Information des Prozessbevollmächtigten zugemutet werden kann. Für den Antragsteller ist daher die Mandatierung eines Verkehrsanwalts im Allgemeinen nicht notwendig.[161] Bedient sich eine Partei zur Information des Prozessbevollmächtigten eines **pensionierten Volljuristen,** sind die insoweit geltend gemachten Kosten für einen „Verkehrsanwalt" nicht erstattungsfähig, weil nach dem Rechtsberatungsgesetz dieser Prozesshelfer keinen Entschädigungsanspruch hat.[162]

30 Der **Rechtsanwalt in eigener Sache** (s. a. Rn. 33) kann weder die Gebühr eines Verkehrsanwalts noch die Kosten fiktiver Informationsreisen für sich verlangen, weil er den Prozessbevollmächtigten beim auswärtigen Gericht informiert hat; das gilt auch für den Rechtsanwalt als Partei kraft Amtes (Insolvenzverwalter, Zwangsverwalter, Testamentsvollstrecker, Nachlassverwalter).[163] Für die Einschaltung eines Verkehrsanwalts ist ein Informationsfluss zwischen drei Personen (Partei, Verkehrsanwalt, Prozessbevollmächtigter) typisch. Daran fehlt es hier. Im **Revisionsverfahren** ist die Einschaltung eines Verkehrsanwalts nur in seltenen Ausnahmefällen notwendig.[164] Hat in einem gegen die Gegenpartei geführten **strafrechtlichen Ermittlungsverfahren** ein Anwalt Akteneinsicht genommen, die daraus gewonnenen Informationen an den Prozessbevollmächtigten der Partei weitergeleitet und sind diese dann im Zivilverfahren verwendet worden, sind nach OLG Düsseldorf die Gebühren eines Verkehrsanwalts zu erstatten.[165]

31 Nach zutreffender Ansicht scheidet die gleichzeitige Tätigkeit als Prozessanwalt und Verkehrsanwalt durch Mitglieder ein und derselben **überörtlichen Sozietät** begrifflich aus (vgl. Rn. 68).[166] Die Gegenmeinung[167] verkennt, dass bei Beauftragung eines einer Sozietät angehörenden Rechtsanwalts der Anwaltsvertrag im Zweifel mit allen der Sozietät angehörenden Mitgliedern abgeschlossen wird.[168] Dies gilt auch für die überörtliche Sozietät und auch dann, wenn die Sozietät ein Büro am ausländischen Sitz ihres Auftraggebers unterhält.[169] Die Tatsache, dass ein Anwalt **Vertrauensanwalt** einer Partei ist, rechtfertigt noch nicht die Erstattung von Kosten eines Verkehrsanwalts.[170] Abzulehnen ist die sog. **Vierzig-Kilometer-Rechtsprechung.**[171] Nach dieser Judikatur des OLG Frankfurt/M – aufgegeben vom 18.,[172] fortgeführt aber vom 6. Zivilsenat[173] – bemisst sich die Erstattungsfähigkeit der Verkehrsanwaltsgebühr danach, ob die Partei zur Unterrichtung ihres Prozessbevollmächtigten mehr als einen halben Arbeitstag aufwenden müsste, wo-

150 OLG Düsseldorf AnwBl. 1993, 40.
151 OLG Koblenz VersR 1994, 196.
152 OLG Hamburg MDR 2000, 664f.
153 BGH NJW 2005, 1373ff.; vgl. auch *Mankowski* NJW 2005, 2346.
154 BGH NJW-RR 2006, 1563ff.; zur Erstattungsfähigkeit eines zur Wahrnehmung eines Beweistermins im Ausland zusätzlich eingeschalteten ausländischen Anwalts vgl. BGH NJW-RR 2005, 1732f.
155 OLG Frankfurt/M Rpfleger 1999, 463f.
156 OLG Hamm AnwBl. 2003, 185.
157 OLG München JurBüro 1994, 228f. m. zust. Anm. v. *Mümmler.*
158 OLG Bamberg JurBüro 1988, 625; aA (wenn der Verkehrsanwalt durch jahrelange Korrespondenz vor Rechtshängigkeit der Sache bessere Informationen besaß als die ständig wechselnden Sachbearbeiter der Partei) OLG Koblenz NJW-RR 1996, 315f.
159 OLG Stuttgart JurBüro 1983, 438f. m. zust. Anm. v. *Mümmler.*
160 OLG München JurBüro 1987, 277f. m. zust. Anm. v. *Mümmler.*
161 So aber OLG Frankfurt/M Rpfleger 1988, 162f.
162 OLG Hamburg JurBüro 1993, 157.
163 BGH NJW 2004, 3187f.; OLG München JurBüro 1994, 546f.
164 OLG Hamburg JurBüro 1988, 388; AnwBl. 2003, 185.
165 OLG Düsseldorf JurBüro 1993, 484f.
166 OLG Karlsruhe NJW-RR 1995, 377; OLG Brandenburg MDR 1999, 635f.
167 OLG Frankfurt/M NJW-RR 1994, 128; *Herrlein* Rpfleger 1995, 399f.
168 BGH NJW 1971, 1801ff.
169 OLG München JurBüro 1994, 298f.; KG JurBjüro 2000, 86f.
170 OLG Düsseldorf JurBüro 1986, 282.
171 OLG München JurBüro 1994, 228f.; *Mümmler* JurBüro 1994, 229.
172 OLG Frankfurt/M JurBüro 1988, 486ff. m. zust. Anm. v. *Mümmler.*
173 OLG Frankfurt/M NJW-RR 1994, 128; ebenso OLG Köln BB 2000, 277.

für eine Vermutung spreche, wenn die Partei etwa 40 km außerhalb des Gerichtsortes wohne. Dies führt zur Erstattung von Mehrkosten, die auch bei großzügigster Wertung nicht als notwendig angesehen werden können.[174] Auch in Sachen des gewerblichen Rechtsschutzes, in denen infolge kurzer Abmahnfristen anwaltlicher Rat meist eilbedürftig ist, kann dieser Rechtsprechung nicht gefolgt werden. Betreibt ein Unternehmer eine **zentrale Prozessführung,** indem er Rechtsstreitigkeiten, die auf den Geschäftsbetrieb einer Niederlassung Bezug haben, vom Hauptsitz aus führt, sind die dadurch bedingten Mehrkosten nicht erstattungsfähig.[175] Das muss auch gelten, wenn wegen dieser zentralen Prozessführung ein Verkehrsanwalt eingeschaltet wurde.[176]

Kosten fiktiver Informationsreisen (s. a. Rn. 61 Ratsgebühr). War die Einschaltung eines Verkehrsanwalts nicht notwendig, ist zu prüfen, ob der Partei zugemutet werden konnte, ihren Prozessbevollmächtigten schriftlich zu informieren. Dabei ist die Schwierigkeit des Prozessstoffes und die Geschäftsgewandtheit der Partei von Bedeutung. Doch ist im Allgemeinen die Partei berechtigt, zumindest einmal ihren Prozessbevollmächtigten aufzusuchen, um diesen über den streitentscheidenden Sachverhalt in Kenntnis zu setzen. Dann sind die Kosten des in Anspruch genommenen Verkehrsanwalts in Höhe dieser ersparten – fiktiven – Reisekosten erstattungsfähig.[177] Nur in eng begrenzten Ausnahmefällen, in Routineangelegenheiten ihres alltäglichen Geschäfts- und Lebensbereich, kann eine Partei auf eine schriftliche Informationserteilung verwiesen werden.[178] Das ist bei einem Autovermieter mit zahlreichen Stationen im Bundesgebiet für typische Schadensfälle aus dem Bereich der Kraftfahrzeugvermietung anzunehmen,[179] ebenso bei einer kreditierenden Bank, wenn sich die Information im Wesentlichen in der Übermittlung bereits vorhandener, aus sich heraus verständlicher Unterlagen erschöpft.[180] In diesen Ausnahmefällen kommt eine (teilweise) Erstattung der Kosten des Verkehrsanwalts auch nicht unter dem Gesichtspunkt fiktiver Reisekosten in Betracht. 32

5. Rechtsanwalt in eigener Sache. Nach Abs. 2 S. 3 erhält der Rechtsanwalt in eigener Sache Gebühren und Auslagen wie ein Anwalt, der für eine andere Partei tätig war. Dabei schadet es nicht, wenn er die Vertretung in eigener Sache nicht offen gelegt hat.[181] Das gilt auch, wenn er als Partei kraft Amtes (Insolvenzverwalter, Nachlassverwalter, Testamentsvollstrecker) oder auf Grund gewillkürter Verfahrensstandschaft aufgetreten ist.[182] Nimmt er einen auswärtigen Termin wahr, sind seine Reisekosten bis zur Höhe der Kosten eines auswärtigen Anwalts erstattungsfähig.[183] War das persönliche Erscheinen der Partei veranlasst, was auch ohne gerichtliche Anordnung der Fall sein kann (vgl. Rn. 10, 63), erhält er ohne diese Begrenzung seine Auslagen erstattet. Die Kosten für einen Verkehrsanwalt können auch nicht in Höhe fiktiver Aufwendungen für Informationsreisen geltend gemacht werden (vgl. Rn. 30). Klagt ein Mitglied einer Anwaltssozietät eine Honorarforderung gegenüber dem Mandanten ein, ist der Mehrvertretungszuschlag (s. Rn. 52) nach § 6 Abs. 1 S. 2 BRAGO nicht erstattungsfähig.[184] Für den Rechtsbeistand gilt Abs. 2 S. 4 entsprechend; seine Vergütung richtet sich nach derjenigen der Anwälte.[185] Für den Patentanwalt gilt die Vorschrift nicht.[186] Vertritt sich der Rechtsanwalt in einem berufsrechtlichen Verfahren selbst und obsiegt er, hat er keinen Anspruch auf Erstattung von Gebühren und Auslagen.[187] Macht eine **Factoring Bank** ihr abgetretene Forderungen im Mahnverfahren geltend, kann sie nicht deshalb Mahnanwaltskosten verlagen, weil ihr die Erlaubnis zur Besorgung frender Rechtsangelegenheiten erteilt worden ist.[188] 33

IV. Absatz 3 – Kosten eines Güteverfahrens

Erstattungsfähig sind die Gebühren eines vorgeschalteten Verfahrens vor einer der Vorschrift entsprechenden Gütestelle. Nach dem Wortlaut der Bestimmung gilt dies nicht für über die Gebühren hinaus entstandene Kosten (Auslagen), wie etwa Anwaltskosten,[189] Reisekosten oder Zeitversäumnis. Im Kostenfestsetzungsverfahren ist die Notwendigkeit der Anrufung der Gütestelle nicht zu prüfen; diese wird vom Gesetz unterstellt. Zu prüfen ist indes die Notwendigkeit der konkreten Maßnahme, die Gebühren ausgelöst hat. Die entstandenen Gebühren können nicht verlangt werden, wenn zwischen dem Zeitpunkt, zu welchen die Gütestelle ihre Tätigkeit endgültig als erfolglos eingestellt hat[190] und der Erhebung der Klage (§ 253 Abs. 1, § 270 Abs. 3) mehr als ein Jahr verstrichen ist. 34

---

174 OLG Koblenz MDR 1994, 629f.
175 OLG Köln NZV 1994, 234 (LS).
176 OLG Frankfurt/M JurBüro 1996, 39.
177 Vgl. etwa LG Wiesbaden AnwBl. 1999, 179f.
178 OLG Hamm AnwBl. 1993, 532.
179 OLG Köln NZV 1994, 234 (LS).
180 OLG München JurBüro 1994, 228f.
181 LG Nürnberg-Fürth AnwBl. 2000, 324.
182 LSG Baden-Württemberg AnwBl. 1996, 171; vgl. auch *Schall* StB 1996, 315, 317.
183 BGH NJW 2003, 1534.
184 HM; vgl. etwa OLG Köln VersR 1994, 1131f.; OLG Koblenz JurBüro 1994, 729 m. zust. Anm. v. *Mümmler; Schall* StB 1994, 242, 243f.; aM (Erhöhungsgebühr ist zu erstatten) OLG Frankfurt/M JurBüro 1994, 26.
185 Art. IX § 1 Abs. 1 S. 1 KostÄndG.
186 BayVerfGH NJW 1993, 2794f.; OLG München AnwBl. 1993, 289.
187 BGH JurBüro 2003, 207.
188 OLG Hamburg JurBüro 1998, 545f.
189 OLG Hamburg MDR 2002, 115; vgl. *Pfab* Rpfleger 2005, 411ff.
190 *St/J/St/J/Bork* Rn. 43.

V. Absatz 4 – Rückfestsetzung

34a Die durch das Justizmodernisierungsgesetz vom 2. Juli 2004 eingefügte Vorschrift sichert eine bereits vorher herrschende Praxis ab. Auf Grund eines vorläufig vollstreckbaren Urteils wird regelmäßig nicht nur die Vollstreckung wegen der Hauptsache betrieben. Vielmehr erfolgt meist auch eine Festsetzung der Prozesskosten im Kostenfestsetzungsverfahren. Zahlt der Schuldner (zur Abwendung der Zwangsvollstreckung) die festgesetzten Kosten, so sind sie ihm (ganz oder teilweise) zu ersetzen, wenn das vorläufig vollstreckbare Urteil im weiteren Verlauf des Rechtsstreits aufgehoben oder abgeändert wird (§ 717 Abs. 2). Diesen Schadensersatzanspruch muss der Schuldner nicht in einem besonderen Rechtsstreit geltend machen. Er kann diesen Anspruch nach § 717 Abs. 2 S. 2 auch in den laufenden Rechtsstreit einführen, aus welchem ihm dieser Anspruch erst erwachsen wird. Die Praxis hat von dieser Möglichkeit wenig Gebrauch gemacht, weil dies zu einer Erhöhung des Streitwerts und möglicherweise auch zu einer Prozessverzögerung geführt hätte. Die herrschende Meinung in Rechtsprechung und Literatur ließ es deshalb seit längerem zu, die überzahlten Prozesskosten „rückzufestsetzen" (vgl. hierzu § 104 Rn. 24).

VI. Stichwörter

35 **Ablichtungen (Abschriften**[191]**):** Voraussetzung eines Anspruchs auf Erstattung der beim eigenen Anwalt entstandenen Kosten durch den unterlegenen Gegner ist zunächst, dass der Anwalt von seiner Partei Ersatz dieser Kosten verlangen darf. Das ist nicht der Fall, soweit es sich bei der Fertigung von Ablichtungen um allgemeine Geschäftsunkosten des Anwalts nach RVG VV Vorbem. 7 Abs. 1 handelt. Darüberhinaus gilt seit 1. Juli 2004 RVG VV Nr. 7000 ausschließlich.[192] Kein Anspruch für Kopien von Gerichtsaktenbestandteilen, über welche Handakten des früheren Prozessbevollmächtigten ein geordnetes Bild geben müssen.[193]

36 **Abmahnung:** Zu Bedeutung und Funktion der Abmahnung insbesondere im gewerblichen Rechtsschutz vgl. § 93 Rn. 8 f. Die lange Zeit heftig umstrittene Frage, ob die dem Abmahnenden entstehenden Kosten bereits zu den Prozesskosten gehören, hat der BGH nunmehr verneint.[194] Begründet hat er dies damit, dass die Abmahnung nicht einen Rechtsstreit unmittelbar vorbereite, sondern der Streitbeilegung ohne Inanspruchnahme des Gerichts diene wie auch dem Ziel, dem Schuldner die Möglichkeit zu verwehren, den gerichtlich geltend gemachten Anspruch mit der Kostenfolge des § 93 anzuerkennen.

37 **Abschlussschreiben:** Dieses ist wie die Abmahnung (vgl. § 93 Rn. 8) im gewerblichen Rechtsschutz entwickelt worden. Es ergeht typischerweise nach Abschluss des Verfahrens der einstweiligen Verfügung vor der Klage in der Hauptsache. Mit diesem Schreiben soll ebenso wie bei der Abmahnung verhindert werden, dass dem Verletzten bei sofortigem Anerkenntnis der Gegenseite nach § 93 die Kosten des Rechtsstreits auferlegt werden. Die Rspr. zählt die Kosten des Abschlussschreibens nicht zu den Prozesskosten.[195] Vgl. i. Ü. § 93 Rn. 10. **Abtretung:** Kosten im Zusammenhang mit einer Abtretung sind keine Prozesskosten. Klagt deshalb eine deutsche Partei eine Forderung ein, die ihr von einem ausländischen Zedenten übertragen wurde, so kann die deutsche Partei die mit der Abtretung verbundenen Anwalts- und Übersetzungskosten nicht nach §§ 103 ff. festsetzen lassen.[196] **Aktenversendung:** Mit dem KostRÄndG 1994 wurde als neuer Gebührentatbestand die antragsgemäße Aktenversendung (zur Akteneinsicht) geschaffen (KV Nr. 9003).[197] Verfassungsrechtlich ist dies nicht zu beanstanden.[198] Im Prozess ist die Pauschale erstattungsfähig. Die bisher veröffentlichen Gerichtsentscheidungen befassen sich zumeist mit der Aktenversendung an den Strafverteidiger; doch ist die Vorschrift im Zivilprozess ebenso anzuwenden. Die Zuleitung der Akten an den Anwalt durch dessen Gerichtsfach löst die Gebühr nicht aus;[199] etwas anderes gilt allerdings, wenn die Akten in das anwaltliche Fach beim örtlich entfernten Gericht eingelegt werden.[200] Das zum 1. Juli 2004 in Kraft getretene Kostenrechtsmodernisierungsgesetz[201] hat die Regelung in GKG KV Nr. 9003 beibehalten. Die Pauschale gilt die Hin- und Rücksendung auf Kosten der Staatskasse ab.[202] Im Sozialgerichtsverfahren ist § 120 Abs. 2 Satz 3 SGG zu beachten.

38 **Allgemeine Geschäftskosten:** Sie sind von der Partei zu tragen, bei der sie entstanden sind und können nicht als Prozesskosten geltend gemacht werden. Das gilt für die Mühewaltung der Partei einschließlich ihrer Hilfskräfte.[203] Danach können für die Tätigkeit eines **Syndikusanwalts** nicht Verkehrsanwaltskosten gefordert werden,[204] auch dann nicht, wenn der Rechtsanwalt Geschäftsführer der als Partei auftretenden juristischen Person ist.[205] Für die Tätigkeit einer **hauseigenen Rechtsabteilung** können anteilige Kosten

---

191 *Landmann* Rpfleger 2001, 477; *Enders* JurBüro 2002, 113 ff.
192 OLG Hamburg MDR 2007, 244; LG Memmingen Rpfleger 2007, 288 f.
193 BGH JurBüro 2005, 480.
194 BGH NJW-RR 2006, 501 ff.; 2007, 856 f.
195 BGH NJW-RR 2007, 713 ff.
196 OLG Koblenz VersR 1981, 87 (LS).
197 Vgl. hierzu *Büttner* NJW 2005, 3108 ff.
198 BVerfG NJW 1996, 222 f.
199 LG Detmold NJW 1995, 2801; LG Göttingen NJW-RR 1996, 190 f.
200 LG Frankenthal NJW 1995, 2801.
201 BGBl. I S. 718 ff.
202 OLG Koblenz JurBüro 2006, 207.
203 BGHZ 75, 230, 232 = NJW 1980, 119.
204 OLG Köln JurBüro 1980, 723 f.
205 OLG Koblenz NJW 1978, 1751 f.

nicht verlangt werden. Auch die Mehrkosten einer zentralen Prozessführung, die etwa durch die Einschaltung frei praktizierender **„Hausanwälte“** entstehen, sind allgemeine Geschäftskosten.[206] Nicht dazu zählen die Kosten einer Datenbankrecherche (vgl. Rn. 45).

Allgemeiner Prozessaufwand: Er zählt nicht zu den zu erstattenden Prozesskosten. Für den Anwalt wird er mit den Gebühren entgolten (§ 25 Abs. 1 BRAGO). Die Partei kann ihren durch das Verfahren bedingten Zeitaufwand nur in den Grenzen des § 91 Abs. 1 S. 2 ersetzt verlangen (vgl. Rn. 10). Zu den Reisekosten der Partei vgl. Rn. 63. Nicht zu erstatten sind die durch Produktionsausfall wegen Begutachtung einer Maschinenanlage entstehenden Verluste.[207] Aufwendungen der Partei eines Bauprozesses für die prozessbegleitende Fachbetreuung durch ein Ingenieurbüro sind als allgemeiner Prozessaufwand nur unter engen Voraussetzungen erstattungsfähig.[208] **39**

unbesetzt **40**

Anwaltswechsel: Vgl. Rn. 22–26. **Anwalt in eigener Sache:** Vgl. Rn. 30, 33. **Arbeitsgerichtsbarkeit:** Nach § 12 a ArbGG hat die obsiegende Partei in Urteilsverfahren der ersten Instanz keinen Anspruch auf Entschädigung wegen Zeitversäumnis und auf Erstattung der Kosten für die Hinzuziehung eines Rechtsanwalts. Deshalb können Rechtsanwaltkosten erster Instanz auch dann nicht berücksichtigt werden, wenn der Gegner in einem Prozessvergleich vor dem LAG „Kosten und Auslagen“ in beiden Instanzen übernommen hat.[209] Dies gilt auch bei einer Vollstreckungsgegenklage vor dem Arbeitsgericht[210] für die beim Arbeitsgericht entstandenen Kosten, wenn ein Rechtsstreit **vom Arbeitsgericht an das ordentliche Gericht verwiesen** wird.[211] Doch wird die im arbeitsgerichtlichen Verfahren nicht erstattungsfähige Prozessgebühr erstattungsfähig, wenn sich eine Partei auch vor dem Landgericht durch ihren bisherigen Prozessbevollmächtigten vertreten lässt; auch dann, wenn der gegnerische Kläger eine Klagerücknahme angekündigt und gebeten hatte, von einer Legitimierung zunächst abzusehen.[212] Wird ein Rechtsstreit **vom ordentlichen Gericht an das Arbeitsgericht verwiesen,** hat der Kläger nach § 12a Abs. 1 S. 3 ArbGG dem Beklagten die Kosten für den beim ordentlichen Gericht hinzugezogenen Anwalt zu erstatten,[213] und zwar auch dann, wenn der Kläger später obsiegt (§ 17b Abs. 2 S. 2 GVG). Dazu gehören die Rechtsanwaltskosten auch dann, wenn sich der obsiegende Beklagte nach der Verweisung weiter von demselben Rechtsanwalt vertreten lässt.[214] Verweist hingegen das Arbeitsgericht an das Landgericht und hat der Kläger die Kosten zu tragen, sind die Kosten des Beklagten für den beim Arbeitsgericht tätig gewordenen Anwalt nicht zu erstatten.[215] Erstattungsfähig sind die sonstigen notwendigen Aufwendungen der obsiegenden Partei, wie zB Reise- und Übernachtungskosten. Deshalb sind Anwaltskosten erstattungsfähig, wenn und so weit die Partei durch die Beauftragung eines Anwalts notwendige Reise- und Übernachtungskosten erspart hat.[216] Die arbeitsrechtliche Sondervorschrift schränkt nicht nur den prozessualen, sondern ebenso einen materiell-rechtlich begründeten Kostenerstattungsanspruch ein (vgl. vor § 91 Rn. 16).[217] Doch erfasst der **Schadensersatzanspruch eines Lohnpfändungsgläubigers** wegen Verletzung der dem Arbeitgeber als Drittschuldner nach § 840 Abs. 1 obliegenden Erklärungspflichten auch die Kosten, die durch Hinzuziehung eines Prozessbevollmächtigten zur Eintreibung der gepfändeten Forderung entstanden sind (s. a. § 840 Rn. 13).[218] Führt der Rechtsanwalt als **Konkursverwalter** arbeitsgerichtliche Verfahren, kann er der Konkursmasse eine Vergütung in Rechnung stellen.[219] Für das **Zwangsvollstreckungsverfahren** hat § 12a ArbGG keine Bedeutung,[220] ebenso wenig im **Kostenfestsetzungsverfahren.**[221] Zur Erstattung von Reisekosten des Anwalts in höheren Instanzen vgl. Rn. 21; zur Ermäßigung der Gerichtsgebühren nach dem EinigsV vgl. vor § 91 Rn. 4. **41**

Architekt: Die Kosten der Hinzuziehung eines Architekten zu einem Ortstermin sind nur erstattungsfähig, wenn sie zur Beantwortung von Fragen des gerichtlichen Sachverständigen notwendig war.[222] **Auskunft:** Die Kosten einer behördlichen Wohnungsauskunft und der Ermittlung der Anschrift des Beklagten sind nicht erstattungsfähig,[223] wohl aber die Kosten einer Bankauskunft, die der Gläubiger im Einvernehmen mit dem Schuldner einholt.[224] Erstattungsfähig sind die durch Einsicht in das elektronische Grundbuch zur Ermittlung der zur verklagten Gemeinschaft gehörenden Wohnungseigentümer aufgewendeten Kosten.[225] **Avalprovision:** Damit werden die Kosten einer Bankbürgschaft bezeichnet, die gestellt wurde, **42**

---

[206] OLG Köln JurBüro 1993, 681f.
[207] OLG Stuttgart JurBüro 1981, 1076f.
[208] OLG Nürnberg MDR 2001, 1439ff.
[209] LAG Nürnberg JurBüro 1999, 366.
[210] LAG Düsseldorf MDR 2003, 1021.
[211] OLG Brandenburg AnwBl. 2001, 636.
[212] OLG Schleswig AnwBl. 1995, 316.
[213] HessLAG BB 1999, 1438; LAG Düsseldorf JurBüro 2006, 647.
[214] BAG NJW 2005, 1301ff.
[215] OLG Brandenburg MDR 2000, 788.
[216] LAG Nürnberg JurBüro 1995, 266.
[217] BAG MDR 1994, 179.
[218] LAG Düsseldorf JurBüro 1995, 478.
[219] LG Würzburg JurBüro 1974, 736.
[220] LAG Köln AnwBl. 1995, 316.
[221] LAG Düsseldorf AnwBl. 1994, 42.
[222] OLG Bamberg JurBüro 1991, 1659.
[223] BGH NJW-RR 2004, 501f.
[224] OLG Koblenz JurBüro 1997, 430.
[225] KG NZM 2005, 199f.

um die Zwangsvollstreckung aus einem noch nicht rechtskräftigen Urteil zu ermöglichen oder abzuwenden. Diese Aufwendungen sind zu erstatten, so weit sie notwendig waren.[226] Nach inzwischen mit Recht vorherrschender Ansicht handelt es sich um Vollstreckungskosten nach § 788, die erstattungs- und in analoger Anwendung der §§ 103ff. auch festsetzungsfähig sind (vgl. näher § 788 Rn. 3, 8).[227] Die **Zinsen eines Darlehens,** das der Gläubiger zur Erbringung einer Sicherheitsleistung aufgenommen hat, sind im Kostenfestsetzungsverfahren nicht erstattbar.[228] Nicht zu erstatten sind die Kosten eines Kredits zur Finanzierung der prozessbedingten Aufwendungen;[229] ebenso wenig entgangene Anlagezinsen wegen Hinterlegung eines Geldbetrages zur Abwendung der Zwangsvollstreckung.[230] Wurde die Bankbürgschaft vom Kläger einer Vollstreckungsabwehrklage beigebracht, um die einstweilige Einstellung der Zwangsvollstreckung zu erreichen, handelt es sich nach zutreffender Ansicht um Kosten der Rechtsverfolgung nach § 91.[231] Die Kosten des Schuldners für die Leistung einer Bankbürgschaft zur Abwendung der Zwangsvollstreckung zählen zu den Vollstreckungskosten.

43 **Berichtigung:** Die Kostengrundentscheidung kann nach § 319 berichtigt werden, wenn die Kostenquotelung offenbar auf einem Rechenfehler beruht;[232] ebenso, wenn die Kostenziffer im Tenor fehlt, in den Gründen aber dazu Ausführungen vorhanden sind.[233] Dagegen kann § 319 auch nicht entsprechend angewendet werden, wenn die Kostenentscheidung im Widerspruch zum nachträglich geänderten Streitwert steht (so auch § 319 Rn. 8); eine offenbare Unrichtigkeit liegt nicht vor.[234] Gleiches gilt, wenn das Gericht die Rücknahme einer Widerklage übersehen hat und deshalb eine unrichtige Quote errechnet.[235] Das Revisionsgericht kann in dem die Nichtzulassungsbeschwerde zurückweisenden Beschluss nicht korrigieren.[236]

44 **Berufsständische Vereinigung:** Die Befugnis zur Prozessvertretung von Mitgliedern nach Art. 1 § 7 RBerG rechtfertigt nicht eine Gebührenerhebung nach Maßgabe der BRAGO.[237] Doch ist der Vereinigung gestattet, in einer Satzung den Ersatz ihrer tatsächlich entstandenen Aufwendungen durch das vertretene Mitglied zu regeln. Diese Kosten sind erstattungsfähig.

45 **Berufung:** Vgl. Rn. 13–16. **Besprechungsgebühr:** Die Gebühr nach § 118 Abs. 1 Nr. 2 BRAGO ist nicht erstattungsfähig.[238] **Betreuer:** Als Betreuer erhält der Rechtsanwalt weder eine Verkehrsgebühr noch die Kosten ersparter Informationsreisen erstattet.[239] **Beweistermin:** Vgl. für die Partei Rn. 10, 63, für den Anwalt Rn. 19. **Darlehenszinsen:** Zinsen eines Darlehens, das der Gläubiger zur Erbringung einer Sicherheitsleistung aufgenommen hat, sind nicht im Kostenfestsetzungsverfahren erstattungsfähig.[240] **Datenbankrecherche:** Die vom Rechtsanwalt ausgelegten Kosten sind zu erstatten, so weit sie zur zweckentsprechenden Rechtsverfolgung notwendig waren.[241] Das ist bei abgelegenen und äußerst seltenen Fallkonstellationen zu bejahen.[242]

46 **Detektivkosten:**[243] Sie sind zu erstatten, wenn sie prozessbezogen waren, dh. in einem klaren Zusammenhang mit dem Prozess stehen und sich gemessen an den wirtschaftlichen Verhältnissen der Parteien und der Bedeutung des Streitgegenstandes in vernünftigen Grenzen halten. Ein solcher Zusammenhang besteht, wenn die auf das unbedingt notwendige Maß begrenzten Ermittlungen des Detektivs[244] die prozessuale Stellung des Auftraggebers vorteilhaft verändert haben.[245] **Bejaht** wird die Erstattungsfähigkeit, wenn aus der Sicht des Versicherers ein hinreichender Verdacht bestanden hatte, es handele sich um einen fingierten Verkehrsunfall.[246] Zum Teil wird dabei gefordert, dass sich der anfängliche Verdacht des vorgetäuschten Unfalls während des Rechtsstreits verstärkt hat, zumindest nicht entkräftet worden ist.[247] Im Räumungsprozess werden diese Kosten zugesprochen, wenn der Mieter ohne Beauftragung einer Detektei die

---

226 Grundlegend BGH NJW 1974, 693f.; OLG Düsseldorf JurBüro 2003, 94.
227 BGH NJW-RR 2006, 1001ff.
228 OLG München AnwBl. 1993, 138.
229 OLG Koblenz JurBüro 2006, 205.
230 OLG München MDR 1999, 1466.
231 OLG Düsseldorf JurBüro 1988, 879; kritisch OLG Schleswig JurBüro 1993, 622f. m. weit. Nachw.
232 OLG Köln JurBüro 1993, 116.
233 BGH VersR 1982, 70f.
234 OLG Köln JurBüro 1993, 741 m. weit. Nachw.; aA Zö/ *Herget* Rn. 13 „Berichtigung"; OLG Düsseldorf NJW-RR 2002, 211f.
235 MK/*Musielak* § 319 Rn. 9; aA OLG Köln MDR 1980, 761f. m. abl. Anm. v. *Schneider;* großzügiger auch BGH, Beschl. v. 18. 11. 1998 – VIII ZR 212/97 – unveröff.
236 BGH NJW-RR 2006, 1508.
237 LAG Hamm JurBüro 1994, 422.
238 OLG Rostock JurBüro 1998, 199f. m. Anm. v. *Enders.*
239 OLG München NJW-RR 1997, 1286f. = JurBüro 1998, 36f. m. abl. Anm. v. *Hansens.*
240 OLG München AnwBl. 1993, 138.
241 SG München AnwBl. 1994, 146f.; vgl. auch *Jordan/Konradi-Martin* AnwBl. 1994, 117ff.
242 OLG Stuttgart NJW-RR 1999, 437; vgl. auch *Schall* StB 1995, 438, 442.
243 Vgl. allgemein zur Höhe und Erstattungsfähigkeit *Heynert* AnwBl. 1999, 140ff.
244 OLG Koblenz JurBüro 1996, 383f. (zur Ermittlung des unbekannten Aufenthalts des Schuldners im Vollstreckungsverfahren); LG Freiburg JurBüro 1996, 383.
245 OLG München JurBüro 1994, 226f.; OLG Karlsruhe JurBüro 1996, 430f. (die Notwendigkeit und Höhe der Kosten sind besonders gründlich zu überprüfen).
246 OLG Köln JurBüro 1994, 227; OLG Düsseldorf NJW-RR 2006, 647 für sonstigen Versicherungsfall.
247 OLG Hamburg JurBüro 1993, 158f. m. krit. Anm. v. *Mümmler,* der allein die Sicht des Versicherers als Prozesspartei im Zeitpunkt der Veranlassung der kostenträchtigen Maßnahme für entscheidend hält.

unter Beweis gestellte Behauptung des Eigenbedarfs der Vermieters nicht hätte widerlegen können,[248] im Unterhaltsprozess, wenn nicht anders und nicht billiger verschwiegenes Einkommen hätte bewiesen werden können[249] oder auf andere Weise nicht hätte nachgewiesen werden können, dass der geschiedene Ehegatte inzwischen mit einem anderen Partner zusammenlebt[250] und in besonderen Fällen im Arbeitsgerichtsprozess[251] und dann, wenn die Anschrift eines Zeugen oder des Beklagten zu ermitteln ist.[252] **Verneint** wird im Kündigungsschutzverfahren die Erstattung der Kosten für die Beobachtung eines angeblich kranken Arbeitnehmers, weil der unmittelbare Zusammenhang zum späteren Prozess fehle;[253] ebenso für Aufwendungen des Mieters zur Überprüfung, ob der wegen Eigenbedarfs kündigende Vermieter tatsächlich die gekündigte Wohnung bezieht.[254] Kommt es wegen fehlender Aktivlegitimation zu keiner gerichtlichen Entscheidung in der Sache, entfällt die Erstattung der Detektivkosten.[255]

Einstweilige Verfügung: Kostenrechtliche Fragen stellen sich u. a., wenn der im Eilverfahren ganz oder teilweise unterlegene Antragsgegner in der Hauptsache obsiegt und sich aus dem rechtskräftigen Hauptsacheurteil ergibt, dass die einstweilige Verfügung von Anfang an unberechtigt war. Nach der Rechtsprechung des BGH[256] kann der Antragsgegner die ihm entstandenen außergerichtlichen Kosten des Verfügungsverfahrens weder in unmittelbarer noch in entsprechender Anwendung des § 945 geltend machen. Er ist auf das Aufhebungsverfahren nach § 927 Abs. 1 angewiesen, das er mit dem alleinigen Ziel der Abänderung der Kostenentscheidung der aufzuhebenden einstweiligen Verfügung betreiben kann. Dieses Verfahren steht ihm auch dann offen, wenn der Verfügungsgläubiger auf die Rechte aus dem Verfügungstitel verzichtet und diesen an den Antragsgegner herausgegeben hat, sich jedoch weigert, dessen Kostenerstattungsanspruch anzuerkennen. Obwohl in der zu Grunde liegenden Entscheidung allein von den außergerichtlichen Verfügungskosten des Antragsgegners die Rede ist, muss das auch für die von ihm bereits beglichenen außergerichtlichen Verfügungskosten des Antragstellers und Gerichtskosten gelten.[257] Hat der Antragsteller den **Antrag** auf Erlass einer einstweiligen Verfügung **zurückgenommen,** weil die Verfügung von ihm nicht innerhalb der Vollziehungsfrist des § 929 Abs. 2 wirksam zugestellt worden ist, steht dem Antragsteller auch dann kein Kostenerstattungsanspruch hinsichtlich des Verfügungsverfahrens zu, wenn er in der Hauptsache obsiegt.[258] Nach zutreffender und überwiegender Ansicht tritt im Verfahren der einstweiligen Verfügung die **Rechtshängigkeit** bereits mit Einreichung des Antrag bei Gericht (s. § 916 Rn. 9 u. § 261 Rn. 3) und nicht erst mit Zustellung beim Gegner (§§ 253, 261) ein.[259] Gleichzeitig entsteht ein Prozessrechtsverhältnis (zur Bedeutung des Prozessrechtsverhältnisses für den prozessualen Kostenerstattungsanspruch vgl. vor § 91 Rn. 14). Deshalb hat auch der Antragsgegner einen Erstattungsanspruch, der vor Zurückweisung des Verfügungsantrags nicht gehört wurde, jedoch auf andere Weise von dem Verfahren Kenntnis erlangt und zu seiner Rechtsverteidigung bereits Anwaltskosten aufgewendet hat;[260] etwas anderes gilt nur dann, wenn dem Antragsgegner die Unkenntnis von der Verfahrensbeendigung im Zeitpunkt der Anwaltsbeauftragung vorgeworfen werden kann. Die **Zustellung** einer einstweiligen Verfügung gehört noch zum Anordnungsverfahren. Daher entstehen hierfür keine gesonderten Gebühren nach §§ 57ff. BRAGO.[261] Die Kosten für einen **mitgebrachten Zeugen** sind erstattungsfähig, wenn der Gegner dem entsprechenden Tatsachenvorbringen entgegengetreten ist.[262] 47

Gerichtsvollzieher: Wurde nicht nach § 198, sondern durch den Gerichtsvollzieher zugestellt, sind die Mehrkosten zu erstatten; § 197 ist nicht anwendbar (vgl. § 198 Rn. 7). **Hebegebühr:** Der Rechtsanwalt hat gegen seine Partei darauf einen Anspruch (RVG VV Nr. 1009). Vom Gegner ist sie grundsätzlich nicht zu erstatten,[263] weil sie nicht zu den in Abs. 2 S. 1 genannten gesetzlichen Gebühren des Anwalts zählt. Doch ist sie zu erstatten, wenn sie notwendigerweise anfiel. So kann sie gegen den Gegner festgesetzt werden, wenn aus besonderen Gründen die Einschaltung des Prozessbevollmächtigten in den Zahlungsvorgang erforderlich war.[264] 48

Hinterlegung: Zinsverlust bei der Hinterlegung von Eigenkapital zur Erbringung einer Sicherheitsleistung ist nicht zu erstatten.[265] Die Kosten einer Hinterlegung sind keine Kosten des Rechtsstreits;[266] das gilt 49

---

[248] LG Berlin WuM 1986, 319; aA LG München NZM 2004, 96.
[249] OLG Schleswig JurBüro 1992, 471f.
[250] OLG Koblenz NJW-RR 2003, 75; NJW-RR 2007, 293f.: ausreichend, dass aus dem Blickwinkel einer verständigen und wirtschaftlich denkenden Partei die Heranziehung eines Detektivs ex ante sachdienlich war.
[251] LAG Düsseldorf JurBüro 1995, 477f.; Rpfleger 2004, 124.
[252] OLG Koblenz NJW-RR 1999, 1158; OLG Koblenz JurBüro 2002, 318.
[253] LAG Nürnberg JurBüro 1995, 90f.
[254] LG München II NJW-RR 2004, 299.
[255] OLG Hamburg MDR 2000, 1459f.
[256] BGH NJW 1993, 2685ff.
[257] *Hees* MDR 1994, 438f.; aA *Vollkommer* WM 1994, 51, 53.
[258] BGH JZ 1995, 840f.
[259] OLG Düsseldorf NJW 1981, 2824f.
[260] KG JurBüro 1993, 486; OLG Hamburg MDR 2000, 786.
[261] OLG Frankfurt/M JurBüro 1995, 528 m. zust. Anm. v. *Hansens.*
[262] OLG Koblenz NJW 1997, 1293.
[263] OLG Nürnberg JurBüro 1992, 107f.; LG Detmold Rpfleger 2003, 36f.
[264] BGH NJW 2007, 1535f.
[265] OLG München AnwBl. 1993, 138.
[266] AA (Kosten der Hinterlegung können nach den Umständen des Einzelfalls erstattungsfähig sein) OLG Karlsruhe JurBüro 1997, 306.

auch für die Kosten eines Verfahrens nach § 16 HintO.[267] **Hochschullehrer:** Die Kosten für die Vertretung durch einen Rechtslehrer an einer deutschen Hochschule sind im Parteiprozess grundsätzlich bis zur Höhe der entsprechenden Gebühren eines Rechtsanwalts zu erstatten.[268] **Inkassokosten:** Es besteht weitgehend Einigkeit darüber, dass ein prozessualer Kostenerstattungsanspruch (vgl. vor § 91 Rn. 14) nicht besteht. Inkassokosten sind keine Kosten des Rechtsstreits. Sie wurden gerade durch das Bemühen des Gläubigers verursacht, einen Prozess zu vermeiden.[269] In Betracht kommt ein materiell-rechtlicher Kostenerstattungsanspruch (vgl. vor § 91 Rn. 15) als Schadensersatzanspruch wegen Schuldnerverzugs (§ 286 BGB) oder aus positiver Vertragsverletzung.[270] Die Rechtsprechung neigt in jüngerer Zeit dazu, einen Anspruch zu bejahen, wenn der Schuldner die Forderung nicht bestritten hat und auch keine sonstige dem Gläubiger erkennbare Zahlungsunwilligkeit oder -unfähigkeit vorlag.[271] Zu Inkassokosten als Kosten der Zwangsvollstreckung s. § 788 Rn. 7 aE.

50 **Klagerücknahme vor Zustellung:** vgl. vor § 91 Rn. 14. **Kostenerstattungsanspruch:** zum materiell-rechtlichen und prozessualen Kostenerstattungsanspruch vgl. vor § 91 Rn. 13–16. **Kostenfreiheit:** vgl. vor § 91 Rn. 6. **Kostenwiderspruch:** Beschränkt der Gegner eines Eilantrags seinen Widerspruch gegen den ergangenen Beschluss auf die Kostenentscheidung (vgl. § 924 Rn. 9), reduziert sich der Streitwert des weiteren Verfahrens auf das Kosteninteresse. Die ab Widerspruch anfallenden Gebühren errechnen sich aus diesem Streitwert.[272] Abzulehnen ist die Mindermeinung, nach der darüber hinaus 1/2 Gebühr aus dem Verfügungswert anfällt.[273] **Lagerkosten:** Die bei der Vollstreckung einer auf Herausgabe einer Mobilie an den Gerichtsvollzieher als Sequester gerichteten einstweiligen Verfügung entstandenen Lagerkosten können nicht im nachfolgenden Hauptsacheverfahren, in dem um die Herausgabe bzw. Freigabe der Sache gestritten wird, als Kosten des Hauptsacheverfahrens festgesetzt werden. Sie sind Kosten der Zwangsvollstreckung aus der einstweiligen Verfügung und können daher entweder nach § 788 beigetrieben oder auf Grund des Kostenentscheidung jenes Beschlusses festgesetzt werden.[274] Erstattungsfähig sind hingegen die Kosten für die Aufbewahrung eines PKWs, wenn streitig ist, ob es sich um einen fingierten Unfall handelt.[275] Die Kosten einer Einlagerung von Vollstreckungsgut aus einer Zwangsräumung in eigenen Lagerräumen des Gläubigers sind im streitigen Zivilprozess geltend zu machen.[276]

51 **Mahnverfahren:** Nimmt der Kläger den Antrag auf Durchführung des streitigen Verfahrens nach § 696 Abs. 4 zurück, können ihm nicht entsprechend § 269 Abs. 2 S. 2 u. 3 die Kosten auferlegt werden.[277] Bereits vor Inkrafttreten des RVG zum 1. Juli 2004 war umstritten, ob bereits die Prozessgebühr nach § 31 Abs. 1 Nr. 1 BRAGO erstattungsfähig ist (auf welche die Widerspruchsgebühr nach § 43 Abs. 2 BRAGO anzurechnen ist), wenn der anwaltlich vertretene Schuldner **mit dem Widerspruch den Antrag auf Klageabweisung verbindet.** Das ist von Bedeutung, wenn das Streitverfahren, zB wegen Antragsrücknahme, anschließend nicht anhängig wird. Zum Teil wird dem zu diesem Zeitpunkt angekündigten Abweisungsantrag jede kostenrechtliche Bedeutung abgesprochen; die Prozessgebühr ist danach erst und nur erstattungsfähig, wenn der Rechtsanwalt im nachfolgenden Rechtsstreit eine entsprechende Tätigkeit entfaltet.[278] Nach anderer Ansicht entsteht der Erstattungsanspruch aufschiebend bedingt; Bedingung ist nach verbreiteter Ansicht die Überleitung des Mahnverfahrens in das ordentliche Streitverfahren durch Abgabe an das Streitgericht und dortigem Eingang der Akten.[279] Bis zu diesem Zeitpunkt ist eine über den Widerspruch hinausgehende Rechtsverteidigung nicht notwendig iSd. § 91 Abs. 1 S. 1; dies ist erst der Fall, wenn die Anspruchsbegründung nach § 697 Abs. 2 zugestellt oder Termin zur mündlichen Verhandlung bestimmt wird.[280] Diese Ereignisse sind daher alternativ Bedingungen für die Erstattungsfähigkeit. Das gilt auch bei verfahrensfehlerhafter Anberaumung eines Termins.[281] Auch beim **Antrag des Schuldners auf Durchführung des streitigen Verfahrens** ist zwischen Entstehen und Erstattungsfähigkeit der Prozessgebühr zu differenzieren. Sie entsteht für den Prozessbevollmächtigten des Schuldners in jedem Fall. Zu erstatten ist sie vom Antragsteller nur, wenn er vom Schuldner vergeblich zur Fortsetzung des Verfahrens aufgefordert wurde, der Kläger den Gerichtsvorschuss nicht innerhalb angemessener Zeit zahlt,[282] oder der Antragsteller sonst untätig bleibt.[283] An dieser Rechtslage hat das RVG im Ergebnis nichts geändert. Hat die obsiegende Partei ein **einheitliches Mahnverfahren gegen zwei Schuldner** beantragt und verzögert sich das Ver-

---

[267] OLG Koblenz JurBüro 1988, 1690f.
[268] OLG München JurBüro 2002, 201; bestr.
[269] *Mümmler* JurBüro 1995, 410.
[270] OLG Oldenburg JurBüro 2006, 481f.; *Wedel* JurBüro 2006, 180f.
[271] OLG Dresden JurBüro 1996, 38.
[272] OLG München Rpfleger 1987, 336.
[273] BGH NJW-RR 2003, 1293f.
[274] BGH NJW 2006, 3010.
[275] OLG Koblenz NJW-RR 1997, 640 mit abl. Anm. *Dieter Meyer* JurBüro 2000, 10f.; aM *Dieter Meyer* JurBüro 2014, 402f.
[276] OLG Frankfurt/M JurBüro 1999, 44.
[277] BGH Report 2005, 1423ff. m. zust. Anm. v. Bonifacio.
[278] OLG Koblenz JurBüro 1986, 569f. m. abl. Anm. v. *Mümmler;* OLG München MDR 2001, 296f.
[279] OLG Düsseldorf JurBüro 1994, 429ff. m. zust. Anm. v. *Mümmler;* OLG Düsseldorf JurBüro 1994, 431ff. m. zust. Anm. v. *Mümmler.*
[280] A. A. nunmehr KG Rpfleger 2007, 432 (Erstattungsfähigkeit bereits nach beantragter Abgabe an das Streitgericht).
[281] OLG Schleswig JurBüro 1993, 478f.
[282] OLG München JurBüro 1992, 604f. m. zust. Anm. v. *Mümmler.*
[283] OLG Hamburg JurBüro 1993, 95 m. zust. Anm. v. *Mümmler;* OLG Jena JurBüro 2000, 472f.

fahren gegen einen Schuldner, so handelt es sich dennoch um eine einheitliche Angelegenheit, auch wenn es hinsichtlich dieses Schuldners zu einer verspäteten Überleitung in das streitige Verfahren kommt und dieses Verfahren ein gesondertes Aktenzeichen erhält.[284] Entstanden und erstattungsfähig sind daher gemäß § 13 Abs. 2 BRAGO nur eine Prozessgebühr nebst einer Auslagenpauschale. Andererseits führt eine **spätere Verbindung** selbstständig durchgeführter Mahnverfahren nicht zu einem gänzlichen oder auch nur teilweisen Untergang der in Bezug auf jede beklagte Partei bereits entstandenen Mahngebühr nach § 43 Abs. 1 Nr. 1 BRAGO; kommt es zu einer gesamtschuldnerischen Verurteilung der Beklagten, haftet jeder von ihnen gegenüber dem Kläger auf Erstattung aller Mahngebühren.[285] Zum notwendigen **Anwaltswechsel** beim Übergang ins Streitverfahren vgl. Rn. 24. Konnte der Gläubiger davon ausgehen, der Schuldner werde keinen Widerspruch einlegen, sind die Kosten eines Rechtsbeistands im Mahnverfahren zu erstatten.[286] Nach vereinzelter Ansicht können gesonderte Auslagenpauschalen gemäß § 26 BRAGO für das Mahn- und das streitige Verfahren erstattungsfähig sein.[287] **Mediation:** Durch die Teilnahme des Prozessbevollmächtigten an der Mediation fallen keine zusätzlichen Rechtsanwaltsgebühren an.[288]

Mehrheit von Prozessen: vgl. Rn. 9. **Mehrvertretungszuschlag:** Ob nach RVG VV Nr. 1008 sich die Pro- 52
zessgebühr bei mehreren Auftraggebern erhöht und gegebenenfalls die erhöhte Gebühr vom Unterliegenden zu erstatten ist, muss für die einzelnen Fallgruppen jeweils gesondert entschieden werden. Die Erhöhung setzt nicht voraus, dass wegen der Mehrheit von Auftraggebern für den Rechtsanwalt im konkreten Fall messbare Mehrarbeit erwächst.[289] Klagt eine **Anwaltssozietät** eine ihr zustehende Honorarforderung ein, war bereits nach hM der Mehrvertretungszuschlag vom unterlegenen Mandanten nicht zu erstatten.[290] Die neuere Rechtsprechung des Bundesgerichtshofs bestätigt dieses Ergebnis. Danach besitzt die **BGB-Gesellschaft** Rechtsfähigkeit, soweit sie durch Teilnahme am Rechtsverkehr eigene Rechte und Pflichten begründet; in diesem Umfang ist sie im Zivilprozess aktiv und passiv parteifähig.[291] Damit ist im Kostenrecht die Gesellschaft des bürgerlichen Rechts ein (einziger) Mandant.[292] Etwas anderes kann gelten, wenn neben der Gesellschaft einzelne Gesellschafter ebenfalls klagen. Der dann anfallende Zuschlag darf vom Unterlegenen allerdings nur verlangt werden, wenn es sachliche Gründe dafür gab, dass auch einzelne Gesellschafter geklagt haben. Dies folgt aus dem Grundsatz sparsamer Prozessführung (s. Rn. 8). Für die bisherige Übung, den Zuschlag im Passivprozess der Anwaltssozietät zu erstatten,[293] gibt es nach der oben zitierten Rechtsprechung keinen Grund mehr. Der Zuschlag ist nur zu erstatten, wenn auch einzelne Gesellschafter verklagt waren.[294] Gleiches gilt für die Partnerschaft von Angehörigen Freier Berufe nach dem PartGG[295] und für die Steuerberatersozietät.[296] Sind mehrere Auftraggeber nur an Teilen des Gesamtstreitwerts gemeinschaftlich beteiligt, sind bei der **Berechnung** der Erhöhung auf die nach § 6 Abs. 1 S. 1 BRAGO errechnete Prozessgebühr eine oder mehrere Erhöhungen aufzuschlagen.[297] Eine analoge Anwendung des § 6 Abs. 1 S. 2 BRAGO bei Vertretung eines Mandanten in **Doppelfunktion**[298] **– zB als Partei und als Nebenintervenient – ist zu verneinen.**[299] Der Mehraufwand hinsichtlich der Information und der Koordination ist bei der Vertretung eines Mandanten in einer Doppelfunktion typischerweise nicht gegeben.

Für **erbrechtliche Verfahren** gilt: bei Vertretung einer Erbengemeinschaft im Aktiv- oder Passivprozess ist 53
eine Mehrheit von Auftraggebern anzunehmen.[300] Deshalb ist der Zuschlag auch dann zu erstatten, wenn ein Rechtsanwalt einen Rechtsstreit für mindestens zwei Erben als Gesamtrechtsnachfolger seines Mandanten fortsetzt.[301] Die Gebühr erhöht sich auch bei der Vertretung gemeinschaftlicher Testamentsvollstrecker;[302] ebenso, wenn der Anwalt zugleich sich selbst aus eigenem Recht und als Testamentsvollstrecker vertritt.[303] Anders ist dies, wenn mehrere Kläger durch einen Anwalt auf Feststellung der Miterbeneigenschaft oder auf Zustimmung zum Auseinandersetzungsplan klagen.[304] Insoweit ist der Gegenstand der anwaltlichen Tätigkeit nicht derselbe (§ 6 Abs. 1 S. 2 BRAGO). Jeder Kläger ist am Feststellungsantrag nur mit sei-

---

284 OLG Düsseldorf AnwBl. 1993, 192f.
285 OLG Düsseldorf JurBüro 1994, 436.
286 LG Würzburg JurBüro 1993, 153 m. zust. Anm. v. *Mümmler;* aM (nicht einer juristischen Person des Privatrechts, weil dieser zuzumuten ist, sogleich einen Anwalt beim Streitgericht zu beauftragen) OLG Nürnberg MDR 1999, 1407.
287 AG Miesbach NJW-RR 1997, 1431.
288 OLG Braunschweig Rpfleger 2007, 114f.
289 OLG Düsseldorf JurBüro 2002, 247f.
290 BGH WM 2004, 2025f.
291 BGH NJW 2001, 1056f.; siehe hierzu *Hansens,* AnwBl. 2001, 581ff.
292 OLG Karlsruhe NJW 2001, 1072; *Jungbauer* JurBüro 2001, 284ff.
293 OLG Koblenz AnwBl. 1998, 537; nach OLG Schleswig NJW-RR 2004, 422 kommt es auf den Klageantrag an, wer in Anspruch genommen wird.
294 OLG Stuttgart NJW-RR 2006, 1005f.; OLG Köln JurBüro 2006, 248f.
295 LG Berlin NJW-RR 1997, 254.
296 *Schall* StB 1994, 368, 370; aM OLG Schleswig JurBüro 1994, 731f. unter ausdrücklichen Aufgabe der gegenteiligen Ansicht.
297 OLG München JurBüro 1998, 589.
298 FG Baden-Württemberg JurBüro 1997, 584f.; OLG Hamburg MDR 2001, 355 m. abl. Anm. v. *Engels.*
299 OLG München JurBüro 1993, 727.
300 BGH NJW-RR 2004, 1006.
301 OLG Düsseldorf JurBüro 1997, 27f.; OLG Hamm JurBüro 1994, 730.
302 BGH Rpfleger 1994, 271f.
303 LG Berlin Rpfleger 1998, 173f.
304 OLG Schleswig JurBüro 1994, 26.

nem Anteil beteiligt; beim Antrag auf Zustimmung zur Auseinandersetzung verfolgt jeder Miterbe nur sein eigenes Interesse an der Auseinandersetzung. Gleiches gilt, wenn mehrere Pflichtteilsberechtigte vom Erben Auskunft über den Nachlass verlangen.[305]

54 Vertritt der Rechtsanwalt eine **Gesellschaft bürgerlichen Rechts** auf der Klägerseite, ist der Mehrvertretungszuschlag regelmäßig nicht zu erstatten.[306] Dies folgt aus der neuen Rechtssprechung des Bundesgerichtshofs zur Rechtsfähigkeit der BGB-Gesellschaft (s. Rn. 52). Im Passivprozess kommt es darauf an, ob der Kläger nur die Gesellschaft oder aber auch bzw. isoliert einzelne Gesellschafter verklagt hat. Er kann an letzterem ein berechtigtes Interesse haben, um ggf. auch in das Privatvermögen der Gesellschafter vollstrecken zu können.[307] Bei der Vertretung von **Handelsgesellschaften** (OHG, KG) scheidet wegen §§ 124 Abs. 1, 161 Abs. 2 HGB eine Erhöhung aus. Anders dagegen bei Inanspruchnahme einer GmbH & Co. KG und das Komplementär-GmbH als Gesamtschuldner.[308] Werden Streitgenossen auf **Herausgabe** einer Sache verklagt, erhält der sie vertretende Rechtsanwalt nicht die Erhöhungsgebühr, weil der Gegenstand der Tätigkeit nicht derselbe ist.[309] Es ist nach § 7 Abs. 2 BRAGO vorzugehen. Dagegen ist der Zuschlag zu erstatten, wenn Bruchteilseigentümer auf Bewilligung der Löschung einer Grunddienstbarkeit verklagt wurden.[310] Im **Mahnverfahren** gilt ebenso die Erhöhungsvorschrift. Beim **nicht rechtsfähigen Verein** ist zu unterscheiden. Vertritt der Anwalt dessen Mitglieder in einem Aktivprozess, erhält er die Erhöhungsgebühr, die der Unterliegende zu erstatten hat. Umstritten ist dies, wenn der nicht rechtsfähige Verein verklagt ist. Teilweise werden mehrere Auftraggeber angenommen.[311] Dem kann im Hinblick auf § 50 Abs. 2 mit der überwiegenden Ansicht nicht zugestimmt werden.[312]

55 Im **Räumungsprozess** gegen mehrere Mieter einer Wohnung kommt es zur Erhöhung der Gebühr, weil der Streitgegenstand identisch ist.[313] Entsprechendes gilt, wenn mehrere Mandanten im Verfahren der **Verfassungsbeschwerde** vertreten werden.[314] Nicht anders ist es beim Normenkontrollverfahren mehrerer Eigentümer selbstständiger Grundstücke; Erhöhung jedoch bei mehreren Eigentümerns desselben Grundstücks.[315] Werden Streitgenossen auf **Unterlassung** verklagt, erhöht sich die Gebühr des von ihnen beauftragten Rechtsanwalts nicht;[316] ebenso wenig, wenn gegen Streitgenossen inhaltlich gleich lautende Auskunftsansprüche geltend gemacht werden.[317] Es handelt sich um selbstständige Ansprüche; es findet eine Addition statt. Bei Verfahren nach **Verkehrsunfällen** ist davon auszugehen: Halter und Haftpflichtversicherer sind mehrere Auftraggeber; die erhöhte Gebühr ist zu erstatten.[318] Indessen findet eine Streitwertaddition statt, wenn mehrere Beteiligte eines Verkehrsunfalls jeweils eigene Ansprüche einklagen.[319] Wird der Rechtsanwalt für eine **Wohnungseigentümergemeinschaft** tätig, ist dies erstattungsrechtlich wie die Vertretung einer BGB-Gesellschaft (s. Rn. 54) zu behandeln. Denn der Bundesgerichtshof sieht die WEG nunmehr als einen rechtsfähigen Verband sui generis an, bei dem die Rechtsfähigkeit allerdings auf die Teilbereiche des Rechtslebens beschränkt ist, bei denen die Wohnungseigentümer im Rahmen der Verwaltung des gemeinschaftlichen Eigentums am Rechtsverkehr teilnehmen.[320]

56 **Meinungsumfrage:** Die Erstattungsfähigkeit beurteilt sich nach den für die Erstattung von Privatgutachten (vgl. Rn. 59f.) entwickelten Grundsätzen. Sie ist deshalb nur zu bejahen, wenn die Partei ansonsten nicht in der Lage ist, den Anforderungen an einen substantiierten Sachvortrag zu genügen, die erforderlichen Beweise anzutreten oder sich sachgerecht mit dem Vorbringen des Prozessgegners oder dem Ergebnis eines auf Ersuchen des Gerichts erstatteten Sachverständigengutachten auseinander zu setzen, oder wenn sie das Gericht voraussichtlich nur mit Hilfe des Ergebnisses einer Meinungsumfrage zu veranlassen vermag, in eine förmliche Beweisaufnahme einzutreten. In **Eilverfahren** sind die Anforderungen weniger streng. Die Kosten sind schon dann erstattungsfähig, wenn die Partei Grund zu der Annahme hatte, das Gericht könne von ihr die Glaubhaftmachung bestimmter, nur durch eine demoskopisches Gutachten aufzuklärender Tatsachen verlangen.[321] Die Kosten müssen unter Berücksichtigung der Bedeutung der Sache angemessen sein.[322] Die Kosten einer zur Verwendung sowohl im Hauptsache- als auch im einstweiligen Verfügungsverfahren in Auftrag gegebenen Meinungsumfrage sind zu gleichen Teilen beiden Verfahren zuzuordnen.[323]

---

305 OLG Köln JurBüro 1994, 730.
306 Zur Problematik während der Übergangszeit vgl. BGH NZM 2005, 941f.
307 *v. Eicken* NJW 2002, 1393, 1394; vgl. auch OLG Nürnberg NJW 2001, 3483.
308 LAG Düsseldorf JurBüro 2001, 358.
309 OLG Düsseldorf AnwBl. 1993, 576.
310 OLG Düsseldorf JurBüro 1996, 584.
311 OLG Düsseldorf JurBüro 1994, 348f.
312 OLG Karlsruhe NJW-RR 2000, 658.
313 BGH NJW 2005, 3786f.; zur Vertretung mehrerer Mieter, Vermieter oder Wohnungseigentümer s. *Norbert Schneider* NZM 2006, 361ff.
314 BVerfG NJW 2000, 3126 u. NJW-RR 2001, 139.
315 OVG Münster JurBüro 1999, 469f.
316 OLG Zweibrücken AnwBl. 2000, 695.
317 OLG Frankfurt/M. JurBüro 2002, 139f.
318 OLG Oldenburg AnwBl. 1993, 529.
319 OLG Koblenz JurBüro 1994, 669.
320 BGH NJW 2005, 2061ff.
321 OLG Köln JurBüro 1995, 475f.
322 KG MDR 1987, 677f.
323 OLG Köln JurBüro 1995, 475f.

Parteiwechsel: Ist die zunächst **verklagte Partei** aus dem Rechtsstreit ausgeschieden und hat der Kläger dafür eine andere Partei verklagt, kann die ausscheidende Partei verlangen, dass ihre außergerichtlichen Kosten bereits jetzt dem Kläger auferlegt werden. Bei einem gewillkürtem Parteiwechsel auf der **Klägerseite** handelt es sich für den Bevollmächtigten des Beklagten gebührenrechtlich um zwei verschiedene Angelegenheiten mit der Folge, dass der unterlegene Kläger die Verfahrensgebühren zweimal zu erstatten hat (s. a. § 263 Rn. 28).[324] Ebenso haben beide Beklagte Anspruch auf Erstattung der vollen Anwaltsgebühren, wenn nach subjektiver Klageänderung der in den Rechtsstreit eingetretene Beklagte von demselben Rechtsanwalt vertreten wird, wie der ausgeschiedene ursprüngliche Beklagte;[325] dagegen kann nur die Erhöhung (früher um 3/10 nach § 6 Abs. 1 Satz 2 BRAGO; jetzt gemäß Nr. 1008 VV RVG) verlangt werden, wenn der gemeinsame Prozessbevollmächtigte beide Beklagte für eine gewisse Zeit gleichzeitig vertreten hat.[326] 57

Patentanwalt: Ohne Prüfung im Einzelfall, ob seine Hinzuziehung notwendig war, sind dessen Gebühren und Auslagen zu erstatten, wenn es sich um eine Patent-, Geschmacksmuster-, Gebrauchsmuster- oder Kennzeichenstreitsache handelt.[327] Dies folgt aus § 143 Abs. 5 PatG, § 15 Abs. 5 GeschmMG, § 27 Abs. 5 GebrMG und § 140 Abs. 5 MarkenG. Erstattungsfähig sind die Kosten des Patentanwalts auch, wenn die Antragstellerin ihre ursprünglich auf geschmacksmuster- und UWG-rechtliche gestützten Ansprüche später auf Ansprüche aus § 1 UWG beschränkt.[328] In anderen Verfahren kommt es darauf an, ob die erforderliche Klärung schwieriger technischer Fragen dessen Einschaltung notwendig machte.[329] Der Mehrvertretungszuschlag nach Nr. 1008 VV RVG (vgl. Rn. 52) steht neben dem Rechtsanwalt auch dem Patentanwalt zu.[330] Reisekosten sind dem auswärtigen Patentanwalt grundsätzlich zu erstatten, es sei denn, er ist in überörtlicher Sozietät mit einem am Gerichtsort ansässigen Patentanwalt verbunden (vgl. Rn. 19).[331] Die Gebühren des in eigener Sache tätigen Patentanwalts sind nicht erstattungsfähig.[332] Die Höhe der Gebühren entspricht derjenigen der Rechtsanwälte, obwohl die Verweisung in § 143 Abs. 3 PatG unzureichend ist. Im Übrigen vgl. Rn. 25, 33. **Patentrecherchekosten:** Sie sind als Kosten der Rechtsverteidigung zu erstatten, wenn sie im unmittelbaren Zusammenhang mit dem späteren Verfahren entstanden sind. Dabei ist wegen der erheblichen wirtschaftlichen Bedeutung einer drohenden Patentverletzungsklage ein großzügiger Maßstab anzulegen.[333] **Postulationsfähigkeit:** Die Verfahrensgebühr (RVG VV Nr. 3506) für die anwaltliche Tätigkeit entsteht nur, wenn der beauftragte Rechtsanwalt vor diesem Gericht auch postulationsfähig ist.[334] Für eine auf eine Rücknahme der Nichtzulassungsbeschwerde zielende Einzeltätigkeit des vom Rechtsmittelgegner beauftragten nicht postulationsfähigen Rechtsanwalts, können die Kosten erstattungsfähig sein.[335] 58

Privatgutachten: Es ist Aufgabe des Gerichts, streitige Tatsachen erforderlichenfalls durch Einholung von Sachverständigengutachten im Wege der Beweisaufnahme zu klären. Deshalb sind die Kosten für privat in Auftrag gegebene Gutachten grundsätzlich nicht zu erstatten. Etwas anderes gilt ausnahmsweise dann, wenn das Privatgutachten prozessbezogen und notwendig war; verschiedentlich wird zusätzlich gefordert, dass durch das Gutachten der Rechtsstreit gefördert wurde.[336] **Prozessbezogenheit** bedeutet, dass das Gutachten gerade mit Rücksicht auf den konkreten Prozess in Auftrag gegeben wurde; ein enger sachlicher und zeitlicher Zusammenhang muss gegeben sein. Das ist zu bejahen, wenn der Versicherer einen (Brandsach-) Verständigen zu einem Zeitpunkt beauftragt, in welchem der Versicherer zur Prozessaufnahme bereits entschlossen war und das Gutachten ausschließlich zur Förderung des Verteidigungsvorbringens im anstehenden Rechtsstreit dienen sollte.[337] Erstattungsfähig können die Kosten auch sein, wenn der Auftraggeber zum Zeitpunkt der Auftragserteilung zwar noch nicht verklagt war, aber der spätere Kläger ernsthaft mit Klageerhebung drohte, sofern nicht binnen einer knapp bemessenen Frist geleistet würde.[338] Die Höhe der erstattungsfähigen Kosten eines prozessbegleitend eingeholten Gutachtens kann nicht deshalb begrenzt werden, weil die Partei ihrem Gegner den Kostenrahmen vor dessen Einholung nicht mitgeteilt hat. Die Erstattungsfähigkeit dieser Kosten richtet sich nach dem JVEG.[339] **Nicht prozessbezogen** ist hingegen ein Gutachten, das in Auftrag gegeben worden ist, um der Partei eine Entscheidungshilfe zur Prüfung der Aussichten eines Prozesses zu geben.[340] Nicht zu erstatten sind deshalb die Aufwendungen einer Versicherung 59

---

[324] OLG München JurBüro 1995, 37f.; OLG Karlsruhe JurBüro 1993, 287 m. zust. Anm. v. *Mümmler.*
[325] OLG München JurBüro 1995, 37.
[326] OLG Schleswig JurBüro 1997, 584.
[327] Zum italienischen „consulente inmarchi" vgl. BGH Beschl. v. 19. 4. 2007-I ZB 47/06; unveröffl.
[328] OLG Frankfurt/M MittPat. 1994, 278.
[329] OLG Köln JurBüro 2000, 650; 2006, 648.
[330] OLG Frankfurt/M AnwBl. 1993, 577.
[331] OLG München AnwBl. 1994, 198.
[332] OLG München AnwBl. 1999, 60.
[333] OLG Frankfurt/M MittPat. 1995, 110f.; auch die Kosten einer vom Patentanwalt selbst durchgeführten – notwendigen – Markenrecherche: OLG Hamburg JurBüro 1999, 31f.
[334] BGH NJW 2007, 1461ff.
[335] BGH NJW 2006, 2266ff.
[336] Vgl. *Mümmler* JurBüro 1994, 329ff., der allerdings die Förderung des Rechtsstreits nicht als Voraussetzung annimmt; zum finanzgerichtlichen Verfahren vgl. *Zenke* StB 1997, 490ff.
[337] OLG Köln r+s 1994, 118f.
[338] BGH NJW 2003, 1398ff.; 2006, 2415f.; OLG Koblenz JurBüro 2006, 543f.
[339] BGH NJW 2007, 1532f.
[340] OLG Köln JurBüro 2003, 313f.

für die gutachterliche Prüfung ihrer versicherungsrechtlichen Einstandspflicht.[341] Wurde ein Gutachten nicht unmittelbar für einen bestimmten Rechtsstreit in Auftrag gegeben, kann nicht deshalb Erstattung verlangt werden, weil es später Grundlage der Rechtsverteidigung wurde oder sonst im Rechtsstreit Bedeutung erlangt hat.[342]

60 **Notwendig** ist die Einschaltung des Gutachters, wenn die Partei auf die Hinzuziehung eines Sachverständigen zwingend angewiesen ist, um ihrer Darlegungs- und Beweispflicht genügen oder um Beweisen des Gegners entgegentreten zu können.[343] Dies kann der Fall sein, wenn sich der Privatmann gegen die Klage einer Fachfirma mit der Behauptung verteidigen will, deren Werkleistung sei mangelhaft.[344] Anders ist dies für durch die Zugewinnausgleichsberechtigte veranlasste Kosten der Wertermittlung eines dem Verpflichteten gehörenden Grundstücks zurzeit der Eheschließung; hierfür trägt die Berechtigte weder die Darlegungs- noch die Beweislast.[345] **Nicht notwendig** ist grundsätzlich die Einholung eines privaten Rechtsgutachtens. Es gehört zu den Aufgaben des Anwalts als Prozessbevollmächtigten, erforderliche rechtliche Prüfungen anzustellen.[346] Etwas anderes kann gelten, wenn es um die Klärung ganz außerordentlich schwieriger Rechtsfragen[347] oder um ausländisches Recht[348] geht. Im Mietrecht ist es grundsätzlich für den Vermieter nicht notwendig, nach Auszug des Mieters einen Sachverständigen zur Begutachtung des Zustandes des Mietobjekts zu beauftragen, um seinen Schadensersatzanspruch wegen vertragswidriger Abnutzung der Mietsache einklagen zu können. In der Regel wird die Anfertigung von Fotos ausreichen.[349] Generell sind an die Notwendigkeit besonders strenge Anforderungen zu stellen, wenn das Gutachten während des Rechtsstreits eingeholt wurde.[350] Die **Förderung** des Prozesses durch das Privatgutachten ist als Voraussetzung der Erstattungsfähigkeit umstritten. Im Gegensatz zur früheren Rechtsprechung,[351] wird sie in neueren Entscheidungen nicht mehr verlangt.[352] Unerlässlich ist jedoch, dass das Gutachten überhaupt in den Prozess eingeführt wurde.[353] Nicht erstattungsfähig sind grundsätzlich die Kosten eines Schiedsgutachtens. Dies gilt ohne Rücksicht darauf, ob es vor oder während des Rechtsstreits eingeholt wurde.[354] Die Frage der Erstattungsfähigkeit stellt sich zuweilen auch im Strafprozess.[355]

61 **Ratsgebühr:** Diese Gebühr kann grundsätzlich nicht nach § 103ff. festgesetzt werden. Denn wenn es zum Rechtsstreit als Voraussetzung einer Kostenfestsetzung kommt, ist die Ratsgebühr auf die sonstige Tätigkeit im Rechtsstreit anzurechnen (§ 20 Abs. 1 S. 4 BRAGO; nach Inkrafttreten des RVG zum 1. Juli 2004 RVG VV Nr. 2100). Ausnahmsweise kann sie dann festgesetzt werden, wenn im Rechtsstreit kein Anwalt[356] oder ein anderer Anwalt beauftragt wurde. Im letztgenannten Fall kann die Ratsgebühr als Teil der fiktiven Reisekosten der Partei zum Anwalt geltend gemacht werden, wenn die Beauftragung eines Verkehrsanwalts (vgl. Rn. 32) nicht notwendig war.[357] Für die Zuerkennung ist insgesamt die Hilfsbedürftigkeit der Partei von Bedeutung.[358] Berät der erstinstanzliche Anwalt unaufgefordert über die Erfolgsaussichten einer Berufung, erwächst keine erstattungsfähige Gebühr.[359] Eine **ausländische Partei** darf auch für die gerichtliche Verfolgung einer vorprozessual unbestrittenen Forderung eine prozessbezogene Beratung in Anspruch nehmen, weil dies in aller Regel keine Routineangelegenheit ist.[360]

62 **Rechtszug:**[361] Für die Gebühren des Anwalts gilt nach Zurückverweisung an ein untergeordnetes Gericht das weitere Verfahren vor diesem Gericht als ein neuer Rechtszug (§ 21 Abs. 1 RVG; Ausnahme Abs. 2!). Nach überwiegender Auffassung war auch das anzunehmen, wenn das Berufungsgericht das vorinstanzliche Grundurteil bestätigt;[362] dies gilt auch, wenn die Revision gegen ein Grundurteil des OLG

---

341 OLG München JurBüro 1992, 172 m. zust. Anm. v. *Mümmler;* zu den Sonderfällen bei Inanspruchnahme des Kaskoversicherers wegen eines behaupteten Kfz-Diebstahls bzw. vorgetäuschten Kfz-Haftpflichtschadens vgl. BGH NJW 2003, 1398ff.; OLG Karlsruhe VersR 1994, 1206f.

342 LG Frankfurt/M CR 1994, 535f.

343 OLG Rostock JurBüro 2005, 426; OLG Koblenz JurBüro 1994, 627.

344 OLG Koblenz JurBüro 1994, 627.

345 OLG Karlsruhe NJW-RR 1999, 85; vgl. aber auch OLG Nürnberg NJW-RR 2002, 1725.

346 OLG Schleswig JurBüro 1992, 172.

347 BVerfG NJW 1993, 2793.

348 OLG München NJW-RR 2001, 1723; ausführlich *Mankowski* MDR 2001, 194ff.

349 Enger *Fischer* in *Bub/Treier,* Handbuch der Geschäfts- und Wohnraummiete, 3. Aufl. 1999, VIII Rn. 218f.

350 OLG Celle NdsRpfl. 1995, 105; OLG Düsseldorf Rpfleger 1995, 39; NJW-RR 1997, 1431f.

351 OLG Bamberg JurBüro 1989, 392.

352 OLG Karlsruhe JurBüro 2005, 544 (LS); OLG Hamm Rpfleger 2001, 616f.

353 OLG München NJW-RR 1995, 1470f.; OLG Düsseldorf Rpfleger 1995, 39; aM OLG Frankfurt/M OLGZ 1993, 254f.

354 OLG Düsseldorf NJW-RR 1999, 1667f.

355 Vgl. dazu *Jakubetz* JurBüro 1999, 564ff.

356 OLG Düsseldorf JurBüro 1992, 39f.

357 OLG Karlsruhe JurBüro 1996, 39f.; OLG Düsseldorf JurBüro 1996, 539 m. Anm. v. *Hansens;* OLG Stuttgart FamRZ 1997, 1413 (LS).

358 Zö/*Herget* Rn. 13 „Ratsgebühr".

359 BGH NJW 1991, 2084f.; OLG Zweibrücken JurBüro 1998, 21f. anders (wenn ein entsprechender Auftrag erteilt wurde) OLG Düsseldorf JurBüro 1992, 39; *Enders* JurBüro 1998, 22 m. zahlr. Nachw.

360 OLG Köln JurBüro 1993, 682f.

361 Zu dessen Umfang *Enders* JurBüro 1997, 113ff., 169ff., 225ff.

362 OLG Düsseldorf AnwBl. 1995, 106; aA allerdings BGH NJW-RR 2004, 1294.; OLG München NJW-RR 1999, 368.

nicht angenommen,[363] die Berufung gegen ein Zwischenurteil zurückgewiesen wird[364] oder nach Erhebung einer Stufenklage und erfolgreichem Teilurteil erster Instanz die Parteien das Berufungsverfahren durch Vergleich beenden und das Verfahren zur zweiten Stufe im ersten Rechtszug fortsetzen.[365] Damit können Verfahrens- und Terminsgebühr erneut anfallen. Die Verfahrensgebühr erhält der Rechtsanwalt jedoch nur, wenn die Sache an ein Gericht zurückverwiesen wird, das mit der Sache noch nicht befasst war (RVG VV Vorbem. 3 Abs. 6). Wird auf Grund einer zwischenzeitlichen Änderung des landgerichtlichen Geschäftsverteilungsplans ein anderer Spruchkörper als zuvor mit der Sache befasst, ist diese Ausnahme nicht gegeben.[366] Streiten die Parteien nach einem Vergleich über dessen Wirksamkeit in einem Nachverfahren, liegt gebührenrechtlich ein und dieselbe Angelegenheit vor.[367]

Reisekosten des Anwalts: vgl. Rn. 17–21. **Reisekosten der Partei:** In Betracht kommen Reisen zum Prozessbevollmächtigten und zum gerichtlichen Termin. Grundsätzlich sind die Aufwendungen für **Informationsreisen zum Anwalt** erstattungsfähig (§ 91 Abs. 1 S. 2);[368] hinsichtlich der Zahl der Reisen kommt es auf den Einzelfall an. Zumindest eine Reise für jede Tatsacheninstanz ist als notwendig anzusehen, häufig sind zwei erforderlich, ausnahmsweise sogar mehr; je nach Schwierigkeit des Streitstoffes, nach dem Umfang der erhobenen Einwendungen und nach dem Ablauf des Verfahrens.[369] Nur in eng begrenzten Ausnahmefällen kann eine Partei auf schriftliche Information ihres Anwalts verwiesen werden (vgl. Rn. 32). Eine solche Ausnahme ist gegeben, wenn es sich um eine Routineangelegenheit handelt, eine einfache Sache aus dem Lebens- oder Geschäftsbereich der Partei und dieser die schriftliche Information zumutbar ist.[370] War die Einschaltung des von der Partei beauftragten Verkehrsanwalts nicht notwendig, können dessen Kosten in Höhe der **fiktiven Aufwendungen** ersparter Informationsreisen erstattungsfähig sein (vgl. Rn. 32). Reisekosten **zum gerichtlichen Termin** (nicht zum reinen Verkündungstermin) sind regelmäßig unabhängig davon erstattungsfähig, ob das Gericht das persönliche Erscheinen angeordnet hat.[371] Eine Partei, deren persönliches Erscheinen das Gericht angeordnet hat, ist grundsätzlich verpflichtet, dem Gericht anzuzeigen, wenn sie von einem anderen Ort, als in der Ladung angegeben, anreisen muss; verletzt die Partei diese Obliegenheit, sind die Fahrtkosten dennoch zu erstatten, wenn das Gericht in Kenntnis der zusätzlichen Kosten das Erscheinen angeordnet hätte.[372] Übernachtungskosten können nach OLG Dresden geltend gemacht werden, wenn der Zeitaufwand für Hin- und Rückfahrt 10 Stunden übersteigt.[373] Auch die Erstattungsfähigkeit von Verkehrsanwaltskosten steht nicht entgegen.[374] Das gilt nur dann nicht, wenn die Kosten außer Verhältnis zur Bedeutung des Verfahrens stehen.[375] Zur Entschädigung wegen Zeitversäumnis vgl. Rn. 10; bei Verbindung mit einer Dienstreise können nur die zusätzlichen Kosten geltend gemacht werden.[376] **Schreibauslagen:**[377] Vgl. Rn. 35. 63

Schutzschrift:[378] Zum Begriff s. a. § 937 Rn. 7. Sie ist eine von der Praxis im Wettbewerbsrecht entwickelte „Prozesshandlung auf Vorrat", die zunehmend auch in anderen Rechtsgebieten, etwa dem Presse- oder Familienrecht, bedeutsam geworden ist.[379] Bei drohendem Eilverfahren hinterlegt sie der Antragsgegner vorsorglich bei Gericht, damit dieses im Fall der Einleitung des Eilverfahrens die Stellungnahme bereits vorliegen hat und nicht ohne Anhörung des Antragsgegners entscheidet. Die Kosten sind nach einer später zu Gunsten des Antragsgegners ergehenden Kostengrundentscheidung erstattungsfähig und zwar in Höhe von 0,8 gemäß RVG VV Nr. 3101. Eine andere Auffassung befürwortet eine volle Gebühr.[380] Dem kann nicht zugestimmt werden. Einigkeit besteht darin, dass nur eine halbe Gebühr anfällt, wenn die Schutzschrift nur einen Prozessantrag enthält, etwa den Antrag auf Anberaumung einer mündlichen Verhandlung.[381] Früher wurde Erstattungsfähigkeit nur bejaht, wenn die Schutzschrift nach Anhängigkeit des Antrags auf Erlass einer einstweiligen Verfügung eingeht.[382] Diese Einschränkung wird zu Recht überwiegend abgelehnt.[383] Ohne Bedeutung ist, ob der die Schutzschrift fertigende Anwalt beim Prozessgericht zugelassen ist, weil auch auf Seiten des Antragstellers kein Anwaltszwang besteht (§§ 920 Abs. 3, 936, 78 64

---

363 OLG Koblenz JurBüro 1997, 643.
364 OLG Koblenz JurBüro 1997, 642f.
365 OLG Hamm JurBüro 2000, 302.
366 OLG Hamm AnwBl. 1995, 107.
367 OLG Hamm JurBüro 2000, 469f.
368 Vgl. *Mümmler* JurBüro 1996, 349.
369 OLG Bamberg JurBüro 1993, 98.
370 OLG Düsseldorf AnwBl. 1995, 202.
371 OLG Köln JurBüro 2006, 599f.
372 LG Bonn Rpfleger 2000, 241f.
373 OLG Dresden Rpfleger 1998, 444; vgl. auch OLG Karlsruhe NJW-RR 2003, 1654f.
374 OLG Koblenz MDR 1994, 424f.
375 OLG Köln Rpfleger 1993, 126.
376 LG Karlsruhe JurBüro 2000, 480.
377 Ausführlich hierzu *Enders* JurBüro 1999, 281ff.
378 Ausführlich *May,* Die Schutzschrift im Arrest- und Einstweiligen-Verfügungsverfahren, Diss. Hamburg 1983; knappe Übersicht bei *Mümmler* JurBüro 1993, 154f.
379 *van Els* FamRZ 1996, 651ff.
380 OLG Koblenz WRP 1995, 246f.; OLG Nürnberg NJW-RR 2005, 941f.
381 OLG Düsseldorf JZ 1995, 315f.
382 OLG Frankfurt/M JurBüro 1983, 89ff.
383 OLG Braunschweig JurBüro 1993, 218; nunmehr auch unter ausdrücklicher Aufgabe der früheren Rechtsprechung OLG Frankfurt/M Rpfleger 1996, 215.

Abs. 3).[384] Ohne Belang ist auch, ob die Schutzschrift dem Antragsteller zur Kenntnis gebracht und für die Rücknahme des Antrags oder die zurückweisende Entscheidung des Gerichts kausal geworden ist.[385] Die Verfahrenszugehörigkeit einer Schutzschrift setzt keine Identität des besorgten und des tatsächlichen Streitgegenstands der einstweiligen Verfügung voraus. Es genügt, dass sich die Schutzschrift im anhängig gewordenen Verfügungsverfahren als taugliches Mittel der vorbeugenden Rechtsverteidigung darstellt.[386] Die Kosten für eine Schutzschrift sind nicht erstattungsfähig, wenn sie nach Rücknahme des Antrags auf Erlass einer einstweiligen Verfügung eingereicht wurde, auch dann nicht, wenn der Antragsgegner die Rücknahme nicht kannte oder kennen musste.[387]

65 **Selbständiges Beweisverfahren:** Grundsätzlich ergeht im selbständigen Beweisverfahren nach §§ 485 ff. keine Kostenentscheidung. Die Kostenlast richtet sich vielmehr nach der Kostenentscheidung im Hauptverfahren, wenn Letzteres durch ein Urteil abgeschlossen wird (bei Abschluss durch **Vergleich:** s. § 98 Rn. 2), in welchem das Ergebnis des Beweisverfahrens verwertet wurde, und die Parteien mit denen des Beweisverfahrens identisch sind.[388] Wird die Hauptsacheklage zurückgenommen, umfasst der Kostenausspruch nach § 269 Abs. 3 auch die Kosten des abgeschlossenen selbstständigen Beweisverfahrens.[389] Wird das selbständige Beweisverfahren durch Vergleich unter Vorbehalt der gerichtlichen Kostenentscheidung beendet, ist sinnvollerweise nach § 91 a Abs. 1 zu entscheiden.[390]

66 Folgen die Kosten der Regelung im nachfolgenden Hauptverfahren, war umstritten, ob die **Gerichtskosten** des Beweisverfahrens **gerichtliche oder außergerichtliche** Kosten des Hauptverfahrens sind. Die Zuordnung hat Auswirkungen. Nur wenn sie Gerichtskosten des Hauptverfahrens sind, tragen sie beide Parteien hälftig, wenn die Kosten vergleichsweise oder nach § 92 Abs. 1 gegeneinander aufgehoben werden; außergerichtliche Kosten werden bei Kostenaufhebung nicht erstattet. Ob die entstandenen Kosten notwendig iSd. § 91 Abs. 1 waren, wird nicht geprüft, wenn es sich um Gerichtskosten handelt. Der BGH hat klargestellt, dass es sich um gerichtliche Kosten des nachfolgenden Hauptsachverfahrens handelt.[391] **Voraussetzung** dafür, dass die Kostenentscheidung des Hauptverfahrens die Kosten des selbstständigen Beweisverfahren erfasst, ist neben der Identität der Gegenstände beider Verfahren[392] auch Identität der Parteien.[393] Der Streitgegenstand ist möglicherweise nach zulässiger Klageänderung im Hauptverfahren nicht mehr identisch.[394] Entscheidend für die Identität der Gegenstände beider Verfahren ist allein, was der Antragsteller zum Gegenstand des konkreten selbständigen Beweisverfahrens gemacht hat und ob er diesen Gegenstand mit der Klage ganz oder teilweise gegen den Antragsgegner des selbständigen Beweisverfahrens weiterverfolgt.[395] Die Klage kann auf andere Teile des Beweisverfahrens erweitert, der Wert der Klage kann anders als der Anteil des mit ihr verfolgten Anspruchs am selbständigen Beweisverfahrens bestimmt werden. Die Kosten eines im Klageverfahren nicht weiterverfolgten Teils des vorausgegangenen selbständigen Beweisverfahrens können dem Antragsteller analog § 96 ZPO auch dann auferlegt werden, wenn er in der Hauptsache obsiegen sollte.[396] **Identität der Parteien** bedeutet, dass sich der Kostentitel der Hauptsache gegen die Partei des Beweisverfahrens richtet.[397] Richtete sich das selbstständige Beweisverfahren wegen eines Mangels gegen zwei Antragsgegner, von denen nur einer Partei des nachfolgenden Hauptprozesses geworden ist, werden die Kosten des Beweisverfahrens insgesamt notwendige Gerichtskosten des Hauptsacheverfahrens wegen **desselben Mangels.** Werden dem Beklagten die Kosten im Hauptsacheverfahren auferlegt, so hat er dem Kläger die vollen Gerichtskosten des selbständigen Beweisverfahrens zu erstatten.[398] Die Kosten eines Beweisverfahrens, das der Schuldner gegen die Zedentin der Werklohnforderung nach Rechtshängigkeit der gegen ihn gerichteten Forderungsklage eingeleitet hat, sind keine Kosten des Rechtsstreits gegen die Zessionarin.[399]

67 Hinsichtlich der **Anwaltsgebühren** gilt: die Verfahrensgebühr wird nach RVG VV Vorbem. 3 Abs. 5 auf die Verfahrensgebühr des Rechtszuges angerechnet.

68 **Sozietät:** Ist einer Anwaltssozietät ein Mandat zur Führung eines Rechtsstreits erteilt, so sind alle Mitglieder der Sozietät bevollmächtigt. Die anwaltlichen Reisekosten des am Geschäftssitz der Partei residierenden Sozietätsmitglieder sind nur bis zur Höhe der fiktiven Reisekosten des Sozietätsmitglieds erstattungsfähig, der näher am Gerichtsort residiert.[400] Im Zweifel erstreckt sich die Bevollmächtigung auch auf später eintretende Sozietätsmitglieder.[401] Zur Frage des notwendigen Anwaltswechsels beim **Tode** des mit

---

[384] OLG Braunschweig JurBüro 1993, 218; aM OLG Düsseldorf JZ 1995, 315 f.
[385] OLG München JurBüro 1993, 154.
[386] OLG Köln Rpfleger 1995, 518 f.
[387] BGH WRP 2007, 786 ff.
[388] *Brosette/Mertes* AnwBl. 1992, 418; vgl. auch OLG München JurBüro 2000, 39.
[389] BGH NJW 2007, 1279 ff.
[390] LG Stuttgart NJW-RR 2001, 720.
[391] BGH NJW-RR 2006, 810 f.
[392] OLG Köln JurBüro 1992, 175; OLG Koblenz JurBüro 1996, 375 f.; OLG Nürnberg JurBüro 1996, 35 f.
[393] OLG Koblenz JurBüro 1994, 625 f.; (ebenso bei nicht vollständiger Identität) OLG Bamberg NJW-RR 2000, 730 f.
[394] OLG München NJW-RR 2001, 719 f.
[395] BGH NJW 2007, 1282 f.
[396] BGH NJW 2005, 294 f.
[397] OLG Koblenz JurBüro 1994, 625.
[398] BGH NJW-RR 2004, 1651.
[399] OLG Köln JurBüro 1993, 684 f.
[400] OLG Brandenburg JurBüro 2006, 648 f.
[401] BGH NJW 1994, 257 f.

dem Rechtsstreit befassten Sozietätsmitglieds vgl. Rn. 22. Mitglieder einer überörtlichen Sozietät können nicht Prozessbevollmächtigter und **Verkehrsanwalt** sein (vgl. Rn. 31). Eine überörtliche Sozietät liegt nicht vor, wenn die Kanzleien laut Briefkopf nur „in Kooperation" miteinander verbunden sind.[402] Werden nach einer **Verweisung** wegen Unzuständigkeit Rechtsanwälte einer überörtlichen Sozietät sowohl vor dem verweisenden als auch vor dem zuständigen Gericht tätig, fallen die gleichen Gebühren nur einmal an; auch bei der überörtlichen Sozietät erstreckt sich die Bevollmächtigung auf alle Mitglieder.[403] Nach Abgabe gemäß § 696 kann deshalb die Mahnanwalts- und die Prozessgebühr insgesamt nur einmal von der überörtlichen Sozietät verdient werden.[404]

Streitgenossen: Der **alleinobsiegende** Streitgenosse kann nur verlangen, dass ihm diejenigen Kosten eines gemeinsamen Anwalts erstattet werden, die seinem Anteil im Innenverhältnis entsprechen.[405] Der obsiegende Fahrzeughalter kann 1/3 der Kosten des gemeinsamen Anwalts verlangen, wenn die mit ihm Verklagten (Fahrer und Haftpflichtversicherer) verurteilt werden. Dass der Haftpflichtversicherer im Innenverhältnis letztlich die gesamten Anwaltskosten zu tragen hat, rechtfertigt nicht die Entlastung des Gegners.[406] Ist die Interessenlage bei Streitgenossen deckungsgleich, ist es rechtsmissbräuchlich, vom Gegner die Erstattung der Kosten mehrerer Rechtsanwälte zu verlangen.[407] So beschränkt sich der Erstattungsanspruch der **gemeinsam verklagten** Haftpflichtversicherung und des Versicherungsnehmers auf die Kosten eines Anwalts.[408] Etwas anderes gilt im Fall einer Interessenkollision, etwa wenn der Versicherer den Rückgriff gegen den Versicherten angedroht hat.[409] Werden mehrere in einer Sozietät verbundene Anwälte verklagt, können sie im Falle des Obsiegens die Anwaltsgebühren nur einmal verlangen.[410] Wird neben der KG auch deren Komplementär verklagt, können die Kosten zweier Anwälte nur im Fall einer Interessenskollision geltend gemacht werden.[411] Zur Kostenverteilung nach der Baumbach'schen Formel beim Unterliegen einzelner Streitgenossen vgl. § 100 Rn. 7ff. Können obsiegende Streitgenossen, die gemeinsam von einem Anwalt vertreten wurden, nur den im Innenverhältnis auf ihre Person entfallenden Kostenanteil erstattet verlangen, ist die im Kostenfestsetzungsbeschluss unterbliebene, aber gebotene Aufteilung auf ein vom Erstattungsschuldner eingelegtes Rechtsmittel hin nachzuholen.[412] 69

Streitwertänderung: Grundsätzlich ist eine Änderung der Streitwertfestsetzung (vgl. § 12ff. GKG) nicht deshalb unzulässig, weil durch sie ein Widerspruch zu der bereits rechtskräftigen Kostenentscheidung entsteht.[413] Eine Erhöhung des Streitwertes hat jedoch zu unterbleiben, wenn eine der Parteien durch die unrichtig gewordene Kostenentscheidung unzumutbar belastet würde.[414] Eine Berichtigung der unrichtig gewordenen Kostenentscheidung entsprechend § 319 ist nicht möglich (vgl. Rn. 43). 70

Stufenklage: Vgl. § 91a Rn. 43. **Testkauf:** Dessen Kosten gehören zu den notwendigen Vorbereitungskosten (s. dazu auch Rn. 73) eines Rechtsstreits, wenn der Kauf eine unmittelbare Beziehung zum Rechtsstreit hat. Dies ist jedenfalls zu bejahen, wenn die Aufwendungen im Rahmen eines schon zuvor gefassten Entschlusses zur Rechtsverfolgung anfielen.[415] weiter gehend nimmt dies das OLG Stuttgart auch dann an, wenn ein durch Misstrauen motivierter Testkauf einen Wettbewerbsverstoß erweist und damit zur Klage Anlass gibt.[416] Weitere Voraussetzungen für die Erstattungsfähigkeit sind, dass der Kauf zwingend erforderlich war und weniger kostenaufwändige Beweismöglichkeiten nicht bestanden.[417] Auf die ausfindig gemachten Verletzer können nicht die allgemeinen Kosten der (systematischen) Marktbeobachtung abgewälzt werden.[418] 71

Umsatzsteuer: Vgl. zunächst § 104 Rn. 20f. Bei **Auslandsberührung** gilt: Die Leistung des Anwalts gegenüber einem ausländischen Auftraggeber unterliegt nicht der Umsatzsteuer. Deshalb kann die ausländische Partei die von ihrem Anwalt berechnete Umsatzsteuer nicht verlangen, auch dann nicht, wenn der Anwalt von einer ihr übergeordneten deutschen Vermögensverwaltungsgesellschaft beauftragt worden ist.[419] Umsatzsteuer fällt auch nicht an, wenn die deutsche Partei nicht Unternehmer ist und ihren Wohnsitz nicht in einem Mitgliedstaat der Europäischen Union hat.[420] Dagegen fällt Umsatzsteuer an, wenn die Partei eine 72

---

402 KG NJW-RR 2001, 58f.
403 OLG Frankfurt/M NJW-RR 1999, 435f.; aM OLG Düsseldorf NJW-RR 1995, 376.
404 *Bischof* JurBüro 1998, 60f.
405 BGH NJW-RR 2006, 215; 2006, 1508; FamRZ 2006, 1028.
406 OLG Karlsruhe Rpfleger 1994, 316.
407 OLG Koblenz MDR 1994, 416f.; weniger streng LG Bielefeld JurBüro 1997, 260 m. Anm. v. *Enders* u. zahlreichen Hinw. z. Rspr.; aM LG Münster JurBüro 1998, 84f.
408 BGH NJW-RR 2004, 536f.
409 OLG Koblenz VersR 1996, 604f.; vgl. auch LG Berlin NJW-RR 2002, 421.
410 BGH XII ZB 156/06-juris-; anders aber, wenn die getrennte Rechtsverteidigung durch jedes Sozietätsmitglied durch sachliche Gründe gerechtfertigt erscheint.
411 OLG Koblenz MDR 1994, 416f.
412 KG NJW-RR 2001, 1435f.
413 OLG Köln JurBüro 1993, 741.
414 OLG Düsseldorf OLGZ 1993, 98, 99.
415 OLG Düsseldorf JurBüro 1986, 99.
416 OLG Stuttgart JurBüro 1995, 37.
417 OLG Dresden NJW-RR 1997, 573f.
418 OLG Frankfurt/M JurBüro 2001, 259f.
419 OLG Schleswig AnwBl. 1995, 152.
420 OLG Karlsruhe JurBüro 1993, 94f.

im EU-Ausland lebende Privatperson ist.[421] Der obsiegende inländische Prozessgegner kann vom ausländischen Kostenschuldner auch die seinem Anwalt zu entrichtende Umsatzsteuer verlangen.[422] Bei der Geltendmachung einer Darlehensforderung ist die klagende Partei vom Vorsteuerabzug ausgeschlossen;[423] dies gilt auch für Rechtsstreitigkeiten aus Factoringgeschäften.[424] So weit **fiktive Reisekosten** zugebilligt werden (vgl. Rn. 32), ist hierauf keine Umsatzsteuer zu berechnen.[425] Im Kfz- Haftpflichtprozess ist die auf der Beklagtenseite angefallene Steuer erstattungsfähig, da der Versicherer nicht zum Vorsteuerabzug berechtigt ist;[426] das muss auch dann gelten, wenn der Halter vorsteuerabzugsberechtigt ist.[427] Ist in anderen Verfahren **nur ein Streitgenosse vorsteuerabzugsberechtigt,** sind beide Streitgenossen aber durch einen Anwalt vertreten, ist im Regelfall nur die Hälfte der Umsatzsteuer erstattungsfähig; etwas anderes kann sich aus einer gerichtsbekannten abweichenden Verteilung im Innenverhältnis ergeben.[428] **Vertritt sich der Rechtsanwalt selbst,** ist nur dann keine Steuer zu erstatten, wenn der Rechtsstreit berufsbezogen ist.[429] Erstattungsfähig ist die auf die Anwaltskosten der Versicherungsgesellschaft im Verfahren gegen ihren Vertriebsrepräsentanten entfallende Steuer.[430]

73 **Unterbevollmächtigter:** Vgl. Rn. 26. **Verkehrsanwalt:** Vgl. Rn. 27–32. **Verweisung:** Bei Verweisung wegen örtlicher oder sachlicher Unzuständigkeit gilt § 281 Abs. 3. Im Verhältnis der ordentlichen zur Arbeitsgerichtsbarkeit vgl. Rn. 41. Hat das Prozessgericht bei seiner Kostenentscheidung irrtümlicherweise die Kostentrennung unberücksichtigt gelassen, kann die Korrektur nicht im Kostenfestsetzungsverfahren erfolgen.[431] **Vorbereitungskosten:** Sie sind erstattungsfähig, wenn sie dem späteren Rechtsstreit dienlich sind und es sich um Aufwendungen handelt, die in Bezug auf einen bestimmten Rechtsstreit entstanden sind (vgl. vor § 91 Rn. 16). Das ist nicht der Fall, wenn die Kosten erst der Beschaffung des später durchzusetzenden Rechts dienen, wie zB die Kosten eines Pfändungs- und Überweisungsbeschlusses.[432] Zu den Vorbereitungskosten zählt nicht die Geschäftsgebühr nach § 118 Abs. 1 Nr. 1 BRAGO.[433] Auch die Aufwendungen für ein vereinbarungsgemäß eingeholtes Schiedsgutachten sind im nachfolgenden Rechtsstreit grundsätzlich nicht als Prozesskosten erstattungsfähig.[434] Vgl. auch unter „Privatgutachten“ Rn. 59f. und „Testkauf“ Rn. 71.

74 **Vorpfändung:** War sie sachlich gerechtfertigt, sind die Aufwendungen als notwendige Kosten der Zwangsvollstreckung (§ 788 Abs. 1) zu erstatten. Betreibt der Gläubiger indes nicht unverzüglich die Zwangsvollstreckung und verstreicht daher die Frist des § 845 Abs. 2, sind die Kosten nicht zu ersetzen.[435] **Zeitversäumnis:** Vgl. Rn. 10. **Zustellung:** Die Kosten sind erstattungsfähig, so weit die Zustellungen im Rahmen einer ordnungsgemäßen Prozessführung erforderlich waren. Hinsichtlich der Kosten bei Zustellung durch den Gerichtsvollzieher vgl. § 192. **Zwangsvollstreckung:** Deren Kosten sind nach §§ 103f. festsetzbar, es sei denn, der Gläubiger hat sich für das Verfahren nach § 788 Abs. 1 entschieden (vgl. § 103 Rn. 6). Die Kosten eines im Vollstreckungsverfahren geschlossenen Vergleichs sind nur so weit festsetzbar, als sie vom Schuldner ausdrücklich übernommen worden sind; bei fehlender Abrede sind die Kosten gemäß § 98 als gegeneinander aufgehoben zu sehen.[436] Ob für eine **Ratenzahlungsvereinbarung** eine Einigungsgebühr nach RVG VV Nr. 1000 entstanden ist, hängt nicht mehr – wie früher nach § 23 BRAGO – davon ab, ob ein gegenseitiges Nachgeben vorliegt. Es reicht aus, wenn der Streit oder die Ungewissheit über die Verwirklichung des Anspruchs beseitigt wird, es sei denn, der Vertrag beschränke sich lediglich auf ein Anerkenntnis oder einen Verzicht.[437] Die Protokollierung eines als Vollstreckungsmitglied tauglichen Vergleichs nach § 794 Abs. 1 Nr. 1 ZPO ist nicht erforderlich; es genügt, wenn glaubhaft gemacht wird, es sei eine Vereinbarung im Sinne von RGV VV Nr. 1000 geschlossen worden.[438]

91a

Kosten bei Erledigung der Hauptsache (1) [1]**Haben die Parteien in der mündlichen Verhandlung oder durch Einreichung eines Schriftsatzes oder zu Protokoll der Geschäftsstelle den Rechtsstreit in der Hauptsache für erledigt erklärt, so entscheidet das Gericht über die Kosten unter Berücksichtigung des bisherigen Sach- und Streitstandes nach billigem Ermessen durch Beschluss.** [2]**Dasselbe gilt, wenn der Beklagte der Erledigungserklärung des Klägers nicht innerhalb**

---

[421] OLG Düsseldorf NJW-RR 1993, 704.
[422] OLG Koblenz AnwBl. 1993, 43.
[423] OLG Düsseldorf JurBüro 1994, 418f.
[424] OLG Düsseldorf JurBüro 1994, 114f.
[425] OLG Naumburg JurBüro 1994, 218.
[426] BGH NJW 2006, 774f.
[427] OLG Karlsruhe Rpfleger 2000, 240; aM OLG Stuttgart Rpfleger 1996, 82f.; OLG Hamm JurBüro 1994, 427f.
[428] OLG Bamberg JurBüro 1993, 89; KG JurBüro 1998, 197f.; LG Berlin JurBüro 1997, 428f. aM (entscheidend, wer Empfänger der Leistung ist, durch die die Steuer angefallen ist) OLG Schleswig JurBüro 1997, 644ff.
[429] OLG Düsseldorf JurBüro 1994, 299f.; OLG Hamburg MDR 1999, 764; *Schall* StB 1994, 462, 464.
[430] OLG Düsseldorf NJW-RR 1993, 41.
[431] OLG Naumburg MDR 2001, 1136f.
[432] OLG Düsseldorf JurBüro 1993, 224 m. zust. Anm. v. *Mümmler.*
[433] BGH-Report 2005, 679f.; OLG Nürnberg JurBüro 1995, 592f.; vgl. aber für die vorbereitende Einschaltung eines Patentanwalts OLG Düsseldorf AnwBl. 2001, 187.
[434] BGH NJW-RR 2006, 212f.
[435] LAG Köln JurBüro 1993, 622.
[436] OLG Düsseldorf JMBlNRW 1994, 130 m. weit. Nachw. auch zu abweichenden Ansichten.
[437] NJW-RR 2007, 359f.
[438] NJW 2007, 2187f.

einer Notfrist von zwei Wochen seit der Zustellung des Schriftsatzes widerspricht, wenn der Beklagte zuvor auf diese Folge hingewiesen worden ist.

(2) [1]Gegen die Entscheidung findet die sofortige Beschwerde statt. [2]Dies gilt nicht, wenn der Streitwert der Hauptsache den in § 511 genannten Betrag nicht übersteigt. [3]Vor der Entscheidung über die Beschwerde ist der Gegner zu hören.

Übersicht

I. Normzweck

1 Die Vorschrift dient der **Kostengerechtigkeit**[1] **und Verfahrensvereinfachung.**[2] Der Schutz des Klägers steht im Vordergrund, obwohl die Bestimmung auch eine Schutzfunktion zu Gunsten des Beklagten entfaltet.[3] Der Kläger soll davor geschützt werden, die Kosten seines ursprünglich begründeten Rechtsschutzbegehrens tragen zu müssen, wenn sich der Verfahrensgegenstand ohne sein Zutun im Laufe des Prozesses erledigt. Diese Erledigung kann zB eintreten, weil der Beklagte die eingeklagte Forderung bezahlt. Würde § 91a nicht existieren, müsste die ursprünglich begründete Klage als (nunmehr) unbegründet abgewiesen werden; der Kläger hätte nach § 91 zwingend die Kosten des Rechtsstreits zu tragen. Die Klage zurückzunehmen, um einer Abweisung zuvorzukommen, würde ihm nicht helfen. Nach § 269 Abs. 3 S. 2 träfe ihn ebenso die Kostenlast. Dieses unbillige Ergebnis kann durch eine übereinstimmende (oder einseitige – vgl. Rn. 28 bis 48 –) Erledigterklärung vermieden werden. Dem Gericht wird die Möglichkeit eröffnet, losgelöst von den starren Bestimmungen der §§ 91, 269 Abs. 3 S. 2, über die Kosten nach billigem Ermessen zu entscheiden. Die Schutzwirkung für den Beklagten besteht darin, dass sich der Kläger kostenrechtlich nicht folgenlos aus dem erledigten Verfahren zurückziehen kann, wenn dessen Rechtsschutzziel entfallen ist, die Klage aber von Anfang an unzulässig oder unbegründet war. Die Gerichte sind im Rahmen der allein noch zu treffenden Kostenentscheidung nicht mehr zu weiterer Sachaufklärung verpflichtet. Maßgeblich ist

[1] OLG Frankfurt/M OLGZ 1993, 441, 443; B/L/*Hartmann* Rn. 3.
[2] *Bergerfurth* NJW 1992, 1655, 1657.
[3] OLG Frankfurt/M OLGZ 1994, 91, 93.

grundsätzlich nur der bisherige Sach- und Streitstand. Der Beschleunigung und Vereinfachung dient auch, dass die Erledigung nicht nur in der mündlichen Verhandlung oder schriftsätzlich, sondern auch zu Protokoll der Geschäftsstelle abgegeben werden und die Entscheidung ohne mündliche Verhandlung ergehen kann.

2 **1. Unmittelbare und entsprechende Anwendung.** Die Vorschrift ist bei kontradiktorischen Verfahren anwendbar, die der Parteiherrschaft unterliegen und einer Kostengrundentscheidung bedürfen.

3 **a) Verfahren nach der ZPO.** § 91a ist in allen Verfahren der ZPO anzuwenden, bei denen die genannten Voraussetzungen erfüllt sind und speziellere Normen (vgl. Rn. 4) nicht vorgehen. Mithin gilt die Vorschrift in Urteilsverfahren, einschließlich der Urkunden- Wechsel- und Scheckprozesse, im Zwischenstreit nach § 71[4] und in Beschlussverfahren, etwa des Arrests und der einstweiligen Verfügung. Sie ist auch in Kindschaftssachen anwendbar.[5] Die Vorschrift ist nicht auf das Erkenntnisverfahren beschränkt. In der Zwangsvollstreckung gilt sie ebenso, beispielsweise in Pfändungsverfahren,[6] bei Anträgen nach §§ 887,[7] 888, 890[8] und im Erinnerungsverfahren nach § 766[9], in Beschwerdeverfahren, wenn es sich um ein kontradiktorisches Verfahren handelt;[10] nach OLG Düsseldorf indes nicht im Vollstreckungsschutzverfahren nach § 765a;[11] sie gilt auch nicht im PKH-Verfahren.[12] Zur Konkurrenz mit § 98 vgl. dort (Rn. 3). Nach der Übernahme des Rechtsstreits durch den Rechtsnachfolger des Beklagten ist über die bis zum Ausscheiden aus dem Rechtsstreit enstandenen Kosten des ursprünglichen Beklagten in entsprechender Anwendung von § 91a Abs: 1 zu entscheiden.[13]

aa) Ihre Anwendung im **selbstständigen Beweisverfahren** (vgl. dazu § 91 Rn. 65f. und § 96 Rn. 1, 3) wird mit der Begründung abgelehnt, hier bestünde zwischen den Parteien kein Prozessrechtsverhältnis[14] und eine materiell-rechtliche Prüfung finde nicht statt[15]. Diese Ansichten sind aus der Sicht der Praxis unbefriedigend. Sie bürden dem Antragsteller einen neuen Prozess auf, wenn er seine Kosten geltend machen will. In vielen Fällen wird sogar ein sachlich-rechtlicher Kostenerstattungsanspruch fehlen. Auch die dogmatischen Gründe sind nicht zwingend. Zwar besteht zwischen den Parteien kein Prozessrechtsverhältnis im engeren Sinn. Doch wird der Antragsgegner ebenso wie bei der Klageerhebung mit einem gerichtlichen Verfahren überzogen. Zum zweiten Argument: Auch ein prozessualer Anspruch kann taugliche Grundlage einer Entscheidung nach § 91a sein. Im selbstständigen Beweisverfahren nach § 485 geht es um den prozessualen Anspruch des Antragstellers auf Beweissicherung. Diese Argumentation des OLG Frankfurt/M[16] verdient Zustimmung. Das Gericht wendet § 91a auch an, wenn der Antragsgegner die behaupteten Mängel zugesteht und deshalb allein der Antragsteller das Verfahren für erledigt erklärt.[17] Der BGH hat allerdings eine entsprechende Anwendung nach übereinstimmender Erledigungserklärung abgelehnt.[18]

4 bb) Auch das **Mahnverfahren** kann übereinstimmend für erledigt erklärt werden.[19] Die Gegenansicht[20] verneint dies, weil im Mahnverfahren die Erfüllung nicht zur Erledigung sondern zur Beendigung des Verfahrens führt.[21] Dabei wird übersehen, dass bei beiderseitiger Erledigungserklärung nicht zu prüfen ist, ob die Hauptsache tatsächlich erledigt ist. Deshalb hängt die grundsätzliche Anwendbarkeit von § 91a in einem ZPO-Verfahren nicht davon ab, ob ein bestimmter Sachverhalt die Hauptsache erledigt. **Sondervorschriften** schließen als speziellere Regelung § 91a aus. Für Scheidungs- und Scheidungsfolgesachen verdrängt § 93a Abs. 1 S. 1 die allgemeine Regelung des § 91a;[22] weitere Sondervorschriften sind §§ 619, 640, 640g; die Sondervorschrift des § 620g Halbs. 1 verdrängt nach richtiger Ansicht § 91a auch in der Beschwerdeinstanz.[23]

5 **b) Verfahren, in denen die ZPO entsprechend anzuwenden ist.** Mit der ZPO findet in diesen Verfahren auch § 91a Anwendung. Dies betrifft etwa das Gebrauchsmusterlöschungsverfahren (vor dem Deutschen Patentamt und dem Bundespatentgericht),[24] das Patentnichtigkeitsverfahren,[25] das Patent-Rechtsbeschwer-

---

[4] OLG Oldenburg VersR 1966, 1173.
[5] KG FamRZ 1994, 909f.
[6] LG Fulda Rpfleger 1993, 172.
[7] BGH WuM 2005, 139ff.
[8] OLG München MDR 1991, 357.
[9] LG Frankenthal Rpfleger 1984, 361 mit zust. Anm. v. *Meyer-Stolte*.
[10] BGH NZM 2007, 377ff.
[11] OLG Düsseldorf AnwBl. 1996, 239.
[12] OLG Hamm FamRZ 2000, 1514.
[13] BGH NJW 2006, 1351ff.
[14] B/L/*Hartmann* § 91 Rn. 193.
[15] KG MDR 2002, 422.
[16] OLG Frankfurt/M OLGZ 1993, 441f.
[17] OLG Frankfurt/M OLGZ 1993, 441f.; nach OLG München NJW-RR 2000, 1455f. u. T/P/*Reichold* § 494a Rn. 6 auch bei übereinstimmender Erledigterklärung.
[18] BGH BauR 2007, 1146ff.
[19] OLG Nürnberg NJW-RR 1987, 1278f.; MK/*Lindacher* Rn. 8; T/P/*Hüßtege* Rn. 7.
[20] Zö/*Vollkommer* Rn. 7; *Wolff* NJW 2003, 553ff.
[21] Zö/*Vollkommer* Rn. 58 „Mahnverfahren".
[22] BGH NJW-RR 1986, 369; aM OLG Bamberg NJW 1995, 1289; (nach Erledigung der Hauptsache durch Tod eines Ehegatten Kostenentscheidung nach § 91a) OLG Karlsruhe FamRZ 1996, 880; (tritt nach Scheidung der Ehe eine Erledigung der Hauptsache in einer (abgetrennten) Folgesache ein, ist auch nach OLG Karlsruhe § 93a Abs. 1 anzuwenden) OLG Karlsruhe FamRZ 1996, 881.
[23] OLG Jena FamRZ 1996, 880; aM OLG Bamberg FamRZ 1996, 884f., je m. weit. Nachw.
[24] BGH NJW 1997, 3241ff.
[25] BGH GRUR 1984, 339 – Überlappungsnaht; *Jestaedt* WRP 1994, 680ff.

deverfahren[26] und nach zunehmend vertretener Auffassung auch das Insolvenzeröffnungsverfahren[27] und Gesamtvollstreckungseröffnungsverfahren.[28] Das Antragsverfahren ist als quasi-streitiges Verfahren ausgestaltet.

c) **FGG-Verfahren und sonstige Verfahren.** Nur in den echten Streitverfahren[29] der freiwilligen Gerichtsbarkeit ist § 91a entsprechend anwendbar.[30] Das gilt etwa für das Wohnungseigentumsverfahren.[31] Doch gehen Sondernormen vor, zB § 20 HausratsV für das Verfahren nach der Hausratsverordnung.[32] **Sonstige Verfahren.** Auch im Verwaltungsstreitverfahren nach der BRAO und BNotO[33] sowie im Kartellverwaltungsstreitverfahren[34] sind die Regeln über die Erledigung der Hauptsache analog heranzuziehen; ebenso im Gesamtvollstreckungsverfahren, wenn die dem Eröffnungsantrag zu Grunde liegende Forderung nach Anordnung der Sequestration beglichen wird.[35] **Keine** Anwendung findet § 91a bei Erledigung eines Verfahrens nach §§ 1, 2 Gewaltschutzgesetz,[36] ebenso wenig im vergaberechtlichen Nachprüfungsverfahren.[37] 6

2. Anwendung im Instanzenzug und Erledigterklärung des Rechtsmittels. a) Instanzenzug. Die Hauptsache kann auch in der Beschwerde-[38] oder Berufungsinstanz[39] für erledigt erklärt werden, ebenso im Revisionsrechtszug.[40] Weil die Einlegung der Nichtzulassungsbeschwerde die Rechtskraft des Berufungsureils hemmt (§ 544 Abs. 5 Satz 1), ist die übereinstimmende Erledigungserklärung auch im Nichtzulassungsbeschwerdeverfahren zu berücksichtigen.[41] Umstritten ist, ob in der Revisionsinstanz diese Erklärung auch **einseitig** abgegeben werden kann.[42] Dies ist jedenfalls zu bejahen, so weit das Erledigungsereignis zwischen den Parteien unstreitig ist (vgl. Rn. 33),[43] weil dann das Revisionsgericht keine neuen tatsächlichen Feststellungen zu treffen hat. Eine einseitige Abgabe der Erklärung wäre dagegen nicht möglich, wenn das erledigende Ereignis vom Beklagten bestritten wird. Deshalb wird zu Recht in diesen Fällen die einseitige Erledigungserklärung überwiegend für unzulässig gehalten.[44] Dadurch wird allerdings der Kläger gezwungen, einen für ihn auf Grund des Erledigungsereignisses sinnlos gewordenen Prozess fortzuführen. Auf dieses unbefriedigende Ergebnis weist die Gegenansicht treffend hin.[45] Doch berechtigt auch dieser Umstand das Revisionsgericht nicht zur Erhebung von Beweisen über materielle Tatsachen. Zusätzliche Voraussetzung jeder Erledigterklärung in der Rechtsmittelinstanz ist die Zulässigkeit des Rechtsmittels.[46] 7

b) Erledigterklärung des Rechtsmittels. Die im Rechtsmittelzug abgegebene Erklärung, die Hauptsache sei erledigt, ist etwas anderes als die Erledigterklärung des Rechtsmittels. Letzteres ist im Gesetz nicht vorgesehen, wird jedoch überwiegend für zulässig gehalten.[47] Ein Bedürfnis dafür, das Rechtsmittel für erledigt zu erklären, kann grundsätzlich nur anerkannt werden, wenn das Rechtsmittel zulässig eingelegt wurde[48] und die zunächst angefochtene Entscheidung aufrechterhalten werden soll. Denn dies kann durch die Erledigterklärung der Hauptsache nicht erreicht werden, und mit der Rücknahme des Rechtsmittels nur um den Preis der Kostenlast (§ 516 Abs. 3 S. 1, § 565). Damit muss die Erledigterklärung des Rechtsmittels auf Fälle beschränkt bleiben, in denen die Rücknahme des Rechtsmittels mit ihrer starren Kostenfolge zu unangemessenen Ergebnissen führen würde.[49] Das ist zB anzunehmen, wenn die Beschwer des Rechtsmittelführers durch nachträgliche Urteilsberichtigung (§ 319) entfällt, das Urteil durch Eintritt der Fälligkeit oder Gesetzesänderung sachlich richtig geworden ist oder der auf unzulässige Abtrennung einer Folgesache gegründeten Berufung gegen das Scheidungsurteil der Boden entzogen wird, weil die andere Partei die von ihr anhängig gemachte Folgesache durch Rücknahme des Antrags beseitigt.[50] Ist das Rechtsmittel zulässig übereinstimmend für erledigt erklärt worden, ist entsprechend § 91a nur noch über die Kosten zu entscheiden.[51] Verfehlt ist es, die Vorschrift analog bei Rücknahme der Berufung für die Kosten der 8

---

26 BGH NJW-RR 1994, 381.
27 BGH NJW 2002, 515ff.
28 LG Halle JMBlLSA 1996, 68f.
29 Zum Begriff *Keidel/Kuntze/Winkler* § 12 Rn. 195.
30 BGH NJW 1982, 2505f.
31 OLG Zweibrücken NJW-RR 1993, 148f.; BayObLG JurBüro 1996, 97; AG Bremen Wohnungseigentümer 1995, 37.
32 OLG Zweibrücken JurBüro 1986, 1108.
33 BGHZ 84, 149, 151 = NJW 1982, 2782.
34 BGH NJW-RR 2000, 776.
35 LG Frankfurt/O ZIP 1995, 1211f.
36 OLG Dresden JurBüro 2003, 472ff.
37 BGH NZBau 2004, 285f.
38 KG MDR 1978, 498; (im Vollstreckungsverfahren) LG Tübingen JurBüro 2001, 157.
39 BGH NJW 1986, 852.
40 BGH GRUR 2005, 41ff.
41 BGH NJW-RR 2007, 694f.
42 Verneinend T/P/*Hüßtege* Rn. 8.
43 BGH NJW-RR 1993, 1123f.; *Bergerfurth* NJW 1992, 1655f.; MK/*Lindacher* Rn. 112; Zö/*Vollkommer* Rn. 51.
44 Zö/*Vollkommer* Rn. 51; offen gelassen durch BGH NJW-RR 1993, 1123, 1124.
45 MK/*Lindacher* Rn. 112.
46 BGHZ 50, 197f. = NJW 1968, 1725.
47 BGH MDR 2006, 44f.; BGH NJW 1998, 2453ff. m. zahlr. Nachw. bejaht im Einzelfall auch die Zulässigkeit einseitiger Erledigterklärung; so auch OLG Rostock NJW-RR 2007, 429f.
48 BGH NZI 2004, 425f.
49 BGH NJW-RR 2001, 1007f.
50 BGH NJW-RR 2001, 1007f.
51 KG NJW-RR 1987, 766f.

unselbstständigen Anschlussberufung anzuwenden.[52] Diese Kosten hat nach § 516 Abs. 3 S. 1 der Berufungskläger des Hauptrechtsmittels mit zu tragen (vgl. § 516 Rn. 16).

9 **3. Rechtsfortbildung.** Nach ihrem Wortlaut regelt die Vorschrift lediglich die übereinstimmende und umfassende Erledigungserklärung. Die einseitige (Rn. 28–48) oder nur teilweise (Rn. 50–55) Erledigungserklärung werden nicht erfasst, obwohl sie zum Alltag der Rechtspraxis zählen. Rechtsprechung[53] und Lehre haben versucht, diese prozessualen Situationen befriedigenden Lösungen zuzuführen.[54] Leitgedanken sind dabei die von § 91a verfolgten Ziele der Kostengerechtigkeit und Verfahrensvereinfachung. Im Einzelnen ist vieles streitig. Die Fragen der Erledigungserklärung werden mitunter zu den schwierigsten Problemen des Zivilprozesses gerechnet.[55]

II. Erledigungserklärung und erledigendes Ereignis

10 Erledigungserklärung und erledigendes Ereignis dürfen nicht miteinander verwechselt werden. Das erledigende Ereignis ist ein Geschehen, das allein die materielle Rechtslage betrifft. Durch Erfüllung des Klagebegehrens, Untergang des Streitobjekts oder den Eintritt anderer Tatsachen mit Auswirkung auf die materiellrechtlichen Voraussetzungen der Zulässigkeit oder Begründetheit einer Klage führt das erledigendes Ereignis zur faktischen Erledigung der Hauptsache.[56] Das ist auch bei einer auf Unterlassung einer Eigentumsbeeinträchtigung gerichteten Klage der Fall, wenn der Beklagte eine strafbewehrte Unterlassungserklärung abgibt, die zur Ausräumung der Wiederholungsgefahr geeignet ist.[57] Doch berührt das rein tatsächliche Geschehen nicht das gerichtliche Verfahren. Von Bedeutung ist hier allein, ob der Kläger allein oder die Parteien übereinstimmend die Erledigung der Hauptsache im Prozess erklären. Nur wenn die Erklärung des Kläger einseitig bleibt, hat das Gericht zu prüfen, ob tatsächlich ein erledigendes Ereignis eingetreten ist (vgl. Rn. 17 u. 34).

III. Übereinstimmende Erledigungserklärung

11 **1. Voraussetzungen. a) Allgemeines.** Nur für die übereinstimmende Erledigterklärung enthält § 91a Regelungen. Die Voraussetzungen wirksamer Erklärungen werden nicht genannt. Sie ergeben sich aus dem allgemeinen Prozessrecht. Danach müssen Partei-, Prozess- und Postulationsfähigkeit nach §§ 50, 51, 78 gegeben sein, weil die Erklärungen Prozesshandlungen sind. Die Zuständigkeit des angegangenen Gerichts ist für die Wirksamkeit der Erklärungen ohne Belang. Das **unzuständige Gericht** darf nach übereinstimmender Erledigungserklärung nicht mehr gemäß § 281 Abs. 1 verweisen (vgl. Rn. 17). Es hat allein noch über die Kosten zu entscheiden. Für diese Entscheidung bleibt bei der Beurteilung des bisherigen Sach- und Streitstandes die Unzuständigkeit grundsätzlich außer Betracht.[58] War im Übrigen die Klage zulässig und begründet, können dem Kläger allein die durch die Anrufung des unzuständigen Gerichts entstandenen Mehrkosten auferlegt werden (§ 281 Abs. 3 S. 2 in entsprechender Anwendung). Denn diese Kosten hat der Kläger auch zu tragen, wenn die Parteien nach einer Verweisung die Hauptsache übereinstimmend für erledigt erklären.[59]

12 **b) Form.** Die Erklärungen können mündlich, schriftlich oder zu Protokoll der Geschäftsstelle abgegeben werden (Abs. 1 S. 1). In mündlicher Verhandlung unterliegen sie auch im Rahmen des § 78 Abs. 1 u. 2 nicht dem Anwaltszwang.[60] Außerhalb mündlicher Verhandlung kann die Erledigung auch schriftsätzlich oder zu Protokoll der Geschäftsstelle erklärt werden. Dann besteht auch in Anwaltsprozessen kein Anwaltszwang (§ 78 Abs. 5).[61] Dies erleichtert die Abgabe einer Erledigungserklärung nach Rechtsmitteleinlegung; sie kann noch vom bisherigen Prozessbevollmächtigten erklärt werden, auch wenn dieser beim Rechtsmittelgericht nicht zugelassen ist.[62] Die drei Möglichkeiten (mündlich, schriftsätzlich oder zu Protokoll der Geschäftsstelle) stehen gleichberechtigt nebeneinander. Der Zweiterklärende (meist der Beklagte) wird durch die Formwahl seines Prozessgegners nicht gebunden. Deshalb kann er der Erledigterklärung zu Protokoll der Geschäftsstelle oder schriftsätzlich zustimmen, auch wenn die erste Erklärung mündlich in der Verhandlung erfolgte.[63] **Gleichgültig** ist auch, **in welcher Reihenfolge** sich die Parteien erklären.[64] Der Beklagte kann deshalb auch zuerst die Hauptsache für erledigt erklären. Entscheidend ist allein, dass im Ergebnis beide Parteien sich wirksam entsprechend geäußert haben. Haben die Parteien schriftsätzlich

---

[52] So aber OLG Frankfurt/M NJW-RR 1993, 768; OLG Frankfurt/M FamRZ 1995, 945 f.
[53] *Becker-Eberhard,* Festschr. 50 Jahre Bundesgerichtshof, 2000, 273 ff.
[54] *v. König* RpflStud. 2000, 80 ff.
[55] *Ulrich* NJW 1994, 2793; vgl. auch *Westermeier,* Die Erledigung der Hauptsache im Deutschen Verfahrensrecht, Berlin 2005.
[56] *Bergerfurth* NJW 1992, 1655.
[57] BGH NJW-RR 2006, 566 f.
[58] OLG Stuttgart MDR 1989, 1000; AG Schöneberg MDR 1994, 202; MK/*Lindacher* Rn. 57; *Emde* MDR 1995, 239; aA OLG Frankfurt/M MDR 1981, 676; OLG Hamm NJW-RR 1994, 828; Zö/*Vollkommer* Rn. 58 „Verweisung".
[59] OLG Stuttgart MDR 1989, 1000.
[60] OLG Schleswig MDR 1999, 252 f.; inzwischen entspricht dies überwiegender Auffassung; aM noch Vorauflage.
[61] BGH NJW 1999, 1408.
[62] BGHZ 123, 264, 266 = NJW 1994, 256.
[63] Zö/*Vollkommer* Rn. 10.
[64] T/P/*Hüßtege* Rn. 14.

den Rechtsstreit übereinstimmend teilweise für erledigt erklärt, so hat die in der mündlichen Verhandlung zu Protokoll gegebene Erklärung nur noch deklaratorische Bedeutung.[65]

Eine Erklärung durch **schlüssiges Handeln bzw. Unterlassen** kann genügen;[66] zB wenn der Beklagte der Erledigungserklärung des Klägers nicht widerspricht oder wenn beide Parteien nur noch widerstreitende Kostenanträge stellen.[67] Von einer schlüssigen Erledigungserklärung des Klägers ist auch auszugehen, wenn dieser unter Hinweis auf die Zahlung des Beklagten während des Rechtsstreits nur noch beantragt, dem Gegner die Kosten aufzuerlegen.[68] Ein bloßes Schweigen allein hat keinen Erklärungswert und kann nicht als Zustimmung aufgefasst werden.[69] Eine übereinstimmende Erledigungserklärung liegt indes nicht vor, wenn zwar der Kläger den Rechtsstreit in der Hauptsache für erledigt erklärt, der Beklagte aber zu Protokoll gibt, er erkenne diesen Antrag auf einseitige Erledigungserklärung an, und das sei keine mit der Erklärung des Klägers übereinstimmende Erledigungserklärung.[70] Es ist dann nach § 307 Abs. 1 zu verfahren. Nach Abs. 1 Satz 2 wird zur Vereinfachung der Rechtsgedanke der Einwilligung unter den dort genannten Voraussetzungen fingiert. Wenn der Beklagte auf eine zugestellte Erledigungserklärung nicht reagiert, wird sein Einverständnis fingiert. Dann kann das Gericht einen Beschluss gemäß § 91a nach billigem Ermessen auf Grund Aktenlage erlassen. Ein neuer Termin (und sei es nur zum Erlass eines Versäumnisurteils) ist nicht mehr notwendig. 13

2. Rechtsnatur. Im Schrifttum besteht keine einhellige Auffassung. Es werden mehrere Ansichten vertreten.[71] Nahe liegt es, die übereinstimmende Erledigungserklärung als ein **Rechtsinstitut eigener Art** zu begreifen. Eine praktische Bedeutung kommt dem Theorienstreit kaum zu. 14

3. Zeitpunkt. Es ist zu unterscheiden zwischen **Abgabe** und **Wirksamkeit** der Erledigungserklärungen. Zwar können die Erklärungen schon ab Anhängigkeit eines Verfahrens (vgl. § 261 Rn. 3) abgegeben werden, wirksam werden sie nach ganz überwiegender Ansicht jedoch erst mit Rechtshängigkeit, dh. mit Zustellung der Klage (§ 261 Abs. 1, § 253 Abs. 1). Dieser in der Rechtssprechung nahezu einhellig vertretenen Ansicht[72] ist zuzustimmen, weil vorher ein Prozessrechtsverhältnis zwischen den Parteien nicht besteht. Wird die Klage nicht zugestellt, ist der Kläger deshalb gezwungen, seinen materiellen Kostenerstattungsanspruch in einem neuen Verfahren geltend zu machen. Im lediglich anhängig gewordenen Verfahren kann er einen Kostentitel nicht erhalten. Im Schrifttum wird wegen dieser Konsequenz verschiedentlich befürwortet, vor Rechtshängigkeit abgegebenen Erklärungen sofortige Wirksamkeit zuzuschreiben;[73] bereits durch die (übereinstimmende) Erklärung des Beklagten, der von der Anhängigkeit der Klage auf andere Weise als durch Klagezustellung erfahren hat, werde eine prozessuale Beziehung eigener Art hergestellt. Diese Konstruktion überzeugt weder, noch besteht dafür ein hinreichendes praktisches Bedürfnis. Nur in ganz seltenen Fällen wird es nach übereinstimmender Erledigungserklärung vor Rechtshängigkeit nicht zur Klagezustellung und damit nicht zur Wirksamkeit der Erklärungen kommen. Sollte dies doch einmal der Fall sein, kann dem Kläger zugemutet werden, seinen materiellrechtlichen Kostenerstattungsanspruch in einem neuen Verfahren durchzusetzen. § 269 Abs. 3 Satz 3 nF wirft insoweit keine Probleme auf und nötigt nicht zur Änderung dieser Rechtsansicht. Nach dieser durch das ZPO-RG eingeführten Bestimmung ist über die Kosten nach billigem Ermessen zu entscheiden, wenn der Anlass zur Einreichung der Klage vor Rechtshängigkeit entfällt und der Kläger daraufhin unverzüglich zurücknimmt. Diese Regelung spricht nicht dagegen, bei übereinstimmender Erledigungserklärung in diesen Fällen nach Eintritt der Rechtshängigkeit in gleicher Weise zu entscheiden. Ist durch Rechtshängigkeit ein **Prozessrechtsverhältnis begründet,** kann die Erledigung während der gesamten Instanz erklärt werden. Das kann nach Abs. 1 S. 1 schriftsätzlich oder zu Protokoll der Geschäftsstelle auch noch nach Schluss der mündlichen Verhandlung geschehen,[74] sogar noch nach ergangener Sachentscheidung bis zum Ablauf der Rechtsmittelfrist.[75] Die übereinstimmende Erledigungserklärung ist **nicht auf die erste Instanz beschränkt.** Sie kann ebenso im Rechtsmittelverfahren, auch noch in der Revisionsinstanz,[76] abgegeben werden. Doch setzt dies die Zulässigkeit des Rechtsmittels voraus.[77] 15

4. Widerruf und Anfechtung. Bis zur Zustimmung des Gegners kann der Ersterklärende seine Erklärung widerrufen oder anfechten.[78] Danach ist dies ausgeschlossen.[79] Vereinzelt wird den Parteien die Befugnis eingeräumt, bis zum Erlass der Kostenentscheidung oder gar noch später die Wirksamkeit ihrer Erledigterklärung einvernehmlich wieder zu beseitigen.[80] Dem ist entgegenzuhalten, dass die Erledigungserklärung 16

---

[65] OLG Hamm JurBüro 1996, 85.
[66] BGH NJW-RR 1991, 1211.
[67] OLG Köln NJW-RR 1998, 143f. *Bergerfurth* NJW 1992, 1655, 1657.
[68] BGHZ 21, 298f. = NJW 1956, 1517.
[69] OLG Düsseldorf MDR 2003, 1013.
[70] OLG Hamm NJW-RR 1995, 1073f.
[71] *Musielak,* GK ZPO, Rn. 264 m. weit. Nachw.
[72] OLG Nürnberg NJW 1975, 2206f.; OLG Brandenburg NJW-RR 2001, 1436f.; aM allerdings OLG Köln NJW-RR 2000, 1456; vgl. auch T/P/*Hüßtege* Rn. 14; Zö/*Vollkommer* Rn. 17.
[73] *Bergerfurth* NJW 1992, 1655, 1657 (jedenfalls bei übereinstimmender Erledigungserklärung); MK/*Lindacher* Rn. 30; *St/J/Bork* Rn. 13.
[74] LAG Berlin MDR 2006, 57.
[75] LAG Hamm NJW 1972, 2063f. m. zust. Anm. v. *Walchshöfer* NJW 1973, 294f.; *Bergerfurth* NJW 1992, 1655f.
[76] BGH NJW 1999, 1408.
[77] BGHZ 50, 197f. = NJW 1968, 1725.
[78] BGH NJW 2002, 442f.
[79] OLG Düsseldorf WM 1993, 1749f.
[80] MK/*Lindacher* Rn. 38.

mit Zustimmung des Gegners ebenso wie ein Vergleich das Prozessrechtsverhältnis gestaltet.[81] Bewirkungshandlungen (s. dazu Einl. Rn. 61 ff.) sind grundsätzlich unwiderruflich. Etwas anderes gilt nur dann, wenn ein Restitutionsgrund vorliegt. Im finanzgerichtlichen Verfahren mögen in besonderen Fällen beachtliche Gründe dafür sprechen, dass die Parteien einvernehmlich ihre übereinstimmende Erledigterklärung beseitigen können, um eine Klagerücknahme zu ermöglichen.[82]

17 **5. Wirkung.** Übereinstimmende Erledigungserklärungen beenden zwingend die Rechtshängigkeit des Rechtsstreits in der Hauptsache.[83] Das Gericht muss und darf **nur noch über die Kosten entscheiden.** Es ist gebunden und darf nicht prüfen, ob durch ein erledigendes Ereignis (dazu Rn. 34 ff.) wirklich eine zunächst zulässige und begründete Klage nachträglich unzulässig oder unbegründet wurde. Deshalb ist es auch unschädlich, wenn die Parteien erklären, die Erledigung habe vor Rechtshängigkeit stattgefunden[84] (zur Problematik bei nur einseitiger Erledigungserklärung vgl. Rn. 37 ff.). Dies folgt aus dem Dispositionsgrundsatz (vgl. Einl. Rn. 35 f.); die Parteien entziehen übereinstimmend dem Gericht die Befugnis, über den Streitgegenstand zu entscheiden.[85] Das gilt auch dann, wenn dem angerufenen Gericht für die Entscheidung in der Hauptsache die Zuständigkeit fehlt, s. Rn. 11. Nach übereinstimmender Erledigungserklärung darf der Rechtsstreit nicht mehr verwiesen werden. Doch können dem Kläger die durch die Anrufung des unzuständigen Gerichts entstandenen Mehrkosten im Rahmen der zu treffenden Billigkeitsentscheidung auferlegt werden.[86] Neue Sachanträge können nicht mehr wirksam gestellt werden;[87] auch eine Klagerücknahme ist nicht mehr möglich.[88]

18 Bereits ergangene, noch nicht rechtskräftige **Entscheidungen** werden in entsprechender Anwendung von § 269 Abs. 3 S. 1 wirkungslos, ohne dass es einer ausdrücklichen Aufhebung bedarf;[89] dies kann jedoch auf Antrag ausgesprochen werden. Der Gläubiger eines Unterlassungsgebots kann jedoch seine Erledigterklärung auf die Zeit nach dem erledigenden Ereignis beschränken, wenn ein bereits erstrittener Unterlassungstitel weiterhin als Grundlage für Vollstreckungsmaßnahmen wegen Zuwiderhandlungen, die vor dem erledigenden Ereignis begangen worden sind, aufrechterhalten bleiben soll.[90] Hat der Kläger bereits aus dem vorläufig vollstreckbaren Urteil vollstreckt, ist er dem Beklagten **nicht** nach **§ 717 Abs. 2 S. 1** ersatzpflichtig.[91] Die Vorschrift kann nicht direkt angewendet werden, weil die vorläufig vollstreckbare Entscheidung nicht durch Urteil aufgehoben oder abgeändert wird. Auch entsprechend ist § 717 Abs. 2 S. 1 nicht anwendbar, weil die Erledigungserklärung auf verschiedenen Gründen beruhen kann; die entgegengesetzte Auffassung könnte zu dem befremdenden Ergebnis führen, dass der Vollstreckungsgläubiger Schadensersatz leisten müsste, obwohl er möglicherweise in der Hauptsache Recht hatte. Doch kann sich ein Schadensersatzanspruch aus anderen Anspruchsgrundlagen ergeben. Entfällt auf Grund übereinstimmender Erledigungserklärung der Vollstreckungstitel, ist ein zuvor ergangener Ordnungsmittelbeschluss aufzuheben, selbst wenn er rechtskräftig geworden ist.[92]

19 Gegenüber einer **erneuten Klage** entfaltet die Kostenentscheidung nach übereinstimmender Erledigungserklärung keine Sperrwirkung.[93] Eine rechtskräftige Entscheidung zur Hauptsache ist nicht vorhanden und kann deshalb einer Zweitklage nicht entgegenstehen. Die Gegenansicht verweist auf das Verbot widersprüchlichen Verhaltens.[94] Dies überzeugt nicht, weil sogar nach Klagerücknahme eine neue Klage zulässig ist. Erst mit der Abgabe übereinstimmender Erledigungserklärungen, nicht schon mit der tatsächlichen Erledigung, reduziert sich der **Streitwert** auf das Kosteninteresse.[95]

20 **6. Kostenentscheidung. a) Verfahren.** Über die Kosten ist von Amts wegen zu entscheiden.[96] Dies folgt aus § 308 Abs. 2. Die Entscheidung unterbleibt, wenn die Parteien sich über die Kosten verglichen haben oder aus sonstigen Gründen auf eine Kostenentscheidung verzichten. Ebenso hat eine Kostenentscheidung zu unterbleiben, wenn lediglich teilweise der Rechtsstreit übereinstimmend für erledigt erklärt wurde. Der Grundsatz einheitlicher Kostenentscheidung gebietet in diesem Fall, in der noch zu treffenden Schlussentscheidung über die Kostenquote des erledigten Teils nach § 91 a zu entscheiden (Rn. 52). Wird der Rechtsstreit durch gerichtlichen **Vergleich** erledigt, ist grundsätzlich nicht nach § 91 a zu entscheiden, sondern § 98 einschlägig. Doch können die Parteien im Vergleich die Regelung der Kosten ausdrücklich der Entscheidung des Gerichts nach § 91 a unterstellen (§ 98 Rn. 3). An eine solche Vereinbarung im Sinn des § 98 S. 1 ist das Gericht gebunden. Zum Entscheidungsmaßstab in diesem Fall vgl. Rn. 24. Auch bei außergerichtlichen Vergleichen kommt eine Entscheidung des Gerichts nach § 91 a nur in Betracht, wenn die Parteien

---

[81] *St/J/Bork* Rn. 19; *T/P/Hüßtege* Rn. 15; *Zö/Vollkommer* Rn. 11.
[82] *Brosig* StB 1994, 354, 356.
[83] BGH NJW 1989, 2885 f.
[84] *Musielak,* GK ZPO, Rn. 262; aA (keine übereinstimmende Erledigungserklärung) *St/J/Bork* Rn. 10.
[85] *Ro/S/Go* § 132 II 1.
[86] OLG Stuttgart MDR 1989, 1000.
[87] BayObLG JurBüro 1996, 97.
[88] OLG Bamberg NJW-RR 1997, 1365 f.
[89] BayVerfGH NJW 1990, 1783 f.
[90] BGH NJW 2004, 506 ff.; vgl. *Ruess* NJW 2004, 485 ff.
[91] BGH NJW 1988, 1268 f.
[92] KG NJW-RR 1999, 790 f.
[93] BGH NJW 1991, 2281; OLG Köln NJW-RR 1994, 917 f.; OLG Celle FamRZ 1998, 684 f.; *Bergerfurth* NJW 1992, 1655, 1657.
[94] MK/*Lindacher* Rn. 42.
[95] OLG Düsseldorf JurBüro 1994, 241 f. m. zust. Anm. v. *Mümmler;* vgl. auch OLG Hamburg MDR 1993, 183.
[96] OLG Köln JMBlNRW 1973, 185; aA OLG Nürnberg JurBüro 1965, 168.

ausdrücklich entweder die Kosten dieser Vorschrift unterstellen oder die Anwendung der Ergänzungsregel des § 98 ausschließen (§ 98 Rn. 5).[97] Das Gericht entscheidet stets durch **Beschluss.** Erkennt eine Partei ihre Kostenlast an, sind ihr ohne Sachprüfung die Kosten aufzuerlegen.[98] Mündliche Verhandlung ist nach Abs. 1 S. 2 in das pflichtgemäße Ermessen des Gerichts gestellt. Auch im Mahnverfahren, im bisher nach § 128 Abs. 2, 3 schriftlichen Verfahren und im schriftlichen Vorverfahren kann das Gericht mündliche Verhandlung anordnen. Doch wird nur ausnahmsweise nach übereinstimmender Erledigungserklärung noch mündlich verhandelt werden müssen, es sei denn, die zustimmende Erledigungserklärung wird erst im Termin abgegeben. Das Gericht muss nicht begründen, weshalb es mündliche Verhandlung anordnet oder davon absieht. Diese Entscheidung ist unanfechtbar. Den Parteien ist vor der Kostenentscheidung rechtliches Gehör zu gewähren (Art. 103 Abs. 1 GG), so weit sie sich noch nicht hierzu geäußert haben. Im schriftlichen Verfahren ist deshalb eine Äußerungsfrist zu setzen. Hat die nichtangehörte Partei keine Kosten zu tragen, ist es unschädlich, dass sie sich nicht äußern konnte. Der Vorsitzende der Handelskammer entscheidet ohne ehrenamtliche Richter (§ 349 Abs. 2 Nr. 6). Im arbeitsgerichtlichen Verfahren entscheidet grundsätzlich der Vorsitzende allein, nach mündlicher Verhandlung jedoch das Kollegialorgan (§ 53 Abs. 1 S. 1 ArbGG).

b) Entscheidungsform und -inhalt. Die Entscheidung ergeht durch zu begründenden Beschluss (Abs. 1 21
S. 2). Ergeht keine Kostenentscheidung, weil die Parteien übereinstimmend darauf verzichtet haben, oder folgt diese Entscheidung einer zuvor dem Gericht mitgeteilten (außergerichtlichen) Einigung der Parteien in der Kostenfrage bzw. der Erklärung einer Partei, die Kosten übernehmen zu wollen, vermindert dies die Gerichtskosten (KV Nrn. 1211 Ziff. 4; 1222 Ziff. 4; 1231, 1232 Ziff. 4). Das Gericht hat allein über die Kosten des Rechtsstreits zu entscheiden. In die Formel der Entscheidung ist daher nicht aufzunehmen, dass der Rechtsstreit erledigt ist; doch schadet ein entsprechender Zusatz nicht. Er kann sich zur Klarstellung empfehlen, wenn ein vorangegangenes Versäumnisurteil oder erstinstanzliches Endurteil vorliegt. Auf Antrag ist entsprechend § 269 Abs. 4 auszusprechen, dass ein solches Urteil wirkungslos ist.

c) Entscheidungsgrundlagen. Das Gericht hat nach Abs. 1 S. 1 bei seiner Entscheidung den bisherigen 22
Sach- und Streitstand zu berücksichtigen. Mit „bisherig" ist das Verfahrensstadium bei Abgabe der übereinstimmenden Erledigungserklärung gemeint. Erfolgt die zustimmende Erklärung schriftsätzlich, ist deren Eingangsdatum entscheidend;[99] wird sie zu Protokoll der Geschäftsstelle abgegeben, kommt es auf diesen Zeitpunkt an. Hat das Gericht nach Erledigung der Hauptsache den Streitwert falsch festgesetzt, darf es bei der Berichtigung zugleich die Kostenentscheidung entsprechend ändern.[100] Neue Tatsachen, neue Beweismittel sollen nicht mehr eingeführt, bereits angebotene Beweise nicht mehr erhoben werden. Darin zeigt sich, dass die Vorschrift die Gerichte entlasten und das Verfahren vereinfachen will (Rn. 1). Doch dient § 91a auch der Kostengerechtigkeit. Beide Normzwecke müssen berücksichtigt werden. Dies wird verkannt, wenn jede **Beweisaufnahme** als entbehrlich bezeichnet wird.[101] Deshalb erleidet der dargestellte Grundsatz Ausnahmen,[102] so weit ohne erheblichen Mehraufwand durch Berücksichtigung neuer Tatsachen und Beweismittel unbillige Kostenentscheidungen vermieden werden.[103] Unstreitige neue Tatsachen sind daher zu berücksichtigen.[104] Das gilt auch für präsente Beweismittel, zB für vorgelegte Urkunden, zwischenzeitlich eingegangene Akten und amtliche Auskünfte. Geladene und erschienene oder gestellte Zeugen sollten vernommen werden, so weit dies nach pflichtgemäßem Ermessen sachdienlich erscheint.[105] Die Vernehmung unterbleibt, wenn das Gebot der Waffengleichheit entgegensteht, weil die Gegenseite nichtpräsente Zeugen zum Gegenbeweis benennt.

d) Billiges Ermessen. Das Gericht ist auch bei einer Entscheidung nach § 91a an die allgemeinen Regeln 23
des Kostenrechts gebunden. Daher hat nach billigem Ermessen derjenige die Kosten zu tragen, dem sie bei Fortführung des Verfahrens nach §§ 91–97, 100, 101 hätten auferlegt werden müssen; erging im Verfahren ein Versäumnisurteil, ist auch § 344 zu beachten.[106] Grundsätzlich trifft somit die Partei die Kostenlast insgesamt oder anteilig, die ohne Eintritt des erledigenden Ereignisses voraussichtlich ganz oder teilweise unterlegen wäre (§§ 91, 92). Gibt der Kläger die Erledigungserklärung verzögert ab, sind ihm – nach OLG Rostock[107] – die durch die verzögerte Abgabe entstandenen Mehrkosten aufzuerlegen. Ob die Klage bei Anhängigkeit begründet war, ist nicht entscheidend; es kommt insoweit auf die Rechtshängigkeit an.[108] Bei dieser Prognoseentscheidung darf sich das Gericht aus prozessökonomischen Gründen mit einer **summarischen Prüfung** begnügen.[109] Es ist nicht gezwungen, schwierige Rechtsfragen zu klären.[110] In einem solchen Fall kann es auch angemessen sein, die Kosten gegeneinander aufzuheben oder verhältnismäßig

---

[97] *Bergerfurth* NJW 1992, 1655, 1658.
[98] BAG NJW 2004, 533.
[99] OLG Hamm WRP 1993, 339f.
[100] OLG Hamm MDR 2001, 1186.
[101] So aber OLG Hamm AnwBl. 1990, 48.
[102] BGHZ 13, 142, 145 = NJW 1954, 1283; BGHZ 21, 298, 300 = NJW 1956, 1517.
[103] *Bergerfurth* NJW 1992, 1655, 1657.
[104] OLG Düsseldorf MDR 1993, 1120.
[105] MK/*Lindacher* Rn. 52; aM OLG Karlsruhe NJW-RR 1990, 978.
[106] OLG Braunschweig WRP 1992, 486f.
[107] OLG Rostock JurBüro 2006, 489.
[108] OLG Hamm FamRZ 1998, 444.
[109] BVerfG NJW 1993, 1060f.
[110] BGH NJW 1954, 1038; OLG Hamburg NJW 1970, 762f.

zu teilen. Hat der Kläger allerdings das erledigende Ereignis willkürlich herbeigeführt, bedarf es der Prognose nicht. Dem Kläger, der seiner Klage selbst die Erfolgssaussicht nimmt, sind ohne weiteres die Kosten aufzuerlegen; er ist nicht schutzwürdig.[111] Sorgfältiger Prüfung bedarf allerdings, ob willkürliches Handeln vorliegt. Ist die Erfolgsaussicht einer Unterlassungsklage zu beurteilen, kommt es für die Frage der Wiederholungsgefahr auf die Sicht des Verletzten und nicht auf die inneren Absichten des Verletzers an.[112] Bittet der Beklagte nach Erfüllung, die Klage zurückzunehmen, und verpflichtet er sich für diesen Fall, die Kosten zu erstatten, beharrt der Kläger auf einer Entscheidung nach § 91a, können ihm Kosten auferlegt werden, die bei Rücknahme vermieden worden wären.[113] **Erfüllt** der Beklagte während des Verfahrens, begibt er sich damit unter Verzicht auf weitere Aufklärung freiwillig in die Rolle des Unterlegenen. Im Zusammenhang mit anderen Anhaltspunkten rechtfertigt dies, ihm die Kosten aufzuerlegen, zB wenn eine inkongruente Deckung dafür spricht, dass eine anfechtbare Rechtshandlung vorliegt.[114] Die Erfüllung allein während des Verfahren trägt dieses Ergebnis nicht.[115] Vielmehr hat der Kläger die Kosten zu tragen, wenn der Beklagte keine Veranlassung zu Klage gegeben hat und sogleich erfüllt. Denn der **Rechtsgedanke des § 93** ist ebenfalls anwendbar.[116] Leistet nicht der Beklagte, sondern dessen Versicherer, darf die Zahlung bei der Kostenentscheidung nicht berücksichtigt werden, wenn sie ohne Zustimmung des Beklagten erfolgte.[117] Für die Klage auf **Feststellung der Vaterschaft** gelten Besonderheiten. Die vorprozessuale Bereitschaft des als Vater in Anspruch genommenen Mannes, seine Vaterschaft nach §§ 1600aff. BGB urkundlich anzuerkennen, nimmt einer Feststellungsklage nicht das Rechtsschutzbedürfnis. Denn das Kind ist nicht gehalten, den anerkennungswilligen Mann als Vater anzuerkennen, ohne sich durch Ausnutzung der medizinischen Möglichkeiten der gerichtlichen Vaterschaftsfeststellung davon überzeugt zu haben, dass es auch tatsächlich von diesem Mann abstammt. Wird ein solches Verfahren nach Beweiserhebung und anschließender urkundlicher Anerkennung übereinstimmend für erledigt erklärt, sind grundsätzlich die Kosten dem Beklagten zu überbürden.[118] Im **Ehelichkeitsanfechtungsverfahren** kann zu Lasten des minderjährigen Beklagten berücksichtigt werden, dass dessen Mutter und gesetzliche Vertreterin durch ihr Verhalten im Ehescheidungsverfahren Anlass zur Erhebung der Klage durch den Vater gegeben hat.[119] Im **Mietprozess** fallen dem Mieter nicht ohne weiteres die Kosten deshalb zur Last, weil er durch seinen Auszug sich dem Begehren des Vermieters gebeugt hat. Neben § 93 ist hier auch § 93b entsprechend anzuwenden.[120] Hat der Mieter vorprozessual vergeblich eine angemessene Räumungsfrist begehrt, ist damit auch § 93b Abs. 3 zu berücksichtigen, s. § 93b Rn. 8.[121] Wenn der Beklagte zur Klage Veranlassung gegeben hat, kann sich der Rechtsgedanke des § 93 „reziprok" gegen ihn auswirken.[122]

24 In **Unterhaltssachen** kann es angemessen sein, nicht auf das Streitwertverhältnis abzustellen, sondern nach Zeiträumen zu rechnen.[123] Ein **materieller Kostenerstattungsanspruch** kann jedenfalls dann berücksichtigt werden, wenn er ohne besondere Schwierigkeiten feststellbar ist.[124] Bedeutung hat dies u. a. für die Stufenklage, weil nach der Rechtsprechung des Bundesgerichtshofs[125] dann ein materieller Kostenerstattungsanspruch bestehen kann, wenn die erteilte Auskunft ergibt, dass der Leistungsanspruch unbegründet ist (vgl. Rn. 43).[126] Erweist sich nach erteilter Auskunft der Leistungsanspruch deutlich geringer als vom Kläger erwartet, hält das OLG Dresden eine Kostenaufhebung für angemessen;[127] erweist sich der Leistungsanspruch als unbegründet, ist der Rechtsgedanke des § 93d zu berücksichtigen.[128] **Anerkennt** eine Partei ihre von der Gegenpartei geltend gemachte Kostentragungspflicht, sind ihr in Anwendung des Grundgedankens des § 307 ohne weitere Sachprüfung die Kosten aufzuerlegen.[129] Dies folgt aus der Dispositionsfreiheit der Parteien über die Kostenregelung. Grundsätzlich hat das Gericht zwar nach übereinstimmender Erledigungserklärung nicht zu prüfen, ob tatsächlich ein Ereignis die Hauptsache erledigt hat (Rn. 17). Fehlt aber erkennbar ein solches Ereignis, kann der Kläger kostenpflichtig sein, weil ein ergebnisloser Ausgang des Rechtsstreits zu seinen Lasten geht und der Kläger ohne sinnvollen Anlass gerichtliche Hilfe in Anspruch genommen hat.[130] Ist nach einem gerichtlichen oder außergerichtlichen **Vergleich** gemäß

---

[111] MK/*Lindacher* Rn. 49.
[112] OLG München NJW-RR 1994, 1054f.
[113] LG Hamburg MDR 2002, 540.
[114] BGH Report 2004, 923; OLG Köln MDR 1994, 270; vgl. *Bonifacio* MDR 2004, 1094ff.
[115] OLG Koblenz NJW-RR 1999, 943; KG MDR 2000, 853.
[116] OLG Nürnberg NJW-RR 1987, 695; OLG Koblenz JurBüro 1993, 560.
[117] LG Berlin MDR 1995, 638.
[118] KG FamRZ 1994, 909f.
[119] OLG Nürnberg FamRZ 1996, 883f.; aM OLG Köln FamRZ 1998, 443f.
[120] *Fischer* in *Bub/Treier*, Handbuch der Geschäfts- und Wohnraummiete, 3. Aufl. 1999, VIII Rn. 196.
[121] Statt vieler: LG Köln WuM 1993, 553.
[122] OLG Hamburg NJW-RR 1993, 868; OLG Koblenz NJW-RR 2000, 1092f.
[123] OLG Düsseldorf FamRZ 1996, 881.
[124] BGH NJW 2002, 680f.; vgl. auch OLG Köln FamRZ 2001, 1718f.
[125] BGH NJW 1994, 2895f.
[126] OLG Koblenz FamRZ 1996, 882f.; vgl. zur Kostenentscheidung bei der Stufenklage auch *Kassebohm* NJW 1994, 2728f., der allerdings die jüngste BGH-Rechtsprechung (BGH NJW 1994, 2895f.) noch nicht berücksichtigt hat.
[127] OLG Dresden JurBüro 2000, 657ff.
[128] OLG Brandenburg NJW-RR 2003, 795; OLG Nürnberg JurBüro 2001, 265; vgl. auch OLG Karlsruhe FamRZ 2002, 1719f.
[129] BHG JZ 1985, 853f.; BAG NJW 1988, 990.
[130] OLG München MDR 1993, 475f.

§ 91a zu entscheiden (vgl. Rn. 20 und § 98 Rn. 3, 5), richtet sich die Kostenlast nicht nach dem Vergleichsinhalt.[131] Auch der Gedanke des § 98 ist dann nicht anwendbar.[132] Vielmehr ist auch hier nach dem Wortlaut der Vorschrift der bisherige Sach- und Streitstand maßgeblich.[133] In einer summarischen Prüfung ist ohne weitere Sachaufklärung zu ermitteln, welche Partei voraussichtlich unterlegen wäre. Ohne Belang für die Entscheidung nach § 91a sind die wirtschaftlichen Verhältnisse der Parteien.[134] Wird ein Rechtsstreit nach einer **Gesetzesänderung** übereinstimmend in der Hauptsache erledigt, ist grundsätzlich die Erfolgsaussicht der Klage ohne Eintritt des Gesetzesänderung zu berücksichtigen.[135] Zur Kostenentscheidung bei **Unzuständigkeit** des angerufenen Gerichts vgl. Rn. 11.

e) **Anfechtung.** Gegen die Kostenentscheidung ist gemäß § Abs. 2 S. 1 die **sofortige Beschwerde** (§ 567) statthaft. Dies gilt allerdings nur, wenn das Amtsgericht oder erstinstanzlich das Landgericht entschieden hat (§ 567 Abs. 1). Danach ist auch die in einem Beschwerdeverfahren ergangene Entscheidung des Landgerichts unanfechtbar; ebenso die in einer gemischten Kostenentscheidung des Berufungsgerichts mitenthaltene Entscheidung nach § 91a.[136] Das ist nach übereinstimmender Teilerledigungserklärung (vgl. Rn. 53) der Fall. Nach § 567 Abs. 2 Satz 1 ist darüber hinaus das Rechtsmittel nur zulässig, wenn die **Beschwerdesumme** von 200,01 € erreicht wird. **Daneben** muss gemäß Abs. 2 Satz 2 iVm § 511 Abs. 2 Nr. 1 in der Hauptsache die **Berufungssumme** von 600,01 € erreichbar gewesen sein.[137] Mit der letztgenannten Regelung hat der Reformgesetzgeber die bisherige Rechtsprechung (vgl. 2. Aufl. Rn. 25) festgeschrieben. Gegen eine im Verfahren auf Erlass einer einstweiligen Verfügung ergangene Entscheidung des Beschwerdegerichts ist die Rechtsbeschwerde – auch nach Zulassung durch dieses Gericht – nicht statthaft.[138] Im Verzicht auf die Begründung des Kostenbeschlusses kann nicht ohne weitere Anhaltspunkte ein Rechtsmittelverzicht gesehen werden.[139] Die nach § 567 Abs. 3 zulässige Anschlussbeschwerde braucht keine Summe zu erreichen. Hat das Erstgericht fehlerhaft durch Urteil nach § 91a entschieden, kann nach dem Grundsatz der Meistbegünstigung statt der sofortigen Beschwerde mit zweiwöchiger Einlegungsfrist auch Berufung binnen Monatsfrist eingelegt werden.[140] Das Rechtsmittelgericht kann auch bei eingelegter Berufung durch Beschluss entscheiden, gegen den keine weitere Anfechtung zulässig ist.[141] Für das Beschwerdeverfahren besteht Anwaltszwang, es sei denn, der Rechtsstreit war in der Hauptsache nicht als Anwaltsprozess zu führen (§ 569 Abs. 3 Nr. 1). Aus § 78 Abs. 3 folgt nicht deshalb ein anderes Ergebnis, weil die Erledigung nach § 91a Abs. 1 auch zu Protokoll der Geschäftsstelle erklärt werden kann. Dies hat für das Beschwerdeverfahren keine Bedeutung.[142] § 571 Abs. 2 S. 1 ist grundsätzlich unanwendbar.[143] **Neue Tatsachen und Beweismittel** dürfen im Beschwerdeverfahren daher nur soweit verwertet werden, wie das erstinstanzlich nach übereinstimmender Erledigungserklärung vor der angegriffenen Entscheidung zulässig gewesen wäre (vg. Rn. 22). Es kommt deshalb darauf an, ob die Verwertung ohne zeitraubende Beweisaufnahme möglich und dem Gegner rechtliches Gehör gewährt worden ist.[144] Fehlende örtliche oder sachliche Zuständigkeit kann mit der Beschwerde nach § 571 Abs. 2 S. 2 nicht geltend gemacht werden. Die durch Abs. 3 vorgeschriebene **Anhörung des Gegners** kann unterbleiben, wenn das Rechtsmittel keine Erfolgsaussicht hat. Das Beschwerdegericht überprüft die angefochtene Entscheidung insgesamt und trifft eine eigene Ermessenentscheidung. Dabei ist es allerdings an den gestellten Rechtsmittelantrag gebunden. Weder kann das Beschwerdegericht der Partei mehr zusprechen, als diese beantragt hat, noch darf die angegriffene Entscheidung zum Nachteil des Beschwerdeführers geändert werden.[145] Es gilt das Verbot der Schlechterstellung. 25

Gegen die Beschwerdeentscheidung kann die Rechtsbeschwerde statthaft sein,[146] allerdings nur, wenn das Beschwerdegericht sie in dem Beschluss zugelassen hat (§ 574 Abs. 1 Nr. 2 iVm Abs. 3). Bei seiner Entscheidung nach § 574 Abs. 3 Satz 1 hat das Beschwerdegericht zu beachten, dass die Rechtsbeschwerde hier nicht geeignet ist, Rechtsfragen von grundsätzlicher Bedeutung zu klären oder das Recht fortzubilden, soweit es um Fragen des materiellen Rechts geht.[147] Ergeht die Entscheidung durch das Landesarbeitsgericht, ist lediglich die Rechtsbeschwerde nach § 574 Abs. 1 statthaft; sie ist an die dort genannten Voraussetzungen gebunden.[148] 26

f) **Vollstreckbarkeit und Kostenfestsetzung.** Der Beschluss nach § 91a ist gemäß § 794 Abs. 1 Nr. 3 ein zur Zwangsvollstreckung geeigneter Titel. Damit ist er taugliche Grundlage zur Kostenfestsetzung nach 27

---

131 So aber OLG Bremen OLGZ 1989, 100, 102; *T/P/Hüßtege* Rn. 48 („kann" berücksichtigt werden).
132 Für dessen Anwendung OLG Schleswig JurBüro 1993, 745f.
133 OLG Oldenburg JurBüro 1993, 558.
134 MK/*Lindacher* Rn. 49; Zö/*Vollkommer* Rn. 25; aA LG Traunstein MDR 1962, 827 m. abl. Anm. v. *E. Schneider.*
135 KG NJW-RR 1995, 1511 (LS).
136 BGH WM 1967, 533; vgl. auch BGH NJW-RR 1997, 61.
137 Vgl. hierzu BGH NJW-RR 2003, 1504f.
138 BGH NJW-RR 2003, 1075.
139 BGH NJW 2006, 3498f.
140 BGH LM § 511 Nr. 13; OLG Schleswig FamRZ 2000, 1513f.
141 BGH LM Nr. 23.
142 *Bergerfurth* NJW 1992, 1655, 1658 Fn. 56.
143 OLG Frankfurt/M. Jur Büro 1991, 1392 zu § 570 aF.
144 OLG Düsseldorf JR 1995, 205.
145 KGFamRZ 1994, 1608f.
146 BGH NJW-RR 2004, 999f.
147 BGH NJW-RR 2004, 1219f.
148 BAG NJW 2006, 2718.

§§ 103ff. Eine Vollstreckbarerklärung ist nicht erforderlich, der Eintritt formeller Rechtskraft ohne Belang.

IV. Einseitige Erledigungserklärung des Klägers

28 **1. Allgemeines.**[149] Die Voraussetzungen und Rechtsfolgen einer einseitigen Erledigungserklärung des Klägers sind gesetzlich nicht geregelt. Einem praktischen Bedürfnis entsprechend, wurden sie im Wege einer Rechtsfortbildung entwickelt. Der Kläger, der die einseitig gebliebene Erklärung abgegeben hat, befindet sich kostenrechtlich in ebenso schutzwürdiger Situation wie bei übereinstimmender Erledigungserklärung. Seine ursprünglich zulässige und begründete Klage wurde im Laufe des Prozesses ohne sein Zutun unbegründet oder unzulässig. Bei Klageabweisung droht ihm die Kostenlast ebenso zwingend wie nach Rücknahme seiner Klage (vgl. Rn. 1). Andererseits soll der Beklagte verhindern können, dass sich der Kläger unter einem Vorwand aus dem Verfahren zieht, ohne für die Kosten seiner von Anfang an unzulässigen oder unbegründeten Klage einstehen zu müssen. Um den Interessen beider Parteien gerecht zu werden, wurden die Möglichkeit und das Verfahren der einseitigen Erledigungserklärung entwickelt. Der Befugnis des Klägers, die Hauptsache (einseitig) für erledigt zu erklären, entspricht das Recht des Beklagten, die Abweisung der (nunmehrigen) Feststellungsklage zu beantragen. Der Beklagte braucht für diesen Antrag kein besonderes Rechtsschutzinteresse.[150] Im selbständigen Beweisverfahren ist eine einseitige Erledigungserklärung nicht zulässig; in ihr liegt regelmäßig eine Antragsrücknahme.[151]

29 **2. Rechtsnatur.** Nach der Rechtsprechung des BGH[152] und der hM im Schrifttum[153] führt die einseitige Erledigungserklärung zu einer Veränderung des Streitgegenstandes. Nicht mehr der ursprüngliche Antrag des Klägers, sondern der Feststellungsantrag ist nunmehr Gegenstand der vom Gericht zu treffenden Entscheidung. Obwohl zur Rechtsnatur der einseitigen Erledigungserklärung immer wieder neue Theorien und Lösungsansätze entwickelt wurden, gehen daher Rechtsprechung und hM im Schrifttum zutreffend von einer Klageänderung aus, die als Beschränkung regelmäßig nach § 264 Nr. 2 zulässig ist. Der Kläger begehrt nunmehr festzustellen, dass seine ursprünglich zulässige und begründete Klage durch das behauptete Ereignis unzulässig oder unbegründet geworden ist.[154] Liegen diese Voraussetzungen vor, spricht das Gericht die Erledigung durch Urteil aus und bestimmt, dass der Beklagte die Kosten zu tragen hat. Liegen diese Voraussetzungen nicht vor, weil die Klage ohnehin schon unzulässig oder unbegründet war, weist das Gericht die Klage ab und legt dem Kläger die Kosten auf. Anders als bei übereinstimmender Erledigungserklärung **bleibt die Hauptsache rechtshängig;**[155] das Gericht hat nicht nur über die Kosten zu entscheiden.

30 **3. Widerruf.** Bis zur Entscheidung durch das Gericht kann der Kläger seine einseitig gebliebene Erledigungserklärung wirksam widerrufen; er kann wieder zu seinem ursprünglichen Klageantrag zurückkehren.[156] Denn die Erklärung ist unter den Prozesshandlungen zu den Erwirkungshandlungen zu rechnen, nicht zu den Bewirkungshandlungen (s. Einl. Rn. 61ff.). Erwirkungshandlungen wirken sich nicht unmittelbar, sondern erst im Zusammenhang mit der durch sie ausgelösten gerichtlichen Tätigkeit auf das Verfahren aus.

31 **4. Hilfsweise Antragstellung.** Nach zutreffender, freilich sehr umstrittener Ansicht, kann die Feststellung der Erledigung der Hauptsache **nicht hilfsweise beantragt** werden.[157] Die Gegenansicht argumentiert, es sei unbillig, dem Kläger die hilfsweise Erledigterklärung zu versagen, wenn der Beklagte mit einer streitigen Gegenforderung aufrechnet.[158] Das überzeugt nicht. Wenn der Kläger die Gegenforderung bezweifelt und deshalb (principaliter) am Leistungsantrag festhält, dann kann ihm zugemutet werden, für diese Streitentscheidung auch das Kostenrisiko zu übernehmen. Anderenfalls würde er jedem Kostenrisiko einer streitigen Entscheidung ohne sachlichen Grund ausweichen können.[159] Auch dogmatische Gründe sprechen für die Richtigkeit der hM. Das Gericht muss bei hilfsweiser Erledigungserklärung erst den Hauptantrag des Klägers, im Allgemeinen den Leistungsantrag prüfen. Ist dieser unbegründet weil Erledigung eingetreten ist, muss die Klage abgewiesen werden.[160] Indessen gibt es keine Einwände dagegen, dass der Kläger neben seiner Erledigungserklärung **hilfsweise an seinem ursprünglichen Klageantrag festhält.**[161] Dieser Hilfsantrag empfiehlt sich für den Kläger, wenn ihm zweifelhaft erscheint, ob das von ihm behauptete Ereignis tatsächlich die Hauptsache erledigt hat. Verneint das Gericht die Erledigung, muss es die (nunmehrige) Fest-

---

149 Vgl. *El-Gayar,* Die einseitige Erledigungserklärung des Klägers im Zivil-, Arbeits- und Verwaltungsgerichtsprozess, 1998.
150 BGH NJW 1986, 588f.; *Röckle* AnwBl. 1993, 317; *Bergerfurth* NJW 1992, 1655, 1659 Fn. 64; aM OLG Hamburg NJW 1970, 762.
151 BGH NZBau 2005, 42f.
152 BGH NJW 1994, 2363f.
153 *Bergerfurth* NJW 1992, 1655, 1658.
154 BGH NJW 1989, 2885f.; 1990, 3147f.; aM (die beklagte Behörde kann nach einseitiger Erledigungserklärung nur dann weiterhin Klageabweisung beantragen, wenn sie an dem Ausspruch, die Klage sei vor dem erledigenden Ereignis unzulässig oder unbegründet gewesen, ein berechtigtes Interesse hat) BVerwG NJW 1965, 1035, 1036f.
155 *Bergerfurth* NJW 1992, 1655, 1658.
156 BGH NJW 2002, 442f.
157 BGH WRP 2006, 1027ff.
158 *Bergerfurth* NJW 1992, 1655, 1660.
159 So auch BGHZ 106, 359, 368ff. = NJW 1989, 2885.
160 Zö/*Vollkommer* Rn. 35.
161 BGH NJW 1965, 1597f.; WM 1982, 1260; OLG Nürnberg NJW-RR 1989, 444f.; MK/*Lindacher* Rn. 80.

stellungsklage abweisen. Der Kläger hat die Kosten dann zu tragen, auch wenn der ursprüngliche Leistungsantrag begründet ist. Der Kläger muss dieses unbillige Ergebnis durch hilfsweises Festhalten am Leistungsantrag vermeiden können. Auch die hilfsweise Erledigterklärung des **Beklagten** für den Fall der Unbegründetheit seines Klageabweisungsantrags ist unzulässig.[162]

5. Form und Zeitpunkt der Erledigungserklärung. a) Form. § 91a Abs. 1 gilt allein für die übereinstimmende Erledigungserklärung. Damit kann der Kläger nur in mündlicher Verhandlung seine einseitige Erklärung abgeben, es sei denn, es wird nach § 128 Abs. 2, 3 schriftlich verhandelt. In Anwaltsprozessen besteht Anwaltszwang gemäß § 78 Abs. 1, 2. Erfolgte die Erklärung im schriftlichen Verfahren vor Rechtshängigkeit (§ 261 Abs. 1, § 253 Abs. 1), wird sie erst mit deren Eintritt wirksam, weil vorher ein Prozessrechtsverhältnis nicht besteht (vgl. Rn. 15). 32

b) Zeitpunkt. Auch hier ist von Bedeutung, dass die einseitige Erledigungserklärung von § 91a nicht erfasst wird. Nach Schluss der mündlichen Verhandlung kann deshalb der Kläger (ohne deren Wiedereröffnung nach § 156) in dieser Instanz die Erledigung nicht mehr erklären; nach ergangenem Endurteil vor Ablauf der Rechtsmittelfrist ist dies ausnahmslos ausgeschlossen. Dies ist dann nur noch im Zusammenhang mit einem Rechtsmittel bzw. im Rechtsmittelverfahren möglich. Das ist für das **Berufungs- und Beschwerdeverfahren** ganz hM.[163] Die Zulässigkeit des Rechtsmittels ist dabei Wirksamkeitsvoraussetzung. Nach zutreffender Ansicht steht § 99 Abs. 1 einer auf die behauptete Erledigung beschränkten Berufung des abgewiesenen Klägers nicht entgegen.[164] Dies muss jedenfalls gelten, wenn das erledigende Ereignis nach Urteilserlass eintrat. Ist dieses zwar nach Schluss der mündlichen Verhandlung aber vor Urteilsverkündung eingetreten, fehlt nach Ansicht des LG Hamburg indes einer damit begründeten Berufung des unterlegenen Klägers das Rechtsschutzinteresse.[165] Die Begründung, der Kläger sei auf das Rechtsmittel nicht angewiesen gewesen, weil er das erledigende Ereignis noch in das Verfahren erster Instanz hätte einführen können, erscheint gewagt. Denn nach § 91a kann nur die übereinstimmende Erledigung auch noch nach Schluss der mündlichen Verhandlung schriftsätzlich erklärt werden. Dennoch verdient diese Ansicht aus prozessökonomischen Gründen Zustimmung. Zu Recht verweist das LG Hamburg darauf, dass das Erstgericht die mündliche Verhandlung nach § 156 wieder zu eröffnen hat, wenn sich der Beklagte der Erledigungserklärung nicht anschließt. Streitig ist, ob auch noch in der **Revisionsinstanz** die Hauptsache einseitig für erledigt erklärt werden kann. Dies ist jedenfalls zu bejahen, wenn das erledigende Ereignis außer Streit steht.[166] Ob dies darüber hinaus immer als eine den Fortgang des Verfahrens betreffende Tatsache im Revisionsrechtszug zu berücksichtigen ist, hat der BGH bislang nicht entschieden (vgl. Rn. 7).[167] Jedenfalls dann, wenn die Voraussetzungen für die Zulässigkeit einer Insolvenzrechtsbeschwerde nicht gegeben sind, kann vor dem Rechtsbeschwerdegericht ein Gläubigerantrag auf Eröffnung eines Insolvenzverfahrens nicht mehr einseitig für erledigt erklärt werden.[168] Bei einseitiger Erledigungserklärung des Klägers nach Einlegung einer Nichtzulassungsbeschwerde durch dem Gegner vor deren Verbescheidung ist zunächst zu prüfen, ob die Nichtzulassungsbeschwerde zulässig und begründet gewesen wäre.[169] 33

6. Erledigendes Ereignis. a) Allgemeines. Der in der einseitigen Erledigungserklärung liegende Feststellungsantrag des Klägers ist nur begründet, wenn ein erledigendes Ereignis eingetreten ist. Ob dies der Fall ist, hat das Gericht hier, anders als nach übereinstimmender Erledigungserklärung (vgl. Rn. 17), zu prüfen; zur Frage, wann ein Ereignis eingetreten sein muss, damit es erledigend wirken kann vgl. Rn. 28f., 37–39. Erledigendes Ereignis ist der objektive Lebenssachverhalt, der dazu führt, dass die Klage unzulässig oder unbegründet geworden ist.[170] 34

b) Beispiele. aa) Es lassen sich **drei Gruppen** bilden.[171] In der Praxis am häufigsten sind die erledigenden Ereignisse, die den **eingeklagten Anspruch erfüllen.** So wird etwa die geltend gemachte Forderung durch Zahlung[172] oder Aufrechnung beglichen, die verlangte Sache wird herausgegeben, das in Anspruch genommene Grundstück geräumt, die gewünschte strafbewehrte Unterlassungserklärung abgegeben,[173] die geforderte Auskunft erteilt. Eine zweite Gruppe wird durch den **Untergang des Streitobjekts** gekennzeichnet. Dazu zählt, dass der ruhestörende bellende Hund im Nachbargrundstück stirbt, die zu beziehende Mietwohnung abbrennt oder etwa der herausverlangte Pkw einen Totalschaden erleidet. In einer dritten Gruppe erledigender Ereignisse können alle **sonstigen Veränderungen der Sachlage** zusammengefasst werden, die sich auf die Zulässigkeit oder Begründetheit der Klage auswirken: mit Erhebung der Widerklage entfällt das Rechtsschutzinteresse für die rechtshängige negative Feststellungsklage, das Verfügungsverfahren wird durch rechtskräftigen Abschluss des Hauptsacheverfahrens überholt, die Rechtsfähigkeit einer Partei geht während des Rechtsstreits verloren, eine Gesetzesänderung macht die bisher begründete Klage unbegründet, bei einem Ausschlussrecht tritt Zeitablauf ein. 35

---

162 BGH NJW 1989, 2885, 2887; aM *Bergerfurth* NJW 1992, 1655, 1660.
163 T/P/*Hüßtege* Rn. 40.
164 OLG Frankfurt/M OLGZ 1994, 91, 93; aM LAG Köln MDR 1993, 578.
165 LG Hamburg MDR 1995, 204.
166 BGH NJW-RR 1993, 1123f.
167 Offen gelassen durch BGH NJW-RR 1993, 1123f.
168 BGH NJW-RR 2005, 418f.
169 BGH NJW-RR 2007, 639f.
170 *Röckle* AnwBl. 1993, 317, 319.
171 *Seutemann* MDR 1995, 122, 124.
172 (auch wenn ein geforderter Unterhalt nur „unter Vorbehalt" gezahlt wird) OLG Nürnberg FamRZ 2000, 1025f.
173 BGH BB 2006, 70 (LS).

36 **bb) Einzelfälle,** in denen ein erledigendes Ereignis **bejaht** wird: der Mieter stimmt im Verlaufe des Rechtsstreits der Mieterhöhung zu;[174] im Prozessverlauf geht das die Klage begründende Titelschutzrecht unter, auch wenn dieser Untergang vom Inhaber des Titelschutzrechtes durch willkürliche (endgültige) Beendigung der Benutzung des Titels für das in Frage stehende Werk herbeigeführt worden ist (damit lehnt der BGH die Mindermeinung ab, wonach ein erledigendes Ereignis dann nicht vorliegt, wenn es in den Verursachungs- bzw. Verantwortungsbereich des Klägers selbst fällt);[175] der Verfügungskläger versäumt aus ihm nicht zuzurechnenden Gründen die Vollziehungsfrist des § 929 Abs. 2 und verzichtet daraufhin zum frühestmöglichen Zeitpunkt auf seine Rechte aus der erlangten einstweiligen Verfügung (die Erklärung kann im Rechtsmittelverfahren abgegeben werden).[176] Vereinigen sich die Rechte des Klägers und des Beklagten durch Erbgang, ist der Rechtsstreit erledigt, ohne dass es noch einer irgendwie gearteten Entscheidung bedarf.[177] Nach § 619 erledigt sich eine Ehesache durch den Tod einer Partei (vgl. auch Rn. 4). Über die Kosten ist sodann nicht mehr zu entscheiden; auch erübrigt sich ein Beschluss, der die Erledigung feststellt. Doch ist im Interesse der Rechtsklarheit auf Antrag die Erledigung deklaratorisch festzustellen wenn das Urteil in der Ehesache bereits verkündet und zugestellt ist und anschließend eine Partei verstirbt.[178] Durch die Rücknahme der Klage wird ein den Prozess betreffendes Beschwerdeverfahren gegenstandslos, ohne dass es einer Erledigungserklärung bedarf.[179] Wird (im Verfahren der freiwilligen Gerichtsbarkeit) nach Bestellung eines vorläufigen Betreuers durch einstweilige Anordnung die Dauer der Bestellung des vorläufigen Betreuers durch weitere einstweilige Anordnung verlängert, so erledigt sich dadurch die Hauptsache des ersten Anordnungsverfahrens.[180] **Verneint** wird ein erledigendes Ereignis, wenn der Beklagte nur zur Abwendung der Zwangsvollstreckung aus einem für vorläufig vollstreckbaren Urteil leistet und nicht deshalb, um den Klageanspruch endgültig zu erfüllen;[181] dabei richtet sich nach den dem Zahlungsempfänger erkennbaren Umständen des Einzelfalles, welcher Zweck anzunehmen ist. Im Zweifel ist von einer Leistung nur zur Abwendung der Zwangsvollstreckung auszugehen. Ein erledigendes Ereignis ist nicht der Verlust des wirtschaftlichen Interesses des Klägers an der Durchsetzung der von ihm verfolgten Ansprüche.[182] Ergibt bei der **Stufenklage** die erteilte Auskunft, dass ein Leistungsanspruch nicht besteht, wird dadurch die Streitsache nicht erledigt, s. Rn. 43.[183] Dies folgt zwingend aus dem vom BGH und weitgehend auch im Schrifttum geteilten Ansatzpunkt, dass nur ein solches Ereignis erledigen kann, welches **nach** Rechtshängigkeit eintritt (vgl. Rn. 28f., 37f.): der mit der Stufenklage zugleich erhobene Leistungsantrag war von vornherein unbegründet. Zur Kostenentscheidung in diesem Fall vgl. Rn. 43. Wird der Formmangel eines Schenkungsversprechens, auf das eine Leistungsklage gestützt wurde, durch die Bewirkung der Leistung nach § 518 Abs. 2 BGB geheilt, ist dies kein erledigendes Ereignis, weil die Klage von Anfang an unbegründet war;[184] die Leistung hat nicht zur Unbegründetheit einer zunächst begründeten Klage geführt. Die Klärung einer bisher streitigen **verfassungsrechtlichen** Frage durch das Bundesverfassungsgericht erledigt nicht vor den Fachgerichten anhängige andere Verfahren zu dieser Rechtsfrage.[185]

37 **c) Zeitpunkt des erledigenden Ereignisses.** Nach einhelliger Ansicht kann ein **vor Anhängigkeit** des Rechtsstreits eingetretenes Ereignis die Hauptsache nicht erledigen.[186] Hat der Schuldner bezahlt, bevor der Gläubiger Klage einreicht, kann das nicht zur Erledigung einer Hauptsache führen. Die Sache war schon erledigt, bevor sie „Hauptsache" eines Verfahrens werden konnte. Umstritten ist allein, ob ein in den Zeitraum **zwischen Anhängigkeit und Rechtshängigkeit** fallendes Ereignis die Hauptsache erledigt, zB wenn der Schuldner nach Einreichung aber vor Zustellung der Klage zahlt.[187] Nach ständiger Rechtsprechung des BGH ist dies zu verneinen.[188] Danach setzt die Feststellung, die Hauptsache sei erledigt, voraus, dass die Klage bei ihrer **Zustellung oder später** zulässig und begründet war und durch ein späteres Ereignis unzulässig oder unbegründet wurde. Begrifflich einwandfrei geht der BGH davon aus, dass erst die Zustellung einer Klage das Prozessrechtsverhältnis, die Parteien und den Streitgegenstand bestimmt (§ 253 Abs. 2, § 261). Vorher ist ein Rechtsstreit im Sinne der ZPO nicht vorhanden; ein eintretendes Ereignis kann ein noch nicht bestehendes Prozessrechtsverhältnis nicht berühren, eine prozessual noch nicht existierende Hauptsache nicht erledigen. Ein erledigendes Ereignis liegt damit nur dann vor, wenn eine zugestellte Klage dadurch gegenstandslos wird; anders ausgedrückt, wenn eine im Zeitpunkt des erledigenden Ereignisses zulässige und begründete Klage durch dieses Ereignis unzulässig oder unbegründet wird.

---

174 *Sternel* Mietrecht, 3. Aufl. 1988, V Rn. 72.
175 BGH NJW-RR 1993, 1319f. m. weit. Nachw. auch zur abw. Ansicht.
176 OLG Frankfurt/M OLGZ 1994, 91, 93.
177 OLG Zweibrücken FamRZ 1995, 100.
178 OLG Hamm FamRZ 1995, 101.
179 OLG Frankfurt/M NJW-RR 1995, 956.
180 BayObLG FamRZ 1994, 1190; zur Erledigung in Wohnungseigentumsverfahren BayObLG NJW-RR 2002, 373f.
181 BGH WM 1994, 755f.
182 BGH, Urt. v. 13. 9. 2005 – X ZR 62/03.
183 BGH NJW 1994, 2895 m. weit. Nachw. auch zur abw. Ansicht.
184 OLG Celle MDR 1994, 524.
185 BFH BB 1994, 1134.
186 *Bergerfurth* NJW 1992, 1655.
187 *Elzer* NJW 2002, 2006ff.
188 BGHZ 83, 12, 14 = NJW 1982, 1598; BGH NJW 1994, 2895; BGHZ 127, 156, 163 = NJW 1994, 3232.

Diese Auffassung wird **nicht allseits geteilt.** Im Schrifttum[189] und in der Rechtsprechung der Instanzgerichte[190] wird häufig der Zeitpunkt vorverlegt, zu dem der Antrag zulässig und begründet gewesen sein muss. Aus Gründen der Prozessökonomie und der Billigkeit soll es genügen, wenn dies zum Zeitpunkt der **Einreichung** der Klage der Fall sei. Dabei wird auch auf §§ 207, 270 Abs. 3 verwiesen,[191] wonach prozessuale Wirkungen der Rechtshängigkeit auf die Anhängigkeit zurückwirken; ebenso darauf, dass nach anderen Verfahrensordnungen (VwGO, FGO) die Rechtshängigkeit bereits mit Klageeinreichung eintritt.[192] Dies überzeugt nicht. Die Regelung der ZPO durch § 261 Abs. 1, § 253 Abs. 1 ist eindeutig, die dogmatisch-begriffliche Argumentation zwingend. Danach ist zwar der Antrag des Klägers, die Erledigung der Hauptsache festzustellen, unbegründet, wenn das betreffende Ereignis nach Anhängigkeit aber vor Rechtshängigkeit eintrat. Dennoch können **unbillige Kostenentscheidungen** (der Kläger hatte gegen den im Verzug befindlichen Beklagten „gutgläubig" seine Zahlungsklage eingereicht, der Beklagte jedoch vor Zustellung der Klage gezahlt) ebenso vermieden werden, wie ein zweiter Prozess nur wegen der Kosten des Erstverfahrens. Der Kläger hat lediglich seine **Klage zu ändern** und an Stelle des bisher geltend gemachten Anspruchs Ersatz der ihm entstandenen und noch entstehenden **Prozesskosten als Schadensersatz** wegen Verzugs des Beklagten zu verlangen.[193] In Übereinstimmung mit der neueren Rechtsprechung des BGH kann sogar in dem (unbegründeten) Antrag des Klägers, die Erledigung der Hauptsache festzustellen, zugleich das Begehren liegen, die Ersatzpflicht des Beklagten für die nutzlos aufgewendeten Kosten festzustellen, vgl. auch Rn. 43.[194] Damit erübrigt sich auch eine dogmatisch fragwürdige „reziproke" Anwendung von § 93 bei der Kostenentscheidung, um ein angemessenes Ergebnis zu erzielen (vgl. Rn. 45). Durch **§ 269 Abs. 3 Satz 3** in der Fassung nach dem **ZPO-RG** hat nunmehr der Kläger eine einfache Möglichkeit, in solchen Fällen eine „sachgerechte" Kostenentscheidung zu erzielen. Nimmt er im Hinblick darauf, dass vor Rechtshängigkeit der Anlass zur Einreichung der Klage weggefallen ist, die Klage unverzüglich zurück, werden ihm nicht mehr – wie früher – zwingend die Kosten auferlegt. Über die Kosten ist jetzt vielmehr nach billigem Ermessen zu entscheiden. Diese Lösung des Gesetzgebers zwingt nicht dazu, nunmehr eine Erledigung vor Eintritt der Rechtshängigkeit zu bejahen; die Probleme der Praxis werden indes damit weitgehend zufrieden stellend behoben sein. 38

Dem in der Praxis üblichen Normalfall entspricht der Eintritt des erledigendes Ereignisses **nach Rechtshängigkeit.** Selbstverständlich kann ein erledigendes Ereignis auch **während des Laufs einer Rechtsmittelfrist** – oft wird dieser Zeitraum mit dem nicht ganz korrekten Begriff „zwischen den Instanzen" bezeichnet – eintreten. Durch einseitige Erledigungserklärung kann in der unteren Instanz freilich die Erledigung nicht mehr festgestellt werden (Rn. 33); dies ist erst in der Rechtsmittelinstanz möglich. Tritt das erledigende Ereignis **während des Rechtsmittelverfahrens** ein, darf es nach entsprechender Erledigungserklärung nur berücksichtigt werden, wenn das Rechtsmittel zulässig ist.[195] 39

7. Entscheidung. a) Allgemeines. Das Gericht hat zu prüfen, ob der Feststellungsantrag des Klägers begründet ist. Dies ist dann der Fall (vgl. Rn. 34, 37f.), wenn sein ursprünglicher Antrag zum Zeitpunkt der Zustellung der Klage zulässig und begründet war und durch das behauptete Ereignis unzulässig oder unbegründet wurde. Dafür trifft ihn die **Beweislast.**[196] Wird die Erklärung vor dem unzuständigen Gericht abgegeben, ist grundsätzlich an das zuständige Gericht zu verweisen, wenn der Beklagte die Unzuständigkeit rügt.[197] Im Rahmen der anzustellenden Prüfung sind nach allgemeinen Regeln angebotene Beweise zu erheben. Das Berufungsgericht ist nicht gehindert, die notwendigen Feststellungen im Verfahren nach § 522 Abs. 2 zu treffen.[198] Der Antrag des Beklagten ist regelmäßig unverändert auf Klageabweisung gerichtet. Damit geht dessen Rechtsverteidigung dahin, die Klage sei von Anfang an unzulässig oder unbegründet gewesen. Ein besonderes Rechtsschutzinteresse für den Abweisungsantrag ist nicht erforderlich.[199] Die Entscheidung ergeht durch **Endurteil** nach § 300; so weit die sonstigen Voraussetzungen vorliegen, ist nach §§ 330, 331 durch Versäumnisurteil oder gemäß § 331a nach Aktenlage zu entscheiden. Ein Beschluss ergeht nur dann, wenn bei freigestellter mündlicher Verhandlung (§ 128) schriftlich entschieden wird.[200] Der Beschluss ist zu begründen. 40

b) Hauptsache ist erledigt. Erweist sich der Feststellungsantrag des Klägers als begründet, ist insoweit zu tenorieren: „Der Rechtsstreit ist in der Hauptsache erledigt". Dies ist ein Sach-,[201] kein Prozessurteil.[202] Etwaige vorhergehende, nicht in Rechtskraft erwachsene Entscheidungen (einstweilige Verfügung, Ver- 41

---

189 *Bergerfurth* NJW 1992, 1655f.; *Ulrich* NJW 1994, 2793f.; MK/*Lindacher* Rn. 105f.
190 OLG Naumburg FamRZ 2002, 1042f.; OLG München NJW 1979, 274, 275; OLG Hamm MDR 1979, 941; 1980, 854; KG OLGZ 1986, 241ff.; OLG Frankfurt/M GRUR 1987, 650f.
191 *Röckle* AnwBl. 1993, 317, 319.
192 MK/*Lindacher* Rn. 105.
193 BGHZ 83, 12, 16 = NJW 1982, 1598; OLG Stuttgart NJW-RR 1997, 1222f.
194 BGH NJW 1994, 2895f.
195 *Bergerfurth* NJW 1992, 1655f.
196 OLG Düsseldorf NJW-RR 1991, 137f.
197 *Vossler* NJW 2002, 2373f.
198 OLG Rostock MDR 2006, 947.
199 BGH NJW 1982, 767f.; 1992, 2235f.; Zö/*Vollkommer* Rn. 43; aM MK/*Lindacher* Rn. 18.
200 T/P/*Hüßtege* Rn. 38.
201 BGH NJW 1968, 2243; *Röckle* AnwBl. 1993, 317, 319.
202 So aber *St/J/Leipold* Rn. 44 in der 20. Aufl.; für Sachurteil jetzt *St/J/Bork* Rn. 44.

säumnis- oder Vorinstanzurteil) werden damit ohne weiteres gegenstandslos.[203] Eine entsprechende deklaratorische Aufhebung empfiehlt sich zur Klarstellung.[204]

42 c) **Hauptsache ist nicht erledigt.** Die Hauptsache ist nicht erledigt (vgl. Rn. 34–37), wenn die ursprüngliche Klage **im Zeitpunkt der Zustellung** unzulässig oder unbegründet war. Ohne Belang ist, worauf dies beruht. Deshalb zählen hierzu auch die Fälle, in denen sich das Ereignis, auf das sich der Kläger beruft, vor Eintritt der Rechtshängigkeit ereignete. Ein Beispiel ist die vorbehaltlose Zahlung des Beklagten vor Rechtshängigkeit.[205] Dies gilt nach zutreffender Rechtsprechung des BGH auch dann, wenn die Klage zum Zeitpunkt der Zahlung schon anhängig war (vgl. Rn. 37). Die Hauptsache ist auch dann nicht erledigt, wenn der **ursprüngliche Antrag zulässig und begründet** war, das behauptete **Ereignis** jedoch **nicht zur Erledigung** geführt hat. Im letztgenannten Fall kann der Kläger die Abweisung nur vermeiden, wenn er hilfsweise am ursprünglichen Klageantrag festhält (vgl. Rn. 31). Im Übrigen ist je nach Prozesslage die Klage durch Prozess- oder Sachurteil (als unzulässig bzw. unbegründet) abzuweisen.

43 d) **Sonderproblem Stufenklage:** Besondere Probleme stellen sich, wenn bei erhobener Stufenklage die erteilte Auskunft ergibt, dass ein Leistungsanspruch nicht besteht.[206] Nach ständiger Rechtsprechung des BGH ist damit der **Leistungsantrag** nicht in der Hauptsache erledigt, weil dieser Anspruch von vornherein – bereits vor Eintritt der Rechtshängigkeit – unbegründet war.[207] Insoweit müsste daher der Kläger nach §§ 91, 92 die Kosten tragen, weil die Kostenentscheidung nach einseitiger Erledigungserklärung nach diesen Vorschriften ergeht (vgl. Rn. 45).[208] Dies erscheint unbillig, wenn dem Kläger durch die vorprozessual verweigerte Auskunft der Rechtsstreit aufgezwungen wurde. Zwar könnte der Kläger die ihm insoweit auferlegten Kosten gegenüber dem Beklagten geltend machen, notfalls in einem neuen Verfahren. Diese Möglichkeit ist nicht prozessökonomisch. Im Schrifttum und der Rechtsprechung der Instanzgerichte werden verschiedene Lösungen angeboten (s. a. § 254 Rn. 7). Nach Ansicht des OLG Hamm[209] sind die Kosten zu quoteln, wobei das Gericht im Streitfall den Auskunftsanspruch mit 2/3 bewertet hat. Das OLG Stuttgart meint, der Kläger könne den Zahlungsantrag ohne Zustimmung des Beklagten und ohne die Kostenfolge des § 269 Abs. 3 S. 2 zurücknehmen.[210] Nach anderer Ansicht soll der Kläger unter Verwahrung gegen die Kostenlast auf den Leistungsanspruch nach § 306 verzichten; in entsprechender, „reziproker", Anwendung von § 93 seien dann dem Beklagten die Kosten aufzuerlegen.[211] Eine weitere Auffassung nimmt prozessuale Erledigung an; der Kläger könne deshalb erfolgreich einseitig für erledigt erklären; die Kosten würden gemäß § 91 den Beklagten treffen.[212] Der BGH lehnt diese Ansichten zu Recht ab, weil sie weder mit dem Gesetz noch mit dem Begriff der Erledigung zu vereinbaren sind. Er sieht vielmehr in dem – unbegründeten – Antrag des Klägers, die Erledigung der Hauptsache festzustellen, zugleich das Begehren, die **Ersatzpflicht des Beklagten** für die nutzlos aufgewendeten Kosten **festzustellen.**[213] Dieses Feststellungsbegehren ist begründet, wenn dem Kläger ein materiell-rechtlicher Schadensersatzanspruch deshalb zusteht, weil er erst durch die **verspätete Auskunfterteilung** Klarheit über das Nichtbestehen eines Leistungsanspruches erlangt hatte und der Beklagte schuldhaft seiner Auskunftsverpflichtung nicht oder nicht rechtzeitig nachgekommen ist. Beantragt der Kläger nach einer im Verfahren erteilten Auskunft im Einklang mit dieser Rechtsprechung ausdrücklich, die Ersatzpflicht des Beklagten festzustellen, ist dies eine nach § 263 sachdienliche Klageänderung, so dass es dahinstehen kann, ob eine Klageänderung nach § 264 Nr. 3 zulässig wäre. Damit erübrigt sich auch die vom BGH vorgenommene Auslegung. Diese Auffassung vermeidet auch die Schwierigkeiten, die mit dem vereinzelt empfohlenen[214] Übergang auf einen bezifferten Zahlungsantrag in Höhe der entstandenen Kosten verbunden sind. Der Antrag, die Ersatzpflicht des Beklagten festzustellen, erspart es dem Kläger, die Höhe der Kosten des Rechtsstreits exakt anzugeben, was zu diesem Zeitpunkt oft nur schwer möglich ist. Seit Einführung des § 269 Abs. 3 Satz 3 nF durch das ZPO-RG liegt es nahe, diese Vorschrift analog anzuwenden: der Kläger nimmt seine Klage zurück, ohne die zwingende Kostenlast des § 269 Abs. 3 Satz 2 aF fürchten zu müssen. Das Gericht entscheidet darüber vielmehr nach billigem Ermessen. Es wird deshalb im Regelfall dem Beklagten die Kosten auferlegen, wenn dieser seiner Auskunftspflicht schuldhaft nicht oder nicht rechtzeitig nachgekommen ist. Anders ist die Situation, wenn der Kläger, zB weil der Beklagte Informationen erteilt hat, den **Auskunftsanpruch** nicht mehr verfolgt, wohl aber einen Leistungsanspruch für gegeben hält. Der Kläger geht in diesem Fall schlicht zum Leistungsanspruch über. Mit der Entscheidung hierüber wird über die Kosten des Rechtsstreits (insgesamt) entschieden. Eine einseitige Erledigungserklärung ist weder veranlasst noch überhaupt zulässig. Beharrt der Kläger auf der Fest-

---

[203] BGH NJW 1974, 503.
[204] Allein T/P/*Hüßtege* Rn. 38 halten eine Aufhebung für zwingend geboten.
[205] BGH NJW 1981, 686.
[206] Vgl. auch *Kassebohm* NJW 1994, 2728 ff.
[207] BGH NJW 1994, 2895 = JuS 1995, 78 m. Anm. v. *K. Schmidt.*
[208] Zum Fall übereinstimmender Erledigungserklärungen vgl. OLG Karlsruhe FamRZ 1999, 1216 f.; JurBüro 1999, 37.
[209] OLG Hamm NJW-RR 1995, 959 f.; vgl auch OLG Koblenz NJW-RR 1998, 70 f.
[210] OLG Stuttgart FamRZ 1994, 1595.
[211] OLG Frankfurt NJW-RR 1581 f.: reziproke Anwendung von § 93 nach beiderseitiger Erledigterklärung.
[212] OLG Frankfurt/M NJW-RR 1987, 964 f.; Zö/*Vollkommer* Rn. 58 „Stufenklage".
[213] BGH NJW 1994, 2895 f. = FamRZ 1995, 348 f. = JuS 1995, 78 f. m. Anm. v. *K. Schmidt;* jetzt ebenso OLG Naumburg FamRZ 2001, 502.
[214] OLG München NJW 1976, 973 f.

stellung, der Rechtsstreit sei in der ersten Stufe erledigt, hat das Gericht den Antrag durch Urteil als unzulässig abzuweisen.[215]

e) **Materiell-rechtlicher Kostenerstattungsanspruch.** Die dargestellte Rechtsprechung des BGH zur Stufenklage (vgl. Rn. 43) gestattet eine **Verallgemeinerung** über die Fälle einer Stufenklage hinaus. Erweist sich der Erledigungsantrag des Klägers als unbegründet, sollte das Gericht vor einer Abweisung der geänderten Klage prüfen, ob dem Kläger wegen der Kosten dieses Verfahrens ein materiell-rechtlicher Anspruch zusteht. Ist dies zu bejahen, erscheint es sachgerecht, die einseitige Erledigungserklärung dahin auszulegen, dass der Kläger die Feststellung der Ersatzpflicht des Beklagten begehrt und entsprechend durch Urteil zu entscheiden. Sofern Bedenken gegen eine solche Auslegung bestehen, könnte das Gericht im Rahmen seiner Aufklärungspflicht (§ 139) auf einen entsprechenden Antrag hinwirken. 44

f) **Kosten.** Die Kostenentscheidung erfolgt nach ständiger höchstrichterlicher Rechtsprechung **ausschließlich nach §§ 91, 92.**[216] Der Beklagte unterliegt im Sinne des § 91, wenn auf die einseitige Erklärung des Klägers die Erledigung oder in den dargestellten Sonderfällen (vgl. Rn. 43f.) die Ersatzpflicht des Beklagten hinsichtlich der Kosten festgestellt wird; eine verspätete Erledigungserklärung des Klägers, die wegen ihrer Hinauszögerung zusätzlichen Kosten verursacht, führt nicht zur analogen Anwendung des § 93.[217] Der Kläger unterliegt, wenn sein Feststellungsantrag als unzulässig oder unbegründet abzuweisen ist. Dieser Rechtsprechung ist zuzustimmen. § 91a kann weder unmittelbar[218] noch analog[219] angewendet werden, weil diese Vorschrift als Sondervorschrift allein bei übereinstimmender Erledigungserklärung anwendbar ist. § 93 kann auch nicht entsprechend („reziprok") angewendet werden, wenn das erledigende Ereignis nach Anhängigkeit und vor Rechtshängigkeit eintritt, der Kläger sofort die Hauptsache für erledigt erklärt und der Beklagte Anlass zur Klageerhebung gegeben hat.[220] Für eine solche „Umkehrung" des § 93 fehlt eine tragfähige dogmatische Rechtfertigung. Die von der Gegenansicht ins Feld geführten Billigkeitserwägungen überzeugen angesichts der zu verallgemeinernden Rechtsprechung des BGH zur Stufenklage (vgl. Rn. 43f.) nicht mehr. Einer neuer Prozess des Klägers nur wegen der Kosten des Erstverfahrens ist danach nicht mehr erforderlich. Nach Auffassung des OLG München treffen den Kläger bei gerichtlicher Feststellung der Erledigung der Hauptsache gemäß § 91a die Mehrkosten, die infolge verspäteter Erledigungserklärung angefallen sind, wenn der Kläger nicht zum frühestmöglichen Zeitpunkt einseitig für erledigt erklärt hat.[221] Das ist abzulehnen, weil § 91a nach seinem klaren Wortlaut nur bei übereinstimmender Erledigungserklärung angewendet werden kann. 45

8. Rechtskraft. Das Urteil erwächst auch in materielle Rechtskraft. Wird die Erledigung festgestellt, steht damit rechtskräftig fest, dass die ursprüngliche Klage zulässig und begründet war und durch das erledigende Ereignis unzulässig oder unbegründet wurde.[222] Bei Klageabweisung erwächst die Feststellung in Rechtskraft, dass die Klage von Anfang an unzulässig oder unbegründet war, wobei die Gründe ergeben, welche der beiden Möglichkeiten zutrifft. 46

9. Streitwert. Es werden verschiedene Auffassungen vertreten. Nach Ansicht einiger Oberlandesgerichte[223] berührt die Umstellung des Klageantrags den Gebührenstreitwert nicht. Auch anschließend anfallende Gebühren sind danach aus dem **bisherigen** und weiterhin maßgeblichen Streitwert zu berechnen. Im Schrifttum finden sich zustimmende Äußerungen.[224] Für diese Ansicht spricht, dass das Gericht nach einseitiger Erledigungserklärung weiterhin zu prüfen hat, ob der ursprüngliche Antrag bei Zustellung der Klage zulässig und begründet war (vgl. Rn. 28, 37). Nach anderer Auffassung ist der Wert ab Erledigungserklärung **wie** bei einer **positiven Feststellungklage** zu bestimmen (§ 3 Rn. 26), weshalb ein Abschlag von etwa 50% vom bisherigen Leistungsinteresse vorzunehmen sei.[225] Den Vorzug verdient die vom BGH in ständiger Rechtsprechung vertretene Ansicht, wonach sich ab Erledigungserklärung der Streitwert grundsätzlich nur noch nach dem sog. **Kosteninteresse** des Klägers bestimmt, das durch die bis zur Erledigungserklärung angefallenen gerichtlichen und erstattungsfähigen außergerichtlichen Kosten begrenzt wird.[226] Dabei ist der Streitwert nach § 3 zu schätzen. Dies überzeugt, weil es dem Kläger in aller Regel nach Erledigungserklärung tatsächlich nur noch darum geht, seine Kosten vom Beklagten zu erhalten. Der Wert der Hauptsache ist danach nur **ausnahmsweise** maßgeblich, wenn nämlich die Parteien an der Fortsetzung des Rechtsstreits zur Hauptsache ein besonderes Interesse haben. Dies kann in Ehrenschutzsachen[227] oder bei 47

---

[215] Vgl. eingehend OLG Düsseldorf FamRZ 1996, 493f.
[216] BGHZ 23, 330, 340 = NJW 1957, 628; BGH NJW 1994, 2895f.; *Röckle* AnwBl. 1993, 317, 320.
[217] OLG Düsseldorf NJW-RR 1997, 1566f.
[218] So aber OLG Düsseldorf MDR 1962, 137.
[219] So aber *Reinelt* NJW 1974, 347, wenn das erledigende Ereignis vor Anhängigkeit liegt.
[220] OLG Stuttgart NJW-RR 1997, 1222f.; aA OLG Koblenz MDR 1994, 1045, 1046; OLG Frankfurt/M NJW-RR 1989, 571; *J. Blomeyer* NJW 1982, 2750, 2752f.; T/P/*Putzo* Rn. 39.
[221] OLG München NJW-RR 1993, 571.
[222] OLG Nürnberg NJW-RR 1989, 444f.; *Röckle* AnwBl. 1993, 317, 319; einschränkend *Deppert,* in: Festschrift für *Wenzel,* S. 32ff.
[223] OLG Frankfurt/M JurBüro 1993, 557; OLG Düsseldorf NJW-RR 1993, 510f.; OLG Köln FamRZ 1995, 1214f.; OLG München JurBüro 1996, 368ff. (jedenfalls, wenn als erledigendes Ereignis die Erfüllung durch den Beklagten behauptet wird).
[224] *Deckenbrock/Dötsch* JurBüro 2003, 287ff.
[225] OLG München – 23. ZS – NJW 1975, 2021; OLG München – 11. ZS – JurBüro 1995, 644f.; OLG Köln JurBüro 1991, 832f. m. abl. Anm. v. *Mümmler;* vgl. auch T/P/*Hüßtege* Rn. 59.
[226] BGH NJW-RR 2005, 1728ff. m. weit. Nachw.
[227] BGH NJW 1982, 768.

Erledigung infolge einer Aufrechnung durch den Beklagten der Fall sein. Der BFH[228] und eine Mehrzahl von Oberlandesgerichten[229] haben sich dieser Rechtsprechung angeschlossen, ebenso das OVG Bremen[230]. Im Schrifttum stößt sie auf breite Zustimmung.[231]

48 **10. Anfechtung.** Das Urteil ist mit den nach allgemeinen Regeln statthaften Rechtsmitteln anfechtbar. Hat das Gericht nach Antrag des Klägers die Erledigung festgestellt, ist der Beklagte beschwert. Ihm gegenüber wird die Zulässigkeit und Begründetheit der Klage bis zum erledigenden Ereignis festgestellt; seinem Antrag auf Klageabweisung wurde nicht stattgegeben. Umgekehrt ist der Kläger beschwert, wenn das Gericht seinem Feststellungsantrag nicht folgt und die Klage in Übereinstimmung mit dem Antrag des Beklagten abweist. In beiden Fällen entscheidet sich nach dem Streitwert des Antrags auf Feststellung der Erledigung (Rn. 47), ob die Berufungssumme (§ 511) überschritten wird. § 99 Abs. 1 steht einem Rechtsmittel nicht entgegen, obwohl es dem Rechtsmittelführer nur um die Frage geht, wer die Kosten des bisherigen Verfahren zu tragen hat s. a. § 99 Rn. 3.[232] Ausnahmsweise ist das Rechtsmittel der sofortigen Beschwerde nach § 91a Abs. 2 statthaft, wenn das Gericht zwar in der Hauptsache die Erledigung festgestellt, über die Kosten aber entgegen der Rechtsprechung des BGH (vgl. Rn. 45) nach § 91a entschieden hat.[233] Nach dem Grundsatz der Meistbegünstigung (vgl. vor § 511 Rn. 24–27) ist dann § 91a Abs. 2 entsprechend anwendbar.

V. Einseitige Erledigungserklärung des Beklagten

49 Eine einseitige Erledigungserklärung des Beklagten wird nach ganz herrschender Auffassung zu Recht als **wirkungslos** angesehen.[234] Denn der Antrag, die Erledigung der Hauptsache festzustellen, verändert den Streitgegenstand; nicht mehr der ursprüngliche klägerische Antrag, sondern der Feststellungantrag ist nunmehr Gegenstand der vom Gericht zu treffenden Entscheidung. Über den Streitgegenstand kann aber nicht der Beklagte, sondern allein der Kläger disponieren. Bleibt der Kläger bei seinem ursprünglichen Antrag, ist über diesen durch Sachurteil zu entscheiden. Erweist sich die Klage als zulässig und begründet, ist der Beklagte zu verurteilen. Ist die Klage unzulässig oder unbegründet, ist sie abzuweisen, was auch ohne Antrag des Beklagten geschehen müsste. Doch kann die Erledigterklärung des Beklagten als Antrag auf Klageabweisung gewertet werden. **Bedeutung** gewinnt die Erklärung des Beklagten, wenn anschließend auch der Kläger die Hauptsache für erledigt erklärt. Mit der nachfolgenden Erklärung des Klägers ist die Rechtshängigkeit der Hauptsache unmittelbar beendet; es ist gemäß § 91a nur noch über die Kosten zu entscheiden, s. a. Rn. 12.[235] Der Beklagte hat in diesem Fall vorweggenommen sein Einverständnis mit der „provozierten" Erledigterklärung des Klägers erklärt. War der **Beklagte Rechtsmittelführer,** will er möglicherweise mit dem geänderten Antrag sein Rechtsmittel für erledigt erklären. Dies ist in engen Grenzen zulässig (vgl. Rn. 8); ggf. ist auf einen entsprechenden sachdienlichen Antrag nach § 139 Abs. 1 S. 1 hinzuwirken.

VI. Teilweise Erledigterklärung

50 **1. Allgemeines.** Die Hauptsache kann übereinstimmend oder einseitig durch den Kläger auch nur hinsichtlich eines Teiles für erledigt erklärt werden. Beispiele dafür sind: nach Zahlung eines Teilbetrages der eingeklagten Forderung wird insoweit für erledigt erklärt; nachdem der Unterhaltsgläubiger eigenen und in Prozessstandschaft Kindesunterhalt geltend gemacht hat, wird der Kindesunterhalt für erledigt erklärt. Dies zeigt, die teilweise Erledigterklärung kann den Teil eines Streitgegenstandes, bei objektiver Klagehäufung auch einen von mehreren Streitgegenständen, betreffen. Zulässigkeitsvoraussetzung ist lediglich, dass der für erledigt erklärte Teil abtrennbar ist,[236] vgl. dazu § 301 Rn. 3ff. Voraussetzungen und Rechtsfolgen sind grundsätzlich die gleichen wie bei der Erledigterklärung der gesamten Hauptsache. Eine **uneingeschränkte** Erledigungserklärung liegt indes vor, wenn der Verfügungskläger mit dem Ziel, gegen den Verfügungsbeklagten wegen vorausgegangener Verstöße gegen eine erlassene einstweilige Verfügung ein Ordnungsmittelverfahren einzuleiten, die Hauptsache nur mit mit Wirkung ab Abgabe der strafbewehrten Unterlassungserklärung für erledigt erklärt.[237]

51 **2. Übereinstimmende Teilerledigterklärung. a) Allgemeines.** Nach übereinstimmender Erledigterklärung eines Teils der Hauptsache ist dieser nicht mehr rechtshängig; insoweit hat das Gericht nur noch nach den materiellen Kriterien des § 91a Abs. 1 S. 1 über die Kosten zu entscheiden. Rechtshängig bleibt

---

[228] BFH DB 1989, 28 (LS).

[229] OLG Köln – 6. ZS-WRP 1986, 117; OLG Köln – 19. ZS-JurBüro 1991, 1385f.; OLG Schleswig SchlHA 1990, 9; OLG Rostock MDR 1993, 1019; unter ausdrücklicher Aufgabe der bisherigen Rechtsprechung des Senats OLG Karlsruhe NJW-RR 1994, 761; ausdrücklich für den Fall unbegründeten Antrags auf Feststellung der Erledigung OLG Hamm NJW-RR 1995, 959f.

[230] OVG Bremen AnwBl. 1994, 251.

[231] *Deppert,* in Festschrift für *Wenzel,* S. 37f.; *Ulrich* NJW 1994, 2793, 2798.

[232] BGHZ 57, 224, 228 = NJW 1972, 112; BGH NJW-RR 1993, 765.

[233] OLG Oldenburg NJW-RR 1993, 1339f.; Zö/*Vollkommer* Rn. 49; (sofortige Beschwerde entsprechend § 99 Abs. 2, wenn das Gericht § 93 analog angewendet hat – s. Rn. 45 –) OLG Stuttgart NJW-RR 1997, 1222f.

[234] BGH NJW 1994, 2363f.; *Bergerfurth* NJW 1992, 1655, 1659.

[235] *Bergerfurth* NJW 1992, 1655, 1659.

[236] B/L/*Hartmann* Rn. 200.

[237] OLG Braunschweig NJW-RR 1996, 380.

der nicht für erledigt erklärte Teil der Hauptsache. In dieser Hinsicht ist der Prozess nach allgemeinen Regeln fortzusetzen. Der **Gebührenstreitwert** ergibt sich fortan nur noch aus dem Wert der Resthauptsache.[238] Die Kosten, die auf den für erledigt erklärten Teil entfallen, sind nicht hinzuzurechnen, weil die Entscheidung hierüber lediglich aus formalen Gründen (vgl. Rn. 52) bis zur Sachentscheidung über den nicht erledigten Teil hinausgeschoben wird.[239]

b) Kostenentscheidung. Der Grundsatz einheitlicher Kostenentscheidung zwingt dazu, die Entscheidung über die auf den erledigten Teil entfallenden Kosten bis zur Sachentscheidung über die Resthauptsache (Endurteil) zurückzustellen. Weder nach übereinstimmender Erklärung noch mit Erlass des Urteils ergeht ein gesonderter Kostenbeschluss. Es ist vielmehr im Urteil eine **Kostenmischentscheidung** zu treffen.[240] Dabei ist, wie auch sonst, über die gesamten Kosten einheitlich durch Quotelung zu entscheiden. Aus den Entscheidungsgründen, und nur aus diesen, sollte sich ergeben, welche Kostenquote für den erledigten bzw. nicht erledigten Hauptsacheteil angenommen wurde.[241] Materiell sind die Kosten für den nicht erledigten Teil der Hauptsache nach §§ 91, 92, im Übrigen nach § 91a Abs. 1 S. 1 zu entscheiden. Eine formale Besonderheit gilt, wenn nach lediglich **teilweiser Anfechtung eines erstinstanzlichen Urteils** im Rechtsmittelverfahren die (angefochtene Rest-) Hauptsache übereinstimmend für erledigt erklärt wird. Es ist dann über die Kosten des gesamten Verfahrens in beiden Rechtszügen durch Beschluss zu entscheiden.[242] Dabei ist das Berufungsgericht hinsichtlich der auf den nicht angefochtenen Teil der Hauptsache entfallenden Quote an die Entscheidung des Erstgerichts gebunden. Über die auf den Streitgegenstand des Rechtsmittelverfahrens entfallende Quote wird nach § 91a Abs. 1 entschieden. Auch hier ergeben sich die der einheitlichen Quote zu Grunde liegenden Teilentscheidungen allein aus den Gründen. Dieser Beschluss ist gemäß § 567 Abs. 1 unanfechtbar. Diese formale Besonderheit gilt auch bei Teilanfechtung des Ersturteils durch den Beklagten. 52

c) Anfechtung der Kostenentscheidung. Gegen die im Endurteil enthaltene gemischte Kostenentscheidung ist die **sofortige Beschwerde** nach § 91a Abs. 2 S. 1 statthaft, s. § 99 Rn. 12.[243] Deren Zulässigkeit wird, wie auch sonst, durch § 567 Abs. 1 und 2 begrenzt. Dabei ist ohne Belang, dass der beschwerdefähige Teil der angegriffenen Entscheidung in deren Tenor nicht erkenntlich ist. Zur Disposition des Beschwerdegerichts steht ausschließlich der nach § 91a entschiedene Teil der angefochtenen Kostenentscheidung. Deren übriger Teil ist wegen § 99 Abs. 1 einer Überprüfung nicht zugänglich. Hat das Rechtsmittel auch nur teilweise Erfolg, ändert das Beschwerdegericht die Quotelung für die Kosten des gesamten Rechtsstreits. Dies gebietet der Grundsatz der einheitlichen Kostenentscheidung.[244] Wird gegen das erstinstanzliche Urteil **Berufung** eingelegt, ist neben der Sachentscheidung der Kostenausspruch insgesamt zu überprüfen, also auch, soweit nach den materiellen Kriterien des § 91a Abs. 1 S. 1 über die Kosten des erledigten Teils der Hauptsache entschieden wurde.[245] Das gilt auch dann, wenn die Berufung nach Ablauf der Frist des § 569 Abs. 1 S. 1 eingelegt wurde.[246] Wird allerdings die Berufung zurückgenommen, kann der Rücknehmende eine Überprüfung der Kostenentscheidung hinsichtlich des erledigten Teils der Hauptsache nur noch begehren, wenn die Berufung innerhalb der Frist für die sofortige Beschwerde eingegangen ist. Bei jeder Berufung begrenzt § 567 Abs. 2 den Zugang zu dem nach § 91a entschiedenen Teil des Kostenausspruchs.[247] Auf Grund einer **Revision** kann der Kostenausspruch des Oberlandesgerichts nicht überprüft werden, soweit in der gemischten Kostenentscheidung die Quote für den erledigten Teil enthalten ist.[248] Das folgt aus § 567 Abs. 1. Anders ist dies, wenn Berufungsgericht irrig von einer übereinstimmenden (Teil-)Erledigungserklärung ausgegangen ist, obwohl der Kläger einseitig erledigt erklärt hatte.[249] 53

3. Einseitige Teilerledigterklärung des Klägers. a) Allgemeines. Die Erläuterungen zur vollen einseitigen Erledigungserklärung (vgl. Rn. 28–48) gelten entsprechend. Deshalb ist die Kostenentscheidung allein nach §§ 91, 92 zu treffen. Eine gemischte Entscheidung, in der hinsichtlich des für erledigt erklärten Teils der Hauptsache § 91a unmittelbar oder entsprechend angewendet werden könnte, kommt nicht in Betracht. Ist der Antrag des Klägers, die teilweise Erledigung festzustellen, begründet, ist dies im Tenor, beispielsweise durch die an die sonstige Sachentscheidung anknüpfende Formulierung, „Im Übrigen ist der Rechtsstreit in der Hauptsache erledigt“, auszusprechen. 54

b) Streitwert. Es ist zu unterscheiden zwischen dem Zuständigkeitsstreitwert, dem Gebührenstreitwert der Instanz, in der die Erklärung abgegeben worden ist, und dem Wert der Beschwer für die Rechtsmittelinstanz. Der **Zuständigkeitsstreitwert** ändert sich im Mahnverfahren, wenn der Kläger nach Zustellung des Mahnbescheids, aber vor Abgabe der Akten an das im Mahnbescheid als für das streitige Verfahren zuständig bezeichnete Landgericht die Hauptsache teilweise für erledigt erklärt. Hat daher der Kläger einen Mahnbescheid erwirkt, der die sachliche Zuständigkeit der Amtsgerichte nach § 23 Nr. 1 GVG übersteigt, 55

238 BGH JurBüro 1981, 1489f.; NJW-RR 1995, 1089f.; OLG München JurBüro 1994, 745.
239 AA OLG Koblenz MDR 1992, 717.
240 Seit BGH NJW 1962, 2252 allgM.
241 *Bergerfurth* NJW 1992, 1655, 1660.
242 OLG Celle MDR 1978, 234f.
243 BGHZ 40, 265, 269ff. = NJW 1964, 660; BGH NJW 1991, 2020f.
244 MK/*Lindacher* Rn. 122.
245 OLG Hamm NJW-RR 1987, 426f.; aA OLG Zweibrücken NJW 1973, 1935
246 OLG München NJW 1970, 2114f. (ergangen vor Inkrafttreten des ZPO-RG).
247 OLG München NJW 1973, 289 (ergangen vor Inkrafttreten des ZPO-RG).
248 BGH NJW 2007, 1591ff.
249 BGH 2002, 1500ff.

beantragt der Kläger aber nach Widerspruch durch den Beklagten das streitige Verfahren nur wegen eines die Zuständigkeitsgrenze unterschreitenden Betrages, so ist nunmehr das Amtsgericht sachlich zuständig.[250] Der **Gebührenstreitwert der Instanz,** in der die Erledigung einseitig erklärt wurde, bemisst sich nach der Rechtsprechung des BGH (Rn. 47) nach den bis zur Erledigungserklärung angefallenen Kosten, weil das wirtschaftliche Interesse der Parteien an der Fortsetzung des Rechtsstreits grundsätzlich nur noch so hoch ist, wie diese Kosten. Bei teilweiser einseitiger Erledigungserklärung errechnet sich daher fortan der Gebührenstreitwert aus der Summe der bis dahin wegen des für erledigt erklärten Teiles angefallenen Kosten und dem Wert der Resthauptsache.[251] Zu differenzieren ist beim **Wert der Beschwer für die Rechtsmittelinstanz.** Dabei erscheinen vier Grundfälle denkbar. Fall **1:** Das Erstgericht hat auf teilweise Erledigung erkannt und auch die Resthauptsacheklage für begründet erachtet. Die Beschwer des Beklagten ergibt sich aus der Summe des Wertes der Resthauptsache und den ihm auferlegten Kosten, so weit diese auch entstanden wären, wenn der Kläger von Anfang an nur den für erledigt erklärten Teil eingeklagt hätte.[252] Denn durch denjenigen Teil der Kosten, der auf die Resthauptsache entfällt, ist er nicht zusätzlich zu seinem Unterliegen in der Resthauptsache beschwert. Fall **2:** Das Erstgericht hat auf Erledigung erkannt, die Resthauptsacheklage abgewiesen. Die Beschwer des Beklagten bemisst sich nach dem vollen Betrag der ihm auferlegten Kosten; eine Differenzrechnung ist nicht anzustellen.[253] Die Beschwer des Klägers errechnet sich ohne Besonderheit aus dem Unterliegen in der Resthauptsache. Ihm auferlegte Kosten dürfen nicht berücksichtigt werden. Fall **3:** Das Gericht hat keine Erledigung angenommen und insgesamt die Klage abgewiesen. Die Beschwer des Klägers folgt aus der Summe des Wertes der Resthauptsache und den Kosten, die entstanden wären, wenn er lediglich den erfolglos für erledigt erklärten Teil eingeklagt hätte. Fall **4:** Das Erstgericht hat keine Erledigung angenommen, die Resthauptsacheklage aber für begründet gehalten. Die Beschwer des Klägers ergibt sich ungekürzt aus den ihm auferlegten Kosten. Eine Differenzrechnung findet nicht statt. Der Beklagten ist nur in Höhe der Verurteilung in der Resthauptsache beschwert. Ihm auferlegte Kosten sind nicht zu berücksichtigen.

VII. Stichwörter

56 **Arbeitsgerichtliches Beschlussverfahren:** Dieses Verfahren kennt keine prozessuale Kostentragungspflicht und deshalb keine Kostenentscheidung. Dies bedingt Besonderheiten. Gemäß § 83a Abs. 2 S. 1 ArbGG ist nach übereinstimmender Erledigungserklärung das Verfahren (lediglich) einzustellen; eine Kostenentscheidung nach § 91a Abs. 1 erübrigt sich. Für die einseitige Erledigungserklärung gilt: hat der Antragsteller das Verfahren für erledigt erklärt, gilt die Zustimmung der übrigen Beteiligten nach § 83a Abs. 3 ArbGG zur Einstellung als erteilt, wenn diese sich nicht binnen einer vom Vorsitzenden bestimmten Frist äußern. Widersprechen die übrigen Beteiligten der Erledigungserklärung, hat das Gericht lediglich zu prüfen, ob ein erledigendes Ereignis eingetreten ist. Sofern dies der Fall ist, ist das Verfahren entsprechend § 83a Abs. 2 ArbGG einzustellen. Darauf, ob der Antrag ursprünglich zulässig und begründet war, kommt es nicht an.[254]

57 **Aufrechnung:** Ein Rechtsstreit kann durch Aufrechnung erledigt werden, auch durch die Aufrechnung des Klägers (vgl. auch § 145 Rn. 12ff. u. § 322 Rn. 76ff.). Streitig ist, ob erledigendes Ereignis die Aufrechnungslage oder die Aufrechnungserklärung ist. Von Bedeutung ist das bei **einseitiger Erledigungserklärung,** wenn die Aufrechnungslage bereits vor Zustellung der Klage bestand. Kommt es auf die Aufrechnungslage an, ist die Klage in diesem Fall nach einseitiger Erledigungserklärung als unbegründet abzuweisen; der Feststellungsantrag des Klägers ist nur begründet, wenn die Aufrechnungslage sich erst im Laufe des Verfahrens ergab. Der BGH hat nunmehr angenommen, die Aufrechnungserklärung sei das erledigende Ergebnis.[255]

58 **Nebenintervention:** Erklären die Parteien übereinstimmend die Hauptsache für erledigt, sind dem Gegner der unterstützten Partei nach § 101 Abs. 1 die Kosten des Streithelfers in dem Umfang aufzuerlegen, in welchem der Gegner die Kosten des Rechtsstreits zu tragen hat. Bei Beendigung des Rechtsstreits durch Vergleich ist von Bedeutung, ob der Streithelfer am Vergleich beteiligt war (s. § 101 Rn. 6f.). Zum streitgenössischen Nebenintervenienten vgl. § 101 Rn. 10. Anerkennt die unterstützte Partei die Pflicht, die Kosten des Rechtsstreits zu tragen, hat dies bei streitgenössischer Nebenintervention keine Wirkung gegenüber dem Nebenintervenienten.[256] Ihm gegenüber ist nach § 91a zu entscheiden. Widerspricht der streitgenössische Nebenintervenient der Erledigungserklärung der unterstützten Partei, ist deren Erklärung nicht wirksam.[257] Der Widerspruch des einfachen Streithelfers ist ohne Belang.

59 **Parteifähigkeit:** Wird eine OHG, KG oder eine GmbH verklagt, verliert die Beklagte ihre Parteifähigkeit, wenn sie von Amts wegen im Handelsregister gelöscht wird. Der Kläger kann in dieser Situation mit Erfolg den Rechtsstreit für erledigt erklären, wenn der Verlust der Parteifähigkeit nach Zustellung der

250 OLG Nürnberg JurBüro 2006, 478f.;OLG Frankfurt JurBüro 1993, 557.
251 Mit beachtlichen Gründen und eindrucksvollen Rechenbeispielen wendet sich *Liebheit* AnwBl. 2000, 73ff. gegen die BGH-Rechtsprechung.
252 BGH NJW-RR 1993, 765f.
253 BGH NJW-RR 1993, 765ff.
254 BAG NZA 1990, 822, 825 = NJW 1991, 192 (LS).
255 BGH NJW 2003, 3134ff.
256 BGH MDR 1985, 914f.
257 AA OLG München MDR 2000, 1152 m. weit. Nachw.

Klage (vgl. Rn. 37) eintritt und die Klage vorher zulässig und begründet war. Der Beklagten sind nach der Rechtsprechung des BGH die Kosten des Rechtsstreits aufzuerlegen; die erloschene Gesellschaft kann sogar noch der Erledigungserklärung des Klägers zustimmen.[258] Nach anderer Ansicht darf eine Kostenentscheidung nicht mehr ergehen, weil die Beklagte nicht mehr existent ist.[259]

Rechtsentscheid: Eine beschlossene Vorlage ist nicht mehr auszuführen, wenn die Parteien die Hauptsache übereinstimmend für erledigt erklärt haben.[260] Geben die Parteien nach Vorlage entsprechende Erklärungen ab, darf ein Rechtsentscheid nicht mehr ergehen.[261] **Streitgenossenschaft:** Notwendige Streitgenossen können nur gemeinsam die Hauptsache für erledigt erklären. Doch muss die Kostenentscheidung ihnen gegenüber nicht einheitlich sein.[262] Bei einfacher Streitgenossenschaft gilt die Erledigungserklärung nur für und gegen den einzelnen Kläger bzw. Beklagten. 60

VIII. Gebühren und Kosten

1. Rechtsanwaltsgebühren. Der Kostenantrag des Anwalts gehört zum Rechtszug, wird also durch die Gebühren der Nrn. 3100ff. VV RVG abgegolten (§ 19 Abs. 1 Nr. 9 RVG). Der Gegenstandswert reduziert sich erst ab der Erledigterklärung auf den Wert der bis dahin angefallenen Kosten. Ob das erledigende Ereignis schon zur Zeit der Beauftragung des Anwalts durch den Beklagten eingetreten war oder nicht, ist nicht maßgebend. Denn maßgebend ist der rechtshängige Klageantrag, der abgewehrt werden soll. Werden die übereinstimmenden Erledigungserklärungen erstmals im Termin zur mündlichen Verhandlung abgegeben, entsteht die Terminsgebühr aus dem Streitwert der Hauptsache. Denn die Terminsgebühr entsteht bereits mit der Wahrnehmung des Termins. Haben die Parteien schriftsätzlich schon vor dem Termin übereinstimmend die Hauptsache für erledigt erklärt, fällt bei mündlicher Verhandlung eine 1,2 Terminsgebühr der Nr. 3104 VV RVG nur noch aus dem Kostenwert an.[263] Zum **Beschwerdeverfahren** vgl. § 567 Rn. 29. 61

2. Gerichtskosten. Nach dem seit 1. Juli 2004 geltenden Kostenverzeichnis entstehen beim Beginn eines Verfahrens Mehrfachgebühren. Endet das **gesamte** Verfahren durch einen Beschluss nach § 91a, tritt eine Ermäßigung ein, **wenn** keine Entscheidung über die Kosten ergeht oder die Entscheidung einer zuvor mitgeteilten (außergerichtlichen) Einigung der Parteien über die Kostentragung oder der Kostenübernahmeerklärung einer Partei folgt: vgl. KV Nrn. 1211 Ziff. 4; 1221; 1222 Ziff. 4; 1231; 1232 Ziff. 4; 1251; 1252 Ziff. 4; 1254; 1256; 1311 Ziff. 4. Keine Ermäßigung tritt ein, wenn der Kostenbeschluss zu begründen ist.[264] 62

92 *Kosten bei teilweisem Obsiegen*

(1) [1]Wenn jede Partei teils obsiegt, teils unterliegt, so sind die Kosten gegeneinander aufzuheben oder verhältnismäßig zu teilen. [2]Sind die Kosten gegeneinander aufgehoben, so fallen die Gerichtskosten jeder Partei zur Hälfte zur Last.

(2) Das Gericht kann der einen Partei die gesamten Prozesskosten auferlegen, wenn

1. **die Zuvielforderung der anderen Partei verhältnismäßig geringfügig war und keine oder nur geringfügig höhere Kosten veranlasst hat oder**
2. **der Betrag der Forderung der anderen Partei von der Festsetzung durch richterliches Ermessen, von der Ermittlung durch Sachverständige oder von einer gegenseitigen Berechnung abhängig war.**

I. Normzweck

Die Vorschrift dient der Kostengerechtigkeit. Sie knüpft an § 91 Abs. 1 an. Dort ist geregelt, dass derjenige die Kosten des Rechtsstreits insgesamt zu tragen hat, der gänzlich unterliegt. § 92 wendet diesen Grundsatz entsprechend auf das nur teilweise Unterliegen an: jede Partei hat von den Kosten des Rechtsstreits einen ihrem Unterliegen entsprechenden Anteil zu tragen. Davon macht Absatz 2 aus Vereinfachungs- und Gründen der Kostengerechtigkeit wiederum Ausnahmen. § 92 gilt grundsätzlich für alle Verfahren nach der ZPO. Er ist auch dann anzuwenden, wenn nach vorgängigem Mahnverfahren nur mit einem gegenüber dem Mahnbescheid niedrigeren Betrag ins Klageverfahren übergegangen wird.[1] Vorrangige Regelungen enthalten die §§ 93a bis 93d. Danach findet eine Kostenaufhebung statt, obwohl eine Partei voll obsiegt (zB § 93a Abs. 1 u. 3, § 93c), bzw. unterbleibt trotz Teilunterliegen eine Kostenaufhebung bzw. -teilung (§ 93d Abs. 1). Bei einer Entscheidung nach § 494a Abs. 2 kann die Vorschrift nicht angewendet werden:[2] Hat der Antragsteller eines selbstständigen Beweisverfahrens in der Antragsschrift die Aufwendungen für die Schadensbeseitigung mit 10 000 DM bezeichnet, erhebt er sodann dem Ergebnis der Beweiserhebung entsprechend nur Klage auf Zahlung von 800 DM, so können ihm die Kosten des Gegners im Beweisverfahren auch nicht teilweise nach § 494a Abs. 2 auferlegt werden; s. a. § 96 Rn. 1 (aA *Huber* § 494a Rn. 5). 1

---

[258] BGH NJW 1982, 238f.
[259] OLG Hamm JR 1988, 334.
[260] BGH NJW 1989, 29.
[261] BayObLG NJW-RR 1992, 341f.
[262] BGH MDR 1985, 914f.
[263] AnwK-RVG/*Onderka/Schneider* VV Vorb. 3 Rn. 156.
[264] OLG Hamburg MDR 2006, 1376.
[1] LG Schweinfurt JurBüro 1991, 992.
[2] BGH NJW 2004, 3121.

II. Absatz 1

2 **1. Satz 1.** Die Bestimmung schreibt zwingend bei Teilunterliegen eine Kostenaufhebung oder -teilung vor. Ob ein **Teilunterliegen** vorliegt, ist am geltend gemachten prozessualen Anspruch zu messen. In folgenden Fällen ist dies u. a. anzunehmen: die erhobene Klage wird teilweise abgewiesen, wenn auch nur hinsichtlich zu viel geforderter Zinsen,[3] (eine andere Frage ist, ob Geringfügigkeit im Sinne des Abs. 2 vorliegt); bei objektiver Klagehäufung (§ 260) erweisen sich nicht alle Ansprüche in voller Höhe als begründet; nicht alle Streitgenossen werden verurteilt;[4] mehrere Beklagte werden nach Kopfteilen, nicht als Gesamtschuldner verurteilt; von mehreren klagenden Streitgenossen obsiegen nicht alle; lediglich der weniger weit reichende Hilfsantrag ist begründet;[5] Klage und Widerklage sind beide ganz oder teilweise erfolgreich oder erfolglos oder Klage und Widerklage werden zurückgenommen[6] (hat allerdings allein die Klage zu einer Beweisaufnahme geführt, sind die dadurch verursachten Kosten in vollem Umfang dem Kläger aufzuerlegen[7]) die Klage wird wegen hilfsweise geltend gemachter Aufrechnung mit einer Gegenforderung ganz oder teilweise abgewiesen;[8] bei der Stufenklage (§ 254) erweist sich der Anspruch zB auf eidesstattliche Versicherung als unbegründet;[9] vgl. allerdings § 91 a Rn. 43, sofern nach erteilter Auskunft der Leistungsanspruch unbegründet ist; dem Vermieter wird die Mieterhöhung erst zu einem späteren als dem beantragten Zeitpunkt zuerkannt;[10] der Beklagten wird unter Vorbehalt der vom Kläger bestrittenen beschränkten Erbenhaftung (§§ 305, 780) verurteilt;[11] Verurteilung zur Erfüllung **Zug-um-Zug** nach § 274 Abs. 1 BGB oder § 322 BGB, wenn der Kläger das Zurückbehaltungsrecht bestritten hatte.[12] Teilunterliegen kann **nicht** angenommen werden, wenn die Klage wegen Primäraufrechnung mit einer unbestrittenen oder bestrittenen Gegenforderung abgewiesen wird (Kläger unterliegt voll); im Räumungsprozess dem Mieter eine Räumungsfrist nach § 721 eingeräumt wird, weil das lediglich eine Frage des Vollstreckungsverfahrens ist und im Erkenntnisverfahren der Kläger voll obsiegt hat.[13] Zur Entscheidung nach unbeziffertem Klageantrag vgl. Rn. 7.

3 Kostenaufhebung oder verhältnismäßige Teilung ist die **Rechtsfolge.** Zu quoteln ist, wenn das Unterliegen einer Partei überwiegt. Die Quotelung kann in Bruchteilen (zB 1/3: 2/3) oder in Prozenten (zB 80 %: 20 %) ausgedrückt werden. Einer Partei kann auch ein absoluter Betrag (etwa 80 000 €), dem Gegner der Rest auferlegt werden. Es gilt der Grundsatz einheitlicher Kostenentscheidung. Weder darf nach einzelnen Abschnitten des Verfahrens, nach Klage und Widerklage[14] oder ohne besonderen Grund nach Instanzen[15] aufgeteilt werden, noch dürfen etwa dem Kläger „die Mehrkosten wegen der Zuvielforderung von 5 000 €“ überbürdet werden. Ausnahmen können sich aus §§ 95, 96 ergeben.

4 Der Gebührenstreitwert (vgl. § 2 Rn. 1) ist bei der Entscheidung der **Maßstab.** Entscheidend ist, welchen Anteil der Teilerfolg einer Partei daran ausmacht. Zu diesem Zweck ist der auf den Teilerfolg jeder Partei entfallende Teilstreitwert zu ermitteln und zum Gesamtstreitwert ins Verhältnis zu setzen. Bei **Unterhaltsklagen** sind die Teilstreitwerte für rückständigen und laufenden Unterhalt nach § 17 Abs. 1 u. 4 GKG anzusetzen, ungeachtet der unterschiedlichen Berechnungsweisen.[16] Bei **Stufenklagen** ergeben sich aus § 18 GKG Probleme. Nach Auffassung des OLG Karlsruhe[17] sind die Kosten zunächst separat für jede einzelne Stufe zu ermitteln und zu den hypothetischen Gesamtkosten getrennter Prozesse in Verhältnis zu setzen. Dies läuft der Gebührendegression zuwider; sachgerechter ist es deshalb, die tatsächlichen Gesamtkosten zu errechnen und sodann nach den auf Kläger und Beklagten entfallenden Teilsummen die Verteilungsquote zu bilden.[18] Bei **Mieterhöhungsklagen** ist gegenüberzustellen, welcher Betrag sich nach dem Antrag des Klägers für 1 Jahr ergibt (§ 16 Abs. 5 GKG) und was er demgegenüber an Erhöhung für diesen Zeitraum tatsächlich erhält.[19] Wenn das Unterliegen hinsichtlich von **Nebenforderungen** zu berücksichtigen ist, kann sich dies in einer Belastung des insoweit Unterliegenden allein mit einem Teil seiner außergericht-

---

[3] BGH NJW 1988, 2173; differenzierend OLG Saarbrücken NJW-RR 2007, 426 f.: keine Berücksichtigung, wenn der abgewiesene Zinsanspruch auf keiner eigenständigen Begründung beruht, sondern sich als notwendige Folge der Klageabweisung hinsichtlich der Hauptforderung darstellt.

[4] BGHZ 8, 325, 327 = NJW 1953, 618.

[5] BGH LM Nr. 8.

[6] LG Meiningen MDR 2002, 171.

[7] OLG Stuttgart MDR 2006, 1317 f.

[8] OLG Oldenburg JurBüro 1991, 1257 m. zust. Anm. v. *Mümmler;* vgl. auch *Schulte,* Die Kostenentscheidung bei der Aufrechnung durch den Beklagten im Zivilprozess, Diss. Bielefeld 1989, S. 36; aM KG MDR 1976, 846.

[9] OLG Karlsruhe JurBüro 1994, 682.

[10] *Fischer* in *Bub/Treier,* Handbuch der Geschäfts- und Wohnraummiete, 3. Aufl., 1999, VIII Rn. 192.

[11] OLG Hamburg MDR 1960, 150.

[12] RG DR 1941, 1959, 1961; *Weyer* BauR 1981, 426, 432 f.; vgl. auch (verschiedene Beispielsfälle) *Bachmann* BauR 1995, 642 ff.; *Hensen* NJW 1999, 395 ff.

[13] OLG Stuttgart MDR 1956, 555; LG München VersR 1994, 224 f.; MK/*Lindacher/Giebel* Rn. 7.

[14] BGH LM § 99 Nr. 3: es kann berücksichtigt werden, dass nur wegen der Klage bzw. nur wegen der Widerklage eine Beweisaufnahme durchgeführt worden ist. S. auch OLG Naumburg NJW-RR 2000, 1740.

[15] BGH NJW 1957, 543.

[16] Eingehend OLG München FamRZ 1997, 762 f.; (zur Rücknahme der Klage für bestimmten Zeitraum) vgl. auch OLG Nürnberg FamRZ 2000, 687 f.

[17] OLG Karlsruhe JurBüro 1994, 682.

[18] Anm. v. *Mümmler* zu OLG Karlsruhe JurBüro 1994, 682 f.

[19] *Fischer* in *Bub/Treier,* Handbuch der Geschäfts- und Wohnraummiete, 3. Aufl. 1999, VIII Rn. 192.

lichen Kosten ausdrücken.[20] Wegen § 12 Abs. 1 GKG, § 4 können verschiedene Gebührenstreitwerte nicht gebildet werden. In welchem Maße die Verurteilung zur Leistung **Zug-um-Zug** ins Gewicht fällt, ist vom Gericht nach pflichtgemäßen Ermessen zu beurteilen.[21] Dabei kann die Abwägung der wirtschaftlichen Vor- und Nachteile sogar ergeben, dass dies einem vollen Unterliegen des Klägers nahe kommt.[22]

2. Satz 2. Bei Kostenaufhebung fallen die **Gerichtskosten** jeder Partei zur Hälfte zur Last. Ihre **außergerichtlichen Kosten** trägt dann jede Partei selbst. Eine Erstattung dieser Kosten scheidet aus. Kostenfestsetzung und Erstattung kommen mithin allenfalls wegen vorgeschossener Gerichtskosten in Betracht, s. § 106 Rn. 2. Kostenaufhebung ist anzuordnen, wenn sich das Obsiegen und Unterliegen der Parteien die Waage hält. Das muss nicht mathematisch ganz genau der Fall sein. Unzweckmäßig ist es, statt einer Kostenaufhebung jede Partei mit der Hälfte der Kosten zu belasten, weil die außergerichtlichen Kosten bei den Parteien durchaus unterschiedlich hoch sein können. Die sparsam prozessführende Partei würde auf diese Weise an den bei der weniger kostenbewussten Partei entstandenen Mehrauslagen beteiligt werden. 5

III. Absatz 2

In **vier Fällen** können einer Partei nach pflichtgemäßem Ermessen die gesamten Prozesskosten auferlegt werden, obwohl sie nur teilunterlegen ist: 6

1. Verhältnismäßig geringfügige Zuvielforderung ohne besondere oder nur geringfügig höhere Kosten. Beide Voraussetzungen müssen kumulativ gegeben sein.[23] Wird lediglich der **Zinsanspruch** ganz oder teilweise abgewiesen, wurden durch die Zuvielforderung keine besonderen Kosten verursacht. Der Streitwert wurde dadurch nach § 4 Abs. 1 nicht erhöht. Doch kann im Einzelfall die Zuvielforderung von Zinsen gegenüber dem Hauptanspruch ins Gewicht fallen.[24] Verhältnismäßig geringfügig ist eine Zuvielforderung, wenn sie weniger als 1/10 des Streitwerts ausmacht.[25] Seit Inkrafttreten des ZPO-RG kann das Gericht auch dann von einer Quotelung absehen, wenn die verhältnismäßig geringfügige Zuvielforderung zwar **besondere Kosten** verursacht hat, diese aber **nur geringfügig höher** sind. Damit können nun einer Partei die Prozesskosten auch dann insgesamt auferlegt werden, wenn auf Grund der Zuvielforderung geringfügige Mehrkosten etwa durch eine Beweisaufnahme oder durch Überschreiten einer Gebührenstufe entstanden sind. Wird der Beklagte nur verhältnismäßig geringfügig verurteilt und im Übrigen die Klage abgewiesen, können dem Kläger die gesamten Prozesskosten auferlegt werden, wenn der Betrag der Verurteilung allenfalls geringfügige Kosten verursacht hat.[26]

2. Abhängigkeit der Forderung von der Festsetzung durch richterliches Ermessen. Dies kommt in Betracht bei § 287 und §§ 315, 319, 343, 655, 660, 847, 1300, 2156, 2192 BGB. In der Praxis wird diese Alternative kaum angewendet.[27] Zutreffend wird im Schrifttum darauf hingewiesen, dass bei einem **unbezifferten Klageantrag** grundsätzlich § 91 einschlägig ist, wenn eine Verurteilung erfolgt.[28] Doch kann dies im Einzelfall anders sein. Nach der Rechtsprechung des BGH ist ein unbezifferter Klageantrag im Hinblick auf § 253 Abs. 2 Nr. 2 nur zulässig, wenn zumindest ungefähr die Größenordnung des verlangten Betrages genannt wird.[29] Unterschreitet die Verurteilung diesen Betrag, ist § 92 Abs. 2 einschlägig; ist die Unterschreitung nicht mehr unwesentlich, scheidet eine Kostenbelastung allein des Beklagten aus. Es ist dann § 92 Abs. 1 anzuwenden. Die entscheidende Grenze wird zuweilen mit 20 bis 33 % angegeben.[30] Feste Prozentsätze erscheinen im Hinblick auf die Gebührendegression nicht sachgerecht. Es sollte deshalb § 92 Abs. 2 angewendet werden, wenn die Zuvielforderung des Klägers auf einem **verständlichen Schätzfehler** beruht.[31] Davon abgesehen muss § 92 Abs. 2 jedenfalls ausscheiden, wenn die Überschreitung 100 % beträgt.[32] 7

3. Abhängigkeit der eingeklagten Forderung von der Ausmittlung durch Sachverständige. Auch hier ist das Überschreiten von Gebührenstufen unbeachtlich. Das Maß unwesentlicher Unterschreitung bei der Verurteilung ist wie zu Nr. 2 zu bestimmten. Der Sachverständigenbeweis darf nach dem Sinn der Regelung nur zur Anspruchshöhe, nicht zum Anspruchsgrund erhoben worden sein.[33] 8

4. Abhängigkeit der eingeklagten Forderung von einer gegenseitigen Berechnung. Das ist vor allem bei Aufrechnung mit einer für den Kläger unbekannten Gegenforderung der Fall.[34] Auch diese Alternative scheidet bei einer wesentlichen Zuvielforderung aus.[35] 9

---

20 BGH NJW 1988, 2173f.
21 *Weyer* BauR 1981, 426, 433.
22 RG DR 1941, 1959, 1961.
23 *Herr* MDR 1993, 837.
24 BGH NJW 1988, 2173f.
25 T/P/*Hüßtege* Rn. 8.
26 RGZ 142, 83f.
27 *Gerstenberg* NJW 1988, 1352, 1357.
28 *Husemann* NJW 1989, 3126, 3129.
29 BGH VersR 1984, 739f.
30 *Röhl* ZZP 85 (1972), 52, 75f.; vgl. auch OLG Köln VersR 1995, 358f.
31 *Gerstenberg* NJW 1988, 1352, 1357.
32 OLG Köln ZfS 1994, 362f.
33 T/P/*Hüßtege* Rn. 10.
34 MK/*Giebel* Rn. 20.
35 BGH MDR 1958, 333.

93 *Kosten bei sofortigem Anerkenntnis* **Hat der Beklagte nicht durch sein Verhalten zur Erhebung der Klage Veranlassung gegeben, so fallen dem Kläger die Prozesskosten zur Last, wenn der Beklagte den Anspruch sofort anerkennt.**

I. Normzweck

1 Die Vorschrift soll dazu beitragen, Prozesse zu vermeiden; sie räumt ferner dem Beklagten in einem unnötigerweise eingeleiteten Prozess die Chance ein, sich von der Kostentragung zu entlasten.[1] **Anzuwenden** ist § 93 grundsätzlich in allen Verfahren nach der ZPO. Damit gilt die Bestimmung für Leistungs-, Feststellungs- und Gestaltungsklagen einschließlich der Klagen nach §§ 257, 259, 767, 771, 778,[2] in den Eilverfahren der einstweiligen Verfügung[3] und des Arrestes und in Beschlussverfahren.[4] Gebrauchsmusterlöschungs-[5] und Patentnichtigkeitsverfahren[6] werden ebenfalls erfasst. Für das Vereinfachte Verfahren zur Abänderung von Unterhaltstiteln verweist § 641 o Abs. 1 S. 2 ausdrücklich auf § 93; § 86 Abs. 2 InsO enthält eine Sonderregelung. **Unanwendbar** ist § 93 in Verfahren, die der Parteiherrschaft entzogen sind. Dies sind insbesondere Ehe- (§ 606 Abs. 1 S. 1) und Kindschaftssachen (§§ 640 ff.; zur Vaterschaftsklage vgl. Rn. 32) sowie das Aufgebotsverfahren (§§ 946 ff.). Ebenso ist die Vorschrift nicht anwendbar im Kostenfestsetzungsverfahren und im Mahnverfahren bis zum Widerspruch. § 93 kann auch nicht entsprechend angewendet werden, wenn der Beklagte nach Anhängigkeit aber vor Rechtshängigkeit erfüllt und daraufhin der Kläger den Rechtsstreit für erledigt erklärt (vgl. § 91 a Rn. 38, 42, 45).

II. Veranlassung zur Erhebung der Klage

2 Es gilt der **Grundsatz:** zur Erhebung der Klage hat der Beklagte Veranlassung gegeben, wenn er sich – ohne Rücksicht auf Verschulden[7] – vorprozessual so verhalten hat, dass der Kläger annehmen musste, ohne Anrufung des Gerichts sein Ziel nicht erreichen zu können.[8] Eine Veranlassung zur Klage hat der Beklagte nicht gegeben, wenn er sich vorgerichtlich gegen einen unschlüssig begründeten Anspruch wendet.[9] Für die Beurteilung kommt es auf den Zeitpunkt der letzten mündlichen Verhandlung in der Tatsacheninstanz an, auf die das Anerkenntnisurteil ergeht; wird Kostenbeschwerde eingelegt, ist auch noch das Verhalten des Beklagten bis zur Entscheidung hierüber zu berücksichtigen.[10] Dennoch kommt es allein auf das vorprozessuale Verhalten des Beklagten an.[11] Das nachfolgende Gebaren kann nur dazu dienen, dies besser festzustellen.[12] So kann die Nichterfüllung eines fälligen Anspruchs trotz Anerkenntnisses auf vorprozessuale Leistungsunwilligkeit des Beklagten hindeuten.[13] Für fehlende Klageveranlassung trifft die **Beweislast** den Beklagten.[14] Dies gilt auch dann, wenn die Veranlassung zur Klageerhebung von materiellrechtlichen Voraussetzungen abhing, für die bei der Sachentscheidung der Kläger die Darlegungs- und Beweislast trägt.[15] Den Kläger hingegen trifft die Beweislast für gegebene Veranlassung bei Klagen auf künftige oder wiederkehrende Leistungen oder wegen Besorgnis der Nichterfüllung (§§ 257 bis 259).[16]

III. Sofortiges Anerkenntnis

3 **1. Anerkenntnis.** Der Beklagte muss das Anerkenntnis (§ 307) im Hinblick auf den prozessualen Anspruch abgeben. Im Verfahren der einstweiligen Verfügung ist dies der Verfügungsanspruch.[17] Der Beklagte muss ohne Vorbehalte und Bedingungen anerkennen.[18] Dies schließt nicht aus, dass er beantragt, die Kosten des Rechtsstreits dem Kläger aufzuerlegen. Deshalb schadet auch ein Widerspruch nach § 924 gegen einen Arrest- bzw. Verfügungsbeschluss oder nach § 694 gegen einen Mahnbescheid nicht, sofern dieser nur auf die Kosten beschränkt ist. Verlangt der Kläger Leistung Zug-um-Zug (vgl. auch Rn. 35), darf der Beklagte mit dieser Einschränkung wirksam anerkennen. Ob nach einem Anerkenntnis auch Anerkenntnisurteil ergeht, ist für § 93 ohne Belang.[19] Zum Anerkenntnisurteil ohne Anerkenntnis s. § 307 Rn. 18 u. § 99 Rn. 15. Ein **Teilanerkenntnis** führt hinsichtlich des anerkannten Anspruchsteils zur Kostentragung durch den Kläger, wenn die sonstigen Voraussetzungen nach § 93 vorliegen. Das Teilanerkenntnis-

---

[1] OLG Frankfurt/M NJW-RR 1993, 126 f.; AG Charlottenburg FamRZ 1994, 117 f.
[2] MK/*Giebel* Rn. 2.
[3] OLG Brandenburg NJW-RR 1994, 1022 f.
[4] Zö/*Herget* Rn. 1.
[5] BGH GRUR 1982, 364 und 417.
[6] BGH MDR 1984, 578.
[7] OLG Köln NJW-RR 1994, 767.
[8] OLG Düsseldorf NJW-RR 1993, 74.
[9] OLG Hamm FamRZ 2006, 1770 f.
[10] MK/*Giebel* Rn. 6.
[11] BGH NJW 1979, 2040 f.
[12] OLG Frankfurt/M MDR 1984, 149 f.; OLG München NJW 1988, 270 f.
[13] AA offenbar OLG Karlsruhe FamRZ 1998, 846 f.
[14] OLG Düsseldorf NJW-RR 1993, 74 f.
[15] OLG Frankfurt/M NJW-RR 1996, 62 m. Nachw. auch zur gegenteiligen Ansicht.
[16] OLG Düsseldorf NJW-RR 1993, 74 f.
[17] OLG Hamm NJW 1976, 1459 f.
[18] OLG Brandenburg FamRZ 2002, 1270 f.
[19] OLG Schleswig MDR 1979, 763 f.

urteil enthält keine Kostenentscheidung. Diese ist im Schlussurteil einheitlich zu treffen. Dort ist zu quoteln und hinsichtlich des nicht anerkannten Anspruchs nach §§ 91, 92 zu entscheiden, s. § 99 Rn. 10.[20] Durch Schlussurteil ist auch zu entscheiden, wenn anschließend der Rest der Hauptsache übereinstimmend für erledigt erklärt wird; für die einheitliche Kostenentscheidung ist § 91a neben § 93 heranzuziehen, vgl. auch § 91a Rn. 52.

2. Sofort. Der Beklagte muss sofort anerkennen, grundsätzlich also im ersten Verhandlungstermin vor streitiger Verhandlung.[21] Er darf daher nicht vorher Klageabweisung beantragt haben, auch nicht unter Hinweis auf eine vermeintlich fehlende Prozessvoraussetzung. Nach KG kann eine Unterwerfungserklärung trotz eines zuvor angekündigten Klageabweisungsantrags „sofort" in entsprechender Anwendung des § 93 erfolgen.[22] Dass es für die Rechtzeitigkeit grundsätzlich auf die mündliche Verhandlung ankommt, folgt aus dem Mündlichkeitsgrundsatz (§ 128 Abs. 1).[23] Doch schadet es bereits, wenn der Beklagte den Klageanspruch in der Klageerwiderung bestreitet und einen Klageabweisungsantrag ankündigt,[24] oder der Antragsgegner im vorhergehenden Prozesskostenhilfeverfahren materielle Einwendungen gegen den geltend gemachten Anspruch erhebt.[25] Eine **zunächst unzulässige** Klage kann erst nach Erhebung zulässig werden, eine zunächst unbegründete Klage kann nachfolgend begründet werden; vgl. hierzu Rn. 27. Im Mietprozess kann der Beklagte die Kostenlast noch abwenden, wenn der Vermieter seine Klage teilweise zurücknimmt, nachdem das Gericht ein Sachverständigengutachten zur Miethöhe eingeholt hat und der Mieter den ermäßigten Betrag im nächsten Termin zur mündlichen Verhandlung anerkennt.[26] Nach OLG Schleswig[27] kann im **Herausgabeprozess** noch „sofort" anerkannt werden, wenn der Vorbehalts-/Sicherungseigentümer sein dingliches Recht erst im Laufe des Rechtsstreits substantiiert dartut. Hatte der Schuldner des Kostenprivileg des § 93 bereits verloren, muss dies der spätere Insolvenzverwalter gegen sich gelten lassen.[28] 4

Im **schriftlichen Vorverfahren** (zum frühen ersten Termin s. § 93b Rn. 5) nach § 276 kann ein sofortiges Anerkenntnis innerhalb der Klageerwiderungsfrist jedenfalls dann angenommen werden, wenn die Verteidigungsanzeige keinen auf die Abweisung der Klage gerichteten Antrag enthält.[29] In **Handelssachen** ist jedenfalls nach einem Verweisungsantrag an die Kammer für Handelssachen nach § 98 GVG ein sofortiges Anerkenntnis nicht mehr möglich.[30] 5

IV. Entscheidung

Im Anerkenntnisurteil (§ 307) ist über die Hauptsache und die Kosten zu entscheiden. Ohne Belang ist die Schlüssigkeit der Klage; auf Grund des Anerkenntnisses ist die Begründetheit der Klage nicht zu prüfen (§ 307 Rn. 15).[31] Doch ist das Anerkenntnisurteil ein Sachurteil. Daher müssen die Prozessvoraussetzungen (vgl. vor § 253 Rn. 1ff.), im höheren Rechtszug auch die Rechtszugvoraussetzungen (vgl. vor § 511 Rn. 5ff.), gegeben sein. Fehlen sie, ist nach §§ 91, 97 zu entscheiden. Fehlende örtliche oder sachliche Zuständigkeit hingegen schadet in den von §§ 39, 40 Abs. 2 gezogenen Grenzen nicht, sofern der Beklagte sich nicht darauf beruft.[32] Der Kostenausspruch bedarf jedenfalls einer Begründung, wenn die Parteien widerstreitende Kostenanträge gestellt haben.[33] Statthaftes Rechtsmittel gegen die Kostenentscheidung ist die sofortige Beschwerde nach § 99 Abs. 2; bei Teilanerkenntnis- und Schlussurteil vgl. § 99 Rn. 10. Die gemischte Kostenentscheidung im Schlussurteil kann nach § 99 Abs. 2 angefochten werden, so weit sie sich auf den anerkannten Anspruchsteil bezieht (vgl. näher § 99 Rn. 11). Zum Anerkenntnisurteil ohne Anerkenntnis s. § 99 Rn. 15. 6

V. Stichwörter

Abänderungsklage: Vgl. „Unterhaltsrecht"; **Abgabe einer Erklärung:** Der Schuldner gibt nur dann keine Veranlassung zur Klage, wenn er die geforderte Erklärung in der erforderlichen Form abgibt. Erkennt er lediglich an, die Erklärung zu schulden, kann der Gläubiger im Hinblick auf § 894 nicht annehmen, ohne Anrufung des Gerichts sein Ziel zu erreichen.[34] 7

Abmahnung: Will der Verletzte in **Wettbewerbsstreitigkeiten** Kostennachteile vermeiden, muss er den Verletzer grundsätzlich abmahnen, um diesem Gelegenheit zu geben, den Streit außergerichtlich durch 8

---

[20] OLG Schleswig FamRZ 1984, 187f.
[21] Ausführlich *Leuschner* AcP 207 (2007), 81ff.
[22] KG NJW-RR 2007, 647f.
[23] OLG Frankfurt/M NJW-RR 1993, 126f.
[24] OLG Brandenburg FamRZ 2002, 253.
[25] Nach Ansicht des OLG Schleswig JurBüro 1982, 1569f. gibt der Antragsgegner dadurch Anlass zur Klageerhebung; aA (ist noch ein sofortiges Anerkenntnis) OLG Köln FamRZ 1997, 1415f.
[26] *Fischer* in *Bub/Treier,* Handbuch der Geschäfts- und Wohnraummiete, 3. Aufl., 1999, VIII Rn. 194.
[27] OLG Schleswig JurBüro 2000, 657.
[28] BGH NJW-RR 2007, 297f.
[29] BGH NJW 2006, 2490ff.; KG NJW-RR 2006, 1078.
[30] T/P/*Hüßtege* Rn. 9; aA OLG Saarbrücken MDR 1981, 676.
[31] OLG Hamm JurBüro 1990, 915.
[32] OLG Karlsruhe OLGZ 1985, 495.
[33] OLG Brandenburg NJW-RR 2000, 517.
[34] OLG Köln KostRspr. Nr. 171.

eine strafbewehrte Unterlassungsverpflichtungserklärung beizulegen oder die gegenüber Dritten erfolgte Abgabe einer derartigen Unterlassungserklärung nachzuweisen.[35] Dies ist nur dann **nicht erforderlich,** wenn es sich um einen vorsätzlichen Wettbewerbsverstoß handelt[36] oder im Wege der einstweiligen Verfügung auch ein Anspruch auf Vernichtung rechtswidrig hergestellter Verletzungsgegenstände gesichert werden soll.[37] Auch in dringlichen Fällen ist eine Abmahnung grundsätzlich unentbehrlich.[38] Behauptet der Gläubiger, ihm konnte ausnahmsweise auf Grund der Dringlichkeit eine vorherige Abmahnung nicht mehr zugemutet werden, hat er unter detaillierten Zeitangaben darzulegen, dass selbst für eine Abmahnung mit nur kurzer Unterwerfungsfrist, zB per Telefax mit Stundenfrist, kein Raum war.[39] In Messesachen ist es zumutbar, eine Abmahnung notfalls unter Anwesenden auszusprechen oder zu überbringen, wenn andere Möglichkeiten wegen eines fehlenden Telekommunikationsanschlusses auf dem Messestand des Wettbewerbers nicht zur Verfügung stehen.[40] Die Darlegungs- und Beweislast dafür, dass ihm die vorhergehende Abmahnung des Klägers nicht zugegangen ist, trifft den Beklagten; der Kläger trägt eine sekundäre Darlegungslast.[41] Erfährt der Gläubiger durch die postalische Rückleitung seines Schreibens, dass der Schuldner das per Einschreiben mit Rückschein abgesandte Schreiben nicht bei der Post abgeholt hat, kann eine nochmalige Abmahnung geboten sein.[42]

9 Die Abmahnung **per Telefax** ist wirksam, doch ist aus Gründen der Beweisführung zu empfehlen, dass der Gläubiger das Original der Abmahnung auf dem normalen Postweg aufgibt.[43] Die per Telefax übersandte strafbewehrte Unterlassungserklärung hat der Schuldner auf ausdrückliches Verlangen des Gläubigers zusätzlich eigenhändig unterschrieben im Original zu übersenden, weil sonst die gesetzliche Schriftform (§ 126 BGB) nicht gewahrt ist.[44] Eine ordnungsgemäße Abmahnung liegt nicht vor, wenn sie wegen Fehlens einer Vollmachtsurkunde zurückgewiesen wird.[45] Ein **zu Unrecht abgemahnter** angeblicher Störer muss grundsätzlich nicht seinerseits vor Erhebung der negativen Feststellungsklage den Abmahnenden abmahnen.[46] Die Berühmung lässt regelmäßig den Schluss zu, dass sich die Gegenseite durch eine Abmahnung nicht beeindrucken lassen wird. Daher ist es regelmäßig nicht erforderlich, vor Erhebung einer negativen Feststellungsklage den Beklagten abzumahnen. Anders kann dies sein, wenn neue rechtliche Gesichtspunkte geltend gemacht werden, die – wie etwa die Kartellnichtigkeit – gemeinhin nicht zum präsenten juristischen Wissen gehören und lediglich von Spezialjuristen überblickt werden.[47] Der Empfänger einer unbegründeten Abmahnung ist nicht verpflichtet, den Abmahnenden darüber aufzuklären, dass er für die beanstandete wettbewerbswidrige Handlung nicht verantwortlich ist.[48] Seine Untätigkeit gibt deshalb dem Abmahnenden keine Veranlassung zur Klage. Die ungerechtfertigte Abmahnung löst einen materiell-rechtlichen Kostenerstattungsanspruch (s. vor § 91 Rn. 15) wegen der bei dem Abgemahnten durch Einreichen einer Schutzschrift entstandenen Kosten aus.[49] Hat der Antragsteller ohne vorherige Abmahnung eine einstweilige Verfügung erwirkt, darf der Antragsgegner Vollwiderspruch erheben.[50] Auch außerhalb des Wettbewerbsrechts kann eine Obliegenheit zur Abmahnung bestehen, zB bei Ehrverletzungen;[51] vgl. auch unter „Duldungsklage"; s. auch § 91 Rn. 36.

10 **Abschlussschreiben:** Hat der Unterlassungsgläubiger in Wettbewerbs- oder auch anderen Sachen eine einstweilige Verfügung erwirkt, besteht für ihn nicht ohne weiteres auch Veranlassung zur Hauptsacheklage. Will er Kostennachteile bei einem sofortigen Anerkenntnis des Beklagten vermeiden, muss er diesen vorprozessual durch ein Abschlussschreiben mit Fristsetzung auffordern zu erklären, ob die erlassene einstweilige Verfügung als endgültig anerkannt und deshalb verzichtet wird auf das Recht zum Widerspruch, das Recht, Frist zur Hauptklage setzen zu lassen und das Recht, eine Aufhebung der Eilentscheidung wegen veränderter Umstände zu beantragen.[52] Die entsprechende Abschlusserklärung des Schuldners beseitigt das Rechtsschutzinteresse des Gläubigers nicht, wenn sie nur als Telefaxschreiben übermittelt wurde, weil Unsicherheiten im Vollstreckungsverfahren bei solchen Schreiben auf Grund der nicht ausschließbaren Manipulationsmöglichkeiten und möglichen Beweisproblemen nicht hinreichend vorgebeugt ist;[53] vgl. i. Ü. auch § 91 Rn. 37.

---

[35] OLG Köln NJW-RR 1989, 58; OLG Karlsruhe NJW-RR 1993, 126; vgl. auch *Schmittmann* WRP 1995, 225 ff. m. zahlreichen Hinweisen, insbesondere zum Schrifttum.
[36] KG WRP 1980, 203 f.
[37] OLG Nürnberg WRP 1995, 427.
[38] KG NJW 1993, 3336 f.
[39] KG NJW 1993, 3336 f.
[40] OLG Frankfurt/M JurBüro 1995, 324.
[41] BGH Report 2007, 724 ff. m. Anm. v. *Schirmbacher.*
[42] OLG Köln NJW-RR 1989, 58 f.
[43] *Schmittmann* WRP 1995, 225, 230.
[44] OLG München NJW 1993, 3146.
[45] OLG Düsseldorf AnwBl. 2001, 311.
[46] LG Hamburg NJW-RR 1993, 173 f. m. weit. Nachw. auch zur aA.
[47] OLG Frankfurt JurBüro 1981, 1095.
[48] BGH NJW 1995, 715 ff.
[49] AG Charlottenburg AnwBl. 1999, 60.
[50] OLG Hamburg NJW-RR 2002, 215 f.
[51] KG NJW-RR 2000, 516 (LS).
[52] BGH GRUR 1991, 76 f.; KG CR 1994, 536.
[53] KG CR 1994, 536 f.

Anfechtungsklage: Die Vornahme einer nach dem Anfechtungsgesetz anfechtbaren Handlung allein gibt dem Anfechtungsberechtigten noch keine Veranlassung zur Klage. Deshalb ist grundsätzlich der Anfechtungsgegner vorprozessual zur freiwilligen Erfüllung aufzufordern.[54] Darauf kann jedoch verzichtet werden, wenn die Aufforderung die Durchsetzung des Anspruchs gefährden würde.[55] **Arrest:** Vgl. „einstweilige Verfügung"; **Aufforderung:** Grundsätzlich trägt der Kläger das Kostenrisiko, wenn er vor einer vergeblichen Aufforderung zur Erfüllung binnen angemessener Frist Klage erhebt. Dies gilt auch bei fälligen Forderungen.[56] Doch trifft den Gläubiger diese Obliegenheit nicht, wenn sich der Schuldner bereits vor Klageerhebung nach § 284 Abs. 1 S. 1, Abs. 2 BGB im Verzug befindet. Das Kostenrisiko trägt folgerichtig der Kläger auch dann nicht, wenn der Schuldner gemäß § 284 Abs. 3 BGB in Verzug geraten ist. Davon ist jedenfalls dann auszugehen, wenn seit Verzugseintritt geraume Zeit verstrichen ist; unbeachtlich ist dabei, dass der Schuldner nur deshalb nicht gezahlt hat, weil er die Rechnung „aus den Augen verloren" hat und nach Erhalt der Klageschrift bzw. des Mahnbescheids umgehend zahlt.[57] Ist eine Mahnung entbehrlich, weil der Schuldner vor oder nach Fälligkeit die Leistung ernsthaft und endgültig verweigert,[58] darf der Gläubiger auch sofort klagen, ohne dass ihm nach § 93 die Kosten auferlegt werden können; vgl. auch „Abmahnung", „Abschlusserklärung", „Anfechtungsklage" und „Erfüllung". 11

Aufhebungsverfahren:[59] Obsiegt im Hauptsacheverfahren der im Eilverfahren unterlegene Antragsgegner, so wird dieser zur Wahrung seiner Rechte das förmliche Aufhebungsverfahren nach § 927 beantragen. Der damalige Antragsteller gibt hierzu keine Veranlassung, wenn er auf die Rechte aus dem Titel verzichtet, den Titel herausgibt und den Kostenerstattungsanspruch des Verfügungs-(Arrest-) Schuldners anerkennt.[60] Entsprechend aktiv zu werden empfiehlt sich für den damaligen Antragsteller, weil den im Hauptsacheverfahren obsiegenden Beklagten vor einem Verfahren nach § 927 keine Abmahnlast trifft.[61] Das OLG Frankfurt bejaht vor Stellung eines selbstständigen Aufhebungsantrags wegen Versäumung der Vollziehungsfrist des § 929 Abs. 2 eine Abmahnlast.[62] 12

Auskunftsklage: Der Schuldner beseitigt die Veranlassung zur Klage nicht, wenn er seine Verpflichtung zur Auskunft anerkennt. Dazu ist erforderlich, dass er die geforderte Auskunft erteilt.[63] **Bauhandwerkersicherungshypothek:** Der Besteller gibt dem Bauhandwerker allein dadurch, dass er sich mit der Zahlung der Werklohnforderung im Verzug befindet, noch keine Veranlassung, im Wege der einstweiligen Verfügung eine Vormerkung zur Sicherung des Anspruchs auf Eintragung einer Sicherungshypothek nach § 648 BGB zu erstreiten.[64] Weil aber durch Zuwarten die wirtschaftlich interessante Rangstelle verspielt werden kann (§§ 879, 883 Abs. 3 BGB), genügt es, wenn dem Besteller eine sehr knapp bemessene Frist zur Bewilligung der Eintragung gesetzt wird. 13

Berufungsinstanz: Ausnahmsweise kann ein sofortiges Anerkenntnis auch noch in der Berufungsinstanz abgegeben werden. Dies kann der Fall sein, wenn der Kläger nunmehr selbstständig höhere Zinsen geltend macht, die vorher nur als Nebenforderung beansprucht und nicht belegt wurden.[65] **Drittwiderspruchsklage nach § 771:**[66] Der Beklagte hat keine Veranlassung zur Klage gegeben, wenn ihm der Kläger nicht vorprozessual sein die Veräußerung hinderndes Recht ausreichend nachgewiesen und ihm eine angemessene Frist zur Überprüfung eingeräumt hat.[67] Ist das Recht durch Urkunden nachzuweisen, genügt es nicht, wenn lediglich unbeglaubigte Ablichtungen oder Abschriften der Belege vorgelegt werden.[68] 14

Duldungsklage: Um aus einem Grundpfandrecht in das belastete Grundstück vollstrecken zu können, braucht der dinglich Berechtigte einen Duldungstitel (s. a. § 794 Rn. 48),[69] Gleiches gilt für den Gläubiger bei Vollstreckung in das mit einem Nießbrauch belastete Vermögen und in bestimmten Fällen, wenn Gesamtgut oder Nachlassgegenstände in Anspruch genommen werden sollen, die der Nachlassverwaltung unterliegen (§§ 737, 743, 745 Abs. 2, 748 Abs. 2). Vor Erhebung der Klage muss der Kläger den Beklagten abmahnen (vgl". Abmahnung") und ihn auffordern, eine vollstreckbare Urkunde nach § 794 Abs. 1 S. 1 Nr. 5 auf eigene Kosten zu errichten.[70] 15

---

[54] OLG Schleswig MDR 1977, 321.
[55] OLG Düsseldorf OLGZ 1985, 73, 75; MK/*Giebel* Rn. 16. „Anfechtungsklage nach dem AnfG".
[56] AA Zö/*Herget* Rn. 6 „Aufforderung".
[57] OLG Nürnberg MDR 2002, 781 f.
[58] BGH NJW-RR 1992, 1226 f.
[59] *Hees* MDR 1994, 438 f.
[60] BGHZ 122, 172, 179 = NJW 1993, 2685, 2687; OLG Schleswig SchlHA 1995, 75.
[61] *Hees* MDR 1994, 438 m. weit. Nachw.
[62] OLG Frankfurt/M NJW-RR 1999, 1741.
[63] OLG Nürnberg NJW-RR 2003, 352.
[64] OLG Düsseldorf NJW 1972, 1955 ff.; OLG Hamm NJW 1976, 1459 f.; aM OLG Köln NJW 1975, 454; nach Zö/*Herget* Rn. 6 „Vormerkung nach §§ 648, 885 BGB" ist ganz auf den Einzelfall abzustellen.
[65] OLG Zweibrücken JurBüro 1979, 445 f.
[66] Vgl. *Schneider* JurBüro 1966, 985 ff.
[67] OLG München WM 1979, 292 f. m. Anm. v. *Weber.*
[68] Zö/*Herget* Rn. 6 „Widerspruchsklage nach § 771".
[69] *Palandt/Bassenge* § 1147 BGB Rn. 2.
[70] OLG Saarbrücken MDR 1982, 499 f.; OLG Saarbrücken MDR 1990, 637; OLG München MDR 1984, 674; OLG Karlsruhe OLGZ 1987, 250 f.; aA (für den Fall, dass Duldungsschuldner und persönlicher Schuldner identisch sind) OLG Köln NJW 1977, 256 f.

16 **Eidesstattliche Versicherung:** Der Verpflichtete gibt Anlass zur Klage, wenn er sich nach entsprechender Aufforderung nicht zur Abgabe bereit erklärt.[71] **Einstweilige Verfügung:** § 93 findet Anwendung.[72] Vgl. im Einzelnen unter „Abmahnung", „Abschlusserklärung" und „Aufhebungsverfahren". **Ehesachen:** § 93 ist nicht anwendbar, weil das Verfahren der Parteiherrschaft entzogen und damit ein Anerkenntnis nicht wirksam abgegeben werden kann (vgl. Rn. 1).

17 **Erbausgleich:** Beim vorzeitigen Erbausgleich nach § 1934d BGB vermeidet das nichteheliche Kind das Kostenrisiko nach § 93, wenn es den Ausgleich zutreffend berechnet und den Vater mit angemessener Frist zur notariellen Vereinbarung auffordert. Der zur Zahlung eines überhöhten vorzeitigen Erbausgleichs gemäß § 1934d BGB erfolglos aufgeforderte Vater gibt seinem nichtehelichen Kind jedenfalls dann keine Veranlassung zur Klage, wenn er den Anspruch nicht dem Grunde nach bestreitet; im Prozess ist er nicht gehalten, die überhöhte Klageforderung seines nichtehelichen Kindes in Höhe des berechtigten Teils sofort anzuerkennen.[73]

18 **Erbrecht:** Bei der **Fortsetzung** eines Rechtsstreits durch den Rechtsnachfolger (§ 239), muss sich der nunmehrige Beklagte die durch den Erblasser veranlasste Erhebung der Klage anrechnen lassen. Er hat jedoch die Möglichkeit, vor Aufnahme des Verfahrens anzuerkennen. Etwaige nach Fortsetzung entstehende Kosten können dann nach § 93 den Kläger treffen.[74] Hat der **Pflichtteilsberechtigte** vom Erben nach § 2314 BGB **vor Ablauf** der **Frist zur Ausschlagung** der Erbschaft Auskunft verlangt, ist ihm zuzumuten, nach Fristablauf oder Annahme erneut zur Auskunft aufzufordern. Erhebt der Pflichtteilsberechtigte sogleich Klage, geht er das Kostenrisiko nach § 93 ein, weil der (vorläufige) Erbe vor Annahme der Erbschaft noch nicht auskunftspflichtig ist. Der Kläger hat die Kosten des Rechtsstreits zu tragen, wenn die Erben unter dem Vorbehalt beschränkter Erbenhaftung „sofort" anerkennen und vorprozessual kein Verhalten gezeigt haben, aus dem der Kläger hätte entnehmen können, er komme ohne Klage nicht zu seinem Recht.[75] Der Erbe, dem die aufschiebenden Einreden der §§ 2014f. BGB nicht mehr zustehen, hat Veranlassung zur Klage gegeben, auch wenn er im Prozess sofort unter Vorbehalt der Erbenhaftung anerkennt.[76] Der **Vorerbe** ist zur Vermeidung der Kostentragungspflicht grundsätzlich verpflichtet, den Nacherben zur Abgabe der Einwilligungserklärung (in einer für diesen kostenneutralen Weise) nach § 2120 BGB aufzufordern.[77]

19 **Erfüllung:** Für die Wirksamkeit eines sofortigen Anerkenntnisses ist es ohne Bedeutung, ob der Schuldner auch erfüllt, zB eine Geldforderung bezahlt.[78] § 93 setzt allerdings auch voraus, dass der Beklagte keine Veranlassung zur Erhebung der Klage gegeben hat. Ein vorprozessuales Anerkenntnis, das sich als bloßes Lippenbekenntnis erweist, weil nicht alsbald geleistet wird, begründet beim Gläubiger gerade nicht die Erwartung, er werde sein Ziel (Erfüllung) auch ohne Einschaltung des Gerichts erreichen. Ihm muss es daher ohne Kostenrisiko gestattet sein zu klagen, wenn der Schuldner nicht leistet, obwohl dieser sich gemäß § 284 Abs. 2 BGB oder auf Grund einer Mahnung nach Fälligkeit im Verzug befindet. Das gilt bei unpünktlichen Zahlungen des Mieters[79] oder Unterhaltsschuldners,[80] muss aber ebenso bei Verpflichtungen zur einmaligen Leistung gelten. Hat der Kläger hingegen vor Verzug oder auch nur vor Fälligkeit Klage erhoben, kann sich der Schuldner allein durch das sofortige Anerkenntnis von der Kostenlast befreien, weil er keinen Anlass zur Erhebung der Klage gegeben hat, vgl. auch „Aufforderung".[81]

20 **Fälligkeit:** Ohne Fälligkeit besteht grundsätzlich kein Anlass zur Klageerhebung.[82] Vgl. im Übrigen unter „Aufforderung" und „Erfüllung". **Feststellungsklage:** Vgl. „Abmahnung"; **Gesetzesänderung:** Folgt daraus die Begründetheit der bisher unschlüssigen Klage, kann der Beklagte noch mit befreiender Wirkung anerkennen, sogar noch in der Revisionsinstanz, wenn die Änderung nach Erlass des Berufungsurteils in Kraft tritt, s. a.[83] **Haftpflichtschaden:** Der Geschädigte muss dem Versicherer eine angemessene Zeit zur Prüfung von Grund und Höhe des zu ersetzenden Schadens einräumen. Angemessen sind etwa vier Wochen.[84] Etwaige Auskünfte hat der Geschädigte zu erteilen (§ 158d Abs. 3 S. 1 VVG). Vor Einreichung angeforderter Belege nach § 158d Abs. 3 S. 2 VVG in beglaubigter Ablichtung bzw. Abschrift besteht ebenfalls zur Klage keine Veranlassung. Auch wenn Regulierungsgespräche fehlschlagen und keine Einigung über die Höhe der Ersatzpflicht erzielt wird, ist dem Versicherer anschließend noch eine Frist von ca. 8 Tagen einzuräumen.[85] Da § 266 BGB bei bestrittener Anspruchshöhe gegenüber Haftpflichtversicherern nur eingeschränkte Bedeutung hat, gibt der Versicherer in Höhe der Teilleistung keine Veranlassung zur Klage.

---

[71] OLG Nürnberg FamRZ 1986, 87.
[72] OLG Hamm NJW 1976, 1459; OLG Stuttgart WRP 1983, 713.
[73] OLG Düsseldorf NJW-RR 1993, 74ff.
[74] OLG Zweibrücken NJW 1968, 1635f.
[75] OLG München JurBüro 1995, 659.
[76] OLG Celle NJW 1961, 81f.
[77] OLG Düsseldorf FamRZ 1996, 315f.
[78] OLG Karlsruhe FamRZ 1998, 846f.
[79] *Sternel* Mietrecht, 3. Aufl. 1988, V Rn. 75.
[80] OLG München FamRZ 1993, 454f.; *Kalthoener/Büttner* NJW 1993, 1826, 1834.
[81] OLG Frankfurt/M NJW-RR 1993, 126f.; unklar (es bleibt offen, ob der Schuldner sich im Verzug befand) OLG Düsseldorf NJW-RR 1994, 827f.
[82] OLG Frankfurt/M NJW-RR 1993, 126, 128.
[83] BGHZ 37, 233, 246f. = NJW 1962, 1715.
[84] LG Zweibrücken r+s 1986, 112.
[85] OLG Köln VersR 1983, 451f.

Herausgabeanspruch: Der Schuldner genügt in der Regel seiner Verpflichtung, wenn er die Sachen zur Abholung bereithält.[86].

Klageänderung: Sofort erfolgt ist nur das im folgenden Termin zur mündlichen Verhandlung vor einem Antrag zur Sache, im schriftlichen Verfahren im nächsten Schriftsatz abgegebene Anerkenntnis (vgl. Rn. 4). **Klagerücknahme und Verzicht:** Nach verbreiteter Ansicht kann § 93 „reziprok" zu Gunsten des Klägers angewendet werden, wenn bei der Stufenklage die erteilte Auskunft ergibt, dass kein Leistungsanspruch besteht. In entsprechender Anwendung von § 93 soll der Beklagte die Kosten des Verfahrens tragen, wenn der Kläger sofort die Klage zurücknimmt oder auf den geltend gemachten Anspruch verzichtet.[87] Dies lehnt der BGH unter Hinweis auf den Ausnahmecharakter der Vorschrift und die zwingenden Kostenbestimmungen der §§ 269 Abs. 3 S. 2, 306, 91 ab.[88] Nach dieser Rechtsprechung kann der Kläger in einem solchen Fall den ihm zustehenden materiellrechtlichen Kostenerstattungsanspruch im anhängigen Verfahren geltend machen (vgl. § 91a Rn. 43.). Nach zutreffender Ansicht ist auch in sonstigen Fällen nach Klagerücknahme kein Raum für eine entsprechende Anwendung von § 93.[89] Das kann dazu führen, dass der Kläger einen möglichen materiellrechtlichen Kostenerstattungsanspruch in einem gesonderten Verfahren geltend machen muss. Das ist zwar unbefriedigend, wegen der eindeutigen Regelung des § 269 Abs. 3 S. 2 allerdings nicht zu vermeiden. 21

Konkurs; jetzt **Insolvenzverfahren:** Die Sondervorschrift des § 86 Abs. 2 InsO hat nur für einen bei Insolvenzeröffnung bereits anhängigen und unterbrochenen Prozess Bedeutung. Wird die Vorschrift angewendet, folgt daraus nur, dass die Kosten keine Masseschulden sind; als gewöhnliche Forderungen können sie gleichwohl geltend gemacht werden, wenn sie nicht dem Prozessgegner zur Last fallen. Inwieweit die in der Vorauflage (Rn. 22) dargestellte Rechtssprechung zur früheren Konkursordnung auf die Insolvenzordnung übertragen werden kann, wird die Praxis zeigen. 22

Kostenwiderspruch: Ein eindeutig auf die Kosten beschränkter Widerspruch nach § 924 gegen eine einstweilige Verfügung (Arrest) steht einer Kostenentscheidung nach § 93 nicht entgegen.[90] Gegen das Kostenurteil, das nach einem derart beschränkten Widerruf ergeht, ist die sofortige Beschwerde entsprechend § 99 Abs. 2 statthaft (vgl.§ 99 Rn. 9).[91] **Mahnung:** Ein Beklagter, der nicht außergerichtlich zur Leistung aufgefordert worden ist, kann sich grundsätzlich darauf berufen, keine Veranlassung zum Antrag auf einstweilige Verfügung[92] oder zur Klage[93] gegeben zu haben; vgl. unter „Aufforderung". **Mahnverfahren:** Der Widerspruch gegen den Mahnbescheid nach § 694 steht einer Entscheidung nach § 93 nicht entgegen, wenn er unmissverständlich auf die Kosten beschränkt ist.[94] Zahlt der Antragsgegner nach Widerspruch gegen einen Mahnbescheid die Hauptsumme und werden im Wege der Klagänderung im streitigen Verfahren die Kosten des Mahnverfahrens geltend gemacht, die der Antragsgegner dann sofort unter Verwahrung gegen die Kosten des streitigen Verfahrens anerkennt, so hat er auch die Kosten des streitigen Verfahrens zu tragen.[95] 23

Mietrecht: § 93b Abs. 3 enthält für Räumungsklagen eine Sonderregelung; daneben gilt § 93. Der Vermieter trägt danach bei sofortigem Anerkenntnis des Herausgabeanspruchs die Prozesskosten, wenn er vom Untermieter nach beendetem Hauptmietvertrag nicht vorprozessual Räumung verlangt hat.[96] Nach hM hat die Angabe eines falschen Kündigungstermins im Kündigungsschreiben nicht die Unwirksamkeit der Kündigung zur Folge; folgt der Mieter der Mindermeinung, gibt er zur Räumungsklage Anlass.[97] Keine Veranlassung zur Räumungsklage hat der Mieter gegeben, wenn ihm das Kündigungsschreiben erst danach zugegangen ist und er den Räumungsanspruch sofort anerkennt. Begehrt er keine Räumungsfrist, gehört dazu auch, dass er den Zeitpunkt nennt, zu dem er spätestens ausgezogen sein wird.[98] 24

Nichtigkeitsklage: Vor Erhebung einer Nichtigkeitsklage wegen unwirksamer Gesellschafterbeschlüsse braucht der Kläger die Gesellschaft jedenfalls dann nicht abzumahnen, wenn die Gefahr besteht, ein unwirksamer Gesellschafterbeschluss werde in das Handelsregister eingetragen. § 93 ist daher selbst dann nicht anzuwenden, wenn die Gesellschaft den Klageanspruch sofort anerkennt.[99] **Parteiwechsel:** Vgl. „Erbrecht"; **Prozesskostenhilfe:** Wendet sich der Antragsgegner im Prozesskostenhilfeverfahren gegen den beabsichtigten Klageantrag, darf der Kläger annehmen, sein Ziel nur im Prozesswege zu erreichen.[100] **Räumungsverfahren:** Vgl. „Mietrecht". **Rechtsnachfolger/-vorgänger:** Vgl. „Erbrecht". **Stufenklage:** Das 25

---

[86] AG Rastatt JurBüro 1997, 430f.
[87] OLG Stuttgart FamRZ 1994, 1595 m. weit. Nachw.
[88] BGH NJW 1994, 2895f.; OLG Schleswig MDR 2001, 1078; gegen sinngemäße Anwendung von § 93 beim Klageverzicht auch MK/*Musielak* § 306 Rn. 7; AA OLG Frankfurt/M NJW-RR 1994, 62f.
[89] OLG Karlsruhe NJW-RR 1995, 955.
[90] OLG Zweibrücken NJW-RR 2007, 1164ff.; OLG München GRUR 1990, 482.
[91] OLG Brandenburg NJW-RR 1994, 1022f.
[92] OLG Brandenburg NJW-RR 1994, 1022f.
[93] OLG Frankfurt/M NJW-RR 1993, 1472.
[94] OLG Hamm AnwBl. 1989, 104; OLG Koblenz JurBüro 1995, 323.
[95] AG Hannover JurBüro 1999, 542f.
[96] OLG Schleswig WuM 1993, 541.
[97] LG Köln WuM 1993, 541f.
[98] *Fischer* in *Bub/Treier,* Handbuch der Geschäfts- und Wohnraummiete, 3. Aufl. 1999, VIII Rn. 195.
[99] OLG Frankfurt/M JurBüro 1993, 366f.
[100] OLG Schleswig JurBüro 1982, 1569f.

Anerkenntnis kann wirksam auf eine einzelne Stufe beschränkt werden.[101] Vgl. im Übrigen „Klagerücknahme und Verzicht".

26 **Teilleistung:** Der Schuldner, der eine unzulässige Teilleistung anbietet, gibt Anlass für den Gläubiger, den gesamten Betrag einzuklagen. Nach § 266 BGB ist der Schuldner zu Teilleistungen nicht berechtigt. Doch darf nicht übersehen werden, dass § 266 BGB auch durch § 242 BGB eingeschränkt wird.[102] Praktische Bedeutung hat dies insbesondere für Teilleistungen von Haftpflichtversicherern (vgl. unter „Haftpflichtschaden") und im Unterhaltsprozess (s. a. Rn. 30)[103]. Ist Teilleistung zulässig, wirkt das hierauf bezogene Anerkenntnis insoweit kostenbefreiend (zum Teilanerkenntnisurteil vgl. Rn. 3).

27 **Unschlüssige Klage:** Der Beklagte geht kein Kostenrisiko ein, wenn er einen unzulässig geltend gemachten oder unbegründeten Anspruch nicht anerkennt. Wird die Klage im Laufe des Verfahrens zulässig und begründet, kann er die Kostenlast nur vermeiden, wenn er nunmehr im schriftlichen Verfahren im nächsten Schriftsatz, im Übrigen anerkennt, bevor er im nächsten Termin einen Antrag zur Sache stellt.[104] Eine **unzulässige** Klage ist ohne Rücksicht auf ein Anerkenntnis zu verwerfen. Wird ein **unbegründeter** Anspruch sofort anerkannt, ist das Fehlen einer Anspruchsgrundlage nach ganz überwiegender und zutreffender Ansicht auf Grund des prozessualen Anerkenntnisses ohne Belang.[105] Der Kläger hat die Kosten nach § 93 nur zu tragen, wenn er vorprozessual den Beklagten nicht zu dieser Leistung aufgefordert hatte.[106] Der Mindermeinung[107] ist entgegenzuhalten, dass der Beklagte durch sein widersprüchlichen Verhaltens das Verfahren provoziert hat. Hätte er vorprozessual erfüllt, wäre der Prozess vermieden worden. Gegen die abweichende Auffassung spricht auch, dass sie das Gericht zu der mitunter nicht einfachen Prüfung der Begründetheit zwingt; ein Ergebnis, das durch § 307 vermieden werden soll.[108] **Unsicherheit über Umfang des berechtigten Anspruchs:** Bestand über den Umfang des berechtigten Anspruchs des Klägers eine in der Natur der Sache liegende Unsicherheit und hat der Beklagte dem Kläger vorgerichtlich einen Betrag angeboten, den er in vertretbarer Würdigung der Umstände als den insgesamt geschuldeten ansehen durfte, hat er insoweit keine Veranlassung zur Klage gegeben.[109]

28 **Unterhaltsrecht:** § 93a geht vor, sofern der Unterhalt als Folgesache eines Scheidungsverfahrens anhängig ist. Im Übrigen ist § 93 anwendbar. Zahlt der Verpflichtete den geforderten oder privatschriftlich vereinbarten Ehegatten- oder Verwandtenunterhalt nicht regelmäßig oder nicht pünktlich, gibt er dem Berechtigten Anlass zur Klage. Einer nochmaligen vorgerichtlichen Aufforderung bedarf es nicht mehr. Anlass zur Klage gibt der Unterhaltsschuldner, wenn er auf das Verlangen zur Auskungt und Zahlung des danach geschuldeten Unterhalts nicht reagiert.[110] Auch eine an den Gläubiger gerichtete, erfolglos gebliebene Aufforderung, Auskunft über seine Einkünfte zu erteilen, berechtigt den Unterhaltsschuldner nicht zur Einstellung der vereinbarten Unterhaltszahlungen.[111] Der Schuldner kommt bereits nach § 284 Abs. 2 S. 1 BGB in Verzug, wenn er nicht zu der nach dem Kalender bestimmten Zeit leistet (vgl. „Aufforderung"). Besteht indes grundsätzliche Zahlungsbereitschaft, kann es unangemessen sein, sofortige Klagezustellung nach § 65 Abs. 7 GKG zu veranlassen, statt zunächst nur einen PKH-Antrag für die Unterhaltsklage zu stellen; in diesem Fall kann es angemessen sein, die Kosten gegeneinander aufzuheben.[112] Auch wenn der Schuldner den geforderten Unterhalt regelmäßig, pünktlich und vorbehaltlos leistet, gibt er nach überwiegender Ansicht zur Klage Veranlassung, wenn er sich trotz entsprechender Aufforderung weigert, einen außergerichtlichen Unterhaltstitel nach § 794 Abs. 1 S. 1 Nr. 5 ZPO oder § 59 Abs. 1 S. 1 Nr. 3 SGB VIII zu errichten.[113] Dieser Ansicht ist zuzustimmen. Zwar besteht ein solcher Titulierungsanspruch nicht bei Verpflichtungen zu sonstigen wiederkehrenden Leistungen, etwa zur Zahlung des monatlichen Mietzinses nach § 535 S. 2 BGB. Doch ist der Unterhaltsgläubiger so sehr auf regelmäßige Leistung angewiesen, dass ihm ein Anspruch auf bessere Absicherung durch Titulierung seiner Forderung einzuräumen ist. Jedoch muss der Schuldner nicht von sich aus eine Titulierung anbieten.[114]

29 Umstritten ist, ob der Gläubiger Veranlassung zur Klage hat, wenn der Schuldner zwar bereit ist, eine vollstreckbare Urkunde zu errichten, sich aber **weigert**, die dabei anfallenden **Kosten zu übernehmen.** Ist der Berechtigte ein noch nicht 21 Jahre altes Kind des Verpflichteten, ist dies deshalb zu verneinen, weil die Beteiligten nach § 59 Abs. 1 S. 1 Nr. 3 SGB VIII die Möglichkeit haben, durch das Jugendamt kostenfrei eine Urkunde aufnehmen zu lassen. Aber auch in anderen Fällen ist dies zu verneinen.[115] Es fehlt eine gesetzliche

---

[101] OLG Bamberg JurBüro 1989, 690; für die Rechtsstreitigkeit des Anerkenntnisses kommt es nach OLG Hamm auf die mündliche Verhandlung über den Zahlungsantrag an: OLG Hamm FamRZ 1997, 1413 f.

[102] *Palandt/Heinrichs* § 266 BGB Rn. 8 m. weit. Nachw.

[103] OLG Hamm FamRZ 1997, 1413 ff.

[104] BGH NJW-RR 2004, 999 f.

[105] OLG Stuttgart FamRZ 2007, 1346 ff.

[106] OLG München NJW 1969, 1815; OLG Schleswig JurBüro 1982, 1569 f.; OLG Düsseldorf MDR 1999, 1349.

[107] OLG Düsseldorf MDR 1993, 801.

[108] OLG Hamm OLG Report 2003, 232.

[109] OLG Schleswig JurBüro 1993, 620 f.; vgl. „Teilleistung".

[110] OLG Hamm FamRZ 1999, 1153.

[111] OLG Bremen FamRZ 1996, 886 (LS).

[112] OLG Köln FamRZ 1995, 1216.

[113] *Göhlich* FamRZ 1988, 560 mit zahlreichen Nachweisen zum Streitstand; vgl. auch OLG Nürnberg NJW-RR 2001, 1376 f.

[114] AA AG Charlottenburg FamRZ 1994, 117 f.

[115] OLG Hamm NJW 2007, 1758; aM OLG Nürnberg MDR 2002, 886; OLG Karlsruhe FamRZ 1984, 584 f.; OLG Düsseldorf – 3. Senat – FamRZ 1994, 1484; *Rahm/Künkel/Lappe* Kap IX Rn. 382; Zö/*Herget* Rn. 6 „Unterhaltssachen".

Grundlage für diesen Anspruch. Diese kann dem „Grundgedanken" der §§ 1610, 1360a Abs. 4 BGB nicht entnommen werden.[116] Die Titulierungskosten können auch nicht als Sonderbedarf nach § 1613 Abs. 2 BGB angesehen werden, weil ein solcher nur unregelmäßigen nicht voraussehbaren Unterhaltsbedarf abdeckt.[117] Auch die Gegenansicht darf eine begrenzte Leistungsfähigkeit des Verpflichteten nicht außer Acht lassen. Unterhaltsansprüche enden dort, wo der angemessene Lebensunterhalt des Zahlungspflichtigen gefährdet ist. Verbleibt diesem unter Berücksichtigung seiner Unterhaltspflichten lediglich noch der notwendige Selbstbehalt, können ihm keinesfalls noch die Titulierungskosten auferlegt werden.[118]

Ist lediglich ein **Spitzenbetrag** streitig, weil der Schuldner pünktlich und regelmäßig einen Sockelbetrag 30 bezahlt, gilt das Gesagte entsprechend.[119] § 93 ist hinsichtlich des Sockelbetrages anwendbar, wenn die genannten Voraussetzungen vorliegen. Im Übrigen ist nach §§ 91, 92 zu entscheiden. Dem Gläubiger kann auch zugemutet werden, außergerichtlich nur wegen des Sockelbetrages eine vollstreckbare Urkunde errichten zu lassen und allein wegen des Spitzenbetrages einen gerichtlichen Titel zu erstreiten.[120] Bei **Abänderungsklagen** nach § 323 ist hinsichtlich der Veranlassung zur Klage zu berücksichtigen, dass ein Urteil nur für die Zeit nach Erhebung der Klage abgeändert werden darf (§ 323 Abs. 3). Anders ist dies bei abzuändernden gerichtlichen Vergleichen (vgl.§ 323 Rn. 48). Der Kläger steht daher bei beabsichtigter Abänderung eines Urteils unter Zeitdruck, um Rechtsnachteile zu vermeiden. Doch hat er auch hier den Beklagten vorprozessual unter Vorlage von geeigneten Belegen zum Verzicht auf die Rechte aus dem Titel und dessen Herausgabe oder Errichtung einer neuen außergerichtlichen Urkunde aufzufordern. Dem Beklagten muss eine angemessene Prüfungszeit eingeräumt werden.[121] Reagiert der Beklagte danach nicht, gibt er Anlass zur Erhebung der Klage.[122] Auf die „Zeitsperre" des § 323 Abs. 3 braucht er nicht zu verzichten.[123] Doch darf der Verpflichtete sofort Abänderungsklage ohne Aufforderung und Zuwarten erheben, wenn der Gläubiger weiß, dass er nicht mehr bedürftig ist, zB wegen eigener Erwerbstätigkeit oder einer neuen Heirat, und gleichwohl vollstreckt.[124] Wer nach rechtskräftiger Scheidung eine zweite vollstreckbare Ausfertigung eines Titels auf Trennungsunterhalt beantragt, gibt Veranlassung zur Erhebung einer Vollstreckungsgegenklage.[125]

Unterlassung: Vgl. „Abmahnung" und „Abschlussschreiben"; **Unzuständigkeit:** Fehlende örtliche oder 31 sachliche Zuständigkeit steht der Anwendung von § 93 in den von §§ 39, 40 Abs. 2 gezogenen Grenzen nicht entgegen (vgl. Rn. 6). **Urkundenprozess:** Der Beklagte kann im Nachverfahren nicht mehr mit befreiender Wirkung anerkennen, wenn er im Urkundenprozess nach § 599 widersprochen hat. Das gilt auch, wenn der Widerspruch lediglich erfolgte, um im Nachverfahren aufrechnen zu können.[126] Der Wechselinhaber oder Scheckgläubiger hat erst dann Veranlassung zur Klage, wenn der Schuldner nach Vorlage des Papiers (Art. 38 WG, Art. 28 ScheckG) nicht bezahlt.[127]

Vaterschaftsklage: Der Beklagte hat Veranlassung zur Klage gegeben, wenn er vergeblich aufgefordert 32 wurde, seine Vaterschaft formwirksam nach § 1600e BGB anzuerkennen. Zur Beurkundung bzw. Beglaubigung ist auch das Jugendamt befugt (§ 59 Abs. 1 S. 1 Nr. 1 SGB VIII). Das Anerkenntnis ist nur sofortig, wenn es spätestens in der ersten mündlichen Verhandlung formwirksam erfolgt (§ 641c).[128] **Versäumnisurteil:** Durch Einspruch gegen ein Versäumnisurteil versperrt sich der Beklagte nicht den Weg zum späteren kostenbefreienden Anerkenntnis, wenn er den Einspruch auf die Kostenentscheidung beschränkt.[129] Hat der Beklagte ein Versäumnisurteil gegen den Kläger erwirkt, kann § 93 nach einem Einspruch nicht mehr angewendet werden.[130]

Verschulden: Weil es auf Verschulden nicht ankommt, gibt der Beklagte auch dann Anlass zur Klageer- 33 hebung, wenn er ohne Verschulden annimmt, der geltend gemachte Anspruch sei unbegründet und sich dementsprechend verhält.[131] Das kann etwa der Fall sein, wenn er erst im Laufe des Verfahrens von seiner die Passivlegitimation begründenden Erbenstellung erfährt. Es kommt allein darauf an, ob der Kläger annehmen durfte, nur durch Klageerhebung sein Ziel zu erreichen.

Verweisung: Hat der Beklagte nach **§ 98 Abs. 1 GVG** die Verweisung an die Kammer für Handelssachen 34 beantragt, kann er dort nicht mehr mit kostenbefreiender Wirkung anerkennen.[132] Die Gegenansicht

---

116 So aber OLG Düsseldorf – 3. ZS – FamRZ 1994, 1484.
117 OLG Düsseldorf – 5. ZS – FamRZ 1994, 117.
118 OLG Nürnberg NJW-RR 1993, 327f.
119 Etwas einschränkend OLG Köln FamRZ 1997, 764 (LS); vgl. auch OLG Nürnberg FamRZ 2000, 621; aA der Gläubiger gibt Veranlassung zur Klage auf den vollen Unterhaltsanspruch OLG Zweibrücken FamRZ 2002, 1130ff. m. weit. Nachw.
120 AA AG Charlottenburg FamRZ 1994, 117f.
121 OLG Köln FamRZ 1997, 1415f.
122 OLG Frankfurt/M FamRZ 2001, 502f.
123 OLG Dresden FamRZ 1996, 1089f. m. Anm. v. *Gottwald*.
124 OLG Frankfurt/M JurBüro 1989, 690f.; bedenklich OLG Oldenburg FamRZ 2000, 1514f. m. abl. Anm. v. *Warfsmann*.
125 OLG Hamm FamRZ 1999, 725.
126 OLG Düsseldorf MDR 1983, 496; MK/*Belz* Rn. 13 „Urkundenprozess".
127 OLG Saarbrücken MDR 1981, 676.
128 OLG Köln FamRZ 1992, 697f.
129 AA MK/*Giebel* Rn. 36 „Versäumnisurteil".
130 Zö/*Herget* Rn. 6 „Versäumnisurteil".
131 OLG Köln NJW-RR 1994, 767.
132 Zö/*Herget* Rn. 6 „Verweisung"; aM OLG Saarbrücken 1981, 676; MK/*Giebel* Rn. 37.

meint, der Beklagte habe ein schutzwürdiges Interesse daran, dass die Kostenentscheidung von dem Gericht getroffen werde, das für derartige Ansprüche besondere Sachkunde besitze.[133] Das überzeugt nicht. Denn grundsätzlich sind Fragen der Begründetheit nach einem Anerkenntnis nicht mehr zu prüfen (vgl. „Unschlüssige Klage“). Entgegen den wenigen Äußerungen in der Rechtsprechung[134] sollte deshalb nach Verweisung gemäß § 281 dasselbe gelten, wenn die Zuständigkeit des angerufenen Gerichts nach §§ 39, 40 Abs. 2 wirksam hätte vereinbart werden können.

35 **Verzicht:** Vgl. „Klagerücknahme und Verzicht“; **Verzug:** Vgl. „Aufforderung“ und „Erfüllung“; **Vollstreckungsabwehrklage:** Eine Klageveranlassung kann nur angenommen werden, wenn der Titelgläubiger zu erkennen gegeben hat, dass er vollstrecken wird;[135] die Einleitung unberechtigter Zwangsvollstreckungsmaßnahmen gibt Veranlassung.[136] **Wechselforderung:** Vgl. „Urkundenprozess; **Wettbewerbssachen:** Vgl. „Abmahnung“ und „Abschlussschreiben“; **Zug-um-Zug-Leistung:** Ist die Klage auf Leistung Zug um Zug gerichtet, kann der Beklagte kostenbefreiend mit dieser Einschränkung anerkennen (vgl. Rn. 3). Er hat keine Veranlassung zur Klage gegeben, wenn er vorgerichtlich lediglich zur unbedingten Leistung vergeblich aufgefordert wurde. Hat der Kläger zunächst unbedingte Leistung verlangt, in der ersten mündlichen Verhandlung jedoch Zug-um-Zug-Verurteilung beantragt, kann der Beklagte noch „sofort“ anerkennen, auch wenn ein schriftliches Vorverfahren stattgefunden und der Beklagte schriftsätzlich Klageabweisung beantragt hatte.[137]

VI. Gebühren und Kosten

36 **1. Rechtsanwaltsgebühren.** Bei einem Anerkenntnis im Verhandlungstermin erhalten die Prozessbevollmächtigten beider Parteien eine 1,2 Terminsgebühr der Nr. 3104 VV RVG aus dem Wert der Klageforderung. Gleiches gilt, wenn das Anerkenntnisurteil ohne mündliche Verhandlung gem. § 307 S. 2 ergeht.[138]

2. Gerichtskosten. Nach OLG Hamm tritt die Gebührenermäßigung nach Nr. 1211 Ziff. 2 KV GKG auch nach einem sofortigen Anerkenntnis unter Protest gegen die Kostenlast ein (str.)[139]

93a *Kosten in Ehesachen*

(1) [1]Wird auf Scheidung einer Ehe erkannt, so sind die Kosten der Scheidungssache und der Folgesachen, über die gleichzeitig entschieden wird oder über die nach § 627 Abs. 1 vorweg entschieden worden ist, gegeneinander aufzuheben; die Kosten einer Folgesache sind auch dann gegeneinander aufzuheben, wenn über die Folgesache infolge einer Abtrennung nach § 628 Abs. 1 Satz 1 gesondert zu entscheiden ist. [2]Das Gericht kann die Kosten nach billigem Ermessen anderweitig verteilen, wenn

1. eine Kostenverteilung nach Satz 1 einen der Ehegatten in seiner Lebensführung unverhältnismäßig beeinträchtigen würde; die Bewilligung von Prozesskostenhilfe ist dabei nicht zu berücksichtigen;

2. eine Kostenverteilung nach Satz 1 im Hinblick darauf als unbillig erscheint, dass ein Ehegatte in Folgesachen der in § 621 Abs. 1 Nr. 4, 5, 8 bezeichneten Art ganz oder teilweise unterlegen ist.

[3]Haben die Parteien eine Vereinbarung über die Kosten getroffen, so kann das Gericht sie ganz oder teilweise der Entscheidung zugrunde legen.

(2) [1]Wird ein Scheidungsantrag abgewiesen, so hat der Antragsteller auch die Kosten der Folgesachen zu tragen, die infolge der Abweisung gegenstandslos werden; dies gilt auch für die Kosten einer Folgesache, über die infolge einer Abtrennung nach § 623 Abs. 1 Satz 2 oder nach § 628 Abs. 1 Satz 1 gesondert zu entscheiden ist. [2]Das Gericht kann die Kosten anderweitig verteilen, wenn eine Kostenverteilung nach Satz 1 im Hinblick auf den bisherigen Sach- und Streitstand in Folgesachen der in § 621 Abs. 1 Nr. 4, 5, 8 bezeichneten Art als unbillig erscheint.

(3) [1]Wird eine Ehe aufgehoben, so sind die Kosten des Rechtsstreits gegeneinander aufzuheben. [2]Das Gericht kann die Kosten nach billigem Ermessen anderweitig verteilen, wenn eine Kostenverteilung nach Satz 1 einen der Ehegatten in seiner Lebensführung unverhältnismäßig beeinträchtigen würde oder wenn eine solche Kostenverteilung im Hinblick darauf als unbillig erscheint, dass bei der Eheschließung ein Ehegatte allein die Aufhebbarkeit der Ehe gekannt hat oder ein Ehegatte durch arglistige Täuschung oder widerrechtliche Drohung seitens des anderen Ehegatten oder mit dessen Wissen zur Eingehung der Ehe bestimmt worden ist.

(4) Wird eine Ehe auf Antrag der zuständigen Verwaltungsbehörde oder bei Verstoß gegen § 1306 des Bürgerlichen Gesetzbuchs auf Antrag des Dritten aufgehoben, so ist Absatz 3 nicht anzuwenden.

---

[133] OLG Saarbrücken MDR 1981, 676.
[134] RGZ 137, 71, 73; OLG Saarbrücken MDR 1981, 676.
[135] OLG Köln NJW 1996, 381.
[136] OLG Köln NJW-RR 1999, 1520.
[137] LG Göttingen MDR 1995, 647f.
[138] G/S-*Müller-Rabe* VV 3104 Rn. 47; AnwK-RVG/*Gebauer/Wahlen* VV 3104 Rn. 28.
[139] OLG Hamm JurBüro 2007, 151f. mit zahlr. Hinweisen zur aA.

I. Normzweck

1 Für erfolgreiche Scheidungs- und Eheaufhebungsanträge wird an Stelle des Erfolgsprinzips der Grundsatz der Kostenaufhebung festgeschrieben, abgemildert durch Härte- und Billigkeitsklauseln. Das Erfolgsprinzip der §§ 91, 92 würde zu wenig sachgerechten Ergebnissen führen: welcher Ehegatte den Scheidungsantrag stellt, ist in der Praxis oft von Zufälligkeiten abhängig; ohne gerichtliche Entscheidung können die Parteien, anders als etwa bei schuldrechtlichen Ansprüchen, ihr Ziel auch dann nicht erreichen, wenn sie über das angestrebte Ziel einer Meinung sind. Bei abgewiesenen Scheidungsanträgen erscheint die Kostentragung durch den Unterlegenen grundsätzlich sachgerecht; Absatz 2 hält deshalb daran fest, ermöglicht aber im Interesse der Billigkeit Abweichungen (s. a. § 629 Rn. 2). **Anzuwenden** ist die Vorschrift in Scheidungsverfahren einschließlich der Folgesachen, ohne Rücksicht darauf, ob über die Folgesache nach § 627 Abs. 1 vorweg oder nach § 628 Abs. 1 S. 1 gesondert entschieden wird. Dies schließt nach § 620g die Kosten einstweiliger Anordnungen ein. Darüber hinaus werden ausschließlich Eheaufhebungsanträge erfasst. Auf sonstige Ehesachen des § 606 Abs. 1 kann die Ausnahmevorschrift nicht erstreckt werden.[1] Die Beteiligung dritter Personen, zB des Vermieters in der Folgesache des § 621 Abs. 1 Nr. 7, steht der Entscheidung nach § 93a nicht entgegen;[2] doch können Dritten nach dieser Vorschrift nicht die Kosten von Scheidungs- und Folgesachen auferlegt werden.[3] Nicht verdrängt werden § 96 und § 97 Abs. 1. Zur entsprechenden Anwendung von § 93a beim Tod eines Ehegatten während des Scheidungsverfahrens s. § 619 Rn. 4. Zum Verhältnis zu § 98 vgl. dort Rn. 7.

II. Absatz 1

2 **1. Satz 1.** Erfasst werden **auf Scheidung erkennende** Urteile. Die Bestimmung bringt den **Grundsatz der Kostenaufhebung.** Danach kann keine Partei eine Erstattung ihrer außergerichtlichen Kosten verlangen; die Gerichtskosten trägt jede Partei zur Hälfte (§ 92 Abs. 1 S. 2, s. a. § 92 Rn. 5). Der Grundsatz gilt für Scheidungsurteile mit oder ohne Entscheidung über Folgesachen. Im Scheidungsverbund ist eine Kostenentscheidung, abgesehen von den Verfahrensteilen nach Abtrennung, nur im Verbundurteil nach § 629 zulässig.[4] Wird über die Folgesache elterliche Sorge nach § 627 vorweg entschieden, unterbleibt zunächst ein Kostenausspruch; die Kostenaufhebung im nachfolgenden Scheidungsurteil erfasst auch diese Kosten. Wird ein selbständiges Sorgerechtsverfahren zur Folgesache, so darf darin keine gesonderte Kostenentscheidung ergehen.[5] Wird nachträglich über gemäß § 628 Abs. 1 S. 1 abgetrennte Folgesachen entschieden, ist dabei auf Kostenaufhebung zu erkennen; auch dann, wenn die Folgesache für erledigt erklärt wurde.[6] Das vorgehende Urteil erfasst diese Kosten nicht. Hat das FamG den verfrühten Scheidungsantrag abgewiesen und – fehlerhaft – über die Kosten nach § 93a entschieden, ist die isolierte Kostenbeschwerde wegen „greifbarer Gesetzwidrigkeit" nicht zulässig.[7]

3 Wird der **Scheidungsantrag zurückgenommen,** hat der Antragsteller gemäß § 269 Abs. 3 S. 2 die Kosten des Rechtsstreits einschließlich der Folgesachen zu tragen. Dabei ist ohne Belang, ob der Antrag in erster oder höherer Instanz zurückgenommen wird. Das folgt aus § 626, der für Folgesachen nach § 621 Abs. 1 Nr. 4, 5, 8 eine Billigkeitsklausel und für selbstständig fortgeführte Familiensachen eine Sonderregelung enthält. Wird der Antrag lediglich hinsichtlich von Folgesachen zurückgenommen, ist § 93a einschlägig.[8] Wurde eine Folgesache auf Unterhalt oder Zugewinnausgleich zurückgenommen, ist die Kostenentscheidung der Ehesache, soweit sie auf der Rücknahme beruht, nach § 269 Abs. 5 isoliert mit der Beschwerde anfechtbar.[9]

4 Bei **erfolglosem Rechtsmittel** ist § 97 Abs. 1 einschlägig. Das ergibt sich unmittelbar aus dieser Vorschrift, sofern das Rechtsmittel gegen den Scheidungsausspruch und/oder Entscheidungen von ZPO-Folgesachen nach § 621 Abs. 1 Nr. 4, 5, 8 gerichtet war. Richtete sich das Rechtsmittel isoliert gegen die Entscheidung einer FGG-Folgesache, schreibt dies 97 Abs. 3 vor. Das gilt auch für einen beteiligten Dritten, etwa das Jugendamt, den Hauseigentümer, Vermieter oder den Träger der Versorgungslast.[10] Bei **erfolgreichem** Rechtsmittel gegen den Scheidungsausspruch oder die Abweisung des Scheidungsantrags ist § 93a anzuwenden. Bei Zurückverweisung ist die Kostenentscheidung dem Untergericht vorzubehalten; sind bei einem **verfrüht gestellten Antrag** die Scheidungsvoraussetzungen zum Zeitpunkt der Berufungsverhandlung gegeben, können die Kosten des Rechtsmittels nach zutreffender Ansicht entsprechend § 97 Abs. 2 dem obsiegenden Rechtsmittelführer auferlegt werden (vgl. § 97 Rn. 11).[11] Die gilt allerdings nicht, wenn gleichzeitig ein Fehlverhalten des Antraggegners vorliegt, das eine unzumutbare Härte iSd. § 1565 Abs. 2

---

1 OLG Koblenz FamRZ 1990, 1368.
2 OLG Hamm FamRZ 1981, 695.
3 OLG Koblenz KostRspr. Nr. 14.
4 OLG Naumburg FamRZ 1999, 1435.
5 OLG Koblenz FamRZ 2003, 467.
6 OLG Zweibrücken FamRZ 1997, 504, 506.
7 OLG Karlsruhe FamRZ 1997, 1417.
8 KG FamRZ 1988, 1075.
9 BGH FamRZ 2007, 893 ff.
10 KG FamRZ 1981, 381 f.
11 OLG Zweibrücken FamRZ 1982, 293 f.; OLG Düsseldorf FamRZ 1983, 628 f.; OLG Köln FamRZ 1984, 280; OLG Hamburg FamRZ 1985, 711 f. m. Anm. v. *Philippi;* MK/*Finger* § 629b Rn. 12 m. weit. Nachw. auch zur gegenteiligen Ansicht.

BGB darstellt.[12] Nach § 93a ist auch bei erfolgreicher **Teilanfechtung** von Folgesachen aus einem Verbundurteil zu entscheiden.[13] Hat ein Drittbeteiligter das (teilweise) erfolgreiche Rechtsmittel eingelegt, sind im Verhältnis zwischen diesem Drittbeteiligten einerseits und den Eheleuten andererseits §§ 91, 92 anzuwenden. In die Kostenentscheidung des Verbundurteils erster Instanz kann in diesem Fall durch das Rechtsmittelgericht nicht mehr eingegriffen werden,[14] denn das Obergericht hat nur noch über einen Teil des ursprünglichen Streitgegenstandes zu entscheiden, s. a. § 97 Rn. 5. Im Beschwerdeverfahren eines Abänderungsverfahrens nach § 10a VAHRG ergeht indessen die Kostenentscheidung nach 13a Abs. 1 FGG;[15] es handelt sich um ein isoliertes FGG-Verfahren.

5 Wird das **Rechtsmittel zurückgenommen,** ist nach § 516 Abs. 3 über die Kosten des Rechtsmittelverfahrens zu entscheiden, wenn die Anfechtung gegen das Scheidungsurteil oder nur gegen ZPO-Folgesachenentscheidungen des § 621 Abs. 1 Nr. 4, 5, 8 gerichtet war. Nach verbreiteter Ansicht ist nach § 516 Abs. 3 auch zu entscheiden, wenn die zurückgenommene Beschwerde allein gegen die Entscheidung einer FGG-Folgesache (§ 621 Abs. 1 Nr. 1–3, 6, 7, 9) eingelegt war.[16] Dem kann nicht zugestimmt werden; in diesen Fällen ist § 13a Abs. 1 S. 1 FGG bzw. § 20 HausratsVO anzuwenden.[17] § 516 Abs. 3 scheidet nach § 621a Abs. 1 aus. Zutreffend wird darauf hingewiesen, dass die ZPO die Kosten im Verbundverfahren nicht erschöpfend regelt.[18] Abgesehen davon kommt die gegenüber § 516 Abs. 3 flexiblere Regelung nach § 13a Abs. 1 S. 1 FGG, § 20 HausratsVO den Bedürfnissen der Praxis entgegen. Sie erübrigt es, nach Auswegen zu suchen, die vom Gesetz nicht gedeckt sind, wie etwa die Annahme, bei Rücknahme einer gegen eine Entscheidung über den Versorgungsausgleich eingelegten Beschwerde sei eine Kostenentscheidung nicht zu treffen.[19] War allerdings das Rechtsmittel gegen eine nach Einleitung der Ehesache zur Folgesache Umgangsrecht gemäß § 620b erlassene einstweilige Anordnung gerichtet, ist die Kostenentscheidung nach § 516 Abs. 3 zu treffen.[20]

6 **2. Satz 2.** Dem Gericht wird in zwei Fallgestaltungen ermöglicht, nach billigem Ermessen vom Grundsatz der Kostenaufhebung abzuweichen: **Nr. 1** enthält eine Härteklausel. Das Gericht kann einem Ehegatten die Kosten insgesamt auferlegen oder nach § 92 Abs. 1 S. 1 quoteln. Die Praxis macht davon zu Unrecht nur zurückhaltend Gebrauch. Eine unverhältnismäßige Beeinträchtigung iSd. Vorschrift kann angenommen werden, wenn sich die finanzielle Beeinträchtigung etwa über 1 Jahr hinweg empfindlich auswirken würde.[21] Die „Abfederung" durch bewilligte Prozesskostenhilfe mit oder ohne Ratenzahlung darf das Gericht dabei nicht berücksichtigen. Dies soll der Entlastung der Staatskasse dienen.

7 Vom Grundsatz der Kostenaufhebung kann gemäß **Nr. 2** nach billigem Ermessen abgewichen werden, wenn die Kostenaufhebung deshalb unbillig erschiene, weil ein Ehegatte in einer ZPO-Folgesache nach § 621 Abs. 1 Nr. 4, 5, 8 ganz oder teilweise unterlegen ist. Das Abschneiden in anderen FGG-Folgesachen ist ohne Bedeutung. Nach Ansicht des OLG Karlsruhe[22] betrifft der Anspruch auf Ersatz des immateriellen Schadens nach Art. 143 Abs. 2 TürkZGB aF eine Folgesache iSd § 93a; das Unterliegen kann eine Kostenverteilung analog § 93a Abs. 1 Satz 2 Nr. 2 rechtfertigen. Als Ausnahme[23] ist die Vorschrift eng auszulegen. Es sind deshalb nur die vom Unterliegenden verursachten Mehrkosten anderweit zu verteilen;[24] dies geschieht durch Aussonderung bestimmter Kosten gemäß §§ 95, 96 oder durch Quotelung nach § 92 Abs. 1 S. 1. Wurden die Kosten einer Folgesache einem Ehegatten auferlegt, führt dies zur Kostenfestsetzung nach der Differenzmethode und nicht zum Kostenausgleich durch Bildung einer Quote nach dem Verhältnis des Teilstreitwertes zum Gesamtstreitwert.[25]

8 **3. Satz 3.** Dem Gericht wird die Möglichkeit eingeräumt, die Kostenentscheidung in einem auf Scheidung erkennenden Urteil ganz oder teilweise entsprechend einer Parteivereinbarung zu treffen. Davon sollte Gebrauch gemacht werden, sofern nicht gewichtige Gegengründe vorhanden sind, vgl. im Einzelnen § 98 Rn. 7.

III. Absatz 2

9 Die Bestimmung ist einschlägig, wenn ein **Scheidungsantrag abgewiesen** wird. Die Geltung des Unterliegensprinzips (§ 91 Abs. 1 S. 1) wird bei **Satz 1** vorausgesetzt und daran anknüpfend klargestellt, dass der

---

12 OLG Karlsruhe FamRZ 1997, 1276.

13 OLG Brandenburg FamRZ 1994, 1485.

14 BGH FamRZ 1983, 683; BGH AnwBl. 1984, 502; OLG München FamRZ 1980, 473; OLG Brandenburg FamRZ 1994, 1485; aM KG FamRZ 1988, 1075.

15 OLG Karlsruhe FamRZ 1999, 1207.

16 BGHZ 86, 51 = NJW 1983, 578 (allerdings ohne Problemerörterung); OLG Dresden FamRZ 2002, 1348f.; OLG Karlsruhe JurBüro 1984, 454f.; OLG Frankfurt FamRZ 1991, 586f.; vgl. auch OLG Karlsruhe NJW-RR 1998, 71f.; B/L/*Hartmann* § 629a Rn. 14; MK/*Finger* § 621e Rn. 74.

17 OLG Bamberg JurBüro 1992, 332f.; KG FamRZ 1995, 376f.; OLG Köln FamRZ 1997, 221f. (§ 13a FGG bzw. § 93a analog); Zö/*Philippi* § 629a Rn. 13.

18 Zö/*Philippi* § 629a Rn. 13.

19 So aber OLG Hamm FamRZ 1995, 377.

20 BayObLG FamRZ 1995, 184f.

21 T/P/*Hüßtege* Rn. 5.

22 OLG Karlsruhe NJW-RR 2003, 725f.

23 OLG Brandenburg FamRZ 2006, 52 (LS).

24 OLG Schleswig JurBüro 1994, 748; MK/*Belz* Rn. 11.

25 OLG München NJW-RR 1999, 366.

erfolglose Antragsteller auch die Kosten nach §§ 623 Abs. 1 S. 2, 628 Abs. 1 S. 1 abgetrennter Folgesachen zu tragen hat. Nach billigem Ermessen kann das Gericht vom Unterliegensprinzip abweichen, wenn das Festhalten daran im Hinblick auf den bisherigen Sach- und Streitstand in den ZPO-Folgesachen des § 621 Abs. 1 Nr. 4, 5, 8 (nur in diesen!) unbillig erschiene. Eine Billigkeitsentscheidung gemäß **Satz 2** kommt deshalb nur in Betracht, wenn der Antragsgegner **unbegründete** oder **überhöhte Ansprüche** geltend gemacht hat. Es handelt sich um eine Ausnahmevorschrift. Von ihr ist deshalb nur Gebrauch zu machen, wenn die Unbegründetheit offensichtlich, die Überhöhung leichtfertig zu nennen ist. Die abweichende Regelung darf nur die Kosten der betreffenden Folgesache erfassen.

IV. Absatz 3

1. Satz 1. Für erfolgreiche **Eheaufhebungsanträge** wird der Grundsatz der Kostenaufhebung festgeschrieben; bei erfolglosen Anträgen verbleibt es dabei, dass der Antragsteller nach § 91 Abs. 1 die Kosten zu tragen hat. Bei Kostenaufhebung gilt § 92 Abs. 1 S. 2. Ausnahmen von der Ausnahme sind nach Satz 2 möglich. Liegen die Voraussetzungen des Absatzes 4 vor, ist eine Kostenaufhebung nach Absatz 3 ausgeschlossen. 10

2. Satz 2. Dem Gericht wird in besonderen Fällen durch eine Härte- und eine Billigkeitsklausel ein Abrücken von der grundsätzliche Kostenaufhebung ermöglicht. Die Härteklausel entspricht Absatz 1 Satz 2 Nr. 1 (vgl. daher Rn. 6). Auch hier hat die bewilligte Prozesskostenhilfe außer Betracht zu bleiben. Es fehlt ein sachlicher Grund dafür, hier Prozesskostenhilfe zu berücksichtigen. Die Billigkeitsklausel eröffnet eine Ermessensentscheidung, wenn einem Ehegatten allein das näher beschriebene, vorwerfbare Verhalten bei Eingehung der Ehe zur Last fällt. 11

V. Absatz 4

Die Vorschrift versperrt den Weg zu einer Kostenaufhebung nach Absatz 3, wenn sich in den genannten Fällen der Aufhebungsantrag als erfolgreich erweist. Damit gilt § 91 Abs. 1 in diesen Fallgruppen für erfolglose wie für erfolgreiche Anträge. 12

93b

Kosten bei Räumungsklagen (1) [1]**Wird einer Klage auf Räumung von Wohnraum mit Rücksicht darauf stattgegeben, dass ein Verlangen des Beklagten auf Fortsetzung des Mietverhältnisses auf Grund der §§ 574 bis 574b des Bürgerlichen Gesetzbuchs wegen der berechtigten Interessen des Klägers nicht gerechtfertigt ist, so kann das Gericht die Kosten ganz oder teilweise dem Kläger auferlegen, wenn der Beklagte die Fortsetzung des Mietverhältnisses unter Angabe von Gründen verlangt hatte und der Kläger aus Gründen obsiegt, die erst nachträglich entstanden sind (§ 574 Abs. 3 des Bürgerlichen Gesetzbuchs).** [2]**Dies gilt in einem Rechtsstreit wegen Fortsetzung des Mietverhältnisses bei Abweisung der Klage entsprechend.**

(2) [1]**Wird eine Klage auf Räumung von Wohnraum mit Rücksicht darauf abgewiesen, dass auf Verlangen des Beklagten die Fortsetzung des Mietverhältnisses auf Grund der §§ 574 bis 574b des Bürgerlichen Gesetzbuchs bestimmt wird, so kann das Gericht die Kosten ganz oder teilweise dem Beklagten auferlegen, wenn er auf Verlangen des Klägers nicht unverzüglich über die Gründe des Widerspruchs Auskunft erteilt hat.** [2]**Dies gilt in einem Rechtsstreit wegen Fortsetzung des Mietverhältnisses entsprechend, wenn der Klage stattgegeben wird.**

(3) **Erkennt der Beklagte den Anspruch auf Räumung von Wohnraum sofort an, wird ihm jedoch eine Räumungsfrist bewilligt, so kann das Gericht die Kosten ganz oder teilweise dem Kläger auferlegen, wenn der Beklagte bereits vor Erhebung der Klage unter Angabe von Gründen die Fortsetzung des Mietverhältnisses oder eine den Umständen nach angemessene Räumungsfrist vom Kläger vergeblich begehrt hatte.**

I. Normzweck

Aus sozialen Gründen ermöglicht die Vorschrift in den Absätzen 1 und 2 für bestimmte Mietrechtsstreitigkeiten ein Abweichen von dem starren Schema des § 91, dass der Unterliegende die Kosten zu tragen hat. Es handelt sich um eine eng auszulegende Ausnahmevorschrift. Durch Absatz 3 soll das vorprozessuale Bemühen um eine nichtstreitige Beilegung des Konflikts gefördert werden.[1] Über § 93 hinaus können unter bestimmten Voraussetzungen dem Kläger auch die Kosten auferlegt werden, wenn der Beklagte Veranlassung zur Klageerhebung gegeben hat. **Anwendbar** ist § 93b, wenn auf Räumung von Wohnraum oder Fortsetzung eines Mietverhältnisses über Wohnraum geklagt oder widergeklagt wird; bei Mischmietverhältnissen, wenn die Nutzung zu Wohnzwecken überwiegt.[2] Wie sich aus § 549 Abs. 2, 3 BGB ergibt, gilt die Vorschrift nicht für die dort genannten Mietverhältnisse. Bei objektiver Klagehäufung (mit einer Räumungs- oder Fortsetzungsklage sind andere Ansprüche verbunden), kann § 93b neben § 92 anwendbar sein. 1

---

[1] LG Stuttgart WuM 1993, 544.
[2] MK/*Giebel* Rn. 5 m. weit. Nachw.

II. Absatz 1

2 Der Tatbestand der Vorschrift ist erfüllt, wenn folgende Voraussetzungen gegeben sind: Der Vermieter **klagt auf Räumung** oder der Mieter auf Fortsetzung des Mietverhältnisses nach §§ 574–574c BGB. Die Klage oder Widerklage betrifft **Wohnraum.** Der **Vermieter obsiegt** mit der Räumungsklage, bzw. der Mieter unterliegt mit seinem Fortsetzungsbegehren. Der Mieter hatte der Kündigung in der nach § 574b Abs. 1 S. 1 BGB erforderlichen Form **widersprochen,** die **Frist** nach §§ 574b Abs. 2 BGB eingehalten und unter **Angabe von Gründen** die Fortsetzung des Mietverhältnisses verlangt. Letzteres setzt § 93b Abs. 1 S. 1 voraus, ohne hierfür eine Form vorzuschreiben. Der Vermieter gewinnt, weil das Gericht die **berechtigten Interessen** des Vermieters an der Beendigung höher eingeschätzt hat als die, für sich betrachtet, ebenfalls berechtigten Interessen des Mieters an der Fortsetzung des Mietverhältnisses. In den Fällen des Widerspruchs des Mieters gegen die Kündigung ist zusätzliche Voraussetzung, dass die Gründe für das Überwiegen der Interessen des Vermieters erst nachträglich, das heißt nach Kündigung, entstanden sind. Geht es um die Fortsetzung befristeter Mietverhältnisse nach § 556b BGB, ist § 93b anwendbar, wenn der Vermieter versäumt hat, seine berechtigten Interessen an der Beendigung des Mietverhältnisses unverzüglich dem Mieter nach dessen Fortsetzungsverlangen mitzuteilen. Sind sämtliche Tatbestandsvoraussetzungen gegeben, kann das Gericht nach pflichtgemäßem Ermessen die Kosten des Rechtsstreits ganz oder teilweise der obsiegenden Partei auferlegen.

III. Absatz 2

3 Die Vorschrift setzt eine Klage oder Widerklage auf **Räumung von Wohnraum oder** auf **Fortsetzung** des Mietverhältnisses voraus und greift nur im Falle des **Unterliegens des Vermieters** ein. Weitere Voraussetzungen sind: der Mieter hat im Fall einer Räumungsklage der Kündigung form- und fristgerecht **widersprochen;** der Vermieter hat vom Mieter **Auskunft verlangt** über die Gründe seines Widerspruchs gegen die Kündigung bzw. bei der Fortsetzungsklage über die Gründe seines Fortsetzungsbegehrens; der Mieter hat die **Auskunft nicht unverzüglich** (§ 121 Abs. 1 S. 1 BGB) erteilt; der Mieter obsiegt, weil die von ihm verspätet oder überhaupt nicht mitgeteilten Gründe bei der Interessenabwägung nach § 574 Abs. 1 BGB die schutzwürdigen Interessen des Vermieters überwiegen. Als Rechtsfolge eröffnet Absatz 2 dem Gericht die Möglichkeit, dem obsiegenden Mieter die Kosten ganz oder teilweise aufzuerlegen.

IV. Absatz 3

4 **1. Verhältnis zu § 93.** Die Vorschrift weicht zu Gunsten des Mieters von § 93 ab. Sie ermöglicht in Verfahren über **Räumung von Wohnraum** die Auferlegung der Kosten auf den Kläger nach sofortigem Anerkenntnis durch den Beklagten auch dann, wenn der Beklagte Veranlassung zur Klage gegeben hat.[3] Ein sofortiges Anerkenntnis des Räumungsanspruchs ist auch anzunehmen, wenn der Mieter nicht sofort räumen wollte und deshalb eine Räumungsfrist verlangt hat. Ist der Tatbestand des § 93b Abs. 3 erfüllt, ist dem Gericht – anders als bei § 93 – ein Ermessensspielraum darüber eingeräumt, ob der Kläger ganz oder teilweise die Prozesskosten zu tragen hat.

5 **2. Tatbestandsmerkmale.** Der Beklagte muss den Anspruch auf Räumung, vorbehaltlich einer Räumungsfrist, **sofort anerkennen** (vgl. auch § 93 Rn. 4f.). Dies ist anzunehmen, wenn das Anerkenntnis im **frühen ersten Termin** (§§ 272, 275) abgegeben wird. Ein vorher schriftsätzlich angekündigter Antrag auf Klageabweisung ist unschädlich, wenn er in der ersten mündlichen Verhandlung nicht gestellt wird. Ist das **schriftliche Vorverfahren** nach §§ 272, 276 angeordnet, ist nur das in der fristgerechten Verteidigungsanzeige erklärte Anerkenntnis ein sofortiges, s. a. § 93 Rn. 5.[4] Die vorherige Anzeige der Verteidigungsbereitschaft schadet nur dann nicht, wenn noch innerhalb der für die Verteidigungsanzeige gesetzten Frist anerkannt wird.[5] Das Anerkenntnis ist nicht mehr sofortig, wenn der Mieter nach Anzeige der Verteidigungsbereitschaft erst in der fristgerechten Klageerwiderung (§ 276 Abs. 1 S. 2) anerkennt.[6] Auch der vorherige Einspruch gegen ein Versäumnisurteil schließt das sofortige Anerkenntnis aus.[7] Das Urteil des § 93b Abs. 3 ist kein Anerkenntnis- sondern ein **streitiges Endurteil,** bei dem das Gericht lediglich der Prüfung enthoben ist, ob der Räumungsanspruch als solcher besteht. Bei Klagen auf künftige Räumung ist ein vor Fälligkeit des Räumungsanspruches erklärtes Anerkenntnis sofortig.[8] Wird der **Räumungsanspruch** erst **im Verlaufe** des Prozesses **fällig,** kommt es darauf an, ob der Beklagte in der nächstfolgenden mündlichen Verhandlung vor Stellung eines Sachantrages anerkennt.[9] Gleiches gilt, wenn der Kläger von der fristlosen zur ordentlichen Kündigung übergegangen ist.[10] § 93b Abs. 3 ist auch einschlägig, wenn der Mieter vorprozessual der Kündigung widersprochen und dabei unter Hinweis auf fehlenden Ersatzwohnraum die Fortsetzung des Mietverhältnisses verlangt hatte, im Prozess aber sofort anerkennt.[11]

---

[3] LG Freiburg WuM 1993, 553f.

[4] LG Lübeck WuM 1993, 552; LG Regensburg WuM 1993, 552f.; *Fischer* in *Bub/Treier,* Handbuch der Geschäfts- und Wohnraummiete, 3. Aufl. 1999, VIII Rn. 208.

[5] LG Flensburg WuM 1993, 553.

[6] AA LG Köln WuM 1993, 553; LG Freiburg WuM 1993, 553f.

[7] AA LG Kiel WuM 1993, 550.

[8] LG Regensburg WuM 1993, 545.

[9] LG Köln WuM 1993, 542.

[10] MK/*Giebel* Rn. 17 m. weit. Nachw.

[11] LG Kiel WuM 1993, 551.

Der Beklagte muss vor Erhebung der Klage unter Angabe von Gründen die **Fortsetzung des Mietverhältnisses oder eine angemessene Räumungsfrist begehrt** haben. Die Alternative „Fortsetzung des Mietverhältnisses" ist missverständlich. Würde sie wörtlich genommen, wäre die zweite Alternative „angemessene Räumungsfrist" überflüssig. Die Vorschrift ist einschränkend auszulegen.[12] Früher kannte § 93b Abs. 3 lediglich das Verlangen nach angemessener Räumungsfrist. Rechtsunkundige Mieter verloren in vielen Fällen die Möglichkeit einer ihnen günstigen Kostenentscheidung, weil sie nicht zwischen der Verlängerung des Mietverhältnisses auf Grund der Sozialklausel und der Gewährung einer Räumungsfrist unterschieden. Dem wollte der Gesetzgeber durch das 3. Mietrechtsänderungsgesetz 1967[13] abhelfen, auf welchem die heutige Fassung beruht. Deshalb muss das Fortsetzungsbegehren sachlich dem Begehren einer angemessenen Räumungsfrist gleichkommen, um berücksichtigt werden zu können.[14] Die Einräumung einer angemessenen Räumungsfrist muss der Mieter nicht ausdrücklich begehren; es genügt, wenn dieses Verlangen seinem Verhalten **konkludent** zu entnehmen ist. Auch der den Kündigungswiderspruch begründende Hinweis auf die vage Möglichkeit fristgerechter Ersatzwohnraumbeschaffung kann als vorprozessuales Begehren einer angemessenen Räumungsfrist ausgelegt werden.[15] Der Beklagte muss die begehrte **Räumungsfrist nicht exakt** benennen. Es genügt, wenn die Frist hinreichend genau bestimmt bezeichnet wird. Das ist der Fall, wenn der Mieter mitteilt, er befinde sich auf Wohnungssuche, es könne jedoch ein halbes bis ein Jahr dauern, bis er Erfolg habe und der Vermieter daraufhin keine genaueren Angaben verlangt.[16] Wird in Grenzfällen gerade noch hinreichende Bestimmtheit bejaht, kann sich dies im Rahmen der Ermessensentscheidung nachteilig für den Beklagten auswirken; eine teilweise Kostenauferlegung kann angemessen sein.[17] Angemessen ist eine vorprozessual begehrte Frist jedenfalls dann, wenn sie später vom Gericht bewilligt wird.[18] Das ist auch noch anzunehmen, wenn die vom Gericht gewährte Frist kürzer ist, sich aber noch in etwa in jenem Rahmen bewegt.[19] War die **begehrte Frist unangemessen lang,** findet § 93b Abs. 3 gleichwohl Anwendung, wenn der Vermieter, ohne eine Einigung anzustreben, sogleich Räumungsklage erhebt.[20] Erklärt der Mieter seine Bereitschaft zur Räumung innerhalb einer angemessenen Frist und bittet er vergeblich um Einräumung dieser Frist, ist § 93b Abs. 3 auch anwendbar, wenn der Mieter ausdrücklich offen lässt, ob er zur Räumung überhaupt verpflichtet ist. Dies folgt aus Sinn und Zweck dieser Kostenvorschrift, die vorprozessuales Bemühen um eine nichtstreitige Beilegung des Konflikts fördern und honorieren will. 6

Das vorprozessuale Begehren des Mieters muss **vergeblich** gewesen sein. Legt er allerdings seinen Auszug zum Ende der Räumungsfrist nicht glaubhaft dar, darf der Vermieter das Verlangen ohne kostenrechtliche Nachteile zurückweisen.[21] Gleiches kann gelten, wenn der Vermieter vorprozessual bereits wiederholt Fristen eingeräumt hatte und sich nun weigert, eine weitere Frist zu gewähren.[22] Andererseits schließen weitere Begehren um zusätzliche Fristgewährung nicht von vornherein § 93b Abs. 3 aus.[23] Auch setzt eine dem Mieter günstige Kostenentscheidung nicht voraus, dass bereits eine konkrete Ersatzwohnung vorhanden ist.[24] Das Gericht hat dem Mieter im Urteil eine **Räumungsfrist bewilligt.** Auch nach einer **Kündigung des Mieters** kann § 93b Abs. 3 angewendet werden.[25] 7

3. Rechtsfolge. Liegen sämtliche Tatbestandsmerkmale vor, hat das Gericht im Rahmen pflichtgemäßen Ermessens zu entscheiden, wer die Kosten zu tragen hat. Sie können einer Partei voll auferlegt oder nach Quoten verteilt werden. Das Gericht wird bei seiner Entscheidung vor allem berücksichtigen, inwieweit jede der Parteien vorgerichtlich um eine angemessene Konfliktlösung bemüht war.[26] Endet das Verfahren durch Beschluss nach übereinstimmender Erledigungserklärung, so ist in die Ermessensentscheidung nach § 91a der Grundgedanke des § 93b Abs. 3 einzubeziehen, s. a. § 91a Rn. 23.[27] 8

V. Anfechtung der Kostenentscheidung

Es gilt § 99. Die Kostenentscheidungen nach Abs. 1 und 2 können deshalb nach § 99 Abs. 1 nur zusammen mit der Hauptsache angefochten werden. Der Vermieter ist in den Fällen des § 93b Abs. 1 in der Hauptsache nicht beschwert. Er kann daher auch die Kostenentscheidung nicht angreifen. Gleiches gilt für den Mieter bei Entscheidungen nach § 93b Abs. 2. Erging die Kostenentscheidung nach Absatz 3, so haben die Parteien das Rechtsmittel der sofortigen Beschwerde, so weit sie beschwert sind. Dies folgt aus 9

---

12 LG Kiel WuM 1993, 550.
13 BGBl. I S. 1248.
14 Ebenso LG Stuttgart WuM 1993, 550; *Fischer* in *Bub/Treier,* Handbuch der Geschäfts- und Wohnraummiete, 3. Aufl. 1999, VIII Rn. 213.
15 AG Münster WuM 1993, 550.
16 LG Freiburg WuM 1993, 553f.
17 AG Hannover WuM 1993, 551f.
18 LG Regensburg WuM 1993, 545; AG Recklinghausen WuM 1993, 546f.
19 *Fischer* in *Bub/Treier,* Handbuch der Geschäfts- und Wohnraummiete, 3. Aufl. 1999, VIII Rn. 211.
20 LG Wuppertal WuM 1993, 548; AG Hamburg WuM 1993, 549; LG Stuttgart WuM 1993, 544.
21 LG Frankenthal/Pfalz WuM 1993, 547f.
22 LG Stuttgart WuM 1993, 544.
23 LG Köln WuM 1993, 543; AG Lörrach WuM 1993, 543.
24 LG Köln WuM 1993, 460f.
25 AG Kassel WuM 1993, 541.
26 *Fischer* in *Bub/Treier,* Handbuch der Geschäfts- und Wohnraummiete, 3. Aufl. 1999, VIII Rn. 215.
27 MK/*Giebel* Rn. 21.

einer analogen Anwendung von § 99 Abs. 2, s. § 99 Rn. 14. Hat das Landgericht als Berufungs- oder Beschwerdegericht entschieden, ist kein Rechtsmittel statthaft (§ 567 Abs. 3 S. 1).

93c *Kosten bei Klage auf Anfechtung der Vaterschaft* **[1]Hat eine Klage auf Anfechtung der Vaterschaft Erfolg, so sind die Kosten gegeneinander aufzuheben. [2]§ 96 gilt entsprechend.**

I. Normzweck

1 Die Vorschrift diente bis zum Inkrafttreten des KindRG am 1. Juli 1998 ausschließlich der **Kostengerechtigkeit.** Die möglichen Parteien eines Anfechtungsverfahrens, das waren allein der Ehemann, an dessen Stelle seine Eltern sowie das Kind, hatten den zu beseitigenden Rechtsschein nicht gesetzt. Die **Neufassung** der Vorschrift war erforderlich, weil die Rechtsinstitute der Anfechtung der Ehelichkeit und der Anfechtung der Anerkennung der Vaterschaft zur einheitlichen Anfechtung der Vaterschaft zusammengefasst wurden (§§ 1592, 1599 BGB nF). Nunmehr ist auch die Mutter anfechtungsberechtigt (§ 1600 BGB nF). Die nach Art. 5 Nr. 3 des Entwurfs eines Gesetzes zur Reform des Kindschaftsrechts[1] vorgesehene Möglichkeit, unter bestimmten Voraussetzungen der Mutter die Kosten ganz oder teilweise aufzuerlegen, wurde nach ablehnender Stellungnahme durch den Bundesrat[2] gestrichen. Kostengerechtigkeit soll die Bestimmung weiterhin verwirklichen, wenn auch die oben angestellte Überlegung nicht mehr in jedem Fall zutrifft. Eine andere Frage ist, ob nach erfolgreicher Anfechtungsklage ein materiell-rechtlicher Kostenerstattungsanspruch gegen den Erzeuger besteht.[3]

2 **Anwendbar** ist die Vorschrift nur, wenn die Vaterschaft gemäß § 640 Abs. 2 Nr. 2 nF angefochten wird. In jedem Fall gilt: nur bei einer **erfolgreichen** Klage ist § 93c einschlägig. Haben die Parteien das Verfahren übereinstimmend für erledigt erklärt, ist nach § 91a Abs. 1 iVm. § 93c zu entscheiden.[4] Ansonsten ist nach § 91 zu entscheiden. Die Vorschrift ist nicht einschlägig, wenn die Anfechtung der Vaterschaft nach § 1600e Abs. 2 BGB nF beim Familiengericht erfolgt. In Verfahren der freiwilligen Gerichtsbarkeit ist § 13a FGG anzuwenden.

II. Kostenentscheidung

3 Die Vorschrift hat zwingenden Charakter. In einschlägigen Fällen trägt daher jede Partei ihre außergerichtlichen Kosten selbst, da eine Erstattung nicht vorgeschrieben ist. Dies muss auch für die Kosten prozessbezogener Privatgutachten gelten.[5] Die Gerichtskosten, und damit auch die Kosten gerichtlich erholter Gutachten, trägt gemäß § 92 Abs. 1 S. 2 jede Partei zur Hälfte. Nach § 96 können allerdings einer Partei die Kosten erfolgloser Angriffs- oder Verteidigungsmittel auferlegt werden; § 93c S. 2 erklärt die Norm für anwendbar. Dies hätte es nicht bedurft. Als allgemeine Kostenvorschrift ist § 95 ebenso anwendbar. Für die Kosten der **Nebenintervention** (§ 101) können Besonderheiten nur bei erfolgreicher Klage in Frage kommen. Es erscheint sachgerecht, diese Kosten dem Nebenintervenienten voll aufzuerlegen, wenn er der unterlegenen Partei beigetreten ist. Die zu Gunsten des Unterlegenen eingeführte Besserstellung durch § 93c hat im Verhältnis zum Streithelfer außer Betracht zu bleiben.[6] Zwar hat der Gesetzgeber die Vorschrift des § 93c nicht ausdrücklich von der Regelung des § 101 Abs. 1 ausgenommen. Doch mag dies seinen Grund darin haben, dass eine Streitverkündung in Kindschaftssachen recht selten ist. Ist der Nebenintervenient hingegen der obsiegenden Partei beigetreten, besteht kein Anlass, aus Billigkeitsgründen von der sich aus §§ 101 Abs. 1, 93c S. 1 ergebenden Kostenfolge, Nebenintervenient und Unterliegender tragen die Kosten der Nebenintervention je zur Hälfte, abzuweichen. **Anfechtbar** ist die Kostenentscheidung nur zusammen mit der Hauptsacheentscheidung (§ 99 Abs. 1). Hiervon ist auch dann keine Ausnahme zu machen, wenn das Gericht § 93c fehlerhaft nicht angewendet hat, s. § 99 Rn. 13.[7]

III. Auslagen

4 Erscheint eine Klage erfolgversprechend, darf dem Kläger ein Auslagenvorschuss nach § 17 GKG nur in Höhe der Hälfte der Gutachtenkosten auferlegt werden.[8] Es wäre unbillig, bei zu erwartender Kostenaufhebung den Kläger zu Gunsten der Staatskasse auf den unsicheren Ausgleichsanspruch gegen den Beklagten zu verweisen.

93d *Kosten bei Unterhaltsklagen* **Hat zu einem Verfahren, das die gesetzliche Unterhaltspflicht betrifft, die in Anspruch genommene Partei dadurch Anlass gegeben, dass sie der Verpflichtung, über ihre Einkünfte und ihr Vermögen Auskunft zu erteilen, nicht oder nicht vollständig nachgekommen ist, so können ihr die Kosten des Verfahrens abweichend von den Vorschriften**

---

[1] BT-Drucks. 13/4899 S. 15.

[2] BR-Drucks. 180/96 S. 29f.

[3] Vgl. LG Düsseldorf FamRZ 1993, 997; LG Lüneburg NJW-RR 1991, 711; AG Neustadt a. d. W. FamRZ 1998, 1245ff.

[4] OLG Brandenburg FamRZ 2001, 503.

[5] Zutreffend OLG Hamm Rpfleger 1979, 142.

[6] OLG Koblenz DAVorm. 1976, 633.

[7] OLG Frankfurt/M MDR 1982, 152.

[8] OLG Hamburg DAVorm. 1991, 678.

der §§ 91 bis 93a und 269 Abs. 3 Satz 2 nach billigem Ermessen ganz oder teilweise auferlegt werden.

I. Normzweck

Die bis zum 30. Juni 1998 geltende Fassung der Vorschrift musste mit dem Inkrafttreten des KindUG entfallen; das materielle Recht (§ 1613 Abs. 3 BGB nF) sieht eine Stundung oder einen Erlass rückständigen Unterhalts als Gestaltungsbefugnis des Richter nicht mehr vor. Mit der Neuregelung will der Gesetzgeber die außergerichtliche Klärung von Unterhaltsansprüchen fördern.[1] Das Gericht kann nun dem Auskunftspflichtigen die Kosten auch dann auferlegen, wenn dieser ganz oder teilweise im Unterhaltsprozess obsiegt. Voraussetzung ist, dass der Auskunftspflichtige keine, eine falsche oder unvollständige Auskunft erteilt hat **und** diese Auskunftspflichtverletzung den Unterhaltsrechtsstreit veranlasst hat, s. § 93 Rn. 2. Die Auskunftspflicht umfasst nicht nur die Einkünfte, sondern auch die Abzüge und Belastungen.[2] Die drohende Kostenfolge soll den Verpflichteten zur außergerichtlichen Erfüllung der Auskunftspflicht anhalten und dem Berechtigten in geeigneten Fällen den umständlichen Weg der Stufenklage (§ 254) ersparen. **Anwendbar** ist die Vorschrift bei den Auskunftspflichten nach §§ 1361 Abs. 4 Satz 4, 1580 und 1605 BGB, die sowohl den Unterhaltsschuldner wie -gläubiger treffen. Die Vorschrift verdrängt als Sondernorm die allgemeinen Kostenvorschriften.[3] Sie betrifft nur Streitigkeiten zwischen Personen, zwischen denen gesetzliche Unterhaltspflichten bestehen, nicht dagegen einen Streit mit dem Drittschuldner.[4] 1

II. Sonstiges

Nach billigem Ermessen kann das Gericht bei der Kostenentscheidung von den §§ 91 bis 93a, 269 Abs. 3 S. 2 abweichen. Es wird dabei vor allem das vorprozessuale Verhalten der Parteien berücksichtigen. Wird die Stufenklage in der Auskunftsstufe für erledigt erklärt und in der Leistungsstufe zurückgenommen, so sind dem Beklagten die Kosten (ganz oder teilweise) aufzuerlegen, wenn er Anlass zur Klage durch nicht vollständige Auskunft gegeben hatte.[5] Gemäß § 99 Abs. 1 ist die isolierte **Anfechtung** der Kostenentscheidung unzulässig. Sie kann nur zusammen mit der Entscheidung in der Hauptsache mit dem hierfür statthaften Rechtsmittel angegriffen werden. 2

94 *Kosten bei übergegangenem Anspruch*

Macht der Kläger einen auf ihn übergangenen Anspruch geltend, ohne dass er vor der Erhebung der Klage dem Beklagten den Übergang mitgeteilt und auf Verlangen nachgewiesen hat, so fallen ihm die Prozesskosten insoweit zur Last, als sie dadurch entstanden sind, dass der Beklagte durch die Unterlassung der Mitteilung oder des Nachweises veranlasst worden ist, den Anspruch zu bestreiten.

I. Normzweck

Die Vorschrift ergänzt den bürgerlichrechtlichen Schuldnerschutz der §§ 404ff. BGB. Ist der Schuldner nach materiellem Recht einem neuen Gläubiger gegenüber zur Leistung nur verpflichtet, wenn dieser die Abtretung nachweist, so dürfen dem Schuldner keine kostenrechtlichen Nachteile erwachsen, wenn er sich prozessual entsprechend verhält. 1

II. Übergegangener Anspruch

Jeglicher Rechtsgrund eines Anspruchs ist von der Vorschrift erfasst, ebenso jeder Grund des Übergangs. § 94 ist **auch** anwendbar, wenn lediglich die **Prozessführungsbefugnis** übergegangen ist; dies gilt für die gesetzliche wie die gewillkürte Prozessstandschaft (s. § 51 Rn. 19ff. u. 25ff.). Der Anspruch muss **vor Erhebung der Klage** übergegangen sein. Dies ergibt sich aus dem Wortlaut und entspricht der ganz überwiegenden Ansicht.[1] Die abweichende Ansicht verweist darauf, dass nach einem Parteiwechsel die Vorschrift gegenüber dem neuen Kläger ebenfalls anzuwenden ist.[2] Sie verkennt, dass mit dem Parteiwechsel das Prozessrechtsverhältnis mit dem bisherigen Kläger endet, ein neues mit dem nunmehrigen Kläger beginnt. 2

III. Unterlassene Mitteilung

Die unterlassene Mitteilung bzw. der unterlassene Nachweis nach entsprechendem Verlangen des Beklagten muss **ursächlich** gewesen sein für das Bestreiten. Nicht anwendbar ist deshalb § 94, wenn der Beklagte beispielsweise erfolglos Erfüllung behauptet. In der Praxis erkennt häufig der Beklagte nach erfolgreicher Beweiserhebung über die Befugnis des Klägers dessen Anspruch an. Für die Kostenentscheidung gilt dann § 94 und nicht § 93, weil der Beklagte nicht sofort anerkannt hat. 3

---

[1] BT-Drucks. 13/7338 S. 33.
[2] OLG Brandenburg FamRZ 2003, 239f.
[3] OLG Naumburg FamRZ 2003, 239.
[4] LAG Düsseldorf MDR 2002, 1094.
[5] OLG Naumburg FamRZ 2001, 844f.; vgl. auch OLG Nürnberg JurBüro 2001, 265.
[1] Statt vieler MK/*Belz* Rn. 3.
[2] B/L/*Hartmann* Rn. 6.

IV. Entscheidung

4 Das Gesetz räumt dem Gericht kein Ermessen ein. So weit die Voraussetzungen der Vorschrift erfüllt sind, hat der Kläger die Kosten zu tragen. So weit zusätzliche Kosten entstanden sind, für die diese Voraussetzungen nicht gegeben sind, kommt es zur **Kostentrennung.** Die Entscheidung lautet dann etwa: „Die Kosten des Rechtsstreits hat der Beklagte zu tragen, bis auf die Kosten der Beweisaufnahme; diese hat der Kläger zu tragen". Nach § 91 insgesamt ist allerdings zu entscheiden, wenn ausscheidbare Kosten durch das Bestreiten nicht entstanden sind.[3] Für die Anfechtung der Entscheidung gilt § 99.

95 *Kosten bei Säumnis oder Verschulden* **Die Partei, die einen Termin oder eine Frist versäumt oder die Verlegung eines Termins, die Vertagung einer Verhandlung, die Anberaumung eines Termins zur Fortsetzung der Verhandlung oder die Verlängerung einer Frist durch ihr Verschulden veranlasst, hat die dadurch verursachten Kosten zu tragen.**

I. Normzweck

1 Durch kostenrechtliche Ahndung einer Prozessverschleppung sollen die Parteien zu zügiger Verfahrensführung veranlasst werden. In der Praxis wird von der Vorschrift selten Gebrauch gemacht. § 95 tritt zurück, wenn die betroffene Partei die Kosten des Verfahrens bereits nach §§ 91, 92 voll oder teilweise zu tragen hat oder § 98 S. 2 einschlägig ist. Auch §§ 238 Abs. 4, 344 gehen als speziellere Bestimmungen vor. Bei Rücknahme einer Klage sollte indessen § 95 neben § 269 Abs. 3 S. 2 angewendet werden.[1] Dies erscheint sachgerecht und korrespondiert damit, dass in Rechtsprechung[2] und Kommentarliteratur[3] zunehmend befürwortet wird, bei einer Klagerücknahme auch § 344 anzuwenden (s. a. § 269 Rn. 12).

II. Fallgruppen

2 Zwei Fallgruppen sind zu trennen: bei der Versäumung eines Termins (§§ 216, 220 Abs. 2) oder einer Frist (§§ 221 ff.) ist die kostenrechtliche Sanktionierung **verschuldensunabhängig.** Die zweite Fallgruppe erfasst die Veranlassung zur Verlegung eines Termins, Vertagung einer Verhandlung, Anberaumung eines Fortsetzungstermins oder Verlängerung einer Frist. Bei dieser Fallgruppe darf und muss nur bei **schuldhaftem** Verhalten der Partei nach § 95 entschieden werden; leichte Fahrlässigkeit reicht aus (§ 276 Abs. 1 BGB). Das Verschulden des gesetzlichen Vertreters oder Prozessbevollmächtigten steht auch hier dem Verschulden der Partei gleich (§§ 51 Abs. 2, 85 Abs. 2). Für beide Fallgruppen gilt: die Bestimmung ist entsprechend auf **durch Sachverständige angesetzte Termine** und Fristen anwendbar; ausscheidbare Kosten müssen durch das Verhalten der Partei angefallen sein.

III. Entscheidung

3 Dem Gericht verbleibt kein Ermessen. Auf die Kostenfolge ist zwingend auch ohne Antrag in der abschließenden Entscheidung, in der Regel im Endurteil, zu erkennen.[4] Die Bestimmung schreibt abweichend vom Grundsatz einheitlicher Kostenentscheidung eine **Kostentrennung** vor. Es ist daher nicht zu quoteln, sondern etwa so zu tenorieren: „Der Beklagte trägt die wegen seiner Säumnis im Termin vom ... entstandenen Kosten der Parteien sowie die dadurch ebenfalls entstandenen Auslagen und Gebühren der Zeugen X und Y. Die übrigen Kosten hat der Kläger zu tragen". Die Kostenentscheidung kann nicht selbstständig angefochten werden (§ 99 Abs. 1). Wurde fehlerhaft durch isolierten Kostenbeschluss entschieden, ist allerdings sofortige Beschwerde statthaft. Dies folgt aus entsprechender Anwendung der §§ 91 a Abs. 2, 99 Abs. 2.

IV. Verzögerungsgebühr nach § 38 GKG

4 Nach § 38 GKG, KV Nr. 1901 (vor Inkrafttreten des KostRMoG § 34 Abs. 1 GKG) kann das Gericht von Amts wegen dem Kläger oder Beklagten, unabhängig von einer Entscheidung nach § 95, eine Verzögerungsgebühr in Höhe einer viertel bis zu einer vollen Gebühr auferlegen, wenn durch dessen Verschulden die Vertagung oder Anberaumung eines neuen Termins zur mündlichen Verhandlung nötig wurde oder durch nachträgliches Vorbringen die Erledigung des Rechtsstreits verzögert wurde.[5] Dass der Rechtsstreit ohne das nachträgliche Vorbringen entscheidungsreif gewesen wäre, ist nicht Voraussetzung.[6] Die Praxis macht von dieser Möglichkeit nur zurückhaltend Gebrauch;[7] sie hält eine Verzögerungsgebühr auch dann für unzulässig, wenn im Scheidungsverfahren kurz vor Schluss der mündlichen Verhandlung eine (weitere) Folgesache anhängig gemacht wird.[8] Der betroffenen Partei ist vor Erlass des zu begründenden Beschlusses rechtliches Gehör zu gewähren. Gebührenfreiheit oder bewilligte Prozesskostenhilfe stehen einer Auferle-

---

[3] MK/*Giebel* Rn. 8.
[1] AA MK/*Giebel* Rn. 1.
[2] OLG Köln MDR 1993, 1023.
[3] MK/*Becker-Eberhard* Rn. 42.
[4] OLG Düsseldorf MDR 1990, 832.
[5] Ausführlich *Jürgen Schmidt* MDR 2001, 308 ff.
[6] OLG München NJW-RR 2001, 71 f.
[7] OLG Düsseldorf NJW-RR 1999, 859 f.
[8] OLG Düsseldorf FamRZ 1997, 692.

gung nicht entgegen. Gegen den Beschluss findet die Beschwerde statt, wenn der Wert des Beschwerdegegenstandes 200 Euro übersteigt oder das Ausgangsgericht die Beschwerde zugelassen hat (§ 69 Satz 1 GKG). Das Beschwerdeverfahren ist gebührenfrei, Kosten werden nicht erstattet (§§ 69 Satz 2, 66 Abs. 8 GKG).

96 *Kosten erfolgloser Angriffs- oder Verteidigungsmittel* **Die Kosten eines ohne Erfolg gebliebenen Angriffs- oder Verteidigungsmittels können der Partei auferlegt werden, die es geltend gemacht hat, auch wenn sie in der Hauptsache obsiegt.**

I. Normzweck

1 Die Vorschrift ist Ausdruck des Sparsamkeitsgrundsatzes (vgl. § 91 Rn. 8)[1] und dient der Kostengerechtigkeit. Anwendbar ist sie gegenüber der ganz oder teilweise obsiegenden Partei in allen Verfahren nach der ZPO, auch im Verfahren der einstweiligen Verfügung.[2] Ausdrücklich ist sie **entsprechend anwendbar** bei Ehelichkeitsanfechtungsklagen (§ 93c S. 2), sowie nach einstweiligen Anordnungsverfahren im Rahmen der Kostenentscheidung der Hauptsache in Ehesachen (§ 620g Halbs. 2; dadurch können auch nach Antragsrücknahme unbillige Ergebnisse vermieden werden[3]), Kindschaftssachen (§ 641d Abs. 4 Halbs. 2), Verfahren über die Leistung eines Prozesskostenvorschusses in Unterhaltssachen (§§ 127a Abs. 2 S. 2, 620g Halbs. 2) oder in Familiensachen des § 621 Abs. 1 Nr. 1 bis 3, 6 bis 9 (§§ 621f. Abs. 2 S. 2, 620g Halbs. 2). Eine Lösung nach § 96 bietet sich auch dann an, wenn der Antragsteller eines **selbstständigen Beweisverfahrens** auf Grund des Beweisergebnisses nachfolgend nur einen Teilbetrag des Streitwerts im Hauptsacheverfahren rechtshängig macht (s. a. Rn. 3, § 91 Rn. 65ff. § 91a Rn. 3).[4] **Kein Raum** ist für § 96 bei einer **Klage- oder Rechtsmittelrücknahme;** es fehlt ein Obsiegen in der Hauptsache (anders *Foerste* § 269 Rn. 12). Die zwingenden Regelungen nach §§ 269 Abs. 3 S. 2, 516 Abs. 3 S. 1, 565 gehen vor. Gleiches gilt für die speziellen Regelungen in §§ 75 S. 2, 238 Abs. 4 und 344.[5]

II. Erfolglose Angriffs- und Verteidigungsmittel

2 Angriffs- oder Verteidigungsmittel ist jedes Vorbringen verfahrens- oder materiellrechtlicher Art, das der Durchsetzung oder Abwehr der erhobenen Klage zu dienen bestimmt ist. Behauptungen, Bestreiten, Einwendungen, Einreden, Beweismittel und -einreden werden in **§ 282 Abs. 1** beispielhaft genannt. Es ist kein Grund dafür ersichtlich, dass der Gesetzgeber die Begriffe bei § 96 enger fassen wollte. Reine Rechtsausführungen scheiden aus. Beschränkt sich allerdings der Vortrag eines Klägers zunächst auf Verletzung vertraglicher Pflichten und stützt er sodann seinen Anspruch auch auf unerlaubte Handlung – und bringt er hierzu weiteren Sachvortrag – so kann das Gericht nach § 96 entscheiden. Klage, Widerklage und Rechtsmittel sind **keine** Angriffs- oder Verteidigungsmittel; sie sind der Angriff oder die Verteidigung selbst. **Ohne Erfolg** ist das Angriffs- oder Verteidigungsmittel geblieben, wenn es die Sachentscheidung nicht im Sinne der Partei zu beeinflussen vermochte. Voraussetzung ist weiter, dass überhaupt ausscheidbare **Kosten verursacht** wurden.

III. Entscheidung

3 Das Gericht hat von Amts wegen die Anwendung der Vorschrift zu prüfen. Fehlendes Verschulden an der Erfolglosigkeit steht der Normanwendung nicht entgegen, ist aber neben sonstigen Gesichtspunkten bei der Ausübung des Ermessens zu berücksichtigen. Die Entscheidung ist im Urteil zu treffen. Wendet das Gericht die Vorschrift an, hat es die **Kosten,** abweichend vom Grundsatz der Kosteneinheit (vgl. § 92 Rn. 3), zu **trennen.** Es darf nicht eine Quote oder ein Prozentsatz auferlegt werden. Es sind vielmehr die Kosten für das zu bezeichnende Angriffs- bzw. Verteidigungsmittel der ganz oder teilweise obsiegenden Partei zu überbürden. Ist über die Kosten eines vorangegangenen **selbstständigen Beweisverfahren** (s. Rn. 1) zu entscheiden, ist bei nur teilweiser Identität der Gegenstände zu beachten: das Gericht der Hauptsache darf nicht über die anteiligen Kosten des Beweisverfahrens entscheiden, die für die nicht ins Hauptsacheverfahren eingeführten Mängel entstanden sind. Insoweit ist ausschließlich das Gericht des Beweisverfahrens nach § 494a Abs. 2 zuständig.[6]

---

[1] Vgl. statt vieler OLG Frankfurt/M JurBüro 1991, 249f.

[2] MK/*Giebel* Rn. 2.

[3] OLG Düsseldorf FamRZ 1994, 1187.

[4] OLG Koblenz JurBüro 1993, 552.; (ebenso bei einem selbstständigen Beweisverfahren über bereits verjährte Ansprüche) AG Bielefeld NJW-RR 2000, 1240.

[5] Zö/*Herget* Rn. 1.

[6] LG Osnabrück BauR 1995, 281f.; aM (erhebt der Ast. nach Fristsetzung nur wegen eines Teiles des Streitgegenstandes Klage, so ergeht keine Entscheidung nach § 494a; es entscheidet das Gericht der Hauptsachverfahrens. Insoweit gilt die Kostenentscheidung des Hauptsacheverfahrens; darüberhinaus ist entsprechend § 96 zu entscheiden) OLG Düsseldorf NJW-RR 1998, 358f.

97 *Rechtsmittelkosten* **(1) Die Kosten eines ohne Erfolg eingelegten Rechtsmittels fallen der Partei zur Last, die es eingelegt hat.**

(2) Die Kosten des Rechtsmittelverfahrens sind der obsiegenden Partei ganz oder teilweise aufzuerlegen, wenn sie auf Grund eines neuen Vorbringens obsiegt, das sie in einem früheren Rechtszug geltend zu machen imstande war.

(3) Absatz 1 und 2 gelten entsprechend für Familiensachen der in § 621 Abs. 1 Nr. 1 bis 3, 6, 7, 9 bezeichneten Art, die Folgesachen einer Scheidungssache sind, sowie für Lebenspartnerschaftssachen der in § 661 Abs. 1 Nr. 5 und 7 bezeichneten Art, die Folgesache einer Aufhebungssache sind.

I. Normzweck

1 Die Vorschrift verfolgt in Absatz 1 den Gedanken, dass der die Kosten zu übernehmen hat, der sie veranlasst hat.[1] Absatz 2 dient der Verfahrensbeschleunigung, indem derjenige „bestraft" wird, der den Prozess verschleppt[2] oder nicht sorgfältig geführt hat. Absatz 3 bezweckt die Einheitlichkeit der Kostenbehandlung, wenn in Scheidungsverfahren Entscheidungen in FGG-Folgesachen angefochten werden.[3] Alle Absätze ermöglichen eine **Kostentrennung** und verlassen damit den Grundsatz einheitlicher Kostenentscheidung (vgl. § 92 Rn. 3).

2 **Anzuwenden** sind die Vorschriften grundsätzlich in allen Rechtsmittelverfahren nach der ZPO, nach Absatz 3 auch in den genannten Verfahren der freiwilligen Gerichtsbarkeit. Der Begriff Rechtsmittel ist weit auszulegen. Neben den im Dritten Buch aufgeführten Rechtsmitteln sind auch erfasst die Rechtsbehelfe der Erinnerung (§ 11 RpflG)[4] und des Einspruchs, wenn dieser nach § 341 Abs. 1 S. 2 oder § 345 verworfen wird. Im Beschwerdeverfahren nach § 11 RVG (früher § 19 BRAGO) ist eine Kostenentscheidung zu treffen. Die erfolglose Beschwerde ist gebührenpflichtig.[5] Bei Erinnerung und Beschwerde ist § 97 **unanwendbar,** wenn auf Grund ausdrücklicher Regelung Kosten nicht erstattet werden. Dies ist etwa der Fall bei Angriffen gegen den Kostenansatz (§ 66 Abs. 8 GKG), die Festsetzung des Gebührenstreitwertes (§ 68 Abs. 3 GKG) und Entscheidungen im PKH-Verfahren (§ 127 Abs. 4). Im Hinblick auf KV Nr. 1811 ist bei teilweiser Verwerfung oder Zurückweisung im PKH-Verfahren jedenfalls klarstellend über die Erhebung der Gerichtsgebühr zu entscheiden. Die genannten besonderen Vorschriften gelten nach ihrem Wortlaut nicht für eine unstatthafte weitere Beschwerde. Wird dieses unzulässige Rechtsmittel eingelegt, ist es mit einer Kostenentscheidung nach § 97 Abs. 1 zu verwerfen.[6] § 97 ist nur in **kontradiktorischen** Verfahren anwendbar, mithin in solchen Verfahren, die ein Streitverhältnis zwischen den Parteien zum Inhalt haben. Dies ist auch der Fall bei Beschwerden in Verfahren der Ablehnung des Richters nach § 46.[7] Es stehen sich hier Gericht und eine Partei gegenüber. Besonderheiten gelten auch bei **unselbstständigen Anschlussrechtsmitteln.** Mit dem BGH[8] sind sie nicht als eigenständige Rechtsmittel, sondern als angriffsweise wirkende Anträge innerhalb des fremden Rechtsmittels einzustufen. Der Führer des Hauptrechtsmittels hat deshalb auch die Kosten des Anschlussrechtsmittels (ohne besonderen Ausspruch hierüber) nach § 516 Abs. 3 S. 1 zu tragen, wenn er sein Rechtsmittel **vor** Beginn der mündlichen Verhandlung zurücknimmt;[9] eine (wegen § 516 Abs. 1 nicht notwendige) Zustimmung des Gegners ist unbeachtlich.[10] Nach § 91a kann in diesen Fällen nicht entschieden werden.[11] Hingegen ist § 97 Abs. 1 entsprechend für das Anschlussrechtsmittel anzuwenden (und insgesamt nach § 92 Abs. 1 zu quoteln, s. Rn. 6), wenn der Führer des Hauptrechtsmittels **nach** Beginn der mündlichen Verhandlung **mit Zustimmung** des Gegners sein Rechtsmittel zurücknimmt.[12] Gleiches gilt, wenn das Hauptrechtsmittel bei der Anschließung bereits zurückgenommen war,[13] von vornherein das Hauptrechtsmittel[14] oder das Anschlussrechtsmittel[15] unzulässig war oder sich bei Sachentscheidung das Anschlussrechtsmittel als unbegründet erweist.[16] Sofern Haupt- und Anschlussrechtsmittel ganz oder teilweise unbegründet sind, ist nach § 92 zu entscheiden.

II. Absatz 1

3 **1. Erfolgloses Rechtsmittel.** Zum Begriff Rechtsmittel vgl. Rn. 2. Es ist erfolglos, wenn es insgesamt unzulässig oder unbegründet ist. Unbegründet ist ein Rechtsmittel auch, wenn die angegriffene Entscheidung lediglich in einem Nebenpunkt abgeändert wird. Solche Nebenpunkte können die von Amts wegen (vgl.

---

1 *Maurer* NJW 1991, 72, 74.
2 MK/*Giebel* Rn. 1.
3 T/P/*Hüßtege* Rn. 19.
4 BGH NJW-RR 1989, 125 zur Vollstreckungserinnerung nach § 766: bei Erfolglosigkeit § 97 Abs. 1, bei Erfolg § 91.
5 OLG Koblenz AnwBl. 2003, 315f.
6 OLG Hamm AnwBl. 1994, 44f. zu § 5 Abs. 6 GKG.
7 BGH NJW 2005, 2233ff.
8 BGHZ 4, 229, 233, 235 = NJW 1952, 384; BGHZ 67, 305f. = JZ 1977, 105 = NJW 1977, 435 (LS).
9 BGHZ 4, 229, 238f. = NJW 1952, 384; Zö/*Gummer/Heßler* § 524 Rn. 43.
10 OLG Nürnberg NJW-RR 1994, 1343.
11 So aber OLG Frankfurt FamRZ 1993, 344; wie hier *Kalthoener/Büttner* NJW 1993, 1826, 1834.
12 BGHZ 4, 229, 241f. = NJW 1952, 384; *Maurer* NJW 1991, 72, 75.
13 BGHZ 80, 146, 149 = NJW 1981, 1790.
14 BGHZ 67, 305, 306f. = JZ 1977, 105; BGH NJW 1998, 2224f.; vgl. auch OLG Düsseldorf FamRZ 1999, 1674f.
15 BGHZ 86, 51, 52f. = NJW 1983, 578.
16 BGHZ 4, 229, 241 = NJW 1952, 384; BGHZ 67, 305f. = JZ 1977, 105.

Rn. 5) zu überprüfende erstinstanzliche Kostenentscheidung,[17] die Verurteilung zu Zinsen[18] oder die angeordnete Sicherheitsleistung[19] sein. Ausnahmsweise können die Kosten zur entscheidenden Frage werden, so dass der Erfolg in der erstinstanzlich als Hauptsache angesehenen Frage gegenüber dem Misserfolg im Kostenpunkt unbeachtlich bleibt. Beispiel: die Parteien haben erstinstanzlich nach Erfüllung durch den Beklagten den Rechtsstreit nach Schluss der mündlichen Verhandlung übereinstimmend für erledigt erklärt, gleichwohl wurde der Beklagte zur Leistung verurteilt; auf dessen Berufung hin wird zwar die Verurteilung zur Leistung aufgehoben, nicht aber der Kostenausspruch.[20] Auch die Zinsen können nicht mehr als Nebenpunkt eingestuft werden, wenn sie gegenüber dem Hauptsachebetrag nicht mehr verhältnismäßig geringfügig sind und der Rechtsmittelführer die Verurteilung zur Zahlung von Zinsen ganz oder im Wesentlichen erfolgreich angreift. Anderenfalls entstünde ein Wertungswiderspruch. Der BGH verneint eine verhältnismäßig geringfügige Zuvielforderung iSd. § 92 Abs. 2, wenn die nicht zugesprochenen Zinsen gegenüber der Hauptsache ins Gewicht fallen, s. § 92 Rn. 6.[21] Es ist daher von einem Teilerfolg (vgl. Rn. 6) auszugehen, wenn das Rechtsmittel zu einer gegenüber dem Hauptsachebetrag erheblichen Verminderung oder zum Wegfall der zu zahlenden Zinsen führt. Erfolglos ist der Angriff des Beklagten gegen ein **Grundurteil** nach § 304, wenn das Rechtsmittelgericht nach § 538 Abs. 2 Nr. 4 zurückverweist; ihm sind die Kosten des Berufungsverfahrens aufzuerlegen.[22] Ein späterer Sieg des Beklagten im Betragsverfahren, zB weil das Mitverschulden des Klägers nach § 254 BGB die Ersatzpflicht des Beklagten entfallen lässt,[23] führt nicht zu einer nachträglichen Änderung dieser Kostenentscheidung.[24] Hat der Kläger allerdings durch Anschlussberufung gegen das Grundurteil eine für ihn (noch) günstigere Entscheidung erreicht, ist im Berufungsurteil die Kostenentscheidung dem Schlussurteil vorzubehalten.[25] Verfolgte der Kläger (zulässigerweise) mit der Berufung das Ziel, dass seine Klage als unzulässig statt als unbegründet abgewiesen wird, hat er bei einem „Erfolg" gleichwohl nach § 91 Abs. 1 Satz 1 die Kosten zu tragen.[26] Wird die Nichtzulassungsbeschwerde (§ 544) zum Teil zurückgewiesen, ergeht insoweit eine Kostenentscheidung zum Nachteil der beschwerdeführenden Partei.[27]

2. Kostentragung durch Dritte. Dem **Nebenintervenienten** können die Kosten eines erfolglosen Rechts- 4
mittels nur auferlegt werden, wenn die unterstützte Partei weder ein Rechtsmittel eingelegt, noch sich am Rechtsmittelverfahren beteiligt hat[28] (vgl. § 101 Rn. 2). Denn der Nebenintervenient ist nicht Partei in einem Rechtsstreit. Etwas anderes gilt nur bei streitgenössischer Nebenintervention gemäß § 101 Abs. 2. Hat jemand **ohne Vertretungsmacht** ein Rechtsmittel eingelegt, ist er mit den Kosten der Verwerfung wegen dessen Unzulässigkeit zu belasten, obwohl der voll machtlose Vertreter nicht Partei ist.[29]

3. Überprüfung der erstinstanzlichen Kostenentscheidung. Das Rechtsmittelgericht hat stets von Amts 5
wegen den Kostenausspruch der angefochtenen Entscheidung zu überprüfen. Dieser ist gegebenenfalls auch bei erfolglosem Rechtsmittel abzuändern.[30] Das gilt sogar, wenn dadurch ein nicht mehr am Verfahren beteiligter Streitgenosse betroffen wird.[31] Freilich ist dem Ausgeschiedenen vorher rechtliches Gehör zu gewähren, sofern die Abänderung ihm gegenüber nachteilig ist.[32] In **Scheidungssachen** kann allerdings in die erstinstanzliche Kostenentscheidung nicht mehr eingegriffen werden, wenn sich der Angriff isoliert nur gegen eine Folgesache richtete (vgl. § 93a Rn. 4).[33]

4. Entscheidung. Die Kostenentscheidung lautet im Normalfall des § 97 Abs. 1: „Der Kläger (Beklagte) 6
hat die Kosten des Berufungsverfahrens (Revisionsverfahrens) zu tragen". Blieben die Rechtsmittel beider Parteien erfolglos, sind die Kosten des Rechtsmittelverfahrens nach § 92 zu quoteln oder gegeneinander aufzuheben. Maßgeblich dabei ist das Verhältnis der Teilstreitwerte. Dies gilt auch, wenn eine Partei ein unselbstständiges Anschlussrechtsmittel eingelegt hatte (vgl. Rn. 2). Für **erfolgreiche** Rechtsmittel enthält § 97 nur für den in Absatz 2 aufgeführten Sonderfall eine Regelung. Im Übrigen ist nach § 91 zu entscheiden. Richtete sich die erfolgreiche Berufung gegen die erstinstanzliche Entscheidung so weit sie den Rechtsmittelführer beschwerte, trägt der Gegner nach § 91 die Kosten des Rechtsstreits. Dies betrifft die Kosten beider Instanzen, auch wenn das nicht ausdrücklich ausgesprochen wird. Richtete sich der erfolgreiche Angriff nur gegen einen Teil der nachteiligen Entscheidung, ist nach §§ 91, 92 zu entscheiden. Der Gegner des Rechtsmittelführers hat die Kosten des Rechtsmittelverfahrens zu tragen, die Kosten der ersten Instanz sind nach dem nunmehrigen Ergebnis zu quoteln bzw. gegeneinander aufzuheben. Führt das Rechtsmittel auch nur zur teilweisen Aufhebung und Zurückverweisung, ist die Kostenentscheidung der unteren Instanz vor-

---

17 BGH MDR 1959, 209f.; MDR 1993, 37f.; OLG Karlsruhe JurBüro 1994, 682.
18 BayObLGZ 1957, 146, 157; Zö/*Herget* Rn. 1.
19 MK/*Giebel* Rn. 3.
20 OLG Karlsruhe JurBüro 1994, 678f.
21 BGH NJW 1988, 2173, 2175.
22 BGHZ 20, 397, 399 = NJW 1956, 1235; BGHZ 54, 21, 29 = NJW 1970, 1416.
23 *Palandt/Heinrichs* § 254 BGB Rn. 52.
24 BGHZ 20, 397, 399 = NJW 1956, 1235.
25 BGH VRS 16, 404, 406; Zö/*Herget* Rn. 2.
26 OLG Zweibrücken FamRZ 2000, 238ff.
27 BGH NJW 2004, 1048.
28 BGHR Streithelfer 1
29 BGH LM Nr. 4.
30 BGH WM 1981, 46, 48.
31 BGH MDR 1981, 928.
32 OLG Koblenz JurBüro 1993, 115f.
33 AM OLG Karlsruhe KostRspr. § 99 Nr. 55; Zö/*Herget* Rn. 6.

zubehalten, es sei denn, der Angriff richtete sich gegen ein Grundurteil (vgl. Rn. 3). Bei **teilweise erfolgreichem** Rechtsmittel ist nach § 92 Abs. 1 zu entscheiden.[34] Für die Verteilung der Kosten (des Rechtsstreits, nicht nur des Berufungsverfahrens) ist der Erfolg am gesamten Rechtsmittelstreitwert zu messen. § 97 Abs. 1 ist dabei anzuwenden, so weit der Rechtsmittelführer unterliegt. Die Kosten des Rechtsstreits (in beiden Instanzen) werden deshalb gegeneinander aufgehoben, wenn der Beklagte in erster Instanz voll unterlag und auf seine unbeschränkte Berufung beispielsweise die Verurteilung zu 40 000 DM auf 20 000 DM abgeändert wurde. Erreichte der Beklagte eine Abänderung auf 10 000 DM, ist im Verhältnis quoteln. Hat der Rechtsmittelführer zwar nicht in der Hauptsache, aber mit seinem (zulässigen) Angriff gegen die ihn wesentlich belastende Kostenentscheidung Erfolg, sind die Rechtsmittelkosten zu quoteln.[35]

7 Im Rechtsmittelverfahren nach erhobener **Stufenklage** ist zu berücksichtigen: verurteilt das erstinstanzliche Gericht in der Auskunftsstufe nur teilweise und weist es die Klage im Übrigen zurück, so ist nach beiderseitiger Berufung auch die Zahlungsklage Gegenstand des Rechtsmittelverfahrens, so weit die Zahlungsklage mit dem Auskunftsanspruch abgewiesen worden ist. Das gilt ungeachtet der Beschränkung der erstinstanzlichen Entscheidung auf die Auskunftsstufe. Bei der Quotelung hinsichtlich des Rechtsmittelverfahrens ist der Wert der (abgewiesenen) Zahlungsklage zu berücksichtigen.[36]

III. Absatz 2

8 **1. Allgemeines.** Die zwingende Vorschrift macht von Absatz 1 eine Ausnahme. Der im Rechtsmittelverfahren Obsiegende hat die Kosten dieser Instanz ganz oder teilweise zu tragen, wenn er nur deshalb obsiegt, weil er nunmehr etwas vorbringt, was er schon in der Vorinstanz hätte vortragen können. Das gilt auch, wenn nicht sicher feststeht, dass das Rechtsmittel ohne das neue Vorbringen erfolglos gewesen wäre.[37] In der Praxis wird die Vorschrift ganz überwiegend gegen den Rechtsmittelführer angewendet. Doch kann sie auch den Rechtsmittelgegner treffen, wenn dieser nur durch das bezeichnete Vorbringen erreicht, dass es bei der angegriffenen Entscheidung verbleibt. Notwendigerweise führt das abweichend vom Grundsatz der einheitlichen Kostenentscheidung in nahezu allen Fällen zur **Kostentrennung.** Die Kosten verschiedener Rechtszüge dürfen nicht gegeneinander aufgehoben werden, da sie verschieden hoch sind.[38] Die Vorschrift setzt keine Verschleppungsabsicht, aber doch **schuldhaftes Unterlassen** voraus.[39] Ist ein **Streithelfer** dem später siegreichen Kläger erst im zweiten Rechtszug beigetreten, so hat der Beklagte die Kosten der Streithilfe auch dann zu tragen, wenn dem Kläger die Kosten des zweiten Rechtszuges nach § 97 Abs. 2 auferlegt werden, s. § 101 Rn. 3.[40]

9 **2. Neues Vorbringen.** Zum Vorbringen zählen neben Tatsachenvortrag und Beweisantritt alle Angriffs- und Verteidigungsmittel (vgl. § 96 Rn. 2). Dazu gehört auch eine Klageänderung, wenn etwa der Kläger nach erfolgloser Leistungs- im zweiten Rechtszug zur erfolgreichen Auskunftsklage übergeht.[41] Nicht dazu zählen Rechtsausführungen und die Ergebnisse von von Amts wegen durchgeführter Beweisaufnahmen.[42] Das Vorbringen ist **neu,** wenn es erstmals in der Rechtsmittelinstanz in den Rechtsstreit eingeführt wird. Unbeachtlich ist, ob es der Gegenpartei bereits bekannt war. Ist das neue Vorbringen nach § 531 nicht zugelassen oder ausgeschlossen, kann nach § 97 Abs. 2 schon deshalb nicht entschieden werden, weil die Sachentscheidung darauf nicht beruht.

10 **3. Imstandesein.** Die Partei war im Stande, das neue Vorbringen im früheren Rechtszug geltend zu machen, wenn sie dazu nicht nur in der Lage war, sondern für eine sorgfältige und auf Förderung des Verfahrens iSd. § 282 bedachte Partei auch dazu **Anlass bestand. Verschulden** ihres gesetzlichen Vertreters oder Prozessbevollmächtigten ist der Partei nach § 51 Abs. 2, § 85 Abs. 2 zuzurechnen. Hat die Partei im Vertrauen auf eine anständige, wahrheitsgemäße Prozessführung durch den Gegner zunächst kein Beweismittel benannt, darf ihr das nicht zum Vorwurf gereichen.[43] Erhebt der Beklagte erst in zweiter Instanz die Einrede der Verjährung, ist dies vorwerfbar, wenn **Verjährung** unzweifelhaft eingetreten ist. Anders kann dies sein, wenn die Verjährung nicht eindeutig ist.[44]

11 **4. Entsprechende Anwendung.** § 97 Abs. 2 ist entsprechend anzuwenden, wenn eine Partei erst im höheren Rechtszug infolge eines erst hier eingetretenen Umstandes obsiegt, der nicht dem Bereich der Gegenpartei, sondern ihrem Bereich zuzurechnen ist und den die Partei bereits während des früheren Rechtszuges hätte schaffen bzw. erwirken können.[45] Das ist für den **Erfüllungseinwand,** der zur Begründetheit der Beschwerde im Vollstreckungsverfahren führt, von Bedeutung.[46] Dagegen lehnte der BGH eine analoge Anwendung ab, wenn der Obsiegende erst im **zweiten Rechtszug** eine materielle Voraussetzung für sein Obsiegen schafft, zB eine behördliche Genehmigung erwirkt, obwohl er dazu schon im ersten Rechtszug im

---

[34] RGZ 58, 315, 320; 73, 238, 244.
[35] OLG Köln VersR 1995, 358.
[36] BGH NJW 1995, 2229f.
[37] BGH NJW-RR 2005, 866f.
[38] Zö/*Herget* Rn. 12.
[39] MK/*Giebel* Rn. 21.
[40] OLG Hamm MDR 1994, 311f.
[41] OLG Karlsruhe JurBüro 1993, 619.
[42] OLG Karlsruhe OLGZ 1980, 384, 386.
[43] OLG Köln MDR 1973, 324f.
[44] BGH MDR 1974, 36f.
[45] BGHZ 31, 342, 350 = NJW 1960, 766, 768.
[46] OLG Frankfurt/M FamRZ 1994, 118.

Stande gewesen wäre.[47] Dies wird zu Recht kritisiert.[48] **In Scheidungssachen** kann die Vorschrift entsprechend angewendet werden, wenn der Scheidungsantrag verfrüht gestellt wurde, zum Zeitpunkt der Berufungsverhandlung jedoch das Trennungsjahr abgelaufen ist (vgl. § 93a Rn. 4).[49] Dies gilt nicht, wenn die Partei in erster Instanz erfolglos eine Härtescheidung begehrt hat.[50] Nach OLG Naumburg[51] hat der Träger der gesetzlichen Rentenversicherung die Kosten eines Rechtsmittelverfahrens dann zu tragen, wenn auf Grund einer neuen Rentenauskunft die Änderung der erstinstanzlichen Entscheidung erfolgt, die korrigierte Rentenauskunft bei Anwendung der im Rechtsverkehr erforderlichen Sorgfalt jedoch unschwer sofort hätte erteilt werden können und es dann keines Rechtsmittels bedurft hätte. **Nicht** einmal entsprechend ist die Vorschrift anwendbar, wenn der Obsiegende nur kraft einer Gesetzesänderung in höherer Instanz erfolgreich ist. Doch kann der Beklagte durch ein sofortiges Anerkenntnis die ihn sonst treffende Kostenlast abwehren (s. § 93 Rn. 20).[52]

IV. Absatz 3

Die Vorschrift ergänzt § 93a und vereinheitlicht die kostenrechtliche Behandlung isolierter Angriffe 12
gegen Entscheidungen von Folgesachen eines Scheidungsurteils. So weit zivilprozessuale Folgesachen betroffen sind, gelten die Vorschriften der Absätze 1 und 2 ohnehin. Nach § 97 Abs. 3 sind sie auch anwendbar, wenn nur oder auch Entscheidungen in Folgesachen angefochten werden, die der freiwilligen Gerichtsbarkeit zuzuordnen sind. Bei einer Beschwerderücknahme in einer FGG-Folgesache findet § 516 Abs. 3 bei einer prozessualen Gegnerschaft der Beteiligten Anwendung, nicht § 97 Abs. 3[53]

98

Vergleichskosten **[1]Die Kosten eines abgeschlossenen Vergleichs sind als gegeneinander aufgehoben anzusehen, wenn nicht die Parteien ein anderes vereinbart haben. [2]Das Gleiche gilt von den Kosten des durch Vergleich erledigten Rechtsstreits, soweit nicht über sie bereits rechtskräftig erkannt ist.**

I. Normzweck

Abweichend von § 308 Abs. 2, dehnt die Vorschrift die Herrschaft der Parteien auf das Kostenrecht aus. 1
Die Parteien können über die Kostenfrage bestimmen, wenn sie einen Vergleich schließen. Dies gilt für die Kosten des Vergleichs wie auch für die Kosten des durch den Vergleich erledigten Rechtsstreits; für letztere nur dann nicht, wenn bereits rechtskräftig hierüber entschieden ist. Darüber hinaus bezweckt die Vorschrift eine Vereinfachung in zweierlei Hinsicht. Zum einen ermöglicht sie eine Kostenfestsetzung nach §§ 103ff. ohne dass eine Kostengrundentscheidung (vgl. § 103 Rn. 1 u. 4) vorliegt. Zum anderen braucht das Gericht keine Kostenentscheidung treffen, wenn die Parteien darüber keine Einigung erzielt haben. Freilich wirkt diese letztgenannte Rechtsfolge in der Praxis mitunter kontraproduktiv. Will eine der Parteien das Ergebnis der Vorschrift vermeiden, scheitert der Vergleich insgesamt.

Anzuwenden ist die Vorschrift **unmittelbar** auf die in § 794 Abs. 1 Nr. 1 genannten Prozessvergleiche. 2
Erfasst sind damit auch Teilvergleiche;[1] erstreckt sich der Teilvergleich nur über einen Teil des Streitgegenstandes, so ist in der gerichtlichen Endentscheidung jede Partei mit dem halben Kostenanteil zu belasten, der dem Vergleichswert entspricht.[2] Beendet der Teilvergleich nach einem Teilurteil den Rechtsstreit, greift § 98 insgesamt und es erübrigt sich eine gerichtliche Kostenentscheidung.[3] Erfasst sind ebenso Vergleiche, die vor einem anderen als dem Vergleichsgericht anhängige Rechtsstreitigkeiten beenden. Dabei spielt es keine Rolle, ob vor dem Vergleichsgericht nach der ZPO verfahren wird, wenn nur ein zivilprozessualer Streit beendet wird. Gleiches gilt, wenn ein zivilprozessualer Vergleich ein Verfahren der freiwilligen Gerichtsbarkeit beendet, sofern die dortige Verfahrensbeendigung der Parteiherrschaft unterliegt.[4] Ein Prozessvergleich ist auch die im Zwangsvollstreckungsverfahren gerichtlich protokollierte Einigung. Dessen Kosten werden von § 788 Abs. 1 nur erfasst, wenn sie vom Schuldner ausdrücklich übernommen werden, weil sie keine notwendigen Kosten der Zwangsvollstreckung sind. Fehlt eine solche Abrede, sind die Kosten als gegeneinander aufgehoben anzusehen.[5] Bestimmen die Parteien in einem Prozessvergleich, dass die Kosten eines vorausgegangenen **selbstständigen Beweisverfahrens** gegeneinander aufgehoben werden, dann fallen die Kosten eines im Beweisverfahren eingeholten Gutachtens den Parteien je zur Hälfte zur Last. Dies gilt unabhängig davon,[6] ob die für ein selbstständiges Beweisverfahren aufgewandten Gerichts-

---

[47] BGH NJW 1954, 1200 (LS).
[48] OLG Frankfurt/M FamRZ 1994, 118f.; MK/*Giebel* Rn. 20; Zö/*Herget* Rn. 14.
[49] BGH NJW 1997, 1007f.; (keine analoge Anwendung allerdings, wenn beide Parteien die Scheidung verfrüht angestrebt haben) OLG Hamm FamRZ 1999, 726.
[50] OLG Hamm MDR 2000, 456.
[51] OLG Naumburg FamRZ 2002, 1631 (LS).
[52] BGHZ 37, 233, 246f. = NJW 1962, 1715.
[53] OLG Karlsruhe FamRZ 2002, 1052f.
[1] OLG Zweibrücken OLGZ 1983, 80f.
[2] Zö/*Herget* Rn. 2.
[3] T/P/*Hüßtege* Rn. 6.
[4] MK/*Belz* Rn. 2.
[5] BGH NJW 2007, 1213.
[6] OLG Hamm MDR 1994, 1051.

kosten außergerichtliche oder gerichtliche Kosten des nachfolgenden Rechtsstreits sind (vgl. § 91 Rn. 66). Vereinbaren die Parteien in einem gerichtlichen Vergleich Kostenaufhebung, sind auch die Gerichtskosten eines vorangegangenen selbstständigen Beweisverfahrens zwischen ihnen aufzuteilen.[7] Bei **außergerichtlichen** Vergleichen ist § 98 nach zutreffender Ansicht für die Verfahrenskosten entsprechend anzuwenden, nicht dagegen für die Vergleichskosten.[8] Die gerichtliche Kostengrundentscheidung (s. § 103 Rn. 1) erfasst die Kosten eines außergerichtlichen Vergleichs grundsätzlich nur, wenn dies die Parteien vereinbart haben.[9] **Subjektiv** gilt die Vorschrift für die Parteien des Rechtsstreits, nicht gegenüber Dritten. Für die Kosten des Nebenintervenienten ist § 101 einschlägig (vgl. § 101 Rn. 6–9). Keine Bedeutung kommt der Vorschrift für die Kostenschuld nach dem GKG gegenüber der Staatskasse zu.[10] Bei bewilligter Prozesskostenhilfe hat die Staatskasse jedoch die Wirkungen nach § 122 gegen sich gelten zu lassen.

II. Kostenvereinbarung der Parteien

3 § 98 scheidet aus, wenn die Parteien eine Vereinbarung über die Kosten getroffen haben. Dies ist grundsätzlich auch der Fall, wenn die Parteien sich über die „Kosten des Rechtsstreits" vereinbart haben.[11] Die **vorrangige Vereinbarung** kann in einer Quotelung, Bezifferung oder einer Überbürdung der Kosten auf eine Partei bestehen; auch darin, dass die Parteien die Kostentragung einer Entscheidung des Gerichts ausdrücklich unterstellen.[12] Die Entscheidung ist dann gemäß § 91 a unter Berücksichtigung des bisherigen Streitstandes nach billigem Ermessen zu treffen. Gleiches kommt in Betracht, wenn der Vergleich eine Erledigungserklärung enthält. Darin kann der Wille der Parteien enthalten sein, dass über die Kosten gemäß § 91 a entschieden werden soll.[13] Das Maß des gegenseitigen Nachgebens im Vergleich ist nicht ausschlaggebend (vgl. auch § 91 a Rn. 20, 24).[14] Ebenso ist zu entscheiden, wenn die Parteien eine negative Kostenregelung getroffen haben, dh. die Vereinbarung sich darin erschöpft, dass § 98 ausgeschlossen wurde.[15] Keine Parteivereinbarung liegt vor, wenn im Vergleich nur festgestellt wird, dass die Kosten von der Einigung nicht erfasst sind. Das Ausnehmen des Kostenpunktes ist keine anderweitige Parteivereinbarung, sondern der typische Fall des § 98.[16] Haben sich die Parteien nur über die außergerichtlichen oder nur über die Gerichtskosten geeinigt, ist § 98 für den jeweils nicht erfassten Teil der Kosten einschlägig.[17] Haben die Parteien eines Prozessvergleichs, an dem durch gemeinsamen Prozessbevollmächtigten vertretene Streitgenossen beteiligt sind, eine verhältnismäßige Teilung der Kosten vereinbart, so sind auf Seiten der Streitgenossen insgesamt keine höheren Kosten als der der Erstattungsquote entsprechende Teil der Kosten des gemeinsamen Prozessbevollmächtigten festzusetzen, vgl. auch § 91 Rn. 69.[18] Wird in einem Prozessvergleich die Erstattung der Kosten des Vergleichs besonders geregelt, so gehört zu diesen Kosten auch die Prozessdifferenzgebühr nach § 32 Abs. 2 BRAGO aF, jetzt RGV VV Nr. 3101.[19] Die Vereinbarung kann **zeitlich** dem Vergleich in der Hauptsache **vorgehen** oder im Vergleich enthalten sein;[20] nachfolgen kann sie nur bei einem außergerichtlichen Vergleich. Die Gegenmeinung[21] führt zu Rechtsunsicherheiten und ist mit dem Gesetzeswortlaut („… vereinbart haben …") nicht vereinbar. Eine Einigung der Parteien in dem Vergleich, wonach eine Partei die Kosten des Rechtsstreits, nicht jedoch die Kosten des (nach § 278 Abs. 6 geschlossenen) Vergleichs zu tragen hat, ist regelmäßig dahin auszulegen, dass die Terminsgebühr zu den Kosten des Rechtsstreits gehört.[22] Im Rahmen einer „anderweitigen Vereinbarung" können die Parteien auch abweichend von der einschränkenden Regel des § 12 a Abs. 1 ArbGG eine Erstattungspflicht für außergerichtliche Kosten festschreiben.[23] Weshalb eine Kostenregelung fehlt, ob die Parteien bewusst oder unbewusst, aus Rechtsunkenntnis oder irrtümlich von einer Regelung abgesehen haben, ist unerheblich.

III. Rechtskräftiges Kostenerkenntnis

4 Ein rechtskräftiges Kostenerkenntnis entfaltet gegenüber § 98 eine Sperrwirkung für die Prozess-, nicht aber für die Vergleichskosten. Allerdings können nach zutreffender Ansicht[24] die Parteien auch von einer rechtskräftigen Kostenentscheidung durch Vereinbarung abweichen und dadurch für das Kostenfestset-

---

7 OLG Nürnberg JurBüro 1998, 425.

8 OLG Saarbrücken NJW-RR 1996, 320; MK/*Giebel* Rn. 23 m. weit. Nachw.; für Entscheidung nach § 91 a unter Berücksichtigung des Gedankens von § 98 hingegen OLG Schleswig JurBüro 1993, 745; nach BGH NJW-RR 1997, 510 jedenfalls dann, wenn Kostenanträge gestellt werden; vgl. auch OLG Frankfurt NJW 2005, 2456 f.

9 OLG München FamRZ 1999, 1674.

10 Vgl. auch LG Osnabrück JurBüro 1993, 483.

11 OLG München AnwaltsBl. 1997, 569.

12 BGH FamRZ 2007, 552.

13 OLG Naumburg JurBüro 1996, 592 f.; nach BGH Report 2003, 1046 ist nach § 98 Satz 2 zu entscheiden.

14 OLG Hamm MDR 2003, 116 f.; Zö/*Herget* Rn. 3.

15 T/P/*Hüßtege* Rn. 4.

16 AA *Mümmler* JurBüro 1993, 558.

17 BGH NJW-RR 2006, 1000 f.

18 OLG München FamRZ 1994, 116.

19 OLG Hamburg MDR 1999, 1527; OLG Köln JurBüro 2001, 192.

20 OLG Brandenburg JurBüro 2003, 323 f.

21 B/L/*Hartmann* Rn. 26.

22 BGH Rpfleger 2007, 431 f.

23 ArbG Berlin AnwBl. 1994, 95.

24 OLG Koblenz MDR 1987, 852.

zungsverfahren eine neue Grundlage schaffen. Dies verhindert weder § 98, noch eine andere Vorschrift (s. § 104 Rn. 9). Die Gegenmeinung[25] reduziert die abweichende Vereinbarung auf lediglich materiellrechtliche Bedeutung und sieht in ihr keine taugliche Grundlage für ein Kostenfestsetzungsverfahren. Dies kann zu vermeidbaren Prozessen führen.

IV. Konkurrenz anderer Vorschriften

§ 98 konkurriert in vielen Fällen mit den Kostenbestimmungen der §§ 91a, 93a, 269, 281, 344, 516, 620g, 641d und 696. Sofern die sonstigen Voraussetzungen gegeben sind, tritt § 98 nur dann **gegenüber § 91a** zurück, wenn die Parteien entweder im Vergleich diese Vorschrift ausschließen oder die Kostenfrage ausdrücklich einer Entscheidung nach § 91a unterstellen (vgl. Rn. 3). Dies gilt auch für außergerichtliche Vergleiche.[26] Die gegenteilige Ansicht[27] übersieht, dass § 98 gerade die vergleichsweise Erledigung erfassen möchte. Sie kommt jedenfalls dann nach unnötigem Umweg zum selben Ergebnis, wenn sie innerhalb der Entscheidung nach § 91a die Kostenregelung analog § 98 trifft.[28] 5

Im **Verhältnis zu §§ 269 Abs. 3 S. 2, 516 Abs. 3 S. 1** ist zu differenzieren. Beim **gerichtlichen** Vergleich ist § 98 anzuwenden, wenn sich darin der Kläger bzw. der Rechtsmittelführer zur Rücknahme verpflichtet. Die konkurrierenden Vorschriften sind nicht anzuwenden, obwohl prozessrechtlich erst die erklärte Rücknahme, uU mit Zustimmung des Gegners, das Verfahren beendet. Denn die Parteien wollen schon mit dem Vergleich den Streit beenden.[29] Beim **außergerichtlichen** Vergleich wird § 98 jedoch dann verdrängt, wenn der Vergleich im Wesentlichen eine Anerkennung der Klageforderung bzw. des angefochtenen Urteils zum Inhalt hat. In diesen Fällen liegt eine Entscheidung nach §§ 269, 516 näher.[30] Wird im Rahmen eines Vergleichs der Hauptantrag zurückgenommen und treffen die Parteien lediglich eine Regelung über die Kosten des Vergleichs, so kann darin eine konkludente Vereinbarung liegen, dass für die übrigen Kosten § 269 Abs. 3 S. 2 anzuwenden ist.[31] Bei Rücknahme der Klage nach einem Vergleich geht die im Vergleich getroffene Kostenregelung auch im Verhältnis zum Streithelfer § 269 Abs. 3 S. 2 vor.[32] Der grundsätzliche Vorrang des § 98 ist auch im Verfahren vor den Gerichten für **Arbeitssachen** zu beachten.[33] Ob auch hier ausnahmsweise §§ 269, 516 anzuwenden sind, wenn der Vergleichsinhalt der Klage bzw. dem angefochtenen Urteil entspricht,[34] erscheint fraglich, weil bereits die Mitteilung des außergerichtlichen Vergleichs den Rechtsstreit beendet und eine Klage- oder Berufungsrücknahmeerklärung prozessual nicht erforderlich ist. Die unmittelbare Beendigung des Prozesses durch die Mitteilung folgt aus Nr. 9112, 9121 des Gebührenverzeichnisses (Anlage 1 zu § 12 Abs. 1 ArbGG).[35] 6

In **Ehesachen** kann § 98 schon deshalb § 93a für die Scheidungssache selbst nicht verdrängen, weil Vergleiche zur Scheidung nicht wirksam geschlossen werden können. In Folgesachen geht § 93a vor, wenn der Vergleich vor der Entscheidung zur Hauptsache geschlossen wird. Dies folgt aus § 93a Abs. 1 S. 3, der dem Gericht gestattet, von einer Kostenvereinbarung der Parteien abzuweichen. Das Gericht muss dann auch entscheiden, wenn die Parteien bewusst oder unbewusst von einer Kostenregelung hinsichtlich der vorab durch Einigung beendeten Folgesache absehen. Ansonsten würde § 98 die Möglichkeit des Gerichts nach § 93a Abs. 1 S. 3 aushebeln. Etwas anderes gilt hingegen, wenn die Einigung über eine der **Parteiherrschaft** unterliegende Folgesache (die Regelung der elterlichen Sorge unterliegt nicht der Parteiherrschaft!) nach der Entscheidung über die Scheidung erfolgt. Können die Parteien diese Folgesache durch Vergleich beenden (dies gilt etwa für Zugenwinnausgleichs- und Unterhaltssachen), steht ihnen auch die Dispositionsbefugnis über die Kostenfrage zu. Dann ist bei fehlender Kostenregelung § 98 einschlägig und nicht nach § 93a zu entscheiden, s. a. § 103 Rn. 4. Dies gilt auch, wenn in der Rechtsmittelinstanz allein über eine solche Folgesache verhandelt wird, weil die Entscheidung des Familiengerichts nur insoweit angefochten wurde.[36] In Verfahren der **einstweiligen Anordnung** in **Familien- und Kindschaftssachen** wird § 98 von §§ 620g, 641d verdrängt. Hiernach ist im Verfahren der einstweiligen Anordnung keine Kostenentscheidung zu treffen. Damit ist auch einer Anwendung von § 98 der Boden entzogen. Im **Verhältnis zu §§ 281 Abs. 3 S. 2, 344** gebührt § 98 der Vorrang.[37] 7

V. Rechtsfolgen

Greift § 98 ein, so ergeht kein Beschluss des Gerichts über die Kostentragung. Die Kostenfolge nach § 98 ergibt sich unmittelbar aus dem Gesetz. Danach hat jede Partei ihre eigenen außergerichtlichen Kosten zu tragen. Eine Erstattung kommt allenfalls bei den Gerichtskosten in Betracht, denn diese Kosten fallen jeder 8

---

25 OLG Hamm Rpfleger 1989, 521f.
26 BGHZ 39, 60, 69f. = NJW 1963, 637; BGH LM § 91a Nr. 30; B/L/*Hartmann* Rn. 9.
27 OLG Schleswig JurBüro 1993, 745f. m. weit. Nachw.
28 BGHZ 39, 60, 69 = NJW 1963, 637; BGH LM § 91a Nr. 30.
29 Zö/*Herget* Rn. 6.
30 Zur Berufungsrücknahme BGH NJW 1989, 39f.
31 OLG Stuttgart MDR 2004, 717.
32 BGH NJW-RR 2004, 1506f.
33 LAG Nürnberg JurBüro 1994, 304.
34 So LAG München MDR 1994, 737.
35 LAG München MDR 1994, 737.
36 Insgesamt MK/*Giebel* Rn. 36ff.
37 T/P/*Hüßtege* Rn. 9 m. weit. Nachw.

Partei gemäß § 92 Abs. 1 S. 2 zur Hälfte zur Last. Ein gleichwohl auf eine gerichtliche Kostenentscheidung gerichteter Antrag ist als unzulässig zu verwerfen. Doch ist es dem Gericht nicht verwehrt, insbesondere bei einem Streit der Parteien deklaratorisch die Kostenfolge nach § 98 auszusprechen. Dies ist in der Praxis vor allem bei außergerichtlichen Vergleichen angezeigt.[38] Gegen einen solchen Beschluss ist die sofortige Beschwerde statthaft.[39] Auch ohne gerichtlichen Beschluss hat der Rechtspfleger der Kostenfestsetzung nach §§ 103ff. die Kostenfolge des § 98 zugrundezulegen.

VI. Gebühren und Kosten

9 **1. Rechtsanwaltsgebühren.** Zur Einigungsgebühr vgl. § 300 Rn. 13.

10 **2. Gerichtskosten.** Es reduzieren sich die Kosten jeweils nach Ziff. 3 der Nrn. 1211, 1222, 1232, 1252, 1311, 1322, 1415 GKG KV.

99 *Anfechtung von Kostenentscheidungen*

(1) **Die Anfechtung der Kostenentscheidung ist unzulässig, wenn nicht gegen die Entscheidung in der Hauptsache ein Rechtsmittel eingelegt wird.**

(2) **¹Ist die Hauptsache durch eine auf Grund eines Anerkenntnisses ausgesprochene Verurteilung erledigt, so findet gegen die Kostenentscheidung die sofortige Beschwerde statt. ²Dies gilt nicht, wenn der Streitwert der Hauptsache den in § 511 genannten Betrag nicht übersteigt. ³Vor der Entscheidung über die Beschwerde ist der Gegner zu hören.**

I. Normzweck

1 Absatz 1 verbietet die isolierte Anfechtung von Kostenentscheidungen, um Ungereimtheiten zwischen der Hauptsacheentscheidung und der Kostenentscheidung der höheren Instanz zu vermeiden bzw. zu verhüten, dass die Rechtsmittelinstanz die Hauptsacheentscheidung nachprüfen muss, nur um über die Kosten entscheiden zu können.[1] Die isolierte Anfechtung der Kostenentscheidung bei nachträglicher Änderung der Streitwertfestsetzung ist ebenso unzulässig, wie eine analoge Anwendung von § 319.[2] Richtet sich der auf den Kostenpunkt beschränkte Angriff gegen ein Anerkenntnisurteil, sind weder solche Diskrepanzen zu befürchten, noch ist die Hauptsacheentscheidung nachzuprüfen. Folgerichtig erlaubt Absatz 2 ausnahmsweise in diesem Fall die alleinige Anfechtung des Kostenausspruchs. Aus denselben Gründen ist ein isoliertes Kostenrechtsmittel in den Fällen der § 91a Abs. 2, § 269 Abs. 3 S. 5, §§ 619, 626 Abs. 1 zulässig. Für den Bereich der freiwilligen Gerichtsbarkeit enthält § 20a FGG eine vergleichbare Regelung; § 99 Abs. 2 ist allerdings nicht entsprechend anwendbar.[3] Gemäß § 4 InsO ist auch im Insolvenzverfahren die isolierte Anfechtung einer Kostenentscheidung nicht statthaft.[4] Wurde allerdings eine Folgesache auf Unterhalt oder Zugewinnausgleich im Scheidungsverbund zurückgenommen, ist die Kostenentscheidung der Ehesache, soweit sie auf der Rücknahme beruht, nach § 269 Abs. 5 isoliert mit der Beschwerde anfechtbar.[5]

II. Keine Anfechtung der Kostenentscheidung (Absatz 1)

2 Durch das ZPO-RG hat die Vorschrift lediglich eine reaktionelle Aktualisierung erfahren. Unzulässig ist der Angriff gegen die Kostenentscheidung, wenn eine Entscheidung zu den Kosten und zur Hauptsache vorliegt und in der Hauptsache kein Rechtsmittel eingelegt wird.

1. Entscheidung zum Kostenpunkt. Eine Kostenentscheidung wird erlassen, wenn über Gerichts- und/oder außergerichtliche Kosten entschieden wird. Wurde hierüber bewusst eine **Entscheidung abgelehnt,** fehlt eine Kostenentscheidung. Weder Wortlaut noch Sinn der Vorschrift stehen dann einem auf die Kostenfrage beschränktem Angriff entgegen.[6] Wurde die Kostenentscheidung **vergessen,** ist nach § 321 Abs. 1 zu verfahren (s. § 321 Rn. 7). Über die Kosten muss zwischen den Prozessparteien entschieden sein. Werden die Kosten einem **Dritten** auferlegt, greift § 99 Abs. 1 auch bei gleichzeitiger Entscheidung über die Hauptsache nicht ein.[7] An einer isolierten Anfechtung der sie beschwerenden Kostenentscheidung sind daher zB nicht gehindert: der Gerichtsvollzieher im Verfahren der Vollstreckungserinnerung, mag diese gegen seinen Kostenansatz[8] oder darauf gerichtet sein, ihn zu veranlassen, die Zwangsvollstreckung durchzuführen;[9] die Landeskasse, wenn sie bisher nicht am Verfahren beteiligt war;[10] der vollmachtlose Vertreter oder der nichtberechtigte gesetzliche Vertreter bei unzulässiger Klage;[11] der Prozessbevollmächtigte, dem wegen ver-

---

[38] T/P/*Hüßtege* Rn. 11.
[39] B/L/*Hartmann* Rn. 62.
[1] BGH NJW 1996, 466.
[2] OLG Stuttgart FamRZ 2002, 679f.
[3] OLG Köln FamRZ 1997, 1292f.
[4] OLG Köln JurBüro 2000, 550ff.
[5] BGH FamRZ 2007, 893ff.
[6] OLG Celle NJW-RR 2003, 1509f.
[7] BGH NJW 1988, 49f.
[8] OLG Hamm DGVZ 1994, 27.
[9] LG Wuppertal DGVZ 1994, 59.
[10] OLG Düsseldorf NJW-RR 1993, 828.
[11] BGH NJW 1988, 49f.

meintlicher oder tatsächlicher Prozessunfähigkeit seiner Partei die Prozesskosten auferlegt werden.[12] Im letztgenannten Fall nimmt der BGH eine „greifbare Gesetzwidrigkeit" (vgl. vor § 511 Rn. 28) an. Deshalb ist entgegen § 567 Abs. 1 hier die sofortige Beschwerde auch dann zulässig, wenn die Kostenentscheidung durch das Oberlandesgericht getroffen wurde. Isoliert angreifbar ist auch die (unzulässige) Kostenentscheidung in einem Teilurteil.[13] Hier wie in den vorgenannten Fällen kann die Kostenentscheidung losgelöst von der Hauptsache korrigiert werden. Statthaftes Rechtsmittel ist die sofortige Beschwerde in entsprechender Anwendung von § 99 Abs. 2.[14]

2. Hauptsacheentscheidung. Eine Entscheidung zur Hauptsache ist anzunehmen, wenn richterlich über den Streitgegenstand, wenn auch nur über Nebenforderungen iSd. § 4, oder über Prozessvoraussetzungen geurteilt bzw. beschlossen wurde. Bei Entscheidungen des Rechtspflegers ist deshalb die isolierte Kostenanfechtung nicht ausgeschlossen; so findet § 99 Abs. 1 keine Anwendung beim Angriff nur gegen die Kostenentscheidung des Kostenfestsetzungsbeschlusses nach § 104, s. a. § 104 Rn. 22.[15] Auch die nach **einseitiger Erledigungserklärung** erfolgende Feststellung, der Rechtsstreit sei erledigt, ist gegenüber dem Beklagten eine Entscheidung zur Hauptsache.[16] Einer Beschwerde des Klägers entsprechend § 91 a Abs. 2 allein gegen die ihn beschwerende Kostenentscheidung eines die Erledigung feststellenden Urteils steht § 99 Abs. 1 jedoch nicht entgegen (s. a. § 91 a Rn. 48);[17] auch ist die Berufung des Klägers zulässig, der nach einseitig erklärter Erledigung das auf Abweisung der Klage lautende Urteil angreift, das ihm die Kosten auferlegt.[18] Eine Entscheidung ist auch eine „streitlose" Hauptsacheentscheidung. Deshalb kann auch bei einverständlicher Ehescheidung die Kostenentscheidung nicht isoliert angegriffen werden.[19] 3

3. Hauptsache- und Kostenentscheidung zusammen. Nur zusammen ergehende Entscheidungen zur Hauptsache und zu den Kosten entfalten die Sperrwirkung nach § 99 Abs. 1.[20] Entscheidet das Gericht bei Fristsäumnis einer Partei nach § 95 über die hierdurch entstandenen Kosten nicht im Endurteil, sondern durch besonderen Beschluss, ist dagegen nach Ansicht des OLG Düsseldorf[21] wegen **„greifbarer Gesetzwidrigkeit"** (vor § 511 Rn. 28) die Beschwerde statthaft. Nach zutreffender Ansicht steht § 99 Abs. 1 nicht entgegen, weil ausschließlich eine Kostenentscheidung ergangen ist (s.§ 95 Rn. 3). Wurde die Kostenentscheidung durch Berichtigungsbeschluss getroffen, ist ein Rechtsmittel unzulässig, obwohl der Beschluss an sich nach § 319 Abs. 3 anfechtbar wäre.[22] 4

4. Kein Rechtsmittel in der Hauptsache. Diese Voraussetzung kann nur erfüllt sein, wenn Beschwerde, Berufung oder Revision überhaupt **statthaft** sind. Ist die gerichtliche Sachentscheidung lediglich mit Einspruch, Widerspruch oder Erinnerung angreifbar, blockiert § 99 Abs. 1 nicht den isolierten Kostenangriff. Ein Versäumnisurteil kann deshalb beschränkt auf den Kostenpunkt angefochten werden. Hat der Beklagte gegen ein Versäumnisurteil nur wegen der Kosten Einspruch eingelegt, so steht ihm gegen das Urteil, das ihm sodann die Kosten auferlegt, die sofortige Beschwerde analog § 99 Abs. 2 zu.[23] Welche Partei ein Rechtsmittel einlegt, ist ohne Belang; entscheidend ist lediglich, ob ein Rechtsmittel eingelegt wurde.[24] Zwar berechtigt die Anfechtung der Sachentscheidung durch den einen Streitgenossen nicht den anderen Streitgenossen zum Kostenangriff,[25] doch kann die Partei ein Anschlussrechtsmittel hinsichtlich des Kostenausspruchs einlegen, wenn der Gegner ein zulässiges Rechtsmittel in der Hauptsache eingelegt hat.[26] Ist das eingelegte **Rechtsmittel unzulässig,** weil die Form- oder Fristvorschriften nicht eingehalten sind oder die Hauptsacheentscheidung den Rechtsmittelführer nicht oder nicht in Höhe der Berufungssumme (§ 511 Abs. 2 Nr. 1) beschwert, ist nach dem Zweck des § 99 Abs. 1 die Kostenentscheidung unangreifbar. Gleiches gilt, wenn es an einer Beschwer in der Hauptsache fehlt.[27] Aus dem gleichen Grund ist gegen eine nach Rücknahme des Antrags auf Erlass einer einstweiligen Verfügung im Beschwerdeverfahren ergangene Entscheidung über die Kosten die Rechtsbeschwerde nicht statthaft.[28] Es schadet nicht, wenn die Annahme nahe liegt, das (zulässige) Rechtsmittel sei nur eingelegt, um die Anfechtung des Kostenausspruchs zu ermöglichen.[29] Dient allerdings eine Berufung erklärtermaßen dem alleinigen Zweck, eine Änderung der Kostenentscheidung herbeizuführen, ist sie wegen Umgehung des § 99 Abs. 1 unzulässig;[30] damit ist auch die Anfechtung der Kostenentscheidung ausgeschlossen. 5

---

12 BGH MDR 1993, 1249.
13 OLG Stuttgart NJW 1953, 1015.
14 Nach OLG Köln FamRZ 1995, 379 findet die einfache, nicht die sofortige Beschwerde statt, wenn eine Kostenentscheidung ohne gesetzliche Grundlage ergeht.
15 OLG Koblenz Rpfleger 1992, 242.
16 BGH NJW-RR 1993, 765 f.
17 OLG Frankfurt/M JurBüro 1981, 929; OLG Oldenburg NJW-RR 1993, 1339 f.; *Deubner* JuS 1994, 1050.
18 OLG Hamm NJW-RR 1995, 959 f.
19 OLG Koblenz JurBüro 1982, 445.
20 OLG Zweibrücken FamRZ 1983, 1154; Zö/*Herget* Rn. 1.
21 OLG Düsseldorf MDR 1990, 832.
22 OLG Karlsruhe NJW-RR 2000, 730.
23 OLG Brandenburg NJW-RR 2000, 1668 f.
24 BGHZ 17, 392, 397 = NJW 1955, 1394.
25 OLG Köln VersR 1973, 641 f.
26 BGH ZZP 71 (1958), 368.
27 OLG Zweibrücken NJW 2002, 2722; vgl. auch OLG Karlsruhe FamRZ 2002, 1133.
28 BGH NJW 2003, 1362 f.
29 OLG Schleswig MDR 2003, 51 f.
30 OLG Düsseldorf AnwBl. 1993, 290.

III. Ausnahme des Absatzes 2

6 **1. Inhalt.** Es wird eine Ausnahme von Absatz 1 gemacht. Ist die Hauptsache durch Anerkenntnisurteil erledigt, darf die Kostenentscheidung isoliert mit der sofortigen Beschwerde (§ 577) angegriffen werden. Der von Absatz 1 verfolgte Zweck (vgl. Rn. 1) kann nicht gefährdet werden.

7 **2. Voraussetzungen. a) Anerkenntnisurteil.** Es muss ein Anerkenntnisurteil nach § 307 ergangen sein. Dabei kommt es nicht auf die Bezeichnung, sondern auf den Inhalt der Entscheidung an.[31] Unerheblich ist, ob die Voraussetzungen für den Erlass eines Anerkenntnisurteils vorlagen; ausschlaggebend ist allein, dass eine solche Entscheidung erging.[32] Durch Verfahrensfehler dürfen den Parteien statthafte Rechtsmittel nicht abgeschnitten werden (s. vor § 511 Rn. 24–27). Deshalb ist die sofortige Kostenbeschwerde auch dann statthaft, wenn das Gericht in der Hauptsache streitig entschieden hat, obwohl der Beklagte anerkannt hat.[33] **Analog** § 99 Abs. 2 wird die isolierte Kostenanfechtung mit der sofortigen Beschwerde als zulässig angesehen, wenn das Gericht eine unzulässige Kostenentscheidung trifft.[34] Anders ist dies, wenn ein Anerkenntnisvorbehaltsurteil erlassen wurde, weil das Anerkenntnis nur für den Urkundsprozess erklärt wurde und unter dem Vorbehalt der Ausführung der Rechte im Nachverfahrenstand.[35]

8 **b) Zulässigkeit des Rechtsmittels.** Ohne Geltung des § 99 Abs. 1 müsste ein Rechtsmittel gegeben sein. Absatz 2 macht eine Ausnahme vom grundsätzlichen Verbot isolierter Kostenangriffe des Absatzes 1. Es ist nicht Zweck der Vorschrift, die nach allgemeinem Recht begrenzten Möglichkeiten zur Einlegung von Rechtsmitteln zu erweitern. Deshalb muss nicht nur die kostenrechtliche **Beschwerdesumme** nach § 567 Abs. 2 überschritten sein,[36] sondern forderte die Rechtsprechung schon bisher, dass die Beschwer in der Hauptsache die **Berufungssumme** nach § 511 Abs. 2 Nr. 1 übersteigt. Auch § 567 und § 574 dürfen nicht entgegenstehen.

IV. Atypische Fälle

9 **1. Kostenurteil nach Widerspruch oder Aufhebungsantrag.** Gegen das Kostenurteil, das nach auf den Kostenpunkt beschränktem Widerspruch gegen eine einstweilige Verfügung (Arrest) ergeht, ist nach zutreffender und überwiegender Ansicht sofortige Beschwerde entsprechend § 99 Abs. 2 gegeben.[37] Dies kann nicht anders sein, wenn im Verfahren nach § 927 lediglich die Kostenentscheidung angegriffen wurde, zB deshalb, weil die im Eilverfahren unterlegene Partei im Hauptsacheverfahren obsiegt hat und der Gegner sich weigert, die Kosten des Verfügungsverfahrens zu übernehmen. Dem auf den Kostenpunkt beschränkten Aufhebungsantrag nach § 927 Abs. 1 steht § 99 Abs. 1 nicht entgegen.[38] Der Antrag ist kein Rechtsmittel. Gegen das nach § 927 Abs. 2 ergehende Kostenurteil ist analog § 99 Abs. 2 sofortige Beschwerde gegeben.[39] Hat der Verfügungskläger nach Verkündung des Urteils (wegen Versäumung der Vollziehungsfrist) auf seine Rechte hieraus verzichtet und die Hauptsache für erledigt erklärt, steht § 99 Abs. 1 einer Berufung des Verfügungsbeklagten mit dem Ziel, die Kostenlast dem Kläger aufzuerlegen, nicht entgegen.[40]

10 **2. Teilanerkenntnisurteil.** Es ist zu differenzieren, s. a. § 93 Rn. 3. Enthält das Teilanerkenntnisurteil eine Kostenentscheidung, ist die sofortige Beschwerde nach § 99 Abs. 2 statthaft. Ohne Belang ist dabei, ob die Entscheidung zu den Kosten zulässig war. Ergeht Teilanerkenntnisurteil und gleichzeitig oder später streitiges Schlussurteil (in Unterhaltsverfahren wird oft nur ein Teilbetrag anerkannt), kann der Teil der gemischten Kostenentscheidung des Schlussurteils isoliert mit der sofortigen Beschwerde angegriffen werden, der das Anerkenntnis betrifft;[41] Voraussetzung ist allerdings auch hier, dass die Berufungssumme erreicht ist (s. Rn. 8).[42] In diesem Fall kann der übrige Teil der Kosten, der auf den streitig entschiedenen Teil des Rechtsstreits entfällt, auch nicht im Wege der Anschlussbeschwerde (§ 577a) zum Gegenstand des Beschwerdeverfahrens gemacht werden.[43] Hat die Gegenpartei Berufung in der Hauptsache eingelegt, kann der das Anerkenntnis betreffende Teil der Kostenentscheidung isoliert durch Anschlussberufung angefochten werden.[44] Wird nach Erlass eines Teilanerkenntnisurteils ohne Kostenentscheidung übereinstimmend der Rest der Hauptsache für erledigt erklärt, ist das Schlussurteil, das lediglich noch über die Kosten zu befinden hat, nicht mit Berufung, sondern nur mit sofortiger Beschwerde angreifbar. Dies folgt aus § 91a Abs. 2, § 99 Abs. 2. In einem solchen Fall kann auch die einzelne Teilentscheidung (bezogen auf das Anerkenntnis bzw. auf die übereinstimmende Erledigungserklärung) angefochten werden.[45] Wird die (Rest-)

---

[31] OLG Zweibrücken NJW 1968, 1635.
[32] OLG Köln FamRZ 1989, 877f.
[33] OLG Hamm JMBlNRW 51, 131f.
[34] OLG Karlsruhe FamRZ 2003, 943f.
[35] OLG Naumburg NJW-RR 1997, 893f.
[36] OLG Frankfurt/M NJW 1993, 126f.
[37] OLG Brandenburg NJW-RR 1994, 1022; OLG Koblenz NJW-RR 1997, 893.
[38] OLG Schleswig NJW-RR 1995, 896.
[39] MK/*Giebel* Rn. 9.
[40] OLG Frankfurt/M OLGZ 1994, 91, 93f.
[41] BGHZ 40, 265, 270 = NJW 1964, 660; OLG Karlsruhe FamRZ 1997, 221.
[42] LG Stuttgart JurBüro 1998, 98f.
[43] OLG Köln NJW-RR 1994, 767f.
[44] BGHZ 17, 392, 397f. = NJW 1955, 1394.
[45] BGH NJW 1963, 583f.; OLG Celle MDR 1964, 926.

Klage nach Teilanerkenntnisurteil zurückgenommen, ist über die Kosten des Rechtsstreits insgesamt durch Beschluss zu entscheiden.[46] Gegen diesen Beschluss ist sowohl hinsichtlich der Kostenquote, die auf den anerkannten Teil entfällt (§ 99 Abs. 2), als auch hinsichtlich derjenigen, welche auf den zurückgenommenen Teil entfällt (§ 269 Abs. 3 S. 5), die sofortige Beschwerde gegeben. Entscheidet das Gericht fehlerhaft durch Schlussurteil, ist dagegen – auch – die Berufung zulässig.[47]

3. Schlussurteil nach angefochtenem Teilurteil. Ergeht nach einem Teilurteil (vgl. hierzu Erl. zu § 301) das Schlussurteil mit der Kostenentscheidung über den Rechtsstreit mit oder ohne Sachentscheidung zur Resthauptsache, kann die das Teilurteil betreffende Kostenentscheidung mit Berufung oder Revision angefochten werden, sofern das Teilurteil zulässig angegriffen wurde.[48] Wird dies unterlassen, erwächst die Kostenentscheidung des Schlussurteils in Rechtskraft. Die vorherige Anfechtung des Teilurteils ergreift nicht die später im Schlussurteil enthaltene Kostenentscheidung (vgl. insges. auch § 511a Rn. 12).[49] 11

Gegen ein Schlussurteil, das nach „Versäumnisurteil und Urteil" ergeht und deren Kostenentscheidung ersetzt, kann Berufung bzw. Revision beschränkt auf die Kostenfrage eingelegt werden, wenn das frühere streitige Urteil ebenfalls angefochten wurde.[50]

4. Übereinstimmende Teilerledigungserklärung. Haben die Parteien einen Teilanspruch übereinstimmend für erledigt erklärt und hat das Gericht im Übrigen streitig entschieden, kann die im Urteil enthaltene Entscheidung zu den Kosten des erledigten Teils allein mit Berufung angegriffen werden, wenn die Sachentscheidung angefochten wurde.[51] Wird die Sachentscheidung nicht angegriffen, ist die sofortige Beschwerde nach § 91a Abs. 2 gegen den Teil der gemischten Kostenentscheidung statthaft, der die übereinstimmende Erledigungserklärung betrifft, s. § 91a Rn. 53. 12

5. Kindschaftssachen. Hat das Gericht die Kostenregelung des § 93c übersehen, ist nicht deshalb die isolierte Anfechtung der Kostenentscheidung zulässig.[52] 13

6. Räumungsverfahren. In Räumungsprozessen ist die sofortige Kostenbeschwerde bei sofortigem Anerkenntnis nach § 93b Abs. 3 gegeben, nicht aber bei streitigen Entscheidungen nach § 93b Abs. 1.[53] 14

7. Anerkenntnisurteil ohne Anerkenntnis. Nach zutreffender Ansicht steht § 99 Abs. 1 einer isolierten Kostenbeschwerde nicht entgegen, wenn die Kostenentscheidung auf § 93 gestützt wurde, obwohl ein Anerkenntnis nicht vorlag. Wird der Kläger so behandelt, als ob anerkannt wurde, muss ihm auch das nach § 99 Abs. 2 statthafte Rechtsmittel zugebilligt werden.[54] Daher ist konsequenterweise auch die Anfechtung der Kostenentscheidung entsprechend § 99 Abs. 2 zu gestatten, wenn mit OLG Frankfurt/M[55] beim sofortigen **Klageverzicht** § 93 analog angewendet wird. Nach ganz überwiegender und zutreffender Ansicht ist beim Klageverzicht jedoch nicht nach § 93, sondern nach § 91 zu entscheiden, s. § 306 Rn. 5. 15

8. Erledigung „zwischen den Instanzen". Besteht im Einzelfall ein besonderes Rechtsschutzinteresse, kann zulässig ein Rechtsmittel auch mit dem Ziel eingelegt werden, die zwischen den Instanzen eingetretene Erledigung der Hauptsache festzustellen und im Zusammenhang damit die den Rechtsmittelführer belastende Kostenentscheidung abzuändern, s. a. § 91a Rn. 15 u. 33.[56] 16

9. Keine Änderung der Kostenentscheidung durch **Zurückweisung der Nichtzulassungsbeschwerde.** Weist das Revisionsgericht die Nichtzulassungsbeschwerde zurück, kann in dem Beschluss **nicht** die (fehlerhafte) Kostenentscheidung der Berufungsgerichts korrigiert werden.[57] 17

10. Patentnichtigkeitsverfahren. Die Kostenentscheidung eines Nichtigkeitsurteils kann nicht isoliert angefochten werden.[58] 18

V. Gebühren und Kosten

1. Rechtsanwaltsgebühren. Zum Beschwerdeverfahren vgl. § 567 Rn. 29. 19

2. Gerichtskosten. Sie richten sich nach KV Nr. 1810. 20

100

Kosten bei Streitgenossen **(1) Besteht der unterliegende Teil aus mehreren Personen, so haften sie für die Kostenerstattung nach Kopfteilen.**

(2) Bei einer erheblichen Verschiedenheit der Beteiligung am Rechtsstreit kann nach dem Ermessen des Gerichts die Beteiligung zum Maßstab genommen werden.

(3) Hat ein Streitgenosse ein besonderes Angriffs- oder Verteidigungsmittel geltend gemacht, so haften die übrigen Streitgenossen nicht für die dadurch veranlassten Kosten.

---

[46] BGH NJW-RR 1999, 1741f. (ausnahmsweise durch Urteil).
[47] OLG Düsseldorf NJW-RR 1994, 827f.
[48] BGHZ 19, 172, 174f. = NJW 1956, 182; BGHZ 29, 126f. = NJW 1959, 578; vgl. auch OLG Karlsruhe FamRZ 2002, 681ff.
[49] BGHZ 20, 253f. = NJW 1956, 912.
[50] BGH NJW 1984, 495f.
[51] OLG München NJW 1970, 2114; OLG Hamm MDR 1974, 1023.
[52] OLG Frankfurt/M ZBlJugR 1981, 540.
[53] LG Kiel WuM 1993, 540f.
[54] OLG Karlsruhe FamRZ 1991, 1456f.
[55] OLG Frankfurt/M NJW-RR 1994, 62f.
[56] BGH NJW-RR 1992, 1032f.
[57] BGH NJW-RR 2006, 1508; anders noch BGH NJW-RR 1995, 1211 zum Nichtannahmebeschluss nach § 554b a. F.
[58] BGH NJW-RR 1995, 1019f.

(4) [1]Werden mehrere Beklagte als Gesamtschuldner verurteilt, so haften sie auch für die Kostenerstattung, unbeschadet der Vorschrift des Absatzes 3, als Gesamtschuldner. [2]Die Vorschriften des bürgerlichen Rechts, nach denen sich diese Haftung auf die im Absatz 3 bezeichneten Kosten erstreckt, bleiben unberührt.

I. Normzweck

1 Die Vorschrift regelt die Kostenfrage, wenn mehrere Personen als Kläger oder Beklagte am Verfahren beteiligt sind. Sie dient der Vereinfachung; dies ist bei ihrer Auslegung zu berücksichtigen.[1] Anwendbar ist sie in allen Fällen einer Streitgenossenschaft nach §§ 59ff., auch soweit diese durch Prozessverbindung nach § 147 entstanden ist. Bei streitgenössischer Nebenintervention gilt sie gemäß § 101 Abs. 2 (vgl. § 101 Rn. 10). Die Regelung ist unvollständig. Sie erfasst nur das Unterliegen sämtlicher Streitgenossen und dabei auch nur die Kostenhaftung gegenüber dem Gegner. **Nicht geregelt** ist die Haftung gegenüber der Staatskasse für die Gerichtskosten; diese ergibt sich aus § 32 Abs. 1 GKG. Nur zum Teil ist die Kostenhaftung der Streitgenossen im Innenverhältnis erfasst, nämlich allein durch die das sachliche Recht verdrängenden Abs. 3 und Abs. 4 S. 1 Halbs. 2.[2] Im Übrigen ist insoweit das bürgerliche Recht maßgeblich; etwaige Ansprüche sind in eigenen Verfahren geltend zu machen. Letztlich fehlt in § 100 eine ausdrückliche Regelung des gemeinsamen Obsiegens, Unterliegens Einzelner, Teilunterliegens und der Beendigung der Streitgenossenschaft während des Rechtsstreits (vgl. Rn. 6–11). Grundsätzlich ist die Vorschrift auch im Patentnichtigkeitsverfahren anwendbar.[3]

II. Vom Wortlaut der Vorschrift erfasste Fälle

2 **1. Absatz 1.** Hier ist der Grundsatz festgeschrieben: die insgesamt vollständig unterliegenden Streitgenossen haften nach Kopfteilen, egal ob sie auf der Kläger- oder Beklagtenseite stehen. Diese Haftung tritt ohne ausdrücklichen Ausspruch in der Kostenentscheidung auch dann ein, wenn die Kläger den Anspruch als Gesamtgläubiger eingeklagt hatten.[4] Die Vorschrift gilt auch in der höheren Instanz, wenn mehrere Streitgenossen erfolglos Rechtsmittel eingelegt haben. Üblich ist die Formulierung: „Die Kläger (Beklagten) tragen die Kosten des Rechtsstreits". Die folgenden Absätze enthalten Ausnahmen von diesem Grundsatz.

3 **2. Absatz 2.** Er ist anzuwenden, wenn die Streitgenossen erheblich unterschiedlich am Streitgegenstand oder Verfahren beteiligt sind. Eine erheblich unterschiedliche Beteiligung am Streitgegenstand kann angenommen werden, wenn ein Streitgenosse nur zu 3/4 beteiligt ist; bei einem Anteil von 2/3 jedenfalls.[5] Eine erheblich verschiedene Beteiligung am Verfahren liegt zB vor, wenn nicht wegen aller Streitgenossen eine mündliche Verhandlung oder eine Beweisaufnahme erforderlich wurde. Das kann seinen Grund darin haben, dass ein Streitgenosse anerkannt hat oder säumig war. Die Kostenverteilung nach Absatz 2 erfolgt im Kostenfestsetzungsverfahren nur nach ausdrücklicher Anordnung im Tenor.[6] Im Interesse der Kostengerechtigkeit ist in einschlägigen Fällen nach pflichtgemäßen Ermessen durch das Gericht von der eingeräumten Möglichkeit Gebrauch zu machen. Bei entsprechend unterschiedlicher Beteiligung am **Streitgegenstand** kann die Formel etwa lauten: „Von den Kosten des Rechtsstreits trägt der Beklagte zu 1) 3/4, der Beklagte zu 2) 1/4"; bei unterschiedlicher Beteiligung am Rechtsstreit: „Die Beklagten haben die Kosten des **Rechtsstreits** zu tragen; die durch die Beweisaufnahme entstandenen Mehrkosten werden dem Beklagten zu 2) auferlegt".

4 **3. Absatz 3.** Das Gericht hat zwingend hiernach zu entscheiden, wenn ein Streitgenosse ein besonderes Angriffs- oder Verteidigungsmittel (vgl. § 96 Rn. 2 und § 282 Rn. 2) geltend gemacht hat. Dies liegt vor, wenn sich nicht alle Streitgenossen dieses Mittel ausdrücklich oder konkludent zu Eigen gemacht haben. Grundsätzlich kann die Rechtsfolge nach dieser Vorschrift nur eintreten, wenn sie in der Kostengrundentscheidung ausgesprochen ist.[7] Sind allerdings die Voraussetzungen für ihre Anwendung offenkundig gegeben, kann der Rechtspfleger (vgl. § 104 Rn. 4) im Wege der Auslegung der Kostenentscheidung die Kosten nach Absatz 3 festsetzen, weil es nahe liegt, ein versehentliches Unterlassen anzunehmen,[8] aA (Ergänzungsurteil nötig) § 321 Rn. 7 *(Musielak)*; es ist nicht anzunehmen, dass ein Gericht sich gegen eine zwingende Regelung entscheiden will.

5 **4. Absatz 4.** Auch diese Vorschrift ist zwingend anzuwenden, wenn die voll unterliegenden Streitgenossen als Gesamtschuldner (§ 421 BGB) auf der Beklagtenseite stehen. Sie gilt nur für die Prozess-, nicht auch für die Vollstreckungskosten.[9] Die gesamtschuldnerische Haftung auch für die Kosten ist in die Kostenentscheidung aufzunehmen. Ist dies unterblieben, tritt sie dennoch ein, wenn sich aus den Entscheidungsgründen oder dem Sachzusammenhang die gesamtschuldnerische Stellung klar ergibt.[10] Darüber hinaus haften auch Personenhandelsgesellschaft und Gesellschafter für die Kosten gesamtschuldnerisch, wenn sie als

---

[1] B/L/*Hartmann* Rn. 2.
[2] B/L/*Hartmann* Rn. 3.
[3] BGH NJW-RR 1998, 334f.
[4] MK/*Giebel* Rn. 7; aA *Deckenbrock/Dötsch* Jurbüro 2004, 181f.
[5] B/L/*Hartmann* Rn. 32.
[6] OLG Koblenz NJW-RR 1999, 728.
[7] KG MDR 1977, 321.
[8] OLG Schleswig JurBüro 1993, 742f.
[9] AG Darmstadt DGVZ 1993, 45f.; LG Berlin DGVZ 1983, 183, 184; LG Frankenthal JurBüro 1989, 1264ff.
[10] OLG Frankfurt/M VersR 1984, 490.

Streitgenossen verurteilt werden.[11] Anders ist dies bei Verurteilung von Hauptschuldner und Bürge; die Kostenhaftung nach § 767 Abs. 2 BGB gewährt einen materiellrechtlichen Anspruch, der gesondert gerichtlich geltend zu machen ist.[12] Eine gesamtschuldnerische Kostenhaftung mehrerer Unterlassungsschuldner ist grundsätzlich mit dem Wesen der Gesamtschuld unvereinbar.[13] Gesamtschuldnerisch haften wiederum für die Kosten auch Beklagte, die erfolglos Berufung eingelegt haben, wenn sie erstinstanzlich als Gesamtschuldner verurteilt waren. Dies gilt auch, wenn ein ausdrücklicher Ausspruch hierüber im Berufungsurteil fehlt.[14] Für die Kosten des Beschwerdeverfahrens ist dies nicht anders, wenn in der Beschwerdeentscheidung nach § 91a die erstinstanzlich angeordnete gesamtschuldnerische Haftung bestätigt wird.[15] Nach Abs. 4 S. 1 sind die durch besondere Angriffs- oder Verteidigungsmittel einzelner Streitgenossen verursachten Mehrkosten (vgl. Rn. 4) auch bei gesamtschuldnerischer Haftung durch ausdrückliche Anordnung auszusondern. Dies hat jedoch gemäß Abs. 4 S. 2 zu unterbleiben, wenn nach bürgerlichem Recht (in Betracht kommen etwa §§ 566 Abs. 2 S. 1, 767 Abs. 2 BGB) auch für diese Kosten gehaftet wird.

III. Vom Wortlaut der Vorschrift nicht erfasste Fälle

1. Gemeinsames Obsiegen der Streitgenossen. Die Kostenentscheidung ergeht nach §§ 91, 93. Nur 6
wenn auch auf der Gegenseite mehrere Personen stehen, ist § 100 zu beachten. Die obsiegenden Streitgenossen sind kostenrechtlich nicht Gesamt- sondern Anteilsgläubiger: Jeder Einzelne hat Anspruch darauf, dass die ihm erwachsenen notwendigen Kosten erstattet werden. Für den einzelnen Streitgenossen ist der Anteil der Gebühren und Auslagen des gemeinsamen Prozessbevollmächtigten erstattbar, der dem Verhältnis der Beteiligung am Rechtsstreit entspricht; im Zweifel ist nach § 420 BGB jeder zum gleichen Anteil berechtigt.[16] Eine Ausnahme kommt allenfalls insoweit in Betracht, als ein interner Ausgleichsanspruch wegen dauernder Zahlungsunfähigkeit nicht zu verwirklichen ist.[17]

2. Unterliegen einzelner Streitgenossen. Diese Fälle bereiten Probleme. Entsprechend anzuwenden ist 7
§ 92.[18] Es sind folgende Vorgaben zu erfüllen: (1) der oder die obsiegenden Streitgenossen dürfen nicht mit Kosten belastet werden; (2) der unterliegende Gegner hat zwar die Kosten der obsiegenden, nicht aber diejenigen des unterliegenden Streitgenossen zu tragen; (3) dem Gegner dürfen die Gerichtskosten nicht insgesamt auferlegt werden. Zwingend sind außergerichtliche und Gerichtskosten gesondert zu verteilen. Die Verteilung wird seit langem nach der **Baumbach'schen Formel** vorgenommen,[19] wobei für die Quote Beteiligung und Erfolg an einem gedachten rechnerischen Gesamtstreitwert maßgeblich sind. **Beispiel:** Kläger K hat die Beklagten B1 und B2 als Gesamtschuldner auf Zahlung von 5000 € verklagt. B1 wurde zur Zahlung von 5000 € verurteilt, die Klage gegen B2 abgewiesen. **Ergebnis:** K und B1 tragen die Gerichtskosten je zur Hälfte. K trägt die außergerichtlichen Kosten des B2 und die Hälfte seiner eigenen. B1 trägt seine eigenen außergerichtlichen Kosten voll und die des K zur Hälfte.

Die Angaben, inwieweit eigene außergerichtliche Kosten getragen werden, dienen vorliegend nur der 8
Klarstellung. In der Praxis werden sie im Tenor einer Entscheidung nicht gemacht. Es genügt die abschließende Formulierung, dass im Übrigen jeder seine eigenen außergerichtlichen Kosten selbst trägt. Nur Erstattungsansprüche gegen die andere Partei sind anzugeben. Bei Beteiligung mehrerer Streitgenossen ist entsprechend zu variieren. Auch in der Rechtsmittelinstanz ist nach diesen Regeln zu verfahren. Hat im dargestellten Beispiel K in der Berufungsinstanz gegenüber B2 obsiegt, ist die erstinstanzliche Kostenentscheidung auch gegenüber B1 abzuändern. Dies ist zulässig, auch wenn B1 nicht mehr am Verfahren beteiligt ist.[20] Zur Kostenfestsetzung beim Unterliegen einzelner Streitgenossen, insbesondere zur umstrittenen Erstattung der ganzen oder anteiligen Anwaltskosten des B2 im Beispiel der erstinstanzlichen Kostenentscheidung vgl. § 91 Rn. 69.

3. Teilunterliegen einzelner Streitgenossen. Es ist entsprechend § 92 zu entscheiden. Auch hier arbeitet 9
die Praxis mit der **Baumbach'schen Formel. Beispiel 1:** K hat B1, B2, B3 und B4 als Gesamtschuldner auf Zahlung von 9000 € verklagt. Seine Klage wird gegen B4 abgewiesen; verurteilt werden zur Zahlung B1 zu 9000 €, B2 zu 6000 €, B3 zu 3000 € und zwar jeweils als Gesamtschuldner, so weit sich die Beträge decken. **Ergebnis:** Von den Gerichtskosten sowie den außergerichtlichen Kosten des K tragen K die Hälfte, B3 ein Zwölftel als Gesamtschuldner, B2 ein Sechstel als Gesamtschuldner (davon ein Zwölftel nur als Gesamtschuldner mit B3), B1 ein Viertel (davon ein Zwölftel als Gesamtschuldner mit B2 und B3, ein weiteres Zwölftel als Gesamtschuldner mit B2). Von den außergerichtlichen Kosten trägt K die des B4 voll, ein Drittel derjenigen von B2 und zwei Drittel derjenigen von B3. Im Übrigen trägt jeder seine außergerichtlichen Kosten selbst.

---

[11] OLG Karlsruhe NJW 1973, 1202; *Tilmann* GRUR 1986, 691, 696; MK/*Giebel* Rn. 11; T/P/*Hüßtege* Rn. 11.
[12] BGH NJW 1955, 1398; aM (wenn Bürge und Hauptschuldner im selben Prozess verurteilt werden, Festsetzung entsprechend § 100 Abs. 4) OLG München Rpfleger 1998, 262.
[13] KG Report 2002, 282ff.
[14] OLG Frankfurt/M VersR 1984, 490; LG Köln MDR 1981, 502.
[15] OLG Köln JurBüro 1993, 429f.
[16] OLG Hamburg JurBüro 1996, 259.
[17] OLG Koblenz JurBüro 2007, 370.
[18] BGHZ 8, 325, 327 = NJW 1953, 618.
[19] OLG München Rpfleger 1989, 127f.; OLG Stuttgart Rpfleger 1990, 183; *Herget* DRiZ 1989, 333; *Herr* DRiZ 1989, 87ff.; für Einzelfragen hilfreich *Stegemann-Boehl* JuS 1991, 320ff.
[20] BGH MDR 1981, 928 = NJW 1981, 2360 (LS).

10 Streitgenossen können in einem Verfahren auf beiden Seiten beteiligt sein. Hierzu **Beispiel 2:** K verklagt B1 und B2 als Gesamtschuldner auf Zahlung von 6000 € und obsiegt in Höhe von 4000 €. B2 erhebt Widerklage gegen K und X auf Zahlung von 2000 € als Gesamtschuldner (zur Drittwiderklage s. § 33 Rn. 19 ff.) und obsiegt in Höhe von 500 €. **Ergebnis:** Von den Gerichtskosten tragen K fünf Sechzehntel (davon ein Sechzehntel mit X als Gesamtschuldner), B1 die Hälfte mit B2 als Gesamtschuldner, B2 elf Sechzehntel (davon acht Sechzehntel als Gesamtschuldner mit B1), X ein Sechzehntel als Gesamtschuldner mit K. Von den außergerichtlichen Kosten des K tragen B1 und B2 als Gesamtschuldner die Hälfte, B2 weitere drei Sechzehntel. Von den außergerichtlichen Kosten des B1 trägt K ein Drittel; von denjenigen des B2 tragen K fünf Sechzehntel (davon ein Sechzehntel als Gesamtschuldner mit X) und X ein Sechzehntel als Gesamtschuldner mit K. Die außergerichtlichen Kosten des X trägt B2 zu drei Vierteln. Im Übrigen trägt jeder seine außergerichtlichen Kosten selbst.[21]

11 **4. Beendigung der Streitgenossenschaft während des Verfahrens.** Sie kann eintreten durch Verfahrenstrennung (§ 145) oder durch Ausscheiden eines Streitgenossen, zB wegen Erlass eines Teilurteils (§ 301) oder Rücknahme der Klage (§ 269) gegenüber einem von mehreren Beklagten. Die Vorschriften des § 100 gelten nur für den Zeitraum bis zur Beendigung. Grundsätzlich ist zwar die Kostenentscheidung insgesamt dem Schlussurteil vorzubehalten, doch kann bereits beim Ausscheiden eines Streitgenossen eine **Teilkostenentscheidung** getroffen werden, wenn und so weit das weitere Verfahren keine Auswirkungen mehr auf die Kostentragung haben kann.[22] Wird die Klage gegenüber einem Streitgenossen zurückgenommen oder durch Teilurteil abgewiesen, so ist das Verfahren gegenüber diesem Beklagten beendet. Der Kläger hat jedenfalls die außergerichtlichen Kosten dieses Beklagten zu tragen. Darauf kann im Teilurteil bzw. im Beschluss nach § 269 Abs. 3 S. 2 erkannt werden. Mit der Nichtannahme einer Revision kann das gegen einen von mehreren Beklagten ergangene Teilurteil, das die Kostenentscheidung dem Schlussurteil vorbehalten hatte, durch Aufnahme einer Teilkostenentscheidung geändert werden.[23] Eine Teilkostenentscheidung über die Gerichtskosten kommt nur in wenigen Fällen in Betracht und setzt ein besonderes Rechtsschutzbedürfnis voraus. Dies ist etwa zu bejahen, wenn der ausscheidende Streitgenosse einen Vorschuss auf die Gerichtskosten geleistet hat und der Erstattungspflichtige zu verarmen droht.[24] Gleiches gilt, wenn ein Streitgenossen durch Teilurteil verurteilt wird, dieser Beklagte damit aus dem Verfahren ausscheidet und der Kläger ein schutzwürdiges Interesse an der alsbaldigen Durchsetzung seiner Erstattungsansprüche gegen diesen Beklagten hat. In diesem Sonderfall kann eine Teilentscheidung über die Gerichts- und außergerichtlichen Kosten ergehen.[25] Sie könnte bei gleicher Beteiligung zweier Beklagter lauten (wenn B1 dadurch ausscheidet): „Von den Kosten des Rechtsstreits bis zum Erlass des Teilurteils trägt B1 die Hälfte".

101 *Kosten einer Nebenintervention*

(1) Die durch eine Nebenintervention verursachten Kosten sind dem Gegner der Hauptpartei aufzuerlegen, soweit er nach den Vorschriften der §§ 91 bis 98 die Kosten des Rechtsstreits zu tragen hat; soweit dies nicht der Fall ist, sind sie dem Nebenintervenienten aufzuerlegen.

(2) Gilt der Nebenintervenient als Streitgenosse der Hauptpartei (§ 69), so sind die Vorschriften des § 100 maßgebend.

I. Normzweck

1 Der Streithelfer soll hinsichtlich der ihm entstandenen Kosten grundsätzlich ebenso behandelt werden, wie die von ihm unterstützte Hauptpartei.[1] **Anwendbar** ist Absatz 1 nur bei unselbständiger Nebenintervention; bei streitgenössischer ist gemäß Abs. 2 ausschließlich nach § 100 zu verfahren,[2] wobei dessen Absatz 4 ausscheiden muss, weil auch der streitgenössische Nebenintervenient mangels Parteistellung nicht zur Hauptsache verurteilt werden kann.[3]

2 § 101 hat subjektiv und objektiv einen klar umrissenen Regelungsbereich. **Subjektiv** betrifft die Vorschrift allein Streithelfer und Gegner der unterstützten Partei. Nur diesen können Interventionskosten auferlegt werden, niemals der unterstützten Partei, es sei denn, die Parteien vereinbaren das in einem Prozessvergleich. Zwischen Nebenintervenient und unterstützter Hauptpartei gibt es keinen prozessualen Kostenerstattungsanspruch, weil zwischen ihnen kein Rechtsstreit besteht.[4] Das gilt auch für die streitgenössische Nebenintervention und auch dann, wenn die Hauptpartei die Klage zurücknimmt;[5] für die aktienrechtliche Anfechtung gilt nichts Abweichendes.[6] Sofern ein materiellrechtlicher Kostenerstattungsanspruch geltend gemacht wird, muss dies einem neuen Prozess zwischen diesen Personen vorbehalten bleiben. **Objektiv** erfasst die Vorschrift nur die durch die Nebenintervention verursachten Kosten. Das sind die dem Nebenintervenienten

---

[21] Vgl insgesamt auch die Beispiele bei *Schneider,* Kosten § 28 IV.
[22] BGH NJW 1960, 484.
[23] BGH NJW-RR 2001, 642.
[24] OLG Düsseldorf NJW 1970, 568 f.
[25] OLG München NJW 1969, 1123 f.
[1] OLG Nürnberg AnwBl. 1989, 104; OLG Köln JurBüro 1993, 684.
[2] BGH WM 2007, 1238 f.
[3] T/P/*Hüßtege* Rn. 9; Zö/*Herget* Rn. 1.
[4] OLG Hamburg JurBüro 1980, 932.
[5] OLG Köln NJW-RR 1995, 1251.
[6] OLG Köln MDR 1995, 313.

entstandenen außergerichtlichen Kosten.[7] Diese gehören nicht zu den eigentlichen Kosten des Rechtsstreits.[8] Im Hauptsacheverfahren hat das Gericht im Urteil auch dann die dem Streithelfer des Antraggegners im vorausgegangenen selbständigen Beweisverfahren entstandenen Kosten zu titulieren, wenn im Hauptsacheverfahren keine erneute Streitverkündung erfolgt und der Streithelfer des selbständigen Beweisverfahrens dem Hauptverfahren nicht beitritt.[9] Soweit den Hauptparteien dadurch Kosten entstehen, dass der Nebenintervenient wirksam für die von ihm unterstützte Partei Angriffs- oder Verteidigungsmittel gebraucht oder Rechtsmittel einlegt, sind dies Kosten des Rechtsstreits, die allein den Parteien auferlegt werden können. Etwas anderes gilt allerdings für erfolglose Rechtsmittel des Nebenintervenienten, an denen sich die unterstützte Partei nicht beteiligt hat: die dadurch verursachten Kosten sind dem Nebenintervenienten nach § 97 aufzuerlegen, vgl. § 97 Rn. 4. Ein Beteiligung der unterstützten Hauptpartei liegt bereits vor, wenn diese durch einen am Rechtsmittelgericht zugelassenen Rechtsanwalt einen Schriftsatz einreicht und im Termin vertreten wird.[10] Widerspricht die Hauptpartei einem Angriffs-, Verteidigungs- oder Rechtsmittel (§ 67 aE), zählen die dadurch verursachten Kosten zu denen der Nebenintervention, die dem Nebenintervenienten entsprechend §§ 96, 97 aufzuerlegen sind.[11] Die Kosten der Streitverkündung treffen den Streitverkündenden allein.[12] Bei einem Streit über die Zulassung der Nebenintervention (§ 71) treffen die Kosten nach Zulassung die widersprechende Partei, nach Zurückweisung den Nebenintervenienten.[13] Da es praktischen Bedürfnissen entspricht, eine Nebenintervention auch im **selbständigen Beweisverfahren** zuzulassen, ist § 494a Abs. 2 S. 1 auch zu Gunsten des Streithelfers anzuwenden, s. Rn. 3.[14]

II. Absatz 1

1. Grundsatz der Parallelität. Für die Kosten des Rechtsstreits und der Nebenintervention gilt der Grundsatz der Parallelität. Dem Gegner der unterstützten Hauptpartei sind die Kosten der Nebenintervention in dem Umfang aufzuerlegen, wie dieser nach §§ 91 bis 98 die Kosten des Rechtsstreits zu tragen hat; im Übrigen ist damit der Nebenintervenient zu belasten. Trägt der Gegner nach §§ 91a, 92 nur einen Bruchteil, ist dieser Bruchteil auch für die Verteilung der Nebeninterventionskosten zu tenorieren. Ist der Nebenintervenient nur wegen eines Teils des Streitgegenstandes (zB nur bezüglich Klage, nicht wegen der Widerklage) beigetreten, trägt der Gegner die Kosten der Nebenintervention nach der für die Hauptparteien geltenden Quote.[15] Auch bei Rücknahme der Klage durch den Gegner hat dieser die Kosten zu tragen (§ 269 Abs. 3 S. 2). Nimmt die unterstützte Partei die Klage zurück, kann keine Erstattung zu Gunsten des Streithelfers angeordnet werden; seine Kosten verbleiben bei ihm. Nimmt der Nebenintervenient seinen Beitritt zurück, sind ihm sofort analog § 269 Abs. 3 S. 2 die Kosten aufzuerlegen.[16] Hat der Streithelfer im Hauptprozess die obsiegende Partei unterstützt, im vorgängigen **selbstständigen Beweisverfahren** dagegen die andere Partei, können dieser die Streithelferkosten im Hauptverfahren auferlegt werden; seine Kosten im selbstständigen Beweisverfahren hat der Nebenintervenient zu tragen.[17] Tritt der Streithelfer der später siegreichen Partei erst im zweiten Rechtszug bei, so hat deren Gegner die Kosten der Streithilfe auch dann zu tragen, wenn der obsiegenden Partei gemäß § 97 Abs. 2 die Kosten des zweiten Rechtszuges auferlegt werden, § 97 Rn. 8.[18] Dies gebietet die Kostengerechtigkeit. 3

2. Anwaltskosten. Die Höhe der dem Nebenintervenienten entstandenen Anwaltskosten ist im Festsetzungsverfahren eigenständig zu prüfen. Haben nur die Prozessbevollmächtigten der Parteien Sachanträge gestellt, entsteht für den Prozessbevollmächtigten des Nebenintervenienten nicht die Erörterungsgebühr, wenn er aus freien Stücken von der Stellung eines Sachantrags absieht.[19] Dem Anwalt des Nebenintervenienten steht nur eine Gebühr von 0,8 nach RVG VV Nr. 3101 Ziff. 3 zu, wenn er bei Rücknahme der Klage noch keine Sachanträge gestellt hat.[20] 4

3. Entscheidung. Die Entscheidung über die Nebeninterventionskosten ist im Urteil bzw. Beschluss nach §§ 91a, 269 Abs. 3 zu treffen. Nur ein ausdrücklicher Ausspruch ist eine für die Kostenfestsetzung geeignete Grundentscheidung. Eine Entscheidung über die Kosten des Rechtsstreits enthält keinen Titel für die Festsetzung von Kosten der Streithilfe.[21] Wurden die Nebeninterventionskosten in der Entscheidung übergangen, ist auch ein rechtskräftiges Urteil antragsgemäß nach § 321 zu ergänzen (s. § 321 Rn. 7),[22] in entsprechender Anwendung dieser Vorschrift ebenso ein Beschluss. Die Frist nach § 321 Abs. 2 beginnt dabei 5

---

[7] MK/*Giebel* Rn. 5.
[8] BGH NJW 1967, 983; OLG München JurBüro 1990, 629f.
[9] OLG Celle NJW-RR 2003, 1509f.
[10] BGHZ 49, 183, 196f. = NJW 1968, 743, 746.
[11] MK/*Giebel* Rn. 5.
[12] OLG München MDR 1989, 548.
[13] BAG NJW 1968, 73.
[14] OLG Oldenburg, Beschl. v. 8. 7. 1994, Az. 8 W 51/94, zit. von *Deubner* JuS 1995, 242, 244; ausführlich *Kießling* NJW 2001, 3668ff.
[15] OLG Celle MDR 2005, 778f.
[16] KG MDR 1959, 401.
[17] OLG Hamburg MDR 1989, 825.
[18] OLG Hamm MDR 1994, 311.
[19] OLG München AnwBl. 1994, 472.
[20] OLG Nürnberg JurBüro 1994, 671.
[21] OLG Hamm JurBüro 2002, 39.
[22] BGH NJW-RR 2005, 295.

mit der Zustellung an den Nebenintervenienten, vgl. § 321 Rn. 9. Tritt der Streithelfer erst nach Schluss der mündlichen Verhandlung bei, ist über seine Kosten nicht mehr zu entscheiden. Einen Kostentitel „verdient" der Nebenintervenient nicht mehr; ein solcher Beitritt ist rechtsmissbräuchlich. Zu diesem Zeitpunkt kann die Hauptpartei nicht mehr unterstützt werden. Das gilt auch dann, wenn mit dem verspäteten Beitritt die Wiedereröffnung der mündlichen Verhandlung (§ 156) beantragt wird.[23]

III. Vergleich

6 **1. Beteiligung des Nebenintervenienten.** Schließen die Parteien einen Vergleich, ist für die Kosten der Nebenintervention von Bedeutung, ob der Streithelfer am Vergleich beteiligt war. War der Nebenintervenient beteiligt, gilt das für die Kosten der Nebenintervention Vereinbarte auch dann, wenn der vom Gegner übernommene Anteil dessen Beteiligung an den Kosten des Rechtsstreites unterschreitet. Enthält der Vergleich keine Regelung der Streithelferkosten oder werden diese ausgeklammert, hat der Nebenintervenient keinen Erstattungsanspruch. Andererseits kann für ihn durch Vergleich ein solcher Anspruch ausnahmsweise gegen die unterstützte Partei begründet werden. Dies alles rechtfertigt sich aus der Privatautonomie. Erklärt der Nebenintervenient einen vorbehaltenen Widerruf gegen die vereinbarte Kostenregelung, greift § 98 auf Grund der Verweisung in § 101 Abs. 1 ein: der Gegner der unterstützten Hauptpartei trägt von den Kosten der Nebenintervention die Quote, die er von den außergerichtlichen Kosten der unterstützten Partei übernommen hat.[24]

7 **2. Keine Beteiligung des Nebenintervenienten.**[25] **a) Abweichung von Absatz 1.** Haben die Parteien die Kosten der Nebenintervention nicht geregelt, ausdrücklich ausgeschlossen oder dem Nebenintervenienten lediglich einen Erstattungsanspruch eingeräumt, der den Anteil des Gegners an den Kosten des Rechtsstreits unterschreitet, hatte der Nebenintervenient nach früher ganz hM gleichwohl einen Erstattungsanspruch gegenüber dem Gegner in Höhe der von diesem übernommenen Quote an den Kosten des Rechtsstreits,[26] genauer, in Höhe der für die außergerichtlichen Kosten maßgeblichen Quote. Der BGH hat indes nunmehr entschieden, die Vereinbarung der Parteien sei auch in diesem Fall wegen des zwingenden Charakters von §§ 101, 98 maßgeblich; ein etwa bestehender materiellrechtlicher Kostenerstattungsanspruch bleibe davon unberührt.[27] Dieser muss freilich in einem neuen Prozess geltend gemacht werden.[28]

8 **b) Vereinbarte Kostenaufhebung.** Haben die Parteien Kostenaufhebung vereinbart, tragen Gegner und Nebenintervenient nach einer bisher weithin verbreiteten Ansicht je die Hälfte der Kosten des Streithelfers.[29] Der BGH hat seine frühere Auffassung aufgegeben und verneint in diesem Fall einen Erstattungsanspruch des Streithelfers.[30] Haben die Parteien in einem **außergerichtlichen Vergleich** neben einer Kostenquote Klagerücknahme vereinbart, geht nach Klagerücknahme gemäß der neueren Rechtsprechung des BGH die im Vergleich getroffene Kostenregelung auch im Verhältnis zum Streithelfer der gesetzlichen Regelung des § 269 Abs. 3 S. 2 vor.[31]

9 **c) Entscheidung.** Die Kostenentscheidung ergeht auf nicht fristgebundenen Antrag des Streithelfers durch Beschluss, gegen den analog § 91 a Abs. 2, § 99 Abs. 2 sofortige Beschwerde statthaft ist.[32] Verweigert das Gericht eine Kostenentscheidung, kann der Nebenintervenient Beschwerde einlegen.[33] **Zuständig** für die Kostenentscheidung ist das Gericht, dessen Verfahren beendet wird. Das ist beim Prozessvergleich in der zweiten Instanz das Berufungsgericht auch dann, wenn sich der Nebenintervenient am Berufungsverfahren nicht beteiligt hat.[34]

IV. Absatz 2

10 Bei streitgenössischer Nebenintervention gilt allein § 100 (vgl. Rn. 1). Unterliegt die unterstützte Partei, haftet dieser Streithelfer gemäß § 100 Abs. 1 nach Kopfteilen. So weit dem Gegner Kosten des Rechtsstreits auferlegt werden, erfasst dies auch die Kosten des nach § 69 als Streitgenossen anzusehenden Streithelfers. Wird der Rechtsstreit übereinstimmend in der Hauptsache für erledigt erklärt und anerkennt die unterstützte Partei auch die Kostentragungspflicht, hat dieses Anerkenntnis keine Wirkung für den Nebenintervenienten. Als Streitgenossen ist ihm gegenüber nach § 91 a zu entscheiden.[35]

---

[23] OLG München KostRspr. Nr. 33.
[24] OLG Karlsruhe Justiz 1979, 17f.
[25] Eingehend *Schneider* MDR 1983, 801ff.; in jüngerer Zeit *Schwarz* ZZP 107 (1994), 45ff. mit nicht überzeugender Kritik an der hM.
[26] BGH NJW 1961, 460f.; NJW 1967, 983f.; OLG Celle NJW 1976, 2170f.; OLG Bremen JurBüro 1998, 479f.; aM OLG München NJW-RR 1995, 1403f.
[27] BGH NJW-RR 2005, 1159.
[28] *Schneider* MDR 1983, 801, 803.
[29] BGH NJW 1961, 460f.; OLG Bremen JurBüro 1998, 479f.; OLG Schleswig NJW-RR 2000, 1093 m. zahlr. Nachw.; OLG Nürnberg MDR 2001, 415f.
[30] BGH NJW 2003, 1948ff.; 3354f.; 2005, 1159: auch dann, wenn die Vereinbarung bezweckte, Kostenerstattungsansprüche der Streithelfer auszuschließen.
[31] BGH NJW-RR 2004, 1506f.; aA KG NJW-RR 2004, 719f.
[32] BGH NJW 1961, 460f.
[33] Zö/*Herget* Rn. 9.
[34] OLG Frankfurt MDR 1990, 929.
[35] BGH JZ 1985, 853f.

102 *(weggefallen)*

103 *Kostenfestsetzungsgrundlage; Kostenfestsetzungsantrag* **(1) Der Anspruch auf Erstattung der Prozesskosten kann nur auf Grund eines zur Zwangsvollstreckung geeigneten Titels geltend gemacht werden.**

(2) [1]Der Antrag auf Festsetzung des zu erstattenden Betrages ist bei dem Gericht des ersten Rechtszuges anzubringen. [2]Die Kostenberechnung, ihre zur Mitteilung an den Gegner bestimmte Abschrift und die zur Rechtfertigung der einzelnen Ansätze dienenden Belege sind beizufügen.

I. Normzweck

Die Vorschrift regelt die Durchsetzung des prozessualen Kostenerstattungsanspruchs (zum Begriff vgl. vor § 91 Rn. 14). Sie verweist zwingend hierfür auf das als Annexverfahren zum Rechtsstreit ausgestaltete Festsetzungsverfahren nach §§ 103–107, das auf rasche und zügige Abwicklung angelegt ist. Unzulässig ist es daher, die Prozesskosten dem Prozessgegner gegenüber klageweise geltend zu machen. Selbstverständlich hindert die Vorschrift nicht, den materiellen Kostenerstattungsanspruch (zum Begriff vgl. vor § 91 Rn. 15) durch Klage gegenüber einem Dritten durchzusetzen, wenn die Partei meint, von diesem Dritten Ersatz für die Prozesskosten verlangen zu können. Das Festsetzungsverfahren setzt eine **Kostengrundentscheidung** voraus. Diese besagt, ob und gegebenenfalls zu welchem Anteil der Gegner Prozesskosten zu erstatten hat. Im Festsetzungsverfahren wird geklärt, welchen Betrag diese Kostenlast „in Euro und Cent“ ausmacht. Aus dem Kostenfestsetzungsbeschluss können die festgesetzten Kosten gemäß § 794 Abs. 1 S. 1 Nr. 2 beigetrieben werden; die Entscheidung ist ein Vollstreckungstitel. 1

Die Vorschrift ist in bürgerlichen Rechtsstreitigkeiten und Familiensachen **anwendbar,** entsprechend in Verfahren der freiwilligen Gerichtsbarkeit gemäß § 13a Abs. 3 FGG. Die Kosten der Sequestation können auf Grund der Kostengrundentscheidung des Verfahrens festgesetzt werden, in dem die **Sequestation** angeordnet worden ist.[1] Zwischen Streitgenossen findet grundsätzlich keine interne gerichtliche Kostenfestsetzung statt; nur ausnahmsweise kommt dies in Betracht, wenn zwischen den Streitgenossen Ausgleichsansprüche im Urteil oder im Vergleich tituliert sind.[2] Für die **gesetzliche Vergütung des Rechtsanwalts** durch seine Partei gilt die Vorschrift in allen Verfahren sinngemäß nach § 11 Abs. 2 S. 3 RVG. Bei dem Verfahren nach § 11 RVG können nach der klarstellenden Regelung in Abs. 1 auch die vom Rechtsanwalt aus eigenen Mitteln **verauslagten Gerichtskosten** gegen die Partei festgesetzt werden. Ist der Rechtsanwalt für einen **Betriebsrat, Personalrat** oder ein ähnliches Organ tätig geworden, findet das Kostenfestsetzungsverfahren nach § 11 RVG nicht statt, weil ein solches Organ weder rechts- noch vermögensfähig ist.[3] Nach OLG München kann sich das Verfahren nach (früher) § 19 BRAGO auch gegen eine Person richten, die nicht Partei des Rechtsstreits ist.[4] Nach überwiegender Auffassung konnte die Vergütung von **Patentanwälten** nicht nach § 19 BRAGO festgesetzt werden;[5] nach § 11 RVG gilt nichts anderes. Im **Mahnverfahren** ist ein Kostenfestsetzungsverfahren nach §§ 103f. nicht veranlasst. Der Mahnbescheid enthält nach § 699 Abs. 1 Nr. 3, der Vollstreckungsbescheid nach § 699 Abs. 3 S. 1 die Verfahrenskosten. Auch ist der Vollstreckungsbescheid mangels einer Kostengrundentscheidung keine geeignete Grundlage für ein Kostenfestsetzungsverfahren.[6] Deshalb können Kosten, die nicht in den Vollstreckungsbescheid betragsmäßig aufgenommen sind, nicht nachträglich in einem Kostenfestsetzungsverfahren geltend gemacht werden.[7] Etwas anderes gilt allerdings für die Kosten der Zwangsvollstreckung aus einem Vollstreckungsbescheid (vgl. Rn. 6). Unanwendbar sind die §§ 103ff. im **schiedsgerichtlichen Verfahren.**[8] Setzt das Schiedsgericht die Kosten nicht fest, bleibt dem Kostengläubiger nur die Erhebung einer Klage. Auch kann die anwaltliche Vergütung im schiedsrichterlichen Verfahren nicht nach § 11 RVG durch das staatliche Gericht festgesetzt werden.[9] 2

II. Absatz 1

1. Vollstreckbarer Titel. a) Allgemeines. Voraussetzung der Kostenfestsetzung ist ein vollstreckbarer Titel. Das sind in §§ 704, 794 genannte (nicht alle!), sowie nach § 801 mögliche Titel. Sie sind zur Zwangsvollstreckung geeignet, wenn sie eine Pflicht zur Kostenerstattung (Kostengrundentscheidung) enthalten. Dies ist erforderlich, aber auch ausreichend. Ohne Belang ist, ob der Ausspruch zur Hauptsache vollstreckt werden kann. Anderenfalls könnten die Kosten klageabweisender oder feststellender Urteile nicht festgesetzt werden und damit das Verfahren nach §§ 103ff. in einer Vielzahl von Fällen seinen Zweck nicht erfüllen. 3

---

[1] BGH JurBüro 2007, 34f.
[2] OLG Köln JurBüro 1993, 356f.; OLG Koblenz JurBüro 1994, 230f.
[3] LAG Düsseldorf JurBüro 1995, 363.
[4] OLG München AnwBl. 1999, 56.
[5] OLG München MDR 2001, 353f.
[6] KG Rpfleger 1995, 424.
[7] KG JurBüro 1995, 428 m. weit. Nachw. auch zur abw. Ansicht. Ausnahmsweise ist dies zulässig, wenn der Widerspruch gegen den Mahnbescheid im streitigen Verfahren in vollem Umfang zurückgenommen wird: OLG München NJW-RR 1997, 895; aM (Festsetzung weiterer Kosten ohne diese Einschränkung) LG Saarbrücken JurBüro 1999, 532f.
[8] OLG Hamburg NJW-RR 1994, 1048; MK/*Belz* Rn. 11.
[9] KG AnwBl. 1999, 55f.

4 b) **Einzelnes.** Rechtskräftige oder für vorläufig vollstreckbar erklärte **Urteile und gerichtliche Vergleiche** sind geeignete Titel; ebenso rechtskräftige **Beschlüsse,** etwa Arrestbefehle und einstweilige Verfügungen, soweit sie eine Kostenentscheidung enthalten. Eine erfolgreiche Vollstreckungsabwehrklage (§ 767) lässt die Kostenentscheidung des früheren Urteils unberührt; letztere bleibt damit als Grundlage für die Kostenfestsetzung bestehen.[10] Der Festsetzungstitel muss immer das Verfahren betreffen, in welchem die Kosten entstanden sind. Deshalb können die Kosten einer freiwillig im Verfahren der freiwilligen Gerichtsbarkeit abgegebenen eidesstattlichen Versicherung nicht auf Grund einer Verurteilung im zivilprozessualen Verfahren festgesetzt werden.[11] Ein gerichtlicher **Vergleich** ist eine taugliche Grundlage, und zwar auch denn, wenn er keine Kostenregelung enthält, aber § 98 einschlägig ist.[12] Wurde der Vergleich widerruflich geschlossen, liegt erst mit Fristablauf ohne Widerruf ein Vollstreckungstitel vor.[13] Knüpfen die Parteien die Kostentragungspflicht an eine aufschiebbare Bedingung, dann können Kosten nur festgesetzt werden, wenn der Eintritt der Bedingung feststeht oder der Erstattungsberechtigte den Eintritt der Bedingung glaubhaft macht.[14] Auf Grund eines Vergleichs können ausnahmsweise Kosten nicht nur gegenüber dem Gegner, sondern auch gegenüber dem Streitgenossen festgesetzt werden, wenn sich die Parteien im Vergleich auf eine Kostenregelung verständigt haben, die auch für das Verhältnis der Streitgenossen untereinander gelten soll.[15] Auf Vereinbarungen im Scheidungsverfahren über die Kosten der Scheidung und der Entscheidung über Folgesachen kann ein Festsetzungsverfahren nicht gestützt werden.[16] Nach § 93a Abs. 1 S. 3 erübrigt eine Parteivereinbarung bei einer Scheidung nicht die gerichtliche Kostengrundentscheidung. Doch können auf Grund der Vereinbarung die Kosten des gerichtlichen Vergleichs festgesetzt werden.[17] Nach Erlass eines Scheidungsurteils können Prozessvergleiche über noch anhängige Folgesachen in begrenztem Umfang geschlossen werden (§ 98 Rn. 7), ebenso über die Kosten des Scheidungsverfahrens, bevor die Entscheidung in Rechtskraft erwächst. In diesen Fällen ist der Prozessvergleich Grundlage der Kostenfestsetzung;[18] ebenso der in einem arbeitsgerichtlichen Verfahren erster Instanz geschlossene Vergleich, der abweichend von § 12a Abs. 1 ArbGG eine Erstattungspflicht für außergerichtliche Kosten enthält.[19] Vereinbaren die Parteien in einem Prozessvergleich (auch) die Kostentragung eines anderen, bereits rechtskräftig abgeschlossenen Rechtsstreits, können die dortigen Kosten nicht auf Grund des Vergleichs festgesetzt werden.[20] Auf den Vermerk des Richters, dass sich die Parteien vor Protokollierung eines Vergleichs über eine bestimmte – dann aber nicht protokollierte – Kostenregelung einig gewesen wären, kann die Kostenfestsetzung nicht gestützt werden.[21] **Außergerichtliche Vergleiche** sind keine Festsetzungsgrundlage. Gleiches gilt für sofort vollstreckbare Anwaltsvergleiche nach § 796a, c.[22] Auch der Vollstreckungsbescheid ist mangels einer Kostengrundentscheidung kein geeigneter Titel[23] (vgl. auch Rn. 2), ebenso wenig eine **schiedsrichterliche Entscheidung** (vgl. Rn. 2).

5 **2. Zur Zwangsvollstreckung geeignet.** Auch wenn nach dem Urteil die Zwangsvollstreckung nur gegen Sicherheitsleistung zugelassen oder Sicherheitsleistung zur Abwendung der Vollstreckung gestattet ist, erfolgt die Kostenfestsetzung nach Antrag ohne Rücksicht darauf, ob Sicherheit geleistet wurde. Dies interessiert erst bei der Vollstreckung aus dem Kostenfestsetzungsbeschluss. Nichts anderes gilt, wenn die Vollstreckung aus dem Urteil nach §§ 707, 719 einstweilen eingestellt oder auf Grund erfolgreicher Vollstreckungsabwehrklage (§ 767)[24] für unzulässig erklärt wurde. Lautet die Verurteilung in der Hauptsache nur zur Leistung Zug-um-Zug, ist dies weder für die Kostenfestsetzung, noch für die Vollstreckung des nach § 104 ergangenen Beschlusses von Bedeutung. Geeignete Titel sind Arrestbefehle und einstweilige Verfügungen auch dann noch, wenn sie nicht mehr vollzogen werden dürfen, weil die Frist nach § 929 Abs. 2, § 936 versäumt wurde.[25] Sofern nicht im Aufhebungsverfahren wegen veränderter Umstände nach § 927 die dort ergehende Kostenentscheidung auch die Kosten des Anordnungsverfahrens erfasst (vgl. § 927 Rn. 12), bleibt der aufgehobene Arrest bzw. die aufgehobene einstweilige Verfügung weiterhin ein geeigneter Titel.[26] Ungeeignet ist eine im Anordnungsverfahren entgegen § 620g ergangene Kostenentscheidung.[27] **Nicht mehr geeignet** ist eine Kostengrundentscheidung, wenn sie durch eine nachfolgende Entscheidung abgeändert oder berichtigt,[28] aufgehoben oder ersetzt wird; im letzteren Fall auch dann, wenn die erset-

---

10 BGH NJW 1995, 3318.
11 KG Rpfleger 1993, 84.
12 MK/*Giebel* Rn. 10.
13 Zum Verfahren des Rechtspflegers, wenn als Widerrufsempfänger nicht das Gericht bestimmt ist, vgl. *Lappe* Rpfl. Stud. 1994, 103.
14 OLG München NJW-RR 1999, 1517.
15 OLG Köln JurBüro 1993, 356.
16 OLG Düsseldorf Rpfleger 1992, 83f.; T/P/*Hüßtege* Rn. 2b.
17 OLG München JurBüro 1985, 133f.
18 OLG München MDR 1976, 406; MK/*Giebel* Rn. 15.
19 ArbG Berlin AnwBl. 1994, 95.
20 OLG Hamm JurBüro 1975, 517.
21 OLG München JurBüro 1996, 261f.
22 OLG Hamburg NJW-RR 1994, 1408; OLG München NJW-RR 1997, 1293f.
23 LG Berlin JurBüro 1996, 298.
24 BGH NJW 1995, 3118f. m. weit. Nachw.
25 OLG Hamm JurBüro 1997, 151 m. abl. Anm. v. *Schröder.*
26 OLG Schleswig JurBüro 1995, 308: bei der Erstattung der Anwaltskosten ist der Grundsatz der Einmalvergütung nach § 13 Abs. 2, § 40 Abs. 2 BRAGO zu beachten.
27 KG MDR 1982, 328.
28 OLG Hamm JurBüro 2001, 593.

zende Entscheidung inhaltlich gleich lautet.[29] Ein nachfolgender Prozessvergleich macht den vorherigen Titel gegenstandslos.[30] Folge ist jeweils, dass das Kostenfestsetzungsverfahren beendet ist, ebenso ein etwaiges Erinnerungs- oder Beschwerdeverfahren.[31] Ein bereits ergangener Kostenfestsetzungsbeschluss wird gegenstandslos, zur Klarstellung ist er aufzuheben. **Nicht** zur Zwangsvollstreckung geeignet sind ein vor der Schlichtungsstelle nach § 15a EGZPO geschlossener Vergleich, wonach die Kostenverteilung der Entscheidung des Schlichters überlassen werden soll und der entsprechende Schlichterbeschluss.[32]

3. Prozesskosten. Dazu zählen neben den aus den Gebühren und Auslagen (§ 1 Abs. 1 GKG) bestehenden **Gerichtskosten** die **außergerichtlichen Kosten.** Bei letzteren handelt es sich vor allem um Anwaltskosten, daneben um Aufwendungen der Partei für notwendige Reisen und eine Entschädigung für die durch die Terminwahrnehmung entstandene Zeitversäumnis. Festsetzbar sind die gesamten Kosten des Rechtsstreits iSd. § 91. Zu den Einzelheiten vgl. die Erläuterungen dort. **Kosten der Zwangsvollstreckung** werden vom Vollstreckungsgericht (§ 788 Abs. 2) festgesetzt, soweit sie nicht nach § 788 Abs. 1 beigetrieben wurden. Wird der nur vorläufig vollstreckbare **Titel** nachfolgend durch das Rechtsmittelgericht oder einen Prozessvergleich **abgeändert oder aufgehoben,** kann der Gläubiger gleichwohl aus dem ursprünglichen Titel die Kosten bisheriger Vollstreckung bzw. Vollstreckungsversuche in Höhe der Kosten festsetzen lassen, die entstanden wären, wenn der Gläubiger von vornherein die Vollstreckung auf den ihm auf Grund des neuen Titels endgültig verbleibenden Betrag beschränkt hätte.[33] Dies wird zutreffend aus § 788 Abs. 2 gefolgert, wonach der Rückerstattungsanspruch des Schuldners festgesetzt werden kann, obgleich ein über diesen Anspruch lautender Titel nicht vorhanden ist. Nach anderer Auffassung ist bei Abänderung durch einen Prozessvergleich lediglich dieser Festsetzungsgrundlage und das auch nur dann, wenn der Vergleich auch die Vollstreckungskosten einschließt.[34] Zu den festsetzbaren Kosten der Zwangsvollstreckung im Einzelnen siehe die Erläuterungen zu §§ 91 und 788. Aufwendungen einer Partei über die Kosten des Rechtsstreits oder der Zwangsvollstreckung hinaus, können nicht zulässiger Gegenstand des Festsetzungsverfahrens sein. Deshalb können die in Übereinstimmung mit einem gerichtlichen Vergleich erbrachten Zahlungen für die Tilgung einer Kreditverbindlichkeit nicht festgesetzt werden, auch wenn die Gegenpartei von dieser Verbindlichkeit freizustellen hatte.[35] 6

III. Absatz 2

1. Antrag. Nur auf Antrag werden Kosten festgesetzt. Ist ein Kostenfestsetzungsbeschluss ohne Antrag einer hierzu berechtigten Person ergangen, ist die Entscheidung aufzuheben. Entbehrlich ist der Antrag nur, wenn die Partei vor der Verkündung des Urteils ihre entsprechende Berechnung eingereicht hat (§ 105 Abs. 2). 7

a) **Antragsberechtigung.** Zum Antrag berechtigt ist der Kostengläubiger. Das ist jeder, der nach dem Vollstreckungstitel einen Erstattungsanspruch hat. Dies kann die Partei sein, ein einzelner Streitgenosse, der Nebenintervenient oder ein Dritter, der dem Rechtsstreit zum Abschluss eines Vergleichs beigetreten ist. Eine bereits bei Rechtshängigkeit nicht existente Person kann nach OLG Brandenburg die Festsetzung ebenso wenig beantragen wie der hinter der nichtexistenten Partei stehende Dritte.[36] Für das Kostenfestsetzungsverfahren bleibt die GmbH trotz Löschung und Liquidation parteifähig, wenn mit dem behaupteten Kostenerstattungsanspruch ein Anhaltspunkt für verwertbares Vermögen besteht.[37] Die durch **Parteiwechsel** ausgeschiedene, im Rubrum nicht aufgeführte Partei, ist ausnahmsweise dann zum Antrag befugt, wenn sich ihre Kostengläubigerstellung aus dem Titel insgesamt zweifelsfrei ergibt.[38] Der **Rechtsnachfolger** eines Kostengläubigers erwirbt die Berechtigung durch Umschreibung des Vollstreckungstitels nach §§ 727ff.[39] War allerdings bei Klageerhebung die Beklagte schon durch Verschmelzung erloschen, so ist ein Rechtsnachfolger, der im Rubrum nicht als Partei aufgeführt ist, nicht antragsberechtigt.[40] Im eigenen Namen kann der beigeordnete **Rechtsanwalt** Festsetzung gegenüber dem in die Prozesskosten verurteilten Gegner beantragen (§ 126 Abs. 1), der Wahlanwalt gegenüber der eigenen Partei hinsichtlich der ihm geschuldeten gesetzlichen Vergütung (§ 11 RVG). Eine **Frist** für die Antragstellung ist nicht vorgeschrieben, doch kann das Antragsrecht nach allgemeinen Grundsätzen verwirkt werden. Streitig ist, ob die **Verwirkung** im Kostenfestsetzungsverfahren selbst,[41] oder allein im Rahmen eines Verfahrens, das mit den üblichen prozessualen Möglichkeiten ausgestattet ist (Vollstreckungsabwehrklage, § 767), geltend gemacht werden kann.[42] Zutreffend erscheint, den Einwand der Verwirkung im Kostenfestsetzungsverfahren nur dann zu berück-

---

[29] OLG Frankfurt/M JurBüro 1993, 489; aM Zö/*Herget* Rn. 21 „Aufhebung der Kostengrundentscheidung".
[30] KG JurBüro 1999, 647f.
[31] OLG Düsseldorf NJW 1974, 1714.
[32] LG Bielefeld NJW-RR 2002, 432.
[33] KG JurBüro 1994, 313; OLG Stuttgart Rpfleger 1994, 118.
[34] OLG Karlsruhe MDR 1994, 733f.
[35] OLG Köln Rpfleger 1993, 84.
[36] OLG Brandenburg NJW-RR 2002, 1217f.
[37] OLG Koblenz NJW-RR 2004, 1222f.
[38] OLG Köln Rpfleger 1993, 171f.
[39] OLG München Rpfleger 1993, 207.
[40] OLG Koblenz JurBüro 2000, 316; aM OLG Hamburg MDR 1976, 845.
[41] So OLG Bamberg JurBüro 1987, 1412f.
[42] So OLG Düsseldorf MDR 1988, 972.

sichtigen, wenn die Verwirkung offensichtlich ist.[43] Denn mit materiell-rechtlichen Problemen darf die auf Zügigkeit angelegte Kostenfestsetzung nicht befrachtet werden. Das **Rechtsschutzinteresse** für den Erlass eines Kostenfestsetzungsbeschlusses kann fehlen, wenn die Zahlung der zur Festsetzung beantragten Kosten unstreitig vorbehaltlos nach Erhalt des Kostenfestsetzungsgesuchs erfolgt ist;[44] es fehlt für einen Kostenfestsetzungsbeschluss zu Gunsten eines Altgläubigers nach Unzulänglichkeitsanzeige.[45]

8 b) **Form und Vertretung.** Der Antrag ist entweder schriftlich einzureichen, dann mit eigenhändiger Unterschrift, oder zu Protokoll der Geschäftsstelle zu erklären. Dies ergibt sich nicht aus dem Wortlaut des Gesetzes, wird aber als Selbstverständlichkeit betrachtet.[46] Unwirksam ist der fernmündlich gestellte Antrag, über den ein nicht zu den Akten genommener Vermerk gefertigt wird.[47] **Anwaltszwang** besteht **nicht** (§§ 13, 21 Nr. 1 u. 2 RpflG). Der erstinstanzliche **Prozessbevollmächtigte** gilt grundsätzlich auch für das Kostenfestsetzungsverfahren als Annexverfahren beauftragt.[48] Der Bevollmächtigte zweiter Instanz ist für die Kosten des Berufungsverfahrens nicht schon kraft seiner Stellung bevollmächtigt, da stets das erstinstanzliche Gericht für die Festsetzung zuständig ist, s. Rn. 12.[49] Weil das Festsetzungsverfahren nicht mehr Teil des Anwaltsprozesses ist, erlischt die erteilte Vollmacht bereits nach § 87 Abs. 1 durch Anzeige.[50] Die einfache Anzeige der Mandatsniederlegung im Anwaltsprozess bewirkt ohne weiteres für das sich anschließende Kostenfestsetzungsverfahren das Erlöschen der Vollmacht. Die im Ausland wohnende Partei hat dann keinen Prozessbevollmächtigten iSv. § 174 Abs. 2 bestellt, so dass sie, ohne Belehrung des Gerichts, zur Benennung eines Zustellungsbevollmächtigten verpflichtet ist.[51] Die Löschung der Partei nach § 2 LöschungsG im Handelsregister beendet die Vollmacht nicht.[52] Handelt für den Antragsteller ein Nichtanwalt, hat er eine Vollmacht vorzulegen, sofern sie sich nicht schon bei den Akten befindet (§ 88 Abs. 2). Stellt der Verkehrsanwalt einer Partei in der Ich-Form einen Antrag ohne ein Vertretungsverhältnis anzugeben, kann im Zweifel nicht angenommen werden, der Antrag sei im Namen und Auftrag der Partei erhoben.[53] Einen eigenen Antrag kann der Verkehrsanwalt lediglich nach § 19 Abs. 1 BRAGO stellen. Hat die Partei ihren Kostenerstattungsanspruch an ihren Prozessbevollmächtigten abgetreten, kann dieser erst und nur dann die Kostenfestsetzung im eigenen Namen betreiben, wenn der Kostentitel auf seinen Namen umgeschrieben ist (vgl. Rn. 7).

9 c) **Anlagen.** Der **Vollstreckungstitel** ist nur beizufügen, wenn er nicht in den Akten des über den Antrag entscheidenden Gerichts enthalten ist. Die Vorlage einer vollstreckbaren Ausfertigung ist grundsätzlich nicht erforderlich.[54] Hat allerdings auf Gläubiger- oder Schuldnerseite ein **Personenwechsel** stattgefunden, ist die vollstreckbare Ausfertigung vorzulegen, sofern diese bereits nach §§ 727ff. bereits erteilt ist. Andernfalls ist gleichzeitig die Umschreibung des Titels zu beantragen. Dabei ist die Rechtsnachfolge durch die nach §§ 727ff. erforderlichen öffentlichen oder öffentlich beglaubigten Urkunden nachzuweisen. Sollen die Kosten gemäß der Grundentscheidung eines rechtskräftigen Urteils festgesetzt werden, ist ein Zeugnis über die Rechtskraft vorzulegen, wenn nicht bereits auf dem in den Akten befindlichen Urteil die Rechtskraft vermerkt ist. Die Zustellung des Titels ist nur nachzuweisen, wenn damit der Eintritt der Rechtskraft belegt werden soll. Die **Kostenberechnung** ist beizufügen. Insoweit kann nicht auf die Akten Bezug genommen werden. Dies ist nur hinsichtlich verauslagter Gerichtskosten zulässig, so weit diese in den Akten ohne weiteres feststellbar sind.[55] Einer Abschrift für den Gegner bedarf es von der Kostenberechnung. Fehlt sie, wird sie vom Gericht gegen Berechnung der Schreibauslagen nach KV Nr. 9000 hergestellt. **Belege** sind jedenfalls in Kopie vorzulegen, es sei denn, sie befinden sich bereits bei den Akten. Abschriften der Belege für den Gegner sind nicht erforderlich.[56] Die Versicherung des Rechtsanwalts, die einzelnen Kostenansätze seien entstanden, genügt nach § 104 Abs. 2 S. 2 nur für Post- und Telekommunikationsleistungen. Zur Berücksichtigung von Umsatzsteuerbeträgen vgl. § 104 Rn. 20f. Bei anderen Auslagen ist glaubhaft zu machen, dass sie entstanden sind und auch notwendig waren.[57]

10 d) **Rücknahme.** Der Antrag kann zurückgenommen werden, solange der Kostenfestsetzungsbeschluss noch nicht in Rechtskraft erwachsen ist. Ist der Kostenfestsetzungsbeschluss bereits ergangen, bedarf die Rücknahme der Einwilligung des Gegners.[58] Mit wirksamer Rücknahme wird der erlassene Kostenfestsetzungsbeschluss entsprechend § 269 Abs. 3 S. 1 wirkungslos, ohne dass es einer Aufhebung bedarf. Ist über den Antrag noch nicht entschieden, darf nach Rücknahme kein Kostenfestsetzungsbeschluss mehr ergehen. Analog § 269 Abs. 3 S. 2 hat der Antragsteller die Kosten des Verfahrens zu tragen. Die wirksame Rück-

---

[43] OLG Karlsruhe FamRZ 1994, 55f.
[44] OLG Düsseldorf Rpfleger 2004, 321.
[45] BGH WM 2005, 2239f.; OLG Brandenburg Rpfleger 2006, 440f.
[46] *St/J/Bork* Rn. 17.
[47] OLG München JurBüro 1993, 300f.
[48] OLG Hamm Rpfleger 1978, 421f.
[49] OLG München Rpfleger 1979, 465.
[50] OLG Koblenz VersR 1984, 545 (LS).
[51] OLG Koblenz VersR 1978, 575 (LS).
[52] OLG Hamburg JurBüro 1986, 763f.
[53] OLG München MDR 1981, 502.
[54] OLG München OLGRspr. 23, 128f.
[55] OLG München JurBüro 1993, 300f.
[56] *St/J/Bork* Rn. 21.
[57] LG Weiden MDR 1975, 669.
[58] *Lappe* Rpfl. Stud. 1994, 153.

nahme ist bindend und unwiderruflich,[59] doch ist der Antragsteller nicht gehindert, einen neuen Kostenfestsetzungsantrag zu stellen. Dies folgt aus entsprechender Anwendung von § 269 Abs. 4.[60]

e) **Änderung der Kostengrundentscheidung.** Wird im höheren Rechtszug die erstinstanzliche Kosten- 11
grundentscheidung ersetzt oder abgeändert, bleibt der ursprünglich gestellte Antrag wirksam, so weit sich beide Entscheidungen inhaltlich decken.[61] Nur für die auf Grund der späteren Entscheidung zusätzlich festsetzbaren Kosten bedarf es eines neuen Antrags.

2. Zuständiges Gericht. Der Antrag ist bei dem Prozessgericht des ersten Rechtszuges anzubringen. Dies 12
gilt für die Prozesskosten aller Rechtszüge, einschließlich derjenigen eines Wiederaufnahmeverfahrens in höherer Instanz[62] und eines nach § 943 beim Berufungsgericht durchgeführten Arrest- oder einstweiligen Verfügungsverfahrens.[63] Mit der Neufassung von § 788 Abs. 2 zum 1. 1. 1999[64] ist für die Festsetzung von **Kosten der Zwangsvollstreckung** ausschließlich das Vollstreckungsgericht zuständig geworden (s. näher § 788 Rn. 22).[65] Die Neuregelung erfasst auch die Festsetzung der anwaltlichen Vergütung gem. § 11 RVG im Rahmen der Zwangsvollstreckung.[66] Für die Kostenfestsetzung im Verfahren der Vollstreckbarerklärung ausländischer Titel ist hingegen das Vollstreckungsgericht zuständig.[67] **Funktionell** zuständig ist der Rechtspfleger (s. § 104 Rn. 2).

104 *Kostenfestsetzungsverfahren*

(1) ¹Über den Festsetzungsantrag entscheidet das Gericht des ersten Rechtszuges. ²Auf Antrag ist auszusprechen, dass die festgesetzten Kosten vom Eingang des Festsetzungsantrags, im Falle des § 105 Abs. 3 von der Verkündung des Urteils ab mit fünf Prozentpunkten über dem Basiszinssatz nach § 247 des Bürgerlichen Gesetzbuchs zu verzinsen sind. ³Die Entscheidung ist, sofern dem Antrag ganz oder teilweise entsprochen wird, dem Gegner des Antragstellers unter Beifügung einer Abschrift der Kostenrechnung von Amts wegen zuzustellen. ⁴Dem Antragsteller ist die Entscheidung nur dann von Amts wegen zuzustellen, wenn der Antrag ganz oder teilweise zurückgewiesen wird; im Übrigen ergeht die Mitteilung formlos.

(2) ¹Zur Berücksichtigung eines Ansatzes genügt, dass er glaubhaft gemacht ist. ²Hinsichtlich der einem Rechtsanwalt erwachsenden Auslagen für Post- und Telekommunikationsdienstleistungen genügt die Versicherung des Rechtsanwalts, dass diese Auslagen entstanden sind. ³Zur Berücksichtigung von Umsatzsteuerbeträgen genügt die Erklärung des Antragstellers, dass er die Beträge nicht als Vorsteuer abziehen kann.

(3) ¹Gegen die Entscheidung findet sofortige Beschwerde statt. ²Das Beschwerdegericht kann das Verfahren aussetzen, bis die Entscheidung, auf die der Festsetzungsantrag gestützt wird, rechtskräftig ist.

Übersicht

---

59 OLG Koblenz Rpfleger 1976, 324.
60 *Lappe* Rpfl. Stud. 1994, 154.
61 OLG Hamm AnwBl. 1982, 384f.; aM KG Rpfleger 1993, 462.
62 OLG München AnwBl. 1973, 363.
63 MK/*Giebel* § 104 Rn. 2.
64 BGBl. 1997 I S. 3039.
65 Kritisch zur neuen Rechtslage *Jüling* MDR 2001, 490ff.
66 BGH NJW 2005, 1273.
67 OLG München FamRZ 2002, 408.

I. Normzweck

1 Die Vorschrift eröffnet dem Kostengläubiger einen Weg, seinen prozessualen Kostenerstattungsanspruch (vgl. vor § 91 Rn. 14) aus der Kostengrundentscheidung betragsmäßig in einem vollstreckbaren Titel festsetzen zu lassen. Der Gesetzgeber hat das Kostenfestsetzungsverfahren als Annexverfahren zur Hauptsache knapp, bündig und formal ausgestattet. Es soll zügig durchgeführt werden können. Deshalb knüpft es vorwiegend an äußerliche, leicht erkennbare Kriterien an. Von zeitraubender Prüfung materiellrechtlicher Verhältnisse ist es grundsätzlich befreit (vgl. Rn. 8 f.); Nebenintervention ist nicht möglich.[1]

II. Absatz 1

2 **1. Zuständigkeit und rechtliches Gehör.** Es entscheidet das Gericht des ersten Rechtszuges, bei dem nach § 103 Abs. 2 S. 1 der Antrag auf Festsetzung anzubringen ist. Das ist das Streitgericht auch dann, wenn das Mahngericht dem Antragsteller nach Rücknahme des Mahnbescheidantrags die Kosten des Verfahrens entsprechend § 269 auferlegt hat;[2] ebenso bei antragsgemäß erlassenem Vollstreckungsbescheid für den nachträglichen Antrag auf Verzinsung der festgesetzten Verfahrenskosten.[3] Für die Festsetzung von Kosten des Verfahrens auf Erteilung einer vollstreckbaren Anfertigung des Vollstreckungsbescheids bei Rechtsnachfolge (einschließlich Erinnerungs- und Beschwerdeverfahrens) ist das Amtsgericht zuständig, das den Vollstreckungsbescheid erlassen hat.[4] Funktionell ist gemäß § 21 Nr. 1 u. 2 RpflG der Rechtspfleger zuständig. Vor der Entscheidung hat der Rechtspfleger dem Antragsgegner **rechtliches Gehör** zu gewähren. Dies folgt aus dem rechtsstaatlichen Grundsatz eines fairen Verfahrens gem. Art. 2 Abs. 1, 20 Abs. 3 GG.[5] Deshalb ist ihm eine Mehrfertigung des Kostenfestsetzungsantrags samt Kostenrechnung zu übersenden und Gelegenheit zur Stellungnahme zu geben. Formlose Mitteilung reicht regelmäßig aus. Der Rechtspfleger kann auch mündliche Verhandlung anberaumen, statt schriftlich zu verfahren. Doch wird dies nur in ganz seltenen Fällen angezeigt sein. Hat der Rechtspfleger vom Richter eine Auskunft eingeholt, weil das Protokoll über die mündliche Verhandlung oder Beweisaufnahme keine eindeutige kostenrechtliche Beurteilung erlaubt, ist diese Auskunft den Parteien mitzuteilen.[6] Nach § 139 trifft auch den Rechtspfleger ganz allgemein eine Hinweis- und Aufklärungspflicht.[7] Nur in ganz einfach gelagerten, eindeutigen Fällen zweifelsfreier Ansätze kann davon abgesehen werden, dem Antragsgegner rechtliches Gehör zu gewähren.[8] Will der Rechtspfleger den Festsetzungsantrag ganz oder teilweise **zurückweisen,** ist er nicht verpflichtet, dem Antragsteller vorher seine Absicht mitzuteilen und ihm Gelegenheit zur Stellungnahme zu geben.[9] Dies empfiehlt sich nur dann, wenn ergänzende Angaben des Antragstellers sachdienlich sein können. Die Absetzung oder Reduzierung einzelner Posten ist stets zu **begründen.**[10] Verletzungen des Rechts auf Gehör werden geheilt, wenn die erstattungspflichtige Partei im Beschwerdeverfahren ihre Einwendungen geltend machen kann.[11]

3 **2. Bindungswirkung der Kostengrundentscheidung.** Die Kostengrundentscheidung ist Grundlage, nicht Gegenstand des Festsetzungsverfahrens. Deshalb bindet die Grundentscheidung im Urteil oder Beschluss den Rechtspfleger im Festsetzungsverfahren ebenso wie das Gericht im Beschwerdeverfahren. Dies ist insbesondere dann von Bedeutung, wenn der Rechtspfleger die **Grundentscheidung** für **fehlerhaft** hält.[12] Auch wird die Partei, die mit den Kosten des Nebenintervenienten belastet wurde, nicht mit dem Einwand gehört, dessen Beitritt sei nicht notwendig gewesen.[13] Etwas anderes kann ausnahmsweise nur dann gelten, wenn die Entscheidung des Gerichts über die Kostentragungspflicht offenkundig fehlerhaft und völlig gesetzwidrig ist, so dass ihre Beachtung zu einem völlig unerträglichen, dem Rechtsverständnis widerstreitenden Ergebnis führen würde. Kann in einem solchen Fall auch durch Auslegung kein angemessenes Ergebnis erzielt werden, ist die Grundentscheidung für den Rechtspfleger unbeachtlich;[14] der entsprechende Festsetzungsantrag ist dann als unbegründet zurückzuweisen.

4 Ein fehlerhaft erlassener Kostenbeschluss hat keine **rechtsgestaltende Wirkung** in der Weise, dass das Bestehen eines Prozessrechtsverhältnisses bindend festgestellt würde. Deshalb kann der Beklagte, gestützt auf einen Beschluss nach § 269 Abs. 3 nicht erfolgreich Kostenfestsetzung begehren, wenn ihm die Klage nicht zugestellt wurde.[15] Ohne existentes Prozessrechtsverhältnis steht dem „Beklagten" kein prozessualer Kostenerstattungsanspruch zu. Entsprechendes gilt bei nicht rechtshängig gewordener Widerklage.[16] Die

---

[1] OLG Karlsruhe Rpfleger 1996, 83.
[2] Bay ObLG Rpfleger 2003, 35 f.
[3] BayObLG MDR 2005, 769.
[4] BayObLG Rpfleger 2006, 418 f.
[5] BVerfG NJW 2000, 1709 ff.
[6] Zö/*Herget* Rn. 21 „Rechtliches Gehör".
[7] OLG Köln JurBüro 1999, 257.
[8] OLG München JurBüro 1993, 300 f.
[9] So aber MK/*Giebel* Rn. 7.
[10] OLG München NJW 1966, 2068.
[11] OLG Düsseldorf AnwBl. 1995, 627.
[12] OLG Koblenz Rpfleger 1986, 447.
[13] OLG Nürnberg JurBüro 1995, 593 f.
[14] LG Mainz Rpfleger 1995, 311 f. für das Strafverfahren.
[15] OLG Hamburg MDR 1983, 411.
[16] OLG Koblenz JurBüro 1984, 461 f. m. zust. Anm. v. *Mümmler.*

Auslegung einer unklaren oder widersprüchlichen Kostengrundentscheidung ist geboten.[17] In den der Auslegung gezogenen Grenzen verstößt sie nicht gegen die Bindungswirkung. Nicht gebunden sind die Kostenfestsetzungsinstanzen an dienstliche Stellungnahmen des Richters des Erkenntnisverfahrens, wenngleich solchen Äußerungen in aller Regel erhebliches Gewicht beizumessen ist.[18]

3. Prüfungspflicht. Der Rechtspfleger prüft, ob die geltend gemachten Kosten den Rechtsstreit des zu Grunde liegenden Vollstreckungstitels betreffen, entstanden sind und notwendig waren. Zur Glaubhaftmachung vgl. Rn. 18ff. 5

a) Identität des Rechtsstreits. Es können nur Kosten festgesetzt werden, die den Rechtsstreit betreffen, der zu dem zu Grunde liegenden Vollstreckungstitel führte und in welchem die Kostengrundentscheidung erging. Bei einem gewillkürten Parteiwechsel auf Klägerseite bildet das Verfahren gegen den früheren und den neuen Kläger gebührenrechtlich eine Einheit.[19] Festsetzungsverfahren dürfen nicht entsprechend § 147 wie Erkenntnisverfahren miteinander verbunden werden.[20] Die **Kosten der Zwangsvollstreckung** können nur im Rahmen des § 788 Abs. 2 S. 2 festgesetzt werden; im Übrigen ist das Prozessgericht des ersten Rechtzuges zuständig. Außerhalb des Verfahrens entstandene Kosten wie etwa die Gebühr für eine anwaltliche Mediation nach § 34 RVG sind abzusetzen.

b) Entstehung. Die Kostengrundentscheidung entbindet den Rechtspfleger nicht von der Prüfung, ob die geltend gemachten Kosten überhaupt und in der behaupteten Höhe entstanden sind. Nur tatsächlich erwachsene Kosten sind zu erstatten. Ohne Belang ist, ob der Kostenschuldner der irrigen Rechtsauffassung des Kostengläubigers über die Erstattbarkeit zustimmt.[21] Grundsätzlich reicht die Zahlungspflicht des Kostengläubigers als Entstehungstatbestand aus; der Erstattungsberechtigte muss noch nicht tatsächlich gezahlt haben.[22] Dies gilt insbesondere für die dem **Prozessbevollmächtigten geschuldete gesetzliche Vergütung.** Steht indes unstreitig fest, dass der Prozessbevollmächtigte auf seinen Anspruch ausdrücklich verzichtet hat,[23] oder hat der Mandant gegenüber dem Rechtsanwalt erfolgreich die Einrede der Verjährung erhoben,[24] können diese Kosten nicht mehr festgesetzt werden. So weit die Festsetzung von **Gerichtskosten** begehrt wird, ist allerdings zum Schutze des Antragsgegners vor doppelter Inanspruchnahme der Nachweis geleisteter Zahlung erforderlich.[25] Stellt ein Dritter den Kostenschuldner von seiner Zahlungspflicht frei, entlastet dies den Kostenschuldner nicht. Er bleibt weiterhin dem Kostengläubiger verpflichtet.[26] Ist der Kostenschuldner **von der Zahlung von Gerichtskosten befreit** (§ 2 GKG), dürfen ihm gegenüber solche Kosten nicht festgesetzt werden. Der Kostengläubiger, der Gerichtskosten in einem solchen Fall bereits bezahlt hat, kann von der Staatskasse Rückerstattung verlangen. Sind Streitgenossen erstattungsberechtigt, kann jeder nur die ihm erwachsenen Kosten fordern. Zur Erstattung der Anwaltskosten bei mehreren durch einen **gemeinsamen Anwalt** vertretenen Streitgenossen mit unterschiedlichem Prozesserfolg vgl. § 91 Rn. 69. 6

c) Notwendigkeit. Es sind nur die Kosten zu erstatten, die zur zweckentsprechenden Rechtsverfolgung oder Rechtsverteidigung notwendig waren (§ 91 Abs. 1 S. 1). Die Hinzuziehung eines Anwaltes darf auch im Verfahren vor dem Amtsgericht nicht als nicht notwendig beurteilt werden (§ 91 Abs. 2 S. 1). Doch ist für die einzelne kostenverursachende anwaltliche Maßnahme zu fragen, ob sie notwendig war.[27] Diese Prüfung entfällt, wenn die Parteien in einem Prozessvergleich vereinbart haben, bestimmte Maßnahmen als notwendig zu betrachten.[28] Gleiches gilt, wenn bereits nach der Kostengrundentscheidung die Kosten einer bestimmten Maßnahme zu erstatten sind, etwa die durch die Anrufung des unzuständigen Gerichts entstandenen Mehrkosten dem obsiegenden Kläger auferlegt sind. Ob Kosten eines **Verkehrsanwalts** notwendig und die geltend gemachte Höhe jedes einzelnen Ansatzes gerechtfertigt ist, hat der Rechtspfleger unter Berücksichtigung aller Umstände des Einzelfalls zu prüfen und zu entscheiden (vgl. näher § 91 Rn. 27ff.); die Notwendigkeit von Verkehrsanwaltskosten kann nicht allein deshalb bejaht werden, weil der Gegner sich zu einem entsprechenden Kostenfestsetzungsgesuch nicht geäußert hat.[29] Bei den **Gerichtskosten** hat der Rechtspfleger bereits von Amts wegen, nicht erst auf entsprechenden Einwand des Kostenschuldners zu prüfen, ob insbesondere die vom Kostengläubiger bezahlten Auslagen für Zeugen und Sachverständige der Höhe nach zutreffend angefordert wurden. Ist dies zu verneinen, kann der Antragsteller lediglich von der Gerichtskasse Rückerstattung begehren.[30] Nach weit überwiegender Auffassung kann allerdings der Erstattungsschuldner geltend machen, der Kostenansatz (§ 19 GKG) sei unrichtig.[31] Auch die Angemessen- 7

[17] OLG Schleswig JurBüro 1993, 742f.
[18] OLG Koblenz AnwBl. 1995, 108.
[19] OLG Celle NJW-RR 2000, 1093; aM OLG München JurBüro 1968, 490.
[20] OLG Hamm Rpfleger 1980, 439.
[21] OLG Frankfurt/M Rpfleger 1980, 158.
[22] OLG Köln Rpfleger 1965, 242.
[23] OLG Bamberg JurBüro 1981, 768.
[24] OLG Koblenz Rpfleger 1986, 319.
[25] OLG Köln Rpfleger 1965, 242.
[26] OLG Köln JurBüro 1980, 449.
[27] OLG München JurBüro 1973, 63ff.
[28] KG MDR 1990, 555f.
[29] OLG Karlsruhe JurBüro 1993, 295 m. Anm. v. *Mümmler.*
[30] OLG Koblenz Rpfleger 1985, 333f.
[31] OLG Dresden NJW-RR 2001, 861f. m. Nachw. zum Meinungsstand.

heit von **Ersatzvornahmekosten nach § 887** ist zu prüfen.[32] Dabei richtet sich die Angemessenheit nicht nach einem mittleren Marktpreis, sondern nach den Kosten, die ein vernünftig und wirtschaftlich denkender Auftraggeber im konkreten Einzelfall akzeptieren würde.[33] Hingegen darf nach Bewilligung von **PKH** für ein Klageverfahren nicht mehr geprüft werden, ob die Einleitung des Verfahrens notwendig war.[34]

8 **4. Materiellrechtliche Einwendungen.** Im Kostenfestsetzungsverfahren sind sie im Gegensatz zu gebührenrechtlichen Einwendungen grundsätzlich nicht zu berücksichtigen. Dieses Verfahren ist auf Praktikabilität und Effektivität hin angelegt (Rn. 1).[35] Es dient lediglich der Festsetzung der Höhe der gemäß der Kostengrundentscheidung zu erstattenden Kosten. Deshalb ist dieses Verfahren zur Klärung materiellrechtlicher Einwendungen nicht geeignet.[36] Dies gilt insbesondere für die Berufung auf **Stundung, Verjährung** und **Zahlung,** sowie für Einwendungen aus dem Auftragsverhältnis (zB für den Einwand, der Anwaltsvertrag sei aus berufsrechtlichen Gründen nichtig),[37] für den Einwand, mit dem Prozessgegner sei vereinbart gewesen, dass dieser keinen Anwalt beauftrage,[38] oder für die Rüge, die Kostenentscheidung hätte überhaupt nicht oder nicht so ergehen dürfen. Wer solche Einwendungen geltend machen will, kann sich gegen die Vollstreckung aus dem Kostenfestsetzungsbeschluss mit der Klage nach § 767, wobei dessen Abs. 2 unanwendbar ist, oder bei Vorlage einer entsprechenden Urkunde nach § 775 Nr. 4, 5 wehren. Ausgeschlossen ist auch eine **Aufrechnung** des teilunterlegenen Klägers mit seiner titulierten Zahlungsforderung aus dem Urteil gegen den Kostenerstattungsanspruch des teilobsiegenden Beklagten;[39] ebenso eine Aufrechnung des Miterben mit einer Zugewinnausgleichsforderung des Erblassers gegen einen nur gegen ihn persönlich gerichteten Kostenerstattungsanspruch.[40]

9 Aus Gründen der Prozessökonomie macht die hM zu Recht jedoch vom dargestellten Grundsatz **Ausnahmen,** wenn die Parteien sich über die Begründetheit der Einwendung einig oder die tatsächlichen Voraussetzungen einer materiellrechtlichen Einwendung unstreitig sind oder in entsprechender Anwendung des § 138 Abs. 3 als zugestanden gelten.[41] Die Grenzen möglicher Ausnahmen werden nicht einheitlich gezogen.[42] Auf den Kostenerstattungsanspruch bereits unstreitig geleistete Zahlungen sind zu berücksichtigen.[43] Gleiches gilt, wenn sich der Kostengläubiger trotz gerichtlicher Aufforderung zur substantiiert behaupteten Zahlung nicht äußert.[44] Eine **Aufrechnung** kann nach mittlerweile gefestigter Rechtsprechung (nur) berücksichtigt werden, wenn über den Bestand und die Höhe der Gegenforderung und die Aufrechnungslage kein Streit besteht.[45] Nur wenn diese Voraussetzungen gegeben sind, trifft der Rechtspfleger mit der Berücksichtigung keine „echte" Entscheidung über die Gegenforderung. Zu einer Streitentscheidung über die Gegenforderung, die nach § 322 Abs. 2 der Rechtskraft fähig wäre, ist er nicht befugt. Der ausnahmsweisen Berücksichtigung der Aufrechnung kann nicht mangelnde Fälligkeit des Kostenerstattungsanspruchs und damit fehlende Aufrechnungslage nach § 387 BGB entgegengehalten werden. Der Erstattungsanspruch entsteht auflösend bedingt bereits mit der vorläufigen Vollstreckbarkeit der Kostengrundentscheidung.[46] Ein ganzer oder teilweiser **Verzicht** ist zu beachten, wenn die Vereinbarung zwischen den Parteien unstreitig und so eindeutig ist, dass keine Auslegungsschwierigkeiten auftauchen können.[47] Der Verzicht kann auch in einer außergerichtlichen Kostenvereinbarung der Parteien oder in einem Prozessvergleich eines anderen Verfahrens enthalten sein. Auch dann kommt es darauf an, ob sich die Parteien über die Tatsache der Vereinbarung und deren Auslegung einig sind.[48] weiter gehend wurde dies auch bejaht, wenn zwischen den Parteien zwar Streit über die Auslegung der Vereinbarung besteht, vernünftige Zweifel aber über den Inhalt dieser Abrede bei der Auslegung nicht verbleiben.[49] Dem kann unter jeweiliger Berücksichtigung der Umstände des Einzelfalls in engen Grenzen zugestimmt werden. **Verwirkung** ist zu beachten, wenn die entsprechende Einwendung auf Grund feststehender Tatsachen offensichtlich begründet ist.[50] Ausnahmsweise kann auch der Einwand des Rechtsmissbrauchs beachtlich sein.[51] Hat der **beklagte Insolvenzverwalter,** dem die Kosten des Rechtsstreits auferlegt worden sind, nach Eintritt der Rechtshängigkeit die Unzulänglichkeit der Masse angezeigt, so ist

---

[32] OLG Nürnberg JurBüro 1993, 239.
[33] OLG Nürnberg JurBüro 1993, 239f.; KG JurBüro 1993, 747ff.
[34] AA LAG München JurBüro 1996, 534ff. mit zu Recht abl. Anm. v. *Waldner.*
[35] LG Heilbronn JurBüro 1993, 290.
[36] OLG Düsseldorf JurBüro 1993, 289; OLG Karlsruhe FamRZ 1994, 55f.
[37] BGH NJW-RR 2007, 422f.; OLG Hamm AnwBl. 2000, 320.
[38] OLG Köln JurBüro 1995, 641.
[39] OLG Düsseldorf Rpfleger 1996, 373f.; aM OLG München NJW-RR 2000, 1524f.
[40] BGH NJW-RR 2005, 375ff.
[41] OLG Hamburg MDR 2003, 294.
[42] LG Heilbronn FamRZ 1994, 1604 m. weit. Nachw.
[43] Ganz hM; vgl. etwa OLG München NJW-RR 1999, 655.
[44] KG Rpfleger 1976, 23f.
[45] OLG Düsseldorf JurBüro 1975, 819f.; KG JurBüro 1984, 605f.; OLG Düsseldorf JurBüro 1989, 225; vgl. auch *Mümmler* JurBüro 1993, 521, 523.
[46] BGH Rpfleger 1976, 176.
[47] BGH FamRZ 2007, 123f.; OLG Hamm JurBüro 1993, 490 m. Anm. v. *Mümmler;* OLG Nürnberg JurBüro 2000, 583.
[48] OLG München Rpfleger 1977, 65f.
[49] LG Heilbronn FamRZ 1994, 1604f.
[50] OLG Karlsruhe FamRZ 1994, 55f.
[51] LG Berlin JurBüro 1999, 645f.

im Kostenfestsetzungsverfahren der Erstattungsanspruch der Klagepartei lediglich der Höhe nach festzustellen.[52]

Häufig stellt sich in Familiensachen nach § 621 Abs. 1 Nr. 4, 5 (Unterhaltsverfahren) die Frage, ob und ggf. in welcher Höhe geleisteter **Prozesskostenvorschuss** anzurechnen ist. Nach einhelliger Auffassung kann das nur in Betracht gezogen werden, wenn über die Zahlung des Prozesskostenvorschusses unter den Parteien kein Streit besteht.[53] Liegt diese Voraussetzung vor, sind folgende Grundfälle zu unterscheiden: (1) Der Vorschussgeber hat nach der Kostengrundentscheidung die gesamten Prozesskosten zu tragen: Der Prozesskostenvorschuss ist voll auf den Erstattungsbetrag des Vorschussempfängers zu verrechnen. Anderenfalls müsste der Vorschussgeber in Höhe des bezahlten Vorschusses die Prozesskosten doppelt bezahlen. (2) Die Kosten sind anteilig zu tragen, wobei die vom Vorschussempfänger zu tragenden Kosten höher sind, als der vom Vorschussgeber bezahlte Betrag: Die Bezahlung des Prozesskostenvorschusses darf nicht berücksichtigt werden. Mit der Bezahlung hat der Vorschussgeber einen Teil seiner Unterhaltspflicht erfüllt. Ob ihm ein Rückforderungsanspruch zusteht, ist eine materiellrechtliche Frage, die nicht im Kostenfestsetzungsverfahren, sondern in einem eigenen Rechtsstreit zu klären ist. (3) Die Kosten sind anteilig zu tragen; der bezahlte Vorschuss ist höher, als der vom Vorschussempfänger zu tragende Anteil der Kosten: Bei dieser Fallgestaltung ist die Rechtsprechung kontrovers. Es werden **drei Lösungen** vertreten.[54] Nach einer Ansicht ist der Prozesskostenvorschuss nur anzurechnen, wenn und so weit die Summe aus Erstattungsbetrag und Vorschuss den Gesamtbetrag der den Vorschussempfänger treffenden Kosten übersteigt.[55] Nach anderer Auffassung ist der Prozesskostenvorschuss entsprechend der Quotelung in der Kostengrundentscheidung zu verrechnen.[56] Die dritte Ansicht geht dahin, den bezahlten Prozesskostenvorschuss bis zur Höhe des sich bei einem Kostenausgleich ergebenden Betrages voll zu berücksichtigen.[57] Der letztgenannten Auffassung ist der Vorzug zu geben. Sie vermeidet das nach der erstgenannten Ansicht mögliche Ergebnis, dass der Vorschussempfänger wirtschaftlich mehr erhält, als ihm als Vorschuss und gemäß der Kostengrundentscheidung zusteht. Trotz teilweisen Unterliegens wäre der Empfänger von allen Kosten befreit. Dies erscheint nicht sachgerecht. Die Anrechnung entsprechend der Quotelung in der Kostengrundentscheidung führt eher zu zufälligen als angemessenen Ergebnissen. Mit der Beschränkung der vollen Anrechnung bis zur Höhe des sich bei einem Kostenausgleich zu Gunsten des Vorschussempfängers ergebenden Betrages gemäß der letztgenannten Ansicht ist auch sichergestellt, dass die Anrechnung nicht zu einem kostenrechtlichen Erstattungsanspruch des Vorschussgebers führt. Dies würde dem materiellrechtlichen Charakter des Anspruchs auf Rückzahlung des Prozesskostenvorschusses widersprechen. 10

5. Aussetzung und Ruhen des Hauptverfahrens. Verbreitet ist die Ansicht, die Aussetzung des Hauptverfahrens erstrecke sich auf das Kostenfestsetzungsverfahren.[58] Dem kann in dieser Allgemeinheit nicht zugestimmt werden. Entscheidend ist allein, ob die Aussetzung den zu Grunde liegenden Kostentitel, die Kostengrundentscheidung, berührt. Ist das nicht der Fall, weil etwa nach Erlass eines erstinstanzlichen Urteils das Berufungsverfahren oder nach Erlass eines Vorbehaltsurteils gemäß § 302 das Nachverfahren ausgesetzt wird, erstreckt sich deshalb die Aussetzung nicht auf das Kostenfestsetzungsverfahren.[59] Das Ruhen des Verfahrens wird oft der Aussetzung gleichgestellt.[60] Daher wird die Ansicht vertreten, das Ruhen des Hauptverfahrens erstrecke sich auf das Kostenfestsetzungsverfahren.[61] Nach zutreffender Auffassung hindert das Ruhen die Kostenfestsetzung dann nicht, wenn ein übereinstimmender Parteiwille, auch das Kostenfestsetzungsverfahren zum Ruhen zu bringen, nicht erkennbar ist.[62] Denn dem Parteiwillen kommt beim Ruhen des Verfahrens maßgebliche Bedeutung zu (§ 251). Davon abgesehen laufen auch beim Ruhen des Verfahrens die in § 233 bezeichneten Fristen weiter. Dies belegt die nur relative Wirkung eines Ruhens. Zur Aussetzung des Verfahrens durch das Beschwerdegericht und der Aussetzung der Vollziehung des Kostenfestsetzungsbeschlusses vgl. Rn. 35. Wurde gegen die Streitwertfestsetzung Verfassungsbeschwerde eingelegt, darf deshalb nicht das Kostenfestsetzungsverfahren ausgesetzt werden.[63] Ein Festsetzungsverfahren für die Kosten der Vorinstanzen ist auch dann unterbrochen, wenn die Unterbrechungswirkung erst in einem späteren Rechtszug eintritt.[64] 11

6. Verzinsung.[65] Im Kostenfestsetzungsbeschluss sind Zinsen auf die festgesetzten Kosten ab Eingang des Festsetzungsantrags, bei der vereinfachten Kostenfestsetzung nach § 105 Abs. 2 ab Verkündung des Urteils zuzusprechen. Bis zum 30. 9. 2001 konnte die Verzinsung nur mit 4 % ausgesprochen werden. Dies wurde 2001/2002 mehrmals geändert. Bestimmt wurde mit Wirkung vom **1. 10. 2001** durch das ZPO-RG[66] dass 12

---

52 OLG München 2004, 175f.
53 OLG München FamRZ 1994, 1605f.; vgl. auch OLG Koblenz FamRZ 1996, 887.
54 Zu den vorgeschlagenen Lösungen und zum Meinungsstand OLG München FamRZ 1994, 1605ff.
55 OLG Nürnberg NJW-RR 1999, 1088; OLG Bamberg FamRZ 1999, 724f.; OLG Hamm FamRZ 1999, 728.
56 OLG Celle FamRZ 1985, 731f.
57 OLG Düsseldorf Rpfleger 2005, 483ff.
58 OLG Hamm Rpfleger 1988, 379f.
59 OLG München MDR 1990, 252; aM KG NJW-RR 2000, 731f. u. OLG Brandenburg MDR 2001, 471f.
60 MK/*Feiber* § 251 Rn. 14.
61 Zö/*Herget* Rn. 21 „Ruhen des Verfahrens".
62 OLG Naumburg Rpfleger 1994, 306f.
63 OLG Schleswig SchlHA 1979, 58.
64 BGH FamRZ 2005, 1535f.
65 *Gruber* StB 1998, 236ff.
66 BGBl. I 2001 S, 1887.

die festgesetzten Kosten mit fünf Prozentpunkten über dem Basiszinssatz nach § 1 des Diskontsatz-Überleitungsgesetzes vom 9. 6. 1998 zu verzinsen sind, durch das Schuldrechtsmodernisierungsgesetz[67] mit Wirkung vom **1. 1. 2002**, dass fünf Prozentpunkte über dem Basiszinssatz zu berechnen sind und durch die Verordnung zur Ersetzung von Zinssätzen,[68] dass mit Wirkung vom **13. 4. 2002** fünf Prozentpunkte über dem Basiszinssatz **nach § 247 BGB** anzusetzen sind. Die Gesetzesänderungen warfen die Frage auf, ob die höheren Zinsen auch nachträglich noch in den Sachen festgesetzt werden können, in denen die Kostenfestsetzung bereits rechtskräftig abgeschlossen war, die festgesetzten Kosten indes noch nicht oder nur teilweise gezahlt waren.[69] Der BGH hat im Hinblick auf die eingetretene Rechtskraft diese Frage verneint.[70] Die titulierten unbezifferten Zinsen unterliegen der kurzen Verjährungsfrist der §§ 197 Abs. 2, 195 BGB. Die Zinsen werden nur auf Antrag aufgenommen. Der auf die Zinsen gerichtete Antrag kann nachgeholt werden, auch noch nach Rechtskraft des Kostenfestsetzungsbeschlusses.[71] Ab Eingang des Antrags können Zinsen nur zugesprochen werden, wenn zu diesem Zeitpunkt der Titel bereits vorlag; anderenfalls (s. § 103 Rn. 7) setzt die Verzinsung mit Erlass des Titels ein.[72] Im Mahnverfahren setzt die Pflicht zur Verzinsung mit dem Erlass des Vollstreckungsbescheides ein.[73] In **Ehe- und Kindschaftssachen** dürfen Urteile nicht für vorläufig vollstreckbar erklärt werden. Deshalb können Zinsen erst ab deren Rechtskraft zugesprochen werden.[74] Vorher fehlt ein vollstreckbarer Titel. Wird ein erstinstanzlicher Kostentitel **im Rechtsmittelverfahren abgeändert,** beginnt die Verzinsung des Kostenerstattungsanspruchs, so weit der Erstattungsanspruch von Bestand geblieben ist, mit der Einreichung des ersten Festsetzungsantrags.[75] Anders ist dies allerdings, wenn in der Berufungsinstanz ein **Vergleich** geschlossen wird, der die erstinstanzliche Kostenentscheidung ersetzt. In diesem Fall wird die erstinstanzliche Kostenentscheidung auch nicht teilweise aufrechterhalten; es ist von einer vollständig neuen Kostengrundentscheidung auszugehen. Eine Verzinsung kann daher erst mit dem Antrag nach Abschluss des Vergleichs beginnen.[76] Das gilt auch dann, wenn die Kostenvereinbarung des Prozessvergleichs ebenso lautet wie der frühere gerichtliche Kostenausspruch;[77] dagegen können Zinsen bereits ab Eingang des auf Grund des Ersturteils gestellten Kostenfestsetzungsantrags verlangt werden, wenn die Parteien im Vergleich vereinbart haben, bei der Kostenentscheidung erster Instanz solle es sein Bewenden haben.[78] Die Verzinsung auf Antrag ist nach § 202 SGG, der eine entsprechende Anwendung der ZPO vorsieht, auch im sozialgerichtlichen Verfahren vorzunehmen.[79] Dies entspricht inzwischen ganz überwiegender Auffassung.[80]

13 **7. Entscheidung. a) Form.** Die Entscheidung über den Festsetzungsantrag ergeht durch zu unterzeichnenden[81] Beschluss des Rechtspflegers (§ 21 Abs. 1 Nr. 1, 2 RpflG). Sie ist ein Kostenfestsetzungsbeschluss (im Gesetz in § 794 Abs. 1 Nr. 2 so bezeichnet), es sei denn, der Antrag wird vollständig als unzulässig oder unbegründet zurückgewiesen. Wird der Beschluss gemäß § 105 Abs. 1 auf das Urteil gesetzt, bedarf es keines Rubrums. Abgesehen davon ist ein vollständiges Rubrum erforderlich, weil aus dem Kostenfestsetzungsbeschluss die Zwangsvollstreckung stattfindet.

14 **b) Inhalt.** Der **zu Grunde liegende Vollstreckungstitel** (§ 103 Abs. 1) ist genau zu bezeichnen nach Aktenzeichen, Datum, Art der Entscheidung (Urteil oder Beschluss) und erkennendem Gericht. Der Kostenfestsetzungsbeschluss muss die Personen für und gegen die die Zwangsvollstreckung stattfinden soll, namentlich bezeichnen[82] und ziffernmäßig den **Gesamtbetrag** der festgesetzten (= zu erstattenden) Kosten angeben. Gemäß § 308 Abs. 1 S. 1 darf der Rechtspfleger nicht mehr als den begehrten Gesamtbetrag zusprechen. Das gilt auch für die Festsetzung von verauslagten Gerichtskosten gegen den Gegner.[83] Doch können in Grenzen des Gesamtbetrages einzelne nicht beantragte Positionen an Stelle beantragter aber unbegründeter Einzelposten zuerkannt werden. Allerdings müssen die Posten in einem sachlichen Zusammenhang stehen[84] (Beispiel: statt beantragter Kosten eines Verkehrsanwalts (§ 91 Rn. 27–32) werden fiktive Reisekosten (§ 91 Rn. 63, 32) für die Information des Prozessbevollmächtigten zugesprochen).[85] Eine **Teilentscheidung** ist unzulässig, wenn eine widersprechende Schlussentscheidung nicht auszuschließen ist.[86] Für die Beteiligung von **Streitgenossen** gilt: sind sie **Gläubiger** des Erstattungsanspruches, ist grundsätzlich anzugeben, welcher (ziffernmäßig bezeichnete) Betrag dem jeweiligen Streitgenossen zu erstatten

---

[67] BGBl. I 2001 S. 3138.
[68] BGBl. I 2002 S. 1250.
[69] Bejaht durch OLG Koblenz JurBüro 2002, 585 f.; verneint durch OLG München NJW-RR 2002, 1725 f.
[70] BGH NJW 2003, 1462.
[71] KG MDR 1978, 1027.
[72] KG NJW 1967, 1569.
[73] MK/*Giebel* Rn. 62.
[74] OLG München Rpfleger 1981, 71 f.
[75] BGH NJW 2006, 1140.
[76] OLG Hamm AnwBl. 1993, 348 f.
[77] OLG München Rpfleger 1996, 371.
[78] OLG München NJW-RR 2001, 718 f.
[79] SozG Köln JurBüro 1993, 606.
[80] SozG Speyer JurBüro 1993, 47 ff.
[81] OLG Brandenburg Rpfleger 1998, 207 f.
[82] OLG Brandenburg Rpfleger 1998, 207 f.
[83] OLG München JurBüro 1995, 427 f.
[84] BVerfG NJW 1996, 382; OLG Koblenz JurBüro 1990, 211 m. zust. Anm. v. *Mümmler.*
[85] AM OLG Hamm Rpfleger 1974, 164.
[86] OLG Koblenz NJW-RR 2002, 1223 f.

ist. Fehlt diese Angabe, ist von Gesamtgläubigerschaft auszugehen.[87] Doch kann wegen fehlender Angabe der Art der Gläubigerstellung Erinnerung bzw. sofortige Beschwerde eingelegt werden.[88] Der Rechtsbehelf ist unbegründet, wenn der gemeinsame Prozessbevollmächtigte beantragt hat, die Kosten aller Streitgenossen festzusetzen und der Gegner dem nicht widersprochen hat.[89] Sind die Streitgenossen **Kostenschuldner,** ist anzugeben, ob sie nach Kopfteilen bzw. anteilig oder gesamtschuldnerisch haften (§ 100 Abs. 1, 3, 4), weil die Zwangsvollstreckung ohne eine Vorlage der zugehörigen Kostengrundentscheidung stattfindet.[90] Bei einer kopfteiligen Erstattungspflicht müssen die einzelnen Schuldanteile der Streitgenossen ausgewiesen werden.[91] **Vollstreckungsbeschränkungen** der Hauptsacheentscheidung im zu Grunde liegenden Titel sind in den Kostenfestsetzungsbeschluss aufzunehmen, wenn sich die dortige Beschränkung auch auf die Kostenentscheidung bezieht.[92] Dies trifft für die im Urteil angeordnete Sicherheitsleistung zu, wenn nicht die vorläufige Vollstreckung wegen der Kosten ohne Sicherheitsleistung gestattet ist. Sonstige Vollstreckungsbeschränkungen können zB sein: vollstreckungsbeschränkende Vereinbarungen (s. dazu vor § 704 Rn. 16ff.),[93] wie etwa eine auch auf die Kosten bezogene Ratenzahlungsabrede; der im Urteil enthaltene Vorbehalt der beschränkten Erbenhaftung (§ 305), sofern sich dieser auch auf die Kostenentscheidung erstreckt;[94] die angeordnete Einstellung der Zwangsvollstreckung aus dem zu Grunde liegenden Titel (§ 775). Typischerweise allein auf den Hauptanspruch bezogene Beschränkungen, wie die Verurteilung zur Leistung Zug-um-Zug[95] oder unter einer Bedingung oder Befristung,[96] sind nicht in den Kostenfestsetzungsbeschluss aufzunehmen.

Eine **Kostenentscheidung** ist nur erforderlich, wenn im Kostenfestsetzungsverfahren selbst Kosten entstanden sind. Ist dies der Fall, ist nach §§ 91ff. zu entscheiden und sind die entstandenen Kosten gleichzeitig festzusetzen. Zur Kostenentscheidung beim Erinnerungs- bzw. Beschwerdeverfahren vgl. Rn. 31, 32. Der Beschluss des Rechtspflegers bedarf einer **Begründung,** wenn dem Antrag ganz oder hinsichtlich einzelner Positionen (auch beim „Austausch" einzelner Posten, vgl. Rn. 14) nicht entsprochen wurde oder der Kostenschuldner Einwendungen erhoben hat.[97] In jedem Fall muss der Kostenfestsetzungsbeschluss in Verbindung mit der beigefügten Kostenrechnung aus sich heraus verständlich sein. Ist das nicht der Fall, leidet das erstinstanzliche Verfahren an einem wesentlichen Mangel. Nach Anfechtung ist der Beschluss deshalb regelmäßig aufzuheben und das Verfahren zur erneuten Entscheidung an den Rechtspfleger zurückzuverweisen.[98] Eine Begründung ist auch dann erforderlich, wenn Kosten festgesetzt werden, deren Berechtigung nach Grund oder Höhe nicht zweifelsfrei dem Wortlaut der als Rechtsgrundlage angeführten Gesetzesbestimmung zu entnehmen ist.[99] Werden verauslagte Gerichtskosten gegen den Gegner auf einen unbestimmten Kostenfestsetzungsantrag hin festgesetzt, dann sind diese Kosten im Festsetzungsbeschluss aufzuschlüsseln.[100] 15

8. Bekanntmachung. Ergeht ein Kostenfestsetzungsbeschluss, weil der Antrag auf Festsetzung nicht ganz zurückgewiesen wird, ist die Entscheidung in einer Ausfertigung dem Gegner des Antragstellers von Amts wegen zuzustellen; eine Abschrift der Kostenrechnung ist beizufügen. Wird Letzteres unterlassen, setzt die Zustellung gleichwohl die Frist für die Erinnerung nach § 11 Abs. 1 S. 2 RpflG, § 104 Abs. 3 S. 1 in Gang. Etwas anderes gilt nur, wenn die Kostenrechnung durch Bezugnahme Teil des Kostenfestsetzungsbeschlusses geworden ist.[101] Wurde dem Gegner bereits nach Antragstellung eine Abschrift des Festsetzungsantrags samt der Kostenrechnung formlos zur Stellungnahme übersandt (vgl. Rn. 2), ist eine Abschrift des Kostenfestsetzungsantrags beizufügen, wenn die Entscheidung darauf Bezug nimmt.[102] Nur wenn der Festsetzungsantrag insgesamt **zurückgewiesen** wird, ist weder eine Zustellung, noch sonst eine Mitteilung an den Gegner erforderlich. Doch ist eine solche Entscheidung dem Antragsteller von Amts wegen zuzustellen; dies auch dann, wenn dem Antrag nur teilweise entsprochen wurde. Um unnötigen Aufwand zu vermeiden, empfiehlt es sich, den Kostenfestsetzungsbeschluss zuerst dem Gegner zuzustellen und nach Eingang des Zustellungsnachweises die Entscheidung dem Antragsteller in vollstreckbarer Ausfertigung mit dem Vermerk mitzuteilen, wann die Zustellung erfolgt ist (§ 798). Für die Zustellung gilt § 172: Es ist zwingend **dem Prozessbevollmächtigten zuzustellen** und zwar demjenigen der ersten Instanz, auch wenn nur Kosten eines höheren Rechtszuges festgesetzt wurden,[103] denn für die Kostenfestsetzung ist das Gericht erster Instanz zuständig (Abs. 1 S. 1). Ist das Mandat des Prozessbevollmächtigten erster Instanz gekündigt oder niedergelegt, endet die zwingende Wirkung des § 172, weil das Festsetzungsverfahren nicht 16

---

[87] BGH AnwBl. 1985, 524f.
[88] OLG Koblenz Rpfleger 1977, 216f.
[89] MK/*Giebel* Rn. 59.
[90] LG Saarbrücken DAVorm. 1994, 513f.
[91] OLG Koblenz Rpfleger 1995, 381f.
[92] OLG Karlsruhe Rpfleger 2000, 555f.
[93] OLG München MDR 1980, 147.
[94] OLG Koblenz NJW-RR 1997, 1160.
[95] OLG Frankfurt/M Rpfleger 1980, 481.
[96] MK/*Giebel* Rn. 69.
[97] OLG Frankfurt/M JurBüro 1999, 483; vgl. auch OLG Hamm NJW-RR 2000, 211f.
[98] OLG Frankfurt/M Rpfleger 1984, 477.
[99] OLG Karlsruhe NJW 1971, 764.
[100] OLG München JurBüro 1995, 427f.
[101] LG Stade NdsRpfl. 1981, 280.
[102] LG Stade NdsRpfl. 1981, 280.
[103] OLG Celle NdsRpfl. 1977, 21.

mehr Teil des Anwaltsprozesses ist (§§ 13, 21 Nr. 1, 2 RpflG; vgl. auch § 103 Rn. 8). Es ist dann der Partei selbst zuzustellen.[104] Wohnt die **Partei im Ausland,** ist sie nach § 184 Abs. 1 auch noch im Kostenfestsetzungsverfahren zur Benennung eines Zustellungsbevollmächtigten verpflichtet.[105] Unterlässt dies die Partei, kann nach § 184 Abs. 1 S. 2 durch Aufgabe zur Post zugestellt werden. Ob im Einzelfall öffentlich zuzustellen ist (§§ 185 ff.), entscheidet der Rechtspfleger (vgl. § 186 Rn. 3.) Wenn der **beigeordnete Rechtsanwalt** nach § 126 seine Gebühren und Auslagen im eigenen Namen von dem Gegner beitreibt, ist dem beitreibenden Anwalt zuzustellen. Weil das Kostenfestsetzungsverfahren zur Instanz gehört, sind **Auslagen für die Zustellung** des Kostenfestsetzungsbeschlusses nur dann zu erheben, wenn in einem Rechtszug Auslagen für mehr als 10 Zustellungen anfallen.

17 **9. Berichtigung, Ergänzung.** Schreib- und Rechenfehler sowie andere offenbare Unrichtigkeiten kann der Rechtspfleger jederzeit, also auch nach Einlegung der sofortigen Beschwerde (s. Rn. 22) oder nach Eintritt der Rechtskraft, von Amts wegen oder auf Antrag **berichtigen** (s. a. Rn. 24). § 319 ist entsprechend anzuwenden.[106] Dies gilt auch dann, wenn der Rechtspfleger versehentlich anders als in der Kostengrundentscheidung gequotelt,[107] die Parteibezeichnungen verwechselt hat[108] oder von einem bei Erlass bereits geändertem Streitwertbeschluss ausging.[109] Denn § 319 ist im Interesse der Prozesswirtschaftlichkeit und zur Vermeidung von unkorrigierbaren Rechtsnachteilen weit auszulegen, s. § 319 Rn. 2. Doch kann nicht deshalb berichtigt werden, weil der Kostenfestsetzungsbeschluss verfahrensrechtlich fehlerhaft zu Stande gekommen ist oder neue Erkenntnisse gemacht wurden. Der Kostenfestsetzungsbeschluss ist entsprechend § 321 auf Antrag zu **ergänzen,** wenn über einzelne angemeldete Kostenpositionen versehentlich nicht entschieden wurde, s. § 321 Rn. 2.[110] Nach Ablauf der Frist des § 321 Abs. 2 können solche Kosten neuerlich zur Festsetzung angemeldet werden;[111] vgl. auch Rn. 40.

III. Absatz 2

18 **1. Glaubhaftmachung,[112] Abs. 2 S. 1.** Ein Kostenansatz ist glaubhaft zu machen.[113] Dies bezieht sich nicht nur auf die Entstehung, sondern auch auf die Notwendigkeit nach § 91 Abs. 1 S. 1. Es gilt § 294. Grundsätzlich sind Kostenbelege (zB Fahrkarte der Bahn AG für Fahrtkosten; Hotelrechnung für Übernachtungskosten) urschriftlich vorzulegen. Soweit sich Entstehung und Höhe hinreichend den Akten entnehmen lassen, genügen auch Kopien, bzw. sind Nachweise nicht erforderlich.[114] So ergeben sich die Gebühren des Anwalts nach Nr. 3100 RVG VV unmittelbar aus den Akten. Der Rechtspfleger kann jeden angebotenen Beweis erheben. Er kann auch einen Sachverständigen mit einer Begutachtung beauftragen,[115] doch ermittelt er nicht von Amts wegen. Das **Sitzungsprotokoll** hat oft lediglich indizielle Bedeutung. Ist dort eine Beweiserhebung durch Zeugenvernehmung beurkundet, ist auch kostenrechtlich davon auszugehen. Doch kann Beweis erhoben worden sein, obwohl sich dies aus dem Protokoll nicht ergibt. Kostenrechtlich erhebliche Vorgänge sind auch dann zu berücksichtigen, wenn sie sich nicht aus der Niederschrift ergeben.[116] Zu einer solchen Frage kann der Rechtspfleger schriftliche Äußerungen von Richtern, aber auch von Parteien, Prozessbevollmächtigten, zu sonstigen Fragen auch von Zeugen und Sachverständigen einholen.[117] **Gesteht der Gegner** die tatsächlichen Behauptungen des Antragstellers zu, ist eine Glaubhaftmachung nicht erforderlich. § 138 Abs. 3 ist anzuwenden.[118] Doch löst bloßes Schweigen auf ein übersandtes Kostenfestsetzungsgesuch noch nicht diese Rechtsfolge aus. Werden allerdings einige Kostenansätze bestritten, andere hingegen nicht in Zweifel gezogen, können letztere als zugestanden angesehen werden.[119]

19 **2. Post- und Telekommunikationsdienstleistungen, Abs. 2 S. 2.** Damit sind Post-, Telegrafen-, Fernsprech- und Telefaxgebühren gemeint. Deren **Entstehung** wird durch die schlichte anwaltliche Versicherung glaubhaft gemacht; der eidesstattlichen Versicherung oder sonstiger qualifizierten Glaubhaftmachung bedarf es nicht. Doch ist die bloße Unterzeichnung der Kostenberechnung durch den Anwalt noch keine Versicherung.[120] Es bedarf einer ausdrücklichen Erklärung, die zu Protokoll oder schriftlich abzugeben ist. Die Erklärung der Partei reicht nicht aus. Die Versicherung muss vom Verfahrensbevollmächtigten bzw. Verkehrsanwalt stammen,[121] der nur über die ihm entstandenen Kosten Angaben machen kann. Auf Grund der anwaltlichen Versicherung ist davon auszugehen, dass diese Aufwendungen entstanden sind.

---

104 OLG München MDR 1980, 146; aA OLG Bremen Rpfleger 1986, 99.
105 OLG Koblenz Rpfleger 1978, 261.
106 OLG Koblenz NJW-RR 1999, 867.
107 OLG München JurBüro 1992, 247.
108 OLG Bamberg JurBüro 1995, 648 m. zust. Anm. v. *Mümmler.*
109 OLG München JurBüro 1993, 680.
110 OLG München JurBüro 1987, 1555 f.; aM (allein sofortige Beschwerde) OLG Zweibrücken Rpfleger 2003, 101.
111 OLG München AnwBl. 1988, 248 f.
112 *Marx* Rpfleger 1999, 157 ff.;BGH Beschl. v. 10. Mai 2007-VII ZB110/06(juris.de).
113 BGH NJW 2007, 2493.
114 OLG Brandenburg AnwBl. 2001, 306.
115 MK/*Giebel* Rn. 19.
116 OLG Koblenz JurBüro 1980, 1846 f.
117 OLG Koblenz Rpfleger 1980, 393.
118 BGH NJW-RR 2007, 787 f.
119 MK/*Giebel* Rn. 12.
120 Zö/*Herget* Rn. 21 „Post- und Telekommunikationsdienstleistungen".
121 MK/*Giebel* Rn. 13.

Eine andere Frage ist, ob die Aufwendungen in der geltend gemachten Höhe auch **notwendig** waren. Dabei ist zu differenzieren. Werden Kosten bis zur Höhe der Pauschale nach RVG VV Nr. 7002, früher § 26 S. 2, 3 BRAGO, geltend gemacht, bedarf es weder einer Versicherung zur Entstehung noch gar eines Nachweises zur Notwendigkeit. Übersteigen die geltend gemachten Kosten zwar diesen Pauschsatz, nicht aber eine der Bedeutung und den besonderen Umständen des Rechtsstreits angemessene Höhe, ist nicht erforderlich, dass der Rechtsanwalt die Notwendigkeit glaubhaft macht. Anders ist dies erst, wenn die angesetzten Auslagen deutlich die bei vergleichbaren Verfahren übliche Höhe überschreiten.[122] Dem Rechtsanwalt ist dann Gelegenheit zu geben, eine Einzelaufstellung vorzulegen.[123] Erst wenn diese nicht beigebracht wird oder zur Glaubhaftmachung nicht geeignet ist, dürfen Kosten abgesetzt werden, so weit sie unangemessen hoch erscheinen.

3. Umsatzsteuerbeträge, Abs. 2 S. 3. In der Praxis geht es vor allem um die Frage der Erstattung der Umsatzsteuer auf das Anwaltshonorar. Die Umsatzsteuerbeträge sind grundsätzlich zu berücksichtigen, wenn der Antragsteller (Mandant) erklärt, dass er sie nicht als Vorsteuer absetzen kann. Maßgeblicher Zeitpunkt für die Vorsteuerabzugsberechtigung ist die Fälligkeit der anwaltlichen Vergütung.[124] Wird eine abgetretene Forderung eingeklagt, kommt es auf die Berechtigung des Zessionars an.[125] Dabei ist dem Antragsteller zuzubilligen, seine Erklärung im Verlauf des Kostenfestsetzungsverfahrens ändern zu können; maßgeblich ist die zuletzt abgegebene Erklärung.[126] Diese Regelung gilt seit 1. 7. 1994.[127] Mit ihr wird ein zweifacher **Zweck** verfolgt. Einerseits soll verhindert werden, dass vorsteuerabzugsberechtigte Antragsteller einen sachlich nicht gerechtfertigten Vermögensvorteil erlangen, andererseits soll das auf Zügigkeit und Praktikabilität hin angelegte Kostenfestsetzungsverfahren nicht mit der Klärung steuerrechtlicher Fragen befrachtet werden.[128] Erklärt der Antragsteller, „er werde die Rechnung seiner Anwälte nicht zum Vorsteuerabzug verwenden", macht er damit lediglich eine Angabe über zukünftige Absichten. Dies ist keine Erklärung nach § 104 Abs. 2 S. 3 und führt deshalb nicht zur Berücksichtigung.[129] Das bloße Geltendmachen der Umsatzsteuer ersetzt die Erklärung nicht.[130] Bringt die Partei die Erklärung erst innerhalb der Rechtsmittelfrist nach ergangenem Festsetzungsbeschluss, in welchem die Mehrwertsteuer nicht berücksichtigt wurde, kann dies als sofortige Beschwerde gewertet werden.[131] 20

Die Richtigkeit der vom Antragsteller abgegebenen Erklärung kann durch einen vom Antragsgegner zu erbringenden Beweis entkräftet werden; darüber hinaus ist die Erstattung der Mehrwertsteuer zu versagen, wenn die Negativerklärung des Antragstellers **offensichtlich und zweifelsfrei unrichtig** ist.[132] In diesem Sinne hat nun der Bundesgerichtshof entschieden.[133] Der Gegenbeweis wird geführt sein, wenn der Antragsgegner äußere Anhaltspunkte in einem solchen Umfang gesammelt und dem Gericht unterbreitet hat, dass die Erklärung des Antragstellers als offensichtlich unrichtig erscheint. Dieser Auffassung ist zuzustimmen. Es ist mit dem Gedanken materieller Kostengerechtigkeit nicht zu vereinbaren, dass durch ein Gericht sehenden Auges Kosten unrichtig festgesetzt werden, nur weil eine Erklärung nach § 104 Abs. 2 S. 3 abgegeben wurde.[134] Die Argumentation der Gegenansicht, bei vorsätzlich wahrheitswidriger Verneinung der Steuerabzugsberechtigung habe der Antragsteller strafrechtliche Folgen zu befürchten,[135] vermag demgegenüber nicht zu überzeugen; ebenso wenig der Hinweis, bei wahrheitswidriger Erklärung stehe dem Antragsgegner der Rechtsbehelf der Vollstreckungsabwehrklage gegen den Festsetzungstitel zur Verfügung.[136] Durch die Einschränkung auf Fälle offensichtlicher Unrichtigkeit vermeidet auch die zutreffende Ansicht Verzögerungen des Kostenfestsetzungsverfahrens. Mit der Klärung schwieriger steuerrechtlicher Fragen wird das Verfahren nicht befrachtet. Zu **Einzelfällen** der Abzugsberechtigung vgl. § 91 Rn. 72. Im Verkehrshaftpflichtprozess ist die Mehrwertsteuer, die die obsiegenden Streitgenossen (Haftpflichtversicherer, Halter und Fahrer) ihrem gemeinsamen Prozessbevollmächtigten schulden, von der unterlegenen Klägerin auch dann in voller Höhe zu erstatten, wenn einer der Streitgenossen vorsteuerabzugsberechtigt ist, sofern der nicht vorsteuerabzugsberechtigte Haftpflichtversicherer im Innenverhältnis der Streitgenossen die gesamten Kosten des gemeinsamen Prozessbevollmächtigten zu tragen hat.[137] In Zweifelsfällen kann der Prozessbevollmächtigte zunächst davon absehen, die Mehrwertsteuer zur Erstattung zu stellen, ohne einen Rechtsverlust befürchten zu müssen. Sein Mandant kann im Besteuerungsverfahren oder durch eine verbindliche Auskunft der zuständigen Finanzbehörde die Frage der Abzugsberechtigung klären. Ist der Mandant danach nicht vorsteuerabzugsberechtigt, kann er insoweit nachliquidieren (vgl. Rn. 41). Im **Verfahren** 21

[122] OLG Frankfurt/M MDR 1982, 418.
[123] OLG Hamburg JurBüro 1981, 454f.
[124] OLG Koblenz JurBüro 1999, 304.
[125] OLG Schleswig JurBüro 1997, 202f.
[126] OLG Düsseldorf AnwBl. 2002, 187; vgl. aber auch LAG Düsseldorf JurBüro 2001, 146f.
[127] Art. 8 Abs. 3 Nr. 1b, Art. 12 KostRÄndG 1994; vgl. zur Neuregelung *Schall* StB 1996, 184ff.
[128] KG Rpfleger 1995, 312.
[129] OLG München JurBüro 1995, 34f.
[130] OLG Karlsruhe JurBüro 2000, 477f.
[131] OLG Koblenz NJW-RR 2000, 363f.
[132] OLG Karlsruhe JurBüro 1995, 35; OLG Schleswig JurBüro 1996, 260; OLG Hamburg JurBüro 2001, 147.
[133] BGH NJW 2003, 1534.
[134] So auch *Schall* StB 1995, 187f.
[135] KG AnwBl. 1995, 151.
[136] *Schall* StB 1996, 184, 186.
[137] BGH Rpfleger 2006, 100ff.

nach § 11 RVG (s. § 103 Rn. 2) ist Abs. 2 S. 3 nicht anwendbar; dem Prozessbevollmächtigten ist daher die Umsatzsteuer auch ohne entsprechende Erklärung zu erstatten.[138]

IV. Absatz 3

22 **1. Sofortige Beschwerde und befristete Erinnerung.**[139] **a) Statthaftigkeit.** Statthaftes Rechtsmittel gegen einen Kostenfestsetzungsbeschluss oder solche Entscheidungen des Rechtspflegers, mit denen ein Kostenfestsetzungsantrag ganz oder teilweise zurückgewiesen wird, ist seit dem Inkrafttreten des Dritten Gesetzes zur Änderung des Rechtspflegergesetzes und anderer Gesetze am 1. 10. 1998 grundsätzlich die **sofortige Beschwerde** (§§ 11 Abs. 1, 21, Nr. 1 RPflG, §§ 104 Abs. 3 S. 1, 577). Mit diesem Gesetz soll der geänderten Stellung des Rechtspflegers Rechnung getragen werden.[140] Bis dahin gab es gegen Entscheidungen des Rechtspflegers grundsätzlich die Durchgriffserinnerung nach § 11 Abs. 2 RPflG. Um der im Laufe der Jahre aufgewerteten Stellung des Rechtspflegers gerecht zu werden, wurde mit der Gesetzesänderung u. a. bestimmt, dass gegen dessen Entscheidungen das Rechtsmittel gegeben ist, das nach den allgemeinen verfahrensrechtlichen Vorschriften zulässig ist (Art. 1 Nr. 4 des Änderungsgesetzes). So ist der Rechtsbehelf der **befristeten Erinnerung** nur noch dann zulässig, wenn der Wert des Beschwerdegegenstandes 200 € oder weniger beträgt (§ 11 Abs. 2 S. 1 RPflG, § 567 Abs. 2 Satz 2),[141] wobei im Einzelfall nach konkreter Betrachtungsweise zu entscheiden ist.[142] Die Erinnerung steht dem Betroffenen nicht etwa deshalb zu, wenn und weil er die Frist zur Einlegung der sofortigen Beschwerde versäumt hat.[143] Die Überleitungsvorschrift enthält § 39 RPflG. Der jeweils statthafte Rechtsbehelf kann eingelegt werden gegen die gesamte Entscheidung, wenn sie den Rechtsmittelführer insgesamt beschwert, aber auch beschränkt gegen einzelne abtrennnbare Teile der Entscheidung. Früher wurde es für zulässig gehalten, eine im Kostenfestsetzungsbeschluss enthaltene Kostenentscheidung isoliert anzugreifen.[144] Dies ist nach § 11 Abs. 1, 2 RPflG nF noch für die Ausnahmefälle aufrechtzuerhalten, in denen wegen des geringen Beschwerdewertes (s. o.) die befristete Erinnerung statthafter Rechtsbehelf ist. § 99 Abs. 1 steht einem isolierten Angriff gegen die Kostenentscheidung mit der sofortigen Beschwerde nicht entgegen.[145] Eine zunächst beschränkt eingelegte sofortige Beschwerde hindert nicht eine spätere Erweiterung auf andere abtrennbare Entscheidungsteile (zu- oder aberkannte Posten einer Kostenrechnung). Die Erweiterung ist auch nach Ablauf der Einlegungsfrist zulässig, weil auch das beschränkt eingelegte Rechtsmittel den Eintritt der Rechtskraft der übrigen Entscheidung des Rechtspflegers hemmt.[146] Für den neuen Rechtszustand ab 1. 10. 1998 (s. o.) wird dies bedeuten, dass auch eine zunächst eingelegte befristete Beschwerde (bei Unterschreiten des Beschwerdewertes von 50 € der statthafte Rechtsbehelf) dem Eintritt der Rechtskraft insgesamt entgegensteht. Wird durch die spätere Erweiterung des beschränkt eingelegten Rechtsbehelfs der Beschwerdewert von 50 € überschritten, so ist die als befristete Erinnerung eingelegte nunmehrige Beschwerde dem Beschwerdegericht vorzulegen. Etwas anderes gilt nur dann, wenn ausnahmsweise die Beschränkung als Verzicht auf einen Angriff gegen die nicht beanstandeten Teile der Entscheidung auszulegen ist; dazu bedarf es besonderer Anhaltspunkte.[147] In einem solchen Fall ist eine Erweiterung nach Ablauf der Einlegungsfrist nicht mehr zulässig. Das Rechtsmittel ist auch gegeben, wenn der Antrag auf Festsetzung von Kosten auf formellen Gründen zurückgewiesen wurde; ebenso, wenn Kosten der Zwangsvollstreckung festgesetzt wurden,[148] oder ein hierauf gerichteter Antrag zurückgewiesen wurde. Nach zulässiger sofortiger Beschwerde ist auch **unselbstständige Anschlussbeschwerde** nach § 11 Abs. 1 RPflG, § 577a statthaft; sie erfordert weder Fristwahrung noch muss sie die Beschwerdesumme erreichen. Mit ihr können auch bislang nicht geltend gemachte Posten nachgeschoben werden.[149] Allerdings verliert die Anschließung ihre Wirkung, wenn die Hauptbeschwerde zurückgenommen oder als unzulässig verworfen wird (§ 577a S. 2). Gegen die Kostenfestsetzung des Rechtspflegers beim (bayerischen) Berufsgericht ist die befristete Erinnerung gegeben.[150]

23 **b) Befugnis.** Zur Einlegung befugt ist die Partei, in ihrem Namen ihr Bevollmächtigter. Im Zweifel ist die vom Prozessbevollmächtigten stammende sofortige Beschwerde bzw. befristete Erinnerung (s. Rn. 22) eine solche der Partei. Im eigenen Namen kann der Prozessbevollmächtigte keine zulässige sofortige Beschwerde oder befristete Erinnerung einlegen;[151] anders ist dies im Verfahren nach § 126. Hat die Partei ihren Kostenerstattungsanspruch an ihren Bevollmächtigten abgetreten, kann dieser erst nach Umschreibung des Kostentitels aus eigenem Recht sofortige Beschwerde einlegen. Die Staatskasse ist zur Einlegung nicht befugt.[152]

[138] LAG Nürnberg JurBüro 1999, 89f. zur früheren Regelung nach § 19 BRAGO.
[139] Vgl. *Hansens* Rpfleger 1999, 105ff.
[140] Begründung des Gesetzesentwurfs der Bundesregierung – BT-Drucks. 13/10244.
[141] BVerfG FamRZ 2001, 828.
[142] LG Köln NJW-RR 1999, 1083f.
[143] OLG Nürnberg JurBüro 2005, 366.
[144] OLG Koblenz Rpfleger 1992, 242f.
[145] Zö/*Herget* § 99 Rn. 3.
[146] OLG Köln JurBüro 1986, 928f.
[147] OLG Karlsruhe JurBüro 1992, 546f.
[148] OLG Koblenz Rpfleger 1975, 324.
[149] OLG Bamberg JurBüro 1981, 1679f.
[150] Bayer. Landesberufsgericht Rpfleger 2001, 48f.
[151] OLG Koblenz JurBüro 1995, 92.
[152] Zö/*Herget* Rn. 11.

c) **Beschwer.** Zulässig ist die sofortige Beschwerde nur, sofern und so weit die das Rechtsmittel einlegende Partei beschwert ist. Jede vollständige oder teilweise Zu- oder Aberkennung eines Kostenpostens beschwert eine Partei. Die **Beschwerdesumme** von 50,01 € muss erreicht sein (§ 567 Abs. 2 S. 2). War sie bei Einlegung erreicht, schadet eine zur Unterschreitung führende Teilrücknahme nicht;[153] das Rechtsmittel ist weiterhin als Beschwerde durch das Beschwerdegericht und nicht etwa nunmehr als befristete Erinnerung durch den Rechtspfleger nach § 11 Abs. 2 S. 2 u. 3 RPflG zu behandeln. Die Beschwer durch mehrere in einer Sache ergangene Kostenfestsetzungsbeschlüsse, etwa auf Grund einer Nachliquidation, kann nicht addiert werden. Der Angriff gegen jeden einzelnen Beschluss ist selbstständig zu beurteilen.[154] Dies kann bei der Beschwerdesumme nicht anders sein als bei der Fristwahrung. Ist die Beschwerdesumme bei Einlegung **unterschritten,** ist nur die befristete Erinnerung nach § 11 Abs. 2 RPflG gegeben. Eine in den Kostenfestsetzungsbeschluss aufgenommene Haftungsbeschränkung beschwert den Antragsteller. Die Beschwer fehlt, wenn eine streitige Gebühr entweder nicht oder bei beiden Parteien angefallen ist, die Kostengrundentscheidung eine Quotelung enthält und bei der Kostenausgleichung sich zu Gunsten des Rechtsmittelführers bei Berücksichtigung der Gebühr keine Veränderung ergeben würde;[155] dabei ist es ohne Belang, ob diese Gebühr auch vom Gegner geltend gemacht wird.[156] Wurden versehentlich eine oder mehrere geltend gemachte Kostenposten übergangen, ist dadurch der Antragsteller beschwert; eine entsprechende sofortige Beschwerde kann indes in einen Antrag auf Ergänzung des Kostenfestsetzungsbeschluss umgedeutet werden; vgl. hierzu und zur Nachliquidation nach Ablauf der Beschwerdefrist Rn. 41. In einen Berichtigungsantrag ist umzudeuten, wenn das Rechtsmittel wegen **offenbarer Unrichtigkeit** eingelegt wurde[157] (vgl. Rn. 17). Eine sofortige Beschwerde mit dem alleinigen Ziel, bisher nicht angemeldete Kosten nunmehr geltend zu machen, ist mangels Beschwer unzulässig.[158] Wurde jedoch das Rechtsmittel zulässig eingelegt, können mit ihr oder auch im weiteren Beschwerdeverfahren bislang unangemeldete Kosten geltend gemacht werden.[159] 24

d) **Einlegung.** Die **sofortige Beschwerde** kann bei dem Gericht eingelegt werden, dem der Rechtspfleger angehört, der die angegriffene Entscheidung erlassen hat – aber auch beim Beschwerdegericht (§ 11 Abs. 1 RPflG, § 569 Abs. 1 S. 1). Ist das Landgericht Ausgangsgericht, kann deshalb gegen die Entscheidung des Rechtspflegers sofortige Beschwerde (auch) beim Oberlandesgericht eingelegt werden. Die **befristete Erinnerung,** die nunmehr zulässig ist, wenn die Beschwerdesumme nicht erreicht wird (s. Rn. 22), konnte nach zutreffender und ganz überwiegender Auffassung allein beim Ausgangsgericht eingelegt werden.[160] Daran wird festzuhalten sein. 25

e) **Form.** Die **sofortige Beschwerde** kann schriftlich oder zu Protokoll der Geschäftsstelle des Gerichts eingelegt werden (§ 11 Abs. 1 RPflG, § 569 Abs. 2, 3). Beide Möglichkeiten sind nicht nur gegeben, wenn das Rechtsmittel an das Amtsgericht oder an das Landgericht als Beschwerdegericht gerichtet wird. Dies muss auch gegenüber dem Landgericht als Ausgangsgericht und dem Oberlandesgericht als Beschwerdegericht gelten. Denn der „Rechtsstreit im ersten Rechtszug" ist in jedem Fall das Kostenfestsetzungsverfahren vor dem Rechtspfleger, welches nach §§ 13, 21 Nr. 1 RPflG nicht als Anwaltsprozess zu führen ist. Die schriftliche Beschwerde muss eigenhändig unterschrieben sein (s. § 518 Rn. 10 iVm. § 569 Rn. 3) und erkennen lassen, welche Entscheidung mit welchem Ziel angegriffen wird. Im Zweifel ist davon auszugehen, dass die Anfechtung so weit reichen soll, wie der Anfechtende beschwert ist. Auf die richtige Bezeichnung als sofortige Beschwerde kommt es nicht an. Unwirksam ist eine Beschwerde, die vor Hinausgabe der unterzeichneten Entscheidung aus dem inneren Dienstbetrieb des Gerichts eingeht.[161] Die fernmündliche Mitteilung, ein vor Erlass der Entscheidung eingegangener Schriftsatz sei als Beschwerde zu betrachten, genügt nicht.[162] Wirksam ist indes die (fristgerechte) schriftliche Bezugnahme auf den Inhalt eines während der Einlegungsfrist eingereichten Schriftsatzes, verbunden mit der Erklärung, dieser solle als Beschwerde behandelt werden.[163] Für die **befristete Erinnerung** (s. Rn. 22) gilt Entsprechendes. 26

f) **Postulationsfähigkeit.** Jede prozessfähige Person kann selbst die sofortige Beschwerde beim Amtsgericht einlegen, wenn die Entscheidung des dortigen Rechtspflegers angegriffen werden soll (§ 13 RPflG). **Anwaltszwang** besteht auch dann **nicht,** wenn die sofortige Beschwerde beim Landgericht (gleichgültig ob als Ausgangs- oder Beschwerdegericht) oder beim Oberlandesgericht eingelegt wird.[164] Dies folgt aus § 78 Abs. 5. Diese Ausnahmevorschrift zu § 78 Abs. 1 greift mit ihrer letzten Alternative ein. Denn nach § 569 Abs. 3 Nr. 1 kann die Beschwerde auch durch Erklärung zu Protokoll der Geschäftsstelle eingelegt werden, weil der Rechtsstreit (das ist hier das Kostenfestsetzungsverfahren) im ersten Rechtszug nicht als Anwaltsprozess zu führen ist (§§ 13, 21 Nr. 1 RPflG). Schriftliche Erklärungen gegenüber dem Land- oder Oberlan- 27

---

153 KG JurBüro 1991, 1522.
154 OLG Stuttgart JurBüro 1979, 609f.; aM OLG Nürnberg JurBüro 1975, 191f.; T/P/*Hüßtege* Rn. 45.
155 OLG Karlsruhe Rpfleger 1996, 374f.
156 KG JurBüro 1978, 1253.
157 MK/*Giebel* Rn. 76.
158 OLG Koblenz NJW-RR 2000, 519f. (wegen der Möglichkeit der Nachliquidation gem. § 106 Abs. 2 kein Rechtsschutzbedürfnis).
159 KG NJW-RR 1991, 768.
160 OLG Hamm NJW-RR 1995, 704.
161 OLG Hamm JurBüro 1983, 934.
162 OLG Celle Rpfleger 1994, 290.
163 OLG Frankfurt/M Rpfleger 1983, 117.
164 BGH NJW 2006, 2260ff.

desgericht kann hingegen wirksam nur ein Anwalt abgeben. Zu Protokoll der Geschäftsstelle kann indes die Partei selbst wirksam Erklärungen abgeben (§ 571 Abs. 4 S. 2). Nur für eine etwaige mündliche Verhandlung ist immer eine Vertretung durch einen bei einem Amts- oder Landgericht zugelassenen Anwalt erforderlich. Die **befristete Erinnerung** ist vom Anwaltszwang befreit. Sie wird stets in einem Verfahren vor dem Rechtspfleger eingelegt (§§ 11 Abs. 2, 13 RPflG). Die Vertretung durch einen Anwalt ist auch dann nicht notwendig, wenn der Rechtspfleger (beim Landgericht als Ausgangsgericht) die Sache der Kammer vorgelegt hat, weil er nicht abgeholfen hat. Erklärungen kann auch hier die Partei zu Protokoll der Geschäftsstelle abgeben (§§ 568 Abs. 2, 573 Abs. 2 iVm. § 13 RPfleG). Für schriftliche Erklärungen und die Vertretung in einer mündlichen Verhandlung – eine solche wird in der Praxis extrem selten sein – besteht allerdings Anwaltszwang, wenn das Landgericht Ausgangsgericht ist.

28 g) **Frist.** Die sofortige Beschwerde wie auch die befristete Erinnerung sind binnen einer Frist von zwei Wochen einzulegen (§ 569 Abs. 1 S. 1; § 11 Abs. 2 S. 1 RPflG). Die Frist beginnt mit der Zustellung der den Festsetzungsantrag ganz oder teilweise zurückweisenden Entscheidung; dies gilt auch dann, wenn dem Antragsgegner nicht gleichzeitig oder zuvor die Kostenrechnung abschriftlich mitgeteilt wurde (vgl. Rn. 16).[165] Der Verstoß gegen Absatz 1 S. 3 steht dem Beginn der Frist allerdings entgegen, wenn die Kostenrechnung Teil des Beschlusses geworden ist, weil im Kostenfestsetzungsbeschluss auf sie Bezug genommen wird.[166] Hat sich im Kostenfestsetzungsverfahren der Verkehrsanwalt gemeldet, wird die bisher bereits anwaltlich vertretene Partei durch zwei Anwälte vertreten; die Frist läuft daher bereits mit der Zustellung an einen Bevollmächtigten.[167] Für die **Berechnung** gilt § 188 Abs. 2 BGB iVm. § 222 Abs. 1. Wird an einem Mittwoch zugestellt, endet deshalb die Frist mit Ablauf des übernächsten Mittwochs. Geht die Erinnerung beim Beschwerdegericht ein, wird die Frist nur gewahrt, wenn der von dort weitergeleitete Schriftsatz noch fristgerecht das zuständige Gericht erreicht.

29 h) **Wiedereinsetzung.** Antrag auf Wiedereinsetzung in den vorigen Stand ist nach § 233 statthaft, weil die Frist für die sofortige Beschwerde eine Notfrist ist (§ 569 Abs. 1 S. 1); dies gilt auch für die befristete Erinnerung (§ 11 Abs. 2 S. 4 RPflG). Über die Wiedereinsetzung entscheidet das Beschwerdegericht (§ 237). Wurde wegen Unterschreitens der Beschwerdesumme (s. Rn. 24) befristete Erinnerung eingelegt, entscheidet der Rechtspfleger, wenn er nicht nur diesen Antrag, sondern auch die Erinnerung für begründet hält (§ 11 Abs. 2 S. 2 RPflG);[168] andernfalls legt er die Sache dem Richter zur Entscheidung vor (§ 11 Abs. 2 S. 3 RPflG).

30 i) **Rücknahme.** Sofortige Beschwerde wie auch die befristete Erinnerung können bis zum Erlass der Entscheidung ohne Zustimmung des Gegners zurückgenommen werden. Diese Prozesshandlung ist bindend und unwiderruflich. Die Kosten des Verfahrens trägt der Rechtsmittel-/Rechtsbehelfführer gemäß § 516 Abs. 3; bei der Erinnerung iVm. § 11 Abs. 2 S. 4 RPflG.

31 j) **Verfahren.** Im Beschwerdeverfahren kann der Rechtspfleger abhelfen (§ 572 Abs. 1 S. 1). In jedem Fall ist bei neuem Tatsachenvortrag oder neuen rechtlichen Gesichtspunkten rechtliches Gehör zu gewähren. Über den Antrag des Rechtsmittelführers darf das Gericht gemäß § 308 Abs. 1 nicht hinausgehen und deshalb im Ergebnis keinen höheren als den beantragten Gesamtbetrag zusprechen. Einzelne Kostenposten können ausgetauscht werden. Es gilt das Verbot der Schlechterstellung. Das entspricht für das Kostenfestsetzungsverfahren nach der ZPO allgemeiner Auffassung. Es gilt nur dann ausnahmsweise nicht, wenn die Kostengrundentscheidung inzwischen entfallen ist oder fehlt.[169] Das wegen Besorgnis der **Befangenheit** geltend gemachte Ablehnungsrecht gegen den sachbearbeitenden Rechtspfleger ist nach § 10 S. 1 RPflG, § 43 verloren gegangen, wenn der im Kostenfestsetzungsverfahren entstandene Ablehnungsgrund nicht spätestens zugleich mit der sofortigen Beschwerde oder befristeten Erinnerung gegen den Kostenfestsetzungsbeschluss zum Anlass genommen wurde, den betroffenen Rechtspfleger abzulehnen.[170] Nach **Absatz 3 Satz 2** kann das Kostenfestsetzungsverfahren **ausgesetzt** werden, bis die Kostengrundentscheidung formell rechtskräftig ist. Von dieser Möglichkeit ist nach pflichtgemäßem Ermessen Gebrauch zu machen. Die Aussetzung hindert die (weitere) Vollstreckung aus dem angegriffenen Kostenfestsetzungsbeschluss nicht. Sie dient nicht dem Vollstreckungsschutz. Sie soll vielmehr ermöglichen, unnötigen Arbeitsaufwand zu vermeiden, wenn der dem Festsetzungesverfahren zu Grunde liegende Titel noch einer Abänderung unterliegt. Will das Gericht die (weitere) Vollstreckung aus dem Kostenfestsetzungsbeschluss unterbinden, setzt es durch einstweilige Anordnung nach § 570 Abs. 2 dessen Vollziehung aus. Die einstweilige Anordnung wirkt bis zur Entscheidung über die Berschwerde. Erlass oder Ablehnung einer einstweiligen Anordnung sind unanfechtbar.[171]

32 k) **Entscheidung.** Nach einer (wegen Unterschreitens der Beschwerdesumme, s. Rn. 22, 24, allein zulässigen) **befristeten Erinnerung** entscheidet zunächst der Rechtspfleger über die Frage einer Abhilfe (§ 11 Abs. 2 S. 2 RPflG). Die Entscheidung ergeht in jedem Fall durch Beschluss, entweder als Abhilfe-, Vorlage- oder gemischte Entscheidung. Der Rechtspfleger hat nach § 11 Abs. 2 S. 2 RPflG abzuhelfen, so weit er die Erinnerung für zulässig und begründet hält. Die Formulierung „kann der Erinnerung abhelfen …“ in der Vorschrift

---

[165] OLG München MDR 1991, 61; Zö/*Herget* Rn. 14; aM OLG Hamburg NJW 1970, 53.
[166] LG Stade NdsRpfl. 1981, 280.
[167] OLG Koblenz NJW 1997, 1023f.
[168] Zö/*Herget* Rn. 21 „Wiedereinsetzung“; *Meyer-Stolte* Rpfleger 1983, 30; aM OLG München Rpfleger 1976, 300f. m. abl. Anm. v. *Stöber.*
[169] OLG München JurBüro 1982, 1566.
[170] OLG Düsseldorf Rpfleger 1993, 188.
[171] OLG Karlsruhe Justiz 1986, 360.

räumt ihm kein Ermessen ein. Dies galt vor der jüngsten Änderung des Rechtspflegergesetzes (s. Rn. 22);[172] es gibt keinen Grund, dies nunmehr anders zu sehen. Die vollständige oder teilweise Abhilfe ist stets zu begründen. Sachlich ist diese Entscheidung ein neuer Kostenfestsetzungsbeschluss. Sie ist entsprechend Abs. 1, S. 3, 4 den Parteien zuzustellen, bzw. formlos mitzuteilen. Der durch die auch nur teilweise Abhilfe beschwerte Erinnerungsgegner kann den abhelfenden Beschluss seinerseits mit der befristeten Erinnerung angreifen. Hilft der Rechtspfleger nicht ab, legt er die Sache dem Richter vor (§ 11 Abs. 2 S. 3 RPflG). Auch diese Vorlageentscheidung ist ein Beschluss, der nach zutreffender Ansicht zu begründen ist.[173] Gegen die Entscheidung des Richters ist kein Rechtsbehelf mehr gegeben. Beim Familiengericht ist zuständig der Familienrichter, am Landgericht grundsätzlich der Einzelrichter (§ 348 Abs. 1). Bei der Kammer für Handelssachen ist der Vorsitzende zuständig (§ 349 Abs. 2 Nr. 12). Nach eingelegter **sofortiger Beschwerde** trifft die Entscheidung – nach Abhilfemöglichkeit durch den Rechtspfleger des Ausgangsgerichts (§ 572 Abs. 1 S. 1) – das Beschwerdegericht. Die zulässige und begründete Beschwerde führt zur Abänderung oder Aufhebung der angefochtenen Entscheidung. Im Hinblick auf § 308 darf nur im Umfang der Anfechtung geändert oder aufgehoben werden.[174] Trifft das Beschwerdegericht nicht die ersetzende Entscheidung in der Sache, verweist es das Verfahren zurück (§ 572 Abs. 3) an den Rechtspfleger. Das kommt insbesondere bei schwerwiegenden Verfahrensfehlern in Betracht. Doch kann das Beschwerdegericht auch hier in der Sache entscheiden. Die früher denkbare Rückgabe an den Richter ist nach dem ab 1. 10. 1998 geänderten Rechtspflegergesetz (s. Rn. 22) nunmehr ausgeschlossen. Das Beschwerdegericht erhält nunmehr das Verfahren nicht mehr auf dem Umweg über den Richter des Ausgangsgerichts, sondern unmittelbar von dessen Rechtspfleger. Über die **Kosten** des Verfahrens ist zu entscheiden, obwohl Gerichtsgebühren im Erinnerungsverfahren nicht (§ 11 Abs. 4 RPflG) und im Beschwerdeverfahren nur bei einer Verwerfung oder Zurückverweisung anfallen (KV Nr. 1811). Bei unzulässiger oder unbegründeter Beschwerde hat der Rechtsmittelführer nach § 97 Abs. 1 die Kosten zu tragen, im Übrigen gelten §§ 91, 91a, 92. Der unterlegene Beschwerdegegner hat die Kosten auch dann zu tragen, wenn er dem Rechtsmittel nicht entgegengetreten ist.[175] War Gegenstand des Beschwerdeverfahrens lediglich ein Berechnungsfehler des Gerichts, hat die (unterliegende) Partei, die sich nicht geäußert hat, keine Kosten zu erstatten.[176] Bei Zurücknahme der Erinnerung oder Beschwerde ist § 516 Abs. 3 entsprechend anzuwenden.[177] Der Beschwerdeführer, der zugleich Antragsteller im Festsetzungsverfahren ist, hat die Kosten zu tragen, wenn sich das Beschwerdeverfahren erledigt, weil die Kostengrundentscheidung abgeändert wird oder entfällt.[178] In arbeitsgerichtlichen Verfahren bestehen keine Besonderheiten. § 12a ArbGG findet im Kostenfestsetzungsverfahren keine Anwendung.[179]

(Rn. 33–37 bislang nicht besetzt.)

2. Rechtsbeschwerde. Gegen Entscheidungen des Beschwerdegerichts ist die Rechtsbeschwerde nur er- 38
öffnet, wenn das Beschwerdegericht sie zulässt. Ist sie zugelassen, ist ein Mindestbeschwerdewert wie für die sofortige Beschwerde in § 567 Abs. 2 nicht erforderlich.[180] Wird die Rechtsbeschwerde nicht zugelassen, ist die Entscheidung nicht anfechtbar.[181] Unzulässig ist auch die Gegenvorstellung gegen die Beschwerdeentscheidung. Anderenfalls könnte rechtswidrig in die Rechtskraft des Kostenfestsetzungsbeschlusses eingegriffen werden.[182] Hat indes das Beschwerdegericht die Begründetheit des Rechtsmittels nicht geprüft weil es dessen Zulässigkeit offensichtlich fehlerhaft verneint hat, wird ausnahmsweise die Gegenvorstellung für zulässig gehalten.[183] In der Sache kann nicht mehr entschieden werden, wenn die Kostengrundentscheidung in der höheren Instanz aufgehoben oder mit Wirkung für eine am Kostenfestsetzungsverfahren beteiligte Partei abgeändert worden ist.[184]

3. Rechtskraft. a) Allgemeines. Kostenfestsetzungsbeschlüsse werden entsprechend §§ 705, 322 formell 39
und materiell rechtskräftig. Mit Eintritt der Rechtskraft wird ein Kostenfestsetzungsbeschluss deshalb unanfechtbar, sein Inhalt zwischen den Parteien maßgeblich.[185] Wird befristete Erinnerung oder sofortige Beschwerde eingelegt, ist der Eintritt der Rechtskraft insgesamt gehemmt, auch wenn nur einzelne Posten angegriffen werden, s. a. Rn. 22. Deshalb können im Erinnerungs- bzw. Beschwerdeverfahren weitere Einzelposten angegriffen werden. Die Wirkung der Rechtskraft bleibt auf die Parteien beschränkt; ein nachfolgendes Verfahren des Prozessbevollmächtigten gegen die Partei nach § 11 RVG wird davon nicht erfasst.[186] In materielle Rechtskraft erwächst der **einzelne Kostenposten** in der zuerkannten Höhe bzw. dessen Absetzung, nicht dagegen der festgesetzte Gesamtbetrag.[187] Wurde die Klage wegen eines Anspruchs

---

172 OLG Frankfurt/M Rpfleger 1979, 388.
173 OLG München Rpfleger 1992, 382; T/P/*Hüßtege* Rn. 36.
174 OLG München Rpfleger 2000, 298f.
175 OLG Nürnberg NJW-RR 2000, 141; aM LG Halle MDR 2000, 480f.
176 OLG Frankfurt/M. NJW-RR 2000, 362.
177 LG Essen Rpfleger 1964, 183.
178 KG Rpfleger 1978, 384.
179 LAG Düsseldorf AnwBl. 1994, 42f.
180 BGH NJW-RR 2005, 939.
181 BGH NJW-RR 2004, 356.
182 OLG München Rpfleger 1970, 211f.
183 OLG Frankfurt/M JurBüro 1975, 660ff.
184 BGH NJW-RR 2007, 784.
185 OLG München NJW-RR 2004, 69f.
186 OLG Hamburg JurBüro 1981, 1402f.
187 Offen gelassen durch OLG München Rpfleger 1970, 211.

auf Kostenerstattung rechtskräftig abgewiesen, steht dies der Geltendmachung im Kostenfestsetzungsverfahren nicht entgegen; Gleiches gilt umgekehrt.[188] Hatte das Zivilgericht einen materiellen Kostenerstattungsanspruch verneint und lediglich einen im Festsetzungsverfahren zu verfolgenden prozessualen Kostenerstattungsanspruch angenommen, darf im Verfahren nach §§ 103f. die Festsetzung nicht mit der Begründung abgelehnt werden, es sei nur ein materiellrechtlicher, kein prozessualer Anspruch gegeben.[189] Dies folgt aus entsprechender Anwendung von § 11. Zur ausnahmsweise zulässigen Gegenvorstellung, wenn das Beschwerdegericht offenkundig fehlerhaft die Begründetheit des Rechtsmittels nicht geprüft hat, vgl. Rn. 38. Ein nur mit einem Handzeichen unterschriebener Kostenfestsetzungsbeschluss ist unwirksam. Er kann auch auf Rechtsmittel des die Festsetzung weiterer Kosten betreibender Kostengläubigers ohne Verstoß gegen das Verschlechterungsverbot aufgehoben werden.[190]

40 § 107 ermöglicht zu Gunsten der Kostengerechtigkeit die **Durchbrechung der Rechtskraft** bei nachträglich geändertem Streitwert (vgl. § 107 Rn. 1). Auch der bereits rechtskräftige Kostenfestsetzungsbeschluss wird ohne weiteres wirkungslos, wenn die **Kostengrundentscheidung** durch das Rechtsmittelgericht **aufgehoben oder abgeändert** wird. Fällt die Aufhebung oder Abänderung noch in das laufende Erinnerungs- bzw. Beschwerdeverfahren, empfiehlt es sich, in einem klarstellenden Beschluss den Kostenfestsetzungsbeschluss aufzuheben und festzustellen, dass das Rechtsmittelverfahren gegenstandslos geworden ist. Die Kosten des Erinnerungs- bzw. Beschwerdeverfahrens hat die Partei zu tragen, die die Kostenfestsetzung beantragt hatte. Nach zutreffender Ansicht bleibt der Kostenfestsetzungsbeschluss auch dann nicht wirksam, wenn er inhaltlich mit der neuen Entscheidung übereinstimmt;[191] er bleibt auch nicht teilweise wirksam, so weit er sich mit der neuen Kostengrundentscheidung deckt. Doch darf das Revisionsgericht die Kostenentscheidung des Berufungsurteils nicht abändern, wenn es die Beschwerde gegen die Nichtzulassung der Revision zurückweisen.[192]

41 b) **Nachliquidation.**[193] Die Rechtskraft steht einem Antrag auf Nachfestsetzung bzw. Nachliquidation nicht entgegen, wenn mit diesem Antrag bisher nicht geltend gemachte oder übergangene Posten erstmals oder wiederholt zur Festsetzung angemeldet werden.[194] Doch dürfen nach rechtskräftig aberkannten Gebühren für einen Verkehrsanwalt nicht nachträglich fiktive Reisekosten der Partei festgesetzt werden.[195] Wurden Kosten abgesetzt, weil sie nicht belegt wurden, sollen sie nachträglich festgesetzt werden können, wenn nunmehr der Beweis erbracht wird.[196] Das erscheint zweifelhaft. Keine Bedenken bestehen gegen eine Nachliquidation, wenn der Kostengläubiger zunächst davon abgesehen hatte, die Mehrwertsteuer auf die Anwaltskosten zur Erstattung zu stellen, im Besteuerungsverfahren aber erfahren hat, dass er die betreffenden Beträge nicht als Vorsteuer abziehen kann (s. Rn. 20f.).[197] Ein Rechtsanwalt ist indessen an seine ursprüngliche Berechnung gebunden, wenn er die Gebührenhöhe in Ausübung seines Ermessens bestimmt hat.[198] Auch im Kostenfestsetzungsverfahren vor dem Bundesverfassungsgericht ist eine Nachliquidation zulässig.[199]

42 c) **Rückfestsetzung.**[200] Wird die Kostengrundentscheidung abgeändert oder entfällt sie, wird der Kostenfestsetzungsbeschluss ohne Rücksicht auf die eingetretene Rechtskraft wirkungslos. Entsprechend § 717 Abs. 2 können nach ganz überwiegender Auffassung bereits gezahlte Kosten im Verfahren der Rückfestsetzung geltend gemacht werden.[201] Die Gegenansicht hält dies aus dogmatischen Gründen für unzulässig, weil eine entsprechende Kostengrundentscheidung fehle und das Kostenfestsetzungsverfahren für eine Überprüfung des Schadensersatzanspruchs ungeeignet sei.[202] Der überwiegenden Ansicht ist aus prozessökonomischen Gründen im Rahmen der von der Rechtsprechung gezogenen Grenzen zuzustimmen. Danach ist eine Rückfestsetzung zulässig, wenn die Rückzahlungsforderung entweder unstreitig[203] oder eindeutig nachweisbar ist und der Schuldner keine materiellrechtlichen Einwendungen gegen den Rückzahlungsanspruch geltend macht. Verteidigt sich der Schuldner gegen die Rückzahlungsforderung mit fehlerhafter rechtlicher Würdigung unstreitiger Tatsachen, sollte dies einer Rückfestsetzung nicht entgegenstehen.[204] Erklärt das BVerfG das Gesetz für nichtig, auf dem die Entscheidung des Prozessgerichts und damit auch die Kostengrundentscheidung beruht hat, kommt eine Rückfestsetzung nicht in Betracht.[205] Schadensersatzansprüche, die **über** die bloße **Rückerstattung** bezahlter Prozesskosten **hinausgehen**, können nur im normalen Klagewege verfolgt werden; Gleiches gilt für die Rückerstattung solcher Beträge, die

---

188 Zö/*Herget* Rn. 21 „Rechtskraft".
189 AA OLG Frankfurt/M AnwBl. 1985, 210.
190 OLG Karlsruhe NJW-RR 2004, 1507f.
191 OLG Frankfurt/M JurBüro 1993, 489; aA Zö/*Herget* Rn. 21 „Aufhebung der Kostengrundentscheidung".
192 BGH NJW 2004, 2598.
193 Vgl. allgemein *Enders* JurBüro 1995, 561ff.
194 OLG München Rpfleger 1987, 262f.
195 OLG Karlsruhe MDR 1994, 413.
196 OLG München OLGRspr. 33, 65.
197 KG Rpfleger 1995, 312.
198 *Enders* JurBüro 1995, 561, 564.
199 BVerfG JurBüro 1995, 583 = NJW 1995, 1886 (LS).
200 *Schmidt-Räntsch* MDR 2004, 1329ff.
201 BGH NJW-RR 2005, 79f.
202 OLG Köln JurBüro 1988, 494ff. m. abl. Anm. v. *Mümmler.*
203 OLG Koblenz NJW-RR 2003, 720.
204 LG Berlin JurBüro 1983, 1885.
205 OLG Hamburg MDR 2003, 416f.

ohne Vorliegen eines Kostenfestsetzungsbeschlusses von einer Partei bezahlt wurden, sofern materiellrechtliche Einwendungen erhoben werden.[206] Mit dem Justizmodernisierungsgesetz vom 2. Juli 2004 wurde durch § 91 Abs. 4 die herrschende Praxis abgesichert (vgl. § 91 Rn. 34a).

d) **Wiederaufnahme.** Ein rechtskräftig abgeschlossenes Kostenfestsetzungsverfahren kann zulässig nur nach §§ 578ff. wieder aufgenommen werden, wenn eine Beschwerdeentscheidung rechtskräftig wurde. 43

4. **Vollstreckbarkeit.** Der Kostenfestsetzungsbeschluss ist Vollstreckungstitel nach § 794 Abs. 1 Nr. 2. 44
Zur Vollstreckung sind neben diesem Titel daher grundsätzlich nur noch Vollstreckungsklausel (§ 724) und Zustellung (§ 750) erforderlich. Die Vollstreckungsklausel kann bereits ab Erlass und damit vor Zustellung und Rechtskraft des Beschlusses erteilt werden. Doch muss vor einer Vollstreckung aus Kostenfestsetzungsbeschlüssen, die nicht gemäß § 105 auf das Urteil gesetzt sind, die Frist nach § 798 abgewartet werden. Für den auf das Urteil gesetzten Festsetzungsbeschluss bedarf es nach § 105 Abs. 1 S. 2 keiner besonderen Vollstreckungsklausel. Soweit der zu Grunde liegende Titel Vollstreckungsbeschränkungen unterliegt, etwa vorher Sicherheit zu leisten oder durch Sicherheitsleistung abgewendet werden kann, gelten diese Beschränkungen auch bei der Vollstreckung aus dem Kostenfestsetzungsbeschluss. Hat die betreibende Partei ihren Kostenerstattungsanspruch abgetreten, darf sie nicht weiter zu ihren Gunsten vollstrecken.[207] Ohne Sicherheitsleistung ist der Kostenfestsetzungsbeschluss vollstreckbar, wenn die dem Beschluss zu Grunde liegende Kostengrundentscheidung rechtskräftig wird.[208]

V. Gebühren und Kosten

1. **Rechtsanwaltsgebühren.** Die Tätigkeits des Anwalts im erstinstanzlichen Kostenfestsetzungsverfahren gehört zum Rechtszug, wird also durch die Gebühren der Nrn. 3100ff. VV RVG abgegolten (§ 19 Abs. 1 Nr. 13 RVG). Dies gilt auch für das Verfahren gemäß § 11 RVG (§§ 19 Abs. 1 Nr. 13, 11 Abs. 2 S. 6 RVG). War der Anwalt nicht Prozessbevollmächtigter, erhält er die Gebühr der Nr. 3403 VV RVG. Im **Erinnerungs- und Beschwerdeverfahren** erhält der Anwalt die Gebühren der Nrn. 3500, 3513 VV RVG. 45

2. **Gerichtskosten.** Für das Festsetzungsverfahren entstehen **keine Gerichtsgebühren,** ebenso wenig im Erinnerungsverfahren. Für das Beschwerdeverfahren gilt KV Nr. 1812. **Auslagen** des Gerichts werden nach KV Nr. 9000ff. erhoben. 46

105 *Vereinfachter Kostenfestsetzungsbeschluss*

(1) [1]Der Festsetzungsbeschluss kann auf das Urteil und die Ausfertigungen gesetzt werden, sofern bei Eingang des Antrags eine Ausfertigung des Urteils noch nicht erteilt ist und eine Verzögerung der Ausfertigung nicht eintritt. [2]Erfolgt der Festsetzungsbeschluss in der Form des § 130b, ist er in einem gesonderten elektronischen Dokument festzuhalten. [3]Das Dokument ist mit dem Urteil untrennbar zu verbinden.

(2) [1]Eine besondere Ausfertigung und Zustellung des Festsetzungsbeschlusses findet in den Fällen des Absatzes 1 nicht statt. [2]Den Parteien ist der festgesetzte Betrag mitzuteilen, dem Gegner des Antragstellers unter Beifügung der Abschrift der Kostenberechnung. [3]Die Verbindung des Festsetzungsbeschlusses mit dem Urteil soll unterbleiben, sofern dem Festsetzungsantrag auch nur teilweise nicht entsprochen wird.

(3) Eines Festsetzungsantrags bedarf es nicht, wenn die Partei vor der Verkündung des Urteils die Berechnung ihrer Kosten eingereicht hat; in diesem Fall ist die dem Gegner mitzuteilende Abschrift der Kostenberechnung von Amts wegen anzufertigen.

I. Normzweck

Die Vorschrift bezweckt eine Vereinfachung und Beschleunigung des Kostenfestsetzungsverfahrens. Die 1
Vereinfachung besteht darin, dass die Festsetzung nicht als gesonderter Beschluss ergeht, sondern auf das Urteil bzw. den sonst geeigneten Titel gesetzt wird. Somit bedarf es weder einer eigenen Vollstreckungsklausel für den Kostenfestsetzungsbeschluss (§ 795a), noch ist dieser separat auszufertigen und zuzustellen. Der Beschleunigung dient weiter der Wegfall der zweiwöchigen Wartefrist des § 798 vor Beginn einer Zwangsvollstreckung und in den Fällen des 105 Abs. 2 der Verzicht auf einen Kostenfestsetzungsantrag. **Anwendbar** ist Absatz 1 nur bei erstinstanzlichen Entscheidungen.[1] Denn über Festsetzungsanträge entscheidet das Gericht des ersten Rechtszuges (§ 104 Abs. 1 S. 1). Dort werden nur Entscheidungen der ersten Instanz ausgefertigt. Die **Zuständigkeit** dieses Gerichts sowohl zur Entscheidung über den Kostenfestsetzungsantrag wie zur Ausfertigung ist erforderlich. Als erstinstanzliche Entscheidungen kommen neben Urteilen (Versäumnisurteile auch dann, wenn sie im schriftlichen Verfahren nach § 331 Abs. 3 ergangen sind[2]) auch vollstreckbare Beschlüsse in Betracht, sowie Prozessvergleiche.[3]

---

[206] OLG München Rpfleger 1973, 321.
[207] OLG Bremen MDR 1989, 460f.
[208] OLG Naumburg JurBüro 2002, 38.
[1] MK/*Belz* Rn. 2.
[2] T/P/*Hüßtege* Rn. 1.
[3] MK/*Giebel* Rn. 2.

II. Absatz 1

2 **1. Voraussetzungen.** Bei Eingang des Kostenfestsetzungsantrags darf die Geschäftsstelle noch keine einfache oder vollstreckbare Ausfertigung des Urteils erteilt haben. Entschließt sich der zur Festsetzung **zuständige** Rechtspfleger (§ 21 Nr. 1 RpflG) für das vereinfachte Verfahren, so darf auch vor seiner Entscheidung über den Antrag noch keine Ausfertigung erteilt sein. Denn anderenfalls würde die erteilte Ausfertigung durch die nunmehrige Verbindung nach § 105 unrichtig werden.

3 Hält der Rechtspfleger den **Kostenfestsetzungsantrag** ganz oder teilweise für **unbegründet,** so ist zwar das vereinfachte Verfahren nicht unzulässig, doch soll es unterbleiben (Abs. 1 S. 4). Unzweckmäßig ist die Verbindung auch dann, wenn dies zu einer Verzögerung der Zwangsvollstreckung wegen der Kosten deshalb führen würde, weil die Erteilung einer vollstreckbaren Ausfertigung des Urteils nach § 726 an besondere Voraussetzungen geknüpft ist. Ebenso unzweckmäßig ist das vereinfachte Verfahren, wenn umgekehrt die Urteilsausfertigung dadurch verzögert würde. Bei **Arrestbefehlen** und **einstweiligen Verfügungen** ist das vereinfachte Verfahren ebenfalls nicht zweckmäßig, da diese grundsätzlich zur Vollstreckung keiner Vollstreckungsklausel bedürfen (§ 929 Abs. 1, 936).

4 **2. Verfahren.** Nach Eingang des Kostenfestsetzungsantrags samt Kostenberechnung einschließlich Abschrift und Belegen setzt der Rechtspfleger den Kostenfestsetzungsbeschluss auf das Urteil. Urteil und mit ihm der Kostenfestsetzungsbeschluss werden sodann ausgefertigt (§ 317 Abs. 3, 4). Beiden Parteien ist der festgesetzte Betrag formlos mitzuteilen, dem Gegner des Antragstellers mit der Abschrift der Kostenberechnung und dem Hinweis, dass die zu erstattenden Kosten nach der anliegenden Kostenberechnung festgesetzt wurden. Die Übersendung der Kostenberechnung wird auf der Urschrift des Kostenfestsetzungsbeschlusses vermerkt. Die Mitteilung an den Antragsteller erfolgt mit der formlosen Übersendung der vollstreckbaren Urteilsausfertigung samt Kostenfestsetzungsbeschluss. Erst mit der **förmlichen Zustellung** der vollstreckbaren Urteilsausfertigung einschließlich Kostenfestsetzungsbeschlusses an den Gegner, nicht schon mit der formlosen Mitteilung, beginnt die Frist für die **Anfechtung** des Kostenfestsetzungsbeschlusses (§§ 104 Abs. 3 S. 1, 569 Abs. 1 S. 1, § 11 Abs. 1, 2 S. 1 RpflG). Die Anfechtung des Urteils bzw. des Kostenfestsetzungsbeschlusses folgt ungeachtet der vorgenommenen Verbindungen ebenso wie die etwaige Einstellung der Zwangsvollstreckung je eigenen Rechtsregeln. Die Verbindung beider Titel, die vom Rechtspfleger wieder gelöst werden kann, beseitigt nicht ihre rechtliche Selbstständigkeit. Die Vorschrift ermöglicht nun einen Festsetzungsbeschluss in vereinfachter Form.

III. Absätz 2 und 3

5 Die Vorschrift knüpft trotz ihrer systematischen Stellung nicht an Absatz 1 an. Unabhängig von dessen Inhalt bestimmt sie vielmehr, dass es eines eigenen Kostenfestsetzungsantrags (§ 103 Abs. 2 S. 1) nicht bedarf, wenn die Partei bereits vor Verkündung des Urteils eine Kostenberechnung mit Belegen eingereicht hat. Die Vereinfachung liegt für die Partei weiterhin darin, dass die dem Gegner mitzuteilende Abschrift der Kostenberechnung von Amts wegen kostenlos gefertigt wird. Das Verfahren nach Absatz 2 **scheidet** allerdings **aus,** wenn die Prozesskosten ganz oder teilweise nach Quoten verteilt sind (§ 106 Abs. 1 S. 2). Liegen gleichzeitig die Voraussetzungen nach Absatz 1 vor, so ist auch für das dortige Verfahren ein förmlicher Antrag nicht mehr erforderlich. Die vor Urteilsverkündung eingereichte Kostenberechnung ist als Kostenfestsetzungsantrag anzusehen.[4]

106 *Verteilung nach Quoten*

(1) [1]Sind die Prozesskosten ganz oder teilweise nach Quoten verteilt, so hat nach Eingang des Festsetzungsantrags das Gericht den Gegner aufzufordern, die Berechnung seiner Kosten binnen einer Woche bei Gericht einzureichen. [2]Die Vorschriften des § 105 sind nicht anzuwenden.

(2) [1]Nach fruchtlosem Ablauf der einwöchigen Frist ergeht die Entscheidung ohne Rücksicht auf die Kosten des Gegners, unbeschadet des Rechts des letzteren, den Anspruch auf Erstattung nachträglich geltend zu machen. [2]Der Gegner haftet für die Mehrkosten, die durch das nachträgliche Verfahren entstehen.

I. Normzweck

1 Die Vorschrift dient der Vereinfachung des Kostenfestsetzungsverfahrens. Hat eine Partei einen überschießenden Erstattungsanspruch, soll nur ein Festsetzungsverfahren stattfinden und damit nur ein Kostenfestsetzungsbeschluss zu Gunsten dieser Partei ergehen. Statt wechselseitiger Zwangsvollstreckungen kommt es daher allenfalls zur Zwangsvollstreckung durch eine Partei. Die Erstattungsansprüche werden einander gegenübergestellt und miteinander **verrechnet.** Zutreffend wird hervorgehoben, dass keine Aufrechnung vorgenommen wird,[1] wenn auch wirtschaftlich gesehen das Ergebnis kein anderes ist. Durch Absatz 2 soll Verzögerungen vorgebeugt werden. **Anwendbar** ist die Bestimmung, wenn die Prozesskosten in der Kostengrundentscheidung ganz oder teilweise nach Quoten verteilt sind. Sind die Voraussetzungen (vgl. Rn. 2 f.) erfüllt, muss das Gericht nach § 106 verfahren; ein Ermessensspielraum ist nicht gegeben.

---

[4] MK/*Giebel* Rn. 4.

[1] Zö/*Herget* Rn. 1.

II. Voraussetzungen

Eine **Verteilung** ganz oder teilweise **nach Quoten** liegt vor, wenn der Kläger beispielsweise 1/3, der Beklagte 2/3 der Kosten des Rechtsstreits zu tragen hat; ebenso, wenn die Verteilung nach Prozentsätzen vorgenommen wurde, oder die außergerichtlichen Kosten zwar gegeneinander aufgehoben, die Gerichtskosten aber nach Quoten verteilt sind. Dies muss auch gelten, wenn die Kosten insgesamt nach § 92 gegeneinander aufgehoben wurden.[2] Die Gegenmeinung[3] verkennt, dass auch hier wegen geleisteter Gerichtskostenvorschüsse im Ergebnis ein Erstattungsanspruch bestehen kann. Nach dem Wortlaut ist die Vorschrift nicht einschlägig, wenn die Kosten des Rechtsstreits **nach Instanzen** aufgeteilt wurden. In der Kommentarliteratur wird daher in diesen Fällen ein Kostenausgleich nach § 106 abgelehnt.[4] Sinn und Zweck der Vorschrift, Reduzierung auf nur einen Kostenfestsetzungsbeschluss und Zwangsvollstreckung nur für eine Partei bei gegenläufigen Erstattungsansprüchen, gebieten indessen in Übereinstimmung mit neuerer Rechtsprechung[5] eine entsprechende Anwendung. 2

Ähnlich verhält es sich, wenn eine Partei lediglich die **Kosten einer Säumnis** (§ 344) oder die Kosten nach § 281 Abs. 3 S. 2 zu tragen hat, die Gegenpartei die übrigen Kosten. Auch hier lehnt die überwiegende Auffassung das Verfahren nach § 106 ab.[6] Dies wird damit begründet, dass eine Mehrzahl von Kostentiteln und damit Zwangsvollstreckungen der Parteien gegeneinander hingenommen werden muss, wenn es nicht um die Überschussforderung einer Partei geht, sondern um getrennte Ansprüche, deren Beurteilung insbesondere im Aufklärungs- und Zeitbedarf sehr unterschiedlich sein kann.[7] Dieses Argument hat Gewicht, steht jedoch einer entsprechenden Anwendung dann nicht entgegen, wenn die Kosten der erstattungsberechtigten Gegenpartei schon zur Festsetzung beantragt sind.[8] Wegen der erheblichen Vorzüge des Verfahrens erscheint es darüber hinaus geboten, einen Kostenausgleich auch dann vorzunehmen, wenn diese Kosten zwar noch nicht zur Festsetzung beantragt sind, aber eine entsprechende Berechnung nach Aufforderung binnen Wochenfrist eingereicht wird. Dass auf einer Seite Streitgenossen gesamtschuldnerisch nach § 100 Abs. 4 haften, steht nicht entgegen.[9] Nach § 106 kann nicht verfahren werden, wenn die Kostenquotelung in einem **außergerichtlichen Vergleich** enthalten ist; es fehlt dabei eine zur Zwangsvollstreckung geeignete Kostengrundentscheidung. Weitere Voraussetzung ist der **Festsetzungsantrag** einer Partei. 3

III. Verfahren

Nach Eingang des Festsetzungsantrags fordert der Rechtspfleger den Gegner auf, binnen einer Woche die Berechnung seiner Kosten einzureichen. Die **Aufforderung** ist förmlich zuzustellen (§ 329 Abs. 3). Ihr ist zur Wahrung des **rechtlichen Gehörs** eine Abschrift des eingereichten Antrags samt Berechnung und Belegen beizufügen. Dabei ist der Gegner darauf **hinzuweisen,** dass nach fruchtlosem Ablauf einer Woche die Entscheidung ohne Rücksicht auf die ihm erwachsenen Kosten ergeht. Eine Verlängerung der nach § 222 zu berechnenden Frist ist nicht zulässig (§ 224 Abs. 2), s. a. Rn. 5. Nach § 105 darf nicht verfahren werden (Absatz 1 S. 2). Wird die Aufforderung **unterlassen,** liegt ein schwerer Verfahrensmangel vor, der im Beschwerdeverfahren zur Aufhebung und Rückverweisung führt.[10] 4

IV. Entscheidung

Der Kostenfestsetzungsbeschluss ergeht nach Eingang der Berechnung des Gegners, bzw. nach fruchtlosem Ablauf einer Woche. Eine **Berechnung** liegt nur vor, wenn es sich um eine spezifizierte Aufstellung handelt. Der Gegner darf sich nicht mit dem Hinweis begnügen, ihm seien die gleichen Kosten wie dem Antragsteller entstanden. Allerdings sind nach Ansicht des OLG Hamm[11] im Rahmen der Kostenausgleichung identische Gebührentatbestände auf beiden Seiten gleich zu behandeln, auch wenn nur von einer Seite diesbezüglich Gebühren angemeldet worden sind. Geht die Berechnung zwar **nach Ablauf einer Woche** ein, aber vor Erlass des Festsetzungsbeschlusses, ist sie noch zu berücksichtigen; auch dann noch, wenn der Kostenfestsetzungsbeschluss bereits abgesetzt, aber noch nicht hinausgegangen ist.[12] Denn erst mit Hinausgabe aus dem inneren Gerichtsbetrieb, zB durch Einlegen in das Rechtsanwalts- oder Abtragefach der Geschäftsstelle, wird ein außerhalb mündlicher Verhandlung ergangener Beschluss im Rechtssinne existent (s. § 329 Rn. 7ff.). Sofern bis zu diesem Zeitpunkt keine spezifizierte Berechnung eingegangen ist, werden bei der Entscheidung über den Kostenfestsetzungsantrag nur die Kosten des Antragstellers berücksichtigt und der Überschuss entsprechend der Quote festgesetzt; der Gegner hat damit nicht das Recht verloren, seine Kosten seinerseits festsetzen zu lassen, Abs. 2 S. 1. Allerdings kann dies nur in einem gesonderten Verfahren geschehen; die entstehenden Mehrkosten hat er zu tragen (Abs. 2 S. 2). **Bewilligte Prozesskostenhilfe** bei 5

---

[2] MK/*Giebel* Rn. 4.
[3] B/L/*Hartmann* Rn. 5.
[4] T/P/*Hüßtege* Rn. 2a.
[5] BPatG GRUR 1991, 205ff.; vgl. auch LG Berlin NJW-RR 1998, 215f.
[6] OLG Köln JurBüro 1993, 431; T/P/*Hüßtege* Rn. 2; Zö/*Herget* Rn. 1.
[7] OLG Köln JurBüro 1993, 431.
[8] OLG Bremen JurBüro 1981, 1734f. mit zust. Anm. v. *Mümmler; Mümmler* JurBüro 1993, 431.
[9] *Schmitz* Rpfleger 1992, 269; T/P/*Hüßtege* Rn. 2; Zö/*Herget* Rn. 1; aM OLG Köln NJW 1991, 3156f.
[10] OLG Naumburg FamRZ 2007, 1350.
[11] OLG Hamm JurBüro 2002, 318.
[12] MK/*Giebel* Rn. 10; aM OLG Köln Rpfleger 1975, 66; OLG Hamm JurBüro 1996, 262; B/L/*Hartmann* Rn. 12; widersprüchlich Zö/*Herget* Rn. 4.

einer oder beiden Parteien bleibt zunächst bei Feststellung der Kosten der Parteien unberücksichtigt. Beträge, die die Staatskasse einem beigeordneten Rechtsanwalt erstattet hat (§ 47 RVG) oder demnächst erstattet, sind lediglich insoweit von Bedeutung, als Kostenerstattungsanspruch und von der Staatskasse erstattete bzw. demnächst zu erstattende Beträge die einer Partei entstandenen Gesamtkosten nicht übersteigen dürfen. Mithin sind von der Summe aus bereits von der Staatskasse erstatteten bzw. demnächst zu erstattenden Beträgen und dem Kostenerstattungsanspruch (ohne Berücksichtigung bewilligter Prozesskostenhilfe) die der Partei entstandenen Gesamtkosten abzuziehen. Ergibt dies einen positiven Wert, ist dieser von dem ohne Berücksichtigung bewilligter Prozesskostenhilfe sich ergebenden Erstattungsanspruch abzusetzen und als tatsächlich zu erstattender Betrag festzusetzen. Zur Berücksichtigung eines **geleisteten Prozesskostenvorschusses** vgl. § 104 Rn. 10.

V. Anfechtung

6 Beide Parteien sind anfechtungsberechtigt, da über beider Kosten entschieden wird. Statthaft ist grundsätzlich die sofortige Beschwerde, nur ausnahmsweise die befristete Erinnerung (s. § 104 Rn. 22 ff.). Zulässig ist diese nur eingelegt, wenn die Partei auch eine Beschwer geltend macht (vgl. § 104 Rn. 24). Diese fehlt zB, wenn die Berücksichtigung einer Gebühr erstrebt wird, die entweder auf beiden Seiten oder gar nicht erwachsen ist und die Berücksichtigung nicht zu einer Änderung zu Gunsten des Erinnerungsführers führen würde.[13] Zu Gunsten des Erinnerungsführers kann sich dies nur auswirken, wenn er weniger als die Hälfte der Kosten zu tragen hat. Die Möglichkeit, nicht festgesetzte Kosten nach Abs. 2 nachträglich – ohne Entstehung weiterer Kosten – festsetzen zu lassen, lässt für die mit gleichem Ziel eingelegte Beschwerde das Rechtsschutzbedürfnis entfallen.[14]

107 *Änderung nach Streitwertfestsetzung*

(1) [1]**Ergeht nach der Kostenfestsetzung eine Entscheidung, durch die der Wert des Streitgegenstandes festgesetzt wird, so ist, falls diese Entscheidung von der Wertberechnung abweicht, die der Kostenfestsetzung zugrunde liegt, auf Antrag die Kostenfestsetzung entsprechend abzuändern.** [2]**Über den Antrag entscheidet das Gericht des ersten Rechtszuges.**

(2) [1]**Der Antrag ist binnen der Frist von einem Monat bei der Geschäftsstelle anzubringen.** [2]**Die Frist beginnt mit der Zustellung und, wenn es einer solchen nicht bedarf, mit der Verkündung des den Wert des Streitgegenstandes festsetzenden Beschlusses.**

(3) **Die Vorschriften des § 104 Abs. 3 sind anzuwenden.**

I. Normzweck

1 Die Vorschrift ermöglicht zu Gunsten der Kostengerechtigkeit eine Durchbrechung der Rechtskraft, wenn nach erfolgter Kostenfestsetzung der zugrundegelegte Streitwert geändert wird. Der Normzweck begrenzt zugleich den Umfang der Durchbrechung der Rechtskraft: eine Nachprüfung der betroffenen Gebühren dem Grunde nach, eine Überprüfung der Erstattungsfähigkeit bisheriger oder neuer Rechnungsposten darf nicht erfolgen; selbst der umstreitige Zahlungseinwand des Erstattungsschuldners kann nicht berücksichtigt werden.[1] Das Verfahren nach § 107 dient allein dazu, die Posten der Kostenberechnung, die von der Streitwertänderung erfasst werden, dem neuen Streitwert anzupassen.[2] **Solange** der bisherige Kostenfestsetzungsbeschluss noch **nicht** in **Rechtskraft** erwachsen ist, hat die Partei wahlweise die Möglichkeit, die Streitwertänderung mit dem Beschwerde- oder Erinnerungsverfahren geltend zu machen.[3] Für Verfahren vor dem **Bundesverfassungsgericht** gilt: ist ein auf den gesetzlichen Mindestwert gemäß § 37 Abs. 2 S. 2 RVG gestütztes Kostenfestsetzungsverfahren durchgeführt und sind die festgesetzten Kosten erstattet worden, ist ein nachträglicher Antrag auf Festsetzung eines höheren Gegenstandswerts nicht mehr zulässig.[4]

II. Verfahren

2 **1. Antrag.** Die Abänderung erfolgt nur auf Antrag einer Partei. Der Antrag unterliegt nicht dem Anwaltszwang; er ist gemäß Absatz 2 binnen eines Monats bei der Geschäftsstelle des Gerichts erster Instanz zu stellen. Die Frist kann nicht verlängert werden (§ 224 Abs. 2), berechnet sich nach § 222 und beginnt mit der Zustellung bzw. Verkündung des den Anlass gebenden Streitwertbeschlusses. Dieser braucht noch nicht in Rechtskraft erwachsen zu sein. Der binnen Monatsfrist eingehende Antrag auf Rückfestsetzung ist als Antrag auf Entscheidung nach § 107 auszulegen, sofern die weiteren Voraussetzungen vorliegen.[5] Ist die **Frist** für einen Antrag auf Abänderung **versäumt,** verbleiben dem durch die Herabsetzung Begünstigten nur noch Vollstreckungsgegen- bzw. Bereicherungsklage; wer durch eine Erhöhung begünstigt wurde, hat keine Möglichkeiten der Geltendmachung mehr.

---

[13] KG Rpfleger 1978, 225.
[14] OLG Hamburg MDR 2005, 1138.
[1] LG Berlin JurBüro 1997, 646.
[2] OLG Hamm JurBüro 1983, 1719.
[3] B/L/*Hartmann* Rn. 3.
[4] BVerfG JurBüro 1995, 421 (noch zu § 13 Abs. 2 S. 3 ergangen).
[5] MK/*Giebel* Rn. 10.

2. Entscheidung. Der Rechtspfleger erlässt keinen neuen Kostenfestsetzungsbeschluss, er ändert lediglich den bisherigen Beschluss ab, indem er den bisherigen Gesamtbetrag durch einen anderen ersetzt. Geleistete **Überzahlungen** können im Beschluss sogleich rückfestgesetzt werden, wenn die Überzahlung eindeutig feststellbar oder unstreitig ist.[6] Die Entscheidung ist zu **begründen.** Eine Ausfertigung ist der Partei bzw. ihrem Prozessbevollmächtigten (§ 172) von Amts wegen **zuzustellen,** zu deren Nachteil der Beschluss sich auswirkt (§ 329 Abs. 3). Der Begünstigte erhält formlos eine vollstreckbare Ausfertigung mit dem Vermerk des Tages, an welchem dem Gegner zugestellt wurde. Der Schuldner kann sich nunmehr gegen die Vollstreckung aus dem bisherigen Kostenfestsetzungsbeschluss nach § 775 Nr. 1 verteidigen. 3

III. Anfechtung

Gegen die abändernde Entscheidung ist die sofortige Beschwerde bzw. die Erinnerung statthaft (§§ 107 Abs. 3, 104 Abs. 3). Zulässiges Anfechtungsziel kann nur die vorgenommene Abänderung, nicht die Erstattungsfähigkeit einzelner Rechnungsposten sein.[7] Sofern der Streitwert erneut abgeändert wird, ist auf Antrag ein wiederholtes Verfahren nach § 107 durchzuführen; eine Anfechtung des Abänderungsbeschlusses kann darauf nicht gestützt werden. 4

IV. Gebühren und Kosten

Es fallen weder **Rechtsanwaltsgebühren** (§ 19 Abs. 1 Nr. 13 RVG) noch **Gerichtskosten** an. 5

Die Tätigkeit des **Anwalts** gehört zum Rechtszug, wird also durch die Gebühren der Nrn. 3100ff. VV RVG abgegolten.

Titel 6. Sicherheitsleistung

108 *Art und Höhe der Sicherheit* (1) [1]**In den Fällen der Bestellung einer prozessualen Sicherheit kann das Gericht nach freiem Ermessen bestimmen, in welcher Art und Höhe die Sicherheit zu leisten ist.** [2]**Soweit das Gericht eine Bestimmung nicht getroffen hat und die Parteien ein anderes nicht vereinbart haben, ist die Sicherheitsleistung durch die schriftliche, unwiderrufliche, unbedingte und unbefristete Bürgschaft eines im Inland zum Geschäftsbetrieb befugten Kreditinstituts oder durch Hinterlegung von Geld oder solchen Wertpapieren zu bewirken, die nach § 234 Abs. 1 und 3 des Bürgerlichen Gesetzbuchs zur Sicherheitsleistung geeignet sind.**

(2) **Die Vorschriften des § 234 Abs. 2 und des § 235 des Bürgerlichen Gesetzbuchs sind entsprechend anzuwenden.**

I. Normzweck

Die Norm regelt Art und Umfang prozessualer Sicherheitsleistungen. Diese dienen nicht der Justizkasse, zB der Beitreibung der Gerichtskosten,[1] sondern allein der gegnerischen Partei. So schützt **Vollstreckungssicherheit** Ansprüche des Schuldners wegen Vollstreckung aus einer nicht rechtskräftigen Entscheidung (§§ 709, 711 S. 1 Halbs. 2, 719 Abs. 1 S. 1; s. auch §§ 732 Abs. 2 Halbs. 2, 769, 771 Abs. 3) oder nach Antrag auf Wiedereinsetzung bzw. Wiederaufnahme, ferner wegen Vollstreckung aus einem Vorbehaltsurteil bei Fortsetzung des Verfahrens (§ 707). **Abwendungssicherheit** sichert den Gläubiger vor Risiken aus der Verzögerung der Vollstreckung (zB §§ 711 S. 1 Halbs. 1, 712, 720a Abs. 3, 923), **Einstellungssicherheit** vor Risiken aus einstweiliger Einstellung der Vollstreckung (zB §§ 707, 719, 732 Abs. 2 Halbs. 2, 769, 771 Abs. 3). Auch die Bestätigung bzw. Aufhebung von Arrest oder einstweiliger Verfügung kann von einer Sicherheitsleistung abhängig gemacht werden (§§ 925 Abs. 2, 939). **Ausländersicherheit** bewahrt den Beklagten davor, etwaige Ansprüche auf Ersatz von Prozesskosten im Ausland nicht durchsetzen zu können (§§ 110ff.). Sicherheitsleistung schützt ferner den Gegner eines vollmachtlosen Prozessvertreters (§ 89) und alle Beteiligten vor Schädigung durch einen Zwangsverwalter (§ 153 Abs. 2 ZVG). Sicherheitsleistung nach **materiellem Recht** regeln die §§ 232ff. BGB; diese Normen sind aber auch im Rahmen des § 108 heranzuziehen, soweit Regelungslücken bestehen. Zum **Nachweis** der Sicherheitsleistung gegenüber Vollstreckungsorganen s. § 751 Abs. 2. 1

II. Die Höhe der Sicherheit

1. Bestimmung nach freiem Ermessen. Über die Höhe der Sicherheit muss das Gericht entscheiden (vgl. zB § 709); ggf. ist das Urteil zu ergänzen, § 716. Nur die Bemessung der Sicherheit steht im freien, aber pflichtgemäßen Ermessen des Gerichts, und auch dies nicht, wenn die Parteien eine bestimmte Höhe vereinbart haben (allgM). Die Bemessung **bindet** auch das Gericht, soweit sie im Urteil erfolgt (§ 318).[2] Sie ist 2

---

[6] Zö/*Herget* Rn. 2.
[7] OLG München AnwBl. 1973, 169.
[1] OLG Stuttgart MDR 1985, 1033.
[2] OLG Frankfurt OLGZ 1970, 172, 173.

aber für das Rechtsmittelgericht nachprüfbar, falls ein Rechtsmittel gegeben ist.[3] Die Parteien können die Bemessung, auch außergerichtlich, ändern[4] und dies durch Klage geltend machen.

3 **2. Grundlagen der Bemessung.** Festgelegt wird ein Geldbetrag, ggf. auch das Verhältnis zur Höhe des jeweils vollstreckten Betrages (§§ 709 S. 2, 711 S. 2, 712 Abs. 1 S. 1 Halbs. 2). Die Sicherheit muss die Nachteile abdecken, welche dem Gegner im Einzelfall drohen. Dies richtet sich nach dem Zweck der Sicherheit.[5]

a) Die **Vollstreckungssicherheit** umfasst stets die Kosten, bei Durchsetzung eines Leistungsurteils auch den Wert des Hauptanspruchs und etwaige Zinsen. Hinzu kommt an sich auch der weitere nach § 717 Abs. 2 ersetzbare Schaden (§ 709 Rn. 4), zB durch Kreditaufnahme, Verdienstausfall, Betriebseinstellung, Behinderung durch Widerspruch oder Vormerkung im Falle des § 895.[6] Nach hM[7] gilt das auch für Geldvollstreckung, obwohl hier § 720a, vielleicht der Praktikabilität wegen, die Blockade des Schuldnervermögens gestattet, ohne Sicherheit für Folgeschäden zu verlangen. Eine Ausgleichspflicht für Folgeschäden muss aber hinreichend nahe liegen und auch ihrem (Mindest-) Betrag nach konkretisierbar sein.[8] So kann ein Gewinnentgang für Geld, mit dem der Schuldner die Vollstreckung abwenden könnte, mit 10 % angesetzt werden.[9] Abstrakt höhere Risiken bleiben in der Praxis meist außer Acht; nach dem Zweck der vorläufigen Vollstreckbarkeit ist das grds. auch nötig. Wo hingegen klar ist, dass die Vollstreckung (zB eines Unterlassungstitels im Wettbewerb) die Existenz vernichtet, ist auch dieser Schaden einzubeziehen, es sei denn, dass die Höhe der entsprechenden Sicherheit unverhältnismäßig wäre und die vorläufige Vollstreckung als solche ausschlösse. Für **Teilvollstreckungen** genügt anteilige Sicherheitsleistung, §§ 709 S. 2, 752 S. 1.

4 b) Eine **Sicherheit zur Vollstreckungsabwendung oder -einstellung** umfasst neben den Kosten auch die Hauptforderung nebst Zinsen, wenn die Vollstreckung insgesamt verzögert wird und dadurch (zB bei Illiquidität) auch die Erfüllung gefährdet ist.[10] Diese Sicherheit gebührt dem Gläubiger bei Vollstreckungsausfall sogar dann, wenn dieser gar nicht auf der Verzögerung der Vollstreckung beruht.[11] Soweit weniger die Erfüllung als ihre Rechtzeitigkeit gefährdet ist (zB bei Räumungsvollstreckung, nach Auflassungsvormerkung), sind dagegen nur Verzögerungsschäden anzusetzen. Die Vollstreckung bleibt oft auch dann aussichtsreich, wenn nur die bisherigen Maßnahmen eingestellt werden (§§ 769, 771 Abs. 3) oder gar nur die Fortsetzung der Vollstreckung ausgesetzt ist, so dass die Pfändung andauert und allenfalls eine Wertminderung des Pfandes droht.[12] Im Einzelfall kann der Wert schon gepfändeter Gegenstände den Sicherungsbetrag auch mindern.[13]

III. Die Art der Sicherheit

5 **1. Grundsätze.** Die Regeln über die Art der Sicherheit unterliegen einer **Rangfolge.** Vorrang haben Parteivereinbarungen, im Übrigen etwaige Bestimmungen des Gerichts (Rn. 14ff.). Ist eine solche individuelle Regelung nicht getroffen, so hat der Schuldner eine der Regelsicherheiten (Abs. 1 S. 2) zu stellen, nach seiner Wahl also für eine geeignete Bürgschaft zu sorgen oder Geld oder Wertpapiere zu hinterlegen. Ein **Austausch** von Sicherheiten ist unbedenklich, soweit in Geld oder Wertpapiere eingetauscht werden soll (Abs. 2). Gleiches gilt für den Wechsel in eine (andere) Bankbürgschaft, falls der Prüf- und Verwaltungsaufwand zumutbar bleibt (§ 235 BGB analog).[14]

6 **2. Bankbürgschaft.** Sicherheitsleistung durch Bürgschaft birgt Risiken für den Gläubiger. Die Bürgschaft muss daher strengen Anforderungen genügen (Rn. 8f., 16). Zwecks Vereinfachung erklärt Abs. 1 S. 2 aber gewisse Bankbürgschaften generell für ausreichend.

6a **a) Geeignete Banken. aa) Inländische Kreditinstitute.** Kreditinstitute iSd. § 1 KWG sind alle Banken, Sparkassen usw. Das Gesetz unterscheidet nicht zwischen Großbanken und sonstigen Banken; die Liquidität sämtlicher Institute gilt als hinreichend gesichert, weil sie für adäquates Eigenkapital zu sorgen haben und der Bankenaufsicht unterstehen.[15] Das Kreditinstitut muss im Inland zum Geschäftsbetrieb befugt sein (§§ 32ff. KWG).

7 **bb) Kreditinstitute in EWR-Staaten.** Die Erlaubnis zu Bankgeschäften wird ggf. auch ausländischen Banken erteilt. Für Banken, die in anderen Staaten des EWR (auch der EU, § 1 Abs. 5a KWG) ansässig und zugelassen sind, ist die Tätigkeit in Deutschland erleichtert (§ 53b KWG). Bürgschaften einer solchen Bank genügen Abs. 1 S. 2, wenn sie entsprechend der Intention des Gesetzgebers[16] das Schutzniveau des § 239 BGB wahren: Bürgschaften, die in der (unselbständigen) **hiesigen Zweigniederlassung** einer im EWR

---

[3] AllgM; ebenso KG JW 1926, 2464 Nr. 4 (zur Art der Sicherheit).
[4] Vgl. *Wiecz/Sch/Steiner* Rn. 3.
[5] Näher *Oetker* ZZP 102 (1989), 449ff., 456ff.
[6] *Zawar* JZ 1975, 168, 169.
[7] AM wohl nur *König* NJW 2003, 1372, 1374.
[8] MK/*Giebel* Rn. 52.
[9] KG NJW 1977, 2270, 2272.
[10] RGZ 141, 194, 196ff.; BGH NJW 1979, 417, 418; OLG Köln NJW-RR 1987, 251, 252; WM 1987, 421.
[11] RGZ (Fn. 10) S. 196; BGH NJW 1979, 417f.; OLG Köln (Fn. 10); näher *Reimer* ZZP 51 (1926), 458, 460ff.
[12] RGZ 141, 194, 196.
[13] OLG Celle NJW 1959, 2268, 2269.
[14] BGH NJW 1994, 1351f. (Klage auf Austausch); enger *Treber* WM 2000, 343, 350f. (zu § 108 aF).
[15] Amtl. Begr. des ZPO-RG (BT-Drucks. 14/4722 S. 75; auch zur Aufsicht in anderen EWR-Staaten).
[16] Amtl. Begr. (Fn. 15) S. 75.

zugelassenen Bank übernommen werden, sind demnach ausreichend. Sie sind selbstschuldnerisch,[17] da die Geschäfte inländischer Niederlassungen regelmäßig deutschem Recht unterliegen, so dass § 349 S. 1 HGB eingreift. Zudem eröffnet die Niederlassung einen deutschen Gerichtsstand (§ 21) – er darf freilich nicht ausgeschlossen sein – und eine Vollstreckung im Inland. Die Verbürgung einer **ausländischen Niederlassung** genügt Abs. 1 S. 2 dagegen nicht,[18] ungeachtet der Aufwertung grenzüberschreitender Dienstleistungen durch die Zweite Bankenrechtskoordinierungsrichtlinie:[19] Erstens ist hier die selbstschuldnerische Haftung nicht zwingend. Zweitens ist es dem Gläubiger nicht generell zumutbar, gegen die Bank im Ausland ggf. klagen und vollstrecken zu müssen, denn auch EuGVO und Luganer Abkommen erleichtern dies nur bedingt.[20] All dies gilt freilich nur für die Regelsicherheit; das Gericht kann je nach Sachlage ggf. mildere Bedingungen festlegen (Rn. 16).

b) Vertragsinhalt. Die Bürgschaft muss **umfassend** sein, zB nicht nur Ausfallbürgschaft, denn sie erfasst 8
nicht nur nachgewiesene Verzögerungsschäden durch spätere Illiquidität.[21] Als Vollstreckungssicherheit muss sie auch für den Fall gelten, dass der Schuldner zur Abwendung der Vollstreckung freiwillig leistet,[22] als Abwendungssicherheit auch dann, wenn der Beklagte die titulierte Forderung in zweiter Instanz vergleichsweise anerkennt.[23] War in Prozessstandschaft geklagt worden, so steht sie nur dem Kläger zu, es sei denn, dass sie Vertrag zu Gunsten Dritter (des Gläubigers) war.[24]

Die Bürgschaft muss **unwiderruflich** eingegangen werden, aber auch **unbedingt und unbefristet.** Die 9
Klausel, die Bürgschaft solle mit Fortfall des Anlasses zur Sicherheitsleistung erlöschen, ist bedenklich, weil sie nicht stets nur deklaratorisch wirkt.[25] Ein Vorbehalt, befreiend hinterlegen zu dürfen, schwächt die Bürgenhaftung unzulässig,[26] mag er einem Austausch (Rn. 5) auch nur vorgreifen. Die Rechtskraft eines aufhebenden Urteils ist nur dann unzulässige Bedingung, wenn die Bürgenpflicht vor Rechtskraft fällig werden kann, also nicht bei Vollstreckungssicherheit,[27] aber zB im Falle des § 719 Abs. 1 S. 1 (Rn. 18). Die Klausel, die Bürgschaft erlösche mit Rückgabe der Originalurkunde an den Bürgen, ist zulässig,[28] wenn eine vorzeitige Rückgabe ausgeschlossen ist, weil dem Sicherungsberechtigten (gerade) das Original zugeht[29] oder es für ihn hinterlegt wird.[30]

c) Vertragsschluss. aa) Die Erklärung des Bürgen bedarf der **Schriftform** (§ 766 BGB; Abs. 1 S. 2), auch 10
um den Nachweis der Sicherheitsleistung zu erleichtern (§ 751 Abs. 2; dazu § 751 Rn. 7). Der **Zugang** der Bürgenerklärung kann einerseits **regulär** erfolgen (§ 130 Abs. 1 BGB), zB durch Brief,[31] was aber zu Beweisproblemen führen mag. Die Praxis verlangt dafür weithin die Übermittlung der Urschrift, auch in Fällen des § 350 HGB.[32] Adressat ist der Berechtigte selbst (§ 172 Abs. 1 S. 1, 2 unanwendbar[33]) oder sein Prozessbevollmächtigter (§ 164 Abs. 3 BGB); dessen Vollmacht schließt Prozessbürgschaften ein.[34] Bei Zustellung durch **Vermittlung eines Gerichtsvollziehers** wird der Zugang fingiert (§ 132 Abs. 1 BGB iVm. §§ 191ff.) und auch der Nachweis nach § 751 Abs. 2 erleichtert. Entgegen früherer Praxis[35] ist auch hier die Urschrift zuzustellen. Zustellungsmängel sind heilbar (§ 132 Abs. 1 S. 2 BGB iVm. § 189).[36] Hinterlegung bei Gericht ersetzt den Zugang nicht.

Eine Zustellung **von Anwalt zu Anwalt** (§ 195) führt immerhin zu regulärem Zugang (Rn. 10).[37] Obschon 11
nach hM eine beglaubigte Abschrift ausreicht,[38] sollte vorsorglich die Urschrift übermittelt werden. Der Nachweis gemäß § 751 Abs. 2 ist nach hM auch durch das Empfangsbekenntnis möglich[39] (§ 751 Rn. 7). Eine Zugangsfiktion nach § 132 Abs. 1 BGB ist durch Zustellung von Anwalt zu Anwalt nicht erreichbar.[40]

bb) Die **Annahme der Bürgenofferte** bedarf keiner Erklärung, die abgegeben wird und zugeht. Sie muss 12
allenfalls erkennbar sein (§ 151 S. 1 BGB), wofür idR das Schweigen des Berechtigten genügt.[41] Sie ist aber

---

17 Zu diesem Erfordernis amtl. Begr. (Fn. 15) S. 75.
18 Näher *Foerste* ZBB 2001, 483, 485ff.; aA St/J/*Bork* Rn. 25 (wegen § 53b KWG, der aber nicht § 239 BGB verdrängt, zumal hier kein EG-Recht gilt).
19 Richtlinie 89/646/EWG v. 15. 12. 1989, ABl. Nr. L 386/1.
20 Zu § 108 aF *Mankowski* NJW 1995, 306, 307f.; *Schack* ZZP 108 (1995), 47, 51f.; *Reich* ZBB 2000, 177, 179f.
21 BGH NJW 1979, 417, 418; St/J/*Bork* Rn. 27; *Reimer* ZZP 51 (1926), 458, 463f.
22 OLG Köln NJW-RR 1992, 237, 238 (r. Sp.).
23 OLG Köln NJW-RR 1987, 251, 252; WM 1987, 421.
24 BGH NJW 2005, 2157, 2158f. (stille Zession).
25 St/J/*Bork* § 109 Rn. 7; MK/*Giebel* Rn. 27; aM OLG Nürnberg MDR 1986, 241, 242.
26 OLG Düsseldorf DGVZ 1990, 156f.; St/J/*Bork* Rn. 28; aA OLG Koblenz DGVZ 1995, 25f.; Zö/*Herget* Rn. 9.
27 LG Berlin DGVZ 1973, 90, 92; aM OLG Bamberg NJW 1975, 1664f.; offen BGH NJW 1979, 417, 418.
28 Vgl. (zu § 108 aF) BGH MDR 1971, 388f.; OLG Nürnberg MDR 1986, 241, 242.
29 OLG Hamm WM 1993, 2050, 2051 (§ 108 aF).
30 So der Fall OLG Hamburg WM 1982, 915 (§ 108 aF).
31 OLG Karlsruhe MDR 1996, 525.
32 Vgl. OLG Koblenz NJW-RR 1992, 107; St/J/*Bork* Rn. 32.
33 Vgl. OLG Düsseldorf MDR 1978, 489; LG Wuppertal WM 1986, 1274.
34 HM; OLG Hamm OLGZ 1975, 305, 309f.; OLG Karlsruhe (Fn. 31), jeweils m. weit. Nachw.
35 BGH NJW 1967, 823, 824 (unter Hinweis auf § 170 Abs. 1 ZPO aF); so auch Voraufl.
36 BGH (Fn. 35).
37 Ganz hM; s. nur OLG Koblenz MDR 1993, 470f.; verkannt bei LG Aurich DGVZ 1990, 10.
38 BGH (Fn. 27) S. 418 (II); s. auch OLG München OLGZ 1965, 292, 293; *Kotzur* DGVZ 1990, 65, 67; abw. OLG Frankfurt NJW 1978, 1441, 1442; OLG Düsseldorf VersR 1981, 737 (LS); St/J/*Bork* Rn. 32.
39 Instruktiv LG Augsburg NJW-RR 1998, 1368, 1369; *Kotzur* DGVZ 1990, 65, 68; aA St/J/*Bork* Rn. 32.
40 Ebenso OLG Frankfurt (Fn. 38); OLG Karlsruhe (Fn. 31).
41 BGH NJW 1967, 823; 1997, 2233; OLG Karlsruhe (Fn. 31).

auch **entbehrlich,** da die Sicherung durch Bürgschaft nicht mehr vom Berechtigten abhängen kann, wenn das Gericht sie zugelassen hat (allgM). Abs. 1 wird als Ermächtigung zu einem Zwangsvertrag zu deuten sein.[42]

13 **3. Geld, Wertpapiere.** Alternativ zu Rn. 6ff. kann der Schuldner Geld oder geeignete Wertpapiere hinterlegen. **Geld** sind die gesetzlichen und gesetzlich zugelassenen Zahlungsmittel. Grds. sind Euro zu zahlen. Hinterlegungsstelle ist das AG; Überweisung an das Prozessgericht (Gerichtskasse) soll daher nicht genügen.[43] **Wertpapiere** müssen gemäß § 234 Abs. 1 BGB Inhaberpapiere oder Orderpapiere mit Blankoindossament sein, einen Kurswert haben und mündelsicher sein (dazu § 1807 Abs. 1 Nrn. 2–4 BGB, Art. 212 EGBGB). Auch Zins-, Renten-, Gewinnanteil- und Erneuerungsscheine sind zu hinterlegen (Abs. 2 iVm. § 234 Abs. 2 BGB). Wertpapiere sichern nur in Höhe von 3/4 des Kurswertes (§ 234 Abs. 3 BGB); das Gericht kann aber Abweichendes bestimmen. Hinterlegte Wertpapiere können gegen andere umgetauscht werden, ebenso gegen Geld (und umgekehrt), Abs. 2 iVm. § 235 BGB.

14 **4. Individuelle Regelungen. a)** Vorrang vor den Regelsicherheiten des Abs. 1 S. 2 haben individuelle Bestimmungen, insbesondere eine **Parteivereinbarung.** Diese bindet auch das Gericht. Sie kann eine frühere Entscheidung des Gerichts sogar ergänzen oder abändern (arg. Abs. 1 S. 2), muss dann freilich durch Rechtsmittel (Rn. 20), Änderungsantrag (Rn. 21) oder neue Klage geltend gemacht werden.

15 b) Mangels Parteivereinbarung kann das **Gericht** die Art der Sicherheit bestimmen, und zwar nach freiem Ermessen. Bietet es mehrere Arten an, so ist diejenige bestimmt, die der Sicherungsverpflichtete zuerst wählt.[44] Die Bestimmung kann aber jederzeit abgeändert werden (Rn. 21). **Beispiele:** Hinterlegung von nicht mündelsicheren Wertpapieren oder Kostbarkeiten (§ 5 HintO), dh. Gütern, deren Wert im Verhältnis zu Umfang und Gewicht hoch ist (zB Schmuck, Antiquitäten). Bei Sparbüchern muss zur Hinterlegung (unter Ausschluss einer Verfügung ohne Buchvorlage) eine Abtretung oder Verpfändung hinzukommen, entsprechend bei Hypotheken- bzw. Grundschuldbriefen.[45] Wird die Hinterlegung von Devisen gestattet,[46] so sichern diese nur 3/4 des Kurswertes (analog Abs. 1 S. 2 iVm. § 234 Abs. 3 BGB). Aber auch darüber kann das Gericht hinausgehen, ebenso bei Wertpapieren. Doch sollten Grundpfandrechte (in der Summe) die Hälfte des Grundstückswertes nicht überschreiten.[47]

16 Insbesondere kann eine **Bürgschaft** bestimmt werden, die den pauschalen Anforderungen des Abs. 1 S. 2 nicht genügt, aber vergleichbare Sicherheit bietet. Ein solcher Bürge muss selbstschuldnerisch haften[48] und angemessenes Vermögen besitzen (§ 239 BGB); in Betracht kommen zB namhafte Versicherungsunternehmen[49], ausnahmsweise auch natürliche Personen. Der Bürge muss zudem leicht zu belangen sein,[50] idR also seinen allgemeinen Gerichtsstand im Inland haben (vgl. § 239 Abs. 1 BGB). Geeignet mögen aber auch Bürgen sein, die in anderen **EU-Staaten** ansässig sind,[51] insbesondere Banken (Rn. 7). Eine Prozessführung im Ausland wäre freilich unzumutbar.[52] Der Bürge wird sich daher der internationalen Zuständigkeit eines deutschen Gerichts,[53] im Zweifel auch unserem Zivilrecht[54] unterwerfen müssen und einen inländischen Zustellungsbevollmächtigten zu benennen haben.[55] Auch eine Auslandsvollstreckung muss ähnlich effizient und rasch wie im Inland möglich sein (Rn. 7). Die Zulassung bestimmter Bürgen kann auch nachträglich beantragt werden (Rn. 21).

IV. Sicherungsreife

17 Als Folge einer **Hinterlegung** erwirbt der Berechtigte zunächst ein Pfandrecht an dem hinterlegten Gut. Mit Fälligkeit der gesicherten Forderung kann er verlangen, dass ihm hinterlegtes Geld zur Befriedigung, Wertpapiere zur Verwertung (§§ 1293, 1295, 1233, 1235 Abs. 2 BGB) ausgehändigt werden (§ 13 HintO). Soweit der Schuldner auf die Rückgewähr hinterlegter Gelder verzichtet, erlischt die titulierte Forderung sogar unmittelbar.[56] Ggf. muss der Berechtigte sein Recht zuvor durch Klage feststellen lassen. Soweit die **Prozessbürgschaft** Vollstreckungssicherheit ist, begründet sie einen Anspruch in Höhe der gesicherten Forderung, § 765 BGB. Fällig wird er aber erst mit Sicherungsreife.

18 Die **Sicherungsreife** hängt vom Sicherungszweck ab: Eine Vollstreckungssicherheit (§ 709) gebührt dem Schuldner mit Unanfechtbarkeit des (abweisenden) Urteils. Eine Abwendungssicherheit (§ 711 S. 1) steht dem Gläubiger erst bei Unanfechtbarkeit der Verurteilung zu;[57] nach Insolvenz des Schuldners genügt die

---

42 Der Sache nach hM; OLG Hamburg MDR 1982, 588; vgl. auch St/J/*Bork* Rn. 33 (m. Anm. 75).
43 BGH NJW 2002, 3259, 3260; aM St/J/*Bork* Rn. 14 (bei Adressierung an Hinterlegungsstelle).
44 OLG Düsseldorf OLGZ 1994, 439, 442f.
45 MK/*Giebel* Rn. 15.
46 Abl. *Wiecz/Sch/Steiner* Rn. 8.
47 OLG Frankfurt MDR 1977, 409.
48 OLG Köln OLGZ 1991, 216, 217f.
49 St/J/*Bork* Rn. 35; *Grams* AnwBl. 2002, 356ff.
50 Vgl. schon Mot. zum BGB I, S. 391.
51 St/J/*Bork* Rn. 35.
52 *Reich* ZBB 2000, 177, 179f.; aA *Taupitz,* Festschr. f. Lüke, 1997, S. 845, 860f.
53 Vgl. OLG Hamburg NJW 1995, 2859, 2860 (Schweden) = EWS 1995, 280 m. Anm. *Toth.*
54 Zutr. Reich ZBB 2000, 177, 180.
55 OLG Hamburg (Fn. 53) S. 2859; zust. *Fuchs* RIW 1996, 280, 289.
56 Vgl. BGH WM 1983, 1337, 1338 (3b bb) = Rpfleger 1984, 74 (unter Hinweis auf § 378 BGB).
57 BGHZ 69, 270, 273 = NJW 1978, 43; *Berger* JuS 1982, 195, 198 (r. Sp.).

Feststellung zur Insolvenztabelle.[58] Eine Einstellungssicherheit (§ 719 iVm. § 707) gebührt dem Gläubiger dagegen schon bei bestätigendem Berufungsurteil, denn mit diesem entfällt auch die vorläufige Einstellung der Vollstreckung.[59]

V. Verfahren

Ein Antrag ist nur in wenigen Fällen nötig (zB §§ 110f., 712, 927 Abs. 1, 939). Dann ist auch mündlich zu verhandeln bei Streit über die Anordnung als solche oder über die Höhe der Sicherheit (Ausnahmen: §§ 251a, 331a und schriftliche Verfahren). Zuständig für die Bemessung der Sicherheit ist das Prozessgericht, das die Sicherheit in der jeweiligen Instanz anordnet bzw. zulässt (bei der KfH der Vorsitzende, § 349 Abs. 2 Nr. 9), teilweise auch das Vollstreckungsgericht (§ 769 Abs. 2). Gleiches gilt für Bestimmungen zur Sicherheitsart. Entschieden wird teils durch Urteil (§§ 709, 711, 712, 925, 939) bzw. Zwischenurteil (§ 110; § 280 Abs. 2), teils durch Beschluss (Bsp.: §§ 923, 936, 937 Abs. 2), über die Art der Sicherheit stets wahlweise durch Beschluss. 19

VI. Rechtsmittel und Abänderung

1. Rechtsmittel. Anordnungen, die in einem **Urteil** enthalten sind, sind im Rahmen von Berufung oder Revision korrigierbar, auch durch Vorabentscheidung (vgl. § 718). Beides gilt nach hM jedoch nicht für Anordnungen zur Art der Sicherheit,[60] da insoweit idR nur in erster Instanz abzuhelfen sei (Rn. 22). Gegen Anordnungen durch **Beschluss** kann sofortige Beschwerde eingelegt werden, aber nur von der Partei, deren Antrag auf bestimmte Sicherheit zurückgewiesen wird (§ 567 Abs. 1 Nr. 2).[61] Das von Abs. 1 S. 1 eingeräumte Ermessen steht nunmehr dem Beschwerdegericht zu. Zur Rechtsbeschwerde: § 574. – Der Antragsgegner bleibt hingegen schutzlos, denn auch § 793 hilft nicht, da die Bestimmung der Sicherheit der Vollstreckung vorausgeht (hM).[62] Dies ist unbefriedigend.[63] Helfen kann jedoch ein vorsorglicher Gegenantrag und, nach dem Beschluss (oder einem Urteil), noch ein Abänderungsantrag, der auch nicht auf neue Umstände gestützt werden muss.[64] 20

2. Abänderung. a) Zulässigkeit. Das Gericht ist **an Urteile gebunden,** soweit es über die Anordnung als solche und die Höhe der Sicherheit entschieden hat, § 318. Herauf- oder Herabsetzungen der Sicherheit sind daher nur nach Maßgabe der §§ 319, 321 möglich.[65] **Bestimmungen zur Sicherheitsart** können frei geändert werden, ferner ergänzt werden (auch im Falle des Abs. 1 S. 2), und zwar von Amts wegen wie auf Antrag, zB anlässlich einer abweichenden Parteivereinbarung (Rn. 14). Dies geschieht durch Beschluss, und zwar auch dann, wenn die Bestimmung durch Urteil erfolgt war. 21

b) **Zuständig** für solche Änderungen und Ergänzungen ist das Gericht, das die Bestimmung erlassen hat,[66] und zwar auch neben einem Rechtsmittelgericht,[67] nach hM hingegen ausschließlich,[68] da Anordnungen zur Sicherheitsart nicht bindender Bestandteil des Urteils werden.[69] Nur ausnahmsweise soll das Rechtsmittelgericht die Art der Sicherheit ändern dürfen.[70] Selbstverständlich ändert es seine selbständigen Entscheidungen ab. 22

c) **Anfechtbar** (§ 567) sind Beschlüsse nur, wenn sie Abänderungsanträge zurückweisen,[71] also nicht für den Gegner[72] (zu Abhilfe Rn. 21). 23

109 *Rückgabe der Sicherheit*

(1) Ist die Veranlassung für eine Sicherheitsleistung weggefallen, so hat auf Antrag das Gericht, das die Bestellung der Sicherheit angeordnet oder zugelassen hat, eine Frist zu bestimmen, binnen der ihm die Partei, zu deren Gunsten die Sicherheit geleistet ist, die Einwilligung in die Rückgabe der Sicherheit zu erklären oder die Erhebung der Klage wegen ihrer Ansprüche nachzuweisen hat.

(2) [1]Nach Ablauf der Frist hat das Gericht auf Antrag die Rückgabe der Sicherheit anzuordnen, wenn nicht inzwischen die Erhebung der Klage nachgewiesen ist; ist die Sicherheit durch eine Bürgschaft bewirkt worden, so ordnet das Gericht das Erlöschen der Bürgschaft an. [2]Die Anordnung wird erst mit der Rechtskraft wirksam.

(3) [1]Die Anträge und die Einwilligung in die Rückgabe der Sicherheit können vor der Geschäftsstelle zu Protokoll erklärt werden. [2]Die Entscheidungen ergehen durch Beschluss.

---

[58] OLG Koblenz NJW-RR 1992, 107, 108.
[59] OLG München WM 1994, 1899, 1900; Berger (Fn. 57); offen BGH NJW 1979, 417, 418.
[60] OLG Frankfurt NJW-RR 1986, 486; *E. Schneider* MDR 1983, 905, 906; aM OLG Frankfurt MDR 1981, 677.
[61] Zur Sicherheitsart: OLG Köln WM 1982, 994; OLG Koblenz RIW 1995, 775.
[62] OLG Frankfurt MDR 1981, 677; OLG Nürnberg MDR 1986, 241, 242; abw. OLG Frankfurt MDR 1975, 323.
[63] Ebenso OLG Frankfurt MDR 1975, 323; *E. Schneider* (Fn. 60).
[64] Ganz hM; *E. Schneider* (Fn. 60); anders wohl OLG Nürnberg (Fn. 62; zu Abänderungsbeschluss).
[65] BGH NJW-RR 1999, 213.
[66] BGH NJW 1966, 1028f. (zu § 719 Abs. 2).
[67] Offen gelassen in BGH (Fn. 66); OLG Frankfurt MDR 1981, 677.
[68] BGH NJW-RR 1999, 213; OLG Frankfurt NJW-RR 1986, 486 m. weit. Nachw.; St/J/*Bork* Rn. 7.
[69] *E. Schneider* (Fn. 60).
[70] Vgl. BGH (Fn. 66; Unanfechtbarkeit erstinstanzlicher Entscheidung); St/J/*Bork* Rn. 7 (Eilbedürftigkeit).
[71] HM; *Wiecz/Sch/Steiner* Rn. 27 m. weit. Nachw.; abl. OLG Nürnberg (Fn. 62); OLG Frankfurt (Fn. 68).
[72] HM; anders OLG Frankfurt MDR 1975, 323f.

(4) Gegen den Beschluss, durch den der im Absatz 1 vorgesehene Antrag abgelehnt wird, steht dem Antragsteller, gegen die im Absatz 2 bezeichnete Entscheidung steht beiden Teilen die sofortige Beschwerde zu.

I. Normzweck

1 Die Norm setzt voraus, dass zu Gunsten einer Prozesspartei eine Prozesssicherheit (§ 108) geleistet wurde, der Anlass dafür aber entfallen ist. Hier obläge es grds. dem Sicherungsgeber, seine Rückgewähransprüche gegen den Sicherungsnehmer zu verfolgen, notfalls auch durch Klage auf Freigabe bzw. Rückgewähr oder auf Zustimmung zur Herausgabe (§ 13 Abs. 2 Nr. 1 HintO); die Erledigung einer Prozessbürgschaft müsste durch Klage auf Entlassung aus der Bürgschaft verfolgt werden.[1] Solchen Aufwand soll § 109 **vereinfachen,** indem umgekehrt dem Sicherungsnehmer anheim gestellt wird, seine Rechte zeitig zu wahren (zugleich im Interesse der **Rechtsklarheit**), und andernfalls die Rückgewähr der Sicherheit angeordnet wird, bzgl. einer Prozessbürgschaft sogar deren Erlöschen (ggf. Privatrechtsgestaltung).[2] Für Beschleunigung sorgt auch die Entbehrlichkeit einer mündlichen Verhandlung, für Verbilligung der Verzicht auf Anwaltszwang.

II. Abgrenzung

2 Bedeutung hat § 109 vor allem für den Schuldner. Denn der Gläubiger erhält oft schon **Hilfe durch § 715,** wonach Gläubiger-Sicherheiten (in den Fällen der §§ 709, 711, 712 Abs. 2 S. 2) ohne weiteres zurückzugewähren sind, falls ein Rechtskraftzeugnis vorgelegt wird. Dann steht dem Gläubiger (entgegen hM) auch nur dieses (einfachere) Verfahren zur Verfügung.[3] Vor Eintritt der Rechtskraft bleibt es bei dem Weg nach § 109. Das Rechtsschutzbedürfnis für eine **Rückgewährklage** fehlt hingegen nur dann, wenn §§ 109, 715 die Rückgewähr der Sicherheit vergleichbar sicher und wirkungsvoll fördern.[4] Zulässig ist die Klage daher, wenn der Gegner auf einem gesicherten Anspruch beharrt, es offenbar auf eine Klage ankommen lassen will[5] oder wenn im vereinfachten Verfahren ein atypisches Ziel verfolgt wird.[6]

III. Wegfall der Veranlassung

3 **1. Allgemeines.** Der Wegfall des Anlasses für die Sicherung ist nach dem Zweck der jeweiligen Norm zu beurteilen.[7] Der Anlass entfällt einerseits, wenn gesicherte Ansprüche (§ 108 Rn. 3f.) weder entstanden sind noch fortan entstehen können.[8] So ist es auch, wenn der Sicherungsgeber endgültig auf die Maßnahme verzichtet, deren Voraussetzung die Sicherung war.[9] Der Anlass entfällt andererseits, wenn ein Schaden entstanden ist, der alsbald gerichtlich geltend gemacht werden könnte; auch dies soll § 109 bewirken, so dass die Norm im Ergebnis anwendbar sein muss.[10] Bei partiellem Wegfall ist sie sinngemäß anwendbar, so zB bei Teilverzicht auf den zuerkannten Anspruch in späterem Prozessvergleich oder bei eklatanter Übersicherung, zB nach Teilverzicht des Sicherungsgebers.[11]

4 **2. Einzelne Sicherheiten. a) Vollstreckungssicherheit** (§§ 709, 719 Abs. 1 S. 1, 732 Abs. 2 Halbs. 2, 769, 771 Abs. 3). Diese schützt den Schuldner vor Schäden durch Vollstreckung aus einem erst vorläufig vollstreckbaren Titel. Der Anlass dieser Sicherung entfällt somit **vor Vollstreckung** bei Verzicht auf die vorläufige Vollstreckbarkeit,[12] bei Absehen von Vollstreckung wegen Aussichtslosigkeit oder nach Sicherungsvollstreckung (§ 720a),[13] idR auch bei Bestätigung des Titels durch Berufungsurteil (§ 708 Nr. 10), nicht aber schon bei einstweiliger Einstellung der Vollstreckung durch das Berufungsgericht gegen Schuldner-Sicherheit, da hierauf beruhende Ersatzansprüche durch die Gläubiger-Sicherheit mitgesichert sind.[14] **Nach Vollstreckung** entfällt der Anlass erst mit Rechtskraft des Titels,[15] also nicht schon bei dessen Bestätigung durch Berufungsurteil,[16] obwohl dieses idR ohne Sicherheit vorläufig vollstreckbar ist. Zum Vorrang von § 715 s. aber Rn. 2.

5 **b) Abwendungssicherheit** (zB §§ 711 S. 1, 712, 720a Abs. 3, 923). Diese schützt den Gläubiger vor Schäden durch die Verzögerung der Vollstreckung (Illiquidität), mittelbar aber auch den Schuldner, näm-

---

1 RGZ 156, 164, 166; BGH NJW 1971, 701, 702.
2 BGH JR 1979, 247 m. Anm. *Schreiber;* NJW 1994, 1351f.
3 Ebenso *Wiecz/Sch/Steiner* Rn. 5; zur hM vgl. MK/*Giebel* Rn. 1.
4 BGH NJW 1994, 1351, 1352 = WiB 1994, 371 m. Anm. *Nerlich;* OLG Düsseldorf OLGZ 1994, 439, 441; gegen Beschränkung der Klage *Pecher* WM 1986, 1513, 1515; *Wiecz/Sch/Steiner* Rn. 7.
5 RG (Fn. 1) S. 167f.; BGH NJW 1979, 417.
6 BGH (Fn. 4; Austausch von Prozessbürgschaften).
7 KG NJW 1976, 1752, 1753.
8 OLG Düsseldorf (Fn. 4) S. 442.
9 OLG München WM 1979, 29.
10 Vgl. RGZ 61, 300, 301f.; 97, 127, 130; *Pecher* WM 1986, 1513, 1515.
11 OLG München (Fn. 9); OLG Düsseldorf MDR 1982, 412, 413; ausf. *Wiecz/Sch/Steiner* Rn. 17.
12 OLG München (Fn. 9).
13 OLG München OLGZ 1985, 457, 459 (zu Fall von § 708 Nr. 10).
14 OLG Frankfurt OLGRspr. 19 (1909), 84f.; OLG München WM 1979, 29; aM *Haakshorst/Comes* NJW 1977, 2344, 2345.
15 BGHZ 11, 303, 304 = LM Nr. 1; OLG Frankfurt NJW 1976, 1326 (LS); KG NJW 1976, 1752, 1753.
16 S. auch OLG München OLGZ 1985, 457, 458; abw. OLG Hamm NJW 1971, 1186, 1187f.

lich vor einer Vollstreckung ohne Gläubigersicherheit. Ihr Anlass entfällt, wenn auch der Gläubiger (Gegen-)Sicherheit leistet[17], im Übrigen mit rechtskräftiger Abweisung der Klage usw., aber auch schon mit Verkündung eines klageabweisenden oder aufhebenden Urteils[18] (vgl. § 717 Abs. 1), bei einem Prozessvergleich in höherer Instanz auch insoweit, wie der vereinbarte Betrag samt Verfahrenskosten hinter dem zurückbleibt, was der Vorrichter zuerkannte.[19]

c) **Einstellungssicherheit** (zB §§ 707, 719, 732 Abs. 2 Halbs. 2, 769, 771 Abs. 3). Auch sie schützt den Gläubiger vor Schäden durch Illiquidität des Schuldners nach Verzögerung der Vollstreckung. Ihr Anlass entfällt bei Rechtskraft der Verurteilung (bzw. Abweisung einer Abwehrklage) zB dann, wenn ein Verzögerungsschaden des Gläubigers auszuschließen ist.[20] Er entfällt stets, wenn die Klage usw. rechtskräftig abgewiesen wird. Es genügt aber auch die Verkündung eines zweitinstanzlichen Urteils, das die Klage usw. abweist. Gleiches gilt, wenn nach Einstellung gemäß § 719 nur zurückverwiesen wird unter Aufhebung der erstinstanzlichen Verurteilung[21] oder eines die Verurteilung bestätigenden Berufungsurteils;[22] zwar mag der Tatrichter erneut verurteilen, doch soll die Sicherheit nur die Unsicherheit ausgleichen, welche beim einstellenden Rechtsmittelgericht mangels Entscheidungsreife besteht, nicht auch noch spätere Risiken. Der Anlass für eine Einstellung nach § 719 Abs. 1 S. 2 entfällt nicht deshalb, weil die Vollstreckung nur gegen Sicherheit des Gläubigers (§ 709 S. 3) fortgesetzt werden darf.[23] 6

d) **Ausländersicherheit** (§ 110). Der Anlass für sie endet, wenn der Beklagte rechtskräftig verurteilt wird[24] oder wenn ein Befreiungsgrund (zB § 110 Abs. 2[25]) entsteht. 7

e) **Vorläufiger Rechtsschutz.** Sicherheiten des Arrest- bzw. Verfügungsklägers (§§ 921 S. 2, 936) sichern Ersatzansprüche nach § 945; entsprechend setzt Wegfall voraus, dass die Vollziehungsfrist (§ 929 Abs. 2, 3) versäumt ist, dass die Anordnung nach § 926 Abs. 2 bzw. § 942 Abs. 3 aufgehoben wird oder – umgekehrt – dass der Schuldner sie weder anficht noch Fristsetzung zur Klage beantragt[26] oder dass (auch) ein Verfügungsanspruch wegen Obsiegens in der Hauptsache (§ 945 Rn. 4) feststeht.[27]

f) **Sicherheit vollmachtloser Vertreter** (§ 89). Ihr Anlass entfällt mit Genehmigung der Partei.

IV. Verfahren

1. Fristsetzung (Abs. 1). a) Allgemeines. Dem Verfahren zur Anordnung der Rückgabe geht ein Verfahren zur Fristsetzung voraus. **Zuständig** für beide Verfahren ist das Gericht, das die Sicherheit angeordnet oder zugelassen hat (§ 108 Rn. 19), nun aber der Rechtspfleger (§ 20 Nr. 3 RpflG); zu Eilverfahren vgl. § 943 Abs. 2. Den **Antrag** auf Rückgabe/Erlöschen muss die zur Sicherheitsleistung verpflichtete Partei bzw. ihr Rechtsnachfolger stellen. Auch der Antrag eines Prozessbürgen soll daher nicht genügen.[28] Anträge können schriftlich oder zu Protokoll der Geschäftsstelle gestellt werden (Abs. 3 S. 1), also auch ohne Rechtsanwalt, § 78 Abs. 3. Etwaige mündliche **Verhandlung** führt ebenso wenig zu Anwaltszwang, § 13 RpflG. 8

b) **Entscheidung.** Bei Nachweis gemäß Rn. 3ff. setzt das Gericht dem Gegner eine Frist, deren Dauer in seinem Ermessen steht (§§ 221f.; Verlängerung §§ 224f.). Es gibt dem Gegner auf, entweder in die Rückgabe der Sicherheit einzuwilligen oder wegen seiner gesicherten Ansprüche Klage (Rn. 11) zu erheben. Ein Hinweis auf die Versäumungsfolgen ist nützlich, aber entbehrlich (§ 231 Abs. 1). Der fristsetzende Beschluss wird dem Gegner von Amts wegen zugestellt, dem Antragsteller mitgeteilt, § 329 Abs. 2. 9

c) **Rechtsbehelfe.** Ein fristsetzender Beschluss ist an sich unanfechtbar; gegen die Entscheidung des Rechtspflegers ist aber die befristete Erinnerung gegeben (§ 11 Abs. 2 RpflG).[29] Bei Ablehnung seines Antrags steht dem Sicherungspflichtigen sofortige Beschwerde zu (Abs. 4; § 11 Abs. 1 RpflG, § 567). 10

2. Rückgabeanordnung (Abs. 2). a) Für Verfahren und **Antrag** auf Rückgabeanordnung vgl. zur Fristsetzung (Rn. 8). Der Antrag kann mit dem Fristsetzungsantrag verbunden werden (allgM), darauf auch Bezug nehmen, bleibt aber selbständig. **b)** Die Anordnung hat vier Voraussetzungen: (1) Fristablauf. (2) Der Sicherungsanlass ist entfallen (Rn. 3ff.; erneut zu prüfen). (3) Der Gegner hat nicht in die **Rückgabe der Sicherheit** eingewilligt, was idR der Form des § 13 Abs. 2 Nr. 1 HintO bedarf. Er hat zB weder die Bürgschaftsurkunde zurückgegeben (§ 108 Rn. 9) noch aus der Bürgenpflicht entlassen (Rn. 1). (4) Er hat auch nicht **Klage** wegen seiner Ansprüche erhoben. Sie kann auf Zustimmung zur Herausgabe[30] (§ 13 Abs. 2 Nr. 1 HintO) oder auf Feststellung[31] gerichtet sein, auch gegen den Prozessbürgen.[32] Sie ist trotz Fristab- 11

[17] OLG Oldenburg Rpfleger 1985, 504; OLG Köln MDR 1993, 270.
[18] OLG Hamm MDR 1982, 942; OLG Frankfurt Rpfleger 1985, 32; OLG Düsseldorf NJW-RR 2002, 1292.
[19] OLG Jena NJW-RR 2002, 1505, 1506.
[20] Vgl. LG Bielefeld Rpfleger 1993, 353f. (zu § 769).
[21] OLG Stuttgart Rpfleger 1978, 63; KG Rpfleger 1979, 430.
[22] Anders BGH MDR 1982, 310.
[23] OLG Frankfurt Rpfleger 1993, 410.
[24] OLG Stuttgart MDR 1985, 1033.
[25] S. ferner BGH BB 2006, 465 (LS; nunmehr gewöhnlicher Aufenthalt in EU).
[26] Ebenso *Wiecz/Sch/Steiner* Rn. 16.
[27] RGZ 72, 27, 28ff.
[28] Ganz hM; vgl. schon OLG Frankfurt SeuffA 64 (1909) Nr. 203; offen BGH NJW 1979, 417; aA (mit guten Gründen) *Schreiber* JR 1979, 249.
[29] RG (Fn. 1) S. 167; OLG Frankfurt NJW 1976, 1326 (LS) = OLGZ 1976, 382f.; OLG Köln MDR 1993, 270.
[30] Vorausgesetzt in OLG München OLGZ 1966, 549.
[31] RGZ 156, 164, 168; wohl auch OLG Stuttgart NJW-RR 1995, 1148, 1149 (aE).
[32] OLG Köln OLGZ 1991, 216, 217f.; OLG Stuttgart (Fn. 31).

laufs nachholbar, bis der Rückgabebeschluss wirksam wird, bei mündlicher Verhandlung aber nur bis zu deren Schluss (Abs. 2 S. 1 Halbs. 1 „inzwischen") bzw. bis zum Abschluss eines Rechtsmittelverfahrens.[33] Das gilt auch für die Einwilligung. – Der anordnende Beschluss ist idR beiden Parteien zuzustellen, § 329 Abs. 3.

12 c) **Rechtsmittel.** Gegen die Anordnung bzw. Zurückweisung des Antrags ist die sofortige Beschwerde gegeben (Abs. 4; § 11 Abs. 1 RpflG, § 567). Überprüfbar ist auch, ob der Sicherungsanlass fortbesteht.[34] d) **Wirkung** entfaltet die Anordnung erst mit ihrer Rechtskraft (Abs. 2 S. 2; § 569 Abs. 1). Die Rückgabeanordnung bindet die Hinterlegungsstelle (§ 13 Abs. 2 Nr. 2 HintO). Zur Empfangnahme berechtigt nicht schon eine Prozessvollmacht. Die Anordnung des Erlöschens einer Bürgschaft (Abs. 2 S. 1 Halbs. 2) entlastet Sicherungspflichtigen und Bürgen, wird diesem aber nicht zugestellt. Immerhin ist die Bürgschaftsurkunde dem Sicherungspflichtigen zurückzugeben, § 371 BGB.[35]

V. Gebühren und Kosten

13 1. **Rechtsanwaltsgebühren.** Die Tätigkeit des Anwalts gehört zum Rechtszug, wird also durch die Gebühren der Nrn. 3100ff. VV RVG abgegolten (§ 19 Abs. 1 Nr. 7 RVG). Die Beschaffung einer Bankbürgschaft und das Verfahren nach der Hinterlegungsordnung gehören nicht zum Rechtszug. Hierfür fallen die Gebühren gem. Nr. 2300 VV RVG an (streitig).[36] Zum **Beschwerdeverfahren** vgl. § 567 Rn. 29.

14 2. **Gerichtskosten.** Gerichtsgebühren werden für Entscheidungen über Anträge nach Abs. 1 oder 2 nicht erhoben. Für das Beschwerdeverfahren gilt KV Nr. 1812. Auslagen werden nach KV Nr. 9000ff. erhoben, wobei Vorbem. 9 vor KV Nr. 9000 zu beachten ist.

110 *Prozesskostensicherheit*

(1) Kläger, die ihren gewöhnlichen Aufenthalt nicht in einem Mitgliedstaat der Europäischen Union oder einem Vertragsstaat des Abkommens über den Europäischen Wirtschaftsraum haben, leisten auf Verlangen des Beklagten wegen der Prozesskosten Sicherheit.

(2) Diese Verpflichtung tritt nicht ein:
1. wenn auf Grund völkerrechtlicher Verträge keine Sicherheit verlangt werden kann;
2. wenn die Entscheidung über die Erstattung der Prozesskosten an den Beklagten auf Grund völkerrechtlicher Verträge vollstreckt würde;
3. wenn der Kläger im Inland ein zur Deckung der Prozesskosten hinreichendes Grundvermögen oder dinglich gesicherte Forderungen besitzt;
4. bei Widerklagen;
5. bei Klagen, die auf Grund einer öffentlichen Aufforderung erhoben werden.

I. Normzweck

1 Die hier geregelte Prozesssicherheit (§ 108 Rn. 1) soll den Beklagten, der etwaige Kostenerstattungsansprüche durchsetzen will, vor **Schwierigkeiten der Auslandsvollstreckung** bewahren.[1] Zu diesem Zweck stellt § 110 seit dem 1. 10. 1998[2] darauf ab, ob der Kläger gewöhnlichen Aufenthalt im Ausland hat und ob ein Kostenerstattungsanspruch des Beklagten wenigstens anderweitig gesichert wäre. Diese Anknüpfung soll – der EuGH-Rspr.[3] folgend – zugleich für Kläger- **Gleichbehandlung in EU und EWR** sorgen.[4] Ob die Gegenseitigkeit verbürgt ist, spielt demgegenüber keine Rolle mehr.[5] Die (ungenau) sog. **Einrede fehlender Ausländersicherheit** führt nicht zu einem Prozesshindernis ieS, sondern (als „Verlangen" nach Sicherheit) zunächst nur zur Fristsetzung zwecks Sicherheitsleistung und nach fruchtlosem Fristablauf (als neuer Antrag) zur Fiktion der Klagerücknahme, § 113 S. 2.

II. Anwendungsbereich

2 1. **Kläger.** Kläger iSd. § 110 ist und bleibt auch in höheren Instanzen,[6] wer in erster Instanz klagt, selbst als Rechtsmittel-[7] oder Wiederaufnahmebeklagter (§§ 579, 580),[8] auch als Hauptintervenient (§ 64). Der einfache Nebenintervenient hat die Kosten der Intervention (§ 101), der streitgenössische (§ 69) die Gesamtkosten zu sichern. § 110 gilt auch für echte Streitverfahren der fG, für Mahnsachen erst bei Übergang ins Streitverfahren (§§ 696, 697), für Schiedsgerichtsverfahren je nach Auslegung des Vertrages.[9] Auf Eil-

---

33 OLG München OLGZ 1966, 549f.
34 RGZ 97, 127, 130.
35 Vgl. RG (Fn. 31) S. 172; BGH NJW 1994, 1351; aM *Pecher* WM 1986, 1513, 1515f.
36 Zum Meinungsstreit s. G/S-*Müller-Rabe* VV 3309 Rn. 289.
1 Hahn, Bd. 2, Abt. 1, S. 205; Bericht des Rechtsausschusses, BT-Drucks. 13/10871, S. 17.
2 Zum alten Recht vgl. *Bork/Schmidt-Parzefall* JZ 1994, 18f.; *Ahrens,* Festschr. f. Nagel, 1987, S. 1, 3f.
3 EuGH NJW 1993, 2431; 1998, 2127ff.; zur Kritik s. 3. Aufl. Rn. 1.
4 Vgl. Rechtsausschuss (Fn. 1) S. 2, 13, 16f.
5 Rechtsausschuss (Fn. 1) S. 17.
6 RGZ 154, 225, 227; BGHZ 37, 264, 266 = NJW 1962, 345 = LM Nr. 5 (LS) m. Anm. *Johannsen.*
7 OLG Stuttgart MDR 1957, 552.
8 Vgl. *Wiecz/Sch/Schütze* Rn. 23 (Wiederaufnahme als Rechtsmittel).
9 Weiter gehend *Haase* BB 1995, 1252, 1254ff.

verfahren ist § 110 nach überwM zumindest analog anwendbar, sobald mündliche Verhandlung anberaumt wird.[10] Dagegen spricht nicht die Eilbedürftigkeit, ebenso wenig die Streichung von Abs. 2 Nr. 2 aF, welche der Rechtssystematik und ebenfalls dem Beklagtenschutz diente.[11] Die Norm gilt **nicht** für den Beklagten, mag er auch prozessual (durch Einspruch oder Rechtsmittel) als Angreifer erscheinen, für die Vollstreckbarerklärung von Schiedssprüchen[12] und für das selbständige Beweisverfahren, soweit es ohne Kostenentscheidung endet.

2. Gewöhnlicher Aufenthalt außerhalb von EU oder EWR. Zum **EWR** gehören (außerhalb der EU) Island, Liechtenstein und Norwegen. Seinen gewöhnlichen **Aufenthalt** hat der Kläger (unabhängig von Wohnsitz und momentanem Aufenthalt) dort, wo sein Lebensmittelpunkt, der Schwerpunkt seiner Bindungen liegt.[13] Dafür maßgebend ist die Eingliederung in das soziale Umfeld (zB familiäre und berufliche Bindungen), aber auch die Dauer des Aufenthalts und, bei erst kurzem Aufenthalt, der sonst sekundäre[14] Wille, in einem Land ansässig zu werden. Daher beginnt einen gewöhnlichen Aufenthalt schon, wer im Ausland bereits Arbeit und Wohnung hat und nun einreist, um zu bleiben.[15] Anderes gilt bei Einreise ohne die Absicht, dauerhaft bleiben zu wollen;[16] dann spielt auch keine Rolle, ob ein längerer Aufenthalt erzwungen wird (zB durch Inhaftierung).[17] Selbst bei mehrjährigem, aber befristeten Auslandsaufenthalt (zB im Zweigbetrieb in Saudiarabien, bei Auslandskorrespondenten) bleibt der gewöhnliche Aufenthalt in der Heimat,[18] ebenso bei befristetem Auslandsstudium,[19] wenn es nicht in der Fremde zur sozialen Verwurzelung kommt (oder umgekehrt häufige Heimatreisen?); letzteres liegt sehr nahe, wenn zB ein Beamter auf unbestimmte Zeit ins Ausland abgeordnet wird. Entsprechendes gilt für **Minderjährige;** deren Aufenthalt ist – als Tatsache – selbständig festzustellen,[20] so dass der Aufenthalt des Sorgeberechtigten nur faktisch Einfluss haben kann. **Gastarbeiter** begründen gewöhnlichen Aufenthalt zumindest dann, wenn sie legal einreisen und Hoffnung wie Aussicht auf (verlängerte) Aufenthalts- und Arbeitsgenehmigungen bzw. auf Duldung ihres Aufenthalts haben.[21] Bei **Asylsuchenden** mögen Stand und Aussichten des Anerkennungsverfahrens zunächst gegen, eine längere Dauer bzw. Duldung des Aufenthalts aber auch für gewöhnlichen Aufenthalt sprechen (§ 606 Rn. 18). 3

Bei **Gesellschaften,**[22] Vereinen und sonstigen juristischen Personen ist der Sitz maßgebend, bei Personenhandelsgesellschaften unabhängig vom gewöhnlichen Aufenthaltsort ihrer persönlich haftenden Gesellschafter.[23] Klagt eine **Partei kraft Amtes** (zB Nachlassverwalter, Insolvenzverwalter), so ist nach dem Normzweck entscheidend, wo das verwaltete Vermögen liegt,[24] bei in- *und* ausländischem Vermögen, ob jenes hinreichend sichert (Abs. 2 Nr. 3). Kläger in EU/EWR, die den Klageanspruch von Gebietsfremden (auch treuhänderisch) erworben haben, stehen diesen nicht gleich, da keine Vollstreckung außerhalb von EU/EWR droht;[25] daran ändert Vermögenslosigkeit des Gebietsansässigen (zB einer deutschen GmbH) nichts.[26] Übertragungsgeschäfte, die die Vollstreckung späterer Kostenerstattungsansprüche vereiteln sollen, können aber sittenwidrig sein.[27] Gewillkürte Prozessstandschaft vermögensloser Gebietsansässiger für Gebietsfremde wird idR unzulässig sein.[28] 4

3. Ausnahmen (Abs. 2). Eine **Befreiung durch völkerrechtliche Verträge**[29] (Nr. 1) muss erkennen lassen, dass nicht nur freier bzw. gleichberechtigter Zugang zum Gericht gewährt, sondern gerade auch auf Prozesssicherheit verzichtet werden soll.[30] **Auf Grund völkerrechtlicher Verträge vollstreckt** (Nr. 2) würde der Titel auf Kostenerstattung, wenn zwischen Deutschland und dem Staat, in dem der Kläger gewöhnlichen Aufenthalt hat, ein Abkommen über die Anerkennung und Vollstreckung in diesem Staat besteht[31] (s. auch § 328 Rn. 4). Nach dem Normzweck muss die Durchsetzung des Kostentitels im Klägerstaat (insbes. Anerkennung und Vollstreckbarerklärung) auch wirtschaftlich sinnvoll sein.[32] 5

---

[10] OLG Köln NJW 1987, 76; *M. Stürner* IPRax 2004, 513ff. m. Nachw. zum Streitstand.
[11] Vgl. Rechtsausschuss (Fn. 1) S. 18.
[12] BGHZ 52, 321, 322ff. = NJW 1969, 2089; OLG Frankfurt BB 1994, Beil. 5, S. 29.
[13] Vgl. BGH NJW 1975, 1068; 1993, 2047, 2048; vgl. auch Palandt/*Heinrichs* Art. 5 EGBGB Rn. 10ff.
[14] BGH FamRZ 1997, 1070.
[15] Vgl. BGH NJW 1981, 520; 1993, 2047, 2049.
[16] Beitzke IPRax 1993, 231, 232f.
[17] OLG Köln FamRZ 1996, 946f.; OLG Hamm FamRZ 1993, 69; OLG Hamburg NJW-RR 1993, 40; str.
[18] Ebenso *Kropholler,* IPR, 6. Aufl. 2006, S. 287; anders wohl Zö/*Philippi* § 606 Rn. 25.
[19] *Firsching/von Hoffmann,* IPR, 9. Aufl. 2007, § 5 Rn. 72, 78.
[20] So auch Europarat-Resolution v. 18. 1. 1972, Nr. 11, übersetzt bei *Loewe* ÖJZ 1974, 151; BGH (Fn. 14).
[21] Ähnlich OLG Karlsruhe NJW-RR 1992, 1094.
[22] BGH NJW-RR 2005, 148, 149.
[23] So (zu § 110 aF) wohl auch BGH WM 1982, 136, 137; St/J/*Bork* Rn. 9.
[24] OLG München JW 1922, 1594, 1595 (zu § 110 aF).
[25] Zu § 110 aF: BGH NJW 1984, 2762 (I); abw. OLG Hamburg RIW 1981, 196.
[26] Vgl. BGH (Fn. 25; zu § 110 aF).
[27] BGH (Fn. 25; zu § 110 aF); krit. St/J/*Bork* Rn. 11 Anm. 20; weiter gehend *Wiecz/Sch/Schütze* Rn. 28.
[28] Vgl. (allgemein zur Prozessstandschaft) BGHZ 96, 151, 155ff. = NJW 1986, 850 (GmbH); VersR 1996, 83, 84; *Frahm* VersR 1996, 163ff.
[29] Vgl. die Übersichten bei St/J/Bork Rn. 24ff.; Schütze NJW 1995, 496ff. und RIW 1999, 10ff.
[30] Vgl. RGZ 146, 8, 15ff.; 149, 83, 86; OLG Frankfurt OLGR 2005, 724f.
[31] Vgl. die Nachw. bei MK/Gottwald § 328 Rn. 16ff.; St/J/*Roth* § 328 Rn. 41; T/P/*Hüßtege* § 328 Rn. 30ff.
[32] *Schütze* RIW 2002, 299, 301.

6 **Inländische Sicherheit** (Nr. 3) kann vor allem **Grundvermögen,** also Grundeigentum, sein. Dessen Belastung darf eine Sicherung in Höhe der Prozesskosten (§ 112 Rn. 1) aber nicht ausschließen; bei späteren Belastungen hilft ggf. § 111. „Dinglich **gesicherte Forderungen**" sind jedenfalls solche, für die eine Hypothek oder Grund- bzw. Rentenschuld bestellt ist; die Eignung zur Deckung der Prozesskosten ist realistisch zu bewerten, zB analog §§ 238 Abs. 1, 1807 Abs. 1 Nr. 1, Abs. 2 BGB.[33] Eine Sicherung durch Vormerkung kann ausreichen.[34] Scheinbar genügen auch Sicherungsübereignung und Pfandrechte (§ 1204 BGB, § 808), umgekehrt auch Ansprüche des Käufers unter Eigentumsvorbehalt (vgl. § 161 Abs. 1 S. 1 BGB); da dann aber erst recht Eigentum an Mobiliar ausreichen müsste, was sichtlich nicht gewollt war („Grundvermögen"), dürfte die weiter gehende Fassung von Nr. 3 ein Redaktionsfehler sein. Das (belastete) Grundstück muss **„im Inland"** liegen; Sicherheiten in EU oder EWR genügen also nicht. Der klare Wortlaut lässt sich hier auch nicht teleologisch überwinden; denn Sicherheiten im Ausland sind rechtlich wie praktisch schwerer zu taxieren, und das erhöhte Risiko eines Bewertungsfehlers ist dem Beklagten nicht zumutbar. Analog Abs. 2 Nr. 3 iVm. § 111 kann aber auch ein **unbestrittener Klageanspruch** einen Kostenvorschuss ausschließen (§ 111 Rn. 3).[35]

7 **Widerklagen** eines Gebietsfremden (Nr. 4) sind bevorzugt, weil es unbillig wäre, Inländer vor Vollstreckungsproblemen zu schützen, die sie ihrerseits dem Gebietsfremden zumuten.[36] Eine Trennung von Klage und Widerklage (§ 145 Abs. 2) ändert daran nichts.[37] Dennoch gilt Nr. 4 nicht für selbständige Klagen gegen den inländischen Kläger[38] (dieser Wertungswiderspruch ist unvermeidbar), ebenso wenig für Widerklagen gegen oder durch Dritte.[39] Als **öffentliche Aufforderung** zur Klage (Nr. 5) gilt zB die Eröffnung der Anfechtungsklage nach § 957 Abs. 2.[40] Zusätzlich sind Gebietsfremde befreit, denen **PKH** bewilligt worden ist (§ 122 Abs. 1 Nr. 2),[41] unabhängig von Abs. 2 auch heimatlose Ausländer[42] und internationale Flüchtlinge.[43]

III. Verlangen des Beklagten

8 Sicherheit wegen der Kosten des Beklagten ist nur zu leisten, wenn er oder sein Streithelfer es verlangt. Der Streithelfer kann wegen eigener Kosten (§ 101) Sicherheit fordern, soweit ihm Rechtskrafterstreckung droht (§ 69), im Übrigen nicht, da dies die Klage unzumutbar erschweren könnte.[44] Nach Verzicht auf Sicherheit ist § 110 unanwendbar.[45] Das Verlangen ist **rechtzeitig** vorzubringen, dh. binnen einer zur Klageerwiderung gesetzten Frist, spätestens vor Verhandlung zur Hauptsache (§ 282 Abs. 3). Von Anfang an sind die **Gesamtkosten** aller Rechtszüge geltend zu machen (hM).[46] Dem Beklagten sollte aber zugestanden werden, sich die Einrede für Kosten späterer Instanzen vorzubehalten[47] (vgl. §§ 111, 112 Abs. 3). Ggf. ist das Verlangen auch rechtzeitig zu ergänzen, für die nächste Instanz uU schon in der Berufungsbegründung (§§ 520, 532 S. 1, 565).[48] Der Beklagte kann es aber **nachholen,** wenn seine rügelose Verhandlung nach Versäumnisurteil gegen den Kläger durch dessen Einspruch hinfällig wird[49] oder wenn (und soweit) erst eine spätere Klageerhöhung Anlass zu dem Verlangen gab,[50] im Übrigen nach Maßgabe der §§ 111, 112 Abs. 3. Verspätungen sind gemäß § 296 Abs. 1 bzw. 3 zu entschuldigen, zB bei Irrtum über den gewöhnlichen Aufenthalt des Klägers. Verspätung im unteren Rechtszug präkludiert auch bezüglich der Kosten für höhere Instanzen.[51]

IV. Verfahren

9 Die Beweislast dafür, dass der Kläger seinen gewöhnlichen Aufenthalt außerhalb von EU/EWR hat, liegt beim Beklagten, freilich erst, wenn der Kläger substantiiert bestreitet, also seinen gewöhnlichen Aufenthalt in Deutschland, EU oder EWR dargelegt hat. Befreiungstatbestände des Abs. 2 hat der Kläger zu beweisen.[52] Entschieden wird idR durch Zwischenurteil, auch über die Höhe der Sicherheitsleistung und eine Fristsetzung nach § 113. Insofern ist die **Ablehnung einer Anordnung** wie ein Endurteil anfechtbar,[53] da zu-

33 S. auch OLG Frankfurt MDR 1977, 409 (zu § 108: max. halber Grundstückswert); St/J/*Bork* Rn. 42.
34 AA T/P/*Hüßtege* Rn. 12.
35 AM *Schütze* IPRax 2001, 193, 195.
36 So wohl auch Rechtsausschuss (Fn. 1) S. 18.
37 Anders MK/*Giebel* Rn. 30.
38 MK/*Giebel* Rn. 30; *Wiecz/Sch/Schütze* Rn. 17.
39 Näher *Uhlmannsiek* JA 1996, 253, 258f.
40 Vgl. Rechtsausschuss (Fn. 1) S. 18.
41 Dazu krit. *Schütze* RIW 1999, 1, 11 (Schlechterstellung des Beklagten wegen § 123).
42 G. v. 25. 4. 1951 (BGBl. I S. 269); geändert durch G. v. 9. 7. 1990 (BGBl. I S. 1354).
43 Vgl. Art. 16 des Genfer Abk. v. 28. 7. 1951, G. v. 1. 9. 1953 (BGBl. II S. 559).
44 HM; OLG Hamburg NJW 1990, 650 (zu Streitverkündung); aA *Rützel* NJW 1998, 2086ff.
45 BGH NJW 1981, 2646; NJW-RR 1990, 378.
46 Vgl. BGH NJW 2001, 3630f.; NJW-RR 2005, 148.
47 Vgl. *Henn* NJW 1969, 1374, 1375f.; anders die hM, zB OLG Frankfurt NJW 1969, 380.
48 BGH NJW-RR 1993, 1021; 2005, 148, 149.
49 OLG Bremen NJW 1962, 1822f.
50 HM; LG Schweinfurt NJW 1971, 330f.
51 BGH NJW 1981, 2646 (zu § 110 aF).
52 BGH NJW 1982, 1223f. (zu § 110 aF).
53 AllgM; vgl. BGHZ 102, 232, 234 = NJW 1988, 1733; OLG Saarbrücken NJW-RR 1998, 1771.

gleich auf Zulässigkeit der Klage erkannt wird (§ 280 Abs. 2 S. 1). Gleiches gilt bei Zurückweisung eines Antrags auf höhere Sicherheit (§ 112 Rn. 2). Eine **Anordnung** erfolgt durch Zwischenurteil iSd. § 303; sie ist also nicht selbständig anfechtbar. Denn sie setzt Sicherheit und Frist überhaupt erst fest (§ 113); die Klage bleibt somit zulässig und wird nach Fristablauf allenfalls für zurückgenommen erklärt, dann durch Endurteil. Erst mit dessen Anfechtung wird das Zwischenurteil überprüft (§ 512; s. auch § 112 Rn. 2).[54] Die Anordnung bindet auch das Gericht (§ 318), anders bei neuen Tatsachen (zB PKH-Bewilligung[55]). Anordnung durch Beschluss ist nur zulässig, wenn Sicherungspflicht und -höhe unstreitig sind,[56] dann allerdings auch üblich.

V. Gerichtskosten

Ein Zwischenurteil (Rn. 9) hindert Ermäßigungen nach KV Nrn. 1211, 1222, 1232, 1252, 1311, 1322, 1323, 1332, 1411, 1415 und 1416. 10

111 *Nachträgliche Prozesskostensicherheit* **Der Beklagte kann auch dann Sicherheit verlangen, wenn die Voraussetzungen für die Verpflichtung zur Sicherheitsleistung erst im Laufe des Rechtsstreits eintreten und nicht ein zur Deckung ausreichender Teil des erhobenen Anspruchs unbestritten ist.**

I. Normzweck

Macht der Beklagte eine ihm gebührende Ausländersicherheit für Kostenerstattungsansprüche nicht rechtzeitig geltend, so kann bzw. muss seine Einrede fehlender Sicherheit als verspätet zurückgewiesen werden (§ 110 Rn. 8). Das lässt offen, ob Sicherheit auch dann verlangt werden kann, wenn ihre Voraussetzungen erst nach Rechtshängigkeit eintreten. § 111 stellt dies klar; er schließt die Sicherheitspflicht jedoch aus, wenn der Beklagte nachträglicher Sicherung nicht bedarf, weil der Klageanspruch insoweit unstreitig ist, dass er notfalls eine Aufrechnung ermöglicht, falls der Kläger Kostenschuldner werden sollte (zB nach § 93, wegen Abweisung der Klage im Übrigen). Bei späterem **Wegfall der Voraussetzungen** gilt § 109.[1] 1

II. Voraussetzungen und Verfahren

Die **nachträgliche Verpflichtung** zur Sicherung kann entstehen durch Parteiwechsel, durch Beendigung gewöhnlichen Aufenthalts in EU/EWR bzw. durch Verlegung des Sitzes einer Gesellschaft, durch Verlust bzw. Entwertung inländischen Grundvermögens iSd. § 110 Abs. 2 Nr. 3 (zB durch Feuer, Grundpfandrechte), durch Übergang des Mahnverfahrens ins streitige Verfahren, durch Aufhebung einer PKH-Bewilligung für den Kläger (§ 122 Abs. 1 Nr. 2), nicht aber durch Klageerweiterung (§ 112 Abs. 3). **Verfahren.** Der Beklagte muss nachträgliche Sicherung verlangen, und zwar rechtzeitig (§ 110 Rn. 8). Zuständig für die nachträgliche Anordnung ist das Gericht, bei dem die Hauptsache jeweils anhängig ist. 2

Ein **unbestrittener Klageanspruch** entbindet von nachträglicher Sicherheitsleistung, wenn er ihre Höhe (§ 112) erreicht. Insoweit muss unstreitiges Klagevorbringen die Verurteilung rechtfertigen. Ein (Teil-)Anerkenntnis des Beklagten genügt; nötig ist es aber nicht.[2] Umgekehrt bestreitet schon, wer eine Aufrechnung gegen den Klageanspruch (mit anderen als Kostenerstattungsansprüchen) auch nur schlüssig ankündigt,[3] denn dann ist in diesem Umfang nicht mehr gewährleistet, dass der Anspruch gerade die Kostenerstattung sichert. Der Klageanspruch muss nach dem Normzweck auch aufrechenbar sein (Gegenbsp.: § 393 BGB). 3

112 *Höhe der Prozesskostensicherheit* **(1) Die Höhe der zu leistenden Sicherheit wird von dem Gericht nach freiem Ermessen festgesetzt.**

(2) [1]Bei der Festsetzung ist derjenige Betrag der Prozesskosten zugrunde zu legen, den der Beklagte wahrscheinlich aufzuwenden haben wird. [2]Die dem Beklagten durch eine Widerklage erwachsenden Kosten sind hierbei nicht zu berücksichtigen.

(3) Ergibt sich im Laufe des Rechtsstreits, dass die geleistete Sicherheit nicht hinreicht, so kann der Beklagte die Leistung einer weiteren Sicherheit verlangen, sofern nicht ein zur Deckung ausreichender Teil des erhobenen Anspruchs unbestritten ist.

I. Entscheidung über die Höhe (Abs. 1, 2)

1. Grundlagen der Bemessung. Das Gericht (auch ein Rechtsmittelgericht) entscheidet nach freiem Ermessen, das allerdings durch Abs. 2 begrenzt wird: Zugrundezulegen sind die Prozesskosten, die der Beklagte „wahrscheinlich" aufzuwenden haben wird,[1] zumindest also die außergerichtlichen Kosten der ersten Instanz und Gerichtskostenvorschüsse (zB für das Berufungsverfahren), nicht aber sonstige Gerichtskosten 1

---

[54] BGH (Fn. 53) S. 234ff.; OLG Saarbrücken (Fn. 53); s. schon *Demharter* MDR 1986, 186, 189ff.
[55] Ähnlich OLG Brandenburg NJW-RR 2003, 209, 210.
[56] RG JW 1926, 373; OLG Köln JMBlNRW 1971, 234.
[1] Anders zB *Wiecz/Sch/Schütze* Rn. 10 (§ 111 analog).
[2] Anders MK/*Giebel* Rn. 8; St/J/*Bork* Rn. 9.
[3] IE ebenso St/J/*Bork* Rn. 9; vgl. auch *Hahn*, Bd. 2, Abt. 1, S. 205f.
[1] Dazu OLG Frankfurt NJW 1952, 1418, 1419.

der ersten Instanz[2] oder Kosten einer Widerklage (Abs. 2 S. 2). Die **hM** berücksichtigt zudem grds. die **Kosten aller Rechtszüge,**[3] was zu weit geht. Doch praktisch werden meist nur die Kosten erster Instanz angesetzt, ferner Anwaltskosten eines möglichen Berufungsverfahrens und dessen Gerichtskosten.

2 **2. Form und Anfechtung.** Über die Höhe der Sicherheit wird mit deren Anordnung entschieden. Demnach ergeht Zwischenurteil, wenn über Pflicht oder Höhe gestritten wurde, sonst Beschluss (§ 110 Rn. 9). Die Bezifferung ist für den **Kläger** nicht anfechtbar (§ 110 Rn. 9); er mag die ihm auferlegte Sicherheitsleistung verweigern und das damit provozierte Endurteil (§ 113 S. 2) anfechten. Ein **Beklagter,** der höhere Sicherheit beansprucht, kann Berufung bzw. Revision einlegen (§ 280 Abs. 2 S. 1), laut BGH freilich erst gegen die Zurückweisung der (zu wiederholenden) „Einrede" mangelnder Sicherheit;[4] richtigerweise ist schon die Teilabweisung des Antrags angreifbar, zumal dessen Wiederholung sinnlos wäre. Der Beklagte kann aber auch abwarten, bis sich die Unzulänglichkeit der Sicherheit bestätigt, und dann Erhöhung verlangen (Abs. 3).[5]

II. Nachträgliche Erhöhung (Abs. 3)

3 Sie setzt voraus, dass sich nach der Anordnung zur Sicherheitsleistung ergibt, dass diese unzureichend ist (Bsp.: Klageerweiterung; Revisionsverfahren, dessen Kosten bisher außer Acht blieben, Rn. 1). Nötig ist ferner, dass der Beklagte ursprünglich umfassende Sicherheit beantragt hatte (zB nicht nur für eine Instanz)[6] und auch die Erhöhung zum frühestmöglichen Zeitpunkt (§ 110 Rn. 8) verlangt.[7] Wurde ein (umfassender) Erhöhungsantrag zB im Berufungsverfahren versäumt, so ist er im Revisionsverfahren ausgeschlossen, §§ 532 S. 2, 565.[8] Der Erhöhung bedarf es nicht, wenn schon der Klageanspruch Sicherung verspricht (§ 111 Rn. 3). **Verfahren.** Zur Zuständigkeit s. § 111 Rn. 2; entschieden wird idR durch Zwischenurteil (Rn. 2).[9]

III. Gebühren und Kosten

4 **Gerichtskosten.** Gerichtsgebühren werden nicht erhoben.

113

Fristbestimmung für Prozesskostensicherheit **[1]Das Gericht hat dem Kläger bei Anordnung der Sicherheitsleistung eine Frist zu bestimmen, binnen der die Sicherheit zu leisten ist. [2]Nach Ablauf der Frist ist auf Antrag des Beklagten, wenn die Sicherheit bis zur Entscheidung nicht geleistet ist, die Klage für zurückgenommen zu erklären oder, wenn über ein Rechtsmittel des Klägers zu verhandeln ist, dieses zu verwerfen.**

1 **Fristsetzung (S. 1).** Über die Frist zur Sicherheitsleistung wird mit deren Anordnung entschieden, also durch Zwischenurteil oder Beschluss[1] (näher § 110 Rn. 9). Die Fristsetzung ist unanfechtbar. Die Frist (§ 222) kann verlängert werden, § 224 Abs. 2. Die Sicherheitsleistung ist aber auch nachholbar, nämlich bis zum Schluss der mündlichen Verhandlung nach S. 2, die wiederum durch Säumnis (§§ 330f.) samt Einspruch verzögert werden kann.

2 **Weiteres Verfahren.** Das Verfahren nimmt auch dann Fortgang, wenn der Kläger keine Sicherheit leistet. Stets wird Verhandlungstermin anberaumt. Der Beklagte muss verhandeln,[2] will er Säumnis vermeiden, denn fehlende Sicherheitsleistung ist kein Prozesshindernis ieS. Schützen kann den Beklagten nur ein **Antrag nach S. 2.** Dieser ist vor Verhandlung zur Hauptsache zu stellen (§ 282 Abs. 3 S. 1), im Falle der §§ 111, 112 Abs. 3 unverzüglich; andernfalls droht Zurückweisung (§ 296 Abs. 3). Dem Antrag wird, falls keine (hinreichende) Sicherheit geleistet ist, durch **Endurteil**[3] entsprochen: Im ersten Rechtszug ist die Klage für zurückgenommen zu erklären (Folgen: § 269 Abs. 3, 6). Gleiches gilt im Berufungs- bzw. Revisionsverfahren, wenn der Beklagte Rechtsmittel eingelegt hatte.[4] Ein Rechtsmittel des Klägers ist zu verwerfen (S. 2); zugleich gilt auch hier die Klage als zurückgenommen, wenn der Vorrichter sie (irrtümlich) aus anderem Grunde abgewiesen hatte.[5] Gegen diese Endurteile sind die üblichen **Rechtsmittel** gegeben. Im Rechtsmittelverfahren ist eine Nachholung der Sicherheitsleistung weder vorgesehen (S. 2) noch akzeptabel (arg. § 269 Abs. 6). Bei **Säumnis** des Klägers kann der Beklagte statt der Entscheidung iSd. S. 2 ein Versäumnis- und Sachurteil erwirken (§ 330), dies freilich nicht im Falle des § 539 Abs. 1.[6] Bei Säumnis des Beklagten ist der Kläger nicht gehindert, Versäumnisurteil zu beantragen.

---

[2] HM; vgl. *Söffing* MDR 1989, 599f.; anders LG Düsseldorf MDR 1989, 267f.
[3] RGZ 154, 225, 227; BGH NJW 2001, 3630f.; aM *Primozic/Broich* MDR 2007, 188, 189ff. m. weit. Nachw.
[4] BGH NJW 1974, 238; NJW-RR 1990, 378.
[5] BGH (Fn. 4).
[6] BGH NJW 1981, 2646; NJW-RR 1990, 378f.; 1993, 1021.
[7] BGH NJW-RR 1993, 1021.
[8] BGH NJW-RR 1990, 378, 379; NJW 2001, 3630, 3631.
[9] BGHZ 37, 264, 266 = NJW 1962, 345; BGH WM 1980, 504, 505.
[1] Dazu RGZ 104, 189, 190.
[2] OLG Hamburg JW 1934, 778 (Nr. 3).
[3] OLG Köln JMBlNRW 1971, 234.
[4] Vgl. *Wiecz/Sch/Schütze* Rn. 15 (auch zum Teilobsiegen); St/J/*Bork* Rn. 6.
[5] BGH NJW 2002, 3259, 3260 (sub III).
[6] OLG Koblenz JurBüro 1986, 119 (wegen § 519b Abs. 1 S. 2 aF).

Rechtsanwaltsgebühren. Vgl. § 109 Rn. 13. 3

Gerichtskosten. Gerichtsgebühren werden nicht erhoben. 4

Titel 7. Prozesskostenhilfe und Prozesskostenvorschuss

Vorbemerkung

I. Allgemeines

Die PKH ist eine **staatliche Fürsorgeleistung.** Sie kann als Sozialhilfe in besonderen Lebenslagen angesehen werden,[1] wobei nach § 2 Abs. 1 SGB XII (vgl. Rn. 5 aE, Nachrang der Sozialhilfe) die Regelungen der PKH der Sozialhilfe vorgehen. Ein Anspruch aus Sozialhilfemitteln auf Prozesskostenübernahme besteht daher nicht.[2] Die PKH wird nur für gerichtliche Verfahren vor staatlichen Gerichten gewährt, bezüglich außergerichtlicher Gegenstände ist das BerHG einschlägig. Das PKH-Verfahren ist nur formell Teil des Zivilprozessrechts, materiell ist es eher ein Verwaltungsverfahren zwischen Antragsteller und Gericht unter Anhörung des Antragsgegners, der eigentlich nicht Partei ist.[3] 1

Die PKH hat **erhebliche praktische Bedeutung,** vor allem in Familiensachen.[4] Der überwiegende Anteil aller Familienrechtsprozesse erfolgt auf PKH-Basis, des Weiteren entfallen ca. 80 % aller Bewilligungen auf Familiensachen.[5] Dementsprechend stammen die veröffentlichten Entscheidungen zu Fragen der PKH überwiegend von Familiengerichten. Im Jahr 1991 wurden bundesweit für die PKH ca. 372 Millionen DM ausgegeben;[6] derzeit sollen es ca. 600 Millionen Euro sein; Tendenz steigend. Vgl. noch Einl. Rn. 79. 2

Die PKH ist nicht nur in den §§ 114 bis 127 geregelt, **ergänzende Bestimmungen** befinden sich auch in anderen Gesetzen, vor allem sind die §§ 45 ff. RVG zu nennen, die den Vergütungsanspruch des beigeordneten Rechtsanwaltes gegen die Staatskasse regeln sowie die §§ 29 ff. GKG, die sich u. a. mit Auswirkungen der PKH auf die Gerichtskosten befassen und § 20 Nr. 4 und 5 RpflG, der die Zuständigkeiten des Rechtspflegers im Rahmen der PKH festlegt. In zahlreichen anderen Gesetzen wird ganz oder teilweise auf die §§ 114 ff. verwiesen. Es sind, ohne Anspruch auf gänzliche Vollständigkeit, zu nennen: §§ 14 FGG, 17 Abs. 2 BNotO, 12 RVG, 11 HAuslG, 9 LwVG, 4 a ff. InsO, *72 KO, 115 VerglO,* 209 BEG, 11 a ArbGG, 166 VwGO, 73 a SGG, 142 FGO; 172, 364 b, 379, 397 a, 404, 406 g StPO; 120 StVollzG, 129 ff. PatG, 21 GebrMG, 24 GeschmMG, 36 SortSchG, 82 MarkenG. Keine PKH gibt es jedoch für das markenrechtliche Verfahren vor dem Patentamt und dem Patentgericht.[7] Auch bei Verfahren vor den Verfassungsgerichten – insbesondere dem BVerfG – sind die §§ 114 ff. grundsätzlich anwendbar.[8] Die PKH ist von anderen Vergünstigungen für „arme" bzw. besser: bedürftige[9] Parteien zu unterscheiden, vor allem von Möglichkeiten der Streitwertherabsetzung (zB §§ 12 Abs. 4 UWG, 26 GebrMG GeschmMG, 142 MarkenG, 144 PatG) und anderen kostenrechtlichen Vergünstigungen (zB §§ 14 Nr. 3 GKG, 10 KostVfg, 4 a InsO). 3

II. Auslegungsmaßstäbe und -probleme

Die beiden wichtigsten Auslegungsgrundsätze liegen auf der Hand: Zum einen darf bei Fragen der PKH nicht zu kleinlich gedacht werden, um den Rechtsschutz für Bedürftige nicht unnötig zu erschweren.[10] Zum anderen muss mit der Verwendung öffentlicher Mittel naturgemäß sparsam umgegangen werden.[11] Es ist offensichtlich, dass sich diese beiden Prinzipien häufig widersprechen, sie müssen in jedem zu entscheidenden Fall zu einem angemessenen und gerechten Ausgleich gebracht werden. Dabei ist zu beachten, dass es nicht die Aufgabe der PKH sein kann, einer Partei jedwedes Kostenrisiko abzunehmen. Auch die verfassungsrechtlichen Dimensionen dürfen allerdings nicht vernachlässigt werden (hierzu zB § 114 Rn. 20 und § 123 Rn. 3). **Die Rechtsprechung auf dem Gebiet der PKH ist uneinheitlich,** da die Entscheidungen oft reine Einzelfallentscheidungen darstellen, die davon geprägt sind, eine gerechte und billige Entscheidung eines konkreten Falles herbeizuführen. Dies erschwert wiederum die Ausarbeitung allgemeiner Leitlinien. Der Praktiker kann die Judikatur zu den Fragen der PKH kaum noch überschauen.[12] 4

---

[1] BVerfGE 35, 348, 355 = NJW 1974, 229, 230; OVG Hamburg FamRZ 1997, 178.
[2] *Schoreit/Dehn* Einl. Rn. 30; OVG Hamburg NJW 1995, 2309.
[3] BGH NJW 2002, 3554; OLG Hamburg NJW 1973, 812, 813; *Bettermann* JZ 1962, 675.
[4] *Weisbrodt* FF 2004, 237; *Meister* ZRP 1998, 166, 167; zur Statistik vgl. *Vultejus* AnwBl. 1995, 306 ff. und BT-Drucks. 12/6963, S. 16 ff. (Begr. der Bundesregierung).
[5] AK-ZPO/*Deppe-Hilgenberg* vor § 114 Rn. 13.
[6] BT-Drucks. 12/6963, S. 17.
[7] BPatG JurBüro 2003, 265 f.
[8] Auf Einzelheiten kann hier nicht eingegangen werden, vgl. zB BVerfGE 92, 122 ff. = NJW 1995, 1415 f.
[9] Die Formulierung „arm" wurde für herabsetzend erachtet, das alte „Armenrecht" durch die PKH ersetzt.
[10] Ein gutes Beispiel hierfür bietet: OLG Düsseldorf OLGZ 1989, 377 = FamRZ 1989, 883.
[11] Vgl. zB AG Syke NJW-RR 1993, 1479.
[12] *Schneider* MDR 1985, 441.

III. Gesetzesänderungen, Übergangsregelungen

5 **1. Gesetzesänderungen.** Wegen der Gesetzesänderungen von 1994 bis 2003 muss nunmehr auf die 4. Aufl. verwiesen werden. Das **KostRModG** v. 5. 5. 2004[13] hat die Vorschriften der PKH unverändert gelassen, jedoch wirkten sich die Änderungen des GKG und die Einführung des RVG an zahlreichen Stellen aus. Durch das **Gesetz zur Einordnung des Sozialhilferechts in das Sozialgesetzbuch** vom 27. 12. 2003,[14] das gemäß seinem Art. 70 zum größten Teil allerdings erst am 1. 1. 2005 in Kraft getreten ist, wurde § 115 maßgeblich geändert (Art. 34 Nr. 1, vgl. § 115 Rn. 57a). An Stelle der früheren Verweisungen auf das aufgehobene BSHG traten die Verweisungen auf die entsprechenden Vorschriften des jetzt gültigen **SGB XII** (vgl. unbed. § 115 Rn. 57a). Dabei sind dem „Gesetzgeber" schwerwiegende Fehler unterlaufen.[15] Um diese wieder auszumerzen, wurde als „Omnibus" das **JKomG** vom 22. 3. 2005[16] genutzt. Darin wurde § 115 erneut geändert. Um die „Übersichtlichkeit" weiter zu erhöhen, wurde die Vorschrift zudem erneut verändert. Außerdem erfolgten geringfügige Folgeänderungen bei den §§ 117, 120 und 127. Durch das **EG-PKHG** vom 15. 12. 2004[17] waren bereits vorher § 114 S. 2 und die §§ 1076 ff. eingefügt und § 116 S. 1 Nr. 2 geändert worden.

6 **2. Übergangsregelungen.** Die einschlägigen Übergangsregelungen sahen regelmäßig vor, dass das Datum des Bewilligungsbeschlusses maßgeblich war. Eine besondere **Übergangsregelung,** die § 115 betrifft, befindet sich in § 26 Nr. 3 und 4 EGZPO (vgl. § 115 Rn. 18 und 32). Eine weitere – allgemeine – Übergangsregelung in § 26 Nr. 10 EGZPO ist bei der (neuen) sofortigen PKH-Beschwerde zu beachten (hierzu § 127 Rn. 1 aE). Für die Änderung des § 115 durch das **JKomG** findet sich eine Übergangsregelung in § 30 EGZPO. Wird auf Grund eines vor dem 1. 7. 2004 gestellten Antrags danach PKH bewilligt, richtet sich die PKH-Vergütung nach dem **RVG,** wenn der Klageantrag nur unter der Bedingung der positiven PKH-Entscheidung erteilt wurde.[18]

IV. Neue Länder

7 Bezüglich der neuen Länder waren **bis zum KostRMoG** (Rn. 5) zahlreiche Besonderheiten zu beachten. Nachdem diese infolge Zeitablaufs weitgehend gegenstandslos geworden sind, muss dazu jetzt auf die 4. Aufl. verwiesen werden. Nunmehr bestehen bezüglich der neuen Länder **keine Besonderheiten mehr.** Die Tabelle zu § 115 Abs. 2 ist in allen (alten und neuen) Bundesländern gleichermaßen anzuwenden. Geringere Lebenshaltungskosten rechtfertigen keine Verschiebungen der Tabelle. Der Gesetzgeber hat im Einigungsvertrag insoweit keine Regelung getroffen, eine gesetzliche Lücke besteht nicht; die Gerichte sind damit nicht befugt, die gesetzliche Regelung abzuändern, eine derartige Kompetenz kommt ihnen nicht zu.[19]

V. Internationale Bezüge

8 **1. Allgemeines.** Vgl. vorab §§ 1076 ff. Es gibt **keine PKH für Prozessführungen im Ausland (vgl. a. Rn. 15),** hierfür sind die jeweiligen ausländischen Gerichte zuständig. Die Beiordnung eines **ausländischen Rechtsanwaltes** ist in keinem Verfahren möglich, auch nicht als Verkehrsanwalt (vgl. aber § 121 Rn. 7).[20] PKH ist zu gewähren, wenn die Frage, ob das Gericht international zuständig ist, nicht ohne weitere Nachforschungen verneint werden kann.[21] Dies entspricht dem Grundsatz, dass schwierige Rechtsfragen nicht im PKH-Verfahren entschieden werden dürfen, sondern einer Klärung im ordentlichen Verfahren zuzuführen sind (vgl. § 114 Rn. 20). Stehen im Ausland einfachere, billigere und schnellere Verfahrensweisen zur Verfügung, kann PKH wegen Mutwilligkeit abgelehnt werden.[22] S. a. § 114 Rn. 44.

9 Bezüglich der Regelungen der §§ 114 ff. ist zunächst darauf hinzuweisen, dass **natürliche Personen** ohne Rücksicht auf ihre Staatsangehörigkeit gleichbehandelt werden (vgl. § 114 Rn. 2), insbesondere kommt es auf das Erfordernis der Gegenseitigkeit nicht an. Hierdurch ist auch § 11 S. 2 HAuslG, worin ausdrücklich eine Gleichstellung mit den Inländern vorgesehen war, bezüglich der PKH überflüssig geworden.

10 **Juristische Personen** können PKH erhalten, wenn sie im Inland oder (seit Ende 2004 auch) in einem Mitgliedstaat der EU oder in einem Vertragsstaat des Abkommens über den Europäischen Wirtschaftsraum gegründet oder dort ansässig sind (§ 116 S. 1 Nr. 2). Im Übrigen ist eine PKH-Bewilligung für ausländische juristische Personen nicht vorgesehen. Allerdings ist zu beachten, dass in vielen Staatsverträgen mit dem jeweiligen Vertragspartner Gegenseitigkeit vereinbart wurde, dh. Ausländer mit einer Staatsangehörigkeit der jeweiligen Vertragspartei werden wie Inländer behandelt. Diese Gleichstellung ist aber oft auf natürliche Personen beschränkt. Kommt es auf das Erfordernis der Gegenseitigkeit an, so ist PKH zu ge-

---

[13] BGBl. I S. 718.
[14] BGBl. I S. 3022.
[15] Vgl. zB OLG Karlsruhe FamRZ 2005, 630 ff. und BT-Drucks. 15/4952 S. 60 ff. zu V sowie § 115 Rn. 57a.
[16] BGBl. I S. 837.
[17] BGBl. I S. 3392; hierzu ausf. *Fischer* ZAP F 13, 1287 ff.
[18] KG JurBüro 2006, 79; OLG Koblenz Rpfleger 2006, 200; OLG Dresden FamRZ 2007, 1671.
[19] KG DtZ 1991, 215, 216.
[20] OLG Bamberg NJW 1977, 113 m. weit. Nachw.
[21] OLG Frankfurt/M FamRZ 1992, 700.
[22] OLG Frankfurt/M FamRZ 1991, 94 f.; OLG Celle NdsRpfl. 1998, 90.

währen, wenn die Frage, ob Gegenseitigkeit tatsächlich besteht, nur durch ein Gutachten geklärt werden kann.[23]

2. Einzelregelungen. In verschiedenen, bei Sachverhalten mit internationalem Bezug bedeutsam werden- 11
den Gesetzen und Verträgen finden sich **punktuelle Regelungen** über die PKH. Eine vollständige Aufzählung ist hier nicht beabsichtigt. Folgende praktisch wichtige Regelungen sind jedoch erwähnenswert:

a) **Art. 50 Abs. 1 EuGVVO I.** Wegen dieser Vorschrift, die im Wesentlichen Art. 44 Abs. 1 des EuGVÜ sowie Art. 44 Abs. 1 des LugÜ (vgl. hierzu Europäisches Zivilprozessrecht Vorb. Rn. 2 ff.) entspricht, wird auf die Kommentierung des Europäischen Zivilprozessrechts (EG-Verordnungen Art. 50) verwiesen sowie auf § 328 Rn. 3 ff. Durch diese Vorschriften wird eine eigenständige Bewilligung von PKH nach den §§ 114 ff. nicht ausgeschlossen.

b) **Auslandsunterhaltsgesetz.** Das AUG regelt die Geltendmachung von im Ausland titulierten Unter- 12
haltsansprüchen im Inland und von im Inland titulierten Unterhaltsansprüchen im Ausland.[24] Dementsprechend wird zwischen eingehenden und ausgehenden Gesuchen differenziert. Eine ausdrückliche Regelung findet sich – für **eingehende Gesuche** aus dem Ausland – in **§ 9 AUG.** Durch die Bewilligung der Prozesskostenhilfe nach diesem Gesetz wird der Antragsteller endgültig von der Zahlung der in § 122 Abs. 1 der ZPO genannten Kosten befreit, sofern die Bewilligung nicht nach § 124 Nr. 1 der ZPO aufgehoben wird. Beantragt der Generalbundesanwalt, der als zentrale Behörde für ein Kind als bevollmächtigt gilt, nach § 8 AUG PKH für eine Vaterschaftsfeststellungsklage, mit der eine spätere Unterhaltsklage eines ausländischen Kindes gegen einen hier lebenden Mann vorbereitet werden soll, so ist diese zu bewilligen.[25] Im umgekehrten Fall, also bei **ausgehenden Gesuchen** aus dem Inland in das Ausland, fehlt es an einer ausdrücklichen Regelung. Für derartige Gesuche sind auch die Gerichte zuständig, allerdings als Justizverwaltungsbehörde. Für Justizverwaltungsverfahren nach dem AUG kann jedoch keine PKH bewilligt werden.[26] Zur Vollstreckung eines deutschen Titels im Ausland kann durch ein deutsches Gericht gleichfalls keine PKH gewährt werden.[27]

c) **Haager Abkommen.** Die Art. 20 ff. des Haager Abkommens über den Zivilprozess vom 1. 3. 1954[28] 13
enthalten Regelungen über das „Armenrecht" und damit die PKH, insbesondere werden **Inländer und Ausländer gleichbehandelt.** Nach Art. 15 des Haager Abkommens über die Anerkennung und Vollstreckung von Unterhaltsentscheidungen vom 2. 10. 1973[29] genießt der Unterhaltsberechtigte, der im Ursprungsstaat ganz oder teilweise Prozesskostenhilfe oder Befreiung von Verfahrenskosten genossen hat, in jedem Anerkennungs- und Vollstreckungsverfahren die günstigste Prozesskostenhilfe oder die weitestgehende Befreiung, die im Recht des Vollstreckungsstaates vorgesehen ist. Es sei abschließend darauf hingewiesen, dass eine Vielzahl von internationalen Abkommen existiert, die ähnliche Regelungen aufweisen, wie die soeben exemplarisch aufgeführten Vorschriften.[30]

d) **Straßburger Übereinkommen.** Dieses Europäische Abkommen über die Übermittlung von Anträgen 14
auf Beratungs- und Prozesskostenhilfe aus dem Jahre 1977 mit Moskauer Zusatzprotokoll 2001 haben zahlreiche Mitglieder des Europarats, aber auch einige Nichtmitglieder abgeschlossen. Es ermöglicht die **kostenlose Aufnahme von Anträgen** und deren anschließende Übersendung in den jeweils anderen Vertragsstaat. Die Europäische Kommission hat hierzu eine informative Broschüre aufgelegt,[31] die auch eine Fülle von rechtsvergleichenden Hinweisen[32] enthält. Die Kommission sah bereits damals einen gewissen Bedarf für Mindeststandards.[33]

114 *Voraussetzungen* **[1]Eine Partei, die nach ihren persönlichen und wirtschaftlichen Verhältnissen die Kosten der Prozessführung nicht, nur zum Teil oder nur in Raten aufbringen kann, erhält auf Antrag Prozesskostenhilfe, wenn die beabsichtigte Rechtsverfolgung oder Rechtsverteidigung hinreichende Aussicht auf Erfolg bietet und nicht mutwillig erscheint. [2]Für die grenzüberschreitende Prozesskostenhilfe innerhalb der Europäischen Union gelten ergänzend die §§ 1076 bis 1078.**

---

[23] OLG Hamm IPRax 1986, 234.

[24] Ausführlicher zum AUG *Uhlig/Berard* NJW 1987, 1521 ff.; *Bach* FamRZ 1996, 1250 ff.; *Böhmer* IPRax 1987, 139 ff.; *Wicke* FPR 2006, 240 ff.

[25] OLG Hamburg FamRZ 2003, 318.

[26] KG NJW-RR 1993, 69, 70 = IPRax 1993, 241 mit zust. Anm. Böhmer S. 223 ff.; FamRZ 2006, 1210; OLG Frankfurt/M FamRZ 1987, 302 f.

[27] OLG Braunschweig IPRax 1987, 236 mit krit. Anm. *Nagel* S. 218 f.

[28] BGBl. 1958 II S. 577.

[29] BGBl. 1986 II S. 826.

[30] Vgl. *St/J/Bork* § 116 Rn. 28 ff.; *B/L/H* Anhang nach § 114; rechtsvergleichend: *Gottwald* ZZP 86 (1976), 136 ff.; BRAK-Mitt. 2001, 128 ff. (ohne Verf.).

[31] Europäische Kommission, Leitfaden der Beratungs- und Prozesskostenhilfe im Europäischen Wirtschaftsraum, Luxemburg 1997.

[32] Vgl. a. *Gottwald* ZZP 86 (1976), 136 ff.

[33] *Zerdick* AnwBl. 2000, 244.

Übersicht

I. Normzweck, S. 2

1 Bemittelte und unbemittelte Parteien sollen bei der Ausübung des rechtlichen Gehörs und des Zugangs zu den Gerichten gleichgestellt werden. Dies sicherzustellen, ist die Aufgabe der PKH. **§ 114 S. 1** legt als Grundnorm der PKH die **allgemeinen Voraussetzungen** für die Bewilligung von Prozesskostenhilfe fest. **§ 114 S. 2** ist genau genommen auf Grund von § 1076 überflüssig. S. 2 wurde auch tatsächlich nur eingeführt, um der Praxis das Finden der §§ 1076ff. zu erleichtern,[1] offenbar ein neuer Service des „Gesetzgebers“.

II. Partei

2 **1. Allgemeines.** Der Begriff der Partei ist hier sehr weit auszulegen. Antragsberechtigt iSd. § 114 S. 1 sind daher grundsätzlich: Kläger, Beklagte, Nebenintervenienten,[2] Antragsteller/Antragsgegner, Gläubiger/Schuldner; natürliche und juristische Personen (vgl. § 116), Ausländer, Staatenlose.[3] **Ausländer** und Staatenlose werden wie Inländer behandelt.[4] Ausländer können sogar PKH erhalten, wenn sie im Ausland leben, die Tabelle darf dann – gegebenenfalls – angepasst werden.[5] Ausländisches Vermögen ist einzusetzen.[6] Ausländische juristische Personen und parteifähige Vereinigungen erhalten nur in den Grenzen des § 116 PKH (vgl. vor § 114 Rn. 10). PKH kann auch erhalten, wer nur versehentlich „Partei“ wird (zB durch eine „verunglückte“ Zustellung),[7] in das Verfahren also gar nicht einbezogen werden sollte. Ein noch nicht geborenes Kind kann bereits PKH für die Feststellung der Vaterschaft sowie die Geltendmachung von Unterhaltsansprüchen erhalten.[8] Wer durch eine Anzeige ein Verfahren nach § 1666 BGB auslöst, kann dafür aber keine PKH erlangen.[9]

3 **2. Streitgenossen.** Die Voraussetzungen der PKH sind grds. für jeden **Streitgenossen gesondert zu prüfen.**[10] Klagen zwei Streitgenossen, wovon nur einem PKH bewilligt wurde, hat der andere nur die Hälfte der Gerichtsgebühren zu zahlen.[11] Streitig ist die Rechtslage hinsichtlich der Anwaltsgebühren. Nach einer Entscheidung des BGH soll sich die PKH-Bewilligung bezüglich der Anwaltsgebühren auf den Erhöhungsbetrag nach Nr. 1008 VV RVG beschränken.[12] Dies soll auch dann gelten, wenn es nicht im Bewilligungsbeschluss erwähnt wurde.[13] Bei dieser Sicht der Dinge kann der gemeinsame Anwalt von der Staatskasse nicht die volle Vergütung verlangen, sein Wahlrecht aus § 426 BGB wird durch die Regelungen über die

---

[1] BR-Drucks. 267/04 S. 13 (Begr. der Bundesreg.).
[2] BGH MDR 1966, 318; OLG Hamm JurBüro 2004, 38.
[3] *Friedrich* NJW 1995, 618.
[4] BT-Drucks. 8/3694 S. 17 (Bericht der Abgeordneten Dres. *Langner* und *Schöfberger*); s. a. vor § 114 Rn. 9.
[5] OLG Düsseldorf MDR 1994, 301; BFH Rpfleger 1997, 171 f.; LAG Frankfurt/M. MDR 2001, 478; aA OLG Stuttgart OLGR 2006, 875.
[6] KG OLGR 1998, 314, 316; vgl. a. § 115 Rn. 47.
[7] MK/*Motzer* Rn. 42.
[8] OLG Schleswig OLGR 2000, 29ff.
[9] OLG Celle FamRZ 2004, 1879.
[10] OLG Stuttgart MDR 2000, 545.
[11] BGHZ 12, 270, 271 f. = NJW 1954, 513.
[12] BGH NJW 1993, 1715 = LM Nr. 37 mit Anm. *Wax;* OLG Koblenz Rpfleger 2001, 503; 2004, 503; OLG Karlsruhe NJW 2004, 785 m. weit. Nachw.; OLG Naumburg OLGR 2004, 175 f.
[13] LG Hechingen Justiz 1994, 442; aA OLG Schleswig SchlHA 1998, 190; *Fischer* JurBüro 1999, 341, 342 f.

PKH eingeschränkt.[14] § 7 Abs. 2 RVG gilt damit als abbedungen, der Anwalt kann von seinem PKH-Mandanten nach § 122 Abs. 1 Nr. 3 nichts verlangen, die Staatskasse kann nur bis zur Höhe des Erhöhungsbetrages einziehen.[15] **Die Instanzgerichte sind dem BGH jedoch nicht gefolgt,**[16] auch die Literatur hat Widerspruch angemeldet.[17] Die vom BGH vertretene Auffassung ist tatsächlich aus mehreren Gründen unzutreffend.[18] Der nicht bedürftige Streitgenosse hat einen Rückgriffsanspruch gegen den bedürftigen, wovor ihn die PKH nur für die Erhöhungsgebühr nicht schützt. Weiterhin besteht kein Grund, einen nicht bedürftigen Streitgenossen Aufgaben der PKH übernehmen zu lassen. Der PKH-Anwalt erhält daher die Gebühren, die er bekäme, wenn er den bedürftigen Streitgenossen alleine vertreten würde. Danach prüft die Staatskasse, ob ein Ausgleichsanspruch besteht. Prozessieren **mehrere Streitgenossen** mit PKH, so ist der Leistungsfähigste mit den vollen Kosten zu belasten, bei den anderen ist die Erhöhungsgebühr zu berücksichtigen.[19] Muss nur ein Streitgenosse Raten zahlen, so muss er, wenn dem anderen ratenfreie PKH bewilligt wurde, die gesamten Kosten des gemeinsamen Anwaltes ohne die Erhöhungsgebühr über die Raten begleichen.[20] Bei mehreren bedürftigen Streitgenossen und unterschiedlichen Streitgegenständen muss differenziert werden.[21] Obsiegen PKH-Partei und PKH-freier Streitgenosse, kann letzterer vom Gegner die vollen Gebühren mit Ausnahme der Erhöhungsgebühr verlangen.[22] In einem normalen Verkehrsunfallsprozess kann dem Fahrer neben der Versicherung, die nach §§ 7 Abs. 2 Nr. 5, 10 Nr. 1 AKB zur Prozessführung verpflichtet ist, keine PKH bewilligt werden.[23] Eine andere Entscheidung ist bei gegenläufigen Interessen der Streitgenossen denkbar, zB bei einem behaupteten, gestellten Unfall[24] (vgl. auch § 121 Rn. 16 zur Anwaltsbeiordnung bei Streitgenossen) oder bei Interessenkonflikten des Anwalts.[25]

3. Vertretung und ähnliche Fälle. Hier sind grundsätzlich die persönlichen und wirtschaftlichen **Verhältnisse des Vertretenen maßgeblich.**[26] Auch ein Nachlasspfleger kann PKH erlangen, insoweit kommt es allerdings nicht auf die unbekannten Erben, sondern auf den Bestand des Nachlasses an.[27] Da jeder **Miterbe** Aktivprozesse im eigenen Namen führen darf (§ 2039 BGB), wäre es denkbar, PKH für einen bedürftigen Miterben nur in Rechtsmissbrauchsfällen abzulehnen.[28] Dem kann jedoch nicht gefolgt werden. Bei einer Erbengemeinschaft kommt es vielmehr auf die Vermögensverhältnisse der gesamten Mitglieder an, ein bedürftiger Miterbe kann also nicht auf PKH-Basis prozessieren.[29] Steht ein Anspruch mehreren gemeinsam zu und wird dieser an einen Antragsteller zur Geltendmachung abgetreten, so bleiben für die PKH gleichwohl die Verhältnisse aller Berechtigten maßgebend.[30] Wird für einen so genannten **„Musterprozess“** ausgerechnet eine Partei auserwählt, die PKH erlangen könnte, so ist die PKH zu verweigern, wenn auch andere Mitstreiter den Prozess ohne PKH führen könnten.[31] 4

4. Fremde Rechte. Wenn ein vorprozessual abgetretenes oder fremdes Recht geltend gemacht wird, müssen die **PKH-Voraussetzungen grundsätzlich auch bei dem materiell Berechtigten vorliegen.**[32] Tritt zB eine „normale“ Partei an eine PKH-Partei ab, damit letztere auf PKH-Basis prozessieren kann, müssen auch bei dem Zedenten, also bei der „normalen“ Partei, die für die Bewilligung erforderlichen Voraussetzungen vorliegen, sonst ist eine PKH-Bewilligung nicht möglich.[33] Eine andere Sicht der Dinge ist denkbar, wenn für die Abtretung triftige Gründe angeführt werden können,[34] die auch prozessökonomischer Art sein dürfen.[35] Der soeben erwähnte Grundsatz (die PKH-Voraussetzungen müssen auch bei dem materiell Berechtigten vorliegen) gilt also nicht ausnahmslos; zB auch dann nicht, wenn der materiell Berechtigte wegen ihm zur Verfügung stehender Sicherheiten kein Interesse an der Rechtsverfolgung hat und den ursprünglichen Forderungsinhaber als **Prozessstandschafter** klagen lässt.[36] Kann der Forderungsinhaber allerdings den Prozess fi- 5

---

[14] OLG Celle JurBüro 1984, 1248, 1249.
[15] *Wax* NJW 1994, 2331, 2233f.
[16] Vgl. OLG Köln NJW-RR 1999, 725ff.; OLG Stuttgart NJW-RR 1997, 1493; OLG München NJW-RR 1997, 191; OLG Bamberg OLGR 2001, 28; OLG Hamm Rpfleger 2003, 447; LG Berlin NJW-RR 1997, 382f.; OLG Zweibrücken OLGR 2004, 139f.; OLG Celle Rpfleger 2007, 151.
[17] ZB *Fischer* JurBüro 1998, 4ff.; *Lappe* ZAP F 24, 204f.; *Rönnebeck* NJW 1994, 2273f.
[18] Vgl. im Einzelnen ganz ausf. *Fischer* JurBüro 1998, 4ff. m. weit Nachw.
[19] OLG München OLGR 1993, 76.
[20] LG Berlin Rpfleger 1992, 258.
[21] Näher mit ausf. Beisp. *N. Schneider* Rpfleger 2003, 407ff.
[22] OLG Koblenz MDR 2004, 1146.
[23] OLG Naumburg Rpfleger 2004, 168f.; OLG Karlsruhe NJW 2004, 785; vgl. a. BGH NJW-RR 2004, 536.
[24] OLG Köln OLGR 1997, 52; NJW-RR 2004, 1550f.; s. a. OLG Hamm NJW-RR 2005, 760.
[25] OLG Karlsruhe NJW 2004, 785 m. weit. Nachw.
[26] *T/P/Reichold* Rn. 12 m. weit. Nachw.
[27] BGHR S. 1 Nachlasspfleger Nr. 1; BGH NJW 1964, 1418; OVG Berlin ZEV 2000, 66; aA OVG Hamburg FamRZ 1997, 180; vgl. a. BVerfG NJW-RR 1998, 1081f. sowie *Elzer* Rpfleger 1999, 162ff.
[28] *Schneider* DB 1978, 287, 288.
[29] BGH VersR 1984, 989.
[30] OLG München OLGR 1993, 238.
[31] OVG Lüneburg JurBüro 1986, 604f.
[32] BGH VersR 1992, 594; BGHR S. 1 Bedürftigkeit Nr. 1; KG OLGR 2004, 226, 227; aA *St/J/Bork* Rn. 7.
[33] BGHZ 47, 289, 292 = NJW 1967, 1566; BGH VersR 1984, 989; OLG Köln NJW-RR 1995, 1405; OLG Hamm NJW 1990, 1053.
[34] OLG Celle NJW-RR 1999, 579f.; OLG Köln NJW-RR 1995, 1405; KG MDR 2002, 1396f.; *Schneider* DB 1978, 287, 289 m. weit. Nachw.
[35] LG Hannover JurBüro 1988, 1711f.
[36] OLG Celle NJW 1987, 783.

nanzieren und hat er auch ein eigenes Interesse am Ausgang des Rechtsstreites, so kommt die Bewilligung von PKH für einen Prozessstandschafter nicht in Betracht; ein solcher Fall kann zB vorliegen, wenn ein Kläger, der eine Forderung an eine Bank abgetreten hat, diese Forderung mit Zahlungsantrag an die Bank einklagt und die Bank nur über die Realisierung dieser Forderung Befriedigung ihrer Ansprüche gegen den Kläger erlangen könnte.[37] Wird jedoch eine Forderung lediglich zur Sicherung von Schulden an eine Bank abgetreten, so kann dem ursprünglichen Forderungsinhaber für eine Klage mit Zahlungsantrag an die Bank PKH bewilligt werden.[38] Wer einen Anspruch aus einem treuhänderisch erworbenen Geldbetrag geltend machen will, erhält PKH nur, wenn auch der Treuhänder bedürftig ist.[39] Einem Gesellschafter kann PKH für eine actio pro sozio ohne Rücksicht auf das Vermögen der Gesellschaft oder anderer Gesellschafter bewilligt werden, wenn Interessengegensätze mit den anderen Gesellschaftern vorliegen.

6 Ist die vom PKH-Kläger geltend gemachte **Forderung gepfändet** worden, so darf ihm deswegen die PKH nicht verweigert werden.[40] Tritt ein Gesellschafter-Geschäftsführer einer GmbH einen Anspruch an sich persönlich ab, so kann er nur PKH erhalten, wenn zusätzlich die Voraussetzungen des § 116 S. 1 Nr. 2 vorliegen, selbst wenn die Abtretung einen Sachgrund gehabt hat.[41] Wenn ein **Zwangsverwalter** aus abgetretenem Recht des Grundstückseigentümers Schadensersatz fordert, gilt nicht der für den Zwangsverwalter sonst einschlägige § 116 Nr. 1, sondern es gelten die §§ 114f.[42] Macht ein Ehegatte **Unterhaltsansprüche für ein Kind** gemäß § 1629 Abs. 3 S. 1 BGB geltend, so kommt es nur auf die Bedürftigkeit des Elternteils an.[43] Nach bestrittener, aber zutreffender Ansicht sind jedoch Ansprüche auf Prozesskostenvorschuss grds. zu berücksichtigen (vgl. § 115 Rn. 40).[44] Hat ein gemeinnütziger Verein das Aufenthaltsbestimmungsrecht für ein minderjähriges Kind, so kommt es für die PKH auf die Vermögensverhältnisse des Kindes an.[45]

7 **5. Zeugen.** Auch Zeugen haben in **besonderen Fällen** das Recht, sich eines Anwaltes zu bedienen.[46] Nicht in allen Fällen, in denen sich der Zeuge eines Anwaltes bedienen darf, kann er dafür auch PKH erhalten. Lediglich in ungewöhnlichen Ausnahmefällen, wenn eine rechtlich oder tatsächlich sehr schwierige Lage besteht, hat der Zeuge Anspruch auf PKH in entsprechender Anwendung der §§ 114ff.[47] Diese Sicht ist allerdings nicht verfassungsrechtlich geboten, eine Ablehnung der PKH für Zeugen ist nicht verfassungswidrig.[48] § 68b StPO ist im Zivilprozess nicht anwendbar.

III. Rechtsverfolgung und -verteidigung

8 **1. Verfahrensarten.** § 114 S. 1 spricht von Rechtsverfolgung und -verteidigung. Es ist daher nicht erforderlich, einen Zivilprozess zu führen, um PKH zu erlangen. PKH kann auch für **praktisch alle anderen Verfahren** im Rahmen der ZPO gewährt werden (zu Verfahren außerhalb der ZPO vgl. vor § 114 Rn. 3), also zB auch für das vereinfachte Verfahren (§§ 645ff.)[49]. Für ein **Schiedsgerichtsverfahren** gibt es allerdings keine PKH, nur für Verfahren vor staatlichen Gerichten.[50] Kann eine Partei die Kosten für ein Schiedsgerichtsverfahren nicht aufbringen, so kann zur Not der Schiedsvertrag aus wichtigem Grund gekündigt werden.[51] Für die Verfahren nach §§ 1059ff. kann wiederum PKH bewilligt werden. Für das Verfahren vor einer **Gütestelle nach § 15a EGZPO** kann keine PKH bewilligt werden, lediglich Beratungshilfe. Für eine notarielle Scheidungsvereinbarung, die einen Rechtsstreit beendet, kann keine PKH gewährt werden,[52] genausowenig für ein **Mediationsverfahren.**[53] Auch für das **selbständige Beweisverfahren** kann PKH gewährt werden,[54] auch dem Antragsgegner,[55] allerdings nicht, nachdem über den Antrag entschieden wurde,[56] es sei denn, das prozessuale Verhalten des Antragsgegners dient einer sinnvollen Beteiligung an dem Verfahren zur zweckentsprechenden Wahrnehmung seiner Parteiinteressen.[57] Dies ergibt sich bereits mittelbar aus § 48 Abs. 4 S. 2 Nr. 3 RVG; bei der Prüfung der Erfolgsaussicht ist nicht auf die später beabsichtigte Klage, sondern auf das selbständige Beweisverfahren abzustellen.[58] Der Antragsteller soll nicht darzulegen brau-

---

[37] OLG Hamm NJW 1990, 1053.
[38] OLG Hamm VersR 1982, 1068.
[39] OLG Koblenz MDR 1999, 831.
[40] BGHZ 36, 280, 282 = NJW 1962, 739.
[41] OLG Hamburg MDR 1988, 782, 783.
[42] OLG Hamm VersR 1989, 929.
[43] BGH NJW-RR 2005, 1237 = FamRZ 1164, 1166; 2006, 32f.; OLG Bamberg NJW 2005, 1286.
[44] OLG Stuttgart MDR 1999, 41. OLG Frankfurt/M FamRZ 1994, 1041; OLG Dresden FamRZ 2002, 1412f.
[45] OLG Düsseldorf FamRZ 1995, 373f.
[46] Vgl. BVerfG NJW 1975, 103ff.
[47] OLG Düsseldorf MDR 1993, 71; OLG Stuttgart Justiz 1993, 234, 235; OLG Schleswig SchlHA 1994, 100, 101.
[48] BVerfG JurBüro 1984, 49.
[49] *van Els* Rpfleger 2003, 477, 482.
[50] OLG Stuttgart BauR 1983, 486, 487; LAG Düsseldorf JurBüro 1987, 1238f. (Bühnenschiedsgericht); LAG Nürnberg JurBüro 1998, 93 (Schlichtungsausschuss nach § 111 Abs. 2 ArbGG).
[51] Vgl. BGHZ 77, 65 = NJW 1980, 2136 m. weit. Nachw.; NJW 2000, 3720ff.; *Kremer/Weimann* MDR 2004, 181ff.
[52] OLG Frankfurt/M MDR 1989, 550.
[53] OLG Dresden NJW-RR 2007, 80.
[54] OLG Köln NJW-RR 1987, 319; LG Düsseldorf MDR 1986, 857; LG Lüneburg NdsRpfl. 2001, 156.
[55] OLG Bamberg OLGR 1998, 378; LG Bielefeld BauR 1999, 1209.
[56] LG Karlsruhe MDR 1993, 914.
[57] OLG Saarbrücken MDR 2003, 1436, 1437.
[58] OLG Köln Rpfleger 1995, 303 m. weit. Nachw. auch zur Gegenansicht; LG Dortmund NJW-RR 2000, 516; LG Lüneburg NdsRpfl. 2001, 156.

chen, welche Gründe einer gleichzeitigen Klageerhebung entgegen stehen.[59] Bezüglich des Antragsgegners soll es darauf ankommen, ob er ein berechtigtes Interesse daran hat, bei den technischen Feststellungen einen Anwalt zuzuziehen.[60] Besonderes Augenmerk ist hier auf die Mutwilligkeit zu richten.[61] Auch für das **Mahnverfahren** kann grundsätzlich PKH bewilligt werden[62], wobei dies oft an der Vierratengrenze (§ 115 Abs. 3) scheitern wird, denn eine Anwaltsbeiordnung im Mahnverfahren wird nur selten möglich sein (§ 121 Rn. 12).[63] Nach hM ist eine Prüfung der Erfolgsaussichten für den beabsichtigten Prozess nicht vorzunehmen.[64] Auch für das Beschwerdeverfahren (nicht: PKH-Beschwerdeverfahren, § 118 Rn. 7) kann PKH bewilligt werden.[65] Für **Schutzschriften** wird die Bewilligung von PKH außerhalb des Wettbewerbsrechts, insbesondere in Familiensachen, kaum in Betracht kommen.[66] Im Übrigen ist die Gewährung von PKH denkbar, wenn die Vorlage der Schutzschrift genauso wichtig erscheint, wie eine mögliche einstweilige Verfügung.[67] Bezüglich der aufgehobenen ***KO* und *GesO*** muss nunmehr auf die 4. Aufl. verwiesen werden. Dasselbe gilt hinsichtlich der Rechtslage von natürlichen Personen als Insolvenzschuldnern vor Einführung der **§§ 4 a ff. InsO,** Art. 103 a EGInsO. Für nach dem 1. 12. 2001 eröffnete Verfahren gelten bezüglich dieser Personen nur noch die erwähnten Vorschriften in deren Anwendungsbereich, ein direkter Rückgriff auf die §§ 114 ff. ist ausgeschlossen. Für Einzelheiten muss nunmehr auf die Kommentare zur InsO verwiesen werden. Zwar verweist § 4 InsO auf die ZPO, für einen sonstigen **Insolvenzschuldner** kann aber dennoch für einen Eigenantrag keine Prozesskostenhilfe bewilligt werden.[68] Einem **Gläubiger** hingegen kann grundsätzlich PKH bewilligt werden, wenn die Voraussetzungen der §§ 114, 115 vorliegen. Er muss daher zB mit einer Quote auf seine Forderung rechnen können (§ 114 S. 1!), was nicht zutrifft, wenn das Vermögen des Schuldners nicht ausreicht, um die Verfahrenskosten zu decken und kein Massekostenvorschuss nach § 26 Abs. 1 S. 2 InsO geleistet wird.[69] Eine pauschale Bewilligung für das gesamte Verfahren ist nicht möglich. Es ist vielmehr für jeden Verfahrensabschnitt, der besondere Kosten aufwirft (Eröffnungsverfahren, Schuldenbereinigungsplan, Restschuldbefreiung, Aufhebung des Verfahrens, Versagung, Widerruf), gesondert zu prüfen, ob die Voraussetzung der PKH vorliegen.[70] So kann zB für einen Fremdantrag hinsichtlich des Eröffnungsverfahrens grds. PKH bewilligt werden.[71] Das Anliegen kann jedoch mutwillig sein, wenn es ohnehin zur Abweisung des Antrages mangels Masse kommen wird; es sei denn, es besteht ein besonderes Interesse daran, einen solchen Beschluss herbeizuführen. Für **Schuldner und Gläubiger** kommt die Bewilligung von PKH in kontradiktorischen Verfahren im Rahmen der InsO (zB Widerruf oder Versagung der Restschuldbefreiung) nach wie vor in Betracht.[72] Dasselbe gilt für das **Beschwerdeverfahren** (§ 6 InsO),[73] auch soweit Beschwerde gegen die Ablehnung der Stundung der Verfahrenskosten eingelegt wird.[74] Eine Bewilligung für den Schuldner scheidet aber aus, wenn ein Sachverhalt des § 290 InsO vorliegt.[75] Zur Anwaltsbeiordnung vgl. § 121 Rn. 17. Für ein **Nachlassinsolvenzverfahren** kann PKH bewilligt werden, diese erstreckt sich allerdings nicht auf den Vorschuss nach § 26 Abs. 1 S. 2 InsO.[76]

2. Unterschiedlicher Maßstab. Nach teilweise vertretener Auffassung soll der Maßstab bei der Rechts- 9
verfolgung ein anderer sein als bei der Rechtsverteidigung. Für die Verteidigung ist danach die PKH nur zu versagen, wenn quasi keine Erfolgsaussicht besteht; maßgebend soll sein, ob eine vermögende Partei das mit der Rechtsverteidigung verbundene geringere Kostenrisiko eingehen würde.[77] Dem kann nicht zugestimmt werden.[78] Es ist kein Grund dafür ersichtlich, dass es der Verteidiger leichter haben soll als der Angreifer. Für eine derartige Sicht der Dinge finden sich auch im Gesetz keinerlei Anhaltspunkte. Art. 3 Abs. 1 GG spricht vielmehr dagegen. Richtig ist lediglich, dass bei der **Rechtsverteidigung jedenfalls kein strengerer Maßstab** anzulegen ist als bei der Rechtsverfolgung.[79] Darüber hinaus ist zu beachten, dass ein Beklagter schon PKH erlangen kann, wenn er den Klägervortrag substaniiert bestreitet und dem Kläger die Beweislast zukommt (vgl. Rn. 19). Die Maßstäbe für die Rechtsverfolgung und die Rechtsverteidigung unterscheiden sich daher im Grundsatz nicht; vgl. a. § 119 Rn. 8 aE.

---

[59] LG Stade MDR 2004, 469 f. (sehr bedenklich); ausf. *Herget,* in: Festg. für Vollkommer, 2006, S. 101 f.
[60] OLG Celle OLGR 2001, 248.
[61] Näher OLG Celle NJOZ 2006, 1651.
[62] OLG Oldenburg NJW-RR 1999, 579
[63] Vgl. *Wielgoss* NJW 1991, 2070 f.
[64] OLG München MDR 1997, 891; aA LG Stuttgart Rpfleger 2005, 32.
[65] OLG Celle NdsRPfl. 1977, 190.
[66] OLG Düsseldorf FamRZ 1985, 502 f.; AG Lübeck SchlHA 2006, 315; aA LG Lübeck JurBüro 2005, 265 mit Anm. *Fölsch.*
[67] MK/*Motzer* Rn. 35.
[68] *Smid* NJW 1994, 2678 f.
[69] BGH NJW 2004, 3260, 3261.
[70] BGH NJW 2004, 3260, 3261.
[71] BGH NJW 2004, 3260, 3261; AG Göttingen ZIP 2003, 1100 f.
[72] *Hoffmann* NZI 1999, 53, 55.
[73] LG Würzburg NJW-RR 2000, 197, 199.
[74] BGH Rpfleger 2003, 609 f.
[75] LG Göttingen Rpfleger 2001, 95 m. abl. Anm. *Siegmann.*
[76] LG Göttingen NdsRpfl. 2001, 88 f.
[77] OLG Frankfurt/M MDR 1987, 61; OLG Karlsruhe FamRZ 1992, 77, 78.
[78] Ebenso *Zö/Philippi* Rn. 25; *St/J/Bork* Rn. 23.
[79] OLG Karlsruhe JurBüro 1992, 248 f.

10 **3. Sonderfall Stufenklage.**[80] Völlig umstritten ist die PKH bei Stufenklagen. Denkbar wäre, dass das Gericht die PKH-Bewilligung zunächst auf den Auskunftsteil beschränkt. Nach überwiegender Auffassung ist dies jedoch nicht zulässig, weil hierdurch der PKH-Partei die Möglichkeit genommen wird, direkt eine **Stufenklage** zu erheben.[81] PKH ist daher grundsätzlich für die Stufenklage **insgesamt** (Auskunft und Zahlung) zu bewilligen.[82] PKH für einen Auskunftsanspruch wird auch gewährt, wenn eine erteilte Auskunft nicht vollständig ist.[83] Für den Antrag auf Abgabe einer Versicherung an Eides statt kann jedoch erst nach Erteilung der Auskunft PKH bewilligt werden.[84] Vorher kann die Erfolgsaussicht eines solchen Antrages nicht beurteilt werden.

11 Nach überwiegender Auffassung erstreckt sich die PKH demgemäß nicht nur auf die Auskunftsstufe, sondern gleichzeitig auch auf den mit rechtshängig gemachten Zahlungsantrag.[85] Die PKH umfasst allerdings nicht jeden denkbaren Zahlungsantrag, sondern nur einen solchen, der auch von der Auskunft gedeckt ist.[86] Streitig ist dann, ob der Umfang der PKH von vornherein durch eine Streitwertfestsetzung für die unbezifferte Leistungsklage bestimmt wird oder ob die Bewilligung nach Erteilung der Auskunft zu konkretisieren ist.[87] Es empfiehlt sich, einen **vorläufigen Streitwert festzusetzen** und die PKH einstweilen darauf zu beschränken; hierdurch kann auch einem eventuellen Missbrauch vorgebeugt werden.[88] Der Streitwert kann dann angepasst werden; erhöht er sich nach der Auskunft, kann die PKH erweitert werden.[89] Wird uneingeschränkt PKH für eine Stufenklage bewilligt, so umfasst die Bewilligung den Zahlungsantrag so, wie er sich im Zeitpunkt der Bewilligung aus den Darlegungen des Klägers ergibt.[90] Eine nachträgliche Einschränkung ist dann nicht statthaft.[91] Im Zweifel kann von dem Mindestbedürfnis ausgegangen werden.[92]

12 Insgesamt kann daher in der Praxis idR wie folgt verfahren werden: Dem Antragsteller wird PKH für die Stufenklage bewilligt, bezüglich der Leistungsstufe wird sie auf einen Zahlungsantrag bis zu einem **Streitwert in geschätzter Höhe beschränkt;** fehlen die für die Schätzung des Streitwertes erforderlichen Angaben, muss der Kläger diese darlegen (§§ 118 Abs. 2, 139, 253 Abs. 3; 61 S. 1 GKG).[93] Ergibt sich durch die Auskunft ein höherer Zahlungsantrag, kann die PKH erweitert werden. Will man dem nicht folgen, so besteht auch die Möglichkeit, die PKH durch eine „klarstellende Festellung" zu konkretisieren, nachdem der Antrag auf Leistung gestellt wurde.[94] PKH zur **Verteidigung gegen eine Stufenklage** kann nur bewilligt werden, wenn substantiiert dargelegt wird, dass ein Zahlungsanspruch nicht besteht.[95] Wurde der Auskunftsanspruch anerkannt, kann PKH zur Verteidigung gegen die Zahlungsklage erst bewilligt werden, wenn der Antrag beziffert wurde.[96] Erteilt der Beklagte verspätet Auskunft, die dazu führt, dass das Verfahren nicht fortgesetzt wird, kann ein PKH-Antrag hinsichtlich der Auskunftsklage wegen Erfolglosigkeit und hinsichtlich des Restes wegen Mutwilligkeit abgelehnt werden, wenn der Beklagte den Prozess hätte vermeiden können.[97] Die neuen §§ 93d, 643 ändern an der bisherigen Handhabung im PKH-Verfahren nichts.[98]

IV. Beabsichtigte Rechtsverfolgung

13 **1. Zeitliche Grenzen.** Beabsichtigt bedeutet nicht etwa, dass die Rechtsverfolgung oder -verteidigung lediglich geplant sein muss. Sie kann auch schon begonnen haben und/oder noch andauern. PKH kann also noch **während eines schon laufenden Verfahrens beantragt** und/oder bewilligt werden; zB wenn ein Beklagter nach Klagezustellung PKH begehrt. Vor Zustellung der Klage kann dem Beklagten keine PKH bewilligt werden,[99] es sei denn, die PKH-Partei wird zur Stellungnahme zu einem Antrag auf Einstellung der Zwangsvollstreckung aufgefordert, die Zustellung der Klage unterbleibt jedoch, weil dem Gegner keine PKH bewilligt wird;[100] vgl. aber auch § 118 Rn. 6f. Soll eine bereits vor Rechtshängigkeit drohende einst-

---

[80] Hierzu ausführlich *Schneider* MDR 1986, 552ff.; OLG Naumburg FamRZ 1994, 1042f.; OLG Celle OLGR 1996, 155f.; OLG Nürnberg FamRZ 1997, 100f.
[81] KG NJW-RR 1986, 306, 307; OLG München FamRZ 1994, 1184.
[82] OLG Köln FamRZ 1998, 1601; OLG Hamm FamRZ 1997, 97; OLG Karlsruhe FamRZ 2004, 547; aA KG FamRZ 2005, 461f.
[83] OLG Hamm FamRZ 1999, 1300.
[84] OLG Hamburg FamRZ 1996, 1021.
[85] S. nur OLG Hamm FamRZ 1994, 312; OLG München OLGR 2002, 115f.
[86] OLG Karlsruhe FamRZ 2004, 547; OLG Düsseldorf AnwBl. 2000, 59; OLG Brandenburg MDR 2003, 171f.
[87] Zu dem Ganzen OLG Köln NJW-RR 1995, 707; OLG Celle OLGR 1996, 155f.
[88] KG NJW-RR 1986, 306, 307; OLG München FamRZ 1994, 1184.
[89] KG NJW-RR 1986, 306, 307; OLG Frankfurt/M NJW-RR 1991, 1411, 1412.
[90] OLG Celle FamRZ 1995, 1043f.
[91] OLG München FamRZ 1994, 1184.
[92] OLG Schleswig SchlHA 1999, 271.
[93] Vgl. *Schneider* MDR 1986, 552, 554; OLG Frankfurt NJW-RR 1991, 1411, 1412; s. a. OLG Düsseldorf AnwBl. 2000, 59.
[94] OLG Hamm FamRZ 1994, 312; MDR 2006, 520; OLG Karlsruhe FamRZ 1997, 98f.; OLG Nürnberg FamRZ 1997, 100, 101; OLG München FamRZ 2005, 42.
[95] OLG Brandenburg FamRZ 1998, 174; s. a. OLG München OLGR 2001, 125.
[96] OLG Hamm FamRZ 2000, 429f.
[97] OLG Düsseldorf FamRZ 1997, 1017.
[98] OLG Naumburg FamRZ 2000, 101.
[99] OLG Bremen OLGR 1996, 221.; OLG Nürnberg MDR 2002, 237.
[100] OLG Karlsruhe NJW-RR 2001, 643f.

weilige Anordnung nach § 644 abgewehrt werden, darf dem Beklagten auch im PKH-Verfahren schon PKH bewilligt werden.[101] Zur Frage der Rückwirkung der Bewilligung vgl. § 119 Rn. 10ff. sowie § 127 Rn. 24. Nach rechtskräftigem Abschluss eines Prozesses kann PKH nicht mehr beantragt werden.[102] Dies gilt auch, wenn die Instanz während des Ablaufes einer notwendigen Frist zur Anhörung des Gegners endet.[103] Wird die PKH erst am Ende der mündlichen Verhandlung nach Antragstellung oder noch später beantragt, scheidet eine Bewilligung gleichfalls aus.[104] Eine Entscheidung über eine **zuvor beantragte PKH** ist jedoch auch nach rechtskräftigem Ende eines Rechtsstreites zu treffen.[105] Eine angekündigte Vorlage von fehlenden Unterlagen muss dann jedoch vor dem Instanzende erfolgen,[106] es sei denn, das Gericht hat gestattet, die Unterlagen innerhalb einer längeren Frist nachzureichen.[107] PKH kann allerdings dann in keinem Fall mehr bewilligt werden, wenn der unterlegene Gegner dem obsiegenden Antragsteller die Verfahrenskosten erstattet hat; dasselbe gilt, wenn die „Erstattung" im Wege der Aufrechnung erfolgt ist.[108] Eine Wiedereinsetzung kommt nicht in Betracht.[109]

Nach Klagerücknahme kann der Kläger keinen PKH-Antrag mehr stellen.[110] Ausnahmsweise ist eine Bewilligung für den Kläger trotz Klagerücknahme noch möglich, wenn das Gericht über den PKH-Antrag pflichtwidrig nicht vorab entschieden hat und der Kläger alles ihm Zumutbare getan hat, um eine Entscheidung herbeizuführen.[111] Erfolgt die Rücknahme eines Scheidungsantrages nach längerem Ruhen des Verfahrens, um ein frühes Ende der Ehezeit zu verhindern (§ 1587 Abs. 2 BGB), so soll PKH bewilligt werden müssen.[112] Auch der Beklagte kann nach Rücknahme der Klage keinen PKH-Antrag mehr stellen.[113] Dies gilt auch bei Teilrücknahme für den davon betroffenen Teil.[114] Über einen PKH-Antrag des Beklagten kann jedoch noch nach Klagerücknahme entschieden werden, wenn der Antrag vorher gestellt wurde.[115] Der Antrag muss aber vorher bewilligungsreif gewesen sein, insbesondere muss die vollständig ausgefüllte Erklärung vorgelegen haben.[116] Vgl. a. § 119 Rn. 10. 14

Endet der Rechtsstreit durch einen Widerrufsvergleich, der bestandskräftig wird, kann bis zum Ablauf der Widerrufsfrist ein Antrag gestellt werden;[117] allerdings müssen bis Fristende auch alle Unterlagen vorliegen.[118] Im Übrigen kann nach Abschluss eines **Vergleiches** keine PKH mehr beantragt werden.[119] PKH kann ausnahmsweise noch bewilligt werden, wenn im Termin, in dem der Vergleich geschlossen wurde, der Antrag gestellt sowie die Nachreichung des Vordrucks angekündigt wird und das Gericht nicht darauf hinweist, dass die Unterlagen vor Vergleichsschluss vorliegen müssen.[120] Eine andere Sicht wäre auch wenig sinnvoll, denn der Antragsteller müsste sonst auf einem neuen Protokollierungstermin nach Vorlage der PKH-Unterlagen bestehen. Wird ein Verfahren nicht mehr betrieben, so kann PKH dann nicht mehr bewilligt werden.[121] Dies gilt nicht für den Beklagten im Scheidungsverfahren, wenn ein Versöhnungsversuch unternommen wird.[122] Vergleichen sich die Parteien außergerichtlich, steht dies einer PKH-Gewährung nicht entgegen.[123] Hierzu § 119 Rn. 5. 15

2. Erfüllungsbereitschaft. Einem **Beklagten,** der geltend macht, er sei erfüllungsbereit oder habe schon erfüllt, kann **keine PKH** bewilligt werden. Er beabsichtigt keine Rechtsverteidigung mehr. Für ein Anerkenntnis kann keine PKH bewilligt werden.[124] Eine Ausnahme kommt nur in Betracht, wenn er vorträgt, er habe zur Klage keinen Anlass gegeben oder wenn der Kläger nach Erfüllung die Hauptsache nicht in angemessener Frist für erledigt erklärt.[125] Wer anerkennt und sich auf § 93 beruft, kann daher PKH erlangen.[126] Erkennt der Beklagte den Anspruch, nachdem der **Kläger** einen PKH-Antrag gestellt hat, sofort an, so ist der PKH-Antrag des Klägers hinfort nicht grundsätzlich abzulehnen; dies ist er nur dann, wenn der 16

---

[101] KG FamRZ 2005, 526.
[102] OLG Düsseldorf NJW 1968, 405f.; OLG Köln OLGR 1994, 292, 293; VGH Mannheim Justiz 2005, 201f.
[103] OLG Düsseldorf JurBüro 1989, 114; ArbG Regensburg JurBüro 1991, 1230.
[104] OLG Karlsruhe FamRZ 1996, 1287, 1288; OLG Zweibrücken JurBüro 2000, 312.
[105] OLG Frankfurt/M NJW-RR 1995, 703; BGH NJW 1982, 446; sehr großzügig OLG Bremen OLGR 2000, 435.
[106] OLG Bamberg FamRZ 2001, 628; OLG Karlsruhe FamRZ 2004, 122.
[107] OLG Hamm FuR 2005, 427f.
[108] OLG Hamm OLGR 1993, 202f.
[109] OLG Köln OLGR 1994, 292, 293.
[110] OLG München OLGR 1995, 252; OVG Münster NVwZ-RR 1994, 124.
[111] OVG Weimar NVwZ 1998, 533 = NJW 2993 (L.); noch großzügiger OLG Rostock FamRZ 2001, 1468.
[112] OLG Karlsruhe FamRZ 2000, 1020f.
[113] OLG Bamberg JurBüro 1986, 1574; OLG Brandenburg OLGR 1995, 174f.
[114] OLG Hamm NJW-RR 2004, 79; OLG Brandenburg OLGR 2007, 246.
[115] OLG Frankfurt/M NJW-RR 1995, 703; BGH NJW 1982, 446; OLG Köln MDR 1997, 690.
[116] OLG Brandenburg OLGR 1995, 174f.; OLG Düsseldorf MDR 1987, 941; OLG Hamm FamRZ 2005, 463.
[117] AG Groß-Gerau MDR 1981, 853; LG Hamburg FamRZ 1999, 600; aA offenbar LG Nürnberg-Fürth AnwBl. 1987, 55.
[118] OLG Celle OLGR 2002, 213f.
[119] OLG Düsseldorf JurBüro 1987, 130 mit zust. Anm. *Mümmler;* OLG Frankfurt OLGR 2005, 647.
[120] LG Tübingen JurBüro 1990, 514, 515.
[121] OLG Frankfurt/M FamRZ 1984, 305, 306 mit abl. Anm. *Bosch.*
[122] OLG Hamburg OLGR 2003, 314.
[123] LG Köln MDR 1990, 929; vgl. a. § 119 Rn. 5.
[124] OLG Brandenburg FamRZ 2002, 1270, 1271.
[125] LG Aachen NJW-RR 1993, 829 m. weit. Nachw.
[126] OLG Hamm FamRZ 2003, 459; MDR 2006, 890f.; OLG Naumburg FamRZ 2001, 923; aA OLG Karlsruhe FamRZ 2002, 1132, 1133.

Beklagte vorprozessual nicht zur Stellungnahme aufgefordert wurde, ob er dem Klagebegehren freiwillig nachkommt; der Gedanke des § 93 ist auch hier zu berücksichtigen.[127] Nach anderer Auffassung soll dann, wenn ein potenzieller Beklagter nach Mitteilung eines isolierten (ohne Hauptsache anhängigen) PKH-Antrages eines Klägers erklärt, er wolle teilweise anerkennen, PKH nur für einen zu schließenden Vergleich („PKH für PKH", vgl. § 118 Rn. 6f.) bewilligt werden können.[128] Dem kann, soweit es um das Wort „nur" geht, nicht zugestimmt werden. Wenn sich der Beklagte in einer solchen Situation nicht vergleichen will, könnte der Kläger sonst nicht zu seinem Ziel kommen. Wenn die Parteien beide vergleichsbereit sind, so spricht nichts dagegen, diese Fallkonstellation mit Hilfe der „PKH für PKH" zu lösen. Ansonsten ist PKH für den Kläger zu bewilligen. Dies gilt allerdings nicht, wenn der Beklagte die Errichtung eines notariellen Titels anbietet.[129]

17 **3. Erledigung.**[130] Erledigt sich bei einem isolierten (ohne Hauptsache anhängigen) PKH-Verfahren die Hauptsache, so kann **PKH grundsätzlich nicht mehr bewilligt werden,** denn dies würde auf eine unzulässig „PKH für PKH" (vgl. § 118 Rn. 6f.) hinauslaufen.[131] Dies gilt jedenfalls dann, wenn die Verfahrenserledigung aus freien Stücken herbeigeführt wird,[132] anders uU wenn sie das Gericht herbeigeführt hat.[133] Das Risiko einer Erledigung des PKH-Antrages zwischen Eingang und Entscheidung liegt beim Antragsteller.[134] Auch eine PKH- Bewilligung für den Gegner scheidet aus.[135] Der Partei bleibt die Möglichkeit, einen materiell-rechtlichen Kostenerstattungsanspruch geltend zu machen.[136] Dasselbe gilt, wenn es zur Klageerhebung nicht mehr kommt, weil sich die Parteien im Rahmen des PKH-Verfahrens außergerichtlich verglichen haben, denkbar ist dann nur die – ausnahmsweise mögliche – **„PKH für PKH** (§ 118 Rn. 6f.)**"**.[137] War die Hauptsache aber schon anhängig, muss PKH bewilligt werden.[138] PKH kann gleichfalls nicht bewilligt werden, wenn sich die Parteien im Ehescheidungsverfahren vor der (nicht verzögerten) Entscheidung über den PKH-Antrag wiederum versöhnen.[139] Dasselbe gilt, wenn eine beabsichtigte Unterhaltsklage durch die Errichtung einer vollstreckbaren Urkunde überflüssig wird;[140] es sei denn, Entscheidungsreife ist vorher eingetreten.[141] In besonderen Ausnahmefällen kommt die Bewilligung von PKH in Betracht, obwohl sich bereits das PKH- Gesuch erledigt hat; zB wenn sich ein Kindesunterhaltsverfahren bei Trennung durch Versöhnung der Eltern erledigt.[142]

18 Ist die **Hauptsache (mit) anhängig** gewesen, so kommt eine Bewilligung in Betracht, wenn der Antrag verzögerlich behandelt wurde.[143] Dies natürlich nur dann, wenn im positiven Sinn hätte entschieden werden können.[144] Wird Räumungsklage erhoben und erklärt der Kläger später wegen Zahlung durch das Sozialamt nach § 569 Abs. 3 Nr. 2 BGB für erledigt, kann dem Beklagten keine PKH bewilligt werden.[145] In der Praxis werden die mit der Erledigung im PKH-Verfahren verbundenen Fragen häufig damit „umschifft", dass ein Vergleich geschlossen wird, hierfür kann dann auch im PKH-Verfahren PKH gewährt werden (vgl. § 118 Rn. 6f.). War die Hauptsache nicht rechtshängig, kann eine Entscheidung nach § 91a nicht ergehen (vgl. aber § 118 Rn. 17).[146] Eine Entscheidung nach § 269 Abs. 3 S. 3 Hs. 2 ist dagegen möglich.[147] Vgl. a. § 118 Rn. 7.

V. Erfolgsaussicht

19 **1. Begriff.** Hinreichende Aussicht auf Erfolg (nicht: Erfolgsgewissheit[148]) muss der Angriff oder die Verteidigung bieten. Die Anforderungen an die Erfolgsaussicht dürfen aus verfassungsrechtlichen Gründen nicht überspannt werden.[149] Erfolgsaussicht ist gegeben, wenn der von dem Antragsteller eingenommene Standpunkt zumindest vertretbar erscheint und eine Beweisführung möglich ist.[150] Es kann folglich zwischen **rechtlicher und tatsächlicher Erfolgsaussicht** unterschieden werden. Es kommt auf die rechtliche

---

[127] OLG Bamberg FamRZ 1992, 456 (zur Abänderungsklage).
[128] OLG München OLGR 1995, 20.
[129] OLG Köln NJW-RR 2004, 64f.
[130] Vgl. *Pentz* NJW 1985, 1820f.
[131] OLG Köln JurBüro 1995, 535; OLG Frankfurt/M NJW-RR 1991, 1411; OLG Bamberg FamRZ 2001, 922f.; aA OLG Rostock JurBüro 2002, 376.
[132] OVG Bremen JurBüro 1990, 1191; OLG Düsseldorf JurBüro 1989, 114.
[133] OLG Braunschweig NJOZ 2006, 2296 = FamRZ 961.
[134] OLG München OLGR 1995, 252; OLG Düsseldorf JurBüro 1989, 114.
[135] OLG Celle OLGR 1995, 146.
[136] OLG München OLGR 1995, 252; OLG Frankfurt/M (Fn. 126); OLG Köln FamRZ 1998, 1601, 1602.
[137] OLG Düsseldorf JurBüro 1986, 286.
[138] OLG Karlsruhe FamRZ 2006, 798f.
[139] OLG München OLGR 1994, 215; OLG Karlsruhe Justiz 1989, 349, 350.
[140] OLG Karlsruhe AnwBl. 1982, 491.
[141] OLG Bamberg FamRZ 1999, 240.
[142] Näher OLG Köln FamRZ 1984, 916ff.
[143] OLG Köln JurBüro 1995, 535; OLG Rostock NJW-RR 2002, 1516f.; OLG Brandenburg FamRZ 2007, 909f.
[144] OVG Berlin NVwZ 1998, 650.
[145] LG Aachen NJW-RR 1993, 829 m. weit. Nachw.
[146] OLG Brandenburg NJW-RR 2001, 1436; OLG Karlsruhe FamRZ 2001, 501.
[147] BGH FuR 2005, 282.
[148] *T/P/Reichold* Rn. 3.
[149] Vgl. zB BVerfG NJW 2003, 3190f. sowie vor allem Rn. 20.
[150] BGH NJW 1994, 1160, 1161; OVG Greifswald MDR 1996, 98.

und tatsächliche Würdigung des zur Entscheidung berufenen Gerichts an. Weicht diese jedoch von der st. Rechtsprechung des BGH ab, ist gleichwohl PKH zu bewilligen.[151] Hinsichtlich der tatsächlichen Erfolgsaussicht gilt grundsätzlich, dass bei einer erforderlichen und nicht von vornherein aussichtslosen Beweisaufnahme PKH zu bewilligen ist.[152] Bei einer schlüssigen Klage, deren Erfolg von dem angebotenen Zeugenbeweis abhängt, ist daher grundsätzlich PKH zu bewilligen.[153] Begehrt ein Beklagter PKH, reicht substantiiertes Bestreiten des klägerischen Vortrags aus, wenn dem Kläger die Beweislast obliegt. Vergleichen sich die Parteien, wird idR Erfolgsaussicht bestehen.[154] Die nachfolgend dargestellten Besonderheiten sind allerdings zu beachten.

2. Schwierige Rechtsfragen. Es ist zu beachten, dass bereits hinreichende Erfolgsaussicht ausreicht. Das PKH-Verfahren will den Rechtsschutz nicht selbst bieten, sondern den Zugang dazu ermöglichen; die Rechtsverfolgung oder -verteidigung darf deswegen nicht in das PKH-Verfahren vorverlagert werden.[155] Es ist daher **verfassungsrechtlich unzulässig, schwierige und nicht geklärte Rechtsfragen im PKH-Verfahren durchzuentscheiden.**[156] Dementsprechend dürfen nach der st. Rspr. des BVerfG bisher nicht hinreichend geklärte, schwierige Tat- und Rechtsfragen im PKH-Verfahren nicht entschieden werden, sie müssen vielmehr – auch von PKH-Parteien – einer Klärung in einem ordentlichen Prozess zugeführt werden können.[157] Das Fachgericht darf die Anforderungen an die Erfolgsaussicht nicht überspannen und dadurch den Zweck der PKH verfehlen.[158] Werden sich also im Hauptsacheverfahren Fragen stellen, deren rechtliche Tragweite erheblich ist oder denen eine schwierige Problematik zu Grunde liegt, so ist PKH zu bewilligen,[159] auch in der Revisionsinstanz.[160] Wird ein Rechtsmittel wegen grds. Bedeutung zugelassen, muss das Gericht, das zugelassen hat, für das Verfahren vor ihm auch PKH bewilligen.[161] Das PKH-Verfahren soll „nicht den Erfolg in der Hauptsache prämieren, sondern den Rechtsschutz nur ermöglichen."[162] Dies gilt auch, wenn Differenzen in der Rspr. bestehen, zB gegensätzliche Entscheidungen verschiedener OLG[163] oder die Rechtsfrage weder im Schrifttum noch in der höchstrichterlichen Rspr. geklärt ist.[164] Dasselbe gilt, wenn ernstliche Bedenken gegen die Verfassungsmäßigkeit eines Gesetzes bestehen.[165] Auch wenn ein Gericht von der höchstrichterlichen Rechtsprechung und der hM in der Literatur abweichen will, muss es PKH bewilligen.[166] Alleine aus dem Umfang einer Entscheidung kann nicht geschlossen werden, dass die vorstehenden Grundsätze verletzt worden sind.[167] Wenn jedoch im Laufe des Verfahrens eine zunächst zweifelhafte Rechtsfrage durch eine zwischenzeitliche höchstrichterliche Entscheidung zum Nachteil des Antragstellers geklärt wird, kann keine PKH mehr bewilligt werden.[168] Hiergegen lässt sich nichts einwenden, denn der Antragsteller ist insoweit einem Schicksal erlegen, das grundsätzlich jedermann treffen kann. Aus alledem kann allerdings nicht geschlossen werden, dass im PKH-Prüfungsverfahren keinerlei Rechtsfragen mehr entschieden werden dürfen, insbesondere wenn die Rechtfragen unstreitig und einfach sind[169] oder im Hinblick auf gesetzliche Regelungen oder vorhandene Rechtsprechung nicht als schwierig erscheinen.[170] Dies wäre auch nicht im Interesse des Antragstellers, der bei Durchführung des Prozesses immerhin einem Kostenerstattungsanspruch der Gegenseite ausgesetzt ist (§ 123), den es im PKH-Verfahren (jedenfalls zunächst) nicht gibt (vgl. § 118 Rn. 16f. und § 127 Rn. 29ff.). 20

3. Vorweggenommene Beweiswürdigung.[171] **a) Allgemeines.** Bei der Prüfung der Erfolgsaussicht ist eine **vorweggenommene Beweiswürdigung in Grenzen zulässig.** Dabei sind die Voraussetzungen für die PKH-Bewilligung und die Stattgabe eines Beweisantrages nicht identisch; der Begriff der hinreichenden Erfolgsaussicht darf enger verstanden werden als das Beweiserhebungsgebot.[172] Diese Sicht ist nicht verfassungswidrig.[173] Die Erfolgsprognose bezieht sich nicht nur auf die Schlüssigkeit des Vorbringens, sondern auch auf seine Beweisbarkeit.[174] Lässt sich eine Beweisaufnahme verfahrenstechnisch nicht umgehen, so kann die PKH verweigert werden, wenn die Beweisaufnahme mit hoher Wahrscheinlichkeit negativ ausgehen 21

---

151 OLG Köln MDR 2000, 601; s. a. Rn. 20.
152 OVG Greifswald MDR 1996, 98 m. weit. Nachw.
153 OLG Hamm VersR 1983, 577f.; s. a. § 118 Rn. 13ff.
154 OLG Frankfurt a. M. OLGR 2007, 382.
155 BVerfGE 81, 347, 357 = NJW 1991, 413; BVerfG NJW-RR 1993, 1090; NJW 2000, 1936, 1937.
156 BVerfG NJW 2000, 1936, 1937.
157 BVerfG NJW 1994, 241, 242 m. weit. Nachw.; BGH NJW 1998, 82; hierzu völlig zu Recht sehr krit. *Tombrink* DRiZ 2007, 183ff.
158 BVerfG NJW-RR 2004, 1153; 1993, 1090; NJW 1997, 2102, 2103; NJW 2000, 1936, 1937f.
159 OLG Frankfurt/M OLGR 1993, 252f.
160 BGH NJW 2003, 2917; aA *Bungeroth* ZIP 2003, 2280ff.
161 BVerfG NJW 2004, 1789.
162 BVerfG NJW 2003, 3190.
163 OLG Hamm NJW 1985, 2275.
164 BVerfG NJW-RR 2002, 793f.; FPR 2004, 514; OLG Frankfurt/M FamRZ 1990, 315 m. weit. Nachw.
165 OLG Frankfurt/M FamRZ 1990, 315, 316.
166 BVerfG NJW-RR 2005, 500f.
167 BVerfG NJW-RR 2004, 61f.
168 BGH NJW 1982, 1104.
169 BGH NJW 1998, 1154.
170 BGH NJW-RR 2003, 130, 131.
171 Hierzu ausf. *Schneider* MDR 1987, 22f.
172 BGH NJW 1994, 1160, 1161; OLG Hamm NJW-RR 2000, 1669, 1670; OLG Koblenz JurBüro 2002, 376.
173 BVerfG NJW 97, 2745f.; NVwZ 1987, 786.
174 OLG Köln MDR 1987, 62; OLGR 2000, 302

wird;[175] anders verhält es sich aber, wenn das Ergebnis der Beweisaufnahme dazu führen soll, die richterliche Überzeugungsbildung auf eine bessere Grundlage zu stellen.[176] Die Bewilligung von PKH darf also abgelehnt werden, wenn gegen die Richtigkeit eines Vortrages erhebliche und belegbare Bedenken bestehen. Ein derartiger Fall kann vorliegen, wenn andere Gerichte schon nach umfangreichen Beweisaufnahmen zu Lasten des Antragstellers entschieden haben.[177] Dabei kann auch von Bedeutung sein, dass ein Antragsteller gegen einen Strafbefehl keinen Einspruch eingelegt hat[178] oder sich in Widerspruch zu seiner Einlassung in einem Strafverfahren setzt.[179] Liegen jedoch keine greifbaren Anhaltspunkte dafür vor, dass die Beweisaufnahme zum Nachteil des Antragstellers ausgeht, muss PKH bewilligt werden.[180] Vgl. a. § 118 Rn. 9, 13ff.

22 **b) Zeugen.**[181] Beim Zeugenbeweis wird in **aller Regel nicht vorweg gewürdigt werden können, es sei denn, der Zeuge ist bereits gerichtlich vernommen worden.**[182] Wenn Zeugenbeweis angeboten wird, ist PKH zu gewähren und nach Vernehmung zu entscheiden, sonst würde der Rechtsschutz der PKH-Partei gegen den Willen des Gesetzgebers verkürzt,[183] dies gilt insbesondere, wenn es um die erstmalige Vernehmung eines Zeugen geht.[184] Eidesstattliche Versicherungen von Zeugen ändern daran nichts, denn der Beweiswert eines Zeugen hängt wesentlich vom persönlichen Eindruck ab.[185] Dasselbe gilt für schriftliche Äußerungen in einem Ordnungswidrigkeitsverfahren, die im anschließenden Zivilprozess verwertet werden sollen.[186] Anders verhält es sich, wenn nach den Gesamtumständen eines Falles ein Ergebnis nahe liegt, zB wenn ein Zeuge eine Abtretung bestätigen soll.[187] Hat ein Zeuge schon in einem Ermittlungsverfahren ausgesagt, so kann kaum davon ausgegangen werden, dass er im Prozess abweichend aussagt, zumal die frühere Aussage zeitlich näher lag.[188] Wurde zB in einem Strafurteil gegen den PKH-Beklagten der von dem Beklagten bestrittene Sachverhalt festgestellt und einem (angeblichen) Entlastungszeugen nicht geglaubt, so kann dem Beklagten im anschließenden Zivilprozess die PKH versagt werden.[189] Dasselbe gilt, wenn in einer beigezogenen Strafakte entsprechende Aussagen enthalten sind.[190] Will der Antragsteller gleichwohl PKH erlangen, so muss er substantiiert darlegen, dass und warum die Zeugen anders aussagen werden.[191] Auch der Beweiswert einer Aussage kann grundsätzlich antizipiert werden.[192] Versucht der Antragsteller durch interessierte Zeugen, wie zB Ehegatten und Verwandte, einen geführten Urkundsbeweis zu widerlegen, so kann die PKH verweigert werden.[193] Für einen Beweisantritt „Zeuge NN" kann keine PKH bewilligt werden.[194] Vgl. a. § 118 Rn. 13ff.

23 **c) Parteivernehmung.** Wird als Beweismittel lediglich Parteivernehmung angeboten, so ist PKH nicht zu bewilligen, wenn der Beklagte die **Darlegung des Gegners substantiiert bestritten hat.**[195] In solchen Fällen kann nicht davon ausgegangen werden, dass der Beklagte bei einer Parteivernehmung abweichende Angaben machen wird, selbst unter dem dann möglichen und im PKH-Verfahren zunächst ausgeschlossenen (§ 118 Abs. 1 S. 3) Eid. Der Gegner würde dann die Eidesstrafe vermeiden, jedoch gleichzeitig einen zumindest versuchten Betrug einräumen. Ein derartiger Verlauf der Dinge ist völlig unwahrscheinlich. Eine andere Entscheidung ist in Ausnahmefällen denkbar, etwa wenn der Prozess maßgeblich von einer (Haftpflicht) Versicherung geführt wird. Muss der Beklagte den Schaden nicht selbst zahlen, besteht die Möglichkeit, dass er uU unter Eidesdruck die Wahrheit sagt. In derartigen Fallkonstellationen ist jedoch wiederum verstärkt darauf zu achten, ob nicht die Parteien zusammen die Versicherung hintergehen wollen. Denkbar ist die Bewilligung von PKH, wenn es konkrete Umstände erwarten lassen, dass sich die bisherige Einlassung ändert.[196]

24 **d) Einzelfälle.** Wenn für eine Erfolgsprognose Sachkunde erforderlich ist, kann der **Sachverständigenbeweis** nicht im PKH-Verfahren als untauglich gewürdigt werden.[197] Ein vorliegendes Gutachten zB einer

---

[175] OLG Köln OLGR 2004, 27f.; LG Lübeck NJW 2001, 2911 („Amalgam"); OLG Bamberg NJOZ 2006, 1649ff.; KG OLGR 2006, 74.

[176] OLG Köln FamRZ 1991, 344 (zu Abstammungsgutachen in Kindschaftssachen); OLG Frankfurt/M OLGR 1993, 197f.

[177] OLG Nürnberg MDR 1985, 1033.

[178] OLG Koblenz JurBüro 1990, 101.

[179] OLG Köln NJW-RR 2001, 791.

[180] BVerfG NJW 2003, 2976f.; NJW-RR 2002, 1069; 2005, 140f.; OVG Saarlouis NJW 2006, 2202, 2203.

[181] Hierzu instruktiv BVerfG NJW-RR 2003, 1216f.; *Schneider* ZAP F 13, 1305f.

[182] LG Kaiserslautern NJOZ 2006, 2712.

[183] BGH NJW 1988, 266, 267; BVerfG NJW 2003, 2976f.

[184] OLG Hamm VersR 1990, 1393, 1394; OLG Koblenz OLGR 2002, 273f.

[185] OLG Koblenz NJW-RR 1992, 706, 707.

[186] LG Hannover MDR 1993, 913.

[187] OLG Koblenz NJW-RR 1992, 706, 707.

[188] OLG Hamm NJW-RR 2000, 1669, 1670; *Schneider* MDR 1987, 22, 23.

[189] OLG Koblenz OLGZ 1991, 210f.; KG VersR 1972, 104f.; OLG Nürnberg JurBüro 1986, 286; sehr großzügig OLG Hamm OLGR 2001, 166f.

[190] KG VersR 1972, 104; vgl. a. BVerfG NJW-RR 2004, 61, 62.

[191] OLG München JurBüro 1986, 606; KG VersR 1992, 104, 105.

[192] OLG Köln NJW-RR 1995, 1405.

[193] OLG Karlsruhe OLGR 1995, 203 (zweifelhaft); s. a. OLG Celle OLGR 2002, 273f.

[194] OLG Koblenz JurBüro 1990, 100f.

[195] OLG Celle OLGR 2000, 271: OLG Köln NJW-RR 1997, 636f.; MDR 2007, 605.

[196] OLG Düsseldorf OLGR 1993, 218.

[197] *Schneider* MDR 1987, 22, 23.

Schlichtungsstelle kann jedoch zu mangelnden Erfolgsaussichten führen, wenn es nicht substantiiert widerlegt wird.[198] Im PKH-Verfahren kann das **Berufungsgericht** auch die Beweisaufnahme erster Instanz vorweg würdigen, wird ein Zeuge benannt, der in der Vorinstanz die Aussage verweigert hat, kann PKH für das Berufungsverfahren nur bewilligt werden, wenn sicher davon ausgegangen werden kann, dass der Zeuge jetzt aussagen will; hierfür ist idR eine schriftliche Erklärung erforderlich, die der Antragsteller beizubringen hat.[199]

4. Zuständigkeitsfragen. S. a. § 118 Rn. 12 und § 119 Rn. 2. Umstritten ist, wie zu verfahren ist, wenn 25 der isolierte PKH-Antrag beim LG gestellt wurde, das LG jedoch Erfolgsaussicht nur für einen Teilbetrag bejaht, der in den Zuständigkeitsbereich des AG fällt.[200] In Anbetracht der Tatsache, dass die **sachliche Zuständigkeit Teil der Erfolgsaussicht** ist, hat das LG in solchen Fällen den Antrag zurückzuweisen, nicht die PKH teilweise zu bewilligen.[201] Das LG ist in derartigen Fällen zwar nach § 117 Abs. 1 S. 1 zuständig, über den PKH-Antrag zu entscheiden, der Antrag ist jedoch nicht begründet. Der Antragsteller kann dann beim AG einen erneuten Antrag stellen. Dies gilt nicht, wenn die Klage bereits erhoben ist, dann muss das LG entscheiden.[202] Dasselbe gilt, wenn der nicht als erfolgreich angesehene Teil der Klage auf eigene Kosten verfolgt werden soll.[203] Das LG darf als Gericht erster Instanz eine PKH-Bewilligung für einen Prozess bei dem AG nicht aussprechen.[204] Auf entsprechenden Antrag kann das LG den Antrag entsprechend § 281 an das AG verweisen.[205] Eine solche **Verweisung** entfaltet nur für das PKH-Verfahren Bindungswirkung.[206] Das AG kann also die PKH nicht mit der Begründung verweigern, es sei unzuständig. Will der Antragsteller beim AG die Klage auf über 5000 Euro erhöhen, und beantragt er hierfür PKH, so ist das AG hierfür nicht zuständig. Der Antrag ist zurückzuweisen. Der Antragsteller muss in solchen Fällen einen separaten Antrag bei dem LG stellen. Denkbar ist auch, dass das AG dem LG die Akte zur Entscheidung über den PKH-Antrag vorlegt. Das LG entscheidet dann zunächst nur über die PKH. Bewilligt das LG PKH, kann das AG, nach Rückgabe der Akte, dann die Klage zustellen und anschließend den gesamten Rechtsstreit wiederum an das LG verweisen. Entsprechend kann in dem weiteren Fall des § 506 verfahren werden.[207] Ändert sich bei einem isolierten PKH-Antrag zwischen Eingang und Bewilligung der gesetzliche Zuständigkeitsstreitwert, kann idR nach Bewilligung noch verwiesen werden, da mit Einreichung eines PKH-Antrags der Rechtsstreit noch nicht anhängig wird.[208]

5. Rechtswegfragen. Problematisch ist, wie zu verfahren ist, wenn der Rechtsweg nicht gegeben ist. Nach 26 ganz hM ist **§ 17a GVG hier nicht anzuwenden.**[209] Im PKH-Verfahren kann eine für die Hauptsache bindende Entscheidung nicht ergehen. Das Gericht hat vielmehr die PKH mangels Erfolgsaussicht abzulehnen, wenn es den Rechtsweg nicht für gegeben hält, der dadurch mögliche (zB LG und VG weisen die Anträge zurück) negative Kompetenzkonflikt kann nicht entstehen, denn schwierige Rechtsfragen dürfen nicht im PKH-Verfahren geklärt werden, so dass im Zweifel PKH zu gewähren ist.[210] Im Übrigen besteht die Möglichkeit, die Frage durch eine Beschwerde klären zu lassen, eine Vorabentscheidung über den Rechtsweg ist auch im PKH-Verfahren zu treffen.[211] Wird im PKH-Verfahren verwiesen, bindet dies nur für das PKH-Verfahren, nicht jedoch für die Hauptsache.[212] Ein derartiger Verweisungsbeschluss ist bindend.[213]

6. Familiensachen. Da Ehen nur durch Urteil geschieden werden können, darf die PKH nicht mit der 27 Begründung verweigert werden, die Verteidigung gegen den Scheidungsantrag verspreche keinen Erfolg.[214] In der Regel wird daher in der Praxis für die **Scheidung und die meisten Folgesachen PKH bewilligt werden müssen.**[215] Dies gilt auch für Verfahren nach § 1666 BGB.[216] Bei den Folgesachen ist allerdings ein besonderer Blick auf die Erfolgsaussicht zu werfen. Allerdings müssen die Scheidungsanträge als solche erfolgversprechend sein. Sind zB die Voraussetzungen für eine einverständliche Scheidung nicht gegeben, weil entgegen § 630 Abs. 1 Nr. 3 keine Regelung über den Kindesunterhalt vorgelegt wurde, kann PKH wegen mangelnder Erfolgsaussicht nicht gewährt werden.[217] Bei einer einverständlichen Scheidung ist PKH

---

198 OLG Oldenburg NdsRpfl. 1998, 122.
199 OLG Köln OLGR 1992, 324.
200 Hierzu ausf. *Saenger* MDR 1999, 850 ff.; OLG Dresden NJW-RR 1995, 382, 383.
201 BGH NJW-RR 2004, 1437; OLG Düsseldorf JurBüro 2007, 437 f.; OLG Saarbrücken NJW-RR 1990, 575; OLG Frankfurt/M NJW-RR 1995, 899; aA OLG Schleswig SchlHA 1999, 24; KG OLGR 1996, 192; 1999, 328.
202 BGH NJW-RR 2004, 1437; OLG Brandenburg OLGR 2001, 335 f.; LG Hamburg MDR 1998, 799, 800.
203 BGH NJW-RR 2004, 1437.
204 BGH NJW-RR 2004, 1437; OLG Saarbrücken NJW-RR 1990, 575.
205 OLG Saarbrücken NJW-RR 1990, 575; OLG Köln FamRZ 2000, 364.
206 BGH NJW-RR 2004, 1437; 1994, 706; *Fischer* MDR 1994, 539, 541 m. weit. Nachw.; vgl. § 281 Rn. 16; § 624 Rn. 34.
207 AA KG NJOZ 2007, 5009.
208 Näher OLG Karlsruhe Justiz 2004, 17 f.
209 § 17 GVG Rn. 3 m. weit. Nachw.; aA *Gsell/Mehring* NJW 2002, 1991, 1993.
210 OVG Bautzen NJW 1994, 1020; VGH Mannheim Justiz 1996, 38; gegen VGH Mannheim NJW 1992, 707 f.; vgl. a. Rn. 20.
211 VGH Mannheim NJW 1992, 707, 708.
212 BGH NJW 2001, 3633; BAG NJW 1993, 751 f.
213 BGH NJW 2001, 3633.
214 OLG Bamberg, NJW-RR 1995, 5, 6; OLG Jena FamRZ 1998, 1179.
215 OLG Düsseldorf FamRZ 1990, 80; OLG Hamm NJW 1978, 171; OLG Rostock FamRZ 2005, 1913 f.
216 OLG Karlsruhe FamRZ 2004, 706.
217 KG NJW-RR 1994, 518.

gleichfalls nicht zu bewilligen, wenn die Voraussetzungen des § 1565 BGB nicht gegeben sind.[218] Vor Ablauf des Trennungsjahrs kann PKH nicht bewilligt werden.[219] Wollen die Parteien erst eine Entscheidung danach, hat das Gericht dies zu beachten.[220] Dies entspricht dem Grundsatz, dass die materiellen Scheidungsvoraussetzungen vorliegen müssen, damit PKH bewilligt werden kann. Bei der Abänderungsklage (§ 323) ist zu beachten, dass nach hM nicht ab Eingang eines PKH-Antrages abgeändert werden kann, sondern erst nach Zustellung der Klage.[221] PKH kann auch für eine aussichtslose Klage gewährt werden, wenn ein klageabweisendes Urteil nach ausländischem Recht Voraussetzung für eine spätere Scheidung ist.[222] Bei isolierten **Umgangsverfahren** fehlt es an der Erfolgsaussicht, wenn eine dauerhafte Gefährdung des Kindeswohls zu besorgen ist.[223] Ein eventueller Ausschluss des Unterhaltsanspruchs nach § 1579 Nr. 1 BGB ist im PKH-Verfahren nicht zu berücksichtigen.[224] Da bei einstweiligem Rechtsschutz in **Gewaltschutzsachen** auch ein Hauptsacheverfahren anhängig gemacht werden muss (§§ 620a Abs. 2, 64 Abs. 3 FGG), kann nicht die PKH für die einstweilige Anordnung bewilligt, für die Hauptsache jedoch abgelehnt werden.[225]

28 **7. Kindschaftssachen.** Auch hier muss berücksichtigt werden, dass sich die Parteien dem Verfahren nicht entziehen können. Die Anforderungen an die Bewilligung von PKH sind daher sehr gering.[226] In jedem Fall ist PKH zu bewilligen, wenn ein Abstammungsgutachten eingeholt wird.[227] In Kindschaftssachen (§ 640) kann dem Beklagten PKH sogar dann nicht versagt werden, wenn er eine Rechtsverteidigung nicht beabsichtigt.[228] Das Gericht soll sogar verpflichtet sein, die anwaltlich nicht vertretene Partei auf die Möglichkeit der PKH aufmerksam zu machen, geschieht dies nicht, soll rückwirkend PKH auch dann zu bewilligen sein, wenn der Antrag erst am Ende des Prozesses gestellt wird.[229] Wenn der leibliche Vater die **Vaterschaft anerkannt hat,** schließt dies das Rechtsschutzbedürfnis für eine Klage des Kindes auf Vaterschaftsfeststellung nicht aus, denn das Kind hat ein Recht auf die sichere Aufklärung seiner Herkunft; darüber hinaus hat die Entscheidung im gerichtlichen Verfahren eine höhere Richtigkeitsgewähr, die eventuelle Kostenbelastung des anerkennungsbereiten Vaters ist demgegenüber hinzunehmen.[230] Tritt die **Kindesmutter** dem Rechtsstreit bei, ist ihr gleichfalls PKH zu gewähren.[231] Dies gilt aber nicht, wenn alle Prozessbeteiligten dasselbe Ergebnis anstreben und keinerlei Interessen der unterstützen Partei und auch keine eigenen wahrzunehmen sind[232] oder die Entscheidung nur noch von einem Gutachten abhängt.[233] In der zweiten Instanz sind die Anforderungen zur Erlangung von PKH allerdings viel höher anzusetzen.

29 **8. Einzelfälle.** Wird für eine **Nichtigkeitsklage** PKH beantragt, so darf die PKH mangels Erfolgsaussicht verneint werden, wenn der Rechtsstreit jedenfalls zutreffend entschieden wurde.[234] Steht die Klageabweisung fest, da jedenfalls eine unstreitige Hilfsaufrechnung durchgreift, soll PKH gleichwohl bewilligt werden dürfen.[235] Ist die **Prozessfähigkeit** des Gegners zweifelhaft, so darf deswegen die PKH nicht abgelehnt werden, denn das Gericht kann dies durch geeignete Ermittlungen (Begutachtung, Pfleger) aufklären.[236] Ist der geltend gemachte Anspruch verjährt, so besteht auch dann keine Erfolgsaussicht, wenn sich der Gegner noch nicht darauf berufen hat.[237] Solange ein erforderliches **Schlichtungsverfahren** (§ 15a EG ZPO) nicht durchgeführt wurde, kann PKH nicht bewilligt werden; dies gilt auch, wenn nur der begründete Teil einer Forderung die Schlichtungsgrenze nicht übersteigt.[238] Zur **Berufungsinstanz** vgl. § 119 Rn. 16ff., insbes. 20 sowie § 117 Rn. 10ff. S. a. Rn. 8 aE; zur Zwangsvollstreckung § 119 Rn. 8.

VI. Mutwilligkeit

30 **1. Begriff.** Mutwillig darf die Rechtsverfolgung oder -verteidigung nicht sein. Erscheint sie mutwillig, ist die PKH zu versagen. Eine noch heute gültige[239] **Definition** der Mutwilligkeit war in der bis 1980 maßgeblichen alten Fassung des *§ 114 Abs. 1 S. 2* enthalten. Diese Vorschrift lautete wie folgt: Die Rechtsverfol-

---

[218] KG NJW-RR 1994, 518; OLG Dresden FamRZ 2002, 890f.; OLG Köln OLGR 2004, 52.
[219] OLG Köln FamRZ 2004, 1117.
[220] OLG Stuttgart FamRZ 2004, 1298.
[221] BGH NJW 1982, 1050, 1051; OLG Nürnberg NJW 1987, 265; OLG Köln FamRZ 1988, 1077, 1078; aA (Zugang des PKH-Antrages) OLG Frankfurt/M FamRZ 1979, 963f.
[222] OLG Hamm NJW-RR 1998, 1540; OLG Celle FamRZ 1998, 758; OLG Karlsruhe FamRZ 2002, 890.
[223] OLG Düsseldorf FamRZ 1999, 1670f.
[224] OLG Karlsruhe OLGR 2001, 328f.
[225] OLG Jena FamRZ 2007, 1337f.
[226] Gutes Beispiel: OLG Stuttgart FamRZ 2005, 1266.
[227] OLG Zweibrücken OLGR 2005, 788f.
[228] OLG Celle NJW-RR 1995, 6; OLG Koblenz FamRZ 2002, 1194f.; OLG Karlsruhe NJW-RR 1999, 1456; OLG Hamm, FamRZ 2007, 1753; aA OLG Düsseldorf NJW-RR 1996, 1157; OLG Hamburg NJW-RR 2000, 1605; OLG Köln FamRZ 2003, 1018; OLG Nürnberg MDR 2004, 96.
[229] OLG Karlsruhe FamRZ 1995, 1163f. (sehr weitgehend).
[230] OLG Nürnberg AnwBl. 1995, 110f.
[231] OLG Karlsruhe FamRZ 1992, 701.
[232] OLG Düsseldorf FamRZ 1995, 1506f.
[233] OLG Karlsruhe FamRZ 1998, 485; aA OLG Düsseldorf FamRZ 2001, 1467f.
[234] BGH NJW 1993, 3140.
[235] OLG Hamm FamRZ 1998, 1603.
[236] OLG Frankfurt/M FamRZ 1994, 1125f.
[237] OLG Frankfurt/M OLGR 1998, 55f.
[238] LG Itzehohe NJW-RR 2003, 352f.
[239] OLG Düsseldorf VersR 1982, 776; LG Wuppertal DAV 1986, 280 m. weit. Nachw.

gung ist dann als mutwillig anzusehen, wenn mit Rücksicht auf die für die Beitreibung des Anspruchs bestehenden Aussichten eine nicht das Armenrecht beanspruchende Partei von einer Prozessführung absehen oder nur einen Teil des Anspruchs geltend machen würde.[240] Es ist demgemäß nicht der Zweck der PKH, auf Kosten der Allgemeinheit bedürftigen Personen Prozesse zu ermöglichen, die die „normale" Partei bei vernünftiger und sachgerechter Einschätzung der Sach- und Rechtslage nicht führen würde.[241] Die Verteidigung gegen eine mutwillige Klage ist allerdings nicht mutwillig.[242] Der maßgebliche Beurteilungszeitpunkt für die Mutwilligkeit ist derjenige der Entscheidungsreife.[243]

2. „Vorverfahren".[244] Streitig ist, ob die PKH wegen Mutwilligkeit versagt werden darf, wenn dem Prozess Schiedsgerichts-, Schieds-, Schiedsgutachten-, Güte- oder Schadensfeststellungsverfahren vorausgeschaltet werden können. Nach zutreffender Auffassung kann nicht davon ausgegangen werden, eine vermögende Partei werde grundsätzlich zunächst ein solches „Vorverfahren" betreiben, deswegen ist die **sofortige Klage nicht als mutwillig** anzusehen.[245] Dies gilt auch und gerade in Arzthaftungssachen.[246] Grundsätzlich ist daher PKH auch dann zu bewilligen, wenn die Möglichkeit eines solchen „Vorverfahrens" nicht in Anspruch genommen wird.[247] Die vorstehenden Ausführungen beziehen sich nicht auf Gütestellen nach § 15a EGZPO (hierzu § 114 Rn. 8). Es ist nicht mutwillig, wenn ein separater Zivilprozess eingeleitet wird und die Möglichkeit des Adhäsionsverfahrens (§§ 403ff. StPO) nicht genutzt wird.[248] Auch auf die vorherige Durchführung einer **Meditation** (§ 119 Rn. 9 aE) wird eine PKH-Partei nur selten verwiesen werden können; meistenteils wird dies ohnehin nur in Betracht kommen, wenn der Gegner die Kosten übernimmt. Vgl. a. Rn. 40. 31

3. Familiensachen. a) Scheinehe. Ist sie ohne Gegenleistung eingegangen worden, ist PKH zu bewilligen.[249] Für die Scheidung einer Scheinehe ist hingegen keine PKH wegen selbstverschuldeter Bedürftigkeit zu gewähren, wenn aus dem Entgelt für die Ehe keine Scheidungsrücklage gebildet wird.[250] Hierzu hat die PKH-Partei im Einzelnen vorzutragen.[251] Der Antragsteller ist so zu behandeln, als ob er Vermögen verschenkt hat, obwohl er wusste, dass er dies für die Prozessführung benötigt.[252] Diese Ansicht ist nicht verfassungswidrig.[253] Einer jungen arbeitsfähigen Person ist es idR zuzumuten, sich im Trennungsjahr die erforderlichen Mittel zu verdienen.[254] Sind für die Ehe jedoch nur geringe Beträge bezahlt worden, so ist zu erwägen, ob das öffentliche Interesse, eine Scheinehe zu scheiden, nicht zur Gewährung von PKH führen sollte.[255] Auch in den übrigen Fällen spricht einiges dafür, die **PKH eher zu bewilligen als zu verweigern.**[256] Diese Sicht der Dinge scheint sich immer mehr durchzusetzen.[257] An die Glaubhaftmachung der Bedürftigkeit sind jedoch besonders hohe Anforderungen zu stellen.[258] Für einen **Eheaufhebungsantrag** kann keine PKH bewilligt werden, wenn Schließung und Aufhebung der Ehe von vornherein von einem einheitlichen Willen umfasst waren.[259] Ist bereits ein Aufhebungsverfahren anhängig, ist die weiterhin erhobene Scheidungsklage mutwillig.[260] 32

b) Forderungsübergang auf das Sozialamt.[261] Vgl. vorab § 621 Rn. 64ff. Wegen der Einzelheiten der „historischen" Entwicklung dieser Materie, die zum Verständnis der heutigen Probleme leider teilweise erforderlich ist, muss nunmehr auf die 4. Aufl. (Rn. 33–35) verwiesen werden. 33

Die einschlägigen gesetzlichen Regelungen finden sich jetzt in § 94 Abs. 5 S. 1 und 2 SGB XII (vor dem 1. 1. 2005 § 91 Abs. 4 S. 1 und 2 BSHG) sowie in § 7 Abs. 4 UVG. Danach kann der **Träger der Sozialhilfe auf ihn übergegangene Unterhaltsansprüche (cessio legis) auf den Hilfeempfänger zur gerichtlichen Geltendmachung zurückübertragen,** wobei die Kosten zu übernehmen sind. Die Vereinbarung darf allerdings keine materiell-rechtlichen oder prozessualen Einschränkungen, insbesondere bezüglich eines Vergleiches, enthalten und muss eine ausdrückliche Kostenübernahmeerklärung beinhalten.[262] Unerheblich ist dabei, ob die gezahlte Sozialhilfe den Unterhalt übersteigt.[263] Diese Regelung ist jedoch nicht so zu verstehen, dass die Sozialämter die Prozesskosten zu übernehmen haben und die Gewährung von PKH – grundsätz- 34

---

240 So a. BT-Drucks. 8/3694 S. 19 (Bericht der Abgeordneten Dres. *Langner* und *Schöfberger*).
241 OLG Frankfurt/M NJW-RR 1993, 327; OLG Celle NJW 1997, 532.
242 OLG Köln NJW-RR 2001, 869f.
243 OLG Köln NJW-RR 2004, 64.
244 Vgl. im Einzelnen *Sieg* NJW 1992, 2992.
245 OLG Düsseldorf NJW 1989, 2955; OLG Karlsruhe FamRZ 2002, 1712.
246 *Matthies* NJW 1986, 792f.; *Stegers* AnwBl. 1989, 137ff.; *Giesen* JZ 1988, 255; aA LG Aurich NJW 1986, 792.
247 Ebenso MK/*Motzer* Rn. 89.
248 LG Itzehoe SchlHA 2001, 260.
249 OLG Frankfurt a.M. FamRZ 2006, 1128; aA OLG Rostock NJW-RR 2007, 1161 (Pflicht zur Rücklagenbildung).
250 BGH NJW 2005, 2781, 2782; OLG Nürnberg NJW-RR 1995, 901; OLG Stuttgart FamRZ 1992, 195; OLG Schleswig OLGR 1997, 10f.; aA OLG Naumburg FamRZ 2001, 629; OLG Karlsruhe FamRZ 2003, 1760.
251 BGH NJW 2005, 2781, 2782.
252 OLG Frankfurt/M FamRZ 1996, 615; vgl. § 115 Rn. 55.
253 BVerfGE 67, 251, 255 = NJW 1985, 425; krit. *Spangenberg* FamRZ 1985, 1105f.
254 KG NJW 1982, 112f.; vgl. a. BGH NJW 2005, 2781, 2783.
255 Vgl. OLG Karlsruhe FamRZ 1988, 91f.
256 Vgl. OLG Nürnberg FamRZ 1996, 615f.
257 ZB OLG Hamm FamRZ 2001, 1081; OLG Stuttgart FamRZ 2002, 890; OLG Frankfurt FamRZ 2004, 1882.
258 OLG Stuttgart FamRZ 1997, 1410.
259 OLG Koblenz NJW-RR 2004, 157.
260 OLG Naumburg FamRZ 2004, 548f.
261 Ausf. zB *Münder* NJW 2001, 2201ff.; *Finger* FuR 1997, 287ff.
262 OLG Hamm FamRZ 1998, 174, 175.
263 OLG Saarbrücken FamRZ 1997, 617; OLG Koblenz FamRZ 1997, 1086; OLG Hamm FamRZ 1998, 174, 175.

lich – ausscheidet, soweit ursprünglich auf das Sozialamt übergegangene Unterhaltsansprüche geltend gemacht werden.[264]

35 Der Hilfeempfänger wird demgemäß für den **Prozess regelmäßig PKH beantragen.** Es stellt sich dann die Frage, in welchen Fällen die beantragte PKH für einen derartigen Prozess wegen Mutwilligkeit zu verweigern ist. Jedenfalls dann, wenn die Mitgeltendmachung eines rückübertragenen Unterhaltsanspruchs neben dem laufenden Unterhalt nur zu unwesentlichen Mehrkosten führt, braucht der Antragsteller nicht auf den Freistellungsanspruch gegen den Sozialhilfeträger verwiesen zu werden.[265] Dabei ist zu berücksichtigen, dass es wenig sinnvoll ist, den rückständigen Unterhalt nicht mit zu erledigen, wenn wegen des laufenden Unterhalts ohnehin prozessiert wird.[266] Eine Verweigerung der PKH ist jedoch denkbar, wenn nach Rückabtretung nur für die Vergangenheit Unterhalt verlangt wird und dies auch nur im Umfang der geleisteten Sozialhilfe geschieht.[267] Hat der Sozialhilfeträger den Schuldner für leistungsunfähig erklärt, so handelt der Sozialhilfeempfänger, der gleichwohl zukünftigen Unterhalt verlangt, mutwillig.[268] Wer lediglich Abänderung eines Unterhaltstitels für die Zukunft begehrt, handelt jedoch nicht mutwillig, selbst wenn er Sozialhilfe bezieht, die den verlangten Unterhalt nicht erreicht.[269]

36 c) **„Verbundpflicht".**[270] Die Frage nach der Verbundpflicht kann natürlich nur dann gestellt werden, wenn der geltend gemachte Anspruch überhaupt in den Verbund eingebracht werden kann.[271] Hierzu werden fast alle erdenklichen Auffassungen vertreten. Der BGH hat entschieden, dass die **Geltendmachung einer zivilprozessualen Folgesache außerhalb des Verbundverfahrens grundsätzlich nicht mutwillig ist.**[272] Das entscheidende Argument für den BGH war: Im Verbund gilt § 93a, bei einer zivilprozessualen Folgesache kann die klagende Partei eine Kostenentscheidung nach § 91 Abs. 1 erreichen und sich so besser stellen. Eine gesonderte Geltendmachung kann damit nicht mutwillig sein. In der Praxis gilt daher hinfort: Für zivilprozessuale Folgesachen, die außerhalb des Scheidungsverbundes geltend gemacht werden, darf die PKH regelmäßig nicht wegen Mutwilligkeit auf Grund einer Verletzung der Verbundpflicht abgelehnt werden. Für **FGG-Folgesachen** kann dies indes nicht gelten. Dort gilt nicht § 91, sondern § 13a FGG. Bei FGG-Folgesachen ist daher wie folgt zu differenzieren: Die PKH-Partei ist zur sparsamen Prozessführung verpflichtet. In Familiensachen besteht daher eine weit gehende **Pflicht, möglichst alle Verfahren in dem kostengünstigeren Verbund geltend zu machen.**[273] Ein isoliertes Verfahren auf Regelung der elterlichen Sorge für die Dauer des Getrenntlebens sowie auch ein isoliertes Verfahren zum Umgangsrecht sind in einem bereits rechtshängigen Scheidungsverfahren (Verbund) geltend zu machen, denn beide Verfahren (isoliert oder Verbund) sind idR quasi gleichwertig.[274] Dies gilt auch für die Hausratsverteilung[275] und einen Auskunftsanspruch nach § 1587e Abs. 1 BGB[276]. Geschieht dies nicht, so können dann nur die Kosten aus der Staatskasse beansprucht werden, die hätten verlangt werden können, wenn die Sache in den Verbund eingebracht worden wäre.[277] Nach teilweise vertretener – und zutreffender – Ansicht darf diese Entscheidung nicht dem Vergütungsfestsetzungsverfahren vorbehalten werden.[278] Nach aA ist die PKH insgesamt zu verweigern.[279] Dies soll auch dann gelten, wenn in der isolierten Familiensache uneingeschränkt PKH bewilligt wurde; der Grundsatz, dass die PKH-Entscheidung im Festsetzungsverfahren nicht mehr in Frage gestellt werden darf, soll dem nicht entgegenstehen.[280] Dem kann jedoch nicht gefolgt werden, denn im Festsetzungsverfahren ist der Bewilligungsbeschluss grds. bindend (vgl. § 121 Rn. 31), eine etwaige Beschränkung der Anwaltsgebühren muss daher bereits im Bewilligungsbeschluss erfolgen. In diesem Zusammenhang kann der PKH-Partei ein Schadensersatzanspruch gegen ihren Anwalt zustehen, den sie als Vermögen einzusetzen hat.[281] Beachtet der Anwalt die geschilderten Grundsätze nicht, hat er der PKH-Partei

---

264 OLG Köln FamRZ 1997, 297; FamRZ 2003, 100; OLG Koblenz OLGR 1997, 153, 154; OLG Celle FamRZ 1999, 1284; OLG Zweibrücken FamRZ 2001, 629; aA: Zö/Philippi Rn. 10; OLG Koblenz FamRZ 1997, 1086; OLG Oldenburg FamRZ 2003, 1761 f.; OLG Karlsruhe NJW-RR 1999, 1226; OLG Schleswig SchlHA 2000, 136; KG FamRZ 2003, 93 f.

265 OLG Nürnberg NJW 1999, 2376, 2377; OLG Frankfurt/M FamRZ 2001, 629, 630; OLG Celle OLGR 1996, 262; OLG Stuttgart OLGR 2004, 149.

266 OLG Schleswig SchlHA 2000, 136; OLG Köln FamRZ 2003, 100 ff.; OLG Hamm FamRZ 2005, 1100 f.

267 OLG Nürnberg NJW 1999, 2376, 2377; OLG Frankfurt FamRZ 1999, 1283, 1284; OLG Naumburg OLGR 2001, 82; Hinweise des OLG Hamm FamRZ 1997, 275.

268 OLG Koblenz FamRZ 2004, 1118 f.

269 OLG Koblenz FamRZ 1998, 246 f.; aA OLG Naumburg FamRZ 2001, 1081 f.

270 Ausf. *Weisbrodt* FF 2004, 237, 238 ff.

271 OLG Brandenburg JurBüro 2007, 210 f.

272 BGH NJW 2005, 1497 f.; ebenso: OLG Hamm FamRZ 2005, 1100; OLG Karlsruhe FamRZ 2005, 1099 Nr. 719.

273 OLG Brandenburg FamRZ 2001, 1083; OLG Zweibrücken FamRZ 2003, 1759; aA OLG Naumburg FamRZ 2001, 1468 f.; FamRZ 2001, 1082 f.; OLG Nürnberg NJW-RR 2003, 1227; OLG Oldenburg FamRZ 2003, 1757 f.; OLG Schleswig MDR 2004, 398.

274 OLG Düsseldorf JurBüro 1995, 361 m. Anm. *Enders;* Rpfleger 1994, 27, 28; aA OLG Hamburg FamRZ 2000, 1583 f.

275 OLG Düsseldorf Rpfleger 1995, 304; OLG Köln FamRZ 1994, 314, 315.

276 OLG Düsseldorf JurBüro 1994, 233.

277 OLG Köln MDR 2002, 1437 f.; OLG Frankfurt/M NJW-RR 1997, 1167; OLG Dresden FamRZ 1999, 601; vgl. aber OLG Zweibrücken FamRZ 1998, 485.

278 OLG Zweibrücken FamRZ 2000, 756.

279 OLG Jena FamRZ 2000, 100; OLG Brandenburg FamRZ 2002, 1411 f.; OLG Dresden FamRZ 2001, 230, 231.

280 OLG Düsseldorf Rpfleger 1994, 27, 28.

281 OLG Düsseldorf FamRZ 1992, 457.

ihren Schaden, der darin liegen kann, dass diese die Kosten teilweise selbst bezahlen muss, zu ersetzen.[282] Ein Verschulden ihres Anwalts muss sich die PKH-Partei auch hier zurechnen lassen.[283] Wird also nach rechtskräftigem Abschluss eines Verbundes noch eine **Folgesache anhängig gemacht, die hätte einbezogen werden können,** so kann PKH nach der hier vertretenen Auffassung dann nur in der Form bewilligt werden, dass „die Mehrkosten, die sich bei vergleichender Gegenüberstellung isolierter Rechtsverfolgung zur Rechtsverfolgung im Verbund ergeben, von der PKH-Bewilligung ausgenommen werden".[284] Nach aA soll PKH „normal" bewilligt werden, die Frage, welche Kosten anzurechnen bzw. noch zu erstatten sind, soll dann im Festsetzungsverfahren ausgetragen werden.[285] Dem kann nicht gefolgt werden, da der Bewilligungsbeschluss im Festsetzungsverfahren bindet (vgl. bereits oben). Deshalb empfiehlt sich die eingeschränkte Bewilligung. Stellt sich, bei isolierten Familiensachen, die Verbundfrage nicht, so ist es, schon wegen der verschiedenen Verfahrensordnungen, nicht mutwillig, ZPO und FGG-Familiensachen in einem getrennten Verfahren anhängig zu machen.[286]

Anders ist zu entscheiden, dh. die **„Verbundpflicht" entfällt,** wenn vernünftige bzw. **triftige Gründe** eine abweichende Verfahrensgestaltung rechtfertigen.[287] Dies ist zB dann der Fall, wenn bei Hausratsverteilungen für eine einstweilige Anordnung nach § 620 Nr. 7 kein Regelungsbedarf besteht, weil der Antragsteller die Gegenstände nicht braucht, er sie aber unter Berufung auf sein Eigentum herausverlangen will.[288] Ein triftiger Grund liegt auch vor, wenn vorher versucht wurde, bezüglich der Folgesachen eine einvenehmliche Regelung zu treffen.[289] Bei der Beurteilung des vernünftigen Grundes kann es eine Rolle spielen, ob das einstweilige Anordnungsverfahren, das nur ein summarisches Verfahren ist, ausreichend Rechtsschutz bietet.[290] Auch § 93a Abs. 1 S. 1 und 2 ist zu berücksichtigen.[291] Eine Verpflichtung zur Geltendmachung im Verbund besteht auch dann nicht, wenn dies die Ehescheidung nennenswert verzögert hätte.[292] PKH mit vollem Anwaltshonorar ist auch dann zu gewähren, wenn das Gericht vorher darauf hingewiesen hatte, der Anspruch müsse in einem isolierten Verfahren geltend gemacht werden[293] oder wenn zwischen Abschluss des Verfahrens und Eingang der isolierten Folgesache ein gewisser Abstand liegt.[294] S. a. § 623 Rn. 21. 37

d) **Freiwillige Zahlung.** Umstritten ist die Frage, ob PKH wegen Mutwilligkeit zu versagen ist, wenn ein Unterhaltsschuldner freiwillig, regelmäßig und vorbehaltlos den geforderten Unterhaltsbeitrag bezahlt. Überwiegend wird zu Recht davon ausgegangen, dass ein so genannter **Titulierungsanspruch** besteht; die Kosten soll grundsätzlich der Schuldner bezahlen,[295] wobei die Zahlungspflicht entweder zB aus § 1360a Abs. 4 BGB abgeleitet oder als unterhaltsrechtliche Nebenpflicht gesehen wird.[296] PKH ist dann zu bewilligen, wenn der Schuldner die Errichtung eines außergerichtlichen und damit kostengünstigeren Titels ablehnt.[297] Das Gericht darf anfragen, ob der Schuldner bereit ist, einen Titel zu errichten.[298] Folgt man der abweichenden Auffassung, wonach der Gläubiger die Titulierungskosten übernehmen muss, so muss der Gläubiger dies vorher anbieten.[299] Ist eine kostenfreie Titulierung möglich (§§ 59f. SGB VIII) genügt es für das Titulierungsinteresse, wenn der Schuldner die Titulierung nur verweigert, selbst wenn er pünktlich zahlt.[300] Insgesamt ist dabei jedoch auch die Leistungsfähigkeit des Schuldners zu berücksichtigen. Bleibt ihm nur der notwendige Selbstbehalt, besteht kein Titulierungsanspruch mehr, die PKH ist dann wegen Mutwilligkeit zu versagen.[301] Bei Teilzahlungen kommt es auf § 93 an, wegen der damit verbundenen Probleme wird idR nicht darauf verwiesen werden können, nur den streitigen Betrag (ohne den Sockelbetrag) einzuklagen.[302] 38

e) **Abänderung bestehender Titel.** Hat der Unterhaltsschuldner eine vollstreckbare Urkunde errichten lassen und verlangt der Gläubiger mehr Unterhalt, so soll es, wenn der Spitzenbetrag gering ist (zB Differenzbetrag zwischen der 4. und 5. Gruppe der Düsseldorfer Tabelle) mutwillig sein, den gesamten Unter- 39

---

[282] OLG Oldenburg FamRZ 1999, 240.
[283] OLG Brandenburg FamRZ 2003, 458.
[284] OLG Köln MDR 2002, 1437f.; NJW-RR 1994, 1093; aA (keine PKH) OLG Schleswig FamRZ 2000, 430.
[285] OLG Düsseldorf FamRZ 1994, 312.
[286] OLG Düsseldorf FamRZ 1994, 973.
[287] OLG Düsseldorf JurBüro 1994, 482, 483; OLG Dresden FamRZ 2001, 430, 431; vgl. m. weit. Nachw. OLG Köln NJW-RR 1993, 1480; OLG München JurBüro 1993, 617, 618.
[288] Vgl. im Einzelnen OLG Düsseldorf Rpfleger 1995, 304f.
[289] OLG Koblenz FamRZ 2005, 460f.; OLG Schleswig FamRZ 2003, 317f.; OLG Nürnberg FamRZ 2003, 772f.
[290] Vgl. OLG Düsseldorf Rpfleger 1995, 117.
[291] OLG Brandenburg FamRZ 2003, 458.
[292] OLG Köln NJW-RR 1994, 1093.
[293] OLG Düsseldorf JurBüro 1994, 233, 234.
[294] OLG Frankfurt/M FuR 2002, 92f.
[295] OLG Nürnberg FPR 2003, 542; insoweit aA OLG Bremen OLGR 1996, 106, 107f.; OLG Karlsruhe NJW 2003, 2922f.
[296] OLG Nürnberg NJW-RR 1993, 327, 328.
[297] OLG Bamberg JurBüro 1994, 234; OLG München FamRZ 1996, 1021; aA OLG Hamm FamRZ 1992, 577.
[298] OLG Köln FamRZ 1997, 620, 621.
[299] OLG Bremen OLGR 1996, 106, 107f.; OLG Köln FamRZ 1997. 618.
[300] OLG Köln FamRZ 2004, 1114f.
[301] OLG Nürnberg NJW-RR 1993, 327, 328.
[302] OLG Köln NJW-RR 1998, 1703; OLG Nürnberg FuR 2002, 280, 281; OLG Hamm NJOZ 2006, 1371 = FamRZ 2006, 627.

halt geltend zu machen.[303] PKH soll nur für die Differenz bewilligt werden; zwar gilt bei vollstreckbaren Urkunden § 323 nicht, der Gläubiger wird jedoch durch § 818 Abs. 3 BGB ausreichend geschützt, die Zwangsvollstreckung mit zwei Titeln ist nicht unzumutbar.[304] Diese Auffassung erscheint jedoch zu streng. Das Erstreiten eines im vollen Umfang der Rechtskraft fähigen, **einheitlichen Titels** führt für den Gläubiger zu zahlreichen Vorteilen, die sich insbesondere in möglichen Folgeprozessen zeigen.[305] Mutwilligkeit sollte daher in derartigen Fällen grundsätzlich verneint werden, ohne, wie dies teilweise geschieht, auf unterschiedliche Unterhaltsarten abzustellen. Erklärt der Unterhaltsgläubiger, er werde zurzeit einen titulierten Unterhaltsanspruch nicht geltend machen, so führt allein diese Erklärung nicht dazu, die Abänderungsklage als mutwillig zu bewerten, denn eine derartige Erklärung ist deutlich weniger als ein Anerkenntnis nach § 307.[306] Dies gilt jedoch nicht, wenn das Jugendamt als Beistand erklärt hat, nur der geschuldete Betrag werde geltend gemacht.[307] PKH für eine Stufenabänderungsklage kann nicht wegen Mutwilligkeit verweigert werden, wenn Unterhalt bezahlt wird.[308]

40 f) **Einzelfälle.** Mutwillig ist ein Scheidungsantrag vor Ablauf des Trennungsjahres nach § 1565 Abs. 2 BGB.[309] Für eine Beschwerde gegen eine Entscheidung über den Versorgungsausgleich ist PKH nicht zu bewilligen, wenn ein Versorgungsträger bereits mit gleichem Ziel Rechtsmittel eingelegt hat[310] oder der Antragsteller mangels eigenem Antrag keine Gegnerstellung hat.[311] Wer beim Versorgungsausgleich nicht mitwirkt, handelt mutwillig und erhält keine PKH für den gesamten Verbund.[312] Ein Antrag zur Umgangsrechtserweiterung kann mutwillig sein, wenn er nicht vorher mit dem Jugendamt besprochen wurde[313] oder der Antragsteller ohne weiteres selbst eine Regelung herbeiführen kann.[314] Dasselbe gilt, wenn eine Umgangsregelung erstmals in der Beschwerdeinstanz geltend gemacht wird.[315] Mutwillig kann es weiterhin sein, wenn statt einer kostengünstigeren Auskunftsklage sofort eine Zahlungsklage erhoben wird[316] oder auf Prozesskostenvorschuss geklagt wird, statt eine einstweilige Anordnung nach § 127a zu beantragen.[317] Kann das Einkommen des Gegners allerdings beziffert werden, darf direkt auf Zahlung geklagt werden.[318] Hat ein Sozialhilfeträger bereits ein Auskunftsurteil erstritten, ist eine eigene Klage des Unterhaltsberechtigten mutwillig, wenn die Auskunft nicht erteilt wurde.[319] Kommt der Unterhaltsschuldner seiner Erwerbsobliegenheit nicht nach und sind die Zwangsvollstreckungsaussichten zweifelhaft, ist eine Unterhaltsklage dennoch nicht mutwillig.[320] In Anbetracht des § 644 nF ist eine einstweilige Verfügung auf Notunterhalt mutwillig.[321] Dasselbe gilt für ein Eilverfahren, wenn der Schuldner laufend Sozialhilfe bezieht.[322] Kindesunterhalt ist nicht grundsätzlich in vereinfachten Verfahren nach den §§ 645 ff. geltend zu machen,[323] jedenfalls dann nicht, wenn ohnehin mit einer Überleitung in das streitige Verfahren zu rechnen ist.[324] Ist ein FGG-Zwangsvollstreckungsverfahren von Amts wegen durchzuführen, ist die beantragte PKH mutwillig.[325] Einen **Folgeantrag** zu stellen, ist auch dann nicht mutwillig, wenn vorher eine Regelung durch eine einstweilige Anordnung erfolgt ist, denn diese Regelung ist jederzeit abänderbar, auch die bemittelte Partei würde eine rechtskraftfähige Entscheidung herbeiführen.[326] Wer in relativ kurzem Abstand drei gestellte **Scheidungsanträge** zurücknimmt, muss sich beim vierten Mutwilligkeit vorwerfen lassen, soweit es die bereits entstandenen Gerichts- und Anwaltskosten betrifft, eine verständige Partei hätte zunächst das Verfahren ruhen lassen.[327] Wenn kurz nach der Rücknahme eines Scheidungantrages ein neuer gestellt wird, kann dies mutwillig sein;[328] es sei denn, es liegt ein nachvollziehbarer Grund vor, zB Erwartung höherer Rentenanwartschaften.[329] Mutwillig ist es, einen eigenen Scheidungsantrag zu stellen, statt

---

303 OLG Karlsruhe NJW-RR 1994, 68, 69.
304 OLG Karlsruhe NJW-RR 1994, 68, 69.
305 OLG Düsseldorf OLGR 1993, 121 f.; s. a. OLG Koblenz NJOZ 2007, 739.
306 OLG Frankfurt/M NJW-RR 1986, 944.
307 OLG Nürnberg FamRZ 2001, 1084.
308 OLG Köln FamRZ 1995, 1503, 1504.
309 OLG Köln OLGR 2006, 357.
310 OLG Zweibrücken FamRZ 1988, 415.
311 OLG Karlsruhe FamRZ 2004, 1500.
312 OLG Brandenburg MDR 2006, 118.
313 OLG Brandenburg FamRZ 2003, 1760 f.; MDR 2005, 1296 f.; AG Holzminden FamRZ 1995, 372 f.; aA OLG Karlsruhe OLGR 2003, 385; FamRZ 2004, 1116; OLG Hamm FamRZ 2007, 1337.
314 OLG Düsseldorf FamRZ 1998, 758.
315 OLG Brandenburg OLGR 2006, 429.
316 OLG Hamm FamRZ 1986, 924; aA offenbar OLG Köln FamRZ 1995, 1503 f.; OLG Stuttgart FamRZ 2007, 1109.
317 OLG München OLGR 1996, 82.
318 OLG Hamm FamRZ 2000, 838.
319 OLG Köln FamRZ 2002, 1713.
320 OLG Karlsruhe FamRZ 2005, 1099.
321 OLG Zweibrücken OLGR 1999, 60 f.; § 644 Rn. 5.
322 OLG Bamberg FamRZ 1995, 623, 624 f.
323 OLG Naumburg FamRZ 1999, 1670; OLG Zweibrücken JurBüro 2000, 655; OLG Köln OLGR 2002, 58; aA OLG Hamm FamRZ 1999, 995; s. a. vor § 645 Rn. 4.
324 OLG Nürnberg FamRZ 2002, 891 f.
325 OLG München FamRZ 1995, 373.
326 OLG Hamburg FamRZ 1990, 181; OLG Koblenz FamRZ 2001, 229.
327 Vgl. näher OLG Köln NJW-RR 1988, 1477 f.
328 OLG Karlsruhe FamRZ 1998, 485, 486; aA wohl OLG Schleswig SchlHA 2001, 148.
329 OLG Karlsruhe RamRZ 1999, 1669 f.

dem Antrag der Gegenseite zuzustimmen.[330] Dies gilt nicht, wenn die Voraussetzungen des § 630 nicht vorliegen.[331] Mutwillig handelt auch, wer einen Antrag erst nach Rechtskraft der Scheidung stellt und deswegen keinen Anspruch auf Prozesskostenvorschuss hat.[332] Wer ein inländisches Scheidungsverfahren einleitet, obwohl bereits ein ausländisches Urteil existiert, dessen Anerkennung hier nur davon abhängt, dass die PKH-Partei sich nicht auf einen Zustellungsmangel beruft, handelt mutwillig.[333] Dasselbe gilt, wenn das inländische Verfahren zwingend sofort ausgesetzt werden muss.[334]

4. Vermögensloser Gegner. PKH ist nicht zu gewähren, wenn die Realisierung des Anspruchs auf lange Zeit aussichtslos ist,[335] eine vermögende Partei würde in einem solchen Fall nicht klagen. Auch bei **aussichtsloser Vollstreckung** kann die PKH nicht wegen Mutwilligkeit verweigert werden, wenn es um andere Urteilswirkungen geht, zB bei Feststellungsklagen. Klagen, die zur Unterbrechung der Verjährung erhoben werden, dürften, auch wenn sie sich gegen eine vermögenslose Partei richten, grundsätzlich nicht deswegen mutwillig sein. Auch die vermögende Partei wird sich in solchen Fällen einen Titel vorsorglich erstreiten;[336] zB im Hinblick auf § 850f Abs. 2.[337] Mutwilligkeit kann nur angenommen werden, wenn die Vollstreckung endgültig und für alle Zeiten aussichtslos erscheint,[338] diese Voraussetzung wird nur selten vorliegen,[339] zB bei einem 50-jährigen vermögens- und einkommenslosen Alkoholiker.[340] PKH wird daher nur ausnahmsweise versagt werden können.[341] Eine Abänderungsklage auf Unterhaltserhöhung ist mutwillig, wenn erhebliche Rückstände vorliegen.[342] Auch in **Fällen mit Auslandsberührung** wird man letztlich selten ausschließen können, dass im Laufe der 30-jährigen Verjährungsfrist eines Titels nicht doch Vermögen ins Inland gelangt.[343] Ein solcher Fall liegt jedoch nicht vor, wenn die Vollstreckung im Ausland wirklich aussichtslos erscheint[344] (Pakistan), nicht beabsichtigt ist und auch keine Verjährung droht.[345] Ist bezüglich einer klagenden GmbH der Konkurs eröffnet worden und hat der Verwalter erklärt, er werde den Prozess nicht aufnehmen, so ist ein PKH-Antrag des Beklagten, insbesondere für eine Widerklage wegen Mutwilligkeit zurückzuweisen, denn die verständige Partei würde diese Sache nicht weiter verfolgen.[346] PKH wird daher wegen Vermögenslosigkeit des Gegners nur ausnahmsweise versagt werden können.[347] Keine PKH kann allerdings für Gewinnzusageklagen (§ 661a BGB) gegen im europäischen Ausland ansässige Briefkastenfirmen bewilligt werden.[348] Eine negative Feststellungsklage gegen eine insolvente Person ist nicht mutwillig.[349] 41

5. Teilklage[350] und ähnliche Fälle. Wenn zu erwarten ist, dass der Gegner auch bei einer Teilklage den gesamten Anspruch bei Begründetheit erfüllt, kann die Erhebung einer Klage in voller Höhe mutwillig sein; hat der Prozess für die Partei jedoch weit reichende Bedeutung, so muss ihr in einem Umfang PKH gewährt werden, der eine Klärung auch über drei Instanzen ermöglicht.[351] Droht bezüglich des Restes Verjährung, braucht sich die PKH-Partei nicht auf die Teilklage zu beschränken.[352] Wegen des Interesses einer beschleunigten Abwicklung des Verfahrens darf ein Konkursverwalter nicht auf eine Teilklage verwiesen werden.[353] Der Verwalter handelt aber auch nicht mutwillig, wenn der dennoch nur eine Teilklage erhebt.[354] Kann eine weitere Forderung ohne weiteres im Wege der **Klageerweiterung** in einem laufenden Prozess geltend gemacht werden, ist es mutwillig, eine neue Klage zu erheben.[355] Mutwillig handelt auch der Beklagte, der eine eigene Klage erheben will anstatt eine kostengünstigere Widerklage.[356] Dasselbe gilt, wenn anstatt einem Gesamtschuldnerprozess zwei separate Verfahren geführt werden sollen.[357] 42

6. Rechtsschutzversicherung. Lehnt die Rechtsschutzversicherung wegen Erfolglosigkeit die Deckung ab, kann (zunächst) **keine PKH** bewilligt werden; ist der Standpunkt der Versicherung zutreffend, fehlt es an der Erfolgsaussicht, im Übrigen ist es dem Antragsteller zuzumuten, das für ihn kostenlose Verfahren des Stich- 43

---

330 AG Syke NJW-RR 1993, 1479.
331 OLG Jena FamRZ 1996, 417.
332 OLG Zweibrücken FamRZ 2000, 757
333 OLG Stuttgart FamRZ 2003, 1019; Justiz 2005, 248 (auch ohne Zustellungsmangel).
334 OLG Zweibrücken FamRZ 2006, 1043.
335 OLG Köln MDR 1990, 1020.
336 OLG Hamm JurBüro 1987, 1557, 1559.
337 OLG Celle OLGR 2000, 271.
338 OLG Hamm JurBüro 1987, 1557, 1559 und ZIP 1997, 248.
339 OLG Düsseldorf NJW-RR 1998, 503.
340 OLG Koblenz FamRZ 2001, 234f. mit abl. Anm. *Zierath*.
341 OLG Hamm NJW-RR 1999, 1737f.
342 OLG Naumburg FamRZ 2001, 1466f. mit zu Recht abl. Anm. *Zierath*.
343 *Schack* Rn. 569.
344 OLG Celle NJW 1997, 532.
345 LG Wuppertal DAV 1986, 280.
346 OLG Koblenz OLGZ 1988, 123, 124.
347 OLG Hamm NJW-RR 1999, 1737f.
348 OLG Dresden NJW-RR 2004, 1078ff.; aA OLG Hamm NJW-RR 2005, 723.
349 OLG Düsseldorf MDR 2000, 909f.
350 Ausf. *Schlösser/Mucke* MDR 1998, 753ff.
351 OLG Hamm OLGR 1992, 238f. m. weit. Nachw.
352 OLG Frankfurt/M FamRZ 1984, 809.
353 OLG München ZIP 1996, 512f.
354 OLG Hamm ZIP 2003, 42f.
355 LAG Düsseldorf JurBüro 1989, 1442; JurBüro 1986, 605.
356 OLG Koblenz NJW-RR 2005, 672; OLG Karlsruhe FamRZ 2006, 627.
357 OLG Hamm MDR 2005, 350f.

entscheides zu betreiben.[358] Für einen rechtsschutzversicherten Kläger entfällt das Risiko der Bedürftigkeit erst, wenn die **Deckungszusage erteilt** wird.[359] Gibt die Rechtsschutzversicherung keine Deckung, ist eine Deckungsklage für den Antragsteller unzumutbar, PKH kann dann grds. bewilligt werden.[360] Führt der Antragsteller schließlich den Prozess gegen die Rechtsschutzversicherung, kann ein positives Ergebnis nach § 120 Abs. 4 berücksichtigt werden, jedenfalls braucht der Antragsteller aber das Ergebnis eines solchen Prozesses nicht abzuwarten.

44 **7. Einzelfälle.** Vgl. auch § 115 Rn. 55 und vor § 114 Rn. 8 aE sowie § 118 Rn. 2 aE, § 119 Rn. 16. Ist ein Anspruch unbestritten, muss das kostengünstigere **Mahnverfahren** beschritten werden.[361] Mutwilligkeit liegt auch vor, wenn die Erfolgsaussichten höchst zweifelhaft sind und die **Prozesskosten (zB durch Gutachtenkosten) den Streitwert mehrfach übersteigen;** die verständige Partei würde in einem solchen Fall nicht prozessieren.[362] In besonderen Fällen, zB bei hohen existenzbedrohenden Forderungen, ist eine andere Sicht der Dinge denkbar. Entsteht ein hoher Streitwert, weil mit der Klageerhebung gewartet wird, ist dies nicht mutwillig.[363] Wird sofort Klage erhoben, ohne eine Entscheidung über das PKH-Gesuch abzuwarten, so ist dies, schon allein wegen der Gleichbehandlung mit einer vermögenden Partei, nicht mutwillig.[364] Handelt der Antragsteller einer einstweiligen Verfügung zuwider, so kann die PKH für das Widerspruchsverfahren nicht wegen mangelnder Rechtstreue abgelehnt werden, ein solcher Verwirkungstatbestand müsste im Gesetz vorgesehen sein.[365] Wenn die PKH-Partei durch unterlassene Information ihres Anwaltes oder durch sonstige Untätigkeit einen Prozessverlust herbeiführt, kann dies als Mutwilligkeit berücksichtigt werden; natürlich nur, wenn die PKH noch nicht bewilligt wurde.[366] Ist die Klageforderung streitig und rechnet der Antragsgegner mit einer unstreitigen Gegenforderung auf, so darf PKH nicht versagt werden, wenn der Antragsteller wegen eines Aufrechnungsverbotes nicht selbst aufrechnen kann.[367] Mutwillig ist es, eine Widerklage zu erheben, anstatt gegen die Klageforderung aufzurechnen[368] oder eine neue Klage anstatt einer Hilfswiderklage.[369] Mutwillig ist es auch, wenn sich der Beklagte – obwohl es sachgerecht wäre – eine Erledigungserklärung nicht anschließt.[370] Auch wenn der Beklagte unbekannten Aufenthalts ist, ist die Klage in einer Kindschaftssache nicht mutwillig.[371] Dasselbe gilt für eine Zahlungsklage.[372] Wer bewusst eine bestehende Vaterschaft anerkennt und diese dann anficht, handelt nicht mutwillig.[373] Verzögert sich die Ehescheidung, ist eine eigenständige Statusklage – trotz § 1599 Abs. 2 BGB – nicht mutwillig.[374] Die Rechtsverfolgung ist mutwillig, wenn der geltend gemachte Betrag nicht beigetrieben werden kann, weil der PKH-Kläger bei einer zu erwartenden Zug-um-Zug-Verurteilung die ihm obliegende Gegenleistung nicht erbringen kann.[375] Mehrfache erfolglose Vollstreckungsversuche gegen einen böswilligen Schuldner sind kein Grund, die PKH wegen „nachträglicher Annahme der Mutwilligkeit" zu entziehen.[376] Ist eine Zwangsvollstreckung[377] im **Ausland** erforderlich, ist die Klage hier mutwillig, wenn das hiesige Urteil im Ausland nicht anerkannt würde.[378] Mutwillig ist auch eine Klage im Inland gegen einen ausländischen Versicherer bei einem Auslandsunfall in eben diesem Land, wenn die ausländische Klage genauso zum Ziel führen würde.[379] Dasselbe gilt, wenn hier erst ein teures Gutachten über ausländisches Recht eingeholt werden müsste.[380] Wird ein **Rechtsmittel** nur auf Grund neuen Vorbringens, das schon in der Vorinstanz hätte eingeführt werden können, erfolgreich sein, so ist diese Rechtsverfolgung mutwillig,[381] jedenfalls dann, wenn das Vorbringen aus grober Nachlässigkeit unterblieben ist.[382]

VII. Antrag

45 Ein Antrag ist erforderlich, die PKH wird nicht von Amts wegen bewilligt; Ausnahme: § 1078 Abs. 4. In besonderen Fällen muss, in vielen Fällen kann das Gericht entsprechend seiner allgemeinen Aufklärungs- und Hinweispflicht (§ 139) eine **Partei darauf hinweisen,** dass es möglich ist, PKH zu beantragen. In Kind-

---

358 BGH NJW-RR 1987, 1343.
359 BGH NJW 1991, 109, 110.
360 LAG Düsseldorf JurBüro 1982, 610f.
361 OLG Düsseldorf NJW-RR 1998, 503 m. weit. Nachw.; LG Lüneburg NJW-RR 2002, 647.
362 LG Ulm NJW-RR 1990, 637f.
363 OLG Zweibrücken FPR 2004, 630.
364 OLG Karlsruhe FamRZ 1994, 1123, 1124, unter Aufgabe der früheren abweichenden Rspr.
365 LG Heilbronn MDR 1992, 612.
366 OLG Karlsruhe FamRZ 2004, 549; *Zö/Philippi* Rn. 36.
367 OLG Köln NJW-RR 1992, 258, 260; OLG Karlsruhe MDR 2000, 901f.
368 OLG Naumburg NJW-RR 2003, 212; OLG Frankfurt a. M. OLGR 2006, 1054.
369 OLG Karlsruhe FuR 2006, 322.
370 OLG Celle MDR 2007, 1279.
371 OLG Hamburg OLGR 1997, 158.
372 OLG Köln FamRZ 2005, 460.
373 OLG Köln FamRZ 2006, 1280f.; aA AG Wuppertal FamRZ 2006, 493.
374 OLG Karlsruhe FamRZ 2001, 232f.
375 OLG Düsseldorf VersR 1982, 776f.
376 LG Limburg AnwBl. 1979, 274.
377 Allg. zur Mutwilligkeit bei der Zwangsvollstreckung *Fischer* Rpfleger 1994, 190, 191 und § 119 Rn. 8.
378 OLG Celle NJW 1997, 532.
379 OLG Celle IPRax 1999, 171f. m. abl. Anm. *Mankowski* 155ff.; aA OLG Zweibrücken IPRax 1999, 475f.
380 OLG Hamm FamRZ 2001, 1533f.
381 OLG Karlsruhe FamRZ 1999, 726, 727; OLG Jena MDR 1999, 257; OLG Bamberg FamRZ 2000, 1024.
382 OLG Celle OLGR 1996, 104; OLG Bamberg FamRZ 2000, 1024; OLG Stuttgart Justiz 2006, 229.

schaftssachen ist das Gericht verpflichtet, eine anwaltlich nicht vertretene Partei auf die Möglichkeit der PKH hinzuweisen.[383] Eine ausführliche Regelung zum Antrag findet sich bei § 117.

115 *Einsatz von Einkommen und Vermögen* (1) [1]**Die Partei hat ihr Einkommen einzusetzen.** [2]**Zum Einkommen gehören alle Einkünfte in Geld oder Geldeswert.** [3]**Von ihm sind abzusetzen:**

1. a) die in § 82 Abs. 2 des Zwölften Buches Sozialgesetzbuch bezeichneten Beträge;
b) bei Parteien, die ein Einkommen aus Erwerbstätigkeit erzielen, ein Betrag in Höhe von 50 vom Hundert des höchsten durch Rechtsverordnung nach § 28 Abs. 2 Satz 1 des Zwölften Buches Sozialgesetzbuch festgesetzten Regelsatzes für den Haushaltsvorstand;

2. a) für die Partei und ihren Ehegatten oder ihren Lebenspartner jeweils ein Betrag in Höhe des um 10 vom Hundert erhöhten höchsten durch Rechtsverordnung nach § 28 Abs. 2 Satz 1 des Zwölften Buches Sozialgesetzbuch festgesetzten Regelsatzes für den Haushaltsvorstand;
b) bei weiteren Unterhaltsleistungen auf Grund gesetzlicher Unterhaltspflicht für jede unterhaltsberechtigte Person 70 vom Hundert des unter Buchstabe a genannten Betrages;

3. die Kosten der Unterkunft und Heizung, soweit sie nicht in einem auffälligen Missverhältnis zu den Lebensverhältnissen der Partei stehen;

4. weitere Beträge, soweit dies mit Rücksicht auf besondere Belastungen angemessen ist; § 1610a des Bürgerlichen Gesetzbuchs gilt entsprechend.

[4]**Maßgeblich sind die Beträge, die zum Zeitpunkt der Bewilligung der Prozesskostenhilfe gelten.** [5]**Das Bundesministerium der Justiz gibt jährlich die vom 1. Juli bis zum 30. Juni des Folgejahres maßgebenden Beträge nach Satz 3 Nr. 1 Buchstabe b und Nr. 2 im Bundesgesetzblatt bekannt.**[1] [6]**Diese Beträge sind, soweit sie nicht volle Euro ergeben, bis zu 0,49 Euro abzurunden und von 0,50 Euro an aufzurunden.** [7]**Die Unterhaltsfreibeträge nach Satz 3 Nr. 2 vermindern sich um eigenes Einkommen der unterhaltsberechtigten Person.** [8]**Wird eine Geldrente gezahlt, so ist sie anstelle des Freibetrages abzusetzen, soweit dies angemessen ist.**

(2) Von dem nach den Abzügen verbleibenden, auf volle Euro abzurundenden Teil des monatlichen Einkommens (einzusetzendes Einkommen) sind unabhängig von der Zahl der Rechtszüge höchstens 48 Monatsraten aufzubringen, und zwar bei einem

einzusetzenden Einkommen (Euro)	eine Monatsrate von (Euro)
bis 15	0
50	15
100	30
150	45
200	60
250	75
300	95
350	115
400	135
450	155
500	175
550	200
600	225
650	250
700	275
750	300
über 750	300 zuzüglich des 750 übersteigenden Teils des einzusetzenden Einkommens.

(3) [1]**Die Partei hat ihr Vermögen einzusetzen, soweit dies zumutbar ist.** [2]**§ 90 des Zwölften Buches Sozialgesetzbuch gilt entsprechend.**

(4) Prozesskostenhilfe wird nicht bewilligt, wenn die Kosten der Prozessführung der Partei vier Monatsraten und die aus dem Vermögen aufzubringenden Teilbeträge voraussichtlich nicht übersteigen.

---

[383] OLG Karlsruhe FamRZ 1995, 1163 ff. (sehr weitgehend).

[1] Auszug aus der Bek. v. 11. 6. 2007 (BGBl. I S. 1058):
Die vom 1. Juli 2007 bis zum 30. Juni 2008 maßgebenden Beträge, die nach § 115 Abs. 1 Satz 3 Nr. 1 Buchstabe b und Nr. 2 der Zivilprozessordnung vom Einkommen der Partei abzusetzen sind, betragen

1. für Parteien, die ein Einkommen aus Erwerbstätigkeit erzielen (§ 115 Abs. 1 Satz 3 Nr. 1 Buchstabe b der Zivilprozessordnung), 174 Euro,
2. für die Partei und ihren Ehegatten oder ihren Lebenspartner (§ 115 Abs. 1 Satz 3 Nr. 2 Buchstabe a der Zivilprozessordnung), 382 Euro.
3. für jede weitere Person, der die Partei auf Grund gesetzlicher Unterhaltspflicht Unterhalt leistet (§ 115 Abs. 1 Satz 3 Nr. 2 Buchstabe b der Zivilprozessordnung), 267 Euro.

Übersicht [Vgl. unbed. vor § 114 Rn. 5 aE und 115 Rn. 57a]

I. Normzweck

1 § 115 ist die zentrale und auch meistenteils praktisch bedeutungsvollste Vorschrift der PKH. Sie regelt die Berechnung des einzusetzenden Einkommens und Vermögens und damit – bezüglich des Einkommens über die Tabelle – die Höhe der von der PKH-Partei zu zahlenden Raten bzw. zu leistenden Vermögensbeträge. Die Vorschrift wird dadurch wenig übersichtlich,[2] weil sie bezüglich der Absetzungen vom Einkommen nicht nur eigene Regelungen trifft, sondern darüber hinaus auf § 82 Abs. 2 SGB XII verweist und bezüglich des einzusetzenden Vermögens ebenso auf § 90 SGB XII. Der Abdruck dieser Vorschriften im Anhang versucht, soweit überhaupt möglich, eine bessere Übersicht zu gewährleisten. Hierzu dient auch die Kurzübersicht am Schluss (Rn. 57). Schließlich enthält § 115 die einschlägige Tabelle zur Berechnung der Ratenhöhe und schreibt eine Geringfügigkeitsgrenze (Vierratengrenze) vor, die zur Ablehnung der PKH führt.

II. Einkommen (Abs. 1 S. 1 und 2)[3]

2 **1. Allgemeines.** Die Summe aller Einkünfte stellt das Einkommen dar. Zu erfassen sind grundsätzlich **alle Einkünfte.**[4] Einkünfte sind alle Einnahmen ohne Rücksicht auf ihre Herkunft und Rechtsnatur sowie ohne Rücksicht darauf, ob sie zu den Einkunftsarten der Einkommensteuer gehören oder ob sie überhaupt steuerpflichtig sind.[5] Es ist nur von dem **Einkommen des Antragstellers** auszugehen, nicht von dem Familieneinkommen (vgl. a. Rn. 23)[6] oder gar von dem Einkommen einer nichtehelichen Lebensgemeinschaft.[7] **Einkommen des Ehegatten** wirkt sich wie folgt aus: Der Unterhaltsfreibetrag nach Abs. 1 S. 3 Nr. 2a) kann wegfallen und das Bestehen eines Prozesskostenvorschussanspruches (Rn. 37–41) ist zu prüfen.[8] Zu unterscheiden ist entsprechend dem Gesetzeswortlaut zwischen Einkünften in Geld und in Geldeswert. Bei Einkünften in Geld kann es sich handeln um Einkünfte aus nichtselbständiger oder selbständiger Arbeit, aus

[2] Zu Recht krit. *B/L/H* Rn. 2.
[3] Hierzu insgesamt zB *Christl* NJW 1981, 785 ff.; *Brinkmann* JurBüro 2003, 344 ff.; *Nickel* FamRB 2004, 275.
[4] *St/J/Bork* Rn. 4.
[5] Vgl. § 1 der VO zur Durchführung des § 82 SGB XII, hierzu und zur Anwendbarkeit der VO s. Rn. 11.
[6] OLG Bamberg JurBüro 1994, 751; LAG Stuttgart BB 1984, 1810; OLG Koblenz FamRZ 2001, 925.
[7] OLG Köln FamRZ 1977, 306, 307 m. weit. Nachw.; OLG Karlsruhe FamRZ 2005, 43, 44.
[8] BAG FamRZ 2006, 1117, 1118.

Vermögen bzw. Besitz (also steuerrechtlich um Einkünfte aus Kapitalvermögen sowie Vermietung und Verpachtung) sowie Einkünfte ohne Gegenleistung.[9] Eine **Saldierung** zwischen verschiedenen Einkünften (zB Verluste aus Vermietung und Verpachtung mit Einkünften aus nichtselbständiger Arbeit) findet grundsätzlich nicht statt,[10] in Härtefällen ist eine andere Sicht der Dinge denkbar.[11] Im Zweifel ist das **durchschnittliche Monatseinkommen** nach den Bezügen des letzten vollen Kalenderjahres zu ermitteln,[12] zB bei Saisonarbeitern.[13] Gepfändete Einkünfte werden nicht berücksichtigt, wenn der Vermögensabfluss bei freiwilliger Bezahlung als besondere Belastung (Rn. 27ff.) abziehbar wäre.[14] Maßgebend für die Höhe des Einkommens sind insgesamt die wirtschaftlichen Verhältnisse zum **Zeitpunkt der Bewilligung.**[15] Erhöht sich das Einkommen des Antragstellers nach Antragstellung aber vor Bewilligung über die für die Bewilligung geltenden Grenzen hinaus, kann PKH nicht mehr bewilligt werden.[16] Es würde keinen Sinn ergeben, eine zunächst zu bewilligende PKH wiederum nach § 120 Abs. 4 aufzuheben.

2. Einkünfte in Geld.[17] Einkünfte in Geld sind **alle Einnahmen aus jeglicher nichtselbständiger oder selbständiger Arbeit;** des Weiteren Renten, Einkünfte aus Vermietung und Verpachtung sowie Kapitalvermögen.[18] Auch Einkünfte aus eventuellen Nebentätigkeiten sind anzurechnen.[19] Bei Einkünften aus nichtselbständiger Arbeit darf nicht vergessen werden, 1/12 des Urlaubs- bzw. Weihnachtsgeldes hinzuzusetzen,[20] wobei nach teilweise vertretener Auffassung bei kleinen und mittleren Einkommen Urlaubs- und Weihnachtsgeld außer Betracht bleiben können.[21] Essenszuschüsse und sonstige kleinere Zuschüsse brauchen nicht berücksichtigt zu werden.[22] Sonstige Sonderzahlungen sind allerdings umzulegen.[23] Bei Aufwandsentschädigungen kann die Ersparnis häuslicher Kosten als Einkommen angesehen werden.[24] Einkommen ist auch ein vom Arbeitsamt darlehensweise gezahltes Unterhaltsgeld[25] sowie Arbeitslosengeld und -hilfe.[26] Konkursausfallgeld ist gleichfalls Einkommen.[27] Kündigungsschutzabfindungen sind auf den Zeitraum, für den sie bezahlt wurden, umzulegen;[28] dasselbe gilt für Unterhaltsabfindungen, die bei sonstigem Einkommen zum Vermögen zählen können.[29] Steuererstattungen sind auf das Jahr umzulegen, in dem sie erfolgt sind.[30] Auch die Eigenheimzulage zählt zum Einkommen, im Zweifel ist jedem Ehegatten die Hälfte anzurechnen.[31] Vgl. auch Rn. 45 und 52. 3

Auch **Grund- und Ausgleichsrenten** nach dem BVG,[32] Arbeitslosenhilfe[33] und das Landesblindengeld sind Einkommen.[34] Allerdings kann, nach dem Gedanken der §§ 83 SGB XII; 1610a BGB, dem Antragsteller ein Teil des letzteren belassen werden.[35] Vgl. hierzu jedoch Rn. 28. BAFöG – Leistungen, auch als Darlehen, sind grundsätzlich Einkommen, es sei denn, mit der Anrechnung würde sich eine unzumutbare Härte verbinden.[36] Auch Unterhalt als Darlehen ist Einkommen.[37] Zahlungen nach dem KindererziehungsleistungsG stellen ebenfalls Einkommen dar.[38] Leistungen nach dem SGB XII sind gleichfalls Einkommen (vgl. vor § 114 Rn. 5).[39] Ein gezahlter Mehrbedarf für Alleinerziehung nach § 30 Abs. 3 SGB XII ist jedoch kein Einkommen.[40] Allerdings wird derjenige, der ausschließlich Sozialhilfe bezieht, in aller Regel keine 4

---

[9] *Huhnstock* Rn. 20.
[10] *Huhnstock* Rn. 105 unter Bezugnahme auf § 76 Abs. 2 BSHG iVm. § 10 S. 1 DVO zu § 82 SGB XII, zu dieser VO s. Rn. 11; s. a. OLG München MDR 2006, 112.
[11] § 10 S. 1 DVO zu § 82 SGB XII (Fn. 10).
[12] OLG Köln JurBüro 1994, 751; OLG Bamberg JurBüro 1991, 976.
[13] OLG Bamberg JurBüro 1991, 976.
[14] AA MK/*Motzer* Rn. 7.
[15] OVG Hamburg FamRZ 2005, 44, 45; VGH Mannheim Justiz 1995, 101f.; OLG Naumburg AnwBl. 2000, 456.
[16] VGH Mannheim Justiz 1995, 101f.
[17] Teilweise hilfreich das ABC bei *B/L/H* Rn. 16ff.
[18] *Friedrich* NJW 1995, 617, 619.
[19] *Huhnstock* Rn. 34.
[20] OLG Karlsruhe FamRZ 2004, 1651f.; *Friedrich* NJW 1995, 617, 619; aA OLG Celle JurBüro 2006, 262.
[21] OLG Celle FamRZ 1993, 1334, 1335; OLG Düsseldorf OLGZ 1989, 377 = FamRZ 1989, 883.
[22] *Huhnstock* Rn. 25.
[23] OLG Köln JurBüro 1994, 751, 752.
[24] OLG Karlsruhe FamRZ 2004, 645 Nr. 471.
[25] LAG Bremen DB 1988, 1067.
[26] *Huhnstock* Rn. 54; OLG Naumburg FuR 2001, 575f.
[27] *Huhnstock* Rn. 66.
[28] OLG Karlsruhe FamRZ 2002, 1196; *Huhnstock* Rn. 50.
[29] *Huhnstock* Rn. 51.
[30] BVerwG NJW 1999, 3649; OLG Bremen FamRZ 1998, 1180f.; OLG Nürnberg FamRZ 2006, 1132.
[31] OLG Dreden OLGR 2002, 551f.; BVerwG FamRZ 2004, 194.
[32] LAG Stuttgart JurBüro 1989, 667f.; *Huhnstock* Rn. 60.
[33] OLG Naumburg FamRZ 2001, 1471.
[34] OVG Münster JurBüro 1991, 1371f.; OLG Saarbrücken FamRZ 1988, 1183.
[35] OLG Saarbrücken FamRZ 1988, 1183.
[36] OLG Köln FamRZ 1994, 1534.
[37] OLG Karlsruhe FamRZ 2002, 1195.
[38] Vgl. BGH NJW 1992, 364, 365; aA LSG Berlin FamRZ 1993, 343f.
[39] OLG München OLGR 1993, 168; OLG Hamm OLGR 1994, 60; aA OLG Köln FamRZ 1993, 1472; OLG Düsseldorf Rpfleger 1994, 28, 29.
[40] KG FamRZ 2007, 915.

Raten zahlen müssen.[41] Auch **Kindergeld** ist Einkommen.[42] Das Kindergeld wird idR zwischen den Ehegatten hälftig aufgeteilt,[43] voll angerechnet wird es, wenn ein Kindergeldausgleich über den Kindesunterhalt nicht stattfindet.[44] Ansonsten ist es Einkommen desjenigen, dem es zufließt.[45]

5 Weiterhin zählen von einem Dritten, den Eltern[46] oder dem Ehegatten[47] zufließende Unterhaltszahlungen zum Einkommen, auch regelmäßige **freiwillige Zahlungen** Dritter, über die tatsächlich verfügt werden kann.[48] Zahlungen eines Lebensgefährten auf Verbindlichkeiten des Antragstellers sind ebenfalls Einkommen.[49] Es kommt folglich nicht darauf an, ob ein Rechtsanspruch auf die Leistung besteht, genauso wenig wie ein Rechtsanspruch alleine bereits Einkommen ist, wenn nicht gezahlt wird oder werden kann.[50] Notfalls können derartige Zahlungen anhand der Gesamtumstände geschätzt werden.[51] Auch der Anspruch eines Ehegatten auf Taschengeld ist uU einzusetzen.[52]

6 **Kein Einkommen** sind Geldeingänge aus Erziehungsgeld, denn nach § 8 Abs. 1 S. 1 BErzGG (s. a. § 10 BErzGG) soll die Zahlung von Erziehungsgeld nicht zur Minderung anderer Sozialleistungen führen.[53] Dasselbe gilt für den Mehrbedarf für Alleinerziehung nach § 30 Abs. 3 SGB XII.[54] Wohngeld zählt nicht (mehr) zum Einkommen, vielmehr reduziert es die Unterkunftskosten, die vom Einkommen abgezogen werden können (vgl. Rn. 7 und 21 ff.). Zahlungen aus der Pflegeversicherung werden beim Pflegebedürftigen selbst nicht als Einkommen berücksichtigt (§ 13 Abs. 5 S. 1 SGB XI). Zahlungen, die der Pflegebedürftige insoweit an den Pflegenden weiterleitet, sind kein Einkommen des Pflegenden, sondern materielle Anerkennung für Einsatz und Opferbereitschaft.[55] Zweckentsprechend verwendeter Altersvorsorgeunterhalt ist kein Einkommen.[56] Leistungen nach dem ConterganStiftungsG sind nach § 18 Abs. 2 dieses Gesetzes kein Einkommen; ebenso Leistungen nach dem Dopingopfer-Hilfegesetz (§ 8 Abs. 2 DOHG). Zahlungen, die nach § 90 Abs. 2 Nr. 1 und 3 SGB XII privilegiertes Vermögen darstellen, zählen auch nicht zum Einkommen.[57] Schmerzensgeldrenten sind kein Einkommen (vgl. Rn. 49). Die **vermögenswirksamen Leistungen,** die der Arbeitgeber zahlt, zählen nicht zum Einkommen.[58] Die vermögenswirksamen Leistungen sind nach allgM insgesamt von dem Einkommen abzusetzen.[59] Die Grundlage hierfür ist § 82 Abs. 2 Nr. 3 SGB XII.[60] Dies rechtfertigt sich weiterhin daraus, dass der Antragsteller über diese zweckgebundenen Beträge monatlich nicht verfügen kann. Die teilweise durchgeführte kleinliche Herausrechnung der Sparzulage sollte entfallen. Zur Frage, ob angesparte vermögenswirksame Leistungen uU als Vermögen zu verwerten sind, vgl. unten Rn. 44.

7 **3. Einkünfte in Geldeswert. a) Fiktives Einkommen.** Auch die Anrechnung von fiktivem Einkommen ist grundsätzlich möglich. **Sachbezüge** im Rahmen eines Arbeitsverhältnisses, zB die dauerhafte Überlassung eines Firmenwagens, sind Einkommen.[61] Essenszuschüsse und sonstige kleinere Zuschüsse brauchen nicht berücksichtigt zu werden.[62] Erbringt ein bedürftiger Partner einer **nichtehelichen Lebensgemeinschaft** für den anderen entgeltpflichtige Versorgungs- und Betreuungsleistungen, so sind diese allerdings nicht als fiktives Einkommen heranzuziehen; in letzter Konsequenz müsste sonst der bedürftige Partner den anderen verklagen, ein Ergebnis, das nicht gewollt sein kann.[63] Anders kann zB dann zu entscheiden sein, wenn in einem Gewerbebetrieb des Lebensgefährten ein übermäßiger Arbeitseinsatz geleistet wird.[64] Ein solcher Fall liegt zB vor, wenn der Antragsteller in einer Gaststätte seiner Lebensgefährtin in einem Umfang mitarbeitet, der die Tätigkeit eines Angestellten überschreitet; in solchen Fällen spricht eine Vermutung dafür, dass der Antragsteller Mittel zur Deckung seines Lebensbedarfes erhält.[65] Wer ihm zustehende Sozialleis-

---

[41] OLG München FamRZ 1996, 42; vgl. vor § 114 Rn. 5.

[42] BVerwG NJW 2004, 2541; BGH NJW 2005, 2393; NJW-RR 2005, 1018; OLG Brandenburg FamRZ 2004, 1498; OLG Rostock FamRZ 2005, 992 f.

[43] OLG Köln FamRZ 1993, 1333, 1334; OLG Stuttgart FamRZ 2000, 1586; OLG Frankfurt/M FamRZ 2002, 402.

[44] OLG München (Fn. 37); OLG Köln (Fn. 38).

[45] OLG Dresden FamRZ 2002, 1413, 1414; OLG Bremen MDR 2001, 355; OLG Nürnberg FuR 2000, 388; OLG Schleswig SchlHA 2005, 54; OLG Karlsruhe FamRZ 2006, 799.

[46] BVerwG NJW 2004, 2541; OLG Köln OLGR 1996, 147.

[47] OLG Düsseldorf JurBüro 1988, 1059.

[48] OLG Koblenz FamRZ 1992, 1197 m. weit. Nachw.; OLG Köln NJW-RR 1996, 1404.

[49] OLG Köln MDR 1996, 310.

[50] *Zö/Philippi* Rn. 4.

[51] OLG Köln MDR 1996, 310.

[52] Näher OLG Stuttgart JurBüro 1998, 592; OLG Karlsruhe FamRZ 2005, 1182; OLG Koblenz NJW-RR 2005, 1167.

[53] BayVGH JurBüro 2007, 375; OLG Koblenz NJW-RR 2001, 940; OLG München FamRZ 2004, 1498.

[54] KG NJOZ 2007, 4653

[55] VGH Kassel NVwZ-RR 1996, 336 f.; OLG Bamberg OLGR 2000, 200.

[56] OLG Stuttgart FamRZ 2006, 1282.

[57] *Schoreit/Dehn* Rn. 12.

[58] OLG Bamberg JurBüro 1987, 1414; OLG Schleswig JurBüro 1996, 433; OLG Stuttgart Justiz 2005, 245 f.

[59] OLG Köln JurBüro 1995, 424, 425; OLG Düsseldorf NJW 1981, 1791, 1792; ArbG Regensburg Rpfleger 1994, 70; aA VG Bremen NVwZ-RR 1995, 41; OLG Dresden OLGR 2002, 551.

[60] OLG Bamberg JurBüro 1988, 95.

[61] *MK/Motzer* Rn. 10.

[62] *Huhnstock* Rn. 25.

[63] OLG Köln MDR 1995, 101; OLG Koblenz NJW-RR 2001, 940.

[64] OLG Köln MDR 1995, 101.

[65] OLG Koblenz FamRZ 1987, 612, 613.

tungen, zB Wohngeld, nicht in Anspruch nimmt, muss sich so behandeln lassen, als ob er sie bekäme.[66] Verschleiertes Arbeitseinkommen kann entsprechend § 850h berücksichtigt werden.[67]

b) **Zumutbare Arbeit.**[68] Dieses Stichwort wird teilweise bei § 114 im Rahmen der Mutwilligkeit diskutiert.[69] **Die PKH-Partei hat die Pflicht, einer zumutbaren Erwerbstätigkeit nachzugehen.**[70] Wie vorhandene Einkünfte zu behandeln, ist die vom Gericht festgestellte Möglichkeit, durch eine zumutbare Arbeit Geld zu verdienen; die fiktive Zurechnung solcher Einkünfte setzt jedoch voraus, dass die tatsächlichen Voraussetzungen der Arbeitsverweigerung festgestellt sind.[71] Hiergegen bestehen grds. keine verfassungsrechtlichen Bedenken.[72] Auf Anforderung des Gerichts hat ein Arbeitsloser konkret darzulegen, wie er sich erfolglos um Arbeit bemüht hat.[73] Eine Anrechnung wird jedoch idR nur bei klaren Fällen ungenutzter Verdienstmöglichkeiten denkbar sein.[74] Übermäßige Anforderungen können daran nicht gestellt werden.[75] Wer Sozialhilfe bezieht, braucht zu zumutbarer Arbeit idR nichts darzulegen.[76] Liegt der Fall einer böswillig unterlassenen Erwerbstätigkeit vor, kann von einem fiktiven Einkommen in der erzielbaren Höhe ausgegangen werden, was dazu führen kann, dass dem Antragsteller Raten auferlegt werden.[77] Allgemein wird sich darüber hinaus sagen lassen, dass eine **Anrechnung zumutbaren Arbeitseinkommens** dann möglich ist, wenn ein junger, gesunder, persönlich und örtlich ungebundener Antragsteller, der ohne weiteres eine zumutbare Arbeit aufnehmen könnte, keiner Erwerbstätigkeit nachgeht und hierfür auch keinen einleuchtenden Grund angibt.[78] Auch ein Antragsteller, der ohne nachvollziehbaren Grund nur vier Tage in der Woche arbeitet und sich mit einem auffallend niedrigen Lohn begnügt, wird so behandelt, als ob er im normalen Zeitaufwand bei üblichem Lohn arbeitet.[79] Die Frage, ob bei unverschuldeter Bedürftigkeit die Aufnahme berufsfremder Tätigkeiten verlangt werden kann, ist nur für die speziellen Verhältnisse jedes Einzelfalls zu entscheiden, da es auf die persönlichen Verhältnisse und die Arbeitsmarktlage ankommt.[80] Ist ein Antragsteller, der keiner Erwerbstätigkeit nachgeht, untergetaucht, wird eine PKH-Bewilligung nicht in Betracht kommen, da zur zumutbaren Arbeit nichts dargelegt werden kann.[81] Wird von einem fiktiven Einkommen ausgegangen, muss auf dieser Grundlage allerdings auch eine Berechnung erfolgen.[82] 8

c) **Aufgabe der Arbeitsstelle.** Eine schuldhaft herbeigeführte Bedürftigkeit verdient keinen Schutz.[83] Eine verantwortungslose Aufgabe eines Arbeitsplatzes kann die Zurechnung fiktiven Einkommens rechtfertigen.[84] Denkbar ist eine solche Entscheidung, wenn ein bereits zehn Jahre (oder auch kürzer[85]) bestehendes **Arbeitsverhältnis ohne ersichtlichen Grund aufgegeben wird**[86] oder wenn eine Friseurmeisterin im Reisegewerbe nur 230 Euro verdienen will, keine Sozialhilfe bezieht und sich darauf beruft, sie müsse zwei Kinder ihres neuen Lebenspartners betreuen.[87] Hierunter kann auch eine Inhaftierung wegen einer vorsätzlichen Straftat fallen.[88] Eine verantwortungslose Aufgabe eines Arbeitsplatzes liegt nicht vor, wenn ein Mann seiner neuen Lebensgefährtin, die ein Kind erwartet, in deren Heimatland folgt.[89] 9

III. Absetzungen von dem Einkommen (Abs. 1 S. 3 Nr. 1 bis 4)[90]

1. Verweisung auf § 82 Abs. 2 SGB XII. Vgl. zunächst Rn. 57a. a) **Keine Verweisung auf § 96 Abs. 1 SGB XII.** Der Wortlaut des Abs. 1 S. 3 Nr. 1 verweist ausdrücklich nur auf § 82 Abs. 2 SGB XII, nicht auch auf 96 Abs. 1 SGB XII (Verordnungsermächtigung). Gemäß § 96 Abs. 1 SGB XII kann die Bundesregierung mit Zustimmung des Bundesrates Näheres über die Berechnung des Einkommens nach § 82 SGB XII, insbesondere der Einkünfte aus Land- und Forstwirtschaft, aus Gewerbebetrieb und aus selbständiger Arbeit 10

---

66 LAG Freiburg NJW 1982, 847, 848.
67 *Kalthoener/Büttner/Wrobel-Sachs* PKH, Rn. 247.
68 Hierzu ausf. *Biebrach* NJW 1988, 1769f.; OLG Hamm FamRZ 1994, 1396f. m. weit. Nachw.
69 ZB OLG Brandenburg FamRZ 2005, 1912f.
70 OLG Köln FamRZ 1995, 942; MDR 1998, 1434.
71 OLG Bamberg NJW-RR 1995, 5, 6; LG Düsseldorf NJW-RR 2004, 646.
72 BVerfG NJW-RR 2005, 1448.
73 OLG Bamberg NJW-RR 1995, 5, 6; OLG Hamm FamRZ 1994, 1396, 1397.
74 OLG Karlsruhe FamRZ 1999, 599; 2004, 644f.; NJW 1985, 1787; OLG Düsseldorf FamRZ 2000, 1584; OLG Naumburg FamRZ 2001, 924.
75 OLG Bamberg JurBüro 1987, 130, 131; OLG Düsseldorf FamRZ 2000, 1584.
76 OLG Karlsruhe FamRZ 2004, 1120f.
77 OLG Köln FamRZ 1995, 942; FamRZ 2007, 1338f.; OLG Zweibrücken NJW-RR 2002, 647.
78 OLG Bamberg JurBüro 1992, 130, 131; OLG Zweibrücken NJW-RR 2002, 647; vgl. auch OLG Koblenz FamRZ 1986, 1014.
79 OLG Bamberg JurBüro 1990, 635, 636.
80 *Biebrach* NJW 1988, 1769, 1770; OLG Düsseldorf NJW-RR 2001, 725; streng: OLG München NJW-RR 1999, 433.
81 OLG Köln NJW-RR 2000, 288.
82 BVerfG NJW-RR 2005, 1725.
83 *Biebrach* NJW 1988, 1769, 1770.
84 OLG Oldenburg FamRZ 1996, 41.
85 OLG Bamberg JurBüro 1987, 130, 131.
86 OLG Köln FamRZ 1995, 942; MDR 1998, 1434; OLG Naumburg FamRZ 2001, 924.
87 OLG Hamm FamRZ 1994, 1396, 1397.
88 KG MDR 2004, 710.
89 OLG Oldenburg FamRZ 1996, 41.
90 Vgl. allg. *Schünemann* FuR 2006, 14ff.

bestimmen. Bereits unter der Geltung des aufgehobenen BSHG war die Verweisung in der ZPO absichtlich nicht auf die seinerzeit schon erlassene Verordnung erstreckt worden, um die Zivilgerichte nicht mehr als unbedingt nötig an das abweichend strukturierte Sozialhilferecht zu binden.[91]

11 Die ehemals zu *§ 76 BSHG* erlassene Verordnung heisst nunmehr naheliegend **Verordnung zur Durchführung des § 82 des Zwölften Buches Sozialgesetzbuch.**[92] Obwohl der Gesetzgeber die Verweisung seinerzeit absichtlich nicht auf diese Verordnung erstreckt hat, wird sie doch in geeigneten Fällen eine Orientierung bzw. Hilfe geben können, wenn in besonderen Einzelfällen Berechnungsprobleme zur Höhe des Einkommens auftreten.[93] Gemäss § 4 Abs. 4 der erwähnten Verordnung bleiben bei Selbständigen beispielsweise bestimmte Abschreibungen unberücksichtigt.[94] Bei Zweifelsfragen zurEinkommensermittlung lohnt sich daher mitunter ein Blick in die Verordnung.

12 **b) Abzusetzende Beträge nach § 82 Abs. 2 SGB XII. aa) Steuern (§ 82 Abs. 2 Nr. 1 SGB XII). Zu beachten ist, dass diese Vorschrift nur den Abzug von Steuern auf das Einkommen** gestattet, nicht den Abzug sonstiger Steuern, zB der Umsatzsteuer, der Erbschaftssteuer oder der früheren Vermögenssteuer. **Abzugsfähig** sind damit Einkommen-, Lohn-, und Kirchensteuer, selbstverständlich auch der Solidaritätszuschlag. Steuererstattungen sind, da das Zufluss- und Abflussprinzip gilt, zu berücksichtigen.[95] Fließt Geld vom Finanzamt zurück, gehört dies zum Einkommen.[96]

13 **bb) Pflichtbeiträge (§ 82 Abs. 2 Nr. 2 SGB XII). Die Arbeitnehmerbeiträge** zur Renten-, Kranken-, Arbeitslosen- und Pflegeversicherung sind von dem Einkommen abzuziehen. Bei einer Pflichtversicherung auf Antrag können die vollen Beiträge geltend gemacht werden.[97] Besondere Beiträge für bestimmte Berufsgruppen sind ebenfalls abzügsfähig. Zu denken ist dabei zB an Beiträge für die Altershilfe der Landwirte oder Handwerkerversicherungen.[98]

14 **cc) Versicherungsbeiträge (§ 82 Abs. 2 Nr. 3 SGB XII).**[99] Angemessene **Versicherungsbeiträge** sind zB Gebäude- und Hausratsversicherung,[100] auch eine Rechtsschutzversicherung, wenn sie auf Grund der Erwerbstätigkeit des Antragstellers erforderlich ist.[101] Unter diese Vorschrift fallen auch die Beiträge für eine **freiwillige** Kranken-[102] und Rentenversicherung.[103] Weiterhin sind Sterbegeld-, Hausrats- und Gebäudeschaden- und Haftpflichtversicherung abzugsfähig[104] sowie Unfall- und Lebensversicherung.[105] Werden mehrere Lebensversicherungen unterhalten, ist nur eine abzugsfähig.[106] Ausbildungsversicherungen sind nicht absetzbar.[107] Zu den vermögenswirksamen Leistungen vgl. Rn. 6. Kraftfahrzeugversicherungen sind nur dann abzugsfähig, wenn der Besitz für die Partei konkret erforderlich ist.[108] § 82 Abs. 2 Nr. 3 Alt 2 SGB XII ermöglicht den Abzug der Beiträge für die sog. „Riester-Rente". Die Verwertung von Vermögen, das aus solchen Beiträgen gebildet wurde, soll unzumutbar sein.[109]

15 **dd) Werbungskosten (§ 82 Abs. 2 Nr. 4 SGB XII).** Die mit der Erzielung des Einkommens verbundenen Werbungskosten, die im Einzelnen zu belegen sind, können abgezogen werden. Hierzu gehören für Arbeitnehmer auch Gewerkschaftsbeiträge, Fahrtkosten und Kosten für Arbeitsmittel sowie Berufskleidung etc. Mangels anderweitiger Angaben können pauschal 5 % des Nettoeinkommens abzogen werden.[110] Bezüglich der monatlichen Fahrtkosten gilt (0,25 Euro × km × 2 × 220): 12; wenn die Benutzung öffentlicher Verkehrsmittel unzumutbar oder unmöglich ist.[111] Möglich ist auch 5,20 € monatlich je km anzusetzen, in Anlehnung an die VO (Rn. 11).[112] Die Verordnung zur Durchführung des § 82 des Zwölften Buches Sozialgesetzbuch (Rn. 11) kann hier in geeigneten Fällen auch im Übrigen entsprechend angewandt werden,[113] zumal sich darin umfangreiche Berechnungsvorschläge für die zu berücksichtigenden Werbungskosten befinden. **§ 82 Abs. 2 Nr. 5 SGB XII** mit seinem Verweis auf § 43 S. 4 SGB IX betrifft nur in Werkstätten für behinderte Menschen tätige Personen.

---

[91] BT-Drucks. 12/6963 S. 12 (Begr. der Bundesregierung),
[92] BGBl. I 2003, S. 3059.
[93] Christl NJW 1981, 785f.
[94] OLG Jena NJW-RR 1997, 516.
[95] *Wyrwa/Cavada* FamRZ 1995, 1040 m. weit. Nachw.; vgl. Rn. 3.
[96] *Huhnstock* Rn. 32; vgl. Rn. 3.
[97] *Wyrwa/Cavada* FamRZ 1995, 1040, 1041.
[98] *Zö/Philippi* Rn. 22.
[99] Ausf. *Brinkmann* JurBüro 2004, 5, 6ff.; *Huhnstock* Rn. 112ff.
[100] LG Göttingen Rpfleger 1994, 303.
[101] *Huhnstock* Rn. 123.
[102] OLG Köln FamRZ 1993, 579.
[103] *Wyrwa/Cavada* FamRZ 1995, 1040, 1041.
[104] OLG Stuttgart FamRZ 2006, 1282 (Haftpflichtversicherung); *Künzl* AnwBl. 1991, 121, 123.
[105] OLG Bamberg JurBüro 1987, 1712, 1713; OLG Stuttgart FamRZ 2006, 1292 (Unfallversicherung); *Huhnstock* Rn. 115.
[106] OLG Bamberg JurBüro 1987, 1712, 1713.
[107] OLG Karlsruhe FamRZ 2007, 1109.
[108] ArbG Regensburg JurBüro 1994, 479.
[109] OLG Stuttgart NJOZ 2006, 3392.
[110] OLG Bamberg FamRZ 1987, 1282.
[111] OLG Koblenz MDR 2002, 965.
[112] OLG Düsseldorf FamRZ 2007, 644f.
[113] *Wyrwa/Cavada* FamRZ 1995, 1040.

c) **Abzusetzende Beträge nach Abs. 1 S. 3 Nr. 1.b).** Vgl. zunächst Rn. 57a. Wie der aufgehobene *§ 76 Abs. 2a BSHG* (Folgevorschrift: § 82 Abs. 3 SGB XII) trägt diese Vorschrift der Rechtsprechung des BVerfG Rechnung, wonach zum Mindestbedarf ein **Mehraufwand, der mit einer Erwerbstätigkeit verbunden ist,** gehört, der durch den Werbungskostenabzug nicht ausreichend berücksichtigt wird.[114] Diese neuere Vorschrift (vgl. Rn. 57a) macht die erforderliche Berechnung für die Praxis etwas erträglicher: Nach Abs. 1 S. 5 werden die vom Einkommen insoweit abzuziehenden Beträge nunmehr direkt vom Bundesministerium der Justiz im BGBl. veröffentlicht. Abs. 1 S. 6 richtet sich lediglich an das Bundesministerium der Justiz, braucht also von dem Rechtsanwender nicht beachtet zu werden. Vom 1. 6. 2007 bis zu einer Neubekanntmachung, längsten aber bis zum 30. 6. 2008, gilt ein **Betrag in Höhe von 174 Euro.**[115] Nachdem nunmehr ausdrücklich nicht mehr auf § 82 Abs. 3 S. 3 SGB XII verwiesen wird, ist eine Abweichung von diesem festen Betrag nicht mehr möglich. 16

Bei allen **Erwerbstätigen** ist somit vom Einkommen ein weiterer Betrag in Höhe von derzeit **174 Euro** vom Einkommen abzuziehen. Nachdem die Vorschrift nicht danach differenziert, ist es unerheblich, wie hoch das Erwerbseinkommen ist. Ist das Einkommen geringer als 174 Euro, bleibt das Einkommen insgesamt unberücksichtigt. Es kommt nicht darauf an, ob voll- oder teilzeit gearbeitet wird. Mit **Erwerbseinkommen** ist jedenfalls Einkommen aus selbständiger oder nicht selbständiger Tätigkeit gemeint. Arbeitslose erzielen kein Einkommen in diesem Sinne,[116] Umschüler hingegen schon.[117] Bei sonstigem Einkommen (zB Kapitalvermögen, Vermietung und Verpachtung) kommt ein Abzug hingegen nicht in Betracht. Ist der Ehegatte oder Lebenspartner erwerbstätig, darf der Betrag auch dort berücksichtigt werden.[118] 17

2. „Freibeträge" (Abs. 1 S. 3 Nr. 2). Vgl. a. Fn. 1 zu § 115. Wegen der Höhe der früher maßgeblichen Beträge muss jetzt auf die 4. und 5. Aufl. verwiesen werden. Ab dem 1. 7. 2007 bis zu einer Neubekanntmachung, längstens jedoch bis zum 30. 6. 2008, gelten folgende „Freibeträge": Für die Partei und ihren Ehegatten oder Lebenspartner **382 Euro;** für jede weitere Person, der die Partei auf Grund gesetzlicher Unterhaltspflicht Unterhalt leistet **267 Euro.** Diese Beträge bleiben die **gesamte Ratenlaufzeit unverändert,** es sei denn, ein Fall des § 120 Abs. 2 S. 1 Hs. 2 liegt vor (vgl. § 120 Rn. 11 und 19).[119] Leisten beide Ehegatten dem Kind Unterhalt, ist der „Freibetrag" für das Kind im Verhältnis der Einkommen aufzuteilen.[120] Nach der aA steht jedem Ehegatten der Freibetrag zu.[121] 18

b) **Eigenes Einkommen des Unterhaltsberechtigten (Abs. 1 S. 7).** Einkommen, das der Unterhaltsberechtigte erzielt, vermindert den Freibetrag.[122] Verdient also beispielsweise die Ehefrau eines Antragstellers im Monat mehr als den jeweils geltenden Freibetrag, kann der Antragsteller keinen Unterhaltsfreibetrag für die Ehefrau mehr geltend machen.[123] Dasselbe gilt für die weiteren Unterhaltsberechtigten, insbesondere die Kinder.[124] Der Berechnung des Einkommens der Unterhaltsberechtigten ist gleichfalls § 115 zu Grunde zu legen. Erziehungsgeld bleibt also unberücksichtigt.[125] Auch dem Ehegatten oder Lebenspartner steht der Erwerbstätigenfreibetrag zu.[126] Eine darüber hinaus gehende Anrechnung des Einkommens ist unzulässig.[127] 19

c) **Geldrente (Abs. 1 S. 8).** Zahlt der Antragsteller, statt Naturalunterhalt zu gewähren, eine Geldrente, so ist statt des Freibetrages der zu zahlende Unterhalt (in den Grenzen der Angemessenheit) von dem Einkommen abzuziehen. Ist der Antragsteller zur Zahlung von Unterhalt verurteilt worden, ist dieser Betrag immer als angemessen anzusehen. Wird der Unterhalt nicht gezahlt, vermindert er das Einkommen nicht.[128] Von der **Zahlung einer Geldrente** kann nur ausgegangen werden, wenn das Kind nicht im eigenen Haushalt lebt.[129] Lebt ein nichteheliches Kind im Haushalt des Vaters, kann es also nicht nur mit der (auch titulierten) Unterhaltsrente berücksichtigt werden, vielmehr ist es als unterhaltsberechtigte Person anzusehen.[130] Problematisch sind nach wie vor diejenigen Fälle, in denen Bar- und Naturalunterhalt geleistet werden, zB weil sich das Kind in einem Internat befindet. Nach der gesetzlichen Regelung kann nur noch eine Berücksichtigung über den Freibetrag erfolgen, denn Zahlungen an ein Internat können nicht als Geldrente angesehen werden.[131] In besonderen Fällen kann ein (Teil) Abzug der weiteren Kosten als besondere Belastung in Betracht kommen. 20

---

114 BVerfGE 87, 173 ff. = NJW 1992, 3153; BT-Drucks. 12/6963 S. 11 f. (Begr. der Bundesreg.).
115 PKHB 2006 vom 6. 6. 2006, BGBl. I S. 1292.
116 OLG Nürnberg FamRZ 1999, 1673 (*zu § 76 Abs. 2a BSHG*).
117 OLG Nürnberg FamRZ 2003, 774 (*zu § 76 Abs. 2a BSHG*).
118 Vgl. *Nickel* MDR 2005, 1151, 1152.
119 BT-Drucks. 12/6963 S. 12 (Begr. der Bundesreg.).
120 *Zi* Rn. 18; *Künzl* BB 1996, 637, 638 m. weit. Nachw.
121 OLG Hamm NJOZ 2007, 2421.
122 OLG Koblenz FamRZ 2001, 925; OLG Frankfurt/M FamRZ 2002, 402.
123 BSG JurBüro 1995, 533.
124 OLG Köln OLGR 2002, 329; OLG Bamberg JurBüro 2007, 376 f.
125 OLG Nürnberg FamRZ 2002, 104; s. a. Rn. 6.
126 *Nickel* MDR 2005, 733 f.
127 BAG FamRZ 2006, 1117 f.; LAG Mainz MDR 2007, 1046.
128 OLG Karlsruhe FamRZ 2004, 1119; OLG Stuttgart FamRZ 2007, 486 f.
129 OLG Köln NJW-RR 1996, 837.
130 OLG Köln NJW-RR 1996, 837.
131 Für eine sehr komplizierte „Mehrkostenkürzungsberechnung" hingegen *Huhnstock* Rn. 101.

21 **3. Unterkunftskosten (Abs. 1 S. 3 Nr. 3).**[132] **a) Allgemeines.** Da die Lebenshaltungskosten regional sehr unterschiedlich sind, ist die Pauschalierung dieser Kosten in der alten Tabelle entfallen.[133] Die neue Regelung ermöglicht durch **Abzug der tatsächlich entstehenden Kosten** eine bessere Berücksichtigung des Einzelfalles. Die umstrittene Rechtsprechung zur teilweisen Berücksichtigung höherer Mieten bei der alten Tabelle hat sich damit erledigt, vgl. Rn. 7. Wer auf der Straße lebt, soll gleichwohl Mietkosten iH. der im notwendigen Sachverhalt enthaltenen Kaltmiete geltend machen können.[134]

22 **b) Mietwohnraum.** Bei Mietwohnraum sind damit die **gesamten Nebenkosten** gemeint,[135] Heizungskosten sind nur wegen ihrer besonderen Bedeutung aufgeführt. Die Kosten dürfen grundsätzlich in tatsächlicher Höhe abgezogen werden. Stehen die Betriebskosten noch nicht fest, dürfen Erfahrungswerte als Pauschalbeträge angesetzt werden; § 5 der WoGV[136] Grundsätzlich kann bei den Nebenkosten von dem im Mietvertrag ausgewiesenen Vorauszahlungsbetrag ausgegangen werden.[137] Garagen- und Stellplatzmieten sind nicht zu berücksichtigen.[138] Zahlt der Antragsteller einen Teil der Nebenkosten selbst, zB Strom und Gas, können auch diese abgesetzt werden.[139] Die normalen Haushaltsstromkosten sind jedoch keine Kosten der Unterkunft mehr;[140] sondern der privaten Lebensführung zuzurechnen, vgl. auch Rn. 31. Dasselbe gilt für die Wasserkosten.[141]

23 Bei **Doppelverdienern** müssen die Mietzahlungen auf die Ehegatten aufgeteilt werden und zwar entweder nach dem Verhältnis der Einkommen[142] oder nach Kopfteilen.[143] Wird eine Wohnung von mehreren Personen mit eigenem Einkommen bewohnt, so soll sich eine Aufteilung nach Köpfen anbieten, wenn nicht entweder ein Einkommen so weit hinter dem anderen zurückbleibt, dass eine Heranziehung nicht angemessen erscheint oder das Einkommen einer der Personen so gering ist, dass bei Abzug nach Abs. 1 S. 3 Nr. 1 bis 4 überhaupt kein oder ein negatives Einkommen bleibt.[144] Das OLG Koblenz hält diese Verteilung für vorzugswürdig, da die Ermittlung der Nettoeinkünfte aller Beteiligten zu viele Umstände bereiten würde und sonst die PKH-Entscheidung aufwendiger wäre als die Hauptsache. Dies überzeugt nicht völlig, denn zur Ermittlung der Frage, ob eine der oben geschilderten Ausnahmen vorliegt, muss das Einkommen der anderen Personen gleichwohl festgestellt werden. Insgesamt ist es jedoch sinnvoll, nach Kopfteilen zu verteilen, wenn dies nicht offensichtlich unbillig ist. Im Zweifelsfall können die Einkommen der anderen Personen geschätzt werden. Anderweitige Vereinbarungen der Beteiligten über die Zahlung der Miete sind unbeachtlich.[145]

24 **c) Heime.** Die gesamten Heimkosten umfassen neben den Unterkunftskosten noch weitere Beträge für Pflege, Nahrung usw. Bei Wohnraumnutzung in Heimen sind die Unterkunftskosten daher nur ein Bruchteil des Gesamtentgeltes. Der maßgebliche Anteil der Unterkunftskosten an den gesamten Heimkosten kann in Anlehnung an *§ 7 Abs. 1 WoGV aF*[146] bei Mehrfachbelegung auf 15 %, bei Einzelbelegung auf 20 % festgesetzt werden.

25 **d) Eigentum.** Wer im Eigenheim wohnt, zahlt keine Miete. Wie auch in den §§ 9 ff. WoGV vorgesehen, sind Kosten der Unterkunft in diesen Fällen auch **Belastungen, die durch die ausgewiesenen Fremdmittel** für Erwerb oder Errichtung von eigengenutztem Wohnraum und dessen Instandhaltung entstehen.[147] Zins- und Tilgungsbeiträge zur Rückerstattung eines Baudarlehens dürfen vom Einkommen abgesetzt werden, da der Antragsteller nicht gezwungen werden soll, seine Wohnung zu gefährden.[148] Im Übrigen gelten die Ausführungen zum Mietwohnraum entsprechend.

26 **e) Auffälliges Missverhältnis.** Bei einem auffälligen Missverhältnis der Unterkunftskosten zu den Lebensverhältnissen der Partei sind die Kosten der Unterkunft und Heizung insoweit nicht zu berücksichtigen. Sie dürfen also nur in angemessener Höhe angesetzt werden. Nach den Gesetzesmaterialien soll die Abzugsfähigkeit nur dann nicht gegeben sein, wenn sich die Unterkunftskosten weder aus der Situation des Wohnungsmarktes noch aus den Besonderheiten des Einzelfalles begründen lassen und sich somit als **offensichtlicher Luxus** darstellen, das Gericht hat dabei einen weiten Ermessensspielraum.[149] Ein auffälliges Missverhältnis liegt zB vor, wenn eine Person alleine eine Wohnung mit 100 m² bewohnt.[150] Das AG Hannover verlangt nähere Angaben, wenn die Kosten der Unterkunft 50 % des Einkommens übersteigen.[151]

---

132 Ausf. *Brinkmann* JurBüro 2004, 5, 9 ff.
133 BT-Drucks. 12/6963 S. 7 (Begr. der Bundesregierung).
134 OLG Köln OLGR 2002, 435 (zweifelhaft!).
135 OLG Koblenz NJW-RR 1996, 1150, 1151; s. a. OLG Karlsruhe FamRZ 1999, 599.
136 In der Fassung vom 6. 2. 2001, BGBl. I S. 192 ff.; neu bek. gem. BGBl. I 2001, S. 2723 ff.
137 So wohl auch *Brinkmann* JurBüro 1995, 61, 62.
138 OLG Brandenburg Rpfleger 2001, 356; *Zi* Rn. 20; § 2 WoGV.
139 OLG Koblenz NJW-RR 1996, 1150, 1151; aA OLG Nürnberg FamRZ 1997, 1542.
140 OLG Bamberg FamRZ 2005, 1183; OLG Dresden OLGR 2000, 100; OLG Karlsruhe FamRZ 2005, 465 f.; *Atzler* FuR 1997, 1018.
141 OLG Brandenburg MDR 2007, 1338.
142 So zB OLG Celle NdsRpfl. 1986, 103, 104.
143 *Zi* Rn. 21; OLG Schleswig JurBüro 1996, 433.
144 OLG Koblenz NJW-RR 1996, 1150, 1151; MDR 2000, 728 f.; s. a. OLG Köln FamRZ 2003, 1394.
145 OLG Koblenz MDR 2000, 728 f.; OLG Düsseldorf Rpfleger 2001, 434 f.
146 In der Fassung vom 30. 9. 1992, BGBl. I S. 1686 ff.
147 Zu dem Ganzen BT-Drucks. 12/6963 S. 12.
148 OLG Karlsruhe FamRZ 1998, 488; LG Göttingen Rpfleger 1994, 303.
149 BT-Drucks. 12/6963 S. 8.
150 *Zi* Rn. 20.
151 PKH-Leitlinien des AG Hannover FamRZ 1996, 212, 213.

Das OLG Brandenburg nimmt ab diesem Prozentsatz ein Missverhältnis an, jedenfalls bei durchschnittlichen Einkommensverhältnissen.[152] Ein auffälliges Missverhältnis liegt nicht vor, wenn während der Trennungszeit die vormalige Ehewohnung nur von einem der Ehegatten weiterbenutzt wird, selbst wenn die Miete 2/3 des Einkommens beträgt.[153]

4. Besondere Belastungen (Abs. 1 S. 3 Nr. 4).[154] **a) Allgemeines.** Als besondere Belastung ist zunächst der Mehraufwand für Erwerbstätige nicht mehr anzusehen, er wird durch Abs. 1 S. 3 Nr. 1.b) bereits berücksichtigt. Besondere Belastungen können nur noch solche sein, die nicht schon durch Abs. 1 S. 3 Nr. 1 bis 3 erfasst sind.[155] **Hierzu zählen** u. a. die Mehrbedarfsbeträge, die gemäß § 30 SGB XII für bestimmte Personen gelten, zB altersbedingter Mehrbedarf, Mehrbedarf wegen Erwerbsunfähigkeit, für werdende Mütter, für allein Erziehende, für Behinderte.[156] Wer zB zwei Kinder unter 16 Jahren erzieht und gleichwohl überobligatorisch berufstätig ist, darf 40 % des Eckregelsatzes als besondere Belastung geltend machen.[157] Zu beachten ist insbesondere § 30 Abs. 3 SGB XII.[158] **Keine besonderen Belastungen** sind Luxusausgaben, Spekulationsgeschäfte oder ähnliche Aufwendungen, die in einem krassen Missverhältnis zu den Einkünften stehen und nicht mehr als vertretbar angesehen werden können[159] sowie Geldbußen[160] oder Geldstrafen.[161] Vgl. Rn. 31 und 17. 27

b) Verweisung auf § 1610a BGB. Abs. 1 S. 3 Nr. 4 Halbs. 2 verweist auf § 1610a BGB. Unter diese Vorschrift fallen vor allem Leistungen nach den §§ 11 Abs. 3, 14, 15, 31, 35 BVG sowie den §§ 80 SoldVersG, 52 BGSG, 47, 50 ZDG[162] und § 30 Abs. 3 SGB XII.[163] Praktisch bedeutet diese Verweisung, dass bei Körper- oder Gesundheitsschäden ein durch die Behinderung entstehender **Mehrbedarf nicht konkret nachgewiesen zu werden braucht.** Dies wird in der Regel dazu führen, dass die erhaltene Sozialleistung vom Einkommen wieder abzuziehen ist,[164] also letztlich unberücksichtigt bleibt.[165] Dies gilt zB für Blindengeld.[166] 28

c) Darlehenstilgungen. Diese können besondere Belastungen sein, wenn der Kredit vor Prozessbeginn aufgenommen wurde, denn danach muss sich der Bedürftige auf den Prozess einrichten[167] und darf nicht mehr ohne Not Verbindlichkeiten eingehen.[168] Anders ist es, wenn ein unabweisbares Bedürfnis für die Kreditaufnahme bestand,[169] zB für lebensnotwendige Aufwendungen[170] oder auch die Neuanschaffung einer Waschmaschine.[171] Es kommt grundsätzlich nicht darauf an, aus welchem Anlass der Kredit aufgenommen wurde.[172] Voraussetzung für die Abziehbarkeit ist jedoch immer, dass die Verbindlichkeiten auch tatsächlich bezahlt werden.[173] In einer Doppelverdienerehe müssen die Raten jedoch entsprechend dem Einkommen auf die Ehegatten verteilt werden, da anzunehmen ist, dass der Unterhaltsbeitrag dem Einkommen entspricht.[174] Kredit- und Tilgungsraten müssen aber für ein Darlehen in der **jeweiligen Höhe als angemessen** angesehen werden, es kann nicht angehen, dass sich eine Partei zur Vermeidung von Zinsen mit sehr hohen Raten belastet.[175] Es muss sich um allgemein übliche und vertretbare Aufwendungen handeln.[176] Dasselbe gilt, wenn die Raten aus Anschaffungen stammen, die der angemessenen Lebensführung dienen.[177] Wenn der Antragsteller – trotz gerichtlichen Hinweises – eine Überprüfung der Kreditraten anhand dieser Kriterien nicht ermöglicht, bleiben die Kreditraten unberücksichtigt.[178] 20 % des Familieneinkommens sind jedenfalls angemessen,[179] bei Hypothekendarlehen auch höhere Sätze.[180] Zins- und Tilgungsraten für ein angemessenes Eigenheim dürfen vom Einkommen ohnehin abgesetzt werden,[181] auch solche für Erhaltungskosten wie Sanierungsmaßnahmen (vgl. Rn. 25).[182] Nach einer Trennung von Eheleuten ist uU eine Vergleichsberechnung 29

---

[152] OLG Brandenburg FamRZ 2001, 1085.
[153] OLG München FamRZ 1997, 299.
[154] Ausf. *Brinkmann* JurBüro 2004, 5, 12 f.
[155] *Brinkmann* JurBüro 1995, 61, 63.
[156] *Brinkmann* JurBüro 1995, 61, 63.
[157] OLG Stuttgart Justiz 2005, 245, 246.
[158] OLG Karlsruhe NJW-RR 1999, 1227, 1228.
[159] OLG Bamberg JurBüro 1987, 133 f.; 1991, 843.
[160] OLG Koblenz JurBüro 1997, 30, 31; aA OLG Hamburg FamRZ 2001, 235.
[161] KG OLGR 2006, 269 f.; OLG München FamRZ 2007, 1340.
[162] Im Einzelnen vgl. *Zö/Philippi* Rn. 17.
[163] KG NJOZ 2007, 4653
[164] *Zi* Rn. 23.
[165] *Zö/Philippi* Rn. 16.
[166] OLG Jena FamRZ 1999, 1673 f.
[167] OLG Köln MDR 1995, 314; BT-Drucks. 8/3068 S. 25 (Begr. der Bundesregierung).
[168] OLG Koblenz MDR 1992, 80.
[169] OLG Bamberg JurBüro 1987, 1712, 1713.
[170] OLG Köln OLGR 1994, 220.
[171] OLG Zweibrücken FamRZ 2004, 1501.
[172] OLG Hamm JurBüro 1987, 1416, 1417.
[173] OLG Zweibrücken OLGR 2001, 35; LAG Mainz MDR 2004, 718.
[174] ArbG Regensburg Rpfleger 1994, 70, 71.
[175] BGH NJW-RR 1990, 450; LG Koblenz JurBüro 1995, 536, 537.
[176] LAG Kiel MDR 1989, 485.
[177] KG JurBüro 1984, 1251, 1253.
[178] OLG Köln FamRZ 1996, 873.
[179] KG AnwBl. 1981, 507.
[180] Vgl. OLG Bamberg JurBüro 1987, 133, 134.
[181] OLG München NJW 1981, 2128, 2129.
[182] LG Koblenz JurBüro 1995, 536, 537.

ohne die Belastung anzustellen[183] Finanzierungskosten für einen PKW sind nicht abzugsfähig, wenn der Antragsteller auf das Auto nicht angewiesen ist, die Kosten in einem Missverhältnis zu dem Einkommen stehen und es dem Antragsteller zuzumuten ist, den PKW zu verkaufen, um aus dem Erlös das Darlehen zu tilgen.[184] S. a. Rn. 54. Darlehensraten für Spielschulden können, da unangemessen, vom Einkommen nicht abgesetzt werden.[185]

30 **d) Weitere Einzelfälle.** Besondere Belastungen können auch Belastungen sein, die sich im Zusammenhang mit **Familienereignissen** ergeben, zB Geburt, Heirat, Tod,[186] auch Nachhilfeunterricht für Kinder[187] oder uU Musikunterricht.[188] **Lebensversicherungsprämien** (s. a. Rn. 14 und 53) können, wenn sie einer angemessenen Altersversorgung dienen, im Einzelfall als besondere Belastungen berücksichtigt werden.[189] Besondere Belastungen sind auch **PKH-Raten aus anderen Prozessen,**[190] auch Ratenzahlungen auf Anwaltshonorar.[191] Auf Grund sittlicher Pflicht oder auf den Anstand zu nehmender Rücksicht gezahlte Unterhaltsleistungen sind besondere Belastungen;[192] sie sind nicht nach Abs. 1 S. 3 Nr. 2 zu berücksichtigen. Insoweit kommen zB Unterhaltszahlungen an Stiefkinder[193] oder auch an Lebensgefährten[194] in Betracht. Allerdings sind höchstens die gesetzlichen Beträge nach Abs. 1 S. 3 Nr. 2 anzusetzen.[195] Wenn das Sozialamt der Lebensgefährtin des Antragstellers die Sozialhilfe kürzt, weil es von einem Unterhaltsbeitrag ausgeht, den der Antragsteller leistet, so kann dieser Betrag eine besondere Belastung sein.[196] Dasselbe gilt, wenn sich eine Ehefrau an Verbindlichkeiten ihres Ehemannes beteiligen muss.[197] Wenn Ansprüche von Personen, die mit der PKH-Partei zusammenleben, wegen einer **Bedarfsgemeinschaft** (§ 36 SGB XII) versagt werden, können Beträge in dieser Höhe als besondere Belastung geltend gemacht werden.[198] Schließlich können auch Arztkosten besondere Belastungen darstellen. Keine besonderen Belastungen sind solche, die durch übermäßigen Zigarettenkonsum entstehen.[199] Auch **Geldstrafen** sind keine besonderen Belastungen.[200] Genauso wenig Zahlungen auf einen Vertrag zur vermögenswirksamen Anlage.[201] Auch Kindergartenbeiträge sind keine besonderen Belastungen.[202]

31 **5. Nicht absetzbare Beträge.** Wie auch im Steuer- und Sozialhilferecht kann nicht jede Ausgabe von dem Einkommen abgesetzt werden. In der Tabelle und den Freibeträgen sind die **allgemeinen Lebenshaltungskosten** ausreichend berücksichtigt. Derartige allgemeine Lebenshaltungskosten können nicht zusätzlich von dem Einkommen abgesetzt werden. Die Kosten eines PKW sind allgemeine Lebenshaltungskosten,[203] es sei denn, er ist berufsbedingt notwendig (vgl. Rn. 14).[204] Telefon- und Rundfunkgebühren gehören ebenfalls zu den allgemeinen Lebenshaltungskosten,[205] sind also nicht gesondert abziehbar. Das Gleiche gilt für Beiträge zum Mutterschutzbund,[206] Mieterschutzbund[207] sowie sonstige Vereine, Ausgaben für Liebhabereien.[208] Versicherungen für Tiere sind nicht absetzbar, es sei denn die Tierhaltung ist geboten, zB bei einem Blindenhund.[209] Nicht absetzbar sind auch Kosten, die in einem auffälligen Missverhältnis zu den Lebensverhältnissen des Antragstellers stehen.[210]

IV. Tabelle und 48-Ratengrenze (Abs. 2)

32 **1. Tabelle.** Eine **Interpolation der Tabelle** ist (nach wie vor) unzulässig, denn der Gesetzgeber hat sich dagegen entschieden. Lebt die Partei im Ausland, so kann dies bei der Anwendung der Tabelle berücksichtigt werden, die Tabelle darf dann angepasst werden.[211] In der Praxis kann davon ausgegangen werden, dass derjenige, der ausschließlich Sozialhilfe bezieht, grundsätzlich auch ratenfreie PKH bekommen wird

---

183 OLG Karlsruhe FuR 2001, 33f.
184 OLG Hamburg FamRZ 1996, 42; OLG Hamm FamRZ 2007, 155f.
185 OLG Bamberg JurBüro 1991, 843.
186 BT-Drucks. 8/3068 S. 25.
187 *Zi* Rn. 22.
188 OLG Karlsruhe OLGR 2001, 291.
189 ArbG Regensburg Rpfleger 1994, 70; *Huhnstock* Rn. 115.
190 BGH NJW-RR 1990, 450.
191 OLG Köln FamRZ 1993, 579.
192 OLG Bremen FamRZ 1997, 298.
193 *Huhnstock* Rn. 98.
194 OLG Bremen FamRZ 1997, 298f.; OLG Stuttgart MDR 2005, 413.
195 OLG Stuttgart MDR 2005, 413.
196 OLG Bremen FamRZ 1997, 238f.; aA OLG Koblenz JurBüro 1997, 30, 31.
197 Näher OLG Schleswig JurBüro 1996, 433.
198 KG FamRZ 2006, 962f.
199 OLG Koblenz OLGR 1999, 24.
200 KG FamRZ 2006, 871; OLG München FamRZ 2007, 1340; aA OLG Brandenburg FamRZ 2004, 646 (LS).
201 OLG Stuttgart Justiz 2005, 245, 246.
202 OLG Stuttgart FamRZ 2006, 1282f.
203 OLG Bamberg JurBüro 1988, 95, 96; OLG Dresden OLGR 2002, 55f.
204 OLG Köln FamRZ 1993, 579.
205 OLG Bamberg JurBüro 1988, 95, 96; OLG Köln FamRZ 1993, 579.
206 OLG Köln FamRZ 1993, 579.
207 OLG Köln FamRZ 1993, 579.
208 *Zi* Rn. 22.
209 *Huhnstock* Rn. 125.
210 *T/P/Reichold Rn.* 12.
211 OLG Düsseldorf MDR 1994, 301, 302.

(vgl. vor § 114 Rn. 5 aE).[212] Ist die PKH nach dem 1. 1. 2002 bewilligt worden, gilt nur die neue – hier abgedruckte – (Euro-) Tabelle. Vgl. a. Rn. 18. Wegen der **alten (DM-)Tabelle,** die hier nicht mehr abgedruckt ist, wird auf die 2. Aufl. verwiesen.

2. 48-Ratengrenze.[213] Die strengste Auffassung will Zahlungen auf 48 Monate nach der Bewilligung beschränken, gleichgültig ob Raten ganz oder teilweise gezahlt werden mussten oder nicht.[214] Die 48-Ratengrenze bedeutet jedoch nicht, dass immer höchstens 48 Monate in Folge Raten gezahlt werden müssen. Wenn nach § 120 Abs. 3 die Ratenzahlung eingestellt wird, zählen die Monate, in denen nichts bezahlt wurde, bei der Höchstgrenze von 48 Monaten nicht mit, die Zahlungspflicht kann sich in einem solchen Fall auch über vier Jahre hinaus erstrecken.[215] Wird zunächst ratenfreie PKH bewilligt und werden später Raten festgesetzt, zB wegen verbesserter Einkommensverhältnisse, zählen die Monate, in denen nichts bezahlt wurde bei der 48-Ratengrenze nicht mit.[216] Die 48 Raten sind also nicht als zeitliche Grenze, sondern als Begrenzung der Zahlungsverpflichtung konzipiert worden.[217] Bei Aufhebung der Ratenzahlungsverpflichtung, beispielsweise wegen Verschlechterung der Einkommensverhältnisse, sind diese „Befreiungsmonate" nicht anzurechnen.[218] Die so genannten **„Nullraten" zählen daher nicht mit.**[219] In Extremfällen ist es daher denkbar, dass vier Jahre nach Rechtskraft (§ 120 Abs. 4) noch vier Jahre Raten zu zahlen sind. Hat die Partei 48 Raten gezahlt, so hat es damit sein Bewenden, zu weiteren Zahlungen ist sie auch bei Verbesserung der Verhältnisse nicht verpflichtet.[220] 33

Jede Ratenzahlungsanordnung einer Instanz steht unter dem **Vorbehalt der Abänderung** der nächsten, auf die die Zuständigkeit nach § 127 Abs. 1 S. 2 Halbs. 2 übergeht; dies gilt auch für eine Zurückverweisung; es können daher nicht gleichzeitig an verschiedene Instanzen Raten gezahlt werden.[221] Vgl. hierzu auch § 119 Rn. 19. Dementsprechend können die zu zahlenden Raten selbstredend unterschiedlich hoch sein.[222] Bewilligt die zweite Instanz – im Gegensatz zur ersten – ratenfreie PKH, braucht die PKH-Partei in Zukunft keinerlei Raten mehr zu zahlen, auch nicht für die Kosten erster Instanz.[223] Eventuell noch bestehende Rückstände aus der Zeit vor dem Entfall der Raten müssen allerdings noch beglichen werden.[224] In Familiensachen ist zu beachten, dass das Verbundverfahren und die selbständigen Verfahren hinsichtlich des Erlasses einer einstweiligen Anordnung als Einheit zu sehen sind, es sind also insgesamt nur 48 Raten zu entrichten.[225] Bezüglich Arrest und einstweiliger Verfügung sowie Hauptsacheverfahren gilt dies allerdings nicht. Die **Zwangsvollstreckung** eröffnet eine neue 48-Ratengrenze,[226] und zwar für jeden Titel aus dem die Zwangsvollstreckung betrieben wird. Eine Zusammenrechnung mit dem Erkenntnisverfahren findet nicht statt.[227] S. a. Rn. 56 und § 119 Rn. 8. 34

V. Vermögenseinsatz (Abs. 3)[228]

1. Allgemeines. Vgl. zunächst Rn. 57a. Das Vermögen ist einzusetzen, soweit dies zumutbar ist. Diese Generalklausel wird durch den Verweis auf § 90 SGB XII konkretisiert. Diese Vorschrift regelt, welche Vermögensteile nicht verwertet werden müssen. **Vermögen ist** (außer Geld, zB vorhandenes Sparguthaben) die Gesamtheit der in Geld schätzbaren Güter von gewissem Wert einer Person; auszuklammern sind rein ideelle und mit einer Person unlösbar verbundenen Rechte sowie diejenigen persönlichen Grundausstattungen (Kleidung, einfaches Mobiliar usw.), die keinen besonderen Wert darstellen.[229] Auch das nach § 811 unpfändbare Vermögen ist auszuklammern und damit nicht einzusetzen.[230] Im Gegensatz zum Einkommen (zukünftige Güter) sind Vermögen schon vorhandene Güter;[231] verwertbar ist das Vermögen dann, wenn es tatsächlich veräußert werden kann.[232] PKH kann allerdings auch in der Weise bewilligt werden, dass die Verfahrenskosten solange gestundet werden, bis die Vermögenswerte verwertet werden können.[233] Maßgeblich ist die Verwertungsmöglichkeit eines jeden konkreten Gegenstandes, nicht eine Gesamtbetrachtung 35

---

212 OLG München FamRZ 1996, 42; vor § 114 Rn. 5
213 Ausf. *Fischer* Rpfleger 1997, 463ff.
214 OLG Karlsruhe FamRZ 1992, 1449f.
215 OLG Karlsruhe FamRZ 1995, 1505; *Enders* JurBüro 1995, 169, 170; *Lappe* Rpfleger 1981, 137.
216 OLG Koblenz Rpfleger 1993, 497; OLG Saarbrücken Rpfleger 1993, 497f.; ebenso *T/P/Reichold* Rn. 16; aA zB *Enders* JurBüro 1995, 169, 170.
217 OLG Karlsruhe FamRZ 1992, 1449f.
218 *Enders* JurBüro 1995, 169, 170.
219 OLG Bamberg JurBüro 1998, 316, 317; OLG Stuttgart Rpfleger 1999, 82; *Fischer* Rpfleger 1997, 463, 465.
220 OLG Zweibrücken OLGR 1997, 344.
221 BGH NJW 1983, 944.
222 *Bischof* AnwBl. 1981, 369, 372.
223 OLG Hamm FamRZ 1986, 1014, 1015.
224 *Wiecz/Steiner* § 120 Rn. 2.
225 OLG Düsseldorf FamRZ 1991, 1325; vgl. *Schneider* MDR 1981, 793, 799.
226 *Behr/Hantke* Rpfleger 1981, 265, 270.
227 *Fischer* Rpfleger 2004, 190, 193.
228 Hierzu ausf. *Burgard* NJW 1990, 3240ff.; teilweise hilfreich das ABC bei *B/L/H* Rn. 51ff.
229 *Burgard* NJW 1990, 3240, 3241 m. weit. Nachw.
230 *T/P/Reichold* Rn. 22.
231 Vgl. näher BVerwG NJW 1999, 3210; 3649.
232 *Burgard* NJW 1990, 3240.
233 OLG Nürnberg JurBüro 1995, 312; OLG Koblenz MDR 1999, 1346f.; AG Pankow-Weißensee FamRZ 2004, 1120.

durch Saldierung von Aktiva und Passiva.[234] Bei Guthaben und Krediten darf grundsätzlich nicht saldiert werden, um den Vermögensstand festzustellen.[235]

36 Auch bei dem Vermögen kommt es nur auf dasjenige des Antragstellers an.[236] Kommen allerdings Prozesskostenvorschussansprüche (Rn. 37–41) in Betracht, muss auch Vermögen des Ehegatten angegeben und berücksichtigt werden.[237] Bei einem **Unternehmer** ist auch das Betriebsvermögen maßgeblich, jedenfalls bei betriebsbezogenen Ansprüchen.[238] Prozesskosten müssen auch aus den Betriebsvermögen aufgebracht werdenn, PKH soll nur bei Insolvenzreife in Betracht kommen.[239] Maßgeblich sind die **Vermögensverhältnisse zum Zeitpunkt der Entscheidung;** lediglich in Aussicht stehende Vermögensvermehrungen, insbesondere solche, die durch den Prozess durchgesetzt werden sollen, bleiben grundsätzlich außer Betracht (vgl. aber Rn. 51 und § 120 Rn. 16).[240] In der Praxis muss wohl davon ausgegangen werden, dass vorhandenes Vermögen, insbesondere Sparkonten, sehr häufig verschwiegen wird.[241] Nach einer – allerdings sehr begrenzten – statistischen Erhebung werden lediglich ca. 1 % der PKH-Anträge unter Berufung auf Abs. 2 abgelehnt.[242]

37 **2. Prozesskostenvorschussansprüche.**[243] Vgl. insoweit auch § 127a und die dortige Kommentierung. Materiell-rechtlich ist überwiegend § 1360a Abs. 4 BGB einschlägig, auf Kinder wird diese Vorschrift analog angewendet.[244] Ansprüche auf Prozesskostenvorschüsse gehören zum Vermögen.[245] Vor der Bewilligung von PKH ist zu prüfen, ob nicht ein Prozesskostenvorschussanspruch besteht, weil in solchen Fällen PKH nicht gewährt werden kann.[246] Dabei ist es ausreichend, wenn von mehreren Vorschusspflichtigen einer zur Leistung in der Lage ist.[247] § 93a schließt den Vorschussanspruch nicht etwa aus.[248] Der Antragsteller muss Angaben über Einkommen und Vermögen der betreffenden Personen machen oder darlegen, warum er es nicht kann.[249] Die Verweisung auf einen Vorschussanspruch ist jedoch nur möglich, wenn der **Anspruch unzweifelhaft besteht**[250] **und kurzfristig durchsetzbar ist.**[251] Dies ist nicht der Fall, wenn das Einkommen des Verpflichteten unbekannt ist und über eine Auskunftsklage erst ermittelt werden müsste[252] oder sich schwierige Rechtsfragen stellen.[253] Dasselbe gilt, wenn gegen den Verpflichteten in einer anderen Sache fruchtlos vollstreckt wurde und er sich in Strafhaft befindet.[254] Ein Prozesskostenvorschussanspruch besteht nicht, wenn eine hinreichende Erfolgsaussicht (§ 114) für das beabsichtigte Verfahren nicht besteht.[255] Bei Ausländern kommt es nicht darauf an, ob das anwendbare ausländische Recht derartige Vorschussansprüche kennt, denn der Zugang zu Sozialleistungen richtet sich nur nach dem allein anwendbaren deutschen Recht.[256] Dies gilt insbesondere im einstweiligen Anordnungsverfahren.[257] Auf einen Prozesskostenvorschussanspruch darf die Partei dann nicht mehr verwiesen werden, wenn über einen vor der Scheidung gestellten PKH-Antrag erst nach der Scheidung entschieden wird; beim nachehelichen Unterhalt gibt es keinen Prozesskostenvorschussanspruch.[258] Überhaupt kann ein Prozesskostenvorschuss für die Vergangenheit nicht verlangt werden.[259] Zwar hat ein Geschiedener keinen Anspruch auf Prozesskostenvorschuss mehr, war der andere Ehegatte jedoch vorher im Verzug, kann er sich darauf nicht mehr berufen.[260]

38 Wer – wenn er den Prozess selbst führen müsste – **Anspruch auf ratenfreie PKH hätte, ist nicht vorschusspflichtig.**[261] Wer jedoch bei eigener Prozessführung nur Anspruch auf **PKH gegen Ratenzahlung** hätte, ist hingegen – höchstens in den Grenzen dieser Raten entsprechend § 115 – **vorschusspflichtig;** dies

---

234 OVG Münster NJW 1997, 2900; VGH Mannheim Justiz 2003, 38f.; OLG Bremen NJOZ 2007, 2990f.
235 VG Oldenburg NdsRpfl. 2002, 348, 349; OLG Bremen FamRZ 2007, 1341; aA OLG Bamberg JurBüro 1993, 232f. mit abl. Anm. *Mümmler* und FamRZ 1997, 299.
236 *Schneider* MDR 1985, 441, 443 m. weit. Nachw.
237 OLG Koblenz MDR 2006, 649.
238 OLF Schleswig SchlHA 2002, 262.
239 OLG Nürnberg MDR 2003, 593f.
240 OLG Düsseldorf MDR 1990, 728; KG NJW-RR 1989, 511f.; OLG Köln NJW-RR 2001, 644, 645.
241 Ebenso *Zimmermann* FamRZ 1994, 747.
242 *Burgard* NJW 1990, 3240, 3245.
243 Hierzu ausführlich *Knops* NJW 1993, 1237ff. und JurBüro 1992, 448f.; *Klein* FuR 1996, 69ff., 147ff.; *Haußleiter* NJW-Spezial 2005, 55f. sowie – für Kinder – *Duderstadt* FamRZ 1995, 1305ff.
244 BGH NJW-RR 2004, 1662; NJW 2005, 1722.
245 BT-Drucks. 8/3068 S. 53 (Gegenäußerung der Bundesregierung zur Stellungnahme des Bundesrates).
246 OVG Münster NJW-RR 1999, 1235; OLG Bamberg JurBüro 1989, 414, 415.
247 BGH NJW 2005, 1722, 1724.
248 KG FamRZ 2003, 773.
249 LG Koblenz FamRZ 2000, 761; KG FPR 2002, 539f.
250 OLG Bamberg JurBüro 1989, 414, 415.
251 OLG Düsseldorf MDR 1990, 450; LG Hamburg JurBüro 1988, 507f.
252 OLG München FamRZ 1994, 1126.
253 OLG Naumburg FamRZ 2002, 456, 457.
254 KG NJW 1971, 197.
255 BGH NJW 2001, 1646, 1647; NJW 2005, 1722, 1723.
256 LAG Frankfurt/M EzA § 114 Nr. 4.
257 OLG Karlsruhe MDR 1986, 242.
258 OLG München FamRZ 1997, 1542.
259 OLG Rostock OLGR 2001, 560.
260 OLG Frankfurt MDR 2005, 590.
261 BGH NJW-RR 2004, 1662, 1663 = FamRZ 2004, 1633f.

hat der BGH kürzlich entschieden und damit eine jahrelange Kontroverse unter den OLG beendet.[262] Für diese Sicht der Dinge spricht die unterhaltsrechtliche Qualifikation des Vorschussanspruchs als Sonderbedarf. Der eigene Selbstbehalt darf dabei allerdings nicht gefährdet werden.[263] Der Vorschusspflichtige muss die Raten dann zahlen.

Wer ein das Schonvermögen (Rn. 42) übersteigendes **(Geld)Vermögen** hat, ist gleichfalls vorschuss- 39 pflichtig.[264] Dies gilt dann nicht, wenn das Vermögen (25 600 Euro) für den eigenen Unterhalt benötigt wird, weil eine Erwerbstätigkeit nicht ausgeübt werden kann.[265]

Neben dem barunterhaltspflichtigen ist grundsätzlich auch der betreuende Elternteil eines **Kindes** vor- 40 schusspflichtig,[266] jedenfalls bei guten Vermögensverhältnissen.[267] Dies gilt auch für Großeltern.[268] Dies setzt voraus, dass der Vorschuss neben dem Betreuungsunterhalt zumutbar ist.[269] Hiervon ist jedenfalls dann auszugehen, wenn der betreuende Elternteil für den Prozess keinen Anspruch auf PKH hätte.[270] Der angemessene Selbstbehalt muss jedoch verbleiben.[271] In aller Regel werden minderjährige Kinder, die vom barunterhaltspflichtigen Vater auf Unterhaltsherabsetzung verklagt werden, nicht darauf verwiesen werden können, einen Prozesskostenvorschuss von der betreuenden Mutter zu verlangen.[272] Dies gilt jedenfalls dann, wenn nicht feststeht, dass ein solcher Anspruch zweifellos besteht und sofort durchsetzbar ist.[273] Anders allerdings, wenn der Anspruch ohne weiteres besteht.[274] Auch der **Scheinvater** ist entsprechend § 1360a Abs. 4 S. 1 BGB verpflichtet, dem beklagten Kind einen Vorschuss zu leisten;[275] ebenso wenn das Kind gegen den Scheinvater im Wege der Ehelichkeitsanfechtung vorgeht.[276] Der Putativvater ist nicht vorschusspflichtig.[277] Die Prozesskostenvorschusspflicht endet mit der Volljährigkeit des Kindes,[278] es sei denn, es befindet sich noch in der Ausbildung[279] bzw. hat keine wirtschaftlich selbständige Stellung.[280] Für die Praxis kann überwiegend davon ausgegangen werden, dass dem Kind die Verzögerung des Statusverfahrens durch die Geltendmachung von Vorschussansprüchen nicht zumutbar ist.[281]

Kein Anspruch auf Prozesskostenvorschuss besteht zwischen geschiedenen **Ehegatten.**[282] S. aber Rn. 37 41 aE. Einem **Ehegatten** soll dafür auch gegen einen neuen nichtehelichen Lebensgefährten ein Anspruch auf Prozesskostenvorschuss zustehen, wenn dieser für den Unterhalt sorgt.[283] Dies ist jedoch abzulehnen. Das Problem kann, soweit es sich überhaupt stellt, durch die Anrechnung fiktiver Einkünfte (vgl. oben Rn. 7) gelöst werden, ohne dass ein nicht bestehender Vorschussanspruch angenommen werden müsste.[284] § 1360a Abs. 4 BGB ist auf die **nichteheliche Lebensgemeinschaft** nicht anzuwenden.[285] Wird ein auf einen Sozialhilfeträger übergegangener Anspruch geltend gemacht, soll es dem Gegner unzumutbar sein, einen Prozesskostenvorschuss zu leisten.[286]

3. Verweisung auf § 90 SGB XII. a) Allgemeines. Vgl. zunächst Rn. 57a und den Abdruck des § 90 SGB 42 XII nebst der dazu ergangenen Verordnung in Rn. 59f. Abs. 2 S. 2 verweist nur auf § 90 SGB XII. Die Verordnungsermächtigung, die früher in *§ 88 Abs. 4 BSHG* enthalten war befindet sich jedoch nunmehr in § 96 Abs. 2 SGB XII, worauf jedoch in Abs. 2 S. 2 nicht Bezug genommen wird. Deswegen ist fraglich, ob die im Art. 15 des Gesetzes zur Einordnung des Sozialhilferechts in das Sozialgesetzbuch[287] durch Änderung der alten Verordnung bereits erlassene bzw. geänderte **Verordnung zur Durchführung des § 90 Abs. 2 Nr. 9 des Zwölften Buches Sozialgesetzbuch** auch im Bereich der ZPO anzuwenden ist. Da § 90 Abs. 2 Nr. 9 SGB XII in Bezug genommen wird, kann die Verweisung so verstanden werden, dass damit gleichzeitig auch auf die Verordnungsermächtigung in § 96 Abs. 2 SGB XII verwiesen wird. Ohne diese Rechtsver-

---

[262] BGH NJW-RR 2004, 1662, 1663 m. weit. Nachw.; OLG Naumburg FamRZ 2005, 2001.
[263] BGH NJW-RR 2004, 1662, 1663.
[264] LSG Erfurt JurBüro 1999, 200f.; s. a. OLG Zweibrücken FamRZ 1999, 1149.
[265] OLG Düsseldorf FamRZ 1999, 1673.
[266] OLG Koblenz FamRZ 1995, 558; 2001, 632; OLG Karlsruhe FamRZ 1996, 1100f.
[267] OLG München OLGR 1994, 9.
[268] OLG Koblenz NJW-RR 1997, 263; LG Koblenz MDR 1999, 1410; aA OLG Koblenz FamRZ 1999, 241f.
[269] OLG München FamRZ 1991, 347, hierzu sogleich.
[270] OLG Karlsruhe FamRZ 1996, 1100, 1101.
[271] OLG Köln FamRZ 1999, 792.
[272] OLG Nürnberg NJW-RR 1995, 390 m. weit. Nachw.
[273] OLG Nürnberg NJW-RR 1995, 390; OLG Düsseldorf MDR 1990, 450.
[274] OLG Koblenz Rpfleger 1992, 527.
[275] OLG Celle NJW-RR 1995, 6; OLG Koblenz FamRZ 1997, 679; aA mit ausf. Begr. OLG Hamburg NJW-RR 1996, 1f.
[276] KG NJW 1971, 197; OLG Karlsruhe FamRZ 1996, 872 mit krit. Anm. Gottwald; aA OLG Stuttgart OLGR 1998, 89.
[277] OLG Koblenz FamRZ 1999, 241.
[278] OLG Hamm NJW-RR 1996, 519f.; aA OLG Koblenz FamRZ 1996, 45.
[279] BGH NJW 2005, 1722f.; OVG Münster NJW-RR 1999, 1235; OLG Hamm NJW-RR 1998, 1576; OLG Nürnberg NJW-RR 1996, 1090f.; *Schwolow* FuR 1998, 297.
[280] BGH NJW 2005, 1722f.; OLG Köln FamRZ 2000, 757; KG OLGR 2002, 184.
[281] *Herlan* DAV 1995, 421, 422.
[282] BGHZ 89, 33, 35 = NJW 1984, 291.
[283] OLG Koblenz NJW-RR 1992, 1348.
[284] Vgl. OLG Köln FamRZ 1988, 306, 307f.
[285] OLG Düsseldorf OLGR 1993, 121.
[286] AG Mosbach FamRZ 1997, 1090.
[287] BGBl. I 2003, S. 3022ff., 3060; vgl. Rn. 57a.

ordnung würde im Übrigen eine große Rechtsunsicherheit entstehen. Sie wird daher auch als für die PKH-Entscheidungen maßgeblich anzusehen sein. Dies entspricht auch dem Prinzip der Einheit der Rechtsordnung und der Tatsache, dass die PKH eine Sozialleistung darstellt (vor § 114 Rn. 1). Dabei kann für die Praxis letztlich offen bleiben, ob die Verordnung direkt oder jedenfalls analog anzuwenden ist. Das unter § 90 Abs. 2 und 3 fallende Vermögen wird als **„Schonvermögen"** bezeichnet. § 811a (Austauschpfändung) ist auf dieses Schonvermögen nicht anzuwenden.[288] Ist Vermögen zu verwerten, fällt der erzielte Erlös nicht unter § 90 Abs. 2 Nr. 9 SGB XII, selbst wenn er unter der Betragsgrenze liegt.[289] Bei Betriebsvermögen ist für jeden Gegenstand zu prüfen, ob die Voraussetzungen des § 90 Abs. 2 Nr. 5 SGB XII vorliegen.[290]

43 **b) Sparguthaben (§ 90 Abs. 2 Nr. 9 SGB XII).** Ein Sparguthaben oder sonstiges Guthaben ist bis auf den Freibetrag in Höhe von **2600 Euro**[291] **zuzüglich 614 Euro für den Ehegatten bzw. Lebenspartner und 256 Euro für jede weitere Person,** die unterhalten wird, in vollem Umfang einzusetzen.[292] Dabei ist § 1 Abs. 1 Nr. 1 b) der Verordnung zur Durchführung des § 90 Abs. 2 Nr. 9 des Zwölften Buches Sozialgesetzbuch (Rn. 60) einschlägig, da die PKH eine Leistung darstellt, die mit denjenigen nach dem fünften bis neunten Buches des SGB XII vergleichbar ist.[293] Dies gilt grundsätzlich auch für Betreute.[294] Auch ein noch nicht fälliger **Sparbrief** muss, soweit er den Freibetrag übersteigt, eingesetzt werden.[295] Dasselbe gilt für Fondsanteile.[296] Eine Verwertung von **Bundesschatzbriefen** ist gleichfalls zumutbar.[297] Eine Verwertung von Wertpapieren ist auch zumutbar, wenn beide Eheleute gemeinsam verfügungsberechtigt sind.[298] Ein Zinsverlust wegen vorzeitiger Kündigung ist grds. hinzunehmen.[299] Alleine die Tatsache, dass das Sparguthaben zur **Alterssicherung** vorgesehen ist, ändert an alle dem nichts, es sei denn, eine angemessene Alterssicherung würde durch eine Verwertung erschwert werden, was jedoch ausführlich darzulegen ist.[300] Vgl. dazu a. Rn. 48. Der Freibetrag ist auch dann zu gewähren, wenn ein Hausgrundstück nach § 90 Abs. 2 Nr. 8 SGB XII (Rn. 46f.) vorhanden ist.[301]

44 Streitig ist, ob ein den Freibetrag deutlich übersteigendes **Bausparguthaben** trotz der damit verbundenen Nachteile verwertet werden muss. Jedenfalls nicht einzusetzen ist es, wenn damit ein Zwischenfinanzierungsdarlehen abgelöst werden soll.[302] Wenn es nicht bestimmungsgemäß verwendet werden soll, was vom Antragsteller im Einzelnen darzulegen ist, soll es einzusetzen sein.[303] Nach aA ist ein noch nicht zuteilungsreifer, staatlich geförderter Bausparvertrag nicht zu verwerten.[304] Eine prämienschädliche und uU auch steuerschädliche Auflösung eines solchen oder anderen Sparvertrages wird teilweise für nicht zumutbar iSd. § 90 Abs. 3 S. 1 SGB XII gehalten. Trotz der Verbindlichkeit der in Bezug genommenen Vorschrift des § 90 SGB XII sei es nicht ausgeschlossen, in Einzelfällen über das Kriterium der Zumutbarkeit vom SGB XII abzuweichen.[305] Welcher dieser Ansichten zu folgen ist, lässt sich auch hier nur im konkreten Einzelfall entscheiden. Handelt es sich um einen angemessenen, geringeren Sparbetrag, der jeden Monat beiseite gelegt wird, sollte die Verwertung vor Fälligkeit nicht zugemutet werden, insbesondere dann, wenn sie steuer- bzw. prämienschädlich ist.[306] Anders ist es, wenn sehr hohe Beträge gespart werden. Insgesamt sollte jedoch Leitlinie sein, dass die **prämienschädliche Auflösung eines Sparguthabens nicht zumutbar** ist.[307] Dies gilt jedenfalls dann, wenn über Raten alle Kosten beglichen werden können.[308] Zweckgebundenes Vermögen, das derzeit nicht greifbar ist, braucht nicht verwertet zu werden. Ein nicht staatlich geförderter Bausparvertrag ist einzusetzen.[309] Die vorstehenden Ausführungen können auf **andere staatlich geförderte Sparverträge** entsprechend angewendet werden. Wird im Laufe des Prozesses das gesamte Guthaben fällig, kommt eine Entscheidung nach § 120 Abs. 4 in Betracht (vgl. § 120 Rn. 16).[310] Fällige Verträge sind grds. einzusetzen.[311]

---

288 *Wiecz/Steiner* Rn. 18 m. weit. Nachw.
289 OVG Münster NJW 1993, 1412.
290 OLG Jena NJW-RR 1997, 516, 517.
291 T/P/*Reichold* Rn. 23 (hM); aA LSG Chemnitz FamRZ 2007, 156f., (1600 €), LSG Magdeburg JurBüro 2006, 604.
292 OLG Nürnberg FamRZ 2006, 1398; vgl. dazu *Nagel* MDR 2005, 1151, 1152.
293 OLG Karlsruhe FamRZ 2005, 1917, 1918; OLG Naumburg JurBüro 1994, 231 (zu *§ 88 BSHG* und der dazu ergangenen Verordnung).
294 BGH NJW 2002, 366f.
295 OLG Koblenz FamRZ 1996, 43.
296 OLG Saarbrücken OLGR 2006, 361.
297 OLG Nürnberg MDR 1997, 1153.
298 OLG Koblenz FamRZ 2004, 1121.
299 OLG Celle FamRZ 2005, 992.
300 OLG Frankfurt/M OLGR 2003, 7 und FamRZ 2004, 466f. mit abl. Anm. *Weil.*
301 OLG Köln FamRZ 2004, 647.
302 LAG Hamm MDR 2005, 299.
303 OLG Celle OLGR 1994, 29; OLG Koblenz JurBüro 1999, 253; angedeutet in BGH NJW-RR 1991, 1532, 1533.
304 OLG Naumburg JurBüro 2003, 649f.; LAG Köln MDR 1993, 481; LAG Stuttgart JurBüro 1989, 669, 670; aA OLG Saarbrücken OLGR 1998, 205.
305 LAG Köln MDR 1993, 481.
306 LAG Stuttgart JurBüro 1989, 669, 670.
307 BAG FamRZ 2006, 1445f.; OLG Nürnberg JurBüro 2006, 431; OLG Düsseldorf FamRZ 1986, 1123; LAG Köln MDR 1993, 481; *Huhnstock* Rn. 106; *Beyer* JurBüro 1991, 439, 442.
308 OLG Brandenburg OLGR 1998, 31f.
309 OLG Dresden OLGR 2000, 258.
310 BAG FamRZ 2006, 1445f.
311 OLG Koblenz FuR 1999, 496.

c) **Unterhaltsabfindungsbetrag (§ 90 Abs. 2 Nr. 9 SGB XII).** Der Einsatz eines solchen Betrages, der auf Grund eines Vergleiches bezahlt wird, ist nach Abs. 2, § 90 Abs. 2 Nr. 8 SGB XII unzumutbar, wenn er für den **notwendigen Unterhalt** erforderlich ist; im konkreten Fall wurde dies für einen Betrag iHv. 12 800 Euro bejaht, der für 22 Monate ausreichend war,[312] anders bei 80 000 Euro.[313] Vgl. a. Rn. 3. Auch hier kommt es stets auf die Verhältnisse der PKH-Partei im Einzelfall an. Bekommt ein volljähriges Kind für die Zeit der Minderjährigkeit rückständigen Barunterhalt, so muss dieser Betrag nicht eingesetzt werden, denn er ist an den anderen Elternteil, der Naturalunterhalt geleistet hat, abzuführen.[314] Vgl. a. § 120 Rn. 15 f. 45

d) **Kleines Hausgrundstück (§ 90 Abs. 2 Nr. 8 SGB XII).**[315] Diese Vorschrift ist auch auf **Eigentumswohnungen** und Miteigentumsanteile anzuwenden.[316] Nach dem Grundsatz der Individualisierung ist nur die Wohnfläche zu berücksichtigen, die für den Bedarf der jeweiligen Bewohner angemessen ist.[317] Dabei kommt es auf personen-, sach- und wertbezogene Kriterien an.[318] Als Leitlinie diente früher § 39 des II. WoBauG. Familienheime mit einer Wohnung können 130 m² Größe aufweisen, mit 2 Wohnungen 200 m², wobei keine Wohnung größer als 130 m² sein darf; bei Eigentumswohnungen dürfen es 120 m² sein. Bei mehr als vier Personen oder konkreten Bedürfnissen dürfen diese Werte überschritten werden. Bei weniger als vier Personen sind 20 m² je Person abzuziehen.[319] Obwohl in § 90 Abs. 2 Nr. 8 SGB XII nicht mehr auf das II. WoBauG verwiesen wird, können die vorstehenden Werte nach wie vor eine erste Orientierung geben. Der Verkehrswert ist für die Frage der Angemessenheit von erheblicher Bedeutung, selbst wenn die Grenzen des II. WoBauG eingehalten werden.[320] Wird ein Haus mit 140 m² Wohnfläche auf einem ca. 590 m² großen Grundstück bewohnt, so ist dies kein kleines Hausgrundstück mehr.[321] Dasselbe gilt, wenn ein Haus im Wert von 128 000 Euro mit 100 m² Wohnfläche von einer Person bewohnt wird.[322] Durch den Auszug von Kindern wird das Haus nicht automatisch unangemessen groß.[323] Der Schutz des kleinen Hausgrundstücks erstreckt sich nur auf **selbstgenutzte Objekte.**[324] Dementsprechend ist ein Miteigentumsanteil an einem kleinen Hausgrundstück einzusetzen, wenn der Antragsteller dies weder alleine noch zusammen mit Angehörigen bewohnt, denn die im Haus wohnenden Angehörigen müssen eine Bedarfsgemeinschaft mit dem Antragsteller bilden.[325] Die Eigenschaft des selbstgenutzten Eigenheims geht nicht durch eine andere Nutzung verloren, wenn diese lediglich vorübergehend erfolgt.[326] Wenn sich Ehegatten trennen, führt dies nicht sofort dazu, dass das Haus (bzw. der jeweilige Miteigentumsanteil daran) verwertet werden muss; denn jedenfalls vor Ablauf des ersten Trennungsjahres ist noch ungewiss, ob die Ehe überhaupt endgültig scheitern wird; auch ist nicht abzusehen, welche Regelung die Ehegatten oder das Gericht einmal treffen werden.[327] Wird das Haus später verkauft, kann nach § 120 Abs. 4 (§ 120 Rn. 17) verfahren werden.[328] Wenn die Nutzung des Grundstücks durch andere Miteigentümer auf Grund deren Anteile beschränkt ist, kommt es für die Größe nur auf den genutzten Anteil an; wird der Antragsteller durch die anderen Miteigentümer an der Nutzung nicht gehindert, ist die gesamte Größe maßgeblich.[329] § 90 Abs. 2 Nr. 8 SGB XII ist bei einem Schausteller auf den üblichen Wohnwagen entsprechend anzuwenden.[330] Bei einem **Ferienhaus** im Ausland handelt es sich nicht um Schonvermögen; ist der Verkauf nicht zumutbar, ist eine Vermietung zu erwägen.[331] 46

Ein Vermögen, das **erst zum Erwerb** eines Hausgrundstücks oder einer Eigentumswohnung bestimmt ist, zählt nicht zum Schonvermögen.[332] Dies folgt aus einem Umkehrschluss aus § 90 Abs. 2 Nr. 3 SGB XII. Bei Verkauf und Neukauf eines Hausgrundstücks entfällt ebenfalls die Privilegierung.[333] Dasselbe gilt, wenn das Haus bei der Vermögensauseinandersetzung anlässlich einer Scheidung verkauft wird.[334] Ist das Hausgrundstück zwangsversteigert worden und der Partei hieraus ein Erlös zugeflossen, so ist dieser gleichfalls 47

---

312 OLG Nürnberg JurBüro 1995, 311.
313 OLG Celle Rpfleger 2005, 320.
314 OLG Karlsruhe FamRZ 2000, 1585.
315 Vgl. ausf. *Schulte* NJW 1991, 546 ff.; vgl. *Schachel* NJW 1982, 88 f.
316 BVerwG Rpfleger 1991, 257.
317 Näher OVG Lüneburg NJW 1995, 3202 f.
318 Vgl. VGH Mannheim NJW 1985, 2044.
319 OLG Karlsruhe FamRZ 2001, 236.
320 OVG Bremen NJW 1997, 883, 884.
321 BGH NJW-RR 1990, 450, 451; vgl. a. LG Koblenz NJW-RR 2003, 662.
322 OLG München OLGR 1993, 226 f.; vgl. a. OLG Koblenz FamRZ 2000, 760.
323 *Büttner,* FS f. Groß, 2004, S. 29.
324 BGH FuR 2001, 138; OLG Köln OLGR 1994, 91; OLG Hamm Rpfleger 1984, 432.
325 OLG Hamm Rpfleger 1984, 432.
326 OLG Celle NdsRpfl. 1996, 57 m. weit. Nachw.
327 OLG Celle NdsRpfl. 1996, 57; OLG Koblenz OLGR 2003, 460, 461.
328 OLG Zweibrücken Rpfleger 2003, 253.
329 BVerwG JurBüro 1993, 361.
330 LG Bad Kreuznach JurBüro 1995, 312.
331 OLG Stuttgart JurBüro 1994, 46; OLGR 2006, 366 f.; vgl. VG Frankfurt NJW 1992, 647 f.
332 BGH FamRZ 2007, 1720 f. = LMK 2007, 241906 mit Anm. *Fischer;* OLG Nürnberg Rpfleger 1995, 465, 466; OLG Bamberg FamRZ 1999, 996, 997; OLG Zweibrücken JurBüro 2000, 483. aA OLG Celle OLGR 1994, 30.
333 OLG Schleswig JurBüro 1999, 90; OLG Celle JurBüro 1990, 1192 f.; OLG Stuttgart FamRZ 1996, 873 f.; OLG Nürnberg MDR 2003, 271 f.
334 OLG Schleswig JurBüro 1984, 1250; OLG Köln MDR 1996, 197; LG Koblenz MDR 1996, 744.

einzusetzen.[335] Wenn jedoch der Erwerb abgeschlossen ist, so kann PKH nicht mit der Begründung verweigert werden, der Antragsteller hätte das Geld für die Prozessführung zurückhalten müssen.[336] Vgl. a. § 120 Rn. 17. **Grundvermögen, das nicht unter das Schonvermögen fällt,** zB ein Dreifamilienhaus, ist uneingeschränkt einzusetzen, dh. es muss belastet oder verwertet werden.[337] Dies gilt auch für Miteigentum[338] oder eine Eigentumswohnung, die als Kapitalanlage erworben wurde[339] sowie vermietetes Grundeigentum.[340] Unerheblich ist es dabei, wenn für einen Sozialhilfeträger eine Grundschuld eingetragen ist, die jedoch den Grundstückswert nicht erreicht.[341] Allerdings muss die Zumutbarkeit der Veräußerung eingehend geprüft werden.[342] Bei eilbedürftigen Sachen darf auf eine Veräusserung jedoch nur verwiesen werden, wenn sie kurzfristig möglich ist.[343] S. a. Rn. 35 aE. Bei Grundvermögen, das nicht Schonvermögen ist, ist eine Belastung durch Kreditaufnahme zumutbar.[344] Dies gilt jedenfalls dann, wenn die monatlichen Kreditraten niedriger sind als die PKH-Raten und der Kredit höchstens 48 Monate läuft.[345] Die Zumutbarkeit einer Kreditaufnahme ist jedoch eingehend zu prüfen.[346] Handelt es sich bei dem Grundvermögen um einen Miterbenanteil an einem Grundstück, der darüber hinaus dadurch unverwertbar ist, dass er mit einem Nießbrauch auf Lebenszeit belastet ist, so braucht solches „Grundvermögen" nicht verwertet zu werden, da es praktisch unverwertbar ist.[347] Miteigentum an ausländischen Grundstücken kann unberücksichtigt bleiben, wenn eine Verwertung in nächster Zeit nicht zu erwarten ist.[348] Grds. ist es freilich zu verwerten.[349]

48 e) **Härteklausel (§ 90 Abs. 3 SGB XII).** § 90 Abs. 3 SGB XII ermöglicht es, in besonders begründeten Einzelfällen von den Grundsätzen des § 90 Abs. 1 und Abs. 2 SGB XII (sämtliches Vermögen bis auf das Schonvermögen ist zu verwerten), **Ausnahmen** zuzulassen. Ein sachwidriges Ergebnis kann so noch korrigiert werden; diese Vorschrift ermöglicht eine besondere Flexibilität. Die normale Unannehmlichkeit, die grundsätzlich mit der Verwertung von Vermögen verbunden ist, begründet natürlich noch keine Härte iSd. § 90 Abs. 3 S. 1 SGB XII. Auch die mit einer vorzeitigen Auflösung einer Lebens- oder Rentenversicherung verbundenen Einbußen sind keine besonderen Härten.[350] Anders kann dies sein, wenn – wie bei Selbständigen – kaum Rentenanwartschaften bestehen.[351] § 90 Abs. 3 S. 2 SGB XII enthält zwei Beispiele für den recht allgemein gehaltenen § 90 Abs. 3 S. 1 SGB XII. Angespartes Erziehungsgeld (Rn. 6) braucht nach § 90 Abs. 3 SGB XII nicht verwertet zu werden.[352] Der Einsatz eines umfangreicheren Vermögens (154 000 Euro) kann eine besondere Härte bedeuten, wenn das Vermögen zur Deckung ständig anfallender Pflegekosten benötigt wird.[353] Ein Grabpflegevertrag kann unter § 90 Abs. 3 SGB XII fallen.[354] Auch der Einsatz eines Grundstücks kann in Ausnahmefällen eine besonderer Härte darstellen.[355] Die Anforderungen an die Darlegungslast sind für die PKH-Partei sehr hoch.[356] Wegen geringerer Kosten kann jedoch weder Belastung noch Verkauf zumutbar sein.[357]

49 **4. Weitere Einzelfälle. a) Schmerzensgeld.** Ob Schmerzensgeld zum einsatzpflichtigen Vermögen gehört, ist umstritten. Nach wohl herrschender und auch zutreffender Auffassung ist **Schmerzensgeld nicht einzusetzen,**[358] nach aA soll es uneingeschränkt einsetzbar sein, nach einer weiteren Ansicht kann der Einsatz bei hohem Schmerzensgeld und geringem Streitwert zumutbar sein.[359] Nachdem das BVerwG entschieden hat, dass ein Einsatz von Schmerzensgeld als Vermögen grundsätzlich eine Härte nach § 90 Abs. 3 SGB XII darstellt,[360] dürfte die Diskussion iSd. hM entschieden sein.[361] Schmerzensgeld ist ausschließlich zum Aus-

---

335 OLG Hamm MDR 1984, 500.
336 OLG Bamberg FamRZ 1996, 42; aA OLG Nürnberg MDR 2002, 171.
337 OLG München OLGR 1995, 19; OLG Koblenz FamRZ 2004, 1298.
338 OLG Karlsruhe OLGR 2001, 102, OLG Celle MDR 2003, 356f.
339 OLG Koblenz MDR 2002, 904.
340 OLG Celle JurBüro 2002, 540; OLG Koblenz FamRZ 2006, 136.
341 OLG Köln FamRZ 2004, 1121f.
342 OLG Karlsruhe FamRZ 2004, 1499; LAG Nürnberg JurBüro 2005, 371; OLG Brandenburg NJOZ 2007, 2144 = FamRZ 2007, 1340f.
343 LG Rostock MDR 2003, 1438.
344 OLG Hamm Rpfleger 1991, 258f.; OLG Koblenz MDR 2001, 960; FamRZ 2006, 136; OLG Köln FPR 2004, 268f.
345 OLG Köln FamRZ 1999, 997; KG FamRZ 2001, 631.
346 OLG Brandenburg OLGR 2000, 111; LG Rostock MDR 2003, 1438.
347 OLG Köln JurBüro 1996, 143f.; vgl. a. OLG Bamberg FamRZ 1998, 247; OLG Nürnberg FamRZ 1998, 489.
348 OLG Frankfurt FamRZ 1999, 1671.
349 OLG Stuttgart NJOZ 2007, 1984.
350 OLG Karlsruhe FamRZ 2005, 1917, 1918.
351 OLG Stuttgart NJOZ 2007, 937.
352 BVerwG NJW 1997, 397.
353 OLG Schleswig FamRZ 1999, 1672.
354 BVerwG NJW 2004, 2914ff.
355 KG FamRZ 2001, 631.
356 OLG Karlsruhe FamRZ 2004, 1122; FamRZ 2005, 1917f.
357 LAG Nürnberg MDR 2005, 419f.
358 OLG Frankfurt/M NJW 1981, 2129, 2130; OLG Düsseldorf NJW-RR 1992, 222f. mit ausf. Begr.; OLG Koblenz FamRZ 2004, 1498f.; OLG Stuttgart 2007, 1661.
359 Zu dem Ganzen: OLG Köln Rpfleger 1994, 258, 259 m. weit. Nachw.; OLG Karlsruhe NJW-RR 1999, 1228; OLG Jena MDR 2000, 852f.
360 BVerwG NJW 1995, 3001f. (zu *§ 88 Abs. 3 BSHG*).
361 Vgl. a. FamRZ 2006, 1824

gleich und für die Genugtuung von Schmerzen bestimmt.[362] Dasselbe gilt für Schmerzensgeldrenten. Bei Ansparung ist eine andere Sicht der Dinge denkbar.[363] Ob Geldentschädigungen für Persönlichkeitsverletzungen einzusetzen sind, hängt vom Einzelfall ab.[364]

b) **Kreditaufnahme.** Die Möglichkeit einer Kreditaufnahme **gehört nicht zum Vermögen,** die PKH-Partei darf darauf nicht verwiesen werden.[365] Bei vorhandenem **Grundvermögen** ist es jedoch idR zumutbar, einen Kredit für die Prozesskosten aufzunehmen und das Grundstück zu belasten (Rn. 47).[366] Für ein Hausgrundstück, das unter § 90 Abs. 2 Nr. 8 SGB XII fällt, gilt dies jedoch nicht. Nicht zum Schonvermögen gehörendes Grundvermögen ist für die Prozesskosten damit einzusetzen.[367] Eine Kreditaufnahme ist **ausnahmsweise zumutbar,** wenn der Antragsteller in umfangreicher Weise am Geschäfts- und Wirtschaftsleben teilnimmt und dabei auch bei seinem üblichen Geschäftsgang Verbindlichkeiten eingeht, die die Finanzierung der Prozesskosten vielfach übersteigen (im konkreten Fall Verbindlichkeiten in der Bilanz von 245 000 Euro bei Prozesskosten in Höhe von 1500–2000 Euro).[368] Gewerbetreibenden ist die Kreditaufnahme zumutbar, wenn diese im Rahmen eines ordnungsgemäßen kaufmännischen Geschäftsbetriebes erfolgen kann.[369] Dem Antragsteller ist eine Kreditaufnahme auch dann zumutbar, wenn sie nur zu Übergangszwecken erfolgen muss, bis einsatzpflichtiges Vermögen verwertet werden kann,[370] zB Belastung einer Lebensversicherung.[371] Insoweit ist auch zu erwägen, entsprechend § 120 Rn. 4f. zu verfahren. Dabei muss auch geprüft werden, ob eine Beleihung zumutbar ist.[372] 50

c) **Geltend gemachte Ansprüche.** Grundsätzlich werden Ansprüche, die erst im Prozess durchgesetzt werden sollen, **nicht berücksichtigt.**[373] Ist jedoch, zB weil ein Vergleich geschlossen wurde, ein Vermögenszuwachs nach dem üblichen Lauf der Dinge sicher, so darf dieser in der Weise berücksichtigt werden, dass der Partei Vermögensbeiträge nach dem zu erwartenden Zahlungseingang aufzuerlegen sind (vgl. auch Rn. 36 und § 120 Rn. 16).[374] Dies gilt auch, wenn ein Teilanerkenntnisurteil erlassen wurde.[375] Hat die PKH-Partei die Möglichkeit, gegen Sicherheitsleistung aus einem erstinstanzlichen Urteil zu vollstrecken, so hebt dies die Bedürftigkeit für das Berufungsverfahren nur auf, wenn die PKH-Partei die Sicherheit auch leisten kann.[376] Da eine Entscheidung nach § 537 erst nach Ablauf der Begründungsfrist ergehen kann, beseitigt auch diese Möglichkeit die Bedürftigkeit nicht.[377] 51

d) **Abfindungen.** Abfindungen sind grundsätzlich **einzusetzendes Vermögen** iSd. Abs. 3.[378] Der Freibetrag (Rn. 43) gilt auch hier, soweit er noch nicht anderweitig ausgeschöpft wurde. Darüber hinaus ist aber zu berücksichtigen, dass bei Verlust des Arbeitsplatzes typischerweise weitere Kosten entstehen. **In der Regel** ist es daher unzumutbar, die gesamte Abfindung einzusetzen; aus Praktikabilitätsgründen ist hier aber eine Typisierung erforderlich; danach kann der **persönliche Freibetrag (Rn. 43) für den Antragsteller nochmals angesetzt werden.**[379] Ein Regelfall liegt aber nicht vor, wenn kurz nach Beendigung des Arbeitsverhältnisses eine neue Stelle am selben Ort gefunden wird.[380] 52

e) **Lebensversicherungen.** Lebensversicherungen sind einsetzbares Vermögen, sofern sie nicht der Sicherung einer angemessenen Altersversorgung dienen (§ 90 Abs. 3 S. 2 SGB XII); sie bleiben allerdings außer Ansatz, wenn die Prozesskosten durch die Zahlungen aus dem Einkommen abgedeckt werden oder der Einsatz der Versicherung kaum die anfallenden Kosten decken kann.[381] Nach weiter gehender Auffassung bleibt eine Lebensversicherung, weil sie wirtschaftlich zweckgebundenes Vermögen ist und eine Auflösung mit vielfältigen Nachteilen verbunden ist, **außer Betracht.**[382] Dies muss insbesondere dann gelten, wenn die Beiträge nach § 82 Abs. 2 Nr. 3 SGB XII vom Einkommen abgesetzt werden dürfen.[383] Handelt es sich um eine übliche Lebensversicherung, deren Beiträge sich im Rahmen des Einkommens halten, so ist die Verwertung in der Tat unzumutbar.[384] Dies folgt auch § 90 Abs. 3 S. 2 Alt. 2 SGB XII. Werden mehrere Lebensversicherungen unter- 53

---

[362] Vgl. OLG Oldenburg NdsRpfl. 1996, 251f., offen lassend für sehr hohe Beträge; vgl. a. OLG Zweibrücken NJW-RR 1998, 1616.
[363] OLG Zweibrücken JurBüro 1998, 478f.; s. a. FamRZ 1998, 758.
[364] BGH NJW 2006, 1068f.
[365] *Christl* NJW 1981, 785, 790 m. weit. Nachw.
[366] Näher OLG Hamm JurBüro 1991, 1231f.; OLG München OLGR 1995, 19; OLG Köln OLGR 2004, 106.
[367] OLG München JurBüro 1990, 1311; OLG Koblenz FamRZ 2002, 105; LG Kleve Rpfleger 2003, 593.
[368] OLG Frankfurt/M NJW-RR 1987, 320; OLG Brandenburg FamRZ 1997, 681.
[369] BGH NJW-RR 2007, 379.
[370] LG Bayreuth JurBüro 1989, 120, 121.
[371] OLG Köln OLGR 2000, 241f.
[372] OLG Naumburg NJOZ 2007, 2846.
[373] KG NJW-RR 1989, 511.
[374] OLG Düsseldorf MDR 1990, 728.
[375] OLG Brandenburg FamRZ 2005, 991.
[376] BGH FamRZ 1996, 933, 934.
[377] BGH FamRZ 1996, 933, 934.
[378] Näher: BAG NJW 2006, 2206; LAG Koblenz FamRZ 2006, 466; LAG Nürnberg JurBüro 2000, 314f.
[379] BAG NJW 2006, 2206.
[380] BAG NJW 2006, 2206.
[381] ArbG Regensburg Rpfleger 1994, 70, 71.
[382] OLG Naumburg FuR 2005, 571; NJOZ 2007, 156; OLG Bamberg JurBüro 1991, 977f.; OLG Nürnberg OLGR 2007, 43; aA OLG Stuttgart FamRZ 1999, 598; OLGR 2002, 59.
[383] OLG Stuttgart FamRZ 2006, 1850f.
[384] Vgl. OLG Hamburg FamRZ 2001, 925f.; OLG Koblenz OLGR 2005, 887f.; OLG Frankfurt/M. FamRZ 2006, 135f.; OLG Naumburg MDR 2006, 237f.

halten, so ist genau zu prüfen, ob diese wirklich alle notwendig sind oder ob nicht eine ausreichend ist. Weitere Lebensversicherungen müssten dann verwertet werden.[385] Dasselbe gilt bei einer sehr hohen Lebensversicherung.[386] Eine – abzulehnende – **neuere Tendenz** geht allerdings dahin, dass Lebensversicherungen, wenn sie das Schonvermögen (Rn. 43) maßgeblich übersteigen, grds. verwertet werden müssen, ohne dass dies als besondere Härte angesehen wird,[387] wenngleich auch eine Einzelfallprüfung erforderlich ist.[388] Eine Lebensversicherung auf die Heirat der Tochter muss verwertet werden.[389] § 90 Abs. 2 Nr. 2 SGB XII (Rn. 60) rechnet die sog. **„Riester-Rente"** zum Schonvermögen.[390] Eine Sterbegeldversicherung iHv. 3000 Euro braucht nicht verwertet werden.[391] Genauso wenig eine Direktversicherung des Arbeitgebers.[392]

54 f) **Sonstiges.** Zum Vermögen gehören auch **Forderungen.**[393] Die Partei darf nicht darauf verwiesen werden, aus einem vorläufig vollstreckbaren Urteil eine unsichere Zwangsvollstreckung zu betreiben; wird die Forderung später beigetrieben, so kann nach § 120 Abs. 4 verfahren werden.[394] Die Verwertung eines teuren **PKW** kann zumutbar sein,[395] es sei denn, die Partei ist darauf angewiesen,[396] zB eines neueren Opel Astra;[397] oder gar eines BMW.[398] Die Verwertungsgrenze soll bei 9715 Euro noch nicht erreicht sein.[399] Ein normaler gebrauchter Mittelklasse-PKW, der zur Berufsausübung gebraucht wird, muss jedenfalls nicht verwertet werden.[400] Dasselbe gilt, wenn der PKW für Fahrten mit einem Kind gebraucht wird.[401] In Anlehnung an eine neuere Entscheidung des BSG zu „Hartz IV" sollte die maßgebliche Verwertungsgrenze auf 7500 € festgesetzt werden.[402] Zweitwagen und Wohnwagen müssen hingegen verwertet werden.[403] Zuchtstuten sind zu verwerten,[404] ebenso Schmuck.[405] **Ansprüche auf Versicherungsschutz** gehören gleichfalls zum Vermögen.[406] Dies gilt uneingeschränkt für eine Rechtsschutzversicherung, die Deckungszusage erteilt (vgl. § 114 Rn. 43). Auch wenn eine Haftpflichtversicherung im Rahmen des Versicherungsschutzes den Prozess für den Versicherungsnehmer aufnimmt, kann PKH nicht bewilligt werden (vgl. § 114 Rn. 3). Für durch eine Selbstbeteiligung nicht gedeckte Kosten kann PKH bewilligt werden, genauso für nicht (mehr) gedeckte Kosten.[407] Dasselbe gilt, wenn es möglich ist, gewerkschaftlichen oder verbandsmäßigen Rechtsschutz in Anspruch zu nehmen[408] oder ein Prozessfinanzierer die Kosten übernimmt. Wird Räumung von Grundbesitz verlangt, kann der Gläubiger nicht auf eine Teilveräußerung desselben zur Finanzierung der Räumungskosten verwiesen werden.[409]

55 5. **Herbeiführung der Vermögenslosigkeit und ähnliche Fälle.** Grundsätzlich ist es unerheblich, ob die Partei sich durch früher verschuldetes Verhalten bedürftig gemacht hat oder nicht;[410] auszunehmen sind nur die Sachverhalte, bei denen die **Inanspruchnahme von PKH rechtsmissbräuchlich** wäre.[411] Eine Pflicht, Rücklagen für Prozesse zu bilden, besteht nicht.[412] Die Vermögenslosigkeit muss also in der Absicht herbeigeführt worden sein, die Gewährung von PKH zu erlangen.[413] Dementsprechend gilt, dass derjenige, der sich mutwillig unvermögend macht, keinen Anspruch auf PKH hat.[414] PKH kann wegen Rechtsmissbrauchs versagt werden, wenn statt Geltendmachung eines Vorschussanspruchs das Verfahren nicht betrieben wird, bis ein solcher Anspruch nicht mehr besteht.[415] Scheitert die wirtschaftlich annehmbare Verwer-

---

385 VGH Mannheim Justiz 2003, 38ff.
386 OLG Stuttgart OLGR 1999, 63.
387 BVerwG NJW 2004, 3647f.; BAG FamRZ 2006, 1445; OLG Stuttgart FamRZ 2004, 1651; KG FamRZ 2003, 1394f.; 2005, 1917f.; OLG Braunschweig FamRZ 2006, 135; OLG Nürnberg NJOZ 2006, 2052f.
388 OLG Frankfurt/M. OLGR 2005, 562f.; FamRZ 2006, 962; OLG Celle FamRZ 2007, 913f.; OLG Nürnberg NJOZ 2006, 2052f.
389 BAG FamRZ 2006, 1445.
390 OLG Suttgart OLGR 2002, 59.
391 OLG Zweibrücken OLGR 2005, 860f.; OLG Schleswig FamRZ 2007, 1188f.
392 OLG Koblenz FamRZ 2006, 628.
393 KG NJW-RR 1989, 511 m. weit. Nachw.
394 OLG Zweibrücken JurBüro 1987, 1714, 1715.
395 OVG Münster NJW 1997, 540; OLG Koblenz FamRZ 1998, 1522; OLG Köln FamRZ 2007, 156.
396 OLG Nürnberg FuR 2005, 469f.; OLG Hamm FamRZ 2006, 1132, 1133.
397 OVG Koblenz NJW 1997, 1939.
398 OLG Karlsruhe OLGR 1998, 171.
399 OLG Bamberg FamRZ 1999, 1508 (fraglich); OLG Koblenz FamRZ 2004, 1880; KG MDR 2006, 946; aA OLG Brandenburg FamRZ 2006, 1045.
400 OLG Karlsruhe FamRZ 2004, 646f.
401 OLG Koblenz FamRZ 2004, 1880.
402 BSG becklink 240605 (Urt. v. 6. 9. 2007 – B 14/7b AS 66/06 R).
403 OLG Stuttgart FamRZ 2004, 1651.
404 LAG Halle JurBüro 2002, 376f.
405 OLG Zweibrücken JurBüro 2002, 377.
406 BT-Drucks. 8/3068 S. 53 (Gegenäußerung der Bundesregierung zur Stellungnahme des Bundesrats).
407 LAG Kiel JurBüro 2004, 146f.
408 Näher BSG JurBüro 1996, 533f.; LSG Celle NdsRpfl. 2005, 262.
409 LG Ingolstadt Rpfleger 1997, 538.
410 OLG Hamm MDR 2002, 1208.
411 OLG Bamberg FamRZ 1995, 374, 375; JurBüro 1992, 622, 623; aA OLG Karlsruhe NJW-RR 1986, 799.
412 OLG Celle NdsRpfl. 2005, 325; FamRZ 2007, 485.
413 BGH AnwBl. 2006, 858, 859; OLG Karlsruhe FamRZ 1987, 845, 846; OLG Frankfurt/M AnwBl. 1982, 491; *St/J/Bork* § 114 Rn. 20.
414 OLG Koblenz FamRZ 1985, 301, 302; OLG Hamm MDR 2000, 297.
415 OLG Oldenburg FamRZ 1994, 1183f.; vgl. aber BVerwG NJW 1998, 1879ff.

tung eines Vermögensgegenstandes von Eheleuten, die gerade in Scheidung leben, an der Zustimmung eines Ehegatten, so kann diesem keine PKH bewilligt werden, wenn er den Prozess aus dem Erlös hätte finanzieren können.[416] Ist jedoch ein **Prozess absehbar,** darf vorhandenes Vermögen nicht mehr leichtfertig für nicht unbedingt notwendige Zwecke ausgegeben werden; geschieht dies gleichwohl, darf sich der Antragsteller nicht mehr auf den Schonbetrag nach § 90 Abs. 2 Nr. 8 SGB XII berufen.[417] Die PKH ist also nicht zu bewilligen, wenn ein Antragsteller in Kenntnis eines laufenden Verfahrens und der hieraus resultierenden denkbaren Kostenbelastung Geld, das ihm zur Verfügung steht, ohne sachlichen Grund und ohne Rücksicht auf eine sorgsame Wirtschaftsführung ausgibt, ohne eine Rücklage für die drohende Belastung mit den Prozesskosten zu bilden.[418] Auch die Gewährung von Darlehen an dritte Personen gereicht dem Antragsteller insoweit zum Nachteil.[419] Fließen zu einem Zeitpunkt, in dem der Prozess absehbar ist, Mittel zu, müssen sie für die Prozesskosten und nicht etwa zur Darlehenstilgung eingesetzt werden.[420] Dies gilt nicht, wenn mit Unterhaltszahlungen ein Darlehen zurückgezahlt wurde, das gerade wegen der Notlage, die durch die fehlenden Zahlungen entstanden ist, aufgenommen wurde.[421] Wenn ein Antragsteller mit sehr hohem Einkommen zwecks Steuerersparnis und weiterer Einkommenssteigerung **riskante finanzielle Engagements** eingeht, die zu hohen Verlusten führen, kann ihm PKH nicht bewilligt werden.[422] In Fällen, in denen es sich aufdrängt, können die persönlichen und wirtschaftlichen Verhältnisse nach dem tatsächlichen Lebensaufwand festgelegt werden.[423] Sind einem Antragsteller erhebliche Geldbeträge zugeflossen, so muss er den Verbleib der Beträge plausibel darlegen,[424] zB bei einem Lottogewinn, einem Grundstücksverkauf oder einer Erbauseinandersetzung. Es muss vor allem ausgeschlossen werden, dass der Antragsteller mit dem zugeflossenen Geld verwertbares Vermögen angeschafft hat.[425]

VI. Vierratengrenze (Abs. 4)

In den Fällen, in denen Abs. 4 einschlägig ist, wird die Nichtbewilligung dadurch gerechtfertigt, dass der Aufwand außer Verhältnis zum Nutzen steht. Es wird sich idR entweder um Parteien mit hohem Einkommen oder um Prozesse mit eher geringen Streitwerten handeln. In derartigen Konstellationen ist es der Partei zumutbar, sich die (geringfügigen) Mittel, um den Prozess zu führen, anderweitig zu besorgen, zB durch Ansparen oder Keditaufnahme. Zur Ermittlung der Grenze müssen die (eventuell) zu zahlenden Raten erst ausgerechnet werden, sodann muss geprüft werden, ob die Kosten des Rechtsstreites höher sind oder nicht. Dabei ist eine **Kostenschätzungstabelle**[426] eine große Hilfe. Falls einschlägig, sind die Vermögensbeträge gleichfalls anzusetzen. Bei der Kostenschätzung bleiben die Kosten des Gegners außer Betracht,[427] geschätzte Vorschüsse für Zeugen und Sachverständige sind jedoch zu berücksichtigen.[428] Es sind also regelmäßig zu berücksichtigen: Gerichtskosten, Anwaltskosten des Antragstellers, voraussichtliche Beweisaufnahmekosten. Die Vierratengrenze bezieht sich allerdings auf den **gesamten Prozess.** In höheren Rechtszügen müssen daher die Kosten der Vorinstanzen mitberücksichtigt werden, dh., dass zB für ein Berufungsverfahren PKH auch dann zu bewilligen ist, wenn die Kosten einschließlich der Kosten der ersten Instanz die vier Raten übersteigen.[429] Hinsichtlich der neuen Länder vgl. vor § 114 Rn. 7. Besonders im Rahmen der **Zwangsvollstreckung** (hierzu § 119 Rn. 8) ist der Vierratengrenze Aufmerksamkeit zu schenken. Um die Vierratengrenze zu ermitteln, sind, wie ausgeführt, die voraussichtlichen Kosten zu schätzen. Bei der eingeschränkten Pauschalbewilligung nach § 119 Abs. 2 ist dies kaum möglich. In einem solchen Fall sollten in die Schätzung alle Kosten einfließen, die bei einem normalen Vollstreckungsverlauf anfallen (Pfändungsversuch durch Gerichtsvollzieher, eidesstattliche Versicherung, eine Forderungspfändung).[430] Gleichfalls ist bereits dann zu prüfen, inwieweit eine **Anwaltsbeiordnung** (§ 121 Rn. 15) erforderlich ist. Auf diesem Hintergrund sind dann die voraussichtlichen Kosten zu berechnen. Wird nicht pauschal bewilligt, können die angefallenen Kosten der Zwangsvollstreckung addiert werden, damit nicht jede gesonderte Bewilligung an der Vierratengrenze scheitert.[431] 56

---

416 OLG Frankfurt/M FamRZ 1986, 925.
417 OLG Bamberg JurBüro 1992, 622, 623; OLG Düsseldorf JurBüro 1987, 769f.; OLG Brandenburg FamRZ 2007, 154f.
418 OLG Zweibrücken JurBüro 1986, 289; OLG Düsseldorf JurBüro 1998, 478; OLG Naumburg FamRZ 2006, 1283f.
419 OLG Karlsruhe FamRZ 1985, 414.
420 OLG Bamberg JurBüro 1988, 1712 und 1713; OLG Hamm NJW-RR 2001, 103; OLG Karlsruhe FamRZ 2002, 1096.
421 BGH FamRZ 1999, 644.
422 OLG Köln FamRZ 1985, 414, 415; OLG München MDR 2006, 112.
423 Vgl. OLG Frankfurt/M Rpfleger 1982, 159.
424 OLG Braunschweig OLGR 1994, 125; OLG Karlsruhe AnwBl. 1987, 340.
425 OLG Karlsruhe AnwBl. 1987, 340.
426 Abgedruckt bei *Schade* NJW 2004, 2142ff.; auch als Anlage zu den Durchführungsbestimmungen der Länder zur PKH, vgl. hierzu § 117 Rn. 2.
427 OLG Karlsruhe Justiz 1988, 367, 368.
428 *Friedrich* NJW 1995, 617, 619.
429 *Kalthoener/Büttner/Wrobel-Sachs,* PKH, Rn. 304.
430 *Fischer* Rpfleger 2004, 190, 193.
431 *Zö/Philippi* § 119 Rn. 36; *Fischer* Rpfleger 2004, 190, 193; hM.

VII. Kurzübersicht Einkommensberechnung[432]

57 **Bruttoeinkommen**
– Steuern auf das Einkommen 12
– Pflichtbeiträge 13
Nettoeinkommen
– Werbungskosten 15
Bereinigtes Erwerbseinkommen
+ Sonstiges Einkommen
(abzgl. Werbungskosten) 2–9
Einkommen
– Sonstige Versicherungsbeiträge 14
– Weitere abzusetzende Beträge für Erwerbstätige, beschr. Leistungsfähige, Blinde, Behinderte 16, 17
– „Freibeträge" für Antragsteller, Ehegatte, und sonstige Unterhaltsberechtigte 18–20
– Kosten für Unterkunft und Heizung 21–26
– Besondere Belastungen 27–30
Einzusetzendes Einkommen (Abs. 1 S. 1)

VIII. Gesetzesänderungen ab dem 1. 1. 2005

57a Durch das Gesetz zur Einordnung des Sozialhilferechts in das Sozialgesetzbuch vom 27. Dezember 2003,[433] das zum größten Teil erst am 1. 1. 2005 in Kraft trat, wurde nicht nur das **BSHG aufgehoben,** sondern auch die ZPO geändert (Einzelheiten vgl. 4. Aufl. Rn. 57a). Hauptsächlich traten die **neuen Vorschriften des SGB XII** an die Stelle der alten des BSHG. Dabei muss berücksichtigt werden, dass viele Vorschriften inhaltlich unverändert blieben, jedoch jetzt in anderen Paragraphen gesucht werden müssen. Bei dieser Änderung sind dem „Gesetzgeber" schwere Fehler unterlaufen. Die Einzelheiten können hier nicht dargestellt werden.[434] Es war deswegen dringend **erforderlich, § 115 erneut zu ändern.** Dies geschah durch das JKomG.[435] Dieses Gesetz wurde insofern lediglich als „Omnibus" benutzt, die erfolgten Änderungen hatten mit dem JKomG überhaupt nichts zu tun. Die Änderung (Art. 1 Nr. 2a) wurde in die Kommentierung eingearbeitet. § 115 wurde nicht nur teilweise inhaltlich, sondern auch bezüglich der Absatz- und Satzzählung verändert, was die ganze Änderung vollständig unübersichtlich macht und die Verwertung älterer Literatur und Judikatur unnötig erschwert. Wie nicht anders zu erwarten war, sind dem „Gesetzgeber" bei dieser Änderung erneut Fehler unterlaufen, ob es zu einer Korrektur kommt, ist noch offen.[436]

Anhang

Texte der §§ 82 Abs. 2, 90 SGB XII nebst der VO zur Durchführung des § 90 Abs. 2 Nr. 9 SBG XII

1. § 82 Abs. 2 SGB XII[437] lautet wie folgt:

58 (2) Von dem Einkommen sind abzusetzen
1. auf das Einkommen entrichtete Steuern,
2. Pflichtbeiträge zur Sozialversicherung einschließlich der Beiträge zur Arbeitsförderung,
3. Beiträge zu öffentlichen oder privaten Versicherungen oder ähnlichen Einrichtungen, soweit diese Beiträge gesetzlich vorgeschrieben oder nach Grund und Höhe angemessen sind, sowie geförderte Altersvorsorgebeträge nach § 82 des Einkommensteuergesetzes, soweit sie den Mindesteigenbetrag nach § 86 des Einkommensteuergesetzes nicht überschreiten,
4. die mit der Erzielung des Einkommens verbundenen notwendigen Ausgaben,
5. das Arbeitsförderungsgeld und Erhöhungsbeträge des Arbeitsentgelts im Sinne von § 43 Satz 4 des Neunten Buches.

2. § 90 SGB XII[438] hat folgenden Wortlaut:

59 (1) Einzusetzen ist das gesamt verwertbare Vermögen.

(2) Die Sozialhilfe darf nicht abhängig gemacht werden vom Einsatz oder von der Verwertung
1. eines Vermögens, das aus öffentlichen Mitteln zum Aufbau oder zur Sicherung einer Lebensgrundlage oder zur Gründung eines Hausstandes erbracht wird,
2. eines Kapitals einschließlich seiner Erträge, das der zusätzlichen Altersvorsorge im Sinnde des § 10a oder des Abschnitts XI des Einkommensteuergesetzes dient und dessen Ansammlung staatlich gefördert wurde,
3. eines sonstigen Vermögens, solange es nachweislich zur baldigen Beschaffung oder Erhaltung eines Hausgrundstücks im Sinne der Nummer 8 bestimmt ist, soweit dieses Wohnzwecken behinderter (§ 53 Abs. 1 Satz 1 und § 72) oder pflegebedürftiger Menschen (§ 61) dient oder dienen soll und dieser Zweck durch den Einsatz oder die Verwertung des Vermögens gefährdet würde,
4. eines angemessenen Hausrats; dabei sind die bisherigen Lebensverhältnisse der nachfragenden Person zu berücksichtigen,
5. von Gegenständen, die zur Aufnahme oder Fortsetzung der Berufsausbildung oder der Erwerbstätigkeit unentbehrlich sind,

---

[432] Ausf. zB *Zi*, PKH, Rn. 312; *Oelkers* FuR 1997, 147ff.; *Schünemann* FuR 2006, 14, 18.
[433] BGBl. I S. 3022.
[434] Vgl. dazu zB OLG Karlsruhe FamRZ 2005, 630ff.; OLG Hamm FamRZ 2005, 1916; *Nickel* MDR 2005, 729 und 1152; *Giers* FamRZ 2005, 1220; s. a. BT-Drucks. 15/4952 S. 60ff. zu V.
[435] BGBl. I 2005, S. 837ff.
[436] Vgl. *Nickel* MDR 2005, 1151, 1152.
[437] SGB XII v. 30. 12. 2003 BGBl. I S. 3022ff.
[438] Vgl. vorherige Fn.

6. von Familien- und Erbstücken, deren Veräußerung für die nachfragende Person oder ihre Familie eine besondere Härte bedeuten würde,
7. von Gegenständen, die zur Befriedigung geistiger, besonders wissenschaftlicher oder künstlerischer Bedürfnisse dienen und deren Besitz nicht Luxus ist,
8. eines angemessenen Hausgrundstücks, das von der nachfragenden Person oder einer anderen in den §§ 19 Abs. 1 bis 3 genannten Person allein oder zusammen mit Angehörigen ganz oder teilweise bewohnt wird und nach ihrem Tod von ihren Angehörigen bewohnt werden soll. Die Angemessenheit bestimmt sich nach der Zahl der Bewohner, dem Wohnbedarf (zum Beispiel behinderter, blinder oder pflegebedürftigter Menschen), der Grundstücksgröße, der Hausgröße, dem Zuschnitt und der Ausstattung des Wohngebäudes sowie dem Wert des Grundstücks einschließlich des Wohngebäudes.
9. kleinerer Barbeträge oder sonstiger Geldwerte; dabei ist eine besondere Notlage des Hilfesuchenden zu berücksichtigen.

(3) Die Sozialhilfe darf ferner nicht vom Einsatz oder von der Verwertung eines Vermögens abhängig gemacht werden, soweit dies für den, der das Vermögen einzusetzen hat, und für seine unterhaltsberechtigten Angehörigen eine Härte bedeuten würde. Dies ist bei der Leistung nach dem Fünften bis Neunten Kapitel insbesondere der Fall, soweit eine angemessene Lebensführung oder die Aufrechterhaltung einer angemessenen Alterssicherung wesentlich erschwert würde.

3. Die VO zur Durchführung des § 90 Abs. 2 Nr. 9 SGB XII[439] lautet, soweit hier von Bedeutung, wie folgt:

§ 1 60

(1) Kleinere Barbeträge oder sonstige Geldwerte im Sinne des § 90 Abs. 2 Nr. 9 des Zwölften Buches Sozialgesetzbuch sind,

1. wenn die Sozialhilfe vom Vermögen der nachfragenden Person abhängig ist,
   a) bei der Hilfe zum Lebensunterhalt nach dem Dritten Kapitel des Zwölften Buches Sozialgesetzbuch 1600 Euro, jedoch 2600 Euro bei nachfragenden Personen, die das 60. Lebensjahr vollendet haben, sowie bei voll Erwerbsgeminderten im Sinne der gesetzlichen Rentenversicherung und den diesem Personenkreis vergleichbaren Invalidenrentnern,
   b) den Leistungen nach dem Fünften bis Neunten Kapitel des Zwölften Buches Sozialgesetzbuch 2600 Euro, zuzüglich eines Betrages von 256 Euro für jede Person, die von der nachfragenden Person überwiegend unterhalten wird,
2. wenn die Sozialhilfe vom Vermögen von der nachfragenden Person und ihres nicht getrennt lebenden Ehegatten oder Lebenspartners abhängig ist,
   der nach Nummer 1 Buchstabe a oder b maßgebende Betrag zuzüglich eines Betrages von 614 Euro für den Ehegatten oder Lebenspartner und eines Betrages von 256 Euro für jede Person, die von der nachfragenden Person, ihrem Ehegatten oder Lebenspartner überwiegend unterhalten wird,
3. wenn die Sozialhilfe vom Vermögen einer minderjährigen unverheirateten nachfragenden Person und ihrer Eltern abhängig ist,
   der nach Nummer 1 Buchstabe a oder b maßgebende Betrag zuzüglich eines Betrages von 614 Euro für einen Elternteil und eines Betrages von 256 Euro für die nachfragende Person und für jede Person, die von den Eltern oder von der nachfragenden Person überwiegend unterhalten wird.

Im Falle des § 64 Abs. 3 und des § 72 des Zwölften Buches Sozialgesetzbuch tritt an die Stelle des in Satz 1 genannten Betrages von 614 Euro ein Betrag von 1534 Euro, wenn beide Eheleute oder beide Lebenspartner (Nummer 2) oder beide Elternteile (Nummer 3) die Voraussetzungen des § 72 Abs. 5 des Zwölften Buches Sozialgesetzbuch erfüllen oder so schwer behindert sind, dass sie als Beschädigte die Pflegezulage nach den Stufen III bis VI nach § 35 Abs. 1 Satz 2 des Bundesversorgungsgesetzes erhielten.

(2) Ist im Falle des Absatzes 1 Satz 1 Nr. 3 das Vermögen nur eines Elternteils zu berücksichtigen, so ist der Betrag von 614 Euro, im Falle des § 64 Abs. 3 und des § 72 des Zwölften Buches Sozialgesetzbuch von 1534 Euro, nicht anzusetzen. Leben im Falle von Leistungen nach dem Fünften bis Neunten Kapitel des Zwölften Buches Sozialgesetzbuch die Eltern nicht zusammen, so ist das Vermögen des Elternteils zu berücksichtigen, bei dem die nachfragende Person lebt; lebt sie bei keinem Elternteil, so ist Absatz 1 Satz 1 Nr. 1 anzuwenden.

§ 2

(1) Der nach § 1 Abs. 1 Satz 1 Nr. 1 Buchstabe a oder b maßgebende Betrag ist angemessen zu erhöhen, wenn im Einzelfall eine besondere Notlage der nachfragenden Person besteht. Bei der Prüfung, ob eine besondere Notlage besteht, sowie bei der Entscheidung über den Umfang der Erhöhung sind vor allem Art und Dauer des Bedarfs sowie besondere Belastungen zu berücksichtigen.

(2) Der nach § 1 Abs. 1 Satz 1 Nr. 1 Buchstabe a oder b maßgebende Betrag kann angemessen herabgesetzt werden, wenn die Voraussetzungen des der §§ 103 oder 94 des Gesetzes vorliegen.

---

[439] VO v. 11. 2. 1988 (BGBl. I S. 150), zuletzt geändert durch Art. 15 des Gesetzes zur Einordnung des Sozialhilferechts in das Sozialgesetzbuch vom 30. 12. 2003, BGBl. I S. 3022 ff., 3060 f.

116 *Partei kraft Amtes; juristische Person; parteifähige Vereinigung* **[1]Prozesskostenhilfe erhalten auf Antrag**
1. eine Partei kraft Amtes, wenn die Kosten aus der verwalteten Vermögensmasse nicht aufgebracht werden können und den am Gegenstand des Rechtsstreits wirtschaftlich Beteiligten nicht zuzumuten ist, die Kosten aufzubringen;
2. eine juristische Person oder parteifähige Vereinigung, die im Inland, in einem anderen Mitgliedstaat der Europäischen Union oder einem anderen Vertragsstaat des Abkommens über den Europäischen Wirtschaftsraum gegründet und dort ansässig ist, wenn die Kosten weder von ihr noch von den am Gegenstand des Rechtsstreits wirtschaftlich Beteiligten aufgebracht werden können und wenn die Unterlassung der Rechtsverfolgung oder Rechtsverteidigung allgemeinen Interessen zuwiderlaufen würde.

[2]§ 114 S. 1 letzter Halbsatz ist anzuwenden. [3]Können die Kosten nur zum Teil oder nur in Teilbeträgen aufgebracht werden, so sind die entsprechenden Beträge zu zahlen.

I. Normzweck, Gesetzesänderung

1 Während § 115 sich mit natürlichen Personen beschäftigt, stellt S. 1 klar, dass grds. auch andere Personen und parteifähige Vereinigungen PKH erhalten können. Bis Ende 2004 war diese Möglichkeit im Gesetz auf inländische juristische Personen und parteifähige Vereinigungen beschränkt. Vor dem Hintergrund der Art. 12 und 48 EG sowie des Art. 4 des Abkommens über den EWR war dies sehr bedenklich. **Die Vorschrift wurde daher durch das EG-PKHG[1] auf die darin erwähnten anderen ausländischen Personen erweitert.** S. 2 stellt klar, dass die objektiven Voraussetzungen der PKH (Erfolgsaussicht, mangelnde Mutwilligkeit) auch bei diesen Antragstellern vorliegen müssen; § 116 regelt daher nur die subjektiven Voraussetzungen der PKH besonders. S. 3 betrifft Teilzahlungen, dh. Raten und Vermögensbeträge, welche die Anspruchsberechtigten iSd. S. 1 auf die Prozesskosten zahlen müssen. Durch § 116 wird sichergestellt, dass der dort angesprochene Personenkreis nicht grundsätzlich, sondern nur in begründeten Fällen PKH erhält. Außerdem soll verhindert werden, dass zur Kostenersparnis „nicht natürliche" Personen vorgeschoben werden.

2 Nach § 1 Abs. 2 PKHVV (vgl. § 117 Rn. 2) sind die in § 116 genannten PKH-Berechtigten von dem **Vordruckzwang befreit.** § 115 Abs. 3 (Vierratengrenze) ist auch im Rahmen des § 116 anzuwenden.[2] Die **übrigen PKH-Vorschriften** sind grundsätzlich auch im Rahmen des § 116 anzuwenden. ZB kann § 120 Abs. 4 auch bei den nach § 116 Anspruchsberechtigten herangezogen werden,[3] allerdings nur mit Zurückhaltung.[4] Die größte Bedeutung hat in der Praxis die **PKH für den Konkurs- bzw. Insolvenzverwalter.**[5] Insoweit ist bereits an dieser Stelle darauf hinzuweisen, dass sich diesbezüglich in den letzten Jahren eine gänzlich andere Sicht der Dinge entwickelt hat. Die Tendenz geht, entgegen früher überwiegend vertretener Standpunkte, eindeutig dahin, Verwaltern verstärkt PKH zu gewähren (vgl. Rn. 6ff.).[6] Die Ablehnung eines PKH-Antrages eines Insolvenzverwalters gegen Gesellschafter wegen nicht gezahlter Stammeinlagen kommt daher nur unter besonderen Umständen in Betracht.[7]

II. PKH für Parteien kraft Amtes (S. 1 Nr. 1)

3 **1. Parteien kraft Amtes.** Parteien kraft Amtes sind zB der Konkursverwalter *(§ 6 Abs. 2 KO),* Insolvenzverwalter (§§ 56ff. InsO) vorläufiger Insolvenzverwalter (§ 22 Abs. 1 InsO, „starker Verwalter");[8] Nachlassverwalter (§ 1985 BGB), Testamentsvollstrecker (§§ 2212f. BGB), Zwangsverwalter (§ 152 ZVG), Pfleger des Sammelvermögens (§ 1914 BGB), eventuell der **Sequester** *(§ 106 KO).* Letzterer kann als Partei kraft Amtes PKH erhalten, wenn ausnahmsweise bestimmte prozessuale Maßnahmen unbedingt erforderlich sind, damit die Masse für den Konkursfall gesichert werden kann, dh. wenn es sich um unaufschiebbare Maßnahmen handelt.[9] § 116 S. 1 Nr. 1 ist anzuwenden.[10] Für den vorläufigen Insolvenzverwalter nach § 22 Abs. 2 InsO („schwacher Verwalter") gilt die vorstehende Erwägung entsprechend.[11] Wird der „schwache" vorläufige Insolvenzverwalter vom Insolvenzgericht zum Forderungseinzug ermächtigt, ist er insoweit kraft gewillkürter Prozessstandschaft ermächtigt, den Anspruch geltend zu machen; das Prozessgericht prüft die Wirksamkeit dieser Ermächtigung nicht nach.[12] Es kann sich um in- und ausländische Parteien kraft Amtes handeln.[13] **Nicht Parteien kraft Amtes** sind diejenigen, die einen anderen nur vertreten, wie zB der Nachlasspfleger (§ 1960 BGB), der Pfleger der Leibesfrucht (§ 1912 BGB) oder der Vormund; in solchen Fällen gilt

[1] BGBl. I 2004, S. 3392ff.; vgl. dazu vor § 114 Rn. 15 und §§ 1076ff.
[2] *Wiecz/Steiner* Rn. 1 m. weit. Nachw.
[3] BT-Drucks. 8/3068 S. 27 (Begr. der Bundesregierung).
[4] BGH AnwBl. 2006, 858f.
[5] Hierzu ausf. *Mitlehner* NZI 2001, 617ff.
[6] BGH ZIP 2006, 825, 826; BAG ZIP 2003, 1947.
[7] OLG Hamburg ZIP 2005, 678.
[8] OLG Hamm NZI 2004, 35; AG Göttingen NZI 2002, 165.
[9] BGH NZI 2000, 420, 421; OLG Hamburg ZIP 1987, 385, 386 m. weit. Nachw.; OLG Braunschweig ZIP 1999, 1769, 1770.
[10] BGH NJW 1998, 3124; OLG Hamm NZI 2004, 35.
[11] Zurückhaltend LG Essen NZI 2000, 552f.
[12] OLG Köln ZIP 2004, 2450f.
[13] *Zi* Rn. 2.

§ 115 (vgl. a. § 114 Rn. 4).[14] Wird ein Anwalt von der Landesjustizverwaltung zum Abwickler einer Kanzlei bestellt, ist er gleichfalls Partei kraft Amtes, nicht Vertreter.[15] Machen Parteien kraft Amtes eigene Ansprüche geltend, ist § 116 nicht anzuwenden.[16] Dasselbe gilt, wenn sie abgetretene Ansprüche einklagen wollen.[17]

2. Kostenaufbringung aus der verwalteten Vermögensmasse. Bei der Berechnung des Kostenrisikos sind die Kosten des Gegners nicht einzubeziehen, da diese Masseverbindlichkeit nach § 55 Abs. 1 Nr. 1 InsO sind.[18] Die Prüfung, ob die Kosten aus der verwalteten Masse nicht aufgebracht werden können, kann im PKH-Verfahren nur kursorisch erfolgen. Darlegungspflichtig ist die jeweilige Partei kraft Amtes, entsprechende Vermögensaufstellungen etc. sind vorzulegen. Bezüglich der Verwertung des Vermögens sind mindestens die Anforderungen des § 115 anzulegen.[19] Es kommt entscheidend darauf an, welche Barmittel entweder vorhanden sind oder aufgetrieben werden können.[20] Ein Schonvermögen (§ 115 Rn. 42) gibt es hier nicht. Grundsätzlich sind **alle vorhandenen Barmittel und das verwertbare Vermögen** maßgeblich, wobei eine Verwertung, die wirtschaftlich unsinnig ist, allerdings nicht verlangt werden kann.[21] Sind auf Grund eines Urteils erster Instanz bereits Beträge geflossen, müssen diese für die Prozesskosten eingesetzt werden, sogar unabhängig davon, ob sie sich noch bei der Masse befinden.[22] 4

Zur Deckung der Verfahrenskosten kann im **Konkurs- bzw. Insolvenzverfahren** nur der Restbarbestand herangezogen werden, der nach Abzug der Masseschulden und Massekosten verbleibt (§§ 54, 55 InsO).[23] Ein hoher Barbestand bedeutet deswegen noch nicht, dass PKH zu verweigern wäre.[24] Es kommt allein der Barbestand in Betracht, der Soll- oder Istbestand der Masse ist unerheblich.[25] Außer dem Barbestand kann nur noch kurzfristig verwertbares Vermögen berücksichtigt werden.[26] Die liquiden Mittel und Masse-Aktiva sind von dem Verwalter darzulegen. Auch wenn nach Abzug der Masseschulden und -kosten ein Restbarbestand übrig bleibt, der für die Prozesskosten ausreichen würde, ist die PKH nicht deswegen zu verweigern, wenn durch den Einsatz dieses Restbarbestandes dem Verwalter jeglicher wirtschaftlicher Handlungsspielraum genommen und damit die sachgerechte Verfahrensabwicklung gefährdet wäre.[27] Bei Masseunzulänglichkeit nach § 208 InsO kann grds. davon ausgegangen werden, dass die Kosten nicht aufgebracht werden können.[28] Etwas anderes gilt aber, wenn erwartet werden kann, dass genügend freie Masse vorhanden sein wird, wenn die Verfahrenskosten fällig werden.[29] Der Verwalter darf im Interesse einer beschleunigten Abwicklung des Verfahrens nicht auf eine Teilklage verwiesen werden.[30] Vgl. ergänzend § 114 Rn. 42. 5

3. Zumutbare Kostenaufbringung durch wirtschaftlich Beteiligte. a) Wirtschaftlich Beteiligte. Solche sind zB bei der Testamentsvollstreckung Erben, Pflichtteilsberechtigte und Vermächtnisnehmer;[31] bei dem Nachlassverwalter Gläubiger und Erben; bei der Zwangsverwaltung Gläubiger[32] und Eigentümer. Nach S. 1 Nr. 1 ist auch dem **Konkurs- bzw. Insolvenzverwalter**[33] PKH zu bewilligen, wenn es für die wirtschaftlich am Prozess Beteiligten nicht zumutbar ist, die erforderlichen Mittel aufzubringen. Am Gegenstand des Rechtsstreites wirtschaftlich beteiligt sind, wenn der **Verwalter** für den Gemeinschuldner prozessieren will, – außer dem Gemeinschuldner selbst,[34] dem natürlich idR die Mittel fehlen werden – die **Gläubiger,** die bei erfolgreichem Abschluss des konkreten Rechtsstreites wenigstens mit einer teilweisen Befriedigung ihrer Ansprüche aus der Masse rechnen können.[35] Wenn dies ausnahmsweise der Fall sein sollte, gilt dies auch für die nachrangigen Insolvenzgläubiger (§ 39 InsO). Nach hM zählen die **Massegläubiger** (§§ 53ff. InsO, *57ff. KO,* vgl. Rn. 9) auch zu den wirtschaftlich Beteiligten.[36] Wirtschaftlich beteiligt sind Absonderungsberechtigte, wenn der Verwalter den Prozess führt, um den absonderungsbelasteten Massegegenstand zu verwerten.[37] Ob die 6

---

[14] *B/L/H* Rn. 5.
[15] LG Aachen JurBüro 1993, 614.
[16] *Zö/Philippi* Rn. 3.
[17] OLG Hamm JurBüro 1988, 1059f.
[18] KG NZI 2003, 148, 149.
[19] *Wiecz/Steiner* Rn. 3.
[20] *Wiecz/Steiner* Rn. 3.
[21] OLG München ZIP 1996, 512.
[22] OLG Dresden ZIP 2004, 187f.; vgl. aber auch BGH NJW-RR 2007, 628.
[23] OLG München ZIP 1998, 1197; OLG Köln Rpfleger 1995, 126; OLG Hamm MDR 1998, 1498; OLG Stuttgart MDR 2004, 1205f.
[24] OLG München ZIP 1998, 1197.
[25] LG Kiel MDR 1959, 134f.
[26] OLG Köln ZIP 2007, 1030.
[27] BAG ZIP 2003, 1947; OLG Köln ZIP 1990, 936; OLG Dresden ZIP 1998, 1758f.; KG NJW-RR 2000, 1001, 1002.
[28] BAG ZIP 2003, 1947, 1948; BVerwG ZIP 2006, 1542, 1543.
[29] BVerwG ZIP 2006, 1542, 1543.
[30] OLG München ZIP 1996, 512.
[31] *Zi* Rn. 3.
[32] OLG Hamm JurBüro 1988, 1059f.
[33] Ausführlich zur PKH für den Konkursverwalter vgl. *Pape* KTS 1993, 179ff. und ZAP F 14, 167ff. sowie *Jaeger* VersR 1997, 1060ff.; *Steenbuck* MDR 2004, 1155ff.
[34] *St/J/Bork* Rn. 10 m. weit. Nachw.
[35] BGH NJW 1991, 40, 41; NZI 2007, 410, 411; OLG Köln JurBüro 1994, 480; OLG Nürnberg JurBüro 2005, 155, 156.
[36] KG ZIP 2005, 2031; OLG Celle ZIP 1994, 1974; OLG Köln Rpfleger 1995, 126 m. weit. Nachw.; *Steenbuck* MDR 2004, 1155, 1156.
[37] *Mitlehner* NZI 2001, 617, 619.

wirtschaftlich Beteiligten auch leistungsbereit sind, ist unerheblich.[38] Der Verwalter hat auf entsprechende Vorschüsse auch keinen Anspruch.[39] **Wirtschaftlich nicht beteiligt** sind diejenigen Gläubiger, deren Ansprüche bestritten sind, auch ein **Minimalgläubiger** ist noch nicht wirtschaftlich beteiligt,[40] oder ein Aussonderungsberechtigter.[41] Minimalgläubiger ist derjenige, der an der Gesamtsumme der festgestellten Insolvenzforderungen mit weniger als 5% beteiligt ist.[42] Ist der Verwalter Nebenintervenient, so sind auch diejenigen wirtschaftlich beteiligt, die im Folgeprozess profitieren würden.[43]

7 **b) Zumutbarkeit der Kostenaufbringung.** Weiterhin erforderlich ist die Zumutbarkeit der Kostenaufbringung durch den wirtschaftlich Beteiligten. Diese Frage ist, insbesondere bezüglich eines Konkurs- bzw. Insolvenzverwalters, der PKH beantragen will, sehr bedeutungsvoll. Bei erheblichen Prozessrisiken besteht keine Vorschusspflicht.[44] Dem **Verwalter selbst** kann nicht die Zahlung eines Vorschusses mit der Begründung aufgegeben werden, ein Prozesserfolg diene in erster Linie seinem Vergütungsanspruch, eine derartige Sicht der Dinge ist mit der Funktion des Verwalters nicht vereinbar.[45] Dies gilt auch dann, wenn nur die Verfahrenskosten und die Verwaltervergütung eingebracht werden sollen.[46] Dasselbe gilt für den Gesamtvollstreckungsverwalter.[47] Genauso wenig darf der Verwalter darauf verwiesen werden, erst einen anderen Schuldner in Anspruch zu nehmen.[48] Bei ausländischen Gläubigern kann nicht pauschal unterstellt werden, ihnen sei eine Kostenbeteiligung unzumutbar.[49] Wenn **ein Arbeitnehmer** auf Grund eines Sozialplanes vom Prozess profitierte, so fehlt es insoweit regelmäßig an der Zumutbarkeit.[50] Arbeitnehmern kann wegen ihrer eingeschränkten wirtschaftlichen Leistungsfähigkeit ein Vorschuss nicht zugemutet werden.[51] Auch wenn die **Bundesanstalt für Arbeit** wegen der übergegangenen Ansprüche der Arbeitnehmer vom Prozess profitieren könnte, so ist ihr dennoch ein Kostenvorschuss nicht zuzumuten, vor allem wegen der insoweit fehlenden Haushaltsmittel.[52] Diese Erwägungen gelten auch für die **Träger der Sozialversicherung,** also zB das Landesarbeitsamt,[53] die AOK,[54] die Berufsgenossenschaften[55] und gleichfalls die IHK.[56] Insgesamt sind damit die **Gläubiger nach *§ 61 Abs. 1 Nr. 1 KO*** heute nicht mehr vorschusspflichtig.[57] Dies alles gilt auch im Insolvenzverfahren. Es ist jedoch zur Klarstellung darauf hinzuweisen, dass die InsO eine Befriedigungsreihenfolge, wie noch in *§ 61 KO* vorgesehen, nicht mehr kennt, sondern alle Gläubiger gleich behandelt. Vor diesem Hintergrund könnte sich – im Rahmen der InsO – eine neuere Auffassung durchsetzen, wonach alle Gläubiger gleich zu behandeln sind, dh. auch die in dieser Rn. erwähnten Gläubiger wären dann vorschusspflichtig vgl. a. Rn. 8.[58]

8 Die **Finanzbehörden** wurden früher mangels einschlägiger Haushaltsmittel als grds. nicht vorschusspflichtig angesehen.[59] Die neue höchstrichterliche Rechtsprechung sieht dies anders. Nachdem die noch in *§ 61 KO* vorgesehene Rangfolge in der InsO abgeschafft wurde, kommt den Ansprüchen der öffentlichen Hand der gleiche Rang wie den anderen zu. Den **Finanzbehörden kann damit der Vorschuss nunmehr genauso zumutbar sein** wie allen anderen privaten Gläubigern (Rn. 9) auch.[60] Die vorstehenden Ausführungen können entsprechend angewandt werden, auf die BR Deutschland, die Bundesländer, die Städte und Gemeinden sowie – dementsprechend – die Justizkassen.[61]

9 **Privaten Massegläubigern** ist der Prozesskostenvorschuss nicht zumutbar, wenn ein Prozesserfolg überwiegend den anderen Gläubigern zu Gute käme[62] oder die zu erwartende Quote so gering ist, dass dem Gläu-

---

38 OLG Köln MDR 2000, 51, 52; ZIP 2202, 1208, 1210; OLG Naumburg OLGR 2002, 241, 242; aA *Mitlehner* NZI 2001, 617, 621f.

39 OLG Celle OLGR 2001, 141.

40 OLG Naumburg ZIP 1994, 383, 384; OLG Nürnberg JurBüro 2005, 155, 156.

41 *Mitlehner* NZI 2001, 617, 619.

42 OLG Hamm OLGR 2007, 321, 322.

43 OLG Hamburg NJW-RR 2002, 1054.

44 OLG Nürnberg NZI 2007, 591, 592.

45 BGH NJW 1998, 1229; OLG Celle ZIP 1994, 1974; OLG Düsseldorf NJW-RR 1993, 1149;OLG Köln NZI 2000, 540f.; OLG Jena ZIP 2001, 579f.; *Gundlach* u.a. NJW 2003, 2412, 2413f.; aA OLG Köln MDR 1994, 726f.; MDR 1997, 104.

46 BGH NZI 2004, 26f.

47 OLG Bremen OLGR 1997, 242; s.a. OLG Rostock OLGR 1997, 379f.

48 OLG Köln OLGR 2003, 14, 15.

49 OLG Schleswig OLGR 2007, 533f.

50 BGH NJW 1991, 40, 41; OLG München NJW-RR 1997, 1325f.

51 BAG ZIP 2003, 1947, 1948; OLG Köln ZIP 1993, 1019f.; OLG Dresden ZIP 1995, 1830, 1831.

52 BGH NJW 1991, 40, 41; OLG Köln ZIP 1995, 1830, 1831.

53 BGHZ 119, 372, 378 = NJW 1993, 135; OLG Hamm ZIP 1995, 758, 759; OLG Dresden ZIP 1995, 1830, 1831.

54 BGH NJW 1991, 40, 41; OLG Hamm Rpfleger 1995, 126.

55 BGH NJW 1991, 40, 41; OLG Frankfurt/M ZIP 1993, 1250, 1251; OLG Dresden ZIP 1995, 1830, 1831.

56 OLG Frankfurt/M ZIP 1993, 1250, 1251.

57 BGH NJW 1994, 3170, 3171; OLG Düsseldorf NJW-RR 1993, 1149.

58 KG NJW-RR 2000, 1001, 1002; krit. dazu *Mitlehner* NZI 2001, 617, 619f.; *Steenbuck* MDR 2004, 1155, 1158; OLG Nürnberg JurBüro 2005, 155, 156.

59 ZB OLG Düsseldorf NJW-RR 1993, 1149; OLG Hamburg NJW-RR 1994, 572f.; OLG Köln ZIP 1993, 1019f.

60 BGH NJW 1998, 1868f.; BGH NZI 1999, 450; BVerwG ZIP 2006, 1542, 1544; ebenso: OLG Koblenz NZI 2000, 81; OLG Celle NJW-RR 2000, 728; OLG Nürnberg JurBüro 2005, 155, 156; OLG Karlsruhe NZI 2007, 593; aA 5. Aufl. w. weit. Nachw.

61 Vgl. OLG München ZIP 1996, 512, 513.

62 OLG Köln Rpfleger 1995, 126, 127.

biger das Risiko nicht zugemutet werden kann[63] oder es sich um Gläubiger mit Minimalforderungen (s. a. Rn. 6) handelt.[64] Unzumutbarkeit liegt erst recht vor, wenn die Massegläubiger ohnehin volle Befriedigung erwarten können.[65] Nach weiter gehender Auffassung soll den Massegläubigern ein Vorschuss grundsätzlich nicht mehr zuzumuten sein.[66] Denjenigen **privaten Konkurs- bzw. Insolvenzgläubigern,** die durch einen **erfolgreichen Prozess volle Befriedigung** erlangen könnten, ist der Vorschuss jedoch auf jeden Fall zuzumuten.[67] Dabei muss vor dem Beginn des Prozesses feststehen, dass bei einem positiven Verfahrensausgang tatsächlich eine Verbesserung stattfindet und nicht etwa lediglich Dritte in erheblichem Maße ihre Quote verbessern.[68] Quotenverbesserungen Dritter muss ein privater Gläubiger nicht finanzieren.[69] Ein Vorschuss ist Beteiligten zumutbar, die die Mittel unschwer aufbringen können und für die der Nutzen größer sein wird; die Befriedigungsaussichten müssen sich durch einen Prozesssieg des Verwalters konkret verbessern.[70] Die Zumutbarkeit ist zB zu bejahen, wenn bei Erfolg der Klage die Stellung des Gläubigers wesentlich verbessert wird; dies ist jedenfalls dann der Fall, wenn der betroffene Gläubiger zu 90 % befriedigt würde, das Risiko bleibt dann kalkulierbar.[71] Eine absolute Quote von 40 % bei Obsiegen ist für eine Vorschusspflicht ebenfalls ausreichend.[72] Wenn bei einer Klageforderung von 10 200 Euro und 1530 Euro Kosten sich bei Erfolg der Klage die freie Masse um 21,5 % erhöht, ist ein Vorschuss für die Gläubiger zumutbar.[73] Dies soll auch gelten, wenn der Gläubiger 20 % (1020 Euro) seiner Forderung bei einem Vorschuss von 660 Euro realisieren könnte.[74] Beträgt der Vorschuss 12,7 % der Forderung, soll dem Gläubiger der Vorschuss auch zumutbar sein;[75] auch bei 4,5 %[76] bzw. 13,4 %.[77] Aus dem Vorstehenden ergibt sich, dass die Rspr. eine nachvollziehbare Grenze nicht erkennen lässt.[78] Deshalb wird neuestens auch auf die Sicht eines vernünftigen Dritten abgestellt sowie auf eine Berechnung mit absoluten Zahlen anstatt eine Quotenverbesserung.[79] Nach einem weiteren Ansatz, der einiges für sich hat, soll eine Vorschusspflicht von Insolvenz- und Massegläubigern bestehen, wenn sich die Befriedigungsaussichten bei einem Obsiegen des Verwalters um mindestens das Doppelte des Vorschusses verbessern[80] oder die Gläubiger bei Prozesserfolg jedenfalls deutlich mehr erhalten, als sie an Kosten aufzubringen hatten.[81] Zu komplizierten Berechnungsmodellen hat der BGH allerdings eine Absage erteilt, maßgeblich sei eine wertende Betrachtung aller Umstände des Einzelfalles.[82] Hält man (entgegen Rn. 8) die Finanzbehörden für vorschusspflichtig, liegt die Grenze bei 50 %.[83] Zumutbar ist weiterhin eine anteilige Aufbringung in Relation zu der zu erwartenden Quotenverbesserung.[84] **Unzumutbar** ist die Prozessführung, wenn nur eine kleine oder gar keine Quote übrig bliebe.[85] Unzumutbarkeit für die Konkursgläubiger liegt erst recht vor, wenn das Prozessergebnis nur der Masse zu Gute käme und nicht einmal die Rangklassen 1 und 2 eine ins Gewicht fallende Beteiligung zu erwarten haben.[86] **Hat der Verwalter die Forderung bestritten,** ist ein Vorschuss für den betroffenen Gläubiger unzumutbar.[87] Dies soll aber nur dann delten, wenn der Verwalter im PKH-Verfahren erhebliche Einwendungen gegen diese Forderrung darlegt.[88] Alle wirtschaftlich Beteiligten bilden eine Risikogemeinschaft, die insgesamt herangezogen werden kann.[89] Die nicht vorschusspflichtigen Gläubiger und auch diejenigen, die keine Befriedigung aus der Masse erhalten können, braucht der Verwalter nicht anzuschreiben; er muss jedoch prüfen und gegebenenfalls im PKH-Verfahren darlegen, ob den Gläubigern, die bei erfolgreichem Prozessabschluss jedenfalls teilweise befriedigt werden könnten, Vorschüsse zumutbar sind.[90] Wenn die Zahl der in die Prüfung einer Kostenbeteiligung einzubeziehenden Gläubiger so groß ist, dass die Verteilung praktisch zu Schwierigkeiten führen würde, braucht der Verwalter keine Angaben zu den wirtschaftlichen Verhältnissen der Gläubiger vorzulegen, die Grenze

---

63 OLG Celle OLGR 2001, 141.
64 OLG Düsseldorf NZI 2003, 661; OLG Rostock ZIP 2003, 1721.
65 KG ZIP 2005, 2031.
66 OLG Düsseldorf NJW-RR 1993, 1149; *Pape* ZAP F 14, 167, 171; aA KG ZIP 2005, 2031, 2032.
67 OLG Köln ZIP 1990, 937, 938; OLG Hamm MDR 2006, 173.
68 OLG Naumburg ZIP 1994, 383, 384.
69 OLG München ZIP 1996, 512, 513.
70 BGH NJW-RR 2007, 993 m. weit. Nachw.
71 OLG Köln JurBüro 1994, 480f.
72 KG NZI 2003, 148f.; vgl. a. OLG Celle OLGR 2004, 282.
73 OLG Düsseldorf OLGR 1992, 329; vgl. a KG AnwBl. 2003, 244.
74 OLG Celle OLGR 1997, 82; OLG Düsseldorf ZIP 2002, 1208, 1209; KG AnwBl. 2003, 244.
75 OLG Köln MDR 2000, 51.
76 OLG Koblenz OLGR 2001, 97 (zweifelhaft).
77 OLG Naumburg OLGR 2004, 434.
78 *Mitlehner* NZI 2001, 617, 620 m. weit. Nachw.
79 OLG Rostock ZIP 2003, 1721f.
80 *Steenbuck* MDR 2004, 1155, 1157.
81 BVerwG ZIP 2006, 1542, 1544; OLG Hamm NZI 2007, 660f.; OLG Nürnberg JurBüro 2005, 155, 157.
82 BGH NJW-RR 2006, 1064.
83 OLG Schleswig ZIP 1999, 201.
84 BGH NJW 1999, 1404; KG AnwBl. 2003, 244.
85 OLG Hamm ZIP 1990, 595; MDR 1998, 1498; großzügig OLG Frankfurt/M OLGR 2001, 153.
86 OLG Celle ZIP 1987, 729.
87 OLG Karlsruhe AnwBl. 2000, 61, 62; OLG Nürnberg NZI 2007, 591, 592; *Mitlehner* NZI 2001, 617, 619; aA OLG Celle NZI 2004, 268.
88 OLG Dresden OLGR 2004, 387.
89 KG AnwBl. 2003, 244.
90 OLG Düsseldorf OLGR 1993, 361; NZI 2003, 661f.

liegt dabei bei 20 Gläubigern.[91] Nachdem die InsO keine Befriedigungsreihenfolge mehr kennt, dürfte dieser Gesichtspunkt an Bedeutung gewinnen. Hat der Verwalter Masseunzulänglichkeit angezeigt, ist die Vorschussleistung für die Insolvenzgläubiger idR unzumutbar, nicht jedoch für die Massegläubiger.[92]

10 Dies alles bedeutet für die Praxis letztendlich, dass die **öffentliche Hand überwiegend nicht mehr vorschusspflichtig** nach S. 1 Nr. 1 wird[93] und dass den **Verwaltern großzügig PKH zu gewähren** ist.[94] Dies entspricht auch der Absicht des Gesetzgebers, die sich bereits bei der großen PKH-Reform im Jahre 1980 angedeutet hat:[95] Der Entwurf zielte vor allem darauf ab, Konkursverwaltern die Prozessführung in weiterem Umfang als bisher zu ermöglichen, und zwar um die Konkursmasse anzureichern.[96] Unter den alten Regelungen wurde den Konkursverwaltern nur selten PKH bewilligt. Dies hat dazu geführt, dass viele Gläubiger sich ungerechtfertigte Vorteile in der Hoffnung verschafft haben, der Konkursverwalter werde mangels Mittel die erforderlichen Prozesse nicht führen können.[97] Außerdem sind verstärkt Manipulationen von hinter den Gemeinschuldnern stehenden Personen beobachtet worden. Die geschilderte neue Sichtweise führt nunmehr dazu, dass die Hintermänner konkurs- bzw. insolvenzreifer Gesellschaften verstärkt zur Verantwortung gezogen werden können.[98]

III. PKH für juristische Personen und parteifähige Vereinigungen (S. 1 Nr. 2)

11 **1. Juristische Person und parteifähige Vereinigung.** Juristische Personen sind zB GmbH, AG, KGaA, VVaG, eV, eG, Stiftungen (näher § 50 Rn. 17ff.). **Parteifähige Vereinigungen** sind zB oHG und KG (§§ 124 Abs. 1, 161 Abs. 2 HGB), die GbR, die nach außen auftritt, sowie Gewerkschaften, politische Parteien und – soweit verklagt (§ 50 Abs. 2) – nicht rechtsfähige Vereine. Hinzu kommen nunmehr (Rn. 1) die entsprechenden ausländischen juristischen Personen und parteifähigen Vereinigungen. Die GbR, die nicht nach außen auftritt, fällt nicht unter S. 1 Nr. 2, insoweit kommt es auf die Vermögensverhältnisse der Gesellschafter (§ 115) an;[99] ebenso eine Erben- oder Miteigentümergemeinschaft (vgl. hierzu § 114 Rn. 4). S. 1 Nr. 2 ist auf den Konkursverwalter nicht anzuwenden, diese Vorschrift gilt nur für die Dauer des bestimmungsgemäßen Betriebes der juristischen Person.[100] Einer juristischen Person in Liquidation kann jedoch grundsätzlich noch PKH bewilligt werden.[101] Auch die Abweisung eines Konkursantrages mangels Masse steht einer PKH-Bewilligung nicht grundsätzlich entgegen.[102] Es wird jedoch idR an den weiteren Voraussetzungen der PKH (vgl. vor allem Rn. 17) fehlen. Führt der Insolvenzverwalter das Unternehmen fort, gilt nicht etwa S. 1 Nr. 2, sondern nach wie vor S. 1 Nr. 1.[103]

12 **2. Kostenaufbringung durch die juristische Person oder parteifähige Vereinigung.** Dies ist zunächst zu prüfen und durch die Vorlage entsprechender Unterlagen von demjenigen, der die PKH begehrt, darzulegen. Anders als bei natürlichen Personen ist es juristischen Personen durchaus zuzumuten, für Prozesskosten **Kredite** aufzunehmen.[104] Besteht eine Vereinigung aus natürlichen und juristischen Personen ist zu prüfen, ob eine Kostenaufbringung durch das Vermögen der Vereinigung (insoweit § 116), das Vermögen der natürlichen Personen (insoweit § 115) und das Vermögen der juristischen Personen (insoweit wiederum § 116) möglich ist.[105] Sind die wirtschaftlich Beteiligten natürliche Personen, müssen sie den Vordruck ausfüllen.[106] Bei Masseunzulänglichkeit nach § 208 InsO kann davon ausgegangen werden, dass die Kosten nicht aufgebracht werden können.[107]

13 **3. Kostenaufbringung durch die wirtschaftlich Beteiligten. a) Allgemeines.** Durch die Regelung, dass die Kosten auch von den wirtschaftlich Beteiligten nicht aufgebracht werden können, soll verhindert werden, dass sich solvente Personen juristischer Personen bedienen und diese quasi **zur Kostenersparnis vorschieben.**[108] Es wäre auch beispielsweise nicht einzusehen, wenn eine oHG, die praktisch kein Vermögen hat, PKH erlangen könnte, obwohl die persönlich haftenden Gesellschafter noch durchaus solvent sind.

14 **b) Wirtschaftlich Beteiligte.** Wirtschaftlich beteiligt ist derjenige, dessen endgültigem Nutzen der Rechtsstreit dienen soll.[109] Der **Begriff des wirtschaftlich Beteiligten ist weit zu fassen,** unerheblich ist, ob

---

[91] AG Göttingen NZI 1999, 506; vgl. OLG Düsseldorf ZIP 2002, 1208, 1209; OLG Koblenz OLGR 2006, 316f.; OLG Schleswig OLGR 2007, 533 (12 Gläubiger reichen nicht); großzügiger offenbar BGH ZIP 2006, 682, 684.
[92] BGH ZIP 2005, 1519.
[93] *Pape* KTS 1993, 179, 182; OLG Frankfurt/M ZIP 1993, 1250f.; ZIP 1995, 1536f.; aA *Wax* NJW 1994, 2331, 2333, der auf den Einzelfall abstellen will.
[94] OLG Hamm ZIP 1995, 758f.; OLG Naumburg ZIP 1994, 383, 384; OLG Celle NdsRpfl. 1993, 75; OLG Hamburg ZIP 2005, 678; *Gundlach* u. a. NJW 2003, 2412f.
[95] Vgl. BT-Drucks. 8/3068 S. 26 (Begr. der Bundesregierung).
[96] Vgl. BT-Drucks. 8/3068 S. 26.
[97] Hierzu insgesamt OLG Hamburg NJW-RR 1994, 572, 573; OLG Düsseldorf NJW-RR 1993, 1149.
[98] OLG Düsseldorf NJW-RR 1993, 1149.
[99] *Zö/Philippi* Rn. 11a.
[100] BGH NJW 1991, 40, 41; OLG Nürnberg JurBüro 2005, 155, 156.
[101] BGH NJW 1991, 703.
[102] OLG Hamm JurBüro 1989, 418.
[103] BGH NJW-RR 2005, 1640f.
[104] OVG Bremen JurBüro 1987, 770f.
[105] *Schneider* DB 1987, 287, 288 m. weit. Nachw.
[106] BFH Rpfleger 1993, 290.
[107] BAG ZIP 2003, 1947.
[108] Vgl. BT-Drucks. 8/3068 S. 26; OVG Münster NJW 2005, 3512.
[109] OLG Bamberg NJW-RR 1990, 638.

eine rechtliche Verpflichtung oder ein rechtliches Interesse vorliegt.[110] Entscheidend ist, ob für den Beteiligten ein wirtschaftliches Interesse tatsächlicher Art an der Prozessführung besteht, ob es sich also auf seine Vermögenslage auswirkt, wenn die juristische Person den Prozess gewinnt bzw. verliert, so dass es ihm zugemutet werden kann die zur Prozessführung erforderlichen Mittel aufzubringen.[111] Direkte finanzielle Folgen sind nicht erforderlich, ausreichend ist auch eine wirtschaftliche Auswirkung im weiteren Sinne, da der Begriff der wirtschaftlichen Beteiligung weiter reicht als derjenige der rechtlichen Beteiligung oder des rechtlichen Interesses.[112] **Wirtschaftlich Beteiligte können in diesem Zusammenhang grundsätzlich sein:** Aufsichtsrats- und Vorstandsmitglieder, Gesellschafter,[113] stille Teilhaber, auch Gläubiger,[114] insbesondere ein so genannter Gläubigerpool,[115] und Großaktionäre.[116] Bei einer oHG oder KG sind alle Gesellschafter wirtschaftlich Beteiligte, bei der KG auch die Kommanditisten.[117] Bei einer PublikumsKG wird dies sicher abweichend beurteilt werden können. Bei einem eingetragenen Verein können auch die Mitglieder wirtschaftlich Beteiligte sein,[118] jedenfalls dann, wenn es um ihre unmittelbaren Belange geht.[119]

Diese Erwägungen führen dazu, dass einer **vermögenslosen GmbH** PKH nicht bewilligt werden kann, 15 wenn keine Anhaltspunkte dafür vorliegen, dass die Gesellschafter die Prozesskosten nicht aufbringen können.[120] Bei einer **GmbH i. L.** ist der Alleingesellschafter nicht wirtschaftlich Beteiligter, wenn auch bei positivem Ausgang des Prozesses nicht damit gerechnet werden kann, dass nach der Liquidation ein Überschuss verbleibt.[121] Bei einem **Konzern** ist die Muttergesellschaft an einem Rechtsstreit, den ein Tochterunternehmen führt, wirtschaftlich beteiligt.[122] Mitglieder und Vorstand eines gemeinnützigen eingetragenen **Vereins,** der in der Jugendarbeit tätig ist, und die Mittel überwiegend von der öffentlichen Hand bezieht, sind bei einem Prozess gegen ein Vorstandsmitglied wegen Veruntreuung nicht wirtschaftlich Beteiligte.[123] Für Mitglieder eines Yacht-Clubs, der als Idealverein organisiert ist, gilt dies jedoch nicht, diese können wirtschaftlich Beteiligte sein.[124] An einer **Kirchenstiftung** nach katholischem Kirchenrecht ist die katholische Kirche selbst nicht wirtschaftlich beteiligt.[125]

c) **Kostenaufbringung.** Hat der Gesellschafter einer juristischen Person ein wirtschaftliches Interesse, so 16 müssen die Voraussetzungen der §§ 114 S. 1, 115 auch bei ihm vorliegen.[126] Dementsprechend muss er auch den Vordruck ausfüllen. Verallgemeinernd lässt sich also sagen, dass ein wirtschaftlich Beteiligter dann die Kosten nicht aufbringen kann, wenn er **selbst PKH** erlangen könnte. In derartigen Fällen kann der juristischen Person also PKH gewährt werden, obwohl ein wirtschaftlich Beteiligter an sich eintrittsfähig wäre. Wenn allerdings ein bedürftiger Alleingesellschafter und -geschäftsführer einer ebenfalls bedürftigen GmbH eine Forderung der GmbH geltend macht, bekommt er hierfür keine PKH, da sonst S. 1 Nr. 2 umgangen würde.[127] Das – zusätzlich erforderliche – Kriterium der allgemeinen Interessen würde sonst unterlaufen.[128] Auch das eventuelle Vorliegen eines sachlichen Grundes ändert an diesem Ergebnis nichts.[129]

4. Allgemeine Interessen. Die Unterlassung der Rechtsverfolgung oder -verteidigung darf allgemeinen – 17 inländischen[130] – Interessen nicht zuwiderlaufen. Diese Voraussetzung muss bei jedem nach S. 1 Nr. 2 Anspruchsberechtigten vorliegen. Sie darf aber nicht auf S. 1 Nr. 1 ausgedehnt werden.[131] Die Einschränkung durch das Merkmal der allgemeinen Interessen begegnet keinen verfassungsrechtlichen Bedenken.[132] Sie trägt vielmehr den **Besonderheiten der juristischen Person Rechnung,** die eine aus Zweckmäßigkeitsgründen zugelassene künstliche Schöpfung ist.[133] Rein wirtschaftliche Interessen sollen nicht auf Kosten der Allgemeinheit verfolgt werden können.[134] Das allgemeine Interesse ist jedenfalls dann gegeben, wenn die Entscheidungen einen größeren Kreis der Bevölkerung oder auch des Wirtschaftslebens ansprechen und gleichfalls soziale Wirkungen nach sich ziehen könnten.[135] Die Voraussetzung für die Gewährung von

---

[110] OLG München JurBüro 1986, 127; OLG Düsseldorf MDR 1968, 331.
[111] OLG München JurBüro 1986, 127; OLG Bamberg NJW-RR 1990, 638; OVG Münster NJW 2005, 3512.
[112] OLG Düsseldorf MDR 1968, 331.
[113] OLG Frankfurt/M OLGR 1996, 33, 34.
[114] *T/P/Reichold* Rn. 5.
[115] KG OLGR 2001, 39f.
[116] *St/J/Bork* Rn. 21.
[117] OLG Stuttgart NJW 1975, 2022.
[118] OLG München JurBüro 1990, 755f.; LG Osnabrück NdsRpfl. 2007, 159f.; *Schneider* DB 1978, 287, 289.
[119] OVG Münster NJW 2005, 3512.
[120] OLG München JurBüro 1986, 127, 128; OLG Frankfurt/M OLGR 1996, 33, 34.
[121] BGH NJW 1991, 703.
[122] MK/*Motzer* Rn. 23.
[123] OLG Hamburg NJW-RR 1987, 894.
[124] OLG Düsseldorf MDR 1968, 331; KG NJW 1955, 469.
[125] OLG Bamberg NJW-RR 1990, 638f.
[126] LAG Bremen NJW-RR 1987, 894.
[127] OLG Köln VersR 1989, 277.
[128] OLG Hamburg MDR 1988, 782, 783.
[129] OLG Hamburg NJW-RR 1987, 894.
[130] MK/*Wax* (2. Aufl.) Rn. 28.
[131] BGH NJW 1991, 40, 41f.; MDR 2007, 851f.; OLG Nürnberg JurBüro 2005, 155, 156.
[132] Vgl. BT-Drucks. 8/3068 S. 26 (Begr. der Bundesregierung) unter Hinweis auf BVerfGE 35, 348, 356 = NJW 1974, 229; OLG Celle NJW-RR 1986, 741.
[133] Der Streit um die Natur der juristischen Person wird hier nicht aufgegriffen.
[134] OLG Frankfurt/M OLGR 1996, 33, 34.
[135] BGH NJW 1986, 2058, 2059; OLG München JurBüro 1986, 127, 128.

PKH liegt weiterhin zB dann vor, wenn eine juristische Person ohne die Durchführung des Prozesses gehindert wäre, Aufgaben zu erfüllen, die der Allgemeinheit dienen.[136] PKH ist ebenfalls zu gewähren, wenn die Existenz eines Unternehmens von der Durchführung des Prozesses abhängig ist und hierdurch eine große Zahl von Arbeitsplätzen verloren gehen könnte.[137] Weiter gehend lassen sich bei den allgemeinen Interessen alle denkbaren allgemeinen Interessen einer juristischen Person in die Abwägung einbeziehen.[138] Die allgemeinen Interessen sind iS einer positiven Entscheidung über die PKH berührt, wenn eine höhere Forderung, durch deren Realisierung eine größere Anzahl von Gläubigern befriedigt werden könnte, nicht geltend gemacht werden kann, weil sich die Interessen der beteiligten Gläubiger nur schwer bündeln lassen.[139] Die erforderliche Vielzahl von Kleingläubigern ist bei 27 jedenfalls gegeben.[140] Notwendig ist aber, dass außer den wirtschaftlich Beteiligten noch ein erheblicher Personenkreis betroffen ist, sonst ist die Allgemeinheit nicht berührt.[141] Sind lediglich Gesellschafter und der Geschäftsführer beteiligt, reicht dies nicht aus.[142] Selbst wenn eine große Anzahl von Gläubigern der Antragstellerin (im konkreten Fall: 38) betroffen ist, so muss doch gewährleistet sein, dass die einzutreibenden Gelder auch tatsächlich an die Gläubiger weitergeleitet werden.[143] Bieten die Organe der Antragstellerin dafür keine Gewähr, so soll es denkbar sein, PKH zu bewilligen, wenn die Forderungen an die Gläubiger abgetreten werden und die Antragstellerin die Forderung mit Ermächtigung der Gläubiger geltend macht.[144] Letzteres erscheint jedoch zweifelhaft, denn zum einen dürften in einer solchen Konstellation die Gläubiger wirtschaftlich Beteiligte sein, zum anderen stehen die in § 114 Rn. 5 geschilderten Grundsätze einer solchen Verfahrensweise entgegen.

18 Allein die offensichtliche Unrichtigkeit eines erstinstanzlichen Urteils vermag allerdings das **allgemeine Interesse noch nicht zu begründen.**[145] Weiterhin ist weder das allgemeine Interesse an einer richtigen Entscheidung noch die Tatsache, dass Rechtsfragen von allgemeinem Interesse zu beantworten sind, ausreichend.[146] Selbst wenn die Klageforderung auf den Vorwurf einer strafbaren Handlung gestützt wird, sind dadurch allgemeine Interessen noch nicht berührt; auch die Tatsache, dass bei positivem Prozessausgang rückständige öffentliche Abgaben bezahlt werden könnten, ist nicht ausreichend.[147] Die Gemeinnützigkeit eines Vereins allein begründet noch kein allgemeines Interesse.[148] In diesem Zusammenhang ist auch auf die **Interessen des Prozessgegners** Rücksicht zu nehmen. Zwar wird nicht grundsätzlich davon ausgegangen werden können, dass Prozessverlust der PKH-Partei auch ihren Untergang nach sich zieht, jedoch besteht für den Gegner immerhin die nicht zu vernachlässigende Gefahr der Zweitschuldnerhaftung für die Kosten.[149]

IV. Verweisung auf § 114 S. 1 letzter Halbsatz (S. 2)

19 S. 2 bedeutet, dass die **objektiven Voraussetzungen** der PKH auch hier vorliegen müssen, dh. die beabsichtigte Rechtsverfolgung oder -verteidigung muss hinreichende Aussicht auf Erfolg bieten und darf nicht mutwillig erscheinen. Bezüglich dieser Voraussetzungen kann auf die Kommentierung bei § 114 verwiesen werden. Auch dem Konkursverwalter muss zB, entsprechend den in § 114 Rn. 22 dargelegten Grundsätzen, PKH gewährt werden, wenn sich schwierige Rechtsfragen stellen.[150] Bei Massekostenarmut soll eine Prozessführung durch den Insolvenzverwalter mutwillig sein.[151] Vgl.a. Rn. 2.

V. Teilkostenaufbringung (S. 3)

20 Die in § 116 genannten Anspruchsberechtigten können in die Tabelle nicht eingeordnet werden,[152] die Tabelle gilt daher für diese nicht. Auch die 48-Ratengrenze gilt nicht, im Zweifel müssen die nach § 116 Anspruchsberechtigten, wenn es ihnen möglich ist, **zahlen, bis die Kosten gedeckt sind.**[153] Zahlungen in Teilbeträgen sind gleichfalls denkbar, möglich ist weiterhin die einmalige Zahlung eines bestimmten Betrages oder die Anordnung regelmäßiger Raten. § 120 Abs. 4 ist anwendbar (vgl. Rn. 2).

117

Antrag (1) [1]**Der Antrag auf Bewilligung der Prozesskostenhilfe ist bei dem Prozessgericht zu stellen; er kann vor der Geschäftsstelle zu Protokoll erklärt werden.** [2]**In dem Antrag ist das Streitverhältnis unter Angabe der Beweismittel darzustellen.** [3]**Der Antrag auf Bewilli-**

---

[136] BT-Drucks. 8/3068 S. 27.
[137] BT-Drucks. 8/3068; BGH NJW 1986, 2058, 2059.
[138] BGH NJW 1991, 703.
[139] BGH NJW 1991, 703; BFH Rpfleger 1993, 290.
[140] BGH NJW 1991, 703.
[141] BFH NJW 1974, 256; OLG Celle NJW-RR 1986, 741.
[142] BFH Rpfleger 1993, 290.
[143] OLG Frankfurt/M NJW-RR 1996, 552; KG NJW-RR 2000, 1001, 1002.
[144] OLG Frankfurt/M NJW-RR 1996, 552.
[145] LAG Bremen NJW-RR 1987, 894.
[146] BGH LM Nr. 2.
[147] OLG Köln JurBüro 1995, 1259f.
[148] BGH KostRspr/*v. Eicken* Nr. 7; KG NJOZ 2007, 55.
[149] BT-Drucks. 8/3068 S. 26 (Begr. der Bundesregierung).
[150] OLG München ZIP 1996, 512, 513.
[151] OLG Naumburg OLGR 2002, 241f.
[152] BT-Drucks. 8/3069 S. 26 (Begr. der Bundesreg.); *Zi* Rn. 1.
[153] BT-Drucks. 8/3068 S. 27 (Begr. der Bundesreg.); *Zi* Rn. 1.

gung von Prozesskostenhilfe für die Zwangsvollstreckung ist bei dem für die Zwangsvollstreckung zuständigen Gericht zu stellen.

(2) [1]Dem Antrag sind eine Erklärung der Partei über ihre persönlichen und wirtschaftlichen Verhältnisse (Familienverhältnisse, Beruf, Vermögen, Einkommen und Lasten) sowie entsprechende Belege beizufügen. [2]Die Erklärung und die Belege dürfen dem Gegner nur mit Zustimmung der Partei zugänglich gemacht werden.

(3) Das Bundesministerium der Justiz wird ermächtigt, zur Vereinfachung und Vereinheitlichung des Verfahrens durch Rechtsverordnung mit Zustimmung des Bundesrates Formulare für die Erklärung einzuführen.

(4) Soweit Formulare für die Erklärung eingeführt sind, muss sich die Partei ihrer bedienen.

Übersicht

I. Normzweck

Die §§ 114 und 116 knüpfen die Bewilligung von PKH an einen Antrag. § 117 befasst sich näher mit diesem **Antragserfordernis** und regelt, in welcher Weise und bei welchem Gericht der Antrag gestellt werden muss. Die Vorschrift wird durch die nachstehend abgedruckte PKHVV sowie die teilweise abgedruckten DB-PKHG ergänzt. § 117 kommt auch insofern besondere Bedeutung zu, als Voraussetzung für die Bewilligung von PKH ein nach dieser Vorschrift wirksam gestellter Antrag ist. Abs. 1 S. 3 ist durch die 2. Zwangsvollstreckungsnovelle mit Wirkung vom 1. 1. 1999 eingefügt worden, vgl vor § 114 Rn. 5. 1

II. Weitere Rechtsgrundlagen

Wegen der auf Grund der Ermächtigungsgrundlage des § 117 Abs. 3 erlassene ProzesskostenhilfevordruckVO (PKHVV)[1] wird auf die Rn. 21 ff. verwiesen. Die Anlage zur Prozesskostenhilfevordruckverordnung[2] enthält die vom Antragsteller auszufüllende Erklärung über die persönlichen und wirtschaftlichen Verhältnisse (Vordruck, Formular) nebst den Ausfüllhinweisen hierzu. Das Hinweisblatt, das sich in erster Linie an den Antragsteller wendet, enthält allgemeine Ausführungen zur PKH und Ausfüllhinweise für die Erklärung. Mit dem Inkrafttreten des PKHÄndG (vgl. vor § 114 Rn. 5) ist gleichzeitig ein neuer Vordruck eingeführt worden, der ab dem 1. 1. 1995 zu benutzen war. Weiterhin sind in diesem Zusammenhang die – weitgehend bundeseinheitlich geltenden – **Durchführungsbestimmungen zum PKHG (DB-PKHG/InsO)** zu beachten.[3] Dies sind Verwaltungsvorschriften, die die Justizminister der Länder erlassen haben. Die DB-PKHG/InsO richten sich fast überwiegend an Kostenbeamte und Rechtspfleger. 2

III. Antrag (Abs. 1 S. 1)

1. Allgemeines. Der Antrag kann auch zu Protokoll der Geschäftsstelle erklärt werden (Abs. 1 S. 1 aE). Nach § 129a kann dies die Geschäftsstelle jedes Amtsgerichts sein. Nach § 24 Abs. 2 Nr. 3 RpflG ist für die Antragsaufnahme der Rechtspfleger zuständig. Damit unterliegt der Antrag gleichzeitig nicht dem Anwaltszwang (§ 78 Abs. 3), selbst wenn die Hauptsache dem Anwaltszwang unterfällt. Vgl. a. § 569 Rn. 9 ff. Wird der Antrag nicht zu Protokoll erklärt, so muss er, da es sich um einen bestimmenden Schriftsatz handelt, von der Partei oder ihrem Vertreter unterschrieben sein.[4] Weigert sich die PKH-Partei ihre Wohnanschrift anzugeben, ist der Antrag unbeachtlich,[5] es sei denn, es bestehen zwingende Gründe, zB Bedrohung durch den Gegner. Grundsätzlich ist es erforderlich, einen **ausdrücklichen Antrag** zu stellen (Ausnahme: § 1078 Abs. 4!). Selbst wenn sich die PKH-Partei zu einer Widerklage äußert bzw. die Klage erweitert, ist hierin noch nicht ein stillschweigender Antrag zu sehen;[6] vgl. a. § 119 Rn. 5 aE. Eine andere Sicht der Dinge 3

[1] BGBl. I 1994, S. 3001 ff.; abgedr. bei *Schoreit/Dehn* Anhang Nr. 5 und *Hubnstock* Anhang 1; zul. geändert durch Art. 36 des Gesetzes vom 27. 12. 2003 (BGBl. I S. 3022), dazu § 115 Rn. 57a.

[2] Vgl. Fn. 1.

[3] *Piller/Hermann* 10h und *Schoreit/Dehn* Anhang Nr. 4; SchlHA 2002, 33 ff.; JMBl. Hessen 2007, 492 ff.

[4] BGH NJW 1994, 2097.

[5] OLG Schleswig OLGR 2003, 278 f.

[6] OLG Karlsruhe AnwBl. 1987, 340; großzügiger: NJW-RR 1998, 1085 f.

ist denkbar, wenn noch nicht über den PKH-Antrag entschieden wurde.[7] Wird **PKH ohne Antrag bewilligt,** so ist diese Entscheidung jedoch nicht etwa wirkungslos, sondern bleibt bestehen und kann nur – in den Grenzen des § 124 sowie des § 120 Abs. 4 – aufgehoben werden.[8] Gerät ein Antrag nicht in die Verfügungsgewalt des Gerichts, so kann dem Antragsteller, wenn er erst nachträglich davon erfährt, rückwirkende PKH nicht mehr gewährt werden, wenn er zwischenzeitlich dazu Veranlassung hatte, nachzufragen; zB in einem Termin zur mündlichen Verhandlung.[9] Wird glaubhaft gemacht, dass der Antrag beim Gericht abgegeben wurde, kommt eine rückwirkende Bewilligung in Betracht.[10] Geht der Antrag bei einem unzuständigen Gericht ein, ist dies zur Weiterleitung im normalen Geschäftsgang verpflichtet, hierzu gehört nicht die Faxübermittlung.[11] Ungefragt braucht der Anwalt seinen Mandanten nicht auf die **Möglichkeit eines PKH-Antrages hinzuweisen;** Erörterungen zur Solvenz des Mandanten ohne konkreten Anlass könnten das Vertrauensverhältnis beeinträchtigen.[12] Hat der Anwalt jedoch Anhaltspunkte dafür, dass sein Mandant PKH benötigt, so muss er ungefragt auf die Möglichkeit der PKH hinweisen (vgl. § 16 Abs. 1 BORA), anderenfalls kann ein Schadensersatzanspruch entstehen; der Schaden wird jedoch oft nicht einfach darzulegen sein.[13] Zur leichteren Handhabung empfiehlt es sich für den Anwalt, dem Mandanten ein Merkblatt auszuhändigen.[14] Zur Hinweispflicht des Gerichts vgl. § 114 Rn. 45.

4 **2. Zuständigkeit (Abs. 1 S. 1 und 3).** Das **Prozessgericht** ist für die Bewilligung der PKH zuständig, vgl. auch § 127 Abs. 1 S. 2. Insoweit sind die jeweils einschlägigen allgemeinen Zuständigkeitsvorschriften heranzuziehen, die Zuständigkeit für die PKH folgt der Hauptsache. Zuständig für die Entscheidung über den PKH-Antrag ist grundsätzlich das Gericht, der Einzelrichter bei originärer Zuständigkeit (§§ 348, 526, 568), bei der Kammer für Handelssachen der Vorsitzende (§ 349 Abs. 2 Nr. 7), in der Berufungsinstanz gleichfalls das Berufungsgericht, unter der Voraussetzung des § 526 der Einzelrichter. Vgl. ergänzend § 127 Rn. 2 und 24 aE. Vor allem bei der **Zwangsvollstreckung** (hierzu § 119 Rn. 8) wird, nach den einschlägigen Regelungen des RpflG, oft der **Rechtspfleger** zuständig sein.[15] Ist der Rechtspfleger für die Hauptsache zuständig, entscheidet er auch über die PKH (§ 4 Abs. 1 RpflG). Zur Frage der Zuständigkeit, wenn das LG Erfolgsaussicht nur für einen Teilbetrag bejaht, der in die Zuständigkeit des AG fällt, vgl. § 114 Rn. 25.

5 **3. Antrag in der ersten Instanz. a) PKH-Antrag und Klage.** Wird **gleichzeitig Klage eingereicht und PKH beantragt,** so hat der Antragsteller – deutlich und unmissverständlich[16] – klarzustellen, ob die Klage unbedingt oder nur für den Fall der PKH-Bewilligung erhoben werden soll.[17] In Zweifelsfällen kann auch eine gerichtliche Nachfrage veranlasst sein. Wird die erhobene Klage mit einem PKH-Antrag verbunden, so ist vor Zustellung und Terminierung über den PKH-Antrag zu entscheiden.[18] Wenn es heißt, es solle vorab über die PKH entschieden werden, ist die „beiliegende Klage" noch nicht unbedingt erhoben.[19] Heißt es hingegen lediglich, es werde „ferner" PKH beantragt, so ist die Klage erhoben.[20] Ergibt die Auslegung, dass die Klage nicht unbedingt erhoben werden soll, so ist die gleichwohl erfolgte Zustellung einer solchen „Klage" nicht fristwahrend.[21] Im Zweifel ist allerdings davon auszugehen, dass das Verfahren anhängig wird.[22] Ist ein Antrag nach § 14 Nr. 3 GKG gestellt worden, ist die Klage unbedingt erhoben; wenn dann nach Ablehnung der PKH erklärt wird, der Klageantrag werde nicht weiter verfolgt, ist dies als Klagerücknahme auszulegen.[23] Dasselbe gilt, wenn Klageschrift und PKH-Antrag ohne weitere Erklärung eingereicht werden und nach Ablehnung der PKH erklärt wird, eine Klage sei nicht erhoben worden.[24] Hingegen bewirkt eine versehentliche Zustellung eines unter Vorraussetzung der Bewilligung von PKH gestellten Antrags keine Rechtshängigkeit.[25] Wird der Antrag vom Gericht als isolierter PKH-Antrag angesehen, muss er später auch kostenrechtlich (§ 118 Rn. 16) so behandelt werden.[26] Tritt nur An- jedoch nicht Rechtshängigkeit ein, ist § 269 nicht anwendbar.[27] S. a. § 118 Rn. 16 aE.

---

[7] LAG Halle MDR 2006, 320.
[8] OLG Oldenburg MDR 1989, 268; OLG Zweibrücken NJW-RR 2003, 3; OVG Lüneburg JurBüro 1990, 637 mit abl. Anm. *Mümmler;* aA OLG München JurBüro 1984, 1851.
[9] OLG Celle JurBüro 1996, 141.
[10] OLG Bamberg FamRZ 1997, 179.
[11] VGH Mannheim Justiz 2003, 177f.
[12] OLG Köln NJW 1986, 725, 726.
[13] Vgl. i. e. *Schneider* MDR 1988, 282ff.; OLG Düsseldorf OLGR 1995, 90; OLG Koblenz NJW-RR 1998, 864; LG Waldshut-Tiergen NJW-RR 2002, 64; *Wielgoss* JurBüro 1999, 293f.; s. a. BGH NJW 1997, 136f.
[14] Beispiel bei *Schwolow* FuR 1999, 363; 2005, 407f.
[15] Hierzu ausf. *Fischer* Rpfleger 2004, 190.
[16] OLG Zweibrücken NJW-RR 2001, 1653.
[17] OLG Köln NJW 1994, 3360, 3361; MDR 2006, 112.
[18] OLG Karlsruhe FamRZ 1991, 1458, 1459.
[19] OLG Köln FamRZ 1984, 916, 917; OLG Koblenz OLGR 2004, 293; aA LG Saarbrücken FamRZ 2002, 1260f.
[20] OLG Schleswig SchlHA 2004, 93.
[21] OLG Köln NJW 1994, 3360, 3361; s. a. OLG Dresden NJW-RR 1997, 1424.
[22] OLG München MDR 1988, 872; OLG Zweibrücken NJW-RR 2001, 1653; OLG Brandenburg MDR 2007, 1262.
[23] OLG Köln NJW-RR 1997, 637 OLG Koblenz AnwBl. 1999, 490.
[24] OLG München NJW-RR 1998, 205; s. a. OLG Nürnberg MDR 1999, 1409.
[25] OLG Dresden NJW-RR 1997, 1424.
[26] OLG Stuttgart Justiz 2000, 200f.
[27] OLG Nürnberg NJW-RR 2000, 1453f.; OLG Jena FamRZ 2007, 1107f.; vgl. § 269 Rn. 6.

Wird die **PKH nur teilweise bewilligt,** muss der PKH-Kläger nach Bewilligung darstellen, in welchem Umfang (nur soweit bewilligt oder darüber hinaus) er die Klage rechtshängig machen will.[28] Soll über den Bewilligungsumfang hinaus geklagt werden, ist insoweit ein Vorschuss einzuzahlen (vgl. § 125 Rn. 7). Wird die beantragte PKH nur teilweise bewilligt, so empfiehlt es sich, dass das Gericht den Kläger auffordert, eine dem Bewilligungsumfang entsprechende (uU neue) Klageschrift einzureichen, damit diese dann zugestellt werden kann. Oft wird die **Zustellung der Klage** nach bewilligter PKH vergessen. Werden dann in einer mündlichen Verhandlung Anträge gestellt, ist die Klage jedenfalls damit rechtshängig geworden, die fehlende Zustellung wird nach § 295 geheilt.[29] Heißt es in einem eingehenden Schriftsatz „Klage" und „Nach Bewilligung von PKH wird beantragt,...", so wird nach der Bewilligung von PKH für einen Teilbetrag und förmliche Zustellung der ursprünglichen „Klage" die Differenz nicht anhängig, es ist darüber nicht zu entscheiden; jedenfalls wenn in der mündlichen Verhandlung nur der reduzierte Antrag gestellt wird.[30] 6

Nach überwiegender Auffassung ist die **Bezugnahme** auf einen ausgefüllten Vordruck in einem anderen anhängigen Verfahren nicht zulässig.[31] Die Praxis sieht hierüber zu Recht oft großzügig hinweg.[32] Es ist allerdings zu beachten, dass sich durch eine solche Bezugnahme das Verfahren verzögern kann, da die andere Akte erst beigezogen werden muss. Die – zu erklärende – Bezugnahme auf einen in demselben Verfahren zu einem früheren Zeitpunkt vorgelegten Vordruck ist zulässig, wenn deutlich gemacht wird, dass sich die Verhältnisse seit dem nicht geändert haben.[33] In den höheren Instanzen ist eine gewisse Vorsicht geboten (vgl. Rn. 11). 7

b) Verjährungsfragen.[34] Nach § 204 Abs. 1 Nr. 14 BGB (neu gefasst durch das SchuldRModG) wird die Verjährung nunmehr durch die Veranlassung der Bekanntgabe des erstmaligen Antrags auf Gewährung von Prozesskostenhilfe gehemmt;[35] wird die Bekanntgabe demnächst (dh. ca. drei bis vier Tage[36]) nach der Einreichung des Antrags veranlasst, so tritt die Hemmung der Verjährung bereits mit der Einreichung ein. Auf die Veranlassung wird – wie bei § 204 Abs. 1 Nr. 4 BGB – abgestellt, weil der Antrag idR nicht (nachweisbar!) durch förmliche Zustellung übermittelt wird (118 Rn. 2), wenngleich sich bei der Verjährungsunterbrechung eine Zustellung empfiehlt.[37] Der Zeitpunkt der Veranlassung ist – im Gegensatz zu einer formlosen Bekanntgabe – ohne weiteres aktenmäßig nachprüfbar.[38] Mit dieser Neuregelung hat der Gesetzgeber bewusst von der alten Rechtslage, insbesondere von der „Zweiwochenverzögerungsfrist" (hierzu zugleich aE dieser Rn.) Abschied genommen. Der PKH-Antrag muss zudem keineswegs ordnungsgemäß begründet, vollständig und einschließlich aller Belege vorgelegt werden; auch ist nicht erforderlich, dass sich der Antragsteller für bedürftig halten durfte.[39] Der Antrag auf Prozesskostenhilfe muss allerdings gewissen Mindestanforderungen genügen, die ihn – und das damit verbundene Begehren – als solchen erkennen lassen. Die Frage, welche Mindestanforderungen insoweit zu stellen sind, hat der Gesetzgeber ausdrücklich der Rechtsprechung überlassen.[40] Im Gesetz selbst wird der Missbrauchsgefahr lediglich dadurch begegnet, dass nur der erstmalige Antrag Hemmungswirkung entfaltet. Es ist dabei nicht möglich, sich etwa durch gestaffelte PKH-Anträge eine mehrfache Verjährungshemmung zu verschaffen.[41] Die soeben erwähnten **Mindestanforderungen** sind direkt § 117 zu entnehmen: Zunächst müssen in dem Antrag die Wörter „Antrag" und „Prozesskostenhilfe" enthalten sein. Weiterhin muss ein verständliches Streitverhältnis dargestellt werden. Dabei ist es allerdings unschädlich, wenn der Sachverhalt im Einzelnen noch ergänzungsbedürftig ist, also noch Maßnahmen nach § 139 erforderlich sind. Ein reiner PKH-Antrag ohne beiliegenden Klageentwurf reicht jedenfalls nicht.[42] Die Beweismittel brauchen noch nicht bezeichnet zu werden, weil oftmals noch nicht bekannt sein wird, ob und wie der Gegner dem Begehren entgegentreten wird. Darüber hinaus kann in Anbetracht von Abs. 2 S. 2 und Abs. 4 nicht auf den Vordruck verzichtet werden. Der Vordruck muss nicht unbedingt unterzeichnet, er muss aber wenigstens teilweise ausgefüllt sein. Auch hier ist es wiederum für die Verjährungshemmung unschädlich, wenn das Gericht weitere Angaben fordert. Die Beilage von Belegen ist keine Mindestanforderung, denn es gibt ausreichend Fälle, in denen Belege überhaupt nicht notwendig sind. Darüber hinaus hat der Gesetzgeber die Erwartung geäußert, die Gerichte würden rechtsmissbräuchlichen Rechtsverfolgungsmaßnahmen keine Hemmungswirkung zubilligen.[43] Neben § 204 Abs. 1 Nr. 14 BGB besteht für einen Antrag nach § 14 Nr. 3 GKG idR kein Bedürfnis.[44] Da § 204 Abs. 1 Nr. 14 BGB allgemein vom Prozesskostenhilfeantrag spricht, kann dieser – soweit grundsätzlich möglich – mit allen Hemmungstatbeständen des § 204 Abs. 1 verknüpft werden. Beispielsweise hemmt damit auch ein PKH-Antrag für ein selbständiges Beweisverfahren die Verjährung, nicht nur ein PKH-Antrag für eine Leistungs- 8

---

[28] OLG München MDR 1988, 872.
[29] BGH NJW 1972, 1373, 1374; 1996, 1351.
[30] OLG Karlsruhe NJW-RR 1989, 532; aA offenbar OLG Karlsruhe FamRZ 1996, 1152, 1153.
[31] OLG Bamberg JurBüro 1989, 417, 418.
[32] Ebenso OLG München FamRZ 1996, 418.
[33] OLG Nürnberg JurBüro 1984, 610, 611; OLG München FamRZ 1996, 418.
[34] Ausf. zur alten Rechtslage *Feuring* MDR 1982, 898ff.
[35] Ausf. *Peters* JR 2004, 137ff.
[36] OLG Brandenburg NJW-RR 2005, 871, 872.
[37] *Peters* JR 2004, 137, 138.
[38] BT-Drucks. 14/7052 S. 181 (Ber. des Rechtsausschusses).
[39] Amtl. Begr. des SchuldR-ModG (BT-Drucks. 14/6040 S. 116).
[40] Amtl. Begr. des SchuldR-ModG (BT-Drucks. 14/6040 S. 116).
[41] Amtl. Begr. des SchuldR-ModG (BT-Drucks. 14/6040 S. 116).
[42] OLG Stuttgart FamRZ 2005, 526f.
[43] Bt-Drucks. 14/6857 S. 44 (Gegenäußerung der Bundesreg.).
[44] OLG Celle NdsRpfl. 2004, 45.

klage. Wird am letzten Tag der Frist eine **Klage ohne Vorschusszahlung** eingereicht, so muss die PKH-Partei noch jedenfalls zwei Wochen nach der Vorschussanforderung Zeit haben, um noch einen PKH-Antrag stellen zu können.[45] Dies ergibt sich daraus, dass der „normalen" Partei (mindestens) diese weitere Frist zur Verfügung steht (§ 167 Rn. 7), um den Kostenvorschuss zu zahlen. Außerdem weiß ein Anwalt nicht unbedingt, dass sein Mandant bedürftig ist, bevor er die Vorschussrechnung weitergibt. Verzögerungen, die im hiesigen Zusammenhang aus Aufenthaltsermittlungen entstehen, weil der Gegner ständig seinen Wohnsitz wechselt, können nicht zum Nachteil der PKH-Partei gehen, dem stünde § 242 BGB entgegen.[46] **Vor Inkrafttreten des SchuldRModG** konnte eine Fristwahrung hier nur über *§ 203 II BGB aF* erreicht werden. Wegen den Einzelheiten muss auf die 3. Aufl., wegen den Übergangsregeln auf die 4. Aufl. verwiesen werden.

9 **c) Sonstige Rechtswahrung.** Für eine Ungleichbehandlung der PKH-Partei gegenüber der „normalen" Partei (Art. 3 Abs. 1, 19 Abs. 4 GG!) gibt es hier keinen sachlich gerechtfertigten Grund. Es muss daher möglich sein, **alle erdenklichen Fristen**, die durch eine Klage gewahrt werden können, über § 167a auch durch einen PKH-Antrag zu wahren. Dementsprechend kann ein solcher Antrag zB die Frist des § 12 Abs. 3 VVG,[47] des § 13 Abs. 1 StrEG[48]; des § 1600b Abs. 1 BGB[49] und des *§ 41 Abs. 1 S. 1 KO*[50] (§ 146 InsO) wahren sowie tarifliche Ausschlussfristen.[51] Auch die Frist des § 926 kann durch einen PKH-Antrag gewahrt werden.[52] Die PKH-Partei muss freilich nach Bewilligung unverzüglich für die Zustellung sorgen, außerdem muss der PKH-Antrag vollständig und mit Belegen vorgelegen haben.[53] Da die Rechtslage hier insgesamt schwierig zu beurteilen ist, sollte stets ein Vorgehen nach § 14 Nr. 3 GKG erwogen werden.

10 **4. Antrag in der Rechtsmittelinstanz.**[54] **a) Allgemeines.** Vgl. auch § 119 Rn. 16ff. und § 233 Rn. 30ff. Ein für den Fall der Bewilligung von PKH bedingt eingelegtes Rechtsmittel ist unzulässig.[55] In der Rechtsmittelinstanz kann nach st. Rspr. spätestens am letzten Tag der Frist zur Einlegung des Rechtsmittels (bei unverschuldetem Versäumnis dieser Frist im Rahmen der Frist des § 234[56]) ein **wirksamer PKH-Antrag gestellt werden und später Wiedereinsetzung gewährt werden.**[57] Eine bedürftige Partei ist unverschuldet daran gehindert, ein Rechtsmittel fristgemäß einzulegen. Nach einer Entscheidung des OLG Schleswig soll eine PKH-Partei allerdings verpflichtet sein, ein Rechtsmittel, das ohne Anwalt eingelegt werden kann, selbst einzulegen, ein geringfügiges Kostenrisiko soll dem nicht entgegenstehen.[58] Diese Entscheidung hat zwar, wie sich auf dem Abdruck ergibt, einer Verfassungsbeschwerde standgehalten, sie ist jedoch als zu weitgehend abzulehnen, weil es der PKH- Partei nicht zuzumuten ist, sich vor Rechtmitteleinlegung nach dem Kostenrisiko zu erkundigen. Geht die letzte Seite eines Faxes mit der Unterschrift nach 24 Uhr ein, so ist die Frist versäumt.[59] Maßgeblich ist der Empfang, nicht der Ausdruck.[60] Der Antrag muss grundsätzlich bei dem Rechtsmittelgericht, nicht bei dem Gericht der Vorinstanz eingehen,[61] es sei denn, das Gesetz lässt für die Einlegung des Rechtsmittels eine Schrift an das Gericht ausreichen, das die Entscheidung erlassen hat. Das Rechtsmittelgericht muss grds. zunächst über die PKH entscheiden und einen Wiedereinsetzungsantrag abwarten, bevor es ein Rechtsmittel verwirft.[62]

11 **b) Voraussetzungen der Stattgabe.** S. a. § 233 Rn. 30ff. Die Partei darf jedoch weiterhin **vernünftigerweise nicht damit rechnen müssen, ihr Antrag könne zurückgewiesen werden;** dementsprechend müssen insbesondere auch die wirtschaftlichen Voraussetzungen nebst Formular dargelegt werden[63] oder zB auch die Voraussetzungen § 116 S. 1 Nr. 2.[64] Es ist also die fristgerechte Einreichung eines den Anforderungen des § 117 entsprechenden Antrags erforderlich,[65] und zwar nebst Belegen.[66] Insbesondere muss auch das ausgefüllte Formular beiliegen,[67] selbst wenn bereits in der ersten Instanz ein Vordruck vorgelegt wurde.[68] Auch wenn über das Vermögen des Antragstellers das Insolvenzverfahren eröffnet wurde, muss der Vordruck beiliegen.[69] Auch für einen Prozesskostenvorschusspflichtigen (§ 115 Rn. 37ff.) muss ein Vordruck beiliegen.[70]

---

45 Vgl. a. *Bernards* JurBüro 1999, 119 (zur Rechtslage vor dem SchuldRModG).
46 BGH NJW 1987, 3120, 3121 (zur Rechtslage vor dem SchulRModG).
47 BGHZ 98, 295, 299f. = NJW 1987, 225; OLG Hamm OLGR 1993, 275f.
48 BGH NJW 2007, 439, 441f.; KG KGR 2005, 168; OLG München OLGR 2006, 207; 2007, 284f.
49 OLG Dresden NJW-RR 2006, 1156.
50 BGH NJW 1996, 1351; ZIP 2001, 893f.; s. a. § 116 Rn. 2.
51 LAG Hannover AnwBl. 2000, 59, 60.
52 AA OLG Düsseldorf JurBüro 1987, 1263f. m. weit. Nachw. auch zur hier vertretenen Gegenansicht.
53 BGH NJW 2007, 439, 441.
54 Hierzu ausf. *Borgmann* AnwBl. 1993, 137f.; *Meyer* NJW 1995, 2139ff.; *Born* NJW 2007, 2088, 2089f.
55 BGH FamRZ 2007, 895.
56 BGH NJW 2002, 2180.
57 BGH NJW 1994, 2097; 1991, 109, 110; NJW-RR 2006, 140f.
58 OLG Schleswig SchlHA 1993, 172.
59 BGH NJW 1994, 2097.
60 BGH NJW 2006, 2263.
61 OLG Düsseldorf OLGR 1993, 128.
62 BGH FamRZ 2001, 415f.; NJW-RR 2004, 1218f.; BVerwG NVwZ 2004, 111 = NJW 2004, 791 (LS).
63 BGH NJW 1994, 2097, 2098; NJW-RR 1993, 451; NJW 2001, 2720, 2721.
64 KG MDR 2005, 647.
65 BGH NJW-RR 1993, 451; FamRZ 2003, 89f.; 2004, 1548f.; großzügig: OLG Nürnberg NJW-RR 2000, 1520.
66 BGH NJW-RR 2000, 879; FamRZ 2006, 1522f.; OLG Celle OLGR 1997, 34.
67 BGH NJW 1998, 1230, 1231; BVerfG NJW 2000, 3344.
68 BGH NJW-RR 1990, 1212, 1213.
69 BGH NJW 2002, 2793f.
70 BGH NJW-RR 2005, 140, 141.

Die **Bezugnahme** auf ein früheres Formular oder eine formlose Erklärung (Rn. 22)[71] reicht nur, wenn die Partei deutlich macht, dass sich ihre wirtschaftlichen Verhältnisse nicht geändert haben.[72] Dies muss jedoch im Antrag unmissverständlich erklärt werden.[73] Außerdem muss die erstinstanzliche Erklärung vollständig gewesen sein, dh. mit Vordruck und Belegen.[74] Eine Bezugnahme ist damit jedenfalls dann nicht zulässig, wenn sich die wirtschaftlichen Verhältnisse zwischendurch erheblich geändert haben.[75] Eine Änderung im negativen Sinne ist jedoch unschädlich; wenn also erklärt wird, die Verhältnisse seien unverändert geblieben, tatsächlich jedoch eine Verschlechterung eingetreten ist, so ist dies unschädlich.[76] Keine Partei braucht damit rechnen, dass die Ablehnung der PKH auf den Nichtvortrag von Umständen gestützt wird, die ihre Bedürftigkeit deutlicher werden lassen.[77] Unschädlich ist es auch hier, wenn der Antrag vollständig vorliegt, das Gericht jedoch darüber hinaus noch weitere Belege bzw. Angaben anfordert. Den Anwalt ihrer Wahl muss die PKH-Partei allerdings erst im Wiedereinsetzungsantrag benennen.[78] Wird die Beiordnung eines Notanwaltes (§ 78b) abgelehnt, so darf der Antragsteller nicht mehr damit rechnen, er werde noch PKH bekommen, denn die Notanwaltsbeiordnung hat geringere Voraussetzungen als die Erfolgsaussicht bei der PKH.[79]

c) **Wiedereinsetzungsfragen.** S. a. § 233 Rn. 30ff. sowie §§ 234, 236. **Achtung!** Hier sind der Fehlerquel- 12
len Legion. Der Anwalt ist hier zu besonderer Sorgfalt verpflichtet. Der „Gesetzgeber" hat es der Praxis – trotz eines (erfolglosen!) Reparaturversuches in Gestalt des § 234 Abs. 1 S. 2 – einmal wieder so schwer gemacht,[80] dass eine Übersicht im Rahmen einer Kommentierung nicht mehr gegeben werden kann.[81] Hier kann nur das Allerwesentlichste, hauptsächlich für den (Regel)Fall eines **isolierten (dh. ohne Hauptsache anhängigen) PKH-Antrages, der erst nach Ablauf der Berufungsbegründungsfrist beschieden wird,** dargestellt werden: Für die **Versäumung der Berufungsfrist** gilt die zweiwöchige Wiedereinsetzungsfrist des § 234 Abs. 1 S. 1.[82] Für die **Versäumung der Berufungsbegründungsfrist** gilt die Monatsfrist des § 234 Abs. 1 S. 2. Nach einem Prozesskostenhilfeantrag und anschließender gerichtlicher Bescheidung desselben darf somit keinesfalls vergessen werden, auch die **Wiedereinsetzung zu beantragen,** um das Rechtsmittelverfahren auch durchführen zu können. Im Zweifel ist hierfür der erstinstanzliche Anwalt verantwortlich,[83] auch wenn dieser für die Berufungsinstanz die Beiordnung eines anderen Anwalts beantragt hatte.[84] Zum klaren Fristnachweis empfiehlt es sich für das Gericht, entsprechende PKH-Bewilligungs- bzw. Ablehnungsbeschlüsse förmlich zuzustellen. Für den Fristbeginn ist dann das **Datum des Empfangsbekenntnisses** maßgeblich,[85] es sei denn, der Anwalt hatte noch keine Prozessvollmacht[86] oder seine Beiordnung wurde vom Gericht vergessen.[87] – Das eigentliche Problem besteht darin, dass seit dem JuMoG die Berufungsbegründungsfrist nicht mehr von der Einlegung der Berufung, sondern von der Zustellung des Urteils abhängt (§ 520 Abs. 2 S. 1). Bis zum Ablauf der Berufungsbegründungsfrist ist aber regelmäßig noch nicht über die PKH entschieden. Wer bei einem solchen – isolierten – PKH-Antrag für die Berufungsinstanz **ganz sicher gehen möchte,** legt nach Zugang eines entsprechenden PKH-Beschlusses innerhalb von zwei Wochen die Berufung ein, begründet diese gleichzeitig und beantragt darüber hinaus Wiedereinsetzung wegen Versäumung der Berufungs- und der Berufungsbegründungsfrist (§ 236 Abs. 2 S. 2 Hs. 2).[88] Dies bedeutet aber im Ergebnis, dass innerhalb von zwei Wochen der gesamte umfangreiche Schriftsatz fertig gestellt werden muss. Damit stünde der PKH-Partei im Ergebnis eine viel zu kurze Frist zur Verfügung. Dieses Ergebnis braucht die PKH-Partei jedoch aus verfassungsrechtlichen Gründen nicht hinzunehmen.[89] Der BGH tendierte deswegen zunächst dazu, der **PKH-Partei noch eine volle Zweimonatsfrist nach Zustellung des PKH-Beschlusses zur Begründung der Berufung einzuräumen,**[90] um auch hier die Frist des § 520 Abs. 2 S. 1 zu verwirklichen. Nachdem jedoch zwischenzeitlich § 234 Abs. 1 S. 2 neu eingeführt wurde, ist dies nicht mehr haltbar; nach Wegfall des Hindernisses steht jetzt nur noch die Monatsfrist dieser Vorschrift zur Verfügung.[91] Diese beginnt mit der Mitteilung der Wiedereinsetzungsentscheidung.[92] Liegt der oben er-

---

71 OLG Dresden FamRZ 2001, 236.
72 BGH NJW 1994, 2097, S. 2098; NJW-RR 1993, 451; NJW 2001, 2720, 2721; OLG Frankfurt/M MDR 1999, 569f.; hierzu insgesamt und instruktiv *Meyer* NJW 1995, 2139ff.
73 BGH NJW 1997, 1078; Rpfleger 1990, 372.
74 BGH FamRZ 2004, 1961; OLG Hamm, MDR 2000, 1094f.; OLG Dresden FamRZ 2001, 236.
75 BGH VersR 1981, 61.
76 BGH NJW-RR 1990, 1212, 1213.
77 BGH NJW-RR 1990, 1212, 1213.
78 BVerwG NVwZ 2004, 888 = NJW 2688 (LS).
79 BGH FamRZ 1988, 1152, 1153.
80 S. zB nur *Schultz* NJW 2004, 2329, 2334; *Löhnig* FamRZ 2005, 578, 579; *Braunschneider* MDR 2004, 1045ff.
81 Ausführlich zB *Schultz* NJW 2004, 2329ff. (sehr empfehlenswert!); *Löhnig* FamRZ 2005, 578ff.; *Braunschneider* MDR 2004, 1045ff.; ProzRB 2004, 277ff.; 2003, 366ff.; *Kramer* MDR 2003, 434ff.; *von Pentz* NJW 2003, 858, 859f.; *Prechtel* ZAP F13, 1335, 1344ff.
82 S. a. OLG Rostock FamRZ 2005, 385.
83 OLG Köln MDR 1998, 1126f.
84 BGH FamRZ 2001, 1606.
85 BGH FamRZ 1999, 579.
86 BGH FamRZ 2001, 1143, 1144.
87 OLG München FamRZ 2005, 1499.
88 Vgl. *Schultz* NJW 2004, 2329, 2330; OLG Brandenburg NJW 2003, 2995, 2996.
89 BGH NJW 2003, 3275, 3276.
90 BGH NJW 2003, 3276, 3276; krit. *Schultz* NJW 2004, 2329, 2330f.; zust. *Löhnig* FamRZ 2005, 578, 581.
91 BGH NJW 2006, 2857f.
92 BGH NJW 2007, 3354, 3355.

wähnte Ausgangsfall (isolierter PKH-Antrag, worüber erst nach Ablauf der Berufungsbegründung entschieden wird) nicht vor, ist sorgfältig nach verschiedenen Prozesslagen zu differenzieren: **Wegen der Einzelheiten muss auf die Literatur verwiesen werden.**[93] Wird zB über die PKH vor Ablauf der Begründungsfrist entschieden, kann die PKH-Partei jedenfalls nicht darauf verwiesen werden, innerhalb von zwei Tagen einen Antrag auf Verlängerung der **Berufungsbegründungsfrist** zu stellen.[94] Die **Berufungsbegründungsfrist** ist – nach unbedingter Einlegung – nicht schuldhaft versäumt, wenn zwar keine Verlängerung dieser Frist beantragt wurde, jedoch innerhalb dieser Frist PKH beantragt wurde und nach Entscheidung darüber die Begründung innerhalb der Wiedereinsetzungsfrist nachgeholt wurde.[95] Die Berufungsbegründungsfrist ist demgemäß auch nicht schuldhaft versäumt, wenn innerhalb dieser Frist PKH beantragt, aber weder ein Antrag auf Verlängerung dieser Frist gestellt wird, noch der PKH-Antrag begründet wird und das Gericht erst nach Ablauf der Frist über den PKH-Antrag entscheidet.[96] Bei der völlig unübersichtlichen Rechtslage liegt es bei derartigen Fallkonstellationen im Übrigen nahe, sehr großzügig Wiedereinsetzung zu bewilligen, worauf sich der Anwalt allerdings nicht verlassen sollte. Die Regelung des § 234 Abs. 1 S. 2 genügt im Übrigen verfassungsrechtlichen Maßstäben nicht.[97]

12a Wird die **PKH abgelehnt** (Rn. 14), so ist zu beachten, dass die Frist des § 234 erst nach einer Überlegungsfrist von drei bis vier Tagen beginnt.[98] Wird allerdings vor einer Entscheidung über den PKH-Antrag der PKH-Partei mitgeteilt, dass die Voraussetzungen der PKH nicht vorliegen, läuft die Wiedereinsetzungsfrist schon ab dieser Mitteilung.[99] Auch bei einer Teilbewilligung läuft die Wiedereinsetzungsfrist an.[100] Außerdem ist es erforderlich, dass die Partei von ihrer Bedürftigkeit ausgehen durfte, also damit rechnen konnte, sie werde PKH erhalten.[101] Wird in einer solchen Konstellation Wiedereinsetzung nicht beantragt, scheitert eine Verfassungsbeschwerde gegen die Ablehnung der PKH.[102] Unerheblich ist es, wenn der Anwalt den PKH-Antrag mit der überflüssigen Erklärung verbindet, für den Fall der PKH-Bewilligung werde das Rechtsmittel eingelegt.[103] Wird die PKH mangels Mittellosigkeit abgelehnt, beginnt die Wiedereinsetzungsfrist mit der Behebung des Hindernisses.[104] Wird die Beiordnung eines Notanwalts (§ 78b) abgelehnt, beginnt die Frist mit dem Zugang dieser Entscheidung.[105] Bei **Teilbewilligung** der PKH gibt es keine Überlegungsfrist.[106] Ausnahmsweise kann die Frist zur Wiedereinsetzung vor der Ablehnung der PKH beginnen: Setzt das Gericht eine Frist zur Erfüllung von Auflagen, so beginnt die Wiedereinsetzungsfrist mit Ablauf der vom Gericht gesetzten Frist zuzüglich einer Überlegungsfrist,[107] die jedoch einige Tage nicht übersteigen darf. Vgl. § 234 Rn. 5. Entfällt die Bedürftigkeit nach Antragstellung, muss die Wiedereinsetzung innerhalb von zwei Wochen beantragt werden.[108] Kommt eine Wiedereinsetzung nicht in Betracht, ist die PKH abzulehnen, da die Erfolglosigkeit feststeht.[109] Wird die Berufungsbegründung nach Fristablauf aber vor Entscheidung über den PKH-Antrag eingereicht, ist davon auszugehen, dass die Bedürftigkeit der Partei für die zunächst unterlassene Prozesshandlung und auch für die Verspätung ursächlich gewesen ist; Wiedereinsetzung kann daher grundsätzlich gewährt werden.[110]

13 **d) Unbedingtes Rechtsmittel.** Ein **bedingtes** – also von der Bewilligung von PKH abhängig gemachtes – Rechtsmittel ist unzulässig.[111] Zugang zur Rechtsmittelinstanz kann in einem solchen Fall nur über einen Wiedereinsetzungsantrag erreicht werden. Bei eventuellen **Fristversäumnissen** ist aber immer zu prüfen, ob das Rechtsmittel wirklich unter der Bedingung der PKH eingelegt wurde oder ob nicht doch bereits ein unbedingtes Rechtsmittel vorliegt. Der Schriftsatz ist dann auszulegen. Es kommt darauf an, ob der Rechtsmittelführer den Eindruck erweckt hat, er wolle eine künftige Prozesshandlung nur ankündigen.[112] Der ursprüngliche Schriftsatz (PKH-Antrag) muss allerdings die förmlichen Voraussetzungen der Berufung erfüllen, uU steht dann sogar der nicht hervorgehobene Hinweis „Die Berufung soll nur dann als eingelegt gelten, wenn PKH bewilligt wird", nicht entgegen.[113] Wenn die gesetzlichen Anforderungen einer Beru-

---

93 *Schultz* NJW 2004, 2329ff. (sehr empfehlenswert!); *Löhnig* FamRZ 2005, 578ff.; *Braunschneider* MDR 2004, 1045ff.; ProzRB 2004, 277ff.; 2003, 366ff.; *Kramer* MDR 2003, 434ff.

94 BGH NJW 2004, 2902f.

95 BGH NJW-RR 2005, 1586f.

96 BGH BB 2007, 1414 = AnwBl. 2007, 625f.

97 *Löhnig* FamRZ 2005, 578, 581.

98 BGH NJW-RR 1990, 451; NJW-RR 2001, 570, 571; FamRZ 2005, 1537; NJW-RR 2006, 144; vgl. *Graf Lambsdorff* AnwBl. 1995, 517, 525.

99 BGH NJW-RR 2007, 793.

100 OLG Zweibrücken JurBüro 2007, 438 = NJOZ 2007, 1574f.

101 BGH FamRZ 1995, 567, 568; Rpfleger 1992, 440; VersR 1984, 989; NJW 2001, 1646.

102 BVerfG AnwBl. 1999, 487, 488.

103 BGH NJW 1999, 2823.

104 BGH NJW 1999, 793.

105 BGH FamRZ 1988, 1152f.

106 BGH NJW-RR 1993, 451, 452; OLG Zweibrücken MDR 2006, 413; OLG Saarbrücken OLGR 2005, 843; vgl. *Graf Lambsdorff* AnwBl. 1995, 517, 525.

107 OLG Frankfurt/M OLGR 1996, 70.

108 BGH FamRZ 2002, 1704, 1705.

109 BVerfG NJW 2000, 3344.

110 BGH NJW 1999, 3271; s. a. FamRZ 2001, 415f.

111 BGH NJW 2006, 693f.; BGH FamRZ 2001, 415.

112 BGH NJW-RR 1987, 376; BSG NVwZ 1993, 509 = NJW 1993, 2958 (L); FamRZ 2005, 1901.

113 BGH VersR 1978, 181 (sehr zweifelhaft); s. a. BGH NJW 2006, 693f.

fungsschrift oder Berufungsbegründung vorliegen, kommt eine Auslegung, dass der Schriftsatz nicht als unbedingte Berufung oder Berufungsbegründung gelten soll, nur in Betracht, wenn sich dies aus den Begleitumständen mit einer jeden vernünftigen Zweifel ausschließenden Deutlichkeit ergibt.[114] Werden jedoch zwei Schriftsätze eingereicht, nämlich: „Antrag auf Gewährung von PKH und Entwurf einer Berufungsschrift" und „Berufungsschrift", letztere jedoch mit dem ersten Satz „… nach Gewährung der PKH Berufung einlegen …" werde, so kann hierin eine wirksame Berufung nicht gesehen werden.[115] Dasselbe gilt, wenn ein Schriftsatz, dem ein PKH-Antrag beiliegt, als „Entwurf einer Berufungsschrift" bezeichnet ist;[116] und sogar von einer beabsichtigten Berufung die Rede ist.[117] Liegt jedoch ein formgerechter Berufungschriftsatz vor, so ist die Berufung selbst dann wirksam eingelegt, wenn gebeten wird, den „Schriftsatz über die Berufung zunächst zu den Akten zu nehmen" und erst über die PKH zu entscheiden.[118] Dasselbe gilt, wenn die Durchführung der Berufung von der Gewährung von PKH abhängig gemacht wird, denn dadurch behält sich der Berufungskläger lediglich die Rücknahme der Berufung für den Fall der Versagung von PKH vor.[119] Bei einem derartigen Vorgehen musste früher die **Rechtsmittelbegründungsfrist** besonders im Auge behalten werden. Die dann laufende Begründungsfrist musste gewahrt oder um deren Verlängerung ersucht werden,[120] ansonsten scheiterte die anschließende Wiedereinsetzung[121]. Nunmehr hat der BGH entschieden, dass es, wenn der PKH-Antrag innerhalb der Begründungsfrist gestellt wurde, ausreichend ist, nach Bewilligung der PKH innerhalb der Wiedereinsetzungfrist zu begründen.[122] Entspricht der PKH-Antrag den Voraussetzungen des § 520 Abs. 3, kann er als Berufungsbegründung dienen, wenn nicht ein anderer Wille erkennbar ist.[123] Wird in der Berufungsschrift auf ein eingereichtes PKH-Gesuch Bezug genommen, kann dies als Berufungsbegründung ausreichen.[124] Vgl. noch § 119 Rn. 20.

e) **Wiedereinsetzung nach Ablehnung der PKH.**[125] Wird nach der Ablehnung der PKH gleichwohl das Rechtsmittel eingelegt und gleichzeitig Wiedereinsetzung beantragt, so darf dieser Antrag nicht mit der Begründung abgelehnt werden, im PKH-Antrag seien nur die persönlichen und wirtschaftlichen Verhältnisse, nicht aber die Erfolgsaussicht dargelegt worden; eine solche Sicht der Dinge führt zu einer Benachteiligung der PKH-Partei.[126] Es kann also auch dann **Wiedereinsetzung gewährt werden, wenn die PKH mangels Erfolgsaussicht abgelehnt wurde.** Es ist jedoch zu beachten, dass nach neuerer Auffassung PKH für ein Rechtsmittelverfahren nur gewährt werden kann, wenn im PKH-Antrag wenigstens in Grundzügen aufgezeigt wird, weswegen die angegriffene Entscheidung falsch sein soll.[127] Danach muss das Gesuch eine Begründung enthalten, diese muss aber nicht den Voraussetzungen des § 520 Abs. 2 S. 2 genügen.[128] Geschieht dies nicht, kann daran auch eine Wiedereinsetzung scheitern.[129] Der BGH ist dieser Auffassung allerdings ausdrücklich entgegen getreten.[130] S. a. Rn. 15 und § 233 Rn. 35. Wurde die beantragte PKH mit Erwägungen zu § 115 abgelehnt, muss der Wiedereinsetzungsantrag Angaben dazu enthalten, wieso sich der Antragsteller für bedürftig halten durfte.[131] Bei nicht ordnungsgemäß ausgefülltem Vordruck, insbesondere bei irreführenden oder widersprüchlichen oder gar falschen Angaben, kommt eine Wiedereinsetzung nicht in Betracht,[132] genauso wenn der Vordruck überhaupt nicht eingereicht wurde[133] oder der Beleg für das Einkommen des Ehepartners fehlte.[134] Sind die Vermögensverhältnisse im Wesentlichen unverändert, kann die PKH-Partei erwarten, dass das zweitinstanzliche Gericht gleichfalls PKH bewilligt.[135] Dies gilt allerdings nicht, wenn erstinstanzlich ein unzweifelhaft bestehender Prozesskostenvorschussanspruch (§ 115 Rn. 37ff.) übersehen wurde.[136] Besteht ein solcher Anspruch, muss alles getan werden, um ihn noch rechtzeitig durchzusetzen.[137] 14

---

[114] BGH NJW-RR 2007, 1565.
[115] BGH VersR 1986, 40f.; OLG Frankfurt FamRZ 1999, 1150.
[116] OLG Stuttgart FamRZ 2000, 240.
[117] BGH FamRZ 2001, 907.
[118] Näher BGH NJW 1988, 2046ff.; NJW-RR 1998, 1362f.; NJW 2006, 693f.
[119] BGH NJW-RR 2007, 1565.
[120] ZB *Kramer* MDR 2003, 434ff.
[121] BAG NJW 1997, 2002; OLG Oldenburg NdsRpfl. 1996, 117, 178.
[122] BGH NJW-RR 2005, 1586ff.
[123] BGH NJW-RR 1999, 212; NJW-RR 2001, 789; FamRZ 2004, 1553, 1554; OLG Naumburg; FamRZ 2000, 840; s. a. FamRZ 2001, 415f.; s. a. § 233 Rn. 34f.
[124] BGH FuR 2005, 136f.
[125] Ausf. *Meyer* NJW 1995, 2139ff.; BGH NJW-RR 2001, 1146f.
[126] BGH NJW 1993, 732, 733; NJW-RR 2001, 1146; FamRZ 2006, 1269.
[127] OLG Saarbrücken FamRZ 1993, 715.; OLG Schleswig NJW-RR 1999, 432f.; SchlHA 2004, 316f.; OLG Dreden MDR 2003, 1443; ausf. *Fischer* MDR 2004, 1160ff.; aA OLG Dresden MDR 2000, 659.
[128] BFH NJW 2005, 1391; OLG Celle MDR 2003, 470; OLG Dresden MDR 2000, 659; *Fischer* MDR 2004, 1160.
[129] OLG Saarbrücken FamRZ 1993, 715; OLG Schleswig NJW-RR 1999, 432f.; *Fischer* MDR 2004, 1160.
[130] BGH NJW-RR 2001, 1146; OLG Frankfurt/M OLGR 2002, 11.
[131] BGH FuR 2000, 260, 261.
[132] OLG Brandenburg JurBüro 2002, 373; OLG Oldenburg OLGR 2001, 352f.
[133] BGH FamRZ 2003, 668.
[134] BGH FamRZ 2004, 99f. mit abl. Anm. *Gottwald.*
[135] BGH NJW-RR 2000, 1387; FamRZ 2005, 789.
[136] OLG Naumburg FamRZ 2002, 1266f.
[137] OLG Zweibrücken FamRZ 2003, 1116.

IV. Darstellung des Streitverhältnisses (Abs. 1 S. 2)

15 Hiermit sind die **objektiven Bewilligungsvoraussetzungen** (vgl. § 114 Rn. 1) angesprochen. Der Lebenssachverhalt, aus dem der Anspruch hergeleitet wird, ist nebst den vorhandenen Beweismitteln darzustellen, wie dies auch in der normalen Klageschrift oder Klageerwiderung geschieht. Insoweit kann auf die Kommentierung zu § 253 Abs. 2 verwiesen werden. Mit einem PKH-Antrag muss eine formgerechte Klageschrift allerdings noch nicht vorgelegt werden, ausreichend wäre die Unterbreitung des Lebenssachverhaltes alleine. Es muss jedoch erkennbar sein, was der Antragsteller begehrt. In der Praxis sollte dem PKH-Antrag regelmäßig ein Klageentwurf beigefügt werden. Bestreitet der Gegner, müssen spätestens dann die Beweismittel angegeben werden. Unter den Voraussetzungen des § 119 Abs. 1 S. 2 ist die Darstellung des Streitverhältnisses entbehrlich. Der **Antrag in der Rechtsmittelinstanz** muss keine Darstellung des Sach- und Streitstandes enthalten, die Erfolgsaussicht muss dann aus dem Vorbringen in der ersten Instanz beurteilt werden.[138] In Anbetracht der Uneinheitlichkeit der Rechtsprechung (Rn. 14!) dürfte es sich unbedingt empfehlen, den PKH-Antrag mit einer Begründung zu versehen, die den Anforderungen des § 520 Abs. 3 entspricht.

V. Erklärung und Belege (Abs. 2 S. 1)[139]

16 Selbständige müssen den letzten Jahresabschluss und Steuerbescheid vorlegen, schwankt das Betriebsergebnis, kann dies durch angemessene Ab- bzw. Zuschläge berücksichtigt werden.[140] Bei Gewerbetreibenden reicht eine Steuerberaterbescheinigung, die negative Einkünfte ausweist, allein nicht aus.[141] Eine Einnahmen/Überschussrechnung aus dem Vorjahr kann jedoch genügen.[142] Im Übrigen können **geeignete Belege** beim Einkommen zB sein: Verdienstbescheinigung, Renten-, Arbeitslosengeld-, Sozialhilfe- und Steuerbescheid.[143] Um den Einsatz von Taschengeld überprüfen zu können, müssen auch Verdienstbescheinigungen des Ehegatten vorgelegt werden.[144] Auch muss geprüft werden können, ob Ansprüche auf Prozesskostenvorschuss (§ 115 Rn. 37ff.) bestehen. Es sind Belege, die einen längeren Zeitraum umfassen, vorzulegen, und zwar damit auch Sonderzuwendungen berücksichtigt werden können.[145] Auch bezüglich des Vermögens müssen gegebenenfalls Belege angefordert und vorgelegt werden, bezüglich Grundeigentum bietet sich die Vorlage vorhandener Bewertungsgutachten oder Versicherungsscheine an. Falsche Angaben im Vordruck können eine Strafbarkeit wegen Betruges begründen. Die Belege müssen in deutscher Sprache vorgelegt werden.[146] Das teilweise Schwärzen von Kontoauszügen führt zur Ablehnung der PKH.[147]

VI. Einsicht in das Formular und die Belege (Abs. 2 S. 2)

17 Zu Abs. 2 S. 2 heißt es in den Materialien lapidar,[148] dass praktische Probleme auf Grund des anzulegenden Beiheftes nicht zu erwarten sind. Dies ist ein Irrtum und geht an der Praxis vorbei.[149] Immerhin heißt es in den Materialien weiter, dass von der Einwilligung ausgegangen werden kann, wenn die Darstellung des Streitverhältnisses nach Abs. 1 S. 2 Angaben über die persönlichen und wirtschaftlichen Verhältnisse enthält. Weiter gehend wird man immer von einem **Einverständnis** ausgehen können, wenn von den erforderlichen Stellungnahmen Abschriften zur Weiterleitung an den Gegner eingereicht worden sind.[150] Dem lässt sich nicht entgegenhalten, dass solche Abschriften auch versehentlich beigefügt werden können, denn es kommt nicht darauf an, was der Einreicher gedacht oder vergessen hat, sondern darauf, wie der Vorgang objektiv nach außen wirkt. Problematisch ist es oft in Familiensachen und anderen Unterhaltsstreitigkeiten, da dann häufig ein Auskunftsanspruch auf die vorgelegten Unterlagen besteht. Insoweit heißt es in den Materialien,[151] dass in Fällen, in denen die persönlichen und wirtschaftlichen Verhältnisse Gegenstand des Prozesses selbst sind (zB in Unterhaltsprozessen), die Angaben ohnehin der Parteiöffentlichkeit unterliegen. Das Gericht müsste sie bei der Entscheidung verwerten, vor der Verwertung müsste aber rechtliches Gehör gewährt werden. Folglich können in derartigen Fällen die Unterlagen der Gegenseite zugänglich gemacht werden.[152] Ansonsten ist die formlose Zustimmung des Prozessbevollmächtigten ausreichend.[153] Vgl. auch § 127 Abs. 1 S. 3 und § 127 Rn. 7. Belege, die der Gegner nicht einsehen darf, sind in das PKH-Heft und nicht in die Hauptakte einzuheften (Nr. 2.2 DB-PKHG/InsO, vgl. Rn. 25 aE).

---

138 OLG Frankfurt/M OLGR 2002, 11.
139 Vgl. § 118 Rn. 10; zu den Änderungen im neuen Vordruck *Herlan* DAV 1995, 421, 422.
140 *Friedrich* NJW 1995, 617, 619; s. BGH JurBüro 1993, 1058.
141 LG Koblenz FamRZ 1996, 806.
142 OLG Köln OLGR 1996, 147; OLG Brandenburg FamRZ 1998, 1301.
143 BT-Drucks. 8/3694 S. 19 (Bericht der Abgeordenten Dres. *Langner* und *Schöfberger*).
144 OLG Zweibrücken FamRZ 2001, 1470.
145 MK/*Wax* Rn. 21.
146 OLG Hamm JurBüro 2000, 259.
147 OLG Brandenburg NJW 2006, 2861.
148 BT-Drucks. 12/6963 S. 13 (Begr. der Bundesregierung).
149 Sehr krit. *Schneider* ZAP F 13, 289, 295f.
150 So auch *Zi* § 127 Rn. 1.
151 BT-Drucks. (Fn. 105).
152 Ebenso MK/*Wax* (2. Aufl.) § 118 Rn. 14.
153 *Zi* § 127 Rn. 1.

VII. Formularzwang (Abs. 4)

18 Es herrscht Formularzwang. Dies ist jedoch keine materielle oder prozessuale Entscheidungsvoraussetzung, sondern dient der Gerichtsentlastung, weswegen damit **nicht allzu formalistisch umgegangen werden darf.**[154] Auf den Vordruck kann dann verzichtet werden, wenn die Angaben anderweitig in hinreichender Übersichtlichkeit dargelegt werden[155] oder sich gar aus der Hauptakte ergaben.[156] Genauso bleibt das nicht vollständige Ausfüllen des Vordrucks ohne Konsequenzen, wenn die Lücken durch die Anlagen geschlossen werden können.[157] Auch wenn nur eine Kopie des vollständig ausgefüllten Vordrucks vorgelegt wird, ist dies idR ausreichend.[158] Auch ein insolventer Antragsteller muss den Vordruck ausfüllen.[159] Hält sich eine Partei im Ausland auf, wo der Vordruck nicht ohne weiteres erhältlich ist, so soll es ausreichen, wenn die persönlichen und wirtschaftlichen Verhältnisse in anderer Form, aber klar und übersichtlich vorgetragen werden.[160] Diese Entscheidung des BGH ist als zu weitgehend abzulehnen. Der Vordruck kann ohne weiteres in das Ausland versandt werden.

19 Mängel der Erklärung rechtfertigen die Ablehnung von PKH nur, wenn sich das Gericht deswegen kein zuverlässiges Bild über die wirtschaftlichen Voraussetzungen machen kann.[161] Ansonsten sind lediglich die fehlenden Angaben unberücksichtigt zu lassen.[162] Eine Zurückweisung des Antrages wegen nicht oder nicht vollständig ausgefülltem Vordruck ist nur zulässig, wenn der Antragsteller vorher **zur Vervollständigung aufgefordert** wurde.[163] Vgl. § 118 Abs. 2 S. 4. Bevor der Antrag wegen fehlender Belege abgelehnt wird, muss das Gericht genauso einen Hinweis erteilen,[164] es sei denn, die Erklärung ist in wesentlichen Punkten unvollständig,[165] also substanzlos. Eine anwaltlich nicht vertretene Partei muss immer einen Hinweis erhalten.[166] Wird innerhalb einer gesetzten Frist der Vordruck eingereicht, so ist ein Bewilligungsbeschluss, der keine Einschränkungen enthält, so zu verstehen, dass sich die PKH auf das gesamte Verfahren erstreckt.[167]

20 **Weigert sich jedoch der Antragsteller** den Vordruck vollständig auszufüllen und nimmt er nur auf Belege Bezug, so kann der Antrag deswegen zurückgewiesen werden.[168] Dasselbe gilt, wenn die Angaben zum Vermögen unvollständig sind und Anhaltspunkte für weiteres Vermögen vorliegen;[169] oder der Vordruck überhaupt nicht vorgelegt wird.[170] Bei all dem ist zu bedenken, dass der Vordruck dem Gericht die Arbeit erleichtern soll, damit, auch im Interesse des Antragstellers, eine zügige Prüfung erfolgen kann; wer Sozialleistungen in Anspruch nehmen will, dem ist es auch zumutbar, die entsprechenden Antragsformulare auszufüllen.[171] Schließlich kennt der Antragsteller selbst seine Verhältnisse auch am besten. Vgl. hierzu § 118 Rn. 10. Unter den in Rn. 11 geschilderten Voraussetzungen ist die **Bezugnahme** auf Vordrucke möglich, die in einem anderen Verfahren vorgelegt werden.[172] Angaben zu Konten sollen entbehrlich sein, wenn sich diese nur im „Soll“ befinden.[173]

VIII. Prozesskostenhilfevordruckverordnung (Abs. 3)[174]

21 **1. Vordruck.** Die einleitend (Rn. 2) erwähnte, aber nicht abgedruckte Anlage zur PKHVV enthält den Vordruck (Formular) für die vom Antragsteller auszufüllende Erklärung über die persönlichen und wirtschaftlichen Verhältnisse nebst den Ausfüllhinweisen hierzu. Das Hinweisblatt, das sich an den Antragsteller wendet und deswegen in aller Regel nicht mehr zu den Gerichtsakten gelangt, enthält allgemeine Ausführungen zur PKH und Ausfüllhinweise für die Erklärung. Die **Unterschrift unter den Vordruck** ist kein Muss, das Gesetz schreibt die Unterschrift nicht vor, es reicht aus, wenn die Partei zu den Angaben steht.[175] Diese Frage ist allerdings von dem wirksamen Antrag, der unterschrieben sein muss, insbesondere wenn es auf Fristwahrungen ankommt (vgl. Rn. 8 und 12), zu unterscheiden. Eine Stellvertretung bei der Unterzeichnung des Vordrucks ist nicht zulässig, der Antragsteller muss den Vordruck selbst unterschreiben.[176]

---

[154] BGHR Abs. 4 Vordruck Nr. 1; FamRZ 2005, 2062; BVerfG NVwZ 2004, 334, 335 = NJW 2004, 1236 (LS); OLG Köln FamRZ 2006, 1854.
[155] BGHR Abs. 4 Vordruck Nr. 2; OLG Hamm FamRZ 1995, 374.
[156] VGH Mannheim FamRZ 2003, 775.
[157] BGH NJW 1986, 62.
[158] OLG Karlsruhe FamRZ 1996, 805 f.; vgl. Rn. 21.
[159] BGH NZI 2002, 574.
[160] BGHR Abs. 4 Vordruck Nr. 1.
[161] OLG Naumburg JurBüro 1994, 231.
[162] BVerfG NVwZ 2004, 334, 335 = NJW 2004, 1236 (LS).
[163] BVerfG NJW 2000, 275; OVG Hamburg FamRZ 1992, 78, 79; VGH Mannheim FamRZ 2004, 125.
[164] OLG Hamburg FamRZ 1987, 843; OLG Schleswig SchlHA 1982, 71; *Schneider* MDR 1986, 113, 114.
[165] BFH JurBüro 1993, 548.
[166] OLG Rostock FamRZ 2003, 1396.
[167] OLG Oldenburg JurBüro 1992, 248.
[168] OLG Nürnberg FamRZ 1985, 824 f.; OLG Frankfurt FamRZ 1997, 682.
[169] OLG Köln Rpfleger 1998, 348 f.; OLG Koblenz JurBüro 1999, 144.
[170] OLG Hamm OLGR 2004, 15 f.
[171] OLG Nürnberg FamRZ 1985, 824 f.; OLG Frankfurt FamRZ 1997, 682.
[172] OLG Brandenburg FamRZ 2001, 628.
[173] OLG Oldenburg NdsRpfl. 2003, 178, 179.
[174] Text s. zB *Piller/Hermann.*
[175] BGH NJW 1986, 62; OLG Karlsruhe FamRZ 2004, 647.
[176] LAG Düsseldorf EzA Nr. 4.

22 **2. Einzelheiten.** Wie sich aus der PKHVV (§ 1) ergibt, ist der Vordruck grundsätzlich für **natürliche Personen** geschaffen worden, er gilt nicht für die nach § 116 Anspruchsberechtigten (vgl. § 116 Rn. 2 und 12). Minderjährige unverheiratete Kinder können bei Kindschafts- und Unterhaltssachen formlos PKH beantragen (§ 2). Häufig wird dies das Jugendamt tun. Liegt Prozessstandschaft nach § 1629 Abs. 3 BGB vor (§ 114 Rn. 6), muss jedoch der Elternteil den Vordruck für sich ausfüllen.[177] Bezieht die Mutter eines Kindes Sozialhilfe, sind Angaben zu den Vermögensverhältnissen der Eltern der Mutter entbehrlich.[178] In all diesen Fällen ist die Benutzung des Vordrucks damit nicht vorgeschrieben. Das Gericht hat jedoch die Möglichkeit, gleichwohl die Benutzung des Vordrucks anzuordnen. Abweichungen von dem vorgeschriebenen Vordrucken durch die einzelnen Landesjustizverwaltungen sind unter bestimmten Voraussetzungen zulässig (näher § 3).

23 Nach § 2 Abs. 2, 3 PKHVV müssen die Abschnitte E bis J des Vordrucks bei **Sozialhilfeempfängern** nur ausgefüllt werden, wenn dies das Gericht anordnet.[179] Die Ermächtigungsgrundlage für den Erlass der Verordnung deckt eine solche Regelung wohl nicht.[180] Eine Zurückweisung des PKH-Antrages wegen Nichtausfüllen ist jedoch gleichwohl nur möglich, wenn der Antragsteller vorher entsprechend aufgefordert wurde, vgl. auch § 2 Abs. 3 PKHVV[181] und § 118 Abs. 2 S. 4 sowie § 118 Rn. 10.

118

Bewilligungsverfahren **(1) [1]Vor der Bewilligung der Prozesskostenhilfe ist dem Gegner Gelegenheit zur Stellungnahme zu geben, wenn dies nicht aus besonderen Gründen unzweckmäßig erscheint. [2]Die Stellungnahme kann vor der Geschäftsstelle zu Protokoll erklärt werden. [3]Das Gericht kann die Parteien zur mündlichen Erörterung laden, wenn eine Einigung zu erwarten ist; ein Vergleich ist zu gerichtlichem Protokoll zu nehmen. [4]Dem Gegner entstandene Kosten werden nicht erstattet. [5]Die durch die Vernehmung von Zeugen und Sachverständigen nach Absatz 2 Satz 3 entstandenen Auslagen sind als Gerichtskosten von der Partei zu tragen, der die Kosten des Rechtsstreits auferlegt sind.**

(2) [1]Das Gericht kann verlangen, dass der Antragsteller seine tatsächlichen Angaben glaubhaft macht. [2]Es kann Erhebungen anstellen, insbesondere die Vorlegung von Urkunden anordnen und Auskünfte einholen. [3]Zeugen und Sachverständige werden nicht vernommen, es sei denn, dass auf andere Weise nicht geklärt werden kann, ob die Rechtsverfolgung oder Rechtsverteidigung hinreichende Aussicht auf Erfolg bietet und nicht mutwillig erscheint; eine Beeidigung findet nicht statt. [4]Hat der Antragsteller innerhalb einer von dem Gericht gesetzten Frist Angaben über seine persönlichen und wirtschaftlichen Verhältnisse nicht glaubhaft gemacht oder bestimmte Fragen nicht oder ungenügend beantwortet, so lehnt das Gericht die Bewilligung von Prozesskostenhilfe insoweit ab.

(3) Die in Absatz 1, 2 bezeichneten Maßnahmen werden von dem Vorsitzenden oder einem von ihm beauftragten Mitglied des Gerichts durchgeführt.

Übersicht

I. Normzweck

1 § 118 regelt das **Verfahren** über den PKH-Antrag, also die Entscheidungsvorbereitung. Die Vorschrift wird teilweise durch § 127 Abs. 1 ergänzt. Daneben finden sich Regelungen über Rechtsfolgen, die während des Verfahrens eintreten können. Schließlich wird auch der im PKH-Verfahren mögliche **Vergleich** angesprochen. Entsprechend der grundsätzlichen Tendenz der ZPO (vgl. zB §§ 278, 492 Abs. 3) soll in allen Verfahrenslagen ein Vergleichsschluss möglich sein; dies gilt auch für das PKH-Verfahren. § 118 zielt darauf ab, das PKH-Verfahren zu beschleunigen und eine **schnelle Entscheidung** herbeizuführen, denn die PKH-Partei soll so bald als möglich wissen, ob sie den Prozess auf PKH-Basis führen kann oder nicht. Das PKH-Verfahren dient grundsätzlich der zügigen Rechtsschutzgewährung, nicht der Rechtsschutzverweigerung (vgl. Rn. 19).

---

[177] OLG Saarbrücken FamRZ 1991, 916f.
[178] OLG Koblenz FamRZ 1998, 761.
[179] Vgl. LG Koblenz FamRZ 1999, 1510.
[180] OVG Hamburg FamRZ 1992, 78, 79.
[181] BVerfG NJW 2000, 275; OLG Stuttgart MDR 1984, 58, 59; OVG Hamburg FamRZ 1992, 78, 79.

II. Rechtliches Gehör und Stellungnahme des Gegners (Abs. 1 S. 1 und 2)

2 § 129a ist anwendbar. Für die Ausübung der Anhörung besteht nach Abs. 1 S. 2 iVm. § 78 Abs. 3 kein Anwaltszwang. Es bezieht sich nur (vgl. § 117 Abs. 2 S. 2) auf die objektiven Voraussetzungen der PKH; der Gegner ist allerdings nicht gehindert, ihm bekannte Tatsachen zu den subjektiven Voraussetzungen vorzutragen.[1] Ergeben sich bei der Anhörung so genannte **„doppelrelevante Tatsachen"**, die sowohl bei den objektiven als auch bei den subjektiven Voraussetzungen der PKH von Bedeutung sein können, dürfen solche Tatsachen verwertet werden (vgl. a. § 117 Rn. 17).[2] Das rechtliche Gehör wird in aller Regel **schriftlich gewährt,** und zwar mit einer entsprechenden verfahrenseinleitenden Verfügung mit Fristsetzung, die nach gängiger Praxis nicht zugestellt, sondern formlos mitgeteilt wird.[3] § 329 gilt hierfür nicht.[4] In Anlehnung an die **Zweiwochenfrist** des § 276 Abs. 1 wird auch hier eine solche Frist grundsätzlich als angemessen angesehen werden können.[5] Der Gegner ist nicht verpflichtet, eine Stellungnahme abzugeben.[6] Gibt er jedoch keine ab, kann dies – wenn er später seinerseits PKH beantragt – zur Verweigerung wegen Mutwilligkeit nur in eng begrenzten Ausnahmefällen führen.[7]

3 Eine **Unzweckmäßigkeit aus besonderen Gründen,**[8] die das rechtliche Gehör entbehrlich macht (Abs. 1 S. 1), kann vorliegen bei eilbedürftigen Sachen, wie zB bei einstweiligen Verfügungen/Anordnungen und Arresten[9] sowie bei verschiedenen Maßnahmen der Zwangsvollstreckung (zB Pfändungs- und Überweisungsbeschlüssen), die ihrerseits kein rechtliches Gehör erfordern bzw. bei denen die nachträgliche Gewährung rechtlichen Gehörs ausreichend ist. Es gilt der Grundsatz, dass immer dann, wenn in der Hauptsache rechtliches Gehör zu gewähren ist, dies auch für den entsprechenden PKH-Antrag zu gelten hat.[10] Kommt es für die PKH nur auf das Vorliegen der wirtschaftlichen Voraussetzungen an, soll das rechtliche Gehör entbehrlich sein.[11] Dies wird in der Praxis jedoch kaum der Fall sein, zumal die Erfolgsaussicht eines Antrages oft erst nach Anhörung des Gegners zutreffend beurteilt werden kann, weil die Schlüssigkeit eines Vortrages immer auch von der Einlassung des Gegners abhängt. Entbehrlich ist das rechtliche Gehör für den Gegner, wenn der PKH-Antrag zurückgewiesen wird. Die Anhörung kann gleichfalls unterbleiben, wenn ohnehin öffentlich zugestellt werden müsste oder wenn der Antrag ohnehin erfolgreich sein wird und die Zustellung sehr umständlich wäre, zB im Ausland.[12] Dasselbe gilt, wenn sich der Gegner der PKH-Partei auf Grund eines Aussetzungs- oder Unterbrechungstatbestandes nicht äußern kann.[13] Wenn das Hauptsacheverfahren beendet ist, muss der Gegner nur angehört werden, wenn die Entscheidung noch Auswirkungen auf ihn haben kann.[14]

III. Erörterungstermin und Vergleich (Abs. 1 S. 3)

4 **1. Erörterungstermin.** Einen solchen Termin zu bestimmen, ist nur möglich, wenn eine **Einigung einigermaßen nahe liegend** ist, eine nur vage Möglichkeit reicht nicht aus.[15] Ein Termin kann daher nur ausnahmsweise stattfinden.[16] Die Terminbestimmung ist als solche nicht beschwerdefähig.[17] Der durch das ZPO-RG eingeführte § 278 legt jedoch eine großzügige Auslegung des Abs. 1 S. 3 nahe. Zu dem Termin kann das Erscheinen der Parteien nicht erzwungen werden, da § 141 Abs. 3 dafür nicht gilt. Liegen die Voraussetzungen für einen Termin nicht vor, so darf der PKH-Antrag nicht zurückgewiesen werden, wenn der Antragsteller nicht zum Termin erscheint.[18] Nach bestrittener, aber zutreffender Auffassung darf das Gericht die Parteien auch **zur Klärung der Erfolgsaussicht anhören,**[19] wenngleich sich dies nur selten anbieten wird. Wenn bei einem solchen Termin die subjektiven Voraussetzungen der PKH erörtert werden, muss dies (§§ 117 Abs. 2 S. 1, 127 Abs. 1 S. 3) in Abwesenheit des Gegners geschehen.[20] Wird in einem Erörterungstermin PKH bewilligt, so ist das PKH-Prüfungsverfahren abgeschlossen; werden dann Anträge zur Hauptsache gestellt, so fallen die vollen Anwaltsgebühren an (vgl. Rn. 17 und § 121 Rn. 29ff.).[21]

5 **2. Vergleich.** Vgl. ergänzend § 119 Rn. 5. Ein solcher Vergleich ist nach § 794 Abs. 1 Nr. 1 Vollstreckungstitel. Er kann auch schriftlich (§ 278 Abs. 6) abgeschlossen werden.[22] Für einen im PKH-Verfahren

---

1 *Pentz* NJW 1983, 1037.
2 *Grunsky* NJW 1980, 2041, 2044.
3 Vgl. *Zi* § 117 Rn. 2.
4 *Kalthoener/Büttner/Wrobel-Sachs* Rn. 167.
5 *Wiecz/Steiner* Rn. 5.
6 *Kümme* JurBüro 1991, 313f.
7 Näher *Fischer* MDR 2006, 661ff. und *Benkelberg* FamRZ 2006, 869ff.
8 Hierzu ganz ausf. *Fischer* MDR 2004, 667ff.
9 BT-Drucks. 8/3694 S. 20 (Bericht der Abgeordneten Dres. *Langner* und *Schöfberger*).
10 *Behr/Hantke* Rpfleger 1981, 265, 269 für die Zwangsvollstreckung, jedoch allgemein gültig.
11 BFH JurBüro 1994, 47.
12 MK/*Motzer* Rn. 7 m. weit. Nachw.
13 OLG Düsseldorf MDR 2003, 1018; *Fischer* MDR 2004, 667, 668f.
14 OLG Hamburg FamRZ 1998, 1076f.; *Fischer* MDR 2004, 667, 668.
15 OLG Karlsruhe FamRZ 1992, 1198; aA MK/*Wax* Rn. 17.
16 OLG Stuttgart OLGR 1998, 233f.
17 OLG Zweibrücken NJW-RR 2003, 1078f.
18 OLG Karlsruhe FamRZ 1992, 1198.
19 *Wax* FamRZ 1985, 10; aA OLG Hamm MDR 1983, 674f.
20 *Zi* § 117 Rn. 4.
21 OLG Nürnberg AnwBl. 1982, 113.
22 LG Lüneburg FamRZ 2003, 1935.

zu schließenden Vergleich besteht auch beim LG **kein Anwaltszwang.** Wird allerdings nach Bewilligung von PKH ein Vergleich geschlossen, so unterliegt dieser, falls gegeben (§ 78), dem Anwaltszwang, bei einem beitretenden Dritten jedoch nur dann, wenn ein Vollstreckungstitel gegen ihn geschaffen wird.[23] In einem Vergleich im PKH-Verfahren können durch Vereinbarung auch Kostenerstattungsansprüche begründet werden.[24] Auch eine vom Gesetz abweichende Kostenregelung kann ohne weiteres vereinbart werden.[25] Enthält der Vergleich keine Kostenregelung, ist eine gerichtliche Kostenentscheidung nicht veranlasst.[26] Vgl. a. Rn. 6.

6 **3. „PKH für PKH".**[27] Grundsätzlich kann nach allgM **PKH für das Bewilligungsverfahren selbst nicht gewährt werden,** (Ausnahme: § 127 Rn. 25),[28] dies gilt insbesondere für den potenziellen Beklagten, der sich dagegen wehrt, dass dem Antragsteller PKH bewilligt werden soll.[29] Auch für das dem Berufungsverfahren vorgelagerte PKH-Verfahren gibt es keine PKH.[30] „PKH für PKH" scheidet auch dann aus, wenn im PKH-Verfahren Beweis erhoben wird.[31] Anders verhält es sich jedoch, wenn nach Abs. 1 S. 3 ein **Vergleich** geschlossen wird, anderenfalls müsste der Antragsteller den Vergleichsschluss im PKH-Verfahren ablehnen und auf einem ordentlichen Verfahren bestehen, was im Hinblick auf den damit verbundenen Arbeits-, Zeit- und Kostenaufwand zweckwidrig wäre.[32] In derartigen Fällen ist, unter Berücksichtigung der Erfolgsaussicht zum Zeitpunkt des Vergleiches, PKH für das gesamte PKH-Verfahren zu gewähren, anderenfalls müsste der bedürftige Antragsteller einen Teil der Kosten selbst tragen, was wiederum zu der soeben geschilderten zweckwidrigen Konsequenz führen würde.[33] Der Anwalt enthält folglich eine 1,0 Verfahrensgebühr (Nr. 3100, 3335 VV RVG) und eine 1,0 Einigungsgebühr (Nr. 1000, 1003 VV RVG).[34] Im Gegensatz zur BRAGO zieht das RVG eine Reduzierung der Termingebühren im PKH-Verfahren nicht mehr vor, die Reduzierung der Verfahrensgebühr ist geringer geworden. Die Terminsgebühr entsteht nicht ohne weiteres beim Vergleichsschluss, da im PKH-Verfahren eine mündliche Verhandlung nicht vorgeschrieben ist.[35] Wird jedoch tatsächlich erörtert, fällt sie an. Insgesamt wird dies häufig dazu führen, dass PKH insoweit bewilligt wird, als durch Vergleich zuerkannt wird. Es ist jedoch ohne weiteres möglich, beiden Parteien in vollem Umfang PKH zu bewilligen, wenn die sonstigen Voraussetzungen dafür vorliegen. Allerdings hat der **BGH entschieden,** dass PKH in einer solchen Situation nur für den Vergleich bewilligt werden kann.[36] Dieser Entscheidung sollte die Praxis nicht folgen.[37] Wenn ein Gericht der BGH-Entscheidung doch folgen will, muss es darauf hinweisen.[38] Wird PKH nur für einen Vergleich bewilligt, erhält der Anwalt nur die Vergleichsgebühren.[39] Geht der Vergleich über den Gegenstand des bisherigen Verfahrens hinaus, kann die PKH gleichwohl auf den gesamten Vergleich erstreckt werden, was jedoch aus dem Bewilligungsbeschluss ersichtlich sein sollte.[40] Auch hier entsteht regelmäßig nur eine 1,0 Gebühr nach der Nr. 1003 VV RVG.[41] Der Antrag auf „PKH für PKH" ist, wenn ein Vergleich geschlossen wird, im normalen PKH-Antrag enthalten.[42] Nach Auffassung des OLG Schleswig soll dem Beklagten „PKH für PKH" auch dann bewilligt werden können, wenn keine Erfolgsaussicht besteht.[43] Dem kann nicht gefolgt werden, da dies § 114 widerspricht.[44] Es erscheint höchstens vertretbar, dem Beklagten (in diesem Zusammenhang, sonst § 119 Rn. 5 aE) PKH nur für den Vergleich, dh. für die Vergleichsgebühr zu bewilligen.[45] Hierfür spricht jetzt auch der Wortlaut der Nr. 1003 S. 3 VV RVG.

7 Verlagert das Gericht verfahrenswidrig durch Zeugenvernehmung die Hauptsache ins PKH-Verfahren (hierzu auch Rn. 19), so kann das Beschwerdegericht auch die daraufhin beantragte „PKH für PKH" bewilligen.[46] Dies gilt auch dann, wenn das Gericht innerhalb des PKH-Verfahrens den Hauptprozess be-

---

[23] OLG Nürnberg AnwBl. 1982, 113, 113f.
[24] OLG Zweibrücken JurBüro 1998, 651.
[25] KG JW 1937, 2795f.
[26] OLG Zweibrücken JurBüro 1998, 651.
[27] Hierzu ausf. *Schneider* MDR 1981, 793, 794f.
[28] BGHZ 91, 311ff. = NJW 1984, 2106.
[29] OLG Bremen FamRZ 1989, 198; OLG Jena OLGR 2001, 225f.; MDR 2002, 237.
[30] OLG Brandenburg NJOZ 2007, 60.
[31] LG Aachen MDR 1986, 504.
[32] OLG Bamberg JurBüro 1995, 423f. m. weit. Nachw.; LG Bonn, JurBüro 1995, 422, 423.
[33] OLG Nürnberg NJW-RR 1998, 864; OLG Bamberg JurBüro 1995, 423f.; LG Bonn JurBüro 1995, 422, 423; OLG Hamm FamRZ 1998, 1302; MDR 2004, 832f.; OLG Koblenz FamRZ 1990, 180f.
[34] OLG München. NJW-RR 2004, 65; OLG Bamberg JurBüro 1995, 423f.; OLG Celle FamRZ 1999, 1672; OLG Frankfurt JurBüro 1990, 309f. mit abl. Anm. *Mümmler,* dort auch Nachweise zur Gegenansicht; zB OLG Celle NdsRpfl. 1997, 32; OLG Köln FamRZ 1998, 835, 836; alle Entsch. noch zur *BRAGO.*
[35] Zwingender Schluss aus § 127 Abs. 1 S. 1, Nr. 3104 VV RVG und BGH NJW 2006, 159f.; vgl. a. *Henke* AnwBl. 2006, 53; aA KG NJW-Spezial 2007, 619f.
[36] BGH NJW 2004, 2595f.; dem folgend: OLG Frankfurt/M. NJOZ 2007, 2995; OLG Köln OLGR 2007, 607f.
[37] Zu Recht sehr krit. *Krause* FamRZ 2005, 862f.
[38] OLG Schleswig OLGR 2006, 293f.
[39] OLG Köln FamRZ 1998, 835, 836; 2000, 1094.
[40] MK/*Wax* (2. Aufl.) Rn. 35.
[41] OLG Koblenz FamRZ 2006, 1603f.
[42] OLG Koblenz FamRZ 1990, 180, 181.
[43] OLG Schleswig JurBüro 1985, 462 mit zu Recht abl. Anm. *Mümmler.*
[44] OLG Köln OLGR 2002, 51f.; LG Hildesheim NdsRpfl. 2006, 129.
[45] AA OLG Celle OLGR 1998, 183; OLG Brandenburg NJOZ 2006, 4213.
[46] OLG Köln JMBlNRW 1983, 125, 126.

treibt,[47] das Verfahren infolge richterlicher Hinweise oder Vermittlung erledigt wird[48] oder die Partei durch das Gericht zur Stellungnahme durch einen Anwalt aufgefordert wird.[49] Lag ein vollständiger Antrag vor, kann die „PKH für PKH" auch rückwirkend bewilligt werden.[50] Für das **PKH-Beschwerdeverfahren** kann allerdings keine PKH bewilligt werden.[51] Für die Rechtsbeschwerde im PKH-Verfahren (§ 127 Rn. 25) kann hingegen PKH bewilligt werden.[52] Wird entgegen den soeben geschilderten Grundsätzen „PKH für PKH" bewilligt, dann ist die Bewilligung gleichwohl wirksam und im Festsetzungsverfahren zu beachten.[53] Vgl. § 127 Rn. 11 aE. In Fällen, in denen PKH nach den vorstehenden Grundsätzen nicht bewiligt werden kann, ist die Frage zu stellen, ob nicht wenigstens **Beratungshilfe** nach dem BerHG gewährt werden kann oder ob uU materiell-rechtliche Kostenerstattungsansprüche gegen den Gegner bestehen. Nach überwiegender Rechtsprechung gibt es jedoch für die Vertretung im PKH-Beschwerdeverfahren keine Beratungshilfe.[54] Ausnahmsweise kann „PKH für PKH" für einen potenziellen Beklagten bewilligt werden, wenn er zu einem Antrag auf Einstellung der Zwangsvollstreckung im Rahmen eines PKH-Verfahrens angehört wird.[55] Vgl. a. § 114 Rn. 18 aE.

IV. Gerichtliches Verfahren (Abs. 2 S. 1, 2 und 4)

1. Glaubhaftmachung (S. 1). Grundsätzlich ist es nicht erforderlich, von vornherein die tatsächlichen Angaben nach § 294 glaubhaft zu machen. Lediglich wenn das **Gericht hierzu auffordert,** hat der Antragsteller dies zu tun.[56] Die Aufforderung zur Glaubhaftmachung darf nicht zu weit gehen, denn im PKH- Verfahren soll nicht die Hauptsache vorweg entschieden werden. Hat das Gericht jedoch Zweifel am Vorliegen einer Tatsache, so kann es im Interesse des Antragstellers liegen, dass er seine Angaben glaubhaft macht.[57] Konkrete Zweifel des Gerichts an der Richtigkeit von Angaben rechtfertigen daher die Anordnung einer Glaubhaftmachung.[58] Eine solche Anordnung kann sich auf alle Voraussetzungen der PKH beziehen, insbesondere auch auf die Vermögensverhältnisse. Bei Erwerbsobliegenheiten sind Bewerbungsunterlagen vorzulegen.[59] Die eidesstattliche Versicherung als Mittel zur Glaubhaftmachung ist bezüglich der Gegenstände des § 117 Abs. 2 allerdings nur möglich, wenn der Antragsteller aus von ihm darzulegenden nachvollziehbaren Gründen nicht oder nur unter unzumutbaren Umständen die vorzulegenden Belege beizubringen vermag.[60] 8

2. Erhebungen (S. 2). Auch im PKH-Verfahren hat das Gericht verschiedene Möglichkeiten zu ermitteln. Im Gesetz beispielhaft erwähnt ist die Vorlage von Urkunden und die Einholung von Auskünften. Denkbar ist weiterhin die Einnahme eines formlosen Augenscheins, zB durch die Vorlage von Lichtbildern sowie gleichfalls **Akten jeglicher Art beizuziehen,** vor allem aus vorausgegangenen Strafverfahren,[61] aber auch sonstigen Prozessen oder (Verwaltungs) Verfahren. Dasselbe gilt für ärztliche Gutachten im Rahmen von Schlichtungsverfahren.[62] Der Verwertung derartiger Akten bei der Entscheidung über den PKH-Antrag kann die PKH-Partei nicht widersprechen.[63] Allerdings muss vorher rechtliches Gehör gewährt werden. Die Befugnisse des Gerichts sind ähnlich weitgehend wie in § 273 Abs. 2 Nr. 1 und 2.[64] Es ist jedoch zu beachten, dass die Erhebungsmöglichkeit des Gerichts nicht bedeutet, dass die Amtsermittlung gilt.[65] Problematisch sind die **Grenzen der Erhebungsmöglichkeiten,** insbesondere wenn bei Privatpersonen nachgefragt wird. Diesbezüglich muss auf die Interessen des Antragstellers Rücksicht genommen werden, im Zweifel ist sein Einverständnis mit der Erhebung einzuholen, eine eventuell nicht nachvollziehbare Verweigerung kann nach § 286 Abs. 1 S. 1 frei gewürdigt werden. Nach der Auffassung des OLG Zweibrücken[66] soll es sogar die Besorgnis der Befangenheit begründen, wenn das Gericht zum Einkommen des Antragstellers ohne dessen Einwilligung eine Auskunft des Arbeitgebers einholt. Diese Entscheidung ist jedoch abzulehnen, da im PKH-Prüfungsverfahren ein beschränkter Untersuchungsgrundsatz gilt und die geschilderte Verfahrensweise jedenfalls vertretbar ist.[67] Werden rechtlich vertretbare Maßnahmen angeordnet, so kann dies nicht die Befangenheit eines Richters begründen. Eine **Einstellung der Zwangsvollstreckung** soll im 9

---

[47] OLG Düsseldorf NJW-RR 1996, 838; OLG Bamberg NJW-RR 2005, 652 f.
[48] OLG Braunschweig NJOZ 2006, 2296 = FamRZ 2006, 961.
[49] KG JurBüro 2006, 430; OLG Koblenz FamRZ 2006, 1285.
[50] OLG Braunschweig Nds Rpfl. 1999, 363 f.
[51] OLG Bremen JurBüro 1979, 447.
[52] BGH NJW 2003, 1192.
[53] OLG Stuttgart MDR 1989, 651 f. m. weit. Nachw. auch zur Gegenansicht; s. a. § 121 Rn. 31.
[54] OLG München NJW-RR 1999, 648.
[55] OLG Karlsruhe NJW-RR 2001, 643 f.; KG OLGR 2006, 736; s. a. § 114 Rn. 13.
[56] OLG Celle NdsRpfl. 2003, 178 f.
[57] Vgl. *Friedrich* NJW 1995, 617.
[58] OLG München FamRZ 1989, 83; OLG Düsseldorf AnwBl. 1986, 162; OLG Hamm FamRZ 1996, 417.
[59] OLG Köln FamRZ 1998, 631.
[60] OLG Köln FamRZ 1992, 701, 702.
[61] KG VersR 1972, 104 f.
[62] OLG Oldenburg NdsRpfl. 1998, 122.
[63] KG VersR 1972, 104.
[64] Ebenso *T/P/Reichold* Rn. 8.
[65] OLG Hamm FamRZ 1986, 80 f.
[66] OLG Zweibrücken FamRZ 1994, 908 f. mit abl. Anm. *Gottwald.*
[67] *Gottwald* FamRZ 1994, 908 f.

PKH-Verfahren nicht erfolgen dürfen.[68] Dies ist unrichtig, da es eine evidente Diskriminierung der PKH-Partei darstellt.

10 **3. Zurückweisung (S. 4).** Vgl. a. § 117 Rn. 18–20. Kommt der Antragsteller den genannten Auflagen des Gerichts nicht nach, so ist die PKH abzulehnen. Vor Ablehnung muss das Gericht natürlich auf einen ordnungsmäßigen und vollständigen Antrag hinweisen.[69] S. 4 ist so auszulegen, dass zum einen die Angaben über die persönlichen und wirtschaftlichen Verhältnisse gemeint sind, dh. die subjektiven Voraussetzungen der PKH. Hinsichtlich der Beantwortung bestimmter Fragen sind zum anderen hauptsächlich die objektiven Voraussetzungen der PKH angesprochen. Substantiiert der Antragsteller zB trotz gerichtlicher Aufforderung seine bisher allgemein gehaltenen Behauptungen nach einem ausführlichen Bestreiten des Antragsgegners nicht, so kann der PKH-Antrag nach S. 4 zurückgewiesen werden. Die **Konsequenzen der Zurückweisung** sind für den Antragsteller zunächst nicht mit sehr ernsten Folgen verbunden, er kann grds. sofortige **Beschwerde** einlegen und die Auflagen dann erfüllen.[70] Das Gericht muss dann prüfen, ob nicht der **Beschwerde** abzuhelfen ist.[71] Die Frist ist also keine Ausschlussfrist.[72] Wird nach Fristablauf, aber vor der Entscheidung noch vorgetragen, so ist der Vortrag zu berücksichtigen. Da es sich bei der Fristsetzung um eine Verfügung nach § 329 handelt, setzt die Zurückweisung voraus, dass die entsprechende vorausgehende Verfügung des zuständigen Rechtspflegeorgans mit richtiger Unterschrift unterzeichnet war, eine Paraphe reicht nicht aus.[73] Wie sich aus dem Wort „insoweit" ergibt, ist **nicht grundsätzlich die gesamte PKH zurückzuweisen.**[74] Hängt von der nicht beantworteten Frage also zB nur die Höhe der Raten ab, so ist die PKH nicht zu verweigern, sondern von den dem Antragsteller ungüngstigsten Umständen auszugehen.[75] Sind allerdings die Erklärungen des Antragstellers in wesentlichen Punkten unvollständig, so kann der Antrag ohne weitere Ermittlungen zurückgewiesen werden.[76] Ein erneuter Hinweis in der Beschwerdeinstanz ist nicht erforderlich, wenn auf den Hinweis der ersten Instanz nichts vorgetragen wurde.[77] Eine Zurückweisung ohne Hinweis ist auch möglich, wenn die Angaben widersprüchlich sind,[78] zB wenn die Ausgaben die Einnahmen übersteigen.[79] Wenn offensichtlich falsche Angaben gemacht werden, kann die PKH verweigert werden.[80] Dasselbe gilt, wenn eine arbeitslose Partei nicht angibt, warum sie keiner Erwerbstätigkeit nachgeht[81] oder ein Arbeitnehmer nicht angibt, was mit seinen vermögenswirksamen Leistungen geschehen ist.[82] Werden angeforderte Belege erst nach Prozessabschluss vorgelegt, kann rückwirkende PKH nur bewiligt werden, wenn den Antragsteller an der Verspätung kein Verschulden trifft.[83] Ist der Antrag endgültig abgelehnt worden, kann ein neuer Antrag – soweit möglich bzw. sinnvoll – durchaus noch gestellt werden, das Antragsrecht wird nicht verwirkt (s. a. § 127 Rn. 6).[84] Ist der Prozess allerdings zwischenzeitlich zu Ende gegangen, ist es zu spät, ein neuer Antrag kann dann nicht mehr gestellt werden.[85]

11 **4. Aussetzung, Unterbrechung und Ruhen des Verfahrens.**[86] Vorab ist darauf hinzuweisen, dass die Verwirklichung eines Aussetzungs- oder Unterbrechungstatbestandes dazu führen kann, dass die **Erfolgsaussicht** der Rechtsverfolgung oder -verteidigung entfällt.[87] Dies ist immer vorangig zu prüfen. So fehlt zB für eine beabsichtigte Widerklage die Erfolgsaussicht, wenn über das Vermögen des Beklagten das Insolvenzverfahren eröffnet wurde, da er die Klagebefugnis verliert.[88] Im Übrigen gilt folgendes: Grundsätzlich ist über die PKH ohne Rücksicht auf Aussetzung oder Unterbrechung zu entscheiden. Erst nach Bewilligung der PKH kann der Prozess **ausgesetzt** werden. Nach ganz hM darf das PKH-Verfahren selbst nicht ausgesetzt werden, da dies mit den Verfahrensgrundsätzen (Beschleunigung, keine Erschwerung des Rechtsschutzes, die Beteiligten sollen „wissen, woran sie sind") nicht vereinbar ist.[89] Darüber hinaus stellt das PKH-Verfahren kein kontradiktorisches Verfahren dar (vor § 114 Rn. 1), so dass schon deswegen zB § 239 nicht anwendbar ist.[90] Eine **Unterbrechung** ist gleichfalls nicht möglich. Deswegen sind zB die

---

68 OLG Fankfurt/M MDR 1999, 828.
69 OLG München MDR 1998, 559.
70 Vgl. OLG Koblenz FamRZ 1990, 537f.; LAG Düsseldorf JurBüro 1990, 756f., gegen seine frühere abw. Rspr.; aA BAG MDR 2004, 415; LAG Nürnberg MDR 2003, 1022f.
71 LG Kiel SchlHA 2004, 316.
72 Vgl. OLG Celle OLGR 1997, 46, 47.
73 LAG Düsseldorf JurBüro 1989, 1443f.
74 *Beyer* JurBüro 1989, 439, 445.
75 OLG Karlsruhe FamRZ 1992, 579; OLG Bamberg FamRZ 2001, 628.
76 BFH Rpfleger 1993, 73, 74; OLG Köln MDR 1996, 310.
77 OLG Köln MDR 1996, 310.
78 OLG Schleswig SchlHA 1978, 197 (heute fraglich; die Gerichte sind vielmehr verpflichtet nachzufragen).
79 OLG Naumburg NJOZ 2007, 2845.
80 KG OLGR 1996, 179; *Beyer* JurBüro 1989, 439, 441.
81 OLG Koblenz FamRZ 1997, 376.
82 OLG Koblenz FamRZ 1999, 998.
83 LAG Düsseldorf EzA Nr. 1.
84 OLG Schleswig SchlHA 1984, 148, 149; OLG Oldenburg MDR 2004, 410.
85 BAG MDR 2004, 415.
86 Hierzu ausf. und mit allen Einzelheiten *Fischer* MDR 2004, 252ff.
87 OLG Stuttgart Justiz 2004, 513; *Fischer* MDR 2004, 252, 253.
88 OLG Stuttgart Justiz 2004, 513f.
89 OLG Stuttgart Justiz 2004, 513; OLG München MDR 1988, 783; LSG Mainz DRiZ 2000, 440, 441.
90 § 239 Rn. 1.

§§ 240[91] und 244[92] im PKH-Verfahren nicht anzuwenden. Das **Ruhen des Verfahrens** darf grundsätzlich nicht angeordnet werden.[93] Ein PKH-Verfahren kann aber durch Nichtbetrieb (vorläufig oder endgültig) zum **Ruhen** kommen. Eine entgegen den vorstehenden Ausführungen ausgesprochene Aussetzung etc. ist **beschwerdefähig.**[94] Die Konsequenzen eines Insolvenzverfahrens über das Vermögen der PKH-Partei können hier nicht erörtert werden.[95]

5. Verweisung. Vgl. § 114 Rn. 25 f. **§ 281** ist im PKH-Verfahren entsprechend anwendbar, das Gleiche gilt für **§ 36 Nr. 6.**[96] Auch im PKH-Beschwerdeverfahren kann das Beschwerdegericht verweisen.[97] Der Kompetenzkonflikt wird allerdings nur für das PKH-Verfahren verbindlich entschieden.[98] Das Gericht, an das verwiesen wurde, darf die PKH folglich nicht mit der Begründung ablehnen, es sei unzuständig, insoweit bindet die Verweisung. Nach Bewilligung der PKH darf dann das Gericht wiederum verweisen, wenn dies sachlich geboten ist. Ist die Hauptsache bereits rechtshängig, umfasst die Verweisung der Hauptsache auch das PKH-Verfahren, das übernehmende Gericht ist nach § 281 an die gesamte Verweisung gebunden.[99] Ein übernehmendes Gericht ist an eine bewilligte PKH gebunden, auch bei einer Rechtswegverweisung.[100] Vgl. a. § 114 Rn. 26. 12

V. Vernehmung von Zeugen und Sachverständigen (Abs. 1 S. 5, Abs. 2 S. 3)

Das Gesetz sieht für das Gericht verschiedene Ermittlungsmöglichkeiten vor, spricht sich aber grundsätzlich **dagegen aus, bereits im PKH-Prüfungsverfahren Zeugen oder Sachverständige zu vernehmen.** Eine Zeugenvernehmung im Wege der Rechtshilfe ist im PKH-Verfahren nicht statthaft (Abs. 3).[101] Vernehmungen kommen nur in Betracht für Sachverhalte, die der Antragsteller darlegen und beweisen muss. Falls derartige Ermittlungen für Sachverhalte erfolgen, die der Gegner nachweisen muss, dürfen eventuelle Ergebnisse bei einer Entscheidung nicht verwertet werden.[102] Zur Feststellung der persönlichen und wirtschaftlichen Verhältnisse (§ 117 Abs. 2) darf weder Zeugen- noch Sachverständigenbeweis erhoben werden,[103] dies lässt sich bereits aus dem Wortlaut des Gesetzes schließen. 13

Ausnahmsweise ist eine Vernehmung zulässig, wenn Erfolgsaussicht und Mutwilligkeit nicht auf andere Weise geklärt werden können. Diese Ausnahme kommt in Betracht, wenn die Erfolgsaussicht zweifelhaft, der Aufwand gering und der Streitwert hoch sind,[104] uU auch in Fällen, in denen nur ein Zeuge benannt ist, eine Klärung somit unschwer herbeizuführen ist.[105] Weiter gehend kommt eine Vernehmung in solchen Fällen in Betracht, in denen mit einem geringem Aufklärungsaufwand eine entscheidungserhebliche Teilfrage vorab geklärt werden kann, zB wenn es nur darum geht, ob ein Anspruch abgetreten wurde oder ein Verjährungsverzicht vorliegt o. ä.[106] Schließlich kommt eine Beweisaufnahme im PKH-Verfahren auch dann in Frage, wenn ein schlüssiger Vortrag zwar vorliegt, dieser aber in hohem Maße unwahrscheinlich ist.[107] Eine Vernehmung unterbleibt, wenn eine anderweitige Glaubhaftmachung (Rn. 8) erfolgt.[108] Ausnahmsweise kann ein verkehrsanalytisches Sachverständigengutachten eingeholt werden.[109] 14

Wird im PKH-Prüfungsverfahren **Beweis erhoben,** trägt derjenige die **Kosten** dieser Maßnahmen, dem die Kosten des Rechtsstreites auferlegt wurden (Abs. 1 S. 4). Kommt es nicht zu einer Kostenentscheidung, zB weil die PKH später abgelehnt wird, verbleiben die Kosten bei dem Antragsteller (§ 22 Abs. 1 S. 1 GKG). Für Auslagen, die im PKH-Prüfungsverfahren entstehen, haftet somit derjenige, der das Verfahren in Gang gesetzt hat, auch zB für die Kosten eines Gutachtens.[110] Diese Haftung kann, wenn die PKH abgelehnt wird, für den Antragsteller zu einer spürbaren Belastung werden. Gegen Zeugen, die nicht erscheinen, können die üblichen Zwangsmittel eingeleitet werden. Aus einem Umkehrschluss aus Abs. 2 S. 3 kann begründet werden, dass eine **Parteivernehmung** nicht zulässig ist.[111] Bereits der Gesetzeswortlaut schließt eine Vereidigung in allen Fällen aus. Eine **sofortige Beschwerde** gegen eine Anordnung nach Abs. 2 S. 3 ist 15

---

[91] BGH NJW-RR 2006, 1208; OLG Köln NZI 2003, 119, 120; OLG Koblenz AnwBl. 1989, 178 OLG Rostock OLGR 2004, 151; aA OLG Köln NJW-RR 2003, 264 f. mit abl. Anm. *Fischer* MDR 2004, 252 ff.; OLG Hamm MDR 2006, 1309; OLG Saarbrücken OLGR 2005, 414 f.

[92] BGH NJW 1966, 1126.

[93] OLG Karlsruhe MDR 1995, 635 f.

[94] OLG Zweibrücken FamRZ 1984, 74, 75; OLG Hamm FamRZ 1985, 827.

[95] Ausf. zB *Georg* Rpfleger 2005, 404 ff.

[96] BGH NJW-RR 1994, 706 Nr. 1; 1992, 190 f.; OLG Dresden NJW 1999, 797 f.; LG Heidelberg NJW-RR 2006, 431 = NJW 1145 (L).

[97] OLG Hamburg OLGR 2004, 358, 359.

[98] BGH NJW-RR 1994, 706 Nr. 2; KG NJOZ 2006, 2054; *Fischer* MDR 1994, 539, 541.

[99] OLG Köln OLGR 1996, 196.

[100] OLG Köln NJW 1995, 2728.

[101] OLG Braunschweig NdsRpfl. 1987, 251, 252 (zweifelhaft).

[102] OLG Köln FamRZ 1988, 1077, 1078; OLG Brandenburg MDR 2003, 111.

[103] *Zö/Philippi* Rn. 22.

[104] OLG Bamberg JurBüro 1991, 1669, 1670 f.; OLG München OLGR 1997, 34.

[105] OLG Bamberg JurBüro 1988, 1715 f.

[106] *Schneider* MDR 1986, 857.

[107] MK/*Wax* (2. Aufl.) Rn. 25.

[108] OLG Brandenburg MDR 2003, 111.

[109] Näher OLG Celle OLGR 2007, 271 f.

[110] OLG Bamberg JurBüro 1988, 71 f.

[111] Ebenso *T/P/Reichold* Rn. 6.

grundsätzlich nicht zulässig,[112] ausnahmsweise dann, wenn das Gericht hierdurch stillschweigend die PKH ablehnt[113] oder das Verfahren dadurch ausgesetzt wird.[114] Von einer stillschweigenden Ablehnung wird in einem isolierten PKH-Verfahren jedoch kaum ausgegangen werden können.[115] Nach weitergehender Auffassung kann schon eine die Grenzen des Abs. 2 S. 3 überschreitende Sachaufklärung die sofortige Beschwerde rechtfertigen.[116] Vgl. a. Rn. 19 und § 127 Rn. 14.

VI. Kostenerstattung (Abs. 1 S. 4) und sonstige Kostenfragen

16 **1. Kostenerstattung.** Im hiesigen Zusammenhang geht es um die im PKH-Prüfungsverfahren entstandenen **Anwaltskosten.** Das gerichtliche Verfahren der ersten Instanz ist kostenfrei (§ 10), zu den Gerichtskosten eines Beschwerdeverfahrens vgl. § 127 Rn. 27. Vorab ist darauf hinzuweisen, dass auch bezüglich der Anwaltskosten zwischen den Kosten des PKH-Verfahrens erster Instanz und denjenigen des Beschwerdeverfahrens zu differenzieren ist. Bezüglich der Kosten eines eventuellen Beschwerdeverfahrens ist § 127 Abs. 4 einschlägig, vgl. § 127 Rn. 27ff. Abs. 1 S. 4 schließt eine Kostenerstattung durch die PKH-Partei an die „normale“ Partei im erstinstanzlichen PKH-Prüfungsverfahren aus. Wird eine vollständig unberechtigte Forderung im Wege des PKH-Verfahrens geltend gemacht, so kann sich ein Kostenerstattungsanspruch aus § 280 Abs. 1 BGB (positive Forderungsverletzung) ergeben.[117] Streitig ist der umgekehrte Fall, ob also die PKH-Partei, wenn sie in der Hauptsache obsiegt, vom Gegner die Kosten des PKH-Verfahrens erstattet verlangen kann. Grundlage hierfür könnte die Kostenentscheidung in dem Hauptsacheverfahren sein. Der Wortlaut des Gesetzes spricht zunächst dafür, der PKH-Partei bei Obsiegen im Prozess einen Kostenerstattungsanspruch gegenüber der „normalen“ Partei auch hinsichtlich der Kosten des PKH-Verfahrens zuzubilligen, denn die Kostenerstattung wird nur für den umgekehrten Fall ausgeschlossen. Nach teilweise vertretener Auffassung soll dem der Gleichheitsgrundsatz entgegenstehen.[118] Dem kann jedoch nicht gefolgt werden. Wie zahlreiche Vorschriften zeigen, müssen PKH-Partei und „normale“ Partei nicht durchweg und immer gleich behandelt werden.[119] Dies ist auch verfassungsrechtlich nicht geboten.[120] Es ist damit der Auffassung zu folgen, die sich für die Erstattung der Kosten zu Gunsten der PKH-Partei ausspricht.[121] Die Kosten sind dann über § 91 Abs. 1 S. 1 als Vorbereitungskosten zu erstatten. Wegen der Anrechnungsvorschriften der §§ 15 Abs. 2, 16 Nr. 2f. RVG hält sich die praktische Bedeutung dieses Problems in Grenzen.[122] Praktisch bedeutsam kann es bezüglich der Kosten für eine erfolgreiche PKH-Beschwerde werden. In einem PKH-Beschluss erster Instanz kann bezüglich der **Gerichtskosten** eine Entscheidung entfallen, überflüssig aber unschädlich und der Klarstellung dienend ist der Ausspruch: Diese Entscheidung ergeht gerichtskostenfrei, außergerichtliche Kosten werden nicht erstattet. Eine Antragsrücknahme führt nicht zur Pflicht, die Kosten analog § 269 Abs. 3 S. 2 zu tragen.[123] War die Hauptsache aber anhängig, kann eine Kostenentscheidung hingegen ergehen.[124] Im Übrigen gilt, dass Abs. 1 S. 4 eine Entscheidung nach § 269 Abs. 3 ausschließt.[125] Schließen die Parteien im PKH-Verfahren einen Vergleich, so kann darin eine vom Gesetz abweichende Kostenregelung ohne weiteres vereinbart werden.[126]

17 **2. Sonstige Kostenfragen.** Während die *BRAGO* noch teilweise eine Halbierung der Anwaltsgebühren im PKH-Verfahren vorsah, ist nach dem RVG nur eine **Reduzierung der Verfahrensgebühr** vorgesehen, und zwar auf 1,0 (Nr. 3335 VV RVG). Falls sie anfallen und nicht ohnehin auf die Hauptsache angerechnet werden (§§ 15 Abs. 2 S. 1, 16 Nr. 2f. RVG) fallen die Terminsgebühr (Nr. 3104 VV RVG) und die Einigungsgebühr (Nr. 1000, 1003 VV RVG) demnach in voller Höhe an. Vgl. noch Rn. 6f. und § 119 Rn. 5 sowie § 1077 Rn. 8. Wird ein **Vergleich** im PKH-Verfahren oder auch im Rahmen der Hauptsache geschlossen, kommt eine Kostenhaftung nach den §§ 29 Nr. 2, 31 GKG in Betracht, vgl. ergänzend § 123 Rn. 4f. Werden sich die Parteien im PKH-Verfahren über die „Hauptsache“ aber nicht über die Kosten einig, sollte eine **gerichtliche Kostenentscheidung entsprechend § 91a** zugelassen werden, bei Einverständnis der Parteien auch unter Außerachtlassung von Abs. 1 S. 4. Sonst gelten die §§ 98, 118.[127] Wer als Rechtsanwalt einen bedürftigen Antragsgegner im PKH-Verfahren vertritt, kann eine **Beratungsgebühr** nach Nr. 2601 VV RVG verdienen,[128] nicht jedoch der Anwalt, der den Antragsteller vertritt.[129] Wird die PKH nicht bewilligt, kann letzterer einen **Festsetzungsantrag** gegen den eigenen Mandanten nach § 11 RVG stellen.[130]

---

112 OLG Zweibrücken FamRZ 1984, 74, 75; OLG Köln MDR 1990, 728.
113 OLG Köln MDR 1990, 728; weiter gehend *Schneider* MDR 1986, 857.
114 OLG Frankfurt/M FamRZ 1984, 74, 75.
115 OLG Köln MDR 1990, 728.
116 OLG Nürnberg FamRZ 2003, 1020.
117 AG Bergisch-Gladbach JurBüro 2002, 149.
118 So zB OLG Düsseldorf MDR 1987, 941; OLG Koblenz NJW-RR 1995, 768; OLG Hamburg MDR 2002, 910.
119 OLG Karlsruhe MDR 1979, 147.
120 BVerfGE 51, 295, 302f. = NJW 1979, 2608.
121 ZB OLG Karlsruhe MDR 1979, 147; OLG Schleswig SchlHA 1980, 166; OLG Stuttgart Justiz 1986, 217.
122 Vgl. OLG Karlsruhe Rpfleger 1999, 212f.
123 OLG Brandenburg FamRZ 2001, 1384; *Zi* Rn. 5.
124 BGH NJW-RR 2005, 1015.
125 OLG Hamm FamRZ 2005, 1185; OLG Braunschweig FamRZ 2005, 1263.
126 KG JW 1937, 2795f.
127 AA OLG Frankfurt/M. NJW-RR 2005, 943f.
128 AG Osnabrück NdsRpfl. 1997, 288 (zu *§ 132 BRAGO*).
129 LG Osnabrück NdsRpfl. 2003, 72f. (zu *§ 132 BRAGO*).
130 OLG Koblenz AnwBl. 2003, 180.

VII. Zuständigkeiten (Abs. 3)

Abs. 3 regelt nicht die Zuständigkeit für die Entscheidung, sondern die Zuständigkeit für das Verfahren. 18
Diese **„Verfahrenszuständigkeit"** liegt, falls nicht ein Einzelrichter oder ein Rechtspfleger zuständig ist, grundsätzlich bei dem Vorsitzenden des Spruchkörpers oder bei dem von ihm beauftragten Mitglied des Gerichts. Hierbei handelt es sich idR um den Berichterstatter. Die Regelung ist § 273 Abs. 2 nachempfunden. § 118 wird weiterhin durch § 20 Nr. 4a RpflG ergänzt, wonach dem **Rechtspfleger** im Verfahren über die PKH die in § 118 Abs. 2 bezeichneten Maßnahmen einschließlich der Beurkundung von Vergleichen nach Abs. 1 S. 3 zweiter Halbsatz, wenn der Vorsitzende den Rechtspfleger damit beauftragt, übertragen werden. Eine Beauftragung des Rechtspflegers wird sich in der Praxis jedoch nur selten empfehlen. Sie ist daher unüblich,[131] angeblich wird sie beim BGH teilweise durchgeführt. Der Rechtspfleger hat, wenn ihm der Vorsitzende die Sache überträgt, **nur Beurkundungsfunktion;** er kann nicht über die PKH entscheiden, eine Erörterungsgebühr fällt vor ihm nicht an.[132] Nur die in § 118 erwähnten „Maßnahmen" (Auskünfte, Erhebungen usw.) können auf den Rechtspfleger übertragen werden, die Entscheidungen, zB diejenigen nach § 118 Abs. 2 S. 4, muss der Richter treffen.[133] § 4 Abs. 1 RpflG ist hier nicht einschlägig. Aus dem Wortlaut des Abs. 3 ergibt sich, dass ein **ersuchter Richter** nicht tätig werden darf.[134]

VIII. Verschleppung des Verfahrens[135]

Vgl. hierzu weiterhin § 119 Rn. 10ff. und § 127 Rn. 24. In der Praxis ist es oft zu beobachten, dass PKH- 19
Anträge im Rahmen eines laufenden Verfahrens verschleppt, dh. sachwidrig nicht beschieden werden. Es ist jedoch **unzulässig, die Entscheidung über die PKH über die Entscheidungsreife hinauszuzögern,** die Partei macht ihre prozessualen Entscheidungen davon abhängig.[136] Auf Grund seiner Natur unterliegt das PKH-Verfahren einer gewissen Eilbedürftigkeit.[137] Wird der PKH-Antrag zurückgewiesen, hat die PKH-Partei, auch bei einem schon rechtshängigen Verfahren, die Möglichkeit, den Prozess kostengünstiger, zB durch Rücknahme, Anerkenntnis o. ä. zu beenden.[138] Hierin liegt eine Ungleichbehandlung der PKH-Partei zur „normalen" Partei. Es ist beispielsweise unzulässig, einen PKH-Antrag des Beklagten bis nach der Beweisaufnahme nicht zu bescheiden und dann, nach negativem Ausgang der Beweisaufnahme für den Beklagten, den Antrag mit dem Urteil mangels Erfolgsaussicht zurückzuweisen.[139] Eine derartige Verfahrensweise kann gegen die Art. 3 Abs. 1, 19 Abs. 4 verstoßen.[140] In solchen Fällen wird meistenteils eine rückwirkende Bewilligung der PKH, auch durch die Beschwerdeinstanz, in Betracht kommen.[141] Schließlich kann auch „PKH für PKH" (Rn. 6f.) bewilligt werden.[142] Wenn über die PKH erst verspätet in einem Termin entschieden wird, so darf, wenn die PKH-Partei nicht verhandelt, gegen diese **kein Versäumnisurteil** ergehen, der PKH-Partei ist eine Überlegungsfrist einzuräumen, so dass notfalls vertagt werden muss.[143] Dies gilt allerdings nicht, wenn der PKH-Antrag ohne Vordruck (§ 117 Rn. 21) gestellt wird, bei Entscheidungsreife darf dann entschieden werden.[144] Die Klägerseite hat Anspruch darauf, dass vor dem Termin über die PKH entschieden wird.[145] Verhandelt die Partei jedoch ohne Rüge zur Sache, kann die Ablehnung der PKH erst im Urteil nicht mit den vorstehenden Erwägungen angegriffen werden.[146] Wird die PKH sachwidrig verschleppt, kann dies auch dazu führen, dass entstandene Gerichtskosten nach § 21 GKG wegen unrichtiger Sachbehandlung niederzuschlagen sind.[147] In Fällen von unzulässigen Verschleppungen ist schließlich auch die **sofortige Beschwerde** (Untätigkeitsbeschwerde) zulässig;[148] jedenfalls bei Entscheidungsverweigerung oder einer aussetzungsgleichen Verfahrensweise.[149] Nach Auffassung des OLG München kann sogar schon das Unterlassen einer Entscheidung binnen angemessener Frist durch die sofortige Beschwerde angefochten werden.[150] In derartigen Fällen kann auf die Einhaltung einer Beschwerdefrist verzichtet werden.[151] In besonde-

---

131 *Zi* Rn. 12.
132 OLG Köln Rpfleger 1986, 493f. mit abl. Anm. eines unbek. Verf.
133 LAG Düsseldorf Rpfleger 1996, 295, 296.
134 OLG Braunschweig NdsRpfl. 1987, 251, 252 (zweifelhaft).
135 Hierzu ausführlicher *Schneider* MDR 1977, 619ff.; 2004, 1097f.
136 OLG Koblenz JurBüro 1994, 232; OLG München NJW-RR 1990, 112.
137 BVerfG NVwZ 2004, 334, 335 = NJW 2004, 1236 (LS).
138 Vgl. VGH Kassel NJW 1985, 218; *Bönker* NJW 1982, 2430, 2431.
139 BVerfG NJW 2005, 3489f.
140 BVerfG NJW 2005, 3489f.; VGH Mannheim Justiz 2005, 24, 25.
141 ZB OVG Greifswald MDR 1996, 98f.; OLG Hamm FamRZ 1989, 1203; OLG Nürnberg FamRZ 1999, 998; OLG Schleswig JurBüro 2002, 85f.
142 OLG Bamberg MDR 2005, 826.
143 OLG Dresden OLGR 1996, 71f.; OLG Brandenburg AnwBl. 2002, 65; OLG Zweibrücken NJW-RR 2003, 1078f.; s. a. OLG Schleswig OLGR 1998, 74; OLG Naumburg FamRZ 2000, 106 Nr. 68; OLG Köln NJW-RR 2000, 1606.
144 OLG Hamm OLGR 2004, 15f.
145 OLG Jena FamRZ 2003, 1673f.
146 OLG Köln NJW-RR 1999, 649.
147 VGH Kassel NJW 1985, 218; KG OLGR 2001, 72f. (im konkreten Fall verneinend).
148 OLG Jena (Fn. 123); OLG Hamburg NJW-RR 1989, 1022f.; OLG Celle MDR 1985, 591f.; LAG Bremen MDR 1984, 258; OLG Stuttgart AnwBl. 1993, 299f.; s. a. BVerfG NVwZ 2003, 858.
149 OLG Zweibrücken NJW-RR 2003, 1653f.; KG MDR 1998, 64, 65; VGH München NVwZ 2000, 693; OLG Düsseldorf OLGR 2007, 156, 157; vgl. a. LSG Mainz DRiZ 2000, 440.
150 OLG München OLGR 1996, 56; aA VGH Mannheim Justiz 2004, 173ff.
151 OLG Düsseldorf OLGR 2007, 156, 158.

ren Fällen kann die Zurückweisung eines PKH-Antrages erst mit der unanfechtbaren Endentscheidung ohne vorherigen Hinweis eine Verletzung des rechtlichen Gehörs darstellen.[152] Ebenfalls rechtswidrig ist eine Überbeschleunigung; die Anforderungen, die das Gericht an die Parteien stellt, müssen im vernünftigen Verhältnis zu der Gesamtdauer des Verfahrens stehen, vor allem, wenn das Gericht die lange Dauer verursacht hat.[153] Wird überhaupt nicht über den PKH-Antrag entschieden, so kann dies über eine Verfahrensrüge auch die Revision begründen, wenn die getroffene Sachentscheidung darauf beruhen kann.[154] Desgleichen kann auch eine Berufung aus diesem Grunde zum Erfolg führen.[155] Wird allerdings über die PKH nach Rechtskraft nicht entschieden, so muss der Antragsteller auf eine alsbaldige Entscheidung hinwirken; zwei Jahre sind jedenfalls viel zu lange, eine Bewilligung von PKH ist dann nicht mehr möglich (vgl. auch § 127 Rn. 17).[156] Vgl. schließlich a. § 42 Rn. 11.

119 *Bewilligung*

(1) [1]**Die Bewilligung der Prozesskostenhilfe erfolgt für jeden Rechtszug besonders. [2]In einem höheren Rechtszug ist nicht zu prüfen, ob die Rechtsverfolgung oder Rechtsverteidigung hinreichende Aussicht auf Erfolg bietet oder mutwillig erscheint, wenn der Gegner das Rechtsmittel eingelegt hat.**

(2) Die Bewilligung von Prozesskostenhilfe für die Zwangsvollstreckung in das bewegliche Vermögen umfasst alle Vollstreckungshandlungen im Bezirk des Vollstreckungsgerichts einschließlich des Verfahrens auf Abgabe der eidesstattlichen Versicherung.

Übersicht

I. Normzweck

1 Abs. 1 S. 1 stellt den Grundsatz auf, dass **PKH immer nur für eine bestimmte Instanz bewilligt werden** kann. Abs. 1 S. 2 trifft eine Sonderregelung für die Rechtsmittelinstanzen. Das Kriterium der Instanz stellt dabei eine sachgerechte Einschränkung dar. Durch Abs. 1 S. 2 wird weiterhin gewährleistet, dass die unterschiedliche Beurteilung von Rechts- und Tatfragen im Instanzenzug nicht zu sehr „auf dem Rücken“ einer PKH-Partei ausgetragen wird. Abs. 2 ist mit Wirkung vom 1. 1. 1999 durch die 2. Zwangsvollstreckungsnovelle eingefügt worden. Er ermöglicht nunmehr eine eingeschränkte Pauschalbewilligung für die Mobiliarzwangsvollstreckung. S. a. § 1078 Abs. 4.

II. Rechtszug (Abs. 1 S. 1)[1]

2 Der Begriff des **Rechtszuges ist wie derjenige** in § 35 GKG zu verstehen. Rechtszug ist jeder Verfahrensabschnitt, der besondere Kosten verursacht.[2] **Ein Rechtszug** sind also zB das Verfahren nach Einspruch, bei einer Stufenklage (ausf. zur Stufenklage § 114 Rn. 10ff.) und alle Nachverfahren[3] (die PKH darf allerdings für das Verfahren bis zum Erlass des Vorbehaltsurteils beschränkt werden, wenn die Erfolgsaussicht für das Nachverfahren noch nicht übersehen werden kann[4], dies gilt nicht für den Beklagten im Urkundenprozess[5]), Vergleichsanfechtung, Berichtigungsverfahren, Ergänzungsurteil, Verfahren vor dem beauftragten und ersuchten Richter (s. aber § 121 Abs. 3), Kostenfestsetzungsverfahren, Zuständigkeitsbestimmung, Erinnerungsverfahren, Ablehnungsanträge. Eine Zurückverweisung durch ein im Instanzenzug übergeordnetes Gericht eröffnet genauso wenig einen neuen Rechtszug[6] wie eine solche durch das BVerfG.[7] Ein Rechts-

[152] BVerfG NJW-RR 1993, 382, 383.
[153] Näher BVerfG NVwZ 2004, 334, 335 = NJW 2004, 1236 (LS).
[154] BSG JurBüro 1988, 506f.
[155] OLG Schleswig SchlHA 1995, 157f.
[156] OLG Brandenburg OLGR 1996, 166f.
[1] Ausf. das ABC bei *Zö/Philippi* Rn. 2ff.
[2] BVerwG JurBüro 1995, 309, 310.
[3] OLG Kiel JW 1926, 2590 mit Anm. *Fürst.*
[4] *Zö/Philippi* Rn. 17.
[5] OLG Saarbrücken NJW-RR 2002, 1584.
[6] OLG Düsseldorf JurBüro 1987, 453.
[7] OVG Münster JurBüro 1994, 176.

zug ist nicht nur bei Verweisung nach § 281 anzunehmen, sondern auch für Rechtswegverweisungen nach § 17a GVG.[8] Das übernehmende Gericht ist daher an eine PKH-Bewilligung des verweisenden Gerichts gebunden, eine anderweitige Entscheidung über die PKH ist nur nach § 124 zulässig.[9] Entsprechend den zu Abs. 1 S. 2 entwickelten Grundsätzen (vgl. Rn. 17) ist eine anderweitige Entscheidung auch bei offensichtlicher Fehlerhaftigkeit möglich,[10] bei einer solchen Annahme ist jedoch Zurückhaltung geboten.

Nicht zum Rechtszug gehören die Zwangsvollstreckung (ausf. zur Zwangsvollstreckung Rn. 8), Rechts- 3
mittelverfahren jeglicher Art, wie zB das Beschwerdeverfahren (soweit die Verfahren in die nächste Instanz gelangen), das Abhilfeverfahren bei Verletzung des Anspruchs auf rechtliches Gehör (§ 321a), Anschlussrechtsmittel (s. aber § 48 Abs. 2 RVG), Erinnerungsverfahren, selbständiges Beweisverfahren, Wiederaufnahmeverfahren, Arrest und einstweilige Verfügung (s. aber § 48 Abs. 2 RVG), einstweilige Anordnung, Einstellung der Zwangsvollstreckung, soweit darüber abgesondert verhandelt wird (vgl. § 19 Abs. 1 S. 2 Nr. 11 RVG). Das Mahnverfahren ist im Verhältnis zum anschließenden Streitverfahren ein besonderer Rechtszug.[11] Das Verfahren für die Zulassung der Berufung ist zum Berufungsverfahren selbst ein besonderer Rechtszug,[12] nicht jedoch das Zurückweisungsverfahren nach § 522 Abs. 2. Im Insolvenzverfahren sind die einzelnen Verfahrensabschnitte (§ 114 Rn. 8) besondere Rechtszüge.[13] Zu Vergleichen, die über den Streitgegenstand hinausgehen, vgl. Rn. 5.

III. Umfang der Bewilligung

1. Allgemeines. Vgl. § 114 Rn. 8f. PKH darf nur für den **Rechtszug als Ganzes**[14] bewilligt werden, 4
grundsätzlich nicht für einzelne Verfahrensabschnitte (Ausnahme: Urkundenprozess/Nachverfahren) und Gebühren; es ist allerdings demgegenüber möglich, die PKH auf Teile des Streitgegenstandes zu beschränken.[15] Letzteres kann zB dadurch geschehen, dass PKH insoweit bewilligt wird, als ein Teilbetrag in Höhe von ... X Euro geltend gemacht wird. Auch eine prozentuale Beschränkung ist zulässig. Nicht möglich ist zB die Bewilligung von PKH nur für einen Antrag auf Erlass eines Anerkenntnisurteils, eines Versäumnisurteils[16] o. ä. Eine andere Sicht ist möglich, wenn die Partei nur eine beschränkte Anwaltsbeiordnung beantragt, denn sie hat keine Pflicht, alle Möglichkeiten der PKH auszunutzen.[17] Eine stillschweigende Ausdehnung einer bewilligten PKH ist nicht möglich (vgl. auch § 117 Rn. 3).[18]

2. Vergleich. Ein **gerichtlicher Vergleich** über den Streitgegenstand ist von der Beiordnung ohne weite- 5
res umfasst. Nunmehr fällt eine 1,0 Einigungsgebühr nach Nr. 1000, 1003 VV RVG an, wenn ein PKH-Verfahren anhängig ist. Eine 1,5 Einigungsgebühr fällt an, wenn lediglich PKH für die gerichtliche Protokollierung des Vergleichs beantragt wird oder sich die Beiordnung auf den Abschluss eines Vertrages im Sinne der Nr. 1000 erstreckt (§ 48 Abs. 3 RVG). Ob die Bewilligung auch einen **außergerichtlichen Vergleich** umfasst, ist umstritten.[19] Formal mag die ablehnende Auffassung vorzuziehen sein, jedoch besteht kein ersichtlicher Grund, die Parteien zu einem gerichtlichen Vergleich zu zwingen. Die PKH erstreckt sich daher auch auf einen **außergerichtlichen Vergleich** über den Prozess[20] und damit gleichfalls auf einen nach Erlass des erstinstanzlichen Urteils geschlossenen Vergleich.[21] Denkbar ist auch die Errichtung einer Jugendamtsurkunde.[22] Bewilligt das Gericht ausdrücklich PKH für einen außergerichtlichen Vergleich, ist die Einigungsgebühr in jedem Fall zu erstatten.[23] Ein **Vergleich, der über den Streitgegenstand hinausgeht,** ist von der bewilligten PKH allerdings nicht mehr umfasst.[24] Die PKH kann jedoch auch auf einen solchen Vergleich erweitert werden.[25] Hierbei wird häufig von einem stillschweigenden Antrag der PKH-Partei ausgegangen werden können.[26] Bei einem solchen Mehrvergleich ist auch die höhere Terminsgebühr zu erstatten.[27] Die PKH für einen solchen Vergleich ist allerdings wegen Mutwilligkeit zu versagen, wenn eine notarielle Beurkundung billiger wäre.[28] Im Regelungsbereich des § 48 Abs. 3 RVG ist stets ein Prozessvergleich erforderlich.[29] Zur möglichen Unwirksamkeit von Vergleichen über die Kosten s. § 126

---

[8] OLG Köln NJW 1995, 2728.
[9] OLG Köln NJW 1995, 2728.
[10] OLG Düsseldorf NJW-RR 1991, 63.
[11] LAG Düsseldorf JurBüro 1990, 379f.; OLG München MDR 1997, 891.
[12] VGH Kassel NJW 1998, 553, 554.
[13] LG Göttingen NJW 1999, 2286.
[14] Ausf. *Fischer* JurBüro 1999, 341.
[15] OLG Bremen OLGZ 1989, 365f.; BFH JurBüro 1988, 1712.
[16] OLG Köln OLGZ 1989, 70.
[17] *St/J/Bork* § 121 Rn. 16.
[18] OLG Bamberg JurBüro 1986, 606.
[19] Vgl. OLG Köln JurBüro 1994, 478.
[20] BGH NJW 1988, 494f.; ebenso OLG München MDR 2004, 296f.; OLG Braunschweig OLGR 2006, 773 (zum RVG); aA OLG Koblenz NJW-RR 1995, 1339.
[21] OLG Hamm NJW-RR 1988, 1151; OLG Düsseldorf MDR 2003, 415.
[22] OLG Celle JurBüro 2006, 319.
[23] OLG Koblenz Rpfleger 2004, 502f.
[24] LAG Köln AnwBl. 1999, 125f. *Mümmler* JurBüro 1994, 336; OLG Hamm OLGR 2003, 409.
[25] OLG Hamm NJW-RR 1988, 1151; OLG Zweibrücken NJW-RR 2007, 6.
[26] Näher LAG Köln Rpfleger 1996, 413f.
[27] OLG Koblenz NJOZ 2006, 3716 = AnwBl. 2006, 3716.
[28] OLG Karlsruhe FamRZ 2004, 550f.; aA OLG Zweibrücken NJW-RR 2007, 6.
[29] OLG Brandenburg Rpfleger 2001, 139, 140.

Rn. 12. Vgl. ergänzend § 118 Rn. 6ff. Eine isolierte Bewilligung nur für einen Vergleich ist nicht möglich.[30]

6 **3. Familiensachen.** Vgl. auch § 625. Nach § 624 Abs. 2 erstreckt sich die bewilligte PKH automatisch auf die Folgesachen des § 621 Nr. 1 und 6 (so genannte **Amtsfolgesachen**), wenn sie nicht ausdrücklich ausgenommen werden (näher § 624 Rn. 3ff.). Es handelt sich um diejenigen Folgesachen, über die auch ohne Antrag entschieden werden muss (§ 623 Abs. 3 S. 1). Für **andere Folgesachen** ist PKH nach den §§ 114ff. gesondert zu bewilligen, was Bedürftigkeit, Erfolgsaussicht und mangelnde Mutwilligkeit voraussetzt (vgl. hierzu § 114 Rn. 27).[31] § 48 Abs. 3 RVG ändert an den vorstehenden Grundsätzen nichts.[32] Nach einer weiter gehenden, sicherlich praxisgerechten Auffassung erstreckt sich die bewilligte PKH im Verbundverfahren auf alle zum Bewilligungszeitpunkt anhängigen Folgesachen, die nicht ausdrücklich ausgenommen werden,[33] zB auch für den Zugewinnausgleich.[34] Für den Abschluss einer Scheidungsvereinbarung ist eine gesonderte PKH-Bewilligung erforderlich, eine gesonderte Beiordnung des Rechtsanwaltes ist nach § 48 Abs. 3 RVG allerdings entbehrlich,[35] auch für einen außergerichtlichen Vergleich.[36] Die PKH erstreckt sich nicht auf eine außergerichtliche Scheidungsvereinbarung über eine nicht dem § 624 Abs. 2 unterfallende Folgesache.[37] Eine PKH-Bewilligung in einem isolierten Sorgerechtsverfahren umfasst nicht eine in diesem Verfahren geschlossene Umgangsrechtsvereinbarung.[38] Eine im isolierten Sorgerechtsverfahren anfallende Einigungsgebühr ist aus der Staatskasse zu erstatten.[39] Die PKH für ein einstweiliges Anordnungs-Verfahren nach § 620 umfasst auch das spätere Abänderungsverfahren nach § 620b.[40] Wird eine Folgesache nach § 623 Abs. 2 S. 2 abgetrennt, wirkt die PKH-Bewilligung für den Verbund nicht weiter, es ist ein neuer Antrag erforderlich.[41]

7 **4. Reisekosten.** Zu den Reisekosten des Anwalts vgl. § 46 Abs. 1 und Abs. 2 S. 1 RVG und § 121 Rn. 18ff. Die Bewilligung erstreckt sich auf eventuell notwendige Reisekosten der Partei[42] sowie auch auf Unterkunftskosten.[43] Einschlägig hierfür sollen nach teilweise vertretener Auffassung die – überwiegend bundeseinheitlich geltenden – Verwaltungsvorschriften „Bewilligung von Reiseentschädigungen an mittellose Personen und Vorschusszahlungen an Zeugen und Sachverständige" sein,[44] eine gesetzliche Grundlage fehlt.[45] Nach Auffassung des BGH sind hingegen für die Reisekosten der Parteien die PKH-Vorschriften entsprechend anzuwenden, in der Bewilligung von Reisekosten liege eine beschränkte Bewilligung der PKH.[46] Es handelt sich damit nicht um einen Justizverwaltungsakt, sondern um einen Akt der Rechtsprechung.[47] **Zuständig** für die Bewilligung ist in jedem Fall das Gericht.[48] Streitig ist, ob ein gesonderter Beschluss des Gerichts erforderlich ist, oder ob die grundsätzliche PKH-Bewilligung ausreicht.[49] In jedem Fall ist ein gesonderter Beschluss erforderlich, wenn dem Antragsteller keine PKH bewilligt wurde, sondern er (zunächst) nur die Reisekosten erstattet oder vorausbezahlt[50] haben möchte. Bei persönlicher Ladung sind die Kosten grundsätzlich zu bewilligen;[51] im Übrigen ist zu prüfen, ob die Reise billigerweise entsprechend den Grundsätzen eines fairen Verfahrens abgelehnt werden kann.[52] Wenn eine vermögende Partei aus verständlichen Gründen am Termin teilnehmen würde, darf die PKH-Partei dies gleichfalls tun.[53] Grundsätzlich ist eine **Antragstellung vor dem Termin** nicht erforderlich.[54] In nicht eindeutigen Fällen empfiehlt sich dies jedoch. Ein Erstattungsantrag muss allerdings alsbald nach dem Termin gestellt werden, sechs Wochen danach kommt eine Erstattung nicht mehr in Betracht.[55] Wird nachträglich Reisekostenentschädigung beantragt, so ist darüber in einem Verfahren entsprechend den §§ 45ff. RVG zu entscheiden.[56] Das Gericht beschließt über die

---

30 OLG Brandenburg NJOZ 2006, 4213.
31 OLG Zweibrücken JurBüro 2005, 660; FamRZ 2006, 133.
32 OLG Zweibrücken FamRZ 2006, 133.
33 OLG München FamRZ 1995, 822; OLGR 1997, 213; aA OLG Zweibrücken FamRZ 2001, 1466.
34 OLG Zweibrücken NJW-RR 2007, 6.
35 OLG München OLGR 1997, 213; vgl. *Mümmler* JurBüro 1995, 355f.; aA OLG Dresden OLGR 1996, 249.
36 OLG Brandenburg FamRZ 2005, 1264.
37 KG MDR 1998, 1484.
38 OLG München Rpfleger 2000, 26; OLG Koblenz JurBüro 2001, 311; OLG Zweibrücken Rpfleger 2001, 557; aA OLG Stuttgart FamRZ 1999, 389.
39 OLG Zweibrücken Rpfleger 2006, 132f.
40 OLG Hamm MDR 1983, 847.
41 OLG Naumburg FamRZ 2001, 1469; OLG Braunschweig OLGR 2003, 5.
42 OLG Bamberg JurBüro 1990, 1285; OLG Stuttgart MDR 1985, 852; OLG Düsseldorf Rpfleger 1991, 375f.; vgl. GKG Anlage 1 Nr. 9008 Nr. 2.
43 OLG Koblenz JurBüro 1988, 1721.
44 Vgl. *Piller/Hermann* 10d.
45 *Lappe* § 17; aA *St/J/Bork* § 122 Rn. 11 Fn. 20, er hält diese Verwaltungsvorschrift für nicht anwendbar.
46 BGHZ 64, 139, 143 = NJW 1975, 1124.
47 *St/J/Bork* § 122 Rn. 11; OLG Brandenburg NJW-RR 2004, 63f.
48 BGHZ 64, 139, 143 = NJW 1975, 1124.
49 OLG Bamberg JurBüro 1987, 249.
50 Dem Antragsteller kann insoweit ein Gutschein für eine Bahnfahrt übersandt werden.
51 OLG Düsseldorf JurBüro 1991, 976f.; OLG München Rpfleger 1985, 165.
52 BGHZ 64, 139, 143 = NJW 1975, 1124.
53 OLG München MDR 1997, 194.
54 LAG Düsseldorf MDR 2005, 1378; *St/J/Bork* § 122 Rn. 16.
55 OLG Zweibrücken JurBüro 1989, 233, 235; OLG Brandenburg JurBüro 1996, 142 (7 Wochen).
56 OLG Frankfurt/M OLGR 1994, 9, 10.

Reisekosten nur dem Grunde nach, die Höhe setzt der Urkundsbeamte der Geschäftsstelle fest.[57] Kann ein Verkehrsanwalt nicht beigeordnet werden, so besteht die Möglichkeit, dass der PKH-Partei eine Informationsreise zugebilligt werden kann.[58] Für die PKH-Partei entstehende Reisekosten, die verauslagt werden, sind als bare Auslagen Gerichtskosten, die bei der Kostenausgleichung einfließen.[59] Verdienstausfall wird der PKH-Partei allerdings nicht ersetzt.[60] Gegen Entscheidungen in diesem Zusammenhang ist die PKH-Beschwerde nach § 127 das richtige Rechtsmittel.[61]

5. Zwangsvollstreckung (Abs. 2).[62] Hinsichtlich der **Zuständigkeit** (vgl. § 117 Rn. 3) stellt der neu eingefügte § 117 Abs. 1 S. 3 nunmehr klar, was ohnehin schon unstreitig war.[63] Die Zuständigkeit für die Bewilligung von Prozesskostenhilfe folgt auch hier der Zuständigkeit für die Hauptsache (vgl. a. § 20 Nr. 5 und 17 RpflG). Bei Unzuständigkeit ist der Antrag zurückzuweisen, auf Antrag ist entsprechend zu verweisen bzw. abzugeben. Im **Arrest- und einstweiligen Verfügungsverfahren** kann das Prozessgericht, damit es nicht zu Verzögerungen kommt, ausnahmsweise für die Vollziehung (Gerichtsvollzieherkosten!) PKH (mit) bewilligen, eine Anwaltsbeiordnung erstreckt sich nach § 48 Abs. 2 S. 1 RVG ohnehin auch auf die Vollziehung.[64] Während früher für jede Maßnahme der Zwangsvollstreckung gesondert PKH beantragt werden musste,[65] eröffnet Abs. 2 mit Wirkung vom 1. 1. 1999[66] für den Gläubiger nunmehr die Möglichkeit einer **(eingeschränkten) Pauschalbewilligung** für die gesamte Mobiliarvollstreckung soweit das angegangene Gericht dafür zuständig ist. Für die sonstige (Immobiliar) Zwangsvollstreckung bleibt es bei der bisherigen Rechtslage, dh PKH kann nur für einzelne Verfahrensziele, nicht zB für das gesamte Zwangsversteigerungsverfahren bewilligt werden.[67] Außerhalb des Rahmens des Abs. 2 ergibt sich dies jedenfalls aus Art. 3 S. 3 PKH-ÄndG.[68] Dennoch bezieht sich die Einzelbewilligung außerhalb des Abs. 2 immer auf einen einheitlichen Vollstreckungsabschnitt, dazu gehören alle Maßnahmen, die für einen bestimmten Zugriff erforderlich sind.[69] Ist ohnehin ratenfreie PKH zu bewilligen, so kann für die sonstige Zwangsvollstreckung für bestimmte Teilverfahren insgesamt PKH bewilligt werden,[70] zB für die Zwangsvollstreckung in Unterhaltssachen. Die PKH sollte dann jedoch zeitlich befristet werden.[71] Waren mehrfache Vollstreckungsversuche ohne Erfolg, können weitere **mutwillig** sein.[72] Ein Orientierungsmaßstab hierfür kann § 903 ZPO sein.[73] Im Übrigen ist bei der Annahme von Mutwilligkeit – auf Seiten des Gläubigers – Zurückhaltung geboten.[74] Zu beachten ist weiterhin, dass das Kriterium der **Erfolgsaussicht** in diesem Rahmen sehr großzügig betrachtet werden muss, da dies kaum ex ante beurteilt werden kann.[75] Dies gilt allerdings nur für den Gläubiger. Beantragt ein Schuldner PKH, ist die Erfolgsaussicht sehr genau zu prüfen.[76] Eine Pauschalbewilligung nach Abs. 2 zu Gunsten des Schuldners kommt nicht in Betracht. PKH-Beschlüsse, die den vorgenannten Grundsätzen nicht Rechnung tragen, sind jedoch grundsätzlich gleichwohl wirksam. Vgl. weiterhin § 115 Rn. 34 und 56 zur Vierratengrenze und § 121 Rn. 15 zur Anwaltsbeiordnung sowie § 126 Rn. 5 und § 127 Rn. 11. 8

6. Auslagen und Aufwendungen. Früher war hier vieles recht unübersichtlich. Nunmehr ist § 46 RVG der Ausgangspunkt, s. a. § 121 Rn. 29ff. Gemäß § 46 Abs. 1 RVG werden **Auslagen,** insbesondere Reisekosten (des Anwalts, nicht der Partei!) nicht vergütet, wenn sie zur sachgemäßen Durchführung der Angelegenheit nicht erforderlich waren. Aus der negativen Formulierung ergibt sich, dass im Zweifel die Staatskasse nachweisen muss, dass verlangte Auslagen nicht erforderlich waren. Hinsichtlich der Erforderlichkeit bietet es sich an, auf die zu § 91 Abs. 1 S. 1 entwickelten Kriterien abzustellen, vgl. § 91. Zu den **Reisekosten des Anwalts** vgl. noch § 121 Rn. 18f. Gemäß § 46 Abs. 2 S. 3 RVG gilt auch für alle **sonstige Aufwendungen** (§ 670 BGB) des Anwalts § 46 Abs. 1 RVG entsprechend. Bereits aus dem Gesetzeswortlaut (§ 46 Abs. 2 S. 3 Hs. 2 RVG) folgt jetzt, dass **Dolmetscher- oder Übersetzungskosten,** die unter die sonstigen Aufwendungen fallen (vgl. a. § 1077 Abs. 3, 4), nunmehr grundsätzlich im Rahmen des RVG ersatzfähig sind. Es muss jedoch dargelegt werden, dass eine Verständigung über Freunde, Verwandte, Kollegen usw., die sich in der Praxis überwiegend bewährt hat, im konkreten Fall nicht möglich war. Denkbar ist auch die Erstattung von Detektiv- oder Ermittlungskosten.[77] Lehnt das Gericht einen Antrag auf Terminsverlegung ab, so kann der 9

57 OLG Bamberg JurBüro 1987, 249; OLG Brandenburg FamRZ 2006, 134, 135.
58 OLG Celle NdsRpfl. 1987, 213.
59 OLG München JurBüro 1972, 804f.; OLG Frankfurt/M OLGR 1994, 9, 10; vgl. a. GKG Anlage 1 Ziffer 9008.
60 OLG Frankfurt/M MDR 1984, 500f.; aA OLG Stuttgart MDR 1985, 852.
61 BGHZ 64, 139, 143 = NJW 1975, 1124.; OLG Brandenburg JurBüro 1996, 142; LAG Düsseldorf MDR 2005, 1378; OLG Brandenburg FamRZ 2006, 134.
62 Hierzu ganz ausf. *Fischer* Rpfleger 2004, 190ff.
63 BT-Drucks. 13/341 S. 56 (Stellungnahme der Bundesregierung).
64 MK/*Wax* (2. Aufl.) Rn. 4.
65 ZB LG Heilbronn Rpfleger 1993, 26, 27; LG Köln JurBüro 1990, 515.
66 Art. 4 Abs. 1 der 2. Zwangsvollstreckungsnovelle, BGBl. 1997 I S. 3039, vgl. vor § 114 Rn. 5.
67 BGH NJW-RR 2004, 787, 788; LG Münster MDR 1994, 1254f.
68 Text abgedr. vor § 114 Rn. 6.
69 *Fischer* Rpfleger 2004, 190, 193.
70 LG Frankenthal MDR 1982, 585.
71 *Drischler/Oestreich/Winter* vor § 49 GKG Rn. 8.
72 BT-Drucks. 13/341 S. 13 (Gesetzentwurf des Bundesrates).
73 BT-Drucks. (Fn. 62).
74 *Fischer* Rpfleger 2004, 190, 191.
75 BT-Drucks. (Fn. 62); *Fischer* Rpfleger 2004, 190.
76 Vgl. BGH NJW-RR 2004, 787, 788.
77 Vgl. – zur alten Rechtslage – KG Rpfleger 1993, 74.

Anwalt die Kosten eines Terminsvertreters als Auslagen geltend machen.[78] Die gesamte Auslagen- und Aufwendungsproblematik hat sich für den Anwalt jetzt dadurch entschärft, dass er eine **Voranfrage** an das Gericht bezüglich der Erstattungsfähigkeit richten kann (§ 46 Abs. 2 S. 1 iVm. S. 3 RVG). Damit kann vor der Entstehung die Vergütungsfähigkeit sichergestellt werden. Gegen eine ablehnende Entscheidung ist die **PKH-Beschwerde** (§ 127) das richtige Rechtsmittel.[79] Nicht gesondert erstattungsfähig sind auch hier die allgemeinen Geschäftskosten des Anwalts.

9a **7. Einzelfälle.** Wird die **Klage geändert,** so umfasst die PKH nicht den neuen Antrag;[80] dasselbe gilt für die **Klageerweiterung,**[81] auch der PHK-Beklagte muss einen ergänzenden Antrag stellen.[82] Wird aber eine Vollstreckungsgegenklage in eine Abänderungsklage umgewandelt, umfasst die bewilligte PKH auch die Abänderungsklage.[83] Die bewilligte PKH erstreckt sich nicht auf **Widerklagen,** insoweit ist eine gesonderte Bewilligung erforderlich. Beim Übergang von der Feststellungs- zur Leistungsklage ist eine erneute PKH-Bewilligung hingegen nicht notwendig.[84] Obwohl die Hilfsaufrechnung streitwerterhöhende Wirkung haben kann (§ 45 Abs. 3 GKG), ist sie dennoch von der Bewilligung umfasst.[85] Bei einem **Parteiwechsel** erstreckt sich die PKH nicht auf die neue Partei. Die PKH erstreckt sich gleichfalls auf Kosten, die notwendig sind, um ein Beweismittel bereitzustellen, also zB auch auf eine Sicherheitsleistung für die Erlangung eines Duldungstitels eines Eigentümers, um auf dessen Grundstück bestimmte Arbeiten vornehmen zu können.[86] Wird für eine **Anschlussberufung** PKH bewilligt, umfasst diese nicht die Berufung.[87] Ausnahmsweise erstreckt sich die bewilligte PKH nicht auf jeden **Beweisantrag,** der gestellt wird. Ist das Gericht bereits von dem Gegenteil der zu beweisenden Tatsache überzeugt, kann die Beweisanordnung jedoch von einem Vorschuss abhängig gemacht werden, wenn der neue Beweisantrag voraussichtlich erfolglos sein wird, in derartigen Fällen kann insoweit von Mutwilligkeit ausgegangen werden.[88] Eine **Besprechungsgebühr** umfasst die PKH nicht.[89] Für die Überprüfung der Erfolgsaussichten eines Rechtsmittels (Nr. 2100 VV RVG) kann keine PKH, sondern nur Beratungshilfe gewährt werden.[90] Die PKH umfasst auch keine außergerichtliche **Mediation.**[91] Die für das Klageverfahren bewilligte PKH umfasst nicht das vorausgegangene **Mahnverfahren,** dies wird idR dazuführen, das nur der anrechnungsfreie Teil (Nr. 3305 VV RVG) der Verfahrensgebühr aus der Staatskasse erstattet wird.[92]

IV. Rückwirkung der Bewilligung[93]

10 **1. „Normale" Rückwirkung.** Auch ohne ausdrücklichen Ausspruch ist eine **Rückwirkung auf den Zeitpunkt der Bewilligungsreife,** der die Vorlage eines formgerechten Antrags nebst Unterlagen voraussetzt, gegeben.[94] Man kann für die Praxis sogar – weiter gehend – grundsätzlich davon ausgehen, dass die Bewilligung von PKH – mangels anderweitiger Anhaltspunkte – **von dem Zeitpunkt der Antragstellung an** wirksam wird;[95] auch wenn das Gericht die Vorlage weiterer Belege verlangt.[96] Wird zB einem Beklagten im Laufe des Rechtsstreites PKH bewilligt, so sind davon grundsätzlich ohne weiteres alle Gebühren und Kosten umfasst. Es muss nur eine gebührenauslösende Tätigkeit nach Antragstellung feststellbar sein, nur Gebühren, die ausschließlich vor Antragstellung entstanden sind, werden nicht übernommen.[97] Dies gilt jedenfalls dann, wenn die PKH zu Beginn der Instanz beantragt wird.[98] Ausreichend ist aber regelmäßig auch die Antragstellung im Haupttermin.[99] Nimmt der Kläger auf Einwände des PKH-Beklagten die Klage vor PKH-Bewilligung teilweise zurück, erstreckt sich die spätere PKH-Bewilligung nicht auf den zurückgenommenen Teil.[100]

11 **2. Entscheidungen nach dem Ende der Instanz.** Problematisch sind insbesondere die Fälle, in denen erst nach Instanzende über die PKH entschieden wird oder werden soll. Grundsätzlich ist nach dem Ende der

---

[78] LAG Hannover MDR 2007, 182f.
[79] Vgl. – zur alten Rechtslage – OLG Frankfurt/M. NJW 1974, 2095f.
[80] BGH NJW-RR 2006, 429; OLG München OLGR 2006, 318.
[81] OLG Koblenz NJOZ 2007, 5014.
[82] OLG Koblenz NJOZ 2007, 5014.
[83] OLG Brandenburg NJW-RR 2002, 1290.
[84] *Zö/Philippi* Rn. 14.
[85] LG Berlin AnwBl. 1979, 273.
[86] OLG Frankfurt/M JurBüro 1990, 381.
[87] KG NJW 1970, 337.
[88] OLG Hamm FamRZ 1992, 455f.; kein DNA-Gutachten bei einer HLA-Wahrscheinlichkeit von 99,93 % und weiteren Anhaltspunkten für die PKH-Partei als Erzeuger.
[89] OLG Düsseldorf FamRZ 1998, 1036f.
[90] BGH NJW-RR 2007, 1439; OLG Düsseldorf AnwBl. 2005, 656; FamRZ 2006, 628; aA OLG Karlsruhe FamRZ 2006, 1134.
[91] OLG Dresden NJW-RR 2007, 80.
[92] LG Osnabrück NdsRpfl. 2007, 160.
[93] Hierzu ausführlich *Christl* MDR 1983, 537ff., 624ff.; *Kumme* JurBüro 1995, 161ff.
[94] BGH NJW 1982, 446; OLG Düsseldorf NJW-RR 1990, 452; LG Kleve AnwBl. 1970, 78.
[95] Zu dem Ganzen *Mümmler* JurBüro 1994, 326 m. weit. Nachw.; OLG Karlsruhe NJW-RR 1989, 1465, 1466; OLG Düsseldorf Rpfleger 1986, 108; OLG Bamberg JurBüro 1988, 892, 893; BGH NJW 1985, 321f.; LSG Erfurt Rpfleger 2000, 165, 166; aA OLG Celle OLGR 2002, 61.
[96] OLG Nürnberg OLGR 2002, 34.
[97] OLG Oldenburg NJW-RR 2007, 792.
[98] OLG Koblenz AnwBl. 1978, 316.
[99] OLG Karlsruhe FamRZ 2006, 875.
[100] OLG Hamm FamRZ 2003, 1761.

Instanz eine Entscheidung über die PKH nicht mehr möglich. Vgl. hierzu § 114 Rn. 13ff. Wird nach Instanzende erstmals PKH beantragt und bewilligt, umfasst diese nicht die davor angefallenen Auslagen und Gebühren.[101] Eine **rückwirkende Bewilligung nach Instanzende** ist jedoch dann möglich, wenn das Gericht schon vorher hätte entscheiden können.[102] Dies setzt voraus, dass das Gericht über den Antrag hätte positiv entscheiden können; Erfolgsaussicht muss gegeben sein, ein formgerechter Antrag nebst Belegen muss vorgelegt worden sein.[103] Weiterhin muss die PKH-Partei alles Zumutbare getan haben, um eine Entscheidung über die Bewilligung noch während der Instanz herbeizuführen,[104] gegen eine Ablehnung muss notfalls Beschwerde eingelegt werden.[105] Zu beachten ist allerdings weiterhin, dass das Gericht, erachtet es die vorgelegten Unterlagen etc. nicht für ausreichend, hierauf **binnen angemessener Frist hinweisen muss.**[106] Geschieht dies nicht, darf sich dies in diesem Zusammenhang nicht zum Nachteil des Antragstellers auswirken;[107] es sei denn, der PKH-Antrag weist schwerwiegende Mängel auf,[108] zB der Vordruck fehlt.[109] Solange sich das Gericht nicht ablehnend äußert, darf der Antragsteller davon ausgehen, dass er seinerseits nichts mehr zu veranlassen hat. Er darf sich darauf verlassen, dass das Gericht auf Bedenken sofort nach Eingang des Antrages hinweist.[110] Wird ein solcher Hinweis nicht erteilt, so kann das Gericht den PKH-Antrag nicht nach Nichteinhaltung einer Vorlagefrist für Unterlagen wegen zwischenzeitlicher Instanzbeendigung ablehnen.[111] Dasselbe gilt, wenn ein Vertrauenstatbestand gesetzt wird,[112] zB wenn das Gericht eine Frist zur Einreichung fehlender Unterlagen einräumt.[113] Vor dem Hintergrund dieser Erkenntnisse ist die Auffassung, die von dem Antragsteller das **Einlegen einer Beschwerde** verlangt, wenn das Gesuch verzögert wird,[114] abzulehnen. Eine Beschwerde würde zu einer Verfahrensverzögerung führen. Darüber hinaus ist einem psychologischen Aspekt Rechnung zu tragen: Wer PKH beantragt, wird sich überwiegend davor scheuen, das Gericht durch Beschwerden möglicherweise zu verärgern.

Zusammenfassend kommt daher eine rückwirkende PKH-Bewilligung für den Kläger nach Instanzende dann in Betracht, wenn er alles Zumutbare getan hat und das **Gericht pflichtwidrig eine Entscheidung unterlassen hat.**[115] Insgesamt beruht all dies (und auch das Folgende) auf dem Grundsatz, dass eine verzögerliche Behandlung des PKH-Antrages sich nicht zum Nachteil des Antragstellers auswirken darf.[116] Der Antragsteller wird insoweit vor einer Verschleppung seines Gesuchs geschützt (vgl. auch § 118 Rn. 19 und § 114 Rn. 13ff.).[117] Wird die rückwirkende PKH zu Unrecht versagt, so ist dagegen auch die sofortige Beschwerde zulässig.[118] 12

3. Einzelfälle. Ist die **Instanz bereits nach wenigen Tagen beendet,** was sich zB bei einer einstweiligen Verfügung durchaus ereignen kann, so ist es ausreichend, wenn nur der Antrag rechtzeitig gestellt wurde, alles andere (Belege etc.) kann nachgereicht werden; anderenfalls würde man dem Antragsteller, insbesondere einem Verfügungsbeklagten, jede Aussicht auf PKH nehmen.[119] In **Kindschaftssachen** soll das Gericht verpflichtet sein, auf die Möglichkeit der PKH hinzuweisen, geschieht dies nicht, kann PKH auch rückwirkend bewilligt werden.[120] Auch wenn das Gericht einen bestimmten **Vertrauenstatbestand** gesetzt hat, kommt eine rückwirkende Bewilligung in Betracht.[121] Gestattet das Gericht beispielsweise, dass Unterlagen nachgereicht werden, muss es dann auch – mit Rückwirkung auf den Zeitpunkt der Antragstellung[122] – PKH bewilligen, wenn diese Unterlagen vorgelegt werden, anderenfalls muss das Gericht sofort mitteilen, dass der Antrag den Mindestanforderungen nicht entspricht.[123] Werden angeforderte Belege erst (verspätet) nach Prozessabschluss vorgelegt, kann rückwirkende PKH allerdings nur noch dann bewilligt werden, wenn den Antragsteller an der Verspätung kein Verschulden trifft,[124] sonst nicht.[125] Wenn das Gericht die Partei durch Äußerung einer falschen Rechtsansicht davon abgehalten hat, einen PKH-Antrag zu stellen, ist rückwirkende Bewilligung möglich.[126] Wenn im Laufe eines Verfahrens eine zunächst zweifelhafte 13

---

[101] OLG Koblenz FamRZ 1996, 417.
[102] OLG Düsseldorf NJW-RR 1990, 452; NJW 1991, 1186.
[103] OLG Düsseldorf NJW 1991, 1186; OLG Zweibrücken JurBüro 2000, 312; *Kumme* JurBüro 1995, 161, 162.
[104] OLG Brandenburg AnwBl. 1998, 670.
[105] OLG Düsseldorf NJW-RR 1990, 452.
[106] OLG Karlsruhe FamRZ 1991, 1458, 1459; angedeutet in OLG Düsseldorf NJW 1991, 1186.
[107] OLG Karlsruhe FamRZ 1991, 1458, 1459.
[108] OLG Celle OLGR 1997, 33, 34; OLG Frankfurt/M OLG 2001, 146.
[109] VGH Mannheim Justiz 2003, 239f.
[110] OLG Karlsruhe FamRZ 1991, 1458, 1459.
[111] OLG Frankfurt/M OLGR 1993, 289; OLG Karlsruhe NJW-RR 1999, 578, 579.
[112] OLG Karlsruhe FamRZ 1999, 994f.
[113] OLG Karlsruhe FamRZ 2004, 1217f.
[114] ZB LAG Düsseldorf JurBüro 1987, 449f.; OLG Oldenburg NJW-RR 1991, 189.
[115] OVG Münster NVwZ-RR 1994, 124.
[116] So auch OVG Greifswald MDR 1996, 98, 99.
[117] Vgl. OLG Karlsruhe FamRZ 1990, 80, 81.
[118] OLG Karlsruhe MDR 1982, 328.
[119] OLG Frankfurt/M JurBüro 1994, 177.
[120] OLG Karlsruhe FamRZ 1995, 1163ff. (sehr weitgehend).
[121] Vgl. zB OLG Karlsruhe FamRZ 1990, 80, 81; OLG Düsseldorf FamRZ 1988, 451f.
[122] OLG Nürnberg MDR 2001, 1435.
[123] LAG Hannover MDR 1993, 91; LAG Halle AnwBl. 2000, 62.
[124] LAG Düsseldorf EzA Nr. 1; ArbG Regensburg Rpfleger 2002, 319.
[125] OLG Zweibrücken FamRZ 2004, 1500.
[126] OLG Brandenburg FamRZ 1997, 1542f.

Rechtsfrage durch eine zwischenzeitliche höchstrichterliche Entscheidung geklärt wurde, kann rückwirkende PKH nicht mehr bewilligt werden.[127] Dasselbe gilt, wenn zwischendurch ein zweites Versäumnisurteil ergangen ist.[128] Vgl. auch § 127 Rn. 20.

14 **4. Beurteilungszeitpunkt für die Erfolgsaussicht.** Von der Frage nach der Möglichkeit der rückwirkenden Bewilligung ist die Frage zu unterscheiden, von welchem Zeitpunkt aus die Erfolgsaussicht zu beurteilen ist, was lebhaft umstritten ist.[129] Hinsichtlich der Prüfung der subjektiven Bewilligungsvoraussetzungen (§ 114 Rn. 1) besteht überwiegende Einigkeit dahingehend, dass es auf den Zeitpunkt der Entscheidung ankommt.[130] Nach einer Auffassung soll bezüglich der Erfolgsaussicht (objektive Voraussetzung) auf den Erkenntnisstand zum Zeitpunkt der Entscheidung abgestellt werden, eine verfahrenswidrig erfolgte Beweisaufnahme wäre dann zu verwerten.[131] In Anbetracht der Tatsache, dass sich eine unzutreffende Entscheidung der ersten Instanz nicht zum Nachteil des Antragstellers auswirken darf, ist nach der hier vertretenen Auffassung grundsätzlich davon auszugehen, dass die **Erfolgsaussicht nach dem Zeitpunkt der rechtzeitigen Entscheidung der ersten Instanz** zu beurteilen ist.[132] Dies gilt auch bei Eilverfahren.[133] Das Verfassungsgebot des chancengleichen und effektiven Rechtsschutzes (vgl. Einl. Rn. 6f.) wäre verletzt, wenn bei rechtswidriger Entscheidungsverzögerung auf den Zeitpunkt der Entscheidung abgestellt wird.[134] Es ist jedenfalls dann auf den Zeitpunkt der rechtzeitigen Entscheidung abzustellen, wenn der PKH-Antrag verschleppt bzw. die Entscheidung verzögert wurde.[135] Hat der Antragsteller das Verfahren verzögert, kommt es auf den Zeitpunkt der Bewilligungsreife an, auch im Rahmen des Abs. 1 S. 2.[136] Eine Beweisaufnahme ist bei der Frage der Erfolgsaussicht jedenfalls dann nicht zu berücksichtigen, wenn das Gericht über den PKH-Antrag vorab hätte entscheiden können und es der Partei nicht möglich war, sich der Beweisaufnahme zu entziehen.[137] Ist allerdings das Verfahren „normal“, dh. ohne Verzögerungen, abgelaufen oder die PKH- Beschwerde verspätet eingelegt worden, bleibt es bei dem allgemeinen Grundsatz, dass der Zeitpunkt der Entscheidung maßgeblich ist.[138]

V. Tod der Partei[139]

15 Die PKH-Bewilligung wird nicht vererbt, sondern **erlischt mit dem Tode der Partei.**[140] Ob sie mit oder ohne Rückwirkung erlischt, ist streitig.[141] Wegen des Grundsatzes der Gesamtrechtsnachfolge erlischt die PKH richtigerweise nur mit Wirkung ex-nunc (§§ 122 Abs. 1, 1922 BGB).[142] Der Erbe kann einen neuen PKH-Antrag stellen, wobei es bezüglich der persönlichen und wirtschaftlichen Verhältnisse nur auf die seinigen ankommt.[143] Zur Not kann einem Erben auch rückwirkend für den gesamten Prozess PKH bewilligt werden, damit er nicht mit Kosten, die von ihm nicht zu beeinflussen waren, belastet wird.[144] Verstirbt die PKH-Partei **vor der Bewilligung,** so wird der PKH-Antrag gegenstandslos,[145] einer anhängigen Beschwerde geht das Rechtsschutzbedürfnis verloren.[146] Eine Bewilligung zu Gunsten eines bereits Verstorbenen ist nicht möglich.[147] Dies gilt (ausnahmsweise, vgl. Rn. 11f. und § 118 Rn. 19) auch, wenn das Gericht das Verfahren pflichtwidrig verzögert hat.[148] Der Anwalt kann sein Honorar nur noch von dem Erben liquidieren. Verstirbt die PKH-Partei **nach der Bewilligung** bleibt der Honoraranspruch gegen die Staatskasse erhalten.[149] Wurde der Anwalt zunächst der PKH-Partei und alsdann dem Erben beigeordnet, erhält er das Honorar nur einmal.[150] Streitig ist die **Haftung des Erben,** wenn die PKH-Partei nach Bewilligung verstirbt. Es ist danach zu differenzieren, ob der Erbe den Prozess aufnimmt oder nicht. Nimmt er den Prozess nicht

---

[127] BGH NJW 1982, 1104.
[128] OLG Köln MDR 1992, 514.
[129] Vgl. zB OLG Düsseldorf NJW-RR 1989, 383, 384; OLG Bamberg JurBüro 1990, 1644.
[130] BGH NJW 2006, 1068, 1070; VGH Mannheim Justiz 1995, 101, 102; LAG Bremen MDR 1998, 801; aA OLG München OLGR 1995, 130f.
[131] ZB LAG Düsseldorf JurBüro 1987, 449f.; OLG Köln NJW-RR 2000, 1606.
[132] So zB OVG Hamburg FamRZ 2005, 44f.; OLG Karlsruhe FamRZ 1994, 1123, 1124f.; OLG Nürnberg JurBüro 2000, 313; OVG Greifswald MDR 1996, 98f.; OLG Hamburg FamRZ 2000, 1587; aA zB OVG Lüneburg NdsRpfl. 2004, 305.
[133] OLG Hamburg FamRZ 2005, 464.
[134] OLG Karlsruhe FamRZ 1988, 1077, 1078; OLG Dresden MDR 1998, 185; VGH München NJW 2005, 1677; OLG Saarbrücken NJOZ 2005, 2240.
[135] OLG Karlsruhe FamRZ 1998, 484, 485; KG FamRZ 2007, 1469, 1471; *Schneider* MDR 1977, 619, 620.
[136] OLG Hamburg OLGR 1997, 217f.
[137] OLG Nürnberg FamRZ 1991, 581f.
[138] OLG Bamberg JurBüro 1991, 845f.
[139] Hierzu ausf. und mit allen Einzelheiten *Fischer* Rpfleger 2003, 637ff.
[140] OLG Celle JurBüro 1987, 1237f.; OLG Frankfurt/M NJW 1985, 751.
[141] Vgl. OLG Düsseldorf NJW-RR 1999, 1086.
[142] KG Rpfleger 1986, 281; OLG Düsseldorf MDR 1987, 1031.
[143] OLG Karlsruhe FamRZ 1996, 240f.
[144] OLG Frankfurt/M NJW-RR 1996, 776; BSG MDR 1988, 610f.
[145] OLG Bremen OLGZ 1965, 183f.; OLG Frankfurt/M. NJOZ 2007, 2152.
[146] OLG Koblenz FamRZ 1996, 808f.; OLG Brandenburg FamRZ 2002, 1199f.
[147] OLG Hamm MDR 1977, 409.
[148] OVG Bautzen NVwZ 2002, 492; OLG Hamm MDR 1977, 409.
[149] *Fischer* Rpfleger 2003, 637, 641 m. weit. Nachw.
[150] *Stein/Jonas/Bork,* § 121 Rn. 28 m. weit. Nachw.

auf und war der PKH-Partei ratenfreie PKH bewilligt worden, muss der Erbe nichts zahlen.[151] Bei PKH gegen Raten müssen die Raten weiter gezahlt werden, es sei denn der Erbe ist selbst in weiterem Umfang bedürftig.[152] Nimmt der Erbe den Prozess ohne eigene PKH-Bewilligung auf, so muss er die neu oder erneut entstehenden Gebühren und Auslagen begleichen, die „alten" hingegen nicht.[153] Wird die PKH nach § 124 aufgehoben, haftet der Erbe.[154] Bei juristischen Personen endet die PKH durch das Erlöschen derselben, idR also nach Abschluss der Liquidation.[155] Beerbt der PKH-freie Gegner die PKH-Partei, so muss ein Nachzahlungsbeschluss nach § 120 Abs. 4 ergehen, so dass der PKH-Anwalt sein volles Honorar (§ 121 Rn. 30) bekommt.

VI. PKH in den Rechtsmittelinstanzen

1. Allgemeines. Vgl. zunächst § 117 Rn. 10ff., vor allem für den **Rechtsmittelkläger.** Zur Rechtsbeschwerde vgl. § 127 Rn. 25. Für eine **Rechtsmittelprüfung** nach Nr. 2100 VV RVG kann iVm. § 48 Abs. 4 RVG PKH bewilligt werden, zumal die Gebühr in aller Regel anzurechnen sein wird.[156] Wenn ein Rechtsmittel nur auf Grund eines neuen, in der Vorinstanz unterlassenen Vortrags Erfolgsaussicht hat, so ist die PKH wegen Mutwilligkeit zu verweigern, denn die nächste Instanz hätte vermieden werden können (§ 114 Rn. 44 aE). Wenn offensichtliche Verfahrensfehler bisher nicht gerügt worden sind, muss das Gericht davon ausgehen, dass der beizuordnende Anwalt dies bemerken und rügen wird.[157] Dem **Rechtsmittelbeklagten** kann PKH erst bewilligt werden, wenn das **Rechtsmittel begründet** wurde, denn erst dann steht fest, ob eine Verteidigung notwendig ist.[158] Wird das Rechtsmittel vor der Begründung zurückgenommen, kann der Rechtsmittelbeklagte keine PKH erlangen.[159] Dies gilt jedenfalls dann, wenn der Rechtsmittelgegner in der Vorinstanz anwaltlich vertreten war.[160] Wird ein Rechtsmittel mangels Begründung verworfen, kann dem Gegner keine PKH bewilligt werden.[161] Dasselbe gilt, wenn sofort nach Eingang der Berufungsbegründung der PKH-Antrag des Rechtsmittelklägers zurückgewiesen und eine Entscheidung nach § 522 Abs. 2 angekündigt wird.[162] Ist das Rechtsmittel unzweifelhaft zurückgenommen, so kann der Rechtsmittelgegner keine PKH für einen Verlustigkeitsbeschluss erhalten, denn eine vermögende Partei würde in derartigen Fällen einen solchen Anwaltsauftrag nicht erteilen.[163] Die PKH-Partei sollte daher vorsichtshalber keine kostenauslösenden Maßnahmen treffen, bevor die Gegenseite ihre Rechtsmittel begründet hat und feststeht, dass die Voraussetzungen für eine Verwerfung nicht vorliegen.[164] Möglicherweise bahnt sich hier eine Änderung der Rechtsprechung an.[165] Verschiedene Obergerichte gehen davon aus, dass die PKH für den Berufungsbeklagten nicht alleine deswegen versagt werden kann, weil das Gericht über ein **Vorgehen nach § 522 Abs. 2** noch nicht entschieden hat.[166] Anderenfalls bestünde ein Widerspruch zur Kostenerstattungsrechtsprechung des BGH. Danach sind die Anwaltskosten für den Berufungsbeklagten auch erstattungsfähig, wenn vor einer Entscheidung nach § 522 Abs. 2 ein Anwalt beauftragt wurde.[167] Ein Anspruch der PKH-Partei auf völlige gebührenrechtliche Gleichbehandlung besteht jedoch gerade nicht.[168] Die erwähnte obergerichtliche Rechtsprechung ist daher nicht überzeugend. Auch wenn der Berufungskläger die Verlängerung der Berufungsbegründungsfrist beantragt, darf der PKH-Berufungsbeklagte demgemäß noch keinen Anwalt beauftragen.[169] 16

2. „Automatik" (Abs. 1 S. 2). Nach Abs. 1 S. 2, auch „Mussarmenrecht" genannt,[170] bekommt grundsätzlich derjenige PKH für die Rechtsmittelinstanz, dessen Gegner das Rechtsmittel eingelegt hat. Gleichgültig ist, ob dem Antragsteller in der Vorinstanz PKH bewilligt worden war oder nicht. Es ist jedoch besonders zu beachten, dass nur die Prüfung der Erfolgsaussicht und der Mutwilligkeit entfällt. PKH kann jedoch erst dann bewilligt werden, wenn das Rechtsmittel begründet wurde, vorher ist eine Verteidigung nicht erforderlich.[171] Diese Vorschrift gilt jedoch nicht grenzenlos. Abs. 1 S. **2 ist nach allgM nicht anzuwenden,** wenn das angefochtene Urteil offensichtlich falsch ist.[172] Diese Ausnahme darf nicht zu großzügig 17

---

151 OLG Düsseldorf MDR 1987, 1031; Rpfleger 1988, 42f.; KG Rpfleger 1986, 281; OLG Brandenburg FamRZ 2002, 1139f.; aA Frankfurt NJW-RR 1996, 776.
152 *Fischer* Rpfleger 2003, 637, 641.
153 OLG Düsseldorf Rpfleger 1988, 42f.; OLG Celle JurBüro 1987, 1237f.
154 LG Bielefeld Rpfleger 1989, 11f.; *Fischer* Rpfleger 2003, 637, 641.
155 *T/P/Reichold* Rn. 5.
156 *Hartung* AnwBl. 2005, 206f.
157 OLG Schleswig SchlHA 1984, 148, 149.
158 BGH FamRZ 1988, 942; OLG Hamburg JurBüro 1994, 423; aA OLG Karlsruhe FamRZ 1996, 806, 807f.
159 OLG Hamburg JurBüro 1994, 423.
160 OLG Karlsruhe FamRZ 1987, 844.
161 OLG Celle OLGR 2003, 197.
162 OLG Düsseldorf MDR 2003, 658f.; OLG Nürnberg MDR 2004, 961f.; OLG Köln MDR 2006, 947.
163 BGH JurBüro 1981, 1169 (für die Revisionsinstanz); aA OLG Düsseldorf NJW-RR 1999, 142.
164 BAG NJW 2005, 1213f.
165 Vgl. OLG Karlsruhe JurBüro 2006, 97; OLG Schleswig NJW-RR 2006, 1726.
166 ZB OLG Schleswig NJW-RR 2006, 1726; OLG Rostock NJOZ 2005, 3657; OLG Karlsruhe JurBüro 2006, 97.
167 BGH NJW 2004, 73; s. a. § 91 Rn. 12ff.
168 BGH FamRZ 2007, 1089, 1090 [24].
169 OLG Köln JurBüro 1997, 31; aA OLG Hamm FamRZ 1990, 537.
170 *Lappe* § 28 I 2b.
171 OLG Zweibrücken NJW-RR 2002, 1584.
172 OLG Düsseldorf JurBüro 1988, 96; OLG Brandenburg FuR 2004, 451, 455.

gehandhabt werden, sonst besteht die Gefahr, dass eine willkürliche Entscheidung am Gesetzeswortlaut vorbei getroffen wird,[173] zB wenn die Abweichung nicht begründet wird.[174] Abs. 1 S. 2 ist gleichfalls nicht anzuwenden, wenn das dem Antragsteller günstige erstinstanzliche Urteil von ihm erschlichen worden ist, zB durch falsche Angaben zur Vermögenslage, die sogar eine Entziehung der PKH nach § 124 Nr. 1 rechtfertigen[175] oder durch einen Verstoß gegen § 138 Abs. 1.[176] Verändern sich allerdings die tatsächlichen Grundlagen, so ist Abs. 1 S. 2 nicht anwendbar,[177] ebenso nicht bei zu berücksichtigenden Gesetzesänderungen;[178] dh. allgemein bei Änderungen der Sach- und/oder Rechtslage.[179] PKH ist dementsprechend zB entgegen Abs. 1 S. 2 zu versagen, wenn eine einstweilige Verfügung aufzuheben ist, weil die Vollziehungsfrist versäumt wurde[180] oder wenn unsachgemäß die Hauptsache nicht für erledigt erklärt wird.[181] Legt der Gegner der PKH-Partei in der zweiten Instanz eine unstreitige Urkunde vor, die die PKH-Klage zu Fall bringt, ist Abs. 1 S. 1 gleichfalls nicht anzuwenden; die PKH-Partei ist durch § 97 Abs. 2 ausreichend geschützt.[182] Abs. 1 S. 2 soll gleichfalls unanwendbar sein, wenn über einen PKH-Antrag für die Berufungsinstanz erst entschieden wird, nachdem das Revisionsgericht die Revision gegen das Berufungsurteil nicht zugelassen hat.[183] Auf den Streithelfer einer Partei ist Abs. 1 S. 2, jedenfalls hinsichtlich der Mutwilligkeit, nicht anzuwenden.[184] Abs. 1 S. 2 ist schließlich nicht anwendbar, wenn ein fremdes oder abgetretenes Recht geltend gemacht wird und das Gericht die Auffassung vertritt, dass es nicht auf die persönlichen und wirtschaftlichen Verhältnisse des Klägers, sondern die des Forderungsinhabers ankommt.[185] Abs. 1 S. 2 gilt nicht für eine Verfassungsbeschwerde.[186]

18 **3. Subjektive Voraussetzungen.** Abs. 1 S. 2 entbindet das Rechtsmittelgericht nicht von der Prüfung der subjektiven Voraussetzungen der PKH, es könnte daher zB durchaus abweichend von der Vorinstanz **andere Raten** festsetzen. Wird erstmals in der Berufungsinstanz eine Ratenzahlung angeordnet, so hat dies keine Auswirkung auf die erste Instanz, hierfür muss ein Beschluss nach § 120 Abs. 4 ergehen.[187] Maßgeblich sind grds. die persönlichen und wirtschaftlichen Verhältnisse zum Zeitpunkt der Entscheidung des Rechtsmittelgerichts.[188]

19 **4. Raten und Instanz.** Vgl. hierzu § 115 Rn. 34[189]. Hatte die erste Instanz ratenfreie PKH bewilligt, die **zweite Instanz jedoch Ratenzahlung angeordnet,** so ist umstritten, ob die Raten auch zur Abdeckung der Kosten der ersten Instanz gezahlt werden müssen[190] oder ob dann nur die Kosten der zweiten Instanz in Raten zu begleichen sind.[191] Die besseren Argumente sprechen für die letztgenannte Ansicht, denn die PKH wird nach S. 1 für jede Instanz bewilligt, ansonsten kann eine Aufnahme der Ratenzahlung nur nach § 120 angeordnet werden.[192] Aus diesem Grund ist auch die Auffassung[193] abzulehnen, dass die zweitinstanzlichen Raten sogar dazu dienen können, dem PKH-Anwalt erster Instanz noch die erweiterten Gebühren nach § 50 RVG zu verschaffen.[194] Ordnet die zweite Instanz höhere Raten an als die erste, so ist der die erstinstanzliche Rate übersteigende Betrag auf die Kosten des zweiten Rechtszuges zu zahlen; werden die Kosten für die erste Instanz beglichen, so sind die höheren Raten voll auf die Kosten der zweiten Instanz anzurechnen.[195] Bewilligt also die zweite Instanz – im Gegensatz zur ersten – PKH nur mit Raten, so sind nicht etwa automatisch auch Raten für die erste Instanz zu zahlen, diesbezüglich kommen nur Entscheidungen nach §§ 120 Abs. 4, 124 Nr. 3 in Frage.[196]

20 **5. Berufungsinstanz.**[197] Vgl. zun. Rn. 16 und § 117 Rn. 10ff. Erfolgsaussicht setzt bei Angriffen gegen eine Beweiswürdigung voraus, dass diese den Anforderungen des § 529 Abs. 1 Nr. 1 genügt wird.[198] Für eine Berufung ist PKH nicht zu gewähren, wenn die **Erfolgsaussicht nur für einen Teilbetrag** besteht, der

---

173 Vgl. BVerfG NJW 1987, 1619, 1620.
174 BVerfG FamRZ 2005, 509.
175 OLG Koblenz FamRZ 1985, 301, 302; OLG Karlsruhe FuR 1998, 376, 378.
176 OLG Stuttgart MDR 2005, 1070f.
177 OLG Hamm FamRZ 1995, 717; OLG Karlsruhe NJOZ 2007, 4651; OLG Köln NJW-RR 2003, 264, 265.
178 OLG Köln VersR 1981, 488.
179 KG OLGR 1996, 141.
180 OLG Schleswig SchlHA 1982, 71.
181 OLG Bamberg FamRZ 1999, 111.
182 OLG Koblenz Rpfleger 2004, 54f.
183 OVG Koblenz NVwZ-RR 1994, 123 (fraglich).
184 BGH MDR 1966, 318.
185 OLG Hamm NJW 1990, 1053.
186 BVerfGE 92, 122, 125 = NJW 1995, 1415, 1416.
187 OLG München Rpfleger 1995, 365.
188 OVG Münster FamRZ 1993, 715, 716 m. weit. Nachw.
189 Ausf. *Fischer* Rpfleger 1997, 463, 465.
190 So zB LG Osnabrück Rpfleger 1994, 363.
191 So zB OLG Celle Rpfleger 1991, 116; OLG Oldenburg MDR 2003, 110.
192 OLG Celle Rpfleger 1991, 116; OLG Köln FamRZ 1997, 754; *Fischer* Rpfleger 1997, 463, 465.
193 ZB OLG Hamm Rpfleger 1994, 469.
194 OLG München Rpfleger 1995, 365.
195 *Schoreit/Dehn* Rn. 11 unter Bezugnahme auf *Mümmler* JurBüro 1981, 8 und 1985, 1441, 1449f.
196 OLG Köln NJW-RR 1999, 1082f.; OLG Stuttgart MDR 2002, 1396.
197 Hierzu ausf. *Seetzen* FamRZ 1994, 1509ff. und – zum ZPO-RG – *Kramer* MDR 2003, 434ff.; *Braunschneider* ProzRB 2003, 366ff.; 2004, 277ff.
198 OLG Dresden NJW-RR 2003, 210f.

die Berufungssumme nicht erreicht.[199] Liegt die Erfolgsaussicht nur geringfügig unter der erforderlichen Beschwer, soll PKH bewilligt werden können, wenn das Rechtsmittel ohnehin durchgeführt werden soll.[200] Dasselbe gilt, wenn in dieser Konstellation die voraussichtlichen Kosten des Teilunterliegers geringer sind als die Kosten, die entstünden, wenn es bei dem falschen Urteil bliebe.[201] Wird über einen PKH-Antrag der zweiten Instanz erst nach Abschluss der dritten – für den Antragsteller ungünstigen – Instanz entschieden, so steht auf Grund des Revisionsurteils die Erfolglosigkeit fest; PKH kann dann nur bewilligt werden, wenn das Gesuch vom Gericht verschleppt wurde.[202] Wird unbedingt Berufung eingelegt und gleichzeitig PKH beantragt und sodann, nachdem die Gegenseite unselbständige Anschlussberufung eingelegt hat, das Rechtsmittel zurückgenommen, so ist der PKH-Antrag, unabhängig von der Erfolgsaussicht, im Allgemeinen zurückzuweisen.[203] Vor Bewilligung von PKH für den Berufungskläger kommt eine Bewilligung für den Berufungsbeklagten nicht in Betracht.[204] Auf eine erneute Berufung erstreckt sich die bewilligte PKH nicht, die PKH wird – sozusagen – „verbraucht".[205]

6. Revisionsinstanz. Zunächst gelten die Ausführungen für die Berufungsinstanz entsprechend. Auch in der Revisionsinstanz ist auf den **Erfolg in der Sache** und nicht auf den Erfolg des Rechtsmittels abzustellen. Dies hat u. a. folgende Konsequenz: Ist in der Revisionsinstanz ein Urteil wegen eines Verfahrensfehlers aufzuheben und wird sich das materielle Ergebnis in der neuen Berufungsinstanz jedoch voraussichtlich nicht ändern, dann wird keine PKH bewilligt, denn der vernünftige Bemittelte würde das ergangene Berufungsurteil in einem solchen Fall nicht anfechten.[206] Dies gilt auch für die Rechtsbeschwerde.[207] Die Zulassung der Revision durch das Berufungsgericht führt nicht automatisch zur PKH-Bewilligung für die Revisionsinstanz durch das Revisionsgericht.[208] PKH für eine zugelassene Revision ist dann nicht zu bewilligen, wenn der Grund für die Zulassung tatsächlich nicht vorliegt, in einem solchen Fall kommt es nur auf die Erfolgsaussicht in der Sache selbst an.[209] 21

Für eine unselbständige Anschlussrevision kann der **Revisionsbeklagte** keine PKH erlangen, wenn die Annahme der Revision abgelehnt wird, denn der Erfolg der Anschlussrevision setzt voraus, dass die Revision überhaupt angenommen wird.[210] Dem Revisionsbeklagten kann demensprechend PKH erst bewilligt werden, wenn die Revision begründet worden ist und nicht nach § 552 verworfen wurde.[211] Die Voraussetzungen des § 552 dürfen folglich nicht gegeben sein.[212] Eine Anwaltsbeiordnung kommt auch dann in Betracht, wenn die Revisionsbegründungsfrist mehrfach verlängert werden soll, denn dann erfordert die Anhörung nach § 225 Abs. 2 einen Anwalt.[213] Wird dem Revisionsbeklagten gleichzeitig mit der Nichtannahme der Revision PKH bewilligt, so wirkt diese Bewilligung auf den Zeitpunkt zurück, zu dem die notwendigen Unterlagen bei dem Revisionsgericht eingegangen waren.[214] Hat der Anwalt den Antrag gestellt, die Revision zurückzuweisen, so verdient er eine volle Gebühr.[215] Zur Rechtsbeschwerde vgl. § 127 Rn. 25. 22

120 *Festsetzung von Zahlungen*

(1) [1]Mit der Bewilligung der Prozesskostenhilfe setzt das Gericht zu zahlende Monatsraten und aus dem Vermögen zu zahlende Beträge fest. [2]Setzt das Gericht nach § 115 Abs. 1 Satz 3 Nr. 4 mit Rücksicht auf besondere Belastungen von dem Einkommen Beträge ab und ist anzunehmen, dass die Belastungen bis zum Ablauf von vier Jahren ganz oder teilweise entfallen werden, so setzt das Gericht zugleich diejenigen Zahlungen fest, die sich ergeben, wenn die Belastungen nicht oder nur in verringertem Umfang berücksichtigt werden, und bestimmt den Zeitpunkt, von dem an sie zu erbringen sind.

(2) Die Zahlungen sind an die Landeskasse zu leisten, im Verfahren vor dem Bundesgerichtshof an die Bundeskasse, wenn Prozesskostenhilfe in einem vorherigen Rechtszug nicht bewilligt worden ist.

(3) Das Gericht soll die vorläufige Einstellung der Zahlungen bestimmen,
1. wenn abzusehen ist, dass die Zahlungen der Partei die Kosten decken;
2. wenn die Partei, ein ihr beigeordneter Rechtsanwalt oder die Bundes- oder Landeskasse die Kosten gegen einen anderen am Verfahren Beteiligten geltend machen kann.

(4) [1]Das Gericht kann die Entscheidung über die zu leistenden Zahlungen ändern, wenn sich die für die Prozesskostenhilfe maßgebenden persönlichen oder wirtschaftlichen Verhältnisse wesentlich

---

199 OLG Nürnberg NJW 1987, 265; *Kalthoener/Büttner* NJW 1995, 1789, 1796 m. weit. Nachw.; OLG Hamburg FamRZ 1997, 621 f.; OLG Celle FamRZ 2005, 1098; aA OLG Karlsruhe FamRZ 2006, 1396.
200 OLG Schleswig OLGR 1996, 267 f.; *Fischer* MDR 2007, 437 f.
201 OLG Hamburg FamRZ 1993, 579; LG Hamburg FamRZ 1997, 1421; *Fischer* MDR 2007, 437, 438.
202 OVG Koblenz NVwZ-RR 1994, 123 (fraglich).
203 OLG Karlsruhe FamRZ 1994, 386; MDR 1990, 929 f.
204 OLG Hamm FamRZ 2006, 348.
205 OLG Hamburg OLGR 1997, 161, 162.
206 BGH NJW 1994, 1160, 1161 m. weit. Nachw.; BVerfG NJW 1997, 2745.
207 BGH NJW-RR 2003, 1648.
208 BGH NJW-RR 2003, 130, 131.
209 BGH FamRZ 2003, 1552 f.
210 BGH LM § 556 Nr. 19 = NJW 1985, 498 (L).
211 BGHR S. 2 Rechtsmittelbeklagter Nr. 1; NJW-RR 2001, 1009.
212 BGH NJW 1982, 446 f.; FamRZ 1988, 942.
213 BGHR § 122 Abs. 1 Rückwirkung Nr. 1.
214 BGH NJW 1985, 921.
215 BGH NJW 1985, 921.

geändert haben; eine Änderung der nach § 115 Abs. 1 Satz 3 Nr. 1 Buchstabe b und Nr. 2 maßgebenden Beträge ist nur auf Antrag und nur dann zu berücksichtigen, wenn sie dazu führt, dass keine Monatsrate zu zahlen ist. [2]Auf Verlangen des Gerichts hat sich die Partei darüber zu erklären, ob eine Änderung der Verhältnisse eingetreten ist. [3]Eine Änderung zum Nachteil der Partei ist ausgeschlossen, wenn seit der rechtskräftigen Entscheidung oder sonstigen Beendigung des Verfahrens vier Jahre vergangen sind.

I. Normzweck

1 § 120 befasst sich mit der **„zahlungsrechtlichen"** Seite des PKH-Bewilligungsbeschlusses, dh. mit den Fragen wann, wie viel und wohin von der PKH-Partei zu zahlen ist sowie mit dem Problem, wann und unter welchen Voraussetzungen die Zahlungen verändert oder eingestellt werden dürfen. Bei § 120 handelt es sich um eine „Ausführungsbestimmung" zu den §§ 114, 115.[1] Insbesondere Abs. 4 befasst sich mit den Reaktionen des Gerichts auf Veränderungen der subjektiven Bewilligungsvoraussetzungen.

II. Ratenzahlungen und Teilbeträge (Abs. 1)

2 **1. Allgemeines.** Grundsätzlich sind in dem **Bewilligungsbeschluss die Monatsraten und/oder die Vermögensbeträge festzusetzen.** Es ist dementsprechend ohne weiters zulässig, Raten und Vermögensbeträge gleichzeitig festzusetzen. Reichen die Vermögensbeträge alleine aus, so ist eine zusätzliche Ratenzahlung entbehrlich. Sind voraussichtlich bereits wenige Raten ausreichend, um die Prozesskosten zu decken, so kann auch der Vermögenseinsatz zunächst zurückgestellt werden.[2] Im Übrigen sollte die Frage, ob Ratenzahlungen und/oder Vermögensbeträge angeordnet werden, der Einzelfallentscheidung vorbehalten bleiben. Sich dogmatisch auf den Vorrang der Ratenzahlung oder umgekehrt festzulegen, erscheint nicht sinnvoll. Die Höhe der Raten ist – spätestens in einem eventuellen Nichtabhilfebeschluss (§ 127 Rn. 4) – zu begründen.[3]

3 **2. Zahlungsbeginn.** Die Erwägungen, die für die Bestimmung des Zahlungszeitpunktes maßgeblich sind, können sehr unterschiedlich sein. Um das Gericht insoweit nicht unnötig zu binden, ist gesetzlich nichts festgelegt worden.[4] Es wird in der Regel zweckmäßig sein, die **Zahlungen an die Fälligkeit der jeweiligen Kosten zu knüpfen.** In Zivilprozessen fallen die Gerichts- und Anwaltsgebühren überwiegend sofort an, es wird daher sinnvoll sein, die Ratenzahlungsverpflichtung bzw. die Zahlung der (Teil) Beträge aus dem Vermögen sofort anzuordnen,[5] zumal die Anwälte auch Vorschüsse verlangen können (§ 47 RVG). Es ist jedoch zu beachten, dass die PKH-Partei nicht schlechter gestellt werden darf als die „normale".[6] Wird also zB zunächst kein Anwalt beigeordnet und sind auch noch keine Gebühren fällig geworden, so wird die Zahlung erst später anzuordnen sein.[7] Eine solche Konstellation kann sich zB ergeben, wenn ein Beklagter PKH erlangt. Wird im PKH-Beschluss ein Zahlungstermin nicht festgesetzt, so ist ab Zugang des Beschlusses zu zahlen.[8] Eine rückwirkende Ratenzahlungsanordnung (Ansparpflicht) ist unzulässig.[9] Einmahlzahlungen (zB aus dem Vermögen) müssen ziffern- und datumsmäßig festgelegt werden, ist der Zufluss noch offen, ist an Abs. 4 zu denken.[10]

4 **3. Vorbehalt der Ratenzahlung.** Sind die wirtschaftlichen Verhältnisse einer PKH-Partei Gegenstand eines parallel laufenden Prozesses, zB einer Stufenklage auf Auskunft und Zahlung, so darf die PKH auch unter dem **Vorbehalt der Ratenzahlung** bewilligt werden.[11] Darin liegt keine unzulässige Bedingung, vielmehr soll die Verwertung zwischenzeitlicher besserer Kenntnisse möglich werden.[12] Wird unter Vorbehalt der Ratenzahlung bewilligt, so muss die entsprechende (endgültige) Entscheidung über die Ratenzahlung allerdings spätestens mit der Hauptsacheentscheidung ergehen, sonst entfällt der Vorbehalt.[13] Nach weiter gehender Ansicht soll ein zeitnaher Zusammenhang mit der Hauptsache ausreichend sein.[14] Dem kann zugestimmt werden. In Anlehnung an § 127 Abs. 3 S. 4 werden jedoch drei Monate der höchst zulässige Zeitpunkt sein.

5 **4. Stundung.** PKH kann auch in der Weise bewilligt werden, dass die **Verfahrenskosten so lange gestundet werden,** bis die Vermögenswerte verwertet werden können.[15] Die Beträge und die Kostenanteile sind genau zu beziffern. Steht zum Zeitpunkt der Bewilligung schon fest, dass der PKH-Partei, zB bei einem Vergleichsschluss, Mittel zufließen werden, so kann dieser Mittelzufluss bereits bei der Entscheidung berück-

---

1 *St/J/Bork* Rn. 1.
2 BT-Drucks. 8/3694 S. 21 (Bericht der Abgeordneten Dres. *Langner* und *Schöfberger*).
3 OLG Brandenburg FamRZ 2004, 389.
4 BT-Drucks. 8/3694 S. 21 (Bericht der Abgeordneten Dres. *Langner* und *Schöfberger*).
5 BT-Drucks. 8/3694 S. 21 (Bericht der Abgeordneten Dres. *Langner* und *Schöfberger*).
6 KG Rpfleger 1984, 477.
7 BT-Drucks. 8/3694 S. 21 (Bericht der Abgeordneten Dres. *Langner* und *Schöfberger*).
8 *Schneider* MDR 1981, 793, 797.
9 KG FamRZ 1998, 249.
10 KG FamRZ 2001, 632 f.; OLG Koblenz NJOZ 2006, 2147.
11 OLG Nürnberg Rpfleger 1995, 260.
12 OLG Nürnberg Rpfleger 1995, 260.
13 OLG Hamm MDR 1990, 345; s. a. OLG Hamburg FamRZ 1996, 1424.
14 OLG Düsseldorf FamRZ 1996, 808; aA Hamm FamRZ 2003, 1021.
15 OLG Nürnberg Rpfleger 1995, 260.

sichtigt und ein entsprechender Vermögensbetrag auferlegt werden.[16] Das Gleiche gilt, wenn ein Sparbrief demnächst fällig wird.[17] Vgl. auch Rn. 15f.

5. Entfallen besonderer Belastungen (Abs. 1 S. 2). Diese Vorschrift betrifft den Fall, dass das Gericht bei der Berechnung des einzusetzenden Einkommens **besondere Belastungen nach § 115 Abs. 1 S. 3 Nr. 4 abgezogen hat** (vgl. § 115 Rn. 27–30), diese besonderen Belastungen – und damit der Abzug – jedoch nicht während der gesamten Zahlungsdauer bestehen bleiben werden. Ein solcher Fall liegt beispielsweise vor, wenn Raten für andere Prozesse, die grundsätzlich als besondere Belastungen abzugsfähig sind (vgl. § 115 Rn. 30), nur noch einige Monate zu zahlen sind. In solchen Fällen kann zB bestimmt werden, dass die ersten zehn Raten in Höhe von X Euro zu zahlen sind, alle weiteren in Höhe von X Euro. Hierdurch kann auch Manipulationen vorgebeugt werden, zB wenn kurzfristige Verbindlichkeiten eingegangen werden, um ratenfreie PKH zu erlangen.[18] Zulässig ist auch der **umgekehrte Fall,** dh. die PKH-Raten können, falls eine demnächst eintretende besondere Belastung schon voraussehbar ist, bereits im Bewilligungsbeschluss für die Zukunft entsprechend abgesenkt werden.[19] 6

III. Zahlungen (Abs. 2)

Zahlungen sind **grundsätzlich an die Landeskasse** zu leisten. Abs. 2 macht nur eine Ausnahme: Wenn die Sache an den BGH gelangt und PKH in einem vorherigen Rechtszug nicht bewilligt worden ist, sind die Zahlungen an die Bundeskasse zu leisten. Gelangt ein auf PKH-Basis geführter Rechtsstreit an den BGH, so erscheint es fast ausgeschlossen, dass über höchstens 48 Monate Ratenzahlungen auch noch die Kosten der Revisionsinstanz gedeckt werden. Die Länder tragen den überwiegenden Anteil der PKH-Kosten in Höhe von ca. 99,9 %.[20] Hat der BGH erstmals PKH bewilligt und wird der Rechtsstreit an das OLG zurückverwiesen, das nunmehr gleichfalls PKH bewilligt, so sind die Raten hinfort an die Landeskasse zu leisten, die Zahlungspflicht an den Bund entfällt.[21] Frühere Ratenzahlungsanordnungen werden grundsätzlich durch neue Ratenzahlunganordnungen, die in einem folgenden Rechtszug ergehen, hinfällig; die Zuständigkeit geht insoweit nach § 127 Abs. 1 S. 2 über,[22] vgl. auch § 119 Rn. 19. Bei Ratenrückstand können auch Maßnahmen nach § 1 Abs. 1 Nr. 4a JBeitrO ergriffen werden, dh. die Rückstände können vollstreckt werden. Überzahlte Raten sind zurückzuzahlen.[23] 7

IV. Zahlungseinstellung (Abs. 3)

1. Kostendeckung (Abs. 3 Nr. 1). Die PKH-Partei muss nicht mehr weiterzahlen, wenn ihre Zahlungen die bisher entstandenen Kosten decken. Künftige Kosten werden nicht berücksichtigt.[24] Eine **Kostendeckung liegt jedoch nach hM erst dann vor,** wenn die Gerichtskosten, die (gegenüber den normalen Regelanwaltsgebühren idR niedrigeren, vgl. § 121 Rn. 29f.) PKH-Anwaltsgebühren und auch die (normalen) Regelanwaltsgebühren erreicht sind; letzteres ergibt sich aus § 50 RVG.[25] Deswegen steht dem beigeordneten Anwalt gegen die Zahlungseinstellung auch ein Beschwerderecht zu.[26] Bei längerem Prozessverlauf und hohen Raten ist eine **vorläufige Zahlungseinstellung** nach Abs. 3 Nr. 1 durchaus denkbar. Wird der Prozess durch Insolvenz einer Partei gemäß § 240 unterbrochen, so brauchen nur die bis dahin angefallenen Kosten abgedeckt zu werden.[27] Wird erstmals in der zweiten Instanz Ratenzahlung angeordnet, so brauchen – nach der hier vertretenen Auffassung – die zweitinstanzlichen Raten nicht dazu zu dienen, dem Anwalt erster Instanz noch die erweiterten Gebühren nach § 50RVG zu verschaffen, vgl. § 119 Rn. 19. Stellt sich später heraus, dass eine Kostendeckung doch nicht vorlag, kann die **Wiederaufnahme der Zahlungen** angeordnet werden; zB wenn ein Anwalt seine PKH-Vergütung von der Staatskasse liquidiert,[28] weil er sie bei dem Gegner nicht eintreiben kann (zu dieser Konstellation § 126 Rn. 1) oder der Gegner verstirbt und Erben nicht ermittelt werden können.[29] Selbst wenn zwischenzeitlich der PKH-Partei – versehentlich – ein angeblicher Überschuss zurückgezahlt wurde, kann die Wiederaufnahme der Ratenzahlungen angeordnet werden.[30] § 5 GKG ist allerdings zu beachten. Setzt der Rechtspfleger die noch zu zahlenden Raten durch Beschluss endgültig fest, so kann dadurch ein Vertrauenstatbestand geschaffen werden, der Nachforderungen ausschließt.[31] Überzahlte Raten sind zurückzuzahlen.[32] 8

---

16 OLG Düsseldorf MDR 1990, 728.
17 OLG Koblenz FamRZ 1996, 43.
18 Vgl. *Pohlmeyer* AnwBl. 1982, 420, 422.
19 *St/J/Bork* Rn. 10.
20 BT-Drucks. 12/6963 S. 6 (Begr. der Bundesregierung).
21 BGH NJW 1983, 944.
22 BGH NJW 1983, 944; *Fischer* Rpfleger 1997, 463, 465.
23 KG JurBüro 1997, 32.
24 OLG Koblenz MDR 2000, 604f.
25 Vgl. LAG Erfurt JurBüro 1998, 89ff.; OLG Nürnberg JurBüro 1990, 370, 371; LAG Hamburg AnwBl. 1996, 53; aA LAG Kiel AnwBl. 2002, 62f.
26 OLG Düsseldorf MDR 1993, 90f.; OLG Hamm FamRZ 1989, 412f.; s. a. § 127 Rn. 15.
27 LG Berlin MDR 1982, 413.
28 OLG Hamburg MDR 1985, 941.
29 Näher OLG Brandenburg FamRZ 2004, 384.
30 OLG Hamm JurBüro 1983, 613f.
31 OLG Koblenz NJW-RR 2000, 1384.
32 OLG Koblenz NJW-RR 2000, 1384.

9 **2. Anderer Schuldner (Abs. 3 Nr. 2).** Gewinnt die PKH-Partei den Prozess, so wird der Gegner idR Entscheidungsschuldner (vgl. § 29 Nr. 1 GKG). Dieser muss vorrangig zur Kostenerstattung herangezogen werden. Bis diese Frage geklärt ist, braucht die PKH-Partei vorläufig nicht mehr zu zahlen.[33] Eine Einstellung der Zahlungen nach Abs. 3 Nr. 2 ist folglich zu veranlassen.[34] Die **Einstellung ist nur vorläufig.** Können die Kosten nicht beigetrieben werden, muss die Ratenzahlung wieder aufgenommen werden.[35] Ist der unterlegene Gegner, dem PKH nicht bewilligt worden war, pfandlos, muss der PKH- Kläger, falls erforderlich, die Ratenzahlung wieder aufnehmen, um seine Zweitschuldnerhaftung für die Gerichtskosten zu erfüllen.[36]

10 Die **Ratenzahlung ist weiterhin einzustellen,** wenn der beigeordnete Anwalt die Möglichkeit hat, seine Kosten gegen den Gegner festsetzen zu lassen.[37] Wenn der beigeordnete Anwalt – nach fruchtlosem Vollstreckungsversuch beim unterlegenen Gegner – seine Gebühren aus der Staatskasse erhält, kann die vorläufige Einstellung der Ratenzahlung dann wiederum aufgehoben werden, weil der Anspruch des Anwaltes gegen die Partei auf die Staatskasse übergeht (§ 59 Abs. 1 S. 1 RVG).[38] Vor einer solchen Inanspruchnahme schützt die PKH die PKH-Partei gerade nicht, das Risiko der Insolvenz des Gegners kann nicht auf die Staatskasse verlagert werden.[39] Eine Wiederaufnahme der Ratenzahlung durch die PKH-Partei ist hingegen nicht zu veranlassen, wenn der Anwalt die Differenzkosten im Namen der Partei hat festsetzen lassen und dann der Gegner wirksam die Aufrechnung erklärt hat; der Anwalt hat in einer solchen Konstellation die Möglichkeit, einen Bereicherungsanspruch gegen die PKH-Partei geltend zu machen.[40] Ist noch nicht aufgerechnet, so muss der Anwalt den Kostenfestsetzungsbeschluss auf sich umschreiben lassen (vgl. hierzu § 126 Rn. 2 und 9 ff.) und einen Vollstreckungsversuch unternehmen.[41] Bei der Frage nach der Zahlungseinstellung kommt es nicht darauf an, wer von den in Abs. 3 Nr. 2 Erwähnten einen Anspruch hat; das Rangverhältnis der Anspruchsberechtigten ist unerheblich.[42] Für die Anwendung des Abs. 3 Nr. 2 kommt es nicht darauf an, dass der Gegner durch Zahlung auf einen Kostenfestsetzungsbeschluss zu Gunsten der PKH-Partei das Einziehungsrecht des Anwaltes oder der Staatskasse beeinträchtigen kann.[43] Hierdurch werden auch unnötige wechselseitige Zahlungen vermieden.

V. Änderung der Verhältnisse (Abs. 4)[44]

11 **1. Allgemeines.** Da in den Freibeträgen ein Zukunftszuschlag nicht vorgesehen ist, muss auf der anderen Seite eine **Überprüfung der Ratenzahlungsverpflichtung** in Kauf genommen werden. Nach den Erwartungen der Bundesregierung wird die Zahl der Fälle, in denen die Ratenfestsetzung aufzuheben ist, nicht erheblich sein.[45] Abs. 4 S. 1 letzter Halbsatz erklärt sich daraus, dass nach den Forderungen des BVerfG das Existenzminimum nicht durch Raten belastet werden darf. Eine Abänderung der PKH bei Verbesserung der wirtschaftlichen Verhältnisse begegnet keinen verfassungsrechtlichen Bedenken.[46] Abs. 4 ermöglicht nicht die Überprüfung der getroffenen Entscheidung, es geht nur um nachträgliche wesentliche Änderungen, die der Antragsteller darlegen und glaubhaft machen muss.[47] Es können daher nur Umstände berücksichtigt werden, die nach der vorangegangenen Entscheidung eingetreten sind.[48] Die Korrektur einer fehlerhaften Entscheidung ist nach Abs. 4 nicht möglich.[49] Die Vorschrift setzt schon ihrem Wortlaut nach eine Bewilligungsentscheidung voraus; ist die PKH abgelehnt worden, kann diese Entscheidung nicht nach Abs. 4 geändert werden.[50] Gleichgültig ist, ob das Verfahren inzwischen abgeschlossen ist und/oder ob noch Gebührentatbestände verwirklicht werden.[51] Sind dann Raten zu zahlen, müssen diese allerdings in den üblichen zeitlichen Grenzen (vgl. § 115 Rn. 33 f.) bis zur Deckung aller entstandenen Kosten bezahlt werden,[52] auch derjenigen nach § 50 RVG.[53] §§ 294, 295 Abs. 1 Nr. 4, 301 InsO gelten auch hier, die Gerichtskasse steht jedem anderen Gläubiger gleich.[54]

---

[33] OLG Köln FamRZ 1986, 926.
[34] OLG Düsseldorf MDR 1993, 90 f.
[35] BGH NJW-RR 1991, 827 m. weit. Nachw.; OLG Köln FamRZ 1986, 926.
[36] *Bischof* AnwBl. 1981, 369, 374.
[37] OLG Düsseldorf MDR 1993, 90 f.
[38] OLG Hamburg MDR 1985, 941.
[39] OLG Düsseldorf Rpfleger 1986, 448.
[40] OLG Schleswig SchlHA 1988, 90 f.; § 126 Rn. 6.
[41] OLG Düsseldorf MDR 1993, 90 f.
[42] BGH NJW-RR 1991, 827.
[43] BGH NJW-RR 1991, 827.
[44] Hierzu ganz ausf. *Huhnstock* Rn. 1 ff. mit Mustersammlung in Anhang 2; *Büttner* Rpfleger 1997, 347 ff.; OLG Köln OLGR 2001, 318 ff.
[45] BT-Drucks. 12/6963 S. 13 (Begr. der Bundesregierung).
[46] BVerfG NJW 1985, 1767 f.
[47] OLG Köln FamRZ 1987, 962; OLG Karlsruhe FamRZ 1999, 1146; OLG Koblenz OLGR 2006, 1014 f.
[48] OLG Bamberg NJW-RR 2003, 1163.
[49] OLG Köln FamRZ 2007, 296 f.
[50] *St/J/Bork* Rn. 25.
[51] OLG Düsseldorf FamRZ 1995, 1592; OLG München MDR 1985, 941, 942.
[52] LAG Kiel SchlHA 1988, 91.
[53] OLG Düsseldorf Rpfleger 2001, 244; s. a. § 121 Rn. 30.
[54] OLG Köln OLGR 2003, 174, 179.

Eine **Abänderungsentscheidung** kann auch bei zunächst ratenfreier PKH ergehen.[55] „Kann" bedeutet im vorliegenden Zusammenhang, dass eine Ermessensentscheidung eröffnet ist.[56] Eine Abänderung setzt nach dem Gesetzeswortlaut voraus, dass sich die Verhältnisse geändert haben, künftig erst zu erwartende Änderungen rechtfertigen noch keine Entscheidung.[57] Weist die PKH-Partei auf eine verschlechterte wirtschaftliche Lage hin, so ist dies als Abänderungsantrag auszulegen.[58] Eine Änderungsentscheidung nach Abs. 4 kann nicht ergehen, wenn die Verschlechterung der Vermögenslage bereits vor der Bewilligungsentscheidung vorlag, jedoch dem Gericht nicht alsbald mitgeteilt worden ist.[59] Die aA hält dies für falsch, weil eine Änderungsentscheidung erst Recht ergehen müsse, wenn die „Verschlechterung" von Anfang an gegeben war.[60] Diese Auffassung lässt jedoch ohne Not den Gesetzeswortlaut außer Acht und privilegiert nachlässigen Vortrag; sie ist daher abzulehnen. Die PKH-Partei ist dazu verpflichtet, ihre Vermögens- und Einkommensverhältnisse so zu führen, dass die Raten gezahlt werden können, eine nicht notwendige Erhöhung der Ausgaben kann nicht nach Abs. 4 berücksichtigt werden.[61] 12

2. Änderung mit Rückwirkung. Eine **Änderung zum Nachteil** der PKH-Partei ist nur mit Wirkung für die Zukunft möglich, eine rückwirkende Aufhebung sieht nur § 124 vor.[62] Die PKH darf demgemäß nicht einfach aufgehoben werden.[63] **Zum Vorteil** der PKH-Partei darf allerdings auch rückwirkend ab Eintritt der Verschlechterung die Höhe der Raten geändert werden, auch wenn der Antrag erst später gestellt wird.[64] Ein solcher Fall kann zB eintreten, wenn die Partei zu spät eine Einkommensminderung auf Grund von Arbeitslosigkeit anzeigt. Eine solche rückwirkende Änderung setzt jedoch voraus, dass genau dargelegt wird, wann und wie sich die Verhältnisse geändert haben, geschieht dies nicht, ist der Antragseingang maßgeblich.[65] Ist jedoch widerspruchslos bezahlt worden, ist eine rückwirkende Änderung nicht mehr möglich. 13

3. Erklärungspflicht (Abs. 4 S. 2). Die PKH-Partei ist nicht verpflichtet, den Vordruck erneut auszufüllen, denn § 120 verweist nicht auf § 117.[66] Das Gericht darf jedoch der PKH-Partei aufgeben, ihre **Angaben zu belegen oder sonst glaubhaft zu machen.**[67] Einer Offenbarungspflicht von sich aus unterliegt die PKH-Partei nicht.[68] Es ist auch nicht zulässig, der Partei aufzugeben, jegliche Änderungen in einem bestimmten Zeitraum von sich aus zu melden, weil dies mit dem Wortlaut des Gesetzes nicht vereinbar ist.[69] Kommt die Partei ihrer Erklärungspflicht nicht nach, so ist es gemäß § 124 Nr. 2 möglich, die bewilligte PKH wieder aufzuheben, vgl. § 124 Rn. 6. 14

4. Vermögensänderung (Abs. 4 S. 1). Erwirbt eine Partei **im Laufe des Prozesses einzusetzendes Vermögen,** so darf nach allgM die PKH-Bewilligung nicht einfach aufgehoben werden, dem Anwalt darf der Vergütungsanspruch gegen die Staatskasse nicht ohne weiteres genommen werden.[70] Dies gilt sowohl für eine ex-nunc- als auch für eine ex-tunc-Aufhebung.[71] Nach hM ist es jedoch zulässig, dass die PKH-Partei die gesamten fälligen Kosten sofort zu bezahlen hat, schon hierdurch kann den berechtigten Interessen der Staatskasse Rechnung getragen werden.[72] Zu denken ist beispielsweise an einen Vermögenserwerb durch einen Erbfall.[73] Nicht realisierbare Ansprüche bleiben außer Betracht.[74] Fließt ausreichendes Vermögen zu, sind auch die Gebühren nach § 50 RVG (§ 121 Rn. 30) zu zahlen.[75] Denkbar ist auch der praktisch seltene Fall, dass vorhandenes Vermögen wegfällt. Waren der PKH-Partei Zahlungen aus dem Vermögen aufgegeben worden, so können diese in solchen Fällen entfallen. 15

Fließen durch den Rechtsstreit, für den PKH bewilligt wurde (zB **auf Grund eines Vergleiches**) der PKH-Partei Mittel in einem relevanten Umfang zu, so kann dies eine Entscheidung nach Abs. 4 rechtfertigen.[76] Dasselbe gilt bei einer erfolgreichen Zwangsvollstreckung.[77] Diese Sicht der Dinge unterliegt keinen verfassungsrechtlichen Bedenken.[78] Auch Abfindungen (§ 115 Rn. 52), die auf Grund eines Vergleiches in einem 16

---

[55] OLG Köln OLGR 1992, 307.
[56] *St/J/Bork* Rn. 20; aA *Wiecz/Steiner* Rn. 15.
[57] OLG Frankfurt/M FamRZ 1992, 1451.
[58] LAG Bremen MDR 1988, 81, 82; OLG Nürnberg FamRZ 2005, 1265.
[59] LAG Düsseldorf JurBüro 1989, 123f.
[60] LAG Köln MDR 1993, 807.
[61] OLG Brandenburg Rpfleger 2004, 53, 54.
[62] OLG Frankfurt/M NJW-RR 1986, 358; OLG Köln NJW-RR 1999, 578.
[63] OLG Düsseldorf FamRZ 1993, 1266f.; OLG Karlsruhe MDR 1999, 1408.
[64] OLG Köln FamRZ 1987, 1167; OLG Saarbrücken OLGR 2000, 374; OLG Frankfurt/M OLGR 2002, 27.
[65] LAG Bremen MDR 1988, 81, 82.
[66] OLG Dresden FamRZ 1998, 250, 251; OLG Koblenz FamRZ 1999, 1144; OLG Naumburg JurBüro 2002, 539f.
[67] OLG Zweibrücken JurBüro 1995, 310.
[68] AG Plön SchlHA 1993, 277.
[69] OLG München FamRZ 1992, 702.
[70] OLG Nürnberg Rpfleger 1994, 421, 422; OLG Düsseldorf FamRZ 1998, 837; aA OLG München Rpfleger 1991, 25f.
[71] OLG Hamm OLGZ 1991, 232, 233.
[72] OLG Nürnberg Rpfleger 1994, 421; OLG Dresden NJW-RR 2003, 1222, 1223; OLG Köln Rpfleger 1999, 402.
[73] OLG Düsseldorf Rpfleger 2001, 244; *T/P/Reichold* Rn. 9.
[74] OLG Nürnberg MDR 2004, 592f.
[75] OLG Düsseldorf Rpfleger 2001, 244.
[76] KG NJW-RR 1989, 511, 512; OLG Zweibrücken JurBüro 1998, 478f.; OLG Koblenz Rpfleger 1996, 206; OLG Dresden OLGR 2004, 174, 175.
[77] BT-Drucks. 13/341 S. 13 (Gesetzentwurf des Bundesrates).
[78] BVerfG NJW 1985, 1767f.

Kündigungsschutzprozess gezahlt werden, ermöglichen eine Anordnung nach Abs. 4,[79] allerdings nicht, wenn PKH in Kenntnis des Zuflusses bewilligt wurde.[80] Werden zB Bausparverträge[81] oder Lebensversicherungen usw. die bisher nicht verwertet werden mussten (vgl. § 115 Rn. 44 und 53), fällig, so kann dies eine Anordnung nach Abs. 4 rechtfertigen, wenn die Beträge nicht unter das Schonvermögen fallen oder (bei Bausparverträgen) bestimmungsgemäß verwertet werden. Für die Wesentlichkeit kommt es nur darauf an, ob der Betrag über der Freigrenze (§ 115 Rn. 43) liegt.[82] Ein Zufluss ist vorrangig für die Prozesskosten einzusetzen.[83] Einen allgemeinen Grundsatz, wonach der Ertrag eines erfolgreichen Prozesses vorrangig zur Deckung der Prozesskosten einzusetzen ist, gibt es nicht.[84] Dies bedeutet aber nicht, dass bei den vorstehend geschilderten Konstellationen nicht nachzuzahlen wäre.[85] Werden mit zugeflossenen Geldbeträgen Schulden getilgt, so kann dies nur die Nachzahlung vermindern, wenn die Raten zur Schuldentilgung als besondere Belastung abzugsfähig gewesen wären[86] oder die PKH-Partei schon vor Bewilligung überschuldet war und diese Schulden zurückführt.[87] Zweckgebundene Zuwendungen, wie zB Schmerzensgeld (hierzu § 115 Rn. 49) und Heilungskosten, bleiben außer Betracht.[88] Gelingt es der PKH-Partei rückständigen Unterhalt auf ein Mal beizutreiben, so kann dies eine Entscheidung nach Abs. 4 S. 1 jedenfalls dann nicht rechtfertigen, wenn bei rechtzeitiger Zahlung des Unterhalts auch ratenfreie PKH hätte bewilligt werden müssen.[89] Teilweise wird sogar davon ausgegangen, dass derartige Zahlungen insgesamt außer Betracht bleiben.[90] Bei sehr hohen Beträgen (80 000 Euro) ist nachzuzahlen.[91] Nicht nachzuzahlen ist, wenn nach § 1629 Abs. 3 S. 1 geltend gemachter Kindesunterhalt eingeht.[92] Nach weitergehender Auffassung ist beim Zufluss eines Betrages, der das Schonvermögen übersteigt (§ 115, Rn. 43), immer nachzuzahlen.[93] Weiterhin kann das **Entstehen von Unterhaltsansprüchen** eine wesentliche Änderung sein.[94] Es kann zB ein Nachzahlungsbeschluss ergehen, der sich auf den Anspruch auf Ersatz der Kosten des Ehelichkeitsanfechtungsprozesses gegen den Dritten, der die Vaterschaft anerkannt hat, beschränkt.[95] Dies setzt aber Leistungsfähigkeit des Dritten voraus.[96] Kann ein Unterhaltsanspruch nach § 1613 Abs. 2 Nr. 1 BGB nicht mehr geltend gemacht werden, gilt dies nicht.[97] Wird zwischenzeitlich erlangtes Vermögen für nicht notwendige Dinge verbraucht, muss sich die PKH-Partei so behandeln lassen, als seien die zugeflossenen Mittel noch vorhanden, sie muss damit nachzahlen.[98]

17 Hinsichtlich der Vermögensverhältnisse reicht eine **Änderung um ca. 10 % nicht aus,** an die wesentliche Änderung sind strengere Maßstäbe anzulegen, der Lebensstandard muss sich verändert haben.[99] Ein einmaliger Zufluss von 51 100 Euro wird idR als wesentlich angesehen werden können, jedoch kommt es immer auf den Einzelfall an, eine geringfügige und vorübergehende Änderung reicht nicht aus; erforderlich ist eine nachhaltige Änderung, die mit dem Zweck der PKH als Fürsorgeleistung unvereinbar ist.[100] Teilweise wird allerdings jeder über der Freibetragsgrenze (§ 115 Rn. 43) liegende Betrag als ausreichende Änderung angesehen.[101] Die Erhöhung des Rückkaufswertes einer Lebensversicherung kann nicht nach Abs. 4 berücksichtigt werden.[102] Eine Abänderung soll unterbleiben, wenn die Partei bei Anordnung von Zahlungen in absehbarer Zeit wieder Sozialhilfe beantragen müsste.[103] Lange Zeit war umstritten, ob ein nach Bewilligung erworbenes Vermögen zum Kauf eines unter §§ 115 III 2, 90 Abs. 2 Nr. 8 SGB XII fallenden **Familienheimes** eingesetzt werden darf. Der BGH hat dazu entschieden, dass in einem solchen Fall nach Abs. 4 nachgezahlt werden muss, zB wenn mit erlangtem Zugewinnausgleich ein neues Familienheim erworben wird.[104] Dies ergibt sich aus § 115 Abs. 3 S. 2 iVm. § 90 Abs. 2 Nr. 3 SGB XII. Während nämlich ein bereits

---

79 LAG Mainz NZA 1995, 863 f. m. weit. Nachw.
80 LAG Hannover Rpfleger 1998, 527, 528.
81 Entsprechend BGH FamRZ 2007, 1720 f = LMK 2007, 241906 mit Anm. *Fischer.*
82 OLG Celle FamRZ 2007, 297.
83 OLG Celle OLGR 2000, 335; OLG Koblenz AnwBl. 2001, 274 f.; FamRZ 2007, 645; OLG Oldenburg NdsRpfl. 2004, 215 f.; OLG Köln FamRZ 2005, 2003; aA KG NJW-RR 2000, 251; OLG Koblenz NJOZ 2007, 726 = FamRZ 2006, 1134; OLG Karlsruhe Rpfleger 2006, 267.
84 BGH NJW-RR 2007, 628.
85 BGH FamRZ 2007, 1720 f. = LMK 2007, 241906 mit Anm. *Fischer;* dadurch ist OLG Celle NJOZ 2007, 2992 überholt.
86 OLG Hamm FamRZ 1997, 682.
87 BGH FamRZ 2007, 1720 f. = LMK 2007, 241906 mit Anm. *Fischer.*
88 OLG Saarbrücken OLGR 2005, 505 f.
89 OLG Hamm FamRZ 1996, 1291; OLG Celle NdsRpfl. 2006, 61.
90 OLG Hamm FamRZ 2007, 1661 f.
91 OLG Celle OLGR 2005, 295.
92 OLG Nürnberg MDR 2007, 159.
93 OLG Köln FamRZ 2007, 488.
94 OLG Bamberg NJW-RR 1996, 69.
95 OLG Bamberg FamRZ 1995, 1591.
96 OLG München FamRZ 1996, 1426; 1997, 1286 f.; OLG Dresden FamRZ 1999, 303.
97 OLG Bamberg NJW-RR 1996, 69, 70.
98 OLG Koblenz Rpfleger 1996, 206 f.; s. a. OLG Zweibrücken MDR 1997, 885 f.; vgl. aber Rn. 17 und § 115 Rn. 55.
99 OLG Hamm OLGZ 1991, 232, 233.
100 OLG Düsseldorf OLGR 1996, 84.
101 OLG Celle MDR 2001, 230 f.
102 OLG Schleswig SchlHAnz. 2007, 98 f.
103 OLG Nürnberg OLGR 2003, 333.
104 BGH FamRZ 2007, 1720 f = LMK 2007, 241906 mit Anm. *Fischer*

vorhandenes **angemessenes Hausgrundstück** nach § 90 Abs. 2 Nr. 8 SGB XII von vornherein privilegiert ist, darf vorhandenes Geld für die Anschaffung eines neuen angemessenen Hausgrundstücks gemäß § 90 Abs. 2 Nr. 3 SGB XII nur verwendet werden, wenn das Haus Wohnzwecken behinderter oder pflegebedürftiger Menschen dienen soll. Dabei ist unerheblich, ob die Anordnung nach Abs. 4 vor oder nach dem Erwerb erfolgt, den mit einer Entscheidung nach § 120 Abs. 4 muss die PKH-Partei immer rechnen.[105] Konsequenz: Vor dem Kauf des neuen Familienheims steht die Anordnung nach Abs. 4. Vgl. a. § 115 Rn. 46f.

5. Einkommensänderung (Abs. 4 S. 1). S. a. Rn. 12. Erhöht sich das Einkommen, dürfen gleichfalls nachträglich Ratenzahlungen angeordnet werden,[106] aus einer ratenfreien PKH kann demzufolge ohne weiteres eine solche mit Raten werden.[107] Eine Rentenerhöhung um ca. 7,7% ist noch nicht wesentlich.[108] **Ab ca. 10%** wird man von einer wesentlichen Einkommensänderung sprechen können.[109] Eine Einkommenserhöhung von etwas über 50 Euro monatlich wird jedoch noch keine wesentliche Änderung darstellen.[110] Vermindert sich das Einkommen, so gelten die vorstehenden Ausführungen entsprechend. Nach Bewilligung eingegangene Verbindlichkeiten können nur berücksichtigt werden, wenn sie zur Lebensführung unbedingt erforderlich waren.[111] Eine Abänderung nach Abs. 4 ist nicht veranlasst, wenn der Gesetzgeber Arbeitslosenhilfe und Pfändungsfreigrenzen erhöht hat.[112] Wird vom Einkommen des Antragstellers ein Teilbetrag auf die Arbeitslosenhilfe seines nichtehelichen Lebenspartners angerechnet, rechtfertigt dies keine Änderung der festgelegten Raten. Die Partei kann, wenn die Raten gezahlt werden, beim Arbeitsamt einwenden, dass sich das Einkommen des Partners vermindert hat.[113] 18

Abs. 4 S. 1 Halbs. 2 bezieht sich auf § 115 Abs. 1 S. 3 Nr. 1b) und Nr. 2 und nimmt damit Bezug auf die jährlich vom Bundesministerium der Justiz bekanntzugebenden **„Frei"-Beträge** (vgl. § 115 Rn. 18). Zwangsläufig werden sich diese Beträge jedes Jahr (wenn auch nur geringfügig) erhöhen. Die Änderung der Tabellenwerte kann grundsätzlich nicht zu einer Änderungsentscheidung nach Abs. 4 führen. Nur dann, wenn zum einen ein Antrag gestellt wird und zum anderen auf Grund der neuen Berechnung eine angeordnete Ratenzahlung entfiele, kommt es zu einer solchen Entscheidung nach Abs. 4. Diese Regelung ist dringend erforderlich, um die „PKH-Verwaltung" durch die Gerichte nicht zu überlasten. Im Übrigen sind die Sprünge bei den einzelnen Raten nicht so erheblich, als dass eine Änderung immer durchgeführt werden müsste. 19

6. Vierjahresfrist (Abs. 4 S. 3). Die Vierjahresfrist orientiert sich an § 5 Abs. 1 GKG. Sie beginnt **frühestens ab der Beendigung des Rechtsstreites insgesamt,** nicht der Instanz.[114] Dies soll auch gelten, wenn die PKH erst kurz vor Ablauf der Vierjahresfrist bewilligt wurde.[115] Bei Familiensachen kommt es – auch bei Abtrennung – auf die Beendigung des Verfahrens insgesamt, also den gesamten Verbund an, es sei denn, es wird ausgesetzt.[116] Auch das Ruhen des Verfahrens führt zu einer Beendigung.[117] Es ist ausreichend, wenn das Abänderungsverfahren vor Ablauf von vier Jahren nach Rechtskraft eines ergangenen Urteils eingeleitet wird.[118] Folgt man der abweichenden Auffassung, die eine Entscheidung vor Fristablauf verlangt, so ist zu beachten, dass eine Änderung auch dann möglich ist, wenn das Verfahren vor Fristablauf ohne Verzögerung durch die PKH-Partei hätte abgeschlossen werden können.[119] Verzögert das Gericht das Verfahren über die Frist hinaus, ist eine Abänderung ausgeschlossen.[120] Eine Änderung ist auch dann zu berücksichtigen, wenn sie erst lange Zeit nach ihrem Eintritt angezeigt wird, auch rückwirkend, wenn die Raten nicht bezahlt wurden.[121] 20

7. Rechtsmittel. Gegen die Entscheidung des **Rechtspflegers** ist nach den allgemeinen Grundsätzen die sofortige PKH-Beschwerde gegeben (§ 11 Abs. 1 RpflG). Der Rechtspfleger kann abhelfen (§ 572 Abs. 1 S. 1)[122] und muss in diesem Fall auch eine Kostenentscheidung treffen (§ 572 Rn. 23). Der Richter erster Instanz wird – im Wege der befristeten Erinnerung – nur noch tätig, wenn gegen die Entscheidung des Rechtspflegers ein Rechtsmittel nicht gegeben wäre (§ 11 Abs. 2 RpflG). Gemäß § 11 Abs. 2 RPflG kann der Rechtspfleger auch in diesem Fall abhelfen. Ein solcher Fall liegt zB vor, wenn der Rechtspfleger trotz Anregung der Staatskasse im Verfahren nach Abs. 4 nicht einleiten will.[123] Erinnerungsbefugt ist nur die betroffene PKH-Partei, nicht der Gegner und der beigeordnete Anwalt (vgl. § 127 Rn. 15f.).[124] Gegen die Entschei- 21

---

[105] BGH FamRZ 2007, 1720f. = LMK 2007, 241906 mit Anm. *Fischer*
[106] OLG Düsseldorf FamRZ 1994, 1266, 1267; OLG Karlsruhe FamRZ 1994, 1268.
[107] KG NJW-RR 1989, 511, 512.
[108] OLG Nürnberg FamRZ 1993, 818f.
[109] Vgl. LAG Düsseldorf JurBüro 1989, 1446f.; ebenso *Wiecz/Steiner* Rn. 14; *Zi* Rn. 6; skeptisch gegenüber Prozentwerten *St/J/Bork* Rn. 19.
[110] OLG Düsseldorf FamRZ 1991, 1325.
[111] OLG Koblenz JurBüro 2007, 267.
[112] LAG Bremen JurBüro 1994, 47f.
[113] BVerwG JurBüro 1995, 425.
[114] OLG München Rpfleger 1994, 218, 219; OLG Koblenz Rpfleger 1994, 259.
[115] OLG Stuttgart NJOZ 2006, 1967, 1968.
[116] OLG Brandenburg FamRZ 2002, 1416f.; OLG Dresden NJW-RR 2003, 1222f.; KG FamRZ 2007, 646.
[117] OLG Düsseldorf Rpfleger 2001, 244; OLG Stuttgart NJOZ 2006, 1967.
[118] OLG Zweibrücken JurBüro 1995, 310, 311; aA OLG Koblenz OLGR 1999, 96.
[119] OLG Naumburg FamRZ 1996, 1425; OLG Brandenburg Rpfleger 2001, 356f.; OLG Zweibrücken NJOZ 2007, 1490.
[120] OLG Stuttgart FamRZ 2006, 1136.
[121] KG MDR 1994, 1045.
[122] OLG Naumburg Rpfleger 2002, 526f.
[123] LAG Nürnberg Rpfleger 2002, 464, s. a. Rn. 22.
[124] OLG Zweibrücken JurBüro 2000, 483; FamRZ 2007, 1471; *Huhnstock* Rn. 15ff.

dung des **Richters** ist die sofortige PKH-Beschwerde das richtige Rechtsmittel. Rechtsmittel können insoweit auch eingelegt werden, wenn die Hauptsacheentscheidung schon rechtskräftig ist (vgl. § 127 Rn. 20).

VI. Zuständigkeiten

22 Für Entscheidungen nach Abs. 3 und Abs. 4 ist gemäß § 20 Nr. 4b und c RpflG der **Rechtspfleger** zuständig; eine Entscheidung eines Kostenbeamten ist unwirksam.[125] Der Bezirksrevisor kann den Rechtspfleger nicht zu einer Fristbestimmung zur Überprüfung nach Abs. 4 anhalten.[126] Der **Rechtspfleger** wird oft die DB-PKHG/InsO (hierzu § 117 Rn. 2) zu beachten haben. Ansonsten gilt § 127 Abs. 1 S. 2. Für die Entscheidung über die Zahlungseinstellung ist das Berufungsgericht während des dortigen Verfahrens zuständig, selbst wenn PKH nur für das Verfahren erster Instanz bewilligt wurde.[127]

121 *Beiordnung eines Rechtsanwalts*

(1) Ist eine Vertretung durch Anwälte vorgeschrieben, wird der Partei ein zur Vertretung bereiter Rechtsanwalt ihrer Wahl beigeordnet.

(2) Ist eine Vertretung durch Anwälte nicht vorgeschrieben, wird der Partei auf ihren Antrag ein zur Vertretung bereiter Rechtsanwalt ihrer Wahl beigeordnet, wenn die Vertretung durch einen Rechtsanwalt erforderlich erscheint oder der Gegner durch einen Rechtsanwalt vertreten ist.

(3) Ein nicht in dem Bezirk des Prozessgerichtes niedergelassener Rechtsanwalt kann nur beigeordnet werden, wenn dadurch weitere Kosten nicht entstehen.

(4) Wenn besondere Umstände dies erfordern, kann der Partei auf ihren Antrag ein zur Vertretung bereiter Rechtsanwalt ihrer Wahl zur Wahrnehmung eines Termins zur Beweisaufnahme vor dem ersuchten Richter oder zur Vermittlung des Verkehrs mit dem Prozessbevollmächtigten beigeordnet werden.

(5) Findet die Partei keinen zur Vertretung bereiten Anwalt, ordnet der Vorsitzende ihr auf Antrag einen Rechtsanwalt bei.

Übersicht

I. Normzweck

1 § 121 befasst sich mit der Frage, wann bei bewilligter PKH nicht nur Gerichtskostenbefreiung bzw. Zahlungserleichterung eintreten, sondern in welchen Fällen darüber hinaus die PKH-Partei **auf Kosten der Staatskasse einen Anwalt beigeordnet bekommt.** Abs. 1 befasst sich mit dem Anwaltsprozess, Abs. 2 mit dem Parteiprozess, Abs. 3 mit der Beiordnung nicht im Bezirk des Prozessgerichts niedergelassener Anwälte, Abs. 4 mit der (zusätzlichen) Beiordnung von Beweis- bzw. Verkehrsanwalt. Abs. 5 schließlich regelt den (praktisch recht seltenen) Fall, dass eine PKH-Partei keinen Anwalt findet, der bereit ist, sie zu vertreten. Es wird sichergestellt, dass jede Partei anwaltlich vertreten wird, wenn dies erforderlich ist.

II. Weitere Rechtsgrundlagen

2 § 121 wird, für Scheidungs- und Folgesachen, durch die **§§ 624 Abs. 2, 625** ergänzt, vgl. die Kommentierung dort. Neben § 121 sind weiterhin die **§§ 45–59 RVG** von Bedeutung, die den Vergütungsanspruch des beigeordneten Rechtsanwaltes gegen die Staatskasse regeln. Wichtig ist vor allem § 48 RVG, der den Umfang der Beiordnung festlegt. Bezüglich der von der Staatskasse auszuzahlenden Anwaltsvergütung

---

125 OLG Celle NdsRpfl. 1999, 324; s. a. § 124 Rn. 9.
126 OLG Köln Rpfleger 2000, 398.
127 OVG Hamburg FamRZ 1990, 81f.

(Einzelheiten Rn. 29ff.) ist weiterhin die überwiegend bundeseinheitlich geltende Verwaltungsvorschrift **„Festsetzung der aus der Landeskasse zu gewährenden Vergütung der Rechtsanwälte"** zu beachten.[1] Diese Verwaltungsvorschrift richtet sich an die für die Festsetzung zuständigen (§ 55 Abs. 1 RVG) Urkundsbeamten. Die Justizverwaltung hat diese Aufgabe auf die Rechtspfleger übertragen; Nr. 1.2.1 der soeben erwähnten Verwaltungsvorschrift. Diese Tätigkeit der Rechtspfleger unterliegt allerdings nicht dem RpflG.

III. Gesetzesänderungen

Wegen der verschiedenen früheren Gesetzesänderungen seit dem Jahre 1994 muss nunmehr auf die 5. Auflage verwiesen werden.[2] Eine mittelbare Auswirkung auf diese Vorschrift hatte auch das KostRMoG. Durch Art. 4 Nr. 2 des **Gesetzes zur Stärkung der Selbstverwaltung der Rechtsanwaltschaft** vom 26. März 2007[3] wurde Abs. 3 geändert. Diese Änderung ist von großer Bedeutung, vgl. dazu eingehend Rn. 18ff. 3

IV. Anwaltsbeiordnung[4]

1. Allgemeines. Vgl. auch § 119 Rn. 4 und § 78b Rn. 2. Die **Beiordnung eines Anwaltes** setzt die Bewilligung von PKH voraus. Ein bedürftiger Antragsgegner kann im PKH- Verfahren noch keinen Anwalt beigeordnet bekommen.[5] Auch die Anwaltsbeiordnung gilt nur für die jeweilige Instanz (zur Instanz vgl. § 119 Rn. 2f.). Grundsätzlich gilt, dass der Anwalt frei gewählt werden darf. Aus dem Wortlaut des Abs. 1 ergibt sich jedoch bereits, dass die PKH-Partei einem Anwalt kein Mandat aufzwingen darf, es bleibt im Zweifel nur der Weg über Abs. 5 (hierzu Rn. 34).[6] Es ist weiterhin darauf hinzuweisen, dass die Beiordnung alleine das Vollmachts- und Auftragsverhältnis nach den §§ 81ff. bzw. den §§ 675, 611ff. BGB nicht ersetzen kann.[7] Auf Grund der Beiordnung ist der Anwalt aber zum Vertragsabschluss mit der PKH-Partei verpflichtet.[8] IdR kann davon ausgegangen werden, dass ein Anwalt nicht nur für das PKH-Verfahren, sondern auch für das streitige Verfahren bevollmächtigt ist.[9] Gelangt ein Rechtsstreit in die nächste Instanz, darf auch das Beschwerdegericht einen Anwalt beiordnen.[10] Genauso wie rückwirkend PKH bewilligt werden kann (hierzu § 119 Rn. 10ff.), kann auch rückwirkend ein Anwalt beigeordnet werden.[11] War PKH bewilligt worden, soll auch noch nach Verfahrensabschluss ein Anwalt beigeordnet werden können.[12] Eine **amtspflichtwidrige Nichtbeiordnung** eines Anwaltes wird in der Regel keine Schadensersatzansprüche des Anwaltes aus § 839 BGB/Art. 34 GG auslösen, da der Anwalt nicht „Dritter" iS dieser Vorschriften ist; die Amtspflicht des Gerichts, einen Anwalt beizuordnen, dient nicht dem Gebühreninteresse des Anwalts.[13] 4

2. Antrag. Ein Antrag auf Beiordnung ist grundsätzlich notwendig.[14] Stellt ein Anwalt den PKH-Antrag, so liegt darin ein konkludenter Antrag auf Beiordnung.[15] In Fällen, in denen ein Anwalt nicht zwingend beizuordnen ist, ist eine **stillschweigende Beiordnung** nicht möglich;[16] anders in Fällen, in denen die Beiordnung zwingend erforderlich ist.[17] Wird in einem solchen Fall lediglich PKH bewilligt, die Anwaltsbeiordnung jedoch nicht ausgesprochen, so kann von einer stillschweigenden Beiordnung ausgegangen werden, wenn der Anwalt, der für die PKH-Partei tätig ist, vor dem Gericht verhandelt. Wird für einen Anwalt ein **Abwickler** bestellt, so müsste dieser zur Erlangung eines Vergütungsanspruchs gesondert beigeordnet werden; verhandelt das Gericht jedoch mit dem Abwickler, kann hierin ausnahmsweise eine stillschweigende Beiordnung gesehen werden.[18] 5

3. Mandatserteilung an Sozietät. Erteilt die PKH-Partei einer Sozietät das Mandat, ist nur einer der Anwälte beizuordnen.[19] Wird eine Sozietät für eine PKH-Partei tätig, soll der **Anwaltsvertrag**, wenn nicht ausdrücklich nur ein Auftrag an einen Anwalt vorliegt, idR gleichwohl mit der gesamten Sozietät zustandekommen, auch wenn nur einer der Anwälte beigeordnet wird.[20] Der BGH vertritt hingegen die Ansicht, dass im Falle einer PKH-Beiordnung nur mit dem beigeordneten Anwalt ein Vertrag zustandekommt.[21] Dieser Widerspruch ist dahingehend aufzulösen, dass es in erster Linie auf die von der PKH-Partei unterschriebene Vollmacht ankommt. Liegt eine schriftliche Vollmacht nicht vor, ist dem BGH zu folgen. Kommt zunächst 6

---

1 *Piller/Hermann* 10c.
2 5. Auflage gleichfalls Rn. 3.
3 BGBl. I 2007 S. 358ff.
4 Hierzu ausf. *Pape* ZIP 1989, 692ff.
5 BGH NJW 1984, 2106.
6 BT-Drucks. 8/3694 S. 21 (Bericht der Abgeordneten Dres. *Langner* und *Schöfberger*).
7 OLG Zweibrücken JurBüro 1994, 749.
8 *Feuerich,* BRAO, § 48 Rn. 5 m. weit. Nachw.
9 BGH NJW 2002, 1728f.
10 OLG Köln JMBlNRW 1983, 125, 126.
11 *Wiecz/Steiner* Rn. 18; OLG Karlsruhe FamRZ 1991, 1458, 1459.
12 OLG Karlsruhe FamRZ 2001, 1155f.
13 BGHZ 109, 163, 168ff. = NJW 1990, 836.
14 VGH Mannheim JurBüro 1989, 124.
15 OLG Dresden FamRZ 2001, 634; LAG Hannover MDR 1999, 190; OLG München FamRZ 2002, 1196f.
16 VGH Mannheim JurBüro 1989, 124.
17 OLG Naumburg FamRZ 2007, 916.
18 OLG Düsseldorf MDR 1964, 66.
19 OLG Zweibrücken NJW-RR 1986, 615; OLG Düsseldorf JurBüro 1991, 979.
20 OLG Köln AnwBl. 1994, 300 m. weit. Nachw.
21 BGH NJW 1991, 2294.

ein Mandatsvertrag mit dem Prinzipal zu Stande und wird alsdann ein angestellter Anwalt beigeordnet, haften der PKH-Partei beide aus Vertrag.[22] Gibt ein Sozius seine Zulassung beim Prozessgericht auf und wird daraufhin ein anderer Sozius beigeordnet, besteht nur ein einheitlicher Gebührenanspruch der Sozietät, es entstehen nicht zwei Ansprüche der einzelnen Anwälte.[23] Wird eine Sozietät beigeordnet und scheidet der Sachbearbeiter aus, so bleibt die Sozietät beigeordnet, gegen eine Abänderung der Bewilligung auf den ausgeschiedenen Anwalt ist die Sozietät beschwerdebefugt.[24] Eine Anwalts-GmbH nach den §§ 59c BRAO kann als solche beigeordnet werden.[25]

7 **4. Beiordnungsverbote.** Beigeordnet werden kann nur ein in der Bundesrepublik Deutschland zugelassener Anwalt, kein ausländischer.[26] Ein ausländischer Anwalt, der nach § 1 Abs. 1 RADG hier tätig werden darf, kann allerdings beigeordnet werden.[27] Ist bei einer Scheidungssache einer Partei die Einreise verwehrt, kommt ausnahmsweise die Beiordnung eines ausländischen Verkehrsanwaltes in Betracht.[28] Dasselbe gilt bei anderen besonderen Umständen.[29] Ein ausländischer Beweisanwalt kann nicht beigeordnet werden, beauftragt der Rechtsanwalt einen solchen, können die Kosten nach § 46 Abs. 1 RVG erstattungsfähig sein.[30] Erlangt ein **Anwalt in eigener Sache PKH,** soll er auch sich selbst beigeordnet werden können.[31] Dem ist jedoch nicht zu folgen, denn wer sich selbst vertreten kann, der braucht keinen Anwalt; es ist nicht Sinn der Sozialhilfe, einem Anwalt zusätzliches Einkommen zu verschaffen, in besonderen Umständen kommt höchstens die Beiordnung eines anderen Anwaltes in Betracht.[32] Ist allerdings ein **Konkurs- oder Insolvenzverwalter** zugleich Anwalt, kann er sich selbst beigeordnet werden.[33] Dasselbe gilt für einen Nachlasspfleger[34] oder einen Betreuer.[35] Ein Anwalt darf allerdings nicht darauf verwiesen werden, sich selbst zu vertreten.[36] Die Beiordnung eines **Rechtsbeistandes** ist nicht zulässig,[37] es sei denn, die Voraussetzungen der §§ 25 EG ZPO, 209 BRAO liegen vor.[38] Erfolgt gleichwohl eine Beiordnung, so ist er aber wie ein Anwalt zu bezahlen.[39] Darf der Anwalt kraft Gesetzes nicht vertreten (zB § 45 BRAO), so darf er auch nicht beigeordnet werden,[40] dies gilt auch für einen Sozius. Wer das Mandat niedergelegt hat, darf nicht mehr beigeordnet werden.[41]

8 **5. Zurechnung von Anwaltsverschulden.** Nach wohl hM muss sich die PKH-Partei das Verschulden ihres Anwalts entsprechend § 85 Abs. 2 **auch im PKH-Verfahren zurechnen lassen.**[42] Dies gilt zB wenn entgegen § 117 Rn. 8 eine Verjährungsfrist nicht gewahrt wird.[43] Eine andere Sicht ist uU im isolierten PKH-Verfahren denkbar, wenn nicht Fristwahrungsfragen etc. betroffen sind, wenn es also in erster Linie um das Verhältnis Antragsteller/Staatskasse geht.[44] Begeht der PKH-Anwalt zB einen Fehler, indem er einen Scheidungsantrag zurücknimmt und dann neu stellt, kann der Partei PKH nicht wegen Mutwilligkeit verweigert werden, allerdings wird in solchen Fällen oft ein Schadensersatzanspruch der PKH-Partei gegen ihren Anwalt bestehen, der als Vermögen einzusetzen ist.[45] Gilt nur ein Anwalt einer Sozietät als mandatiert, braucht sich die PKH-Partei das Verschulden eines Sozius' dieses Anwaltes nicht zurechnen zu lassen, was für die PKH-Partei vor allem bei Wiedereinsetzungsproblemen hilfreich ist.[46]

V. Erforderlichkeit der Beiordnung

9 **1. Anwaltsprozess (Abs. 1).** Im Anwaltsprozess muss ein Anwalt beigeordnet werden, da die Partei allein nicht postulationsfähig ist. Auf die Frage der Erforderlichkeit kommt es damit grundsätzlich nicht an. Dem Gericht steht kein Ermessen zu. Dies gilt auch, wenn die Partei selbst Anwalt (zB Insolvenzverwalter) ist.[47]

---

[22] BGH FamRZ 2005, 261f.
[23] OLG Frankfurt/M JurBüro 1989, 235 mit zust. Anm. *Mümmler.*
[24] OLG Karlsruhe NJW-RR 1996, 1339.
[25] OLG Nürnberg NJW 2002, 3715; NZI 2007, 591, 593.
[26] OLG Bamberg NJW 1977, 113 m. weit. Nachw.
[27] *Bach* Rpfleger 1991, 7, 9.
[28] Näher OLG Bamberg FamRZ. 1997, 1543.
[29] OLG Nürnberg MDR 2004, 1017f.
[30] Näher OLG Stuttgart OLGR 1998, 91f.
[31] OLG München AnwBl. 1981, 307.
[32] OLG Frankfurt/M FamRZ 1992, 1320; FamRZ 2001, 1533.
[33] MK/*Wax* (2. Aufl.) § 116 Rn. 6.
[34] OVG Berlin ZEV 2000, 66.
[35] LSG Darmstadt Rpfleger 1997, 391, 392; LSG Berlin-Brandenburg FamRZ 2007, 488.
[36] BGH NJW 2002, 2179; MDR 2006, 1246.
[37] OLG Düsseldorf MDR 1989, 1108; OVG Münster NVwZ-RR 1996, 620.
[38] BGH NJW 2002, 2179; MDR 2006, 1246.
[39] *Herget* MDR 1985, 617 m. weit. Nachw.
[40] OLG Schleswig SchlHA 1982, 197f.
[41] OLG Stuttgart FamRZ 2006, 800; OLG Brandenburg FamRZ 2007, 1753, 1754.
[42] BGH NJW 2001, 2720, 2721; VersR 1981, 61; 1984, 989, 990; OLG Köln NJW-RR 1994, 1093; OLG Brandenburg FamRZ 2003, 458; jeweils m. weit. Nachw.; aA OLG Düsseldorf OLGZ 1986, 96f.; s. a. § 85 Rn. 9.
[43] OLG Hamm NJW-RR 1999, 1678, 1679.
[44] Angedeutet in BGH NJW 2001, 2720, 2722.
[45] OLG Düsseldorf OLGZ 1986, 96f. und FamRZ 1992, 457; hierzu ausf. *Schneider* MDR 1987, 552f.
[46] BGH NJW 1991, 2294.
[47] BGH MDR 2002, 1142.

Führt eine Versicherung den Prozess, braucht gemäß § 7 Abs. 2 Nr. 5, 10 Nr. 5 AKB ein (weiterer) Anwalt grds. nicht beigeordnet zu werden (vgl. auch Rn. 16).[48]

2. Parteiprozess (Abs. 2). a) Allgemeines. Diese Regelung ist verfassungsgemäß, auch soweit Behördenvertreter Anwälten nicht gleichgestellt werden.[49] Eine Ablehnung einer Beiordnung darf allerdings nicht pauschal damit begründet werden, ein Ungleichgewicht zwischen den Parteien werde durch den Amtsermittlungsgrundsatz ausgeglichen.[50] Durch Abs. 2 Alt 2 (notwendige Beiordnung) soll die Waffengleichheit der Prozessbeteiligten erreicht werden.[51] Abs. 2 gibt dem Gericht schon seinem Wortlaut nach **kein Ermessen.** Liegen die Voraussetzungen vor, ist beizuordnen,[52] zB wenn das Jugendamt Beiordnung beantragt, wenn der Unterhaltsschuldner einen Anwalt hat.[53] Dies gilt auch für einen Insolvenzverwalter, der nicht Anwalt ist.[54] Eine Grenze liegt nur beim Rechtsmissbrauch.[55] Die Beiordnung soll jedoch entfallen, wenn die anwaltlich vertretene Partei keinen widerstreitenden Antrag stellt.[56] Gegnerschaft im Sinne dieser Vorschrift ist allerdings nicht gegeben zwischen Streitgenossen bzw. Nebenintervenienten und der unterstützten Partei;[57] anders natürlich im Verhältnis zur Gegenpartei.[58] Wenn ein Anwalt für eine Partei tätig wird, so ist damit der – erforderliche – Antrag auf Beiordnung konkludent gestellt.[59] Wird ein PKH-Antrag sachwidrig erst am Ende der Instanz (positiv) beschieden, aber die Anwaltsbeiordnung abgelehnt, so ist dies mit Rücksicht auf die Grundsätze des Vertrauensschutzes und des fairen Verfahrens fehlerhaft; in einer solchen Konstellation kann auf Beschwerde hin auch dann beizuordnen sein, wenn die Voraussetzungen des Abs. 2 nicht vorliegen.[60] 10

b) Erforderlichkeit. Bei der Frage nach der Erforderlichkeit ist auf **subjektive und/oder objektive Kriterien** abzustellen.[61] Vereinfacht gesagt bedeutet dies, dass entweder die Materie so schwierig ist, dass anwaltliche Hilfe erforderlich ist oder der Antragsteller so hilflos ist, dass er ohne Anwalt nicht auskommen kann – oder beides.[62] Dabei sind die Fähigkeiten einer Partei und die Bedeutung des Rechtsstreites für diese angemessen zu berücksichtigen.[63] In der Rechtsprechung ist hierzu eine umfangreiche Kasuistik entwickelt worden (Rn. 12 ff.). Ob ein sogenantes „Regel-Ausnahme-Verhältnis", wie es teilweise postuliert wird, das Richtige ist, erscheint fraglich. Nach *Steiner*[64] kann in Anbetracht der Komplexität der meisten Rechtsmaterien überwiegend davon ausgegangen werden, dass ein Laie materiell-rechtliche oder prozessuale Nachteile riskiert, wenn er ohne rechtskundigen Beistand auftritt; deswegen wird, wenn es sich nicht um einfache Fälle handelt oder der Betroffene überdurchschnittlich rechtsgewandt ist, idR eine Anwaltsbeiordnung erforderlich sein. Für eine gewisse Großzügigkeit spricht, dass es im Gesetzestext heisst „erforderlich erscheint", nicht erforderlich ist. Der für die Prüfung der Erforderlichkeit maßgebliche Zeitpunkt ist derjenige der Entscheidungsreife.[65] 11

3. Einzelfälle. a) Mahnverfahren.[66] Vgl. § 114 Rn. 8. Im Mahnverfahren wird in aller Regel die Beiordnung eines Anwaltes **nicht erforderlich** sein. Da ein richtig ausgefüllter Mahnantrag immer Erfolg hat, könnte die PKH-Partei die Prüfung der Erfolgsaussicht für die Prozessgebühr unterlaufen, die eventuelle Überwindung von Sprachschwierigkeiten ist nicht Aufgabe eines Anwaltes, sondern eines Dolmetschers (vgl. § 119 Rn. 8).[67] Für das Mahnverfahren kann der **Antragsgegner** nach Widerspruchseinlegung keine PKH beantragen.[68] Dies gilt auch, wenn der Antrag vor dem Widerspruch gestellt wird.[69] Nachdem bereits die PKH-Bewilligung ausscheidet, stellt sich die Frage der Anwaltsbeiordnung insoweit nicht. Nach alledem kommt die Beiordnung eines Anwalts im Mahnverfahren nur in besonderen Ausnahmefällen in Betracht, zB wenn der Antragsteller in geschäftlichen und persönlichen Angelegenheiten völlig hilflos ist.[70] Dem Antragsteller bleibt auch die Möglichkeit, sich der Rechtsantragsstelle zu bedienen (Vgl. §§ 3 Abs. 2 BerHG, 24a RpflG). 12

b) Kindschaftssachen. Die hiermit zusammenhängenden Fragen sind sehr streitig. Vorab ist darauf hinzuweisen, dass die frühere Amtspflegschaft für nichteheliche Kinder aufgehoben wurde. Nunmehr ist ledig- 13

---

[48] KG NZV 1988, 228.
[49] BVerfG NJW 1988, 2597; vgl. NJW 1989, 3271.
[50] BVerfG NJW 1997, 2103, 2104; FamRZ 2002, 532 f.
[51] BT-Drucks. 8/3068 S. 29 (Begr. der Bundesregierung); BVerfG NJW 1983, 1599, 1600.
[52] OLG Zweibrücken NJW-RR 1987, 953; OLG Hamm FamRZ 2000, 1226.
[53] OLG Karlsruhe FamRZ 2005, 48 f.
[54] BGH NJW 2006, 1881.
[55] OLG Zweibrücken Rpfleger 2003, 303; 2000, 220.
[56] OLG Düsseldorf FamRZ 1996, 226;OLG Bamberg FamRZ 2000, 763; aA zB OLG Köln FamRZ 1998, 251.
[57] *Wiecz/Steiner* Rn. 9.
[58] OLG Köln MDR 2002, 660, 661.
[59] OLG Köln MDR 1983, 847, für das Beschwerdeverfahren.
[60] OLG Bamberg NJW-RR 1990, 1407.
[61] Vgl. zB OLG Zweibrücken NJW-RR 1986, 615.
[62] BGH NJW 2003, 3136.
[63] *St/J/Bork* Rn. 11 m. weit. Nachw.; BVerfG FamRZ 2002, 531, 532.
[64] *Wiecz/Steiner* Rn. 8.
[65] OLG Köln FamRZ 1999, 1146.
[66] Zusammenfassend *Wielgoss* NJW 1991, 2070 f.
[67] LG Stuttgart Rpfleger 1994, 170.
[68] LG Stuttgart Rpfleger 1994, 170.
[69] LG Stuttgart Rpfleger 1994, 170.
[70] *Wielgoss* NJW 1991, 2070.

lich auf schriftlichen Antrag eines Elternteils eine Beistandschaft durch das Jugendamt möglich (§§ 1712ff. nF BGB). Die bisherige Rspr. zur Vertretung durch das Jugendamt kann auf die Beistandschaft übertragen werden.[71] Teilweise wird davon ausgegangen, die Beiordnung eines Anwaltes sei idR nicht notwendig,[72] andere gehen sogar davon aus, die Beiordnung sei eine Verfassungsgebot[73] bzw. grds. erforderlich;[74] wiederum andere wollen alle Besonderheiten des Einzelfalls berücksichtigen.[75] Nach der hier vertretenen Auffassung ist die Beiordnung eines Rechtsanwaltes **nicht zwingend geboten,** eine Beiordnung scheidet aus, wenn der Streitstand überschaubar ist, die Sache keine tatsächlichen oder rechtlichen Schwierigkeiten aufweist.[76] Dies wird regelmäßig der Fall sein, wenn das Verfahren unstreitig durchgeführt wird,[77] in solchen Fällen kann eine Beiordnung auch aus dem Gesichtspunkt der Waffengleichheit nicht hergeleitet werden.[78] Beratungshilfe kann allerdings auch hier gewährt werden. Teilweise wird dennoch vertreten, dass eine Beiordnung aus dem Gesichtspunkt der Waffengleichheit erforderlich sein soll, wenn das Kind durch das Jugendamt (§§ 1712ff. BGB) vertreten ist.[79] Es ist aber verfassungsrechtlich nicht geboten, einer Seite einen Anwalt beizuordnen, wenn die andere Seite durch einen Behördenvertreter vertreten ist.[80] Eine **Beiordnung** kann jedoch **erforderlich** sein, wenn der Bedürftige zur Wahrnehmung seiner Rechte nicht in der Lage ist, wofür allerdings nicht ausreicht, dass er juristischer Laie ist.[81] Wenngleich der Auffassung, die eine Anwaltsbeiordnung wegen der weit reichenden Folgen für die Betroffenen nur in eng begrenzten Ausnahmefällen nicht zulassen will,[82] hier nicht zugestimmt werden kann, so wird in diesem Zusammenhang doch ein eher großzügiger Maßstab anzulegen sein. Bereits geringe Zweifel an der Fähigkeit einer Partei, sich selbst ordnungsgemäß zu vertreten, sollten für eine Anwaltsbeiordnung ausreichend sein.[83] Dasselbe gilt, wenn die Sach- und Rechtslage nicht mehr ganz einfach ist.[84] Nach teilweise vertretener Auffassung soll dies schon der Fall sein, wenn ein Sachverständigengutachten eingeholt wird[85] bzw. das Verfahren streitig ist.[86] Die Anwaltsbeiordnung hat dann sogleich zu erfolgen, nicht erst nach Einholung des Abstammungsgutachtens.[87] Unter den Voraussetzungen des § 121 ist auch der als Nebenintervenientin auftretenden Mutter ein Anwalt beizuordnen.[88] Wird das **Kind durch das Jugendamt vertreten,** so reicht dies in aller Regel aus;[89] eine zusätzliche Anwaltsbeiordnung ist dann nicht erforderlich; es sei denn, der Gegner ist anwaltlich vertreten.[90] Da die Beistandschaft freiwillig ist, darf derjenige, der zum Anwalt geht, nicht darauf verwiesen werden, es wäre beim Jugendamt billiger gewesen.[91] Wird das Kind durch einen Anwalt als Prozesspfleger vertreten, so ist nicht etwa grundsätzlich dieser Anwalt beizuordnen.[92] Allerdings ist, wenn eine Beiordnung erfolgen soll, die Beiordnung desjenigen Anwalts, der auch Pfleger ist, zulässig und zweckmäßig,[93] auch als Verkehrsanwalt.[94] In einem solchen Fall hat der beigeordnete Pfleger nur Anspruch auf die PKH-Vergütung, ein Anspruch gegen die Staatskasse nach § 1835 Abs. 3 BGB besteht dann nicht.[95] Wird PKH nicht bewilligt, ist ein Anspruch aus § 1835 Abs. 3 BGB denkbar, wenn die Erhebung der Klage im Interese des Kindeswohl geboten war.[96] Vgl. a. § 114 Rn. 28.

14 c) **Familiensachen.** Vorab ist zu beachten, dass viele Familiensachen dem Anwaltszwang unterliegen (vgl. § 78), außerdem gelten die allgemeinen Grundsätze auch hier. Hinzuweisen ist weiterhin noch auf die §§ 624 Abs. 2, 625 und § 48 Abs. 3 RVG; vgl. vor allem § 78b Rn. 2. In Ehesachen ist wegen der existenziellen Bedeutung regelmäßig eine Anwaltsbeiordnung geboten.[97] Im Übrigen besteht eine umfangreiche und **streitige Ka-**

---

71 OLG Zweibrücken Rpfleger 2003, 592.
72 OLG Oldenburg MDR 2002, 35.
73 OLG Köln FamRZ 2003, 107.
74 OLG Schleswig FamRZ 2004, 1881; OLG Frankfurt/M. OLGR 2006, 827; 2007, 203.
75 OLG Schleswig MDR 2003, 393; KG FamRZ 2007, 1472f.
76 OLG Köln NJW-RR 1995, 386, 387; OLG Oldenburg NdsRpfl. 2001, 352; OLG Bamberg NJW-RR 1990, 1407; aA OLG Karlsruhe OLGR 1998, 9.
77 OLG Köln FamRZ 1994, 1126; OLG Celle FamRZ 1996, 226.
78 OLG Köln NJW-RR 1995, 386, 387; OLG Bamberg NJW-RR 1990, 1407; OLG Düsseldorf FamRZ 1996, 226; OLG Zweibrücken Rpfleger 2003, 592.
79 OLG Düsseldorf MDR 1994, 1224f.; OLG Bremen FamRZ 2006, 964; aA zu Recht OLG Bamberg FamRZ 2000, 763; KG FamRZ 1994, 1397f.
80 BVerfG NJW 1988, 2597; OLG Hamburg NJW-RR 2000, 1605f.
81 OLG Köln NJW-RR 1995, 386, 387; OLG Bamberg NJW-RR 1990, 1407.
82 OLG Düsseldorf MDR 1994, 1224f.
83 Vgl. OLG Köln OLGR 2002, 294.
84 OLG Hamm FamRZ 1995, 747f.
85 OLG Köln FamRZ 1996, 1289, 1290.
86 OLG Schleswig MDR 2002, 969.
87 BGH NJW 2007, 3644 mit Anm. *Fischer* LMK 2007, 246001.
88 OLG Hamm FamRZ 1991, 347f.; OLG Saarbrücken AnwBl. 1984, 624, OLG Köln MDR 2002, 660, 661.
89 OLG Köln FamRZ 1994, 1126; OLG Bremen NJW-RR 1986, 309; OLG Dresden FamRZ 1999, 600f.
90 OLG Karlsruhe JurBüro 2004, 383.
91 OLG Köln FamRZ 2005, 530.
92 KG FamRZ 1994, 1397, 1398; OLG Köln FamRZ 1994, 1126; aA OLG Hamm FamRZ 1995, 747 Nr. 459; OLG Köln FamRZ 2003, 1397.
93 OLG Bremen NJW-RR 1986, 309; LSG Celle NdsRpfl. 1994, 372.
94 OLG Hamm FamRZ 2000, 763.
95 OLG Bremen NJW-RR 1986, 309.
96 OLG Frankfurt/M NJW-RR 2004, 1516 = NJW 2002, 381 (L).
97 OLG Schleswig OLGR 2003, 226f.

suistik:[98] Wenn eine soeben volljährig gewordene Schülerin einen Auskunftsanspruch gegen ihren Vater geltend macht, ist eine Anwaltsbeiordnung erforderlich.[99] Geht es um die Zwangsvollstreckung von Unterhaltsansprüchen, wird, wegen der damit verbundenen schwierigen Fragen (zB Berechnung des pfändungsfreien Betrages usw.), idR ein Anwalt beizuordnen sein.[100] Dasselbe gilt im vereinfachten Verfahren (§§ 645 ff.)[101] sowie im Abänderungsverfahren nach § 655.[102] Der BGH will bei der Unterhaltsvollstreckung immer auf den Einzelfall abstellen.[103] Liegt eine Mangelverteilung vor und ist mit einem streitigen Verfahren zu rechnen, ist auf jeden Fall ein Anwalt beizuordnen.[104] Auch in Verfahren, in denen von Amts wegen ermittelt wird, ist uU ein Anwalt beizuordnen, zB beim Versorgungsausgleich.[105] Diese Materie ist für den Rechtslaien nicht verständlich. Das Gleiche gilt in Sorgerechtssachen,[106] es sei denn, es besteht zwischen den Parteien von vornherein Einigkeit[107] und das Umgangsrecht.[108] Das AG Hannover ordnet in Sorgerechts- und Umgangsverfahren nur in schwierigen Fällen bei.[109] Geht es um die erstmalige Regelung eines Umgangsrechts bedarf es grundsätzlich keiner Anwaltsbeiordnung.[110] Nach der hier vertretenen Auffassung ist zwischen ZPO- und FGG-Familiensachen bezüglich der Anwaltsbeiordnung grundsätzlich nicht zu differenzieren.[111] Abs. 2 Alt. 2 ist natürlich immer – auch im FGG-Verfahren – zu beachten.[112] Vgl. weiterhin § 114 Rn. 27.

d) Zwangsvollstreckung.[113] Abs. 1 und Abs. 2 Alt. 2 (notwendige Beiordnung) gelten auch hier. Im Übrigen hängt die Erforderlichkeit „einerseits von der Schwierigkeit der im konkreten Fall zu bewältigenden Rechtsmaterie und andererseits von den persönlichen Fähigkeiten und Kenntnissen gerade des Antragstellers ab."[114] In dieser ersten Entscheidung zur Anwaltsbeiordnung bei der Zwangsvollstreckung stellt der BGH damit sehr auf den Einzelfall ab. Es wäre daher denkbar, dass die nachfolgend geschilderten Grundsätze aufzugeben sein werden. – Die **Pauschalbewilligung** nach § 119 Abs. 2 führt schon nach dem Gesetzeswortlaut nicht automatisch dazu, dass auch pauschal ein Anwalt beizuordnen wäre.[115] Im Rahmen der Pauschalbewilligung wird jedoch wegen der Komplexität der Materie und nicht zuletzt den schwierigen Fragen der Pauschalbewilligung selbst regelmäßig dennoch ein Anwalt beizuordnen sein.[116] Falls doch nicht pauschal beigeordnet wird, können einzelne Vollstreckungsmaßnahmen aufgeführt werden, worauf sich die Beiordnung bezieht. **Außerhalb der Pauschalbewilligung** wird überwiegend von folgenden Grundsätzen ausgegangen: **Nicht erforderlich** ist eine Beiordnung bei der Beauftragung des Gerichtsvollziehers mit einer normalen Mobiliarvollstreckung,[117] einem Antrag auf Abgabe der eidesstattlichen Versicherung[118] oder einem „normalen" Pfändungs- und Überweisungsbeschluss[119] oder einer Eintragung einer Zwangsversicherungshypothek.[120] Sprachschwierigkeiten können eine Beiordnung aber rechtfertigen.[121] In einfachen Fällen kann auch auf die Rechtsantragsstelle verwiesen werden (§ 24 RpflG). Entstehen im Laufe des Verfahrens besondere Schwierigkeiten, kann eine Beiordnung dann erforderlich werden. **Erforderlich** ist eine Beiordnung bei der Einstellung der Zwangsvollstreckung, Schutzanträgen, Pfändung eines Bankkontos,[122] Lohnpfändungen[123] (wenn es sich bei den Pfändungen nur um Standardformularanträge handelt, kann eine Beiordnung auch unterbleiben), Unterhaltsvollstreckung,[124] Taschengeldpfändung,[125] 15

---

[98] Vgl. i. e. *Zimmermann* FRP 2003, 486, 487 f.
[99] OLG Zweibrücken NJW-RR 1986, 615.
[100] LG Verden FamRZ 2003, 1938; LG Kassel Rpfleger 1988, 161; vgl. a. BGH NJW 2003, 3136; aA LG Stuttgart Rpfleger 1990, 128; s. a. LG Münster JurBüro 1993, 360; s. a. Rn. 15.
[101] OLG Hamm FamRZ 2001, 1155; OLG München FamRZ 1999, 792 f.; OLG Schleswig MDR 2007, 736; *Schulz* FuR 1998, 385 f.; OLG Bamberg JurBüro 2000, 312 (Einzelfallprüfung); aA OLG München FamRZ 1999, 1355 f. mit abl. Anm. *van Els;* KG FamRZ 2000, 763 mit abl. Anm. *Kuhnig.*
[102] OLG Zweibrücken OLGR 2005, 906 f.; OLG München FamRZ 2002, 837; OLG Braunschweig MDR 2002, 539.
[103] BGH FamRZ 2003, 1921.
[104] OLG Hamm Rpfleger 2000, 339.
[105] OLG Nürnberg NJW 1980, 1054.
[106] OLG München OLGR 1994, 151; OLG Hamm FamRZ 2003, 1936; aA OLG Nürnberg NJW-RR 1995, 388, 389; OLG Köln FamRZ 1997, 377.
[107] OLG Bamberg JurBüro 1989, 417; OLG Hamm MDR 2003, 957; aA OLG Köln FuR 1997, 356.
[108] OLG Hamm FamRZ 2004, 1116; OLG Karlsruhe FamRZ 2005, 2004 f.; OLG Frankfurt/M. FamRZ 2005, 2005 f.
[109] PKH-Leitlinien des AG Hannover (hierzu vor § 114 Rn. 4) FamRZ 1996, 212, 214.
[110] OLG Köln FPR 2004, 41 = MDR 399.
[111] Vgl. OLG Hamm FamRZ 1987, 402 f.; OLG Zweibrücken JurBüro 1987, 1098 f.; OLG Köln FamRZ 1998, 251.
[112] KG OLGR 1999, 105; OLG Dresden FamRZ 2004, 122 f. mit Anm. *Jakob.*
[113] *Fischer* Rpfleger 2004, 190, 194; *Koritz* FPR 2007, 447 f.
[114] BGH NJW 2003, 3136.
[115] LG Rostock Rpfleger 2003, 304.
[116] LG Koblenz JurBüro 2002, 321; *Hornung* Rpfleger 1998, 381, 383; *Fischer* Rpfleger 2004, 190, 194 f.; aA LG Rostock Rpfleger 2003, 304.
[117] ZB LG Trier Rpfleger 2002, 160; LG Ulm AnwBl. 2000, 62 f.; LG Deggendorf JurBüro 2002, 662 f.; aA LG Koblenz FamRZ 2005, 529.
[118] ZB LG Düsseldorf JurBüro 1993, 361; *Kalthoener/Büttner/Wrobel-Sachs,* Rn. 560 f.
[119] LG Koblenz Rpfleger 2005, 200 f.; *Fischer* Rpfleger 2004, 190, 194.
[120] LG Detmold Rpfleger 2005, 33.
[121] LG Duisburg MDR 2004, 538.
[122] ZB LG Berlin Rpfleger 2003, 35; LG Heidelberg AnwBl. 1986, 211.
[123] Vgl. BGH FamRZ 2004, 789 f.
[124] BGH FamRZ 2006, 856; LG Arnsberg FamRZ 2000, 1216; LG Bad Kreuznach FamRZ 2007, 1473 f.; vgl. a. Rn. 14.
[125] ZB LG Zweibrücken JurBüro 1997, 665.

Rechtsmitteln sowie zu erwartenden besonderen Schwierigkeiten.[126] Die Möglichkeit der Beistandschaft des Jugendamtes ersetzt nicht die Anwaltsbeiordnung.[127] Vgl. a. Rn. 14 und § 119 Rn. 8.

16 e) **Streitgenossen.** Vgl. zunächst § 114 Rn. 3. Eine grundsätzliche Pflicht eines PKH-Streitgenossen, sich dem PKH-freien Streitgenossen in der **Anwaltswahl anzuschließen,** besteht nicht.[128] Wer auf Staatskosten prozessiert, muss jedoch den **kostengünstigsten Weg** wählen; wer als PKH-Partei zusammen mit einem vermögenden Streitgenossen in Anspruch genommen wird, muss, wenn keine gegenläufigen Interessen bestehen, denselben Anwalt beauftragen.[129] Würde also eine vermögende Partei den gleichen Anwalt beauftragen, wie ihr ebenfalls vermögender Streitgenosse, dann muss es auch die PKH-Partei.[130] Legt die PKH-Partei jedoch Gründe dar, warum sie einen anderen Anwalt benötigt, so ist ihr auch ein anderer Anwalt beizuordnen, etwa wenn der Anwalt ihr Vertrauen nicht genießt.[131] In einem „normalen" Verkehrsunfallsprozess zB kann dem Fahrer neben der Versicherung, die nach §§ 7 Abs. 2 Nr. 5, 10 Nr. 1 AKB den Prozess führen muss, keine PKH bewilligt und auch kein Anwalt beigeordnet werden.[132] Vgl. a. § 114 Rn. 3 aE.

17 f) **Weitere Einzelfälle.** Eine Anwaltsbeiordnung kann erforderlich sein, wenn die **Partei im Ausland** wohnt.[133] Geht es lediglich um die **Titulierung** einer Forderung, wird eine Beiordnung oft nicht erforderlich sein, der Antragsteller kann dann auch die Rechtsantragsstelle in Anspruch nehmen.[134] Ist die **Gegenseite durch einen Volljuristen,** zB einen Angestellten oder Beamten vertreten, ist noch nicht allein deswegen ein Anwalt beizuordnen (vgl. a. Rn. 13).[135] Besteht für ein **Rechtsmittel** kein Anwaltszwang, so kann es dem Rechtsmittelführer, der sich bisher keines Anwaltes bedient hat, zuzumuten sein, das Rechtsmittel zu Protokoll der Geschäftsstelle zu geben,[136] ein Anwalt kann demgemäß nicht beigeordnet werden. Einem **Insolvenzverwalter** kann – auch im Parteiprozess[137] – ein Anwalt nur beigeordnet werden, wenn die konkrete Tätigkeit nicht auch von einem Nichtjuristen ohne Anwaltshilfe erledigt werden könnte[138] oder Vertretungszwang besteht.[139] Dabei ist auf § 5 InsVV abzustellen.[140] S. a. Rn. 10. Das Insolvenzverfahren ist für den Insolvenzgläubiger nicht so schwierig, als dass grds. ein Anwalt beizuordnen wäre.[141] Bei einem Gläubigerkonkursantrag ist die Beiordnung eines Anwaltes daher regelmäßig nicht erforderlich.[142] Bei einer Forderungsanmeldung im **Konkurs- oder Insolvenzverfahren** würde sich die „normale" Partei nicht vertreten lassen, so dass eine Anwaltsbeiordnung nicht erfolgen kann.[143] Gegen diese Sicht bestehen keine verfassungsrechtlichen Bedenken.[144] Für Rechtswahrnehmungen im Zusammenhang mit der Gläubigerversammlung, dem Gläubigerausschuss, Prüfungsterminen sowie dem Nachweis eines Absonderungsrechts gilt dies auch.[145] Der BGH will – eher zurückhaltend – bei der PKH für den Gläubiger immer auf die besonderen Umstände des Einzelfalles abstellen (Person des Gläubigers, Umfang der Ansprüche, Schwierigkeiten der Sach- und Rechtslage, Fürsorgemöglichkeiten des Insolvenzgerichts).[146] Da das Konkurs- bzw. Insolvenzverfahren grundsätzlich keinen Parteiprozess darstellt, ist Abs. 2 Alt. 2 nicht anzuwenden.[147] Bei kontradiktorischen Verfahren im Rahmen der InsO (zB Versagung der Restschuldbefreiung) ist Abs. 2 Alt. 2 dagegen anwendbar.[148] Ein als Anwalt tätiger Insolvenzverwalter kann sich selbst beigeordnet werden, wenn auch ein Nichtjurist einen Anwalt benötigen würde.[149] Im **Verbraucherinsolvenzverfahren** (§ 114 Rn. 8 aE) gilt nach neuer Rechtslage § 4a Abs. 2 InsO. Vgl. auch § 114 Rn. 8. In jedem Fall ist für jeden Verfahrensabschnitt eine konkrete Prüfung erforderlich.[150]

VI. Nicht im Bezirk des Prozessgerichts niedergelassener Anwalt (Abs. 3)[151]

18 Hier wird die Rechtslage langsam unüberschaubar; eine besonders sorgfältig Prüfung ist erforderlich! Vgl. unbedingt a. Rn. 18a und Rn. 3 aE. Nach der neueren (seit Ende 2004) Rechtsprechung des BGH[152]

---

126 LG Berlin FamRZ 2003, 318f.; hierzu insgesamt *Fischer* Rpfleger 2004, 190, 194.
127 BGH NJW 2006, 1204f.
128 *Schneider* DB 1978, 287, 288 m. weit. Nachw.
129 LG Tübingen JurBüro 1990, 506f.
130 *Schneider* DB 1978, 287, 288.
131 Ähnlich *Schneider* DB 1978, 287, 288.
132 KG MDR 1984, 852f.; vgl. a. BGH NJW-RR 2004, 536; OLG Köln NJW-RR 2004, 1550ff.
133 BayObLG NJW-RR 1990, 1033.
134 LAG Düsseldorf JurBüro 1989, 1447.
135 OVG Hamburg KostRspr/*v. Eicken* Nr. 16; LAG Düsseldorf JurBüro 1986, 936.
136 OLG Köln Rpfleger 1996, 116; BayObLG Rpfleger 1990, 127, für das FGG-Verfahren entschieden.
137 BGH NZI 2006, 341.
138 LAG Erfurt MDR 2000, 231f.
139 BFH Rpfleger 2005, 319f.
140 BGH NJW 2006, 1597f.; BAG ZIP 2003, 1947, 1948f.
141 BGH NJW 2004, 3260, 3261.
142 AG Göttingen ZIP 2003, 1100, 1101.
143 LG Heilbronn ZIP 1989, 719f.; LG Oldenburg ZIP 1991, 115.
144 BVerfG NJW 1989, 3271.
145 LG Heilbronn ZIP 1989, 719f.; LG Duisburg Rpfleger 2000, 294; aA *Bruns* NJW 1999, 3445, 3450.
146 BGH NJW 2004, 3260, 3262.
147 LG Heilbronn ZIP 1989, 719f.; LG Duisburg Rpfleger 2000, 294.
148 AG München NJW 1999, 432, 435; *Bruns* NJW 1999, 3445, 3450.
149 LAG Erfurt NZI 2000, 615.
150 BGH NJW 2004, 3260, 3261; LG Darmstadt NZI 2000, 236; s. a. § 114 Rn. 8.
151 Ausf. *Meyer* FPR 2005, 403ff.; *Fischer* MDR 2002, 729ff., teilweise überholt durch BGH NJW 2004, 2799ff.
152 BGH NJW 2004, 2749ff.; OLG Hamm MDR 2005, 538.

regelt Abs. 3 (vor der letzten Gesetzesänderung; hierzu Rn. 19) nur einen selten anwendbaren Grundsatz. Bis zu der soeben erwähnten BGH-Entscheidung wurde regelmäßig verlangt, dass der nicht am Prozessgericht zugelassene Anwalt, der seine Beiordnung begehrt, im Hinblick auf Abs. 3 in etwa folgende Erklärung abgeben musste: „Mit der Beiordnung zu den Bedingungen eines am Prozessgericht zugelassenen Rechtsanwalts besteht Einverständnis." (Hierzu noch Rn. 19.) Die hauptsächliche Folge war, dass auf Grund dieser Erklärung Reisekosten aus der Staatskasse (vgl. Rn 29ff.) nicht erstattet wurden. Obwohl der Gesetzgeber im KostRMoG Abs. 3 ausdrücklich unverändert gelassen hat,[153] hat der BGH entschieden,[154] dass die Gerichte dem Rechtsanwalt nicht ohne weiteres die erwähnte Einverständniserklärung abverlangen dürfen! Vielmehr habe das Gericht vor der Bewilligung der PKH zu prüfen, ob nicht besondere Umstände nach Abs. 4 vorliegen, die die Beiordnung eines Verkehrsanwalts ermöglichen. Entsprechend Rn. 21 bejaht der BGH[155] diese besonderen Umstände u. a. in folgenden Fällen: Die Partei ist schreibungewandt und eine Informationsreise zu einem Anwalt am Prozessgericht ist ihr nicht zuzumuten; Umfang, Bedeutung oder Schwierigkeit der Sache machen eine schriftliche Information unzumutbar und eine mündliche Information verursacht unverhältnismäßigen Aufwand. Schließlich – und dies ist hier entscheidend – meint der BGH auf Grund einer verfassungskonformen Auslegung wegen der Gleichbehandlung bemittelter und unbemittelter Parteien[156] **liege ein besonderer Umstand auch dann vor, wenn die Kosten des weiter beizuordnenden Anwalts die sonst entstehenden Reisekosten des nicht am Prozessgericht zugelassenen Hauptbevollmächtigten nicht wesentlich übersteigen.**[157] Diese Wesentlichkeitsgrenze dürfte bei ca. **10%** angesiedelt werden können.[158] Damit knüpft der BGH an seine neue Erstattungsrechtsprechung im Rahmen des § 91 I 1 an (§ 91 Rn. 17ff.)[159]. Danach ist, wenn ein Rechtsanwalt am Prozessgericht beauftragt wird, die Hinzuziehung eines Rechtsanwaltes am Wohn- oder Geschäftsort der auswärtigen – rechtsunkundigen[160] – Partei regelmäßig als zur zweckentsprechenden Rechtsverfolgung notwendig iSv. § 91 I 1 Halbs. 2 anzusehen.[161] Der BGH hebelt damit allerdings Abs. 3 indirekt aus. Diese Entscheidung wird die öffentliche Hand viele Millionen Euro kosten. Dennoch wird die Praxis damit leben müssen und auch gerne leben, denn die Entscheidung ist anwaltsfreundlich.

Weitere **Konsequenz: Die PKH-Partei hat letztlich fast überwiegend einen Anspruch darauf, einen an ihrem Wohnort ansässigen Rechtsanwalt beigeordnet zu bekommen.**[162] Dies gilt in Ehesachen immer[163] und im Übrigen selbst dann, wenn es sich um einen einfach gelagerten Sachverhalt handelt, der keinen umfangreichen Tatsachenvortrag erfordert.[164] Auch ein besonderes Vertrauensverhältnis zu einem bestimmten Anwalt kann hier eine Rolle spielen.[165] Ein Insolvenzverwalter muss jedoch einen Hauptbevollmächtigten vor Ort beauftragen.[166] **Bei einschränkungsloser Beiordnung kann der auswärtige Anwalt gleichfalls seine Reisekosten zum Prozessgericht verlangen**[167] **(wenn es nicht günstiger ist, einen Unterbevollmächtigten zu beauftragen**[168]**).** Auch ersparte Parteireisekosten können in diesem Zusammenhang berücksichtigt werden.[169] Eine andere Möglichkeit besteht darin, dass ein Anwalt vor Ort seine zusätzliche Beiordnung als Unterbevollmächtigter beantragt, und zwar bis zur Höhe der Reisekosten des Hauptbevollmächtigten.[170] Eine ergänzende Beiordnung eines solchen Unterbevollmächtigten ist sogar noch im Laufe des Verfahrens möglich.[171] (Ansonsten ist die Beiordnung eines **Unterbevollmächtigten** (Nr. 3401 VV RVG) nicht möglich.[172] Dies ergibt sich aus Abs. 4, worin von einem Unterbevollmächtigten nicht die Rede ist.) **Liegen hingegen die besonderen Voraussetzungen für die Beiordnung eines Verkehrsanwaltes (Rn. 21) ohnehin vor,** kann der Unterbevollmächtigte (oder natürlich auch der Hauptbevollmächtigte[173]) grundsätzlich bis zur Höhe der Kosten eines Verkehrsanwaltes honoriert werden.[174] Erspart die Beiordnung des auswärtigen Anwaltes die Beiord- 18a

---

[153] BT-Drucks. 15/1971, S. 200 (Begr. der Bundesreg.).
[154] BGH NJW 2004, 2749ff.; vgl. schon *Schütt* MDR 2003, 236.
[155] BGH NJW 2004, 2749ff.; OLG Hamm MDR 2005, 538; OLG Saarbrücken JurBüro 2006, 96.
[156] Dieses – entscheidende – Argument des BGH dürfte in der Sache selbst freilich gar nicht tragen; vgl. OLG Düsseldorf MDR 2007, 236, 237 und *Tombrink* DRiZ 2007, 183ff. sowie neuestens auch BGH FamRZ 2007, 1088, 1089 [24].
[157] BGH NJW 2004, 2949ff.; dem folgend: OLG Hamm NJW 2005, 1724; OLG Karlsruhe NJW 2005, 2718; OLG Saarbrücken OLGR 2006, 364ff.
[158] *Mayer* FPR 2005, 403, 404 m. weit. Nachw.
[159] Übersicht: *Karczewski* MDR 2005, 481ff.
[160] BGH FamRZ 2007, 636.
[161] BGH NJW 2003, 898ff.; NJW-RR 2004, 430 und 857; NJW 2007, 2048.
[162] So a. OLG Hamm NJW 2005, 1724; NJOZ 2005, 767, 768; OLG Saarbrücken JurBüro 2006, 96; OLG Oldenburg NJW 2006, 851; OLG Braunschweig FamRZ 2006, 800; *Enders* JurBüro 2005, 337, 338; 2007, 96, 97; *Mayer* FPR 2005, 403, 404; *Eberhardt* Rpfleger 2006, 661.
[163] OLG Hamm Rpfleger 2007, 73; OLG Celle OLGR 2007, 904.
[164] OLG Hamm NJOZ 2005, 767, 769 im Hinblick auf BGH NJW 2003, 898, 901.
[165] OLG Schleswig NJOZ 2007, 154.
[166] OLG Koblenz MDR 2006, 1194f.
[167] So a. OLG Nürnberg AnwBl. 2005, 295; OLG Celle Rpfleger. 2007, 402.
[168] KG Rpfleger 2005, 200; OLG Hamm NJOZ 2005, 767, 769.
[169] OLG Nürnberg MDR 2003, 55f.; OLG Düsseldorf MDR 2007, 236, 237.
[170] Vgl. KG Rpfleger 2005, 200.
[171] BGH NJW 2004, 2749, 2750f.
[172] OLG Saarbrücken FamRZ 2004, 707f.; *Schneider* MDR 1999, 959, 960.
[173] BAG NJW 2005, 3083, 3084; OLG Nürnberg NJW 2005, 687.
[174] Vgl. schon BVerwG NJW 1994, 3243; OLG Koblenz JurBüro 2003, 476; OLG Braunschweig FamRZ 2006, 800; so wohl auch OLG Hamm MDR 2005, 538; s. a. *Brieske* ZAP F 24, 427, 434; *Enders* JurBüro 2005, 337, 339.

nung eines ansonsten erforderlichen Verkehrsanwaltes, kann der Anwalt seine Reisekosten aus der Staatskasse sogar dann ersetzt verlangen, wenn er sich vorher mit einer Beiordnung zu den Bedingungen eines am Prozessgericht zugelassenen Anwalts einverstanden erklärt hat.[175] Reisekosten sind sogar erstattungsfähig, wenn der Anwalt auch einen Termin bei dem Gericht am Wohnort der Partei wahrgenommen hat.[176]

18b Entgegen vereinzelt geäußerten Vermutungen hat der **BGH die soeben geschilderten Grundsätze in einer neueren Entscheidung**[177] **gerade nicht aufgegeben.**[178] Nachdem der BGH in dieser Entscheidung jedoch ausgesprochen hat, dass ein **nicht zugelassener Rechtsanwalt durch Antragstellung konkludent sein Einverständnis mit der Einschränkung des Abs. 3 (Verzicht auf Mehrkostenersatz) erklärt,**[179] muss der Anwalt nunmehr die oben geschilderten Umstände in seinem Antrag darlegen. Außerdem muss deutlich gemacht werden, dass ein Einverständnis mit einer eingeschränkten Beiordnung nicht besteht.[180] Dementsprechend ist ohne Erklärung des Rechtsanwalts eine Beiordnung zu den Bedingungen eines zugelassenen Anwalts möglich.[181] Wenn jedoch der Rechtsanwalt weder sein Einverständnis erklärt hat, noch der Beschluss eine entsprechende Einschränkung enthält, müssen die Mehrkosten, das werden idR Reisekosten sein, aus der Staatskasse bezahlt werden.[182] Jedenfalls muss der Anwalt eine beschränkte Beiordnung gegen seinen Willen sofort rügen,[183] dh. dagegen die zulässige sofortige Beschwerde einlegen (§ 127 Rn. 15). Die nach dem BGH anzunehmende konkludente Einverständniserklärung steht der sofortigen Beschwerde nicht entgegen.[184] Aus der erwähnten Entscheidung des BGH kann nichts anderes geschlossen werden.[185]

18c Zur **Kostenbegrenzung** und um Abs. 3 wenigsten etwas Rechnung zu tragen, wird vorgeschlagen, die für einen Anwalt zu ersetzenden Kosten insgesamt **auf die Kosten zu beschränken, die bei der Einschaltung eines Verkehrsanwaltes von vornherein angefallen wären,** was bereits im Bewilligungsbeschluss auszusprechen sein soll (hierzu Rn. 31),[186] und zwar ohne Einwilligung des Anwalts.[187] Dies stellt einen sachgerechten Vorschlag dar, der Schule machen sollte und dürfte auch der Rechtsprechung des BGH entsprechen.

18d Es ist weiterhin möglich, das **Gericht gemäß § 46 Abs. 2 S. 1 RVG um Vorabentscheidung zu ersuchen.** Eine ablehnende Entscheidung erzeugt keine Bindung für das Kostenfestsetzungsverfahren, sondern bewirkt lediglich einen widerlegbaren Anscheinsbeweis für die fehlende Notwendigkeit der Reise.[188] Gegen eine – entgegen den vorstehenden Grundsätzen – ausgesprochene Beiordnung zu den Bedingungen eines beim Gericht zugelassenen Anwalts, ist eine **sofortige PKH-Beschwerde** (§ 127 Rn. 15) zulässig.[189] – Im rein schriftlichen Verfahren bietet sich die Beiordnung auch auswärtiger Anwälte unproblematisch an. Dies gilt auch für das Beschwerdeverfahren.[190] Möglich ist auch, dass der beigeordnete Anwalt Kosten für **Telefongespräche** mit dem Mandanten aus der Staatskasse erstattet bekommt.[191] Auch hat der beigeordnete auswärtige Anwalt die Möglichkeit, Kosten eines von ihm bestellten Unterbevollmächtigten (ohne Beschränkung auf die PKH-Gebühren!) bis zur Höhe der ersparten Reisekosten als **Auslagen** (§ 46 Abs. 1 RVG) geltend zu machen.[192] Soweit die Gerichte noch mit den am Anfang der Rn. 18 erwähnten **Einverständniserklärung**[193] arbeiten, gilt hierzu folgendes: Wenn der Rechtsanwalt diese Erklärung abgibt, sie aber versehentlich nicht in den Bewilligungsbeschluss aufgenommen wird, bleibt der Anwalt nach bestrittener aber zutreffender Auffassung an seine Erklärung gebunden.[194]

19 **Nun kommt eine weitere Besonderheit für Fälle ab dem 1. 7. 2007 hinzu:** Durch das Gesetz zur Stärkung der Selbstverwaltung der Rechtsanwaltschaft[195] wurde Abs. 3 wie folgt geändert (vgl. Rn. 3): „Ein nicht in dem Bezirk des Prozessgerichts niedergelassener Rechtsanwalt darf nur beigeordnet werden, wenn dadurch weitere Kosten nicht entstehen." In den Gesetzesmaterialien heißt es dazu lediglich, eine Anpassung dieser

---

[175] OLG Zweibrücken NJW-RR 2002, 500; OLG Oldenburg FamRZ 2003, 107; vgl. a. Rn. 21.
[176] OLG Stuttgart Justiz 2003, 484, 485.
[177] BGH NJW 2006, 3783f.
[178] Ebenso *Enders* JurBüro 2007, 96, 97.
[179] Ebenso: OLG Düsseldorf MDR 2007, 236, 237.
[180] *Fölsch* NJW 2006, 3784.
[181] OLG Nürnberg FamRZ 2002, 106; OLG Hamm FamRZ 2000, 1227; OLG Brandenburg JurBüro 2000, 481; OLG München MDR 2000, 1455f.; aA OLG Karlsruhe FamRZ 1991, 348; LAG Erfurt JurBüro 1998, 91.
[182] OLG Celle MDR 2007, 865; OLG Rostock FamRZ 2001, 510f.; OLG Koblenz NJW-RR 2002, 420; OLG München Rpfleger 2002, 159f.; KG MDR 2004, 474f.; *Fischer* JurBüro 1999, 341, 344; vgl. a. *Schneider* MDR 1989, 225, 226; aA OLG Brandenburg FamRZ 2000, 1385.
[183] OLG Frankfurt/M OLGR 2002, 326f.
[184] *Fölsch* NJW 2006, 3784; aA OLG Hamm NJOZ 2006, 3647.
[185] Ausführlich OLG Celle Rpfleger 2007, 402f.
[186] OLG Hamm NJOZ 2005, 767, 769; OLG Nürnberg AnwBl 2007, 800; OLG Karlsruhe NJW 2005, 2718f. (zugelassene Rechtsbeschwerde zu II ZA 12/05 anhängig!); OLG Schleswig NJOZ 2007, 4677; OLG Braunschweig FamRZ 2006, 800; vgl. *Madert/Müller-Rabe* NJW 2007, 1920, 1921f.
[187] OLG Nürnberg AnwBl. 2007, 800 = MDR 2007, 1346.
[188] *Meyer* JurBüro 2005, 134, 136.
[189] OLG Nürnberg AnwBl. 2005, 295; OLG Hamburg FamRZ 2000, 1227; OLG Köln MDR 2005, 1130; *Meyer* JurBüro 2005, 134, 136; s. a. § 127 Rn. 15; *Fölsch* NJW 2006, 3874; aA OLG Hamm FamRZ 2004, 708f.; OLG Düsseldorf MDR 2007, 236.
[190] BGH NJW 1984, 2413f.
[191] ArbG Regensburg Rpfleger 2001, 357.
[192] KG Rpfleger 2005, 200; OLG Brandenburg AnwBl. 2007, 728; LG Kempten FamRZ 2006, 1601f.
[193] Ausf. *Mayer* FPR 2005, 403ff.; *Fischer* MDR 2002, 729ff., teilweise überholt durch BGH NJW 2004, 2749ff.
[194] OLG Düsseldorf FamRZ 1995, 819, 820; dort auch Nachw. zur Gegenansicht; *Fischer* MDR 2002, 729.
[195] BGBl. I 2007, S. 358ff.

ortsbezogenen Regelung sei erforderlich, wegen der Ortsbezogenheit des Abs. 3 sei nunmehr an die Niederlassung im Bezirk anzuknüpfen; entsprechend der Aufgabe des berufsrechtlichen Lokalisationsprinzips.[196] Letztlich bedeutet dies, dass die **Konsequenzen dieser Änderung für das Recht der PKH nicht durchdacht wurden.** Die **Folgen dieser Gesetzesänderung**[197] sind u. a.: Da der Bezirk eines OLG regelmäßig recht groß ist, müssen bei einem OLG-Prozess ohne nähere Prüfung alle Reisekosten übernommen werden, wenn der antragstellende Anwalt nur im Bezirk des OLG niedergelassen ist. Da bereits nach der alten Fassung des Abs. 3 Reisekosten dann zu übernehmen waren, wenn der Anwalt zwar nicht am Ort des Prozessgerichts saß, aber an dem Prozessgericht zugelassen war,[198] sind nunmehr **für alle im Bezirk des Prozessgerichts niedergelassenen und beigeordneten Anwälte die Reisekosten zu übernehmen,**[199] mit Ausnahme natürlich derjenigen, die in der Gemeinde des Gerichts (Anlage 1 Vorbemerkung 7 Abs. 2 RVG) sitzen. (Es werden dabei recht merkwürdige Ergebnis herauskommen, beispielsweise wenn ein Anwalt der 200 km vom OLG entfernt aber in dessen Bezirk wohnt die Reisekosten ohne nähere Prüfung erstattet erhält, wohin gegen ein anderer Anwalt, der 20 km entfernt in einem anderen OLG-Bezirk sitzt, seine Reisekosten nur erhält, wenn die oben (Rn. 18) näher erwähnten Voraussetzungen vorliegen. Hier wird sicherlich sofort die Frage nach der Verfassungswidrigkeit gestellt werden. Eine solche dürfte aber nicht vorliegen, da die Anknüpfung dieser Regelungen an eine Gerichtsbezirk sachgerecht ist.) Eine andere Frage ist aber folgende: Beim Mehrkostenvergleich muss doch berücksichtigt werden, dass der OLG-Anwalt der 200 km vom OLG entfernt residiert, seine Fahrtkosten unproblematisch erstattet bekommt. Der Anwalt, der 20 km entfernt in einem anderen OLG-Bezirk sitzt, wäre damit viel billiger. Dies könnte bedeuten, dass hinfort nicht im Bezirk des Prozessgerichts niedergelassene Rechtsanwälte Fahrtkosten insoweit beanspruche können, wie ein solcher Rechtsanwalt, der am weitetesten entfernt vom OLG im Bezirk des OLG sitzt? All dies sind Fragen über Fragen, die von der Gesetzesänderung aufgeworfen aber nicht beantwortet werden. Eine Konsequenz der Gesetzesänderung dürfte bereits jetzt klar sein: Sie wird die öffentliche Hand viel Geld kosten.[200] In Anbetracht des beabsichtigten PKHBegrenzG[201] kann man sich über dererlei eigentlich – aber nicht wirklich – nur wundern.

VII. Beweisanwalt und Verkehrsanwalt (Abs. 4)

1. Allgemeines. Die Beiordnung eines Beweis- (Nr. 3401 VV RVG) bzw. Verkehrsanwaltes (Nr. 3400 VV RVG) ist in jedem Verfahren denkbar. Das Gericht entscheidet darüber nach pflichtgemäßem Ermessen. Es bietet sich dabei an, grds. auf die zu **§ 91 entwickelten Erstattungsregeln abzustellen** (§ 91 Rn. 19, 27ff.). Eine Beiordnung bindet für das Kostenfestsetzungsverfahren allerdings nicht, da sonst Einwendungen der anderen Partei von vornherein abgeschnitten wären, gegen die Beiordnung hat diese nämlich kein eigenes Beschwerderecht (§ 127).[202] Die Beiordnung eines Verkehrsanwaltes präkludiert also damit nicht die Frage der Erstattungsfähigkeit nach § 91.[203] Besondere Umstände liegen allerdings nur in Ausnahmefällen vor, zB wenn der Prozessstoff von besonderer tatsächlicher und rechtlicher Schwierigkeit oder eine Reise zu dem Anwalt wegen zu großer Entfernung nicht zumutbar ist.[204] Das ersuchte Gericht oder der beauftragte Richter können weder einen Anwalt beiordnen noch PKH bewilligen.[205] Ist der beigeordnete Anwalt urlaubsbedingt an einer Terminswahrnehmung gehindert, kann hierfür nicht ein weiterer Anwalt beigeordnet werden, eine Beiordnung über die durch Abs. 4 gezogenen Grenzen hinaus findet nicht statt.[206] Die Beiordnung eines ausländischen Anwalts kommt grundsätzlich nicht in Betracht,[207] weder als Verkehrs- noch als Beweisanwalt (vgl. aber Rn. 7). 20

2. Verkehrsanwalt. Besondere Umstände für die Beiordnung eines Verkehrsanwaltes liegen jedenfalls vor, wenn **der Gegner diese Kosten nach § 91 Abs. 1 S. 1 erstatten müsste.**[208] Die neuere Rechtsprechung des BGH (§ 91 Rn. 27ff. und oben Rn. 18ff.) legt nunmehr eine großzügigere Sicht der Dinge nahe,[209] eine weite Entfernung kann ausreichen.[210] Ist eine Informationsreise oder eine schriftliche Information ausreichend, kommt die Beiordnung eines Verkehrsanwaltes nicht in Betracht.[211] Eine schriftliche Information ist nicht ausreichend, wenn die PKH-Partei schreibungewandt, sonst rechtsunerfahren ist oder der Umfang, die Schwierigkeit oder die Bedeutung der Sache einer schriftlichen Information entgegensteht und eine mündliche Information der Partei nicht zumutbar ist, zB wegen großer Entfernung.[212] Wären die Reisekosten zum eigentlichen Prozessbevollmächtigten jedoch höher als die Kosten eines Verkehrsanwaltes, 21

[196] BT-Drucks. 16/513 S. 19 (Begr. des Bundesrates).
[197] Für die Arbeitsgerichtsbarkeit vgl. *Fölsch* NZA 2007, 418ff.
[198] OLG Oldenburg NJW 2006, 851; OLG Düsseldorf MDR 2007, 236; *Fölsch* SchlHA 2006, 14; NJW 2006, 3784.
[199] *Madert/Müller-Rabe* NJW 2007, 1920, 1921; LSG Berlin-Brandenburg NJOZ 2007, 2946.
[200] So auch *Fölsch* NZA 2007, 418 für die Arbeitsgerichtsbarkeit.
[201] Vgl. zB BT-Drucks. 16/1994.
[202] OLG Koblenz NJW-RR 1999, 727; *Schoreit/Dehn* Rn. 12.
[203] OLG Hamm MDR 1983, 584; OLG Koblenz NJW-RR 1999, 727.
[204] OLG Celle NdsRpfl. 1987, 213; OLG Brandenburg FamRZ 2002, 253, 254.
[205] MK/*Wax* (2. Aufl.) § 127 Rn. 4.
[206] OLG Brandenburg AnwBl. 1996, 54.
[207] OLG Bamberg NJW 1977, 113; OLG Köln NJW 1975, 1607ff.
[208] OLG München OLGZ 1983, 335, 336; OLG Karlsruhe OLGR 2001, 20; vgl. § 91 Rn. 27.
[209] Vgl. BGH NJW 2004, 2749, 2750.
[210] OLG Karlsruhe FamRZ 2004, 1298f.
[211] *Beyer* JurBüro 1989, 439, 446; OLG Schleswig SchlHA 1978, 101; OLG Bamberg JurBüro 1984, 616.
[212] BGH NJW 2004, 2749, 2750; OLG Brandenburg JurBüro 2001, 429, 430.

kann eine Beiordnung erfolgen.[213] Kommt die Beiordnung eines Verkehrsanwaltes nicht in Betracht, so können billigere Informationsreisen bewilligt werden.[214] Ein Antrag hierauf ist im Beiordnungsantrag für einen Verkehrsanwalt inzident enthalten.[215] Es kann nicht nur ein Verkehrsanwalt beigeordnet werden; die Beiordnung eines Verkehrsanwaltes setzt die Bestellung eines eigentlichen Prozessbevollmächtigten voraus.[216] Weitere Voraussetzung ist, dass die Klage tatsächlich eingereicht wurde.[217] Bei geschäfts- und schreibungewandten Parteien muss ein Verkehrsanwalt beigeordnet werden.[218] Dies kann auch der Pfleger dieser Partei sein.[219] Ist die Rechtslage schwierig, ist die Beiordnung eines Verkehrsanwalts möglich.[220] Verdiente der Verkehrsanwalt eine **Vergleichsgebühr,** so war diese auch aus der Staatskasse zu erstatten.[221] Dasselbe gilt für die Einigungsgebühr nach Nr. 1000 VV RVG. Wird der entsprechende Antrag erst nach Abschluss der Instanz gestellt, kann ein Verkehrsanwalt nicht mehr beigeordnet werden.[222] Die Beiordnung eines **Unterbevollmächtigten** im Wege der PKH ist nicht möglich (Abs. 4).[223] Vgl. a. § 118 Rn. 18 aE.

22 **3. Beweisanwalt.** Der Beweisanwalt verdient seit dem RVG keine Beweisgebühren mehr. Seine Honorierung richtet sich nach Nr. 3401 VV RVG. Bei der Frage, ob ein Beweisanwalt beigeordnet werden kann, handelt es sich gleichfalls um eine Ermessensentscheidung. Zu prüfen ist, ob die Terminswahrnehmung durch die Partei überhaupt notwendig ist, ob sie den Termin selbst oder durch einen sonstigen Vertreter wahrnehmen kann.[224] Der Anwalt sollte in diesem Zusammenhang **§ 48 RVG** (insbesondere Abs. 2) beachten. Eine Beiordnung als Verkehrsanwalt bedeutet nicht auch eine solche als Beweisanwalt; nimmt der Verkehrsanwalt einen Beweistermin war, wird dies aus der Staatskasse nur bei gesonderter Beiordnung vergütet.[225]

23 **4. Einzelfälle.**[226] Im streitigen Scheidungsprozess soll eine Partei bei Umzug während des Prozesses grundsätzlich Anspruch auf einen **Verkehrsanwalt** haben.[227] Da **Ehesachen** idR existenzielle Bedeutung haben, wird normalerweise ein Verkehrsanwalt beizuordnen sein,[228] lediglich bei einfacheren Fällen von einverständlichen Scheidungen kann darauf verzichtet werden,[229] jedenfalls ist kein kleinlicher Maßstab anzulegen.[230] Das AG Hannover ordnet in Ehegatten- und Kindesunterhaltsverfahren idR einen Verkehrsanwalt bei.[231] In **Kindschaftssachen** kann ein Verkehrsanwalt nur beigeordnet werden, wenn es sich um einen rechtlich und tatsächlich außergewöhnlich schweren Prozess handelt.[232] Ein zweitinstanzlicher Anwalt kann für die Revisionsinstanz grundsätzlich nicht als Verkehrsanwalt beigeordnet werden.[233] Ein besonderer Umstand für die Beiordnung eines **Beweisanwaltes** ist es, wenn ein prozessentscheidender Zeuge im Wege der Rechtshilfe vernommen werden soll. Kein besonderer Umstand liegt vor, wenn im unstreitigen Scheidungsverfahren ein Ehegatte nach § 613 Abs. 1 S. 2 angehört wird.[234] Ist das Kind durch ein Jugendamt ausreichend vertreten, so ist es gleichfalls ausreichend, wenn ein anderes Jugendamt im Wege der Amtshilfe einen auswärtigen Gerichtstermin wahrnimmt.[235]

VIII. Anwaltswechsel

24 **1. Allgemeines.** Vgl. hierzu zunächst § 54 RVG, der den Vergütungsanspruch des Anwaltes gegen die Staatskasse betrifft. Eine Honorarkürzung setzt ein Fehlverhalten des Anwalts voraus, das dazu geeignet ist, die Rechtsposition der PKH-Partei zu gefährden.[236] Der **PKH-Anwalt** kann nach § 48 Abs. 2 BRAO aus wichtigem Grund seine **Entpflichtung** beantragen. Daran sind umso strengere Anforderungen zu stellen, je fortgeschrittener das Verfahren schon ist.[237] Eine Entpflichtung soll jedoch selbst dann nicht zwingend sein, wenn die Partei das Mandat entzogen hat und der Anwalt deswegen die **Entpflichtung** begehrt.[238] Dem kann nicht gefolgt werden, denn mit dem Mandatsentzug endet nach wohl hM auch die

---

213 OLG Koblenz JurBüro 1997, 592f.
214 OLG Koblenz JurBüro 1982, 773; OLG Celle NdsRpfl. 1987, 213.
215 OLG Celle NdsRpfl. 1987, 213.
216 OLG Düsseldorf OLGR 1994, 225; OLG Karlsruhe AnwBl. 1993, 401, 402; aA *Schoreit/Dehn* Rn. 12.
217 OLG Karlsruhe NdsRpfl. 1987, 213.
218 BGH NJW 2004, 2749f.; KG NJW 1982, 113.
219 LG Frankfurt/M AnwBl. 1979, 274.
220 OLG Hamm FamRZ 2000, 1227.
221 OLG Zweibrücken JurBüro 1994, 607f. mit zust. Anm. *Mümmler; Mayer* FPR 2005, 403, 406f.; aA OLG Bamberg MDR 1999, 569; OLG München NJW-RR 2003, 1214f.; LAG Düsseldorf JurBüro 2006, 260.
222 OLG Zweibrücken JurBüro 1990, 1888.
223 OLG Saarbrücken FamRZ 2004, 707f.; *Schneider* MDR 1999, 959, 960.
224 *St/J/Bork* Rn. 19.
225 OLG München JurBüro 1987, 773.
226 Vgl. a. *Zimmermann* FPR 2003, 486, 492f.
227 OLG Koblenz MDR 1977, 233.
228 OLG Brandenburg FamRZ 1999, 1357; aA FamRZ 2002, 107.
229 OLG Bamberg FamRZ 1990, 644; OLG Karlsruhe FamRZ 1999, 305.
230 OLG Hamm FamRZ 1986, 374f.; OLG Brandenburg FamRZ 1998, 1301.
231 PKH-Leitlinien des AG Hannover (hierzu vor § 114 Rn. 4) FamRZ 1996, 212, 214.
232 OLG Karlsruhe Justiz 1985, 354, 355.
233 BGH WM 1982, 881.
234 OLG Köln FamRZ 1991, 349.
235 OLG Jena FamRZ 1996, 418f.
236 OLG Nürnberg AnwBl. 2003, 374f.
237 OLG Dresden NJW-RR 1999, 643, 644.
238 OLG Köln JurBüro 1995, 534.

Vertretungsbefugnis des Anwaltes.[239] Lehnt das Gericht die vom Anwalt beantragte Aufhebung der Beiordnung ab, so hat der Anwalt hiergegen sogar ein **Beschwerderecht.**[240] Beantragt der Anwalt seine Entpflichtung, darf sich hiergegen, falls der Antrag abgelehnt wird, die Partei gleichfalls beschweren.[241] Nach teilweise vertretener Auffassung hat die **Partei** ein solches Antragsrecht auf Entpflichtung nicht, allerdings soll es grundsätzlich möglich sein, dass das Gericht einen anderen Anwalt beiordnet.[242] Nach zutreffender Auffassung muss die PKH-Partei jedoch in der Lage sein, einen ihr nicht genehmen Anwalt abzuberufen, sie kann daher einen Antrag auf Entpflichtung stellen.[243] Wird dies abgelehnt, darf die PKH-Partei hiergegen Beschwerde einlegen.[244] Insgesamt ist daher festzuhalten, dass grundsätzlich sowohl der Anwalt als auch die PKH-Partei die Entpflichtung des beigeordneten Anwalts verlangen können. Beantragen beide übereinstimmend die Aufhebung der Beiordnung, ist dem stattzugeben,[245] vgl. a. Rn. 28.

2. Anwaltswechsel ohne wichtigen Grund. Erfolgt ein Anwaltswechsel ohne wichtigen (auch genannt: triftigen) Grund, so kann die Beiordnung des neuen Anwaltes davon abhängig gemacht werden, dass der **neue Anwalt auf die Gebühren verzichtet,** die der zuerst beigeordnete bereits verdient hat.[246] Natürlich ist auch der umgekehrte Weg (der alte Anwalt verzichtet) denkbar.[247] Unter diesen Umständen ist ein Anwaltswechsel jederzeit möglich.[248] Jedoch ist zu beachten, dass die Vergütung des beigeordneten Anwalts nicht ohne dessen Zutun beschränkt werden darf.[249] Wird die Zustimmung zu dem Verzicht nicht eingeholt, stehen auch dem neuen Anwalt die vollen Gebühren zu; dies gilt auch dann, wenn der neue Anwalt „unter Anrechnung bisher entstandener Gebühren" beigeordnet wird.[250] Der alte Anwalt behält seinen Gebührenanspruch gegen die Staatskasse.[251] Dies gilt jedoch nicht, wenn er das Mandat niederlegt, ohne von der Partei dazu veranlasst worden zu sein.[252] Das nicht von der PKH umfasste Honorar kann der neue Anwalt gegen die Partei geltend machen.[253] 25

3. Anwaltswechsel aus wichtigem Grund. Für einen solchen Anwaltswechsel ist ein wichtiger Grund erforderlich. Ein solcher Grund kann vorliegen, wenn das **Vertrauensverhältnis tief greifend und nachhaltig gestört** ist.[254] Bei derartigen Entscheidungen sind jedoch die Interessen der Staatskasse zu berücksichtigen, denn die PKH-Partei darf nicht durch einen Anwaltswechsel vermeidbare Kosten verursachen.[255] Bei Vergütungsverzicht oder Anrechnung ist der Wechsel, wie oben geschildert, ohne weiteres möglich. Liegen diese Voraussetzungen nicht vor, so kommt es darauf an, ob die PKH-Partei den Anwaltswechsel nicht hat vermeiden können oder ob sie das Mandat zu dem zuerst beigeordneten Rechtsanwalt aus Gründen beendet hat, die auch die „normale" Partei vernünftigerweise dazu veranlasst hätten.[256] Ein triftiger Grund liegt zB vor, wenn der beigeordnete Anwalt trotz bewilligter PKH den Abschluss einer Honorarvereinbarung verlangt.[257] Hat die PKH-Partei selbst durch sachlich nicht gerechtfertiges und mutwilliges Verhalten das Mandatsende verursacht, besteht kein Anspruch auf Beiordnung eines anderen Anwalts; dem steht der Grundsatz des Rechtsmissbrauchs entgegen.[258] Ein solcher Fall liegt zB vor, wenn die PKH-Partei ihrem Anwalt grundlos das Mandat entzieht, weil sie aus von ihr zu verantwortenden Gründen Differenzen mit dem Anwalt herbeigeführt hat[259] oder wenn die Partei gefälschte Urkunden vorlegt und der Anwalt daraufhin das Mandat niederlegt.[260] Bei einer Zerrüttung des Vertrauensverhältnisses sind zwar keine ins Einzelne gehende Angaben notwendig, und zwar um das Mandatsverhältnis zu schützen; jedoch reichen vage Andeutungen nicht aus.[261] 26

4. Anwaltswechsel aus sonstigen Gründen. Wird der Rechtsstreit verwiesen, bleibt der **PKH-Beschluss grundsätzlich wirksam** (vgl. § 119 Rn. 2). Fällt der Anwalt aus sonstigen Gründen weg, bleibt der Anspruch auf Beiordnung erhalten, grundsätzlich ist ein anderer Anwalt beizuordnen.[262] Wird ein Mandatswechsel dadurch erforderlich, dass ein Anwalt in die Sozietät eintritt, die den Gegner vertritt, so können 27

---

[239] *Schoreit/Dehn* Rn. 4 m. weit. Nachw.; OLG Brandenburg FamRZ 1999, 1357.
[240] OLG Zweibrücken NJW 1988, 570; vgl. a. § 127 Rn. 15.
[241] OLG Köln JurBüro 1995, 534; aA OLG Frankfurt MDR 1989, 168.
[242] OLG Zweibrücken JurBüro 1994, 749.
[243] OLG Nürnberg MDR 2003, 712f.; OLG Köln OLGR 1992, 222.
[244] OLG Köln JurBüro 1995, 534; OLG Düsseldorf FamRZ 1995, 241 Nr. 129.
[245] OLG Frankfurt/M FamRZ 2001, 237.
[246] OLG Rostock FamRZ 2003, 1938f.; OLG Nürnberg MDR 2003, 712f.; *Stollenwerk* ZAP F 11R, 93, 110; aA *Müller* FuR 2004, 152ff.
[247] OLG Stuttgart FamRZ 2002, 1504f.
[248] OLG Celle FamRZ 2004, 1881.
[249] OLG Zweibrücken NJW-RR 1999, 436; 2006, 1433f.; OLG Stuttgart FamRZ 2002, 1504f.; OLG Köln FamRZ 2004, 123, 124.
[250] OLG Oldenburg JurBüro 1995, 137f.; OLG Karlsruhe FamRZ 1998, 632f.
[251] OLG Zweibrücken JurBüro 1998, 649f.; OLG Brandenburg FamRZ 2004, 213.
[252] OLG Karlsruhe OLGR 2007, 107; s. a. § 628 BGB.
[253] OLG Düsseldorf OLGR 1999, 388.
[254] BGH NJW-RR 1992, 189 vgl. a. OLG Dresden MDR 1998, 1379.
[255] OLG Zweibrücken JurBüro 1994, 749.
[256] OLG Zweibrücken JurBüro 1994, 749; OLG Köln JurBüro 1995, 534; OLG Hamm FamRZ 1995, 748f.
[257] OLG Hamm JurBüro 1989, 508f.
[258] BGH NJW-RR 1992, 189; OLG Köln FamRZ 1987, 1168, 1169.
[259] OLG Frankfurt/M MDR 1988, 501.
[260] OLG Köln FamRZ 1987, 1168f.
[261] OLG Köln JurBüro 1995, 534.
[262] OLG Frankfurt/M MDR 1988, 501.

ihm die durch die Beiordnung eines anderen Anwaltes entstehenden Mehrkosten nur entgegengehalten werden, wenn der Anwalt dies bei Mandatsübernahme hätte voraussehen können; ist schon ein neuer Anwalt beigeordnet worden, kann später nicht mehr geprüft werden, ob der alte Sozius das Mandat hätte fortführen können.[263] Hat ein Anwalt entgegen § 45 BRAO beide Parteien beraten oder vertreten, so ist dessen Beiordnung ohne Rücksicht auf den Willen der Beteiligten aufzuheben.[264] Wird die PKH-Partei insolvent, wirkt die PKH nicht für den Verwalter, dieser muss einen neuen eigenen Antrag stellen und darf einen neuen Anwalt wählen.[265] Bei einem Anwaltswechsel ist außerdem § 54 RVG zu beachten.[266]

28 **5. Folgen der Entpflichtung.** Bei Anträgen auf Anwaltswechsel ist auf Seiten der PKH-Partei **große Vorsicht** geboten. Die Entpflichtung eines Anwaltes bedeutet nämlich noch nicht, dass automatisch ein neuer Anwalt beigeordnet wird. Denkbar ist daher ohne weiteres, dass ein Anwalt entpflichtet, jedoch kein anderer beigeordnet wird.[267] Insbesondere dann, wenn eine PKH-Partei mutwillig eine Mandatsniederlegung herbeiführt, ist dies aber in Kauf zu nehmen.[268] Besteht Anwaltszwang, kann sich die PKH-Partei hinfort nicht mehr vertreten, wobei ihr die Möglichkeit bleibt, auf eigene Kosten einen weiteren Anwalt zu bestellen.

IX. Anwaltsvergütung[269]

29 **1. Umfang der PKH-Vergütung.** Vgl. vorab §§ 45ff. RVG. Hinsichtlich der von der Staatskasse zu zahlenden Anwaltsvergütung sind die weitgehend bundeseinheitlichen Verwaltungsvorschriften „Festsetzung der aus der Landeskasse zu gewährenden Vergütung der Rechtsanwälte" zu beachten.[270] Nach § 47 RVG ist der Anwalt berechtigt, einen Vorschuss zu fordern. Der Anspruch gegen die Staatskasse umfasst auch die Umsatzsteuer,[271] nicht jedoch Zinsen, da weder § 104 Abs. 1 S. 2 noch § 288 BGB anwendbar sind.[272] Bei der Anwaltsvergütung ist zu beachten, dass nicht die (normale) Tabelle zu § 13 RVG, sondern die **Tabelle zu § 49 RVG** einschlägig ist. Diese sieht eine Absenkung der Gebühren ab einem Streitwert von über 3000 Euro vor. Ab einem Streitwert von über 30 000 Euro tritt für den PKH-Anwalt eine Steigerung der Gebühren nicht mehr ein. Verfassungsrechtliche Bedenken hiergegen bestehen nicht.[273] Die Vergütung aus der Staatskasse setzt, neben der Beiordnung, grundsätzlich auch ein zustandegekommenes Mandatsverhältnis voraus; nimmt der Anwalt jedoch schon vor Entstehung des Mandatsverhältnisses unaufschiebbare Handlungen vor, so sind diese gleichfalls zu vergüten.[274] Lässt sich der Anwalt durch einen Nichtstationsreferendar vertreten, erhält er dafür keine Vergütung aus der Staatskasse.[275] Dasselbe galt, wenn ein **Assessor** auftrat,[276] nunmehr gilt § 5 RVG, wonach auch der Assessor den Vergütungsanspruch verdienen kann. Bei Vertretung durch einen anderen Anwalt oder einen Stationsreferendar wird die Verhandlungsgebühr gleichfalls verdient, § 5 RVG[277] und § 157. Auf einen ausländischen Anwalt, der nach § 1 Abs. 1 RADG hier praktizieren darf, ist die Tabelle zu § 49 RVG nur anzuwenden, wenn er zu den Bedingungen eines hiesigen Anwalts beigeordnet wurde.[278] § 16 Nr. 2 RVG ist gegebenfalls zu beachten. § 15 Abs. 5 S. 3 RVG kann zu einem neuen Vergütungsanspruch führen.[279] Bei Rahmengebühren ist die Bestimmung des PKH-Anwalts verbindlich, wenn sie von der vom Gericht für angemessen gehaltenen Gebühr nicht um mehr als 20 % anweicht.[280] Der PKH-Anwalt, der ohne Sachgrund gegen das Kosteninteresse des Mandanten eine Gebühr nur um sie zu verdienen entstehen lässt, hat keinen Anspruch gegen die Staatskasse.[281] Nach Beiordnung ist die Vergütung pfändbar.[282] Zum Pfändungsschutz s. § 850 Rn. 11. Bezüglich der Streitwerthöhe ist ein gerichtlicher Festsetzungsbeschluss bindend, nicht jedoch bezüglich der Frage, in welcher Höhe eine Einigungsgebühr anfällt.[283] Der Anwalt kann eine **anzurechnende Geschäftsgebühr** nach § 58 Abs. 2 RVG verrechnen, war Beratungshilfe bewilligt worden, wird die Gebühr zur Hälfte angerechnet, Nr. 2503 VV RVG.[284]

---

263 OLG Düsseldorf OLGR 1993, 96.
264 OLG Celle FamRZ 1983, 1045f.
265 OLG Rostock JurBüro 2007, 324 = ZIP 1288.
266 Vgl. hierzu OLG Karlsruhe NJOZ 2007, 4649.
267 Vgl. zB OLG Düsseldorf FamRZ 1995, 241f.; OLG Frankfurt/M FamRZ 2001, 237; OLG Celle NJOZ 2007, 4629.
268 OLG Köln FamRZ 1987, 1168, 1169.
269 Hierzu ausführlich *Herget* MDR 1985, 617ff.; *Enders* JurBüro 1997, 449f., 505ff.
270 Vgl. *Piller/Hermann* 10c.; oben Rn. 2
271 LAG Mainz JurBüro 1997, 29.
272 AG Schöneberg JurBüro 2002, 375.
273 BVerfG NJW 1971, 187.
274 KG Rpfleger 1985, 39f.
275 OLG Stuttgart Justiz 1996, 22.
276 LAG Düsseldorf JurBüro 1989, 796f. mit zust. Anm. *Mümmler;* OLG Oldenburg NdsRpfl. 1998, 5; aA BGH Rpfleger 2004, 523.
277 OLG Köln OLGR 1995, 31.
278 *Bach* Rpfleger 1991, 7, 9 m. weit. Nachw.
279 OLG Stuttgart Justiz 2002, 510f.
280 OLG München FamRZ 2003, 466.
281 OLG Düsseldorf NJW 1971, 2180 m. weit. Nachw.
282 LG Nürnberg-Fürth Rpfleger 1998, 118 mit zust. Anm. *Zimmermann.*
283 OLG Bamberg FamRZ 2004, 46f.
284 Näher *Enders* JurBüro 2005, 281ff.

2. Weitere Vergütung. Für den Anwalt tritt ein **Gebührenausfall dann nicht ein,** wenn der (zahlungsfähige) unterlegene Gegner in Anspruch genommen werden kann (§ 91 Abs. 1 iVm. § 126) oder die Staatskasse über Ratenzahlungen Mehreinnahmen erzielt (§ 50 RVG).[285] Der Rechtspfleger ist verpflichtet, die Anzahl der zu zahlenden Raten unter Berücksichtigung der anwaltlichen Regelgebühren festzulegen.[286] Versäumnisse können zu Amtshaftungsansprüchen führen.[287] Eine weitere Vergütung kann der Anwalt allerdings erst erhalten, wenn folgende Kosten durch Ratenzahlungen gedeckt sind: Gerichtskosten (Erstschuldnerhaftung), PKH-Anwaltsvergütung, Gerichtskosten (Zweitschuldnerhaftung). Die Staatskasse ist allerdings zur Einziehung der Gebühren für den Anwalt verpflichtet.[288] Die Festsetzung der weiteren Vergütung ist erst möglich, wenn die vorrangig zu berücksichtigenden Kosten feststehen.[289] Die weitere Vergütung nach § 50 RVG steht dem Anwalt auch dann zu, wenn seiner Partei – nach Auszahlung der (reduzierten) PKH-Gebühren – Ratenzahlungen auferlegt werden, weil sich die Vermögensverhältnisse gebessert haben.[290] Ein durch vor der Bewilligung eingezahlter Gerichtskosten entstehender Rückzahlungsanspruch gegen die Staatskasse (zB wegen eines Vergleichs) darf nicht an den Anwalt als weitere Vergütung ausgezahlt werden.[291] Der Anspruch erlischt weder durch eine Festsetzung nach § 126 noch durch eine voreilige Auszahlung von Überschüssen an die PKH-Partei.[292] Wird die bewilligte PKH aufgehoben, kann der Anwalt gegen seinen PKH-Mandanten Kostenfestsetzung nach § 11 RVG beantragen.[293] Dies gilt auch dann, wenn die PKH nicht bewilligt wird.[294] Ein Vordruckzwang für den Antrag gegen die Staatskasse auf Vergütung existiert nicht.[295] Wer **zunächst Wahlanwalt war** und sodann beigeordnet wird, kann schon entstandene Wahlanwaltgebühren von der PKH-Partei nicht fordern, vor allem wenn der Gebührenanspruch nach der Beiordnung erneut entsteht.[296] Die Anrechnungsvorschrift des § 58 RVG ist zu beachten, s. a. § 4 Abs. 5 RVG. Der Anwalt darf also Zahlungen der PKH-Partei zunächst auf Honoransprüche verrechnen, für die kein Honoraranspruch gegen die Staatskasse besteht.[297] 30

3. Bindung an den Bewilligungsbeschluss.[298] Vgl. zunächst Rn. 18 und § 119 Rn. 4 ff. Der Vergütungsanspruch entsteht bei Beiordnung, Bewilligung und Vollmacht.[299] Im Rahmen des Festsetzungsverfahrens sind die entsprechenden Organe an den **Beschluss des Prozessgerichts gebunden,** entstandene Anwaltsgebühren dürfen nicht mit der Begründung abgesetzt werden, es sei eine kostensparendere Prozessführung möglich gewesen.[300] Dies gilt insbesondere dann, wenn der Gesichtspunkt der „Verbundpflicht" (§ 114 Rn. 36 f.) bei der Bewilligung übersehen wurde. Sachverhalte, die das Gericht bei der Bewilligung geprüft hat oder (inzident) hätte prüfen müssen, dürfen im Festsetzungsverfahren nicht abweichend beurteilt werden.[301] Genauso darf nicht eingewandt werden, die Bewilligung sei fehlerhaft gewesen.[302] Auch eine unzulässige, aber angeordnete Rückwirkung ist zu beachten; in Zweifelsfällen ist der PKH-Beschluss auszulegen,[303] um zu ermitteln, in welchem Umfang das Gericht bewilligen wollte. Eine Ausnahme von diesen Grundsätzen ist nur für den Fall anzuerkennen, dass ein – in allen Verfahrensstadien von Amts wegen zu beachtender – Rechtsmissbrauch vorliegt.[304] Streitigkeiten über die Höhe der Vergütung sind ausschließlich im Erinnerungsverfahren nach § 56 RVG zu entscheiden.[305] Dies gilt auch, wenn die Vergütung nicht in angemessener Frist festgesetzt wird, § 23 EGGVG ist nicht einschlägig.[306] 31

4. Vergütung und Prozesserfolg. Grundsätzlich steht dem Rechtsanwalt seine Vergütung aus der Staatskasse **ohne Rücksicht auf einen Prozesserfolg** zu. Wenn ein beigeordneter Rechtsanwalt jedoch aus eigenem Verschulden die Wiedereinsetzungsfrist versäumt, hat er keinen Gebührenanspruch gegen die Staatskasse für das verworfene Rechtsmittel; dem stehen Treu und Glauben entgegen.[307] 32

5. Verjährung der Vergütung. Der Vergütungsanspruch gegen die Staatskasse verjährte früher in **zwei Jahren,** und zwar vom Ende des Jahres der Fälligkeit an gerechnet *(§ 196 Abs. 1 Nr. 15 BGB aF).*[308] Nunmehr 33

[285] Hierzu LAG Köln MDR 1997, 108.
[286] LAG Hamm AnwBl. 1999, 488 f.
[287] LG Mainz AnwBl. 2003, 374.
[288] LAG Hamm NJW-RR 1998, 201 (hM); aA LAG Kiel AnwBl. 2002, 62 f. mit zu Recht abl. Anm. *Engels* S. 665 f.; LAG Bremen MDR 2004, 357 m. weit. Nachw., auch für die hM.
[289] OLG Koblenz MDR 2000, 851.
[290] LG Nürnberg-Fürth Rpfleger 1994, 259; OLG Köln OLGR 2001, 318, 320.
[291] Näher: KG MDR 2007, 304.
[292] KG OLGR 2004, 229 f.
[293] BT-Drucks. 8/3068 S. 34 (Begr. der Bundesregierung).
[294] OLG Koblenz NJW-RR 2003, 575 f.
[295] AllgM, *Herget* MDR 1985, 617, 621 m. weit. Nachw.
[296] Str.; vgl. § 122 Rn. 8.
[297] OLG Frankfurt/M. JurBüro 2007, 149 f.
[298] Ausf. *Fischer* JurBüro 1999, 341 ff.
[299] LG Berlin JurBüro 1964, 127 f.
[300] HM, zB OLG Zweibrücken Rpfleger 1995, 364 m. weit. Nachw.; OLG Schleswig JurBüro 1998, 476 f.; aA LAG München JurBüro 1996, 534 ff. mit abl Anm. *Waldner.*
[301] OLG Zweibrücken Rpfleger 1995, 364, 365; *Fischer* JurBüro 1999, 341, 343; *Waldner* JurBüro 1996, 536.
[302] OLG Köln JurBüro 1997, 591; OLG Stuttgart MDR 1989, 651, 652, betr. „PKH für PKH".
[303] OLG München MDR 1986, 242 f.
[304] OLG München JurBüro 1993, 617 f.
[305] OLG Köln NJW-RR 2003, 575.
[306] OLG Naumburg NJW 2003, 2921 f.
[307] BVerwG Rpfleger 1995, 75 m. weit. Nachw.; OLG Karlsruhe JurBüro 1992, 558.
[308] LAG München MDR 1994, 738 f.; OLG Schleswig JurBüro 1990, 763 f.; OLG Stuttgart JurBüro 2002, 538.

gelten die §§ 195, 199 BGB (3 Jahre). Die Frist des § 20 GKG gilt für die Rückforderung einer überzahlten Vergütung, nach Ablauf dieser Frist ist das Erinnerungsrecht der Staatskasse (vgl. § 56 RVG) verwirkt.[309] Maßgeblich für die Frist ist die Kostenfestsetzung, nicht der rechtskräftige Abschluss des Rechtsstreites; dies gilt auch in Familiensachen.[310] Die gleiche Frist gilt für den umgekehrten Fall, dh. wenn der Anwalt Erinnerung gegen die Kostenfestsetzung einlegt.[311] Hat der Anwalt eine Aufforderung nach § 55 Abs. 6 S. 1 RVG erhalten, so ist eine Nachliquidation (zB vergessener Gebühren) gegen die Staatskasse wegen § 55 Abs. 6 S. 2 RVG ausgeschlossen, hat er sie nicht erhalten, so bleibt die Nachliquidation nach den allgemeinen Grundsätzen zulässig.[312] Fristversäumung nach § 55 Abs. 6 S. 1 RVG lässt alle Ansprüche gegen die Staatskasse untergehen.[313] Eine Fristverlängerung ist nicht möglich.[314] Die Ausschlusswirkung greift aber nicht, wenn ein Hinweis auf die gesetzliche Frist nicht erfolgte.[315] Wenn ein Anwalt zwei Jahre nach Verfahrensabschluss nicht an die Bescheidung des PKH-Antrages erinnert, ist der Honoraranspruch verwirkt.[316]

X. Anwaltsbeiordnung durch den Vorsitzenden (Abs. 5)

34 Diese Regelung ist den §§ 78b, 78c nachempfunden, s. a. die Kommentierung dort, vor allem § 78c Rn. 1 aE. Der Antragsteller muss jedenfalls darlegen, dass er sich bei einigen Anwälten erfolglos um Mandatsübernahme bemüht hat.[317] Aus Bequemlichkeit darf die Auswahl dem Vorsitzenden allerdings nicht überlassen werden.[318] Auch diese Beiordnung ersetzt weder die Vollmacht noch den Vertrag. Nach § 48 Abs. 1 Nr. 1 BRAO ist der Rechtsanwalt im gerichtlichen Verfahren jedoch verpflichtet, die Vertretung einer Partei oder die Beistandschaft zu übernehmen, wenn er der Partei auf Grund des Abs. 5 beigeordnet ist. Der Rechtsanwalt kann allerdings beantragen, die Beiordnung aufzuheben, wenn hierfür wichtige Gründe vorliegen. Die Bereitschaft des Anwalts zur Mandatsübernahme ist unerheblich.[319] Hat eine gegen eine ablehnende Entscheidung gerichtete PKH-Beschwerde Erfolg und hat der Antragsteller noch keinen Anwalt benannt, so ist die Entscheidung nach Abs. 5 dem erstinstanzlichen Gericht zu überlassen.[320] Auch eine Beiordnung von Beweis- und Verkehrsanwalt nach Abs. 5 ist zulässig.

122 *Wirkung der Prozesskostenhilfe*

(1) Die Bewilligung der Prozesskostenhilfe bewirkt, dass

1. die Bundes- oder Landeskasse
 a) die rückständigen und die entstehenden Gerichtskosten und Gerichtsvollzieherkosten,
 b) die auf sie übergegangenen Ansprüche der beigeordneten Rechtsanwälte gegen die Partei nur nach den Bestimmungen, die das Gericht trifft, gegen die Partei geltend machen kann,

2. die Partei von der Verpflichtung zur Sicherheitsleistung für die Prozesskosten befreit ist,

3. die beigeordneten Rechtsanwälte Ansprüche auf Vergütung gegen die Partei nicht geltend machen können.

(2) Ist dem Kläger, dem Berufungskläger oder dem Revisionskläger Prozesskostenhilfe bewilligt und ist nicht bestimmt worden, dass Zahlungen an die Bundes- oder Landeskasse zu leisten sind, so hat dies für den Gegner die einstweilige Befreiung von den in Absatz 1 Nr. 1 Buchstabe a bezeichneten Kosten zur Folge.

I. Normzweck

1 Abs. 1 trifft eine **allgemeine Regelung der Folgen der Bewilligung von PKH,** und zwar im Verhältnis zur Staatskasse, zum beigeordneten Anwalt und zum Gegner. Die bewilligte PKH führt zu einer Stundung der Forderungen bzw. einem Einziehungsverbot und einer Forderungssperre.[1] Abs. 2 betrifft nur den Fall, dass dem jeweiligen „Instanzkläger" PKH bewilligt wurde. Grundsätzlich muss die PKH-Partei nur ihre Raten bzw. Beträge aus dem Vermögen zahlen. Weitere, auch übergangene Ansprüche soll die Staatskasse – im Unterschied zum PKH-freien Gegner (§ 123) – gegen die PKH-Partei nicht geltend machen können.

II. Wirkungen für die PKH-Partei (Abs. 1)

2 **1. Forderungen der Staatskasse (Abs. 1 Nr. 1). a) Originäre Forderungen (Abs. 1 Nr. 1 a).** Dieser Teil der Vorschrift betrifft die rückständigen und entstehenden Gerichts- und Gerichtsvollzieherkosten. Davon umfasst sind auch Zeugen- und Sachverständigenentschädigungen. Hierzu gehören auch Reisekosten für die

---

309 OLG Düsseldorf NJW-RR 1996, 441; LG Hechingen Justiz 1994, 442 f.
310 OLG Düsseldorf NJW-RR 1996, 441 f.
311 KG Rpfleger 1985, 39 f.; aA OLG Zweibrücken Rpfleger 2006, 572.
312 *Enders* JurBüro 1995, 561, 563.
313 OLG Köln NJW-RR 1999, 1582, 1583; OLG Koblenz NJW-RR 2004, 67.
314 AG Andernach FamRZ 2004, 216.
315 OLG Zweibrücken Rpfleger 2005, 445.
316 OLG Brandenburg FamRZ 1996, 1290.
317 BFH NJW 1978, 448.
318 *St/J/Bork* Rn. 7.
319 BT-Drucks. 8/3694 S. 21 (Bericht der Abgeordneten Dres. *Langner* und *Schöfberger*).
320 OLG Karlsruhe AnwBl. 1993, 401, 402.
1 OLG Köln OLGR 2003, 174, 175 m. weit. Nachw.

mittellose Partei (§ 119 Rn. 7).[2] **Rückständig** bedeutet, dass die Auslagen und Gebühren gegenüber dem Kostenschuldner schon fällig waren, allerdings von ihm noch nicht bezahlt wurden; **entstehende** Gerichtskosten sind solche, die erst künftig fällig werden, wobei es nicht darauf ankommt, ob sie von der Gerichtskasse bereits ausgezahlt wurden oder sonst schon angefallen sind.[3] Maßgeblich ist grundsätzlich das Eingangsdatum des Antrags, nicht das Datum des Bewilligungsbeschlusses.[4] Sind demzufolge zB Sachverständigenkosten vor der PKH-Bewilligung angefallen, aber erst durch das Urteil nach § 9 Abs. 1 GKG fällig geworden, so fallen sie unter Abs. 1 Nr. 1 a.[5] Wird eine höhere Sachverständigenentschädigung vereinbart, so kann von der PKH-Partei nur der Differenzbetrag zwischen gesetzlicher und vereinbarter Entschädigung gefordert werden.[6] Ist nur einem **Streitgenossen** PKH bewilligt worden, erstreckt sich die Vorschussbefreiung oft auch auf die anderen, denn für den PKH-Streitgenossen dürfen die von dem Gericht zu ergreifenden Maßnahmen (Zeugenvernehmung, Sachverständigengutachten) nicht von einem Vorschuss abhängig gemacht werden.[7] Wer sich nach § 13 JVEG mit einer besonderen Entschädigung einverstanden erklärt, muss den ausreichenden Betrag ohne Rücksicht auf die PKH in vollem Umfang zahlen, da dieser nicht zu den Gerichtskosten gehört.[8]

Bei bereits angesetzten, aber **noch nicht gezahlten Gerichtskosten** ist die Sollstellung zu löschen, wenn PKH bewilligt wird; werden die Kosten nach wirksamer Bewilligung noch gezahlt, ist die Rückzahlung anzuordnen.[9] Versäumt es die PKH-Partei auf die ihr gewährte PKH hinzuweisen und zahlt gleichwohl Vorschüsse, so sind ihr diese zu erstatten.[10] Dies gilt auch, wenn trotz bewilligter PKH der Gerichtsvollzieher bezahlt wird.[11] Wird jedoch erst mit erheblicher Verspätung (im konkreten Fall 14 Monate) unter Hinweis auf die PKH Rückerstattung verlangt, kommt eine solche nicht mehr in Betracht.[12] Die Verrechnung eines vor Bewilligung gezahlten Überschusses auf nach Bewilligung angefallene Sachverständigenkosten ist unzulässig.[13] 3

Wird **mit Rückwirkung PKH bewilligt** (§ 119 Rn. 19), so sind die nach dem Zeitpunkt der Rückwirkung bezahlten Kosten zu erstatten.[14] Dies gilt auch, wenn die Kosten gleichzeitig mit der Antragstellung gezahlt wurden, selbst wenn der Anwalt sie aus eigenen Mitteln vorgelegt hat.[15] Wird erst im **Laufe eines Prozesses PKH** ohne Rückwirkung bewilligt, kann der einbezahlte Vorschuss bzw. können sonst bezahlte Kosten nicht zurückgezahlt werden.[16] Entsprechendes gilt, wenn sie der Anwalt aus eigenen Mitteln vorgelegt hat.[17] Wird jedoch gleichzeitig mit Eingang des PKH-Antrages der Vorschuss versehentlich von dem Anwalt gezahlt, so ist der Vorschuss zurückzuzahlen, wenn PKH bewilligt wird.[18] Dasselbe gilt, wenn der Vorschuss gezahlt wird, um die unverzügliche Rechtshängigkeit herbeizuführen.[19] 4

b) Übergegangene Forderungen (Abs. 1 Nr. 1.b). Grundsätzlich lässt die Bewilligung von PKH die Verpflichtung der PKH-Partei unberührt, dem Gegner im Falle des Prozessverlustes dessen Kosten zu ersetzen (§ 123). Abs. 1 Nr. 1 b macht eine **Ausnahme für den Fall, dass dem obsiegenden Gegner ebenfalls PKH bewilligt worden ist.** Dies ergibt sich daraus, dass der in dieser Vorschrift vorausgesetzte Anspruchsübergang von Anwaltshonorar auf die Staatskasse (§ 59 Abs. 1 RVG) nur dann stattfindet, wenn auch die Gegenseite PKH bewilligt bekommen hat und eine Zahlungspflicht der (anderen) PKH-Partei nur bei Unterliegen bestehen kann. Wird also der Anwalt des obsiegenden Gegners, dem ebenfalls PKH bewilligt wurde, aus der Staatskasse bezahlt, so hat diese einen Ersatzanspruch nach §§ 126 ZPO, 59 RVG gegen die unterlegene PKH-Partei. Diesen Anspruch darf die Staatskasse jedoch nur nach Maßgabe der Begünstigung der unterlegenen PKH-Partei geltend machen, dh. im Rahmen der von ihr zu zahlenden Raten und bei ratenfreier PKH demnach überhaupt nicht[20] oder höchstens im Rahmen des Vermögensbetrages, wenn ein solcher festgesetzt wurde.[21] Ist folglich beiden Parteien PKH bewilligt worden, so wird § 123 durch diese Regelung 5

---

2 OLG Brandenburg NJW-RR 2004, 63f.

3 OLG Stuttgart Rpfleger 1984, 114, 115; OLG Karlsruhe Justiz 1993, 457, 458; OLG Düsseldorf JurBüro 2002, 83f.

4 OLG Düsseldorf JurBüro 2002, 83f.

5 OLG Stuttgart Rpfleger 1984, 114, 115; vgl. a. *Schütt* JurBüro 1998, 464.

6 OLG Frankfurt/M JurBüro 1986, 79f.

7 MK/*Motzer* Rn. 3.

8 OLG Koblenz OLGR 2004, 23f.

9 Nr. 3. 2 DB-PKHG, vgl. § 117 Rn. 2.

10 OLG Köln Rpfleger 1999, 450; AG Wiesbaden JurBüro 1991, 1233 mit zust. Anm. *Mümmler.*

11 KG MDR 1981, 852; *Bach* DGVZ 1990, 166f.

12 AG Frankfurt/M DGVZ 1989, 190, 191.

13 OLG Hamm OLGR 2003, 409.

14 BGH MDR 1963, 827.

15 OLG Karlsruhe Justiz 1993, 457; OLG Hamburg MDR 1999, 1287.

16 OLG Düsseldorf Rpfleger 1990, 172; OLG Koblenz JurBüro 1996, 142; LG Osnabrück NdsRpfl. 2003, 323; aA OLG Koblenz MDR 2005, 349.

17 KG Rpfleger 1984, 372f.

18 OLG Düsseldorf Rpfleger 1986, 108; OLG Hamburg MDR 1999, 1287; OLG Karlsruhe FamRZ 2007, 1028f.

19 OLG Stuttgart Rpfleger 2003, 200f.

20 OLG München Rpfleger 2001, 307f.; aA OLG Schleswig JurBüro 1991, 1207f. mit insoweit zu Recht abl. Anm. *Mümmler; Dörndorfer* Rpfleger 1987, 448; OLG Nürnberg Rpfleger 2001, 601f.; OLG Köln OLGR 2003, 265f.

21 OLG Zweibrücken Rpfleger 1989, 114 m. weit. Nachw.; OLG Braunschweig JurBüro 1990, 508; zu dem Ganzen vgl. *Lappe* § 32 XIV 1; aA OLG Oldenburg JurBüro 1991, 1373 mit abl. Anm. *Mümmler;* OLG Karlsruhe FamRZ 2005, 2002; OLG Nürnberg NJW-RR 2002, 863f.; BGH NJW-RR 1998, 70; dieser Entsch. kann keinesfalls gefolgt werden; ausf. hierzu *Fischer* JurBüro 1998, 622ff.

eingeschränkt,[22] denn die PKH-Partei müsste die Kosten eines PKH-freien Gegners nach § 123 bei Unterliegen sofort bezahlen. War dem Gegner gleichfalls PKH bewilligt worden, so dürfen diese Kosten über die Raten abbezahlt werden, bei ratenfreier PKH ist dementsprechend nichts zu bezahlen; maW: Die PKH erstreckt sich hier – entgegen der Auffassung des BGH – auf die Kosten des Gegenanwaltes.[23] Hat allerdings die obsiegende PKH-Partei über Raten die Kosten ihres Anwaltes bezahlt, darf sie diese Kosten auch gegen die unterlegene andere PKH-Partei festsetzen lassen, wobei gleichgültig ist, ob dieser ratenfreie PKH bewilligt wurde oder nicht.[24] Zu der auch in diesem Zusammenhang zu beachtenden Vorschrift des § 31 Abs. 3 GKG vgl. § 123 Rn. 2ff. Wurde die **Klage zurückgenommen,** so darf die Staatskasse den Kläger für Zahlungen, die an den Beklagtenvertreter geleistetet wurden (Anwaltshonorar des PKH-Beklagten), nur in Anspruch nehmen, wenn eine Kostenentscheidung nach § 269 Abs. 3 S. 2 ergangen ist.[25] Die Staatskasse kann den hierfür erforderlichen Antrag nicht stellen.[26] Dasselbe gilt für einen Antrag nach den §§ 565, 516 Abs. 3.[27] Dies ergibt sich daraus, dass auf die Staatskasse nur ein bestehender Anspruch übergehen kann. Vor einer Kostenentscheidung besteht aber bei Klagerücknahme kein Erstattungsanspruch des Beklagten. Aus Abs. 1 Nr. 1.b) folgt auch, dass die Staatskasse einen Rückzahlungsanspruch der Partei auf vor der Bewilligung eingezahlte Gerichtskosten mit übergegangenem Anwaltshonorar nur verrechnen darf, wenn die PKH nach § 124 aufgehoben oder nach § 120 abgeändert wurde.[28]

6 **2. Prozesskostensicherheit (Abs. 1 Nr. 2).** Der Anwendungsbereich dieser Vorschrift betrifft die **§§ 110ff.** Eine PKH-Partei braucht dementsprechend diese Sicherheit nicht mehr aufzubringen. Dies gilt auch dann, wenn vorher ein entsprechendes Zwischenurteil (§ 112 Rn. 2) ergangen ist und danach PKH bewilligt wird.[29] Die praktische Bedeutung dieser Vorschrift ist eher gering. Selbst in Fällen, in denen die Vorschrift grundsätzlich noch anwendbar wäre, wird die Einrede nur höchst selten erhoben. Außerdem ist der Anwendungsbereich der §§ 110ff. recht eingeschränkt, vgl. die Kommentierung dort.

7 **3. Anwaltshonorar (Abs. 1 Nr. 3).** Zum Anwaltshonorar vgl. auch § 121 Rn. 29ff. Nach § 4 Abs. 5 RVG wird weiterhin durch eine Vereinbarung, nach der ein im Wege der Prozesskostenhilfe beigeordneter Rechtsanwalt eine Vergütung erhalten soll, eine Verbindlichkeit nicht begründet. Hat der Auftraggeber allerdings freiwillig und ohne Vorbehalt geleistet, so kann er das Geleistete nicht deshalb zurückfordern, weil eine Verbindlichkeit nicht bestanden hat. Der Anspruch des Anwalts wird also auf eine Naturalobligation reduziert. Eine freiwillige Leistung der PKH-Partei liegt nicht vor, wenn der Anwalt seinen über § 45 RVG hinausgehenden Honoraranspruch gegenüber dem an den Mandanten auszuzahlenden Hauptsachebetrag aufrechnet.[30] Vgl. auch § 16 Abs. 2 BORA. Selbstverständlich bleibt das **Vorschussrecht** (§ 9 RVG) des Anwalts unberührt.[31] Die **Sperre des Abs. 1 Nr. 3 ist zwingend,** greift selbst bei abweichenden Vereinbarungen ein und erfasst auch Honoraransprüche, die vor der Bewilligung entstanden, aber danach erneut angefallen sind.[32] Eine Entscheidung nach § 120 Abs. 4 lässt die Sperre gleichfalls unberührt.[33] Auch eine ausdrückliche Honorarvereinbarung beseitigt dieses Liquidationsverbot nicht.[34] Selbst wenn der Rechtsanwalt seine Ansprüche gegen die Staatskasse verjähren lässt, kann er gegen die Partei nicht mehr vorgehen.[35] Ein Vergütungsanspruch des PKH-Anwaltes ist sogar dann nicht gegeben, wenn einem Beklagten, der sich gegen mehrere Kläger verteidigt, nur PKH für die Rechtsverteidigung gegen einen Teil der Kläger bewilligt wird.[36] Die bedürftige Partei kann den Anwalt natürlich gleichwohl in vollem Umfang bezahlen. Zahlt sie, so erwächst ihr, wenn sie obsiegt, ein entsprechender Kostenerstattungsanspruch gegen den Gegner.[37] Ansonsten bleibt es dem Anwalt überlassen, ob er sich den Titel nach § 126 besorgt[38] und gegebenenfalls vollstreckt. Denkbar ist auch, dass die **PKH-Partei die Differenzkosten** (zwischen der Regelanwaltsvergütung und der niedrigeren PKH-Anwaltsvergütung, vgl. § 121 Rn. 29) **gegen ihren Gegner festsetzen lässt.**[39] Dem wird für den Fall ratenfreier PKH teilweise widersprochen. Insoweit wird argumentiert, wenn die PKH-Partei an ihren Anwalt nichts bezahlt habe, könnten nicht entstandene Kosten auch nicht gegen den Gegner festgesetzt werden.[40] Dem kann jedoch nicht gefolgt werden. Auch eine PKH-Partei hat gegen den unterlegenen Gegner einen Kostenerstattungsanspruch nach Maßgabe der Kostengrundentscheidung, ande-

---

[22] *St/J/Bork* Rn. 8.
[23] *Fischer* JurBüro 1998, 622ff. mit ausf. Widerlegung der Entsch. BGH NJW-RR 1998, 70; vgl. a. Fn. 20 u. OLG München Rpfleger 2001, 307f.
[24] OLG Schleswig JurBüro 1991, 1207f.
[25] KG MDR 1988, 420f.; OLG Brandenburg FamRZ 1996, 683.
[26] OLG Köln FamRZ 1998, 1037f.
[27] BGH NJW-RR 1998, 1534.
[28] KG Rpfleger 2006, 662.
[29] OLG Brandenburg NJW-RR 2003, 209.
[30] OLG Karlsruhe Justiz 2007, 212f.
[31] *Enders* JurBüro 2003, 225f.
[32] OLG Köln NJW-RR 1995, 634; OLG München MDR 1991, 62.
[33] OLG Düsseldorf AnwBl. 2005, 787.
[34] *Eggert* AnwBl. 1994, 214, 215; vgl. a. *Groß* FPR 2003, 518f.
[35] OLG Köln FamRZ 1998, 1037f.
[36] OLG München Rpfleger 1995, 466f.
[37] KG Rpfleger 1987, 333f.
[38] Vgl. hierzu *Lappe* § 32 XIV 2.
[39] KG Rpfleger 1987, 333f.; OLG Düsseldorf NJW-RR 1998, 28.
[40] OLG Koblenz Rpfleger 1996, 252f.; OLG Hamm AnwBl. 1990, 328; Rpfleger 2003, 138; OLG Saarbrücken JurBüro 1987, 917, 919.

renfalls wäre § 59 RVG, der einen Anspruchsübergang vorsieht, überflüssig.[41] Bezüglich eventueller **Vorschüsse,** die der Anwalt von der PKH-Partei erhalten hat, ist § 58 RVG einschlägig. Ziel dieser Vorschrift ist es, dass der Anwalt erhaltene Zahlungen zunächst auf die Wahlanwaltsvergütung verrechnen darf.[42] Streitigkeiten zwischen Anwalt und PKH-Partei über angebliche Vereinbarungen hinsichtlich der Verwendung eventueller Vorschüsse können nicht im Verfahren nach § 11 RVG ausgetragen werden,[43] diese Fragen müssen im normalen Klageverfahren entschieden werden.

Insbesondere der Umstand, dass ein **Anwalt vor der Beiordnung Wahlanwalt war,** führt nicht dazu, dass er von der PKH-Partei die Differenz zwischen PKH-Gebühren und „normalen" Gebühren fordern darf, ein entsprechender Kostenfestsetzungsantrag ist unzulässig.[44] Dies gilt in jedem Falle, wenn der Gebührentatbestand nach der Beiordnung wiederum eintritt.[45] Wird zB vor und nach der Beiordnung mündlich verhandelt, kann der Anwalt die Verhandlungsgebühr von der PKH-Partei auf keinen Fall fordern. **Kosten, für die keine PKH gewährt worden ist,** können allerdings gegen die PKH-Partei festgesetzt oder eingeklagt werden.[46] Dies gilt insbesondere für den Fall, dass PKH nicht bewilligt wurde, weil der Antragsteller nicht die erforderlichen Belege vorgelegt hat.[47] In derartigen Fällen kann der Anwalt auch einen Antrag nach § 11 RVG stellen,[48] allerdings erst, wenn über alle anhängigen PKH-Gesuche entschieden wurde.[49] Soweit PKH nicht bewilligt wird, greift die Sperre des Abs. 1 Nr. 3 also nicht, der Bedürftige muss das Honorar selbst bezahlen. Dies gilt allerdings wiederum nicht, wenn der Anwalt **Reisekosten** nicht aus der Staatskasse erstattet bekommt; diese Kosten kann er nicht gegen die PKH-Partei geltend machen.[50] Hat der Anwalt, um einen Anwaltswechsel zu erreichen (§ 121 Rn. 15), auf einen Teil seiner Vergütung verzichtet, kann er diesen Teil auch nicht von der PKH-Partei verlangen.[51] Die Umsatzsteuer kann der einer vorsteuerabzugsberechtigten Partei beigeordnete Anwalt allerdings von dieser verlangen, da diese Steuer nur einen durchlaufenden Posten darstellt.[52] 8

Ist die PKH auf einen Teil des Streitgegenstandes beschränkt (**Teil-PKH,** zur Behandlung der Gerichtskosten in diesem Fall vgl. § 125 Rn. 7), so erhält der Anwalt aus der Staatskasse die PKH-Gebühren nur aus dem Teilstreitwert.[53] Diese Gebühren werden nicht auf die Differenz zwischen den Wahlanwaltsgebühren aus dem Gesamtstreitwert und dem PKH-freien Teilstreitwert beschränkt.[54] Des Weiteren ist der Anwalt berechtigt, den Teil des Streitgegenstandes, für den keine PKH bewilligt worden ist, mit der PKH-Partei selbst abzurechnen. Nach nunmehr wohl herrschender und auch zutreffender Auffassung, sind diese (Differenz) Gebühren zu berechnen aus der Differenz zwischen den Wahlanwaltsgebühren aus dem Gesamtstreitwert und den Wahlanwaltsgebühren, die durch den von der PKH gedeckten Teil alleine entstanden sind.[55] Nur diese Sicht wird dem Abs. 1 Nr. 3 gerecht, der eine Privilegierung der PKH-Partei verlangt. Der PKH-Partei wird quasi die Differenz zwischen PKH-Gebühren und normalen Gebühren geschenkt.[56] In jedem Fall muss sichergestellt werden, dass der Anwalt insgesamt nicht mehr Gebühren erhält, als dies aus dem Gesamtstreitwert gerechtfertigt ist (§ 15 Abs. 3 RVG).[57] 9

III. Wirkungen für den Gegner (Abs. 2)

Abs. 2 will **Waffengleichheit** schaffen. Diese Vorschrift wird in der Praxis häufig übersehen. Ist dem Kläger ratenfreie PKH bewilligt worden und muss er auch keine Vermögensbeträge leisten, kann er ohne Auslagenvorschuss beliebig viele Zeugen benennen, dies soll auch dem Gegner möglich sein.[58] Außerdem soll die Kostenbefreiung des PKH-Klägers nicht durch einen gegnerischen Erstattungsanspruch (§ 123) unterlaufen werden.[59] Die Vorschrift bewirkt weiterhin, dass der Gegner der bedürftigen Partei das Risiko, dass er seine Kosten von der unterlegenen bedürftigen Partei nicht eintreiben kann, auf die Staatskasse verlagern kann, jedenfalls soweit es die Gerichtskosten betrifft. Gewinnt zB ein Beklagter gegen einen ratenfreien 10

---

41 OLG Düsseldorf NJW-RR 1998, 28; *Hansens* JurBüro 1995, 567f.; s. a. OLG Koblenz JurBüro 2000, 145, 146.
42 Beispiele bei *Enders* JurBüro 2003, 225, 227f.
43 OLG Köln JurBüro 1984, 1356f.
44 OLG München MDR 1991, 62; OLG Bamberg JurBüro 1983, 292f.; aA OLG Hamburg MDR 1985, 416.
45 KG MDR 1984, 410; OLG Stuttgart JurBüro 1997, 469.
46 LAG Düsseldorf JurBüro 1990, 762f.; OLG Stuttgart JurBüro 1997, 469.
47 OLG Düsseldorf OLGR 1995, 90.
48 OLG Koblenz MDR 2002, 1457; OLG München AnwBl. 1979, 441f.; str.
49 OLG Schleswig SchlHA 2003, 103.
50 Ebenso *Zö/Philippi* Rn. 11; OLG Frankfurt/M OLGR 2002, 28; AG Ludwigsburg JurBüro 1984, 1094f. mit abl. Anm. *Mümmler;* aA OLG Brandenburg Rpfleger 2000, 279; OLG Nürnberg FamRZ 2001, 1157; *Enders* JurBüro 2003, 225, 228.
51 KG FamRZ 2004, 1737.
52 BGH Rpfleger 2006, 609; s. a. § 126 Rn. 2.
53 OLG Stuttgart JurBüro 1984, 1196; OLG Celle OLGR 1998, 184; OVG Bremen NVwZ-RR 2005, 862; VG Stuttgart AnwBl. 2002, 64.
54 OLG München (gegen seine teilweise abweichende ältere Rspr.) JurBüro 1995, 203f. mit zust. Anm. *Hansens.*
55 OLG Düsseldorf MDR 2001, 57; Rpfleger 2005, 267f.; OLG Zweibrücken Rpfleger 1995, 74f.; *Hansens* JurBüro 1988, 145ff.
56 Vgl. hierzu insgesamt und mit Beispielen: *Mümmler* JurBüro 1995, 73 und 573f. sowie *Enders* JurBüro 1995, 169, 172.
57 OLG München JurBüro 1995, 203f.
58 *Zi* Rn. 7.
59 *St/J/Bork* Rn. 18.

PKH-Kläger, so wird die vorläufige Vorschussbefreiung in Abs. 2 zu einer endgültigen (§ 31 Abs. 3 GKG, vgl. § 123 Rn. 2 ff.). Ein entgegen Abs. 2 angeforderter und gleichwohl gezahlter Kostenvorschuss wird sogar zurückbezahlt, wenn der Gegner weder nach § 22 Abs. 1 noch nach § 29 Nr. 1 GKG Kostenschuldner ist.[60] Vgl. ergänzend § 123 Rn. 2.

11 Abs. 2 gilt nur, wenn dem jeweiligen **Instanzkläger ratenfreie PKH bewilligt worden ist.** Klagen Streitgenossen, so ist Abs. 2 nur anwendbar, wenn allen Streitgenossen ratenfreie PKH bewilligt wurde; ist den Klägern für einen Teil des Streitgegenstandes PKH bewilligt worden, so betrifft Abs. 2 nur den von der PKH erfassten Teil.[61] Im umgekehrten Fall (Beklagter hat PKH) gilt Abs. 2 nicht.[62] Ist dem Beklagten PKH bewilligt worden, so hat dies insoweit auf die gerichtskostenrechtliche Situation des Klägers keine Auswirkung. War dem Kläger PKH mit Ratenzahlung bewilligt worden, ist Abs. 2 ebenfalls nicht anwendbar. Gewinnt in einem solchen Fall der Beklagte den Prozess, so werden von dem Beklagten gezahlte Vorschüsse nicht erstattet, eine Befreiung von der Ratenzahlung nach Zahlung der Vorschüsse wirkt nicht zurück, die Staatskasse behält die gezahlten Vorschüsse.[63] Der obsiegende Beklagte kann diese Vorschüsse dann gegen den unterlegenen PKH-Kläger festsetzen lassen (§ 123). Abs. 2 gilt schließlich nicht für eine Widerklage[64] und eine Anschlussberufung.[65] Die Anwendbarkeit des Abs. 2 kann allerdings durch Änderungsentscheidungen nach § 120 Abs. 4 berührt werden.[66] Wird also die ratenfreie PKH durch eine Änderungsentscheidung zur PKH mit Raten, ist Abs. 2 nicht mehr anwendbar. Wird hingegen eine PKH mit Raten durch eine Änderungsentscheidung zur ratenfreien PKH, wird Abs. 2 anwendbar. Schließlich bezieht sich Abs. 2 nicht auf die Zwangsvollstreckung.[67]

123 *Kostenerstattung* **Die Bewilligung der Prozesskostenhilfe hat auf die Verpflichtung, die dem Gegner entstandenen Kosten zu erstatten, keinen Einfluss.**

I. Normzweck

1 Diese Vorschrift ist für die PKH-Partei ein großer Nachteil.[1] Verliert die PKH-Partei – gleichgültig auf welcher Seite – den Prozess, muss sie dem **Gegner die diesem entstandenen Kosten nach den allgemeinen Grundsätzen erstatten.** Die Kostenerstattung bzw. deren Umfang richtet sich nach den allgemeinen Vorschriften (§§ 91 ff.) und ist insbesondere nicht auf die PKH-Gebühren beschränkt. Gleichgültig ist, ob dem Gegner gleichfalls PKH bewilligt wurde oder nicht, vgl. a. § 122 Rn. 5. Wegen der Kosten, die die unterlegene PKH-Partei an den obsiegenden Gegner erstatten muss, stehen ihr keinerlei Erstattungsansprüche gegen die Staatskasse zu.[2] Ein Prozess auf PKH-Basis ist daher für den Bedürftigen keineswegs risikolos. Die Einbeziehung der Gegnerkosten in das System der PKH scheiterte am (Kosten) Widerstand der Länderfinanzminister, die Regelung des § 123 ist jedoch darüber hinaus erforderlich, um unnötige Prozesse zu vermeiden und den Schutz des Gegners vor willkürlichen Klagen zu gewährleisten.[3] In den Ausfüllhinweisen zum PKH-Vordruck (vgl. § 117 Rn. 2) ist ein entsprechender Hinweis enthalten. Jede PKH-Partei sollte darüber belehrt werden, dass ihr dieses Kostenrisiko in jedem Fall bleibt.[4] Die Einrede des § 269 Abs. 6 kann ihr gleichfalls entgegen gehalten werden.[5]

II. Einschränkende Haftung für die Gerichtskosten

2 Soweit nicht die außergerichtlichen Kosten des Gegners betroffen sind (hierzu Rn. 1), sondern die **Gerichtskosten,** soll die PKH-Partei allerdings **nur im Rahmen der bewilligten PKH haften.** Obsiegt beispielsweise ein Kläger gegen einen PKH-Beklagten, so könnte (theoretisch) der Kläger gegen den Beklagten den bereits eingezahlten Gerichtskostenvorschuss festsetzen lassen. § 123 würde dies ohne weiteres ermöglichen. Aber auf genau diese (Gerichts)Kosten soll sich nach dem Willen des Gesetzgebers auch die bewilligte PKH erstrecken. Dies folgt aus **§ 31 Abs. 3 S. 1 GKG.** Vgl. a. § 8 Abs. 2 KostVfg. Diese Vorschrift lautet: „Soweit einem Kostenschuldner, der auf Grund von § 29 Nr. 1 haftet (Entscheidungsschuldner), Prozesskostenhilfe bewilligt worden ist, darf die Haftung eines anderen Kostenschuldners nicht geltend gemacht werden; von diesem bereits erhobene Kosten sind zurückzuzahlen." Übertragen auf das soeben gebildete Beispiel bedeutet dies, dass der Kläger die bereits vorgelegten Kosten von der Gerichtskasse zurück erhält und damit nicht gegen den PKH-Beklagten festsetzen darf. Im Rahmen von Raten muss letzterer selbstverständlich auch diese Kosten begleichen. Diese Regelung gilt für alle Gerichtskosten, also zB auch für Zeugen- und Sachverständigenentschädigungen. Unerheblich ist dabei, ob einer Partei von Anfang an oder erst im Laufe des Ver-

[60] OLG Köln JurBüro 1994, 36.
[61] *Drischler/Oestreich/Winter* vor § 49 GKG Rn. 44.
[62] *Mümmler* JurBüro 1992, 12.
[63] OLG Düsseldorf Rpfleger 1990, 128.
[64] KG OLGZ 1971, 423, 424.
[65] *T/P/Reichold* Rn. 4.
[66] *St/J/Bork* Rn. 22.
[67] *St/J/Bork* Rn. 19.
[1] Sehr kritisch zB *Kollhosser* ZRP 1979, 297, 300 f.; *Müller* JR 1987, 1 ff.
[2] OLG Hamm MDR 1975, 412.
[3] Vgl. BT-Drucks. 8/3694 S. 22 (Bericht der Abgeordneten Dres. *Langner* und *Schöfberger*).
[4] BT-Drucks. 8/3694 S. 21 f.
[5] *Zö/Greger* § 269 Rn. 21.

fahrens PKH bewilligt wurde.[6] War einer PKH-Partei in einem selbständigen Beweisverfahren PKH bewilligt worden, dürfen die Sachverständigenkosten im nachfolgenden Hauptsacheverfahren nicht gegen sie festgesetzt werden.[7] Bei teilweise PKH-Bewilligung (§ 125 Rn. 7) gilt all dies soweit PKH bewilligt wurde.[8] Auslagen sind dabei nach dem Verhältnis von PKH/keine PKH auzuteilen, Gebühren – wegen der Degression – und nach dem gesamten von der PKH erfassten Streitwert zu erstatten.[9]

Vor dem KostRMoG – also in der der aF des GKG – war die Rechtslage zunächst eine andere, dies lag an der von § 31 III GKG abweichenden Fassung des *§ 58 Abs. 2 S. 2 GKG aF.*[10] Auf Grund einer umstrittenen **Entscheidung des BVerfG**[11] musste jedoch bereits nach alter Rechtslage im Wege der verfassungskonformen Auslegung wie soeben geschildert verfahren werden. Mit der Neufassung des GKG, hier in dem erwähnten § 31 Abs. 3, sollte nach der Absicht des Gesetzgebers denn auch ausdrücklich die von dem BVerfG geforderte Rechtslage hergestellt werden.[12] Wegen der Einzelheiten der früheren Kontroverse muss nunmehr auf die 3. Aufl. verwiesen werden. – Alle vorstehenden Ausführungen gelten nicht nur für den Fall, dass dem Entscheidungsschuldner PKH bewilligt worden ist, sondern auch für den Fall, dass ihm ein **Betrag für die Reise** zum Ort einer Verhandlung, Vernehmung oder Untersuchung und für die Rückreise gewährt worden ist (§ 31 Abs. 3 S. 2 GKG, s. a. § 119 Rn. 7). 3

§ 31 Abs. 3 GKG **schützt allerdings nur den Entscheidungsschuldner** nach § 29 Nr. 1 GKG, nicht den Übernahmeschuldner nach § 29 Nr. 2 GKG.[13] Die gilt vor allem bei **Vergleichen.** Diese Regelung ist erforderlich, da sonst die Gefahr von Vergleichen zum Nachteil der Staatskasse bestünde.[14] Verfassungsrechtliche Bedenken hiergegen bestehen nicht.[15] Bei **Vergleichen** kann dies dementsprechende Probleme aufwerfen. Eine vergleichsweise Übernahme der Kosten kann dazu führen, dass der Gegner – über § 123 – an die Staatskasse bezahlte Kosten gegen die PKH-Partei festsetzen lassen kann.[16] Ist zB in einem Vergleich Kostenaufhebung vereinbart worden, kann der Kläger die Hälfte des Gerichtskostenvorschusses gegen den PKH-Beklagten festsetzen lassen.[17] Bei einem „Mehrvergleich", dh. einem Vergleich, der über den Streitgegenstand hinausgeht, sind beide Parteien Schuldner (§ 29 Nr. 2 GKG), so dass die anfallende Gebühr (vgl. Nr. 1900 KV GKG) auch von der Gegenpartei eingezogen werden kann, selbst wenn die PKH-Partei im Vergleich die gesamten Kosten übernommen hat.[18] Diese Probleme können oft dadurch umgangen werden, dass die Parteien sich nur über die Hauptsache vergleichen und ansonsten eine Kostenentscheidung durch das Gericht nach § 91a ergeht.[19] Dann ist die PKH-Partei Entscheidungs- und nicht Übernahmeschuldner und § 31 Abs. 3 GKG wird wieder anwendbar.[20] Der Anwalt der PKH-Partei sollte dies bedenken.[21] 4

Die vorstehend geschilderte Rechtslage legt es – unter Rückgriff auf den Sinn und Zweck, die Verhinderung von Vergleichen zum Nachteil der Staatskasse – nahe, die in Rn. 2 geschilderten **Grundsätze auf Vergleiche entsprechend anzuwenden;** trotz der in Rn. 4 geschilderten Rechtslage. Dies vor allem dann, wenn der Vergleich auf Anraten des Gerichts geschlossen wurde oder einer Kostenentscheidung nach § 91a entsprechen würde. Dieser Weg ist auch zunächst von einigen Gerichten beschritten[22] und auch in der Literatur[23] befürwortet worden. Andere Gerichte haben sich dem allerdings wiederum entgegen gestellt.[24] Für die Praxis dürfte sich diese Kontroverse damit erledigt haben, dass zum einen der **BGH**[25] in einem Beschluss uneingeschränkt an den in Rn. 4 genannten Grundsätzen festgehalten hat und zum anderen der **Gesetzgeber** in den Materialien zur Neufassung des GKG ausdrücklich klargestellt hat, auch an diesen Grundsätzen festhalten zu wollen.[26] Dabei wurde auch ausdrücklich auf eine Entscheidung des **BVerfG**[27] Bezug genommen, die diese Rechtslage gebilligt hatte. 5

---

[6] LG Koblenz NJW-RR 2002, 1366.
[7] OLG Saarbrücken NJW-RR 2001, 1152.
[8] OLG Düsseldorf JurBüro 2000, 425; OLG Koblenz NJOZ 2007, 2161f.
[9] OLG Koblenz NJOZ 2007, 2161.
[10] Vgl. zB OLG Oldenburg FamRZ 1999, 176, 177; OLG Koblenz Rpfleger 1987, 333.
[11] BVerfG NJW 1999, 3186 mit Anm. *Lappe* S. 3173; MDR 1999, 1089 mit Anm. *Schneider;* krit.: *Schneider* MDR 1999, 1405; *Wedel* JurBüro 2000, 124f.; *Landmann* Rpfleger 2002, 62ff.
[12] BT-Drucks. 15/1971 S. 153 (Begr. der Bundesreg.).
[13] OLG München NJW-RR 2001, 1578; OLG Saarbrücken JurBüro 1994, 679; OLG Koblenz JurBüro 1992, 468 mit zust. Anm. *Mümmler.*
[14] Vgl. OLG Koblenz NJW 2000, 1122; aA OLG Frankfurt/M MDR 2000, 479.
[15] BVerfGE 51, 295, 300ff. = NJW 1979, 2608; NJW 2000, 3271; OLG Nürnberg NJW 2000, 370; aA *Gsell* ZZP 114 (2001), 473ff.
[16] BGH JurBüro 2004, 204f.; OLG Koblenz NJW 2000, 1122; MDR 2004, 472f.; OLG Zweibrücken Rpfleger 2002, 33f.; OLG Köln FamRZ 2001, 504; OLG Stuttgart FamRZ 2001, 926f.; *Mümmler* JurBüro 1992, 12f.; aA OLG Hamm Rpfleger 2000, 553f.; OLG Dresden Rpfleger 2002, 213f.; OLG Frankfurt/M NJW 2000, 1120f. = MDR 2000, 479 mit abl. Anm. *Schütt* S. 668 und *Wechl* JurBüro 2000, 397.
[17] OLG Nürnberg NJW 2000, 370; OLG Karlsruhe OLGR 1999, 402.
[18] OLG Düsseldorf OLGR 1995, 219, 220.
[19] OLG Koblenz NJW 2000, 1122; MDR 1980, 151.
[20] Zu dem Ganzen vgl. *Schlee* AnwBl. 1994, 413, 414.
[21] OLG Koblenz MDR 1985, 771; *Schneider* MDR 1999, 1090f.
[22] OLG Oldenburg JurBüro 1998, 344ff.; OLG Frankfurt/M FamRZ 2002, 1417f.
[23] *Vester* NJW 2002, 3225ff.; *Meyer* JurBüro 2003, 242f.
[24] OLG Hamm Rpfleger 2003, 668f.; OLG Schleswig SchlHA 2003, 284; OLG Braunschweig JurBüro 2003, 477.
[25] BGH NJW 2004, 366f. mit Anm. *Schütt* in MDR 2004, 296.
[26] BT-Drucks. 15/1971 S. 153 (Begr. der Bundesreg.).
[27] BVerfGE 51, 295, 300ff. = NJW 1979, 2608.

III. Kostenausgleichung

6 Kommt es, beispielsweise bei **teilweisem Obsiegen und Unterliegen,** zu einer Kostenausgleichung, so sind die Parteikosten wie üblich anzusetzen, also völlig ohne Rücksicht auf die bewilligte PKH.[28] Diese Kosten sind dann nach den in der Kostengrundentscheidung festgelegten Quoten zu verteilen. Gerichtskosten und außergerichtliche Kosten sind getrennt auszugleichen, nur ein eventueller Überschuss einer Partei ist bei dem Ergebnis der Ausgleichung der außergerichtlichen Kosten zu berücksichtigen.[29] Der daraus entstehende Erstattungsanspruch einer Seite beschränkt sich in diesem Fall jedoch auf den Differenzbetrag zwischen dem Gesamtbetrag der Kosten und Auslagen der PKH-Partei sowie der Vergütung, die ihr Anwalt aus der Staatskasse erhalten bzw. zu beanspruchen hat,[30] wobei es gleichgültig ist, ob die PKH mit oder ohne Ratenzahlung bewilligt wurde. Völlig unübersichtlich wird es, wenn Anwalts- und Parteikosten festzusetzen sind und teilweise schon Anspruchsübergänge nach § 59 RVG stattgefunden haben.[31] Allerdings ist nur ein Kostenfestsetzungsbeschluss zu erlassen, nicht etwa sind die Verfahren nach § 106 und § 126 zu trennen.[32]

124 *Aufhebung der Bewilligung* **Das Gericht kann die Bewilligung der Prozesskostenhilfe aufheben, wenn**

1. die Partei durch unrichtige Darstellung des Streitverhältnisses die für die Bewilligung der Prozesskostenhilfe maßgebenden Voraussetzungen vorgetäuscht hat;
2. die Partei absichtlich oder aus grober Nachlässigkeit unrichtige Angaben über die persönlichen oder wirtschaftlichen Verhältnisse gemacht oder eine Erklärung nach § 120 Abs. 4 Satz 2 nicht abgegeben hat;
3. die persönlichen oder wirtschaftlichen Voraussetzungen für die Prozesskostenhilfe nicht vorgelegen haben; in diesem Fall ist die Aufhebung ausgeschlossen, wenn seit der rechtskräftigen Entscheidung oder sonstigen Beendigung des Verfahrens vier Jahre vergangen sind;
4. die Partei länger als drei Monate mit der Zahlung einer Monatsrate oder mit der Zahlung eines sonstigen Betrages im Rückstand ist.

I. Normzweck[1]

1 Wer PKH erhalten hat, soll sich zunächst darauf verlassen können, dass er die erhaltene Vergünstigung nicht ohne weiteres verliert. Es gibt aber Konstellationen, in denen es völlig unangemessen wäre, der PKH-Partei die gewährte Vergünstigung zu erhalten. Zum einen handelt es sich dabei um Fälle, in denen die PKH-Partei in unredlicher Weise die PKH erlangt hat, zum anderen um Fälle, in denen das Gericht einem Irrtum erlegen ist, weiterhin um Konstellationen, in denen die PKH-Partei ihrer Mitwirkungspflicht nicht nachkommt und schließlich um Sachverhalte, in denen die PKH- Partei ihre Zahlungspflicht nicht erfüllt. Die hiermit verbundenen Probleme insgesamt zu einem vernünftigen Ausgleich zu bringen, ist der Zweck dieser Vorschrift. § 120 Abs. 4 kann als Ergänzung zu § 124 gesehen werden, obwohl erstere Vorschrift andere Fallkonstellationen betrifft (vgl. im Einzelnen § 120 Rn. 11 ff.).

II. Allgemeines

2 „Kann" bedeutet im vorliegenden Zusammenhang, dass dem Gericht ein **Ermessen** zusteht.[2] Dabei ist auch der Grad der Vorwerfbarkeit des Fehlverhaltens der PKH-Partei zu berücksichtigen[3] sowie eine eventuelle Verschlechterung der Vermögenslage.[4] Sind die Kosten des Rechtsstreites, zB über die Raten der PKH-Partei, überwiegend oder zur Gänze bezahlt worden, so ist eine Aufhebung nicht mehr sinnvoll; dies ist zu beachten. Eine Entziehung ist grundsätzlich nur unter den Voraussetzungen des § 124 statthaft.[5] Prozesssabotage, zB mangelnde Mitarbeit beim Versorgungsausgleich, ist kein Aufhebungsgrund.[6] Dasselbe gilt, wenn nach Bewilligung Antrag und Klage zurückgenommen werden.[7] Unter gewissen Umständen ist jedoch eine **Aufhebung in ausdehnender Auslegung der Nr. 3 möglich,** vgl. Rn. 8. Eine Aufhebung nach den Nr. 1 bis 3 erfolgt nach hM nur, wenn bei richtigen und vollständigen Angaben eine andere Entscheidung getroffen worden wäre.[8] Eine teilweise Entziehung ist nach wohl hM nicht möglich, diese Auslegung

---

28 OLG Bamberg FamRZ 1988, 967 m. weit. Nachw.; Rpfleger 2007, 330 f.; OLG Koblenz AnwBl. 2001, 372 f.
29 *Drischler/Oestreich/Winter* vor § 49 GKG Rn. 69.
30 Zu dem Ganzen vgl. OLG Bamberg FamRZ 1998, 967.
31 Hierzu zB OLG Schleswig JurBüro 1972, 604 f. mit ausf. Anm. *Mümmler;* OLG Brandenburg OLGR 2007, 510 f.; 511 f.; 512 f.; s. a. OLG Schleswig AnwBl. 1983, 177 f.; Beispiele finden sich in: *Dörndorfer,* Prozesskosten- und Beratungshilfe für Anfänger, 4. Aufl., 2006 und *Hünnekens,* Lehrbuch zur Kostenabwicklung in Zivil- und Familiensachen und bei PKH, Nr. 9 der Schriftenreihe der Fachhochschule für Rechtspflege Nordrhein-Westfalen.
32 OLG Brandenburg Rpfleger 2007, 330 f.
1 Ausf. zu § 124 *Lepke* DB 1985, 488 f.; *Huhnstock* Rn. 200 ff.
2 OLG Frankfurt/M MDR 2002, 785; OLG Dresden FamRZ 1998, 1522, 1523.
3 OLG Düsseldorf JurBüro 1991, 980, 981.
4 OLG Bamberg FamRZ 1996, 1427.
5 OLG Brandenburg FamRZ 2000, 1229; OLG Köln MDR 2003, 771.
6 OLG Koblenz NJW 1978, 2040.
7 OLG Brandenburg OLGR 1998, 50.
8 OLG Brandenburg Rpfleger 2001, 503 f.; OLG Düsseldorf MDR 1993, 391; OLG Düsseldorf JurBüro 1991, 980 f.; für einen Sanktionscharakter dieser Vorschrift ohne Alternativprüfung: OLG Köln FamRZ 1987, 1169.

entspricht gleichfalls dem Wortlaut des Gesetzes.[9] Wird übersehen, dass § 1629 Abs. 3 BGB nicht mehr anwendbar ist, und wird gleichwohl der Mutter statt dem Kind für eine Unterhaltsklage PKH bewilligt, so ist der PKH-Beschluss nicht etwa aufzuheben, sondern auf das Kind zu berichtigen, da bei ordnungsgemäßem Verlauf der Dinge auf gerichtlichen Hinweis hin gleich so entschieden worden wäre.[10]

Vor jeder Aufhebungsentscheidung nach dieser Vorschrift ist unbedingt **rechtliches Gehör** zu gewähren 3 (vgl. auch Einl. Rn. 28).[11] Es ist – jedenfalls auch – die Partei und nicht (nur) der Anwalt zu hören, § 172 ist nicht (mehr) anzuwenden.[12] Da nach teilweise vertretener Auffassung (auch) der Anwalt zu hören ist,[13] empfiehlt es sich jedoch, die PKH-Partei und den Anwalt anzuhören. Die **Staatskasse** hat kein förmliches Antragsrecht.[14] Gleichwohl ist in einem Antrag eine Anregung zu sehen, von Amts wegen tätig zu werden. Der **Gegner** der PKH-Partei ist am Verfahren nicht beteiligt.[15] Er hat auch kein Beschwerderecht, um eine Aufhebung nach § 124 zu erzwingen.[16] Da eine Aufhebung der PKH jedoch auch in die Rechte des Gegners eingreifen kann (vgl. Rn. 10), ist dieser jedoch vor einer Entscheidung anzuhören.[17] Wird die PKH zu Unrecht entzogen, verliert der RA, der gegen den Beschluss kein Rechtsmittel einlegt, seinen Honoraranspruch.[18]

III. Unrichtige Darstellung des Streitverhältnisses (Nr. 1)

Diese Alternative betrifft die **objektiven Voraussetzungen der PKH** und bezieht sich überwiegend auf 4 § 117 Abs. 1 S. 2. Sie kann als weitere Wirkung der Wahrheitspflicht (vgl. § 138 Abs. 1) angesehen werden. Insgesamt ist nach allgM bedingter Vorsatz für diese Alternative ausreichend. Der klassische Anwendungsfall ist der **Vortrag falscher Tatsachen.** Dabei ist es ausreichend, wenn der Vortrag nicht berichtigt wird, obwohl dies geboten war.[19] Im PKH-Verfahren besteht eine besondere Mitwirkungspflicht.[20] Eine unrichtige Darstellung kann auch im Verschweigen offenbarungspflichtiger Tatsachen gesehen werden,[21] so zB wenn nicht mitgeteilt wird, dass der Anspruch anderweitig durch Vergleich erledigt wurde[22] oder dass die Vollstreckung dauerhaft aussichtslos ist.[23] Nr. 1 ist gleichfalls anzuwenden, wenn die PKH-Partei verschweigt, dass sich der Gegner vorprozessual – zu Recht – auf Verjährung berufen hat.[24] Die PKH-Partei ist folglich verpflichtet, Tatsachen, die dem Anspruch entgegenstehen, vorzutragen. Sie ist aber nicht dazu verpflichtet, ihr bekannte aber für sie ungünstige Argumente der Gegenpartei vorzutragen.[25] Ein Verschulden ihres Anwalts muss sich die PKH-Partei zurechnen lassen.[26] Das Verschweigen des Ausgangs eines Schlichtungsverfahrens im Arzthaftungsprozess ist eine unrichtige Darstellung eines Streitverhältnisses; eine Aufhebung ist, wie bereits erwähnt (Rn. 2), jedoch nur möglich, wenn die unrichtige Darstellung für die Bewilligung ursächlich gewesen ist, dh. wenn die Erfolgsprüfung bei vollständiger Darlegung anders ausgefallen wäre.[27] Geht die Beweisaufnahme zum Nachteil der PKH-Partei aus, bedeutet dies keinesfalls, dass dann grundsätzlich die PKH nach Nr. 1 aufzuheben wäre.[28] Die Angabe **falscher oder untauglicher Beweismittel** kann jedoch eine Aufhebungsentscheidung rechtfertigen.[29] Wer eine einstweilige Verfügung auf Unterhalt beantragt und gleichzeitig Kontoguthaben und erhaltene Zahlungen aus einer Lebensversicherung verschweigt, dem kann die PKH nach Nr. 1 entzogen werden.[30] Dasselbe gilt, wenn im Vaterschaftsanfechtungsprozess Verkehr in der Empfängniszeit zunächst geleugnet und später dann Mehrverkehr behauptet wird.[31] Auch das Verschweigen zusätzlicher Bareinkünfte im Unterhaltsprozess erfüllt Nr. 1.[32]

IV. Unrichtige Angaben über die Verhältnisse (Nr. 2 Alt. 1)

Diese Alternative betrifft die **subjektiven Voraussetzungen der PKH** und bezieht sich hauptsächlich auf 5 § 117 Abs. 2. Ein bedingter Vorsatz der PKH-Partei ist ausreichend für die Absichtlichkeit.[33] Für die grobe

---

9 *Huhnstock* Rn. 224.
10 OLG Hamm FamRZ 1994, 1268 f.
11 LG Marburg Rpfleger 1994, 469.
12 OLG Brandenburg FamRZ 2006, 1401; OLG Köln FamRZ 2007, 908; OLG Brandenburg Rpfleger 2002, 34, 35; OLG Koblenz FamRZ 2005, 531; aA BAG NJOZ 2006, 3452.
13 ZB OLG Bamberg JurBüro 1992, 250, 251; LG Aachen AnwBl. 1983, 327.
14 OLG Hamm Rpfleger 1984, 432, 433.
15 *Huhnstock* Rn. 204 f.
16 OLG Zweibrücken JurBüro 1986, 1096, 1097.
17 LG Koblenz AnwBl. 2000, 64.
18 Näher OLG Düsseldorf FamRZ 2006, 636.
19 OLG Köln OLGR 2003, 315 f.; OLG Jena FamRZ 2004, 1501.
20 OLG München FamRZ 1998, 633.
21 KG MDR 1990, 1020; LAG Mainz NZA 1997, 115 f.
22 OLG Hamm FamRZ 1995, 374.
23 OLG Köln MDR 1990, 1020.
24 *St/J/Bork* Rn. 8.
25 OLG Schleswig SchlHA 2004, 317.
26 OLG Köln OLGR 2003, 315 f.
27 OLG Oldenburg NJW 1994, 807; s. hierzu bereits Rn. 2.
28 OLG Düsseldorf MDR 1993, 391; OLG Nürnberg OLGR 2003, 332 f.; OLG Jena OLGR 2007, 472.
29 OLG Nürnberg OLGR 2003, 332 f.; *Wiecz/Steiner* Rn. 6.
30 OLG Koblenz FamRZ 1985, 301 f.
31 OLG Köln NJW 1998, 2985.
32 OLG Jena FamRZ 2004, 1501.
33 *Wiecz/Steiner* Rn. 7.

Nachlässigkeit reicht grobe Fahrlässigkeit aus.[34] Die Vorschrift ist auch bei nicht vollständiger Darlegung der persönlichen und wirtschaftlichen Verhältnisse oder bei Nichtvorlage wichtiger Unterlagen anwendbar. Unerheblich ist es, wenn die Partei meint, sie brauche die Einkünfte nicht anzugeben, weil diese ohnehin aufgezehrt würden.[35] Ein Fall der Nr. 2 Alt. 1 liegt zB vor, wenn der Antragsteller verschweigt, dass er Miterbe eines Mehrfamilienhauses ist,[36] oder Zinseinkünfte und Barvermögen nicht korrekt angibt[37] oder einen geplanten Grundstücksverkauf verschweigt.[38] Nr. 2 Alt. 1 ist auch gegeben, wenn Vermögen des Ehegatten, das für einen Prozesskostenvorschuss bedeutsam sein könnte, nicht angegeben wurde.[39] Wäre bei richtigen Angaben gleichfalls PKH zu bewilligen gewesen, ist die Entscheidung insoweit aufrecht zu erhalten.[40]

V. Unterlassen der Erklärung (Nr. 2 Alt. 2)

6 Eine Aufhebung nach Nr. 2 Alt. 2 setzt voraus, dass die Erklärung nach § 120 Abs. 4 bis zur Aufhebungsentscheidung nicht abgegeben wird, außerdem ist ein hinreichendes, auf bestimmte Unterlagen konkretisiertes Verlangen des Gerichts erforderlich.[41] Notwendig ist also eine gerichtliche Anfrage im Einzelfall.[42] Unzulässig ist es, die erneute Vorlage des Vordruckes zu verlangen.[43] Das Verlangen des Gerichts sowie die Aufhebungsentscheidung sind – jedenfalls auch – an die Partei zuzustellen.[44] Die Untätigkeit allein reicht aus, weitere subjektive Voraussetzungen sind nicht erforderlich.[45] War die Partei nicht (zB Fristablauf, Vordruck) zur Abgabe einer Erklärung verpflichtet, darf die PKH nicht aufgehoben werden.[46] Ein Versagen des gesetzlichen Vertreters braucht sich die PKH-Partei nicht zurechnen zu lassen, § 278 BGB ist nicht anwendbar.[47] Die Absichtlichkeit oder grobe Nachlässigkeit bezieht sich nur auf die Nr. 2 Alt 1.[48] Werden angeforderte Belege nicht vorgelegt, ist eine Aufhebungsentscheidung zulässig.[49] Dasselbe gilt, wenn die Angaben in wesentlichen Punkten unvollständig sind.[50] Die Erklärung kann jedoch – auch bei schuldhafter Versäumnis – nach hM im Erinnerungs- bzw. Beschwerdeverfahren **nachgeholt werden,** dies entspricht den allgemeinen Grundsätzen; außerdem soll auch diese Alternative keinen Strafcharakter haben.[51] Wird die Erklärung im (jetzt sofortigen) Beschwerdeverfahren abgegeben, so kann, wenn die Erklärung dies rechtfertigt, auch nach rechtskräftigem Verfahrensabschluss PKH wiederum bewilligt werden.[52] Nach aA ist darzulegen, dass die Verspätung weder auf Absicht noch auf grober Nachlässigkeit beruht.[53] Dies ist jedoch abzulehnen, da das Gesetz für diese Auffassung nichts hergibt. Mit der Abänderung des Aufhebungsbeschlusses ist jedoch die ursprüngliche PKH-Entscheidung wiederhergestellt, so dass eine Neubewilligung in aller Regel nicht mehr erforderlich sein wird. Erlangt die Aufhebungsentscheidung Bestandskraft (§ 127 Rn. 6, 17ff.), ist die PKH für den Streitgegenstand verbraucht.[54]

VI. Fehlende Voraussetzungen (Nr. 3)

7 Diese Alternative betrifft Fälle, in denen **von der PKH-Partei fahrlässig oder ohne Verschulden falsche Angaben** gemacht worden sind. Auf ein Verschulden der PKH-Partei kommt es demzufolge nicht an.[55] Es müssen sich nach der Entscheidung über die PKH neue Umstände ergeben haben bzw. erkennbar geworden sein, die bei der Bewilligungsentscheidung nicht bekannt waren und nicht bekannt werden konnten,[56] zB wenn sich im Nachhinein herausstellt, dass der PKH-Partei Grundeigentum gehört.[57] Wird erspartes Vermögen zu einem Zeitpunkt ausgegeben, zu dem der Prozess schon absehbar war und wäre PKH wegen Mutwilligkeit dementsprechend zu versagen gewesen, so kann, wenn all dies später bekannt wird, eine Entscheidung nach Nr. 3 ergehen.[58] Vgl. hierzu § 115 Rn. 55. Fallen die persönlichen oder wirtschaftlichen

---

[34] *St/J/Bork* Rn. 15.
[35] OLG Brandenburg FamRZ 2006, 213.
[36] OLG Düsseldorf JurBüro 1986, 296.
[37] OLG Bamberg JurBüro 1989, 423f.
[38] OLG Köln OLGR 2002, 132; OLG Hamm FamRZ 2006, 1133.
[39] OLG Koblenz MDR 2006, 649.
[40] OLG Brandenburg FamRZ 2006, 213, 214.
[41] OLG Nürnberg Rpfleger 1995, 260f.
[42] OLG München FamRZ 1992, 702.
[43] OLG Karlsruhe FamRZ 2004, 48; OLG Hamm MDR 2005, 341; OLG Koblenz FamRZ 2000, 104 Nr. 65.
[44] LAG Düsseldorf Rpfleger 2003, 138; vgl. a. Rn. 3.
[45] Ebenso *Zö/Philippi* Rn. 10a.
[46] OLG Stuttgart JurBüro 2006, 379; OLG Köln JurBüro 2006, 656f.
[47] OLG Koblenz MDR 1997, 103f.
[48] AA LAG Düsseldorf JurBüro 1989, 1448; OLG Brandenburg FamRZ 2005, 47.
[49] OLG Zweibrücken JurBüro 1995, 310.
[50] LAG Hamburg Rpfleger 1997, 442, 443; OLG Düsseldorf FamRZ 1999, 1357.
[51] BAG FamRZ 2004, 623, 624; OLG Hamm FamRZ 2000, 1225; OLG Dresden JurBüro 1998, 477f.; LAG Köln NZA-RR 1996, 349; OLG Koblenz FamRZ 2001, 635; OLG Oldenburg FamRZ 2004, 36, 37; aA OLG Brandenburg FamRZ 1998, 837f.; LG Koblenz FamRZ 2000, 104f.
[52] OLG Frankfurt/M MDR 1992, 293; OLG Koblenz FamRZ 1999, 1354; aA FamRZ 1996, 616f.
[53] OLG Koblenz FamRZ 1997, 1544; OLG Brandenburg FamRZ 2002, 403, 404; LG Koblenz NJW-RR 1999, 1368.
[54] OLG Köln NJW-RR 1998, 1775f.
[55] OLG Brandenburg FamRZ 2002, 762; *St/J/Bork* Rn. 21.
[56] OLG Saarbrücken Rpfleger 1987, 217.
[57] OLG Bamberg JurBüro 1989, 423f.
[58] OLG Düsseldorf JurBüro 1987, 1715f.; OLG Brandenburg FamRZ 2002, 762.

Voraussetzungen später weg, so ist dies kein Aufhebungsgrund nach dieser Alternative.[59] Normalerweise rechtfertigt ein **Rechtsirrtum des Gerichts** keine Aufhebung nach Nr. 3, da die PKH-Partei grundsätzlich auf die gerichtliche Entscheidung vertrauen darf.[60] Nr. 3 ist auch dann nicht anwendbar, wenn – bei unveränderten Verhältnissen – der jetzt zuständige Rechtspfleger die Bedürftigkeit anders als der früher zuständige Richter beurteilt[61] oder gar das Gericht selbst jetzt den Sachverhalt abweichend beurteilt.[62] Berücksichtigt das Gericht beispielsweise ein – von der PKH-Partei angegebenes – Sparguthaben über 8200 Euro nicht, sondern bewilligt gleichwohl ratenfreie PKH, so kann diese Entscheidung später nicht unter Bezugnahme auf Nr. 3 abgeändert werden.[63] Nr. 3 letzter Halbsatz (Aufhebungssperre) knüpft an die Frist des § 5 GKG an. Wird das Verfahren in keiner Weise mehr betrieben, liegt darin eine sonstige Beendigung.[64] Da in den Fällen der Nr. 3 gegen die PKH-Partei idR kein Vorwurf zu erheben sein wird, erscheint es angemessen, nach einem Zeitablauf einen Bestandsschutz vorzusehen.

In **besonderen Ausnahmefällen** wird eine ausdehnende Anwendung der Nr. 3 für möglich gehalten: Eine **greifbar gesetzwidrige PKH-Bewilligung,** die die Partei als solche erkennen konnte, kann nach Nr. 3 in entsprechender Anwendung ausnahmsweise aufgehoben werden;[65] so zB wenn der Antrag nach dem Ende des Prozesses gestellt wird, das Gericht zunächst darauf hinweist, eine Bewilligung sei nicht mehr möglich, dann aber versehentlich doch bewilligt.[66] Weiter gehend ist eine Aufhebung möglich, wenn das Vertrauen der PKH-Partei nicht schutzwürdig ist, zB wenn sie sich wirtschaftlich noch nicht auf die Bewilligung eingerichtet hat oder ihr die Rechtswidrigkeit der Entscheidung bekannt oder grob fahrlässig nicht bekannt war.[67] Ein derartiger Fall liegt vor, wenn die PKH-Partei angegeben hatte, sie sei rechtsschutzversichert und auf dem Vordruck die Erklärung, dass die Versicherung nicht eintritt, gestrichen hat; die bewilligte PKH kann dann aufgehoben werden, wenn die Partei kein Negativattest der Versicherung vorlegt.[68] Die Aufhebungsentscheidung ist eine Ermessensentscheidung (Rn. 2), das Vertrauen der PKH-Partei ist zu berücksichtigen.[69] 8

VII. Zahlungsrückstand (Nr. 4)

Allein die Tatsache, dass eine PKH-Partei Zahlungserinnerungen unbeachtet lässt, bedeutet nicht, dass ohne gesondertes rechtliches Gehör eine Aufhebungsentscheidung nach Nr. 4 ergehen kann.[70] Nr. 4 spricht zwar von „Rückstand", andererseits fordert auch diese Alternative eine Ermessensentscheidung („kann"), vgl. Rn. 2. Insgesamt besteht insoweit weit gehende Einigkeit dahingehend, dass nur ein schuldhafter Verstoß gegen die Zahlungspflicht eine Aufhebung rechtfertigen kann,[71] **das Wort „Rückstand" muss also wie „Verzug" gelesen werden.**[72] Die PKH-Partei muss jedoch, entsprechend dem Gedanken des § 286 Abs. 4 BGB, nachweisen, dass der Rückstand unverschuldet ist. Sie muss vor der Aufhebung angehört werden.[73] Gibt die PKH-Partei keine Stellungnahme ab, kann dementsprechend davon ausgegangen werden, dass ein Rückstand vorliegt;[74] die PKH darf dann nach Nr. 4 aufgehoben werden.[75] Der Rückstand kann nicht zu vertreten sein, wenn Schuldner der PKH-Partei ihrerseits nicht zahlen, unpünktliche Zahlung allein rechtfertigt noch keine Aufhebung der PKH.[76] Auch eine zwischenzeitlich eingetretene Verschlechterung der Verhältnisse der PKH-Partei lässt, wenn sie die Raten ganz oder teilweise nicht mehr aufbringen kann, keinen Rückstand entstehen.[77] Dasselbe kann gelten, wenn das Insolvenzverfahren über das Vermögen der PKH-Partei eröffnet wird.[78] Ein Rückstand liegt auch nicht vor, wenn eine Anordnung der Wiederaufnahme von Zahlungen (§ 120 Rn. 8) nicht vom Rechtspfleger, sondern vom hierfür unzuständigen Kostenbeamten angeordnet wurde.[79] Bringt eine PKH-Partei erhebliche Gründe vor, so kann darin ein Antrag auf Abänderungsentscheidung nach § 120 Abs. 4 gesehen werden.[80] Eine PKH-Partei ist nicht im Rückstand, wenn Raten gegen sie nicht hätten festgesetzt werden dürfen.[81] Dies bedeutet, dass im Rahmen einer Entscheidung nach Nr. 4 die subjektiven Voraussetzungen der PKH nochmals geprüft werden; dem steht nicht 9

---

[59] BT-Drucks. 8/3694 S. 22 (Bericht der Abgeordneten Dres. *Langner* und *Schöfberger*).
[60] OLG Hamm NJW 1984, 2837; FamRZ 1986, 583; großzügig: OLG Hamburg MDR 1986, 243.
[61] OLG Zweibrücken Rpfleger 1987, 36.
[62] OLG Köln OLGR 2002, 133f.; OLG Frankfurt/M OLGR 1993, 31; OLG Saarbrücken Rpfleger 1987, 217.
[63] OLG Hamburg Rpfleger 1995, 163, 164.
[64] OLG Naumburg FamRZ 2001, 237.
[65] AA *Schoreit/Dehn* Rn. 7 m. weit. Nachw.
[66] OLG Bamberg FamRZ 1989, 884f.
[67] OLG Hamm Rpfleger 1984, 432, 433; OLG Düsseldorf MDR 1993, 583, 584.
[68] OLG Düsseldorf MDR 1993, 583, 584.
[69] OLG Frankfurt/M OLGR 2002, 96f.
[70] LG Marburg Rpfleger 1994, 469, 470.
[71] BGH NJW 1997, 1077.
[72] OLG Zweibrücken Rpfleger 1992, 117; OLG Koblenz JurBüro 1999, 371; LAG Nürnberg JurBüro 2007, 211f.
[73] OLG Brandenburg FamRZ 2002, 1419.
[74] OLG Stuttgart JurBüro 1986, 297f.
[75] OLG Hamm Rpfleger 1992, 257.
[76] OLG Schleswig SchlHA 1993, 179f.
[77] OVG Saarlouis JurBüro 1988, 370; OLG Dresden FamRZ 1998, 1522, 1523.
[78] OLG Köln NZI 2003, 119f.
[79] OLG Celle NdsRpfl. 1999, 324.
[80] OLG Brandenburg FamRZ 2001, 633; OLG Nürnberg Rpfleger 2005, 268; *Schoreit/Dehn* Rn. 15.
[81] OLG Celle NdsRpfl. 1997, 29, 30; OLG Koblenz FuR 1999, 441; OLG Koblenz OLGR 2007, 598.

entgegen, dass es zu einem früheren Zeitpunkt versäumt wurde, Beschwerde einzulegen.[82] Schließlich rechtfertigt auch der Rückstand mit einem Vermögensbetrag die Aufhebung der PKH nach dieser Vorschrift. Im Beschwerdeverfahren ist ein neuer Vortrag zu berücksichtigen.[83] Die Zahlung aller rückständigen Raten im Beschwerdeverfahren führt zur Aufhebung des Aufhebungsbeschlusses.[84]

VIII. Wirkung der Aufhebung

10 Die Wirkungen des § 122 (vgl. dort) entfallen vollständig. Die Staatskasse kann ihre und auch die übergegangenen Ansprüche gegen die (ehemalige) PKH-Partei geltend machen.[85] Der beigeordnete Anwalt kann gegen seine Partei vorgehen, insbesondere Kostenfestsetzung nach § 11 RVG hinsichtlich der vollen Wahlanwaltsgebühren beantragen. Die Aufhebung entfaltet **volle Rückwirkung.**[86] Die Aufhebung der Bewilligung führt allerdings nicht zum Wegfall des Anspruchs des PKH-Anwaltes gegen die Staatskasse auf bereits entstandene Vergütung.[87] Ausnahmsweise gilt dies dann nicht, wenn der Anwalt die falsche Sachdarstellung (mit) herbeigeführt hat.[88] Für den Gegner der PKH-Partei entfällt die Vergünstigung nach § 122 Abs. 2.[89] Auch der Schutz des § 31 Abs. 3 GKG (vgl. hierzu § 123 Rn. 2 ff.) entfällt für den Gegner.[90]

11 Eine erneute Bewilligung von PKH (vgl. hierzu § 127 Rn. 6) nach Aufhebung gemäß Nr. 4 soll möglich sein.[91] Dem Antragsteller soll dann allerdings aufgegeben werden können, die nicht gezahlten Raten auf einmal zu zahlen, denn er hätte mit diesen Zahlungen rechnen müssen; außerdem dürfe ihm aus der Verspätung kein Nachteil entstehen.[92] Dem kann nicht gefolgt werden. Wird die PKH nach Nr. 4 entzogen, so scheidet nach zutreffender Auffassung eine **Neubewilligung** für dieselbe Instanz aus.[93] Dies gilt jedenfalls wenn bei regelmäßiger Ratenzahlung im Zeitpunkt der neuen Antragstellung schon alle Kosten bezahlt worden wären.[94] Durch eine erneute Bewilligung für dieselbe Instanz würde der Zweck der Vorschrift unterlaufen werden.[95] Wenn sich jedoch die persönlichen und wirtschaftlichen Verhältnisse der PKH-Partei verschlechtert haben, kommt eine Neubewilligung in Betracht; es sei denn, greifbare Anhaltspunkte sprechen dafür, dass die Partei die Ratenzahlungsanordnungen erneut missachten wird.[96] In den übrigen Fällen des § 124 kommt eine Neubewilligung grundsätzlich nur ohne Rückwirkung in Betracht; nicht jedoch bei der Nr. 2, wenn die Partei mehrfach unrichtige Angaben gemacht hat, die PKH ist dann verwirkt.[97] Über einen solchen Antrag muss entschieden werden.[98] Probleme, die dadurch entstehen können, dass der Richter für die Neubewilligung und der Rechtspfleger für die Aufhebung zuständig sind, sind nach den §§ 5 Abs. 1 Nr. 2, 6 RpflG (Zuständigkeit des engen Zusammenhangs) zu lösen.[99]

IX. Zuständigkeiten

12 § 127 Abs. 1 S. 2 gilt grundsätzlich auch hier. Für Maßnahmen nach den Nr. 2, 3, 4 ist gemäß § 20 Nr. 4 c RpflG der **Rechtspfleger** zuständig, für Maßnahmen nach Nr. 1 bleibt es bei der allgemeinen Zuständigkeit, dh. in aller Regel wird das Gericht zu entscheiden haben. Gegen die Entscheidung des Rechtspflegers ist nach den allgemeinen Vorschriften (§ 11 RpflG) zunächst die sofortige Beschwerde – mit Abhilfemöglichkeit durch den Rechtspfleger selbst – gegeben.[100] Im Übrigen gilt § 120 Rn. 21 entsprechend. Bezüglich des Streitwertes ist auf Nr. 3335 VV RVG hinzuweisen (vgl. auch § 127 Rn. 28). Eine Kostenentscheidung ist nunmehr auch von dem Gericht zu treffen, dessen Beschluss angefochten wird, wenn es der Beschwerde abhilft (§ 572 Rn. 23).

125

Einziehung der Kosten **(1) Die Gerichtskosten und die Gerichtsvollzieherkosten können von dem Gegner erst eingezogen werden, wenn er rechtskräftig in die Prozesskosten verurteilt ist.**

(2) Die Gerichtskosten, von deren Zahlung der Gegner einstweilen befreit ist, sind von ihm einzuziehen, soweit er rechtskräftig in die Prozesskosten verurteilt oder der Rechtsstreit ohne Urteil über die Kosten beendet ist.

---

[82] KG JurBüro 1984, 1251, 1252.
[83] OLG Hamm FamRZ 2000, 1230; OLG Nürnberg Rpfleger 2005, 268; vgl. a. Rn. 6.
[84] OLG Karlsruhe FamRZ 2002, 1199.
[85] OLG Karlsruhe FamRZ 1990, 1120, 1121; OLG Koblenz AnwBl. 1997, 240.
[86] OLG Karlsruhe FamRZ 1990, 1120 f.
[87] OLG Köln JurBüro 2005, 544, 545. *Enders* JurBüro 1995, 169, 172 m. weit. Nachw.
[88] LAG Düsseldorf JurBüro 1990, 763 m. weit. Nachw.
[89] Vgl. BT-Drucks. 8/3068 S. 32 (Begr. der Bundesregierung); LG Koblenz FamRZ 1998, 252.
[90] OLG Düsseldorf MDR 1989, 365; OLG Bamberg FamRZ 2001, 780.
[91] OLG Hamm FamRZ 2000, 1230; LAG Bremen Rpfleger 2001, 308.
[92] BGH KostRspr/*v. Eicken* Nr. 53; LAG Bremen Rpfleger 2001, 308.
[93] OLG Naumburg OLGR 1997, 72; OLG Köln OLGR 2002, 330; OLG Nürnberg FamRZ 2005, 531.
[94] OLG Bremen FamRZ 2001, 1534 f.
[95] MK/*Wax* Rn. 14 m. weit. Nachw.
[96] BGH NJW-RR 2006, 197 f.; OLG Koblenz MDR 2007, 677 f.
[97] OLG Naumburg OLGR 2007, 292.
[98] OLG Köln JurBüro 2005, 544, 545.
[99] Ebenso MK/*Motzer* Rn. 20.
[100] OLG Zweibrücken OLGR 2001, 35; OLG Naumburg Rpfleger 2002, 526.

I. Normzweck

Diese Vorschrift regelt in erster Linie das Verhältnis des Gegners der PKH-Partei zur Gerichtskasse. Gewinnt die PKH-Partei in einer vorherigen Instanz, verliert sie jedoch den Prozess in einer späteren Instanz endgültig, bestünde die Gefahr, dass die PKH-Partei ihrem Gegner Gerichtskosten, die dieser zwischenzeitlich an sie gezahlt hat, wiederum erstatten müsste (§ 123). Die Vollstreckung gezahlter Gerichtskosten durch den Gegner gegen die PKH-Partei will die PKH jedoch gerade verhindern. Außerdem bestünde die Gefahr, dass der Gegner der PKH-Partei an diese gezahlte Kosten – wegen der oft bestehenden Vermögenslosigkeit der PKH-Partei – nicht mehr erstattet bekäme. Diese Probleme stellten sich nicht, wenn die PKH-Partei den Prozess schon in den vorherigen Instanzen verloren hätte. Diese **denkbaren wechselseitigen Zahlungen vermeidet § 125,** indem er die Einziehung der Gerichtskosten vom Gegner der PKH-Partei grundsätzlich nur bei einer rechtskräftigen Entscheidung (oder Beendigung des Rechtsstreites ohne gerichtliche Kostenentscheidung, zB durch Vergleich) ermöglicht. Die Staatskasse darf die Kosten vom Gegner nur insoweit einziehen, als die PKH-Partei nicht schon über die Raten bezahlt hat. Soweit die PKH-Partei bezahlt hat, hat sie bei Obsiegen einen Erstattungsanspruch gegen den Gegner. Die PKH-Partei selbst hat natürlich neben eventuellen Raten Gerichtskosten nur bei Aufhebung der PKH (§ 124) zu zahlen. § 125 wird durch zahlreiche Bestimmungen der DB-PKHG/InsO (§ 117 Rn. 2) konkretisiert. 1

II. Absatz 1

1. Allgemeines. Abs. 1 meint die Kosten, von deren Zahlung die PKH-Partei **nach § 122 Abs. 1 Nr. 1 a befreit war.** Eine vorläufig vollstreckbare Entscheidung ist für die Einziehung noch nicht ausreichend,[1] wie sich schon aus dem Wortlaut des Gesetzes ergibt. Für die Anwendung des Abs. 1 ist es unerheblich, ob die PKH-Partei Kläger oder Beklagter war. Rechtskraft ist nicht in jedem Fall erforderlich. Ergeht zB auf Antrag einer PKH-Partei eine einstweilige Verfügung mit einer Kostenentscheidung zu Lasten des Antragsgegners, können die Kosten von dem Antragsgegner, der keinen Widerspruch eingelegt hat, beigetrieben werden.[2] Ausreichend für eine rechtskräftige Verurteilung in die Prozesskosten sind hier auch Beschlüsse nach den §§ 91 a, 269 Abs. 3[3] oder auch den §§ 516 Abs. 3, 346. 565. Bezüglich der nach § 59 RVG auf die Staatskasse übergegangenen Ansprüche ist Rechtskraft nicht erforderlich, hier ist auch ein vorläufig vollstreckbares Urteil ausreichend, denn § 126 setzt eingetretene Rechtskraft nicht voraus.[4] Nach Nr. 3. 3. 2 S. 1 DB-PKHG/InsO (hierzu § 117 Rn. 2) sollen diese Kosten allerdings auch erst nach Rechtskraft angesetzt werden. Wird ein vorläufig vollstreckbares Urteil gegenstandslos, muss die Staatskasse zurückzahlen.[5] 2

2. Kläger hat PKH. Verliert ein PKH-Kläger kostenpflichtig gegen einen „normalen“ Beklagten, ergibt sich seine Zahlungspflicht gegenüber der Staatskasse (sonst: § 123) lediglich aus dem Bewilligungsbeschluss. **Gewinnt** ein PKH-Kläger, so sind von dem in die Kosten verurteilten Beklagten – nach Rechtskraft – alle Kosten zu erheben. Bei **Quotelung der Kosten** ist der auf den Beklagten entfallende Anteil einzuziehen. Hat der Kläger bereits über die Ratenzahlungen die Gerichtskosten bezahlt, so kann er diese gegen den Beklagten festsetzen lassen, wenn sich aus der Quote ein Erstattungsanspruch ergibt. Endet der Prozess **ohne Kostenentscheidung** (zB durch Ruhen des Verfahrens), ist nach den allgemeinen Vorschriften zu verfahren; von dem Beklagten werden dann höchstens die auf ihn entfallenden Auslagen einzuziehen sein, falls solche überhaupt entstanden sind. Vom PKH-Kläger kann die Staatskasse nach § 122 Abs. 1 Nr. 2, bis auf eventuell festgesetzte Raten, nichts fordern. Zum Vergleich s. Rn. 4. 3

3. Beklagter hat PKH. Keine Besonderheiten bestehen auch, wenn ein PKH-Beklagter gegen einen „normalen“ Kläger **gewinnt.** Von dem Kläger sind – nach Rechtskraft – alle Kosten einzuziehen. **Verliert** nun ein PKH-Beklagter kostenpflichtig gegen einen Kläger, so wird die Zweitschuldnerhaftung des Klägers für die Gerichtskosten nach § 31 Abs. 3 GKG nicht geltend gemacht (hierzu § 123 Rn. 2 ff.). Bei **Quotelung der Kosten** ist der auf den Kläger entfallende Anteil einzuziehen. Endet der Rechtsstreit **ohne Kostenentscheidung,** so ist der Kläger als Antragsteller für die Gerichtskosten in Anspruch zu nehmen. Der Beklagte hat ihn eventuell treffende Kosten über die Raten oder, falls ratenfreie PKH bewilligt wurde, nicht zu zahlen. In diesen Zusammenhängen ist immer § 31 Abs. 3 GKG zu beachten. Vgl. deshalb ergänzend § 123 Rn. 2 und 4. 4

4. Beide Parteien haben PKH. In einem solchen Fall kann die Gerichtskasse von keiner der Parteien Kosten einziehen, wenn nicht die Bewilligung aufgehoben wird. Angeordnete Raten oder Vermögensbeträge müssen von beiden PKH-Parteien bezahlt werden. Die Inanspruchnahme einer Partei im Rahmen des § 29 Nr. 2 GKG, zB bei einem geschlossenen Vergleich, kommt uU in Betracht, da § 31 Abs. 2 dann nicht greift. Vgl. a § 122 Rn. 5 und § 123 Rn. 2 ff. 5

III. Absatz 2

Abs. 2 betrifft **nur einen Spezialfall,** nämlich diejenigen Kosten, von deren Zahlung der Gegner der PKH- Partei nach § 122 Abs. 2 einstweilen befreit war. Dem (Instanz)Kläger muss also ratenfreie PKH bewilligt worden sein. Zum genauen Anwendungsbereich des § 122 Abs. 2 vgl. dort Rn. 10 f. Dies sind zB Auslagenvorschüsse für benannte Zeugen oder beantragte Sachverständigengutachten. Beendigung des Rechtsstreites ohne Urteil über die Kosten meint vor allem Vergleich und Ruhen. Bei einer Klagerück- 6

---

[1] BT-Drucks. 8/3694 S. 22 (Bericht der Abgeordneten Dres. *Langner* und *Schöfberger*).
[2] LG Frankenthal JurBüro 1989, 805 f. mit zust. Anm. *Mümmler.*
[3] MK/*Motzer* Rn. 2.
[4] *St/J/Bork* Rn. 4; LG Frankenthal JurBüro 1989, 805 f. mit zust. Anm. *Mümmler.*
[5] OLG Düsseldorf Rpfleger 2001, 87, 88.

nahme mit Kostenbeschluss ist diese Vorschrift nicht anzuwenden.[6] Wird der unterlegene Gegner der PKH-Partei rechtskräftig in die Kosten verurteilt, haftet er folglich nach § 29 Nr. 1 GKG, so sind die Kosten ohne weiteres von ihm einzuziehen. Bei Beendigung des Rechtsstreites ohne Kostenentscheidung sind die Kosten von ihm ebenfalls einzuziehen, so er nach dem GKG haftet. Die Vorschrift betrifft damit in erster Linie den Fall, dass ein Beklagter, Berufungsbeklagter oder Revisionsbeklagter, der eine ratenfreie PKH-Partei als Gegner hat, den Prozess verliert und damit auch die Prozesskosten tragen muss. Trägt jedoch der PKH-Kläger die Kosten, wird die vorläufige Kostenbefreiung nach § 122 Abs. 2 für den Gegner der PKH-Partei zu einer endgültigen. Zum Vergleich s. ergänzend § 123 Rn. 4f.

IV. Teilweise PKH-Bewilligung

7 Bezüglich der Anwaltsgebühren vgl. § 122 Rn. 9. Hinsichtlich der **Gerichtskosten** bestehen mehrere Möglichkeiten.[7] Nach wohl hM wird der von der PKH-Partei zu zahlende Gebührenanteil wie folgt berechnet: Von der vollen Gebühr aus dem Gesamtstreitwert wird die volle Gebühr aus dem von der PKH umfassten Streitwert abgezogen.[8] Dies gilt auch für die Auslagen, es sei denn diese lassen sich auf die PKH-gedeckten oder PKH-freien Teile aufteilen.[9] Die Kostenschuld hängt dann oft davon ab, ob die PKH-Partei mit dem Teil, für den PKH bewilligt wurde oder mit dem anderen Teil unterlegen ist. Lässt sich dies nicht klären, so kann davon ausgegangen werden, dass der PKH-Teil betroffen war.[10] Wird einem Beklagten PKH nur teilweise bewilligt, muss er dem obsiegenden Kläger die auf die weiter gehende Klage entfallenden Gerichtskosten erstatten.[11] Die Auslagen sind zu verteilen im Verhältnis PKH/keine PKH, bei den Gerichtsgebühren ist die Degression zu berücksichtigen.[12] Insbesondere wenn zur teilweisen PKH-Bewilligung noch ein Teilunterliegen dazukommt, sind dann umfangreiche und komplizierte Berechnungen erforderlich.[13]

126 *Beitreibung der Rechtsanwaltskosten* **(1) Die für die Partei bestellten Rechtsanwälte sind berechtigt, ihre Gebühren und Auslagen von dem in die Prozesskosten verurteilten Gegner im eigenen Namen beizutreiben.**

(2) **[1]Eine Einrede aus der Person der Partei ist nicht zulässig. [2]Der Gegner kann mit Kosten aufrechnen, die nach der in demselben Rechtsstreit über die Kosten erlassenen Entscheidung von der Partei zu erstatten sind.**

I. Normzweck

1 Abs. 1 gibt dem **Anwalt ein eigenes Einziehungsrecht.** Diese Vorschrift kann als Ergänzung zu den §§ 91ff., 103ff. angesehen werden. Von dem unterlegenen Gegner kann der Anwalt vor allem auch seine Wahlvergütung beitreiben, die er von seiner PKH-Partei nach § 122 Abs. 1 Nr. 3 nicht verlangen kann. Abs. 2 S. 1 bedeutet eine „Verstrickung" dahingehend, dass insbesondere eine Aufrechnung durch den Gegner der PKH-Partei nicht zulässig ist. Abs. 2 S. 2 ist wiederum eine Ausnahme zu Abs. 2 S. 1 und betrifft Kosten in demselben Rechtsstreit. Das Recht des Anwalts, seine Vergütung aus der Staatskasse zu erhalten (§§ 45ff. RVG), bleibt unberührt; jedoch entlastet § 126 seinem Sinn und Zweck nach die Staatskasse.[1] Es kommt daher in der Praxis nicht immer dazu, dass ein entsprechender Kostenfestsetzungsbeschluss auf den Namen des Anwalts ergeht. Hat der Anwalt seine PKH-Vergütung aus der Staatskasse erhalten, könnte sich sein Erstattungsanspruch nur noch auf die Differenz der PKH-Anwaltsgebühren zu den Wahlanwaltsgebühren richten; der weitere Anspruch geht nach § 59 Abs. 1 S. 1 RVG auf die Staatskasse über. Insgesamt ist es daher möglich, dass sich der **Kostenerstattungsanspruch der obsiegenden PKH-Partei auf drei Gläubiger verteilen kann:** Die obsiegende PKH-Partei selbst (wenn diese den Kostenfestsetzungsbeschluss erwirkt oder freiwillig etwas an den Anwalt bezahlt hat,[2] vgl. genauer § 122 Rn. 7), den beigeordneten Anwalt (§ 126 Abs. 1, zB wegen der[restlichen] Differenz zwischen PKH-Gebühren und normalen Anwaltsgebühren) und die Staatskasse (wegen der gemäß § 59 Abs. 1 S. 1 RVG übergegangenen Ansprüche).

II. Beitreibungsrecht des Anwalts (Abs. 1)[3]

2 **1. Allgemeines.** Der **Umfang des Anspruchs** richtet sich grundsätzlich nach den §§ 91ff. Er umfasst also zB auch Reisekosten, die von der PKH nicht gedeckt sind (§ 122 Rn. 8).[4] Der PKH-Anwalt kann allerdings nicht im eigenen Namen persönliche Auslagen seiner Partei festsetzen lassen.[5] Ist der Anwalt einer vor-

---

[6] LG Trier Rpfleger 1959, 66.
[7] Vgl. *Mümmler* JurBüro 1987, 1317.
[8] BGHZ 13, 373, 377 = NJW 54, 1406; OLG München MDR 1997, 298f.; OLG Schleswig MDR 2006, 175f.; aA *Schoreit/Dehn* Rn. 6.
[9] *Mümmler* JurBüro 1987, 1317.
[10] OLG München MDR 1997, 298f.
[11] OLG Hamburg OLGR 1999, 449.
[12] OLG Koblenz FamRZ 2007, 1758f.
[13] Vgl. OLG Bamberg JurBüro 1988, 1682ff.; OLG Nürnberg OLGR 2001, 307f.; OLG Schleswig MDR 2006, 175f. und § 123 letzte Fn.
[1] OLG Düsseldorf Rpfleger 1993, 28.
[2] OLG Düsseldorf Rpfleger 1997, 483f.
[3] Hierzu ausf. *Habscheid/Schlosser* ZZP 75 (1962), 302ff. (teilw. veraltet).
[4] OLG Koblenz Rpfleger 2003, 253f.
[5] OLG Schleswig JurBüro 1972, 604f.

steuerabzugsberechtigten Partei zugeordnet, ist die **Umsatzsteuer** nicht festsetzungsfähig, diese muss der Anwalt von der PKH-Partei verlangen, da die Steuer für diese ein durchlaufender Posten ist.[6] Eine rechtskräftige Entscheidung ist nicht erforderlich, damit der Anwalt die Kosten auf seinen Namen festsetzen lassen kann. Obwohl Abs. 1 von „verurteilt" spricht, muss die Kostenentscheidung nicht in einem Urteil enthalten sein; Abs. 1 stellt maßgeblich auf einen Erstattungsanspruch ab.[7] Diese Vorschrift gilt deswegen auch zB für den Fall eines Vergleiches, auch hier darf der Anwalt seine Wahlanwaltsgebühren festsetzen lassen.[8] Kommt es allerdings nach Klagerücknahme nicht zu einem Beschluss nach § 269 Abs. 3 S. 2, besteht für den Anwalt keine Rechtsgrundlage, einen Kostenfestsetzungsbeschluss zu erwirken; auch auf die Staatskasse kann dann ein Anspruch nicht übergehen (vgl. § 122 Rn. 5 aE).[9]

Da der Anwalt selbst Partei ist, wird das Kostenfestsetzungsverfahren durch einen Konkurs der PKH- 3 Partei nicht unterbrochen.[10] Das Beitreibungsrecht geht nur soweit, wie PKH bewilligt wurde; dies bedeutet bei **Teil-PKH,** dass sich der Anwalt nur in den Grenzen der bewilligten PKH an den Gegner halten kann.[11] Gegner ist jeder Entscheidungsschuldner, also zB auch der Nebenintervenient.[12] War bei Streitgenossen die PKH auf die Erhöhungsgebühr beschränkt (§ 114 Rn. 3), so erstreckt sich das Beitreibungsrecht gleichwohl auf die vollen Wahlanwaltsgebühren.[13] Ist die Zwangsvollstreckung nur gegen eine **Sicherheitsleistung** zulässig, so ist diese auf die zu vollstreckenden Kosten zu beschränken, wenn der Anwalt sein Beitreibungsrecht geltend macht.[14] Der Anspruch ist grds. abtretbar.[15] Auch **Rechtsnachfolger** des Anwaltes können Antragsteller gemäß § 126 sein, beispielsweise eine zwischenzeitlich gegründete Sozietät, in die die Vergütungsansprüche eingebracht worden sind.[16] Die einzelnen Sozien müssen jedoch dann namensmäßig aufgeführt sein, die Gläubigerbeteiligung muss aufgeführt sein, ein Kostenfestsetzungsbeschluss pauschal auf die „Sozietät X & Partner" ist nicht zulässig.[17] Der Anspruch verjährt, ebenso wie der Kostenerstattungsanspruch der Partei oder der auf die Staatskasse übergegangene Anspruch, in 30 Jahren,[18] § 197 Abs. 1 Nr. 3 BGB.

Wird ein **vorläufig vollstreckbares Urteil aufgehoben,** muss der Anwalt, der zwischenzeitlich einen er- 4 gangenen Kostenfestsetzungsbeschluss erfolgreich vollstreckt hat, den Betrag nach § 717 Abs. 3 zurückzahlen, gleichgültig ob der Kostenfestsetzungsbeschluss auf den Namen der PKH-Partei oder auf seinen eigenen gelautet hat.[19] Erging der Kostenfestsetzungsbeschluss auf den Namen des Anwalts, ergibt sich dies bereits aus § 717 Abs. 2.[20] Die Beitreibung durch den Anwalt aus eigenem Recht vor Rechtskraft ist dementsprechend nicht völlig risikolos.

2. Wahlrecht des Anwaltes. Grundsätzlich hat der Anwalt ein Wahlrecht dahingehend, ob er die Staats- 5 kasse und/oder den unterlegenen Gegner in Anspruch nimmt. Soweit möglich, wird er sich – ab einem Streitwert von über 3000 Euro (vgl. § 121 Rn. 29) – an einen **(zahlungsfähigen) unterlegenen Gegner halten,** denn von ihm bekommt er die (vollen) Regelgebühren, wohingegen die Gebühren aus der Staatskasse (teilweise) deutlich niedriger sind; vgl. nochmals § 121 Rn. 29. Da ein Arbeitsgang (Abrechnung mit der Staatskasse) entfällt, ist dem Anwalt dementsprechend grundsätzlich zu empfehlen, bei einer voraussichtlich zahlungsfähigen Gegenpartei sofort die Wahlanwaltsvergütung zu liquidieren.[21] Ist die **Antragstellung nicht eindeutig,** muss im Zweifel davon ausgegangen werden, dass sie im Namen der Partei erfolgt, der Anwalt kann dann durch Rechtsmitteleinlegung die Sache nicht mehr „übernehmen".[22] Umgekehrt ist die PKH-Partei nicht rechtsmittelbefugt, wenn ihr Anwalt das Kostenfestsetzungsverfahren im eigenen Namen betreibt.[23] Will der PKH-Anwalt nach (Teil) Liquidation bei der Staatskasse die restlichen Gebühren beim Gegner nicht eintreiben, so kann dies die PKH- Partei tun (str., vgl. im Einzelnen § 122 Rn. 7).[24] Ein eigenes Beitreibungsrecht besteht im Rahmen der Zwangsvollstreckung nicht, wenn sich der Kostenerstattungsanspruch lediglich aus § 788 ergibt, anders jedoch wenn eine gesonderte Kostenentscheidung ergeht.[25]

Vereitelt der Anwalt grob fahrlässig einen **Anspruchsübergang** auf die Staatskasse, weil die Gegenseite 6 aufrechnet (Rn. 11), muss er uU die erhaltenen Gebühren aus der Staatskasse zurückzahlen bzw. hat keinen

---

6 BGH Rpfleger 2006, 609; s. a. § 122 Rn. 8.
7 OLG Düsseldorf Rpfleger 1993, 28.
8 OLG Düsseldorf Rpfleger 1993, 28.
9 OLG Brandenburg FamRZ 1996, 683.
10 OLG Koblenz KostRspr/*v. Eicken* Nr. 1.
11 OLG Koblenz KostRspr/*v. Eicken* Nr. 36.
12 *Wiecz/Steiner* Rn. 4.
13 OLG Hamm JurBüro 1999, 591.
14 OLG Bamberg Rpfleger 1981, 455f.
15 Näher OLG Koblenz JurBüro 2006, 152.
16 *Lappe* § 42 I 12.
17 LG Hamburg AnwBl. 1974, 166f.
18 OLG Frankfurt/M JurBüro 1988, 481, 482.
19 OLG Hamburg JW 1932, 672f. mit zust. Anm. *Friedlaender.*
20 *Mümmler* JurBüro 1982, 776, 777.
21 *Enders* JurBüro 1995, 169, 170 mit vielen weiteren Hinweisen dazu, wie der PKH-Anwalt noch die Wahlanwaltsvergütung erhalten kann.
22 OLG Koblenz JurBüro 1982, 775f. mit zust. Anm. *Mümmler;* OLG Karlsruhe OLGR 1998, 151f.; OLG Rostock OLGR 2006, 157; aA OLG Rostock MDR 2006, 418.
23 OLG Hamm NJW 1968, 405.
24 KG Rpfleger 1987, 333f.
25 LG Berlin Rpfleger 1979, 345, 346; *Fischer* Rpfleger 2004, 190, 195.

Anspruch auf Vergütung.[26] Da die PKH-Partei durch die Aufrechnung des Gegners von einer Forderung befreit wurde, steht dem beigeordneten Anwalt gegen die PKH-Partei eine Forderung aus § 812 BGB zu.[27] Diese muss der Anwalt allerdings im Klagewege geltend machen, § 11 BRAGO ist nicht einschlägig. Nach § 59 Abs. 1 S. 2 RVG darf die Staatskasse den Anspruchsübergang allerdings nicht zum Nachteil des Anwaltes geltend machen. Unter Berücksichtigung des Sinnes der PKH sowie des Gedankens des § 9 S. 3 BerHG kann weiterhin geschlossen werden, dass die Partei im Zweifels- bzw. Mangelfall sowohl der Staatskasse als auch dem Anwalt vorgeht.[28] Bei mehreren Anwälten geht derjenige vor, der zuerst den Antrag stellt.[29]

7 **3. Titelumschreibung.** Der Anspruch steht dem **Anwalt originär zu,** eine Titelumschreibung ist nicht erforderlich. Ergeht jedoch zunächst der Kostenfestsetzungsbeschluss auf den Namen der Partei, so ist nach gängiger Praxis die Umschreibung entsprechend § 727 möglich, diese entfaltet jedoch keine Rückwirkung; eine zwischenzeitliche Aufrechnung des Gegners kann demzufolge nicht mehr ungeschehen gemacht werden, hierzu sogl. Rn. 11. Das Gleiche gilt, wenn der Anspruch bei der Partei zwischenzeitlich gepfändet worden ist; die Pfändung muss sich der Anwalt entgegen halten lassen.[30] Trotz der Umschreibung ist es in der Sache so, dass es sich um einen neuen Kostenfestsetzungsbeschluss mit einem anderen Gläubiger handelt.[31] Da nicht zwei Titel in Umlauf sein dürfen, ist bei einer „Umschreibung" der alte Kostenfestsetzungsbeschluss zurückzugeben, auch ist zu prüfen, ob nicht zwischenzeitlich gezahlt wurde, der Schuldner ist daher anzuhören.[32] Wurde dem Anwalt das Mandat gekündigt und kann er deswegen den auf die Partei lautenden und ihr ausgehändigten alten Kostenfestsetzungsbeschluss nicht zurückgeben, so ist im neuen auf den Anwalt auszusprechen, dass der vorherige unwirksam ist.[33]

8 **4. Gegner hat gleichfalls PKH.** Problematisch ist der Fall, dass dem unterlegenen Gegner gleichfalls PKH bewilligt wurde. Dem Direktanspruch des Anwalts der obsiegenden Partei gegen die unterlegene und ebenfalls bedürftige Partei steht die PKH grundsätzlich nicht entgegen. Dies ergibt sich aus § 123. Nach § 122 Abs. 1 Nr. 1 b könnte die Staatskasse auf sie übergehende Kosten gegen die unterlegene Partei jedoch nur im Rahmen der PKH geltend machen (vgl. § 122 Rn. 5). Bei einer solchen Fallkonstellation ist der **Anwalt verpflichtet, sich an die Staatskasse zu halten,** ein Antrag nach § 126 ist missbräuchlich.[34]

III. „Verstrickung" (Abs. 2 S. 1)

9 **1. Allgemeines.** Diese Vorschrift ist verfassungsgemäß.[35] Das Beitreibungsrecht des PKH-Anwaltes nach § 126 und der Kostenerstattungsanspruch der PKH-Partei nach § 104 bestehen selbständig nebeneinander, wobei jedoch das **Parteirecht durch das Anwaltsrecht verstrickt ist.**[36] Diese Verstrickung bedeutet: Eine Verfügung der Partei über den Erstattungsanspruch oder eine Zahlung des Gegners an die Partei wirken gegenüber dem Anwalt nicht.[37] Die Stellung des Anwalts ist damit nach allgM der eines Gläubigers nach § 835 vergleichbar.[38] In der Praxis geht es überwiegend um die Fragen, inwieweit die Gegenpartei gegenüber dem PKH-Anwalt die Aufrechnung mit einer Forderung erklären kann, die der Gegenpartei gegen die PKH-Partei zusteht und wann eine Zahlung der Gegenpartei an die PKH-Partei befreiend wirkt. Wenn und solange die Verstrickung gegeben ist, ist eine Aufrechnung durch den Gegner ausgeschlossen.

10 **2. Zeitpunkt der Verstrickung.** Nach überwiegender und zutreffender Meinung[39] tritt die **Verstrickung schon von der Kostengrundentscheidung an** ein, nach aA kann der Gegner die Aufrechnung noch erklären, bevor der Anwalt den Antrag gestellt hat.[40] In jedem Fall kann die Verstrickung jedoch frühestens mit der Bewilligung von PKH entstehen, vorher existiert noch kein Anspruch; ein Verzicht auf denselben ist demgemäß vor Bewilligung nicht möglich.[41] Die so genannte **Verstrickung tritt nicht ein,** wenn der Kostenfestsetzungsbeschluss zu Gunsten der Partei ergeht.[42] Die Verstrickung entfällt jedenfalls dann, wenn der Anwalt die Forderung nicht mehr im eigenen Namen geltend machen kann.[43]

11 **3. Aufrechnung.** Eine Aufrechnung durch den Gegner kommt nach wohl ganz hM jedenfalls dann nicht in Betracht, wenn der **Anwalt das Kostenfestsetzungsverfahren von Anfang an im eigenen Namen betrieben hat.**[44] Nach hM gilt ein Aufrechnungsausschluss auch dann, wenn die Gegenforderung vor der Kosten-

---

[26] OLG München NJW-RR 1997, 1356 m. weit. Nachw.; OLG Saarbrücken JurBüro 2005, 484, 485; LG Würzburg JurBüro 1987, 1193f.; ausf. *Fladrich/Bischof* NJW 1998, 407ff.
[27] OLG Schleswig SchlHA 1988, 90f.
[28] Vgl. hierzu *Lappe* § 32 XIV 2.
[29] *Wiecz/Steiner* Rn. 6.
[30] OLG München Rpfleger 1992, 257f.
[31] BGHZ 5, 251, 256f. = NJW 1952, 786 mit Anm. *Schönke;* s. a. *St/J/Bork* Rn. 16ff.
[32] KG Rpfleger 1962, 161 (ZPO § 124d).
[33] OLG Stuttgart NJW-RR 2001, 718.
[34] *Lappe* § 42 I 12 und Rpfleger 1984, 129, 130; AK-ZPO/*Deppe-Hilgenberg* Rn. 12.
[35] BGH NJW-RR 1991, 254.
[36] OLG Koblenz JurBüro 1989, 1151, 1152.
[37] *Schoreit/Dehn* Rn. 2 m. weit. Nachw.
[38] *Schoreit/Dehn* Rn. 2.
[39] OLG Stuttgart Rpfleger 1987, 218; OLG Schleswig JurBüro 1997, 368, 369.
[40] Vgl. BGHR Abs. 2 Einwendungsausschluss Nr. 1.
[41] OLG Koblenz JurBüro 1991, 1672.
[42] OLG Koblenz VersR 1987, 1149 Nr. 1207.
[43] BGH NJW-RR 2007, 1147.
[44] OLG Frankfurt/M Rpfleger 1990, 468.

forderung fällig war[45] oder sogar tituliert ist.[46] Der Aufrechnungsausschluss bleibt auch dann erhalten, wenn der Erstattungsanspruch nach § 59 RVG auf die Staatskasse übergeht.[47] Die Staatskassse steht nicht schlechter als ihr Rechtsvorgänger; dabei kommt es nicht darauf an, ob der Anwalt von seinem Beitreibungsrecht Gebrauch gemacht hat oder nicht.[48] Nach wohl hM kann der Gegner jedenfalls **ab Zustellung des auf die Partei lautenden Kostenfestsetzungsbeschlusses** mit befreiender Wirkung an die Partei zahlen oder aufrechnen,[49] vorher grundsätzlich nicht.[50] Die Auffassung, es könne vor Einreichung eines Kostenfestsetzungsantrages des Anwaltes aufgerechnet werden, ist abzulehnen.[51] Teilweise wird davon ausgegangen, der Anwalt verzichte auf sein Vorrecht, wenn mit seinem Einverständnis die Kostenfestsetzung der Partei betrieben wird.[52] Wenn der beigeordnete Anwalt im Namen seiner Partei Kostenerstattung verlangt, muss er eine Erfüllung gegen sich gelten lassen.[53] Wird die Aufrechnung erklärt, bevor ein Kostenfestsetzungsbeschluss auf den Namen der Partei ergeht, ist sie nicht wirksam; ergeht dann später wieder ein Beschluss zu Gunsten des Anwalts, ist die Forderung durch die Aufrechnung nicht erloschen, die Aufrechnungserklärung hätte vielmehr während des Zeitraumes, in dem der auf die Partei lautende Beschluss existent war, erklärt werden müssen.[54] Die Aufrechnungserklärung muss folglich während des Bestehens eines Kostenfestsetzungsbeschlusses zu Gunsten der Partei erklärt werden.[55] Erlischt daraufhin die Forderung aus dem Kostenfestsetzungsbeschluss, so ist eine Umschreibung auf den Anwalt nicht mehr möglich.[56] Auch ein Forderungsübergang auf die Staatskasse ist dann ausgeschlossen.[57] Dies gilt auch, wenn die PKH-Partei den Anspruch aus dem ihr zustehenden Kostenfestsetzungsbeschluss an den Anwalt abgetreten hatte, ohne dass dies dem Gegner mitgeteilt wirde, § 407 BGB.[58] Das Erlöschen, zB durch Aufrechnung, setzt allerdings voraus, dass der **PKH-Partei überhaupt ein Kostenerstattungsanspruch zustand.** An einem solchen Erstattungsanspruch der PKH-Partei soll es nach teilweise vertretener Auffassung fehlen, wenn der Partei ratenfreie PKH bewilligt worden ist. Dem kann jedoch nicht gefolgt werden (vgl. im Einzelnen § 122 Rn. 7). Die zur Aufrechnung ausgeführten Überlegungen gelten für die Frage, wann eine **Zahlung mit befreiender Wirkung** möglich ist, entsprechend. Dasselbe gilt für Erlassverträge o. ä.

4. Vergleich über die Kosten. Vor rechtskräftiger Kostenentscheidung können die Parteien das Einzie- 12
hungsrecht des Anwaltes – bzw. bei Übergang auch der Staatskasse – allerdings durch einen Vergleich zum Erlöschen bringen,[59] danach nicht mehr. Ein Vergleich kann allerdings dann **unwirksam** sein, wenn der Anwalt in sittenwidriger Weise um sein Einziehungsrecht nach § 126 gebracht werden soll.[60] Auch eine Unwirksamkeit eines Vergleiches wegen Rechtsmissbrauchs kommt in Betracht,[61] insbesondere, wenn die Rückgriffsansprüche der Staatskasse vereitelt werden sollen.[62] Entspricht jedoch die Kostenquote im Vergleich der Einigung in der Hauptsache, ist dies nicht zu beanstanden.[63]

5. Treuwidriges Berufen auf die Verstrickung. In Einzelfällen kann es treuwidrig sein, wenn sich der 13
Kostenschuldner darauf beruft, dass die Verstrickung nicht eingetreten ist. Dies kann dann der Fall sein, wenn ihm bekannt ist, dass der Anwalt aus eigenem Recht beitreiben wollte und der **Kostenfestsetzungsbeschluss falsch ergangen** ist.[64] Ergeht der – vom Anwalt auf seinen Namen beantragte – Kostenfestsetzungsbeschluss versehentlich zu Gunsten der Partei, so kann der Gegner nicht aufrechnen.[65] Umgekehrt ist die Berufung auf die Verstrickung treuwidrig, wenn der Anwalt selbst namens des Mandanten die Aufrechnung erklärt hat.[66]

IV. Kostenaufrechnung (Abs. 2 S. 2)

Abs. 2 S. 2 meint u. a. die Fälle der **Kostenteilung** nach § 92 oder die **Kostentrennungen** nach den §§ 281 14
Abs. 3, 344 etc.[67] Eine solche Aufrechnung wird durch die in diesen Fällen meist stattfindende Kostenaus-

---

[45] OLG Düsseldorf JurBüro 1990, 638; OLG Koblenz Rpfleger 1994, 422f.
[46] OLG Koblenz Rpfleger 1994, 422f.
[47] BGH Rpfleger 1991, 26; OLG Schleswig FamRZ 2007, 752; OLG Köln FamRZ 2004, 37.
[48] OLG Koblenz Rpfleger 1994, 422f.; OLG Köln JurBüro 1987, 920f.; OLG München AnwBl. 1991, 167.
[49] Vgl. BGHR Abs. 2 Einwendungsausschluss Nr. 1; OLG Neustadt MDR 1958, 614; OLG Hamm JurBüro 1989, 1150f.
[50] BGH NJW-RR 2007, 1147; OLG Stuttgart Rpfleger 1987, 218; OLG Schleswig JurBüro 1997, 368, 369.
[51] BGH NJW-RR 2007, 1147; OLG Stuttgart Rpfleger 1987, 218.
[52] OLG München Rpfleger 1997, 485.
[53] OLG München AnwBl. 1998, 283f.
[54] KG Rpfleger 1977, 451f.; OLG Schleswig JurBüro 1997, 368, 369.
[55] OLG Koblenz AnwBl. 1990, 328; LG Berlin AnwBl. 1983, 327; OLG Düsseldorf OLGR 1998, 211f.
[56] OLG Neustadt MDR 1958, 614; OLG Schleswig JurBüro 1990, 1195f. mit zust. Anm. *Mümmler;* KG JurBüro 2002, 374.
[57] OLG Koblenz AnwBl. 1990, 328; OLG Hamm JurBüro 1989, 1150f.
[58] OLG Schleswig NJW-RR 2004, 717, 718.
[59] BGH NJW 2007, 1213f.; BGHZ 5, 251, 258 = NJW 1952, 786; OLG Stuttgart MDR 1989, 744.
[60] OLG Schleswig JurBüro 1966, 1064, 1065; JurBüro 1962, 47.
[61] OLG Stuttgart MDR 1989, 744.
[62] OLG Frankfurt/M MDR 1961, 780; OLG München JurBüro 2004, 37f.
[63] LG Köln MDR 1990, 929.
[64] BGH NJW 1994, 3292, 3294 = LM Nr. 4 mit Anm. *Wax.*
[65] OLG Hamm MDR 1987, 413.
[66] OLG Hamburg JurBüro 1990, 1311, 1312.
[67] *Zi* Rn. 5.

gleichung idR – aber nicht notwendigerweise immer – überflüssig werden. Auch Kosten, die in unterschiedlichen Instanzen in demselben Rechtsstreit angefallen sind, können aufgerechnet werden, zB bei einer auf § 97 Abs. 2 beruhenden Kostenentscheidung.[68] Der Gegner der PKH-Partei, der die Kosten des Rechtsstreits tragen muss, kann gegen den sich ergebenden Zahlungsanspruch der Gerichtskasse nicht mit einem titulierten Erstattungsanspruch gegen die Gerichtskasse aus einer anderen Sache aufrechnen.[69]

127 ***Entscheidungen*** **(1) [1]Entscheidungen im Verfahren über die Prozesskostenhilfe ergehen ohne mündliche Verhandlung. [2]Zuständig ist das Gericht des ersten Rechtszuges; ist das Verfahren in einem höheren Rechtszug anhängig, so ist das Gericht dieses Rechtszuges zuständig. [3]Soweit die Gründe der Entscheidung Angaben über die persönlichen und wirtschaftlichen Verhältnisse der Partei enthalten, dürfen sie dem Gegner nur mit Zustimmung der Partei zugänglich gemacht werden.**

(2) [1]Die Bewilligung der Prozesskostenhilfe kann nur nach Maßgabe des Absatzes 3 angefochten werden. [2]Im Übrigen findet die sofortige Beschwerde statt; dies gilt nicht, wenn der Streitwert der Hauptsache den in § 511 genannten Betrag nicht übersteigt, es sei denn, das Gericht hat ausschließlich die persönlichen oder wirtschaftlichen Voraussetzungen für die Prozesskostenhilfe verneint. [3]Die Notfrist des § 569 Abs. 1 Satz 1 beträgt einen Monat.

(3) [1]Gegen die Bewilligung der Prozesskostenhilfe findet die sofortige Beschwerde der Staatskasse statt, wenn weder Monatsraten noch aus dem Vermögen zu zahlende Beträge festgesetzt worden sind. [2]Die Beschwerde kann nur darauf gestützt werden, dass die Partei nach ihren persönlichen und wirtschaftlichen Verhältnissen Zahlungen zu leisten hat. [3]Die Notfrist des § 569 Abs. 1 Satz 1 beträgt einen Monat und beginnt mit der Bekanntgabe des Beschlusses. [4]Nach Ablauf von drei Monaten seit der Verkündung der Entscheidung ist die Beschwerde unstatthaft. [5]Wird die Entscheidung nicht verkündet, so tritt an die Stelle der Verkündung der Zeitpunkt, in dem die unterschriebene Entscheidung der Geschäftsstelle übermittelt wird. [6]Die Entscheidung wird der Staatskasse nicht von Amts wegen mitgeteilt.

(4) Die Kosten des Beschwerdeverfahrens werden nicht erstattet.

Übersicht

I. Normzweck

1 Die Vorschrift regelt das Verfahren, die Zuständigkeit, die zu ergehende Entscheidung sowie die Anfechtungsmöglichkeiten gegen dieselbe. Sie ermöglicht auch im PKH-Verfahren einen gewissen Instanzenzug und gibt dem Antragsteller sowie uU der beteiligten Staatskasse die Möglichkeit, die ergangenen Entscheidungen kostengünstig überprüfen zu lassen, dies allerdings nicht immer in vollem Umfang. Wie schon an anderer Stelle betont (vgl. § 118 Rn. 1), soll das **Prüfungsverfahren schnell abgewickelt** und nicht über Gebühr ausgedehnt werden. Die eigentliche Sachentscheidung soll dem ordentlichen Prozessverfahren vorbehalten werden.

II. Zuständigkeit, Verfahren, Entscheidung (Abs. 1 S. 1, 2)

2 **1. Zuständigkeit.** Vgl. auch § 118 Rn. 18. Zuständig ist grds. das **Gericht der Hauptsache,** vgl. weiter § 117 Rn. 4. Ist der Rechtspfleger zuständig, ist nunmehr in erster Linie die sofortige Beschwerde gegeben (§ 11 RpflG, vgl. zB § 120 Rn. 21). Bewilligt allerdings der Rechtspfleger PKH, ist die Erinnerung nicht statthaft.[1] Die Anhängigkeit in einem höheren Rechtszug, die bewirkt, dass die Zuständigkeit übergeht, be-

---

[68] OLG Hamm Rpfleger 1973, 438 f.

[69] BGH FamRZ 2006, 190.

[1] LG Bielefeld Rpfleger 1986, 406 f. m. weit. Nachw.; aA *Schoreit/Dehn* Rn. 11.

ginnt bereits mit dem Eingang eines PKH-Antrages, also uU schon vor der eigentlichen Rechtsmitteleinlegung.[2] Ein innerhalb der Instanz gestellter Antrag muss aber dort noch beschieden werden.[3] Das erstinstanzliche Gericht wird wieder zuständig, wenn das Verfahren im höheren Rechtszug abgeschlossen ist (§ 544 Abs. 2).[4] Der Rechtspfleger des LG kann in einem solchen Fall vom OLG angeordnete Raten nach § 120 Abs. 4 abändern.

2. Verfahren. Zum Verfahren vgl. auch § 118 und die dortige Kommentierung. Die Entscheidungen ergehen idR im **schriftlichen Verfahren,** zu einer mündlichen Verhandlung kommt es meist nicht. Hierdurch soll der nicht erwünschten Tendenz, das PKH-Prüfungsverfahren durch mündliche Verhandlungen auszudehnen, vorgebeugt werden.[5] Ein Termin kann nur nach § 118 Abs. 1 S. 3 bestimmt werden, dies ist jedoch keine mündliche Verhandlung im eigentlichen Sinn (vgl. auch § 118 Rn. 4). Das PKH-Verfahren ist vor dem Hauptsacheverfahren so schnell wie möglich abzuwickeln.[6] § 227 Abs. 3 ist im PKH-Verfahren anzuwenden. 3

3. Entscheidung.[7] PKH-Entscheidungen bedürfen, entgegen einer weit verbreiteten Praxis, keines vollen Rubrums, denn die Entscheidung wird nie Vollstreckungstitel. Die Entscheidung ist den Parteien zuzustellen (§ 329 Abs. 3). Sofern der PKH-Beschluss anfechtbar ist, ist er nach allgemeinen Grundsätzen, jedenfalls insoweit, **zu begründen;** wird er nicht begründet, ist, falls sofortige Beschwerde eingelegt wird, die Begründung im Nichtabhilfebeschluss (§ 572 Abs. 1 S. 1) nachzuholen.[8] In derartigen Fällen empfiehlt es sich, vor Weiterleitung an das Beschwerdegericht anzufragen, ob die Beschwerde im Hinblick auf die Begründung zurückgenommen wird.[9] War der Beschluss bereits begründet, kann darauf Bezug genommen werden; dies gilt allerdings nicht, wenn die Beschwerde geltend macht, dass die maßgeblichen tatsächlichen Gründe unrichtig sind.[10] Nicht begründete PKH-Beschlüsse rechtfertigen eine **Aufhebung und Zurückverweisung** durch das Beschwerdegericht.[11] Dies gilt gleichfalls für nicht begründete Nichtabhilfebeschlüsse.[12] Im Hinblick auf das Beschwerderecht der Staatskasse müssten ratenfreie PKH-Beschlüsse grundsätzlich begründet werden. Da die Staatskasse im Hinblick auf Abs. 3 S. 6 jedoch nur sehr selten Beschwerde einlegen wird, kann auf eine Begründung grundsätzlich verzichtet werden. Falls die Entscheidung tatsächlich angefochten wird, kann im Nichtabhilfebeschluss nachbegründet werden, wobei dann zunächst anzufragen ist, ob die Beschwerde im Hinblick auf die Begründung zurückgenommen wird. Ein die PKH ablehnender Beschluss des BGH bedarf keiner Begründung.[13] 4

Bei einer Entscheidung sind **grundsätzlich die persönlichen und wirtschaftlichen Verhältnisse zum Zeitpunkt der Entscheidung maßgeblich** (vgl. auch §§ 115 Rn. 2, 119 Rn. 14),[14] allerdings ist immer die Rückwirkungsfrage zu beachten (vgl. hierzu § 119 Rn. 10ff.). Mit der Bewilligung von PKH ist das Bewilligungsverfahren beendet.[15] Hat der Antragsteller einen **Kostenerstattungsanspruch gegen einen zweifelsfrei leistungsfähigen Schuldner,** braucht über die beantragte PKH nicht entschieden zu werden.[16] Eine vom Gericht gegebene **Zusage,** PKH zu bewilligen, soll genauso verbindlich sein, wie ein Bewilligungsbeschluss, die Zusage soll nur unter den Voraussetzungen des § 124 widerruflich sein.[17] Dem kann jedoch nicht gefolgt werden, § 38 VwVfG und § 34 SGB X sind im PKH-Verfahren nicht anwendbar und in der ZPO ist eine solche Zusage nicht vorgesehen.[18] Wird unter dem Vorbehalt der Bedürftigkeit PKH zugleich mit der Auflage bewilligt, die erforderlichen Unterlagen vorzulegen, so kann dieser Beschluss aufgehoben werden, wenn die Unterlagen nicht vorgelegt werden.[19] Eine derartige Vorgehensweise ist jedoch nicht empfehlenswert. Weicht die **Ausfertigung** des Bewilligungsbeschlusses vom Original ab, so ist nur letzteres maßgeblich.[20] Nach Abs. 2 S. 2 unanfechtbare Beschlüsse sind als rechtskräftige Entscheidungen nach **§ 36 Nr. 6** anzusehen, da die PKH-Partei sonst ohne Rechtsschutz wäre.[21] Entscheidungen im PKH-Verfahren fallen nicht unter das Spruchrichterprivileg des § 839 Abs. 2 S. 1 BGB, so dass Amtshaftungsansprüche grundsätzlich denkbar sind.[22] 5

4. Rechtskraft der Entscheidung. Mangels entsprechender Vorschriften erwächst eine PKH-Entscheidung, vor allem eine ablehnende, **nicht in Rechtskraft** (vgl. § 329 Rn. 17);[23] bis zum Abschluss des Rechts- 6

---

2 BGHR Abs. 1 Rechtsmittelgericht Nr. 1; OLG Dresden AnwBl. 1994, 86, 87 m. weit. Nachw.
3 *Schoreit/Dehn* Rn. 12.
4 OLG Celle Rpfleger 1996, 278 mit Anm. *Meyer-Stolte,* OLG Karlsruhe Rpfleger 2000, 447, 448.
5 BT-Drucks. 8/3694 S. 22 (Bericht der Abgeordneten Dres. *Langner* und *Schöfberger*).
6 OLG München NJW-RR 1990, 112.
7 Viele hilfreiche Entscheidungsmuster finden sich bei *Tempel/Theimer,* Bd. I, § 10.
8 OLG Köln FamRZ 1994, 1126; OLG Brandenburg FamRZ 2003, 389.
9 Ebenso Wiecz/Steiner Rn. 24.
10 OLG Köln FamRZ 1994, 1126; OLG München OLGR 2003, 435.
11 OLG Brandenburg OLGR 2003, 504.
12 OLG München Rpfleger 2004, 167f.; OLG Düsseldorf FamRZ 2006, 1551.
13 BGH FamRZ 2006, 1029.
14 OLG Frankfurt/M JurBüro 1982, 1260f.
15 OLG Nürnberg AnwBl. 1982, 113.
16 Folgt aus BVerfGE 62, 392, 397.
17 KG FamRZ 1986, 925f.
18 Vgl. im Einzelnen MK/*Wax* (2. Aufl.) § 124 Rn. 8.
19 OLG Koblenz VersR 1980, 1076f.
20 OLG Stuttgart Justiz 1986, 18 m. weit. Nachw., str.
21 BGH Rpfleger 1972, 13; vgl. a. § 114 Rn. 25.
22 BGH VersR 1984, 77, 79; OLG Frankfurt/M NJW 2001, 3270, 3271.
23 BGH NJW 2004, 1805f.; OLG Naumburg OLGR 2003, 173; OLG Hamm FamRZ 2004, 647f.; OLG Celle MDR 2004, 201f.; aA OLG Oldenburg FamRZ 2003, 1302; OLG Nürnberg FamRZ 2004, 1219.

zuges kann daher erneut um PKH nachgesucht werden.[24] Die Tatsache, dass nunmehr auch im Bereich der PKH die sofortige Beschwerde gegeben ist, ändert daran nichts.[25] Dementsprechend ist hier eine Gehörsrüge nach § 321a unzulässig.[26] Auch wenn die PKH abgelehnt wurde, weil trotz mehrmaligem Hinweis der Vordruck nicht ausgefüllt wurde (§ 118 Abs. 2 S. 4), kann der Antrag wiederholt werden, er ist nicht etwa verwirkt.[27] Wurde die PKH jedoch wegen mehrfach unrichtiger Angaben verweigert, wird sie für die Instanz verwirkt.[28] Zur Zulässigkeit der Neubewilligung in den Fällen des § 124 vgl. dort Rn. 11. Ansonsten können – auch isolierte – PKH-Anträge grundsätzlich wiederholt werden; wird jedoch derselbe Antrag wiederholt, kann das Rechtsschutzinteresse fehlen.[29] Bei demselben Sachverhalt gibt es keine neue Bescheidung.[30] Wird allerdings bei einem neuen PKH-Antrag statt des AG das LG zuständig, so darf der Antrag dort wiederholt werden.[31] Anders verhält es sich, wenn aus der Klage (für die die PKH abgelehnt wurde) eine Widerklage bei einem anderen Gericht werden soll.[32] Eine erneute Sachbescheidung ist gleichfalls erforderlich, wenn sich gegenüber dem letzten Antrag der Sach- und Streitstand geändert hat.[33] Dafür kann es ausreichen, wenn neue rechtliche Gesichtspunkte, zB aufgrund einer Rechtsprechungsänderung, angeführt werden.[34] Der neue Antrag entfaltet keine Rückwirkung.[35]

III. Einsicht in die Entscheidung (Abs. 1 S. 3)

7 Diese Vorschrift ist die konsequente **Fortsetzung des § 117 Abs. 2 S. 2.** Es kann insoweit zunächst auf die Kommentierung dort § 117 Rn. 17 verwiesen werden, die hier entsprechend gilt. Wird dem Antrag stattgegeben, so bedarf der Beschluss oft keiner Begründung, dann darf dem Gegner der Tenor mitgeteilt werden.[36] Bei näher begründeten Beschlüssen sind entsprechende Begründungsteile zu schwärzen. Welche Teile dies sind, muss das Gericht der Geschäftsstelle konkret mitteilen.[37] Der Tenor der getroffenen Entscheidung darf dem Gegner allerdings nicht vorenthalten werden. Zur „aktenmäßigen" Behandlung vgl. Nr. 2.1 DB-PKHG (§ 117 Rn. 2).

IV. Sofortige Beschwerde der Staatskasse (Abs. 3)

8 **1. Allgemeines.** Abs. 3 S. 1, 6 ist nicht verfassungswidrig, es liegt kein Verstoß gegen das Willkürverbot vor, wenn sich der Bezirksrevisor auf **Stichproben** beschränkt und es deswegen nur selten zu Beschwerden der Staatskasse kommt.[38] Der Bezirksrevisor hat ein Einsichtsrecht für die gesamte Prozessakte, nicht nur für die PKH-Akte.[39] Besondere Regelungen für die Beschwerde der Staatskasse hat – soweit ersichtlich – nur Baden-Württemberg getroffen.[40] Der Bezirksrevisor ist selbst im Rechtsbeschwerdeverfahren postulationsfähig und braucht keinen Anwalt.[41] Kommt es auf Beschwerde zu einer Ratenzahlungsanordnung, so wirkt diese nur zurück bis zur Kenntnisnahme der Partei von der Beschwerdeeinlegung (Vertrauensschutz).[42]

9 **2. Zulässige sofortige Beschwerden (Abs. 3 S. 2).** Nach einhelliger Auffassung soll das Beschwerderecht der Staatskasse **nur dazu dienen, nachträglich fälschlich unterlassene Zahlungsanordnungen zu erreichen.**[43] Die Staatskasse darf ihre Beschwerde allerdings auch darauf stützen, dass das Gericht eine Prozesskostenvorschusspflicht unzutreffend verneint hat.[44] Die Staatskasse darf auch die falsche Anwendung der Vierratengrenze (§ 115 Abs. 3) rügen.[45] Nach teilweise vertretener Meinung kann sich die Staatskasse weiterhin beschweren, wenn eine Nachzahlungsanordnung nach § 120 Abs. 4 abgelehnt wird,[46] dies ist jedoch entsprechend dem Wortlaut des Gesetzes zu verneinen.[47] Dieselbe Erwägung gilt für Entscheidungen nach § 120 Abs. 3.[48] Bewilligt das erstinstanzliche Gericht ohne nähere Aufklärung ratenfreie PKH, so ist es für die Zulässigkeit der Beschwerde ausreichend, dass die Partei möglicherweise Raten zu zahlen hat, denn die

---

[24] OLG Köln OLGR 2002, 435; *Lepke* DB 1985, 488, 493.
[25] BGH NJW 2004, 1805 f.; OLG Zweibrücken FamRZ 2003, 413, 414; aA OLG Oldenburg FamRZ 2003, 1302 f.
[26] OLG Frankfurt OLGR 2006, 310.
[27] OLG Schleswig SchlHA 1984, 148 f.; OLG Hamm FamRZ 2004, 647 f.; vgl. a. § 118 Rn. 10 aE.
[28] OLG Naumburg NJOZ 2007, 68.
[29] BGH NJW 2004, 1805 f.; OLG Bamberg FamRZ 1997, 756, 757; OVG Bremen JurBüro 1991, 846 f.; OLG Saarbrücken OLGR 2000, 246.
[30] OLG Frankfurt/M MDR 2007, 1286.
[31] OLG Köln OLGZ 1989, 67, 68.
[32] OLG Stuttgart OLGR 2007, 68.
[33] BSozG MDR 1998, 1367; LG Hamburg KostRspr/*v. Eicken* Nr. 61.
[34] BVerfG NJOZ 2007, 3805, 3806.
[35] OLG Zweibrücken MDR 2004, 236.
[36] BT-Drucks. 12/6963 S. 29 (Äußerung der Bundesreg.).
[37] OLG Brandenburg MDR 2000, 1095 f.
[38] BVerfG NJW 1995, 581.
[39] OLG Karlsruhe Rpfleger 1988, 424 f.
[40] Vgl. Justiz 1987, 176 f.; abgedruckt bei *Schoreit/Dehn* Anhang Nr. 4.
[41] BGH NJW-RR 2005, 1567.
[42] OLG Karlsruhe FamRZ 2006, 1614 f.
[43] BGHZ 119, 372, 375 = NJW 1989, 80; NJW 1993, 135.
[44] OLG Koblenz FamRZ 1997, 679; OLG München FamRZ 1993, 821 f.; aA KG JurBüro 1990, 908.
[45] LAG Düsseldorf JurBüro 1989, 1439 f.
[46] OLG Nürnberg Rpfleger 1995, 465 mit zust. Anm. *Philippi;* LAG Nürnberg Rpfleger 2002, 17.
[47] OLG München OLGR 1994, 239 f.; OLG Frankfurt/M FamRZ 1991, 1326 f.
[48] OLG Schleswig AnwBl. 2000, 63 (Beschwerderecht bejaht).

Staatskasse ist zu eigener Aufklärung nicht verpflichtet.[49] Genauso darf die Staatskasse mit ihrer Beschwerde gegen eine ratenfreie PKH rügen, dass der Antragsteller seine persönlichen und wirtschaftlichen Verhältnisse nicht hinreichend aufgedeckt hat.[50]

3. Unzulässige sofortige Beschwerden. Nur in den geschilderten Fällen ist die Staatskasse beschwerdebefugt, sie kann sich zB **nicht beschweren** gegen die Beiordnung eines Rechtsanwaltes,[51] oder Verkehrsanwaltes,[52] gegen die Bewilligung als solche oder die Höhe der Vermögensbeträge oder der Raten. Wird im Bewilligungsbeschluss die Zahl der Raten begrenzt, kann die Staatskasse dagegen gleichfalls keine Beschwerde einlegen.[53] Diese Möglichkeit ist ihr auch dann versagt, wenn sie meint, PKH hätte wegen Mutwilligkeit verweigert werden müssen.[54] Die Staatskasse kann auch nicht geltend machen, wegen der finanziellen Verhältnisse sei die PKH insgesamt zu Unrecht bewilligt worden[55] oder Parteireisekosten seien trotz verspäteter Antragstellung (§ 119 Rn. 7) angewiesen worden.[56] Dasselbe gilt grds. für die Bewilligung von Parteireisekosten.[57] Beschwert sich die Staatskasse gegen eine ratenfreie PKH und hilft das Gericht der Beschwerde durch die Anordnung geringerer Ratenzahlungen ab, so wird die Beschwerde hierdurch unzulässig.[58] Ist eine Entscheidung unanfechtbar, so gilt dies auch für die Staatskasse.[59] 10

4. Greifbare Gesetzeswidrigkeit. Vgl. zunächst Rn. 21. Aus den dortigen Ausführungen folgt, dass auch die Staatskasse keine sofortige Ausnahmebeschwerde wegen greifbarer Gesetzeswidrigkeit mehr einlegen kann.[60] Auch die Staatskasse ist nunmehr in den Fällen der greifbaren Gesetzeswidrigkeit grundsätzlich auf die befristete **Gegenvorstellung** (Rn. 26) verwiesen. Dabei ist jedoch zu beachten, dass die Einschränkung des Beschwerderechts für die Staatskasse entfällt, wenn die Voraussetzungen einer greifbaren Gesetzeswidrigkeit vorliegen.[61] Ist also eine sofortige Beschwerde vom Instanzenzug her noch möglich, so kann sie die Staatskasse einlegen, falls die Entscheidung wirklich greifbar gesetzeswidrig ist. Ist eine sofortige Beschwerde vom Instanzenzug her nicht mehr möglich, kann die Staatskasse Gegenvorstellung (Rn. 26) einlegen, die das Gericht dann zu bescheiden hat. Gegenvorstellungen der Staatskasse außerhalb des geschilderten Rahmens sind nicht zulässig. Wird PKH bewilligt, ohne dass der Vordruck ausgefüllt wurde, führt dies allerdings noch nicht zur greifbaren Gesetzeswidrigkeit.[62] Greifbar gesetzeswidrig ist hingegen die rückwirkende Bewilligung von PKH nach Verfahrensabschluss wenn die Erklärung erst nach Vergleichsabschluss vorgelegt wird[63] oder eine PKH-Bewilligung für den Beklagten vor Zustellung der Klage (§ 114 Rn. 13).[64] Grundsätzlich ist allerdings die rückwirkende Bewilligung von der Staatskasse nicht anfechtbar.[65] Eine nach früherem Recht grundsätzlich nicht zulässige pauschale Gesamtbewilligung von PKH für die Zwangsvollstreckung (vgl. § 119 Rn. 8) war jedenfalls nicht greifbar gesetzeswidrig;[66] ebenso die Erstreckung der PKH auf einen „Mehrvergleich" durch stillschweigenden Antrag[67] oder eine Bewilligung von PKH für mehrere selbständige Unterhaltsverfahren, die eigentlich hätten verbunden werden müssen.[68] Wird entgegen der Auffassung des BGH (§ 118 Rn. 6) „PKH für PKH" bewilligt, ist dies keinesfalls greifbar gesetzeswidrig.[69] 11

5. Frist (Abs. 2 S. 3 bis 6). Die Frist für die sofortige Beschwerde beträgt auch für die Staatskasse **einen Monat** und beginnt mit der Bekanntgabe des Bewilligungsbeschlusses an die Staatskasse (Abs. 3 S. 3 iVm. § 569 Abs. 1 S. 2 Halbs. 2). Dies bedeutet zunächst, dass der Beschluss – entgegen § 329 Abs. 3 – an die Staatskasse nicht zuzustellen ist. Aus Abs. 3 S. 6 folgt weiterhin, dass der **Beschluss der Staatskasse nicht einmal formlos mitgeteilt werden muss.** Es wird vielmehr davon ausgegangen, dass sich die derzeit vorherrschende Praxis fortsetzen wird, wonach der Bezirksrevisor lediglich durch Stichproben Kenntnis von PKH-Beschlüssen erhält, was als ausreichend angesehen wird.[70] In solchen Fällen beginnt die einmonatige Frist, wenn der Bezirksrevisor den Beschluss gelesen hat, was er in der Akte vermerken sollte. Wird der Beschluss – aus welchen Gründen auch immer – der Staatskasse gleichwohl mitgeteilt oder zugestellt, beginnt der Lauf der einmonatigen Beschwerdefrist mit Eingang der Beschlussausfertigung oder Abschrift beim Bezirksrevi- 12

---

[49] OLG Frankfurt/M FamRZ 1992, 838f.
[50] OLG Köln FamRZ 1991, 701.
[51] OLG Düsseldorf MDR 1989, 827; OLG Koblenz FamRZ 1985, 302, 303.
[52] KG JurBüro 1989, 421f.
[53] OLG München JurBüro 1984, 617, 618.
[54] OLG Oldenburg NdsRpfl. 1996, 175.
[55] BGH BGHZ 119, 372, 375 = NJW 1989, 80.
[56] OLG Nürnberg FamRZ 1998, 252.
[57] OLG Brandenburg NJW-RR 2004, 63f.
[58] OLG Nürnberg FamRZ 1988, 1079, 1080; OLG Brandenburg NJOZ 2007, 931.
[59] OLG Koblenz FamRZ 1995, 416, 417.
[60] OLG Koblenz NJOZ 2007, 4654.
[61] OLG Hamm Rpfleger 1991, 159f.; OLG Nürnberg JurBüro 1992, 49; LG Braunschweig FamRZ 1994, 24, 525; aA OLG Oldenburg Pfleger 1994, 116; OLG Karlsruhe FamRZ 199, 307.
[62] OLG Hamm FamRZ 1995, 374.
[63] OLG Hamm Rpfleger 1991, 159f.; JurBüro 1993, 28; LAG Nürnberg JurBüro 1989, 236f.
[64] LG Koblenz FamRZ 1998, 1300; OLG Nürnberg MDR 2002, 237.
[65] OLG Düsseldorf FamRZ 1988, 1299, 1300; KG FamRZ 2000, 838, 839.
[66] OLG Oldenburg NdsRpfl. 1994, 116; *Fischer* Rpfleger 2004, 190.
[67] Näher LAG Köln Rpfleger 1996, 413, 414.
[68] OLG Oldenburg FamRZ 1996, 1428f.
[69] OLG Nürnberg FamRZ 2007, 1662f.
[70] Amtl. Begr. des ZPO-RG (BT-Drucks. 14/4722 S. 76).

sor. Unberührt von dem Vorstehenden gilt nach wie vor die bisherige Regelung weiter, wonach eine sofortige Beschwerde der Staatskasse **drei Monate** nach Verkündung (Abs. 3 S. 4) oder – falls die Entscheidung nicht verkündet wird – nach Übergabe der unterschriebenen Entscheidung an die Geschäftsstelle (Abs. 3 S. 5) unstatthaft ist. Dies gilt gerade auch für den Fall, dass der Staatskasse die Entscheidung überhaupt nicht bekannt geworden ist. Diese Regelung bewirkt einen Bestandsschutz im Interesse der PKH-Partei, die sich auf die gerichtliche Bewilligung einrichtet. Beantragt die Staatskasse die Abänderung einer ratenfreien PKH nach § 120 Abs. 4, so ist, wenn dies abgelehnt wird, die Beschwerde der Staatskasse hiergegen nach teilweise vertretener Auffassung (Rn. 9) zulässig; die Dreimonatsfrist beginnt dann erst nach Erlass der Ablehnungsentscheidung nach § 120 Abs. 4.[71] Behält sich das Gericht die Entscheidung über die Anordnung von Ratenzahlungen vor (vgl. § 120 Rn. 4), so beginnt die Beschwerdefrist für die Staatskasse erst mit der Verkündung der die Instanz abschließenden Entscheidung.[72] Stützt die Staatskasse ihre Beschwerde auf eine greifbare Gesetzeswidrigkeit, so entbindet sie dies nicht davon, die Beschwerdefrist einzuhalten.[73]

V. Sonstige sofortige Beschwerden (Abs. 2)

13 **1. Allgemeines (Abs. 2 S. 2 Halbs. 1).** Auch im PKH-Verfahren kann sich nicht grds. jeder Verfahrensbeteiligte gegen alle denkbaren Entscheidungen beschweren. Es ist daher immer sorgfältig zu prüfen, ob ein Beschwerdeführer überhaupt **beschwerdeberechtigt** ist. Eine Beschwerdesumme ist, anders als bei den meisten anderen Beschwerden (zB § 567 Abs. 2), im PKH-Verfahren grundsätzlich (vgl. aber Rn. 19) nicht zu beachten. Für die PKH- Beschwerde besteht kein Anwaltszwang (§ 569 Abs. 3 Nr. 2). Die Bewilligung von PKH kann grds. (Rn. 14 aE) nur von der Staatskasse angefochten werden (Abs. 3 S. 1).

14 **2. Beschwerden des Antragstellers.** Der Antragsteller kann grundsätzlich **alle ihm nachteiligen Entscheidungen anfechten,**[74] einer Mindestbeschwer bedarf es dafür nicht (Ausnahme: Abs. 2 S. 2 Halbs. 2, Rn. 19), wohl aber einer Beschwer im Allgemeinen. Mit der Beschwerde sind danach zB anfechtbar: Aufhebung der Bewilligung, Festsetzung von Monatsraten oder Vermögensbeträgen, vorläufige Begrenzung der Zahl der Monatsraten, Ablehnung der Beiordnung eines Rechtsanwaltes,[75] Beiordnung eines Anwaltes nur zu den Bedingungen eines ortsansässigen (hierzu § 121 Rn. 18),[76] Beiordnung eines von der PKH-Partei nicht beauftragten Rechtsanwaltes,[77] Ablehnung der Aufhebung der Ratenzahlung.[78] Wird die Entpflichtung eines Anwaltes abgelehnt, darf sich die PKH-Partei dagegen gleichfalls beschweren.[79] Kein Beschwerderecht besteht bei Aufhebung der Beiordnung wegen Verlust der Zulassung.[80] Beschwert sich der Antragsteller, muss zur Vermeidung eines Verfahrensfehlers mit der **Hauptsache inne gehalten werden;** es muss, wenn der Beschwerde nicht abgeholfen wird, zunächst durch das Beschwerdegericht über die Beschwerde entschieden werden.[81] Wenn das Gericht trotz mehrfacher Mahnung nicht über einen PKH-Antrag entscheidet, ist darin eine beschwerdefähige Ablehnung zu sehen (vgl. § 118 Rn. 19).[82] Wird verfahrenswidrig im PKH-Verfahren Beweis erhoben, ist hiergegen die Beschwerde zulässig, da damit konkludent die PKH abgelehnt wird (§ 118 Rn. 15).[83] Ausnahmsweise darf der Antragsteller trotz Abs. 2 S. 1 auch die **Bewilligung anfechten,** nämlich dann, wenn ein Pfleger ohne Zustimmung des Pfleglings einen Prozess führen will, insoweit kommt es auf den – vorgehenden – Willen des Pfleglings an; die Beschwer ergibt sich daraus, dass dieser mit Kosten belastet wird, wenn er den Prozess verliert.[84] S. a. § 118 Rn. 11 aE.

15 **3. Beschwerden des beigeordneten Anwalts.** Der beigeordnete Anwalt darf sich gegen die Ablehnung der Aufhebung seiner Beiordnung beschweren;[85] gegen die Aufhebung seiner Beiordnung,[86] gleichfalls gegen eine Einstellung der Ratenzahlung nach § 120 Abs. 3.[87] Wird ein Anwalt entgegen dem Antrag nur zu den Bedingungen eines ortsansässigen Anwalts beigeordnet (hierzu § 121 Rn. 18 f.), ist er beschwerdebefugt.[88] Nicht beschweren darf sich der Anwalt gegen eine Entscheidung, in der die erstmalige (§ 120 Abs. 4) Anordnung der Ratenzahlung abgelehnt wird; die Tatsache, dass dem Anwalt bei ratenfreier PKH die Gebühr nach § 50 RVG entgehen kann, reicht für eine Beschwerdeberechtigung nicht aus.[89] Dasselbe gilt,

---

[71] OLG München Rpfleger 1990, 218, 219.
[72] OLG Nürnberg Rpfleger 1995, 260.
[73] OLG Hamm FamRZ 1992, 1451, 1452; LSG Erfurt JurBüro 2001, 98; OLG Brandenburg FamRZ 2002, 1714.
[74] OLG Hamm FamRZ 1989, 412 f.; *Lepke* DB 1985, 488, 490.
[75] BT-Drucks. 8/3068 S. 32 f. (Begründung der Bundesregierung).
[76] OLG Brandenburg FamRZ 2000, 1385, 1386; aA OLG Stuttgart FamRZ 2007, 1111.
[77] OLG Celle NdsRpfl. 1995, 46.
[78] OLG Nürnberg AnwBl. 1985, 219.
[79] OLG Köln JurBüro 1995, 534.
[80] OLG Karlsruhe OLGR 2001, 143 f.
[81] *Schneider* MDR 1985, 375, 377.
[82] OLG Zweibrücken NJW-RR 2003, 1653 f.; OLG Stuttgart AnwBl. 1993, 299 f.; OLG Karlsruhe AnwBl. 1997, 236 f.; s. a. BVerfG NVwZ 2003, 858.
[83] OLG Köln NJW-RR 1999, 580.
[84] OLG Düsseldorf OLGZ 1983, 119, 120 f.
[85] OLG Zweibrücken NJW 1988, 570; OLG Karlsruhe FamRZ 1999, 306 f.
[86] OLG Brandenburg FamRZ 2004, 213; aA OLG Naumburg FamRZ 2007, 916 f.
[87] OLG Düsseldorf MDR 1993, 90 f.
[88] OLG Hamburg FamRZ 2000, 1227; OLG Köln MDR 2005, 429; aA OLG Düsseldorf MDR 2007, 236; vgl. a. § 121 Rn. 19.
[89] OLG Zweibrücken Rpfleger 2000, 339; OLG Köln FamRZ 1997, 1283 f.

wenn höhere Raten abgelehnt werden[90] oder eine Nachzahlung.[91] Dem Anwalt steht **gegen seine Nichtbeiordnung kein Beschwerderecht zu,** insoweit kann sich nur die Partei beschweren.[92] Auch gegen die Ablehnung der PKH hat der Anwalt kein Beschwerderecht.[93] Das Risiko, in einem solchen Fall keine Vergütung aus der Staatskasse zu erhalten, muss der Anwalt tragen. Hebt das Gericht eine Beiordnung auf, ohne dass ein Antrag der Partei oder des Anwalts vorliegt, ist der Anwalt beschwerdebefugt.[94] Wird in Kenntnis nicht erfolgter Entscheidungen verhandelt und nicht an die Sache erinnert, soll ein Anwalt sein Beschwerderecht verlieren können.[95]

4. Beschwerden des Gegners. Der Gegner ist in dem Verfahren, das sich vorrangig zwischen Gericht und Antragsteller abspielt (vgl. vor § 114 Rn. 1), nicht beteiligt. Er kann die Bewilligung der PKH nicht anfechten (Abs. 2 S. 1). Dies gilt auch dann, wenn irrtümlich die Rechtsbeschwerde (Rn. 25) zugelassen wird.[96] Auch bezüglich sonstiger Entscheidungen im Rahmen der PKH wird dem **Gegner in aller Regel für eine Beschwerde das Rechtsschutzbedürfnis fehlen.**[97] Er kann sich zB nicht dagegen beschweren, dass das Gericht, entgegen seiner Anregung, die PKH nicht nach § 124 entzieht[98] oder eine Entscheidung nach § 120 Abs. 4 ablehnt.[99] Auch gegen einen Verweisungsbeschluss analog § 17a Abs. 4 GVG (dazu § 114 Rn 26) ist der Gegner nicht beschwerdebefugt.[100] Der Gegner der PKH-Partei ist jedoch beschwerdebefugt, wenn vom ihm entgegen § 122 Abs. 2 ein Vorschuss verlangt wird.[101] 16

5. Frist (Abs. 2 S. 3). Nach der Änderung durch das **ZPO-RG** gilt nunmehr, dass gegen alle Entscheidungen im Rahmen der PKH **nur noch die sofortige Beschwerde** gegeben ist.[102] Diese muss innerhalb einer Notfrist von **einem Monat** eingelegt werden (Abs. 2 S. 3). Die Abweichung von der sonst üblichen Frist von zwei Wochen (§ 569 Abs. 1 S. 1) ist damit zu begründen, dass die Ablehnung der PKH für den Antragsteller eine ähnliche Auswirkung hat wie ein ihn beschwerendes Urteil. Bei einem solchen Urteil hätte die vermögende Partei jedoch einen Monat Zeit, um sich für oder gegen eine Anfechtung zu entscheiden. Es ist deswegen angezeigt, der PKH-Partei dieselbe Frist einzuräumen, um sie nicht schlechter zu stellen als die vermögende Partei.[103] In den isolierten Familiensachen der freiwilligen Gerichtsbarkeit beträgt die Frist gleichfalls einen Monat.[104] Bei der Frage nach der **Fristwahrung durch PKH-Antrag** ist zwischen alter und neuer Rechtslage (vgl. § 117 Rn. 8) zu differenzieren. Nach **alter Rechtslage** verlangte die Rspr., dass die **Beschwerde binnen zwei Wochen** eingelegt werden musste, da hier der Rechtsgedanke des § 234 entsprechend angewandt wurde.[105] Diese Frist war allerdings dann nicht maßgeblich, wenn das Verfahren übermäßig verzögert wurde und die Gerichte dies zu vertreten hatten.[106] In Anbetracht der Tatsache, dass nunmehr ohnehin die sofortige Beschwerde innerhalb von einem Monat gegeben ist, sollte diese Rspr. – soweit die alte Rechtslage in Übergangsfällen noch anwendbar ist – aufgegeben und die Wahrung der Monatsfrist als ausreichend angesehen werden, vor allem auch im Hinblick auf die vorstehend erwähnte Gleichbehandlung der PKH-Partei mit der vermögenden Partei. Nach der **neuen Rechtslage** kommt es auf die „Zweiwochenverzögerungsfrist" nicht mehr an. Gemäß § 204 Abs. 1 Nr. 14 BGB (§ 117 Rn. 8) hemmt nunmehr der PKH-Antrag die Verjährung, auf das weitere Verfahren und dessen Dauer kommt es nur noch insoweit an, als die Vorschriften des BGB selbst dies regeln. Zu beachten ist insbesondere § 204 Abs. 2 BGB (Sechsmonatsfrist nach Beendigung des PKH-Verfahrens durch Entscheidung oder Nichtbetrieb). 17

Da vor Inkrafttreten des ZPO-RG nur die einfache Beschwerde gegeben war, gab es eine umfangreichere Rechtsprechung zu der Frage, wann das **Beschwerderecht verwirkt** war.[107] Nach Einführung der sofortigen Beschwerde ist diese Fallgruppe praktisch **nicht mehr von Bedeutung.** Wenn vergessen wurde, einen Beschluss förmlich zuzustellen oder der Zustellungsnachweis verloren geht o. ä. und deswegen die Frist für die sofortige Beschwerde nicht anläuft, ist für eine Verwirkung zunächst kein Raum. Vielmehr gilt folgendes: Nach § 569 Abs. 1 S. 2 beginnt die Notfrist von einem Monat spätestens fünf Monate nach Verkündung des Beschlusses, der **Beschluss wird also sechs Monate nach Verkündung bestandskräftig.** Nicht verkündete Beschlüsse werden entsprechend dieser Regelung sowie den §§ 517, 548 in analoger Anwendung sechs Monate nach Mitteilung derselben an die Partei bestandskräftig.[108] Die Frist beginnt jedenfalls dann, wenn der Partei der Beschluss (irgendwie) bekannt geworden ist. Im Übrigen, also zB wenn nicht zuverlässig festgestellt wer- 18

---

90 OLG Köln Rpfleger 1997, 313; OLG Hamm FamRZ 2006, 349.
91 OLG Schleswig JurBüro 1998, 92.
92 BGHZ 109, 163, 169 = NJW 1990, 836; OLG Karlsruhe FamRZ 1991, 462; OLG Düsseldorf JurBüro 1986, 298.
93 OLG Köln NJW-RR 2000, 288.
94 OLG Karlsruhe NJW-RR 1996, 1339.
95 OLG Naumburg FamRZ 2000, 105; zweifelhaft.
96 BGH NJW 2002, 3554 = MDR 2002, 1388 mit zust. Anm. *Fölsch*.
97 Vgl. zB *Wiecz/Steiner* Rn. 17.
98 OLG Zweibrücken JurBüro 1986, 1096 f.
99 OLG Frankfurt OLGR 2002, 272.
100 OLG Karlsruhe NJOZ 2007, 1772.
101 KG OLGZ 1971, 423, 424.
102 Zum FGG-Verfahren vgl. *Decker* NJW 2003, 2291 ff. m. weit. Nachw.
103 Zu dem Ganzen: Amtl. Begr. des ZPO-RG (BT-Drucks. 14/4722 S. 76).
104 BGH NJW 2006, 2122, 2123.
105 Vgl. OLG Köln NJW 1994, 3360, 3361 f. m. weit. Nachw.; *Schlee* AnwBl. 1994, 84 f.; § 117 Rn. 8 aE.
106 BVerfG NJW 1994, 1853, 1854.
107 Vgl. 2. Aufl. Rn. 18.
108 OLG Koblenz NJW-RR 2003, 1079, 1080; BayObLG NJW-RR 1992, 597 m. weit. Nachw. (zur alten – aber entsprechenden – Rechtslage); s. a. § 569 Rn. 4; aA OLG Brandenburg Rpfleger 2004, 53 f. (Fristlauf beginnt nicht).

den kann, dass ein Beschluss einer Partei überhaupt mitgeteilt wurde bzw. dieselbe erreicht hat, könnte zwar theoretisch von einer Verwirkung des Beschwerderechts ausgegangen werden. Praktisch ist dies jedoch dennoch kaum denkbar, denn eine Verwirkung eines Beschwerderechts vor Kenntnisnahme des entsprechenden Beschlusses ist kaum möglich. Mit der Kenntnisnahme beginnt jedoch gleichzeitig die Sechsmonatsfrist. Von einer Verwirkung wird somit bestenfalls noch in Fällen fahrlässiger Unkenntnis ausgegangen werden können. Dann wäre mindestens der doppelte des erwähnten Zeitraums anzusetzen, also ein Jahr. Bei einer **Untätigkeitsbeschwerde** (§ 118 Rn. 19 und 15) braucht keine Frist eingehalten werden.[109]

19 **6. Weitere Zulässigkeitsfragen. a) Hauptsache nicht rechtsmittelfähig (Abs. 2 S. 2 Halbs. 2).** Nach der Änderung durch das **ZPO-RG** gilt nunmehr im Wesentlichen, dass der Rechtszug in der Nebensache PKH nicht weiter geht als in der Hauptsache, jedenfalls, wenn es um die Erfolgsaussicht geht.[110] Im Einzelnen verhält es sich wie folgt: Es gilt der **Grundsatz,** dass gegen jede Entscheidung im Rahmen der PKH die sofortige Beschwerde möglich ist (Rn. 13ff.). Eine **Ausnahme,** dh. eine sofortige Beschwerde ist nicht möglich, liegt jedoch vor, wenn der Streitwert der Hauptsache 600 Euro (neue Berufungsbeschwer, § 511 Abs. 2 Nr. 1) nicht übersteigt. Hierdurch sollen widersprüchliche Entscheidungen vermieden werden.[111] Dabei ist zu beachten, dass es im Rahmen der PKH-Beschwerde um den (Gesamt) **Streitwert der Hauptsache** geht, nicht etwa um die Beschwer eines der Beteiligten. Ist eine Hauptsache bereits anhängig, ist der Streitwert derselben maßgeblich. Ist eine Hauptsache noch nicht anhängig, kommt es auf die potenzielle Hauptsache an, mithin das Begehren des Antragstellers. Dies wird idR der gesamte Streitgegenstand sein. In Anbetracht des eindeutigen Wortlautes kommt es auch auf den Wert der gesamten Hauptsache an, wenn nur teilweise PKH beantragt wurde oder auch eine Teilbewilligung erfolgt ist. Eine **Rückausnahme,** dh. die Beschwerde ist trotz des geringen Streitwertes gleichwohl möglich, liegt dann vor, wenn die PKH nur mit der Begründung abgelehnt wird, die persönlichen und wirtschaftlichen Verhältnisse rechtfertigten keine Bewilligung. Dies bedeutet, die Ablehnung der PKH muss auf Erwägung zu § 115 gestützt worden sein, dh. entweder der Antragsteller verdient zu viel oder er hat ein zu großes Vermögen oder die Vierratengrenze ist einschlägig. In einem weiteren Umfang ist die sofortige Beschwerde im erwähnten Streitwertbereich nicht möglich, insbesondere können „Folgeentscheidungen" im Rahmen der PKH, zB nach den §§ 120, 124 etc., nicht (mehr) in die nächste Instanz gelangen.[112] Abs. 2 S. 2 gilt auch für unanfechtbare einstweilige Anordnungen (§§ 644, 620c S. 2).[113] Abs. 2 S. 2 Hs. 2 gilt in allen Fällen, in denen die Entscheidung zur Hauptsache nicht anfechtbar ist.[114] Im FGG-Verfahren ist eine PKH-Beschwerde gegen eine PKH-Entscheidung des Beschwerdegerichts nicht gegeben.[115] **Vor Inkrafttreten des ZPO-RG** war die Rechtslage umstritten.[116]

20 **b) Hauptsache rechtskräftig.** Besonders problematisch war **vor dem ZPO-RG** die Zulässigkeit der Beschwerde nach dem rechtskräftigen Abschluss der Hauptsache. Dies hing – vor allem aber nicht nur – mit dem Problem zusammen, dass nach altem Recht nicht die sofortige, sondern die jetzt abgeschaffte einfache Beschwerde gegeben war. Eine Ablehnung der PKH brauchte damit nicht sofort angefochten werden. Oftmals geschah dies erst nach einem die Instanz abschließenden Urteil. Da nunmehr die sofortige Beschwerde gegeben ist, wird diese Fallgruppe an Relevanz verlieren. Entsprechende Entscheidungen sind nunmehr zuzustellen (§ 329 Abs. 3) und die PKH-Partei hat dann nur noch einen Monat Zeit, die Entscheidung anzufechten. Auch **nach dem ZPO-RG** kann diese Fallgruppe jedoch noch aktuell werden. Es kann sich auch nach dem neuen Recht beispielsweise ohne weiteres ereignen, dass die PKH-Entscheidung von dem Gericht erst nach dem Abschluss der Hauptsache getroffen wird. Außerdem kann vergessen werden, den Beschluss zuzustellen o. ä., so dass die Frist für die sofortige Beschwerde nicht in Lauf gesetzt wird. In derartigen Fällen ist zunächst die Sechsmonatsfrist (Rn. 17) zu beachten. Im Übrigen gilt folgendes: Hat das erstinstanzliche Gericht zu Lasten der PKH-Partei entschieden und ist diese Entscheidung rechtskräftig geworden, kann die PKH-Partei sich mit der Beschwerde gegen die ablehnende PKH-Entscheidung nicht darauf berufen, das erstinstanzliche Gericht habe falsch entschieden, denn sie hat die ihr ungünstige Entscheidung hingenommen.[117] Hat die erste Instanz einen PKH-Antrag abgelehnt, so ist die Beschwerde jedenfalls dann unzulässig, wenn auch das Berufungsgericht entschieden hat und eine zulässige Revision nicht möglich ist.[118] Kann die Hauptsache nicht mehr an das Rechtsmittelgericht gelangen, ist die Beschwerdeentscheidung gegen die PKH-Ablehnung insoweit unzulässig.[119] Dies gilt auch, wenn die Beschwerde vor Rechtskraft der Entscheidung eingelegt, die Entscheidung jedoch danach rechtskräftig wird.[120] **Anders ist es,** wenn der rechtzeitig gestellte Antrag so spät – etwa mit dem Urteil – beschieden wird, dass die Beschwerde vorher nicht eingelegt werden konnte[121] oder die Beschwerdeeinlegung aus Gründen, die der Beschwerdeführer

---

109 OLG Jena FamRZ 2003, 1673f.; OLG Düsseldorf OLGR 2007, 156, 158.
110 Amtl. Begr. des ZPO-RG (BT-Drucks. 14/4722 S. 75f.).
111 Amtl. Begr. des ZPO-RG (BT-Drucks. 14/4722 S. 75f.).
112 AA OLG Naumburg OLGR 2004, 367f.
113 BGH NJW 2005, 1659f.; OLG Bamberg FamRZ 2004, 38.
114 BGH NJW 2005, 1659f.; OLG München FamRZ 2006, 279.
115 BayObLG FamRZ 2005, 917.
116 Vgl. 3. Aufl. Rn. 19.
117 OLG Dresden AnwBl. 2000, 59; OLG Frankfurt/M MDR 1986, 857; OLG Karlsruhe FamRZ 2000, 102f.; FamRZ 1995, 240.
118 OLG Karlsruhe MDR 1987, 240; OLG Hamm OLGR 2002, 349f.
119 OLG Köln MDR 1994, 950, 951; OLG Karlsruhe NJW-RR 2000, 1680.
120 OLG Frankfurt/M MDR 1986, 857.
121 OLG Düsseldorf NJW-RR 1990, 452; OLG Oldenburg JurBüro 1990, 1313; OLG Karlsruhe FamRZ 2000, 102f.

nicht zu vertreten hatte, nicht vorher möglich war[122] oder die Partei durch die verspätete Entscheidung in ihrer Rechtsverfolgung beeinträchtigt wurde.[123] Die Beschwerde war **vor dem ZPO-RG** dann aber alsbald einzulegen;[124] nunmehr gilt nur Abs. 2 S. 2, vgl. Rn. 17f. **Soweit noch Entscheidungen ergehen, die mit der Bewilligung selbst nichts zu tun haben,** zB Aufhebungsentscheidungen nach § 124 oder Entscheidungen nach § 120 Abs. 4, kann auch nach rechtskräftigem Abschuss der Hauptsache sofortige Beschwerde eingelegt werden. Auch nach rechtskräftiger Entscheidung darf sich die PKH-Partei gegen die Anordnung von Ratenzahlungen oder deren Höhe beschweren.[125] Das Gleiche gilt für eventuelle sonstige Folgeentscheidungen im Rahmen der PKH.

7. Greifbare Gesetzeswidrigkeit. Die außerordentliche Beschwerde wegen greifbarer Gesetzeswidrigkeit (vgl. allg. § 567 Rn. 15) war **vor der ZPO-Reform** zulässig, wenn der angefochtene Beschluss offensichtlich gegen Wortlaut und Zweck eines Gesetzes verstieß und eine Folge hatte, die das Gesetz ersichtlich ausschließen wollte. Die Einzelheiten waren sehr streitig. Auf Grund verschiedener Entscheidungen des BVerfG,[126] des BGH,[127] der BVerwG,[128] des BFH[129] sowie verschiedener OLG[130] ist diese Fallgruppe **nach der ZPO-Reform** nach wohl überwiegender Auffassung verabschiedet worden (vgl. näher § 567 Rn. 15 a). Auch **im Bereich der PKH existiert damit nach wohl hM eine außerordentliche sofortige Beschwerde wegen greifbarer Gesetzeswidrigkeit nicht mehr.**[131] Das BVerfG hatte hier darüber hinaus, zu seiner eigenen Entlastung, für die der Gesetzgeber nicht sorgen wollte, ein „Machtwort" gesprochen und den Gesetzgeber aufgefordert, bis zum 31. 12. 2004 die Einzelheiten neu zu regeln.[132] In Vollzug dieses Auftrages wurde § 321 a durch das Anhörungsrügegesetz[133] geändert. Wird das rechtliche Gehör verletzt, gilt nunmehr ausschließlich § 321 a, vgl. die Kommentierung dort. Im Übrigen bleibt – im Bereich der PKH – die fristgebundene (!) **Gegenvorstellung** (allg. § 567 Rn. 26ff.) möglich, vgl. Rn. 26. Eine analoge Anwendung des § 321 a auf andere Verfahrensgrundrechte dürfte nicht möglich sein.[134] 21

8. Einzelfälle. Ordnet das Gericht ohne nachvollziehbaren Grund das **Ruhen des Verfahrens** an, so ist hiergegen die sofortige Beschwerde zulässig, das erstinstanzliche Gericht kann angewiesen werden, zu entscheiden.[135] Gegen eine sachwidrige und willkürliche **Verfahrensverzögerung** ist die sofortige Beschwerde gleichfalls zulässig (vergl. hierzu § 118 Rn. 19 und § 119 Rn. 10ff.).[136] Eine Frist braucht in diesem Zusammenhang nicht eingehalten zu werden. Ausnahmsweise ist die sofortige Beschwerde zulässig, wenn das **rechtliche Gehör** (Art. 103 Abs. 1 GG) versagt wurde.[137] 22

VI. Entscheidung des Beschwerdegerichts

Das Beschwerdegericht hat **neue Tatsachen und Beweismittel zu berücksichtigen** (§ 571 Abs. 2 S. 1), im PKH-Verfahren ergeben sich insoweit keine Besonderheiten gegenüber den allgemeinen Grundsätzen.[138] Auch das Verschlechterungsverbot (reformatio in peius) gilt.[139] Wird der Antrag, für den PKH begehrt wird, im PKH-Beschwerdeverfahren geändert, so kann PKH bewilligt werden, wenn die Änderung sachgerecht war; es muss nicht ein neuer Antrag gestellt werden,[140] ansonsten ist das Rechtsmittel zu verwerfen.[141] Beschwert sich der Antragsteller gegen festgesetzte Raten, so weist das Beschwerdegericht die Beschwerde zurück, wenn es zu dem Ergebnis kommt, dass PKH nicht hätte bewilligt werden dürfen.[142] Eine Nichtabhilfeentscheidung ist unter Berücksichtigung der Beschwerdeschrift zu begründen.[143] Wenn das erstinstanzliche Gericht seine Entscheidung, ohne auf den vorgetragenen Sachverhalt überhaupt einzugehen, kaum nachvollziehbar „begründet", kann die Sache unter Aufhebung des Beschlusses an die erste Instanz zurückgegeben werden (§ 572 Abs. 3).[144] Einer Entscheidung über die dafür beantragte PKH bedarf es nicht mehr, wenn die Beschwerde gegen eine Entscheidung zurückgenommen wird. Die Rücknahme der Beschwerde darf davon abhängig gemacht werden, dass die PKH für das Beschwerdeverfahren versagt 23

[122] OLG Karlsruhe NJW-RR 1989, 1465; OLG Koblenz NJW 1976, 1460f.
[123] OLG Karlsruhe OLGR 2002, 225f.
[124] LAG Düsseldorf JurBüro 1986, 936f.; OLG Bamberg JurBüro 1996, 254, 255; Einzelheiten: 3. Aufl. Rn. 20.
[125] OLG Schleswig JurBüro 1991, 1371.
[126] BVerfG NJW 2003, 1924ff. (Plenarbeschluss).
[127] BGHZ 150, 133f. = NJW 2002, 1577; hierzu: *Lipp* NJW 2002, 1700ff.; BGH NJW 2003, 756 zu 2.
[128] BVerwG NJW 2002, 2657.
[129] BFH NJW 2003, 919f.; NJW 2004, 2853.
[130] ZB OLG Celle NJW 2003, 906f.; OLG Frankfurt/M NJW-RR 2003, 140.
[131] BGH NJW 2003, 3137f.; krit. zB *Bloching/Kettinger* NJW 2005, 860ff.
[132] BVerfG NJW 2003, 1924, 1929; 3687, 3688.
[133] V. 9. 12. 2004, BGBl. I S. 3220f.
[134] VGH Mannheim NJW 2005, 920; aA HessStGH NJW 2005, 2219.
[135] OLG Karlsruhe MDR 1995, 635f.
[136] OLG Hamburg NJW-RR 1989, 1022f.; OLG Celle MDR 1985, 591, 592; LAG Bremen MDR 1984, 258.
[137] LG Kiel MDR 1986, 943f.
[138] OLG Koblenz FamRZ 1990, 537f.
[139] OLG Brandenburg FamRZ 2007, 1753, 1754; OLG Köln FamRZ 1987, 616, 618; *Lepke* DB 1985, 488, 490f.
[140] OLG Brandenburg FamRZ 1998, 1521.
[141] LG Kaiserslautern NJOZ 2006, 2715.
[142] BayObLG JurBüro 1991, 1230, 1231.
[143] OLG Köln FamRZ 2002, 893; Rn. 4.
[144] OLG Frankfurt/M OLGR 2004, 116f.; OLG Karlsruhe FamRZ 1991, 349f. (bzgl. Ratenzahlungsanordnungen nach § 120 Abs. 1 S. 1); OLG Schleswig JurBüro 1996, 534; OLG Köln OLGR 2001, 198.

wird, denn dabei handelt es sich um eine zulässige innerprozessuale Bedingung.[145] Mit der Ablehnung der PKH ist dann die Beschwerde zurückgenommen. Vgl. a. § 118 Rn. 19.

24 Bezüglich der **subjektiven Bewilligungsvoraussetzungen** kommt es auf den Zeitpunkt der Entscheidung an, nicht auf den Zeitpunkt der Bewilligungsreife.[146] Streitig ist, ob es für die Beurteilung der **objektiven Bewilligungsvoraussetzungen** auf den Zeitpunkt der Beschwerdeentscheidung ankommt oder auf den Zeitpunkt der erstmaligen Entscheidungsreife, siehe hierzu § 119 Rn. 14.[147] Bei einem normalen Verfahrenslauf, jedenfalls aber bei verspäteter Einlegung der Beschwerde, ist auf den Zeitpunkt der Beschwerdeentscheidung abzustellen.[148] Ein originärer Einzelrichter in der Beschwerdeinstanz ist zur Übertragung nach § 568 Abs. 1 S. 2 nicht schon deswegen verpflichtet, weil die Beschwerdeentscheidung die Hauptsachenentscheidung beeinflussen kann.[149] In FGG-Beschwerdesachen muss der Senat entscheiden.[150]

VII. Rechtsbeschwerde

25 Die Rechtsbeschwerde (vgl. dazu a. § 119 Rn. 21) ist auch im PKH-Verfahren – mangels gesetzlicher Bestimmung (§ 574 Abs. 1 Nr. 2) – nur zulässig, **wenn das Beschwerdegericht sie zulässt** (§ 574 Abs. 1 Nr. 2). Vgl. hierzu a. Rn. 16. Eine Nichtzulassungsbeschwerde ist diesbezüglich nicht vorgesehen. Lässt das Beschwerdegericht also die Rechtsbeschwerde nicht zu, ist der Instanzenzug beendet. Insbesondere kann die Entscheidung eines LG in einem Berufungsverfahren nicht vom OLG überprüft werden.[151] Schweigt die Entscheidung dazu, gilt die Rechtsbeschwerde als nicht zugelassen.[152] Dies gilt auch im FGG-Verfahren,[153] hier ist das OLG für die Rechtsbeschwerde zuständig, der BGH kann nur nach § 28 Abs. 2 FGG eingeschaltet werden.[154] Möglich ist dann nur noch eine Gegenvorstellung (Rn. 26 und 21). Wäre die ergangene Beschwerdeentscheidung auf eine Verfassungsbeschwerde hin aufzuheben, kann das Beschwerdegericht ausnahmsweise analog § 321 a die Rechtsbeschwerde ergänzend zulassen.[155] Da schwierige Rechtsfragen im PKH-Verfahren nicht durchentschieden werden dürfen (§ 114 Rn. 20), darf die Rechtsbeschwerde im PKH-Bewilligungsverfahren nur wegen Fragen zugelassen werden, die das Verfahren oder die persönlichen und/oder wirtschaftlichen Voraussetzungen betreffen.[156] Dies gilt auch im FGG-Verfahren.[157] Wegen dieser Besonderheit kann, entgegen dem Grundsatz „keine PKH für PKH" (§ 118 Rn. 6), ausnahmsweise für die Rechtsbeschwerde im PKH-Verfahren **PKH bewilligt** werden.[158] Meint das Beschwerdegericht, die Rechtsbeschwerde müsse zugelassen werden, muss es PKH bewilligen, lehnt es stattdessen die PKH ab und lässt die Rechtsbeschwerde zu, ist aufzuheben und zurückzuverweisen.[159]

VIII. Gegenvorstellung

26 Nach wohl überwiegender Auffassung[160] (vgl. i. e. Rn. 21) ist § 321 a nicht analogiefähig[161] und die früher mögliche sofortige Beschwerde wegen greifbarer Gesetzeswidrigkeit durch die Neufassung des § 321 a abgeschafft.[162] Soweit nicht § 321 a unmittelbar einschlägig ist, können **grobe Fehler damit jetzt nur noch über die Gegenvorstellung (allg. § 567 Rn. 26 ff.) korrigiert werden.**[163] Denn § 321 a ist der allgemeine Rechtsgrundsatz zu entnehmen, dass Verfahrensfehler bei unanfechtbaren Entscheidungen durch das entscheidende Gericht selbst beseitigt werden sollen.[164] Eine Gegenvorstellung ist gleichfalls möglich, wenn durchgreifende Wiederaufnahme- oder Wiedereinsetzunsgründe vorliegen.[165] Für die Zulässigkeit einer Gegenvorstellung ist es nicht erforderlich, dass eine gesetzliche Mindestbeschwer vorliegt.[166] Hingegen ist die **Zweiwochenfrist des § 321 a Abs. 2 S. 1 immer einzuhalten,**[167] insbesondere wenn es auch um Fragen

---

[145] BayObLG NJW-RR 1990, 1033.
[146] LAG Düsseldorf JurBüro 1989, 1439.
[147] Vgl. OLG Koblenz JurBüro 1994, 232.
[148] OLG Bamberg JurBüro 1991, 845 f.
[149] OLG Celle MDR 2002, 1145; aA OLG Köln MDR 2002, 1147.
[150] OLG Bamberg NJW-RR 2003, 1163; *Philippi* FamRZ 2004, 592 f.
[151] OLG Karlsruhe NJOZ 2007, 1789; OLG Saarbrücken NJOZ 2007, 3022.
[152] BayObLG FamRZ 2005, 917.
[153] BGH NJW-RR 2004, 1077; BayObLG NJW 2002, 2573; OLG Hamm FamRZ 2003, 165 f.; OLG Frankfurt/M OLGR 2003, 409.
[154] BGH NJW-RR 2004, 1077 f.
[155] BGH NJW 2004, 2529.
[156] BGH NJW 2003, 1126; NJW-RR 2003, 1001 f.; NJOZ 2007, 908.
[157] BGH NJW-RR 2005, 1018.
[158] BGH NJW 2003, 1192; NJW-RR 2003, 1001, 1002; 1438.
[159] BGH NJW 2004, 2022.; NJOZ 2007, 908.
[160] Instruktiv und kritisch zB *Bloching/Kettinger* NJW 2005, 860 ff.; *Schneider* ZAP F 13, 1275 ff.
[161] AA OLG Naumburg FamRZ 2007, 917.
[162] ZB OLG Frankfurt/M OLGR 2005, 593; s. a. BFH NJW 2006, 861 f.
[163] BFH FamRZ 2006, 204; KG OLGR 2007, 294 f.; aA zB OVG Lüneburg NJW 2005, 2171 (außer § 321 a kein Rechtsbehelf mehr möglich).
[164] BFH NJW 2004, 2853, 2854; 2003, 919, 920.
[165] OLG Köln NJW-RR 1997, 316.
[166] OLG Frankfurt/M FamRZ 2002, 401; aA OLG Schleswig SchlHA 1994, 100.
[167] BFH NJW 2004, 2853, 2854; 2003, 919, 920; HessStGH NJW 2005, 2219; OLG Naumburg NJW-RR 2003, 353; OLG Dresden NJW 2006, 851; OLG Frankfurt/M. FamRZ 2006, 964; aA BFH NJW 2006, 861.

der Wiedereinsetzung geht.[168] Ob man diesen Rechtsbehelf – wie hier – als Gegenvorstellung bezeichnet oder § 321a analog anwendet[169] dürfte vom Ergebnis her letztlich gleichgültig sein. Eine unzulässige Beschwerde kann allerdings nicht als Gegenvorstellung analog § 321a ausgelegt werden, wenn keine Verletzung eines Verfahrensgrundrechts gerügt wurde.[170] Die **Voraussetzungen** einer zum Erfolg einer Gegenvorstellung führenden greifbaren Gestzeswidrigkeit liegen zB vor, wenn Abs. 3 dahingehend ausgelegt wird, dass der Bezirksrevisor geltend machen kann, PKH sei wegen der finanziellen Verhältnisse insgesamt zu Unrecht bewilligt worden[171] oder wenn PKH für ein Schiedsgerichtsverfahren bewilligt wird.[172] Greifbar gesetzeswidrig ist auch die Beiordnung eines von der Partei nicht gewünschten Anwaltes.[173] Die Ablehnung einer einstweiligen Anordnung nach § 644 mit der Begründung eine baldige Entscheidung in der Hauptsache sei möglich, ist greifbar gesetzeswidrig.[174] Wird entgegen § 119 Abs. 1 S. 2 in der zweiten Instanz die PKH wegen Änderung der tatsächlichen Grundlagen verweigert, so ist dies für eine greifbare Gesetzeswidrigkeit nicht ausreichend.[175] Dasselbe gilt, wenn PKH für einen Konkursverwalter entgegen den Ausführungen bei § 116 Rn. 8 abgelehnt wird.[176] Neben diesem Institut kommt eine Aushebelung des Abs. 2 S. 2 entsprechend § 514 Abs. 2 nicht in Betracht.[177] Die **Gegenvorstellung ist unzulässig,** wenn ein Sachverhalt bei der Entscheidung deswegen nicht berücksichtigt werden konnte, weil die Partei einer Auflage des Gerichts nicht nachgekommen ist[178] oder sich auf Umstände stützt, die nach der Entscheidung eingetreten sind.[179] Wird eine Gegenvorstellung zurückgewiesen, ist eine sofortige Beschwerde dagegen nicht mehr zulässig.[180] Wegen **neuen Vorbringens** ist in aller Regel ein neuer PKH-Antrag zu stellen (Rn. 6).[181] Die Gegenvorstellung ist allerdings nicht für die Einlegung einer Verfassungsbeschwerde fristwahrend.[182] Möglicherweise führt eine Kammerentscheidung des BVerfG[183] dazu, dass diese Grundsätze erneut zu verabschieden sind, jedoch dürfte es sich eher – hoffentlich – um einen „Ausrutscher" handeln.

IX. Kostenfragen (Abs. 4)

1. Gerichtskosten. Bei erfolgloser Beschwerde fällt eine **Gebühr** nach Nr. 1812 KV GKG in Höhe von 50 Euro an, die der Beschwerdeführer nach § 22 Abs. 1 GKG tragen muss.[184] Eines besonderen Ausspruchs in der Entscheidung bedarf es hierfür nicht.[185] Es dient jedoch der Verständlichkeit, wenn im Tenor der Entscheidung mitgeteilt wird, dass der Beschwerdeführer die Gerichtskosten zu tragen hat (zu den außergerichtlichen Kosten vgl. Rn. 29). Wird versehentlich dahingehend tenoriert, dass Gerichtskosten nicht erhoben werden, muss die Gebühr dennoch bezahlt werden, die Zahlungspflicht folgt unmittelbar aus dem Gesetz und kann vom Gericht nicht abgeändert werden.[186] Der Vertrauensschutz kann dagegen nicht durchdringen. Dieser Gedanke ist auch auf alle sonstigen, gegen den eindeutigen Gesetzeswortlaut verstoßenden Kostenentscheidungen im PKH-Verfahren zu übertragen. Bei **Teilerfolg** der Beschwerde kann das Gericht nach Nr. 1812 KV GKG die Gebühr nach billigem Ermessen auf die Hälfte ermäßigen oder bestimmen, dass die Gebühr nicht erhoben wird. Hat die Beschwerde mehr als zur Hälfte Erfolg, sollte die Gebühr nicht in Rechnung gestellt werden, im Übrigen dürfte sich eine Halbierung empfehlen.[187] Die umstrittene Frage, wie der Streitwert für die Gerichtskosten zu behandeln ist, kann, da es sich nunmehr um eine Festgebühr handelt, vernachlässigt werden.[188] Teilweise wird vertreten, dass das Interesse an der Befreiung von Prozesskosten zu bemessen ist.[189] Wird dem Antragsteller durch eine verspätete Entscheidung über die PKH zusammen mit der Hauptsache die Möglichkeit genommen, das Verfahren kostengünstig, zB durch Klagerücknahme zu beenden, kann darin eine unrichtige Sachbehandlung mit der Folge zu sehen sein, dass ein Teil der Kosten nach § 21 GKG niederzuschlagen ist.[190] 27

---

[168] BGH NJW 2001, 2262 f.; s. a. § 117 Rn. 12.
[169] So zB HessStGH NJW 2005, 2219.
[170] BayObLG FamRZ 2005, 917.
[171] BGHZ 119, 372, 374 = NJW 1993, 135; sehr krit. zu Recht *Chlosta* NJW 1993, 2160 f. und auch *Pape* KTS 1993, 182 ff.
[172] LAG Düsseldorf JurBüro 1986, 1238 f.
[173] OLG Celle NdsRpfl. 1995, 46.
[174] OLG Frankfurt/M FamRZ 2002, 401.
[175] BGHR Abs. 2 S. 2 Gesetzeswidrigkeit, greifbare Nr. 2.
[176] BGH NJW 1998, 1715.
[177] BGH FamRZ 1989, 265, 266.
[178] OLG Brandenburg OLGR 1996, 11, 12; OLG Köln NJW-RR 1997, 316.
[179] OLG Koblenz OLGR 2004, 294.
[180] OLG Frankfurt/M FamRZ 2002, 401.
[181] OLG Frankfurt/M FamRZ 2002, 401; OLG Düsseldorf OLGR 1995, 73, 74.
[182] BVerfG NJW 2006, 2907.
[183] BVerfG NJW 2007, 2538 mit zu Recht abl. Anm. *Sangmeister*; s. a. BGH NJW 2007, 3786 f.
[184] S. a. OVG Lüneburg JurBüro 1987, 923.
[185] OLG Koblenz MDR 1987, 1035.
[186] LG Berlin JurBüro 1987, 1060, 1061.
[187] *Schneider/Herget* Rn. 3613.
[188] Ebenso *Schneider/Herget* Rn. 3609.
[189] OLG Zweibrücken JurBüro 1986, 289.
[190] VGH Kassel NJW 1985, 218.

28 **2. Anwaltskosten.** Das PKH-Beschwerdeverfahren ist eine besondere Angelegenheit.[191] Für die **Anwaltsgebühren** (vgl. auch § 121 Rn. 29ff.) sind § 16 Nr. 2 und 3, Nr. 3335 und 3337 VV RVG maßgeblich. Für den **Streitwert** gilt Nr. 3335 VV RVG. Danach richtet sich der Streitwert nach der Hauptsache, wenn es um die Bewilligung oder ihre Aufhebung nach § 124 geht, im Übrigen ist er nach dem Kosteninteresse nach billigem Ermessen zu bestimmen. Streitwert für die Anwaltsgebühren ist damit überwiegend der Wert der Hauptsache,[192] insbesondere wenn es um die Bewilligung der PKH geht.[193] Dies gilt auch für Beschwerden des beigeordneten Anwalts.[194] Wird jedoch die Ratenhöhe angegriffen, ist die Kostendifferenz maßgeblich.[195]

29 **3. Kostenerstattung.** Abs. 4, der nicht verfassungswidrig ist,[196] **schließt eine Kostenerstattung nunmehr verbindlich und insgesamt aus;** auch in der Instanz der Rechtsbeschwerde.[197] Im Tenor sollte dies zur Klarstellung ausgesprochen werden. Auch auf Grund einer Entscheidung in der Hauptsache darf eine Festsetzung von Kosten des Beschwerdeverfahrens nicht erfolgen.[198] Auch aus der Staatskasse wird weder der PKH-Partei noch dem PKH-Anwalt diese Gebühr ersetzt.[199] Wird die Beschwerde der Staatskasse zurückgewiesen, steht gleichfalls weder der PKH-Partei noch ihrem Anwalt ein Kostenerstattungsanspruch gegen die Staatskasse zu.[200] PKH für das PKH-Beschwerdeverfahren kann gleichfalls nicht bewilligt werden,[201] für die Rechtsbeschwerde ist sie möglich (Rn. 25). Auf die bei § 118 Abs. 1 S. 4 geschilderte Kontroverse (vgl. § 118 Rn. 16) kommt es hier nicht an.[202] Bezüglich der Verwertung älterer Judikatur und Literatur ist darauf zu achten, dass Abs. 4 erst durch das Gesetz vom 17. 12. 1990[203] eingeführt wurde. Durch diese Gesetzesänderung hatte sich eine frühere Kontroverse erledigt.[204]

127a

Prozesskostenvorschuss in einer Unterhaltssache **(1) In einer Unterhaltssache kann das Prozessgericht auf Antrag einer Partei durch einstweilige Anordnung die Verpflichtung zur Leistung eines Prozesskostenvorschusses für diesen Rechtsstreit unter den Parteien regeln.**

(2) [1]Die Entscheidung nach Absatz 1 ist unanfechtbar. [2]Im Übrigen gelten die §§ 620a bis 620g entsprechend.

I. Normzweck

1 Die Regelung ermöglicht eine schnelle und verfahrensmäßig vereinfachte Durchsetzung eines Anspruchs auf Zahlung eines Prozesskostenvorschusses in Unterhaltssachen. Sie wurde durch das 1. EheRG zum 1. 7. 1977 in das Gesetz aufgenommen. Wie die Bestimmungen zur Prozesskostenhilfe nach §§ 114ff. soll sie dem Anspruchsteller die gerichtliche Durchsetzung eines (Unterhalts-) Anspruchs ermöglichen, ohne dass dieser ein (evtl. hohes) Kostenrisiko zu befürchten hat. Sie dient damit der Rechtsweggarantie des Art. 19 Abs. 4 GG und soll ferner dem wirtschaftlich Schwachen die gerichtliche Durchsetzung seiner Rechte sichern (Art. 20 Abs. 1 GG). Um diese Durchsetzung eines Anspruchs auch in einer angemessenen Zeit zu ermöglichen, weist hierzu der Gesetzgeber die Geltendmachung des Anspruchs auf Prozesskostenvorschuss dem **vorläufigen Rechtsschutz** innerhalb des Verfahrens zur Durchsetzung des Hauptanspruchs zu, so dass dessen Voraussetzungen in einer summarischen Prüfung festgestellt werden können. Hieraus folgt für das Verfahren nach § 127a, dass es in besonderem Maße dem **Beschleunigungsgebot** unterliegt, um dem Anspruchsteller alsbald die gerichtliche Durchsetzung des Hauptanspruchs zu ermöglichen. Gleichzeitig dient die Regelung auch der **Entlastung der Staatskasse,** da die durch das Kostenrisiko faktisch auftretende Rechtswegsperre auch durch die Gewährung von Prozesskostenhilfe beseitigt werden könnte. Auf diese kann der Anspruchsteller aber erst dann zurückgreifen, wenn er einen Prozesskostenvorschuss, der eine verwertbare Vermögensposition iSd. § 115 Abs. 3 darstellt, nicht durchsetzen kann.[1] Hieraus ergibt sich auch, dass diese Vorschrift im Anschluss an die Regelung zur Prozesskostenhilfe eingeordnet wurde.

II. Anwendungsbereich

2 **1. Begriff der Unterhaltssache.** a) **Abgrenzung zu anderen Regelungen.** Der Regelungsbereich des § 127a umfasst **alle Unterhaltssachen,** also auch solche, die nicht eine Familiensache iSd. § 621 Abs. 1 Nr. 4, 5, 11 sind; so vor allem vertragliche Unterhaltsansprüche. § 127a ist hierbei im Zusammenhang mit den Bestimmungen der § 620 Nr. 10 und § 621f zu sehen. § 620 Nr. 10 begrenzt nach seinem eindeutigen Wortlaut den Regelungsbereich für eine einstweilige Regelung des Prozesskostenvorschusses auf die Ehe-

---

191 VGH München NJW 2007, 861.
192 OLG Frankfurt/M MDR 1992, 524; OLG Oldenburg OLGR 1994, 112.
193 LG Hamburg MDR 1993, 391.
194 *Schneider/Herget* Rn. 3608 m. weit. Nachw.
195 *Schneider/Herget* Rn. 3612 m. weit. Nachw.
196 AA *Benkelberg* FuR 2004, 445ff.
197 BGH NZI 2006, 341, 342.
198 OLG Koblenz NJW-RR 1995, 768; OLG München NJW-RR 2001, 1437; *Mümmler* JurBüro 1994, 607 m. weit. Nachw.
199 OLG Karlsruhe JurBüro 1994, 606f.; aA zB OLG Karlsruhe Justiz 1980, 204f. (zum alten Recht).
200 LAG Kiel MDR 1988, 347; OLG München MDR 1982, 761; aA zB OLG München MDR 1982, 414.
201 OLG Bremen JurBüro 1979, 447.
202 Ebenso KG Rpfleger 1995, 508.
203 BGBl. 1990 I S. 2847.
204 Vgl. OVG Münster NVwZ 1991, 912f.; OLG Nürnberg NJW-RR 1987, 1201f.
1 BGH NJW 2005, 1722 = FamRZ 2005, 883; *Schwab/Borth* Teil IV Rn. 64ff.

sache und die im Entscheidungsverbund mit der Scheidung anhängig gemachten Folgesachen iSd. §§ 623 Abs. 1–3, 621 Abs. 1, während sich § 621f auf die in § 621 Abs. 1 aufgeführten isolierten Verfahren bezieht, soweit es sich nicht um Unterhaltsverfahren handelt. In der Lit.[2] wird hierbei § 127a im Verhältnis zu § 620 Nr. 10 als subsidiär angesehen, was sich aber in der praktischen Anwendung nicht auswirkt, weil § 127a verfahrensmäßig auf §§ 620a–620g Bezug nimmt.

b) Einzelne Bereiche. Von § 127a werden damit vor allem erfasst

- unabhängig von der **Klageart alle Unterhaltssachen** in Form der Leistungsklage, der Stufenklage nach § 254 in Form der Klage auf Auskunft nach §§ 242, 1605 Abs. 1 BGB und der Klage auf Abgabe der eidesstattlichen Versicherung nach §§ 259, 260 BGB, der Abänderungsklage nach §§ 323, 654, dem streitigen Verfahren nach § 651, der negativen Feststellungsklage, der Vollstreckungsabwehrklage nach § 767[3], der Wiederaufnahmeklage nach §§ 578 ff. und der Klage auf Rückforderung von Unterhalt nach §§ 812 ff. BGB. Als Unterhaltssache anzuerkennen sind ferner Arrestverfahren zur Sicherung[4] und Verfügungsverfahren zur vorläufigen Regelung von Unterhaltsansprüchen gem. § 940, das Vereinfachte Verfahren nach den §§ 645 ff., ebenso solche Verfahren, in denen Unterhalt aus übergegangenem Recht verlangt wird. Dagegen ist die Drittwiderspruchsklage gegen die Vollstreckung in einen bestimmten Gegenstand auf Grund eines Unterhaltstitels keine Unterhaltssache.[5] In Mahnverfahren, in denen rückständiger Unterhalt verlangt wird, ist § 127a grds. anwendbar[6], zumal auch in diesen Prozesskostenhilfe bewilligt werden kann. Auch insoweit liegt eine Unterhaltssache vor. Gegen die Anwendung sprechen allerdings praktische Gründe, da ein Verfahren nach § 127a einer beschleunigten Titelverschaffung nach §§ 688 ff. entgegensteht. Geht das Mahnverfahren in das streitige Verfahren über, kann ein Prozesskostenvorschuss verlangt werden, soweit nicht die Verfahrenskosten bereits einbezahlt wurden. 3
- **Unterhaltssachen zwischen Ehegatten,** wobei sich diese hinsichtlich der gesetzlichen Unterhaltsansprüche nach § 23b Abs. 1 Nr. 6 GVG, § 621 Abs. 1 Nr. 5 faktisch nur auf Ansprüche aus §§ 1360, 1360a BGB und § 1361 Abs. 1 BGB beziehen können, weil bei einer Geltendmachung des nachehelichen Unterhalts nach §§ 1569 ff. BGB im Entscheidungsverbund § 620 Nr. 10 gilt und i. ü. nach ständiger Rspr. des BGH[7] zwischen geschiedenen Ehegatten kein materiell-rechtlicher Anspruch auf Prozesskostenvorschuss besteht, so dass (nach rechtskräftiger Scheidung) im isolierten Verfahren die Durchsetzung eines Prozesskostenvorschusses hieran scheitert (s. a. Rn. 7 u. § 621f Rn. 2). Ferner fallen unter § 127a auch (faktisch kaum vorkommende) **vertraglich vereinbarte Unterhaltsansprüche,** die nach §§ 23, 71 GVG Zivilprozesssache sind. Hierfür spricht sowohl Wortlaut als auch Zweck dieser Regelung.
- **Unterhaltssachen zwischen Eltern und Kindern.** Hierunter fallen gesetzliche Unterhaltsansprüche der ehelichen und Kinder nicht verheirateter Eltern, die nach § 23b Abs. 1 Nr. 5 GVG, § 621 Abs. 1 Nr. 4 Familiensachen sind. Ferner gehören hierzu auch gesetzliche Unterhaltsansprüche der Eltern gegen ihre Kinder[8], weil es sich um Unterhaltsansprüche aus Verwandtschaft handelt, § 621 Abs. 1 Nr. 4.
- **Unterhaltssachen zwischen Mutter und Vater des Kindes, dessen Eltern nicht verheiratet sind,** wobei hierzu der Unterhalt aus Anlass der Geburt (§ 1615l Abs. 1 S. 1 BGB), infolge Schwangerschaft oder Entbindung (§ 1615l Abs. 2 S. 1 BGB) und wegen Pflege und Erziehung des Kindes (§ 1615l Abs. 2 S. 2, 3 BGB) sowie Unterhaltssachen, betreffend die Kosten auf Grund Schwangerschaft oder Entbindung (§ 1615l Abs. 1 S. 2 BGB) gehören, § 621 Abs. 1 Nr. 11 (s. Rn. 8).
- **Unterhaltssachen zwischen anderen Verwandten,** sofern eine materiell-rechtliche Prozesskostenvorschusspflicht angenommen wird, § 621 Abs. 1 Nr. 4.

c) Sämtliche Formen des Unterhaltsanspruchs. Für den Begriff der Unterhaltssache ist es ohne Bedeutung, ob mit dieser ein Bar- oder Naturalunterhalt, ein **Haupt- oder Nebenanspruch** wie etwa ein Auskunftsanspruch nach §§ 1605, 1361 Abs. 4 S. 4 BGB, ein Anspruch auf eine angemessene Kranken- und Pflegeversicherung oder Altersvorsorge gemäß §§ 1361 Abs. 1 S. 2, 1578 Abs. 2, 3 BGB, ein Anspruch auf Sonderbedarf nach § 1613 Abs. 2 BGB oder die Rückforderung zu viel gezahlten Unterhalts nach § 818 Abs. 1 BGB verlangt wird. 4

2. Prozessstandschaft, Rechtsnachfolge. § 127a sieht einen Prozesskostenvorschuss nur zwischen den Parteien des Hauptsacheverfahrens vor. Liegt eine **Prozessstandschaft** vor, so ist zu prüfen, ob zwischen den Parteien ein materiell-rechtlicher Anspruch auf Leistung eines Prozesskostenvorschusses besteht.[9] Strittig ist in Rspr. und Lit., nach welcher Person sich die Voraussetzungen eines Prozesskostenvorschusses richten, wenn eine Prozessstandschaft nach § 1629 Abs. 3 BGB eines Elternteils für ein Kind zur Geltendmachung dessen Unterhalts vorliegt.[10] Da der Elternteil einen Unterhaltsanspruch des Kindes verlangt, kann er auch über § 1629 Abs. 3 BGB iVm. § 127a einen Anspruch des Kindes auf Prozesskostenvorschuss in ei- 5

---

[2] So zB MK/*Wax* Rn. 2; *Johannsen/Henrich/Sedemund-Treiber* Rn. 4.
[3] OLG Düsseldorf FamRZ 1978, 427.
[4] BGH NJW 1980, 191.
[5] OLG Hamburg FamRZ 1984, 804; OLG Frankfurt/M FamRZ 1985, 403.
[6] AA. *Zö/Philippi* § 621f Rn. 5.
[7] BGHZ 89, 33, 35 f. = NJW 1984, 291 = FamRZ 1984, 148; BGH FamRZ 1990, 380.
[8] Sofern ein materiell-rechtlicher Anspruch bejaht wird; zum Streitstand zur Prozesskostenvorschusspflicht bei volljährigen Kindern s. MK-BGB/*Born* § 1610 BGB Rn. 164; *Schwab/Borth* Teil IV Rn. 64; s. auch Rn. 7.
[9] S. BGHZ 47, 289, 291 (zu § 114) bei Abtretung eines Anspruchs.
[10] Für Rechtsinhaber OLG Karlsruhe FamRZ 1987, 1062, 1063; OLG Bamberg NJW-RR 1994, 388 = FamRZ 1994, 635 m. weit. Nachw.; OLG Frankfurt/M FamRZ 1994, 1041 f. OLG Stuttgart MDR 1999, 41; *Palandt/Diederichsen* § 1629 Rn. 37.

genem Namen geltend machen.[11] Die Sachlage, dass allein dem Elternteil, aber nicht dem Kind ein Prozesskostenvorschuss zusteht, für das Unterhalt verlangt wird, wird faktisch kaum eintreten. Zu berücksichtigen ist aber stets der Zweck des § 1629 Abs. 3 BGB, der minderjährige Kinder aus dem Streit mit dem barunterhaltspflichtigen Elternteil heraushalten soll; dies bezieht sich aber nicht auf das materiell-rechtliche Verhältnis. Haben der in eigenem Namen den Kindesunterhalt begehrende Elternteil und das Kind einen Anspruch auf Prozesskostenvorschuss, so kann grundsätzlich auch auf die Vermögensverhältnisse des (klagenden) Elternteils abgestellt werden[12]; allerdings ist zu berücksichtigen, dass bei eigenen Einkünften des (klagenden) Elternteils dessen Mitverpflichtung nach § 1606 Abs. 3 S. 1 BGB in Frage kommen kann, falls nicht nach § 1606 Abs. 3 S. 2 BGB eine Barunterhaltspflicht entfällt. Entsprechendes gilt, wenn der unterhaltspflichtige Elternteil eine Abänderungsklage gegen den anderen Elternteil erhebt, der nach § 1629 Abs. 3 BGB einen Titel erwirkt hatte. **Rechtsnachfolger** eines unterhaltsberechtigten Kindes oder Ehegatten nach § 33 Abs. 1 SGB II, § 94 SGB XII, § 7 UntVorschG oder § 37 BAföG (auf Grund übergegangenen Rechts) können keinen Prozesskostenvorschuss verlangen, weil dieser Anspruch nicht zusammen mit dem (Elementar-)Unterhaltsanspruch übergeht. Dasselbe gilt, soweit (rückständige) Unterhaltsansprüche im Wege der Gesamtrechtsnachfolge auf einen Erben übergehen können.

6 **3. Verhältnis zu Hauptsacheverfahren und einstweiliger Verfügung.** Wie bei §§ 620ff. (s. § 620 Rn. 12ff., § 644 Rn. 4ff.) besteht auch bei § 127a neben dem vorläufigen Rechtsschutz die Möglichkeit, den materiellrechtlichen Anspruch im ordentlichen Erkenntnisverfahren geltend zu machen. Damit ist auch bei § 127a ein umfassender Rechtsschutz durch die gründlichere Sachverhaltsermittlung und die Anfechtbarkeit der Entscheidung des Erkenntnisverfahrens eröffnet (s. u. § 620 Rn. 13).[13] Andererseits verdrängt die **Sonderregelung** des § 127a eine einstweilige Verfügung nach § 940 (in Form der Leistungsverfügung), weil diese den sachlichen Anwendungsbereich des vorläufigen Rechtsschutzes bei einem Begehren des Prozesskostenvorschusses abschließend regelt (s. a. § 620 Rn. 16).[14] Strittig ist, ob § 127a den Erlass einer einstwVfg. generell ausschließt oder ob eine solche vor Anhängigkeit des Hauptsacheverfahrens zulässig ist.[15] Für die Zulässigkeit der einstwVfg. spricht, dass der Antragsteller vor Einreichung der Klageschrift klären kann, ob ihm ein Anspruch auf Prozesskostenvorschuss zusteht, damit also das Risiko, mit Kosten belastet zu werden, vermeiden kann, was dem Regelungszweck des § 127a entspricht. Dies gilt jedoch lediglich in Bezug auf einen am Verfahren nicht beteiligten Dritten, der materiell einen Prozesskostenvorschuss schuldet. Ansonsten ist § 127a vorrangig (s. auch Rn. 10).

7 **4. Materiell-rechtlicher Regelungsbereich.** Die einstwAnO nach § 127a beinhaltet ebenso wenig wie §§ 620 Nr. 10, 621f, 621g, 644 eine eigene Rechtsgrundlage[16], sondern stellt lediglich eine reine Verfahrensvorschrift dar. Zur Regelung des § 620 wird teilweise jedoch die Ansicht vertreten, dass auf die Verfahrensregelung zurückzugreifen sei, falls keine materiell-rechtliche Bestimmung bestehe.[17] Ihr steht entgegen, dass nach prozessualen Bestimmungen nicht zugesprochen werden kann, was das materielle Recht nicht vorsieht. Rechtsgrundlage für eine Anordnung nach § 127a ist eine Vorschusspflicht des Gegners nach materiellem Recht und folgt aus §§ 1360a Abs. 4, 1361 Abs. 4 S. 4, 1601ff. BGB.[18] Nach diesen Bestimmungen richten sich sowohl die Vorschussbedürftigkeit des Antragstellers und die Vorschussfähigkeit des Gegners sowie die sonstigen tatbestandsmäßigen Voraussetzungen, also insbesondere, ob die begehrte Rechtsverfolgung bzw. Rechtsverteidigung Aussicht auf Erfolg bietet.[19] Nicht einander vorschusspflichtig sind geschiedene Ehegatten (s. a. Rn. 3). Unverheirateten ehelichen und Kindern nicht verheirateter Eltern, die minderjährig sind, steht ein Prozesskostenvorschuss zu, der sich aus § 1360a Abs. 4 BGB und nicht aus § 1610 BGB ableitet.[20] Bei volljährigen Kindern, die noch keine eigene Lebensstellung innehaben, besteht ebenfalls ein Anspruch entsprechend § 1360a Abs. 4 BGB. Dieser erstreckt sich nicht nur auf privilegierte volljährige Kinder iSd. § 1603 Abs. 2 S. 2 BGB, sondern alle volljährigen Kinder, solange sie noch keine eigene Lebensstellung erreicht haben, also sich in Ausbildung befinden.[21] Keinen Anspruch auf Prozesskostenvorschuss haben volljährige verheiratete Kinder gegen ihre Eltern (s. § 1608 S. 1 BGB). Strittig ist auch die Frage, ob (betagte) Eltern gegen (volljährige) Kinder einen Anspruch auf Prozesskostenvorschuss haben.[22] Gegen eine solche Vorschusspflicht spricht, dass der Elternunterhalt rechtlich eine schwache Stellung einnimmt, weil er rangmäßig (§ 1609 Abs. 1, 2 BGB) minderjährigen und volljährigen sowie (geschie-

---

[11] Für Prozesskostenhilfe s. BGH NJW 2005, 1286 = FamRZ 2005, 1164; FamRZ 2006, 32.

[12] S. *Schwab/Maurer/Borth* Teil I Rn. 149; bei Prozesskostenhilfe nach BGH NJW 2005, 1286 = FamRZ 2005, 1164; FamRZ 2006, 32 nur Einkommens- und Vermögensverhältnisse des klagenden Elternteils.

[13] BGH NJW 1979, 1508 = FamRZ 1979, 472, 473.

[14] HM: BGH NJW 1979, 1508 = FamRZ 1979, 472; OLG Düsseldorf FamRZ 1999, 1215; *Johannsen/Henrich/Sedemund-Treiber* Rn. 4; MK/*Wax* Rn. 3.

[15] So OLG Karlsruhe FamRZ 2000, 106 m. weit. Nachw.; verneinend *Johannsen/Henrich/Sedemund-Treiber* Rn. 4; *Zö/Philippi* § 621f Rn. 2; grds. hierzu § 644 Rn. 4f.

[16] Bericht des Rechtsausschusses, BT-Drucks. 7/4361 S. 67; *Johannsen/Henrich/Sedemund-Treiber* Rn. 3; dies. differenzierend in § 620 Rn. 2; *B/L/H* Rn. 2; differenzierend auch *Zö/Philippi* § 620 RdNr. 6ff.

[17] *Johannsen/Henrich/Sedemund-Treiber* § 620 Rn. 2 m. weit. Nachw.

[18] Zu den tatbestandlichen Voraussetzungen s. etwa MK-BGB/*Wacke* § 1360a BGB Rn. 20; *Palandt/Brudermüller* § 1360a Rn. 7ff.; *Schwab/Borth* Teil IV Rn. 62.

[19] Wie hier BGH NJW 2001, 1646 = FamRZ 2001, 1363; eingehend Rn. 13.

[20] BGH NJW-RR 2004, 1662 = FamRZ 2004, 1633.

[21] BGH NJW 2005, 1722 = FamRZ 2005, 883; *Schwab/Borth* Teil IV Rn. 64ff.

[22] Ablehnend OLG München FamRZ 1993, 821.

denen) Ehegatten nachgeht.[23] Liegen besonders günstige Einkommensverhältnisse beim Unterhaltspflichtigen vor, spricht andererseits der Regelungszweck des § 127a für eine Vorschusspflicht.

Kaum erörtert wird die Frage, ob die **Mutter eines Kindes** vom Vater, mit dem sie nicht verheiratet ist, für den Anspruch aus § 1615l Abs. 1, 2 BGB einen Anspruch auf Prozesskostenvorschuss ableiten kann. § 1615l Abs. 3 BGB enthält keine Verweisung auf § 1360a Abs. 4 BGB, sondern lediglich auf die Bestimmungen des Verwandtenunterhalts; auch steht die Mutter im Rang nur volljährigen Kindern gleich. Da in § 1615l Abs. 3 S. 1 BGB eine Verweisung auf § 1360a Abs. 4 BGB fehlt und die Unterhaltspflicht jedenfalls nicht stärker ausgestaltet ist als bei geschiedenen Ehegatten,[24] besteht wegen des Fehlens eines ausdrücklichen Leistungsbefehls keine Vorschusspflicht.[25] 8

Auch soweit nach den Grundsätzen des IPR von einem **ausländischen Unterhaltsstatut** (Art. 18 EGBGB) auszugehen ist, bedarf es einer materiell-rechtlichen Grundlage.[26] Lässt sich aus dem ausländischen Recht eine materiell-rechtliche Prozesskostenvorschusspflicht nicht entnehmen, so wird teilweise unter Rückgriff auf Art. 18 Abs. 2 EGBGB ein solcher nach deutschem Recht gewährt (s. a. § 620 Rn. 9).[27] Lässt sich im Rahmen eines summarischen Verfahrens nach ausländischem Recht ein Anspruch nicht oder nicht alsbald feststellen, so wird auf deutsches Recht zurückgegriffen.[28] 9

III. Verfahrensvoraussetzungen

1. Systematische Stellung. Das Verfahren nach § 127a unterliegt auf Grund der Verweisung in Abs. 2 S. 2 wie auch die Verfahren nach § 620 Nr. 10 und § 621f den Vorschriften der §§ 620a–620g; sämtliche Verfahren zur Festlegung eines Prozesskostenvorschusses im Wege der einstwAnO bestimmen sich nach den gleichen Regelungen. Besonderheiten bestehen lediglich im Fall des § 641d. 10

2. Antrag, Anhängigkeit eines Hauptverfahrens. Für die Einleitung des Verfahrens nach § 127a ist ein Antrag erforderlich, der in dem Verfahren zu stellen ist, für das ein Prozesskostenvorschuss begehrt wird. Dies folgt aus den Worten des Abs. 1, „für diesen Rechtsstreit". Für ein anderes Verfahren kann, auch wenn es sich um eine Unterhaltssache handelt, nach § 127a kein Prozesskostenvorschuss verlangt werden. Da es sich bei der einstweiligen Anordnung um einen unselbständigen Rechtsbehelf des vorläufigen Rechtsschutzes handelt, setzt die einstwAnO nach § 127a das Anhängigsein eines **Hauptsacheverfahrens** voraus, mit dem in aller Regel die Zahlung eines Unterhaltsanspruchs oder Auskunft hierfür begehrt wird. Nach Abs. 2 S. 2 iVm. § 620a Abs. 2 S. 1 ist der Antrag erst zulässig, wenn der Hauptprozess über den Unterhalt anhängig ist. 11

Abweichend von § 620a Abs. 2 S. 1 ist der Antrag nach § 127a nicht statthaft bei **Anhängigkeit eines Prozesskostenhilfeverfahrens,** weil für denselben Rechtsstreit nicht gleichzeitig ein Prozesskostenvorschuss und Prozesskostenhilfe verlangt werden kann. Besteht ein Anspruch auf Prozesskostenvorschuss, so fehlt es an der Voraussetzung des §§ 114ff.; das Prozesskostenhilfeverfahren ist deshalb ggü. dem Verfahren nach § 127a subsidiär.[29] Zulässig ist es allerdings, hilfsweise ein Prozesskostenhilfegesuch für den Fall der Abweisung des Prozesskostenvorschussantrags zu stellen, was sehr häufig in der Praxis erfolgt. Jedoch können beide Verfahren nebeneinander geführt werden, wenn ein Prozesskostenvorschuss nur teilweise geleistet werden kann (auch ratenweise, Rn. 15) und zudem Anspruch auf Prozesskostenhilfe besteht. Teilweise wird die Ansicht vertreten, dass der Antrag nach § 127a auch schon vor Anhängigkeit der Hauptsache gestellt werden könne, wenn ein Hauptsacheverfahren nicht eingeleitet werden soll, ohne zuvor einen Titel zum Prozesskostenvorschuss erwirkt zu haben.[30] Dem steht der unselbständige Charakter der einstweiligen Anordnung entgegen, dies ist auch prozessual nicht zwingend, weil es für die Zulässigkeit eines Antrags ausreicht, dass der Anspruchsteller eine Klage- bzw. Antragsschrift zur Hauptsache bei Gericht einreicht und beantragt, dass über den gleichzeitig eingereichten Antrag auf Erlass einer einstweiligen Anordnung vorab entschieden werden möge, ehe das Prozessrechtsverhältnis hinsichtlich des Hauptverfahrens durch Zustellung begründet wird. Der Antragsteller wird hierdurch in seinen Rechten nicht beeinträchtigt, sondern kann ohne Kostennachteile das lediglich anhängige Hauptverfahren wieder zurücknehmen. Aus denselben Gründen scheidet auch die Möglichkeit aus, einen Antrag auf Erlass einer einstweiligen Verfügung auf Zahlung eines Prozesskostenvorschusses zu stellen, ehe das Hauptsacheverfahren eingeleitet wird.[31] I. ü. entspricht der vorgeschlagene Weg dem **Grundsatz des Beschleunigungsgebots** (insbesondere auch im Hinblick auf die nach § 620c ausgeschlossene Beschwerdemöglichkeit). 12

---

[23] BGH FamRZ 2002, 1698.

[24] Zur verfassungsrechtlich gebotenen Angleichung des Unterhalts nach § 1615l Abs. 2 S. 3 BGB an § 1570 BGB s. BVerfG NJW 2007, 1735 = FamRZ 2007, 973.

[25] Eingehend *Schwab/Borth* Teil IV Rn. 1419; aA. OLG München OLGReport 2002, 67; s. a. *Gießler-Soyka* Rn. 733.

[26] Nach hM ist der Prozesskostenvorschuss unterhaltsrechtlich zu qualifizieren, *Jayme* IPRax 1986, 268; *Henrich* FamRZ 1986, 843; OLG Stuttgart IPRax 1990, 113.

[27] So *Johannsen/Henrich* Art. 18 EGBGB Rn. 28; verneinend KG FamRZ 1988, 167; krit. auch *Schwab/Borth* Teil IV Rn. 1366.

[28] So *Johannsen/Henrich/Sedemund-Treiber* § 620 Rn. 3; *Rolland/Roth* § 620 Rn. 50; BGH FamRZ 1978, 179, 181; differenzierend *Kreuzer* NJW 1983, 1943, 1948.

[29] HM, so zB OLG Frankfurt/M FamRZ 1985, 826; OLG Koblenz FamRZ 1986, 284; *Gießler* Rn. 739; *Wax* FamRZ 1985, 12; anders *Zö/Philippi* § 621f Rn. 15, wonach auch bei eingereichtem Prozesskostenhilfe-Gesuch der Antrag zulässig ist.

[30] So *Johannsen/Henrich/Sedemund-Treiber* Rn. 5.

[31] *Gießler/Soyka* Rn. 739, 768; wie hier *Zö/Philippi* § 620 Rn. 23; gegen OLG Düsseldorf FamRZ 1978, 526; OLG Karlsruhe FamRZ 1981, 982; zur einstwVfg. gegen einen Dritten s. Rn. 6.

13 **3. Regelungsbedürfnis.** Anders als der Arrest und die einstweilige Verfügung nach §§ 916f., 935, 940 ist für den Erlass einer einstweiligen Anordnung nur ein **Regelungsbedürfnis** erforderlich,[32] dagegen erfordert sie weder eine sofortige Sicherungsnotwendigkeit des materiellen Anspruchs noch ein sofortiges Einschreiten, das ein Zuwarten bis zur Entscheidung der Hauptsache nicht zulässt. Für das Verfahren zur Bestimmung eines Prozesskostenvorschusses bedeutet dies, dass der Verpflichtete vergeblich zu dessen Leistung aufgefordert wurde[33] und der Antragsteller den Prozesskostenvorschuss zur Führung eines aktuellen Rechtsstreits benötigt. Dagegen fehlt es an einem entsprechenden Regelungsbedürfnis, wenn der Verpflichtete lediglich die Feststellung begehrt, einen Prozesskostenvorschuss nicht leisten zu müssen, weil die allgemeine Klärung einer Leistungspflicht nicht Zweck des summarischen Rechtsschutzes ist. Die Prüfung der **Erfolgsaussichten** des begehrten Hauptsacheanspruchs ist Teil der materiell-rechtlichen Prüfung des Prozesskostenvorschussanspruchs[34]; dennoch kann bei einer **offensichtlichen Unbegründetheit** der einstweiligen Anordnung bereits das Regelungsbedürfnis fehlen, weil § 127a keinen weiter gehenden Rechtsschutz als bei der Bewilligung von Prozesskostenhilfe gewährt.[35] Ferner kann ein Regelungsbedürfnis entfallen, wenn in absehbarer Zeit eine Vollstreckungsmöglichkeit nicht erkennbar ist[36] wobei hiervon nur in Ausnahmefällen ausgegangen werden kann (wenn etwa der Leistungspflichtige weder Einkommen noch Vermögen besitzt, aber auf Grund eines fiktiven Einkommens eine Unterhaltspflicht angenommen wird). Zur Darlegung des Regelungsbedürfnisses gehört der Vortrag, dass eigene Einkünfte und Vermögen des Antragstellers nicht vorliegen. Hat der Antragsgegner auf einen bestehenden Zugewinnausgleichsanspruch einen Vorschuss bezahlt, entfällt auch ein Regelungsbedürfnis.[37]

14 Da der Prozesskostenvorschuss nach § 127a „in einer Unterhaltssache" verlangt werden kann, besteht ein Regelungsbedürfnis nur **bis zum Abschluss des Verfahrens** in der jeweiligen Instanz, dh. bis zum Zeitpunkt der letzten mündlichen Verhandlung,[38] weil der Prozesskostenvorschuss die Führung dieser Unterhaltssache ermöglichen soll. I. ü. ist der Anspruch auf die **künftigen Verfahrenskosten** gerichtet, so dass materiell-rechtlich Prozesskostenvorschuss nicht mehr für bereits angefallene Kosten rückwirkend verlangt werden kann; hiervon ausgenommen sind jedoch die Kosten des Rechtsanwalts nach § 13 RVG (Terminsgebühr; Nrn. 3100, 3104), da diese vor Einleitung des Hauptsacheverfahrens anfallen. Entsprechendes gilt, wenn das Verfahren durch Vergleich oder in anderer Weise erledigt wird. Dagegen kann die **Zwangsvollstreckung** aus einem Beschluss zur Zahlung eines Prozesskostenvorschusses auch noch nach Beendigung des Rechtsstreites betrieben werden, selbst wenn die Kostenentscheidung der Hauptsache dem einen Vorschuss Begehrenden die gesamten Kosten auferlegt.[39]

15 **4. Weitere Antragsvoraussetzungen.** Aus dem Antrag nach § 127a muss sich ergeben, dass für das eingeleitete Hauptsacheverfahren Prozesskostenvorschuss in einer **bestimmten Höhe** verlangt wird, § 253 Abs. 2 Nr. 2. Er ist im Regelfall auf Zahlung der gesamten notwendigen und fälligen Kosten (Gerichtskosten und außergerichtliche Kosten) gerichtet; denkbar ist auch die Zahlung des Prozesskostenvorschusses in **Raten,** wenn der Verpflichtete vorübergehend außer Stande ist, den gesamten Betrag aufzubringen.[40] Bei einer länger andauernden eingeschränkten Leistungsfähigkeit fehlt es idR an einem materiell-rechtlichen Anspruch auf Prozesskostenvorschuss.

16 Nach § 127a Abs. 2 S. 2 iVm. §§ 294, 620a Abs. 2 S. 3 soll der Antragsteller die Voraussetzungen der Anordnung **glaubhaft** machen, was regelmäßig mit der Einreichung des Antrags erfolgen sollte. Ferner ist nach § 620a Abs. 3 dem Antragsgegner gem. Art. 103 Abs. 1 GG **rechtliches Gehör** zu gewähren. Da ein besonderes Sicherungsbedürfnis bei Leistung eines Prozesskostenvorschusses nicht besteht, ist die Glaubhaftmachung trotz der „Sollbestimmung" zwingend, weil es für einen Verzicht hierauf eines besonderen Grundes bedürfte. Ferner ist dem Antragsgegner regelmäßig eine **angemessene Frist** (idR mindestens zwei Wochen) zu gewähren, vor deren Ablauf nicht entschieden werden darf. **Zuständig** ist das Prozessgericht des ersten Rechtszuges, in der Berufungsinstanz das Berufungsgericht, § 127a Abs. 2 S. 2 iVm. § 620a Abs. 4 S. 1. Da es sich bei § 127a immer um ein selbständiges Unterhaltsverfahren handelt, gilt, anders als bei einer Ehesache als Hauptsacheverfahren, in erster Instanz für das Hauptsacheverfahren und das Verfahren nach § 127a **kein Anwaltszwang,** dagegen im zweiten und dritten Rechtszug, § 78 Abs. 2. Nach § 127a Abs. 2 iVm. §§ 620a Abs. 2 S. 2, 78 Abs. 5, 129a Abs. 1 kann der verfahrenseinleitende Antrag aber zu **Protokoll der Geschäftsstelle** ohne einen Rechtsanwalt gestellt werden.

17 Eine **mündliche Verhandlung** ist nach § 127a Abs. 2 S. 2 iVm. § 620a Abs. 1 möglich, aber nicht zwingend; da das Verfahren nach § 127a regelmäßig dem Hauptsacheverfahren vorgeschaltet ist, sollte aus Gründen der Verfahrensbeschleunigung eine Entscheidung regelmäßig im schriftlichen Verfahren nach Gewährung des rechtlichen Gehörs ergehen und nur in Ausnahmefällen eine mündliche Verhandlung anberaumt werden. Trotz des Wortlauts des § 127a „… kann das Prozessgericht …" besteht auf die **Entschei-**

---

[32] S. OLG Zweibrücken FamRZ 1986, 1229, 1230.

[33] S. zB OLG Köln FamRZ 1990, 768.

[34] MK-BGB/*Wacke* § 1360a BGB Rn. 25; *Schwab/Borth* Teil IV Rn. 79.

[35] BGH NJW 2001, 1646 m. weit. Nachw. = FamRZ 2001, 1363; *Schwab/Borth* Teil IV Rn. 79; *Wendl/Scholz* § 6 Rn. 29.

[36] OLG Hamm FamRZ 1986, 919.

[37] BGH NJW 2005, 3710, 3715 = FamRZ 2005, 1974, 1976.

[38] Zur verzögerten Bearbeitung s. *Schwab/Borth* Teil IV Rn. 84; OLG Nürnberg FamRZ 1998, 489.

[39] BGHZ 94, 316, 318 = NJW 1985, 2263 = FamRZ 1985, 802; zur Berücksichtigung des Prozesskostenvorschusses bei der Kostenausgleichung s. OLG München FamRZ 1994, 1605; OLG Oldenburg FamRZ 1998, 445.

[40] Wie hier BGH NJW-RR 2004, 1662 = FamRZ 2004, 1633; s. auch *Schwab/Borth* Teil IV Rn. 77f.

dung des Gerichts ein **Anspruch,** wenn ihre sachlichen Voraussetzungen vorliegen; ein Ermessen des Gerichts besteht nicht.[41] Die Prüfung der sachlichen Voraussetzungen bezieht sich auf den materiell-rechtlichen Anspruch auf einen Prozesskostenvorschuss und die nach § 127a geforderten verfahrensrechtlichen Anforderungen. Die Entscheidung des Gerichts ergeht nach § 127a Abs. 2 S. 2 iVm. § 620a Abs. 1 in Form eines **Beschlusses,** der nach § 794 Abs. 1 Nr. 3a einen Vollstreckungstitel bildet und nach Zustellung gemäß § 329 Abs. 3 sofort vollstreckt werden kann.

IV. Abänderung, Rechtsmittel

Die Entscheidung ist nach § 127a Abs. 2 S. 1 **unanfechtbar;** insoweit stimmt diese Regelung mit §§ 620 Nr. 10, 621f. iVm. § 620c überein (zur greifbaren Gesetzeswidrigkeit sowie einer Selbstkontrolle s. § 620c Rn. 11f.). 18

Wird im schriftlichen Verfahren ein Antrag auf Erlass einer einstweiligen Anordnung abgelehnt, ist nach Abs. 2 S. 2 iVm. § 620b Abs. 2 auf Antrag **auf Grund mündlicher Verhandlung** erneut zu beschließen (s. eingehend § 620b Rn. 9). Auch ist jederzeit ein **neuer Antrag** möglich, wenn neue Tatsachen auftreten. Gleiches gilt, wenn der Antragsgegner zur Zahlung eines Prozesskostenvorschusses verpflichtet wurde. Nach Abs. 2 S. 2 iVm. § 620e kann die Vollziehung des grundsätzlich sofort vollziehbaren Beschlusses **ausgesetzt** werden. Auch dieser Beschluss ist nicht anfechtbar, jedoch zu begründen.

V. Außerkrafttreten der Anordnung, Kosten

Nach Abs. 2 S. 2 iVm. § 620f Abs. 1 S. 1 tritt die einstwAnO wegen ihres vorläufigen Charakters bei Wirksamwerden einer anderweitigen Regelung außer Kraft; dies gilt jedoch nicht in Bezug auf die Kostenentscheidung in der Hauptsache[42], weil die prozessuale Kostenpflicht nach § 91 den materiell-rechtlichen Anspruch auf Prozesskostenvorschuss nicht aufheben kann. Entsprechendes gilt, wenn das Unterhaltsverfahren durch vergleichsweise Erledigung oder Titulierung durch eine vollstreckbare Urkunde erledigt wird. Die Regelung des § 620f ist auf die Verfahren in Ehesachen abgestellt und kann deshalb für den Anspruch auf Zahlung eines Prozesskostenvorschusses wegen des das Verfahren vorbereitenden Charakters nicht herangezogen werden. Die (nicht vollzogene) einstwAnO erlischt jedoch, wenn der Antrag zurückgenommen oder anderweitig erledigt wurde. Nach Abs. 2 S. 2 iVm. § 620g gelten die im Verfahren der einstweiligen Anordnung entstehenden Kosten für die Kostenentscheidung der Unterhaltssache als Teil der Kosten der Hauptsache; § 96 gilt entsprechend (s. eingehend § 620g Rn. 1ff.). 19

VI. Gebühren und Kosten

1. Rechtsanwaltsgebühren. Anwaltsgebühren fallen gemäß § 17 Nr. 4b iVm. Nrn. 3100, 3104 VV RVG an, vgl. zu Einzelheiten § 620 Rn. 93ff. 20

2. Gerichtskosten. Nach KV Nr. 1420 fällt eine halbe Gebühr an; mehrere Entscheidungen innerhalb einer Instanz gelten als eine Entscheidung. 21

Abschnitt 3. Verfahren

Titel 1. Mündliche Verhandlung

128 *Grundsatz der Mündlichkeit; schriftliches Verfahren* **(1) Die Parteien verhandeln über den Rechtsstreit vor dem erkennenden Gericht mündlich.**

(2) [1]Mit Zustimmung der Parteien, die nur bei einer wesentlichen Änderung der Prozesslage widerruflich ist, kann das Gericht eine Entscheidung ohne mündliche Verhandlung treffen. [2]Es bestimmt alsbald den Zeitpunkt, bis zu dem Schriftsätze eingereicht werden können, und den Termin zur Verkündung der Entscheidung. [3]Eine Entscheidung ohne mündliche Verhandlung ist unzulässig, wenn seit der Zustimmung der Parteien mehr als drei Monate verstrichen sind.

(3) Ist nur noch über die Kosten zu entscheiden, kann die Entscheidung ohne mündliche Verhandlung ergehen.

(4) Entscheidungen des Gerichts, die nicht Urteile sind, können ohne mündliche Verhandlung ergehen, soweit nichts anderes bestimmt ist.

I. Normzweck (Abs. 1)

1. Grundsatz mündlicher Verhandlung. a) Obligatorische Mündlichkeit. Das geltende Verfahrensrecht hat sich nach wechselvoller Geschichte[1] im Prinzip für den Grundsatz der Mündlichkeit (Abs. 1) entschieden, verbindet ihn aber richtigerweise mit **schriftlichen Elementen,** um eine konzentrierte Verfahrensdurch- 1

---

[41] HM; s. etwa *Johannsen/Henrich/Sedemund-Treiber* Rn. 8 m. weit. Nachw.

[42] BGHZ 94, 316, 319 = NJW 1985, 2263 = FamRZ 1985, 802.

[1] Hierzu *Kip,* Das so genannte Mündlichkeitsprinzip, 1952; *Arens,* Mündlichkeitsprinzip und Prozessbeschleunigung im Zivilprozess, 1971.

führung zu ermöglichen (Einl. Rn. 45–46). Aus dem Gebot der Mündlichkeit folgt, dass Entscheidungen durch **Urteil** grundsätzlich nicht ohne mündliche Verhandlung ergehen dürfen (Ausnahmen zB in Abs. 2, §§ 251a, 283, 307 Abs. 2, 331 Abs. 3, 331a; zum Anwendungsbereich s. Rn. 5ff.). Mehrere Termine bilden eine mündliche Verhandlung iSv. § 128 (Prinzip der **Einheit der mündlichen Verhandlung**); Prozesshandlungen von Parteien und Gericht wirken – grundsätzlich auch bei Richterwechsel[2] – fort. Nur das dort Vorgetragene wird **relevanter Prozessstoff,** den das Gericht in seiner Entscheidung möglichst in engem zeitlichem Zusammenhang zur Verhandlung[3] verwerten darf und muss.[4] Schriftlich **angekündigte** Anträge und Prozesshandlungen sind daher im Termin zu stellen bzw. vorzunehmen, Behauptungen und prozessuale Rügen vorzubringen. Die **Bezugnahme** auf **vorbereitende Schriftsätze** ist dem Vortrag gleichgestellt (§ 137 Abs. 3)[5] und vermeidet die unnötige „Wiederholung" unwesentlicher Punkte. Nicht zur Entscheidungsgrundlage gehört daher das Vorbringen in **nachgereichten,** nicht nach § 283 nachgelassenen Schriftsätzen (s. § 283 Rn. 12ff.; ggf. Wiedereröffnung nach § 156).[6] Eine vorgelegte **Urkunde** wird ihrem **gesamten Inhalt** nach verwertbarer Streitstoff, wenn sie selbst Gegenstand der mündlichen Verhandlung war.[7] In Bezug genommene **Anlagen,** die einem Schriftsatz tatsächlich gar nicht beigefügt werden, können über die bloße Bezugnahme nicht Gegenstand der mündlichen Verhandlung werden.[8]

2 **b) Modifikationen.** Durchbrochen ist das Mündlichkeitsprinzip von den erwähnten Ausnahmen abgesehen in gewisser Weise durch die **Vorbereitung** der Verhandlung **durch Schriftsätze** (§ 129), die notwendige **Protokollierung** der mündlichen Verhandlung (§§ 160, 510a), die Wiedergabe des wesentlichen Parteivorbringens im Tatbestand und gesetzlich vorgeschriebene **Schriftformerfordernisse** für bestimmte Prozesshandlungen (zB §§ 253, 269 Abs. 2 S. 2, 297, 321a Abs. 2, 340, 346, 519, 520 Abs. 3, 524 Abs. 1 S. 2, 544 Abs. 1, 549 Abs. 1, 551 Abs. 2, 566 Abs. 2, 569 Abs. 2, 575 Abs. 1). § 128a modifiziert den herkömmlichen Begriff der mündlichen Verhandlung und erlaubt Ausnahmen vom Grundsatz persönlicher und gleichzeitiger Anwesenheit der Prozessbeteiligten im Gerichtssaal.

3 **c) Verhältnis zu anderen Verfahrensgrundsätzen.** Die Mündlichkeit im Urteilsverfahren steht in engem Zusammenhang mit der **Öffentlichkeit** (§ 169 GVG, Art. 6 Abs. 1 EMRK) der Verhandlung und dem Gebot der **Unmittelbarkeit** (§§ 285, 355). Denkbar, wenngleich kaum praktikabel sind Öffentlichkeit und Unmittelbarkeit auch bei rein schriftlichem Verfahren. Die ZPO hat das Verfahren daher zu Recht an einer Koppelung insbesondere von Mündlichkeit und Unmittelbarkeit ausgerichtet. So darf bei einem **Richterwechsel** das Gericht nur in der Besetzung aus der letzten mündlichen Verhandlung entscheiden (§ 309). Schriftlich erhobener Beweis (Sachverständigengutachten, Zeugenaussagen gem. § 377 Abs. 3) ist ebenso in der mündlichen Verhandlung zu erörtern wie beigezogene Akten oder Tatsachen, die das Gericht im Geltungsbereich des Untersuchungsgrundsatzes von Amts wegen berücksichtigen möchte. Ergebnisse einer kommissarischen Beweisaufnahme (§ 285 Abs. 2) oder einer solchen vor dem Einzelrichter müssen von den Parteien in der mündlichen Verhandlung vorgetragen werden. Das **Gebot rechtlichen Gehörs** (Einl. Rn. 28) ist dagegen nicht mit der Mündlichkeit verknüpft, ihm ist mit der Möglichkeit schriftlicher Stellungnahme Genüge getan.[9]

4 **d) Verstoß.** Der Verstoß gegen den Grundsatz mündlicher Verhandlung ist ein wesentlicher Verfahrensmangel.[10] Er kann durch Rechtsmittel gerügt werden, sofern nicht Heilung durch **Verzicht** eingetreten ist.[11]

5 **2. Anwendungsbereich. a) Grundsatz.** Das Gebot der Mündlichkeit gilt grundsätzlich im gesamten **Urteilsverfahren,** nicht im Beschwerdeverfahren (§§ 572 Abs. 4, 577 Abs. 6 iVm Abs. 4), im Mahnverfahren sowie im Aufgebotsverfahren (§ 947 Abs. 1 S. 2). Für das arbeitsgerichtliche Verfahren vgl. § 46 Abs. 2 ArbGG.[12] Für das Arrestverfahren gilt nach Aufhebung von § 921 Abs. 1 aF jetzt Abs. 4. Zur schriftlichen Zeugenaussage s. § 377 Abs. 3. Für die Entscheidung über den Versorgungsausgleich trifft § 53b Abs. 1 FGG eine Sonderregelung, die auch bei isolierter Beschwerde (§§ 629a Abs. 2 S. 1, 621e, 621a Abs. 2) § 128 vorgeht.[13] Im Verfahren nach Einspruch gegen einen Vollstreckungsbescheid darf wegen §§ 700 Abs. 4, 276 Abs. 1 S. 1 die Klage nicht ohne mündliche Verhandlung durch sog. unechtes Versäumnisurteil (s. hierzu Vorb. § 330 Rn. 11–12) als unzulässig abgewiesen werden.[14]

6 **b) Sonstige Fälle, Reform.** Im Übrigen beseitigte die ZPO-Reform mit Abs. 4 die bislang missliche Kasuistik für **Beschlussverfahren.** Teilweise war die mündliche Verhandlung fakultativ gewesen, teilweise notwendig. Nach dem in Abs. 4 aufgestellten Grundsatz kann das Gericht nun vorbehaltlich anderer Regelung

---

[2] AA für die Anträge BAG NJW 1971, 1332; hiergegen zu Recht MK/*Wagner* Rn. 12; *St/J/Leipold* Rn. 44; *T/P/Reichold* § 137 Rn. 1; *Zö/Greger* § 137 Rn. 2; offen BGH FamRZ 1986, 898; s. auch LG Nürnberg-Fürth NJW 1981, 2585 (für Erledigungserklärung).

[3] OLG Hamm FamRZ 1997, 1166 (Urteilsverkündung elf Monate nach Verhandlung verstößt gegen § 128).

[4] Vgl. nur BAG NJW 1996, 2749.

[5] Vgl. BGH NJW 1984, 128, 129.

[6] OLG Köln NJW-RR 1991, 1536; auch nicht bloße Rechtsausführungen zum konkreten Fall, *St/J/Leipold* Rn. 33.

[7] BGH NJW 1984, 128, 129.

[8] BGH NJW 1995, 1841, 1842.

[9] AllgM, *St/J/Leipold* Rn. 7 und vor § 128 Rn. 47f.; *Grunsky* IPRax 1985, 82.

[10] BGH LM Nr. 4.

[11] Zur Heilung durch rügelose Verhandlung RGZ 115, 222, 223.

[12] S. hierzu BAG NJW 2006, 3022.

[13] BGH NJW 1983, 824, 825; für erstinstanzlich abgetrenntes Versorgungsausgleichsverfahren OLG Koblenz FamRZ 1985, 1144; OLG Hamm FamRZ 1980, 702.

[14] OLG Nürnberg NJW-RR 1996, 58.

auf die mündliche Verhandlung verzichten (s. Rn. 24f.), wenn seine Entscheidung durch Beschluss ergehen wird. Im **Schiedsverfahren** besteht die Verpflichtung, mündlich zu verhandeln nur nach Maßgabe von § 1047 (s. dort Rn. 2). Im Vollstreckbarerklärungsverfahren ist die mündliche Verhandlung unter den Voraussetzungen von § 1063 Abs. 2 zwingend.[15]

c) **Erkennendes Gericht.** Abs. 1 gebietet eine mündliche Verhandlung nur vor dem erkennenden Gericht, einschließlich des Einzelrichters (§§ 348, 348a) und des Vorsitzenden der Kammer für Handelssachen (§ 349). Nicht erfasst sind daher Verhandlungen mit dem Vorsitzenden, vor dem ersuchten/beauftragten Richter (§§ 361, 362), Urkundsbeamten bzw. Rechtspfleger[16] oder für Entscheidungen der Justizverwaltung (PKH, Entscheidung über Richterablehnung[17]). Abs. 1 gilt in allen Instanzen.[18] 7

d) **Verhandlung.** Verhandlung iSv. Abs. 1 ist nur die streitige oder bei Säumnis einer Partei auch einseitige[19] (s. §§ 239 Abs. 4, 330ff.) Verhandlung zur Hauptsache, **nicht die Beweisaufnahme** oder die Verkündung von Entscheidungen. Ebenso wenig ist die nach § 278 Abs. 2 S. 1 ausdrücklich **vorgeschaltete** obligatorische **Güteverhandlung** Teil der mündlichen Verhandlung. Dem Erfordernis mündlicher Verhandlung wird allein durch das Verlesen der Anträge nicht Genüge getan. Ein Verstoß gegen Abs. 1 liegt vor, wenn die Parteien nicht zur Sache verhandeln, der Beklagte etwa ohne Kenntnis des Prozessstoffs lediglich Klageabweisung beantragt.[20] 8

e) **Parteien.** Abs. 1 gilt nur für das Verhandeln der **Parteien** (zum Begriff s. § 50 Rn. 3) für **Dritte** erst, nachdem sie dem Rechtsstreit beigetreten sind (zB Streithelfer, s. §§ 66, 74). Teilweise schreibt das Gesetz für den **Zwischenstreit** mit Nichtprozessbeteiligten ausdrücklich mündliche Verhandlung oder Entscheidung durch Urteil vor, s. §§ 71 Abs. 1 S. 1, 135 Abs. 2, 387, 408 iVm. 402. 9

II. Schriftliches Verfahren mit Zustimmung der Parteien (Abs. 2)

1. **Anwendungsbereich, Zulässigkeit und Zweck.** Abs. 2 ist eine allgemeine Durchbrechung des Grundsatzes der Mündlichkeit (Abs. 1). Sie findet für alle Verfahren der ZPO Anwendung (einschließlich Ehesachen, im arbeitsgerichtlichen Verfahren nur in der Berufungs- und Revisionsinstanz, §§ 46 Abs. 2 S. 2, 64 Abs. 6, 72 Abs. 5 ArbGG). Schriftliches Verfahren ist nur zulässig, wenn der Rechtsstreit weiterer Förderung bedarf und diese so einfacher und schneller zu erreichen ist.[21] Die Anordnung nach Abs. 2 ist daher unzulässig, wenn der Rechtsstreit nach mündlicher Verhandlung **bereits entscheidungsreif** ist.[22] Zulässig ist die Anordnung nach bereits erfolgter mündlicher Verhandlung, wenn dadurch ein weiterer Termin entbehrlich wird, etwa nach Widerruf eines Prozessvergleichs. 10

2. **Verhältnis zu anderen Vorschriften.** § 495a ermöglicht für sog. **Bagatellverfahren** eine Entscheidung ohne mündliche Verhandlung, ohne dass die Voraussetzungen nach Abs. 2 vorliegen müssen (s. § 495a Rn. 7). Für nachgereichte Schriftsätze treffen §§ 139 Abs. 5, 283 eine Sonderregelung, die das Mündlichkeitsprinzip zu Lasten der zögerlichen Partei teilweise aufheben. Schriftliche Erwiderungen auf den **nachgelassenen Schriftsatz** selbst wiederum sind nach § 128 Abs. 2, nicht nach § 283 zu beurteilen.[23] Im schriftlichen Vorverfahren kann das Gericht unabhängig von Abs. 2 ein **Anerkenntnis-** (§ 307 Abs. 2) bzw. **Versäumnisurteil** (§ 331 Abs. 3) erlassen. 11

3. **Voraussetzungen. a) Zustimmung der Parteien.** Sie ist **Prozesshandlung,** § 78 gilt auch insoweit.[24] Beide Parteien müssen dem schriftlichen Verfahren übereinstimmend in mündlicher Verhandlung (aus Gründen der Rechtssicherheit nicht fernmündlich,[25] s. aber § 130a) oder schriftlich zustimmen; Schweigen auf einen entsprechenden Vorschlag des Gerichts genügt nicht.[26] Übereinstimmende Zustimmung liegt nicht vor, wenn die Zustimmung einer Partei erst erfolgt, nachdem die andere Partei ihre bereits widerrufen hat.[27] Die Berufung auf einen Formmangel kann jedoch treuwidrig sein[28] bzw. der Verfahrensfehler ohne Einfluss auf den Inhalt der Entscheidung[29] (s. Rn. 21). Die Zustimmung ist grundsätzlich **unwiderruflich**[30] (s. unten Rn. 14) und **bedingungsfeindlich**[31]. Sie steht der Antragstellung iSv. § 43 gleich.[32] 12

---

[15] BayObIGZ 1999, 55, 56f. = NJW-RR 2000, 807, 808.
[16] Zu Ausnahmen *St/J/Leipold* Rn. 12.
[17] *T/P/Reichold* Rn. 4.
[18] *St/J/Leipold* Rn. 23.
[19] MK/*Wagner* Rn. 6.
[20] OLG Zweibrücken OLGZ 1983, 329; OLG Bamberg OLGZ 1976, 351, 352f.
[21] BGH NJW 1992, 2146, 2147; BGHZ 17, 118, 119 = NJW 1955, 988.
[22] BGH NJW 1992, 2146; BGHZ 18, 61, 62 = NJW 1955, 1357.
[23] OLG Schleswig SchlHA 1983, 182.
[24] OLG Zweibrücken FamRZ 1999, 456.
[25] BVerwG NJW 1983, 189; 1981, 1852; BGH NJW 1992, 2146, 2147 (telefonische Zustimmung zur Überschreitung der 3-Monats-Frist); offen gelassen in BGH WM 2000, 2557, 2558.
[26] BGH NZV 2007, 349 (Schweigen auf Anordnung „im vermuteten Einverständnis der Parteien"); LG München NJW 1955, 995, 996; LG Nürnberg-Fürth NJW 1981, 2586; *St/J/Leipold* Rn. 57; *Zö/Greger* Rn. 4; im Grundsatz auch *B/L/H* Rn. 19.
[27] BGH NJW 2001, 2479 (zu § 524 Abs. 4 aF, für den § 128 Abs. 2 S. 1 analog galt).
[28] BGH WM 2000, 2557, 2558; BVerwG NJW 1981, 1852, 1853.
[29] BGH WM 2000, 2557, 2558; NJW 1992, 2146, 2147.
[30] BGHZ 28, 278 = NJW 1959, 244; BGH NJW 1962, 1819.
[31] BGHZ 18, 61, 62f. = NJW 1955, 1357; OLG Zweibrücken FamRZ 1999, 456; *B/L/H* Rn. 20.
[32] OLG München MDR 1980, 145, 146.

13 Im Fall der **Streitgenossenschaft** ist zu unterscheiden: Bei einfacher Streitgenossenschaft wirkt die Zustimmung nur für den Prozess des Zustimmenden (§ 61); wird keine Einigung unter den Streitgenossen über die Schriftlichkeit erzielt, ist zweckmäßigerweise nach § 145 oder § 301 zu verfahren. Im Fall notwendiger Streitgenossenschaft müssen alle zustimmen. Es gilt aber auch insoweit § 62: Die Zustimmung eines in der mündlichen Verhandlung Anwesenden wirkt für den/die säumigen Streitgenossen. Der **unselbständige Nebenintervenient** muss nicht, kann jedoch nach § 67 wirksam zustimmen, solange die Hauptpartei nicht widerspricht.[33] Dagegen ist die Zustimmung des in der Hauptverhandlung anwesenden **streitgenössischen Nebenintervenienten** (§ 69) notwendig.[34] Im **Zwischenstreit** nach § 387 darf ohne mündliche Verhandlung nur entschieden werden, wenn auch der Zeuge zustimmt (§ 387 Rn. 2).[35]

14 **b) Widerruf.** Sobald auch der Gegner zugestimmt hat, ist die Zustimmungserklärung unwiderruflich und unanfechtbar.[36] Abs. 2 lässt aber ausnahmsweise einen Widerruf bei **wesentlicher Änderung der Prozesslage** zu. Dies ist insbesondere bei geänderten Sachanträgen, wesentlichen neuen Behauptungen und Beweismitteln der Fall, ggf. bei richterlichem Hinweis nach § 139. Nicht ausreichend ist der unerwartete oder „schlechte" Ausgang einer Beweisaufnahme.[37] Entscheidend ist eine **objektive Betrachtung**, nicht die subjektive Sicht der Parteien.[38] Da Abs. 2 eine Durchbrechung des Mündlichkeitsprinzips darstellt, ist im Zweifel trotz des Ausnahmecharakters des Widerrufs dieser zuzulassen bzw. von Amts wegen zur mündlichen Verhandlung zurückzukehren.[39] Beides führt zum rückwirkenden Wegfall des schriftlichen Verfahrens,[40] so dass das Gericht seine Entscheidung dann ausschließlich auf Grund mündlicher Verhandlung fällen darf. Abs. 2 ist entsprechend anwendbar auf den Widerruf einer Einverständniserklärung nach § 527 Abs. 4, sofern übereinstimmende Parteierklärungen zu einem Zeitpunkt zunächst vorgelegen haben.[41] Das Einverständnis mit der Einzelrichterentscheidung ist dann nur bei wesentlicher Änderung der Prozesslage widerrufbar.

15 **4. Entscheidung über schriftliches Verfahren. a) Ermessen.** Die Zustimmung der Parteien ist bloße Ermächtigung, das Gericht entscheidet nach pflichtgemäßem Ermessen auf Grund des **gesamten** bisherigen (mündlichen und schriftlichen), nicht nach § 296 zurückgewiesenen Parteivorbringens über die Anordnung des schriftlichen Verfahrens.[42] Ein Überschreiten der Ermessensgrenzen kann die Revision begründen.[43]

16 **b) Anordnung.** Die Anordnung schriftlichen Verfahrens ergeht durch einen förmlich zuzustellenden, jederzeit von Amts wegen **abänderbaren**[44] Beschluss (§ 329 Abs. 2 S. 2) oder noch in der mündlichen Verhandlung. Er bestimmt gemäß **Abs. 2 S. 2** den Zeitpunkt, bis zu dem die Parteien Schriftsätze einreichen können, sowie den Verkündungstermin, für dessen Anberaumung Abs. 2 S. 3 zu beachten ist. Das Ende der Schriftsatzfrist entspricht dem **„Schluss der mündlichen Verhandlung"** iSv. §§ 136 Abs. 4, 296a, 323 Abs. 2, 767 Abs. 2. Geht kurz vor Ende der für beide Parteien gleichermaßen gesetzten Frist ein Schriftsatz mit neuem entscheidungserheblichem Vortrag ein, so muss dem Gegner durch Verlängerung der Schriftsatzfrist für beide Parteien bzw. einseitige (§ 283 analog[45]) Fristverlängerung oder Wiedereröffnung der mündlichen Verhandlung (§ 156) rechtliches Gehör gewährt werden.[46] Für nach Ablauf der Schriftsatzfrist nach Abs. 2 S. 2 eingegangenen Vortrag gilt § 296a. Notwendigenfalls ist der Verkündungstermin zu verschieben, soweit Abs. 2 S. 3 dies zulässt, andernfalls die mündliche Verhandlung anzuberaumen.

17 **5. Umfang und Wirkungen. a) Zeitliche Geltung.** Die Zustimmung der Parteien ermächtigt nur zum schriftlichen Verfahren **bis zur nächsten Sachentscheidung.** Im Einzelnen ist – vom Urteil abgesehen – streitig, wann eine solche die Zustimmung konsumierende Entscheidung vorliegt. Nach hM fallen hierunter Verweisungsbeschlüsse (§ 281) sowie Entscheidungen über Sachanträge, die das Urteil vorbereiten und sonst grundsätzlich auf Grund mündlicher Verhandlung ergehen: Beweisbeschlüsse,[47] Entscheidung über Zwischenstreit, nicht hingegen prozessleitende Verfügungen bzw. Beschlüsse oder Hinweise nach § 139. Verweisungen nach § 348a Abs. 1, 2 sollten wegen Änderung der Prozesslage richtigerweise nur zum Widerruf berechtigen, nicht aber die Zustimmung „verbrauchen".[48] Ergeht keine Gerichtsentscheidung, so **erlischt** – um einer Prozessverzögerung vorzubeugen – **die Zustimmung** der Parteien nach drei Monaten (Abs. 2 S. 3). Die Frist steht nicht zur Disposition von Gericht und Parteien.[49]

18 **b) Entscheidungsgrundlage.** In der auf Grund des schriftlichen Verfahrens zu fällenden Entscheidung muss das Gericht auch **Ergebnisse früherer Verhandlungstermine** berücksichtigen. Der Inhalt vorbereitender Schriftsätze wird ohne weiteres Prozessstoff. § 309 findet bei Richterwechsel weder direkt noch analog

---

33 BayObLG NJW 1964, 302.
34 *T/P/Reichold* Rn. 25; *Ro/S/Go* § 79 Rn. 67 (Widerspruch macht Einverständnis der Partei wirkungslos).
35 OLG Frankfurt/M NJW 1968, 1240.
36 BGH NJW 2001, 2480.
37 OVG Lüneburg NVwZ-RR 2004, 390.
38 BGH JZ 1989, 102, 103.
39 MK/*Peters* Rn. 27.
40 *Ro/S/Go* § 79 Rn. 77.
41 BGHZ 105, 270, 273 = NJW 1989, 229; NJW 2001, 2479 (zu § 524 Abs. 4 aF).
42 BGH MDR 1968, 314.
43 BGH NJW-RR 1992, 1065.
44 *Ro/S/Go* § 79 Rn. 74.
45 MK/*Wagner* Rn. 35.
46 BVerfGE 50, 280, 285.
47 BGHZ 31, 210, 215 = NJW 1960, 572; *Ro/S/Go* § 79 Rn. 78.
48 MK/*Wagner* Rn. 32; RG JW 1932, 646; aA BGHZ 18, 61, 62f. = NJW 1955, 1357; *St/J/Leipold* Rn. 62–65.
49 BGH NJW 1992, 2146, 2147.

Anwendung.[50] Es entscheidet das Gericht in der durch die Geschäftsverteilung vorgegebenen Zusammensetzung im Zeitpunkt der Entscheidungsfindung. Schriftliche Wiederholung des Vortrags aus vorangegangener mündlicher Verhandlung empfiehlt sich gegebenenfalls bei fehlender Aktenkundigkeit, wenn nach Übergang ins schriftliche Verfahren die Zusammensetzung des Gerichts wechselt.[51] Berücksichtigt das Gericht aber Streitstoff, der weder **aktenkundig noch vorgetragen** ist, so kann dies die Revision begründen[52] bzw. unter den Voraussetzungen von § 321a zum **Abhilfeverfahren** wegen der Verletzung rechtlichen Gehörs führen. Die Entscheidung ist im anberaumten Termin zu verkünden; wird entgegen Abs. 2 an Verkündungs Statt zugestellt, so liegt trotz des Verfahrensfehlers ein wirksames, in der Berufung sachlich überprüfbares Urteil vor.[53]

c) **Heilung von Verfahrensfehlern.** Durch rügelose Einlassung nach § 295 ist nach hM auch im schriftlichen Verfahren nach Abs. 2–4 Heilung von Verfahrensfehlern möglich. Der rügelosen Einlassung in „der nächsten Verhandlung" entspricht es, wenn die betroffene Partei den bekannten oder erkennbaren Mangel in ihrem **nächsten Schriftsatz** nicht rügt.[54] Durch bloßes Schweigen ohne Einlassung geht das Rügerecht entsprechend § 295 nicht verloren.[55] 19

d) **Versäumnisurteil.** Auf Grund des schriftlichen Verfahrens kann kein Versäumnisurteil ergehen; § 331 Abs. 3 ist nach hM mangels Vergleichbarkeit mit dem nur die mündliche Verhandlung vorbereitenden schriftlichen Vorverfahren auch nicht analog anwendbar.[56] 20

e) **Rechtsmittel.** Auch Verstöße gegen Abs. 2, welche nicht geheilt sind (Rn. 20), stellen einen im Rechtsmittelwege zu rügenden Verfahrensfehler dar. Allerdings handelt es sich nicht um einen absoluten Revisionsgrund nach § 547. Die angefochtene Entscheidung muss auf dem Fehler beruhen.[57] Bei Prüfung der Ursächlichkeit kann aber ein überlanger Zeitraum zwischen dem Schluss der mündlichen Verhandlung und Beratung bzw. Verkündung für die Kausalität sprechen.[58] Formfehlerhafte Zustimmung nach Abs. 2 wird häufig nicht genügen (s. Rn. 12). Bei der Verletzung rechtlichen Gehörs wandte die hM bislang § 513 aF analog an (s. 2. Aufl. Rn. 31), nunmehr kommt das **Abhilfeverfahren nach § 321a** zum Zuge. 21

III. Verzicht auf mündliche Verhandlung bei Kostenentscheidung

1. Reform. Abs. 3 ist durch das Gesetz zur Reform des Zivilprozesses neu gefasst worden. Abs. 3 aF überschnitt sich partiell mit § 495a und hatte nur einen kleinen eigenständigen Anwendungsbereich. Rechtspolitisch war die Vorschrift umstritten, da wegen § 511a aF ein Rechtsmittel gegen das ergehende Urteil nicht möglich war. Die Vorschrift ist daher **durch Abs. 4 ersetzt** (Rn. 24f.). Statt ihrer sieht der ebenfalls neu gefasste § 495a vor, dass bei einem Streitwert von bis zu 600 das Verfahren nach Ermessen des Gerichts gestaltet wird. § 495a S. 2 übernimmt die auch in § 128 Abs. 3 S. 4 aF enthaltene Regelung, wonach auf Antrag einer Partei mündlich zu verhandeln ist (s. § 495a Rn. 7). 22

2. Entscheidung über Kosten. Abs. 3 stellt es nunmehr in das **Ermessen** des Gerichts („kann") auf eine mündliche Verhandlung zu verzichten, wenn nur noch über die Kosten des Rechtsstreits zu entscheiden ist. Hauptanwendungsbereich sind Kostenentscheidungen nach übereinstimmender Erledigungserklärung und nach Klagerücknahme bzw. Rücknahme der Berufung. §§ 91 Abs. 1 S. 2 wurde daher gestrichen, ebenso sind geändert §§ 269 Abs. 3 S. 4, 515 Abs. 3 S. 3 aF (jetzt: §§ 269 Abs. 4 nF, 516 nF). Im ersten Reformentwurf war – im Hinblick auf Art. 6 EMRK – in einem zweiten Satz noch die Regelung enthalten, dass auf Antrag mündliche Verhandlung anzuberaumen ist. Dieser Zusatz ist entfallen, ohne dass sich in der Sache damit eine grundlegende Änderung ergäbe. Das Gericht muss auf Antrag oder Anregung einer Partei hin seine Ermessensentscheidung überprüfen und wenn es zu dem Ergebnis kommt, das rechtliche Gehör sei durch eine mündliche Verhandlung besser gewahrt, eine solche anberaumen.[59] 23

IV. Fakultative mündliche Verhandlung

1. Grundsatz. In Anpassung an §§ 101 Abs. 3 VwGO, 90 Abs. 2 S. 2 FGO, 124 Abs. 3 SGG enthält Abs. 4 nun eine **Generalklausel** für fakultative mündliche Verhandlungen, wenn das Gericht **nicht durch Urteil** entscheidet. Die Frage der mündlichen Verhandlung ist also von der **Form der zu treffenden Entscheidung** abhängig. Abs. 4 ersetzt damit die bislang äußerst unbefriedigende Kasuistik zahlreicher Einzel- 24

---

[50] BGH NJW-RR 1992, 1065; BGHZ 11, 27, 29 = NJW 1954, 266; MK/*Wagner* Rn. 39; *Musielak* § 309 Rn. 5; *St/J/Leipold* Rn. 96; *Ro/S/Go* § 79 Rn. 81 entgegen 14. Aufl.; aA *Krause* MDR 1982, 184; *Auernhammer* ZZP 67 (1954), 256, 262.

[51] MK/*Wagner* Rn. 38; *St/J/Leipold* Rn. 96.

[52] BGH NJW-RR 1992, 1065; *Zö/Greger* Rn. 11; *T/P/Reichold* Rn. 36.

[53] OLG Frankfurt/M MDR 1980, 320.

[54] *B/L/H* § 295 Rn. 8; *Bischof* NJW 1985, 1143, 1144; *Zö/Greger* § 295 Rn. 8.

[55] *Bischof* NJW 1985, 1143, 1144; aA (mit Ablauf der Schriftsatzfrist) *T/P/Reichold* § 295 Rn. 6; *Zö/Greger* § 295 Rn. 8; *St/J/Leipold* § 295 Rn. 31.

[56] BVerfG NJW 1993, 2864; *Ro/S/Go* § 109 I 2e; *T/P/Reichold* Rn. 34; aA *Bull* JR 1961, 247, 248f.

[57] BGH NJW 1992, 2146, 2147; 1990, 121, 122; BAG NJW 1996, 2749 (für großzügige Handhabung); für analoge Anwendung von § 551 Nr. 5 BAG AP Nr. 9.

[58] BAG NJW 1996, 2749 (Beratung und Verkündung nach sechs Monaten); GmS-OGB NZA 1993, 1147; ähnlich OLG Stuttgart AnwBl 1989, 232 für Überschreiten der Dreimonatsfrist.

[59] Bereits nach hM zu § 128 Abs. 3 aF musste das Gericht von Amts wegen die Anordnung nach Abs. 3 aF wieder aufheben, wenn die dort genannten Voraussetzungen für den Verzicht auf eine mündliche Verhandlung entfallen waren.

vorschriften der ZPO; die nun normierte Grundregel entsprach bereits unter altem Recht der Regelhandhabung. §§ 91 Abs. 1 S. 2, 281 Abs. 2 S. 2, 356 S. 2, 406 Abs. 4, 921 Abs. 1, 1063 Abs. 1 S. 1 aF wurden dementsprechend gestrichen bzw. geändert. Angepasst an den Grundsatz in Abs. 3 sind § 522 Abs. 1 S. 2 (Entscheidung über Zulässigkeit der Berufung), § 552 Abs. 2 (Entscheidung über Zulässigkeit der Revision) sowie §§ 934 Abs. 3, 942 Abs. 4. Neu hinzugekommen sind als Beschlussentscheidungen, die im Regelfall ohne mündliche Verhandlung ergehen, § 522 Abs. 2 (einstimmige Zurückweisung der Berufung) sowie § 544 Abs. 4 S. 1 (Entscheidung über Nichtzulassungsbeschwerde). Einzelvorschriften haben nur noch Bedeutung, soweit sie ausdrücklich eine **notwendige mündliche Verhandlung** anordnen (s. zB §§ 71 Abs. 1, 135 Abs. 2, 320 Abs. 3, 321 Abs. 3, 1063 Abs. 2).

25 **2. Entscheidung über mündliche Verhandlung.** Maßgebliches Kriterium ist, ob im konkreten Fall ausnahmsweise durch mündliches Verhandeln die Streitpunkte schneller und effektiver geklärt werden können. Die Entscheidung ist förmlich zuzustellen, wenn sie eine Terminsbestimmung enthält (§ 329 Abs. 2 S. 2). Sie ist nicht beschwerdefähig.[60] § 567 Abs. 1 Nr. 2 findet keine Anwendung, da die Entscheidung von Amts wegen zu treffen ist, ein dennoch gestellter Antrag ist nicht „Gesuch" im Sinne des Beschwerderechts. **Grundlage für die zu erlassende Sachentscheidung** ist der gesamte Akteninhalt bei Erlass der Entscheidung.

V. Gebühren und Kosten

26 **1. Rechtsanwaltsgebühren.** Der Anwalt erhält bei Entscheidung gem. § 128 Abs. 2 die volle Terminsgebühr (Nr. 3104 Abs. 1 Nr. 1 VV RVG). Sie fällt nicht an bei schriftlicher Erledigungserklärung und Kostenentscheidung ohne mündliche Verhandlung.[61]

27 **2. Gerichtskosten.** Mündliches und schriftliches Verfahren folgen grundsätzlich denselben Regeln. Die Gebührenermäßigung gemäß KV Nr. 1211 bei einer Beendigung des Verfahrens durch Klagerücknahme ist im Falle mündlicher Verhandlung davon abhängig, dass sie vor deren Schluss erfolgt; im Übrigen vor dem Zeitpunkt, der in KV Nr. 1211 genannt ist.

128a *Verhandlung im Wege der Bild- und Tonübertragung*

(1) ¹Im Einverständnis mit den Parteien kann das Gericht den Parteien sowie ihren Bevollmächtigten und Beiständen auf Antrag gestatten, sich während einer Verhandlung an einem anderen Ort aufzuhalten und dort Verfahrenshandlungen vorzunehmen. ²Die Verhandlung wird zeitgleich in Bild und Ton an den Ort, an dem sich die Parteien, Bevollmächtigten und Beistände aufhalten, und in das Sitzungszimmer übertragen.

(2) ¹Im Einverständnis mit den Parteien kann das Gericht gestatten, dass sich ein Zeuge, ein Sachverständiger oder eine Partei während der Vernehmung an einem anderen Ort aufhält. ²Die Vernehmung wird zeitgleich in Bild und Ton an den Ort, an dem sich ein Zeuge oder ein Sachverständiger während der Vernehmung aufhalten, und in das Sitzungszimmer übertragen. ³Ist Parteien, Bevollmächtigten und Beiständen nach Absatz 1 gestattet worden, sich an einem anderen Ort aufzuhalten, so wird die Vernehmung zeitgleich in Bild und Ton auch an diesen Ort übertragen.

(3) ¹Die Übertragung wird nicht aufgezeichnet. ²Entscheidungen nach den Absätzen 1 und 2 sind nicht anfechtbar.

I. Allgemeines

1 Der durch die ZPO-Reform neu eingefügte § 128a fördert den Einsatz moderner Kommunikationstechnologie im Zivilprozess.[1] Setzt der herkömmliche Begriff der mündlichen Verhandlung voraus, dass die Prozessbeteiligten bzw. die Parteivertreter **persönlich und gleichzeitig im Gerichtssaal anwesend sind,** so wird dieser Grundsatz nun nach Abs. 1 allgemein für Verfahrenshandlungen, in Abs. 2 für die Beweisaufnahme durchbrochen. Abs. 2 ist gegenüber den durch das JMoG 2004 eingefügten § 284 S. 2–4 spezieller und gehört systematisch in das Beweisrecht. Die Vorschrift wurde in die ZPO eingefügt, nachdem man in Pilotprojekten im verwaltungs- und finanzgerichtlichen Verfahren sowie im Strafprozess mit § 247a StPO (audiovisuelle Zeugenvernehmung) überwiegend gute Erfahrungen gesammelt hatte.[2] Die persönliche Anwesenheit einzelner Verfahrensbeteiligter wird ersetzt durch **die zeitgleiche Bild- und Tonübertragung** („live"). Erforderlich bleibt – von Augenscheinsterminen abgesehen – in jedem Fall die Anwesenheit des Gerichts im Sitzungssaal, insoweit erfährt § 219 Abs. 1 keine Einschränkung (s. dort Rn. 1). Anders als § 247a StPO, der ausschließlich dem Zeugenschutz dient,[3] kann die Videoübertragung im Zivilprozess vor allem dazu beitragen, Kosten und Zeit durch Anreise der Beteiligten zu sparen. Nennenswerte praktische Bedeutung hat die Vorschrift bislang noch nicht erlangt – zumeist fehlt den Gerichten die notwendige

---

[60] So zu § 128 Abs. 3 aF RGZ 54, 348; *St/J/Leipold* Rn. 116; *T/P/Reichold* Rn. 15.

[61] OLG Karlsruhe NJW-RR 2007, 503.

[1] Für andere Verfahrensordnungen gilt § 128a kraft Verweises auf die subsidäre Geltung der ZPO: § 173 VwGO, § 202 SGG, § 46 Abs. 2 ArbGG, § 4 InsO, § 15 FGG. S. auch §§ 91a, 93a FGO.

[2] S. hierzu *Heckel,* VBl. 2001, 1 ff. zum baden-württembergischen Pilotprojekt „Virtuelles Verwaltungsgericht" am VG Sigmaringen; *Diemer* NJW 1999, 1667 für das Strafverfahren; allg. *Geiger* ZRP 1998, 365; *Köhnken* StV 1995, 376.

[3] Die Vorschrift wurde – zusammen mit § 255a StPO – eingeführt durch das Gesetz zum Schutz von Zeugen bei Vernehmungen im Strafverfahren und zur Verbesserung des Opferschutzes vom 30. 4. 1998.

technische Infrastruktur.[4] Zum Einsatz von Videotechnik bei grenzüberschreitender Beweiserhebung s. Rn. 8.

II. Abwesenheit der Parteien (Abs. 1)

1. Voraussetzungen. Nach Abs. 1 können Parteien bzw. ihre Bevollmächtigten und Beistände sich an einem beliebigen Ort außerhalb des Sitzungssaales aufhalten und von dort aus Verfahrenshandlungen vornehmen, die als Bestandteil der mündlichen Verhandlung gelten. Der Begriff der Verfahrenshandlungen ist weit zu fassen (zB Anträge, Tatsachenbehauptungen, Rechtsausführungen, Befragungen nach § 141).[5] Die räumliche Entfernung spielt grundsätzlich keine Rolle, bei der Anordnung ist jedoch die (bei geringer Entfernung ebenfalls geringe) Kosten- und Zeitersparnis gegenüber dem Verlust des direkten Eindrucks bei persönlicher Anwesenheit abzuwägen.[6] Voraussetzung ist das **beiderseitige Einverständnis** der Parteien[7] (auch konkludent möglich), ein entsprechender **Antrag** sowie die Möglichkeit, die Verfahrenshandlungen der abwesenden Person(en)/bzw. ihrer Vertreter **zeitgleich** in Bild und Ton in den Sitzungssaal zu übertragen und umgekehrt die dort stattfindende Verhandlung an den Aufenthaltsort der Parteien. Nur die wechselseitige visuelle und akustische Wahrnehmbarkeit gewährleistet eine der herkömmlichen mündlichen Verhandlung adäquate Verhandlungssituation. Es müssen also jeweils die dafür notwendigen technischen Voraussetzungen gegeben sein; das Prozessgericht kann die Amtshilfe (§ 158 GVG) anderer Behörden mit entsprechender Ausstattung in Anspruch nehmen. Der Ort, an dem sich die Parteien oder ihre Vertreter für die Konferenzschaltung befinden, muss weder Gerichtssaal noch öffentlich zugänglich sein.[8] Der **Grundsatz der Öffentlichkeit** bezieht sich **nur auf den Gerichtssaal,** die Kontrollfunktion der Öffentlichkeit bleibt durch die zeitgleiche Übertragung dorthin erhalten.[9] Dabei ist es nicht notwendig, dass die im Gerichtssaal anwesenden Zuhörer die Übertragung visuell verfolgen können; der akustische Eindruck genügt. Auch **sitzungspolizeiliche Maßnahmen** können nur innerhalb des Sitzungssaales ergehen.[10] Dem Vorsitzenden bleibt aber die Möglichkeit bei Störungen, die von den zugeschalteten Prozessbeteiligten ausgehen und bei persönlicher Anwesenheit die Entfernung aus dem Gerichtssaal rechtfertigen würden, die technische **Verbindung zu unterbrechen.** 2

Str. ist, ob neben dem **Einverständnis** der Parteien, welches in Abs. 1 und 2 ausdrücklich gefordert wird, auch die **sonstigen Beteiligten** (Urkundsbeamter, Zuhörer, Beweispersonen im Fall von Abs. 2) in die Übertragung einwilligen müssen. § 24 KunstUrhG befreit hiervon nur, wenn man in der Übertragung eine „Verbreitung“ zum „Zwecke der Rechtspflege“ sieht oder im Wege des erst-Recht-Schlusses die bloße Filmaufnahme ohne öffentliches Verbreiten nicht vom Einwilligungserfordernis des § 22 KunstUrhG erfasst sieht. Beides ist vertretbar.[11] Dennoch ist für die Praxis anzuraten, im Hinblick auf die mögliche Beeinträchtigung von Persönlichkeitsrechten (Art. 1, 2 GG) den Zuhörern die Videoaufzeichnung anzukündigen und Gelegenheit zu geben, sich zu entfernen.[12] Zum Einverständnis der Beweisperson bei Abs. 2 s. Rn. 9. 2a

Der Einsatz von Videotechnik begegnet – soweit er die Anwesenheit der Partei(vertreter) ersetzt – kaum Bedenken, da anders als bei Beweisaufnahmen (s. Rn. 6) der persönliche Eindruck der Prozessbeteiligten von untergeordneter Bedeutung ist. Der **Unmittelbarkeitsgrundsatz** in dem Sinne, dass das Urteil auf der mündlichen Verhandlung beruhen muss und von den daran teilnehmenden Richtern zu fällen ist, bleibt durch die Simultanübertragung unbeeinträchtigt. Die Vorgehensweise bietet sich ebenfalls an, wenn die Parteivertreter persönlich in der Verhandlung anwesend sind, die Naturalpartei aber für eine **persönliche Anhörung** auf diese Weise zugeschaltet werden kann. In diesem Fall ist es – wie bei der herkömmlichen Verhandlung – nicht erforderlich, dass der gesamte Terminsablauf übertragen wird, die Zuschaltung erfolgt entsprechend Abs. 2 (förmliche Vernehmung) nur für die Anhörung. 3

2. Rechtsfolgen. Die unter den in Abs. 1 genannten Voraussetzungen in einer Videokonferenz zugeschalteten Prozessbeteiligten gelten **rechtlich als anwesend** und geben ihre Prozesserklärungen „in der mündlichen Verhandlung“ ab.[13] Anders als nur fernmündlich abgegebene Erklärungen,[14] bestehen bei der Videoübertragung unter dem Aspekt der Rechtssicherheit (zB Identität der Beteiligten, Verständigungsschwierigkeiten) keine Bedenken. Die Vorschriften über **Protokollierung** und die Beweiskraft des Protokolls gelten ohne Einschränkungen (s. unten Rn. 10). Bei **technischen Störungen** der Videokonferenz muss die mündliche Verhandlung unterbrochen werden.[15] Geschieht dies nicht und ist die wechselseitige Verständigung und Wahrnehmbarkeit nicht gewährleistet, so liegt ein **Verstoß gegen das Mündlichkeitsprinzip** 4

---

4 Vgl. *Huber* JuS 2002, 690, 691; BT-Drucks. 14/6036, S. 9 (kein Ausstattungsanspruch!).
5 MK/*Wagner* Rn. 3.
6 Ähnlich *B/L/H* Rn. 6.
7 AA *Bachmann* ZZP 118 (2005), 133, 155f., der sich zumindest über ein willkürlich verweigertes Einverständnis des Gegners hinwegsetzen möchte.
8 *Stadler* ZZP 111 (2002), 413, 437; *Hartmann* NJW 2001, 2583; *Schultzky* NJW 2003, 313, 314; aA *Zö/Greger* Rn. 4.
9 So auch *Heckel* VBl. 2001, 1, 4; *Schultzy* NJW 2003, 313, 315.
10 AA *Schultzky* NJW 2003, 313, 316f. m. Nachw.
11 *Schultzky* NJW 2003, 313, 315 m. Nachw.; aA *B/L/H* Rn. 4.
12 *B/L/H* Rn. 4.
13 S. auch *Heckel* VBl. 2001, 1, 3 für den Verwaltungsprozess.
14 Zu deren Unzulässigkeit s. u. a. BVerwGE 62, 6.
15 *B/L/H* Rn. 8.

vor (§ 128 Abs. 1); zu den Folgen des Verstoßes s. § 128 Rn. 4 und für die mögliche Verletzung rechtlichen Gehörs auch § 128 Rn. 21.

III. Beweisaufnahmen im Wege der Videokonferenz (Abs. 2)

5 **1. Grundsatz.** Abs. 2 ermöglicht es, bestimmte Beweisaufnahmen ebenfalls im Wege der Videokonferenz vorzunehmen (s. Rn. 2). Im Zuge des JKomG wurde Abs. 2 S. 2 korrigiert. Während die ursprüngliche Fassung wohl in einer – wegen des unterschiedlichen Schutzzweckes verfehlten – Parallele zu § 247a StPO[16] nur die einseitige Übertragung der Vernehmung der Beweisperson in den Gerichtssaal, nicht aber umgekehrt vorsah, ist nun eine wechselseitige Übertragung an den Vernehmungsort und in den Sitzungssaal gewährleistet. Damit können die im Sitzungssaal Anwesenden problemlos Fragen an die Vernehmungsperson stellen. Eines **Antrags** bedarf es nicht. Das Gericht entscheidet von Amts wegen, ob es von der Möglichkeit nach Abs. 2 Gebrauch machen möchte, es bedarf aber des **Einverständnisses beider Parteien.** Dieses ist nur nach § 128 Abs. 2 S. 1 analog widerruflich.[17] Häufig wird die Anregung von der Beweisperson ausgehen (zu deren Einverständnis s. Rn. 2a, 9). Die Vernehmung selbst folgt den allgemeinen Vorschriften. Eine gesetzliche Grundlage für den Einsatz der Videotechnik wurde nur für **Zeugen-, Sachverständigen- und Parteivernehmungen** („während der Vernehmung") geschaffen, nicht hingegen für den Urkunden- oder Augenscheinsbeweis. Der im Zuge der verwaltungsgerichtlichen Pilotprojekte teilweise diskutierte **„Tele-Augenschein"**, bei dem beispielsweise der Inhalt einer Urkunde bzw. der optische Eindruck von Örtlichkeiten oder anderen Augenscheinsobjekten über eine Videokamera „live" in den Gerichtssaal vermittelt wird, ist daher im Zivilprozess nicht möglich.[18] Die **Filterwirkung** durch das technische Medium stellt hier eine zu große Beeinträchtigung des Beweiswertes dar. Gerade beim Augenschein wird häufig eine dreidimensionale Wahrnehmung unerlässlich sein, während die zeitgleiche Übertragung weniger wichtig ist. In geeigneten Fällen kann es daher schon nach geltendem Recht genügen, etwa auf Fotografien zurückzugreifen. Wegen des Ausnahmecharakters von § 128a ist die Nennung der in Abs. 2 genannten Beweismittel **abschließend.**

6 **2. Einschränkungen.** Die der Videovernehmung regelmäßig entgegengebrachten Bedenken betreffen den Grundsatz der **Unmittelbarkeit der Beweisaufnahme.**[19] Zwar gilt im Zivilverfahren nicht der Grundsatz materieller Unmittelbarkeit der Beweiserhebung wie im Strafprozess, der zwingt, das bestmögliche Beweismittel zu verwenden (§ 355 Rn. 5).[20] Im Sinne formeller Unmittelbarkeit tritt bei der Videovernehmung kein Dritter zwischen Gericht und Beweisperson, sondern nur eine „technische Schranke". Die Befürchtungen, dass der persönliche Eindruck, den das entscheidende Gericht von der Beweisperson bei einer Videovernehmung gewinnt, nicht von gleicher Intensität und Qualität ist wie bei persönlicher Anwesenheit im Gerichtssaal, ist aber nicht von der Hand zu weisen.[21] Eine spezialgesetzliche Ermächtigung war daher aus Gründen der Rechtssicherheit notwendig.[22] Die berechtigten Bedenken dürfen das Gericht jedoch nicht veranlassen, grundsätzlich von der Ermächtigung nach Abs. 2 keinen Gebrauch zu machen. Die technische Ausstattung – zB mit schwenkbaren Kameras – muss es allerdings gestatten, einen **ganzheitlichen Eindruck** von der Beweisperson und ihrem unmittelbarem Umfeld zu gewinnen. So muss es ausgeschlossen werden, dass ihr die Aussage auf irgendeinem Wege vorgegeben wird (zB Ablesen von einem Teleprompter) oder andere Prozessbeteiligte für das Gericht unbemerkt die Aussage etwa durch Zeichengeben beeinflussen können.[23] Ebenso muss die Identität des Zeugen zweifelsfrei feststehen. Gegenüber dem mit § 284 S. 2–4 ermöglichten Freibeweis durch Zeugenbefragung per Telefon oder E-Mail ist der Qualitätsverlust durch Videovernehmung als eher gering einzuschätzen.[24]

7 Kommt es entscheidend auf die **Glaubwürdigkeit der Beweisperson** an, sollte das Gericht auf einer Vernehmung im Gerichtssaal bestehen – erfahrungsgemäß sagt sich die Unwahrheit leichter in eine Kamera als direkt in das Angesicht des Richters.[25] Es ist also im Einzelfall abzuwägen zwischen den Vorteilen der Videovernehmung für Prozessbeschleunigung bzw. Kostensenkung und den Einbußen bezüglich des unmittelbaren Eindrucks vom Zeugen, Sachverständigen oder der zu vernehmenden Partei.[26] So ist vor allem die **kommissarische Vernehmung** der Beweisperson regelmäßig weniger viel versprechend als die eigene Vernehmung durch das Prozessgericht im Wege der Videokonferenz. § 375 Abs. 1 Nr. 2 und 3 schränken daher nun eine Vernehmung durch den beauftragen oder ersuchten Richter im Hinblick auf § 128a ein. Ist der Zeuge verhindert (Nr. 2), so ist **primär die Zeugenvernehmung nach Abs. 2** in Erwägung zu ziehen, ebenso wenn dem Zeugen wegen der großer Entfernung die Anreise zum Prozessgericht nicht zumutbar ist (Nr. 3). Gleiches gilt für das Verhältnis zur schriftlichen Zeugenaussage nach § 377 Abs. 3. Zu berück-

---

16 *Stadler* ZZP 111 (2002), 413, 439; aA *Schultzky* NJW 2003, 313, 315.
17 MK/*Wagner* Rn. 2.
18 AA *Schultzky* NJW 2003, 313, 314; *Zö/Greger* Rn. 3 für Augenschein (jedoch ablehnend für Urkundenbeweis).
19 S. *Diemer* NJW 1999, 1667, 1671.
20 HM, vgl. Einl. Rn. 48; *Völzmann-Stickelbrock* ZZP 118 (2005), 359, 367 m. Nachw.; aA *Bachmann* ZZP 118 (2005), 133, 142.
21 Einen Verstoß gegen die formelle Unmittelbarkeit nimmt *St/J/Berger* § 355 Rn. 10, § 357 Rn. 2 an.
22 Str., s. *Heckel* VBl. 2001, 1, 3; *Splietorp* AnwBl. 1996, 160, 161; *Bachmann* ZZP 118 (2005), 133, 139f. m. Nachw.
23 *Hartmann* NJW 2001, 2577, 2583.
24 So auch *Völzmann-Stickelbrock* ZZP 118 (2005), 359, 378f.
25 Ebenso *Edinger* DRiZ 1996, 290; *Heckel* VBl. 2001, 1, 4; *Völzmann-Stickelbrock* ZZP 118 (2005), 359, 372.
26 So auch BGHSt 45, 188 = NJW 1999, 3788 für § 247a StPO.

sichtigen im Rahmen der Ermessensausübung nach Abs. 2 ist aber auch, dass die Beweisperson durch die für sie vielleicht ungewohnte Konfrontation mit der Kamera mehr verunsichert oder gehemmt sein kann als bei einer persönlichen Befragung. Andererseits kann die fehlende persönliche Konfrontation mit den Parteien auch mehr „Mut zur Wahrheit" bedeuten.[27]

2. Vernehmung von Beweispersonen im Ausland. Nicht nur für Zeugen, sondern ebenso für Sachverständige und Parteien stellt sich die Frage, ob sie im Wege der Videokonferenz vernommen werden können, wenn sie sich im Ausland aufhalten. Hierfür spricht nicht nur die Kostenersparnis, sondern auch, dass dem Unmittelbarkeitsgrundsatz in erheblich besserer Weise Rechnung getragen werden kann als durch Vernehmungen im Rechtshilfewege. Zweifellos berührt jedoch die Videokonferenzschaltung ins Ausland für die Durchführung einer deutschen Gerichtsverhandlung grundsätzlich die **territoriale Souveränität** des ausländischen Staates.[28] Soll die auf fremdem Boden im Übertragungswege stattfindende Befragung doch gerade Bestandteil der Verhandlung in Deutschland sein; darauf, dass das Gericht selbst im Inland bleibt, kommt es nicht an, solange es von dort aus grenzüberschreitend agiert. Ein solches Vorgehen ist daher grundsätzlich nur im Rahmen der internationalen vertraglichen oder außervertraglichen Rechtshilfe möglich. Das Haager Beweishilfeübereinkommen von 1970 sieht eine solche Möglichkeit nicht ausdrücklich vor. Von deutscher Seite kann aber eine **besondere Form der Erledigung des Rechtshilfeersuchens** im Ausland beantragt werden (Art. 9 Abs. 2 iVm Art. 8 HBÜ) in der Weise, dass die Vernehmung durch das ersuchte Gericht nach Deutschland übertragen wird. Das ausländische Rechtshilfegericht kann dann im Rahmen seines eigenen Prozessrechts auch gestatten, dass Mitglieder des Prozessgerichts in einer Videokonferenz direkt eigene Fragen stellen. Umgekehrt steht das deutsche Verfahrensrecht einem entsprechenden Ersuchen aus dem Ausland nicht mehr entgegen. Die europäische Verordnung über die Zusammenarbeit der Gerichte der Mitgliedstaaten auf dem Gebiet der Beweisaufnahme in Zivil- und Handelssachen[29], die seit 1. Januar 2004 im Verhältnis der Mitgliedstaaten der Europäischen Union gilt (mit Ausnahme von Dänemark), schreibt einerseits in Art. 10 Abs. 4 genau diese Möglichkeit ausdrücklich fest, gestattet es aber darüber hinaus in Art. 17 auch, dass das Prozessgericht auf Antrag selbst und unmittelbar eine **Beweisaufnahme im Ausland** durchführt, wenn die Beweisperson freiwillig mitwirkt (s. § 1073 Abs. 2). Souveränitätsvorbehalte sind damit innerhalb der Union weitgehend entfallen. Art. 17 Abs. 4 fordert programmatisch dazu auf, auch in diesem Zusammenhang den Einsatz von Video- und Telekonferenzen zu fördern. Damit ist zusammen mit § 128 a Abs. 2 eine rechtliche Grundlage für solche Formen der Beweisaufnahmen geschaffen. 8

IV. Anordnung von Videokonferenzen

Anordnungen nach Abs. 1 oder 2 erfolgen durch – auch im Falle der Ablehnung – nicht isoliert anfechtbaren **Gerichtsbeschluss** (Abs. 3 S. 2). Soweit eine **Ladung** zu ergehen hat, muss sie angeben, wann und wo sich die Beweisperson zur Videokonferenz einfinden soll (zB §§ 377 Abs. 2 Nr. 3, 402). Zum Einverständnis der Parteien und sonstigen Beteiligten s. Rn. 2, 2 a. Keinesfalls wird man die Beweispersonen für **verpflichtet** halten dürfen, gerade an der Vernehmungsform des Abs. 2 mitzuwirken. Der Gesetzeswortlaut spricht durchweg von „gestatten" und impliziert damit, dass die Konferenzschaltung im Interesse der Beweisperson liegt und daher kaum auf ihren Widerstand stoßen wird. Aus dem Wortlaut wird überwiegend geschlossen, dass eine Verpflichtung von Zeugen und Sachverständigen, sich nach Abs. 2 vernehmen zu lassen, nicht besteht.[30] Gegen deren Willen darf daher die Anordnung nicht erfolgen. Besteht die Beweisperson auf der Vernehmung im Gerichtssaal, so ist allerdings der Mehraufwand infolge der Anreise bzw. ein Verdienstausfall insoweit nach dem ZSEG nicht erstattungsfähig.[31] 9

V. Aufzeichnung (Abs. 3)

Nach Abs. 3 S. 1 erfolgt grundsätzlich **keine Aufzeichnung** der Videokonferenz (anders § 247 a S. 4 StPO). Dies geschieht aus Gründen des Persönlichkeitsrechtsschutzes[32] und ist auch bei Einverständnis der Beteiligten nicht zulässig.[33] Insoweit lässt der Wortlaut Ausnahmen nicht zu. Es gelten aber die allgemeinen Regeln über die **Protokollierung** auch bei Einsatz von Videoübertragungen. Nach § 160 Abs. 1 Nr. 4 ist im Protokoll zusätzlich zu vermerken, von welchem Ort aus die Verfahrensbeteiligten über Video zugeschaltet werden. 10

---

[27] Ähnlich *Hartmann* NJW 2001, 2577, 2583.

[28] BGHSt 45, 188 = NJW 1999, 3788 zu § 247 a StPO m. zust. Anm. *Rose* JR 2000, 77; *Stadler* ZZP 111 (2002), 413, 441.

[29] Verordnung (EG) Nr. 1206/2001, ABl. EG L 174 v. 27. 6. 2001, S. 1–24. Die Verordnung wird für die Mitgliedstaaten der Europäischen Union (außer Dänemark) an die Stelle des Haager Beweishilfeübereinkommens von 1970 (BGBl. 1977 II, 1472) treten bzw. an die Stelle des Haager Übereinkommens über den Zivilprozess von 1954 (BGBl. 1958 II, 577).

[30] *Zö/Greger* Rn. 3; *Schultzky* NJW 2003, 313, 316.

[31] *Stadler* ZZP 111 (2002) 413, 440; *Zö/Greger* Rn. 3; *Schultzky* NJW 2003, 313, 316.

[32] So die Gesetzesbegründung zu den zusätzlichen Aufzeichnungsvoraussetzungen in § 247 a StPO, BT-Drucks. 13/7165, S. 5.

[33] *Hannich/Meyer-Seitz* Rn. 12; *Schultzky* NJW 2003, 313, 317; aA *Zö/Greger* Rn. 5; *T/P/Reichold* Rn. 8; *Bachmann* ZZP 118 (2005), 175 f.

VI. Rechtsanwaltsgebühren

11 Der Anwalt erhält die Gebühren gem. Nrn. 3100ff. VV RVG. Die durch die Bild- und Tonübertragung simulierte Anwesenheit aller Beteiligten steht auch gebührenrechtlich der tatsächlichen Anwesenheit gleich.

129 *Vorbereitende Schriftsätze* **(1) In Anwaltsprozessen wird die mündliche Verhandlung durch Schriftsätze vorbereitet.**

(2) In anderen Prozessen kann den Parteien durch richterliche Anordnung aufgegeben werden, die mündliche Verhandlung durch Schriftsätze oder zu Protokoll der Geschäftsstelle abzugebende Erklärungen vorzubereiten.

I. Normzweck

1 Vorbereitende Schriftsätze nach Abs. 1 und 2 kündigen den mündlichen Vortrag der Parteien für die Verhandlung an und dienen so der **Vorbereitung** von Gericht und Gegner auf den Verhandlungstermin und dem zügigen Verfahrensablauf.[1] Soweit das **Mündlichkeitsprinzip** (§ 128 Abs. 1–4) gilt, wird Parteivorbringen erst mit Vortrag in der mündlichen Verhandlung bzw. Bezugnahme nach § 137 entscheidungserheblicher Prozessstoff (s. § 128 Rn. 1). Rechtzeitig eingegangene Schriftsätze sind zum Gegenstand der mündlichen Verhandlung zu machen und zu verwerten.[2] Von ganz einfachen Fällen abgesehen ermöglicht nur der Austausch vorbereitender Schriftsätze es dem Gericht, streitige Behauptungen zu erkennen und terminsvorbereitende Maßnahmen (§ 273) zu treffen. **Materiellrechtliche Willens- und Gestaltungserklärungen** können je nach Auslegung bereits mit Zugang beim Gegner (§ 130 Abs. 1 BGB) Wirksamkeit entfalten oder ebenfalls als **Ankündigung** für die Erklärung in mündlicher Verhandlung zu verstehen sein. Ihre Wirksamkeit ist unabhängig von den prozessualen Wirkungen und nicht auf das anhängige Verfahren beschränkt.

II. Vorbereitende Schriftsätze

2 **1. Anwendungsbereich und Abgrenzung.** Vorbereitende Schriftsätze sind im Verfahren mit notwendiger Vertretung durch einen Rechtsanwalt (§ 78) **obligatorisch** (Abs. 1), im Parteiprozess (§§ 78 Abs. 2, 79) **fakultativ.** Daher kommt § 282 Abs. 2 im Parteiprozess nicht zur Anwendung, wenn eine richterliche Anordnung nach Abs. 2 fehlt.[3] Vorbereitende Schriftsätze sind zu unterscheiden von sog. **bestimmenden Schriftsätzen** (Rn. 6ff.), für die § 129 nicht und §§ 130ff. nicht unmittelbar gelten. Eine differenzierende Betrachtung ist geboten, wenn – wie praktisch häufig – bestimmende Schriftsätze zugleich auch späteren mündlichen Vortrag ankündigen und insoweit vorbereitende sind.

3 **2. Form und Inhalt.** S. §§ 130, 130a, 130b, 131, 133. Zur Frist s. §§ 132, 282 Abs. 2.

4 **3. Parteiprozess.** Im Parteiprozess steht es im **Ermessen** des Gerichts, eine schriftsätzliche Vorbereitung anzuordnen. Sie sollte im Wesentlichen davon abhängen, ob die Parteien nach Einschätzung des Gerichts in der Lage sind, den Sachverhalt und die wesentlichen Streitpunkte zu erkennen und schriftlich vorzutragen. Die Entscheidung ergeht durch **Gerichtsbeschluss** oder prozessleitende **Verfügung** des Vorsitzenden. Im Fall der Anordnung können die Parteien zwischen Schriftsatzform und Erklärungen zu Protokoll der Geschäftsstelle jeden Amtsgerichts (§ 129a Abs. 1) wählen. Für das amtsgerichtliche Verfahren s. auch § 496.

5 **4. Verstoß.** Wird mündliches Vorbringen entgegen Abs. 1 oder einer Anordnung nach Abs. 2 nicht rechtzeitig schriftsätzlich angekündigt, so darf zu Lasten des Gegners **kein Versäumnisurteil** ergehen (§ 335 Abs. 1 Nr. 3, dort Rn. 4); bei nicht rechtzeitiger Ankündigung kann **Fristsetzung nach § 283** erfolgen. Außerdem sind bei mangelnder schriftsätzlicher Vorbereitung möglich: **Vertagung** (§ 227), **Zurückweisung** (§§ 296 Abs. 2, 282 Abs. 2), **Kostennachteile** (§ 95 bzw. § 34 GVG).[4]

III. Bestimmende Schriftsätze

6 **1. Begriff.** Von den vorbereitenden zu unterscheiden sind nach herrschender Terminologie sog. **bestimmende Schriftsätze.**[5] Sie kündigen im Gegensatz zu Abs. 1 und 2 nicht nur späteren mündlichen Vortrag an, sondern enthalten bereits **Parteierklärungen,** die mit Einreichung bzw. Zustellung **als Prozesshandlung wirksam** werden. Hierunter fallen vor allem Schriftsätze, die einen **Prozess oder -abschnitt eröffnen** (zB Klage, Widerspruch,[6] Einspruch,[7] Einlegung und Begründung von Rechtsmitteln, Streitverkündung[8]) oder **abschließen** (zB Klagerücknahme, Erledigungserklärung, Verzicht), sowie Anträge, über die nicht auf Grund mündlicher Verhandlung entschieden werden muss (s. § 128 Rn. 5, 6, 24f.). Im Verfahren **ohne mündliche Verhandlung** (§ 128 Abs. 2–4) wird das schriftlich Vorgetragene unmittelbar prozessual wirk-

---

[1] OLG Düsseldorf NJW-RR 1995, 638, 639 (Entscheidungsreife möglichst im ersten Termin).
[2] OLG Düsseldorf NJW-RR 1998, 1530.
[3] BVerfG NJW 1989, 706, 707.
[4] OLG Düsseldorf NJW-RR 1995, 638, 639: Gericht muss Möglichkeiten, Verfahrensverzögerung zu verhindern, vorher ausschöpfen.
[5] Hierzu GmS-OGB BGHZ 75, 340, 343.
[6] LG München II NJW 1987, 1340.
[7] BGHZ 101, 134, 139 = NJW 1987, 2588.
[8] BGH NJW 1985, 328, 329.

sam, so dass insoweit nicht zwischen bestimmenden und vorbereitenden Schriftsätzen differenziert werden kann.[9] Dasselbe gilt im Fall der §§ 251a, 331a.

2. Form. a) Grundsatz. Für bestimmende Schriftsätze enthält die ZPO keine eigene Regelung zu Form und Inhalt; vielmehr sind die Essentialia entweder im Einzelfall vorgeschrieben (§§ 253 Abs. 2, 321a Abs. 2, 340 Abs. 2 u. 3, 519 Abs. 2, 520 Abs. 3, 524 Abs. 3, 551 Abs. 3, 554 Abs. 3, 569 Abs. 2, 575 Abs. 3) oder es wird auf die allgemeinen Vorschriften über vorbereitende Schriftsätze verwiesen (vgl. §§ 253 Abs. 4, 519 Abs. 4, 520 Abs. 4, 575 Abs. 4). Soweit es an einer solchen Verweisung und einer ausdrücklichen gesetzlichen Inhaltsvorgabe fehlt, sind die §§ 130–132 im Wege der Analogie heranzuziehen.[10] 7

b) Unterschrift. Streitig ist insbesondere, ob das **Soll-Erfordernis** eigenhändiger Unterschrift nach § 130 Nr. 6 für bestimmende Schriftsätze zur **Wirksamkeitsvoraussetzung** wird. Rspr.[11] und hM[12] bejahen dies, da insoweit anders als bei nur vorbereitenden Schriftsätzen die gebotene Rechtssicherheit keinen Streit über Urheberschaft und prozessuale Verbindlichkeit dulde[13] und eine sichere Abgrenzung zum versehentlich aus der Hand gegebenen Entwurf möglich sein müsse.[14] Insbesondere durch die vom Gesetzgeber zugelassenen Computerfax-Schriftsätze ohne eigenhändige Unterschrift und ohne die Signaturanforderungen des im Jahre 2001 eingefügten § 130a, der es neben der herkömmlichen Schriftsatzform ermöglicht, Schriftsätze und Erklärungen als elektronisches Dokument einzureichen, ergeben sich nun zahlreiche Wertungswidersprüche (s. Rn. 9). Sie lassen sich de lege lata am ehesten dadurch auflösen, dass man – wie im Referenten-Entwurf zum Gesetz zur Anpassung von Formvorschriften 2001 vorgesehen – auf eine zwingende Unterschrift verzichtet. In diesem Sinne sollten § 130 Nr. 6 wie § 130a dem Wortsinne nach als **bloße „Soll"-Anforderung** gelesen werden.[15] Nennenswerte Probleme mit dem Nachweis der Urheberschaft dürften in der Praxis nicht auftauchen; schon bislang garantiert das Computerfax mit eingescannter Unterschrift keine Authentizität mehr. Wer an der Notwendigkeit der Unterschrift festhalten möchte, sollte etwa das Computerfax nur zur Fristwahrung zulassen, aber verlangen, dass ein unterzeichneter Schriftsatz nachgereicht wird.[16] Soweit eine vorhandene Unterschrift Probleme aufwirft, sollten die nachfolgend dargestellten Anforderungen im Interesse der Gleichbehandlung großzügig gehandhabt werden. 8

aa) Eigenhändige Originalunterschrift. § 130 Nr. 6 belässt es beim Grundsatz notwendiger eigenhändiger Unterschrift durch die den Inhalt des Schriftsatzes verantwortende Person. Nach der Entscheidung des GmS-OGB zur **Zulässigkeit von Computerfax-Schriftsätzen** mit eingescannter Unterschrift oder dem Hinweis auf die im Hinblick auf die Übertragungsart fehlende Unterschrift (Rn. 11) sah der Gesetzgeber im Rahmen des Gesetzes zur Formanpassung 2001 keinen weiteren Handlungsbedarf.[17] Damit bleibt es bei den folgenden, von der Rechtsprechung aufgestellten Grundsätzen zum Unterschriftserfordernis. Der Gesetzgeber hat es damit versäumt, **Wertungswidersprüche** zu beseitigen, die durch die Zulässigkeit der Computerfax-Übermittelung ohne jede eigenhändige Unterschrift einerseits und das (bislang) strenge Festhalten etwa an der Unzulässigkeit eines Faksimilestempels auf dem Originalschriftsatz entstanden und mit Art. 3 GG kaum zu vereinbaren sind. Konsequenter wäre es gewesen, bei Textform ganz auf eine eigenhändige Unterschrift zu verzichten oder – unter Verwerfung der Rechtsprechung des GmS-OGB – die Parteien vor die Wahl herkömmlicher Einreichung mit Unterschrift oder Übersendung eines elektronischen Dokumentes nach § 130a zu stellen.[18] 9

Erforderlich ist – soweit nicht ein elektronisches Dokument nach § 130a oder ein Computerfax übermittelt wird – grundsätzlich also weiterhin die Unterzeichnung des Schriftsatzes **eigenhändig** und im **Original.** Schreibhilfe steht der Eigenhändigkeit nicht entgegen, solange nicht völlige Fremdbestimmung vorliegt.[19] Jede Art mechanischer (Re-)Produktion – etwa zur Bewältigung einer Vielzahl von Parallelprozessen – erfüllt vorbehaltlich § 130a das Unterschriftserfordernis nicht (maschinenschriftlich,[20] Faksimilestempel,[21]

---

9 S. auch MK/*Wagner* Rn. 6.

10 HM, s. *St/J/Leipold* Rn. 7; MK/*Wagner* Rn. 7.

11 BGHZ 102, 332, 334f.; 101, 134, 138; NJW 2003, 2028; 1987, 957; BGHZ 92, 251, 255 = NJW 1985, 328, 329; BAG NJW 1982, 1016; OLG Köln MDR 1997, 500; OLG München NJW 1979, 2570.

12 *St/J/Leipold* Rn. 8 u. § 130 Rn. 14ff. (jedenfalls für fristwahrende Schriftsätze); MK/*Wagner* Rn. 9ff.; verfassungsrechtliche Bedenken äußert *Schneider* MDR 1988, 747; für ein entspr. Formerfordernis de lege ferenda *Kunz-Schmidt* NJW 1987, 1296 und *dies.*, Das Unterschriftserfordernis für bestimmende Schriftsätze im Zivilprozess, Diss. Marburg 1985.

13 AA *Vollkommer*, Formstrenge und prozessuale Billigkeit, 1973, S. 260ff. (Heilung, sofern Formzweck offenbar erreicht); *Späth* VersR 1978, 605; *Schneider* MDR 1979, 1; OLG Oldenburg NdsRpfl. 1979, 73; OLG Frankfurt/M NJW 1977, 1246; OLG Karlsruhe FamRZ 1988, 82 (Parteiprozess).

14 St. Rspr. s. BGH BB 2005, 1470, 1471 m. Nachw., ebenso BGHZ 101, 134, 138.

15 *Stadler* ZZP 111 (2002), 413, 419; *Zö/Greger* § 130 Rn. 7, 21; *Römerman/van der Moolen*, BB 2000, 1640, 1642; *Späth* DStZ 1996, 323ff.; *Heinemann* aaO Fn. 18; an der hM ausdrücklich festhaltend *T/P/Reichold* Rn. 6.

16 S. auch LG Berlin NJW 2000, 3291 für Telefax, abl. *Liwinska* MDR 2000, 972 und BGH BB 2005, 1470, 1472, der nur Umstände, die innerhalb der Frist bekannt werden, heranziehen möchte, um eine unzureichende Unterschrift zu „heilen"; ähnlich BVerwG NJW 2003, 1544.

17 S. Begründung Gesetzentwurf BT-Drucks. 14/4987 zu § 130, S. 23.

18 Ausführliche Darstellung der Problematik bei *Heinemann*, Neubestimmung der prozessualen Schriftform, 2002, 338ff.

19 BGH NJW 1981, 1900, 1901.

20 Ausnahme: Angabe des Zeichnungsberechtigten einer Behörde bei Beglaubigungsvermerk, GmS-OGB BGHZ 75, 340, 351 = NJW 1980, 172, 174; s. aber Rn. 11.

21 BGH VersR 1992, 76; inzwischen sehr fraglich im Hinblick auf das zulässige Computerfax.

unbeglaubigte Kopie,[22] Matrizenvervielfältigung[23]).[24] Hingegen spielt es keine Rolle, ob der Verfasser das Original oder eine beigefügte Kopie unterzeichnet.[25] Auch eine vereinbarungsgemäß verwendete **Blankounterschrift** ist ausreichend, wenn der Unterzeichner den Inhalt vorab soweit festlegte, dass eine eigenverantwortliche Prüfung möglich war.[26] Ist nur das Begleitschreiben unterzeichnet, nicht jedoch der beiliegende Schriftsatz, so genügt dies dem Unterschriftserfordernis, wenn durch eine feste äußerliche Verbindung und inhaltliche Verweisung der Bezug eindeutig hergestellt ist.[27] Bei präziser Bezugnahme im Anschreiben (zB mit Angabe der Seitenzahl des Schriftsatzes) kann auch eine lose Verbindung, etwa durch Büroklammer, genügen.[28] Als ausreichend wird man auch die bloße **Rubrumsunterschrift** innerhalb des Schriftsatzes ansehen dürfen.[29] Maßgeblich ist der gesamte **räumliche Sinnzusammenhang** zwischen Text und Unterschrift, nicht der Abschluss des Schriftsatzes am Ende durch den Namenszug.[30] Vollumfängliche Authentizität ist bei mehrseitigen (nicht handschriftlichen) Schriftstücken ohnehin nicht gewährleistet, wenn nicht jede Seite unterzeichnet ist oder kaum lösbare Verbindung erfolgt. Grundsätzlich muss der Schriftsatz die Originalunterschrift aufweisen (s. aber Rn. 11). Im Einzelnen gilt Folgendes:

10 **bb) Mündliche oder fernmündliche Erklärungen.** Sie sind **nicht ausreichend** und können eine fehlende Unterschrift nicht ersetzen.[31] Selbst bei sofort gefertigtem Aktenvermerk, der Inhalt und Identität des Erklärenden zu fixieren sucht, bleibt die Gefahr von Hörfehlern, Identitätsirrtümern oder -fälschungen. **Persönliche Abgabe** nicht unterschriebener Schriftsätze durch Anwalt oder Partei bei Gericht kann die notwendige Rechtssicherheit nur bei (der praktisch nicht vorkommenden) Überprüfung der Person des Einreichenden und entsprechender Fixierung des Vorgangs gewährleisten und ist daher im Normalfall **nicht ausreichend.**[32]

11 **cc) Telegramm, Fernschreiben, Telefax.** Für bestimmende Schriftsätze macht die Rechtsprechung im Gegensatz zum Formerfordernis des materiellen Rechts[33] seit vielen Jahren Zugeständnisse an die moderne Kommunikationstechnologie, welche gleichzeitig dem Recht auf gleichen Zugang aller Bürger zu den Gerichten Rechnung tragen sollen.[34] Dabei wird richtigerweise **nicht** zwischen Einlegung und Begründung von Rechtsmitteln differenziert.[35] Die Übermittlung durch **Telegramm, Fernschreiben, Telefax**[36] wahrt mit Eingang bei Gericht die laufende Frist, obwohl die Unterschrift des Absenders dem Gericht gerade nicht im Original vorliegt. Die Rechtsprechung hat zunächst daran festgehalten, dass eine **handschriftliche Originalunterschrift** überhaupt existieren muss, auch wenn diese bei Übermittlung per Telefax dem Gericht nur in fototechnischer Abbildung zugeht. Die **maschinenschriftliche Wiedergabe** des verantwortlichen Absenders genügte zunächst nur bei Telegramm und Telex.[37] Nach einer Entscheidung des GmS-OGB, die noch vor der Reform 2001 erging,[38] genügt auch die Übermittlung eines (bestimmenden) Schriftsatzes per Computer und Modem (**„Computerfax"**) direkt in das Empfangsgerät des Gerichts mit eingescannter Unterschrift[39] oder dem Zusatz „maschinell erstellt, nicht eigenhändig unterschrieben".[40] Dies war ein sehr weit gehendes Zugeständnis, da Urheberschaft und Ernstlichkeit der Erklärung für das individuelle Schriftstück

---

[22] BGH NJW 1962, 1505; LM § 338 Nr. 1; BAG NJW 1956, 1413; RGZ 151, 82, 85; aA LAG Nürnberg NJW 1983, 2285, 2286.

[23] MK/*Wagner* Rn. 12; aA BAGE 30, 86, 100 = NJW 1979, 233, 234.

[24] Großzügiger OLG Karlsruhe FamRZ 1988, 82 für den Parteiprozess: Abdruck mittels Kohlepapier soll genügen (zweifelhaft!); LG Heidelberg NJW-RR 1987, 1213 (Maschinenschrift); s. auch Rn. 12 aE.

[25] BGH NJW 1980, 291; LM § 519 Nr. 5; BAG NJW 1973, 1343.

[26] BGH NJW 2005, 2709, 2710; großzügiger BGH NJW 1966, 351; *St/J/Leipold* § 130 Rn. 21; bereits krit. wegen uU fehlender inhaltlicher Prüfung durch den Rechtsanwalt *Zö/Greger* § 130 Rn. 12; BAG NJW 1983, 1447.

[27] BGH BB 2005, 1470, 1472 m. Nachw. (gedruckter Briefkopf allein genügt nicht); BGHZ 101, 134, 138 (ohne auf Bezugnahme oder Verweisung abzustellen); 97, 251, 254f.; OLG Naumburg MDR 2005, 1432 für unterschriebenen Beglaubigungsvermerk auf Abschrift

[28] Großzügig BGH LM §§ 338, 339 Nr. 1: Unterschrift unter Schriftsatz, der auf anderen, nicht unterzeichneten ausdrücklich Bezug nimmt, genügt.

[29] So RG HRR 1939 Nr. 1284 und HRR 1942 Nr. 515 für StPO; BAGE 1, 272, 273; *Vollkommer* JZ 1970, 256; *ders.*, Formstrenge und prozessuale Billigkeit, 1973, 309f.; aA für materiellrechtliche Erklärungen BGHZ 113, 48 = NJW 1991, 487 (Schluss des Textes); BGH Urt. v. 22.4. 1960 – IV ZR 294/59 mitgeteilt v. *Johannsen* LM § 519 Nr. 45; BFHE 96, 381, 385 = JZ 1970, 254; *Wieczorek* Anm. A IIa 1; *Zö/Greger* § 130 Rn. 13; offen gelassen von BFH BFH/NV 1992 Nr. 176, S. 188f.

[30] Strenger OLG Karlsruhe NJW 1998, 1650; zum ganzen ausführlich *Münch*, Die Reichweite der Unterschrift im Wechselrecht, 1992, S. 64, 74 mit Nachw. zum Prozessrecht, et passim; s. auch *St/J/Leipold* § 130 Rn. 21–27.

[31] BFH NJW 1965, 174, 175.

[32] BGH VersR 1983, 271; NJW 1980, 291; OLG München NJW 1979, 2570; *St/J/Leipold* § 130 Rn. 28; aA OLG Frankfurt/M NJW 1977, 1246; *B/L/H* Rn. 40.

[33] Zur Bürgschaft s. BGH NJW 1993, 1126, 1127.

[34] S. bereits die Rspr. des RG zur telegraphischen Einlegung von Rechtsmitteln seit RGZ 139, 45, 47; weit. Nachw. bei BVerfG NJW 1987, 2067.

[35] BVerfG NJW 1987, 2067; BGHZ 97, 283, 284 = NJW 1986, 1759.

[36] S. nur BVerfG NJW 1987, 2067; BGH NJW 1998, 762; 1994, 2097; 1990, 188; BFH NJW 1991, 2927; BAG NJW 1996, 3164; zum Ganzen *Maniotis* ZZP 112 (1999), 315; abl. *Volmer* BB 1999, 1449, 1450.

[37] BGH NJW 1990, 188; 1986, 1759; OLG München NJW 1992, 3042, 3043.

[38] GmS-OGB, Beschl. v. 5.4. 2000, NJW 2000, 2340; LAG Köln NZA 2001, 1159; hierzu *Römermann/van den Moolen* BB 2000, 1640; *Liwinska* MDR 2000, 1089; *Düwell* NJW 2000, 3334.

[39] BGH NJW 2001, 831; aA noch OLG Karlsruhe NJW 1998, 1650 (Vorinstanz).

[40] S. den Vorlagebeschluss von BGH NJW 1998, 3649 im Hinblick auf BSG NJW 1997, 1254; BVerwG NJW 1995, 2121; hierzu *Schwachheim* NJW 1999, 621; *Volmer* BB 1999, 1449. Gegen die Lockerung des Unterschriftserfordernis-

kaum noch feststellbar sind. Die Kanzlei kann den Anwaltsschriftsatz ausfertigen und übermitteln, ohne dass der verantwortliche Rechtsanwalt ihn abschließend geprüft hat. Bei der Neufassung von § 130 Nr. 6 im Jahre 2001 sah der Gesetzgeber im Hinblick auf die Entscheidung des GmS-OGB keinen weiteren Anpassungsbedarf, so dass es bei diesem Grundsatz bleibt.[41] Jedoch genügt – abweichend von der Entscheidung des GmS-OGB – die Wiedergabe des Namens in Druckbuchstaben oder der Hinweis auf völlig fehlende Unterschrift nicht („Wiedergabe der Unterschrift").[42] Das „Computerfax" stellt damit neben der herkömmlichen Schriftform und der Form des elektronischen Dokuments nach § 130a eine weitere einfache und schnelle Übermittlungsart dar, die unter § 130 Nr. 6 fällt. Wird der Schriftsatz mittels normalen Faxgerätes versandt, genügt die eingescannte Unterschrift mangels technischer Notwendigkeit nicht – der ausgedrucktvorliegende Schriftsatz kann ohne weiteres unterschrieben werden.[43] **Vom elektronischen Dokument** nach § 130a unterscheidet sich das Computerfax dadurch, dass es unmittelbar per Telefonleitung in das Telefax-Empfangsgerät des Gerichts übertragen wird, was weniger Möglichkeiten bietet, den Text „unterwegs" zu manipulieren als die mit § 130a vorgesehene digitale Übertragung von Computer zu Computer, die andere technische Voraussetzungen beim Empfänger erfordert und zur gesicherten Urheberschaft des Absenders eine qualifizierte elektronische Signatur notwendig macht. Von § 130 Nr. 6 zweiter Halbs. („Wiedergabe der Unterschrift in Kopie") wird das Computerfax nur erfasst, wenn man auf den Übermittlungsweg („durch einen Telefaxdienst") abstellt. Eigentlich handelt es sich gerade **nicht** um eine **Telekopie** eines vorhandenen und unterschriebenen Originals, bei der fototechnisch reproduziert wird, sondern um eine Form der digitalen Übertragung mit erstmaligem Ausdruck (zB der eingescannten Unterschrift) bei Gericht. Notwendig ist bei Verwendung von Telefaxgeräten auch weiterhin der **vollständige und lesbare Ausdruck** im Empfangsgerät (auch außerhalb der Dienstzeit[44]). Die Absendung muss so erfolgen, dass das Fax unter gewöhnlichen Umständen rechtzeitig bei Gericht eingeht.[45] Die Rechtsprechung überbürdet damit dem Absender das Risiko für alle technischen Zugangshindernisse – auch in der Sphäre des Gerichts[46] – und lehnt eine Fiktion des rechtzeitigen vollständigen Zugangs ab.[47] Abhilfe schafft nur die **Wiedereinsetzung in den vorigen Stand** (§§ 233 ff.).[48] Allein mit der Vorlage des Sendeberichtes kann der Zugang im Empfangsgerät nicht nachgewiesen werden.[49] Ausreichend ist die Übergabe durch den Telebriefdienst der Post.[50] Ebenso genügt die telefonische Aufgabe eines Telegramms[51] oder die telefonische Übermittlung des Telegramminhalts mit Aktenvermerk.[52] Ob das Telefax vom Anschluss des Prozessbevollmächtigten oder einem Dritten abgesandt wird, spielt keine Rolle.[53] Ausweislich der Begründung zur Reform des § 130 Nr. 6 im Jahre 2001 soll die Wiedergabe der Unterschrift in der Telekopie unabhängig davon genügen, ob das Telefax bei Gericht unmittelbar eingeht oder durch einen Boten überbracht wird.[54]

dd) Lesbarkeit. Nach st. Rspr. muss eine vorhandene handschriftliche Unterschrift **nicht lesbar** sein,[55] 12
sie muss jedoch **individuelle Züge** aufweisen, welche Unterscheidbarkeit gewährleisten und eine beliebige Nachahmung ausschließen. Es genügt nicht, dass der Unterschreibende das Geschriebene als Unterschrift gelten lassen möchte.[56] Aus diesem Grund stellen bloße gekrümmte Linien,[57] Striche,[58] Punkte oder Schnörkel, aus denen man keine einzelnen Buchstaben herauslesen kann, **keine wirksame Unterschrift** dar.[59] Dasselbe gilt für Namensabkürzungen wie bloße Handzeichen[60] und Paraphen[61], dagegen kann bei Doppelnamen ein Name abgekürzt sein.[62] Ausreichend ist auch die Unterzeichnung mit nur einem Teil des

---

ses auch BAG DB 1996, 1988; MDR 1986, 524; *Pape/Notthoff* NJW 1996, 416, 419; *Wolf* NJW 1989, 2592; zum Vertrauensschutz bei Rechtsprechungsänderung BFH DStR 2000, 240.

41 Begründung BT-Drucks. 14/4987 S. 23; *Dästner* NJW 2001, 3469, 3470.

42 So nun auch BGH BB 2005, 1470, 1471, der allerdings übersieht, dass auch die eingescannte Unterschrift keinerlei Gewähr für eine abschließende Prüfung des Schriftsatzes durch einen Verantwortlichen bietet; ebenso die Vorinstanz OLG Braunschweig NJW 2004, 2024, 2025; aA LG Köln NJW 2005, 79.

43 BGH NJW 2006, 3784, 3785.

44 BVerfGE 52, 203, 209 = NJW 1980, 580; BGHZ 101, 276 = NJW 1987, 2586; anders noch BGHZ 65, 10, 11.

45 BFH NJW 2001, 991.

46 BGH NJW 1989, 589.

47 So aber BGHZ 105, 40, 44; *T/P/Reichold* Rn. 12.

48 Hierzu *Pape/Notthoff* NJW 1996, 416, 420 ff.

49 BGH FamRZ 1995, 552 (auch kein Anscheinsbeweis).

50 BGH NJW 1983, 1498; BVerwG NJW 1987, 2098; BSG MDR 1985, 1053; BAG NJW 1990, 3165.

51 BGH NJW 1974, 1090.

52 BGH NJW 1960, 1310, 1311; BGHSt 14, 233, 235; aA BayObLG NJW 1954, 323.

53 BAG NJW 1989, 1822, 1824.

54 Begründung zu § 130 Nr. 6, BT-Drucks. 14/4987 S. 24.

55 BGH NJW-RR 1997, 760; FamRZ 1997, 737; NJW 1987, 1333, 1334.

56 BGH NJW 1987, 1333, 1334.

57 BGH MDR 1991, 223; NJW 1985, 1227.

58 BGH NJW 1982, 1467 („nahezu senkrecht verlaufende Linie mit feinem Aufstrich und kurzem wellenförmigem Auslauf").

59 BGH NJW 1987, 1333, 1334 offen lassend, ob „Andeutung von Buchstaben" erforderlich; ebenso BGH NJW 1989, 588; 1994, 55; strenger 1982, 1467; 1985, 1227; 1974, 1090; großzügig BGH NJW 1997, 3380, 3381; 1992, 243.

60 BGH MDR 1988, 128; NJW 1987, 957; LAG Berlin NJW 2002, 989.

61 BGH NJW 1999, 60, 61; 1997, 3380, 3381; 1994, 55; 1985, 1227; s. aber BFH NJW 1996, 1432 (m. dem Ziel einer Neubestimmung des Erfordernisses der Schriftlichkeit).

62 BAG NJW 1988, 2822 (LS).

Doppelnamens, wenn keine Verwechslungsgefahr besteht[63]; nicht hingegen Zeichnung mit Vornamen.[64] Grundsätzlich ist wegen der gravierenden Folgen für die Partei in Grenzfällen eine **großzügige Handhabung** am Platze,[65] wenn die Autorenschaft gesichert ist. Richtigerweise muss der handschriftliche Namenszug allein es nicht ermöglichen, den Namen herauszulesen,[66] es dürfen beigefügte gedruckte oder gestempelte Namenswiedergaben zur Deutung herangezogen werden.[67] Will ein Spruchkörper eine lange Zeit nicht beanstandete Unterschrift nicht mehr als leserlich und wirksam ansehen, so muss auf die veränderte Beurteilung vorab **hingewiesen** werden.[68] Im Hinblick auf die weit gehende Aufgabe des Unterschriftserfordernisses bei Computerfaxen (s. Rn. 11) darf ein starres Festhalten an der eigenhändigen Unterschrift mit engen Vorgaben bei herkömmlicher Einreichung nicht zu Wertungswidersprüchen führen (Rn. 8)!

13 **ee) Fehlende bzw. unwirksame Unterschrift.** Sie kann innerhalb der Frist jederzeit **nachgeholt** werden. Bei fristgebundenen Erklärungen tritt keine Rückwirkung ein.[69] Zur **Heilung** durch rügelose Verhandlung s. § 295 Rn. 6.[70] Wird der Unterschrift eine Klausel hinzugefügt, mit der sich der Unterschreibende vom Inhalt distanziert, genügt dies dem Unterschriftserfordernis nicht mehr.[71] Gleiches gilt, wenn der Schriftsatz zwischen der letzten, unterschriebenen Seite und dem Rest inhaltliche und formale Auffälligkeiten aufweist, die den Schluss zulassen, dass eine eigene Überprüfung vor Unterschrift nicht stattfand.[72] Missachtet der Anwalt die höchstrichterliche Rechtsprechung zu den Anforderungen an die Unterschrift, kommt eine Wiedereinsetzung in den vorigen Stand nach bisheriger Rechtsprechung nicht in Betracht[73]; hier wäre eine großzügigere Handhabung künftig wünschenswert (s. Rn. 8, 12). Die Rspr. versagt dies bislang bei schuldhaft unterbliebener Unterzeichnung.[74] Bei Zweifeln an der Ordnungsmäßigkeit oder fehlender Unterschrift ist richterlicher Hinweis nach § 139 geboten, eventuell auch telefonisch, wenn Fristablauf droht.[75]

14 **ff) Anwaltsprozess.** Mit der Neufassung von § 130 Nr. 6 ist die ursprüngliche Aufzählung postulationsfähiger Personen entfallen. Der Schriftsatz ist von der Person zu unterschreiben, die ihn verantwortet. Der Sache nach bleibt es bei den zur alten Fassung entwickelten Grundsätzen. Im Anwaltsprozess muss ein zugelassener Rechtsanwalt, ein zugelassener Vertreter[76] bzw. ein Unterbevollmächtigter beim Prozessgericht[77] unterschreiben. Die Unterzeichnung „i. A." reicht im Gegensatz zu „i. V."[78] für die Übernahme der Verantwortung nicht aus, da durch sie in der Regel nur eine Boteneigenschaft kundgetan wird.[79] Der **postulationsfähige** Rechtsanwalt übernimmt mit der Unterschrift unter einem von ihm nicht selbst verfassten Schriftsatz die Verantwortung für den Inhalt, wenn Gegenteiliges nicht unmissverständlich zum Ausdruck gebracht wird.[80] Zur Abgrenzung von einem bloßen Entwurf ist die Unterschrift des Anwalts auch notwendig, wenn er **außerhalb von § 78 Abs. 1** hinzugezogen wird, und der Schriftsatz nach dem äußeren Erscheinungsbild offenbar in einem Anwaltsbüro gefertigt wurde.[81] Im **Parteiprozess** gelten die dargestellten Grundsätze zum Unterschriftserfordernis für die Unterschrift der Naturalpartei oder ihres Bevollmächtigten (§ 79); da gegenüber der alten Fassung eine sachliche Änderung nicht bezweckt ist[82] auch für einen Geschäftsführer ohne Auftrag. Eine Unterzeichnung „i. A." ist hier ausreichend, wenn das eigenverantwortliche Handeln der unterschreibenden Person feststeht.[83]

129a *Anträge und Erklärungen zu Protokoll*

(1) Anträge und Erklärungen, deren Abgabe vor dem Urkundsbeamten der Geschäftsstelle zulässig ist, können vor der Geschäftsstelle eines jeden Amtsgerichts zu Protokoll abgegeben werden.

(2) [1]Die Geschäftsstelle hat das Protokoll unverzüglich an das Gericht zu übermitteln, an das der Antrag oder die Erklärung gerichtet ist. [2]Die Wirkung einer Prozesshandlung tritt frühestens

---

63 BGH NJW 1996, 997.
64 OLG Karlsruhe NJW-RR 2000, 948.
65 BGH NJW 2005, 3775, 3776; 2001, 2888; NJW 1997, 3380; NJW 1987, 1333; BAG NJW 2001, 316; MK/*Wagner* Rn. 15; *St/J/Leipold* § 130 Rn. 36f.; zu grds. Kritik am Erfordernis der Eigenhändigkeit *Vollkommer,* Formstrenge und prozessuale Billigkeit, 1973, S. 260ff.
66 So aber wohl BGH NJW 1985, 1227.
67 BGH NJW-RR 1997, 760; NJW 1992, 243.
68 BVerfGE 78, 123, 126 = NJW 1988, 2787; BGH NJW-RR 1991, 511; BAG NZA 1997, 1234; LAG Hessen NZA-RR 1999, 435; anders OLG Karlsruhe NJW-RR 2000, 948 (Unterzeichnung nur mit Vornamen).
69 BGHZ 75, 340, 349 = NJW 1980, 172; *St/J/Leipold* Rn. 29.
70 Bejahend BGHZ 65, 46, 47 (für nicht fristgebundenen Schriftsatz); BAG NJW 1986, 3224, 3225 unter Aufgabe von BAGE 28, 1 = NJW 1976, 1285; verneinend OLG Köln NJW-RR 1997, 1291; *St/J/Leipold* § 130 Rn. 57 (für fristgebundenen Schriftsatz).
71 BGH NJW 1989, 3022; *Zö/Greger* Rn. 16.
72 BGH NJW-RR 2006, 342.
73 BGH NJW 1987, 957; LG Düsseldorf MDR 1988, 149.
74 BGH NJW 1989, 589, 590; streng auch BGH BB 2005, 1470, 1473.
75 *Deubner* JuS 1992, 230, 232.
76 BGH NJW 1988, 210; MDR 1976, 569, 570; sowie BGH NJW 2000, 1446 zur vertretungsweise eingelegten Berufung, wenn nur ein Sozietätsmitglied beim OLG zugelassen ist.
77 BAG DB 1990, 2532.
78 BGH NJW 1988, 210; OLG Koblenz MDR 1991, 1097.
79 BGH NJW 1993, 2056, 2057; aA LAG Nürnberg DB 2000, 2076.
80 BGH NJW 2003, 2028; BGH NJW-RR 1998, 574, 575; NJW 1989, 394, 395.
81 BGHZ 92, 251, 254 = NJW 1985, 328.
82 Begründung BT-Drucks. 14/4984 zu § 130 Nr. 6, S. 23f.
83 Hessisches LAG DB 2002, 1116.

ein, wenn das Protokoll dort eingeht. [3]Die Übermittlung des Protokolls kann demjenigen, der den Antrag oder die Erklärung zu Protokoll abgegeben hat, mit seiner Zustimmung überlassen werden.

I. Normzweck

Die Vorschrift will es den Parteien und anderen Verfahrensbeteiligten **erleichtern,** Anträge zu stellen und Erklärungen abzugeben. Sie erspart den uU weiten Weg zum zuständigen Gericht oder die eigenhändige schriftliche Ausformulierung. Die Vereinfachung betrifft jedoch nur die **Form** der Erklärung, sie erleichtert die Einhaltung von Fristen nur bedingt (s. Rn. 6). Ob eine Erklärung überhaupt zu Protokoll abgegeben werden darf, ist nicht § 129a, sondern den jeweiligen Sachvorschriften zu entnehmen. Die Neufassung von Abs. 2 S. 1 – „übermitteln" – durch das JKomG eröffnet den elektronischen Übertragungsweg für das Protokoll. 1

II. Anwendungsbereich

Die Vorschrift kommt im Bereich fehlenden Anwaltszwangs (§§ 79, 496) zur Anwendung, insbesondere wenn das Gericht nach § 129 Abs. 2 schriftsätzliche Vorbereitung anordnet. Darüber hinaus nimmt das Gesetz im Anwaltsprozess verschiedentlich Prozesshandlungen vom Anwaltszwang aus (zB §§ 44 Abs. 1, 91a Abs. 1, 109 Abs. 3, 117 Abs. 1[1], 118 Abs. 1, 248 Abs. 1, 381 Abs. 2, 386 Abs. 4, 406 Abs. 2, 486 Abs. 4, 569 Abs. 3, 630 Abs. 2, 715 Abs. 2, 920 Abs. 3, 936). Auch insoweit gilt § 129a. 2

III. Aufnahme und Weiterleitung von Anträgen und Erklärungen

1. Zuständigkeit. Zuständig für die Entgegennahme von Anträgen und Erklärungen ist jedes Amtsgericht im Geltungsbereich der ZPO. Die Bestimmung der Zuständigkeit innerhalb des Amtsgerichts unterliegt nicht dem Gebot des gesetzlichen Richters.[2] 3

2. Entgegennahme. a) Pflicht und Rechtsbehelfe. Die Amtsgerichte sind zur Entgegennahme **verpflichtet.** Im Fall der **Weigerung** steht nicht der Weg über § 23 EGGVG offen,[3] sondern nur die **Dienstaufsichtsbeschwerde** (mangels „Entscheidung" nicht § 573 oder § 11 RpflG bzw. Beschwerde).[4] Im Fall der Fristversäumnis infolge der Weigerung kommt eine Wiedereinsetzung (§ 233) in Betracht (s. auch Rn. 7); möglich auch Schadensersatz aus Amtshaftung.[5] 4

b) Inhaltliche Prüfung und Gestaltung. Zur inhaltlichen Überprüfung ist der protokollierende Beamte weder verpflichtet noch berechtigt, allerdings gebietet der Normzweck, gegebenenfalls durch Nachfrage eine inhaltlich **möglichst klare Erklärung** aufzunehmen. Der gesetzlich nicht vorgeschriebene Inhalt des Aufnahmeprotokolls sollte wenigstens enthalten: Ort, Datum, die Bezeichnung des Gerichts, des aufnehmenden Beamten und des Erklärenden, den Inhalt des Antrags oder der Erklärung, sowie einen Abschlussvermerk, dass der Erklärende nach Vorlesen oder Durchsicht mit der Protokollierung einverstanden ist. Das Protokoll ist vom Urkundsbeamten zu unterzeichnen; die **Unterschrift des Erklärenden** ist zur Klarstellung **empfehlenswert.** 5

3. Weiterleitung. Nach Abs. 2 ist das Amtsgericht zur **unverzüglichen,** dh. mit der gebotenen Zügigkeit vorzunehmenden Weiterleitung an das angegebene Gericht verpflichtet. Der Inhalt der Erklärung bestimmt die Dringlichkeit und muss den Urkundsbeamten gegebenenfalls veranlassen, auf drohenden Fristablauf und die Möglichkeit der uU schnelleren Selbstübermittlung nach Abs. 2 S. 3 hinzuweisen.[6] 6

4. Wirksamwerden. Da die Erklärung erst mit Eingang des Protokolls beim **Adressatgericht** wirksam wird, genügt die Abgabe zu Protokoll nach Abs. 1 **zur Fristwahrung** nicht (Abs. 2 S. 2). Leitet das entgegennehmende Amtsgericht aber nicht mit der gebotenen Zügigkeit weiter, so kann der Erklärende **Wiedereinsetzung in den vorigen Stand** (§ 233) beantragen. Nach richtiger Ansicht ist diese großzügig zu gewähren, auch wenn der Erklärende die für eine Weiterleitung notwendige Zeit unterschätzt hat.[7] Ist das vom Erklärenden angegebene Gericht nicht zuständig, so wird die Erklärung erst mit Eingang des Protokolls beim **zuständigen Gericht** wirksam. Aus dem Normzweck ist aber auch insoweit eine **Belehrungspflicht** des protokollierenden Urkundsbeamten herzuleiten. 7

IV. Gerichtskosten

Durch Aufnahme und Übersendung des Protokolls entstehen keine festzusetzenden Auslagen. 8

130 *Inhalt der Schriftsätze* **Die vorbereitenden Schriftsätze sollen enthalten:**

1. die Bezeichnung der Parteien und ihrer gesetzlichen Vertreter nach Namen, Stand oder Gewerbe, Wohnort und Parteistellung; die Bezeichnung des Gerichts und des Streitgegenstandes; die Zahl der Anlagen;

---

1 Hinweispflicht bei best. Umständen (Antragsteller in Haft) OLGR Bamberg 2001, 273.
2 MK/*Wagner* Rn. 3.
3 KG NJW-RR 1995, 637, 638.
4 *St/J/Leipold* Rn. 15; aA KG NJW-RR 1995, 637; *B/L/H* Rn. 20 (§ 567); *T/P/Reichold* Rn. 1.
5 *St/J/Leipold* Rn. 15.
6 *St/J/Leipold* Rn. 17; MK/*Wagner* Rn. 8.
7 MK/*Peters* Rn. 9.

2. die Anträge, welche die Partei in der Gerichtssitzung zu stellen beabsichtigt;
3. die Angabe der zur Begründung der Anträge dienenden tatsächlichen Verhältnisse;
4. die Erklärung über die tatsächlichen Behauptungen des Gegners;
5. die Bezeichnung der Beweismittel, deren sich die Partei zum Nachweis oder zur Widerlegung tatsächlicher Behauptungen bedienen will, sowie die Erklärung über die von dem Gegner bezeichneten Beweismittel;
6. die Unterschrift der Person, die den Schriftsatz verantwortet, bei Übermittlung durch einen Telefaxdienst (Telekopie) die Wiedergabe der Unterschrift in der Kopie.

I. Normzweck

1 § 130 ist eine **Soll-Vorschrift** über den Inhalt vorbereitender Schriftsätze. Sie will die Parteien veranlassen, das gesamte für die mündliche Verhandlung beabsichtigte Vorbringen vollständig und geordnet anzukündigen und so eine optimale Vorbereitung von Gericht und Gegner ermöglichen. Über die in Nr. 1–6 aufgezählten Angaben hinaus sind **Rechtsausführungen** nicht geboten, in der Regel aber zweckmäßig, insbesondere nach richterlichem Hinweis gem. § 139 Abs. 2.[1] Schriftsätze, die vorwiegend **Beleidigungen** enthalten, sind nach hA unbeachtlich.[2] Nr. 6 wurde neu formuliert durch das Gesetz zur Anpassung der Formvorschriften des Privatrechts (hierzu § 129 Rn. 9).[3]

II. Anwendungsbereich

2 Vorbereitende Schriftsätze sind im Anwaltsprozess zwingend (§ 129 Abs. 1), im Parteiprozess nur bei richterlicher Anordnung nach § 129 Abs. 2 geboten, s. aber § 129a. Für **bestimmende Schriftsätze** bestehen teilweise Einzelbestimmungen und Verweisungen auf §§ 130–132; sie gelten im Übrigen analog und können insoweit zwingende Erfordernisse aufstellen;[4] insbesondere müssen sie nach noch hM entsprechend § 130 Nr. 6 im Regelfall eigenhändig unterschrieben sein (s. § 129 Rn. 8–14).

III. Inhaltsanforderungen im Einzelnen

3 **1. Parteien und ladungsfähige Anschriften (Nr. 1). a) Bezeichnung.** Grundsätzlich sind die Parteien und ihre **gesetzlichen Vertreter**[5] so genau zu bezeichnen, dass Verwechselungen (ggf. nach Auslegung[6]) vermieden werden (s. auch § 50 Rn. 6ff.). Insbesondere im Hinblick auf die Zustellung ist eine vollständige Bezeichnung sowie die Angabe der ladungsfähigen Anschrift (einschließlich Straße und Hausnummer[7]) notwendig.[8] Kann der Gegner ausnahmsweise nicht namentlich bezeichnet werden (zB **Hausbesetzer**), so können tatsächliche Angaben über Aufenthalt, Tätigkeit und Stellung genügen, die einem Dritten die Identifizierung ermöglichen (s. auch § 253 Rn. 18).[9] Bei wechselnder Zahl und Zusammensetzung der Beklagten sind strengere Anforderungen geboten.[10] Für die Klageschrift ergibt sich die **Notwendigkeit** der Parteibezeichnung aus § 253 Abs. 1 Nr. 1; wie sie anzugeben ist, bestimmen §§ 253 Abs. 4, 130. Der BGH interpretiert dies für den Regelfall als „Muss"-Vorschrift: Verweigert der Kläger in der Klageschrift ohne hinreichenden Grund die Angabe einer **ladungsfähigen Anschrift,** so ist die Klage auch bei anwaltlicher Vertretung unzulässig (§ 253 Rn. 20).[11] Etwas anderes gilt hingegen für die Berufungsschrift (§§ 519 Abs. 3, 130);[12] s. auch § 519 Rn. 6. Stehen der Angabe unüberwindliche Schwierigkeiten (zB Klage des Nachlasspflegers für unbekannte Erben) oder schutzwürdige Belange (Inkognito-Adoption[13])[14] entgegen, so sind diese vorzutragen.[15] Der Grund für die zwingende Angabe liegt weniger darin, die persönliche Ladung des Klägers zu ermöglichen – eine Erklärungspflicht besteht nicht und das nach § 141 Abs. 3 S. 2 vorgesehene Ordnungsgeld bei unentschuldigtem Ausbleiben wird bei anfänglich verweigerter Erklärung

---

1 So auch *B/L/H* Rn. 19.
2 *Ro/S/Go* § 79 Rn. 11.
3 BGBl. 2001 I, 1542.
4 BGHZ 102, 332, 334.
5 OLG Düsseldorf NJW 1987, 2523 (falsche Vertreterbezeichnung bei Genossenschaft); 1960, 1006, 1007 (unvollständige bzw. falsche Angabe bei Doppelfunktion einer Person: Vorstand und Liquidator).
6 S. BGH NJW 1977, 1686 für erkennbar unrichtige Bezeichnung.
7 BGHZ 102, 332, 334; OLG Frankfurt/M WM 1984, 209.
8 BGHZ 102, 332, 335: Angabe der ladungsfähigen Anschrift des Beklagten ist selbstverständliche Voraussetzung.
9 *Raschke-Kessler* NJW 1981, 663 m. Nachw. auch zur möglichen Amtshilfe für den zustellenden Gerichtsvollzieher durch polizeiliche Feststellung der Personalien; s. *St/J/Leipold* Rn. 5 (Fn. 8); KG IPRax 1986, 305; krit. *Christmann* DGVZ 1984, 101; zur namentlichen Nennung der Wohnungseigentümer im Verfahren nach § 44 Abs. 3 WEG, LG Kempten Rpfleger 1986, 93.
10 OLG Oldenburg NJW-RR 1995, 1164; OLG Köln NJW 1982, 1888.
11 BGH MDR 2004, 1014, 1015; BGHZ 102, 332, 333 = NJW 1988, 2114; VGH Kassel MDR 1996, 742; *B/L/H* Rn. 10; *St/J/Leipold* Rn. 5; aA OLG Stuttgart NJW 1986, 1882 (LS); KG OLGZ 1991, 169 (im Hinblick auf die Frist des § 23 Abs. 3 WEG); *Zö/Greger* § 253 Rn. 8.
12 BGHZ 102, 332, 333 = NJW 1988, 2114; BGHZ 65, 114 = NJW 1976, 108.
13 OLG Karlsruhe FamRZ 1975, 507, 508.
14 Schutzwürdigkeit verneinend KG OLGZ 1991, 465 für Wohnanschrift des früher beim Verfassungsschutzamt tätigen Klägers, wenn Tätigkeit seit zwei Jahren beendet.
15 BGHZ 102, 332, 336 = NJW 1988, 2114; zustimmend *Kleffmann* NJW 1989, 1142, 1143; iE auch *Nierwetberg* NJW 1988, 2095; streng auch *St/J/Leipold* Rn. 5 (Fn. 5).

kaum in Betracht kommen (s. hierzu § 141 Rn. 13f.) – als darin, die **Einstandspflicht** für die Folgen der Prozessführung zu sichern.[16] Unschädlich für die Zulässigkeit der Klage ist es, wenn die ladungsfähige Anschrift des Klägers erst im Laufe des Verfahrens unrichtig wird.[17]

b) Streitgegenstand. Zur Angabe des Streitgegenstandes genügt eine kurze, schlagwortartige Umschreibung (zB „wegen Mietzinsforderung"). Zweckmäßig ist es, über die in Nr. 1 geforderten Angaben hinaus – soweit bekannt – den gegnerischen **Prozessbevollmächtigten** (s. für die Zustellung nach § 172) und das **Aktenzeichen**[18] anzugeben. Fehlt letzteres, trägt der Absender die Gefahr des verspäteten Zugangs fristgebundener Erklärungen.[19] 4

2. Anträge (Nr. 2). Sie sollen sich durch deutliche Trennung von den sonstigen Ausführungen hervorheben und sollten zur Verlesung (§ 297) geeignet formuliert sein. Richtigerweise sind nicht nur Sachanträge, sondern **auch Prozessanträge** im Schriftsatz anzukündigen.[20] Nur auf diese Weise wird eine sinnvolle Vorbereitung ermöglicht. 5

3. Tatsächliche Verhältnisse (Nr. 3). Der Sachvortrag soll alle wesentlichen Tatsachen umfassen. Umfang und Inhalt ergeben sich aus den Regeln der Behauptungs- und Beweislast, aus § 138 und der allgemeinen Prozessförderungspflicht (§ 282). Regelmäßig muss das Gericht auf Grund des tatsächlichen Vorbringens in die Lage versetzt werden, darüber zu entscheiden, ob die Voraussetzungen für den geltend gemachten Anspruch oder ein Gegenrecht vorliegen.[21] Ins Detail gehende Darstellungen müssen erst erfolgen, wenn der Vortrag des Gegners hierzu Anlass gibt.[22] Zu den Anforderungen an eine **substantiierte** Klage s. § 253 Rn. 24ff. 6

4. Erklärungen über Behauptungen des Gegners (Nr. 4). Sie sollen – vor allem im Hinblick auf die Beweisbedürftigkeit – die Feststellung ermöglichen, welche Tatsachenbehauptungen zwischen den Parteien **streitig** sind (§§ 138 Abs. 3, 288). 7

5. Beweismittel (Nr. 5). Das Gericht kann die mündliche Verhandlung durch Maßnahmen nach § 273 bzw. Beweisbeschlüsse und ggf. deren Durchführung vor dem Termin (§ 358a) nur vorbereiten, wenn die Beweismittel bekannt sind, derer sich die Parteien bedienen wollen. Im Parteiprozess verstößt die **Präklusion** von Beweismitteln, die nicht in der Klageschrift angegeben waren, gegen Art. 103 Abs. 1 GG, wenn nicht eine die schriftsätzliche Vorbereitung gebietende (§§ 130, 282 Abs. 2) richterliche Anordnung nach § 129 Abs. 2 ergangen ist.[23] 8

6. Unterschrift (Nr. 6). Zum Unterschriftserfordernis bei **bestimmenden Schriftsätzen** § 129 Rn. 8ff. Die Anforderungen an eine wirksame Unterschrift nach § 130 Nr. 6 gelten entsprechend für die Unterschrift des Richters oder Urkundsbeamten.[24] 9

IV. Bezugnahme auf Anlagen

Für die Zulässigkeit einer Bezugnahme auf beigefügte Anlagen (§ 131) ist bei **bestimmenden Schriftsätzen** zwischen dem notwendigen und dem fakultativen Inhalt zu unterscheiden. Soweit das Gesetz einen bestimmten Inhalt zwingend vorschreibt, kann eine Bezugnahme allenfalls ergänzen und Einzelheiten erläutern, den schriftsätzlichen Vortrag aber nicht ersetzen.[25] Bei **fakultativen** Behauptungen und Angaben genügt es – wie bei rein **vorbereitenden Schriftsätzen** –, wenn der Schriftsatz aus sich heraus geschlossen und verständlich bleibt. Er muss dann allerdings **substantiiert** auf etwaige Anlagen Bezug nehmen. Ob die (zusammenfassende) Wiedergabe im Schriftsatz oder Vorlage vollständiger Anlagen mit Bezugnahme übersichtlicher ist, bleibt eine Frage des Einzelfalls.[26] Jedenfalls ist es dem Gericht nicht zumutbar, sich aus umfangreichen, uU ungeordneten Anlagen den relevanten Tatsachenstoff selbst herauszusuchen (Beibringungsgrundsatz, vgl. Einl. Rn. 37ff.).[27] Im Anwaltsprozess obliegt es daher insoweit dem Prozessbevollmächtigten, den **Vortrag** der Partei selbst **zu ordnen**, Anlagen auszuwerten und die Tatsachen nach Rechtsgesichtspunkten hervorzuheben und vorzutragen.[28] Pauschale Verweisungen auf Anlagen sind unzulässig.[29] 10

130a

Elektronisches Dokument (1) [1]**Soweit für vorbereitende Schriftsätze und deren Anlagen, für Anträge und Erklärungen der Parteien sowie für Auskünfte, Aussagen, Gutachten und Erklärungen Dritter die Schriftform vorgesehen ist, genügt dieser Form die Aufzeichnung als elektronisches Dokument, wenn dieses für die Bearbeitung durch das Gericht geeignet ist.**

---

16 BGHZ 102, 332 = NJW 1988, 2114; *Nierwetberg* NJW 1988, 2095.
17 BGH MDR 2004, 1014, 1015.
18 Angabe nicht zwingend: BGH VersR 1982, 673.
19 BGH BB 1974, 109, 110; OLG Frankfurt/M WM 1984, 209, 212 (falsches Aktenzeichen).
20 So auch *St/J/Leipold* Rn. 8; MK/*Wagner* Rn. 5; AK-ZPO/*Puls* Rn. 11; aA *Wiecz* Anm. B II.
21 BGH NJW 1991, 2707, 2709; s. auch BGH NJW-RR 2001, 887.
22 BGH NJW 1991, 2707, 2709.
23 BVerfG NJW 1993, 1319.
24 BGH NJW 1988, 713; KG NJW 1988, 2807.
25 BGHZ 22, 254, 256; BGH NJW 1967, 728, 729; OLG Oldenburg MDR 1996, 851.
26 So auch *Lange* NJW 1989, 438, 441.
27 S. zB BGH NJW 1984, 310; OLG Schleswig MDR 1976, 50; *Zö/Greger* Rn. 2; weit. Nachw. bei *Lange* NJW 1989, 438, 442.
28 OLG Düsseldorf MDR 1993, 798; OLG Schleswig MDR 1976, 50, 51; restriktiv zur Bezugnahme auch *Lange* NJW 1989, 438.
29 OLG Düsseldorf MDR 1993, 798.

[2]Die verantwortende Person soll das Dokument mit einer qualifizierten elektronischen Signatur nach dem Signaturgesetz versehen. [3]Ist ein übermitteltes elektronisches Dokument für das Gericht zur Bearbeitung nicht geeignet, ist dies dem Absender unter Angabe der geltenden technischen Rahmenbedingungen unverzüglich mitzuteilen.

(2) [1]Die Bundesregierung und die Landesregierungen bestimmen für ihren Bereich durch Rechtsverordnung den Zeitpunkt, von dem an elektronische Dokumente bei den Gerichten eingereicht werden können, sowie die für die Bearbeitung der Dokumente geeignete Form. [2]Die Landesregierungen können die Ermächtigung durch Rechtsverordnung auf die Landesjustizverwaltungen übertragen. [3]Die Zulassung der elektronischen Form kann auf einzelne Gerichte oder Verfahren beschränkt werden.

(3) Ein elektronisches Dokument ist eingereicht, sobald die für den Empfang bestimmte Einrichtung des Gerichts es aufgezeichnet hat.

I. Normzweck und Regelungszusammenhang

1 Durch das Gesetz zur Anpassung der Formvorschriften des Privatrechts und anderer Vorschriften an den modernen Rechtsgeschäftsverkehr[1] vom Juli 2001 wurde § 130a neu eingefügt, der seit 1. August 2001 gilt. Abs. 1 S. 3 wurde durch das JKomG ergänzt. Auf Grund dieser Vorschrift ist es grundsätzlich möglich, Schriftsätze mit Anlagen sowie Anträge und Erklärungen der Parteien bzw. Dritter auch als **elektronisches Dokument** bei Gericht einzureichen. Für die Nutzung moderner Informationstechnologie im Gerichtsverfahren muss allerdings erst bei den Gerichten die technische Infrastruktur aufgebaut[2] und eine neue „Aktenordnung" entwickelt werden. Die Vorschrift entfaltet daher nicht sofort Wirkung, vielmehr haben Bund und Länder nach Abs. 2 den Zeitpunkt festzulegen, ab dem die Einreichung tatsächlich möglich ist. Entsprechende Rechtsverordnungen des Bundes sind zwischenzeitlich teilweise ergangen[3] (s. Rn. 4). Die Einreichung als elektronisches Dokument ist als Alternative zur Schriftform nach §§ 129, 130 vorgesehen, einen Zwang, die Form nach § 130a zu nutzen, gibt es nicht.[4] Die Vorschrift steht im Gesamtzusammenhang der Neufassung der Formvorschriften des Verfahrensrechts[5] und des Allgemeinen Teils des BGB, wo § 126 Abs. 3 BGB grundsätzlich bestimmt, dass die schriftliche Form vorbehaltlich anderer gesetzlicher Regelung grundsätzlich durch die elektronische ersetzt werden kann. Die elektronische Form ist in § 126a BGB definiert und setzt – wie § 130a Abs. 1 – voraus, dass das elektronische Dokument mit einer **qualifzierten Signatur** nach dem Signaturgesetz[6] versehen wird. Die für die Einreichung von Schriftstücken bei Gericht konzipierte Vorschrift des § 130a findet ihr Pendant für ausgehende Schriftstücke in der Neufassung der §§ 174 Abs. 3 (dort Rn. 5), 195 (dort Rn. 1) durch das ZustRG[7] und dem durch das JKomG eingefügten § 130b für elektronische gerichtliche Dokumente. Für die Beweisführung mit Hilfe elektronischer Dokumente s. § 371a. Die Akteneinsicht in elektronische Prozessakten regelt § 299a; § 371 Abs. 1 S. 2 betrifft die Herausgabepflicht elektronischer Dokumente zu Beweiszwecken (s. § 299a Rn. 2, § 371 Rn. 13).

II. Anwendungsbereich und Voraussetzungen (Abs. 1)

2 **1. Anwendungsbereich.** Abs. 1 ermöglicht das elektronische Dokument als Ersatz der Schriftform und knüpft damit an § 126 Abs. 3 BGB an (Rn. 1). Der Anwendungsbereich ist weit gefasst und schließt **vorbereitende Schriftsätze** (§ 129) ein, aber auch alle Anträge und Erklärungen der Parteien (also auch **bestimmende Schriftsätze**)[8] sowie Auskünfte, Aussagen, Gutachten und Erklärungen Dritter, soweit jeweils Schriftform vorgesehen ist. Erfasst werden also auch schriftliche Zeugenaussagen (§ 377 Abs. 3), schriftliche Gutachten (§ 410 Abs. 1) und amtliche Auskünfte (§ 273 Abs. 2 Nr. 2), soweit sie schriftlich zu erteilen sind.

3 **2. Voraussetzungen. a) Technisch-formale Anforderungen.** Die Schriftform wird durch Übermittelung des elektronischen Dokumentes nur gewahrt, wenn dieses für die **Bearbeitung durch das Gericht geeignet** ist (ähnlich § 690 Abs. 3). Einzelheiten zur Form der einzureichenden Dokumente sind den Rechtsverordnungen nach Abs. 2 zu entnehmen. Weiterhin soll das Dokument vom Absender mit einer **qualifizierten elektronischen Signatur** versehen sein. Der Rechtsanwender muss sich damit in den Begriffsdschungel des SigG begeben und findet die Definition der „qualifizierten elektronischen Signatur" in § 2 Nr. 3 iVm. Nr. 2 SigG. Die Qualifizierung gegenüber der sog. fortgeschrittenen elektronischen Signatur (§ 2 Nr. 2 SigG)[9] besteht darin, dass die Signatur auf einem zum Zeitpunkt ihrer Erzeugung gültigen qualifizierten Zertifikat

[1] BGBl. 2001 I, 1542.

[2] Krit. zu Investitionsversäumnissen *Fischer* DRiZ 2005, 90, 94.

[3] ERVVO BGH v. 26. 11. 2001 (BGBl. 2001 I, 3225), abgedruckt im Anhang; ERVVO BVerwG/BFH v. 26. 11. 2004 (BGBl. 2004 I, 3091).

[4] So ausdrücklich die Gesetzesbegründung, BT-Drucks. 14/4987 S. 23, 24.

[5] Vgl. § 21 Abs. 2, 3 FGG; §§ 73 Abs. 2, 81 Abs. 2 GBO; §§ 77 Abs. 2, 89 Abs. 2 SchiffsRegO; § 26 Abs. 1, 6 LwVG; § 46b ArbGG; § 108 SGG; § 86a VwGO; § 77a FGO.

[6] Novellierung des Signaturgesetzes v. 22. Juli 1997 (BGBl. I, 1870) durch Gesetz v. 16. Mai 2001, BGBl. 2001 I, 876, in Kraft seit 22. Mai 2001, zuletzt geändert durch Gesetz v. 7. 7. 2005 (BGBl. 2005 I, 1970).

[7] BGBl. 2001 I, 1206, in Kraft seit 1. August 2002.

[8] So auch die Gesetzesbegründung BT-Drucks. 14/4987 S. 24.

[9] Sie beinhaltet, dass die elektronische Signatur ausschließlich dem Signaturschlüssel-Inhaber zugeordnet und dessen Identifizierung möglich ist.

(§§ 5 ff. SigG) beruht und mit einer sicheren Signaturerstellungseinheit erzeugt wird. Die qualifizierte elektronische Signatur nach Abs. 1 tritt an die Stelle der eigenhändigen Unterschrift. Es handelt sich um eine „Soll"-Vorschrift, die nach der Vorstellung des Gesetzgebers im Anschluss an die Diskussion im Vermittlungsausschuss trotz des Wortlauts wie die Unterschrift nach § 130 Nr. 6 (bei gleichem Wortlaut) ein **zwingendes Erfordernis** darstellt (§ 129 Rn. 8)[10]. Im Interesse des Absenders soll damit gewährleistet sein, dass das Dokument nicht spurenlos manipuliert werden kann (**Perpetuierungsfunktion**). Wie für die herkömmliche Unterschrift empfiehlt sich jedoch die am Wortlaut orientierte „Soll"-Auslegung. Fälschungen dürften äußerst selten vorkommen und sich dann auch schnell als solche identifizieren lassen (s. § 129 Rn. 8 f.). Entgegen anders lautender Vorschläge hat der Gesetzgeber letztlich davon abgesehen, zusätzlich vorzuschreiben, dass ein Schutz vor Kenntnisnahme durch Dritte mittels entsprechender Verschlüsselung des Dokumentes erfolgen soll (anders jedoch § 174 Abs. 3 S. 3).[11]

b) Hinweispflicht gem. Abs. 1 S. 3. Bei der Übersendung elektronischer Dokumente trägt der Absender das Risiko des rechtzeitigen Zugangs. Die Übermittelung ist fehlgeschlagen, wenn das Dokument aus technischen Gründen nicht lesbar ist (Abs. 1 S. 1). Hierauf muss das Gericht den Absender unverzüglich hinweisen. Bei fristgebundenen Erklärungen kann dann bei noch laufender Frist die Übermittelung erneut versucht werden, nach Fristablauf kann u. U. ein Wiedereinsetzungsantrag darauf gestützt werden, dass eine Bearbeitung des Dokuments durch das Gericht aus technischen Gründen, die der Absender nicht erkennen konnte, nicht möglich war (s. auch Rn. 5).[12] 3a

III. Verordnungsermächtigung (Abs. 2)

Die Einreichung elektronischer Dokumente bei Gericht ist nur sinnvoll, wenn es nicht bei der Übersendung bewendet, sondern das Gericht die eingehenden Dokumente auch entsprechend rationell weiterbearbeiten kann. Hierfür muss bei den Gerichten zunächst die technologische Infrastruktur geschaffen werden, die rechtliche Basis für eine elektronische Aktenbearbeitung (mit Ausnahme der Zwangsvollstreckung) hat der Gesetzgeber mit dem JKomG[13] mittlerweile zur Verfügung gestellt. Abs. 2 überlässt es Bundes- und Landesregierungen mittels Verordnung den Zeitpunkt festzulegen, ab dem elektronische Dokumente eingereicht werden können sowie Einzelheiten zu Formerfordernissen für die Weiterbearbeitung der Dokumente. Die Zulassung kann auch zunächst beschränkt auf einzelne Verfahren oder Schriftstücke erfolgen oder sich auf einzelne Gerichte oder Spruchkörper beziehen. Der Gesetzgeber will damit Experimentierphasen und „Probeläufe" ermöglichen, um zunächst Erfahrungen mit elektronischen Schriftsätzen und Akten zu sammeln.[14] Erlassen bzw. teilweise neu gefasst sind auf Bundesebene Verordnungen für BGH und BPatG[15], BVerwG und BFH[16] sowie das BAG.[17] Auf Landesebene neben einigen Verordnungen, welche nur die Ermächtigung zum Erlass von Rechtsverordnungen weiterübertragen in vielen Ländern auch materielle Regelungen ergangen.[18] Weitere Information und Texte sind abruf bar unter: http://www.egvp.de/grundlagen/gerichte.htm. 4

IV. Zugang bei Gericht (Abs. 3)

Abs. 3 trifft eine wichtige verfahrensrechtliche Regelung für elektronische Schriftsätze, deren **Eingang bei Gericht** maßgebliche Bedeutung haben kann für die Fristwahrung oder etwa die Vorwirkung der Verjährungsunterbrechung auf den Eingangszeitpunkt der Klage oder des Antrags auf Erlass eines Mahnbescheides (§§ 270 Abs. 3, 693 Abs. 2). Nach Abs. 3 ist das Dokument bei Gericht eingereicht, sobald es von der dortigen **Empfangseinrichtung aufgezeichnet** ist. Es kommt also auf den Zeitpunkt der Speicherung, nicht des späteren Ausdrucks an. Die Regelung entspricht damit der h. A. zum Zugang elektronisch verkörperter Willenserklärungen im materiellen Recht. Soweit die Landesjustizverwaltungen für mehrere Gerichte einen **zentralen Server** zur Verfügung stellen, wird dieser als „die für den Empfang betimmte Einrichtung des Gerichts" im Sinne von Abs. 3 anzusehen sein,[19] es kommt also – wie im materiellen Recht – nicht darauf an, wann das Gericht das Dokument auf seine eigene Datenverarbeitungsanlage herunterlädt. Die Zentralisierung darf nicht zu Lasten der Parteien gehen. Grundsätzlich empfiehlt es sich – unabhängig von 5

---

[10] S. Niederschr. BRat (765. Sitzung), 22. 6. 2001 S. 322; anders noch Begründung zu § 130a BT-Drucks. 14/4987 S. 24; hierzu *Dästner* NJW 2001, 3469, 3470; *Hartmann* NJW 2001, 2577, 2578.

[11] Dies kann jedoch erforderlichenfalls in Rechtsverordnungen gem. Abs. 2 geregelt werden, s. Begründung zu § 130a BT-Drucks. 14/4987 S. 24.

[12] BT-Drucks. 15/4067 S. 31.

[13] Gesetz über die Verwendung elektronischer Kommunikationsformen in der Justiz v. 24. 8. 2005 (BGBl. 2004 I, 2198), in Kraft seit 1. 4. 2005.

[14] Begründung zu § 130a BT-Drucks. 14/4987 S. 24.

[15] BGH/BPatGERVV vom 28. 8. 2007, BGBl. 2007 I, 2130 (Inkrafttreten: 1. 9. 2007).

[16] ERVVO BVerwG/BFH vom 26. 11. 2004, BGBl. 2004 I, 3091 (Inkraftreten: 1. 12. 2004).

[17] Verordnung über den elektronischen Rechtsverkehr beim Bundesarbeitsgericht vom 9. März 2006, BGBl. 2006 I, 519.

[18] VO des Justizministeriums v. 15. 6. 2004 – Baden-Württemberg, GBl. 2004, 590; VO v. 14. 12. 2006 – Brandenburg, GVBl. II 2006, 558; VO v. 18. 12. 2006 – Bremen, GBl. der Freien Hansestadt Bremen v. 29. 12. 2006, 548; VO v. 22. 11. 2006 – Hessen, GVBl. I 2006, 613; ERVVO v. 5. 1. 2007 – Mecklenburg-Vorpommern; VO v. 8. 7. 2006 – Niedersachsen, GVBl. 2006, 247; VO über den elektronischen Rechtsverkehr beim Amtsgericht Olpe v. 5. 8. 2005, GV NRW 2005, 693; Sächsische ERVerkO v. 12. 12. 2006; VO v. 12. 12. 2006 – Saarland, Amtsbl. 2006, 2237; ThürERVVO v. 5. 12. 2006 – Thüringen, GVBl. 2006, 560.

[19] S. schon BGH NJW 1990, 990 für gemeinsame Empfangsanlagen.

der Hinweispflicht des Abs. 1 S. 3 – aus Gründen der Rechtssicherheit, dem Absender des elektronischen Dokuments automatisch eine Empfangsbestätigung zukommen zu lassen. Wie die Rechtsprechung bei technisch bedingten Verzögerungen Fristwahrung bzw. Wiedereinsetzung handhabt, bleibt abzuwarten. Regelmäßig wird man **technische Störungen,** die nicht die eigene Datenverarbeitung des Rechtsanwalts betreffen, sondern nach rechtzeitigem Absenden auf dem Übertragungswege auftreten, diesem nicht zurechnen können, so dass Wiedereinsetzung möglich ist. Wer die Frist aber bis zum letzten Augenblick ausnutzt, unterliegt einem erhöhten Sorgfaltsmaßstab (§ 233 Rn. 27); „übliche Übermittlungszeiten" lassen sich für E-Mails schwer festlegen, so dass wie bei Faxübertragungen eine Sicherheitsspanne einzuplanen ist.[20]

130b *Gerichtliches elektronisches Dokument* **Soweit dieses Gesetz dem Richter, dem Rechtspfleger, dem Urkundsbeamten der Geschäftsstelle oder dem Gerichtsvollzieher die handschriftliche Unterzeichnung vorschreibt, genügt dieser Form die Aufzeichnung als elektronisches Dokument, wenn die verantwortenden Personen am Ende des Dokuments ihren Namen hinzufügen und das Dokument mit einer qualifizierten elektronischen Signatur versehen.**

I. Normzweck

1 Während bisherige ZPO-Reformen den elektronischen Rechtverkehr mit dem Gericht und gerichtsintern nur partiell eröffnet haben, soll durch das JKomG[1] eine vollständige elektronische Aktenbearbeitung ermöglicht werden.[2] Insbesondere fehlte bislang das – nun mit § 130b geschaffene – Pendant zu § 130a, welches es auch für Gerichtspersonen ermöglicht, deren Unterschrift durch eine elektronische Form zu ersetzen. Dies wiederum ist Voraussetzung einer elektronischen Weiterbearbeitung und einer Zustellung als elektronisches Dokument (§ 174 Abs. 3).

II. Anwendungsbereich und Voraussetzungen

2 Die Vorschrift ermöglicht für alle gerichtlichen Dokumente, die in Papierform der Unterschrift durch eine Gerichtsperson bedürfen, die elektronische Aufzeichnung. Erfasst werden insbesondere Urteile, Beschlüsse, das Protokoll, richterliche Verfügungen und Fristsetzungen; s. etwa §§ 139, 163, 273, 315, 329 Abs. 1 S. 2 iVm 317 Abs. 2 S. 1. Wie im Falle des § 130a wird die handschriftliche Unterzeichnung durch den Richter oder eine in § 130b genannte Person ersetzt durch die einfache Namensangabe und eine qualifizierte elektronische Signatur. Müssen mehrere Personen unterschreiben (zB §§ 163 Abs. 1 S. 1, 315 Abs. 1 S. 1), so muss auch mehrfach signiert werden. Der Zweitsignierende muss dabei darauf achten, dass nicht durch Textzusätze die erste Signatur zerstört wird. **Formmängel** des elektronischen Dokumentes entstehen, wenn die Namensangabe nicht mit dem Signaturinhaber übereinstimmt oder das Dokument mit einer anderen als einer qualifizierten elektronischen Signatur nach dem SigG versehen ist. Der Gesetzgeber hat bewusst von einer eigenständigen Regelung der Rechtsfolgen dieses Formmangels abgesehen und im Interesse gleichförmiger Handhabung auf Rechtsprechung und Lehre zur fehlenden oder fehlerhaften Unterschrift verwiesen (für Urteile s. § 315 Rn. 10, 11).[3]

131 *Beifügung von Urkunden* **(1) Dem vorbereitenden Schriftsatz sind die in den Händen der Partei befindlichen Urkunden, auf die in dem Schriftsatz Bezug genommen wird, in Urschrift oder in Abschrift beizufügen.**

(2) Kommen nur einzelne Teile einer Urkunde in Betracht, so genügt die Beifügung eines Auszugs, der den Eingang, die zur Sache gehörende Stelle, den Schluss, das Datum und die Unterschrift enthält.

(3) Sind die Urkunden dem Gegner bereits bekannt oder von bedeutendem Umfang, so genügt ihre genaue Bezeichnung mit dem Erbieten, Einsicht zu gewähren.

I. Normzweck

1 Die Vorschrift soll es dem Gegner erleichtern, zum Inhalt eventuell **entscheidungserheblicher** Urkunden Stellung zu nehmen und dem Gericht die Vorbereitung der mündlichen Verhandlung ermöglichen (s. § 273). Aus diesem Grunde greift Abs. 1 unabhängig davon, ob der Gegner voraussichtlich die sich aus der Urkunde ergebenden Vorgänge und Tatsachen bestreiten wird.[1] Bei umfangreichen Unterlagen kann zur **Kostenersparnis** aber vom Verweis nach Abs. 3 (mit § 134) Gebrauch gemacht werden. Zum Kostenersatzanspruch des Anwalts Rn. 4 und § 91 Rn. 35; zur Bezugnahme auf die Anlagen im Schriftsatz s. § 130 Rn. 10. **Sondervorschriften** enthalten für den Urkundenprozess § 593 Abs. 2 und für den Urkundenbeweis §§ 420ff.

II. Voraussetzungen und Umfang

2 Beizufügende Urkunden sind nicht nur solche, die den Streitgegenstand betreffen, sondern auch Urkunden zu **prozessualen Fragen** (zB Schiedsgerichtsabreden oder Gerichtsstandsvereinbarungen). „In den Hän-

---

[20] Vgl. BGH NJW 1992, 244 (Telefaxübermittlung muss 4 Stunden vor Fristablauf begonnen werden).

[1] Gesetz über die Verwendung elektronischer Kommunikationsformen in der Justiz v. 24. 8. 2005 (BGBl. 2004 I, 2198), in Kraft seit 1. 4. 2005.

[2] Hierzu *Viefhues* NJW 2005, 1009ff; *Hähnlein* NJW 2005, 2257ff; *Gilles* ZZP 118 (2005), 399ff.

[3] BT-Drucks. 15/4067 S. 31; *Zö/Greger* Rn. 3.

[1] AA MK/*Peters* Rn. 1; AK-ZPO/*Puls* Rn. 1.

den" im Sinne von Abs. 1 bedeutet **unmittelbarer oder mittelbarer Besitz.**[2] Abs. 1 gilt auch für Streitgenossen, soweit die Voraussetzungen in ihrer Person erfüllt sind (Besitz, Bezugnahme). Soweit eine Prozesspartei nach Abs. 2 nur auszugsweise vorlegt, sollte das Gericht bei entscheidungserheblichen Urkunden im Zweifel Vorlegung der vollständigen Urkunde verlangen (§§ 273 Abs. 2 Nr. 5, 142 Abs. 1), da der Kontext für Auslegung und Verständnis von erheblicher Bedeutung sein kann. Abs. 2 sichert mit seinen **Mindestanforderungen** nur, dass die Authentizität der Urkunde feststeht.

III. Verstoß

Die Vorlage ist **nicht erzwingbar,** das Gericht kann jedoch nach § 142 Vorlegung anordnen und eine **Weigerung frei würdigen;** im Übrigen gilt bei Nichtbeachtung § 129 Rn. 5 aE. Jede Prozesspartei hat Anspruch auf Überlassung von Schriftsätzen mit Anlagen in Fotokopie (§ 133), Einsichtnahme (§ 134) oder die Erteilung von Auszügen und Abschriften durch die Geschäftsstelle (§ 299, s. dort Rn. 2). 3

132 *Fristen für Schriftsätze*

(1) [1]Der vorbereitende Schriftsatz, der neue Tatsachen oder ein anderes neues Vorbringen enthält, ist so rechtzeitig einzureichen, dass er mindestens eine Woche vor der mündlichen Verhandlung zugestellt werden kann. [2]Das Gleiche gilt für einen Schriftsatz, der einen Zwischenstreit betrifft.

(2) [1]Der vorbereitende Schriftsatz, der eine Gegenerklärung auf neues Vorbringen enthält, ist so rechtzeitig einzureichen, dass er mindestens drei Tage vor der mündlichen Verhandlung zugestellt werden kann. [2]Dies gilt nicht, wenn es sich um eine schriftliche Gegenerklärung in einem Zwischenstreit handelt.

I. Normzweck und Anwendungsbereich

§ 132 dient der hinreichenden **Gewährung rechtlichen Gehörs** und gilt nur, soweit eine schriftsätzliche Terminsvorbereitung erfolgt, dh. im **Anwaltsprozess** (§ 78) und im **Parteiprozess** nach richterlicher Anordnung gemäß § 129 Abs. 2 (dann auch für Erklärungen zu Protokoll der Geschäftsstelle eines Amtsgerichts, § 129a[1]; s. § 335 Rn. 4).[2] Im **Arrest- und Verfügungsverfahren** ist die Vorschrift wegen der Eilbedürftigkeit nicht anzuwenden.[3] Richterliche Fristen (§§ 273–277) und gesetzliche Fristen (§§ 214ff.) gehen § 132 vor; für bestimmende Schriftsätze bestehen daher weitgehend **Sondervorschriften** (zB §§ 321a Abs. 2, 517, 544 Abs. 1, 2, 548, 569 Abs. 1). Ebenso wenig kommt die Vorschrift zur Anwendung, wo das Gesetz eine Einlassungsfrist vorschreibt (§§ 274 Abs. 3, 523 Abs. 2, 553 Abs. 2, 593 Abs. 2). § 132 gilt für alle Schriftsätze, die neue Angriffs- und Verteidigungsmittel **ankündigen,** auch wenn sie eine Klageänderung oder -erweiterung enthalten.[4] Er gilt nicht für Rechtsausführungen. 1

II. Rechtzeitigkeit

Dem Wortlaut entsprechend ist für die Wahrung der Frist auf die **Zustellung beim Gegner,** nicht auf den Eingang bei Gericht abzustellen. Zustellung von Anwalt zu Anwalt ist möglich (§§ 135, 195). Die **Fristberechnung** folgt §§ 222ff. ZPO, 187, 188 BGB. Es handelt sich um Mindestfristen, die nur ausnahmsweise (rechtliches Gehör!) gemäß § 226 abgekürzt werden können. **Fristverlängerung** ist durch Terminsänderung (§ 227) möglich; richterliche Fristen gemäß §§ 275, 276 laufen unabhängig von § 132 und haben im Fall der Säumnis andere Rechtsfolgen.[5] 2

III. Verstoß

Werden die so genannten Zwischenfristen (Frist zwischen Zustellung und Termin) nicht eingehalten, so greifen die in § 129 Rn. 5 geschilderten Sanktionen, insbesondere können Angriffs- und Verteidigungsmittel gemäß §§ 282 Abs. 2, 296 Abs. 2 **zurückgewiesen** werden. Dabei ist die Nichteinhaltung der Schriftsatzfristen nach § 132 allein nicht entscheidend, es ist vielmehr auf § 282 Abs. 2 abzustellen (§ 296 Rn. 10).[6] Zum Verhältnis der §§ 282, 132 s. § 282 Rn. 9. Der Gegner darf aber allein wegen des verspäteten Vorbringens eine Einlassung nicht verweigern (§ 138 Abs. 2),[7] sondern muss gegebenenfalls nach § 283 um eine Frist für die **Nachreichung eines Schriftsatzes** ersuchen. Zur Berücksichtigung nachgereichter Schriftsätze s. § 283 Rn. 12ff. 3

IV. Übergabe von Schriftsätzen im Termin

Der in der Praxis häufig anzutreffenden Unsitte, Schriftsätze erst im Termin oder unmittelbar davor zu überreichen, ist tunlichst Einhalt zu gebieten. Nach richtiger Ansicht handelt es sich nicht mehr um vorbe- 4

---

2 *St/J/Leipold* Rn. 2.
1 *St/J/Leipold* Rn. 4; MK/*Wagner* Rn. 1.
2 AA *T/P/Reichold* Rn. 3 (grds. keine Anwendung im Parteiprozess).
3 *T/P/Reichold* Rn. 3; *St/J/Leipold* Rn. 3.
4 OLG Düsseldorf NJW-RR 1999, 859, 860.
5 *St/J/Leipold* Rn. 7.
6 BGH NJW 1989, 716, 717; OLG Hamm MDR 1980, 147; *St/J/Leipold* Rn. 8.
7 BVerfG NJW 1989, 795; BGHZ 94, 195, 213.

reitende Schriftsätze im Sinne der §§ 130ff., auf die deshalb bei enger Handhabung des § 137 Abs. 3 **nicht Bezug genommen werden kann,** wenn nicht Gericht und Gegner vorab Gelegenheit zur Kenntnisnahme des Inhalts hatten.[8] Ihr Inhalt kann daher allenfalls **mündlich eingeführt** werden (keine Verlesung, s. § 137 Abs. 2 und 3).[9] Gegebenenfalls ist dem Gegner eine Frist zur Äußerung gemäß § 283 einzuräumen, was für sich genommen noch nicht zur Verzögerung des Rechtsstreits im Sinne von § 296 führt,[10] oder es ist nach § 227 zu vertagen.

133 *Abschriften* **(1) [1]Die Parteien sollen den Schriftsätzen, die sie bei dem Gericht einreichen, die für die Zustellung erforderliche Zahl von Abschriften der Schriftsätze und deren Anlagen beifügen. [2]Das gilt nicht für elektronisch übermittelte Dokumente sowie für Anlagen, die dem Gegner in Urschrift oder in Abschrift vorliegen.**

(2) Im Falle der Zustellung von Anwalt zu Anwalt (§ 195) haben die Parteien sofort nach der Zustellung eine für das Prozessgericht bestimmte Abschrift ihrer vorbereitenden Schriftsätze und der Anlagen bei dem Gericht einzureichen.

I. Grundsatz

1 Die Vorschrift gilt im **Anwalts-**[1] **und im Parteiprozess,** soweit die Partei Schriftsätze einreichen soll (§ 129 Abs. 2) oder tatsächlich einreicht. Zu Sonderregelungen im Urkundsverfahren s. §§ 593 Abs. 2, 602, 605a. Zustellung der Abschriften erfolgt – samt Anlagen – von Amts wegen nach § 270; das Original bleibt bei den Gerichtsakten. **Fehlen Abschriften,** so können sie von der Geschäftsstelle auf Kosten der Partei, welche sie versäumt hat, angefertigt (§§ 56 Abs. 1 S. 2, 64 GKG mit Nr. 9000 KV) oder nachgefordert werden. Im Fall des Abs. 1 S. 2 empfiehlt es sich, darauf hinzuweisen, dass die Schriftstücke dem Gegner schon vorliegen, damit die Geschäftsstelle nicht auf diese Weise verfährt. Bei Übermittelung von Schriftsätzen per **Telefax** (s. § 129 Rn. 11) müssen die in Abs. 1 bezeichneten Anlagen ebenfalls auf diese Weise übermittelt oder unverzüglich nachgereicht werden.[2] Für elektronisch übermittelte Dokumente trifft Abs. 1 S. 2 eine Sonderregelung. Wird der elektronisch eingereichte Schriftsatz auch elektronisch zugestellt (§ 174 Abs. 3), sind Abschriften entbehrlich. Erfolgt die Zustellung herkömmlich, muss die Geschäftsstelle für einen Ausdruck sorgen.[3] Auslagen gem. Nr. 9000 Ziff. 1 und 2 KV zum GKG entfallen in diesem Fall. Abs. 2 stellt sicher, dass bei Zustellung von Anwalt zu Anwalt auch das Gericht die zur Terminsvorbereitung notwendigen Schriftsätze mit ihren Anlagen erhält. Bei **Verstoß** gegen § 133 kommen Vertagung und Kostennachteile (§§ 95 ZPO; 34 GKG – unüblich!) in Betracht; er führt **nicht** zu sachlichen Nachteilen durch **Präklusion.**[4] Zur Kostenerstattung s. Rn. 3.[5]

II. Nachgereichte Schriftsätze

2 Schriftsätze, die nach Schluss der mündlichen Verhandlung eingereicht werden und neues tatsächliches Vorbringen enthalten, sind – außer im Fall des § 283 – grundsätzlich bei der Entscheidung **nicht mehr zu berücksichtigen** (§ 296a). Sie werden jedoch zu den Akten genommen und sind dem Prozessgegner **formlos mitzuteilen** (§ 270 Abs. 2), da sie bei Einverständnis des Gegners oder im Fall der Wiedereröffnung der Verhandlung (§§ 156, 296a) an Bedeutung gewinnen können.[6] **Rechtsausführungen** kann das Gericht aber selbstverständlich jederzeit zu Kenntnis nehmen und berücksichtigen.

III. Rechtsanwaltsgebühren

3 Als Ausnahme von § 15 Abs. 1 RVG sind Abschriften und Ablichtungen unter den in Nr. 7000 VV RVG genannten Voraussetzungen in der dort genannten Höhe von der Partei zu erstatten. Vom Gegner kann Erstattung im Rahmen des § 91 verlangt werden. Bei mehreren Mandanten § 7 Abs. 2; bzgl. Abschriften vgl. auch § 91 Rn. 35.

134 *Einsicht von Urkunden* **(1) Die Partei ist, wenn sie rechtzeitig aufgefordert wird, verpflichtet, die in ihren Händen befindlichen Urkunden, auf die sie in einem vorbereitenden Schriftsatz Bezug genommen hat, vor der mündlichen Verhandlung auf der Geschäftsstelle niederzulegen und den Gegner von der Niederlegung zu benachrichtigen.**

(2) [1]Der Gegner hat zur Einsicht der Urkunden eine Frist von drei Tagen. [2]Die Frist kann auf Antrag von dem Vorsitzenden verlängert oder abgekürzt werden.

---

[8] *Zö/Greger* Rn. 3a; *Mayer* NJW 1985, 937; aA *St/J/Leipold* § 129 Rn. 9.
[9] *Mayer* NJW 1985, 937, 938 schlägt für kurze Schriftsätze Verlesung durch den Vorsitzenden vor.
[10] BVerfG NJW 1989, 705; BGH NJW 1985, 1556, 1558; BAG NJW 1989, 2213; aA noch OLG Stuttgart NJW 1984, 2538.
[1] S. zB BVerfG NJW 1996, 382, 383.
[2] VGH Kassel NJW 1991, 316.
[3] Gesetzesbegründung BT-Drucks. 15/4067 S. 31.
[4] HM, s. *St/J/Leipold* Rn. 8; *T/P/Reichold* Rn. 3.
[5] S. auch BVerfG NJW 1996, 382 (für Verfassungsbeschwerde).
[6] *St/J/Leipold* Rn. 11; AK-ZPO/*Puls* Rn. 7; MK/*Wagner* Rn. 8; aA *Buchholz* NJW 1955, 535 (Rückgabe des Schriftsatzes an die einreichende Partei).

I. Normzweck

1 § 134 ist im **Anwalts- und** im **Parteiprozess** anwendbar. Auch im Anwaltsprozess hat die Partei ein **eigenes Einsichtsrecht;** der Anwaltszwang erfasst daher Aufforderung, Benachrichtigung und Einsichtnahme nach § 134 nicht.[1] Die Vorschrift will der gegnerischen Partei die Möglichkeit geben, die **Echtheit** in Bezug genommener Urkunden anhand des **Originals zu prüfen.** Eine Abschrift erhält sie nach § 131. In der Praxis überwiegt, wenn der Gegner nicht auf einer Einsichtnahme nach § 134 besteht, die **Vorlage** des Originals **in der mündlichen Verhandlung** mit entsprechender Vorankündigung, um das Original nicht aus der Hand geben zu müssen und die Einsichtnahme zu vereinfachen.

II. Niederlegung

2 Gemäß Abs. 1 ist das **Original** der Urkunde auf der Geschäftsstelle des Prozessgerichts zu hinterlegen. Die Partei kann hierzu vom Gegner oder vom Gericht (§§ 142, 143) aufgefordert werden. Das **öffentlichrechtliche Verwahrungsverhältnis**[2] wird verletzt, wenn das Original ohne Zustimmung des Einreichenden zur Einsichtnahme für eine auswärtige Partei oder deren Anwalt **an ein anderes Gericht verschickt** wird.[3] § 134 sieht nur die Einsichtnahme beim Prozessgericht vor. **Verlust oder Beschädigung** können dann zu **Schadensersatzansprüchen** führen. Allerdings wird man bei auswärtigen Parteien großzügig Fristverlängerung nach Abs. 2 mit § 224 gewähren müssen. Das niedergelegte Original wird nicht Bestandteil der Gerichtsakten, § 299 ist nicht anwendbar. Die **Rückgabe der Urkunde** kann im Fall des § 443 verweigert werden; sofortige Beschwerde (§ 567) ist gegen entsprechende richterliche Anordnung möglich.

III. Verstoß gegen Niederlegungsanordnung

3 Befolgt die Partei eine Aufforderung gem. Abs. 1 nicht oder nicht rechtzeitig, so greifen die in § 131 Rn. 3, § 129 Rn. 5 geschilderten Sanktionen. **Präklusion** des Beweismittels ist nur zulässig, wenn eine gerichtliche Aufforderung ergangen ist (§§ 296 Abs. 1, 273 Abs. 2 Nr. 5 iVm. § 142 Abs. 1), nicht bei Aufforderung durch den Gegner.[4]

IV. Unterlassene Aufforderung oder Einsichtnahme des Gegners

4 Fordert der Prozessgegner nicht zur Niederlegung auf oder versäumt er es, innerhalb der Frist (Beginn mit Zugang der Benachrichtigung nach Abs. 1) in das Original Einsicht zu nehmen, so kann dies zur **Präklusion seiner Beweiseinrede** führen (§§ 296 Abs. 2, 282 Abs. 2). Sie ist aber nur gerechtfertigt, wenn Anhaltspunkte für eine fehlende Echtheit der Urkunde gegeben waren, denen der Gegner durch sein Versäumnis grob fahrlässig nicht nachgeht.[5]

135 *Mitteilung von Urkunden unter Rechtsanwälten*

(1) Den Rechtsanwälten steht es frei, die Mitteilung von Urkunden von Hand zu Hand gegen Empfangsbescheinigung zu bewirken.

(2) Gibt ein Rechtsanwalt die ihm eingehändigte Urkunde nicht binnen der bestimmten Frist zurück, so ist er auf Antrag nach mündlicher Verhandlung zur unverzüglichen Rückgabe zu verurteilen.

(3) Gegen das Zwischenurteil findet sofortige Beschwerde statt.

I. Normzweck

1 § 135 ergänzt die Vorschrift des § 134 und ermöglicht es im Anwalts- und Parteiprozess, sofern **beide Parteien anwaltlich vertreten** sind, die Niederlegung der Urkunde bei der Geschäftsstelle durch Überlassung des Originals an den gegnerischen Anwalt nach Abs. 1 zu ersetzen. Rückgabe muss innerhalb der Frist des § 134 Abs. 2 oder der vom übermittelnden Anwalt gesetzten (längeren) bzw. vereinbarten Frist erfolgen.

II. Zwischenstreit über Rückgabe

2 Wird die rechtzeitige Rückgabe versäumt, sieht Abs. 2 einen **Zwischenstreit** zwischen der auf die Urkunde Bezug nehmenden Partei und dem gegnerischen Rechtsanwalt vor, in dem – nur auf Antrag – über den **prozessualen Rückgabeanspruch** entschieden wird. Es ist grundsätzlich mündlich zu verhandeln (s. aber § 128 Abs. 2). Daneben können aus materiellem Recht Rückgabe- oder Schadensersatzansprüche erwachsen (uU auch gegen den eigenen Prozessbevollmächtigten), über die nicht nach § 135 Abs. 2 entschieden werden kann.[1] „Unverzüglich" nach Abs. 2 ist nicht im Sinne von § 121 BGB („ohne schuldhaftes Zö-

---

[1] HM MK/*Wagner* Rn. 1; AK-ZPO/*Puls* Rn. 9; *Bergerfurth* NJW 1961, 1237, 1239; s. aber Zö/*Greger* Rn. 3 (Befreiung nur für Einsichtnahme).

[2] RGZ 51, 219, 221.

[3] So auch *Zö/Greger* Rn. 3; AK-ZPO/*Puls* Rn. 8; zurückhaltend auch *St/J/Leipold* Rn. 6; aA MK/*Wagner* Rn. 3.

[4] MK/*Wagner* Rn. 5.

[5] MK/*Wagner* Rn. 6; *B/L/H* Rn. 13; *Zö/Greger* Rn. 5; aA *St/J/Leipold* Rn. 4, wonach es nicht dem Zweck des § 134 entspreche, den Gegner zur Einsicht anzuhalten.

[1] MK/*Wagner* Rn. 6.

gern") zu verstehen, sondern verlangt die Verurteilung zu **sofortiger** Rückgabe.[2] Das dem Antrag auf Herausgabe stattgebende **Zwischenurteil** ist nach §§ 794 Abs. 1 Nr. 3, 883 sofort vollstreckbar. Versäumnisurteil ist unzulässig.[3] Eine **sofortige Beschwerde** nach Abs. 3 mit § 577 hat keine aufschiebende Wirkung (s. § 572). Der unterliegende Rechtsanwalt hat die **Kosten** des Zwischenstreits **persönlich** zu tragen.

III. Gebühren und Kosten

3 **1. Rechtsanwaltsgebühren.** Die Tätigkeit des **Anwalts** gehört zum Rechtszug, wird also durch die Gebühren der Nrn. 3100ff. VV RVG abgegolten (§ 19 Abs. 1 Nr. 9, 15 RVG). Ist der Anwalt nicht Prozessbevollmächtigter, erhält er die Gebühr der Nr. 3403 VV RVG. Zum **Beschwerdeverfahren** vgl. § 567 Rn. 29.

4 **2. Gerichtskosten.** Gerichtsgebühren löst das Zwischenurteil nicht aus; für das Beschwerdeverfahren gilt KV Nr. 1812.

136 *Prozessleitung durch Vorsitzenden* **(1) Der Vorsitzende eröffnet und leitet die Verhandlung.**

(2) [1]Er erteilt das Wort und kann es demjenigen, der seinen Anordnungen nicht Folge leistet, entziehen. [2]Er hat jedem Mitglied des Gerichts auf Verlangen zu gestatten, Fragen zu stellen.

(3) Er hat Sorge zu tragen, dass die Sache erschöpfend erörtert und die Verhandlung ohne Unterbrechung zu Ende geführt wird; erforderlichenfalls hat er die Sitzung zur Fortsetzung der Verhandlung sofort zu bestimmen.

(4) Er schließt die Verhandlung, wenn nach Ansicht des Gerichts die Sache vollständig erörtert ist, und verkündet die Urteile und Beschlüsse des Gerichts.

I. Normzweck

1 Prozessleitung ist die richterliche Tätigkeit zur **Vorbereitung der gerichtlichen Entscheidung.** Sie soll einen gesetzes- und zweckmäßigen Verfahrensverlauf sichern. Grundsätzlich obliegt sie dem **Gericht,** ist aber in vielen Fällen ausdrücklich dem **Vorsitzenden** (Einzelrichter, §§ 348, 348a, 568) zugewiesen. Das **ZPO-RG** hat in Abs. 1 das Wort „mündliche" entfallen lassen, um klarzustellen, dass sich die Befugnis nach Abs. 1 auch auf die neu eingeführte Güteverhandlung nach § 278 Abs. 2 erstreckt. Abs. 2 S. 2 entspricht inhaltlich dem bisherigen § 139 Abs. 3.

II. Inhalt

2 **1. Formelle und materielle Prozessleitung.** Die **formelle Prozessleitung** gewährleistet den ordnungsgemäßen **äußeren Ablauf** des Verfahrens (Terminsanberaumung, Gang der mündlichen Verhandlung, Sitzungspolizei). In Form der **materiellen (oder sachlichen) Prozessleitung** obliegt es Gericht bzw. Vorsitzendem, für eine sorgfältige Sachbehandlung zu sorgen, zB durch Ausübung der richterlichen **Frage- und Aufklärungspflicht** (§ 139), Erörterung des Sach- und Streitstandes (Abs. 3) und Durchführung der **Beweisaufnahme.** § 136 regelt sowohl die formelle (Abs. 1, 2, 4) als auch die materielle Prozessleitung (Abs. 3 Halbs. 1). Eine klare Trennung in formelle Prozessleitung (§ 136) und materielle (§ 139) ist daher auch mit der Übernahme von § 139 Abs. 3 aF in Abs. 2 S. 2 nicht völlig gelungen.

3 **2. In der Verhandlung. a) Überblick.** Dem Vorsitzenden obliegt nach Abs. 1 **Eröffnung** (§ 220: Aufruf der Sache) und **Leitung** der mündlichen Verhandlung sowie der Güteverhandlung in **formeller** Hinsicht. § 136 wird insoweit ergänzt durch §§ 173ff. GVG (**Sitzungspolizei**). Der Vorsitzende erteilt bzw. entzieht nach Abs. 2 S. 1 das Wort, lässt Fragen von Beisitzern zu und trägt zusammen mit dem Urkundsbeamten die Verantwortung für eine **ordnungsgemäße Protokollierung** (§ 163), er **leitet die Beratung** des Gerichts (§ 194 GVG) und **verkündet** nach Abs. 3 die **Entscheidungen** des Gerichts (zur Verkündung von Urteilen s. § 310 Rn. 4; von Beschlüssen § 329 Rn. 8). Die Befugnisse und Pflichten nach § 139, die nach bisherigem Recht vom Vorsitzenden ausgeübt wurden, stehen nach der Neufassung von § 139 Abs. 1 ausdrücklich dem gesamten Spruchkörper zu. Terminsvorbereitung und formelle Prozessleitung bleiben aber grundsätzlich in der Hand des Vorsitzenden.

4 **b) Worterteilung und -entziehung** nach Abs. 2 dürfen nicht willkürlich erfolgen, der Vorsitzende hat aber – vor allem hinsichtlich der Reihenfolge – einen großen **Ermessensspielraum.**[1] Seine Aufgabe ist es, auf eine disziplinierte und sachliche Erörterung hinzuwirken. Der Anspruch auf rechtliches Gehör umfasst nicht das Recht, sich zu jedem beliebigen Zeitpunkt äußern zu dürfen, sondern bezieht sich auf die gesamte mündliche Verhandlung.[2] Regelmäßig ist es daher zumutbar, die Worterteilung durch den Vorsitzenden abzuwarten bzw. bei **Entzug** des Wortes das Argument zu einem späteren Zeitpunkt vorzubringen. Wortentzug setzt **nicht ungebührliches Verhalten** im Sinne von § 178 GVG voraus, sondern kann bereits bei unsachlichen oder allzu weit schweifenden Ausführungen in Frage kommen; vorherige Androhung ist ratsam.[3] Der **vollständige Entzug** des Wortes bis zum Schluss der mündlichen Verhandlung kann den An-

---

[2] MK/*Wagner* Rn. 3; *B/L/H* Rn. 12; *St/J/Leipold* Rn. 4.
[3] *B/L/H* Rn. 12; *Zö/Greger* Rn. 2.
[1] BGHZ 109, 41, 44 = NJW 1990, 840.
[2] *B/L/H* Rn. 12, 15.
[3] So auch *B/L/H* Rn. 15.

spruch auf rechtliches Gehör verletzen; im Übrigen kann gemäß § 140 die Entscheidung des Kollegiums herbeigeführt werden. Abs. 2 S. 2 (**Fragerecht der Beisitzer**) wurde inhaltlich unverändert aus § 139 Abs. 3 aF übernommen. Da es sich um eine Frage der formellen Prozessleitung handelt, gehört sie regelungssystematisch tatsächlich zu § 136 – auch wenn dieser in Abs. 3 weiterhin Aspekte der materiellen Prozessleitung enthält, die schon von § 139 abgedeckt sind (erschöpfende Behandlung der Sache). Auf Verlangen muss der Vorsitzende den Mitgliedern des Gerichts gestatten, Fragen zu stellen. Eine inhaltliche Zulässigkeits- oder Zweckmäßigkeitskontrolle steht ihm dabei nicht zu.

3. Außerhalb der Verhandlung. Die Geschäftsverteilung innerhalb des Spruchkörpers erfolgt nicht mehr durch den Vorsitzenden, sondern durch Beschlussfassung der dem Spruchkörper angehörenden Berufsrichter (§ 21g Abs. 1 GVG).[4] Zur formellen Prozessleitung des Vorsitzenden gehören beispielsweise Terminsbestimmungen (§§ 216, 361, 227), bestimmte Entscheidungen über Fristen (zB §§ 134 Abs. 2 S. 2, 226 Abs. 3, 239 Abs. 3, 244 Abs. 2, 274 Abs. 3) sowie die Wahl zwischen frühem ersten Termin und schriftlichem Vorverfahren (§ 272 Abs. 2). Die **materielle** Prozessleitung umfasst vorbereitende Anordnungen nach § 273 Abs. 2, Prüfungsverfahren vor Bewilligung der PKH (§ 118) sowie ausnahmsweise Sachentscheidungen in **Dringlichkeitsfällen** (zB § 944). 5

4. Stellung des Vorsitzenden. Der Vorsitzende hat, soweit ihm das Gesetz die Prozessleitung überträgt, eine selbständige, vom Kollegium **unabhängige Stellung.** Durch die Einführung des **originären Einzelrichters** in der ersten Instanz (§ 348) entfällt die Vorsitzendenrolle im eigentlichen Sinne jedoch oftmals. Über Beschwerden gegen Anordnungen des Vorsitzenden entscheidet direkt das übergeordnete Gericht (§§ 569, 572), wenn nicht ausdrücklich Anrufung des Kollegiums vorgesehen ist (§ 140, s. auch unten Rn. 9). Der Vorsitzende kann einzelne Aufgaben an Beisitzer, insbesondere den Berichterstatter, übertragen (zB die Durchführung der Güteverhandlung nach § 278 Abs. 2 oder eine Zeugenvernehmung). Ist er an der **Verhandlungsleitung** insgesamt **gehindert,** so kann er nach § 21f. Abs. 2 GVG **vertreten werden** und uU selbst nur als Beisitzer mitwirken.[5] Im Fall der **Verhandlungsunfähigkeit** des Vorsitzenden während des Termins übernimmt der dienstälteste Richter aus dem Kollegium zur ordnungsgemäßen Beendigung des Termins den Vorsitz. 6

III. Schluss der mündlichen Verhandlung

1. Anordnung. Gemäß Abs. 4 schließt der Vorsitzende die Verhandlung (**formlos**), wenn nach Ansicht des Gerichts (nicht des Vorsitzenden, daher gegebenenfalls Rücksprache mit dem Kollegium) die Sache vollständig erörtert ist. Allerdings kann der Vorsitzende auch ohne Verständigung mit dem Kollegium (Abs. 4: „er") die Schließung wirksam verkünden. Dies kann auch **stillschweigend** erfolgen (zB durch Bestimmung eines Verkündungstermins, Aufruf der nächsten Sache),[6] nicht aber durch Vertagung (s. §§ 227 Abs. 4, 275 Abs. 2, 335 Abs. 2, 337). Zum Schluss der mündlichen Verhandlung im schriftlichen Verfahren s. § 128 Rn. 16. 7

2. Folgen. Der Schluss der mündlichen Verhandlung hat für die Parteien weit reichende Folgen; **neues tatsächliches Vorbringen** nach diesem Zeitpunkt bleibt – vorbehaltlich des § 283 – unberücksichtigt (§ 296a, § 132 Rn. 4), **Säumniswirkungen** (§§ 220 Abs. 2, 231 Abs. 2) treten erst mit Schluss der mündlichen Verhandlung ein (§ 220 Rn. 4). Die **zeitlichen Grenzen der Rechtskraft** richten sich nach diesem Zeitpunkt (s. §§ 767 Abs. 2, 323 Abs. 2, dort Rn. 32f.), ebenso wie die Unterbrechungswirkung (§ 249 Abs. 3). Zur Wiedereröffnung der Verhandlung s. § 156. 8

IV. Rechtsbehelfe

Fehlerhafte Verhandlungsleitung durch den Vorsitzenden kann die **Ablehnung** nach §§ 42ff. rechtfertigen. Für Maßnahmen der sachlichen Prozessleitung in der mündlichen Verhandlung gilt § 140, der in seinem Anwendungsbereich die Beschwerde ausschließt.[7] In allen übrigen Fällen können Maßnahmen des Vorsitzenden mit der Beschwerde nach §§ 567, 572 angegriffen werden (s. bereits Rn. 6). Soweit sich die Maßnahme auf die Sachentscheidung des Gerichts auswirkt, ist sie mit dem dagegen gegebenen Rechtsbehelf anzufechten. 9

137 *Gang der mündlichen Verhandlung* **(1) Die mündliche Verhandlung wird dadurch eingeleitet, dass die Parteien ihre Anträge stellen.**

(2) Die Vorträge der Parteien sind in freier Rede zu halten; sie haben das Streitverhältnis in tatsächlicher und rechtlicher Beziehung zu umfassen.

(3) [1]Eine Bezugnahme auf Dokumente ist zulässig, soweit keine der Parteien widerspricht und das Gericht sie für angemessen hält. [2]Die Vorlesung von Dokumenten findet nur insoweit statt, als es auf ihren wörtlichen Inhalt ankommt.

(4) In Anwaltsprozessen ist neben dem Anwalt auch der Partei selbst auf Antrag das Wort zu gestatten.

---

[4] BT-Drucks. 601/99, BGBl. I, S. 2599.
[5] *St/J/Leipold* Rn. 4; *T/P/Reichold* Rn. 4.
[6] OLG Düsseldorf NJW-RR 2000, 363; vgl. *Meyer-Stolte* Rpfleger 1991, 520; *St/J/Leipold* Rn. 12.
[7] *B/L/H* Rn. 39; *Zö/Greger* Rn. 3; *T/P/Reichold* Rn. 3.

I. Normzweck

1 Die Vorschrift sucht, einerseits mündliche und **vollständige Erörterung** des Rechtsstreits zu sichern (Abs. 2, 4), andererseits langatmigen, überflüssigen Vortrag zu unterbinden (Abs. 3). Abs. 1–3 regeln Einzelheiten des Ablaufs der mündlichen Verhandlung und gelten im Anwalts- wie im Parteiprozess. Zum Verlauf der mündlichen Verhandlung s. § 279 Rn. 4ff. Nach Abs. 1 beginnt sie mit der **Antragstellung,** die Praxis nahm häufig im Hinblick auf eine Vergleichsmöglichkeit die Erörterung der Sach- und Rechtslage vorweg. Nunmehr geht nach § 278 Abs. 2 erstinstanzlich im Regelfall der mündlichen Verhandlung ohnehin eine Güterverhandlung voraus. Für die sich anschließende mündliche Verhandlung (§ 279 Abs. 1 S. 1) gewinnt Abs. 1 nunmehr wieder an Gewicht. Der Beginn der mündlichen Verhandlung hat teilweise prozessuale Sperrwirkung.[1] Nach Antragstellung vor der Zivilkammer kann zB keine Übertragung auf den obligatorischen Einzelrichter mehr erfolgen (§ 348a Abs. 1 Nr. 3); ebenso stellt der Antrag, die Klage als unbegründet abzuweisen, eine rügelose Einlassung nach § 39 (dort Rn. 3) dar. Zur Klagerücknahme s. § 269 Abs. 1.[2]

II. Anträge

2 Die Antragstellung erfolgt durch **Verlesen** der Anträge aus einem Schriftsatz, **Bezugnahme** auf vorbereitende Schriftsätze oder, wenn es der Vorsitzende gestattet, durch **Erklärung zu Protokoll** (§ 297). Der einmal gestellte Antrag wirkt wegen des Grundsatzes der **Einheit mündlicher Verhandlung** auch bei Richterwechsel fort (s. § 128 Rn. 1 m. Nachw.); Neustellung kann sich aber uU zur Klarstellung empfehlen. Zur Frage, ob allein die Antragstellung schon eine Verhandlung zur Hauptsache darstellt s. §§ 333, 334 Rn. 2; § 39 Rn. 4; praktisch wird aber im Zweifel in der Antragstellung eine Bezugnahme auf den vorbereitenden schriftlichen Sachvortrag liegen (s. Rn. 3). Unterbleibt eine Antragstellung, so ist ein dennoch ergangenes Urteil wegen Verstoßes gegen §§ 137, 308 auf Berufung hin aufzuheben.[3]

III. Parteivortrag

3 Abs. 2 verbietet dem **Mündlichkeitsprinzip** entsprechend das Verlesen der Schriftsätze; bei Verstoß gelten §§ 136 Abs. 2, 157 Abs. 2. Zumindest für die Naturalpartei sollte es aber zulässig sein, Aufzeichnungen als Stütze des Vortrags zu verwenden. **Bezugnahme** auf die wechselseitigen Schriftsätze und Dokumente ist unter den Voraussetzungen des Abs. 3 zulässig, steht dem mündlichen Vortrag gleich und ist in der Praxis vorherrschend. Mit dem JKomG hat der Gesetzgeber den Begriff der „Schriftstücke" durch „Dokumente" ersetzt, um den Bezug zur Papierform entfallen zu lassen. Soweit die Schriftsätze ihrerseits auf umfangreiche Dokumente Bezug nehmen, gelten § 130 Rn. 10 und § 520 Rn. 42f. In Bezug genommene Unterlagen, welche einem Schriftsatz gar nicht beigefügt waren, werden auch nicht über Abs. 3 Gegenstand der mündlichen Verhandlung.[4] In Antragstellung und anschließendem Verhandeln liegt im Zweifel die **konkludente** Bezugnahme auf den gesamten bis zum Termin angefallenen Akteninhalt.[5] Jedoch darf durch eine pauschale Bezugnahme auf andere Dokumente als Schriftsätze nicht der substantiierte Parteivortrag ersetzt und das Heraussuchen dem Gericht überlassen werden.[6]

IV. Persönliche Anhörung der Partei

4 Im Anwaltsprozess haben auch die im Termin anwesende **Partei** (zum Begriff s. § 50 Rn. 3), ihr **Streithelfer** oder **gesetzlicher Vertreter** (s. § 53 Rn. 1) das Recht, selbst vorzutragen. Dies wird häufig zur Aufklärung des Sachverhaltes beitragen. Eines Antrags bedarf es nicht, § 278 Abs. 2 S. 3 (für die Güteverhandlung); er kann aber von der Partei persönlich gestellt werden.[7] Abs. 4 enthält grundsätzlich zwingendes Recht, im Fall des Missbrauchs gelten jedoch §§ 136 Abs. 2, 157 Abs. 2. Bei gesetzeswidriger Ablehnung eines Antrags oder Zurückweisung des Vortrags kann nach Erschöpfung aller prozessualen Behelfe (insbesondere § 140, s. dort Rn. 6; § 512 bzw. das Abhilfeverfahren nach § 321a) die **Versagung rechtlichen Gehörs** mittels Verfassungsbeschwerde geltend gemacht werden.[8] Unter den Voraussetzungen von § 321a Abs. 1, also wenn eine Berufung nicht zulässig ist, ist aber das Abhilfeverfahren zu bemühen, um das Verfassungsgericht zu entlasten.[9] Ein Verstoß gegen Art. 103 Abs. 1 GG – auch im Sinne von § 321a Abs. 1 Nr. 2 – wird aber nur angenommen werden können, wenn der zurückgewiesene Parteivortrag nicht durch Ausführungen des Prozessbevollmächtigten **kompensiert** werden konnte.[10] Das Recht zum **persönlichen**

---

[1] So zu Recht Rspr. und hM, s. BGHZ 109, 41, 44; 100, 383, 389; *St/J/Leipold* Rn. 2 m. Nachw.; für Vorrang der Antragstellung *Grunsky* JZ 1977, 201, 203 (Fn. 21); auch OLG Dresden NJW-RR 1997, 765; OLG München MDR 1989, 552 sehen Erörterungen vor der Antragstellung nicht als mündliche Verhandlung; ebenso *Jauernig* ZPR § 23 III.

[2] OLG Jena MDR 1999, 501.

[3] OLG Koblenz MDR 2002, 415.

[4] BGH NJW 1995, 1841, 1842.

[5] BGH NJW-RR 1996, 379 m. weit. Nachw.; nicht, wenn nur Streitantrag ohne Verhandeln erfolgt, OLG Düsseldorf MDR 1987, 852; zur zulässigen Bezugnahme auf fremde Schriftsätze *Schneider* MDR 1997, 527f.

[6] LG Frankfurt NJW-RR 2000, 589.

[7] *St/J/Leipold* Rn. 15.

[8] BayVerfGH NJW 1961, 1523; OLG München NJW 1984, 1026.

[9] Zur Anwendung des § 321a bei nicht statthafter Revision s. § 525 Rn. 7a; BVerfG NJW 2003, 1924.

[10] BayVerfGH NJW 1961, 1523; OLG Stuttgart JZ 1959, 670; MK/*Wagner* Rn. 13; großzügiger *St/J/Leipold* Rn. 19.

Vortrag besteht nur **neben** dem des Anwalts, also nur, wenn dieser anwesend und verhandlungsbereit ist.[11] Bei **Widerspruch** zwischen Partei- und Anwaltsvorbringen gilt § 85 Abs. 1 S. 2. Die Anhörung ist vom Fragerecht nach § 397 zu unterscheiden. **Andere** Personen (zB Verkehrsanwalt,[12] private Sachverständige) können nach **Ermessen** des Gerichts gehört werden;[13] dies ist nicht mit dem Zeugen- bzw. Sachverständigenbeweis zu verwechseln.

138 *Erklärungspflicht über Tatsachen; Wahrheitspflicht* **(1) Die Parteien haben ihre Erklärungen über tatsächliche Umstände vollständig und der Wahrheit gemäß abzugeben.**

(2) Jede Partei hat sich über die von dem Gegner behaupteten Tatsachen zu erklären.

(3) Tatsachen, die nicht ausdrücklich bestritten werden, sind als zugestanden anzusehen, wenn nicht die Absicht, sie bestreiten zu wollen, aus den übrigen Erklärungen der Partei hervorgeht.

(4) Eine Erklärung mit Nichtwissen ist nur über Tatsachen zulässig, die weder eigene Handlungen der Partei noch Gegenstand ihrer eigenen Wahrnehmung gewesen sind.

I. Wahrheits- und Vollständigkeitspflicht (Abs. 1)

1. Geltungsbereich und Normzweck. Der 1933 in die ZPO aufgenommene Abs. 1 gilt für alle Verfahren und ihre Abschnitte. Er wendet sich an die Partei ebenso wie an den Anwalt.[1] Abs. 1 verdeutlicht, dass auch dort, wo der **Verhandlungsgrundsatz** gilt, das Verfahren auf **Wahrheitsfindung** ausgerichtet bleibt. Die **prozessuale Pflicht**, sich vollständig und wahrheitsgemäß zu erklären, besteht im Interesse fairer Verfahrensführung gegenüber **Gericht und Gegner.**[2] Es handelt sich nicht nur um eine bloße Obliegenheit: Der Partei steht es nicht frei, unter Inkaufnahme ungünstiger Rechtsfolgen, Abs. 1 zuwider zu handeln.[3] Zu Sanktionen s. Rn. 7f. 1

2. Inhalt. a) Wahrheitspflicht. Wahrheit iSv. Abs. 1 bedeutet Übereinstimmung von wirklichem Sachverhalt und Erklärung. Die hM begreift Abs. 1 als eine Verpflichtung zu **subjektiver Wahrheit:** Die Parteien dürfen über tatsächliche Umstände – nicht Rechtsfragen[4] – jeder Art keine Erklärungen abgeben, die nach eigener Überzeugung unwahr sind. Es handelt sich um ein **Verbot der prozessualen Lüge,** dh. Erklärungen wider besseres Wissen.[5] Dagegen darf aus Abs. 1 nicht geschlossen werden, eine Partei dürfe nur Tatsachen behaupten bzw. bestreiten, von deren Wahrheit bzw. Unwahrheit sie **überzeugt** ist. Ihr zweifelhafte Umstände und Vorgänge darf sie ohne Rücksicht auf die subjektive Wahrscheinlichkeitseinschätzung behaupten[6] oder bestreiten; Gleiches gilt, wenn die Partei Wahrheit oder Unwahrheit nicht kennt und **auf Vermutungen angewiesen** ist.[7] So kann sie insbesondere ihr günstige Behauptungen über **innere Vorgänge** anderer Personen (vgl. etwa §§ 116, 118, 123, 932 BGB), über **hypothetische bzw. künftige Verläufe** (zB Folgeschäden) oder über Kausalzusammenhänge[8] aufstellen, ohne gegen Abs. 1 zu verstoßen.[9] Die Partei, die nur über wenig Sachkunde verfügt, kann dennoch zu fachspezifischen Fragen substantiiert vortragen, ohne ihre Behauptungen gutachterlich untermauern zu müssen.[10] Der Vortrag darf sich – zB in medizinischen Fragen – auf vermutete Tatsachen stützen. Hilfsweises Vorbringen ist zulässig, auch wenn sich die Anspruchsgrundlagen gegenseitig ausschließen;[11] ebenso darf sich eine Partei den gegnerischen Vortrag **hilfsweise** zu Eigen machen, auch wenn er dem eigenen Hauptvorbringen **widerspricht.**[12] Regelmäßig wird die Partei dies tun, Zweifel sind nach § 139 aufzuklären (§ 139 Rn. 8).[13] 2

Nach hM erreicht die Wahrheitspflicht ihre Grenze, wenn eine Partei ihr **zur Unehre gereichende Tatsachen** oder eine **strafbare Handlung** offen legen müsste.[14] Sie dürfe zwar keine wahrheitswidrigen Behauptungen aufstellen, wohl aber schweigen. Hieraus wird aber nicht immer der Schluss gezogen, das Schweigen bleibe ohne prozessuale Nachteile (freie Würdigung der Gesamtumstände entsprechend §§ 446, 453 Abs. 2). Ein **echtes Weigerungsrecht** der strafbedrohten Partei liegt daher auch nach hM **nicht** 3

---

[11] BVerwG NJW 1984, 625; OLG Köln FamRZ 1985, 1060.
[12] OLG München NJW 1966, 2069, 2070; 1964, 1480.
[13] *St/J/Leipold* Rn. 18; s. auch BGH VersR 1967, 585 (ausnahmsweise Recht auf Anhörung).
[1] BGH NJW 1952, 1148 (aber keine Pflicht, Prozessbetrug der eigenen Partei offen zu legen).
[2] *Olzen* ZZP 98 (1985), 403ff., 419; OLG Brandenburg NJW-RR 2000, 1522 (Gebot redlichen Verhaltens).
[3] HM, s. etwa *St/J/Leipold* Rn. 1 m. Nachw.
[4] S. BGH NJW 1991, 296, 297; einfache Rechtsbegriffe (zB Kauf) können wie tatsächliche Behauptungen behandelt werden, BGH MDR 1998, 769 („öffentlicher Weg"); LM BGB § 260 Nr. 1; OLG Koblenz OLGZ 1993, 234 = NJW-RR 1993, 571.
[5] BGH NJW 1986, 246, 247; WM 1985, 736, 737; BAG NZA 1998, 33, 35; *St/J/Leipold* Rn. 4; *Ro/S/Go* § 65 VIII 4; MK/*Wagner* Rn. 2; *Olzen* ZZP 98 (1985), 403, 414; *Kiethe* MDR 2007, 625.
[6] BGH WM 1985, 736, 737; *Musielak* ZZP 103 (1990), 218, 221.
[7] BGH NJW 1996, 1826, 1827; 1995, 1160, 1161; 1986, 246, 247.
[8] BGH NJW 1995, 1160, 1161.
[9] MK/*Wagner* Rn. 3; BGH NJW 1968, 1233, 1234.
[10] BGH NJW 2003, 1400 (dort auch zur Zulässigkeit, ein Privatgutachten als verspätet zurückzuweisen).
[11] BGH WM 1987, 1013, 1014.
[12] BGH NJW 1985, 1841, 1842; NJW-RR 1987, 1469 (Verhältnis einander widersprechender Behauptungen ist klarzustellen); s. auch BGH NJW 1989, 2756 (Verwertung nur, wenn Partei sich das gegnerische Vorbringen wenigstens hilfsweise zu Eigen macht, mit Nachw. zur Gegenansicht), hierzu *Musielak* ZZP 103 (1990), 220ff. mit Nachw.
[13] *Musielak* ZZP 103 (1990), 220, 221.
[14] RGZ 156, 265, 269; (ähnlich, aber im Erg. offen) BAG NJW 2004, 2848, 2851; *St/J/Leipold* Rn. 13 (mit verfassungsrechtl. Argumentation); *T/P/Reichold* Rn. 7.

vor. Es würde der Situation der Partei, die im Gegensatz zum unbeteiligten Zeugen (s. § 384 Nr. 2) in eigener Sache agiert, nicht gerecht werden.[15] Die Pflicht zu vollständiger und wahrheitsgemäßer Erklärung gilt daher auch insoweit.

4 Abs. 1 soll eine Partei nach hL[16] nicht hindern, ihr **ungünstiges Vorbringen des Gegners,** das sie als unwahr erkennt, gegen sich gelten zu lassen, solange damit nicht kollusiv ein Dritter geschädigt werde; mit anderen Worten: Abs. 1 verbiete nur die **Unwahrheit zu eigenen Gunsten.** Dies ist abzulehnen: Erstens besteht die Wahrheitspflicht auch dem Gericht gegenüber, zweitens wären ohnehin die Fälle des Zusammenwirkens zu Lasten eines Dritten die praktisch relevanten.[17]

5 **b) Vollständigkeit.** Abs. 1 kombiniert Wahrheits- und Vollständigkeitspflicht miteinander. Letztere ist nicht mit der **Konzentrationsmaxime** (s. zB §§ 282, 296, 296a) oder der **Substantiierungslast** zu verwechseln. Im Rahmen der Wahrheitspflicht darf die Partei nicht dadurch den Gesamteindruck verfälschen, dass sie ihr **ungünstige Einzelheiten weglässt.** Prozesstaktische Überlegungen müssen zurücktreten.[18] Der Lebenssachverhalt ist vielmehr in allen voraussichtlich für die Entscheidung wesentlichen Punkten darzustellen, die den anspruchsbegründenden materiellen Normen zu entnehmen sind. Streitig ist, ob die Vollständigkeitspflicht auch Tatsachen umfasst, die eine **rechtshindernde oder -vernichtende Einwendung** des Gegners begründen (zB Anfechtung, Aufrechnung, Erlass, anspruchsminderndes Mitverschulden) oder eine bereits **erhobene Einrede** betreffen. Obgleich der Beklagte hierfür die Behauptungs- und Beweislast trägt, verstieße der Kläger gegen seine Wahrheitspflicht, wenn er vom Vorliegen dieser Tatsachen überzeugt ist und die vom Gegner daraus abgeleitete Rechtsfolge teilt, sie aber gleichwohl verschweigt. Ist der Kläger hingegen vom Bestand der Gegenforderung nicht überzeugt oder anerkennt er ein bestimmtes unstreitiges Verhalten rechtlich nicht als Erfüllung, so darf er das Vorbringen des Gegners abwarten, muss sich dann aber nach Abs. 2 erklären.[19] Im Unterhaltsprozess müssen vom Kläger grundsätzlich auch Umstände, welche die Unterhaltsbedürftigkeit in Frage stellen können, vorgetragen werden.[20] Auf rechtserhebliche Veränderungen während des Rechtsstreits muss die Partei ungefragt hinweisen.[21]

6 **3. Behauptungen „ins Blaue hinein".** Stellt eine Partei zum Beweisantritt tatsächliche Behauptungen „ins Blaue hinein" oder „aufs Geratewohl" auf, so liegt nach gängiger Terminologie eine Erscheinungsform des sog. **Ausforschungsbeweises**[22] vor. Gleiches gilt, wenn bestimmt aufgestellte Behauptungen „erkennbar aus der Luft gegriffen sind und sich deshalb als Rechtsmissbrauch darstellen".[23] Zum **Bestreiten** „ins Blaue hinein" s. unten Rn. 13. Streitig ist in Lit. und Rspr., ob dergleichen Behauptungen gegen die Wahrheitspflicht verstoßen[24] und inwieweit einem darauf gestützten Beweisantrag Folge zu leisten ist.[25] Nach dem unter Rn. 2 Gesagten liegt ein Verstoß gegen Abs. 1 nicht vor, solange die Partei nicht bewusst und wider besseres Wissen die Unwahrheit sagt, was bei Behauptungen „ins Blaue hinein" typischerweise nicht vorliegt. Die neuere Lit. wendet sich daher zu Recht zunehmend **gegen ein pauschales Verbot des Ausforschungsbeweises,** das sich so aus der ZPO nicht ableiten lässt.[26] Wahrheitsermittlung und adäquater Schutz von Gegner und Beweispersonen müssen allerdings miteinander in Einklang gebracht werden. Nach der von der hM[27] heftig kritisierten Rechtsprechung genügen für die zu beweisenden Tatsachen **greifbare Anhaltspunkte,** die **nicht rein willkürlich** angegeben werden.[28] Bei Vorgängen aus der fremden Privat- oder Geschäftssphäre – also Fällen typischer Sachverhaltsunkenntnis der beweisbelasteten Partei – ist zum Schutz der Beweisperson eine **Plausibilitätskontrolle** notwendig:[29] die Partei muss nachvollziehbar darlegen, wie sie zu ihren Behauptungen kommt. Es handelt sich dabei nicht um eine unzulässige, vorweggenommene Beweiswürdigung. Ebenso falsch wäre es, an die Erklärung einer Partei, wie sie zu bestimmten Behauptungen kommt, bereits den hohen Maßstab des § 286 für die Überzeugung des Gerichts anzule-

---

[15] Richtig *Stürner,* Aufklärungspflicht, S. 175; MK/*Peters* Rn. 15; AK-ZPO/*Schmidt* Rn. 35; *Martens* JuS 1974, 789; *Chudoba,* Der ausforschende Beweisantrag, 1993, S. 93; nunmehr auch *Zö/Greger* Rn. 3 (gegen die 20. Auflage); aA wohl *St/J/Leipold* Rn. 13 (Fn. 23).

[16] *St/J/Leipold* Rn. 6; *T/P/Reichold* Rn. 7; *Chudoba* (Fn. 14) S. 92.

[17] So zu Recht MK/*Wagner* Rn. 13; AK-ZPO/*Schmidt* Rn. 26; *Bernhardt,* Festschr. Rosenberg, 1949, S. 29, 30; ausf. zur Bindung an übereinstimmend falschen Vortrag *Olzen* ZZP 98 (1985), 403 ff., 415 ff.

[18] OLG Köln MDR 2005, 168.

[19] So iE auch *St/J/Leipold* Rn. 11; MK/*Wagner* Rn. 6 f.; AK-ZPO/*Schmidt* Rn. 27; *Jauernig* ZPR § 26 IV.

[20] BGH NJW 1999, 2804, 2805; zur Darlegung des eigenen Einkommens durch den Bekl. s. OLG Koblenz NJW-RR 1999, 1597.

[21] BGH NJW 1999, 2804, 2805.

[22] Guter Überblick bei *Chudoba* (Fn. 14) S. 60 ff.; hierzu *Stadler* ZZP 107 (1994), 382 ff.; s. auch OLG Köln NJW-RR 1999, 1154, 1155 (Äußerung von Vermutungen ohne eigene Kenntnis).

[23] BGH NJW 1991, 2707, 2709; ähnlich NJW 1996, 394.

[24] Bejahend zB BGH NJW 1986, 246, 247; verneinend BGH NJW-RR 1988, 1529; *St/J/Leipold* § 284 Rn. 47; *Ro/S/Go* § 65 Rn. 63; *Chudoba* (Fn. 14) S. 88 ff.

[25] Ablehnend BGH NJW 1996, 394; 1995, 1958; 1992, 1967.

[26] *Stürner,* Aufklärungspflicht, S. 106 ff.; *Chudoba* (Fn. 14) S. 119 ff., 144 ff.; zust. *Stadler* ZZP 107 (1994), 382, 383; ähnlich bereits *Lüderitz,* Ausforschungsverbot und Auskunftsanspruch, 1966, S. 29 ff.

[27] MK/*Wagner* Rn. 8–10; *Peters,* Ausforschungsbeweis, 1966, S. 67 ff.; *Ro/S/Go* § 65 Rn. 63; zust. aber *Mu/St* S. 143 f.

[28] BGH WM 2002, 1690, 1692; NJW-RR 2000, 273, 275; NJW 1992, 1967, 1968 (Willkür bei Fehlen jeglicher tatsächlicher Anhaltspunkte); 1991, 2707, 2709; WM 1985, 736, 737 (keine Rechenschaftspflicht darüber, wie Partei behauptete Tatsachen in Erfahrung brachte); NJW 1984, 2888, 2889; ausdrücklich zur Zurückhaltung bei der Annahme von Willkür mahnend BGH NJW 1995, 2111, 2112; NJW-RR 2000, 273, 275; MDR 2003, 45.

[29] *Stürner,* Aufklärungspflicht, S. 119 ff.; *ders.* ZZP 98 (1985), 237, 251 f.; *Stadler* ZZP 107 (1994), 382, 384; dagegen vor allem *Brehm,* Bindung des Richters an den Parteivortrag, 1982, S. 115 ff.

gen.[30] Behauptungen „ins Blaue hinein" sind daher weniger ein Problem der Wahrheitspflicht, als meist eine Frage der **Substantiiertheit** des Sachvortrags und des damit verbundenen Missbrauchsschutzes (Einzelheiten s. § 284 Rn. 16–18).

4. Verstoß. a) **Prozessuale Folgen** sind bei Verstößen gegen die Wahrheitspflicht nicht ausdrücklich vorgesehen; eine Überprüfung ist aber insbesondere im Wege der **Parteivernehmung** möglich. Auf die Wahrheit von Parteibehauptungen wird das Gericht nur eingehen, soweit die Tatsache bestritten war, sonst bleibt es beim Verhandlungsgrundsatz und der Bindung des Gerichts an unstreitigen Parteivortrag (s. aber oben Rn. 4). Stellt das Gericht bei der Beweisaufnahme den wahren Sachverhalt fest, ist er dem Urteil zu Grunde zu legen, **erkennbar unrichtiger Vortrag** bleibt **unberücksichtigt.**[31] § 119 findet im PKH-Verfahren keine Anwendung, wenn der Antragsteller erstinstanzlich unter Verstoß gegen § 138 ein falsches Urteil herbeigeführt hat.[32] Ein Verstoß gegen die Wahrheitspflicht berechtigt den Gegner jedoch nicht zum Widerruf eines Rechtsmittelverzichts.[33] Richtigerweise darf auch die infolge Säumnis eintretende **Geständniswirkung** des § 331 Abs. 1 zu Gunsten des Klägers nicht eingreifen, wenn das Gericht Vortrag des Klägers als unwahr erkannt hat;[34] s. § 331 Rn. 9. Unwahre Behauptungen können jederzeit **widerrufen** werden; neues, jetzt wahres Vorbringen ist jedoch gegebenenfalls als **verspätet** zurückzuweisen. 7

b) **Materiellrechtliche Folgen.** Strafrechtlich kann (versuchter) Prozessbetrug vorliegen[35]; zivilrechtlich ist § 138 Abs. 1 ein **Schutzgesetz** im Sinne von § 823 Abs. 2 BGB für den Prozessgegner (streitig[36]), außerdem kann § 826 BGB zum Schadensersatz verpflichten.[37] Soweit nicht ausnahmsweise über die zuletzt genannte Vorschrift eine Durchbrechung (§ 322 Rn. 91 ff.) zugelassen wird, ist jedoch die **Rechtskraft** des Urteils zu beachten (s. aber § 580 Nr. 4 im Fall des Prozessbetrugs).[38] Einer Verurteilung des Anwalts zu Schadensersatz steht die Rechtskraft des zwischen den Parteien ergangenen Urteils nicht entgegen;[39] darüber hinaus kommen ehrengerichtliche Maßnahmen in Betracht (§§ 43 a Abs. 3 S. 2, 74, 113 BRAO). 8

II. Erklärungspflicht (Abs. 2)

1. Zweck und Rechtsnatur. Nach Abs. 2 muss sich jede Partei zu den im Prozess[40] vorgebrachten Behauptungen des Gegners erklären, um deren **Beweisbedürftigkeit** zu klären und den Prozessstoff möglichst vollständig zu sammeln. Die Gegenpartei muss also ihr Wissen zur Aufklärung des Sachverhaltes zur Verfügung stellen, sie darf sich nicht mit einfachem Bestreiten begnügen. Die Vorschrift ergänzt Abs. 1, den **Verhandlungsgrundsatz** (Einl. Rn. 37 ff.) und die **Prozessförderungspflicht** (s. § 282 Rn. 2 ff.). Abs. 2 erlegt der Partei keine echte prozessuale Pflicht auf, sondern eine **Erklärungslast,** deren Nichterfüllung den in Abs. 3 formulierten Prozessnachteil nach sich zieht: Über die gegnerische Behauptung wird nicht mehr Beweis erhoben.[41] 9

2. Umfang. Grundsätzlich muss die Partei auf das substantiierte[42] gegnerische Vorbringen ihrerseits **substantiiert,** dh. mit positiven Angaben,[43] **erwidern.**[44] Bestreitet etwa der Beklagte die Richtigkeit einer übersetzten Urkunde und ist er der Sprache, in der die Urschrift abgefasst ist, selbst mächtig, so muss er die seiner Ansicht nach richtige Übersetzung darlegen.[45] Die Einholung eines Privatgutachtens (§ 402 Rn. 5) ist für die Substantiierung nicht erforderlich. Eine Partei darf ihren Vortrag auch in fachspezifischen Fragen auf Vermutungen stützen.[46] Der Umfang der Darlegungslast richtet sich grundsätzlich nach der Einlassung des Gegners.[47] **Schlichtes Bestreiten** genügt nur bei allgemeinen Behauptungen des Gegners.[48] Das 10

---

[30] BGH MDR 2003, 45.
[31] *St/J/Leipold* Rn. 14; MK/*Wagner* Rn. 16; BGH NJW 1974, 1710, 1711 (für unvollständige Behauptung).
[32] OLG Stuttgart MDR 2005, 1070.
[33] BGH NJW 1985, 2335.
[34] *St/J/Leipold* Rn. 15; MK/*Wagner* Rn. 17.
[35] *Kiethe* MDR 2007, 625, 626. Zu Recht verneint von OLG Koblenz NJW 2001, 1364, wenn Anwalt fälschlicherweise behauptet, eine Rechtsfrage sei in bestimmter Weise entschieden.
[36] *Ro/S/Go* § 65 Rn. 71; *St/J/Leipold* Rn. 20; *Blomeyer* § 30 VII 1 c; *Zö/Greger* Rn. 7; *Kiethe* MDR 2007, 625, 626; aA *B/L/H* Rn. 65; *Henckel,* ProzessR, S. 297, 298.
[37] Umfassend *Prange,* Materiell-rechtliche Sanktionen bei Verletzung der prozessualen Wahrheitspflicht, 1995; differenzierend zu Unterlassungs- und Widerrufsanspruch bei ehrverletzenden Behauptungen während des Prozesses *Walter* JZ 1986, 614 ff.; *Kiethe* MDR 2007, 625, 628 f; großzügiger *Wolf* JuS 1989, 962; BGH NJW 1987, 3138, 3139.
[38] *Ro/S/Go* § 65 Rn. 71; *St/J/Leipold* Rn. 20; *Kiethe* MDR 2007, 625, 626.
[39] *Ro/S/Go* § 65 Rn. 72 (Haftung gegenüber geschädigtem Gegner); den Schutzgesetzcharakter von § 43 a Abs. 3 BRAO verneinend *Kiethe* MDR 2007, 625, 627.
[40] Nicht zu vorprozessual bekannt gewordenen Umständen: BGH NJW 1983, 2879, 2880.
[41] HM, s. etwa die Nachw. bei *St/J/Leipold* Rn. 32.
[42] BGH NJW 1981, 2062, 2064; OLG Köln NJW-RR 1996, 567; OLG Rostock NJW 1996, 1831, 1832, zur Hinweispflicht auf Substantiierungsanforderungen s. BVerfG NJW 1994, 848, 849 und § 139 Rn. 7 f.
[43] BGH NJW-RR 1986, 60.
[44] BVerfG NJW 1992, 1031; BGH DB 1996, 1869, 1870; NJW-RR 1989, 898, 899; 1989, 900; BGHZ 100, 190, 195 = NJW 1987, 2008.
[45] OLG Koblenz IPRax 1986, 40.
[46] BGH NJW 2003, 1400.
[47] BGH NJW 1996, 1826, 1827; 1991, 2707, 2709.
[48] BGH NJW-RR 1986, 980, 981; WM 1985, 738, 739; s. auch BGH NJW-RR 1990, 78, 80 (einfaches Bestreiten genügt bei nicht sachlich geordneter, umfangreicher Aufstellung von Schadensposten ohne Erläuterung und Bezugnahme auf konkrete Belege); s. auch LG Frankfurt/M NJW-RR 1997, 434.

in der Praxis häufig anzutreffende **pauschale Bestreiten** („Alles, was nicht ausdrücklich zugestanden ist, wird bestritten.") ist **unzureichend.**[49] Die Substantiierungslast mindert sich jedoch, wenn die Partei keinen Einblick in die behaupteten Vorgänge hat,[50] ebenso wie die Substantiierungsanforderungen der behauptungs- und beweisbelasteten Partei in solchen Fällen **reduziert** sein können und einfaches Bestreiten durch den besser informierten, aber nicht risikobelasteten Gegner dann nicht genügt[51] (sog. **„sekundäre Behauptungslast"**[52]) (s. Rn. 11 und § 284 Rn. 17; zur Parteivernehmung des Gegners in diesen Fällen s. § 445 Rn. 8a). Die Obliegenheit zu substantiiertem Vortrag/Bestreiten der nicht beweisbelasteten Partei besteht nur im Rahmen des Zumutbaren.[53] Die sekundäre Behauptungslast kann in bestimmten Fällen auch außerhalb des Arzthaftungsrechts[54] zu einer **Dokumentationsobliegenheit** der nicht beweisbelasteten Partei führen, damit sie ihrer sekundären Behauptungslast nachkommen kann.[55] Einzelheiten muss die risikobelastete Partei ohnehin erst darlegen, wenn der Gegner nach Abs. 2 bestreitet.[56] Substantiiertes Gegenvorbringen kann von einer Partei ausnahmsweise auch über Vorgänge aus der gegnerischen Geschäftssphäre verlangt werden, wenn sie in der Öffentlichkeit vorgegeben hat, „Insiderwissen" zu besitzen.[57] Umgekehrt können auch an das Vorbringen aus der eigenen Sphäre geringere Anforderungen zu stellen sein, wenn etwa der Gegner vertragswidrig Unterlagen zurückhält, die zur Spezifizierung notwendig wären.[58]

11 **3. Allgemeine Aufklärungspflicht.** Ein Teil der Lehre leitet richtigerweise im Wege einer **Rechtsanalogie** zu Abs. 1 und 2 sowie den Vorschriften über die Mitwirkung der Partei an der Beweisaufnahme unter bestimmten Voraussetzungen eine **weite prozessuale Aufklärungspflicht** auch der nicht behauptungs- und beweisbelasteten Partei ab.[59] Sie dient vor allem in Fällen, in denen die risikobelastete Partei keinen Zugang zum Prozess- und Beweismaterial hat, der **Wahrheitsfindung** und **Rechtsdurchsetzung.** Rspr.[60] und hL[61] lehnen eine solche Pflicht in dieser allgemeinen Ausprägung bislang zumeist unter Hinweis auf die Verhandlungsmaxime und die darauf basierende Verteilung der Behauptungs- und Beweislast ab. Das ZPO-RG hat hauptsächlich die Mitwirkungspflicht Dritter in §§ 142, 144, 371 Abs. 2, 428 verstärkt (§ 142 Rn. 1, § 144 Rn. 1), präzisiert und ergänzt in §§ 142, 144 aber auch die Pflichten der Parteien bei amtswegiger Anordnung. Eine allgemeine Ausdehnung der parteilichen Aufklärungspflicht hätte dem Reformanliegen, im Zuge der Neugestaltung des Instanzenzuges die Sachverhaltsaufklärung in der ersten Instanz zu stärken, durchaus entsprochen. Die Rspr. hilft jedoch vielfach durch großzügige **materielle Auskunftsansprüche**[62] sowie dadurch, dass die Informationsnähe bei der Behauptungs- und Beweislast[63] bzw. das Parteiverhalten bei der freien Beweiswürdigung (s. insbes. zur sog. **Beweisvereitelung**[64] § 286 Rn. 62 ff.) Berücksichtigung findet. Die oft anzutreffende Behauptung, keine Partei müsse dem Gegner das Material für

---

[49] OLG Schleswig SchlHA 1981, 189; *Ro/S/Go* § 111 Rn. 21; *Zö/Greger* Rn. 10a; MK/*Wagner* Rn. 19; *B/L/H* Rn. 33; aA OLG Frankfurt/M MDR 1969, 579.

[50] BGH NJW-RR 2001, 1294; 1986, 60; BAG NJW 1999, 740, 741.

[51] BGH NJW 2005, 2614, 2615f; NJW-RR 2004, 989 (substantiiertes Bestreiten im konkreten Fall aber nicht zumutbar); BGHZ 153, 148, 155f. = NJW 2003, 1313, 1315; BGHZ 140, 156, 158 = NJW 1999, 579; NJW 1999, 1404, 1405f.; NJW-RR 1999, 1152; 1997, 128, 129 (strenge Anforderungen); 1996, 315, 317; 1996, 1826, 1827; BGHZ 109, 139, 149; 100, 190, 195 = NJW 1987, 2008; NJW 1987, 1201 (insoweit nicht abgedruckt in BGHZ 98, 353); BAG NJW 2004, 2848, 2851; OLG München MDR 2001, 987; OLG Hamm NJW-RR 1990, 1286 (Einkommen des Unterhaltsschuldners); OLG Düsseldorf MDR 1984, 1033 (Kunstfehler des Arztes); LAG Köln Urt. v. 16. 2. 01, Az. 4 (13) Sa 1353/00 Juris.

[52] Vgl. BAG NJW 2004, 2848, 2851; BGH WM 2006, 858, 859; NJW 1990, 3151, 3152; BGHZ 100, 190, 195f. = NJW 1987, 2008; 1987, 1201 (insoweit nicht abgedruckt in BGHZ 98, 353).

[53] BGH NJW 2005, 2614, 2615f.; NJW-RR 2004, 989.

[54] Dokumentationspflicht für Chargennummern bei Blutprodukten wegen möglicher HIV-Kontamination bejahend BGH NJW 2005, 2614, 2616.

[55] OLG München NJW-RR 2002, 1427 (Rückgabe von Mietfahrzeugen durch Abstellen und Einwurf von Schlüssel in Briefkasten); nicht für Geräuschentwicklung bei Open-Air-Konzert zum Nachweis der Kausalität für Hörsturz: OLG Karlsruhe JZ 2000, 789 m. Anm. *Stadler/Bensching,* offen lassend die Revisionsentscheidung BGH NJW 2001, 2019f.

[56] BGH NJW 1991, 2707, 2709 (nur soweit Klagevortrag unschlüssig wird); LM § 282 Nr. 12; ähnlich BGH NJW 2001, 1500, 1502.

[57] BGH NJW-RR 1987, 754, 755.

[58] BGH NJW 2002, 825, 826.

[59] *Stürner,* Aufklärungspflicht, S. 85 ff.; *ders.* ZZP 98 (1985), 237 ff. und ZZP 104 (1991), 208 ff.; ähnlich bereits *Peters* ZZP 82 (1969), 200 ff.; ebenso *Waterstraat* ZZP 118 (2005), 459 ff.; *Stadler,* Schutz des Unternehmensgeheimnisses, S. 80 ff.; *Gottwald,* Gutachten zum 61. DJT 1996, A 15–21 (de lege ferenda); *Katzenmeier* JZ 2002, 533 ff.; mit Einschränkungen *Henckel* ZZP 92 (1979), 100 ff.; *Schlosser* I Rn. 426 ff. und JZ 1991, 599, 603 ff.; *Peters,* Festschr. f. Schwab, 1990, S. 399 und MK/*Wagner* Rn. 22; ähnlich AK-ZPO/*Schmidt* Rn. 17 ff., 20, 35.

[60] BGH NJW 1990, 3151 m. abl. Anm. *Schlosser* JZ 1991, 599 und *Stürner* ZZP 104 (1991), 208 ff.; BGH NJW 2007, 155, 156 (obiter dictum).

[61] *St/J/Leipold* Rn. 25–31; *T/P/Reichold* Rn. 12; *Arens* ZZP 96 (1983), 1, 16 ff.; *Lüke* JuS 1986, 2, 3; *Ro/S/Go* § 108 Rn. 8.

[62] S. zB BGHZ 85, 327 = NJW 1983, 328 (Einsichtsanspruch des Patienten); OLG Stuttgart FamRZ 1991, 84, 85 zu §§ 1605, 1580 BGB; zust. insoweit *St/J/Leipold* Rn. 27; hierzu ausf. *Winkler v. Mohrenfels,* Abgeleitete Informationsleistungspflichten im deutschen Zivilrecht, 1986.

[63] S. grundlegend BGH NJW 1978, 2337, 2339 zur Dokumentationspflicht des Arztes und der prozessualen Sanktion.

[64] Vgl. nur BGH MDR 1984, 48; NJW 1967, 2012; 1972, 1131 (Entbindung von Schweigepflicht); 1960, 821 (Nichtpreisgabe von Zeugen); BAG NJW 1990, 2340 (Entbindung v. ärztlicher Schweigepflicht); 1984, 1836, 1837; 1983, 2897, 2899; weit. Nachw. bei *Stürner* ZZP 98 (1985), 237, 240, 241.

dessen Prozesssieg liefern,[65] ist in ihrer Pauschalität daher nicht richtig.[66] Eine der Rechtssicherheit dienende Systematisierung ist der Rspr. bislang aber nicht gelungen.[67] An ihre Grenze stößt die Mitwirkungspflicht der nicht beweisbelasteten Partei, soweit sie fremde Unternehmensgeheimnisse preisgeben oder gegen Geheimhaltungspflichten Dritten gegenüber verstoßen würde, die nicht zur Befreiung bereit sind (zB Bankgeheimnis).[68]

III. Nichtbestreiten und Geständnisfiktion (Abs. 3)

1. Anwendungsbereich und Voraussetzungen. Abs. 3 ist unmittelbarer Ausdruck der **Verhandlungsmaxime** (Einl. Rn. 37ff.); daher gilt die Vorschrift nicht im Anwendungsbereich des Untersuchungsgrundsatzes (vgl. § 617), wohl aber soweit das Gericht etwa Zulässigkeitsvoraussetzungen von Amts wegen prüft.[69] Sie greift nicht, wenn es an einem kontradiktorischen Verfahren mit Erklärungslast iSv. Abs. 2 fehlt wie im Klauselerteilungsverfahren.[70] Voraussetzung ist **Verhandeln** im Termin oder im schriftlichen Verfahren nach § 128 Abs. 2 oder 3 und **Nichtbestreiten** bis zum Schluss der mündlichen Verhandlung bzw. dem entsprechenden Zeitpunkt; bei Säumnis gelten Sonderregelungen, s. §§ 330ff., 539. Erklärungspflicht mit Sanktion nach Abs. 3 besteht auch bei verspätetem tatsächlichen Vorbringen des Gegners.[71] Kann sich die Partei nicht bis zum Schluss der mündlichen Verhandlung hierzu äußern, muss sie sich zur Vermeidung der Geständnisfiktion durch **Antrag nach § 283** die Möglichkeit der Stellungnahme erhalten (Hinweispflicht nach § 139[72])[73] (s. auch § 283 Rn. 6). 12

a) Ausdrückliches Bestreiten. Ob und wie substantiiert bestritten werden muss, richtet sich nach dem **Substantiierungsgrad** des **gegnerischen Vorbringens** und der Nähe der Partei zum betreffenden Vorgang (s. oben Rn. 10). Bestreiten des nicht informierten Anwalts „ins Blaue hinein" ist unbeachtlich.[74] Eine Partei kann auch ihr günstiges Vorbringen des Gegners bestreiten, mit der Folge, dass das Gericht dies nicht als unstreitig verwerten darf.[75] In **ausdrücklichem Nichtbestreiten** kann nur ausnahmsweise ein Geständnis nach § 288 gesehen werden[76] (s. auch dort Rn. 8). 13

b) Konkludentes Bestreiten liegt nicht schon im Antrag auf Klageabweisung und der Feststellung des Anwaltes, er habe keine Informationen.[77] Lässt eine widersprechende Darstellung **Zweifel** am Bestreitenwollen, so ist nach § 139 aufzuklären.[78] Grundsätzlich kann auch bereits in **vorangegangenem** widersprechendem Vortrag ein **Bestreiten** nachfolgender Behauptungen liegen,[79] ebenso kann sich das Bestreiten bestimmter Behauptungen vor Verbindung zweier Verfahren nach der Verbindung auf einen Gesamtkomplex erstrecken.[80] Da die Geständnisfiktion des Nichtbestreitens häufig zu **präklusionsgleichen Wirkungen** führt, unterliegt die Anwendung der §§ 288, 290 im Zusammenhang mit Abs. 3 strenger verfassungsrechtlicher Prüfung. Bloßes Stillschweigen auf gegnerisches Vorbringen ohne einen konkludenten, sich aus den Umständen ergebenden Geständniswillen genügt nicht.[81] 14

2. Geständnisfiktion. Nichtbestreiten nach Abs. 3 führt zur Geständnisfiktion des gegnerischen Vorbringens: dieses ist **nicht beweisbedürftig.**[82] Jedoch tritt die Bindungswirkung des wirklichen Geständnisses 15

---

[65] So wiederum ausdrücklich BGH NJW 1997, 128, 129; 1990, 3151.

[66] Zutreffend *Waterstraat* ZZP 118 (2005), 459ff. m. Nachw., ebenso *Schlosser* JZ 1991, 599; insoweit zust. *Ro/S/Go* § 117 VI 2.

[67] Vgl. jüngst BGH NJW 1997, 128, 129, wo auf „besondere Umstände" abgestellt wird, m. krit. Anm. *Wax* LM § 362 BGB Nr. 24; zust. *Greger* EWiR § 138 ZPO 1/97.

[68] *Stadler,* Schutz des Unternehmensgeheimnisses, S. 124; so nunmehr auch BGH NJW 1997, 128, 129; *Wax* LM § 362 BGB Nr. 24, 195.

[69] BAG IPRax 1985, 276, 278; aA *St/J/Leipold* Rn. 45; *T/P/Reichold* Rn. 14; MK/*Wagner* Rn. 23.

[70] Zutreffend OLG Saarbrücken Rpfleger 2001, 437; OLG Hamburg MDR 1997, 1156; OLG Köln MDR 1995, 94; OLG Braunschweig MDR 1995, 94, 95; OLG Nürnberg Rpfleger 1993, 500; OLG Oldenburg Rpfleger 1992, 490 (Aufgabe von Rpfleger 1992, 306); OLG Zweibrücken OLGZ 1991, 93, 94f.; OLG Karlsruhe JurBüro 1991, 275; OLG Stuttgart Rpfleger 2005, 207; 1990, 519; LAG Düsseldorf Rpfleger 1992, 119; *Münzberg* NJW 1992, 201, 204f.; *Joswig* Rpfleger 1991, 144; aA OLG Hamburg MDR 2004, 835; OLG Karlsruhe MDR 2003, 1014; OLG Bamberg MDR 1999, 56, 57; OLG Köln NJW-RR 1997, 1491; MDR 1996, 964; FamRZ 1995, 1003, 1004; Rpfleger 1990, 264; OLG Düsseldorf JurBüro 1991, 1552; OLG Koblenz MDR 1997, 883, 884; Rpfleger 1990, 518; OLG Celle Rpfleger 1989, 467; *Lappe* Rpfleger 1984, 129, 130.

[71] BVerfG NJW 1989, 705; 1980, 277; BGHZ 94, 195, 213 = NJW 1985, 1539; OLG München OLGZ 1979, 479, 480; *Hensen* NJW 1984, 1672.

[72] BVerfG NJW 1980, 277; BGHZ 94, 195, 214 = NJW 1985, 1539; NJW 1985, 1556; OLG Düsseldorf NJW 1987, 507; *Hensen* NJW 1984, 1672; *Hermisson* NJW 1983, 2229, 2230.

[73] OLG Schleswig NJW 1986, 856 mit Anm. *Deubner* 857ff.; KG NJW 1983, 580, 581; strenger (sofortige Präklusion) OLG Stuttgart NJW 1984, 2538, 2539.

[74] OLG Köln MDR 1992, 79; OLG Frankfurt/M NJW 1974, 1473.

[75] BGH NJW 1989, 2756 m. Anm. *Musielak* ZZP 103 (1990), 218; anders *Ro/S/Go* § 111 Rn. 23.

[76] S. auch BGH NJW 1991, 1683 (Stillschweigen auf gegnerische Behauptung führt nur zu § 138 Abs. 3); BGHZ 140, 156, 157f. = NJW 1999, 579, 580.

[77] So aber OLG Frankfurt/M MDR 1969, 579 m. abl. Anm. *Schneider* ebd. S. 580; wie hier die hL, s. MK/*Wagner* Rn. 25 mit Nachw.

[78] BGH LM § 139 Nr. 3.

[79] BVerfG NJW 1992, 679, 680; BGH NJW-RR 2001, 1294; OLGR Saarbrücken 2001, 368.

[80] BGH NJW-RR 1997, 984, 985.

[81] BVerfG (Kammerbeschl.) NJW 2001, 1565; BGH NJW-RR 2001, 1294.

[82] BGH NJW 1987, 499.

(§ 290, § 288 Rn. 2) nicht ein, die Partei kann das Bestreiten vorbehaltlich der Zurückweisung nach §§ 282, 296, 531 Abs. 2 **nachholen.**[83] Eine zu großzügige Annahme von Nichtbestreiten kann wegen der präklusionsgleichen Auswirkung den Anspruch auf rechtliches Gehör verletzen (s. Rn. 14).

IV. Erklärung mit Nichtwissen (Abs. 4)

16 **1. Zulässigkeit.** Auf eine Behauptung des risikobelasteten Gegners darf sich die Partei nur unter den Voraussetzungen des Abs. 4 mit **Nichtwissen** erklären. Die Erklärung steht wegen der identischen Rechtsfolge (Beweisbedürftigkeit) dem Bestreiten gleich.[84] Eine Kollision mit der Verpflichtung nach Abs. 1 ist zu vermeiden, wo nach der Lebenserfahrung die Partei **kein eigenes Wissen** hat. In den in Abs. 4 genannten Fällen ist dies regelmäßig der Fall.[85] Die Erklärung mit Nichtwissen ist jedoch auch dann zulässig, wenn es zwar um eigene Handlungen oder Wahrnehmungen der Partei geht, sie aber glaubhaft darlegen kann, sich nicht mehr zu erinnern (etwa weil der Vorgang sehr lange zurückliegt).[86] Maßgebend ist für die Zulässigkeit des Bestreitens nach Abs. 4 der Zeitpunkt, in dem sich die Partei im Prozess erklären muss.[87] Ggf. ist Vertagung oder Nachfrist gemäß § 283 zu beantragen. Bestreitet eine Partei nach Abs. 4 mit Nichtwissen und stellt sie gleichwohl zur näheren Begründung Behauptungen „ins Blaue hinein" auf, so bleibt dies zulässig, solange sie nicht offensichtlich rechtsmissbräuchlich oder willkürlich handelt.[88]

17 **2. Erkundigungs- und Informationsobliegenheiten.** Hat die Partei zum behaupteten Vorgang **kein aktuelles Wissen,** so muss sie ihr Gedächtnis – soweit möglich und zumutbar – etwa anhand eigener Unterlagen **auffrischen.**[89] Wenn § 378 dies schon dem Zeugen zumutet, so muss dies erst recht für die Prozessparteien gelten. Eigenen Handlungen und Wahrnehmungen **gleichgestellt** sind solche von gesetzlichen[90] oder rechtsgeschäftlichen **Vertretern**[91] einer Partei. Die Partei trifft insoweit eine **Informationspflicht.**[92] Insbesondere im **eigenen Unternehmensbereich** sind Erkundigungen einzuziehen, der bloße Hinweis etwa auf den Ablauf von Aufbewahrungsfristen (§ 257 HGB) genügt ohne konkrete Nachforschung zum Verbleib von Unterlagen nicht.[93] Bei **sonstigen Personen,** bei denen die Partei Informationen einholen könnte, muss sie sich **erkundigen,** wenn dies möglich und **zumutbar** ist, etwa weil sie diese selbst für den betreffenden Vorgang eingeschaltet hatte und Arbeiten unter ihrer Anleitung ausgeführt wurden.[94] Regelmäßig wird dann auch ein Recht auf Auskunft gegeben sein. Ergibt die Nachfrage ein widersprüchliches Tatsachenbild, darf die Partei jedoch mit Nichtwissen bestreiten.[95] Bloße Geschäftspartnerschaft ohne eigenverantwortliche Aufsicht der Partei genügt nicht.[96] Zu Recht verwehrt die Rechtsprechung das Bestreiten mit Nichtwissen dem Neugläubiger aus Gründen des Schuldnerschutzes, wenn und soweit es auch für den Altgläubiger nicht in Betracht kam. Dies gilt etwa in Fällen rechtsgeschäftlicher Abtretung[97], der Forderungspfändung[98] oder cessio legis[99] sowie für den Kfz-Haftpflichtversicherer bezüglich des Unfallgeschehens.[100] Dagegen kann der auf Schadensersatz verklagte Rechtsanwalt sich auch dann auf Abs. 4 berufen, wenn dies dem Gegner im Vorprozess verwehrt gewesen wäre.[101]

---

[83] BGH NJW 1991, 1683; 1983, 1496, 1497; BGHZ 82, 115, 118 (für Nachverfahren zum Urkundenprozess); VersR 1963, 530, 531 (für § 528 aF); aA OLG München ZIP 1984, 76.

[84] *Nicoli* JuS 2000, 584, 585 m. Nachw.

[85] BAG DB 2000, 1524 (Nichtwissen des gekündigten Arbeitnehmers bezüglich Einzelheiten der Betriebsratsanhörung).

[86] BGH NJW-RR 2002, 612; für eine teleologische Reduktion auch MK/*Wagner* Rn. 27; *T/P/Reichold* Rn. 21; AK-ZPO/*Schmidt* Rn. 73.

[87] BGH NJW-RR 2002, 612.

[88] So BGH ZIP 1988, 1450.

[89] BGHZ 94, 195, 214 = NJW 1985, 1539 (Erklärungsfrist nach § 283); OLG Hamm NJW 1998, 3358 (f. Kreditkartenabrechnung).

[90] BGH NJW 1999, 53, 54; MK/*Wagner* Rn. 29; *St/J/Leipold* Rn. 47; aA *Ro/S/Go* § 111 Rn. 24; keine Wissenszurechnung für ausgeschiedenes Vorstandsmitglied BGH NJW 1995, 130, 131.

[91] OLG München IPRax 1985, 338 (f. Prozessbevollmächtigten); aA *Zö/Greger* Rn. 15 (nur bei gesetzlicher Vertretung); *St/J/Leipold* Rn. 47.

[92] BGH NJW-RR 2002, 612; BGH NJW 1999, 53, 54; BGHZ 109, 205, 209f. = NJW 1990, 453; NJW 1995, 130, 131; OLG Celle NJW-RR 1997, 290 (Informationspflicht des GbR-Gesellschafters bei Mitgesellschafter); OLG Düsseldorf NJW-RR 1993, 1128, 1129 (Informationspflicht des Geschäftsführers bei GmbH); sehr zurückhaltend MK/*Peters* Rn. 29; zum Ganzen *Morhard,* Die Informationspflicht der Parteien bei der Erklärung mit Nichtwissen, 1993; *Hakkenberg,* Die Erklärung mit Nichtwissen, 1995; *Ambs,* Bestreiten mit Nichtwissen, 1997.

[93] BGH NJW 1995, 130, 131.

[94] BGH BB 2001, 2187; BGHZ 109, 205, 208 = NJW 1990, 453; BGHR § 138 Abs. 4 Erkundigungspflicht 1; LG Frankfurt/M NJW-RR 1991, 378 (Erkundigung bei örtlicher Reiseleitung durch Reiseveranstalter); *Lange* NJW 1990, 3237; noch weiter gehend *B/L/H* Rn. 56; LAG Köln MDR 1999, 303, 304 (Erkundigung des Arbeitnehmers bei Betriebsrat f. Inhalt der Anhörung); krit. AK-ZPO/*Schmidt* Rn. 73 aE; aber zulässige Erklärung mit Nichwissen durch Bürgen nach im Rahmen von § 1 Arbeitnehmer-Entsendegesetz, BAG MDR 2007, 279.

[95] BGH 109, 205, 210 = NJW 1990, 453.

[96] BGH NJW 1999, 53, 54; 1986, 3199, 3201.

[97] OLG Köln VersR 1992, 78.

[98] LG Lüneburg MDR 1999, 704; für Betriebskostenabrechnung durch Vermieter bei Zwangsverwaltung kann sich Zwangsverwalter ebenfalls nicht auf Nichtwissen berufen, OLG Rostock NJW-RR 2006, 954.

[99] OLG Köln NJW-RR 1995, 1407, 1408; BGH FamRZ 1992, 797, 800 (f. BSHG).

[100] OLG Frankfurt VersR 1974, 585.

[101] OLG Düsseldorf NJW-RR 2000, 410, 411.

139 *Materielle Prozessleitung* (1) [1]**Das Gericht hat das Sach- und Streitverhältnis, soweit erforderlich, mit den Parteien nach der tatsächlichen und rechtlichen Seite zu erörtern und Fragen zu stellen. [2]Es hat dahin zu wirken, dass die Parteien sich rechtzeitig und vollständig über alle erheblichen Tatsachen erklären, insbesondere ungenügende Angaben zu den geltend gemachten Tatsachen ergänzen, die Beweismittel bezeichnen und die sachdienlichen Anträge stellen.**

(2) [1]**Auf einen Gesichtspunkt, den eine Partei erkennbar übersehen oder für unerheblich gehalten hat, darf das Gericht, soweit nicht nur eine Nebenforderung betroffen ist, seine Entscheidung nur stützen, wenn es darauf hingewiesen und Gelegenheit zur Äußerung dazu gegeben hat. [2]Dasselbe gilt für einen Gesichtspunkt, den das Gericht anders beurteilt als beide Parteien.**

(3) **Das Gericht hat auf die Bedenken aufmerksam zu machen, die hinsichtlich der von Amts wegen zu berücksichtigenden Punkte bestehen.**

(4) [1]**Hinweise nach dieser Vorschrift sind so früh wie möglich zu erteilen und aktenkundig zu machen. [2]Ihre Erteilung kann nur durch den Inhalt der Akten bewiesen werden. [3]Gegen den Inhalt der Akten ist nur der Nachweis der Fälschung zulässig.**

(5) **Ist einer Partei eine sofortige Erklärung zu einem gerichtlichen Hinweis nicht möglich, so soll auf ihren Antrag das Gericht eine Frist bestimmen, in der sie die Erklärung in einem Schriftsatz nachbringen kann.**

Übersicht

I. Normzweck und Grundsatz

1. Materielle Prozessleitung und Verhandlungsgrundsatz. Auf Grund des Verhandlungsgrundsatzes (s. Einl. Rn. 37ff.) ist es prinzipiell Aufgabe der Parteien, Tatsachen und Beweismittel in den Prozess einzuführen. § 139 erlegt dem Gericht (Vorsitzender/Einzelrichter oder Rechtspfleger im Vollstreckungs- bzw. Versteigerungsverfahren[1]) ergänzend und modifizierend eine **Fürsorgepflicht** und Mitverantwortung für ein faires, willkürfreies und tunlichst **auf Wahrheitsermittlung gerichtetes** Verfahren auf. Richtig verstandene Richteraktivität durchbricht nicht die Verhandlungsmaxime durch ein inquisitorisches Element[2] oder verändert sie zur Kooperationsmaxime[3], sondern modifiziert den Beibringungsgrundsatz nur durch das Gebot richterlicher **Hilfestellung:**[4] Es bleibt den Parteien überlassen, ob sie einem Hinweis folgen oder nicht.[5] 1

2. Neufassung der Vorschrift durch das ZPO-RG. Das ZPO-RG fasste in § 139 als zentraler Norm **generalklauselartig** die bislang an verschiedenen Stellen der ZPO geregelten materiellen Prozessleitungsaufgaben des Gerichts systematisch zusammen.[6] In Abs. 1 wurden die bisherigen Sätze 1 und 2 vertauscht, 2

---

[1] S. zB BVerfG NJW 1993, 1699; OLG Köln FamRZ 1995, 312, 313; OLG Frankfurt/M Rpfleger 1991, 470; 1980, 303; OLG Hamm OLGZ 1988, 64 = NJW-RR 1987, 1016; Rpfleger 1986, 441; *Stöber* Rpfleger 1994, 321, 322–324; *B/L/H* Rn. 5.

[2] *Stürner,* Richterliche Aufklärung, Rn. 11 gegen *Bomsdorf,* Prozessmaximen und Rechtswirklichkeit, 1971; abl. auch *Reischl* ZZP 116 (2003), 81, 85, 102ff.

[3] Hierzu *Wassermann,* Der soziale Zivilprozess, 1978; differenzierend *Hahn,* Kooperationsmaxime im Zivilprozess?, 1983. Das gilt auch nach der Neufassung.

[4] Ebenso *Ro/S/Go* § 77 Rn. 5, 16.

[5] Zutreffend MK/*Wagner* Rn. 9; *Peters,* Richterliche Hinweispflichten und Beweisinitiativen im Zivilprozess, 1983, S. 107.

[6] Zur rechtshistorischen Entwicklung der „aufklärenden Prozessleitung„ *Henke* JZ 2005, 1028ff.

um so die allgemeine und umfassende Erörterungspflicht betonend an den Anfang zu stellen. Satz 1 ist inhaltlich im Wesentlichen unverändert geblieben, insbesondere hat der Entwurf davon abgesehen, die Aufklärungshinweispflicht des Gerichts an detailliertere Vorgaben als nach bisherigem Recht zu binden. Substanziell Neues hat die Reform nicht gebracht.[7] Rechtsprechung und Lehre zu § 139 Abs. 1 (s. unten Rn. 8 ff.) behalten also weiterhin ihre Gültigkeit. Gegenüber der bisherigen Fassung wird durch die Neufassung nun ausdrücklich – der Sache nach eher klarstellend – dem ganzen Spruchkörper („das Gericht“) die Verantwortung für die materielle Prozessleitung auferlegt. Neu eingefügt wurde das Wort **„rechtzeitig“** (hierzu unten Rn. 25). Abs. 2 übernimmt das bislang in § 278 Abs. 3 enthaltene **Verbot der Überraschungsentscheidung** und führt damit richtigerweise die beiden zentralen Vorschriften zur materiellen Prozessleitung in einer Norm zusammen. In Abs. 2 ist gegenüber § 278 Abs. 3 aF das Adjektiv „rechtliche“ gestrichen und damit im Anschluss an die Formulierung in Abs. 1 deutlich gemacht, dass das Gericht sowohl auf übersehene tatsächliche wie auch auf bislang für unerheblich erachtete **rechtliche Gesichtspunkte** hinweisen muss, soweit sie entscheidungserheblich sind. Abs. 3 entspricht – sprachlich überarbeitet und auch hier dem ganzen Gericht die Verantwortung zuweisend – dem alten Abs. 2. Neu hinzugefügt hat das ZPO-RG die Abs. 4 und 5. Abs. 4 enthält eine im Reformprozess heftig umstrittene **Dokumentationspflicht** für richterliche Hinweise (S. 1) und in S. 2 eine **Beweisregel** für den Nachweis der Erteilung (Rn. 26 ff.). Abs. 5 lehnt sich an § 283 S. 1 an und gibt der Partei, die sich nicht sofort erklären kann, die Möglichkeit, sich auf Antrag **eine Frist zur schriftsätzlichen Stellungnahme** einräumen zu lassen. Dies war schon nach bisherigem Recht zur Wahrung des Anspuchs auf rechtliches Gehör gegebenenfalls geboten und stellt daher keine grundlegende Neuerung dar. Abs. 3 aF (Fragerecht der beisitzenden Richter) ist nun § 136 Abs. 2 S. 2 und damit richtig der **formellen Prozessleitung** zugeordnet.

3 **3. Anwendungsbereich.** § 139 gilt in und außerhalb der mündlichen Verhandlung, im schriftlichen Verfahren und bei freigestellter mündlicher Verhandlung. Das trifft auch auf Abs. 2 zu; mit der Übernahme in die Vorschrift des § 139 aus den „Allgemeinen Vorschriften“ des Ersten Buches ist klargestellt, dass das Verbot der Überraschungsentscheidung im **gesamten Verfahren** gilt.[8] Im Schiedsgerichtsverfahren ist § 139 nur anzuwenden, soweit der Anspruch auf rechtliches Gehör (§ 1042 Abs. 1 S. 2, hierzu § 1042 Rn. 4, 13) Aufklärung und Hinweis gebietet.[9] Der Grundgedanke des § 139 gilt auch im Verfahren der fG, insbesondere die Pflicht, auf sachgerechte Anträge hinzuwirken,[10] sowie im Zwangsversteigerungsverfahren.[11]

4 **4. Verletzung der Hinweis- und Aufklärungspflicht nach Abs. 1–3.** Unterbleibt der nach § 139 Abs. 1–3 gebotene Hinweis, so begründet dies einen **Verfahrensmangel** (kein Nichtigkeitsgrund nach § 579 Abs. 1 Nr. 3, wenn Hinweis auf mögliches Ablehnungsgesuch nicht erfolgte[12]), der gleichzeitig eine Verletzung des Rechts auf **rechtliches Gehör**[13] oder des **Willkürverbotes**[14] darstellen kann. Da § 139 über das verfassungsrechtlich gebotene Minimum hinausgeht und Art. 103 Abs. 1 GG keine allgemeine richterliche Aufklärungs- und Fragepflicht gebietet, verletzt nicht jede Missachtung von § 139 auch Art. 3 Abs. 1 oder Art. 103 Abs. 1 GG.[15] Allerdings gewinnt die richterliche Aufklärung in der ersten Instanz an Gewicht durch die Neuregelung des **Prüfungsumfangs des Berufungsgerichts** (§§ 513 Abs. 1, 529, 531 Abs. 2). Unterlassene oder unvollständige Hinweise, welche sich auf die Tatsachenfeststellung auswirken, sind nach §§ 529 Abs. 1 Nr. 1, 531 Abs. 2 Nr. 2 relevant.[16] In der Praxis werden die Prozessvertreter daher vermehrt bemüht sein, Fehler nach § 139 zu rügen (oder gar zu provozieren), um in der Berufungsinstanz eine erneute Tatsachenprüfung bzw. neuen Vortrag zu erzwingen.[17] Die unterbliebene Aufklärung kann bei schweren Fehlern nach § 538 Abs. 2 S. 1 Nr. 1 eine Zurückverweisung durch das Berufungsgericht rechtfertigen (s. § 538 Rn. 11).[18] Die **Berufungs- und Revisionsrüge** setzt voraus, dass die Partei im Einzelnen vorträgt, wie sie auf den unterbliebenen richterlichen Hinweis hin reagiert hätte (§§ 520 Abs. 3 S. 2 Nr. 2, 551

---

7 *Bahlmann*, ZPO-Reform 2002: Stärkung der ersten Instanz?, Diss. Köln, 2005; *Henke* JZ 2005, 1028 ff.; *Prütting*, Festschr. Musielak, 2004, 397; *Katzenmeier* JZ 2002, 533, 537; *Schaefer* NJW 2002, 849 ff.; *E. Schneider* MDR 2001, 3756 f.

8 Bereits für § 278 Abs. 3 idS. OLG Köln OLGZ 1992, 395, 396 (FGG-Verfahren); OLG Oldenburg JurBüro 1978, 1811, 1812 f.; zur Geltung im Schiedsverfahren MK/*Münch* § 1042 Rn. 2 m. Nachw.; Geltung im vereinfachten Unterhaltsverfahren (§§ 645 ff.) OLG Karlsruhe FamRZ 2006, 1548.

9 S. BGHZ 85, 288, 293 = NJW 1983, 867.

10 BayOblG ZIP 1998, 2099, 2101 (Streitverfahren der fG); OLG Frankfurt/M DB 1997, 85, 86; NJW-RR 1996, 415, 416; Thüringisches OLG Rpfleger 2002, 355 und OLG Karlsruhe Rpfleger 1998, 158 (f. Grundbuchamt als Vollstreckungsorgan); s. aber BayObLG DNotZ 1993, 596 zum Vorrang von § 18 GBO. Für den Insolvenzverwalter greift die Vorschrift nicht, OLG Dresden ZIP 1997, 327, 329 (zum Konkursverwalter).

11 BVerfG NJW-RR 2004, 936 (Hinweis an Ersteher auf bes. Kostenrisiko nach § 99 Abs. 1 ZVG); zu Recht krit. *Rimmelspacher/Fleck* WM 2005, 1777 ff., da der Hinweis nicht das „Sach- und Streitverhältnis“ betrifft, sondern eine inhaltlich fragwürdige Handhabung der Kostenverteilung.

12 BGH NJW 1981, 1273, 1274.

13 BVerfG NJW 1993, 1699; 1992, 678, 679; 1991, 2823, 2824; BGHZ 85, 288, 292 = NJW 1983, 867; OLG Düsseldorf NJW-RR 1996, 1021 f.

14 BVerfG NJW 1993, 1699; 1986, 575; 1976, 1391 f.; BayVerfGH NJW 1992, 1094.

15 BVerfG NJW-RR 2005, 936, 937; NJW 1993, 1699; 1984, 2147, 2148; BVerfGE 66, 116, 147 = NJW 1984, 1741; BGHZ 85, 288, 291 = NJW 1983, 867; zur Konkretisierung NJW 2005, 3753 m. vielen Nachw.

16 BGH NJW-RR 2005, 213.

17 Vgl. *Gottschalk* NJW 2004, 2939, 2941; *Stöber* NJW 2005, 3601 ff.

18 *T/P/Reichold* § 538 Rn. 11, zum alten Recht OLG München OLGR 2000, 325; OLG Frankfurt/M NJW 1989, 722; OLG Köln FamRZ 1996, 300 (LS); OLG Düsseldorf NJW-RR 1996, 1021; abl. OLG Brandenburg VIZ 1997, 50, 51.

Abs. 3 S. 1 Nr. 2a).[19] Beruht das Urteil auf der unterbliebenen Aufklärung, so kann auch insoweit **Aufhebung und Zurückverweisung** nach §§ 562, 563 gerechtfertigt sein.[20] Das gilt auch dann, wenn sich die Notwendigkeit des Hinweises erst aus neuerer Rechtsprechung des Revisionsgerichts ergibt.[21] **Maßstab** für die Aufklärungspflicht und das Vorliegen eines Verfahrensfehlers ist die materiellrechtliche Beurteilung durch das Gericht, dessen Entscheidung angegriffen ist – mag sie auch falsch sein.[22] Bei nicht berufungsfähigen Urteilen kommt eine **Gehörsrüge nach § 321a** in Betracht; zur „Entscheidungserheblichkeit" des Fehlers s. § 321a Rn. 3. Eine **Zurückweisung** verspäteten Vorbringens ist ausgeschlossen, wenn eine unterbliebene richterliche Aufklärung nach § 139 für die eingetretene Verfahrensverzögerung mit kausal war (§ 296 Rn. 15);[23] **Präklusion** kommt hingegen auch bei richterlichem Hinweis in Betracht, wenn der darauf erfolgende Vortrag auch ohne Aufklärung hätte früher erfolgen können und müssen[24] (§ 296 Rn. 14f., § 531 Rn. 18). Der unterlassene richterliche Hinweis schließt ein **Anwaltsverschulden** nicht aus, da dieser eigenverantwortlich agieren muss.[25] Verstößt ein richterlicher Hinweis gegen den Grundsatz der Unparteilichkeit, so kann dies mit der Revision nicht mehr gerügt werden, wenn das Ablehnungsrecht (§ 42 Abs. 2) durch Antragstellung und weitere Einlassung in der Vorinstanz bereits verloren ging.[26]

II. Voraussetzungen und Umfang der Aufklärungspflicht

1. Richterliche Unbefangenheit als Grenze. § 139 Abs. 1 und 2 machen Aufklärung und Hinweis zur richterlichen **Pflicht,** ohne Ermessen oder einen der instanzgerichtlichen Kontrolle völlig entzogenen Beurteilungsspielraum einzuräumen,[27] wenngleich die Aufklärung stark von den Gegebenheiten des Einzelfalls abhängt. Nur nach einer Mindermeinung ist in einem bestimmten Bereich der richterliche Hinweis zulässig, aber nicht zwingend geboten.[28] Seine **Grenze** findet das Hinweis- und Aufklärungsgebot in der Pflicht des Gerichts zur **Unparteilichkeit** (§§ 42ff., vgl. § 42 Rn. 1ff.). Die nach § 139 **notwendige** Aufklärung kann daher nie die Befangenheit begründen.[29] Der Konflikt zwischen richterlicher Beratung und freilich nicht wertfreier, sondern verfassungsgebundener Neutralität[30] belässt damit einen schmalen Grat, auf dem sich das Gericht bewegen muss. Abstrakt formuliert: **Ergänzende Hilfestellung** ist im Interesse materieller Gerechtigkeit und Waffengleichheit der Parteien (s. Einl. Rn. 31f.) geboten; Hinweise zu völlig **neuem tatsächlichem Vorbringen** und Anträgen, die ein **anderes, bislang in der Sache im Parteivortrag nicht angeklungenes Prozessziel** verfolgen, überschreiten die Grenze richterlicher Neutralität, weil sie den Anschein der Identifikation mit der Partei erwecken.[31] Dies wird unterstrichen durch die Neufassung der Vorschrift auf Grund des ZPO-RG. Der Gesetzgeber betont in Abs. 1 zwar die Notwendigkeit eines „offenen Gesprächs" des Gerichts mit den Parteien, die Begründung hebt jedoch gleichzeitig hervor, dass es **nicht Aufgabe des Gerichts** ist, hierdurch neue Anspruchsgrundlagen, Einreden oder Anträge in den Prozess einzuführen. Vielmehr muss ein darauf abzielender Hinweis des Gerichts „zumindest andeutungsweise" im Parteivortrag eine Grundlage finden.[32] Die Abgrenzung ist vom **Einzelfall** abhängig. Sicher zulässig ist die richterliche Aktivität, soweit sie der Klarstellung ambivalenten Prozessverhaltens dient, den erkennbaren Parteiwillen in die richtige prozessuale Form lenkt oder über richterliche Ansichten informiert, um Gelegenheit zur Reaktion zu geben.[33] Da zwischen Pflicht und Verstoß keine Grauzone richterlichen Ermessens besteht,[34] sind die in Rn. 8–14 aufgezählten Einzelfälle zulässiger Aufklärung nach Abs. 1 gleichzeitig als gebotene richterliche Hinweise zu verstehen. 5

2. Differenzierung bei anwaltlicher Vertretung. Die Frage, ob sich die richterliche Aufklärungspflicht bei anwaltlicher bzw. rechtskundiger Beratung einer oder beider Parteien **reduziert** oder **weniger Anlass** für Aufklärung besteht, ist sehr streitig.[35] Die Rechtsprechung sprach sich teilweise dezidiert für eine Differenzierung 6

---

[19] BGH NJW-RR 1998, 1268, 1270; 1988, 208, 209; *St/J/Leipold* Rn. 120f.; BAG MDR 2004, 708 (LS); großzügiger – Gesamtwürdigung der Berufungsbegründung genügt – BGH MDR 2004, 408, 409.

[20] Noch zu § 565 aF BGH NJW-RR 1991, 256; 1988, 477, 478; OLG Frankfurt/M MDR 1987, 413f.

[21] BGH NJW 1981, 630, 633.

[22] BGH NJW 1993, 2318, 2319; 1991, 704; NJW-RR 1990, 340, 341f.; BGHZ 86, 218, 221 = NJW 1983, 822.

[23] *Deubner* NJW 1987, 1583, 1585ff.; 1983, 1000; *Hermisson* NJW 1983, 2229, 2230; s. auch OLG Karlsruhe MDR 1987, 241.

[24] Richtig *Schneider* MDR 1991, 707, 708.

[25] OLG Celle NJW 1980, 2140, 2141 (Wahl des Rechtsmittels).

[26] BGHZ 165, 223, 226f. = NJW 2006, 695.

[27] HM, statt vieler MK/*Wagner* Rn. 3 mit Nachw.; jetzt auch *St/J/Leipold* Rn. 27; aA *Piekenbrock* NJW 1999, 1360, 1361; *Hermisson* NJW 1985, 2558, 2562.

[28] S. die in der vorigen Fn. zitierte Mindermeinung.

[29] So aber KG FamRZ 1990, 1006; wie hier BVerfGE 42, 64, 78; OLG Köln MDR 1990, 158; MK/*Peters* Rn. 16; zutreffend OLG Koblenz NJW-RR 2000, 1376.

[30] BVerfGE 42, 64, 78 (Zwangsversteigerungsbeschluss); s. aber relativierend BVerfGE 52, 131, 161 (Arzthaftungsbeschluss).

[31] *Ro/S/Go* § 77 Rn. 22; *Stürner,* Richterliche Aufklärung, Rn. 23, 24; *Schilken* ZPR Rn. 355; s. auch OLG Celle NJW 1980, 2140, 2141.

[32] Amtl. Begr. ZPO-RG, BT-Drucks. 14/4722 S. 77.

[33] So die Grenzziehung von *Spohr,* Die richterliche Aufklärungspflicht (§ 139) im Zivilprozess, 1969, S. 56ff., 69ff., 152ff.; ihm folgend *Stürner,* Richterliche Aufklärung, Rn. 25ff.

[34] Ebenso *Rensen,* Die richterliche Hinweispflicht, 2001, 232ff.

[35] Gegen eine Differenzierung: OLG Celle NJW-RR 1998, 493; OLG Schleswig NJW 1986, 3146, 3147; *Burbulla* JA 2004, 905, 907; *Vollkommer,* Die Stellung des Anwalts im Zivilprozess, 1984, S. 52 (hierzu krit. *Stürner* JZ 1986, 1089,

richterlicher Hilfestellung aus.[36] Viele Entscheidungen postulieren dies nicht mehr im Grundsatz, differenzieren aber danach, ob im Anwaltsprozess wegen der schwierigen oder offenbar verkannten Rechts- und Tatsachenlage[37] im Einzelfall tatsächlich Hilfe geboten ist oder sie in „einfach gelagerten Fällen"[38] unterbleiben kann. So entfällt die Hinweispflicht, wenn der Gegner bereits auf einen Mangel aufmerksam gemacht hat (str., s. auch Rn. 7)[39] oder eine Partei für bestimmte Verfahren besondere Erfahrung und Rechtskenntnis mitbringt.[40] Oftmals wird auch ein knapper Hinweis – etwa auf die Unschlüssigkeit des Vorbringens – genügen, ohne dass das Gericht im Einzelnen Anleitungen gibt, was vorzutragen ist.[41] Eine im Umfang **verhaltenere Aufklärung** – grundsätzlich gilt § 139 natürlich auch im Anwaltsprozess – durch das Gericht (vgl. Abs. 1 S. 1 „soweit erforderlich") rechtfertigt sich aus dem systematischen Zusammenhang richterlicher Aufklärung einerseits und **Verhandlungsgrundsatz** bzw. **Anwaltszwang** andererseits. Die gebotene **Arbeitsteilung** zwischen Gericht und Anwalt im Prozess verträgt sich mit einer umfassenden gerichtlichen Hinweis- und Aufklärungspflicht kaum. § 139 darf anwaltlicher Nachlässigkeit keinen Vorschub leisten und die notwendige Konkurrenzsituation nicht verzerren.[42] Mit dieser der ZPO auch nach der Neufassung von § 139 zu Grunde liegenden Rollenverteilung zwischen Gericht und Anwälten, ist das Ziel der Rechtsverwirklichung **auch** in die Hände der Prozessbevollmächtigten gelegt.[43] Im Interesse verantwortlicher Prozessführung durch den Anwalt hat die verbliebene Grundtendenz der Rechtsprechung, vorsichtige Einschränkungen bei der Aktualisierung der Aufklärungspflicht zuzulassen, daher ihre Berechtigung.[44]

7 **3. Voraussetzungen richterlicher Aufklärung.** Anlass, ergänzend und helfend tätig zu werden, besteht nur bei **unklarem, lückenhaften** Parteivortrag oder sonstigen Mängeln.[45] § 139 bezweckt **keine allgemeine und umfassende Fragepflicht.**[46] Die Erkennbarkeit der Ergänzungsbedürftigkeit für die Partei selbst ist ohne Belang.[47] Auch bei völliger **Substanzlosigkeit** des Vortrags, die sich von der Ergänzungsbedürftigkeit nur graduell, nicht grundlegend unterscheidet, ist grundsätzlich entgegen BGH[48] auf diese Tatsache hinzuweisen (s. aber Rn. 6 für den Anwaltsprozess). Hat die Partei eine weitere zulässige, bislang aber nicht erkannte Verteidigungs- oder Angriffsmöglichkeit **gänzlich übersehen,** würde der entsprechende Hinweis die oben (Rn. 5) aufgezeigte Grenze überschreiten. Grundsätzlich genügt auch bei wiederholt unsubstantiiertem Vortrag einmalige richterliche Aufklärung, wenn das Gericht davon ausgehen darf, dass die Partei den Hinweis verstanden hat.[49] Erkennt das Gericht jedoch, dass eine (auch anwaltlich vertretene) Partei einen Hinweis falsch aufgenommen hat, muss es den Hinweis präzisieren.[50] Vor allem im **Anwaltsprozess** kann ein Hinweis des Gerichts zunächst unterbleiben, wenn der Gegner bereits auf Lücken aufmerksam gemacht hatte – nicht jedoch, wenn das Berufungsgericht eine von den Parteien und der ersten Instanz **abweichende Beurteilung** erwägt[51] (s. Rn. 8, 14). Soweit hiergegen vorgebracht wird, die Aufklärungspflicht richte sich an das Gericht, nicht an den Gegner[52], wird übersehen, dass eine solche Hinweispflicht des Gerichts nur notwendig ist, wenn die Partei etwas erkennbar übersehen oder für unerheblich erachtet hat. Soweit der Gegner bereits auf dieses Manko aufmerksam gemacht hat, kann man bei anwaltlicher Vertretung davon ausgehen, dass der Prozessvertreter dies aufnimmt und prüft – das Gericht ist erst wieder in der Pflicht, wenn er dies

---

1092ff.); *Schneider* MDR 1989, 1069ff.; *Wassermann,* Der soziale Zivilprozess, S. 119ff.; *Schilken* ZPR Rn. 359; *Schmidt E.,* Festschr. Schneider, 1997, 193, 206; sehr zurückhaltend MK/*Wagner* Rn. 11ff., im Grundsatz für gleiche Handhabung im Anwaltsprozess Rn. 12ff.

[36] BGH NJW 1984, 310, 311 m. abl. Anm. *Deubner* ebd. und *Peters* JZ 1984, 192; BGH WM 1977, 1201, 1203; OLG Frankfurt/M FamRZ 1984, 395, 396.

[37] So BGH NJW 2002, 3317, 3320; NJW-RR 2002, 1436, 1437; NJW 1999, 1264; BGHZ 127, 254, 260 = NJW 1995, 399, 401; 1989, 717, 718; OLG Köln NJW-RR 1998, 1686; OLG Düsseldorf NJW-RR 1992, 1404, 1405; großzügiger *Piekenbrock* NJW 1999, 1360, 1362.

[38] BayVerfGH NJW 1992, 1094; BGH WM 1990, 1421, 1423; 1982, 581, 582; 1980, 223, 224.

[39] BayVerfGH NJW 1992, 1094; BGH NJW 1980, 223, 224; OLG Nürnberg MDR 2000, 227; OLG Oldenburg NJW-RR 2000, 949, 950; OLG Koblenz NJW-RR 1988, 662, 663; sehr allgemeiner Hinweis des Beklagten auf fehlende Schlüssigkeit soll nicht gerichtlichen Hinweis entbehrlich machen: OLGR Saarbrücken 2001, 437.

[40] OLG Koblenz ZIP 1987, 1531, 1535 (Realkreditinstitut mit Rechtsabteilung für Zwangsversteigerung).

[41] So auch *Zö/Greger* Rn. 12.

[42] *Stürner,* Richterliche Aufklärung, Rn. 16; *ders.* JZ 1986, 1087, 1095; diff. auch *Jauernig* ZPR § 25 VII; *ders.,* 40 Jahre BGH, 1991, S. 28, 55, 56.

[43] AA *Schneider E.,* ZAP Beilage Heft 5/2001, S. 11f.

[44] So tendenziell auch *St/J/Leipold* Rn. 26, 32, 49; *Ro/S/Go* § 77 Rn. 17; *Zö/Greger* Rn. 12; *Gottschalk* NJW 2004, 2939, 2940; *Greger* NJW 1987, 1182; *Jauernig* ZPR § 25 VII; abl. OLG Frankfurt/M NJW 1989, 722. Grundsätzliche Hinweispflicht bejaht wiederum BGH NJW-RR 1997, 441.

[45] BGH NJW-RR 1999, 605, 606; NJW 1982, 284.

[46] BGH NJW 1987, 1400, 1402.

[47] *Deubner* NJW 1983, 635 (Anm. zu OLG Düsseldorf NJW 1983, 634).

[48] BGH NJW 1982, 1708, 1711 (m. abl. Anm. *Deubner* ebd.; krit. auch *Stürner* JZ 1985, 185, 186); OLG Düsseldorf NJW-RR 1995, 636; NJW 1993, 2543; s. auch OLG Stuttgart NJW 1981, 2581f.

[49] BGH NJW 1980, 2522, 2523; großzügiger OLG München NJW-RR 1997, 1425 = NJW 1998, 550 (LS); erneuter Hinweis erforderlich, wenn ergänzender Vortrag der Partei noch nicht ausreicht, BGH WM 2004, 1153, 1154.

[50] BGH NJW 1999, 1264; 2002, 3317, 3320.

[51] BGH NJW-RR 1997, 441; 1994, 566; 1993, 569, 570.

[52] *Schneider E.,* ZAP Beilage Heft 5/2001, S. 12; *ders.* MDR 2000, 747, 752; *Stöber* NJW 2005, 3601, 3603 (unter Hinweis auf das größere Gewicht richterlicher Hinweise); OLG Schleswig MDR 2005, 889, 890.

erkennbar nicht tut (Abs. 2: keine Überraschungsentscheidung).[53] Grundsätzlich besteht auch nach Abs. 1 keine Hinweispflicht für **Formerfordernisse eines Rechtsmittels** (s. vor § 511 Rn. 36).[54]

III. Aufklärung nach Abs. 1

1. Vollständige Tatsachengrundlage. a) Zulässige Hinweise: Auf der Grundlage der in Rn. 5 gezogenen Grenze zwischen Aufklärungspflicht und richterlicher Befangenheit ist hinzuweisen auf widersprüchlichen[55], zweideutigen[56] oder offensichtlich falschen[57] Sachvortrag im Rahmen der Erheblichkeit; die nicht korrekte Bezeichnung der Parteien bzw. auf einen jedenfalls zulässigen Parteiwechsel[58]; auf **Unschlüssigkeit**[59] oder **Unsubstantiiertheit** des Klage-[60] bzw. Verteidigungsvorbringens[61] (insbes. bei abweichender rechtlicher Beurteilung gegenüber dem erstinstanzlichen Gericht[62], eigener früherer [Fehl-] Einschätzung[63], möglichen Unklarheiten infolge Beweiserleichterungen[64] oder Annahme „sekundärer Behauptungslast" [§ 138 Rn. 10])[65] oder unsubstantiiertes Bestreiten[66]. Sofern sich aus der Beweisaufnahme neue Tatsachen ergeben, muss das Gericht fragen, ob die davon begünstigte Partei sich diese zu Eigen machen will.[67] Auch auf die mögliche Anwendung einer **anderen Anspruchsgrundlage** hat das Gericht nach Abs. 2 hinzuweisen (zB Schadensersatzanspruch aus Vertrag statt aus Delikt; Zahlungsanspruch nicht aus Vertrag, aber aus ungerechtfertigter Bereicherung[68]), wenn dazu nicht völlig neuer Tatsachenvortrag notwendig wird.[69] Auf eine fehlende Aktivlegitimation des Klägers ist jedenfalls dann hinzuweisen, wenn dasselbe Gericht bei gleicher Sachlage noch im PKH-Beschluss Erfolgsaussicht attestiert hatte.[70] 8

b) Unzulässige Hinweise: auf konkrete neue **Einwendungen** und erst recht auf **Einreden**[71] (Entlastungsbeweis[72]; Haftungsfreistellung nach SGB VII[73]; konkludentes Abtretungsverbot[74]; Zurückbehaltungsrecht[75]; Verjährung[76]; beschränkte Erbenhaftung[77]), soweit sie im Kern **nicht** bereits im Parteivortrag **angedeutet** waren.[78] Lässt der Parteivortrag nicht erkennen, dass die Partei sich – wenn auch nur laienhaft – mit einer bestimmten Einrede zur Wehr setzen möchte, obwohl die notwendigen Tatsachen vorliegen, so ist auf diese Möglichkeit **nicht hinzuweisen.**[79] Dies gebietet – trotz der literarischen 9

---

[53] Wie hier BayVerfGH NJW 1992, 1094; OLG Oldenburg NJW-RR 2000, 949; *Ro/S/Go* § 77 Rn. 30; *B/L/H* Rn. 83; aA *Zö/Greger* Rn. 3; *Rensen,* Die richterliche Hinweispflicht, 224ff; ders. MDR 2006, 366; *Stöber* NJW 2005, 3601, 3603.

[54] BGH NJW 2002, 3410.

[55] BGH NJW-RR 2003, 742f. (zur aF).

[56] BGH NJW-RR 2002, 1071f.; NJW-RR 2000, 397f.; WM 1979, 587; BGHZ 23, 207, 211.

[57] OLG Frankfurt/M WM 1981, 972, 973.

[58] BGH NJW 1984, 2104.

[59] BGH NJW-RR 1997, 441 (Anwaltsprozess); BayObLG ZIP 1998, 2099, 2101; OLG Hamm NJW-RR 1999, 364 (Gegen- u. Widerklageforderung); OLG Düsseldorf NJW-RR 1996, 1021f.; 1992, 1268; OLG Frankfurt/M NJW 1989, 722 (auch im Anwaltsprozess); *Schilken* ZPR Rn. 355; *Deubner,* Festschr. Lüke, 1997, 51, 53f.; aA OLG Celle OLGZ 1980, 11, 12 = NJW 1980, 2140 für an sich substantiierten Sachvortrag; anders auch für den Anwaltsprozess BGH NJW 1984, 310, 311 mit abl. Anm. *Deubner* ebd.; OLG Frankfurt/M FamRZ 1984, 395, 396.

[60] BVerfG NJW 1991, 2823 (mögliche Verletzung rechtlichen Gehörs); BGH NJW-RR 2004, 495, 496; NJW 1989, 2756, 2757; OLG Brandenburg NJW-RR 2002, 1215; OLG Saarbrücken NJW-RR 1998, 1609; OLG Köln NJW-RR 1998, 1592, 1593; 1999, 1154, 1155; OLG Celle NJW-RR 1998, 493; OLG München NJW-RR 1997, 944.

[61] BGH NJW 1999, 3716f.

[62] BGH NJW 2005, 3284; WM 2004, 849, 851; BGH ZIP 2004, 2282, 2283; BGH NJW-RR 2003, 1718f.; 2002, 1436f.; 1996, 1077, 1079; NJW 1982, 581, 582 (Beweiserheblichkeit); *Schneider* MDR 1977, 972; *Zö/Greger* Rn. 6.

[63] BGH NJW 2002, 3317, 3320; OLG Saarbrücken MDR 2003, 1372 und NJW-RR 1998, 1609; OLG Bamberg NJW-RR 1998, 1608.

[64] BGHZ 30, 7, 17.

[65] BGH WM 2002, 289, 291.

[66] OLG Hamm NJW-RR 1993, 894; OLG Köln NJW 1980, 2361, 2362.

[67] *Stürner,* Richterliche Aufklärung, Rn. 65; zurückhaltend BGH VersR 1968, 58, 60 (Urkunde muss nicht nach neuen Tatsachen *durchforscht* werden).

[68] OLG Köln MDR 1984, 151.

[69] BAG NJW 2006, 2716, 2717.

[70] OLG Hamm NJW-RR 1995, 579.

[71] Ausführlich *Rensen,* Die richterliche Hinweispflicht, 2001, S. 172ff.

[72] BGH LM StVO § 13 Nr. 6.

[73] BGH NJW 1983, 624, 625 zu §§ 636, 637 RVO.

[74] BGHZ 23, 53, 55 = NJW 1957, 498.

[75] BGH NJW 1969, 691, 693; RG LZ 1231 = Recht 1920 Nr. 3156.

[76] Amtl. Begr. zum ZPO-RG, BT-Drucks. 14/4722 S. 77; BGHZ 156, 269, 272f. = NJW 2004, 164, 165; OLG Rostock NJW-RR 2002, 576; OLG Hamburg MDR 1984, 2710; OLG Bremen NJW 1986, 999; OLG Köln MDR 1979, 1027; *St/J/Leipold* Rn. 53f.; *Zö/Greger* Rn. 17; *T/P/Reichold* Rn. 6; *Ro/S/Go* § 77 Rn. 22 (nur bei bereits „laienhaft vorgebrachtem" Einwand); *Burbulla* JA 2004, 905, 909; *Reischl* ZZP 116 (2003) 81, 111f.; *Hermisson* NJW 1985, 2558, 2561f.; *Prütting* NJW 1980, 361, 364f.; aA (Hinweis zulässig) KG NJW 2002, 1732; OLG Naumburg (Urt. v. 21. 6. 01–10 W 18/01 – Juris; bei „offensichtlicher" Rechtsunkenntnis); OLG Köln MDR 1990, 158; LG Hamburg NJW 1984, 1904, 1905; MK/*Peters* Rn. 45; *Seelig* NJW 1980, 1170; *Schneider* NJW 1986, 1316, 1317; *ders.* MDR 1984, 672; *Bender* JZ 1982, 709, 710; *Grunsky* AcP 181 (1981), 564, 566.

[77] BGH VersR 1962, 663, 664; OLG Düsseldorf MDR 2004, 469 (LS).

[78] BGH NJW 1983, 624, 625; BGHZ 3, 206, 210; zu Recht großzügig bezüglich Unpfändbarkeit OLG Frankfurt/M Rpfleger 1980, 303; *St/J/Leipold* Rn. 52ff.

[79] Grundsätzlich aA MK/*Wagner* Rn. 39; AK-ZPO/*Schmidt* Rn. 33–35; *Schneider* MDR 1982, 236, 237; *ders.* MDR 1979, 975; *Laumen,* Das Rechtsgespräch im Zivilprozess, 1984, S. 219ff.; s. auch die Nachw. zur Verjährung oben Rn. 7.

Kritik[80] – die materiellrechtliche Unterscheidung zwischen Einwendungen und Einreden.[81] Ebenso wenig darf das Gericht auf neue tatsächliche Klagegründe aufmerksam machen[82] oder auf nachteiligen Tatsachenvortrag einer Partei[83]. Nach überwiegender und richtiger Ansicht[84] unzulässig ist auch die Anregung, die **materielle Rechtslage zu verändern** (Abtretung bei bislang fehlender Aktivlegitimation des Klägers,[85] Anfechtung, Rücktritt)[86], allerdings ist in den Grenzen allgemeiner Auslegungsregeln zu prüfen, ob beispielsweise entsprechende Gestaltungserklärungen nicht bereits konkludent abgegeben wurden. An der hier aufgezeigten Grenzziehung soll sich auch nach den Vorstellungen des Gesetzgebers im Zuge einer Zivilprozessrechtsreform und Neufassung von § 139 nichts ändern.

10 **2. Sachdienliche Anträge.** Das Gericht ist grundsätzlich verpflichtet, der Partei bei der Formulierung **sachgerechter Anträge** behilflich zu sein, muss nach erfolglosem Hinweis unzulängliche Anträge aber nicht selbst umformulieren oder dem Hinweis entsprechend auslegen.[87] Auch hier genügt die einmalige Aufklärung; die nächste Instanz muss den Hinweis nicht wiederholen.[88] Umgekehrt schuldet das Berufungsgericht bei abweichender Beurteilung des vom Erstgericht angeregten Antrags Aufklärung und Anregung einer Änderung des Antrags.[89]

11 a) **Prozessanträge.** Zulässig sind Hinweise auf Klarstellung bezüglich Haupt- und Hilfsantrag[90] bzw. Zweckmäßigkeit eines Hilfsantrags[91] sowie auf Möglichkeit der Stufenklage[92]. Zu Beweisanträgen s. unten Rn. 14. **Unzulässig** sind dagegen die Hinweise auf bislang von der Partei nicht erwogene Vollstreckungsschutzanträge,[93] oder auf Möglichkeit, Wiedereinsetzung zu beantragen[94].

12 b) **Sachanträge.** Zulässige Hinweise können sich richten auf die **korrekte und zweckmäßige** Fassung des Klageantrags[95], zB Präzisierung einer Beseitigungsklage;[96] Klage auf Duldung der Zwangsvollstreckung statt auf Zahlung[97] oder Zahlungsklage statt Auseinandersetzungsklage;[98] Aufzählung der herauszugebenden Zubehörstücke;[99] Aufschlüsselung einer Teilklage nach verschiedenen Beträgen;[100] Konkretisierung des Titels bei Vollstreckbarerklärung ausländischen Zahlungstitels in Fremdwährung;[101] Feststellungsklage statt Klage auf Freistellung von noch unbestimmter Verbindlichkeit;[102] Anregungen bei veränderter Verfahrenssituation (Erledigung der Hauptsache;[103] Nichterreichen der 7/10-Grenze in der Zwangsversteigerung[104]). Streitig ist, inwieweit der Richter eine **Klageänderung** anregen darf. Nach überwiegender Ansicht soll dies zulässig sein, soweit die Klageänderung nach § 264 ohnehin zulässig oder nach § 263 **sachdienlich** wäre.[105] Dies bedarf jedoch der **Einschränkung:** Klageerweiterungen (§ 264 Nr. 2) müssen auch bei Sachdienlichkeit von der Partei selbst ausgehen (s. Rn. 5). Richtig ist die Hinweispflicht bei Umstellung auf einen wesensmäßig gleichartigen Antrag (Ersatz statt Wiederherstellung[106]) oder Anregung eines Antrags,

---

[80] Insbes. MK/*Wager* Rn. 39.

[81] Richtig, wenngleich krit. gegenüber der Kategorisierung des materiellen Rechts für die Verjährung *St/J/Leipold* Rn. 53f.; s. auch *Zö/Greger* Rn. 17.

[82] BGH LM Nr. 3 (weitere Eheverfehlungen); RGZ 106, 115, 119; OLG Koblenz OLGZ 1988, 370, 373 (weitere ehrverletzende Behauptung); *Hermisson* NJW 1985, 2588.

[83] BGH NJW 1981, 1664, 1665.

[84] RGZ 165, 226, 233f.; *Stürner* (Fn. 2) Rn. 77.

[85] OLG Frankfurt/M NJW 1970, 1884, 1885 m. abl. Anm. *Schneider,* abl. auch *Wassermann,* Der soziale Zivilprozess, S. 174f.; wie hier *Stürner,* Richterliche Aufklärung, Rn. 64; Hinweis auf fehlende Aktivlegitimation, ohne Anregung, Abtretung herbeizuführen aber zulässig: OLG Hamm NJW-RR 1995, 579.

[86] Großzügiger *Peters,* Richterliche Hinweispflichten und Beweisinitiativen im Zivilprozess, S. 63, 134; offen OLG Brandenburg VIZ 1997, 50, 51.

[87] BGH NJW-RR 1999, 1005, 1006.

[88] BGH NJW 1958, 1590; RGZ 98, 293, 294; *Stürner,* Richterliche Aufklärung, Rn. 55.

[89] BGH NJW 1984, 731.

[90] BGHZ 69, 47, 52; BAG BB 1996, 1227, 1228.

[91] Vgl. BGH NJW 1983, 1857; BAG NJW 2003, 2771, 2773.

[92] *Stürner,* Richterliche Aufklärung, Rn. 57; offen gelassen in BGH NJW 1981, 1738, 1740; abl. OLG Köln JurBüro 1975, 1506; ebenso abl. *St/J/Leipold* Rn. 51.

[93] BGH WM 1977, 1201, 1203; *Stürner,* Richterliche Aufklärung, Rn. 56.

[94] BGH VersR 1965, 981, 982; aA LAG Frankfurt/M NJW 1966, 800; *Stürner,* Richterliche Aufklärung, Rn. 57.

[95] BGHZ 162, 365, 368 (Patentstreit: Verletzungsform); BGH NJW 1984, 479, 480; BGHZ 79, 76, 78f. = NJW 1981, 870 (Feststellungsklage); zu eng daher BGH NJW-RR 1992, 566, 567; OLG Köln OLGZ 1980, 356. Zur Aufklärung von Zweifeln über Klageantrag BAG BB 1996, 1227; OLG Naumburg NJW-RR 1998, 357 (Bezeichnung d. Bekl.).

[96] BGH JuS 1992, 697 (LS) mit Anm. *Schmidt* 698.

[97] BGH LM BGB § 2325 Nr. 2, Bl. 2.

[98] BGHZ 8, 249, 256.

[99] RGZ 130, 264, 267.

[100] BGH NJW 1958, 1590.

[101] BGHZ 122, 16, 19 = NJW 1993, 1801.

[102] BGH NJW 1980, 1450.

[103] *T/P/Reichold* Rn. 10.

[104] BVerfG NJW 1993, 1699.

[105] *MK/Wagner* Rn. 28; *ders.,* Richterliche Hinweispflichten und Beweisinitiativen im Zivilprozess, S. 127ff.; *Spohr,* Die richterliche Aufklärungspflicht (§ 139) im Zivilprozess, S. 70ff.; Hinweispflicht bejahend BGH NJW 1984, 2104 für zulässigen Parteiwechsel; wohl auch BGH NJW 1993, 597, 598 (Übergang von Vorschuss- auf Schadensersatzklage); zurückhaltender *St/J/Leipold* Rn. 51.

[106] RGZ 169, 353, 356.

der gegenüber dem ursprünglichen, umfassenderen ein Weniger enthält,[107] zB Herausgabe des Surrogats statt des untergegangenen Gegenstandes (zu Unrecht verneinend aber BGH für Schadensersatz/Bereicherung statt Herausgabe[108]).

Unzulässig, weil einem **neuen Prozessziel** dienend, sind daher Anregungen, die Klage in der Hauptsache oder bezüglich Nebenforderungen zu **erweitern**[109] – sofern die Beschränkung nicht vom Gericht selbst veranlasst war[110] –; Umstellung von Vollstreckungsgegenklage auf negative Feststellungsklage[111]; Hinweise auf Anspruchsgrundlagen, die das Prozessziel wesentlich ändern[112]; Hinweis auf Möglichkeit der „Flucht in die Säumnis" durch Nichtstellen eines Sachantrags[113]; Hinweis auf Notwendigkeit der Anschlussberufung;[114] wohl auch Umstellung von Abänderungsklage nach § 323 auf Vollstreckungsgegenklage (§ 767) analog wegen Unbestimmtheit des Unterhaltstitels.[115] 13

3. Beweismittel und -anträge. Grundsätzlich **zulässig** ist der Hinweis auf **unvollständige** oder **unbestimmte Beweisanträge**[116] (fehlende Anschrift oder Benennung des Zeugen; ungenaue Angabe der Beweistatsachen[117]); ungeeignete Beweismittel[118] sowie auf völlig **fehlenden Beweisantritt.**[119] Zurückhaltung ist hier aber geboten im Anwaltsprozess bei offensichtlicher Nachlässigkeit (Beweisantritt „N. N." ohne Angabe von Gründen und ohne ergänzende Benennung innerhalb richterlicher Frist, s. § 356 Rn. 4).[120] Hinweispflicht besteht richtiger Ansicht nach auch, wenn der Richter konkrete **Beweise von Amts wegen erheben könnte** (§§ 273, 141 ff.), dies aber nicht möchte.[121] Streitig ist hingegen, ob das Gericht, das zwar nach erfolgter Beweisaufnahme seine vorläufige **Rechtsansicht** äußern kann und muss (§ 279 Abs. 3), bei drohender Beweisfälligkeit nicht Benennung weiterer Beweismittel oder gegebenenfalls Gegenbeweis anregen muss.[122] Auch hier wird es darauf ankommen, ob das Gericht etwas **völlig Neues** in den Prozess einführt oder nicht. Wurden etwa Zeugenvernehmungen aus Strafakten bislang nur urkundlich herangezogen, so wirkt der Hinweis auf einen Antrag, die Zeugen persönlich zu vernehmen, **nur ergänzend** und kann im Einzelfall geboten sein, wenn das Gericht den Beweiswert der protokollierten Aussagen in Zweifel zieht.[123] Dasselbe gilt für die Frage, ob ein früher gestellter Antrag auf Parteivernehmung aufrecht erhalten wird, nachdem andere Beweismittel ausgeschöpft sind.[124] Hingegen muss das Gericht nach Erschöpfung der angebotenen Beweismittel nicht ausdrücklich anregen, dass die Partei versucht, weitere – bislang nicht angedeutete – neue Beweismittel beizubringen. Einschränkungen nimmt die Rechtsprechung auch insoweit bei **anwaltlicher Vertretung** vor.[125] Richtigerweise muss das Gericht jedoch darauf aufmerksam machen, dass die unterbreiteten Beweise zu seiner Überzeugung nicht ausreichen.[126] Ob die Partei daraus den Schluss zieht, weiteren Beweis anzutreten, bleibt ihr überlassen. Will das Berufungsgericht Tatsachenvortrag, Beweiserheblichkeit oder Beweise **abweichend von der Vorinstanz beurteilen,** so ist ein Hinweis an die erstinstanzlich obsiegende Partei ebenfalls geboten;[127] ebenso an den Berufungskläger, wenn das Berufungsgericht die ausdrückliche Wiederholung eines erstinstanzlich gestellten, aber dort nicht erheblichen Beweisantrages erwartet.[128] Schätzt eine Partei offensichtlich die **Beweislast** falsch ein und bietet deshalb keinen Beweis an, so hat das Gericht auch hierüber aufzuklären.[129] 14

---

[107] BGHZ 3, 206, 213 (schuldrechtliche Herausgabe statt Feststellung, dass dingliche Übertragung nichtig); BGH NJW 1978, 695 (Baulast geringeren Umfangs).

[108] BGHZ 7, 208, 211; wie hier auch *Schilken* ZPR Rn. 357; *Stürner,* Richterliche Aufklärung, Rn. 55.

[109] BAG AP BAT §§ 22, 23 Nr. 46; OLG Köln MDR 1972, 779 (Zinsrückstände); OLG Koblenz OLGZ 1988, 370, 373; s. auch BGH NJW 1968, 1720, 1722; ähnlich vorsichtig KG FamRZ 1990, 1006 m. abl. Anm. *Peters* 1007.

[110] OLG Köln MDR 1975, 148.

[111] BGHZ 24, 269, 278; krit. *Stürner,* Richterliche Aufklärung, Rn. 57.

[112] BGHZ 7, 208, 211 f. (dort iE aber Handhabung zu eng).

[113] OLG München NJW 1994, 60.

[114] OLG Rostock NJW-RR 2002, 576.

[115] BGHZ 165, 223, 226 = NJW 2006, 695 hält dies jedoch für zulässig.

[116] BAG DB 1971, 1105; *Ro/S/Go* § 78 III 1 b.

[117] BAG AP Nr. 3; RGZ 97, 206, 210; 91, 208, 210; *Ro/S/Go* § 78 III 1 a; *T/P/Reichold* Rn. 8.

[118] OLG Frankfurt/M WM 1981, 972, 973.

[119] *Schilken* ZPR Rn. 356.

[120] *Stürner,* Richterliche Aufklärung, Rn. 70; differenzierend auch *Mayer* NJW 1983, 858; grds. für Hinweis (bei anwaltlicher Vertretung jedoch „knapp") *Gottschalk* NJW 2004, 2939 m. Nachw.

[121] BGH NJW 1991, 493, 495 (Meinungsforschungsgutachten); 1987, 591 (Sachverständigengutachten); BGHZ 24, 308, 315; OLG Köln NJW-RR 1998, 1274; OLG Saarbrücken NJW-RR 1994, 573, 574; *Stürner,* Richterliche Aufklärung, Rn. 72.

[122] Ablehnend BGHZ 3, 162, 177; RGZ 93, 152, 156; *St/J/Leipold* Rn. 42; aA BayVerfGH NJW 1992, 1094; BGH LM Nr. 7 § 278; NJW 1987, 2756, 2757 (Notwendigkeit weiteren Beweisantritts, obwohl Zeugenvernehmung Beweisbehauptungen bestätigte); OLG Köln OLGZ 1980, 356; *Deubner* NJW 1983, 1000.

[123] *Deubner* NJW 1983, 1000 (Anm. zu BGH NJW 1983, 999).

[124] OLG Oldenburg NJW-RR 1990, 125; ähnlich OLG Hamm NJW-RR 1997, 764 für nur schriftsätzlich gestellten Beweisantrag.

[125] BGH IPRax 1987, 374, 378.

[126] BGH NJW-RR 1987, 797.

[127] BGH NJW 1985, 3078, 3079; 1982, 580, 581; 1982, 581, 582 je zur Rechtslage vor der Reform; BGH WM 2004, 849, 851 für ergänzenden Sachvortrag.

[128] BVerfG NJW-RR 1995, 828; BGH NJW 1998, 155, 156 mit Nachw.; ähnlich BGH NJW-RR 2002, 1500, 1501 für Aufrechterhaltung eine erstinstanzlichen Verzichts auf Zeugen.

[129] BVerfG NJW 1988, 2044; BGH NJW 1982, 940, 941; MDR 1991, 223 f.

15 **4. Art und Mittel der Aufklärung. a) Hinweise und Fragen,** die **konkret** formuliert sein müssen,[130] können vor (§ 273) oder im Termin erfolgen. Das Gericht kann einen **Aufklärungsbeschluss**[131] **mit angemessener Frist zur Äußerung** erlassen. Immer – auch bei Fragen im Termin[132] – muss das Gericht ausreichend Zeit belassen, notwendigenfalls Erkundigungen einzuziehen und zu reagieren.[133] Schriftsatznachlass (jetzt ausdrücklich vorgesehen in Abs. 5, bisher § 283 analog, s. unten Rn. 29f.), Vertagung oder Wiedereröffnung der bereits geschlossenen Verhandlung sind uU notwendig.[134] Ergänzend kommt als Aufklärungsmittel in Betracht, das **persönliche Erscheinen** der Parteien gemäß §§ 141 Abs. 1, 273 Abs. 2 Nr. 3 anzuordnen.[135] Die richterliche Aufklärung wendet sich grundsätzlich an die behauptungs- und beweisbelastete bzw. ausnahmsweise sonst aufklärungsverpflichtete (s. § 138 Rn. 11) Partei.[136]

16 **b) Rechtsgespräch.** Teilweise wurde gestützt auf § 278 Abs. 3 (jetzt Abs. 2) oder die nun in Abs. 1 S. 1 normierte Erörterungspflicht mit den Parteien eine Verpflichtung des Gerichts zu einem umfassenden Rechtsgespräch abgeleitet.[137] Zwar soll mit der Umstellung der Sätze 1 und 2 in Abs. 1 gegenüber der alten Fassung der Vorschrift die materielle Prozessleitungs- und Hinweispflicht des Gerichts **betont** werden, eine Erweiterung gegenüber der alten Rechtslage ist jedoch nicht intendiert.[138] Insbesondere ist nach Abs. 2 S. 2 auf eine abweichende Beurteilung nur hinzuweisen, wenn beide Parteien eine andere Ansicht vertreten (anders noch der RefE); meist greift aber schon Abs. 2 S. 1. Daher ist auch künftig nicht erforderlich, dass das Gericht durch eine ggf. ständig aktualisierte Mitteilung seiner Rechtsauffassung beratend auf den Vortrag der einzelnen Parteien Einfluss nimmt und die aktuelle Prozesslage rechtlich erläutert.[139] Eine so weit gehende Aufklärung folgt auch nicht aus Art. 103 Abs. 1 GG (s. Rn. 4); sie wäre gerade angesichts der neu eingeführten Dokumentationspflicht in Abs. 4 praktisch nicht durchführbar. Abs. 1 S. 1 und Abs. 2 fordern jedoch ein Gespräch mit den Parteien insoweit, als auf Lücken, Irrtümer und (übereinstimmende) Falscheinschätzungen rechtlicher und tatsächlicher Art hinzuweisen ist (Rn. 8ff.). Art. 103 Abs. 1 GG ist erst verletzt, wenn eine Partei auch bei Anwendung der gebotenen prozessualen Sorgfalt ohne richterlichen Hinweis nicht erkennen kann, auf welchen Tatsachenvortrag es für die Entscheidung ankommt.[140] Legt das Gericht zulässigerweise seine Rechtsauffassung den Parteien dar, so kann daraus **kein Ablehnungsgrund** hergeleitet werden.

IV. Verbot von Überraschungsentscheidungen (Abs. 2)

17 **1. Grundsatz. a) Integration in Generalklausel materieller Prozessleitung.** Das Verbot der Überraschungsentscheidung ist wesentlicher Bestandteil der materiellen Prozessleitung des Gerichts und gehört daher systematisch richtig zu § 139. Der jetzt eingefügte Abs. 2 entspricht inhaltlich weitgehend § 278 Abs. 3 aF, **konkretisiert jedoch das Verbot.** Es ist seitens des Gerichts nicht mehr nur auf rechtliche Gesichtspunkte hinzuweisen, sondern auch auf tatsächliche. Beides ist ohnehin häufig kaum voneinander zu trennen. § 278 Abs. 3 schloss jedoch ausweislich seiner Entstehungsgeschichte[141] Tatsachenhinweise bislang aus. Sie fielen unter § 139 aF, schon Abs. 1 gewährleistet(e) daher in alter und neuer Fassung, dass das Gericht darauf hinwirken muss, dass sich die Parteien in tatsächlicher Hinsicht vollständig erklären (s. Rn. 8). Das Verbot überraschender Entscheidung, setzte schon nach der alten Fassung von § 278 Abs. 3 indirekt einen entsprechenden Hinweis des Gerichts voraus, wenn der Gesichtspunkt übersehen oder für unerheblich gehalten wurde. Die jetzt ausdrücklich in Abs. 2 aufgenommene **Hinweispflicht** ist daher sachlich nichts Neues.

18 **b) Grundgedanke.** § 278 Abs. 3 aF diente dazu, den Streitstoff der ersten Instanz zu vervollständigen und Rechtsmitteln vorzubeugen (**Konzentrationsmaxime**).[142] Die Hinweispflicht nach Abs. 2 ergänzt diese nur um das Verbot der Überraschungsentscheidung. Daher ist auch aus Abs. 2 nicht abzuleiten, dass das Gericht etwa auf eine andere Anspruchsgrundlage hinweisen muss, wenn hierzu völlig neuer Tatsachenvortrag nötig wäre oder die Vornahme materiellrechtlicher Erklärungen (zB noch fehlende Gestaltungs- oder Abtretungserklärungen, s. Rn. 8, 9). Zum Anwendungsbereich s. oben Rn. 3.

19 **2. Voraussetzungen. a) Rechtliche und tatsächliche Gesichtspunkte.** Da § 278 Abs. 3 aF nur **rechtliche Aspekte** einschließlich **verfahrensrechtlicher** Fragen erfasste, lässt sich die hierzu ergangene Rechtspre-

---

130 HM, statt vieler MK/*Wagner* Rn. 22 mit Nachw.; BGH NJW 1999, 2123, 2124; BGHZ 127, 254, 260 = NJW 1995, 399.

131 Vgl. OLG Frankfurt/M Rpfleger 1980, 303.

132 Hierzu *Lueder* NJW 1982, 2763, 2764.

133 BGH NJW-RR 1997, 441; OLG Hamm NJW-RR 2003, 1651; OLG Köln NJW-RR 1995, 890, 891 (zu § 278 Abs. 3); OLG Düsseldorf NJW-RR 1992, 1404, 1405.

134 BAG NJW 1996, 2749; BGH NJW-RR 1994, 566, 567; NJW 1982, 581, 582; OLG Hamm NJW 2003, 2542 (Schriftsatzfrist nur auf Antrag); OLG Köln NJW-RR 1998, 1686; OLG Düsseldorf NJW-RR 1992, 1404, 1405.

135 *Ro/S/Go* § 77 Rn. 32; *Schilken* ZPR Rn. 359.

136 *St/J/Leipold* Rn. 40; *Stürner,* Richterliche Aufklärung, Rn. 12.

137 ZB *Arndt* NJW 1959, 6, 8; NJW 1959, 1297, 1300; s. auch *Laumen,* Das Rechtsgespräch im Zivilprozess, 1984 (mit abweichender Begriffsbildung).

138 S. Amtl. Begründung zum ZPO-RG, BT- Drucks. 14/4722, S. 61 und 77; *Musielak* NJW 2000, 2769, 2771.

139 So bereits die bisher hM, vgl. MK/*Prütting* § 278 Rn. 35–39; *B/L/H* § 278 Rn. 21; *Ro/S/Go* § 82 Rn. 14; *Reischl* ZZP 116 (2003), 81, 89.

140 BGH GRUR 2001, 754; BVerfGE 84, 188, 190; 96, 189, 204.

141 Vgl. *Franzki* DRiZ 1977, 161, 164.

142 *E. Schneider* MDR 1977, 881.

chung auf Abs. 2 übertragen. Die Hinweis- und Erörterungspflicht betrifft daher zB: unsubstantiierten Vortrag (Rn. 8)[143] (insbes. wenn zuvor auf Grund des Vortrags Beweis erhoben wurde)[144], unschlüssiges Vorbringen (Rn. 8)[145], die Art der Schadensberechnung[146], die Anwendung ausländischen Rechts[147], abwegige Rechtsansichten[148], fern liegende Analogie[149], divergierende Rechtsauffassungen, insbesondere wenn das Gericht von einer den Parteien zuvor mitgeteilten Rechtsansicht[150] oder von derjenigen der Vorinstanz (s. auch Rn. 14) abweichen möchte[151], verfahrensrechtliche Fragen wie die Unzulässigkeit der Klage (s. auch Rn. 23)[152], beabsichtigte Zurückweisung von Vorbringen als verspätet[153], Verzicht auf Sachverständigengutachten wegen eigener Sachkunde des Gerichts[154], Verzicht einer Partei auf Beweisantritt mangels richtiger Erfassung der Beweislast[155] oder wegen Irrtums über den Beweisantritt[156] (s. bereits Rn. 14). Das nun auf **tatsächliche Aspekte** erweiterte Verbot der Überraschungsentscheidung (s. bereits Rn. 8, 9) umfasst auch die unerwartete Auslegung von Verträgen[157], das Heranziehen oder Verwerfen einer in AGBs enthaltenen Klausel[158] sowie in den in Rn. 14 aufgezeigten Grenzen nicht nur die schon nach § 279 Abs. 3 gebotene Erörterung des Beweisergebnisses, sondern gegebenenfalls auch ergänzende Hinweise.[159]

b) **Nebenforderungen.** Ausgenommen von der Hinweispflicht sind bloße Nebenforderungen. Gemeint sind Forderungen iSd. § 4 Abs. 1, 2. Halbs., die den Betrag der Hauptforderung nicht übersteigen (Früchte, Nutzungen, Zinsen, Kosten).[160] Hingegen bleibt es bei der Hinweispflicht und dem Verbot der Überraschungsentscheidung, wenn **Kleinbeträge** (zB 10–15 % des Gesamtbetrages) bzw. wertmäßig unwesentliche Teile der **Hauptforderung**[161] betroffen sind. Insoweit ist die Regelung in Abs. 2 verbindlich, zumal rechtliches Gehör grds. nicht vom Umfang des Klagebegehrens abhängig ist. 20

c) **Entscheidungserheblichkeit.** Der Gesichtspunkt muss entscheidungserheblich sein, nämlich die Entscheidung über die Klage „stützen". Diese Eigenschaft haben **Hilfsbegründungen** des Urteils, wie sich schon aus der Bezeichnung ergibt, gerade nicht.[162] Eine zusätzliche Belastung des Gerichts nach Abs. 2 und 4 ist insoweit zu vermeiden. Erlangt die Hilfsbegründung nach Ansicht des Rechtsmittelgerichts Bedeutung, so gilt Abs. 2 natürlich wieder, denn maßgeblich ist grundsätzlich, welche Entscheidung das erkennende Gericht konkret beabsichtigt. Überprüft das Rechtsmittelgericht die Wahrung von Abs. 2, muss es die Rechtsansicht und Prozesslage, wie sie sich dem Ausgangsgericht darstellt, zugrundelegen, selbst wenn diese falsch ist (s. oben Rn. 4 mit Nachw.). 21

d) **Erkennbar übersehene Gesichtspunkte** sind solche, die weder in der Verhandlung noch in den dort einbezogenen Schriftsätzen (§ 137 Abs. 3) Erwähnung finden. Nicht übersehen ist ein Punkt, zu dem schriftsätzlich näherer Vortrag angekündigt worden war, der dann aber unterbleibt;[163] in diesem Fall muss das Gericht aber nach Abs. 1 nachfragen. Unter Abs. 2 fallen des Weiteren nicht Punkte, auf die das Gericht (ggf. auch die Vorinstanz) bereits aufmerksam gemacht hatte, die aber dennoch unbeachtet blieben. In der Regel wird es wiederum genügen, wenn der Gegner den fraglichen Gesichtspunkt bereits angesprochen hat, insbesondere bei anwaltlicher Vertretung (s. oben Rn. 6, 7). Wie für Abs. 1 gilt auch hier, dass bei **anwaltlicher Vertretung** die richterliche Hinweispflicht nicht entfällt, jedoch gerade im Umfang modifiziert sein kann, da der Anwalt im Gegensatz zur Naturalpartei schon einen knapp gehaltenen rechtlichen Hinweis oder gerichtliche Fragen bezüglich zu ergänzender Tatsachen richtig einzuordnen wissen muss. Die Hinweispflicht wird auch ausgelöst, wenn ein Gesichtspunkt nicht übersehen wurde, die Partei ihn aber erkennbar **für unerheblich hält** – auch dann wäre sie überrascht, wenn das Gericht ihn seiner Entscheidung 22

---

143 BGH NJW-RR 1999, 605, 606; 1994, 566, 567; 1993, 569, 570; OLG Hamm NJW-RR 1999, 364; OLG Saarbrücken NJW-RR 1998, 1609f.; OLG Bamberg NJW-RR 1998, 1608f.; OLG München NJW-RR 1997, 1425; OLG Frankfurt/M MDR 1989, 461.

144 OLG Saarbrücken MDR 2003, 1372.

145 BGH NJW-RR 2004, 281, 282 (weiter bestehende Schlüssigkeitsbedenken nach Anhörung); für den umgekehrten Fall (überraschende Annahme von Schlüssigkeit) BGH NJW 1986, 776, 777 (sub 4); vgl. auch OLG Hamm NJW-RR 1995, 956.

146 OLG Nürnberg MDR 1985, 240.

147 BGH MDR 1976, 379f.; *Spickhoff* IPRax 2000, 1, 7; *ders.* Richterliche Aufklärung und materielles Recht, 1999, 21ff. (jeweils auch zur Hinweispflicht auf kollisionsrechtliche Optionsmöglichkeiten, zB Art. 40 EGBGB).

148 OLG Oldenburg MDR 1999, 89f.

149 BVerfG NJW-RR 1996, 253f.

150 BVerfG NJW 1996, 3202; Bay ObLG NJW-RR 2002, 1381; OLG Oldenburg NJW-RR 1999, 1575.

151 BGH NJW-RR 2007, 17.

152 BGH NJW-RR 1997, 441 (unklarer Streitgegenstand); NJW 1994, 652, 653f.

153 BVerfG NJW 1987, 485; OLG Karlsruhe NJW 1979, 879; OLG Nürnberg NJW 1972, 2274; *St/J/Leipold* § 296 Rn. 123.

154 BVerfG JZ 1960, 124.

155 BVerfG NJW 1998, 2044; dazu *E. Schneider* EWiR Art. 103 GG 1/98; s. auch BGH MDR 1991, 223f.

156 OLG Köln NJW 1995, 2116.

157 BGH NJW 1993, 667f.

158 OLG Düsseldorf MDR 1982, 855f.

159 Vgl. BVerfG NJW 1992, 678, 679; OLG Celle NJW-RR 1994, 830f.; OLG Hamm NJW-RR 1993, 894, 895.

160 *Franzki* DRiZ 1977, 161, 164; hiervon in gewisser Weise abweichend für bes. Kostenrisiko nach ZVG BVerfG NJW-RR 2004, 936 m. zu Recht krit. Anm. *Rimmelspacher/Fleck* WM 2005, 1777ff.

161 AA aber die hM, s. MK/*Prütting* § 278 Rn. 29; *Zö/Greger* Rn. 8; *Bauer* NJW 1978, 1238f., vermittelnd *St/J/Leipold* § 278 Rn. 48.

162 *Bischof* NJW 1977, 1897; aA *E. Schneider* MDR 1977, 881, 883.

163 BGH MDR 1991, 240, 241.

zu Grunde legt.[164] Die Hinweispflicht des Gerichts ist **verschuldensunabhängig.** Liegt Verschulden der Partei oder des Prozessvertreters vor, so kommt allerdings eine **Verspätungspräklusion** in Betracht. Abs. 2 soll nur vor Überraschungsentscheidungen schützen, mindert aber nicht die Prozessförderungspflicht der Parteien.

23 Abs. 2 S. 2 ergänzt die aus § 278 Abs. 3 aF übernommene Hinweispflicht nun dahingehend, dass auch Gesichtspunkte, die das Gericht anders als **beide Parteien** beurteilt, erfasst werden (s. auch Rn. 16). Auch S. 2 greift nur unter der Voraussetzung des S. 1 ein, dass der Gesichtspunkt **entscheidungserheblich** ist. Eine von den Parteien übereinstimmend vorgetragene **Rechtsansicht** oder Beurteilung des vorgetragenen Sachverhalts bindet das Gericht nicht. Es muss seine abweichende Ansicht, die es der Entscheidung zu Grunde legen möchte, jedoch vorher mitteilen und Gelegenheit zur Stellungnahme geben. Für **tatsächliche** Gesichtspunkte ist zu differenzieren. **Übereinstimmenden Tatsachenvortrag** muss das Gericht auch weiterhin als Entscheidungsgrundlage akzeptieren, soweit nicht Amtsermittlung eingreift, denn insoweit soll Abs. 2 S. 2 den Verhandlungsgrundsatz nicht modifzieren. S. 2 kann jedoch bei der Beweiswürdigung zum Tragen kommen. Beurteilt das Gericht die Glaubwürdigkeit einer Beweisperson oder die Aussagekraft von Urkunden oder Augenscheinsobjekten anders als dies erkennbar beide Parteien tun, so muss es auch hierauf hinweisen und gegebenenfalls nachfragen, ob eine zuvor bestrittene Tatsache nun zugestanden oder weiterhin bestritten werden soll.

V. Bedenken bei von Amts wegen zu prüfenden Voraussetzungen (Abs. 3)

24 **Prozessvoraussetzungen** werden von Amts wegen geprüft, ohne dass das Gericht eine amtswegige Untersuchung veranlassen dürfte: Geboten ist jedoch in den oben (Rn. 5) aufgezeigten Grenzen der richterliche Hinweis auf **Bedenken,** so dass die betroffene Partei die notwendigen Nachweise erbringen oder entsprechende Erklärungen abgeben kann. Abs. 3 entspricht – von sprachlichen Korrekturen abgesehen – Abs. 2 aF Auch hier wurde klargestellt, dass die Hinweispflicht dem **gesamten Spruchkörper,** nicht nur dem Vorsitzenden, obliegt. **Beispiele:** Rechtsschutzbedürfnis bei Feststellungsklage;[165] Vorliegen eines ausschließlichen Gerichtsstandes; entgegenstehende Rechtshängigkeit;[166] Unzulässigkeit des Rechtsweges; fehlende oder nicht ordnungsgemäße Vertretung prozessunfähiger Partei;[167] Mängel der Klageschrift[168]; Mängel der Rechtsmittelschrift;[169] Beweis für Rechtzeitigkeit der Berufungsbegründung, wenn nur eidesstattliche Versicherung für Wiedereinsetzung vorgelegt ist[170]. **Unzulässig** ist hingegen der Hinweis auf **Prozesshindernisse,** die nur auf Einrede des Beklagten berücksichtigt werden, wenn sie der Sache nach nicht bereits vorgetragen sind;[171] ebenso auf das fehlende Rechtsschutzbedürfnis eines Rechtsmittels, wenn nur **Rücknahme** in Betracht kommt.[172]

VI. Dokumentationpflicht (Abs. 4)

25 **1. Zeitpunkt der richterlichen Aufklärung (Abs. 4 S. 1).** Abs. 4 hält das Gericht in S. 1 dazu an, die nach Abs. 1–3 an die Parteien zu richtenden tatsächlichen und rechtlichen Hinweise und Fragen „so früh wie möglich“ vorzunehmen, dh. möglichst schon vor der mündlichen Verhandlung[173]. Dies ergänzt die in Abs. 1 S. 2 normierte richterliche Pflicht, auf eine rechtzeitige Mitwirkung der Parteien hinzuwirken. Der Gesetzgeber will damit dem Gericht seine **Prozessförderungspflicht** noch einmal ausdrücklich vor Augen halten; verantwortungsbewusste Richter befolgten dies schon bisher[174]; Sanktion für zu spät erteilte Hinweise ist, dass das Gericht bei eigenem Versäumnis das verspätete Vorbringen der Partei nicht nach § 296 Abs. 2 zurückweisen darf, einen Schriftsatznachlass gewähren oder die Verhandlung ggf. wieder eröffnen muss (§ 156 Abs. 2 Nr. 1[175]). Auch dies entsprach schon bisheriger Rechtslage (s. § 296 Rn. 15).

26 **2. Dokumentation richterlicher Aufklärung (Abs. 4 S. 1, 2. Halbs.). a) Grundsatz.** Die Frage, ob und in welchem Umfang richterliche Hinweise und Fragen aktenkundig zu machen sind, gehörte zu den meist diskutierten Streitfragen im Reformprozess des ZPO-RG. Der Gesetzgeber hat trotz **vielfacher Kritik** (vor allem aus Justizkreisen)[176] an der Dokumentationspflicht festgehalten.[177] Schon nach altem Recht fielen richterliche Hinweise nach § 139, die in der mündlichen Verhandlung erteilt wurden, unter § 160 Abs. 2; nach

---

164 Zur Hinweispflicht bei unvollständigem Wiedereinsetzungsgesuch BGH NJW-RR 2006, 1501.
165 BGH NJW 1982, 1042; zu Unrecht eine Hinweispflicht verneinend BGH NJW-RR 1992, 566, 567.
166 BGH NJW 1989, 2064, 2065.
167 BGH NJW-RR 2006, 93 (Hinweis in Vorprozess macht erneuten Hinweis nicht überflüssig); OLG Schleswig SchlHA 1978, 108.
168 BGH NJW-RR 1989, 396.
169 BGH NJW 1991, 2081.
170 BGH NJW-RR 1992, 314, 315; VersR 1991, 896, 897; BGHZ 93, 300, 305 = NJW 1985, 1558.
171 *Stürner,* Richterliche Aufklärung, Rn. 54.
172 OLG Koblenz MDR 1988, 966.
173 BGH WM 2006, 2328.
174 Vgl. *Rensen,* Die richterliche Hinweispflicht, 2001, S. 237f.
175 BGH WM 2006, 2328; NJW-RR 2007, 17.
176 S. auch die krit. Stellungnahme des Bundesrates, BT-Drucks. 14/4722 S. 147 mit Gegenäußerung der BReg. S. 155.
177 Inzwischen gibt es vielfältige Initiativen, die Abs. 4 und 5 wieder zu streichen, vgl. Gesetzentwurf Hessens BR-Drucks. 911/02 (hierzu *Rensen* MDR 2002, 483); s. den Beschluss der Justizministerkonferenz vom 14. 11. 2002 (NJW Heft 50/2002, S. XXXVI) und den CDU/CSU-Entwurf für ein Justizbeschleunigungsgesetz (BT-Drucks. 15/999; hierzu *Röttgen* ZRP 2003, 346), ins 1. JuMoG wurde die Streichung jedoch nicht aufgenommen.

überwiegender Ansicht auch solche nach § 278 Abs. 3 aF. Wer dies schon bislang ernst nahm, erfährt keine nennenswerte Mehrbelastung.[178] Allerdings waren dergleichen Protokollvermerke nicht von der Beweiskraftregel des § 165 erfasst, der sich nur auf die Förmlichkeiten der mündlichen Verhandlung bezieht (§ 165 Rn. 2). Mündlich oder telefonisch außerhalb der Verhandlung erteilte Hinweise waren aktenkundig und der anderen Prozesspartei zugänglich zu machen. Die ausdrückliche Normierung in Abs. 4 hat vor allem für das **Rechtsmittelverfahren** Bedeutung. Unterbleibt ein nach Abs. 1–3 gebotener Hinweis, so kann dies wegen möglicher Verletzung des Anspruchs auf rechtliches Gehör einen wesentlichen Verfahrensfehler im Sinne von § 538 Abs. 2 Nr. 1 darstellen und zur Zurückweisung führen. Die Prüfung durch das Rechtsmittelgericht soll durch die Verpflichtung, die vorgenommene Aufklärung auch aktenkundig zu machen – zusammen mit der Beweisregel in Abs. 4 S. 2 und 3 erleichtert werden.[179] Dies darf nicht zu dem Schluss verleiten, dass die Dokumentation unterbleiben darf, wenn ein **Rechtsmittel** ersichtlich **nicht in Betracht kommt;** im Hinblick auf das Abhilfeverfahren nach § 321a bzw. eine mögliche Verfassungsbeschwerde ist es auch in diesen Fällen wichtig, den Hinweis aktenkundig zu machen. Die Dokumentationspflicht nach Abs. 4 betrifft nun insbesondere auch eindeutig die Aufklärung nach Abs. 2 über alle von einer Partei übersehenen rechtlichen und tatsächlichen Gesichtspunkte. Sie kann daher vor allem bei der häufig vorkommenden unterschiedlichen rechtlichen Bewertung durch Gericht und Parteien dazu führen, dass das Gericht seine Rechtsansicht im Detail aktenkundig machen und ggf. aktualisieren muss; für die Erheblichkeit der Rechtsfrage sind dabei unter Umständen verschiedene Sachverhaltsvarianten – je nach noch ausstehendem Beweisergebnis – darzulegen. Dies bedeutet – soweit nicht wegen des rechtlichen Gehörs eine Niederlegung des Hinweises ohnehin selbstverständlich ist und war – einen **zeitlichen Mehraufwand** gegenüber der bloßen mündlichen Erörterung mit den Parteien. Es birgt die Gefahr von Widersprüchen mit der späteren Urteilsbegründung, die zwar rechtlich unschädlich sind, weil das Gericht immer nur seine vorläufige Rechtsansicht äußert, mindert aber die Akzeptanz der Entscheidung und provoziert möglicherweise unnötige Rechtsmittel. Zwar schreibt das Gesetz keinen **inhaltlichen Umfang** der Dokumentation vor, fasst sich das Gericht jedoch zu kurz, besteht die Gefahr, dass die Entscheidung aufgehoben wird. Die Vorschrift erscheint daher zwar im Ansatz billigenswert, ist aber **wenig praktikabel** und verunsichert die Gerichte.[180]

b) Art und Weise der Dokumentation. Das Gesetz enthält **keine Vorgaben zur Form** der Aktenkundigkeit. Häufig werden richterliche Hinweise in **Verfügungen** enthalten sein und sind damit automatisch Bestandteil der Akten. Erfolgt die Aufklärung in der mündlichen Verhandlung, so ist sie in das **Protokoll** aufzunehmen (§ 160 Abs. 2).[181] Die amtliche Begründung erwähnt daneben noch telefonische Hinweise – mit denen das Gericht aber im Hinblick auf Waffengleichheit und rechtliches Gehör zurückhaltend sein sollte, wenn es nur mit einer Partei telefoniert – und verweist auf den dann notwendigen **Aktenvermerk** des Richters.[182] Hierbei soll es genügen, wenn nicht der Wortlaut des Hinweises aufgenommen wird, sondern nur die Tatsache, dass und auf welchen Gesichtspunkt hingewiesen wurde. Die fehlende Dokumentation der richterlichen Aufklärung kann auch noch im **Tatbestand des Urteils**[183] oder im Rahmen **tatsächlicher Feststellung in den Entscheidungsgründen**[184] nachgeholt werden, da für die Information der Parteien der zB in der mündlichen Verhandlung gegebene Hinweis ausreichend ist und seine Aktenkundigkeit nur der erleichterten Überprüfung durch das Rechtsmittelgericht dient (s. Rn. 26). Hierfür genügt die Aufnahme spätestens in das Urteil.[185] 27

3. Beweisregel nach S. 2 und 3. Abs. 4 S. 2 und 3 enthalten eine § 165 nachgebildete Beweisregel. Ist die Tatsache, dass ein Hinweis gegeben wurde, nicht aus den Gerichtsakten ersichtlich, so ist bewiesen, dass er **nicht erfolgt** ist.[186] Andere Beweismittel sind nicht zulässig, als **Gegenbeweis** kommt nur der **Fälschungsnachweis** nach S. 3 in Betracht, der wissentliche falsche Aktenführung oder Protokollierung voraussetzt und damit eine hohe Hürde darstellt (s. § 165 Rn. 5). Zweck der Vorschrift ist es, Beweiserhebungen in der Rechtsmittelinstanz über die Erteilung des Hinweises tunlichst zu vermeiden. So ist ausweislich der Gesetzesbegründung insbesondere auch eine **Zeugenvernehmung** der Mitglieder des Prozessgerichts oder die Verwertung **dienstlicher Äußerungen** zu dieser Frage **nicht zulässig.**[187] Nicht vermeiden lassen wird sich aber in vielen Fällen der Streit, wie detailliert die richterliche Aufklärung erfolgte (zB nur Hinweis auf Unschlüssigkeit der Klage protokolliert, ohne rechtliche Begründung, warum es an einem schlüssigen Vortrag fehlt). 28

VII. Schriftsatzrecht (Abs. 5)

1. Gewährung der Schriftsatzfrist. Es ist bereits oben (Rn. 15) darauf hingewiesen, dass das Gericht der Partei, an die sich der Hinweis richtet, hinreichend Gelegenheit und Zeit geben muss, hierzu Stellung zu 29

178 *Schaefer* NJW 2002, 849, 852.

179 Amtl. Begr. zum ZPO-RG, BT-Drucks. 14/4722, S. 77, 78.

180 So auch *Greger* JZ 2000, 842, 845; positiver *Musielak* NJW 2000, 2769, 2771 f.; *Rensen* MDR 2003, 483, 484; sehr krit. noch *Damm* MDR 2000, H. 6, S. R 1.

181 BGHZ 164, 166 = NJW 2006, 60, 62.

182 BGH NJW 2006, 60, 62; amtl. Begr. zum ZPO-RG, BT-Drucks. 14/4722, S. 78.

183 Amtl. Begr. zum ZPO-RG, BT-Drucks. 14/4722, S. 78.

184 OLG Frankfurt/M MDR 2005, 647.

185 Nach BGH NJW 2006, 60, 62 nur hilfsweise, wenn anderweitige Dokumentation versehentlich unterblieb und Grund für Unterlassen mitgeteilt wird; zu Recht abl. *Rensen* MDR 2006, 1201; *Dossart* BGHReport 2006, 121 ff.

186 BGH NJW-RR 2005, 1518; OLG Frankfurt/M NJW-RR 2004, 428, 429.

187 Amtl. Begr. zum ZPO-RG, BT-Drucks. 14/4722, S. 78; so auch OLG Frankfurt/M NJW-RR 2004, 428, 429.

nehmen.[188] Abs. 5 betrifft Hinweise und Fragen in der mündlichen Verhandlung. Erfolgt der Hinweis in einem Aufklärungsbeschluss kann entweder in der mündlichen Verhandlung vorgetragen werden oder das Gericht setzt ohnehin eine Frist zur Äußerung. Hierzu ist es jedoch nicht verpflichtet. Ergeht der Hinweis ohne Fristsetzung, muss die Partei nach § 282 Abs. 1 so rechtzeitig reagieren, wie es nach der Prozesslage ihrer Prozessführungspflicht entspricht.[189] Kann die Partei im Termin nicht sofort eine Erklärung abgeben, dh. notwendigenfalls ihren Vortrag ergänzen oder präzisieren, so ist ihr auf **Antrag** (bislang schon nach § 283 analog) ein **befristetes Schriftsatzrecht** einzuräumen. Die unterlassene Anordnung einer Schriftsatzfrist ohne Antrag stellt grds. keinen Verstoß gegen die materielle Prozessleitungspflicht dar.[190] Je nach Situation kann das Gericht nach Abs. 1 S. 2 aber gehalten sein, nachzufragen, ob ein solcher Antrag gestellt werden möchte. Eine sofortige Erklärung ist insbesondere dann nicht zu erwarten, wenn zunächst **weitere Erkundigungen** eingezogen werden müssen bzw. der Prozessvertreter bei der Partei nachfragen muss. Hierüber entscheidet das Gericht wie im Falle des § 283 S. 1 nach **pflichtgemäßem Ermessen.** Ebenfalls im Ermessen des Gerichts steht es, ob es überhaupt antragsgemäß eine Schriftsatzfrist einräumt (und gleichzeitig einen Verkündungstermin anberaumt[191]) oder für die weitere Erörterung einen **zusätzlichen Termin** bestimmt, bis zu dem sich die Partei auf eine Erklärung vorbereiten kann.

30 **2. Weiteres Verfahren.** Der nachgereichte Schriftsatz ist dem Gegner mitzuteilen. Bei **Einhaltung der Frist** ist das Vorbringen grundsätzlich zu berücksichtigen; erfordert es die Stellungnahme des Gegners, so ist eine bereits geschlossene mündliche Verhandlung wiederzueröffnen (s. § 156 Rn. 5). Die im Rechtsausschuss vorgeschlagene und übernommene Änderung, dass im Schriftsatz „eine" Erklärung – nicht wie wie im Gesetzesentwurf vorgesehen „die" Erklärung – abgegeben werden kann, bedeutet nur eine Präzisierung keine inhaltliche Ausweitung. Die Stellungnahme im nachgelassenen Schriftsatz darf sich nur auf die vom richterlichen Hinweis umfassten Punkte beziehen. Darüber hinausgehender **neuer Sachvortrag** kann unter den Voraussetzungen von § 296 als verspätet zurückgewiesen werden. Dasselbe gilt für Vorbringen der Partei nach Ablauf der gemäß Abs. 5 gesetzten Frist.

140 *Beanstandung von Prozessleitung oder Fragen*

Wird eine auf die Sachleitung bezügliche Anordnung des Vorsitzenden oder eine von dem Vorsitzenden oder einem Gerichtsmitglied gestellte Frage von einer bei der Verhandlung beteiligten Person als unzulässig beanstandet, so entscheidet das Gericht.

I. Normzweck

1 Die Norm erlaubt die sofortige Anrufung der unmittelbar an der Verhandlung beteiligten Mitglieder des Richterkollegiums. Sie können auf Grund des eigenen, unmittelbaren Eindrucks über eine Beanstandung entscheiden. Die Vorschrift erfasst nur Anordnungen des Vorsitzenden und Fragen von Gerichtsmitgliedern **innerhalb der mündlichen Verhandlung**[1], sowie – praktisch wohl kaum relevant – während der Güteverhandlung (§ 278 Abs. 2). Zur Beanstandung prozessleitender Verfügungen **außerhalb der mündlichen Verhandlung** s. § 136 Rn. 9; hierzu gehören auch Entscheidungen des Vorsitzenden über Akteneinsicht und -versendung; insoweit greift die Beschwerde (s. § 299 Rn. 2).[2] § 140 gilt nicht für den originären oder obligatorischen **Einzelrichter** und den Vorsitzenden der KfH, welche die Funktion von Gericht und Vorsitzendem in einer Person wahrnehmen (s. § 350).

II. Gegenstand der Beanstandung

2 Beanstandet werden können nur Anordnungen der **formellen** und **materiellen Prozessleitung** des Vorsitzenden, nicht sitzungspolizeiliche Maßnahmen.[3] In Betracht kommen nur aktive Maßnahmen, nicht jedoch bloßes Unterlassen.[4] § 140 erfasst darüber hinaus **Fragen von Gerichtsmitgliedern,** also des Vorsitzenden oder eines Beisitzers (zB nach §§ 136 Abs. 2 S. 2, 396 Abs. 3), nicht jedoch solche von Parteien oder ihren Vertretern.

III. Berechtigung

3 **1. Berechtigte.** Verhandlungsbeteiligter im Sinne der Norm und damit zur Beanstandung berechtigt ist jede Person, die an der Verhandlung teilnimmt. Dies sind nicht lediglich die Parteien und deren Prozessbevollmächtigte, sondern auch Zeugen, Sachverständige und Streithelfer, soweit sie von einer Maßnahme oder Frage betroffen sind. **Nicht beteiligt** in diesem Sinne sind die Mitglieder des Gerichts selbst; sie können nicht über § 140 ihre Missbilligung von verfahrensleitenden Maßnahmen zum Ausdruck bringen.

---

188 BAG NJW 2006, 2716, 2717.
189 BGH NJW 2007, 1887, 1888.
190 OLG Hamm NJW 2003, 2543, 2544.
191 S. BGH MDR 2003, 1129.
1 OLG Karlsruhe OLGZ 1980, 62, 63.
2 Für die Anwendung von § 140 insoweit aber BGH MDR 1973, 580; *B/L/H* § 299 Rn. 18; wie hier *Zö/Greger* § 299 Rn. 5 a; OLG Brandenburg MDR 2000, 1210.
3 MK/*Wagner* Rn. 2; *T/P/Reichold* Rn. 1.
4 *St/J/Leipold* Rn. 6; MK/*Wagner* Rn. 6; *Zö/Greger* Rn. 1; *T/P/Reichold* Rn. 1; aA *B/L/H* Rn. 5.

2. Art der Beanstandung. Beanstandung bedeutet **Antrag** auf Entscheidung des Gerichts (es darf nicht von Amts wegen entscheiden); § 297 gilt nicht. Die Beanstandung muss den Vorwurf der rechtlichen **Unzulässigkeit** der angegriffenen Maßnahme oder Frage enthalten. **Unzweckmäßigkeit** oder **Unerheblichkeit** (einer Frage) können nicht gerügt und dürfen vom Gericht im Rahmen von § 140 nicht geprüft werden. Um eine mögliche Heilung nach § 295 zu vermeiden, muss die Rüge **unmittelbar** in der mündlichen Verhandlung erfolgen. 4

IV. Verfahren und Entscheidung

Die Entscheidung ergeht durch **Beschluss** (§ 128 Abs. 4), der zu begründen und nach § 329 Abs. 1 zu verkünden ist. In vielen Fällen wird sich die Entscheidung nach § 140 darauf beschränken, eine bereits durchgeführte Maßnahme für unzulässig zu erklären. Bei schon beantworteten unzulässigen Fragen muss die Antwort für die Entscheidung in der Sache außer Acht bleiben. 5

V. Rechtsmittel

Eine **Beschwerde** gegen die Entscheidung des Gerichts findet nicht statt (§ 567 Abs. 1).[5] Hingegen kommt eine Anfechtung zusammen mit dem Endurteil in Betracht (§§ 512, 557 Abs. 2),[6] insbesondere wenn die gerügte Anordnung oder Frage zur Fehlerhaftigkeit des Endurteils führte. Rechtsprechung[7] und ein Teil der Lehre[8] versagen der Partei Berufung auf die Unzulässigkeit einer prozessleitenden Maßnahme oder Frage, wenn es versäumt wurde, einen Gerichtsbeschluss nach § 140 herbeizuführen. Mit der Gegenansicht ist dies jedoch nur für die **formelle Prozessleitung** anzunehmen (§ 295 Abs. 1), soweit die Geltendmachung des Fehlers nach § 295 Abs. 2 verzichtbar ist.[9] Auf **unbeanstandet gebliebene Fehler** der materiellen Prozessleitung, die sich im Endurteil niederschlagen, kann das Rechtsmittel gestützt werden.[10] 6

141 *Anordnung des persönlichen Erscheinens*

(1) [1]Das Gericht soll das persönliche Erscheinen beider Parteien anordnen, wenn dies zur Aufklärung des Sachverhalts geboten erscheint. [2]Ist einer Partei wegen großer Entfernung oder aus sonstigem wichtigen Grund die persönliche Wahrnehmung des Termins nicht zuzumuten, so sieht das Gericht von der Anordnung ihres Erscheinens ab.

(2) [1]Wird das Erscheinen angeordnet, so ist die Partei von Amts wegen zu laden. [2]Die Ladung ist der Partei selbst mitzuteilen, auch wenn sie einen Prozessbevollmächtigten bestellt hat; der Zustellung bedarf die Ladung nicht.

(3) [1]Bleibt die Partei im Termin aus, so kann gegen sie Ordnungsgeld wie gegen einen im Vernehmungstermin nicht erschienenen Zeugen festgesetzt werden. [2]Dies gilt nicht, wenn die Partei zur Verhandlung einen Vertreter entsendet, der zur Aufklärung des Tatbestandes in der Lage und zur Abgabe der gebotenen Erklärungen, insbesondere zu einem Vergleichsabschluss, ermächtigt ist. [3]Die Partei ist auf die Folgen ihres Ausbleibens in der Ladung hinzuweisen.

I. Normzweck

Die persönliche Anhörung der Partei(en) dient der besseren **Aufklärung des Sach- und Streitstandes** durch das Gericht und ergänzt als Maßnahme der materiellen Prozessleitung § 139. Die effiziente und zügige Erledigung des Rechtsstreites wird es in vielen Fällen erforderlich machen, die Kenntnis der Parteien, welche die streitigen Vorgänge aus **eigener Anschauung** kennen, durch Anhörung und Erörterung in den Prozess einzuführen und Fehlerquellen durch die Einschaltung von Mittelspersonen zu vermeiden. 1

II. Abgrenzung

Die Parteianhörung nach § 141 ist Mittel der **Aufklärung** und von der **Parteivernehmung** nach §§ 445 ff. zu unterscheiden, die grundsätzlich einen **Beweisbeschluss** erfordert (§ 450 Abs. 1 S. 1).[1] Die Anhörung ist Teil der mündlichen Verhandlung, nicht Beweismittel und darf insbesondere grundsätzlich nicht dazu benutzt werden, die engen Voraussetzungen der Parteivernehmung zu umgehen.[2] Die Anhörung stellt auch dann **keine Beweisaufnahme** dar, wenn das Gericht die protokollierte Erklärung der Partei bei der Urteilsfindung verwertet.[3] Mit ihrer Anhörung **präzisiert** die Partei den **eigenen Sachvortrag;** dieser kann als Inhalt der mündlichen Verhandlung (§ 286[4]) der richterlichen Entscheidung zu Grunde gelegt werden.[5] Er- 2

---

[5] BGHZ 109, 41, 43 = NJW 1990, 840.
[6] RG JW 1910, 114, 115; OLG Schleswig Rpfleger 1976, 108.
[7] RG JW 1910, 114.
[8] *Zö/Greger* Rn. 5; *T/P/Reichold* Rn. 5.
[9] *St/J/Leipold* Rn. 9; MK/*Wagner* Rn. 8.
[10] Zutreffend MK/*Peters* Rn. 8.
[1] BGH WM 1987, 1562, 1563; LM Nr. 3; RGZ 149, 63.
[2] *St/J/Leipold* Rn. 3; zweifelhaft insoweit die Handhabung in BGH NJW-RR 1997, 663.
[3] OLG Hamm MDR 1987, 417; keine Beweisgebühr: OLG Stuttgart MDR 1981, 945.
[4] Zu Glaubwürdigkeitskriterien s. OLG Karlsruhe MDR 2002, 882.
[5] BGH NJW-RR 1997, 663; 1992, 920, 921; 1991, 983, 984; OLG Stuttgart MDR 1986, 860; 1981, 945; *Meyke* MDR 1987, 358, 359.

klärungen der Partei sollen nach Ansicht des BGH dabei ebenso wenig wie bei einer Parteivernehmung Geständniswirkung gem. § 288 haben.[6] Dies ist wegen der anderen Zielrichtung der Anhörung (keine Beweisaufnahme, sondernKlärung des tatsächlichen Vortrags sehr fraglich (so auch § 288 Rn. 7).[7] Bleibt eine Frage nach der Parteianhörung streitig, so kommt unter den Voraussetzungen der §§ 445, 448 eine **Parteivernehmung** in Betracht.[8] Liegen deren Voraussetzungen nicht vor und präsentiert der Gegner für **„Vier-Augen-Gespräche"** bzw. Vorgänge einen formalen Zeugen, dessen Interessenverflechtung zum Beweisführer erkennbar ist, so kann das Gebot der Waffengleichheit verletzt sein, wenn die andere Prozesspartei nicht Gelegenheit erhält, ihre eigene Sichtweise dieser Vorgänge vorzutragen.[9] Bundesverfassungsgericht und Bundesgerichtshof räumen im Anschluss an die Entscheidung des EGMR[10] den Gerichten die Möglichkeit ein, entweder nach § 141 zu verfahren oder unter Absenkung der Anforderungen nach § 448 vorzugehen.[11] Der möglicherweise eingeschränkte Beweiswert der Parteivernehmung soll erst bei der Würdigung, nicht bei der Anordnung Berücksichtigung finden[12] (s. auch § 448 Rn. 7). Im Fall der Anhörung nach § 141 kann die Parteierklärung Anhaltspunkte für die Würdigung der Zeugenaussage liefern.[13] Das Gericht ist darüber hinaus auch nicht gehindert, der Parteierklärung sogar den Vorzug vor der Zeugenaussage zu geben.[14] Die Vernehmung oder Anhörung der „benachteiligten" Prozesspartei entfällt jedoch, wenn sonstige Beweismittel die Zeugenaussage zu Gunsten des Gegners objektiv stützen.[15] Die Vorschrift des § 527 Abs. 2 S. 2 kommt für die Parteianhörung nur zur Anwendung, wenn deren Ergebnis im Rahmen der Beweiswürdigung Beachtung findet und nicht rein informatorisch erfolgt.[16]

3 Für die obligatorische **Güteverhandlung** verweist § 278 Abs. 3 S. 2 auf § 141 Abs. 1 S. 2 sowie auf Abs. 2 und 3. Abweichend von der bisherigen Rechtslage ist die Anordnung nun auch für den Güteversuch sanktionsbewehrt, Abs. 3 gilt. In Ehe- und Kindschaftssachen (§ 640 Abs. 1) wird die Vorschrift von § 613 verdrängt. S. auch §§ 621a ZPO, 33 FGG.[17]

III. Anordnung des persönlichen Erscheinens

4 **1. Grundsatz.** Die Anordnung kann durch Gerichtsbeschluss in der mündlichen Verhandlung ergehen oder als Verfügung, soweit es sich um eine vorbereitende Maßnahme nach § 273 Abs. 2 Nr. 3 oder nach § 139 handelt. Sie erfolgt **von Amts wegen** und liegt im **pflichtgemäßen Ermessen**[18] des Gerichts (kein Anspruch der Parteien). Das Prozessgericht soll aber eine entsprechende Anordnung treffen, wenn sie nach bisherigem Sachvortrag zweckmäßig erscheint. Abs. 1 S. 2 schränkt das Ermessen ein. **Wichtige Gründe** sind neben der großen Entfernung auch Gebrechlichkeit, Krankheit oder berufsbedingte Unabkömmlichkeit der Partei[19]; Zeit und Kosten müssen in vertretbarem Aufwand zur Bedeutung der Anhörung stehen. Zu Anordnung und Sanktion bei fehlender Einlassung s. Rn. 13.

5 **2. Partei im Ausland.** Regelmäßig (Ausnahme: Gerichtsort in Grenznähe) wird schon wegen der großen Entfernung eine Anordnung nach § 141 gegenüber einer im Ausland wohnenden Partei nicht in Betracht kommen.[20] **Völkerrechtlich unbedenklich** ist sie jedenfalls bei einer im Ausland lebenden Partei deutscher Staatsangehörigkeit (Personalhoheit).[21] Bei einer ausländischen Partei soll auf Grund der Parteistellung regelmäßig eine hinreichende Beziehung zum deutschen Forumstaat bestehen, welche auch die Anordnung des persönlichen Erscheinens rechtfertigt.[22] Im Hinblick auf die **Zwangswirkung,** welche von der drohenden Sanktion (Abs. 3 mit § 380) ausgeht, ist das nicht unbedenklich, auch wenn sich das deutsche Gericht nicht im Ausland betätigt (vgl. auch § 363 Rn. 9–13).[23] Jedenfalls **unzulässig** ist die **Erzwingung** über §§ 141

---

[6] BGH NJW-RR 2006, 672; offen gelassen in BGHZ 129, 108, 112 = NJW 1995, 1432 (dort verneint für Parteivernehmung) mit Nachw. zum Streitstand.

[7] Richtigerweise wird man auch im Anwaltsprozess die Partei für befugt halten dürfen, selbst im Rahmen der Parteianhörung eine solche Erklärung abzugeben, str., s. *Ro/S/Go,* § 111 I 3 mit Nachw. zum Streitstand; aA BGH NJW-RR 2006, 672.

[8] BGH NJW-RR 1992, 920, 921; 1991, 983, 984.

[9] EGMR NJW 1995, 1413 m. zust. Anm. *Schlosser* ebenda 1404ff.; BVerfG (Kammerbeschl.) NJW 2001, 2531.

[10] S. vorige Fn.

[11] BVerfG NJW 2001, 2531 (Kammerbeschl.) m. Nachw.; BGH NJW-RR 2006, 61, 63; NJW 2003, 3636; 1999, 363, 364; s. auch BAG NJW 2002, 2196, 2198; LAG Sachsen NZA-RR 2000, 497, 498; OLG Koblenz NJW-RR 2002, 630. Der Waffengleichheit kann Genüge getan sein, wenn die betroffene Partei im Rahmen ihrer persönlichen Anwesenheit bei Verhandlung und Beweisaufnahme hinreichend Gelegenheit zur Äußerung hatte, OLG Karlsruhe FamRZ 2007, 225, 226.

[12] BVerfG (Kammerbeschl.) NJW 2001, 2531, 2532; BGH NJW 1999, 363; Sächs. LAG MDR 2000, 724; LAG Thüringen DB 2001, 1204; s. auch *Foerste* NJW 2001, 321, 324.

[13] OLG Zweibrücken NJW 1998, 167, 168; LG Berlin MDR 2000, 882.

[14] BGH MDR 2004, 227; NJW 1999, 363.

[15] BGH MDR 2004, 227, 228.

[16] BGH FamRZ 2006, 1020.

[17] Vgl. HansOLG Hamburg MDR 1997, 596; OLG Bremen FamRZ 1989, 306; OLG Zweibrücken FamRZ 1987, 392.

[18] S. hierzu *Kahlert* NJW 2003, 3390ff.

[19] LG Mönchengladbach NJW-RR 1997, 764f.

[20] *Geimer* NJW 1989, 2204, 2205.

[21] *Geimer* Rn. 426, 427; aA *St/J/Leipold* Rn. 23 (keine Differenzierung nach der Staatsangehörigkeit).

[22] *Geimer* Rn. 427, 431.

[23] Ausführlich *Stadler,* Schutz des Unternehmensgeheimnisses, S. 288ff. für auslandsberührende Beweisaufnahmen; *Leipold,* Lex fori, Souveränität, Discovery, 1989, S. 50f., 55, 56 (großzügigere Handhabung gegenüber Partei als gegenüber Dritten); *St/J/Leipold* Rn. 23.

Abs. 3, 380;[24] teilweise wird aber die **negative Würdigung** des unentschuldigten Fernbleibens für zulässig erachtet.[25] Hält man die Anordnung an sich für völkerrechtlich unbedenklich, so ist dies konsequent und zulässig, da es sich nicht um eine Sanktion im Sinne eines Beugemittels handelt (s. auch § 363 Rn. 12 mit Nachw.). Eine möglicherweise nur im Rechtshilfeweg vorzunehmende Zustellung ist nicht notwendig.[26]

3. Adressat der Anordnung. Die Anordnung richtet sich an die Partei im Sinne von § 50. Ist eine **juristische Person** Partei des Rechtsstreits, so ist nach dem Rechtsgedanken des § 455 die Anordnung nicht an die Partei selbst,[27] welche nicht selbst angehört werden kann, sondern an den **gesetzlichen Vertreter** zu richten.[28] Bei mehreren gesetzlichen Vertretern muss das Gericht angeben, ob **alle** erscheinen sollen oder **konkretisieren,** an welche sich die Aufforderung genau richtet.[29] Zur Möglichkeit des gesetzlichen Vertreters, seinerseits einen Vertreter zu entsenden s. Rn. 17–18. § 141 geht davon aus, dass im Regelfall **beide Parteien** anzuhören sind; je nach Sachlage kann sich die Anordnung aber auch nur an **eine Partei** richten. In manchen Fällen kann sich die Anwesenheit einer oder beider Parteien sogar erschwerend auswirken.[30] 6

4. Rechtsmittel. Die Anordnung selbst kann **nicht angefochten** werden (s. aber Rn. 14).[31] Unterlässt das Gericht eine zweckmäßige und gebotene Anordnung des persönlichen Erscheinens, so kann darauf keine Verfahrensrüge gestützt werden; uU ist jedoch § 139 verletzt. 7

IV. Ladung der Partei

1. Form. Die **formlose** Ladung (Abs. 2 S. 2 aE) ist an die Partei **persönlich** zu richten (s. aber Rn. 6), also auch im Anwaltsprozess nicht an deren Prozessbevollmächtigten (§ 172). Er erhält lediglich eine formlose Mitteilung von der Ladung der Partei (§ 329 Abs. 2), ebenso gegebenenfalls der Gegner der geladenen Partei (§ 273 Abs. 4 S. 1). Zu unterscheiden ist die Ladung nach § 141 von der daneben ergehenden Ladung der Partei zum Verhandlungstermin (§§ 274, 214), die dem Prozessbevollmächtigten zuzustellen ist (§ 172). Neben der Partei können auch gesetzliche **Vertreter**[32] und **streitgenössische** – nicht einfache – **Streithelfer** (§ 69) geladen werden.[33] Die Einhaltung einer **Ladungsfrist** ist nicht erforderlich.[34] 8

2. Inhalt. In der Ladung müssen die **Anordnung** des persönlichen Erscheinens, **Rechtsgrund** und **Zweck,** sowie die **Folgen** des Ausbleibens (Abs. 3 S. 3) mitgeteilt werden.[35] Die Angaben zum Grund der Anordnung dienen dabei lediglich der Information der Partei, unterbleiben sie, hat das für die Ordnungsmäßigkeit der Ladung keine Konsequenzen (s. auch Rn. 12); das Ausbleiben der Partei ist nicht entschuldigt. Auf die Möglichkeit, einen Vertreter zu entsenden, ist hinzuweisen. Eine genauere Angabe zum Thema der Befragung kann sich uU anbieten, wenn Partei oder Vertreter sich vorher mit Einzelheiten vertraut machen sollen. 9

V. Pflicht zu erscheinen und Durchführung der Anordnung

1. Pflicht der Partei zu erscheinen. Bei ordnungsgemäßer Ladung ist die Partei verpflichtet **zu erscheinen,** nicht aber sich **zu erklären.**[36] Es handelt sich um eine prozessuale Pflicht (s. die Sanktion in Abs. 3), nicht lediglich um eine Last. Hingegen trägt die Partei wie im gesamten Verfahren hinsichtlich ihrer Erklärungen nur eine **Einlassungs- und Erklärungslast,** dh. insoweit muss sie die negativen Folgen unvollständigen oder unsubstantiierten Vortrags tragen (s. auch Rn. 13). 10

2. Durchführung. Die Anhörung erfolgt in der **mündlichen Verhandlung** durch das **Prozessgericht** (nicht vor dem ersuchten oder beauftragten Richter[37]). § 367 Abs. 1 ist nicht anwendbar. §§ 138 Abs. 1, 139 bilden auch insoweit **inhaltliche Grenzen** der Befragung; sie ist grundsätzlich unter Berücksichtigung der Behauptungs- und Beweislast durchzuführen[38] und darf nicht zur inquisitorischen Vernehmung werden.[39] Eine **Protokollierung** ist nicht vorgeschrieben (anders § 160 Abs. 3 Nr. 4 für die Parteivernehmung; s. dort Rn. 8), aber oft zweckmäßig. Die Verwertung im Urteil darf nur bei Protokollierung oder Wiedergabe in der Entscheidung erfolgen.[40] 11

---

[24] OLG München NJW-RR 1996, 59, 60.

[25] OLG München NJW-RR 1996, 59, 60.

[26] OLG München NJW-RR 1996, 59, 60.

[27] So *Vonderau* NZA 1991, 336, 337.

[28] LAG Hamm MDR 1999, 825; *St/J/Leipold* Rn. 15.

[29] LAG Düsseldorf MDR 1996, 98.

[30] *St/J/Leipold* Rn. 1.

[31] OLG Hamm MDR 1997, 1061; OLG Stuttgart JZ 1978, 689.

[32] BGH NJW 1965, 106.

[33] *St/J/Leipold* Rn. 15.

[34] *St/J/Leipold* Rn. 30; aA OLG Zweibrücken FamRZ 1982, 1097 (für Scheidungssachen); LAG Frankfurt/M AP 50 Nr. 245.

[35] OLG Köln NJW 1974, 1003; OLG Frankfurt/M BB 1981, 149; *St/J/Leipold* Rn. 17; aA OLG Brandenburg FamRZ 2004, 467; OLG München MDR 1978, 147; KG MDR 1983, 235; *Burger* MDR 1982, 91, 92; *Zö/Greger* Rn. 10 (Zweck sollte mitgeteilt werden).

[36] OLG Hamburg MDR 1997, 596 (zu § 613) m. zust. Anm. *Schneider* MDR 1997, 781; OLG Hamm MDR 1997, 1061; allgM, statt vieler MK/*Wagner* Rn. 19.

[37] AllgM, s. MK/*Wagner* Rn. 12; aA OLG Köln MDR 1982, 152, soweit es auf den persönlichen Eindruck der Partei nicht ankomme.

[38] Vgl. *Stürner,* Aufklärungspflicht, S. 66; *ders.,* Richterliche Aufklärung, Rn. 12.

[39] *St/J/Leipold* Rn. 11.

[40] BGH NJW 1969, 428, 429.

VI. Folgen des Ausbleibens der Partei

12 **1. Voraussetzungen und Art der Sanktion.** Da § 141 lediglich eine Erscheinens-, aber **keine Einlassungspflicht** begründet, stellt Abs. 3 auch nur insoweit Sanktionsmöglichkeiten zur Verfügung. Die Vorschrift ist verfassungsgemäß.[41] Gegen die nicht erschienene Partei kann **Ordnungsgeld** verhängt werden, sie darf nicht zwangsweise vorgeführt werden,[42] ebenso unzulässig ist **Ordnungshaft,**[43] auch im Fall der Uneinbringlichkeit des Ordnungsgeldes (keine Gesamtverweisung auf § 380 Abs. 1 S. 2). Voraussetzung ist, dass die Partei **schuldhaft** (§ 381) nicht erschienen ist (s. § 381 Rn. 4ff. zu Entschuldigungsgründen);[44] § 85 Abs. 2 gilt nicht[45]. Liegt eine ordnungsgemäße Ladung nicht vor (zB mangels Belehrung nach Abs. 3 S. 3), kommen Ordnungsmittel nicht in Betracht. Daneben ist nach hM eine freie Beweiswürdigung des Ausbleibens wie bei verweigerter Erklärung möglich.[46] Bei juristischen Personen kann ein Ordnungsgeld nur gegen diese selbst, nicht gegen den nicht erschienenen gesetzlichen Vertreter persönlich festgesetzt werden.[47]

13 **2. Ermessen des Gerichts.** Die Verhängung des Ordnungsgeldes steht trotz Änderung des Wortlauts in eine „Soll"-Vorschrift in pflichtgemäßem Ermessen des Gerichts. Die Sanktion erfolgt nicht primär wegen einer Missachtung des Gerichts,[48] sondern dient vorwiegend der Verfahrensförderung zur sachgemäßen Erledigung des Rechtsstreites.[49] Deshalb soll kein Ordnungsgeld verhängt werden, wenn das Verhalten der Partei den Prozess **nicht verzögert** und ihr Nichterscheinen keinen neuen Verhandlungstermin erforderlich macht.[50] Ist aus dem bloßen Nichterscheinen der Partei ausnahmsweise zu folgern, dass sie nicht kommt, weil sie sich nicht einlassen möchte, ist die Verhängung eines Ordnungsgeldes unzulässig, da dieses nicht dazu führen darf, eine Einlassung zu erzwingen.[51] Aus dem gleichen Grund kann ein Ordnungsgeld im Bereich des **Verhandlungsgrundsatzes**[52] nur dann festgesetzt werden, wenn sich die Partei **überhaupt** schon auf den Rechtsstreit **eingelassen hatte.**[53] Überwiegend wird zu Recht generell empfohlen, von der Möglichkeit, Ordnungsgeld zu verhängen, zurückhaltend Gebrauch zu machen.[54] Teilweise wird bei fehlender Einlassung schon die Ladung für unzulässig erachtet.[55] Zur Höhe des Ordnungsgeldes (5–1 000 gem. Art. 6 I EGStGB) vgl. § 380 Rn. 3.

14 **3. Rechtsmittel.** Gegen die Festsetzung des Ordnungsgeldes ist **Beschwerde** statthaft, § 567 Abs. 1 Nr. 1 iVm. §§ 141 Abs. 3, 380 Abs. 3. Im Rahmen dessen ist auch die Zulässigkeit **der Anordnung** nach Abs. 1 überprüfbar.

15 **4. Aufhebung des Ordnungsgeldes.** Ordnungsgeld, das gegen eine im Termin nicht erschienene Partei verhängt wurde, ist aufzuheben, wenn diese nachträglich glaubhaft macht, den Termin **ohne persönliches Verschulden** (Rn. 12) versäumt zu haben, und auch eine rechtzeitige Entschuldigung ohne ein solches unterblieben ist.[56] Eine Kostenentscheidung ergeht nicht[57] (str., s. § 380 Rn. 7ff.). § 381 steht insoweit neben der Beschwerdemöglichkeit.[58]

VII. Entsenden eines Vertreters

16 **1. Grundsatz.** Die Partei kann mit der Wahrnehmung des Anhörungstermins einen Vertreter betrauen, der die zur Aufklärung des Sachverhalts **notwendigen Kenntnisse** besitzt und zum Abschluss eines unbedingten[59] **Prozessvergleichs bevollmächtigt** (Abschluss in fremdem Namen, daher keine Ermächtigung) ist (Abs. 3 S. 2). Eine grundsätzliche Verpflichtung, ihn positiv zum Abschluss anzuweisen, besteht nicht, da

---

[41] BVerfG NJW 1998, 892, 893 (Kammerbeschl.).

[42] Karlsruhe OLGZ 1984, 451; *B/L/H* Rn. 43; *Zö/Greger* Rn. 12.

[43] HM, s. OLG Düsseldorf OLGZ 1994, 576; OLG Köln FamRZ 1993, 339; *B/L/H* Rn. 39 (schon wegen fehlenden Strafcharakters).

[44] MK/*Wagner* Rn. 26; *T/P/Reichold* Rn. 6; *Schneider* NJW 1979, 987, 988; OLG Brandenburg MDR 2000, 585 bejaht Zumutbarkeit von Zusammentreffen der Parteien im Ehescheidungsverfahren (§ 613).

[45] OLG Bamberg MDR 1982, 585, 586; *T/P/Reichold* Rn. 6 (wegen Strafcharakters, str. s. Rn. 13); *Schneider* NJW 1979, 987; aA OLG Stuttgart JZ 1978, 689, 690; OLG Köln NJW 1978, 2515, 2516; *B/L/H* Rn. 40.

[46] OLG Frankfurt NJW-RR 2000, 1344; *St/J/Leipold* Rn. 48; MK/*Peters* Rn. 24; *T/P/Reichold* Rn. 5.

[47] LAG Hamm MDR 1999, 825.

[48] Für Strafcharakter wegen Missachtung des Gerichts OLG Düsseldorf OLGZ 1994, 576, 577; OLG München MDR 1992, 513; OLG Stuttgart JZ 1978, 689, 690; bis zur 19. Aufl. auch *St/J/Leipold* Anm. V 3; *Schmid* JR 1981, 8, 9; *ders.* MDR 1982, 632.

[49] OLG Brandenburg MDR 2001, 411; OLG Köln NJW-RR 1992, 827; OLG Frankfurt/M NJW-RR 1986, 997; OLG Celle NdsRpfl. 1988, 164; LAG Sachsen-Anhalt BB 1995, 1626; *Burger* MDR 1982, 91, 93; *Schneider* NJW 1979, 987; *St/J/Leipold* Rn. 54; *B/L/H* Rn. 37 (Zweck ausschließlich Verfahrensförderung).

[50] So die in der vorigen Fn. Genannten; differenzierend *Zö/Greger* Rn. 12: Verzögerung an sich irrelevant, aber kein Ordnungsgeld bei Vergleich oder Versäumnisurteil.

[51] OLG Hamm MDR 1997, 1061; OLG Hamburg MDR 1997, 596f. m. zust. Anm. *Schneider E.* 781; OLG Oldenburg MDR 1996, 13.

[52] S. KG NJW 1970, 287 (Einlassung ausnahmsweise im Fall von § 613 nicht notwendig).

[53] OLG Köln NJW-RR 2004, 1722; OLG Oldenburg NdsRpfl. 1996, 13; *St/J/Leipold* Rn. 51; MK/*Wagner* Rn. 25; *B/L/H* Rn. 42, 29; *Ro/S/Go* § 77 Rn. 33.

[54] OLG Düsseldorf OLGZ 1994, 576, 577f.; *St/J/Leipold* Rn. 53.

[55] OLG Naumburg MDR 1999, 1020 m. zust. Anm. *Schneider* ebenda 781.

[56] OLG Bamberg MDR 1982, 585.

[57] OLG Bamberg MDR 1999, 508 m. Nachw.

[58] OLG Frankfurt/M FamRZ 1992, 73; NJW 1991, 2090; KG JR 1983, 156.

[59] AG Königstein NJW-RR 2003, 136; *B/L/H* Rn. 50.

natürlich auch die Partei selbst keiner solchen Abschlusspflicht unterliegt.[60] Abs. 3 S. 2 ist insoweit auch nur als Ausschlusstatbestand formuliert und betrifft den Fall vorhandener Vollmacht. Wird der Vertreter im Rahmen einer Anordnung nach § 278 Abs. 2, 3 zu einer **Güteverhandlung** entsandt, muss er aber wenigstens berechtigt sein, sich zum Vergleichsabschluss zu äußern, also etwa einen solchen grundsätzlich abzulehnen. Ansonsten liefe die Anordnung leer, die anders als § 141 nicht primär der Sachverhaltsaufklärung, sondern der Einigung dient. Auf die Möglichkeit der Vertreterentsendung ist in der Ladung **hinzuweisen.** Auch die Anhörung des Vertreters dient lediglich der Klärung des Streitstoffes und ist **nicht Beweisaufnahme.** Er ist ebenso wenig wie die Partei selbst verpflichtet, Erklärungen abzugeben.

2. Prozessbevollmächtiger als Vertreter. Als Vertreter im Sinne der Vorschrift kann ausnahmsweise auch 17 der prozessbevollmächtigte Rechtsanwalt in Betracht kommen, wenn er **besondere,** über die normalen anwaltlichen Kenntnisse des Falles hinausgehende **Sachverhaltskenntnis** hat.[61]

3. Nichterscheinen trotz Vertreterbestellung. Die Partei gilt trotz der Entsendung eines Vertreters als 18 nicht erschienen, wenn dieser **keine genügende Aufklärung** geben kann.[62] Sie trägt daher das Risiko unzureichender Information, insbesondere wenn der Prozessbevollmächtigte als Vertreter auftritt, aber keine hinreichende Sachverhaltskenntnis mitbringt.[63] Er muss jedoch nicht in der Lage sein, auf jede neue Behauptung eine konkrete Erklärung abgeben zu können.[64] Gleiches gilt, wenn der Vertreter nicht zu allen bei der Verhandlung gebotenen Handlungen bevollmächtigt ist (zum Vergleichsabschluss s. Rn. 16).[65] In allen Fällen kann deshalb ein Ordnungsgeld gegen die Partei verhängt werden. Zu beachten ist aber auch insoweit, dass eine Einlassung nicht erzwungen werden darf (s. Rn. 12). Erklärt sich der – an sich bevollmächtigte – Vertreter nicht oder nicht vollständig, bleibt es bei den daran anknüpfenden Prozessnachteilen (s. Rn. 10, § 138 Rn. 12ff.). Beauftragt die Partei, deren persönliches Erscheinen angeordnet ist, dagegen zulässigerweise einen Vertreter und versäumt dieser infolge **eigenen Verschuldens** den Termin, so darf gegen die Partei kein Ordnungsgeld verhängt werden, wenn ihr das Nichterscheinen nicht auch **persönlich zuzurechnen** ist.[66] Das ist dann der Fall, wenn sie das ihrerseits Erforderliche getan hat, insbesondere einen geeigneten Vertreter bevollmächtigt und vom Termin benachrichtigt hat.

VIII. Gebühren und Kosten

1. Rechtsanwaltsgebühren. Parteianhörung und Parteieinvornahme werden von der Termingebühr 19 (Nr. 3104 VV RVG) abgegolten. Durch den Wegfall der Beweisgebühr nach altem Recht ist das Problem, unter welchen Voraussetzungen die Verwertung einer Parteianhörung im Urteil die Beweisgebühr anfallen lässt, gegenstandslos geworden.

2. Gerichtskosten. Gerichtsgebühren fallen weder durch die Anordnung persönlichen Erscheinens noch 20 durch die Festsetzung von Ordnungsgeld an.

142 *Anordnung der Urkundenvorlegung*

(1) [1]Das Gericht kann anordnen, dass eine Partei oder ein Dritter die in ihrem oder seinem Besitz befindlichen Urkunden und sonstigen Unterlagen, auf die sich eine Partei bezogen hat, vorlegt. [2]Das Gericht kann hierfür eine Frist setzen sowie anordnen, dass die vorgelegten Unterlagen während einer von ihm zu bestimmenden Zeit auf der Geschäftsstelle verbleiben.

(2) [1]Dritte sind zur Vorlegung nicht verpflichtet, soweit ihnen diese nicht zumutbar ist oder sie zur Zeugnisverweigerung gemäß den §§ 383 bis 385 berechtigt sind. [2]Die §§ 386 bis 390 gelten entsprechend.

(3) [1]Das Gericht kann anordnen, dass von in fremder Sprache abgefassten Urkunden eine Übersetzung beigebracht werde, die ein nach den Richtlinien der Landesjustizverwaltung hierzu ermächtigter Übersetzer angefertigt hat. [2]Eine solche Übersetzung gilt als richtig und vollständig, wenn dies von dem Übersetzer bescheinigt wird. [3]Die Bescheinigung soll auf die Übersetzung gesetzt werden, Ort und Tag der Übersetzung sowie die Stellung des Übersetzers angeben und von ihm unterschrieben werden. [4]Der Beweis der Unrichtigkeit oder Unvollständigkeit der Übersetzung ist zulässig. [5]Die Anwendung nach Satz 1 kann nicht gegenüber dem Dritten ergehen.

I. Normzweck

Nach dieser Vorschrift kann das Gericht anordnen, dass Parteien und Dritte die in ihrem Besitz befind- 1 lichen Urkunden sowie Unterlagen (zB Verträge, Korrespondenz, Krankenunterlagen einschließlich Röntgenaufnahmen[1]) vorlegen. Die Vorlegungsanordnung kann sowohl der **Information** des Gerichtes im Sinne eines besseren Verständnisses des Prozessstoffs[2] bzw. der Präzisierung des Parteivortrages als auch der Be-

---

[60] Insoweit zumindest missverständlich formuliert OLG Nürnberg MDR 2001, 954 (für § 141).
[61] KG MDR 1983, 235.
[62] OLG Frankfurt/M NJW 1991, 2090; LG Berlin NJW 2004, 781 (kein Schriftsatznachlass auf Gerichtshinweis, wenn Vertreter unzureichend informiert).
[63] Auch Schriftsatznachlass nach § 139 V dann nicht möglich, LG Berlin NJW 2004, 781, 782.
[64] OLGR Schleswig 2001, 257.
[65] OLG München MDR 1992, 513.
[66] OLG Celle NdsRpfl. 1988, 164, 165.
[1] OLG Saarbrücken MDR 2003, 1250; OLG Oldenburg NJW-RR 1997, 535.
[2] BAGE 31, 26, 39f.

reitstellung von Beweismitteln[3] zur **Aufklärung** eines streitigen Sachverhaltes dienen. Die Gegenansicht[4], welche richterliche Anordnungen gegenüber den Parteien nach § 142 nur als ergänzende Informationsquelle bei unstreitigem Tatsachenvortrag zulassen möchte, ist abzulehnen. Sie widerspricht der klaren gesetzgeberischen Intention, im Hinblick auf die Änderung des Berufungsrechts die Aufklärungsmöglichkeiten der ersten Instanz zu stärken.[5] Dies gilt ebenso für Versuche, die Beschränkungen der §§ 422, 423 auf § 142 zu übertragen.[6] Die Anordnungsmöglichkeit nach Abs. 1 besteht unabhängig von materiell-rechtlichen Vorlageansprüchen, ungeachtet einer eigenen Bezugnahme der vorlegungspflichtigen Partei (es genügt die Bezugnahme durch den Gegner) und trifft insbesondere auch die nicht beweisbelastete Partei.[7] Sie **modifiziert** den **Beibringungsgrundsatz.** Dies darf jedoch nicht zum Ausforschungsbeweis führen; die Anordnung muss sich in den Grenzen des von den Parteien vorgetragenen Sachverhaltes halten. Eine Anordnung zu Beweiszwecken darf daher nur ergehen, wenn die Tatsachen, die mittels Urkunden belegt werden sollen, **streitig**[8] und **streiterheblich**[9] sind sowie hinreichend **substantiiert** von der beweisbelasteten Partei vorgetragen werden. Insoweit kann der oft (vorschnell) befürchteten[10] Ausforschung vorgebeugt werden.[11] Hierbei gelten jedoch die allgemeinen Grundsätze (s. § 138 Rn. 6), wonach sich die Substantiierungslast mindert, wenn die beweisbelastete Partei typischerweise keine detallierten Kenntnisse über Vorgänge und Tatsachen aus fremden Geschäftsbereichen hat. Zu Recht hat daher der BGH auch vor dem Hintergrund des TRIPS-Abkommens und Art. 6 der Richtlinie 2004/48/EG bei einem Streit über technische Schutzrechte angenommen, dass es genügen kann, wenn die Benutzung eines Gegenstandes des Schutzrechts wahrscheinlich ist.[12] Es genügt die dem Beweisführer mögliche, gewisse Substantiierung des beweiserheblichen Inhaltes zusammen mit der Darlegung der Quelle für diesen Vortrag. Die Vorlageanordnung liegt grundsätzlich im **pflichtgemäßen Ermessen** des Gerichts; hierbei sind insbesondere die völker- und europarechtlichen Vorgaben zur Durchsetzung des Rechts des geistigen Eigentums zu berücksichtigen und können eine großzügigere Handhabung der Norm rechtfertigen. Neu eingeführt ist durch das ZPO-RG eine Erweiterung für Parteien und auf Dritte, die dem Gericht möglichst frühzeitig einen umfassenden Sachverhaltsüberblick verschaffen soll.[13] Der prozessualen **Vorlagepflicht Dritter** korrespondiert der Verweis auf die Verweigerungsrechte in Abs. 2 (Rn. 8). Eine selbständige prozessuale Vorlegungspflicht – nur für Parteien – begründen für **Handelsbücher** §§ 102, 258–261 HGB, welche die ZPO-Vorschriften aber nur ergänzen. Zum weitreichenden Informationsrecht des Gerichts im Unterhaltsprozess s. § 643.

II. Anordnung der Vorlegung

2 **1. Voraussetzungen. a) Urkunden und Unterlagen.** Die Vorschrift erlaubt dem Gericht die Anordnung der Vorlage aller im Besitz von Parteien und Dritten befindlichen Urkunden iSv §§ 415 ff., auf die sich eine Partei im Prozess bezogen hat. Entfallen ist die frühere gesetzliche Aufzählung von Stammbäumen, Plänen und Rissen und sonstigen Zeichnungen. Sie werden inhaltlich nunmehr von den „sonstigen Unterlagen" nach Abs. 1 erfasst oder fallen als Augenscheinsobjekte unter § 144 Abs. 1. Unter den Begriff der „sonstigen Unterlagen" könnte man auch elektronisch gespeicherte Informationen fassen – für den Urkundsbegriff nach §§ 415 ff. war das bislang streitig, überwiegend aber abgelehnt worden (s. auch § 415 Rn. 5).[14] Das Gesetz zur Anpassung der Formvorschriften[15] ordnet **elektronische Dokumente** nun eindeutig § 371 Abs. 1 S. 2 und damit dem Augenscheinsbeweis zu, für den §§ 422–432 allerdings entsprechend anwendbar sind (zum versehentlichen Wegfall dieses S. 2 mit dem ZPO-RG, s. § 371 Rn. 11). Für elektronisch geführte Handelsbücher gilt § 261 HGB.

3 **b) Besitz.** Das frühere „in den Händen halten" ist ersetzt durch den Begriff des Besitzes, der Voraussetzung der Vorlageanordnung ist. War mit der alten Formulierung primär der **unmittelbare Besitz** gemeint, so erfasst die Neufassung grundsätzlich auch Fälle des **mittelbaren Besitzes.**[16] Dies hat aber nur geringe

---

[3] BGH NJW 2007, 155; *St/J/Leipold* Rn. 1; *Zö/Greger* Rn. 1; *B/L/H* Rn. 2; *Schöpflin,* Beweiserhebung von Amts wegen, 1992, S. 234 ff.; *Trilsch,* Die Vorlage von Urkunden, 1995, S. 39; aA *Gruber/Kießling* ZZP 116 (2003), 305, 311 ff.; die Doppelfunktion entsprach schon vor der Reform hA.

[4] *Gruber/Kießling* ZZP 116 (2003), 305, 314; abl. auch *Wagner* JZ 2007, 706, 709 f.

[5] BT-Drucks. 14/4722 S. 61. Insoweit schließt sich der Gesetzgeber zwar nur vorsichtig, aber zutreffend ausländischen Vorbildern an.

[6] *Leipold,* Festschr. Gerhardt, 2004, 563 ff; ders. *St/J/Leipold,* Rn. 17 ff.; wie hier abl. *Wagner* JZ 2007, 706, 710; und BGH XI ZR 277/05 sub 19, 20 = NJW 2007, 2989.

[7] So jetzt auch ausdrücklich BGH ZIP 2007, 1543.

[8] AA *B/L/H* Rn. 1.

[9] Großzügiger *Schlosser,* Festschr. Sonnenberger 2004, 139 ff., 149: „Behebung von Informationsnot" genügt.

[10] *Drombek* BRAK-Mitt 2001, 122, 124; *Steuer* WM 2000, 1889; *Oberhein* JA 2002, 408, 412; ähnlich *Konrad* NJW 2004, 710; *Kraayvanger/Hilgard* NJ 2003, 572, 573.

[11] Richtig *Zekoll/Bolt* NJW 2002, 3129, 3130; *Greger* NJW 2002, 1478; *Wagner* JZ 2007, 706, 712; OLG Stuttgart ZIP 2007,1210,1216.

[12] BGH NJW-RR 2007, 106, 107 im Anschluss an die Faxkarten-Entscheidung zu § 809 BGB in BGHZ 150, 377, 386.

[13] Der deutsche Gesetzgeber bleibt damit aber immer noch hinter ausländischen Vorbildern zur prozessualen Aufklärungspflicht zurück, s. *Schlosser,* Festschr. Sonnenberger 2004, 135 ff.

[14] Bejahend *B/L/H* Übers § 415 Rn. 7; abl. *Zö/Geimer* Vor § 415 Rn. 2.

[15] Vom 13. 7. 2001, BGBl. 2001 I, 1543.

[16] AA *B/L/H* Rn. 8; *Kraayvanger/Hilgard* NJ 2003, 572; wie hier *Gruber/Kießling* ZZP 116 (2003), 305, 316 f. Großzügig *Schlosser,* Festschr. Sonnenberger 2004, 139 ff., 150: vermuteter Besitz genügt.

praktische Relevanz, da auch der Dritte selbst nun vorlagepflichtig ist. Wenn eine direkt an den dritten unmittelbaren Besitzer gerichtete Anordnung wegen Abs. 2 nicht in Betracht kommt, kann man eine Anordnung gegenüber der Partei, die mittelbaren Besitz hat, erwägen. Dann fehlt aber – gerade bei fehlender Zumutbarkeit der Vorlage durch den Dritten – häufig auch ein durchsetzbarer Herausgabeanspruch der Partei gegen diesen Dritten. Im Fall eines Weigerungsrechts des Dritten (s. Rn. 8), das dem Schutz einer Partei dient, kann die Herausgabeanordnung an die mittelbar besitzende Partei selbst Bedeutung erlangen.[17] Hier ist im Rahmen der unter Rn. 7 genannten Voraussetzungen abzuwägen, ob die Preisgabe der Partei zumutbar ist. Dies wird man unter den gleichen Voraussetzungen bejahen können, unter denen die Rspr. sie für verpflichtet hält, den Dritten (zB Berufsgeheimnisträger) von seiner Schweigepflicht zu entbinden (§ 385 Abs. 2, s. § 383 Rn. 10). Bejahte die hM[18] früher für Pläne, Risse und Zeichnungen eine Vorlagepflicht auch, wenn sie noch gar **nicht existierten,** vielmehr von der Partei erst anzufertigen waren, so ist dies mit dem neuen Wortlaut von Abs. 1 nicht mehr vereinbar, da aktueller Besitz im Zeitpunkt der Anordnung notwendig ist.[19]

c) **Bezugnahme.** Das Bezugnahmeerfordernis hat mit der Neufassung wieder an Gewicht gewonnen. 4
Unter § 142 aF war es überwiegend als bedeutungslos angesehen worden, weil eine entsprechende Einschränkung in § 273 Abs. 2 Nr. 1 aF fehlte und § 142 aF insoweit leer lief.[20] Das ZPO-RG hat aus § 273 Abs. 2 Nr. 1 die Urkundenvorlage nun gänzlich gestrichen und verweist stattdessen in Nr. 5 auf §§ 142, 144. Damit ist klargestellt, dass es einer Bezugnahme für alle Urkunden und Unterlagen bedarf.[21] Es genügt aber, wenn **irgendeine der Parteien** Bezug genommen hat. Dies erweitert die Vorlagepflicht gegenüber § 423 (eigene Bezugnahme des Urkundenbesitzers; hierzu unten Rn. 7). Sie ist aber auch sinnvoll im Sinne einer **Begrenzung des Streitgegenstandes** auf den von den Parteien vorgebrachten Tatsachenstoff und verhindert, dass der Richter von sich aus neuen Stoff in das Verfahren einführt.[22] Eine Bezugnahme liegt vor, wenn eine Partei **ausdrücklich oder konkludent** auf eine Urkunde verweist, deren Existenz sich aus dem Parteivortrag ergibt. Nicht abschließend geklärt ist, wie konkret in der Bezugnahme bzw. für die Vorlageanordnung die Urkunden bezeichnet sein müssen.[23] Grundsätzlich muss für die besitzende Partei unschwer eine **Identifizierung** der vorzulegenden Unterlagen möglich sein. Bei Urkunden aus fremder Geschäftssphäre, zu denen die beweisführende Partei keinen Zugang hat, wird man sich aber mit allgemeineren Umschreibungen und Inhaltsangaben begnügen müssen[24] (ähnlich den reduzierten Anforderungen bei der „sekundären Behauptungslast" – § 138 Rn. 10). Die Behauptung, Urkunden der vorzulegenden Art würden üblicherweise erstellt, so dass sie auch im konkreten Fall existieren müssten, ist ohne nähere Anhaltspunkte zu vage und reine Spekulation.[25] Die Grenze zu unzulässiger Ausforschung des Inhalts, nicht näher spezifizierte umfangreiche Akten vorzulegen, muss gewahrt werden.[26] Wäre der Gesetzgeber insoweit ausländischen Vorbildern gefolgt, hätte es nahe gelegen, den Parteien **prozessuale Auskunftspflichten** über die in ihrem Besitz befindlichen streiterheblichen Urkunden aufzuerlegen.[27] Nur ein solcher gesetzlicher Auskunftsanspruch kann hier für Klarheit sorgen und den noch immer beschworenen Satz, dass keine Partei gehalten sei, dem Prozessgegner für seinen Sieg das Material zu verschaffen,[28] in die Mottenkiste zu verbannen.

2. Anordnungsadressat. Die Anordnung nach Abs. 1 kann sich sowohl an die Partei als auch einen Drit- 5
ten wenden. Im ersten Fall betrifft sie primär die **behauptungs- und beweisbelastete Partei;** aber auch dem **Gegner** kann, soweit er vorlagepflichtig ist (Rn. 7), die Urkundenvorlegung aufgegeben werden. Dritte sind nur unter den Voraussetzungen des Abs. 2 zur Vorlage verpflichtet (s. Rn. 8). Zu Durchsetzung und Sanktion s. unten Rn. 8 und 9.

3. Fristsetzung und Anordnung des Verbleibs auf Geschäftsstelle. Abs. 1 S. 2 sieht nunmehr ausdrück- 6
lich die Möglichkeit einer Fristsetzung für die Vorlage vor. Bei **Fristversäumung** gilt § 296 Abs. 1, wenn die Anordnung nach § 273 Abs. 2 Nr. 5 ergeht. Das Gericht kann bestimmen, dass die vorgelegten Schriftstücke für einen bestimmten Zeitraum auf der Geschäftsstelle verbleiben. Die Urkunden werden dadurch nicht Teil der Gerichtsakten, vielmehr entsteht ein **amtliches Verwahrungsverhältnis.** Das Gericht hat die Dauer des Verbleibs festzulegen, nach Ablauf ist die Urkunde von Amts wegen zurückzugeben. Prozessgegner bzw. bei Vorlage durch Dritte beide Parteien haben ein Einsichtsrecht, s. auch § 134.

---

17 *Konrad* NJW 2004, 710, 711.

18 U. A. *St/J/Leipold* Rn. 2 (21. Aufl.); *Schöpflin,* Die Beweiserhebung von Amts wegen im Zivilprozess, Diss. Hamburg 1992, S. 238; *Schreiber,* Die Urkunde im Zivilprozess, 1982, S. 134f.

19 AA *Zö/Greger* Rn. 2 aE (§ 273 Abs. 2 Nr. 1).

20 Vorauflage Rn. 2.

21 Für Stammbäume, Risse, Pläne etc. nach der aF war das Bezugnahmeerfordernis nach dem Wortlaut ohnehin fraglich, so dass die Beschränkung teilweise zu Recht als willkürlich angesehen wurde, MK/*Wagner* Rn. 8.

22 So bereits zu § 142 aF BGH NJW 2000, 3488, 3490; zutreffend *Gruber/Kießling* ZZP 116 (2003), 305, 308.

23 Ausführlich *Leipold,* Festschr. Gerhardt, 2004, 563, 569ff.; *Schlosser,* Festschr. Sonnenberger 2004, 139ff., 145ff. m. Bsp. aus der frz. Rspr.

24 Ähnlich *Wagner* JZ 2007, 706, 712f.

25 *Lüpke/Müller* NZI 2002, 588, 589.

26 Sehr großzügig AG Ingolstadt NZI 2002, 588 und LG Ingolstadt NZI 2002, 390; zu Recht krit. *Uhlenbruck* NZI 2002, 589; *Lüpke/Müller* ebenda 588;zustimmend jedoch *Wagner* JZ 2007, 706, 713; eine Annäherung an die US-pretrial discovery verneinen zutreffend *Zekoll/Bolt* NJW 2002, 3129, 3133f.

27 Vgl. zu einem allg. komplementären Auskunftsanspruch *Hartz/Schuster* VersR 2003, 1366ff.

28 BGH NJW 1958, 1441, 1442.

III. Vorlagepflicht und Durchsetzung

7 **1. Parteien.** Abs. 1 verpflichtet nach dem klaren Wortlaut beide Parteien bei amtswegiger Anordnung zur Vorlage;[29] auf **Beweisantrag** hin ist der **Gegner** dagegen nur nach §§ 422, 423 verpflichtet. Eine Anpassung der beiden Normkomplexe wäre sinnvoll gewesen. Auf Grund der inhaltlichen Diskrepanz (eine redaktionelle Anpassung wie sie in §§ 428, 429 für die Vorlage Dritter erfolgte, fehlt in §§ 421–427) wird der Richter häufiger von der Befugnis nach § 142 gegenüber der nicht beweisbelasteten Partei Gebrauch machen müssen. Liegen die Voraussetzungen nach §§ 422, 423 nicht vor, hängt die Verfügbarkeit des Beweismittels allein von der richterlichen Anordnung ab. Bei streitigen, substantiierten Behauptungen und hinreichend genau bezeichneten Urkunden, reduziert sich das Anordnungsermessen praktisch auf Null.[30] Dies birgt eine **Tendenz zur amtswegigen Beweisaufnahme,** die § 142 ursprünglich nicht innewohnte.[31] Ermessensfehlerhaft ist es auch, wenn das Gericht trotz Vorliegen der Voraussetzungen eine Anordnung nach § 142 gar nicht in Betracht zieht.[32] Die Vorlageanordnung gegenüber einer Partei ist **nicht erzwingbar,**[33] die Nichtbefolgung führt jedoch entweder zu ungenügendem, ggf. nicht schlüssigem Sachvortrag, soweit sie zur Präzisierung des eigenen Streitstoffes notwendig war – bei Fristversäumung gilt Rn. 6 –, oder kann im Rahmen der Beweiswürdigung als Beweisvereitelung **nach § 286 frei gewürdigt** werden.[34] Die Vorlagepflicht der Prozesspartei ist dabei nicht unbeschränkt.[35] Die analoge Anwendung von **Zeugnisverweigerungsrechten** scheidet aus, da die Partei grds. einer weiter gehenden Prozessförderungspflicht unterliegt als Dritte.[36] **Berechtigten Geheimhaltungsinteressen** der Partei ist im Rahmen der Würdigung Rechnung zu tragen.[37] Als schützenswerte Belange kommen in Betracht **Persönlichkeitsrechte** (private Tagebücher,[38] intime Fotos, **Geschäfts- und Betriebsgeheimnisse,**[39] in den von § 385 Nr. 6 gezogenen Grenzen auch der Schutz der **Vertrauenssphäre zwischen Mandant und Anwalt.**[40] Soweit es um den Schutz von Geschäftsgeheimnissen geht, wäre einem sog. **in camera-Verfahren** der Vorzug zu geben, bei dem auf die Vorlage der Dokumente nicht verzichtet wird, zunächst jedoch nur das Gericht selbst oder ein Sachverständiger Einsicht nehmen darf und die Schutzwürdigkeit der Unterlagen gegen das Rechtsschutzbedürfnis der beweisbelasteten Partei abwägen. Dabei sollte es bei entsprechender Schutzbedürftigkeit der Dokumente auch möglich sein, dass das Gericht den Inhalt der geheimhaltungsbedürftigen Unterlagen für die Urteilsfindung verwertet, ohne ihn im Detail publik oder dem Prozessgegner zugänglich zu machen. Auf diese Weise wäre ein gerechter Ausgleich zwischen den gegenläufigen Interessen der Parteien (Geheimnisschutz einerseits, effektiver Rechtsschutz andererseits) möglich, die Beschränkung des rechtlichen Gehörs des Gegners sollte man dafür in Kauf nehmen.[41] Dies gilt insbesondere in Streitigkeiten über technische Schutzrechte bzw. allgemein den Schutz geistigen Eigentums, wo das TRIPS-Abkommen (Art. 43) bzw. die Richtlinie 2004/48/EG (Art. 6) den Zugang zu Beweisen erleichtern wollen.[42] Die Gefahr strafrechtlicher Verfolgung begründet ebenso wenig wie im Rahmen von § 138 ein schutzwürdiges Interesse (§ 138 Rn. 3).[43] § 427 gilt trotz der inhaltlichen Diskrepanz bei den Vorlagevoraussetzungen entsprechend.[44]

8 **2. Dritte.** Die prozessuale Vorlagepflicht Dritter besteht nach Abs. 2 nur im Rahmen der **Zumutbarkeit** und **fehlender Weigerungsrechte.** Wenn der Gesetzgeber Dritte so weitgehend in die Pflicht nimmt, wäre er eine exaktere Eingrenzung schuldig gewesen.[45] Eine allgemeine Editionspflicht analog der Zeugenpflicht wollte man offenbar nicht. Der Dritte kann sich aber wie ein Zeuge auf die Verweigerungsrechte der

---

[29] AA *B/L/H* Rn. 6 (Prozessgegner nur nach §§ 422, 423), wie hier *Konrad* NJW 2004, 710; *Zekoll/Bolt* NJW 2002, 3130; *Zö/Greger* Rn. 2.

[30] *Stadler,* Festschr. Beys Bd. 2, Athen 2003, 1626, 1645; ähnlich *Greger* BRAK-Mitt 2005, 150, 152 (partielle Aufgabe des Beibringungsgrundsatzes).

[31] Warnend auch *B/L/H* Rn. 6.

[32] BGH ZIP 2007, 1543, 1546.

[33] So auch *Wagner* JZ 2007, 706, 719.

[34] BGH ZIP 2007, 1543, 1546.

[35] So aber *Konrad* NJW 2004, 710, 711.

[36] *Stürner* JZ 1985, 453, 457; *Zekoll/Bolt* NJW 2002, 3130; *Kraayvanger/Hilgard* NJ 2003, 572, 574.

[37] BT-Drucks. 14/6036, S. 120, *Zekoll/Bolt* NJW 2002, 3129, 3130; *Konrad* NJW 2004, 710, 711 (für die Vertrauenssphäre zwischen Rechtsanwalt und Mandant).

[38] *Schlosser,* Festschr. Sonnenberger 2004, 139 ff., 140; *Zekoll/Bolt* NJW 2002, 3129, 3130.

[39] *Kiethe* JZ 2005, 1034, 1036; *Wolff* NJW 1997, 98; *Kraayvanger/Hilgard* NJ 2003, 572, 574; *Wagner* JZ 2007, 706, 717; *Zö/Greger* Rn. 2; vgl. auch BVerfGE 115, 205, 229 ff mit Anm. *Mayen* NVwZ 2003, 537 ff.

[40] *Kraayvanger/Hilgard* NJ 2003, 572, 574; *Wagner* JZ 2007, 706, 716; ausführlich *Konrad* NJW 2004, 710, 712 mit sehr weitgehender Übertragung des Schutzes der Rechtsverteidigung aus dem Strafrecht.

[41] Hierzu ausführlich *Stadler,* Der Schutz des Unternehmensgeheimnisses im deutschen und U.S. amerikanischen Zivilprozeß und im Rechtshilfeverfahren, 1989, S. 231 ff; abl. BVerfGE 115, 205, 232 ff mit Sondervotum *Gaier;* ebenso *Wagner* ZZP 108 (1995), 193 ff und JZ 2007, 706, 717 unter Hinweis auf den zunehmenden europarechtlichen Druck zur Einführung eines solchen in camera-Verfahrens (s. z. B. EuGH Urt. v. 13. 7. 2006, Rs. C-438/04 – Mobistar-, EuGHE 2006-I, 6675 = RIW 2006, 852 zum Telekommunikations-Dienstleistungsrecht); *Mayen* NVwZ 2003, 537 ff.

[42] Nach BGH NJW-RR 2007, 106, 107 soll ein in camera-Verfahren (im Anschluss an BVerfGE 115, 205) „nicht ohne Weiteres in Betracht kommen", der Vorlegende könne jedoch Teile der Urkunden unkenntlich machen. Dies wird allerdings in vielen Fällen keinen hinreichenden Schutz bieten.

[43] *Schlosser,* Festschr. Sonnenberger 2004, 139 ff., 141.

[44] MK/*Wagner* Rn. 12; amtl. Begr. ZPO-RG, BT-Drucks. 14/4722 S. 78 („bleibt unberührt"); *Leipold,* Festschr. Gerhardt 2004, 539, 584 greift § 427 nur unter den Voraussetzungen der §§ 422, 423.

[45] Zutreffend die Kritik von *Schellhammer* MDR 2001, 1081, 1084.

§§ 383–385 berufen (Abs. 2, 2. Halbsatz).[46] Außerhalb der in §§ 383, 384 bereits normierten Fälle wird man mit der Annahme fehlender Zumutbarkeit der Urkundenvorlage **zurückhaltend** sein müssen – schon um die Grenze zu den klar geregelten Weigerungsrechten nicht zu verwischen und die gewollte Ausweitung der Vorlagepflicht nicht zu umgehen.[47] Die Zumutbarkeit kann entfallen, wenn die Unterlagen für den Dritten – auch nicht für einen kurzen Zeitraum – entbehrlich sind (selten[48]) oder nur mit unverhältnismäßig großem Aufwand beschafft werden können – auch das wird kaum vorkommen, wenn Besitz bejaht wird. In entsprechender Anwendung von § 383 Abs. 2 sind die in § 383 Nr. 1–3 genannten Personen schon in der Anordnung über ihr Verweigerungsrecht zu **belehren.** In den Fällen des § 383 Abs. 3 darf eine Anordnung nicht ergehen, wenn eine Verletzung der Schweigepflicht durch die Urkundenvorlage droht – es handelt sich um ein Beweiserhebungs-, nicht aber um ein Verwertungsverbot.[49] Die **Kosten der Vorlage** trägt mangels ausdrücklicher Regelung (kein Verweis auf § 401) der Dritte selbst.[50]

Der Verweis in Abs. 2 S. 2 auf §§ 386–390 ermöglicht es über die Berechtigung einer Verweigerung der Vorlage im Zwischenstreit[51] zu entscheiden und bei unberechtigter Weigerung **Ordnungsmittel nach § 390** zu verhängen.[52] Gegenstand des **Zwischenstreites** sind nur die Unzumutbarkeit der Vorlage bzw. das Vorliegen von Weigerungsgründen, nicht die Frage, ob auch die sonstigen Anordnungsvoraussetzungen vorliegen.[53] Neben der amtswegigen Vorlageanordnung nach § 142 räumt die Neufassung von § 428 konsequent auch der beweisführenden Partei die Möglichkeit ein, den Urkundenbeweis dadurch anzutreten, dass gegen den Dritten eine Anordnung nach § 142 beantragt wird. Dies ergänzt die Fälle, in denen die Partei einen bürgerlich-rechtlichen Herausgabe- oder Vorlegungsanspruch hat, der ggf. im Klagewege durchzusetzen ist (§ 429 S. 1). Damit ist im Einzelfall eine deutliche **Verfahrensbeschleunigung** möglich. 9

IV. Anordnung einer Übersetzung

1. Notwendigkeit und Art. Das Gericht kann anordnen, dass die eine fremdsprachige Urkunde einreichende Partei eine **Übersetzung** beibringt. Sind die Parteien und die Mitglieder des Kollegiums der Fremdsprache mächtig, kann die Urkunde unmittelbar auch ohne Übersetzung verwendet werden.[54] Es reicht aber nicht aus, wenn nur ein Mitglied Kenntnisse in der Sprache der Urkunde hat. Das Gericht kann von den Parteien eine Übersetzung durch einen nach den Richtlinien der Landesjustizverwaltung bestimmten Übersetzer anfordern; ausreichend ist aber grds. auch eine **private** Übersetzung. Wird die Anordnung nicht befolgt, ist dies wie eine Verweigerung der Vorlage zu würdigen.[55] Legt die Partei die Erheblichkeit der Schriftstücke für das Verfahren dar, kann eine Übersetzung nach § 144 auch von Amts wegen angeordnet werden.[56] Gegenüber **Dritten** darf eine Anordnung nach Abs. 2 **nicht** ergehen (Abs. 2 S. 2), ihre Vorlagepflicht aus Abs. 1 beschränkt sich aus Zumutbarkeitsgründen auf das fremdsprachige Original. Auch hier kann das Gericht von Amts wegen für eine Übersetzung sorgen. 10

2. Kosten. Die Kosten für die Übersetzung sind nach allgemeinen Grundsätzen (§ 91) **erstattungsfähig,** wenn die Partei sie bei vernünftiger Überlegung im Zeitpunkt der Anfertigung als zur zweckentsprechenden Rechtsverfolgung oder -verteidigung für erforderlich halten durfte, unabhängig davon, ob die Übersetzung vom Gericht nach § 142 Abs. 3 angeordnet wurde.[57] 11

3. Fristwahrung durch fremdsprachige Urkunde. Die Frage, ob auch ein fremdsprachiges Schriftstück **fristwahrend** ist (§ 184 GVG) oder auf die Einreichung einer Übersetzung abzustellen ist, stellt sich vor allem bei **bestimmenden Schriftsätzen.** Die (noch) hM[58] ist hier sehr eng, es ist aber zumindest bei nachgereichter Übersetzung großzügig **Wiedereinsetzung** zu gewähren. Nach § 142 Abs. 3 kann sich das Gericht mit der nicht übersetzten Version begnügen. Dies spricht insoweit für Fristwahrung.[59] 12

---

[46] Zum Weigerungsgrund des drohenden Schadens durch Erleichterung der Durchsetzung von Ansprüchen gegen den Dritten (§ 384 Nr. 1) BGH NJW 2007, 155, 156; Vorlage ist jedoch nicht unzumutbar, wenn Dritter der Partei materiellrechtlich zur Vorlegung verpflichtet ist, OLG Stuttgart WM 2007, 163, 164. (f. Emmissionprospekt)

[47] Richtig *Zekoll/Bolt* NJW 2002, 3129, 3132;OLG Stuttgart WM 2007, 163 (Vertraulichkeitsinteressen abschließend in §§ 384–386 geregelt); zur Vorlage von Krankenunterlagen durch nichtprozessbeteiligten Arzt oder Klinik OLG Saarbrücken MDR 2003, 1250.

[48] Bejahend bei erheblicher Störung von Geschäftsabläufen *Zö/Greger* Rn. 4a; Geschäftsgeheimnisse sind abschließend über § 384 Nr. 3 geschützt *Zö/Greger* aaO; unklar *Gruber/Kießling* ZZP 116 (2003), 305, 327.

[49] BGH NJW 1990, 1734; *T/P/Reichold* § 383 Rn. 11.

[50] Für eine Analogie zu § 401 mit vertretbaren Gründen *Gruber/Kießling* ZZP 116 (2003), 305, 328.

[51] Bei Bezugnahme beider Parteien auf die Urkunde sollen im Zweifel beide Gegner des Dritten im Zwischenstreit sein, *Schlosser,* Festschr. Sonnenberger 2004, 139ff., 151.

[52] Nach *Schlosser,* Festschr. Sonnenberger 2004, 139ff., 142 auch gegenüber juristischen Personen, nicht aber Behörden wegen § 432.

[53] OLG Stuttgart WM 2007, 163, 164.

[54] BGH FamRZ 1988, 827, 828; OLG Zweibrücken NJW-WettbR 1998, 267, 268.

[55] OLG Brandenburg FamRZ 2005, 1842; *Zö/Greger* Rn. 6.

[56] BVerfG NVwZ 1987, 785 (für den Verwaltungsprozess, wenn Partei selbst zur Beibringung außer Stande); BayObLGZ 1997, 165, 169 = NJW-RR 1997, 201; hM.

[57] OLG Frankfurt/M MDR 1981, 58, 59.

[58] S. zB BGH NJW 1982, 532 (Rechtsmittelfrist in Strafsachen); BSG NJW 1987, 2184; BayObLG NJW-RR 1987, 378.

[59] So auch MK/*Wagner* §§ 142–144 Rn. 18; *Schneider* MDR 1979, 534.

V. Form der Anordnung und Rechtsbehelfe

13 Die Anordnung ergeht in der mündlichen Verhandlung durch **Beschluss,** außerhalb der mündlichen Verhandlung durch **Verfügung** nach § 273 Abs. 2 Nr. 5. Sowohl Anordnung als auch deren Ablehnung bei entsprechendem Antrag bedürfen einer kurzen **Begründung.**[60] Eine **Beschwerde** gegen die Anordnung findet **nicht statt.**[61] Anfechtung kann aber zusammen mit dem Urteil erfolgen, § 512. Statthaft ist die Beschwerde gemäß § 567 Abs. 1 Nr. 2 im Falle der Ablehnung eines Antrags, regelmäßig sind Verstöße der Partei, nach § 142 zu verfahren, aber nur als Anregung zu amtswegiger Tätigkeit zu verstehen (vgl. § 567 Rn. 14 m. Nachw. zum Streitstand).[62] Ausnahme: § 428. Gegen ein Zwischenurteil (Rn. 9) findet sofortige Beschwerde statt (§ 387 Abs. 3).

VI. Gebühren und Kosten

14 **1. Rechtsanwaltsgebühren.** Die Vorlage von Urkunden wird von der Verfahrensgebühr (Nr. 3100 VV RVG) abgegolten, vgl. Vorbem. 3 Abs. 2 VV RVG.

15 **2. Gerichtskosten.** Gerichtsgebühren werden nicht erhoben.

143 *Anordnung der Aktenübermittlung* **Das Gericht kann anordnen, dass die Parteien die in ihrem Besitz befindlichen Akten vorlegen, soweit diese aus Dokumenten bestehen, welche die Verhandlung und Entscheidung der Sache betreffen.**

I. Normzweck

1 Die Vorschrift dient der (Wieder-)Herstellung **vollständiger** Gerichtsakten bzw. der Akten des Gegners.[1] **Akten** im Sinne des § 143 sind nur Dokumente (einschließlich elektronischer), die bereits Bestandteile der Gerichtsakten sein sollten, dort jedoch fehlen und **zur Kenntnis** des Gerichts und des Prozessgegners **bestimmt** sind (etwa ein verloren gegangener Schriftsatz). Nicht erfasst sind deshalb der zwischen Anwalt und Mandant gewechselte Schriftverkehr sowie vorbereitende Schriftstücke und Privatgutachten. Bisher nicht zur Prozessführung benutzte oder erwähnte Urkunden fallen nur unter § 142. Nicht von § 143 erfasst werden **Behördenakten,** soweit die Behörde nicht Partei ist. Diese lassen sich aber nach §§ 273 Abs. 2 Nr. 2, 432 beiziehen.

II. Anordnung der Aktenvorlegung

2 Angeordnet werden kann nur die Vorlegung von Schriftstücken, die sich im **Besitz der Parteien** befinden. Eine Anordnung an **Dritte** kann auf Grund des klaren Wortlauts (auch gegenüber § 142) nicht ergehen.[2] „Besitz" ist weit auszulegen und umfasst auch den mittelbaren Besitz. Das Tatbestandsmerkmal ist nach der Neufassung von § 273 Abs. 2 Nr. 1, 5 nicht obsolet (vgl. § 142 Rn. 3).[3] Die Vorlegungsanordnung kann sich sowohl an die behauptungs- und beweisbelastete Partei als auch an deren Gegner richten (vgl. § 142 Rn. 3). Die Vorlegung ist **nicht erzwingbar.** Die Nichtbefolgung der Anordnung kann aber Eingang in die **freie Beweiswürdigung** nach § 286 finden, wenn Rückschlüsse auf den Inhalt möglich sind.[4] Der **Akteninhalt** darf nach erfolgter Vorlegung der Entscheidung nur zu Grunde gelegt werden, wenn er Gegenstand der mündlichen Verhandlung war, § 286.[5] Die Anordnung selbst liegt im sachgemäßen **Ermessen** des Gerichtes.

III. Entscheidung und Rechtsbehelf

3 Die **Anordnung** der Aktenvorlage ergeht in der mündlichen Verhandlung durch **Gerichtsbeschluss,** außerhalb der mündlichen Verhandlung durch **Verfügung.** Sie bedarf, auch im Fall der Ablehnung eines entsprechenden Antrags, zumindest einer kurzen **Begründung.** Es kommt sowohl bei Anordnung als auch bei Unterlassen der Anordnung eine Überprüfung im Rahmen einer **Anfechtung des Urteils** in Betracht, §§ 512, 557 Abs. 2.

IV. Rechtsanwaltsgebühren

4 Die Vorlage von Urkunden wird von der Verfahrensgebühr (Nr. 3100 VV RVG) abgegolten, vgl. Vorbem. 3 Abs. 2 VV RVG.

144 *Augenschein; Sachverständige* **(1) [1]Das Gericht kann die Einnahme des Augenscheins sowie die Begutachtung durch Sachverständige anordnen. [2]Es kann zu diesem Zweck einer Partei oder einem Dritten die Vorlegung eines in ihrem oder seinem Besitz befindlichen Gegenstandes aufgeben und hierfür eine Frist setzen. [3]Es kann auch die Duldung der Maßnahme nach Satz 1 aufgeben, sofern nicht eine Wohnung betroffen ist.**

---

[60] *B/L/H* Rn. 24; MK/*Wagner* §§ 142–144 Rn. 6f.; aA *St/J/Leipold* Rn. 43.
[61] AA *Schlosser,* Festschr. Sonnenberger 2004, 139ff., 153 (§ 387 Abs. 3 analog auch für Prozessparteien).
[62] Anders *B/L/H* Rn. 28.
[1] MK/*Wagner* §§ 142–144 Rn. 19; *St/J/Leipold* Rn. 1; aA *Zö/Greger* Rn. 1 (nur Gerichtsakten).
[2] Anders *Gruber/Kießling* ZZP 116 (2003), 305, 324.
[3] AA, aber nicht mehr aktuell *Schöpflin,* Die Beweiserhebung von Amts wegen im Zivilprozess, Diss. Hamburg 1992, S. 241, der darauf abhob, dass Besitz nach § 273 Abs. 2 Nr. 1 aF nicht erforderlich war.
[4] MK/*Wagner* Rn. 20, 12; *St/J/Leipold* Rn. 2.
[5] *St/J/Leipold* Rn. 5.

(2) [1]Dritte sind zur Vorlegung oder Duldung nicht verpflichtet, soweit ihnen diese nicht zumutbar ist oder sie zur Zeugnisverweigerung gemäß den §§ 383 bis 385 berechtigt sind. [2]Die §§ 386 bis 390 gelten entsprechend.

(3) Das Verfahren richtet sich nach den Vorschriften, die eine auf Antrag angeordnete Einnahme des Augenscheins oder Begutachtung durch Sachverständige zum Gegenstand haben.

I. Normzweck

Die Vorschrift dient wie § 142 sowohl der **Aufklärung streitiger Tatsachen** zu Beweiszwecken (arg ex Abs. 3)[1], als auch der besseren **Veranschaulichung und Klärung unstreitigen,** aber lückenhaften oder unklaren **Sachverhaltes,** etwa soweit das Gericht nicht genügend eigene Sachkunde besitzt.[2] In ihrer zuletzt genannten Funktion ergänzt die Vorschrift §§ 139, 141, 142, 273. Die Einleitung des Beweisverfahrens gemäß Abs. 1 von Amts wegen zur Aufklärung streitiger Tatsachen **durchbricht** den **Beibringungsgrundsatz** (vgl. Einl. Rn. 37ff., 43), der grundsätzlich einen Beweisantritt der Parteien voraussetzt.[3] Das ZPO-RG erweitert wie in § 142 auch die Vorlage- und Duldungspflicht nach § 144 grundsätzlich auf **Dritte** (Einschränkungen nach Abs. 2) und nimmt die Parteien ausdrücklich in die Pflicht. Damit soll die erstinstanzliche Sachverhaltsaufklärung gestärkt werden.[4] Abs. 1 S. 2 und 3 differenzieren zwischen **beweglichen Augenscheinsobjekten** (*Vorlage* an Gericht oder Sachverständigen nach S. 2) und **unbeweglichen** oder **schwer zu transportierenden** Gegenständen (*Duldung* der Besichtigung nach S. 3) – ausgenommen Wohnungen im Hinblick auf Art. 13 GG. 1

§ 144 ist für **jedes Verfahren** nach der ZPO innerhalb und **außerhalb der mündlichen Verhandlung** anwendbar. 2

II. Voraussetzungen und Gegenstand der Anordnung

1. Ermessen des Gerichts. a) Grundsatz. Grundsätzlich steht die Anordnung im **pflichtgemäßen Ermessen** des Gerichts.[5] Die Grenzen der Anordnung liegen in der **Unzulässigkeit eines entsprechenden Beweisantrags** einer Partei (s. auch § 142 Rn. 1).[6] Die Anordnung darf deshalb auch nicht zu einer **unzulässigen Ausforschung** führen.[7] Sie muss sich vielmehr innerhalb des von den Parteien vorgebrachten Prozessstoffes halten. Nicht notwendig ist **substantiierter** Parteivortrag ausnahmsweise,[8] wenn die streitige Tatsache erheblich ist und eigene Sachkunde des Gerichts fehlt (zB Aussagekraft des Telefax-Sendeberichts; zum Arzthaftungsprozess § 402 Rn. 5, 12[9]). Das Gericht darf aber nicht die ihm obliegende Sachverhaltsaufklärung, dh. Tatsachenfeststellung, durch Anordnung gemäß Abs. 1 auf einen Sachverständigen übertragen (§ 402 Rn. 1).[10] § 371 Abs. 2 gibt über die Fälle eines materiellrechtlichen Vorlage- oder Besichtigungsanspruchs hinaus nun die Möglichkeit, dass eine Partei, wenn sich der Gegenstand im Besitz eines Dritten befindet, einen **Beweisantrag** auf Erlass einer Anordnung nach § 144 stellt. Dies ergänzt die amtswegige Möglichkeit nach §§ 144, 273 Abs. 2 Nr. 5. 3

b) Fehlender Beweisantrag. Hält das Gericht bei fehlendem Beweisantrag eine Beweiserhebung für erforderlich, so handelt es ermessensfehlerhaft, wenn es weder nach § 139 einen entsprechenden Hinweis erteilt, noch nach § 144 den Beweis von Amts wegen erhebt (s. § 139 Rn. 14).[11] **Reagiert** die beweisbelastete Partei auf einen Hinweis nach § 139 nicht, so ist regelmäßig ein Tätigwerden von Amts wegen nicht geboten.[12] Es liegt jedoch umgekehrt eine ermessensfehlerhafte Entscheidung vor, wenn das Gericht die Ablehnung der Beweiserhebung **allein** darauf stützt, die Partei habe noch **keinen Beweis beantragt.**[13] Verkennt das Gericht seine Möglichkeiten nach § 144, so kann ebenfalls ein Verfahrensfehler vorliegen.[14] 4

c) Verspäteter Beweisantrag. Soweit ein Beweisantrag der Partei als verspätet zurückgewiesen werden müsste, hat das Gericht auch ohne ausdrücklichen Parteihinweis zu prüfen, ob nicht von Amts wegen nach § 144 vorzugehen ist.[15] Gerade im Vorfeld der Präklusion muss das Gericht seine **Fürsorgepflicht** wahrnehmen.[16] Wird hingegen die Möglichkeit gerade dieser Beweisaufnahme erst durch den verspäteten Antrag offenbart – war etwa das Augenscheinsobjekt dem Gericht vorher nicht bekannt –, so liefe die 5

---

[1] AA *Gruber/Kießling* ZZP 116 (2003), 305, 311ff.

[2] BGHZ 64, 86, 99f. (Patentprozess); BGH NJW 1992, 2019; 1962, 1770, 1771; *St/J/Leipold* Rn. 1.

[3] S. auch *Prütting* NJW 1980, 362, 363.

[4] Begründung zu § 142, BT-Drucks. 14/4722, S. 78.

[5] BGHZ 66, 62, 68 = NJW 1976, 715 u. hM; für eine aus § 219 abzuleitende Anordnungspflicht beim Augenschein *Schöpflin,* Die Beweiserhebung von Amts wegen im Zivilprozess, Diss. Hamburg 1992, S. 194, 203.

[6] BGHZ 5, 302, 307; OLG Naumburg FamRZ 2003, 385f.

[7] OLG Naumburg FamRZ 2003, 385, 386. *St/J/Leipold* Rn. 14; *Zö/Greger* Rn. 2.

[8] BGH NJW 1995, 665, 667 (sehr allgemein: Aufklärung durch Sachverständigen auch über den Sachvortrag der Parteien hinaus); 1994, 663.

[9] Vgl. BGH NJW 1997, 803, 804; 1996, 1597, 1599; VersR 1981, 752; *Franzki* MedR 1994, 171.

[10] *Zö/Greger* Rn. 1.

[11] BGH GRUR 1990, 1054; NJW 1987, 591, 592.

[12] OLG Frankfurt/M NJW-RR 1993, 169, 170.

[13] BGH NJW 1991, 493, 495; *B/L/H* Rn. 7; aA OLG Frankfurt/M NJW-RR 1993, 169, 170.

[14] BGH NJW 1992, 2019, 2020; MK/*Wagner* §§ 142–144 Rn. 3.

[15] BGH NJW 1982, 2317, 2319.

[16] BGH NJW 1991, 493, 495.

amtswegige Beweisaufnahme dem **Zweck der Zurückweisung zuwider.**[17] Bei fehlender Sachkunde des Gerichts ist dagegen der Sachverständigenbeweis auch dann grundsätzlich von Amts wegen zu erheben.

6 **2. Sachverständigengutachten (Abs. 1 S. 1).** Zwar soll ein Sachverständigengutachten regelmäßig **nur auf Antrag** eingeholt werden (Verhandlungsgrundsatz), doch muss das Gericht bei Fehlen eigener Sachkenntnis nach § 139 oder nach § 144 vorgehen (s. Rn. 5). Begründete Zweifel an der Richtigkeit technischer Regeln oder Erfahrungssätze, die das Gericht seiner rechtlichen Beurteilung zu Grunde legen möchte, zwingen zur Aufklärung des technischen Sachverhalts.[18] Allerdings muss das Gericht nicht nur deshalb von Amts wegen tätig werden, weil der Beweisführer den **Kostenvorschuss für** den von ihm **beantragten Gutachter** nicht erbringt.[19] Zulässig ist in diesen Fällen die amtswegige Anordnung, wenn das Gutachten nicht ausschließlich dem Interesse der beweisführenden Partei dient oder diese offenbar nicht in der Lage ist, den Vorschuss aufzubringen.[20] Grundsätzlich ist bei der Ausübung des Ermessens auch der Verhältnismäßigkeit der zu erwartenden Kosten zum zu erwartenden Erkenntnisgewinn Rechnung zu tragen.[21] Zum Sachverständigenbeweis ausführlich § 402 Rn. 1 ff.

7 **3. Augenschein (Abs. 1 S. 1).** Die Anordnung der Augenscheinseinnahme soll erfolgen, wenn eine **unmittelbare gegenständliche Wahrnehmung** durch das Gericht erforderlich ist, damit sich dieses ein Tatsachenurteil bilden kann (Einzelheiten zu Begriff und Abgrenzung § 371 Rn. 3 ff.). Die Beweiserhebung muss zur Wahrheitsermittlung **erforderlich** sein. Ein Unterlassen kann verfahrensfehlerhaft sein, wenn der persönliche Eindruck **unerlässlich** ist.[22] So darf sich das Gericht bei der Beurteilung von Immissionen je nach Einzelfall nicht auf Zeugenaussagen verlassen, sondern muss gegebenenfalls von Amts wegen einen Augenschein einnehmen.[23]

III. Mitwirkungspflicht und Sanktionen

8 **1. Parteien.** Neuere Ansätze in der Literatur halten die **Parteien** schon bisher zu Recht im Rahmen ihrer allgemeinen Aufklärungspflicht (§ 138 Rn. 11) für grundsätzlich verpflichtet, Augenscheinsobjekte vorzulegen (s. nun Abs. 1 S. 2) bzw. Ortsbesichtigungen zu dulden (Abs. 1 S. 3). Die ausdrückliche Möglichkeit in Abs. 1 S. 3, eine Duldung aufzugeben, sowie der erst-Recht-Schluss aus der nun eingeführten Mitwirkungspflicht (unbeteiligter) Dritter bestätigen diesen Grundsatz. Zwangsmittel stellen §§ 144, 371 **nicht** zur Verfügung, es verbleibt jedoch die Möglichkeit **freier Beweiswürdigung** (§ 286) von Weigerung und gegebenenfalls vorgebrachten Gründen (zum Ganzen § 371 Rn. 20 und § 142 Rn. 7) bzw. die in § 371 Abs. 3 neu eingefügte – § 427 S. 2 nachgebildete – Sanktion, die Behauptung(en) der beweisführenden Partei bei **Beweisvereitelung** des Gegners als bewiesen anzusehen (hierzu § 371 Rn. 20). Versäumt die **beweisbelastete** Partei eine vom Gericht nach Abs. 1 S. 2 iVm § 273 Abs. 2 Nr. 5 gesetzte **Frist zur Vorlage,** so gilt § 296 Abs. 1.

9 **2. Dritte.** Für Dritte normieren Abs. 1 und 2 nun ausdrücklich eine **prozessuale Vorlegungs- und Duldungspflicht** in den Grenzen der Zumutbarkeit und anerkannter Weigerungsrechte (§§ 383–385 entsprechend). Bei unberechtigter Weigerung des Dritten können nach § 390 Ordnungsmittel verhängt werden, s. aber Rn. 10. Abs. 2 entspricht § 142 Abs. 2, s. dort Rn. 8, 9.

10 **3. Inhalt.** Vorlageanordnungen nach Abs. 1 S. 2 können auf Vorlegung bei Gericht oder gegenüber einem Sachverständigen gerichtet sein (Bezugnahme auf Abs. 1 S. 1 erfasst Augenschein und Sachverständigengutachten gleichermaßen). Auch die Duldungsanordnung nach Abs. 1 S. 3 erfasst grundsätzlich beide Alternativen und hat daher Relevanz für die Durchführung eines Augenscheins durch das Gericht (Ortstermin) oder eine Besichtigung durch den Sachverständigen. Von der Pflicht, einen Augenschein an unbeweglichen Gegenständen oder solchen, die nur schwer einer Vorlage bei Gericht zugänglich sind, zu dulden (Abs. 1 S. 3) sind ausdrücklich ausgenommen die **Wohnung einer Partei oder eines Dritten.** Dies trägt dem Grundrecht der Unverletzlichkeit der Wohnung nach **Art. 13 GG** Rechnung; zum Wohnungsbegriff s. § 178 Rn. 3, 3 a.[24] Mangels prozessualer Mitwirkungspflicht entfällt insoweit auch jede Sanktionsmöglichkeit bei verweigerter Duldung eines Dritten. Für die Partei dürfen beweisrechtliche Rückschlüsse aus ihrer Weigerung jedoch gezogen (s. § 219 Rn. 3), nur der Zutritt selbst nicht erzwungen werden.

IV. Entscheidung und Verfahren

11 **1. Entscheidung.** Die Anordnung ergeht in der mündlichen Verhandlung durch **Gerichtsbeschluss,** außerhalb durch **Verfügung,** (§ 273 Abs. 2 Nr. 5). Vor der mündlichen Verhandlung kann sie durch Beweisbeschluss gemäß § 358 a S. 2 Nr. 4, 5 erfolgen. Sie ist kurz **zu begründen,** ebenso die Nichterhebung eines Beweises, dessen Inanspruchnahme sehr nahe gelegen hätte (revisionsrechtliche Überprüfung der Ermessensgrenzen[25]).

12 **2. Verfahren.** Gemäß Abs. 3 richtet sich das Verfahren nach den Vorschriften der §§ 371 ff. bzw. §§ 402 ff., die eine auf Antrag angeordnete Augenscheinseinnahme oder Begutachtung zum Gegenstand haben. Eine

---

[17] *St/J/Leipold* Rn. 12.
[18] BGH NJW 1982, 1049, 1050.
[19] RGZ 155, 37, 39; BGH MDR 1976, 396; OLG Düsseldorf MDR 1974, 321.
[20] *St/J/Leipold* Rn. 30; *B/L/H* Rn. 8 (mahnt zur Zurückhaltung); *Zö/Greger* Rn. 2.
[21] OLG Naumburg FamRZ 2003, 385 f.; *Zö/Greger* Rn. 2.
[22] BGH NJW 1992, 2019, 2020.
[23] BGH NJW 1992, 2019, 2020; OLG Oldenburg MDR 1991, 546.
[24] Zur Rechtslage vor Neufassung von § 144 *Jankowski* NJW 1997, 3347.
[25] BGH FamRZ 1987, 152, 153; MK/*Wagner* §§ 142–144 Rn. 7.

Ausnahme besteht für §§ 402, 379: Da kein Beweisführer vorhanden ist, kommt ein **Auslagenvorschuss** bei amtswegiger Erhebung des Sachverständigenbeweises nicht in Betracht (aber § 68 Abs. 3 S. 1 GKG anwendbar[26]).[27] Neben den besonderen Beweisvorschriften sind die **allgemeinen Regeln der §§ 355 ff.** anwendbar.

V. Rechtsbehelfe

Eine Maßnahme gemäß Abs. 1 ist **zusammen mit dem Endurteil** anfechtbar, wenn die Entscheidung auf der ermessensfehlerhaften Anordnung beruht oder diese in ebensolcher Weise unterblieben ist. S. auch § 142 Rn. 13. 13

VI. Gebühren und Kosten

1. Rechtsanwaltsgebühren. Die Tätigkeit des Anwalts ist durch die Verfahrensgebühr (Nr. 3100 VV RVG) abgedeckt; die Wahrnehmung des Ortstermins mit dem Sachverständigen lässt die Terminsgebühr entstehen (Vorbem. 3 Abs. 3 VV RVG), vgl. im Einzelnen § 358 Rn. 4, § 371 Rn. 17 und § 411 Rn. 12. 14

2. Gerichtskosten. Gerichtsgebühren werden nicht erhoben. 15

145

Prozesstrennung **(1) Das Gericht kann anordnen, dass mehrere in einer Klage erhobene Ansprüche in getrennten Prozessen verhandelt werden.**

(2) Das Gleiche gilt, wenn der Beklagte eine Widerklage erhoben hat und der Gegenanspruch mit dem in der Klage geltend gemachten Anspruch nicht in rechtlichem Zusammenhang steht.

(3) Macht der Beklagte die Aufrechnung einer Gegenforderung geltend, die mit der in der Klage geltend gemachten Forderung nicht in rechtlichem Zusammenhang steht, so kann das Gericht anordnen, dass über die Klage und über die Aufrechnung getrennt verhandelt werde; die Vorschriften des § 302 sind anzuwenden.

I. Normzweck

Die Vorschrift dient der **Übersichtlichkeit** des Verfahrens und der Vermeidung einer **Prozessverschleppung.** Die Anordnung der Prozesstrennung soll daher nur erfolgen, wenn dadurch wenigstens ein Teil voraussichtlich schneller erledigt werden kann.[1] Sie ist Maßnahme der sachlichen **Prozessleitung** (s. § 136 Rn. 1), liegt im pflichtgemäßen **Ermessen** des Gerichtes (s. aber Rn. 2, 3) und kann sowohl **auf Antrag** als auch **von Amts wegen** ergehen. Die Trennung kann in jeder Lage des Prozesses, auch in einer höheren Instanz erfolgen.[2] Die Vorschrift findet im Rahmen der **Zwangsvollstreckung** analoge Anwendung.[3] 1

II. Voraussetzungen und Anordnung der Prozesstrennung (Abs. 1)

1. Zulässigkeit. a) Grundsatz. Voraussetzung der Trennung ist **Anspruchshäufung** (§ 260) oder **Parteienhäufung** (§§ 59, 60). Es muss sich demnach um **mehrere Streitgegenstände** handeln. Ist **derselbe** Anspruch mehrfach begründet, kann lediglich eine Beschränkung auf einzelne Verteidigungsmittel nach § 146 stattfinden. Das Gericht **muss** trennen, wenn es das Gesetz vorsieht. Dies ist der Fall, wenn eine Anspruchsverbindung nach § 260 unzulässig ist, so bei §§ 610 Abs. 2, 623 Abs. 1 S. 2, 632 Abs. 2, 640c Abs. 1 S. 1; ggf. ist auch noch im Revisionsverfahren zu trennen.[4] Das Gleiche gilt, wenn verschiedene Ansprüche in verschiedenen Prozessarten verbunden sind.[5] 2

Unzulässig ist eine Trennung dagegen, wenn eine **Verbindung zwingend** vorgeschrieben ist, vgl. §§ 518 S. 2 ZPO, 246 Abs. 3 S. 3, 249 Abs. 2 S. 2, 275 Abs. 4 AktG, 51 Abs. 3, 112 Abs. 1 GenG sowie bei notwendiger Streitgenossenschaft nach § 62[6]. In **Familiensachen** ist eine Trennung im Verbundverfahren nach § 623 unzulässig; eine Ausnahme kommt jedoch im Fall des § 628 in Betracht. Zulässig ist jedoch die Trennung von Scheidungsverbund und vorbereitenden Auskunftsansprüchen, wenn keine Stufenklage vorliegt.[7] Eine Trennung darf auch dann nicht erfolgen, wenn ein Teil des Rechtsstreites entscheidungsreif ist und durch **Teilurteil** nach § 301 entschieden werden kann, da dies dem Normzweck, insbesondere § 301 Abs. 1 S. 2, zuwider liefe. 3

b) Einzelfälle. Bei Übergang vom Mahn- zum Streitverfahren gegen **mehrere Beklagte** ist eine Trennungsanordnung überflüssig, wenn das Streitverfahren bei verschiedenen Gerichten anhängig ist.[8] Wird im Falle der Geltendmachung von rückständigem und zukünftigen Trennungsunterhalt über das Vermögen des Beklagten das Insolvenzverfahren eröffnet, so ist streitig, ob die Unterbrechungswirkung das gesamte Verfahren erfasst oder Ansprüche auf Unterhalt für die Zeit nach Eröffnung des Insolvenzverfahrens nicht erfasst werden, da sie nicht Insolvenzforderungen sind (s. § 240 Rn. 5). Da für letztere jedenfalls eine Auf- 4

---

[26] OLG Koblenz FamRZ 2002, 685; missverständlich BGH NJW 2000, 743 m. Nachw.
[27] BGH LM § 379 Nr. 1; RGZ 109, 66, 67; *St/J/Leipold* Rn. 29.
[1] BGH NJW 1995, 3120.
[2] BGH NJW 1979, 426, 427.
[3] KG Rpfleger 1976, 327; LG Berlin Rpfleger 1993, 167; LG Oldenburg Rpfleger 1981, 363.
[4] BGH NJW 2007, 909, 910 (Trennungsgebot gilt auch, wenn z. B. Kindschaftssache nach § 640 nur als Hilfsantrag geltend gemacht wird); zur Trennung in zweiter Instanz s. bereits BGH NJW 1979, 78.
[5] *Zö/Greger* Rn. 3.
[6] BGH MDR 1997, 746 m. Nachw. zum Streitstand.
[7] BGH NJW 1997, 2176, 2177.
[8] KG Rpfleger 1970, 405.

nahme nach § 86 InsO möglich ist, kann nach Aufnahme eine Trennung des Verfahrens hinsichtlich der nicht vom Insolvenzverfahren erfassten Unterhaltsansprüche im Interesse einer zügigen (Teil-)Entscheidung geboten sein.[9] Werden **Haupt- und Hilfsanspruch** entgegen einem Verbindungsverbot zusammen geltend gemacht, so ist streitig, ob eine Trennung auf Grund des Eventualverhältnisses möglich ist. Teilweise wird vertreten, der unzulässigerweise verbundene Hilfsanspruch sei bei Entscheidungsreife als unzulässig abzuweisen[10]. Bei Verbindung von Familien- und Nichtfamiliensachen hält der IV Senat eine Trennung nur ausnahmsweise für zulässig;[11] der XII. Senat spricht sich demgegenüber für den Fall des § 640c für die Zulässigkeit der Trennung aus. Wird für den Hilfsantrag die Bedingung dann nicht zurückgenommen oder kann sie in der Revisionsinstanz nicht mehr zurückgenommen werden, ist die Klage insoweit unzulässig.[12] Der Kläger darf sich durch die unzulässige Verbindung keinen Vorteil gegenüber ordnungsgemäßer, getrennter Klageerhebung verschaffen. Ein rechtlicher Zusammenhang der Ansprüche steht der Trennung nach Abs. 1 (anders Abs. 2 und 3) nicht entgegen, sie wird dann aber meist nicht sachdienlich sein.[13]

5 **2. Trennungsbeschluss.** Anordnung und Ablehnung der Trennung erfolgen, soweit nicht nach § 128 Abs. 2 schriftlich verhandelt wird, durch **Beschluss** des **Gerichtes** (Einzelrichters), der kurz zu **begründen** ist. Dies ergibt sich bereits daraus, dass zwar der Trennungsbeschluss selbst nicht angefochten, seine Rechtmäßigkeit aber in der Rechtsmittelinstanz überprüft werden kann (s. Rn. 9).[14] Mündliche Verhandlung erfolgt nach § 128 Abs. 4 nur noch ausnahmsweise.[15] Vor der Trennungsanordnung muss den Parteien **rechtliches Gehör** gewährt werden.[16]

III. Wirkung der Trennung

6 **1. Allgemeine Wirkungen.** Mit der Trennung entstehen **zwei** selbständige, von einander **unabhängige Verfahren.** Über die getrennten Prozesse muss das Gericht neue Akten anlegen, selbständig verhandeln und entscheiden.[17] Werden Familien- und Nichtfamiliensachen getrennt, hat eine Abgabe an das sachlich zuständige Gericht zu erfolgen.[18] Die Prozessvorgänge, die **vor** der Trennung stattgefunden haben, bleiben für beide Verfahren wirksam. Die **Entscheidung** der durch die Trennung entstandenen neuen Verfahren ergeht jeweils durch **Endurteil.** Aufhebung der Trennung ist möglich, vgl. § 150.

7 **2. Änderung des Streitwertes.** Der **Streitwert** berechnet sich für die getrennten Verfahren jeweils neu. Keinen Einfluss hat dies auf die Zuständigkeit des Gerichtes: Die einmal begründete örtliche und sachliche Zuständigkeit (auch des LG im Fall der Addition nach § 5) bleibt erhalten (s. auch § 261 Abs. 2 Nr. 2). Zur Berechnung von Rechtsanwalts- und Gerichtsgebühren s. Rn. 35, 36.[19] Die **Rechtsmittelsumme** richtet sich nach dem Streitwert der neu entstandenen Verfahren. Wenn diese in den getrennten Prozessen nicht erreicht wird, führt dies nicht per se zur Unzulässigkeit des Trennungsbeschlusses.[20] Nach bisheriger Rechtslage konnte eine Verfahrenstrennung wegen einer nicht näher sachlich begründeten erhöhten Übersichtlichkeit den Gleichheitssatz verletzen, insbesondere wenn die Einzelurteile dann die Revisionssumme (§ 546 Abs. 1 aF) nicht mehr erreichten.[21] Mit dem Übergang zur **Zulassungsrevision** durch das ZPO-RG ist das Problem für die Revisionsfähigkeit entfallen, für die Berufungsfähigkeit im Hinblick auf § 511 Abs. 2 Nr. 2 entschärft, wenn das Gericht von der Zulassungsmöglichkeit Gebrauch macht. Eine **unzulässige** Trennung hindert die Rechtsmittelfähigkeit, soweit sie noch streitwertabhängig ist, jedoch nicht.[22] Die Rechtsmittelsumme berechnet sich in diesem Fall aus dem nach § 5 zusammenzurechnenden Gesamtstreitwert.[23] Bei großer Ungewissheit über die Addition und damit die Statthaftigkeit verfährt das BVerfG in der Frage der Rechtswegerschöpfung großzügig.[24] Zur Kostenentscheidung bei Beendigung der **Streitgenossenschaft** infolge Trennung vgl. § 100 Rn. 11.

IV. Trennung von Klage und Widerklage (Abs. 2)

8 Klage und Widerklage können getrennt werden, wenn **kein rechtlicher Zusammenhang** besteht.[25] Der **rechtliche Zusammenhang** liegt vor, wenn Anspruch und Gegenanspruch im Wesentlichen auf einem ge-

---

[9] OLG Karlsruhe NJW-RR 2006, 1302.
[10] *Ro/S/Go*, § 96 II 2; *St/J/Schumann* § 260 Rn. 53.
[11] BGH NJW 1979, 426.
[12] BGH NJW 2007, 909, 911.
[13] *Zö/Greger* Rn. 5.
[14] OLG Koblenz VRS 64, 174, 176.
[15] Für mündliche Verhandlung nach bisheriger Rechtslage BGH NJW 1957, 183; hL s. *T/P/Reichold* Rn. 3; aA *B/L/H* Rn. 5.
[16] OLG München NJW 1984, 2227, 2228.
[17] *B/L/H* Rn. 6; MK/*Peters* Rn. 12.
[18] BGH NJW 1979, 426, 427; 1979, 659, 660.
[19] Hierzu auch OLG München NJW-RR 1996, 1279; *B/L/H* Rn. 6; MK/*Wagner* Rn. 15; *St/J/Leipold* Rn. 25.
[20] RGZ 6, 416, 417; *B/L/H* Rn. 6; *St/J/Leipold* Rn. 24.
[21] BVerfG NJW 1997, 649f. (Kammerbeschl.); s. auch BGH NJW 1995, 3120; LG Berlin Rpfleger 1996, 397, 399 (f. Kostenfestsetzungsverfahren).
[22] BGH NJW 1995, 3120, 3121; *St/J/Leipold* Rn. 8, 24; *Zö/Greger* Rn. 7.
[23] BGH NJW 1995, 3120.
[24] BVerfG NJW 1997, 649 (Kammerbeschl.).
[25] So auch OLG Hamburg FamRZ 1996, 676 (f. gegenläufige Anträge im FGG-Verfahren); erst Recht Trennung, wenn Widerklage verspätet OLG Düsseldorf NVersZ 2000, 89, 90.

meinsamen Rechtsverhältnis beruhen oder im **Bedingungsverhältnis** zueinander stehen, wie bei der Zwischenfeststellungs- oder Eventualwiderklage[26] (s. § 33 Rn. 16, 12). Da die Widerklage sachlich eine Klage darstellt (s. § 33 Rn. 5), ist – soweit mit der Widerklage mehrere Ansprüche geltend gemacht werden – jeder Anspruch getrennt auf seinen sachlichen Zusammenhang mit der Klage und somit auf seine Abtrennbarkeit zu überprüfen.[27] Die Trennung von Klage und Widerklage liegt im **Ermessen** des Gerichtes (s. Rn. 1). Wird vor dem Familiengericht ein nicht familienrechtlicher Widerklageanspruch geltend gemacht, **muss** das Gericht den Anspruch abtrennen und den Rechtsstreit an die allgemeine Abteilung des zuständigen Gerichtes **abgeben,** Gleiches gilt im umgekehrten Fall.[28] Der Widerkläger und Beklagte wird auf Grund der Trennung **Kläger** des abgetrennten Verfahrens.

V. Rechtsmittel

Der Trennungsbeschluss nach Abs. 1–3 ist **nicht selbständig anfechtbar.**[29] Seine Rechtmäßigkeit kann jedoch im Rahmen der Anfechtung des Endurteils durch das Rechtsmittelgericht überprüft werden.[30] Zur Wiederverbindung durch das Gericht selbst s. § 150. 9

VI. Getrennte Verhandlung von Klage und der zur Aufrechnung gestellten Forderung (Abs. 3)

1. Zweck und Voraussetzungen. Die getrennte Verhandlung von Klage und Aufrechnungsforderung in Abs. 3 vermeidet eine **Verzögerung** des Rechtsstreites durch die Entscheidung über die zur Aufrechnung gestellte Forderung. Notwendig ist die Aufrechnung mit einer Gegenforderung, welche mit der Klageforderung **nicht** in **rechtlichem Zusammenhang** steht. **Konnexität** ist gegeben, wenn Klage- und Aufrechnungsforderung aus einem innerlich zusammengehörenden Lebenssachverhalt stammen, so dass es treuwidrig erschiene, einen Anspruch ohne Rücksicht auf den anderen zu behandeln.[31] In diesem Fall kommt aber eine Beschränkung nach § 146 in Betracht. Für die **Anordnung** der getrennten Verhandlung von Klageforderung und Aufrechnungsforderung gilt das unter Rn. 5 Gesagte entsprechend. 10

2. Wirkung der Trennung. Die Trennung von Klage und der zur Aufrechnung gestellten Forderung führt im Gegensatz zu Abs. 1 und 2 nicht zu zwei unterschiedlichen Prozessen, sondern lediglich zu **getrennten Verhandlungen** von Klage- und Aufrechnungsforderung. Über die regelmäßig zuerst entscheidungsreife Klage-(Haupt-)forderung entscheidet das Gericht stattgebend durch **Vorbehaltsurteil** (§ 302). Im Fall der Klageabweisung ergeht **Endurteil** – über die Gegenforderung braucht dann nicht mehr verhandelt zu werden. Ein Teilurteil nur über die Gegenforderung oder über den nicht von der Aufrechnung erfassten Teil der Hauptforderung – ohne gleichzeitiges Vorbehaltsurteil[32] – ist unzulässig.[33] 11

VII. Anhang: Prozessaufrechnung

1. Geltendmachung der Aufrechnung. Zu unterscheiden ist zwischen der Geltendmachung einer außerprozessual erklärten Aufrechnung und der Prozessaufrechnung. **a) Aufrechnungserklärung.** Mit der Aufrechnungserklärung übt der Schuldner ein **privatrechtliches Gestaltungsrecht** nach §§ 387ff. BGB aus. Die Voraussetzungen der genannten Vorschriften müssen deshalb vorliegen. Es handelt sich um eine rechtsvernichtende **Einwendung.** 12

b) Geltendmachung. Die Erklärung gemäß § 388 BGB ist zu trennen von der **Geltendmachung** der Aufrechnung im Prozess, die als **Einrede** im Sinne der ZPO zur Klageabweisung führen kann.[34] Die Aufrechnung ist **Verteidigungsmittel.** Sie soll die Klageforderung zu Fall bringen und ist deshalb in der Klageerwiderung vorzubringen (zum Sonderfall der Aufrechnung durch den Kläger s. Rn. 19, zur Erledigung durch Aufrechnung § 91a Rn. 57). Werden nach § 276 Abs. 1 Fristen zur Klageerwiderung gesetzt und ist das Vorbringen im Rahmen einer verfahrensfördernden Prozessführung erforderlich (§ 277 Abs. 1), ist neben der Geltendmachung der Aufrechnung auch die Aufrechnungsforderung (= Gegenforderung) zu substantiieren.[35] Die Geltendmachung der Aufrechnung ist insoweit **Prozesshandlung** und richtet sich in Zulässigkeit, Voraussetzungen und Wirkungen allein nach dem Prozessrecht. Sie kann deshalb nicht nur von den Prozessparteien, sondern auch durch einen Dritten, so in Person des Streithelfers, erfolgen. 13

c) Prozessaufrechnung. Aufrechnungserklärung und -geltendmachung können zeitlich nacheinander erfolgen, aber auch bei erstmaliger Erklärung der Aufrechnung im Prozess zeitlich in einem Akt zusammenfallen (**Prozessaufrechnung**). Nach hM[36] ist die Prozessaufrechnung auch eine bürgerlichrechtliche einseitige Willenserklärung, auf die sich die Partei durch Prozesshandlung lediglich beruft (**Doppeltatbestand**). 14

---

[26] *Zö/Greger* Rn. 8.
[27] *St/J/Leipold* Rn. 6.
[28] OLG Düsseldorf FamRZ 1982, 511, 513.
[29] BGH NJW 1995, 3120.
[30] BGH NJW 1995, 3120; OLG München NJW 1984, 2227, 2228.
[31] BGHZ 25, 360, 363f.; OLG Düsseldorf MDR 1985, 60.
[32] BGH NJW 1996, 395.
[33] MK/*Wagner* Rn. 17.
[34] *Coester-Waltjen* Jura 1990, 27.
[35] BGHZ 91, 293, 303f.
[36] MK/*Wagner* Rn. 18f.; *St/J/Leipold* Rn. 28; *Jauernig* ZPR § 30 V; krit., aber im Ergebnis zust. *Musielak* JuS 1994, 817, 818f.; aA *Nickisch,* Festschr. Lehmann, Bd. II, S. 765, 779ff.

15 **2. Haupt- und Hilfsaufrechnung. a) Begriff.** Zu unterscheiden ist zwischen **Hauptaufrechnung** (Primäraufrechnung) für den Fall, dass der Klageanspruch unstreitig ist und der Beklagte sich nur mit der Aufrechnung verteidigt,[37] und **Hilfsaufrechnung** (Eventualaufrechnung), wenn der Beklagte den Klageanspruch bestreitet oder zunächst andere materiellrechtliche Einwendungen entgegensetzt. Mehrere nicht selbständige Teilbeträge derselben Forderung können nicht in einem Eventualverhältnis zueinander zum Gegenstand von Hilfsaufrechnungen gemacht werden, da es dem Beklagten ansonsten möglich wäre, seine Beschwer durch Aufspaltung seiner Forderung beliebig zu erhöhen.[38] Wird mit **mehreren Forderungen** aufgerechnet, sind Verhältnis und Reihenfolge anzugeben, mit der sie zur Aufrechnung gestellt sind, sonst gelten §§ 396 Abs. 1 S. 3, 366 Abs. 2 BGB.[39]

16 **b) Zulässigkeit der Hilfsaufrechnung.** Die prozessuale Hilfsaufrechnung verstößt nicht gegen § 388 S. 2 BGB. Das Abhängigmachen der Aufrechnung vom Bestehen der streitigen Klageforderung ist kein zukünftiges ungewisses Ereignis, sondern **Wirksamkeitsvoraussetzung.**[40] Wird dagegen die Klageforderung unstreitig gestellt, verteidigt sich der Beklagte aber zunächst mit anderen materiellrechtlichen Einreden, liegt eine Gegenwartsbedingung vor, deren Voraussetzungen bereits objektiv feststehen.[41]

17 **c) Prüfungsreihenfolge.** Die Einordnung als Haupt- oder Hilfsaufrechnung gibt dem Gericht die Prüfungsreihenfolge vor. Verteidigt sich der Beklagte allein mit der Hauptaufrechnung, ist der Klageanspruch unstreitig gestellt. Das Gericht hat bei zulässiger Klage Zulässigkeit und Begründetheit des Aufrechnungseinwandes zu prüfen. Im Fall der Hilfsaufrechnung ist zunächst die (Zulässigkeit und) Begründetheit der Klageforderung zu prüfen. Ist die Klage bereits aus einem sonstigen Grunde unzulässig oder unbegründet, erfolgt keine Prüfung der Aufrechnung.[42]

18 **3. Aufrechnungsbefugnis. a) Aufrechnung durch den Beklagten.** Auf Grund ihrer Rechtsnatur als Einwendung kommt die Aufrechnung vorrangig als **Verteidigungsmittel** des **Beklagten** in Betracht, kann aber auch vom Kläger geltend gemacht werden.

19 **b) Aufrechnung durch den Kläger.** Bei der **Aufrechnungsbefugnis** des **Klägers** wird unterschieden, ob sich dieser – wie in den Fällen der negativen Feststellungsklage und Vollstreckungsgegenklage – in der Rolle des Schuldners befindet, auch in diesem Fall ist die Aufrechnung Verteidigungsmittel. Sie ist deshalb uneingeschränkt zulässig.[43] Denkbar ist aber auch eine **Gegenaufrechnung** des Klägers gegen eine vom Beklagten erklärte Aufrechnung. Hier ist nach dem Zeitpunkt der Aufrechnungserklärung zu differenzieren. Beruft sich der Kläger nach der Aufrechnung des Beklagten auf eine bereits erklärte **vorprozessuale** Aufrechnung, hat das Gericht bei ansonsten gegebener Begründetheit des Aufrechnungseinwandes des Beklagten die Gegenaufrechnung des Klägers zu prüfen. Kommt es zu dem Ergebnis, diese sei zulässig und begründet, muss es dem Klageanspruch stattgeben, da die **Aufrechnungsforderung** des Beklagten durch die Gegenaufrechnung des Klägers bereits **erloschen** war.[44] Das Gericht kann, um dem Normzweck des Abs. 3 gerecht zu werden, zwischen Klageanspruch einerseits sowie Aufrechnung und Gegenaufrechnung andererseits, trennen. Es bietet sich an, zunächst ein Vorbehaltsurteil über den Klageanspruch zu erlassen (§ 302) und im Nachverfahren über Aufrechnung und Gegenaufrechnung zu befinden. Bei der Entscheidung über Aufrechnung und Gegenaufrechnung scheidet dagegen eine Trennung nach Abs. 3 aus, da der Schutzzweck der Norm, Vermeidung einer Prozessverschleppung, nicht berührt ist. In Betracht kommt aber eine **Beschränkung** der Verhandlung **nach § 146,** so dass zunächst über die Aufrechnungsforderung des Beklagten, sodann über die Gegenaufrechnungsforderung des Klägers verhandelt wird (zur **Rechtskraft** der Gegenaufrechnung s. Rn. 27). Eine Aufrechnungserklärung des Klägers, die während des Prozesses und damit zeitlich **nach der Aufrechnung durch den Beklagten** erfolgt, ist unbeachtlich.[45] Bei wirksamer Aufrechnung des Beklagten geht sie mangels Hauptforderung ins Leere, andernfalls bedarf es ihrer nicht. Der Kläger ist in diesem Fall auf die Klageerweiterung verwiesen.

20 **4. Wirkung der Aufrechnung. a) Rechtshängigkeit.** Die Aufrechnungsforderung wird, da sie Verteidigungsmittel ist, **weder bei der Haupt- noch der Hilfsaufrechnung rechtshängig.**[46] Der Beklagte kann die Forderung deshalb in einem anderen Prozess einklagen oder in einem weiteren Verfahren erneut zur Aufrechnung stellen.[47] Umgekehrt hindert auch eine bereits bestehende anderweitige **Rechtshängigkeit der Gegenforderung** die Aufrechnung nicht.[48] Das gilt auch für eine im Nachverfahren eines Wechselprozesses

---

[37] BGHZ 57, 301, 302f. = NJW 1972, 257.
[38] BGH NJW-RR 1995, 508.
[39] BGHZ 149, 120 = NJW 2002, 2182, 2183.
[40] *Ro/S/Go* § 102 Rn. 19.
[41] *Ro/S/Go* § 102 Rn. 17.
[42] BGH NJW 1999, 2822.
[43] *St/J/Leipold* Rn. 29; *Zö/Greger* Rn. 12.
[44] BGHZ 56, 312, 314f.
[45] HL, *St/J/Leipold* Rn. 29; *B/L/H* Rn. 23; *Zö/Greger* Rn. 12; *T/P/Reichold* Rn. 30; aA *Pawlowski* ZZP 104 (1991), 249, 268f.; *Braun* ZZP 89 (1976), 93, 97.
[46] BGH MDR 2004, 705, 706; NJW 1999, 1180; BGHZ 57, 242, 243–245; BAG AP HGB § 74c Nr. 3 = WM 1974, 792; EuGH IPRax 2003, 443 (für Aufrechnung in ausländischem Verfahren); *B/L/H* Rn. 15; MK/*Wagner* Rn. 29; *St/J/Leipold* Rn. 49; *Zö/Greger* Rn. 18; Nachw. zur Gegenansicht bei *Althammer* ZZP 117 (2004), 500, 501.
[47] BGH MDR 2004, 705, 706 (Aussetzung nach § 148 auch im Urkundenprozess zweckmäßig).
[48] BGH NJW-RR 1994, 379; BGHZ 57, 242, 243–245 = BGH NJW 1972, 450; BGHZ 80, 222, 226f.; *Lindacher* JZ 1972, 429, 431; krit. *Zeiss* JR 1972, 337, 338; *Heckelmann* NJW 1972, 1350, 1352–1354; *Bettermann* ZZP 85 (1972), 486, 488.

anhängige Wechselforderung, wenn über diese bereits anderweitig ein rechtskräftiges Wechselvorbehaltsurteil ergangen und die Forderung im Wechselnachverfahren noch anhängig ist.[49]

b) **Verjährung.** Nach § 204 Abs. 1 Nr. 5 BGB **hemmt** die **Geltendmachung** der Aufrechnung im Prozess die **Verjährung.** Die Hemmung endet sechs Monate nach einer rechtskräftigen Entscheidung oder sonstigen Beendigung (§ 204 Abs. 2 BGB). Sie greift nur bei **erfolgloser** Aufrechnung, so bei nicht berücksichtigter Eventualaufrechnung[50] und bei prozessual oder materiellrechtlich unzulässiger Aufrechnung[51]. Hat die Aufrechnung Erfolg, erlischt die Aufrechnungsforderung, so dass die Verjährung gegenstandslos wird.[52] Wurde mit mehreren, die Hauptforderung übersteigenden Gegenforderungen hilfsweise aufgerechnet, hängt die Hemmung der Verjährung nicht davon ab, ob im Gegensatz zu den Anforderungen an die Bestimmtheit der Aufrechnungsforderung (s. Rn. 15) die Reihenfolge in der aufgerechnet werden soll, bezeichnet ist.[53] Allerdings tritt in diesem Fall die **Verjährungshemmung** für alle Forderungen nur **in Höhe des Klageanspruchs** ein,[54] dagegen nicht soweit die Ansprüche die die Obergrenze bildende Klageforderung übersteigen.[55] 21

5. Entscheidung über die Aufrechnung. a) Entscheidung über die Klageforderung. Wird zunächst der Rechtsstreit über die Klageforderung entscheidungsreif, ergeht nach der Trennung bei Unbegründetheit klageabweisendes **Endurteil,** bei Begründetheit des Klageanspruchs Vorbehaltsurteil nach § 302, soweit über die Aufrechnungsforderung noch nicht entschieden ist. Eine alleinige Entscheidung über die zur Aufrechnung gestellte Forderung ist nicht möglich, da es sich nur um eine Prozesseinrede handelt. Ist die Aufrechnungsforderung vor der Klageforderung entscheidungsreif, bietet sich gemäß § 150 die Aufhebung der Trennungsanordnung an.[56] Ist auch die streitige Klageforderung entscheidungsreif, wird ein Endurteil erlassen. Ob es im Fall der Hilfsaufrechnung zu einer Entscheidung über die Aufrechnungsforderung kommt, hängt vom Bestehen der Klageforderung ab. Die Klage darf nicht als jedenfalls unbegründet abgewiesen werden, nur weil die Aufrechnung eingewendet wurde, da ansonsten nicht deutlich wird, ob die aufgerechnete Forderung des Beklagten verbraucht ist.[57] 22

b) **Zurückweisung der Aufrechnung.** Die Aufrechnung ist als **unzulässig** zurückzuweisen, wenn ein **materiellrechtliches Aufrechnungsverbot** besteht, §§ 390, 391 Abs. 2, 392ff. BGB. Die Zurückweisung kann auch aus Gründen der **prozessualen Unzulässigkeit** erfolgen, etwa bei unzureichender Individualisierbarkeit der Gegenforderung.[58] Als Verteidigungsmittel kann der Aufrechnungseinwand als **verspätet** zurückgewiesen werden, § 296 Abs. 1 und 2. In der Berufungsinstanz ist eine Aufrechnung nur unter den Voraussetzungen des § 533 zulässig. Nach der Rspr. ist die Aufrechnung im Rahmen der Vollstreckungsgegenklage nach § 767 Abs. 2 **präkludiert,** wenn die **Aufrechnungslage** bereits in der letzten mündlichen Verhandlung bestanden hat, die Aufrechnung dort aber nicht vorgebracht oder zurückgewiesen wurde. Die hM stellt demgegenüber auf die **Ausübung des Gestaltungsrechts** ab (Nachw. zum Streitstand § 767 Rn. 34–37, § 322 Rn. 39ff., 41). 23

Ein **prozessuales Aufrechnungsverbot** liegt auch vor, wenn die Parteien vereinbart haben, die Aufrechnung im Prozess nicht geltend zu machen.[59] Ein solches kann auch in einer **Gerichtsstandsklausel** liegen, insbesondere wenn zusätzlich ein dahingehender Parteiwille aus anderen Umständen des Vertragsschlusses erkennbar ist,[60] sowie in einer Schiedsvereinbarung über die Aufrechnungsforderung (s. auch Rn. 29).[61] Die als prozessual unzulässig zurückgewiesene Aufrechnung ist materiellrechtlich grds. wirksam, wenn man nicht § 139 BGB analog[62] anwendet oder eine innerprozessuale Bedingung annimmt.[63] Im Interesse des Beklagten sollte man ihm die erneute Geltendmachung eröffnen. Die **Zurückweisung** der Aufrechnung als unzulässig erfolgt nicht im Tenor, sondern in den **Urteilsgründen.** Verneint das Gericht bereits die Zulässigkeit der Aufrechnung, darf es keine zusätzlichen Ausführungen zur Begründetheit machen, widrigenfalls sind sie als nicht vorhanden zu betrachten.[64] Die zulässige und begründete Aufrechnung führt dagegen zur **Klageabweisung.** 24

Wird im **Urkunden- und Wechselprozess** aufgerechnet, ist die Klage als in der gewählten Prozessart **unstatthaft** abzuweisen, wenn zwar die Aufrechnungsforderung, nicht aber die vom Kläger dagegen erhobenen Einwendungen mit den im Urkundenprozess zulässigen Beweismitteln bewiesen sind.[65] Wenn die zur 25

---

[49] BGH NJW 1977, 1689.
[50] BGH NJW 1990, 2680, 2681; 1980, 2303, 2304; *Schreiber* JR 1981, 62, 63.
[51] AllgM, BGHZ 83, 260, 271 = BGH NJW 1982, 1516; *Palandt/Heinrichs* § 204 Rn. 20; aA *Schreiber* JR 1981, 62, 63, der Verjährungsunterbrechung bei prozessual unzulässiger Aufrechnung verneint.
[52] *Palandt/Heinrichs* § 204 Rn. 20.
[53] BayObLG MDR 1967, 301, 302.
[54] BGH NJW-RR 1986, 1079; BayObLG MDR 1967, 301, 302; *B/L/H* Rn. 19; *Palandt/Heinrichs* § 204 Rn. 20.
[55] BGH NJW 1990, 2680; MDR 1987, 47 (jeweils zur Unterbrechungswirkung alten Verjährungsrechts).
[56] MK/*Wagner* Rn. 17.
[57] AllgM, s. BAGE 11, 346, 348–350.
[58] BGHZ 149, 120 = NJW 2002, 2182.
[59] BGHZ 38, 254, 258; DB 1973, 1451.
[60] BGH NJW 1979, 2477, 2478.
[61] BGHZ 38, 254, 257f.; ausführlich *Schreiber* ZZP 90 (1977), 395, 411ff.
[62] *Ro/S/Go* § 105 III 2.
[63] *St/J/Leipold* Rn. 56; im Erg. gleich, aber mit unterschiedlichen Begründungen: *Häsemeyer,* Festschr. Weber 1975, S. 215, 222, 223; *Henckel* ZZP 74 (1961), 165, 175ff.; *Kawano* ZZP 94 (1981), 1, 23ff.; differenzierend *Grunsky* JZ 1965, 391, 394ff.
[64] BGH MDR 1983, 1018.
[65] BGH NJW 1986, 2767; BGHZ 80, 97, 99f.

Aufrechnung gestellte Forderung nicht mit den im Urkundenprozess zulässigen Beweismitteln bewiesen werden kann, ergeht Vorbehaltsurteil.

26 **6. Rechtskraft. a) Wirkungen.** Obwohl die Aufrechnung im prozessrechtlichen Sinn eine Einrede ist, ergeht über sie eine der Rechtskraft fähige Entscheidung (s. § 322 Rn. 76ff.): Weist das Gericht die Klage ab, obwohl diese ohne die Aufrechnung begründet wäre, wird über die Klageforderung und über die zur Aufrechnung gestellte Gegenforderung rechtskräftig entschieden; diese wird **verbraucht.**[66] Gibt das Gericht der Klage statt, weil es die Aufrechnungsforderung für nicht begründet hält, so ist dem Beklagten die Aufrechnungsforderung **rechtskräftig aberkannt.**[67] Die Aufrechnungsforderung wird hingegen **nicht von der Rechtskraft erfasst,** wenn das Gericht die Aufrechnung wegen eines Aufrechnungsverbotes für **unzulässig** hält oder die Zulässigkeit der Aufrechnung offen lässt.[68] Das gilt auch, wenn die Aufrechnung scheitert, weil die Gegenforderung **„derzeit unbegründet"** (künftige, noch nicht fällige Forderung) ist und deshalb auch nicht endgültig über sie entschieden wird.

27 **b) Aufrechnung durch den Kläger.** Bei der Geltendmachung einer **vorprozessualen Aufrechnung** durch den **Kläger** (s. Rn. 19) ist umstritten, ob sich die Rechtskraftwirkung nach § 322 Abs. 2 entgegen des Wortlauts der Vorschrift auch auf die klägerische Aufrechnungsforderung erstreckt. Dies wird im Ergebnis zu bejahen sein.[69] Im Fall der Gegenaufrechnung durch den Kläger muss für die Rechtskrafterstreckung Gleiches gelten wie für den Beklagten. Eine Einschränkung der Anwendbarkeit des § 322 Abs. 2 auf die Aufrechnung des Beklagten ist somit nicht gerechtfertigt (s. § 322 Rn. 78ff., 82).

28 **7. Gebührenstreitwert.** Der Streitwert nach § 19 Abs. 3 GKG erhöht sich, wenn der Beklagte **hilfsweise** mit einer Gegenforderung aufrechnet, um den **Wert der Gegenforderung,** soweit eine der Rechtskraft fähige Entscheidung über die Aufrechnungsforderung ergeht (s. § 322 Rn. 83ff.). Daran fehlt es, wenn das Gericht wegen eines Aufrechnungsverbotes gerade nicht über die Aufrechnung entschieden hat oder diese als unzulässig zurückgewiesen hat[70] (s. Rn. 23–26). Von § 19 Abs. 3 GKG nicht erfasst ist die **Hauptaufrechnung.** Der Streitwert bestimmt sich in diesem Fall allein nach der Klageforderung. Die Hauptaufrechnung ist ebenso wie der rechtsvernichtende Einwand der Zahlung im Hinblick auf den Streitwert unbeachtlich.[71]

29 **8. Aufrechnung mit zuständigkeitsfremden Forderungen. a) Aufrechnungsforderung aus einem anderen Zuständigkeitsbereich der Zivilgerichtsbarkeit/Schiedsabrede.** Fiele die Gegenforderung bei deren selbständiger Geltendmachung in einen anderen örtlichen oder sachlichen Zuständigkeitsbereich innerhalb der Zivilgerichtsbarkeit, bleibt die Aufrechnung zulässig. Dies betrifft auch die Bereiche der Familiengerichtsbarkeit[72] sowie der freiwilligen Gerichtsbarkeit.[73] Die Aufrechnung mit der einer **Schiedsabrede** unterliegenden Forderung ist hingegen unzulässig, wenn die Gegenforderung nicht unstreitig ist oder schon durch Schiedsspruch entschieden (s. § 1029 Rn. 25).[74]

30 **b) Aufrechnung mit einer rechtswegfremden Forderung.** Str. ist dagegen die Aufrechnung mit einer rechtswegfremden Forderung, da sich die Frage nach der **Entscheidungskompetenz** des Gerichtes stellt. Auszunehmen ist auf Grund der Fragestellung die Aufrechnung mit solchen Forderungen, wenn bereits eine **rechtskräftige Entscheidung** über die Aufrechnungforderung ergangen oder die Aufrechnungsforderung **unbestritten** ist.[75] In einem solchen Fall kann nach den allgemeinen Grundsätzen aufgerechnet werden.

31 **aa) Arbeitsrechtliche Forderung.** Für die Aufrechnung mit einer arbeitsrechtlichen Forderung wurde bis zur Neufassung der §§ 17ff. GVG, 48 ArbGG durch das Gesetz zur Neuregelung des verwaltungsgerichtlichen Verfahrens vom 17. 12. 1990[76] eine den obigen Grundsätzen entsprechende Gleichbehandlung vorgenommen: Die wechselseitige Aufrechenbarkeit von bürgerlichrechtlichen und arbeitsrechtlichen Forderungen wurde nicht als Frage des Rechtsweges, sondern der sachlichen Zuständigkeit behandelt.[77] Auf Grund der Änderung des § 17a GVG ist nunmehr das Verhältnis von Arbeits- und Zivilgerichtsbarkeit eine Frage des **Rechtsweges.** Dies führt in der Konsequenz **nicht zur Unzulässigkeit** der Aufrechnung. Nach § 17 Abs. 2 S. 1 GVG entscheidet das Gericht des zulässigen Rechtsweges unter **allen rechtlichen Gesichtspunkten** – also auch über den Rechtsweg hinaus[78] –, wenn der Kläger sein Begehren auf mehrere rechtliche oder tatsächliche Gründe stützt, die nur teilweise in den Zuständigkeitsbereich des Gerichtes fallen.[79] Die Vorschrift ist deshalb auf die Aufrechnung mit einer rechtswegfremden Forderung anwendbar.[80]

---

[66] BVerfG NJW 2000, 1936, 1938; BGH NJW 1994, 2769, 2770; BGHZ 48, 358.

[67] *Pawlowski* ZZP 104 (1991), 249, 261.

[68] BGH NJW-RR 1991, 971, 972; *Zö/Greger* Rn. 16a.

[69] *Foerste* NJW 1993, 1183, 1184; *Zeuner* NJW 1992, 2870, 2871; *Grunsky* LM § 322 Nr. 132; *Pawlowski* ZZP 104 (1991), 249, 267, 268; aA BGH NJW 1992, 982, 983; *Tiedtke* NJW 1992, 1473, 1475.

[70] BGH NJW-RR 1991, 127.

[71] *Sonnenfeld/Steder* Rpfleger 1995, 60, 61.

[72] BGH NJW-RR 1989, 173, 174; BayObLG FamRZ 1985, 1057, 1059; OLG München FamRZ 1985, 84, 85.

[73] BGH FamRZ 1989, 167 (WEG); BGHZ 78, 57, 62f. = NJW 1980, 2466; aA *Zö/Greger* Rn. 19b.

[74] BGHZ 23, 26; 38, 254; 60, 89; OLG Düsseldorf NJW 1983, 2149 (alle zum alten Recht); *Zö/Greger* Rn. 20; aA *Schreiber* ZZP 90 (1977), 413ff.

[75] BGHZ 16, 124, 128; BVerwG NJW 1993, 2255.

[76] BGBl. I S. 2809.

[77] BGH NJW-RR 1989, 173, 174; BGHZ 26, 304, 306; BAGE 6, 300, 302.

[78] *Zö/Gummer* GVG § 17 Rn. 6; *T/P* GVG § 17 Rn. 7.

[79] *Kissel* NJW 1991, 945, 947.

[80] *Schenke/Ruthig* NJW 1992, 2505, 2510–2514; *Drygala* NZA 1992, 294, 297, 298 (analoge Anwendbarkeit); *B/L/H* GVG § 17 Rn. 6.

Die Aufrechenbarkeit mit einer arbeitsrechtlichen Forderung im allgemeinen Zivilprozess bleibt folglich erhalten,[81] Gleiches gilt im umgekehrten Fall.[82]

bb) Sonstige rechtswegfremde Forderungen. Nach der Neufassung des § 17 Abs. 2 S. 1 GVG ist nun auch die Aufrechnung mit einer Forderung möglich, die in den Zuständigkeitsbereich der Verwaltungs-, Sozial- oder Finanzgerichtsbarkeit fällt[83] (str., vgl. zur Gegenansicht § 17 GVG Rn. 10). Eine solche ist vom Anwendungsbereich der Vorschrift gedeckt. Das Bestehen einer Aufrechnungsforderung stellt einen für die Entscheidung **erheblichen rechtlichen Gesichtspunkt** im Sinne des § 17 Abs. 2 S. 1 GVG dar.[84] Das ist für rechtskräftig festgestellte oder unstreitige rechtswegfremde Gegenforderungen hM.[85] Eine Ausweitung der Aufrechnung mit rechtswegfremden Forderungen mag zwar in Einzelfällen zu einer Rechtswegzersplitterung führen, wenn nur **teilweise** mit einer dem öffentlichen Recht zugehörigen Forderung aufgerechnet wird[86], dies ist jedoch im Interesse der **Prozessökonomie** sowie im Hinblick auf die **Effektivität des Rechtsschutzes** hinzunehmen.[87] 32

9. Aufrechnung im internationalen Prozessrecht. Die Zulässigkeit der Aufrechnung vor einem deutschen Gericht, welches bei klage- oder widerklageweiser Geltendmachung derselben Forderung international unzuständig wäre, ist umstritten. Die zur Aufrechnung gestellte Forderung wird einerseits nicht rechtshängig, andererseits kann gemäß § 322 Abs. 2 rechtskräftig über sie entschieden werden. An der **internationalen Zuständigkeit** des deutschen Gerichtes fehlt es, wenn für die selbständige Geltendmachung der Forderung Gerichte eines anderen Staates zuständig wären und der Kläger die **internationale Unzuständigkeit** des Prozessgerichtes **rügt.**[88] Bei Aufrechnung mit einer **konnexen Gegenforderung** kann sich die internationale Zuständigkeit aus § 33 (s. dort Rn. 29) oder Art. 6 Nr. 3 EuGVVO ergeben.[89] Nach der Rechtsprechung des BGH[90] ist das deutsche Gericht aber nicht zur Entscheidung über eine im Wege der Prozessaufrechnung geltend gemachte Gegenforderung befugt, die nicht seiner internationalen Zuständigkeit unterliegt. Die Interessenlage des Klägers sei eine andere als im rein innerstaatlichen Zivilprozess. Der (ausländische) Kläger müsste einen Rechtsstreit über eine inkonnexe Forderung bei einem international unzuständigen, aus seiner Sicht regelmäßig dem ausländischen (deutschen), Gericht führen.[91] Die rechtskraftfähige Entscheidung über die Aufrechnungsforderung spreche für die internationale Zuständigkeit als notwendige Voraussetzung.[92] 33

Andererseits ist im Vergleich zum innerstaatlichen Zivilprozess der Beklagte in seinen **Möglichkeiten der Rechtsverteidigung** weitaus schlechter gestellt, wenn man die Aufrechnungsmöglichkeit verneint: Ihm bleibt lediglich die Möglichkeit, seine Forderung selbständig in einem nach der EuGVO zuständigen Mitgliedstaat der EU oder in einem international zuständigen Drittstaat geltend zu machen.[93] Infolgedessen trägt er das volle Risiko, dass seine nicht berücksichtigte Gegenforderung auf Grund der – je nach anwendbarem materiellen Aufrechnungsrecht – bereits materiellrechtlich wirksam erklärten, aber prozessual unzulässigen Aufrechnung vom ausländischen Gericht als erloschen angesehen wird. Die Aufrechnung muss auf Grund dessen auch bei internationaler Unzuständigkeit des deutschen Prozessgerichtes jedenfalls **bei rechtskräftig festgestellter** und **unstreitiger** Gegenforderung[94] als **zulässig** erachtet werden.[95] Zumindest sollte dem Beklagten auch bei streitiger Aufrechnungsforderung die Durchsetzung seiner Forderung **verfahrensrechtlich** durch ein **Vorbehaltsurteil**[96] oder durch die Feststellung, dass der Hauptanspruch durch die Aufrechnung nicht erloschen und die Gegenforderung nicht weggefallen sei, erhalten werden.[97] Für die uneingeschränkte Zulässigkeit der Aufrechnung spricht ihre Behandlung als unselbständiges Verteidi- 34

---

[81] AA BAG NJW 2002, 317.

[82] LAG München MDR 1998, 783; *Mayerhofer* NJW 1992, 1602 m. weit. Nachw. zur alten Rspr.; *Drygala* NZA 1992, 294, 297, 298; *Vollkommer,* Festschr. Kissel, S. 1183, 1201–1204; aA MK/*Wagner* Rn. 34; *Musielak* JuS 1994, 817, 823.

[83] HessVGH ESVGH 44, 191, 194f.; *Schenke/Ruthig* NJW 1992, 2505, 2510–2514; *Drygala* NZA 1992, 294, 297f.; *B/L/H* GVG § 17 Rn. 6; offen BVerwG NJW 1993, 2255; aA VGH Mannheim NJW 1997, 3394, 3395; *Rupp* NJW 1992, 3274; *St/J/Leipold* Rn. 35; *T/P* GVG § 17 Rn. 9; *Zö/Gummer* GVG § 17 Rn. 10.

[84] *Schenke/Ruthig* NJW 1992, 2505, 2510; aA die in Fn. 78 Genannten.

[85] BVerwG NJW 1987, 2530; *B/L/H* Rn. 17; *Zö/Greger* Rn. 19a.

[86] *Rupp* NJW 1992, 3274.

[87] *Schenke/Ruthig* NJW 1992, 2505, 2512; *Vollkommer,* Festschr. Kissel 1994, S. 1201ff.; *Schwab,* Festschr. Zeuner, 1994, S. 503ff.; *Gaa* NJW 1997, 3343; VGH Kassel 1995, 1107; aA BFH NJW 2002, 3126; BVerwG NJW 1999, 160; 1993, 2255; VGH Kassel NJW 1994, 1488; OLG Dresden VIZ 2001, 54; *B/L/H* Rn. 17; *Zö/Greger* Rn. 19a.

[88] BGH NJW 1993, 2753, 2755; 1993, 1399; ebenso *Mankowski* ZZP 109 (1996), 373, 377 für das EuGVÜ; offen gelassen von BGHZ 149, 120 = NJW 2002, 2182, 2183. Bei rügeloser Einlassung ist Aufrechnung zulässig, *Bork,* Festschr. Beys 2003, S. 119, 126.

[89] *Bork,* Festschr. Beys 2003, S. 119, 127f.

[90] BGH NJW 1993, 2753, 2755; 1993, 1399; EuGHE 1995 I, 2053, 2077 = NJW 1996, 42, 43 erklärt Art. 6 Nr. 3 EuGVÜ für die Prozessaufrechnung für unanwendbar und verweist auf nationales Recht; *Otte* EWiR Art. 6 EuGVÜ.

[91] *St/J/Leipold* Rn. 42.

[92] Anders *Bork,* Festschr. Beys 2003, S. 119, 129ff. m. Nachw.

[93] *Wolf* LM EGÜbk Nr. 39; *Thode* WuB VII B 1. Art. 6 EuGVÜ 1. 94.

[94] Anerkennungsvoraussetzungen für ausländisches Urteil müssen vorliegen, *Geimer* IPRax 1994, 82, 84.

[95] So auch *Bork,* Festschr. Beys 2003, S. 119, 125; *Schack* Rn. 355; *Eickhoff,* Inländische Gerichtsbarkeit und internationale Zuständigkeit für Aufrechnung und Widerklage, 1985, S. 185; *Geimer* IPRax 1994, 82, 84.

[96] *Geimer* IPRax 1986, 208ff.; *Thode* WuB VII B 1. Art. 6 EuGVÜ 1. 94; *Leipold* ZZP 107 (1994), 216, 225f.; differenzierend *Mankowski* (Fn. 78), 393f.; krit. *Bork,* Festschr. Beys 2003, S. 119, 138.

[97] *Thode* WuB VII B 1. Art. 6 EuGVÜ 1. 94.

gungsmittel durch den EuGH: Die Zuständigkeit ergibt sich quasi-akzessorisch zur Klageforderung.[98] Ein **prozessuales Aufrechnungsverbot** sieht der BGH dagegen zu Recht – wie im innerstaatlichen Prozess (s. Rn. 24) – in einer **Gerichtsstandsvereinbarung** der Parteien für die Gegenforderung, wenn auch der weitere Inhalt der Vereinbarung für ein solches Verbot spricht.[99]

VIII. Gebühren und Kosten

35 **1. Rechtsanwaltsgebühren.** Wird ein Rechtsstreit in mehrere Prozesse geteilt, sind dem **Anwalt** Gebühren zunächst aus dem Gesamtstreitwert erwachsen. Nach der Trennung fallen die gleichen Gebühren jeweils aus den geringeren Streitwerten erneut an. Wegen der Degression der Anwaltsgebühren ist die Summe aus den beiden geringeren Gebühren nicht identisch mit der Gebühr aus dem addierten Wert. Eine einmal entstandene Anwaltsgebühr kann nicht mehr untergehen. Sie kann nur auf eine später entstehende Gebühr **anrechnungspflichtig** sein. Daher wird dem Anwalt ein Wahlrecht zwischen der Gebühr aus dem addierten Streitwert und den beiden Gebühren aus den geringeren Streitwerten zugebilligt.[100]

36 **2. Gerichtskosten.** Gerichtsgebühren werden durch den Trennungsbeschluss nicht ausgelöst. Bisher angesetzte oder gezahlte Gebühren sind auf die nunmehr getrennten Prozesse im Verhältnis der Streitwerte anzurechnen.

146 *Beschränkung auf einzelne Angriffs- und Verteidigungsmittel* **Das Gericht kann anordnen, dass bei mehreren auf denselben Anspruch sich beziehenden selbständigen Angriffs- oder Verteidigungsmitteln (Klagegründen, Einreden, Repliken usw.) die Verhandlung zunächst auf eines oder einige dieser Angriffs- oder Verteidigungsmittel zu beschränken sei.**

I. Normzweck

1 Die förmliche Beschränkung gemäß § 146 ist Maßnahme der **sachlichen Prozessleitung** (§ 136 Rn. 1). Sie dient einer **übersichtlichen Gliederung** des Prozessstoffes. Eine zweckmäßige Zusammenstellung des Parteivorbringens kann auch schon durch die Ausübung des richterlichen Fragerechtes nach § 139 erreicht werden. Die eigenständige praktische Bedeutung des § 146 ist deshalb als gering zu werten.[1] Wegen des **Konzentrationsgrundsatzes** kommt eine Beschränkung auf einzelne Angriffs- und Verteidigungsmittel nur bei **komplexem Streitstoff** in Betracht.[2]

II. Wirkungen

2 Durch die Beschränkung ändert sich nichts an der **Einheitlichkeit des Verfahrens.** Der Termin zur mündlichen Verhandlung wird nur rein tatsächlich beschränkt. Bei Entscheidungsreife hat Endurteil zu ergehen (§ 300), ggf. Versäumnisurteil, ohne dass die Beschränkung förmlich aufzuheben ist. Über die selbständigen Angriffs- und Verteidigungsmittel ergeht weder Zwischen- noch Teilurteil[3] (zum Vorbehaltsurteil s. §§ 302, 304, 305).

III. Anordnung

3 Die Anordnung liegt im **Ermessen** des Gerichtes. Sie ergeht durch **Beschluss,** der zu verkünden ist, § 329 Abs. 1. Erfolgt die Anordnung ohne mündliche Verhandlung – nunmehr der Regelfall nach § 128 Abs. 4 (s. § 145 Rn. 5) –, ist der Anordnungsbeschluss nach § 329 Abs. 2 formlos mitzuteilen. Bei schriftlicher Verhandlung nach § 128 Abs. 2 wird aber die Anordnung der Beschränkung auf Grund ihres Normzweckes ohnehin regelmäßig nicht in Betracht kommen.

IV. Angriffs- und Verteidigungsmittel

4 Angriffs- bzw. Verteidigungsmittel ist jedes sachliche und prozessuale Vorbringen, das entweder der **Durchsetzung** (Angriffsmittel) oder der **Abwehr** (Verteidigungsmittel) des geltend gemachten prozessualen Anspruchs dient (§ 282 Rn. 2). Der Begriff ist weit zu verstehen, unter ihn fallen Behauptungen rechtlicher und tatsächlicher Art, Bestreiten, Einwendungen, Einreden, Beweismittel, Beweiseinreden.[4] Zu unterscheiden von den Angriffs- und Verteidigungsmitteln sind **Angriff und Verteidigung** selbst sowie deren sachliche Begründung.[5] Der Klageanspruch ist Angriff, nicht Angriffsmittel. Gleiches gilt für die **Klage-** oder **Parteiänderung,** auch wenn sie in einem laufenden Verfahren erfolgt.[6] Wird eine fehlende, aber notwendige Auf-

---

[98] So auch *Mankowski* (Fn. 78), 384 f. m. weit. Nachw.; *Geimer* EuZW 1995, 640 f.; aA *Coester-Waltjen,* Festschr. Lüke 1997, 35 ff., 47/48; *Jayme/Kohler* IPRax 1995, 343, 349. Ausführlich zum Ganzen *Kannengiesser,* Die Aufrechnung im internationalen Privat- und Verfahrensrecht, Tübingen 1998.

[99] BGH NJW 1981, 2644, 2645; BGHZ 60, 85, 91 = NJW 1973, 421; so auch *Mankowski* (Fn. 78) für das EuGVÜ mit Nachw. zur EuGH-Rspr.

[100] G/S-*Müller-Rabe* VV 3100 Rn. 78 ff., AnwK-RVG/*Onderka/Schneider* VV Vorb. 3 Rn. 62 ff.

[1] *Zö/Greger* Rn. 1; *St/J/Leipold* Rn. 1.

[2] *T/P/Reichold* Rn. 1; MK/*Wagner* Rn. 1.

[3] BGH NJW 1996, 395; vgl. MK/*Wagner* Rn. 1.

[4] BGHZ 91, 293, 303; 12, 49, 50 f.; BGH NJW 1982, 1533, 1534; *St/J/Leipold* Rn. 2; *T/P/Reichold* Rn. 2.

[5] BGH WM 1975, 827, 828.

[6] OLG Karlsruhe NJW 1979, 879, 881.

gliederung des Klageantrages nachgeholt, ist das kein neues Angriffsmittel.[7] Weder Angriffs- noch Verteidigungsmittel sind **Anträge zur Prozessleitung** und zum Prozessbetrieb oder bloße **Rechtsausführungen.**

V. Selbständigkeit

Bei den Angriffs- und Verteidigungsmitteln muss es sich um **selbständige** handeln. Eine Beschränkung des Prozessstoffes ist nur dann zweckdienlich für den Verfahrensfortgang, wenn diese zu einem **abgeschlossenen Teilergebnis** führen können. Selbständig ist ein Angriffs- und Verteidigungsmittel, wenn es für sich kraft Rechtssatzes rechtsbegründend, -vernichtend oder -erhaltend wirkt.[8] Beschränkung gem. § 146 ist auch möglich für **Prozessvoraussetzungen.**[9] Nicht selbständig sind Angriffs- und Verteidigungsmittel dagegen, wenn sie nur Elemente bzw. Tatbestandsmerkmale eines **einzelnen Klagegrundes** oder **Gegenrechts** darstellen. Bloßes **Bestreiten** genügt nicht. Ein **Beweisantrag** ist für sich genommen ebenfalls kein selbständiges Angriffs- oder Verteidigungsmittel, da er lediglich geeignet ist, das Gericht mit Hilfe der angebotenen Beweismittel von der Richtigkeit eines bestimmten Parteivorbringens zu überzeugen.[10] Die Angriffs- und Verteidigungsmittel müssen sich auf denselben prozessualen Anspruch beziehen. Steht eine Aufrechnungsforderung mit der Klageforderung in rechtlichem Zusammenhang, kann eine Beschränkung der Verhandlung nach § 146 angeordnet werden (§ 145 Rn. 10). 5

VI. Rechtsmittel

Der Beschluss ist **nicht selbständig anfechtbar.** Eine Überprüfung innerhalb des Endurteils ist jedoch nach §§ 512, 557 Abs. 2 zulässig. Soweit das Endurteil in der ersten Instanz auf Grund einer Beschränkung im Sinne der Vorschrift ergangen ist, gelangt im Falle einer Rechtsmitteleinlegung der gesamte Rechtsstreit in die nächst höhere Instanz.[11] 6

147 *Prozessverbindung* **Das Gericht kann die Verbindung mehrerer bei ihm anhängiger Prozesse derselben oder verschiedener Parteien zum Zwecke der gleichzeitigen Verhandlung und Entscheidung anordnen, wenn die Ansprüche, die den Gegenstand dieser Prozesse bilden, in rechtlichem Zusammenhang stehen oder in einer Klage hätten geltend gemacht werden können.**

I. Normzweck

Die Vorschrift dient der **Prozessökonomie** und soll bei einheitlichen Sachverhalten eine interessen- und sachgerechte Lösung des gesamten Konflikts ermöglichen. Die Verbindung hat zum Zweck gleichzeitiger **Verhandlung und Entscheidung** zu erfolgen. Nicht ausreichend ist die Verbindung nur zur gemeinsamen **Beweisaufnahme** und Verhandlung.[1] Beschränkt sich die Anordnung hierauf, so kommt nur rein faktisch eine gleichzeitige Terminierung und Durchführung in Frage, welche die Selbständigkeit der Prozesse unberührt lässt.[2] Eine Verbindung wird dem Normzweck auch dann nicht gerecht, wenn einer der Prozesse bereits **entscheidungsreif** ist, da eine gemeinsame Verhandlung dann nicht mehr erforderlich ist.[3] 1

II. Voraussetzungen und Ausschluss der Verbindung

Mehrere Prozesse **derselben Prozessart**[4] **müssen bei demselben Gericht** in der gleichen Instanz[5] **anhängig,** nicht aber bereits rechtshängig sein. Die Anhängigkeit muss nicht notwendigerweise bei dem gleichen Spruchkörper vorliegen. Die Verbindung kann deshalb zum **Austausch des gesetzlichen Richters** führen, setzt dann aber die **Zustimmung** der Parteien voraus, darüber hinaus sind §§ 97ff. GVG zu beachten (s. hierzu § 260 Rn. 6).[6] Die Ansprüche, die Gegenstand der Prozesse sind, müssen entweder in **rechtlichem Zusammenhang** stehen (s. § 33 Rn. 2) oder die Voraussetzungen der **Parteien- bzw. Klagehäufung** nach §§ 59f., 260 (dort Rn. 6) erfüllen. Auf die Parteirollen kommt es nicht an (s. Rn. 5).[7] Unzulässig ist die Verbindung auch, wenn sie wie zB in §§ 610 Abs. 2, 640c verboten ist (s. § 260 Rn. 6). Eine Verbindung kann noch in der **Revisionsinstanz** erfolgen, wenn in jedem der Verfahren die Revision zulässig ist.[8] Innerhalb der **Zwangsvollstreckung** ist die Vorschrift entsprechend anwendbar.[9] 2

---

[7] BGH NJW 1993, 1393, 1394.
[8] BGHZ 39, 333, 337; BGH NJW 1974, 48; LM PatG § 41p aF Nr. 26; *St/J/Leipold* Rn. 4; *Ro/S/Go* § 64 Rn. 10.
[9] *B/L/H* Rn. 3; *T/P/Reichold* Rn. 3.
[10] BGH LM PatG § 41p aF Nr. 26.
[11] *St/J/Leipold* Rn. 13.
[1] BGH NJW 1957, 183, 184; BFH BB 1980, 250; OLG München MDR 1990, 345, 346.
[2] *Zö/Greger* Rn. 5; BGH NJW 1957, 183, 184.
[3] BGH NJW 1957, 183; OLG Hamm Rpfleger 1980, 439; *T/P/Reichold* Rn. 4; ebenso wenig ist eine Verbindung erst im Kostenfestsetzungsverfahren möglich, OLG Stuttgart MDR 2002, 117.
[4] BGH NJW 1978, 44 (verneint für Urkundenprozess und Nachverfahren); OLG Karlsruhe, Die Justiz, 1968, 175, 176 (verneint für einstweilige Verfügung und Hauptsacheverfahren).
[5] AK-ZPO/*Göring* Rn. 4.
[6] *St/J/Leipold* Rn. 15; *Zö/Greger* Rn. 2.
[7] AK-ZPO/*Göring* Rn. 3.
[8] BGH NJW 1977, 1152; *B/L/H* Rn. 9.
[9] LG Stuttgart Rpfleger 1996, 167f.; LG Detmold Rpfleger 1991, 427; zu Recht verneinend für Verfahren bei bloßer Kostenfestsetzung OLG Hamm Rpfleger 1980, 439.

III. Anordnung der Verbindung

3 Die Anordnung ist prozessleitender Art und liegt – soweit sie nicht gesetzlich zwingend ist – im pflichtgemäßen **Ermessen** des Gerichtes; sie kann jederzeit wieder aufgehoben werden (§ 150). Sie ergeht unabhängig von Parteianträgen (s. aber Rn. 2) **durch Beschluss** und bedarf zumindest einer kurzen Begründung.[10] Auf eine mündliche Verhandlung kann gem. § 128 verzichtet werden. Zuständig ist das **Kollegialgericht,** der **Einzelrichter** nach §§ 348, 348a, 526, 527 nur dann, wenn alle zu verbindenden Sachen bereits dem Einzelrichter zugewiesen sind.[11] Sind die Prozesse vor Verbindungsanordnung bei **unterschiedlichen Spruchkörpern** anhängig (s. Rn. 2), kann die Verbindung nur durch den das zweite Verfahren an sich ziehenden, nicht dagegen durch den das Verfahren abgebenden Spruchkörper angeordnet werden.[12] Die Verbindung mehrerer Prozesse zur gleichzeitigen Verhandlung **muss** angeordnet werden, wenn eine solche **zwingend vorgeschrieben** ist, so in den Fällen der §§ 518 S. 2, 623 ZPO, 246 Abs. 3 S. 3, 249 Abs. 2 S. 1, 275 Abs. 4 S. 1 AktG, 51 Abs. 3 S. 5, 112 Abs. 1 S. 3 GenG. § 88 GWB enthält eine „Kann"-Vorschrift. Eine Verbindung kann nicht allein deshalb angeordnet werden, weil ein Dritter, etwa ein bisheriger Streithelfer des Beklagten, Widerklage gegen den Kläger und einen anderen erhebt.[13]

IV. Wirkung der Verbindung

4 **1. Grundsatz der Zusammenfassung.** Mit der Anordnung der Verbindung werden die zuvor getrennten Prozesse zu einem **einheitlichen Verfahren;** es wird gemeinschaftlich verhandelt, auch Beweisaufnahme und Entscheidung erfolgen einheitlich. Die bereits erfolgten **Prozesshandlungen gelten** grundsätzlich **fort.** Eine Beweisaufnahme muss aber wiederholt werden, wenn für einen der Streitgenossen keine Möglichkeit zur Teilnahme bestand oder keine Gelegenheit zum rechtlichen Gehör geboten wurde. Dabei wird jedoch regelmäßig der Normzweck (s. Rn. 1) verfehlt werden, so dass eine Verbindung aus diesem Grunde uU besser unterbleibt. Auf eine **Wiederholung der Beweisaufnahme** kann verzichtet werden, wenn die Parteien der Verwertung des Beweisergebnisses zustimmen, § 295.[14]

5 **2. Stellung der Beteiligten.** Mehrere jetzt auf derselben Seite stehende Personen werden **Streitgenossen,** sie können deshalb grundsätzlich nicht als Zeugen vernommen werden.[15] Eine Ausnahme besteht mit Wirkung für nur einen der verbundenen Prozesse, wenn der Aussagegegenstand ausschließlich dem Streitgegenstand der anderen Klage zuzuordnen ist.[16] Uneingeschränkt statthaft ist dagegen die **Parteivernehmung.**[17] Bei umgekehrten Parteirollen wird die zu einem späteren Zeitpunkt rechtshängig gewordene Klage zur **Widerklage.**[18] Die speziellen Prozessvoraussetzungen der Widerklage müssen nicht vorliegen.[19]

6 **3. Zuständigkeit.** Die **sachliche Zuständigkeit** bleibt erhalten. So bleibt das Amtsgericht zuständig, obwohl bei anfänglicher Klagehäufung die Zuständigkeit des Landgerichtes durch Addition der Streitwerte nach § 5 gegeben wäre.[20]

V. Entscheidung und Rechtsmittel

7 Die Entscheidung ergeht durch **einheitliches Endurteil.** Wird einer der ursprünglich selbständigen Prozesse früher entscheidungsreif als der andere, ergeht insoweit kein ermessensabhängiges Teilurteil, sondern zwingend Vollendurteil nach § 300 Abs. 2 (s. dort Rn. 12). Voraussetzung ist eine zumindest **stillschweigende** Aufhebung der Verbindung,[21] korrekterweise sollte aber vor Erlass des Endurteils ein **förmlicher Aufhebungsbeschluss** erfolgen.[22] Bei Verbindung auf Grund objektiver, nicht subjektiver Klagehäufung (§ 260), soll jedoch nach hM die Möglichkeit des Teilurteils erhalten bleiben (§ 300 Rn. 12 aE). Die Verbindung oder deren Ablehnung sind **nicht selbständig anfechtbar,**[23] können aber im Rahmen des Endurteils überprüft werden.[24] Die **Rechtsmittelsumme** berechnet sich nach dem gemäß § 5 addierten Streitwert.

VI. Gebühren und Kosten

8 **1. Rechtsanwaltsgebühren.** Zu den Gebühren des **Anwalts** bei Prozessverbindung gilt das Gleiche, wie zu § 145 ausgeführt (vgl. dort Rn. 35).

---

[10] *St/J/Leipold* Rn. 18; *Ro/S/Go* § 79 Rn. 29ff.; aA *B/L/H* Rn. 15.
[11] MK/*Wagner* Rn. 3.
[12] MK/*Wagner* Rn. 6.
[13] BGH ZZP 86 (1973), 67, 68f.; ausf. *St/J/Leipold* Rn. 6, 7; *Wieser* ZZP 86 (1973), 36, 41.
[14] MK/*Wagner* Rn. 11; *Zö/Greger* Rn. 8.
[15] OLG Köln DAR 1973, 188.
[16] BGH NJW 1983, 2508 (LS); BAG JZ 1973, 58, 59; OLG Düsseldorf MDR 1971, 56; *Zö/Greger* Rn. 8; MK/*Wagner* Rn. 12; aA RGZ 91, 37, 38. Grundsätzlich für Zeugenstellung im Prozess des Streitgenossen *Lindacher* JuS 1986, 381.
[17] OLG Köln DAR 1973, 188.
[18] MK/*Wagner* Rn. 9; *B/L/H* Rn. 12; *T/P/Reichold* Rn. 9; AK-ZPO/*Göring* Rn. 7.
[19] HM, vgl. *T/P/Reichold* Rn. 9; *B/L/H* Rn. 12; *Zö/Greger* Rn. 8.
[20] MK/*Wagner* Rn. 13; AK-ZPO/*Göring* Rn. 7.
[21] BGH NJW 1957, 183; *St/J/Leipold* Rn. 23; MK/*Wagner* Rn. 10.
[22] MK/*Wagner* Rn. 10.
[23] BPatG GRUR 1985, 1040, 1041; LAG Frankfurt/M DB 1988, 2656.
[24] *Zö/Greger* Rn. 9 mit § 145 Rn. 6a (verfahrensfehlerhafte Ausübung).

2. Gerichtskosten. Gerichtsgebühren werden durch den Verbindungsbeschluss nicht ausgelöst. Die vor der Verbindung in den einzelnen Verfahren angefallenen Gebühren bleiben unberührt.[25] Bei mehreren nach Prozessverbindung durch Prozessvergleich erledigten Verfahren verbleibt es bei den vor Verbindung entstandenen Einzelgebühren nach KV Nr. 1210; jede dieser Einzelgebühren ermäßigt sich nach KV Nr. 1211.[26] Das Verfahren nach der Verbindung zählt zur selben Instanz; es gilt § 35 GKG. 9

148 ***Aussetzung bei Vorgreiflichkeit*** **Das Gericht kann, wenn die Entscheidung des Rechtsstreits ganz oder zum Teil von dem Bestehen oder Nichtbestehen eines Rechtsverhältnisses abhängt, das den Gegenstand eines anderen anhängigen Rechtsstreits bildet oder von einer Verwaltungsbehörde festzustellen ist, anordnen, dass die Verhandlung bis zur Erledigung des anderen Rechtsstreits oder bis zur Entscheidung der Verwaltungsbehörde auszusetzen sei.**

I. Normzweck

Die Aussetzungsmöglichkeit nach § 148 soll die **Einheitlichkeit** von Entscheidungen wahren und eine doppelte Befassung mit derselben Rechtsfrage vermeiden helfen.[1] Sie kommt daher auch nur dann in Betracht, wenn in dem Verfahren, um dessen Willen die Aussetzung erfolgt, mit einer **Entscheidung** über die betreffende Frage zu rechnen ist (s. zur Aussetzung wegen Aufrechnung unten Rn. 12). Das aussetzende Gericht darf daher auch die Erfolgsaussichten des anderweitigen Verfahrens prüfen.[2] 1

II. Anwendungsbereich und Sonderregelungen

1. Anwendungsbereich. Aussetzung wegen Vorgreiflichkeit ist in jedem zivilprozessualen Verfahren (einschließlich fG),[3] in jeder Lage des Prozesses,[4] auch noch in der **Revisionsinstanz**[5] (wenn sie nicht der Einführung neuer Tatsachen dient[6]) möglich. Sie ist nicht zulässig, wenn **Verbindung** der Prozesse (§ 147) in Betracht kommt[7] oder der Rechtsstreit bereits **entscheidungsreif** ist,[8] zB die Klage als „derzeit unbegründet" abzuweisen ist[9] oder bereits beiderseitige Erledigungserklärungen vorliegen.[10] Grundsätzlich gibt es keine Aussetzung wegen Vorgreiflichkeit im **Zwangsvollstreckungsverfahren**[11] (mit Ausnahme der Urteilsverfahren nach §§ 767, 771[12]) und wegen der Eilbedürftigkeit in Verfahren des **einstweiligen Rechtsschutzes**[13] (s. aber Rn. 11), im **Urkundenprozess** (zu Ausnahmen Rn. 12)[14] und bei der Entscheidung über **Prozesskostenhilfe.**[15] 2

2. Sonderregelungen. Neben § 148 sind weitere Aussetzungstatbestände **gesetzlich** geregelt. Das Gericht **kann** zB in den Fällen der §§ 65, 149, 247, 614 („soll"), 655 Abs. 4 ZPO, 46 Abs. 2 WEG, 140 PatG, Art. 41 Abs. 11 ZAbkNTS aussetzen; es **muss** aussetzen u. a. nach Art. 100, 126 GG (s. unten Rn. 16) und den entsprechenden landesverfassungsrechtlichen Vorschriften konkreter Normenkontrollverfahren, nach §§ 152–154, 246, 640f, 953 ZPO, 97 Abs. 5 S. 1 ArbGG. Die Aussetzung ist in den Fällen der §§ 104, 105 SGB VII wegen der strikten Bindungswirkung des § 108 Abs. 2 SGB VII zwingend. § 7 KapMuG (s. Rn. 5) regelt die zwingende Aussetzung im Rahmen bestimmter Musterverfahren. 3

Vorschriften des Gemeinschaftsrechts und internationaler Übereinkommen sehen die Aussetzung eines nationalen Verfahrens vor, um eine **Rechtsfrage** durch **Vorlage an den EuGH** klären zu lassen.[16] Es ist zwischen den der konkreten Normenkontrolle vergleichbaren **Gültigkeitsvorlagen** (zB Art. 234 Abs. 1 lit. b EG) und **Auslegungsvorlagen** (zB Art. 234 Abs. 1 lit a, c EG) zu unterscheiden.[17] Art. 234 Abs. 2 EG enthält 4

---

[25] OLG Koblenz MDR 2005, 1017.
[26] OLG München NJW-RR 1999, 1232.
[1] OLG Dresden NJW 1994, 139.
[2] OLG Zweibrücken MDR 1995, 202; OLG Karlsruhe NJW 1995, 1296, 1297; Erfolgsaussicht ist zu verneinen, wenn das Verfahren, das die Aussetzung auslösen soll, seinerseits nach Art. 21 EuGVO auszusetzen ist, OLG Frankfurt IPRax 2002, 523, 525 für Aussetzungsantrag im Exequaturverfahren.
[3] OLG Köln FamRZ 2002, 1124; OLG Braunschweig FamRZ 2002, 1351.
[4] OLG Karlsruhe FamRZ 1999, 923 (Aussetzung durch Berufungsgericht).
[5] BGH NJW-RR 1992, 1149.
[6] MK/*Wagner* Rn. 3.
[7] OLG Koblenz NJW-RR 1986, 742; LAG Hamm MDR 1984, 173.
[8] Zö/*Greger* Rn. 4.
[9] OLG Köln MDR 1976, 1026.
[10] *B/L/H* Rn. 15.
[11] Brandenburgisches OLG, 7 W 94/06 (juris); LG Berlin Rpfleger 1994, 175; MK/*Wagner* Rn. 4; aA LG Ulm Rpfleger 1992, 120 bei Forderungspfändung, wenn Rentenversicherungsträger als Drittschuldner erst über Bewilligung entscheiden muss. Keine Aussetzung bei Verfahren auf Festsetzung von Zwangsgeld für Umgangsregelung, OLG Braunschweig FamRZ 2002, 1351.
[12] So auch MK/*Wagner* Rn. 4.
[13] BVerfG NJW 1992, 2749, 2750 (für Art. 100 GG); OLG München OLGZ 1988, 230, 232.
[14] OLG Karlsruhe GRUR 1995, 2264; OLG Hamm NJW 1976, 246, 247; MK/*Wagner* Rn. 3; *St/J/Roth* Rn. 32; *T/P/Reichold* Rn. 6; aA OLG München JurBüro 2003, 154; *Bloching* JurBüro 2003, 123.
[15] LSG Rheinland-Pfalz DRiZ 2000, 440, 441; OLG München MDR 1988, 783; KG NJW 1953, 1474; für ausnahmsweise Zulässigkeit MK/*Wagner* Rn. 3.
[16] *Schmidt K.*, Festschr. Lüke 1997, S. 721 ff. Der EuGH entscheidet nur über Auslegung des Gemeinschaftsrechts, nicht über Anwendung im konkreten Fall, BVerfG NJW 2002, 1486, 1487.
[17] Einzelheiten bei *St/J/Roth* Rn. 2 u. 16.

eine Vorlageberechtigung (anders Art. 68 Abs. 1 EG), Abs. 3 hingegen für letztinstanzliche Gerichte eine entsprechende Pflicht.[18] Das Ermessen nach Abs. 2 reduziert sich auf Null, wenn das Prozessgericht von der Unwirksamkeit überzeugt ist.[19] Bei gesicherter EuGH-Rechtsprechung zu einer Auslegungsfrage entfällt die Vorlagepflicht nach Abs. 3.[20] In die Kategorie der Auslegungsvorlagen fällt auch die **Vorlagepflicht** (und Aussetzung) letztinstanzlich entscheidender Gerichte bzw. Vorlage **berechtigung** der Rechtsmittelinstanzen nach dem Auslegungsprotokoll zum EuGVÜ.[21] **Art. 27, 28 EuGVO** regeln die Aussetzung bei Verfahren in verschiedenen Vertragsstaaten unter großzügigeren Voraussetzungen als § 148 (s. Rn. 5).[22] Insbesondere bedarf es keiner Anerkennungsprognose (Rn. 6).[23] Soweit § 148 weiter gefasst ist – Aussetzung in jeder Instanz – muss er hinter der Verordnungsregelung zurücktreten.[24]

III. Voraussetzungen

5 **1. Vorgreiflichkeit.** Die Aussetzung ist nur zulässig bei Vorgreiflichkeit im Sinne **präjudizieller Bedeutung,** dh. die Entscheidung im ausgesetzten Verfahren muss als Vorfrage mindestens zum Teil vom (Nicht-) Bestehen eines anderen Rechtsverhältnisses abhängen.[25] Rechtsverhältnis in diesem Sinne ist – wie bei § 256 Abs. 1 (s. dort Rn. 2) eine bestimmte, rechtlich geregelte Beziehung einer Person zu anderen Personen bzw. Gegenständen.[26] Bloßer Einfluss auf die Beweiswürdigung oder die Vermeidung doppelter Beweisaufnahmen[27] genügt ebenso wenig wie die Tatsache, dass die **gleiche Rechtsfrage** in einem anderen Verfahren zu entscheiden ist (s. aber Rn. 6, 16),[28] oder die reine Möglichkeit sich widersprechender Entscheidungen.[29] Auch die Aussicht, nach rechtskräftigem Teilurteil gegen einen Streitgenossen für das noch anhängige Verfahren diesen als Zeugen zu gewinnen, rechtfertigt nicht die Verfahrensaussetzung.[30] Lässt man mit der Rechtsprechung des BGH im **selbständigen Beweisverfahren** die Streitverkündung zu, so kann das Hauptsacheverfahren analog § 148 ausgesetzt werden, wenn im selbständigen Beweisverfahren zwischen dem Gegner und einem Dritten, der anderen Prozesspartei der Streit verkündet wurde.[31] Vorzuziehen ist es jedoch, die Vorgreiflichkeit des selbständigen Beweisverfahrens grundsätzlich zu verneinen.[32] Entscheidungsabhängigkeit kann auch vorliegen, wenn sich die Vorgreiflichkeit nur auf die zur Aufrechnung gestellte Gegenforderung bezieht (Rn. 12). Sind die **Streitgegenstände** in zwei Verfahren **identisch,** so besteht für den Zweitprozess schon das Verfahrenshindernis der Rechtshängigkeit (§ 261 Abs. 3 Nr. 1) – eine Aussetzung ist unzulässig;[33] ausnahmsweise erfolgt eine Aussetzung aber zB nach Art. 21, 22 EuGVÜ bzw. Art. 27, 28 EuGVO und dem nach EuGH-Rspr. dort weit auszulegenden Streitgegenstandsbegriff.[34] Unzulässig ist an sich eine Aussetzung, nur um die Entscheidung in einem gleich gelagerten Sachverhalt als **Musterprozess** abzuwarten, sofern die entscheidende (Rechts-) Frage auch dort nur Vorfrage, nicht Verfahrensgegenstand ist.[35] Eine Aussetzung analog § 148 kann ausnahmsweise erwogen werden, wenn die Parteien eine entsprechende **Musterprozessabrede** getroffen haben oder eine Vielzahl von Parallelverfahren eine Änderung höchstrichterlicher Rechtsprechung oder Rechtsfortbildung anstrebt und daher uU irreparabel einander widersprechende Entscheidungen der Instanzgerichte drohen.[36] Die Problematik ist in gewisser Weise entschärft und eine Aussetzung restriktiv zu handhaben, da Art. 1 § 3 Nr. 8 RBerG jetzt Musterklagen durch

---

[18] Str. ist, ob das letztinstanzliche Gericht konkret für den Einzelfall (hM) oder abstrakt zu bestimmten ist (*Bleckmann,* Europarecht, Rn. 921).

[19] EuGH NJW 1988, 1451; zum einstweiligen Verfahren EuGH NJW 1996, 1333.

[20] EuGH NJW 1983, 1257; BGHZ 110, 47, 68, nicht aber wegen eines anderen Vorlageverfahrens (so jedoch OLG Saarbrücken OLGR 2001, 408).

[21] Luxemburger Auslegungsprotokoll v. 3. 6. 1971, idF v. 26. 5. 1989, ABl. EG 1989 Nr. L 285 S. 1. Für die EuGVVO gilt Art. 68 EG, der die Vorlageberechtigung auf letztinstanzlich entscheidende Gerichte beschränkt; krit. *Basedow* ZEuP 2001, 437.

[22] *Schlosser,* EuZPR, Art. 28 EuGVVO Rn. 1.

[23] *Geimer/Schütze* EuGVÜ Art. 22 Rn. 12.

[24] So allg HansOLG Hamburg IPRax 1999, 168, 171.

[25] So die hM, s. etwa OLG Zweibrücken FamRZ 1998, 380; LAG Nürnberg AR-Blattei ES 160.7 Nr. 214; aA (gegen Gleichsetzung von Abhängigkeit und Präjudizialität) *Mittenzwei,* Die Aussetzung des Prozesses zur Klärung von Vorfragen, 1971, S. 36, 37.

[26] BGH NJW 1998, 1957.

[27] OLG Dresden NJW-RR 1998, 1101; ähnlich OLG München NJW-RR 1996, 766; OLGR Frankfurt/M. 2001, 254; *St/J/Roth* Rn. 25; *Zö/Greger* Rn. 5.

[28] BGHZ 162, 373, 375 = NJW 2005, 1947; *T/P/Reichold* Rn. 4; *Lorenz* NJW 2004, 1132 ff.; aA LG Freiburg NJW 2003, 3424 (unter Berufung auf Massenverfahren).

[29] OLG Jena NJW-RR 2001, 503; OLG Frankfurt/M BB 1971, 1479; KG WM 1996, 1454, 1455 f.; LG Bonn WM 1994, 1933; LAG Köln MDR 1993, 684.

[30] OLG Köln NJW-RR 1999, 140.

[31] OLG München NJW-RR 1998, 576; die Aussetzung setzt jedenfalls die Verwertbarkeit des Ergebnisses (§ 493 Abs. 1) voraus BGH NJW 2003, 3057; 2004, 2597; NJW-RR-2007, 307.

[32] OLG Düsseldorf NJW-RR 2004, 527 f.; 2000, 288; OLG Dresden 1998, 1101, 1102; *St/J/Roth* Rn. 24 f; *T/P/Reichold* Rn. 4; *B/L/H* Rn. 25 (mit Ausnahmen).

[33] BGH NJW-RR 2005, 925, 926 m. Nachw.; OLG Köln MDR 1983, 848; *St/J/Roth* Rn. 27.

[34] EuGHE 1994 I 5439 = JZ 1995, 616; EuGHE 1987, 4861 = NJW 1989, 665; s. auch OLGR Frankfurt/M. 2001, 254; *St/J/Roth* Rn. 56 u. 60.

[35] LAG Hamm MDR 1983, 789.

[36] LG Freiburg NJW 2003, 3424 f.; offen lassend BGHZ 162, 373, 377 = NJW 2005, 1947; bejahend MK/*Wagner* Rn. 9; *Stürner* JZ 1978, 499, 501; s. *Ro/S/Go* § 125 Rn. 18 (Ruhen des Verfahrens); aA *St/J/Roth* Rn. 19; *Lorenz* NJW

Verbände ermöglicht.[37] Für Ansprüche im Anwendungsbereich des **KapMuG**[38] ist nun eine spezialgesetzliche Grundlage für Musterverfahren mit Aussetzung (§ 7 KapMuG) geschaffen.[39] Nicht erforderlich,[40] aber möglich[41] ist es, dass über die Vorfrage im Parallelverfahren mit **Rechtskraftwirkung** für das aussetzende Gericht entschieden wird (zur Präjudizialität § 322 Rn. 10–12).

2. Anhängigkeit

Das vorgreifliche Rechtsverhältnis muss den Gegenstand eines vor einem anderen Gericht **bereits anhängigen** (nicht notwendigerweise rechtshängigen) **Rechtsstreites** bilden;[42] Parteiidentität ist nicht erforderlich.[43] Die Vorschrift erlaubt es deshalb nicht, eine Partei mittels Aussetzung anzuhalten, einen anderweitigen Rechtsstreit erst in Gang zu setzen. Die Voraussetzungen für eine Aussetzung liegen auch nicht vor, wenn das andere Verfahren seinerseits ausgesetzt ist[44] oder durch Vergleich beendet ist, ohne dass die Parteien dessen prozessbeendigende Wirkung in Frage stellen.[45] Die Einleitung eines **Mahnverfahrens** genügt nicht, Aussetzung kommt daher erst in Betracht, wenn Widerspruch eingelegt und ins Streitverfahren übergeleitet wird (§§ 694, 696).[46] Auf die Reihenfolge der Anhängigkeit kommt es nicht an. **Anderes Gericht** iS der Vorschrift kann ein Arbeits-, Schieds-[47] oder Verwaltungsgericht[48] sein, bei Gefahr widersprechender Entscheidungen auch ein anderer Spruchkörper desselben Gerichts; ein **ausländisches** Gericht (zu Art. 21, 22 EuGVÜ bzw. Art. 27, 28 EuGVO s. oben Rn. 4, 5) dann, wenn die zu erwartende Entscheidung gemäß § 328 oder staatsvertraglicher Regelungen voraussichtlich anzuerkennen sein wird[49] (zur Aussetzung, wenn bereits ein ausländisches Scheidungsurteil vorliegt s. Rn. 15). § 148 ist nicht anwendbar, wenn es um Verfahren vor demselben Spruchkörper geht: So kann das Verfahren gegen den Fahrzeughalter nicht im Hinblick auf die gleichzeitig gegen den Haftpflichtversicherer als Streitgenossen erhobene Klage ausgesetzt werden.[50] Aussetzung nach **§ 148 analog** kommt in Betracht im Hinblick auf ein Verfahren der **freiwilligen Gerichtsbarkeit.**[51] Dasselbe gilt, wenn in einem beim **EuGH** anhängigen Verfahren (zB Nichtigkeitsklage) über eine Vorfrage oder **gleiche** Rechtsfrage zu entscheiden ist.[52] Zur Aussetzung wegen bereits anhängiger **Verfassungsbeschwerde** oder **Normenkontrollvorlage** eines anderen Gerichts s. Rn. 16. Mangels Bindungswirkung (§ 14 Abs. 2 Nr. 1 EGZPO) kommt auch keine Aussetzung im Hinblick auf ein **Strafverfahren** nach § 148 in Betracht[53] (s. jedoch § 149). 6

3. Verwaltungsverfahren

Ist über die Vorfrage des auszusetzenden Prozesses in einem Verwaltungsverfahren zu entscheiden (§ 148, Alt. 2) so muss dieses **noch nicht anhängig** sein, es kann auch erst durch die Aussetzung veranlasst werden.[54] Bindungswirkung tritt auch hier nur nach allgemeinen Regeln, nicht allein auf Grund der Aussetzung ein. Möglich ist die Aussetzung auch im Hinblick auf die Entscheidung einer ausländischen Behörde.[55] 7

IV. Anordnung und Wirkung der Aussetzung; Rechtsbehelfe

Die Aussetzung steht im **Ermessen** des Gerichts. Anordnungszweck (Rn. 1), die Interessen der Parteien, Prozessökonomie und die Gefahr einer Verfahrensverschleppung sind gegeneinander abzuwägen.[56] Kann 8

2004, 1132, 1136. Für eine Analogie zur Bewältigung von Massenschäden auch *Hass,* Die Gruppenklage, Diss. München 1996, 174ff.; hierzu *Stadler,* Referat DJT 1998 I 35ff., 36.

[37] Ausführlich *Stadler,* Festschr. Schumann, 2001, 465ff.

[38] Gesetz zur Einführung von Kapitalanleger-Musterverfahren v. 16. 8. 2005, BGBl. 2005 I, 2437.

[39] Das Gesetz ist auf eine Geltungsdauer von 5 Jahren beschränkt, danach ist die Erweiterung auf andere Verfahren zu prüfen.

[40] OLG Köln NJW-RR 1988, 1172, 1173.

[41] BGHZ 16, 124, 130–134 = NJW 1955, 497.

[42] OLG Karlsruhe NJW 1995, 1296, 1297; LAG München MDR 1998, 783.

[43] *T/P/Reichold* Rn. 4; *Zö/Greger* Rn. 5.

[44] BGH NJW-RR 2005, 925.

[45] OLG Dresden NJW-RR 2001, 504.

[46] MK/*Wagner* Rn. 11; hM.

[47] BGHZ 23, 17, 24 = NJW 1957, 591; MK/*Wagner* Rn. 11; *Ro/S/Go* § 125 Rn. 10 (§ 148 analog).

[48] MK/*Wagner* Rn. 12.

[49] OLG Karlsruhe FamRZ 1994, 47, 48; 1991, 92, 93; OLG Köln IPRax 1992, 89, 90; OLG Frankfurt/M IPRax 1988, 24; NJW 1986, 1443; *Schlosser* IPRax 1985, 16, 18; *St/J/Roth* Rn. 56; MK/*Wagner* Rn. 11; *T/P/Reichold* Rn. 4; strenger (nur bei Parteiidentität) *Geimer* NJW 1987, 3085, 3086.

[50] OLG Koblenz VersR 1992, 1536, 1537; OLG Karlsruhe VersR 1991, 539; *Zö/Greger* Rn. 9; aA OLG Celle VersR 1988, 1286 (Vorgreiflichkeit gem. § 3 Nr. 8 PflVG).

[51] BGHZ 41, 303, 309f. = NJW 1964, 1855; OLG Hamburg FamRZ 1983, 643; hM.

[52] OLGR Saarbrücken 2001, 408; OLG Düsseldorf NJW 1993, 1661 (nicht bei nur ähnlicher Rechtsfrage; mit dieser Einschr. auch *Zö/Greger* Rn. 3b); weit. Nachw. bei *St/J/Roth* Rn. 59.

[53] OLG Saarbrücken NJW-RR 2003, 176; die geplante Neuregelung zur Bindung an strafrichterliche Tatsachenfeststellungen nach § 415a idF des Entwurfs der Bundesregierung zum 1. JuMoG, BT-Drucks. 15/1508, wurde nicht ins 1. JuMoG aufgenommen.

[54] BVerfGE 77, 19, 28f. = NJW 1987, 2530.

[55] OLG München WM 1989, 1282, 1284.

[56] OLG München WM 1989, 1282, 1283; OLG Oldenburg NJW 2005, 2787 (Aufrechnung mit Zugewinnforderung); LAG München MDR 1989, 673 (für das arbeitsgerichtliche Verfahren); OLG Frankfurt IPRax 2002, 523, 525 (Vollstreckbarerklärung einer ausländischen Entscheidung).

eine Sachentscheidung nicht ergehen, weil die präjudizielle Frage im anhängigen Verfahren nicht geklärt werden kann, so **muss** ausgesetzt werden.[57] Die (prozessleitende) Anordnung ergeht **von Amts wegen** durch **Beschluss** des Kollegiums oder des Einzelrichters und bedarf der kurzen **Begründung. Mündliche Verhandlung** ist nach § 128 Abs. 4 (s. auch § 248 Abs. 2) nicht zwingend, wohl aber die Gewährung rechtlichen Gehörs.[58] Parteianträge sind bloße Anregung; Übergehen von Anträgen kann als Nichtausüben des Ermessens Verfahrensfehler sein.[59] Wollen die Parteien eine unzulässige Aussetzung, so können sie stattdessen Ruhen des Verfahrens beantragen (§ 251).[60] Die **Wirkungen** der Aussetzung richten sich nach § 249. Zu **Rechtsbehelfen** s. § 252. Das Beschwerdegericht darf die tatbestandlichen Voraussetzungen (Vorgreiflichkeit) prüfen, im Übrigen nur Verfahrens- und Ermessensfehler.[61] Die Entscheidung über die Aussetzung ist nicht revisibel;[62] Verfassungsbeschwerde unzulässig.[63]

V. Beendigung der Aussetzung

9 Die Aussetzung endet mit **Erledigung** des Verfahrens, das Anlass der Aussetzung war, auch **ohne** ausdrückliche **Aufnahmeerklärungen** der Beteiligten. Nehmen die Parteien das Verfahren dann nicht auf, tritt Verfahrensstillstand ein.[64] Ein **Aufnahmebeschluss des Gerichts** (§ 150) ist zulässig, die Aussetzung ist dann mit dessen Verkündung, Zustellung oder formloser Mitteilung (§ 329) beendet.[65] Fristen laufen mit Ende der Aussetzung neu (§ 249 Abs. 1).[66] Früher wurde mit Klageerhebung die Verjährungsfrist im ausgesetzten Verfahren unterbrochen. Die Unterbrechung endete mit der Erledigung des anderen Verfahrens. Nunmehr tritt nach § 204 Abs. 1 Nr. 1 BGB **Verjährungshemmung** ein. § 204 Abs. 2 S. 2 BGB greift zwar ein, sobald nach Beendigung des anderen Verfahrens der Aussetzungsgrund wegfällt und die Parteien das zunächst ausgesetzte Verfahren nicht weiter betreiben.[67] Die Anknüpfung an die letzte Verfahrenshandlung passt jedoch im Falle der Aussetzung nicht – sonst könnte die Hemmung trotz der sechsmonatigen Nachfrist ggf. schon vor Ende der Aussetzung wegfallen. Als „anderweitige Beendigung" im Sinne von § 204 Abs. 2 S. 1 BGB muss daher der Wegfall des Aussetzungsgrundes (Beendigung des anderen Verfahrens) gelten;[68] sechs Monate später endet dann auch die Verjährungshemmung. Diese beginnt erneut, wenn eine Partei das Verfahren wieder aufnimmt (§ 204 Abs. 2 S. 3 BGB entsprechend).

VI. Einzelfälle

10 **1. Arbeitsrecht.** Eine Aussetzung des Verfahrens über einen **arbeitsvertraglichen Beschäftigungsanspruch** bis zur rechtskräftigen Entscheidung über die Wirksamkeit der **Kündigung** ist nicht zwingend.[69] Wegen der Besonderheiten des Arbeitsgerichtsverfahrens soll im Prozess über **kündigungsabhängige Entgeltansprüche** des Arbeitnehmers auch keine Aussetzung im Hinblick auf einen erstinstanzlich bereits abgeschlossenen **Kündigungsprozess** erfolgen.[70] Dagegen kann (pflichtgemäßes Ermessen) das Gericht den Kündigungsschutzprozess eines **schwerbehinderten** Klägers aussetzen, bis über die Anfechtung der Zustimmung durch die **Hauptfürsorgestelle** zur Kündigung rechtskräftig entschieden ist, wenn diese entscheidungserheblich ist.[71] Auch hier ist gegen das Interesse an baldiger Entscheidung im Einzelfall abzuwägen.[72] Aussetzung analog § 148 ist möglich, wenn der Abfindungsanspruch des gekündigten Arbeitnehmers von der Anpassung des Sozialplans abhängt.[73]

11 **2. Arrest- und Verfügungsverfahren.** Aussetzung ist erst (s. Rn. 2) im Widerspruchs- (§ 924) und Aufhebungsverfahren (§ 927) zulässig, zB im Hinblick auf die Hauptsacheentscheidung (auch wenn Verfügungs-

---

[57] BGHZ 97, 135, 145 = NJW 1986, 1744 und hM, vgl. *Ro/S/Go* § 125 Rn. 10 (zB für Aufrechnung mit rechtswegfremder Gegenforderung).

[58] OLG München OLGZ 1968, 432 ff.; LAG Hamm MDR 1970, 874; *T/P/Reichold* Rn. 2; *B/L/H* Rn. 35, 36; *Zö/Greger* Rn. 7 a (nur bei übereinstimmendem Antrag oder Zustimmung der Parteien); so auch MK/*Wagner* Rn. 13 und AK-ZPO/*Göring* Rn. 6; aA RGZ 40, 373, 374 f. (grds. mündliche Verhandlung); *St/J/Roth* Rn. 35.

[59] KG FamRZ 2002, 330.

[60] *St/J/Roth* Rn. 20; MK/*Wagner* Rn. 5.

[61] KG MDR 2007, 736; LAG Köln 11 Ta 195/07 (juris).

[62] BGH LM § 252 Nr. 1; MDR 1973, 659; *Zö/Greger* Rn. 7.

[63] BVerfG NJW 2004, 501.

[64] BGHZ 106, 295, 298 f. = NJW 1989, 1729; *Ro/S/Go* § 127 II 3 (gegen die Voraufl.).

[65] BGHZ 49, 213, 215 = NJW 1968, 503; *Ro/S/Go* § 125 Rn. 12.

[66] BVerfG NJW-RR 1997, 188 (Kammerbeschl.) hält die wegen der erschwerten Ermittlung des erneuten Fristenlaufs eintretende Verkürzung der Rechtsmittelfrist im Hinblick auf Art. 103 Abs. 1 GG für bedenklich. Nach *Wagner* KTS 1997, 567, 571 ff. ist bei verfassungskonformer Auslegung Beschluss nach § 150 zwingend.

[67] Aussetzung ist Stillstand auf Grund Gerichtsbeschlusses, s. BGHZ 106, 295, 297 ff. = NJW 1989, 1729; BGH VersR 1982, 651.

[68] So für den früheren Wegfall der Unterbrechung BGHZ 106, 295, 297 ff. = NJW 1989, 1729; *Zö/Greger* Rn. 8.

[69] BAG MDR 1986, 80 (LS).

[70] Hessisches LAG BB 2002, 2075; LAG Hamm MDR 1985, 699, 700.

[71] BAG NJW 2001, 912, 913; NJW 1996, 540, 541; NZA 1992, 1073, 1077; BAGE 34, 275, 278 = NJW 1981, 2023; LAG Rheinland-Pfalz MDR 1998, 724, 725; *Seidel* MDR 1997, 804; einschr. LAG Frankfurt/M DB 1994, 1628.

[72] LAG Köln MDR 1999, 1392 (Vorrang der Verfahrensbeschleunigung nach Zurückweisung des Widerspruchs).

[73] BAG MDR 1997, 173, 174.

anspruch dort erstinstanzlich verneint).[74] Umgekehrt darf der **Hauptprozess** mangels Vorgreiflichkeit nicht bis zur Entscheidung im Eilverfahren ausgesetzt werden.[75]

3. Aufrechnung. Die Aussetzung einer Leistungsklage wegen einer anderweitig geltend gemachten Aufrechnung mit der eingeklagten Forderung ist nur zulässig, wenn mit einer **Entscheidung über die zur Aufrechnung gestellte Forderung** zu rechnen ist.[76] Umgekehrt kann das Verfahren, in dem mit der rechtshängigen Forderung aufgerechnet wird, ausgesetzt werden;[77] sie ist nach hM (s. aber § 145 Rn. 30–32) notwendig, wenn es sich um eine rechtswegfremde Forderung handelt.[78] Rechnet der Beklagte in einem weiteren Prozess mit derselben Gegenforderung auf, so ist nach BGH Aussetzung im Hinblick auf eine Entscheidung über die erste Aufrechnung zweckmäßig – auch im Urkundenprozess (s. Rn. 2), um einander widersprechende Entscheidungen zu vermeiden.[79] 12

4. Beweismittel. Ist ein Beweismittel (zB Zeuge) auf absehbare Zeit nicht verfügbar, so ist nicht auszusetzen, sondern im Erst-Recht-Schluss aus § 356 eine **Beibringungsfrist** zu setzen (s. § 356 Rn. 7).[80] Aussetzung ist aber möglich im Hinblick auf die vom Beweisführer bereits anhängig gemachte Klage auf Erteilung einer **Aussagegenehmigung,** wenn diese Aussicht auf Erfolg verspricht (§ 376).[81] Ausnahmsweise erfolgt eine Aussetzung nach § 640f. Zur Aussetzung im Hinblick auf selbständiges Beweisverfahren s. Rn. 5. 13

5. Erbrecht. Keine Aussetzung der Leistungsklage des Erben im Hinblick auf Entscheidung des Nachlassgerichts im **Erbscheinerteilungsverfahren.**[82] Umgekehrt kann das Erbscheinsverfahren analog § 148 ausgesetzt werden, wenn ein präjudizieller Streit über das Erbrecht anhängig ist.[83] Hingegen erfolgt keine Aussetzung des Verfahrens vor dem Nachlassgericht über die Entlassung eines **Testamentsvollstreckers,** wenn im Zivilprozess über die Erledigung der Testamentsvollstreckung gestritten wird.[84] 14

6. Familienrecht. Zur Entscheidung über den Scheidungsantrag bei Streit über den Versorgungsausgleich vgl. § 628 Abs. 1 Nr. 2. Das Verfahren über den **Versorgungsausgleich** kann neben § 53c FGG auch nach § 148 ausgesetzt werden.[85] Ein **Unterhaltsstreit** kann bis zur Klärung einer vorgreiflichen Frage durch das **Vormundschaftsgericht** ausgesetzt werden;[86] nicht jedoch hinsichtlich einer vom Gläubiger im **Sozialgerichtsverfahren** eingeklagten, nicht anrechnungsfähigen Rente.[87] Macht der **Sozialhilfeträger** einen übergeleiteten Unterhaltsanspruch geltend, so ist die Aussetzung wegen Anfechtung der **Überleitungsanzeige** auf Grund der Tatbestandswirkung des Verwaltungsaktes nicht zulässig, solange nicht aufschiebende Wirkung des Widerspruchs angeordnet ist.[88] Ist eine **Ehe im Ausland geschieden,** so gilt im Anwendungsbereich der **EG-Verordnung 2201/2003 (EheVO II)**[89] seit 1. 3. 2005 das Anerkennungsprinzip gem. Art. 21–27 EheVO II (s. § 328 Rn. 40) sowie die Aussetzungsregelung für Parallelverfahren nach Art. 19.[90] Außerhalb des Anwendungsbereichs der EheVO I und II ist ein ausländisches Urteil über den (Nicht-)Bestand der Ehe nach Art. 7 § 1 FamRÄndG anerkennungsfähig. Ein inländisches Scheidungsverfahren ist in diesem Fall auf Antrag eines Ehegatten bis zur Entscheidung im **Anerkennungsverfahren** auszusetzen.[91] Die Aussetzung von Amts wegen ist trotz der Entscheidungsprärogative der Landesjustizverwaltung nicht geboten, wenn es offensichtlich an Anerkennungsvoraussetzungen fehlt,[92] in weniger eindeutigen Fällen ist auszusetzen und den Parteien eine **Frist zur Einleitung des Anerkennungsverfahrens** zu setzen.[93] 15

7. Normenkontrolle, Verfassungsbeschwerde und EuGH-Vorlageverfahren. Ist bereits ein konkretes Normenkontrollverfahren auf Grund Vorlage eines anderen Gerichts (Art. 100 GG) anhängig oder ein Ge- 16

---

[74] OLG Düsseldorf NJW 1985, 1966, 1967; OLG München MDR 1986, 681; MK/*Wagner* Rn. 3; *Zö/Greger* Rn. 4; aA OLG München OLGZ 1988, 230, 232 (Eilbedürftigkeit auch im Aufhebungsverfahren); *St/J/Grunsky* § 927 Rn. 6, § 925 Rn. 16.

[75] OLG Frankfurt/M GRUR 1981, 905, 907; *B/L/H* Rn. 13; *Zö/Greger* Rn. 9; *St/J/Roth* Rn. 32; zur Aussetzung im Unterhaltsverfügungsverfahren LG Aurich MDR 1965, 142.

[76] OLG Dresden NJW 1994, 139; OLG Köln NJW-RR 1992, 1287; OLG München FamRZ 1985, 84, 85; großzügiger f. Aussetzung *Zö/Greger* § 145 Rn. 18a (bei nachträglich erhobener Leistungsklage soll dieser das Rechtsschutzbedürfnis fehlen).

[77] Zu restriktiv OLG Celle NJW-RR 2000, 6 = FamRZ 2000, 1288.

[78] BGHZ 16, 124, 128ff. = NJW 1955, 497; LAG München MDR 1998, 783 (aber verneinend für Arbeits- und Zivilgerichtsbarkeit); BGH FamRZ 2000, 355f. bei rechtshängigem Zugewinnausgleichsanspruch Aussetzung fakultativ; s. aber § 145 Rn. 32; weit. Nachw. auch § 322 Rn. 86–87; § 17 GVG Rn. 10.

[79] BGH MDR 2004, 705; abl. *Althammer* ZZP 116 (2003), 500, 506ff. (dort auch zum umgekehrten Fall: Aufrechnung mit einer im Urkundenprozess anhängigen Forderung).

[80] AA OLG Oldenburg OLGZ 1991, 451, 452; *B/L/H* § 356 Rn. 6 (Aussetzung grds. möglich).

[81] OLG Zweibrücken MDR 1995, 202; *B/L/H* Rn. 30.

[82] OLG Köln OLGZ 1986, 210; KG OLGZ 1975, 355, 356; MK/*Wagner* Rn. 22; *Zö/Greger* Rn. 9.

[83] BayObLG FamRZ 1999, 334, 335 mit Nachw. (Aussetzung auch im Rechtsbeschwerdeverfahren).

[84] BayObLG Rpfleger 1988, 265.

[85] OLG Brandenburg FamRZ 2000, 1423.

[86] OLG Hamburg FamRZ 1983, 643.

[87] OLG Karlsruhe FamRZ 1985, 1070; OLG Düsseldorf FamRZ 1982, 821.

[88] LG Hannover MDR 1982, 586; *Schultz* MDR 1983, 101, 102; grds. keine Aussetzung nach OLG Oldenburg FamRZ 1997, 434; OLG Hamm FamRZ 1988, 633; iE auch OLG Zweibrücken NJW 1986, 730, 731; aA LG Duisburg MDR 1983, 138, 139; *B/L/H* Rn. 26; AK-ZPO/*Göring* Rn. 3 (Aussetzung unabhängig von aufschiebender Wirkung).

[89] ABl EG 2003, Nr. L 338, S. 1.

[90] Für die mit Inkrafttreten der EheVO II aufgehobene (Art. 71 EheVO II) EheVO I s. Art. 11.

[91] BGH NJW 1983, 514, 516 (für Entscheidung über Ehefolgesachen im Inland); *T/P/Hüßtege* § 328 Rn. 25.

[92] BGH NJW 1983, 514, 516; OLG Köln NJW-RR 1999, 81, 82; krit. auch *Bürgle* IPRax 1983, 281, 282.

[93] *Basedow* IPRax 1983, 278, 281; grds. für Aussetzung *Bürgle* IPRax 1983, 281ff. m. weit. Nachw.

setz Gegenstand einer Verfassungsbeschwerde, ist str., ob eine **schlichte** Aussetzung nach § 148 analog erfolgen darf[94] oder nur eine Aussetzung nach Art. 100 GG mit eigener Vorlage (§ 80 BVerfGG), die den Betroffenen ein Äußerungsrecht vor dem BVerfG gibt (§§ 82 Abs. 3, 84 BVerfGG[95]).[96] Unter dem Aspekt der Justizentlastung vor weiteren gleichgerichteten Vorlagen ist die Handhabung des BVerfG vertretbar. Fakultativ ist eine Aussetzung **nach § 148 analog,** wenn das Gericht selbst **nicht von der Verfassungswidrigkeit überzeugt** ist.[97] Ist eine Norm bereits für verfassungswidrig erklärt, kann bis zur gesetzlichen **Neuregelung** ausgesetzt werden.[98] Dagegen ist die Aussetzung in sonstigen Fällen einer zu **erwartenden Gesetzesänderung** grundsätzlich unzulässig.[99] Entsprechend der Rspr. zu einer zu erwartenden Entscheidung des BVerfG kann man eine Aussetzung analog § 148 auch für zulässig erachten, wenn ein Vorlageverfahren beim **EuGH** zur gleichen Rechtsfrage anhängig ist.[100]

17 **8. WEG.** Klagt der Verwalter seine Gebühren vor dem Prozessgericht ein, so ist das Verfahren auszusetzen (§ 46 Abs. 2 WEG), bis das WEG-Gericht im **Beschlussanfechtungsverfahren** (§ 43 Abs. 1 Nr. 4 WEG) über die angefochtene Abberufung des Verwalters mit Bindungswirkung entschieden hat.[101] Dagegen wird eine Aussetzung im Verfahren nach § 43 Abs. 1 Nr. 1 WEG (Zahlungsverpflichtung eines Wohnungseigentümers) teilweise abgelehnt, auch wenn der zu Grunde liegende Beschluss nach § 43 Abs. 1 Nr. 4 WEG angefochten ist.[102]

18 **9. Sonstige Fälle.** Im **Insolvenzverfahren** kann analog § 148 ausgesetzt werden, wenn das Insolvenzgericht zunächst nur ein isoliertes allgemeines Verfügungsverbot (§ 21 Abs. 2 Nr. 2 InsO) erlässt und mangels Bestellung eines vorläufigen Insolvenzverwalters Unterbrechung nach § 240 nicht eintritt.[103] Die Zahlungsklage des **Leasinggebers** gegen den **Leasingnehmer** muss ausgesetzt werden, bis ein in gleicher Sache anhängiger Wandelungsprozess mit dem Lieferanten entschieden ist.[104] Die Frage des Erlasses von Rückgriffsansprüchen des **Sozialversicherungsträgers** (§ 76 Abs. 2 Nr. 3 SGB IV) ist keine Vorfrage für den zivilprozessual geltend gemachten Rückgriffsanspruch. Daher ist eine Aussetzung unzulässig.[105]

VII. Gebühren und Kosten

19 **1. Rechtsanwaltsgebühren.** Der **schriftsätzlich** gestellte Aussetzungsantrag ist stets von der Verfahrensgebühr abgegolten. Der (schriftsätzlich gestellte) Aussetzungsantrag löst, wenn eine volle Prozessgebühr noch nicht angefallen ist, eine Verfahrensgebühr von 0,8 (Nr. 3101 Nr. 1 VV RVG) aus. Wird die Aussetzung in **mündlicher Verhandlung** beantragt, fällt die volle Terminsgebühr von 1,2 (Nr. 3104 VV RVG) an. Die Reduzierung aus Nr. 3105 VV RVG findet nur bei Säumnis einer Partei Anwendung.

20 **2. Gerichtskosten.** Gerichtsgebühren fallen durch den Aussetzungsbeschluss nicht an; die Entscheidung über die begründete Beschwerde darf keine Kostenentscheidung enthalten.[106]

149 *Aussetzung bei Verdacht einer Straftat* **(1) Das Gericht kann, wenn sich im Laufe eines Rechtsstreits der Verdacht einer Straftat ergibt, deren Ermittlung auf die Entscheidung von Einfluss ist, die Aussetzung der Verhandlung bis zur Erledigung des Strafverfahrens anordnen.**

(2) [1]Das Gericht hat die Verhandlung auf Antrag einer Partei fortzusetzen, wenn seit der Aussetzung ein Jahr vergangen ist. [2]Dies gilt nicht, wenn gewichtige Gründe für die Aufrechterhaltung der Aussetzung sprechen.

I. Normzweck

1 Das Zivilgericht kann durch Aussetzung der Verhandlung bis zur Erledigung eines Strafverfahrens den Stand der Ermittlungen und dessen Ausgang abwarten und sich so der **besseren Erkenntnismöglichkeiten**

---

[94] So nun BVerfG NJW 2004, 501, 502 (Kammerbeschl.); s. auch bereits BVerfGE 3, 58, 74 = NJW 1954, 21; BGH NJW 1998, 1957 m. Nachw.; BAG NJW 1988, 2558; BSG MDR 1993, 61; BFHE 166, 418; OLG Stuttgart FamRZ 2003, 538 (mit Einschränkungen); OLG Hamburg NJW 1994, 1482; OLG Düsseldorf FamRZ 1980, 72f.; offen BGHZ 74, 38, 84 = NJW 1979, 1289.

[95] Hierauf soll nach BVerfG NJW 2004, 501, 502 jedoch kein Anspruch bestehen.

[96] So BVerfG NJW 1973, 1319, 1320; OLG Frankfurt/M NJW 1979, 767, 768; LG München I FamRZ 1996, 968; *Milligramm* Jura 1983, 354, 357f.; *Pestalozza* JuS 1981, 649, 651ff.; *MK/Peters* Rn. 24; *Zö/Greger* Rn. 3a; *B/L/H* Rn. 29 („Aussetzung zwecks Vorlage").

[97] BGHZ 162, 373, 376 = NJW 2005, 1947; BGH NJW 1998, 1957, 1958; BayObLG NJW-RR 1991, 1220, 1221; OLG Stuttgart FamRZ 2003, 538, 539; OLG Saarbrücken FamRZ 1980, 282, 283; aA *Pestalozza* JuS 1981, 649, 652f.

[98] BVerfG DB 1990, 1565, 1567; BAG MDR 1991, 1071, 1072; (fakultativ) BayObLGZ 1974, 355, 358f.; NJW-RR 1991, 1220, 1221; OLG Oldenburg FamRZ 2003, 613f.; OLG Karlsruhe FamRZ 1999, 923; Greger MDR 2001, 486; aA LAG Niedersachsen ZIP 1991, 185, 187.

[99] BVerwG NJW 1962, 1170, 1171; OLG München NJW 1976, 1850; *B/L/H* Rn. 17; s. auch ausführlich *Dieckmann* FamRZ 1976, 635ff.

[100] Vorsichtig in diese Richtung BGHZ 162, 373, 378 = NJW 2005, 1947.

[101] OLG Köln NJW-RR 1988, 1172, 1173.

[102] OLG Karlsruhe NJW-RR 1992, 1492, 1495; *B/L/H* Rn. 30; für die grundsätzliche Anwendbarkeit des § 148 im WEG-Verfahren BayObLGZ 1987, 381, 384.

[103] OLG Jena MDR 2000, 1337, 1338.

[104] BGHZ 97, 135, 145f. = NJW 1986, 1746; *Tiedtke* ZIP 1986, 694ff.; *Reinicke/Tiedtke* WM 1985, 2085; *B/L/H* Rn. 19; aA OLG Hamburg WM 1985, 586.

[105] LG Wiesbaden NJW 1985, 2770.

[106] BGH FamRZ 2006, 1268.

der StPO bedienen. Der Grundsatz **freier Beweiswürdigung** nach § 286 muss jedoch gewahrt bleiben, das Gericht ist nicht an das Strafurteil gebunden, § 14 Abs. 2 Nr. 1 EGZPO (§ 148 Rn. 6). Der durch das ZPO-RG eingefügte Abs. 2 soll verhindern, dass sich das Zivilverfahren im Hinblick auf den Strafprozess zu lange verzögert.[1]

II. Voraussetzungen

1. Verdacht einer Straftat. Es muss wegen eines Verhaltens während, vor oder zu Beginn des Rechtsstreites[2] der Verdacht einer Straftat oder Ordnungswidrigkeit irgendeines **Prozessbeteiligten,** nicht zwingend einer Partei, bestehen. Ausreichen kann auch der Verdacht gegen einen **Dritten,** dessen Verhalten für den Zivilprozess Bedeutung haben kann (zB Falschaussage).[3] Ein Strafverfahren muss noch **nicht anhängig** sein.[4] Die bloße Behauptung einer Straftat durch eine Partei reicht aber nicht aus; eine daraufhin erfolgte Aussetzung kann zur Ablehnung des Richters wegen **Befangenheit** führen.[5] Im Sinne des § 152 Abs. 2 StPO müssen deshalb zur Überzeugung des Zivilgerichts[6] **hinreichende tatsächliche Anhaltspunkte** vorliegen, so dass mit einem Tätigwerden der Ermittlungsbehörden gerechnet werden kann.[7] Dringender Tatverdacht (§ 203 StPO) ist nicht notwendig. 2

2. Einfluss auf die Zivilentscheidung. Es genügt, dass die Ermittlung im Strafverfahren von tatsächlichem, nicht rechtlichem **Einfluss** auf die zu erlassende zivilrechtliche Entscheidung ist. Dieser wird regelmäßig im Zusammenhang mit der **Beweisaufnahme** oder **Beweiswürdigung** vorliegen. Eine Aussetzung ist deshalb unzulässig, wenn die Ermittlung keinen inhaltlichen Einfluss nimmt und die Aufklärung des Sachverhaltes nicht im Vordergrund steht (so in der Revisionsinstanz).[8] Auch im **Prozesskostenhilfeverfahren** kommt eine Aussetzung wegen der nur summarischen Prüfung nicht in Betracht.[9] Soweit das Strafverfahren keinen inhaltlichen Einfluss nimmt, sondern wie bei der Restitutionsklage nach §§ 580, 581 **Tatbestandsmerkmal** ist, kann § 149 analog zur Aussetzung der Entscheidung über die Restitution führen.[10] Keinen Aussetzungsgrund stellt die Gefahr dar, dass der Beklagte durch Erklärungen im Zivilprozess sich faktisch in dem gegen ihn laufenden Strafverfahren selbst belastet.[11] 3

III. Anordnung der Aussetzung und Rechtsbehelfe

Die Aussetzung liegt im **Ermessen** des Gerichtes, daszwischen der besseren Erkenntnismöglichkeit des Strafverfahrens bzw. Vorteilen bei der Beweiserhebung und einer Verfahrensverzögerung abwägen muss.[12] Die Anordnung ergeht regelmäßig **von Amts wegen,** mündliche Verhandlung ist nach § 128 Abs. 4 entbehrlich. Bei **Sachverhaltsidentität** ist eine Aussetzung nicht unzulässig,[13] sondern wird bei zu erwartendem höheren Erkenntniswert für das Zivilverfahren sogar regelmäßig geboten sein.[14] Die Anordnung sollte begründet werden und dabei insbesondere die oben genannte Abwägung belegen.[15] Gegen die Anordnung bzw. Ablehnung der Aussetzung findet die sofortige **Beschwerde** nach § 252 statt, s. dort Rn. 1. 4

IV. Beendigung der Aussetzung

Die Aussetzung endet im Regelfall mit der **Beendigung des Strafverfahrens** ohne Aufnahmeerklärung der Parteien nach § 250. Abs. 2 **verpflichtet** das Gericht auf Antrag, das Verfahren fortzusetzen, wenn die Aussetzung ein Jahr andauert und das Strafverfahren noch nicht beendet ist. Nur bei **gewichtigen Gründen** (Abs. 2 S. 2) darf eine weitere Verzögerung in Kauf genommen werden. Im Übrigen gilt § 150. Gegen die Ablehnung des Antrags sowie gegen die Stattgabe (entspricht Ablehnung weiterer Aussetzung) findet die sofortige Beschwerde nach § 252 statt. 5

V. Rechtsanwaltsgebühren

Zu den Anwaltsgebühren s. § 148 Rn. 19. 6

---

1 Anwendbar auch bei Klage vor dem 1. 1. 2002: OLG München MDR 2003, 1010, 1011.
2 OLG Frankfurt/M MDR 1982, 675.
3 *St/J/Roth* Rn. 3.
4 *T/P/Reichold* Rn. 1.
5 OLG Frankfurt/M NJW-RR 1986, 1319, 1320.
6 LAG Frankfurt/M DB 1992, 48.
7 *St/J/Roth* Rn. 3.
8 BayObLG FamRZ 1992, 975, 976; OLG Düsseldorf MDR 1985, 239.
9 LSG Rheinland-Pfalz DRiZ 2000, 440, 441; *Zö/Greger* Rn. 3; differenzierend MK/*Wagner* Rn. 6.
10 MK/*Wagner* Rn. 7; *St/J/Roth* Rn. 9; aA OLG Köln OLGZ 1991, 352, 353–356; *Zö/Greger* Rn. 3; *T/P/Reichold* Rn. 3.
11 OLG Frankfurt NJW-RR 2001, 1649; LAG Düsseldorf MDR 2002, 54.
12 OLG Düsseldorf NJW-RR 1998, 1531; OLG Bamberg FamRZ 1996, 1152 (LS); OLG Stuttgart NJW 1991, 1556; OLG Köln NJW 1990, 778; VersR 1983, 654; LAG Köln 11 Ta 195/07 (juris).
13 So aber OLG Celle NJW 1969, 280; LAG Berlin AP Nr. 1.
14 So auch OLG Frankfurt/M MDR 1982, 675; *Zö/Greger* Rn. 1; *St/J/Roth* Rn. 1.
15 OLGR Celle 2001, 156; OLG Düsseldorf NJW-RR 1998, 1531; MK/*Wagner* Rn. 10; *St/J/Roth* Rn. 12.

150 ***Aufhebung von Trennung, Verbindung oder Aussetzung*** **[1]Das Gericht kann die von ihm erlassenen, eine Trennung, Verbindung oder Aussetzung betreffenden Anordnungen wieder aufheben. [2]§ 149 Abs. 2 bleibt unberührt.**

I. Aufhebung der Trennung oder Verbindung

1 Das Gericht kann **jederzeit** nach pflichtgemäßem **Ermessen** die Aufhebung von Trennung (§ 145) oder Verbindung (§ 147) anordnen, wenn nicht Trennung oder Verbindung durch Gesetz zwingend vorgeschrieben sind (s. § 147 Rn. 3, § 145 Rn. 3). Eine Aufhebung ist **unzulässig,** wenn eine Sache bereits **entscheidungsreif** ist.[1] **Zuständig** ist das Gericht, bei dem im Fall der **Aufhebung der Verbindung** das Verfahren **anhängig** ist, im Fall der **Aufhebung der Trennung** das Gericht bei dem **beide** Ansprüche anhängig sind. Die Aufhebung erfolgt durch **Beschluss,** der nach § 128 Abs. 4 grundsätzlich nicht der mündlichen Verhandlung bedarf.

II. Aufhebung der Aussetzung

2 Die Aussetzung kann, soweit ihre Anordnung im **Ermessen** (kein Aussetzungszwang § 148 Rn. 8) des Gerichtes lag, nach sachdienlichem Ermessen des Gerichtes aufgehoben werden, wenn sie nicht durch den mit dem Aussetzungsbeschluss angegebenen Beendigungstatbestand von selbst endet. Der Aufhebungsbeschluss hat in diesem Fall nur verfahrenstechnische Bedeutung. Soweit in den Fällen der §§ 152 bis 154 eine **notwendige** Aussetzung vorliegt, kann die Aufhebung grundsätzlich nur mit Zustimmung des Antragstellers erfolgen. Eine Aufhebung von Amts wegen ohne Einverständnis des Antragstellers richtet sich nach § 155. Im Falle von § 149 Abs. 2 ist das Gericht vorbehaltlich gewichtiger Gründe (§ 149 Abs. 2 S. 2) nach Jahresfrist auf Antrag zur Aufhebung der Aussetzung verpflichtet. Die Entscheidung ergeht durch **Beschluss.**

III. Rechtsmittel

3 Gegen die **Aufhebung der Trennung oder Verbindung** ist eine Beschwerde **nicht zulässig.** Eine Überprüfung der Anordnung ist aber im Rahmen der Berufung oder Revision möglich. Die Anfechtbarkeit einer **Aufhebung der Aussetzung** richtet sich auch insoweit nach der des ursprünglichen Beschlusses, s. § 149 Rn. 4, § 252 Rn. 3 f. Für die Entscheidung über einen Antrag nach § 149 Abs. 2 S. 1 gilt § 252 unmittelbar (s. § 149 Rn. 5).

151 *(weggefallen)*

152 ***Aussetzung bei Eheaufhebungsantrag*** **[1]Hängt die Entscheidung eines Rechtsstreits davon ab, ob eine Ehe aufhebbar ist, und ist die Aufhebung beantragt, so hat das Gericht auf Antrag das Verfahren auszusetzen. [2]Ist das Verfahren über die Aufhebung erledigt, so findet die Aufnahme des ausgesetzten Verfahrens statt.**

I. Normzweck und Anwendungsbereich

1 Die Vorschrift regelt neben den §§ 153, 154 einen Fall **notwendiger Aussetzung,** um zu verhindern, dass über Ehe- und Kindschaftssachen in einem nicht dafür vorgesehenen Verfahren inzident entschieden wird.[1] Die **Präjudizialität** entspricht § 148 (s. § 148 Rn. 5). Die Vorschrift betrifft die Vorgreiflichkeit einer Entscheidung im **Eheaufhebungsverfahren** nach §§ 1313–1318 BGB. Die frühere Unterscheidung des EheG (§§ 16–21) nach Nichtigkeits- und Aufhebungsklage entfällt. Der Antrag auf Aufhebung nach § 1313 BGB muss bereits gestellt sein, auf die Zustellung kommt es im Rahmen von § 152 nicht an,[2] eine **Fristsetzung** zur Antragstellung ist **nicht möglich.**[3] Der **praktische Anwendungsbereich** der Vorschrift ist gering, da die Vorgreiflichkeit regelmäßig zu verneinen sein wird, denn die Eheaufhebung hat – wie auch die Ehescheidung – auf Grund ihrer rechtsgestaltenden Wirkung **keine Rückwirkung** (§ 1313 Abs. 1 S. 2 BGB).[4] Bedeutung hat die Vorschrift aber als **Verweisungsnorm** des § 153 (s. dort Rn. 1).

II. Antrag

2 Erforderlich ist ein **Antrag** einer Partei oder eines Streithelfers. Die Aussetzung ist dann **zwingend** (s. zum Normzweck Rn. 1).[5] Ohne Antrag **kann** die Aussetzung nach § 148 **von Amts wegen** erfolgen.[6]

---

[1] RGZ 49, 401, 402; *St/J/Roth* Rn. 1; *B/L/H* Rn. 3.

[1] *St/J/Roth* Rn. 1.

[2] BT-Drucks. 13/4898, S. 25.

[3] *T/P/Reichold* Rn. 1.

[4] *St/J/Roth* Rn. 3; *Ro/S/Go* § 125 Rn. 13; MK/*Wagner* Rn. 6 plädiert dennoch für analoge Anwendung im Hinblick auf Scheidungsverfahren.

[5] HM; OLG München FamRZ 1996, 950 f.

[6] Für Aussetzungspflicht von Amts wegen mit guten Gründen MK/*Wagner* Rn. 2 mit Nachw.

III. Beendigung der Aussetzung

Die Aussetzung endet mit Aufnahme des Verfahrens (§ 250), nachdem das Eheaufhebungsverfahren durch Urteil, Antragsrücknahme oder Tod eines Ehegatten nach § 619 erledigt ist (§ 152 S. 2). Die Aussetzung kann außerdem durch Gerichtsbeschluss aufgehoben werden, § 155. 3

IV. Fortsetzung des Verfahrens

Nach der **Wiederaufnahme** des ausgesetzten Verfahrens ist der Rechtsstreit fortzusetzen und zu entscheiden. Bei Beendigung auf Grund § 619 hat das Gericht in **eigener Zuständigkeit** die Voraussetzungen der Eheaufhebung zu prüfen.[7] 4

V. Rechtsanwaltsgebühren

Zu den Anwaltsgebühren s. § 148 Rn. 19. 5

153 *Aussetzung bei Vaterschaftsanfechtungsklage* **Hängt die Entscheidung eines Rechtsstreits davon ab, ob ein Mann, dessen Vaterschaft im Wege der Anfechtungsklage angefochten worden ist, der Vater des Kindes ist, so gelten die Vorschriften des § 152 entsprechend.**

I. Voraussetzung und Anordnung der Aussetzung

Die seit 1. 7. 1998 geltende Fassung regelt die Aussetzung des Verfahrens für den Fall der Vorgreiflichkeit der Vaterschaft (§§ 1600ff. BGB). Das Statusverfahren nach § 640 Abs. 2 Nr. 2 ist vor dem **Familiengericht** durchzuführen (§§ 1600e BGB, 23b Abs. 1 Nr. 12 GVG). Weder das Kind oder dessen Eltern[1] noch der Mann müssen Partei des auszusetzenden Rechtsstreites sein.[2] Zum **Antragserfordernis** s. § 152 Rn. 2. 1

II. Anwendungsfälle

Hauptanwendungsfälle der Aussetzung nach § 153 sind der **Unterhaltsprozess** sowie Klagen aus §§ 829, 832 BGB.[3] Im Verfahren der **einstweiligen Verfügung** scheidet Aussetzung nach §§ 153, 152 auf Grund des Eilcharakters aus;[4] der Antrag führt auch nicht zum Wegfall des Verfügungsgrundes.[5] Im **Scheidungsverbundverfahren** erfasst eine Aussetzung das Gesamtverfahren, soweit nicht zuvor einzelne Folgesachen abgetrennt wurden.[6] 2

III. Aufhebung der Aussetzung

Die Aussetzung endet mit Wiederaufnahme (§ 250) nach Erledigung des vorgreiflichen Verfahrens. Es tritt keine Erledigung des vorgreiflichen Verfahrens beim Tod des Mannes (§ 640 Abs. 1, § 1600e Abs. 2 BGB) ein, ebenso wenig bei Klagen gegen den Mann, wenn Kind oder Mutter das Verfahren nach § 640 aufnehmen können. Verstreicht die Jahresfrist des § 640g S. 2 ohne dass das Verfahren aufgenommen wurde, so kann die Aussetzung durch das Gericht aufgehoben werden (s. im Übrigen § 152 Rn. 3). 3

IV. Rechtsanwaltsgebühren

Zu den Anwaltsgebühren s. § 148 Rn. 19. 4

154 *Aussetzung bei Ehe- oder Kindschaftsstreit* **(1) Wird im Laufe eines Rechtsstreits streitig, ob zwischen den Parteien eine Ehe oder eine Lebenspartnerschaft bestehe oder nicht bestehe, und hängt von der Entscheidung dieser Frage die Entscheidung des Rechtsstreits ab, so hat das Gericht auf Antrag das Verfahren auszusetzen, bis der Streit über das Bestehen oder Nichtbestehen der Ehe oder der Lebenspartnerschaft im Wege der Feststellungsklage erledigt ist.**

(2) Diese Vorschrift gilt entsprechend, wenn im Laufe eines Rechtsstreits streitig wird, ob zwischen den Parteien ein Eltern- und Kindesverhältnis bestehe oder nicht bestehe oder ob der einen Partei die elterliche Sorge für die andere zustehe oder nicht zustehe, und von der Entscheidung dieser Fragen die Entscheidung des Rechtsstreits abhängt.

---

[7] *St/J/Roth* Rn. 8; aA *B/L/H* Rn. 3, der von einer Ermessensentscheidung des Gerichtes ausgeht.
[1] *St/J/Roth* Rn. 2.
[2] *T/P/Reichold* Rn. 1.
[3] Vgl. OLG München FamRZ 1996, 950; OLG Bremen MDR 1998, 416, 417 (nachehel. Unterhaltsanspruch); *Zö/Greger* Rn. 1; *St/J/Roth* Rn. 1.
[4] OLG Hamm FamRZ 1987, 1188, 1189; OLG Frankfurt/M FamRZ 1985, 409, 410; MK/*Wagner* Rn. 4; AK-ZPO/*Göring* Rn. 2; *St/J/Roth* Rn. 2; *Zö/Greger* Rn. 2; aA *Ro/S/Go* § 127 II 4, 15. Aufl.
[5] So aber OLG Düsseldorf FamRZ 1982, 1229, 1230; *T/P/Reichold* Rn. 1.
[6] OLG München FamRZ 1996, 950, 951.

I. Aussetzung nach Abs. 1

1 Die Vorschrift greift, wenn das **Bestehen** einer Ehe oder Lebenspartnerschaft[1] zwischen den Parteien in Streit steht. Anwendungsfall des Abs. 1 sind die **Ehefeststellungsklage** nach § 632 und die Feststellungsklage nach § 661 Abs. 1 Nr. 2, Abs. 2 für Lebenspartnerschaften. Da auch diese gemäß § 23 b Abs. 1 Nr. 1 und 15 GVG ausschließlich dem **Familiengericht** zugewiesen sind, **muss** das Gericht bei Vorgreiflichkeit auf Antrag aussetzen. Die Feststellungsklage muss **nicht anhängig** sein; **Fristsetzung** zur Klageerhebung ist nicht vorgesehen. Die am Verfahrensfortgang interessierte Partei kann die Feststellungsklage nach § 632 selbst betreiben.[2] Liegt kein Antrag vor, wird die Aussetzung regelmäßig über § 148 angeordnet werden **müssen,** wenn eine Feststellungsklage nach § 632 anhängig ist, um kollidierende Entscheidungen zu vermeiden.[3] § 155 kommt nicht zur Anwendung.

II. Aussetzung nach Abs. 2

2 Vorfrage für die Aussetzung nach Abs. 2 ist das **Bestehen eines Eltern-Kindverhältnisses** (§§ 1591–1600 e BGB) zwischen den Parteien (andernfalls § 148), § 640 Abs. 2 Nr. 1 oder die Frage der **elterlichen Sorge** einer Partei für die andere, § 640 Abs. 2 Nr. 3. **Anwendungsfälle** sind der Streit über die (Un-)Wirksamkeit einer Vaterschaftsanerkennung nach § 640 Abs. 2 Nr. 1 Halbs. 2, wenn dieser zwischen den Parteien besteht sowie Fragen des Eltern-Kindverhältnisses nach §§ 1591 ff. BGB. Die Aussetzung bei Anfechtung der Ehelichkeit kann dagegen nur nach § 153 erfolgen. Im Übrigen s. Rn. 1.

III. Rechtsanwaltsgebühren

3 Zu den Anwaltsgebühren s. § 148 Rn. 19.

155 *Aufhebung der Aussetzung bei Verzögerung* **In den Fällen der §§ 152, 153 kann das Gericht auf Antrag die Anordnung, durch die das Verfahren ausgesetzt ist, aufheben, wenn die Betreibung des Rechtsstreits, der zu der Aussetzung Anlass gegeben hat, verzögert wird.**

I. Voraussetzungen und Abgrenzung

1 Auf **Antrag** einer Partei kann das Gericht die Anordnung der Aussetzung aufheben, wenn sich der vorgreifliche Rechtsstreit **verzögert.** Dabei muss es sich entsprechend dem von der hM zu Grunde gelegten Vergeltungszweck der Norm um eine **in vorwerfbarer Weise** herbeigeführte **Verschleppung** durch eine Partei handeln.[1] Auch von der Möglichkeit der Streithilfe ist ggf. Gebrauch zu machen.[2] Neben § 155 können die Parteien auch im Fall des § 154 den Rechtsstreit nach § 250 wieder aufnehmen. Wurde nach § 148 von Amts wegen ausgesetzt, erfolgt die Aufhebung nicht nach § 155, sondern nach § 150.

II. Anordnung und Wirkung der Aufhebung

2 Die Aufhebung steht im **pflichtgemäßen Ermessen** des Gerichtes.[3] Einzufließen haben die etwaige Dauer der Verzögerung sowie Sinn und Zweck der Aussetzung bei Statusprozessen. Die Aufhebung ergeht durch **Beschluss** (§ 128 Abs. 4: freigestellte mündliche Verhandlung). Der ausgesetzte Rechtsstreit wird **ohne Rücksicht** auf den Statusprozess fortgesetzt und entschieden. Das Gericht hat deshalb, da es zu einer eigenen Entscheidung nicht befugt ist, im Fall des § 152 vom Bestehen der Ehe sowie bei § 153 von der Ehelichkeit oder der Wirksamkeit der Vaterschaftsanerkennung auszugehen.[4] Die Rechtskraft des Urteils bleibt auch bei entgegen gesetztem Ausgang des Statusprozesses unberührt, eine **Wiederaufnahme** ist **nicht** möglich.[5] Die sofortige **Beschwerde** richtet sich nach § 252.

III. Rechtsanwaltsgebühren

3 Zu den Anwaltsgebühren s. § 148 Rn. 19.

156 *Wiedereröffnung der Verhandlung* **(1) Das Gericht kann die Wiedereröffnung einer Verhandlung, die geschlossen war, anordnen.**

(2) Das Gericht hat die Wiedereröffnung insbesondere anzuordnen, wenn

1. das Gericht einen entscheidungserheblichen und rügbaren Verfahrensfehler (§ 295), insbesondere eine Verletzung der Hinweis- und Aufklärungspflicht (§ 139) oder eine Verletzung des Anspruchs auf rechtliches Gehör, feststellt,

---

[1] Erweiterung gem. Art. 3 § 16 Nr. 6 LpartG (BGBl. 2001 I, 266).
[2] *St/J/Roth* Rn. 5; *T/P/Reichold* Rn. 1.
[3] MK/*Wagner* Rn. 2; *St/J/Roth* Rn. 4; aA *Zö/Greger* Rn. 3.
[1] MK/*Wagner* Rn. 1; *Zö/Greger* Rn. 1; aA auf Grund des Wortlautes *St/J/Roth* Rn. 3.
[2] *Zö/Greger* Rn. 1.
[3] Unklar *B/L/H* Rn. 2.
[4] MK/*Wagner* Rn. 4.
[5] *St/J/Roth* Rn. 5.

2. nachträglich Tatsachen vorgetragen und glaubhaft gemacht werden, die einen Wiederaufnahmegrund (§§ 579, 580) bilden, oder
3. zwischen dem Schluss der mündlichen Verhandlung und dem Schluss der Beratung und Abstimmung (§§ 192 bis 197 des Gerichtsverfassungsgesetzes) ein Richter ausgeschieden ist.

I. Normzweck

Nach Schluss der Verhandlung (§ 136 Abs. 4) können Umstände zu Tage treten, wonach die Verfahrens- 1
beendigung verfrüht oder fehlerhaft war (zB keine Entscheidungsreife). In diesem Fall besteht die Möglichkeit der Wiedereröffnung der Verhandlung; das **erkennende Gericht** kann Verfahrensfehler selbst beheben (zB rechtliches Gehör noch gewähren) und das Verfahren ordnungsgemäß zu Ende führen.[1] Bei sorgfältiger Prozessleitung sollte die Wiedereröffnung aber eine **Ausnahme** bleiben.

II. Anordnung der Wiedereröffnung

1. Verfahren. Die Wiedereröffnung erfolgt durch **Beschluss ohne mündliche Verhandlung** (§ 128 Abs. 4). 2
Eine ausdrückliche, so bezeichnete Wiedereröffnung muss nicht erfolgen, ausreichend ist, dass sich die Wiedereröffnung aus den Umständen ergibt, etwa durch Erlass eines Beweisbeschlusses oder Anberaumung eines neuen Verhandlungstermines. Die Entscheidung erfolgt **von Amts wegen** grundsätzlich nach **pflichtgemäßem Ermessen**[2] des Gerichtes (s. aber Rn. 3). **Parteianträge** sind bloße **Anregungen.** Das Gericht ist an die Wiedereröffnung **gebunden.** Die Entscheidung ist bei Eröffnung im Beschluss, im Fall der Ablehnung jedenfalls im Urteil zu begründen (vgl. Rn. 6).[3]

2. Voraussetzungen für die Wiedereröffnung. Abs. 1 stellt die Wiedereröffnung in das **Ermessen** des Ge- 3
richts. Dennoch besteht Einigkeit, dass sie in einigen Fällen zwingend geboten ist. Die drei wichtigsten Fallgrupppen, die man schon bislang hierunter fasste, sind durch das ZPO-RG in dem neu eingefügten Abs. 2 Nr. 1–3 kodifiziert.

a) **Verfahrensfehler** (Nr. 1). Schon bisher entsprach es hM, bei nicht geheilten, aber heilbaren Verfahrens- 4
fehlern nach § 156 zu verfahren. Nr. 1 schreibt dies nun als zwingenden Wiedereröffnungsgrund vor, insbesondere wenn der Anspruch auf **rechtliches Gehör**[4] verletzt ist – etwa wenn in einem nach § 283 nachgelassenen Schriftsatz zulässigerweise neuer Prozessstoff eingeführt wird, der eine Stellungnahme des Gegners erforderlich macht[5] – oder wenn das Gericht seine **richterliche Hinweispflicht verletzt** hat.[6] Die Aufzählung in Nr. 1, 2. Halbs. ist nicht erschöpfend („insbesondere"), so dass auch andere entscheidungserhebliche Verfahrensfehler zur Wiedereröffnung zwingen können, wenn sie nach § 295 rügbar sind und ihre Heilung noch möglich ist. Trägt eine Partei nach ordnungsgemäßem Verfahren nachträglich Neues vor, dessen Berücksichtigung für die Entscheidung nach § 296 Abs. 2 abgelehnt werden kann, so steht die Wiedereröffnung weiterhin im **Ermessen des Gerichts** und wird nicht von Nr. 1 erfasst; ein Anspruch auf Wiedereröffnung besteht nicht, da die Partei ihre prozessualen Sorgfaltspflichten verletzt hat.[7] Eine nach § 296 Abs. 1 **gebotene Zurückweisung** neuen Vorbringens **verbietet** hingegen sogar die Wiedereröffnung.[8] Ebenso wenig ist die Wiedereröffnung nach Nr. 1 geboten, wenn in dem nachgelassenen Schriftsatz neues Vorbringen enthalten ist, das über eine Erwiderung auf den verspäteten Schriftsatz des Gegners hinausgeht.[9] Wiedereröffnung kann auch angeordnet werden, wenn Anhaltspunkte für **Vergleichsbereitschaft** der Parteien oder **Erledigung** bestehen.[10]

b) **Wiederaufnahmegrund** (Nr. 2). Tatsachen, die zwar nach Schluss der mündlichen Verhandlung vorge- 5
bracht werden, aber einen **Nichtigkeits- oder Restitutionsgrund** bilden (§§ 579, 580), sind aus Gründen der Prozessökonomie zu berücksichtigen und verpflichten nun nach Nr. 2 zur Wiedereröffnung des Verfahrens.[11]

c) **Richterwechsel** (Nr. 3). Im Hinblick auf § 309 gebietet Nr. 3 die Wiedereröffnung, wenn ein Richter 6
nach Schluss der mündlichen Verhandlung, aber **vor der Entscheidungsfindung** (Schluss der Beratung) ausgeschieden oder verstorben ist.[12] Über die Wiedereröffnung entscheidet das Gericht in der verbleibenden Besetzung der vorangegangenen letzten mündlichen Verhandlung.[13] Unerheblich ist ein Ausscheiden zwischen dem Abschluss der Beratung und der Verkündung.

---

[1] BVerfG (Kammerbeschl.) NJW 2000, 1327.
[2] BGH NJW 2000, 142, 143 (freies Ermessen); strenger MK/*Wagner* Rn. 2, 3.
[3] MK/*Wagner* Rn. 15, 16 mit Nachw. zur Gegenansicht.
[4] AllgM, BGH NJW 1988, 2302; OLG Schleswig OLGZ 1981, 245, 247 f.; OLG Zweibrücken NJW-RR 1989, 221, 222; MK/*Wagner* Rn. 4.
[5] OLG Koblenz NJW-RR 2001, 65; OLG Celle NJW-RR 2000, 485, 486; OLG Köln MDR 1983, 760, 761; dies gilt auch bei Vorbringen in einem nicht nachgelassenen Schriftsatz, wenn dieser die Reaktion auf überraschend neues Vorbringen eines Sachverständigen in der Verhandlung darstellt, BGH MDR 2001, 567, 568.
[6] BayVerfGH NJW 1984, 1026, 1027; BGH WM 2004, 1153, 1154; NJW-RR 2002, 1071; NJW 2000, 142, 143; 1999, 2123; WM 1979, 587, 588; BAG NJW 1996, 2749; OLG Köln NJW-RR 1990, 1341, 1343.
[7] BGH NJW 1993, 134.
[8] MK/*Wagner* Rn. 4.
[9] BGH NJW 1993, 134.
[10] *T/P/Reichold* Rn. 8; BGH NJW 2000, 142.
[11] So schon bislang MK/*Wagner* Rn. 7; *T/P/Reichold* Rn. 3; *Zö/Greger* Rn. 3; *Fischer* NJW 1994, 1315, 1318; *St/J/Roth* Rn. 7; aA BGHZ 30, 60, 65 f. = NJW 1959, 1359; offen BGH WM 1986, 58.
[12] BAG MDR 2003, 47, 48; RGZ 16, 417, 419.
[13] BGH NJW 2002, 1426, 1427.

III. Folgen der Wiedereröffnung

7 Die geschlossene Verhandlung wird vollumfänglich wiedereröffnet, dh. **fortgesetzt.** Sie bezieht sich deshalb auf den gesamten Streitstoff, also auch auf die bereits verhandelten Punkte. Neue Angriffs- und Verteidigungsmittel können vorgebracht werden. Die Wiedereröffnung kann die Säumnis einer Partei abwenden, diese ist aber kein zwingender Wiedereröffnungsgrund.[14]

IV. Rechtsmittel

8 Ein Verstoß gegen die Vorschrift kann als **Verfahrensfehler** in der Rechtsmittelinstanz gerügt werden;[15] bei Verletzung des Anspruchs auf rechtliches Gehör durch Nichtberücksichtigung beachtlichen Vorbringens ist ein **Abhilfeverfahren** nach **§ 321a** möglich; erst wenn die Rüge verworfen oder zurückgewiesen ist, tritt Rechtswegerschöpfung ein, die den Weg für eine Verfassungsbeschwerde freigibt.

157

Ungeeignete Vertreter; Prozessagenten (1) **[1]Mit Ausnahme der Rechtsanwälte sind Personen, die die Besorgung fremder Rechtsangelegenheiten vor Gericht geschäftsmäßig betreiben, als Bevollmächtigte und Beistände in der Verhandlung ausgeschlossen. [2]Sie sind auch dann ausgeschlossen, wenn sie als Partei einen ihnen abgetretenen Anspruch geltend machen und nach der Überzeugung des Gerichts der Anspruch abgetreten ist, um ihren Ausschluss von der Verhandlung zu vermeiden.**

(2) **[1]Das Gericht kann Parteien, Bevollmächtigten und Beiständen, die nicht Rechtsanwälte sind, wenn ihnen die Fähigkeit zum geeigneten Vortrag mangelt, den weiteren Vortrag untersagen. [2]Diese Anordnung ist unanfechtbar.**

(3) **[1]Die Vorschrift des Absatzes 1 ist auf Personen, denen das mündliche Verhandeln vor Gericht durch Anordnung der Justizverwaltung gestattet ist, nicht anzuwenden. [2]Die Justizverwaltung soll bei ihrer Entschließung sowohl auf die Eignung der Person als auch darauf Rücksicht nehmen, ob im Hinblick auf die Zahl der in dem Gerichtsbezirk zugelassenen Rechtsanwälte ein Bedürfnis zur Zulassung besteht.**

Mit Wirkung zum 1. Juli 2008 wird § 157 neu gefasst. Die Vorschrift lautet dann:
Untervertretung in der Verhandlung **Der bevollmächtigte Rechtsanwalt kann in Verfahren, in denen die Parteien den Rechtsstreit selbst führen können, zur Vertretung in der Verhandlung einen Referendar bevollmächtigen, der im Vorbereitungsdienst bei ihm beschäftigt ist.**

I. Normzweck

1 Die Vorschrift will den **geordneten Ablauf** der **Verhandlung** sicherstellen.[1] Dieser ist nur bei gewisser **fachlicher Kompetenz** gewährleistet. Die Vorschrift ist nur für das **amtsgerichtliche** Verfahren von Bedeutung, wo im Parteiprozess eine Vertretung durch eine beliebige prozessfähige Person erfolgen kann (§ 79), nicht aber für Verfahren mit **Anwaltszwang,** § 78. Die Vorschrift bezieht sich auf die **mündliche Verhandlung** einschließlich Beweisaufnahmen und Güteverhandlung. Es handelt sich um einen allgemein gefassten Ausschluss mit Erlaubnisvorbehalt.[2]

II. Abgrenzung zum RBerG

2 Im Gegensatz zu § 157, der das Auftreten vor Gericht betrifft, bezieht sich das **RBerG** auf jede geschäftsmäßige Besorgung fremder Rechtsangelegenheiten. Die Zulassung als Prozessagent gemäß Abs. 3 setzt deshalb zusätzlich die behördliche Erlaubnis nach Art. 1 § 1 RBerG voraus.[3] Im Umkehrschluss gibt aber nicht bereits die Erlaubnisfreiheit nach dem RBerG den Anspruch auf eine Zulassung zur mündlichen Verhandlung.[4] Das RBerG kann zur Auslegung von § 157 herangezogen werden.[5] Für den Verwaltungsprozess trifft § 67 VwGO eine eigene abschließende Regelung; § 157 ist nicht anwendbar.[6]

III. Zur Verhandlung zugelassene Personen

3 Zur Verhandlung zugelassen sind Mitglieder der Rechtsanwaltskammer (Abs. 1), also **Rechtsanwälte** und nach § 209 BRAO in die Rechtsanwaltskammer aufgenommene Personen, deren amtliche Vertreter (§§ 53, 161 BRAO, s. auch § 55 BRAO) sowie der Stationsreferendar unter Beistand des Ausbilders, § 59 Abs. 2 BRAO; **Patentanwälte** in Angelegenheiten des gewerblichen Rechtsschutzes, § 4 PatAnwO; **Vertreter einer Arbeitgebervereinigung** oder **Gewerkschaft** vor dem Arbeitsgericht, § 11 ArbGG; sowie **Prozessagen-**

---

14 *St/J/Roth* Rn. 18.
15 OLG Zweibrücken MDR 1989, 268, 269.
1 VGH Mannheim JurBüro 1990, 519; *Zö/Greger* Rn. 2; *St/J/Roth* Rn. 1.
2 *Zö/Greger* Rn. 2.
3 OLG Hamm OLGZ 1980, 265.
4 *B/L/H* Rn. 5; *St/J/Roth* Rn. 4.
5 *Zö/Greger* Rn. 1; *St/J/Roth* Rn. 5.
6 VGH Mannheim NJW 1998, 1330.

ten im Sinne des Abs. 3[7] und deren Unterbevollmächtigte;[8] **Notare** nur innerhalb ihres notariellen Aufgabenbereiches[9] und schließlich **Hochschullehrer,** die aber in Zivilsachen, wenn sie die Prozessvertretung geschäftsmäßig betreiben, der Erlaubnis nach Abs. 3 bedürfen (anders aber § 138 StPO, § 392 AO, § 40 BDO, § 67 VwGO, § 22 BVerfGG).[10] **Ausländische Rechtsanwälte** werden grundsätzlich vom Ausschluss nach Abs. 1 erfasst. Zu Sonderbestimmungen für Anwälte, die in einem EU- Mitgliedsstaat zugelassen sind s. § 78 Rn. 35 ff. und §§ 206, 207 BRAO.[11]

IV. Ausschluss nach Abs. 1

1. Voraussetzungen nach S. 1. Die Vorschrift schließt in Abs. 1 alle Personen, welche nicht unter Rn. 3 fallen, aus, die fremde Rechtsangelegenheiten vor Gericht geschäftsmäßig besorgen. Eine **Rechtsangelegenheit** ist **fremd,** wenn das geltend gemachte Recht dem vor Gericht Auftretenden nicht selbst zusteht. Besteht ein **wirtschaftlicher** Zusammenhang, soll es sich nicht um eine fremde Angelegenheit handeln.[12] Fremdheit liegt nach hM nicht vor für den Zessionar bei der **Sicherungsabtretung,**[13] die auch wirtschaftlich eine „Vollabtretung" darstellt; zum Inkasso s. Rn. 5. Soweit ein **Versicherungsangestellter** in einem Haftpflichtprozess auftritt, nimmt er überwiegend eine eigene Rechtsangelegenheit wahr und ist aus diesem Grund nicht ausgeschlossen.[14] **Geschäftsmäßig** ist jedes Tätigwerden, das **selbständig** und mit **gewisser Häufigkeit** erfolgt.[15] Unerheblich ist dagegen, ob das Tätigwerden **haupt-** oder **nebenberuflich** erfolgt.[16] Wegen Art. 1 § 1 Abs. 1 S. 1 RBerG soll es auch auf die **Entgeltlichkeit** nicht ankommen.[17] Nicht selbständig ist, wer im Rahmen eines Dienst- oder Arbeitsverhältnisses handelt, so beispielsweise der Vertreter eines Rechtsanwaltes – ein geschäftsmäßiges Auftreten liegt folglich nicht vor.[18] 4

2. Geltendmachung eines abgetretenen Anspruchs (S. 2). S. 2 enthält ein **Umgehungsverbot.** Der Begriff **fremd** des S. 1 und damit die Zulassungspflicht (Abs. 3) wird durch S. 2 auf die gerichtliche **Forderungseinziehung** (Inkasso) erweitert. Geschäftsmäßiges außergerichtliches Inkasso ist schon nach dem RBerG **erlaubnispflichtig.** Erfasst ist jede Forderungsabtretung zu Einziehungszwecken[19] (s. aber jetzt Art. 1 § 3 Nr. 8 RBerG zur Abtretung an einen Verbraucherverband).[20] Dem Einziehungszessionar ist das Auftreten als Partei in eigener Person verboten.[21] S. 2 greift nicht bei überwiegendem Eigeninteresse des Zessionars (zB Sicherungsabtretung, s. Rn. 4; Factoring, Abtretung nach § 364 BGB).[22] 5

V. Untersagung des weiteren Vortrages (Abs. 2)

Als **Maßnahme der formellen Prozessleitung** darf das Gericht einem Prozessbeteiligten den weiteren Vortrag bei mangelnder Eignung untersagen. Wegen der einschneidenden Maßnahme muss es sich dabei um **schwerwiegende** Mängel des Vortrages handeln. Die Verhandlung muss in hohem Maße gestört sein, etwa bei lautem Schreien, Angetrunkenheit oder dauerhaftem Reden trotz Wortentzuges.[23] Teilweise wird bereits eine **Unklarheit des Denkens** für ausreichend erachtet (sehr fraglich).[24] **Nicht** ausreichend ist jedenfalls **bloße Unbeholfenheit** des Vortragenden, da ansonsten die Gefahr der Verletzung rechtlichen Gehörs besteht (Art. 103 Abs. 1 GG), oder mangelnde Kenntnisse der deutschen Sprache (§ 185 GVG)[25]. Die Entscheidung liegt im **Ermessen** des Gerichtes und ergeht durch Beschluss, der nicht anfechtbar ist, Abs. 2 S. 2. Die Untersagung des weiteren Vortrages gleicht in ihrer Wirkung dem Ausschluss nach Abs. 1. 6

VI. Zulassung als Prozessagent (Abs. 3)

Die Zulassung als Prozessagent ist **Justizverwaltungsakt.** Voraussetzung ist die Zulassung als Rechtsbeistand im Sinne des RBerG (s. Rn. 2), kann diese jedoch auch ausnahmsweise beinhalten.[26] Zwingende Vo- 7

---

[7] In Abs. 3 müsste es korrekt „Die Vorschrift des Absatzes 1" heißen. Offenbar Redaktionsversehen bei der Neufassung vom 5. 12. 2005 (BGBl. I 2005, 3202).

[8] LG München I Rpfleger 1968, 59.

[9] OLG Stuttgart NJW 1964, 1034; *Zö/Greger* Rn. 2 (nicht einseitig für einen Beteiligten).

[10] Bislang auch keine gewohnheitsrechtliche Gestattung, s. BVerfG NJW 1988, 2535; BVerwG AnwBl. 1988, 302, 303; *Willms* NJW 1987, 1302 ff.; *Ostler* AnwBl. 1987, 263; *Zö/Greger* Rn. 2.

[11] S. hierzu auch EuGH NJW 1988, 887.

[12] BayObLGZ 1992, 141, 144 f. = NJW-RR 1992, 1343; aA Zö/*Greger* Rn. 3.

[13] *B/L/H* Rn. 13; *Zö/Greger* Rn. 3; *St/J/Roth* Rn. 14; AK-ZPO/*Göring* Rn. 3.

[14] BGHZ 38, 71, 73 f.; *Zö/Greger* Rn. 3; *B/L/H* Rn. 13; *T/P/Reichold* Rn. 1; MK/*Wagner* Rn. 12.

[15] BGH NJW 1986, 1050, 1051 f. (zu Art. 1 § 1 RBerG; s. auch oben Rn. 2 aE); OLG Hamburg MDR 1951, 693, 694; OLG Karlsruhe AnwBl. 1989, 244; OLG Köln AnwBl. 1988, 493; *Zö/Greger* Rn. 4.

[16] MK/*Peters* Rn. 12.

[17] LG Aachen AnwBl. 1983, 528; MK/*Peters* Rn. 12.

[18] LG Oldenburg NJW 1958, 1930, 1931; *Zö/Greger* Rn. 4; AK-ZPO/*Göring* Rn. 3; MK/*Peters* Rn. 12; *St/J/Roth* Rn. 15.

[19] *St/J/Roth* Rn. 21.

[20] Hierzu *Stadler,* Festschr. Schumann, 2001, 465 ff.

[21] *St/J/Roth* Rn. 21; gilt auch für Prozessstandschaft und offene Stellvertretung, MK/*Peters* Rn. 11.

[22] HM, vgl. MK/*Wagner* Rn. 13 mit Nachw.; *B/L/H* Rn. 13.

[23] MK/*Wagner* Rn. 19.

[24] *B/L/H* Rn. 21 im Anschluss an BFH DB 1985, 474.

[25] *Zö/Greger* Rn. 7.

[26] BGH NJW 1982, 1880, 1881; OLG Hamm OLGZ 1980, 265, 266.

raussetzung für die Zulassung ist die Eignung nach S. 2. In der nach S. 2 geforderten **Bedürfnisprüfung**[27] (kein Ermessen, sondern Tatfrage) liegt kein Verstoß gegen Art. 12 GG.[28] Die Zulassung ist widerrufbar.

158 *Entfernung infolge Prozessleitungsanordnung* **[1]Ist eine bei der Verhandlung beteiligte Person zur Aufrechterhaltung der Ordnung von dem Ort der Verhandlung entfernt worden, so kann auf Antrag gegen sie in gleicher Weise verfahren werden, als wenn sie freiwillig sich entfernt hätte. [2]Das Gleiche gilt im Falle des § 157 Abs. 2, sofern die Untersagung bereits bei einer früheren Verhandlung geschehen war.**

1 Die Vorschrift regelt in S. 1 die **prozessuale Folge** einer **sitzungspolizeilichen Maßnahme** nach § 177 GVG. Vorausgesetzt ist die **Entfernung** eines Beteiligten vom Verhandlungsort. **Beteiligt** sind die Parteien, Streithelfer, Zeugen, Sachverständige, Prozessbevollmächtigte, nicht jedoch Rechtsanwälte (vgl. § 177 GVG). Die Vorschrift bezieht sich somit auch auf den **Parteiprozess.** Sie findet jedoch entsprechende Anwendung, wenn ein Rechtsanwalt, der einem Vertretungsverbot unterliegt, nach § 156 Abs. 2 BRAO zurückgewiesen wurde.[1] Auf Grund eines **Antrages** darf gegen die entfernte Person so verfahren werden, als hätte sie sich freiwillig entfernt. Im Ermessen des Gerichtes steht deshalb die Vertagung oder der Erlass eines Versäumnisurteils, soweit dies beantragt wird und seine Voraussetzungen vorliegen, §§ 330ff. Gegen die **persönlich geladene Partei** kann nach § 141 Abs. 3, gegen einen Zeugen oder Sachverständigen nach §§ 380, 409 **Ordnungsgeld** verhängt werden. In den Fällen des S. 2 muss eine wiederholte, mindestens zweimalige Untersagung des Vortrages im Sinne des § 157 Abs. 2 vorliegen. S. 2 wird mit Wirkung zum 1. Juli 2007 gestrichen.

159 *Protokollaufnahme* (1) **[1]Über die Verhandlung und jede Beweisaufnahme ist ein Protokoll aufzunehmen. [2]Für die Protokollführung kann ein Urkundsbeamter der Geschäftsstelle zugezogen werden, wenn dies auf Grund des zu erwartenden Umfangs des Protokolls, in Anbetracht der besonderen Schwierigkeit der Sache oder aus einem sonstigen wichtigen Grund erforderlich ist.**

(2) **Absatz 1 gilt entsprechend für Verhandlungen, die außerhalb der Sitzung vor Richtern beim Amtsgericht oder vor beauftragten oder ersuchten Richtern stattfinden.**

I. Normzweck

1 **1. Abgrenzung.** Die Vorschriften der §§ 159–165 regeln Aufnahme, Inhalt, Anfertigung und ggf. Berichtigung des **Sitzungsprotokolls.** Es ist zu unterscheiden vom Protokoll des Gerichtsvollziehers (§§ 762, 763, 826) und des Zustellungsbeamten (§ 182), sowie von der Niederschrift der Geschäftsstelle bei der Aufnahme von Parteierklärungen gemäß § 129a, für das die §§ 159ff. nur entsprechend gelten (vgl. § 129a Rn. 5). Richtigerweise ersetzt jedoch das richterliche Protokoll als strengere Form das Protokoll der Geschäftsstelle.[1] Das Sitzungsprotokoll hat verfahrens- und materiellrechtliche Bedeutung.

2 **2. Verfahrensrechtliche Bedeutung.** Das Sitzungsprotokoll ergänzt das Mündlichkeitsprinzip um ein schriftliches Element (§ 128 Rn. 2) und hat im Rahmen des § 165 **Beweiskraft** für Förmlichkeiten der Verhandlung. Es ist öffentliche Urkunde iSv. §§ 415, 418. Die Aufnahme in das Sitzungsprotokoll ist **nicht** grundsätzlich **Wirksamkeitsvoraussetzung für Prozesshandlungen;** Ausnahme: Geständnis vor kommissarischem Richter – nicht vor dem Prozessgericht[2] – (§ 288; s. dort Rn. 6) und Prozessvergleich[3] (§ 794 Abs. 1 Nr. 1; s. dort Rn. 10 und § 162 Rn. 5). Somit sind Anerkenntnis, Verzicht (§ 160 Abs. 3 Nr. 1) sowie Klagerücknahme, Rechtsmittelverzicht oder -rücknahme (§ 160 Abs. 3 Nr. 8, 9), welche auch schriftsätzlich erklärt werden können, in ihrer Wirksamkeit nicht von der (ordnungsgemäßen) Protokollierung abhängig.[4] Etwas anderes gilt für Prozesshandlungen (zB Erledigungserklärung), die Bestandteil eines Prozessvergleichs sind: Sie sind nur wirksam, wenn die Förmlichkeiten nach §§ 160 Abs. 3 Nr. 1, 162 Abs. 1 eingehalten sind.[5] Indirekt sichert der Protokollierungszwang auch die Einhaltung des **ordnungsgemäßen Sitzungsablaufs.**[6]

3 **3. Materiellrechtliche Bedeutung.** Die Protokollierung **ersetzt** nach § 127a BGB (für Auflassung § 925 Abs. 1 S. 3 BGB) die **notarielle Beurkundung,** welche ihrerseits (§ 126 Abs. 4 BGB) gesetzliche oder gewillkürte Schriftform bzw. öffentliche Beglaubigung (§ 129 Abs. 2 BGB) ersetzt. Sie verhindert damit Form-

---

[27] Hierzu *B/L/H* Rn. 25; s. auch *Onderka* Rpfleger 2001, 526.

[28] BVerfG NJW 1976, 1349.

[1] *T/P/Reichold* Rn. 1; *Zö/Greger* Rn. 2; *B/L/H* Rn. 3; *St/J/Roth* Rn. 7.

[1] So die hM, vgl. *St/J/Roth* Rn. 5; MK/*Wagner* Rn. 2; aA BGH NJW 1957, 990, 991; OLG Hamm NJW 1966, 1519; LG Berlin Rpfleger 1974, 407.

[2] MK/*Wagner* Rn. 5; *Zö/Stöber* vor § 159 Rn. 3.

[3] OLG Hamm WM 1990, 1105, 1106.

[4] BGH NJW-RR 1994, 386 (Rechtsmittelverzicht); BGHZ 107, 142, 146 (Anerkenntnis) = NJW 1989, 1934; NJW-RR *1986, 1327,* 1328; NJW 1984, 1465 (Rechtsmittelverzicht); BSG MDR 1981, 612 (Klagerücknahme); OLG Karlsruhe FamRZ 1984, 401, 402 (Anerkenntnis); aA OLG Düsseldorf FamRZ 1983, 721, 723 (Anerkenntnis); OLG Hamm Rpfleger 1982, 111 (Rechtsmittelverzicht); OLG Celle NdsRpfl. 1981, 197, 198.

[5] BVerwG NJW 1993, 1940, 1941.

[6] MK/*Wagner* Rn. 5; *B/L/H* Einf §§ 159–165 Rn. 2.

nichtigkeit gemäß § 125 BGB. Soweit das Gericht an die Stelle des Notars tritt, bestehen Prüfungs- und Belehrungspflicht, s. § 17 BeurkG (Amtshaftung, § 839 BGB).[7]

II. Grundsätzlicher Protokollierungszwang und sein Anwendungsbereich

1. Pflicht zur Protokollierung. Ein Sitzungsprotokoll ist über **alle** Verhandlungstermine (§§ 128 Abs. 1, 128a, 136 Abs. 1, 278 Abs. 2, 280) **vor dem Prozessgericht** (einschließlich Arrest und einstweiliger Verfügung) unabhängig von ihrem inhaltlichen Verlauf (zB Säumnis einer Partei,[8] Vertagung) anzufertigen, ebenso über alle **Beweistermine** (§ 355 Abs. 1 S. 1) sowie Termine zur **Entscheidungsverkündung;**[9] nicht hingegen über Beratung und Abstimmung. Gemäß Abs. 2 sind auch die Verhandlungen einschließlich Beweisaufnahmen (s. grds. Abs. 1 S. 1) vor dem kommissarischen Richter (§§ 361, 362, 375, 434, 479) zu protokollieren. **Beweisaufnahmeprotokolle** des ersuchten Richters sind gemäß § 362 Abs. 2 in Urschrift an das Prozessgericht zu übersenden (s. dort Rn. 6). Protokollzwang gemäß Abs. 2 besteht auch für Verhandlungen außerhalb der Sitzung, etwa nach § 118 Abs. 1 S. 3 (PKH) oder im Vollstreckungsverfahren (§§ 764 Abs. 3, 900). Für Termine im Zwangsversteigerungsverfahren s. §§ 78, 80 ZVG. Auch im Rahmen eines **selbständigen Beweisverfahrens** (§§ 485–494a) ist ein Protokoll anzufertigen. Im Verfahren der **freiwilligen Gerichtsbarkeit** gelten die strengen Anforderungen der §§ 159–165 nicht.[10] 4

2. Verstoß gegen Protokollpflicht. Wird entgegen § 159 überhaupt kein Protokoll erstellt, so kann dies Rechtsmittel begründen, wenn das Urteil auf diesem Versäumnis beruht. 5

III. Aufnahme des Protokolls

1. Zuziehung eines Protokollführers. Der Vorsitzende kann aus wichtigem Grund gemäß Abs. 1 S. 2 zur Protokollführung einen Urkundsbeamten zuziehen (formfreie, nicht zu begründende und jederzeit abänderbare prozessleitende Verfügung).[11] Wichtige Gründe sind nach Abs. 1 S. 2 insbesondere der zu erwartende Umfang des Protokolls oder die besondere Schwierigkeit der Sache. Sonstiger wichtiger Grund kann im Einzelfall der übereinstimmende Wunsch der Parteien sein. Das Protokoll wird dann vom **Urkundsbeamten der Geschäftsstelle** in eigener Verantwortung geführt; der (mitverantwortliche – § 163 Abs. 1 S. 1) Vorsitzende kann Anordnungen zu Inhalt und Umfang geben bzw. ggf. wörtlich diktieren.[12] Lässt sich eine **Meinungsverschiedenheit** über einen zu protokollierenden Vorgang zwischen Vorsitzendem und Urkundsbeamten auch nach Rückfrage bei den Prozessbeteiligten nicht beilegen, so ist im Protokoll die Sichtweise des Urkundsbeamten wiederzugeben. Der Vorsitzende muss seine Ansicht in einem Zusatz zum Protokoll festhalten.[13] 6

2. Verzicht auf Urkundsbeamten als Protokollführer. Verzichtet der Vorsitzende (Einzelrichter) auf die Zuziehung eines Urkundsbeamten, muss er das Protokoll entweder selbst anfertigen,[14] von einem Beisitzer anfertigen lassen[15] oder eine **vorläufige Aufzeichnung** durch Tonträger nach § 160a vornehmen. Da letzteres ohnehin überwiegender Praxis entspricht, hat der Gesetzgeber die Zuziehung nun fakultativ ausgestaltet.[16] Die Entscheidung ist Ausfluss richterlicher Tätigkeit und unterliegt nicht der Dienstaufsicht.[17] Die Justizverwaltung ist **verpflichtet,** einen **Protokollführer** zum terminierten Zeitpunkt **zur Verfügung zu stellen** (Zwang zu Rückgriff auf Diktiergerät unzulässig),[18] entscheidet aber selbständig, welcher Beamte oder Angestellte hierfür zur Verfügung steht.[19] Bei offenkundiger Ungeeignetheit des Protokollführers ist die Verhandlung ggf. abzubrechen.[20] In gleicher Weise besteht die Verpflichtung, **ausreichendes Aufnahmematerial** bereit zu stellen.[21] Zum **Unterschriftserfordernis** s. § 163. 7

3. Zeitpunkt der Protokollierung. Soweit Verlesen und Genehmigung nach § 162 notwendig sind, muss das Protokoll noch während der Sitzung angefertigt werden. § 160a gestattet aber grundsätzlich eine vorläufige Aufzeichnung, bei welcher der in Kurzschrift festgehaltene Text verlesen oder das Tonband vorgespielt wird.[22] Vorläufige Aufzeichnung und endgültiges Protokoll bilden dann eine Einheit.[23] In den übrigen Bestandteilen kann das Protokoll auch erst nach der Sitzung aus der Erinnerung angefertigt werden 8

---

[7] *Zö/Stöber* vor § 159 Rn. 2.
[8] *St/J/Roth* Rn. 9 (auch bei Säumnis beider Parteien).
[9] *B/L/H* Rn. 4; *Holtgrave* DB 1975, 821.
[10] KG NJW-RR 1989, 842.
[11] Änderung durch das 1. JuMoG, zur alten Rechtslage s. die 3. Auflage.
[12] *Zö/Stöber* Rn. 4; *St/J/Roth* Rn. 16.
[13] So auch *Zö/Stöber* Rn. 4; *St/J/Roth* Rn. 12; ähnlich MK/*Peters* § 163 Rn. 3 (Aufnahme beider Versionen in das Protokoll).
[14] *St/J/Roth* Rn. 14; *B/L/H* Rn. 11; *Zö/Stöber* Rn. 2.
[15] *B/L/H* Rn. 13.
[16] Änderung von Abs. 1 S. 2 durch das 1. JuMoG.
[17] BGH NJW 1988, 417; 1978, 2509, 2510; Dienstgericht Düsseldorf DRiZ 1999, 59, 61; hM.
[18] BGH NJW 1988, 417, 418 und die hL: *Stanicki* DRiZ 1983, 271; *St/J/Roth* Rn. 14; *B/L/H* Rn. 5; s. auch *Putzo* NJW 1975, 185, 188; aA *Rabe* AnwBl. 1981, 299, 303.
[19] BGH NJW 1988, 417, 418 (kein Anspruch auf Stenotypistin statt Urkundsbeamten).
[20] BGH NJW 1988, 417, 418.
[21] *Zö/Stöber* Rn. 3.
[22] BGH NJW 1999, 794 und hM, vgl. *St/J/Roth* Rn. 10.
[23] BayObLG NJW-RR 2002, 589.

(nicht empfehlenswert).[24] Unzulässig ist es, das gesamte Protokoll nur stichwortartig niederzulegen und ggf. mit mündlichen Ergänzungen vorzutragen, um das endgültige Protokoll dann erst nach der Sitzung nach dem Gedächtnis zu fertigen.[25] Im Falle einer Videokonferenzschaltung nach § 128a darf die Übertragung auch nicht zum Zwecke der nachträglichen Protokollierung aufgezeichnet werden, § 128a Abs. 3 S. 1.

160 ***Inhalt des Protokolls*** **(1) Das Protokoll enthält**
1. den Ort und den Tag der Verhandlung;
2. die Namen der Richter, des Urkundsbeamten der Geschäftsstelle und des etwa zugezogenen Dolmetschers;
3. die Bezeichnung des Rechtsstreits;
4. die Namen der erschienenen Parteien, Nebenintervenienten, Vertreter, Bevollmächtigten, Beistände, Zeugen und Sachverständigen und im Falle des § 128a den Ort, von dem aus sie an der Verhandlung teilnehmen;
5. die Angabe, dass öffentlich verhandelt oder die Öffentlichkeit ausgeschlossen worden ist.

(2) Die wesentlichen Vorgänge der Verhandlung sind aufzunehmen.

(3) Im Protokoll sind festzustellen
1. Anerkenntnis, Anspruchsverzicht und Vergleich;
2. die Anträge;
3. Geständnis und Erklärung über einen Antrag auf Parteivernehmung sowie sonstige Erklärungen, wenn ihre Feststellung vorgeschrieben ist;
4. die Aussagen der Zeugen, Sachverständigen und vernommenen Parteien; bei einer wiederholten Vernehmung braucht die Aussage nur insoweit in das Protokoll aufgenommen zu werden, als sie von der früheren abweicht;
5. das Ergebnis eines Augenscheins;
6. die Entscheidungen (Urteile, Beschlüsse und Verfügungen) des Gerichts;
7. die Verkündung der Entscheidungen;
8. die Zurücknahme der Klage oder eines Rechtsmittels;
9. der Verzicht auf Rechtsmittel;
10. das Ergebnis der Güteverhandlung.

(4) [1]Die Beteiligten können beantragen, dass bestimmte Vorgänge oder Äußerungen in das Protokoll aufgenommen werden. [2]Das Gericht kann von der Aufnahme absehen, wenn es auf die Feststellung des Vorgangs oder der Äußerung nicht ankommt. [3]Dieser Beschluss ist unanfechtbar; er ist in das Protokoll aufzunehmen.

(5) Der Aufnahme in das Protokoll steht die Aufnahme in eine Schrift gleich, die dem Protokoll als Anlage beigefügt und in ihm als solche bezeichnet ist.

I. Normzweck

1 § 160 bestimmt im Katalog der Absätze 1 und 3 bzw. generalklauselartig (Abs. 2) den **notwendigen Inhalt** des Sitzungsprotokolls und legt damit die Reichweite der **Beweiskraft** nach §§ 165, 415, 418 fest. Anhand der vorgeschriebenen Angaben soll das Rechtsmittelgericht die Einhaltung der wesentlichen **Verfahrensförmlichkeiten kontrollieren** können (§§ 538 Abs. 2 S. 1 Nr. 1, 546, 547).

II. Angaben nach Abs. 1

2 Nach Nr. 1 und 5 sollen die wesentlichen **äußeren Umstände** (Ort und Tag, nicht notwendigerweise Zeit des Aufrufs der Sache[1]) der Verhandlung festgestellt werden. Im Zwangsversteigerungsverfahren (vgl. § 80 ZVG) ist zu beachten, dass bei einer Verlegung des Versteigerungstermins in einen anderen Raum, die getroffenen Vorkehrungen (zB Aushänge an den Räumen), die sicherstellen sollen, dass alle Bietinteressenten den Versteigerungsort finden, im Sitzungsprotokoll festzuhalten sind.[2] Nr. 2–4 fordern die Benennung der **Richter** (einschließlich etwaiger Ergänzungsrichter) und sonstigen **Verfahrensbeteiligten,** auch soweit sie ohne Ladung erschienen sind. Ausnahmsweise sind die Parteien mitsamt Adresse anzugeben, wenn das Protokoll einen **Vollstreckungstitel** (Prozessvergleich) enthält (§§ 313 Abs. 1 Nr. 1, 750 Abs. 1).[3] Zeugen sind auch dann anzugeben, wenn sie nicht vernommen werden.[4] Zweckmäßig ist es, bei Zeugen und Sachverständigen den Zeitpunkt ihrer **Entlassung** in das Protokoll aufzunehmen und ggf. den **Verzicht auf Entschädigung** zu protokollieren. Bei **Ausschluss der Öffentlichkeit** sollten die weiterhin Anwesenden namentlich benannt werden. Nach Nr. 3 ist der **Rechtsstreit** – schlagwortartig – zu bezeichnen, um das Verfahren von möglichen Parallelprozessen zwischen den Parteien zu unterscheiden.

---

[24] HM, BGHZ 14, 381, 397; OLG Saarbrücken NJW 1972, 61, 62; MK/*Wagner* Rn. 8; *Zö/Stöber* Rn. 5.
[25] *St/J/Roth* Rn. 10; MK/*Wagner* Rn. 8.
[1] OLG Köln NJW-RR 1992, 1022; *St/J/Roth* Rn. 2.
[2] LG Oldenburg Rpfleger 1990, 470, 471 unter teilweiser Aufgabe von Rpfleger 1985, 311; verallgemeinernd *B/L/H* Rn. 6; *St/J/Roth* Rn. 2.
[3] *Zö/Stöber* Rn. 2; aA *B/L/H* Rn. 6 (Übernahme des vollen Rubrums aus Klageschrift bei Erteilung vollstreckbarer Ausfertigung soll genügen).
[4] *St/J/Roth* Rn. 3.

III. Wesentliche Verhandlungsvorgänge (Abs. 2)

Abs. 2 schreibt die Protokollierung des **äußeren Verfahrensablaufs, nicht des Inhalts** der Verhandlung, von Amts wegen vor. Letzterer wird durch den Tatbestand des Urteils (§ 314) wiedergegeben. Allerdings empfiehlt sich, um Missverständnisse in der Rechtsmittelinstanz zu vermeiden (vgl. zum Normzweck Rn. 1), eher eine **großzügigere Protokollierung.** Unter Abs. 2 fallen daher neben Eröffnung und Schluss der Verhandlung u. a. Verweisungsanträge, Kostenanträge nach Klagerücknahme (§ 269 Abs. 3) oder Erledigung (§ 91 a), Hinweise und Fragen nach § 139 (so jetzt ausdrücklich § 139 Abs. 4, s. dort Rn. 26 f.)[5] einschließlich gesetzter Fristen, sowie der Erwiderung der Partei(en) in der Verhandlung, die Befragung eines Zeugen außerhalb der förmlichen Beweisaufnahme,[6] Vergleichsvorschläge (§ 278), Zwischenentscheidungen, Beweisanordnungen und -beschlüsse, Verhandlungen zum Beweisergebnis gemäß §§ 279 Abs. 3, 285 Abs. 1[7]. Der Vermerk „Der Sach- und Streitstand wurde mit den Parteien erörtert" (§ 279 Abs. 3) genügt im Allgemeinen, um die Gewährung rechtlichen Gehörs zum Ausdruck zu bringen, wenn er vom Gericht im Einzelfall aufgenommen und nicht lediglich im Protokollformular **vorgedruckt** ist;[8] zweckmäßig und aussagekräftiger sind natürlich nähere Angaben. Sind Urkunden vorgelegt oder Akten beigezogen, so muss sich nach dem Wegfall der Beweisgebühr durch das RVG aus dem Protokoll nicht mehr ergeben, ob sie zu Beweiszwecken oder lediglich informatorisch herangezogen wurden. 3

IV. Angaben nach Abs. 3

Die **Wirksamkeit** der in Abs. 3 benannten Prozesshandlungen (Nr. 1, 2, 3, 8, 9) hängt mit Ausnahme des Prozessvergleichs und des Geständnisses in der Verhandlung vor einem beauftragten oder ersuchten Richter nicht von der Protokollierung ab (s. auch § 159 Rn. 2); sie dient **lediglich Beweiszwecken.** Alle in Nr. 1–10 genannten Vorgänge sind von Amts wegen zu protokollieren. Wegen Abs. 2 handelt es sich nicht um eine abschließende Aufzählung; Nr. 1–10 können jedoch für die „Wesentlichkeit" nach Abs. 2 als Anhaltspunkt dienen.[9] 4

1. Anerkenntnis, Verzicht und Vergleich (Nr. 1). Anerkenntnis (§ 307) und Verzicht (§ 306) sind **wörtlich** in das Protokoll aufzunehmen (s. auch § 159 Rn. 8); Vorlesen und Genehmigung gem. § 162 Abs. 1. Zur Form des Prozessvergleichs s. § 794 Rn. 10 und § 278 Abs. 6 (dort Rn. 17 f.); s. auch unten Rn. 13 a. Die **Wirksamkeit** des Vergleichs als prozessbeendende Handlung und als Vollstreckungstitel (§ 794 Abs. 1 Nr. 1) hängt davon ab, dass die Förmlichkeiten nach §§ 159 ff. eingehalten sind (s. § 162 Rn. 5), insbesondere sind in Bezug genommene Schriftstücke als Anlagen gemäß Abs. 4 beizufügen.[10] Heilung von Formfehlern nach § 295 kommt nicht in Betracht,[11] Protokollberichtigung ist nach Maßgabe von § 164 zulässig. Nr. 1 und § 162 gelten auch für Vereinbarungen nach § 1587 o Abs. 1 BGB, dies folgt schon aus § 1587 o Abs. 2 S. 1 und 2 BGB. Insoweit kann der Formmangel jedoch durch Genehmigung nach § 1587 o Abs. 2 S. 3 BGB geheilt werden.[12] 5

2. Anträge (Nr. 2). Nr. 2 bezieht sich nach hM nur auf **Sach-, nicht auf Prozessanträge** (zB den Klageabweisungsantrag oder Kostenanträge).[13] Diese Einschränkung ist weder nach dem Wortlaut noch nach Sinn und Zweck der Vorschrift geboten; die Aufnahme von Prozessanträgen wird in vielen Fällen zweckmäßig oder ohnehin nach Abs. 2 notwendig sein.[14] Die Anträge müssen nicht wörtlich protokolliert werden; Angabe der Verlesung gemäß § 297 Abs. 1 S. 1 oder 2 genügt. Wird der Antrag mündlich zu Protokoll erklärt (§ 297 Abs. 1 S. 3), so ist er vorzulesen und zu genehmigen (§ 162 Abs. 1). 6

3. Geständnis und Erklärungen zu Parteivernehmung (Nr. 3). Erfolgt ein Geständnis vor dem beauftragten oder ersuchten Richter, so ist die Protokollierung **Wirksamkeitsvoraussetzung** (§ 288 Abs. 1). **„Sonstige Erklärungen"** sind etwa die Zeugnisverweigerung vor dem kommissarischen Richter (§ 389 Abs. 1) oder die Zustimmung zur Scheidung bzw. deren Widerruf (§ 630 Abs. 2)[15]. Nach § 510 a können im amtsgerichtlichen Verfahren weitere Parteierklärungen nach Ermessen des Gerichts in das Protokoll aufgenommen werden. Für die Anerkennung der Vaterschaft zu Protokoll im **Statusprozess** gelten Nr. 1 und 3 sowie § 162 Abs. 1 entsprechend.[16] 7

---

5 BGH NJW 2006, 60, 62.

6 OLG Düsseldorf NJW-RR 2002, 863.

7 BGH NJW 1990, 121, 122.

8 AA (unzureichend, da bloß formelhafte Wiederholung des Gesetzeswortlautes) BSG NJW 1991, 1909 (zu § 112 Abs. 2 S. 2 SGG); *St/J/Roth* Rn. 6.

9 So auch *B/L/H* Rn. 8.

10 BGHZ 16, 388, 390 = NJW 1955, 705; OLG Zweibrücken Rpfleger 2004, 508; NJW-RR 1992, 1408; OLG Hamm MDR 2000, 350.

11 *Zö/Stöber* Rn. 5; weit. Nachw. § 162 Rn. 4.

12 OLG Brandenburg FamRZ 2000, 1157 (nur LS).

13 HM, vgl. *B/L/H* Rn. 9; *T/P/Reichold* Rn. 4; BVerwG NJW 1988, 1228; OLG Köln NJW-RR 1999, 288 (weit. Spielraum); OLG Düsseldorf MDR 1990, 561; einschränkend jetzt *St/J/Roth* Rn. 16 für Prozessanträge, soweit sie zur Nachprüfung des Verfahrenshergangs für die höhere Instanz benötigt werden.

14 So auch MK/*Peters* Rn. 4; für Zweckmäßigkeit auch *Zö/Stöber* Rn. 6.

15 OLG Saarbrücken FamRZ 1992, 109, 110.

16 OLG Hamm OLGZ 1988, 80, 82 = FamRZ 1988, 101; nach OLG Brandenburg FamRZ 2000, 548 ist allerdings lautes Diktat und Genehmigung für die Wirksamkeit ausreichend (s. aber § 162 Rn. 2).

8 **4. Aussagen von Beweispersonen (Nr. 4).** Grundsätzlich genügt eine ausführliche und natürlich möglichst **unverfälschte Wiedergabe** in indirekter[17] Rede. Wörtliche Protokollierung sollte im Fall der Beeidigung erfolgen (§§ 391, 410, 452), sowie bei **widersprüchlichen Aussagen** oder im Fall der **Korrektur** während der Aussage (Wiedergabe beider Versionen, § 286).[18] Die Protokollierung nach Nr. 4 kann auch die Körpersprache der Beweispersonen (zB Kopfnicken; sichtliche Nervositätsanzeichen) umfassen, wenn es für die Aussage oder deren Wahrheitsgehalt von Bedeutung ist.[19] **Persönliche Eindrücke** von der **Glaubwürdigkeit** eines Zeugen sind (über den Wortlaut von Nr. 4 hinaus) vor allem bei der Vernehmung durch den beauftragten oder ersuchten Richter (§ 159 Abs. 2) aufzunehmen, um die Verwertbarkeit durch das Kollegium zu sichern (hierzu § 355 Rn. 10).[20] Nr. 4 bezieht sich nur auf die **Parteivernehmung** (Beweismittel), nicht auf Parteierklärungen im Rahmen der Anhörung (§§ 141, 278 Abs. 2 S. 3).[21] Wird eine **amtliche Auskunft** mündlich erteilt, so gilt Nr. 4 entsprechend.[22] **Entbehrlichkeit** der Protokollierung nach § 161 Abs. 1 Nr. 1 oder 2; **Einschränkungen** gelten bei wiederholter Vernehmung (Nr. 4, Halbs. 2), nicht aber bei **mündlicher Erläuterung** eines **Sachverständigengutachtens**[23] (schriftliches Gutachten steht vorangegangener Vernehmung nicht gleich; s. § 411 Abs. 3 und dort Rn. 9ff.). Es kann aber ausnahmsweise genügen, wenn die Erläuterungen des Sachverständigen in Tatbestand oder Urteilsgründen hinreichend deutlich erkennbar sind.[24] Protokollzwang besteht insoweit auch in der zweiten Instanz.[25] **Heilung** des Protokollmangels nach § 295 kommt **nicht** in Betracht, wenn das Rechtsmittelgericht auf Grund des Fehlers eine Rechtsanwendungskontrolle nicht mehr vornehmen kann, weil die Aussage **auch im Urteil nicht wiedergegeben** ist.[26] Zum Abspielen bzw. Vorlesen der Aussagen und ihrer Genehmigung vgl. § 162 und dort Rn. 2; zu den Rechtsfolgen eines Verstoßes § 161 Rn. 5.

9 **5. Augenschein (Nr. 5).** Zu protokollieren sind **Gegenstand,** ggf. **Ort** des Augenscheins sowie die (subjektiven) **Wahrnehmungen** („Ergebnis"), die das Gericht dabei gemacht hat (zB Maßangaben; Geräuschmessungen; Sichtverhältnisse an der Unfallstelle); ggf. ist die Stellungnahme der Parteien mit aufzunehmen. Beim Augenschein angefertigte **Skizzen** können als **Protokollanlage** aufgenommen werden. Die sich aus dem Wahrgenommenen ergebenden **Schlussfolgerungen** gehören nicht in das Protokoll. Entbehrlichkeit richtet sich nach § 161; zu Vorlesen und Genehmigung vgl. § 162. Nimmt der **Richterkommissar** (§ 372 Abs. 2) den Augenschein auf, so sind die Angaben nur bei Einhaltung der Förmlichkeiten nach Nr. 5 und § 162 Abs. 1 für das Kollegium verwertbar;[27] fehlen Angaben zu Eindrücken und Wahrnehmungen gänzlich und werden sie erst im Urteil wiedergegeben, so liegt bei einem **Richterwechsel** ein Verstoß gegen das **Unmittelbarkeitsprinzip** vor (s. auch § 355 Rn. 4).[28]

10 **6. Entscheidungen (Nr. 6).** Unter den Begriff der Entscheidung fallen Urteile, Beschlüsse und **Verfügungen des Gerichts,** nicht aber Verfügungen **des Vorsitzenden,** es sei denn, sie sind als wesentlicher Vorgang ohnehin nach Abs. 2 zu protokollieren. Diese Unterscheidung gilt entsprechend für den Einzelrichter. Gerichtsurteile sind nur mit ihrer **Formel** in das Protokoll aufzunehmen (s. § 311 Abs. 2). Grundsätzlich bietet sich in allen Fällen die Vorgehensweise nach Abs. 5 an. Bei abgekürzten Versäumnis- und Anerkenntnisurteilen (§ 313b Abs. 2 S. 4) kann die Urteilsformel auf den Klageantrag Bezug nehmen, ohne dass die Klageschrift als Anlage beizufügen ist. Bei nicht rechtsmittelfähigen Urteilen sind nach § 313a Abs. 1 S. 2 Entscheidungsgründe entbehrlich, soweit ihr wesentlicher Inhalt protokolliert ist (s. § 313a Rn. 4).

11 **7. Verkündung (Nr. 7).** Die förmliche Verkündung (§§ 310, 311, 329) ist unverzichtbare Voraussetzung, die den **bloßen Entwurf** von der rechtswirksamen Entscheidung abgrenzt.[29] Eine Entscheidung, die zwar gemäß Nr. 6 protokolliert ist, nicht aber deren Verkündung nach Nr. 7, ist bloßer Entwurf.[30] Der Verkündungsvermerk auf dem Urteil nach § 315 Abs. 3 genügt als Nachweis der Verkündung ebenso wenig wie eine dienstliche Äußerung des Richters.[31] Soweit nicht die Zustellung maßgebend ist, läuft auch die **Rechtsmittelfrist** ab Verkündung (§§ 517 letzter Halbs., 548 letzter Halbs., 569 Abs. 1 S. 2). Für den **Fristlauf** genügt eine wirksame Verkündung, auch wenn das Urteil formale Mängel aufweist (zB Verstoß gegen §§ 310

---

[17] Insoweit krit. MK/*Peters* Rn. 8 (Tonbandaufnahme oder wörtliche Protokollierung).
[18] *St/J/Roth* Rn. 19.
[19] Zutreffend *St/J/Roth* Rn. 19; *B/L/H* Rn. 12.
[20] Großzügiger für das FGG-Verfahren im Fall des Richterwechsels OLG Köln FamRZ 1992, 200, 201.
[21] BGHZ 40, 84, 86 = NJW 1963, 2070; VersR 1962, 281.
[22] BVerwG NJW 1988, 2491, 2492; *St/J/Roth* Rn. 19; *B/L/H* Rn. 12.
[23] BGH NJW-RR 1993, 1034, 1035; 1987, 1197, 1198; OLG Schleswig MDR 2001, 711; *St/J/Roth* Rn. 20; aA MK/*Wagner* Rn. 10; *Zö/Stöber* Rn. 8.
[24] BGH MDR 1991, 343; NJW-RR 1987, 1197, 1198; BGHZ 40, 84, 86 = NJW 1963, 2070, 2071.
[25] BGH VersR 1989, 189; NJW 1987, 1200, 1201.
[26] BGH NJW-RR 1993, 520; 1993, 1034; NJW 1987, 1200 (keine Unterscheidung zwischen Zeugenaussage und Würdigung, wenn nur Wiedergabe im Urteil); OLG Hamm MDR 2003, 830 (für den Augenschein); *B/L/H* § 161 Rn. 8; MK/*Peters* § 161 Rn. 7; *Zö/Stöber* § 161 Rn. 9; aA BVerwG NJW 1988, 579 für die Parteivernehmung (Verwirkung des Rügerechts nach § 295 Abs. 1); offen gelassen noch in BGH NJW 1984, 124.
[27] RG HRR 1939 Nr. 514; BayObLG MDR 1984, 324 (FGG-Verfahren); MK/*Peters* Rn. 12.
[28] BGH MDR 1992, 777.
[29] BGHZ 10, 327, 328 = NJW 1953, 1829; BGHZ 10, 346, 348 = NJW 1954, 34; OLG Brandenburg FamRZ 2002, 467.
[30] OLG Zweibrücken FamRZ 1992, 972, 973; RGZ 148, 151, 153; 133, 215, 221; *St/J/Roth* Rn. 26; MK/*Wagner* Rn. 15; *Zö/Stöber* Rn. 11.
[31] BGH MDR 1990, 919; OLG Brandenburg FamRZ 2002, 467, 468; MDR 1999, 563, 564; OLG Frankfurt/M. NJW-RR 1995, 511; OLG Zweibrücken FamRZ 1992, 972, 973.

Abs. 1 S. 2, Abs. 2; 315 Abs. 1).[32] Nicht vorgeschrieben ist die Angabe, ob die Verkündung durch Verlesen der Urteilsformel oder Bezugnahme (zB § 311 Abs. 2 S. 2) erfolgte; **wirksame Protokollierung** daher auch, wenn nur vermerkt wird, dass das Gericht „anliegendes Urteil verkündet".[33] Es genügt, wenn anstatt der bei Verkündung tatsächlich vorliegenden schriftlichen Urteilsformel[34] nachträglich das vollständige Urteil als Anlage beigefügt wird.[35] Der Gegenstand der Verkündung muss sich entweder aus dem Protokoll selbst oder seiner Anlage ergeben.[36] Einzelheiten zur Bezugnahme s. § 311 Rn. 5.

8. Rücknahme von Klage oder Rechtsmittel (Nr. 8). Zur Klagerücknahme s. § 263; für Rechtsmittel (einschließlich Beschwerde) gelten §§ 516, 565. Zu protokollieren ist nicht nur die in der mündlichen Verhandlung abgegebene **Rücknahmeerklärung** (keine Protokollierung außergerichtlichen vertraglichen Rechtsmittelverzichts[37]), sondern auch eine etwaige **Zustimmung des Gegners** (§ 269 Abs. 1),[38] um späterem Streit über die Wirksamkeit der Rücknahme vorzubeugen. Vorlesen und Genehmigung nach § 162 Abs. 1 (einschließlich der Zustimmungserklärung[39]). Zur **Vereinfachung** des Protokolls bei Rücknahme und Verzicht auf Klage bzw. Rechtsmittel s. § 161 Abs. 1 Nr. 2. Protokollierung ist nicht Wirksamkeitsvoraussetzung, s. § 159 Rn. 2 mit Nachw. 12

9. Rechtsmittelverzicht (Nr. 9). Zur Möglichkeit des Rechtsmittelverzichts s. §§ 515, 565 (einschließlich Beschwerde[40]); auch insoweit bedarf es der Vorlesung und Genehmigung nach § 162 Abs. 1. 13

10. Güteverhandlung (Nr. 10). Die neu eingefügte Ziffer 10 entspricht der Bedeutung, die der Gesetzgeber dem obligatorischen Gütetermin nach § 278 Abs. 2 beimisst. Schließen die Parteien einen Vergleich, gilt Nr. 1 (Rn. 5), im Falle von § 278 Abs. 6 erfolgt der Abschluss des Vergleichs außerhalb der mündlichen Verhandlung (s. § 278 Rn. 17f.). Nr. 10 hat daher insbesondere Bedeutung für den fehlgeschlagenen Einigungsversuch, auch ein Vorgehen nach § 278 Abs. 5 fällt als Ergebnis der Güteverhandlung unter Nr. 10. Wesentliche Vorgänge im Zuge der Verhandlung können unter Abs. 2 fallen. 13a

V. Protokollanträge (Abs. 4)

Jeder Prozessbeteiligte (Abs. 1 Nr. 4) – **nicht nur die Parteien** und ihre Prozessvertreter – können bis zum **Schluss der mündlichen Verhandlung**[41] Anträge nach Abs. 4 stellen, welche sich entweder auf Erklärungen (Äußerungen) oder sonstige Vorgänge bzw. Zwischenfälle, dh. auch das Verhalten eines Beteiligten oder die Reaktion auf bestimmte Aussagen, beziehen können. Das **Gericht**, nicht der Vorsitzende (Zuständigkeit nur für die stattgebende Entscheidung), entscheidet nach Anhörung des Gegners[42] durch **unanfechtbaren** (kurz begründeten) **Beschluss** im Fall der **Ablehnung** (Abs. 4 S. 3).[43] Aufzunehmen ist nach hM nur der ablehnende Beschluss, nicht Inhalt oder **Wortlaut des Antrags.**[44] Schriftsätzliches Vorbringen bleibt den Parteien in diesem Punkt jedoch unbenommen. Zur Protokollierung ohne Antrag im amtsgerichtlichen Verfahren s. § 510a. 14

VI. Anlagen (Abs. 5)

Anlagen zum Protokoll, auf die **Bezug genommen** wird, werden Protokollinhalt und nehmen damit an dessen **Beweiskraft** teil (§ 165). Die Anlage muss nicht als solche bezeichnet[45] und **nicht** gem. § 163 **unterzeichnet** werden. Sie muss jedoch dem Protokoll beigefügt werden.[46] 15

VII. Gebühren und Kosten

Protokollanträge (§ 160 Abs. 4) werden durch die Terminsgebühr abgegolten. Zu den Gebühren des Anwalts für den Rechtsmittelverzicht vgl. § 515 Rn. 24. 16

160a

Vorläufige Protokollaufzeichnung **(1) Der Inhalt des Protokolls kann in einer gebräuchlichen Kurzschrift, durch verständliche Abkürzungen oder auf einem Ton- oder Datenträger vorläufig aufgezeichnet werden.**

(2) [1]Das Protokoll ist in diesem Fall unverzüglich nach der Sitzung herzustellen. [2]Soweit Feststellungen nach § 160 Abs. 3 Nr. 4 und 5 mit einem Tonaufnahmegerät vorläufig aufgezeichnet worden sind, braucht lediglich dies in dem Protokoll vermerkt zu werden. [3]Das Protokoll ist um die Feststel-

---

[32] BGH NJW 1989, 1156, 1157; 1988, 2046.
[33] BGH NJW 1985, 1782, 1783; BGHZ 10, 327, 329 = NJW 1953, 1829; *Jauernig* NJW 1986, 117; MK/*Wagner* Rn. 15.
[34] BGH NJW 1999, 794 (stenographisch niedergelegte Urteilsformel genügt); MDR 1990, 919.
[35] BGH MDR 1995, 198.
[36] BGH FamRZ 1990, 507; *St/J/Roth* Rn. 26.
[37] BGH JZ 1984, 103.
[38] *St/J/Roth* Rn. 27; MK/*Wagner* Rn. 16.
[39] Str., wie hier MK/*Wagner* Rn. 16; *St/J/Roth* Rn. 27; wohl auch *Zö/Stöber* Rn. 12; aA *Franzki* DRiZ 1975, 97, 98.
[40] *St/J/Roth* Rn. 28.
[41] OLG Frankfurt/M NJW-RR 1990, 123; *St/J/Roth* Rn. 30.
[42] *B/L/H* Rn. 20.
[43] BFH/NV 2001, 1565.
[44] *Zö/Stöber* Rn. 14; *T/P/Reichold* Rn. 14; aA *St/J/Roth* Rn. 32 (Angabe „in grobem Umriss").
[45] BGHZ 10, 327, 329 = NJW 1953, 1829 (hM).
[46] OLG Zweibrücken NJW-RR 1992, 1408.

lungen zu ergänzen, wenn eine Partei dies bis zum rechtskräftigen Abschluss des Verfahrens beantragt oder das Rechtsmittelgericht die Ergänzung anfordert. [4]Sind Feststellungen nach § 160 Abs. 3 Nr. 4 unmittelbar aufgenommen und ist zugleich das wesentliche Ergebnis der Aussagen vorläufig aufgezeichnet worden, so kann eine Ergänzung des Protokolls nur um das wesentliche Ergebnis der Aussagen verlangt werden.

(3) [1]Die vorläufigen Aufzeichnungen sind zu den Prozessakten zu nehmen oder, wenn sie sich nicht dazu eignen, bei der Geschäftsstelle mit den Prozessakten aufzubewahren. [2]Aufzeichnungen auf Ton- oder Datenträgern können gelöscht werden,
1. soweit das Protokoll nach der Sitzung hergestellt oder um die vorläufig aufgezeichneten Feststellungen ergänzt ist, wenn die Parteien innerhalb eines Monats nach Mitteilung der Abschrift keine Einwendungen erhoben haben;
2. nach rechtskräftigem Abschluss des Verfahrens.
[3]Soweit das Gericht über eine zentrale Datenspeichereinrichtung verfügt, können die vorläufigen Aufzeichnungen an Stelle der Aufbewahrung nach Satz 1 auf der zentralen Datenspeichereinrichtung gespeichert werden.

(4) Die endgültige Herstellung durch Aufzeichnung auf Datenträger in der Form des § 130b ist möglich.

I. Normzweck

1 § 160a dient der **Vereinfachung** der Protokollanfertigung durch Zulassung technischer Hilfsmittel. Damit wird § 159 Abs. 1 S. 1 Rechnung getragen, der ein Protokoll **über die Sitzung** erfordert, aber nicht ein zwingend **in der Sitzung** erstelltes. Die Aufbewahrungspflicht nach Abs. 3 soll eine nachträglich notwendige Übertragung der vorläufigen Aufzeichnung in das Protokoll ermöglichen bzw. die Protokollberichtigung nach § 164. Abs. 4 – eingefügt durch das JKomG – dient der elektronischen Aktenführung.

II. Vorläufige Aufzeichnung

2 Der Richter hat für die vorläufige Aufzeichnung die Wahl zwischen einer den gesamten Inhalt der Verhandlung **fortlaufend und wortgetreu** aufzeichnenden Tonaufnahme (häufig zu umfangreich und daher unpraktisch) bzw. der umfassenden Speicherung auf Datenträger (zB Schreibautomat mit Bildschirmlesegerät oder Computer) oder durch eine **zusammenfassende Aufzeichnung,** die in Abkürzungen bzw. Kurzschrift (zB stenographisch) oder durch Diktat des Vorsitzenden auf ein Tonaufnahmegerät erfolgen kann. Die Zuziehung des Urkundsbeamten der Geschäftsstelle wird so uU überflüssig, vgl. § 163 Abs. 1 letzter Halbs. Die Entscheidung trifft der **Vorsitzende;** eine Tonbandaufnahme des gesamten Sitzungsablaufs ist auf Grund des Abs. 1 auch **ohne Zustimmung der Beteiligten** zulässig;[1] die Aufnahmeart sollte aber so gewählt werden, dass sie die Prozessbeteiligten nicht stört.[2] **„Vorläufig"** im Sinne der Vorschrift bezieht sich auf das zeitliche Element, **nicht auch auf den Inhalt;**[3] deshalb sollten die Wesentlichkeiten exakt festgehalten werden und nicht erst bei der Übertragung aus dem Gedächtnis rekonstruiert werden müssen.[4] Die vorläufige Aufzeichnung ist **weder selbst Protokoll noch Anlage** zu diesem;[5] entscheidend ist daher erst die bei der Übertragung gewählte endgültige Formulierung. Die vorläufige Aufzeichnung selbst hat **keine Beweiskraft.**[6] Die Parteien haben keinen Anspruch auf ein vollständiges wortgetreues Protokoll.[7]

III. Übertragung

3 **1. Grundsatz.** Gemäß Abs. 2 S. 1 sind die vorläufigen Aufzeichnungen **unverzüglich** (dh. ohne schuldhafte Verzögerung, § 121 BGB)[8] in das eigentliche Protokoll zu übertragen. Bei Verzögerung leidet die Beweiskraft des Protokolls nicht;[9] es kommt Dienstaufsichtsbeschwerde (§ 26 Abs. 2 DRiG) in Betracht, eventuell Amtshaftung. Nach Abs. 4 kann das endgültige Protokoll nun unter den Voraussetzungen des § 130b auch als **elektronisches Dokument** aufgezeichnet werden – oder wenn schon die vorläufige Aufzeichnung auf Datenträger erfolgte – bleiben.

4 **2. Ausnahmen.** Abs. 2 S. 2–4 machen Ausnahmen von der Übertragungspflicht für Feststellungen zum Inhalt der **Aussagen von Beweispersonen** (§ 160 Abs. 3 Nr. 4) und zu den Ergebnissen eines **Augenscheins** (§ 160 Abs. 3 Nr. 5). Bei vorläufiger Tonaufnahmeaufzeichnung ist die Übernahme in das Protokoll entbehrlich, wenn die Aufnahme vollständig und verständlich ist;[10] es genügt der Vermerk über die Aufzeichnung (S. 2). Auf die vorläufige Aufzeichnung kann dann auch **im Urteil verwiesen** werden (s. § 313 Abs. 2

[1] Vgl. *St/J/Roth* Rn. 3 (für Zeugen); anders bei Aufnahme durch die Parteien selbst, auch soweit sie zusätzlich zu gerichtlicher Tonbandaufnahme erfolgt: so richtig die hM, vgl. *Zö/Stöber* Rn. 11; MK/*Peters* Rn. 10; *St/J/Roth* Rn. 21.
[2] Notwendigkeit, Aussage an Bildschirm ablesen zu müssen, kann unzumutbar sein, *B/L/H* Rn. 7.
[3] *St/J/Roth* Rn. 4; aA *B/L/H* Rn. 4.
[4] So letztlich auch die Empfehlung von *B/L/H* Rn. 4, 5.
[5] HM, vgl. *T/P/Reichold* Rn. 1; *St/J/Roth* Rn. 13.
[6] *St/J/Roth* Rn. 13.
[7] *Schmidt* NJW 1975, 1308, 1309; *Zö/Stöber* Rn. 3.
[8] HM, vgl. *Schneider* JurBüro 1975, 130.
[9] BGH NJW 1999, 794; 1985, 1782, 1783.
[10] BVerwG MDR 1977, 604; *St/J/Roth* Rn. 10; *T/P/Reichold* Rn. 3.

S. 2).[11] Parteien und Rechtsmittelgericht haben nach S. 3 die Möglichkeit, auf ein vollständiges Protokoll auch in diesem Punkt hinzuwirken (vollständige Übertragung im Gegensatz zu S. 4[12]). Dem Antrag ist außer in den Fällen des § 161 stattzugeben;[13] es handelt sich nicht um eine Berichtigung nach § 164. Der Parteiantrag unterliegt dem **Anwaltszwang;** er kann nur **bis zum rechtskräftigen Abschluss des Verfahrens** gestellt werden.[14]

Sind zu der vorläufigen Tonbandaufnahme zusätzlich die **wesentlichen Ergebnisse** nach § 160 Abs. 3 Nr. 4 festgehalten (etwa durch Diktat des Vorsitzenden oder Einzelrichters), so kann eine Übertragung nur insoweit verlangt werden (S. 4). **Entbehrlich** wird die Protokollierung unter den Voraussetzungen von § 161. 5

IV. Aufbewahrung (Abs. 3)

1. Grundsatz. Die vorläufigen (schriftlichen) Aufzeichnungen sind grundsätzlich **mit den Prozessakten** aufzubewahren; Ton- und Datenträger längstens bis zum **rechtskräftigen Abschluss** des Verfahrens (Nr. 2). Zum Zweck der Aufbewahrung s. Rn. 1. Bei Einsatz eines Computers zur Aufzeichnung sollte jedenfalls durch Kopie von der Festplatte eine gesonderte Diskette hergestellt werden, damit sie zu den Prozessakten genommen werden kann.[15] Das **Einsichtsrecht der Parteien** gemäß § 299 Abs. 1 erstreckt sich – ggf. als „Abhörrecht" auf der Geschäftsstelle – auch auf die vorläufigen Aufzeichnungen[16] **bis** zu deren **Löschung**[17]. Ein **Überspielen** ist vom Vorsitzenden zu gestatten, wenn es die Aufzeichnung technisch nicht gefährdet (keine Herausgabe des Tonträgers) und die in ihrem Persönlichkeitsrecht von der Aufnahme Betroffenen (Schutz des gesprochenen Wortes auch in öffentlicher Verhandlung) der Überspielung zustimmen.[18] Einzelheiten der Verwahrung regelt die Justizverwaltung. 6

2. Löschen von Ton- und Datenaufzeichnungen. Die Frist nach Nr. 1 läuft mit **formloser Mitteilung** der Abschrift; Zustellung ist nicht notwendig.[19] Die Übersendung der Protokollabschrift an die Parteien erfolgt von Amts wegen. Die Löschung darf nicht erfolgen, bevor über eine ggf. beantragte **Protokollberichtigung** (§ 164) entschieden ist. Streitig ist, **wer** über die Löschung **entscheidet.** Da es nicht mehr um Anfertigung oder Inhalt des Protokolls geht, liegt die Anordnung der Löschung nicht im Verantwortungsbereich des Urkundsbeamten, vielmehr entscheidet allein der Vorsitzende.[20] 7

161 *Entbehrliche Feststellungen*

(1) Feststellungen nach § 160 Abs. 3 Nr. 4 und 5 brauchen nicht in das Protokoll aufgenommen zu werden,

1. wenn das Prozessgericht die Vernehmung oder den Augenschein durchführt und das Endurteil der Berufung oder der Revision nicht unterliegt;

2. soweit die Klage zurückgenommen, der geltend gemachte Anspruch anerkannt oder auf ihn verzichtet wird, auf ein Rechtsmittel verzichtet oder der Rechtsstreit durch einen Vergleich beendet wird.

(2) [1]In dem Protokoll ist zu vermerken, dass die Vernehmung oder der Augenschein durchgeführt worden ist. [2]§ 160a Abs. 3 gilt entsprechend.

I. Normzweck

§ 161 stellt eine Ausnahme zum **Protokollierungsgebot** des § 160 Abs. 3 Nr. 4 und 5 dar. In den Fällen des Abs. 1 Nr. 1 und 2 besteht regelmäßig **kein Bedürfnis** für eine solche Feststellung, da eine Kontrolle durch das Rechtsmittelgericht entweder ausgeschlossen ist (Nr. 1) oder die Entscheidung nicht mehr vom Ausgang der Beweisaufnahme abhängt (Nr. 2). Die Protokollierung wäre reiner Formalismus. Dennoch steht es im **Ermessen** des Vorsitzenden, Feststellungen zu protokollieren. Im Fall von Nr. 1 kann dies durchaus im Interesse der Parteien liegen (zB für Berichtigungsantrag).[1] Unabhängig von der Regelung des § 161 bleibt das Gericht verpflichtet, die notwendigen tatsächlichen Feststellungen im **Tatbestand** des Urteils zu treffen, s. aber §§ 313a Abs. 1, 313b Abs. 1;[2] Bezugnahme gemäß § 313 Abs. 2 S. 2 kommt wegen der fehlenden Feststellungen im Protokoll nicht in Frage. 1

---

[11] *B/L/H* Rn. 8; *T/P/Reichold* Rn. 3.
[12] *Zö/Stöber* Rn. 5.
[13] *St/J/Roth* Rn. 11; *Zö/Stöber* Rn. 5.
[14] *B/L/H* Rn. 11.
[15] *St/J/Roth* Rn. 14; *B/L/H* Rn. 13.
[16] OLG Karlsruhe Rpfleger 1994, 311, 312.
[17] Richtig *Zö/Stöber* Rn. 10; *St/J/Roth* Rn. 18 (keine Bindung an Monatsfrist gem. Abs. 3 S. 2 Nr. 1); aA *Franzki* DRiZ 1975, 97, 101.
[18] *St/J/Roth* Rn. 20; *Zö/Stöber* Rn. 10; *B/L/H* Rn. 14; *Franzki* DRiZ 1975, 97, 101.
[19] *Zö/Stöber* Rn. 9 (empfiehlt zu Recht Aktennotiz über Absendezeitpunkt); *T/P/Reichold* Rn. 5; aA *Schmidt* NJW 1975, 1308, 1309; *B/L/H* Rn. 15.
[20] *Zö/Stöber* Rn. 9; MK/*Wagner* Rn. 7; aA *B/L/H* Rn. 16; *St/J/Roth* Rn. 15 (gemeinsame Entscheidung).
[1] Vgl. MK/*Wagner* Rn. 2.
[2] BGHZ 40, 84, 86 = NJW 1963, 2070; *St/J/Roth* Rn. 9; *Zö/Stöber* Rn. 9.

II. Entbehrlichkeit nach Nr. 1

2 **1. Beweisaufnahme vor dem Prozessgericht.** Nach Nr. 1 ist die Protokollierung nur dann entbehrlich, wenn die Beweisaufnahme vor dem Prozessgericht oder dem streitentscheidenden Einzelrichter (§§ 348, 348a, 349 Abs. 3, 526, 527 Abs. 3, 4, 568) stattfindet. Erhebt der **beauftragte oder ersuchte Richter** den Beweis, so bedarf es des Protokolls natürlich im Hinblick auf die Entscheidung des Prozessgerichts (§ 355 Rn. 10). Dasselbe gilt für den **Einzelrichter** im Berufungsverfahren (§ 527 Abs. 1 und 2).[3] Auch im Fall des **Richterwechsels** gelten für Protokollierung und Verwertung die in § 355 Rn. 4 genannten Grundsätze.

3 **2. Fehlende Rechtsmittelfähigkeit.** Ein Urteil unterliegt nicht Berufung oder Revision, wenn das Rechtsmittel **unstatthaft** (§§ 511 Abs. 1, 542) ist. Wird die **Berufungssumme** nach § 511 Abs. 2 Nr. 1 nicht erreicht, ist die Berufung nur bei **Nichtzulassung** nach § 511 Abs. 2 Nr. 2 unzulässig. Das Gericht muss hierüber von Amts wegen im Urteil entscheiden. Da die Entscheidung im Zeitpunkt der Beweisaufnahme noch nicht feststeht, ist zunächst von der Statthaftigkeit auszugehen. Für die **Revisionszulassung** gilt dies im Hinblick auf die Nichtzulassungsbeschwerde erst recht (§§ 543 Abs. 1, 544).[4]

III. Entbehrlichkeit nach Nr. 2

4 Nr. 2 gilt unmittelbar für Klagerücknahme (§ 269), Anerkenntnis (§ 307), Klageverzicht (§ 306), Prozessvergleich (§ 794 Abs. 1 Nr. 1) und Rechtsmittelverzicht (§§ 515, 565); **analog** nach hM für die Rücknahme eines Rechtsmittels (s. jetzt die zeitliche Erweiterung in § 516 Abs. 1),[5] Verzicht bzw. Rücknahme eines Einspruchs (§ 346)[6] und die übereinstimmende Erledigterklärung[7]. Wird der Rechtsstreit nur teilweise erledigt, so bleibt die **Protokollierungspflicht** für die Feststellungen **bestehen,** die den noch nicht erledigten Teil betreffen, wenn sich insoweit eine **Abgrenzung** vornehmen lässt. Ist dies nicht der Fall, so ist § 161 Abs. 1 Nr. 2 insgesamt **nicht anwendbar.**[8]

IV. Verstoß gegen Abs. 1

5 Unterbleiben Feststellungen zum Inhalt der Beweisaufnahme, obwohl die Voraussetzungen nach Abs. 1 Nr. 1 und 2 nicht vorliegen, so liegt ein Verstoß gegen § 160 Abs. 3 Nr. 4 bzw. 5 vor. **Verzicht** der Parteien ist nicht möglich. Nach Rspr. und hL soll es aber genügen, wenn der für die Entscheidung relevante Inhalt der Aussagen **im Tatbestand des Urteils** wiedergegeben ist, oder bei Schilderung in den **Entscheidungsgründen** wenigstens zwischen Aussage und ihrer Würdigung hinreichend unterschieden wird (s. hierzu § 160 Rn. 8).[9] Der BGH lässt auch einen den Parteien mitgeteilten **Berichterstattervermerk** genügen, auf den das Urteil Bezug nimmt. Wird das Urteil ohnehin nach der Beweisaufnahme verkündet, soll sogar die Mitteilung an die Parteien unterbleiben können, da sie kein Recht auf schriftsätzliche Stellungnahme zum Beweisergebnis haben.[10] Zur **Heilungsmöglichkeit** s. § 160 Rn. 8.

V. Zu treffende Feststellungen (Abs. 2)

6 Liegen die Voraussetzungen nach Abs. 1 Nr. 1 oder 2 vor, so genügt der **Vermerk über die Durchführung** der Vernehmung (Angabe der Beweisperson und zur Frage, ob eidlich oder unbeeidet vernommen wurde[11]) bzw. Aufnahme des Augenscheins; Feststellungen **zum Inhalt** müssen **nicht** getroffen werden. Abs. 3 S. 2 verweist auf die **Aufbewahrungspflicht** nach § 160a Abs. 3, dh. vorläufige Aufzeichnungen sind auch dann aufzubewahren, wenn wegen § 161 Abs. 1 eine Übertragung in das Protokoll nicht (mehr) notwendig ist.

162 *Genehmigung des Protokolls*

(1) [1]Das Protokoll ist insoweit, als es Feststellungen nach § 160 Abs. 3 Nr. 1, 3, 4, 5, 8, 9 oder zu Protokoll erklärte Anträge enthält, den Beteiligten vorzulesen oder zur Durchsicht vorzulegen. [2]Ist der Inhalt des Protokolls nur vorläufig aufgezeichnet worden, so genügt es, wenn die Aufzeichnungen vorgelesen oder abgespielt werden. [3]In dem Protokoll ist zu vermerken, dass dies geschehen und die Genehmigung erteilt ist oder welche Einwendungen erhoben worden sind.

(2) [1]Feststellungen nach § 160 Abs. 3 Nr. 4 brauchen nicht abgespielt zu werden, wenn sie in Gegenwart der Beteiligten unmittelbar aufgezeichnet worden sind; der Beteiligte, dessen Aussage aufgezeichnet ist, kann das Abspielen verlangen. [2]Soweit Feststellungen nach § 160 Abs. 3 Nr. 4 und 5 in Gegenwart der Beteiligten diktiert worden sind, kann das Abspielen, das Vorlesen oder die Vorlage zur Durchsicht unterbleiben, wenn die Beteiligten nach der Aufzeichnung darauf verzichten; in dem Protokoll ist zu vermerken, dass der Verzicht ausgesprochen worden ist.

---

[3] *St/J/Roth* Rn. 2; *Zö/Stöber* Rn. 3.
[4] BGHZ 156, 97, 101; BGH NJW 2003, 3057; *B/L/H* Rn. 4; aA *Zö/Stöber* Rn. 3 (Statthaftigkeit muss bereits feststehen).
[5] *Franzki* DRiZ 1975, 97, 100; *St/J/Roth* Rn. 5; MK/*Wagner* Rn. 5; *Zö/Stöber* Rn. 4.
[6] *St/J/Roth* Rn. 5; MK/*Wagner* Rn. 5; *Zö/Stöber* Rn. 4.
[7] St/J/*Roth* Rn. 5; MK/*Wagner* Rn. 5; aA *Zö/Stöber* Rn. 4; OLG Hamm OLGR 1997, 23.
[8] HM, vgl. *T/P/Reichold* Rn. 3.
[9] BGH NJW-RR 1993, 520 und 1034; OLG Hamm NJW-RR 1993, 1006; *B/L/H* Rn. 9.
[10] BGH NJW 1991, 1547, 1549.
[11] *Zö/Stöber* Rn. 6.

I. Normzweck

Für die als besonders wichtig angesehenen **Prozesshandlungen** des § 160 Abs. 3 Nr. 1, 3, 8 und 9 sowie den **Aussageinhalt** bzw. das **Beweisergebnis** nach Nr. 4 und 5 sieht Abs. 1 (Ausnahme in Abs. 2) vor, dass den Beteiligten der Inhalt des Protokolls vorzulesen bzw. zur Durchsicht vorzulegen und ihre Genehmigung einzuholen ist. Vorläufige Aufzeichnungen (§ 160a) sind vorzulesen bzw. abzuspielen. Dasselbe gilt nach Abs. 1 S. 1 für die zu Protokoll erklärten Anträge (§ 297 Abs. 1 S. 3). Damit sollen **Missverständnisse und Protokollierungsfehler** vermieden werden (Richtigkeitsgewähr).[1] Unterbleiben Kontrolle und Genehmigung nach Abs. 1, so fehlt dem Protokoll insoweit auch die **Beweiskraft** nach § 165;[2] s. im Übrigen unten Rn. 4 und 5. 1

II. Grundsatz (Abs. 1)

1. Genehmigung. Beteiligte im Sinne des Abs. 1 sind die Parteien und ihre Prozessvertreter sowie gegebenenfalls für ihre jeweilige Aussage die Beweispersonen. **Vorlesen bzw. Vorlage** zur Durchsicht wird nicht ersetzt durch **lautes Diktat** des Vorsitzenden und dessen **Genehmigung,**[3] kann aber entfallen, wenn sich der betroffene Beteiligte bereits aus der Verhandlung entfernt hat (Aufnahme dieser Tatsache in das Protokoll)[4]. Die nach Abs. 1 S. 3 erteilte Genehmigung kann abgekürzt (zB v. u. g. für „vorgelesen und genehmigt") in das Protokoll aufgenommen werden.[5] Eine **Unterschrift** der Beteiligten ist selbst dann **nicht erforderlich,** wenn dies nach materiellrechtlichen Formvorschriften ansonsten geboten wäre.[6] 2

2. Einwendungen gegen das Protokoll. Soweit **Einwendungen** nach Abs. 1 S. 3 erhoben werden, prüft das Gericht, ob ihnen durch entsprechende Korrektur des Protokollinhalts **abgeholfen** werden kann; andernfalls werden die Einwendungen (Gründe, warum die Genehmigung nicht erteilt wird) inhaltlich zu Protokoll genommen. Sie berühren für sich genommen die **Wirksamkeit** der protokollierten Erklärungen **nicht** und können vom Gericht im Urteil zurückgewiesen werden;[7] ebenso wenig hindert die verweigerte Genehmigung die **Verwertung einer Aussage,** wenn das Gericht ausführt, warum es die Einwendungen für unbeachtlich hält.[8] 3

Soweit Abs. 1 S. 1 und 2 das Vorlesen bzw. Abspielen vorschreiben, können die Beteiligten darauf – anders als nach Abs. 2 – **nicht verzichten.** Das gilt unabhängig davon, ob der Verzicht **vorher oder nachträglich** erklärt wird. Ein Verlust des Rügerechts (das einem Verzicht gleichkäme), dh. **Heilung des Formfehlers,** ist nach § 295 Abs. 2 nicht möglich (str.),[9] zur Rechtsfolge sogleich Rn. 5. 4

III. Verstoß gegen Abs. 1

Grundsätzlich führt unterbliebenes Vorlesen oder Genehmigung **nicht zur Unwirksamkeit** der protokollierten Prozesshandlung (s. bereits § 159 Rn. 2 mit Nachw.).[10] **Ausnahme:** Der nicht verlesene (Abs. 1 S. 1) oder vorgespielte (Abs. 1 S. 2) **Prozessvergleich** (§ 160 Abs. 3 Nr. 1) ist in prozessualer und regelmäßig auch in materieller Hinsicht (§ 154 Abs. 2 BGB) unwirksam.[11] Zum Vergleichsabschluss außerhalb mündlicher Verhandlung durch schriftsätzliche Annahme eines schriftlichen Vorschlags des Gerichts s. § 278 Abs. 6. und dort Rn. 17. Soweit in ihm **weitere prozessuale Erklärungen** enthalten sind (zB Erledigungserklärung), hängen auch sie in ihrer Wirksamkeit von der Einhaltung der Förmlichkeiten für den Vergleich ab.[12] Fehlt es trotz erfolgtem Vorspielen mit Genehmigung nur am Vermerk nach Abs. 1 S. 3, so beeinträchtigt dies die materiellrechtliche Wirksamkeit des Vergleichs nach § 127a BGB nicht. Prozessual fehlt nur die Beweiskraft des Protokolls nach §§ 415, 418; § 165 S. 1 ist ohnehin nicht anwendbar.[13] Fehlt eine inhaltlich in Bezug genommene Anlage zum Vergleich, ist anzunehmen, dass sie auch nicht vorgelesen und genehmigt wurde.[14] Die Formalien nach Abs. 1 können nach **Wiedereröffnung** der mündlichen Verhandlung noch **nachgeholt** werden.[15] Zu Verzicht und Heilung s. bereits Rn. 4. 5

---

[1] Vgl. BGH NJW 1984, 1465, 1466.
[2] BGH NJW 1984, 1465, 1466.
[3] OLG Celle NdsRpfl. 1981, 197, 198; *St/J/Roth* Rn. 3; MK/*Wagner* Rn. 3; *B/L/H* Rn. 6; aA OLG Brandenburg FamRZ 2000, 548 (nur LS).
[4] *Zö/Stöber* Rn. 4.
[5] HM seit RGZ 53, 150, 152 („v. g. u." noch für „vorgelesen, genehmigt, unterschrieben"); s. etwa *St/J/Roth* Rn. 6.
[6] BGH NJW 1999, 2806, 2807, hM, vgl. *Zö/Stöber* Rn. 3; *B/L/H* Rn. 9; *T/P/Reichold* Rn. 2.
[7] BGH NJW 1984, 1465, 1466.
[8] BVerwG NJW 1986, 3154, 3157; MK/*Wagner* Rn. 2; *B/L/H* Rn. 9.
[9] OLG Frankfurt/M FamRZ 1980, 907; OLG Koblenz FamRZ 1984, 270, 271 (uU aber Berücksichtigung des Verzichts im Rahmen von § 242 BGB für die prozessbeendende Wirkung); MK/*Peters* Rn. 4; *Zö/Stöber* Rn. 4; aA BVerwG NJW 1988, 579, 580; 1983, 2275; *St/J/Roth* Rn. 4 u. 8ff. (mit Ausnahme für Prozessvergleich).
[10] BGHZ 107, 142, 146; BGH NJW-RR 1986, 1327, 1328; NJW 1984, 1465f.; OLG Saarbrücken FamRZ 1992, 109, 110f. (Zustimmung zur Scheidung); OVG Bremen NJW 1983, 303 (LS) (Klagerücknahme); aA OLG Düsseldorf FamRZ 1983, 721, 723; OLG Celle NdsRpfl. 1981, 197; OLG Hamm Rpfleger 1982, 111; *Wiecz* Anm. C I.
[11] BGHZ 142, 84, 87f. = NJW 1999, 2806, 2807; OLG Zweibrücken Rpfleger 2000, 461; KG FamRZ 1984, 284, 285; OLG Frankfurt/M FamRZ 1980, 907, 910; LG Berlin Rpfleger 1988, 110; *Schneider, E.* MDR 1997, 1091f.
[12] BVerwG NJW 1993, 1940, 1941.
[13] BGHZ 142, 84, 87f. = NJW 1999, 2806, 2807.
[14] OLG Hamm MDR 2000, 350.
[15] *St/J/Roth* Rn. 3; unklar *B/L/H* Rn. 4, s. aber Rn. 10.

IV. Ausnahmen (Abs. 2)

6 Abspielen bzw. Vorlesen (und damit auch die Genehmigung) der Feststellungen nach § 160 Abs. 3 Nr. 4 und 5 sind entbehrlich, wenn der Protokollinhalt in Anwesenheit aller **Beteiligten** unmittelbar aufgezeichnet (Abs. 2 S. 1, keine Kurzschrift!) oder diktiert (Abs. 2 S. 2) wurde. Im Fall des Abs. 2 S. 1 ist ein ausdrücklicher Verzicht nicht notwendig; jedoch können die Beweispersonen (Partei, Sachverständiger oder Zeuge), deren Aussage unmittelbar aufgezeichnet wurde, das **Abspielen verlangen.** Parteien und Zeugen wissen dies oft nicht und verzichten unbewusst auf diese Kontrollmöglichkeit. Regelmäßig sollte der Vorsitzende daher fragen, ob sie von ihrem Recht Gebrauch machen wollen.[16] **Andere Beteiligte** als die Aussageperson können das Abspielen nicht verlangen. Im Fall von Abs. 2 S. 2 müssen **alle Beteiligten** nach der Aufzeichnung darauf **verzichten**[17], dies muss im Protokoll vermerkt werden; ein vorher erklärter Verzicht ist unbeachtlich.[18]

163 *Unterschreiben des Protokolls* (1) **[1]Das Protokoll ist von dem Vorsitzenden und von dem Urkundsbeamten der Geschäftsstelle zu unterschreiben. [2]Ist der Inhalt des Protokolls ganz oder teilweise mit einem Tonaufnahmegerät vorläufig aufgezeichnet worden, so hat der Urkundsbeamte der Geschäftsstelle die Richtigkeit der Übertragung zu prüfen und durch seine Unterschrift zu bestätigen; dies gilt auch dann, wenn der Urkundsbeamte der Geschäftsstelle zur Sitzung nicht zugezogen war.**

(2) [1]Ist der Vorsitzende verhindert, so unterschreibt für ihn der älteste beisitzende Richter; war nur ein Richter tätig und ist dieser verhindert, so genügt die Unterschrift des zur Protokollführung zugezogenen Urkundsbeamten der Geschäftsstelle. [2]Ist dieser verhindert, so genügt die Unterschrift des Richters. [3]Der Grund der Verhinderung soll im Protokoll vermerkt werden.

I. Normzweck

1 Mit der Unterschrift übernehmen Vorsitzender (Einzelrichter, kommissarischer Richter oder der Vorsitzende der KfH) und Urkundsbeamter **zusammen** die **Verantwortung** für das Protokoll (Abs. 1 S. 1).[1] Ohne Unterschrift entfaltet das Protokoll keine **Beweiskraft** (§ 165 Rn. 4). Bei vorläufiger Aufzeichnung nach § 160a unterschreibt der Richter das endgültige (einheitliche) Protokoll und verantwortet damit auch dessen **Vollständigkeit und Richtigkeit,** darf sich insoweit aber auf eine Überprüfung anhand seines Gedächtnisses bzw. etwaiger Notizen beschränken,[2] während der Urkundsbeamte zusätzlich die **Richtigkeit** (und Vollständigkeit) **der Übertragung** vom Tonträger in das Protokoll bestätigt, die primär seine eigenverantwortliche Tätigkeit ist. Nach hM[3] ist Abs. 1 S. 2, Halbs. 1 auch auf schriftliche, dh. stenographische Kurzaufzeichnungen des Urkundsbeamten während der Verhandlung entsprechend anzuwenden: Auch hier muss Prüfung und Bestätigung der späteren Übertragung erfolgen.[4]

II. Unterschrift nach Abs. 1

2 Die Unterschrift ist **eigenhändig** und **handschriftlich** vorzunehmen[5] (es gelten die in § 129 Rn. 8, 9 und 12 aufgezeigten Grundsätze entsprechend). Das Protokoll muss gemeinsam, **nicht** aber **gleichzeitig** unterzeichnet werden. Die handschriftliche Unterschrift kann bei Aufzeichnung des Protokolls als **elektronisches Dokument** durch Namensangabe und qualifizierte elektronische Signatur von Richter und Urkundsbeamtem ersetzt werden (§ 130b). Im Fall von **Meinungsverschiedenheiten** zwischen Richter und Urkundsbeamten über den Inhalt des Protokolls kann der unterzeichnende Richter seine abweichende Ansicht in einem selbständigen **Protokollzusatz** festhalten (s. bereits § 159 Rn. 6 mit Nachw.). Der Unterschrift des Urkundsbeamten sollte im Fall des Abs. 1 S. 2 die Funktionsbezeichnung und der Zusatz „für die Richtigkeit der Übertragung" hinzugefügt werden (Zusatz keine Verpflichtung).[6] Ist das Protokoll teilweise **unleserlich oder unvollständig,** so ist der Beweis unrichtiger Übertragung zulässig (§ 164), im Übrigen der Protokollinhalt bzw. der entsprechende Vorgang vom Gericht frei zu würdigen.[7]

3 **Unterbleibt** eine nach Abs. 1 notwendige **Unterschrift** zunächst, so kann sie auch noch im Rechtsmittelverfahren **nachgeholt** werden.[8] Das gilt trotz des Gebots des gesetzlichen Richters auch dann, wenn der Richter zwischenzeitlich einem anderen Spruchkörper desselben Gerichts oder einem anderen Gericht an-

---

[16] So auch MK/*Wagner* Rn. 5; *St/J/Roth* Rn. 11; aA BVerwG NJW 1976, 1282; *B/L/H* Rn. 7.

[17] *Putzo* NJW 1975, 185, 188.

[18] Sehr großzügig für einen nachträglichen stillschweigenden Verzicht *B/L/H* Rn. 7, 8.

[1] BGH VersR 1989, 604.

[2] BVerwG NJW 1977, 264; *St/J/Roth* Rn. 5; *Zö/Stöber* Rn. 2; aA *B/L/H* Rn. 4 (Alleinverantwortung des Urkundsbeamten; anders Rn. 5 aE).

[3] *St/J/Roth* Rn. 5; *B/L/H* Rn. 5; *T/P/Reichold* Rn. 1.

[4] Keine Unterschrift des nicht zugezogenen Urkundsbeamten, wenn er lediglich ein richterliches Stenogramm in Reinschrift überträgt, *Zö/Stöber* Rn. 3; *St/J/Roth* Rn. 5.

[5] *B/L/H* Rn. 4.

[6] *St/J/Roth* Rn. 5; *Zö/Stöber* Rn. 3.

[7] *St/J/Roth* Rn. 7; *B/L/H* Rn. 9.

[8] BGH NJW 1958, 1237; *St/J/Roth* Rn. 2; MK/*Wagner* Rn. 4; *B/L/H* Rn. 9; AK-ZPO/*Göring* Rn. 2; offen gelassen in BGH VersR 1989, 604.

gehört, solange er nur überhaupt noch im Richterdienst ist.[9] Entsprechendes gilt für den Urkundsbeamten.[10] Auch ein **Mangel der elektronischen Form** kann auf diese Weise geheilt werden, s. § 130b Rn. 2. Zur Parallelproblematik bei Berichtigung s. § 164 Rn. 6.

III. Verhinderung

Abs. 2 trifft Vorkehrungen für den Fall, dass die primär nach Abs. 1 zur Unterschrift berufene Person **verhindert** (zB auf unabsehbare Zeit erkrankt oder für längere Zeit in Urlaub ist, so dass ein Zuwarten nicht zumutbar)[11] ist. Ältester **Richter** iSv. S. 1 ist der **dienstälteste** Richter, erst bei gleichem Dienstalter der Beisitzer entscheidet deren Lebensalter.[12] Sind Vorsitzender und dienstältester Beisitzer verhindert, so unterschreibt der nächstjüngste Richter.[13] Ist der Einzelrichter (Amtsrichter, Richterkommissar) verhindert, so genügt grundsätzlich die Unterschrift des Urkundsbeamten (Abs. 2 S. 1, letzter Halbs.); war kein Urkundsbeamter zur Protokollführung in der Verhandlung zugezogen, so greift die Vorschrift nicht. Der bloße Übertragungsvermerk des Urkundsbeamten (Abs. 1 S. 2) genügt dann ebenfalls nicht; ein Protokoll kommt vorbehaltlich der Nachholung (s. Rn. 3) nicht zu Stande. Sind im Kollegialgericht ausnahmsweise **alle Richter** an der Unterzeichnung **gehindert**, so muss nach dem Rechtsgedanken von Abs. 2 S. 1, letzter Halbs. auch insoweit die Unterschrift des zur Verhandlung zugezogenen Urkundsbeamten genügen.[14] Bei **Verhinderung des Urkundsbeamten** (Abs. 2 S. 2) ist zunächst der Vorsitzende zur Unterschrift berechtigt, ggf. wiederum der nach Abs. 2 S. 1 berufene Richter. Unterschreibt weder der primär Verantwortliche noch die Ersatzperson nach Abs. 2, so liegt **kein gültiges Sitzungsprotokoll** vor. Dagegen ist die **Angabe des Verhinderungsgrundes** nach Abs. 2 S. 3 nur **Ordnungsvorschrift**[15] und beeinflusst Rechtsgültigkeit und Beweiskraft des Protokolls nicht. 4

164 *Protokollberichtigung*

(1) Unrichtigkeiten des Protokolls können jederzeit berichtigt werden.

(2) Vor der Berichtigung sind die Parteien und, soweit es die in § 160 Abs. 3 Nr. 4 genannten Feststellungen betrifft, auch die anderen Beteiligten zu hören.

(3) [1]Die Berichtigung wird auf dem Protokoll vermerkt; dabei kann auf eine mit dem Protokoll zu verbindende Anlage verwiesen werden. [2]Der Vermerk ist von dem Richter, der das Protokoll unterschrieben hat, oder von dem allein tätig gewesenen Richter, selbst wenn dieser an der Unterschrift verhindert war, und von dem Urkundsbeamten der Geschäftsstelle, soweit er zur Protokollführung zugezogen war, zu unterschreiben.

(4) [1]Erfolgt der Berichtigungsvermerk in der Form des § 130b, ist er in einem gesonderten elektronischen Dokument festzuhalten. [2]Das Dokument ist mit dem Protokoll untrennbar zu verbinden.

I. Voraussetzungen der Berichtigung (Abs. 1)

Der Begriff der **Unrichtigkeit** ist nach hM in einem umfassenderen Sinne als bei § 319 zu verstehen; insbesondere muss der Fehler **nicht offenbar** sein (s. § 319 Rn. 5).[1] Er umfasst **formelle** und **sachliche Fehler** des Protokolls unabhängig von deren Entscheidungserheblichkeit (mögliche Relevanz des Protokolls für andere Verfahren)[2] sowie Unvollständigkeiten[3]. Die Vorschrift findet entsprechende Anwendung, wenn ein Vergleich nach § 278 Abs. 6 S. 1 geschlossen wird und das Gericht Zustandekommen oder Inhalt nach § 278 Abs. 6 S. 2 im Beschluss unrichtig wiedergibt, s. § 278 Abs. 6 S. 3 und dort Rn. 18. 1

Nicht Gegenstand der Protokollberichtigung sind nach § 162 vorgelesene und genehmigte Feststellungen, mit Ausnahme von eindeutigen Übertragungsfehlern aus einer vorläufigen Aufzeichnung (§ 160a) oder wenn sich sonst nachträglich herausstellt, dass der vorgelesene und genehmigte Wortlaut der Erklärung nicht mit dem endgültigen Protokoll übereinstimmt.[4] So kann beim Prozessvergleich auch ein zwischen den Beteiligten **unstreitiger Rechenfehler** nicht nach § 164, sondern nur im Wege der Neuvornahme (§ 156[5]) korrigiert werden.[6] 2

---

[9] OLG Stuttgart OLGZ 1976, 241, 243 (m. abl. Anm. *Vollkommer* Rpfleger 1976, 257); OLG München OLGZ 1980, 465, 467; *St/J/Roth* Rn. 3; MK/*Wagner* Rn. 5.
[10] OLG Hamm OLGZ 1979, 376, 381; *St/J/Roth* Rn. 3; MK/*Wagner* Rn. 5.
[11] AK-ZPO/*Göring* Rn. 4.
[12] *St/J/Roth* Rn. 8; *B/L/H* Rn. 7; aA *St/J/Schumann* (20. Aufl.) Rn. 7.
[13] *St/J/Roth* Rn. 8.
[14] *Zö/Stöber* Rn. 4; AK-ZPO/*Göring* Rn. 4.
[15] *St/J/Roth* Rn. 11; MK/*Wagner* Rn. 9; *T/P/Reichold* Rn. 2.
[1] OLG München OLGZ 1980, 465, 466; *St/J/Roth* Rn. 2; *Zö/Stöber* Rn. 2; *T/P/Reichold* Rn. 1.
[2] *Zö/Stöber* Rn. 2.
[3] OLG Düsseldorf NJW-RR 2002, 863; *St/J/Roth* Rn. 1; MK/*Wagner* Rn. 1 (mit Beispielen).
[4] *Zö/Stöber* Rn. 3; OLG Frankfurt/M MDR 1986, 152, 153 (Prozessvergleich); OLG Hamm OLGZ 1983, 89, 91; *St/J/Roth* Rn. 2, für irreführende Wiedergabe einer Zeugenaussage Rn. 1.
[5] *St/J/Roth* Rn. 4.
[6] OLG Frankfurt/M MDR 1986, 152, 153; *Zö/Stöber* Rn. 3; *T/P/Reichold* Rn. 2.

II. Verfahren

3 Die Berichtigung erfolgt auf **Antrag** oder **von Amts wegen;** Behauptungen einer Partei zur Unrichtigkeit müssen von ihr bewiesen werden.[7] Steht die Unrichtigkeit fest, so besteht **kein Ermessensspielraum.**[8] **„Jederzeit"** iSv. Abs. 1 bedeutet auch noch nach Einlegen eines Rechtsmittels.[9] Ein verspäteter Antrag auf Protokollergänzung kann als Anregung zur Berichtigung behandelt werden.[10] **Parteien** und ggf. die betroffenen Beteiligten (Beweispersonen im Fall von § 160 Abs. 3 Nr. 4) sind nach Abs. 2 vor der Berichtigung (schriftlich oder mündlich) **zu hören.** Dem **Nebenintervenienten** (§ 68), nicht aber dem bloßen Streitverkündungsempfänger, ist nach richtiger Ansicht ebenso rechtliches Gehör zu gewähren.[11] Bei offensichtlichen Übertragungsfehlern aus der vorläufigen Aufzeichnung (§ 160a) soll eine Anhörung entbehrlich sein;[12] sie ist aber jedenfalls empfehlenswert und bei entscheidenden Veränderungen ohnehin unumgänglich. Die berichtigte Protokollfassung ist den Parteien, soweit sie bereits eine Abschrift erhalten hatten (§ 160a Abs. 3 Nr. 1), ebenfalls formlos zuzusenden.

III. Form der Berichtigung und Zuständigkeit (Abs. 3)

4 **1. Form.** Die Berichtigung bedarf – außer in den Fällen des § 278 Abs. 6 S. 3 – nicht eines förmlichen Beschlusses (jedoch unschädlich), muss sich aber an die Vorgaben von Abs. 3 halten, um an der **Beweiskraft** des Protokolls teilzuhaben.[13] Im Protokoll darf **weder radiert** noch durch Streichungen oder dergleichen etwas **unkenntlich** gemacht werden. Vielmehr ist ein entsprechender **Berichtigungsvermerk** entweder im Protokoll selbst (Rand oder am Ende des Protokolls) anzubringen oder in einer Anlage, auf die im Berichtigungsvermerk verwiesen werden muss.[14] Der Vermerk, ggf. Hinweis und Anlage, sind zu unterschreiben (vgl. zu den Anforderungen § 163 Rn. 2).[15]

4a Da die korrigierte Version des Protokolls erkennbar bleiben muss, darf bei **elektronisch gespeicherten Protokollen** nicht einfach deren Text verändert werden. Nach Abs. 4 – eingefügt durch das JKomG – ist daher ein gesondertes elektronisches Dokument zum Zwecke der Berichtigung gem. § 130b anzufertigen. Die feste Verbindung erfolgt durch eine „elektronische Klammer", indem etwa beide Dokumente gemeinsam signiert werden.[16] Eine elektronische Berichtigung kommt auch bei Protokollen in herkömmlicher Form in Betracht (Vorteil: formlose Übersendung an Parteien per E-Mail![17]). In diesem Fall ist der Berichtigungsvermerk **auszudrucken** (§ 298) und der Ausdruck als **Anlage** mit dem Protokoll gem. Abs. 3 S. 1 zu verbinden.

5 **2. Zuständigkeit. a) Berichtigung.** Grundsätzlich ist die Berichtigung von den Personen (Richter, Urkundsbeamter), die das Protokoll unterzeichnet haben (§ 163), vorzunehmen und zu unterschreiben. Im Fall von § 278 Abs. 6 S. 3 unterschreibt das Gericht (Kollegium oder Einzelrichter), wie es den Beschluss nach § 278 Abs. 6 S. 2 erlassen hat; Rn. 6 gilt entsprechend. Abs. 3 S. 2 nimmt den Urkundsbeamten, der in der Verhandlung nicht zugezogen war, von der Mitwirkung aus (anders bei Übertragungsfehlern aus der vorläufigen Aufzeichnung[18]) und lässt andererseits die Mitunterschrift des allein tätigen Richters für die Berichtigung genügen, auch wenn er das Protokoll wegen Verhinderung nicht unterschrieben hatte. Entsprechendes, dh. Mitunterzeichnung, muss gelten, wenn ausnahmsweise alle Richter des Kollegiums verhindert waren und auch dann der Urkundsbeamte alleine unterschrieben hatte (s. § 163 Rn. 4).[19]

6 Eine zwischenzeitliche **Versetzung** des Richters (Urkundsbeamten), der das Protokoll unterschrieben hatte, **hindert** die **Berichtigung nicht;**[20] wohl aber ein Ausscheiden aus dem Richter- oder Justizdienst.[21] Eine Berichtigung durch den **Amtsnachfolger** (Richter/Urkundsbeamten) ist ebenso unzulässig wie Berichtigung **allein durch den Vorsitzenden,** wenn ein Beisitzer als Einzelrichter das Protokoll unterschrieben hatte.[22] Ist die nach Abs. 3 berufene Person **an der Berichtigung verhindert,** so gilt für eine Vertretung § 163 Abs. 2 entsprechend,[23] so dass es in Ausnahmefällen (Verhinderung aller beteiligten Richter) zur Berichtigung nur durch den Urkundsbeamten kommen kann (vgl. bereits § 163 Rn. 4).[24]

---

[7] Zur Möglichkeit des Anscheinsbeweises für gerichtsinterne Vorgänge BGH NJW 1985, 1782, 1783f.
[8] OLG Düsseldorf NJW-RR 2002, 863; *St/J/Roth* Rn. 3; MK/*Wagner* Rn. 3.
[9] HM, vgl. *T/P/Reichold* Rn. 2; nach *St/J/Roth* Rn. 2 sogar bis zum Eintritt der Rechtskraft.
[10] FG Baden-Württemberg EFG 2001, 583.
[11] So *Zö/Stöber* Rn. 4; aA *St/J/Roth* Rn. 6; MK/*Wagner* Rn. 4.
[12] *St/J/Roth* Rn. 5; MK/*Wagner* Rn. 6; *Zö/Stöber* Rn. 4.
[13] BGH VersR 1986, 487, 488.
[14] BGH VersR 1986, 487, 488.
[15] OLG Frankfurt/M JurBüro 1993, 745 (Handzeichen nicht ausreichend); BAG NJW 1997, 1868, 1869.
[16] Gesetzesbegründung zu § 105 nF, BT-Drucks. 15/4067, S. 30.
[17] BT-Drucks. 15/4067, S. 32.
[18] *Zö/Stöber* Rn. 7.
[19] So wohl auch *Zö/Stöber* Rn. 5 mit § 163 Rn. 4.
[20] HM, vgl. *Zö/Stöber* Rn. 6; jetzt auch *St/J/Roth* Rn. 12.
[21] OLG München OLGZ 1980, 465, 467f.
[22] *Zö/Stöber* Rn. 5; zweckmäßig auch Unterschrift des Beisitzers, der für den verhinderten Vorsitzenden das Protokoll unterschrieben hatte, s. *St/J/Roth* Rn. 10.
[23] So auch *St/J/Roth* Rn. 11; MK/*Wagner* Rn. 9; *B/L/H* Rn. 10; *Zö/Stöber* Rn. 6; aA *Franzki* DRiZ 1975, 97, 101.
[24] *St/J/Roth* Rn. 11.

b) Ablehnung eines Berichtigungsantrags. Bei **Uneinigkeit über die Richtigkeit** des Protokolls zwischen Richter und Urkundsbeamten kommt eine Berichtigung nicht in Betracht.[25] Streitig ist, ob der Berichtigungsantrag eines Beteiligten nur durch richterlichen Beschluss abgelehnt wird oder unter Mitwirkung des Urkundsbeamten.[26] Da das Protokoll unverändert bleibt, genügt ein **Beschluss des Richters.**[27] 7

IV. Rechtsmittel

Gegen die behaupteterweise inhaltlich falsche Vornahme der Berichtigung gibt es mangels Überprüfungsmöglichkeit (Beschwerdeinstanz hat nicht an Sitzung teilgenommen) **kein eigenes Rechtsmittel.**[28] Die Parteien können sich jedoch auf die **Unverwertbarkeit** des Protokolls in dem betreffenden Verfahren berufen.[29] Sofortige Beschwerde (§ 567 Abs. 1 Nr. 2) ist hingegen möglich bei **abgelehnter** Berichtigung.[30] Streitig ist, ob dies nur bei Ablehnung als unzulässig[31] oder auch bei sachlicher Ablehnung zutrifft[32]. Richtigerweise wird man jede Sachentscheidung über das Protokoll mit Ausnahme des Fälschungsnachweises nur dem Instanzgericht belassen müssen;[33] daher Beschwerde nur bei Ablehnung als unzulässig. 8

165 *Beweiskraft des Protokolls* **[1]Die Beachtung der für die Verhandlung vorgeschriebenen Förmlichkeiten kann nur durch das Protokoll bewiesen werden. [2]Gegen seinen diese Förmlichkeiten betreffenden Inhalt ist nur der Nachweis der Fälschung zulässig.**

I. Normzweck

§ 165 ist eine gesetzliche **Beweisregel** für die **Förmlichkeiten** der Verhandlung; insbesondere zur Einbeziehung der Güteverhandlung (§ 278 Abs. 2) wurde der Begriff „mündlich" durch das ZPO-RG gestrichen. § 286 ist insoweit nicht anwendbar, der **Gegenbeweis** (auch nach §§ 415 Abs. 2, 418 Abs. 2) durch andere Beweismittel mit Ausnahme von S. 2 **ausgeschlossen.**[1] Protokoll iS der Vorschrift ist auch das nach § 164 berichtigte Protokoll.[2] Die Beweiskraft gilt nur für das Verfahren, über dessen Verhandlung die Niederschrift errichtet wurde, nicht aber für einen anderen Rechtsstreit (dort freie Beweiswürdigung).[3] Nach überwiegender Ansicht greift die Beweiskraft nach § 165 auch nicht im **Kostenfestsetzungsverfahren** für gebührenrechtliche Tatbestände (Gegenbeweis daher zulässig).[4] Bezüglich der Förmlichkeiten hat das Sitzungsprotokoll **Vorrang** vor dem **Tatbestand** des Urteils (§ 314 S. 2).[5] Für das mündliche Parteivorbringen s. § 314. Für die Erfüllung richterlicher Hinweis- und Aufklärungspflicht enthält nun § 139 Abs. 4 S. 2, 3 eine entsprechende Regelung, s. § 139 Rn. 28. 1

II. Beweiskraft

1. Grundsatz. a) Umfang. An der Beweiskraft nehmen nur Feststellungen des Protokolls zum **äußeren Hergang**[6] der Verhandlung teil, **nicht** der Protokollinhalt nach § 160 Abs. 3 Nr. 4–6[7] und Nr. 10 sowie Abschluss und Inhalt eines Vergleichs nach § 160 Abs. 3 Nr. 1.[8] Zu den Förmlichkeiten in diesem Sinne **gehören:** alle Angaben nach § 160 Abs. 1[9] einschließlich des Aufrufs nach § 220,[10] nach Abs. 2 nur, soweit sie 2

---

[25] VGH München BayVBl. 1989, 566, 567.

[26] Für letzteres *St/J/Roth* Rn. 17; *B/L/H* Rn. 13.

[27] So auch *Zö/Stöber* Rn. 10.

[28] BGH NJW-RR 2005, 214 (auch bei Zulassung keine Rechtsbeschwerde gegen Verwerfung der Beschwerde als unzulässig); BAG NJW 1965, 931, 932; OLG Stuttgart MDR 2004, 410, 411; OLG Frankfurt/M NJW-RR 1997, 565, 566; OLG Karlsruhe Rpfleger 1994, 311, 312; OLG Hamm Rpfleger 1984, 193 und hM, s. nur *St/J/Roth* Rn. 14 mit Nachw.; aA OLG Frankfurt/M MDR 1986, 152, 153 (bei inhaltlicher Berichtigung eines Prozessvergleichs); OLG Karlsruhe Rpfleger 1995, 472.

[29] *St/J/Roth* Rn. 16.

[30] OLG Düsseldorf NJW-RR 2002, 863; LAG Hamm MDR 1988, 172 (Vornahme durch Unbefugten); OLG Hamm OLGZ 1983, 89, 90f. (§ 319 Abs. 3 analog, wenn Berichtigung unzulässig war); OLG München OLGZ 1980, 465, 466; LAG Düsseldorf JurBüro 1987, 628; LG Frankfurt/M JurBüro 1993, 745; aA (Beschwerde grundsätzlich unzulässig) *Zö/Gummer* § 567 Rn. 35; BFH/NV 2001, 1565.

[31] OLG Düsseldorf NJW-RR 2002, 863; VGH Mannheim NJW-RR 1997, 671; *Zö/Stöber* Rn. 11; *St/J/Roth* Rn. 17 jeweils mit Nachw.

[32] So OLG Koblenz MDR 1986, 593; *B/L/H* Rn. 15.

[33] OLG Hamm NJW 1989, 1680; *St/J/Roth* Rn. 15; *Zö/Stöber* Rn. 11; aA *B/L/H* Rn. 15.

[1] *Zö/Stöber* Rn. 3.

[2] *St/J/Roth* Rn. 12.

[3] BGH NJW 1963, 1060, 1062.

[4] OLG Düsseldorf MDR 1989, 751; OLG Koblenz JurBüro 1980, 1846, 1847; OLG Frankfurt/M Rpfleger 1980, 70; JurBüro 1978, 446, 447; *Zö/Stöber* vor § 159 Rn. 4.

[5] OLGR Düsseldorf 2001, 387; OLG Stuttgart FamRZ 1985, 609; *B/L/H* Rn. 10.

[6] Enge Auslegung, vgl. *B/L/H* Rn. 4.

[7] BGH FamRZ 1994, 300, 302 (Partei- und Sachverständigenaussagen); NJW 1982, 1052, 1053 (für Zeugenaussagen); *T/P/Reichold* Rn. 2; aA für Inhalt des Parteivortrags OLG Düsseldorf ZMR 1988, 335, 336; OLG Stuttgart FamRZ 1985, 607, 609 (für Anerkenntnis).

[8] BGHZ 142, 84, 89 = NJW 1999, 2806, 2807.

[9] BGH NJW-RR 1990, 342 (Präsenz von Parteivertretern); OLG Köln OLGZ 1985, 318, 319 (Öffentlichkeit); OLG Saarbrücken NJW 1972, 61 (Verhandlung iSv. § 220 Abs. 2).

[10] *T/P/Reichold* Rn. 1.

tatsächlich lediglich den äußeren Ablauf betreffen (zB §§ 285 Abs. 1, 279 Abs. 3),[11] die Tatsache der Antragstellung (Sach- und Prozessanträge[12], § 160 Rn. 6) einschließlich deren Inhalt nach § 160 Abs. 3 Nr. 2,[13] sowie Feststellungen über die Verkündung (§ 160 Abs. 3 Nr. 7)[14]. Die Tatsache, dass ein Augenschein stattfand oder eine Beweisperson vernommen wurde – **nicht der Inhalt ihrer Aussage** – wird ebenfalls von der Beweiskraft umfasst.[15] Zu den Förmlichkeiten gehören auch die **einseitige** und **übereinstimmende Erledigungserklärung** (§ 91 a), die entweder als Klageänderung nach § 160 Abs. 3 Nr. 2, jedenfalls aber nach § 160 Abs. 2 zu protokollieren sind.[16] Entgegen hM[17] beweist der Protokollinhalt in gleicher Weise, dass eine **einseitige Prozesshandlung** nach § 160 Abs. 3 Nr. 1, 3, 8 oder 9 überhaupt **vorgenommen** wurde. Nicht von der Beweiskraft gedeckt ist hingegen die Frage, wie die Prozesshandlung zu verstehen und ob sie **wirksam** ist.[18]

3 **b) Inhalt.** Ist eine Förmlichkeit protokolliert, so steht positiv fest, dass sie gewahrt ist; fehlt es an der entsprechenden gebotenen Feststellung (zB Öffentlichkeit), so ist bewiesen, dass sie nicht eingehalten war.[19] Negative Beweiskraft idS besteht nicht, soweit die Protokollierung zweckmäßig, aber nicht notwendig ist.

4 **2. Protokollmängel. a) Formale Mängel.** Die Beweiskraft nach § 165 S. 1 entfällt, wenn die Niederschrift **nicht** ordnungsgemäß **unterschrieben** ist (§§ 163, 130 b)[20] oder die Förmlichkeiten nach § 162 nicht beachtet sind. Für sonstige äußere Mängel gilt § 419.

5 **b) Inhaltliche Mängel.** Nach hM genügen **Zweifel an der Richtigkeit** des Protokolls nicht, um die Beweiskraft zu zerstören;[21] notwendig ist Berichtigung nach § 164.[22] Weist das Protokoll **offensichtliche Lücken** auf, die sich auch nicht im Wege der Auslegung schließen lassen,[23] so besteht die formelle Beweiskraft nach S. 1 nicht.[24] Der betroffene Vorgang ist im Wege **freier Beweiswürdigung** zu ermitteln.[25] § 165 greift auch nicht, soweit die Niederschrift **widersprüchlich** ist.[26] **Fälschung** iSv. S. 2 liegt vor, wenn wissentlich falsch beurkundet wurde oder die Niederschrift nachträglich vorsätzlich gefälscht wird (§§ 267, 271, 348 StGB).[27] Fahrlässigkeit genügt nicht. Für den Nachweis der Fälschung muss ein Strafurteil nicht abgewartet werden.[28]

Titel 2. Verfahren bei Zustellungen

Vorbemerkung

Neuregelung zum 1. Juli 2002.[1] Die Regelungen zur Zustellung sind in ihren Grundzügen und ihrer Systematik seit Inkrafttreten der ZPO weitgehend unverändert geblieben. Indessen vollzog sich im Laufe der Jahre ein tief greifender Wandel. Die frühere Dominanz der Zustellung im Parteibetrieb ist nicht mehr vorhanden.[2] Heute gibt es diese Art von Zustellungen im Erkenntnisverfahren nur noch im Fall der Zustellung des Vollstreckungsbescheides nach § 699 Abs. 4, wenn dies die Partei beantragt, und für die Zwangsvollstreckung, sowie beim Verfahren des Arrestes und der einstweiligen Verfügung. Ganz im Vordergrund steht heute die Zustellung von Amts wegen. Der Gesetzgeber wollte dieser Entwicklung mit der Neustrukturierung Rechnung tragen. Gleichzeitig sollten die neuen technischen Kommunikationsmöglichkeiten der Fernkopie (Telefax) und des elektronischen Dokuments (E-Mail) der Rechtspraxis nutzbar gemacht werden. Der Gesetzgeber wollte im Zuge dieser Änderung die Möglichkeiten, zwischen mehreren Zustellungsformen auswählen zu können, erweitern, die Ersatzzustellung vereinfachen und die kosten- und zeitaufwändige Beurkundung der Zustellung reduzieren. In einigen Vorschriften (§§ 166 Abs. 1, 170 Abs. 1 Satz 1, 185 Nr. 1) hat der Gesetzgeber den Begriff „Person" verwendet, obwohl in den entsprechenden frü-

---

11 BGH NJW 1990, 121, 122.

12 BAG NJW 1991, 1630, 1631; *St/J/Roth* Rn. 10 (soweit sie zur Nachprüfung des Verfahrenshergangs für die höhere Instanz benötigt werden).

13 BAG NJW 1991, 1630, 1631; RGZ 146, 133, 143 (Inhalt); OLG Frankfurt/M FamRZ 1982, 809, 810.

14 BGH NJW 1999, 794; OLG Brandenburg FamRZ 2002, 467, 468; zur unterlassenen Verfahrensrüge BFH StuB 2001, 710.

15 MK/*Wagner* Rn. 8.

16 So auch MK/*Wagner* Rn. 8; *Zö/Stöber* Rn. 2; *B/L/H* Rn. 5; *St/J/Roth* Rn. 11; aA OVG Berlin NJW 1970, 486; *T/P/Reichold* Rn. 2.

17 BSG NJW 1963, 1125; BGH NJW 1984, 1465, 1466.

18 So richtig MK/*Wagner* Rn. 12; für Rechtsmittelverzicht nunmehr wohl auch BGH NJW-RR 1994, 386.

19 OLG Frankfurt/M FamRZ 1982, 808, 810.

20 BGH VersR 1989, 604.

21 OLG Saarbrücken NJW 1972, 61, 62; *Zö/Stöber* Rn. 3.

22 BAG NJW 1965, 931, 932.

23 Zur Zulässigkeit der Auslegung BGH VersR 1986, 487; für Vorrang der Auslegung ausdrücklich MK/*Wagner* Rn. 14.

24 BGHZ 26, 340, 343 = NJW 1958, 711.

25 OLG Frankfurt/M FamRZ 1982, 809, 810.

26 BGHZ 26, 340, 343 = NJW 1958, 711.

27 BGH VersR 1985, 45, 47; streng auch BGH NJW 1999, 794.

28 BGH VersR 1986, 487, 488.

1 BGBl. I S. 1206.

2 *Wolst,* Festschr. f. Musielak 2004, 713 ff.

heren Bestimmungen von der „Partei" die Rede war. Der neue Wortlaut soll der Tatsache Rechnung tragen, dass diese Regelungen für alle Zustellungen gelten.

Untertitel 1. Zustellungen von Amts wegen

166 *Zustellung* **(1) Zustellung ist die Bekanntgabe eines Dokuments an eine Person in der in diesem Titel bestimmten Form.**

(2) Dokumente, deren Zustellung vorgeschrieben oder vom Gericht angeordnet ist, sind von Amts wegen zuzustellen, soweit nicht anderes bestimmt ist.

I. Normzweck

Die Vorschrift bringt eine Legaldefinition und schreibt den Grundsatz der Zustellung von Amts wegen fest. 1

II. Absatz 1

Vor dem Inkrafttreten des ZustRG galt eine von der Rechtsprechung erarbeitete Definition. Danach war die Zustellung der in der gesetzlichen Form zu bewirkende und zu beurkundende Akt, durch den dem Adressaten Gelegenheit zur Kenntnisnahme eines Schriftstücks verschafft wird.[1] Davon hat sich der Gesetzgeber begrifflich gelöst. Er geht davon aus, dass die Beurkundung nur dem Nachweis der Zustellung dient, aber nicht deren notwendiger Bestandteil ist.[2] Diese Definition erlaubt es, technische Möglichkeiten moderner Kommunikationsdienste für die Übermittlung zu nutzen. Eine Zustellung liegt nur vor, wenn sie vom Veranlasser beabsichtigt, mindestens angeordnet und in die Wege geleitet ist.[3] Fehlt der Wille zur Zustellung, kann eine Heilung nicht erfolgen.[4] 2

III. Absatz 2

Die Vorschrift schreibt den Grundsatz der Amtszustellung (im Gegensatz zur Parteizustellung bzw. Zustellung auf Betreiben einer Partei) fest. Damit nimmt der Gesetzgeber das Ergebnis jahrzehntelanger Rechtsentwicklung zur Kenntnis.[5] Nach dem Inkrafttreten der ZPO waren Zustellungen nahezu ausschließlich im Parteibetrieb zu bewirken. Nunmehr sind nach Anordnung des Gerichts sogar Schriftstücke von Amts wegen zuzustellen, deren Zustellung vom Gesetz nicht vorgeschrieben ist. Das Gericht hat hierbei nach pflichtgemäßem Ermessen zu entscheiden. Ob Urschrift, Ausfertigung oder eine beglaubigte Abschrift zuzustellen ist, wird nicht allgemein geregelt. Dies ist jeweils der einzelnen materiell- oder prozessrechtlichen Bestimmung zu entnehmen. Die Regelungen für die Amtszustellung gelten auch für die Zustellung im Parteibetrieb, soweit dafür nicht ausnahmsweise etwas anderes vorgeschrieben ist. Die spezifischen Vorschriften für die Parteizustellung sind in den §§ 191 bis 195 enthalten. 3

167 *Rückwirkung der Zustellung* **Soll durch die Zustellung eine Frist gewahrt werden oder die Verjährung neu beginnen oder nach § 204 des Bürgerlichen Gesetzbuchs gehemmt werden, tritt diese Wirkung bereits mit Eingang des Antrags oder der Erklärung ein, wenn die Zustellung demnächst erfolgt.**

I. Normzweck

Normzweck ist die Einfügung der vor Geltung des ZustRG in § 270 Abs. 3 enthaltenen Regelung aus systematischen Gründen in das Recht der Zustellungen. Darüber hinaus soll die jetzige Vorschrift auch die bisherigen § 207 und § 693 Abs. 2 ersetzen. Soweit für bestimmte Zustellungsarten im Parteibetrieb die Rückwirkung auf den Zeitpunkt der Anbringung des Gesuchs eintreten soll, hielt der Gesetzgeber eine gesonderte Regelung für überflüssig. § 167 sei in diesen Fällen entsprechend anzuwenden.[1] 1

II. Rückwirkung

1. Grundgedanke. Zustellungen können die Rechtsstellung derjenigen, in deren Interesse sie erfolgen, erheblich beeinflussen. Das gilt etwa bei der Zustellung der Klage für die Rechtsstellung des Klägers. Zustellungen erfolgen grundsätzlich von Amts wegen. Es wäre deshalb unbillig, ihm die Versäumung von Fristen anzulasten, obwohl er auf die Einhaltung der Frist keinen entscheidenden Einfluss hat. Deshalb lässt die Vorschrift die Wirkung der Zustellung bereits mit Eingang des Antrags bzw. Erklärung eintreten, sofern die Zustellung demnächst erfolgt. 2

---

[1] BGH NJW 1978, 1858.
[2] BR-Drucks. 492/00 S. 29.
[3] *T/P/Hüßtege* § 189 Rn. 7.
[4] OLG Naumburg Fam. RZ 2006, 956.
[5] *Wolst,* Festschr. f. Musielak 2004, 713, 726 f.
[1] BR-Drucks. 492/00 S. 31.

2. Erfasste Fristen. Die Vorschrift gilt für die Hemmung der Verjährung nach § 204 BGB und entsprechend, wenn der Kläger eine Frist ausnutzt, bis zu deren Ablauf der Beklagte darauf verzichtet hatte, die Einrede der Verjährung zu erheben.[2] Sie gilt ferner für alle prozessualen Fristen, deren Lauf durch Zustellung unterbrochen wird (zB §§ 1408 Abs. 2 S. 2, 1600 b Abs. 1 BGB, auch für § 929 Abs. 2 ZPO[3]); nach der Rechtsprechung ds Bundesgerichtshofs allerdings **nicht** für den Ausschluss des Ehegattenerbrechts nach § 1933 S. 1 BGB.[4] Ebenfalls gilt sie **nicht** für Fristen, die auch ohne Mitwirkung der Justiz unterbrochen werden können, wie diejenigen nach §§ 121[5], 568[6], 651 g Abs. 1 BGB ua. Eine Rückwirkungsfiktion tritt nicht ein, wenn die Verjährung im Zeitpunkt der Zustellung noch nicht abgelaufen ist.[7]

3 **3. Eingang des Antrag, der Erklärung. a) Begriff.** Das Gericht muss Gewahrsam an dem Schriftstück erhalten haben. Dem entspricht die mündliche Anbringung von Antrag bzw. Erklärung zu Protokoll der Geschäftsstelle des Gerichts, dh. die Niederschrift durch den Urkundsbeamten.

4 **b) Gericht.** Das ist auch ein auswärtiger Spruchkörper (§§ 93 Abs. 2, 116 Abs. 2 GVG). Gerichtsintern genügt die Übergabe an die Geschäftsstelle, an den Richter während der Sitzung oder an eine von der Justizverwaltung benannte Stelle, idR aber nicht die Überlassung an den Wachtmeister.[8]

5 **c) Übermittlungsfragen.** Dem Briefkasten des Gerichts entspricht ein Postfach bzw. Abholfach des Gerichts, der Korb der Postverteilungsstelle oder ein vom Wachtmeister regelmäßig geleertes Gerichtsfach im Anwaltszimmer; dabei ist gleichgültig, ob noch am selben Tag geleert wird.[9] Kein Zugang liegt darin, dass eine an das X-Gericht richtig adressierte, aber beim falschen Gericht eingegangene Schrift in dessen internes Fach für Sendungen an das X-Gericht gelegt wird.[10] Bei **gemeinsamer Einlaufstelle** für mehrere Gerichte erhält dasjenige Gericht Gewahrsam, das auf dem eingehenden Schriftstück als Adressat bezeichnet ist.[11]

6 **4. Demnächst.** Die Zustellung erfolgt „demnächst", wenn sie innerhalb einer den Umständen nach angemessenen, selbst längeren Frist stattfindet und die Partei alles Zumutbare für die alsbaldige Zustellung getan hat. Zuzustellen ist der eingereichte Schriftsatz; der zugestellte Schriftsatz muss mit ihm daher im Wesentlichen identisch sein, so dass zB eine (spätere) Antragserweiterung nicht an der Rückwirkung teilhaben kann.

7 a) Eine **angemessene** Frist muss zwischen dem Ablauf der versäumten Frist und der verspäteten Zustellung liegen. Fristbeginn ist also der letztmögliche, nicht der tatsächliche Eingang. Anderenfalls würde benachteiligt, wer sein Recht, die versäumte Frist voll auszuschöpfen, nicht wahrnimmt.[12] Verzögerungen, die der Sphäre des Gerichts zuzurechnen sind, bleiben außer Betracht.[13] Sonstige Verzögerungen der Zustellung sind in jedem Fall angemessen, wenn sie **geringfügig** bleiben, dh drei Wochen nicht überschreiten[14], und zwar selbst dann, wenn sie verschuldet sind. Dieser Zeitraum wird teilweise nicht ab Fristablauf errechnet, sondern erst ab dem Tag, an dem zügiges Parteiverhalten die Zustellung gefördert hätte, zB nach angemessener Reaktionszeit auf eine Anfrage des Gerichts[15] bzw. nach Scheitern eines ersten Zustellversuchs.[16] Aber auch eine **erhebliche** Verzögerung ist noch nicht unangemessen.[17] Die Rechtsprechung lässt idR genügen, dass der Antragsteller bzw. Erklärende um alsbaldige Zustellung bemüht war.[18] Die Vorschrift ist nicht allein rein zeitlich zu interpretieren.[19] Die Praxis verzichtet weitgehend auf absolute Zeitgrenzen und versucht, gegen schutzwürdige Belange des Adressaten abzuwägen.[20]

8 **b) Zumutbare Bemühungen** fehlen bereits bei leichter Fahrlässigkeit[21] der Partei, ihres Parteibevollmächtigten (§ 85 Abs. 2) oder einer Rechtsschutzversicherung.[22] Ein solches Verschulden schadet auch dann, wenn bei Gericht ein Folgefehler unterlief oder der Parteifehler hätte erkannt und korrigiert werden müssen; anders ist dies, wenn das Gericht den korrigierenden Hinweis der Partei übergeht.[23] Doch sind Verzögerungen im Zustellungsverfahren, die durch eine fehlerhafte Suchbehandlung des Gerichts verursacht sind, dem Kläger grundsätzlich nicht zuzurechnen.[24]

---

2 BGH NJW 1974, 1285.
3 OLG Düsseldorf AnwBl 2002 mit Hinweisen zur Gegenansicht.
4 BGHZ 111, 329, 333 f.
5 BGH NJW 1975, 39 f.
6 OLG Stuttgart MDR 1987, 499.
7 OLG München NJW-RR 2005, 1108 f.
8 BGH VersR 1976, 1063 (Wachtmeister eines anderen Gerichts).
9 BGH NJW-RR 1989, 1214.
10 LAG Bremen MDR 1996, 417 f.
11 BGH NJW 1975, 2294 f.; 1983, 123.
12 BGH NJW 1986, 1347 f.; 1995, 2230 f.
13 BGHZ 103, 20, 28 f. = NJW 1988, 1980 (zu § 696 Abs. 3); BGH NJW-RR 2006, 789 ff.
14 BGH MDR 1992, 900 f.
15 BGH NJW 1994, 1073 f.
16 BGH FamRZ 1988, 1154, 1156.
17 OLG Hamm NJW-RR 2002, 1508 f.
18 BGH NJW 1992, 1820, 1821 f.
19 BGH Report 2003, 483 f.
20 BGH VersR 1983, 831 f.
21 BGH NJW 1992, 1820, 182.
22 OLG Brandenburg MDR 2003, 771 f.
23 Vgl. OLG Stuttgart VersR 1980, 157 f.
24 BGH NJW 2006, 3206 ff.

c) Kasuistik. Unzureichende **Angaben zum Beklagten,** zB Fehlen von Bezeichnung oder ladungsfähiger Anschrift, fallen dem Kläger zur Last, es sei denn, dass der Beklagte dazu beigetragen hat[25] oder der Kläger keinen konkreten Anhalt für einen Wohnungswechsel hatte. Die Verzögerung rechnet ab Scheitern des Zustellversuchs. Ein **Mahnbescheid** ist noch „demnächst" zugestellt, wenn er nach Zugang der Mitteilung der Unzustellbarkeit beim Antragsteller innerhalb eines Monats zugestellt wird.[26] Er ist dann nicht mehr „demnächst" zugestellt, wenn der Antragsteller es unterlassen hat, beim Mahngericht nach Ablauf einer je nach den Umständen des Einzelfalls zu bemessenden Frist nachzufragen, ob die Zustellung bereits veranlasst worden ist, und dieses Unterlassen nachweislich zu einer Verzögerung der Zustellung um mehr als einen Monat geführt hat.[27] Wird eine Auslandszustellung erforderlich, so darf diese auch neun Monate dauern.[28] **Abschriften** für den Beklagten, die entgegen § 253 Abs. 5 fehlen, müssen so rechtzeitig nachgereicht werden, dass sie bei der Zustellungsanordnung noch berücksichtigt werden können. Unterbleibt die Zustellung ohne erkennbaren Anlass, so ist dem binnen vier Wochen nachzugehen.[29] 9

Bei Klagen, die mit einem **PKH-Antrag** verbunden sind, droht verzögerte Zustellung, da oft kein Vorschuss gezahlt oder auf Zustellung verzichtet wird, bis PKH bewilligt ist. Beides schadet nicht. Es genügt, wenn wenigstens das (ordnungsgemäße) PKH-Gesuch vor Fristablauf eingereicht wird, die Klageschrift schon beiliegt, der Kläger die Entscheidung über das Gesuch nicht verzögert und nach dessen Erfolg oder Ablehnung die Klage unverzüglich zugestellt wird. Wurde eine unvollständige PKH-erklärung abgegeben, muss sich die Partei die dadurch erfolgenden gesamten Verzögerungen zurechen lassen; der Zeitraum beginnt mit der Prüfung und Feststellung der Unvollständigkeit durch den zuständigen Richter und endet mit der Behebung des Mangels.[30] Hat die Partei nicht innerhalb der Frist des § 13 Abs. 1 Satz 2 StrEG ihre PKH-Erklärung formgerecht und unter Beifügung der erforderlichen Belege dargelegt, kommt ihr die Rückwirkung der späteren Zustellung nicht zugute.[31] Bei Verweigerung von PKH muss der Kläger entweder binnen höchstens zwei Wochen Beschwerde einlegen[32] oder innerhalb von zumindest zwei Wochen[33] über seine Bereitschaft zum Kostenvorschuss entscheiden. Den **Gerichtskostenvorschuss** (§ 12 GKG) braucht der Kläger (selbst ein Rechtsanwalt) nicht selbst zu berechnen und einzuzahlen. Er kann zunächst die Anforderung des Gerichts abwarten[34] (anders aber nach PKH-Ablehnung[35]). Verzögert sich die Aufforderung des Gerichts (uU drei oder gar acht Wochen lang[36]), muss er allerdings die Kostenforderung anmahnen, selber berechnen und einzahlen oder den Antrag nach § 14 GKG stellen. Im Mahnverfahren soll auch diese Eigeninitiative entbehrlich sein.[37] Nach Anforderung darf die Zahlung sich allenfalls geringfügig verzögern, dh. um gut zwei Wochen.[38] Ausreichend ist eine Scheckhingabe, nicht aber die bloße Aufforderung an den Rechtsschutzversicherer, die Zahlung zu übernehmen.[39] 10

168 *Aufgaben der Geschäftsstelle*

(1) ¹Die Geschäftsstelle führt die Zustellung nach §§ 173 bis 175 aus. ²Sie kann einen nach § 33 Abs. 1 des Postgesetzes beliehenen Unternehmer (Post) oder einen Justizbediensteten mit der Ausführung der Zustellung beauftragen. ³Den Auftrag an die Post erteilt die Geschäftsstelle auf dem dafür vorgesehenen Vordruck.

(2) Der Vorsitzende des Prozessgerichts oder ein von ihm bestimmtes Mitglied können einen Gerichtsvollzieher oder eine andere Behörde mit der Ausführung der Zustellung beauftragen, wenn eine Zustellung nach Absatz 1 keinen Erfolg verspricht.

I. Normzweck

Die Vorschrift weist der Geschäftsstelle (§ 153 GVG) die Zuständigkeit für Zustellungen zu. Diese ist dabei an etwaige richterliche Weisungen gebunden.[1] Dies folgt auch aus § 8 Abs. 1 und 5 RPflG. Solche Weisungen können in der gerichtlichen Anordnung bestehen, an den Adressaten eigenhändig, im Ausland oder öffentlich zuzustellen. 1

II. Absatz 1

Die Geschäftsstelle kann das zustellende Schriftstück dem Adressaten an der Amtsstelle aushändigen (§ 173) oder gegen Empfangsbekenntnis oder durch Einschreiben mit Rückschein übermitteln. Sie kann 2

---

[25] BGH NJW 1988, 411, 413.
[26] BGH NJW 2002, 2794f. = BGH Report 2002, 801 m. Anm. v. *Vollkommer.*
[27] BGH NJW-RR 2006, 1436f.; vgl. auch OLG Dresden WM 2007, 297f.
[28] BGH VersR 1983, 831f.; vgl. auch BGH NJW-RR 2003, 2830f.
[29] OLG Hamm NJW-RR 1992, 480.
[30] OLD Hamm FamRZ 2006, 1616f.
[31] BGH NJW 2007, 441f.
[32] BGH NJW 1991, 1745f.
[33] BGHZ 70, 235, 240.
[34] BGH NJW 2005, 291ff.
[35] OLG Hamm VersR 1983, 63f.
[36] BGH NJW 1978, 215; OLG Saarbrücken NJW 2002, 1025f.; weniger „streng" OLG Düsseldorf NJW-RR 2003, 573.
[37] BGH NJW 1993, 2811f.
[38] BGH NJW 1986, 1347f.
[39] BGH VersR 1968, 1062f.
[1] BR-Drucks. 492/00 S. 31.

aber auch die Post oder einen Justizbediensteten mit der Ausführung der Zustellung beauftragen. Sie hat nach pflichtgemäßem Ermessen den einfachsten und kostengünstigen aber auch erfolgversprechendsten Weg zu wählen. Die finanziellen Auswirkungen sind angesichts der Tatsache von etwa 20 Millionen Zustellungen jährlich für die Gerichte nicht gering. In Satz 2 werden nach § 33 Abs. 1 des Postgesetzes beliehene Unternehmer als „Post" legaldefiniert. Dies ist zwar bislang allein die Deutsche Post AG. Dabei wird es mittelfristig nicht bleiben. Im Unterschied zum früheren Recht (zB 211 aF) verwendet das Gesetz nunmehr den Begriff „Justizbediensteter" statt „Gerichtswachtmeister". Damit wird – in Anlehnung an § 50 Abs. 3 ArbGG – klargestellt, dass auch andere geeignete Beamte oder Angestellte des Gerichts oder auch der Staatsanwaltschaft beauftragt werden können. Zur Einführung eines Vordrucks, mit dem die Geschäftsstelle der Post den Auftrag erteilen kann, wird das Bundesministerium der Justiz in § 190 (s. dort) ermächtigt. Hat die Geschäftsstelle zu Unrecht im Auftrag eine Ersatzzustellung ausgeschlossen, ist eine den gesetzlichen Vorschriften entsprechende Ersatzzustellung nicht deshalb wirksam.[2]

III. Absatz 2

3 Sofern eine Zustellung nach Absatz 1 keinen Erfolg verspricht, kann der Gerichtsvollzieher oder eine andere Behörde mit der Zustellung beauftragt werden. Im Regierungsentwurf zum ZustRG war allein der Vorsitzende des Prozessgerichts als „Auftraggeber" vorgesehen.[3] Der Rechtsausschuss des Bundesrates schlug aus Vereinfachungsgründen die Gesetz gewordene Fassung entsprechend der Regelung zur Vorbereitung der mündlichen Verhandlung in § 273 Abs. 2 vor.[4] Die Vorschrift soll beispielsweise für die Zustellung auf Schiffen genutzt werden, die im Bereich der Binnenschifffahrt bisher durch die Wasserschutzpolizei auf Grund Gewohnheitsrechts erfolgte. Der Gesetzgeber hat auch an die Zustellung an Personen gedacht, die ohne festen Wohnsitz sind, deren aktueller Aufenthaltsort jedoch bekannt ist.[5] In der Praxis wird die Vollzugspolizei oft beauftragt werden. Eine Anordnung nach dieser Vorschrift ist dann ermessensmissbräuchlich, wenn dadurch ein unverhältnismäßiger Aufwand erforderlich wird. Die Ausführung der Zustellung erfolgt nach §§ 177 bis 181.

IV. Gerichtskosten

4 KV Nr. 9002 gilt unter Berücksichtigung von Abs. 1 der Vorbemerkungen zu Teil 9; für Zustellungen durch öffentliche Bekanntmachung gilt KV Nr. 9004. Der Auslagenvorschuss richtet sich nach § 17 GKG.

169 *Bescheinigung des Zeitpunktes der Zustellung; Beglaubigung* **(1) Die Geschäftsstelle bescheinigt auf Antrag den Zeitpunkt der Zustellung.**

(2) [1]Die Beglaubigung der zuzustellenden Schriftstücke wird von der Geschäftsstelle vorgenommen. [2]Dies gilt auch, soweit von einem Anwalt eingereichte Schriftstücke nicht bereits von diesem beglaubigt wurden.

I. Normzweck

1 Die Partei soll sich auch bei der Amtszustellung, bei der sie das Datum der Zustellung nicht kennt, einen Nachweis darüber verschaffen können. Darauf ist sie zB angewiesen, wenn sie dem Gerichtsvollzieher belegen will, dass die gemäß § 750 Abs. 1 vor Begin einer Zwangsvollstreckung erforderliche Urteilszustellung erfolgt oder die Zweiwochenfrist des § 798 nach Zustellung des Schuldtitels verstrichen ist. Auch kann die Partei ein berechtigtes Interesse daran haben, den durch den Zustellungszeitpunkt bestimmten Lauf einer Frist für ein gegnerisches Rechtsmittel belegen zu können.

II. Absatz 1

2 Bewusst hat der Gesetzgeber für die Bescheinigung einen Antrag gefordert. Er befürchtete, dass anderenfalls unnötig Zustellungen bescheinigt würden, etwa über die Ladung eines Zeugen. Bei Verweigerung, Untätigkeit oder unrichtiger Bescheinigung ist die Erinnerung statthaft (§ 573 Abs. 1). Gegen die daraufhin ergehende Entscheidung findet die sofortige Beschwerde statt (§ 573 Abs. 3).

III. Absatz 2

3 Die Vorschrift fasst die in §§ 170 Abs. 2, 210 aF enthaltenen Regelungen zusammen. Satz 2 geht auf einen Vorschlag des Bundesrates zurück. Dieser befürchtete, dass anderenfalls die Geschäftsstelle vom Anwalt eingereichte Schriftstücke allein zum Zwecke der Beglaubigung an diesen zurücksenden würde.[1]

Wird die Ausfertigung eines Urteils zugestellt, ergeben sich die Anforderungen an einen Ausfertigungsvermerk aus § 317 Abs. 4. Danach ist die Angabe des Tages der Ausfertigung nicht erforderlich. Fehlt diese Angabe, ist die Zustellung nicht deshalb unwirksam.[2]

---

[2] BGH NJW-RR 2003, 208.
[3] BR-Drucks. 492/00 S. 2.
[4] R 0055 – Nr. 45 Niederschrift der 769. Ausschuss-Sitzung am 13. 9. 2000, S. 101.
[5] BT-Drucks. 14/4554 S. 16.
[1] BR-Drucks. 492/00 S. 2.
[2] BGH NJW 2007, 3640ff.

IV. Gebühren und Kosten

Gerichtskosten. Gerichtsgebühren entstehen erst in Verfahren der sofortigen Beschwerde; auch dann nur bei Verwerfung oder Zurückweisung (KV Nr. 1812) des Rechtsmittels. 4

170 *Zustellung an Vertreter* (1) **[1]Bei nicht prozessfähigen Personen ist an ihren gesetzlichen Vertreter zuzustellen. [2]Die Zustellung an die nicht prozessfähige Person ist unwirksam.**

(2) Ist der Zustellungsadressat keine natürliche Person, genügt die Zustellung an den Leiter.

(3) Bei mehreren gesetzlichen Vertretern oder Leitern genügt die Zustellung an einen von ihnen.

I. Normzweck

Die Vorschrift bestimmt den Zustellungsadressaten, wenn die Person, der zugestellt weren soll, nicht prozessfähig oder keine natürliche Person ist.[1] 1

II. Absatz 1

Satz 1 enthält die bisherige Regelung des § 171 aF. Der dortige Wortlaut betraf allerdings nur Parteien. Die nunmehrige Formulierung soll verdeutlichen, dass die Regelung für alle Zustellungen gilt. Satz 2 bestimmt, dass Zustellungen an nicht prozessfähige Personen unwirksam sind. Den Gesetzesmaterialien ist nicht zu entnehmen, ob damit bewusst von der bisherigen Rechtsprechung[2] abgewichen werden sollte, wonach die Zustellung von Urteilen an nicht prozessfähige Personen die Rechtsmittelfrist in Gang setzte. Die Vollstreckung gegen einen minderjährigen Schuldner kann nur erfolgen, wenn der Schuldtitel an dessen gesetzlichen Vertreter zugestellt wurde.[3] Nicht ausreichend ist es, wenn der gesetzliche Vertreter den Titel im Wege der Ersatzzustellung erhalten hat.[4] Der die Zwangsvollstreckung anordnende Beschluss kann wirksam dem geschäftsführenden Gesellschafter einer Gesellschaft bürgerlichen Rechts zugestellt werden;[5] ist ein Geschäftsführer nicht bestellt, kann einem ihrer Gesellschafter zugestellt werden.[6] 2

III. Absatz 2

Die Regelung entspricht dem Inhalt von § 171 Abs. 2 aF. Die Abweichungen sind rein redaktioneller Art. Zuzustellen ist jeweils dem Leiter der gesamten Behörde usw., nicht an den Leiter einer Abteilung oder sonstigen Untergliederung des Adressaten. 3

IV. Absatz 3

Die Regelung entspricht § 171 Abs. 3 aF. Damit ist auch weiterhin eine Zustellung wirksam, wenn der gesetzliche Vertreter oder Leiter lediglich Gesamtvertretungsbefugnis hat. Wirksam ist damit die Zustellung an einen Elternteil (§ 1629 BGB), einen OHG-Gesellschafter, auch wenn dieser lediglich gesamtvertretungsberechtigt ist (§ 125 Abs. 2 HGB); ebenso genügt die Zustellung an ein Vorstandsmitglied eines nicht rechtsfähigen Vereins. Soll in das Vermögen einer BGB-Gesellschaft vollstreckt werden, ist der Titel an ihren Geschäftsführer oder, wenn ein solcher nicht bestellt ist, an einen ihrer Gesellschafter zugestellt werden.[7] 4

171 *Zustellung an Bevollmächtigte* (1) **[1]An den rechtsgeschäftlich bestellten Vertreter kann mit gleicher Wirkung wie an den Vertretenen zugestellt werden. [2]Der Vertreter hat eine schriftliche Vollmacht vorzulegen.**

I. Normzweck

Die Vorschrift erleichtert Zustellungen, wie auch bisher § 173 aF, an dessen Stelle sie tritt, indem sie eine dritte Person nennt, der mit Wirkung für den Adressaten zugestellt werden kann. Allerdings geht die neue Bestimmung weit über die bisherige Regelung hinaus. Konnte bisher nur an den Generalbevollmächtigten oder in bestimmten Fällen an den Prokuristen zugestellt werden, ist nunmehr jeder rechtsgeschäftlich hierfür bestellte Vertreter geeignete Person. Dabei wollte der Gesetzgeber folgende Eigenartigkeit des bisherigen Rechts beseitigen: dem mit rechtsgeschäftlicher Vollmacht ausgestatteten Dritten durften die zuzustellenden Schriftstücke nicht ausgehändigt werden, wenn die Vollmacht nicht dem Gericht mitgeteilt war. Folge war, dass die Sendung nach § 182 aF niedergelegt wurde. Vom Ort der Niederlegung konnte dann der rechtsgeschäftlich Bevollmächtigte diese Sendung abholen. 1

---

[1] Zu Personen, für die eine Betreuung angeordnet ist, vgl. LG Rostock Rpfleger 2003, 142f.
[2] BGHZ 104, 109 = NJW 1988, 2049.
[3] LG Frankfurt (Oder) DGVZ 2002, 91f.
[4] LG Bielefeld DGVZ 2003, 92f.
[5] BGH NJW 2007, 995f.
[6] BGH NZM 2006, 559f.
[7] BGH NJW 2006, 2191f.

II. Satz 1

2 Rechtsgeschäftlich bestellter Vertreter ist der Generalbevollmächtigte eines Unternehmens ebenso wie der Nachbar, der (vielleicht nur für die urlaubsbedingte Abwesenheit) schriftlich bevollmächtigt ist.

III. Satz 2

3 Entscheidend ist nicht, ob die rechtsgeschäftliche Bestellung vorher dem Gericht mitgeteilt wurde. Entscheidend für die Wirksamkeit der Zustellung ist, dass zu diesem Zeitpunkt eine Vollmacht schriftlich oder mündlich (§ 167 Abs. 2 BGB) erteilt ist, nicht, dass eine Vollmacht vorgelegt wurde.[1] Hat der Zusteller Zweifel an der Echtheit der vorgelegten Vollmacht, wird er dieser Person die zuzustellenden Schriftstücke nicht übergeben. Ermittlungen darüber, ob die vorgelegte Vollmacht echt ist, braucht er nicht anzustellen.

172 *Zustellung an Prozessbevollmächtigte* (1) **[1]In einem anhängigen Verfahren hat die Zustellung an den für den Rechtszug bestellten Prozessbevollmächtigten zu erfolgen. [2]Das gilt auch für die Prozesshandlungen, die das Verfahren vor diesem Gericht infolge eines Einspruchs, einer Aufhebung des Urteils dieses Gerichts, einer Wiederaufnahme des Verfahrens, einer Rüge nach § 321a oder eines neuen Vorbringens in dem Verfahren der Zwangsvollstreckung betreffen. [3]Das Verfahren vor dem Vollstreckungsgericht gehört zum ersten Rechtszug.**

(2) **[1]Ein Schriftsatz, durch den ein Rechtsmittel eingelegt wird, ist dem Prozessbevollmächtigten des Rechtszuges zuzustellen, dessen Entscheidung angefochten wird. [2]Wenn bereits ein Prozessbevollmächtigter für den höheren Rechtszug bestellt ist, ist der Schriftsatz diesem zuzustellen. [3]Der Partei ist selbst zuzustellen, wenn sie einen Prozessbevollmächtigten nicht bestellt hat.**

I. Normzweck

1 Die Vorschrift ersetzt die §§ 176 aF, 178 aF und 210a Abs. 1 aF. Sie bezweckt mit einer umfassenden Regelung die Vereinigung des gesamten Prozessstoffs in einer Hand. Der Beschleunigung dient sie nicht. Deshalb ist zB nicht nach § 172 zuzustellen, wenn bereits eine Zustellung im Ausland nach § 183 Abs. 1 Nr. 2 eingeleitet wurde und sich anschließend ein Prozessbevollmächtigter bestellt.[1] Sie gilt ab Anhängigkeit, nicht erst ab Rechtshängigkeit einer Klage.

II. Absatz 1, Satz 1

2 **1. Bestellung zum Prozessbevollmächtigten. a) Vorgang.** Die Bestellung ist darin zu sehen, dass der Prozessbevollmächtigte oder die vertretene Partei dem Gericht oder im Falle einer Parteizustellung dem Gegner Kenntnis von der Bevollmächtigung verschafft.[2] Sie ist mehr und etwas anderes als die bloße interne Bevollmächtigung.[3] Üblicherweise bestellt sich der Parteivertreter durch Einreichung eines Schriftsatzes mit anliegender beglaubigter Kopie der Vollmachtsurkunde. Es genügt eine (konkludente) Mitteilung, aus der das Gericht oder der Gegner auf ein Vertretungsverhältnis schließen können. Es reicht aus, wenn Partei oder Parteivertreter den Anschein für das Bestehen einer entsprechenden Vollmacht erweckt[4], zB durch Auftreten vor Gericht;[5] § 172 ist zu beachten ohne Rücksicht darauf, ob eine Prozessvollmacht tatsächlich erteilt ist.[6] Meldet sich ein Anwalt mit einer von ihm unterzeichneten Schutzschrift für den potenziellen Antragsgegner, liegt darin die Bestellung für das nachfolgende Verfahren der einstweiligen Verfügung.[7] Hat das Gericht den Anwalt in das Passivrubrum der Beschlussverfügung aufgenommen, muss der Antragsteller zur Wahrung der Frist des § 929 Abs. 2 diesem Anwalt zustellen.[8] Hat sich der Anwalt der Verfügungsbeklagten lediglich für ein – noch nicht anhängiges – Hauptverfahren angezeigt, hat der Zustellende die Wahl, ob er der Partei oder dem Anwalt zustellt.[9] Andererseits ist das mit der Zustellung der einstweiligen Verfügung beginnende **gerichtliche Verfahren** gegenüber der **vorgerichtlichen** anwaltlichen Korrespondenz über eine Abmahnung ein neuer Abschnitt. Ob in der Bestellung zum Bevollmächtigten im PKH-Verfahren auch eine solche für das Hauptsacheverfahren liegt, ist eine Frage des Einzelfalls.[10] Hat der in der Vorkorrespondenz tätige Rechtsanwalt nicht zu erkennen gegeben, dass ihm auch die einstweilige Verfügung zugestellt werden könne, kann die Zustellung wirksam deshalb nur an die Partei erfolgen.[11] In der Bestellung zum Bevollmächtigten des Antragsgegners im **selbständigen Beweisverfahren** liegt nicht auch die Bestellung für das nachfolgende Hauptverfahren mit identischem Streitgegenstand[12]; vgl. aber Rn. 5: Bestellt

---

[1] MK/*Häublein* Rn. 1; *Hentzen* MDR 2003, 361, 363 m. Nachw. zur aA.

[1] OLG Hamburg NJW-RR 1988, 1277f.

[2] BGHZ 61, 308, 311 = NJW 1974, 240; BayVerfGH NJW 1994, 2280; OLG Hamburg NJW-RR 1988, 1277f.

[3] KG NJW 1994, 3111.

[4] OLG Frankfurt/M FamRZ 1994, 835.

[5] BGH NJW-RR 1992, 699; 1986, 286f.; KG NJW 1994, 3111; *Fischer* JuS 1994, 416, 419.

[6] BGH VersR 1986, 993.

[7] OLG Frankfurt/M NJW-RR 1986, 587.

[8] OLG Hamburg NJW-RR 1995, 444f.

[9] OLG Nürnberg MDR 2002, 232.

[10] BGH NJW 2002, 1728f.

[11] OLG Hamburg NJW-RR 1993, 958f.

[12] So aber OLG Düsseldorf MDR 1991, 1197f.

sich ein **Sozietätsmitglied,** ist regelmäßig von der Bestellung sämtlicher im Briefkopf aufgeführten Anwälte auszugehen. Bei überörtlicher Sozietät sind indes nur die am Ort des Prozessgerichts kanzleiansässigen Anwälte bestellt.[13] Die Zustellung an diese Kanzlei ist auch wirksam, wenn die bestimmenden Schriftsätze von einer an einem anderen Ort ansässigen Kanzlei gefertigt und abgesandt worden sind.[14] Die Zustellung eines Urteils an einen lediglich ab Terminsvertreter anzusehenden Unterbevollmächtigten ist unwirksam.[15]

Die Benennung durch den Prozessgegner ist keine Bestellung. Nur wenn die vertretene Partei oder ihr Vertreter dem Gegner von dem Bestehen einer Prozessvollmacht Kenntnis gegeben hat, ist in diesem Fall von einer Bestellung auszugehen.[16] Doch kann es die Fürsorgepflicht gebieten, den Anwalt von der Klageerhebung zu unterrichten oder sich durch Rückfrage zu vergewissern, ob ein Vertretungsverhältnis besteht.[17] 3

b) Wirkung. Erst mit der Bestellung setzt die Wirkung des § 172 ein. Die durch sie vermittelte Kenntnis muss spätestens zu **Beginn der Zustellung** verschafft worden sein.[18] Die Kenntniserlangung nach diesem Zeitpunkt macht die begonnene Zustellung an die Partei nicht fehlerhaft, eine (erneute) Zustellung an den jetzt bestellten Anwalt ist nicht veranlasst. Bei nicht behebbarem Zweifel über die Reihenfolge von Kenntniserlangung und Zustellungsbeginn ist davon auszugehen, dass die an die Partei erfolgte Zustellung wegen Verstoßes gegen § 172 unwirksam ist, wenn die Unklarheit aus dem innergerichtlichen Geschäftsablauf herrührt.[19] Die Zustellung an einen Prozessbevollmächtigten genügt, auch wenn sich mehrere bestellt haben. Wird mehreren zugestellt, beginnt die Rechtsmittelfrist mit der ersten Zustellung.[20] 4

2. Dauer der Bestellung. Grundsatz. § 172 ist **ab Anhängigkeit** und grundsätzlich bis zum **Ablauf der Rechtsmittelfrist** nach Zustellung einer instanzabschließenden Entscheidung zu beachten. Die Anhängigkeit in der **unteren Instanz** endet nach zutreffender Rechtsprechung des Bundesgerichtshofs nicht schon mit der Zustellung der instanzabschließenden Entscheidung, sondern erst mit der Einlegung eines Rechtsmittels oder dem Eintritt der formellen Rechtskraft.[21] Auch die Verfahren nach Verweisung (§ 281) oder nach Abgabe gemäß § 696 gehören noch zum Rechtszug. **Nicht mehr zum Rechtszug** zählen das Verfahren nach § 11 RVG, das Verfahren über die Aufhebung bewilligter PKH[22] oder BRAGO (jetzt § 11 RVG) oder das Hauptverfahren nach **selbständigem Beweisverfahren** auch bei identischem Streitgegenstand. Dem bestellten Kanzleiabwickler ist allein an Stelle des Ausgeschiedenen zuzustellen.[23] In der Bestellung eines neuen Prozessbevollmächtigten kann der Widerruf der Bestellung eines früheren Bevollmächtigten nur dann gesehen werden, wenn darin zum Ausdruck kommt, dass der neue Bevollmächtigte anstelle des früheren bestellt werden soll.[24] Ist der neu benannte Rechtsanwalt für das betreffende Verfahren nicht postulationsfähig, bleibt der früher bevollmächtigte Rechtsanwalt weiterhin zustellungsbevollmächtigt.[25] Nach der Anzeige der Mandatsniederlegung müssen Zustellungen nicht mehr an den (bisherigen) Prozessbevollmächtigten bewirkt werden. Dieser ist aber weiterhin im Rahmen des § 87 Abs. 2 berechtigt, Zustellungen für die Partei entgegenzunehmen.[26] 5

III. Absatz I, Satz 2

Einspruch kann nach §§ 338, 700 eingelegt werden. Das Verfahren infolge einer **Aufhebung des Urteils** betrifft das Prozedieren nach einer Zurückverweisung. Die **Wiederaufnahme** des Verfahrens erfolgt durch Nichtigkeits- oder Restitutionsklage (§ 578ff.). Neues Vorbringen im **Verfahren der Zwangsvollstreckung** betrifft ausschließlich Streitigkeiten zwischen den Parteien des Erkenntnisverfahrens: Klagen auf Erteilung der Vollstreckungsklausel (§ 731), Vollstreckungsgegenklagen (§ 767) und Klagen gegen die Vollstreckungsklausel (§ 768) einschließlich Verfahren einstweiliger Anordnungen nach § 769, die Geltendmachung der beschränkten Erbenhaftung und anderer Haftungsbeschränkungen (§§ 781 bis 786a) und die Vollstreckung unvertretbarer und vertretbarer Handlungen des Schuldners nach §§ 887ff. **Nicht** erfasst werden solche Verfahren der Zwangsvollstreckung, in denen ein im Erkenntnisverfahren nicht beteiligter Dritter Partei ist: Drittwiderspruchsklage (§§ 771ff.) einschließlich des Widerspruchs gegen die Pfändung ungetrennter Früchte (§ 810 Abs. 2); Klage auf vorzugsweise Befriedigung (§ 805) und die Widerspruchs- und Bereicherungsklage (§ 878). 6

IV. Absatz I, Satz 3

Das Verfahren vor dem Vollstreckungsgericht zählt insgesamt zum ersten Rechtszug. Damit ist im Vollstreckungsverfahren dem Prozessbevollmächtigten erster Instanz zuzustellen. Dies gilt u. a. für das Verfahren der **Erinnerung** gegen Art und Weise der Zwangsvollstreckung (§ 766), der **sofortigen Beschwerde** nach 7

[13] KG NJW 1994, 3111f.
[14] LG Berlin NJW-RR 2003, 428f.
[15] BGH NJW-RR 2007, 356f.
[16] BayVerfGH NJW 1964, 2280f.; *Fischer,* JuS 1994, 416, 419.
[17] BVerfG NJW 1987, 2003.
[18] BVerwG BayVBl. 1993, 30f.
[19] BGH NJW 1981, 1673f.
[20] BGH FamRZ 2004, 865f.
[21] BGH NJW 1995, 1095f.
[22] OLG Köln FamRZ 2007, 908.
[23] BayObLG NJW 2004, 3722f.
[24] BGH NJW 2007, 3640ff.
[25] BGH NJW 2007, 2124f.
[26] BGH VIII ZB 44/07 (juris.de).

§ 793, der Zwangsvollstreckung in Forderungen und andere Vermögensrechte (§§ 828ff.), der Zwangsversteigerung und Zwangsverwaltung (§§ 1ff. ZVG) und Offenbarungsversicherung (§§ 899ff.) wobei allerdings § 900 Abs. 3 S. 1 zu beachten ist. Zur Zwangsvollstreckung gehören bereits Zustellungen zu deren **Einleitung** nach §§ 750, 751 Abs. 2 und nach §§ 756, 765 (zu Beginn und Ende der Zwangsvollstreckung allg. s. vor § 704 Rn. 29). Die Zustellung eines in zweiter Instanz geschlossenen Prozessvergleichs nach § 750 ist daher an den Prozessbevollmächtigten erster Instanz zu richten. Dies gilt nicht für die Zwangsvollstreckung aus einem **Urteil zweiter Instanz.** Da das Urteil nach § 317 Abs. 1 bereits von Amts wegen an den Prozessbevollmächtigten des Berufungsverfahrens zugestellt wird, ist eine nochmalige Zustellung nach § 750 zur Einleitung der Zwangsvollstreckung an den Prozessbevollmächtigten erster Instanz nicht mehr erforderlich.

V. Absatz 2

8 Die Regelung entspricht weitgehend § 210a Abs. 1 aF. Sie sieht drei aufeinander abgestimmte Fallgruppen vor. Grundsätzlich ist ein Schriftsatz, durch den ein Rechtsmittel eingelegt wird, dem Prozessbevollmächtigten des Rechtszuges zuzustellen, dessen Entscheidung angefochten wird. Wurde für den Rechtsmittelzug bereits ein Zustellungsbevollmächtigter benannt, ist diesem zuzustellen. Der Partei ist selbst zuzustellen, wenn sie in dem vorangegangenen Rechtszug nicht durch einen Prozessbevollmächtigten vertreten war und für den Rechtsmittelzug keinen Prozessbevollmächtigten bestellt hat. Die Zustellung durch Aufgabe zur Post ist in einem solchen Fall nicht mehr vorgesehen, da die Verpflichtung einer im Inland wohnenden Person zur Bestellung eines Zustellungsbevollmächtigten nicht mehr besteht. Wohnt die Partei nicht im Inland, gilt § 183.

173 *Zustellung durch Aushändigung an der Amtsstelle* **[1]Ein Schriftstück kann dem Adressaten oder seinem rechtsgeschäftlich bestellten Vertreter durch Aushändigung an der Amtsstelle zugestellt werden. [2]Zum Nachweis der Zustellung ist auf dem Schriftstück und in den Akten zu vermerken, dass es zum Zwecke der Zustellung ausgehändigt wurde und wann das geschehen ist; bei Aushändigung an den Vertreter ist dies mit dem Zusatz zu vermerken, an wen das Schriftstück ausgehändigt wurde und dass die Vollmacht nach § 171 Satz 2 vorgelegt wurde. [3]Der Vermerk ist von dem Bediensteten zu unterschreiben, der die Aushändigung vorgenommen hat.**

I. Normzweck

1 Mit der Vorschrift soll die bisher durch § 212b aF gegebene Möglichkeit einer „unbürokratischen" Zustellungsmöglichkeit erhalten bleiben. Im Wesentlichen entspricht sie ihrer Vorgängerin. Auf Empfehlung des Bundesrates[1] wurde die zusätzliche Möglichkeit eingefügt, an der Amtsstelle auch dem rechtsgeschäftlich bestelltem Vertreter durch Übergabe zuzustellen. Es wird sich zeigen, ob dies dazu führt, dass diese Variante der Zustellung dadurch ihr „Schattendasein" überwindet.

II. Sätze 1 bis 3

2 Wie bisher meint der Wortlaut „an der Amtsstelle", dass die Übergabe nicht nur in der Geschäftsstelle, sondern in jedem Dienstraum des Gerichts, auch im Flur, erfolgen kann; darüber hinaus an solchen Orten, an denen eine gerichtliche Tätigkeit entfaltet wird während dieser Tätigkeit (zB im Bezirkskrankenhaus oder in einer Behinderteneinrichtung). Aushändigen kann jede Person, zu deren Aufgaben die Bearbeitung von Verfahrensakten gehört; dies schließt den Gerichtswachtmeister ein, nicht aber den Hausmeister, nicht die Reinemachefrau. Der Adressat muss **zur Entgegennahme bereit** sein; § 179 ist nicht anwendbar. Der Vermerk über die Aushändigung ersetzt als Nachweis die Zustellungsurkunde. Der Vermerk wird ersetzt durch die Aufnahme der Tatsache der Übergabe in das richterliche Protokoll. Durch Satz 2 Halbs. 2 wird deutlich, dass auch in diesem Fall die Vollmacht nach § 171 Satz 2 vorzulegen ist.

174 *Zustellung gegen Empfangsbekenntnis* **(1) Ein Schriftstück kann an einen Anwalt, einen Notar, einen Gerichtsvollzieher, einen Steuerberater oder an eine sonstige Person, bei der auf Grund ihres Berufes von einer erhöhten Zuverlässigkeit ausgegangen werden kann, eine Behörde, eine Körperschaft oder eine Anstalt des öffentlichen Rechts gegen Empfangsbekenntnis zugestellt werden.**

(2)[1]An die in Absatz 1 Genannten kann das Schriftstück auch durch Telekopie zugestellt werden. [2]Die Übermittlung soll mit dem Hinweis „Zustellung gegen Empfangsbekenntnis" eingeleitet werden und die absendende Stelle, den Namen und die Anschrift des Zustellungsadressaten sowie den Namen des Justizbediensteten erkennen lassen, der das Dokument zur Übermittlung aufgegeben hat.

(3) [1]An die in Absatz 1 Genannten kann auch ein elektronisches Dokument zugestellt werden. [2]Gleiches gilt für andere Verfahrensbeteiligte, wenn sie der Übermittlung elektronischer Dokumente ausdrücklich zugestimmt haben. [3]Für die Übermittlung ist das Dokument mit einer elektronischen Signatur zu versehen und gegen unbefugte Kenntnisnahme Dritter zu schützen.

(4) [1]Zum Nachweis der Zustellung genügt das mit Datum und Unterschrift des Adressaten versehene Empfangsbekenntnis, das an das Gericht zurückzusenden ist. [2]Das Empfangsbekenntnis

[1] BR-Drucks. 492/00 (Beschluss) S. 2.

kann schriftlich, durch Telekopie oder als elektronisches Dokument (§ 130a) zurückgesandt werden. [3]Wird es als elektronisches Dokument erteilt, soll es mit einer qualifizierten elektronischen Signatur nach dem Signaturgesetz versehen werden.

I. Normzweck

Die Vorschrift ist wesentlicher Teil der Änderung des Zustellungsrechts durch das ZustRG. Sie baut auf der bisherigen Regelung in § 212a aF auf und erweitert den Kreis derjenigen Adressaten, denen gegen Empfangsbekenntnis zugestellt werden kann. Darüber hinaus, und das ist das wesentliche Neue, eröffnet sie die Möglichkeit, die Mittel der modernen Bürokommunikation für die Zustellung zu nutzen. Mit Wirkung vom 1. August 2002 wurde die Vorschrift durch das OLGVertrÄndG[1] geändert. 1

II. Absatz 1

Neben den beispielhaft genannten Angehörigen bestimmter Berufe kann auf diese Kosten sparende Weise auch solchen Personen zugestellt werden, bei denen von einer erhöhten Zuverlässigkeit ausgegangen werden kann. Gemeint sind damit Personen, von denen mit hinreichender Sicherheit erwartet werden kann, dass diese das Empfangsbekenntnis unverzüglich zurücksenden. In Einzelfällen könnte es für das Gericht schwierig werden zu begründen, dass und warum von diesem Adressaten eine erhöhte Zuverlässigkeit nicht erwartet werden kann. Die Praxis wird zeigen, ob dies zu Problemen führt. Ob nach dieser Vorschrift zuzustellen ist, entscheidet die Geschäftsstelle nach pflichtgemäßem Ermessen; der Vorsitzende des Prozessgerichts oder ein von ihm bestimmtes Mitglied kann Weisungen erteilen (§ 168). 2

III. Absatz 2

Die Vorschrift eröffnet die Möglichkeit, die Mittel moderner Bürokommunikation für die Zustellungspraxis zu nutzen. Die Zustellung gilt als bewirkt, wenn der Adressat bestätigt, das ihm als Telekopie (Telefax) übermittelte Schriftstück erhalten und zu einem bestimmten Zeitpunkt als zugestellt entgegengenommen zu haben. Die Zustellung durch Telefax soll mit einem Vorblatt eingeleitet werden, das den deutlichen Hinweis auf eine förmliche Zustellung gegen Empfangsbekenntnis enthält. 3

IV. Absatz 3

Mit dieser Vorschrift wird die Nutzung der technischen Entwicklung noch einen Schritt fortgeführt und die Verwendung elektronischer Post (E-Mail) ermöglicht. In der Praxis wird das insbesondere in Betracht kommen, wenn der Wortlaut der zuzustellenden Schriftstücke elektronisch gespeichert ist. Das elektronische Dokument ist von dem mit der Zustellung beauftragten Bediensteten mit einer elektronischen Signatur zu versehen. Welche Signatur im Einzelfall mit dem elektronischen Dokument verknüpft wird, entscheidet die absendende Stelle. Nach § 2 SigG[2] gibt es die elektronische, die fortgeschrittene elektronische und die qualifizierte elektronische Signatur. Für die Wahl der sachgerechten Signatur ist entscheidend, ob lediglich die Authenzität des Absenders belegt werden soll (zB bei einer Terminsladung), oder auch die Integrität der Daten dagegen gesichert werden soll, dass diese während des Übertragungsvorgangs verändert werden.[3] Die Möglichkeit der elektronischen Post kann auch gegenüber anderen Verfahrensbeteiligten genutzt werden, sofern diese ausdrücklich einer solchen Übermittlung zugestimmt haben. 4

V. Absatz 4

1. Satz 1 Halbs. 1. Das schriftliche Empfangsbekenntnis des Adressaten oder seines zur Entgegennahme von Zustellungen bevollmächtigten Vertreters dient wie bisher dem Nachweis der Zustellung. Für die Wirksamkeit ist entscheidend, dass der Adressat schriftlich bestätigt, das empfangene Schriftstück an einem bestimmten Tag mit dem Willen entgegengenommen zu haben, es als zugstellt gelten zu lassen.[4] Dies erbringt **vollen Beweis** dafür, dass an dem vom Empfänger angegebenen Tag tatsächlich zugestellt wurde. Zwar liegt im Hinblick auf die möglichen Adressaten nicht in jedem Fall eine öffentliche Urkunde vor. doch das ist unerheblich. Jedenfalls hat das Empfangsbekenntnis dieselbe Beweiskraft wie die Zustellungsurkunde (§ 182). Der Beweis der Unrichtigkeit der darin enthaltenen Angaben ist zulässig. Doch ist der Gegenbeweis nicht schon dadurch geführt, dass nur die Möglichkeit eines vielleicht sogar nahe liegenden anderen Geschehensablaufs dargetan wird. Die Beweiswirkung des Empfangsbekenntnisses muss vielmehr völlig entkräftet, jede Möglichkeit seiner Richtigkeit ausgeschlossen sein.[5] Das Datum der Untezeichnung gilt auch dann, wenn Kanzleipersonal des Rechtsanwalts weisungswidrig das Empfangsbekenntnis zurücksendet, bevor der Anwalt den Lauf der Rechtsmittelfrist berechnet hat.[6] Fehlt die Datumsangabe beim unterschriebenen Empfangsbekenntnis, ist deshalb die Zustellung nach neuer Rechtsprechung des BGH nicht unwirksam.[7] 5

---

[1] BGBl. I S. 2850.
[2] Signaturgesetz v. 16. 5. 2001 (BGBl. I S. 876).
[3] MK/*Häublein* Rn. 20.
[4] BFH NJW-RR 2007, 1001f.
[5] BGH AnwBl. 2006, 358f.; OVG Lüneburg NJW 2005, 3802f.
[6] BGH FamRZ 2007, 208f. (LS).
[7] BGH NJW 2005, 3216ff.

6 **2. Satz 1 Halbs. 2.** Dieser Halbsatz ist auf eine Stellungnahme des Bundesrates im Gesetzgebungsverfahren zurückzuführen.[8] In der Praxis hatte es Streit gegeben, ob der Adressat verpflichtet war, unfrankierte Empfangsbekenntnis-Formulare der Geschäftsstelle zurückzusenden.[9] Durch die nach Satz 2 eröffneten Kosten sparenden Möglichkeiten dürfte dem Streit weitgehend der Boden entzogen sein.

VI. Gerichtsgebühren

7 Auslagen werden nach KV Nr. 9002 erhoben.

175 *Zustellung durch Einschreiben mit Rückschein*

[1]Ein Schriftstück kann durch Einschreiben mit Rückschein zugestellt werden. [2]Zum Nachweis der Zustellung genügt der Rückschein.

I. Normzweck

1 Die Vorschrift dient der Vereinfachung. Die im Verwaltungszustellungsgesetz vorgesehene Zustellung durch die Post mit eingeschriebenem Brief (§ 4 VwZG) wird vom Ansatz her übernommen.[1] Im Strafverfahren ist bereits nach § 37 Abs. 2 StPO die Zustellung durch Einschreiben mit Rückschein ins Ausland in bestimmten Fällen möglich.

II. Sätze 1 und 2

2 Diese Variante der Zustellung ist eine eigenständige Form der Zustellung. Sie ist mit der Übergabe des Einschreibebriefs an den Adressaten wirksam vollzogen. Ist eine Übergabe an den Adressaten, seinen Ehepartner oder Postbevollmächtigten nicht möglich, kann etwa nach den allgemeinen Geschäftsbedingungen der Deutschen Post AG der eingeschriebene Brief einem Ersatzempfänger ausgehändigt werden.[2] Als Ersatzempfänger sehen diese AGB die Familienangehörigen des Adressaten, eine in der Wohnung oder in dem Betrieb des Adressaten regelmäßig beschäftigte Person vor, von der angenommen werden kann, dass sie zur Entgegennahme berechtigt ist. Die Übergabe an Ersatzpersonen ist ausgeschlossen, wenn der Brief den Vermerk „Eigenhändig" trägt. Der Zugang des zuzustellenden Schriftstücks wird durch den Rückschein nachgewiesen. Dieser ist – anders als die Zustellungsurkunde (§ 182) – keine öffentliche Urkunde. Verweigert der Adressat oder der Ersatzempfänger die Annahme, ist § 179 nicht anwendbar. Die Einschreibesendung ist als unzustellbar an den Absender zurückzuschicken.[3]

III. Gerichtskosten

3 Auslagen werden – unter Berücksichtigung der Vorbemerkungen zu Teil 9 – nach KV Nr. 9002 erhoben.

176 *Zustellungsauftrag*

(1) Wird der Post, einem Justizbediensteten oder einem Gerichtsvollzieher ein Zustellungsauftrag erteilt oder wird eine andere Behörde um die Ausführung der Zustellung ersucht, übergibt die Geschäftsstelle das zuzustellende Schriftstück in einem verschlossenen Umschlag und ein vorbereitetes Formular einer Zustellungsurkunde.

(2) Die Ausführung der Zustellung erfolgt nach den §§ 177 bis 181.

I. Normzweck

1 Die Zustellung nach dieser Vorschrift bietet die größtmögliche Sicherheit. Sie ist dann heranzuziehen, wenn eine Zustellung nach §§ 173 bis 175 nicht möglich oder nicht angebracht ist. Die Post oder einen Justizbediensteten kann die Geschäftsstelle beauftragen; den Gerichtsvollzieher oder eine andere Behörde ersucht der Vorsitzende des Prozessgerichts oder ein von ihm bestimmtes Mitglied (vgl. § 168). Ein Ersuchen kommt erst in Betracht, wenn eine Zustellung durch die Post oder durch einen Justizbediensteten nicht erfolgversprechend erscheint. Diese Zustellung wird durch eine öffentliche Urkunde dokumentiert (§ 182 Abs. 2).

II. Absätze 1 und 2

2 Die Regelung entspricht im Wesentlichen § 211 Abs. 1 aF. Anders als nach früherer Rechtslage führt das Fehlen des Aktenzeichens zuzustellender Schriftstücke auf dem Umschlag der Sendung nicht zur Unwirksamkeit der Zustellung.[1] Nach dem Vorbild von § 50 Abs. 3 ArbGG wird allerdings der Kreis der Personen erweitert, der von der Geschäftsstelle beauftragt werden kann. Dass die Übergabe im verschlossenen Umschlag erfolgen soll, dient allein dem Schutz des Empfängers. Zur Erstellung der erforderlichen Vordrucke

---

[8] BR-Drucks. 492/00 S. 3).
[9] *Henke,* AnwBl. 2002, 713.
[1] *Dübbers* NJW 2002, XVIf.
[2] Nach BSG NJW 2005, 1303f. können nicht die AGB der Deutschen Post AG herangezogen werden, wohl aber die Regelung des § 130 Abs. 1 Satz 1 BGB.
[3] BSG NJW 2003, 381f.
[1] OLG Stuttgart NJW 2006, 1887ff.

ist das Bundesministerium gemäß § 190 ermächtigt. Die Ausführung nach §§ 177 bis 181 hat unter anderem die Konsequenz, dass bei unberechtigter Annahmeverweigerung das Schriftstück als zugestellt gilt (§ 179). Wird ein Schriftsatz mit einem darin enthaltenen Antrag „zur Kenntnis" an die Gegenseite übersandt, fehlt der Wille, diesen zuzustellen, mit der Folge, dass auch eine Heilung nicht erfolgen kann.[2]

III. Gerichtskosten

Auslagen werden nach KV Nr. 9002 erhoben. 3

177 *Ort der Zustellung* **Das Schriftstück kann der Person, der zugestellt werden soll, an jedem Ort übergeben werden, an dem sie angetroffen wird.**

Normzweck der Vorschrift, die an die Stelle von § 180 aF tritt, ist die Vermeidung unnötiger Wege. 1
§ 188 aF erlaubte grundsätzlich zur Nachtzeit und an Sonn- und Feiertagen keine Zustellungen. Die Vorschrift gilt nicht mehr. Dennoch sind Zustellungen bei unangemessenen Gelegenheiten und zur Unzeit zu unterlassen. Verweigert der Adressat allerdings nicht zur Unzeit bzw. nicht bei unpassender Gelegenheit die Annahme, gilt § 179 Satz 2 und 3.

178 *Ersatzzustellung in der Wohnung, in Geschäftsräumen und Einrichtungen* **(1) Wird die Person, der zugestellt werden soll, in ihrer Wohnung, in dem Geschäftsraum oder in einer Gemeinschaftseinrichtung, in der sie wohnt, nicht angetroffen, kann das Schriftstück zugestellt werden**

1. in der Wohnung einem erwachsenen Familienangehörigen, einer in der Familie beschäftigten Person oder einem erwachsenen ständigen Mitbewohner,
2. in Geschäftsräumen einer dort beschäftigten Person,
3. in Gemeinschaftseinrichtungen dem Leiter der Einrichtung oder einem dazu ermächtigten Vertreter.

(2) Die Zustellung an eine der in Absatz 1 bezeichneten Personen ist unwirksam, wenn diese an dem Rechtsstreit als Gegner der Person, der zugestellt werden soll, beteiligt ist.

I. Normzweck

Die Vorschrift ermöglicht im Interesse effektiver Justizgewährung Zustellungen auch dann, wenn der Adressat oder sein rechtsgeschäftlich bestellter Vertreter (§ 171) nicht angetroffen wird. Der bisherige Unterschied zwischen Ersatzzustellungen in der Wohnung, im Geschäftsraum oder bei juristischen Personen wird aufgegeben. Die Zustellung an Ersatzpersonen soll dort verhindert werden, wo wegen Interessenkollision die Gefahr der Nichtaushändigung besteht. Die Vorschrift tritt damit an die Stelle der §§ 181 aF, 183 aF, 184 aF und 185 aF. 1

II. Absatz 1

Gemeinsame Voraussetzung der Ersatzzustellungen ist, dass der Adressat nicht angetroffen wird. Das ist auch dann der Fall, wenn der Betreffende zwar anwesend, aber zum Beispiel wegen Erkrankung oder unabwendbarer Dienstgeschäfte an der Annahme verhindert ist. 2

1. Nr. 1. a) Wohnung. Die Bestimmung regelt die Ersatzzustellung in der Wohnung. Es kommt darauf an, ob der Zustellungsempfänger hauptsächlich in den Räumen lebt und dort auch schläft,[1] ausnahmsweise ist – zB wenn er sich tagsüber regelmäßig in einer Zweitwohnung aufhält – ist nicht erforderlich, dass er dort (in der Zweitwohnung) auch schläft.[2] Unwesentlich ist, ob sich dort der Wohnsitz des Adressaten iSd § 7 BGB befindet, er dort polizeilich gemeldet ist.[3] Eine Person kann gleichzeitig **mehrere Wohnungen** unterhalten.[4] Auch in einer „Scheinwohnung" kann wirksam zugestellt werden. Eine solche ist gegeben, wenn der Adressat nach außen hin der Wahrheit zuwider den Eindruck erweckt, er wohne unter einer bestimmten Anschrift.[5] 3

b) Verlust der Wohnungseigenschaft. Die Eigenschaft einer Wohnung verlieren Räume nicht durch jede vorübergehende Abwesenheit, selbst wenn sie länger dauert. Keine Wohnungsaufgabe, wenn der Zustellungsadressat aus der Ehewohnung vorübergehend ausgezogen ist und zwischenzeitlich in einem Lkw lebt und schläft.[6] Sie geht erst verloren, wenn sich während der Abwesenheit des Adressaten der **räumliche Mittelpunkt seines Lebens** an den neuen Aufenthaltsort **verlagert** hat.[7] Aufgabewille und Aufgabeakt müssen für einen mit den Verhältnissen vertrauten Beobachter erkennbar sein.[8] Bei Freiheitsentzug von einigen 3a

---

[2] OLG Naumburg FamRZ 2006, 956.
[1] BGH NJW-RR 1994, 564.
[2] OLG Köln NJW-RR 1989, 443 f.
[3] BGH NJW 1978, 1858.
[4] OLG Köln NJW-RR 1989, 443 f.
[5] OLG Jena NStZ-RR 2006, 238; OLG Köln NJW-RR 2001, 1511 f.
[6] OLG Hamburg NJW 2006, 1685 f.
[7] BGH NJW-RR 1994, 564; 1997, 1161 f.; vgl. auch OLG Hamm NStZ-RR 2006, 309 ff.
[8] BGH NJW-RR 2005, 415 f.

Monaten geht die Wohnungseigenschaft verloren, sofern der Inhaftierte keine fortdauernden persönlichen Beziehungen zu seiner Wohnung aufrechterhalten hat.[9] Beim Vollzug von Untersuchungshaft kommt es auf die tatsächliche Zeitdauer an, die der Zustellungsempfänger bis zur Ersatzzustellung von dem aufrechterhaltenen Wohnsitz abwesend gewesen ist.[10] Die Wohnungseigenschaft geht nicht verloren durch die Ableistung des **Wehrdienstes;**[11] anders ist dies beim Zeitsoldaten, wenn er seine bisherige Wohnung erkennbar nicht mehr als Mittelpunkt seines Lebens nutzt.[12]

c) **Familienangehöriger, Mitbewohner.** Der Familienangehörige ist nicht erst mit Volljährigkeit erwachsen. Erforderlich ist lediglich, dass er nach seinem Auftreten und äußerem Erscheinungsbild erwarten lässt, er werde das zuzustellende Schriftstück ordnungsgemäß weitergeben und er seiner körperlichen Entwicklung nach einem Erwachsenen ähnlich ist.[13] Bei Siebzehnjährigen wird das regelmäßig der Fall sein[14], meist auch bei Fünfzehnjährigen[15], bei Vierzehnjährigen allenfalls ausnahmsweise.[16] Damit kann der Minderjährige wirksam als Ersatzperson auch eine Zustellung entgegennehmen, wenn er Partei ist, die Sendung aber an seinen gesetzlichen Vertreter (§ 170 Abs. 1) gerichtet ist. Nunmehr ist auch der erwachsene ständige Mitbewohner eine taugliche Ersatzperson. Damit beendet der Gesetzgeber den Streit, ob dem nichtehelichen Lebensgefährten das Schriftstück wirksam übergeben werden kann. Es wird sich zeigen, ob das Tatbestandsmerkmal „ständig" eine hinreichend sichere Abgrenzung erlaubt. Die zustellende Person wird nicht umhin können, in vielen Fälllen diese Ersatzperson nach Art und Dauer ihres Mitwohnens zu befragen. Nunmehr sind grundsätzlich auch Mitglieder einer Wohngemeinschaft taugliche Ersatzpersonen.

4 **2. Nr. 2.** Die Vorschrift knüpft nicht wie ihre Vorgängerin an eine bestimmte Berufs- oder Gewerbeausführung an. Sie erfasst vielmehr alle Fälle, in denen ein Zustellungsadressat einen Geschäftsraum unterhält. Geschäftsraum ist regelmäßig der Raum, in dem sich Publikumsverkehr abspielt und zu dem der mit der Ausführung der Zustellung betraute Bedienstete Zutritt hat. Es ist der Raum, den der Zustellungsadressat für seine Berufs- oder Gewerbeausübung unterhält und der als Geschäftsraum auch von Unbeteiligten objektiv erkennbar ist.[17] Trifft der Bedienstete in diesem Geschäftsraum den Zustellungsadressaten nicht an, kann er das zuzustellende Schriftstück in diesem Raum an eine dort beschäftigte Person übergeben.

5 **3. Nr. 3.** Gemeinschaftseinrichtungen sind u. a. Alten-, Lehrlings-, Arbeiterwohnheime, Krankenhäuser, Justizvollzugsanstalten[18] oder Kasernen. Dabei ist ohne Belang, ob die Einrichtung öffentlich oder privatrechtlich betrieben wird. Die Zustellung an den Leiter oder dessen dafür ermächtigten Vertreter darf erst vorgenommen werden, wenn die unmittelbare Zustellung an den Adressaten nicht möglich ist.

III. Absatz 2

6 Im Hinblick auf die bestehende Interessenkollision (s. Rn. 1) ist eine weite Auslegung der Norm geboten. Die Ersatzzustellung der an den Drittschuldner adressierten Zustellung eines Pfändungs- und Überweisungsbeschlusses an den Schuldner ist deshalb in entsprechender Anwendung der Vorschrift verboten.[19] **Gegner** ist wegen der gebotenen weiten Auslegung der Vorschrift auch der nahe Familienangehörige des Prozessgegners[20], etwa dessen Eltern, Kinder, Ehegatten und Geschwister. Nichts anderes gilt für dem Gegner weisungsunterworfene Personen, zB dessen Sekretärin.[21] Der Streithelfer des Gegners steht diesem gleich[22], ebenso der Streitverkündungsempfänger ab dem Zeitpunkt seines Beitritts zur Unterstützung des Gegners.[23]

179 *Zustellung bei verweigerter Annahme* [1]Wird die Annahme des zuzustellenden Schriftstücks unberechtigt verweigert, so ist das Schriftstück in der Wohnung oder in dem Geschäftsraum zurückzulassen. [2]Hat der Zustellungsadressat keine Wohnung oder ist kein Geschäftsraum vorhanden, ist das zuzustellende Schriftstück zurückzusenden. [3]Mit der Annahmeverweigerung gilt das Schriftstück als zugestellt.

I. Normzweck

1 Zweck der Vorschrift ist es, eine Zustellung auch bei einer Verweigerungshaltung des Adressaten gegen oder ohne dessen Willen zu ermöglichen. **Anwendbar** ist die Bestimmung – ebenso wie die früher einschlä-

---

9 BGH NJW 1978. 1858; KG NZM 2006, 376 f.
10 OLG Hamm Rpfleger 2003, 377; zur Ersatzfreiheitsstrafe vgl. Rpfleger 2005, 269 f.
11 LG Aachen DGVZ 1984, 40.
12 OLG Düsseldorf JurBüro 1992, 54.
13 BGH NJW 1981, 1613 f.
14 BGH NJW 1981, 1613 f.
15 BSG MDR 1977, 82 f.; aM OLG Schleswig SchlHA 1980, 214.
16 Die Auffassung des AG Tempelhof JR 1957, 425 f. oder des LG Köln MDR 1999, 889 kann nicht verallgemeinert werden.
17 BVerwG NVwZ 2005, 1331.
18 VGH Mannheim NJW 2001, 3569 f.
19 BAG NJW 1981, 1399 f.; aM LG Bonn DGVZ 1998, 12 f.
20 BGH NJW 1984, 57.
21 OLG Karlsruhe Rpfleger 1984, 25 f.
22 AllgM; zB T/P/*Hüßtege* Rn. 24.
23 MK/*Häublein* Rn. 28.

gige Norm (§ 186 aF) – bei Zustellungen nach §§ 176 bis 178 an den Adressaten selbst, an seinen gesetzlichen oder rechtsgeschäftlich bestellten Vertreter, oder an die in § 178 genannten Ersatzpersonen.

II. Sätze 1 bis 3

Ein Recht, die Annahme einer zuzustellenden Sendung zu verweigern besteht grundsätzlich nicht. 2
Anders ist dies aber, wenn etwa zu unpassender Zeit oder unpassender Gelegenheit versucht wird zuzustellen. Ein Verweigerungsrecht hat auch die Person, die sich lediglich zu Besuch in der Wohnung des Adressaten aufhält, ohne zu dessen Familie zu gehören. Gleiches gilt, wenn ernst zu nehmende Zweifel über die Identität der als Zustellungsadressat in Anspruch genommenen Person mit dem auf dem Brief angegebenen Adressaten bestehen. Das Zurücklassen nach unberechtigter Verweigerung erfolgt grundsätzlich dadurch, dass das zuzustellende Schriftstück wie ein gewöhnlicher Brief behandelt und in einen zur Wohnung oder zum Geschäftsraum gehörenden Briefkasten eingeworfen wird. Wird die Annahme in einer Gemeinschaftseinrichtung verweigert oder an einem anderen Ort als der Wohnung oder dem Geschäftsraum, ist das Schriftstück an die absendende Stelle zurückzusenden. Anderenfalls wäre das zuzustellende Schriftstück dem ungehinderten Zugriff Dritter preisgegeben. Die Annahmeverweigerung ist in die Zustellungsurkunde aufzunehmen (§ 182 Abs. 2 Nr. 5).

180 ***Ersatzzustellung durch Einlegen in den Briefkasten*** **[1]Ist die Zustellung nach § 178 Abs. 1 Nr. 1 oder 2 nicht ausführbar, kann das Schriftstück in einen zu der Wohnung oder dem Geschäftsraum gehörenden Briefkasten oder in eine ähnliche Vorrichtung eingelegt werden, die der Adressat für den Postempfang eingerichtet hat und die in der allgemein üblichen Art für eine sichere Aufbewahrung geeignet ist. [2]Mit der Einlegung gilt das Schriftstück als zugestellt. [3]Der Zusteller vermerkt auf dem Umschlag des zuzustellenden Schriftstücks das Datum der Zustellung.**

I. Normzweck

Mit Hilfe der Vorschrift soll die vor Inkrafttreten des ZustRG jährlich hohe Zahl von Ersatzzustellun- 1
gen durch Niederlegung spürbar gesenkt werden. Erfahrungsgemäß erreichten eine Vielzahl von Zustellungen durch Niederlegung nach altem Recht den Adressaten nicht tatsächlich, so dass diesem der Inhalt des zuzusenden Schriftstücks nicht bekannt wurde. Die Reform soll diesem als Missstand empfundenen Zustand abhelfen. Dabei soll andererseits das im Justizgewährungsanspruch begründete Recht der Allgemeinheit auf wirksamen Rechtsschutz in angemessener Zeit nicht beeinträchtigt werden. Deshalb soll die Einschränkung der Ersatzzustellung durch Niederlegung nicht erkauft werden durch eine Erschwerung der Zustellung in diesen Fällen; im Gegenteil erhofft sich der Gesetzgeber durch die Neuregelung eine Erleichterung und Beschleunigung.[1] Auch soll dem bisherigen „Übel" abgeholfen werden, dass Geschäftsräume während des üblichen Zustellgangs der Post zuweilen nicht geöffnet haben und für diesen Fall eine weitere Möglichkeit der Ersatzzustellung nicht existierte. **Anwendbar** ist die Vorschrift, wenn eine Zustellung nach § 178 Abs. 1 Nr. 1 oder 2 nicht ausführbar ist.

II. Sätze 1 bis 3

Diese Ersatzzustellung kommt erst in Betracht, wenn zunächst erfolglos versucht wurde, die Sendung un- 2
mittelbar zuzustellen und weiter – in den einschlägigen Fällen – erfolglos versucht wurde, nach § 178 Abs. 1 Nr. 1 oder 2 zuzustellen. Dann kann die Sendung in den zur Wohnung oder zum Geschäftsraum gehörenden Briefkasten eingelegt werden. Die Ersatzzustellung kann auch erfolgen, wenn die Zustellung nach § 178 Abs. 1 Nr. 2 daran scheitert, dass das Geschäft noch oder schon geschlossen ist.[2] Die die Zustellung ausführende Person muss sich zuvor davon überzeugen, dass der Briefkasten sich in einem ordnungsgemäßen Zustand befindet, insbesondere eindeutig beschriftet und dem Adressaten zugeordnet ist. Das ist nicht der Fall, wenn es sich um einen Gemeinschaftsbriefkasten für eine Mehrzahl von Mietsparteien eines Hauses handelt. Unwirksam ist die Zustellung in analoger Wendung von § 178 Abs. 2 auch dann, wenn der Briefkasten vom Zustellungsempfänger und vom Prozessgegner gemeinsam benutzt wird.[3] Ein ordnungsgemäßer Zustand liegt nicht vor, wenn der Briefkasten überquillt. In solchen Fällen ist nach § 181 zuzustellen. Eine dem Briefkasten „ähnliche Vorrichtung" ist etwa der Briefschlitz in der Haustür eines Einfamilienhauses. Ein einziger Briefschlitz in der Tür eines Mehrfamilienhauses ist hingegen untauglich. Der mit der Zustellung beauftragte Bedienstete beurkundet, dass er eine Zustellung nach § 178 Abs. 1 Nr. 1 oder 2 nicht ausführen konnte und deshalb die Sendung eingelegt hat und wann das geschehen ist. Auf dem Umschlag des zuzustellenden Schriftstücks vermerkt er zur Information des Adressaten das Datum der Zustellung.

181 ***Ersatzzustellung durch Niederlegung*** **(1) [1]Ist die Zustellung nach § 178 Abs. 1 Nr. 3 oder § 180 nicht ausführbar, kann das zuzustellende Schriftstück auf der Geschäftsstelle des Amtsgerichts, in dessen Bezirk der Ort der Zustellung liegt, niedergelegt werden. [2]Wird die Post mit der Ausführung der Zustellung beauftragt, ist das zuzustellende Schriftstück am Ort der Zustel-**

---

[1] BT-Drucks. 14/4554 S. 21.
[2] BGH NJW 2007, 2186f.
[3] OLG Nürnberg NJW-RR 2004, 1517f.; AG Bergisch Gladbach FamRZ 2004, 955f.

lung oder am Ort des Amtsgerichts bei einer von der Post dafür bestimmten Stelle niederzulegen. [3]Über die Niederlegung ist eine schriftliche Mitteilung auf dem vorgesehenen Formular unter der Anschrift der Person, der zugestellt werden soll, in der bei gewöhnlichen Briefen üblichen Weise abzugeben oder, wenn das nicht möglich ist, an der Tür der Wohnung, des Geschäftsraums oder der Gemeinschaftseinrichtung anzuheften. [4]Das Schriftstück gilt mit der Abgabe der schriftlichen Mitteilung als zugestellt. [5]Der Zusteller vermerkt auf dem Umschlag des zuzustellenden Schriftstücks das Datum der Zustellung.

(2) [1]Das niedergelegte Schriftstück ist drei Monate zur Abholung bereitzuhalten. [2]Nicht abgeholte Schriftstücke sind danach an den Absender zurückzusenden.

I. Normzweck

1 Die Vorschrift soll dem Justizgewährungsanspruch auch dann gerecht werden, wenn andere Möglichkeiten der Zustellung sich als nicht durchführbar erwiesen haben. Zu diesem Zweck wird die bisherige Regelung durch § 182 aF, leicht modifiziert, im Wesentlichen übernommen.

II. Absatz 1

2 Diese Art der Zustellung ist sozusagen das „letzte Mittel", wenn andere Möglichkeiten versagt haben. Von ihr darf erst dann Gebrauch gemacht werden, wenn entweder nacheinander die Zustellung versucht wurde (bzw. von vornherein keinen Erfolg versprach): in der Wohnung, oder im Geschäftsraum (dem Adressaten unmittelbar oder einer Ersatzperson nach § 178) oder in einer Gemeinschaftseinrichtung, sodann in Gemeinschaftseinrichtungen dem Leiter dieser Einrichtung oder dessen dazu ermächtigten Vertreter; bzw. nacheinander versucht wurde (bzw. von vornherein keinen Erfolg versprach): in der Wohnung oder im Geschäftsraum (dem Adressaten persönlich oder einer Ersatzperson nach § 178), sodann Ersatzzustellung im Wege des Einlegens in den Briefkasten (§ 180). Satz 1a wurde durch das 1. Justizmodernisierungsgesetz vom 2. Juli 2004 zur Entlastung der Amtsgericht eingefügt. Eine Postagentur ist eine von der Post bestimmte Stelle.[1] Der dem Gesetzgebungsverfahren zu Grunde liegende Regierungsentwurf nannte, dem früheren Recht entsprechend, auch den Leiter der örtlichen Polizeidienststelle als Niederlegungsort.[2] Darauf wurde im weiteren Verfahren verzichtet, um die Dienstkräfte der Polizei nicht mit polizeifremden Aufgaben zu belasten.[3] Abweichend vom früheren Recht gilt das Schriftstück mit der Abgabe der schriftlichen Mitteilung als zugestellt. Der Vermerk auf dem Umschlag des zuzustellenden Schriftstücks dient ausschließlich dem Interesse des Adressaten.

III. Absatz 2

3 Der Gesetzgeber ist damit der schon bisher ständigen Praxis der Post gefolgt, niedergelegte Schriftstücke drei Monate zur Abholung bereitzuhalten und sodann die nichtabgeholte Sendung an den Absender zurückzuschicken.

182 *Zustellungsurkunde*

(1) [1]Zum Nachweis der Zustellung nach den §§ 171, 177 bis 181 ist eine Urkunde auf dem hierfür vorgesehenen Formular anzufertigen. [2]Für diese Zustellungsurkunde gilt § 418.

(2) Die Zustellungsurkunde muss enthalten:

1. die Bezeichnung der Person, der zugestellt werden soll,
2. die Bezeichnung der Person, an die der Brief oder das Schriftstück übergeben wurde,
3. im Falle des § 171 die Angabe, dass die Vollmachtsurkunde vorgelegen hat,
4. im Falle der §§ 178, 180 die Angabe des Grundes, der diese Zustellung rechtfertigt und wenn nach § 181 verfahren wurde, die Bemerkung, wie die schriftliche Mitteilung abgegeben wurde,
5. im Falle des § 179 die Erwähnung, wer die Annahme verweigert hat und dass der Brief am Ort der Zustellung zurückgelassen oder an den Absender zurückgesandt wurde,
6. die Bemerkung, dass der Tag der Zustellung auf dem Umschlag, der das zuzustellende Schriftstück enthält, vermerkt ist,
7. den Ort, das Datum und auf Anordnung der Geschäftsstelle auch die Uhrzeit der Zustellung,
8. Name, Vorname und Unterschrift des Zustellers sowie die Angabe des beauftragten Unternehmens oder der ersuchten Behörde.

(3) Die Zustellungsurkunde ist der Geschäftsstelle unverzüglich zurückzuleiten.

I. Normzweck

1 Im Interesse eines sicheren Nachweises über Zeit und Art der Zustellung wird die Beurkundung vorgeschrieben. Die Beurkundung ist nicht Teil der Zustellung und hat keine konstitutive Wirkung. Sie dient allein dem Nachweis. Lücken der Zustellungsurkunde können daher durch Feststellungen des Gerichts,

---

[1] Vgl. OLG Karlsruhe NJW-RR 2001, 1147f.; OLG Düsseldorf NJW-RR 2001, 1148.
[2] BT-Drucks. 14/4554 S. 6.
[3] BT-Drucks. 14/5564 S. 20.

die aus Umständen außerhalb der Zustellungsurkunde herrühren, geschlossen werden.[1] Die Vorschrift fasst die §§ 190 Abs. 1 aF, 191 aF, 195 Abs. 1, Abs. 2 Satz 3 aF und § 212 aF zusammen.

II. Absatz 1

Die Beurkundung ist auf dem hierfür vorgesehenen und von der absendenden Stelle dem zuzustellenden Schriftstück beigefügten Vordruck vorzunehmen. Zur Einführung des Vordrucks ist das Bundesjustizministerium nach § 190 ermächtigt. Die Urkunde ist öffentliche Urkunde; sie begründet nach § 418 vollen Beweis ihres Inhalts. Das gilt auch dann, wenn sie von einem mit der Ausführung der Zustellung beauftragten Mitarbeiter der (privatrechtlich organisierten) Post errichtet wird. Nur der volle Beweis der Unrichtigkeit vernichtet die Beweiskraft.[2] 2

III. Absätze 2 und 3

Wird bei Nr. 2 die Funktion der Person fehlerhaft bezeichnet (etwa erwachsener Familienangehöriger statt in der Familie beschäftigte Person) führt dies nicht zur Unwirksamkeit der Zustellung.[3] Die über eine Ersatzzustellung nach § 178 errichtete Urkunde begründet keinen vollen Beweis dafür, dass die Person, der die Sendung übergeben wurde, eine dort beschäftigte Person ist.[4] Zum Nachweis der Wirksamkeit einer Ersatzzustellung nach § 180 ist es nicht erforderlich, dass der Zusteller in der Urkunde angibt, in welche Empfangseinrichtung – Briefkasten oder ähnliche Vorrichtung – er das Schriftstück eingelegt hat, und im Fall einer ähnlichen Vorrichtung diese näher bezeichnet.[5] Bei einer Ersatzzustellung durch Niederlegung ist der Ort der Mitteilung auch nach Straße und Hausnummer näher zu bezeichnen, anderenfalls ist die Zustellung unwirksam.[6] Der Vermerk, der gemäß Nr. 6 als geschrieben zu bestätigen ist, ist im Interesse des Adressaten vorgeschrieben. Ihm soll damit ein Hinweis gegeben werden, wann eine ggf. mit der Zustellung in Gang gesetzte Frist begonnen hat. Fehlt der Vermerk des Zustellungsdatums auf dem Umschlag oder weicht dieses von dem auf der Zustellungsurkunde ausgewiesenen Datum ab, ist die Zustellung dennoch wirksam. Allerdings wird das Gericht diesen Umstand bei der Prüfung, ob und wann das Schriftstück als zugestellt gilt, zu berücksichtigen haben. Fehlt die Unterschrift des Zustellers, ist die Zustellung nicht unwirksam.[7] 3

183 *Zustellung im Ausland* **(1) Eine Zustellung im Ausland erfolgt**

1. durch Einschreiben mit Rückschein, soweit auf Grund völkerrechtlicher Vereinbarungen Schriftstücke unmittelbar durch die Post übersandt werden dürfen,

2. auf Ersuchen des Vorsitzenden des Prozessgerichts durch die Behörden des fremden Staates oder durch die diplomatische oder konsularische Vertretung des Bundes, die in diesem Staat residiert, oder

3. auf Ersuchen des Vorsitzenden des Prozessgerichts durch das Auswärtige Amt an einen Deutschen, der das Recht der Immunität genießt und zu einer Vertretung der Bundesrepublik Deutschland im Ausland gehört.

(2) [1]Zum Nachweis der Zustellung nach Absatz 1 Nr. 1 genügt der Rückschein. [2]Die Zustellung nach den Nummern 2 und 3 wird durch ein Zeugnis der ersuchten Behörde nachgewiesen.

(3) [1]Die Vorschriften der Verordnung (EG) Nr. 1348/2000 des Rates vom 29. Mai 2000 über die Zustellung gerichtlicher und außergerichtlicher Schriftstücke in Zivil- oder Handelssachen in den Mitgliedstaaten (ABl. EG Nr. L 160 S. 37) bleiben unberührt. [2]Für die Durchführung gelten § 1068 Abs. 1 und § 1069 Abs. 1.

I. Normzweck

Die Vorschrift dient in Abs. 1 Nr. 1 der Erleichterung der Zustellung an Personen in solchen Staaten, in die auf Grund völkerrechtlicher Vereinbarungen Schriftstücke unmittelbar durch die Post übersandt werden dürfen. Im Übrigen werden ohne inhaltliche Änderungen die bisher geltenden Vorschriften über Zustellungen im Ausland (§ 199 aF), die Zustellung an exterritoriale Deutsche (§ 200 aF) und die Beurkundung dieser Zustellungen (§ 202 aF) zusammengefasst. 1

II. Absatz 1

1. **Nr. 1.** Vorbild der Regelung ist § 37 Abs. 2 StPO. Ab 31. Mai 2001 gilt die Verordnung (EG) des Rates vom 29. Mai 2000.[1] Nach Art. 14 Abs. der Verordnung können gerichtliche Schriftstücke in Mitgliedsstaaten der Europäischen Union – mit Ausnahme von Dänemark – unmittelbar durch die Post zugestellt werden. Dabei sind die Bedingungen des Empfangsstaates zu beachten, die dieser zum Schutz der Adressa- 2

---

[1] OLG Stuttgart NJW 2006, 1887ff.
[2] BVerfG NJW-RR 2002, 1008; vgl. Erl. zu § 418.
[3] BayObIG FamRZ 2002, 848f. – zum Rechtszustand vor dem 1. 7. 2002.
[4] BGH NJW 2004, 2386f. zu § 184 Abs. 1 aF.
[5] BGH NJW 2006, 150ff.
[6] OLG München MDR 2002, 414; vgl. auch AG Neuruppin NJW 2003, 2249f.
[7] BGH I ZR 136/05 (juris.de).
[1] Zu ersten Erfahrungen mit der EG-Zustellungsverordnung *Jastrow* NJW 2002, 3382ff.

ten gemäß Art. 14 Abs. 2 der Verordnung bekannt gegeben hat. Die Zustellung durch Einschreiben mit Rückschein ist mit Übergabe des Einschreibebriefes an den Adressaten, seinen Ehepartner oder seinen Prozessbevollmächtigten oder an einen Ersatzempfänger, dem die Sendung nach den im Bestimmungslang geltenden Postbestimmungen ausgehändigt werden kann, wirksam vollzogen. Der Hausmeister einer Appartementanlage in Spanien gilt als Postbevollmächtigter, wenn es zu seinen Aufgaben gehört, Postsendungen in die nummerierten Briefkästen der zentralen Briefkastenanlage einzusortieren und bei Einschreiben auch den Empfang zu bestätigen.[2] Die Übergabe an Ersatzempfänger ist ausgeschlossen, wenn der eingeschriebene Brief den Vermerk „Eigenhändig" trägt. Umstritten ist, ob Auslandszustellungen auf Betreiben der Partei nach § 191 durch den Gerichtsvollzieher im Wege des Einschreibens mit Rückschein vorgenommen werden können.[3]

3 **2. Nr. 2.** Die Vorschrift entspricht ohne inhaltliche Änderung § 199 aF. Sie stellt klar, dass eine Zustellung im Ausland grundsätzlich durch ein internationales Rechtshilfeersuchen oder im Weg der konsularischen Zustellung erfolgt. Ist das Ersuchen betreffend die Zustellung der verfahrenseinleitenden Schriftstücke nicht an die Zentrale Stelle des ersuchten Staates gerichtet worden und hat diese die Zustellung nicht veranlasst, wird dieser Mangel auch nicht dadurch geheilt, dass der Adressat das Zustellungsgut tatsächlich erhalten hat.[4]

4 **3. Nr. 3.** § 200 aF wird ohne inhaltliche Veränderung übernommen. Dabei wird der Begriff „Exterritorialität" durch den im heutigen Sprachgebrauch an dessen Stelle getretenen Begriff „Immunität" ersetzt. Die neue Vorschrift schreibt vor, das Ersuchen an das Auswärtige Amt zu richten.

III. Absatz 2

5 Für den Nachweis einer Zustellung nach Nr. 1 genügt der mit dem Erledigungsvermerk des Postbediensteten des fremden Staates versehene Rückschein zu der eingeschriebenen Sendung. Für den Vollzug des Rückscheins sind die Regelungen des jeweiligen Bestimmungslandes maßgebend. Grundsätzlich wird der Rückschein vom Adressaten unterzeichnet. Er kann aber auch von einer zum Empfang der Sendung befugten Person oder von Amts wegen ausgestellt werden. Der Rückschein ist keine öffentliche Urkunde. Soweit die Zustellung nach Nr. 2 und 3 erfolgt, entspricht die Vorschrift ohne inhaltliche Änderungen § 202 Abs. 2 aF. Dem schriftlichen Zeugnis der ersuchten ausländischen Behörde kommt die Beweiskraft des § 418 Abs. 1 zu.[5]

IV. Absatz 3

6 Satz 1 hat im Wesentlichen klarstellenden Charakter. Satz 2 weist auf das neu geschaffene 11. Buch hin, insoweit es ausgehende Zustellungsersuchen betrifft. Dieser Verweis erleichtert insbesondere der gerichtlichen und anwaltlichen Praxis das Auffinden des europäischen Zustellungsrechts im vertrauten Umfeld des nationalen Zustellungsrechts.

V. Gerichtskosten

7 **Gebühren** für das gerichtliche Ersuchen erwachsen nicht; für die Prüfung des ausgehenden Ersuchens durch die Justizverwaltung entstehen Gebühren nach Nr. 3a) des Gebührenverzeichnisses zu § 2 Abs. 1 JVKostO. Soweit Übersetzungen erforderlich sind, fallen insoweit **Auslagen** an. Die Gebühren und Auslagen der deutschen **Auslandsvertretungen** sind nach dem AKostG und der AKostV zu erstatten. Bei Bewilligung von Prozesskostenhilfe gilt § 53 Abs. 2 ZRHO. Für Zustellungen durch Einschreiben mit Rückschein ist KV Nr. 9002 einschlägig.

184 *Zustellungsbevollmächtigter; Zustellung durch Aufgabe zur Post*

(1) **[1]Das Gericht kann bei der Zustellung nach § 183 Abs. 1 Nr. 2 und 3 anordnen, dass die Partei innerhalb einer angemessenen Frist einen Zustellungsbevollmächtigten benennt, der im Inland wohnt oder dort einen Geschäftsraum hat, falls sie nicht einen Prozessbevollmächtigten bestellt hat. [2]Wird kein Zustellungsbevollmächtigter benannt, so können spätere Zustellungen bis zur nachträglichen Benennung dadurch bewirkt werden, dass das Schriftstück unter der Anschrift der Partei zur Post gegeben wird.**

(2) **[1]Das Schriftstück gilt zwei Wochen nach Aufgabe zur Post als zugestellt. [2]Das Gericht kann eine längere Frist bestimmen. [3]In der Anordnung nach Absatz 1 ist auf diese Rechtsfolgen hinzuweisen. [4]Zum Nachweis der Zustellung ist in den Akten zu vermerken, zu welcher Zeit und unter welcher Anschrift das Schriftstück zur Post gegeben wurde.**

I. Normzweck

1 Die Vorschrift soll es ermöglichen, Verzögerungen eines gerichtlichen Verfahrens zu vermeiden, die typischerweise deshalb entstehen, weil einer Partei zuzustellen ist, die im Ausland wohnt. **Anwendbar** ist die Bestimmung bei Zustellungen nach § 183 Abs. 1 Nr. 2 oder 3; nunmehr auch nach § 17 des Gesetzes zum

---

[2] OLG Celle NJW-RR 2005, 1589 f.
[3] Bejahend *Möller* NJW 2003, 1571.; verneinend *Hornung* DGVZ 2003, 167 ff.
[4] OLG Jena WM 2001, 1393 f.
[5] BGH NJW 2002, 521 f.

internationalen Familienrecht.[1] Sie ist dann ausgeschlossen, wenn auf Grund völkerrechtlicher Vereinbarungen das zuzustellende Schriftstück unmittelbar durch die Post übersandt wird (§ 183 Abs. 1 Nr. 1). Denn in diesen Fällen kann davon ausgegangen werden, dass unzumutbare Verfahrensverzögerungen durch Zustellungen nicht entstehen. Die Vorschrift tritt an die Stelle von § 174 Abs. 2 aF und 175 aF. Die Bestellung eines Zustellungsbevollmächtigten durch eine im Inland, aber weder am Ort des Prozessgerichts noch innerhalb des Amtsgerichtsbezirks, in welchem das Prozessgericht seinen Sitz hat, wohnende Person anzuordnen, ist nicht mehr vorgesehen. Für die nach früherem Recht gegebene Möglichkeit (§ 174 Abs. 1 aF) bestand kein praktisches Bedürfnis mehr.

II. Absatz 1

Die verfassungsrechtlich unbedenkliche Vorschrift[2] stellt eine entsprechende Anordnung in das pflichtgemäße Ermessen des Gerichts. Dabei wird das Gericht zu berücksichtigen haben, inwieweit im Hinblick auf das konkrete Empfängerland bei Zustellungen nach § 183 Abs. 1 Nr. 2 und 3 mit Verzögerungen zu rechnen ist. Entschließt sich das Gericht zu einer entsprechenden Anordnung, ist diese zusammen mit dem verfahrenseinleitenden Schriftstück nach § 183 Abs. 1 Nr. 2 oder 3 zuzustellen. 2

III. Absatz 2

Grundsätzlich wird unwiderleglich vermutet, dass die Zustellung zwei Wochen nach der Aufgabe zur Post erfolgt ist. Das Gericht kann eine längere Frist bestimmen; es sollte dies tun, wenn nach den Erfahrungen mit Zustellungen in das Empfängerland die zweiwöchige Frist als Beförderungsdauer unrealistisch kurz erscheint. In der Anordnung ist der Adressat auf die Folgen hinzuweisen, die eintreten, sofern ein Zustellungsbevollmächtigter nicht benannt wird. Im vertraglichen Rechtshilfeverkehr ist der Anordnung samt Hinweis auf die möglichen Rechtsfolgen eine Übersetzung beizufügen. Der Aktenvermerk nach Satz 4 war früher durch § 213 aF geregelt. Auch jetzt ist er unerlässliche Voraussetzung einer wirksamen Zustellung. Er ist seinem Wesen nach eine Zustellungsurkunde. Der Vermerk ist vom Urkundsbesamten der Geschäftsstelle zu fertigen und zu unterschreiben. Bei Unvollständigkeit des Vermerks oder bei dessen nicht formgerechter Aufnahme tritt die Zustellungswirkung nicht ein. Hierzu zählt grundsätzlich auch die Unvollständigkeit der ausländischen Adresse oder deren unrichtige Schreibweise. Bei Schreibfehlern kommt es aber entscheidend darauf an, ob der Mangel geeignet ist, zu Verwechslungen zu führen. Ist dies nicht der Fall, ist die Zustellung trotz des Mangels wirksam.[3] 3

185 *Öffentliche Zustellung* **Die Zustellung kann durch öffentliche Bekanntmachung (öffentliche Zustellung) erfolgen, wenn**

1. der Aufenthaltsort einer Person unbekannt und eine Zustellung an einen Vertreter oder Zustellungsbevollmächtigten nicht möglich ist,
2. eine Zustellung im Ausland nicht möglich ist oder keinen Erfolg verspricht oder
3. die Zustellung nicht erfolgen kann, weil der Ort der Zustellung die Wohnung einer Person ist, die nach den §§ 18 bis 20 des Gerichtsverfassungsgesetzes der Gerichtsbarkeit nicht unterliegt.

I. Normzweck

Die Vorschrift ersetzt und entspricht im Wesentlichen § 203 aF. Bei unbekanntem Aufenthalt des Adressaten kollidiert der Anspruch des Zustellungsveranlassers auf effizienten Rechtsschutz mit dem Anspruch des Gegners auf rechtliches Gehör.[1] Mit der verfassungsrechtlich unbedenklichen Vorschrift[2] entscheidet sich der Gesetzgeber für effizienten Rechtsschutz. Die Praxis neigt dazu, die eingetretenen Folgen öffentlicher Zustellung durch großzügige Wiedereinsetzung in den vorigen Stand zu beseitigen. Dies ist nicht unbedenklich.[3] Art. 103 Abs. 1 GG steht einer öffentlichen Zustellung auch dann nicht entgegen, wenn wegen der Vielzahl oder der Unüberschaubarkeit des Kreises der Betroffenen eine andere Zustellung nicht oder nur schwer durchführbar ist.[4] **Ausgeschlossen** ist sie nach § 688 Abs. 2 Nr. 3 für den Mahnbescheid[5] – der Vollstreckungsbescheid kann hingegen öffentlich zugestellt werden (§ 699 Abs. 4 S. 3) – und gemäß Art. 36 Abs. 1 NTS-ZA gegenüber Mitgliedern der Truppe eines NATO-Staates, deren zivile Gefolge und Angehörige. 1

II. Nr. 1 bis

1. Nr. 1: a) Unbekannter Aufenthalt. Der Aufenthalt muss nicht nur dem Gegner und Gericht, sondern allgemein unbekannt sein.[6] Doch steht die Kenntnis eines Dritten, der sein Wissen nicht preisgibt, nicht ent- 2

---

[1] BGBl. I S. 161 ff.
[2] BVerfG NJW 1997, 1772.
[3] BGH NJW-RR 2001, 1361 f.
[1] *Geimer* NJW 1991, 1431 f.
[2] BVerfG NJW 1988, 2361.
[3] *Guttenberg* MDR 1993, 1049 f.
[4] BVerfG NJW 1988, 2361.
[5] Vgl. BGH NJW 2004, 2453 f.
[6] OLG Hamm JurBüro 1994, 630 f.

gegen;[7] ebenso wenig die Existenz eines Postfachs[8] oder einer „Postlagernd-Anschrift".[9] Unbekannter Aufenthalt darf im Hinblick auf das rechtliche Gehör erst angenommen werden, wenn **eingehende Ermittlungen** erfolglos geblieben sind.[10] Nachfragen beim zuletzt zuständigen Postamt und Einwohnermeldeamt sind nicht ausreichend.[11] Zusätzlich sind Nachforschungen beim letzten bekannten Vermieter, bei Hausgenossen, Nachbarn und Arbeitgeber anzustellen.[12] Bei entsprechenden Anhaltspunkten sind auch beim Sozialamt und Amt für Obdachlosenwesen Erkundigungen einzuholen.[13] Ist der Gegner laut Auskunft des Einwohnermeldeamts nach „unbekannt" abgemeldet, dem Zustellungsveranlasser jedoch ein nichtständiger Aufenthalt bekannt und hat er überdies Kenntnis, dass gegen den Gegner in einer Strafsache in Anwesenheit verhandelt wird, darf nicht öffentlich zugestellt werden.[14] Bei Ausländern, deren letzte bekannte Anschrift eine Inlandsadresse war, ist zusätzlich beim Bundesverwaltungsamt – Barbarastraße 1, 50728 Köln – anzufragen.[15] Private Auskunftsersuchen werden dort allerdings nur beantwortet, wenn die Nachfrage bei der zuletzt zuständigen Meldebehörde erfolglos geblieben ist und ein rechtliches Interesse nachgewiesen wird. Unbekannten Aufenthalts ist auch eine verschollene Person, die möglicherweise Opfer eines Tötungsdelikts geworden ist; die öffentliche Zustellung hat allerdings zu unterbleiben, wenn der Tod des Zustellungsadressaten feststeht.[16] **Nachweise über** entsprechend durchgeführte **Ermittlungen** hat im **Parteibetrieb** der **Zustellungsveranlasser** vorzulegen. Im **Amtsbetrieb** wird ganz überwiegend eine Ermittlungspflicht des Gerichts angenommen.[17] Demgegenüber hält das OLG Hamm die das Verfahren betreibende Partei hierfür verpflichtet.[18] Dies erscheint sachgerecht.

3 **b) Person.** Das ist auch der Nebenintervenient (§ 66), Streitverkündungsempfänger (§ 72), Gläubiger oder Schuldner in der Zwangsvollstreckung. Zeuge oder Drittschuldner sind nicht gemeint.[19] Die öffentliche Zustellung ist **letztes Mittel.**[20] Sie scheidet aus, wenn eine Zustellung an einen Zustellungsbevollmächtigten oder Vertreter möglich ist. An eine GmbH kommt sie nur in Betracht, wenn auch dem Geschäftsführer an dessen Privatanschrift nicht zugestellt werden kann.[21]

4 **c) Bestandskraft.** Die öffentliche Zustellung bleibt wirksam, auch wenn sich nachträglich herausstellt, dass deren Voraussetzungen nicht vorgelegen haben;[22] sogar dann, wenn sie der Zustellungsveranlasser durch unwahre oder unvollständige Angaben erschlichen hat.[23] Dies gebietet die Rechtssicherheit. Bei **arglistigem Verhalten** kann die Ausnutzung der erworbenen Rechtsposition nach § 242 BGB unzulässig sein[24] und die Vollstreckungsgegenklage rechtfertigen (str.).[25] Auch kann bei schuldloser Unkenntnis **Wiedereinsetzung** in den vorigen Stand gewährt werden, wenn objektiv die Voraussetzungen für eine öffentliche Bekanntmachung fehlten. Konnte allerdings das Gericht erkennen, dass die Voraussetzungen nicht vorlagen, ist die Zustellung wegen Verletzung des Rechts auf Gehör unwirksam.[26] Bei der Haftanordnung nach § 901 hat der Richter zu prüfen, ob der Rechtspfleger die öffentliche Zustellung der Terminsladung zur Offenbarungsversicherung zu Recht bewilligt hat.

5 **2. Nr. 2: a) Geltungsbereich.** Die Vorschrift gilt bei **bekanntem** Aufenthalt im Ausland; bei unbekanntem Aufenthalt ist Nr. 1 einschlägig. Unausführbar ist die Zustellung, wenn der Aufenthaltsstaat grundsätzlich (dies ist dem Länderteil der ZRHO zu entnehmen) oder im Einzelfall keine Rechtshilfe leistet, oder die deutsche Justizverwaltung – aus welchen Gründen auch immer – den Aufenthaltsstaat nicht um Rechtshilfe ersucht.

6 **b) Keine Erfolgsaussicht.** Keinen Erfolg verspricht die Auslandszustellung, wenn anzunehmen ist, dass Rechtshilfe nicht geleistet werden wird oder diese unzumutbar lange Zeit in Anspruch nehmen würde. Die noch zumutbare Zeitdauer ist mit vier Monaten zu knapp bemessen.[27] Auch sechs Monate sind im Hinblick auf die im internationalen Rechtshilfeverkehr üblichen Zeitspannen durchaus zumutbar.[28] Bei Abwägung der beiderseitigen Interessen sollte die Grenze bei **einem Jahr** gezogen werden.[29] Bei besonderen Ver-

---

[7] *Zö/Stöber* Rn. 2.
[8] OLG Hamburg NJW 1970, 104f.
[9] OLG München OLG Rspr. 33 (1916) 52.
[10] OLG München FamRZ 199, 446f.
[11] So aber beim Erlass eines Pfändungs- und Überweisungsbeschlusses BGH NJW 2003, 1530f., und allgemein OLG Naumburg NJW-RR 2001, 1148f.; LG Mönchengladbach Rpfleger 2007, 36f.
[12] OLG Frankfurt/M. MDR 1999, 1402.
[13] OLG Düsseldorf VRS 1994, 349, 350 zu § 40 StPO.
[14] LAG Frankfurt/M. ARST 1992, 79.
[15] OLG Stuttgart MDR 1976, 775.
[16] OLG Celle FamRZ 2005, 1492.
[17] BayObLG Rpfleger 1978, 446.
[18] OLG Hamm Ju. Büro 1994, 630f.
[19] TH/P/*Hüßtege* Rn. 6.
[20] BVerfG NJW 1988, 2361.
[21] OLG Stuttgart Rpfleger 2005, 268f.
[22] OLG Köln FamRZ 1995, 677f.
[23] BGH NJW 2003, 1326ff.; vgl. ausführlich *Gaul* JZ 2003, 1088ff.
[24] BGHZ 64, 5, 8 = NJW 1975, 827.
[25] Vgl. zum Meinungsstand MK/*Häublein* Rn. 14.
[26] BVerfG NJW *1988, 2361*; BGH NJW 2002, 827ff. = BGH Report 2002, 242ff. m. abl. Anm. v. *Stöber.*
[27] OLG Hamm NJW 1989, 2203.
[28] *Pfennig* S. 122; aM AG Bonn NJW 1991, 1430 mit abl. Anm. v. *Geimer.*
[29] *Fischer* ZZP 107 (1994), 163, 171; vgl. auch OLG Köln FamRZ 1998, 561f.; aM (Fristen bis zu zwei Jahren sind hinzunehmen) AG Säckingen FamRZ 1997, 611f.

fahrensarten kann die Frist deutlich kürzer sein. Deshalb ist die öffentliche Zustellung des **Arrestbefehls** schon dann zu bewilligen, wenn die ordentliche Zustellung voraussichtlich nicht innerhalb der Vollziehungsfrist (§ 929 Abs. 2) bewirkt werden kann.[30] Aussichtslos ist eine Auslandszustellung auch dann, wenn das ausländische Recht eine Zustellung nur bei Annahmewillen des Empfängers vorsieht. In allen Fällen sollte der Empfänger durch normalen Brief im neutralen Umschlag möglichst per Einschreiben mit Rückschein, von der Zustellung und deren Inhalt benachrichtigt werden.[31]

3. Nr. 3: Die Vorschrift gilt für exterritoriale Ausländer im Inland (§§ 18 bis 20 GVG) sowie deren Bedienstete und für exterritoriale Deutsche im Ausland, die nicht zur Mission des Bundes gehören. Sie greift ein, wenn der exterritoriale Wohnungsinhaber die Erlaubnis zur Zustellung verweigert. Sodann ist zu unterscheiden:[32] ist der Wohnungsinhaber Zustellungsadressat, kann öffentlich zugestellt werden, wenn eine Auslandszustellung über den diplomatischen Weg nicht bewirkt werden kann; einem Bediensteten kann öffentlich zugestellt werden, wenn eine ordentliche Zustellung in einer eigenen Wohnung außerhalb der Mission oder an einem sonstigen Ort (§ 177) nicht möglich ist. 7

186 ***Bewilligung und Ausführung der öffentlichen Zustellung*** **(1) [1]Über die Bewilligung der öffentlichen Zustellung entscheidet das Prozessgericht. [2]Die Entscheidung kann ohne mündliche Verhandlung ergehen.**

(2) [1]Die öffentliche Zustellung erfolgt durch Aushang einer Benachrichtigung an der Gerichtstafel oder durch Einstellung in ein elektronisches Informationssystem, das im Gericht öffentlich zugänglich ist. [2]Die Benachrichtigung kann zusätzlich in einem von dem Gericht für Bekanntmachungen bestimmten elektronischen Informations- und Kommunikationssystem veröffentlicht werden. [3]Die Benachrichtigung muss erkennen lassen
1. die Person, für die zugestellt wird,
2. den Namen und die letzte bekannte Anschrift des Zustellungsadressaten,
3. das Datum, das Aktenzeichen des Schriftstücks und die Bezeichnung des Prozessgegenstandes sowie
4. die Stelle, wo das Schriftstück eingesehen werden kann.
[4]Die Benachrichtigung muss den Hinweis enthalten, dass ein Schriftstück öffentlich zugestellt wird und Fristen in Gang gesetzt werden können, nach deren Ablauf Rechtsverluste drohen können. [5]Bei der Zustellung einer Ladung muss die Benachrichtigung den Hinweis enthalten, dass das Schriftstück eine Ladung zu einem Termin enthält, dessen Versäumung Rechtsnachteile zur Folge haben kann.

(3) In den Akten ist zu vermerken, wann die Benachrichtigung ausgehängt und wann sie abgenommen wurde.

I. Normzweck

Die Vorschrift regelt Bewilligung und Ausführung der öffentlichen Zustellung. Abs. 1 entspricht § 203 aF; durch Abs. 2 soll das Recht auf informationelle Selbstbestimmung des Adressaten gewährleistet werden; Abs. 3 enthält inhaltlich die Regelung des § 204 Abs. 1 aF. 1

II. Absatz 1

1. Antrag. Bei den von einer **Partei** zu bewirkenden Zustellungen bedarf es eines Antrags. Im Rahmen des § 78 Abs. 1, 2 besteht dafür Anwaltszwang. Die Gegenmeinung kann sich nicht auf § 78 Abs. 3 berufen und würde die gerichtliche Praxis erschweren. Etwas anderes gilt nur dann, wenn § 78 Abs. 3 einschlägig ist. Deshalb unterliegt der Antrag auf öffentliche Zustellung des ohne mündliche Verhandlung erlassenen Arrestbefehls nicht dem Anwaltszwang (§ 920 Abs. 3).[1] Beantragt werden kann immer nur eine einzige konkrete Zustellung[2], nicht etwa sämtliche Zustellungen eines Verfahrens. Bei **Amtszustellungen ist kein Antrag** erforderlich, s. a. Rn. 5 aE.[3] Für den Antrag muss ein **Rechtsschutzbedürfnis** bestehen. Dies kann fehlen, wenn die beabsichtigte Klage offensichtlich unzulässig oder unbegründet ist. Im Übrigen sind deren Erfolgsaussichten hier nicht zu prüfen.[4] 2

2. Prozessgericht. Das ist dasjenige, bei dem das Verfahren schon oder noch anhängig ist, bei Einlegung von Berufung oder Revision bereits das Rechtsmittelgericht. Nicht der Vorsitzende, sondern das Gericht entscheidet. Bei der Kammer für Handelssachen entscheidet der Vorsitzende. Dies gilt nach § 349 Abs. 1 Satz 1 grundsätzlich, nicht nur innerhalb des Katalogs des § 349 Abs. 2.[5] Ist ein Verfahren dem Rechtspfleger übertragen, trifft er die Entscheidung (§ 4 Abs. 1 RpflG).[6] Im **Vollstreckungsverfahren** ist das Amtsge- 3

---

[30] OLG Hamm MDR 1988, 589.
[31] OLG Köln FamRZ 1998, 561 f.; MK/*Häublein* Rn. 9.
[32] *Pfennig* S. 118 f.
[1] RGZ 91, 113, 115.
[2] OLG Bamberg NJW-RR 1995, 1029 f.
[3] BGH VersR 1987, 986; OLG Hamm JurBüro 1994, 630, 631; für die Zustellung eines Konkursantrags OLG Köln Rpfleger 1988, 502.
[4] OLG Bamberg NJW-RR 1995, 1029 f.
[5] AA OLG Frankfurt/M MDR 1987, 4; MK/*Wenzel* § 204 Rn. 1.
[6] So nun auch OLG München AnwBl. 1989, 100 für das Kostenfestsetzungsverfahren.

richt als Vollstreckungsgericht nach § 764 zuständig; dazu zählt noch nicht die Zustellung nach § 750. Die Bewilligung einer öffentlichen Zustellung auf Grund vollstreckbarer Urkunde erteilt das in § 797 Abs. 3 bezeichnete Gericht.[7]

4 **3. Entscheidung.** Sie ergeht durch Beschluss. Bewilligt das Gericht, hat es das zuzustellende Schriftstück genau zu bezeichnen. Unzulässig ist die Bewilligung einer Mehrzahl künftiger Zustellungen, doch erfasst die bewilligte Zustellung des Versäumnisurteils auch den Beschluss nach § 339 Abs. 2. Das Gericht trifft **keine Ermessensentscheidung;** liegen die Voraussetzungen vor, ist die öffentliche Zustellung zu bewilligen. Die Gegenansicht verkennt den Anspruch auf effizienten Rechtsschutz des Zustellungsveranlassers bzw. der Partei, in deren Interesse die Zustellung liegt. Fehlerhaft ist die Ablehnung mit der Begründung, ein weiterer Termin sei wegen Unerreichbarkeit eines Beweismittels sinnlos;[8] die Zustellung einer Klage darf nicht deshalb abgelehnt werden, weil für den beabsichtigten Rechtsstreit die internationale Zuständigkeit der deutschen Gerichte fehle.[9] Eine fehlerhafte Bewilligung kann Amtshaftungsansprüche auslösen. Zu **begründen** ist der Beschluss nicht nur im Fall der Ablehnung. Die Bewilligung berührt den Anspruch des Adressaten auf rechtliches Gehör. Dem Antragsteller ist in jedem Fall formlos mitzuteilen, dem Adressaten die Bewilligung mit dem zuzustellenden Schriftstück öffentlich zuzustellen. Wird dies unterlassen, berührt dies die Wirksamkeit der Zustellung nicht. Lagen die Voraussetzungen einer öffentlichen Zustellung für das Gericht erkennbar nicht vor, werden Rechtsmittel- und Rechtsbehelfsfristen nicht in Gang gesetzt.[10] Hat das **unzuständige Gericht** entschieden, ist die Zustellung unwirksam.

5 **4. Anfechtung.** Die **Bewilligung** ist unanfechtbar. Der Adressat kann allein die nachfolgende Entscheidung angreifen und dabei die Unzulässigkeit der öffentlichen Zustellung geltend machen; nach Ablauf der Rechtsmittelfrist mit gleichzeitigem Antrag auf Wiedereinsetzung in den vorigen Stand. Ob eine öffentliche Zustellung erschlichen worden ist, beurteilt sich ausschließlich nach der Kenntnis des Erklärenden. Bessere Kenntnis Dritter, deren er sich für die Nachforschungen bedient, ist ihm nicht als eigene Kenntnis zuzurechnen.[11] Vollstreckungsgegenklage und Verfassungsbeschwerde[12] sind „letzte Möglichkeiten". Die **Zurückweisung eines Antrags** ist durch den Antragsteller mit der sofortigen Beschwerde angreifbar (§ 567 Abs. 1 Nr. 2). Dies muss auch für die Partei gelten, welche die öffentliche Zustellung von Amts wegen in ihrem Interesse „angeregt" hat. Auch über diesen Antrag im untechnischen Sinne ist durch Beschluss zu entscheiden.

III. Absatz 2

6 Zum Schutz des informationellen Selbstbestimmungsrechts sieht die Vorschrift, anders als ihre Vorgängerin (§ 204 Abs. 2 aF), nicht mehr vor, das zuzustellende Schriftstück oder einen Auszug aus diesem Schriftstück an der Gerichtstafel öffentlich auszuhängen. Der bisher damit verfolgte Zweck soll dadurch erreicht werden, dass an dieser Stelle eine Benachrichtigung über die öffentliche Zustellung angeheftet wird. Für den Berechtigten ist so die Kenntnisnahme möglich; ein Unberechtigter erfährt nicht mehr über den Zustellungsvorgang als unumgänglich ist. Der Aushang hat (ausschließlich) bei dem Gericht zu erfolgen, bei dem der Rechtsstreit anhängig ist.[13]

IV. Absatz 3

7 Der Vermerk dient dem Nachweis, dass die öffentliche Zustellung durch Aushang erfolgte und wann die Zustellungswirkung eingetreten ist.

V. Gerichtskosten

8 **Auslagen** der Gerichte werden nach KV Nr. 9004 angesetzt; bei Zustellung einer Willenserklärung nach § 132 Abs. 2 BGB ist § 137 Nr. 5 KostO einschlägig.

187 *Veröffentlichung der Benachrichtigung* **Das Prozessgericht kann zusätzlich anordnen, dass die Benachrichtigung einmal oder mehrfach im elektronischen Bundesanzeiger oder in anderen Blättern zu veröffentlichen ist.**

1 **Normzweck** ist, im Interesse des rechtlichen Gehörs des Adressaten durch Veröffentlichung in Printmedien die Chance zu erhöhen, dass dieser von der öffentlichen Zustellung tatsächlich erfährt. Das Mittel ist zu diesem Zweck nur bedingt tauglich. Zu Recht hat deshalb der Gesetzgeber die ein- oder mehrmalige Veröffentlichung nicht mehr zwingend vorgeschrieben.

188 *Zeitpunkt der öffentlichen Zustellung* **[1]Das Schriftstück gilt als zugestellt, wenn seit dem Aushang der Benachrichtigung ein Monat vergangen ist. [2]Das Prozessgericht kann eine längere Frist bestimmen.**

---

[7] MK/*Häublein* Rn. 2.
[8] OLG Bamberg NJW-RR 1995, 1029 ff.
[9] OLG Köln MDR 2003, 230 f.
[10] BGH NJW 2007, 303 ff.
[11] KG NJW-RR 2006, 1380 ff.
[12] BVerfG NJW 1988, 2361.
[13] OLG Stuttgart NJW 2007, 935 ff.; OLG Hamm NJW 2007, 933 ff., jeweils mit Hinweis auf aM.

I. Normzweck

Die Vorschrift bestimmt den Zeitpunkt, an dem die öffentliche Zustellung als bewirkt gilt. Es ist deshalb bedeutungslos, ob der Adressat vor oder nach diesem Zeitpunkt oder überhaupt tatsächlich Kenntnis vom Inhalt des zuzustellenden Schriftstücks erhält. Der Zustellungszeitpunkt kann allerdings noch früher liegen, wenn sich der Adressat oder sein rechtsgeschäftlich bestellter Vertreter während des Fristenlaufs an der Amtsstelle einfindet und dort gemäß § 173 durch Aushändigung zugestellt wird. Eine mögliche Rückwirkung tritt nach § 167 ein. 1

II. Sätze 1 und 2

Für den Fristenlauf gelten über § 222 Abs. 1 die §§ 187 Abs. 1, 188 Abs. 2 BGB. Wurde beispielsweise am 3. September 2002 die Benachrichtigung ausgehängt, so gilt die Zustellung mit Ablauf des 3. Oktober 2002 als bewirkt. Unbeachtlich ist dabei, dass der 3. Oktober auf einen Feiertag fällt. § 222 Abs. 2 ist hier nicht anwendbar. Es liegt keine Frist vor, innerhalb derer eine Partei eine prozessuale Handlung vorzunehmen hat. Das Prozessgericht, nicht der Vorsitzende allein, kann die Frist verlängern. Eine Abkürzung ist nicht gestattet. 2

189 *Heilung von Zustellungsmängeln* **Lässt sich die formgerechte Zustellung eines Dokuments nicht nachweisen oder ist das Dokument unter Verletzung zwingender Zustellungsvorschriften zugegangen, so gilt es in dem Zeitpunkt als zugestellt, in dem das Dokument der Person, an die die Zustellung dem Gesetz gemäß gerichtet war oder gerichtet werden konnte, tatsächlich zugegangen ist.**

I. Normzweck

Mit der Vorschrift wird verhindert, dass die vom Gesetz an die Zustellung geknüpfte Wirkung ausbleibt, obwohl feststeht, dass der Empfangsberechtigte das Schriftstück erhalten hat und damit sachlich so gestellt ist, als ob die Zustellung in Ordnung wäre. Die „Rettung" missglückter Zustellungen schied nach früherem Recht (§ 187 Satz 2 aF) aus, wenn eine Notfrist in Gang gesetzt werden sollte. Durch das ZustRG entfällt diese Einschränkung. Es wird sich in der Praxis zeigen, inwieweit dadurch Rechtsunsicherheiten bei der Bestimmung der Rechtskraft von anfechtbaren Urteilen hervorgerufen werden. Ist § 189 unanwendbar, kann Heilung nach § 295 eintreten. 1

II. Voraussetzungen einer Heilung

1. Zustellungsfehler, Zustellungsabsicht. Zustellungsfehler aller Art können geheilt werden. Nach zutreffender Ansicht werden auch Mängel erfasst, die dem zugestellten Schriftstück anhaften. Heilung kann auch eintreten, wenn eine **Partei- statt einer Amtszustellung** erfolgte oder umgekehrt. Nur eine fehlgeschlagene Zustellung soll geheilt werden. Deshalb muss eine **Zustellung gewollt** sein.[1] Daher kann die formlose Übergabe einer vollstreckbaren Ausfertigung nicht die gesetzlich vorgeschriebene Zustellung ersetzen.[2] Bei Amtszustellungen kommt es auf den Willen des Richters oder Rechtspflegers an, der für das Verfahren insgesamt zuständig ist. Daher kann bei einer formlosen Übergabe Heilung nur eintreten, wenn Richter oder Rechtspfleger die Zustellung verfügt hatten.[3] 2

2. Tatsächlicher Zugang. Das Schriftstück muss so in den Machtbereich des Adressaten gelangt sein, dass er es behalten konnte und Gelegenheit zur Kenntnisnahme vom Inhalt hatte.[4] Eine missglückte Ersatzzustellung kann geheilt werden, wenn der Adressat das zuzustellende Schriftstück „in die Hand bekommen" hat.[5] Der Zugang kann im Freibeweisverfahren nachgewiesen werden. Es muss der Person zugegangen sein, an welche die Zustellung dem Gesetz entsprechend gerichtet war oder hätte gerichtet werden können. Ist ein **Prozessbevollmächtigter** bestellt, muss deshalb nach § 172 ihm das Schriftstück zugegangen sein;[6] der Zugang bei der Partei ist ohne Bedeutung. Ging das Schriftstück dem Anwalt zu, bevor er zum Prozessbevollmächtigten bestellt wurde, wird geheilt, wenn er später bevollmächtigt wird und zu diesem Zeitpunkt noch im Besitz des Schriftstücks ist.[7] Ist die Partei **prozessunfähig,** muss die Sendung dem gesetzlichen Vertreter zugehen, es sei denn, dass ein Prozessbevollmächtigter bestellt ist. **Ohne Bedeutung** ist der Zugang bei einer der **Ersatzpersonen** des § 178, weil an diese Personen die Zustellung nach dem Gesetz nicht gerichtet werden kann. Bei Zustellungen nach §§ 174, 195 genügt der Zugang allein nicht. Zusätzlich muss noch die **Empfangsbereitschaft** des Adressaten, dh. die Bereitschaft, das Schriftstück als zugestellt entgegenzunehmen, festgestellt werden können.[8] 3

---

[1] BGH NJW 2003, 1192ff.; OLG Naumburg FamRZ 2006, 956.
[2] LG Kiel NJW-RR 1997, 1021f.
[3] OLG Rostock FamRZ 1999, 1075f.; aM OLG München FamRZ 1981, 167.
[4] BGH NJW 1978, 426.
[5] BGH Rpfleger 2001, 360f.
[6] OLG Hamburg OLGZ 1994, 213, 217.
[7] BGH NJW 1989, 1154f.
[8] BGH NJW 1989, 1154f.; OVG Hamburg NJW 2005, 1301 (LS).

4 **3. Rechtsfolge.** Nach dem Wortlaut der durch das ZustRG eingeführten Norm ist nunmehr anzunehmen, dass die Heilung kraft Gesetzes eintritt. Einer Ermessensentscheidung des Gerichts bedarf es nicht mehr. Dies ändert allerdings wenig, weil auch nach altem Recht kein eigener Beschluss erging. Das Gericht wird daher wie bisher im nächsten Beschluss oder Urteil, in welchem diese Frage als Vorfrage von Bedeutung ist, von einer geheilten Zustellung ausgehen.

190 ***Einheitliche Zustellungsformulare*** **Das Bundesministerium der Justiz wird ermächtigt, durch Rechtsverordnung mit Zustimmung des Bundesrates zur Vereinfachung und Vereinheitlichung der Zustellung Formulare einzuführen.**

1 **Normzweck** ist die Wahrung der Einheitlichkeit der in der Praxis verwendeten Formulare. Die bisher verwendeten Formulare gehen auf amtliche Muster der Postordnung zurück, die von den Gerichten und der Deutschen Post AG weiter verwendet werden. Um zu sichern, dass alle nach § 33 Abs. 1 des Postgesetzes beliehene Unternehmer einheitliche Vordrucke verwenden, wird das Ministerium durch die Vorschrift im dortigen Umfang ermächtigt. Dies betrifft die Vordrucke für den Zustellungsauftrag nach § 168 Abs. 1 Satz 2, die Zustellungsurkunde nach § 182, die schriftliche Mitteilung über eine Zustellung durch Niederlegung nach § 181 Abs. 1 Satz 2 und den für den Versand vorgeschriebenen Umschlag nach § 176 Abs. 1 Satz 1.

Untertitel 2. Zustellungen auf Betreiben der Parteien

Vorbemerkung

1 Seit Inkrafttreten der ZPO wurde die Zustellung auf Betreiben der Parteien mehr und mehr zurückgedrängt. Seit geraumer Zeit hat sie ihre dominierende Stellung verloren (s. vor § 166 Rn. 2). Es erscheint daher sachgerecht, dass durch das ZustRG die Systematik der Vorschriften der Veränderung angepasst wurde. Nunmehr sind die Vorschriften über die Zustellung von Amts wegen vorangestellt (§§ 166 bis 190), sodann folgen die Bestimmungen für die Zustellung auf Betreiben der Parteien.

191 ***Zustellung*** **Ist eine Zustellung auf Betreiben der Parteien zugelassen oder vorgeschrieben, finden die Vorschriften über die Zustellung von Amts wegen entsprechende Anwendung, soweit sich nicht aus den nachfolgenden Vorschriften Abweichungen ergeben.**

I. Normzweck

1 Die Vorschrift stellt klar, dass auf Zustellungen im Parteibetrieb die Bestimmungen für die Zustellung von Amts wegen entsprechende Anwendung finden, soweit sich aus den nachfolgenden Vorschriften nichts anderes ergibt.

II. Parteibetrieb

2 Neben der Zustellung von Amts wegen besteht ein Bedürfnis für die Zustellung auf Betreiben der Parteien. Eine solche liegt insbesondere vor bei der Zustellung von Willenserklärungen nach § 132 BGB, von Schuldtiteln, die ausschließlich im Parteibetrieb zuzustellen sind (zB vollstreckbare Urkunden, Urkunden zur Einleitung der Zwangsvollstreckung gemäß § 750 Abs. 2, 751 Abs. 2, §§ 756, 765, 795), von Arresten und einstweiligen Verfügungen, wenn diese durch Beschluss angeordnet sind (§ 922 Abs. 2, § 936), Pfändungs- und Überweisungsbeschlüssen (§ 829 Abs. 2, § 835 Abs. 3, §§ 846, 857 Abs. 1, § 858 Abs. 3), Benachrichtigungen (§ 845), Verzichte der Gläubiger auf die Rechte aus der Pfändung und Überweisung (§ 843) und Vollstreckungsbescheiden, die das Amtsgericht dem Antragsteller zur Zustellung im Parteibetrieb übergeben hat (§ 699 Abs. 4 Satz 2 und 3).

III. Gerichtskosten

3 Für die Zustellungen durch den Gerichtsvollzieher werden Gebühren nach KVGv Nr. 100 bis 102 berechnet.

192 ***Zustellung durch Gerichtsvollzieher*** **(1) Die von den Parteien zu betreibenden Zustellungen erfolgen durch den Gerichtsvollzieher nach Maßgabe der §§ 193 und 194.**

(2) [1]Die Partei übergibt dem Gerichtsvollzieher das zuzustellende Schriftstück mit den erforderlichen Abschriften. [2]Der Gerichtsvollzieher beglaubigt die Abschriften; er kann fehlende Abschriften selbst herstellen.

(3) [1]Im Verfahren vor dem Amtsgericht kann die Partei den Gerichtsvollzieher unter Vermittlung der Geschäftsstelle des Prozessgerichts mit der Zustellung beauftragen. [2]Insoweit hat diese den Gerichtsvollzieher mit der Zustellung zu beauftragen.

I. Absatz 1

Betreibt die Partei die Zustellung, obliegt diese dem Gerichtsvollzieher. Dies gilt für alle Zustellungen im Parteibetrieb.[1] Dies entspricht dem Rechtszustand vor Inkrafttreten des ZustRG. Gleichzeitig wird klargestellt, dass der Gerichtsvollzieher entweder persönlich zustellt oder die Post mit der Zustellung beauftragt. Eine Zustellung gegen Empfangsbekenntnis ist, wie bisher auch, ausgeschlossen. Auch die Zustellung durch Einschreiben gegen Rückschein soll nicht möglich sein. Der Gesetzgeber sah dafür kein praktisches Bedürfnis.[2] Umstritten ist, ob Auslandszustellungen im Wege des Einschreibens mit Rückschein durch den Gerichtsvollzieher vorgenommen werden können (vgl. § 183 Rn. 2). Ein deutscher Gerichtsvollzieher ist nicht verpflichtet, ein Versäumnisurteil eines dänischen Gerichts im Parteibetrieb zuzustellen.[3] 1

II. Absatz 2

Soll im Auftrag der Partei oder durch Vermittlung der Geschäftsstelle die beglaubigte Abschrift eines Schriftstücks zugestellt werden, erfolgt die Beglaubigung durch den Gerichtsvollzieher, soweit nicht schon der Rechtsanwalt beglaubigt hat. Fehlende Abschriften kann der Gerichtsvollzieher selbst herstellen und beglaubigen. Lag bei Erteilung einer Rechtsnachfolgeklausel die belegende Urkunde im Original vor, so ist auch vor der Durchführung der Zwangsvollstreckung das Original dieser Urkunde zuzustellen. Die Zustellung einer beglaubigten Abschrift dieser Urkunde reicht in diesem Fall nicht aus.[4] 2

III. Absatz 3

Die Vorschrift setzt voraus, dass die Partei beim Gerichtsvollzieher unmittelbar eine Zustellung beantragen kann. Es handelt sich um einen Antrag und nicht um einen Auftrag im Sinne des bürgerlichen Rechts. Die Bestimmung eröffnet darüber hinaus in amtsgerichtlichen Verfahren die Möglichkeit, den Antrag unter Vermittlung der Geschäftsstelle des Prozessgerichts zu stellen. Das ist im Vollstreckungsverfahren bedeutsam. Dieses ist nach § 764 Abs. 1 amtsgerichtliches Verfahren auch dann, wenn aus Titeln anderer Gerichte vollstreckt wird. Anders als vor Inkrafttreten des ZustRG kann die Geschäftsstelle auch in Familiensachen, in denen Anwaltszwang besteht, eingeschaltet werden. 3

IV. Gerichtskosten

Gebühren des Gerichtsvollziehers entstehen nach KVGv Nr. 100 bis 102, Auslagen nach KVGv Nr. 700 u. 701. 4

193 *Ausführung der Zustellung*

(1) [1]**Der Gerichtsvollzieher beurkundet auf der Urschrift des zuzustellenden Schriftstücks oder auf dem mit der Urschrift zu verbindenden hierfür vorgesehenen Formular die Ausführung der Zustellung nach § 182 Abs. 2 und vermerkt die Person, in deren Auftrag er zugestellt hat. [2]Bei Zustellung durch Aufgabe zur Post ist das Datum und die Anschrift, unter der die Aufgabe erfolgte, zu vermerken.**

(2) **Der Gerichtsvollzieher vermerkt auf dem zu übergebenden Schriftstück den Tag der Zustellung, sofern er nicht eine beglaubigte Abschrift der Zustellungsurkunde übergibt.**

(3) **Die Zustellungsurkunde ist der Partei zu übermitteln, für die zugestellt wurde.**

I. Normzweck

Im Interesse eines sicheren Nachweises über Zeit und Art der Übergabe der zuzustellenden Schriftstücke wird die Beurkundung des Zustellungsvorgangs vorgeschrieben. Hierzu überträgt die Vorschrift im Wesentlichen die frühere Regelung der §§ 190 aF, 192 aF in das neue Recht. Zudem ergänzt sie § 182 Abs. 2 für die Beurkundung der Zustellung, die der Gerichtsvollzieher auf Betreiben der Partei ausgeführt hat. 1

II. Absätze 1 bis 3

Der Inhalt der vom Gerichtsvollzieher zu erstellenden Urkunde wird gegenüber § 182 Abs. 2 dadurch erweitert, dass auch die Person zu vermerken ist, in deren Auftrag (besser: auf deren Antrag hin) zugestellt wurde. Der Vermerk nach Abs. 2 erfolgt ausschließlich im Interesse des Adressaten, damit auch in der Folgezeit keine Unklarheit über das Datum der Zustellung für den Adressaten entstehen kann. Bei der hier zu beurkundenden Zustellung im Parteibetrieb, wird die Zustellungsurkunde gemäß Abs. 3 der Partei übermittelt, für die zugestellt wurde. Damit kann diese Partei dann ggf. die Zustellung nachweisen. Die Urkunde ist eine öffentliche Urkunde iSd. § 418. Eine Zustellung ist nicht deshalb unwirksam, weil dem Gerichtsvollzieher das zuzustellende Schriftstück nur als Fernkopie vorlag und er die Zustellungsurkunde zu einem späteren Zeitpunkt an das nachgereichte Original ansiegelte.[1] 2

---

[1] OLG Dresden NJW-RR 2003, 1721f.
[2] BT-Drucks. 14/4554 S. 25.
[3] OLG Hamm Rpfleger 2003, 676f.
[4] LG Saarbrücken DGVZ 2004, 93f.
[1] OLG Düsseldorf DGVZ 2004, 125f.

194 ***Zustellungsauftrag*** **(1) [1]Beauftragt der Gerichtsvollzieher die Post mit der Ausführung der Zustellung, vermerkt er auf dem zuzustellenden Schriftstück, im Auftrag welcher Person er es der Post übergibt. [2]Auf der Urschrift des zuzustellenden Schriftstücks oder auf einem mit ihr zu verbindenden Übergabebogen bezeugt er, dass die mit der Anschrift des Zustellungsadressaten, der Bezeichnung des absendenden Gerichtsvollziehers und einem Aktenzeichen versehene Sendung der Post übergeben wurde.**

(2) Die Post leitet die Zustellungsurkunde unverzüglich an den Gerichtsvollzieher zurück.

I. Normzweck

1 Die Zustellung durch die Post (Post im Sinne der Definition in § 168) zerfällt in zwei Abschnitte: der Zustellungsauftrag an die Post wird erteilt; die Post führt den Auftrag aus. § 194 Abs. 1 regelt den ersten Schritt, wobei die Rücksendung der Zustellungsurkunde gemäß Abs. 2 noch von dem Zustellungsauftrag mit erfasst ist; die Ausführung erfolgt nach §§ 177 bis 181.

II. Absatz 1

2 Wenn der Gerichtsvollzieher nicht selbst die Zustellung ausführt, bedient er sich hierzu der Post. Dies wird, wie bisher, der Regelfall bleiben. Nur in Eilfällen ist die Ausführung der Zustellung durch den Gerichtsvollzieher selbst sachgerecht, ebenso, wenn die Ausführung durch die Post ausgeschlossen ist, so bei der Zustellung gerichtlicher Pfändungsbeschlüsse im Falle des § 840 und von Willenserklärungen, bei denen eine Urkunde vorzulegen ist. Die Wahl zwischen beiden Alternativen trifft der Gerichtsvollzieher nach pflichtgemäßen Ermessen.[1] Die Zustellung durch Aufgabe zur Post (§ 194) ist keine Ausführung der Zustellung durch die Post. Das Zeugnis nach Satz zwei ist **nicht** die **Zustellungsurkunde;** sondern lediglich das Postübergabezeugnis. Dies entspricht § 194 Abs. 2 aF. Für die Wirksamkeit der Zustellung ist es unschädlich, wenn dieses Zeugnis fehlerhaft ist oder gänzlich fehlt.

III. Absatz 2

3 Die Rücksendung der Zustellungsurkunde an den Gerichtsvollzieher ist vom Zustellungsauftrag mit erfasst. Die Regelung entspricht § 195 Abs. 3 aF. Der Postbedienstete gibt die Urkunde an die für ihn örtlich zuständige Postanstalt. Diese sendet sie an den Gerichtsvollzieher, der sie an die die Zustellung betreibende Partei übermittelt.

IV. Gerichtskosten

4 Als Gebühr werden gemäß KVGv Nr. 101 2,50 Euro für den Gerichtsvolllzieher berechnet, daneben Auslagen nach KVGv Nr. 701 in voller Höhe.

195 ***Zustellung von Anwalt zu Anwalt*** **(1) [1]Sind die Parteien durch Anwälte vertreten, so kann ein Dokument auch dadurch zugestellt werden, dass der zustellende Anwalt das Dokument dem anderen Anwalt übermittelt (Zustellung von Anwalt zu Anwalt). [2]Auch Schriftsätze, die nach den Vorschriften dieses Gesetzes vom Amts wegen zugestellt werden, können stattdessen von Anwalt zu Anwalt zugestellt werden, wenn nicht gleichzeitig dem Gegner eine gerichtliche Anordnung mitzuteilen ist. [3]In dem Schriftsatz soll die Erklärung enthalten sein, dass von Anwalt zu Anwalt zugestellt werde. [4]Die Zustellung ist dem Gericht, sofern dies für die zu treffende Entscheidung erforderlich ist, nachzuweisen. [5]Für die Zustellung an einen Anwalt gilt § 174 Abs. 2 Satz 1 und Abs. 3 Satz 1, 3 entsprechend.**

(2) [1]Zum Nachweis der Zustellung genügt das mit Datum und Unterschrift versehene schriftliche Empfangsbekenntnis des Anwalts, dem zugestellt worden ist. [2]§ 174 Abs. 4 Satz 2, 3 gilt entsprechend. [3]Der Anwalt, der zustellt, hat dem anderen Anwalt auf Verlangen eine Bescheinigung über die Zustellung zu erteilen.

I. Normzweck

1 Die Vorschrift schafft (wie bisher § 198 a aF) eine einfache und Kosten sparende Möglichkeit der Zustellung, wenn auf beiden Seiten Anwälte vorhanden sind (bei Auslandszustellungen ist allein eine Zustellung nach § 183 Abs. 1 Nr. 1 möglich). Es entfällt die Einschaltung eines Gerichtsvollziehers (§ 192). Auf welchem Weg das zuzustellende Schriftstück den Empfänger erreicht, ist, wie bisher schon, unbeachtlich. Die für die Praxis wichtige Neuerung durch das ZustRG ist die nunmehr eröffnete Möglichkeit der Zustellung auf dem Wege elektronischer Telekommunikation gemäß § 174 Abs. 2 und 3 (Telefax und E-Mail). Die Zustellung von Anwalt zu Anwalt kann in allen der ZPO unterliegenden Verfahren vorgenommen werden, selbstverständlich auch im Parteiprozess.[1] Vollstreckungstitel können nach § 195 zugestellt werden, um die Voraussetzungen für die Zwangsvollstreckung nach § 750 zu schaffen. Rechtsmittel- oder Einspruchsfristen werden jedoch nur durch Zustellungen von Amts wegen in Gang gesetzt. Willenserklärungen nach

[1] LG Bonn DGVZ 2004, 44 f.

[1] *Zö/Stöber* Rn. 2.

§ 132 BGB können nicht gemäß § 195 zugestellt werden, sie setzen die Einschaltung eines Gerichtsvollziehers voraus. Das Versprechen einer Prozessbürgschaft kann nach zutreffender Ansicht dennoch von Anwalt zu Anwalt zugestellt werden, weil dies zum Prozessbetrieb gehört.[2]

II. Absatz 1

2 **1. Satz 1.** Beide Parteien müssen durch Anwälte vertreten sein. Für die Wirksamkeit der Zustellung ist es auch im Anwaltsprozess gleichgültig, ob der zustellende oder empfangende Anwalt beim Prozessgericht zugelassen ist. Im anhängigen Rechtsstreit ist dem Prozessbevollmächtigten zuzustellen (§ 172). Die Anwälte müssen bevollmächtigt sein. Eine Kündigung des Vollmachtsvertrages erlangt erst nach § 87 Abs. 1 Wirksamkeit. Die Anwälte können ihrerseits einen Anwalt bevollmächtigen. Partei ist auch der Nebenintervenient. Nicht erforderlich ist, dass sämtliche anderen Prozessbeteiligten auch durch Anwälte vertreten sind; allerdings kann nicht anwaltlich Vertretenen nicht nach § 195 zugestellt werden.

3 **2. Satz 2.** Er ermöglicht ausnahmsweise die Zustellung von Schriftsätzen nach § 195, die sonst im Amtsbetrieb zuzustellen wären. Die Ausnahme ist begrenzt, weil Schriftsätze meist nur formlos mitzuteilen sind (§ 270 Abs. 2). Sie betrifft Klageerweiterungen[3] und Widerklagen. Die Ausnahme gilt nicht, wenn dem Gegner gleichzeitig eine gerichtliche Anordnung mitzuteilen ist. Eine solche Anordnung kann die Aufforderung sein, bei Verteidigungsbereitschaft einen Rechtsanwalt zu bestellen (§ 271 Abs. 2) oder binnen einer bestimmten Frist Stellung zu nehmen. Darüber hinaus ist die Zustellung von Anwalt zu Anwalt ausgeschlossen, wenn das Gesetz bei Schriftsätzen deren Einreichung bei Gericht vorschreibt.[4] Dies ist bei Klage- (§ 253 Abs. 5), Rechtsmittel- (§§ 519 Abs. 1, 555, 569 Abs. 2 S. 1) und Rechtsmittelbegründungsschriften (§§ 520 Abs. 3 S. 1, 555) der Fall.

4 **3. Sätze 3 bis 5.** Satz 3 knüpft nach seinem Wortlaut an die nach Satz 2 zuzustellenden Schriftsätze an. Nach seinem Sinn erfasst er jedoch jede Zustellung von Anwalt zu Anwalt. Regelmäßig ist die Erklärung in den Worten enthalten: „Ist stelle selbst zu“. Die Formulierung „Gegner hat Abschrift“ hat diesen Erklärungsinhalt nicht. Ein Verstoß gegen die bloße Sollvorschrift bleibt folgenlos. Unverzichtbar ist hingegen für sämtliche Zustellungen nach § 195 der Zustellungswille des absendenden Anwalts. Doch muss dieser Wille nicht durch eine bestimmte Formulierung ausgedrückt werden. Konkludent äußert er sich in der Beifügung eines vorbereiteten Empfangsbekenntnisses.[5] Der Nachweis gegenüber dem Gericht liegt im Interesse der die Zustellung betreibenden Partei. Satz 5 enthält das Neue an der Vorschrift: es eröffnet die Zustellung per Fax und E-Mail von Anwalt zu Anwalt. Auf die Erläuterungen zu den entsprechend anwendbaren Vorschriften wird verwiesen.

III. Absatz 2

5 **1. Sätze 1 und 2.** Unverzichtbar wie der Zustellungswille des absendenden ist die Empfangsbereitschaft des gegnerischen Anwalts. Diese Bereitschaft muss ihren Ausdruck in einem datierten und unterschriebenen Empfangsbekenntnis finden, das vom Empfänger an den zustellenden Anwalt zurückgegeben wird. Es bedarf einer unzweifelhaften Äußerung des Willens, das Schriftstück zur Zustellung anzunehmen.[6] Das ist unabdingbares Erfordernis für eine wirksame Zustellung.[7] Gerät das Empfangsbekenntnis später in Verlust, kann seine vorherige Existenz durch Beweismittel jeder Art bewiesen werden.[8] In Satz 2 muss es richtig heißen „§ 174 Abs. 2 Satz 3“. Damit wird folgerichtig klargestellt, dass auch das Empfangsbekenntnis per Telefax oder E-Mail übermittelt werden kann.

6 **2. Satz 3.** Sinn der Vorschrift ist es, dem Adressaten einen Beleg für Tatsache und Datum der Zustellung zu verschaffen. Bei Zustellungen durch den Gerichtsvollzieher erfüllt diese Funktion § 193 Abs. 3, bei solchen durch den Postbediensteten § 194 Abs. 2. Zur Ausstellung der Bescheinigung ist der zustellende Anwalt verpflichtet. Sie kann dem zuzustellenden Schriftstück nicht sogleich beigefügt werden. Bei dessen Absendung kennt der zustellende Anwalt den Tag der Zustellung noch nicht. Für die Wirksamkeit der erfolgten Zustellung ist die Bescheinigung ohne Bedeutung. Bei unterschiedlichen Daten gilt dasjenige im Empfangsbekenntnis.

195a bis 213a *(weggefallen)*

---

[2] BGH NW 1978, 1441 f.; aM Zö/*Herget* Rn. 2.
[3] BGHZ 17, 234, 236 = NJW 1955, 1030.
[4] MK/*Häublein* Rn. 5.
[5] BGHZ 14, 342, 344 = NJW 1954, 1722.
[6] OLG Köln NJW-RR 1999, 882 f.
[7] OLG Frankfurt/M NJW 1973, 1888 f.
[8] BGH VersR 1977, 424 f.

Titel 3. Ladungen, Termine und Fristen

214 *Ladung zum Termin* **Die Ladung zu einem Termin wird von Amts wegen veranlasst.**

I. Grundsatz und Anwendungsbereich

1 **1. Allgemeines. Terminsbestimmungen** und **Ladungen** erfolgen grundsätzlich in allen Verfahrensarten und Instanzen **von Amts wegen,** nicht mehr im Parteibetrieb (§§ 214, 274 Abs. 1; zu Ausnahmen bei der Terminsbestimmung s. § 216 Rn. 2).

2 **2. Besonderheiten.** Die Ladung **deutscher Soldaten** folgt allgemeinen Grundsätzen.[1] Besonderheiten gelten für Angehörige der **NATO-Stationierungstruppen.**[2] Zur Terminsbestimmung und Ladung bei Klagen, die sich gegen einen Beklagten richten, der nicht deutscher Gerichtsbarkeit unterliegt, vgl. § 216 Rn. 5. Die Ladung **ausländischer** Zeugen und Sachverständiger behandeln § 363 Rn. 10 und 11; zur Ladung und Zustellung an Parteien im Ausland vgl. § 183 Rn. 1 ff. und § 141 Rn. 5.

II. Termin

3 Termin (s. auch „Sitzung", vgl. §§ 136 Abs. 3, 345) ist ein exakt im Voraus bestimmter Zeitraum für ein gemeinschaftliches prozessuales Handeln von Gericht und Parteien in einem konkreten Rechtsstreit.[3] Er kann zur mündlichen Verhandlung, zur Güteverhandlung (§ 278 Abs. 2), Beweisaufnahme (§ 370), einem außerhalb der Güteverhandlung unternommenen Sühneversuch (§ 278 Abs. 1), Protokollierung eines Prozessvergleichs oder Verkündung einer Entscheidung anberaumt sein. Termine idS sind auch solche vor dem originären oder obligatorischen Einzelrichter, dem ersuchten oder beauftragten Richter, dem Urkundsbeamten oder Rechtspfleger (zB im Kostenfestsetzungsverfahren).[4]

III. Ladung

4 **1. Begriff und Form.** Unter Ladung versteht das Gesetz die von Amts wegen ergehende schriftliche (meist Vordruck) **Bekanntgabe** eines richterlich bestimmten Termins und die damit verbundene **gerichtliche Aufforderung,** zu diesem **zu erscheinen.** Sie ist geboten, wenn nicht die Terminsbestimmung in einer verkündeten Entscheidung erfolgte (s. § 218). Die Geschäftsstelle veranlasst die Ladung nach richterlicher Terminsbestimmung (§ 216) und trägt für deren **Zustellung** (§ 329 Abs. 2 S. 2) an die Beteiligten Sorge (§§ 166 Abs. 2, 168 Abs. 1). **Formlose** Ladung bzw. bloße Terminsmitteilung genügen in Ausnahmefällen (zB §§ 141 Abs. 2 S. 2, 357 Abs. 2 S. 1, 366 Abs. 2, 370 Abs. 2, 377 Abs. 1 S. 2, 497 Abs. 1 S. 1, 900 Abs. 3 S. 2).

5 **2. Inhalt.** Die Ladung sollte ausdrücklich oder konkludent, aber deutlich erkennbar die Aufforderung enthalten, zum bezeichneten Termin zu erscheinen.[5] Des Weiteren ist mindestens notwendig: a) Angabe des **ladenden Gerichts,** zweckmäßigerweise nach Abteilung bzw. Kammer oder Senat, b) die Bezeichnung der **geladenen Person,** c) möglichst exakte Angabe des **Terminsortes** (Gebäude), d) **Terminszeit** nach Tag und genauer Uhrzeit, e) Angabe des **Rechtsstreits** mit Aktenzeichen sowie **Zweck** des Termins[6]. Im Verfahren vor dem Landgericht enthält die Ladung an den Beklagten die **Aufforderung,** einen zugelassenen **Rechtsanwalt zu bestellen** (§ 215). Für formlose Terminsmitteilungen (Rn. 4) gilt der Mindestinhalt nach a)–e) entsprechend. Zum Inhalt der Zeugenladung vgl. ergänzend § 377 Abs. 2 Nr. 2, dort Rn. 3.

6 **3. Folgen.** Aus der Ladung an die Partei als solche folgt eine prozessuale **Obliegenheit,** deren Nichteinhaltung Kosten- und Säumnisfolgen haben kann (§§ 230 ff., 330 ff., 95). **Ordnungsmittel** stehen nur zur Verfügung, wenn die Partei als Auskunftsperson geladen ist (§§ 141 Abs. 3, 613 Abs. 2, 640 mit 380; s. § 141 Rn. 12–15), bei Ladung zur Güteverhandlung (§ 278 Abs. 3 iVm § 141 Abs. 3) sowie bei Zeugen und Sachverständigen (§§ 380 ff., 409).

7 **4. Mängel der Ladung.** Fehlt ein Bestandteil der Ladung nach Rn. 5 oder wird sie nicht ordnungsgemäß zugestellt, so ist sie **unwirksam.** Es können die mit dem Ausbleiben des Beteiligten ggf. verbundenen Rechtsnachteile nicht eintreten (s. etwa § 335 Abs. 1 Nr. 2). Da der Inhalt der Ladung regelmäßig aus den Gerichtsakten nicht erkennbar ist, bedarf es für die Berücksichtigung derartiger Mängel der **Rüge.** Zur **Heilung** unwirksamer Zustellung s. § 189 Rn. 1 ff.; Heilung fehlerhafter Ladung bzw. Terminsmitteilung oder unterbliebener Zustellung ist nach § 295 möglich.[7] Für die Nichteinhaltung von Ladungs- und Einlassungsfrist vgl. § 217 Rn. 6 und § 274 Rn. 4.

215 *Notwendiger Inhalt der Ladung zur mündlichen Verhandlung* **(1) [1]In der Ladung zur mündlichen Verhandlung ist über die Folgen einer Versäumung des Termins zu belehren (§§ 330 bis 331 a). [2]Die Belehrung hat die Rechtsfolgen aus den §§ 91 und 708 Nr. 2 zu umfassen.**

(2) In Anwaltsprozessen muss die Ladung zur mündlichen Verhandlung, sofern die Zustellung nicht an einen Rechtsanwalt erfolgt, die Aufforderung enthalten, einen Anwalt zu bestellen.

---

[1] Vgl. den Erlass des Bundesverteidigungsministeriums v. 23. 7. 1998 (VMBl. 1998, 246).
[2] Vgl. Art. 37 des Gesetzes v. 18. 8. 1961, BGBl. II S. 1247.
[3] HM, vgl. *Ro/S/Go* § 70 Rn. 1; *St/J/Roth* vor § 214 Rn. 3.
[4] *Ro/S/Go* § 70 Rn. 1.
[5] Anders noch RGZ 60, 269, 273, heute allgM.
[6] BGH NJW 1982, 888 (ausreichend zB „zur mündlichen Verhandlung").
[7] So auch MK/*Gehrlein* Rn. 2; *Zö/Stöber* Rn. 3; *B/L/H* Übers § 214 Rn. 7.

I. Normzweck

1 Die Vorschrift ergänzt § 214 hinsichtlich des Inhalts der Ladung zur mündlichen Verhandlung und dient der Belehrung der Partei. Abs. 1 wurde neu eingefügt durch Art. 1 Nr. 2 EG-Vollstreckungstitel-DG. Nach der Verordnung über den **Europäischen Vollstreckungstitel** (EuVTVO[1]) kann in den Mitgliedstaaten der Europäischen Gemeinschaft[2] bei Titeln über unbestrittenen Geldforderungen (einschließlich Versäumnisurteilen) eine vereinfachte Vollstreckung ohne Vollstreckbarerklärungsverfahren erfolgen. Die Bestätigung als Europäischer Vollstreckungstitel durch das Prozessgericht setzt jedoch im Falle eines Versäumnisurteils voraus, dass eine Belehrung über die Säumnisfolgen mit der Ladung erfolgte (Art. 17 lit b EuVTVO). Eine solche Belehrung war im deutschen Recht bislang nicht vorgesehen und gilt nun für alle Verfahren (s. auch § 276 Abs. 2 S. 2). Abs. 2 sieht die Belehrung über den **Anwaltszwang** vor, da man von der Partei weder Kenntnisse über den Umfang des Anwaltszwangs noch über das Zulassungserfordernis erwarten kann. Es kommt nicht darauf an, ob eine gleich lautende Belehrung **bereits erfolgt** ist (s. etwa nach §§ 271 Abs. 2, 275 Abs. 1, 276 Abs. 2, 277 Abs. 3) oder die Partei sonst um den Anwaltszwang weiß. Die Aufforderung muss nicht nur in der Ladung zum ersten Termin, sondern ggf. auch in **wiederholten** Ladungen ergehen (zB Terminsverlegung oder Vertagung, etwa nach §§ 335 Abs. 2, 337), solange sie nicht befolgt ist.[3] Für den **Berufungsbeklagten** ist § 520 Abs. 3 S. 1 aF weggefallen, s. § 523.

II. Inhalt und Rechtsfolgen

2 Die Belehrung nach Abs. 1 muss sich auf die in §§ 330–331a genannten **Säumnisfolgen** einschließlich **Kosten** (nur § 91, nicht § 91a) und die **vorläufige Vollstreckbarkeit** erstrecken. Die Warnfunktion von Art. 17 EuVTVO erfordert nicht, dass darüber hinaus auf die Möglichkeit des zweiten Versäumnisurteils (§ 345) hingewiesen wird.[4] Die Belehrung erfolgt schriftlich bzw. elektronisch, soweit auch die Ladung in dieser Form ergeht (s. § 214 Rn. 4). Sie kann formularmäßig vorformuliert sein[5], bloßer Paragraphenverweis genügt nicht.

Fehlt die Belehrung nach Abs. 1, muss ein Antrag auf Bestätigung als Europäischer Vollstreckungstitel gem. Art. 6 EuVTVO, der ein Versäumnisurteil gem. Art. 3 Abs. 1 lit b oder c betrifft, abgelehnt werden (Art. 12, 17 Abs. 1 EuVTVO). Wegen der allgemeinen Geltung ist Abs. 1 nun aber auch Bestandteil ordnungsgemäßer Ladung nach § 335 Abs. 1 Ziff. 2.[6] Fehlt die Aufforderung gemäß Abs. 2, so gilt § 214 Rn. 7. Zum Begriff des Anwaltsprozesses s. § 78 Rn. 16. In diesem Fall kann der Mangel – da eine Ladungsfrist nicht zu laufen beginnt – auch gerügt werden, wenn gleichwohl ein Prozessvertreter bestellt wurde.[7] **Entfallen** kann die Aufforderung wegen zu vermutender Rechtskenntnis, sofern bereits die Zustellung der Ladung an einen Rechtsanwalt erfolgt, wenn dieser selbst Partei ist oder er als **Prozess- bzw. Zustellungsbevollmächtigter** (§ 172) tätig wird. §§ 53, 55 BRAO gelten auch insoweit. Der Anwalt, der selbst Partei ist, muss **nicht** beim Prozessgericht zugelassen sein.[8]

216 *Terminsbestimmung* **(1) Die Termine werden von Amts wegen bestimmt, wenn Anträge oder Erklärungen eingereicht werden, über die nur nach mündlicher Verhandlung entschieden werden kann oder über die mündliche Verhandlung vom Gericht angeordnet ist.**

(2) Der Vorsitzende hat die Termine unverzüglich zu bestimmen.

(3) Auf Sonntage, allgemeine Feiertage oder Sonnabende sind Termine nur in Notfällen anzuberaumen.

I. Normzweck

1 **1. Amtsbetrieb.** Abs. 1 normiert im Interesse der **Prozessbeschleunigung** amtswegige Terminsbestimmung. Das Gericht kann zwischen sofortiger Terminierung und schriftlichem Vorverfahren wählen (§§ 272, 275, 276). Amtsbetrieb gilt insoweit in **allen Verfahrensarten** mit obligatorischer oder angeordneter mündlicher Verhandlung und durch alle Instanzen: so etwa nach Verweisung (§ 281), Rechtskraft eines Grundurteils,[1] nach Erlass eines Teil-[2] oder Vorbehaltsurteils gemäß § 302 (vgl. dort Rn. 15)[3] oder nach Zurückverweisung aus der Rechtsmittelinstanz[4]; s. auch §§ 523 Abs. 1 S. 2, 553 Abs. 1. Auch der Termin zur Güteverhandlung (§ 279 Abs. 1 S. 1) wird von Amts wegen anberaumt.

2 **2. Terminsbestimmung auf Antrag.** Ausnahmsweise wird nur auf Antrag einer Partei Termin bestimmt, zB nach Erlass eines Vorbehaltsurteils im Urkundenprozess (s. § 600 Rn. 2), im Fall der §§ 239 Abs. 2,

---

[1] Verordnung 805/2004 zur Einführung eines europäischen Vollstreckungstitels für unbestrittene Forderungen, ABl EG 2004, Nr. L 143.
[2] Außer Dänemark.
[3] *St/J/Roth* Rn. 2; MK/*Gehrlein* Rn. 4; *Zö/Stöber* Rn. 2; aA *B/L/H* Rn. 13.
[4] So auch *B/L/H* Rn. 5.
[5] Formulierungsvorschlag s. Entwurfsbegründung, S. 18 f.
[6] *B/L/H* Rn. 14; Entwurfsbegründung, S. 18.
[7] MK/*Gehrlein* Rn. 5; *St/J/Roth* Rn. 4; *B/L/H* Rn. 3.
[8] HM, vgl. nur *St/J/Roth* Rn. 3.

[1] BGH NJW 1979, 2307, 2308; *St/J/Roth* Rn. 2; aA MK/*Gehrlein* Rn. 5.
[2] OLG Köln JMBlNRW 1984, 115; OLG Frankfurt/M JurBüro 1982, 613, 614.
[3] MK/*Musielak* § 302 Rn. 14.
[4] *T/P/Hüßtege* Rn. 1; AK-ZPO/*Ankermann* Rn. 1 rät zu vorheriger Rückfrage bei den Parteien.

251,[5] 251a Abs. 2 S. 4, 431 Abs. 2, 697 Abs. 3, 900 Abs. 1. Nach erfolgter **Wiederaufnahme** eines unterbrochenen Rechtsstreites (§§ 239 ff., 250) bestimmt das Gericht, wenn noch kein Endurteil vorliegt, grundsätzlich von Amts wegen Termin.[6] Allerdings erfolgt die Wiederaufnahme oft ohnehin konkludent durch Antrag auf Terminsbestimmung (s. § 250 Rn. 2).

II. Voraussetzungen und Pflicht zur Terminsbestimmung

3 **1. Voraussetzungen.** Terminsbestimmung nach Abs. 1 darf nur erfolgen, wenn Anträge oder Erklärungen eingereicht sind (schriftsätzlich oder zu Protokoll, § 129a), über die auf Grund **obligatorischer** bzw. **fakultativer** (§ 128 Abs. 4), **aber tatsächlich angeordneter mündlicher Verhandlung** (§ 128 Rn. 5 und 6) zu entscheiden ist. Sie **soll** nur erfolgen, wenn die nach GKG notwendige **Gebührenvorauszahlung** erfolgt ist. Abweichungen werden nur in wenigen Ausnahmefällen begründet sein, etwa wenn ein ausdrücklicher Terminsantrag des Beklagten vorliegt.[7] Zur fehlenden Ausländersicherheit vgl. § 113 Rn. 2.

4 **2. Gebot der Terminsbestimmung.** Da nur auf Grund ordnungsgemäßer Anberaumung des Termins überhaupt eine mündliche Verhandlung stattfinden kann, darf die Terminsbestimmung bei Vorliegen der genannten Voraussetzungen im Regelfall **nicht versagt** werden. **Bedenken** des Gerichts bezüglich **Zulässigkeit**[8] oder gar **Begründetheit** der Klage dürfen sie nicht hindern. Ist die Klageschrift allerdings wegen **grober Mängel** (zB Abfassung in Fremdsprache,[9] Einreichung durch nicht postulationsfähigen Kläger,[10] ausschließlich beleidigender Inhalt) **nicht zuzustellen** (§ 253 Rn. 7, 10), so soll nach hM zunächst auch kein Termin anberaumt werden.[11] Bloße Unvollständigkeit oder „fehlende Ernstlichkeit"[12] genügen nicht. Ein Verhandlungstermin darf überdies nicht angesetzt werden vor **Ablauf des schriftlichen Vorverfahrens** (§§ 276, 277),[13] nach Schluss der mündlichen Verhandlung vorbehaltlich § 156, bei **Aussetzung** oder **Unterbrechung** des Verfahrens erst, nachdem dessen Fortsetzung wieder zulässig ist (vgl. §§ 151, 152 Rn. 2 f.; § 250 Rn. 2).

5 Streitig ist, ob Klagezustellung, Terminsbestimmung und Ladung zulässig sind, wenn über den Beklagten **keine deutsche Gerichtsbarkeit** besteht (**Exterritorialität,** §§ 18–20 GVG und die Wiener Übereinkommen über diplomatische[14] und konsularische Beziehungen[15]).[16] Ob tatsächlich Immunität gegeben ist oder der ausländische Staat auf ihre Geltendmachung verzichtet, kann aber oft erst auf Grund mündlicher Verhandlung entschieden werden, nachdem überhaupt Kenntnis vom Verfahren gegeben wurde. Da das Völkerrecht die Verfahrensdurchführung und ein Sachurteil nur verbietet, wenn die Staatenimmunität **berührt** ist, darf das Verfahren zur Klärung dieser Frage betrieben, die Klage zugestellt, Termin bestimmt und – auf völkerrechtlich zulässigem Wege – geladen werden.[17] Zwar ist die Terminsbestimmung **Ausübung von Gerichtsgewalt,** sie berührt aber die von der Immunität geschützte Sphäre noch nicht, str.[18]

III. Terminsbestimmung

6 **1. Zuständigkeit.** Im Kollegialgericht erfolgt die Terminsbestimmung durch den **Vorsitzenden** (Abs. 2, auch bei Terminierung auf einen Ort außerhalb des Gerichtssitzes[19]), sonst durch den **Einzelrichter** (§ 495 bzw. §§ 348, 348a, 526, 527, 568) oder den kommissarischen Richter (§ 229), ggf. auch durch den Rechtspfleger (§ 4 Abs. 1 RpflG). Über **Vertagungen** entscheidet das **Kollegialgericht** (§ 227 Abs. 4, S. 1 Halbs. 2).

7 **2. Zeitpunkt der Terminierung.** Nach Abs. 2 hat die Terminsbestimmung (unabhängig von ihrem Inhalt, dh. dem Terminszeitpunkt) **„unverzüglich"** zu erfolgen. Es ist daher gemäß § 121 Abs. 1 BGB ohne prozessual schuldhaftes Verzögern zu handeln. Anerkanntermaßen besteht ein gewisser **Ermessensspielraum.** Im Rahmen der grundsätzlich gebotenen Prozessförderung und Beschleunigung muss sich aber der Vorsitzende nicht streng an ein **Prioritätsprinzip** (Eingang, Terminsreife) halten, sondern kann in sachlich begründeten Fällen (schnellere Erledigung) einen Rechtsstreit in der Terminsbestimmung und der Terminswahl (s. Rn. 8) vorziehen.[20] Auch wenn **vorbereitende Maßnahmen** nach § 273 notwendig sind, ist der

---

[5] *St/J/Roth* vor § 214 Rn. 8.
[6] S. aber MK/*Gehrlein* § 239 Rn. 31.
[7] *Zö/Stöber* Rn. 8.
[8] AA zB für offenkundige Prozessunfähigkeit des Klägers OLG Schleswig SchlHA 1958, 230; *Th//P/Reichold* § 253 Rn. 19; wie hier MK/*Gehrlein* Rn. 1; *Zö/Greger* vor § 253 Rn. 12 und *Zö/Stöber* Rn. 10, 16; OLG Frankfurt/M FamRZ 1982, 316.
[9] Vgl. hierzu BSG NJW 1987, 2184.
[10] *Zö/Stöber* Rn. 12.
[11] Nach LAG Hamm MDR 1966, 272 gilt dies auch bei schikanöser Rechtsverfolgung (Einreichen derselben Klage bei 74 Arbeitsgerichten).
[12] Richtig *St/J/Roth* Rn. 12; strenger MK/*Gehrlein* Rn. 3.
[13] MK/*Gehrlein* Rn. 3.
[14] Vom 18. 4. 1961, BGBl. 1964 II S. 1957.
[15] Vom 24. 4. 1963, BGBl. 1969 II S. 1585.
[16] Für Unzulässigkeit OLG München NJW 1975, 2144, 2145; OLG Frankfurt/M FamRZ 1982, 316 (obiter dictum); *Zö/Stöber* Rn. 7; *Schack* Rn. 160.
[17] So auch *Geimer* Rn. 485 ff.; *Ro/S/Go* § 19 Rn. 14; *St/J/Roth* Rn. 10; *Mann* NJW 1990, 618; *Hess* RIW 1989, 254, 256.
[18] AA OLG München NJW 1975, 2144, 2145.
[19] BAG NJW 1993, 1029 = AP Nr. 1; MDR 1994, 547 = AP Nr. 2; *T/P/Hüßtege* § 219 Rn. 2.
[20] MK/*Gehrlein* Rn. 6 und 7; *St/J/Roth* Rn. 22; aA *Zö/Stöber* Rn. 17.

dann auf einen entsprechend späteren Zeitpunkt anzusetzende Termin unverzüglich festzulegen.[21] **Unzulässig** ist es, wenn etwa infolge Überlastung oder Unterbesetzung des Spruchkörpers **überhaupt nicht** terminiert[22] oder nur eine **Warteliste** geführt wird[23]. In Familiensachen ist für den Scheidungsantrag Termin zu bestimmen, ohne auf die Anhängigkeit von Folgesachen zu warten.[24]

3. Wahl eines Termins. Die Auswahl des Terminszeitpunktes ist ebenfalls Ermessensentscheidung. Es ist eingeschränkt durch **Abs. 3** (unten Rn. 9) sowie die gebotene Einhaltung von **Ladungs-** bzw. **Einlassungsfristen** (§§ 217, 274 Abs. 3). Andererseits gebietet § 272 Abs. 3 einen frühest möglichen Termin. Die notwendige **Terminsvorbereitung** durch das Gericht (§§ 273, 358a) hat ebenfalls Einfluss auf die Festsetzung. Setzt der Vorsitzende **Erklärungsfristen,** so ist zu berücksichtigen, dass der Gegner unter Beachtung von § 132 noch vor der Sitzung Stellung nehmen kann. Bei völlig **unangemessen kurzer Frist** zwischen Terminsbestimmung und Verhandlungstermin (zB 1 Tag) kann der **Anspruch auf rechtliches Gehör** verletzt sein.[25] Nach **Einspruch** gegen ein Versäumnisurteil muss das Gericht aber bei der Terminswahl (§ 341a) nicht darauf achten, dass noch alle Beweise erhoben werden können, die sich auf Grund des verspäteten Vorbringens der säumigen Partei als notwendig erweisen.[26] Gewährt das Gericht trotz rechtzeitigen Antrags keine Akteneinsicht und bestimmt einen Verkündungstermin, kann dies die Besorgnis der Befangenheit begründen.[27] Zum Prioritätsprinzip bei der Terminierung s. bereits Rn. 7. Bei **öffentlicher Zustellung** oder **Auslandszustellung** ist die möglicherweise entstehende Verzögerung (vgl. §§ 183f., 188) zu berücksichtigen. Die Anberaumung so genannter **Sammeltermine** (mehrere Sachen werden auf dieselbe Uhrzeit terminiert) ist zwar zulässig,[28] aber im Interesse der Prozessbeteiligten zu vermeiden.[29] 8

Eine Terminierung auf **Sonn- und gesetzliche Feiertage**[30] erlaubt Abs. 3 nur in **Notfällen.** Ob ein solcher vorliegt, entscheidet der Vorsitzende. Auf rein kirchliche Feiertage[31] ist Abs. 3 nicht anwendbar, es sollte jedoch im Rahmen von § 227 insoweit Rücksicht genommen werden.[32] **Bloße Eilbedürftigkeit** löst regelmäßig keinen Notfall iSv. Abs. 3 aus; möglich ist dies aber in Verfahren des einstweiligen Rechtsschutzes oder in selbständigen Beweisverfahren[33], wenn die Beweisaufnahme andernfalls vereitelt wäre. 9

4. Art und Form der Entscheidung. Die Terminsfestsetzung kann durch **Beschluss** oder **Verfügung** ergehen; es gilt § 329. Sie ist zu unterschreiben, Handzeichen genügt nicht.[34] 10

IV. Rechtsbehelfe

Nach hM ist die Terminsbestimmung **unanfechtbar,**[35] für Anträge auf Terminsänderung gilt § 227. Die Rechtsprechung lässt ausnahmsweise (sofortige) **Beschwerde** (§ 567) analog § 252 (dort Rn. 2) zu, wenn **gar nicht**[36] oder sehr **weit in der Zukunft** terminiert wird[37] (sechs Monate nach Klageeingang genügen noch nicht[38]). Beschwerde ist auch bei **Ablehnung** eines **erforderlichen** Terminsantrags statthaft.[39] **Dienstaufsichtsbeschwerde** ist möglich, wenn nicht nur auf den Einzelfall bezogen, sondern insgesamt eine prozessordnungswidrige Geschäftserledigung vorliegt.[40] 11

V. Rechtsanwaltsgebühren

Die Tätigkeit des **Anwalts** gehört zum Rechtszug, wird also durch die Verfahrensgebühr (Nr. 3100 VV RVG) abgegolten (§ 19 Abs. 1 RVG). Ist der Anwalt **nicht Prozessbevollmächtigter,** erhält er die Gebühr der Nr. 3403 VV RVG. 12

---

21 OLG Hamm NJW 1980, 293, 294.

22 OLG Schleswig NJW 1982, 246; OLG Karlsruhe NJW 1973, 1510; LAG Düsseldorf MDR 1996, 742.

23 OLG Schleswig SchlHA 1981, 125; MK/*Gehrlein* Rn. 6 mit Nachw. zur Gegenansicht.

24 OLG Frankfurt/M NJW 1986, 389; KG FamRZ 1985, 1066; großzügiger OLG Düsseldorf FamRZ 1987, 618, 619 und *St/J/Roth* Rn. 6.

25 OLG Frankfurt/M MDR 1986, 326, 327 (für § 379).

26 BGH NJW 1981, 286; *St/J/Roth* Rn. 23; offenbar großzügiger *Zö/Stöber* Rn. 17.

27 OLG Köln FamRZ 2001, 1003.

28 BGH DRiZ 1982, 73.

29 Zurückhaltung empfehlen auch *St/J/Roth* Rn. 28; *Zö/Stöber* Rn. 19; MK/*Gehrlein* Rn. 7.

30 Vgl. hierzu die FeiertagsG der Bundesländer und Art. 2 Abs. 2 EinigsV (3. Oktober).

31 Überwiegend nunmehr auch der Buß- und Bettag.

32 S. etwa auch das Rücksichtnahmegebot in § 4 Abs. 1 und 2 FeiertagsG Baden-Württemberg (GBl. 1995, 450) und vergleichbaren landesrechtlichen Regelungen.

33 S. etwa *St/J/Roth* Rn. 26.

34 BSG NJW 1990, 2083; 1990, 3294; LAG Hamm MDR 1982, 612; 1982, 1053; aA BSG NJW 1992, 1188, 1189.

35 Vgl. OLG Köln OLGZ 1985, 122; OLG Frankfurt/M MDR 1983, 1031; KG MDR 1985, 416, 417 (auch bei Abbruch des schriftlichen Vorverfahrens durch Terminsbestimmung); Gegenvorstellung und Entscheidung durch den Senat zulässig: BAG MDR 1994, 547 = AP Nr. 2; *St/J/Roth* Rn. 29.

36 OLG Schleswig NJW 1982, 246; OLG Frankfurt/M FamRZ 1982, 316.

37 OLG Köln NJW 1981, 2263; *T/P/Hüßtege* Rn. 11.

38 OLG Köln OLGZ 1985, 122, 123; bei acht Monaten bejaht von OLG Köln NJW 1981, 2263; LAG Baden-Württemberg NZA 1985, 636.

39 MK/*Gehrlein* Rn. 10; *St/J/Roth* Rn. 30; aA wohl auch *T/P/Hüßtege* Rn. 12 (jeder Antrag genügt).

40 BGHZ 93, 238 = NJW 1985, 1471; NJW 1991, 421 (richterliche Unabhängigkeit gilt nur für Sachbehandlung des konkreten Falles).

217 *Ladungsfrist* **Die Frist, die in einer anhängigen Sache zwischen der Zustellung der Ladung und dem Terminstag liegen soll (Ladungsfrist), beträgt in Anwaltsprozessen mindestens eine Woche, in anderen Prozessen mindestens drei Tage.**

I. Normzweck und Anwendungsbereich

1 Die Ladungsfrist soll den Prozessbeteiligten eine angemessene **Vorbereitung** des Termins ermöglichen; sie nimmt gleichzeitig, wenn auch sehr eingeschränkt, auf andere terminliche Verpflichtungen Rücksicht.[1] § 217 regelt für alle Verfahrensarten[2] und Instanzen den Mindestzeitraum zwischen Zustellung und Termin für Ladungen an **Parteien, Prozessvertreter** oder **Streithelfer.** Sie gilt nicht bei der Ladung von **Beweis- oder Auskunftspersonen** (§§ 377 Abs. 1, 402, 450 Abs. 1, 141). Sie ist einzuhalten bei **Terminsverlegungen** (§ 227), in den Fällen der §§ 357 Abs. 2 (dort Rn. 6), 361 Abs. 1, 2 (dort Rn. 3), 368 (dort Rn. 2), 370 (dort Rn. 6). Nach überwiegender Ansicht ist die Ladungsfrist unbeachtlich bei bloßer **Abänderung der Terminszeit** unter Beibehaltung des Terminstages.[3] Dies ist jedenfalls für beachtliche zeitliche Verschiebungen (zB 8.00 Uhr statt Spätnachmittag oder umgekehrt) angesichts des Normzwecks (u. a. Rücksicht auf Terminplanung) abzulehnen.[4] Nicht zu beachten ist die Frist nach ihrem Sinn und Zweck aber bei **Verkündungsterminen** (s. auch § 312).

2 Streitig ist ihre Geltung bei **verkündeten Terminen** (§ 218), für die es keiner Ladung bedarf. Allerdings spricht sich die hM auch in anderen Fällen bloßer Terminsmitteilung angesichts des Normzwecks zu Recht für die Einhaltung der Ladungsfrist aus (s. etwa § 357 Rn. 6), so dass dies auch im Fall des § 218 gelten sollte.[5]

3 **Sonderregelungen** mit abgekürzten Fristen gelten im **Wechsel- und Scheckprozess** (§§ 604 Abs. 2, 3; 605 a) und nach § 239 Abs. 3 S. 2 (s. dort Rn. 12). Im **arbeitsgerichtlichen** Verfahren gilt erstinstanzlich grundsätzlich die dreitägige Frist (§ 46 Abs. 2 S. 1 ArbGG mit § 217, 2. Var.; für Berufung und Revision s. §§ 64, 72 ArbGG). Im Fall der gleichzeitigen Zustellung von Klage und Ladung tritt (nur gegenüber dem Beklagten) an Stelle der Ladungsfrist die grundsätzlich längere **Einlassungsfrist** nach § 274 Abs. 3; entsprechendes gilt in der Berufungs- und Revisionsinstanz (§§ 523 Abs. 2, 553 Abs. 2). **Keine Sonderregelung** hat die ZPO getroffen für Ladungen im Verfahren des **einstweiligen Rechtsschutzes,** wenn mündlich verhandelt wird (dann aber auch keine besondere Dringlichkeit iSv. § 937 Abs. 2) oder bei **Auslandszustellungen** (s. aber bei Verfahrenseinleitung für die Einlassungsfrist § 274 Abs. 3 S. 3 und für die Zustellung durch Aufgabe zur Post § 184 Abs. 2 S. 2).

II. Art, Dauer und Berechnung

4 **1. Art und Dauer.** Die Ladungsfrist ist eine **gesetzliche Frist** (s. § 221 Rn. 1, s. aber § 239 Abs. 3 S. 2); sie kann nach §§ 224 Abs. 1 und 2, 226 Abs. 1 auf Antrag verkürzt, aber nicht verlängert werden. Gleichwohl handelt es sich natürlich nur um eine **Mindest**frist, die bei der Terminierung von Anfang an länger bemessen werden kann. Ihre Dauer hängt von der Art des Rechtsstreits ab: zum Begriff des **Anwaltsprozesses** s. § 78 Rn. 1.

5 **2. Berechnung.** Der Tag des die Frist auslösenden Ereignisses – hier Zustellung bzw. Verkündung (s. oben Rn. 2) – wird nicht eingerechnet (§§ 222 Abs. 1 ZPO, 187 Abs. 1 BGB), ebenso wenig der Terminstag selbst (§§ 222 Abs. 1 ZPO, 188 BGB). Dies ergibt sich schon aus der Formulierung des § 217, wonach die Ladungsfrist **zwischen** den genannten Fixpunkten liegen muss.

III. Verstoß

6 Wird die Ladungsfrist unterschritten, so liegt **keine wirksame Ladung** vor, die nachteiligen Folgen aus einer Versäumung des Termins können nicht eintreten (§ 214 Rn. 7).[6] Der Mangel kann durch **rügelose Einlassung** geheilt werden.[7]

218 *Entbehrlichkeit der Ladung* **Zu Terminen, die in verkündeten Entscheidungen bestimmt sind, ist eine Ladung der Parteien unbeschadet der Vorschriften des § 141 Abs. 2 nicht erforderlich.**

I. Normzweck

1 Die Vorschrift ist **Ausnahme zu § 214,** der für alle Termine amtswegige Ladung vorschreibt; sie soll die Verfahrensdurchführung vereinfachen und Kosten sparen. Mit der Entscheidung wird auch die Terminsbestimmung (mit-)verkündet, so dass für Parteien bzw. Prozessvertreter die Möglichkeit der Kenntnisnahme

---

[1] Vgl. OLG Oldenburg MDR 1987, 503.
[2] OLG Dresden NJW 2002, 2722 (für §§ 621 Abs. 1 Nr. 1–3, 7; 621 g).
[3] LG Köln MDR 1987, 590 und hM, vgl. *St/J/Roth* Rn. 2; *Zö/Stöber* Rn. 1; *B/L/H* Rn. 3; *T/P/Hüßtege* Rn. 1.
[4] Zutreffend MK/*Gehrlein* Rn. 3.
[5] Wie hier *St/J/Roth* Rn. 3; *MK/Feiber* Rn. 1, 4; *Wiecz/Sch* Anm. A II; *Gerhardt* ZZP 98 (1985), 354, 356; aA BGH NJW 1964, 658 (obiter dictum); OLG Oldenburg MDR 1987, 503; *Ro/S/Go* § 70 Rn. 11; *Zö/Stöber* Rn. 1 (s. aber Rn. 4); *B/L/H* Rn. 4.
[6] BSG MDR 1993, 360; OLG Oldenburg MDR 1987, 503; OLG Zweibrücken FamRZ 1982, 1097 (für §§ 613 Abs. 2, 380 Abs. 1).
[7] *B/L/H* Rn. 6.

besteht und die Verkündung eine Ladung ersetzt. Gleichwohl **darf** eine Ladung ergehen (Ladungsfrist dann ab Zustellung, nicht mit Verkündung, s. § 217 Rn. 2[1]).

II. Anwendungsbereich

§ 218 gilt im Anwalts- und im Parteiprozess. Wird das **persönliche Erscheinen** einer Partei angeordnet, so ist sie selbst nach §§ 141 Abs. 2, 273 Abs. 4 S. 2, 278 Abs. 3 S. 2 zu laden.[2] Gleiches gilt für die **Parteivernehmung,** § 450 Abs. 1 S. 2. Ladung trotz Verkündung ist auch in den Fällen der §§ 335 Abs. 2, 337 S. 2; §§ 612 Abs. 2, 640; § 497 Abs. 2 (s. dort Rn. 3) erforderlich. Im Fall des § 251a Abs. 2 S. 3 genügt formlose Mitteilung. 2

III. Voraussetzungen

Es spielt keine Rolle, welcher Art die Entscheidung ist (zB auch Beweisbeschluss oder nur Vertagung). Die **Verkündung** muss – einschließlich Protokollierung – ordnungsgemäß erfolgen.[3] Um die Möglichkeit der Kenntnisnahme zu gewährleisten, greift § 218 nach hM nur ein, wenn die **Parteien** bzw. ihre **Prozessvertreter,** ggf. auch **Streithelfer,** zu dem Termin, in dem die Entscheidung und/oder neue Terminsanberaumung verkündet wurde, ordnungsgemäß **geladen** waren,[4] es sei denn auch für diesen Termin würden die Besonderheiten des § 218 gelten, oder es wäre ausnahmsweise bloße Terminsmitteilung ausreichend (§ 214 Rn. 4). Ist eine Partei bei der Verkündung tatsächlich anwesend, so **ersetzt** dies die ordnungsgemäße Ladung zu diesem Termin.[5] 3

Es ist **nicht notwendig,** dass die Parteien bei der Verkündung tatsächlich (noch) **anwesend** sind (§§ 312, 329 Abs. 1). Grundsätzlich wird zu Recht eine Pflicht der Partei bzw. ihres Prozessvertreters angenommen, sich über den Ausgang eines Termins, bei dem man nicht selbst oder nicht bis zum Ende anwesend war, zu **erkundigen.**[6] Auf den rechtzeitigen Zugang einer Protokollabschrift darf nicht vertraut werden. Dennoch gehen viele Parteien offenbar davon aus, grundsätzlich erneut geladen zu werden.[7] Daher wird teilweise empfohlen, zu Beginn der Verhandlung entsprechend zu **belehren.**[8] Dem ist wegen der weit reichenden Folgen (Rn. 5) jedenfalls für den Parteiprozess zuzustimmen; unterbleibt ein solcher Hinweis, sollte das Gericht ggf. von der Möglichkeit einer zusätzlichen Ladung (Rn. 1) Gebrauch machen. 4

IV. Folgen

Entbehrlich ist unter den in Rn. 3 genannten Voraussetzungen die Ladung der Parteien, nicht jedoch – wie die hM annimmt – die **Einhaltung der Ladungsfrist** (s. § 217 Rn. 2 aE mit Nachw.). Im verkündeten Termin kann – ohne Ladung – gegen die säumige Partei ein Versäumnisurteil oder eine Entscheidung nach Lage der Akten ergehen. 5

219 *Terminsort* **(1) Die Termine werden an der Gerichtsstelle abgehalten, sofern nicht die Einnahme eines Augenscheins an Ort und Stelle, die Verhandlung mit einer am Erscheinen vor Gericht verhinderten Person oder eine sonstige Handlung erforderlich ist, die an der Gerichtsstelle nicht vorgenommen werden kann.**

(2) Der Bundespräsident ist nicht verpflichtet, persönlich an der Gerichtsstelle zu erscheinen.

I. Normzweck und Anwendungsbereich

Die Vorschrift stellt sicher, dass die Verhandlung grds. auch am Sitz des zuständigen Gerichts stattfindet. Sie gilt für alle Verfahrensarten, in allen Instanzen und für alle Termine, unabhängig davon, ob sie der Verhandlung oder Beweisaufnahme dienen. Unter den in § 128a genannten Voraussetzungen kann aber von einem anderen Ort aus eine **simultane Bild- und Tonübertragung** erfolgen (s. § 128a Rn. 2). 1

II. Voraussetzungen für Lokaltermine

Gerichtsstelle ist nicht nur die **Stadt oder Gemeinde,** in der sich das Prozessgericht befindet, einschließlich etwaiger Außen- bzw. Zweigstellen und Orte, wo Gerichtstage abgehalten werden, sondern in einem engeren Sinne auch das **Gerichtsgebäude** selbst.[1] Nur soweit es zur ordnungsgemäßen Durchführung gerichtlicher Handlungen oder einer Beweisaufnahme **erforderlich** ist, darf ein so genannter **Lokaltermin** außerhalb der Gerichtsstelle anberaumt werden. Grundsätzlich können dabei auch Amtshandlungen in einem anderen Gerichtsbezirk vorgenommen werden (§ 166 GVG). **Erforderlich** bedeutet **notwendig,** nicht nur nützlich. Eine Verlegung in ein anderes Gebäude ist zB erforderlich, wenn an der Gerichtsstelle kein Raum 2

---

1 So auch *St/J/Roth* Rn. 1.
2 Analoge Anwendung bei Vertagung des Termins nach §§ 900, 901: LG Würzburg Rpfleger 1980, 161 mit Nachw.
3 MK/*Gehrlein* Rn. 3.
4 OLG München OLGZ 1974, 241, 243; *B/L/H* Rn. 3.
5 HL, s. *T/P/Hüßtege* Rn. 2; MK/*Feiber* Rn. 1.
6 Ausführlich *B/L/H* Rn. 4f.
7 Richtig *B/L/H* Rn. 3.
8 *Zö/Stöber* Rn. 1.
1 Vgl. für die Außensenate der Oberlandesgerichte etwa *Kissel* § 116 Rn. 17–20.

zur Verfügung steht, der zur Durchführung der Verhandlung groß genug ist oder Sicherheitsanforderungen genügt. **Sonstige Beispiele:** Augenschein (§§ 371, 372), Parteianhörung oder -vernehmung, Zeugenvernehmung – soweit nicht §§ 128a Abs. 2, 377 Abs. 3, 375 Abs. 1, 1a schon Abhilfe schaffen (unmittelbarer Eindruck unerlässlich), Abnahme eidesstattlicher Versicherung bei erkranktem Schuldner,[2] Anhörung in psychiatrischer Klinik in Unterbringungssachen[3]. Keine Besonderheiten gelten für **Gefangene,** die grundsätzlich bei Gericht erscheinen müssen, und entsprechend vorgeführt werden können.[4]

3 Unberührt bleibt bei allen Lokalterminen grundsätzlich das **Hausrecht** von Parteien oder Dritten. Auf Grund der **Erweiterung der prozessualen Mitwirkungspflicht** in § 144 sind **Dritte** nun aber verpflichtet, Zutritt zu Grundstücken und Räumlichkeiten im Rahmen der Zumutbarkeit und fehlender Weigerungsrechte (§ 144 Abs. 2, dort Rn. 9, 10) zu gewähren. Ausgenommen von der Duldungspflicht ist die **Wohnung** (§ 144 Abs. 1 S. 3, letzter Halbs.). Die Pflicht gilt nur für Zwecke des Augenscheins oder eines Sachverständigengutachtens. Die inhaltlich gleiche Pflicht trifft die **Prozessparteien,** allerdings ohne Einschränkung nach § 144 Abs. 2; die Mitwirkung ist nicht erzwingbar. Verhindert die nicht beweisbelastete Partei mit ihrer Weigerung jedoch eine Beweisaufnahme, so kann Beweisvereitelung vorliegen bzw. das Gericht nach § 371 Abs. 3 verfahren (s. § 371 Rn. 20, § 286 Rn. 62ff., § 144 Rn. 8–10). Diese Sanktionen kommen grundsätzlich auch bei verweigertem Wohnungszutritt in Betracht, denn § 144 Abs. 1 S. 3 will iVm Art. 13 GG nur den Zutritt Dritter gegen den Willen der Partei verhindern, verbietet aber nicht prozessuale Rückschlüsse.

III. Entscheidung und Rechtsbehelfe

4 Grundsätzlich entscheidet der **Vorsitzende** im Rahmen seiner sachlichen Prozessleitung (wie §§ 216 Abs. 2, 227 Abs. 2; § 216 Rn. 6)[5] über das Abhalten eines Lokaltermins nach **pflichtgemäßem Ermessen;** soweit der Ortstermin in einem Beweisbeschluss festgelegt wird, das Kollegium (§ 358a). Die Anordnung ist **unanfechtbar.** Dies gilt auch, wenn ein „Antrag" auf Anberaumung eines Lokaltermins vom Gericht **abgelehnt** wird. Es handelt sich dabei nicht um einen Antrag iSv. § 567 Abs. 1, sondern eine **bloße Anregung,** die den Parteien nicht die Beschwerdemöglichkeit eröffnet.[6] Wird ohne Vorliegen der entsprechenden Voraussetzungen ein Ortstermin anberaumt, so bleiben die Parteien entgegen teilweise vertretener Ansicht zum **Erscheinen verpflichtet,** so dass – vorbehaltlich des § 337 – ein Versäumnisurteil ergehen kann (str.).[7]

IV. Vorrecht des Bundespräsidenten (Abs. 2)

5 Die Sonderregelung für den **Bundespräsidenten** (und seinen ggf. amtierenden **Vertreter,** Art. 57 GG[8]) dient der ungestörten Ausübung seiner Amtsgeschäfte und gilt unabhängig davon, in welcher Eigenschaft er angehört oder vernommen werden soll (für Zeugenvernehmung s. § 375 Abs. 2), und ob er dienstlich oder privat beteiligt ist. Auf das Vorrecht kann verzichtet werden. S. für Minister und Abgeordnete § 382. Soweit die Amtsgeschäfte nicht beeinträchtigt werden und die technischen Voraussetzungen vorliegen, kommt auch eine Videozuschaltung von außerhalb der Gerichtsstelle nach § 128a in Betracht.

220 *Aufruf der Sache; versäumter Termin* **(1) Der Termin beginnt mit dem Aufruf der Sache. (2) Der Termin ist von einer Partei versäumt, wenn sie bis zum Schluss nicht verhandelt.**

I. Normzweck

1 Abs. 1 regelt eine wesentliche Förmlichkeit des Verfahrensablaufes und tritt neben § 136 Abs. 1; Abs. 2 ergänzt mit seiner Definition der Säumnis §§ 330–333. Termin und mündliche Verhandlung sind für beide Regelungsbereiche begrifflich auseinander zu halten (s. Rn. 2 und 3).

II. Beginn und Ende des Termins

2 **1. Aufruf der Sache.** Gemäß Abs. 1 beginnt jeder **einzelne Termin** (zum Begriff § 214 Rn. 3) mit dem Aufruf der Sache, dagegen die mündliche Verhandlung nach § 137 Abs. 1 mit Antragstellung (s. dort Rn. 1, 2). Der Aufruf ist nach § 136 Abs. 1 Aufgabe des **Vorsitzenden,** der sie aber auf einen Beisitzer oder andere Personen (zB Urkundsbeamter, Wachtmeister, Referendar) **übertragen** kann. Notwendig ist die mündliche[1] **Bekanntgabe,** dass in einer bestimmten Rechtssache in die Verhandlung, Beweisaufnahme etc. (je nachdem, zu welchem Zweck der Termin anberaumt wurde) eingetreten werden soll. Erforderlich ist zumindest **Nennung der Parteinamen,** ggf. mit näheren Angaben (Vorname, Beruf), um Verwechselungen zu vermeiden. Angabe allein des **Aktenzeichens** ist ungenügend, da es schlecht verständlich, leicht zu ver-

---

[2] OLG Köln Rpfleger 1995, 220, 221.
[3] *St/J/Roth* Rn. 4.
[4] *Zö/Stöber* Rn. 3; *B/L/H* Rn. 5.
[5] Wie hier BAG MDR 1993, 547; MDR 1994, 75 = BB 1993, 444; BB 1993, 731; NJW 1993, 1029 = BB 1993, 2238; *Jost* BB 1993, 662; *Däubler* BB 1993, 660; *St/J/Roth* Rn. 7; *B/L/H* Rn. 8; AK-ZPO/*Ankermann* Rn. 1; *Zö/Stöber* Rn. 2.
[6] OLG Frankfurt/M MDR 1983, 411 für § 272 Abs. 2; *St/J/Roth* Rn. 7; MK/*Feiber* Rn. 4; aA *T/P/Hüßtege* Rn. 3; *B/L/H* Rn. 11.
[7] AA *Zö/Stöber* Rn. 2 bei Lokaltermin aus Gründen der Kostenersparnis; verallgemeinernd *B/L/H* Rn. 10.
[8] *St/J/Roth* Rn. 11; MK/*Gehrlein* Rn. 5; *B/L/H* Rn. 12; aA *Zö/Stöber* Rn. 5.
[1] Schriftlicher Anschlag, die Parteien mögen ohne Aufforderung eintreten, genügt nicht, LG Hamburg NJW 1977, 1459.

wechseln und den Parteien oft gar nicht geläufig ist.[2] Der Aufruf muss jedenfalls im Sitzungsraum erfolgen,[3] aber auch **außerhalb des Sitzungszimmers** auf dem Flur oder ggf. in einem Wartezimmer, wenn die Beteiligten dort üblicherweise zu warten pflegen.[4] Die Sache darf **nicht vor** der bestimmten Terminszeit aufgerufen werden, es sei denn die Parteien sind anwesend und mit der Vorverlegung einverstanden.[5] Der ordnungsgemäße Aufruf ist **Voraussetzung der Säumnisfolgen** nach §§ 330ff. Er ist nach § 160 Abs. 1 Nr. 1 bzw. Abs. 2 zu protokollieren (dort Rn. 2). Wird eine zumutbare Wartezeit bis zum Aufruf überschritten und entfernt sich eine erschienene Partei bzw. ihr Prozessvertreter wegen anderer Termine oder aus einem sonstigen wichtigen Grund, so kann es am Verschulden nach § 337 fehlen.[6] Für einen dann gestellten Verlegungsantrag müssen „erhebliche Gründe" nach § 227 Abs. 1 vorliegen.[7]

2. Ende des Termins. Die Beendigung eines einzelnen Termins ist nicht zu verwechseln mit dem **Schluss** 3
der mündlichen Verhandlung. Diese wird ggf. erst nach mehreren Terminen, die eine Einheit bilden (§ 128 Rn. 1), geschlossen; andererseits endet sie nicht zeitgleich mit dem letzten Termin (s. § 310 Abs. 1 S. 1, 329 Abs. 1 S. 2), sondern bereits, wenn sich das Gericht nach ausdrücklicher oder konkludenter Schließung (§ 136 Abs. 4) zur Beratung zurückzieht. Der einzelne **Termin** ist hingegen erst beendet mit Verkündung einer Entscheidung (zB Urteil, Beweisbeschluss, Vertagung – § 227 Abs. 1, 4) oder Abschluss eines Prozessvergleichs.

III. Säumnis

1. Voraussetzungen und Zeitpunkt. Verhandelt eine Partei, die erschienen bzw. ordnungsgemäß vertre- 4
ten ist, bis zum Schluss nicht, so gilt der Termin als versäumt. **Schluss** idS ist nicht das Ende des Termins, sondern der **Schluss der mündlichen Verhandlung** iSv. § 136 Abs. 4 im versäumten Termin.[8] Die Partei kann also durch nachträgliches Erscheinen bzw. Verhandeln die Säumnisfolgen im Termin selbst noch abwenden. Unternimmt sie spätestens bis zu diesem Augenblick aber nichts gegen den Erlass eines Versäumnisurteils, so ist der gesamte Termin versäumt,[9] was Bedeutung erlangt, sobald Einspruch eingelegt wird (§ 342 Rn. 2). Erscheint die Partei nach Schluss der mündlichen Verhandlung, aber **vor Verkündung des Versäumnisurteils,** so muss nur unter den engen Voraussetzungen des § 156 (dort Rn. 3–6) wiedereröffnet werden, ohne Anspruch auf sofortiges Verhandeln. Ein **bereits verkündetes Versäumnisurteil** kann von der doch noch erschienenen Partei nur durch Einspruch beseitigt werden. Ein Anspruch auf sofortiges Verhandeln über den Einspruch besteht auch in diesem Fall nicht.[10] Zum **Begriff des Verhandelns** s. §§ 333, 334 Rn. 2. **2. Säumnisfolgen.** Im Säumnisfall kann das Gericht je nach Sachlage entweder **vertagen** (§§ 227 Abs. 1, 335 Abs. 2, 337 S. 1), auf Antrag ein **Versäumnisurteil** erlassen (§§ 330, 331, 345, 539), eine **Entscheidung nach Lage der Akten** fällen (§§ 251a, 331a) oder das **Ruhen** des Verfahrens anordnen (§§ 251a Abs. 3, 251). Sind beide Parteien säumig, so kann die Sache aber auch zurückgestellt und zu einem späteren Zeitpunkt **erneut aufgerufen** werden, ohne dass § 227 zu beachten ist.[11]

221 *Fristbeginn* **Der Lauf einer richterlichen Frist beginnt, sofern nicht bei ihrer Festsetzung ein anderes bestimmt wird, mit der Zustellung des Dokuments, in dem die Frist festgesetzt ist, und, wenn es einer solchen Zustellung nicht bedarf, mit der Verkündung der Frist.**

I. Prozessuale Fristen

1. Zweck und Übersicht. Prozessuale Fristen dienen entweder der **Verfahrensbeschleunigung** oder der 1
Wahrung von **Parteirechten** (zB rechtliches Gehör). Die ZPO kennt eigentliche Fristen (§§ 221–229) und uneigentliche. **a) Eigentliche Fristen.** Hierbei handelt es sich um Zeitspannen, die der Vornahme prozessualer Handlungen **der Parteien** dienen (**Handlungsfristen**) oder als bloße **Zwischenfristen** der Vorbereitung auf einen Termin. Innerhalb der eigentlichen Fristen sind **gesetzliche,** dh. solche, deren Dauer von Gesetzes wegen festgelegt ist und deren Ablauf regelmäßig zum Ausschluss der Parteihandlung führt (§ 230), und **richterliche** zu unterscheiden (s. vor allem im Hinblick auf § 224, dort Rn. 3), bei denen das Gericht die Fristdauer nach konkreten Zeiträumen oder einem bestimmten Endtag festsetzt.[1] Ein Ausschluss der Parteihandlung bei Nichtvornahme innerhalb der Frist ist hier nicht zwingend (§ 296 Abs. 1). Sowohl gesetzliche als auch richterliche Fristen lassen sich nochmals unterteilen in **Notfristen,** die im Gesetz als solche

---

[2] So auch die hM vgl. *St/J/Roth* Rn. 4.
[3] *St/J/Roth* Rn. 5; MK/*Gehrlein* Rn. 2; *B/L/H* Rn. 5; *Zö/Stöber* Rn. 2.
[4] BVerfGE 42, 364, 370f. = NJW 1977, 1443; BVerwG NJW 1986, 204, 205.
[5] KG NJW 1987, 1338, 1339.
[6] LAG Hamm NJW 1973, 1950, 1951 (bereits bei einer Stunde Wartezeit, zweifelhaft!); strenger BVerwG NJW 1999, 2131, 2132 (75 Minuten); *Zö/Stöber* Rn. 3; *St/J/Roth* Rn. 6.
[7] BVerwG NJW 1999, 2131, 2132.
[8] *St/J/Roth* Rn. 2; *T/P/Hüßtege* Rn. 4.
[9] BGH NJW 1993, 861, 862; BGHZ 4, 328, 340; *St/J/Roth* Rn. 10; aA *Ro/S/Go* § 104 Rn. 62; *Deubner* NJW 1980, 2363; *Münzberg*, Wirkungen des Einspruchs im Versäumnisverfahren, 1959, S. 44.
[10] *St/J/Roth* Rn. 12; *B/L/H* Rn. 8.
[11] BVerfG NJW 1995, 3402; MK/*Gehrlein* Rn. 3; *St/J/Roth* Rn. 5.
[1] OVG Koblenz NJW 1993, 2457 (unzulässig: „umgehend"); nach MK/*Gehrlein* Rn. 1 liegt hierin gar keine Fristsetzung; Festsetzung eines Endtages empfehlen wegen Rechtsklarheit AK-ZPO/*Ankermann* Rn. 2 und *St/J/Roth* Rn. 7.

bezeichnet sein müssen (§ 224 Abs. 1 S. 2, dort Rn. 2), und **gewöhnliche Fristen** (alle übrigen, nicht als Notfristen deklarierten).

2 **b) Uneigentliche Fristen** sind Zeiträume für Prozesshandlungen des **Gerichts** und solche, nach deren Ablauf das Gesetz bestimmte Parteihandlungen ausdrücklich **ausschließt.** Für sie gilt von den §§ 221–226 nur § 222 entsprechend, s. aber § 222 Rn. 1.

3 **2. Beispiele. a) Handlungsfristen. aa) gesetzliche:** §§ 313a Abs. 3, 320 Abs. 1, 520 Abs. 2, 551 Abs. 2, 554 Abs. 2, 575 Abs. 2 S. 1.

bb) richterliche: §§ 56 Abs. 2 S. 2, 89 Abs. 1 S. 2, 113 S. 1, 273 Abs. 2 Nr. 1, 275 Abs. 1 S. 1, Abs. 3 und 4; 276 Abs. 1 S. 2 und Abs. 3, 277 Abs. 3; 356 S. 1, 431, 521 Abs. 2, 571 Abs. 3, 926 Abs. 1.

b) Zwischenfristen. aa) gesetzliche: §§ 132, 217 (Ladungsfrist), 274 Abs. 3 (Einlassungsfrist), 523 Abs. 2, 553 Abs. 2.

bb) richterliche: §§ 239 Abs. 3 S. 2, 274 Abs. 3 S. 3.

c) Notfristen. aa) gesetzliche: §§ 276 Abs. 1 S. 1, 321a Abs. 2 S. 2, 339 Abs. 1, 517, 548, 569 Abs. 1, 573 Abs. 1, 575 Abs. 1, 586 Abs. 1, 958 Abs. 1 S. 1.

bb) richterliche: §§ 276 Abs. 1 S. 3 mit S. 1, 339 Abs. 2.

d) Uneigentliche Fristen. §§ 251a Abs. 2 S. 2, 310 Abs. 1, 315 Abs. 2 S. 1, 586 Abs. 2 S. 2, 614 Abs. 4, 798, 816 Abs. 1, 958 Abs. 2.

II. Fristbeginn

4 **1. Anwendungsbereich.** § 221 regelt nur den Beginn richterlich festgesetzter Fristen, für gesetzliche Fristen bestehen individuelle Bestimmungen (s. Rn. 6). **Nicht** anwendbar ist die Vorschrift für die (vertragliche[2]) **Widerrufsfrist** beim **Prozessvergleich.**[3] Für sie gelten §§ 222 ZPO, 187, 188 BGB. § 221 ist auch auf Fristen im Zwangsversteigerungs- und Insolvenzverfahren anwendbar.[4]

5 **2. Richterliche Fristen.** Eine richterliche Frist beginnt nach § 221 zu laufen mit dem in der **Festsetzung** genannten Zeitpunkt, sofern dieser nicht vor der Zustellung oder Verkündung liegt,[5] mit **Zustellung** (zB § 329 Abs. 2 S. 2 mit §§ 275 Abs. 1, 276 Abs. 1, 3) oder mit der ordnungsgemäßen **Verkündung der richterlichen Entscheidung,** welche die Fristsetzung enthält (§ 329 Abs. 1 S. 1). Im zuletzt genannten Fall ist der Fristbeginn für die Parteien gleich und unabhängig von ihrer Anwesenheit bei der Verkündung (§ 312). Unterbleibt eine notwendige Zustellung bzw. Verkündung, so beginnt die Frist nicht – auch nicht mit Zugang der formlosen Mitteilung – zu laufen.[6] § 167 ist nicht anwendbar.[7] Eine wirksame richterliche Fristverfügung liegt nur vor, wenn sie handschriftlich unterzeichnet ist[8] oder den Anforderungen des § 130b genügt (s. dort Rn. 2).

6 **3. Gesetzliche Fristen.** Ihr Beginn ist teilweise besonders gesetzlich bestimmt (zB §§ 517, 548, 569 Abs. 1 S. 2 letzter Halbs, § 544 Abs. 1 S. 2). Regelmäßig laufen sie sonst mit Zustellung der dafür maßgeblichen Entscheidung an die betreffende Partei (zB Einspruchs- und Rechtsmittelfristen, §§ 339, 517, 548, 569, 575 sowie Begründungsfristen nach §§ 520 Abs. 2, 544 Abs. 1, 551 Abs. 2, 575 Abs. 2) und können daher für beide Parteien bei unterschiedlicher Zustellung (gilt auch für richterliche Fristen) zu **verschiedenen Zeitpunkten** beginnen.

7 **4. Fristlauf für Streithelfer.** Sie sind grundsätzlich an die für die Hauptpartei laufenden Fristen gebunden (§ 67 Rn. 3f.), soweit nicht das Gericht speziell dem Streithelfer eine eigene Frist setzt.[9] So laufen aber Rechtsmittelfristen auch für einen Nebenintervenienten mit Zustellung an die Hauptpartei (keine Zustellung an Streithelfer).[10]

222 *Fristberechnung* **(1) Für die Berechnung der Fristen gelten die Vorschriften des Bürgerlichen Gesetzbuchs.**

(2) Fällt das Ende einer Frist auf einen Sonntag, einen allgemeinen Feiertag oder einen Sonnabend, so endet die Frist mit Ablauf des nächsten Werktages.

(3) Bei der Berechnung einer Frist, die nach Stunden bestimmt ist, werden Sonntage, allgemeine Feiertage und Sonnabende nicht mitgerechnet.

I. Anwendungsbereich und Systematik

1 Die Vorschrift gilt für alle prozessualen Fristen (Begriff: § 221 Rn. 1, 2) und die **Vergleichswiderrufsfrist.**[1] Abs. 1 verweist auf §§ 187–189, 192 BGB; Abs. 2 ersetzt § 193 BGB und Abs. 3 trifft eine eigene Berechnungsregelung für die dem BGB unbekannten Stundenfristen. Abs. 2 findet nach hM keine Anwen-

---

[2] BGH NJW 1974, 107.
[3] OLG Schleswig NJW-RR 1987, 1022.
[4] BVerfG NJW 1988, 1773, 1774.
[5] MK/*Gehrlein* Rn. 2.
[6] BGH NJW 1989, 227; MK/*Gehrlein* Rn. 3 (kein Fristlauf); aA offenbar BVerfG NJW 1988, 1773, 1774 (obiter dictum).
[7] *B/L/H* Rn. 5; *Zö/Stöber* Rn. 1.
[8] BGHZ 76, 236, 239, 241 = NJW 1980, 1167.
[9] MK/*Gehrlein* Rn. 3; *St/J/Roth* Rn. 5.
[10] BGH NJW 1986, 257; 1963, 1251, 1252; weit. Nachw. § 67 Rn. 3.
[1] OLG Schleswig NJW-RR 1987, 1022, allgM.; Einzelheiten bei *Schneider E.* MDR 1999, 595.

dung auf die **uneigentlichen** Fristen nach §§ 517, 2. Halbs., 551 Abs. 2 S. 3 und nunmehr § 544 Abs. 1 S. 2, letzter Halbs. Die Fünf- bzw. Sechsmonatsfrist verlängert sich daher nicht, wenn das Fristende auf einen in Abs. 2 genannten Tag fällt.[2]

II. Grundsätze der Fristberechnung

1. Fristbeginn. Nach § 187 Abs. 1 BGB wird der Tag des die Frist auslösenden Ereignisses (Zustellung, Verkündung, s. § 221 Rn. 5, 6) nicht mitgerechnet. Etwas anderes gilt nach § 187 Abs. 2 BGB für Fristen, die mit einem bestimmten Tag beginnen (zB richterliche Frist, die „ab 10. April" beginnen soll – selten): Fristbeginn ist 0 Uhr dieses Tages. 2

2. Fristende. a) Jahres- und Monatsfristen (§ 188 Abs. 2 BGB). Ein halbes Jahr dauert 6 Monate, ein Vierteljahr 3 Monate, ein halber Monat umfasst 15 Tage (**§ 189 BGB**). Für den Ablauf der Frist ist ausgehend von dem Tag, auf den das fristauslösende Ereignis fällt, maßgebend der Ablauf des entsprechend benannten Tages nach Jahres- oder Monatsfrist. **Beispiel:** Zustellung 17. 4., Frist 1 Monat, Fristende 17. 5., 24 Uhr. Besonderheiten gelten nach § 188 Abs. 3 BGB, wenn der entsprechend **benannte Monatstag** im ablaufenden Monat fehlt. **Beispiele:** (1) Zustellung des Urteils am 31. 1., Frist 1 Monat (zB Berufungsfrist), Fristende ist der 28. 2., in Schaltjahren der 29. 2.; aber (2) Zustellung am 28. 2., Frist 1 Monat, Fristende 28. 3. (§ 188 Abs. 2 BGB).[3] 3

b) Wochenfristen. Eine Woche dauert 7 Tage. Auch hier endet die Frist mit Ablauf des Tages, welcher nach der Benennung demjenigen entspricht, auf den das fristauslösende Ereignis fiel. **Beispiel:** Zustellung Montag 2. 9., Frist zwei Wochen, Fristende Montag, 16. 9., 24 Uhr.[4] Für § 187 Abs. 2 BGB gilt das oben Rn. 2 Gesagte entsprechend. 4

c) Tagesfristen. Sie enden nach § 188 Abs. 1 BGB mit Ablauf des letzten Tages der Frist (um 24 Uhr). Der Tag des fristauslösenden Ereignisses zählt nicht mit (§ 187 Abs. 1 BGB). **Beispiel:** Zustellung Montag, 25. 10., Frist 3 Tage (zB Ladungsfrist gemäß § 217), Fristende Donnerstag, 28. 10. um 24 Uhr. Im Fall des § 187 Abs. 2 BGB wird der Tag des Fristbeginns in vollem Umfang mitgerechnet. 5

d) Stundenfristen (relevant noch bei Wechsel- und Scheckklagen). Die Berechnung erfolgt nach vollen Stunden (zB § 604 Abs. 2); eine angebrochene Stunde, in die das fristauslösende Ereignis fällt, ist in analoger Anwendung von § 187 Abs. 1 BGB nicht mitzurechnen.[5] Die Frist endet mit Ablauf der letzten Stunde, wobei die in Abs. 3 genannten Tage nicht eingerechnet werden dürfen. An diesen Tagen kann eine Stundenfrist auch weder beginnen (stattdessen nachfolgender Werktag 0 Uhr), noch enden.[6] **Beispiele:** (1) Zustellung Montag, 10.30 Uhr, Frist 24 Stunden, Fristende Dienstag 11.00 Uhr. (2) Zustellung Freitag, 16.00 Uhr, Frist 48 Stunden, Fristende Dienstag, 16.00 Uhr. 6

III. Wochenend- und Feiertage (Abs. 2 und 3)

1. Fristende. Bei Jahres-, Monats-, Wochen- und Tagesfristen wirken sich Sonn- und Feiertage sowie Samstage nur aus, wenn das **Ende** der Frist auf sie fällt.[7] Fristauslösend ist auch eine sonnabends wirksam vorgenommene Zustellung.[8] § 222 Abs. 2 greift hingegen auch ein, wenn in einer richterlichen Fristsetzung oder Fristverlängerung das Ende datumsmäßig auf einen Wochenend- oder Feiertag bestimmt ist:[9] Fristablauf dann erst am Ende des darauf folgenden Werktages. **Beispiel:** Zustellung: Montag vor Ostern (1. 4.), Frist 1 Woche, Fristende Dienstag nach Ostern (9. 4.) um 24 Uhr. Wird in diesem Fall die ursprüngliche Frist verlängert, so beginnt die **Verlängerung** ebenfalls erst mit dem nach Abs. 2 berechneten Fristende.[10] Im Beispielsfall also Mittwoch, 0 Uhr. Zu den für die vollständige Urteilsabfassung geltenden Fristen s. oben Rn. 1. 7

Allgemeine Feiertage im Sinne der Vorschrift sind nur **gesetzliche Feiertage** (s. bereits § 216 Rn. 9). Nicht gleichgestellt sind Tage, an denen bei Gerichten und Behörden zT üblicherweise nicht gearbeitet wird (zB 24. oder 31. 12.).[11] Maßgebend ist die (nicht notwendigerweise landeseinheitliche) Feiertagsregelung **am Gerichtsort** (Sitz der Kanzlei unbeachtlich).[12] Bei Gerichten mit detachierten Kammern bzw. Senaten ist darauf abzustellen, ob am Sitz der auswärtigen Stelle, nicht am Sitz des Hauptgerichts, Feiertag ist.[13] 8

2. Stundenfristen, Abs. 3. Nur bei Fristen, die nach Stunden zu berechnen sind, werden Sonnabende, Sonn- und Feiertage nicht mitgezählt, s. Beispiel oben Rn. 6. 9

---

[2] BAG BB 2000, 1683, 1684 und hL (s. § 517 Rn. 9).
[3] BGH NJW 1985, 495, 496; 1984, 1358; *Zö/Stöber* Rn. 6, hM; aA OLG Celle OLGZ 1979, 360, 361.
[4] Beispiel VGH Kassel NJW 1987, 2765.
[5] *Zö/Stöber* Rn. 2; *T/P/Hüßtege* Rn. 4.
[6] *Zö/Stöber* Rn. 3.
[7] BAG DB 1997, 988 = NJW 1997, 1942 (LS).
[8] BSG NJW 1984, 2593 (LS).
[9] BVerfG Rpfleger 1982, 478.
[10] BGHZ 21, 43, 45 = NJW 1956, 1278, bestätigend BGH BB 2006, 182 (LS); *B/L/H* Rn. 6, § 224 Rn. 10; *T/P/Hüßtege* Rn. 9; aA OLG Rostock NJW 2004, 3141.
[11] VGH Mannheim NJW 1987, 1353; OVG Hamburg NJW 1993, 1941.
[12] BAG NJW 1997, 1942 (LS); VGH München NJW 1997, 2130; OVG Frankfurt/O. NJW 2004, 3795.
[13] BAG NJW 1989, 1181; AP ZPO § 222 Nr. 1 m. zust. Anm. *Baumgärtel.*

IV. Einhaltung von Fristen

10 **Handlungsfristen** (zum Begriff s. § 221 Rn. 1) sind eingehalten, wenn die betreffende prozessuale Handlung noch **innerhalb der Frist** vorgenommen wird. Am Tag des Fristablaufes kann daher zB ein fristgebundener Schriftsatz noch bis 24 Uhr in den Gerichtsbriefkasten eingeworfen werden, auch wenn **kein Nachtbriefkasten** vorhanden ist.[14] Dieser erleichtert lediglich den Nachweis rechtzeitigen Eingangs. Auch bei Gerichtspostfächern ist allein der Eingang dort maßgebend, nicht die Frage, ob noch innerhalb der Frist mit Abholung oder Kenntnisnahme gerechnet werden kann.[15] **Zwischenfristen** (s. § 221 Rn. 1) sind ordnungsgemäß eingehalten, wenn erst **nach ihrem Ablauf** beispielsweise der Termin stattfindet, zu dem geladen wurde.

223 *(weggefallen)*

224 *Fristkürzung; Fristverlängerung* (1) [1]**Durch Vereinbarung der Parteien können Fristen, mit Ausnahme der Notfristen, abgekürzt werden.** [2]**Notfristen sind nur diejenigen Fristen, die in diesem Gesetz als solche bezeichnet sind.**

(2) **Auf Antrag können richterliche und gesetzliche Fristen abgekürzt oder verlängert werden, wenn erhebliche Gründe glaubhaft gemacht sind, gesetzliche Fristen jedoch nur in den besonders bestimmten Fällen.**

(3) **Im Falle der Verlängerung wird die neue Frist von dem Ablauf der vorigen Frist an berechnet, wenn nicht im einzelnen Fall ein anderes bestimmt ist.**

I. Parteivereinbarung

1 Abs. 1 räumt den Parteien die Möglichkeit ein, alle **richterlichen oder gesetzlichen** Fristen mit Ausnahme von Notfristen und uneigentlichen (§ 221 Rn. 2) Fristen durch **formlosen Prozessvertrag**[1] (auch außergerichtlich, kein Anwaltszwang[2]) zu verkürzen. Eine **Verlängerung** ist wegen der gebotenen zügigen Verfahrensdurchführung nicht möglich; etwas anderes gilt für die nicht unter die Vorschrift fallende Vergleichswiderrufsfrist, wenn die Verlängerung vor Ablauf der ursprünglichen Frist erfolgt[3] (kein Protokollierungszwang[4]). Sie unterliegt als Prozesshandlung (Abänderung des Prozessvergleichs) dem Anwaltszwang.[5]

II. Notfristen

2 Notfristen sind nach Abs. 1 S. 2 nur solche, die im Gesetz – nicht notwendigerweise in der ZPO[6] (s. auch §§ 30b, 180 ZVG, §§ 59, 76, 96a ArbGG) – als solche **bezeichnet** sind. Der Gesetzgeber hat es wiederholt versäumt, den Wortlaut „in diesem Gesetz" zu korrigieren. Die Besonderheiten von Notfristen liegen darin, dass sie auch während des **Ruhens des Verfahrens** laufen (§ 251 S. 2), gemäß Abs. 1 S. 1 unabänderlich sind, **Wiedereinsetzung** möglich ist (§ 233). Auch bei Notfristen ist gem. § 189 uneingeschränkte Heilung von Zustellungsmängeln möglich. Die Frist für den Wiedereinsetzungsantrag selbst ist keine Notfrist (§ 243 Abs. 1),[7] ebenso wenig die Rechtsmittelbegründungsfristen.[8]

III. Friständerung durch das Gericht (Abs. 2)

3 **1. Voraussetzungen.** Bei vorliegendem **Antrag** (Einzelheiten zum Verfahren s. § 225) und **Änderungsgrund** kann das Gericht bzw. der Vorsitzende (§ 225 Rn. 1) die von ihm gesetzten Fristen abkürzen oder verlängern; gesetzliche Fristen nur, soweit dies im Gesetz ausdrücklich bestimmt ist (zB §§ 134 Abs. 2 S. 2, 226, 340 Abs. 3, 520 Abs. 2 S. 2, 551 Abs. 2 S. 5, 575 Abs. 2 S. 2). Die Frist bleibt in diesen Fällen trotz gerichtlicher Abänderung eine **gesetzliche** Frist.[9] Ist die richterliche Frist in einem (Zwischen-)Urteil festgesetzt, kann sie wegen § 318, der Vorrang vor Abs. 2 hat, nicht mehr geändert werden.[10] **Notfristen** unterliegen nicht der Änderungsmöglichkeit (Rn. 2), ebenso wenig die Vergleichswiderrufsfrist[11] (zur Änderung durch die Parteien oben Rn. 1). Erhebliche Gründe iSv. Abs. 2 sind identisch mit denen nach §§ 227 Abs. 1,

---

[14] BVerfG NJW 1986, 244; BVerwG NJW 1964, 1239; aA BayObLG MDR 1976, 67.
[15] BGH MDR 1987, 134.
[1] Statt vieler *T/P/Hüßtege* Rn. 1.
[2] *St/J/Roth* Rn. 2; MK/*Gehrlein* Rn. 2; *Zö/Stöber* Rn. 2; aA offensichtlich für Vereinbarung vor Gericht *B/L/H* Rn. 4.
[3] OLG Hamm FamRZ 1988, 535, 536; *Bergerfurth* NJW 1969, 1797, 1799; großzügiger insoweit LG Bonn MDR 1997, 783.
[4] *St/J/Roth* Rn. 3; *T/P/Hüßtege* Rn. 1; aA LG Bonn MDR 1997, 783 (Verlängerung nach Fristablauf).
[5] *Zö/Stöber* Rn. 2.
[6] HM; OLG Nürnberg AnwBl 1981, 499; *B/L/H* Rn. 5.
[7] BGHZ 26, 99, 101 = NJW 1958, 183.
[8] Ablehnend für die Frist nach § 629a Abs. 3 OLG Celle FamRZ 1990, 646, 647; OLG Hamburg FamRZ 1990, 771, 772.
[9] OLG Hamburg MDR 1952, 561.
[10] LG Hamburg IPRax 1998, 276, 277.
[11] BGHZ 61, 394, 398 = NJW 1974, 107.

520 Abs. 2 S. 3. Parteivereinbarung genügt nach hM für sich genommen nicht.[12] Sie liegen zB vor bei Erkrankung des Anwalts oder der Partei, deren Mitwirkung bzw. Information notwendig ist, Anwaltswechsel, Überlastung des Prozessbevollmächtigen[13] o. ä. (s. auch § 520 Abs. 2 S. 3, dort Rn. 8).[14] Sie sind grundsätzlich glaubhaft zu machen (§ 294); die Praxis begnügt sich freilich zu Recht oft mit anwaltlichen Erklärungen.[15]

2. Entscheidung. Die Bewilligung ist **Ermessensentscheidung,** jedoch muss bei der Interessenabwägung auch das Gebot der Verfahrensbeschleunigung beachtet werden. Strenge Maßstäbe sind vor allem bei wiederholten Gesuchen (s. auch § 225 Rn. 2) anzulegen. Eine Frist kann auch noch **nach ihrem regulären Ablauf** verlängert werden, wenn der **Antrag** noch **rechtzeitig** während des Fristlaufs gestellt, dh. bei Gericht eingegangen war[16] (s. § 520 Rn. 10). Ein nach Fristablauf gestellter Verlängerungsantrag kann ggf. als Wiedereinsetzungsgesuch (§§ 233, 236) **umgedeutet** werden[17] oder eine Präklusion verspäteten Vorbringens bei entsprechendem Vortrag hindern[18]. Zur Hauptsache darf nicht entschieden werden, bevor nicht der Verlängerungsantrag beschieden wurde.[19] 4

IV. Berechnung der Verlängerungsfrist

Nach Abs. 3 ist zunächst der gewöhnliche Fristablauf festzustellen (einschließlich § 222 Abs. 2[20], dh. verlängerter Teil der Frist beginnt erst mit Ablauf des nächstfolgenden Werktages) und von diesem Zeitpunkt an die Verlängerung zu berechnen, wenn das Gericht nicht Abweichendes angeordnet hat (s. § 222 Rn. 7 m. Nachw.). Bei so genannten **Genaufristen** („bis zum 1. 4."), erübrigt sich die Berechnung; die verlängerte Frist endet mit Ablauf des genannten Tages (§§ 222 Abs. 1 ZPO, 188 Abs. 1 BGB). 5

V. Rechtsanwaltsgebühren

Zu den Anwaltsgebühren s. § 216 Rn. 12. 6

225 *Verfahren bei Friständerung*

(1) Über das Gesuch um Abkürzung oder Verlängerung einer Frist kann ohne mündliche Verhandlung entschieden werden.

(2) Die Abkürzung oder wiederholte Verlängerung darf nur nach Anhörung des Gegners bewilligt werden.

(3) Eine Anfechtung des Beschlusses, durch den das Gesuch um Verlängerung einer Frist zurückgewiesen ist, findet nicht statt.

I. Verfahren

1. Zuständigkeit. Grundsätzlich entscheidet das **Gericht,** dem gegenüber die Frist läuft. In den gesetzlich ausdrücklich bestimmten Fällen ist der **Vorsitzende** befugt, über die Änderung zu entscheiden (zB §§ 134 Abs. 2 S. 2, 226 Abs. 3, 520 Abs. 2 S. 3, 551 Abs. 2 S. 5). Auch soweit der Vorsitzende die Frist nach dem Gesetz (zB §§ 275 Abs. 1, 276 Abs. 1) **alleine** setzen kann, ist er zu ihrer **Abänderung** befugt oder kann einen entsprechenden Antrag ablehnen.[1] Eine vom Kollegium gesetzte Frist kann hingegen auch nur von diesem geändert werden.[2] Unzuständigkeit hindert nicht die Wirksamkeit der Entscheidung.[3] Zur Zuständigkeit des Richterkommissars vgl. § 229. 1

2. Antrag und Entscheidung. Eine Friständerung darf nicht von Amts wegen verfügt werden, sondern bedarf immer eines schriftlichen (s. aber § 130 a)[4] oder in der mündlichen Verhandlung zu Protokoll gestellten **Antrags** (Anwaltszwang[5]). Er muss noch während des Fristlaufs bei Gericht eingehen (§ 224 Rn. 4)[6]. Antragsbefugt sind grundsätzlich beide Parteien.[7] Die Entscheidung ergeht ohne mündliche Verhandlung 2

---

[12] *T/P/Hüßtege* Rn. 7; großzügiger MK/*Gehrlein* Rn. 5.

[13] BAG NJW 1995, 1446; 1995, 150; BGH NJW-RR 1989, 1280; NJW 1991, 2080, 2081.

[14] Ablehnend OLG Düsseldorf MDR 1987, 768, 769, wenn Mitnahme der Gerichtsakten in Anwaltsbüro verweigert wurde.

[15] *St/J/Roth* Rn. 9; ähnlich BAG NJW 1995, 144; 1995, 150; *B/L/H* Rn. 7; AK-ZPO/*Ankermann* Rn. 6.

[16] Vgl. BGHZ 116, 377 = NJW 1992, 842 (gegen BGHZ 102, 37 = NJW 1988, 268); FamRZ 1996, 543, 544; BGHZ (GS) 83, 217, 221 = NJW 1982, 1651; BFH BFH/NV 2001, 1421; hL, s. nur MK/*Feiber* § 225 Rn. 3; krit. *Rimmelspacher,* Festschr. f. Gaul, 1997, 553ff.

[17] *St/J/Roth* Rn. 10; *Zö/Stöber* Rn. 7; *T/P/Reichold* § 520 Rn. 15; s. auch VGH Kassel MDR 1996, 742, 743; aA noch BGH VersR 1968, 992.

[18] Vgl. OLG Koblenz NJW 1989, 987; *St/J/Roth* Rn. 10; *Zö/Stöber* Rn. 7.

[19] BVerwG NJW 1988, 1280, 1281.

[20] BGH NJW 2006, 700; BGHZ 21, 43, 45 = NJW 1956, 1278.

[1] BGH VersR 1985, 972; 1984, 894; 1982, 1191, 1192; *Demharter* MDR 1986, 797, 798; *St/J/Roth* Rn. 2; MK/*Gehrlein* Rn. 6; *T/P/Hüßtege* Rn. 1; aA wohl *Zö/Stöber* Rn. 3.

[2] BGH NJW 1983, 2030, 2031; *Zö/Stöber* Rn. 3.

[3] BGHZ 37, 125, 126 = NJW 1962, 1396.

[4] BGHZ 93, 300, 304f. = NJW 1985, 1558 (telefonischer Antrag genügt nicht, richterliche Friständerung heilt aber Formfehler, BGH NJW-RR 1998, 1155); MK/*Gehrlein* Rn. 2.

[5] BGHZ 93, 300, 304f. = NJW 1985, 1558.

[6] OLG Rostock NJW 2004, 3141.

[7] *St/J/Roth* Rn. 3; *B/L/H* Rn. 4; aA BGH NJW 1951, 605; MK/*Gehrlein* Rn. 1.

(freigestellt) durch **Gerichtsbeschluss** oder **Verfügung** des Vorsitzenden[8] (s. Rn. 1). Nach Abs. 2 muss lediglich im Fall der Fristverkürzung (s. aber § 226 Abs. 3) oder einer wiederholten Verlängerung dem **Gegner rechtliches Gehör** gewährt werden.[9] Seine Zustimmung ist nicht erforderlich.[10] Wird die wiederholte Verlängerung nur unter Hinweis auf die fehlende Zustimmung des Gegners verwehrt, so verstößt dies gegen Art. 2 Abs. 1 GG iVm dem Rechtsstaatsprinzip.[11]

3 Die **Friständerung** enthält gleichzeitig eine **Aufhebung** der bisherigen Frist,[12] die neue Frist kann nach **Zeiträumen** oder durch eine **Genaufrist,** dh. datumsmäßiger Festlegung eines konkreten Tages, bestimmt werden. Bloßes **Schweigen** auf einen konkreten Verlängerungantrag ist keinesfalls richterliche Friständerung.[13] Der Anwalt darf sich nicht ohne Rückfrage auf eine wiederholte Gewährung der Fristverlängerung verlassen.[14] Die Entscheidung ist nur **zu begründen,** wenn ein Antrag abgelehnt wird oder der Gegner widersprochen hatte,[15] sie ist **handschriftlich** zu unterzeichnen (Paraphe genügt nicht[16], s. aber § 130b) und gemäß § 329 Abs. 2 S. 2 jedenfalls der Partei zuzustellen, die eine abgekürzte Frist einhalten muss. Bei Gewährung einer Fristverlängerung genügt **Mitteilung** an den Antragsteller (§ 329 Abs. 1 S. 1), es bedarf keiner Zustellung, da kein neuer Fristlauf iSv. § 329 Abs. 2 S. 2 vorliegt.[17] Formlose Mitteilung einer Fristverlängerung an den Gegner empfiehlt sich.[18] Wird die Verlängerung ohne Angabe einer neuen Frist mitgeteilt, so ist jedenfalls die reguläre Frist wirksam aufgehoben.[19]

II. Rechtsmittel

4 Beschwerde ist nach Abs. 3 nicht statthaft gegen die Ablehnung eines **Fristverlängerungsantrags.**[20] Entscheidungen, die eine beantragte Verkürzung oder Verlängerung gewähren, sind ebenfalls für sich genommen unanfechtbar (§ 567 Abs. 1).[21] Nach teilweise vertretener Ansicht soll dagegen wegen des Wortlautes von Abs. 3 die Ablehnung eines Antrags auf Frist **verkürzung** mit der sofortigen Beschwerde anfechtbar sein (§ 567 Abs. 1 Nr. 2).[22]

III. Gebühren und Kosten

1. Zu den **Rechtsanwaltsgebühren** vgl. § 216 Rn. 12.

6 **2. Gerichtskosten.** Gerichtsgebühren werden für das Verfahren einschließlich der Entscheidung über den Antrag nicht erhoben; für das Beschwerdeverfahren gilt KV Nr. 1812.

226 *Abkürzung von Zwischenfristen* (1) **Einlassungsfristen, Ladungsfristen sowie diejenigen Fristen, die für die Zustellung vorbereitender Schriftsätze bestimmt sind, können auf Antrag abgekürzt werden.**

(2) Die Abkürzung der Einlassungs- und der Ladungsfristen wird dadurch nicht ausgeschlossen, dass infolge der Abkürzung die mündliche Verhandlung durch Schriftsätze nicht vorbereitet werden kann.

(3) Der Vorsitzende kann bei Bestimmung des Termins die Abkürzung ohne Anhörung des Gegners und des sonst Beteiligten verfügen; diese Verfügung ist dem Beteiligten abschriftlich mitzuteilen.

I. Anwendungsbereich und Verfahren

1 Die Vorschrift ist anwendbar auf die Zwischenfristen (Begriff: § 221 Rn. 1) der §§ 132, 217, 274 Abs. 3, 604 (nicht §§ 273 Abs. 2 Nr. 1, 275 Abs. 1[1]); nicht auf die Widerspruchsfrist im Mahnverfahren.[2] Die Verkürzung bedarf immer eines ausdrücklichen[3] **Antrags** (s. § 225 Rn. 2). Abs. 3 ist Sonderregelung zu § 225 Abs. 2. Gründe für die Verkürzung sollten angegeben werden, sind aber **nicht glaubhaft** zu machen.[4]

---

8 *Demharter* MDR 1986, 797.
9 Verstoß berührt Wirksamkeit der Friständerung nicht, BAG VersR 1979, 947, 948.
10 BVerfG NJW 2000, 944, 945.
11 BVerfG NJW 2000, 944, 945.
12 BGH NJW-RR 1987, 1277.
13 So auch *Zö/Stöber* Rn. 4; BGH VersR 1990, 327, 328; vgl. OLG Köln VersR 1983, 252.
14 BGH VersR 1998, 737.
15 *T/P/Hüßtege* Rn. 3; aA *B/L/H* Rn. 6.
16 BGHZ 76, 236, 241 = NJW 1980, 1167; offen BGHZ 93, 300, 304f. = NJW 1985, 1558.
17 BGHZ 93, 300, 305 = NJW 1985, 1558; NJW 1990, 1797 unter Aufgabe von BGH VersR 1989, 1063; *Müller* NJW 1990, 1778, 1779; *St/J/Roth* Rn. 7.
18 So auch *Zö/Stöber* § 225 Rn. 6.
19 BGH NJW-RR 1987, 1277.
20 BGH NJW 1993, 134, 135; VersR 1985, 865.
21 BGHZ 102, 37, 39 = NJW 1988, 268 (f. Verlängerung); *Demharter* MDR 1986, 797; aA *Teubner* JR 1988, 281, 282.
22 *St/J/Roth* Rn. 9; *Zö/Stöber* Rn. 8; *T/P/Hüßtege* Rn. 4; aA mit guten Gründen MK/*Gehrlein* Rn. 8.
1 *St/J/Roth* Rn. 1; MK/*Gehrlein* Rn. 1; aA *Zö/Stöber* Rn. 1.
2 *B/L/H* Rn. 3; *Zö/Stöber* Rn. 1.
3 *St/J/Roth* Rn. 2; MK/*Gehrlein* Rn. 3; aA *Zö/Stöber* Rn. 2.
4 *St/J/Roth* Rn. 2; *Zö/Stöber* Rn. 2; *B/L/H* Rn. 1; aA MK/*Gehrlein* Rn. 2.

II. Entscheidung und Rechtsbehelfe

2 Die Abkürzung steht im **Ermessen** des Vorsitzenden und darf zwar die Vorbereitung durch Schriftsätze ausschließen (Abs. 2), nicht aber eine angemessene **Vorbereitung schlechthin** (rechtliches Gehör!); s. auch § 337.[5] Die Entscheidung wird regelmäßig mit Terminsbestimmung und Ladung mitgeteilt. Gegen die **Ablehnung** des Antrags ist sofortige Beschwerde statthaft (§ 567 Abs. 1 Nr. 2), s. im Übrigen § 225 Rn. 4.

III. Rechtsanwaltsgebühren

3 Zu den **Rechtsanwaltsgebühren** vgl. § 216 Rn. 12.

227 *Terminsänderung* **(1) [1]Aus erheblichen Gründen kann ein Termin aufgehoben oder verlegt sowie eine Verhandlung vertagt werden. [2]Erhebliche Gründe sind insbesondere nicht**
1. das Ausbleiben einer Partei oder die Ankündigung, nicht zu erscheinen, wenn nicht das Gericht dafür hält, dass die Partei ohne ihr Verschulden am Erscheinen verhindert ist;
2. die mangelnde Vorbereitung einer Partei, wenn nicht die Partei dies genügend entschuldigt;
3. das Einvernehmen der Parteien allein.

(2) Die erheblichen Gründe sind auf Verlangen des Vorsitzenden, für eine Vertagung auf Verlangen des Gerichts glaubhaft zu machen.

(3) [1]Ein für die Zeit vom 1. Juli bis 31. August bestimmter Termin, mit Ausnahme eines Termins zur Verkündung einer Entscheidung, ist auf Antrag innerhalb einer Woche nach Zugang der Ladung oder Terminsbestimmung zu verlegen. [2]Dies gilt nicht für
1. Arrestsachen oder die eine einstweilige Verfügung oder einstweilige Anordnung betreffenden Sachen,
2. Streitigkeiten wegen Überlassung, Benutzung, Räumung oder Herausgabe von Räumen oder wegen Fortsetzung des Mietverhältnisses über Wohnraum auf Grund der §§ 574 bis 574b des Bürgerlichen Gesetzbuchs,
3. Streitigkeiten in Familiensachen,
4. Wechsel- oder Scheckprozesse,
5. Bausachen, wenn über die Fortsetzung eines angefangenen Baues gestritten wird,
6. Streitigkeiten wegen Überlassung oder Herausgabe einer Sache an eine Person, bei der die Sache nicht der Pfändung unterworfen ist,
7. Zwangsvollstreckungsverfahren oder
8. Verfahren der Vollstreckbarerklärung oder zur Vornahme richterlicher Handlungen im Schiedsverfahren;

dabei genügt es, wenn nur einer von mehreren Ansprüchen die Voraussetzungen erfüllt. [3]Wenn das Verfahren besonderer Beschleunigung bedarf, ist dem Verlegungsantrag nicht zu entsprechen.

(4) [1]Über die Aufhebung sowie Verlegung eines Termins entscheidet der Vorsitzende ohne mündliche Verhandlung; über die Vertagung einer Verhandlung entscheidet das Gericht. [2]Die Entscheidung ist kurz zu begründen. [3]Sie ist unanfechtbar.

I. Normzweck

1 Im Interesse der **Verfahrensbeschleunigung** sind Termine grundsätzlich der Parteiherrschaft entzogen und ihre Änderung durch das Gericht an bestimmte Voraussetzungen gebunden. Die Parteien dürfen sich daher im Regelfall auf einmal anberaumte Termine einstellen. Einer zu großzügigen Bereitschaft zur Änderung soll die exemplarische **Negativliste** in Abs. 1 entgegenwirken. Andererseits ist **erheblichen Gründen** zur Wahrung rechtlichen Gehörs Rechnung zu tragen.[1]

2 Der Grundsatz des Abs. 1 wird durchbrochen durch den nach Abschaffung der Gerichtsferien eingefügten Abs. 2,[2] der für Termine, welche für die Zeit vom 1. Juli bis 31. August anberaumt sind, einen **Anspruch auf Verlegung** gibt. Damit soll für die „Kern"ferienzeit sichergestellt werden, dass Parteien und Anwälten keine unzumutbaren Schwierigkeiten bei der Terminswahrnehmung entstehen.

II. Begriffe

3 **Aufhebung** ist das ersatzlose Absetzen eines Termins vor seinem Beginn, **Verlegung** die Aufhebung verbunden mit einer neuen Terminsbestimmung ebenfalls vor Beginn und **Vertagung** die Bestimmung eines neuen Termins,[3] nachdem der anberaumte bereits begonnen, aber noch nicht beendet ist. **Unterbrechung,** nicht Vertagung (wichtig vor allem wegen § 217) eines Termins liegt hingegen vor, wenn ein kurzer verhandlungsfreier Zwischenraum eingeschoben wird, ohne dass der äußere und inhaltliche Zusammenhang

---

[5] BGHZ 27, 163, 169 = NJW 1958, 1186.
[1] Hierzu zB BSG NJW 1996, 677, 678.
[2] Gesetz vom 28. 10. 1996, BGBl. 1996 I S. 1546; hierzu *Feiber* NJW 1997, 160ff.
[3] Eine konkrete neue Terminsbestimmung ist nicht zwingend; MK/*Gehrlein* Rn. 2; s. auch OLG Hamm Rpfleger 1995, 161.

verloren geht: Regelmäßig ist das nur bei Fortsetzung am selben Tag noch gegeben.[4] Abs. 2 ermöglicht nur eine Verlegung.

III. Voraussetzungen nach Abs. 1

4 **1. Erhebliche Gründe.** Die Entscheidung kann von Amts wegen oder auf Antrag (formlos – in Eilfällen auch telefonisch[5] –, Anwaltszwang) ergehen. Sie steht im **Ermessen** des Gerichts,[6] solange nicht die Gewährung rechtlichen Gehörs eine Verlegung **notwendig** macht.[7] Eine Weigerung, den Termin zu verlegen, kann nur bei Hinzutreten weiterer Umstände (zB einseitige Benachteiligung einer Partei) die Richterablehnung rechtfertigen.[8] Der Verlegungsantrag kann je nach Sachlage einen Antrag nach § 283 beinhalten.[9] Zum Terminsbegriff s. § 214 Rn. 3. Bei Vorverlegung sind §§ 225 Abs. 2, 226 zu beachten. Grundsätzlich ist eine strenge Handhabung angeraten, um Prozessverschleppung zu vermeiden;[10] mit einem formalen Festhalten an nicht gründlich vorbereiteten Terminen ist allerdings der zügigen Streitbeilegung ebenso wenig gedient.[11] Eine Terminsänderung ist gerechtfertigt, wenn trotz aller nach der Prozesslage gebotener und zumutbarer Anstrengungen[12] die ordnungsgemäße Wahrnehmung eines Termins seitens eines Beteiligten nicht möglich ist. Alle im Rahmen von § 337 anerkannten Entschuldigungsgründe (dort Rn. 3–6) oder **Wiedereinsetzungsgründe** nach § 233 (dort Rn. 6 ff.) sind im Regelfall auch „erheblich" iSd. § 227.[13] Zu beachten ist, dass ein Termin gar nicht erst anberaumt werden sollte, wenn feststeht, dass ein Prozessbeteiligter aus nicht verschuldeten Gründen nicht teilnehmen kann.[14] Zwingende **sachliche Gründe** liegen im Übrigen dann vor, wenn Ladungs- oder Einlassungsfristen nicht eingehalten sind[15] oder aus Gründen, die in der Sphäre des Gerichts liegen, ein Termin nicht durchgeführt werden kann (zB Erkrankung des Richters). Folgende **Hinderungsgründe** sind anerkannt bei **Parteien** (bzw. deren gesetzlichen Vertretern[16]), soweit ihr persönliches Erscheinen notwendig ist[17] oder ihrerseits ein berechtigtes Interesse an der Teilnahme besteht bzw. im Parteiprozess ohne anwaltliche Vertretung,[18] bei **Nebenintervenienten,**[19] **Zeugen** und **Sachverständigen** (soweit mündliche Erläuterung des Gutachtens notwendig): Erkrankung,[20] Auslandsaufenthalt oder urlaubsbedingte Abwesenheit[21] – wenn langfristig geplant oder aus sonstigen Gründen Verschiebung nicht zumutbar ist[22] –, unverschuldete Schwierigkeiten bei der Anreise,[23] Einhaltung religiöser Feiertage,[24] Familienfeiern, Todesfall in der Familie, sonstige persönliche Hinderungsgründe wie Pflege naher Angehöriger ohne Vertretungsmöglichkeit[25].

5 Dasselbe gilt grundsätzlich für **Prozessbevollmächtigte,**[26] allerdings mit der Maßgabe, dass bei vorhersehbarer Abwesenheit (Krankheit,[27] Kur, Urlaub etc.) für Vertretung zu sorgen ist (§ 53 BRAO).[28] Eine **kurzfristige** wichtige persönliche Verhinderung oder Erkrankung kann Terminsänderung rechtfertigen, wenn die Vertretung durch ein Sozietätsmitglied wegen fehlender Kenntnis des Prozessstoffs nicht in Betracht kommt.[29] Bei **Kollision mit einem anderen Gerichtstermin** genießt der zuerst anberaumte grundsätz-

---

[4] Großzügiger MK/*Gehrlein* Rn. 2 aE; OLG Köln OLGZ 1984, 245, 247 (zulässige Unterbrechung von Freitag bis Dienstag).

[5] *Zö/Stöber* Rn. 24.

[6] BVerwG NJW 1992, 2042; 1991, 2097; *Carl* BB 1989, 2017, 2018.

[7] BVerwG NJW 1995, 1441; BFH Urt. v. 3. 7. 2001 (II B 132/00 – nicht veröffentlicht); BFH BFH/NV 2001, 1579; 2001, 1125; OLG Köln NJW-RR 1998, 1076; OLG Hamm NJW-RR 1992, 121.

[8] OLG Brandenburg NJW-RR 1999, 1291, 1292; OLG Köln NJW-RR 2000, 591, 592.

[9] OLG Köln NJW-RR 1998, 1076.

[10] *B/L/H* Rn. 8.

[11] Vgl. MK/*Gehrlein* Rn. 3; *Schneider* MDR 1977, 793, 794; *St/J/Roth* Rn. 13; Anwendung im Eilverfahren bejaht LG Aachen NJW-RR 1997, 380.

[12] S. auch OLG Hamm NJW-RR 1996, 969, 970.

[13] So auch *St/J/Roth* Rn. 7; *Zö/Stöber* Rn. 5 (für § 337).

[14] BSG NJW 1992, 1190.

[15] *T/P/Hüßtege* Rn. 8; *Zö/Stöber* Rn. 6; *B/L/H* Rn. 12, 16.

[16] *St/J/Roth* Rn. 5.

[17] BFH NJW 1991, 2104 (LS); BVerwG NJW 1991, 2097.

[18] *St/J/Roth* Rn. 5.

[19] *St/J/Roth* Rn. 10; dort Rn. 11 auch zur Terminsverlegung bei Verhinderung eines Streitgenossen.

[20] OLG Köln NJW-RR 1990, 1341, 1342 (für fehlende Möglichkeit der Partei, den Anwalt sachlich zu informieren); OVG Münster NJW 1996, 334, 335 (bei anwaltlicher Vertretung ist Teilnahmeinteresse der Partei hinreichend zu begründen); BFH BFH/NV 1991, 756, 766; BSG NJW 1984, 888 (je Rechtsanwalt betreffend); BVerwG NJW 1986, 2897, 2898 (ärztl. attestierte Schockwirkung nach Unfall); BVerwG NJW 1995, 799, 800 verlangt substantiierte Darlegung, warum Verhandlungsunfähigkeit vorgelegen habe, für Verletzung rechtlichen Gehörs.

[21] OLG Hamm NJW-RR 1992, 121; *St/J/Roth* Rn. 9; *T/P/Hüßtege* Rn. 5, 6.

[22] BVerwGE 81, 229, 233 f. (Reise gebucht und bezahlt); OLG Brandenburg FamRZ 2002, 1042; *St/J/Roth* Rn. 6.

[23] BVerwG NJW 1995, 1441, 1442 (zur Situation bei Streik); 1992, 3185, 3186; 1986, 1057, 1058; *St/J/Roth* Rn. 8.

[24] *St/J/Roth* Rn. 6; *Zö/Stöber* Rn. 6.

[25] Hierzu BVerwG NJW 1992, 2042.

[26] S. insbes. oben Fn. 19, 22.

[27] OLG Frankfurt/M AnwBl. 1980, 151, 152.

[28] BFH NJW 2001, 2735; BFH BFH/NV 1989, 175, 176; *St/J/Roth* Rn. 8; zu Recht streng *B/L/H* Rn. 21, 23.

[29] BVerwG NJW 1984, 882; *B/L/H* Rn. 16; so auch *Schneider* Beil. ZAP 5/2001, 12.

lich Priorität[30]; dennoch kann zB ein später anberaumter Termin in einem Eilverfahren[31] oder etwa ein Beweistermin mit zahlreichen Zeugen Vorrang vor einem früheren reinen Verhandlungstermin haben, wenn der zuletzt genannte leichter zu verlegen ist.[32] Auch hier ist gerade bei Sozietäten die zumutbare Wahrnehmung eines Termins durch einen Vertreter zu berücksichtigen, wenn hierdurch Interessen des Mandanten nicht beeinträchtigt werden.[33] Vorgebrachte Gründe sind nach Abs. 2 nur auf Verlangen – ggf. binnen kurzer Frist[34] – gemäß § 294 **glaubhaft zu machen.** Ärztliches Attest genügt im Krankheitsfall aber regelmäßig.[35]

2. Nicht hinreichende Gründe. Ist einmal Termin anberaumt, so ist die noch nicht erfüllte **Vorschusspflicht** nach GKG kein erheblicher Grund.[36] **Abs. 1 Nr. 1** (Ausbleiben bzw. dessen Ankündigung seitens Partei, gesetzlicher Vertreter, Prozessbevollmächtigtem) greift ein, wenn die Verhinderung **verschuldet** ist. Grobe Fahrlässigkeit ist nicht notwendig. Maßstab ist eine sorgfältige und gewissenhafte Prozessführung. In den unter Rn. 4 genannten Fällen wird es an einem Verschulden regelmäßig fehlen. 6

Mangelnde Vorbereitung (Abs. 1 Nr. 2) kann Tatsachen oder die Rechtslage betreffen. Zu späte Information oder Beauftragung eines Prozessbevollmächtigten geht zu Lasten der Partei, wenn nicht ausnahmsweise ein Entschuldigungsgrund vorliegt.[37] Entschuldigt kann eine Partei auch sein, wenn sie unverschuldet den **Prozessbevollmächtigten wechselt** (auch bei begründetem Mandatsentzug)[38] und wenn umfangreiche Schriftsätze, verfahrensrelevante Unterlagen[39] oder Sachverständigengutachten nicht mehr durchgearbeitet werden können[40] oder für die Beteiligten überraschend[41] eine neue Rechtslage entsteht, etwa weil das Gericht die bislang nicht erörterte **Anwendung ausländischen Rechts** erwägt.[42] Dasselbe gilt, wenn das Gericht selbst seiner Prozessförderungspflicht (§§ 139, 273) nicht rechtzeitig nachgekommen ist.[43] Die Begründung, es gelte noch weitere **Beweismittel zu beschaffen** oder aufzufinden, wird hingegen regelmäßig nicht ausreichen.[44] 7

Abs. 1 Nr. 3 entzieht den Parteien ausdrücklich die willkürliche Disposition über Terminsänderungen. Zum beiderseitigen **Einverständnis** muss ein erheblicher Grund hinzukommen, etwa (ernsthafte) außergerichtliche Vergleichsverhandlungen oder sonstige Verhandlungen über eine unstreitige Erledigung. 8

IV. Verlegung nach Abs. 3

1. Grundsätzlicher Verlegungsanspruch. Ganz im Gegensatz zu Abs. 1 bedarf es für die in den in Abs. 3 genannten Zeitraum fallenden Termine (einschließlich 1.7. und 31.8.) – mit Ausnahme von Verkündungsterminen – nur eines fristgerechten Verlegungsantrags einer Partei. Die Widerspruchsfrist beginnt mit dem Tag der Zustellung der Ladung bzw. der Verkündung gem. § 218.[45] Der Antrag muss **nicht begründet** werden.[46] Vielmehr genügt die Tatsache, dass der Termin in der allgemeinen Ferienzeit liegt, dem Gesetzgeber, um den Beteiligten entsprechend dem der früheren Gerichtsferienregelung zu Grunde liegenden Gedanken einen **Verlegungsanspruch** zu geben. Damit soll der ansonsten notwendige Begründungs- und Prüfungsaufwand vermieden werden. Ausgenommen von dem Anspruch auf Verlegung sind Verkündungstermine, bei denen die Anwesenheit der Parteien nicht notwendig und häufig unüblich ist. Der Katalog der Nr. 1–8 nimmt weiterhin bestimmte Rechtsstreitigkeiten aus, die grundsätzlich als besonders eilbedürftig eingestuft werden (hierzu unten Rn. 10). Abs. 2 S. 3 schränkt den in S. 1 gewährten Anspruch ein, wenn ein nicht von den Nr. 1–8 erfasstes Verfahren im Einzelfall **besonderer Beschleunigung** bedarf. Hierfür werden wegen des Ausnahmecharakters und der Formulierung („besonderer") im Einzelfall Umstände vorliegen müssen, die eine Verfahrensbeschleunigung erfordern, die über das ohnehin schon gebotene Maß der Prozessförderung durch Gericht und Parteien hinausgeht.[47] 9

2. Ausnahmekatalog. Die Regelung der Nr. 1–8 entspricht weitgehend dem früheren § 200 Abs. 2 GVG, der bestimmte Rechtsstreitigkeiten zur Feriensache erklärt hatte. Ausgenommen sind folgende Rechtsstreite, auch wenn nur **einer von mehreren Ansprüchen** (Anspruchskonkurrenz, objektive Klagehäufung, 10

---

30 Bei Kollision mit Gemeinderatssitzung geht diese unabhängig von Ladungspriorität idR vor, VGH Mannheim NJW 2000, 1669 (LS) = NVwZ 2000, 213.

31 BFH BB 1980, 566.

32 So auch *Zö/Stöber* Rn. 6; BSG NJW 1996, 677, 678f. Kollision mit Strafkammertermin.

33 Streng BVerwG NJW 1995, 1231; *B/L/H* Rn. 23.

34 OLG Köln NJW-RR 1990, 1342, 1343.

35 S. etwa BVerwG NJW 1986, 2897; *St/J/Roth* Rn. 21.

36 OLG München NJW-RR 1989, 64.

37 OLG Hamm NJW-RR 1992, 121 (urlaubsbedingte Abwesenheit der Partei verhindert Information des Prozessbevollmächtigten).

38 BVerwG NJW 1993, 80; 1986, 339, 340; BGHZ 27, 163, 169; zu streng *B/L/H* Rn. 9, 16.

39 BAG MDR 1982, 611.

40 OLG Köln NJW-RR 2000, 491, 492; *St/J/Roth* Rn. 17.

41 Strenge Anforderungen nach *B/L/H* Rn. 19, 26; großzügiger *Lützeler* NJW 1973, 1447, 1448.

42 *St/J/Roth* Rn. 18.

43 Richtig *Zö/Stöber* Rn. 7.

44 MK/*Gehrlein* Rn. 10.

45 OLG Brandenburg NJW-RR 1998, 500, 501 (nach Terminsbestimmung erfolgte Verlegung auf spätere Stunde desselben Tages löst Frist nach Abs. 3 nicht erneut aus).

46 Vgl. die Begründung BT-Drucks. 13/5001 zu Art. 2 Nr. 5 des Gesetzes vom 28. 10. 1996; *Feiber* NJW 1997, 160, 162; *T/P/Hüßtege* Rn. 15.

47 Zur Streitanfälligkeit dieser Regelung vgl. *Feiber* NJW 1997, 160, 162.

Streitgenossenschaft)[48] unter die Aufzählung fällt:[49] Nr. 1 entspricht § 200 Abs. 2 Nr. 2 GVG aF unter Verzicht auf die Gesetzesangaben. Nr. 2 erfasst nicht nur Mietstreitigkeiten, sondern auch **Pachtstreitigkeiten** der genannten Art und den – regelmäßig gleichermaßen eilbedürftigen – auf § 985 BGB gestützten **Eigentumsherausgabeanspruch,** nicht aber Schadensersatzansprüche.[50] Streitigkeiten über die **Zurückbehaltung eingebrachter Sachen** werden von Nr. 6 umfasst. Nr. 3 berücksichtigt, dass Kindschaftssachen nach der Änderung des Kindschaftsrechts Familiensachen nach § 23b Abs. 1 Nr. 12 GVG sind. Die Ausnahme greift auch für Abänderungs- und Vollstreckungsgegenklagen gegen Unterhaltstitel.[51] Nr. 4 deklariert **Wechsel- und Schecksachen** für grundsätzlich eilbedürftig, wenn der Kläger auch die entsprechende auf Beschleunigung gerichtete **Verfahrensart** gewählt hat. Nicht erfasst ist das Nachverfahren (§ 600 Abs. 1). Mit der Regelung in Nr. 5 wurde § 200 Abs. 2 Nr. 8 GVG aF inhaltlich unverändert übernommen. Nr. 6 soll für unpfändbare Gegenstände vermeiden, dass der Kläger auf ein Verfahren des unter Nr. 1 fallenden einstweiligen Rechtsschutzes ausweichen muss; die Unpfändbarkeit begründet die Vermutung der Eilbedürftigkeit. **Nr. 7** übernimmt die Teile der Regelung des § 202 GVG aF. Zum **Zwangsvollstreckungsverfahren** gehört auch die Zwangsversteigerung (nicht aber die Teilungsversteigerung, § 180 ZVG); Klagen nach §§ 767, 771, 805 fallen nicht unter Nr. 7. **Nr.** 8 ergänzt den Katalog um die als eilbedürftig erkannten **Vollstreckbarerklärungen** (§ 722) und richterlichen Handlungen im Schiedsverfahren (etwa nach §§ 1050, 1062). Damit trägt der Gesetzgeber insbesondere für ausländische Titel auch dem Beschleunigungszweck internationaler Abkommen bzw. der EuGVO Rechnung.

V. Verfahren

11 Abs. 4 regelt für die Fälle von Abs. 1 und 3 die Zuständigkeit (Aufhebung/Verlegung auch vom Kollegium bestimmter Termine: Vorsitzender – s. auch §§ 229, 348, 348a, 526, 527, 568 –; nur bei Vertagung: Gericht bzw. Amtsrichter, § 495) und wesentliche Verfahrenselemente. Die **mündliche Verhandlung ist freigestellt,** die Entscheidung kurz zu begründen.[52] Die Parteien sind bei Terminsänderungen nach Abs. 1 – wenn nicht der erhebliche Grund in der Sphäre des Gerichts selbst begründet ist – regelmäßig zu hören. Wird die Zeit für die Vorbereitung des geänderten Termins (Zeugenumladung) knapp, so genügt telefonische Anfrage.[53] Die Änderung wird **formlos mitgeteilt** (§ 329 Abs. 2 S. 1); bei Verlegung und gleichzeitiger Ladung zum neuen Termin ist **zuzustellen** (§ 329 Abs. 2 S. 2).[54] Vertagungen werden regelmäßig im Termin selbst **verkündet** (§ 329 Abs. 1 S. 1; s. dann § 218). Eine **stillschweigende** Terminsänderung ist auch bei entsprechender Formulierung des Antrags nicht möglich;[55] ebenso wenig eine konkludente Ablehnung.

VI. Rechtsbehelfe

12 Abs. 4 S. 3 schließt die isolierte Anfechtbarkeit (s. aber §§ 512, 557 Abs. 2[56]) aus, unabhängig davon, ob eine beantragte Terminsänderung abgelehnt (Sonderreglung zu § 567 Abs. 1 Nr. 2)[57] oder verfügt wird.[58] Siehe aber Ausnahmen § 252 Rn. 2.[59] **Erneute Änderung** (auf Antrag oder von Amts wegen) ist nach Abs. 1 aber jederzeit möglich. Wird eine Verlegung oder Vertagung abgelehnt, so kann dies im Einzelfall den Anspruch auf rechtliches Gehör verletzen und einen Verfahrensmangel (§ 538 Abs. 2 S. 1 Nr. 1) darstellen.[60] Dienstaufsichtsbeschwerde ist im Hinblick auf § 26 Abs. 1 DRiG regelmäßig aussichtslos. Die **Befangenheit** kann eine Ablehnung der Terminsverlängerung nur ganz ausnahmsweise begründen, wenn erhebliche Gründe vorlagen und mit der Ablehnung eine „augenfällige Ungleichbehandlung" der Parteien zum Ausdruck kommt.[61]

VII. Gerichtskosten

13 Hat die Partei die Verlegung oder Vertagung vorwerfbar verursacht, kommt unabhängig von der zwingend eingreifenden Kostenvorschrift des § 95 (vgl. dort Rn. 3) die Auferlegung einer Verzögerungsgebühr nach § 38 GKG, KV Nr. 1901 in Betracht.

---

48 *T/P/Hüßtege* Rn. 18.
49 Anders zu § 200 Abs. 2 Nr. 4 GVG BGH NJW 1985, 141.
50 BGH NJW 1980, 1695.
51 BGH NJW-RR 1993, 643.
52 Nicht ausreichend, da nichts sagend: „aus dienstlichen Gründen"; so aber OLG Stuttgart AnwBl. 1989, 232; *B/L/H* Rn. 56.
53 Nach *St/J/Roth* Rn. 36; *T/P/Hüßtege* Rn. 33 soll eine Anhörung in diesem Fall ganz unterbleiben; Zeit für ein Telefonat bleibt aber regelmäßig.
54 Bei kurzfristiger Änderung zusätzlich telefonische Vorausmitteilung empfehlenswert!
55 OLG Karlsruhe MDR 1991, 1195.
56 Für inzidente Überprüfung bei Anfechtung der Hauptsache *B/L/H* Rn. 57; AK-ZPO/*Ankermann* Rn. 3; aA *St/J/Roth* Rn. 40; MK/*Gehrlein* Rn. 21.
57 OLG Frankfurt/M MDR 1983, 1031; hL.
58 OLG Frankfurt/M NJW 2004, 3049, 3050.
59 OLG Hamm Rpfleger 1995, 161, 162; OLG München NJW-RR 1989, 64.
60 BVerfG NJW 1992, 2042; BSG NJW 1996, 677, 678; BVerwG NJW 1995, 799, 800; 1995, 1441; OLG Hamm NJW-RR 1992, 121.
61 KG NJW 2006, 2787.

228 *(weggefallen)*

229 ***Beauftragter oder ersuchter Richter*** **Die in diesem Titel dem Gericht und dem Vorsitzenden beigelegten Befugnisse stehen dem beauftragten oder ersuchten Richter in Bezug auf die von diesen zu bestimmenden Termine und Fristen zu.**

1 Die Vorschrift erweitert die Befugnisse nach §§ 214–227 auf den beauftragten (s. §§ 278 Abs. 5 S. 1, 361) und ersuchten (§§ 278 Abs. 5 S. 1, 362) Richter. Besonderheiten ergeben sich für **Rechtsbehelfe:** Gegen die Entscheidung des kommissarischen Richters ist – unabhängig davon, ob die Entscheidung nach §§ 214–227 überhaupt anfechtbar wäre[1] – **Erinnerung** statthaft, dh. es entscheidet das Prozessgericht (§ 573). **Sofortige Beschwerde** gegen dessen Entscheidung ist nach § 573 Abs. 2 möglich.

Titel 4. Folgen der Versäumung. Wiedereinsetzung in den vorigen Stand

230 ***Allgemeine Versäumungsfolge*** **Die Versäumung einer Prozesshandlung hat zur allgemeinen Folge, dass die Partei mit der vorzunehmenden Prozesshandlung ausgeschlossen wird.**

I. Begriff der Versäumung

1 Die §§ 230–238 regeln die **Folgen** der Versäumung einer Prozesshandlung und als Korrekturmöglichkeit die Wiedereinsetzung bei unverschuldeter Versäumung bestimmter Fristen. Über § 230 hinaus sind Versäumungsfolgen auch sonst im Gesetz geregelt, zB §§ 138 Abs. 3, 239 Abs. 4, 244 Abs. 2, 345, 522 Abs. 1, 531 Abs. 2 S. 1 Nr. 3 (vgl. auch Rn. 2). Eine Prozesshandlung ist versäumt, wenn sie innerhalb einer bestimmten Frist (zB §§ 339 Abs. 1, 517, 520 Abs. 2) oder bis zu einem bestimmten Prozessabschnitt nicht oder unwirksam vorgenommen wurde. Prozessabschnitte können sein: Zeitpunkt der Antragsstellung (§ 43), Ende der Einlassungsfrist (§ 274 Abs. 3), nächste mündliche Verhandlung (§ 295), Schluss der letzten mündlichen Verhandlung (§§ 136 Abs. 4, 220 Abs. 2, 296 a, 323 Abs. 2, 767 Abs. 2), Ende eines Rechtszuges (§ 532).

II. Folgen der Versäumung

2 Die Folge der Versäumung ist die **Ausschlusswirkung.** Grundsätzlich kommt es dabei nicht darauf an, ob die Versäumung verschuldet war oder nicht. Hauptfolge ist die Präklusion. Die Prozesshandlung bleibt aus dem Prozess ausgeschlossen. Sie ist unzulässig und unwirksam (zur Abgrenzung der verfahrensrechtlichen von den materiellrechtlichen Folgen der Fristversäumung bezüglich der Aufrechnung s. § 145 Rn. 23, § 296 Rn. 34). Die Präklusion kann sich auch auf die Berufungsinstanz erstrecken und, zB in den Fällen der Abänderungsklage (§ 323 Abs. 2) oder Vollstreckungsgegenklage (§ 767 Abs. 3), auch auf künftige Prozesse.[1] Die Versäumung kann zur Folge haben, dass ersatzweise dem Säumigen nachteilige Prozesshandlungen unterstellt und fingiert werden, zB ein Geständnis gemäß § 138 Abs. 3, Zugeständnis der Rechtsnachfolge gemäß § 239 Abs. 4, Anerkennung der Echtheit einer Urkunde gemäß § 439 Abs. 3. Sie kann auch zu Kostennachteilen führen (zB § 95, 97 Abs. 2, 238 Abs. 4). Als **Ausnahmen** zu § 230 sind zu beachten: §§ 231 Abs. 2, 617, 640.

231 ***Keine Androhung; Nachholung der Prozesshandlung*** (1) **Einer Androhung der gesetzlichen Folgen der Versäumung bedarf es nicht; sie treten von selbst ein, sofern nicht dieses Gesetz einen auf Verwirklichung des Rechtsnachteils gerichteten Antrag erfordert.**

(2) **Im letzteren Fall kann, solange nicht der Antrag gestellt und die mündliche Verhandlung über ihn geschlossen ist, die versäumte Prozesshandlung nachgeholt werden.**

I. Androhung

1 Grundsätzlich treten die Versäumungsfolgen ein, **ohne dass eine vorherige Androhung** erforderlich sind. Daher ist grundsätzlich auch eine Anhörung der säumigen Partei nicht erforderlich.[1] Davon bestehen Ausnahmen: Eine vorherige **Androhung** ist zB in folgenden Fällen erforderlich: Bei schriftlichem Vorverfahren (§ 276 Abs. 2), Klageerwiderung (§ 277 Abs. 2), Versäumnisurteile (§§ 335 Abs. 1 Nr. 4), Mahnbescheidsverfahren (§ 692 Abs. 1 Nr. 4), Zwangsvollstreckung bei Duldung und Unterlassung (§ 890 Abs. 2), Aufgebotsverfahren (§ 947 Abs. 2 Nr. 3, 981, 995, 997, 1002 Abs. 6, 1008).

---

[1] *St/J/Roth* Rn. 2; *B/L/H* Rn. 3; *T/P/Hüßtege* Rn. 2; aA MK/*Gehrlein* Rn. 2.
[1] *B/L/H* Vor. Rn. 9.
[1] MK/*Gehrlein* Rn. 3.

II. Antragserfordernis

2 Die gesetzlichen Folgen der Versäumung treten in der Regel ein, ohne dass ein Antrag der Gegenpartei erforderlich ist. Ein **Antragserfordernis** besteht jedoch zB bei Sicherheitsleistung (§ 109 Abs. 2, 113), Entfernung im Termin (§ 158), Wiederaufnahme nach Unterbrechung (§§ 239 Abs. 4, 246 Abs. 2), Versäumnisurteile (§ 331 Abs. 1), Vollstreckungsbescheid (§ 699 Abs. 1 S. 1), Zwangsvollstreckung bei Duldung und Unterlassung (§ 890 Abs. 1), Anordnung der Klageerhebung im Arrestverfahren (§ 926 Abs. 2), Ausschlussurteil (§ 952). In Fällen des Antragserfordernisses kann die versäumte Prozesshandlung bis zum Schluss der mündlichen Verhandlung über den Antrag nachgeholt werden. Im schriftlichen Verfahren gilt § 128 Abs. 2 S. 2.[2]

232 *(weggefallen)*

233 *Wiedereinsetzung in den vorigen Stand* **War eine Partei ohne ihr Verschulden verhindert, eine Notfrist oder die Frist zur Begründung der Berufung, der Revision, der Nichtzulassungsbeschwerde, der Rechtsbeschwerde oder der Beschwerde nach §§ 621 e, 629 a Abs. 2 oder die Frist des § 234 Abs. 1 einzuhalten, so ist ihr auf Antrag Wiedereinsetzung in den vorigen Stand zu gewähren.**

Übersicht

I. Normzweck

1 Die Vorschriften über die Wiedereinsetzung in den vorigen Stand konkretisieren die **verfassungsrechtlichen Rechtsschutzgarantien** des Art. 19 Abs. 4 und des Art. 103 Abs. 1 GG. Der Zugang zum Gericht darf nicht in unzumutbarer, sachlich nicht gerechtfertigter Weise erschwert werden.[1] Daraus folgert das BVerfG, dass die Anforderungen zur Erlangung der Wiedereinsetzung nicht überspannt werden dürfen.[2] Werden vom Gericht überspannte Maßstäbe an die zu wahrende Sorgfalt gestellt, die von der höchstrichterlichen Rechtsprechung überlicherweise nicht verlangt werden und mit denen ein Prozessbeteiligter deshalb auch nicht rechnen muss, so ist eine erfolgreiche Verfassungsbeschwerde möglich.[3] Obwohl die Voraussetzungen für die Wiedereinsetzung in verfassungskonformer Auslegung zu ermitteln sind, stellt der BGH an die Sorgfaltspflichten des Rechtsanwalts zum Schutz der formellen Rechtskraft sehr hohe Anforderungen[4]. Dennoch gehört die Wiedereinsetzung zu den wichtigsten Mitteln, Säumnisfolgen zu beseitigen, um zu ver-

---

[2] *T/P/Hüßtege* Rn. 3; *B/L/H* Rn. 8; aA *Zö/Greger* Rn. 4: Nachholung möglich bis Gegner Antrag auf Versäumnisfolge gestellt hat.

[1] BVerfG NJW 2004, 2583; 2001, 1566; 1995, 1416; 1995, 711; 1993, 847; BVerfGE 69, 381, 385 = NJW 1986, 244; *Müller* NJW 1998, 497 f.

[2] BVerfG NJW 2004, 2583; 2001, 3473; 1999, 3701 f.; 1997, 2941; s. auch BGH NJW 2007, 1455 f.; FamRZ 2004, 696.

[3] BVerfG NJW 1992, 38.

[4] Vgl. *Odersky* NJW 1989, 1, 3.

meiden, dass Schadenersatz als Ausgleich geleistet werden muss.[5] Wiedereinsetzung ist nur bei Versäumung von Prozesshandlungen möglich, für die eine Notfrist oder eine andere in § 233 genannte Frist zu beachten war. Sie schafft eine Heilungsmöglichkeit **nur für die Fristversäumung,** nicht für andere Mängel der Prozesshandlung.[6] Notfristen sind diejenigen Fristen, die in der ZPO als solche bezeichnet werden (§ 224 Abs. 1 S. 2; s. dort Rn. 2). Zu den Notfristen gehört auch die Rügefrist des § 321a Abs. 2, 3 und die befristete Erinnerung gegen Entscheidungen des beauftragten oder ersuchten Richters gem. § 573 Abs. 1 S. 1. Wie eine Notfrist behandelt wird auch die Anschließungsfrist des § 629a Abs. 3,[7] s. a. § 629a Rn. 25. Nicht dazu zählt zB die Widerrufsfrist aus einem gerichtlichen Vergleich.[8]

II. Zulässigkeit des Antrags

2 Die Zulässigkeit des Wiedereinsetzungsantrages ist **von Amts wegen** zu prüfen (zum notwendigen Antragsinhalt s. Erl. zu § 236). Die Wiedereinsetzung setzt einen entsprechenden **Antrag** voraus (Ausnahme: § 236 Abs. 2 S. 2 Halbs. 2); § 295 findet keine Anwendung. Der Antrag ist statthaft, wenn eine der in § 233 genannten Fristen versäumt wurde. Bei öffentlicher Zustellung liegt kein Fristbeginn vor, wenn die Voraussetzung für eine öffentliche Bekanntmachung nicht vorgelegen haben und das Gericht dies hätte erkennen können.[9] Einer Wiedereinsetzung bedarf es dann nicht. Ist unklar, ob die Frist versäumt ist, kann der Wiedereinsetzungsantrag **hilfsweise** gestellt werden.[10] Dabei ist der Antrag in allen Verfahrensarten der ZPO zulässig, zB auch in Kindschaftssachen und in Zwangsvollstreckungsverfahren.[11] Vereinzelt gehen spezialgesetzliche Regelungen vor, zB §§ 210, 218 BauGB, § 15 Abs. 3 ZSEG, § 123 PatG. **Zuständig** zur Entscheidung über den Antrag ist das Gericht, dem die Entscheidung über die nachgeholte Prozesshandlung zusteht (§ 237; siehe die dortigen Anmerkungen). Der Antrag ist **fristgebunden** (§ 234; vgl. die dortigen Anmerkungen). Der Wiedereinsetzungsantrag muss die **Formerfordernisse** erfüllen, die für die versäumte Prozesshandlung gelten (§ 236 Abs. 1). Die allgemeinen **Prozessvoraussetzungen** (vor § 253 Rn. 4ff.) müssen erfüllt sein.

III. Begründetheit des Antrags

3 Der Antrag ist begründet, wenn eine Partei oder ein Nebenintervenient (§ 66) die **Frist unverschuldet versäumt** hat. Das Verschulden umfasst grundsätzlich **Vorsatz** und **Fahrlässigkeit** jeder Art (§ 276 BGB).[12] Abzustellen ist auf das eigene Verschulden der geschäftsfähigen Partei.[13] Verschulden des gesetzlichen Vertreters (s. § 51 Rn. 13) oder des Bevollmächtigten (s. § 85 Rn. 7ff.) ist dem Verschulden der Partei gleichgestellt. Nach einhelliger Meinung steht das Verschulden sonstiger Dritter, insbesondere des Büropersonals eines Rechtsanwalts oder anderer Hilfspersonen der Wiedereinsetzung nicht entgegen, da § 278 BGB in der ZPO keine Entsprechung findet.[14] Zu prüfen ist jedoch beim Rechtsanwalt stets, ob nicht ein eigenes **Organisationsverschulden** vorliegt. In den Fällen des § 51 Abs. 2 oder § 85 Abs. 2 kommt es darauf an, ob der Vertreter die Fristversäumung unverschuldet verursacht hat. Der Wiedereinsetzung steht aber ein **Mitverschulden der Partei** entgegen, wenn dadurch ursächlich die Fristversäumung herbeigeführt wurde, insbesondere, wenn die Partei den Vertreter verspätet informiert oder nicht rechtzeitig einen anderen Vertreter beauftragt hat.

4 Welches **Maß an Sorgfalt** anzuwenden ist, ist umstritten. Allgemein ist die prozessuale Sorgfalt zu beachten, die § 282 zu Grunde legt. Im Übrigen ist der Grad der Sorgfalt individuell den gesamten Umständen anzupassen. Maßgebend sind die **persönlichen Verhältnisse der Partei.** Von einer prozesserfahrenen Partei kann ein höheres Maß an Sorgfalt erwartet werden, als von rechtsunkundigen Parteien. Daher spielen Intelligenz, Bildung, Sprachkenntnisse, Rechtskenntnisse und Prozesserfahrung der Partei bei der Beurteilung eine erhebliche Rolle.[15] Insoweit liegt eine Abweichung zu § 276 BGB vor. Der Sorgfaltsmaßstab ist zudem verfahrensbezogen und kann sich je nach Prozesslage ändern.[16] So verlangt das Ausnutzen einer Frist bis zum letzten Tag höhere Anforderungen an das zur Fristwahrung Erforderliche.[17] Es kann nur das jeweils der Partei Zumutbare abverlangt werden.[18] **Anders** ist der Sorgfaltsmaßstab beim **Rechtsanwalt** zu beurteilen. Bei ihm gilt ein **objektiver Sorgfaltsmaßstab.** Es ist auf die übliche Sorgfalt eines ordentlichen Rechts-

[5] *Borgmann/Jungk/Grams* § 56 Rn. 1.
[6] BGH FamRZ 2007, 903; NJW 1997, 1309 (s. Rn. 48 aE).
[7] *T/P/Hüßtege* § 629a Rn. 22; *St/J/Roth* Rn. 15 *B/L/H* § 629a Rn. 22.
[8] BGHZ 61, 394 = NJW 1974, 107; BGH NJW 1995, 521f. *T/P/Hüßtege* Rn. 3; *B/L/H* Rn. 9; aA *St/J/Roth* Rn. 23ff.
[9] BGH NJW 2002, 827.
[10] BGH NJW 2007, 1457; NJW 2007, 603; NJW 2000, 2280; *B/L/H* § 236 Rn. 4; *Büttner* § 12 Rn. 6.
[11] BGH NJW-RR 1993, 130f.
[12] BGH VersR 1985, 139; NJW 1990, 1239; leichtes prozessuales Verschulden genügt.
[13] BGH NJW 1987, 440.
[14] Für Büropersonal des Rechtsanwalts zB BGH NJW-RR 2003, 935, 936; für sonstige Hilfspersonen vgl. BVerwG NJW 1992, 63.
[15] So auch *St/J/Roth* Rn. 45; *B/L/H* Rn. 12; *T/P/Hüßtege* Rn. 13; *Büttner* § 5 Rn. 2; aA MK/*Gehrlein* Rn. 23; *Zö/Greger* Rn. 12; BVerfG NJW 2004, 502 für § 93 BVerfGG.
[16] *St/J/Roth* Rn. 46.
[17] HM BGHZ 9, 118, 121 = NJW 1953, 824; BGH VersR 1991, 1426; BGH VersR 1989, 166; OLG München BB 1991, 1963; *St/J/Roth* Rn. 46.
[18] BGH NJW 1985, 1711; BGH VersR 1985, 394; s. a. *Müller* NJW 1995, 3224, 3226f.

anwalts in der jeweiligen Prozesssituation abzustellen.[19] Die Anforderungen in der Rechtsprechung sind sehr hoch. Ein Anwalt muss zunächst sein Büro in der Weise organisieren, dass der Gefahr von Fristversäumungen durch alle nur möglichen zumutbaren Maßnahmen vorgebeugt wird.[20] Allgemein gilt, dass zu der erforderlichen Büroorganisation das Führen eines Fristenkalenders[21] und der Handakten gehört. Der Ablauftag der Frist muss stets im Kalender notiert sein.[22] Die prozessualen Fristen müssen von normalen Wiedervorlagen deutlich unterscheidbar sein.[23] Die Handakte muss den Fristbeginn und Vermerke über Zustellungen enthalten, in der Regel durch einen so genannten Eingangsstempel.[24] Der Anwalt darf die Berechnung einfacher Fristen, deren Notierung und Streichung nur an Personal delegieren, das besondere Qualifikationen aufweist. Das Personal muss vom Rechtsanwalt sorgfältig ausgewählt, geschult und überwacht werden.[25] Eine Ausnahme gilt für Arbeitsgerichtsverfahren, da sich das BAG dieser Ansicht nicht angeschlossen hat. Hier muss der Anwalt die Frist also selbst berechnen.[26] Der Rechtsanwalt muss die Fristberechnung seines Personals mindestens einmal nachrechnen (vgl. i. e. Rn. 16ff.).[27]

5 Ein verschuldeter Fehler schließt die Wiedereinsetzung nur aus, wenn er **ursächlich** für die Fristversäumung war.[28] Ein Fehler ist dann ursächlich, wenn ohne ihn die Frist nach dem gewöhnlichen Verlauf nicht versäumt worden wäre.[29] Die Ursächlichkeit fehlt insbesondere dann, wenn das Verschulden einer Partei hinter ein wesentliches Verschulden des Hilfspersonales zurücktritt, das der Partei nicht zurechenbar ist. Das ist der Fall, wenn der Rechtsanwalt eine Berufungsschrift zu unterschreiben vergisst, dies aber rechtzeitig bemerkt worden wäre, wenn die Bürovorsteherin es nicht unterlassen hätte, weisungsgemäß die auslaufende Post daraufhin zu prüfen, ob sie unterzeichnet ist.[30] Es genügt, wenn die unverschuldeten Umstände für die Fristversäumnis mitursächlich sind. Sie brauchen nicht alleinursächlich zu sein. Die Ursächlichkeit entfällt zB nicht, wenn eine Notfrist dadurch versäumt wurde, dass der Schriftsatz beim unzuständigen Gericht eingereicht wurde und dieses den Schriftsatz nicht innerhalb der laufenden Frist rechtzeitig an das zuständige Gericht weitergeleitet hat. Es gibt grundsätzlich **keine Pflicht des Gerichts,** rechtzeitig **an der Heilung** von Frist- und Formmängeln außerhalb des ordnungsgemäßen Geschäftsganges **mitzuwirken,**[31] § 519 Rn. 17. Ein früheres Verschulden des Anwalts (zB Organisationsmangel bzgl. der Überprüfung von Fax-Sendeberichten) ist jedoch nicht mehr ursächlich, wenn die Fristversäumnis durch ein späteres, dem Anwalt nicht zuzurechnendes Ereignis entsteht (überlange Postlaufzeit des auch per Post verschickten Schriftsatzes). Es liegt dann ein Fall der überholenden Kausalität vor.[32]

IV. Einzelerläuterung nach Stichwörtern[33]

6 **1. Abwesenheit von Partei, Rechtsanwalt und Kanzleipersonal infolge von Urlaub, Krankheit u. ä.** **a) Abwesenheit der Partei, Umzug.** Zu prüfen ist, ob die Partei **damit rechnen musste,** dass während ihrer Abwesenheit fristauslösende Zustellungen erfolgen könnten und die Frist nach Rückkehr nicht mehr gewahrt werden kann.[34] Darf die Partei zu Recht davon ausgehen, dass keine fristauslösende Zustellung während der Abwesenheit erfolgen wird, oder dass eine Frist auch nach Rückkehr noch gewahrt werden könne, braucht sie keine Vorkehrungen zu treffen. Gleiches gilt, wenn es sich um eine **unvorhergesehene Abwesenheit** handelt, beispielsweise infolge **Krankheit,** Unfall, unvorhersehbarer Dienstreise.[35] Das gilt grundsätzlich auch für den Fall, dass **schon ein Prozess anhängig** ist. Auch in diesem Fall muss die Partei nur Vorsorge wegen vorhersehbarer fristauslösender Ereignisse treffen. Dies kann durch Beauftragung eines Rechtsanwalts, oder eines Vertreters geschehen, dem die Telefonnummer im Ausland hinterlassen wird oder bei dem sie sich regelmäßig erkundigt.[36] Bei einem Umzug der Partei ersetzt die Adressmitteilung an das Gericht nicht die Verständigung des Prozessbevollmächtigten. Die Mitteilung der neuen Anschrift an den Anwalt ist nicht zwingend notwendig. Es genügt die Angabe der Telefonnummer, wenn auf diesem Wege die Kontaktaufnahme zuverlässig gesichert ist.[37]

7 Wiedereinsetzung wurde in folgenden Fällen **bejaht:** Fristversäumnis wegen Krankheit, die so schwer war, dass die Partei weder selbst die Frist wahren, noch rechtzeitig einen Rechtsanwalt beauftragen

---

[19] BGH NJW-RR 1999, 1664; NJW 1985, 1710.
[20] BGH NJW 1993, 1655f.
[21] Fristenkalender ist völlig unabdingbar, st. Rspr. u. a. BGH VersR 1977, 670.
[22] St. Rspr. BGH VersR 1981, 282f.
[23] BGH VersR 1986, 469.
[24] BGH NJW 1961, 1812.
[25] BGHZ 43, 148 = NJW 1965, 1021; st. Rspr., vgl. auch BGH VersR 1973, 967; weitere Nachweise bei *Borgmann/Jungk/Grams* § 58 Anm. 2.
[26] BAG NJW 1975, 232.
[27] BGH VersR 1976, 963.
[28] BGH VersR 1993, 77; BGH VersR 1991, 123.
[29] BGH VersR 1974, 1001.
[30] BGH NJW 1985, 1226.
[31] BGH NJW 1987, 440.
[32] BGH NJW 2007, 2778f.
[33] S. auch *Born* NJW 2005, 2042ff.; *v. Pentz* NJW 2003, 858ff.; *Müller* NJW 1998, 497ff.; 1995, 3224ff.; 1993, 681ff.
[34] BGH VersR 1989, 104.
[35] OLG Köln NJW-RR 1990, 1341f., für den Fall der Krankheit; BGH VersR 1985, 888; 1985, 550.
[36] BGH NJW 2000, 3143; VersR 1993, 205; 1992, 1373.
[37] BGH NJW 2003, 903; NJW 2000, 3143.

konnte;[38] Fristversäumung wegen eines durch Verdacht auf Krebserkrankung verursachten seelischen Erregungszustandes mit schwerer psychischer Belastung;[39] Unkenntnis der Partei von einer fristauslösenden öffentlichen Zustellung, mit der nicht zu rechnen war.[40]

Wiedereinsetzung wurde in folgenden Fällen **verneint:** Die Partei hat es unterlassen, während eines Prozesses dafür zu sorgen, dass sie vom Anwalt erreicht werden kann, bzw. ihm vor Abreise Weisungen zur Fristwahrung zu erteilen;[41] die Partei musste mit einer fristauslösenden Klagezustellung an eine noch bestehende anderweitige Wohnanschrift rechnen, hatte jedoch keine Vorkehrungen getroffen, dort eine Ersatzzustellung zu verhindern;[42] während der Erkrankung eines Geschäftsführers wurde keine Post bearbeitet, da dafür keine Vorsorge getroffen war.[43] Auch ein Inhaftierter muss sich um die Fristwahrung kümmern und gegebenenfalls Kontakt zum Anwalt aufnehmen.[44] 8

b) **Abwesenheit des Rechtsanwalts.** Der Anwalt ist gehalten, für **vorhersehbare wie unvorhersehbare Fälle** der Abwesenheit gleichermaßen Vorsorge durch geeignete organisatorische Maßnahmen zu treffen. Gleiches gilt für die Abwesenheit von Mitarbeitern.[45] Bei eigenem Organisationsverschulden des Anwalts ist eine Wiedereinsetzung ausgeschlossen. Auch für den Fall der Krankheit ist der Anwalt verpflichtet, durch geeignete Maßnahmen die Fristwahrung zu sichern, gegebenenfalls durch Bestellung eines Vertreters gem. § 53 BRAO. Der Rechtsanwalt muss bereits vorausschauend für den künftigen Krankheits- oder Abwesenheitsfall Vorsorge treffen, auch für den Notfall,[46] zB durch die Anweisung des Personals, im Verhinderungsfall einen Antrag gem. § 53 BRAO auf Vertreterbestellung bei der Landesjustizverwaltung zu stellen. Diese Sorgfaltspflicht besteht auch dann, wenn der Rechtsanwalt **Blankounterschriften** zur Verwendung durch das Büropersonal zur Verfügung stellt.[47] Der krankheitsbedingte Ausfall des Anwalts am letzten Tag der Berufungsfrist rechtfertigt für sich allein die Wiedereinsetzung nicht. Ein Verschulden ist nur dann zu verneinen, wenn der krankheitsbedingte Ausfall für den Prozessbevollmächtigten nicht vorhersehbar war.[48] Bei **vorhersehbarer Abwesenheit** muss der Anwalt die Fristwahrung für bereits angelaufene Fristen, die vor seiner Rückkehr ablaufen, ebenso sicherstellen, wie für Fristen, die so kurz sind, dass Fristbeginn und -ende im Abwesenheitszeitraum liegen. Aufträge an Dritte müssen eindeutig und unmissverständlich sein.[49] Er ist bei vorhersehbarer Abwesenheit gehalten, die geeigneten Maßnahmen selbst auszuführen.[50] Die Grenze dessen, was an organisatorischen Vorkehrungen verlangt werden kann, bildet die **Zumutbarkeit.**[51] 9

Wiedereinsetzung wurde in folgenden Fällen **bejaht:** Im Falle einer plötzlich auftretenden, schweren Erkrankung, bei der es nicht mehr zumutbar war, den Vertreter zu benachrichtigen;[52] eine Verspätung durch Übelkeit infolge Diabetes kann unverschuldet sein;[53] ebenso, wenn der Rechtsanwalt infolge eines Herzanfalles eine am selben Tag ablaufende Rechtsmittelbegründungsfrist nicht einhalten kann, da er sein Büro erst nach allgemeinem Büroschluss wieder aufsuchen kann, soweit es keine anderweitigen zumutbaren Möglichkeiten zur Fristwahrung mehr gibt;[54] Ähnliches ist für den Fall einer Fiebererkrankung eines Anwalts entschieden worden.[55] 10

Wiedereinsetzung wurde in folgenden Fällen **verneint:** Wenn der Anwalt den Kanzleiort am letzten Tag der Frist aus dringenden Gründen verlassen hat oder sonst abwesend ist, ohne Sorge zu tragen, dass ein postulationsfähiger Kollege den fristwahrenden Schriftsatz unterschreiben kann.[56] 11

c) **Abwesenheit des Kanzleipersonals.** Es gehört zur Büroorganisation des Anwalts, sicherzustellen, dass bei feststehender, wie unvorhersehbarer Abwesenheit von Personal Fristsachen ordnungsgemäß bearbeitet werden. Daher ist keine Wiedereinsetzung möglich, wenn die Fristversäumung auf Urlaub von Personal beruht.[57] Sind mehrere Mitarbeiter gleichzeitig abwesend (Krankheit, Urlaub), trifft den Anwalt eine erhöhte Sorgfaltspflicht (s. auch Rn. 15 „Büropersonal u. Büroverschulden“).[58] Kann der Anwalt den Ausfall nicht durch Einsatz weiterer zuverlässiger Kräfte kompensieren, muss er delegierte Aufgaben uU wieder selbst wahrnehmen.[59] 12

---

[38] BGH VersR 1989, 931.
[39] BGH NJW-RR 1994, 957; VersR 1985, 393f.
[40] BVerfGE 41, 332ff. = NJW 1976, 1537; BGH VersR 1977, 932.
[41] St. Rspr., statt vieler BGH VersR 1995, 810; 1993, 205; 1986, 1214; NJW 1974, 2321; VersR 1969, 887.
[42] OLG Düsseldorf FamRZ 1990, 75f.
[43] BGH VersR 1987, 561.
[44] BGH VersR 1977, 257.
[45] BGH VersR 1994, 1207; 1989, 930; 1985, 1189.
[46] BGH NJW-RR 2004, 1500f.; NJW 1996, 1540; VersR 1991, 1271; 1990, 1026.
[47] BGH MDR 1966, 232; *Zö/Greger* Rn. 23 „Abwesenheit“.
[48] BGH NJW 2006, 2412 (Verschulden bejaht bei wiederholt schon aufgetretenen plötzlichen massiven Sehstörungen); Beschl. v. 8. 2. 2000 – XI ZB 20/99.
[49] BGH NJW 1997, 3244.
[50] BGH VersR 1991, 1271.
[51] BGH VersR 1991, 1270; 1990, 1026; 1975, 1149.
[52] BGH VersR 1991, 1270; 1990, 1026.
[53] BGH VersR 1987, 785.
[54] BGH VersR 1975, 1149.
[55] BGH VersR 1973, 317.
[56] BGH NJW-RR 1990, 379; NJW 1973, 901.
[57] BGH NJW 1989, 1157; VersR 1985, 574.
[58] BGH NJW 1999, 3783f. VersR 1978, 942; 1978, 644.
[59] BGH NJW 1999, 3783f.

13 **2. Angestellter Anwalt, Bürogemeinschaft und Sozietät.** In einer **Sozietät** sind grundsätzlich alle Anwälte bevollmächtigt.[60] Ein Verschulden ist den Socii wie eigenes Verschulden zuzurechnen, auch wenn der Fehler von einem Anwalt gemacht wurde, der nicht der eigentliche Sachbearbeiter war.[61] Das einer Sozietät erteilte Mandat erstreckt sich im Zweifel auch auf später eintretende Sozietätsmitglieder.[62] Ein Bearbeiterwechsel muss so organisiert sein, dass die Fristwahrung gesichert ist.[63] Bei einer (überörtlichen) Sozietät liegt die Verantwortung für die Fristenkontrolle beim postulationsfähigen Anwalt, auch wenn innerhalb der Sozietät ein anderer Anwalt an anderem Ort als maßgeblicher Sachbearbeiter erscheint.[64] Innerhalb einer **Bürogemeinschaft** muss der Anwalt kontrollieren, ob der Kollege wie vereinbart den fristwahrenden Schriftsatz auch fristgemäß eingereicht hat.[65] Bei einer Fristversäumnis durch einen **angestellten Anwalt** ist Wiedereinsetzung möglich, wenn der angestellte Anwalt nur unselbständige Hilfsarbeiten erbringt und nicht eigenverantwortlich tätig ist.[66] Ist der angestellte Anwalt mit der selbständigen, eigenverantwortlichen Bearbeitung eines Falles betraut gewesen, scheidet eine Wiedereinsetzung aus.[67] Gleiches gilt für einen freien Mitarbeiter.[68]

14 **3. Ausländer.** Obwohl grundsätzlich die gleichen Anforderungen wie an eine deutsche Partei gestellt werden, können fehlende Sprachkenntnisse und kurze Aufenthaltsdauer ein Verschulden ausschließen. Wiedereinsetzung ist möglich, wenn ein Ausländer mangels Sprachkenntnissen ein Schreiben seines Anwalts missversteht.[69] Die ausländische Partei muss sich aber unverzüglich eine entsprechende Übersetzung der Schriftstücke besorgen, wenn die eigenen Sprachkenntnisse nicht ausreichend sind.[70] Sie muss sich auch unverzüglich über die Formalien eines Rechtsmittels erkundigen.[71] Der BGH hat eine Wiedereinsetzung verneint, wenn die ausländische Partei eine Fristenbelehrung des Anwalts nicht richtig verstanden hat und keine Rückfragen gemacht hat.[72] Wiedereinsetzung ist möglich, wenn ein nicht fristwahrender Schriftsatz in fremder Sprache eingereicht wird (§ 184 GVG), aber eine beglaubigte deutsche Übersetzung unverzüglich nachgereicht wird.[73]

15 **4. Büropersonal und Büroverschulden.** Der Anwalt und seine Partei haben nach st. Rspr. ein **Verschulden des Büropersonals nicht zu vertreten,** so dass Wiedereinsetzung grundsätzlich möglich ist, falls kein Organisationsverschulden des Anwalts selbst vorliegt.[74] Die anwaltliche Tätigkeit, insbesondere die Rechtsberatung, kann nicht auf Büropersonal delegiert werden. Der Anwalt muss eine Büroorganisation gewährleisten, die Fristversäumnisse nach Möglichkeit ausschließt. Das umfasst aber keine Vorsorge für alle denkbaren Eventualitäten.[75] Einfache ausführende Tätigkeiten dürfen dem Büropersonal übertragen werden. Das Personal muss **geschult und zuverlässig** sein.[76] Dann besteht für den Anwalt auch keine Verpflichtung, sich zu vergewissern, ob konkrete Einzelanweisungen befolgt worden sind.[77] **Hilfstätigkeiten einfachster Art** können auch Auszubildenden im ersten Lehrjahr übertragen werden. Dazu gehören zB Botengänge.[78] **Einfache Arbeiten,** die keine juristische Schulung verlangen, darf der Anwalt an ausgebildetes und überwachtes Personal delegieren, zB die Führung des Fristenkalenders,[79] die Auswahl der richtigen Adresse oder Faxnummer des Empfängers,[80] die Überprüfung ob die Schriftsätze unterschrieben sind,[81] Übermittlungen per Telefax.[82] Auch **Tätigkeiten zum Zweck der Fristwahrung** dürfen delegiert werden, wenn das beauftragte Personal die dazu erforderlichen, besonderen Qualifikationen besitzt. Dazu gehören Tätigkeiten der Fristnotierung, Fristberechnung und des Streichens erledigter Fristen. Sogar das Stellen eines Fristverlängerungsantrages ist noch als einfache Tätigkeit angesehen worden.[83] Ausgenommen davon ist die richtige Bezeichnung des Rechtsmittelgerichtes. Das ist vom Anwalt selbst zu überprüfen, wenn er den Schriftsatz unterzeichnet.[84]

16 **5. Fristenbehandlung und Ausgangskontrolle. a) Fristberechnung.** Bevor einfache Fristberechnungen allgemein delegiert werden dürfen, muss der Anwalt prüfen, ob das beauftragte Personal über die erforder-

---

[60] BGH VersR 1986, 686.
[61] BGH VersR 1975, 1028.
[62] BGHZ 124, 47 = NJW 1994, 257; BGH NJW 1995, 1841.
[63] BGH VersR 1994, 117.
[64] BGH NJW 1997, 3177; 1994, 1878; *Müller* NJW 1998, 497, 502; 1995, 3224, 3229.
[65] BGH VersR 1976, 859.
[66] BGH NJW-RR 2004, 993; VersR 1992, 1421; 1990, 874; BAG NJW 1987, 1355.
[67] BGH VersR 1984, 87; 1979, 960.
[68] BGH NJW 2004, 2901 f.; *Müller* NJW 1995, 3224, 3229.
[69] BGH VersR 1977, 646; BVerfGE 36, 298, 304 f. = NJW 1974, 847 für die Frist des § 59 S. 1 ArbGG.
[70] BGH FamRZ 1990, 145; VersR 1989, 1318.
[71] BGH FamRZ 1989, 1287.
[72] BGH VersR 1984, 874 f.
[73] BGH FamRZ 1990, 145; NJW 1982, 532 f. für die Revision im Strafverfahren.
[74] BGH JurBüro 1988, 1021 f.; VersR 1987, 286.
[75] BGH NJW-RR 2002, 1289; NJW 2002, 1130; NJW 2001, 1502.
[76] BGH NJW 1991, 1179; 1985, 1226.
[77] BGH NJW 1997, 1930.
[78] BGH NJW-RR 2002, 1070.
[79] BGH VersR 1993, 77.
[80] BGH NJW-RR 2002, 860; NJW 2000, 143.
[81] BGH NJW 2002, 3636
[82] BGH NJW 1994, 329.
[83] BGH VersR 1974, 803.
[84] BGH NJW 2001, 1070; NJW 2000, 2511; BAG NJW 2002, 845.

lichen Kenntnisse zur Fristberechnung verfügt und eine Belehrung über die Bedeutung der Fristen und der Versäumungsfolgen erteilen, bzw. kontrollieren, ob das Personal von der Bedeutung der Fristenberechnung Kenntnis hat.[85] Er muss durch entsprechende Anweisungen sicherstellen, dass ihm die Fristberechnung bei Fristen vorbehalten bleibt, die in seiner Kanzlei seltener vorkommen.[86] Gängige, häufig vorkommende, einfache Fristberechnungen dürfen auf verlässliches Personal übertragen werden.[87] Dies gilt nicht in Arbeitsgerichtsverfahren, da sich das BAG dieser Rechtsprechung nicht angeschlossen hat.[88] Eine Übertragung auf eine Auszubildende ist auch bei einfachen Fristen unzulässig.[89] Bei der Übertragung auf Personal mit geringer Berufserfahrung, das zB erst vor kurzem die Ausbildung abgeschlossen hat oder nach mehrjähriger Pause erst vor kurzem wieder die Arbeit aufgenommen hat, muss der Anwalt besonders sorgfältig überwachen.[90] Auch bei einfachen Fristen muss der Anwalt selbst die Berechnung durchführen oder kontrollieren, wenn durch Gesetzesänderungen neue Fristen eingeführt oder bestehende Fristen geändert wurden.[91]

Nicht zu den **einfachen** Fristen gehören in der Regel die Revisionsbegründungsfristen in Verwaltungs-, 17
Sozial- und Finanzgerichtssachen.[92] Zu den **einfachen,** delegierbaren Fristen zählt die Berufungsbegründungsfrist.[93] Dagegen zählen dazu **nicht** Verfahren, bei denen Wiedereinsetzung nach Bewilligung von Prozesskostenhilfe beantragt werden muss.[94] Auch Fristen, die durch die Eröffnung des Insolvenzverfahrens oder Ähnliches **unterbrochen** worden sind, zählen zu den schwierigen Fristen, deren Berechnung nicht übertragbar ist;[95] ebenso die Frist zur Begründung einer Nichtzulassungsbeschwerde gem. § 72a ArbGG.[96] Bestehen rechtliche Unklarheiten bei der Fristenberechnung, muss der Rechtsanwalt vorsorglich den **sicheren Weg** gehen, also die im Zweifel kürzeste Frist zu Grunde legen.[97] Gleiches gilt bei der Berechnung einer Rechtsmittelfrist im Falle der Berichtigung des Urteils.[98] Bei sonstigen Zweifelsfragen, beispielsweise einem nur schwer leserlichen Zustell- oder Eingangsdatum, muss der Rechtsanwalt bei Gericht oder dem Anwalt der Vorinstanz nachfragen.[99] Maßgeblich ist der Zustellungsvermerk des Zustellers bzw. das Datum, unter dem das Empfangsbekenntnis gem. § 174 ZPO unterzeichnet wurde, nicht das Datum des Eingangsstempels.[100] Ein Vermerk über den Zustellungszeitpunkt stellt den Ausgangspunkt der Fristberechnung sicher.[101] Stellt das Gericht dem Rechtsanwalt, der erst nach Urteilsverkündung beauftragt wurde, das Urteil zu, obwohl vorher schon eine wirksame Zustellung an den früheren Prozessbevollmächtigten erfolgt war, darf der Anwalt darauf vertrauen, dass es sich um die erste Zustellung handelt.[102] Vertreten mehrere Prozessbevollmächtigte eine Partei, müssen Vorkehrungen zur Feststellung getroffen werden, an wen zuerst zugestellt wurde.[103]

b) Fristennotierung, Fristenkalender. Zur Organisation des Anwaltsbüros gehört zwingend die Führung 18
eines **Fristenkalenders.**[104] Darin ist das Fristende zu notieren, nicht notwendig der Fristbeginn.[105] Zudem muss die Frist in den Handakten des Anwalts notiert werden. Beide Handlungen müssen unverzüglich nach Eingang der Schriftstücke und in unmittelbarem zeitlichen Zusammenhang erfolgen, insbes. vor Vorlage der Akten an den Anwalt.[106] Der Anwalt muss anweisen, dass die Fristeintragung vor Unterzeichnung und Rückleitung eines Empfangsbekenntnisses erfolgt.[107] Er muss ferner durch **geeignete Anweisungen** sicherstellen, dass einmal notierte Fristen nachträglich nicht eigenmächtig vom Personal geändert oder gestrichen werden. Sonst scheidet Wiedereinsetzung aus.[108] Die Notierung der Fristen kann qualifiziertem Personal übertragen werden.[109] Es dürfen aber nicht mehrere Angestellte gleichzeitig damit betraut wer-

---

85 *Borgmann/Jungk/Grams* § 58 Rn. 79 u. 99.
86 BGH NJW-RR 2004, 350; 2003, 1211; NJW 1991, 2082.
87 BGH NJW-RR 2004, 350; NJW 2003, 1815; NJW-RR 2003, 1211.
88 BAG NJW 1975, 232.
89 BGH FuR 2001, 273; FamRZ 1993, 45; NJW 1965, 1021; ebenso BVerwG NJW 1967, 2026 und BFH NJW 1969, 1504; *Borgmann/Jungk/Grams* § 58 Rn. 81; *v. Pentz* NJW 2003, 858, 863.
90 BGH NJW 2000, 3649; VersR 1988, 157.
91 BGH VersR 1980, 973 für die Zeit nach Einführung neuer Rechtsmittelfristen im Familienrecht; BGH NJW 1978, 349.
92 *Borgmann/Jungk/Grams* § 58 Rn. 92 m. weit. Nachw.
93 BGH VersR 1991, 119; 1988, 78; 1973, 961.
94 BGH NJW 1991, 2082.
95 BGH NJW 1990, 1240; VersR 1982, 974.
96 BAG NJW 1996, 1302.
97 BGH NJW 1953, 179.
98 BGH NJW 1989, 1864.
99 BGH VersR 1985, 1142; 1978, 961; NJW 1969, 1298, 1301.
100 BGH NJW 1996, 1968; VersR 1984, 762.
101 *Zö/Greger* Rn. 23 „Fristenbehandlung".
102 BGH NJW 1996, 1477.
103 BGH NJW 2003, 2100.
104 St. Rspr., vgl. BGH VersR 1977, 670; 1975, 1005; einzelne Blätter genügen nicht, BGH VersR 1978, 1116; 1985, 1184.
105 BGH NJW 1992, 974; VersR 1978, 537.
106 BGH NJW-RR 2004, 1714; NJW 2003, 1815.
107 BGH NJW 2003, 1528; 1996, 1900; VersR 1985, 147.
108 BGH-Report 2004, 903; FamRZ 1991, 1173; VersR 1989, 1316.
109 BGH VersR 2003, 1528; 1996, 388; NJW-RR 1995, 58; VersR 1986, 1083; 1980, 142, st. Rspr.

den, sondern nur eine bestimmte, entsprechend erfahrene Fachkraft.[110] Eine Übertragung an einen Auszubildenden ist in der Regel pflichtwidrig.[111] Damit für den Anwalt erkennbar ist, dass eine Frist im Kalender notiert ist, muss in der Handakte ein entsprechender **Erledigungsvermerk** eingetragen werden. Der Anwalt hat darauf hinzuweisen.[112] Die Anweisung muss deutlich machen, dass der Erledigungsvermerk erst nach erfolgter Kalendereintragung angebracht werden darf.[113] Eine Kontrolle darüber ist aber im Einzelfall grundsätzlich nicht notwendig.[114] Eine **eigene Pflicht zur Überprüfung** der Fristennotierung ist gegeben, wenn sich für den Anwalt Zweifel an der Fristennotierung ergeben.[115] Die Klärung muss sogleich herbeigeführt werden; die Anordnung der sofortigen Wiedervorlage der Akte nach Erledigung anderer Vorgänge genügt nicht.[116] Für **besonders wichtige Fristen** muss eine **Vorfrist** im Kalender eingetragen werden. Sie ist erforderlich für die Frist zur Berufungsbegründung[117], grundsätzlich jedoch nicht für die Frist zur Berufungseinlegung.[118] Eine Vorfrist von einer Woche ist die Regel, aber nicht zwingend.[119] Sie alleine genügt jedoch nicht.[120] Für die Fristen zur Einlegung von Rechtsmitteln ist sie nicht erforderlich.[121] Die Vorfristsache muss nicht sofort bearbeitet werden, wenn durch organisatorische Maßnahmen sichergestellt ist, dass die Akte dem Anwalt bei Fristablauf wieder vorgelegt wird.[122] Auf die allgemeinen organisatorischen Vorkehrungen kommt es nicht an, wenn der Anwalt einer zuverlässigen Mitarbeiterin konkrete Einzelfallanweisungen erteilt. Dadurch werden aber außerhalb der Reichweite der Einzelweisung liegende und davon unabhängige organisatorische Maßnahmen zur Fehlervermeidung nicht obsolet.[123] Die Weisung muss präzise sein und auf fehlerträchtige Punkte hinweisen.[124] Ihre Einhaltung muss die Fristwahrung gewährleistet haben. Der Anwalt darf dann auf die Befolgung der Anweisung vertrauen ohne sich vergewissern zu müssen.[125] Dies gilt für die Behandlung von Rechtsmittelfristen allerdings nur mit Einschränkungen. Bei mündlicher Anweisung zur Eintragung von Rechtsmittelfristen müssen zusätzlich hinreichende organisatorische Vorkehrungen sicherstellen, dass die Weisung nicht vergessen wird.[126] Mit den Fristen zur Begründung der Nichtzulassungsbeschwerde und der Rechtsbeschwerde sind zwei weitere Fristen dazugekommen, die notiert und überwacht werden müssen.

19 Für **Rechtsmittelbegründungsfristen,** deren Beginn vom Zeitpunkt der Einlegung des Rechtsmittels abhängt, gilt folgendes: Die Eintragung der Begründungsfrist sollte erst erfolgen, wenn die Rechtsmitteleinlegung tatsächlich erfolgt ist.[127] Wenn eine so genannte **hypothetische Frist** in der Weise eingetragen wird, dass die Begründungsfrist ab dem Zeitpunkt der Zustellung der anzufechtenden Entscheidung unter Berücksichtigung der vollen Einlegungsfrist berechnet wird, muss sie nach Zugang der gerichtlichen Mitteilung über die Rechtsmitteleinlegung überprüft werden.[128] Sonst kann dies der Wiedereinsetzung entgegenstehen und zwar auch dann, wenn der Anwalt die konkrete Anweisung erteilt hatte, die Berufung erst am letzten Tag einzulegen.[129] Mit Absenden der Einlegungsschrift kann eine Vorfrist zur Rechtsmittelbegründung mit deren mutmaßlichem Ende eingetragen werden. Weist dies der Rechtsanwalt nicht an, so kann dies die Wiedereinsetzung ebenfalls hindern.[130] Auch hier muss aber das korrekte Fristende nach Eingang der gerichtlichen Mitteilung überprüft werden,[131] notfalls durch Rückfrage bei Gericht.[132] Eine allgemeine Anweisung, die Begründungsfrist nach Berufungseinlegung auf einem Klebezettel auf dem Aktendeckel zu notieren und die Akte auf einen bestimmten für Fristakten vorgesehenen Platz zu legen, genügt wegen der hohen Verlustsgefahr nicht den Anforderungen an eine ordnungsgemäße Kanzleiorganisation.[133] Der Anwalt muss die zustellungsunabhängigen Ablauffristen für Berufung und Revision gem. §§ 517, 520 Abs. 2 S. 1, 548, 551 Abs. 2 S. 3 notieren und überwachen, wenn das Urteil nach der gewöhnlichen Bearbeitungszeit immer noch nicht zugestellt ist (zum Fristbeginn s. § 517 Rn. 8f.).[134] Auch ein verspätet eingelegtes Rechtsmittel setzt die Begründungsfrist in Gang. Ein Wiedereinsetzungsverfahren hemmt sie nicht, so dass ein nicht fristgerecht begründetes Rechtsmittel trotz Gewährung der Wiedereinsetzung hinsichtlich der Ein-

---

110 BGH FamRZ 1993, 45.
111 BGH NJW FuR 2001, 273.
112 BGH VersR 1983, 924; 1977, 332.
113 BGH NJW-RR 1992, 826.
114 BGH NJW 2006, 2778f.
115 BGH NJW 2003, 1528; VersR 1973, 1144.
116 BGH NJW 2003, 1528.
117 BGH FamRZ 2004, 100; VersR 1995, 72; 1994, 1325.
118 BGH NJW 2007, 1455, 1456; VersR 1973, 840.
119 BGH NJW 2000, 365.
120 BGH NJW 2001, 2975; VersR 1992, 1154; NJW 1988, 568.
121 BGH VersR 1985, 396.
122 BGH NJW 2000, 365; 1997, 3243; 1997, 2825; *Müller* NJW 1998, 497, 504.
123 BGH NJW 2004, 688, 689; 2004, 367, 369.
124 BGH NJW-RR 2001, 209; NJW 2001, 1578; NJW-RR 2001, 209.
125 BGH NJW-RR 2001, 1072.
126 BGH FamRZ 2007, 1007; NJW-RR 2004, 1361; NJW 2004, 688; NJW 2003, 435; NJW 2002, 3782.
127 BGH NJW 1996, 2514; 1988, 568.
128 BGH NJW-RR 1999, 1663; NJW 1999, 142; 1996, 2514; 1994, 458.
129 BGH NJW 1994, 458; VersR 1977, 332.
130 *BGH NJW 1991, 2082*; VersR 1989, 645; NJW 1988, 568; VersR 1985, 502.
131 BGH VersR 1993, 378.
132 BGH FamRZ 1994, 437.
133 BGH NJW 1999, 1336.
134 BGH NJW-RR 2005, 1086; AnwBl. 1989, 100.

legungsfrist unzulässig ist.[135] Die Verwerfung der nicht fristgerecht eingelegten Berufung, bei der an sich die Wiedereinsetzung zu gewähren wäre wegen Versäumung der Begründungsfrist, hindert einen Wiedereinsetzungsantrag gegen die nicht gewahrte Begründungsfrist nicht. Wird nämlich die Wiedereinsetzung gewährt, entfällt nachträglich die Rechtfertigung für den Verwerfungsbeschluss.[136]

Wichtige Fristen, insbesondere Rechtsmittelfristen müssen so eingetragen werden, dass sie **nicht** mit Fristen zur Wiedervorlage **verwechselt** werden können, wobei der Anwalt an kein bestimmtes Verfahren gebunden ist (zB: farbliche Hervorhebung)[137] Wird **Prozesskostenhilfe** zur Berufungseinlegung beantragt, reicht eine bloße Anweisung auf Wiedervorlage bei Eingang des PKH-Beschlusses nicht aus. Es muss sichergestellt sein, dass die zweiwöchige Frist zur Wiedereinsetzung nach PKH-Bewilligung im Fristenkalender und den Handakten notiert wird (s. a. Rn. 30ff.).[138] Eine Frist darf nicht bereits bei Vorlage der Handakten zur Bearbeitung an den Rechtsanwalt **aus dem Kalender gestrichen** werden,[139] sondern frühestens, wenn der Schriftsatz mit der fristwahrenden Prozesshandlung **postfertig** und seine **unmittelbare Absendung sichergestellt** ist.[140] Das Fehlen einer Anordnung, bei unterschiedlichen Verfahren namensgleicher Parteien zur Kennzeichnung eines Aktenvorganges im Fristenkalender außer den Namen noch einen unterscheidenden Zusatz anzubringen, ist anwaltlicher Organisationsmangel.[141] 20

Verwendet der Rechtsanwalt einen **EDV-gestützten Fristenkalender,** muss er durch eine hinreichende Kontrolle gewährleisten, dass Eingaben von Datensätzen, die von dem entsprechenden Programm nicht ausgeführt worden sind, rechtzeitig erkannt und Eingabefehler oder -versäumnisse minimiert werden. Dies kann dadurch sichergestellt werden, dass zB nach jedem Eingabevorgang die Datensätze in einem Ausdruck festgehalten und kontrolliert werden.[142] Handelt es sich um ein Programm einer Fachfirma, muss der Anwalt nicht zusätzlich einen schriftlichen Fristenkalender führen. Es muss aber gewährleistet sein, dass die Servicefirma bei Störungen unverzüglich die Reparatur durchführt oder versucht, die gespeicherten Fristen zugänglich zu machen.[143] Vor Fristablauf als erledigt gekennzeichnete Fristen müssen weiterhin in der EDV-Fristenliste erscheinen, damit eine versehentlich als erledigt vermerkte Frist später noch als solche erkannt werden kann.[144] 21

c) **Fristüberwachung und Ausgangskontrolle.** Die Fristenüberwachung und -erledigung ist grundsätzlich anwaltliche Tätigkeit.[145] Bei Anwaltswechsel zwischen den Instanzen ist auch der Anwalt der Vorinstanz zur Fristüberwachung verpflichtet.[146] Kontrollaufgaben können an qualifiziertes Personal übertragen werden.[147] Eine Wiedereinsetzung ist denkbar, wenn der Anwalt **geeignete Stichproben** hinsichtlich der Fristüberwachung der vom Personal notierten Fristen durchführt,[148] da der Anwalt darauf vertrauen darf, dass die Einhaltung der notierten Fristen vom Personal überwacht wird.[149] Der Rechtsanwalt muss die dafür **zuständige Person bestimmen,** so dass Unklarheiten vermieden werden.[150] Die Zuständigkeit kann innerhalb eines Arbeitstages wechseln. Dann ist sicherzustellen, dass keine Unklarheiten darüber entstehen können, welcher Fachkraft die Fristenkontrolle zu einem bestimmten Zeitpunkt obliegt.[151] Er braucht dann die Durchführung rechtzeitiger Anordnungen, zB zur Einreichung eines fristwahrenden Schriftsatzes, nicht zu überwachen.[152] Gelten in einer Kanzlei strengere Kontrollmaßnahmen als üblich und allgemein geboten, verschärfen sich dadurch nicht die Sorgfaltsanforderungen an den Anwalt.[153] 22

Ein **eigenes Verschulden** an einer Fristversäumung trifft den Anwalt, wenn ihm Akten zur Bearbeitung in einer Fristsache vorgelegt worden sind, unabhängig davon, wann und ob sie bearbeitet worden sind.[154] Das gilt auch dann, wenn ihm nur der fristgebundene Schriftsatz ohne Akten vorgelegt worden ist.[155] Dies gilt nicht, wenn die Akten aus einem anderen Grund als dem der Fristerledigung vorgelegt wurden.[156] Allerdings muss sich der Anwalt durch einen Blick in die Akten in angemessener Zeit (ca. 1 Woche) davon überzeugen, wie lange er sich mit der Bearbeitung Zeit lassen kann.[157] Bei Aktenvorlage muss der Anwalt 23

---

135 BGH NJW 1989, 1155; BGHZ 98, 325 = NJW 1987, 327; BAG NJW 1997, 2002.
136 BGH FamRZ 2005, 791.
137 BGH VersR 1993, 630; NJW 1989, 2393.
138 BGH VersR 1992, 516.
139 BGH VersR 1985, 550; 1983, 270.
140 BGH NJW 2004, 688; 2004, 367; 2001, 1577; 1997, 3446; st. Rspr.
141 BGH VersR 1996, 124.
142 BGH NJW 1999, 582f.; NJW-RR 1997, 698; NJW 1995, 1756; *Büttner* § 7 Rn. 33.
143 BGH NJW 1997, 327.
144 BGH NJW 2001, 76; 2000, 1957.
145 BGH NJW 1994, 1878; 1994, 459; 1992, 820.
146 BGH VersR 1972, 200.
147 *Borgmann/Jungk/Grams* § 58 Rn. 99.
148 BGH VersR 1982, 68; 1981, 858.
149 BGH NJW 1971, 2269.
150 BGH NJW 1992, 3176.
151 BGH FamRZ 2007, 547f.
152 BGH NJW-RR 1995, 58; NJW 1994, 1879; OLG Köln FamRZ 1992, 194; *B/L/H* Rn. 93.
153 BGH VersR 1994, 703; NJW 1992, 1047.
154 BGH FamRZ 2007, 636; NJW 2003, 1815; 1997, 1311; 1997, 1708; 1994, 2831; 1992, 1632; *Zö/Greger* Rn. 23 „Fristenbehandlung"; ähnlich BVerfG NJW 2002, 3014, jedenfalls für komplizierte Fristen.
155 BGH NJW-RR 1991, 827.
156 BGH NJW 2003, 1815; 1998, 1498; VersR 1974, 548; 1973, 186; 1973, 128.
157 BGH NJW 2002, 1429; 1998, 460; *Müller* NJW 1998, 497, 505.

gegebenenfalls kontrollieren, ob die Frist vom Personal richtig berechnet wurde, bzw. ob ein Erledigungsvermerk in den Akten vorhanden ist.[158] Mit Vorlage der Akten zur Erstellung der Berufungsschrift muss der Anwalt prüfen, ob die Einlegungs- und die Begründungsfrist richtig notiert sind.[159] Darauf vertrauen, dass das Personal am Fristende den Anwalt nochmals an die vorgelegte Akte erinnert, darf der Anwalt nicht, auch wenn er zu solcher Erinnerung angewiesen hatte.[160] Akten, die als Vorfristsache vorgelegt worden, muss der Anwalt nicht sofort bearbeiten. Sie können – nach Prüfung, ob die Endfrist richtig eingetragen ist[161] – zur Wiedervorlage am Tag des Fristablaufs zurückgegeben werden.[162] Der Anwalt darf idR darauf vertrauen, dass ihm diese Akten zum Fristablauf entspr. der allg. Organisationsverfügung wieder vorgelegt werden.[163]

24 Im Zusammenhang mit der Fristenüberwachung muss der Rechtsanwalt für eine **wirksame Ausgangskontrolle** sorgen, damit fristgebundene Schriftsätze rechtzeitig auf den Weg gebracht werden.[164] Diese Aufgabe kann der Rechtsanwalt an qualifiziertes Personal delegieren, das angewiesen sein muss, die Erledigung der am Tag angelaufenen Fristen abends zu kontrollieren.[165] Es dürfen nicht mehrere, sondern es muss **eine Person** zur Fristüberwachung bestimmt werden,[166] Auszubildende nur ausnahmsweise, wenn sie erfahrungsgemäß zuverlässig sind.[167] Die Anweisung an das Personal muss lauten, die Frist erst zu löschen, wenn sie erledigt ist.[168] Dazu muss das Schriftstück mindestens postfertig sein, s. Rn. 20.[169] Es genügt auch, wenn die allgemeine Anweisung besteht, eine Frist erst nach Rücksprache beim Empfänger zu löschen.[170] Bei Übermittlung per Telefax genügt der Ausdruck der Sendebestätigung mit OK-Vermerk (zum Umfang der Überprüfung des Sendeberichts s. Rn. 49f.).[171] Die Ausgangskontrolle kann durch ein Postausgangsbuch, die Anbringung von Absendevermerken auf den Aktendurchschriften,[172] oder durch Kontrolle der gerichtlichen Eingangsbestätigungen erfolgen.[173] Letzteres reicht jedoch nicht aus, wenn die erforderliche Bestätigung am letzten Fristtag noch nicht vorliegt.[174] Die Ablage unterzeichneter Schriftsätze in einer „Poststelle" der Kanzlei genügt, wenn sichergestellt ist, dass sie ohne weitere Zwischenschritte von dort noch am selben Tag zur Post gegeben werden.[175] Uneinheitlich wird vom BGH entschieden, ob sich die abendliche Fristkontrolle nur darauf bezieht, ob im Kalender alle Fristen als erledigt gekennzeichnet sind[176] oder ob zusätzlich geprüft werden muss, dass die Fristen tatsächlich erledigt sind.[177] Fällt dem Anwalt selbst auf, dass der Postausgang nicht ordnungsgemäß zur Post gebracht wurde, muss er ihn auf Fristsachen überprüfen, bevor er die Briefe in den Briefkasten einwirft.[178]

25 **Einzelfälle:** Wiedereinsetzung ist **möglich,** wenn trotz organisatorischer Maßnahmen vom Personal vergessen wird, einen Schriftsatz zu frankieren,[179] oder entgegen einer Einzelanordnung ein Schriftsatz weisungswidrig von einer Angestellten zur falschen Einlaufstelle gebracht wird.[180] Der Anwalt kann entschuldigt sein, wenn bei Übermittlung per Telefax die Telefaxnummer in der gerichtlichen Mitteilung unklar ist.[181] Weicht ein Anwalt von einer bestehenden Kanzleiorganisation ab und erteilt einer zuverlässigen Angestellten eine auf einen konkreten Fall bezogene **Weisung,** bei deren Befolgung die Frist gewahrt worden wäre, trifft ihn kein Verschulden, wenn die Weisung versehentlich nicht befolgt wird.[182] Das gilt jedoch nur für die Reichweite der erteilten Einzelanweisung (sofortiges Versenden eines fristgebundenen Schriftsatzes per Fax). Sonstige notwendige organisatorische Vorkehrungen zur Fehlervermeidung werden dadurch nicht obsolet (zB die allgemeine Anweisung, die Frist im Kalender erst zu streichen, wenn der Fax-Sendebericht ausgedruckt ist).[183]

26 Wiedereinsetzung ist **nicht möglich,** wenn lediglich nachgesehen wird, ob der für die Gerichtspost vorgesehene Ablagekorb am Abend leer ist.[184] Bei einer Kanzlei mit mehreren Anwälten muss sichergestellt

---

158 BGH NJW 1999, 2680; 1976, 627.
159 BGH NJW-RR 2005, 1085; 2005, 498; FamRZ 2005, 435; 2004, 1183; 2004, 696.
160 BGH NJW 1997, 1311; 1992, 841; 1968, 2244.
161 BGH FamRZ 2007, 1166.
162 BGH NJW 1999, 2048f.; 1997, 2825f.
163 BGH NJW 1997, 3243.
164 BGH VersR 1995, 933; 1995, 479; 1995, 359; NJW 1993, 1657; VersR 1993, 207; NJW 1991, 1178.
165 BGH NJW 1999, 582; 1997, 2121; 1996, 1540; NJW-RR 1992, 1277.
166 BGH NJW 1992, 3176.
167 BGH VersR 1987, 769.
168 BGH NJW 2006, 2638, 2639; 1991, 1178; 1989, 1157.
169 BGH NJW 2004, 688; st. Rspr.; enger *Zö/Greger* Rn. 23 „Fristenbehandlung".
170 BGH NJW-RR 2002, 60.
171 BGH NJW 1998, 907; VersR 1992, 638; NJW 1990, 187.
172 BGH FamRZ 1992, 297.
173 BGH FamRZ 1992, 297.
174 BGH NJW-RR 1991, 511.
175 BGH NJW-RR 2003, 1004 = NJW 2003, 2610 (LS); NJW 2001, 1577.
176 BGH NJW-RR 1998, 1604.
177 BGH NJW 2006, 2638, 2639; NJW-RR 1997, 562; s. a. BGH NJW 2001, 76.
178 BGH NJW-RR 2003, 490 = NJW 2003, 1530 (LS).
179 BGH AnwBl. 1980, 460.
180 *BGH VersR 1983, 838.*
181 OLG Koblenz MDR 1992, 302.
182 BGH NJW-RR 2005, 215; 2004, 711; 2004, 350; NJW 2000, 2823.
183 BGH NJW 2007, 2778; FamRZ 2007, 720; NJW 2006, 2412, 2413; NJW 2004, 367, 369.
184 BGH FamRZ 1992, 1163.

sein, dass auslaufende Schriftsätze an das OLG von einem postulationsfähigen Anwalt unterzeichnet sind.[185] Eine Einzelanweisung, einen fristgebundenen Schriftsatz 4 Tage später einzureichen genügt nicht, da wegen des langen Zeitraums der Gefahr, diese Weisung zu vergessen, Vorschub geleistet wird.[186]

d) **Ausnutzen der Frist bis zum letzten Tag.** Es ist zulässig, eine Frist bis zum letzten Tag (vor 24.00 Uhr) 27
[187] auszuschöpfen.[188] Es gilt dann jedoch ein **erhöhter Sorgfaltsmaßstab** zur Fristwahrung.[189] Dazu gehört die Pflicht, gegebenenfalls bei Gericht nach dem Beginn der Frist nachzufragen.[190] Denkbare Postverzögerungen müssen berücksichtigt werden. Der Anwalt muss jedenfalls bei Zweifeln nachforschen und rückfragen, ob kurz vor Fristablauf abgesandte Schreiben noch rechtzeitig eingegangen sind.[191] Auf **übliche Postlaufzeiten** darf sich der Anwalt jedoch verlassen.[192] Ein Eilbrief am letzten Tag genügt nicht.[193] Bei Übermittlungen per Fax am letzten Tag muss sichergestellt sein, dass auf die Faxnummer des Empfängers ohne Schwierigkeiten zugegriffen werden kann.[194] Kann der fertige Schriftsatz wegen Computerproblemen nicht ausgedruckt werden, muss ersatzweise eine vollständig ausgedruckte Entwurfsfassung jedenfalls dann zur Fristwahrung eingereicht werden, wenn keine wesentlichen inhaltlichen Änderungen mehr vorgenommen wurden.[195] Scheitert die Übermittlung per Fax kurz vor Fristende, muss der Anwalt allen denkbaren Fehlermöglichkeiten nachgehen, insbes. erneut kontrollieren, ob die Faxnummer zutreffend ist.[196]

e) **Fristverlängerungsanträge.** Für den Fristverlängerungsantrag gelten die genannten Anforderungen an 28
eine Fristüberwachung und Ausgangskontrolle.[197] Auch hier sind erhöhte Sorgfaltspflichten zu beachten, wenn die Verlängerung erst kurz vor Fristende beantragt wird. Der Rechtsanwalt muss den Antrag **vollständig** und ausreichend begründet einreichen (s. § 224 Rn. 3).[198] Im Übrigen ist maßgebend, ob der Rechtsanwalt mit großer Wahrscheinlichkeit **auf die Bewilligung der Fristverlängerung vertrauen durfte.** Grundsätzlich ist die Begründung, der Anwalt habe von der Fristverlängerung ausgehen dürfen, nicht ausreichend.[199] Wiedereinsetzung kommt jedoch in Betracht, wenn eine **große Wahrscheinlichkeit** hinsichtlich der Fristverlängerung bestand.[200] Dann ist die Fristversäumung als unverschuldet anzusehen. Maßgebend dafür ist, ob es sich um einen ersten oder wiederholten Verlängerungsantrag handelt und ob die Verlängerung üblich ist. Das ist beispielsweise bei der ersten Verlängerung der Berufungsbegründungsfrist der Fall, wenn **erhebliche Gründe** für die beantragte Verlängerung gemäß § 520 Abs. 2 S. 3 (s. a. allg. § 224 Abs. 2) vorgetragen werden.[201] Das kann sein eine sich gegen Ende des Fristablauf abzeichnende, nicht vorhersehbare Arbeitsüberlastung des Rechtsanwalts,[202] oder die Notwendigkeit, vor Fertigstellung des Schriftsatzes noch weitere Informationen beim Mandanten einzuholen[203] und das Führen von Vergleichsgesprächen mit der Gegenseite (i. e. dazu § 224 Rn. 3, § 227 Rn. 4 ff. und § 520 Rn. 8)[204]. Eine hiervon abweichende restriktive Verfahrenspraxis einzelner Spruchkörper ist selbst dann unmaßgeblich, wenn eigens auf sie hingewiesen wurde. Auf eine rechtswidrige Spruchpraxis braucht sich die Partei nicht einzustellen.[205] Teilweise verneint die Rechtsprechung des BGH eine Wiedereinsetzung, wenn der Antrag nicht entsprechend § 520 Abs. 2 S. 3 **begründet** war.[206] Der Rechtsanwalt darf sich in diesem Fall auch nicht auf eine telefonische **Auskunft** der Geschäftsstelle verlassen, die Verlängerung werde gewährt, da es sich um einen Erstantrag handele.[207] Wegen § 520 Abs. 2 S. 3 ZPO kann auf die Bewilligung einer **zweiten Verlängerung** ohne Einwilligung des Gegners grundsätzlich nicht vertraut werden.[208] Die Einwilligung des Gegners kann vom Antragsteller selbst eingeholt werden. Dass sie erteilt wurde, muss im Verlängerungsantrag zumindest konkludent erklärt werden.[209]

---

[185] BGH VersR 1989, 715.
[186] BGH NJW 1999, 429.
[187] BGH NJW 2007, 2045 f.
[188] BVerfG NJW 1991, 2076; BGH NJW 2005, 678; NJW-RR 2004, 1217.
[189] BGH NJW 2006, 2637; NJW-RR 2004, 1502; VersR 1995, 217; 1994, 369; OLG München NJW 1991, 303; einschränkend *Müller* NJW 1996, 3224, 3232 m. weit. Nachw.
[190] BGH VersR 1991, 121.
[191] BGH NJW 1993, 1332; BGHZ 50, 82, 85 = NJW 1968, 1330; OLG Nürnberg NJW 1973, 908.
[192] BVerfG NJW 1994, 244; BVerfGE 41, 23, 25 = NJW 1976, 513; BGH VersR 1994, 496; VersR 1993, 1549.
[193] BAG NJW 1987, 3278.
[194] BGH NJW 2004, 516.
[195] BGH NJW 2006, 2637, 2638.
[196] BGH AnwBL. 2006, 766.
[197] BGH FamRZ 1992, 297.
[198] *Zö/Greger* Rn. 23 „Fristverlängerung".
[199] BGH NJW 1996, 3155; 1993, 134; 1992, 2426.
[200] BGH NJW 1993, 134; 1991, 1359.
[201] BGH NJW 2001, 3633; 1994, 56; 1993, 732; 1992, 2426; 1991, 1359; BVerfG NJW 1989, 1147.
[202] BGH VersR 1989, 1064; streng LG München NJW 2004, 79 f.
[203] BGH NJW 2001, 3552; VersR 1995, 193 (jedenfalls dann, wenn der Anwalt einen notwendigen weiteren Besprechungstermin vor Fristablauf nicht durchführen kann, da er sich auf einem Fortbildungslehrgang befindet); BGH NJW 1991, 1359.
[204] BGH NJW 1999, 430
[205] BGH NJW 2001, 3552; BVerfG NJW 1989, 1147.
[206] BGH NJW 1993, 134; VersR 1987, 308.
[207] BGH NJW 1992, 2426.
[208] BGH NJW-RR 2005, 865; NJW 2004, 1742.
[209] BGH NJW 2006, 2192, 2193; NJW-RR 2005, 865.

29 Grundsätzlich muss der Rechtsanwalt **prüfen,** ob einem Antrag auf Fristverlängerung **stattgegeben** wurde.[210] Sehr streng hat der BGH das in einem Fall selbst dann verlangt, wenn bei einem Gericht üblicherweise einem solchen Antrag stattgegeben wird.[211] Die **Erkundigung** über die Fristverlängerung kann der Anwalt an qualifiziertes Personal delegieren.[212] Er muss jedoch durch organisatorische Maßnahmen sicherstellen, dass die auf Grund mündlicher Mitteilung des Gerichts erfolgte Fristeintragung mit der später eingehenden schriftlichen gerichtlichen Nachricht verglichen wird.[213] Eine Erkundigungspflicht des Rechtsanwalts kann entfallen, wenn mit der Verlängerung mit hoher Wahrscheinlichkeit gerechnet werden kann, insbesondere im Falle der Berufungsbegründungsfrist, und der Antrag ausreichend begründet war.[214] Bei einem unbegründeten Antrag liegen diese Voraussetzungen nicht vor.[215] Auch bei einem wiederholten Verlängerungsgesuch besteht kein entschuldbares Vertrauen auf dessen Bewilligung. Der Anwalt muss den Ablauf der von ihm beantragten Fristverlängerung kontrollieren und gegebenenfalls vormerken lassen, sollte über den Antrag nicht sofort entschieden werden. Er kann sich nämlich nicht auf eine entschuldigte Fristversäumung berufen, wenn er die von ihm selbst beantragte verlängerte Frist nicht einhält, auch wenn über das Gesuch innerhalb der beantragten Verlängerung noch nicht entschieden ist.[216] Bestehen Zweifel darüber, ob die Fristverlängerung bewilligt oder nur in Aussicht gestellt ist, muss der **sicherste Weg** zur Fristwahrung beschritten werden.[217] Erfährt der amtlich bestellte Vertreter eines Anwalts am letzten Tag der Berufungsbegründungsfrist, dass ein Verlängerungsantrag abgelehnt wurde, kann schuldloses Verhalten vorliegen, wenn er das Rechtsmittel nicht mehr begründen kann und ihm ein erneuter Verlängerungsantrag unzumutbar ist.[218] Geht ein Antrag auf Verlängerung der Rechtsmittelbegründungsfrist nicht bei Gericht ein, setzt Wiedereinsetzung voraus, dass der Verlängerungsantrag Erfolg gehabt hätte und der beantragte Verlängerungszeitraum eingehalten wird. Es steht aber zur Vorlage der Begründungsschrift mindestens die Zwei-Wochen-Frist des § 234 Abs. 1 zur Verfügung.[219]

30 **6. Fristenwahrung bei Antrag auf Prozesskostenhilfe.** Kann eine Partei eine fristwahrende Maßnahme wegen **Mittellosigkeit** nicht rechtzeitig vornehmen lassen, ist die Fristversäumung grundsätzlich unverschuldet, wenn wenigstens **fristgerecht** ein Gesuch auf Prozesskostenhilfe beim **zuständigen Gericht** für die fristwahrende Handlung eingereicht wird (s. § 167 Rn. 10). Dem steht nicht entgegen, dass der Prozesskostenhilfeantrag erst am letzten Tag der Frist eingereicht wird.[220] Zulässig ist, bei eingelegter Berufung den PKH-Antrag innerhalb der (auch verlängerten) Begründungsfrist zu stellen.[221] Fristgerecht ist auch ein Bewilligungsantrag, der bei unverschuldeter Fristversäumnis noch innerhalb der Frist des § 234 gestellt wird.[222] Voraussetzung für die Wiedereinsetzung ist grundsätzlich, dass die Partei **vernünftigerweise annehmen** darf, dass sie bedürftig im Sinne der Kriterien zur Beurteilung der Prozesskostenhilfe ist (vgl. dazu § 115).[223] Daran fehlt es, wenn wegen offenbar unvollständiger, irreführender Angaben zu den persönlichen und wirtschaftlichen Verhältnissen die Bewilligung nicht erwartet werden konnte.[224] Die Partei darf aber davon ausgehen, dass das Rechtsmittelgericht bei der Beurteilung der Prozesskostenhilfe keine strengeren Voraussetzungen annimmt, als die Vorinstanz.[225] Es ist grundsätzlich **nicht von Bedeutung,** ob mit einer **Erfolgsaussicht** der beabsichtigten Prozesshandlung zu rechnen war.[226] Ausführungen zu den Erfolgsaussichten des Rechtsmittels und zum Umfang der Anfechtung sind nicht zwingend erforderlich. Sonst stünde die mittellose Partei schlechter als die begüterte, die einen Monat länger Zeit zur Rechtsmittelbegründung hätte.[227]

31 Es müssen die Formblätter gemäß § 117 Abs. 2, 3 mit allen Belegen fristgerecht eingereicht worden sein.[228] Lücken im Antragsformular sind unschädlich, wenn sie auf andere Weise geschlossen werden können, etwa durch die beigefügten Unterlagen.[229] Die Bezugnahme auf Vordrucke erster Instanz genügt wegen § 119 allenfalls ausnahmsweise, wenn unmissverständlich mitgeteilt wird, dass seitdem keine Änderungen eingetreten sind.[230] Bei **Berufungs- und Revisionseinlegung** müssen die Formblätter innerhalb der Einlegungsfrist vorgelegt sein (zur eigenständigen Beurteilung der Bedürftigkeit durch das Rechtsmittelge-

---

210 BGH NJW 1994, 56; VersR 1978, 1144.
211 BGH VersR 1977, 1097.
212 BGH NJW 1996, 1682; VersR 1986, 366; 1974, 804.
213 BGH NJW 1997, 1860.
214 BGH VersR 1993, 501; NJW 1992, 2426; 1983, 1741; zweifelnd: *Zö/Greger* Rn. 23 „Fristverlängerung".
215 BGH NJW 1992, 2426.
216 BGH NJW 1994, 55.
217 BGH VersR 1985, 767.
218 BGH VersR 1995, 193.
219 BGH NJW 1996, 1350.
220 BGH NJW 1998, 1230; BGH VersR 1985, 287.
221 BGH FamRZ 2005, 105.
222 BGH NJW-RR 2006, 140, 141; NJW 2002, 2180.
223 BGH NJW 1993, 733; VersR 1992, 897; 1992, 637; NJW-RR 1990, 450.
224 BGH NJW-RR 1991, 1532; VersR 1976, 931.
225 BGH FamRZ 1987, 1018.
226 BGH FamRZ 1988, 1152.
227 BGH FamRZ 2006, 1269; NJW-RR 2001, 1146; 2001, 750.
228 BGH FamRZ 2006, 1522; FamRZ 2006, 1028; FamRZ 2005, 1537; NJW 2002, 2793; 2001, 2720; 2000, 2112.
229 BGH FamRZ 2006, 2062.
230 BGH FamRZ 2004, 1961; NJW 2002, 2793; 2001, 2720.

richt vgl. § 117 Rn. 11).[231] Der Antrag muss außerdem beim **zuständigen Gericht** eingereicht sein.[232] Die erforderliche **Kausalität** zwischen Mittellosigkeit und Fristversäumung ist nicht deshalb zu verneinen, weil sich die Partei nach Ablauf der Frist entschließt, die entsprechende Prozesshandlung notfalls auch ohne Prozesskostenhilfe vorzunehmen,[233] oder beispielsweise das Prozesskostenhilfegesuch innerhalb der Rechtsmittelfrist gleichzeitig mit dem Rechtsmittelschriftsatz eingereicht wurde, wobei letzterer von einem nicht postulationsfähigen Anwalt unterzeichnet ist.[234] Eine mit dem PKH-Antrag verbundene unzulässige Berufungseinlegung unter der Bedingung der Bewilligung von PKH steht der Wiedereinsetzung ebenfalls nicht entgegen.[235] Anderes gilt, wenn die Partei sich noch während laufender Rechtsmittelfrist entschlossen hat, unabhängig vom Ausgang des Prozesskostenhilfegesuches das Rechtsmittel auf jeden Fall fristgerecht einzulegen und dabei eine Versäumung entsteht.[236] Der BGH hat Wiedereinsetzung auch verneint, wenn der Antrag auf Prozesskostenhilfe während offener Berufungsbegründungsfrist eingereicht wurde, obwohl der Anwalt an sich bereit war, für die Partei weiter tätig zu werden.[237] Wird **Berufung eingelegt** und ist über den Prozesskostenhilfeantrag bis zum Ablauf der Frist zur Berufungsbegründung noch nicht entschieden, entfällt das Hindernis der Mittellosigkeit zur Beauftragung eines Anwalts mit der Rechtsmittelbegründung erst mit der Entscheidung der Prozesskostenhilfe jedenfalls dann, wenn die Berufung nur „formularmäßig" erfolgt ist. Der Anwalt ist jedoch gehalten, fristgerecht einen Antrag auf Verlängerung der Begründungsfrist zu stellen, um ein Wiedereinsetzungsverfahren zu vermeiden.[238] Wird die Berufungsbegründung dann nach Fristablauf aber vor der Entscheidung über die Prozesskostenhilfe doch eingereicht, kann grundsätzlich nicht eingewendet werden, die Mittellosigkeit sei nicht ursächlich für die Fristversäumung gewesen.[239]

Die **Frist zur Wiedereinsetzung** nach § 234 Abs. 2 beginnt grundsätzlich mit der Bekanntgabe der Ent- 32
scheidung über die Prozesskostenhilfe[240] bzw. der Beiordnung eines Anwalts, wenn das Verfahren dem Anwaltszwang unterliegt.[241] Ein neuer Antrag oder eine Gegenvorstellung hemmen diesen Fristablauf nicht.[242] Teilt das Gericht schon vor der Entscheidung über den PKH-Antrag unter eingehender Darlegung der Berechnung mit, dass mit einer Bewilligung nicht gerechnet werden könne, beginnt damit auch die Frist zur Wiedereinsetzung und nicht erst mit der nachfolgenden Bekanntgabe des förmlichen Beschlusses.[243] Zur speziellen Problematik der Nachholung einer vor der Entscheidung über den Prozesskostenhilfeantrag für das Rechtsmittel schon abgelaufenen **Frist zur Rechtsmittelbegründung** s. § 236 Rn. 6. Verbessern sich die wirtschaftlichen Verhältnisse der Partei, ist es schuldhaft, wenn trotzdem bis zur ablehnenden Entscheidung des Gerichts zugewartet wird. Das Hindernis entfällt nämlich mit Wegfall der Mittellosigkeit, nicht erst mit der Ablehnung der Prozesskostenhilfe.[244] Für einen rechtsschutzversicherten Rechtsmittelführer, der im Übrigen die Voraussetzungen für die Bewilligung von Prozesskostenhilfe erfüllt, entfällt das Hindernis der Bedürftigkeit mit der Deckungszusage der Rechtschutzversicherung.[245] Hinsichtlich der Entscheidung über die Prozesskostenhilfe sind verschiedene Fallgestaltungen denkbar (s. auch § 117 Rn. 12ff.):

a) Bewilligung der Prozesskostenhilfe. Wird Prozesskostenhilfe bewilligt, steht die Bedürftigkeit der 33
Fristwahrung nicht mehr entgegen. Es läuft somit mit **Bekanntgabe des Bewilligungsbeschlusses** die zweiwöchige Frist gemäß § 234 Abs. 1, 236 Abs. 2 S. 2, um Wiedereinsetzung zu beantragen und die versäumte Prozesshandlung nachzuholen. Eine zusätzliche **Überlegungsfrist** scheidet aus.[246] Eine förmliche Zustellung des Prozesskostenhilfebeschlusses ist zwar ratsam, aber für den Fristbeginn nicht erforderlich.[247] Jede Form der Kenntniserlangung ist ausreichend.[248] Ein Vertrauen auf eine falsche Auskunft des Gerichts, die Frist beginne erst mit Zustellung, kann geschützt sein.[249]

b) Vollständige Verweigerung der Prozesskostenhilfe durch Entscheidung vor Fristablauf. Durfte die 34
Partei die wirtschaftlichen Voraussetzungen für genügend dargetan halten und musste vernünftigerweise nicht mit der Ablehnung des PKH-Gesuchs wegen fehlender Bedürftigkeit rechnen, liegt trotz Ablehnung der PKH ein Fall der Wiedereinsetzung vor, wenn die Rechtsmittelfrist zwischenzeitlich abgelaufen ist.[250] Geht der Beschluss über die Ablehnung der Prozesskostenhilfe aber noch vor Ablauf der zu wahrenden Frist zu, bleibt der Partei unter Umständen nur eine kurze **Überlegungsfrist,** ob sie die Prozesshandlung auch ohne Prozesskostenhilfe vornehmen lassen will. Ergeht der Beschluss zeitlich ausreichend früh, so

---

231 BGH NJW 1994, 2098.
232 BGH NJW 1987, 440.
233 BGH VersR 1989, 863; NJW-RR 1987, 1150.
234 BGH NJW 1985, 2834; anders noch VersR 1981, 577.
235 BGH NJW 1999, 2823.
236 BGH NJW 1966, 203.
237 BGH VersR 1986, 91.
238 BGH NJW 1999, 3271 m. weit. Nachw.
239 BGH NJW 1999, 3271.
240 BGH FamRZ 1994, 568; NJW 1991, 110.
241 BGH NJW 2004, 2902, 2903; WM 2001, 1038, 1039.
242 BGH VersR 2007, 1269; VersR 1980, 86.
243 BGH FamRZ 2007, 801.
244 BGHNJW 1999, 793; NJW-RR 1991, 1533.
245 BGH NJW 1991, 109.
246 BGH NJW 1978, 1920.
247 BGH VersR 2006, 1141; VersR 1985, 68.
248 BGH VersR 1986, 580.
249 BGH VersR 1987, 986.
250 BGH FamRZ 2006, 32f.; 2005, 1901; 2005, 789.

kann die Frist problemlos gewahrt werden. Problematisch sind die Fälle, in denen die Ablehnung der Prozesskostenhilfe nur einige Tage vor Fristablauf eingeht. Hier bleibt der Partei nur eine kurze Überlegungsfrist. Der BGH geht davon aus, dass eine Fristwahrung nicht mehr zumutbar ist, wenn der Zeitraum zwischen Zugang des ablehnenden Prozesskostenhilfebeschlusses und dem Fristende 3 Tage nicht übersteigt.[251] Denn der Partei sei eine Entschließungsfrist zuzubilligen, ob sie die fristwahrende Handlung nun auf eigene Kosten vornehmen wolle. Diese Überlegungsfrist beginne erst mit Zugang des ablehnenden Prozesskostenhilfebeschlusses; vorher habe die Partei bei ordnungsgemäßer Beantragung auf deren mögliche Bewilligung vertrauen dürfen.[252] Die Zweiwochenfrist zur Wiedereinsetzung beginnt damit erst nach Ablauf dieser Überlegungsfrist, denn die Verhinderung im Sinne des § 234 Abs. 1 endet erst mit Ablauf der Überlegungsfrist.[253]

35 c) **Vollständige Verweigerung der Prozesskostenhilfe durch Entscheidung nach Fristablauf.** Grundsätzlich beginnt die Frist zur Wiedereinsetzung mit Zugang des Ablehnungsbeschlusses. Allerdings gewährt die Rechtsprechung auch hier zunächst eine **Überlegungsfrist,** bis zu deren Ablauf die Verhinderung andauert. Die zweiwöchige Frist zur Wiedereinsetzung beginnt nach der Rechtsprechung erst im Anschluss an diese Überlegungsfrist.[254] Die Dauer der Überlegungsfrist wird sehr unterschiedlich bemessen. Grundsätzlich kann man sich an einer Frist von 2–3 Tagen orientieren.[255] Teilweise verfährt die Rechtsprechung jedoch auch sehr großzügig. So wurde vom OLG Schleswig beispielsweise eine Frist von 3 Wochen zur Wiedereinsetzung zugebilligt. Vom BSG ist sogar ein Wiedereinsetzungsantrag innerhalb eines Monats noch als rechtzeitig angesehen worden.[256] Im Allgemeinen ist die Überlegungsfrist bis zum Beginn der Wiedereinsetzungsfrist aber nur mit wenigen Tagen zu bemessen.

36 d) **Teilweise Bewilligung der Prozesskostenhilfe.** Wird die Prozesskostenhilfe nur teilweise bewilligt, bleibt der Partei jedenfalls für die Einlegung einer Berufung **keine Überlegungsfrist.** Es beginnt vielmehr mit Zugang des Bewilligungsbeschlusses die Frist des § 234 Abs. 1, denn die Berufungseinlegung kann unabhängig von einem bestimmten Antrag erfolgen, so dass im Rahmen der Berufungsbegründungsfrist ausreichend Überlegungszeit verbleibt.[257] Die Wiedereinsetzung kann die Partei nicht darauf stützen, sie habe nach teilweiser Versagung der Prozesskostenhilfe keinen Anwalt finden können, der ohne Kostenvorschuss innerhalb der Wiedereinsetzungsfrist die Berufungsbegründung erstellt.[258]

37 e) **Auflagen im Rahmen des Prüfungsverfahrens.** Werden dem Antragssteller nach Ablauf der zu wahrenden Frist Auflagen im Prozesskostenhilfe-Prüfungsverfahren gemacht, zB auf Vorlage von zusätzlichen Unterlagen, beginnt die Frist zur Wiedereinsetzung nicht vor Ablauf einer vom Gericht zur Erfüllung der Auflagen gesetzten Frist. Eventuell kann auch hier eine kurze Überlegungsfrist hinzugerechnet werden.[259] Ist keine Frist gesetzt, so ist der Zugang des Ablehnungsbeschlusses oder der Ablauf einer gesetzten Nachfrist maßgebend.[260] Von der Auflage ist eine bloße Frist zur Stellungnahme zu unterscheiden,[261] die aus Gründen der Rechtssicherheit nicht ausreicht, um die Frist des § 234 Abs. 1 in Lauf zu setzen, zumal dem Antragsteller keine Pflicht, sondern nur ein Recht zur Stellungnahme eingeräumt wurde.[262]

38 **7. Niederlegung des Mandats.** Die Wiedereinsetzung ist möglich, wenn die Partei die Beendigung des Mandats nicht zu vertreten hat.[263] Ein Verschulden des Anwalts ist der Partei zuzurechnen. Schuldhaft ist eine **grundlose Mandatsniederlegung** während des Fristenlaufs.[264] Schuldhaft ist es auch, wenn ein Anwalt es vor Niederlegung des Mandats unterlässt, den Sachstand zu überprüfen und gegebenenfalls die zur Fristwahrung erforderlichen Maßnahmen zu ergreifen.[265] Unterlässt es ein Anwalt schuldhaft, nach Mandatsbeendigung zugestellte Schriftstücke an seinen ehemaligen Mandanten weiterzuleiten, so ist dies der Partei jedoch nicht mehr zuzurechnen.[266]

39 **8. Postlaufzeiten.** Partei und Rechtsanwalt dürfen sich, jedenfalls bei inländischem Postverkehr, darauf verlassen, dass ein Brief den Empfänger innerhalb der **normalen Postbeförderungszeiten** erreicht.[267] Vier Tage Postbeförderung für freigestempelte Sammelpost entspricht nicht der allgemeinen Lebenserfahrung.[268] Zwischen den alten und den neuen Bundesländern ist dabei nicht zu unterscheiden.[269] Der Brief

---

[251] BGH NJW 1986, 257.
[252] BGH NJW 1986, 257; aA MK/*Gehrlein* Rn. 44.
[253] BGH NJW 1986, 257.
[254] Statt vieler BGH NJW 2001, 2262; NJW-RR 1990, 451; VersR 1982, 757; 1977, 432.
[255] BGH FamRZ 2006, 1269, 1270; NJW 2001, 2262; FamRZ 1993, 1428; 1990, 280.
[256] BSG NJW 1993, 2958.
[257] BGH NJW-RR 1993, 451; NJW 1963, 1780; OLG Zweibrücken FamRZ 2007, 1573; *Müller* NJW 1995, 3224, 3225; aA OLG Hamburg NJW 1981, 2765, das eine kurze Überlegungszeit in Ausnahmefällen bejaht.
[258] BGH VersR 1980, 554.
[259] So jedenfalls OLG Frankfurt OLGR 1996, 70.
[260] BGH NJW 1971, 808.
[261] BGH NJW 1976, 330.
[262] BGH NJW 1976, 330.
[263] LAG Frankfurt, NJW 1969, 156.
[264] Siehe auch *Zö/Greger* Rn. 23 „Niederlegung des Mandats".
[265] OLG Frankfurt, VersR 1991, 897.
[266] BGH NJW 1980, 999.
[267] BGH NJW-RR 2004, 1217; NJW 2003, 3712; VersR 1994, 495; 1994, 496; BAG VersR 1995, 436; Für die Partei BVerfGE 53, 25 = NJW 1980, 769; BVerfGE 50, 1 = NJW 1979, 641.
[268] BVerfG VersR 1996, 123.
[269] BGH BB 1993, 1692; OLG Celle DtZ 1992, 296.

muss ordnungsgemäß adressiert und frankiert sein.[270] Wird die Sendung unter Berücksichtigung der normalen Beförderungszeiten aufgegeben, liegt kein Verschulden für verspäteten Eingang vor. Partei und Anwalt müssen sich unter diesen Voraussetzungen auch nicht bei Gericht über den Eingang vor Fristablauf erkundigen.[271] Daran hat sich auch durch die neuen technischen Übermittlungsmöglichkeiten (Telefax) nichts geändert.[272] Eine unvollständige Adressierung (Fehlen von Hausnr., Postleitzahl) ist unschädlich, wenn das Schriftstück unter Berücksichtigung der üblichen Zeitverzögerung für die Adressvervollständigung durch die Post noch fristgerecht zugegangen wäre.[273] Der rechtzeitige Versand eines Schreibens wird idR durch den Briefumschlag mit Poststempel nachgewiesen. Er ist vom Gericht aufzubewahren. Andernfalls darf dies nicht zu Lasten der Partei gehen, wenn deren Erklärung zur Absendung des Schriftstücks nicht von vornherein unglaubhaft ist.[274]

Problematisch ist, welcher Zeitraum als **normale Beförderungszeit** anzusehen ist. Grundsätzlich gelten 40
die von der Post bekannt gegebenen amtlichen Laufzeiten.[275] Man darf dabei in der Regel davon ausgehen, dass ein Anfang oder Mitte der Woche aufgegebener Brief am **folgenden oder übernächsten Zustelltag** ankommt.[276] Der Einwurf einer Sendung am Freitag vor der letzten Leerung bei Fristende Montag kann rechtzeitig sein, wenn die Deutsche Post AG bestätigt, dass ein Zugang am Montag bei normalem Postlauf spätestens zu erwarten ist.[277] Generell vertrauen kann man darauf jedoch wohl nicht.[278] Nach der **früheren Rechtsprechung** waren bei der Beurteilung der normalen Beförderungszeiten die Zeiträume zu berücksichtigen, in denen bekanntermaßen **Beförderungsengpässe** vorliegen, wie zB in der Weihnachtszeit.[279] Seit der Entscheidung des Bundesverfassungsgerichts,[280] in der die Unterscheidung nach dem Beanspruchungsumfang der Post für unzulässig gehalten wurde, kann diese **Differenzierung nicht mehr** aufrecht erhalten werden. Allerdings ist zu berücksichtigen, dass der BGH in einer nachfolgenden Entscheidung ein Verschulden an der Verzögerung für den Fall bejaht hat, dass diese voraussehbar war (bekannte streikbedingte Verzögerung), obwohl er sich grundsätzlich der Entscheidung des Bundesverfassungsgerichts angeschlossen hat.[281] Auch das BVerfG nimmt jedoch in diesen Fällen ein Verschulden an, wenn sichere Übermittlungswege zumutbar sind. Ist nicht bekannt, ob und für wie lange sich die Gefahr der Postverzögerung durch Streik verwirklicht, ist der Absender gehalten, sich bei Gericht über den Eingang zu erkundigen.[282]

Bei einem **Eilbrief** ist Wiedereinsetzung gewährt worden, wenn dieser am Sonntag eingeworfen wurde, 41
um eine am folgenden Montag ablaufende Frist zu wahren.[283] Damals galt jedoch noch die von der Post mitgeteilte Regel, dass die Zustellung einen Tag nach Einlieferung erfolgt. Auch wegen Wegfalls der Spätleerung kann ältere Rechtsprechung nicht ohne weiteres übernommen werden. Der Anwalt darf sich auf eine **Mitteilung eines Postbediensteten** über die zu erwartende Beförderungsdauer verlassen.[284] Die genannten Grundsätze gelten auch für **Päckchen** und **Telegramme,** wobei sich allerdings abweichende Beförderungszeiten ergeben können.[285] Bei Inanspruchnahme eines **privaten Beförderungsdienstes** muss bei Verzögerungen dargelegt werden, dass auch dort von einer fristwahrenden Beförderungsdauer ausgegangen werden durfte.[286] Auf bekannt gegebene Laufzeiten anderer konzessionierter Anbieter darf vertraut werden, ebenso auf Kurierdienste eines Anwaltvereins.[287] Die Darlegung von Vorgängen innerhalb der Organisationsstruktur des privaten Kurier- oder Paketdienstes kann mangels Kenntnis des Nutzers aber idR nicht verlangt werden.[288] Geht ein **Schriftstück** auf den Postweg **verloren,** ist ein Wiedereinsetzungsgrund gegeben. Die Art und Weise des Verlustes ist unmaßgeblich. Der Anwalt muss nur glaubhaft machen, dass der Verlust nicht in seinem Verantwortungsbereich eingetreten ist.[289]

Bringt der Anwalt einen Brief selbst zum Briefkasten, muss er einen neben dem Briefkasten angebrach- 42
ten Hinweis beachten, wonach nur bei einem am Werktag erfolgten Einwurf eine Zustellung am Folgetag gewährleistet ist.[290] Wird ein Schriftsatz per **Einschreiben mit Rückschein** an das Gericht übermittelt, muss der Anwalt berücksichtigen, dass nach Dienstende bei Gericht niemand zur Unterzeichnung des Rück-

---

270 BVerfG NJW 1990, 1747; BGH NJW 2007, 1751; NJW 1993, 1333; LAG BadenWürttemberg NJW 1986, 603; OLG Zweibrücken MDR 1984, 853.
271 BGH NJW 2003, 3712; 1993, 1741; 1990, 188.
272 BVerfG NJW 1994, 1854.
273 BVerfG NJW 2001, 1566 f.; einschränkend BGH NJW 2000, 82.
274 BVerfG NJW 1997, 1770.
275 So auch MK/*Gehrlein* Rn. 54.
276 BGH NJW-RR 1992, 1020.
277 BVerfG NJW 2001, 744.
278 BGH NJW 1990, 188.
279 ZB BGH VersR 1980, 928.
280 BVerfG NJW 1992, 1952; 2001, 1566 f.
281 BGH NJW 1993, 1332.
282 BVerfG VersR 1995, 981.
283 BGH VersR 1976, 88.
284 So noch BGH NJW-RR 1990, 508.
285 BGH NJW 1986, 2647 für Telegramm.
286 LAG Köln, MDR 1999, 1343; OVG Münster NJW 1994, 402; aA *Zö/Greger* Rn. 23 „Postverkehr".
287 BVerfG NJW 2000, 2657; 1999, 3701. *Büttner* § 9 Rn. 2.
288 BVerfG NJW 1999, 3701 f.
289 BGH NJW 1957, 790.
290 BGH VersR 1982, 296.

scheins mehr anwesend ist.[291] Beauftragt der Prozessbevollmächtigte erster Instanz per Post einen Kollegen mit der **Rechtmitteleinlegung,** muss er sich danach erkundigen, ob der Auftrag dort eingegangen ist.[292] Das durchbricht nicht den Grundsatz, dass auf normale Postlaufzeiten vertraut werden darf, sondern ist notwendig, um zu klären, ob der beauftragte Anwalt zur Mandatsübernahme überhaupt bereit und in der Lage ist.[293]

43 **9. Rechtsirrtum und Unkenntnis vom Fristbeginn bei Partei und Anwalt. a) Partei.** Unverschuldete Unkenntnis der Partei vom Fristbeginn ist Wiedereinsetzungsgrund. Bei einer Zustellung durch Übergabe wird unverschuldete Unkenntnis kaum einmal vorliegen, da die Partei die Pflicht hat, von **Zustellungen** Kenntnis zu nehmen und es der Partei obliegt, gegebenenfalls sachkundigen Rechtsrat einzuholen.[294] Bei Ersatzzustellung (§§ 178ff.) und öffentlicher Zustellung (§§ 185ff.) kann unverschuldete Unkenntnis vorliegen. Bei Zustellung durch Niederlegung bei der Postanstalt gemäß § 181 gehört es zur Obliegenheit der Partei, sich Kenntnis vom Inhalt der Sendung zu verschaffen.[295] Der Beweis über die Benachrichtigung von der Niederlegung erfolgt durch den Vermerk auf der Zustellungsurkunde.[296] Bei Unaufklärbarkeit des Verbleibs des Benachrichtigungszettels ist Wiedereinsetzung denkbar, wenn eine einwandfreie Empfangsorganisation glaubhaft gemacht wird.[297] Ein Rechtsirrtum und Rechtsunkenntnis über den Fristbeginn und die Fristdauer können unverschuldet sein. In der Regel enthalten zivilrechtliche Entscheidungen keine Rechtsbehelfsbelehrung.[298] Dann kommt es darauf an, ob der **Irrtum unvermeidbar** war oder nicht. Nur im ersten Fall ist Wiedereinsetzung mangels Verschulden denkbar.[299] Allerdings ist auch hier zu berücksichtigen, dass sich die Partei nach Form und Frist der Anfechtung erkundigen muss, wenn ihr eine nachteilige Entscheidung zugeht.[300] Eine missverständliche Rechtsmittelbelehrung durch das Gericht kann zur Wiedereinsetzung berechtigen.[301] War das Fehlen einer gesetzlich vorgeschriebenen oder verfassungsrechtlich erforderlichen Rechtsmittelbelehrung ursächlich für eine Fristversäumung, wird fehlendes Verschulden unwiderlegbar vermutet.[302]

Das **Maß der Sorgfalt** hängt davon ab, ob die Partei mit Zustellungen rechnen muss. Ein Verschulden der Partei liegt vor, wenn kein Briefkasten mit Namensschild vorhanden ist.[303]

44 **b) Rechtsanwalt.** Ein **Rechtsirrtum** des Anwalts ist **grundsätzlich vermeidbar** und schließt somit die Wiedereinsetzung aus, wenn die vom Anwalt vertretene Rechtsmeinung in Gesetz sowie in Rechtsprechung und Literatur keine Stütze findet. Bei streitigen Rechtsfragen muss der Anwalt den im Sinne der Fristwahrung **sichersten Weg** wählen.[304] Die Anforderungen der Rechtsprechung an den Anwalt sind hoch. Die höchstrichterliche Rechtsprechung[305] und die gängigen Kommentierungen[306] müssen zur Prüfung der Rechtslage herangezogen werden. Der Anwalt darf andererseits auf die **höchstrichterliche Rechtsprechung vertrauen.**[307] Er muss eine bekannte Entscheidungspraxis des zuständigen, auch des erstinstanzlichen, Gerichts berücksichtigen.[308] Findet sich in einem Kommentar keine Anmerkung zum gesuchten Rechtsproblem, müssen unter Umständen auch noch weitere Kommentare herangezogen werden.[309] Die Lektüre gängiger juristischer Fachzeitschriften genügt; Spezialzeitschriften müssen nicht notwendig beachtet werden.[310] Der Anwalt muss jedenfalls die Bundesgesetze kennen, die bei einer anwaltlichen Tätigkeit gewöhnlich zur Anwendung gelangen.[311] Diese Anforderungen gelten grundsätzlich auch für Anwälte in den neuen Bundesländern.[312] Ausnahmsweise ist Wiedereinsetzung in dem Fall bejaht worden, in dem eine unzutreffende Rechtsmeinung vom Gericht veranlasst worden ist,[313] ebenso, wenn eine unrichtige Rechtsmittelbelehrung durch einen Fachsenat beim OLG erteilt wurde.[314] Wiedereinsetzung ist gewährt worden, als der Anwalt auf eine in gängigen Kommentaren zitierte Rechtsprechung eines OLG vertraut hat, die unzutref-

---

[291] LG Dortmund NJW 1983, 2334.
[292] BGH VersR 1987, 589.
[293] S. auch MK/*Gehrlein* Rn. 54.
[294] BGH VersR 1989, 277; FamRZ 1988, 829; vgl. auch MK/*Gehrlein* Rn. 30 und 33.
[295] BVerfGE 25, 158 = NJW 1969, 1103; BVerfG NJW 1993, 847.
[296] BGH VersR 1986, 787; BVerfG NJW 1987, 2529.
[297] BGH VersR 1995, 73 für den Fall des Einwurfs der Benachrichtigung in den Türeinwurfschlitz einer Wohnung.
[298] Was noch zulässig ist, vgl. BVerfG NJW 1995, 3173.
[299] BGH VersR 1986, 965.
[300] Statt vieler BGH NJW 1997, 1989; 1987, 440.
[301] BGH NJW 1992, 1700.
[302] So BGH NJW 2002, 2171 für die gem. § 45 WEG befristeten Rechtsmittel in Wohnungseigentumssachen im Gegensatz zu einigen älteren OLG Entscheidungen.
[303] Zum gemeinsamen Hausbriefkasten mehrerer Bewohner vgl. BVerwG NJW 1988, 578.
[304] BGH WM 1993, 77; NJW 1991, 2709; 1990, 1239; 1977, 2073.
[305] BGH VersR 1987, 507.
[306] BGH VersR 1989, 530; 1986, 1210.
[307] BVerfGE 79, 372, 376 = NJW 1989, 1147.
[308] BVerfGE 1979, 372, 376 = NJW 1989, 1147.
[309] AG Grevenbroich MDR 1989, 459.
[310] BGH NJW 1979, 877.
[311] BGH NJW 1993, 2538.
[312] BGH NJW 1993, 332.
[313] BGH VersR 1989, 603; NJW 1963, 714; Auskunft von Geschäftsstelle genügt aber nicht, vgl. BGHZ 5, 275 = NJW 1952, 665.
[314] Betraf Landwirtschaftssache, vgl. BGH NJW 1993, 3206.

fend war, ohne dass entgegenstehende Rechtsprechung dazu veröffentlicht war.[315] In Betracht kommt Wiedereinsetzung auch, wenn ein Leitsatz zu einer Entscheidung des BGH eine falsche rechtliche Bewertung veranlasst.[316] Mit einer starken Arbeitsüberlastung kann sich der Anwalt nicht entschuldigen.[317] Problematisch ist, ab welchem Zeitpunkt ab Veröffentlichung einer Entscheidung vom Anwalt deren Kenntnis verlangt werden kann. Kenntniserlangung erst mehrere Tage nach Erhalt der juristischen Fachzeitschrift, in der von der bereits veröffentlichten Entscheidung berichtet wird, kann die Wiedereinsetzung rechtfertigen.[318] Ein Zeitraum von 6 Wochen wurde vom OLG Düsseldorf als zu lange angesehen.[319] Die Übergangszeit, in der an die Anwälte in den neuen Bundesländern geringere Sorgfaltsanforderungen gestellt wurden,[320] dürfte abgelaufen sein. Der Anwalt muss wissen, dass auch die Zustellung eines **Urteils mit offenbaren Schreibunrichtigkeiten** (Fehlen eines von mehreren Beklagten in der zugestellten Urteilsausfertigung) die Berufungsfrist in Lauf setzt und die Berichtigung solcher Fehler keinen Einfluss auf den Lauf der Rechtsmittelfrist hat.[321]

10. Rechtsmittelauftrag und Rechtsmittelschrift. Die Rechtsmittelfrist ist vom beauftragten Anwalt eigenständig zu prüfen. 45 Dies gilt bei der Mitteilung des Zustellungsdatums durch die Partei, genauso wie bei **Auftragserteilung** durch einen anderen Rechtsanwalt.[322] Der Anwalt der Vorinstanz darf die Fristnotierung erst löschen, wenn ihm die Bestätigung der Mandatsübernahme durch den Rechtsmittelanwalt vorliegt.[323] Zweifelhaft ist die vom BGH gemachte Ausnahme für den Fall, dass eine generelle Absprache über die Mandatsübernahme unter den beteiligten Anwälten besteht oder der Anwalt ständig beauftragt ist.[324] Gegebenenfalls muss beim Rechtsmittelanwalt unter Hinweis auf die laufende Frist nachgefragt werden.[325] Die Tätigkeit des Anwalts der Vorinstanz erschöpft sich also nicht in der fristgerechten Übersendung des Rechtsmittelauftrages. Andererseits braucht der erstinstanzliche Anwalt nach Eingang der Übernahmebestätigung nicht zu überwachen, ob das Rechtsmittel dann fristgerecht eingelegt wurde.[326] Eine Pflicht des Anwalts, sich trotz schriftlicher Mitteilung der laufenden Rechtsmittelfrist bei der Partei zu erkundigen, ob das Rechtsmittel eingelegt werden soll, besteht grundsätzlich nicht; anders jedoch, wenn der Anwalt konkreten Anlass zu der Sorge haben muss, seine Mitteilung sei verloren gegangen oder wenn ihm der Standpunkt seines Mandanten, in jedem Fall ein Rechtsmittel einlegen zu wollen, bekannt ist.[327] Die Anfertigung der **Rechtsmittelschrift** ist anwaltliche Tätigkeit und darf nicht an Büropersonal delegiert werden. Der Anwalt muss sie selbst auf ihre **Richtigkeit**[328] **und Unterzeichnung**[329] (s. dazu § 130) überprüfen. Hierzu gehört auch die Prüfung der Postulationsfähigkeit.[330] Er muss ferner die **Richtigkeit des angegebenen Gerichts**[331] und der **Parteibezeichnungen**[332] überprüfen. Die Verwendung eines speziell für die Rechtsmitteleinlegung erarbeiteten Computerprogramms entbindet davon nicht.[333]

Wiedereinsetzung ist möglich, wenn die **fehlende Unterzeichnung** alleine auf Verschulden des Büropersonals zurückzuführen ist, 46 so wenn der Anwalt einen Schriftsatz ohne Unterschrift zur Korrektur gibt und der Schriftsatz danach versehentlich ohne nochmalige Vorlage zur Unterschrift abgeschickt wird.[334] Besteht eine generelle Anordnung des Anwalts, alle Schriftstücke vor Abgang daraufhin zu überprüfen, ob sie unterzeichnet sind, so kann der Anwalt darauf vertrauen, dass diese Anordnung vor allem bei eilbedürftigen Schriftsätzen strikt beachtet wird.[335] Das gilt auch, wenn der Anwalt den Schriftsatz persönlich einer Angestellten übergeben hat, um ihn postfertig zu machen.[336]

Uneinheitlich ist die Rechtsprechung zum Verschulden des Anwalts bei **Korrektur von Schriftsätzen.** Ei- 47 nerseits hat der BGH entschieden, dass es kein Verschulden des Anwalts darstellt, wenn er eine Rechtsmittelschrift, die falsch adressiert ist, unterzeichnet, bevor die angewiesene Korrektur ausgeführt wurde.[337] Der Anwalt darf die Korrektur qualifiziertem Personal überlassen, ohne dass er sich den abgeänderten Schriftsatz wieder vorlegen lassen muss.[338] Anderes soll gelten, wenn der Schriftsatz eine Häufung von Feh-

---

315 BGH NJW 1985, 495; vgl. auch OLG München VersR 1982, 174.
316 BGHZ 23, 307, 312 = NJW 1957, 750.
317 BGH NJW 1971, 1704.
318 BGH NJW 1979, 877.
319 OLG Düsseldorf VersR 1980, 359.
320 BGH ZIP 1992, 726.
321 BGH VersR 1996, 214.
322 BGH VersR 1991, 123; 1987, 563; OLG Zweibrücken JurBüro 1986, 947.
323 BGH NJW 2000, 815; 1991, 3035; BGHZ 105, 116 = NJW 1988, 3020.
324 So aber BGH NJW 1994, 3101; 1991, 3035.
325 BGH VersR 1969, 59.
326 BGH FamRZ 2007, 1007.
327 BGH NJW 1997, 1311; VersR 1992, 898.
328 BGH NJW-RR 1993, 254; VersR 1993, 79; NJW 1990, 990; 1989, 2396; NJW-RR 1988, 1528.
329 BGH FamRZ 1991, 318.
330 BGH VersR 1993, 124.
331 BGH VersR 1988, 251.
332 BGH NJW 2000, 2511; VersR 1982, 191.
333 BGH VersR 1995, 1372.
334 BGH NJW 1982, 2671.
335 BVerfG NJW 2004, 2583; BGH NJW 2006, 2414.
336 BVerfG NJW 1996, 309; BGH VersR 1996, 21; NJW 1994, 3235.
337 BGH VersR 1982, 471; aA OLG München NJW 1980, 460.
338 BGH VersR 1996, 779; 1992, 1023; NJW 1982, 2670.

lern aufweist, die die Zulässigkeit des Rechtsmittels berühren, so dass eine nochmalige Überprüfung durch den Anwalt notwendig wird.[339] Wenn der Schriftsatz jedoch nach Korrektur wieder vorgelegt wird, muss ihn der Anwalt erneut auf Fehler kontrollieren. Sonst ist Wiedereinsetzung ausgeschlossen.[340]

48 Die **Bezeichnung von Art und Umfang eines Rechtsmittels** gehört zum Pflichtenkreis des Anwalts.[341] Der Rechtsanwalt muss das betreffende Berufungsgericht selbst angeben. Eine **Falschadressierung,** die darauf beruht, dass der Anwalt beim Diktat des Schriftsatzes kein Gericht angegeben hat, rechtfertigt keine Wiedereinsetzung.[342] Die Aufnahme der rein postalischen Anschrift in den Schriftsatz darf der Anwalt seinem zuverlässigen Personal übertragen. Er muss diese postalischen Angaben auch nicht bei Durchsicht des Schriftsatzes überprüfen.[343] Wenn der Anwalt aber die Anschrift des Gerichts selbst diktiert, ist Wiedereinsetzung nicht möglich, wenn er den diktierten Text nicht auf Diktat- oder Übermittlungsfehler auch bzgl. der Gerichtsanschrift überprüft.[344] Wiedereinsetzung ist möglich, wenn der Anwalt das Gericht und den Gerichtsort zutreffend angegeben hat, aber Straße und Hausnummer fehlen.[345] Eine falsche Gerichtsadressierung genügt auch dann nicht zur Fristwahrung, wenn der Schriftsatz bei der gemeinsam mit dem zuständigen Gericht bestehenden Einlaufstelle eingeht.[346] Wiedereinsetzung ist zu bejahen, wenn bei einer **gemeinsamen Einlaufstelle** von LG und OLG ein Schriftsatz eingereicht wird, der zwar versehentlich an das LG adressiert ist, aber das zutreffende Aktenzeichen des OLG trägt (zum Briefkasten des Gerichts und zur gemeinsamen Einlaufstelle.[347] Wiedereinsetzung ist nicht möglich, wenn die Fristversäumung darauf beruht, dass der Anwalt es unterlassen hat, zu kontrollieren, ob das örtlich und sachlich zuständige Gericht angegeben ist.[348] Es ist insbesondere in Familiensachen problematisch, wenn der Schriftsatz irrtümlich an das LG, anstatt an das OLG gerichtet wird. Ist bei einem LG ein besonderes Fach eingerichtet (keine gemeinsame Einlaufstelle), in das die für das OLG bestimmten Schriftsätze zum Zwecke der Weiterleitung gebracht werden können, so eröffnet die Gerichtsverwaltung damit gleichsam einen Botendienst, den der Rechtsanwalt nutzen darf und auf dessen Funktionsfähigkeit er vertrauen darf, insbes. wenn der Gerichtswachtmeister auf Anfrage erklärt, dass Schriftsätze am folgenden Werktag beim OLG eintreffen.[349] Wiedereinsetzung ist auch möglich, wenn ein Schriftsatz versehentlich an das Ausgangsgericht adressiert wurde, bei einer Weiterleitung im ordentlichen Geschäftsgang aber noch fristgerecht beim Rechtsmittelgericht eingegangen wäre. In diesem Fall ist nämlich eine schuldhaft falsche Adressierung nicht mehr ursächlich für die Fristversäumnis.[350] Das gilt auch dann, wenn der Anwalt den Fehler nach Fristablauf bemerkt.[351] Eine Weiterleitung innerhalb von fünf Arbeitstagen kann erwartet werden;[352] jedenfalls aber innerhalb von neun Tagen.[353] Eine Obliegenheit zur Weiterleitung ergibt sich für das vorher selbst mit der Sache befasste Gericht aus nachwirkender Fürsorgepflicht.[354] Offen ist daher, ob diese Grundsätze zur Weiterleitung falsch adressierter Schriftsätze auch für ein vorher mit der Sache nicht befasstes Gericht gelten.[355] Trägt der Schriftsatz eine **unleserliche Unterschrift** (s. § 130 Rn. 9, § 129 Rn. 8ff.), ist Wiedereinsetzung berechtigt, wenn die Unterschrift plötzlich als unwirksam angesehen wird, obwohl sie vom Gericht jahrelang nicht beanstandet wurde.[356] Wiedereinsetzung ist nicht möglich zur inhaltlichen Ergänzung einer fristgerechten, aber unvollständigen Rechtsmittelbegründung.[357]

49 **11. Telefax**[358]. Der BGH hatte bislang stets entschieden, dass der Zeitpunkt des Eingangs bestimmt ist durch den Zeitpunkt des Ausdruckes beim Empfangsgerät.[359] War der Schriftsatz bis zum Fristende 24.00 Uhr nicht vollständig ausgedruckt, so war für die Fristwahrung nur der Teil des Schriftsatzes zu berücksichtigen, der rechtzeitig ausgedruckt war, es sei denn, der Schriftsatz war per Fax fristgerecht vollständig ohne Verbindungsabbruch an das Empfängerfax übertragen, dort aber wegen Papierstau nicht vollständig ausgedruckt. Diese Rspr. hat der BGH nun aufgegeben. Für die Rechtzeitigkeit des Eingangs kommt es allein darauf an, dass die gesendeten Signale noch vor Fristablauf vom Faxgerät des Empfängers vollständig gespeichert worden sind.[360] Dieser Zeitpunkt kann zB durch einen Einzelverbindungsnachweis der in

---

[339] BGH VersR 1995, 558.
[340] BGH VersR 1993, 79.
[341] BGH NJW 1992, 2413.
[342] BGH VersR 1988, 251.
[343] BGH NJW 2000, 82; NJW-RR 1990, 1149.
[344] BGH NJW 1996, 393; 1996, 853.
[345] BGHZ 51, 1 = NJW 1969, 468; aA aber BAG NJW 1987, 3278.
[346] BGH NJW-RR 1993, 254; FamRZ 1990, 866; BayObLG NJW 1988, 714.
[347] BGH NJW 1989, 590.
[348] BGH VersR 1979, 863.
[349] OLG Karlsruhe VersR 1996, 215.
[350] BGH NJW 2006, 3499.
[351] BGH FamRZ 2007, 1640.
[352] BGH NJW 2006, 3499f.
[353] BVerfG NJW 2005, 2137; NJW 2001, 1343.
[354] BVerfG NJW 2005, 2137; BVerfGE 93, 99 = NJW 1995, 3171; BGH NJW 1998, 908; BAG NJW 1998, 923.
[355] BGH NJW 2005, 3776; s. auch *Born* NJW 2007, 2088, 2094.
[356] BVerfG NJW 1988, 2787; BGH VersR 1975, 927.
[357] BGH NJW 1997, 1309.
[358] S. dazu *Pape/Notthoff* NJW 1996, 417ff.
[359] BGH NJW 1994, 2097; 1987, 2586.
[360] BGH NJW 2006, 2263, 2264; NJW 2006, 3500; NJW 2007, 2045, 2046; so bereits BVerfG NJW 1996, 2857; BAG NZA 1999, 925.

Anspruch genommenen Telekommunikationsgesellschaft zuverlässig ermittelt werden.[361] Auf den Zeitpunkt des Ausdrucks, der je nach Einstellung des Geräts auch erst am nächsten Tag erfolgen kann, kommt es nicht mehr an. Der geänderten Rspr. werden alle Senate des BGH folgen.[362] Mit der Übermittlung muss so rechtzeitig begonnen werden, dass die gesamte Sendung noch vor Fristablauf übermittelt ist; sonst liegt schuldhafte Versäumung vor.[363] Es ist rechtzeitig, wenn 4 Stunden vor Fristablauf mit der Übermittlung begonnen wird.[364] Auch ein Sendebeginn 15 Min. vor Fristende kann ausreichen, wenn der Anwalt auf Grund der sonst üblichen Sendezeiten an das Gericht davon ausgehen darf, dass der Schriftsatz noch vollständig rechtzeitig übermittelt wird.[365] Der Rechtsanwalt darf sich zwar grundsätzlich auf einen störungsfreien Betrieb verlassen.[366] Der Sender muss allerdings zeitliche Verzögerungen einplanen, die üblicherweise vorkommen können (Empfangsgerät ist belegt; Papierstau am eigenen Gerät).[367] Die Justizbehörde muss auch nach Dienstschluss eine ordnungsgemäße Funktionsfähigkeit gewährleisten.[368] Ein Defekt des Empfangsgerätes im Gericht oder Störungen der Übermittlungsleitungen dürfen daher nicht auf den Absender abgewälzt werden.[369] Mit dem rechtzeitigen Beginn der Übermittlung des Faxes hat der Absender das seinerseits Erforderliche getan. Falls andere ohne weiteres mögliche und zumutbare Maßnahmen zur Fristwahrung nicht noch in Betracht kommen, ist Wiedereinsetzung zu gewähren.[370] Hat der Anwalt in einem solchen Fall sechs Stunden vor Fristablauf mit der Übermittlung begonnen und ist seine Kanzlei 300 km vom Rechtsmittelgericht entfernt, kann ihm nicht Wiedereinsetzung mit der Begründung versagt werden, er hätte sich darum bemühen müssen, einen beim dortigen Gericht zugelassenen Anwalt mit der Übermittlung zu beauftragen.[371] Nach der Übermittlung muss anhand des **Sendeberichts** überprüft werden, ob der Faxvorgang ordnungsgemäß und vollständig durchgeführt wurde.[372] Diese Ausgangskontrolle muss nicht sofort durchgeführt werden, jedoch so rechtzeitig, dass ggf. eine erfolgreiche Übermittlung des Schriftsatzes per Fax noch ohne Weiteres möglich ist.[373] Dabei muss der Sendebericht auch dahingehend überprüft werden, ob die an sich zutreffend in der Akte erfasste Empfängernummer fehlerfrei eingegeben worden ist (Tippfehler).[374] Davon zu unterscheiden ist der Fall, dass bei der „Erstermittlung" der Empfängernummer eine falsche Faxnummer ausgewählt wird, an die dann das Telefax übermittelt wird. Der 6. Senat hatte dazu entschieden, dass eine nochmalige Überprüfung anhand des zu Rate gezogenen Verzeichnisses nur dann erforderlich ist, wenn eine hohe Verwechslungsgefahr besteht. Das ist zB der Fall, wenn die Empfängernummer von Fall zu Fall aus gedruckten Listen oder elektronischen Dateien herausgesucht werden muss und im gleichen Ort mehrere Empfänger in Betracht kommen.[375] Der 12. Senat hat nunmehr unabhängig davon, wie hoch die Verwechslungsgefahr ist, verlangt, dass die verwendete Faxnummer aus dem Sendebericht nochmals mit dem Verzeichnis, aus der sie entnommen wurde, abgeglichen werden muss.[376] Gleiches gilt, wenn die Faxnummer nicht direkt in den Schriftsatz eingetragen wirde, sondern zunächst notiert und dann erst in einem weiteren Übertragungsschritt in den Schriftsatz eingesetzt wird.[377] Das ist eine Verschärfung der bisherigen Anforderungen. Erst nach der Überprüfung des Sendeberichts darf die Frist im Kalender gelöscht werden (s. Rn. 24ff.).[378]

Das Heraussuchen der **Telefaxnummer,**[379] die Überprüfung der vom Verkehrsanwalt mitgeteilten Faxnummer des Gerichts,[380] die **Bedienung** des Faxgerätes und die **Überprüfung** des Sendeberichtes dürfen zuverlässigem **Büropersonal** übertragen werden.[381] Der Anwalt muss dem Personal aber allgemeine Verhaltensregeln vorgeben, wie die richtige Faxnummer festzustellen ist und was im Fall einer Anschlussstörung zu tun ist.[382] Kann der Anwalt nicht vortragen, dass die betraute Bürokraft zuverlässig ist und ein Fehler bei der Bedienung des Gerätes noch nicht vorgekommen war, muss er den Sendebericht selbst prüfen.[383] Auf die Richtigkeit des Sendeberichts darf der Rechtsanwalt vertrauen.[384] Wiedereinsetzung ist zu versa- 50

[361] BGH NJW 2006, 2263, 2265; *Born* NJW 2006, 2088, 2093.
[362] BGH NJW 2006, 2263, 2266.
[363] BGH NJW 1994, 2097.
[364] BGH NJW 1992, 244.
[365] BGH NJW 2005, 678; 2004, 2525.
[366] BGH NJW 1994, 1881; *Ebnet* NJW 1992, 2985, 2988.
[367] BGH FamRZ 2005, 266.
[368] BGH FamRZ 1997, 414; NJW 1992, 244.
[369] BVerfG NJW 2001, 3473; BGH NJW 1994, 1881.
[370] BGH NJW-RR 2001, 916; NJW 1995, 1431; *Kummer* aaO Rn. 294; MK/*Gehrlein* Rn. 68.
[371] BVerfG NJW 2001, 3473.
[372] BGH VersR 1995, 1073; BayObLG VersR 1995, 1074; BGH NJW 1993, 3140; 1993, 1655.
[373] BGH NJW 2007, 601f.
[374] BGH FamRZ 2007, 721; NJW 2004, 3490; FamRZ 2004, 1275.
[375] BGH NJW 2004, 3491, 3492; *Born* NJW 2007, 2088, 2094.
[376] BGH NJW 2006, 2412, 2413.
[377] BGH NJW 2006, 2412, 2413.
[378] BGH NJW 2007, 2778; NJW 2004, 3490f.; 2004, 367, 369; 1998, 907; 1996, 2513; 1994, 1879; 1993, 1655.
[379] Strit.: großzügiger BGH NJW 1995, 2105; strenger NJW 1994, 2300; s. auch *Müller* NJW 1995, 3224, 3232 m. weit. Nachw. und *Pape/Notthoff* NJW 1996, 417, 421f.
[380] BGH NJW 2000, 1043.
[381] BGH NJW 2000, 1043; VersR 1995, 1467; NJW 1994, 329.
[382] BGH FamRZ 2005, 1740; 2005, 1243; OLG Nürnberg NJW-RR 1998, 1604.
[383] BGH VersR 1995, 317.
[384] BGH NJW 2001, 1595; *T/P/Hüßtege* Rn. 52b; zu streng OLG Köln NJW 1989, 594 und OLG München NJW 1991, 303; s. auch *St/J/Roth* Rn. 80; *Jaeger* VersR 1991, 831, 832.

gen, wenn der Rechtsanwalt behördliche Mitteilungen über geänderte Faxnummern nicht beachtet und das Fax dadurch fehlgeht.[385] Wiedereinsetzung ist aber möglich, wenn die Telefaxnummer im gerichtlichen Schreiben unklar und missverständlich angegeben war,[386] oder die Telefonvermittlung eine falsche Nummer mitgeteilt hatte.[387] Auch auf die Richtigkeit einer Fax-Nummer in einem privaten Verzeichnis (Deutscher Anwalt Verlag) und die automatische Bandansage der Auskunft bei der Deutschen Telekom darf vertraut werden;[388] ebenso auf ein jahrelang bewährtes EDV-Programm in neuester Fassung.[389] Ein eigenes Verschulden des Anwalts liegt jedoch vor, wenn er es nach zahlreichen Fehlversuchen unterlässt, die vom Gericht falsch mitgeteilte Faxnummer mit Hilfe des Telefonbuches oder der Auskunft auf ihre Richtigkeit zu überprüfen.[390] Eigenes Verschulden ist auch dann bejaht worden, wenn die Fax-Nummer deutlich sichtbar auf dem Schriftsatz angegeben war und dem Anwalt bei Unterzeichnung des Schriftsatzes am letzten Tag der Frist ohne Weiteres erkennbar war, dass die Fax-Nummer nicht zutreffend sein kann (falsche Vorwahlnummer).[391] Bei einer **technischen Störung** des **eigenen Gerätes** muss der Rechtsanwalt versuchen, die Frist auf andere noch mögliche und zumutbare Weise zu wahren,[392] zB durch Einwurf in den Nachtbriefkasten. Bei einem auswärtigen Gericht kann ein Kollege vor Ort beauftragt werden. Wiedereinsetzung ist allerdings bejaht worden, wenn bei einer technischen Störung der Anwalt es unterlassen hat, den Schriftsatz selbst in den Nachtbriefkasten des 360 km entfernten Gerichts zu fahren, obwohl dies zeitlich noch möglich gewesen wäre,[393] denn der Anwalt darf sich darauf verlassen, dass sein eigenes Fax nicht kurzfristig ausfällt. Bei dem **Antrag auf Wiedereinsetzung** wegen fehlenden Eingangs des Schriftsatzes bei Gericht ist es empfehlenswert, neben dem Sendebericht zur **Glaubhaftmachung** auch eine eidesstattliche Versicherung der Büroangestellten über die ordnungsgemäße Absendung und Kontrolle des Sendeberichts hinsichtlich der richtigen Adressierung und Empfängernummer, der Anzahl der Seiten und des OK-Vermerks vorzulegen.[394]

51 **12. Telefonische Auskünfte und Mitteilungen.** Werden Auskünfte und Mitteilungen telefonisch eingeholt oder übermittelt, muss sich der Anwalt grundsätzlich **vergewissern,** ob die Angaben **richtig verstanden** worden sind. Der Anwalt kann grundsätzlich auch das Büropersonal beauftragen, telefonisch bei Gericht nachzufragen, um Daten und Vorgänge aus den Gerichtsakten zu ermitteln. Das Personal muss belehrt werden, gegebenenfalls Ziffer und Daten jeweils zu wiederholen. Hörfehler der Anwaltsgehilfin sind dem Anwalt dann nicht zurechenbar.[395] Je nach dem Gegenstand der Anfrage ist der Anwalt jedoch gehalten, die Auskunft selbst einzuholen.[396] Auf erkennbar unrichtige oder vage Mitteilungen des Gerichts darf sich der Anwalt nicht verlassen. Er muss dann eigene Nachforschungen durchführen.[397] Auch die Entgegennahme von Aufträgen zur Rechtsmitteleinlegung darf auf entsprechend qualifiziertes Personal übertragen werden.[398] Bei einem **telefonischen Rechtsmittelauftrag** müssen entweder der Anwalt oder sein Büro durch geeignete Rückfragen prüfen, ob die übermittelten Daten korrekt verstanden worden sind.[399] Das Unterlassen dieser Kontrollpflicht steht der Wiedereinsetzung aber nicht entgegen, wenn der Auftrag vom Rechtsmittelanwalt angenommen wurdes und die Fristversäumung durch ein Versehen in dessen Kanzlei eingetreten ist, und zwar auch dann, wenn das Versehen durch entsprechende Kontrollfragen zumindestens rechtzeitig bemerkt worden wäre.[400] Der **Korrespondenzanwalt** muss sich die Anschrift des von ihm telefonisch beauftragten **Prozessanwalts** sorgfältig notieren[401] Er muss sicherstellen, dass der Prozessanwalt das Mandat innerhalb der Rechtsmittelfrist annimmt[402] und eine zuverlässige und rechtzeitige Mitteilung über laufende Fristen erfolgt (s. dazu auch nachfolgend Rn. 52 „Verkehrsanwalt").[403]

52 **13. Verkehrsanwalt.** Die Partei muss sich auch das Verschulden des Verkehrsanwalts (s. § 91 Rn. 27) zurechnen lassen. Er ist Bevollmächtigter gemäß § 85 Abs. 2.[404] Der Anwalt, der einen anderen Rechtsanwalt mit der Übernahme einer Prozessvertretung beauftragt, muss dafür Sorge tragen, dass die Mandatsübernahme vom Empfänger innerhalb der Rechtsmittelfrist bestätigt wird. Weisungen an das Büropersonal müssen sicherstellen, dass dem Anwalt bei Ausbleiben der Bestätigung die Akte noch so rechtzeitig vorgelegt wird, dass eine Fristwahrung durch anderweitige Maßnahmen ggf. noch möglich ist. Die Aktenvorlage

---

385 BGH NJW 1994, 1660.
386 OLG Koblenz JurBüro 1992, 193.
387 BGH NJW 1989, 589.
388 BGH VersR 1997, 853; BAG NJW 2001, 1594; *Müller* NJW 1998, 497, 509.
389 BGH NJW 2004, 2830.
390 BGH NJW 1999, 583f.
391 OLG Oldenburg NJW 2007, 1698.
392 BayObLG NJW-RR 1998, 418; BGH NJW-RR 1996, 1275.
393 BGH NJW 1992, 244; s. auch BSG MDR 1993, 904.
394 BGH NJW 1997, 948; 1993, 732.
395 BGH VersR 1966, 342.
396 BGH NJW 1966, 658.
397 BGH NJW 1995, 71; 1994, 2299; *Müller* NJW 1995, 3224, 3228.
398 BGH VersR 1992, 898.
399 BGH VersR 1980, 765.
400 BGH NJW 1975, 1125.
401 BGH VersR 1980, 141.
402 BGH VersR 1990, 801.
403 BGH VersR 1991, 896; NJW 1990, 1239.
404 BGH NJW-RR 2005, 143, 145; VersR 1990, 801; 1988, 418.

muss durch Eintragung einer entsprechenden Frist im Kalender abgesichert werden.[405] Etwas anderes gilt nur dann, wenn mit dem Rechtsmittelanwalt im Einzelfall oder allgemein abgesprochen ist, dass er Rechtsmittelaufträge annimmt und ausführt.[406] Dann muss nicht nachgeforscht werden und Verzögerungen der üblichen Beförderungszeiten sind unschädlich,[407] s. a. Rn. 51 aE.[408] Rechtsmittelfristen muss der Verkehrsanwalt zu diesem Zweck als eigene Fristen eintragen.[409] Vom Prozessanwalt mitgeteilte Fristen müssen bei gegebenem Anlass selbstständig festgestellt werden, zB wenn ein Zustellungsnachweis nicht übersandt wurde.[410] In neuerer Rechtsprechung fordert der BGH, dass der Verkehrsanwalt selbst überprüft, ob seine Anweisung, einen bestimmten Anwalt mit der Vertretung im Rechtsmittelzug zu beauftragen, ordnungsgemäß ausgeführt wurde,[411] insbesondere, ob die Anschrift stimmt[412] und die Postulationsfähigkeit des Prozessanwalts gegeben ist.[413] Nach Mandatsübernahme besteht keine Überwachungspflicht des Verkehrsanwalts mehr; eine Ausnahme gilt nur dann, wenn konkrete Anhaltspunkte für eine mögliche Pflichtverletzung des Prozessanwalts vorliegen.[414] Schickt der Verkehrsanwalt ein Auftragsschreiben zur Rechtsmitteleinlegung erst kurz vor Ende der Frist ab, muss er aber wegen des rechtzeitigen Eingangs nachfragen.[415] Bei **telefonischer Beauftragung** (s. Rn. 51) muss der Anwalt die einzuhaltende Frist nochmals schriftlich mitteilen, jedenfalls dann, wenn sie bei dem Telefongespräch vom Prozessbevollmächtigten nicht schon mündlich wiederholt worden ist und somit feststeht, dass er sie telefonisch richtig verstanden hat.[416] Der beauftragte Anwalt muss in eigener Verantwortung die Einhaltung der Frist und die Stellung von Verlängerungsanträgen überprüfen.[417] Das Mandat des Prozessanwalts endet, wenn er das Urteil mit der Mitteilung des Zustellungsdatums an den Verkehrsanwalt übersandt hat. Zu einer Nachfrage beim Verkehrsanwalt ist er nicht verpflichtet.[418] Wiedereinsetzung ist zulässig, wenn der Verkehrsanwalt zu spät vom Fristende der Rechtsmittelfrist benachrichtigt wird, soweit dies nicht auf Verschulden der Partei oder des Prozessanwalts beruht. Der Verkehrsanwalt braucht selbst dann nicht wegen der Urteilszustellung nachzufragen, wenn er Kenntnis vom Verkündungstermin hatte.[419] Nach OLG Düsseldorf darf er aber nicht monatelang zuwarten.[420] Keine Wiedereinsetzung ist möglich, wenn der Verkehrsanwalt bei einer Mandatsniederlegung durch den Prozessanwalt sechs Wochen nach einem Verhandlungstermin noch keine Nachricht vom Terminsverlauf hat und sich dennoch nicht danach erkundigt, ob ein Versäumnisurteil ergangen ist.[421]

14. Zustellungen. Eine Wiedereinsetzung wegen Unkenntnis von einer Zustellung setzt voraus, dass die 53
Unkenntnis unverschuldet ist (s. auch Rn. 43f.). Bei einem Anwalt kommt Wiedereinsetzung also nur in Betracht, wenn die Unkenntnis ausschließlich auf einem Verschulden des Büropersonals beruht. Das ist zB der Fall, wenn durch den zuverlässigen Bürovorsteher eine unzutreffende Mitteilung über eine Frist gemacht wurde, weil eine unrichtige Aktenabschrift gefertigt worden war.[422] Ebenso, wenn eine qualifizierte Kanzleiangestellte irrtümlich ein zugestelltes Urteil nicht vorlegt und fälschlicherweise erklärt, es sei noch nicht zugegangen.[423] Partei und Anwalt müssen **geeignete Vorkehrungen** treffen, um von Zustellungen Kenntnis zu erlangen. Bei den Sorgfaltspflichten der **Partei** ist zu unterscheiden, ob die Zustellung während eines laufenden Prozessverfahrens erfolgt oder außerhalb davon. **Außerhalb eines laufenden Prozessverfahrens** ist Wiedereinsetzung möglich, wenn die Partei nicht mit Zustellungen rechnen musste und sich in einem mehrwöchigen Urlaub befindet, ohne einen Nachsendeantrag oder sonstige Maßnahmen getroffen zu haben, um von Zustellungen Kenntnis zu erlangen.[424]

Während eines Prozessverfahrens ist Wiedereinsetzung bejaht worden zu Gunsten einer Partei, die mit 54
einer **öffentlichen Zustellung** (§ 185 ff.) nicht rechnen musste.[425] Wiedereinsetzung ist zu bejahen, wenn die **Zustellung durch Niederlegung** (§ 181) erfolgt, ohne dass eine Benachrichtigung vorgenommen wurde.[426] Allerdings ist der Nachweis über die Benachrichtigung in der Regel durch den Vermerk des Postbediensteten in der Zustellungsurkunde geführt.[427] Wenn eine Partei mit Zustellungen rechnen muss, scheidet Wie-

[405] BGH NJW 2001, 3195.
[406] BGH NJW 2001, 3195; 2000, 815.
[407] Vgl. *T/P/Hüßtege* Rn. 18; für Berufungsauftrag per Fax s. BGH NJW 2002, 2473; BGHZ 105, 116 = NJW 1988, 3020; BGH VersR 1987, 589; 1987, 563.
[408] BFH NJW 1988, 3232.
[409] BGH NJW 1997, 3245.
[410] BGH NJW 2001, 1579.
[411] BGH VersR 1981, 851; 1978, 841; aA noch BGH VersR 1976, 958.
[412] BGH VersR 1977, 1032.
[413] BGH VersR 1982, 755.
[414] BGH VersR 1990, 801.
[415] BGH NJW 2001, 1576; VersR 1979, 190; anders BGH VersR 1979, 444.
[416] BGH NJW 2000, 3071; 1998, 2221; VersR 1981, 959.
[417] BGH NJW 2000, 3071 f.
[418] BGH VersR 1973, 665.
[419] BGH NJW-RR 1989, 508; kritisch zu dieser Rechtsprechung MK/*Gehrlein* Rn. 81.
[420] OLG Düsseldorf MDR 1985, 507.
[421] OLG Düsseldorf VersR 1987, 1042.
[422] BGH NJW 1979, 46.
[423] BGH NJW 1961, 2013.
[424] BVerfG VRS 51, 163.
[425] BGH VersR 1977, 932.
[426] BGH VersR 1977, 836.
[427] BGH VersR 1986, 787; BVerwG NJW 1987, 2529.

dereinsetzung aus, wenn keine geeigneten Vorkehrungen getroffen werden, dass bei Abwesenheit rechtzeitig Kenntnis erlangt wird.[428] Ein Wiedereinsetzungsgrund liegt jedoch vor, wenn der Zustellende die Zustellung arglistig erschlichen hat.[429] Bei **Ersatzzustellung** gemäß § 178 ist Wiedereinsetzung bejaht worden, wenn der Empfänger das Schreiben dem Adressaten vorenthalten hat und dieser damit nicht zu rechnen brauchte.[430] Allein mit einem Verstoß gegen § 174 Abs. 1 aF lässt sich eine Versagung der Wiedereinsetzung nicht begründen, wenn das im Ausland zuzustellende Urteil auf dem Postweg verloren geht.[431] Die Ausführungen des Gerichts zu den Grundsätzen des fairen Verfahrens sind auch auf § 184 Abs. 2 S. 1 nF übertragbar.

55 Eine **Zustellung an den Anwalt** gemäß § 195 ist nur wirksam, wenn der Anwalt davon **Kenntnis erlangt** hat.[432] Ein unrichtiges Datum auf dem Empfangsbekenntnis kann bei entsprechendem Nachweis korrigiert werden,[433] Wiedereinsetzung ist daher möglich.[434] Gleiches gilt für den durch Eingangsstempel begründeten Beweis für den Eingang eines Schriftsatzes an einem bestimmten Tag. Bloße Glaubhaftmachung reicht als Gegenbeweis jedoch nicht aus.[435] Der Anwalt muss den Zustellungszeitpunkt aktenkundig machen oder besonders qualifiziertes Personal damit betrauen, wenn sich das Datum nicht eindeutig aus dem Schriftstück ergibt.[436] Er kann auch das Schriftstück aus der laufenden Post zur Notierung der Zustellung und des Fristendes aussondern, bzw. entsprechend sein Personal anweisen.[437] Das Empfangsbekenntnis darf vom Anwalt erst unterzeichnet werden, wenn geprüft ist, ob der Zustellungszeitpunkt in der Akte vermerkt ist,[438] die entsprechenden Schriftstücke durchgesehen worden sind[439] und in der Akte auch die Eintragung der Frist vermerkt ist.[440] Wiedereinsetzung ist ausgeschlossen, wenn die Fristversäumung auf dem Verstoß gegen die genannten Pflichten beruht.[441] Der Rechtsmittelanwalt darf sich auf eine vom Anwalt der Vorinstanz mitgeteilte Rechtmittelfrist nicht verlassen. Er muss sie selbst nachprüfen, sonst liegt Verschulden vor.[442] Wiedereinsetzung ist möglich bei falscher Auskunft des Gerichts über das Datum der Zustellung.[443] Zur Büroorganisation gehört die generelle Anweisung, die Partei von der Zustellung zu informieren.[444] Zur **Information der Partei** gehört auch die Information über statthafte Rechtsmittel und Fristenlauf.[445] Treten Unklarheiten über den genannten Zustellungszeitpunkt auf, muss der Anwalt dem nachgehen,[446] zB bei schlecht lesbarem Eingangsstempel oder unvollständigem Zustellungsnachweis.[447]

V. Gebühren und Kosten

56 **1. Rechtsanwaltsgebühren.** Die Tätigkeit des Anwalts im Wiedereinsetzungsverfahren gehört zum Rechtszug desjenigen Verfahrens, in dem die Prozesshandlung versäumt wurde (§ 19 Abs. 1 RVG). Der Antrag auf Wiedereinsetzung wird durch die Verfahrensgebühr (Nr. 3100 VV RVG) abgegolten. Ist nicht anderweitig eine Terminsgebühr (Nr 3104 VV RVG) entstanden, wird sie durch die Verhandlung über den Wiedereinsetzungsantrag ausgelöst. **Beschränkt** sich die Tätigkeit des Anwalts auf das **Wiedereinsetzungsverfahren,** erhält er dort die Gebühren der Nrn. 3100 ff. VV RVG.

57 **2. Gerichtskosten.** S. § 238 Rn. 10.

234 *Wiedereinsetzungsfrist*

(1) [1]Die Wiedereinsetzung muss innerhalb einer zweiwöchigen Frist beantragt werden. [2]Die Frist beträgt einen Monat, wenn die Partei verhindert ist, die Frist zur Begründung der Berufung, der Revision, der Nichtzulassungsbeschwerde, der Rechtsbeschwerde oder der Beschwerde nach §§ 621 e, 629 a Abs. 2 einzuhalten.

(2) Die Frist beginnt mit dem Tag, an dem das Hindernis behoben ist.

(3) Nach Ablauf eines Jahres, von dem Ende der versäumten Frist an gerechnet, kann die Wiedereinsetzung nicht mehr beantragt werden.

---

428 BGH NJW 2000, 3143; VersR 1992, 119.
429 BGH MDR 1992, 997.
430 BGH LM Nr. 73.
431 BGH NJW 2000, 3284 ff.
432 BGH NJW 1992, 512.
433 BGH NJW 1990, 2125.
434 BGH VersR 1979, 258.
435 BGH VersR 1994, 369.
436 BGH VersR 1994, 371; 1987, 564.
437 BGH FamRZ 1991, 319; VersR 1978, 523.
438 St. Rspr., vgl. BGH NJW 1992, 574; VersR 1991, 1309 m. weit. Nachw.
439 BGH VersR 1989, 1211.
440 BGH FamRZ 1990, 1343; VersR 1983, 185; 1981, 136.
441 BGH VersR 1979, 282.
442 BGH NJW 1980, 1846.
443 BGH LM Nr. 84; BGH NJW 1966, 658.
444 BGH VersR 1988, 252; 1976, 1178; 1973, 573.
445 BGH VersR 1988, 252; 1985, 768.
446 BGH NJW 1985, 1711.
447 Vgl. *Zö/Greger* Rn. 23 „Zustellung".

I. Normzweck

Die Fristgrenzen dienen der **Rechtssicherheit** und der **Verfahrensbeendigung.** Die Wiedereinsetzung soll der auch zeitlich begrenzte **Ausnahmefall** bleiben. Die Frist sichert die Rechtskraft und soll Prozessverschleppung verhindern. Die bislang einheitliche zweiwöchige Frist ist durch das 1. JuMoG für die in § 234 Abs. 1 S. 2 genannten Verfahren nunmehr auf einen Monat erweitert worden, aber nur soweit die Frist zur **Begründung** des Rechtsmittel nicht gewahrt werden konnte; s. hierzu Rn. 5 und § 236 Rn. 6. Die Einhaltung der Fristen des Abs. 1 und Abs. 3 gehört zu den **Zulässigkeitsvoraussetzungen** des Antrages. Die Frist des Abs. 1 ist gesetzliche Frist; §§ 166 Abs. 2, 207 Abs. 2 sind nicht anwendbar. Wiedereinsetzung ist bei **Versäumung der Frist des Abs.** 1 möglich, obwohl es keine Notfrist ist. Sie ist aber in § 233 genannt. Die Wiedereinsetzung ist dann sowohl hinsichtlich des versäumten Wiedereinsetzungsantrages, als auch hinsichtlich der nachzuholenden Prozesshandlung zu beantragen.[1] Jeweils muss fehlendes Verschulden an der Fristversäumung glaubhaft gemacht werden. Wenn das Gericht bereits die Wiedereinsetzung in die versäumte Wiedereinsetzungsfrist verneint, kommt es auf ein Verschulden bezüglich der versäumten Prozesshandlung nicht mehr an. Die Frist des § 234 Abs. 3 ist eine **uneigentliche Frist** (s. § 221 Rn. 2f.) und nicht verlängerbar. Wiedereinsetzung ist für sie nicht möglich. Ein **Nachschieben neuer Wiedereinsetzungsgründe** nach Fristablauf des § 234 Abs. 1 ist unzulässig; ebenso ein Nachschieben neuer Tatsachen zu einer an sich geschlossenen, in sich nicht ergänzungsbedürftig erscheinenden Sachdarstellung.[2] Nachträglich ist nur noch eine Ergänzung und Erläuterung[3] erkennbar unklarer Angaben, deren Aufklärung gem. § 139 geboten gewesen wäre,[4] zulässig, oder eine Berücksichtigung als aktenkundig. Aktenkundiges braucht nämlich nicht nochmals vorgetragen zu werden.[5] Dies gilt auch für das Beschwerdeverfahren.[6] 1

II. Fristberechnung (Abs. 1, Abs. 3)

Die Berechnung der Frist des § 234 Abs. 1 erfolgt gemäß § 222 iVm. §§ 187 Abs. 1, 188 Abs. 2 Alt. 1 BGB. Der Tag, an dem das Hindernis wegfällt, wird daher nicht mitgezählt.[7] Fällt das Hindernis zB am 03. 11. weg, ist Fristbeginn der 04. 11. und Fristende am 17. 11. (§ 234 Abs. 1 S. 1) bzw. am 3. 12. (§ 234 Abs. 1 S. 2). Die Ausschlussfrist gemäß § 234 Abs. 3 ist unabhängig von der Frist des Abs. 1. Sie wird gemäß § 222 iVm. §§ 187 Abs. 2, 188 Abs. 2 Alt. 2 BGB berechnet. Der letzte Tag der versäumten Frist wird nicht mitgezählt. Endet die versäumte Frist zB am 07. 07. um 24.00 Uhr, so läuft die Frist des § 234 Abs. 3 bis zum 07. 07. um 24.00 Uhr des Folgejahres. 2

III. Behebung des Hindernisses (Abs. 2)

Ein Hindernis der Fristwahrung ist behoben, wenn entweder die Ursache für die Verhinderung (zB Krankheit) weggefallen ist oder ihr Fortbestehen von der Partei oder ihrem Anwalt als verschuldet anzusehen ist.[8] Letzteres liegt ab dem Zeitpunkt vor, ab dem die Partei oder der Anwalt bei Anwendung der erforderlichen Sorgfalt die Fristversäumung hätten erkennen können und müssen.[9] Dabei zählen Vorsatz und Fahrlässigkeit jeder Art, da Kennenmüssen genügt (s. § 233 Rn. 3ff.).[10] Das **Hindernis** kann auch schon **vor Ablauf der Frist behoben** sein, so dass die Frist zur Wiedereinsetzung noch vor Ablauf der Hauptfrist zu laufen beginnt.[11] Maßgeblich ist die Kenntnis der Säumnis als solcher, nicht die Kenntnis deren Ursache.[12] Die Partei muss dann versuchen, soweit es ihr möglich ist, die Frist noch zu wahren (zB durch Stellen eines Fristverlängerungsantrages). Ist ihr dies nicht möglich, kann ein neuer Wiedereinsetzungsgrund vorliegen. Die Kenntnis Dritter (zB des Büropersonals) führt nicht zum Wegfall des Hindernisses.[13] Bei **mehreren Hinderungsgründen** beginnt die Frist mit Beseitigung des Letzten.[14] Beruht dagegen die Fristversäumung auf dem Zusammenwirken von zwei Umständen, von denen keiner für sich allein an der Fristwahrung gehindert hätte, so genügt bereits der Wegfall einer der beiden Umstände zum Ingangsetzen der Frist des § 234 Abs. 1.[15] 3

---

1 BGH VersR 1991, 1196; 1985, 139.
2 BGH NJW-RR 2004, 282; NJW 1997, 1708; *Born* NJW 2005, 2042, 2044.
3 BGH NJW-RR 2004, 367, 369; NJW 2000, 364; 1998, 1498; 907, 908; 1997, 1708; 1996, 2513; 1994, 2097; 1992, 697; *Müller* NJW 2000, 322, 325.
4 BGH NJW 2006, 2269; FamRZ 2004, 1552.
5 BGH VersR 1987, 1237; 1980, 264.
6 BGH NJW 2001, 1576; 1997, 2120; 1997, 1708; 1994, 2097; *Müller* NJW 1998, 497, 500.
7 BGH NJW 1993, 1332.
8 St. Rspr. vgl. statt vieler BGH NJW 1994, 2831; 1993, 1332; VersR 1993, 205; NJW 1991, 2492; 1980, 1846; BAG NJW 1989, 2708.
9 BGH NJW-RR 2005, 923; 2005, 435f.; 2005, 143f.; NJW 2000, 592; 1992, 2098; *Born* NJW 2005, 2042, 2043.
10 BGH NJW 2001, 1431; NJW-RR 1990, 379; VersR 1987, 52; s. auch *B/L/H* Rn. 7.
11 BGH NJW 1994, 2831; NJW-RR 1990, 830; NJW 1990, 543; NJW 1976, 626; *St/J/Roth* Rn. 3; *Ball* JurBüro 1992, 653, 662, *Müller* NJW 1993, 681, 682; ebenso MK/*Gehrlein* Rn. 7; *T/P/Hüßtege* Rn. 5; *B/L/H* Rn. 8; aA *Ostler* NJW 1977, 2078.
12 BGH VersR 1995, 112.
13 BGH VersR 1980, 678.
14 Vgl. *T/P/Hüßtege* Rn. 5.
15 BGH NJW 1990, 188.

4 **Einzelfälle zum Wegfall des Hindernisses:** Sobald der Anwalt davon Kenntnis hat, dass ein fristwahrender Schriftsatz von ihm nicht unterzeichnet war, muss er prüfen, ob die Frist abgelaufen ist.[16] Die Frist beginnt, wenn der Gerichtsvollzieher zur Pfändung aus einem Versäumnisurteil erscheint, denn von da an weiß die Partei vom Urteil oder sie kann sich leicht erkundigen.[17] Auch der Zugang eines Kostenfestsetzungsbeschlusses gibt Anlass, wegen des zu Grunde liegenden Urteils nachzuforschen.[18] Gleiches gilt, wenn der Anwalt ein fristgebundenes Rechtsmittel ohne genaue Kenntnis der Frist einlegen will, weil ihm weder die Handakten zur Verfügung stehen noch die Frist im Kalender vermerkt ist.[19] Für den Anwalt beginnt die Frist mit Vorlage der Handakten, wenn daraus der Fristablauf unschwer erkannt werden kann, selbst wenn er davon noch keine Kenntnis hat.[20] In der Regel müssen aber **konkrete Anhaltspunkte** vorliegen, die einen Anlass zur Fristprüfung geben.[21] So besteht keine allgemeine Verpflichtung des Anwalts, anlässlich eines Antrags auf Verlängerung der Berufungsbegründungsfrist die Einhaltung der Berufungsfrist zu prüfen.[22] Der Anwalt muss bei einer Akteneinsicht in die Gerichtsakte nach einem Mandatswechsel nicht nachforschen, ob die Berufungsschrift unterzeichnet war, wenn schon die Berufungsbegründung eingereicht war, die Berufungsfrist längst abgelaufen war und sich sonst kein Hinweis auf eine fehlende Unterschrift in der Akte findet.[23] Anlass zur Fristprüfung liegt aber vor, wenn sich der Anwalt aus Anlass einer gerichtlichen Kostenanfrage zu einem Antrag auf Verlängerung der Berufungsbegründungsfrist entschließt. In diesem Fall muss er eigenverantwortlich sämtliche Zulässigkeitsvoraussetzungen überprüfen.[24] Bei einem Inhaftierten besteht kein Hindernis mehr, wenn er seinen Anwalt wenigstens schriftlich erreichen kann.[25] Der Anwalt kann den Fristablauf erkennen, wenn er vom Gericht[26] oder dem Gegenanwalt[27] einen Hinweis erhält; ebenso wenn ihn die Partei über eine öffentliche Zustellung informiert, auch ohne die Einzelheiten der Zustellung zu kennen;[28] oder ihm die Akten zur Rechtsmittelbegründung vorgelegt werden.[29] Bei Zugang einer gerichtlichen Eingangsbestätigung mit Eingangsdatum ist der Anwalt gehalten, dieses mit den in der Akte notierten Fristen abzugleichen. Dadurch kann er einen Fristablauf erkennen;[30] ebenso, wenn bei Prüfung des Sendeprotokolls am Fax hätte bemerkt werden können, dass das Fax erst nach Mitternacht bei Gericht eingegangen war.[31] Das Hindernis fällt weg, wenn sich ein fristwahrender Schriftsatz als verloren herausstellt,[32] oder der Prozessanwalt dem Korrespondenzanwalt vor Ablauf der Rechtsmittelbegründungsfrist mitteilt, dass er das Mandat niederlegt.[33] Bei Widerruf einer Rechtsmittelrücknahme beginnt die Wiedereinsetzungsfrist mit Eingang des Widerrufs bei Gericht.[34] Für eine schwer erkrankte Partei ist ein Wegfall des Hindernisses anzunehmen, wenn es ihr möglich ist, Prozessvollmacht zu erteilen.[35] Geht ein Brief, in dem die Partei den Anwalt mit der Einlegung eines Rechtsmittels beauftragt, verloren, ist das Hindernis beseitigt, sobald der Anwalt erfährt, dass der Brief an ihn abgesandt, bei ihm aber nicht eingegangen war. Er darf nicht auf ein erneutes Auftragsschreiben oder den Ausgang der Nachforschungen bei der Post warten.[36] Die Partei hat Kenntnis vom Hindernis, sobald sie vom Anwalt erfährt, dass dieser den Rechtsmittelauftrag ablehnt.[37]

5 Bei Beantragung von **Prozesskostenhilfe zur Rechtsmitteleinlegung** gilt folgendes (siehe hierzu auch § 233 Rn. 30ff. und § 236 Rn. 6):

Das Hindernis zur Fristwahrung (Mittellosigkeit) entfällt grundsätzlich mit der Bekanntgabe der Entscheidung über die Prozesskostenhilfe.[38] Damit beginnt die zweiwöchige Frist für den Antrag auf Wiedereinsetzung und die Nachholung der Einlegung des Rechtsmittels;[39] s. dazu und zur besonderen Problematik der Rechtsmittelbegründung in den Fällen des § 234 Abs. 1 S. 2 die Anm. zu § 236 Rn. 6. Bei vollständiger **Verweigerung vor Fristablauf** gewährt die Rechtsprechung eine kurze Überlegungsfrist von 2–3 Tagen, in der die Verhinderung andauert. Bei nur **teilweiser Bewilligung** besteht in der Regel keine Überlegungsfrist. Bei **Verweigerung nach Fristablauf** gewährt die Rechtsprechung ebenfalls eine kurze

---

16 BGH LM § 232 Rn. 27.
17 Vgl. auch MK/*Gehrlein* Rn. 6.
18 BGH NJW 2001, 1430; MK/*Gehrlein* Rn. 6.
19 OLG München NJW-RR 2006, 1144.
20 BGH NJW 1997, 1079; NJW-RR 1990, 830; FamRZ 1988, 154; VersR 1987, 463.
21 BGH VersR 1991, 120.
22 BGH NJW 2001, 2336.
23 BGH NJW 2002, 3636.
24 BGH VersR 1995, 69.
25 BGH VersR 1985, 786.
26 BGH NJW 1980, 1848.
27 BGH VersR 1977, 258.
28 BGH VersR 1977, 644.
29 BGH VersR 1987, 765 m. weit. Nachw.
30 BverfG NJW 2003, 1516.
31 BGH NJW-RR 2000, 1591; *Zö/Greger* § 234 Rn. 5b.
32 BGH NJW 1974, 994.
33 BGH VersR 1981, 280.
34 BGH NJW 1960, 764.
35 So auch *Zö/Greger* Rn. 5b.
36 BGH NJW 1974, 994.
37 Vgl. *Zö/Greger* Rn. 5b.
38 OLG Karlsruhe FamRZ 2005, 384.
39 OLG Rostock FamRZ 2005, 385.

Überlegungsfrist. Werden vom Gericht **Auflagen** im Prozesskostenhilfeverfahren gemacht, beginnt die Wiedereinsetzungsfrist nicht vor Ablauf einer vom Gericht zur Erledigung gesetzten Frist. Die Rechtsprechung zur Überlegungsfrist ist umstritten. Sie birgt jedenfalls erhebliche Unsicherheiten hinsichtlich des Fristbeginns. Wird der Antrag auf Beiordnung eines Notanwalts nach § 78 b nach Ablauf der Rechtsmittelfrist abgelehnt, beginnt die Wiedereinsetzungsfrist mit Zustellung dieser Entscheidung; allenfalls ist auch hier eine kurze Überlegungsfrist hinzuzurechnen.[40]

IV. Ausschlussfrist (Abs. 3)

Die verfassungsgemäße[41] Ausschlussfrist zur Absicherung der formellen Rechtskraft ist ausnahmsweise nicht anwendbar, wenn die Gegenpartei auf den Eintritt der Rechtskraft nicht vertrauen darf. Entschieden ist dies zB für den Fall, dass über einen vor Fristablauf gestellten und dem Gegner bekannten Prozesskostenhilfeantrag erst nach Ablauf der Jahresfrist entschieden worden war.[42] Dies gilt aber nicht in dem Fall, in dem vor Ablauf der Jahresfrist über die Prozesskostenhilfe entschieden wurde, die Partei davon jedoch keine Kenntnis hatte.[43] Die Frist des Abs. 3 wurde nicht angewendet in einem Fall, in dem das Revisionsgericht im Arbeitsgerichtsprozess innerhalb der Ausschlussfrist aus gerichtsinternen Gründen nicht entscheiden konnte, ob das Rechtsmittel fristgerecht eingereicht war und beide Parteien auf Grund entsprechender gerichtlicher Hinweise annehmen durften, es werde alsbald in der Sache entschieden.[44] Diese Rechtsprechung zur ausnahmsweisen Durchbrechung der Ausschlussfrist ist umstritten. Das BVerfG hat nunmehr klargestellt, dass ein Wiedereinsetzungsantrag nicht mehr unter Berufung auf § 234 Abs. 3 abgelehnt werden darf, wenn diese Entscheidung erst in einem Verfahrensstadium getroffen wird, in dem die Partei auf Grund der bis dahin erfolgten Verfahrensleitung des Gerichts nicht mehr mit einer solchen Entscheidung rechnen muss.[45] Nach Ablauf der Frist des Abs. 3 können keine neuen Wiedereinsetzungsgründe nachgeschoben werden; die nachträgliche Glaubhaftmachung ist zulässig.[46] 6

235 *(weggefallen)*

236 *Wiedereinsetzungsantrag* **(1) Die Form des Antrags auf Wiedereinsetzung richtet sich nach den Vorschriften, die für die versäumte Prozesshandlung gelten.**

(2) [1]Der Antrag muss die Angabe der die Wiedereinsetzung begründenden Tatsachen enthalten; diese sind bei der Antragstellung oder im Verfahren über den Antrag glaubhaft zu machen. [2]Innerhalb der Antragsfrist ist die versäumte Prozesshandlung nachzuholen; ist dies geschehen, so kann Wiedereinsetzung auch ohne Antrag gewährt werden.

I. Form des Antrages (Abs. 1)

Der Antrag ist grundsätzlich erforderlich; eine Ausnahme besteht nur nach Abs. 2 S. 2 Halbs. 2. Die **Form** richtet sich nach der Form der nachzuholenden Prozesshandlung. Der Antrag bedarf der Schriftform, zB in den Fällen der Rechtmitteleinlegung (§§ 519, 549, 569 Abs. 2), der Berufungs- und Revisionsbegründung (§§ 520 Abs. 3, 551 Abs. 2), des Einspruchs (§ 340), der Erinnerung und sofortigen Beschwerde gegen Kostenfestsetzungsbeschlüsse (§§ 104, 107). In amtsgerichtlichen Verfahren genügt eine Erklärung zu Protokoll der Geschäftsstelle (§ 496). Anwaltszwang besteht, soweit die nachzuholende Prozesshandlung dem **Anwaltszwang** unterliegt. 1

Der Wiedereinsetzungsantrag kann zulässigerweise bei dem Gericht **eingereicht** werden, bei dem auch die nachzuholende Prozesshandlung vorgenommen werden könnte, § 237. Der Wiedereinsetzungsantrag muss nicht gleichzeitig mit der **Vornahme der Prozesshandlung** gestellt werden. Er kann innerhalb der Frist des § 234 Abs. 1 auch dann noch gestellt werden, wenn über die Prozesshandlung bereits entschieden ist. Ein **Vollstreckungsschutz** gemäß § 707 ist möglich und kann beantragt werden. 2

II. Inhalt des Antrages (Abs. 2)

Der Antrag muss nicht ausdrücklich gestellt werden. Es genügt, dass im Wege der **Auslegung** der Wille erkennbar ist, die Prozesshandlung solle vom Gericht wegen der vorgebrachten Gründe noch als rechtzeitig angesehen werden. Es muss erkennbar sein, dass der Antragssteller weiß, dass er eine Frist versäumt hat, zB dadurch, dass sich der Antragssteller für die Versäumung entschuldigt.[1] Es ist aber auch zulässig, die Einhaltung der Frist zu behaupten und den Wiedereinsetzungsantrag hilfsweise für den Fall zu stellen, dass das Gericht den Beweis für die Fristwahrung nicht als geführt ansieht.[2] 3

---

[40] BGH NJW 1996, 2937.
[41] BGH VersR 1987, 256.
[42] BGH NJW 1973, 1373.
[43] BGH LM Nr. 4.
[44] BAG NJW 1982, 1664; aA aber zu einem wohl nicht vergleichbaren Fall BGH VersR 1983, 376.
[45] BVerfG Beschl. v. 15. 4. 2004 – 1 BvR 622/98.
[46] S. auch *Zö/Greger* § 236 Rn. 6 a, 7.
[1] Vgl. *T/P/Hüßtege* Rn. 3.
[2] BGH NJW 2007, 1457; NJW 2007, 603; NJW 2000, 2280; 1997, 1312.

4 **1. Angabe der Tatsachen.** Es müssen zwingend Tatsachen zur Fristversäumung, deren Grund und fehlendem Verschulden dargelegt und glaubhaft gemacht werden;[3] ebenso der Zeitpunkt, in dem das Hindernis behoben war, sowie innere Vorgänge zu Kenntnis und Irrtum. Ein floskelhafter Vortrag des Anwalts, die Rechtsanwaltsfachangestellte sei stets zuverlässig und habe die Notierung der Fristen bislang fehlerfrei erledigt, genügt alleine nicht. Erforderlich sind Angaben zur Identität, dem Ausbildungsstand und der Zuverlässigkeit der Mitarbeiterin;[4] ebenso Ausführungen zur Organisation der Fristenkontrolle im Allgemeinen und zur Ausgangskontrolle im Besonderen,[5] bei Fristen zur Rechtsmittelbegründung auch zur Vorfrist.[6] Der Antragssteller muss sich beim Sachvortrag festlegen, trägt er alternativ vor, scheidet Wiedereinsetzung aus, wenn in einer der Alternativen Verschulden anzunehmen ist.[7] Ein Sachvortrag zu etwas, was nicht aufklärbar ist, kann nicht verlangt werden.[8] Ein **Nachschieben** neuer Angaben ist nicht zulässig, vgl. hierzu § 234 Rn. 1.

5 **2. Glaubhaftmachung.** Die Glaubhaftmachung (Abs. 2 S. 1) erfolgt gemäß § 294. Sie muss sich auf die maßgeblichen Wiedereinsetzungstatsachen beziehen, also auch auf die Tatsachen, aus denen sich die Einhaltung der Fristen des § 234 ergibt. Die Glaubhaftmachung eines Versehens erfordert nicht die Darlegung von Gründen, die das Versehen erklären könnten.[9] Die Glaubhaftmachung erfolgt vornehmlich durch Vorlage eidesstattlicher Versicherungen. In Betracht kommen auch Urkunden und alle anderen Beweismittel, wenn die Beweisaufnahme sofort erfolgen kann (§ 294 Abs. 2). Beim **Anwalt** genügt die anwaltliche Versicherung. Gerichtsbekannte, aktenkundige und offenkundige Tatsachen müssen nicht glaubhaft gemacht werden. Die eidesstattliche Versicherung sollte nicht auf sonstige Urkunden Bezug nehmen, sondern eine eigene Darstellung des Sachverhalts enthalten. Pauschale Bezugnahmen können die eidesstattliche Versicherung zur Glaubhaftmachung unbrauchbar machen.[10] Die Glaubhaftmachung braucht nicht schon mit dem Antrag verbunden werden. Sie kann auch noch nach Ablauf der Frist des § 234 erfolgen und zwar **bis zum Abschluss** des Wiedereinsetzungsverfahrens.[11] Bleiben Zweifel, ist die Wiedereinsetzung abzulehnen.[12] Das gilt auch, wenn sich der Sachvortrag im Schriftsatz und die eidesstattliche Versicherung widersprechen, ohne dass Anhaltspunkte bestehen, welche Darstellung wahrscheinlicher ist.[13]

6 **3. Nachholung der versäumten Prozesshandlung.** Die versäumte Prozesshandlung muss nachgeholt werden (Abs. 2 S. 2 Halbs. 1). Dabei ist die vorgeschriebene Form zu wahren. Die Nachholung muss nicht mit dem Antrag verbunden werden. Sie kann dem Wiedereinsetzungsantrag vorausgehen oder innerhalb der Frist des § 234 Abs. 1 nachfolgen.[14] Für die versäumte Rechtsmittel **begründung** ist die Frist zur Wiedereinsetzung und damit auch zur Nachholung der Begründung in den Fällen des § 234 Abs. 1 S. 2 durch das JuMoG auf einen Monat verlängert worden. Ein Antrag auf Fristverlängerung[15] genügt ebenso wenig, wie ein Prozesskostenhilfeantrag.[16] Ein Antrag auf Verweisung an das zuständige Gericht genügt, wenn die Akte dort vor Fristablauf nach § 234 Abs. 1 eingeht.[17] Eine Wiederholung der bereits vorgenommenen Prozesshandlung mit dem Wiedereinsetzungsantrag ist nicht erforderlich, aber unschädlich.[18] Besonderheiten gelten für die Nachholung der **Rechtsmittelbegründung nach Bewilligung von Prozesskostenhilfe:** Wenn Prozesskostenhilfe für ein Rechtsmittel beantragt ist, wird die an die Urteilszustellung gebundene **Frist zur Begründung** von Berufung und Rechtsbeschwerde häufig schon vor der Entscheidung über sie **abgelaufen** sein. Nach bisheriger Fassung des § 234 Abs. 1 iVm. § 236 Abs. 2 S. 2 musste die Rechtsmittelbegründung ebenfalls binnen zwei Wochen nachgeholt werden. Dies hatte eine einschneidende Verkürzung der Begründungsfrist zu Lasten der armen Partei zur Folge. In verfassungskonformer Auslegung des § 236 zur Gewährung wirkungsvollen Rechtsschutzes hatte der BGH entschieden, dass in diesen Fällen die versäumte Begründungsfrist nicht binnen der damals noch gültigen Zweiwochenfrist nachgeholt werden muss. Vielmehr begann nach dieser Rspr. eine neue zweite Begründungsfrist zu laufen, also eine Frist von zwei Monaten für die Berufungsbegründung und von einem Monat für die Begründung der Rechtsbeschwerde.[19] Der BGH ließ offen, ob die Begründungsfrist dann mit der Zustellung der PKH-Bewilligung zu laufen beginnt oder mit dem Wiedereinsetzungsbeschluss, favorisierte aber die erste Variante.[20] Auch ein Antrag auf Verlänge-

---

[3] BGH VersR 1983, 270; allgemein zu den Anforderungen an den Antrag auf Wiedereinsetzung vgl. *Müller* NJW 1993, 681 ff.
[4] BGH NJW 2002, 2180.
[5] BGH NJW 2002, 2252; 2002, 443; BVerfG NJW 2001, 3534.
[6] BGH NJW 2002, 443.
[7] BGH VersR 1982, 144.
[8] BGH NJW-RR 1999, 428.
[9] BGH FamRZ 2005, 267.
[10] BGH JurBüro 2004, 457; NJW 1988, 2045.
[11] BGH NJW 2005, 3491, 3492; FamRZ 1989, 373; 1987, 925.
[12] BGH VersR 1983, 401; *B/L/H* Rn. 11.
[13] BGH NJW 2002, 1429.
[14] BGH VersR 1987, 1237; *T/P/Hüßtege* Rn. 8; *B/L/H* Rn. 12.
[15] BGH BGH FamRZ 2006, 1754; NJW 1999, 3051; VersR 1995, 480; 1991, 122; MDR 1990, 413; VersR 1987, 308; MK/*Gehrlein* Rn. 15; *St/J/Roth* Rn. 12; *T/P/Hüßtege* Rn. 8; *Büttner* § 12 Rn. 34; *Müller* NJW 2000, 322, 324; anders *Ganter* NJW 1994, 164, 166.
[16] BGH VersR 1984, 761; MK/*Gehrlein* Rn. 15; *St/J/Roth* Rn. 12.
[17] BGH VersR 1978, 826; *B/L/H* Rn. 15.
[18] BGH VersR 1978, 449; *T/P/Hüßtege* Rn. 8.
[19] BGH NJW 2003, 3275 (für Berufung); 2003, 3782 (für Rechtsbeschwerde); s. auch *Schulz* NJW 2004, 2329, 2331; entgegen OLG Brandenburg NJW 2003, 2995.
[20] BGH NJW 2003, 3275, 3277 f.

rung der Begründungsfrist war nach dieser Rspr. zulässig. Das war konsequent, wenn man mit dem BGH davon ausging, dass die Rechtsmittelbegründung nicht wegen Fristablaufs „nachgeholt" zu werden brauchte, sondern die gesetzliche Begründungsfrist wieder neu zu laufen begonnen hatte.[21] Im JuMoG hat der Gesetzgeber nunmehr mit der Fristerweiterung des § 234 Abs. 1 S. 2 diesem Problem Rechnung getragen. Als Fristbeginn wird die Bewilligung der Prozesskostenhilfe für das Rechtsmittelverfahren anzusehen sein. Die Frist zur Nachholung der Begründung beträgt in den genannten Verfahren einheitlich einen Monat. Der BGH hat entschieden, dass daher seine Rspr. zur verfassungskonformen Auslegung gegenstandslos geworden ist.[22] Die Frist zur Berufungsbegründung beginnt also unabhängig von der Bewilligung der PKH stets gem. § 520 Abs. 2 S. 1 ZPO. Dem Berufungsführer bleibt die einmonatige Frist aus § 234 Abs. 1 S. 2 zur Nachholung der Rechtsmittelbegründung. Innerhalb dieser Frist muss die Rechtsmittelbegründung vorgelegt werden. Ein Antrag auf Fristverlängerung genügt nicht.[23] Unter Aufgabe seiner früheren Rechtsprechung macht der BGH die Wiedereinsetzung in die schon vor der Entscheidung zum PKH-Antrag abgelaufene Rechtsmittelbegründungsfrist nicht mehr davon abhängig, dass ein Fristverlängerungsantrag gestellt worden war. Es genügt, dass der PKH-Antrag gestellt worden war und die Berufungsbegründung innerhalb der Frist des § 234 Abs. 1 S. 2 ZPO nachgeholt wird.[24] Unklar ist, wenn die Frist zur Nachholung der Berufungsbegründung beginnt. Nach einer Entscheidung des III. Zivilsenats beginnt sie mit Bekanntgabe der Entscheidung zur Porzesskostenhilfe[25], während der XI. Zivilsenat die Ansicht vertritt, dass sie erst mit der Mitteilung der Wiedereinsetzung in die versäumte Einlegungsfrist zu laufen beginnt.[26] Die arme Partei ist immer noch schlechter gestellt als die reiche Partei, da ihr nur ein Monat zur Nachholung der Berufungsbegründung verbleibt und insoweit auch keine Fristverlängerung möglich ist.[27] Vorsichtshalber wird sich der Anwalt aber an der Frist des § 234 Abs. 1 S. 2 und am frühest denkbaren Fristbeginn orientieren müssen.

Weitgehend ungeklärt ist die Fallgestaltung, dass die Frist zur **Rechtsmittelbegründung** zum Zeitpunkt der PKH-Bewilligung für das Rechtsmittelverfahren **noch nicht abgelaufen** ist. Dann bleibt uU nur eine ganz kurze Frist für einen Verlängerungsantrag oder die Erstellung der Begründungsschrift. Dazu hat der BGH bisher nur entschieden, dass die arme Partei dann nicht darauf verwiesen werden kann, innerhalb von zwei Werktagen noch einen Verlängerungsantrag zu stellen. Der BGH hat aber ausdrücklich offen gelassen, wie zu entscheiden wäre, wenn von der ursprünglichen Begründungsfrist noch ein Zeitraum von einer Woche oder mehr verblieben wäre.[28]

Die Prozesshandlung braucht nicht ausdrücklich als solche bezeichnet zu sein. Ihre Nachholung muss 7
sich aber im Wege der Auslegung ergeben. Der Wiedereinsetzungsantrag einer nicht anwaltlich vertretenen Partei beinhaltet in der Regel auch den Einspruch gegen das Versäumnisurteil.[29] Die Nachholung der Rechtsmittelbegründung wird nicht dadurch entbehrlich, dass das Gericht das Rechtsmittel bereits verworfen hatte (§ 522 Abs. 1), da die Verwerfung mit Gewährung der Wiedereinsetzung wegfällt (vgl. § 238 Rn. 4).[30] Das Gleiche gilt, wenn das Gericht innerhalb der Begründungsfrist das verspätet eingelegte Rechtsmittel nicht verworfen hat und über die Wiedereinsetzung nicht entschieden hat,[31] denn auch bei verspäteter Berufung beginnt die Begründungsfrist mit der Einlegung.[32]

III. Wiedereinsetzung von Amts wegen (Abs. 2 S. 2 Halbs. 2)

Die Wiedereinsetzung von Amts wegen ist der Ausnahmefall. Als allgemeiner Rechtsgedanke gilt § 236 8
Abs. 2 S. 2 auch im Verfahren der Freiwilligen Gerichtsbarkeit, § 22 FGG.[33] Sie dient nicht dazu, das Nachschieben von Wiedereinsetzungsgründen zu sanktionieren. Es ist kein Fall für die Wiedereinsetzung von Amts wegen, wenn die säumige Partei die Antragsstellung nur deshalb unterlässt, weil sie der Ansicht ist, sie sei nicht säumig.[34] Notwendig ist, dass der Wille der Partei deutlich wird, das Verfahren trotz der Säumnis fortzuführen.[35] Eine weitere Voraussetzung seitens der Rechtsprechung ist, dass die tatsächlichen Voraussetzungen für eine Wiedereinsetzung **offenkundig** oder **aktenkundig** sind.[36] Das Gericht kann Aufklärungshinweise erteilen.[37] Liegen die Voraussetzungen vor, besteht entgegen dem Wortlaut kein Ermessen des Gerichts, sondern es muss Wiedereinsetzung gewährt werden.[38]

---

21 BGH NJW 2003, 3782.
22 BGH NJW 2006, 2857, 2858.
23 BGH FamRZ 2006, 1754.
24 BGH NJW-RR 2005, 1586, 1587f.; s. auch *Born* NJW 2007, 2088, 2090.
25 BGH NJW 2006, 2857.
26 BGH FamRZ 2007, 1640.
27 Zweifelnd auch BGH NJW 2003, 3275, 3277, *Knauer/Wolf* NJW 2004, 2857, 2863; *Scholz* NJW 2004, 2329, 2334; *Born* NJW 2005, 2042, 2044.
28 BGH NJW 2004, 2902f.; s. dazu auch *Knauer/Wolf* NJW 2004, 2857, 2863; *Scholz* NJW 2004, 2329, 2333.
29 BVerfG NJW 1993, 1635.
30 BGH LM § 519b Nr. 9.
31 BGH NJW 1989, 1155.
32 BGH NJW 1989, 1155.
33 BayObLG NJW-RR 2003, 211.
34 BGHZ 7, 194 = NJW 1952, 1414; BGH NJW 1968, 1968.
35 BGH VersR 1968, 992; BAG NJW 1989, 2708.
36 BGH NJW-RR 2004, 408f.; NJW 2001, 77; NJW-RR 1993, 1091.
37 *T/P/Hüßtege* Rn. 9; *Zö/Greger* Rn. 5.
38 *B/L/H* Rn. 19; *Zö/Greger* Rn. 5; *St/J/Roth* Rn. 4; aA offenbar *T/P/Hüßtege* Rn. 9 unter Hinweis auf BAG NJW 1989, 2708; MK/*Gehrlein* Rn. 16; aA auch BGH BRAK-Mitt. 1987, 91.

237 *Zuständigkeit für Wiedereinsetzung* **Über den Antrag auf Wiedereinsetzung entscheidet das Gericht, dem die Entscheidung über die nachgeholte Prozesshandlung zusteht.**

1 Die Vorschrift gilt auch für die Wiedereinsetzung von Amts wegen.[1] Die Entscheidungszuständigkeit für die Wiedereinsetzung liegt bei dem **Gericht, das zur Entscheidung über die nachgeholte Prozesshandlung zuständig** ist, selbst dann, wenn es das verspätete Rechtsmittel bereits verworfen hat.[2] Bei **versäumter Berufungsfrist** entscheidet das Berufungsgericht, bei **versäumtem Einspruch** das Gericht, das das Versäumnisurteil erlassen hat. Bei **verspäteter Beschwerde** ist es das für die Abhilfeentscheidung zuständige Gericht. Bei befristeter **Rechtspflegererinnerung** gegen einen Kostenfestsetzungsbeschluss entscheidet der Rechtspfleger über die Wiedereinsetzung, da er dem Rechtsbehelf abhelfen kann gemäß §§ 11 Abs. 2 S. 2, 21 Nr. 1 RPflG.[3] Bei sofortiger **Beschwerde** im Falle der §§ 573 Abs. 2 ist das Prozessgericht zuständig; bei sofortiger Beschwerde kann zwar der Wiedereinsetzungsantrag auch beim judex a quo gestellt werden (§ 569 Abs. 1), für die Entscheidung darüber ist aber nur das Beschwerdegericht zuständig.[4]

2 Obwohl sich aus § 237 der Grundsatz entnehmen lässt, dass das im Instanzenzug höhere Gericht die Entscheidung über die Wiedereinsetzung nicht an sich ziehen und die zuständige Vorinstanz übergehen darf, hat die Rechtsprechung **Ausnahmen** zugelassen: Das Revisionsgericht kann Wiedereinsetzung hinsichtlich der versäumten Berufungsfristen gewähren, falls das Berufungsgericht über die Wiedereinsetzung noch nicht entschieden hat und sich deren Voraussetzungen aus den Akten ergeben.[5] Problematisch ist, ob das Revisionsgericht oder das Gericht der weiteren Beschwerde die Wiedereinsetzung aus Gründen der Prozessökonomie auch versagen kann[6] oder in diesem Fall zurückverweisen muss, da aus § 238 Abs. 3 zu folgern ist, dass die Bewilligung der Wiedereinsetzung gar nicht der Nachprüfung durch die höhere Instanz unterliegt.[7]

238 *Verfahren bei Wiedereinsetzung* (1) [1]**Das Verfahren über den Antrag auf Wiedereinsetzung ist mit dem Verfahren über die nachgeholte Prozesshandlung zu verbinden.** [2]**Das Gericht kann jedoch das Verfahren zunächst auf die Verhandlung und Entscheidung über den Antrag beschränken.**

(2) [1]**Auf die Entscheidung über die Zulässigkeit des Antrags und auf die Anfechtung der Entscheidung sind die Vorschriften anzuwenden, die in diesen Beziehungen für die nachgeholte Prozesshandlung gelten.** [2]**Der Partei, die den Antrag gestellt hat, steht jedoch der Einspruch nicht zu.**

(3) Die Wiedereinsetzung ist unanfechtbar.

(4) Die Kosten der Wiedereinsetzung fallen dem Antragsteller zur Last, soweit sie nicht durch einen unbegründeten Widerspruch des Gegners entstanden sind.

I. Normzweck

1 Es liegt im Ermessen des Gerichts, ob es das Verfahren über die Wiedereinsetzung vorab durchführt, oder mit dem Verfahren über die nachgeholte Prozesshandlung verbindet. Es darf bei Vorabentscheidung über die Wiedereinsetzung nicht die Entscheidung über die nachgeholte Prozesshandlung vor der Wiedereinsetzungsentscheidung erfolgen.[1] Grundsätzlich ist **bei Verbindung** mit dem Verfahren über die nachgeholte Prozesshandlung über die Wiedereinsetzung auf Grund mündlicher Verhandlung (§ 128) zu entscheiden. Ausnahmsweise kann bei der Berufung (§ 522, 523 Abs. 1) der Revision (§ 552 Abs. 2, 553), dem Einspruch (§ 341 Abs. 2), bei Rechtspflegererinnerung gegen den Kostenfestsetzungsbeschluss (§§ 104, 107) und der sofortigen Beschwerde (§ 567) ohne mündliche Verhandlung entschieden werden. Bei **Vorabentscheidung,** die insbesondere bei der Versäumung von Rechtsmittelfristen kurzfristig Klarheit schafft, ist eine mündliche Verhandlung nicht zwingend.[2] Vor der Entscheidung muss der Gegenpartei **rechtliches Gehör** gewährt werden, es sei denn, der Antrag wird zurückgewiesen.[3] Ob **Anwaltszwang** (§ 78) besteht, richtet sich nach dem Verfahren der versäumten Prozesshandlung.

2 Die **formellen Voraussetzungen** der Wiedereinsetzung sind vorrangig zu prüfen. Dazu gehört auch, dass sich aus dem Sachvortrag entnehmen lässt, dass eine der in § 233 aufgeführten Fristen versäumt wurde. Sonst ist der Antrag unzulässig. Fehlendes Rechtsschutzbedürfnis macht den Antrag ebenfalls unzulässig. Das ist zB der Fall, wenn Wiedereinsetzung gegen die Versäumung der Rechtsmittelfrist beantragt wird, das Rechtsmittel aber zu Recht auch aus anderen Gründen verworfen wurde.[4] Ob ein Verschulden an der Fristversäumung vorliegt, ist eine Frage der **Begründetheit.** Die Prüfung von Zulässigkeit und Begründet-

---

[1] BGH NJW-RR 1989, 963.
[2] *T/P/Hüßtege* Rn. 1; *B/L/H* Rn. 3; MK/*Gehrlein* Rn. 1.
[3] *B/L/H* Rn. 3 und § 104 Rn. 81 unter Hinweis auf OLG Düsseldorf RPfleger 1983, 29.
[4] S. auch MK/*Gehrlein* Rn. 2.
[5] BGH VersR 1993, 500; FamRZ 1989, 1064; NJW 1985, 2650; NJW 1982, 1873.
[6] So BGH NJW 1996, 2581; BGHZ 7, 280 = NJW 1953, 504; BGH NJW 1980, 1168: Das Gericht der weiteren Beschwerde hat einen erst dort gestellten Wiedereinsetzungsantrag wegen Versäumung der Beschwerdefrist zurückgewiesen.
[7] So BGHZ 101, 134, 141 = NJW 1987, 2588; MK/*Gehrlein* Rn. 4.

[1] BGH NJW 1989, 1155; MK/*Gehrlein* Rn. 9.
[2] Vgl. MK/*Gehrlein* Rn. 10.
[3] BVerfG NJW 1982, 2234; MK/*Gehrlein* Rn. 6; *T/P/Hüßtege* Rn. 4; *St/J/Roth* Rn. 1.
[4] BVerwG NJW 1990, 1806; MK/*Gehrlein* Rn. 1.

heit des Antrages erfolgt von Amts wegen und unterliegt nicht der Parteidisposition. Wiedereinsetzungsgründe können nicht „unstreitig gestellt" oder „anerkannt" werden.[5]

3 Bei Verbindung der Verfahren über die Wiedereinsetzung und der versäumten Prozesshandlung werden Schriftsatz und Ladung von Amts wegen zugestellt. War über die Prozesshandlung schon verhandelt und entschieden, muss trotzdem noch über den Wiedereinsetzungsantrag entschieden werden, unter Umständen bei Wiedereintritt in die mündliche Verhandlung, § 156.[6] Gerichtliche Hinweise gemäß §§ 139, 278 Abs. 3 sind zulässig und sinnvoll;[7] den Vortrag neuer Wiedereinsetzungsgründe nach Fristablauf darf das Gericht nicht anregen.

II. Form und Inhalt der Entscheidung

4 Hatte das Gericht das **Vorabverfahren** über die Wiedereinsetzung gewählt, ergeht die isolierte Entscheidung über die Wiedereinsetzung durch Beschluss. Der stattgebende Beschluss ist **bindend** und unanfechtbar (Abs. 3). Er muss ausdrücklich ergehen und kann nicht stillschweigend aus einem Beschweisbeschluss herausgelesen werden.[8] Hatte das Gericht das Wiedereinsetzungsverfahren **mit** dem **Verfahren über** die nachgeholte **Prozesshandlung verbunden,** richtet sich die Form der Entscheidung nach der für die nachgeholte Prozesshandlung vorgeschriebenen Form. Bei mündlicher Verhandlung erfolgt die Entscheidung also durch Urteil, auch gegebenenfalls durch Versäumnisurteil. Wird die Wiedereinsetzung im Urteil gewährt, ohne dass es zugleich eine Entscheidung zur Hauptsache enthält (Abs. 1 S. 2), ist es ein Zwischenurteil gemäß § 303. Es ist gemäß § 318 bindend, auch für das Rechtsmittelgericht.[9] Wird Wiedereinsetzung **gewährt** und war vor dem Wiedereinsetzungsantrag das Rechtsmittel bereits als verspätet verworfen worden, so wird die Verwerfungsentscheidung durch die Gewährung der Wiedereinsetzung ohne weiteres unwirksam.[10] Wird Wiedereinsetzung **versagt und zugleich** im Urteil über die Prozesshandlung entschieden, so genügt es, wenn zur Versagung der Wiedereinsetzung in den Urteilsgründen Ausführungen gemacht werden. Im Tenor braucht der Wiedereinsetzungsantrag nicht zurückgewiesen oder verworfen zu werden.[11] Ist der Wiedereinsetzungsantrag **unbegründet,** wird er zurückgewiesen; bei **Unzulässigkeit** erfolgt Verwerfung. Auch eine formfehlerhafte Entscheidung über die Gewährung der Wiedereinsetzung beseitigt die Säumnis und bindet das Gericht.[12] Die Wiedereinsetzung **fingiert** die Rechtzeitigkeit der nachgeholten Prozesshandlung, beseitigt rückwirkend die nachteiligen Folgen der Fristversäumung und lässt die **formelle Rechtskraft** (s. § 705) verspätet angefochtener Urteile entfallen.[13]

III. Rechtsbehelfe

5 **1. Gewährung der Wiedereinsetzung.** Die Wiedereinsetzung ist **unanfechtbar (Abs. 3)** und auch für die Rechtsmittelinstanzen bindend. Das Gericht, das die Wiedereinsetzung gewährt hat, kann auch auf Gegenvorstellung die Entscheidung nicht abändern, auch nicht innerhalb der Wiedereinsetzungsfrist.[14] Streitig ist, ob die Wiedereinsetzung auch dann unanfechtbar ist, wenn die Entscheidung formfehlerhaft (Urteil statt Beschluss oder umgekehrt) ergangen ist.[15] Auch eine rechtsfehlerhaft zugelassene Rechtsbeschwerde macht die bewilligte Wiedereinsetzung nicht anfechtbar.[16] Gegen eine Wiedereinsetzung besteht auch dann keine Beschwerdemöglichkeit, wenn der Anspruch auf rechtliches Gehör bei der Gegenpartei verletzt wurde. Aber das Gericht ist in diesem Fall nicht an seine Entscheidung gebunden und kann sie jedenfalls auf Gegenvorstellung und solange noch kein die Instanz abschließendes Urteil ergangen ist, analog § 321a einer Überprüfung unterwerfen.[17] Die Verfassungsbeschwerde gegen den Wiedereinsetzungsbeschluss ist statthaft (s. auch Einl. Rn. 28, 54),[18] jedenfalls bei Verstoß gegen das Recht auf rechtliches Gehör aber nur nach erfolglos beantragter Gegenvorstellung.[19]

6 **2. Ablehnung der Wiedereinsetzung.** Gegen die Ablehnung der Wiedereinsetzung ist der **Rechtsbehelf statthaft,** der für die Anfechtung der Entscheidung über die nachgeholte Prozesshandlung eröffnet ist (Abs. 2 S. 1).

7 Gegen eine Ablehnung der Wiedereinsetzung im **Endurteil** ist Berufung bzw. Revision statthaft, soweit sie auch gegen die Entscheidung in der Hauptsache möglich ist (§§ 511, 542–544). Das gilt auch für die

[5] MK/*Gehrlein* Rn. 3.
[6] BGH NJW 1992, 1898.
[7] BGH VersR 1976, 732; MK/*Gehrlein* Rn. 5.
[8] *B/L/H* Rn. 6; *St/J/Roth* Rn. 14; LG Düsseldorf NJW 1950, 547; aA *T/P/Hüßtege* § 238 Rn. 5.
[9] BVerfGE 53, 109 = NJW 1980, 1095; BGH NJW 1954, 880; *St/J/Roth* Rn. 5.
[10] BGH NJW 1982, 887.
[11] So auch *St/J/Roth* Rn. 6.
[12] BGH NJW 1954, 880.
[13] BGHZ 98, 325 = NJW 1987, 327; *Zö/Greger* Rn. 3.
[14] *T/P/Hüßtege* Rn. 12; MK/*Gehrlein* Rn. 12.
[15] Bejahend MK/*Gehrlein* Rn. 15; aA OLG Düsseldorf MDR 1984, 763 und *St/J/Roth* Rn. 13.
[16] BGH NJW 2003, 211.
[17] Zur Rechtslage vor Inkrafttreten des § 321a vgl. BGHZ 130, 97 = NJW 1995, 2497; für Anfechtbarkeit OLG Koblenz VersR 1997, 207; OLG Düsseldorf MDR 1984, 763; OLG Frankfurt JurBüro 1981, 302; MK/*Gehrlein* Rn. 13; *St/J/Roth* Rn. 13; *Büttner* § 14 Rn. 15.
[18] BVerfGE 8, 253 = NJW 1958, 2011; BVerfGE 53, 109 = NJW 1980, 1095.
[19] *Zö/Greger* Rn. 6; *B/L/H* Rn. 12.

Versagung durch Zwischenurteil.[20] **Versäumnisurteile,** durch die Wiedereinsetzung abgelehnt wird, können nicht mit Einspruch, sondern nur mit Berufung bzw. Revision angefochten werden (§§ 238 Abs. 2 S. 2, 514 Abs. 2, 565; s. auch § 514 Rn. 7). Dasselbe gilt, wenn der Einspruch durch ein Urteil gem. § 341 als unzulässig verworfen wird. Eine Verwerfung des Einspruchs und eine Versagung der Wiedereinsetzung durch Beschluss ist seit der Neufassung des § 341 II nicht mehr möglich.[21] Bei Versagung der Wiedereinsetzung und Verwerfung der Berufung gemäß § 522 Abs. 1 S. 2 durch **Beschluss des LG** oder **OLG** ist die Rechtsbeschwerde statthaft, § 522 Abs. 1 S. 4. Das gilt auch, wenn über die Zulässigkeit des Rechtsmittel selbst noch nicht entschieden ist.[22] Ist über die Ablehnung der Wiedereinsetzung gesondert entschieden worden, genügt die Rechtsbeschwerde allein gegen den Verwerfungsbeschluss nicht.[23] Zur Vermeidung einer Rechtskraft muss jedenfalls auch die Versagung der Wiedereinsetzung angefochten werden, s. § 522 Rn. 19. Einer Zulässigkeit der Rechtsbeschwerde gegen die Versagung der Wiedereinsetzung steht nicht entgegen, dass der vorangegangene, die Berufung als unzulässig verwerfende Beschluss gem. § 522 Abs. 1 nicht angefochten wurde. Denn mit der Stattgabe der Wiedereinsetzung wird der Beschluss über die Verwerfung der Berufung ohne weiteres gegenstandslos.[24] Im Rahmen der Rechtsbeschwerde dürfte dem BGH die Überprüfung, inwieweit im Einzelfall Sorgfaltspflichten verletzt wurden, entzogen sein und damit idR die Zulässigkeit schon zu verneinen sein. Anders ist es nur dann, wenn generell überspannte Sorgfaltsanforderungen zu Grunde gelegt waren und damit die Rechte auf effektiven Rechtsschutz oder Verfahrensgrundrechte verletzt wurden.[25] Die Rechtsbeschwerde kann auch nicht auf Tatsachen gestützt werden, die bislang noch nicht vorgetragen waren.[26] Es besteht keine Anfechtungsmöglichkeit, wenn das LG durch Urteil als Berufungsgericht in Arrest- und Verfügungssachen entschieden hat (§ 542 Abs. 2), ebenso in Hausratssachen und Verfahren auf Stundung von Zugewinnansprüchen (§§ 629a Abs. 1, 621 Abs. 1 Nr. 7 und 9). Verwerfungsbeschlüsse des Revisionsgerichts, in denen Wiedereinsetzung versagt wird, sind ebenfalls unanfechtbar (§§ 552, 574 Abs. 1). Gegen die Berufung verwerfende und Wiedereinsetzung versagende Beschlüsse im Verfahren des **einstweiligen Rechtsschutzes** ist die Rechtsbeschwerde trotz des insoweit nicht einschränkenden Wortlautes unzulässig.[27] Eine außerordentliche Beschwerde wegen „greifbarer Gesetzeswidrigkeit" kommt nach der Neuregelung des Beschwerderechts nicht mehr in Betracht;[28] zulässig dürfte jedoch ein Abhilfeverfahren innerhalb der Instanz analog § 321a gegen die Versagung der Wiedereinsetzung sein.[29] Zur Rechtslage vor In-Kraft-Treten des Zivilprozessreformgesetzes s. die 3. Aufl.; zu den Übergangsfristen s. § 26 EGZPO.

IV. Kosten

8 Es ist streitig, ob das Gericht immer eine gesonderte Entscheidung über die Kosten des Wiedereinsetzungsverfahrens treffen muss.[30] Zumeist wird erst in der Hauptsacheentscheidung über die Kosten des Wiedereinsetzungsverfahrens befunden. Liegt eine Hauptsacheentscheidung schon vor und wird Wiedereinsetzung versagt, erfolgt die Kostenentscheidung im Versagungsbeschluss.[31] In der Regel trägt der Antragssteller die Kosten des Wiedereinsetzungsverfahrens und die Kosten des Rechtsbehelfsverfahrens. Dies gilt auch, wenn die Wiedereinsetzung gewährt wird.[32] § 238 Abs. 4 findet insoweit eine Parallele in § 344. **Unterliegt** der **Antragsteller** nach gewährter Wiedereinsetzung im Prozess und hat er gemäß § 91 Abs. 1 die Prozesskosten zu tragen, ist eine gesonderte Entscheidung über die Kosten der Wiedereinsetzung zulässig, aber entbehrlich.[33] Bei **Klage- oder Rechtsmittelrücknahme** trägt der Kläger nach herrschender Meinung auch die Kosten des Wiedereinsetzungsverfahrens durch den Beklagten, da §§ 269 Abs. 3, 516 Abs. 3, 565 dem § 238 Abs. 4 vorgehen.[34] Der Ausnahmefall des § 238 Abs. 4 Halbs. 2 wird kaum einmal vorliegen. Auf Grund der Pflicht zur Prüfung der Wiedereinsetzungsvoraussetzungen von Amts wegen bleibt der Widerspruch des Gegners auf das Verfahren ohne Einfluss.[35] Bei fehlender Kostenentscheidung kann Ergänzung gemäß § 321 beantragt werden.

---

[20] So zum alten Recht BGH VersR 1979, 619; 1979, 960; *B/L/H* Rn. 13; MK/*Gehrlein* Rn. 15; *T/P/Hüßtege* § 238 Rn. 15.
[21] Vgl. Anm. zu § 341 Rn. 2.
[22] BGH NJW-RR 2004, 1150.
[23] BGH NJW 2002, 2397; *Zö/Greger* Rn. 10; *St/J/Roth* Rn. 10.
[24] BGH NJW 2007, 1455, 1457; NJW 2006, 2269; FamRZ 2005, 791, 792.
[25] *v. Pentz* NJW 2003, 858, 867 f.
[26] BGH NJW-RR 2005, 435, 437; NJW 2004, 367, 369.
[27] BGH NJW 2003, 69; *v. Pentz* NJW 2003, 858, 867.
[28] BGH NJW 2002, 1577.
[29] *v. Pentz* NJW 2003, 858, 868; *Lipp* NJW 2002, 1700, 1702.
[30] Bejahend *B/L/H* Rn. 15; verneinend BGH NJW 2000, 3284; VersR 1979, 443; *T/P/Hüßtege* Rn. 10; *Zö/Greger* Rn. 11 (Kostenentscheidung erst in Entscheidungen über die Hauptsache).
[31] S. auch *Zö/Greger* Rn. 11.
[32] *B/L/H* Rn. 15; *T/P/Hüßtege* Rn. 21.
[33] *Zö/Greger* Rn. 11.
[34] So OLG Hamm MDR 1977, 233; *T/P/Hüßtege* Rn. 21; *B/L/H* Rn. 15; *Zö/Greger* Rn. 11; MK/*Gehrlein* Rn. 17; aA *Schneider* MDR 1977, 233; Büttner § 14 Rn. 12.
[35] MK/*Gehrlein* Rn. 18; *Zö/Greger* Rn. 11.

V. Gebühren und Kosten

1. Rechtsanwaltsgebühren. Zu den Anwaltgebühren s. 233 Rn. 56. 9

2. Gerichtskosten. Weder das Verfahren über den Antrag, noch die Entscheidung darüber durch Beschluss, Zwischenurteil, echtes Versäumnisurteil oder (sonstiges) Endurteil löst Gebühren aus. 10

Titel 5. Unterbrechung und Aussetzung des Verfahrens

239 *Unterbrechung durch Tod der Partei* **(1) Im Falle des Todes einer Partei tritt eine Unterbrechung des Verfahrens bis zu dessen Aufnahme durch die Rechtsnachfolger ein.**

(2) Wird die Aufnahme verzögert, so sind auf Antrag des Gegners die Rechtsnachfolger zur Aufnahme und zugleich zur Verhandlung der Hauptsache zu laden.

(3) [1]Die Ladung ist mit dem den Antrag enthaltenden Schriftsatz den Rechtsnachfolgern selbst zuzustellen. [2]Die Ladungsfrist wird von dem Vorsitzenden bestimmt.

(4) Erscheinen die Rechtsnachfolger in dem Termin nicht, so ist auf Antrag die behauptete Rechtsnachfolge als zugestanden anzunehmen und zur Hauptsache zu verhandeln.

(5) Der Erbe ist vor der Annahme der Erbschaft zur Fortsetzung des Rechtsstreits nicht verpflichtet.

I. Normzweck

1. Überblick und Anwendungsbereich der §§ 239 ff. §§ 239–252 regeln die möglichen Fälle des **rechtlichen Verfahrensstillstandes.** Sie gelten in allen Urteilsverfahren sowie Verfahren mit fakultativer mündlicher Verhandlung[1] (anders § 251 a, s. dort Rn. 2), in Verfahren des einstweiligen Rechtsschutzes, im Mahn-[2] und Kostenfestsetzungsverfahren,[3] im selbständigen Beweisverfahren (s. aber § 240 Rn. 6),[4] **nicht** jedoch bei der Entscheidung über Prozesskostenhilfe[5] und im Zwangsvollstreckungsverfahren[6]. Sie sind **von Amts wegen** zu beachten. Im Gegensatz zum rein **tatsächlichen Stillstand,** bei dem Parteien und Gericht keine Prozesshandlungen vornehmen (zB keine Terminsbestimmung), und der nur zur Folge hat, dass die Gerichtsakten gemäß Aktenordnung nach sechs Monaten wegzulegen sind, hat der kraft Gesetzes eintretende **rechtliche Stillstand** prozessuale Konsequenzen (insbesondere § 249). Er ergibt sich nach Rechtshängigkeit im Fall der Unterbrechung, der Aussetzung oder des Ruhens des Verfahrens. **Unterbrechung** tritt im Fall der §§ 239–245 **kraft Gesetzes** ein unabhängig von Willen bzw. Kenntnis der Parteien oder des Gerichts vom unterbrechenden Ereignis. Sie endet mit der Aufnahme des Verfahrens (§ 250). Die **Aussetzung** erfordert demgegenüber einen **Gerichtsbeschluss.** Sie ist auf Grund zahlreicher Vorschriften möglich (zB §§ 65, 148–149, 151–154, 246–247, 614, 640 f.) und endet entweder durch Aufhebung (§ 150), Aufnahme (§ 250) oder mit Erledigung des Aussetzungsgrundes (s. § 148 Rn. 9). Das **Ruhen** des Verfahrens bedarf als spezieller Fall der Aussetzung (nur nach §§ 251, 251 a) ebenfalls **gerichtlicher Anordnung** und endet nach § 250 (s. dort Rn. 1). 1

2. Unterbrechung durch Tod. Der Verfahrensstillstand durch Unterbrechung im Todesfall (Ausnahme § 246) soll einen erneuten Prozess mit dem Rechtsnachfolger vermeiden und führt daher zum **gesetzlichen Parteiwechsel,** dh. der tatsächliche oder vermeintliche, aber das Verfahren aufnehmende Rechtsnachfolger tritt in das bestehende Prozessrechtsverhältnis ein.[7] Er ist **zur Aufnahme** nicht nur berechtigt, sondern spätestens nach Aufforderung (Abs. 2–4) **verpflichtet;**[8] der Erbe jedoch nicht vor Annahme der Erbschaft (Abs. 5). **Sonderregelungen** bestehen in §§ 619, 640 g für **Ehe- und Kindschaftssachen,** in denen das Streitverfahren nur noch wegen der Kosten fortgeführt werden kann. Im Verfahren über den Versorgungsausgleich gelten §§ 239 ff. entsprechend.[9] § 239 trägt der Tatsache Rechnung, dass zwar kraft Gesetzes der oder die Erben mit dem Todesfall an Stelle des Erblassers treten (§ 1922 BGB), wegen der Ausschlagungsmöglichkeit die **Rechtsnachfolge** aber noch **nicht endgültig feststeht.** Die Beteiligten erhalten durch die Unterbrechung Gelegenheit, sich auf die veränderte Lage einzustellen. Die Aufnahmemöglichkeit auch nach Urteilsverkündung (s. Rn. 10–11) erleichtert überdies für den Rechtsnachfolger die Zwangsvollstreckung aus dem Urteil, da bei fehlendem Urkundenbeweis über die Nachfolge die Klage nach § 731 vermieden wird. Die Vorschrift wird durch **§ 246** (Aussetzungsmöglichkeit) verdrängt, wenn die verstorbene Partei durch einen **Prozessbevollmächtigten**[10] vertreten war. 2

---

[1] *St/J/Roth* vor § 239 Rn. 3; *T/P/Hüßtege* vor § 239 Rn. 1.

[2] LG Aachen Rpfleger 1982, 72.

[3] OLG Koblenz JurBüro 2004, 658; OLG Düsseldorf Rpfleger 1997, 84; OLG Thüringen FamRZ 1997, 765.

[4] OLG München MDR 2004, 170 (für § 246); KG NJW-RR 1996, 1086 (für § 251); MK/*Gehrlein* Rn. 7; aA *B/L/H*, § 251 Rn. 3; OLG Hamm NJW-RR 1997, 723 f. (für § 240 u. grds. m. weit. Nachw.).

[5] OLG Koblenz AnwBl. 1989, 178; aA MK/*Feiber* Rn. 7.

[6] KG NJW-RR 2000, 1073; OLG Hamm MDR 1986, 156; OLG Köln OLGZ 1984, 245, 246; *St/J/Roth* vor § 239 Rn. 4; *Zö/Greger* vor § 239 Rn. 8; *T/P/Hüßtege* vor § 239 Rn. 1; aA *Sojka* MDR 1982, 13, 14 f.

[7] Zum Streit, ob Parteistellung erst mit Aufnahme oder bereits mit Rechtsnachfolge eintritt s. *Henckel* JZ 1992, 645, 650; *ders.*, Parteilehre und Streitgegenstand im Zivilprozess, 1961, S. 149, 150; *St/J/Roth* § 239 Rn. 2.

[8] HM, vgl. OLG Schleswig OLGZ 1993, 230; OLG Frankfurt/M MDR 1966, 153; *Zö/Greger* Rn. 16.

[9] BGH NJW 1984, 2829, 2830.

[10] Allgemein zu den Pflichten des Anwalts bei Tod seines Mandanten, s. *Knodel* MDR 2006, 121 ff.

II. Voraussetzungen

3 **1. Partei.** Zum Parteibegriff vgl. § 50 Rn. 3, iSv. Abs. 1 gehört hierzu der streitgenössische, nicht aber der einfache Nebenintervenient.[11] Der Tod eines einfachen **Streitgenossen** wirkt nur für seinen Prozess, der eines notwendigen für alle.[12] **Verstirbt** eine **Partei kraft Amtes** (zum Begriff § 51 Rn. 19), so wendet die hM § 241 an, ebenso bei sonstigen **Wechseln in der Person** des Amtsträgers (§ 241 Rn. 2).[13] **§ 239** ist hingegen nach hA **analog** anwendbar auf die **Beendigung des Amtes,** wenn der Rechtsträger selbst an Stelle der Partei kraft Amtes das Verfahren übernimmt, etwa der Erbe nach Beendigung der Testamentsvollstreckung oder der Gemeinschuldner nach Beendigung des Insolvenzverfahrens.[14] Nach anderer, abzulehnender Ansicht ist auch hier § 241 vorzuziehen, dessen Anwendung im Regelfall nicht zu einer Unterbrechung führt.[15] Stirbt der **Prozessstandschafter,** so gelten für den Eintritt des Rechtsinhabers die Regeln der **gewillkürten Parteiänderung.**[16] Wegen der anerkannten Parteifähigkeit von OHG und KG führt der **Tod eines Gesellschafters** nicht zur Unterbrechung.

4 **2. Tod. a) Natürlicher Personen.** Da die Unterbrechung nach § 239 ein Prozessrechtsverhältnis zwischen der verstorbenen Partei und ihrem Gegner voraussetzt, muss der Tod **nach Rechtshängigkeit** (§ 261)[17] und vor Rechtskraft eingetreten sein.[18] Gleichgestellt sind Todeserklärungen nach dem VerschG.

5 **b) Untergang juristischer Personen und Gesellschaften.** Die Vorschrift ist **entsprechend** anwendbar auf das liquidationslose Erlöschen einer juristischen Person oder den Verlust ihrer Parteifähigkeit, nach hM allerdings nur dann, wenn **materiellrechtlich Gesamtnachfolge** eintritt.[19] Unterbrechung erfolgt daher in folgenden Fällen: Fusion oder Auflösung von Sparkassen,[20] Umwandlung durch Verschmelzung oder Vermögensübertragung nach dem UmwG (§§ 2–122, 174–189 UmwG),[21] Vermögensanfall nach § 46 BGB sowie im öffentlichrechtlichen Bereich bei gesetzlichen Übertragungen von Verwaltungsbereichen auf einen anderen Funktionsträger[22] oder Eingemeindungen[23]. Gesamtrechtsnachfolge kann vorliegen bei Ausscheiden der Komplementärin aus einer zweigliedrigen GmbH & Co. KG und Übernahme der Aktiva und Passiva durch den verbleibenden Gesellschafter.[24] Bei Verlust der Rechtsfähigkeit gilt die juristische Person **bis zur Beendigung der Liquidation** als fortbestehend.[25] Bei **Löschung** nach dem LöschungsG[26] wegen Vermögenslosigkeit tritt nicht Unterbrechung, sondern Hauptsacheerledigung ein, wenn tatsächlich kein Vermögen mehr vorhanden ist.[27] Hiervon zu unterscheiden sind Fälle, in denen sich **nur die Form der Gesellschaft ändert,** das Rechtssubjekt jedoch identisch bleibt und § 239 daher auch nicht analog eingreift wie bei der Umwandlung nach §§ 190ff. UmwG.[28] Entsprechendes gilt für bloße Änderungen im Gesellschafterbestand einer Personengesellschaft. Mangels Gesamtnachfolge tritt auch **keine Unterbrechung** ein bei beendeter Liquidation eines Vereins,[29] bloßer Namenslöschung, aber Weiterexistenz des Vereins[30]. Hingegen sind §§ 239ff. analog anwendbar beim Übergang des Vermögens einer GbR, oHG oder KG ohne Liquidation auf den letzten verbliebenen Gesellschafter.[31]

---

[11] OLG Celle NJW 1969, 515; OLG Hamburg NJW 1961, 610, 611.

[12] MK/*Gehrlein* Rn. 10; s. auch BVerwG MDR 1982, 80; aA BAG NJW 1972, 1388, 1389; *Ro/S/Go* § 50 Rn. 45 (§ 148).

[13] BGH NJW-RR 1990, 1213 (Zwangsverwaltung); OLG Koblenz NJW-RR 1993, 462f. (Testamentsvollstreckung); MK/*Gehrlein* Rn. 13; *T/P/Hüßtege* Rn. 2a; *St/J/Roth* Rn. 9.

[14] BGHZ 83, 102, 104f. = NJW 1984, 1765 (für Masserechte, die wieder dem Gemeinschuldner anheim fallen, mangels Rechtsnachfolge nicht aber für Anfechtungsrecht des Konkursverwalters); BGH NJW 1964, 2301; OLG Koblenz NJW-RR 1993, 462, 463 (nicht, wenn der Anspruch sich nur gegen den Testamentsvollstrecker richten kann); *St/J/Roth* § 239 Rn. 9, § 240 Rn. 34; *B/L/H* Rn. 7; *T/P/Hüßtege* Rn. 2a; *Soergel/Damrau* § 2213 BGB Rn. 3.

[15] MK/*Gehrlein* § 241 Rn. 5; *Wiecz/Sch* § 241 Anm. B I b; *Zö/Greger* Rn. 7; *Garlichs,* Passivprozesse des Testamentsvollstreckers, Diss. Konstanz 1996, Rn. 105ff.; für Analogie zu § 242 *Ro/S/Go* § 124 Rn. 7; offen gelassen in BGHZ 123, 132, 134 = NJW 1993, 3072 (aber im Anschluss an BGHZ 71, 216ff. = NJW 1978, 1529; BGH NJW-RR 1990, 1213 möglicherweise gewillkürter Parteiwechsel).

[16] BGHZ 123, 132, 134ff. = NJW 1993, 3072; NJW-RR 1990, 1213 (Zwangsverwaltung); aA *Schilken* ZZP 107 (1994), 529ff.; zweifelnd auch *Zö/Greger* Rn. 7.

[17] *St/J/Roth* Rn. 1; aA BGHZ 92, 251, 256 = NJW 1985, 328 (für Streitverkündung).

[18] Zum Tod einer Partei zwischen Urteilverkündung und Rechtskrafteintritt KG NJW-RR 2006, 1145.

[19] BGH MDR 2004, 950 (LS); LM GmbHG § 74 Nr. 1; BFHE 155, 250, 252; *St/J/Roth* Rn. 5ff.; *B/L/H* Rn. 4f.; *Zö/Greger* Rn. 6; aA *T/P/Hüßtege* Rn. 3.

[20] *St/J/Roth* Rn. 6; *B/L/H* Rn. 4.

[21] LG Aachen Rpfleger 1982, 72; *Zö/Greger* Rn. 6; aA *T/P/Hüßtege* Rn. 3; *Schmidt K.,* Festschr. Henckel, 1996, 749 (für § 241).

[22] BVerwG NJW 1987, 2179, 2180; BSG NVwZ 1988, 766.

[23] *St/J/Roth* Rn. 6; *Zö/Greger* Rn. 6; s. aber VGH Mannheim DÖV 1979, 605.

[24] BGH NJW 2000, 1119 = LM Nr. 14 m. Anm. *Wilhelm* (noch zur entspr. Anwendung von §§ 138, 142 HGB aF).

[25] BGH NJW 1982, 238; 1979, 1592 (mit Beendigung wird Klage unzulässig); *B/L/H* Rn. 5; aA LG Köln BB 1990, 444.

[26] Durch Art. 2 Nr. 9, 23, 48 Nr. 5ff. EGInsO ist das LöschG beseitigt bzw. in das GmbHG und FGG einbezogen.

[27] BGH NJW 1982, 238; offen gelassen in BVerwG NJW 1985, 643; ausführlich *Bork* JZ 1991, 841, 846 m. weit. Nachw.; soweit die gelöschte Gesellschaft zB wegen fortbestehender steuerrechtlicher Pflichten noch beteiligtenfähig bleibt, kann § 246 eingreifen, BFH NJW-RR 2001, 244 m. Anm. *Rößler* BB 2001, 613.

[28] *St/J/Roth* Rn. 7.

[29] BGHZ 74, 212, 215 = NJW 1979, 1592; aA BAG NJW 1982, 1831 für beendete Liquidation einer GmbH.

[30] BGH NJW 1984, 668.

[31] BGH WM 2004, 1138 (f. GmbH & Co. KG); NJW 2002, 1207.

3. Rechtsnachfolge. Rechtsnachfolger kann der **Gesamt-,** oder **Sonderrechtsnachfolger** sein (zum Begriff § 325 Rn. 7ff.). Entscheidend ist im Einzelfall, ob er gerade für das **streitgegenständliche Recht** seine sachliche Berechtigung von der durch Tod ausgeschiedenen Partei ableitet. Wichtigste Beispiele sind der Erbe (§ 1922 BGB), der Nacherbe im Fall des § 242, die Erbengemeinschaft (§ 2032 BGB), der Nachfolger iSv. Rn. 5, der Zessionar einer streitgegenständlichen Forderung bei Abtretung auf den Todesfall,[32] der überlebende Ehegatte der Gütergemeinschaft, der Eigentümer bei Tod des Nießbrauchers (§ 1061 BGB) sowie die Angehörigen bei Unterlassungsklagen nach § 22 KUG. Im Fall eines Verfahrens über Gesamtgut sind Rechtsnachfolger die Anteilsberechtigten der fortgesetzten Gütergemeinschaft nach § 1483 BGB.[33] Im Aktivprozess gilt für den einzelnen Miterben § 2039 BGB,[34] auf Passivseite kann ein **Miterbe** das Verfahren alleine aufnehmen, wenn er als Gesamtschuldner haftet (§§ 2058, 1967 BGB). Bei angeordneter **Testamentsvollstreckung** ist die Aufnahme im Aktivprozess dem Erben grundsätzlich verwehrt (§ 243 Rn. 1).[35] Allerdings kann das Verwaltungsrecht des Testamentvollstreckers aus gesellschaftsrechtlichen Gründen beschränkt sein und sich nicht auf Mitgliedschaftsrechte in der Gesellschaft erstrecken. Insoweit bleibt der Erbe dann prozessführungsbefugt.[36] Ist der Gegner selbst der Rechtsnachfolger, so beendet die **Konfusion** das Prozessrechtsverhältnis und damit auch das Verfahren.[37] Es liegt kein Fall der Erledigung vor; wird der Rechtsstreit nur zum Zweck einer Kostenentscheidung fortgeführt, richtet sich diese nach allgemeinen Vorschriften, nicht nach § 91a.[38] **Nicht Rechtsnachfolger** idS sind zB der Vermächtnisnehmer, der aus einem Lebensversicherungsvertrag auf den Todesfall Begünstigte,[39] der Erbschaftskäufer, derjenige, auf den die Erben das Firmenvermögen übertragen haben.[40] **Beweispflichtig** für die Rechtsnachfolge ist derjenige, der sich auf sie beruft. 6

III. Unterbrechung

Die mit dem **Todeszeitpunkt** oder Erlöschen nach Rn. 5 beginnende Unterbrechung tritt **kraft Gesetzes** ein.[41] Sie **endet** mit Anzeige des Nachlasspflegers, -verwalters oder Testamentsvollstreckers nach §§ 243, 241,[42] durch freiwillige Aufnahme seitens des Rechtsnachfolgers nach Rn. 8ff. oder nach Abs. 2–4. Zu den **Wirkungen** der Unterbrechung s. § 249. 7

IV. Aufnahme durch Rechtsnachfolger

Der Rechtsnachfolger kann gemäß § 250 das Verfahren mit **Zustellung eines Schriftsatzes** aufnehmen. Die weitere Vorgehensweise hängt vom Verfahrensstand ab, sowie davon, ob die Rechtsnachfolge unstreitig ist. Hat das befasste Gericht noch **keine Endentscheidung** erlassen, und werden die **Rechtsnachfolge** bzw. die ihr zu Grunde liegenden Tatsachen **bestritten,** so ist hierüber mündlich zu verhandeln (§ 146[43] oder in Verbindung mit Hauptsache). Ist die Rechtsnachfolge nicht bewiesen, wird der (ggf. konkludente) **Antrag** auf Aufnahme und Fortsetzung durch Endurteil (§ 300) kostenpflichtig **zurückgewiesen.**[44] Die Unterbrechung dauert fort, da die Zustellung der Aufnahmeerklärung die Unterbrechung nur **auflösend bedingt** durch die Verneinung der Rechtsnachfolge beendete.[45] §§ 330ff. sind anwendbar,[46] mit der Folge, dass bei **Säumnis des Aufnehmenden** der Antrag auf Aufnahme durch Versäumnisurteil zurückgewiesen werden kann.[47] Bleibt der **Antragsgegner** im Termin, der nicht nur zur Verhandlung über die Rechtsnachfolge bestimmt ist, **säumig,** so ergeht bei schlüssiger Behauptung der Rechtsnachfolge und Zugeständnis der dafür notwendigen Tatsachen **Versäumnisentscheidung in der Hauptsache** nach § 331 oder § 330,[48] bei fehlender Schlüssigkeit der Rechtsnachfolge wird der Antrag zurückgewiesen.[49] Ausnahmsweise kann auch trotz der Gefahr einander widersprechender Entscheidungen ein **Teilurteil** ergehen, wenn nur die von einem oder gegen einen Streitgenossen geltend gemachten Ansprüche entscheidungsreif sind und unklar ist, wann das Verfahren insgesamt wieder fortgesetzt werden kann.[50] 8

Ist die **Rechtsnachfolge unbestritten oder nachgewiesen,** so kann das Gericht entweder durch **Zwischenurteil**[51] Rechtsnachfolge und Aufnahmeverpflichtung positiv feststellen oder aber in den Gründen des End- 9

---

32 BGH NJW 1964, 1124, 1125.
33 *T/P/Hüßtege* Rn. 4; Einzelheiten bei *St/J/Roth* Rn. 11.
34 BGH NJW 1984, 2829, 2830; *Schneider* Rpfleger 1982, 268.
35 BGHZ 104, 1, 3f. = NJW 1988, 1390.
36 BGH NJW 1998, 1313, 1314.
37 BGH NJW-RR 1999, 1152.
38 BGH NJW-RR 1999, 1152.
39 RGZ 54, 94, 95; OLG Stuttgart NJW 1956, 1073.
40 BGH DB 1981, 365, 366.
41 MK/*Gehrlein* Rn. 8.
42 BGH NJW 1995, 2171, 2172; KG NJW-RR 2006, 1145.
43 *St/J/Roth* Rn. 24; *Zö/Greger* Rn. 12.
44 RGZ 46, 320, 322; hL, vgl. *St/J/Roth* Rn. 26 m. weit. Nachw.
45 *Ro/S/Go* § 124 Rn. 15.
46 *T/P/Hüßtege* Rn. 8.
47 *St/J/Roth* Rn. 27.
48 RGZ 10, 364, 365; *St/J/Roth* Rn. 22.
49 *Zö/Greger* Rn. 12; aA *St/J/Roth* Rn. 27 (unechtes Versäumnisurteil über gesamten Streitgegenstand).
50 BGH NJW 2007, 156, 158 im Anschluss an BGHZ 148, 214, 216 (für § 240).
51 *St/J/Roth* Rn. 25; MK/*Gehrlein* Rn. 32.

urteils darüber befinden. Im Fall der Säumnis der **gegnerischen Partei** kann nach allgemeinen Grundsätzen in der Hauptsache Versäumnisurteil zu Gunsten des anwesenden Rechtsnachfolgers ergehen. Bei **Säumnis des Aufnehmenden** gilt dasselbe, wenn der anwesende Gegner die Rechtsnachfolge nicht bestreitet.[52]

10 War bei Unterbrechung bereits eine **Endentscheidung ergangen,** so kann vor Einlegen eines Rechtsmittels der Streit in der unteren Instanz aufgenommen und dort über eine **bestrittene Rechtsnachfolge** entschieden werden.[53] Es ergeht eine **selbständig anfechtbare** Entscheidung, welche den Aufnahmeantrag bei nicht nachgewiesener Rechtsnachfolge zurückweist, anderenfalls die bereits erlassene Entscheidung dahingehend **ergänzt,** dass sie auch gegen den Rechtsnachfolger wirke.[54] § 518 S. 1 findet insoweit keine Anwendung.[55] Erst nach rechtskräftiger Zurückweisung eines Aufnahmeantrags kann der **wirkliche Rechtsnachfolger** seinerseits das Verfahren aufnehmen.[56]

11 Der Rechtsnachfolger kann aber auch unmittelbar **mit der Aufnahme** das gegebene **Rechtsmittel einlegen,** mit der Folge, dass das Rechtsmittelgericht über die Aufnahme mitentscheidet:[57] Wird die Rechtsnachfolge verneint, ist das Rechtsmittel **unzulässig,** bei feststehender Rechtsnachfolge wird wie in Rn. 9 in der Sache entschieden. Tritt die Unterbrechung ein, nachdem bereits Rechtsmittel eingelegt ist, so ist in der Rechtsmittelinstanz nach Rn. 8, 9 zu verfahren.

V. Erzwingung der Aufnahme durch Gegner

12 **1. Voraussetzungen.** Abs. 2–4 geben dem Gegner bei **verzögerter Aufnahme** die Möglichkeit, den Rechtsstreit fortzuführen und eine Prozessverschleppung zu verhindern. **Verzögerung** liegt nur vor, wenn der Rechtsnachfolger um den Rechtsstreit **weiß**[58] und **ohne gesetzlichen Grund** (zB Abs. 5) nicht aufnimmt. Eine weitere Überlegungsfrist gewährt das Gesetz nicht.[59] Der Gegner muss **schriftsätzlich** (§ 78) einen **Antrag** auf Ladung des Rechtsnachfolgers und mündliche Verhandlung stellen, in dem die Person(en) des Rechtsnachfolgers und die der Nachfolge zu Grunde liegenden Tatsachen benannt sind. Der Schriftsatz wird mit Ladung und Terminsbestimmung – unter Einhaltung einer im Ermessen des Vorsitzenden stehenden (richterlichen) **Ladungsfrist** (Abs. 3 S. 2) – dem oder den Rechtsnachfolger(n) **persönlich zugestellt** (nicht § 172). Der Antrag kann nur in der unteren Instanz – auch nach Erlass einer Endentscheidung, vgl. Rn. 10 – gestellt werden oder nachdem bereits ein Rechtsmittel eingelegt wurde, beim Rechtsmittelgericht. Wegen § 249 Abs. 2 und der durch den Antrag allein noch nicht beendeten Unterbrechung ist die Verbindung des Rechtsmittels des Gegners mit seinem Antrag nach Abs. 2 nicht möglich.[60] Die Unterbrechung endet, sobald der Rechtsnachfolger nach § 250 oder durch entsprechende Erklärung in der mündlichen Verhandlung das Verfahren aufnimmt[61] oder nach Rn. 13, 14.

13 **2. Verhandlung in Anwesenheit des Rechtsnachfolgers.** Wird die Rechtsnachfolge **zugestanden,** bedeutet dies konkludente Aufnahme, die Unterbrechung endet, und es kann in Anwesenheit beider Parteien zur Hauptsache verhandelt werden. Bei zugestandener Rechtsnachfolge kann auch Versäumnisurteil gegen den **säumigen Antragsteller** in der Hauptsache ergehen.[62] Sofern der Geladene die Tatsachen, die seine Nachfolge begründen, **bestreitet** und sie nicht bewiesen werden, ist der Antrag nach Abs. 2 (ggf. nach Beschränkung gemäß § 146[63]) zurückzuweisen; das Verfahren bleibt unterbrochen. Kostenpflichtige Zurückweisung des gegnerischen Antrags erfolgt auch, wenn die in Rn. 12 genannten Voraussetzungen nicht vorliegen. Bei **Säumnis des Antragsstellers** kann auch eine Entscheidung **über den Antrag** durch Versäumnisurteil nach §§ 330, 331 bzw. nach § 331 a ergehen, wenn der Geladene seine Rechtsnachfolge bestreitet.[64] Kann die bestrittene Rechtsnachfolge bewiesen werden, wird dies durch Zwischenurteil oder in den Gründen des Endurteils festgestellt.[65] Die Unterbrechung endet mit Rechtskraft der Entscheidung.[66]

14 **3. Säumnis des Geladenen.** Bei Säumnis des Geladenen (§ 333) gelten auf Antrag die der Rechtsnachfolge zu Grunde liegenden Tatsachen als zugestanden (Abs. 4). Die Unterbrechung endet mit Schluss des Termins (§ 220) – auflösend bedingt durch die Aufhebung des Urteils im Rechtsmittelzug. Es wird zur Hauptsache (einseitig) verhandelt und darüber nach §§ 330, 331 oder 331 a entschieden, soweit die Voraussetzungen für eine Säumnisentscheidung vorliegen. Bei Säumnis beider Parteien kommt es zum **Ruhen des Verfahrens** oder zur Vertagung; der Streit ist nicht entscheidungsreif.[67]

---

[52] *St/J/Roth* Rn. 22; *Zö/Greger* Rn. 13.
[53] OLG Schleswig OLGZ 1993, 230; *St/J/Roth* Rn. 29.
[54] OLG Schleswig OLGZ 1993, 230, 231; *St/J/Roth* Rn. 32; *Zö/Greger* Rn. 14; *B/L/H* Rn. 16; *T/P/Hüßtege* Rn. 9; aA OLG Düsseldorf NJW 1970, 1689, 1690 (nur Feststellung der Aufnahme); MK/*Gehrlein* Rn. 37.
[55] RGZ 140, 348, 353; *Zö/Greger* Rn. 14.
[56] RGZ 45, 359, 362; *Zö/Greger* Rn. 18.
[57] BGHZ 111, 104, 109f. = NJW 1990, 1854; BGHZ 36, 258, 260 = NJW 1962, 589.
[58] OLG Zweibrücken NJW 1968, 1635, 1636.
[59] *St/J/Roth* Rn. 33.
[60] MK/*Feiber* Rn. 45.
[61] *Ro/S/Go* § 124 Rn. 21; *St/J/Roth* Rn. 32.
[62] *Zö/Greger* Rn. 16; *B/L/H* Rn. 19.
[63] *St/J/Roth* Rn. 37.
[64] *Ro/S/Go* § 124 Rn. 22; *St/J/Roth* Rn. 41.
[65] *St/J/Roth* Rn. 37.
[66] *Ro/S/Go* § 124 Rn. 21; *B/L/H* Rn. 17; *T/P/Hüßtege* Rn. 14.
[67] *Ro/S/Go* § 124 Rn. 22, 17; *St/J/Roth* Rn. 42.

VI. Stellung des Erben (Abs. 5)

Abs. 5 schützt den Erben bis zur endgültigen Annahme der Erbschaft (Parallelvorschrift: § 1958 BGB). 15
Er ist berechtigt, aber **nicht verpflichtet,** vor Ablauf der Ausschlagungsfrist das Verfahren aufzunehmen.[68] Die Aufnahme des Verfahrens ist konkludente Erbschaftsannahme, eine **Haftungsbeschränkung** nach §§ 305, 780 bleibt möglich.[69]

VII. Gebühren und Kosten

1. Rechtsanwaltsgebühren. Das Verfahren vor Beginn und nach Ende der Unterbrechung, Aussetzung 16
oder des Ruhens ist nur eine gebührenrechtliche Angelegenheit, die Gebühren fallen nur einmal an (§ 15 Abs. 2 RVG). Die Anzeige des Todes einer Partei, sowie die Anträge gemäß §§ 239ff. lösen, wenn nicht bereits die volle Verfahrensgebühr verdient ist, eine reduzierte Verfahrensgebühr von 0,8 (Nr. 3101 VV RVG). Für Anträge der §§ 239ff. in mündliche Verhandlung fällt eine Terminsgebühr (Nr. 3104 VV RVG) an.

2. Gerichtskosten. Die Fortsetzung nach Unterbrechung eröffnet gebührenrechtlich keine neue Instanz; 17
Gebühren löst auch bei streitiger Rechtsnachfolge das Zwischenurteil (Rn. 9) nicht aus, in welchem die Rechtsnachfolge bejaht wird.

240 *Unterbrechung durch Insolvenzverfahren*

[1]Im Falle der Eröffnung des Insolvenzverfahrens über das Vermögen einer Partei wird das Verfahren, wenn es die Insolvenzmasse betrifft, unterbrochen, bis es nach den für das Insolvenzverfahren geltenden Vorschriften aufgenommen oder das Insolvenzverfahren beendet wird. [2]Entsprechendes gilt, wenn die Verwaltungs- und Verfügungsbefugnis über das Vermögen des Schuldners auf einen vorläufigen Insolvenzverwalter übergeht.

I. Normzweck

§ 240 trägt der Tatsache Rechnung, dass der Gemeinschuldner mit der Eröffnung des Insolvenzverfah- 1
rens[1] die der Prozessführungsbefugnis materiellrechtlich entsprechende **Verfügungsbefugnis verliert** (§ 80 Abs. 1 InsO) und die von ihm erteilten Prozessvollmachten erlöschen[2] (§ 117 InsO[3]). § 246 schließt daher die Unterbrechung nach § 240 nicht aus.[4] Prozessgegner und Insolvenzverwalter brauchen Zeit und Gelegenheit, über die Fortführung des Verfahrens zu entscheiden. Nimmt letzterer das rechtshängige Verfahren auf, liegt ein **gesetzlicher Parteiwechsel** vor.[5] § 85 InsO regelt die Aufnahmebefugnis des Insolvenzverwalters; § 85 Abs. 1 S. 2 InsO erklärt § 239 Abs. 2–4 für entsprechend anwendbar. § 240 ist in S. 2 ergänzt um die Regelung, dass bereits die Bestellung eines **vorläufigen Insolvenzverwalters,** dem die Verwaltungs- und Verfügungsbefugnis zukommt (§ 21 Abs. 2 Nr. 1 InsO), zur Unterbrechung führt (s. Rn. 3). Im Falle der **Eigenverwaltung** (§ 270 InsO) behält der Schuldner die Verwaltungs- und Verfügungsbefugnis, ein Insolvenzverwalter wird nicht bestellt. Nach der ratio legis erscheint eine Unterbrechung daher nicht notwendig. Gleichwohl ist sie zumindest für Passivprozesse über Insolvenzforderungen zur geordneten Durchführung des Insolvenzverfahrens notwendig.[6] Hier kommt eine Fortsetzung erst in Betracht, wenn nach Anmeldung im Prüfungstermin die Forderung bestritten ist (§§ 179, 180 Abs. 2, 184 S. 2, 87 InsO). Die hA bejaht Unterbrechung aber zu Recht auch für alle anderen Verfahren, um dem Schuldner, der nunmehr gleichzeitig die Aufgaben des Insolvenzverwalters übernehmen muss, Gelegenheit zu geben, sich auf die veränderte Situation einzustellen.[7] Zur Aufnahme bleibt er dann selbst befugt.[8]

II. Voraussetzungen

1. Eröffnung des Insolvenzverfahrens über Parteivermögen. a) Parteibegriff. Unterbrechung tritt nur für 2
Verfahren ein, die das vom Insolvenzverfahren erfasste Vermögen einer Partei betreffen; erweiternde Ausnahme: § 17 Abs. 1 AnfG (der Schuldner, über dessen Vermögen das Insolvenzverfahren eröffnet wird, ist

---

[68] MK/*Gehrlein* Rn. 29.

[69] OLG Schleswig OLGZ 1993, 230, 231.

[1] Die im Folgenden zitierte Rechtsprechung und Literatur betrifft teilweise noch die Rechtslage nach der Konkursordnung. Zu Altverfahren nach der GesO s. OLG Brandenburg NJW-RR 1999, 1428; OLG Naumburg OLG-NL 2001, 260.

[2] BGH NJW 1998, 2364; NJW-RR 1989, 183; VersR 1982, 1054; BAG NJW 2006, 461; ausführlich hierzu *Schilken* KTS 2007, 1ff, 10ff.

[3] Nach §§ 117 Abs. 2, 115 Abs. 2 InsO muss der Anwalt seine Tätigkeit jedoch fortsetzen, bis der Insolvenzverwalter anderweitige Fürsorge treffen kann, *Knodel* MDR 2006, 121, 123.

[4] Statt vieler BGH ZIP 1988, 1584; MK/*Gehrlein* Rn. 5; *Ro/S/Go* § 55 II 7a (6).

[5] OLG Köln KTS 1983, 411 (LS); hM auf Grundlage der Amtstheorie; aA *Schmidt, K.* NJW 1995, 911, 915; *ders.*, Festschr. Kreft, 503ff.

[6] Richtig *Meyer,* Die Auswirkungen der Insolvenz, Umwandlung und Vollbeendigung von Gesellschaften auf den anhängigen Zivilprozess, 2005, 16ff; ders. ZInsO 2007, 807. 809.

[7] BGH NJW-RR 2007, 629; OLG München MDR 2003, 412; MK-InsO/*Schumacher,* Vor §§ 85–87 Rn. 6; MK-InsO/*Ganter,* § 1 Rn. 119; *Gundlach/Frenzel/Schmidt* NJW 2004, 3222, 3224; aA MK/*Feiber* 2. Auflage Rn. 10 und hier 3. Auflage Rn. 1, 3; krit. auch *Meyer* ZInsO 2007, 807f.

[8] *Häsemeyer,* Insolvenzrecht, 3. Aufl. 2003, Rn. 8.14; MK-InsO/*Schumacher,* Vor §§ 85–87 Rn. 6 m. Nachw.

im Anfechtungsprozess nicht Partei, gleichwohl ist sein Vermögen berührt).[9] Partei idS ist nicht die **Partei kraft Amtes,** wenn über deren **Privatvermögen** das Insolvenzverfahren eröffnet wird,[10] so dass Verfahren über das verwaltete Vermögen nicht unterbrochen werden. Im Fall der **notwendigen Streitgenossenschaft** unterbricht die Insolvenz eines Streitgenossen oder die eines streitgenössischen Nebenintervenienten den Rechtsstreit aller.[11] Bei **einfacher** Streitgenossenschaft ist nur das jeweilige Prozessrechtsverhältnis betroffen.[12] Wird über das Vermögen des einfachen Streithelfers das Insolvenzverfahren eröffnet, so unterbricht dies den Prozess der Hauptpartei nicht.[13] Wird eine **GbR** (§ 11 Abs. 2 Nr. 1 InsO), **OHG, KG oder KGaA** insolvent, so unterbricht die Eröffnung des Insolvenzverfahrens (§§ 11, 19 InsO) nur Verfahren, welche das Gesellschaftsvermögen betreffen, wegen der einfachen Streitgenossenschaft aber nicht auch Klagen gegen die persönlich haftenden Gesellschafter.[14] Der Bundesgerichtshof bejaht nunmehr in Analogie zu § 17 Abs. 1 S. 1 AnfG eine Unterbrechung des persönlichen Haftungsprozesses (bedenklich, da die Regelung im AnfG ohnehin schon Ausnahmecharakter hat).[15] Das Verfahren gegen den beschränkt haftenden Kommanditisten wird jedoch durch ein Insolvenzverfahren der KG unterbrochen.[16] Umgekehrt betrifft das Insolvenzverfahren über das **Privatvermögen eines Gesellschafters** Verfahren für oder gegen die Gesellschaft nicht.[17] Dies gilt auch für die Insolvenz eines GbR-Gesellschafters, welche für Verfahren gegen die GbR oder andere Gesellschaften keine Unterbrechung bewirkt, da der BGH die notwendige Streitgenossenschaft nunmehr abgelehnt hat.[18] Bei **gewillkürter Prozessstandschaft** genügt es, wenn der Rechtsinhaber insolvent wird;[19] im Fall des § 265 soll hingegen nur die Insolvenz des prozessführenden Zedenten, nicht des Zessionars unterbrechen.[20] Ein der Testamentsvollstreckung unterliegender Nachlass ist bei Eröffnung eines Insolvenzverfahrens über das Vermögen des Erben Teil der Insolvenzmasse.[21] Das **Nachlassinsolvenzverfahren** (§§ 315 ff. InsO) führt selbständig neben § 239 zur Verfahrensunterbrechung eines Rechtsstreits des Erben als solchen.[22]

3 **b) Inländische Eröffnung des Insolvenzverfahrens.** Die Eröffnung eines Insolvenzverfahrens im Sinne von § 240 erfolgt durch **Eröffnungsbeschluss** des Insolvenzgerichts (§§ 27 ff. InsO) – unabhängig von seiner Rechtmäßigkeit[23] und der Kenntnis der Beteiligten vom Unterbrechungsgrund.[24] Für den vorläufigen Insolvenzverwalter mit Verfügungs- und Verwaltungsbefugnis (§§ 21 Abs. 2 Nr. 2, 22 Abs. 1 InsO) wird in § 240 S. 2 ausdrücklich auf die entsprechende Anwendung von S. 1 verwiesen. Eine Unterbrechung erfolgt jedoch nicht, wenn dem Schuldner kein allgemeines Verfügungsverbot auferlegt, sondern nur ein Zustimmungsvorbehalt gemäß § 21 Abs. 2 Nr. 2 InsO angeordnet wird. Er verliert in diesem Fall seine Verfügungsbefugnis nicht (§ 22 Abs. 1 InsO).[25] Die für eine Unterbrechung bei angeordneter Eigenverwaltung (s. Rn. 1) sprechenden Argumente verfangen hier mangels Verfahrenseröffnung nicht. Bei erfolgreicher Beschwerde gegen den Eröffnungsbeschluss (§ 34 InsO) entfällt die Unterbrechung **ex nunc.**[26]

4 **c) Eröffnung des Insolvenzverfahrens im Ausland.** Trotz Aufgabe des Territorialitätsprinzips[27] war lange Zeit streitig, ob die Eröffnung eines Konkurs- oder Insolvenzverfahrens im Ausland die Wirkung nach § 240 haben sollte.[28] Die hM[29] bejahte entgegen der Rechtsprechung, die eine Unterbrechung aus Gründen der

---

[9] Noch zu § 13 Abs. 1 AnfG aF BGHZ 143, 246, 249 f. = NJW 2000, 1259, 1260.

[10] *Zö/Greger* Rn. 7; *T/P/Hüßtege* Rn. 2.

[11] OLG Hamburg NJW 1961, 611.

[12] BGH NJW-RR 2003, 1416; OLG Schleswig SchlHA 1985, 154, 155. In diesen Fällen lässt die Rechtsprechung auch dann ein Teilurteil zu, wenn die Gefahr widersprechender Entscheidungen (nach Aufnahme) besteht, um für die übrigen Prozessbeteiligten effektiven Rechtsschutz zu gewährleisten, falls die Dauer der Unterbrechung noch ungewiss ist, s. BGHZ 148, 214, 216 = NJW 2001, 3125; NJW-RR 2003, 1002, NJW 2007, 156, 158 (für § 239).

[13] OLG Düsseldorf MDR 1985, 504.

[14] BGH NJW-RR 1997, 460 (Konkurs der Vor-GmbH); NJW 1988, 2113; zur Gleichbehandlung der Haftung der Gesellschafter einer Außen-GbR mit den nach § 128 HGB geltenden Grundsätzen BGH NJW 2001, 1056 (hierzu *Schmidt K.* NJW 2001, 993).

[15] BGH NJW 2003, 590, 591; *Zö/Greger* Rn. 7.

[16] BGH ZIP 1982, 566.

[17] RGZ 51, 94, 96; zum Aktivprozess von BGB-Gesellschaftern OLG Köln KTS 1986, 63; *St/J/Roth* Rn. 9.

[18] OLG Frankfurt/M ZIP 2001, 1884 im Anschluss an BGHZ 146, 341; LG Frankfurt MDR 2002, 172.

[19] OLG Düsseldorf JMBlNRW 1976, 42; *St/J/Roth* Rn. 7; zur Insolvenz des Prozessstandschafters OLG Koblenz KTS 1995, 643; LG Görlitz MDR 1998, 1308, 1309 (Unterbrechung bei Sicherungszession bejahend); hierzu *Vollkommer* MDR 1998, 1269.

[20] BGH NJW 1998, 156, 157; BGHZ 50, 397, 399 = NJW 1969, 48; aA zu Recht OLG Düsseldorf JMBlNRW 1976, 43; *St/J/Roth* Rn. 7.

[21] Str., wie hier BGHZ 167, 352, 355 f = NJW 2006, 2698 mit Nachw. zum Streitstand.

[22] Für den Nachlasskonkurs OLG München NJW-RR 1996, 228, 229; *Robrecht* KTS 2003, 385; *Zö/Greger* Rn. 7.

[23] Der Eröffnungsbeschluss muss aber wirksam unterzeichnet sein, BGHZ 137, 49, 57 = NJW 1998, 609.

[24] BGH NJW 1995, 2563; BGHZ 66, 59, 61.

[25] BGH NJW-RR 2006, 1208, 1209; NJW 1999, 2822; BAG NJW 2002, 532, 533; OLG Karlsruhe ZIP 2003, 1510, 1511.

[26] MK/*Gehrlein* Rn. 9.

[27] BGHZ 95, 256 ff. = NJW 1985, 2897. Damit hat die vor 1985 zur Unterbrechungswirkung ergangene Judikatur ihre Bedeutung verloren.

[28] Ablehnend BGH NJW 1988, 3096, 3097; BFHE 123, 406, 407.

[29] OLG München NJW-RR 1996, 574; OLG Karlsruhe KTS 1992, 563 (LS); NJW-RR 1991, 295; LAG Rheinland-Pfalz BB 1998, 55 (LS); *Habscheid E.* KTS 1998, 183; *Mankowski* ZIP 1994, 1577, 1578; *Ebenroth/Wilken* JZ 1991, 1061, 1063 f.; *Leipold,* Festschr. f. Schwab, 1990, 284 ff.; *Trunk* ZIP 1989, 279, 282; *Koch* NJW 1989, 3072 f.; *Ro/S/Go* § 126 II 1; *Baur/Stürner* InsR Rn. 37.32; offen gelassen in BGH IPRax 1998, 102 m. Anm. *Stadler* 91 ff.

Rechtssicherheit ablehnte, die Anwendung der Vorschrift. Nachdem die Senate von BGH und BFH ihre ablehnende Haltung aufgegeben hatten,[30] übernahm der Gesetzgeber den Grundsatz, dass ein ausländisches Konkurs-, Vergleichs- oder Insolvenzverfahren, welches nach den Grundsätzen des deutschen internationalen Insolvenzrechts anzuerkennen ist (§ 343 InsO[31]) und nach ausländischem Recht selbst unterbrechende Wirkung haben soll[32], auch einen **deutschen Prozess unterbricht,** der die Insolvenzmasse betrifft (s. zunächst § 102 EGInsO a. F., jetzt § 352 InsO). Die Unterbrechungswirkung tritt dabei nach der ratio legis des § 240 (geordnete Abwicklung des Insolvenzverfahrens und Überlegungsfrist für die Prozessbeteiligten) unabhängig davon ein, ob der Schuldner nach dem ausländischen Insolvenzrecht die Prozessführungsbefugnis verliert oder nicht.[33] Auch nach Art. 4 Abs. 2 lit f EuInsVO bestimmt sich die Unterbrechungswirkung nicht nach der lex concursus, sondern allein nach dem für das anhängige Verfahren maßgeblichen Recht.

2. Betroffenheit der Insolvenzmasse. Die Insolvenzmasse (Sollmasse iSv § 35 InsO) muss unmittelbar 5
oder mittelbar[34] vom Ausgang des Rechtsstreites betroffen sein. Unpfändbare Gegenstände gem. § 36 InsO sind nicht Teil der Insolvenzmasse, sie betreffende Verfahren werden daher nicht unterbrochen.[35] Die Insolvenzmasse erfasst auch den **Neuerwerb** des Gemeinschuldners während des Insolvenzverfahrens.[36] Betroffenheit liegt vor, wenn der Streitgegenstand ganz oder teilweise[37] **zur Insolvenzmasse gehört** bzw. gehören kann oder **aus ihr zu leisten** wäre (zB Insolvenzforderungen gegen den Gemeinschuldner; Aktivprozesse des Gemeinschuldners über Forderungen, welche in die Insolvenzmasse fallen[38]). Auch bei Sicherungsabtretung der Klageforderung ist die Insolvenzmasse im Hinblick auf §§ 55 Nr. 1, 50, 166 InsO betroffen.[39] Ebenso genügt bei Verzicht des Klägers auf Teilnahme am Insolvenzverfahren, wenn der beklagte Gemeinschuldner mit einer zur Insolvenzmasse gehörenden Forderung aufrechnet.[40] § 240 erfasst auch Unterlassungs- oder Feststellungsklagen,[41] wenn das streitgegenständliche Verhalten oder Rechtsverhältnis die Insolvenzmasse berührt (zB Wettbewerbsklagen oder Patentklagen[42] über ein zur Masse gehörendes Recht), sowie vorbereitende Auskunfts- oder Rechnungslegungsklagen. **Unterhaltsrechtsstreite** werden nur unterbrochen, für rückständige Ansprüche gegen den Schuldner, nicht für solche, die nach Verfahrenseröffnung entstanden sind (§ 40 InsO).[43] **Keine Unterbrechung** tritt ein in **nicht vermögensrechtlichen Streitigkeiten** aller Art, für Verfahren, die nur **insolvenzfreies Vermögen** des Gemeinschuldners betreffen,[44] sich gegen ihn **höchstpersönlich** richten (etwa persönliche Unterlassungspflichten[45]) oder für **vermögensmäßig neutrale** Rechtsstreite (zB Gesellschafterbeschluss über Abberufung des Geschäftsführers).[46] Mit Inkrafttreten der InsO entfiel die Vorschrift des § 63 KO.[47] Die dort genannten früher vom Konkursverfahren ausgeschlossenen Forderungen werden nach der InsO nachrangig berücksichtigt (§ 39 InsO), so dass für entsprechende Verfahren nun auch eine Unterbrechung zu bejahen ist. Streitig ist die Behandlung von **Passivprozessen,** wenn der Gläubiger erklärt, gar nicht in das zur Insolvenzmasse gehörende Vermögen vollstrecken zu wollen (sondern zB in freigegebenes oder persönliches Erbenvermögen bei der Nachlassinsolvenz[48]). Gibt der Gläubiger die Erklärung erst nach einer den Streitgegenstand erfassenden Eröffnung des Insolvenzverfahrens und damit auch nach der ipso iure eintretenden Unterbrechung ab, liegt darin eine zulässige Aufnahme des Verfahrens.[49] Nach anderer Ansicht soll § 240 mangels Betroffenheit der Konkurs-

---

30 S. Anfragebeschl. des IX. Senats BGH NJW 1997, 2525; Vorlagebeschl. an den GmS-OGB NJW 1998, 928 (hierzu *Schollmeyer* IPRax 1999, 26) und Mitteilung NJW 1998, 1543; in diesem Sinne bereits *Roth* IPRax 1996, 324, 326; *Bork,* Einführung in das Insolvenzrecht, Rn. 44; OLG Düsseldorf NJW-RR 1998, 283 (abl. für englische „administrative order").

31 Zutreffend bejaht für Verfahren nach US Bankruptcy Code Chapter 11 OLG Frankfurt ZIP 2007, 932, 933 mit Nachw. zum Streitstand.

32 Zu Recht bejahend für Verfahren nach US Bankrupcty Code Chapter 11 OLG Frankfurt ZIP 2007, 932.

33 Wie hier HK-InsO/*Stephan* § 352 Rn. 5; *Wimmer,* Insolvenzordnung, 4. Aufl. 2006, § 352 Rn. 4; aA *Geimer,* Internationales Zivilprozessrecht, Rn. 3529.

34 BFH NJW 1998, 630, 631; BAG NJW 1984, 998 mit Nachw.

35 OLG Hamm NJW 2005, 2788; OLG Celle FamRZ 2003, 1116, 1117.

36 OLG Hamm NJW 2005, 2788; *B/L/H* Rn. 10.

37 BGH NJW 1966, 51.

38 OLG Rostock ZIP 2004, 1523, 1524 (Massebefangenheit abgetretener Forderung, wenn Abtretung ggf. anfechtbar).

39 OLG München MDR 2000, 602.

40 OLG Nürnberg KTS 2001, 126 (LS).

41 BAG NJW 1984, 998.

42 S. für Patentnichtigkeitsklage BGH KTS 1995, 337, 338 m. weit. Nachw.

43 OLG Hamm FamRZ 2005, 279, 280; FamRZ 2004, 2043; OLG Namburg FamRZ 2004, 2975; *Pape* NJW 2004, 2492, 2495 mit weit. Rspr. nachw.

44 Abl. für die Gesellschaftsinsolvenz *Schmidt, K.,* Festschr. Kreft, 503ff., 509 (immer Insolvenzbetroffenheit).

45 KG NJW-RR 1991, 41; ausführl. zu gesetzlichen Unterlassungsansprüchen *Schmidt,K.,* Festschr. Gerhardt 2004, 903ff.; zu vertraglichen Unterlassungsansprüchen BGHZ 155, 371 = NJW 2003, 3060.

46 S. auch OLG München ZIP 1994, 1021, 1022; VGH Kassel KTS 1993, 220 (für Gewerbeuntersagungsverfahren); OVG Schleswig-Holstein KTS 1992, 479; KG ZIP 1990, 1144 (Unterlassungsklage eines Wettbewerbsvereins).

47 Hierzu vgl. noch BGH NJW 1987, 947.

48 OLG Köln FamRZ 2003, 688, 689; OLG München NJW-RR 1996, 228, 229; MK/*Gehrlein* Rn. 16.

49 So BGHZ 72, 234 = NJW 1979, 162; *B/L/H* Rn. 6; *St/J/Roth* Rn. 16 hält aber wegen der durch § 87 InsO ausgeschlossenen Möglichkeit, nach einen Verzicht auf die Teilnahme am Insolvenzverfahren gegen den Schuldner persönlich Klage zu erheben, Aufnahme durch den Gläubiger erst nach Anmeldung seiner Forderung im Feststellungsverfahren zur Eintragung in die Insolvenztabelle für möglich.

bzw. Insolvenzmasse nicht anwendbar sein.[50] Der Verzicht kann jedoch eine einmal eingetretene Unterbrechung nicht rückwirkend beseitigen.[51] Bei einer Beschränkung des Gläubigers von vornherein auf das nicht vom Insolvenzverfahren erfasste Vermögen, wie das persönliche Erbenvermögen in der Nachlassinsolvenz, tritt eine Unterbrechung durch eine zeitlich nachfolgende Eröffnung des Insolvenzverfahrens gar nicht erst ein.[52]

III. Unterbrechung

6 Unterbrochen werden die **rechtshängigen und noch nicht rechtskräftig abgeschlossenen** Aktiv- und Passivprozesse[53] der insolventen Partei. Bei Anspruchsgrundlagenkonkurrenz erfolgt Unterbrechung und Aufnahme einheitlich für das gesamte Streitverhältnis.[54] Verfahren idS sind auch solche des **einstweiligen Rechtsschutzes,**[55] **Mahn- und Kostenfestsetzungsverfahren** (s. auch § 249 Rn. 5),[56] wegen des Sicherungszwecks und der Eilbedürftigkeit nach teilweise vertretener Ansicht nicht aber das **selbständige Beweisverfahren.**[57] Das überzeugt im Vergleich mit Verfahren des einstweiligen Rechtsschutzes und im Hinblick auf § 485 Abs. 2 S. 2 (gütliche Einigung eher mit Insolvenzverwalter) nicht.[58] Besondere Vorschriften gelten für die Zwangsvollstreckung (§§ 88, 89 InsO).[59] Es werden **nicht unterbrochen** Prozesskostenhilfeverfahren[60] und ebenso wenig nach hM Schiedsverfahren[61], Verfahren der freiwilligen Gerichtsbarkeit (Amtsermittlung),[62] oder das Klauselerteilungsverfahren.[63] Für den Fall der in Unkenntnis der bereits erfolgten Eröffnung des Insolvenzverfahrens dem Gemeinschuldner zugestellten Klage, soll nach teilweise vertretener Ansicht[64] § 240 „Vorwirkung" zukommen. Diese soll die Rechtshängigkeit bis zu einer Erklärung des Klägers, gegen wen sich die Klage richte, hindern. Richtigerweise ist der Kläger, der vor Klageerhebung die Eröffnung eines Insolvenzverfahrens oder einer Anordnung nach S. 2 in Erfahrung bringen kann, aber weniger schutzwürdig als in der Situation des § 240.

7 Die Unterbrechung beginnt mit der **Stunde der Eröffnung** (§ 27 Abs. 2 Nr. 3, Abs. 3 InsO). Sie dauert bis zur Aufnahme durch den Insolvenzverwalter (Rn. 9 ff.), der rechtskräftigen Aufhebung des Eröffnungsbeschlusses (§§ 34, 6 Abs. 3 S. 2 InsO),[65] der Bekanntgabe (§ 9 InsO) – nicht Rechtskraft[66] – der **Aufhebung des Insolvenzverfahrens** nach §§ 200, 258 InsO oder der **Einstellung** (§§ 207–216 InsO)[67]. In beiden zuletzt genannten Fällen erlangt der Gemeinschuldner ohne weiteres seine **Prozessführungsbefugnis zurück,** so dass der Rechtsstreit fortgesetzt werden kann. Gleiches gilt für die Anordnung der Eigenverwaltung durch den Gemeinschuldner nach § 271 InsO. Zum Fall der zwischenzeitlichen Aufnahme durch den Insolvenzverwalter s. Rn. 9.

---

[50] S. dazu *St/J/Roth* Rn. 16; ähnlich OLG Frankfurt ZIP 1980, 629 f.; LG Mönchengladbach EWiR 1992, 375.

[51] So aber OLG Brandenburg NJW-RR 1999, 1428, 1429 für Verzicht auf Teilnahme am Verfahren nach GesO **vor** Rechtshängigkeit.

[52] AA *St/J/Roth* Rn. 16 aE.

[53] MK/*Gehrlein* Rn. 6; auch Verfahren nach §§ 50, 54 MarkenG, vgl. BPatG KTS 1997, 680.

[54] BGHZ 143, 246, 250 = NJW 2000, 1259, 1260.

[55] BGH LM Nr. 9; OLG Naumburg OLG-NL 2001, 260.

[56] BGH MDR 2006, 55, 56 u. OLG Brandenburg MDR 2001, 471 (Unterbrechung f. Kosten der Vorinstanz bei Unterbrechung im späteren Rechtszug); OLG Düsseldorf Rpfleger 1997, 84; OLG Koblenz KTS 1988, 368, 369; OLG Stuttgart MDR 1991, 1097; OLG München ZIP 2003, 2318 (für rechtskräftige Kostengrundentscheidung). Der Kostenansatz der Gerichtskasse bleibt unberührt, HansOLG Hamburg MDR 1990, 349, 350; keine Unterbrechung des Notarkostenbeschwerdeverfahrens KG KTS 1988, 483 (LS).

[57] BGH NJW 2004, 1388; zust. *Gundlach/Frenzel/Schmidt* NJW 2004, 3222; OLG Frankfurt NJW-RR 2003, 50, 51; OLG Hamm NJW-RR 1997, 723 f.; *Zö/Herget* vor § 485 Rn. 6; *B/L/H* Übers § 239 Rn. 5; *van Zwoll* WiB 1997, 924; MK-InsO/*Schumacher,* Vor §§ 85–87 Rn. 46 m. Nachw.; *T/P/Hüßtege* Vor § 239 Rn. 1; aA *Stickelbrock* EWiR 2004, 310.

[58] OLG Frankfurt (5. Zivilsenat) ZIP 2003, 2043; OLG München MDR 2004, 170 (obiter); NJW-RR 2002, 1053; KG NJW-RR 1996, 1086 (f. § 251); LG Karlsruhe MDR 2001, 958.

[59] Den Vorrang der §§ 88 ff InsO zu Recht betonend für Pfändungsmaßnahmen BGH WM 2007, 949, 950; Unterbrechung verneinend für das Klauselerteilungsverfahren OLG Saarbrücken NJW-RR 1994, 636, 637; differenzierend für Vollstreckbarerklärungsverfahren ausländischer Urteile nach dem EuGVÜ *Mankowski* ZIP 1994, 1577, 1578 ff. (auch insoweit eine Unterbrechung verneinend OLG Saarbrücken aaO; aA OLG Zweibrücken NJW-RR 2001, 985 f. kontradiktorischen Vefahrensabschnitt).

[60] HM, s. BGH NJW-RR 2006, 1208; OLG Stuttgart Justiz 2004, 513; OLG Düsseldorf MDR 2003, 1018; OLG Köln NJW-RR 1999, 276; *Fischer* MDR 2004, 252; *T/P/Hüßtege* vor § 239 Rn. 1; MK/*Gehrlein* Rn. 3, § 239 Rn. 7; MK-InsO/*Schumacher,* Vor §§ 85–87 Rn. 46; aA OLG Köln NJW-RR 2003, 264; OLG Hamm MDR 2006, 1309.

[61] OLG Hamm IPRax 1985, 218; *Zö/Geimer* § 1042 Rn. 48; anders bei entspr. Parteivereinbarung, MK-InsO/*Schumacher,* Vor §§ 85–87 Rn. 53.

[62] BayObLG KTS 2002, 576; DB 2002, 679; KG NJW-RR 2005, 1385, 1386 (WEG Beschlussanfechtung, offen für Passivprozess wegen Wohngeldzahlung); OLG Köln Rpfleger 2002, 569, 570; OLG Zweibrücken NJW-RR 2004, 34, 35; NJW-RR 2000, 815, 816 (differenzierend); OLG Köln ZIP 2001, 1553 mit zahlr. Nachw.

[63] OLG Frankfurt IPRax 2003, 246, 248 (für dt-österr. Konkursvertrag); OLG Frankfurt IPRax 2002, 35 (für § 32 AVAG aF).

[64] So *K. Schmidt* NJW 1995, 911, 915 (zu BGHZ 127, 156 = NJW 1994, 3232) ähnlich MK/*Gehrlein* Rn. 6; OLG Brandenburg NJW-RR 1999, 1428, 1429 (Mahnverfahren).

[65] BGHZ 36, 258, 262 = NJW 1962, 589; MK/*Gehrlein* Rn. 23; unklar *Zö/Greger* Rn. 10.

[66] BGHZ 64, 1, 3 = NJW 1975, 692; WM 1956, 1473; hM, vgl. *Zö/Greger* Rn. 15.

[67] BGHR § 240 Ende 1; BGH NJW 1990, 1239; KTS 1983, 281, 282; BGHZ 64, 1= NJW 1975, 692; krit. *Wagner* KTS 1997, 567, 575 ff.

Die **Unterbrechung endet** ebenso, wenn der **Insolvenzverwalter** die streitbefangene Sache oder Forderung **freigibt**[68] und der Gemeinschuldner oder sein Prozessgegner das Verfahren aufnimmt.[69] Zu den Folgen der Unterbrechung § 249 Rn. 2–6. Bei Streit über die Unterbrechung kann hierüber durch Beschluss entschieden werden.[70] Weigert sich das Gericht im Hinblick auf eine angebliche Unterbrechung Termin zu bestimmen, so liegt darin eine analog § 252 beschwerdefähige Entscheidung (dort Rn. 2, 4).[71] 8

IV. Aufnahme

1. Grundsatz. Das unterbrochene Verfahren wird nach insolvenzrechtlichen Vorschriften aufgenommen, §§ 85 ff. InsO, regelmäßig durch **Zustellung eines Schriftsatzes** (§ 250). Teilaufnahme ist möglich.[72] Bei Passivprozessen ist der Schriftsatz dem Insolvenzverwalter zuzustellen.[73] Der Insolvenzverwalter kann ein unter Verstoß gegen § 240 zu Stande gekommenes Urteil mit Rechtsmitteln anfechten, ohne das Verfahren gleichzeitig aufzunehmen (str., s. auch § 249 Rn. 5).[74] Kostenerstattungsansprüche des Beklagten fallen unter § 55 InsO.[75] Hatte der Insolvenzverwalter noch während des Insolvenzverfahrens selbst aufgenommen, so wirkt nach dessen Aufhebung oder Einstellung (Rn. 7) eine von ihm erteilte Prozessvollmacht auch für den Gemeinschuldner. Ansonsten gilt **bei Beendigung des Amtes des Insolvenzverwalters** nach dessen Aufnahme § 239 analog (dort Rn. 3). Der Insolvenzverwalter bleibt weiterhin prozessführungsbefugt für Streitigkeiten, die im Rahmen der Nachtragsverteilung (§§ 203, 205 InsO) entstehen, oder für von ihm geführte Anfechtungsprozesse nach §§ 129–147 InsO, für die dem Gemeinschuldner keine Prozessführungsbefugnis zusteht (Klage wird unbegründet, Fortsetzung nur gemäß § 91 a möglich).[76] Ein Zwischenurteil, das die Aufnahme endgültig zurückweist und die Unterbrechung feststellt, ist wie ein Endurteil **anfechtbar.**[77] Dasselbe gilt, wenn im Zwischenurteil die Aufnahme des Verfahrens bejaht, gleichzeitig aber auch über die Zulässigkeit der Klage insgesamt entschieden wird.[78] 9

2. Aktivprozesse. Bei Aktivprozessen, also regelmäßig Klagen oder Widerklagen für den Gemeinschuldner,[79] erfolgt die Aufnahme nach §§ 85 ff. InsO, 250 ZPO. Dies gilt nach hM auch, wenn der Gemeinschuldner eine Personenhandelsgesellschaft oder juristische Person ist[80] (nach aA dann § 241[81]). Wegen der **Unabhängigkeit von der Parteirolle** kann aus einem Passivprozess nach vollstreckungsabwendender Zahlung durch den beklagten Gemeinschuldner ein Aktivprozess iSv. § 85 InsO werden, in dem es um das Behaltensrecht bzw. die Rückforderung an die Insolvenzmasse geht.[82] **Lehnt** der Insolvenzverwalter die **Aufnahme ausdrücklich ab,** so können wegen der darin liegenden Freigabe Gemeinschuldner oder Gegner den Rechtsstreit aufnehmen (§ 85 Abs. 2 InsO).[83] Umstr. ist die Freigabebefugnis des Insolvenzverwalters jedoch bei der Gesellschafterinsolvenz.[84] Ein etwaiger Kostenerstattungsanspruch richtet sich nur gegen das massefreie Vermögen.[85] 10

3. Passivprozesse. Passivprozesse **zur Schuldenmasse,** in denen gegen den Gemeinschuldner eine Forderung geltend gemacht wurde, die nunmehr **Insolvenzforderung** (§ 38 InsO) ist, können wegen der insoweit zwingenden Teilnahme am Insolvenzverfahren (§ 87 InsO) **vom Gläubiger** nur nach **Anmeldung der Forderung** zur Tabelle und **Bestreiten** (§§ 184, 180, 174, 189 InsO) aufgenommen werden.[86] Das gilt auch für Feststellungsansprüche, die nach § 45 InsO mit dem geschätzten Wert zur Anmeldung zu bringen sind.[87] Bei **Nichtbestreiten** tritt **Erledigung** im unterbrochenen Verfahren ein, der Gläubiger erhält mit der Feststel- 11

---

[68] BGHZ 163, 32; keine konkludente Freigabe bei Abtretung streitbefangener Forderung durch Konkursverwalter, BGH NJW 1990, 1239 mit Anm. *Münch* EWiR 1990, 513.

[69] BGH NJW 1990, 1239; BGHZ 36, 258, 261 = NJW 1962, 589; OLG Stuttgart NJW 1973, 1756; *Ro/S/Go* § 124 Rn. 31; *St/J/Roth* Rn. 24; unklar *Zö/Greger* Rn. 3 einerseits, Rn. 11 andererseits. Bei Freigabe der eingeklagten Forderung vor Klageerhebung (*B/L/H* Rn. 6) liegt schon kein Anwendungsfall des § 240 vor.

[70] BGH KTS 1995, 337, 338; zur Zulässigkeit von Beschwerdeentscheidungen über Kosten BAG NJW 2006, 461.

[71] OLG München NJW-RR 1996, 228, 229.

[72] BGH NJW-RR 1994, 1213.

[73] BGH ZIP 1999, 75, 76 (zum Gesamtvollstreckungsverfahren).

[74] BGH NJW 1997, 1445 mit Nachw.; BAGE 1, 22, 23; BFH BFH/NV 1985, 88, 89; MK/*Gehrlein* Rn. 26; *Jaeger/Henckel* § 10 KO Rn. 64; *Kuhn/Uhlenbruck* § 10 KO Rn. 4a; *Kilger/Schmidt* § 6 Anm. 3a; aA *Baur/Stürner* InsR Rn. 9.80.

[75] *K. Schmidt* KTS 1994, 309, 312; KG KTS 2002, 358, 360 (zur KO); LG Köln ZIP 2003, 1310.

[76] BGH MDR 1982, 748, 749.

[77] BGH WM 2006, 202, 203; NJW 2004, 2983; ZIP 2004, 2345.

[78] BGH 2006, 202, 203; NJW 2004, 2983; ZIP 2004, 2345.

[79] Entscheidend ist nicht die Parteirolle, sondern die Zugehörigkeit des Streitgegenstands zur Aktivmasse des Insolvenzsverfahrens, BGH NJW 1995, 1750; *St/J/Roth* Rn. 20.

[80] RGZ 127, 197, 200; LG Osnabrück NdsRpfl. 1993, 364 m. Anm. *Pape* EWiR 1994, 166.

[81] Mit überzeugenden Gründen *K. Schmidt* KTS 1994, 309, 315 ff.

[82] BGH NJW 1995, 1750 m. weit. Nachw.

[83] BGH NJW 1973, 2065; 1966, 51 (Formfreiheit der Ablehnungserklärung); s. BGH WM 2003, 2429; RGZ 79, 27, 29; OLG Stuttgart NJW 1973, 1756.

[84] Bejahend BGH NJW 2005, 2015, 2016 (gegen OLG Karlsruhe ZIP 2003, 1510 mit zahlr. Nachw.); abl. wegen des Grds. ungeteilter Insolvenzabwicklung, *K. Schmidt*, Festschr. Kreft, 503, 512 m. weit. Nachw.; str. auch für Eigenverwaltung MK-InsO/*Schumacher*, § 85 Rn. 25.

[85] *K. Schmidt* KTS 1994, 309, 312.

[86] BGH KTS 2005, 99; ZIP 2004, 2345; NJW-RR 2000, 1156 (noch zur KO); BGH WM 1985, 750; RGZ 86, 394, 396; BayObLGZ 1973, 282, 285.

[87] BGH NJW 1995, 1750, 1751.

lung einen **vollstreckbaren Titel** (§ 178 Abs. 3 InsO).[88] Der Rechtsstreit wird **nach Aufnahme** kraft Gesetzes als Feststellungsstreitigkeit fortgeführt;[89] der Kläger muss seinen Klageantrag entsprechend ändern.[90] Im Fall des § 179 InsO (vorliegender, noch nicht rechtskräftiger Vollstreckungstitel gegen den Gemeinschuldner) kann nur der nach § 178 InsO widersprechende Insolvenzverwalter das Verfahren aufnehmen.[91] Bei **Passivprozessen zur Teilungsmasse,** dh. wenn sich der Rechtsstreit nach Eröffnung des Insolvenzverfahrens als solcher um **Aussonderung** (§§ 47, 48 InsO), **abgesonderte Befriedigung** (§§ 49, 50 InsO) oder als **Masseschuldstreitigkeit** (§ 55 InsO) darstellt, kann das Verfahren nach § 86 InsO vom **Insolvenzverwalter oder Prozessgegner** aufgenommen werden. Eine besondere Kostenregelung trifft § 86 Abs. 2 InsO für das sofortige Anerkenntnis des Insolvenzverwalters.[92] Eine „Freigabe" der Aufnahme des Verfahrens durch den Gemeinschuldner kommt in den Fällen des § 86 InsO durch den Insolvenzverwalter nur in Betracht, wenn er gleichzeitig den streitgefangenen Gegenstand aus der Masse freigibt.[93] Die Ablehnung, das Verfahren aufzunehmen, kann **konkludent** erklärt werden (zB durch Freigabe).[94]

241 *Unterbrechung durch Prozessunfähigkeit* **(1) Verliert eine Partei die Prozessfähigkeit oder stirbt der gesetzliche Vertreter einer Partei oder hört seine Vertretungsbefugnis auf, ohne dass die Partei prozessfähig geworden ist, so wird das Verfahren unterbrochen, bis der gesetzliche Vertreter oder der neue gesetzliche Vertreter von seiner Bestellung dem Gericht Anzeige macht oder der Gegner seine Absicht, das Verfahren fortzusetzen, dem Gericht angezeigt und das Gericht diese Anzeige von Amts wegen zugestellt hat.**

(2) Die Anzeige des gesetzlichen Vertreters ist dem Gegner der durch ihn vertretenen Partei, die Anzeige des Gegners ist dem Vertreter zuzustellen.

(3) Diese Vorschriften sind entsprechend anzuwenden, wenn eine Nachlassverwaltung angeordnet wird.

I. Normzweck

1 Die Vorschrift regelt nur den Fall der während des Verfahrens eingetretenen und **fortbestehenden Prozessunfähigkeit der Partei.** Nichtigkeitsklagen nach § 579 Abs. 1 Nr. 4 sollen damit vermieden werden.[1] Wird die Partei während des Rechtsstreits selbst prozessfähig, so führt sie ab diesem Zeitpunkt an Stelle ihres gesetzlichen Vertreters das Verfahren fort.[2] § 246 geht bei Vertretung durch einen Prozessbevollmächtigten vor.[3] Für den Fall **anfänglich fehlender Prozessfähigkeit** vgl. § 52 Rn. 6, § 57 Rn. 2.[4]

II. Voraussetzungen

2 Zum **Begriff der Prozessfähigkeit** und ihrem Verlust vgl. § 52 Rn. 2, § 53. Die Norm gilt nach hM entsprechend, wenn eine **Partei kraft Amtes** verstirbt[5] (auch im fG-Verfahren) oder ein Personenwechsel eintritt (§ 239 Rn. 3),[6] nach teilweise vertretener Ansicht auch bei **Beendigung des Amtes** und Übernahme durch den Rechtsträger selbst (§ 239 Rn. 3). Tod oder Verlust der Prozessfähigkeit des einfachen Streithelfers unterbrechen nicht. Im Sonderfall der **Gesamtvertretung** tritt Unterbrechung nur ein, wenn alle ihre Vertretungsbefugnis verlieren oder die verbleibenden alleine nicht vertretungsbefugt sind (so aber zB § 1681 BGB).[7] Bei OHG, KG und Gesellschaften bürgerlichen Rechts erfolgt Unterbrechung, wenn (vorübergehend) gar keine organschaftliche Vertretung gegeben ist.[8] Wird der sich selbst vertretende Rechtsanwalt prozessunfähig, so folgt die Unterbrechung § 241,[9] daneben kann ggf. § 244 zum Zuge kommen.[10]

3 Abs. 3 erklärt die Vorschriften für die **Nachlassverwaltung** (§§ 1981 ff. BGB) für entsprechend anwendbar. Mit ihr **verliert** der Erbe seine Verfügungs- und für Rechtsstreitigkeiten, die den Nachlass betreffen, die **Prozessführungsbefugnis** (§ 1984 BGB). Hatte bereits der Tod des Erblassers einen Rechtsstreit nach § 239

---

88 BGH NJW 1961, 1066, 1067.

89 BGH ZIP 2004, 2345; BGHZ 105, 34, 38 = NJW 1989, 170; BGH LM KO § 146 Nr. 4; *K. Schmidt* NJW 1995, 911, 914; *Zö/Greger* Rn. 13.

90 BGHZ 105, 34, 38 = NJW 1989, 170; BGH ZIP 1980, 23 (Aufnahme gegen Konkursverwalter und Gemeinschuldner als einfache Streitgenossen möglich); NJW 1962, 153, 154.

91 BGH MDR 2004, 231 (keine Aufnahmebefugnis des Schuldners).

92 Vgl. OLG Koblenz Rpfleger 1991, 335; MK/*Gehrlein,* Rn. 32.

93 BGH WM 2003, 2429; MDR 2004, 231.

94 BGH WM 2003, 1948, 1949.

1 *St/J/Roth* Rn. 1; MK/*Feiber* Rn. 1.

2 RGZ 33, 412, 414, OLG Zweibrücken FamRZ 2001, 115 (LS); *Zö/Greger* Rn. 5.

3 BGH NJW-RR 1994, 542 (für Löschung einer GmbH nach § 2 Abs. 1 LöschG); FamRZ 1991, 548; MDR 1964, 126; BFH NJW 1986, 2594; OLG Hamburg FamRZ 1983, 1262; hM, vgl. MK/*Gehrlein* Rn. 3; ausführlich *Bork* JZ 1991, 841, 846.

4 Vgl. OLG München OLGZ 1990, 345.

5 OLG Zweibrücken NJW-RR 2000, 815 m. Nachw.

6 Keine analoge Anwendung, wenn Bestellung/Abberufung des gesetzlichen Vertreters str., OLG Köln NJW-RR 2003, 758.

7 RG JW 1898, 280; *Zö/Greger* Rn. 3.

8 Einzelheiten bei *Lindacher* JuS 1982, 592, 596.

9 OLG München NJW 1989, 255 f.

10 *B/L/H* Rn. 1; *Zö/Greger* Rn. 1.

unterbrochen, so kann bei angeordneter Nachlassverwaltung der Verwalter durch Anzeige nach Abs. 1, 2 aufnehmen. Der **Tod des Nachlassverwalters** unterbricht den von ihm geführten Rechtsstreit.[11] Haftet der Erbe trotz Nachlassverwaltung mit seinem persönlichen Vermögen (§§ 1994 Abs. 1, 2006 Abs. 3, 2013 BGB), so tritt eine Unterbrechung des Rechtsstreits um eine Nachlassverbindlichkeit nur insoweit ein, als es um einen Titel gegen den Nachlass geht.[12] Bei **Beendigung** der Nachlassverwaltung gilt § 239 Rn. 3. Zur **Testamentsvollstreckung** vgl. § 243 Rn. 1.

III. Unterbrechung

Das Verfahren ist ohne Rücksicht auf die Kenntnis der Prozessbeteiligten mit Tod bzw. Verlust der Prozessfähigkeit bzw. Prozessführungs- (Rn. 3) oder Vertretungsbefugnis ipso iure unterbrochen. Keine Unterbrechung erfolgt nach hM, wenn für die Partei ein **Pfleger oder Betreuer** in den Prozess eintritt (§§ 1911, 1913, 1960; 1896ff. BGB). Zwar wird die Partei gemäß § 53 prozessunfähig, mit dem Eintritt besteht jedoch für eine Unterbrechung kein prozessuales Bedürfnis mehr.[13] Die Unterbrechung endet ansonsten nach Abs. 1 mit **Eingang** der Anzeige des (neuen) gesetzlichen Vertreters **bei Gericht** bzw. mit **Zustellung** der gegnerischen Anzeige an den wirklichen[14] gesetzlichen Vertreter (§ 250). Die gesetzliche Vertretungsbefugnis ist im weiteren Verfahren – nicht vor Zustellung – nach § 56 von Amts wegen zu prüfen.[15] 4

242 *Unterbrechung durch Nacherbfolge* **Tritt während des Rechtsstreits zwischen einem Vorerben und einem Dritten über einen der Nacherbfolge unterliegenden Gegenstand der Fall der Nacherbfolge ein, so gelten, sofern der Vorerbe befugt war, ohne Zustimmung des Nacherben über den Gegenstand zu verfügen, hinsichtlich der Unterbrechung und der Aufnahme des Verfahrens die Vorschriften des § 239 entsprechend.**

Auch § 242 wird bei bestehender Prozessvertretung **durch § 246 verdrängt** (hM). Die Norm erklärt § 239 für entsprechend anwendbar, da dieser mangels Todesfalles (§§ 2103, 2106 Abs. 2 BGB) bzw. mangels Rechtsnachfolge (Nacherbe ist Rechtsnachfolger des Erblassers, nicht des Vorerben, § 2100 BGB) direkt keine Anwendung findet.[1] Betroffen werden **nur Aktivprozesse des Vorerben** über die seiner Verfügung unterliegenden Nachlassgegenstände (§§ 2112ff., 2136 BGB), bei denen das Urteil für und gegen den Nacherben wirken würde (§ 326 Abs. 2), für die er aber mit Eintritt der Nacherbfolge die Aktivlegitimation verliert. Gleichbehandelt wird der Fall der Verfügung mit Zustimmung des Nacherben (§ 2120 BGB). Einzelheiten zu Dauer der Unterbrechung und Aufnahme in § 239 Rn. 7ff. 1

243 *Aufnahme bei Nachlasspflegschaft und Testamentsvollstreckung* **Wird im Falle der Unterbrechung des Verfahrens durch den Tod einer Partei ein Nachlasspfleger bestellt oder ist ein zur Führung des Rechtsstreits berechtigter Testamentsvollstrecker vorhanden, so sind die Vorschriften des § 241 und, wenn über den Nachlass das Insolvenzverfahren eröffnet wird, die Vorschriften des § 240 bei der Aufnahme des Verfahrens anzuwenden.**

Die Vorschrift regelt für Sonderfälle im Rahmen der §§ 239, 242[1] – also nicht, soweit § 246 eingreift[2] – die **Beendigung der Unterbrechung.** Aktivprozesse können bei Testamentsvollstreckung nach § 2212 BGB nur vom Testamentsvollstrecker aufgenommen werden, **Passivprozesse** (§ 2113 BGB) hingegen nach überwiegender Ansicht vom Erben und/oder Testamentsvollstrecker.[3] Der **Gegner** kann den Testamentsvollstrecker – auch nach Aufnahme durch die Erben – gegen dessen Willen durch eine entsprechende Anzeige und deren Zustellung in das Verfahren einbeziehen.[4] Die Unterbrechung endet durch Anzeige des Nachlasspflegers, Testamentsvollstreckers, Erben oder Prozessgegners nach § 241 (dort Rn. 3). § 239 Abs. 5 findet keine Anwendung bei Testamentsvollstreckung, so dass eine Aufnahme durch den Gegner gegenüber dem Testamentsvollstrecker bereits vor Annahme der Erbschaft erfolgen kann.[5] Besonderheiten gelten im Fall des nach § 239 unterbrochenen Verfahrens bei Eröffnung des Insolvenzverfahrens über den Nachlass gem. §§ 315ff. InsO (sog. Doppelunterbrechung[6]): für die Aufnahme des Rechtsstreits treten bis zur Aufhebung des Insolvenzverfahrens §§ 240 ZPO, 85, 184, 180, 178, 179 InsO an die Stelle der §§ 239, 241, 246. 1

---

[11] *Zö/Greger* Rn. 7.
[12] *St/J/Roth* Rn. 10; *B/L/H* Rn. 5.
[13] *St/J/Roth* Rn. 2; *B/L/H* Rn. 3.
[14] BGH WM 1982, 1170.
[15] *Garlichs,* Passivprozesse des Testamentsvollstreckers, Diss. Konstanz 1996, Rn. 98; *St/J/Roth* Rn. 12; Prüfung nach erfolgter Zustellung meinen wohl auch *B/L/H* Rn. 7; MK/*Gehrlein* Rn. 15 jeweils unter Berufung auf BGH VersR 1983, 666, 667.
[1] *St/J/Roth* Rn. 1; MK/*Gehrlein* Rn. 1; aA für den Tod des Vorerben *Zö/Greger* Rn. 1.
[1] So die hM für § 242, vgl. *St/J/Roth* Rn. 1 m. weit. Nachw.; *Zö/Greger* Rn. 1.
[2] HM, s. statt vieler MK/*Gehrlein* Rn. 3.
[3] BGHZ 104, 1, 4f. = NJW 1988, 1390; *St/J/Roth* Rn. 2; MK/*Gehrlein* Rn. 5; *Zö/Greger* Rn. 4; *B/L/H* Rn. 2; *T/P/Hüßtege* Rn. 2.
[4] BGHZ 104, 1, 4f. = NJW 1988, 1390.
[5] *Garlichs,* Passivprozesse des Testamentsvollstreckers, Diss. Konstanz 1996, Rn. 94, 96.
[6] MK/*Gehrlein* Rn. 6.

244 *Unterbrechung durch Anwaltsverlust*

(1) Stirbt in Anwaltsprozessen der Anwalt einer Partei oder wird er unfähig, die Vertretung der Partei fortzuführen, so tritt eine Unterbrechung des Verfahrens ein, bis der bestellte neue Anwalt seine Bestellung dem Gericht angezeigt und das Gericht die Anzeige dem Gegner von Amts wegen zugestellt hat.

(2) [1]Wird diese Anzeige verzögert, so ist auf Antrag des Gegners die Partei selbst zur Verhandlung der Hauptsache zu laden oder zur Bestellung eines neuen Anwalts binnen einer von dem Vorsitzenden zu bestimmenden Frist aufzufordern. [2]Wird dieser Aufforderung nicht Folge geleistet, so ist das Verfahren als aufgenommen anzusehen. [3]Bis zur nachträglichen Anzeige der Bestellung eines neuen Anwalts erfolgen alle Zustellungen an die zur Anzeige verpflichtete Partei.

I. Normzweck

1 Die Unterbrechung nach § 244 trägt dem Grundsatz Rechnung, dass die Partei im **Anwaltsprozess** (vgl. § 78 Rn. 4ff.) nicht postulationsfähig ist. Es kann daher weder der handlungsunfähig gewordene Anwalt wirksame Prozesshandlungen vornehmen,[1] noch die Partei selbst wirksam handeln. Im **Parteiprozess** findet die Vorschrift auch bei Anwaltsvertretung keine Anwendung;[2] dort tritt **keine Unterbrechung** ein. Unterliegt nur das zweitinstanzliche Verfahren dem Anwaltszwang, greift die Vorschrift nur, wenn bei Anwaltsverlust bereits Berufung eingelegt worden war.[3] § 244 gilt auch für den sich selbst vertretenden Rechtsanwalt (§ 78 Abs. 4).[4] Abs. 2 S. 3 wurde durch das ZustRG vereinfacht (freie Wahl unter den zulässigen Zustellungsarten).

II. Voraussetzungen

2 **Partei** iSd. Vorschrift ist jede Prozesspartei, die dem Anwaltszwang unterliegt, auch die Partei kraft Amtes. **Anwalt** nach Abs. 1 ist der Rechtsanwalt, der für den betreffenden Rechtszug bestellt wurde, nicht der Untervertreter oder Verkehrsanwalt[5]. Der Rechtszug endet erst mit Einlegung eines Rechtsmittels, nicht mit Zustellung des instanzabschließenden Urteils,[6] so dass bei **Anwaltsverlust nach Zustellung der Entscheidung** und damit Beginn der Rechtsmittelfrist, aber vor Einlegung des Rechtsmittels Unterbrechung eintritt.[7] Zustellung eines Versäumnisurteils beendet die Instanz nicht.

3 **Anwaltsverlust** und damit Unterbrechung kann durch folgende Ereignisse eintreten: **Tod** des Anwalts[8] (bei Vertretung nach § 53 Abs. 4 BRAO Unterbrechung erst mit Löschung in der Anwaltsliste gemäß § 54 BRAO[9] bzw. Ende der Vertreterbestellung[10]), **Verlust der Prozessfähigkeit,**[11] Verlust der Vertretungsfähigkeit durch rechtskräftigen **Ausschluss** aus der Rechtsanwaltschaft (§ 13 BRAO)[12] bzw. **Zurücknahme der Zulassung als Anwalt** (§§ 14–16 BRAO)[13] oder der **Zulassung bei dem Gericht,** bei dem der Rechtsstreit rechtshängig ist (§§ 33–36 BRAO) oder infolge eines wirksam gewordenen **Berufs- bzw. Vertretungsverbotes** (§§ 114 Abs. 1 Nr. 4, 114a, 150–161a BRAO)[14]. Der bloße Vorwurf des Parteiverrats gibt noch kein Recht, die Unterbrechung anzuordnen.[15] Entfällt der Verlust der Zulassung ex tunc (zB bei Wiedereinsetzung in die versäumte Berufungsfrist gegen Ausschlussurteil), so gilt die Unterbrechung nach Ansicht des Bundesgerichtshofs als nicht erfolgt.[16] Dies ist abzulehnen, da der Wegfall der Unterbrechungswirkung nicht von außerprozessualen Ereignissen abhängen darf.[17] Nicht zur Unterbrechung führt es, wenn die Partei dem Anwalt die **Prozessvollmacht entzieht**[18] oder er das Mandat niederlegt,[19] ebenso wenig wenn ihm seine Berufstätigkeit nach §§ 45–47 BRAO untersagt oder er nur rein **tatsächlich verhindert** ist.[20] S. zur Terminsänderung bei Anwaltswechsel § 227 Rn. 7.

---

[1] BGHZ 98, 325, 327 = NJW 1987, 327; BGHZ 90, 249, 253 = NJW 1984, 1559.
[2] BGH FamRZ 1992, 48, 49; *Ro/S/Go* § 126 IV 1.
[3] BGH FamRZ 1992, 48, 49.
[4] BGH NJW 2002, 2107; BGHZ 111, 104, 107 = NJW 1990, 1854; OLG Karlsruhe NJW-RR 1995, 626.
[5] *St/J/Roth* Rn. 2.
[6] BGH JZ 1995, 967, 968 mit Nachw.
[7] Wie hier *Ro/S/Go* § 124 Rn. 41; *St/J/Roth* Rn. 3; *Zö/Greger* Rn. 2; aA OLG Karlsruhe OLGZ 1982, 471, 472f.; OLG Zweibrücken OLGZ 1972, 304, 305f.
[8] Nicht, wenn Prozessvollmacht auf alle Mitglieder einer Sozietät lautet, BAG NJW 1972, 1388, 1389.
[9] BGH NJW 1982, 2324f.; BGHZ 61, 84, 87 = NJW 1973, 1501; hM, vgl. *St/J/Roth* Rn. 11.
[10] OLG Köln FamRZ 1993, 1469 (LS).
[11] BGHZ 30, 112, 119 = NJW 1959, 1587; BAG NJW 1966, 74, 75f.
[12] BGHZ 98, 325, 327 = NJW 1987, 327.
[13] OLG Karlsruhe NJW-RR 1995, 626.
[14] BGHZ 111, 104, 106 = NJW 1990, 1854.
[15] KG MDR 1999, 1402.
[16] BGHZ 98, 325, 329 = NJW 1987, 327 mit zust. Anm. *Schumann* EWiR 1987, 95.
[17] Richtig *Zö/Greger* Rn. 6; *St/J/Roth* Rn. 7; *Messer* WuB VII A. § 244 ZPO 1. 87.
[18] AllgM, vgl. *T/P/Hüßtege* Rn. 5.
[19] BFH KTS 1986, 79; *St/J/Roth* Rn. 12, dort auch Rn. 13 zum Zusammentreffen von Unterbrechungsgründen, die nach § 246 unbeachtlich sind.
[20] *Zö/Greger* Rn. 4.

III. Unterbrechung

1. Grundsatz. Die Unterbrechung **beginnt** mit dem Anwaltsverlust nach Rn. 2 und **endet** im Regelfall mit **Zustellung der Vertretungsanzeige** des neu bestellten (oder wieder vertretungsfähig gewordenen) Rechtsanwaltes nach Abs. 1. Die Anzeige kann mit einem vorbereitenden Schriftsatz verbunden sein[21] oder zusammen mit der Rechtsmitteleinlegung beim Rechtsmittelgericht erfolgen, wenn das Urteil bei Eintritt der Unterbrechung bereits verkündet, die Instanz aber noch nicht beendet war[22]. Unterbleibt die Zustellung der Anzeige, so stellt dies einen Verfahrensmangel dar, der durch **Rügeverzicht geheilt** werden kann.[23] 4

2. Fiktion nach Abs. 2. Die Aufnahme kann im Fall verzögerter Anzeige nach Abs. 2 fingiert werden, so dass die Unterbrechung ebenfalls endet (Abs. 2 S. 2). Eine **Verzögerung** der Anzeige liegt vor, wenn der Prozessbevollmächtigte ohne sachlichen Grund die Anzeige nach Abs. 1 unterlässt oder die Partei einen neuen Vertreter gar nicht bestellt. Das Gesetz gewährt dabei grundsätzlich keine Überlegungsfrist.[24] Weitere Voraussetzung der Fiktion ist ein **Antrag des Gegners** nach Abs. 2 S. 1, entweder die Partei persönlich zu laden oder ihr eine Frist zur Bestellung eines neuen Anwalts zu setzen. In **ersterem Fall** enthält die Ladung die Aufforderung nach § 215; die Unterbrechung endet **mit der Zustellung,** welche an die **Partei selbst** erfolgen muss. Bleibt die Partei im Termin ohne anwaltliche Vertretung (persönliches Erscheinen genügt nicht), so kann **Versäumnisurteil** gemäß §§ 330, 331 oder eine Entscheidung nach § 331a ergehen. Wählt der Gegner die **zweite Möglichkeit** (regelmäßig, wenn ohnehin keine Verhandlung mehr erforderlich ist[25]), so endet die Unterbrechung erst mit Zustellung der Anzeige des neu bestellten Anwaltes oder mit Ablauf der richterlichen Frist (Abs. 2 S. 2), nicht jedoch mit Zustellung des die Aufforderung enthaltenden Schriftsatzes.[26] Auch diese Zustellung muss an die **Partei persönlich** erfolgen. Abs. 2 S. 3 aF sah vor, dass in dieser Alternative die folgenden Zustellungen durch Aufgabe zur Post erfolgen konnten, wenn die Partei nicht am Ort oder im Amtsgerichtsbezirk des Prozessgerichts wohnte. Da mit dem ZustRG die Verpflichtung zur Bestellung eines Zustellungsbevollmächtigten (§ 174 Abs. 1 aF) entfällt, spielt es keine Rolle mehr, wo im Inland die Partei ihren Wohnsitz hat.[27] Bis zur Anzeige (Abs. 2 S. 3) erfolgen die Zustellungen an die Partei persönlich nach allgemeinen Regeln (§§ 166ff. nF). 5

245 *Unterbrechung durch Stillstand der Rechtspflege* **Hört infolge eines Krieges oder eines anderen Ereignisses die Tätigkeit des Gerichts auf, so wird für die Dauer dieses Zustandes das Verfahren unterbrochen.**

Die Vorschrift korrespondierte mit § 203 BGB aF (jetzt § 206 BGB, der nur noch auf höhere Gewalt abstellt); ist nur eine Prozesspartei durch Krieg u. ä. an der Teilnahme verhindert, gilt § 247 mit Aussetzungsmöglichkeit. Andere Ereignisse iSd. Norm sind **Naturkatastrophen, Epidemien, Revolutionen, terroristische Großanschläge** oder dergleichen, wenn sie die Organisation des Gerichts auf einen nicht absehbaren Zeitraum lahm legen.[1] Nicht hierunter fiel die organisatorische Umbruchsituation in den neuen Bundesländern nach der Wiedervereinigung. Beim Tod aller Richter eines Gerichts gilt § 36 Nr. 1. Unterbrechung tritt nur für Verfahren ein, die vor dem vom jeweiligen Ereignis betroffenen Gericht rechtshängig sind, so dass ein Rechtsmittelverfahren ggf. durchgeführt werden kann, wenn beim Rechtsmittelgericht kein Stillstand der Rechtspflege gegeben ist. Die Unterbrechung endet **ohne weitere Maßnahmen** oder Bekanntmachung, sobald das Gericht seine Tätigkeit an sich – nicht im einzelnen Verfahren – tatsächlich wieder aufnimmt. 1

246 *Aussetzung bei Vertretung durch Prozessbevollmächtigten* **(1) Fand in den Fällen des Todes, des Verlustes der Prozessfähigkeit, des Wegfalls des gesetzlichen Vertreters, der Anordnung einer Nachlassverwaltung oder des Eintritts der Nacherbfolge (§§ 239, 241, 242) eine Vertretung durch einen Prozessbevollmächtigten statt, so tritt eine Unterbrechung des Verfahrens nicht ein; das Prozessgericht hat jedoch auf Antrag des Bevollmächtigten, in den Fällen des Todes und der Nacherbfolge auch auf Antrag des Gegners die Aussetzung des Verfahrens anzuordnen.**

(2) Die Dauer der Aussetzung und die Aufnahme des Verfahrens richten sich nach den Vorschriften der §§ 239, 241 bis 243; in den Fällen des Todes und der Nacherbfolge ist die Ladung mit dem Schriftsatz, in dem sie beantragt ist, auch dem Bevollmächtigten zuzustellen.

I. Normzweck

Einer Unterbrechung bedarf es in den in Abs. 1 aufgezählten Fällen nicht, da die für das Verfahren notwendige Kontinuität durch die **weiter bestehende Prozessvollmacht** (§ 86) für die betroffene Partei gewähr- 1

---

[21] BGHZ 30, 112, 119 = NJW 1959, 1587.

[22] BGHZ 111, 104, 109 = NJW 1990, 1854; BGHZ 36, 258, 259f. = NJW 1962, 589; BGHZ 30, 112, 119f.; *St/J/Roth* Rn. 14.

[23] BGHZ 23, 172, 174f. = NJW 1957, 713; hM.

[24] *T/P/Hüßtege* Rn. 18.

[25] Vgl. *St/J/Roth* Rn. 17.

[26] BGH ZZP 73 (1960), 237, 239f.; MDR 1960, 396, 397.

[27] S. BT-Drucks 14/4554 Begr. zu § 244 Abs. 2 nF.

[1] Zum Rechtsstillstand infolge des Zweiten Weltkrieges vgl. RGZ 167, 215; *Baur* NJW 1987, 2636.

leistet ist. § 246 gibt aber durch die **Aussetzungsmöglichkeit** dem Prozessvertreter Gelegenheit, sich auf den Parteiwechsel (§ 239 Rn. 2) einzustellen bzw. Rücksprache mit Erben, gesetzlichem Vertreter, Nacherben oder Nachlassverwalter zu nehmen und Instruktionen einzuholen. Insoweit schützt die Norm auch den Prozessbevollmächtigten selbst.[1] Im Insolvenzfall (§ 240) ist § 246 nicht anwendbar; ansonsten in allen Verfahren, für die §§ 239, 241, 242 gelten (vgl. auch § 239 Rn. 1). § 246 ist entsprechend anwendbar bei der Verschmelzung einer GmbH auf eine AG (vgl. § 239 Rn. 5)[2] und den Fall, dass bei einer beklagten GmbH & Co. KG nach Insolvenz der Komplementär-GmbH Gesamtrechtsnachfolge des einzigen Kommanditisten eintritt.[3]

II. Voraussetzungen für die Aussetzung

2 **1. Aussetzungsgrund.** Aussetzungsgrund ist die fehlende Unterbrechung infolge fortbestehender Vertretung trotz Vorliegen eines Ereignisses nach §§ 239, 241, 242. Ist eine vermögenslose Gesellschaft gelöscht aber zB im finanzgerichtlichen Verfahren noch eingeschränkt beteiligtenfähig, so kann im Hinblick auf § 246 nach teilweise vertretener Ansicht noch ein Sachurteil ergehen[4], richtigerweise aber nur noch ein Prozessurteil.[5] Im Zeitpunkt dieses an sich für eine Unterbrechung maßgeblichen Ereignisses muss daher die **Vollmacht** noch **bestehen** (§ 86 Rn. 10) und der **Vertreter postulationsfähig** sein.[6] § 246 greift auch im Parteiprozess, wenn ein Prozessbevollmächtigter (nicht notwendigerweise ein Rechtsanwalt, s. § 157) bestellt wurde.[7] Im Fall der Eigenvertretung eines Anwaltes geht § 244 vor. Allein die Beiordnung eines Anwaltes im PKH-Verfahren ohne Prozessvollmacht genügt nicht.[8] Endet die Vertretungsbefugnis des Rechtsanwaltes mit der **ersten Instanz** (vgl. hierzu § 86 Rn. 3) oder ist er nur beim erstinstanzlichen Gericht zugelassen, so findet § 246 nur Anwendung bis zur Einlegung des statthaften Rechtsmittels[9] bzw. bei Eintritt des Ereignisses nach Einlegung, wenn für die nächste Instanz schon ein Vertreter bestellt wurde[10]. Unterbrechung erfolgt, wenn der Rechtsanwalt zB nach Tod der Partei sein Mandat niederlegt (s. auch § 86 Rn. 11, § 87 Rn. 8 ff.) oder es in sonstiger Weise endet.[11]

3 **2. Antrag.** Das Verfahren kann nur ausgesetzt werden, wenn entweder der Prozessbevollmächtigte einen Antrag nach Abs. 1 iVm. § 248 Abs. 1 stellt (**eigenes Antragsrecht**[12]) oder im Fall von Tod bzw. Nacherbfolge ein gegnerischer Antrag vorliegt. Allein in der Mitteilung des Rechtsanwalts, dass sein Mandant verstorben sei, ist noch kein entsprechender Antrag zu sehen.[13] Der Antrag kann gestellt werden, sobald das an sich zur Unterbrechung führende Ereignis eingetreten ist, bis zum Eintritt der Rechtskraft.[14] In der vorbehaltlosen Einlassung bzw. weiteren Verhandlung zur Sache trotz Kenntnis des Ereignisses nach §§ 239, 241, 242 kann jedoch ein **Verzicht** auf die Aussetzung liegen.[15]

III. Aussetzung des Verfahrens

4 Die Entscheidung über die Aussetzung steht **nicht im Ermessen** des Gerichts, sondern muss bei entsprechendem Antrag und Aussetzungsgrund erfolgen (zum Verfahren s. § 248 Rn. 2), sofern kein **Rechtsmissbrauch** vorliegt.[16] Sie ergeht durch **Beschluss,** der mit Verkündung oder Mitteilung nach § 329 Abs. 2 wirksam wird und nicht auf den Zeitpunkt der Antragstellung zurückwirkt.[17] Zwischen Antragstellung und Anordnung der Aussetzung kann daher noch von § 249 unbeeinflusst eine Frist ablaufen; im bloßen Aussetzungsantrag liegt auch nicht ohne weiteres ein Antrag auf Fristverlängerung.[18] Die Aussetzung **endet** gemäß Abs. 2 mit Aufnahme bzw. Anzeige wie in den genannten jeweiligen Fällen der Unterbrechung.[19] Ergänzend bestimmt Abs. 2 letzter Halbs., dass die Ladung (beachte § 215) in den Fällen der §§ 239, 242 nicht nur dem Erben bzw. Nacherben, sondern auch dem Prozessvertreter zuzustellen ist. Ein ggf. vom Nachfolger bestellter Rechtsanwalt muss seine Vertretungsmacht nachweisen (§ 86 Halbs. 2). Die Ausset-

---

1 MK/*Gehrlein* Rn. 2.
2 BGHZ 157, 151 = WM 2004, 127, 128.
3 BGH WM 2004, 1138.
4 BFH NJW-RR 2001, 244 mit Nachw. zur Rspr. anderer Senate.
5 *Rössler* BB 2001, 613, 614.
6 BGHZ 43, 135, 137 = NJW 1965, 1019; BGHZ 2, 227, 228 f. = NJW 1951, 802.
7 *St/J/Roth* Rn. 1.
8 BGHZ 2, 227, 228 f. = NJW 1951, 802.
9 BGH NJW 1981, 686, 687.
10 BGHZ 2, 227, 228 f. = NJW 1951, 802; s. auch BGHZ 43, 135, 137 = NJW 1965, 1019; RGZ 109, 48, 49; OVG Münster NJW 1986, 1707; zur Aufnahme durch den zweitinstanzlichen Vertreter bei Unterbrechung nach § 240 in der Revisionsinstanz BGH NJW 2001, 1581 und § 250 Rn. 2.
11 *St/J/Roth* Rn. 3; MK/*Gehrlein* Rn. 9.
12 *Ro/S/Go* § 125 Rn. 4; *St/J/Roth* Rn. 5 (kein eigenes Antragsrecht der Partei); MK/*Gehrlein* Rn. 15; aA *T/P/Hüßtege* Rn. 4 (Antrag namens der Partei).
13 BGH VersR 1993, 1375, 1376; *T/P/Hüßtege* Rn. 4.
14 RGZ 62, 26, 28.
15 *T/P/Hüßtege* Rn. 4; zurückhaltend *Zö/Greger* Rn. 4.
16 OLG Nürnberg ZZP 64 (1951), 387; *T/P/Hüßtege* Rn. 5; aA *St/J/Roth* Rn. 6; *Käfer* MDR 1955, 197; AK-ZPO/*Ankermann* Rn. 5; ausführlich MK/*Gehrlein* Rn. 18; offen gelassen in BGH NJW 2000, 1199.
17 BGH NJW 1987, 2379.
18 BGH NJW 1987, 2379 (Rechtsmittelbegründungsfrist); LG Baden-Baden MDR 1992, 998.
19 BGH FamRZ 1995, 926, 927 (Anzeige d. Nachlasspflegers).

zung in der Rechtsmittelinstanz hindert die Kostenfestsetzung auf Grund des erstinstanzlichen Urteils nicht, str.[20] Auch in der Revisionsinstanz sind ggf. materiellrechtliche Auswirkungen des Parteiwechsels zu beachten.[21]

IV. Fehlender Aussetzungsantrag

5 Stellt keiner der Berechtigten einen Aussetzungsantrag, so wird das Verfahren – im Fall der §§ 239, 242 mit dem/den eventuell auch noch unbekannten Erben bzw. Nacherben als neuer Partei – **fortgesetzt;**[22] streitigenfalls ist hierüber durch Zwischenurteil zu entscheiden.[23] Die Prozessvollmacht bleibt auch bei gesetzlichem Parteiwechsel bestehen (vgl. § 86 Rn. 9). Das Gericht muss die **Prozessvoraussetzungen** weiterhin **von Amts wegen prüfen;** hat daher eine Partei ihre Partei- oder Prozessfähigkeit verloren (zB eine GmbH oder Personenhandelsgesellschaft durch Erlöschen), so kann in der ursprünglichen Sache trotz möglicherweise fortbestehender Prozessvollmacht kein Sachurteil ergehen,[24] vgl. hierzu auch § 86 Rn. 10–12.

247 *Aussetzung bei abgeschnittenem Verkehr* **Hält sich eine Partei an einem Ort auf, der durch obrigkeitliche Anordnung oder durch Krieg oder durch andere Zufälle von dem Verkehr mit dem Prozessgericht abgeschnitten ist, so kann das Gericht auch von Amts wegen die Aussetzung des Verfahrens bis zur Beseitigung des Hindernisses anordnen.**

1 Die Vorschrift ermöglicht eine Aussetzung von Amts wegen (grundsätzlich auch auf Antrag, wenn ein solcher noch gestellt werden kann) durch **Beschluss,** wenn eine Partei (zum Parteibegriff s. § 239 Rn. 3) aus den genannten und von ihr **nicht zu vertretenden Gründen** („andere Zufälle") gehindert ist, ihre prozessualen Rechte gegenüber dem Prozessgericht auszuüben. Behinderung **anderer Prozessbeteiligter** genügt nicht; zum Stillstand der Rechtspflege s. § 245. Die Norm kommt in allen Verfahren zur Anwendung, in denen der verhinderten Partei **rechtliches Gehör** zu gewähren wäre. Eine Aussetzung kann trotz Vertretung durch **Prozessbevollmächtigten** in Betracht kommen. Aussetzungsgründe können insbesondere auch diejenigen nach § 245 sein (s. dort Rn. 1), regelmäßig nicht nur solche in der Person der Partei selbst. Abgeschnittenheit liegt **nicht** schon bei **bloßem Auslandsaufenthalt** in entferntem Land vor; ebenso wenig, wenn die Partei nach Prozessbeginn in das bereits „abgeschnittene" Land oder dessen Teil reist und die Verhinderung damit selbst verursacht.[1] Etwas anderes kann gelten, wenn eine Prozesspartei im Rahmen eines Bundeswehreinsatzes ins Ausland verlegt wird und dadurch eine Kommunikation nicht mehr möglich ist.[2] Dabei genügt es, wenn der Einsatz einen kriegsbedingten Anlass hat, auch wenn es sich um eine Friedensmission zB im Rahmen des KFOR-Kontingents handelt.[3] Die Aussetzung endet mit Wiederbetätigung der Partei oder aus Gründen der Rechtsklarheit nach hA entgegen dem Wortlaut erst mit einem entsprechenden Gerichtsbeschluss.[4]

248 *Verfahren bei Aussetzung* **(1) Das Gesuch um Aussetzung des Verfahrens ist bei dem Prozessgericht anzubringen; es kann vor der Geschäftsstelle zu Protokoll erklärt werden.**

(2) Die Entscheidung kann ohne mündliche Verhandlung ergehen.

I. Aussetzungsantrag

1 Die Vorschrift gilt nur für Aussetzungsanträge nach §§ 246–247, **nicht** für solche der §§ 148 ff.[1] Zuständig ist das **Prozessgericht,** dh. bis zur Einlegung eines statthaften Rechtsmittels das Gericht des unteren Rechtszuges. Wird bis zur Entscheidung über den Antrag ein solches eingelegt, so ist der Aussetzungsbeschluss infolge Unzuständigkeit anfechtbar, aber wirksam.[2] Die Antragstellung unterliegt außerhalb der mündlichen Verhandlung auch im Anwaltsprozess nicht dem Anwaltszwang (Abs. 1, Halbs. 2 mit § 78 Abs. 3).

---

[20] OLG München MDR 1990, 252 mit Nachw.; LG Berlin JurBüro 1985, 619; aA BGH MDR 2006, 55 für § 240.

[21] BGH NJW-RR 1987, 139, 141.

[22] BGHZ 121, 263, 265 f. = NJW 1993, 1654; BSG MDR 1984, 702; VGH Mannheim NJW 1984, 195, 196; OVG Münster NJW 1986, 1707; OLG Nürnberg NJW-RR 1996, 395; OLG Frankfurt/M FamRZ 1981, 474 (beide für Versorgungsausgleich); hM.

[23] BGH WM 1982, 1170.

[24] BGH JZ 1981, 631; NJW 1982, 238; *St/J/Roth* Rn. 10; *Zö/Greger* Rn. 2b; *Weber-Grellet* NJW 1986, 2559 f.; *Bork* MDR 1991, 99; aA BGHZ 121, 263, 265 = NJW 1993, 1654; BFH NJW 1986, 2593, 2594; OLG Hamburg NJW-RR 1997, 1400; OLG Köln OLGZ 1975, 349, 350; s. auch LG Bonn NJW-RR 1998, 180, 181; *Saenger* GmbHR 1994, 300, 305 f.

[1] *Zö/Greger* Rn. 2.

[2] Zutreffend lehnt OLG Zweibrücken NJW 1999, 2907 für KFOR-Kosovo-Einsatz mangels Abgeschnittenheit Aussetzung ab.

[3] Insoweit aA OLG Zweibrücken NJW 1999, 2907.

[4] *St/J/Roth* Rn. 5; MK/*Feiber* Rn. 5; *B/L/H* Rn. 3; *Zö/Greger* Rn. 3; aA *Ro/S/Go* § 125 Rn. 8.

[1] Die frühere Streitfrage, ob hinsichtlich der Entbehrlichkeit der mündlichen Verhandlung im Rahmen der §§ 148 ff. auf Abs. 2 zurückgegriffen werden kann, hat sich durch die Generalklausel des § 128 Abs. 4 erledigt. Insoweit erscheint Abs. 2 bei § 248 nun als (unnötige) Wiederholung, *St/J/Roth* Rn. 1.

[2] MK/*Gehrlein* Rn. 3; *St/J/Roth* Rn. 3; aA noch RGZ 130, 337, 339; *B/L/H* Rn. 4.

II. Aussetzungsbeschluss

2 Das Gericht entscheidet über den Antrag auf Grund **freigestellter mündlicher Verhandlung** (Abs. 2, § 128 Abs. 4) durch Beschluss, der (kurz) zu begründen ist. Zum fehlenden Ermessen des Gerichts s. § 246 Rn. 4. Bei Aussetzung ist deren Grund anzugeben, um Unklarheiten über die Aufnahme des Verfahrens zu vermeiden;[3] § 329 Abs. 1 und 2 sind anwendbar; ablehnende Beschlüsse bedürfen nach § 329 Abs. 3 der Zustellung. Wirksam wird die Aussetzung mit Verkündung bzw. Bekanntgabe des Beschlusses; sie wirkt nicht auf die Antragstellung zurück (s. § 246 Rn. 4 mit Nachw.). Die Anfechtung des Beschlusses richtet sich nach § 252.

III. Gebühren und Kosten

3 Die Erläuterungen bei § 239 Rn. 16, 17 gelten entsprechend.

249 *Wirkung von Unterbrechung und Aussetzung* **(1) Die Unterbrechung und Aussetzung des Verfahrens hat die Wirkung, dass der Lauf einer jeden Frist aufhört und nach Beendigung der Unterbrechung oder Aussetzung die volle Frist von neuem zu laufen beginnt.**

(2) Die während der Unterbrechung oder Aussetzung von einer Partei in Ansehung der Hauptsache vorgenommenen Prozesshandlungen sind der anderen Partei gegenüber ohne rechtliche Wirkung.

(3) Durch die nach dem Schluss einer mündlichen Verhandlung eintretende Unterbrechung wird die Verkündung der auf Grund dieser Verhandlung zu erlassenden Entscheidung nicht gehindert.

I. Normzweck

1 Die Vorschrift regelt die **prozessualen Folgen** der Unterbrechung nach §§ 239–245 bzw. der Aussetzung nach §§ 246–248, 148 ff. Abs. 3 gilt nur für die Unterbrechung.[1] Für **Beginn und Ende** der Unterbrechung bzw. Aussetzung ist auf die jeweiligen Regelungen zu verweisen, nur in ihrem Rahmen greifen die Rechtsfolgen des § 249. Dasselbe gilt für den **Anwendungsbereich.**

II. Fristen (Abs. 1)

2 Abs. 1 regelt nur das Schicksal **prozessualer,** nicht materiellrechtlicher **Fristen.**[2] Betroffen sind **auch Notfristen,** nicht jedoch **uneigentliche Fristen**[3] (vgl. § 221 Rn. 2, 3). Der prozessuale Fristlauf endet mit **Wirksamwerden** der Unterbrechung bzw. Aussetzung und eine noch nicht abgelaufene Frist läuft nach Aufnahme des Verfahrens von neuem, ohne dass der etwa verstrichene Teil angerechnet würde.[4] Dies gilt nur, wenn alle **Voraussetzungen für den Fristenlauf,** ggf. also notwendige fristauslösende Ereignisse (zB Zustellung), bei Ende der Unterbrechung oder Aussetzung wirksam vorliegen. Ansonsten beginnt die Frist erst mit Erfüllung aller Voraussetzungen zu laufen. Solange eine Unterbrechung oder Aussetzung andauert, kann auch keine Frist **zu laufen beginnen.**[5] Datumsfristen oder Genaufristen („bis zum …") müssen neu festgesetzt werden, auch wenn der Stillstand nicht über den angegebenen Endtag hinausdauert.[6] Hatte das Gericht eine gesetzliche Frist (zB eine Rechtsmittelbegründungsfrist, so zB §§ 520 Abs. 2 S. 2, 3; 551 Abs. 2 S. 5, 6) bis zu einem Endtag **verlängert,** so läuft nach Abs. 1 nur die gesetzliche, unverlängerte Frist von neuem; etwas anderes soll bei Fristverlängerung um einen bestimmten Zeitraum (zB zwei Wochen) gelten.[7] In den Fällen des § 239 Rn. 10 läuft die **Rechtsmittelfrist** für den **Rechtsnachfolger** erst mit Zustellung des Zusatzurteils.[8]

III. Parteihandlungen (Abs. 2)

3 **1. Prozesshandlungen der Partei.** Abs. 2 regelt nur die Wirksamkeit solcher Parteihandlungen, die sich **auf die Hauptsache** beziehen. Nicht betroffen sind daher Prozesshandlungen, welche den Stillstand des Verfahrens geltend machen,[9] oder sich auf nicht selbst unterbrochene/ausgesetzte Nebenverfahren[10] oder Nebenpunkte der Hauptsache beziehen wie Schutzanträge in der Zwangsvollstreckung (§§ 707, 719)[11] oder das PKH-Verfahren.[12] Handlungen gegenüber anderen Beteiligten, etwa dem Prozessbevollmächtigten,

---

[3] *B/L/H* Rn. 4; *T/P/Hüßtege* Rn. 3.

[1] BGHZ 43, 135, 136 = NJW 1965, 1019.

[2] BGH VersR 1982, 651; RGZ 145, 239, 240; hM, vgl. MK/*Gehrlein* Rn. 5. Die Frist in § 5 Abs. 3 S. 1 KSchG ist prozessrechtlich zu qualifizieren, LAG Sachsen MDR 2001, 834.

[3] LAG Sachsen MDR 2001, 834.

[4] BAG KTS 2002, 174; Im Fall des § 148 hält BVerfG NJW-RR 1997, 188 (Kammerbeschl.) die eintretende Verkürzung der Frist durch die notwendige Erkundigung über das Parallelverfahren hinsichtlich des rechtlichen Gehörs für bedenklich.

[5] BGHZ 111, 104, 108 = NJW 1990, 1854; BGHZ 9, 308, 309 = NJW 1953, 1144.

[6] So BGHZ 64, 1, 3 f.; *T/P/Hüßtege* Rn. 4; MK/*Gehrlein* Rn. 11; *Zö/Greger* Rn. 2; RGZ 151, 279, 282.

[7] MK/*Gehrlein* Rn. 21.

[8] *St/J/Roth* Rn. 6 mit Nachw. zur Gegenmeinung (Fristlauf ab Rechtskraft).

[9] BGH NJW 1997, 1445; 1995, 2563; BAG AP Nr. 2 m. zust. Anm. *Leipold.*

[10] *St/J/Roth* Rn. 8.

[11] LG Bamberg NJW-RR 1989, 576.

[12] BGH NJW 1966, 1126.

werden von der Vorschrift nicht erfasst. Nach überwiegend vertretener Ansicht[13] soll Abs. 2 nur solche Prozesshandlungen betreffen, die **gegenüber dem Gegner** vorzunehmen sind, nicht jedoch solche, die – wie etwa die **Einlegung von Rechtsmitteln** – gegenüber dem Gericht erfolgen.[14] Das ist mit dem Wortlaut, der nur für die Rechtsfolge eine Einschränkung in Bezug auf den Gegner anordnet, nicht vereinbar. Allerdings gilt auch insoweit Rn. 4, so dass nur gegenüber dem Gegner **relative Unwirksamkeit** vorliegt und der eingelegte Rechtsbehelf nicht schlechthin unzulässig ist.[15] Eine Zustellung an den Gegner kann während des Stillstandes ohnehin nicht wirksam erfolgen.[16]

2. Relative Unwirksamkeit. Die Unwirksamkeit hauptsachebezogener Prozesshandlungen[17] ist nur eine **relative** im Verhältnis **zum Verfahrensgegner,** nicht zum Gericht. Die Parteihandlungen sind nicht nichtig, sie können vielmehr vom Prozessgegner ausdrücklich **genehmigt** werden oder durch **Rügeverzicht** nach § 295 Abs. 1 Wirksamkeit erlangen.[18] Voraussetzung ist allerdings, dass durch den Unterbrechungs- oder Aussetzungsgrund die Prozesshandlungsfähigkeit des Erklärenden nicht entfallen ist. Daher kann während des Verfahrensstillstandes ein Rechtsmittelverzicht gegenüber dem Gegner grundsätzlich wirksam erklärt werden.[19] Die **Verfahrensaufnahme** durch den Gegner ist für sich genommen noch **keine Genehmigung,** diese erfolgt mangels ausdrücklichen Rügeverzichts frühestens mit rügeloser Einlassung in der mündlichen Verhandlung, soweit eine solche erforderlich ist. Aus der Genehmigungsmöglichkeit folgt, dass die relative Unwirksamkeit **nicht von Amts wegen zu beachten** ist[20] und auch die handelnde Partei selbst **gebunden** ist und sich nicht auf die Unwirksamkeit ihrer Prozesshandlung berufen darf[21]. Wird während des Verfahrensstillstandes **Rechtsmittel oder Einspruch** eingelegt, so gilt Rn. 3; sie sind gegenüber dem Gericht wirksam, so dass nach Ende des Stillstandes, erfolgter (ggf. erneuter) Zustellung und Rügeverzicht hinsichtlich der Einlegung verhandelt werden kann.[22] 4

IV. Gerichtshandlungen

In gleicher Weise wie Parteihandlungen sind Prozesshandlungen des Gerichts **gegenüber den Parteien** (zB Ladungen, Zustellungen, Entscheidungen; nicht rein interne Gerichtshandlungen) mit Ausnahme solcher nach Abs. 3 während der Unterbrechung oder Aussetzung nach hM gegenüber beiden Parteien **relativ unwirksam** (Umkehrschluss aus Abs. 3[23]).[24] Ausnahmen gelten auch hier für Entscheidungen über Nebenpunkte oder in Nebenverfahren wie PKH,[25] Vollstreckungsschutzanträge,[26] die **Streitwertfestsetzung** – nicht jedoch, wenn auf dieser Grundlage dann auch wegen Nichterreichen der Berufungssumme das Rechtsmittel verworfen wird[27] – und Entscheidungen nach §§ 320, 319 bzw. § 36 Nr. 3;[28] **Kostenfestsetzung** ist nur für die bereits abgeschlossene Instanz möglich (s. auch § 240 Rn. 6).[29] Zur Verwerfung eines unzulässigen Rechtsmittels Rn. 6. Die Relativität zeigt sich auch hier darin, dass die trotz des Verfahrensstillstandes **ergangenen Entscheidungen** nicht nichtig sind; ihre Unwirksamkeit gegenüber den Parteien muss durch **Rechtsmittel** geltend gemacht und die fehlerhafte Entscheidung aufgehoben werden.[30] Ein solches kann nach hA **während des Stillstandes** eingelegt[31] und darüber auf Grund mündlicher Entscheidung entschieden werden, da es sich ja gerade um die Geltendmachung der Wirkungen der Unterbrechung bzw. Aussetzung handelt. Die betroffene Partei – etwa der Gemeinschuldner nach Eröffnung des Insolvenzverfahrens – **bleibt** insoweit selbst **prozessführungsbefugt** (s. aber auch § 240 Rn. 9).[32] So ist ein entgegen § 249 ergangenes Versäumnisurteil nach Einspruch in einem unverzüglich anzuberaumenden Termin aufzuheben.[33] Wird in Unkenntnis der Unter- 5

---

[13] So ausdrücklich MK/*Gehrlein* Rn. 15–18 im Anschluss an BGHZ 50, 397, 398 f. = NJW 1969, 48; *St/J/Roth* Rn. 9 f.

[14] BGH NJW 1997, 1445 mit Nachw.; aA *T/P/Hüßtege* Rn. 7 aber ebenfalls mit Zugeständnissen bei der Rechtsmitteleinlegung.

[15] BAG NJW 1984, 998, 999.

[16] Vgl. BGH NJW 1997, 1445.

[17] BGH NJW 1984, 357, 358 (nicht materiellrechtlicher Erklärungen).

[18] BGHZ 50, 397, 398 f. = NJW 1969, 48; BGHZ 4, 314, 320 = NJW 1952, 705; allgM.

[19] MK/*Gehrlein* Rn. 16; *Zö/Greger* Rn. 4.

[20] MK/*Gehrlein* Rn. 14; *Zö/Greger* Rn. 4; anders wohl *T/P/Hüßtege* Rn. 7.

[21] BGHZ 4, 314, 320 = NJW 1952, 705.

[22] So im Ergebnis auch BGH NJW 1997, 1445; BGHZ 50, 397, 398 f. = NJW 1969, 48; *St/J/Roth* Rn. 10 ff., 12; MK/*Gehrlein* Rn. 17; *Zö/Greger* Rn. 5; *T/P/Hüßtege* Rn. 7.

[23] So auch *St/J/Roth* Rn. 13.

[24] BGH KTS 2005, 99 m. Nachw.; BGHZ 111, 104, 107 = NJW 1990, 1854; BFHE 155, 250; allgM.

[25] BGH NJW 1966, 1126; *St/J/Roth* Rn. 14; *T/P/Hüßtege* Rn. 8; MK/*Gehrlein* Rn. 21.

[26] OLG Bamberg NJW-RR 1989, 576.

[27] BGH NJW 2000, 1199.

[28] BayObLGZ 1985, 314, 316.

[29] AA jetzt BGH MDR 2006, 55, 56; OLG Brandenburg MDR 2001, 471 m. Nachw. zum Streitstand.

[30] BGH KTS 2005, 99 (mit abl Anm *Pobuda*); NJW 1997, 1445; 1995, 2563 (jede Partei ist rechtsmittelbefugt); WM 1984, 1170; BGHZ 66, 59, 61 f.; OLG Köln NJW-RR 1995, 891 f. (kein Versäumnisurteil); OLG Frankfurt/M OLGZ 1994, 77, 78; hM vgl. *St/J/Roth* Rn. 15 ff. m. weit. Nachw.

[31] BGH NJW 2005, 290, 291; KTS 2005, 99(nicht gegen Entscheidung des BGH; aA *Pobuda* ebenda 102: Gegenvorstellung oder Wiederaufnahme); NJW 1997, 1445; 1995, 2563; BFH BFH/NV 1985, 88, 89; hM, vgl. statt vieler *T/P/Hüßtege* Rn. 9.

[32] BGH NJW 1997, 1445; WM 1984, 1170; RGZ 64, 361, 363.

[33] AA OLG Köln NJW-RR 1988, 701 für Einspruch des Konkursverwalters gegen Versäumnisurteil gegen Gemeinschuldner; insoweit zu Recht abl. *St/J/Roth* Rn. 16 m. weit. Nachw.

brechung (zB nach § 240) mündlich verhandelt und entschieden, kann überdies ein **absoluter Revisionsgrund** nach § 547 Nr. 4 vorliegen.[34] Soweit ein vorhandender Rechtsnachfolger (zB bei Unterbrechung durch Tod) den Rechtsstreit **rügelos** fortsetzt, ist der Verfahrensfehler des Gerichts geheilt.[35]

6 Abs. 3 erlaubt hingegen, dass **Entscheidungen**, die auf Grund einer mündlichen Verhandlung ergehen, welche noch **vor Verfahrensunterbrechung** geschlossen wurde (§ 136 Abs. 4), **verkündet** werden können.[36] Ausnahme: Nachfrist nach § 283 (wegen Abs. 1) oder gebotene Wiedereröffnung nach § 156. Dasselbe gilt für Entscheidungen im **schriftlichen Verfahren**, wenn der dem Schluss der mündlichen Verhandlung entsprechende Zeitpunkt (§ 128 Rn. 16) vor Unterbrechung erreicht war.[37] Bei Entscheidungsreife hat das Gericht insoweit kein Ermessen, sondern muss die Entscheidung verkünden.[38] Sie erlangt volle Wirksamkeit, allerdings ist eine auch während der Unterbrechung vorgenommene **Zustellung** wiederum **relativ unwirksam** und bei Rüge nach Beendigung des Verfahrensstillstandes zu wiederholen. Nach teilweise vertretener Ansicht[39] soll ohne mündliche Verhandlung und daher in **analoger Anwendung von Abs. 3** ein bereits bei Beginn der Unterbrechung eingelegtes **unzulässiges Rechtsmittel** trotz Verfahrensstillstandes verworfen werden können.[40] Für die **Aussetzung** gilt Abs. 3 **nicht,** da sie einen Gerichtsbeschluss erfordert und daher ohnehin die Möglichkeit besteht, anstehende Entscheidungen noch zu verkünden.[41]

V. Rechtsanwaltsgebühren

7 Zu den Anwaltsgebühren vgl. § 239 Rn. 16.

250 *Form von Aufnahme und Anzeige* **Die Aufnahme eines unterbrochenen oder ausgesetzten Verfahrens und die in diesem Titel erwähnten Anzeigen erfolgen durch Zustellung eines bei Gericht einzureichenden Schriftsatzes.**

I. Normzweck

1 Die Vorschrift gilt für Anzeigen nach §§ 241, 243–244, 246 Abs. 2 sowie für die Aufnahme nach **Unterbrechung, Aussetzung** oder **Ruhen des Verfahrens** (§ 251).[1] Sie regelt nur die **Form.** Für alle übrigen Voraussetzungen, insbesondere die Aufnahmebefugnis, ist auf die Einzelvorschriften der §§ 239 ff. zu verweisen. Eine **Aufnahme** ist ausnahmsweise **entbehrlich,** wenn die Aussetzung zeitlich begrenzt war oder mit einem bestimmten Ereignis endet (vgl. § 148 Rn. 9, § 149 Rn. 5).

II. Form und Inhalt

2 Anzeige bzw. Aufnahme sind **Prozesshandlungen,** die zur Beendigung des Verfahrensstillstandes führen; sie bedürfen außerhalb der mündlichen Verhandlung eines **Schriftsatzes** (§ 130), der bei Anwaltszwang von einem postulationsfähigen Rechtsanwalt zu unterschreiben ist und grundsätzlich die Tatsachen, aus denen sich die Voraussetzungen der Aufnahme ergeben, enthalten muss.[2] **Zuständig** ist das Gericht, bei dem das Verfahren bei Eintritt des Verfahrensstillstandes rechtshängig war; bis zur Einlegung eines statthaften Rechtsmittels also das **Gericht unterer Instanz.** Allerdings kann die Aufnahme auch mit der Einlegung des Rechtsmittels verbunden sein und dann wahlweise **beim Rechtsmittelgericht** erklärt werden.[3] Wurde das Verfahren in der **Revisionsinstanz** unterbrochen, so kann bis zur Entscheidung über die Annahme der Revision (§ 554 b aF) der zweitinstanzliche Prozessbevollmächtigte die Aufnahme gegenüber dem Revisionsgericht erklären.[4] Entsprechendes gilt nun bis zur Entscheidung über die Nichtzulassungsbeschwerde (§ 544, insbes. Abs. 6) für die Aufnahme durch den Beschwerdegegner. Für das Amtsgericht gelten §§ 496, 129 a. Die Aufnahme kann auch in der mündlichen Verhandlung gegenüber dem Gegner erklärt werden.[5] Sie erfolgt ausdrücklich oder **konkludent,** wenn hinreichend zum Ausdruck kommt, von wem und dass das Verfahren unmittelbar aufgenommen werden soll.[6] Sie kann zB mit einem vorbereitenden Schriftsatz, einem Wiedereinsetzungsantrag[7] oder der Einlegung eines Rechtsmittels **verbunden** werden. Nicht ausreichend ist ein Antrag auf PKH[8] oder eine bloße Parteivereinbarung über das Ende des Stillstandes. Die

---

[34] BGH ZIP 1988, 446.
[35] BSG NJW 1967, 2226.
[36] ZB BezG Meiningen DtZ 1992, 354.
[37] AllgM, s. nur *T/P/Hüßtege* Rn. 10; unzutreffend BFH NJW 1991, 2792, wo auf den Antragszeitpunkt abgestellt ist; einschränkend BSG NJW 1991, 1909 (Entscheidung muss schon beschlossen sein).
[38] *Zö/Greger* Rn. 8; aA MK/*Feiber* 2. Auflage Rn. 27.
[39] BGH NJW 1959, 532; OLG Düsseldorf MDR 2001, 470; *Zö/Greger* Rn. 9.
[40] AA AK-ZPO/*Ankermann* Rn. 5.
[41] BGHZ 43, 135, 136 = NJW 1965, 1019; mit anderer Begründung iE ebenso MK/*Gehrlein* Rn. 22.
[1] OLG Düsseldorf MDR 1991, 550; allgM, vgl. *St/J/Roth* Rn. 1; *Ro/S/Go* § 128 II.
[2] BGH ZIP 1983, 592, 593; s. auch MK/*Gehrlein* Rn. 7.
[3] BGHZ 111, 104, 109 f. = NJW 1990, 1854; BGHZ 36, 258, 260 = NJW 1962, 590; BezG Meiningen DtZ 1992, 354; OLG Frankfurt/M FamRZ 1990, 296, 297; hM, s. nur MK/*Gehrlein* Rn. 8; *St/J/Roth* Rn. 4 m. weit. Nachw.
[4] BGH NJW 2001, 1581.
[5] RGZ 140, 348, 352; 109, 47, 48; allgM.
[6] BGH ZIP 1983, 592 f.; *B/L/H* Rn. 7 f.
[7] OLG Köln OLGZ 1973, 41, 42.
[8] BGH NJW 1970, 1790.

grundsätzlich notwendige **Zustellung**[9] **des Schriftsatzes** erfolgt von Amts wegen (§ 166 Abs. 2 nF). Schriftsatz- oder Zustellungsmängel unterliegen der Heilung (§§ 295 Abs. 1, 189 nF).[10] Bei Streit über die Wirksamkeit der Aufnahme oder Anzeige kann durch Zwischenurteil[11] oder in den Gründen des Endurteils entschieden werden, s. auch § 239 Rn. 8, 9.

251 *Ruhen des Verfahrens* [1]**Das Gericht hat das Ruhen des Verfahrens anzuordnen, wenn beide Parteien dies beantragen und anzunehmen ist, dass wegen Schwebens von Vergleichsverhandlungen oder aus sonstigen wichtigen Gründen diese Anordnung zweckmäßig ist.** [2]**Die Anordnung hat auf den Lauf der im § 233 bezeichneten Fristen keinen Einfluss.**

I. Normzweck

Mit der dritten Art des Verfahrensstillstandes – einem **Sonderfall der Aussetzung** – soll in geeigneten Fällen die Möglichkeit für eine **endgültige Streitbeilegung** gegeben werden. Eine Anordnung nach S. 1 soll daher bei Unzulässigkeit von Klage oder Rechtsmittel nicht ergehen.[1] Die Vorschrift findet auch auf das nach § 251a Abs. 3 angeordnete Ruhen des Verfahrens Anwendung.[2] Zum **Anwendungsbereich** vgl. § 239 Rn. 1[3]; § 278 Abs. 4 (Nichterscheinen der Parteien zur Güteverhandlung) und § 278 Abs. 5 S. 2 (Versuch außergerichtlicher Schlichtung) ermöglichen es nun ebenfalls, nach § 251 zu verfahren. Im Falle von § 278 Abs. 4 ergibt sich die Anordnungspflicht schon allein aus dem Nichterscheinen beider Parteien (§ 278 Rn. 8). 1

II. Voraussetzungen

1. Übereinstimmende Parteianträge. Nach S. 1 müssen **beide Parteien,** nicht der einfache Nebenintervenient, einen zu begründenden Antrag auf Ruhen des Verfahrens stellen. Zustimmung zum Antrag des Gegners genügt. Der Antrag ist **Prozesshandlung,** unterliegt nach allgemeinen Regeln dem **Anwaltszwang**[4] und kann in der mündlichen Verhandlung, schriftlich oder beim Amtsgericht zu Protokoll der Geschäftsstelle (§§ 496, 129a) erklärt werden. Zulässig und wirksam ist eine außergerichtliche **vertragliche** Verpflichtung der Parteien, einen entsprechenden Antrag zu stellen. Der Antrag kann bis zur gerichtlichen Anordnung (Rn. 4) widerrufen werden.[5] 2

2. Zweckmäßigkeit des Ruhens. Übereinstimmende Parteianträge genügen alleine für eine Anordnung nicht; sie ergeht nur, wenn das Gericht einen Verfahrensstillstand auch für **zweckmäßig** erachtet. Damit ist die **Dispositionsfreiheit** im Interesse der Prozessförderung **eingeschränkt.** Abs. 1 nennt schwebende Vergleichsverhandlungen **beispielhaft** – auch bei Entscheidungsreife – als Anordnungsgrund; vergleichbar sind alle Umstände, die für eine mögliche unstreitige oder zügige Erledigung des Rechtsstreits sprechen (zB Verhandlungen über Klageverzicht/Anerkenntnis, Ausgang eines Parallelprozesses[6], Versuch außergerichtlicher Streitschlichtung, s. § 278 Abs. 5 S. 2, Nachholung des außergerichtlichen Schlichtungsverfahrens gem. § 15a EGZPO[7]). Bei Streitgenossenschaft kommt ggf. Trennung nach § 145 in Betracht.[8] 3

III. Anordnung des Ruhens

Die Entscheidung ergeht – ohne mündliche Verhandlung (§ 128 Abs. 4) – durch **Beschluss,**[9] auf den § 329 Abs. 1, 2 S. 1 und S. 2, Halbs. 1 Anwendung finden. Verfahrensstillstand tritt mit **Wirksamwerden** des Beschlusses ein; er dauert bis zu einem im Beschluss **genannten Zeitpunkt** und endet dann von selbst.[10] Ansonsten bleibt der Beschluss wirksam bis zu einem aufhebenden Beschluss im Beschwerdeverfahren (§ 252 Rn. 3ff.) oder durch Aufnahme des Verfahrens gemäß § 250 (dort Rn. 1).[11] Bei gemeinsam beantragtem, bestimmtem Fristende kann vorzeitige, einseitige Aufnahme nach Wegfall von Abs. 2 aF nun jederzeit erfolgen. 4

---

[9] BGH ZIP 1999, 75, 76; MK/*Gehrlein* Rn. 21; *St/J/Roth* Rn. 2.
[10] BGH ZIP 1999, 75, 76.
[11] BGH NJW 2005, 290, 291; 2004, 2983.
[1] BFH BFH/NV 1991, 468, 469; *St/J/Roth* Rn. 1.
[2] AllgM, vgl. *T/P/Hüßtege* Rn. 1.
[3] Einschränkend für eilbedürftige Verfahren *Zö/Greger* Rn. 2; *B/L/H* Rn. 3; zu § 900 Abs. 4 vgl. LG Paderborn Rpfleger 1993, 254 m. weit. Nachw. Für Anwendbarkeit im FGG-Verfahren *Schlosser* IPRax 1983, 285, 286.
[4] Ausführlich MK/*Gehrlein* Rn. 8.
[5] *T/P/Hüßtege* Rn. 2.
[6] BFH NJW 1994, 3375; *Fischer* MDR 1996, 239; MK/*Gehrlein* Rn. 13; *Hass,* Die Gruppenklage, 1996, S. 186f.
[7] Str., für Aussetzung AG Königstein i. Ts. NJW 2003, 1954, 1955; *Friedrich* NJW 2002, 798, 799; 2003, 3534; *Zö/Gummer* § 15a EG ZPO Rn. 25; gegen Aussetzung LG Ellwangen NJW-RR 2002, 936; *Musielak,* GK, Rn. 589 m. weit. Nachw.; *Foerste* vor § 253 Rn. 4
[8] Einzelheiten bei *St/J/Roth* Rn. 5.
[9] BayObLG NJW-RR 1988, 16.
[10] OLG Köln MDR 1996, 417.
[11] Wie hier *St/J/Roth* Rn. 11; *B/L/H* Rn. 10; weiter gehend *T/P/Hüßtege* Rn. 6; *Zö/Greger* Rn. 4 (jederzeitiger Aufhebungsbeschluss, wenn Zweckmäßigkeit entfällt).

IV. Folgen des Ruhens

5 **Fristenlauf.** Es tritt Verfahrensstillstand ein, auf den grundsätzlich § 249 Abs. 1 und 2[12] (nicht Abs. 3) Anwendung finden. Abweichend von Unterbrechung bzw. sonstigen Fällen der Aussetzungen und § 249 Abs. 1 laufen jedoch gemäß Abs. 1 S. 2 die in § 233 genannten **Notfristen und Rechtsmittelbegründungsfristen** weiter.[13] Der Antrag auf Ruhen des Verfahrens enthält nicht automatisch einen Antrag auf Verlängerung laufender Rechtsmittelbegründungsfristen.[14] Bei Versäumung besteht nach allgemeinen Grundsätzen (Frist nach § 243 Abs. 1) **Wiedereinsetzungsmöglichkeit.** Mit der Anordnung **endet** die **Verjährungshemmung** nach § 204 Abs. 1 Nr. 1 BGB noch nicht; es gilt § 204 Abs. 2 S. 2 und 3 BGB.[15]

V. Gerichtskosten

6 Die Anordnung des Ruhens und die Wiederaufnahme des Verfahrens sind gebührenneutral.

251a *Säumnis beider Parteien; Entscheidung nach Lage der Akten*

(1) Erscheinen oder verhandeln in einem Termin beide Parteien nicht, so kann das Gericht nach Lage der Akten entscheiden.

(2) [1]Ein Urteil nach Lage der Akten darf nur ergehen, wenn in einem früheren Termin mündlich verhandelt worden ist. [2]Es darf frühestens in zwei Wochen verkündet werden. [3]Das Gericht hat der nicht erschienenen Partei den Verkündungstermin formlos mitzuteilen. [4]Es bestimmt neuen Termin zur mündlichen Verhandlung, wenn die Partei dies spätestens am siebenten Tag vor dem zur Verkündung bestimmten Termin beantragt und glaubhaft macht, dass sie ohne ihr Verschulden ausgeblieben ist und die Verlegung des Termins nicht rechtzeitig beantragen konnte.

(3) Wenn das Gericht nicht nach Lage der Akten entscheidet und nicht nach § 227 vertagt, ordnet es das Ruhen des Verfahrens an.

I. Normzweck

1 Trotz **Säumnis beider Parteien** iSd. §§ 330ff. (zum Begriff vor § 330 Rn. 5–7, beachte § 62)[1] gibt die Norm dem Gericht die Möglichkeit, den **Prozess zu fördern.** Es kann nach **pflichtgemäßem Ermessen** zwischen Aktenlageentscheidung bei Entscheidungsreife (Abs. 1, 2), Vertagung oder Ruhen des Verfahrens (Abs. 3) wählen; darf aber **nicht untätig** bleiben.[2] Die Vorschrift ist nicht anwendbar, wenn ein Antrag auf Versäumnisurteil nach §§ 330, 331 oder auf Entscheidung gemäß § 331avorliegt.[3] Zur Anwendbarkeit im Übrigen § 239 Rn. 1.[4] Bleiben in der Güteverhandlung (§ 278 Abs. 2) beide Parteien aus, so muss das Gericht das Ruhen des Verfahrens anordnen (§ 278 Abs. 4, s. dort Rn. 8).

II. Aktenlageentscheidung

2 **1. Voraussetzungen.** Beide Parteien müssen säumig (bei Säumnis einer Partei: § 331a) und der Rechtsstreit **entscheidungsreif** sein[5] (zum Urteil vgl. § 300 Rn. 8ff.). Eines Antrags bedarf es nicht. Soll ein Urteil ergehen, so muss nach Abs. 2 darüber hinaus in **derselben Instanz**[6] und über **denselben Streitgegenstand** (keine zwischenzeitliche Klageänderung nach § 263 oder -erweiterung[7]) ohne sachliche Beschränkung[8] bereits einmal mündlich verhandelt worden sein.[9] Notwendig ist, dass jede Partei wenigstens einmal die **Möglichkeit mündlicher Stellungnahme** hatte, nicht notwendigerweise auf denselben Richtern (§ 309 ist nicht anwendbar[10]). Es genügt nicht, wenn in zwei verschiedenen Terminen jeweils eine Partei verhandelte.[11]

---

[12] OLG Karlsruhe MDR 1993, 471 (Streitwertfestsetzung möglich); OLG Naumburg Rpfleger 1994, 306 (Kostenfestsetzung zulässig); s. aber § 240 Rn. 6

[13] BGH NJW-RR 2001, 572; BFH DB 1985, 2334.

[14] BGH NJW-RR 2001, 572.

[15] Zur Rechtslage nach § 211 Abs. 2 BGB aF s. noch BGH NJW 1987, 371, 372; 1983, 2496, 2497 (auch zur möglichen Stundung); Einzelheiten MK/*Gehrlein* Rn. 19; *Hass,* Die Gruppenklage, S. 186f.

[1] BAG AP Nr. 1.

[2] *T/P/Hüßtege* Rn. 1; *Zö/Greger* Rn. 1 („untunlich").

[3] *T/P/Hüßtege* Rn. 2.

[4] OLG Karlsruhe MDR 1995, 635 (keine Anwendung im PKH-Verfahren); aA OLG Düsseldorf FamRZ 1986, 485, 486.

[5] BVerfG NJW 1985, 3005, 3006.

[6] Im Nachverfahren (§ 600) genügt Verhandlung im Vorverfahren nicht; *St/J/Roth* Rn. 14; *Zö/Greger* Rn. 3; bei Stufenklage muss auf der jeweiligen Stufe verhandelt worden sein, OLG Schleswig FamRZ 1991, 95, 96.

[7] Unschädlich sind Fälle des § 264, *T/P/Hüßtege* Rn. 3; daher richtig OLG Düsseldorf NJW-RR 1994, 892, 893 (Erweiterung des Zinsanspruchs unschädlich).

[8] Güteverhandlung im Arbeitsgerichtsverfahren genügt, ArbG Berlin DB 1987, 2528.

[9] BAG MDR 2003, 520; LAG Bremen MDR 2004, 112; RGZ 149, 157, 160 (Verhandlung vor Zurückverweisung ausreichend); MK/*Gehrlein* Rn. 16; *Zö/Greger* Rn. 3.

[10] RGZ 132, 330, 336; MK/*Gehrlein* Rn. 17; *Zö/Greger* Rn. 9, § 309 Rn. 6; *T/P/Putzo* Rn. 3; *Ro/S/Go* § 105 Rn. 12, 20; offen BGHZ 11, 27, 31 = NJW 1954, 266.

[11] *Ro/S/Go* § 105 Rn. 12; *St/J/Roth* Rn. 13; MK/*Feiber* Rn. 18; *Zö/Greger* Rn. 3; *T/P/Hüßtege* Rn. 3 (gegen Voraufl.); aA Voraufl.; *B/L/H* Rn. 17.

Ausreichend ist die Verhandlung vor dem **Einzelrichter;**[12] Im Arbeitsgerichtsverfahren genügt eine vorangegangene Güteverhandlung[13], hingegen ist der Gütetermin nach § 278 Abs. 2 nicht Bestandteil der mündlichen Verhandlung, sondern ihr vorgeschaltet (anders § 54 Abs. 1 ArbGG). Er genügt daher iSv Abs. 2 S. 1 nicht für eine Aktenlageentscheidung.[14] Eine mündliche Verhandlung ist **ausnahmsweise entbehrlich,** wenn die zu treffende Entscheidung eine solche ansonsten auch nicht voraussetzt (zB §§ 522 Abs. 1 S. 3, 552 Abs. 2 iVm § 128 Abs. 4).[15]

2. Entscheidung. Inhaltlich kann je nach Streitstand zB ein **Aufklärungs-, Beweisbeschluss** oder **kontradiktorisches** Urteil ergehen (zur sofortigen Erhebung präsenter Beweise § 367 Rn. 3). Im Fall eines Urteils erlässt das Gericht einen nicht selbständig anfechtbaren[16] Beschluss, dass nach Lage der Akten zu entscheiden ist und bestimmt unter Einhaltung der Zwei-Wochen-Frist des Abs. 2 S. 2 **Verkündungstermin** (Berechnung: § 222 Rn. 2, 4). Dieser wird der oder den **nicht erschienenen** Partei(en) (nicht im Fall des § 333) entgegen § 218 formlos und baldmöglichst (wegen Abs. 2 S. 4) mitgeteilt.[17] Im **Rubrum** ist gemäß § 313 Abs. 1 Nr. 3 statt der mündlichen Verhandlung der Tag des versäumten Termins anzugeben („nach Lage der Akten am …"; wichtig für §§ 296a, 323 Abs. 2, 767 Abs. 2). Das Urteil ist nur mit den **gewöhnlichen Rechtsmitteln anfechtbar,** nicht mittels Einspruch. Die Verkündung muss unterbleiben, wenn nach Abs. 2 S. 4 ein rechtzeitiger und begründeter Terminsantrag eingegangen ist (unten Rn. 4). **Grundlage** der Entscheidung ist der gesamte aus den Akten ersichtliche Prozessstoff einschließlich durchgeführter Verhandlungen und Beweisaufnahmen; vorbereitende Schriftsätze, soweit sie nach § 132 vor dem versäumten Termin rechtzeitig mitgeteilt waren[18] (§ 335 Abs. 1 Nr. 3 gilt entsprechend). § 138 Abs. 3 findet Anwendung.[19] § 296 ist nicht anwendbar.[20] 3

III. Neuer Termin

Das Gericht muss durch zuzustellenden oder zu verkündenden Beschluss nach § 216 einen neuen Verhandlungstermin bestimmen, wenn eine **nicht erschienene** Partei (§ 333 nicht anwendbar[21]) fristgerecht nach Abs. 2 S. 4 dies **beantragt.** Der Antrag muss spätestens an dem Tag eingehen, der seiner Bezeichnung nach in der darauf folgenden Woche dem Verkündungstermin entspricht (§ 222 Rn. 5). Mit dem Antrag sind **glaubhaft zu machen** (§ 294)[22] das fehlende Verschulden bezüglich der Säumnis (hierzu § 233 Rn. 3–5) der Partei oder ihres Vertreters (§§ 85 Abs. 2, 51) und Entschuldigungs- bzw. Hinderungsgründe für den nicht rechtzeitig gestellten Antrag auf Verlegung des versäumten Termins (§ 227). Der Antrag kann ausdrücklich oder konkludent mit der zu verkündenden Entscheidung zurückgewiesen werden. Ausnahmsweise muss eine **Terminsbestimmung** auch **von Amts wegen** erfolgen, wenn das Gericht vor der Verkündung feststellt, dass die Voraussetzungen der Aktenlageentscheidung (zB Säumnis) nicht gegeben sind.[23] Die Verhandlung ist dann mit der neuen Terminsbestimmung durch zu verkündenden oder zuzustellenden Beschluss (§ 218) wieder zu eröffnen (§ 156). 4

IV. Vertagung (Abs. 3)

Abs. 3 nimmt auf § 227 Bezug, so dass eine Vertagung nur unter den dort genannten **engen Voraussetzungen** (§ 227 Rn. 4–8: erhebliche Gründe) ergehen darf. Dies ist beispielsweise der Fall, wenn Zweifel an der ordnungsgemäßen Ladung nur einer Partei bestehen.[24] Die Entscheidung ergeht durch **Beschluss;** entbehrlich ist daher eine Ladung, aber nicht die Einhaltung der Ladungsfrist (§ 218 Rn. 5). 5

V. Ruhen des Verfahrens

Kann weder eine Entscheidung nach Rn. 3 ergehen, noch nach Rn. 5 vertagt werden, etwa weil ein erheblicher Grund nicht vorliegt, ordnet das Gericht nach **pflichtgemäßem Ermessen**[25] das Ruhen des Verfahrens an, auf dessen Folgen § 251 Anwendung findet[26] (zur Pflicht nach § 278 Abs. 4, oben Rn. 1 und 6

---

[12] OLG Karlsruhe MDR 1995, 637; OLG Frankfurt/M FamRZ 1979, 290 (LS); *St/J/Roth* Rn. 13 m. weit. Nachw.

[13] Str., wie hier – jedenfalls bei gesondert anberaumtem Termin und hinreichender Klärung der Sachlage – LAG Hessen MDR 2001, 517 mit Nachw.; nur bei Antragstellung: BAG MDR 2003, 520; LAG Bremen MDR 2004, 112f.; bejahend auch *Lepke* DB 1997, 1564, 1568; aA *Germelmann/Mathes/Prütting,* ArbGG, § 55 Rn. 18.

[14] *B/L/H* Rn. 17.

[15] *Zö/Greger* Rn. 3a; krit. MK/*Gehrlein* Rn. 20; zum Einverständnis nach § 128 Abs. 2 vgl. *Zö/Greger* Rn. 3a und MK/ *Gehrlein* Rn. 18.

[16] *Zö/Greger* Rn. 2.

[17] Teilweise wird Zustellung empfohlen: MK/*Gehrlein* Rn. 25; *Zö/Greger* Rn. 2.

[18] *St/J/Roth* Rn. 7, 12 (mit Einschränkung für Gegenerklärungen); MK/*Gehrlein* Rn. 11; *Zö/Greger* Rn. 5; *Wiecz* Anm. A II; aA *B/L/H* Rn. 14.

[19] MK/*Gehrlein* Rn. 13; *Zö/Greger* Rn. 5; aA *St/J/Roth* Rn. 12.

[20] MK/*Gehrlein* Rn. 12.

[21] *St/J/Roth* Rn. 19; *Zö/Greger* Rn. 7; aA MK/*Feiber* Rn. 27.

[22] Einfache anwaltliche Erklärung kann genügen, BAG AP Nr. 1 (Bl. 1069) m. weit. Nachw.

[23] *St/J/Roth* Rn. 20; *B/L/H* Rn. 24; *T/P/Putzo* Rn. 12.

[24] *T/P/Hüßtege* Rn. 13.

[25] OLG Köln NJW-RR 1992, 1022, 1023.

[26] Der Sanktionscharakter von Abs. 3 ist insoweit streitig, abl. KG FamRZ 1981, 582, 583; vgl. MK/*Gehrlein* Rn. 39.

dort Rn. 8). Gegen die Anordnung des Ruhens findet trotz fehlenden Antrags sofortige **Beschwerde** nach § 252 statt,[27] s. dort Rn. 1. Zur Kostenentscheidung vgl. § 104 Rn. 11.

VI. Gebühren und Kosten

7 **1. Rechtsanwaltsgebühren.** In der Regel ist die Terminsgebühr schon früher verdient worden (§ 251a Abs. 2 S. 1). War der Anwalt in dem früheren Termin nicht beauftragt, kann der Antrag die Terminsgebühr (Nr. 3104 VV RVG) auslösen, wenn der Anwalt die Sach- und Rechtslage mit dem Gericht erörtert hat. War er vertretungsbereit anwesend oder hat er Fragen zur Prozessleitung mit dem Gericht besprochen, entsteht eine **Terminsgebühr** gem. Nr. 3105 VV RVG.[28]

8 **2. Gerichtskosten.** Eine Urteilsgebühr fällt in keiner Instanz an; sie ist bereits mit der Gebühr für das Verfahren im Allgemeinen abgegolten. Die Anordnung des Ruhens des Verfahrens ist gebührenneutral, s. a. § 331 Rn. 26 u. § 251 Rn. 6.

252 *Rechtsmittel bei Aussetzung* **Gegen die Entscheidung, durch die auf Grund der Vorschriften dieses Titels oder auf Grund anderer gesetzlicher Bestimmungen die Aussetzung des Verfahrens angeordnet oder abgelehnt wird, findet die sofortige Beschwerde statt.**

I. Anwendungsbereich

1 **1. Grundsatz.** Die Norm findet in allen Fällen der §§ 239ff. Anwendung (zu deren Anwendungsbereich § 239 Rn. 1),[1] in denen Aussetzung bzw. Ruhen des Verfahrens als Sonderfall der Aussetzung[2] angeordnet oder die Unterbrechung[3] festgestellt bzw. verneint wird. Aussetzungsbeschlüsse nach allen anderen Vorschriften der ZPO, insbesondere **nach §§ 148–155,** unterliegen ebenfalls der Beschwerde mit Ausnahme einer Aussetzung im Zusammenhang mit **Vorlagebeschlüssen** nach Art. 100 GG oder bei Vorlage an den EuGH (§ 148 Rn. 4), da insoweit **kein Verfahrensstillstand** in der Sache eintritt.[4] Ebenso gilt die Norm für Aussetzungsmöglichkeiten nach anderen gesetzlichen Vorschriften (vgl. etwa § 655 Abs. 4). § 252 greift nicht, wenn eine ablehnende Entscheidung **durch Urteil** ergeht, das nur mit den dafür jeweils vorgesehenen Rechtsmitteln angreifbar ist.[5]

2 **2. Wirkungsgleiche Maßnahmen.** § 252 findet darüber hinaus in zwei Fällen Anwendung: immer dann, wenn ein Beschluss, eine Maßnahme[6] – unabhängig von der Bezeichnung[7] – oder gerichtliche Untätigkeit[8] in den Auswirkungen einer **Aussetzung gleichkommt.**[9] Beispiele: Ablehnung, das Verfahren nach Ruhen,[10] nach einem Grundurteil vor dessen Rechtskraft[11] oder nach einem Vorbehaltsurteil[12] fortzusetzen;[13] überlange oder unbestimmte Fristsetzung nach § 356;[14] Anordnung nach § 364;[15] Nichtabtrennung von Folgesache im Scheidungsverbund[16]; unterlassene oder sehr weit in die Zukunft orientierte Terminierung (vgl. § 216 Rn. 7, 11)[17] oder Beweisaufnahmen (trotz der grundsätzlichen Unanfechtbarkeit von Beweisbeschlüssen nach § 355 Abs. 2, s. § 355 Rn. 11)[18]. Der zweite Fall entsprechender Anwendung ist gegeben, wenn auf Grund einer gerichtlichen Maßnahme oder Entscheidung das Verfahren fortgesetzt wird und darin **mittelbar die Ablehnung eines Aussetzungsantrages** liegt.[19]

---

[27] OLG Köln NJW-RR 1992, 1022, 1023; *St/J/Roth* Rn. 24; *B/L/H* Rn. 30; aA *Zö/Greger* Rn. 11.
[28] *G/S-Müller-Rabe* VV 3104 Rn. 29.
[1] Für das WEG-Verfahren BayObLG NJW-RR 1988, 16; für Art. 21 EuGVÜ OLGR Frankfurt 2001, 254.
[2] OLG Köln NJW-RR 1992, 1022; OLG Düsseldorf FamRZ 1986, 485, 486; hM, vgl. *St/J/Roth* Rn. 2.
[3] OLG München NJW 1996, 228, 229; *B/L/H* Rn. 3; *Zö/Greger* Rn. 1.
[4] OLG Frankfurt/M FamRZ 1980, 178 (aber Beschwerde, soweit im Übrigen eine weitere Aussetzungsentscheidung getroffen wird); OLG Köln WRP 1977, 734ff.; MDR 1970, 852; *MK/Gehrlein* Rn. 17; *Zö/Greger* Rn. 1b; hiergegen *Pfeiffer* NJW 1994, 1996ff.; *Schumann* ZZP 78 (1965), 77, 112f.; einen Sonderfall behandelt BVerfG NJW 1973, 1319, 1320.
[5] *MK/Gehrlein* Rn. 7; *B/L/H* Rn. 5; *Zö/Greger* Rn. 1c.
[6] Verneinend für abgelehnte Trennung im Verbundverfahren, OLG Düsseldorf FamRZ 1994, 1121 m. weit. Nachw.
[7] OLG Zweibrücken FamRZ 1984, 74, 75; LSG Darmstadt NJW 1985, 992.
[8] OLG Hamm FamRZ 1998, 1606; OLG Köln FamRZ 1998, 1607; OLG Hamburg NJW-RR 1989, 1022, 1023; *St/J/Roth* Rn. 6; aA OLG Karlsruhe OLGZ 1984, 98f.
[9] OLG Zweibrücken FamRZ 1984, 74, 75; KG FamRZ 1982, 320, 321; *T/P/Hüßtege* Rn. 3.
[10] OLG Köln FamRZ 2003, 689.
[11] KG MDR 1971, 588; *B/L/H* Rn. 4; *Zö/Greger* Rn. 1.
[12] *MK/Gehrlein* Rn. 13.
[13] Nach Auskunftsurteil ist eine Stufenklage auch auf Antrag des Beklagten fortzusetzen, OLG Karlsruhe FamRZ 1997, 1224, 1225.
[14] OLG Köln FamRZ 1960, 409, 410.
[15] OLG Köln NJW 1975, 2349, 2350; LG Aachen NJW-RR 1993, 1407; *Zö/Greger* Rn. 1a.
[16] OLG Frankfurt/M FamRZ 1997, 1167f.
[17] BGHZ 93, 238 = NJW 1985, 1471; OLG Stuttgart FamRZ 1998, 1605, 1606 (kein Aufschub d. Terminierung bis Auskunft über Versorgungsausgleich vorliegt); OLG Schleswig NJW 1982, 246; OLG Frankfurt/M FamRZ 1982, 316; OLG Köln OLGZ 1985, 122, 123; offen OLG Frankfurt/M NJW-RR 1990, 138; abl. OLG Karlsruhe FamRZ 1994, 1399.
[18] OLG Bremen NJW 1969, 1908, 1909; LG Aachen NJW-RR 1993, 1407 (Nichterledigung von Rechtshilfeersuchen); *B/L/H* Rn. 4.
[19] *MK/Gehrlein* Rn. 12; *T/P/Putzo* Rn. 3.

II. Rechtsmittel

3 **1. Grundsatz.** Seit der ZPO-Reform findet einheitlich gegen Beschlüsse, welche die Aussetzung anordnen oder ablehnen, die **sofortige Beschwerde** nach § 567 Abs. 1 statt, wenn es sich um erstinstanzliche Entscheidungen von Amts- oder Landgericht handelt (zum Abhilferecht jetzt § 572 Abs. 1). Zur **Rechtsbeschwerde** für zweitinstanzliche Entscheidungen s. § 574 Rn. 3. **Beschwerdebefugt** ist die am Verfahren beteiligte Partei (s. § 567 Rn. 2, vor § 511 Rn. 1); die Beschwerde ist unzulässig, wenn sie sich gegen eine Entscheidung über die Aussetzung im Rechtsstreit eines einfachen Streitgenossen richtet.[20] Wird auf die Beschwerde ein den Verfahrensstillstand bewirkender oder erhaltender Beschluss aufgehoben, so entfällt der Stillstand mit **ex-nunc-Wirkung.**

4 **2. Eingeschränkte Nachprüfung.** Die Beschwerdeinstanz soll nach bisher hA die angegriffene Entscheidung nur auf Verfahrensfehler, das formelle Vorliegen eines Aussetzungsgrundes und etwaigen Missbrauch des Ermessens überprüfen, ansonsten jedoch nicht die Zweckmäßigkeit (zB nach § 148) des Verfahrensstillstandes.[21] Dies gilt auch nach neuem Beschwerderecht.

III. Gebühren und Kosten

5 **1. Rechtsanwaltsgebühren.** Vgl. § 567 Rn. 29.

6 **2. Gerichtskosten.** Für das Beschwerdeverfahren gilt KV Nr. 1812.

---

[20] OLG Koblenz VersR 1992, 1536.

[21] KG MDR 2007, 736; OLG Thüringen OLG-NL 2001, 238; OLG Brandenburg FamRZ 1996, 496, 497; OLG München FamRZ 1985, 495; LAG Mainz NJW 1981, 2272; OLG Karlsruhe GRUR 1979, 850, 851; *St/J/Roth* Rn. 8; MK/*Gehrlein* Rn. 1; ähnlich BGH FamRZ 1983, 890, 892; s. aber OLG Düsseldorf NJW 1980, 2534.

BUCH 2. VERFAHREN IM ERSTEN RECHTSZUG

Abschnitt 1. Verfahren vor den Landgerichten

Titel 1. Verfahren bis zum Urteil

Vorbemerkung

I. Prozessvoraussetzungen

1 **1. Begriff.** Prozessvoraussetzungen sind die Bedingungen, von denen es abhängt, ob das Verfahren als solches und eine Entscheidung in der Sache zulässig sind. Bei wörtlichem Verständnis wäre der Begriff auf die Minimalia zu beschränken, unter denen es zu einem Prozess kommt (ordnungsgemäße Klage, deutsche Gerichtsbarkeit), und im Übrigen von Sachurteilsvoraussetzungen zu sprechen. Dieser Terminus hat sich aber nicht durchsetzen können. Er lässt auch nicht erkennen, dass schon die Verhandlung zur Sache an die Prozessvoraussetzungen gebunden ist.

2 **2. Abgrenzung. Prozesshandlungsvoraussetzungen** sind die Bedingungen, unter denen eine einzelne Prozesshandlung (Einl. Rn. 58 ff.) zulässig ist, zB eine gerichtliche Zustellung oder der Antrag einer Partei. Ist eine solche Handlung unzulässig, so muss sie unterbleiben bzw. zurückgewiesen werden; im Übrigen hindert sie aber weder das Verfahren noch ein Sachurteil. Bloße Prozesshandlungsvoraussetzungen sind nach hM auch die Postulationsfähigkeit (§§ 78 ff.) und die Vertretungsmacht des Prozessbevollmächtigten;[1] das ändert aber nichts daran, dass kein Sachurteil ergehen darf, wenn mangels Postulationsfähigkeit nicht einmal die Klage wirksam erhoben war[2] und dieser Mangel nicht (ex nunc) geheilt wird (§ 253 Rn. 10). Die **Rechtsmittelzulässigkeit** hat Voraussetzungen (Form, Frist, Statthaftigkeit), die gleichfalls nicht für die Klage als solche, sondern nur für die betreffende Instanz aufgestellt sind. **Aktiv- und Passivlegitimation** besagen, dass das verfolgte Recht gerade dem Kläger zusteht bzw. gerade gegen den Beklagten besteht. Die Sachlegitimation gehört also zur Begründetheit. Sie darf insbesondere nicht mit der Prozessführungsbefugnis (Rn. 4) verwechselt werden.

3 **3. Einteilung.** Die **positiven** Prozessvoraussetzungen müssen vorliegen, damit der Prozess zulässig ist. Negative Prozessvoraussetzungen sind Umstände, die ihn ausnahmsweise unzulässig machen, nämlich anderweitige Rechtshängigkeit (§ 261 Abs. 3 Nr. 1) und die materielle Rechtskraft (vgl. § 322 Rn. 9); zu den Prozesshindernissen vgl. Rn. 11. Während die **allgemeinen** Prozessvoraussetzungen für jedes Streitverfahren gegeben sein müssen, sind für manche Verfahren besondere Voraussetzungen aufgestellt, so für die Wiederaufnahme (§ 578) und den Urkundenprozess (§ 592).

4 **4. Allgemeine Prozessvoraussetzungen.** Diese beziehen sich auf Gericht, Parteien und Streitgegenstand.

a) Das Gericht betreffen: die **Gerichtsbarkeit** (§§ 18–20 GVG); die **Zulässigkeit des Rechtsweges** (§ 13 GVG); **örtliche (internationale), sachliche und funktionelle Zuständigkeit** (§§ 12 ff.; § 1 ZPO iVm. §§ 23 ff., 71 GVG bzw. § 606 a). Kraft § 15 a EGZPO ist in einigen Bundesländern auch vorgesehen, dass dort in bestimmten Streitigkeiten die Klage erst nach einem **obligatorischen Schlichtungsverfahren** zulässig ist (§ 15 a EGZPO; dazu Einl. Rn. 25 und § 495 a Rn. 12). Wird dessen Durchführung nicht bis zum Schluss der mündlichen Verhandlung gemäß § 15 a Abs. 1 S. 2, Abs. 3 S. 3 EGZPO nachgewiesen, so ist die Klage als (zurzeit noch) unzulässig abzuweisen, ohne Gelegenheit zur Nachholung des Schlichtungsverfahrens zu geben.[3]

b) Die Parteien betreffen: deren **Existenz** bzw. **Parteifähigkeit** (§ 50); **Prozessfähigkeit** (§§ 51 ff., 607 Abs. 1, 640 b) bzw. gesetzliche Vertretung (§§ 51 Abs. 1, 56 Abs. 2, 607 Abs. 2); **Prozessführungsbefugnis** als Berechtigung, den Rechtsstreit über ein Recht zu führen, weil es als eigenes oder obwohl es als fremdes geltend gemacht wird (vgl. § 51 Rn. 14 ff.).

5 **c) Den Streitgegenstand betreffen: aa) ordnungsmäßige Klageerhebung** (§ 253 Rn. 3 ff.);

bb) entgegenstehende **Rechtskraft,** soweit das aktuelle Klagebegehren identisch mit dem Gegenstand des Alturteils oder dessen Gegenteil ist; im Übrigen kann für eine Entscheidung, die das Alturteil doch nur bestätigen könnte, das Rechtsschutzinteresse fehlen;

cc) anderweitige **Rechtshängigkeit** (§ 261 Abs. 3 Nr. 1);

6 **dd) Klagbarkeit des Anspruchs.** Sie ist nach hM bereits für die Zulässigkeit der Klage bedeutsam.[4] Dies kann freilich nicht für unvollkommene Verbindlichkeiten gelten (zB § 656 Abs. 1 BGB); eine Klage aus solchen ist durch Sachurteil abzuweisen.[5] Klagbarkeit fehlt nur solchen Ansprüchen, die zwar außergerichtlich, nicht aber gerichtlich durchsetzbar sind.[6] Eine Leistungsklage kann **durch Gesetz** ausgeschlossen sein, nämlich generell (zB § 1297 BGB) oder teilweise (zB § 1958 BGB), auch durch eine Klagefrist (zB

---

1 *St/J/Schumann* Einl. Rn. 316.

2 MK/*Becker-Eberhard* Rn. 8.

3 HM, BGH NJW 2005, 437, 438 f.; aA *Becker/Nicht* ZZP 120 (2007), 159 ff. m. weit. Nachw.

4 BGHZ 55, 334, 337 ff. = NJW 1971, 983; BGH NJW 1984, 669, 670; *Stech* ZZP 77 (1964), 162; *Jauernig*, ZPR, § 33 IV 3 f; aM *Blomeyer* § 35 II; wohl auch OLG Oldenburg MDR 1987, 414.

5 BGH NJW-RR 2004, 778, 780.

6 *St/J/Schumann* Rn. 87.

Art. 12 Abs. 3 NTS-AG[7]), die nicht schon materiellrechtlich wirkt (so § 4 KSchG[8]). Auch **Prozessverträge** mit Verfügungswirkung können die Klagbarkeit nach hM ausschließen[9] oder suspendieren („Stillhalteabkommen"). Schieds- und Schlichtungsabkommen werden allerdings überwiegend den Prozesshindernissen (Rn. 11) zugeordnet.

ee) **Rechtsschutzbedürfnis** als berechtigtes Interesse an der Inanspruchnahme des Zivilgerichts. An ihm hält die ganz hM fest,[10] wenn auch zunehmend davor gewarnt wird, es vorschnell zum Auffangtatbestand für dogmatisch unverarbeitete Bedenken zu machen.[11] Für Leistungsklagen ist es grds. gegeben,[12] selbst dann, wenn der Kläger sich in erster Linie die Richtigkeit seiner Rechtsansicht bestätigen lassen will.[13] Es fehlt in Wettbewerbssachen, falls einer einstweiligen Verfügung die Abschlusserklärung des Gegners folgt.[14] Fraglich ist es, wo schon ein **anderer Vollstreckungstitel** vorliegt. Ist dieser rechtskräftig, so kann schon das der Klage entgegenstehen (Rn. 5). Das Rechtsschutzbedürfnis entfällt aber, wenn der Kläger zB eine vollstreckbare Urkunde erhält.[15] Unbedenklich ist die erneute Klage, wenn der frühere Titel nur vorläufig vollstreckbar ist (einstwAnO oder einstwVfg.),[16] ersatzlos verloren gegangen ist,[17] sein Inhalt streitig wird (§ 256 Rn. 32),[18] ein Prozessvergleich unwirksam zu sein scheint[19] (s. aber § 794 Rn. 21), eine Vollstreckungsgegenklage zu erwarten ist,[20] die Verjährung gehemmt werden muss[21] oder eine Willenserklärung gemäß § 894 statt auf dem (wegen Vergleichs nur gegebenen) unsicheren Wege des § 888 erzwungen werden soll.[22] 7

Allgemein ist ein **einfacherer oder billigerer Weg** zum Rechtsschutz der Klage vorzuziehen, so zB die Kostenfestsetzung nach § 104,[23] die Beitreibung von Avalzinsen als Vollstreckungskosten (§ 788),[24] die Reduzierung freiwilliger Unterhaltszahlungen einer Klage auf Abänderung eines Titels über Spitzenbeträge,[25] das bereits eingelegte Rechtsmittel einer Vollstreckungsgegenklage,[26] uU auch die Rückgabe der Sicherheit nach § 109 einer Leistungsklage (§ 109 Rn. 2), nicht aber die Klage auf Vollstreckungsklausel (§ 731) einer Leistungsklage gegen den Vermögensübernehmer.[27] Der einfachere Weg muss für den Gläubiger freilich gleichermaßen sicher und wirkungsvoll sein; daran fehlt es zB, wenn seine Zulässigkeit zweifelhaft ist.[28] Auch Aussicht auf Eingreifen der Ordnungsbehörde muss die Inanspruchnahme der Zivilgerichte nicht hindern.[29] 8

Freiwillige Zahlungen ändern nichts am Bedürfnis für Titulierung, zumal der von Unterhaltsansprüchen (§ 258),[30] können aber zur Kostenentscheidung nach § 93 führen. Schutz verdienen auch **Klagen auf Minimalbeträge.**[31] Dies folgt, mangels gesetzlicher Schranken, aus dem Rechtsstaatsprinzip und der Gefahr des Missbrauchs jedweder Entlastung des Schuldners, zumal die Rechtspflege de lega lata auch sonst kaum am Kosten-Ertrags-Verhältnis orientiert ist. Für Klagen auf **Titelherausgabe** genügt die ernsthafte Möglichkeit, dass der Beklagte aus dem Titel Rechte herleitet (s. aber § 767 Rn. 14).[32] Auf **Auskunft** nach § 131 Abs. 1 S. 1 AktG kann nicht geklagt werden, wenn diese außerhalb der Hauptversammlung erlangt werden konnte.[33] 9

Auch für **Unterlassungsklagen** fehlt das Bedürfnis nur selten, zumal die Besorgnis weiterer Beeinträchtigungen stets Anspruchsvoraussetzung ist, so dass die Klage bei Fehlen einer Wiederholungsgefahr nur unbegründet ist[34] (zB bei auch nur einseitiger Unterwerfungserklärung nach Abmahnung[35]). Eine Unterlassungsklage bleibt selbst dann zulässig, wenn gegen eine strafbewehrte Unterlassungsverpflichtung 10

---

7 BGHZ 111, 339, 341 = NJW 1990, 3085.
8 *Lepke* DB 1991, 2034, 2040; ähnlich BAG BB 1989, 2256 (LS).
9 So wohl auch BGH NJW 1982, 2072, 2073.
10 S. nur BGH NJW-RR 1989, 263, 264; aM *Blomeyer* § 30 X.
11 Dazu *St/J/Schumann* Rn. 103; *Brehm,* in: Festg. 50 Jahre BGH, 2000, S. 89ff.
12 BGH MDR 1993, 1190.
13 LG Bonn NJW 1995, 2995, 2996.
14 BGH GRUR 1991, 76, 77.
15 Differenzierend OLG Hamm NJW-RR 1998, 423; aM LG Lüneburg NJW-RR 1992, 1190.
16 BGH NJW 1973, 901, 902; 1983, 1330; GRUR 1989, 115; aM KG FamRZ 1983, 620.
17 BGHZ 4, 314, 321 = NJW 1952, 705.
18 Vgl. BGH GRUR 1958, 359, 361; OLG Zweibrücken NJW-RR 1997, 1 (unbestimmter Titel).
19 BGH NJW 1985, 1962, 1963.
20 OLG Hamm (Fn. 15); NJW 1976, 246; MDR 1989, 266, 267.
21 BGHZ 93, 287, 289 = NJW 1985, 1711.
22 BGHZ 98, 127, 129f. = NJW 1986, 2704.
23 BGHZ 111, 168, 171 = NJW 1990, 2060; offen gelassen in OLG Bremen VersR 1974, 371.
24 OLG Koblenz OLGZ 1990, 127, 128.
25 BGH NJW 1993, 1995, 1996.
26 BAG EzA § 767 Nr. 1.
27 BGH NJW 1987, 2863 m. weit. Nachw.; anders noch RGZ 88, 267ff.
28 BGH NJW 1994, 1351, 1352; 2006, 443, 444.
29 OLG Köln MDR 1994, 1121.
30 BGH NJW 1998, 3116f.; OLG Hamm FamRZ 1992, 831, 832; aM *B/L/H* Rn. 40.
31 HM; anders *Schmieder* ZZP 120 (2007), 199ff., 210ff. m. Nachw. zum Streitstand.
32 OLG Celle FamRZ 1993, 1332, 1333.
33 BayObLG BB 1997, 330f.
34 Ausf. *Pohlmann* GRUR 1993, 361f. m. weit. Nachw.
35 BGH GRUR 1984, 214, 216.

verstoßen wurde, so dass der Verletzte die verwirkte Vertragsstrafe erzwingen kann,[36] nicht aber nach Erlass einer einstwVfg., wenn im Abschlussschreiben auf die Rechtsbehelfe der §§ 924, 926 bzw. 927 verzichtet wird.[37] Für gerichtlichen Ehrenschutz kann das Bedürfnis fehlen, wenn dieser in andere Verfahren übergreifen würde.[38]

11 5. **Prozesshindernisse** sind nicht von Amts wegen zu beachten. Zur Klageabweisung führt erst die Rüge der Partei, in deren Interesse sie liegen (verzichtbare Rügen, §§ 296 Abs. 3, 532). Das gilt vor allem für Schiedsverträge (§ 1032 Abs. 1). Nach der Rspr. gilt es auch für Schlichtungsverträge, die gebieten, vorprozessual eine Schlichtungsstelle anzurufen (dilatorischer Klageverzicht);[39] entsprechende Klauseln bzw. Satzungen binden allerdings nur, soweit Mindestgarantien (wie die Schlichter-Neutralität) gesichert sind und die Sperrung des Rechtsweges (zB bei Insolvenzgefahr) nicht unangemessen ist.[40] Prozesshindernd sind auch Verpflichtungen zur Klagerücknahme; sie wirken zwar nicht unmittelbar auf den Prozess ein (Rn. 6), doch ist eine aufrechterhaltene Klage auf Rüge hin als unzulässig abzuweisen.[41] Die Einrede mangelnder Ausländersicherheit führt dagegen nur zur Anordnung der Sicherheitsleistung und allenfalls zur Fiktion der Klagerücknahme (§ 113 S. 2); die Einrede fehlender Kostenerstattung nach Klagerücknahme kann dank Richterrechts (auch) zum Prozesshindernis werden (§ 269 Rn. 18).

12 6. **Prüfung von Amts wegen.** Das Gericht hat sich der Prozessvoraussetzungen – bei Zweifeln – jederzeit[42] von Amts wegen zu vergewissern (nicht: sie zu ermitteln, § 139 Abs. 3[43]), was für Partei- und Prozessfähigkeit in § 56 klargestellt ist. Sie sind idR **vor der Begründetheit** der Klage zu prüfen.[44] Dies folgt für die Rechtsmittelzulässigkeit aus §§ 522 Abs. 1, 552, 572 Abs. 2, im Übrigen aus § 282 Abs. 3 S. 2, dessen Neufassung die Vorabprüfung der Prozessvoraussetzungen sogar erleichtern sollte.[45] Diese sollen u. a. die Parteien schützen (zB Rechtskraft,[46] Zuständigkeit, Prozessfähigkeit, Einrede der Schiedsabrede), was bei vorgezogener Begründetheitsprüfung unmöglich würde (vgl. §§ 547 Nr. 4, 579 Abs. 1 Nr. 4). Andererseits können Rechtsschutzbedürfnis und Feststellungsinteresse dahinstehen, wenn die Klage sichtlich unbegründet ist.[47]

13 Inwieweit bei der Prüfung ein **Rangverhältnis der Prozessvoraussetzungen** zu beachten ist, ist umstritten.[48] Entsprechende Schranken der richterlichen Entscheidung sind bedeutsam, weil der bevorzugte Abweisungsgrund die Rechtskraft der Klageabweisung mitbestimmt und den Kläger somit unterschiedlich belasten kann. Grds. kann wegen desjenigen Mangels abgewiesen werden, der am leichtesten feststellbar ist[49]. Teilweise wird aber auch für einen Entscheidungsvorrang zu Gunsten solcher Voraussetzungen plädiert, die sachliche Bedingung der nächstfraglichen Voraussetzung sind.[50] Insofern vorrangig sind zB die Ordnungsmäßigkeit der Klageerhebung, der Rechtsweg (§ 17a Abs. 2 GVG) jedenfalls vor dem Rechtsschutzbedürfnis,[51] die Zulässigkeit einer Klageänderung vor dem erst für die neue Klage fraglichen Rechtsweg,[52] die sachliche vor der örtlichen Zuständigkeit,[53] die internationale vor der örtlichen Zuständigkeit[54] und die Prozessfähigkeit vor der Rechtskraft.[55]

II. Klagearten

14 Zu unterscheiden sind Leistungs-, Feststellungs- und Gestaltungsklage. Die Leistungsklage strebt nach Befriedigung, die Feststellungsklage nach bloßer Feststellung vor allem eines streitigen Rechtsverhältnisses und die Gestaltungsklage nach Begründung oder Änderung eines Rechtsverhältnisses durch Urteil. Entsprechend differiert der jeweilige Streitgegenstand (§ 322 Rn. 47ff.).

15 1. **Leistungsklagen** dienen der Befriedigung eines Anspruchs mittels Zwangsvollstreckung. Sie richten sich also vor allem auf ein **Tun,** zB Geldzahlung, Abgabe einer Willenserklärung (§ 894), Herausgabe einer Sache (§§ 883ff.) oder sonstige Handlungen (§§ 887–889). Leistungsklagen sind auch die Klagen auf Herstellung des ehelichen Lebens und auf Leistung von Diensten, obwohl entsprechende Urteile idR nicht vollstreckbar sind (§ 888 Abs. 3). Ziel kann auch ein **Unterlassen** sein (§§ 890, 892), zB kraft §§ 12, 1004 BGB,

[36] Vgl. BGH NJW 1980, 1843f.; *Ahrens/Schulte* Kap. 9 Rn. 12f.; aM *Teplitzky* GRUR 1983, 609.
[37] BGH GRUR 1991, 76f.; GRUR 1989, 115; OLG Hamm GRUR 1993, 1001, 1002.
[38] OLG Saarbrücken NJW-RR 1994, 1549f.; OLG Karlsruhe Justiz 1994, 239.
[39] BGH NJW 1984, 669 = ZZP 99 (1986), 90 m. krit. Anm. *Prütting;* NJW-RR 1995, 290, 291f. (Vorstand einer kirchlichen Kasse); WM 1999, 651f.; aA *Wagner,* Prozessverträge, 1998, S. 247ff., 439.
[40] *Wagner* (Fn. 39) S. 443ff.; s. auch BGH WM 1999, 651f. (Vereitlung außergerichtlicher Regelung).
[41] BGH NJW-RR 1987, 307; 1989, 802.
[42] BGHZ 31, 279, 281f. = NJW 1960, 523; BGHZ 86, 184, 188f. = NJW 1983, 996.
[43] BGH MDR 2000, 660, 661; s. aber BGH NJW 1996, 1059, 1060; *Engelmann-Pilger* NJW 2005, 716ff.
[44] Vgl. BGH NJW 2000, 738f.; MK/*Becker-Eberhard* Rn. 3; aM OLG Köln NJW 1974, 1515; KG NJW 1976, 2353; *Rimmelspacher* ZZP 88 (1975), 245ff.; *Grunsky* ZZP 80 (1967), 55ff.
[45] Vgl. BT-Drucks. 7/2729, S. 74.
[46] BGH NJW 2000, 3718, 3719f.
[47] HM; vgl. BGH NJW 1987, 2808, 2809; OLG Düsseldorf NJW-RR 1996, 1389f. (zu § 13 Abs. 2 Nr. 2 UWG).
[48] Vgl. *Lindacher* ZZP 90 (1977), 131ff.; *Pohle* ZZP 81 (1968), 161ff.
[49] *Harms* ZZP 83 (1970), 167, 177ff.
[50] BAG NJW 1983, 839.
[51] BGHZ 27, 15, 29, insoweit nicht in NJW 1958, 825; weiter gehend BVerwG WM 2001, 1392.
[52] RGZ 105, 275, 279; *Blomeyer* § 39 III.
[53] So BAG NJW 1983, 839; aM *Jauernig,* ZPR, § 33 V 6.
[54] BGH JZ 1980, 147f.
[55] *St/J/Schumann* Einl. Rn. 325.

§ 13 Abs. 1 AGBG aF, § 3 UWG, ferner die schlichte **Haftung,** auch wenn kein echter Anspruch auf sog. Duldung der Zwangsvollstreckung besteht. Eine solche Haftungsklage eröffnen zB §§ 1147, 1233 Abs. 2 BGB sowie die Verwertungsrechte von unrechtmäßigem und Erbschaftsbesitzer (§§ 1003, 2022 Abs. 1 BGB).

2. Feststellungsklagen zielen auf die Feststellung, dass ein Rechtsverhältnis (nicht) besteht oder dass eine Urkunde (nicht) echt ist (§ 256). Sie führen nicht zur Befriedigung. Ein positives Feststellungsurteil erleichtert durch seine Rechtskraft aber einen späteren Prozess auf Leistung, während ein abweisendes Urteil ihn aussichtslos macht. Umgekehrt enthält ein Leistungsurteil zugleich die Feststellung der Leistungspflicht des Beklagten (im zuerkannten Umfang). Mittels Feststellungsklage können freilich nicht nur Ansprüche, sondern auch sonstige Rechte geklärt werden, beides aber nur bei besonderem Feststellungsinteresse. Ohne diese Beschränkung kann jede Partei innerhalb eines laufenden Verfahrens eine Entscheidung über Vorfragen begehren (Zwischenfeststellungsklage). 16

3. Gestaltungsklagen streben die Begründung oder Änderung eines Rechtsverhältnisses durch Urteil an. Diese Einwirkung ist oft allein dem Gericht möglich, zB bei Scheidung und Aufhebung der Ehe (§§ 1314, 1564 BGB), bei Vaterschaftsanfechtung (§ 1599 Abs. 1 BGB) und Erbunwürdigkeitsklage (§ 2340 BGB). Die Gestaltung ist dem Gericht auch dort überlassen, wo ihr Ergebnis privatautonom erreichbar wäre, aber verweigert wird. So ist es bei Bestimmung der Leistung (§§ 315 Abs. 3 S. 2, 319 Abs. 1 S. 2, 2048 S. 3 BGB), bei Herabsetzung von Vertragsstrafe oder Maklerlohn (§§ 343 Abs. 1 S. 1, 655 S. 1 BGB), bei Auflösung von OHG und KG (§§ 133 Abs. 1, 161 Abs. 2 HGB), bei Klage auf Ausschluss eines Gesellschafters (§ 140 Abs. 1 HGB) und bei Nichtigerklärung von Beschlüssen einer Hauptversammlung (§ 241 Nr. 5 AktG) bzw. Generalversammlung (§ 51 GenG). Eine weitere Gruppe bilden die prozessualen Gestaltungsklagen, zB darauf, die Vollstreckung aus Titel (§§ 767, 785) oder vollstreckbarer Ausfertigung (§§ 768, 797) für unzulässig zu erklären. Die Gestaltungswirkung tritt mit formeller Rechtskraft des Urteils ein, und zwar für und gegen alle.[56] Insofern bedarf es keiner Vollstreckung. Zugleich wird über das Recht auf Gestaltung entschieden, und zwar mit materieller Rechtskraft, so dass der Kläger für die Gestaltung auch nicht haftbar gemacht werden kann.[57] 17

253 *Klageschrift*

(1) Die Erhebung der Klage erfolgt durch Zustellung eines Schriftsatzes (Klageschrift).

(2) Die Klageschrift muss enthalten:

1. die Bezeichnung der Parteien und des Gerichts;

2. die bestimmte Angabe des Gegenstandes und des Grundes des erhobenen Anspruchs, sowie einen bestimmten Antrag.

(3) Die Klageschrift soll ferner die Angabe des Wertes des Streitgegenstandes enthalten, wenn hiervon die Zuständigkeit des Gerichts abhängt und der Streitgegenstand nicht in einer bestimmten Geldsumme besteht, sowie eine Äußerung dazu, ob einer Entscheidung der Sache durch den Einzelrichter Gründe entgegenstehen.

(4) Außerdem sind die allgemeinen Vorschriften über die vorbereitenden Schriftsätze auch auf die Klageschrift anzuwenden.

(5) [1]Die Klageschrift sowie sonstige Anträge und Erklärungen einer Partei, die zugestellt werden sollen, sind bei dem Gericht schriftlich unter Beifügung der für ihre Zustellung oder Mitteilung erforderlichen Zahl von Abschriften einzureichen. [2]Einer Beifügung von Abschriften bedarf es nicht, soweit die Klageschrift elektronisch eingereicht wird.

Übersicht

---

[56] RGZ 80, 317, 323.

[57] *Dölle* ZZP 62 (1941), 281 ff.; *K. Schmidt* JuS 1986, 35, 38.

A. Normzweck

1 **Bedeutung der Klage.** Mit der Klage wird Rechtsschutz durch Erlass eines Urteils begehrt. Die Klageerhebung ist Prozesshandlung (Einl. Rn. 59). Sie begründet ein Prozessrechtsverhältnis und zwar unabhängig davon, ob die sog. Prozessvoraussetzungen erfüllt sind (Einl. Rn. 55). Sie fixiert vor allem den Streitgegenstand. Die so definierte Streitsache kann der Kläger nur insoweit ändern, wie eine Klageänderung zulässig ist (§§ 263f.). Die Streitsache bleibt auch für die gerichtliche Entscheidung maßgeblich (§ 308), bestimmt deren Rechtskraft (§ 322 Rn. 16) und darf vor keinem anderen Gericht mehr anhängig gemacht werden (§ 261 Abs. 3 Nr. 1). Nach Klageerhebung bleibt die Zuständigkeit des Gerichts auch dann erhalten, wenn ein sie begründender Umstand entfällt (§ 261 Abs. 3 Nr. 2; Ausnahmen: §§ 506, 621 Abs. 3). Die Prozessführungsbefugnis des Klägers besteht trotz einer Veräußerung der Streitsache fort (§ 265). Hinzu kommen wichtige materiellrechtliche Wirkungen (vgl. § 262 Rn. 1). Demnach besteht an der Erhebung wirksamer Klagen eindeutigen Inhalts auch ein öffentliches Interesse.

2 **Das Gesetz** trägt dem Rechnung, indem § 253 klarstellt, unter welchen Mindestvoraussetzungen die Klage erhoben ist (Abs. 1 und 2). Dies wird mittelbar durch Abs. 3 und 4 bestätigt, nämlich durch Hinweis auf diejenigen Angaben, die die Klageschrift enthalten „soll", die also nicht ohne weiteres essenziell sind, wie zB die Präzisierungen des § 130 Nr. 1–5. Auch die Pflicht zur Einreichung von Abschriften (Abs. 5) ist nur Ordnungsvorschrift, deren Missachtung gleichwohl Risiken birgt (Rn. 36).

B. Erhebung der Klage

I. Übersicht

3 Abs. 1 beschreibt die **reguläre Klageerhebung.** Sie erfolgt durch Einreichung einer Klageschrift bei Gericht (Abs. 5) und die Zustellung einer beglaubigten Abschrift an den Gegner von Amts wegen (§§ 166 Abs. 2, 169 Abs. 2, 270 S. 1). Die Einreichung führt zur Anhängigkeit, die Zustellung zur Rechtshängigkeit (§ 261 Abs. 1). Vor dem **Amtsgericht** genügt auch, dass die Klage mündlich zu Protokoll der Geschäftsstelle angebracht und das Protokoll dem Gegner zugestellt wird (§§ 496, 498).

4 Im **laufenden Prozess** wird die Klage entweder regulär erhoben, wobei uU von Anwalt zu Anwalt zugestellt werden kann, oder mündlich, dh. durch Verlesung aus vorbereitendem oder „spontanem" Schriftsatz, uU gar durch Erklärung zu Protokoll (näher § 261 Rn. 6). Dies erleichtert vor allem Klageerweiterung, Widerklage und Zwischenfeststellungsklage, aber auch sonstige Klagehäufung. Vor den **Arbeitsgerichten** gilt § 253 für das Urteilsverfahren (näher §§ 495, 496, 498 ZPO, § 46 Abs. 2 ArbGG). Das Beschlussverfahren wird durch Antrag nach § 81 ArbGG eingeleitet; die übrigen Beteiligten ermittelt das Gericht von Amts wegen.[1]

II. Einreichung und Zustellung

5 **1. Klageschrift.** Einzureichen ist bei dem Landgericht stets eine Schrift (Abs. 5; s. aber auch § 130a).

a) Die **Inbezugnahme anderer Schriftstücke** ist nur bedingt zulässig,[2] da das Klagevorbringen den Streitgegenstand festlegt und seine Rekonstruktion aus der Akte dem Gericht (uU auch dem Gegner[3]) nicht zumutbar ist. Die Inbezugnahme muss stets konkret, das weitere Schriftstück aus sich heraus verständlich sein.[4] Verwiesen werden kann auch auf Schriftsätze in Nebenverfahren (um vorläufigen Rechtsschutz[5] oder PKH[6]), wenn sie dem Gericht vorliegen oder in beglaubigter Abschrift beigefügt werden,[7] selbst auf Parallelprozesse,[8] trotz Drittbeteiligung.[9] Im Anwaltsprozess muss der benannte Schriftsatz freilich von einem Anwalt unterschrieben sein, der am selben Prozessgericht zugelassen ist.[10] Eine **unzulässige** Inbezugnahme macht die Klage unwirksam. Eine Heilung durch rügelose Einlassung ist ausgeschlossen (§ 295 Abs. 2), es sei denn, dass dem Gericht ein Schriftstück vorliegt, das der Kläger sich zu Eigen macht, das dem Beklagten bekannt ist und den Erfordernissen des § 253 Abs. 2 genügt.[11] Wird der ordnungsgemäße Vortrag nachgeholt, so wirkt dies nur ex nunc.[12]

6 b) Die **Absicht der Klageerhebung** muss zum Ausdruck kommen. Das hängt nicht nur vom Wortlaut ab. Laut Rspr. soll im Zweifel (und selbst bei eindeutig verfehltem Wortlaut) der Antrag gemeint sein, welcher der „recht verstandenen Interessenlage" der Partei entspricht.[13] So kann die Bezeichnung „Klage und **PKH-Antrag**" als bloßer PKH-Antrag gemeint sein, wenn die Klagebegründung dies klarstellt,[14] ebenso eine

---

[1] BAG NJW 1969, 526 (LS).
[2] Vgl. OLG Hamburg ZMR 1995, 18, 19; näher *Lange* NJW 1989, 438, 439f.
[3] LG Berlin Rpfleger 1973, 409.
[4] BGH NJW-RR 2004, 639, 640 (übersichtliches Anlageblatt); 2005, 216; *Zö/Greger* Rn. 12a.
[5] BGHZ 13, 244, 248 = NJW 1954, 1566; BGH VersR 1979, 764.
[6] BGH NJW 1953, 105 (Berufungsbegründung); MDR 1959, 281.
[7] BGH VersR 1985, 67, 68 m. weit. Nachw.; offen BGH VersR 1977, 1004; s. auch BGH VersR 1979, 764.
[8] So OLG Düsseldorf MDR 1996, 415, 416 (im Fall: bei derselben Kammer).
[9] BAGE 17, 186, 189f. = NJW 1966, 565 (Berufungsbegründung; einfache Abschrift).
[10] BGHZ 22, 254, 256 = NJW 1957, 263; LM Nr. 16 m. Anm. *Pagendarm;* OLG Oldenburg MDR 1996, 851.
[11] BGH ZIP 1996, 552, 553f. = EWiR § 296 ZPO 1/91 m. Anm. *Vollkommer.*
[12] BGHZ 22, 254, 257 = NJW 1957, 263; BGH LM Nr. 16 m. Anm. *Pagendarm; Lange* NJW 1989, 438, 441.
[13] BGH NJW-RR 1995, 1183f.
[14] OLG Hamm FamRZ 1980, 1126, 1127 (zu „Armenrechtsgesuch").

„Klage", wenn darin erbeten ist, „vorab" über den in ihr enthaltenen PKH-Antrag zu entscheiden[15] (vgl. § 117 Rn. 5). Fehlen solche Anhaltspunkte, so ist jedoch anzunehmen, dass die Klage (neben dem PKH-Antrag) sogleich erhoben werden soll,[16] zumal sie nicht bedingt erhoben werden kann.[17] Indiz hierfür kann auch sein, dass neben einer „Abänderungsklage" schon Antrag auf Einstellung der Zwangsvollstreckung gestellt ist[18] oder dass Zustellung nach § 14 GKG beantragt wird.[19] War dem PKH-Antrag lediglich ein Klageentwurf beigefügt und wird PKH bewilligt, so ist die Klageerhebung laut Rspr. nachholbar, indem in mündlicher Verhandlung auf den Entwurf Bezug genommen wird (trotz § 295 II);[20] die derart eingereichte Klage ist mangels Zustellung freilich erst mit rügeloser Einlassung[21] des Beklagten (also ex nunc) erhoben.[22] Alternativ kann der Antragsteller sogleich eine Klageschrift einreichen und deren Zustellung vom Erfolg des PKH-Antrags abhängig machen (näher § 117 Rn. 6). Wird die Klage demzuwider vorzeitig zugestellt, so ist sie nicht erhoben.[23]

Der Wille, um Rechtsschutz nachzusuchen, ist fraglich, wenn die Klageschrift von dem Kläger derart **unsachlich** (beleidigend oder querulatorisch) abgefasst ist, dass sie das Gegenteil ausweist.[24] Dies wird freilich umso seltener sein, als Rechtsschutz nicht an lautere Motive gebunden ist, sondern nur ernstlich gewollt sein muss. Bei Querulanten kann in drastischen Fällen aber das Rechtsschutzbedürfnis bzw. die Prozessfähigkeit fehlen.[25] 7

c) Eigenhändige Unterschrift. Die Klageschrift ist bestimmender Schriftsatz (§ 129 Rn. 6). Sie bedarf daher einer eigenhändigen (vollständigen[26]) Unterschrift (IV iVm. § 130 Nr. 6), die wenigstens individuelle Züge aufweisen muss (näher § 129 Rn. 12; zum Fax Rn. 13). Dies dient auch der Abgrenzung vom bloßen Entwurf, dh. der Feststellung der Klageabsicht.[27] Unterschreiben muss der Kläger bzw. sein gesetzlicher Vertreter oder Prozessbevollmächtigter, in Anwaltsprozessen ein Rechtsanwalt (§ 78). Bei Behörden, Körperschaften und öffentlichen Anstalten reicht aus, dass der maschinengeschriebene Name des Verfassers mit einem Beglaubigungsvermerk versehen ist.[28] 8

UU genügt es, dass die Unterschrift sich wenigstens **auf Anlagen zur Klageschrift** befindet. Die Tatsache, dass gerade die unterzeichnete Person das Begleitschreiben der Klageschrift beigefügt hat, belegt auch die Klageabsicht. Wie schon das BVerfG[29] und das BAG[30] will daher offenbar auch der BGH das Unterschriftserfordernis für gewahrt halten, wenn der Kläger eine nicht unterzeichnete Klage samt Begleitschreiben persönlich eingereicht hat.[31] Wurde die Klage durch einen Anwalt eingereicht, so muss freilich außer Zweifel stehen, dass seine Unterschrift nicht etwa deshalb fehlte, weil die Klage (einstweilen) noch Entwurf geblieben war.[32] Dem wiederum ist genügt, wenn der Anwalt die mit der Klage eingereichte Abschrift beglaubigt hatte[33] oder eine zweite Urschrift einreichte, die unterzeichnet war, ihm aber zurückgegeben wurde.[34] Unzureichend ist jedoch die Beifügung einer unterzeichneten Prozessvollmacht; denn das belegt noch nicht, dass und wie von dieser Gebrauch gemacht werden sollte.[35] 9

Mängel der Unterschrift machen unwirksam, hindern also auch die Hemmung der Verjährung,[36] zumal im Anwaltsprozess.[37] Sie sind (ex nunc) behebbar durch Nachholung[38] oder Genehmigung des postulationsfähigen Anwalts.[39] Im Übrigen soll (ex nunc) Heilung eintreten, wenn kein vernünftiger Zweifel mehr an dem Willen zur Zuleitung der Klage bestehen kann. So ist es, wenn der Anwalt anfragt, wann seine „Klage" zugestellt wurde.[40] Auch spätere Schriftsätze mögen klarstellen, dass Klage erhoben wurde, oder 10

---

[15] BGH NJW-RR 2005, 1015; OLG Köln FamRZ 1984, 916, 917.

[16] BGHZ 4, 328, 333 = NJW 1952, 545; BGH FamRZ 1996, 1142, 1143; OLG München NJW-RR 1998, 205f.

[17] Vgl. BGH NJW-RR 2003, 1558; NJW 2007, 913, 914; OLG Köln NJW 1994, 3360, 3361; abw. OLG München MDR 1988, 972; *Schilken* ZPR, Rn. 138.

[18] OLG Köln FamRZ 1980, 1144.

[19] OLG Köln NJW-RR 1997, 637.

[20] BGH NJW 1972, 1373, 1374; 1996, 1351f.

[21] Dazu näher OLG Zweibrücken NJW-RR 1998, 429.

[22] BGH (Fn. 20); OLG Hamm FamRZ 1980, 1126, 1127.

[23] OLG Dresden NJW-RR 1997, 1424.

[24] BFH BB 1978, 188; VGH München NJW 1990, 2403; *Walchshöfer* MDR 1975, 11, 12; *Halbach,* Die Verweigerung der Terminsbestimmung und der Klagezustellung im Zivilprozess, Diss. Köln, 1980.

[25] Vgl. BGH NJW 2000, 289, 290; *St/J/Schumann* vor § 253 Rn. 117.

[26] S. nur BGH NJW 1994, 55; überzeugend BAG NJW 1996, 3164f.; anders aber BFH BB 1996, 520f.

[27] GmS-OGB NJW 1980, 172, 174.

[28] GmS-OGB (Fn. 27).

[29] BVerfGE 15, 288, 291f. = NJW 1963, 755 (Einsendung).

[30] BAGE 28, 1, 2f. = NJW 1976, 1285.

[31] BGHZ 92, 251, 254f. = NJW 1985, 328 (scheinbar sogar ohne Rücksicht auf ein Begleitschreiben).

[32] BGH (Fn. 31).

[33] BGH LM § 519 Nr. 14; NJW 1980, 291; BGHZ 92, 251, 255 = NJW 1985, 328.

[34] OLG Schleswig VersR 1983, 65.

[35] BAGE 28, 1, 3f. = NJW 1976, 1285.

[36] Vgl. OLG Braunschweig MDR 1957, 425, 426.

[37] BGHZ 92, 251, 253ff. = NJW 1985, 328.

[38] BGH LM Nr. 16 (Verjährung); BGHZ 90, 249, 253 = NJW 1984, 1559; anders *Vollkommer,* Formenstrenge und prozessuale Billigkeit, 1973, S. 419ff.

[39] BGHZ 111, 339, 343ff. = NJW 1990, 3085.

[40] BGHZ 92, 251, 256 = NJW 1985, 328.

doch eine entsprechende Überzeugung[41] belegen. Ein Gerichtskostenvorschuss gestattet dies nur bedingt, eher schon die Erkundung des Aktenzeichens.[42] Auch rügelose Einlassung führt zur Heilung (§ 295), freilich wohl wieder nur ex nunc[43] (rückwirkend aber bei Klagen nach § 4 KSchG[44]).

11 **2. Einreichung bei Gericht. a) Allgemeines.** Die Einreichung (Abs. 5) führt zur Anhängigkeit und ermöglicht gewisse Vorwirkungen der Rechtshängigkeit, zB Fristenwahrung und die Hemmung der Verjährung (§ 167). Einreichung setzt voraus, dass die Klageschrift in den Machtbereich des Gerichts gelangt (näher § 167 Rn. 3ff.).

12 **b) Fernmeldetechnik.** Die Klage kann auch elektronisch übermittelt werden, ggf. durch elektronisches Dokument (§ 130a), im Übrigen gewohnheitsrechtlich,[45] sofern eine Mindestform gewahrt ist. Insoweit werden die Anforderungen an Schriftlichkeit und Unterschrift modifiziert, da dem Zweck des § 253, Identität und Klageabsicht sicherzustellen, auf andere Weise entsprochen wird (vgl. § 129 Rn. 11). Durch **Telegramm** wird die Klage eingereicht, sobald das Ankunftstelegramm bei Gericht eingeht, in dessen Postfach gelegt wird[46] oder telefonisch zugesprochen wird und dann zur Niederschrift gelangt.[47]

13 Bei Telekopie, also **Fax** oder Telebrief, kann der Klagetext von einem beliebigen Anschluss aus gesendet werden (§ 129 Rn. 11 aE). Das Fax muss die Unterschrift erkennen lassen, wenn auch nur durch „Wiedergabe" (§ 130 Nr. 6); ein Computerfax bedarf daher idR mindestens einer eingescannten Unterschrift, ein herkömmliches Fax der eigenhändigen Unterschrift[48] (§ 129 Rn. 9, 11). Das Fax muss rechtzeitig bei Gericht eingehen. Sukzessive Übermittlung genügt.[49] Die Rspr. verlangt aber vollständigen Ausdruck; auch die Unterschrift darf also nicht erst um 0.01 Uhr ausgedruckt werden.[50] Speicherempfang ist stets ausreichend (analog § 130a Abs. 3).[51] Scheitert aber auch er, weil die Übermittlung gestört war, so ist die Klage nicht eingereicht; hier kann freilich (wie bei gestörter Postzustellung) Wiedereinsetzung helfen (§ 233 Rn. 49).[52] **Telefonisch** ist keine Klageerhebung möglich, selbst wenn der durchgesagte Text eine Niederschrift findet.[53]

14 *(unbesetzt)*

15 **3. Zustellung an den Gegner.** Die Klageschrift samt Anlagen[54] wird dem Gegner von Amts wegen zugestellt (§§ 166 Abs. 2, 270 S. 1); bei Klageerhebung zu Protokoll wird dieses zugestellt, § 498. **Voraussetzung** ist der Vorschuss der allgemeinen Verfahrensgebühr (§ 12 Abs. 1 GKG), uU auch die Beifügung der erforderlichen Abschriften (Abs. 5). Zugestellt wird auch eine unzulässige, nicht aber eine unwirksame Klage, also nicht, wenn der Kläger offenkundig prozessunfähig ist, die Unterschrift fehlt (Rn. 8) oder ein Postulationsunfähiger unterschrieben hat (näher § 271 Rn. 2). Wird trotz eines solchen Mangels zugestellt, ist die Klage freilich als wirksam zu behandeln. Im laufenden Verfahren (§ 261) kann eine Klage auch von Anwalt zu Anwalt zugestellt werden (§ 195), jedoch nur, wenn dem Gegner nicht gleichzeitig eine gerichtliche Anordnung mitzuteilen ist (§ 195 Abs. 1 S. 2), idR also nur bei Klageerweiterung[55] oder -änderung.

16 **Mängel** der Zustellung können bei erneuter Zustellung vermieden werden. Aber auch Heilung ist möglich: War die Zustellung nur **fehlerhaft,** nämlich immerhin angeordnet, so hilft § 189 bei tatsächlichem Zugang der Klage (ex nunc). Mangels Rüge hilft auch § 295, und zwar rückwirkend auf die fehlerhafte Zustellung;[56] dies jedenfalls analog § 167, falls es nach dem Zustellungsversuch „demnächst" zur rügelosen Verhandlung kommt, denn auf deren Zeitpunkt hatte der Kläger keinen Einfluss.[57] Das soll freilich nicht für Klageausschlussfristen gelten, die nicht der Parteidisposition unterliegen.[58] **Fehlt** die Zustellung völlig, so kann Heilung allein nach § 295 erfolgen (zB durch Antrag auf Klageabweisung[59]). Auch diese Heilung sollte zurückwirken (analog § 167), also auf den Zeitpunkt der Klageeinreichung.[60]

---

41 Laut BGHZ 37, 156, 160 = NJW 1962, 1724 aber ungenügend (nicht plausibel).
42 BGH NJW-RR 2004, 755f.
43 Insoweit wenig klar BGHZ 65, 46, 47 = NJW 1975, 1704; s. aber BGHZ 22, 254, 257f. = NJW 1957, 263.
44 BAG MDR 1986, 1053f.; anders noch BAGE 1, 272, 273 = NJW 1955, 1086.
45 RGZ (GS) 151, 82, 86; BGH JZ 1953, 179; BGHZ 79, 314, 316 = NJW 1981, 1618.
46 BGH NJW 1986, 2646, 2647.
47 So BGHSt 14, 233, 237 = NJW 1960, 1310; dazu *Vollkommer,* Festschr. f. Hagen, 1999, S. 49, 57.
48 BVerfG NJW 2007, 3117f. (verfassungskonform); BGH NJW 2005, 2086, 2087; 2006, 3784f.
49 BGH NJW 2004, 2228, 2230.
50 BGH NJW 1994, 2097f.; 2001, 1581, 1582; BFH DB 2000, 2576.
51 *Zö/Greger* § 167 Rn. 9; enger noch BGH NJW 1994, 1881, 1882 (nur bei Versagen der Empfangsvorrichtung).
52 Vgl. BVerfG NJW 1996, 2857f.; BGH NJW 1992, 244 (Folge von Empfangsdefekt).
53 BFH NJW 1965, 174, 175.
54 BGH NJW 2007, 775, 776 (grundsätzlich Bestandteil der Klageschrift).
55 BGHZ 17, 234, 236 = NJW 1955, 1030.
56 RGZ 87, 271, 272f.; BGH NJW 1984, 926; *Johannsen* LM § 295 Nr. 13.
57 Vgl. BGH NJW 1974, 1557f.; *St/J/Schumann* Rn. 188.
58 So BGH NJW 1984, 926 (zu § 1587 Abs. 2 BGB).
59 Vgl. *Riemer* AnwBl. 1983, 93f.
60 So auch BGHZ 25, 66, 70ff./75 = NJW 1957, 1517; MK/*Becker-Eberhard* Rn. 170ff.; *Zö/Greger* Rn. 26a; s. auch OLG Rostock OLG-NL 1994, 68; anders wohl teilweise BGH NJW 1984, 926 m. weit. Nachw.

C. Notwendiger Inhalt der Klageschrift

I. Bezeichnung der Parteien

1. Name. Partei ist, wer objektiv Partei sein soll, und zwar aus der Sicht des Adressaten der Klage (vgl. § 50 Rn. 6ff.). Hierfür maßgeblich ist vor allem die Bezeichnung als Partei in der Klageschrift. IdR sind daher Vorname und Name der Parteien anzugeben. Stand bzw. Gewerbe sollen zwar (§ 130 Nr. 1), müssen aber nicht genannt werden.[61] Ein Kaufmann kann unter seiner Firma verklagt werden, so dass ihr jeweiliger Inhaber bei Einreichung bzw. Zustellung Partei ist,[62] falls nicht ein anderer Inhaber namhaft gemacht wird. Eine Partei kraft Amtes ist kenntlich zu machen,[63] zB als „Insolvenzverwalter über das Vermögen des …" oder als „Testamentsvollstrecker über den Nachlass des …". **Gesetzliche Vertreter** sind in der Klageschrift nach hM entweder gar nicht[64] (unvereinbar mit § 690 Abs. 1 Nr. 1) oder nur zum Zwecke der Zustellbarkeit zu nennen,[65] also zB bei minderjährigen Parteien, während bei juristischen Personen die bloße Angabe der Organstellung (zB „Geschäftsführer")[66] und bei Gesellschaften überhaupt Zustellung an den „Leiter" genügt (§ 170 Abs. 2, 3). Bei einer GmbH & Co KG soll die Bezeichnung der KG („vertreten durch die Geschäftsführer") ausreichen.[67] 17

Gegen **namentlich Unbekannte** kann nach der ZPO nur beschränkt vorgegangen werden. Bei Störern, die sich namentlicher Erfassung entziehen, muss allerdings genügen, dass ihre physische Identität eingrenzbar ist, indem sie nach Zahl, Aufenthaltsort oder auch Tätigkeit von anderen unterschieden werden, zB als konstante Hausbesetzer[68] oder als „derzeit 10 unbekannte Personen, die gegenwärtig … bei … die unbehinderte Zu- und Abfahrt … stören".[69] Selbst das scheitert aber, wenn die Gemeinten nachträglich wechseln,[70] will man nicht bei Arglist genügen lassen, dass die Identität zur Zeit der Vollstreckung feststeht[71] (vgl. auch § 179). Abhilfe ist uU nur durch einstweilige, sofort zugestellte Verfügung eines am Tatort entscheidenden Richters möglich.[72] Im Übrigen kann, wenn auch die Polizei nicht hilft, das Rechtsstaatsprinzip zu verfassungskonformer Restriktion von § 253 zwingen.[73] 18

Von den **Personengesellschaften** können OHG und KG unter ihrer Firma klagen und verklagt werden (§§ 124 Abs. 1, 161 Abs. 2 HGB). Die GbR – nach neuer Rspr. parteifähig, soweit am Rechtsverkehr teilnehmend – ist „identifizierbar zu beschreiben", zB entsprechend ihrem Auftreten im Verkehr oder mittels ihrer Gesellschafter[74] (unter Klarstellung, dass die GbR Partei ist). Daneben können die Gesellschafter verklagt werden.[75] Dies empfiehlt sich auch bei Zweifeln, ob eine echte GbR oder eine bloße Innengesellschaft zu belangen ist;[76] denn § 736 hilft weiterhin.[77] Wer von der GbR verklagt wird, mag die Kostenvollstreckung gegen die Sozien durch Drittwiderklagen vorbereiten[78] (§ 147; vgl. § 33 Rn. 26f.). **Nichtrechtsfähige Vereine** können nach § 50 Abs. 2 verklagt werden, in der Konsequenz der neuen BGH-Rspr. nun aber auch selbst klagen.[79] Inzwischen ist auch die **Wohnungseigentümergemeinschaft** parteifähig (§ 10 Abs. 6 S. 5 WEG; zur aF s. Voraufl.). Bei Klage der Wohnungseigentümer selbst (oder gegen diese) genügt Umschreibung nach Maßgabe des § 44 WEG.[80] 19

2. Anschrift. Eine ladungsfähige Anschrift ist jedenfalls für den Beklagten anzugeben, schon zwecks Zustellung. Der BGH lässt allerdings statt der Wohnanschrift auch die Angabe der Arbeitsstelle genügen, soweit erwartet werden kann, dass dort eine Zustellung (§ 177) gelingt; § 130 Nr. 1 sei nur Sollvorschrift.[81] Grds. und zu Recht besteht der BGH auch auf der Anschrift des Klägers, die nicht nur Sollerfordernis sei.[82] Anderes kann erst bei außerordentlichen Schwierigkeiten gelten, zB bei Klagen für unbekannte Erben,[83] bei 20

---

[61] AllgM; s. nur BGH NJW 1977, 1686.
[62] RGZ 159, 337, 350; OLG München NJW 1971, 1615; OLG Frankfurt BB 1985, 1219.
[63] Zutr. BGHZ 127, 156, 163f. = NJW 1994, 3232 = LM § 50 Nr. 44 m. abl. Anm. *Wax.*
[64] BGHZ 32, 114, 118 = NJW 1960, 1006; MK/*Becker-Eberhard* Rn. 61 (Abs. 4 iVm. § 130 Nr. 1 sei Sollvorschrift).
[65] S. nur *Zö/Greger* Rn. 8; ferner BGH NJW 1993, 2811, 2813.
[66] BGH NJW 1993, 2811, 2813; zur AG s. aber auch *Tielmann* ZIP 2002, 1879ff.
[67] BGH NJW 1993, 2811, 2813.
[68] OLG Oldenburg NJW-RR 1995, 1164f.; etwas eng OLG Köln NJW 1982, 1888; s. auch LG Hannover NJW 1981, 1455; *St/J/Schumann* Rn. 32.
[69] LG Düsseldorf, Beschl. v. 17. 10. 1980, zit. nach *Raeschke-Kessler* NJW 1981, 663; MK/*Becker-Eberhard* Rn. 55.
[70] OLG Oldenburg (Fn. 68); zu allem *Kleffmann,* Unbekannt als Parteibezeichnung, Diss. Tübingen, 1983; *Christmann* DGVZ 1984, 101ff.
[71] So LG Kassel NJW-RR 1991, 381, 382; wohl auch *Kohler* ZZP 110 (1997), 264, 265; abl. OLG Oldenburg NJW-RR 1995, 1164, 1165.
[72] LG Krefeld NJW 1982, 289, 290.
[73] IE ebenso LG Berlin NJW-RR 1998, 713, 714 (Umschreibung des Flüchtigen und Pflegerbestellung).
[74] BGHZ 146, 341, 356f. = NJW 2001, 1056.
[75] BGHZ 148, 201, 206 = NJW 2001, 2718.
[76] *K. Schmidt* NJW 2001, 993, 1000.
[77] BGH (Fn. 74) S. 356.
[78] Näher *Kemke* NJW 2002, 2218f.; zu § 33 s. BGHZ 91, 132, 134f. = NJW 1984, 2104.
[79] BGH NJW 2008, 69, 74; *K. Schmidt* NJW 2001, 993, 1001.
[80] Vgl. schon BGH NJW 1977, 1686 zur aF des WEG (zur Auslegung der Parteibezeichnung).
[81] BGHZ 145, 358, 363ff. = NJW 2001, 885.
[82] BGHZ 102, 332, 334f. = NJW 1988, 2114 = ZZP 101 (1988), 457 m. abl. Anm. *Zeiss;* BGH NJW-RR 2004, 1503f. (abl. aber für Adressenberichtigung); OLG Hamm MDR 2005, 1247; *Nierwetberg* NJW 1988, 2095.
[83] BGH LM § 325 Nr. 10; BGH (Fn. 82) S. 336.

schutzwürdigem Geheimhaltungsinteresse[84], uU auch bei Obdachlosigkeit,[85] im Übrigen in fG-Verfahren. Im Regelfall besteht ein überwiegendes, auch öffentliches Interesse an der Adressenangabe, schon wegen etwaiger Kostenvollstreckung.

21 **3. Mängel.** Falschbezeichnungen einer erkennbar gemeinten Partei sind jedenfalls dann unschädlich, wenn an diese Partei auch zugestellt wurde. Einer Berichtigung zugänglich sind zB falsche Vornamen, Unklarheiten bei Gleichnamigkeit (durch Zusätze), falsche Angaben zur Rechtsform,[86] ferner Klagen gegen ein Organ, wenn erkennbar die juristische Person gemeint war, und die Bezeichnung Wohnungseigentümergemeinschaft, wenn deren Mitglieder verklagt werden sollten[87] (vgl. § 50 Rn. 6 ff.). Statt einer Berichtigung wird hingegen ein Parteiwechsel nötig, wo die bezeichnete Partei zwar gemeint war, dies aber auf einem Motivirrtum beruhte, weil zB Handeln in fremdem Namen verkannt wurde; die Praxis ist freilich oft großzügiger.[88]

II. Bezeichnung des Gerichts

22 Der Hervorhebung bedürfen die sachliche und örtliche Zuständigkeit (zB „An das Landgericht Mainz"), nicht aber der Spruchkörper, dem der Streit durch Geschäftsverteilung zugewiesen ist. Eine solche Zuweisung ist (zwingend) auch für Familiensachen vorgesehen,[89] so dass mangels sachlicher Zuständigkeit des **FamG** die Benennung des zuständigen Amtsgerichts ausreicht. Soll hingegen vor der **KfH** verhandelt werden, so ist dies schon in der Klageschrift zu beantragen (§ 96 Abs. 1 GVG).

23 **Mängel** der Bezeichnung liegen auch dann vor, wenn sie offensichtlich sind. Nach dem Normzweck muss eine falsa demonstratio aber unschädlich bleiben, wenn die Klage bei dem gemeinten Gericht eingeht[90] (zB bei dem AG „X" in Y oder bei dem „LG" in Y); entsprechendes gilt bei Adressierung an das LG – Zivilkammer –, wenn ausweislich eines Antrags nach § 96 GVG die KfH gemeint war.[91] Andere Fehlbezeichnungen werden meist zur Anrufung eines unzuständigen Gerichts führen; dieses muss die Klage, mangels Verweisungsantrags, durch Prozessurteil abweisen (vgl. auch § 281 Rn. 13).

III. Bestimmte Angabe von Gegenstand und Grund des erhobenen Anspruchs (Abs. 2 Nr. 2)

24 **1. Gegenstand des Anspruchs.** Gegenstand der Klage kann nicht der Streitgegenstand sein; denn dieser ergibt sich erst aus Antrag (Rn. 29) und Grund, die in Abs. 2 aber gesondert angesprochen sind. Nach dem heute vorherrschenden Streitgegenstandsbegriff ist der „Gegenstand" daher praktisch **bedeutungslos.** Er bedeutet nach hM auch nicht, dass das Klagebegehren auf bestimmte Ansprüche beschränkt werden dürfte. Eine solche Einengung der Sachprüfung durch das Gericht ist im Allgemeinen unzulässig (§ 308 Rn. 15).

25 **2. Grund des Anspruchs. a) Allgemeines.** Klagegrund ist der Lebenssachverhalt, auf den der Klageantrag gestützt werden soll (Einl. Rn. 76). Hierzu gehören nicht etwa alle Tatsachen, die notwendig sind, damit die Klage als begründet erscheint (Schlüssigkeit); denn unschlüssiges Vorbringen soll nicht etwa schon durch Prozessurteil abgewiesen werden (vgl. § 264 Nr. 1). Vorzutragen sind aber diejenigen Tatsachen, die den Streit unverwechselbar festlegen.

26 b) Dies gebietet eine **Konkretisierung des Streitstoffs** nach Beteiligten, Ort und Zeit, und zwar in dem Maße, das zur Unterscheidung von ähnlichen Begebenheiten nötig ist.[92] Im Streit um dingliche Rechte sollen auch die für den Erwerb sprechenden Tatsachen benannt werden.[93] Für eine Kündigungsschutzklage genügt, dass erkennbar wird, gegen wen sie sich richtet, wo der Kläger tätig war und dass er an dem Arbeitsverhältnis festhalten will, es sei denn, dass mehrere Kündigungen ausgesprochen wurden.[94] Zur Verweisung auf andere Schriftstücke vgl. Rn. 5. Bei **Mängeln** kann die Konkretisierung nachgeholt werden (durch zugestellten Schriftsatz oder in der Verhandlung),[95] doch nur mit ex- nunc-Wirkung. Eine Heilung durch rügelose Einlassung ist dagegen ausgeschlossen, denn die Fixierung des Streitgegenstandes ist unverzichtbar (§ 295 Abs. 2) und schon gar nicht dem Beklagten überlassen.[96] Bleibt der Streitgegenstand unklar, so wird die Klage durch Prozessurteil abgewiesen.[97]

27 c) Die Klagegründe müssen **dem Klageantrag zugeordnet** sein. Vor allem bei einer Teilklage, die auf mehrere prozessuale Ansprüche gestützt wird und unter deren Summe bleibt, ist klarzustellen, welcher Kla-

---

[84] BGH (Fn. 82) S. 336 (Inkognito-Adoption); BFH NJW 2001, 1158 f. (drohende Verhaftung); OLG Karlsruhe FamRZ 1975, 507, 508.
[85] MK/*Becker-Eberhard* Rn. 57; abl. VGH Kassel NJW 1990, 138, 139.
[86] Vgl. auch OLG Düsseldorf MDR 1977, 144 (OHG statt KG).
[87] BGH NJW 1977, 1686; BayObLG MDR 1987, 765.
[88] Vgl. BGH NJW 2001, 445, 447; NJW-RR 2004, 501; 2006, 42; näher *Burbulla* MDR 2007, 439 ff.
[89] HM; BGHZ 71, 264, 266 ff. = NJW 1978, 1531.
[90] Ebenso *Zö/Greger* Rn. 23; s. auch *St/J/Schumann* Rn. 185 (Hilfe durch § 295).
[91] MK/*Becker-Eberhard* Rn. 176; s. auch OLG Frankfurt BB 1980, 552.
[92] Vgl. BGH WM 1982, 1327; NJW 1983, 2247, 2249 f.; OLG Düsseldorf NJW-RR 1992, 1404 f.
[93] Vgl. BGH LM BGB § 985 Nr. 1.
[94] BAG NJW 1982, 1174.
[95] BGH ZZP 71 (1958), 471, 478 f.
[96] IE wohl auch BGH NJW 1972, 1373, 1374.
[97] OLG Düsseldorf NJW-RR 1992, 1404, 1405.

gegrund inwieweit geltend gemacht wird.[98] Gleiches gilt bei Abzug von Teilleistungen.[99] Die Zuordnung kann auch konkludent erfolgen, ggf. anhand der Reihenfolge vorgetragener Ansprüche[100] oder durch Hinnahme einer Zuordnung im erstinstanzlichen Urteil.[101] Keiner Individualisierung bedürfen unselbständige Rechnungsposten eines einheitlichen Anspruchs,[102] der freilich vom umfassenderen Klagegrund (Rn. 25) abzugrenzen ist.

Bei Mängeln ist Heilung nur[103] möglich, indem die Zuordnung nachgeholt wird, dies aber rückwirkend, 28
ohne Rücksicht auf § 531[104] und sogar in der Revisionsinstanz.[105] Dann bleibt es dabei, dass die Verjährung des Anspruchs seit Zustellung der Klageschrift gehemmt wurde, denn laut Rspr. werden alle schlüssig vorgebrachten Ansprüche (auflösend bedingt) rechtshängig.[106] Keinesfalls kann die Zuordnung aber dem Gericht überlassen werden, denn den Streitgegenstand bestimmt der Kläger.[107] Tut er dies trotz Hinweises (§ 139) nicht, so ist die Klage als unzulässig abzuweisen. Ergeht dennoch ein Sachurteil, so fehlt ihm die materielle Rechtskraft, da unklar bleibt, worüber entschieden wurde.[108]

IV. Bestimmter Antrag (Abs. 2 Nr. 2)

1. Allgemeines. Das Bestimmtheitserfordernis soll den Streitgegenstand festlegen, zumal als Basis der 29
materiellen Rechtskraft, ferner den Entscheidungsspielraum des Gerichts abstecken (§ 308), dem Beklagten eine präzise Verteidigung erlauben und eine Zwangsvollstreckung aus dem Urteil heraus ermöglichen, statt noch das Vollstreckungsverfahren mit Sachfragen zu belasten.[109] Dementsprechend muss der Antrag eindeutig sein, wenigstens durch Bezug auf eine Anlage.[110] Unklarheiten sind durch Nachfrage (§ 139) zu beseitigen. Im Übrigen ist der Antrag auszulegen, und zwar danach, was nach den Maßstäben der Rechtsordnung vernünftig ist und der recht verstandenen Interessenlage entspricht.[111] Als Prozesshandlung darf der Klageantrag nicht unter eine Bedingung gestellt werden, zB die, dass der Beklagte keine Widerklage erhebe oder dass einem PKH-Gesuch entsprochen werde (Rn. 6); anderes gilt für Hilfsanträge (§ 260 Rn. 4), die echte Eventualwiderklage (§ 33 Rn. 12) und bei Bedingtheit des Klaganspruchs.[112] **Entbehrlich** ist ein Antrag auf Verurteilung in die Kosten (§ 308 Abs. 2; gleichwohl ratsam) und auf Fortsetzung eines Mietverhältnisses nach Räumungsklage (§ 308 a).

2. Beispiele. Zu nennen ist der Umfang der begehrten Leistung, bei angestrebter **Zug-um-Zug**-Verurtei- 30
lung auch der der Gegenleistung.[113] **Zahlungsklagen** müssen grundsätzlich beziffert sein[114] (s. aber Rn. 34). Für **Zinsen** genügt dagegen, dass Prozentsatz („x Prozentpunkte über dem Basissatz der EZB") und Beginn der Laufzeit benannt werden,[115] für die **Mehrwertsteuer** die Angabe des Steuersatzes. Klagen auf **Lohn** oder Gehalt können auf laufende Nettozahlungen gerichtet sein.[116] Aber auch Bruttolohnklagen sind zulässig; denn entsprechende Urteile sind nicht vollstreckbar, soweit der Arbeitgeber die Abführung von Steuern usw. nachweist (§ 775 Nr. 4).[117] Hingegen sind ausgezahlte Arbeitslosen- oder Krankengelder vom Bruttolohn abzuziehen, also schon vom Kläger zu beziffern.[118] Bei **Unterhaltsklagen** müssen gemeinsame Anträge nach den Berechtigten aufgeschlüsselt sein,[119] im Falle des § 1629 Abs. 3 BGB Kindes- vom Trennungsunterhalt geschieden sein,[120] vorsorglich auch der Elementar- vom Vorsorgeunterhalt.[121] Der genaue Betrag des nach **Rücktritt** beanspruchten Kaufpreises kann von dem Kilometerstand bei Rückgabe des Pkw abhängig gemacht werden.[122] Für **Software** genügt, dass der Gerichtsvollzieher äußerlich gleiche Disketten anhand des im Tenor skizzierten Inhalts wenigstens mit fachkundiger Hilfe identifizieren könnte.[123]

---

98 BGH NJW 1984, 2346, 2347.
99 BGH NJW-RR 1997, 441; OLG Frankfurt ZfS 1995, 4, 6f.
100 BGHZ 124, 164, 167f. = NJW 1994, 460 = ZZP 107 (1994), 365 m. Anm. *Foerste*.
101 BGH NJW-RR 1995, 1119, 1120.
102 BGH NJW 2000, 3718, 3719; NJW-RR 2003, 1075, 1076.
103 BGH (Fn. 99).
104 BGH MDR 1993, 471f. (zu § 528 aF).
105 BGH NJW 2002, 2182, 2183.
106 St. Rspr.; BGH NJW 1959, 1819, 1820; NJW-RR 1996, 885, 886; krit. *Arens*, ZZP 82 (1969), 143, 147ff.; *Vollkommer*, Festschr. f. Lüke, 1997, S. 865, 889f.
107 BGHZ 11, 192, 194f. = NJW 1954, 757.
108 BGHZ (Fn. 100) S. 166.
109 BGH NJW 1981, 749; 1983, 1056; 1999, 954.
110 BGH NJW 2001, 445, 447.
111 So vor allem die (teils großzügige) Rspr., BGH NJW 2000, 3287, 3289.
112 BGH NJW 1999, 954f. = JZ 1999, 848 m. Anm. *Gottwald/Pfaller*.
113 BGHZ 125, 41, 44 = NJW 1994, 3221 (zu § 894 Abs. 1 S. 2 ZPO); OLG Naumburg NJW-RR 1995, 1149.
114 BGH NJW 1994, 3102, 3103; OLG Karlsruhe NJW-RR 1998, 1761.
115 BAG NJW 2003, 2403, 2404; einschr. MK/*Becker-Eberhard* Rn. 132 (nur für Zukunft).
116 BAG NJW 1985, 646; abw. LAG München DB 1980, 886f.; *Berkowsky* BB 1982, 1120, 1121.
117 BAG NJW 1964, 1338.
118 BAG NJW 1979, 2634; dazu *Berkowsky* BB 1982, 1120, 1122.
119 Vgl. BGH NJW-RR 1995, 1217, 1218.
120 OLG München FamRZ 1994, 836.
121 Vgl. BGHZ 94, 145, 147f. = NJW 1985, 1701; OLG Karlsruhe NJW 1995, 2795.
122 OLG Oldenburg MDR 1991, 249 (LS Nr. 1; zur Wandlung).
123 Vgl. OLG Naumburg NJW-RR 1995, 1149f.; zu eng LG Düsseldorf BB 1994, Beil. 14, 2, 3 m. abl. Anm. *Zahrnt*.

31 **Fremdwährungsschulden** sind **echte** (effektive), wenn sie nur in Fremdwährung tilgbar sind; dies sollte bereits im Antrag klargestellt werden (zB durch „effektiv").[124] Gleichwohl kann die Vollstreckung auf einen entsprechenden Euro-Betrag gerichtet werden (Umrechnung durch Vollstreckungsorgan).[125] Häufiger sind einfache, dh. **unechte Valutaschulden;** diese können auch in Euro getilgt werden, da der Schuldner (dann § 244 BGB)[126], ggf. auch der Gläubiger, ersetzungsbefugt ist. Auch hier wird der Klageantrag in fremder Währung beziffert. Die Befugnis, in Euro zu zahlen, kann im Urteil, aber auch noch in der Vollstreckung zuerkannt werden. Nur (echte) **Geldsortenschulden** iSd. § 245 BGB richten sich, über Wertverschaffung hinaus, auf die Lieferung von Banknoten fremder Währung (Vollstreckung nach §§ 883 Abs. 1, 884 bzw. § 887; vgl. vor § 803 Rn. 2).

32 Der Antrag auf **Vornahme einer Handlung** muss nur den erstrebten Erfolg konkretisieren;[127] das gilt auch für Beseitigungsansprüche (§ 1004 BGB).[128] Denn es ist Sache des Schuldners, unter mehreren geeigneten und zumutbaren Mitteln auszuwählen.[129] Klagen auf **Herausgabe** müssen das Objekt eindeutig bezeichnen,[130] Massenartikel möglichst genau.[131] Der Antrag auf Abgabe einer **Willenserklärung** muss diese so präzisieren, dass die Fiktion des § 894 daran anknüpfen kann[132] (unzureichend zB: die Erklärungen, „die nötig sind"[133]). Beides gilt idR auch für die Verschaffung eines Inbegriffs (zB eines Geschäfts[134]), da über dessen Bestand Auskunft verlangt werden kann (§ 260 BGB). Die Klage aus Vorvertrag muss dem gesamten Hauptvertrag gelten.[135] Bei Hausrat kann eine möglichst genaue Beschreibung genügen. Klagen auf **Auskunft** müssen eindeutig sein (unklar: „Auskunft durch Vorlage von Belegen"[136]) und hinreichend spezifizieren, zB im Unterhaltsrecht nach Zeitraum, Einkunftsarten und den Bemühungen um Arbeit (Inserate usw.).[137] Auch vorzulegende **Belege** sind konkret zu bezeichnen (nicht: „ausreichende geeignete Belege";[138] „soweit Belege vorhanden"[139]); zur Auskunft über einen Nachlass kann allerdings die Vorlage der notwendigen Geschäftsunterlagen gehören.[140] Die schlichte Klage auf **„Einwirkung"** auf Verband bzw. Mitglieder usw. genügt zur Umsetzung von Tarifverträgen[141] wie bei angestrebtem Rauchverbot.[142] Die Klage auf ein mangelfreies, zB auch Führung und Leistung bewertendes **Arbeitszeugnis** muss die begehrten Änderungen oder gar den vollen Wortlaut der Neufassung enthalten.[143] Entsprechendes gilt für die **Betriebskostenabrechnung,** aber vorbehaltlich des dem Vermieter zustehenden Gestaltungsspielraums.[144] Ein Antrag auf **Freistellung** von Verbindlichkeit muss diese nach Grund und Höhe eindeutig bezeichnen, damit die Vollstreckung nach § 887 ohne neuerlichen Prozess erfolgen kann (nicht: „in Höhe des derzeit bestehenden Schuldsaldos"[145]). Bei unbestimmter Schuld ist demnach nur Feststellungsklage möglich.[146] Die Klage auf **Auseinandersetzung** einer Gesellschaft soll sich auf die dazu nötigen Handlungen bzw. die Zustimmung zu einem etwaigen Auseinandersetzungsplan des Klägers richten; andernfalls kann sie in eine Feststellungsklage umgedeutet werden.[147] Auch **Anfechtungsklagen** werden großzügig ausgelegt.[148]

33 **Unterlassungsanträge**[149] sind zwar auslegungsfähig,[150] müssen sich aber – über den Wortlaut der Verbotsnorm hinaus – möglichst genau an die konkrete Verletzungsform anpassen.[151] Dies führt bei Eingriffen in **Persönlichkeitsrechte**[152] sowie im **Wettbewerbsrecht**[153] zu der Gefahr, dass ein entsprechend eng gefasster Unterlassungstitel durch ähnliche Verletzungshandlungen umgangen wird. Die BGH-Rspr. gestattet daher eine gewisse Verallgemeinerung von Antrag und Titel, wenn darin wenigstens das Charakteristische der

---

[124] Näher *Arend,* Zahlungsverbindlichkeiten in fremder Währung, 1989, S. 159ff.
[125] OLG Düsseldorf NJW 1988, 2185.
[126] Vgl. *K. Schmidt* ZZP 98 (1985), 32, 38ff.; *Maier-Reimer* NJW 1985, 2049.
[127] BGH NJW 1978, 1584f.; 1996, 2725, 2726 (Bodensanierung); LG Hamburg MDR 1976, 847f.
[128] *Schneider* MDR 1987, 639.
[129] BGH NJW 1983, 751, 752; BAG MDR 1999, 44, 45 (tabakrauchfreier Arbeitsplatz).
[130] BGH MDR 1983, 650f.; OLG Karlsruhe FamRZ 1983, 631; OLG Köln MDR 1993, 83.
[131] OLG Köln NJW-RR 1998, 1682.
[132] BGH NJW 1984, 479, 480; KG NJW 1961, 733f.
[133] BGH NJW 1959, 1371.
[134] BGH (Fn. 133); wohl einschr. *K. Schmidt* BB 1988, 5, 6 (Tenor sei auslegungsfähig).
[135] BGH NJW-RR 1994, 317.
[136] OLG München FamRZ 1994, 1126, 1127 (hier für Auslegungsfähigkeit).
[137] Flexibel OLG Braunschweig FamRZ 1987, 284; s. auch *Büttner* FamRZ 1992, 629, 630.
[138] BGH FamRZ 1988, 495, 496; s. aber auch BGH NJW 1983, 1056.
[139] OLG Köln MDR 1993, 83.
[140] BGH NJW 1975, 1774, 1776f.; OLG Zweibrücken FamRZ 1987, 1197, 1198.
[141] BAG SAE 1993, 238, 239f. m. zust. Anm. *Walker.*
[142] BAG DZWir 1997, 60, 62 (Einwirkung auf Personal und Fluggäste).
[143] LAG Düsseldorf DB 1973, 1853; s. auch BAG BB 1972, 1139 (zu Personalakte).
[144] Vgl. LG Kassel WoM 1991, 358.
[145] OLG Saarbrücken JurBüro 1990, 1681f.
[146] BGH NJW 1980, 1450; BGHZ 79, 76, 77f. = NJW 1981, 870; aM *Rimmelspacher* JR 1976, 89ff., 183ff.; *Bischof* ZIP 1984, 1444, 1448ff.
[147] BGH DB 1981, 366; OLG Hamm BB 1983, 1304.
[148] BGH ZIP 2001, 124, 125f. (ergebnisorientiert).
[149] Näher *S. Ritter,* Zur Unterlassungsklage: Urteilstenor und Klageantrag, 1994.
[150] BGHZ 124, 173, 175f. = NJW 1994, 245 (für Titel: Tatbestand, Entscheidungsgründe, Parteivorbringen).
[151] BGH LM BGB § 906 Nr. 5; NJW 1995, 3187, 3188.
[152] S. nur KG NJW-RR 2007, 109, 111.
[153] Näher *Ahrens/Jestaedt* Kap. 22 Rn. 9ff.

konkreten Verletzungstatbestände zum Ausdruck kommt (sog. Kerntheorie).[154] Jedoch darf der Antrag nicht derart undeutlich gefasst sein, dass der Streitgegenstand und der Umfang der Prüfungs- und Entscheidungsbefugnis nicht mehr klar umrissen sind, der Beklagte sich deshalb nicht erschöpfend verteidigen kann und im Ergebnis dem Vollstreckungsgericht die Entscheidung über Erlaubtes und Verbotenes überlassen bleibt,[155] zB durch Formeln wie „eindeutig", „angemessen", „unüberhörbar", „unübersehbar";[156] „marktübliche Preise";[157] „ähnlich wie".[158] Im **Arbeitsrecht** kann begehrt werden zu untersagen, eine Firma „bei dem Vertrieb von ... zu beraten und zu vertreten" (Wettbewerbsverbot)[159] oder (jegliche) „Überstunden anzuordnen oder zu dulden" (§ 87 Abs. 1 Nr. 3 BetrVG; Globalantrag).[160] Unterlassungsanträge zum Schutz von **Ehre bzw. Kredit** sollten sich nicht nur dagegen richten, einen näher beschriebenen (geschäftsschädigenden) „Eindruck zu erwecken".[161] Bei **Immissionen** besteht idR kein Anspruch auf bestimmte Maßnahmen des Störers.[162] Ein auf „geeignete Maßnahmen" gerichteter Antrag ist auch bestimmt genug. Soll Lärm verboten werden, ist er möglichst differenziert zu beschreiben, zB nach Arten (zB Gebell, Winseln, Jaulen), Ruhezeiten und Dauer[163] (nicht „länger als 30 Minuten täglich, länger als 10 Minuten ununterbrochen"[164]). Vagere Formulierungen (zB gegen Belästigung „durch Erzeugung von Lärm") werden von Instanzgerichten oft verworfen, was zur Präzisierung (zB durch Dezibel-Limit) zwingt.[165] Der BGH lässt heute aber ausreichen, dass gegen Gesundheits- und Nutzungsbeeinträchtigung durch „Lärm" vorgegangen wird, da zur Vollstreckung die Entscheidungsgründe beizuziehen seien;[166] Gerüche können mangels Quantifizierbarkeit durch Antrag auf „Unterlassung wesentlicher Geruchsimmissionen" abgewehrt werden.[167]

3. Unbezifferte Zahlungsanträge. Zahlungsklagen sind grds. zu beziffern (§ 308 Rn. 16). Das birgt Risiken: Ist der Antrag zu niedrig, so hilft dem Kläger allenfalls eine Zusatzklage (§ 308); ist er zu hoch gegriffen, so drohen Kostennachteile. Ein Ausweg kann die Stufenklage (§ 254) sein. Hilfe gewährt die Rspr. auch, wenn die Feststellung der Anspruchshöhe unmöglich oder unzumutbar ist,[168] jedenfalls aber in wichtigen Fällen typischer Unsicherheit.[169] Hier muss der begehrte Betrag nicht beziffert werden. Zum Ausgleich verlangte die Praxis früher, dass der Kläger die Grundlagen für seine Berechnung bzw. Schätzung darlegte und eine Größenordnung verdeutlichte,[170] sei es durch einen Ungefähr- oder Mindestbetrag, sei es durch Streitwertangabe[171] oder Hinnahme einer Streitwertfestsetzung.[172] Nach heutiger Rspr. kann das Gericht selbst eine Größenordnung (Betragsvorstellung) unbegrenzt überschreiten[173] (vgl. § 308 Rn. 17); Zusatzklagen sind jedoch ausgeschlossen[174]. Umgekehrt setzt eine Klageabweisung voraus, dass das Gericht (auch nur unwesentlich[175]) hinter einer Größenordnung zurückbleibt, dass der Kläger eine solche also geäußert hatte. Nur dann ist der Kläger auch beschwert und kann Berufung einlegen (§ 511 Rn. 29); es genügt also nicht schon, dass ihm weniger zuerkannt wird, als ihm gebührt.[176] Diese Rspr. widerspricht § 308 Abs. 1, der dem Beklagten einen klaren Streitrahmen sichern soll; sie ist auch unnötig, weil der Kläger bei überhöhter Klage vor Kostennachteilen weitestgehend schon durch § 92 Abs. 2 Nr. 2 geschützt ist, der dem richterlichen Ermessen insoweit keinen Spielraum lässt.[177] 34

Einzelfälle: Keiner Bezifferung bedürfen insofern Klagen auf Schadensersatz, dessen Bemessung dem Gericht überlassen ist, wie bei **Schmerzensgeld**[178] (§ 253 Abs. 2 BGB; Teilklagen sollen nur zulässig sein, wenn sie Zeitabschnitte betreffen und die künftige Entwicklung ungewiss ist[179], was aber[180] unnötig rest- 35

---

[154] Vgl. BGHZ 126, 287, 296 = NJW 1994, 2820; BGH NJW 2001, 3710, 3711 („mit Aussagen wie").
[155] BGH NJW 2005, 2550, 2551.
[156] BGH NJW 1999, 3638.
[157] BGH NJW 2000, 3351, 3352; NJW-RR 2004, 687 („regulärer Preis").
[158] BGH NJW 1991, 1114f.
[159] BAG AP BGB § 611 Nr. 40 Konkurrenzklausel.
[160] BAG SAE 1993, 164, 165f. m. zust. Anm. *Raab.*
[161] OLG Hamburg NJW-RR 1994, 290.
[162] BGHZ 67, 252, 254 = NJW 1977, 146; s. aber BGH NJW 1983, 751, 752; LG Itzehoe NJW-RR 1995, 978f.
[163] So OLG Köln MDR 1993, 1083f. (Hunde); dazu *Gaisbauer* VersR 1994, 434f.
[164] OLG Hamm Urt. vom 11. 4. 1988 – 22 U 265/87 – (Hunde).
[165] So noch OLG Saarbrücken WoM 1995, 269, 270.
[166] BGHZ 121, 248, 251f. = NJW 1993, 1656 = JR 1994, 61 m. Anm. *Roth.*
[167] BGHZ 140, 1, 3f. = NJW 1999, 356.
[168] So BGH NJW 1967, 1420, 1421.
[169] Vgl. schon RGZ 140, 211, 213; BGHZ 4, 138, 141f. = NJW 1952, 382; näher *Butzer* MDR 1992, 539ff.
[170] BGH NJW 1992, 311f.; aber auch noch BGH NJW 2002, 3769 (sub 2b bb [2]).
[171] BGH NJW 1982, 340, 341 = JR 1982, 156 m. Anm. *Gossmann;* NJW 1984, 1807, 1809f.
[172] BGH NJW 1984, 1807, 1809f.
[173] BGHZ 132, 341, 351f. = NJW 1996, 2425 = JZ 1996, 1080 m. Anm. *Schlosser;* BGHZ 140, 335, 340f. = NJW 1999, 1339; OLG Hamm NJW 2001, 3417, 3418 (30 000 DM statt 5 000 DM!); näher *v. Gerlach* VersR 2000, 525, 527; aM *Röttger* NJW 1994, 368f.
[174] So BGH NJW 2006, 515, 517 (rechtskräftige Aberkennung weitergehender Ansprüche).
[175] BGHZ 132, 341, 352 = NJW 1996, 2425; abw. die ältere Rspr.
[176] BGHZ 140, 335, 340ff. = NJW 1999, 1339; mit Recht krit. *Grunsky* EWiR § 511 1/99
[177] Näher *Menges,* Die Zulässigkeit des unbezifferten Klageantrags, 2004, S. 82ff., 138ff.; krit. *Mertins* VersR 2006, 47ff. (ohne neue Argumente).
[178] BGH (Fn. 173) S. 350.
[179] BGH NJW 2004, 1243, 1244; dazu *Gerlach* VersR 2000, 525, 530f.; *Terbille* VersR 2005, 37ff.
[180] Entgegen *Kannowski* ZZP 119 (2006), 63, 73f. (Rechtskraftpräklusion zugunsten erster Gesamtbewertung).

riktiv ist), **Urlaubsvereitlung** (§ 651f Abs. 2 BGB),[181] **Mietminderung** (§ 536 Abs. 1 BGB)[182] und **Enteignungsentschädigung.**[183] Gleiches gilt bei zulässiger **Schadensschätzung** (§ 287),[184] zB für Klagen auf entgangenen Gewinn (§ 252 S. 2 BGB).[185] Anträge auf **Leistungsbestimmung** (§§ 315 Abs. 3 S. 2, 319 Abs. 1 S. 2 BGB) bedürfen keiner Bezifferung.[186] In den Fällen der §§ 313 Abs. 1,[187] 343, 660 Abs. 1 S. 2, 2048 S. 3 BGB kann kaum anderes gelten. Im **Arbeitsrecht** ist der Antrag auf Abfindung nach § 9 Abs. 1 KSchG oder § 113 BetrVG nicht zu beziffern;[188] als Erfindervergütung kann schlechthin der angemessene Betrag eingeklagt werden (§ 38 ArbnErfG). Entsprechendes gilt ggf. bei Rückabwicklung **ehebezogener Zuwendungen.**[189] Eine vergleichbare Unsicherheit besteht im **Unterhaltsrecht,** auch dank der Leitlinien, kaum noch. Daher fehlt hier (auch nach hM) idR das Bedürfnis für unbezifferte Anträge,[190] auch einer Mehrheit von Gläubigern,[191] ebenso für die Anbindung künftiger Zahlungen an einen Preisindex.[192] Wer Fehlbuchungen auf seinem **Girokonto** moniert, wird sie idR beziffern müssen.[193] Können nur bestimmte Streitgenossen mit einer Stufenklage belangt werden, so sind gleichwohl die restlichen Anträge zu beziffern.[194] Bezifferung bleibt freilich zumutbar, wo die Schadenshöhe[195] oder gar die Haftungsquote[196] erst durch Beweisaufnahme (Sachverständigen) festgestellt werden soll.

D. Erwünschter Inhalt der Klageschrift

36 Hierzu gehört der **Streitwert,** sofern der Wert die Zuständigkeit bestimmt und die Klage nicht beziffert ist (Abs. 3). Seine Angabe dient zugleich der Berechnung des einzufordernden Kostenvorschusses. Unterbleibt die Angabe, so beeinträchtigt das nicht die Klageerhebung, sondern allenfalls deren Vorwirkung nach § 167. Der Hinweis auf ein vorprozessuales **Güteverfahren** avisiert, dass die Klage zulässig (§ 15a EGZPO) und eine Güteverhandlung entbehrlich ist (§ 278 Abs. 2). Die Verweisung auf die Regeln über **vorbereitende Schriftsätze** (Abs. 4) betrifft vor allem § 130, der weitgehend Sollvorschrift ist; zu ladungsfähiger Anschrift, gesetzlichen Vertretern und Unterschrift s. aber Rn. 8, 17, 20. Unterbleibt die **Einreichung von Abschriften** (Abs. 5), so werden diese, gegen Auslagenberechnung, bei Gericht gefertigt oder vom Kläger angefordert; letzteres kann die Zustellung der Klage verzögern und so die Vorwirkung nach § 167 gefährden. Bei elektronischer Einreichung der Klageschrift sind keine Abschriften beizufügen (vgl. § 133 Abs. 1 S. 2). Deren Ausdruck übernimmt dann das Gericht, übrigens kostenfrei.

E. Gebühren und Kosten

I. Rechtsanwaltsgebühren

37 Zu den Gebühren des Anwalts vgl. § 300 Rn. 13ff.

II. Gerichtskosten

38 Für das Prozessverfahren erster Instanz wird nach KV Nr. 1210 eine dreifache Gebühr erhoben. Diese entsteht bereits mit der Einreichung der Klage (§ 6 Abs. 1 GKG). Für die Wertberechnung ist maßgeblich der Zeitpunkt der die Instanz einleitenden Anträge (§ 40 GKG); eine spätere Reduzierung des Streitwerts ist für die Gerichtsgebühren bedeutungslos.[197] Durch den jetzigen Wortlaut der Vorschrift soll klargestellt werden, dass im Fall der Klageerweiterung für den zusätzlich eingeführten Streitgegenstand allein die erste sich hierauf beziehende Antragstellung maßgebend sein soll. Durch Erhebung nur einer Teilklage können Gerichts- und Anwaltsgebühren reduziert werden.[198] Wird versehentlich zweimal dieselbe Klageschrift zeitlich versetzt eingereicht, entsteht die Gebühr für das Verfahren im Allgemeinen zweifach.[199] Auf den einfachen Satz ermäßigt sich die Gebühr, wenn das Verfahren **insgesamt** nach KV Nr. 1211 geendet wird. Die jetzige Regelung „belohnt" auch eine Beendigung nach § 91a, sofern KV Nr. 1211 Nr. 4 erfüllt ist. Die Ermäßigung greift auch Platz, wenn mehrere Ermäßigungstatbestände erfüllt sind. Von vornherein wird nur eine Gebühr von 1,5 erhoben bei Anträgen auf Anordnung eines Arrestes oder einer einstweiligen Verfügung (KV Nr. 1410). Bei erstinstanzlichen Anträgen auf Vollstreckbarerklärung und auf Zulassung der

---

181 LG Hannover NJW 1989, 1936f.
182 *Gies* NZM 2003, 545, 549f. (konsequent).
183 BGH VersR 1975, 856, 857 = JR 1976, 22 m. Anm. *Berg.*
184 BGHZ 4, 138, 142 = NJW 1952, 382; BGH NJW 1967, 1420, 1421.
185 BGH NJW 1970, 281f.
186 BGH NJW-RR 2006, 915, 916; unentschieden BGH ZZP 86 (1973), 322, 325 m. abl. Anm. *Röhl.*
187 Ebenso *Dauner-Lieb/Dötsch* NJW 2003, 921, 923.
188 BAG BB 1984, 61; näher *Lepke* BB 1990, 273ff. m. weit. Nachw.
189 BGH MDR 1999, 298, 299
190 OLG Frankfurt FamRZ 1982, 1223; OLG Köln FamRZ 1986, 577, 578; aM *Spangenberg* MDR 1982, 188.
191 OLG Hamm FamRZ 1995, 106.
192 LG Köln FamRZ 1995, 238, 239.
193 AG Lünen WuB VII A. § 253, 1.99 m. zust. Anm. *Gössmann/Hanke.*
194 BGH NJW 1994, 3102, 3103.
195 AM RGZ 140, 211, 213; wohl auch BGH NJW 1967, 1420, 1421; VersR 1975, 856, 857.
196 BGH NJW 1967, 1420, 1421; abw. OLG Bamberg NJW 1960, 1470, 1471.
197 Vgl. OLG Oldenburg NJW-RR 1999, 942.
198 *Haunschild* AnwBl. 1998, 509ff.
199 OLG Düsseldorf NJW-RR 1999, 1670f.

Zwangsvollstreckung (KV Nr. 1620 und KV Vorbem. 1, 5) für das erstinstanzliche Verfahren in Ehesachen, bestimmten Lebenspartnerschaftssachen Folgesachen (KV Nr. 1310) fallen 2,0 Gebühren an. Nach § 12 GKG soll die Klage (nicht aber die Widerklage) erst nach Zahlung der Verfahrensgebühr zugestellt werden. Ist Gegenstand des Verfahrens nicht eine bestimmte Geldsumme in Euro, ist nach § 63 Abs. 1 bei Eingang der Klage oder des Antrags der Gebührenstreitwert festzusetzen.

254 *Stufenklage* **Wird mit der Klage auf Rechnungslegung oder auf Vorlegung eines Vermögensverzeichnisses oder auf Abgabe einer eidesstattlichen Versicherung die Klage auf Herausgabe desjenigen verbunden, was der Beklagte aus dem zugrunde liegenden Rechtsverhältnis schuldet, so kann die bestimmte Angabe der Leistungen, die der Kläger beansprucht, vorbehalten werden, bis die Rechnung mitgeteilt, das Vermögensverzeichnis vorgelegt oder die eidesstattliche Versicherung abgegeben ist.**

I. Normzweck

Mittels Stufenklage können gleichzeitig zwei Klagen (zB auf Rechnungslegung und Leistung) oder drei Klagen[1] erhoben werden (zB 1. Stufe: Rechnungslegung, 2. Stufe: eidesstattliche Versicherung, 3. Stufe: Leistung). Der Leistungsantrag muss erst dann präzisiert werden, wenn das Auskunftsbegehren erfolgreich war und erfüllt ist. Er ist also trotz § 253 Abs. 2 Nr. 2 zulässig. Da er auch sogleich rechtshängig wird,[2] erlaubt er sofortigen **Schutz vor Verjährung** des Leistungsanspruchs, und zwar in vollem Umfang,[3] es sei denn, dass auch die abschließende Bezifferung die wahre Höhe des Anspruchs nicht erreicht[4] (dann Feststellungsklage). Die Vermeidung isolierter Prozesse ist zudem **prozessökonomisch.** Beides kann nicht schon durch eventuelle Klagehäufung (§ 260) erreicht werden; denn ein Hilfsantrag auf Leistung könnte nicht vom bloßen Erfolg der Auskunftklage abhängen[5] (s. aber § 260 Rn. 9). Die Stufenklage ist also ein Sonderfall objektiver Klagehäufung. Soweit sie zulässig ist, fehlt im Allgemeinen das Rechtsschutzbedürfnis für eine Feststellungsklage,[6] nicht aber für eine isolierte Auskunftsklage.[7] 1

II. Voraussetzungen

1. Informationsanspruch. Im Wege der Stufenklage kann jedes Informationsrecht geltend gemacht werden. **Rechnungslegung** iSd. § 254 ist Rechenschaftslegung[8] über eine mit Einnahmen oder Ausgaben verbundene Verwaltung (§ 259 BGB), geschuldet zB von Beauftragten (§ 666 BGB), Gesellschaftern (§ 713 BGB), Eltern (§ 1698 BGB), Vormündern bzw. Betreuern (§§ 1840, 1890, 1908i BGB), Erben (§ 1978 BGB), Vorerben (§ 2130 Abs. 2 BGB), Testamentsvollstreckern (§ 2118 BGB), Verwaltern nach § 28 WEG, ferner nach § 1214 BGB, § 154 ZVG. Eine Pflicht zu **eidesstattlicher Versicherung** besteht nach Maßgabe der §§ 259 Abs. 2, 260 Abs. 2, 261 BGB. Nach dem Normzweck genügt auch ein Anspruch auf ein **Bestandsverzeichnis** (§ 260 Abs. 1 BGB) oder ein (vertraglicher oder gesetzlicher) **Auskunftsanspruch,** zB des Auftraggebers bzw. Geschäftsherrn (§§ 666, 675, 681 S. 2 BGB), des Gesellschafters (§§ 713, 740 Abs. 2 BGB), Handelsvertreters (§ 87c Abs. 3 HGB), Kommittenten (§ 384 Abs. 2 HGB), des Vormunds (§ 1839 BGB) oder betreffend Mieterhöhung (§ 558 Abs. 4 S. 2 BGB),[9] Betriebskostenabrechnung (§ 20 Abs. 3 NMV, § 556 Abs. 3 BGB[10]), Zugewinnausgleich (§§ 1379, 242 BGB),[11] Unterhalt (§§ 1361 Abs. 4 S. 3, 1580, 1605 BGB),[12] Versorgungsausgleich (§ 1587e Abs. 1 BGB), Herausgabe von Erbschaft (§§ 2027f. BGB) oder Pflichtteil (§ 2314 BGB). Ausnahmsweise besteht kein Auskunftsanspruch, wenn ein Leistungsanspruch mit Sicherheit auszuschließen ist (zB wegen rechtskräftiger Aberkennung).[13] 2

2. Prozessuales. Als Sonderfall der Klagehäufung (Rn. 1) unterliegt die Stufenklage nicht den Voraussetzungen des § 260. Die einzelnen Klagen bleiben selbständig, so dass für jede Stufe die allgemeinen Prozessvoraussetzungen vorliegen müssen.[14] Doch ist der Gerichtsstand für die Leistungsklage richtigerweise auch im Übrigen maßgebend;[15] die Streitwerte der Klagen[16] werden addiert (§ 5). Die Stufenklage setzt voraus, dass die Unsicherheit des Leistungsanspruchs auf Unkenntnis gerade seines Umfangs beruht.[17] Ausrei- 3

---

[1] BGHZ 10, 385, 386 = NJW 1954, 70; s. auch BGH NJW 1991, 1893; aM *Fett,* Die Stufenklage, Diss. Saarbrücken, 1978, S. 35ff.
[2] BGH FamRZ 1995, 729; OLG Stuttgart NJW-RR 1990, 766.
[3] BGH NJW 1975, 1409, 1410; 1992, 2563; NJW-RR 1995, 770, 771.
[4] BGH NJW 1992, 2563f.; OLG Hamburg FamRZ 1983, 602.
[5] Näher *Assmann,* Das Verfahren der Stufenklage, 1990, S. 19ff.
[6] BGH MDR 1961, 751; abw. für gewerblichen Rechtsschutz BGH WRP 2003, 1238, 1239.
[7] OLG Saarbrücken FamRZ 1969, 230, 231.
[8] RGZ 53, 252, 254.
[9] Dazu *Börstinghaus* WoM 1994, 417, 418; *Beuermann* Das Grundeigentum 1994, 1074, 1076.
[10] Dazu *Klas* WoM 1994, 659f.
[11] BGH NJW 2005, 1492, 1493; näher *Kleffmann* FuR 1995, 171ff.
[12] Näher *Peschel-Gutzeit* AnwBl. 2003, 476ff.
[13] BGHZ 28, 177, 180 = NJW 1958, 1964; OLG Hamm NJW-RR 1990, 709.
[14] BGHZ 76, 9, 12 = NJW 1980, 1106; *W. Lüke* JuS 1995, 143, 144.
[15] OLG Naumburg NJW-RR 2002, 1704.
[16] Dazu BGHZ (GSZ) 128, 85, 87ff. = NJW 1995, 664 = JZ 1995, 681 m. Anm. *Roth.*
[17] BGH NJW 2000, 1645, 1646 (Staatshaftung); LG Arnsberg NJW 2004, 232, 234 aE.

chend ist aber Ungewissheit über den Verbleib bestimmter Sachen (arg. § 667 BGB),[18] es sei denn, dass Auskunft schon nach § 883 Abs. 2 erreichbar ist,[19] weil der Kläger bereits einen Herausgabetitel hat; bei Ungewissheit soll wahlweise auf Herausgabe der Sache, Zahlung etwaigen Erlöses und sogar Schadensersatz geklagt werden dürfen.[20] Der (unpräzise) Leistungsantrag muss uneingeschränkt gestellt und nicht nur angekündigt werden.[21] Er darf bereits beziffert sein,[22] jedoch nur bei erkennbarem Vorbehalt einer Überprüfung anhand der erwarteten Auskunft. Bei fixem Mindestbetrag (bezifferte Teilklage) liegt eine Stufenklage also nur vor, soweit (unbeziffert) ggf. mehr begehrt wird.[23] Im Übrigen kann von einer regulären Leistungsklage mittels Klageänderung (§§ 263f.) zur Stufenklage übergegangen werden, selbst im Berufungsverfahren.[24] **Analog § 254** ist auf letzter Stufe auch eine Vollstreckungsabwehrklage oder eine Abänderungsklage (§ 323)[25] zulässig. Da bei Vertragsanpassung nach § 313 BGB die Klage auf Einwilligung zulässig ist (str.), kann auch sie (ggf. unbestimmt, § 253 Rn. 35) auf erster Stufe erfolgen, gefolgt vom Leistungsantrag aus dem angepassten Vertrag.[26]

III. Verfahren

4 **1. Entscheidungsumfang.** a) Über jeden **Einzelantrag** wird gesondert entschieden, und zwar grds. erst nach Erledigung der vorherigen Stufe,[27] nach hM auch nur auf Antrag des Klägers.[28] Bis dahin kann daher ein vorrangiger Antrag[29] oder die Bezifferung eines Leistungsantrags[30] ohne weiteres fallen gelassen werden; wurde hingegen zur (neuen) Stufe schon verhandelt, so kann diese nur durch partielle Klagerücknahme übersprungen werden[31] (zur Erledigterklärung s. Rn. 6). Entschieden wird grds. durch **Teilurteil** (§ 301), auch bei Anerkenntnis oder Säumnis des Beklagten. Die Verurteilung zur Auskunft wird gemäß § 888 vollstreckt, die zur Abgabe einer eidesstattlichen Versicherung ebenso (889 Abs. 2), falls nicht freiwillig erfüllt wird (§ 261 BGB, §§ 79, 163 FGG). Bei erkennbar lückenhafter Auskunft kann Ergänzung verlangt werden, bei Unrichtigkeit nur eidesstattliche Versicherung.[32] Erst nach Auskunfterteilung usw. ist der Leistungsantrag zu beziffern;[33] dabei besteht keine Bindung an das Ergebnis der Auskunft. Unterbleibt die Bezifferung auch jetzt, so ist die Klage mangels Bestimmtheit abzuweisen. Wegen der Selbständigkeit der gestuften Verfahren bleibt eine **Verspätungspräklusion** (zB im Auskunftstreit) ohne Einfluss auf spätere Stufen.[34] Die Entscheidung über den Auskunftantrag kann **vorgreiflich** für die Frage sein, ob auch eidesstattliche Versicherung geschuldet ist;[35] bzgl. der Leistungsklage entfaltet sie aber weder Rechtskraft noch Bindung nach § 318.[36]

5 b) Eine Entscheidung über die **gesamte Stufenklage** liegt nur vor, wenn der Leistungsantrag erkennbar einbezogen wird.[37] Sie ist aber grds. unzulässig,[38] da stufenweise verhandelt wird (Rn. 4). Die Verurteilung zur Auskunft kann idR auch nicht mit einem Leistungsgrundurteil einhergehen.[39] Soweit der Leistungsantrag vorzeitig beziffert wurde (Rn. 3), kann er aber schon auf erster Stufe zum Anerkenntnisurteil führen[40] oder die Zuerkennung eines erwiesenen Mindestbetrages rechtfertigen. Vorzeitig abzuweisen ist die Leistungsklage (samt der Auskunftsklage usw.), wenn sie unzulässig oder unbegründet ist (hM),[41] ggf. auch durch Versäumnisurteil (§ 330).[42]

6 **2. Kosten bei Erledigterklärung.**[43] Die Prozesskosten werden für jede Stufe gesondert bewertet und in der Schlussentscheidung ggf. quotiert (§ 92).[44] Der **Auskunftstreit** mag durch Auskunft vor dem Urteil erle-

---

[18] BGH NJW 2003, 2748f.; aA MK/*Becker-Eberhard* Rn. 7.
[19] Dazu BGH (Fn. 18) S. 2749; LM Nr. 7 = MDR 1963, 204.
[20] BGH (Fn. 18).
[21] Großzügig aber BGH NJW-RR 1995, 770.
[22] BGH NJW-RR 1996, 833, 834f.
[23] BGHZ 107, 236, 239 = NJW 1989, 2821.
[24] OLG München FamRZ 1995, 678f.; OLG Stuttgart MDR 1999, 1342.
[25] BGH NJW 1985, 195, 196; OLG München NJW-RR 1988, 1285, 1286.
[26] *Dauner-Lieb/Dötsch* NJW 2003, 921, 926 mwN; aA *Wieser* JZ 2004, 654f. (für unechten Hilfsantrag, der aber selten hilft).
[27] BGHZ 10, 385, 386 = NJW 1954, 70; BGH NJW 1991, 1893.
[28] OLG Karlsruhe NJW 1985, 1349, 1350; OLG Schleswig FamRZ 1991, 95, 96.
[29] So BGH NJW 2001, 833 (Wertermittlung); 1991, 1893 (eidesstattliche Versicherung).
[30] So BGH NJW-RR 1996, 833, 835.
[31] OLG München FamRZ 1995, 678.
[32] RGZ 167, 328, 338f.; OLG Nürnberg NJW-RR 2005, 808, 809.
[33] MK/*Becker-Eberhard* Rn. 23; einschr. *Zö/Greger* Rn. 11; *W. Lüke* (Fn. 14) S. 145 (erst nach formeller Rechtskraft).
[34] OLG Karlsruhe NJW 1985, 1349, 1350.
[35] BGH WM 1975, 1086.
[36] BGH NJW 1999, 3049; *Peters* ZZP 111 (1998), 67, 68ff.
[37] OLG Oldenburg MDR 1986, 62.
[38] OLG Saarbrücken NJW-RR 2000, 229, 230; aA *Peters* (Fn. 36) S. 73ff. (soweit Gefahr widersprüchlicher Teilurteile).
[39] S. aber BGH MDR 1999, 823 (feststehende Leistungspflicht); aA *Peters* (Fn. 36).
[40] MK/*Becker-Eberhard* Rn. 20; *Fett* (Fn. 1) S. 51f.
[41] BGH (Fn. 39); BGHZ 94, 268, 275 = NJW 1985, 2405; OLG Stuttgart NJW-RR 1990, 766; OLG Naumburg (Fn. 15) S. 1705; aM OLG Hamm NJW-RR 1990, 709; *Schneider* MDR 1969, 624, 625; *Assmann* (Fn. 5) S. 71ff.
[42] OLG Stuttgart NJW-RR 1990, 766; offen OLG Hamm NJW-RR 1990, 709.
[43] Eingehend *Kassebohm* NJW 1994, 2728ff.
[44] OLG Hamm FamRZ 1993, 1343, 1344; OLG Karlsruhe JurBüro 1994, 682.

digt werden. Bei übereinstimmender Erledigungserklärung ist über die Kosten, sofern noch ein Urteil ergeht, einheitlich in diesem zu entscheiden;[45] bei Gesamterledigung ist nach § 91 a auch eine Kostenerstattungspflicht des Beklagten beachtlich.[46] Wird der Erledigung des Auskunftstreits widersprochen, so kann der Kläger sie durch Teilurteil feststellen lassen;[47] obwohl er auch zur nächsten Stufe übergehen könnte und sein Kosteninteresse in die Schlusskostenentscheidung eingeht, wird diese durch ein Urteil besser fundiert.

Der **Leistungsstreit** ist obsolet, wenn die Auskunft usw. ergibt, dass keine Leistung geschuldet ist. Bei übereinstimmender Erledigterklärung sind die Kosten dieser Stufe idR dem Beklagten aufzuerlegen, § 91 a.[48] Dies ist bei einseitiger Erledigterklärung problematisch, denn die Leistungsklage war nie begründet.[49] Hier mag sich Klagerücknahme empfehlen. Die Kosten trägt dann im Unterhaltsprozess der Beklagte (§ 269 Abs. 3 S. 2 iVm. § 93 d). In anderen Fällen ist gemäß § 269 Abs. 3 S. 3 zu entscheiden (§ 269 Rn. 13), dh. vor allem danach, ob die Leistungsklage durch Säumnis bei der Auskunft provoziert wurde, im Übrigen also aussichtsreich war. Mangels Klagerücknahme kann der Kläger seine Kostenbelastung nur als Verzugsschaden geltend machen (hM), falls die Auskunft schuldhaft verzögert wurde.[50] Das soll im Wege sachdienlicher Klageänderung auch durch Feststellungsklage möglich sein (§ 91 a Rn. 43 f.), die insofern genügt, als die Praxis den zuerkannten Hauptsache-Anspruch mittels Kostenfestsetzung (§§ 103 ff.) beziffert. 7

3. Berufungsverfahren. Hier wird nur über Ansprüche entschieden, die schon Gegenstand des angefochtenen Urteils waren (§ 528 S. 1), meist also wieder über die **Einzelanträge.** Hat zB die Auskunftsklage erst in zweiter Instanz Erfolg, so bleibt über den Leistungsantrag in erster Instanz zu entscheiden;[51] eine Anschlussberufung ändert daran nichts.[52] Verurteilt das Berufungsgericht zur Auskunft, nachdem die gesamte Stufenklage abgewiesen wurde, so kann es zur Verhandlung über den Leistungsantrag zurückverweisen (§ 538 Abs. 2 Nr. 4 analog);[53] das muss auch gelten, wenn erst in zweiter Instanz Stufenklage erhoben wird, sei es nach Abweisung einer Leistungsklage,[54] sei es nach erfolgreicher Klage nur auf Auskunft (durch Anschlussberufung).[55] Auch ohne Rückverweisung bleibt die Leistungsklage in erster Instanz anhängig, wenn (auch) sie erst vom Berufungsgericht teilweise abgewiesen, dieses Urteil aber aufgehoben wird.[56] Werden hingegen, nach Abweisung der ganzen Stufenklage, beim Berufungsgericht die Vorstufen für erledigt erklärt und der Leistungsantrag gestellt, so ist dort vorab auch über den Anspruchsgrund zu entscheiden.[57] Das Berufungsgericht soll jedoch die **gesamte Stufenklage** abweisen dürfen, wenn es nur mit dem Auskunftsanspruch befasst ist, aber weder ihn noch einen Leistungsanspruch für gegeben hält[58] (bedenklich). 8

IV. Gebühren und Kosten

1. Rechtsanwaltsgebühren. Die Gebühren des Anwalts entstehen gemäß Vorbemerkung 3 Abs. 2 und 3 VV. Die Gegenstandswerte ergeben sich aus §§ 23 Abs. 1 RVG, 44 GKG. Die jeweiligen Gebühren fallen für alle Stufen zusammen nur einmal an. Sie errechnen sich stets aus dem höchsten Wert, der der Tätigkeit zu Grunde liegt, die den Gebührentatbestand erfüllt (§ 23 Abs. 1 RVG). Die Verfahrensgebühr (Nr. 3100 VV RVG) als Betriebsgebühr fällt deshalb stets aus dem höchsten im Verfahren vorkommenden Wert an. 9

2. Gerichtskosten. Nach § 44 GKG ist für den nach § 63 Abs. 1 GKG festzusetzenden Gebührenstreitwert der höchste der verbundenen Ansprüche maßgebend. Erstinstanzliche Urteile sind nicht gebührenpflichtig; sie sind mit der dreifachen Verfahrensgebühr nach KV Nr. 1210 abgegolten. In der Rechtsmittelinstanz ist für mehrere Teilurteile die Obergrenze nach § 36 GKG zu beachten. 10

255 *Fristbestimmung im Urteil*

(1) Hat der Kläger für den Fall, dass der Beklagte nicht vor dem Ablauf einer ihm zu bestimmenden Frist den erhobenen Anspruch befriedigt, das Recht, Schadensersatz wegen Nichterfüllung zu fordern oder die Aufhebung eines Vertrages herbeizuführen, so kann er verlangen, dass die Frist im Urteil bestimmt wird.

(2) Das Gleiche gilt, wenn dem Kläger das Recht, die Anordnung einer Verwaltung zu verlangen, für den Fall zusteht, dass der Beklagte nicht vor dem Ablauf einer ihm zu bestimmenden Frist die

---

[45] Näher *Rixecker* MDR 1985, 633 ff.
[46] OLG Koblenz NJW-RR 1997, 7.
[47] OLG Koblenz (Fn. 46); offen BGH NJW 1999, 2520, 2522 m. weit. Nachw.; abw. (gegen Rechtsschutzbedürfnis) OLG Köln MDR 1996, 637; OLG Düsseldorf NJW-RR 1996, 839 f.; *Rixecker* (Fn. 45) S. 634.
[48] Überw. Rspr.; s. nur OLG Brandenburg NJW-RR 2003, 795 mwN; *Kassebohm* (Fn. 43) S. 2729 f.
[49] BGH NJW 1994, 2895; aM OLG Frankfurt FamRZ 1987, 292, 293; *Kassebohm* (Fn. 43) S. 2731 f.
[50] Vgl. (auch zum folgenden) BGHZ 79, 275, 280 f. = NJW 1981, 990; BGH NJW 1994, 2895, 2896; abl. *Bork* JZ 1994, 1011 f. – Für Analogie zu § 93 *Rixecker* MDR 1985, 633, 635; *Assmann* (Fn. 5) S. 84 ff., 95.
[51] Näher BGHZ 30, 213, 215 = NJW 1959, 1824 m. Anm. *Schwab;* BGH NJW 1979, 925 f.
[52] BGH WM 1974, 1162, 1164; *Heyn* NJW 1957, 212.
[53] Zu § 538 aF vgl. BGH NJW 1982, 235, 236.
[54] Vgl. OLG Karlsruhe JurBüro 1993, 619 (§ 538 aF).
[55] Vgl. BGH WM 1974, 1162, 1164 (§ 538 aF).
[56] So BGH NJW 1995, 2229, 2230 (§ 538 aF).
[57] BGH NJW 1991, 1893 f.
[58] BGH NJW 1959, 1827, 1828 m. abl. Anm. *Schwab;* BGHZ 94, 268, 275 = NJW 1985, 2405; OLG Celle NJW-RR 1995, 1021 f.; aM *Assmann* (Fn. 5) S. 101 ff.; MK/*Becker-Eberhard* Rn. 31; *Blomeyer* § 99 IV 1c; s. auch OLG Hamm NJW-RR 1990, 709.

beanspruchte Sicherheit leistet, sowie im Falle des § 2193 Abs. 2 des Bürgerlichen Gesetzbuchs für die Bestimmung einer Frist zur Vollziehung der Auflage.

I. Normzweck

1 Um den Schuldner zur Erfüllung anzuhalten und, mangels Erfüllung, wenigstens die Schadloshaltung zu erleichtern, ist dem Gläubiger vielfach gestattet, dem Schuldner eine Frist zu setzen, nach deren Ablauf ohne weiteres oder uU Sekundäransprüche geltend gemacht werden können (zB §§ 250 S. 2, 281 BGB). Nach Abs. 1 kann sich der Gläubiger zusätzlich die **Fristsetzung ersparen.** Das hat insofern Gewicht, als diese Frist regelmäßig „angemessen" sein muss, während eine Bemessung durch das Gericht den Schuldner stets bindet (Rn. 4). Eine gerichtliche Fristsetzung **präjudiziert nicht die Sekundäransprüche** selbst. Wohl aber kann die Rechtskraft des Leistungsurteils dazu beitragen, dass auch im Folgeprozess um Sekundäransprüche gewisse Einwände des Schuldners ausgeschlossen sind. Praktische Bedeutung hatte § 255 vor allem dank § 283 BGB aF; an dessen Stelle ist § 281 BGB getreten (Rn. 5).

II. Anwendungsfälle

2 Begünstigte **Erfüllungsansprüche** (Abs. 1) sind vor allem §§ 250, 281 Abs. 1, 527, 910 Abs. 1 S. 2, 1003 Abs. 2, 1133 BGB, § 37 VerlG. Unanwendbar ist Abs. 1 auf § 264 Abs. 2 BGB,[1] da hier mangels Anspruchs auf Ausübung der Wahl auch eine Klage ausscheidet. **Sicherheitsleistung** (Abs. 2) gebührt dem Gläubiger nach §§ 1051 f., 2128 BGB; die Erstreckung auf §§ 1054, 1133 BGB ist sinnvoll. Nach **§ 2193 Abs. 2 BGB** kann der Kläger (§ 2194 BGB) eine Frist zur Vollziehung der Auflage setzen und ggf. auch den Begünstigten bestimmen.

III. Verfahren

3 **1. Antrag auf Fristbestimmung.** Er ist Sachantrag und kann der Klageerhebung nachfolgen (§ 264 Nr. 2), freilich nicht mehr in der Revisionsinstanz. Nach dem Normzweck braucht (entgegen § 253 Abs. 2 Nr. 2) nur die Bestimmung einer „angemessenen" Frist beantragt zu werden.[2]

4 **2. Entscheidung.** War beantragt, eine bestimmte Frist festzusetzen, so darf diese nicht verkürzt werden (§ 308 Abs. 1). Ist nur eine längere Frist angemessen, so wird diese festgesetzt und der weiter gehende Antrag zurückgewiesen. Setzt die Fristsetzungsbefugnis nach materiellem Recht die formelle Rechtskraft der Verurteilung voraus (§ 283 BGB aF, §§ 1052, 2128 Abs. 2, 2193 Abs. 2 BGB), so darf auch die gerichtliche Frist nicht früher beginnen (zB „Frist von ... seit Rechtskraft des Urteils"). Im Übrigen ist die Frist nicht ab Rechtskraft, sondern ab Verkündung des Urteils zu berechnen bzw. entsprechend zu datieren;[3] denn nach dem Normzweck soll die Einschaltung des Gerichts die Fristsetzung erleichtern, also gewiss nicht den Fristbeginn, den sogar der Gläubiger vorgeben könnte, von etwaigen Rechtsmitteln des Schuldners abhängig machen. Die Fristsetzung ist Bestandteil der Hauptentscheidung. Sie wird mit dieser bindend (§ 318) und erlangt mit ihr Rechtskraft; gegen die Fristsetzung sind daher auch Rechtsmittel statthaft.[4] Bei Übergehung hilft dem Kläger § 321.

5 **3. Verbindung mit Schadensersatzklage.** Die Klage wegen Sekundäranspruchs wird durch § 255 nicht erleichtert. Ihre Verbindung mit Leistungs- und Fristsetzungsanträgen ist aber zugelassen, soweit es um Handlungspflichten (iSd. §§ 887 f.) geht, wenn auch nur vor Amts- und Arbeitsgerichten (§ 510 b; § 61 Abs. 2 ArbGG). Im Übrigen ist Klagehäufung (§ 260) nur möglich, wenn § 259 Klage auf künftigen Ersatz gestattet. Bei Verbindung der (Nach-)Erfüllungsklage samt Fristsetzung mit einer Schadensersatzklage nach **§§ 281 BGB, 259** ist die Ersatzleistung (mit ihrer Wahl, § 281 Abs. 4 BGB) unter die Bedingung fruchtlosen Fristablaufs zu stellen.[5] Für den Sekundäranspruch muss Nichterfüllung zu besorgen sein (§ 259 Rn. 5). Er darf auch nicht dem Grunde nach offen bleiben (§ 259 Rn. 2); daher sind Klagen aus § 281 BGB erst entscheidungsreif, wenn der Schuldner sich für die – bisherige – Nichtleistung nicht (erfolgreich) entlastet hat.[6] Für künftige Ansprüche, zB nach etwaigem Rücktritt (§§ 346, 437 Nr. 2 BGB), gilt § 259 nicht.

256 *Feststellungsklage* **(1) Auf Feststellung des Bestehens oder Nichtbestehens eines Rechtsverhältnisses, auf Anerkennung einer Urkunde oder auf Feststellung ihrer Unechtheit kann Klage erhoben werden, wenn der Kläger ein rechtliches Interesse daran hat, dass das Rechtsverhältnis oder die Echtheit oder Unechtheit der Urkunde durch richterliche Entscheidung alsbald festgestellt werde.**

(2) Bis zum Schluss derjenigen mündlichen Verhandlung, auf die das Urteil ergeht, kann der Kläger durch Erweiterung des Klageantrags, der Beklagte durch Erhebung einer Widerklage beantragen, dass ein im Laufe des Prozesses streitig gewordenes Rechtsverhältnis, von dessen Bestehen oder Nichtbestehen die Entscheidung des Rechtsstreits ganz oder zum Teil abhängt, durch richterliche Entscheidung festgestellt werde.

---

[1] MK/*Becker-Eberhard* Rn. 4; aM *St/J/Schumann* Rn. 8.
[2] HM; anders *St/J/Schumann* Rn. 10 Fn. 8.
[3] Anders hM; *K. Schmidt* ZZP 87 (1974), 49, 53; *St/J/Schumann* Rn. 14; wie hier MK/*Becker-Eberhard* Rn. 10.
[4] St/J/Schumann Rn. 13.
[5] Vgl. MK-BGB/*Ernst* § 281 Rn. 178 ff.; *Gsell* JZ 2004, 110, 115 ff.; *Gruber/Lösche* NJW 2007, 2815 ff.
[6] Vgl. *Gsell* (Fn. 5), S. 114 f.; aA wohl BGH NJW 1999, 954 f. (§ 283 BGB aF); *Wieser* NJW 2003, 2432, 2433.

Übersicht

I. Normzweck (Abs. 1)

Im Gegensatz zur Leistungsklage, die auf Leistungsbefehl und Befriedigung abzielt, dient die **Feststellungsklage** nur der verbindlichen Feststellung. Die positive Feststellungsklage behauptet ein Rechtsverhältnis oder die Echtheit einer Urkunde, die negative Klage leugnet dies. Auch Zwischenurteile (§ 303) und Klageabweisung sind Feststellungsurteile; ein zusprechendes Leistungsurteil stellt (in diesem Umfang) zusätzlich die Leistungspflicht fest. Mittels Feststellungsklage sollen die Parteien bei Streit ihre **Rechtsbeziehung frühzeitig klären** können, um dann ohne Risiko disponieren zu können.[1] Dies ist möglich, weil das Feststellungsurteil dank seiner materiellen Rechtskraft für spätere Prozesse um Erfüllung, Rückgewähr oder Schadensersatz vorgreiflich ist: Ein positives Feststellungsurteil erleichtert den späteren Prozess auf Leistung, während ein abweisendes Urteil ihn aussichtslos macht (näher § 322 Rn. 57ff.). Auch die **Zwischenfeststellungsklage** ermöglicht die verbindliche Klärung von Rechtsverhältnissen, freilich nur solcher Fragen, die im Rahmen des anhängigen Rechtsstreits vorgreiflich sind. So können sich die Parteien vor Nachteilen schützen, die dadurch drohen, dass grds. nur über das Klagebegehren als solches mit Rechtskraft entschieden wird (näher Rn. 39). Die „Rechtsschutzzone" des § 256 ist immer weiter ausgedehnt worden.[2] 1

II. Gegenstand der Feststellungsklage

1. Rechtsverhältnis a) Der **Begriff** gilt der aus dem vorgetragenen Lebenssachverhalt abgeleiteten Rechtsbeziehung einer Person zu einer anderen oder zu einem Gegenstand.[3] Auch einzelne Rechte bzw. Pflichten sind feststellungsfähig,[4] ggf. zusätzlich zu dem Gesamtverhältnis,[5] nicht aber abstrakte Rechtsfragen ohne Bezug zum konkreten Rechtsverhältnis,[6] laut Rspr.[7] auch nicht bloße Elemente eines Rechtsverhältnisses, also rechtliche Vorfragen[8] (Ausnahme: Annahmeverzug iSd. §§ 756, 765[9]), reine Tatfragen,[10] die Wirksamkeit von Rechtshandlungen[11] oder Realakten (zB einer Zustellung), grds. auch nicht streitige Berechnungsgrundlagen[12] (s. aber Rn. 21f.). Namentlich die „Rechtswidrigkeit" gegnerischen Verhaltens ist nicht feststellungsfähig[13] (zur Unwahrheit ehrverletzender Tatsachenbehauptungen s. Rn. 20). Die Abgrenzung ist allerdings oft zweifelhaft; dann sollte Abs. 1 prozessökonomisch gehandhabt werden.[14] Die Art des Rechtsverhältnisses ist sekundär, wenn nur der Zivilrechtsweg eröffnet ist[15] (zu prozessualen Verhältnissen s. Rn. 32; zu Strafbarkeit iSd. § 823 Abs. 2 BGB s. § 3 Abs. 1 EGZPO). 2

---

1 Begr. zu § 232 des Entw. einer CPO, vgl. *Hahn,* Bd. 2, Abt. 1, S. 255.
2 Insgesamt krit. *Jacobs,* Der Gegenstand des Feststellungsverfahrens, 2005, S. 9ff., 53ff., 133ff., 314ff.
3 BGH NJW 2000, 2280, 2281.
4 BAG NZA 1994, 35, 36.
5 BGH NJW 1999, 3774, 3775 = LM § 211 BGB Nr. 31 m. Anm. *Foerste* (Schadensposition).
6 RGZ 148, 81, 100; BGH WM 2001, 378, 380; BAGE 46, 129, 135 = NJW 1985, 220.
7 Zu Recht krit. *Brehm,* in: Festg. 50 Jahre BGH, 2000, S. 89, 105f.
8 BGH (Fn. 3; Schuldnerverzug), dazu krit. *Schilken* JZ 2001, 199ff.; BGH FamRZ 1979, 905, 906; BGHZ 109, 306, 308 = NJW 1990, 911; OLG Düsseldorf NJW-RR 1998, 283f. (Anwendbarkeit deutschen Rechts, Schiedsvertrag).
9 BGH NJW 2002, 1262, 1263 aE.
10 RG HRR 1935, Nr. 380; BGH NJW 2003, 511, 512.
11 BGH NJW-RR 1992, 252.
12 BGH NJW 1979, 2099, 2101; 1982, 1878, 1879; 1995, 1097.
13 BGHZ 68, 331, 332ff. = NJW 1977, 1288; BAGE 46, 322, 339f. = NJW 1985, 85.
14 Vgl. *Zeuner,* Festschr. f. Schumann, 2001, S. 595, 604; *Scherer* JR 2001, 441ff.
15 Vgl. BGHZ 99, 344, 357f. = NJW 1987, 2364; scheinbar abw. BGHZ 123, 44, 48f. = NJW 1993, 2539.

3 **Beispiele:** Rechtsverhältnisse sind Schuldverhältnisse jeder Art, aus Vertrag oder Gesetz, betreffend Ansprüche oder sonstige subjektive Rechte (zB ein Kündigungsrecht, Wiederkaufsrecht,[16] Kartellnichtigkeit[17]), ferner dingliche Rechte (Eigentum,[18] der Besitz als Basis weiterer Rechte[19]), ein Fischereirecht,[20] die Wirksamkeit der Ortsverbandswahl einer politischen Partei,[21] das Rechtsverhältnis zwischen Gesellschaftern;[22] näher Rn. 18 ff.

4 b) Das Rechtsverhältnis muss **gegenwärtig** sein. Dafür genügt, dass es, obschon erloschen, zur Grundlage eines aktuellen Anspruchs gemacht wird.[23] Die zwischen den Parteien bestehenden Beziehungen bei Klageerhebung müssen wenigstens die Grundlage bestimmter Ansprüche bilden, wie zB ein Versicherungsvertrag[24] oder eine Haftpflicht, falls (weitere) Schäden des Klägers wenigstens mit gewisser Wahrscheinlichkeit zu erwarten sind[25] (Rn. 29) oder Immissionen deshalb nahe liegen, weil sie nicht selten und vom Kläger zu dulden sind.[26] Künftige Rechtsverhältnisse scheiden idR aus[27] (zum Erbrecht Rn. 21), während betagte oder bedingte Verhältnisse feststellbar sind.[28]

5 c) Nach der Rspr. sind auch Rechtsverhältnisse **zu Dritten**[29] oder gar zwischen Dritten[30] feststellungsfähig, wenn ein Feststellungsinteresse (auch) gegenüber dem Beklagten besteht, wenn also die begehrte Feststellung – trotz der fehlenden Drittwirkung eines Urteils[31] – die Rechtsbeziehungen der Prozessparteien berührt[32] (zB bei Feststellung, dass Dritter das vom Kläger beanspruchte Recht nicht an Beklagten abtrat;[33] anders bei Feststellung für den Rückbürgen, der Hauptbürge hafte dem verklagten Gläubiger nicht[34]). In diesen Fällen ist die innerparteiliche Beziehung meist nicht nur „berührt", sondern selbst Rechtsverhältnis; nur dann jedenfalls besteht Prozessführungsbefugnis. Die Rspr. geht daher zu weit.[35]

6 **2. Echtheit oder Unechtheit einer Urkunde** ist die einzige Tatsache, die Gegenstand der Feststellungsklage werden kann. Echt ist die Urkunde, wenn die Unterschrift bzw. der unterschriebene Text vom Aussteller stammt oder mit dessen Willen dort steht (vgl. § 439). Stellt das Urteil die Echtheit positiv fest, so schließt seine Rechtskraft einen späteren Gegenbeweis aus;[36] ggf. mag eine Restitutionsklage helfen, § 580 Nr. 2.

III. Feststellungsinteresse

7 **1. Bedeutung.** Das besondere Feststellungsinteresse ist Prozessvoraussetzung und eine qualifizierte Form des sonst erforderlichen Rechtsschutzbedürfnisses. Es schützt vor unnötiger Belästigung,[37] speziell vor negativen Feststellungsklagen, die meist den Beklagten zu substantiiertem Vorbringen bzw. zügiger Beweisführung zwingen und so – bei Klage zur Unzeit – sein Risiko erhöhen, Opfer einer Entscheidung nach Beweislast (Rn. 38) zu werden. Das Feststellungsinteresse muss bis zum Schluss der mündlichen Verhandlung vorliegen.[38] Sein Fehlen führt grds. zur Klageabweisung durch Prozessurteil, selbst bei Anerkenntnis.[39] Steht aber fest, dass die Klage jedenfalls unbegründet ist, so kann sie auch deshalb abgewiesen werden,[40] selbst im Revisionsverfahren.[41]

8 **2. Allgemeine Voraussetzungen.** a) **Rechtliches Interesse** an alsbaldiger Feststellung setzt zunächst voraus, dass dem Recht oder der Rechtslage des Klägers eine gegenwärtige Gefahr der Unsicherheit droht.[42] Nötig ist ein eigenes Interesse des Klägers,[43] das nicht nur wirtschaftlich, wissenschaftlich, affektiv oder ideell sein darf. Es genügt aber, dass der Kläger durch eine Fehleinschätzung des Gerichts zur Klage veranlasst wurde.[44]

---

[16] BGH NJW 1986, 2507.
[17] OLG Frankfurt GRUR 1994, 76.
[18] BGHZ 27, 190, 195 f. = NJW 1958, 1293; WM 1981, 1050.
[19] BayObLG WoM 1989, 528, 529.
[20] BayObLGZ 1992, 308, 311.
[21] So KG NJW 1988, 3159 m. Anm. *Vollkommer.*
[22] BGH NJW-RR 1992, 227.
[23] BGHZ 27, 190, 196 = NJW 1958, 1293; BGH WM 1981, 1050; BAG NJW 1994, 1751.
[24] BGH NJW 1988, 774 f.
[25] BGHZ 4, 133, 135 = NJW 1952, 539; BGH ZZP 85 (1972), 245 m. Anm. *Schwab;* NJW 1993, 648, 653.
[26] Vgl. BGHZ 28, 225, 233 = NJW 1959, 97.
[27] BGHZ 28, 225, 233 f. = NJW 1959, 97; BGHZ 120, 239, 253 = NJW 1993, 925; aA *Zeuner* (Fn. 14) S. 606 ff.
[28] BGH NJW 1992, 436, 437; NJW-RR 2005, 637 f.
[29] BGH VersR 1966, 875, 877; NJW 1993, 3274, 3275; NJW-RR 2004, 595, 596.
[30] BGHZ 69, 37, 40 = NJW 1977, 1637; BGH NJW 1990, 2627, 2628; OLG Köln VersR 1988, 61, 62.
[31] Dazu mit Recht krit. *Häsemeyer* ZZP 107 (1994), 231, 232; *G. Lüke,* Festschr. f. Henckel, 1995, S. 563, 572 f.
[32] RGZ 142, 223, 226; BGH NJW 1984, 2950; 1990, 2627, 2628; ZIP 2000, 679; BAG NJW 1983, 1750, 1751; näher *Michaelis,* Festschr. f. Larenz, 1983, S. 443, 452 ff.
[33] BGH NJW 1969, 136 f.
[34] OLG Hamm NJW 1993, 3274, 3275.
[35] Krit. MK/*Becker-Eberhard* Rn. 34; *G. Lüke* (Fn. 31) S. 565 ff.; *Jacobs* (Fn. 2) S. 303 ff., 362 ff.; *Zö/Greger* Rn. 3b.
[36] Vgl. RGZ 148, 29, 32.
[37] Entwurfsbegr., *Hahn,* Bd. 2, S. 257.
[38] BGH NJW 2006, 2780, 2782; BAG NJW 2000, 3226 (auch in Revisionsinstanz).
[39] BGH MDR 2001, 764, 765.
[40] BGHZ 12, 308, 316 = NJW 1954, 1159; BGH NJW 1978, 2031, 2032; krit. *Olschewski* NJW 1971, 551.
[41] BGHZ 12, 308, 316 = NJW 1954, 1159; OLG Bremen MDR 1986, 765.
[42] BGHZ 69, 144, 147 = NJW 1977, 1881; BGH NJW 1998, 3055, 3056.
[43] BGH WM 1989, 1546, 1549.
[44] BAG NJW 1964, 1043, 1044; NZA 1994, 35, 36.

b) **Unsicherheit** droht der Rechtsposition insbesondere, wenn der Beklagte sie verletzt oder ernstlich bestreitet.[45] Dem entspricht es, dass der Beklagte sich eines eigenen Rechts (Rn. 2) gegen den Kläger **berühmt** hat; denn dies beschränkt den Handlungsspielraum des Klägers, zB weil Mittel zur Befriedigung des angemaßten Anspruchs vorzuhalten sind.[46] Die Berühmung kann auch durch Abmahnung oder PKH-Antrag und selbst gegenüber Dritten[47] (zB Behörde) erfolgen. Dass sich jemand trotz An- oder Nachfrage ausschweigt, genügt aber nicht, es sei denn, dass ihm wegen seines Vorverhaltens nach Treu und Glauben eine Klarstellung oblag.[48] 9

c) Die Unsicherheit muss **gegenwärtige Gefahr** für das Recht des Klägers begründen. Verjährungsgefahr reicht stets aus (Rn. 33). Für die Feststellung einer Schadensersatzpflicht genügt, dass künftige Schäden wenigstens entfernt möglich, nach Art, Umfang oder Eintritt aber noch ungewiss sind (Rn. 29). Die Gefahr einer Beweiserschwerung, zB der Einbuße von Beweismitteln, kann ein Feststellungsinteresse zumindest stützen (Rn. 19). Bei **negativer Feststellungsklage** muss die Gefährdung des Klägers das berechtigte Interesse des Beklagten, nicht zur Unzeit zu prozessieren (Rn. 7), überwiegen.[49] Als Berühmung genügt daher weder die Ankündigung, unter bestimmten Umständen in die Prüfung eines Anspruchs einzutreten,[50] noch die Bekundung „möglicher“[51] oder „etwaiger“ Rechte (zB Verweigerung der Entlastung[52], Anfrage nach §§ 1580, 1605 BGB[53]) oder dafür maßgebender Tatsachen (zB Strafanzeige), solange daraus nicht erkennbar auch bestimmte Rechte abgeleitet werden. Ebenso wenig genügt die Streitverkündung als solche, denn deren Funktion wäre gefährdet, wenn sie stets zur Klage berechtigte.[54] Eine Berühmung kann nach längerer Zeit entwertet sein.[55] Sie endet bei bindendem, also nicht nur einseitigem Verzicht auf das Recht[56] und bei ernsthafter, endgültiger Aufgabe der Anmaßung.[57] Damit entfällt das Feststellungsinteresse, ggf. also auch im laufenden Verfahren (str.).[58] 10

d) Das Feststellungsurteil muss die **Beseitigung der Gefahr** ermöglichen.[59] Dafür sorgt idR seine Rechtskraft; sie muss sich nicht noch auf andere Gerichtszweige oder die fG[60] erstrecken, wohl aber im Ausland Anerkennung finden, wenn das Urteil nur dort genutzt werden soll.[61] Beschränkt sich der Feststellungsantrag auf einzelne Streitpunkte, so soll seine Zulässigkeit in Frage stehen, wenn weitere Prozesse zu befürchten sind, die durch Klageergänzung vermeidbar wären.[62] 11

3. Möglichkeit der Leistungsklage. a) Allgemeines. Ein Feststellungsinteresse, das nach Rn. 8 ff. indiziert ist, steht gleichwohl in Frage, wenn der Kläger auch eine Leistungsklage erheben kann. Wird um ein Rechtsverhältnis gestritten, so ist nach ganz hM die **Feststellungsklage unzulässig,** wenn es dem Kläger möglich und zumutbar ist, sogleich ein Urteil zu erwirken, aus dem auch vollstreckt werden kann,[63] und wenn so dem Feststellungsinteresse genügt ist.[64] Dies soll die Prozessökonomie gebieten, nämlich eine Doppelbefassung der Gerichte vermeiden und Kosten minimieren.[65] Dass gerade die Bezifferung eines Zahlungsantrags und Leistungsurteils oft Sachverständigengutachten nötig macht, soll nicht entgegenstehen.[66] Indessen ist eine auch nur grundsätzliche Subsidiarität der Feststellungsklage gegenüber der Leistungsklage nicht belegbar.[67] Umgekehrt birgt eine Förderung der Feststellungsklage die Chance, das mechanische Bestreiten (als alltägliche Prozessdynamik) zurückzudrängen, wo im Kern nur um den Anspruchsgrund gestritten wird.[68] Die Feststellungsklage steht daher frei, wo die Klärung der Anspruchshöhe aufwendig wäre.[69] 12

---

45 BGH NJW 1986, 2507.
46 Vgl. BGH NJW 2006, 2780, 2781; *St/J/Schumann* Rn. 65, 71.
47 *St/J/Schumann* Rn. 65.
48 BGHZ 69, 37, 46 = NJW 1977, 1637; BGH NJW 1995, 2032, 2033; OLG Düsseldorf GRUR 1988, 789.
49 *St/J/Schumann* Rn. 63 mit Rn. 2 (Anm. 2), 4 aE.
50 BGH NJW 1992, 436, 437.
51 Vgl. RGZ 82, 170, 172 (zur Streitverkündung).
52 BGHZ 94, 324, 329 f. = NJW 1986, 129; OLG Celle NJW-RR 1994, 1545, 1546; str.
53 OLG Brandenburg FamRZ 2005, 117.
54 RGZ 82, 170, 172 f.; iE allgM.
55 Vgl. BGH NJW 1995, 2032, 2033; LG Hamburg NJW-RR 1998, 1681, 1682.
56 Vgl. RGZ 95, 260, 262; BGH (Fn. 38); NJW 1993, 2609, 2610.
57 OLG Hamburg NJW-RR 2003, 411, 412 f.
58 Vgl. BGH WM 1968, 762, 763; NJW 1995, 2032, 2034 aE; OLG Düsseldorf VersR 2000, 992; OLG Hamburg (Fn. 57); anders BGH ZIP 1988, 699; NJW 1993, 2609, 2610; hL, vgl. *Münzberg* JuS 1971, 344, 345 f.
59 BGHZ 69, 144, 147 = NJW 1977, 1881.
60 Vgl. BGH NJW 1984, 2950, 2951.
61 Vgl. BGHZ 32, 173, 177 f. = NJW 1960, 1297; BGH MDR 1982, 828.
62 BGH NJW-RR 2006, 1485, 1486; *Zö/Greger* Rn. 7 b.
63 St. Rspr.; s. nur BGHZ 134, 201, 208 f. = NJW 1997, 870; OLG Celle NJW-RR 2007, 676, 677.
64 BGH NJW-RR 2002, 1377, 1378.
65 RGZ 21, 382, 387 f.; 23, 224, 232; *Lepa* VersR 2001, 265, 267.
66 RGZ 152, 193, 195 f.; BGH (Fn. 43); OLG Köln VersR 1993, 1376 f.; anders aber RG JW 1929, 847 f.; *Wussow* NJW 1969, 481, 482 f.
67 So auch BGH NJW 1984, 1118, 1119; 1996, 2725, 2726; zust. *Grunsky* EWiR § 256 1/96; *Jacobs* (Fn. 2) S. 67 ff., 437 ff., relativierend S. 442 ff.
68 Durchaus offen zB OLG Celle (Fn. 63) S. 678; dennoch einschr. *St/J/Schumann* Rn. 89 (zu Anm. 225).
69 IdS OLG Koblenz NJW-RR 1988, 532, 533; OLG Stuttgart WM 1994, 626, 629 f.; *Brehm* (Fn. 7) S. 102; *Jacobs* (Fn. 2) S. 486 f.

13 b) Auch die Rspr. stellt die Feststellungsklage zur Wahl, wenn dies zu einer prozesswirtschaftlich sinnvollen und sachgemäßen Erledigung der Streitpunkte führt,[70] idR aber nur dort, wo die Person des Gegners die **Respektierung des Feststellungsurteils** erwarten lässt, zB[71] bei Klage gegen öffentlichrechtliche Körperschaften und Anstalten,[72] Versicherungen,[73] Banken[74] und Insolvenzverwalter.[75] Derartiger Respekt, vor allem eine nachfolgende Einigung der Parteien über den Anspruchsumfang, liegt im Einzelfall aber auch bei Privatleuten nahe. Sogar unter Anspruchsprätendenten werden Feststellungsklagen zugelassen, weil die Zuerkennung der Berechtigung idR auch vom Schuldner beachtet wird (Rn. 28). Diese Aussicht sollte auch sonst genügen.[76]

14 c) Ein Feststellungsinteresse liegt nahe, wo eine Leistungsklage nicht bezifferbar ist, weil die **Anspruchshöhe ungewiss** bleibt, zB ein Schaden sich noch in der Entwicklung befindet[77] oder Prozesskosten umfasst.[78] Dann kann auch hilfsweise Feststellungsklage zulässig sein.[79] Jedoch bedarf es keiner Feststellungsklage, wenn eine Stufenklage möglich ist,[80] es sei denn, dass die Bezifferung trotz der erstrebten Auskunft schwierig und aufwendig bleibt.[81] Andererseits wird Feststellungsinteresse (insgesamt) bejaht, auch wenn der Anspruch teilweise schon bezifferbar ist;[82] hier kann eine Feststellungsklage die Leistungs(teil)klage aber auch ergänzen.[83] Ein einmal gegebenes Feststellungsinteresse soll auch fortdauern, wenn der Anspruch nachträglich bezifferbar wird.[84]

15 d) Bei möglicher **Klage auf künftige Leistung** wird differenziert: Bei kalendermäßiger Bestimmung (§ 257) wird ein Feststellungsinteresse teilweise verneint,[85] mehr noch bei Streit um wiederkehrende Leistungen (§ 258),[86] da der Kläger sich durch offene Teilklage bzw. Abänderungsklage (§ 323) vor Ungewissheiten sichern kann. Im Falle des § 259 lässt die hM jedoch die Wahl zwischen Leistungs- und Feststellungsklage.[87] Diese Wahl sollte auch sonst freistehen.

16 e) Die Feststellungsklage hindert nicht eine spätere **Leistungsklage des Gegners** (Rn. 37). Umgekehrt bleibt eine positive Feststellungsklage zulässig, wenn der Gegner später seinerseits auf Leistung klagt.[88] Anderes gilt nach der Rspr. für negative Feststellungsklagen (Bsp.: Der Feststellungsklage, es bestehe keine Schadensersatzpflicht, folgt die Zahlungsklage des Geschädigten.). Hier entfällt das Feststellungsinteresse, wenn eine Entscheidung über die Leistungsklage gesichert ist, weil diese ein Sachurteil erlaubt[89] (als Widerklage oder[90] andernorts erhobene Klage) und vom Gegner nicht mehr einseitig zurückgenommen werden kann, da mündlich verhandelt wurde (§ 269 Abs. 1);[91] der Erstkläger mag den Feststellungsstreit für erledigt erklären. Zwecks Prozessökonomie bleibt die Feststellungsklage allerdings zulässig, falls sie (im Wesentlichen) entscheidungsreif ist, während die Leistungsklage dies noch nicht ist; beides muss feststellbar sein, wenn der Beklagte erstmals zur Leistungsklage verhandelt (§ 269 Abs. 1), sonst bleibt die Feststellungsklage auch bei nachträglicher Entscheidungsreife unzulässig.[92]

f) Für eine spätere **Leistungsklage des Feststellungsklägers** gilt entsprechendes. Auch sie beseitigt (im Interesse des Beklagten) das Feststellungsinteresse erst, wenn sie nicht mehr zurücknehmbar ist.[93]

17 **4. Speziellere Rechtsbehelfe.** Eine **positive Feststellungsklage** nimmt dem Gegner, der auf negative Feststellung geklagt hatte, das Feststellungsinteresse, da nur sie eine Verjährung hemmen kann (und sie trotz der Rechtshängigkeit zulässig ist[94]). Der Erstkläger mag für erledigt erklären.[95] Auch sonstige Behelfe können vorrangig sein, so zB die **Vollstreckungsgegenklage**, soweit um die Vollstreckbarkeit des Titels gestrit-

---

[70] BGH (Fn. 67); NJW 1978, 1520, 1521; OLG Düsseldorf NJW-RR 2005, 1 (nichtiger Ehevertrag).
[71] Vgl. auch *St/J/Schumann* Rn. 89 Fn. 227.
[72] BGHZ 28, 123, 126 = NJW 1958, 1681; BGH NJW 1984, 1118, 1119; 2001, 445, 447f.
[73] BGH (Fn. 5); NJW-RR 2004, 883; OLG Braunschweig NJW-RR 1994, 1447f.
[74] BGH MDR 1997, 863, 864.
[75] BGH NJW 2007, 1588, 1589.
[76] So wohl auch BGH NJW-RR 1992, 1151 („möglicherweise ausreichende Macht"); BAG SAE 1998, 98, 99.
[77] BGH MDR 1983, 1018f.; s. auch OLG Düsseldorf VersR 1988, 522; OLG Hamm NJW-RR 1997, 1488, 1489.
[78] BGH NJW 1994, 2895, 2896; OLG Hamburg NJW-RR 1998, 1616.
[79] Vgl. BGH NJW 1998, 1633f. (im Übrigen abl.).
[80] BGH NJW 2003, 3274, 3275; BAG MDR 1993, 689, 690.
[81] BGH NJW 1972, 198; NJW-RR 2002, 834, 835 (Wettbewerbsrecht).
[82] BGH NJW 1978, 210; JZ 1988, 977, 978; VersR 1991, 788.
[83] BGH NJW-RR 1986, 1026, 1027f. (Nachbesserungskosten).
[84] St. Rspr; BGH NJW 2006, 439, 440.
[85] OLG Hamburg Rspr. 17 (1908), 142; KG MDR 2006, 534; *St/J/Schumann* Rn. 90; aM aber wohl BGH NJW-RR 1990, 1532; *Ro/S/Go* § 90 Rn. 26.
[86] BGHZ 5, 314, 315f. = NJW 1952, 740; BGH MDR 1961, 310; s. auch BGHZ 36, 38, 39ff. = NJW 1962, 45.
[87] RGZ 113, 410, 411; BGH (Fn. 45); NJW-RR 2004, 586; aM MK/*Becker-Eberhard* § 259 Rn. 15.
[88] Vgl. *St/J/Schumann* Rn. 123.
[89] Vgl. BGH (Fn. 63) S. 209ff. (zu Art. 21 EuGVÜ); BGH (Fn. 67; unbestimmter Antrag).
[90] Umstr.; aA *St/J/Schumann* Rn. 126 m. Nachw.
[91] HM; BGHZ 165, 305, 308f. = NJW 2006, 515 = ZZP 119 (2006) 357 m. krit. Anm. *Assmann;* aM *Baltzer,* Die negative Feststellungsklage aus § 256 I ZPO, 1980, S. 142ff.
[92] HM; BGHZ 99, 340, 342f. = NJW 1987, 2680; s. aber BGH (Fn. 91) S. 310 (auch Leistungs[grund]urteil soll Feststellungsinteresse beseitigen).
[93] BGH NJW-RR 1990, 1532, 1533.
[94] KG NJW 1961, 33.
[95] *Macke* NJW 1990, 1651.

ten wird,[96] nicht aber, wenn zusätzlich festgestellt werden soll, auch der Anspruch bestehe nicht.[97] Umgekehrt kann der Titelgläubiger feststellen lassen, dass Einwendungen iSd. § 767, die der Schuldner geltend macht, nicht bestehen.[98] Zum **selbständigen Beweisverfahren** samt Streitverkündung vgl. Rn. 19, 33.

IV. Kasuistik zur Zulässigkeit

- **Anfechtungsgesetz.** Gegenüber der Ankündigung einer Gläubigeranfechtung ist eine negative Feststellungsklage grds. möglich.[99] 18
- **Arbeitsverhältnis. Zulässig** betreffend Arbeitnehmerstatus,[100] für beendete Rechtsverhältnisse aber nur bei Folgen für Gegenwart oder Zukunft;[101] Status als leitender Angestellter;[102] Einstufung in Gehaltsgruppe für Arbeitnehmer (nicht für Betriebsrat);[103] Steuer- und Versicherungspflicht;[104] zeitlich unbestimmte Urlaubsgewährung;[105] Versorgungsrechte vor oder nach Eintritt des Versorgungsfalles;[106] Disziplinarmaßnahme im öffentlichen Dienst;[107] Arbeitsverhältnis;[108] dessen Fortbestand trotz Kündigung jedoch vorrangig nach § 4 KSchG zu klären (für die konkrete Kündigung), nach § 256 dagegen Feststellung, dass Arbeitsverhältnis zZ der letzten mündlichen Verhandlung fortbesteht (dh. trotz aller denkbaren Beendigungsgründe), ggf. vorsorglich Klagehäufung;[109] Unwirksamkeit einer außerordentlichen Kündigung für Arbeitnehmer,[110] bei drohender Ehrverletzung auch für Arbeitgeber;[111] Verbandsklage betreffend Auslegung einzelner Tarifnorm;[112] Rechtswidrigkeit der Aussperrung.[113] **Unzulässig** betreffend unbefristetes Arbeitsverhältnis, wenn Arbeitgeber Beendigung zum Fristende zwar für möglich erklärt, aber nicht anstrebt, zumal diese Frage in späterem Beendigungsrechtsstreit bloße Vorfrage wäre[114] (fraglich); Abmahnungsrecht des Arbeitgebers bzw. Einfluss der Abmahnung auf Arbeitsverhältnis;[115] künftige Freistellung für Fortbildung;[116] Klage der Gewerkschaft gegen einzelne Arbeitgeber hinsichtlich der Geltung des Tarifvertrags, da insoweit Beschlussverfahren nach §§ 2a Abs. 1 Nr. 4, 97 ArbGG vorrangig;[117] Rechtmäßigkeit tarifpolitischer Forderungen;[118] Anspruch der Mitglieder des klagenden Arbeitgeberverbandes auf Unterlassung von Arbeitskampfmaßnahmen.[119]
- **Aufrechnung.** Feststellungsfähig ist die Berechtigung zur Aufrechnung gegen einen Anspruch, dessen sich der Gegner berühmt;[120] ferner eine Forderung, mit der vor einem Verwaltungsgericht aufgerechnet wurde, falls daraufhin das dort anhängige Verfahren ausgesetzt wurde.[121] 19
- **Beweiserschwerung.** Dieser Gefahr (zB der Einbuße von Beweismitteln) kann vor allem durch ein selbständiges Beweisverfahren begegnet werden (§§ 485 ff.). Dennoch vermag sie ein Feststellungsinteresse zumindest zu stützen.[122] Dieses entfällt jedenfalls nicht, wenn das Ergebnis einer Beweissicherung erst nach Klageerhebung fruchtbar gemacht werden kann.[123] S. aber auch Rn. 33.
- **Ehe und Scheidung.** Unzulässig betreffend (Nicht-)**Bestehen der Ehe,** da § 606 vorgeht;[124] idR auch betreffend Recht zum **Getrenntleben**[125] und Wirksamkeit von **Ehevertrag;**[126] zulässig bei Ehegatten-Streit betreffend Unwirksamkeit wegen **§ 1365 BGB;**[127] betreffend **Zugewinnausgleich,** soweit dies die Aus- 20

---

[96] Vgl. BGHZ 110, 108, 111 = NJW 1990, 1177 (zu einer Ausnahme).
[97] Vgl. OLG Hamm NJW-RR 1988, 431, 432; OLG Koblenz FamRZ 1994, 1195, 1196.
[98] OLG Frankfurt FamRZ 1980, 906, 907.
[99] BGH NJW 1991, 1061, 1062.
[100] BAG DB 1976, 2310, 2311; NZA 1995, 190, 192.
[101] Vgl. BAG DB 1999, 1224; *Reinecke* RdA 2001, 357, 360 f.
[102] BAG NJW 1975, 1717; SAE 1978, 7, 9; LAG Berlin NZA 1990, 577, 578.
[103] BAG NJW 1971, 480 (LS); LAG Hamm DB 1979, 1560.
[104] BAG BB 1974, 1303.
[105] BAG NZA 1994, 35, 36.
[106] Vgl. BAGE 86, 216, 219 = DB 1998, 1190.
[107] LAG Berlin BB 1980, 1749 (LS).
[108] BAG NJW 2000, 3226 (auch während Erziehungsurlaubs).
[109] BAG NJW 2006, 395, 396; *Berkowsky* NZA 2001, 801, 804 f.; *Jaroschek/Lüken* JuS 2001, 64 ff.
[110] BAG NJW 1975, 1752 (LS); FamRZ 1976, 621, 622.
[111] BAG DB 1986, 2678 f.
[112] BAG VersR 1981, 941, 942.
[113] ArbG Paderborn DB 1975, 1655; vgl. auch LAG Hamm NJW 1983, 783, 784.
[114] BAG DB 1980, 503 f.
[115] So LAG Köln DB 1984, 1630, 1631; zum Streitstand *Adam* DZWir 1996, 126 f.
[116] BAG NJW 1994, 1751; NZA 1994, 452, 453.
[117] BAG DB 1989, 1832; s. aber auch LAG Berlin DB 1992, 1300 (zu konkretem Arbeitsverhältnis).
[118] BAG NJW 1985, 220, 221 f.
[119] BAG NJW 1983, 1750, 1751.
[120] BGHZ 103, 362, 369 = NJW 1988, 2542.
[121] AG Springe WoM 1985, 158.
[122] BGHZ 18, 22, 41 = NJW 1955, 1437; BGH NJW 1961, 1165, 1166; 1986, 2507.
[123] OLG Koblenz NJW-RR 1988, 532, 533.
[124] OLG Hamm FamRZ 1980, 706, 707.
[125] S. nur KG FamRZ 1988, 81; OLG Karlsruhe NJW-RR 1989, 1414 f.; aM MK/*Becker-Eberhard* Rn. 37.
[126] So zB OLG Frankfurt NJW-RR 2007, 289 (wegen Vorrangs der Leistungsklage; zweifelhaft, s. Rn. 12); anders OLG Düsseldorf NJW-RR 2005, 1 (Gefahr widersprüchlicher Entscheidungen).
[127] BGH NJW-RR 1990, 1154.

gleichsrechnung erleichtert,[128] aber kaum schon für Qualifizierung eines nach Stichtag bestimmten Vermögens als Endvermögen;[129] auch beim **Versorgungsausgleich** ist zu differenzieren.[130] S. auch „Unterhalt".

– **Ehrenschutz.** Soweit es um Unwahrheit einer **Tatsachenbehauptung** geht, teils verneint (Beklagte publizierte, machte sich Behauptung aber nicht zu Eigen[131]), teils von Auswirkung auf das wirtschaftliche Fortkommen des Verletzten abhängig gemacht[132] (unhaltbar); zulässig gegenüber der öffentlichen Behauptung eines Kunstfehlers[133] und jedenfalls dann, wenn ehrabschneidende Äußerungen nicht mit negatorischer Klage abwehrbar sind,[134] weil sie der Rechtsverfolgung dienen sollen;[135] nicht aber zwecks Folgenbeseitigung falscher Tatsachenbehauptung.[136] Umgekehrt feststellungsfähig, dass presserechtlich **kein Gegendarstellungsanspruch** besteht.[137]

21 – **Erbrecht.**[138] Grds. unzulässig betreffend **Erb- oder Vermächtnisrecht** nach noch lebenden Personen (als erst künftiges Rechtsverhältnis),[139] anders uU für Erblasser.[140] Bei **Erbvertrag** aber zulässig betreffend Bestand oder Fortbestand,[141] nach hM sogar für bedachten Dritten,[142] nie aber unter Bedachten[143] oder betreffend Inhalt der Verfügung;[144] gegenüber Beschenkten können vor Erbfall auch Rechte wegen **beeinträchtigender Schenkung** (§ 2287 BGB) festgestellt werden.[145] Entsprechend bei **gemeinschaftlichem Testament;** dass dessen Anfechtung durch (schon gebundenen) Überlebenden ihn nicht beeinträchtige, kann Bedachter feststellen lassen;[146] Erbe kann Schlussmiterben zu Lebzeiten des Überlebenden aber nicht ein Recht aus Vorausvermächtnis aberkennen lassen;[147] für Nacherben Unwirksamkeit nach **§ 2113 BGB** schon vor Nacherbfall feststellbar;[148] ebenso die **Pflichtteilsberechtigung**[149] samt Ansprüchen nach **§ 2329 BGB;**[150] auch die (fehlende[151]) Berechtigung zur **Pflichtteilsentziehung,**[152] freilich nicht mehr nach dem Tode des Erblassers,[153] auch nicht für den Pflichtteilsberechtigten.[154] Unter Miterben sind die für **Ausgleich** maßgebenden Grundlagen feststellbar, um Auseinandersetzung zu erleichtern;[155] für **Testamentsvollstrecker** das fehlende Erbrecht von Prätendenten,[156] aber auch die Erbenpflicht zur Mitwirkung an Auseinandersetzung.[157]

22 – **Gesellschaft, Gemeinschaft.** Zulässig betreffend **Fortbestehen/Auflösung** der Gesellschaft[158] (nicht: bestimmte Kündigung[159]); Unwirksamkeit von **Ausschluss** aus GbR,[160] uU auch aus Genossenschaft,[161] aus Aufsichtsratssitzungen;[162] Nichtzustandekommen eines **Beschlusses** von GmbH-Gesellschaftern,[163] auch dessen Inhalt, wenn das rechtliche Beschlussergebnis in Versammlung nicht festgestellt wurde;[164] anders bei Nichtigkeit eines Hauptversammlungsbeschlusses (Vorrang der Klage nach/analog § 249

---

128 So OLG Düsseldorf MDR 1972, 782.
129 BGH FamRZ 1979, 905, 906.
130 Vgl. BGH NJW 1982, 387, 388; 1984, 610, 612; OLG Bremen FamRZ 1982, 391, 393.
131 BGHZ 68, 331, 332ff. = NJW 1977, 1288.
132 OLG Stuttgart NJW 1955, 590f.
133 BGH VersR 1985, 39 (Rechtsanwalt).
134 Dazu BGH NJW 1987, 3138, 3139f. m. Anm. *Walter.*
135 OLG Celle NJW-RR 1992, 1467f.; LG Oldenburg NJW-RR 1990, 44f.; MDR 1993, 384, 385.
136 Ausdrücklich anders LG Konstanz NJW 1976, 2353.
137 OLG Celle NJW-RR 1989, 182, 183.
138 Dazu ausf. *Kuchinke,* Festschr. f. Henckel, 1995, S. 475ff.
139 RGZ 49, 370, 372; BGHZ 37, 137, 144f. = NJW 1962, 1723; OLG Frankfurt NJW-RR 1997, 581, 582.
140 Vgl. *Assmann* ZZP 111 (1998), 357, 372 (nach Testamentserrichtung).
141 ZB trotz Erblasser-Rücktritts: OLG Düsseldorf FamRZ 1995, 58, 59; trotz Erblasser-Anfechtung: RG WarnRspr. 1917 Nr. 121; OLG Dresden SeuffArch 71 (1916), 375, 376f.; aM *Lange* NJW 1963, 1571, 1573; Testierunfähigkeit: BayObLG NJW-RR 1996, 457.
142 BGHZ 37, 331, 334 = NJW 1962, 1913; *Hohmann* ZEV 1994, 133, 134f.; aM *Kuchinke* (Fn. 138) S. 479.
143 So v. a. *Kuchinke* (Fn. 138) S. 485f. (fraglich).
144 So v. a. *Kuchinke* (Fn. 138) S. 480ff. (fraglich).
145 OLG Koblenz MDR 1987, 935, 936; *Hohmann* (Fn. 142) S. 135f.
146 BGHZ 37, 331, 333ff. = NJW 1962, 1913.
147 OLG Karlsruhe FamRZ 1989, 1351, 1352.
148 OLG Oldenburg NJW-RR 2002, 728.
149 BGHZ 37, 137, 143f. = NJW 1962, 1723.
150 BGHZ 17, 336, 338f. = NJW 1955, 1185.
151 BGHZ 109, 306, 308f. = NJW 1990, 911; OLG Saarbrücken NJW 1986, 1182; anders zB *Leipold* JZ 1990, 700.
152 RGZ 92, 1, 3f.; BGH NJW 2004, 1874f.; anders zB *Lange* NJW 1963, 1571, 1573.
153 BGH NJW-RR 1993, 391.
154 BGH NJW-RR 1990, 130f.; anders BGH ZEV 2004, 243f.
155 BGHZ 1, 65, 74 = NJW 1951, 311; BGH NJW 1961, 733; FamRZ 1987, 475; 1990, 1112, 1113.
156 BGH NJW-RR 1987, 1090, 1091.
157 BGH DB 1981, 366.
158 OLG Düsseldorf MDR 1988, 976; OLG Koblenz NJW-RR 2002, 827, 828.
159 OLG München NJW-RR 1995, 485.
160 BGH BB 1992, 595; NJW 2006, 2854, 2855f. (nicht für andere Gesellschafter; zur KG); ausf. W. *Lüke* ZGR 1994, 266, 270ff.
161 OLG Frankfurt DB 1988, 1487f.
162 LG Mühlhausen ZIP 1996, 1660 (zur AG).
163 BGHZ 51, 209, 211 = NJW 1969, 841; zur Kritik vgl. BGHZ 76, 154, 156f. = NJW 1980, 1527.
164 BGH NJW 1996, 259f.; 1997, 318, 319.

AktG);[165] zulässig betreffend Nichtigkeit des Beschlusses einer Personengesellschaft,[166] Unwirksamkeit von Eingriffen in unentziehbare Rechte des Genossenschafters,[167] uU auch pflichtwidriges Organhandeln in AG;[168] zulässig auch **Geschäftsführerklage** betreffend Vergütung,[169] obwohl nach hM Leistungsklage vorrangig wäre; ferner auf Nichtbestehen von Ersatzansprüchen einer GmbH,[170] da hier keine Entlastung geschuldet ist, zumindest solcher Ersatzansprüche, deren sich GmbH berühmt;[171] für **Auseinandersetzung** ist grds. Leistungsklage vorrangig, zur Erleichterung aber uU Feststellung einzelner für die Bilanz maßgebender Rechnungsposten;[172] nicht für Bezugsgröße einer **Entgeltberechnung** bei Übertragung;[173] Feststellung, als Organ nicht zu haften, nicht schon wegen bloßer Nicht-Entlastung;[174] idR kein Feststellungsinteresse eines Sozius für **Außenverhältnis** der Gesellschaft, zB für Feststellung seiner Vollmacht gegenüber einem Kunden,[175] des Anspruchs einer Pacht-GbR gegenüber dem Verpächter,[176] des Anspruchs einer OHG gegenüber deren Schuldner;[177] wohl aber der Nichtigkeit eines zwischen Geschäftsführer und Drittem (kollusiv) geschlossenen Dienstvertrags.[178] **Miteigentümer** können den Umfang ihrer Verpflichtung gegenüber einem Pächter auch untereinander feststellen lassen.[179] S. auch „Wohnungseigentum".

- **Gewährleistung.** Gerade im Sachmängelprozess sollte der Kunde nicht auf die Leistungsklage verwiesen werden, wenn die Antragsbezifferung zu aufwendigen Feststellungen nötigt, andererseits aber zu vermuten ist, dass der Beklagte einer festgestellten Gewährleistungspflicht auch nachkäme, weil im Kern nur seine Mängelverantwortung in Streit steht (Rn. 12). Die Mängel müssen freilich konkretisiert werden.[180] Bei **Werkmängeln** gestattet die Praxis dem Besteller, neben der (verjährungshemmenden!) Klage auf Vorschusszahlung die Haftung für etwaige Mehrkosten (§ 637 Abs. 1 BGB) feststellen zu lassen;[181] zulässig betreffend Gelingen der Nachbesserung, wenn Zug um Zug gegen diese verurteilt worden war[182] (s. aber § 756 Rn. 8); unzulässig betreffend Schadensersatzpflicht bei bloßer Besorgnis von Schäden durch noch nicht festgestellte Mängel;[183] unschädlich ist ein Beweissicherungsverfahren, dessen Ergebnisse erst nach Klageerhebung einfließen können.[184] 23
- **Gewerbliche Schutzrechte.** Zulässig betreffend Feststellung der „Erfinderschaft";[185] negative Feststellung gegen Abmahnenden, bis dieser Patentverletzungsklage erhebt und sie nicht mehr einseitig zurücknehmen kann;[186] bei **Warenzeichen** betreffend Nichtberechtigung einer Abmahnung;[187] ferner für Anmelder, dass das Zeichenrecht des Widersprechenden nicht verletzt ist,[188] dann auch betreffend Nichtbestehen angeblicher Unterlassungsansprüche;[189] Beendigung von Lizenzvertrag durch Kündigung;[190] Unwirksamkeit eines **Gebrauchsmusters,** soweit hiervon Anspruch gemäß § 945 abhängt;[191] auch nach Erlöschen des Musters schon bei begründeter Besorgnis, wegen einer Verletzung während der Schutzdauer in Anspruch genommen zu werden.[192] 24
- **Insolvenz.** Ein Insolvenzanspruch ist nur nach Maßgabe der §§ 179f. InsO feststellbar, also auch nur im Umfang seiner Anmeldung,[193] dann aber selbst nach Titulierung (trotz § 179 Abs. 2 InsO)[194] und, bei Widerspruch des Schuldners, auch diesem gegenüber (§ 184 InsO); gegen Verwalter auch Masseanspruch feststellbar (trotz möglicher Leistungsklage, § 90 InsO), da Verwalter freiwillig leisten wird 25

---

165 BGHZ 70, 384, 388 = NJW 1978, 1325 (Genossenschaft); OLG Hamburg NJW-RR 1996, 1065 (GmbH); näher *K. Schmidt* JZ 1977, 769ff.
166 BGH NJW 1999, 3113, 3114; NJW-RR 1992, 227; 2007, 757, 758; *Schütz*, Sachlegitimation und richtige Prozesspartei bei innergesellschaftlichen Streitigkeiten in der Personengesellschaft, 1994, S. 146ff.
167 BGHZ 15, 177, 181 = NJW 1955, 178.
168 BGHZ 164, 249, 253ff. = NJW 2006, 374 (Ausnutzung genehmigten Kapitals mit Bezugsrechtsausschluss).
169 OLG Koblenz BB 1980, 855.
170 *K. Schmidt* ZGR 1978, 425, 439f.; offen gelassen von BGHZ 94, 324, 329f. = NJW 1986, 129.
171 BGH (Fn. 170).
172 BGHZ 26, 25, 30 = NJW 1958, 57; BGH NJW 1992, 2757, 2758; 1994, 459f.
173 BGH NJW 1995, 1097.
174 BGHZ 94, 324, 329f. = NJW 1986, 129; OLG Celle NJW-RR 1994, 1545, 1546.
175 BGH BB 1979, 286.
176 OLG Düsseldorf MDR 1972, 615.
177 BGHZ 12, 308, 310f. = NJW 1954, 1159 (wenig klar).
178 BGH NJW 1990, 2627, 2628.
179 BGH MDR 1961, 219.
180 OLG Düsseldorf NJW-RR 1999, 1400, 1401.
181 BGH NJW-RR 1986, 1026, 1027f.; aM OLG Celle NJW-RR 1986, 99.
182 BGH BB 1976, 1433.
183 BGH NJW 1992, 697, 698.
184 OLG Koblenz NJW-RR 1988, 532, 533.
185 BGHZ 72, 236, 245f. = NJW 1979, 269.
186 Vgl. OLG Frankfurt GRUR 1989, 705, 706.
187 BGH NJW-RR 1995, 1379, 1380.
188 OLG München MittPat. 1994, 305f.
189 BGH LM Nr. 21 (LS).
190 BGH GRUR 1992, 112, 114.
191 BPatG GRUR 1981, 124, 125.
192 BGH NJW 1981, 2461, 2462; GRUR 1985, 871, 872.
193 BGH NJW-RR 2004, 1050, 1051.
194 BGH WM 1998, 1843, 1844 (zur GesO).

(Rn. 13); Nichtbestehen fremder Masseansprüche uU gegen Verwalter feststellbar,[195] Massezugehörigkeit (§ 36 Abs. 4 InsO) jedenfalls für Schuldner und Verwalter.[196]

26 – **Kindschaft.** Die Möglichkeit einer Statusklage nach § 640 Abs. 2 Nr. 1, 3 (zB §§ 1591–1593, 1594–1598d BGB) schließt die allgemeine Feststellungsklage aus,[197] auch für die genetische Mutterschaft.[198] Für die Statusklage ist ebenfalls Feststellungsinteresse nötig,[199] idR aber gegeben (s. auch § 640 Rn. 4). Zur negativen Feststellungsklage s. § 641h, zur Feststellungswiderklage § 640c Rn. 3.

– **Konkurrentenklage.** Feststellungsfähig ist die Unverbindlichkeit der Preisvergabe an Teilnehmer eines Preisausschreibens (einer Auslobung).[200] S. auch „Prätendentenstreit".

27 – **Kündigung.** Die Feststellung, dass der Vertrag eines Handelsvertreters[201] oder Vorstandsmitglieds[202] trotz fristloser Kündigung nicht beendigt wurde, ist zulässig, da andernfalls ein Ansehensverlust droht. S. auch „Arbeitsrecht", „Mietverhältnis".

– **Mietverhältnis.** Feststellbar ist im Allgemeinen nicht die Nichtberechtigung einer **Abmahnung** durch Vermieter (trotz §§ 541, 543 Abs. 2 Nr. 2 BGB),[203] ebenso wenig die Unwirksamkeit einer **Kündigung** und eine Pflicht zur Räumung nach Ablauf der Kündigungsfrist[204] (§ 259 vorrangig; Rn. 15), wohl aber das Mietverhältnis selbst,[205] auch seine Fortdauer wegen Unwirksamkeit der Kündigung.[206] Erwägt der Gegner trotz Zeitvertrags eine ordentliche Kündigung, so ist feststellbar, dass das Mietverhältnis ohne diese Möglichkeit fortdauert.[207] Nach Ankündigung einer **Mietminderung** ist deren Unzulässigkeit feststellbar.[208]

28 – **Prätendentenstreit** (s. auch Rn. 5). Zulässig betreffend Nichtberechtigung des anderen **Gläubigers** (laut BGH trotz fehlender Rechtskraft gegenüber Schuldner, der idR freiwillig leiste oder aber hinterlegen dürfe, so dass Feststellung doch im Auszahlungsstreit vorgreiflich werde),[209] zumal bei Hauptintervention (§ 64) gegen den anderen Gläubiger; auch im umgekehrten Fall, dass mögliche **Schuldner** über Haftung nur des anderen streiten (im Regressprozess vorgreiflich);[210] uU auch negative Feststellung für Schuldner gegenüber möglichem Zessionar.[211]

– **Prozessvergleich.** Zulässig betreffend Inhalt (Auslegung)[212] und Wirksamkeit.[213] Unzulässig betreffend Unwirksamkeit, da diesbezüglich das Ausgangsverfahren fortgeführt werden kann.[214]

29 – **Schadensersatz.** Für Klagen gegen den **Schädiger** genügt insbesondere Verjährungsgefahr (s. dort). Soweit es um Haftung für allgemeine Vermögensschäden geht (zB Anwaltshaftung, § 19 BNotO), müssen etwaige künftige Schäden hinreichend wahrscheinlich sein, mögen sie auch nach Art, Umfang oder Eintritt noch ungewiss sein; dies ist substantiiert darzulegen.[215] Nach Verletzung eines Rechts(guts) und nach Teilschäden genügt hingegen, dass (weitere) Schäden wenigstens entfernt möglich sind,[216] auch bei Schmerzensgeld,[217] Haftung für Unterhaltsausfall trotz gegenwärtigen Eintritts der Sozialversicherung[218] und trotz befristeten Verzichts auf die Einrede der Verjährung.[219] Auch die Pflicht zum Ersatz bestimmter Schadenspositionen kann feststellbar sein.[220] Bezifferbarkeit eines Teilschadens unschädlich, wenn Gesamtentwicklung noch unabsehbar.[221] Zur negativen Feststellung gegenüber dem **Geschädigten** s. aber Rn. 9f. In **Wettbewerbssachen** muss Schadenswahrscheinlichkeit nicht hoch sein, jedoch unzulässig, soweit Vertragsstrafe per Leistungsklage durchsetzbar.[222] Eine **Freistellungspflicht** ist feststellbar bei begründeter Besorgnis der Inanspruchnahme des Klägers durch Dritte,[223] zumal ihm eine Leistungs-

---

[195] OLG Stuttgart NJW 1966, 2316ff. m. Anm. *Grunsky.*
[196] BGH NJW 1962, 1392 (zur KO).
[197] Vgl. BGH NJW 1973, 51 = ZZP 86 (1973), 312 m. krit. Anm. *Wieser;* OLG Köln NJW-RR 2002, 4, 5f.
[198] Überzeugend *Gaul* FamRZ 2000, 1461, 1473ff.
[199] AM BGH NJW 1973, 51.
[200] BGH NJW 1984, 1118.
[201] BGH NJW 1994, 722f.; OLG Saarbrücken NJW-RR 1998, 1191.
[202] BGH WM 1962, 109, 110.
[203] LG Berlin NJW-RR 1997, 204, 205; AG Lübeck ZMR 1994, 370f.; s. auch BayObLG NJW-RR 2004, 1020f.
[204] AM AG Löbau WoM 1993, 663, 664.
[205] BGH NJW 2001, 221, 222 (auf unbestimmte Zeit).
[206] OLG Düsseldorf NJW 1970, 2027; LG Aachen WoM 1987, 157.
[207] AG Ibbenbüren WoM 1980, 62.
[208] Anders LG Mannheim ZMR 1978, 25 (schwer nachvollziehbar).
[209] BGH NJW-RR 1987, 1439, 1440; 1992, 252, 253; 1992, 1151; FamRZ 1992, 1055, 1056; dazu *G. Lüke,* Festschr. f. Henckel, 1995, S. 563, 573ff.
[210] BGHZ 123, 44, 46ff. = NJW 1993, 2539.
[211] BGHZ 69, 37, 45f. = NJW 1977, 1637.
[212] OLG München AnwBl. 1986, 542.
[213] OLG Frankfurt MDR 1975, 584f.; aM *T/P/Putzo* § 794 Rn. 38.
[214] BGH NJW 1983, 2034f.; OLG Köln NJW-RR 1996, 637; *G. Lüke* ZZP 108 (1995), 427, 440.
[215] BGH NJW 2002, 1346, 1349; NJW-RR 2006, 1431f.
[216] BGH NJW 2001, 1431, 1432; 2006, 830, 832f.; *v. Gerlach* VersR 2000, 532.
[217] BGH NJW 1998, 160; 2001, 3414, 3415 (trotz Grundurteils wegen vorhersehbarer Verletzungsfolgen).
[218] OLG Frankfurt VersR 1983, 238 (LS).
[219] OLG Hamm MDR 1998, 304f.
[220] BGH (Fn. 5).
[221] OLG Köln VersR 1992, 764; OLG Hamm NZV 1995, 26, 27.
[222] So BGH WRP 1993, 762, 763f. m. weit. Nachw.
[223] Vgl. BGH NJW-RR 2002, 292; OLG Hamburg VersR 1986, 385; OLG Hamm NJW-RR 1996, 1338.

klage nur zumutbar ist, wenn er die Inanspruchnahme hinnimmt,[224] die geschuldeten Maßnahmen hinreichend präzisieren kann und kein Wahlrecht gem. § 249 S. 2 BGB hat.[225]

- **Stiftungsrecht.** Keine Klage von Destinatären, für deren Begünstigung lediglich eine nicht gesicherte Erwartung spricht.[226] 30
- **Unterhalt.**[227] **Zulässig** betreffend Nichtbestehen von Unterhaltspflicht bei gegnerischer Teilklage oder Berühmung, gerade auch nach einstwAnO[228] (zumal anlässlich der Rechtskraft eines Scheidungsurteils[229]) oder vorläufigem Vergleich[230] und trotz gegnerischer Leistungsklage, wenn die begehrte Feststellung zugleich gegen einstwAnO gerichtet ist (wegen § 620f.);[231] uU trotz Möglichkeit eigener Klage auf künftige Leistung (§ 258; Rn. 15);[232] feststellbar, dass bevorstehende medizinische Behandlung Sonderbedarf ist;[233] Auslegung von Titel, der mehreren Personen ungeteilten Gesamtbetrag zuspricht; Verwirkung von Anspruch, falls nicht auch Abänderungsklage erhoben.[234] **Unzulässig** betreffend Wiederaufleben von Anspruch bei künftiger Scheidung (§ 1586a BGB).[235]
- **Unterlassung.** Zulässig betreffend Vereinbarkeit geplanter Werbung mit Unterlassungsvertrag, wenn Gläubiger auf Nachfrage zur Vertragsgemäßheit der Werbung schweigt;[236] betreffend frühere Unterlassungspflicht des Beklagten nicht, falls Haftung wegen Zuwiderhandlung gleich mit Leistungsklage hätte verfolgt werden können, zB aus einem schadensdeckenden Vertragsstrafeversprechen[237] oder mit Stufenklage,[238] wohl aber, soweit zur Abwehr einer Inanspruchnahme nach § 945 erforderlich;[239] keine negative Feststellung bei gegnerischer Unterlassungsklage, selbst wenn Unterlassungsversprechen mit Feststellung entfallen soll.[240] 31
- **Urteil.** Feststellungsfähig ist der Inhalt eines Leistungstitels, falls Streit über die **Auslegung** und Tragweite der Urteilsformel besteht,[241] und zwar auch, wenn hierüber schon im Vollstreckungsverfahren entschieden wurde;[242] nach Nichturteilen besteht kein Interesse an Feststellung des fortdauernden Prozessrechtsverhältnisses;[243] bei **nichtigen** Urteilen kann Fehlen der Bindungswirkung feststellbar sein, es sei denn, dass dieser Mangel sogar wirksameren Schutz ermöglicht;[244] ebenso bei unanfechtbaren Urteilen, denen nur materielle Rechtskraft fehlt,[245] während die Praxis auf eine prozessuale Gestaltungsklage verweist (analog § 767).[246] S. auch „Prozessvergleich", „Zwangsvollstreckung". 32
- **Verein.**[247] Zulässig betreffend Nichtigkeit einer Vorstandswahl (nach entsprechender Auflage gemäß § 127 FGG)[248] und eines Beschlusses von Verein oder Vereinsgericht;[249] nicht für Negation von Schadensersatzansprüchen bei bloßer Nichtentlastung des Vorstands.[250]
- **Verjährung.** Verjährungsgefahr indiziert Feststellungsinteresse,[251] da Klage die Verjährung in vollem Umfang hemmt,[252] natürlich in den Grenzen des vorgetragenen Lebenssachverhalts.[253] Dies vermag freilich nur die **positive Feststellungsklage,** nicht eine leugnende Klage, trotz der dadurch provozierten Verteidigung des Gläubigers.[254] Unzulässig, wenn Leistungsklage möglich ist (Rn. 12ff.),[255] wenn gegen Dritte ein selbständiges Beweisverfahren eingeleitet ist, so dass dem Schuldner der Streit verkündet wer- 33

---

[224] BGH NJW 2007, 1809, 1811.
[225] BGH NJW 1996, 2725, 2726 (sub 2c); zust. *Grunsky* EWiR § 256 1/96.
[226] BGHZ 99, 344, 354ff. = NJW 1987, 2364.
[227] Ausf. hierzu *Göppinger/Wax/Vogel* Rn. 2484ff.
[228] BGH FamRZ 1989, 850; OLG Brandenburg NJW-RR 2002, 939; aM *Braeuer* FamRZ 1984, 10ff.
[229] BGH NJW 1983, 1330, 1331; OLG Hamm FamRZ 1980, 1043, 1044.
[230] OLG Düsseldorf FamRZ 1985, 86, 87.
[231] KG FamRZ 1985, 951, 952; OLG Düsseldorf NJW-RR 1994, 519, 520.
[232] BGH NJW 1983, 2197; OLG Celle NJW-RR 1988, 990.
[233] Vgl. OLG Karlsruhe FamRZ 1992, 1317f.
[234] OLG Frankfurt FamRZ 1993, 437.
[235] OLG Karlsruhe FamRZ 1989, 184, 185.
[236] OLG Düsseldorf GRUR 1988, 789.
[237] BGH MDR 1993, 1069f.
[238] BAG MDR 1993, 689, 690 (Stufenklage noch im Berufungsverfahren).
[239] OLG München MDR 1992, 864f.
[240] OLG Düsseldorf GRUR 1992, 208.
[241] BGHZ 36, 11, 14 = NJW 1962, 109; BGH NJW 1972, 2268; MDR 1997, 863, 864.
[242] BGH NJW 1952, 665 (LS) = LM WZG § 24 Nr. 4 m. Anm. *Lindenmaier.*
[243] *G. Lüke* ZZP 108 (1995), 427, 439f. (Fortsetzung des Rechtsstreits vorrangig).
[244] BGHZ 29, 223, 229f. = NJW 1959, 723; s. auch *G. Lüke* (Fn. 243) S. 441; aM *Jauernig,* Das fehlerhafte Zivilurteil, 1958, S. 92f., 188.
[245] OLG Düsseldorf NJW 1986, 1763.
[246] BGHZ 124, 164, 170f. = NJW 1994, 460 = ZZP 107 (1994), 365 m. Anm. *Foerste.*
[247] S. auch *Noack,* Fehlerhafte Beschlüsse in Gesellschaften und Vereinen, 1989, S. 81.
[248] OLG Zweibrücken Rpfleger 1990, 77.
[249] OLG Hamm NJW-RR 1997, 989.
[250] Abw. OLG Köln NJW-RR 1997, 483f.; Voraufl.
[251] BGH NJW 1991, 2707, 2708; OLG Hamm NJW-RR 1997, 1488, 1489; näher *Graf,* Feststellungsklage und Verjährungsunterbrechung, Diss. Regensburg, 1989.
[252] BGH NJW 2000, 3287, 3289 (bei künftigen Schäden für solche ab Klageeinreichung).
[253] OLG Hamburg ZMR 1995, 18, 19.
[254] BGHZ 72, 23, 25f. = NJW 1978, 1975; *Gürich* MDR 1980, 359; aM *Baltzer* (Fn. 91) S. 149ff.
[255] OLG Celle NdsRpfl. 1962, 227; einschr. BGH LM WZG § 24 Nr. 69 = NJW 1972, 198.

den könnte (mit Wirkung des § 204 Abs. 1 Nr. 6 BGB),[256] wenn eine Verjährung (zB der Haftung für fern liegende Schäden) erkennbar ausscheidet[257] oder wenn die Verjährung titulierter Ansprüche (§ 197 Abs. 2 BGB) durch Vollstreckung (statt neuerliche Feststellung) vermeidbar ist.[258] Aber auch ein unbefristeter[259] **Verzicht** auf die Einrede der Verjährung (§ 202 BGB) beseitigt idR das Feststellungsinteresse.

34 – **Versicherung.** Zulässig betreffend Verpflichtung zum **Versicherungsschutz,** sobald sich die Notwendigkeit einer Behandlung konkretisiert;[260] soweit Versicherer zwischen Freistellung und Zahlung an Geschädigten wählen kann, bis Versicherungsnehmer selbst zahlt;[261] auch wenn die Schadensfeststellung nach den Bedingungen einem Sachverständigenverfahren überlassen ist (zB §§ 17 VGB, 14 AWB, 15 AERB);[262] auch bei Rechtsschutzversicherung;[263] bei Haftpflichtversicherung auch gegenüber verklagtem Schädiger[264]; nicht aber betreffend Pflicht zu schon erfolgter Deckung, wenn Versicherung Widerklage auf Rückzahlung erhebt.[265] Auch **„Anspruch auf die Leistung“** (§ 12 Abs. 3 VVG) ist feststellungsfähig, jedenfalls bis zur Bezifferbarkeit des Schadens,[266] und zwar selbst für Dritte, denen sonst der Verlust dieses Befriedigungsobjekts droht,[267] während eine demnach eingetretene **Leistungsfreiheit** des Versicherers kein Rechtsverhältnis (nur Vorfrage) ist.[268] Die Ersatzpflicht des Schädigers (§ 67 VVG) ist vor Leistung des Versicherers nur gegenüber dem Versicherungsnehmer feststellungsfähig.[269]

35 – **Wohnungseigentum.** Feststellungsfähig ist der Inhalt eines Beschlusses der Eigentümerversammlung;[270] dessen Verbindlichkeit gegenüber einem bestimmten, die Wirksamkeit bestreitenden Eigentümer;[271] die Auslegung eines Terminus der Teilungserklärung („Zustimmung“ als Einwilligung) nur im Rahmen der konkreten Rechtsbeziehung;[272] unter den Eigentümern nicht der Erwerb von Sachmängelansprüchen durch die Gemeinschaft, da sogleich auf Mitwirkung an der Mängelbeseitigung geklagt werden kann;[273] nicht die Rechtswidrigkeit einer Abmahnung durch Verwalter;[274] Nichtbestehen von Schadensersatzansprüchen gegen nicht entlasteten Verwalter nur bei Berühmung konkreter Ansprüche.[275]

– **Zwangsvollstreckung.** Da eine vorsätzliche unerlaubte Handlung iSd. § 850f Abs. 2 durch Titel belegt sein muss, ist diesbezügliche Feststellung gemäß Abs. 1 (zB nach Mahnverfahren) stets zulässig, nach Abs. 2 (bei Leistungsklage) wohl ohnehin.[276] Nach Forderungspfändung keine negative Feststellung für Drittschuldner, soweit Mängel des Beschlusses mit der Erinnerung (§ 766) gerügt werden können bzw. der Gläubiger nicht (mangels Forderung) zu einem Verzicht nach §§ 840, 843 aufgefordert worden ist.[277]

V. Verfahren

36 **1. Klage.** Klageantrag und -begründung müssen das festzustellende Rechtsverhältnis exakt festlegen (§ 253 Abs. 2 Nr. 2). Ist ein unbezifferter Leistungsantrag (deshalb) aussichtslos, so kann der Kläger ohne weiteres zur Feststellungsklage übergehen (§ 264 Nr. 2).[278] Die Rspr. neigt zur Umdeutung in eine Feststellungsklage, wenn die Leistungsklage sich als unzulässig oder unbegründet erweist.[279] Auch der Übergang von der Feststellungs- zur Leistungsklage ist jederzeit möglich (§ 264 Nr. 2), selbst im Berufungsverfahren[280] nach Abweisung der Feststellungsklage, nicht aber nach deren Erfolg (mangels Beschwer).[281] **Negative Feststellungsklagen** können im allgemeinen Gerichtsstand des Beklagten erhoben werden, nach hM[282] aber auch dort, wo die „umgekehrte“ Leistungsklage zu erheben wäre. ZB soll der deliktische Täter das Opfer an irgendeinem Tatort verklagen dürfen (§ 32 Rn. 13). Das ist abzulehnen, denn § 32 und andere Ge-

---

256 BGH NJW 1997, 859f. = JZ 1998, 260 m. Anm. *Gottwald/Malterer.*
257 BGH VersR 1972, 459, 460.
258 BGH NJW-RR 2003, 1076, 1077.
259 OLG Hamm (Fn. 219).
260 Vgl. BGH NJW 1988, 774f.; strenger OLG Köln NJW-RR 2003, 1609 (Unzumutbarkeit der Deckungsunsicherheit).
261 Vgl. BGH NJW 1981, 870f.; VersR 1983, 125; OLG Hamm VersR 1987, 88f.
262 BGH VersR 1986, 675; OLG Hamm NJW-RR 1992, 362f.
263 BGH VersR 1986, 133, 134.
264 OLG Oldenburg NJW-RR 2004, 1029.
265 OLG Frankfurt NJW 1970, 2069, 2070.
266 BGH VersR 1962, 749; 1963, 770; 1975, 440; näher *v. Stebut* VersR 1982, 105, 108f.
267 LG München VersR 1994, 83.
268 BGH VersR 1975, 440.
269 BGH VersR 1966, 875, 876f.
270 BayObLG NJW-RR 1990, 210, 211.
271 LG Mannheim ZMR 1979, 319, 320.
272 LG Mannheim (Fn. 271; wohl noch enger).
273 So BayObLG NJW-RR 1992, 1431, 1433.
274 BayObLG NJW-RR 2004, 1020f.
275 So OLG Düsseldorf NJW-RR 1997, 525; s. aber auch OLG Köln NJW-RR 1997, 483f.
276 Vgl. BGHZ 152, 166, 171f. = NJW 2003, 515 m. Anm. *M. Ahrens* S. 1371; *Gaul* NJW 2005, 2894ff.
277 BGHZ 69, 144, 146ff. = NJW 1977, 1881.
278 BGH NJW 1984, 2295 m. Anm. *Dunz;* zum umgekehrten Fall BGH NJW 1992, 2296.
279 BGH NJW-RR 1992, 771f.; 2006, 1485, 1486; einschr. OLG Zweibrücken NJW-RR 1999, 1666.
280 BGH VersR 1987, 411f.
281 BGH NJW 1988, 827f.
282 S. nur *St/J/Schumann* Rn. 101; *B/L/H* Rn. 41.

richtsstände begünstigen gerade (auch) bestimmte Parteirollen.[283] Der Anspruch, dessen der Beklagte sich berühmt, muss so genau beschrieben und beziffert sein, wie dessen Behauptungen es erlauben,[284] uU beschränkt auf bestimmte Rechtsverhältnisse.[285] Ein Antrag festzustellen, „in welcher Höhe noch" gegnerische Ansprüche bestehen, ist unzulässig.[286] Im Übrigen kann der Klagantrag anhand von Klagebegründung bzw. Streitwertangabe ausgelegt werden, auch als Basis der Kostenentscheidung.[287]

2. Rechtshängigkeit. Sie beschränkt sich auf den Streitgegenstand. § 261 Abs. 3 Nr. 1 hindert daher nicht – weiter greifende – Leistungsklagen nach einer positiven Feststellungsklage,[288] ebenso wenig nach negativer Feststellungsklage, und zwar auch vor anderen Gerichten.[289] Im Übrigen erfasst die Sperre aber auch das kontradiktorische Gegenteil des rechtshängigen Anspruchs, zB negative Feststellungsklagen nach positiver Feststellungsklage oder Leistungsklage, da diese die Feststellungs(wider)klage mitumfasst.[290] Soweit die **EuGVO** anwendbar ist, ist nach Maßgabe des Art. 27 EuGVO allerdings auch eine Leistungsklage blockiert, wenn der Gegner zuvor eine negative Feststellungsklage in einem anderen Vertragsstaat „anhängig" (Art. 27 EuGVO Rn. 3) gemacht hatte.[291] 37

3. Beweislast, Rechtskraft. Die Beweislast wird durch eine Umkehrung der Parteirollen nicht berührt.[292] Bei negativer Feststellungsklage trägt der Kläger daher meist nur die Feststellungslast, dass der Beklagte sich eines Rechts berühmt; die Klage hat Erfolg, dh. dem Beklagten wird sein Recht aberkannt, wenn er nicht diejenigen Tatsachen beweist, für die er (zB als Gläubiger) die Beweislast trägt.[293] Zur **Rechtskraft** dies verkennender Urteile vgl. § 322 Rn. 61 f., zum Normalfall § 322 Rn. 57 f. bzw. Rn. 59 f. 38

VI. Zwischenfeststellungsklage (Abs. 2)

1. Normzweck. Die Rechtskraft des Urteils ist nach § 322 Abs. 1 bewusst auf den Streitgegenstand beschränkt, so dass sie Entscheidungen über Vorfragen des Urteils nicht erfasst (vgl. § 322 Rn. 16 f.). Zum Ausgleich ist die **Erweiterung der Rechtskraft** auf vorgreifliche Rechtsverhältnisse den Parteien überlassen, nämlich einem gesonderten Antrag; ein Feststellungsinteresse ist hier entbehrlich (Rn. 42). So kann durch Zwischenfeststellungsklage erreicht werden, dass zB nach Vindikationsklage nicht nur über die Herausgabepflicht, sondern bindend auch über Eigentum, Besitz oder Besitzrecht entschieden wird (allgM), und zwar ohne Begrenzung der Rechtskraft durch die Vorgreiflichkeit.[294] Dies kann Parteien und Gericht erheblich entlasten; es schützt die Parteien zudem vor widersprüchlichen Entscheidungen. Die Klage ist auch in fG-Verfahren[295] und arbeitsrechtlichen Beschlussverfahren[296] zulässig, hingegen **ausgeschlossen** in Urkunden- und Wechselprozessen (anders im Nachverfahren[297]), Mahnverfahren, Ehe- und Kindschaftssachen (§§ 610 Abs. 2, 633, 638, 640c Abs. 1) und im einstweiligem Rechtsschutz. 39

2. Voraussetzungen.[298] **a)** Das **Hauptklageverfahren** muss in einer Tatsacheninstanz anhängig sein; im Revisionsverfahren gilt die Klageerweiterung auf Zwischenfeststellung als unzulässig[299] (fraglich). Der Streit um den Anspruchsgrund darf noch nicht durch Grundurteil (§ 304) abgeschlossen sein.[300] Eine Widerklage auf Zwischenfeststellung könnte sich nach den allgemeinen Regeln (§ 33 Rn. 20 ff.) zwar zugleich gegen einen **Dritten** richten; zu dessen Lasten darf aber nicht auf das sonst erforderliche Feststellungsinteresse (Rn. 7 ff.) verzichtet werden, so dass der Widerkläger idR auf eine Klage nach Abs. 1 beschränkt ist.[301] 40

b) Vorgreifliches Rechtsverhältnis. Für das **Rechtsverhältnis** gilt wie in Abs. 1 (Rn. 2), dass es über eine Tatfrage oder eine abstrakte rechtliche Vorfrage hinausgehen muss.[302] Es muss **vorgreiflich,** dh. wenigstens teilweise maßgeblich für die Hauptentscheidung sein (zB Vertragswirksamkeit für Kaufpreisklage, Kausalgeschäft für Wechselschuld[303]). Dabei kommt es auf die realen Entscheidungsgründe an. Abs. 2 hilft daher wenig, wenn die Hauptklage schon durch Prozessurteil abzuweisen ist;[304] dass ein Sachurteil bei alternati- 41

---

283 *Mansel* JZ 1994, 618, 621; näher *Foerste,* Festschr. f. Kollhosser, 2004, Bd. 2, S. 141 ff.
284 Näher *Balzer* NJW 1992, 2721, 2725.
285 BGH NJW 1983, 2250.
286 Anders OLG Köln NJW-RR 2003, 596 f.
287 OLG Celle NJW 1965, 1722 f.
288 Abw. MK/*Becker-Eberhard* § 261 Rn. 64 (nur entsprechende Klageänderung, § 264 Nr. 2).
289 HM, BGH NJW 1989, 2064; abw. (nur Widerklagen auf Leistung) *Gruber* ZZP 117 (2004), 133, 141 ff. m. weit. Nachw. (S. 138).
290 Ganz hM; BGH NJW 1989, 2064 f.; OLG Frankfurt NJW-RR 2002, 296 (auch bei Stufenklage); aM *Baltzer* (Fn. 91) S. 149 ff.
291 BGHZ 134, 201, 208 ff. = NJW 1997, 870 = JZ 1997, 797 m. Anm. *P. Huber.*
292 BGH NJW 1986, 2508, 2509; MDR 1993, 1118, 1119.
293 BGH NJW 1993, 1716, 1717.
294 Anders BGHZ 125, 251, 258 = NJW 1994, 1353 = JR 1995, 157 m. Anm. *Peters.*
295 BGH WM 1997, 2403, 2404.
296 BAG DB 1990, 132 (§ 256 Abs. 2 analog).
297 BGH (Fn. 294) S. 255.
298 Ausf. *Enders* ZAP 1996, Fach 13, S. 405 ff.; *Schumann,* in: Festschr. f. Georgiades, 2006, S. 543, 552 ff.
299 BGHZ 28, 131, 136 f. = NJW 1958, 1867; BGH NJW 1961, 777, 779; 1982, 790 (LS).
300 RG JW 1939, 366.
301 MK/*Becker-Eberhard* Rn. 84; s. auch BGHZ 69, 37, 45 f. = NJW 1977, 1637; einschr. *Rüssmann/Eckstein-Puhl* JuS 1998, 441, 444 (bei Rechtskrafterstreckung).
302 BGHZ 68, 331, 332 = NJW 1977, 1288; BGH MDR 1985, 37 f.; OLG Düsseldorf NJW-RR 1998, 283 f.
303 BGHZ 125, 251, 255 f. = NJW 1994, 1353.
304 BGH NJW-RR 1994, 1272, 1273.

ver Begründung vorgreifliche Fragen behandelt *hätte,* rechtfertigt ebenfalls keine ergänzende Inanspruchnahme des Gerichts, selbst bei Wahrung des Streitgegenstandes im Hauptverfahren.[305] Außer Acht bleiben auch Rechtsverhältnisse, über die schon im Hauptverfahren mitentschieden wird[306]; hier steht der Klage nach Abs. 2 sogar Rechtshängigkeit entgegen.[307] **Streitig** muss das Rechtsverhältnis nach dem Normzweck nicht erst „im Laufe des Prozesses" geworden sein.[308] IdR sollte sogar die Feststellung unstreitiger Rechtsverhältnisse gestattet werden. Andernfalls wäre das Normziel, die Erweiterung der engen Rechtskraftgrenzen den Parteien zu überlassen, kaum erreichbar (Bsp.: Nach hM ermöglicht Abs. 2 in „Ausgleichszusammenhängen" Selbstschutz vor divergierender Entscheidung über Leistung und Gegenleistung bzw. über Anfechtbarkeit und Vertrauensschaden[309]).

42 c) **Rechtsschutzbedürfnis.** Zwischenfeststellung nach Abs. 2 erfordert kein Feststellungsinteresse.[310] Sie ist dennoch versagt, wenn sie sinnlos ist, weil die Vorfrage über den Rechtsstreit hinaus keine Bedeutung zwischen den Parteien erlangen kann[311] (zB nach einem Verzicht des Gegners auf alle denkbaren Rechte[312]). Zur Klärung von Vorfragen im Hauptverfahren s. Rn. 41.

43 3. **Verfahren. Klageerhebung** erfolgt mit der Hauptklage (§ 260) oder nach dieser (§ 261 Abs. 2), auch bei Ergänzung einer Feststellungsklage nach Abs. 1 durch Leistungsklage[313] oder durch Widerklage (in der Berufungsinstanz trotz § 533[314]). Nach Rechtshängigkeit ist eine (kontradiktorische) Feststellungsklage des Gegners ausgeschlossen.[315] Eine Eventualzwischenfeststellungsklage muss von einer innerprozessualen Bedingung abhängen, zB der Entscheidung über eine hilfsweise aufgerechnete Forderung[316] oder der Abweisung der Hauptklage, falls dann auch die Vertragsnichtigkeit festgestellt werden soll.[317] Die örtliche **Zuständigkeit** folgt derjenigen für den Hauptprozess. Sachlich kann das Landgericht zuständig werden (§§ 504, 506), wenn die Zwischenfeststellungsklage den Streitwert erhöht (Rn. 45). **Entschieden** wird über die Zwischenfeststellungsklage zugleich mit dem Haupturteil oder vorab durch Teilurteil (§ 301).[318] Die Beweislastverteilung entspricht derjenigen im Hauptprozess.[319]

44 Da Haupt- und Zwischenfeststellungsurteil sich nicht widersprechen sollen, ist ein in der Hauptsache zulässiges **Rechtsmittel** auch gegen die Zwischenentscheidung eröffnet.[320] Ist das Rechtsmittel jedoch auf die Hauptsache beschränkt, so wird die Feststellung unanfechtbar und bindet (§§ 318, 512, 557 Abs. 2). Erfolgte die Feststellung vorab durch Teilurteil, so beeinflusst dessen Abänderung nach hM auch das Haupturteil (analog § 304 Abs. 2).[321]

VII. Streitwert

45 Die Praxis trägt der fehlenden Vollstreckbarkeit der **positiven** Feststellungsklage durch einen Abschlag von 20 % Rechnung, und zwar ungeachtet konkreter Aussicht auf freiwillige Leistung.[322] Bei **negativer** Feststellungsklage zählt dagegen der volle Betrag, dessen der Beklagte sich berühmt, weil ihm bei Erfolg der Klage auch eine Leistungsklage versagt wäre.[323] Der Streitwert der **Zwischenfeststellungsklage** ist dem der Hauptsache zuzurechnen (§ 5), bei einer Widerklage freilich nur nach § 45 Abs. 1 GKG.

VIII. Gebühren und Kosten

46 1. **Rechtsanwaltsgebühren.** Zu den Gebühren des Anwalts vgl § 300 Rn. 13 ff.

47 2. **Gerichtskosten.** Der Gebührenstreitwert ist nach § 63 Abs. 1 S. 1 GKG festzusetzen.

---

305 Überzeugend *Schumann* (Fn. 298) S. 563 f.; a. A. MK/*Becker-Eberhard* Rn. 80; Voraufl.
306 RG JW 1936, 3047 Nr. 5 (bei Grundbuchberichtigungsklage für Vorfrage des Eigentums); BGHZ 42, 340, 348 ff. = NJW 1965, 689 (Unterlassungsklage kraft Vertrags für Unterlassungspflicht von zusätzlicher Tragweite); BGH NJW 2007, 82, 83 (zu § 322 Abs. 2); anders BGHZ 43, 144, 145 ff. = NJW 1965, 693 (betr. Räumungsklage für die – damit nicht feststellbare – Beendigung des Mietverhältnisses).
307 *Schumann* (Fn. 298) S. 552, 571 f.
308 BGH NJW-RR 1990, 318, 319 f.; OLG Hamm NJW-RR 1998, 424.
309 Skeptisch *Foerste* ZZP 108 (1995), 167, 174 f.
310 BGH NJW 1992, 1897; zum Ganzen *J. Hager* KTS 1993, 39 ff.
311 Vgl. BGHZ 69, 37, 42 = NJW 1977, 1637; a. A. *Schumann* (Fn. 298) S. 571 ff.; s. aber BGH MDR 1968, 36 (Einfluss auf weitere Teilurteile).
312 OLG Nürnberg BayJMBl. 1953, 67; aM MK/*Becker-Eberhard* Rn. 88.
313 BGH NJW-RR 1990, 318, 320; OLG Düsseldorf MDR 1997, 1162 f.; s. aber BGH NJW-RR 1994, 1272 f.
314 Vgl. BGHZ 53, 92, 94 = NJW 1970, 425 (zu § 530 Abs. 1 aF).
315 Abw. OLG Köln DB 1972, 1336 f.
316 BGH NJW 1961, 75.
317 BGH NJW 1992, 1897; iE zust. *J. Hager* KTS 1993, 39, 49 f.
318 BGH NJW 1961, 75.
319 So BGH (Fn. 294) S. 257 f. (bei gleichzeitiger Rechtskraftbeschränkung).
320 RGZ 166, 175, 181 f.
321 Vgl. MK/*Becker-Eberhard* Rn. 89 m. weit. Nachw.
322 BGH NJW 1965, 2298 f.
323 HM, BGH NJW 1997, 1787; s. aber auch LAG Hamm MDR 1999, 1203, 1204.

257 *Klage auf künftige Zahlung oder Räumung* **Ist die Geltendmachung einer nicht von einer Gegenleistung abhängigen Geldforderung oder die Geltendmachung des Anspruchs auf Räumung eines Grundstücks oder eines Raumes, der anderen als Wohnzwecken dient, an den Eintritt eines Kalendertages geknüpft, so kann Klage auf künftige Zahlung oder Räumung erhoben werden.**

I. Normzweck

Früher setzte die Leistungsklage eine „Verletzung" des Klageanspruchs voraus; diese war vor seiner Fälligkeit gar nicht denkbar. Auch heute ist eine Leistungsklage grds. („zur Zeit") unbegründet und abzuweisen, wenn der jeweilige Anspruch noch nicht fällig ist. §§ 257–259 regeln aber Ausnahmen. § 257 erweitert das Klagerecht für eng begrenzte Fälle, in denen die Leistungszeit datiert ist und somit eine vorzeitige Zwangsvollstreckung ausgeschlossen werden kann (§ 751). Dies stärkt den Rechtsschutz des Gläubigers, zumal es ihm ggf. **rasche Zwangsvollstreckung** erlaubt. Es belastet aber den Schuldner; er muss Einwendungen, die zwischen Prozess und Fälligkeit entstehen, erst durch Klage geltend machen (§ 767)[1] und ist sogar präkludiert, wenn ihm Verteidigungsmittel erst jetzt verfügbar werden (§ 767 Abs. 2). **Unanwendbar** ist § 257 im Mahnverfahren, soweit der Anspruch nicht bis zum Ablauf der Widerspruchsfrist fällig wird (arg. § 692 Abs. 1 Nr. 3). 1

II. Voraussetzungen und Verfahren

1. Klageanspruch. a) In Betracht kommen vor allem **bestehende** Ansprüche, deren Fälligkeit hinausgeschoben ist (zB durch Stundung) oder denen eine Einrede entgegensteht, die aber befristet ist (zB Bürgeneinrede arglistiger Täuschung, §§ 770 Abs. 1, 124 BGB).[2] Bei unbefristeten Einreden (zB § 274 BGB) ist § 257 unanwendbar. **Zeitlich befristete** Ansprüche genügen. Ungenügend ist eine Bedingung (allgM), was wegen § 726 wohl nur mit § 259 als Auffangtatbestand begründbar ist.[3] 2

b) Die **Geldforderung** kann jedweden Entstehungsgrund haben (zB Kauf, Schenkung, Wechsel), auch bloße Haftung aus Hypothek oder Grundschuld sein. Sie darf nicht von einer Gegenleistung abhängen, muss also **einseitig** sein. Entstammt sie einem gegenseitigen Vertrag, so muss der Gegenanspruch erloschen sein, zB durch Tilgung oder Gefahrtragung (zB § 447 BGB). Gegenrechte auf Quittung (zB § 368 BGB) sind belanglos. Klagehindernd ist die Abhängigkeit stets in Dauerschuldverhältnissen, zB für künftige Mietzins- oder Lohnforderungen. 3

c) Ein **Räumungsanspruch** muss sich auf Grundstücke oder Räume beziehen (zB Büro-, Ladenräume). Wohnwagen und -container scheiden also aus. Ausdrücklich nimmt § 257 auch Wohnräume aus, dh. zur dauernden privaten Nutzung bestimmte Räume, unabhängig von der Art des Nutzungsrechts; hier hilft aber uU § 259 (§ 259 Rn. 4). 4

2. Datierte Fälligkeit. An einen Kalendertag geknüpft ist die Fälligkeit, wenn sie vertraglich oder gesetzlich derart terminiert ist, dass sie zumindest im Urteil – für das Vollstreckungsorgan erkennbar – auf einen Kalendertag bezogen werden kann (Bsp.: „Zahlung am 27. Juni", „binnen 2 Jahren ab heute"). Bloße Berechenbarkeit per Kalender genügt (arg. § 286 Abs. 2 Nr. 2 BGB), zB bei Anknüpfung an eine Kündigung, die auch in der Klageerhebung liegen kann,[4] oder Klauseln wie „60 Tage nach Rechnungstellung", „binnen drei Monaten nach Sicht" (Art. 35 WG). 5

3. Verfahren. Eine Klage auf sofortige Leistung, die in Wahrheit nur als künftige geschuldet wird, wäre als „zur Zeit unbegründet" abzuweisen.[5] Sie ist aber jederzeit beschränkbar auf Verurteilung zu künftiger Leistung (§ 264 Nr. 2).[6] Ist die Klage auf künftige Leistung nach §§ 257–259 unzulässig, so wird sie durch Prozessurteil abgewiesen. Erweist sich umgekehrt die „künftige" Leistung vor Schluss der Verhandlung als fällig, so kann nach hM trotz § 308 uneingeschränkt verurteilt werden.[7] 6

Da der Angriff nach § 257 u. a. mit künftigen Ereignissen begründet wird, kann auch die **Verteidigung** auf solche gestützt werden, zB auf Aufrechnung mit einer gestundeten Gegenforderung.[8] Bleiben Verteidigungsmittel unerwähnt, obwohl sie bereits existierten, so droht Rechtskraftpräklusion; entstehen sie erst später, hilft immerhin § 767. Die **Kosten** treffen den Beklagten dann nicht, wenn er sofort anerkennt und keinen Anlass zur Klage gab. Dies soll (entgegen § 93) nach hM der Kläger beweisen, da der Schuldner vor Fälligkeit weniger Anlass als sonst hat, sich zu erklären.[9] Die vollstreckbare **Ausfertigung** des Urteils wird sofort erteilt (vgl. § 751). 7

III. Rechtsanwaltsgebühren

Vgl. § 300 Rn. 13 ff. 8

---

[1] Näher *Grunsky*, Gedächtnisschr. f. Michelakis, 1973, S. 377.
[2] Vgl. *Roth* ZZP 98 (1985), 287, 297.
[3] S. auch *Roth* (Fn. 2) S. 294.
[4] RGZ 53, 212 f.
[5] Vgl. BGHZ 24, 279, 284 = NJW 1957, 1279.
[6] OLG Darmstadt SeuffArch 59 (1904), 473 (zu § 259); MK/*Becker-Eberhard* Rn. 12; *B/L/H* Rn. 5.
[7] RGZ 88, 178, 179; BGH NJW-RR 2005, 1169 (obiter dictum); *St/J/Schumann* Rn. 5.
[8] Vgl. BGHZ 38, 122, 129 = NJW 1963, 244.
[9] OLG Celle HRR 1941 Nr. 347.

258 *Klage auf wiederkehrende Leistungen* **Bei wiederkehrenden Leistungen kann auch wegen der erst nach Erlass des Urteils fällig werdenden Leistungen Klage auf künftige Entrichtung erhoben werden.**

I. Normzweck

1 Wie § 257 (s. dort Rn. 1) stärkt auch § 258 den Rechtsschutz.[1] Wer Anspruch auf wiederkehrende Leistungen hat, soll mit einer Klage nicht erst bis zur Fälligkeit warten müssen. Er kann sogleich auf künftige Leistung klagen und so eine **rasche Zwangsvollstreckung** vorbereiten. Zudem ist es prozessökonomisch und im Sinne aller Beteiligten, dass wiederholte **Prozesse vermieden** werden, solange die Verhältnisse unverändert bleiben. Die Entscheidung über künftige Ansprüche bzw. Fälligkeit setzt eine Prognose der im Urteil zugrundegelegten Tatsachen voraus (Rn. 3). Die Prognoseentscheidung erwächst mit in Rechtskraft. Erweist sie sich als falsch, kann die Rechtskraft insoweit durch Abänderungsklage (§ 323) durchbrochen werden. Bei Irrtümern über aktuelle, bei Verhandlungsschluss als vorliegend erachtete Tatsachen ist eine Urteilskorrektur dagegen ausgeschlossen (§ 323 Abs. 2), auch wenn dem Beklagten noch vor Fälligkeit zB neue Beweismittel verfügbar werden. Für ihn birgt die Klage also auch **Risiken,** zumal sie (anders als die nach § 259) ohne Besorgnis der Nichterfüllung zulässig ist.[2]

II. Voraussetzungen und Verfahren

2 **1. Wiederkehrende Leistungen** sind aus demselben Rechtsverhältnis für bestimmte Zeitabschnitte geschuldet,[3] zB je nach Fälligkeit. Auch bedingte Ansprüche können ausreichen[4] (s. aber Rn. 3). Im Vordergrund stehen Unterhalt[5] und Renten, zumal Haftpflichtrenten (zB §§ 843ff. BGB, § 13 StVG, § 9 ProdHaftG),[6] ferner Kredit- und andere Zinsen,[7] Tilgungsraten, Versicherungsprämien und Ruhegehalt.[8] Die Leistungspflicht muss sich nicht auf Geld beziehen. Sie muss aber **einseitig** sein („auch");[9] daher scheiden Ansprüche auf Miete (auch Entschädigung iSv. § 546a BGB[10]), Pacht oder Arbeitsentgelt aus, nicht jedoch Ansprüche gegen unberechtigte Nutzer.[11]

3 **2. Prognose zu Gesamtanspruch.** Nach hM ist die Klage auf künftige Leistung nur **zulässig,** wenn Grund und Umfang des Gesamtanspruchs zur Zeit der Entscheidung mit überwiegender Wahrscheinlichkeit feststellbar sind.[12] Für Unterhalt müssen also zB Bedürftigkeit und Leistungsfähigkeit feststehen.[13] Richtigerweise ist die Klage aber schon zulässig, wenn nach dem Klagevorbringen *möglich* ist,[14] dass die Pflicht zu den eingeklagten Leistungen künftig und bereits gegenwärtig besteht,[15] ohne dass ein Einzelanspruch auch fällig sein muss. Daran fehlt es zB für Nachscheidungsunterhalt vor dem Scheidungsurteil,[16] dessen Zeitpunkt und Rechtskraft überdies ungewiss sein können. Eine Schadensersatzrente (§ 844 Abs. 2 BGB) kann für Kinder nur bis zum 18. Lebensjahr tituliert werden,[17] Kindesunterhalt uU nur in Höhe des Regelbedarfs (vgl. §§ 1612a ff. BGB).[18] Auch Verzugszinsen bleiben außer Acht, wenn ihr Anfall ungewiss ist[19] (§ 259 Rn. 2). Ergänzend mag eine Feststellungsklage helfen; diese ist umgekehrt ausgeschlossen, soweit § 258 reicht (§ 256 Rn. 15). Die **Begründetheit** der Klage hängt davon ab, ob die Prognose eine Grundlage hat, von der sich das Gericht überzeugen kann.[20]

4 **3. Rechtsschutzbedürfnis.** Es fehlt nur ausnahmsweise, etwa nach einer Titulierung in vollstreckbarer Urkunde (zB vor Jugendamt, §§ 59ff. SGB VIII), nicht aber schon bei Bereitschaft des Schuldners, einen solchen Titel (auch kostenfrei) errichten zu lassen.[21]

5 **4. Verfahren.** Die Klage muss (trotz des mehrdeutigen Wortlauts) nicht etwa neben künftigen Leistungen „auch" auf fällige gerichtet sein. Die **Verteidigung** des Beklagten kann auch auf künftige Einwendun-

---

[1] BGH NJW 2007, 294; *Petzoldt,* Die Rechtskraft der Rentenurteile des § 258 ZPO und ihre Abänderung nach § 323 ZPO, 1992, S. 9ff.

[2] So die ganz hM; krit., aber nicht überzeugend *Bittmann* FamRZ 1986, 420ff.; *Köhler* FamRZ 1991, 645.

[3] BGH NJW 1986, 3142.

[4] Näher *Roth* ZZP 98 (1985), 287, 298.

[5] BGHZ 82, 246, 250ff. = NJW 1982, 578; dazu *Roth* (Fn. 4) S. 299f.

[6] Dazu *Roth* (Fn. 4) S. 300ff.; *Hofmann* MDR 2004, 1391f.

[7] Für Grundschuldzinsen BGHZ 93, 287, 290 = NJW 1985, 1711; aM *Bauch* Rpfleger 1987, 12; für Erbbauzinsen BGH NJW 2007, 294.

[8] BGH NJW 1986, 3142.

[9] BGH (Fn. 8); NJW-RR 2003, 850, 856.

[10] *Henssler* NJW 1989, 138, 140; aM MK/*Becker-Eberhard* Rn. 9; offen gelassen in BGH NJW 2003, 1395.

[11] BGH (Fn. 10); MDR 1996, 1232.

[12] Vgl. RGZ 145, 196; BGHZ 82, 246, 251f. = NJW 1982, 578; zum Anspruchsumfang BGH NJW 1986, 3142; 1995, 1148, 1149.

[13] BGHZ 82, 246, 251 = NJW 1982, 578; OLG Frankfurt FamRZ 1989, 83f.

[14] Zutr. MK/*Becker-Eberhard* Rn. 14; weiter gehend *Wax* FamRZ 1982, 347f.

[15] So die Rspr.; vgl. BGH (Fn. 13) S. 251f.

[16] Vgl. BGH NJW 1981, 978f.; OLG Hamm FamRZ 1978, 815.

[17] BGH NJW 1983, 2197; OLG Hamm NJW-RR 1996, 1221, 1222.

[18] Vgl. BGH DAVorm. 1982, 263, 266 (zu § 1610 Abs. 3 aF).

[19] Vgl. OLG Koblenz FamRZ 1980, 583, 584f.

[20] Insoweit eher großzügig BGH NJW 2007, 294, 295, unter Hinweis auf *Zö/Greger* Rn. 1b.

[21] Abw. KG FamRZ 1979, 171f.

gen gestützt werden (§ 257 Rn. 7). Die **Kosten** treffen den Beklagten nicht, wenn er sofort anerkennt und keinen Anlass zur Klage gab (§ 93); demnach trägt er die Kosten, wenn er der Aufforderung des Gläubigers, bei der Titulierung kostenfrei mitzuwirken, nicht folgt.[22] Eine **Zusatzklage** ist nur zulässig, wenn im Vorprozess eine offene Teilklage erhoben worden war. Andernfalls sind Nachforderungen nur nach Maßgabe von § 323 möglich, dh. bei wesentlicher Änderung der Verhältnisse (§ 323 Rn. 18). War die Klage jedoch gänzlich abgewiesen worden und entfällt dieser Abweisungsgrund, so soll § 323 die erneute Klage nicht erschweren (§ 323 Rn. 20). Zur vorläufigen **Vollstreckbarkeit** vgl. §§ 708 Nr. 8, 711. Vollstreckbare Ausfertigung wird sofort erteilt (vgl. § 751).

259 ***Klage wegen Besorgnis nicht rechtzeitiger Leistung*** **Klage auf künftige Leistung kann außer den Fällen der §§ 257, 258 erhoben werden, wenn den Umständen nach die Besorgnis gerechtfertigt ist, dass der Schuldner sich der rechtzeitigen Leistung entziehen werde.**

I. Normzweck

Wie §§ 257, 258 stärkt auch § 259 den Rechtsschutz des Gläubigers (§ 257 Rn. 1), doch ohne Beschränkung auf bestimmte Ansprüche, dh. als Generalklausel. Erscheint die rechtzeitige Leistung gefährdet, so soll der Gläubiger mit der Klage nicht noch bis zur Fälligkeit warten müssen. Er kann sogleich auf künftige Leistung klagen und so eine **rasche Zwangsvollstreckung** vorbereiten. Dies zwingt den Schuldner, Einwendungen, die erst zwischen Prozess und Fälligkeit entstehen, auf dem Umweg der Vollstreckungsgegenklage geltend zu machen.[1] Er ist sogar präkludiert, wenn ihm Verteidigungsmittel erst jetzt verfügbar werden (§ 767 Abs. 2). **Alternativ** kann der Gläubiger auf Feststellung klagen (§ 256 Rn. 15) oder einen Arrest erwägen. 1

II. Voraussetzungen und Verfahren

1. Künftige Leistung. a) Allgemeines. In Betracht kommen Ansprüche jeder Art (anders §§ 257, 258), zB auf Geldzahlung, Herausgabe, Vornahme einer Handlung, Unterlassung (Rn. 3), nicht auf Abgabe einer Willenserklärung (wegen § 894).[2] Künftige Ansprüche scheiden aus.[3] Der Anspruch kann aber von einer Gegenleistung (zB bei Arbeitslohn[4]) oder Bedingung[5] abhängen, die dann im Urteil zu benennen ist[6] (Bsp.: Klage des Schuldners gegen Drittschuldner auf Leistung dessen, was nach Befriedigung des Pfandgläubigers verbleibt[7]). Unschädlich sind auch Rechtsbedingungen (zB die des § 1003 Abs. 2 BGB,[8] das Fehlen einer Genehmigung[9]), so dass erzwingbare Erklärungen genügen (zB Zustimmung zum Mieterhöhungsverlangen, § 558 b BGB;[10] Abschluss eines Hauptvertrags[11]), nicht aber Ausfall nach § 839 Abs. 1 S. 2 BGB.[12] Sekundäransprüche für den Fall der Schlechterfüllung müssen – jenseits ihrer Bedingtheit – dem Grunde nach feststehen,[13] freilich nur per Stand letzte mündliche Verhandlung.[14] Zu dieser Zeit darf also nicht nur die Gefahr eines Verzugs bestehen[15] oder eine Entlastung des Schuldners denkbar sein (zB nach § 280 Abs. 1 S. 2 BGB; § 255 Rn. 5). Dass der Sekundäranspruch *später* entfallen mag, ist unschädlich (Schutz durch § 767). 2

b) Für Ansprüche auf **Unterlassung** gilt § 259 jedenfalls, wenn sie erst künftig fällig werden. Aber auch dann, wenn zugleich gegenwärtiges Unterlassen begehrt wird, ist (einheitliche) Klage zulässig.[16] Gesetzliche Ansprüche (zB §§ 12, 1004 BGB) entstehen überhaupt erst mit der Wiederholungsgefahr; vorher wird zudem eine Besorgnis der Nichterfüllung (Rn. 5) fehlen, so dass für § 259 kein Raum bleibt.[17] Vertragliche Ansprüche setzen dagegen idR keine Wiederholungsgefahr voraus; hier erfordert aber § 259,[18] jedenfalls das Rechtsschutzbedürfnis,[19] die Besorgnis einer Verletzung. 3

c) Klage auf künftige **Räumung** von Wohnraum ist auch dann zulässig, wenn der Mieter noch nach § 574 b Abs. 2 BGB widersprechen kann;[20] in dieser Phase mag jedoch die Besorgnis der Nichterfüllung feh- 4

---

[22] HM; OLG Düsseldorf FamRZ 1982, 1117 m. weit. Nachw.; aM zB OLG Saarbrücken FamRZ 1985, 1280.
[1] Näher *Grunsky,* Gedächtnisschr. f. Michelakis, 1973, S. 377.
[2] OLG Köln FamRZ 1991, 571.
[3] BGHZ 147, 225, 231 = NJW 2001, 2178; NJW-RR 2006, 1485, 1486.
[4] Dazu ausf. *Berkowsky* RdA 2006, 77, 78 ff.
[5] BGHZ 43, 28, 31 = NJW 1965, 440; BGH NJW-RR 2003, 850, 856 (aE; Leistung an Dritten).
[6] RGZ 168, 321, 325 f.
[7] BGH NJW 2001, 2178, 2180 = JR 2002, 234 m. Anm. *Jost.*
[8] RGZ 137, 98, 101.
[9] BGH NJW 1978, 1262, 1263; offen gelassen in BGH VersR 1993, 609, 611.
[10] IE abw. LG Duisburg ZMR 1999, 334 f. m. Anm. *Eckert/Rau.*
[11] BGH NJW 2001, 1285, 1286.
[12] BGHZ 4, 10, 14 f. = NJW 1952, 738; aM *Baumann* AcP 169 (1969), 317, 333.
[13] BGHZ 43, 28, 31 = NJW 1965, 440; s. auch RGZ 168, 321, 325 f.
[14] Zutr. *Becker-Eberhard* LM BGB § 283 aF Nr. 7 (Bl. 5); wohl auch BGH NJW 1999, 954, 955.
[15] AM OLG Koblenz FamRZ 1980, 583, 585.
[16] *Zeuner,* Festschr. f. Dölle, 1963, S. 295, 310 f.
[17] HM; vgl. *St/J/Schumann* Rn. 8.
[18] BGH WoM 1990, 395 f.; s. ferner *Schimmelpfennig* GRUR 1974, 201; *Pastor* GRUR 1974, 423, 430.
[19] BGH NJW 1999, 1337, 1338.
[20] OLG Karlsruhe NJW 1984, 2953; näher *Henssler* NJW 1989, 138, 143 f.; aA LG Hamburg MDR 1971, 397.

len (Rn. 5). Widerspricht der Mieter noch während des Verfahrens nach § 259, so ist auch über die Widerspruchsgründe zu entscheiden. Widerspricht er, was ihm freisteht,[21] erst nach dem Räumungsurteil, aber fristgemäß, so hilft § 767 (trotz § 767 Abs. 2).

5 **2. Besorgnis nicht rechtzeitiger Leistung** muss bewiesen, nicht nur behauptet werden.[22] Ernstliches Bestreiten nach Grund, Fälligkeit oder Betrag genügt, Bösgläubigkeit ist nicht erforderlich.[23] Einem Mieter schadet, dass er die Sache nach Vertragsende weiter nutzt,[24] einen Kündigungsgrund bestreitet[25] oder nach § 574b BGB widerspricht,[26] nicht aber, dass er vor Ablauf der Widerspruchsfrist zu seiner Räumungsbereitschaft schweigt.[27] Für Geldansprüche genügt Berufung auf Minderung,[28] Ankündigung einer Eventualaufrechnung, aber auch einer Prinzipalaufrechnung[29] (da die *Leistung* ebenso gefährdend), nach dem Normzweck auch eine Vollstreckungsvereitlung,[30] laut BGH sogar voraussichtliche Zahlungsunfähigkeit[31] (zweifelhaft, weil „Entziehung" eine Einwirkung des Schuldners voraussetzt[32], die freilich dann vorliegt, wenn der Schuldner Ansprüche entstehen lässt, obwohl er sie nicht erfüllen kann[33]). Für Sekundäransprüche bei Schlechterfüllung (Rn. 2) folgt eine Besorgnis iSd. § 259 nicht schon daraus, dass der Schuldner den Primäranspruch bestreitet; nötig sind spezifische Indizien (zB vorgeschobene Gründe, Anhalt für Ignorierung selbst eines Urteils, Bestreiten des Sekundäranspruchs).[34]

6 **3. Verfahren.** Die Prognose, dass der Anspruch fortbestehen wird, bedarf einer sicheren Grundlage.[35] Der Beklagte kann seine Verteidigung auch auf künftige Einwendungen stützen (§ 257 Rn. 7). Bei Anerkenntnis verurteilt das Gericht (§ 307), ohne die Besorgnis der Nichterfüllung zu prüfen. Bei sofortigem Anerkenntnis kann § 93 eingreifen (vgl. § 258 Rn. 5). Zur Vollstreckung vgl. §§ 721 Abs. 2, 726, 751.

260 *Anspruchshäufung* **Mehrere Ansprüche des Klägers gegen denselben Beklagten können, auch wenn sie auf verschiedenen Gründen beruhen, in einer Klage verbunden werden, wenn für sämtliche Ansprüche das Prozessgericht zuständig und dieselbe Prozessart zulässig ist.**

I. Normzweck

1 Die Vorschrift regelt die objektive Klagehäufung, dh. die Befugnis des Klägers, mehrere prozessuale Ansprüche (Streitgegenstände) in einer gemeinsamen Klage geltend zu machen. Zur subjektiven Klagehäufung, dh. der Beteiligung mehrerer Kläger oder Beklagter im selben Prozess, vgl. §§ 59ff. Objektive Klagehäufung ist **prozessökonomisch,** denn sie gestattet die gemeinsame Verhandlung sämtlicher Streitigkeiten (s. aber auch § 147; Rn. 5). Dies beugt auch **widersprüchlichen Entscheidungen vor.**

II. Arten objektiver Klagehäufung

2 **1. Kumulative Häufung.**[1] Hier werden mehrere prozessuale Ansprüche nebeneinander geltend gemacht. Diese unterscheiden sich in den Klageanträgen oder (auch) in den Klagegründen (zweigliedriger Streitgegenstandsbegriff, Einl. Rn. 69). Der Kläger stellt also verschiedene Anträge, die er entweder auf denselben Lebenssachverhalt (zB Darlehensgewährung samt Zinsabrede) oder auf verschiedene Klagegründe (zB sukzessive Darlehen; Reparatur- und Heilungskosten; nicht aber unselbständige Rechenposten der gleichen Schadensart[2]) stützt. Dem steht es gleich, dass (äußerlich) zwar nur ein Antrag gestellt wird, damit aber mehrere Klageansprüche zusammengefasst werden (Bsp.: Zahlung von 9000 Euro aus drei Kaufverträgen); zur Überschreitung der Klagesumme durch Einzelanträge s. § 253 Rn. 27f. – Hiermit nichts zu tun hat eine Verschiedenheit von Anspruchsgrundlagen.

3 **2. Alternative Häufung.** Zu ihr kommt es einerseits bei alternativen **Anträgen,** die aber idR unzulässig sind (Rn. 7). Häufiger wird ein Klageantrag auf verschiedene **Klagegründe** gestützt, die nicht in der Summe, sondern jeder für sich den Antrag rechtfertigen sollen (zB 500 Euro aus dem einen oder anderen Kaufvertrag, aus eigenem oder abgetretenem Recht,[3] aus Delikt oder nachbarrechtlichem Ausgleichsanspruch[4]);

---

[21] *St/J/Schumann* Rn. 14.
[22] Anders offenbar OLG Köln NJW-RR 1987, 360.
[23] BGH LM § 257 Nr. 3 = MDR 1996, 1232.
[24] *Henssler* NJW 1989, 138, 139ff.
[25] OLG Karlsruhe NJW 1984, 2953; LG Bochum WoM 1983, 56.
[26] LG Bochum WoM 1983, 56f.; LG Wiesbaden WoM 1989, 428; *Henssler* NJW 1989, 138, 144; aM OLG Celle NJW 1966, 668; LG Braunschweig MDR 1972, 695; LG Köln NJW-RR 1996, 778 (für „vorsorglichen" Widerspruch).
[27] Ebenso *Burkhardt* NJW 1965, 803, 804; aM *Kallfelz* NJW 1965, 804.
[28] Unrichtig RG HRR 1936 Nr. 699.
[29] Anders hM; OLG Karlsruhe HRR 1936 Nr. 699; MK/*Becker-Eberhard* Rn. 14; Zö/*Greger* Rn. 3.
[30] Anders die hM; s. nur MK/*Becker-Eberhard* Rn. 13.
[31] BGH NJW 2003, 1395 (indiziert durch aktuelle Zahlungsfähigkeit; zu § 546a BGB).
[32] OLG Koblenz (Fn. 15); *Henssler* NJW 1989, 138, 140f.; zum Arrest s. *Foerste* ZZP 106 (1993), 143, 155f.
[33] IE auch *Gies* NZM 2003, 545, 548 (zu § 546a BGB).
[34] OLG Koblenz (Fn. 15); OLG Köln NJW-RR 1998, 1682, 1683; *Schuschke* EWiR § 253 ZPO 1/99; aM BGH (Fn. 14); *Münzberg* WuB VII A. § 259 ZPO 1/99.
[35] Vgl. *Berkowsky* (Fn. 4) S. 79ff. m. Nachw. zur (insoweit wenig klaren) BAG-Rspr.
[1] Überblick, auch zum folgenden, bei *Saenger* MDR 1994, 860ff.
[2] BGH NJW-RR 1991, 1279f.
[3] BGH NJW 1986, 1174; OLG Hamm NJW-RR 1992, 1279.
[4] BGH MDR 1997, 1021, 1022.

hierzu gehört nach hM auch die Berufung auf Grundgeschäft und Wechsel- oder Scheckhingabe.[5] Alternative Häufung liegt auch dann vor, wenn mehrere Klagegründe den Klageantrag zwar in der Summe rechtfertigen sollen (Rn. 2), ihn aber überschreiten, ohne dass eine Rangfolge kenntlich ist (zB Klage auf 500 Euro aus Ansprüchen von 300 und 400 Euro). Hierzu gehören jedoch (trotz Begriffsverwirrung) **nicht alternative Begründungen** der Klage. Solche sind oft nur rechtlicher Art (zB Delikt oder § 7 StVG). Aber auch wenn sie auf verschiedene Tatsachen gestützt werden, sind sie prozessual irrelevant, soweit der einheitliche Lebenssachverhalt (Streitgegenstand) gewahrt bleibt; zu dessen Grenzen s. freilich § 322 Rn. 18ff.

3. Eventuelle Häufung staffelt mehrere Anträge bei identischem (oder wechselndem) Lebenssachverhalt 4
oder aber mehrere Lebenssachverhalte bei identischem[6] Antrag; der Hilfsantrag ist nachrangig gestellt. Damit nichts zu tun haben juristische Hilfsbegründungen (zB § 7 StVG, hilfsweise Delikt), da sie den Streitgegenstand nicht verändern.

a) Arten. IdR ist der Hilfsantrag für den Fall gestellt, dass der Hauptantrag keinen Erfolg hat (**echte** oder eigentliche Eventualität). Beispiele: Klage auf Auflassung, hilfsweise auf Rückgewähr der Anzahlung; auf Schadensersatz, hilfsweise auf Minderung;[7] 500 Euro kraft der frühen, hilfsweise kraft späterer Zession; Widerklage für den Fall eigener Verurteilung; Hilfsantrag für den Fall, dass Revisionsgericht zurückverweist;[8] nicht aber Nichtigkeits- und Anfechtungsklage iSd. AktG.[9] Ergibt die Auslegung, dass der Kläger ein Sachurteil über den Hauptantrag erwartet, so eröffnet ein Prozessurteil noch nicht die Entscheidung über den Hilfsantrag. Andererseits genügt Erledigterklärung des Hauptantrags.[10] **Unechte** Hilfsanträge sind für den Fall gestellt, dass der Hauptantrag durchdringt (Rn. 9).

b) Rechtshängigkeit. Auch der Hilfsantrag wird sofort rechtshängig, dies aber auflösend bedingt. Mit Erfolg des Hauptantrags entfällt also (bei echter Eventualität) rückwirkend auch die Verjährungshemmung nach § 204 I Nr. 1 BGB,[11] es sei denn, dass binnen sechs Monaten erneute Klage erhoben wird (§ 204 Abs. 2 BGB analog).[12]

4. Entstehungsformen. Die Klage kann sich von vornherein auf mehrere prozessuale Ansprüche erstre- 5
cken oder mit einer später erhobenen Klage (§ 261 Abs. 2), zB auf Zwischenfeststellung, verbunden werden. Mehrere selbständige Klagen können auch nachträglich verbunden werden, und zwar sowohl vom Kläger als auch vom Gericht (§ 147), das freilich nur kumulative Klagehäufung bewirken kann.

III. Zulässigkeit der Klagehäufung

1. Allgemeine Voraussetzungen. Für jede Art objektiver Klagehäufung müssen neben den regulären Pro- 6
zessvoraussetzungen (vor § 253 Rn. 1ff.) die Bedingungen des § 260 erfüllt sein:

a) Identität der Parteien. Sie bleibt trotz Prozessstandschaft gewahrt.

b) Zuständigkeit des Gerichts für sämtliche Klagen. Für diese muss derselbe Rechtsweg eröffnet sein (§ 17 GVG Rn. 9). Die sachliche Zuständigkeit des Landgerichts kann bei kumulierten Ansprüchen auch aus § 5 folgen, für Haupt- bzw. Hilfsantrag daraus, dass der jeweils höhere Wert maßgebend ist (Rn. 14); anders bei streitwertunabhängiger Zuständigkeit (§§ 23 Nr. 2, 71 Abs. 2 GVG). Ist die KfH nur für einen von mehreren Ansprüchen zuständig, so setzt Klagehäufung bei ihr voraus, dass weder der Gegner widerspricht noch von Amts wegen (vollständig) an die Zivilkammer verwiesen wird (näher § 97 GVG Rn. 5); bei der Zivilkammer dagegen ist gemischte Klagehäufung stets zulässig, da insoweit nicht nach § 98 GVG an die KfH verwiesen werden kann.[13]

c) Dieselbe Prozessart. Verbindungsfähig sind also reguläre Klage und Urkundenprozess[14] oder Wiederaufnahmeklage,[15] mehrere Ehesachen gemäß § 610 Abs. 1, **nicht** aber Wechselprozessklage mit Urkundenprozess[16] oder ordentlichem Verfahren, dieses mit einem Familien-[17] /Kindschaftsverfahren (§ 640c Abs. 1; außer Eventualhäufung und § 653), Hauptsache- mit Arrestprozess.

d) Kein Verbindungsverbot wie zB in §§ 578 Abs. 2, 610 Abs. 2, 640c.[18] Nachträgliche Anspruchshäufung ist nach hM Klageänderung (§ 263 Rn. 4), falls nicht nur Zwischenfeststellung begehrt wird.

2. Alternative Häufung (Rn. 3). **Alternativanträge** sind grds. nicht mit § 253 Abs. 2 Nr. 2 vereinbar,[19] bei 7
Ersetzungsbefugnis des Schuldners (zB § 251 Abs. 2 BGB) entbehrlich[20] und nur bei Wahlschuld (§ 264 Abs. 1 BGB) zulässig. Alternative Klagegründe gelten teilweise als zulässig;[21] die Unklarheit des Streitge-

---

[5] BGH NJW 1982, 2823; NJW-RR 1987, 58; OLG Hamm WM 1984, 400.
[6] Abw. *St/J/Schumann* Rn. 8 (dann auch Antragsmehrheit).
[7] RGZ 87, 237, 239.
[8] BGH NJW 1996, 3147, 3150 = LM AnfG § 1 Nr. 6 m. Anm. *Walker.*
[9] BGH NJW 1997, 1510, 1511.
[10] BGH NJW 2003, 3202, 3203.
[11] BGHZ 21, 13, 16 = NJW 1956, 1478; BGH NJW 1968, 692, 693; *Oehlers* NJW 1970, 845f.
[12] BGH NJW 1968, 692, 693; aM *Oehlers* NJW 1970, 845f.
[13] Näher *Gaul* JZ 1984, 57, 59ff.
[14] BGHZ 149, 222, 227ff. = NJW 2002, 751.
[15] *St/J/Schumann* Rn. 33; aM RGZ 91, 195, 196f.
[16] BGHZ 53, 11, 17 = NJW 1970, 324.
[17] BGH (Fn. 14) S. 227f.; NJW 1979, 426, 427 (aE); 1981, 2417, 2418.
[18] Hierzu BGH NJW 2007, 909, 910f.
[19] BGH WM 1989, 1873, 1874 = FamRZ 1990, 37.
[20] Vgl. auch RGZ 126, 196, 215 (zu § 244 Abs. 1 BGB).
[21] Vgl. BGH NJW 1986, 1174; MDR 1997, 1021, 1022; *Henckel,* Parteilehre, S. 291.

genstandes (Klagegrundes) soll behebbar sein, indem das Gericht klarstellt, über welchen der alternativen Sachverhalte es entscheiden will.[22] Doch ist der Streitgegenstand vom Kläger festzulegen, und zwar nicht nur dann, wenn die Klagegründe sich ausschließen (zB verschiedene Abtretungen),[23] sondern auch, wenn sie miteinander vereinbar sind (zB § 861 Abs. 1 BGB und § 985 BGB). Lässt der Kläger dennoch (§ 139) offen, worüber entschieden werden soll, so ist die Klage als unzulässig abzuweisen.

8 **3. Eventualhäufung** (Rn. 4) ist grds. unbedenklich, da der Hilfsantrag nur von einer innerprozessualen Bedingung abhängt; anders, wenn er (auch) von einem außerprozessualen Ereignis abhängig gemacht wird[24] oder wenn die innerprozessuale Bedingung die gesamte Klage erfasst[25], zB allein deren Erfolg sein soll (arg. § 269).[26] Haupt- und Hilfsantrag müssen aber in einem rechtlichen oder wirtschaftlichen Zusammenhang stehen;[27] andernfalls könnte der Kläger die Zuständigkeit des Landgerichts erschleichen, indem er irgendeinen hohen Hilfsantrag stellt (Rn. 14). Die Begründungen für Haupt- und Hilfsantrag dürfen sich widersprechen.[28] Mehrere Hilfsanträge können gestaffelt werden.[29] Ein Hilfsantrag kann auch noch im Berufungs-[30], ggf. sogar im Revisionsverfahren[31] gestellt werden.

9 Nach hM ist auch **unechte** Eventualhäufung zulässig, obwohl sie dem Kläger eine Antragsstaffelung gestattet, die den Beklagten unter Druck setzt.[32] Neben einer Kündigungsschutzklage kann daher für den Fall, dass sie Erfolg hat, auf Weiterbeschäftigung[33] oder Gehaltsnachzahlung geklagt werden, neben einer Klage aus Vorvertrag auch auf Leistung gemäß Hauptvertrag.[34] Unzulässig ist unechte Eventualhäufung, soweit eine Teilklage um erfolgsabhängige (beliebig gestückelte) Anträge auf den Restbetrag ergänzt wird. Gegen solches Vorgehen spricht noch nicht, dass der Kläger sein Kostenrisiko minimieren kann,[35] da das nicht den Beklagten belastet, wohl aber, dass der Beklagte diese Chance nicht hat.[36]

IV. Verfahren

10 **1. Unzulässige Häufung.** Hier sind die verbundenen Anträge in jedem Fall zu trennen. Über sie wird bei **kumulativer** Häufung aber immerhin getrennt verhandelt. Bei fehlender Zuständigkeit für einen Anspruch (Rn. 6) ist beschränkte Verweisung (§ 281) möglich; beruhte die Zuständigkeit für den anderen Antrag auf § 5, so entfällt auch sie,[37] so dass ggf. vollständig zu verweisen ist. Ist die gewählte Prozessart nur für einen Antrag unzulässig, so wird dieser sogleich abgewiesen (vgl. § 597 Abs. 2) und ggf. auch der andere, falls die Zuständigkeit auf § 5 beruhte. Bei **Eventualhäufung** wird der Hilfsantrag idR sogleich abgewiesen,[38] zB wenn er in der Prozessart nicht zu verbinden ist, denn nach einer Verweisung stünde er unter unzulässiger Bedingung (Entscheidung in anderem Prozess);[39]

11 **2. Zulässige Häufung.** a) Über **kumulative** Anträge wird gemeinsam verhandelt, ggf. freilich getrennt entschieden (Teilurteil, § 301). Das Gericht kann aber auch anordnen, dass getrennt (§ 145) oder doch über einen Anspruch abgesondert verhandelt wird (§ 146 analog); eine bis dahin gegebene Zuständigkeit des Landgerichts (§ 5) bleibt erhalten (§ 261 Abs. 3 Nr. 2). Wird bei **alternativer** Häufung der Beklagte aus dem einen Klagegrunde verurteilt und legt er Berufung ein, so fällt dem Berufungsgericht auch der andere Klagegrund an.[40]

12 b) Bei **Eventualhäufung** ist eine Trennung des Verfahrens (§ 145) nicht zulässig, da sonst der Hilfsantrag unter einer unzulässigen Bedingung (Entscheidung in anderem Prozess) stünde. Verhandelt wird idR zunächst nur über den Hauptantrag, nach dessen Entscheidungsreife über den Hilfsantrag. Hat der Hauptantrag Erfolg, so ergeht (bei echter Eventualität) ein Vollendurteil; der rückwirkende Fortfall des Hilfsantrags (Rn. 4) bedarf keines Ausspruchs. Die Abweisung eines Klageantrags, der gestaffelt begründet ist, setzt voraus, dass kein Klagegrund trägt.[41] Im Übrigen darf ein Hauptantrag nach hM durch Teilurteil (§ 301) abgewiesen werden (§ 301 Rn. 14). Dessen Rechtskraft kann abgewartet werden; ohne sie wird ein dem Hilfsantrag stattgebendes Urteil jedenfalls nicht wirksam.[42] Erst nach Abweisung oder Erledigung des

---

[22] So OLG Hamm NJW-RR 1992, 1279.

[23] So *Saenger* MDR 1994, 860, 863; *Musielak* NJW 2000, 3593, 3597.

[24] Vgl. LAG Köln MDR 1999, 376 (Erfolg der Klage gegen Dritten).

[25] BGH NJW 1995, 1353.

[26] Vgl. *G. Lüke/Kerwer* NJW 1996, 2121, 2125.

[27] *Jauernig,* ZPR, § 88 III; enger *St/J/Schumann* Rn. 20; aM *Merle* ZZP 83 (1970), 436, 439ff.; *Zö/Greger* Rn. 4; *Wendtland,* Die Verbindung von Haupt- und Hilfsantrag im Zivilprozess, 2001, S. 47ff.

[28] BGHZ 19, 387, 390f. = NJW 1956, 631; BGH NJW-RR 2004, 1196, 1197.

[29] BGH NJW 1984, 371; NJW-RR 1992, 290.

[30] BGH FamRZ 1979, 573, 575 (§ 767 und Hilfsantrag auf Abänderung), dazu *Baumgärtel* FamRZ 1979, 791.

[31] Vgl. BGH NJW 1996, 3147, 3150.

[32] RGZ 144, 71, 73f.; BGH NJW 1965, 1042 (LS); 1986, 2820, 2821; BAGE 48, 122 = NJW 1985, 2968; OLG Köln VersR 1995, 679, 680; näher *Rütter* VersR 1989, 1241, 1242ff.; *Wolf,* Festschr. f. Gaul, 1997, S. 804ff.

[33] BAG NZA 1988, 741; AG Grevenbroich MDR 1989, 459; *Rütter* (Fn. 32) S. 1244.

[34] BGH NJW 2001, 1285, 1286.

[35] So aber wohl *G. Lüke/Kerwer* (Fn. 26).

[36] Argument von *Henckel.*

[37] So wohl auch *St/J/Schumann* Rn. 51 (trotz Anm. 52).

[38] *St/J/Schumann* Rn. 53.

[39] So die hM; vgl. BGH (Fn. 18; anders bei Verzicht auf Bedingung, dh. Klageänderung); NJW 2007, 913, 914.

[40] BGH NJW 1992, 117.

[41] So BGHZ 22, 272, 276 = NJW 1957, 424.

[42] BGH NJW 1995, 2361.

Hauptantrags darf über den Hilfsantrag entschieden werden (§ 308),[43] und zwar ungeachtet der Prozessökonomie[44] und auch nicht durch Grundurteil.[45] Zuvor kann wegen Unzuständigkeit für den Hilfsantrag auch nicht verwiesen werden (§ 281 Rn. 7). Bei Abweisung des Hauptantrags ohne Entscheidung über den Hilfsantrag hilft § 321.

Für die **Berufung** ist zu unterscheiden: Bei **Abweisung des Hauptantrags** ist der Kläger auch dann beschwert, wenn sein Hilfsantrag Erfolg hat.[46] Legt nur er Berufung ein, so fällt dem Berufungsgericht auch nur der Hauptantrag an. Hat dieser jetzt Erfolg, so ist eine frühere (oder zwischenzeitliche) Verurteilung nach dem Hilfsantrag aufzuheben, dies freilich nur klarstellend und durch die Vorinstanz, wenn an sie zurückverwiesen war und sie dem Hauptantrag stattgibt.[47] Hat die Berufung des Klägers gegen eine Abweisung des Hauptantrags Erfolg, so ist eine Verurteilung aus dem Hilfsantrag von Amts wegen aufzuheben, auch wenn sie mit Anschlussberufung angegriffen wurde.[48] Bekämpft der Kläger die Abweisung des Hauptantrags und eine Teilabweisung des Hilfsantrags, so muss das Rechtsmittelgericht bei Zurückverweisung wegen des Hauptantrags auch über das Rechtsmittel wegen des Hilfsantrags entscheiden.[49] Wehrt sich der Beklagte gegen die Verurteilung nach dem Hilfsantrag, so fällt nur dieser dem Berufungsgericht an,[50] wenn nicht auch der Kläger (Anschluss-) Berufung einlegt[51] oder den Hauptantrag als Hilfsantrag weiterverfolgt.[52] Bei **Erfolg des Hauptantrags** soll eine Berufung des Beklagten auch den Hilfsantrag zum Gegenstand des Berufungsverfahrens machen;[53] dies ist mit § 528 S. 1 nicht vereinbar.[54] 13

V. Gebühren und Kosten

1. Zuständigkeitsstreitwert. Bei kumulativer Häufung sind die Einzelwerte zu addieren (§ 5), nicht aber, wenn sie eine wirtschaftliche Einheit bilden,[55] die Häufung unzulässig oder die Zuständigkeit streitwertunabhängig[56] ist. Bei Eventualhäufung ist nur der jeweils höhere Wert von Haupt- oder Hilfsantrag maßgebend. 14

2. Gebührenstreitwert. Bei kumulativer Häufung sind die Einzelwerte zu addieren (§ 12 GKG), auch wenn sie nacheinander anhängig gemacht werden. Bei Eventualhäufung entscheidet der Wert des Hauptantrags, dem aber der Wert des Hilfsantrags zugerechnet wird, soweit hierüber entschieden wird; betreffen die Anträge jedoch denselben Gegenstand, so ist nur der Wert des höheren Antrags maßgebend (§ 19 Abs. 1 S. 2, 3 GKG). 15

3. Kosten. Bei divergierendem Erfolg der Anträge sind die Kosten im Verhältnis der Einzelwerte zu verteilen (§ 92). Dies muss auch gelten, wenn der Hauptantrag abgewiesen und dem Hilfsantrag stattgegeben wird, und zwar nicht nur dann, wenn der Hilfsantrag höherwertig ist.[57] 16

4. Rechtsanwaltsgebühren. Zu den Gebühren des Anwalts vgl. § 300 Rn. 13ff. Zum Gegenstandswert vgl. §§ 23 Abs. 1 RVG, 39 Abs. 1 GKG, 5 S. 1 ZPO. Wird die **Klage erweitert**, fallen (nur) die Gebühren, deren Tatbestand nach der Erweiterung verwirklicht wird, aus dem erhöhten Wert an. 17

5. Gerichtskosten. Vgl. zunächst Rn. 15. Bei Klageerweiterung – auch in der Rechtsmittelinstanz – soll vor Zahlung der (nunmehr) geforderten Gebühr keine gerichtliche Handlung vorgenommen werden (§ 12 Abs. 1 S. 2 GKG). 18

261 *Rechtshängigkeit* **(1) Durch die Erhebung der Klage wird die Rechtshängigkeit der Streitsache begründet.**

(2) Die Rechtshängigkeit eines erst im Laufe des Prozesses erhobenen Anspruchs tritt mit dem Zeitpunkt ein, in dem der Anspruch in der mündlichen Verhandlung geltend gemacht oder ein den Erfordernissen des § 253 Abs. 2 Nr. 2 entsprechender Schriftsatz zugestellt wird.

(3) Die Rechtshängigkeit hat folgende Wirkungen:

1. während der Dauer der Rechtshängigkeit kann die Streitsache von keiner Partei anderweitig anhängig gemacht werden;

2. die Zuständigkeit des Prozessgerichts wird durch eine Veränderung der sie begründenden Umstände nicht berührt.

---

[43] BGH NJW 1969, 2241; NJW-RR 1989, 650; 1992, 290.
[44] AM OLG Köln NJW-RR 1987, 505, 506.
[45] BGH MDR 1975, 1007, 1008; WM 1992, 308.
[46] BGHZ 26, 295 = NJW 1958, 631; BGHZ 41, 38, 41f. = NJW 1964, 772.
[47] Vgl. BGHZ 106, 219, 221 = NJW 1989, 1486; BGHZ 112, 229, 232 = NJW 1991, 169; *Merle* ZZP 83 (1970), 436, 456.
[48] BGH NJW 2001, 1127, 1131 (Anschlussberufung dann aber unter Bedingung, dass Hauptberufung erfolglos).
[49] BGH NJW 1993, 1005 (LS).
[50] BGH NJW 1996, 1749, 1750.
[51] BGHZ 41, 38, 40f. = NJW 1964, 772.
[52] So BGH LM § 561 Nr. 40 = MDR 1975, 126.
[53] So die Rspr.: BGH NJW 1992, 117; NJW-RR 1990, 518; 2005, 220.
[54] Vgl. *Merle* (Fn. 47) S. 448ff.; MK/*Rimmelspacher* § 528 Rn. 46; *Schilken* ZZP 116 (2003), 528, 532.
[55] BGH AnwBl. 1976, 339; KG Rpfleger 1962, 155 (LS).
[56] OLG Hamm NJW-RR 2000, 65, 66f. (zu § 767).
[57] So aber BGH NJW 1962, 915 (LS).

I. Normzweck

1 Abs. 1 und 2 regeln den Eintritt der Rechtshängigkeit, weil diese wichtige prozessuale Konsequenzen hat: Erst sie gestattet gerichtliche Entscheidungen; weitere Klagen mit demselben Streitgegenstand sind unzulässig (Abs. 3 Nr. 1), was Gericht und Parteien vor mehrfacher Befassung mit demselben Streit und vor widersprüchlichen Entscheidungen schützt (Rn. 9, 13); eine Zuständigkeit des angerufenen Gerichts wird – ressourcensparend – fixiert (Abs. 3 Nr. 2). Rechtshängigkeit ist zudem Grundlage für die Kostenerstattungspflicht (vor § 91 Rn. 14). Die Norm steht in engem Zusammenhang mit § 253 und § 262. Da Rechtshängigkeit nämlich regelmäßig erst mit Zustellung der Klage eintritt (Abs. 1), so dass der Beklagte von ihr Kenntnis erhalten kann, sind ihr auch wichtige materiellrechtliche Wirkungen beigelegt, § 262.

II. Eintritt und Ende der Rechtshängigkeit

2 **1. Allgemeine Voraussetzungen.** Der prozessuale Anspruch wird rechtshängig, wenn er Gegen- stand eines gerichtlichen Verfahrens ist. Dies hängt allein von Abs. 1 und 2 ab. Unschädlich ist daher das Fehlen einer Prozessvoraussetzung[1] bis hin zu fehlender Vollmacht[2] oder unzulässiger Prozessstandschaft.[3] Die Klage selbst muss wirksam erhoben sein; Mängel sind idR heilbar, teilweise aber nur ex nunc, was dann auch die Rechtshängigkeit verzögert (§ 253 Rn. 10, 16). Zu den **Wirkungen** der Rechtshängigkeit vgl. Rn. 9ff. und § 262.

3 **2. Erhebung der Klage (Abs. 1).** Zur Rechtshängigkeit führt vor allem Klageerhebung nach § 253 Abs. 1, dh. die Zustellung der Klage an den Gegner. Demgegenüber ist die Anhängigkeit, also die Einreichung der Klage bei Gericht, bloße Vorstufe; sie kann aber bestimmte Wirkungen der Rechtshängigkeit vorwegnehmen (vgl. zB §§ 620a Abs. 2, 621 Abs. 2 S. 1, 622 Abs. 1; wichtig: § 167).

a) **Sonderfälle.** Die Erhebung einer unbezifferten Klage kann genügen (§ 253 Rn. 34), zumal bei der Stufenklage (§ 254 Rn. 1); zu PKH-Antrag und Klageentwurf vgl. § 253 Rn. 6, zum Mahnverfahren §§ 696 Abs. 3, 700 Abs. 2 (§ 167); s. ferner §§ 302 Abs. 4 S. 4, 496, 600 Abs. 2, 717 Abs. 2 S. 2, Abs. 3 S. 4. Anträge auf Arrest und einstwVfg. (nicht aber die Hauptsachen) werden nach hM schon mit Einreichung rechtshängig (§ 916 Rn. 9).[4] Die Klage vor einem Schiedsgericht führt zur Schiedshängigkeit, nach hM schon vor dessen Besetzung (§ 1042 Rn. 16).

4 b) In einem **unzulässigen Rechtsweg** hängt Rechtshängigkeit von dem für ihn geltenden Verfahrensrecht ab. Vor einem Verwaltungs-, Sozial- oder Finanzgericht tritt sie schon mit Einreichung der Klage bei Gericht ein (§§ 81 Abs. 1, 90 Abs. 1 VwGO; §§ 90, 94 Abs. 1 SGG; §§ 64 Abs. 1, 66 Abs. 1 FGO). Verweist ein solches Gericht an das zuständige ordentliche Gericht, so wirkt die Rechtshängigkeit fort (§ 17b Abs. 1 S. 2 GVG). Damit kann durch Klageerhebung im falschen Rechtsweg und Verweisung von Amts wegen (§ 17a Abs. 2 GVG) die Rechtshängigkeit beschleunigt werden. Diese Manipulation ist unbedenklich (§ 17b GVG Rn. 4); ihre materiellrechtlichen Wirkungen sind allerdings beschränkt (§ 262 Rn. 4).

5 c) **Rechtshängigkeit im Ausland** richtet sich nach der dortigen lex fori[5] und tritt oft schon mit Einreichung ein. Sie ist beachtlich, wenn das ausländische Gericht international zuständig ist und mit der Anerkennung seines Urteils zu rechnen ist (hM; § 261 analog);[6] bei Ungewissheit der Anerkennung ist ein späteres inländisches Verfahren ggf. auszusetzen (§ 148 analog).[7] Durch eine Rechtshängigkeitssperre darf der Rechtsschutz im Inland aber nicht unzumutbar beeinträchtigt, zB verzögert werden.[8] Frühere ausländische Rechtshängigkeit entfällt nicht durch Abgabe an ein deutsches Gericht.[9] Bei „Anhängigkeit" (Art. 27 Rn. 3 EuGVO) im Anwendungsgebiet der EuGVO muss das später angerufene Gericht sich für unzuständig erklären, sobald die Zuständigkeit des Erstgerichts feststeht,[10] und bis dahin ohne eigenes Prüfungsrecht[11] aussetzen.

6 **3. Rechtshängigkeit im Prozess (Abs. 2)** ist wichtig für Klagehäufung (§ 260; auch Zwischenfeststellungsklage), Klageerweiterung (§ 264 Nrn. 2, 3), Klageänderung (§ 263) und Widerklage (§ 33), auch für einen Scheidungsantrag des Antragsgegners.[12] Sie tritt auf zweierlei Weise ein: **Geltendmachung des Antrags** in mündlicher Verhandlung erfolgt nach § 297, dh. durch Verlesung aus dem Schriftsatz, aus einer dem Protokoll als Anlage beizufügenden Schrift, durch Bezugnahme auf einen solchen Schriftsatz oder durch (zugelassene) Erklärung des Antrags zu Protokoll. Mängel der Protokollierung sind heilbar.[13] Wider-

---

[1] BGH NJW 1967, 2304; BGHZ 86, 314, 322 = NJW 1983, 1050.
[2] Heute ganz hM; BGH NJW 1967, 2304.
[3] BGHZ 78, 1, 4ff. = NJW 1980, 2461.
[4] KG MDR 1988, 239; OLG Düsseldorf FamRZ 1992, 961, 962; *Teplitzky* DRiZ 1982, 41, 42.
[5] BGH NJW 1986, 662; 1987, 3083 m. krit. Anm. *Geimer;* NJW-RR 1992, 642, 643; krit. *Linke* IPRax 1994, 17f. – Länderüberblick bei *Schütze* ZZP 104 (1991), 136; *Kruschke* MDR 2000, 677, 680 (EU).
[6] BGH NJW 1986, 2195; 2001, 524, 525; *Geimer* NJW 1984, 527; *Bäumer,* Die ausländische Rechtshängigkeit und ihre Auswirkungen auf das IZPR, 1999, S. 67ff.
[7] So wohl auch BGH NJW 1986, 2195, 2196 (II); *Geimer* NJW 1984, 527, 528; dafür allgemein *Dohm,* Die Einrede ausländischer Rechtshängigkeit im deutschen internationalen Zivilprozessrecht, 1996, S. 272ff.
[8] So BGH NJW 1983, 1269, 1270; krit. zB *Luther* IPRax 1984, 141ff.; einschr. OLG Frankfurt MDR 1987, 412, 413.
[9] OLG Frankfurt FamRZ 2000, 35f.
[10] Vgl. BGHZ 134, 201, 208ff. = NJW 1997, 870 = JZ 1997, 797 m. Anm. *P. Huber; Zeuner,* Festschr. f. Lüke, 1997, S. 1003ff.
[11] EuGH NJW 1992, 3221, 3222.
[12] OLG Frankfurt FamRZ 1982, 809, 811f.
[13] OLG Frankfurt (Fn. 12) S. 812 (zu § 295).

klage gegen einen Dritten oder durch diesen kann mündlich nur erhoben werden, wenn er streitgenössischer Nebenintervenient (§ 69) ist.[14] Die **Zustellung eines Schriftsatzes,** der den Anforderungen des § 253 Abs. 2 Nr. 2 entspricht, erfolgt von Amts wegen (§§ 166 Abs. 2, 270 S. 1), aber auch von Anwalt zu Anwalt,[15] falls nicht zugleich eine gerichtliche Anordnung mitzuteilen ist (§ 195 Abs. 1 S. 2). Schriftsätze, die erst nach Schluss der mündlichen Verhandlung eingereicht werden, genügen idR nicht.[16] Zustellungsmängel sind heilbar (§ 253 Rn. 16).[17]

4. Rechtshängigkeit durch Prozessaufrechnung wird von der hM verneint (§ 145 Rn. 20). Die aufgerechnete Forderung kann demnach noch in anderen Prozessen aufgerechnet[18] oder zur (Wider-) Klage genutzt werden;[19] umgekehrt kann mit einer rechtshängigen Forderung noch aufgerechnet werden.[20] Hierfür spricht u. a. der Wortlaut des § 261 Abs. 2; er ist nicht schon durch § 322 Abs. 2 zu überwinden. Ein Aufrechnungsverbot liegt aber dort nahe (analog § 261), wo dem Gegner Zumutungen drohen: bei wiederholter Aufrechnung mit derselben Forderung.[21] Auch die Anmeldung zur **Insolvenztabelle** begründet keine Rechtshängigkeit.[22] 7

5. Ende der Rechtshängigkeit. Diese endet mit dem Prozess, dh. mit einem unanfechtbaren Urteil (§ 705), mit Klagerücknahme (§ 269), beiderseitiger Erledigungserklärung (§ 91 a), mit einer zulässigen Klageänderung (§ 263 Rn. 11), mit Wegfall der Bedingung für einen Hilfsantrag (§ 260 Rn. 4), mit Ablauf der Frist nach § 321 Abs. 2. Sie endet ferner durch einen Prozessvergleich, der nicht gerade an wesentlichen prozessualen Mängeln leidet (§ 794 Rn. 19 ff.), hingegen **nicht** durch Stillstand, Aussetzung (anders uU vor ausländischem Gericht[23]), Verweisung (§§ 281, 506 Abs. 1), Vorbehaltsurteil (§§ 302, 599), Klagerücknahmeversprechen oder Klageverzicht. 8

III. Rechtshängigkeitssperre (Abs. 3 Nr. 1)

1. Negative Prozessvoraussetzung. Der rechtshängige Anspruch darf nicht zum Gegenstand einer neuen Klage gemacht werden. Dies soll mehrfache Belastungen der Justiz und widersprüchliche Urteile[24] vermeiden und es dem Beklagten ersparen, dieselbe Position in mehreren Verfahren zu verteidigen. Verstöße sind von Amts wegen zu beachten. Bei entsprechendem Anhalt fordert das Gericht auf, seine Bedenken ggf. zu entkräften (§ 139 Abs. 3); eigene Ermittlungen stellt es aber nicht an.[25] Eine **Verkennung** der Rechtshängigkeit kann zu mehreren rechtskräftigen Urteilen in gleicher Sache führen. Dann geht das ältere Urteil vor, nämlich kraft Wiederaufnahme, im Übrigen nach der Wertung in § 580 Nr. 7 a.[26] 9

2. Identität des Streitgegenstandes. Der Einwand der Rechtshängigkeit setzt voraus, dass das neue Verfahren nach Rechtsschutzziel und Klagegrund denselben Streitgegenstand betrifft. Insoweit kann auch auf die Rechtskraftgrenzen abgestellt werden (§ 322 Rn. 16 ff.). Zu Weiterungen iSd. „Kernpunkttheorie" des EuGH (Art. 27 Rn. 4 EuGVO) besteht kein Anlass.[27] 10

a) Dieselben Parteien müssen betroffen sein oder eine Person, auf die sich die Rechtskraft erstreckt (§§ 325 ff.).[28] Wirksame Prozessstandschaft des Einziehungsermächtigten sperrt daher eine Klage des Gläubigers,[29] während neben der OHG/KG noch deren Gesellschafter verklagt werden kann (§ 129 Abs. 4 HGB). Die Parteirolle ist gleichgültig,[30] so dass die Feststellungsklage dem Beklagten eine negative Feststellungsklage verwehrt.

b) Derselbe Antrag. Einbezogen ist auch das kontradiktorische Gegenteil, was vor allem im Verhältnis zu (negativen) Feststellungsklagen bedeutsam ist (dazu § 256 Rn. 37). Gesperrt ist zB eine erhöhende nach herabsetzender Abänderungsklage, soweit nicht Widerklage[31] (s. aber § 654 Abs. 3), ferner Klage im Wechselprozess nach regulärer Leistungsklage[32]. Zulässig bleiben aber weitere Teilklagen; Widerklagen auf Zahlung trotz Klage auf Freistellung;[33] Klage auf Erstattung von Leistungen an Dritten nach Klage auf Schuldbefreiung;[34] Klagen auf Wechselsumme bzw. -herausgabe und aus Grundgeschäft.[35] 11

---

[14] Ebenso *Uhlmannsiek* JA 1996, 253, 255 m. weit. Nachw.
[15] BGHZ 17, 234, 236 = NJW 1955, 1030; BGH NJW 1992, 2235, 2236.
[16] Vgl. BGH NJW-RR 1997, 1486 (Zustellung von Klagerücknahme und -erweiterung).
[17] BGH NJW 1992, 2235, 2236 (zu fehlendem Empfangsbekenntnis, § 187 aF).
[18] Vgl. BGH NJW 1986, 2767; NJW-RR 2004, 1000; *Musielak* JuS 1994, 817, 824 f.
[19] BGH NJW 1961, 1862 (LS); aM *Heckelmann* NJW 1972, 1350, 1352 f.
[20] BGH NJW 1999, 1179, 1180 = JZ 1999, 623 m. Anm. *Foerste* (auch nach Zession).
[21] *Bettermann* ZZP 85 (1972), 486, 489.
[22] RG LZ 1913, 691, 693 m. Anm. *Jaeger.*
[23] BGH NJW 1961, 124.
[24] BGHZ 4, 314, 322 = NJW 1952, 705; BGH NJW 1986, 2195, 2196.
[25] BGH NJW 1989, 2064, 2065 (unter Hinweis auf BGH NJW 1976, 149).
[26] Vgl. BGH NJW 1981, 1517, 1518; *Gaul,* Festschr. f. F. Weber, 1975, S. 155, 158 ff.
[27] Näher *Haas,* in: Festschr. f. Ishikawa, 2001, S. 165, 170 ff. m. Nachw. zum Streitstand.
[28] OLG Hamm NJW-RR 1995, 510; *Schwab,* Gedächtnisschr. f. Bruns, 1980, S. 181, 185.
[29] BGH NJW-RR 1986, 158.
[30] BGH NJW 2001, 3713, 3714.
[31] BGH FamRZ 1997, 488; BGHZ 136, 374, 377 f. = NJW 1998, 161.
[32] RGZ 160, 338, 345.
[33] BGHZ 149, 222, 225 f. = NJW 2002, 751.
[34] BGH WM 1974, 1245 f.
[35] OLG Saarbrücken WM 1998, 833, 835 f.

12 c) **Derselbe Klagegrund** ist gegeben, wenn sich die neue Klage auf denselben Lebenssachverhalt stützt, aus dem der rechtshängige Anspruch hergeleitet wird. So kann es sein, wenn zunächst auf Kaufpreiszahlung, dann wegen Irrtumsanfechtung auf Wertersatz für die Kaufsache (§ 818 Abs. 2 BGB) geklagt wird. War die rechtshängige Klage hingegen auf eine Abtretung vom 1. 2. gestützt, so kann eine neue Klage mit weiterer Abtretung am 1. 7. begründet werden. Klagen aus Wechsel und Grundgeschäft schließen sich nie aus.[36] Die bloße **Präjudizialität** eines künftigen Urteils für den späteren Rechtsstreit hindert diesen nicht; er kann aber auszusetzen sein (§ 148).

IV. Fortdauer der Zuständigkeit (Abs. 3 Nr. 2)

13 **1. Grundgedanke.** Die Vorschrift soll verhindern, dass bei jeder Veränderung eines die Zuständigkeit begründenden Umstands ein neues Gericht mit dem Rechtsstreit befasst wird; dies schont die Kapazitäten der Justiz und soll vor allem den Rechtsuchenden vor Verzögerung und Verteuerung des Prozesses bewahren.[37] Zum Mahnverfahren s. § 696 Rn. 6.[38] Für den **Rechtsweg** trifft § 17 Abs. 1 S. 1 GVG eine entsprechende Regelung; sie ist wiederum Grundlage der (FGG-) Verfahrenszuständigkeit.[39]

14 **2. Ursprüngliche Zuständigkeit.** Erhalten werden örtliche und sachliche Zuständigkeit, auch als Folge einer Verweisung (§ 281)[40] oder Gerichtsstandsbestimmung (§ 36),[41] zT auch die internationale Zuständigkeit,[42] nicht aber die Geschäftsverteilung innerhalb desselben Gerichts (s. auch § 21e Abs. 4 GVG).[43] Ohne Wirkung bleiben zB Verlegungen von Wohnsitz (§ 13), Sitz (§ 17) oder Vermögen (§ 23), für die Zuständigkeit kraft zulässiger Klagehäufung (§ 5) eine Prozesstrennung, für den Gerichtsstand der Widerklage (§ 33) ein Fortfall der Hauptklage,[44] ausschließliche Gerichtsstände,[45] gesetzliche Änderungen der Zuständigkeit,[46] Änderungen der Rspr.,[47] eine nachträgliche Parteivereinbarung[48] iSd § 38 (hM; zweifelhaft) und eine Herabsetzung des Streitwerts durch Beschränkung der Klage (§ 264 Nr. 2) oder eine Umstellung auf das Interesse (§ 264 Nr. 3).[49] Unanwendbar ist Abs. 3 Nr. 2 dagegen auf sonstige Änderungen des Streitgegenstandes,[50] zumal dann, wenn nach Klageerweiterung, Widerklage oder Zwischenfeststellungsklage das Landgericht über den gesamten Streit entscheiden soll (§ 506).[51] Ein Berufungsgericht bleibt zuständig, wenn eine bei ihm erfolgte Klageerweiterung dem Vorrichter wegen § 506 die Zuständigkeit genommen hätte (§ 263 Rn. 10), nicht aber bei gesetzlicher Zuständigkeitsänderung.[52]

15 **3. Ursprüngliche Unzuständigkeit.** Für sie gilt Abs. 3 Nr. 2 nicht, so dass zuständigkeitsbegründende Änderungen zu beachten sind. Insofern „heilt" zB die nachträgliche Verlegung von Wohnsitz (§ 13) oder Vermögen (§ 23) in den Gerichtsbezirk, ebenso eine Zuständigkeitsvereinbarung (§ 38).[53] Damit wird auch einem Verweisungsantrag die Grundlage entzogen, nicht aber einem Verweisungsbeschluss (§ 281).

V. Gerichtskosten

16 **Auslagen** werden für die Zustellung nur erhoben, soweit in einem Rechtszug Auslagen für mehr als 10 Zustellungen anfallen (KV Nr. 9002).

261 a, 261b *(aufgehoben)*

262

Sonstige Wirkungen der Rechtshängigkeit **[1]Die Vorschriften des bürgerlichen Rechts über die sonstigen Wirkungen der Rechtshängigkeit bleiben unberührt. [2]Diese Wirkungen sowie alle Wirkungen, die durch die Vorschriften des bürgerlichen Rechts an die Anstellung, Mitteilung oder gerichtliche Anmeldung der Klage, an die Ladung oder Einlassung des Beklagten geknüpft werden, treten unbeschadet der Vorschrift des § 167 mit der Erhebung der Klage ein.**

---

[36] RGZ 160, 338, 347; OLG Karlsruhe NJW 1960, 1955; OLG Hamburg WM 1986, 383, 384.
[37] BGH NJW 2001, 2477, 2478 = LM Nr. 17 m. Anm. *Becker.*
[38] Näher *Treffer* JurBüro 1994, 398ff.
[39] Vgl. auch BGH NJW 1972, 1318, 1320; *Merle/Trautmann* NJW 1973, 118, 122 (zu § 43 WEG aF).
[40] BGH FamRZ 1994, 437f.; 1995, 729.
[41] OLG München NJW-RR 2002, 1722.
[42] MK/*Becker-Eberhard* Rn. 87; *Walchshöfer* ZZP 80 (1967), 165, 227; weiter gehend BAG JZ 1979, 647f. m. Anm. *Geimer;* abl. *Damrau,* Festschr. f. Bosch, 1976, S. 103, 112ff.
[43] BGH NJW 1981, 2464, 2465; aM OLG Düsseldorf FamRZ 1978, 125, 126; 1978, 127f.; *St/J/Schumann* Rn. 78.
[44] OLG Düsseldorf FamRZ 1983, 400, 401; LG München NJW 1978, 953.
[45] BGH (Fn. 37; § 802 nach Antragswechsel).
[46] Vgl. BGH NJW 1978, 1162, 1163.
[47] BGHZ 70, 295, 298 = NJW 1978, 949; OLG Frankfurt NJW-RR 2007, 16f.
[48] BGH NJW 1963, 585 = JZ 1963, 754 m. zust. Anm. *Zeuner;* NJW-RR 1994, 126f.; OLG Brandenburg NJW 2006, 3444, 3446; aM LG Flensburg SchlHA 1979, 38, 39; MK/*Becker-Eberhard* Rn. 93; *Wilske/Kocher* NJW 2000, 3549f.
[49] *IE* auch BGH (Fn. 37).
[50] BGH NJW 2001, 2477, 2478; OLG Saarbrücken NJW 2005, 906, 907.
[51] Vgl. *Rimmelspacher* JZ 1996, 976f.
[52] BGH (Fn. 46).
[53] BGH NJW 1976, 626.

I. Materiellrechtliche Wirkungen (S. 1)

Die Rechtshängigkeit (§ 261 Rn. 2ff.) führt nach materiellem Recht vor allem zur **Rechtserhaltung:** Sie hemmt die Verjährung (§ 204 Abs. 1 Nr. 1 BGB) und hindert das Erlöschen von Rechten oder stärkt diese immerhin (§§ 801 Abs. 1 S. 3 BGB, 804 Abs. 1 S. 2, 864 Abs. 1, 941, 977 S. 2, 1002 Abs. 1, 1188 Abs. 2 S. 2, 1300 Abs. 2, 1965 Abs. 2 BGB, §§ 440 Abs. 3, 612, 623 Abs. 2 HGB, Art. 52 Abs. 2 ScheckG). Sie kann auch eine **Rechtsmehrung** (§§ 286 Abs. 1 S. 2, 291, 292, 528 Abs. 1 S. 3, 818 Abs. 4, 987, 989, 991 Abs. 1, 994 Abs. 2, 1613 Abs. 1, 2023 Abs. 1, 2077 Abs 1 S. 3 BGB) oder **Rechtsminderung** bewirken (§§ 996, 1408 Abs. 2 S. 2, 1933 S. 2 BGB, § 433 Abs. 2 S. 1 HGB) bzw. ermöglichen (zB § 407 Abs. 2 BGB, § 372 HGB) oder legt nur einen **Bestimmungszeitpunkt** fest (§§ 1384, 1587 Abs. 2 BGB, § 140 Abs. 2 HGB). 1

II. Hemmung der Verjährung

1. Leistungsklage. Die Verjährung wird insbesondere durch Klageerhebung (Rechtshängigkeit) gehemmt (§ 204 Abs. 1 Nr. 1 BGB), grds. aber nur im Umfang des Streitgegenstandes. Daher hemmen Leistungsklage und Mahnbescheid (§ 204 Abs. 1 Nr. 3 BGB) nur in Höhe des bezifferten Betrages. Das macht die Teilklage riskant.[1] Wird eine Teilklage mit mehreren Ansprüchen begründet (kumulative Klagehäufung), aber offen gelassen, welche Ansprüche inwieweit herangezogen sind, so ist die Klage unzulässig, wenn die Bestimmung nicht nachgeholt wird; die Rechtshängigkeit tritt aber für sämtliche Ansprüche zunächst einmal ein (§ 253 Rn. 28). Entsprechendes gilt bei Hilfsanträgen (§ 260 Rn. 4). In den Fällen des § 213 BGB greift die Verjährungshemmung über den Streitgegenstand hinaus. Das empfiehlt sich auch im Verhältnis von Wechselklage zum Grundgeschäft[2] bzw. von verwaltungsrechtlicher Anfechtungsklage zur Amtshaftung.[3] Die Praxis lässt die Hemmung sogar über die Klagesumme hinausreichen, soweit diese an geänderte wirtschaftliche Verhältnisse angepasst werden muss[4] oder eine Kostenvorschussklage wegen Nachbesserung sich als unzureichend erweist.[5] Vollends hemmt auch ein zulässigerweise unbestimmter Zahlungsantrag (näher § 253 Rn. 34), ebenso eine Stufenklage (§ 254), bis von dem Kläger eine Bezifferung zu erwarten ist,[6] und nach dieser Bezifferung in deren Umfang. 2

2. Feststellungsklage. Die positive Feststellungsklage hemmt, falls sie unbeziffert ist, die Verjährung für den gesamten Anspruch. Für die negative Feststellungsklage bzw. die Verteidigung gegen sie gilt dies nach hM nicht, da § 204 Abs. 1 Nr. 1 BGB Aktion statt Reaktion verlangt (§ 256 Rn. 33). 3

III. Wirkungszeitpunkt (S. 2)

Die materiellrechtlichen Wirkungen treten grds. mit Klageerhebung ein, also mit Klagezustellung bzw. Rechtshängigkeit nach § 261 Abs. 2. Im Mahnverfahren hemmt die Zustellung des Mahnbescheids die Verjährung (§ 204 Abs. 1 Nr. 3 BGB); Rechtshängigkeit tritt erst später ein (§§ 696 Abs. 3, 700 Abs. 2). Die rechtserhaltende Wirkung der Rechtshängigkeit wird auch sonst **vorverlegt,** zumal zur Verjährungshemmung, so dass statt der nötigen Zustellung die Einreichung bei Gericht (Anhängigkeit) ausreichen kann (§ 167). Dafür genügt sogar die Einreichung beim unzuständigen Gericht bzw. im falschen Rechtsweg (§ 261 Rn. 4). Vorverlegung iSd. § 167 hat uU auch „rechtsstärkende" Wirkung, rechtsmehrende aber dort nicht, wo die materiellrechtliche Norm mit der Rechtshängigkeit die Kenntnis(möglichkeit) des Beklagten verbindet (zB § 818 Abs. 4 BGB). 4

263 *Klageänderung* **Nach dem Eintritt der Rechtshängigkeit ist eine Änderung der Klage zulässig, wenn der Beklagte einwilligt oder das Gericht sie für sachdienlich erachtet.**

I. Normzweck

Die Rechtshängigkeit der Klage (§ 261) fixiert auch den Streitgegenstand. Die nachträgliche Änderung von Klageantrag oder -grund ist **objektive Klageänderung,** soweit sie nicht den Parteien selbst gilt. Diese Änderung wird durch § 263 immerhin gestattet, vor allem aber erschwert, nämlich an Einwilligung oder Sachdienlichkeit gebunden. Dies schützt einerseits die Ressourcen der Justiz, andererseits den Beklagten: Er kann neue Angriffe (und seine Verteidigung) in Grenzen halten,[1] aber auch eine Entscheidung über die ursprüngliche Klage erzwingen, um die Früchte seiner Verteidigung zu ernten; das dem gleichen Ziel dienende Klagerücknahmeverbot (§ 269) wird also gegen Aushöhlung gesichert.[2] Einlassungen auf Klageänderungen sind jedoch dann zumutbar, wenn dies der Prozessökonomie dient, weil bei Nutzung des bisherigen Streitstoffes ein neuer Prozess vermieden werden kann; solche Klageänderungen sind daher stets möglich (s. auch § 264 Nrn. 2, 3). **Subjektive Klageänderung** (Parteiänderung) ist ein Wechsel oder eine Er- 1

---

[1] Vgl. BGH NJW-RR 1988, 692, 693.
[2] *Schaaff* NJW 1986, 1029f.
[3] BGHZ 95, 238, 242 = NJW 1985, 2324; BGHZ 103, 242, 247f. = NJW 1988, 1776.
[4] BGH NJW 1982, 1809, 1810; VersR 1984, 868, 869; näher *Merschformann,* Der Umfang der Verjährungsunterbrechung durch Klageerhebung, 1992, S. 30ff.
[5] BGHZ 66, 138, 141 = NJW 1976, 956.
[6] BGH NJW 1992, 2563f.
[1] BGH NJW 1996, 2869f.; *Groß* JR 1996, 357ff.
[2] *Walther* NJW 1994, 423, 425.

weiterung auf Kläger- oder Beklagtenseite. Auch dies (zumindest ein Parteiwechsel) ändert den Streitgegenstand. Dennoch ist umstritten, ob § 263 auch die Parteiänderung ermöglichen bzw. erschweren soll. Diese unterliegt weitgehend Sonderregeln (Rn. 13ff.).

II. Objektive Klageänderung (§ 263)

2 **1. Klageänderung. a)** Der **Streitgegenstand** wechselt, wenn Klageantrag oder Klagegrund geändert werden (Einl. Rn. 69).

aa) Dies gilt für den **Klageantrag** zB bei Umstellung von Rücktritt auf Minderung,[3] von Unterlassung auf Schadensersatz,[4] von Schadensersatz auf Ausgleich nach § 906 Abs. 2 S. 2 BGB,[5] von Feststellungs- auf Leistungsklage,[6] von Freistellungs- auf Vollstreckungsabwehrklage,[7] von dieser auf Klauselgegenklage,[8] von Haupt- bzw. Hilfsantrag,[9] von Leistung an den Kläger auf Leistung an den Zessionar.[10] Dennoch ist eine Antragsänderung zulässig, wenn sie nur Erweiterung oder Beschränkung ist (§ 264 Nr. 2).

3 **bb) Klagegrund** ist der der Klage zugrundegelegte Lebenssachverhalt. Er wechselt, wenn der bisherige Lebenssachverhalt wesentlich, dh. im Kern geändert wird[11] (Beispiele: Die Klage wird später auf fremdes statt auf eigenes Recht gestützt,[12] auf eine neue Zession[13] oder auf Wechsel statt auf das Grundgeschäft,[14] auf Erfüllung statt Nichterfüllungsschaden,[15] auf Schadensersatz statt Kostenvorschuss,[16] auf ein neues Mieterhöhungsverlangen,[17] die Frachtlohnklage auf andere Güter und Zielorte[18]). Keine Klageänderung ist ein Wechsel der rechtlichen Begründung oder eine neue Akzentuierung desselben Lebenssachverhalts. Irrelevant ist daher die Berufung auf Delikt statt Vertrag, auf Bereicherungsrecht statt Vertrag,[19] für Auseinandersetzungsguthaben auf Gesellschafts- statt Aufhebungsvertrag,[20] auf Wertminderung statt auf Ersatz der Nachbesserungskosten,[21] sowie (ohne Antragsänderung) auf kleinen statt großen Schadensersatz (bzw. Rücktritt) oder umgekehrt,[22] ebenso ein Austausch der Berechnungsgrundlagen für Schadensersatz oder Werklohn.[23]

4 **b) Nachträgliche Klagehäufung.** Die Zulässigkeit anfänglicher objektiver Klagehäufung folgt aus § 260. Demgegenüber soll nachträgliche Klagehäufung die erste Klage ändern (hM; § 533 Rn. 6).[24] Doch § 263 passt hier nicht, denn Klagehäufung mehrt die Streitgegenstände, ohne sie zu ändern. Eine Analogie zu § 263 ist wiederum mit dem Normzweck (Rn. 1) kaum vereinbar.[25]

5 **c) Wechsel der Verfahrensart.** Der Übergang vom Urkunden- bzw. Wechsel-/Scheckprozess zum ordentlichen Prozess (und umgekehrt) berührt den Streitgegenstand nicht. Dennoch bindet der BGH den Wechsel zum Urkundenprozess an Einwilligung des Beklagten bzw. Sachdienlichkeit[26] (anders § 593 Rn. 3); Sachdienlichkeit (Rn. 7) wird angesichts der Beweismittelbeschränkung nur selten anzunehmen sein.[27] Vom Urkundenprozess kann der Kläger grds. Abstand nehmen (§ 596), in der Berufungsinstanz nach hM[28] jedoch nur unter den Voraussetzungen einer Klageänderung (anders § 596 Rn. 7). Der Übergang vom Wechsel- in den gewöhnlichen Urkundenprozess hängt in erster (allgM) wie in zweiter Instanz[29] nicht von §§ 263f. ab (§ 602 Rn. 7). Der Wechsel vom Hauptsache- in das Eilverfahren ist zulässig, der umgekehrte allenfalls bei Einverständnis.[30]

---

[3] BGH NJW 1990, 2682 (für Wandlung).
[4] RGZ 88, 129, 132.
[5] BGH MDR 1969, 648 = LM BGB § 906 Nr. 30.
[6] OLG Koblenz JZ 1989, 1075.
[7] OLG Frankfurt NJW 1976, 1982, 1983.
[8] OLG Köln NJW 1997, 1450, 1451.
[9] BGH MDR 1981, 1012.
[10] Abw. BGH DB 1999, 1316 (nach stiller Sicherungszession); *Ring* WuB IV A. § 209 BGB 2.99.
[11] BGH NJW 1997, 588.
[12] BGH NJW 2005, 2004, 2005; für den umgekehrten Fall: BGH NJW 1999, 1407; anders BGH NJW 2007, 2560, 2561 (Rückzession nach Klage kraft Einziehungsermächtigung).
[13] Vgl. RG Gruchot 64 (1920), 621, 623f.; OLG Hamm NJW-RR 2002, 72 (Zession statt Überweisungsbeschluss).
[14] RGZ 160, 338, 347f.; BGH NJW-RR 1987, 58.
[15] OLG München NJW-RR 1998, 207; umgekehrter Fall: OLG Hamm MDR 2000, 48.
[16] BGH NJW-RR 1998, 1006f.
[17] LG München WoM 1994, 336f.
[18] OLG Düsseldorf NJW-RR 1993, 1149, 1150.
[19] OLG Hamburg JW 1934, 2572; OLG Königsberg LZ 1932, 778; umstr.
[20] BGH NJW 2000, 1958.
[21] OLG München NJW 1972, 62, 63.
[22] BGHZ 115, 286, 291f. = NJW 1992, 566.
[23] BGH NJW-RR 1996, 891, 892; 2004, 167 (neue Schlussrechnung); abw. OLG Naumburg NJW-RR 2000, 391, 392.
[24] BGHZ 158, 295, 305 = NJW 2004, 2152; BAG NJW 2007, 794, 795; *Rosenberg* ZZP 53 (1928), 385, 403f.
[25] Vgl. *St/J/Schumann* § 264 Rn. 11.
[26] BGHZ 69, 66, 70 = NJW 1977, 1883.
[27] BGH (Fn. 26) S. 70f.; abw. LG Flensburg NJW 2003, 3425 (frühestmöglicher Wechsel).
[28] So BGHZ 29, 337, 339f. = NJW 1959, 886; BGH NJW 2000, 143, 145.
[29] Überzeugend BGH NJW 1993, 3135, 3136.
[30] OLG Braunschweig MDR 1971, 1017; *Teplitzky* DRiZ 1982, 41; weiter gehend OLG Frankfurt FamRZ 1989, 296, 297; unzulässig nach OLG Hamm NJW 1971, 387; OLG Karlsruhe OLGZ 1977, 484.

2. Zulässigkeit der Klageänderung. a) Die **Einwilligung des Beklagten** erfolgt ausdrücklich (auch schriftsätzlich[31]), konkludent oder durch rügelose Einlassung auf die geänderte Klage (§ 267). Sie kann auch vorweggenommen werden, indem der Beklagte der alten Klage mit abweichendem Vorbringen entgegentritt, so aber auch erklärt, eine etwaige Klageänderung, die an sein Vorbringen angepasst wäre, hinzunehmen; dies liegt jedoch keineswegs nahe und bedarf besonderen Anhalts im Einzelfall.[32] 6

c) Die **Sachdienlichkeit** der Klageänderung hängt davon ab, ob eine Entscheidung über die geänderte Klage objektiv[33] prozesswirtschaftlich ist, weil sie den Streitstoff des anhängigen Verfahrens zumindest teilweise ausräumt und einem andernfalls zu gewärtigenden Rechtsstreit vorbeugt.[34] Ist das der Fall, so spielt keine Rolle, ob der neue Streitgegenstand zu weiterem Sachvortrag oder Beweis nötigen und dies den Prozess verlängern würde.[35] Sachdienlichkeit ist selbst bei Entscheidungsreife des Altverfahrens möglich,[36] idR aber nicht bei Unzulässigkeit der geänderten Klage.[37] Die bisherigen Prozessergebnisse müssen wenigstens teilweise nutzbar bleiben, was bei Einführung völlig neuen Streitstoffs fraglich sein kann.[38] Die Bewertung als sachdienlich ist Ermessensentscheidung und nur beschränkt überprüfbar, vom Revisionsgericht aber ggf. nachholbar (§ 268 Rn. 3). In **zweiter Instanz** gilt grds. entsprechendes; zum Teil werden aber strengere Maßstäbe angelegt (§ 525 Rn. 5). Im Allgemeinen schadet nicht, dass eine Tatsacheninstanz verloren geht; bei komplexen Tat- oder Rechtsfragen kann das anders sein.[39] Der Klageänderung steht nicht entgegen, dass sie in erster Instanz versäumt wurde, wenn jetzt noch ein neuer Prozess vermieden werden kann.[40] 7

c) **Berufungs- und Revisionsverfahren.** Klageänderung in zweiter Instanz ist grds. möglich, soweit sie auf Tatsachen iSd. § 529 gestützt wird (§§ 263, 525, 533 Nr. 2). Sie setzt aber voraus, dass die Berufung zulässig ist, weil der Kläger durch das angefochtene Urteil beschwert ist. Laut Rspr. sind daher echte Klageänderungen und Klageerweiterungen[41] dem versagt, der im ersten Rechtszug voll obsiegt hat (allgM) oder doch nur ihretwegen Berufung einlegt.[42] Das Urteil muss also wenigstens teilweise angegriffen werden,[43] dh. unter Wahrung des bisherigen Streitgegenstandes,[44] und zwar bis zum Ende der Berufungsverhandlung[45] und nicht nur dadurch, dass das frühere Begehren nun durch Hilfsantrag verfolgt wird.[46] Unbedenklich ist Klageänderung im Rahmen einer Anschlussberufung (§§ 529, 531 Abs. 2, 533).[47] All das gilt auch für Revisionsverfahren,[48] obschon Klageänderung hier ganz auf eingeführte Tatsachen beschränkt ist, so dass eine Klageerweiterung idR ausscheidet (§ 559 Rn. 3 ff.). 8

3. Verfahren bei Klageänderung. a) Vornahme. Die Klageänderung erfolgt durch Geltendmachung in der mündlichen Verhandlung (§§ 129, 297) oder aber durch Zustellung eines dem § 253 Abs. 2 genügenden Schriftsatzes (§ 261 Abs. 2). Bedingte Klageänderung ist unwirksam.[49] Zu beachten ist die Schriftsatzfrist (§ 132), nicht aber die Einlassungsfrist (§ 274 Abs. 3; ganz hM). Erhöht die Klageänderung den Streitwert, so können gerichtliche Zustellungen usw. von einer Aufstockung des Vorschusses nach § 12 GKG abhängen. 9

b) **Entscheidung.** Die Zuständigkeit eines Landgerichts entfällt nicht dadurch, dass die geänderte Klage einen geringeren Streitwert hat (§ 261 Abs. 3 Nr. 2). Ein Amtsgericht kann bei Erhöhung des Streitwerts unzuständig werden (§ 506), entscheidet aber noch über die Klageänderung.[50] Bei Klageerweiterung vor der Berufungskammer entscheidet diese – denn § 506 ist unanwendbar –, so dass weder an die erstinstanzliche Kammer[51] noch an das Oberlandesgericht[52] zu verweisen ist (§ 506 Rn. 1). Über die Zulässigkeit der Klageänderung wird anlässlich des Endurteils entschieden (Entscheidungsgründe), ggf. aber auch durch Zwischenurteil (§§ 303, 318; nicht § 280, hM); die **Anfechtbarkeit** ist beschränkt (§ 268 Rn. 2, 3). Das Gericht darf nie offen lassen, ob eine Klageänderung zulässig ist, auch nicht, ob eine solche vorliegt,[53] es sei denn, dass sie jedenfalls zulässig wäre. 10

---

[31] BGH NJW 1992, 2235, 2236.

[32] Zu pauschal BGH NJW-RR 1990, 505, 506; wie hier MK/*Becker-Eberhard* Rn. 29; s. auch *Jauernig*, Festschr. f. Schwab, 1990, S. 247, 254 f.

[33] Kritisch *Henckel*, Festschr. f. Bötticher, 1969, S. 173, 187 ff.

[34] BGHZ 1, 65, 71 = NJW 1951, 311; BGH NJW 2000, 800, 803.

[35] BGH NJW 1975, 1228, 1229 (Widerklage gegen Dritten); 1977, 49; NJW-RR 1994, 1143 f.

[36] Zurückhaltend BGH NJW 1977, 49.

[37] S. aber *Schikora* MDR 2003, 1160 f. (Unzuständigkeit); BGH NJW-RR 2002, 929, 930 (Sonderfall).

[38] Vgl. BGH NJW 1977, 49; 1985, 1841, 1842; NJW-RR 1994, 1143.

[39] Vgl. LG Düsseldorf WoM 1990, 505; LG Mannheim WoM 1991, 687 u. 695 f.

[40] BGH NJW-RR 1994, 1143.

[41] BGHZ 52, 169, 170 f. = NJW 1969, 1486 (Leistung statt Auskunft); OLG Hamm VersR 2000, 992, 993 (statt Feststellung); BGH NJW 2001, 2259, 2260 (Abänderung statt Leistung); s. aber auch BGH NJW 2001, 2548, 2549.

[42] St. Rspr. seit RGZ 130, 100, 101; BGH NJW 2001, 226; BAG NJW 2005, 1884; *Gaier* NJW 2001, 3289 ff.; krit. *Baumgärtel* SAE 1961, 164; *Altmeppen* ZIP 1999, 1071 f.; *Otte* ZZP 113 (2000), 225, 231 ff. (an Sachdienlichkeit orientiert).

[43] BGHZ 85, 140, 143 = NJW 1983, 172 (Verbundurteil wegen anderer Folgesachenentscheidung).

[44] BGH MDR 2006, 1359 (Anspruchsgrundlage kann wechseln); OLG Nürnberg NJW-RR 2002, 1239.

[45] BGH NJW-RR 2002, 1435, 1436.

[46] So BGH NJW 1999, 2118, 2120; 2001, 226; abw. (noch) BGH NJW 1996, 320; *Greger* JZ 1999, 955, 956.

[47] BGH NJW 1994, 944, 945; vgl. schon RGZ 61, 254, 257.

[48] BGH NJW 1999, 1407.

[49] BGH NJW-RR 2004, 640, 641.

[50] Zö/*Greger* Rn. 16 a; aM MK/*Becker-Eberhard* Rn. 26.

[51] BGH NJW 1984, 1552, 1555 (VI); abw. LG Aachen NJW-RR 1999, 143.

[52] So BGH NJW-RR 1996, 891 = JZ 1996, 975 m. abl. Anm. *Rimmelspacher; E. Schneider* MDR 1997, 221 ff.

[53] RGZ 53, 35, 36; 137, 324, 333; BGH LM § 268 aF Nr. 1.

11 Ist die Änderung **zulässig,** so endet die Rechtshängigkeit des Altantrags, soweit § 264 hilft oder der Beklagte in die Änderung einwilligt (Rn. 6),[54] im Übrigen mit deren rechtskräftiger Zulassung.[55] Anhängig bleibt der alte Antrag aber, soweit seine Beschränkung zugleich als Klagerücknahme gilt und deshalb der Einwilligung des Beklagten bedurft hätte (näher § 264 Rn. 6). IdR wird nur noch über den neuen Antrag entschieden (über Mehrkosten bis zur Klageänderung nach § 92). Ist die Klageänderung **unzulässig,** so bleibt über den alten Antrag zu entscheiden[56], und zwar – je nach Lage (§ 139) – auch als Hilfsantrag, nach Rücknahme (§ 269), Verzicht (§ 306), Erledigungserklärung oder Säumnis. Der neue Antrag ist durch Prozessurteil abzuweisen.[57]

12 c) **Wirkung.** Verhandlung und Entscheidung über die geänderte Klage knüpfen nach hM an den bisherigen Prozessstand an; demnach wird gerade auch der Beklagte zB an ein Geständnis oder Beweisergebnis gebunden.[58] Hiergegen spricht, dass die Entscheidung über einen neuen Streitgegenstand nie präjudiziert wird, ohne dass über ihn verhandelt werden konnte, arg. § 322 Abs. 1.[59]

III. Subjektive Klageänderung

13 1. **Allgemeines. Arten.** Eine Änderung der Partei(en) kann auf Gesetz (zB §§ 75f., 239ff.) oder Parteiwillen beruhen. Gewillkürte Parteiänderung[60] ist entweder Parteiwechsel oder Parteierweiterung, dh. der Beitritt weiterer Kläger oder die Einbeziehung weiterer Beklagter. Als gewillkürten Wechsel behandelt die Rspr. auch den Eintritt des Rechtsinhabers in einen Prozess, der zuvor in Prozessstandschaft geführt wurde[61] (selbst nach dem Tod des gewillkürten Prozessstandschafters[62]), sowie den Eintritt eines Prozessstandschafters an Stelle des Inhabers.[63] Statt Änderung genügt Berichtigung, wenn die Partei bloß falsch bezeichnet ist (§ 50 Rn. 9). Die Umstellung der gegen eine „GmbH in Gründung“ (OHG) gerichteten Klage auf die Gesellschafter ist allerdings Parteiwechsel.[64] **Überblick:** Die gewillkürte Parteiänderung erspart eine Klagerücknahme und/oder neue Klagen. Im Gesetz ist sie aber kaum bedacht (s. §§ 265 Abs. 2 S. 2, 266, 856). Sie ist wohl auch kein Fall der Klageänderung, zumal die bindende Einbeziehung der neuen Partei dann allenfalls von der Einwilligung der Altpartei abhängen dürfte. Die **Rspr.** entscheidet jedoch weithin anders (Klageänderungstheorie).[65] Sie schließt aus § 263, Parteiwechsel und -erweiterung seien in erster Instanz auch bei Sachdienlichkeit zulässig; in zweiter Instanz erleichtert sie derart nur den Klägerwechsel und verlangt im Übrigen grds. die Zustimmung des neuen Beklagten. Die Zulassung einer Parteiänderung legt nahe,[66] besagt aber nicht zwingend, dass die Parteien auch an die bisherige Prozesslage gebunden sind (näher Rn. 18).

14 2. **Parteiwechsel auf Beklagtenseite.** a) **Zulässigkeit.** Die Auswechselung des Beklagten ist bis zur Rechtskraft des Urteils gegen die Altpartei möglich (§ 269 Abs. 3 S. 1 analog). Falls die Altpartei schon mündlich verhandelt hatte, ist ihre Zustimmung nötig (vgl. § 269 Abs. 1),[67] wenn diese nicht gerade missbräuchlich verweigert wird.[68] Die Zustimmung des neuen Beklagten ist hingegen entbehrlich, laut Rspr. jedoch nur, wenn sein Eintritt in den Prozess sachdienlich ist (§ 263 analog),[69] was freilich großzügig bejaht wird.

15 In der **Berufungsinstanz** setzt Beklagtenwechsel voraus, dass Kläger sich auf Tatsachen iSd. § 529 stützen kann und das Urteil angreift (Rn. 8).[70] Neben dem alten muss auch der neue Beklagte dem Parteiwechsel zustimmen, da er eine Tatsacheninstanz verlöre (§ 525 Rn. 6). Entbehrlich ist seine Zustimmung nur, wenn er sie missbräuchlich verweigert, weil ihm nach der gesamten Sachlage zuzumuten ist, in den fortgeschrittenen Prozess einzutreten.[71] Dies liegt nahe, wenn er sich nicht anders als die Altpartei verteidigen kann,[72] ferner bei Kenntnis des Prozessstoffs und wesentlicher Beeinflussung des alten Rechtsstreits (etwa als Vertreter der Altpartei), idR aber nicht schon bei bloßer Möglichkeit hierzu.[73] Im **Revisionsverfahren** ist Parteiwechsel idR ausgeschlossen (§ 559 Rn. 3).

---

[54] BGH NJW 1992, 2235, 2236.
[55] BGH NJW 1990, 2682.
[56] BGH NJW 1988, 128; *J. Blomeyer* JuS 1970, 229, 232f.; aM *T/P/Reichold* Rn. 17.
[57] OLG Frankfurt FamRZ 1981, 978f. u. hL; abw. OLG Nürnberg MDR 1980, 238; LG Nürnberg-Fürth ZZP 91 (1978), 490ff. m. abl. Anm. *Schwab; Blomeyer* (Fn. 56) S. 233.
[58] HM; BGH LM § 523 Nr. 1; NJW 1985, 1841, 1842.
[59] Abl. auch *Henckel* (Fn. 33) S. 184ff.; *St/J/Schumann* § 264 Rn. 39.
[60] Hierzu *Roth* NJW 1988, 2977ff.; *Kohler* JuS 1993, 315ff.; *Heinrich,* Der gewillkürte Parteiwechsel, 1990.
[61] BGHZ 155, 21, 23 = NJW 2003, 2172; OLG Köln NJW 2005, 3074.
[62] BGHZ 123, 132, 136 = NJW 1993, 3072 = ZZP 107 (1994), 524 m. abl. Anm. *Schilken* (für §§ 239, 246).
[63] OLG Naumburg NJW-RR 2003, 212.
[64] OLG Jena NJW-RR 2002, 970.
[65] BGH NJW 1962, 347 (Beklagtenwechsel); 1996, 2799 (Klägerwechsel); insoweit zust. *Nagel,* Der nicht (ausdrücklich) geregelte gewillkürte Parteiwechsel im Zivilprozess, 2005, S. 127ff.; anders die hL.
[66] *Roth* NJW 1988, 2977, 2978; weitergehend *Nagel* (Fn. 65) S. 62ff., 105ff.
[67] BGH NJW 1981, 989f.
[68] BGH NJW 1987, 1946, 1947 (II 2); *Heinrich* (Fn. 60) S. 98f.
[69] BGH NJW 1962, 347; BGHZ 40, 185, 186f. = NJW 1964, 44.
[70] BGH MDR 1998, 430, 431 aE = EWiR § 263 1/98 m. Anm. *Ball;* ganz restriktiv *Nagel* (Fn. 65) S. 216ff.
[71] BGHZ 21, 285, 289 = NJW 1956, 1598; BGH NJW 1974, 750f. (Parteierweiterung); 1981, 989, 990.
[72] BGH NJW 1987, 1946, 1947.
[73] Vgl. BGH NJW-RR 1986, 356; großzügiger BGHZ 90, 17, 19f. = NJW 1984, 1169.

b) **Verfahren.**[74] Der Kläger erklärt mit einem dem § 253 Abs. 2 Nr. 2 genügenden Schriftsatz (§ 261 Abs. 2), die Klage nur noch gegen den neuen Beklagten zu richten. Diesem wird zugestellt (Einlassungsfrist: § 274 Abs. 3). Über die Zulässigkeit des Wechsels kann im Rahmen des Endurteils entschieden werden, aber auch durch anfechtbares Zwischenurteil (Rn. 17). Wird rechtskräftig die Unzulässigkeit festgestellt, so entfällt die Rechtshängigkeit gegenüber dem neuen Beklagten rückwirkend (wie bei auflösend bedingtem Hilfsantrag, § 260 Rn. 4). Richtet der Kläger seine Berufungsbegründung gegen einen neuen Beklagten, der dem nicht zustimmt, so wird das Verfahren gegen die Altpartei fortgesetzt.[75] 16

Im **Zwischenstreit** steht dem Kläger gegenüber, wer den Wechsel bekämpft. Wehrt sich der Altbeklagte und wird auf sein Ausscheiden erkannt, so hindert die Anfechtbarkeit dieses (End-)Urteils analog § 280 Abs. 2 nicht, das Verfahren mit dem Eingewechselten fortzusetzen[76] (§ 280 Rn. 10). Wehrt sich der neue Beklagte und wird auf Eintritt erkannt (Zwischenurteil), so kann dieser Prozess trotz Rechtsmittels Fortgang nehmen (analog § 280 Abs. 2).[77] Bei unzulässigem Wechsel wird der Nichteintritt festgestellt und über die alte Klage weiterverhandelt,[78] soweit der Kläger an ihr festhält, also weder wirksam zurücknimmt noch Erledigung erklärt (ggf. Nachfrage, § 139). 17

c) **Wirkung.** Der bisher Beklagte scheidet aus dem Rechtsstreit aus; seine Kosten sind – durch Beschluss – idR dem Kläger aufzuerlegen (§ 269 Abs. 3 S. 2, 3, Abs. 4 analog).[79] Gegenüber dem neuen Beklagten treten Rechtshängigkeit und deren materielle Folgen (verschärfte Haftung, Verjährungshemmung[80]) erst mit Zustellung (Rn. 16) ein. Eine **Bindung an die bisherige Prozesslage** besteht jedenfalls für den Kläger, für den neuen Beklagten (in erster Instanz) dagegen nur begrenzt,[81] nämlich bei Rechtskrafterstreckung (zB nach §§ 265 Abs. 2 S. 2, 266 Abs. 1 ZPO, § 407 Abs. 2 BGB)[82] und bei Zustimmung des Eintretenden, dann freilich auch an Geständnis (§ 290) und Verspätungspräklusion (§ 296) der Altpartei. Hatte der Eintretende den Prozess gegen die Altpartei bereits wesentlich beeinflusst, so ist er jedenfalls an diese Prozesslage gebunden,[83] idR aber nicht an Geständnisse; auch neue Verteidigungsmittel stehen ihm frei. War der Eintretende in den Altprozess nicht eingebunden, so kann er zudem solche Beweismittel vorbringen, mit denen die Altpartei präkludiert ist, und verlangen, dass eine frühere Beweisaufnahme ergänzt oder wiederholt wird.[84] 18

3. Parteiwechsel auf Klägerseite. a) Zulässigkeit. Ein Klägerwechsel ist bis zur Rechtskraft des von der Altpartei erwirkten Urteils möglich (§ 269 Abs. 3 S. 1 analog). Der jeweils andere Kläger muss dem Wechsel zustimmen (Verfügungsgrundsatz).[85] Nach Beginn der mündlichen Verhandlung muss auch der Beklagte zustimmen (vgl. § 269 Abs. 1);[86] alternativ soll ausreichen, dass der Klägerwechsel sachdienlich ist (§ 263 analog).[87] Auch in der **Berufungsinstanz** setzt Klägerwechsel nur die Zustimmung des Beklagten oder Sachdienlichkeit voraus[88], zusätzlich aber (wie Klageänderung, Rn. 8), dass der Kläger sich auf Tatsachen iSd. § 529 stützen kann und (auch) gegen die Beschwer angeht, die in dem angegriffenen Urteil zumindest für den Altkläger liegt.[89] In diesem Fall muss der neue Kläger die Berufung auch einlegen können[90] (freilich gefährlich, falls Parteiwechsel misslingt[91]). 19

b) **Verfahren.** Der (unbedingte[92]) Wechsel erfolgt dadurch, dass der eintrittswillige Kläger eine dem § 253 Abs. 2 Nr. 2 genügende Parteiänderungsschrift (§ 261 Abs. 2) zustellen lässt, Berufung einlegt (Rn. 19) oder in der mündlichen Verhandlung auftritt und dort seinen Antrag stellt.[93] Dort kann auch der bisherige Kläger zustimmen. Vertagung (§ 227) mag nahe liegen, wenn der Klägerwechsel nicht angekündigt worden war. Über seine Zulässigkeit wird im Rahmen des Endurteils oder durch Zwischenurteil (§ 280 Abs. 2; Rn. 16) entschieden (zur Anfechtbarkeit vgl. § 268 Rn. 3). 20

Erkennt ein **Zwischenurteil** auf Zulässigkeit des Wechsels bzw. auf Ausscheiden des Altklägers (Endurteil), so kann das Verfahren mit dem neuen Kläger sogleich fortgesetzt werden (analog § 280 Abs. 2 S. 2; vgl. § 280 Rn. 10). Zur Kostenentscheidung s. Rn. 22. Wird der Wechsel für unzulässig erklärt, so nimmt 21

---

74 Ausf. *Kohler* (Fn. 60) S. 319.
75 BGH NJW 1998, 1496, 1497.
76 BGH NJW 1981, 989f.; *Kohler* (Fn. 60) S. 319; aM *Nagel* (Fn. 65) S. 194ff. (Analogie zu § 71 Abs. 2).
77 BGH (Fn. 76); *Zö/Greger* Rn. 25; *St/J/Schumann* § 264 Rn. 129; abl. *Franz* NJW 1982, 15, 16.
78 So BGH NJW 1988, 128; zurückhaltend *Kohler* (Fn. 60) S. 319.
79 BGH NJW 2006, 1351, 1353f.; 2007, 769, 770.
80 Vgl. BGH NJW 1972, 1714; zu einem Sonderfall BGH NJW-RR 1989, 1269f.
81 BGH NJW 1962, 347; BGHZ 131, 76, 79f. = NJW 1996, 196; s. aber auch BGH NJW 1974, 750f. u. OLG Bamberg OLGR 2002, 444 (Parteiwechsel schon als solcher von Zumutbarkeit voller Bindung abhängig).
82 Näher *Roth* (Fn. 60) S. 2980ff.; s. auch *Kohler* (Fn. 60) S. 318.
83 Vgl. BGHZ 91, 132, 134 = NJW 1984, 2104.
84 BGHZ 131, 76, 79f. = NJW 1996, 196 m. Anm. *Luckey* JuS 1998, 499ff.; s. schon BGH NJW 1962, 347.
85 OLG München NJW-RR 1998, 788 (Postulationsfähigkeit); einschr. *Deubner* JuS 1998, 539, 542.
86 Offen BGHZ 123, 132, 136 = NJW 1993, 3072; aM OLG Düsseldorf MDR 1971, 55, 56 (Wechsel in 2. Instanz).
87 BGH NJW 1988, 128; *MK/Becker-Eberhard* Rn. 72; abl. *St/J/Schumann* § 264 Rn. 112.
88 BGHZ 71, 216, 219 = NJW 1978, 1529 bzw. BGHZ 16, 317, 321f. = NJW 1955, 667; BGH NJW 1996, 2799.
89 BGH NJW 1994, 3358, 3359 m. weit. Nachw. = LM Nr. 24 m. krit. Anm. *Pfeiffer.*
90 So wohl auch BGH NJW 1996, 2799; offen BGHZ 155, 21, 24ff.: = NJW 2003, 2172 (Berufungsbegründung durch neuen Kläger ausreichend).
91 BGH NJW-RR 2002, 646 (zu § 265 Abs. 2).
92 BGH BB 2004, 406 (auch Rechtsbedingung schadet).
93 *St/J/Schumann* § 264 Rn. 107.

der alte Prozess Fortgang; dem Altkläger, der weder verhandelt noch die Klage zurücknimmt usw., droht ein Versäumnisurteil.

22 c) **Wirkung.** Der alte Kläger scheidet aus.[94] Der Eintretende kann sich auf die materielle Wirkung der Rechtshängigkeit (Haftungsverschärfung, Verjährungshemmung[95]) erst ab seinem Eintritt berufen. An die dann erreichte Prozesslage ist er **gebunden,**[96] wegen seiner Zustimmung sogar an Geständnisse (§ 290) und eine Verspätungspräklusion (§ 296);[97] insofern kann Klägerwechsel nachteiliger als eine neue Klage sein. An die bisherige Prozesslage bleibt auch der Beklagte gebunden, da er sie beeinflussen konnte.[98] Die durch die erste Klage verursachten ausscheidbaren Mehrkosten sind durch Beschluss idR dem ausscheidenden Kläger aufzuerlegen (analog § 269 Abs. 3 S. 2, 3; auf Antrag).[99]

23 **4. Parteierweiterung (Beitritt). a) Zulässigkeit.**[100] Die Rspr. behandelt die Parteierweiterung überwiegend als Klageänderung. Demnach muss Klägerbeitritt die Zustimmung des Beklagten finden oder sachdienlich sein.[101] Die Einbeziehung weiterer Beklagter soll deren Zustimmung oder Sachdienlichkeit erfordern,[102] ebenso die parteierweiternde (Dritt-)Widerklage.[103] Parteierweiterung führt aber stets nur zu nachträglicher Streitgenossenschaft (s. schon Rn. 4) und sollte in erster Instanz ohne weiteres zugelassen werden (vgl. §§ 59f., 147).

24 Auch im **Berufungsverfahren** wird Parteierweiterung als Klageänderung betrachtet (vgl. § 525 Rn. 6).[104] Das ist bedenklich wegen der funktionellen Unzuständigkeit für das neue Prozessrechtsverhältnis, mehr noch als bei Parteiwechsel[105]. Der späte Beitritt eines **Klägers** ist dem Beklagten uU unzumutbar. Dies wird meist im Rahmen der Sachdienlichkeit (§ 533 Nr. 1) berücksichtigt;[106] besser wäre es, die Zustimmung des Beklagten zu verlangen. Solange die Rspr. den Klägerwechsel daran bindet, dass die Berufung (auch) gegen eine Beschwer gerichtet ist (Rn. 19), muss Gleiches für den Klägerbeitritt gelten. Die Einbeziehung weiterer **Beklagter** soll dem Kläger jedoch ohne eigene Beschwer möglich sein.[107] Andererseits muss die neue Partei wegen des ihr drohenden Instanzverlustes zustimmen, laut BGH[108] freilich nicht, wenn ihre Weigerung missbräuchlich (Rn. 15) ist. Im Verhältnis zu der neuen Partei folgt das Verfahren den Vorschriften über den ersten Rechtszug (§§ 533, 539 unanwendbar); es endet aber mit einem Berufungsurteil,[109] das den Rechtsstreit ggf. insgesamt zurückverweist (§ 538).[110]

25 **b) Verfahren.** Zwecks Erweiterung auf **Beklagtenseite** reicht der Kläger einen dem § 253 Abs. 2 Nr. 2 genügenden Schriftsatz (§ 261 Abs. 2) ein. Dieser wird dem weiteren Beklagten zugestellt, ggf. nach Entrichtung auch des weiteren Kostenvorschusses (§ 12 GKG), der freilich nur bei Streitwerterhöhung anfällt (also nicht bei Klage gegen weitere Gesamtschuldner). Über die Zulässigkeit kann durch Zwischenurteil (§ 280 Abs. 2) entschieden werden, ggf. ist die weitere Klage abzutrennen (§ 145). Der neue Beklagte wird unter Beachtung von Einlassungsfrist und § 275 zum Termin geladen.

26 Erweiterung auf **Klägerseite** erfolgt durch Schriftsatz des Altklägers und eine dem § 253 Abs. 2 Nr. 2 genügende (§ 261 Abs. 2) Beitrittserklärung des neuen Klägers. Beide Schriftsätze sind dem Beklagten zuzustellen. Zur Vorbereitung des neuen Termins, zu dem auch der neue Kläger zu laden ist, und zur Ausrichtung der Verteidigung auf diesen hat der Beklagte Einlassungsfrist (§ 274 Abs. 3).

27 c) **Wirkung.** Die Klage der weiteren Partei bzw. gegen die weitere Partei wird rechtshängig mit Zustellung der entsprechenden Schrift an den Gegner. Eine **Bindung** an die bisherige Prozesslage tritt nicht ein, weder für den neuen Beklagten[111] noch für den Kläger, der ihn einbezieht oder beitritt[112] (arg. § 61).

IV. Gebühren und Kosten

28 **1. Rechtsanwaltsgebühren.** Der Rechtsstreit vor und nach der Klageänderung ist für die Gebühren des Anwalts dieselbe Angelegenheit (§ 15 Abs. 2 S. 1 RVG). Sie fallen nach dem höchsten Wert an, der einer Tätigkeit zu Grunde liegt, die den Gebührentatbestand erfüllt (§ 23 Abs. 1 RVG).[113] Zum **Parteiwechsel** vgl. § 91 Rn. 57.

---

94 BGHZ 155, 21, 24 = NJW 2003, 2172.
95 Vgl. BGH (Fn. 80).
96 AM *St/J/Schumann* § 264 Rn. 125.
97 *Roth* NJW 1988, 2977, 2981; aM *T/P/Hüßtege* vor § 50 Rn. 21.
98 *Henckel* Parteilehre, S. 240f.
99 Vgl. OLG Zweibrücken NJW-RR 2001, 359, 360 (aE); OLG Naumburg NJW-RR 2003, 212f.
100 Vgl. *Holzhammer,* Parteienhäufung und einheitliche Streitpartei, 1966, S. 21ff., 158ff.
101 Vgl. BGH NJW 1989, 3225f. = ZZP 102 (1989), 469 m. zust. Anm. *Grunsky.*
102 BGHZ 65, 264, 268 = NJW 1976, 239; strenger BGH NJW-RR 1986, 356.
103 BGH (Fn. 84) S. 79; s. auch *Uhlmannsiek* MDR 1996, 114ff.
104 So jedenfalls BGH NJW 1988, 2298, 2299; OLG Köln NJW-RR 1997, 1072.
105 *Putzo,* in: Festg. 50 Jahre BGH, 2000, S. 149, 156ff.
106 Vgl. (zu § 263) BGHZ 65, 264, 268f. = NJW 1976, 239; NJW 1989, 3225, 3226.
107 So BGH (Fn. 104, II 1; bei Berufung des Altbeklagten).
108 BGH NJW 1984, 2408, 2409 (2a); NJW-RR 1990, 1265, 1267 (Drittwiderklage), dazu krit. *Putzo* (Fn. 105) S. 159f.; anders wohl auch BGH (Fn. 104).
109 BGH NJW 1999, 62f.
110 *St/J/Schumann* § 264 Rn. 148.
111 RG WarnR 1934 Nr. 142 (aE); iE auch *St/J/Schumann* § 264 Rn. 145.
112 So wohl auch RG WarnR 1934 Nr. 142 (aE); aM *Pohle* MDR 1960, 963.
113 *G/S-Madert* § 22 RVG Rn. 12.

2. Gerichtskosten. Die allgemeine Verfahrensgebühr ist dann neu zu berechnen, wenn der neue Streitgegenstand wertmäßig den bisherigen übersteigt; nach § 12 Abs. 1 S. 2 GKG soll vor der Zahlung des übersteigenden Gebührenbetrages keine gerichtliche Handlung vorgenommen werden. Das gilt nicht für die Änderung der Widerklage. Bei einem **Parteiwechsel** entstehen auf Grund der Einheit des Prozessrechtsverhältnisses für das Verfahren vor und nach dem Wechsel die Gerichtsgebühren nur einmal. 29

264 *Keine Klageänderung* **Als eine Änderung der Klage ist es nicht anzusehen, wenn ohne Änderung des Klagegrundes**

1. die tatsächlichen oder rechtlichen Anführungen ergänzt oder berichtigt werden;
2. der Klageantrag in der Hauptsache oder in Bezug auf Nebenforderungen erweitert oder beschränkt wird;
3. statt des ursprünglich geforderten Gegenstandes wegen einer später eingetretenen Veränderung ein anderer Gegenstand oder das Interesse gefordert wird.

I. Normzweck

Klageänderungen sind nach § 263 grundsätzlich von der gegnerischen Einwilligung oder von Sachdienlichkeit abhängig. Demgegenüber lässt § 264 bestimmte Klageänderungen generell zu, um inhaltlich zusammenhängende Streitfragen möglichst rasch[1] und umfassend klären zu lassen, wo dies den Beklagten nicht unzumutbar belastet. Das vermeidet neue Prozesse und bewahrt die Parteien, aber auch die Justiz davor, sich wiederholt mit demselben Streitstoff befassen zu müssen. Anwendbar ist § 264 auch dann, wenn die privilegierte Antragsänderung mit einer erschwerten Klageänderung iSv. § 263 in einem Antrag zusammgefasst wird.[2] § 264 gilt auch im Berufungsverfahren,[3] im Revisionsverfahren ist § 559 zu beachten. 1

II. Ergänzung oder Berichtigung des Vorbringens (Nr. 1)

Die bloße Ergänzung oder Berichtigung tatsächlicher oder rechtlicher Ausführungen berührt weder Klageantrag noch Klagegrund. Sie kann also keine Klageänderung (§ 263 Rn. 2f.) sein; dies wird durch § 264 Nr. 1 nur klargestellt. Unschädlich sind vor allem Nachträge zur Klagebegründung, die den nach § 253 Abs. 2 Nr. 2 fixierten Lebenssachverhalt im Kern unverändert lassen.[4] So ist es, wenn die Klagegründe erstmals (zB bei Teilklagen) einem bestimmten Antrag zugeordnet werden,[5] bei Wechsel von Haupt- und Hilfsbegründung,[6] von der Abschlags- zur Schlussrechnung,[7] zT auch bei Umständen, die erst nach Rechtshängigkeit eingetreten sind,[8] nicht aber bei erneutem Rechtserwerb des klagenden Zessionars oder bei erneuter Kündigung nach einer Räumungsklage.[9] Auch die Bezeichnung der Partei kann berichtigt werden, sofern deren Identität gewahrt bleibt (zur Abgrenzung s. § 50 Rn. 9). Änderungen des Streitgegenstandes sind nicht durch Nr. 1 gedeckt. 2

III. Erweiterung oder Beschränkung des Klageantrags (Nr. 2)

1. Klageerweiterung. a) Arten. Erfasst sind quantitative wie qualitative Antragsänderungen, auch bei Nebenforderungen (zB Früchten und Zinsen, § 308 Abs. 1 S. 2). Klageerweiterungen sind bis zum rechtskräftigen Abschluss des Verfahrens möglich, auch im Berufungsverfahren (§ 525);[10] uU kann die Berufung nur zu diesem Zweck eingelegt werden.[11] **Quantitativ** kann ein Mehrbetrag gefordert, zB von der Teil- zur Vollklage übergegangen werden, ein Auskunfts-,[12] Unterhalts- oder Zinsantrag auf einen längeren (nicht aber ganz anderen) Zeitraum bezogen werden. Eine Kündigungsschutzklage kann auf weitere Kündigungen zum selben Termin erstreckt werden.[13] **Qualitativ** abweichend können verlangt werden zB Leistung statt Feststellung[14] oder Auskunft,[15] Zahlung statt Befreiung,[16] sofortige statt künftiger Leistung, unbedingte statt Zug-um-Zug-Leistung, Leistung an Kläger statt an Dritten, Wiederherstellung in natura statt Geldzahlung. 3

b) Verfahren. Die Erweiterung erfolgt in mündlicher Verhandlung oder durch einen dem § 253 Abs. 2 Nr. 2 genügenden Schriftsatz (§ 261 Abs. 2); dessen Zustellung kann von einer Aufstockung des Kostenvor- 4

---

1 Vgl. BGH NJW 1996, 2869, 2870.
2 BGH (Fn. 1).
3 BGHZ 158, 295, 306 = NJW 2004, 2152.
4 Vgl. RGZ 71, 358, 361; BGH (Fn. 1); NJW 1985, 1560.
5 BGHZ 11, 192, 195f. = NJW 1954, 757; BGH NJW 1959, 1819, 1820.
6 S. aber auch BGH MDR 1981, 1012 (neuer Lebenssachverhalt).
7 BGH NJW 1985, 1840, 1841; MDR 2006, 646, 647.
8 BGH VersR 1977, 665, 668; umstritten.
9 OLG Zweibrücken MDR 1981, 585, 586; s. aber OLG Stuttgart BB 1982, 864, 865 (zur Kündigungsschutzklage).
10 BGH NJW 1979, 925, 926; 1986, 2257, 2258.
11 BGHZ 52, 169, 170f. = NJW 1969, 1486.
12 OLG Karlsruhe FamRZ 1987, 297, 298.
13 OLG Stuttgart BB 1982, 864, 865; hM (vgl. auch § 256 Rn. 18).
14 BGH NJW 1992, 2296; NJW-RR 2002, 283, 284.
15 BGH NJW 1979, 925, 926.
16 BGH NJW 1994, 944, 945; aM *Görmer* MDR 1995, 240f. (für §§ 263, 264 Nr. 3).

schusses abhängen (§§ 6, 12 GKG). Die Zuständigkeit eines Amtsgerichts kann bei Streitwerterhöhung entfallen (§§ 504, 506; § 263 Rn. 10).

5 **2. Klagebeschränkung.** a) **Arten.** Die Beschränkung ist quantitativ oder qualitativ. **Quantitativ** reduziert der Kläger den Zahlungsantrag, geht zB auf eine Teilklage über, vom Wandlungs- auf den Minderungsbetrag.[17] Kein Fall von Nr. 2 ist aber Betragsreduzierung durch vollständige Rücknahme eines Antrags bei Klagehäufung; insoweit liegt Klagerücknahme vor (§ 269 Rn. 4). Oft wird **qualitativ** weniger gefordert: statt uneingeschränkter Leistung an sich selbst zB nur noch Feststellung,[18] künftige Leistung, Leistung Zug um Zug, Leistung an Dritten,[19] an die Gesamthand,[20] bloße Hinterlegung,[21] statt Zahlung nur Schuldbefreiung.[22]

6 b) **Erschwerung durch § 269?** Nach überwM erledigt jedenfalls die quantitative (uU auch die qualitative[23]) Klagebeschränkung nicht zugleich den alten Antrag. Wenn der Kläger insoweit weder verzichtet (§ 306) noch für erledigt erklärt (§ 91a Rn. 28ff.), ist demnach trotz § 264 eine Klagerücknahme nötig, grds. also die Einwilligung des Beklagten (§ 269 Abs. 1).[24] Dagegen spricht, dass Erleichterungen der Klageänderung wie in §§ 263f. den Schutz des Beklagten zwangsläufig beschneiden müssen. Bei Beratung der CPO wurde das nur teilweise realisiert,[25] bei den späteren Novellen wohl deutlicher;[26] nach der hM verlöre § 264 Nr. 2 ausgerechnet in den typischen Fällen reduzierter Zahlungsklagen jede Funktion. Die Einwilligung ist somit nur erforderlich, soweit § 269 durch scheinbare „Ermäßigung“ umgangen werden soll.[27] Sachgerecht und analog anwendbar sind aber die Kostenfolge und Abs. 6 des § 269.

7 c) **Verfahren.** Die Beschränkung erfolgt in mündlicher Verhandlung oder durch einen dem § 253 Abs. 2 Nr. 2 genügenden Schriftsatz (§ 261 Abs. 2). Die Zuständigkeit eines Landgerichts kann nicht durch Streitwertsenkung entfallen (§ 261 Abs. 3 Nr. 2).

IV. Anpassung an spätere Veränderung (Nr. 3)

8 **1. Allgemeines.** Nr. 3 gestattet dem Kläger, seinen Antrag an Umstände anzupassen, die die materielle Rechtslage nach Rechtshängigkeit verändert haben. Gleichgestellt werden Umstände, die zwar bei Rechtshängigkeit vorlagen, dem Kläger damals aber ohne Verschulden[28] unbekannt waren. Dass der Kläger die Änderung selbst bewirkt hat, ist unschädlich.[29] Diese Erleichterung der Klageänderung kann durch § 269 Abs. 1 nicht wieder erschwert werden (s. schon Rn. 6). Andernfalls würde gerade Nr. 3 weitgehend unterlaufen, zumal es dem Kläger (gar bei früher Erledigung) unzumutbar sein kann, auf eine Erledigungserklärung auszuweichen.[30] Zum Verfahren s. Rn. 4, 7.

9 **2. Beispiele.** Ob an Stelle des zunächst begehrten Gegenstandes ein **anderer Gegenstand,** zumal ein Surrogat,[31] gefordert werden kann, ist eine Frage des materiellen Rechts (zB § 285 BGB); es genügt, dass ein solcher Anspruch möglich ist. Als **Interesse** können Sekundäransprüche geltend gemacht werden, vor allem Schadensersatz (§§ 280, 281, 311a, 122 BGB), auch gegen einen Insolvenzverwalter nach Erfüllungsverweigerung (§ 103 InsO),[32] ebenso Verzugsschäden bei Kostenbelastung wegen Erledigung vor Rechtshängigkeit,[33] aber auch Rückgewähransprüche nach Anfechtung, Rücktritt oder verspäteter Vollstreckungsgegenklage,[34] sogar ein weiterer Sekundäranspruch, zB Schadensersatz statt Rückgewähr nach Zerstörung (§ 346 Abs. 4 BGB) und Aufwendungsersatz statt bloßen Vorschusses.[35] Ein Schuldner, der den Gläubiger auf Rückgabe der ihm überlassenen Bürgschaftsurkunde verklagt hat, kann nach Verurteilung und Leistung des Bürgen umstellen auf Herausgabe des so Erlangten (nach § 812 BGB).[36] Zur Erlösverteilung nach Widerspruchsklage gemäß § 878 vgl. § 878 Rn. 4.

V. Rechtsanwaltsgebühren

10 Vgl. § 260 Rn. 17.

---

[17] BGH NJW 1990, 2682.
[18] BGH NJW 1984, 2295f. m. Anm. *Dunz;* KG MDR 1999, 185 (Erledigung der Hauptsache).
[19] BGH NJW-RR 1990, 505.
[20] RGZ 158, 302, 314 (Gesellschaft); BGH NJW-RR 2005, 955f. (Miterben).
[21] RG DR 1943, 942.
[22] HM, BGH NJW 1994, 944, 945 (aE); aA *Kimmelmann/Winter* JuS 2003, 951, 952 m. weit. Nachw.
[23] *St/J/Schumann* Rn. 66f.; *Gross* ZZP 75 (1962), 447, 451ff.; wohl auch *Pawlowski,* Festschr. f. Rowedder, 1994, S. 309, 318; anders BGH NJW 1990, 2682; *Ro/S/Go* § 98 Rn. 28; *Brammsen/Leible* JuS 1997, 54, 60.
[24] BGH NJW 1990, 2682; *Gross* JR 1996, 357ff.; *Henckel,* Festschr. f. Bötticher, 1969, S. 173, 182; ähnlich *Pawlowski* (Fn. 23) S. 318; anders BAG NJW 1980, 1484, 1486.
[25] Näher *Gollhofer,* Die Ermäßigung des Klageantrags, 1986, S. 45ff., 60f.
[26] Dazu *Walther,* Klageänderung und Klagerücknahme, 1969, S. 127f.; s. auch *Gollhofer* (Fn. 25) S. 81.
[27] *Musielak,* GK ZPO, Rn. 201; *Walther* NJW 1994, 423, 425f.; iE auch *Sannwald* NJW 1985, 898, 899; *Schellhammer* Rn. 1667; weitergehend *Prütting/Wesser* ZZP 116 (2003), 267, 288ff.
[28] So RGZ 26, 385, 387; 70, 337, 338; großzügiger die hL, zB *St/J/Schumann* Rn. 75.
[29] RGZ 88, 55, 59.
[30] AM *Gross* ZZP 75 (1962), 447, 453f.
[31] Beispiel: BGH NJW 2001, 3713f.
[32] BGH NJW 1962, 153, 155 (zu § 17 KO).
[33] Wohl vorausgesetzt in BGHZ 83, 12, 16 = NJW 1982, 1598; *Sannwald* NJW 1985, 898, 899.
[34] OLG Schleswig MDR 1991, 669; offen gelassen von OLG Frankfurt FamRZ 1981, 978.
[35] BGH NJW-RR 2006, 669, 670.
[36] BGH NJW 1996, 2869f.

265 ***Veräußerung oder Abtretung der Streitsache*** **(1) Die Rechtshängigkeit schließt das Recht der einen oder der anderen Partei nicht aus, die in Streit befangene Sache zu veräußern oder den geltend gemachten Anspruch abzutreten.**

(2) [1]Die Veräußerung oder Abtretung hat auf den Prozess keinen Einfluss. [2]Der Rechtsnachfolger ist nicht berechtigt, ohne Zustimmung des Gegners den Prozess als Hauptpartei an Stelle des Rechtsvorgängers zu übernehmen oder eine Hauptintervention zu erheben. [3]Tritt der Rechtsnachfolger als Nebenintervenient auf, so ist § 69 nicht anzuwenden.

(3) Hat der Kläger veräußert oder abgetreten, so kann ihm, sofern das Urteil nach § 325 gegen den Rechtsnachfolger nicht wirksam sein würde, der Einwand entgegengesetzt werden, dass er zur Geltendmachung des Anspruchs nicht mehr befugt sei.

I. Normzweck

Die Veräußerung des streitbefangenen Gegenstandes durch den Kläger beseitigt dessen Aktivlegitimation, 1
die durch den Beklagten dessen Passivlegitimation; in beiden Fällen wäre die Klage schon aus diesem Grunde unbegründet und abzuweisen. Dies wird durch § 265 weitgehend verhindert;[1] während Abs. 1 nur klarstellt, dass die Rechtshängigkeit Veräußerungen (entgegen früherem Recht) nicht hindert, zeigt Abs. 2 S. 1, dass der Prozess auch fortzusetzen ist, ohne den Mangel der Sachlegitimation zu beachten und ohne dass, wie sonst, bei Sachdienlichkeit ein Parteiwechsel möglich ist. Dies bewahrt den Gegner vor zufälligem, gar manipuliertem Verlust der erzielten Prozessergebnisse[2] und alle Beteiligten vor unökonomischen Doppelprozessen.

II. Anwendungsbereich

Die Norm erfasst Klagen auf Leistung und Feststellung bis hin zu Wiederaufnahmeverfahren.[3] Sie gilt 2
auch in Verfahren nach §§ 323, 722,[4] 771 ff.,[5] ggf. auch in Eilverfahren[6] und in Verfahren nach § 43 WEG,[7] § 7 Abs. 3 ErbbauVO,[8] nach PatG[9] und MarkenG.[10] Sie ist aber **unanwendbar** in Mahnverfahren, da der Schutz des Gegners generell erst mit Rechtshängigkeit beginnen soll.[11] Die Norm gilt auch nicht bei Nachfolge in titulierte Rechte (dann §§ 727–731), gewährt also keine „Vollstreckungsstandschaft“, so dass Vollstreckungsgegenklage möglich bleibt.[12] Rechtsnachfolge *vor* Rechtshängigkeit folgt allgemeinen Regeln: Die Klage ist, wenn kein Parteiwechsel usw. folgt, durch Sachurteil abzuweisen; dessen Rechtskraft bindet freilich in Sonderfällen (zB nach § 407 Abs. 2 BGB; s. auch § 372 Abs. 2 HGB).

III. Voraussetzungen der Prozessfortführung

1. Streitbefangener Gegenstand. Sache iSd. Abs. 1 ist jeder Gegenstand, also auch ein Recht. Streitbe- 3
fangen ist ein Gegenstand, dessen Übertragung die Sachlegitimation beseitigen würde. Dies trifft zu auf Eigentum bei Herausgabe- und Grundbuchberichtigungsklagen[13] und überhaupt auf dingliche Rechte (zB bei Klage nach § 1147 BGB, Drittwiderspruchsklage[14]). Nach dem Normzweck gilt § 265 auch in Fällen des § 1004 BGB: für gestörtes Eigentum[15] und solches von Zustandsstörern (Rn. 6). Streitbefangen ist ferner Besitz, dessen Rückgabe begehrt wird, zB bei Klagen aus § 985 BGB[16] (nicht §§ 987 ff. BGB) und § 2018 BGB, sofern die ganze Erbschaft übertragen wird (§ 2030 BGB).

Obligatorische Rechte sind, soweit sie übertragen werden, nur „Ansprüche“ iSv. Abs. 1. Sie sind aber 4
auch streitbefangener Gegenstand, soweit sie in einem solchen wurzeln, sich zB gegen den Eigentümer bzw. Besitzer als solchen richten (zB Rechte aus § 566 BGB),[17] sich aus Vormerkung ergeben[18] oder dem Eigentümer bzw. Besitzer als solchem zustehen, zB gemäß §§ 546, 861, 1007 BGB (auch bei Klage auf Hypotheken-Löschung[19]). Unzureichend sind Verschaffungsansprüche, zB gegen Vermieter oder Verkäufer (trotz Sicherung durch Vormerkung[20]), ebenso der Anspruch nach § 11 AnfG.[21]

---

[1] Näher *Zeuner,* Festschr. f. Schwab, 1990, S. 575 ff.
[2] BGHZ 61, 140, 142 f. = NJW 1973, 1700; *Henckel* ZZP 82 (1969), 333, 335 f.
[3] So BGHZ 29, 329, 331 ff. = NJW 1959, 939 (selbst nach Titelumschreibung).
[4] BGHZ 118, 312, 315 f. = NJW 1992, 3096.
[5] OLG Dresden DR (A) 1940, 1692, 1693.
[6] Vgl. *Loritz* ZZP 106 (1993), 3, 6 ff.; *Baur,* Festschr. f. Schiedermair, 1976, S. 19, 22 ff.
[7] BGHZ 148, 335, 337 ff. = NJW 2001, 3339 (zu § 43 WEG aF; s. auch § 48 Abs. 2 WEG).
[8] OLG Hamm NJW-RR 1991, 20, 21.
[9] BGHZ 117, 144, 146 = NJW 1993, 203.
[10] BGH NJW-RR 1998, 1504, 1505 (Widerspruchsverfahren); abw. BPatG MittPat 1997, 162, 163.
[11] HM, BGH NJW 1975, 929; aA *Bork/Jacoby* JZ 2000, 135 ff.
[12] BGHZ 92, 347, 349 f. = NJW 1985, 809; s. auch RGZ 41, 396, 397 (zu Schiedsspruch).
[13] RGZ 121, 379, 381.
[14] OLG Hamburg MDR 1969, 673.
[15] Vgl. BGHZ 18, 223, 225 f. = NJW 1955, 1719; *Schilken,* Veränderungen der Passivlegitimation im Zivilprozess, 1987, S. 58 ff.; *Staudinger/Gursky* § 1004 Rn. 91 m. weit. Nachw.
[16] S. auch BGH NJW 1981, 1517 f. (zu § 325).
[17] AllgM; RGZ 102, 177, 179 f.; *Schilken,* Festschr. f. Gerhardt, 2004, S. 879, 899 f.
[18] BGH NJW 2006, 1351, 1353 (für §§ 883 Abs. 2, 888 BGB; „streitbefangen“).
[19] RG Gruchot 60 (1916), 504, 508.
[20] BGHZ 39, 21, 25 f. = NJW 1963, 813; s. aber *Link* NJW 1965, 1464, 1467.
[21] Vgl. OLG Köln ZIP 1991, 1369, 1371.

5 **2. Veräußerung, Abtretung.** Erfasst wird – über den Wortlaut hinaus – jede Rechtsnachfolge eines Dritten, die nicht durch Tod oder Nacherbfall verursacht ist (dazu §§ 239ff.). Sie erfolgt **rechtsgeschäftlich** entweder durch Übertragung, also nach §§ 398, 873, 925, 929ff. BGB (auch sicherungshalber), durch Abspaltung (§ 131 UmwG)[22] oder durch eine Belastung, die die Sachlegitimation nimmt (zB §§ 1228 Abs. 2, 1282 Abs. 1 BGB).[23] Der Rechtsnachfolge entspricht der Erwerb unmittelbaren Besitzes, soweit das Besitzrecht von der Partei abgeleitet wird (vgl. § 325 Abs. 1).[24] Mit der actio pro socio verfolgt der Gesellschafter laut Rspr. eigene Rechte, so dass § 265 hier bei Abtretung seines Gesellschaftsanteils,[25] aber kaum bei Ausscheiden aus der Gesellschaft[26] gilt. Auf Außenprozesse der GbR ist § 265 hingegen anwendbar.[27] **Gesetzlich** bzw. hoheitlich erfolgt die Übertragung bei Legalzession (§§ 268 Abs. 3, 426 Abs. 2, 774 Abs. 1 BGB, § 91 BSHG[28], § 67 VVG[29]), Rechtsaufgabe und nachfolgender Aneignung (§§ 875f., 928, 958f. BGB), Enteignung, Zuschlag in der Zwangsversteigerung, Überweisung nach § 835,[30] Ausscheiden eines Aktionärs[31] oder GbR-Gesellschafters (wegen § 738 BGB), ähnlich bei Anknüpfung an rechtsgeschäftliche Übertragungen wie in §§ 566,[32] 613a BGB,[33] § 25 HGB, auch bei Ausschlagung der Erbschaft (§ 1953 Abs. 1, 2 BGB), soweit nicht aus Vermächtnis geklagt wurde.[34] Vgl. auch § 325 Rn. 7ff.

6 Die befreiende **Schuldübernahme** nach §§ 414ff. BGB fällt nicht unter § 265.[35] Hier ist der klagende Gläubiger auch nicht mehr schutzbedürftig, nachdem er die Schuldübernahme ermöglicht hat, zumal ihm auch ein Parteiwechsel helfen mag (zum Erbenwechsel s. aber Rn. 5). Auf kumulative Schuldübernahme ist § 265 erst recht unanwendbar,[36] da sie nicht einmal zu einem Wechsel der Sachbefugnis führt. Gleiches gilt bei Schuldübernahme nach § 131 UmwG[37] und grds. auch bei Betriebsübergang (§ 613a BGB),[38] es sei denn, dass nur der neue Arbeitgeber die Schuld erfüllen kann.[39] Auch der Wechsel eines Unterlassungsschuldners genügt nicht,[40] es sei denn, dieser ist Zustandsstörer (zB bei § 1004 BGB[41]) oder Betriebsinhaber iSd. § 13 Abs. 4 UWG, § 14 Abs. 7 MarkG.[42]

7 Ein **Wechsel der Prozessführungsbefugnis** ist nicht Rechtsnachfolge. Dennoch kann § 265 analog anwendbar sein, so im Prozess um Kindesunterhalt bei Wegfall der Prozessstandschaft nach § 1629 Abs. 3 BGB wegen Beendigung des Scheidungsverfahrens,[43] bei Freigabe durch den Insolvenzverwalter,[44] nicht aber bei Ende des Insolvenzverfahrens[45] und bei Aufhebung einer Zwangsverwaltung wegen Antragsrücknahme,[46] ebenso wenig bei Tod eines gewillkürten Prozessstandschafters und nachfolgendem Eintritt des Rechtsinhabers[47] (Parteiwechsel).

8 **3. Nach Rechtshängigkeit** muss die Rechtsnachfolge eingetreten, der Rechtserwerb also abgeschlossen worden sein. Nötig sind zB Grundbucheintragung, Briefübergabe (§ 1117 Abs. 1 BGB), etwaige Genehmigungen[48] und bei aufschiebender Bedingung deren Eintritt, während eine auflösende Bedingung außer Acht bleiben kann.[49] Zur Rechtshängigkeit vgl. § 261 Rn. 2ff. (keine Vorverlegung nach § 167).

IV. Rechtsfolgen der Veräußerung bzw. Abtretung

9 **1. Fortgang des Prozesses (Abs. 2 S. 1). a) Grundsatz.** Der Verlust der Sachlegitimation hat keinen Einfluss auf den Prozess. Er macht die Klage also weder unbegründet noch nimmt er ihr das Rechtsschutzbe-

---

[22] *Bork/Jacoby* ZHR 167 (2003), 440, 444ff.
[23] RGZ 121, 379, 381; BGHZ 61, 140, 142 = NJW 1973, 1700.
[24] Vgl. BGH NJW 1981, 1517f.; WM 1991, 1353, 1356 (jeweils zu § 325); näher *Henckel* ZZP 82 (1969), 333, 355; weiter gehend *Schilken* (Fn. 15) S. 69ff.
[25] BGH NJW 1960, 964f.
[26] Vgl. OLG Karlsruhe NJW 1995, 1296; *Früchtl* NJW 1996, 1327, 1328; aM *Hörstel* NJW 1995, 1271f.
[27] BGH NJW 2000, 291, 292; für Rechtsfähigkeit der GbR aber BGHZ 146, 341ff. = NJW 2001, 1056).
[28] OLG Köln NJW-RR 1996, 258; dazu *Brudermüller* FuR 1995, 17ff.
[29] Vgl. *Sieg* VersR 1997, 159ff.
[30] BGHZ 86, 337, 339 = NJW 1983, 886; BGH NJW 2007, 300, 301.
[31] So BGH NJW 2007, 300, 301 (Anfechtungsprozess nach squeeze out); krit. *Waclawik* ZIP 2007, 1, 3ff.
[32] IE auch RGZ 102, 177, 178ff. (zu § 571 BGB aF); *Schilken* (Fn. 15) S. 45.
[33] *Zeuner* (Fn. 1) S. 578f. (für Aktivprozesse des Arbeitgebers); i. e. str.
[34] BGHZ 106, 359, 364ff. = NJW 1989, 2885 (aber generell abl.).
[35] HM; BGHZ 61, 140, 142ff. = NJW 1973, 1700; BGH ZZP 88 (1975), 324, 327f.; ausf. *Schilken* (Fn. 15) S. 11ff.; aM *Schwab* ZZP 87 (1974), 97f.; *Grunsky* ZZP 102 (1989), 125ff.
[36] HM; RG SeuffA 93 (1939), Nr. 47; BGH NJW 2001, 1217, 1218.
[37] BGH (Fn. 34); *Bork/Jacoby* (Fn. 22) S. 451ff.
[38] BAG NZA 1994, 260, 261; *Schilken* (Fn. 15) S. 44; abw. BAG MDR 1991, 648 (BetrVG).
[39] BAG BB 1977, 395, 396 = SAE 1977, 220 m. Anm. *Grunsky; Zeuner* (Fn. 1) S. 581ff.
[40] Vgl. RGZ 153, 210, 214 (Patentverletzung in veräußertem Betrieb).
[41] Vgl. *Baur* (Fn. 6) S. 23f.; *Schilken* (Fn. 15) S. 61ff., 65; *Foerste* GRUR 1998, 450, 451f.
[42] *Ahrens* GRUR 1996, 518, 521f.; *Foerste* (Fn. 41) S. 453f.; str.
[43] BGH NJW-RR 1990, 323, 324.
[44] So BGH (Fn. 43); OLG Nürnberg OLGZ 1994, 454, 458f.; näher *Gießler* FamRZ 1994, 800ff.; anders noch RGZ 79, 27, 30; BGHZ 46, 249, 250ff. = NJW 1967, 781.
[45] BGH NJW 1992, 2894, 2895 (Verwalter bliebe sonst belastet); OLG Nürnberg OLGZ 1994, 454, 459; scheinbar anders *St/J/Schumann* Rn. 20.
[46] BGH NJW-RR 2003, 1419, 1420; krit. *Brehm* WuB VII A. § 265 1.03.
[47] So BGHZ 123, 132, 136 = NJW 1993, 3072; iE zust. *Schilken* ZZP 107 (1994), 527, 528f.
[48] BGH NJW 1998, 156, 158 (zu § 177 BGB).
[49] *Pohle,* Festschr. f. Lehmann, 1956, Bd. 2, S. 738, 740 bzw. 754.

dürfnis.[50] Der Rechtsvorgänger prozessiert im eigenen Namen über das fremde Recht weiter, dh. in gesetzlicher Prozessstandschaft (§ 51 Rn. 19ff.). Streitstoff sind daher auch die für und gegen den Nachfolger erhobenen Einwendungen bzw. deren Ausschluss, zB nach §§ 406ff. BGB. Der Veräußerer kann anerkennen, verzichten (§§ 306f.) und durch Prozessvergleich (im Rahmen des Streitgegenstandes) auch materiell verfügen.[51]

b) Anpassung des Klageantrags. Bei Rechtsnachfolge auf **Klägerseite** schränkt die Rspr. Abs. 2 S. 1 ein: 10
Der Kläger soll seinen Antrag anpassen müssen (Relevanztheorie), zB durch Umstellung auf Leistung an den Rechtsnachfolger, an Kläger und Pfandgläubiger usw. (Ausnahme: Einziehungsermächtigung durch Zessionar[52]). Wird die Klage trotz Anregung (§ 139) nicht angepasst, ist sie als unbegründet abzuweisen.[53] Die Anpassung ist jederzeit zulässig (§ 264 Nr. 2), auch in zweiter Instanz,[54] im Revisionsverfahren dann, wenn die Rechtsnachfolge tatrichterlich festgestellt ist.[55] Wird nach Anpassung zur Leistung an den Dritten verurteilt, so ist die **Klausel** (§ 724) dennoch idR nur dem Kläger zu erteilen (§ 724 Rn. 5). Der Rechtsnachfolger muss das Urteil also nach §§ 727, 731 auf sich umschreiben lassen;[56] dies ist gleichermaßen möglich, wenn der Kläger ohne Offenlegung der Nachfolge obsiegt hat.[57]

Bei Nachfolge auf **Beklagtenseite** ist es hingegen weder geboten noch zulässig, die Klage auf Verurtei- 11
lung des Erwerbers umzustellen; das Urteil ergeht also gegen den Beklagten, vollstreckt wird gegen den Erwerber (näher §§ 727, 731). Dies setzt den Beklagten zwar einem gewissen Risiko (unberechtigter Vollstreckung) aus;[58] es ist gleichwohl nötig, da der Beklagte sich sonst einseitig dem Prozess entziehen könnte und der Nachfolger am Prozess gar nicht beteiligt wird (hM).[59] Der Antrag gegen den Rechtsvorgänger kann freilich stets auf Schadensersatz umgestellt werden (§ 264 Nr. 3).

2. Ausnahme bei beschränkter Rechtskraft (Abs. 3). Die Fortsetzung des Prozesses mit dem Rechtsvor- 12
gänger ist dem Gegner nur zumutbar, wenn das spätere Urteil auch den Nachfolger bindet. Dafür sorgt grds. § 325, nicht aber, wenn der Nachfolger in Bezug auf Berechtigung und Rechtshängigkeit gutgläubig war (§ 325 Rn. 24ff.) oder kraft öffentlichen Rechts erwirbt (zB § 817 Abs. 2; §§ 90, 55 Abs. 2 ZVG).[60] Folgerichtig hindert Abs. 3 eine Prozessstandschaft solcher **Kläger,** von denen rechtskraftfrei erworben wurde; hier ist die Klage daher als unbegründet abzuweisen, falls nicht Parteiwechsel oder Erledigterklärung folgt. Der Erwerber kann selber klagen. Die Prozessstandschaft des **Beklagten** scheitert hingegen nicht daran, dass sein Erwerber redlich ist, obwohl ein Titel hier nicht gegen den Erwerber umschreibbar wäre. Dem kann der Kläger ausweichen, indem er für erledigt erklärt usw., zumal er dann[61] auch den Erwerber verklagen könnte.

V. Intervention des Rechtsnachfolgers

1. Übernahme des Prozesses (Abs. 2 S. 2). a) Zulässigkeit. Eine Übernahme des Prozesses durch den 13
Rechtsnachfolger erfordert, wie jeder Parteiwechsel (§ 263 Rn. 13), grds. die Einwilligung der ausscheidenden Partei (§ 269 Abs. 1 analog). Hat diese allerdings die Nebenpflicht, dem Erwerber auch prozessual vollen Zugriff auf das Recht zu ermöglichen, so ist ihre Weigerung unbeachtlich.[62] – Abs. 2 Satz 2 verlangt zusätzlich die Zustimmung des Gegners (Ausnahme: § 266), auch bei Sachdienlichkeit der Übernahme.[63] Rügelose Einlassung genügt (§ 267 analog). Eine Übernahmepflicht besteht nur im Falle von § 266. Auch eine **Hauptintervention** (§ 64) des Nachfolgers wäre an die Zustimmung des Gegners gebunden.

b) Verfahren. Die Übernahme auf Beklagtenseite erfolgt durch Schriftsatz oder mündlich im Termin, auf 14
Klägerseite durch Zustellung eines dem § 253 Abs. 2 genügenden Schriftsatzes (§ 261 Abs. 2) oder mündlich.[64] Bei Übernahme scheidet der Rechtsvorgänger aus dem Verfahren aus. Über die Kosten des ausgeschiedenen Beklagten wird analog § 91a entschieden.[65] Der Eintretende ist an die Prozesslage gebunden (arg. § 325), doch kann der Vorgänger nun Zeuge sein. Bei Ablehnung einer Übernahme kann der Erwerber seine „Hinausweisung aus dem Prozess“, nämlich das Endurteil[66] oder ein Zwischenurteil (§ 280 Abs. 2[67]), mit Rechtsmitteln anfechten (näher § 263 Rn. 17), eine Hinausweisung im Berufungsverfahren aber nur gemäß §§ 543f.

---

[50] BGH (Fn. 27) S. 293 (Feststellungsinteresse).
[51] BGH NJW-RR 1987, 307 (obiter dictum); MK/*Becker-Eberhard* Rn. 75; aM *Jauernig,* ZPR, § 87 III 3.
[52] BGH WM 1982, 1313.
[53] St. Rspr.; RGZ 56, 301, 308f.; 155, 50, 52; BGH NJW 1990, 2755; anders zB *Schilken,* ZPR, Rn. 250.
[54] Grdl. BGHZ 158, 295, 305ff. = NJW 2004, 2152 (Nr. 2 o. Nr. 3; trotz § 533 Nr. 2).
[55] BGHZ 26, 31, 37f. = NJW 1958, 98.
[56] BGH NJW 1984, 806; *Dinstühler* ZZP 112 (1999), 61, 73ff.
[57] BGHZ 86, 337, 339 = NJW 1983, 886.
[58] Dazu BGHZ 61, 140, 143f. = NJW 1973, 1700; aM *Grunsky* ZZP 102 (1989), 125, 126f.
[59] RGZ 56, 243, 244; BGH ZZP 88 (1975), 324, 328; *Henckel* ZZP 82 (1969), 333, 352ff.
[60] BGH NJW 2002, 2101, 2102.
[61] Weiter gehend *Dinstühler* (Fn. 56) S. 88ff.; wohl auch *St/J/Schumann* Rn. 53.
[62] Ebenso MK/*Becker-Eberhard* Rn. 95.
[63] BGH NJW 1988, 3209; 1996, 2799; abw. OLG Frankfurt NJW-RR 1991, 318 (Rechtsvorgänger erloschen).
[64] Vgl. *St/J/Schumann* Rn. 56 (konkludent); RGZ 35, 390f. (nur mündlich).
[65] BGH NJW 2006, 1351, 1354.
[66] BGH NJW 1988, 3209 (für Klägernachfolge).
[67] So auch MK/*Becker-Eberhard* Rn. 97.

15 **2. Nebenintervention (Abs. 2 S. 3).** Der Rechtsnachfolger kann seinem Vorgänger als Streithelfer beitreten, gemäß Abs. 2 S. 3 freilich nicht als selbständiger Streitgenosse (§ 69 iVm. § 61), sondern nur mit solchen Prozesshandlungen, die mit denen der Hauptpartei harmonieren (§§ 67f.). Auch eine eigene Klage wäre unzulässig (§ 261 Abs. 3 Nr. 1), eine Hauptintervention erschwert (Rn. 13). Hieraus wird geschlossen, die Norm beschränke das rechtliche Gehör und sei verfassungswidrig.[68] Tatsächlich beschränkt sie aber schon das streitbefangene Recht; dies muss hingenommen werden (arg. § 325).[69]

266 *Veräußerung eines Grundstücks*

(1) [1]Ist über das Bestehen oder Nichtbestehen eines Rechts, das für ein Grundstück in Anspruch genommen wird, oder einer Verpflichtung, die auf einem Grundstück ruhen soll, zwischen dem Besitzer und einem Dritten ein Rechtsstreit anhängig, so ist im Falle der Veräußerung des Grundstücks der Rechtsnachfolger berechtigt und auf Antrag des Gegners verpflichtet, den Rechtsstreit in der Lage, in der er sich befindet, als Hauptpartei zu übernehmen. [2]Entsprechendes gilt für einen Rechtsstreit über das Bestehen oder Nichtbestehen einer Verpflichtung, die auf einem eingetragenen Schiff oder Schiffsbauwerk ruhen soll.

(2) [1]Diese Bestimmung ist insoweit nicht anzuwenden, als ihr Vorschriften des bürgerlichen Rechts zugunsten derjenigen, die Rechte von einem Nichtberechtigten herleiten, entgegenstehen. [2]In einem solchen Fall gilt, wenn der Kläger veräußert hat, die Vorschrift des § 265 Abs. 3.

I. Normzweck

1 Veräußerung der streitbefangenen Sache nach Rechtshängigkeit führt zu Prozessstandschaft für den Erwerber, damit dem Gegner die Früchte der bisherigen Prozessführung verbleiben (§ 265 Rn. 1). Daher darf der Erwerber den Prozess auch nur mit Zustimmung des Gegners übernehmen (§ 265 Abs. 2 S. 2). Hiervon nimmt Abs. 1 bestimmte, vor allem grundstücksbezogene Prozesse aus und erlaubt deren Übernahme; dies schützt den Erwerber vor schlechter Prozessführung des Veräußerers, der er nach § 265 nur unzureichend abhelfen kann (§ 265 Rn. 13, 15). Dem entspricht eine Übernahmepflicht des Erwerbers. Beides erschien dem Gesetzgeber zweckmäßig, da er vermutete, die Sachbefugnis werde in den Fällen des § 266 (anders als bei § 265) idR unstreitig sein („Prozess … nur zwischen Grundstücken").[1] Dies ist nur für einen Kernbereich nachvollziehbar und spricht für restriktive Anwendung im Übrigen.

II. Anwendungsbereich (Abs. 1)

2 **1. Allgemeine Voraussetzungen.** Forciert wird die Übernahme nur bei Prozessen zwischen einem Grundstücks"besitzer" (idR Eigenbesitzer) und einem Dritten, auch nur bei Veräußerung (§ 265 Rn. 5) des Grundstücks durch den „Besitzer". Der prozessuale Anspruch muss vor der Veräußerung rechtshängig geworden sein (dazu § 265 Rn. 8).

3 **2. Erfasste Streitigkeiten.** Rechte, die für ein Grundstück in Anspruch genommen werden, sind **dingliche Rechte**, die von der Person des jeweiligen Eigentümers unabhängig sind. Sie müssen aber über das Eigentum als solches hinausgehen; insoweit scheiden Ansprüche nach §§ 894, 985 BGB aus.[2] Erfasst sind jedoch Abwehransprüche für das Grundstück (§ 1004 BGB)[3] und Nachbarrechte (§§ 905ff. BGB), Grunddienstbarkeit (§§ 1018ff. BGB), Nießbrauch, Vorkaufsrecht (§ 1094 Abs. 2 BGB) und diesbezügliche Berichtigungsansprüche (§ 894 BGB),[4] nicht aber persönliche Ansprüche wie aus § 823 BGB,[5] Miete oder Pacht. **Verpflichtungen,** die auf dem Grundstück ruhen, sind zB Dienstbarkeit, Vorkaufsrecht (§ 1094 BGB) und Vormerkung (nicht der gesicherte Anspruch), auch Hypothek, Grund- und Rentenschuld.[6] **Schiffe, Schiffsbauwerke, Luftfahrzeuge** bzw. die entsprechenden dinglichen Rechte werden ebenfalls erfasst, soweit die Objekte eingetragen sind.[7]

4 **3. Ausschluss bei Redlichkeit (Abs. 2).** Abs. 1 ist unanwendbar, soweit er den Erwerber zur Prozessübernahme verpflichtet, dies aber dessen Gutglaubensschutz unterlaufen würde. Gedacht ist an §§ 265 Abs. 3, 325 Abs. 2; sie hindern, wenn das erstrittene Urteil den redlichen Erwerber nicht binden würde, schon eine Prozessstandschaft des veräußernden Klägers (§ 265 Rn. 12). Ebenso wenig muss der Erwerber den Prozess übernehmen; er kann dies freilich.[8] Die Befreiung des Erwerbers **entfällt** wiederum bei Klagen aus einer eingetragenen Hypothek, Grund- oder Rentenschuld. Denn darauf ergehende Urteile binden selbst redliche Grundstückserwerber (§ 325 Abs. 3, 4); solchen ist daher auch die Übernahme nach Abs. 1 zumutbar.

---

[68] So zB *Pawlowski* JZ 1975, 681, 684; *Schlosser* ZZP 93 (1980), 346, 348.
[69] ÜberwM; *Jauernig* ZZP 101 (1988), 361, 373ff. m. weit. Nachw.
[1] Vgl. Norddeutsche Protokolle, Bd. 2, S. 568, 570f.; unklar hingegen die CPO-Materialien, *Hahn,* Bd. 2, Abt. 1, S. 262; anders MK/*Becker-Eberhard* Rn. 2f.
[2] *St/J/Leipold* Rn. 1; MK/*Becker-Eberhard* Rn. 12; *Schilken,* Veränderungen der Passivlegitimation im Zivilprozess, 1987, S. 57.
[3] Norddeutsche Protokolle, Bd. 2, S. 570 (actio negatoria); einschr. RG JW 1912, 471; OLG Rostock OLGRspr. 31 (1915), 42, 43; anders die hM, vgl. Nachw. in Fn. 2.
[4] *Schilken* (Fn. 2).
[5] RG Gruchot 49 (1905), 662, 663f.
[6] Vorbehalt aber in Norddeutsche Protokolle, Bd. 2, S. 570f.
[7] Vgl. SchiffsRegO idF v. 26. 5. 1994, BGBl. I S. 1133, geändert durch G v. 6. 6. 1995, BGBl. I S. 778; § 99 G über Rechte an Luftfahrzeugen v. 26. 2. 1959, BGBl. I S. 57, zuletzt geändert durch VereinfNov. v. 3. 12. 1976, BGBl. I S. 3281.
[8] Insoweit aM MK/*Becker-Eberhard* Rn. 26.

III. Die Übernahme

1. Berechtigung. Der Grundstückserwerber ist auch ohne Zustimmung des Gegners (und des Veräußerers, allgM) berechtigt, den Prozess als Hauptpartei zu übernehmen. Zur Form der Übernahme s. § 265 Rn. 14. Der Veräußerer scheidet aus, über seine Prozesskosten ist analog § 91a zu entscheiden.[9] Der Erwerber ist an die Prozesslage gebunden (arg. § 325; Abs. 2).[10] Zum Verfahren bei Widerspruch gegen die Übernahme vgl. § 265 Rn. 14; gegen eine Abweisung seines Übernahmeantrags kann der Erwerber jedenfalls dann Rechtsmittel einlegen, wenn Zwischenurteil ergeht.[11] 5

2. Verpflichtung. Der Erwerber ist auf Antrag des Gegners auch verpflichtet, als Hauptpartei einzutreten, selbst bei Widerspruch des Veräußerers. Versäumt er den hierfür beantragten Termin, so droht Versäumnisurteil (§ 239 Abs. 4 analog). Widerspricht er, zB wegen Unwirksamkeit des Erwerbs, so kommt es zum Zwischenstreit. Bei abgesonderter Verhandlung kann Zwischenurteil ergehen (§ 280 Abs. 2; § 263 Rn. 17). 6

267 *Vermutete Einwilligung in die Klageänderung* **Die Einwilligung des Beklagten in die Änderung der Klage ist anzunehmen, wenn er, ohne der Änderung zu widersprechen, sich in einer mündlichen Verhandlung auf die abgeänderte Klage eingelassen hat.**

I. Normzweck

Klageänderung iSd. § 263 kann von der Einwilligung des Beklagten abhängen. Lässt dieser sich auf die geänderte Klage ein, ohne der Änderung zu widersprechen, so wird oft zweifelhaft sein, ob hierin eine konkludente Einwilligung liegt. Es dient daher der Rechtssicherheit, dass dies nach § 267 zwingend anzunehmen ist, und zwar selbst bei schuldloser Unkenntnis vom Vorliegen der Klageänderung (hM).[1] 1

II. Einzelheiten

Die Norm gilt nicht für Beklagtenwechsel in zweiter Instanz.[2] **Einlassung** ist Verhandeln zur Hauptsache (auch nach § 137 Abs. 3[3]), aber auch schon eine Zulässigkeitsrüge, die anderes beanstandet[4] und so erst recht den Eindruck vermittelt, gerade die Klageänderung werde hingenommen. Säumnis des Beklagten genügt nicht, da dessen Schweigen nach § 267 durch eine Tätigkeit unterstrichen sein muss. Die Einlassung muss der Klageänderung nachfolgen; sie kann also nicht darin liegen, dass der Beklagte sich gegen die alte Klage mit abweichendem Vorbringen verteidigte, das überhaupt erst Anlass zu der Klageänderung gab (s. auch § 263 Rn. 6). Der **Widerspruch** kann konkludent erfolgen,[5] auch indem durch den Klageabweisungsantrag stillschweigend auf einen widersprechenden Schriftsatz Bezug genommen wird (§ 137 Abs. 3).[6] 2

268 *Unanfechtbarkeit der Entscheidung* **Eine Anfechtung der Entscheidung, dass eine Änderung der Klage nicht vorliege oder dass die Änderung zuzulassen sei, findet nicht statt.**

I. Normzweck

Über die Klageänderung wird durch Zwischenurteil (§ 303) oder anlässlich des Endurteils entschieden (§ 263 Rn. 10ff.). Wenn eine echte Klageänderung nicht vorliegt oder jedenfalls zulässig erscheint, folgt idR auch eine Sachentscheidung über die geänderte Klage. § 268 soll verhindern, dass diese Entscheidung und die ihr zu Grunde liegende Verhandlung nur deshalb entwertet werden, weil die Klageänderung sich später als unzulässig erweist; er entzieht diese Frage deshalb bereits der Überprüfung nach §§ 512, 557 Abs. 2. Die Norm gilt **nicht für Parteiwechsel.** Auch für gewillkürten Parteiwechsel passt sie nicht;[1] so muss die Zulassung eines vom Kläger initiierten Beklagtenwechsels für beide Beklagten anfechtbar sein (§ 263 Rn. 17). 1

II. Zulassung der Klageänderung

Der Überprüfung entzogen sind nur änderungsfreundliche Entscheidungen, also die Verneinung einer Klageänderung (kraft § 264 Nr. 1–3) sowie deren Zulassung wegen Einwilligung (samt § 267) oder Sachdienlichkeit (§ 263). Entsprechende Entscheidungen des Berufungsgerichts binden, wenn dessen Urteil aus anderen Gründen aufgehoben wird, auch für die neue Verhandlung.[2] **Dennoch überprüfbar** sind Urteile, 2

---

[9] Überzeugend BGH NJW 2006, 1351, 1353f.
[10] BGH NJW 1992, 2894, 2895.
[11] Vgl. RG (Fn. 5) S. 663.
[1] BayObLGZ 4 (1904), 707, 712; aM MK/*Becker-Eberhard* Rn. 10.
[2] BGH NJW 1974, 750.
[3] BGH NJW 1990, 2682.
[4] MK/*Becker-Eberhard* Rn. 5; *Ro/S/Go* § 98 Rn. 19; wohl auch BGH NJW 1975, 1228, 1229; aM *St/J/Schumann* Rn. 1.
[5] BGH NJW 1990, 2682.
[6] BGH NJW 1975, 1228, 1229.
[1] Vgl. RGZ 108, 350, 351f.; BGH NJW 1981, 989 (Beklagtenwechsel); abw. BGH NJW-RR 1987, 1084, 1085 (Klägerwechsel).
[2] RGZ 53, 359, 361f.

die nicht einmal eine Entscheidung erkennen lassen, da die Zulässigkeit der Änderung gar nicht untersucht ist,[3] ferner Zulassungen der Änderung entgegen absolutem Verbot (zB § 181 InsO).[4] Rechtsmittel des Beklagten setzen freilich Beschwer durch Endurteil voraus (§§ 512, 557 Abs. 2).[5]

III. Nichtzulassung der Klageänderung

3 Eine änderungsfeindliche Entscheidung bleibt anfechtbar, freilich nur nach allgemeinen Regeln, also nicht als Zwischenurteil (§ 303),[6] sondern nur als Endurteil (§§ 512, 557 Abs. 2). Die Beschwer liegt in der Übergehung des neuen Antrags, entfällt also nicht dadurch, dass der hilfsweise aufrecht erhaltene Altantrag Erfolg hat.[7] Wurde die **Sachdienlichkeit** der Änderung (§ 263 Rn. 7) verneint, so kann das Rechtsmittelgericht nur überprüfen, ob der Rechtsbegriff der Sachdienlichkeit[8] oder die Grenzen des eingeräumten Ermessens überschritten sind, weil zB der Umfang des zu bewertenden Antrags[9] oder eine Selbstbindung durch Anregung der Klageänderung[10] verkannt wurde. Hat der Tatrichter Sachdienlichkeit ermessensfehlerhaft (oder ohne Begründung[11]) verneint, so kann das Berufungsgericht zurückverweisen.[12] Das Revisionsgericht verweist ebenfalls zurück,[13] kann die Sachdienlichkeit aber selber prüfen, wenn der Tatrichter sich gar nicht zu ihr äußerte.[14]

269 *Klagerücknahme* **(1) Die Klage kann ohne Einwilligung des Beklagten nur bis zum Beginn der mündlichen Verhandlung des Beklagten zur Hauptsache zurückgenommen werden.**

(2) [1]Die Zurücknahme der Klage und, soweit sie zur Wirksamkeit der Zurücknahme erforderlich ist, auch die Einwilligung des Beklagten sind dem Gericht gegenüber zu erklären. [2]Die Zurücknahme der Klage erfolgt, wenn sie nicht bei der mündlichen Verhandlung erklärt wird, durch Einreichung eines Schriftsatzes. [3]Der Schriftsatz ist dem Beklagten zuzustellen, wenn seine Einwilligung zur Wirksamkeit der Zurücknahme der Klage erforderlich ist. [4]Widerspricht der Beklagte der Zurücknahme der Klage nicht innerhalb einer Notfrist von zwei Wochen seit der Zustellung des Schriftsatzes, so gilt seine Einwilligung als erteilt, wenn der Beklagte zuvor auf diese Folge hingewiesen worden ist.

(3) [1]Wird die Klage zurückgenommen, so ist der Rechtsstreit als nicht anhängig geworden anzusehen; ein bereits ergangenes, noch nicht rechtskräftiges Urteil wird wirkungslos, ohne dass es seiner ausdrücklichen Aufhebung bedarf. [2]Der Kläger ist verpflichtet, die Kosten des Rechtsstreits zu tragen, soweit nicht bereits rechtskräftig über sie erkannt ist oder sie dem Beklagten aus einem anderen Grund aufzuerlegen sind. [3]Ist der Anlass zur Einreichung der Klage vor Rechtshängigkeit weggefallen und wird die Klage daraufhin zurückgenommen, so bestimmt sich die Kostentragungspflicht unter Berücksichtigung des bisherigen Sach- und Streitstandes nach billigem Ermessen; dies gilt auch, wenn die Klage nicht zugestellt wurde.

(4) Das Gericht entscheidet auf Antrag über die nach Absatz 3 eintretenden Wirkungen durch Beschluss.

(5) [1]Gegen den Beschluss findet die sofortige Beschwerde statt, wenn der Streitwert der Hauptsache den in § 511 genannten Betrag übersteigt. [2]Die Beschwerde ist unzulässig, wenn gegen die Entscheidung über den Festsetzungsantrag (§ 104) ein Rechtsmittel nicht mehr zulässig ist.

(6) Wird die Klage von neuem angestellt, so kann der Beklagte die Einlassung verweigern, bis die Kosten erstattet sind.

I. Normzweck

1 Die Rücknahme der Klage ist der Verzicht auf Rechtsschutz im laufenden Verfahren, das damit ohne Sachentscheidung endet; folglich bleibt eine neue Klage möglich. Nach dem Verfügungsgrundsatz ist auch die Rücknahme der Klage grds. dem Kläger überlassen (Einl. Rn. 35). § 269 bindet sie aber an die Einwilligung des Gegners; denn dieser hat jedenfalls dann, wenn das Verfahren fortgeschritten ist, für seine Verteidigung Mühe und Kosten aufgewendet, uU auch schon eine vorteilhafte Prozesslage erzielt und daher ein berechtigtes Interesse daran, nun auch selber eine (abweisende) Entscheidung über die Klage zu erzwingen oder doch zu prüfen, ob eine Rücknahme den gleichen Nutzen hätte, etwa weil eine erneute Klage unwahrscheinlich ist.

---

[3] RGZ 137, 324, 333; BGH LM § 268 Nr. 1; MDR 1979, 829.
[4] Näher *St/J/Schumann* § 263 Rn. 35.
[5] RGZ 53, 35, 36f. (Verurteilung nach geändertem Antrag).
[6] Vgl. *St/J/Leipold* § 280 Rn. 3.
[7] AM Zö/*Greger* Rn. 3; *Sae/Saenger* Rn. 4.
[8] BGH NJW 1983, 2933, 2934; 1985, 1841, 1842; 2007, 2414, 2415.
[9] BGH NJW 1996, 2869, 2870.
[10] So wohl BGH NJW 1988, 128 (3a).
[11] Zu diesem Erfordernis RAGE 16, 226, 231.
[12] Vgl. BGH (Fn. 9; sub III 1 zu § 539 aF); vgl. § 538 Abs. 1 u. Abs. 2 S. 1 Nr. 3.
[13] Vgl. BGH (Fn. 9).
[14] BGH NJW 1989, 3225f.; 2003, 1043, 1044.

II. Abgrenzung

1. Rücknahmeversprechen, Klageverzicht. Das bloße Versprechen, die Klage zurückzunehmen, ist nach hM nur schuldrechtlicher Vertrag, wirkt also nicht wie eine Rücknahme. Vertragswidriges Festhalten an der Klage ist jedoch prozessuale Arglist, die auf Einrede des Beklagten zum Prozesshindernis wird: Die Klage ist als (in diesem Verfahren) unzulässig abzuweisen.[1] Ein **Klageverzicht** (§ 306) geht dagegen über die Rücknahme hinaus; er gilt dem prozessualen Anspruch, ist endgültig und führt zum klageabweisenden Sachurteil, dessen Rechtskraft eine erneute Klage ausschließt. 2

2. Die **Erledigterklärung** (§ 91a) zielt wie die Rücknahmeerklärung darauf ab, den Rechtsstreit ohne Sachentscheidung zu beenden, und belässt die Chance, später erneut zu klagen; bei Widerspruch des Beklagten soll – weiter gehend – die Erledigung der Hauptsache festgestellt werden. Ob Rücknahme oder Erledigung erklärt wird, ist durch Auslegung zu ermitteln. 3

3. Klageänderung (§ 263) kann das anfängliche Rechtsschutzbegehren modifizieren, aber auch entfallen lassen. Trotz Ermäßigung der Klagesumme liegt allein Klagerücknahme vor, wenn nach Klagehäufung ein Antrag vollständig zurückgenommen wird.[2] Wie eine Klagereduzierung zu behandeln ist, ist umstritten. Rechtstechnisch scheint sie mit partieller Rücknahme der Klage einherzugehen. Nach der Rspr. sind denn auch jedenfalls betragsmäßige Herabsetzungen des Klageantrags (§ 264 Nr. 2) durch § 269 erschwert. Überzeugend ist das nicht (näher § 264 Rn. 6; zur Kostenverteilung Rn. 11). Auch der **Parteiwechsel** lässt sich als Klagerücknahme deuten. Inwieweit die neue Partei einbezogen werden darf, entnimmt die Rspr. zwar § 263. Anwendbar bleibt § 269 aber immerhin auf das Verhältnis zur alten Partei; deren Einwilligung ist also in jedem Fall nötig (näher § 263 Rn. 14). 4

III. Voraussetzungen der Klagerücknahme

1. Zulässigkeit. a) Umfang. Die Rücknahme gilt meist dem gesamten prozessualen Anspruch, auch bei Klagehäufung oder Parteiwechsel (Rn. 4). Sie kann aber auch auf einen selbständigen Teil (vgl. § 301) beschränkt sein (Rn. 4). Bei notwendiger Streitgenossenschaft ist sie jedem Streitgenossen möglich.[3] 5

b) Zeitpunkt. Die Rücknahme kann noch nach Erlass eines Urteils erfolgen, aber nur bis zu dessen Rechtskraft (Abs. 3 S. 1 Halbs. 2). Zurücknehmbar ist nur eine erhobene (wirksame[4]) Klage, daher grds. erst **ab Rechtshängigkeit** (§§ 253 Abs. 1, 261), idR also ab Zustellung; die formlose Übermittlung einer Klageabschrift genügt nur, wenn im Interesse des Klägers auf Zustellung verzichtet wurde (§ 253 Rn. 16).[5] Eine vorherige „Rücknahme“ ist nur als Verzicht auf Zustellung und Terminsbestimmung zu deuten. Sie rechtfertigt weder die Wirkungslosigkeit eines Urteils (Abs. 3 S. 1 Halbs. 2)[6] noch die Kostenfolge des Abs. 3 S. 2;[7] ein gegenteiliger Beschluss geht ins Leere.[8] Hatte der Beklagte die Erhebung der Klage provoziert, so kann die Kostenbelastung des Klägers freilich als Verzugsschaden zu ersetzen sein (vor § 91 Rn. 15). **Verfrühte „Rücknahme“** genügt allerdings dann (analog § 269), wenn die eingereichte Klage trotz des Verzichts noch zugestellt wird[9] oder wenn die Zustellung fehlerhaft war, der Mangel aber vor der Rücknahme geheilt (§ 253 Rn. 16) wird,[10] ferner in Fällen des Abs. 3 S. 3 (Rn. 13a). 6

2. Erklärung der Rücknahme (Abs. 2). Die Klagerücknahme ist Prozesshandlung (Einl. Rn. 61) und daher bedingungsfeindlich und unanfechtbar.[11] Sie kann auch schlüssig erklärt werden, aber nur durch eindeutiges Verhalten[12] (vom Revisionsgericht überprüfbar[13]), nicht schon durch Nichtverhandeln (vgl. § 333; allgM) oder eine Beschränkung des Rechtsmittelantrages.[14] Die Erklärung erfolgt gegenüber dem Gericht, entweder in der mündlichen Verhandlung oder durch bestimmenden (§ 129 Rn. 6) Schriftsatz. Dieser ist dem Beklagten zuzustellen, falls die Rücknahme seiner Einwilligung bedarf (S. 3; Rn. 8); zum Amtsgericht s. auch § 496. Zuständig ist nur[15] das Gericht, bei dem der Streit anhängig ist, nach Rechtsmittel also das Rechtsmittelgericht, dies auch bei Unzulässigkeit des Rechtsmittels.[16] Anwaltszwang hängt davon ab, vor welchem Gericht zurückgenommen wird, § 78; vor dem Rechtsmittelgericht kann aber, solange sich ein dort zugelassener Anwalt nicht bestellt hat, noch nach den Regeln der Vorinstanz zurückgenommen werden.[17] Nach **vollmachtloser Klageerhebung** kann der Kläger stets zurücknehmen, der Vertreter (entgegen hM) nur, wenn er der Regressgefahr (Rn. 12) begegnen will und eine Heilung des Mangels 7

---

1 BGHZ 41, 3, 5 = NJW 1964, 549; *Brammsen/Leible* JuS 1997, 54, 57; iE auch *G. Wagner,* Prozeßverträge, 1998, S. 504 ff.
2 Vgl. *Walther* NJW 1994, 423, 427.
3 Ebenso OLG Rostock NJW-RR 1995, 381 f. (Streitgenossen kraft materiellen Rechts); umstr.
4 Vgl. OLG Karlsruhe NJW-RR 1997, 1290 (Klage gegen erloschene Partei).
5 OLG Nürnberg NJW-RR 2000, 1453, 1454; abl. OLG Nürnberg MDR 1999, 1409.
6 OLG Düsseldorf NJW-RR 1995, 895.
7 OLG Hamm NJW-RR 1994, 63 f.; abw. LG Heilbronn NJW-RR 1996, 382, 383.
8 HM; OLG Schleswig JurBüro 1984, 604; *Hansens* JurBüro 1986, 495, 498 f.; *E. Schneider* NJW 1965, 1185.
9 OLG Köln MDR 1994, 618; *E. Schneider* ZZP 76 (1963), 32, 40; aM OLG Düsseldorf NJW-RR 1995, 895.
10 OLG Köln MDR 1966, 848 (LS); OLG Bremen NJW 1969, 2243, dazu *Kubisch* NJW 1970, 433.
11 HM; vgl. BSG NJW 1972, 2280; *Henckel,* Festschr. f. Bötticher, 1969, S. 173, 192 ff.
12 BGH NJW-RR 1996, 885, 886 (II 2); weitgehend daher OLG München NJW-RR 1998, 205, 206.
13 BGH (Fn. 12).
14 BGH MDR 1989, 987.
15 BGH MDR 1981, 1002.
16 OLG Braunschweig NdsRpfl. 1970, 207.
17 BGHZ 14, 210, 211 = NJW 1954, 1405; OLG Koblenz MDR 2000, 225, 226.

nicht zu erwarten ist.[18] Die Rücknahme ist **unwiderruflich,** es sei denn, dass der Beklagte den Widerruf hinnimmt und das Verfahren noch nicht zum völligen Stillstand gekommen ist.[19]

8 **3. Einwilligung des Beklagten.** Sie ist erforderlich, sobald der Beklagte mündlich zur Hauptsache verhandelt hat. Im schriftlichen Verfahren steht dem gleich, dass der Beklagte sich zur Hauptsache einlässt und dem Verfahren zustimmt (§ 128 Abs. 2), bei Anordnung schriftlichen Verfahrens nach § 495a, dass er sich einlässt.[20] Verhandeln in erster Instanz genügt.[21]

a) **Verhandeln zur Hauptsache** gilt dem Streitgegenstand. Unzureichend sind Güteverhandlungen (arg. § 278 Abs. 2) und die Erörterung von Verfahrensfragen (hM).[22] Ausreichend ist ein Klageabweisungsantrag, der dem prozessualen Anspruch entgegentritt,[23] ferner jede inhaltliche Einlassung in der Verhandlung (vgl. § 39 Rn. 4). Nach dem verbindlichen Normzweck (Rn. 1) muss auch – es mag der Praxis hinderlich sein – die Erörterung des Sach- und Streitstandes mit dem Vorsitzenden genügen.[24] Ein Antrag des Beklagten auf Versäumnisurteil reicht jedenfalls bei Nichtverhandeln des Klägers (§ 333) aus, nach hM auch bei Abwesenheit;[25] der Kläger kann solchem Verhandeln aber die Grundlage entziehen, wenn er (rückwirkenden) Einspruch einlegt,[26] und die Rücknahme dann ggf. nachholen. Verhandeln vor dem unzuständigen Gericht wirkt fort bei Verweisung nach § 281, jedoch bei Rechtswegverweisung (§ 17a Abs. 2 GVG) nur nach Maßgabe der einschlägigen Gerichtsordnung.[27] Bei der Stufenklage liegt es in der Hand des Klägers, ob überhaupt über den (unbezifferten) Leistungsantrag verhandelt wird (§ 254 Rn. 4); erweist dieser sich zuvor als unbegründet, so ist er daher ohne weiteres rücknehmbar.[28]

b) Zu **Entbehrlichkeit** und Besonderheiten in Familiensachen, Mahnverfahren usw. vgl. Rn. 20ff.

9 c) **Erklärung.** Auch die Einwilligung ist bedingungsfeindlich, unanfechtbar und gegenüber dem Gericht zu erklären (Abs. 2 S. 1); falls nur an den Gegner gerichtet, kann sie idR allenfalls auf dessen Rücknahmeversprechen (Rn. 2) eingehen.[29] Sie erfolgt in der mündlichen Verhandlung oder durch Einreichung eines Schriftsatzes, ggf. auch schlüssig, zB durch den typischen Kostenantrag, durch Anregung der Rücknahme oder durch deren Hinnahme. Ungenügend ist bloßes Schweigen des Beklagten.[30] Um den Prozess nicht mit Schwebezuständen zu belasten, kann die Einwilligung nur in dem Termin erklärt werden, in dem bzw. vor dem die Rücknahme erfolgt ist, sofern der Beklagte hier auftritt. Die Einwilligung ist bindend, falls sie nicht schon vor der Rücknahme erklärt wurde. Aber auch ihre Verweigerung bindet.[31] Bei Rücknahme durch Schriftsatz wird die Einwilligung **fingiert,** wenn der Beklagte trotz Hinweises auf diese Folge nicht binnen zwei Wochen widerspricht (Abs. 2 S. 4); bei schuldloser Fristversäumung: § 233.

IV. Wirkungen (Abs. 3)

10 **1. Fortfall der Rechtshängigkeit.** Alle prozessualen Wirkungen der Rechtshängigkeit entfallen rückwirkend, ggf. auch Nebenverfahren.[32] Eine vor Rücknahme erhobene Widerklage bleibt jedoch zulässig, unabhängig davon, ob man § 33 eine weitere Zuständigkeit (dann § 261 Abs. 3 Nr. 2) oder auch eine besondere Prozessvoraussetzung entnimmt.[33] Auch die materiellrechtlichen Wirkungen entfallen, zB eine Hemmung der Verjährung (Schutz durch § 204 Abs. 2 BGB), oder der Ersitzung (§ 941 BGB), ebenso eine Unwirksamkeit nach § 1408 Abs. 2 S. 2 BGB.[34] Ein vor oder trotz[35] Klagerücknahme ergangenes, aber noch nicht rechtskräftiges **Urteil** wird wirkungslos. Für Beschlüsse in Nebenverfahren gilt das nicht.[36]

11 **2. Kostenverteilung. a) Grundsatz.** Der Kläger trägt alle Kosten des Rechtsstreits, soweit nicht schon rechtskräftig über sie erkannt ist (Abs. 3 S. 2). Dazu gehören auch die Kosten gegnerischer (§ 101 Abs. 1) Streithelfer.[37] Wer nur teilweise (auch § 264 Nr. 2), gegenüber einzelnen Streitgenossen (§ 100 Rn. 11) oder als Streitgenosse allein zurücknimmt, trägt die anteiligen Kosten. Der Grundsatz beruht auf dem Verursachungsgedanken: Da die Voraussetzungen des § 91 wegen der Rücknahme offen bleiben müssen, soll die Kosten tragen, wer den Prozess eingeleitet hat; darin erschöpft sich der Normzweck aber auch.

12 **b) Besonderheiten.** Abs. 3 S. 2 gilt daher nicht für Kosten, die unabhängig von §§ 91ff. der Beklagte verursacht und zu tragen hat (S. 2 aE), insbesondere Kosten einer Unterhaltsklage bei Verletzung einer Aus-

---

[18] *Breitkopf,* Die Klageerhebung und -rücknahme bei vollmachtloser Prozessvertretung und ihre kostenrechtliche Beurteilung, 2004, S. 79ff., 89ff.

[19] Im Kern hL; vgl. *Brammsen/Leible* JuS 1997, 54, 57; aM OLG Saarbrücken MDR 2000, 722.

[20] Abw. AG Norden JurBüro 2000, 370 (Ende der Einlassungsfrist).

[21] BGH NJW 1998, 3784f. (Rücknahme nach Berufung).

[22] BGHZ 100, 383, 389f. = NJW 1987, 3263; *Münzberg* ZZP 94 (1982), 330, 332f.; aA *Henckel* (Fn. 11) S. 180f.

[23] Anders RGZ 132, 330, 336; 151, 65, 67f.

[24] BGH NJW-RR 2004, 1297f. (trotz § 137 Abs. 1); großzügiger zB OLG Nürnberg NJW-RR 1994, 1343.

[25] BGH NJW 1980, 2313 = ZZP 94 (1981), 328 m. krit. Anm. *Münzberg.*

[26] So BGHZ 4, 328, 339f. = NJW 1952, 545; BGH (Fn. 25); aM zB *MK/Prütting* § 342 Rn. 4.

[27] Anders OLG Schleswig SchlHA 1976, 48 (Ende oder Fortgang des Verfahrens).

[28] OLG Stuttgart NJW 1969, 1216, 1217.

[29] Vgl. OLG Karlsruhe OLGZ 1968, 37, 39f.; Justiz 1977, 97.

[30] RGZ 75, 286, 290; BAG NJW 1961, 2371 (LS).

[31] RGZ 108, 135, 137.

[32] OLG Frankfurt NJW-RR 1995, 956 (Beschwerde); einschr. *St/J/Schumann* Rn. 54.

[33] BGHZ 40, 185, 189 = NJW 1964, 44.

[34] BGH NJW 1986, 2318.

[35] LG Itzehoe NJW-RR 1994, 1216; *Jauernig,* Das fehlerhafte Zivilurteil, 1958, S. 153.

[36] So BAG NJW 1997, 2973 (zu § 17a GVG); zust. *G. Vollkommer* MDR 1998, 820f.

[37] RG JW 1904, 492.

kunftspflicht (§ 93 d), Kosten einer **Säumnis** (§ 344;[38] s. auch § 95 Rn. 1) oder eines erfolglosen Verteidigungsmittels[39] (§ 96; anders § 96 Rn. 1). Belanglos ist aber Erledigung nach Rechtshängigkeit.[40] Eine **Kostenübernahme** durch den Beklagten verdrängt Abs. 3 S. 2.[41] Bei Klagerücknahme auf Grund (außer)gerichtlichen **Vergleichs** geht dessen Kostenregelung vor,[42] mangels einer solchen die Kostenaufhebung nach § 98;[43] Abs. 3 S. 2 ist aber dann angemessener, wenn der Kläger im Vergleich auf die mit der Klage verfolgte Position im Wesentlichen verzichtet hat.[44] Vgl. auch § 98 Rn. 6. Bei Rücknahme einer **vollmachtlos erhobenen Klage** (Rn. 7) trägt nach hM die Kosten, wer das Auftreten des Vertreters veranlasst hat (§ 88 Rn. 14 f.). Dieses Veranlassungsprinzip ist jedoch wenig konturiert; analog § 89 Abs. 1 S. 3 als sachnächster Regelung sollten die Kosten generell dem Vollmachtlosen auferlegt werden, vorrangig auch einem Zwischenvertreter, falls dessen Einschaltung offen gelegt wurde.[45] Bei Rücknahme einer **Nebenintervention** trägt deren Kosten der Streithelfer.[46]

13 c) **Erledigung der Hauptsache.** Die Behandlung von Erledigungen ist problematisch, wenn diese vor Rechtshängigkeit eingetreten sein sollen, vom Beklagten aber nicht anerkannt werden (§ 91 a Rn. 37 f.). Hier soll Abs. 3 S. 3 abhelfen,[47] indem bei Klagerücknahme und Erledigung vor Rechtshängigkeit über die Kosten unter Berücksichtigung des bisherigen Sach- und Streitstandes nach billigem Ermessen zu entscheiden ist. Voraussetzung ist allerdings die **Überzeugung des Gerichts** von der frühen Erledigung, bei Streit über diese also wohl auch umfassende Beweiserhebung (nach Normziel nicht unzweifelhaft[48]), was dem Beklagten zugleich weitgehende Waffengleichheit verschafft.[49] Zur **Kostenverteilung** vgl. § 91 a Rn. 23 f.; eine gütliche Einigung ist hier besonders erstrebenswert, weil sie den Kostenvorteil nach KV 1211 Nr. 1 wahrt. An Stelle des Antrags nach Abs. 4 bleibt die traditionelle **Kosten-Feststellungsklage** (§ 91 a Rn. 37 f.) zulässig.[50] Sie kann Vorzüge bieten, denn der Weg nach Abs. 3 S. 3 birgt auch Risiken: Verkennt der Kläger zB, dass Erledigung erst *nach* Rechtshängigkeit eintrat, so bleibt seine Rücknahme wirksam (Rn. 7, 9), was einen Übergang zur Erledigungserklärung ausschließt.[51] Kostenrelevante Details mögen im Rahmen billigen Ermessens außer Acht bleiben[52] – auch bei streitiger Erledigung und deren Nachweis. Gehen beide Parteien von Erledigung aus, so ist die „Rücknahme" iSd. § 91 a umzudeuten.[53]

13a Die Rücknahme ist schon vor und auch **ohne Zustellung der Klage** zulässig (Abs. 3 S. 3 Halbs. 2) und gilt dann der eingereichten „Klage". Das rechtliche Gehör gebietet aber, dem Beklagten den Antrag auf Kostenentscheidung samt Klageschrift zur Kenntnis zu geben. Er ist auch zur Bestellung eines Anwalts aufzufordern (§§ 91 a Abs. 1 S. 1, 78 Abs. 5 nicht analogiefähig). Mündliche Verhandlung ist jedenfalls dann geboten, wenn sie beantragt wird.[54] Etwaige Beweisaufnahme über die Erledigung (Rn. 13) folgt den allgemeinen Regeln.

13b Abs. 3 S. 3 soll vor allem Hauptsache-Erledigung **vor Rechtshängigkeit** (§ 261 Rn. 3 ff.) erfassen: Hatte die Klage bei Einreichung eine Erfolgsaussicht, die vor der Zustellung entfiel, so sind die Kosten idR dem Beklagten aufzuerlegen, wenn er die Klageerhebung provoziert hatte, nämlich auch zivilrechtlich[55] zur Kostentragung verpflichtet wäre (zB nach §§ 280, 286 BGB). Nach dem Normzweck muss das auch für Erledigungen gelten, die **vor Anhängigkeit** eintraten, dem Kläger aber damals nicht erkennbar waren.[56] Dann wiederum kann schwerlich anders gewertet werden, wenn eine Klage nie aussichtsreich war, der Kläger aber dennoch zu ihr veranlasst wurde. Dafür spricht auch, dass ein solcher Fall schon in § 93 d behandelt ist, das ZPO-RG aber ausdrücklich weiter gehen will,[57] so dass nunmehr Analogie nahe liegt. Wird zB bei Stufenklage nach ungünstiger Auskunft der Leistungsantrag zurückgenommen (Rn. 8), so sind uU auch die Kosten dieser Stufe dem Beklagten aufzuerlegen (§ 91 a Rn. 43).[58]

---

[38] BGHZ 159, 153, 157 ff. = NJW 2004, 2309 m. Nachw. auch zur Gegenansicht.
[39] Anders die hM (zu § 269 aF); OLG Bremen NJW 1976, 632; OLG Hamm MDR 1977, 233, 234 m. krit. Anm. *E. Schneider;* OLG Frankfurt MDR 1982, 942; *Zö/Greger* Rn. 18.
[40] BGH NJW 2004, 223 f.
[41] Vgl. OLG Frankfurt VersR 1970, 1135; OLG München MDR 1975, 585.
[42] BGH NJW-RR 2004, 1506, 1507 (auch Streithelfer-Kosten); amtl. Begr. ZPO-RG (BT-Drucks. 14/4722, S. 80).
[43] OLG Frankfurt MDR 1971, 936; OLG München VersR 1976, 395; MK/*Belz* § 98 Rn. 7.
[44] Ebenso BGH NJW 1989, 39, 40 (zur Berufungsrücknahme); eher weiter gehend OLG Köln MDR 1986, 503.
[45] *Breitkopf* (Fn. 18) S. 169 ff., 222 ff., 235 ff.
[46] RGZ 61, 286, 289; BGH NJW-RR 1995, 573.
[47] Zu Recht krit. *Becker-Eberhard,* Festschr. f. Gerhardt, 2004, S. 25 ff.
[48] Vgl. *Deckenbrock/Dötsch* JA 2005, 447, 448 (Anm. 16); MK/*Becker-Eberhard* Rn. 60; generell abl. *Dalibor* ZZP 119 (2006), 331, 342 f.
[49] S. auch BGH NJW 2006, 775 f.; übersehen bei *Dalibor* (Fn. 48) S. 334 ff. (S. 3 sei verfassungswidrig).
[50] *Zö/Greger* Rn. 18 d; *Deckenbrock/Dötsch* MDR 2004, 1214, 1217; aA *Zö/Vollkommer* § 91 a Rn. 42.
[51] Zutr. *Deckenbrock/Dötsch* (Fn. 48); *Dalibor* (Fn. 48) S. 342.
[52] Anders offenbar BGH (Fn. 49) S. 776 (Kläger soll Kostenpflicht des Beklagten „beweisen" müssen).
[53] *Schumann,* in: Festg. f. Vollkommer, 2006, S. 155, 195 f.
[54] Weitergehend *Schumann* (Fn. 53) S. 182; aA *Zö/Greger* Rn. 19 (nach § 128 Abs. 4 freigestellt).
[55] Amtl. Begr. des ZPO-RG (BT-Drs. 14/4722), S. 81.
[56] Vgl. amtl. Begr. (Fn. 52) S. 81 („insbesondere"); hM: *Ro/S/Go* § 130 Rn. 26; *Zö/Greger* Rn. 18 d; *T/P/Reichold* Rn. 16; *Musielak* JuS 2002, 1205 f.; *Schumann* (Fn. 53), S. 176 f.; OLG München OLGR 2004, 218 f.; aA offenbar BGH NJW-RR 2005, 1662, 1663 f.
[57] Amtl. Begr. (Fn. 55) S. 80 (zu § 269);
[58] *Zö/Vollkommer* S. 402; *Saueressig* ZZP 119 (2006), 463, 471 f.; aM wohl BGH NJW 2004, 1530; H/M-S/*Engers* Rn. 9.

V. Entscheidung des Gerichts

14 **1. Unstreitige und wirksame Klagerücknahme. a) Beschluss.** Über prozessuale Wirkungen (Rn. 10) und Kostenfolge der Rücknahme entscheidet das Gericht durch Beschluss (Abs. 4). Bei der KfH entscheidet der Vorsitzende (§ 349 Abs. 2 Nr. 4), im Berufungsverfahren auch ein Einzelrichter (§ 527 Abs. 3 Nr. 2). Die mündliche Verhandlung ist freigestellt (§ 128 Abs. 4). Entschieden wird **auf Antrag.** Er steht nicht nur dem Beklagten, sondern auch dem Kläger offen (ebenso § 626 Abs. 1 S. 3). Anwaltszwang besteht gemäß § 78. Die Wirkungslosigkeit eines Statusurteils ist auch von Amts wegen feststellbar.[59]

15 Bei **teilweiser Klagerücknahme** ist über die Kosten entgegen Abs. 4 erst im Endurteil zu entscheiden, da §§ 91ff. eine Gesamtentscheidung gebieten, aber zur Zeit der Rücknahme idR noch offen ist, welche Gesamtkosten den bisher entstandenen Kosten gegenüberstehen werden.[60] Das gilt auch, wenn nur die Klage gegen einzelne Streitgenossen zurückgenommen wird;[61] vorab und durch Beschluss wird allerdings über deren außergerichtliche Kosten entschieden, zu denen, wenn derselbe Rechtsanwalt alle Streitgenossen vertrat, nur die anteiligen Anwaltskosten gehören.[62] Auch bei Rücknahme einer Restklage ergeht Schlussurteil über die Kosten.[63]

16 **b) Sofortige Beschwerde.** Gegen einen Beschluss nach Abs. 4 – wie gegen seine Ablehnung – ist die sofortige Beschwerde (§ 567) gegeben (Abs. 5), sofern der Streitwert der Hauptsache 600 Euro und – bei Kostenbeschwerde (§ 567 Abs. 2) – die Beschwer 200 Euro übersteigt. Die Beschwerde ist unzulässig, wenn bereits ein Kostenfestsetzungsbeschluss ergangen ist und rechtskräftig wurde (Abs. 5 S. 2).

17 **2. Streitige oder unwirksame Klagerücknahme.** Abs. 4 gilt vor allem für die zulässige und unstreitige Klagerücknahme. Bei Streit wird mündlich verhandelt. Aber auch dann soll bei **Wirksamkeit** der Rücknahme durch Beschluss nach Abs. 4 (Rn. 14) zu entscheiden sein,[64] also nicht durch ein Endurteil, das in weiterem Umfang anfechtbar wäre.[65] Rechtsmittel ist demnach die sofortige Beschwerde (Rn. 16). Die **Unwirksamkeit** der Rücknahme kann durch unanfechtbares Zwischenurteil (§ 303) festgestellt werden, aber auch in den Gründen des späteren Sachurteils. Ein Versäumnisurteil gegen den Kläger ist hier nur denkbar, wenn er im selben Termin noch nicht verhandelte oder (nach nötiger Vertagung) dem nächsten Termin fernbleibt.[66]

VI. Erneute Klage (Abs. 6)

18 **1. Einrede fehlender Kostenerstattung.** Der Beklagte kann nicht verhindern, dass nach Klagerücknahme erneut geklagt oder nach Teilrücknahme die Klage wieder erweitert wird. Abs. 6 gestattet ihm aber, den neuen Prozess zu blockieren, bis ihm die im Vorprozess entstandenen Kosten (Rn. 11ff.) ersetzt sind. Diese Einrede muss er vor seiner Verhandlung zur Hauptsache erheben (§ 282 Abs. 3), um Präklusion (§ 296 Abs. 3) zu vermeiden. Dann darf er die Einlassung verweigern, so dass auch kein Versäumnisurteil ergehen kann. Das Gericht setzt dem Kläger vielmehr eine Frist zur Kostenerstattung; nach fruchtlosem Ablauf besteht ein Prozesshindernis, das zur Klageabweisung führt (vor § 253 Rn. 11).

19 **2. Einzelfälle.** Abs. 6 ist, seinem Zweck entsprechend, weit auszulegen.[67] Die neue Klage muss zB nicht etwa auch der Belästigung des Beklagten dienen.[68] Einer „Klage" steht es gleich, dass der vormalige Kläger eine verbindliche Entscheidung über seinen Anspruch dadurch begehrt, dass er mit ihm gegen die titulierte Kostenforderung aufrechnet und dann Vollstreckungsgegenklage erhebt[69] (§ 322 Abs. 2). Abs. 6 gilt nur für identische Streitgegenstände,[70] analog §§ 325ff. aber auch gegenüber Rechtsnachfolgern des Klägers. Eine „Kostenerstattung" liegt nicht schon darin, dass der Kläger gegen die Kostenforderung ausgerechnet mit seinem Klageanspruch aufrechnet;[71] denn dessen Tilgungseignung hat er durch die Klagerücknahme selber in Frage gestellt.

VII. Besondere Verfahren

20 **1. Familiensachen.** Bei Rücknahme eines Scheidungsantrags gelten Abs. 3–5 auch für bestimmte Folgesachen (§ 626). Die Rücknahme ist (hier ausnahmslos[72]) unwiderruflich. Der Gegner verhandelt bereits mit Zustimmung zum Scheidungsantrag,[73] im Übrigen aber nur bei anwaltlicher Vertretung, auch bei Anhörung nach § 613[74] (näher § 626 Rn. 2ff.). Soweit die Kostenfolge des Abs. 3 S. 2 in Scheidungsverfahren un-

---

[59] OLG Koblenz Rpfleger 1974, 117; OLG Karlsruhe Justiz 1976, 513, 514.
[60] *E. Schneider* NJW 1964, 1055ff.
[61] Abw. OLG Neustadt NJW 1965, 206f. (sofortige Kostenquotelung); s. auch BGH MDR 1960, 216.
[62] OLG Koblenz JurBüro 1985, 774, 775; anders OLG München NJW 1964, 1079f.
[63] BGH NJW-RR 1999, 1741 (nach Teilanerkenntnisurteil); *Elzer* JuS 2000, 699ff.
[64] So BGH NJW 1978, 1585; NJW-RR 1993, 1470; *Sae/Saenger* Rn. 44.
[65] Dafür OLG Hamm NJW 1976, 758, 759; LAG Berlin MDR 1978, 82f.; *Zö/Greger* Rn. 19b.
[66] *Rupp/Fleischmann* MDR 1985, 17, 18; weiter gehend RGZ 75, 286, 290f.; OLG Stuttgart OLGZ 1968, 287.
[67] S. aber OLG Oldenburg MDR 1998, 61 (keine Analogie nach Klageabweisung als zZ unbegründet).
[68] BGH NJW 1992, 2034f.; *Schubert* JR 1987, 333f.
[69] BGH NJW-RR 1987, 61 = JR 1987, 331 m. krit. Anm. *Schubert;* NJW 1992, 2034.
[70] OLG Düsseldorf MDR 1993, 477.
[71] BGH NJW-RR 1987, 61.
[72] OLG München FamRZ 1982, 510.
[73] OLG München NJW-RR 1994, 201.
[74] BGH NJW-RR 2004, 1297, 1298.

billig wäre, gestattet § 626 Abs. 1 S. 2 für zivilprozessuale Familiensachen eine angemessene Kostenverteilung.

2. **Mahnverfahren.** Hier gilt § 269 unmittelbar erst nach Abgabe ins streitige Verfahren (§ 696 Abs. 1 S. 4),[75] für die Rücknahme des **Mahnantrags** aber analog.[76] Dieser ist ohne Einwilligung rücknehmbar, bis ein Vollstreckungsbescheid rechtskräftig geworden ist (Abs. 3 analog) oder (nach Widerspruch oder Einspruch) in das Streitverfahren abgegeben wird, und zwar ohne Anwalt (§§ 78 Abs. 3, 702 Abs. 1 S. 1); näher, auch zur Erledigung vor Rechtshängigkeit, § 690 Rn. 13. Auch der **Streitantrag** kann zurückgenommen werden, gleichfalls ohne Anwalt (§ 696 Abs. 4 S. 2) und mit der Folge des Verfahrensstillstandes, jedoch von der Partei, die Mahnantrag stellte, nur mit Einwilligung des Gegners, falls dieser schon mündlich verhandelt hatte (§ 696 Abs. 4 S. 1); zur Kostenfrage vgl. § 696 Rn. 5. 21

3. **Einstweiliger Rechtsschutz.** Gesuche um Arrest oder einstweilige Verfügung können jederzeit ohne Einwilligung zurückgenommen werden, da die beschränkte Rechtskraft einer erzwungenen Entscheidung neue Verfahren ohnehin kaum verhindern würde[77] (§ 920 Rn. 2). Über die Kosten ist allerdings analog Abs. 3 S. 2 zu entscheiden,[78] selbst bei Obsiegen in der Hauptsache,[79] nicht aber, wenn das Gesuch zurückgenommen wird, bevor der Gegner an dem Verfahren beteiligt war (zB durch Zustellung oder Einreichung einer Schutzschrift[80]). Abs. 3 S. 3 ist auch vor derartiger Beteiligung anwendbar.[81] 22

4. **Selbständiges Beweisverfahren** (§§ 485 ff.). Bezüglich der Kosten ist zu unterscheiden: Wer unter Fristsetzung zur Klage aufgefordert war, trägt die Kosten, wenn er die Klage nicht erhebt (§ 494a Abs. 2) oder zurücknimmt (§ 494a Abs. 2 analog).[82] Gleiches gilt, wenn von Fristsetzung abgesehen wird, weil der Antragsteller auf Klage verzichtet hat.[83] Nicht geregelt ist die Rücknahme des Antrags nach § 485 und gleichwertiges Verhalten. Nach hM ist hier eine selbständige Kostengrundentscheidung zulässig, und zwar analog Abs. 3 S. 2[84] (§ 91 Rn. 65), ggf. also auch analog Abs. 3 S. 3. Soweit im Hauptsacheverfahren zur Sache entschieden wird, hat dieses jedoch Vorrang.[85] Bei Klagerücknahme ohne Aufforderung nach § 494a schließt die Entscheidung nach Abs. 3 die Kosten der Beweissicherung ein[86] (s. auch § 494a Rn. 7). 23

5. **Arbeitsgerichtliches Verfahren.** Im Urteilsverfahren bedarf die Rücknahme der Einwilligung erst dann, wenn beide Parteien kontradiktorisch zur Sache verhandelt haben (§ 54 Abs. 2 ArbGG).[87] Im Beschlussverfahren erfordert die Antragsrücknahme nur in der Beschwerdeinstanz die Zustimmung der anderen Beteiligten (§§ 81 Abs. 2 S. 1, 87 Abs. 2 S. 3 ArbGG). 24

6. **Insolvenzverfahren.** Insolvenzanträge können nur zurückgenommen werden, bis sie rechtskräftig abgewiesen sind oder der Eröffnungsbeschluss (§ 27 InsO) erlassen ist (§ 13 Abs. 2 InsO). Davon unabhängig wird ein Eröffnungsbeschluss durch Antragsrücknahme nicht wirkungslos.[88] Die Kosten des Eröffnungsverfahrens trägt idR der Antragsteller (Abs. 3 S. 2 iVm. § 4 InsO). 25

7. **FG-Verfahren.** In den echten Streitverfahren ist § 269 analog anzuwenden; Anträge sind daher nach Einlassung des Gegners zur Hauptsache nur mit dessen Zustimmung zurücknehmbar.[89] In einfachen Antragssachen wird die Rücknahme bis zur Unanfechtbarkeit einer Entscheidung überwiegend ohne Zustimmung der weiteren Beteiligten zugelassen.[90] Die Kostenentscheidung folgt § 2 Nr. 1 KostO, § 13a FGG. 26

8. **Patentnichtigkeitsverfahren** (§§ 81 ff. PatG). Hier bedarf die Rücknahme keiner Einwilligung, da dem Nichtigkeitskläger nicht zugemutet wird, gegen seinen Willen öffentliche Belange wahrzunehmen.[91] Bei Rücknahme des Widerspruchs nach **Markengesetz** gilt Abs. 3 S. 1, Abs. 4 analog.[92] 27

VIII. Gebühren und Kosten

1. **Rechtsanwaltsgebühren.** Die Tätigkeit des Anwalts gehört zum Rechtszug, wird also durch die Verfahrensgebühr abgegolten. Ist der Anwalt nur mit der Einreichung eines Schriftsatzes, der die Klagerücknahme enthält, beauftragt, erhält er die Verfahrensgebühr gem. Nr. 3101 Nr. 1 VV RVG. Der Beklagtenvertreter erhält die volle Verfahrensgebühr, wenn er einen Schriftsatz mit Sachvortrag oder Sachanträgen vor der Klagerücknahme eingereicht hat (Nr. 3100 VV RVG). Er erhält die volle Verfahrensgebühr auch dann, 28

---

[75] Einschr. LG Essen JZ 1980, 237 (ähnlich der Rücknahme des Streitantrags).
[76] BGH NJW 2005, 513, 514; *Ruess* NJW 2006, 1915, 1918 ff.
[77] HM; OLG Düsseldorf NJW 1982, 2452 f.; aA für Urteilsverfahren *Ahrens/Jestaedt* Kap. 49 Rn. 13.
[78] S. BGH NJW-RR 1995, 495 (zu § 269 aF); *Ahrens/Jestaedt* Kap. 49 Rn. 13 m. weit. Nachw.
[79] BGH NJW-RR 1995, 495; dazu krit. *Becker-Eberhard* JZ 1995, 814 ff.
[80] Vgl. OLG München MDR 1993, 687 f.; OLG Brandenburg MDR 1999, 570.
[81] OLG Stuttgart NJW-RR 2007, 527, 528 („zumindest entsprechend").
[82] *Zö/Herget* § 494a Rn. 4a; *Notthoff/Buchholz* JurBüro 1996, 5, 6 f. (zu Anm. 30); ebenso Rechtsausschuss in BT-Drucks. 11/8283 S. 48; abw. OLG Köln MDR 2002, 1391 f. (weiterer Antrag nach § 494a).
[83] OLG Köln MDR 1997, 105.
[84] BGH MDR 2005, 227 f. (zumindest bei fortdauerndem Interesse an Beweiserhebung); NJW-RR 2005, 1015 f. (auch bei Klage gegen Dritten in gleicher Sache); *Notthoff* JurBüro 1998, 61 f.
[85] BGH MDR 2005, 227; Rechtsausschuss (Fn. 82); *Knütel* BauR 2000, 1904.
[86] BGH NJW 2007, 1279, 1280 f. m. Nachw. zum Streitstand
[87] LAG München NJW 1989, 1502, 1503.
[88] Ausf. OLG Brandenburg NJW-RR 1998, 1739, 1740 f.
[89] OLG Düsseldorf NJW 1980, 349; *Lindacher* JuS 1978, 577, 579; abw. LG Düsseldorf Rpfleger 1972, 450.
[90] *Lindacher* (Fn. 89); offen in KG NJW 1971, 2270, 2272 (2c aE); enger MK/*Becker-Eberhard* Rn. 93.
[91] BGH MDR 1963, 912; NJW-RR 1993, 1470.
[92] BGH NJW-RR 1998, 1203 (zu §§ 42, 114 MarkG, § 269 aF).

wenn die Klage zu diesem Zeitpunkt schon zurückgenommen war, er dies aber nicht wusste und nicht hätte wissen müssen. Die Klagerücknahme im Termin löst beiderseits die **Terminsgebühr** (Nr. 3104 VV RVG) aus, unabhängig davon, ob vorher verhandelt oder erörtert worden ist. Wird die Klage vor dem Termin zurückgenommen und ist die Zustimmung des Beklagten nicht erforderlich, kann eine Termingebühr nur noch aus dem Kostenwert anfallen, es sei denn, die Anwälte der Parteien haben im Vorfeld schon über eine Klagerücknahme verhandelt.[93] Das Gleiche gilt für die Rücknahme von Rechtsmitteln einerseits, Zustimmung zur Rücknahme von Rechtsmitteln andererseits. Der Antrag gemäß § 269 Abs. 4 ist, wenn er **schriftsätzlich** gestellt wird, von der Verfahrensgebühr abgegolten.

29 **2. Gerichtskosten.** Bei Beendigung des gesamten Prozessverfahrens (gleich welcher Instanz) durch Rücknahme der Klage ermäßigt sich der Satz für die allgemeine Verfahrensgebühr unter den näher bestimmten Voraussetzungen (KV Nrn. 1211, 1221, 1222, 1231, 1232, 1251, 1252, 1311, 1321, 1322, 1331, 1332). Die Klagerücknahme muss danach nicht vor Schluss der ersten mündlichen Verhandlung erfolgen; die Privilegierung tritt ein, wenn die Rücknahme vor Schluss der letzten mündlichen Verhandlung erfolgt.[94] Die Ermäßigung tritt nur ein, wenn das **gesamte** Verfahren dadurch erledigt wird.[95] Wird nach einer Klageerweiterung die Klage lediglich in Höhe der Erweiterung zurückgenommen, so reduziert sich die Gebühr nicht.[96] Nunmehr stehen zu Recht Erledigungserklärungen nach § 91a unter bestimmten Voraussetzungen der Klagerücknahme gleich (vgl. zB KV Nr. 1211). Zum Beschwerdeverfahren s. KV Nr. 1810.

270 *Zustellung; formlose Mitteilung*

[1]Mit Ausnahme der Klageschrift und solcher Schriftsätze, die Sachanträge enthalten, sind Schriftsätze und sonstige Erklärungen der Parteien, sofern nicht das Gericht die Zustellung anordnet, ohne besondere Form mitzuteilen. [2]Bei Übersendung durch die Post gilt die Mitteilung, wenn die Wohnung der Partei im Bereich des Ortsbestellverkehrs liegt, an dem folgenden, im Übrigen an dem zweiten Werktag nach der Aufgabe zur Post als bewirkt, sofern nicht die Partei glaubhaft macht, dass ihr die Mitteilung nicht oder erst in einem späteren Zeitpunkt zugegangen ist.

I. Normzweck

1 Das Gebot förmlicher Zustellung (S. 1; §§ 166ff.) gewährleistet, dass die Klageschrift und ähnlich wichtige Schriftsätze mit größtmöglicher Sicherheit bekannt gegeben werden und dies auch nachweisbar ist. Während heute grds. im Amtsbetrieb zuzustellen ist (§ 166 Abs. 2), ist in Einzelfällen noch Parteibetrieb (§§ 191ff.) vorgesehen (näher § 191 Rn. 2). Im Übrigen lässt § 270 S. 1 eine formlose Mitteilung genügen. S. 2 erleichtert den Nachweis, dass diese zugegangen ist, durch Zugangsvermutung. Um die zustellende Partei vor Verzögerungen beim Amtsbetrieb zu schützen, lässt § 167 die Wirkung der Zustellung schon mit Einreichung des Schriftstücks eintreten, falls eine Frist gewahrt oder die Verjährung gehemmt werden soll (vgl. § 167 Rn. 2ff.).

II. Förmliche Zustellung

2 Der förmlichen Zustellung bedürfen idR die Schriftstücke des Gerichts, aber auch wichtige Parteierklärungen wie Schriftsätze iSv. § 261 Abs. 2, Rechtsmittel(begründungs)schriften, Nebenintervention und Streitverkündung (§§ 70 Abs. 1 S. 2, 73 S. 2), teils auch Klagerücknahmen (§ 269 Abs. 2 S. 3). S. 1 erweitert dies auf die Klageschrift und jeden Schriftsatz, der einen Sachantrag enthält, dh. einen Antrag, der Inhalt und Wirkung der erbetenen Sachentscheidung betrifft (vgl. § 297 Rn. 1). Dazu gehören **nicht** Verteidigungsanträge (auf Abweisung der Klage, Zurückweisung eines Rechtsmittels); sie sind nur sachbezogen, und weder ihre Bedeutung noch die Notwendigkeit ihrer Verlesung machen eine Zustellung nötig.[1] Prozessanträge gelten nicht der Endentscheidung, sondern dem dahin führenden Verfahren; auch sie sind daher nicht förmlich zuzustellen. Die Zustellung **von Anwalt zu Anwalt** steht der Zustellung im Amtsbetrieb gleich, wenn dem Gegner nicht gleichzeitig eine gerichtliche Anordnung mitzuteilen ist (§ 195 Abs. 1 S. 2; vgl. § 253 Rn. 15). **Zustellungsmängel,** auch eine Verwechselung von Amts- und Parteibetrieb,[2] können nach §§ 189, 295 heilbar sein.

III. Formlose Mitteilung

3 Formlose Mitteilung erfolgt durch Aushändigung, durch Boten oder durch die Post unter Verzicht auf Beglaubigung und Beurkundung. Jede Selektion der zu überlassenden Unterlagen ist unzulässig[3] (§ 284 Rn. 25).

1. Ausreichend ist formlose Mitteilung nur für bestimmte Verfügungen, zB Ladung nach § 497 Abs. 1, bei Anordnung persönlichen Erscheinens (§ 141 Abs. 2) und vor Entscheidung nach Lage der Akten

[93] G/S/*Müller-Rabe* VV 3104 Rn. 113f.; OLG Koblenz NJW 2005, 2162.
[94] OLG Düsseldorf NJW-RR 2000, 362f.
[95] Kritisch hierzu *N. Schneider* MDR 1999, 462ff.
[96] OLG München NJW-RR 1997, 1159f.
[1] Vgl. BGHZ 52, 385, 388 = NJW 1970, 99; OLG München MDR 1991, 165; *Schlicht* NJW 1970, 1630, 1631ff.
[2] RG JW 1900, 16; RGZ 169, 282; OLG Stuttgart NJW 1961, 81.
[3] OLG München NJW 2005, 1130f. (rechtliches Gehör auch bei Geheimhaltungsinteresse des Gegners).

(§ 251a Abs. 2 S. 3). S. 1 erweitert dies auf Parteierklärungen, die in vorbereitenden Schriftsätzen (§ 129) enthalten sind, insoweit also nicht unter Rn. 2 fallen.

2. Zugangsvermutung (S. 2). Die Vermutung für Tatsache und Zeitpunkt des Zugangs einer formlosen 4
Mitteilung erleichtert den Erlass eines Versäumnisurteils, vor allem die Prüfung der Mitteilung gegnerischen Vorbringens (§ 335 Abs. 1 Nr. 3), uU auch die Prüfung ordnungsgemäßer Ladung (§§ 335 Abs. 1 Nr. 2, 497 Abs. 1 S. 2). Die Vermutung ist durch Glaubhaftmachung (§ 294) widerlegbar, uU erst auf Rechtsmittel (zB §§ 345, 514 Abs. 2) oder Gehörsrüge (§ 321a) hin.

IV. Gerichtskosten

Für die **Zustellungsauslagen** gilt KV Nr. 9002; sie werden nur erhoben, wenn sie in einem Rechtszug für 5
mehr als 10 Zustellungen anfallen.

271 *Zustellung der Klageschrift* **(1) Die Klageschrift ist unverzüglich zuzustellen.**

(2) Mit der Zustellung ist der Beklagte aufzufordern, einen Rechtsanwalt zu bestellen, wenn er eine Verteidigung gegen die Klage beabsichtigt.

I. Normzweck

Die rasche **Zustellung der Klage** (Abs. 1) dient einerseits der Prozessbeschleunigung (wie §§ 272–283 1
insgesamt). Sie soll andererseits auch materielle Rechte des Klägers schützen (§ 262 Rn. 1), denn deren Wahrung bzw. Stärkung hängt dort, wo § 167 nicht hilft (§ 167 Rn. 2), gerade von der Zustellung der Klage ab. Die Aufforderung zur **Anwaltsbestellung** soll dafür sorgen, dass der Beklagte sich frühzeitig verteidigt und vor allem nicht präkludiert wird (§ 296) oder von einem Versäumnisurteil überrascht wird, weil er trotz Anwaltszwangs allein erscheint. Dieser Schutz wird flankiert durch § 335 Abs. 1 Nr. 2, wonach ohne ordnungsgemäße Ladung (samt der Aufforderung nach Abs. 2) ein Versäumnisurteil nicht ergehen darf.

II. Unverzügliche Zustellung (Abs. 1)

1. Ablehnung der Zustellung.[1] Die Zustellung ist Amtspflicht. Sie darf nur **ausnahmsweise** verweigert 2
werden: wenn die Klage nicht in deutscher Sprache verfasst ist,[2] wenn die Unterschrift fehlt (§ 253 Rn. 15), wenn eine zweifellos (sonst Nachfrage) nicht postulationsfähige Person unterzeichnet hat,[3] wenn die Klageerhebung ersichtlich nicht ernst gemeint ist (§ 253 Rn. 7), wenn der Beklagte nicht der deutschen Gerichtsbarkeit unterliegt und sich ihr mit großer Wahrscheinlichkeit auch nicht unterwerfen wird,[4] wenn die Klage mangels hinreichender Bezeichnung oder ladungsfähiger Anschrift des Beklagten nicht zugestellt werden könnte, wenn der nach § 12 GKG fällige Prozesskostenvorschuss nicht entrichtet ist oder solange die erforderlichen Abschriften (§ 253 Abs. 5) fehlen. Wegen Prozessunfähigkeit des Klägers darf die Zustellung nur dann verweigert werden, wenn gerichtsbekannt ist, dass jene fehlt und der gesetzliche Vertreter die Klageerhebung ablehnt.[5] Auch gravierende Ehrverletzungen und rechtswidrige Behauptungen in der Klageschrift können die Zustellung ausschließen, idR aber nur, wenn das Rechtsschutzbegehren hinter sie zurücktritt.[6]

Die Verweigerung der Zustellung ist **unzulässig,** wenn nur sonstige Prozessvoraussetzungen fehlen oder 3
die Klage aus anderen, noch so evidenten Gründen erfolglos bleiben muss. Das gilt auch für funktionelle Unzuständigkeit des angerufenen Gerichts[7] (zB für eine an das OLG gerichtete Klage); andernfalls wäre nicht nur Fristwahrung nach § 167 ausgeschlossen, sondern auch eine Klageabweisung als unzulässig, auf die der Kläger wegen § 204 Abs. 2 BGB aber uU angewiesen ist.

2. Entscheidung über Zustellung. Die Anordnung der Klagezustellung obliegt dem Vorsitzenden (s. 4
auch § 216 Abs. 2). Die Ablehnung der Zustellung obliegt hingegen als Prozessleitung dem ganzen Spruchkörper;[8] das ist angesichts der Bedeutung der Zustellung auch angebracht. Zur Zustellung selbst vgl. § 166 Rn. 2f.

3. Unverzüglich. Unverzüglich erfolgt eine Zustellung, wenn sie nicht prozessordnungswidrig verzögert 5
wird (§ 121 Abs. 1 BGB analog). Dies ist zum Teil strenger als nach § 216 Abs. 2 (§ 216 Rn. 7) zu beurteilen. Denn die Zustellung hat verschiedenste materiellrechtliche Wirkungen (§ 262), die nicht nach § 167 vorverlegt werden; sie kann daher eilbedürftig sein. IdR sollte sie binnen weniger Tage angeordnet werden, wenn nicht noch Zustellungshindernisse (Rn. 2) zu prüfen sind. Die Absicht, zugleich vorbereitende Maßnahmen zu veranlassen (§ 273), gestattet jedenfalls keinen längeren Aufschub.

---

[1] Näher *Halbach,* Die Verweigerung der Terminsbestimmung und der Klagezustellung …, Diss. Köln, 1980.
[2] Vgl. auch BGH NJW 1982, 532f. (Strafsache); aA LG Berlin JR 1961, 384.
[3] HM; vgl. BGH NJW-RR 1987, 322, 323; *Jauernig,* ZPR, § 38 II 4b; *Wiecz/Sch/Steiner* § 78 Rn. 4.
[4] OLG München NJW 1975, 2144, 2145; s. auch OLG Frankfurt FamRZ 1982, 316.
[5] Vgl. OLG Schleswig SchlHA 1958, 230.
[6] LG Stuttgart NJW 1994, 1077 (verfassungsfeindliche Propaganda); zutr. restriktiv BFH NJW 1993, 1352.
[7] Anders die hM; vgl. MK/*Becker-Eberhard* Rn. 13.
[8] MK/*Becker-Eberhard* Rn. 18; anders überwM, *St/J/Leipold* Rn. 33 m. Anm. 34; differenzierend *Ro/S/Go* § 94 Rn. 5ff.

III. Aufforderung zur Anwaltsbestellung (Abs. 2)

6 Die Aufforderung erfolgt durch den Vorsitzenden, und zwar sogleich, dh. unabhängig von einer Verteidigungsabsicht des Beklagten. Sie ist nur im Anwaltsprozess nötig; ist zweifelhaft, ob ein solcher vorliegt, so entscheidet der Vorsitzende. Abs. 2 verlangt keinen Hinweis auf die Risiken der Nichtbestellung eines Anwalts (s. aber §§ 274 Abs. 2, 276 Abs. 2). Ein **Verstoß** gegen Abs. 2 hindert nicht die Wirksamkeit einer Zustellung nach Abs. 1, uU aber ein Versäumnisurteil (Rn. 1).

IV. Sonstige Maßnahmen

7 Nach Eingang der Klage beschließt das Gericht, soweit nötig, über den Gebührenstreitwert (§ 63 Abs. 1 GKG). Ist ein entsprechender Gebührenvorschuss zu leisten (§ 12 Abs. 1–3, 14 GKG), so wird er angefordert (3,0 Gebühren nach KV 1210). Bei mündlichem **Vorverfahren** setzt das Gericht dem Beklagten eine Frist zur Klageerwiderung oder fordert ihn zur Benennung seiner Verteidigungsmittel auf (§ 275 Abs. 1). Der frühe erste Termin wird unverzüglich bestimmt (vgl. § 216 Abs. 2), die Ladung zu ihm mit der Klageschrift zugestellt (§ 274). Bei schriftlichem Vorverfahren wird der Beklagte mit Zustellung der Klage aufgefordert, seine Verteidigungsabsicht binnen zwei Wochen (durch einen Rechtsanwalt) anzuzeigen und binnen einer weiteren Frist auf die Klage zu erwidern; auf die Folgen einer Verspätung ist hinzuweisen (§ 276 Abs. 1, 2). Auch vorbereitende Maßnahmen nach § 273 sind zu erwägen. Hinzu kommen **Mitteilungspflichten,** zB bei Klagen auf Räumung von Wohnraum nach § 543 Abs. 2 S. 1 Nr. 3 BGB (MiZi IV/1), bei Ehenichtigkeits- und Ehefeststellungsklagen (MiZi VII/1), ferner nach § 90 Abs. 1, 4 GWB und § 35 a FGG.

V. Gerichtskosten

8 Wegen der Zustellungsauslagen vgl. § 261 Rn. 16. Die Aufforderung nach Abs. 2 löst keine Gebühren aus.

272 *Bestimmung der Verfahrensweise* **(1) Der Rechtsstreit ist in der Regel in einem umfassend vorbereiteten Termin zur mündlichen Verhandlung (Haupttermin) zu erledigen.**

(2) Der Vorsitzende bestimmt entweder einen frühen ersten Termin zur mündlichen Verhandlung (§ 275) oder veranlasst ein schriftliches Vorverfahren (§ 276).

(3) Die Güteverhandlung und die mündliche Verhandlung sollen so früh wie möglich stattfinden.

I. Normzweck

1 Zwecks Beschleunigung strebt das Prozessrecht seit langem nach Konzentration des Rechtsstreits.[1] Seit der VereinfNov. (1976)[2] gilt: Um den Rechtsstreit möglichst in einem Haupttermin zu erledigen (Abs. 1), sorgt der Vorsitzende entweder für einen frühen Termin, der auch möglichst früh stattfindet[3] (Abs. 3), oder für ein schriftliches Vorverfahren (Abs. 2). Diese Freiheit, den jeweils sachdienlichen Weg zu wählen, wird durch ein vielfältiges Instrumentarium ergänzt: Nicht nur die Parteien haben das Verfahren zu fördern (§§ 129 Abs. 1, 277 Abs. 1, 282 Abs. 2, 3). Vor allem das Gericht hat rechtzeitig alle erforderlichen Maßnahmen zu treffen (§§ 273 Abs. 1, 275 Abs. 2), kann zB auch im Parteiprozess zur Vorbereitung der Verhandlung durch Schriftsätze anhalten (§ 129 Abs. 2), deren Ergänzung oder Erläuterung aufgeben, behördliche Auskünfte einholen, uU sogar Zeugen und Sachverständige laden (§ 273 Abs. 2) und einen Beweisbeschluss erlassen (§ 358 a); es setzt Fristen zur Klageerwiderung (§ 275 Abs. 1) bzw. zur Anzeige der Verteidigungsbereitschaft (§ 276 Abs. 1). **Unanwendbar** ist Abs. 2 in arbeitsrechtlichen Verfahren (vgl. § 46 Abs. 2 S. 2 ArbGG); in Ehe- und Kindschaftssachen findet kein schriftliches Vorverfahren statt, §§ 611 Abs. 2, 640.

II. Die Konzentration auf einen Haupttermin (Abs. 1)

2 Die Erledigung des Rechtsstreits in nur einem umfassend vorbereiteten Termin ist meist prozessökonomisch und daher Zielvorgabe. Diese zwingt das Gericht, wenn auch nur **„in der Regel“**, zu einer Terminsvorbereitung, die zum Ziele führt. Umgekehrt verlangt Abs. 1 nicht stets einen gesonderten Haupttermin, sondern nur die Erledigung spätestens in diesem Termin. Eine Erledigung schon im frühen ersten Termin – er wird dann Haupttermin (§ 275 Rn. 6) – ist also durchaus zulässig. **Ausnahmen** von der Zielvorgabe müssen dem Normzweck entsprechen. Die Komplexität des Rechtsstreits, Verzögerungen der Beweiserhebung[4] oder schlichte Säumnis (§§ 330 ff.) können mehrere Termine nötig machen. Selbst von der Vorbereitung des Haupttermins kann abgesehen werden, wenn sie nicht sinnvoll wäre, weil Aussicht auf Vergleichsbereitschaft, ein Versäumnisurteil, eine Prozesstrennung usw. besteht.[5]

---

[1] Dazu näher *St/J/Leipold* (20. Aufl.) Rn. 1 f.
[2] Instruktiv dazu *Franzki,* in: Das missglückte Gesetz, Hrsg. Diederichsen/Dreier, 1997, S. 43 ff.
[3] Dazu skeptisch *Greger* JZ 2002, 1020, 1027.
[4] Dazu BGH NJW 1976, 1742, 1743.
[5] Ebenso MK/*Prütting* Rn. 25.

III. Die Wahl zwischen frühem Termin und schriftlichem Verfahren (Abs. 2)

1. Ermessensentscheidung. Die Wahl der Verfahrensart trifft der Vorsitzende bzw. originäre Einzelrichter, nach Übertragung gemäß § 348a ggf. (noch) dieser Einzelrichter. Die Wahl ist Ermessensentscheidung und nicht nachprüfbar.[6] Sie muss sich aber an dem Normzweck orientieren, also weniger an Gepflogenheiten des jeweiligen Gerichts als an den Besonderheiten des Rechtsstreits. Insofern ist es bedenklich, dass die Praxis überwiegend nur mit frühem ersten Termin oder nur mit schriftlichem Vorverfahren arbeitet[7] und die Entscheidung schon früh (Rn. 6) fallen soll.[8] 3

a) Ein **früher erster Termin** empfiehlt sich in einfachen Fällen, im Übrigen bei Aussicht auf Vergleichsbereitschaft, ein partielles Anerkenntnis, Klagerücknahme, eine Erledigungserklärung, uU im Parteiprozess und bei zweckmäßiger Anhörung der Partei. Er mag aber auch sonst sinnvoll sein, zumal das Gericht zuvor auf schriftliche Erörterung hinwirken kann (§ 275 Abs. 1, 4; „später früher erster Termin"). Die Entscheidung für erkennbare **Durchlauftermine**[9] beruht demgegenüber oft auf Ermessensfehlern; dann führt sie (auf Kosten der Parteien) zu eben der Rechtswidrigkeit, die sie vermeiden sollte. 4

b) Ein **schriftliches Vorverfahren** bietet sich in tatsächlich schwierigen Fällen an, zumal für Anwaltsprozesse und „Punktesachen", aber auch bei Aussicht auf Herausfilterung unproblematischer Fälle, in denen mangels Anzeige der Verteidigungsbereitschaft ein schriftliches Versäumnisurteil zu erwarten ist (§ 331 Abs. 3). Ausnahmsweise kann das schriftliche Vorverfahren auch Notbehelf sein, um bei Überlastung des Gerichts die bis zum erstmöglichen Termin verstreichende Zeit überhaupt zu nutzen.[10] Die Gefahr ausufernder Schriftsätze kann nach § 273 Abs. 2 Nr. 1 immerhin begrenzt werden. 5

2. Zeitpunkt. Die Wahl ist unverzüglich zu treffen, darf also nicht prozessordnungswidrig verzögert werden (näher § 271 Rn. 5). Denn unverzüglich ist die Klageschrift zuzustellen (§ 271 Abs. 1) und mit ihr auch die Ladung zum etwaigen frühen ersten Termin (§ 274 Abs. 2; s. aber § 274 Rn. 2). Soll hingegen ein schriftliches Vorverfahren stattfinden, so muss die Terminierung zwar ebenfalls unverzüglich erfolgen (§ 216 Abs. 2), nun aber im Hinblick auf den mutmaßlichen Abschluss des Vorverfahrens. Auch hier muss die Wahl aber vor der Zustellung erfolgen. Zur Terminsbestimmung s. Rn. 8. 6

3. Späterer Wechsel. Eine Abänderung der einmal getroffenen Verfahrenswahl ist gesetzlich nicht vorgesehen;[11] § 274 Abs. 2 bestätigt das. Ergibt sich jedoch ein Bedürfnis nach Abänderung (zB wegen unerwarteter Entwicklung des Rechtsstreits oder bei Widerklage nach Bestimmung eines frühen Termins), so widerspräche es der Beschleunigungsintention, an einer sich als unzweckmäßig erweisenden Verfahrenswahl festzuhalten.[12] Hier ist Übergang zum schriftlichen Vorverfahren zulässig, solange der frühe Termin noch nicht abgehalten ist.[13] Ein Wechsel zum frühen Termin ist zulässig, wenn der Kläger dadurch kein Anrecht auf ein Versäumnisurteil nach § 331 Abs. 3 verliert[14] oder wenn er dennoch zustimmt. 7

IV. Frühzeitige mündliche Verhandlung (Abs. 3)

Auch Abs. 3 gilt der Beschleunigung, nämlich der etwaigen Güteverhandlung (§ 278) und dem Verhandlungstermin, und zwar einem frühen ersten Termin (Abs. 2) wie dem ersten Haupttermin (Abs. 1). Dementsprechend ordnet § 216 Abs. 2 an, die (früh angesetzten) Termine auch unverzüglich zu bestimmen. Eine späte Terminierung zu dem Zweck, noch einem verspäteten Beweisantrag zu entsprechen, ist mit Abs. 3 unvereinbar, nach der (extensiven) Rspr. zum Schutz des rechtlichen Gehörs aber ggf. geboten (§ 296 Rn. 15). Keine Verzögerung rechtfertigt die Missachtung einer gerichtlichen Auflage.[15] Abs. 3 ist unanwendbar in Ehe- und Kindschaftssachen (§§ 612, 640) und modifiziert durch §§ 51 Abs. 3 S. 4, 96, 112 Abs. 1 S. 2 GenG, § 246 Abs. 3 S. 2 AktG. – Zum **Rechtsschutz** gegen Verweigerung bzw. Verzögerung der Terminsbestimmung vgl. § 216 Rn. 11. 8

273 *Vorbereitung des Termins* **(1) Das Gericht hat erforderliche vorbereitende Maßnahmen rechtzeitig zu veranlassen.**

(2) Zur Vorbereitung jedes Termins kann der Vorsitzende oder ein von ihm bestimmtes Mitglied des Prozessgerichts insbesondere

1. den Parteien die Ergänzung oder Erläuterung ihrer vorbereitenden Schriftsätze aufgeben, insbesondere eine Frist zur Erklärung über bestimmte klärungsbedürftige Punkte setzen;
2. Behörden oder Träger eines öffentlichen Amtes um Mitteilung von Urkunden oder um Erteilung amtlicher Auskünfte ersuchen;
3. das persönliche Erscheinen der Parteien anordnen;

---

[6] BGHZ 86, 31, 34f. = NJW 1983, 575; BGHZ 98, 6, 11 = NJW 1986, 2252; OLG Frankfurt MDR 1983, 411.
[7] *Walchshöfer* ZZP 94 (1981), 179, 181; Statistisches auch bei *Greger* ZZP 100 (1987), 377, 378.
[8] Vgl. *Greger* JZ 2002, 1020, 1027.
[9] Zur Abgrenzung OLG Hamm NJW-RR 1995, 958.
[10] Dazu OLG Schleswig NJW 1982, 246.
[11] Vgl. auch RegE BT-Drucks. 7/2729, S. 35, 68; *Bischof* NJW 1977, 1897; *Bergerfurth* JZ 1978, 298.
[12] Vgl. MK/*Prütting* Rn. 12ff.; *B/L/H* Rn. 9; aA *Zö/Greger* Rn. 3; differenzierend *Sae/Saenger* Rn. 7.
[13] Abw. OLG München MDR 1983, 324; *Bergerfurth* (Fn. 11).
[14] Belanglos nach KG MDR 1985, 416f.; enger MK/*Prütting* § 276 Rn. 40 (nur in der Frist des § 276 Abs. 1 S. 1); ganz abl. *Zö/Greger* Rn. 3.
[15] OLG Hamm NJW-RR 1999, 575, 576.

4. Zeugen, auf die sich eine Partei bezogen hat, und Sachverständige zur mündlichen Verhandlung laden sowie eine Anordnung nach § 378 treffen;
5. Anordnungen nach den §§ 142, 144 treffen.

(3) [1]Anordnungen nach Absatz 2 Nr. 4 und, soweit die Anordnungen nicht gegenüber einer Partei zu treffen sind, 5 sollen nur ergehen, wenn der Beklagte dem Klageanspruch bereits widersprochen hat. [2]Für die Anordnungen nach Absatz 2 Nr. 4 gilt § 379 entsprechend.

(4) [1]Die Parteien sind von jeder Anordnung zu benachrichtigen. [2]Wird das persönliche Erscheinen der Parteien angeordnet, so gelten die Vorschriften des § 141 Abs. 2, 3.

I. Normzweck

1 Der Rechtsstreit soll durch Beschleunigung und Konzentration in möglichst einem einzigen und auch frühen Haupttermin erledigt werden (§ 272 Abs. 1, 3; näher § 272 Rn. 2). Dies ist ohne Terminsvorbereitung kaum möglich; § 273 ist daher Schlüsselvorschrift des legislativen Konzepts. Das Gericht wird ausdrücklich verpflichtet (Abs. 1), für die rechtzeitige Vorbereitung des Verfahrens zu sorgen. Dies gilt gerade auch dann, wenn die Parteien ihrer Prozessförderungspflicht (zB §§ 275 Abs. 1, 277 Abs. 1, 282) nicht gerecht werden, hier sogar mit besonderer Tragweite; denn gerichtliche Versäumnisse sollen nach der Rspr. Parteiversäumnisse entschärfen: Die Verspätungspräklusion (§ 296) wird zum Schutze des rechtlichen Gehörs ausgesetzt, wenn dem späten Vorbringen nicht durch flexible Prozessleitung Rechnung getragen wurde (Rn. 4).

II. Die Vorbereitungspflicht des Gerichts (Abs. 1)

2 **1. Umfang.** Der Handlungsbedarf richtet sich nach der Verfahrenslage und der Zumutbarkeit[1] gerichtlichen Eingreifens. Die Pflicht zu einer vorsorglich und sinnvoll erscheinenden Maßnahme besteht auch dann, wenn diese sich später als unnötig erweisen kann.[2] Geeignete und zulässige **Maßnahmen** ergeben sich nicht etwa nur aus Abs. 2; die darin enthaltene Auflistung ist umfassend, aber nicht abschließend. Insbesondere sind die Parteien zu vollständigem und rechtzeitigem Vorbringen anzuhalten (§ 139 Abs. 1 S. 2). Eine Vorbereitungspflicht besteht uU selbst im **einstweiligen Rechtsschutz** (trotz § 920), zB zu vorsorglicher Ladung eines Zeugen, den die Partei nicht stellen kann (arg. § 294 Abs. 2).[3]

3 **2. Grenzen.** Die Prozessvorbereitung unterliegt systematischen Schranken. So findet wegen des Beibringungsgrundsatzes grds. **keine Amtsermittlung** des Streitstoffes statt (vgl. § 284 Rn. 1).[4] Daher sind eigene, auch vorbereitende Initiativen des Gerichts nur in Bereichen zulässig, die schon durch Beweisanträge oder Vorbringen der Parteien vorgezeichnet sind (zu Ausnahmen vgl. §§ 142, 144, 448). Erst recht dürfen vorbereitende Maßnahmen die Anordnung und Durchführung der **Beweiserhebung** nicht vorwegnehmen; während die Vorbereitung dem Vorsitzenden obliegt (Rn. 5), ist es dem Spruchkörper vorbehalten, über Beweis(führungs)last und Beweisbedürftigkeit zu entscheiden (§§ 358, 358a). ZB ist es nicht mehr „vorbereitend", eine schriftliche Zeugenaussage einzuholen (trotz Abs. 2 Nr. 4)[5] oder beigezogene Akten zu verwerten. Vorbereitung darf auch nicht „auf Verdacht oder Vorrat" erfolgen;[6] sie ist auf einzelne Beweismittel beschränkt, die im Termin bestimmte, deutlich hervortretende Streitpunkte klären könnten.[7] Im Übrigen wird dem Gericht kein **unzumutbarer Aufwand** abverlangt,[8] zB bei umfangreichem Beweismaterial und schwierigen Vorfragen.[9]

4 Andererseits kann verspätetes Vorbringen einer Partei Anlass zu besonderen Initiativen geben. Denn hier droht **Verspätungspräklusion** und damit ein Eingriff in das rechtliche Gehör, dessen Versagung strengen Voraussetzungen unterliegt. Das Gericht kann daher uU zu ausgleichenden Maßnahmen verpflichtet sein (näher § 296 Rn. 15f.).[10] So ist die Ladung auch spät benannter Zeugen umso eher geboten, je länger der Zeitraum bis zur nächsten mündlichen Verhandlung ist.[11] Die diesbezüglichen Anforderungen des BVerfG gehen freilich oft zu weit.[12] Jedenfalls besteht keine Pflicht, wegen verspäteten Beweisangebots die Terminplanung mit erheblichem Aufwand[13] oder noch kurzfristig[14] umzustellen. Gerade Eilanordnungen sind nur ausnahmsweise geboten,[15] ebenso der – wünschenswerte – Rat, einen benannten Zeugen, der nicht mehr geladen werden kann, zu sistieren (zu Abs. 4 S. 1 vgl. Rn. 7).

---

1 Anders wohl *Deubner,* Festschr. f. Lüke, 1997, S. 51, 58f. (gegen Argumente der Arbeitsökonomie).
2 BGH NJW 1975, 1744, 1745 (zu § 272b aF).
3 Vgl. *B/L/H* Rn. 7; *Teplitzky* DRiZ 1982, 41f.; anders hM, OLG München WRP 1978, 400; MK/*Prütting* Rn. 13.
4 BVerfG NJW 1994, 1210, 1211.
5 *St/J/Leipold* Rn. 19.
6 OLG Köln NJW-RR 1997, 150, 151.
7 BGH NJW 1971, 1564; BGHZ 91, 293, 304 = NJW 1984, 1964; aA *Wolf* ZZP 94 (1981), 310, 315.
8 BVerfG NJW 1990, 2373; BGHZ 75, 138, 142f. = NJW 1979, 1988; BGHZ 86, 198, 203 = NJW 1983, 1495.
9 BGH NJW 1999, 3272, 3273 = LM § 528 Nr. 53 m. Anm. *Gummer;* OLG Köln VersR 1973, 130, 131.
10 Ausf. *Deubner* (Fn. 1) S. 51ff. (weitgehend).
11 BVerfG NJW 1990, 2373; BGH NJW-RR 2002, 646f.
12 Zu den Problemen *B. Schmidt* NJW 1992, 2005f.
13 Vgl. BGHZ 91, 293, 304 = NJW 1984, 1964; OLG Celle NJW 1989, 3023, 3024f.; *Deubner* (Fn. 1) S. 61f.
14 BGH (Fn. 9); NJW 1980, 1102, 1103f.; 1987, 499.
15 Vgl. BGH NJW 1980, 1102, 1104; OLG Schleswig SchlHA 1980, 161; aM *Deubner* (Fn. 1) S. 62f.

III. Das Verfahren bei vorbereitenden Maßnahmen

1. Zuständigkeit. Die Zuweisung der Vorbereitungspflicht an das „Gericht" (Abs. 1) ist missverständlich, denn die Befugnis zu konkreten Maßnahmen samt der Entscheidung über solche ist in Abs. 2 abweichend geregelt. Soweit § 273 Anwendung findet, dh. **vor einem Termin,** ist daher (nur) der Vorsitzende oder ein von ihm bestimmtes Mitglied des Gerichts befugt und gehalten, den Termin vorzubereiten.[16] Das Kollegium entscheidet lediglich im Termin (arg. §§ 142–144, 275 Abs. 4 S. 2) und über Beweisbeschlüsse nach § 358a. 5

2. Form. Die vorbereitende Verfügung ergeht ohne mündliche Verhandlung. Sie wird dem Adressaten, vollständig unterschrieben,[17] formlos mitgeteilt (§ 329 Abs. 2 S. 1). Ist sie hingegen mit einer Fristsetzung verbunden (Rn. 9), so wird sie ihm zugestellt (§ 329 Abs. 2 S. 2);[18] ein Zustellungsmangel ist nach § 189 heilbar. 6

3. Benachrichtigung der Parteien (Abs. 4). Soweit den Parteien die Anordnung nicht nach Rn. 6 zugeht, sind sie von ihr zu benachrichtigen. Dies dient dem Schutz des rechtlichen Gehörs. Daher ist eine Beweisaufnahme, die ohne Benachrichtigung erfolgt, unverwertbar, es sei denn, dass der Verstoß gegen Abs. 4 durch rügelose Einlassung (§ 295) geheilt wird.[19] Abs. 4 hindert aber nicht, nicht geladene (zufällig anwesende oder sistierte) Zeugen zu vernehmen, wenn für das rechtliche Gehör im Nachhinein gesorgt wird (§ 279 Rn. 6). 7

4. Rechtsschutz. Über vorbereitende Verfügungen wird von Amts wegen entschieden. Entsprechende Anträge der Parteien sind daher bloße Anregungen, deren Übergehung nicht mit sofortiger Beschwerde anfechtbar ist.[20] Überprüfbar ist die Ermessensausübung nur im Zusammenhang mit einer Verspätungspräklusion. 8

IV. Mögliche Maßnahmen (Abs. 2)

1. Allgemeines. Die in Abs. 2 aufgelisteten Maßnahmen sind nur exemplarisch. Der Einzelfall kann zusätzliche Anordnungen nahe legen, zB die, Aktenzeichen von Parallelverfahren zu benennen[21] oder ein Beweisobjekt zur Augenscheinseinnahme vorzubereiten. Eine **Fristsetzung** kann (über Nr. 1 hinaus) mit jeder Anordnung verbunden werden. Sie ist nur wirksam, wenn der Adressat eindeutig erkennen kann, was von ihm verlangt wird.[22] Die Frist kann auf Antrag verlängert oder verkürzt werden (§ 224 Abs. 2). Bei **Missachtung** einer Anordnung ist gleichwohl mündliche Verhandlung anzustreben (§ 272 Abs. 3).[23] Verstöße einer Partei können Beweisvereitlung sein (s. § 371 Abs. 3; § 286 Rn. 62ff.). Bei Versäumung einer Frist droht Präklusion nach § 296 Abs. 1; einen diesbezüglichen Hinweis bei der Anordnung verlangt das Gesetz nicht.[24] 9

2. Parteivorbringen (Nr. 1). Die Möglichkeit, den Parteien die Ergänzung oder Erläuterung ihrer vorbereitenden Schriftsätze aufzugeben, entspricht § 139 Abs. 1 S. 2. Entsprechende Hinweise sind „so früh wie möglich" zu geben (§ 139 Abs. 4). Gestattet wird freilich nicht die Sachaufklärung als solche (Amtsermittlung), sondern nur die Klärung, welche Tatsachen streitig sind und ob das Parteivorbringen subsumtionsfähig ist. Dies kann zB eine Systematisierung des Vortrags, Auflistungen, Berechnungen oder Skizzen erforderlich machen. 10

3. Amtshilfe (Nr. 2).[25] **a) Zulässigkeit.** Die Mitteilung (Vorlage) von Urkunden kann auch kompletten Akten gelten. Eine Pflicht zur Beiziehung umfangreicher Akten besteht allerdings nicht, wenn die Parteien selbst Einsicht nehmen können.[26] Auch die Einholung amtlicher Auskünfte setzt ein hinreichend konkretes Parteivorbringen voraus (Rn. 3). Die **Verwertung** solcher Auskünfte, zumal eines darin enthaltenen Gutachtens, steht einem Zeugen- bzw. Sachverständigenbeweis gleich;[27] sie erfordert einen entsprechenden Beweisantrag (s. auch Abs. 2 Nr. 4) bzw. einen Beweisbeschluss des ganzen Gerichts (§ 358a S. 2 Nr. 2). Die Verwertung mitgeteilter Urkunden erfordert einen Beweisantrag nach § 432 Abs. 1; auf andere Gerichtsakten des Prozessgerichts (§ 286 Rn. 5) muss eine Partei sich wenigstens berufen haben.[28] 11

b) Behörde ist jede Stelle, die Aufgaben der öffentlichen Gewalt wahrnimmt (§ 1 Abs. 4 VwVfG), bzw. „ein in den allgemeinen Organismus der Behörden eingefügtes Organ der Staatsgewalt, das dazu berufen ist, unter öffentlicher Autorität für die Erreichung der Zwecke des Staates oder der von ihm geförderten Zwecke tätig zu sein",[29] und zwar nicht unbedingt „obrigkeitlich".[30] Beispiele: Eisenbahnverkehrsverwal- 12

---

[16] AM *Wolf* ZZP 94 (1981), 310, 315.
[17] BGHZ 76, 236, 241 = NJW 1980, 1167; vgl. auch § 329 Rn. 3f.
[18] BGH (Fn. 17).
[19] Vgl. BVerfG NJW 1994, 1210f.; OLG Schleswig NJW 1991, 303, 304.
[20] Ganz hM; OLG Düsseldorf MDR 1961, 152.
[21] OLG Düsseldorf MDR 1992, 812.
[22] OLG Frankfurt MDR 1979, 764; OLG München MDR 1978, 147 (aE); *Grunsky* JZ 1978, 81, 83.
[23] OLG Hamm NJW-RR 1999, 575, 576.
[24] Vgl. BGHZ 88, 180, 183f. = NJW 1983, 2507.
[25] Ausf. *Hohlfeld,* Die Einholung amtlicher Auskünfte im Zivilprozess, 1995, S. 41ff.
[26] OLG Hamm NJW-RR 2002, 504 (Strafakten).
[27] Vgl. BGHZ 62, 93, 95 = NJW 1974, 701; BGHZ 89, 114, 119 = NJW 1984, 438.
[28] BVerfG NJW 1994, 1210, 1211.
[29] BGH NJW 1964, 299; so schon RGSt 18, 246, 249f.; dazu näher *Hohlfeld* (Fn. 25), S. 29ff.
[30] BGHZ 3, 110, 117f. = NJW 1951, 799.

tung,[31] Postgiroämter,[32] die Kirchengemeinden,[33] öffentliche Sparkassen[34] und Girozentralen[35] nach Maßgabe der Länderrechte, Industrie- und Handelskammern,[36] öffentlichrechtliche Rundfunkanstalten,[37] auch ausländische Behörden (Rechtshilfe),[38] **nicht** dagegen vom staatlichen Behördenaufbau separierte Organisationen (zB Rotes Kreuz,[39] BfA[40]) oder juristische Personen des Privatrechts, auch wenn sie staatliche Aufgaben selbständig erledigen sollen,[41] also zB nicht (mehr) die Deutsche Bahn AG.

13 **4. Persönliches Erscheinen der Parteien (Nr. 3).** Nach Nr. 3 kann es nur zwecks Sachaufklärung (§ 141 Abs. 1 S. 1) und etwaigen Vergleichs (§ 141 Abs. 3 S. 2) angeordnet werden, nicht zur Vorbereitung von Güteversuch (arg. § 278 Abs. 3) oder Parteivernehmung (arg. § 454 Abs. 1). Das Erscheinen muss der Partei zumutbar sein (arg. § 141 Abs. 1 S. 2; Nichterwähnung in § 273 ist nach allgM Redaktionsversehen). Die Anordnung darf auch nur gegen eine Partei ergehen, die sich schon auf den Rechtsstreit eingelassen hat.[42] Bei Nichterscheinen (auch eines Vertreters) kann Ordnungsgeld festgesetzt werden, wenn auf diese Folge hingewiesen worden war (Abs. 4 S. 2 iVm. §§ 141 Abs. 3, 380f.).

14 **5. Ladung von Zeugen und Sachverständigen (Nr. 4).** Zeugen dürfen nur geladen werden, wenn eine Partei sich auf sie bezogen hat. Zeugen wie Sachverständige sollen auch nur geladen werden, soweit der Widerspruch des Beklagten (Abs. 3 S. 1) zeigt, dass der Sachverhalt streitig ist; dies ist ggf. nach Abs. 2 Nr. 1 zu klären. Die Ladung kann von einem Auslagenvorschuss des Beweisführers abhängig gemacht werden (Abs. 3 S. 2 iVm. §§ 379, 402), jedoch nicht vor Klärung der Beweisbedürftigkeit nach Abs. 3 S. 1; zur Beweiserhebung von Amts wegen s. aber Rn. 15. Der Beweisperson kann aufgegeben werden, Aufzeichnungen usw. einzusehen und mitzubringen (Nr. 4 iVm. § 378). Das Beweisthema muss ihr mit der Ladung genannt werden (§ 377 Abs. 2 Nr. 2 analog).[43] Nur dann sind auch Ordnungsmittel möglich (vgl. §§ 377 Abs. 2, 380). Abs. 2 Nr. 4 deckt jedoch keine Einvernahme von Zeugen (auch nach § 377 Abs. 3; Rn. 3). Zur Begutachtung durch Sachverständige s. Abs. 2 Nr. 5.

15 **6. Vorlage von Urkunden, Augenscheinsobjekten; Begutachtung (Nr. 5).** Die **Vorlegungspflichten** sind durch Verweisung auf §§ 142, 144 erheblich erweitert worden. Bezüglich einer Urkunde genügt nunmehr, dass (irgend)eine Partei sich auf sie berufen hat, für Augenscheinsobjekte, dass (irgend)eine Partei sie in Besitz hat. Auch **Augenscheinseinnahme** und eine **Begutachtung** durch Sachverständige können angeordnet werden (§ 144 Abs. 1). Den Parteien kann aufgegeben werden, diese Maßnahmen zu dulden. Selbst Anordnungen **gegen Dritte** sind möglich, wenn der Beklagte dem Klageanspruch widersprochen hat, so dass der Sachverhalt streitig ist (Abs. 3 S. 1), es sei denn, dass die Erfüllung unzumutbar ist oder ein Zeugnisverweigerungsrecht besteht (§§ 142 Abs. 2, 144 Abs. 2). Zuständig ist der Vorsitzende (anders §§ 142, 144). Zur Fristsetzung vgl. §§ 142 Abs. 1 S. 2, 144 Abs. 1 S. 2. Ein Kostenvorschuss kann bei Beweiserhebung von Amts wegen zwar erhoben (§ 17 Abs. 3 GKG), nicht aber zur Bedingung gemacht werden.[44]

V. Gebühren und Kosten

16 **1. Rechtsanwaltsgebühren.** Maßnahmen des Gerichts nach § 273 Abs. 2 lösen keine besonderen Gebühren aus. Die Tätigkeit des Anwalts wird von der Verfahrensgebühr (Nr. 3100 VV RVG) abgedeckt.

17 **2. Gerichtskosten.** Sie werden für Anordnungen nach § 273 nicht erhoben. Die Begünstigung nach KV Nr. 1211 und vergleichbaren Vorschriften (vgl. § 269 Rn. 29) bleibt weiterhin möglich.

274 *Ladung der Parteien; Einlassungsfrist*

(1) Nach der Bestimmung des Termins zur mündlichen Verhandlung ist die Ladung der Parteien durch die Geschäftsstelle zu veranlassen.

(2) Die Ladung ist dem Beklagten mit der Klageschrift zuzustellen, wenn das Gericht einen frühen ersten Verhandlungstermin bestimmt.

(3) [1]Zwischen der Zustellung der Klageschrift und dem Termin zur mündlichen Verhandlung muss ein Zeitraum von mindestens zwei Wochen liegen (Einlassungsfrist). [2]Ist die Zustellung im Ausland vorzunehmen, so hat der Vorsitzende bei der Festsetzung des Termins die Einlassungsfrist zu bestimmen.

---

31 Zur „Deutschen Bundesbahn" alten Rechts vgl. *Kunz* MDR 1989, 588, 592.
32 OLG Karlsruhe NJW-RR 1992, 63.
33 Vgl. RGZ 59, 329, 331; OLG Braunschweig FamRZ 1962, 193, 195.
34 BGH NJW 1963, 1630, 1631 (Sparbuch); OLG Düsseldorf MDR 1991, 272 (jeweils Strafsache); s. auch BVerfGE 75, 192, 197ff. = MDR 1987, 813.
35 OLG Hamm JMBlNRW 1963, 116 (zu § 80 Abs. 1 S. 3 GBO).
36 OLG Karlsruhe Rpfleger 1963, 204f.
37 Vgl. auch BVerfG NJW 1971, 1739, 1740 (zur Steuerpflichtigkeit).
38 BGH NJW 1992, 3106, 3107 (aE); LG Hamburg WM 1996, 1814, 1815 (Internat. Handelskammer).
39 BayObLGZ 1969, 89, 94.
40 BGH NJW 1964, 299, 300 (zu § 29 Abs. 1 S. 3 FGG; hier aber zweifelhaft).
41 BGH (Fn. 30) S. 118.
42 HM; OLG Celle NJW 1970, 287 (LS); OLG Köln OLGZ 1973, 364, 367; JurBüro 1976, 1112, 1113.
43 KG NJW 1976, 719, 720; OLG Schleswig NJW 1991, 303f.; *Meyer* JurBüro 1992, 717.
44 BGH NJW 2000, 743, 744.

I. Ladung der Parteien

Ladung ist die Aufforderung, zu dem angesetzten Termin zu erscheinen. Ist dieser bestimmt (§§ 216, 329 Abs. 2 S. 2), so sind die Parteien von Amts wegen zu laden (§ 214), also nach Maßgabe der §§ 166–190 (formlos nur im Falle des § 497 Abs. 1). Hierfür sorgt idR die Geschäftsstelle (vgl. § 168). Soweit Rechtsanwälte bestellt sind, wird die Ladung nur diesen zugestellt (§ 172), es sei denn, dass eine Partei persönlich geladen wird (zB nach § 141 Abs. 2 S. 2 bzw. § 273 Abs. 2 Nr. 3, §§ 279 Abs. 3, 445 ff.). Zu laden sind auch Streitgenossen (§ 63 Halbs. 2), Nebenintervenienten (§ 71 Abs. 3) und in Kindschaftssachen die Beizuladenden (§ 640e Abs. 1). **Unnötig** ist die Ladung der Parteien zu Terminen, die nach § 497 Abs. 2 oder in verkündeten Entscheidungen (§ 218 Rn. 3) bestimmt werden. 1

II. Ladung mit Klagezustellung (Abs. 2)

Abs. 2 dient (wie §§ 216 Abs. 2, 272 Abs. 3) der Beschleunigung. Vorgeschrieben ist die gleichzeitige Zustellung von Klage und Ladung nur bei Wahl eines frühen ersten Termins. Bei Wahl des schriftlichen Vorverfahrens kann die Ladung auch nachfolgen (§ 276 Rn. 6). Dies ist aber auch sonst möglich, denn systematische Auslegung führt zu **Einschränkungen** des Abs. 2. Für Landgerichte folgt das schon daraus, dass frühe Terminierung belasten kann, wenn der Rechtsstreit auf den Einzelrichter zu übertragen ist (§ 348a), weil dies erst nach Eingang der Klageerwiderung erfolgen soll (§ 277 Abs. 1 S. 2).[1] Flexibilität hat auch dann Vorrang, wenn selbst der frühe Termin vorbereitender Maßnahmen bedarf, deren Erledigungsdauer aber ungewiss ist. Abs. 2 gilt ohnehin nicht, falls das Gericht im schriftlichen Vorverfahren zum frühen ersten Termin überwechselt (dazu § 272 Rn. 7). 2

III. Einlassungsfrist (Abs. 3)

1. Normzweck. Abs. 3 schützt den Beklagten, der zur Vorbereitung seiner Einlassung eine Mindestzeit benötigt. Demgegenüber schützt die Ladungsfrist (§ 217) auch den Kläger; sie ist aber kürzer, so dass in einem entgegen Abs. 3 angesetzten Termin Versäumnisurteil gegen den Kläger ergehen kann. **Anwendbar** ist Abs. 3 lediglich vor dem ersten Termin. Vor weiteren Terminen sind nur die kürzeren Schriftsatzfristen zu beachten (§ 132), selbst bei Klageänderung[2] oder Widerklage; sind diese Fristen eindeutig unzureichend, kann aber Anlass zur Terminsänderung (§ 227) bestehen. Abs. 3 gilt entsprechend bei Zustellung der Anspruchsbegründung nach Mahnverfahren,[3] für die Einlassung auf Berufung bzw. Revision (§§ 523 Abs. 2, 553 Abs. 2), nicht aber in den besonders beschleunigten Verfahren nach §§ 916 ff. und in Arbeitssachen (§ 47 ArbGG). 3

2. Einzelheiten. Die reguläre Frist beträgt zwei Wochen. Bei Auslandszustellungen wird sie vom Vorsitzenden angemessen verlängert (Abs. 3 S. 2). Letzteres ist auch bei öffentlicher Zustellung im Falle des § 185 Nr. 2 zulässig. Auf Antrag ist Fristverkürzung möglich (§ 226), nicht aber Verlängerung (§ 224 Abs. 2) oder eine Wiedereinsetzung (keine Notfrist). **Fristbeginn** ist die Zustellung der Klageschrift. Folgt die Ladung der Zustellung allerdings entgegen Abs. 2 nach (Rn. 2), so muss die Ladung maßgebend sein (vgl. auch § 523 Abs. 2).[4] Zur Fristberechnung vgl. § 222, zur Hemmung § 223 Abs. 1. **Verstöße** gegen Abs. 3 hindern ein Versäumnisurteil gegen den Beklagten (§ 335 Abs. 1 Nr. 2), auch im Falle des § 333. 4

275

Früher erster Termin **(1) [1]Zur Vorbereitung des frühen ersten Termins zur mündlichen Verhandlung kann der Vorsitzende oder ein von ihm bestimmtes Mitglied des Prozessgerichts dem Beklagten eine Frist zur schriftlichen Klageerwiderung setzen. [2]Andernfalls ist der Beklagte aufzufordern, etwa vorzubringende Verteidigungsmittel unverzüglich durch den zu bestellenden Rechtsanwalt in einem Schriftsatz dem Gericht mitzuteilen; § 277 Abs. 1 Satz 2 gilt entsprechend.**

(2) Wird das Verfahren in dem frühen ersten Termin zur mündlichen Verhandlung nicht abgeschlossen, so trifft das Gericht alle Anordnungen, die zur Vorbereitung des Haupttermins noch erforderlich sind.

(3) Das Gericht setzt in dem Termin eine Frist zur schriftlichen Klageerwiderung, wenn der Beklagte noch nicht oder nicht ausreichend auf die Klage erwidert hat und ihm noch keine Frist nach Absatz 1 Satz 1 gesetzt war.

(4) [1]Das Gericht kann dem Kläger in dem Termin oder nach Eingang der Klageerwiderung eine Frist zur schriftlichen Stellungnahme auf die Klageerwiderung setzen. [2]Außerhalb der mündlichen Verhandlung kann der Vorsitzende die Frist setzen.

I. Normzweck

Vorausgesetzt ist der Beschluss (nach § 272 Abs. 2), das Verfahren durch frühen ersten Termin vorzubereiten. § 275 konkretisiert die Vorbereitung dieses Termins und des etwa noch nötigen Haupttermins. Anlass für einen Haupttermin besteht, wie Abs. 2 deutlich macht, nur, wenn die Prozesslage des Streitfalles ihn 1

---

[1] Ebenso *St/J/Leipold* § 271 Rn. 12; *Sae/Saenger* Rn. 3.
[2] OLG Düsseldorf NJW-RR 1999, 859, 860.
[3] BGH NJW 1982, 1533, 1534.
[4] Vgl. auch OLG Hamm NJW 1974, 2139 (zu § 47 GKG aF); anders die hM (s. nur MK/*Prütting* Rn. 13), meist unter fehlgehendem Hinweis auf BGHZ 11, 175, 176 = NJW 1954, 640.

erforderlich macht (s. auch Rn. 9). **Ziel** der ganzen Vorschrift ist es, die Parteien bis zur Güteverhandlung bzw. bis zum frühen ersten Termin, jedenfalls aber bis zum Haupttermin zur Darlegung des Streitstoffes zu veranlassen, zumal den Beklagten zur Klageerwiderung (dazu § 277). Für Nachdruck sorgt, dass bei verspätetem Vortrag jeder Partei, der eine Frist gesetzt war, die – scheinbar – strenge Präklusion droht (§ 296 Abs. 1). Insofern dient auch § 275 der Erledigung in spätestens einem umfassend vorbereiteten Termin (§ 272 Rn. 2). Bleibt der so gesammelte Streitstoff unvollständig, kann das Gericht verbliebene Unklarheiten oder Unvollständigkeiten auch gezielt klären lassen (§ 273 Abs. 2) und bestimmte Beweisaufnahmen sogar schon vor dem (frühen oder Haupt-) Termin durchführen (§ 358a). In **Arbeitssachen** ist § 275 insgesamt unanwendbar (§ 46 Abs. 2 S. 2 ArbGG). Eine den Abs. 3 und 4 ähnliche Regelung enthält aber § 61a Abs. 3, 4 ArbGG für Kündigungssachen.

II. Vorbereitung des frühen ersten Termins (Abs. 1)

2 **1. Verteidigung des Beklagten.** Abs. 1 eröffnet zwei Wege, um den Beklagten zu veranlassen, sich zu verteidigen und sich zur Entscheidung der Sache durch den Einzelrichter (§ 277 Abs. 1 S. 2) zu äußern.

a) Zur schriftlichen Klageerwiderung kann ihm eine **Frist gesetzt** werden (anders nur in Ehe- und Kindschaftssachen, §§ 611 Abs. 2, 640); dabei ist auf einen Anwaltszwang und die Folgen einer Fristversäumnis (§ 296 Abs. 1) hinzuweisen (§ 277 Abs. 2). Die Verfügung erlässt der Vorsitzende oder ein von ihm bestimmtes Mitglied des Prozessgerichts; sie ist (unterschrieben und beglaubigt, § 317 Abs. 2, 3[1]) zuzustellen (§ 329 Abs. 2 S. 2), zweckmäßigerweise schon zusammen mit der Klageschrift und der Ladung. Zustellungsmängel hindern eine Präklusion trotz § 189.[2]

3 Die **Fristdauer** beträgt mindestens zwei Wochen (§ 277 Abs. 3). Dieser Zeitraum wird im Anwaltsprozess oft zu kurz sein.[3] Maßgeblich für die Fristbemessung sind einerseits Schwierigkeiten der Sache, der Kommunikation und der Beschaffung von Unterlagen, eine uU schon hervorgetretene Verteidigungsbereitschaft des Beklagten,[4] in Anwaltsprozessen auch die in einem geordneten Kanzleibetrieb nötige Zeit,[5] andererseits die frühestmögliche Terminierung und die Notwendigkeit, auch dem Kläger Gelegenheit zu lassen, zur Klageerwiderung vor dem Termin (§ 132) Stellung zu nehmen. IdR sollte möglichst eine drei- bis vierwöchige Frist eingeräumt werden, in Extremfällen sogar eine deutlich längere Frist.[6] Eine erkennbar zu kurze Frist verletzt das rechtliche Gehör und hindert eine Verspätungspräklusion selbst dann, wenn der Beklagte keine Fristverlängerung nach § 224 Abs. 2 beantragte.[7] Zur Fristberechnung und -verlängerung vgl. §§ 222ff.

4 b) Wird keine Frist gesetzt, so muss der Beklagte zur **unverzüglichen Mitteilung** etwaiger Verteidigungsmittel durch den ggf. zu bestellenden Anwalt (§ 271 Abs. 2) aufgefordert werden. Diese Mitteilungspflicht besteht bereits nach §§ 129 Abs. 1, 282 Abs. 2. Demnach soll Abs. 1 S. 2 nur für einen autoritativen Hinweis sorgen; hierzu besteht auch Anlass, denn bei unzulänglicher Prozessförderung droht dem Beklagten Präklusion nach § 296 Abs. 2 iVm. § 282 Abs. 2.

5 **2. Replik des Klägers (Abs. 4).** Dem Kläger kann noch vor dem ersten Termin[8] eine Frist zur Stellungnahme auf die Klageerwiderung (Abs. 2) gesetzt werden; nicht in Ehe- und Kindschaftssachen (§§ 611 Abs. 2, 640). Die Frist beträgt mindestens zwei Wochen (§ 277 Abs. 3, 4; näher Rn. 3). Die Fristsetzung ist nur wirksam, wenn sie nach Eingang der Klageerwiderung erfolgt; denn andernfalls ließen sich weder der Fristbeginn zuverlässig ermitteln noch die Fristdauer adäquat bemessen.[9] Auf die Folgen einer Fristversäumung (§ 296 Abs. 1) ist jedenfalls im Parteiprozess hinzuweisen (§ 277 Rn. 6). **Zuständig** für die Fristsetzung ist im Termin das Gericht, außerhalb der mündlichen Verhandlung der Vorsitzende (Abs. 4 S. 2).

III. Ablauf des Termins

6 Der Ablauf dieses Termins ist nicht gesondert geregelt. Ggf. geht ihm eine Güteverhandlung voraus (§ 278 Abs. 2). Hier erörtert das Gericht den Sach- und Streitstand mit den Parteien. Erst wenn eine Partei in der Güteverhandlung säumig ist oder diese erfolglos ist, schließt das streitige Verfahren an (§ 279 Abs. 1). Die Verhandlung folgt den gleichen Regeln wie im Haupttermin (§ 279 Rn. 5ff.). Der frühe erste Termin wird sogar „Haupttermin", wenn die Sache sogleich erledigt werden kann,[10] so vor allem bei klarem Streitstoff, bei Säumnis, Anerkenntnis, Erledigungserklärung (§ 91a), Klagerücknahme, in Urkundenverfahren.

---

[1] BGHZ 76, 236, 241 = NJW 1980, 1167.
[2] BGH (Fn. 1) S. 238f.; OLG Düsseldorf NJW-RR 1986, 799, 800.
[3] Vgl. OLG München MDR 1980, 147.
[4] BGHZ 124, 71, 74 = NJW 1994, 736.
[5] OLG München MDR 1980, 147f.
[6] Vgl. zB BGH (Fn. 4) S. 74f.
[7] BGH (Fn. 4) S. 75.
[8] Näher dazu *St/J/Leipold* Rn. 13.
[9] BGH (Fn. 1) S. 240f. (zu § 276 Abs. 3).
[10] OLG Karlsruhe OLGZ 1983, 92, 93.

IV. Vorbereitung in und nach frühem ersten Termin

1. Klageerwiderung (Abs. 3). Dem Beklagten wird im Termin eine Frist zur schriftlichen Klageerwiderung gesetzt, falls er schriftlich (Abs. 1) oder im Termin noch nicht ausreichend auf die Klage erwidert hat. Dies ist der Fall, wenn den Unzulänglichkeiten auch mit gezielten Anordnungen nach § 273 Abs. 2 Nr. 1 nicht abzuhelfen wäre. Abs. 3 gilt nicht in Ehe- und Kindschaftssachen (§§ 611 Abs. 2, 640). Die Aufforderung scheint auch entbehrlich zu sein, wenn dem Beklagten schon eine Frist nach Abs. 1 S. 1 gesetzt wurde; denn nach deren Ablauf ist späteres Vorbringen ohnehin ausgeschlossen, wenn der Beklagte die Verspätung nicht genügend entschuldigt (§ 296 Abs. 1). Dennoch bleibt Abs. 3 jedenfalls dann anwendbar, wenn nach Abs. 1 S. 1 eine Frist gesetzt wurde, deren Versäumung offensichtlich entschuldigt ist.[11] Die Frist nach Abs. 3 beträgt mindestens zwei Wochen (§ 277 Abs. 3; näher Rn. 3). Entschieden wird durch Beschluss, der zuzustellen ist (§ 329 Abs. 2 S. 2). Zuständig ist das Gericht (Kollegium) oder der Einzelrichter bzw. der Vorsitzende der KfH. 7

2. Replik des Klägers (Abs. 4). Eine Frist zur Stellungnahme auf die Klageerwiderung (vgl. Rn. 5) kann dem Kläger auch noch im frühen ersten Termin oder danach gesetzt werden. Dies setzt voraus, dass ein Haupttermin iSv. Abs. 2 überhaupt noch beabsichtigt ist (sonst § 283 bzw. § 128 Abs. 2, 3).[12] Zu entscheiden hat im Termin das Gericht, im Übrigen der Vorsitzende (Rn. 5). Abs. 4 ist unanwendbar in Ehe- und Kindschaftssachen. 8

3. Sonstige Vorbereitung (Abs. 2). Die Vorbereitungspflicht des Gerichts folgt schon aus § 273 Abs. 1. Abs. 2 unterstreicht sie im Hinblick auf den (ersten) Haupttermin, womit hier stets nur der Termin gemeint ist, der dem frühen ersten Termin folgt.[13] Der Vorbereitung dienen insbesondere Anordnungen nach § 273 Abs. 2, zB Fristsetzungen zur Ergänzung oder Erläuterung von Vorbringen und die Ladung von Zeugen, ferner Beweisbeschlüsse und deren Ausführung (vgl. §§ 358, 358a). 9

V. Gerichtskosten

Gerichtskosten fallen nicht an. 10

276 *Schriftliches Vorverfahren*

(1) [1]Bestimmt der Vorsitzende keinen frühen ersten Termin zur mündlichen Verhandlung, so fordert er den Beklagten mit der Zustellung der Klage auf, wenn er sich gegen die Klage verteidigen wolle, dies binnen einer Notfrist von zwei Wochen nach Zustellung der Klageschrift dem Gericht schriftlich anzuzeigen; der Kläger ist von der Aufforderung zu unterrichten. [2]Zugleich ist dem Beklagten eine Frist von mindestens zwei weiteren Wochen zur schriftlichen Klageerwiderung zu setzen. [3]Ist die Zustellung der Klage im Ausland vorzunehmen, so bestimmt der Vorsitzende die Frist nach Satz 1.

(2) [1]Mit der Aufforderung ist der Beklagte über die Folgen einer Versäumung der ihm nach Absatz 1 Satz 1 gesetzten Frist sowie darüber zu belehren, dass er die Erklärung, der Klage entgegentreten zu wollen, nur durch den zu bestellenden Rechtsanwalt abgeben kann. [2]Die Belehrung über die Möglichkeit des Erlasses eines Versäumnisurteils nach § 331 Abs. 3 hat die Rechtsfolgen aus den §§ 91 und 708 Nr. 2 zu umfassen.

(3) Der Vorsitzende kann dem Kläger eine Frist zur schriftlichen Stellungnahme auf die Klageerwiderung setzen.

I. Normzweck

Das schriftliche Vorverfahren findet statt, wenn der Rechtsstreit nicht mittels frühen ersten Termins vorbereitet werden soll (§ 272 Rn. 3). Auch § 276 soll die Parteien unter Leitung des Gerichts zur Darlegung des Streitstoffes veranlassen, namentlich den Beklagten zur Klageerwiderung (näher § 277). Für Nachdruck sorgt, dass bei verspätetem Vortrag jeder Partei, der eine Frist gesetzt war, die strenge Präklusion nach § 296 Abs. 1 droht. Damit dient auch § 276 der **Beschleunigung** (vgl. § 272 Rn. 2). Die Verpflichtung des Beklagten zur Anzeige etwaiger Verteidigungsabsicht (Abs. 1 S. 1) soll iVm. § 331 Abs. 3, wonach mangels Anzeige ein Versäumnisurteil ergehen kann, unproblematische Fälle vorab erledigen; sie hat also **Filterfunktion.** Die zahlreichen Hinweispflichten (Abs. 1 S. 2 iVm. 277 Abs. 2; Abs. 2; Abs. 3 iVm. § 277 Abs. 4) haben dasselbe Ziel; sie sollen die Parteien aber auch davor schützen, durch das Beschleunigungsprinzip geschädigt zu werden. **Unanwendbar** ist § 276 auf Ehe- und Kindschaftssachen (§§ 611 Abs. 2, 640) sowie Arbeitssachen (§ 46 Abs. 2 S. 2 ArbGG). Die Belehrungspflichten nach Abs. 2 sind seit dem **21. 10. 2005** durch S. 2 erweitert.[1] 1

II. Einleitung des Vorverfahrens

Das schriftliche Vorverfahren wird dadurch eingeleitet, dass der Vorsitzende mit der Klagezustellung (§ 271 Abs. 1) eine zweifache Fristsetzung verfügt und eine mindestens zweifache Belehrung erteilt. 2

---

[11] Ebenso Zö/*Greger* Rn. 6.
[12] BVerfGE 75, 302, 310 = NJW 1987, 2733.
[13] Dazu auch BVerfG NJW 1987, 2733, 2734; *Grunsky* JZ 1977, 201, 202.
[1] Art. 1 G vom 18. 8. 2005, BGBl. I S. 2477.

1. Fristsetzungen. a) Der Vorsitzende fordert den Beklagten auf, seine etwaige **Verteidigungsabsicht** binnen einer Notfrist (§§ 223 Abs. 2, 233) von zwei Wochen nach Klagezustellung schriftlich anzuzeigen (Abs. 1 S. 1). Der Amtsrichter fordert auf, die Verteidigungsabsicht schriftlich oder zu Protokoll der Geschäftsstelle zu erklären (§§ 129 Abs. 2, 496). Im Mahnverfahren gilt Abs. 1 S. 1 nach Abgabe an das Prozessgericht und nach Eingang der Anspruchsbegründung (§ 697 Rn. 4). Mängel der Zustellung sind nach § 189 heilbar. Der Kläger ist formlos zu unterrichten, damit er von der Einleitung des schriftlichen Verfahrens erfährt und auf Fristversäumung reagieren kann. Bei Zustellung im **Ausland** bestimmt der Vorsitzende die Frist (Abs. 1 S. 3). Zur Bestellung eines Zustellungsbevollmächtigten kann eine Frist bestimmt werden (§ 184 Abs. 1).

3 b) Zugleich wird dem Beklagten eine Frist zur schriftlichen **Klageerwiderung** gesetzt, ebenso bei jeder Klageänderung,[2] die den Streitgegenstand auswechselt oder erweitert. Auf sonstige Änderungen des Klagevorbringens kann nach § 273 reagiert werden. Die Frist des Abs. 1 S. 2 beginnt mit dem Ende der Notfrist („weiteren Wochen"), im Mahnverfahren nach Wahl des Vorsitzenden auch schon mit Zustellung der Anspruchsbegründung (§ 697 Abs. 2 S. 2). Ihre Dauer beträgt mindestens zwei Wochen, wird aber nach dem Einzelfall bemessen, also idR länger sein (§ 275 Rn. 3).

4 c) **Verfahren.** Beide Verfügungen kann nur der Vorsitzende erlassen, aber wohl auch ein von ihm bestimmtes Mitglied des Prozessgerichts (analog § 275 Abs. 1 S. 1).[3] Wurde die Klageerwiderungsfrist von einem nicht ermächtigten Beisitzer gesetzt, so führt ihre Versäumung auch nicht zur Präklusion nach § 296 Abs. 1.[4] Die Verfügungen sind dem Beklagten (vollständig unterschrieben und beglaubigt, § 317 Abs. 2, 3[5]) zuzustellen (§ 329 Abs. 2 S. 2). Zur Fristberechnung vgl. §§ 222ff., zur Verlängerung (nicht der Notfrist) § 224 Abs. 2, 3.

5 **2. Belehrungen.** Mit den Aufforderungen nach Rn. 2f. ist der Beklagte darüber zu belehren, dass bei **Anwaltszwang** die Erklärung seiner Verteidigungsabsicht (Abs. 2) und die Klageerwiderung (§ 277 Abs. 2) nur durch den Rechtsanwalt erfolgen können, dessen Bestellung nach § 271 Abs. 2 anzuregen ist, und dass bei **Versäumung** der Notfrist ein Versäumnisurteil (§ 331 Abs. 3) samt Kostenlast und erleichterter Vollstreckbarkeit droht (Abs. 2), bei Versäumung der Klageerwiderungsfrist Verspätungspräklusion (§ 277 Abs. 2; dazu § 277 Rn. 6). Der Amtsrichter hat auch darauf hinzuweisen, dass ein schriftliches **Anerkenntnis** zur Verurteilung nach § 307 führen kann (§ 499). **Ohne Belehrung** kommt es weder zu einem Versäumnisurteil (§ 335 Abs. 1 Nr. 4) noch zur Präklusion nach § 296 Abs. 1.

6 **3. Bestimmung des Haupttermins.** Die Bestimmung des Haupttermins (§ 272 Abs. 1, 3) kann das Vorverfahren abschließen. Nützlich und geboten (§ 216 Abs. 2) wird sie aber oft schon früher sein. Sie kann sogar schon bei Einleitung des Vorverfahrens erfolgen, freilich unter Wahrung aller hier vorgesehenen Fristen. Ob dies sinnvoll ist (s. auch Rn. 8), entscheidet der Vorsitzende. Zum Wechsel des Vorverfahrens, ggf. unter Aufhebung des Haupttermins, s. § 272 Rn. 7.

III. Fortgang des Vorverfahrens

7 **1. Erklärung der Verteidigungsabsicht..** Äußert der Beklagte seine Verteidigungsabsicht fristgerecht (ggf. durch Rechtsanwalt, § 78), so hängt das weitere Verfahren von seiner Einlassung ab (Rn. 11f.). Ausdruck findet die Verteidigungsabsicht auch in einem **PKH-Antrag;** Anwaltszwang gilt aber auch hier (näher Rn. 8).

8 **2. Keine Erklärung der Verteidigungsabsicht.** Wird die Verteidigungsabsicht verneint oder innerhalb der Notfrist nicht (wirksam) erklärt, so ergeht auf Antrag des Klägers sogleich[6] – auch auf Räumungsklagen[7] – ein schriftliches **Versäumnisurteil,** wenn die Klage zulässig und schlüssig begründet ist (i. E. § 331 Abs. 2, 3). Nach hM darf auch noch nicht Termin zur mündlichen Verhandlung bestimmt sein, da der Beklagte andernfalls *stets* noch dort rechtliches Gehör erhalten müsse;[8] der Gesetzgeber wertete anders. Der Antrag des Klägers kann schon in die Klageschrift eingehen (§ 331 Abs. 3 S. 2); wird er später gestellt, so muss er dem Gegner nicht erst mitgeteilt werden.[9] Wird kein Versäumnisurteil beantragt, so ist der Haupttermin anzusetzen, sinnvollerweise aber erst auf einen der Klageerwiderungsfrist folgenden Tag.[10] Ein unechtes Versäumnisurteil gegen den Kläger setzt mündliche Verhandlung voraus (§ 128 Abs. 1; vgl. § 331 Rn. 18). Wird ein **PKH-Antrag** entgegen § 78 von der Partei selbst gestellt, so darf dennoch kein Versäumnisurteil ergehen (analog § 337), wenn das Gericht „dafür hält", dass sie wegen Mittellosigkeit (dh. schuldlos) gehindert ist, die Säumnis zu vermeiden.[11] Hier kann es zu verschuldeter Säumnis erst kommen, wenn die Partei nach der Bescheidung des Antrags auch noch die von der Rspr. eingeräumte Überlegungsfrist (§ 234 Rn. 5) verstreichen lässt.[12] Zu dem Fall, dass doch Versäumnisurteil ergeht, vgl. Rn. 9.

---

2 OLG Düsseldorf MDR 1980, 943.
3 Offen BGH NJW 1991, 2774, 2775.
4 So BGH (Fn. 3); aM *Vollkommer* EWiR § 296 ZPO 1/91.
5 BGHZ 76, 236, 241 = NJW 1980, 1167.
6 *Bergerfurth* JZ 1978, 298 (Anm. 11); aM *St/J/Leipold* Rn. 27.
7 LG Hamburg NJW-RR 2003, 1231; LG Köln NJW-RR 2004, 87.
8 OLG München MDR 1983, 324 (unter unzutr. Hinweis auf BVerfG NJW 1980, 1737); *Zö/Greger* Rn. 18.
9 KG OLGZ 1994, 579, 580f. = NJW-RR 1994, 1344.
10 *St/J/Leipold* Rn. 45; abw. die Begr. des RegE, BT-Drucks. 7/2729, S. 71.
11 HM; vgl. *Klinge* AnwBl. 1977, 395, 396; *Franzki* DRiZ 1977, 161, 163; aA *B/L/H* Rn. 18.
12 OLG Brandenburg NJW-RR 2002, 285, 286.

Für den Beklagten ist das **Versäumnisurteil abwendbar,** wenn seine Erklärung, sich (doch) verteidigen zu wollen, noch eingeht, bevor der Geschäftsstelle das unterschriebene Urteil übermittelt wird (§ 331 Abs. 3 S. 1 Halbs. 2); nach dem Normzweck muss die Erklärung freilich der befassten Abteilung vorliegen[13] (ebenso § 331 Rn. 20). Nach Übergabe an die Geschäftsstelle ist die Frist versäumt. Ist das darauf ergehende Urteil zugestellt (§ 310 Abs. 3), so bleibt dem Beklagten jedenfalls Einspruch möglich (§ 338). **Wiedereinsetzung** (§ 233) kann nach hM allenfalls in der kurzen Phase bis zur Zustellung beantragt werden.[14] Sie sollte aber auch neben dem Einspruch zugelassen werden, da sie zusätzlich hilft (§ 719 Abs. 1 S. 2);[15] nur so ist die Begünstigung des Beklagten erreichbar, die Abs. 1 S. 1 durch Einräumung einer „Notfrist" bezweckt. 9

3. Anerkenntnis. Erklärt der Beklagte nach Aufforderung gemäß Abs. 1 S. 1, den Klageanspruch anzuerkennen, so ergeht Anerkenntnisurteil (§ 307). Fristablauf und vorherige Verteidigungsanzeige stehen nicht entgegen (näher § 307 Rn. 18; zur Kostenlast § 93 Rn. 5). Die bloße Erklärung, sich nicht verteidigen zu wollen, ist aber noch kein Anerkenntnis.[16] Hat der Amtsrichter nicht gemäß § 499 belehrt, so darf Anerkenntnisurteil erst nach mündlicher Verhandlung ergehen (§ 307 Rn. 3). 10

4. Klageerwiderung. Nach Eingang der Klageerwiderung kann dem Kläger eine Frist zur Replik gesetzt werden (Rn. 12). Bleibt die Klageerwiderung aus, ist unverzüglich der Haupttermin zu bestimmen (§§ 216 Abs. 2, 272 Abs. 3). Bei verzögerter Erwiderung droht zudem die Zurückweisung als verspätet, § 296 Abs. 1. Das gilt selbst dann, wenn auch die Verteidigungserklärung erst nach Ablauf der Erwiderungsfrist eingeht und dies wegen § 331 Abs. 3 S. 1 Halbs. 2 ohne Folgen bleibt.[17] 11

5. Fristsetzung zur Replik (Abs. 3). Die Klageerwiderung kann Anlass geben, dem Kläger kraft § 273 Abs. 2 Nr. 1 bestimmte Erläuterungen oder Ergänzungen aufzuerlegen. Nach Abs. 3 kann dem Kläger aber auch eine Frist zur schriftlichen Stellungnahme gesetzt werden, wirksam jedoch nur nach Eingang der Klageerwiderung[18] (s. auch § 317 Abs. 2, 3 und § 329 Abs. 2 S. 2).[19] Die Frist beträgt mindestens zwei Wochen (§ 277 Abs. 3, 4; § 275 Rn. 2f.). Auf die Folgen einer Fristversäumung ist hinzuweisen (§ 277 Rn. 6). 12

IV. Allgemeine Verfahrensregeln

Begrenzte Mündlichkeit. Das Vorverfahren nach § 276 ist kein schriftliches Verfahren ieS. Andererseits soll es kraft seiner Filterfunktion (Rn. 1) die mündliche Behandlung in bestimmten Fällen erübrigen. So zeigt § 331 Abs. 3, dass Schriftsätze des Klägers nicht nur vorbereitenden Charakter haben. Darin enthaltene **Behauptungen** des Klägers werden sofort wirksam, nämlich als Basis eines Versäumnis- bzw. Anerkenntnisurteils; das gilt auch für Anträge auf ein solches Urteil. Ein schriftliches **Anerkenntnis** des Beklagten genügt jedenfalls für die Verurteilung im Vorverfahren, laut BGH aber auch sonst.[20] Beim **Geständnis** besteht dagegen kein Anlass, auf die mündliche Erklärung (§ 288 Abs. 1) zu verzichten; ob für sie ausreicht, dass der entsprechende Schriftsatz im Termin konkludent in Bezug genommen wird (§ 137 Abs. 3), hängt von den Umständen ab.[21] Ein **Prozessvergleich** ist auch schriftlich vereinbar (§ 278 Abs. 6; s. auch § 272 Rn. 7). Die **Erledigung** der Hauptsache muss zwar auch schriftlich erklärt werden können (Filterfunktion); eine Entscheidung ohne mündliche Verhandlung ist jedoch nur bei beidseitiger Erledigungserklärung möglich.[22] **Beweisbeschlüsse** vor dem ersten Termin fußen auf Behauptungen, die nur schriftlich angekündigt sind; werden sie nicht mündlich vorgetragen (§ 137), so verlieren Beweisbeschluss (und -aufnahme) daher ihre Wirkung.[23] 13

277 *Klageerwiderung; Replik*

(1) [1]In der Klageerwiderung hat der Beklagte seine Verteidigungsmittel vorzubringen, soweit es nach der Prozesslage einer sorgfältigen und auf Förderung des Verfahrens bedachten Prozessführung entspricht. [2]Die Klageerwiderung soll ferner eine Äußerung dazu enthalten, ob einer Entscheidung der Sache durch den Einzelrichter Gründe entgegenstehen.

(2) Der Beklagte ist darüber, dass die Klageerwiderung durch den zu bestellenden Rechtsanwalt bei Gericht einzureichen ist, und über die Folgen einer Fristversäumung zu belehren.

(3) Die Frist zur schriftlichen Klageerwiderung nach § 275 Abs. 1 Satz 1, Abs. 3 beträgt mindestens zwei Wochen.

(4) Für die schriftliche Stellungnahme auf die Klageerwiderung gelten Absatz 1 Satz 1 und Absätze 2 und 3 entsprechend.

---

[13] KG MDR 1989, 1003; aA (Gericht) OLG Düsseldorf AnwBl. 1997, 50; MK/*Prütting* § 331 Rn. 45 Anm. 39.
[14] Vgl. KG NJW-RR 1997, 56 m. weit. Nachw.; MK/*Prütting* Rn. 31f.; *Unnützer* NJW 1978, 985, 986.
[15] MK/*Gehrlein* § 233 Rn. 11; *St/J/Leipold* Rn. 40, 43; *Dittmar* AnwBl. 1979, 166, 167.
[16] *St/J/Leipold* Rn. 27.
[17] So wohl auch Begr. des RegE (Fn. 10); ferner MK/*Prütting* Rn. 36; aM *Kramer* NJW 1977, 1657, 1661f.
[18] BGHZ 76, 236, 240f. = NJW 1980, 1167; OLG Nürnberg MDR 1991, 357.
[19] BGH (Fn. 18) S. 239f.
[20] BGH NJW 1993, 1717, 1718 (Anerkenntnis gilt fort, wenn mündlich verhandelt wird).
[21] Weiter gehend wohl BGH NJW-RR 1990, 1150, 1151.
[22] *St/J/Leipold* Rn. 52; MK/*Prütting* Rn. 8f.
[23] *St/J/Leipold* Rn. 7.

I. Normzweck

1 Die Vorschrift ergänzt §§ 275, 276. Soweit danach der frühe erste Termin durch Klageerwiderung vorzubereiten ist bzw. ein schriftliches Vorverfahren bestimmt wird, präzisiert § 277 die Prozessförderungspflicht des Beklagten, nämlich Abs. 1 den Inhalt der Klageerwiderung, Abs. 3 (neben § 276 Abs. 1 S. 2) deren Zeitpunkt. Dies soll dem Kläger eine gezielte Entgegnung gestatten, dem Gericht die frühe und vollständige Erfassung des Streitstoffes, damit optimale Prozessleitung zur gebotenen **Beschleunigung** (§ 272 Rn. 1) führt. Entsprechendes strebt Abs. 4 mit der Replik des Klägers an. Parteiverstöße gegen § 277 können zur Verspätungspräklusion führen, § 296 Abs. 1; die entsprechende Belehrung (Abs. 2) schützt daher das rechtliche Gehör. **Anwendbar** ist § 277 nur auf den Zeitraum, in dem Klageerwiderung bzw. Replik einzureichen sind. Parallelvorschrift für die mündliche Verhandlung ist § 282 Abs. 1.

II. Die Klageerwiderung

2 **1. Inhalt. a) Verteidigungsmittel** sind alle zur Abwehr des Sachantrags vorgebrachten tatsächlichen Behauptungen (§ 282 Rn. 2). Daher muss uU selbst eine Verjährung oder Aufrechnung (Rn. 3) mit der Klageerwiderung geltend gemacht und auch substantiiert werden. Gleiches gilt für Rügen, welche die Zulässigkeit der Klage betreffen (§ 282 Abs. 3 S. 2), vor allem für Prozesshindernisse (§ 282 Rn. 11 f.).

3 **b) Prozessuale Sorgfalt** und die Förderung des Verfahrens müssen es gebieten, das konkrete Verteidigungsmittel schon in der Klageerwiderung vorzubringen. Dies richtet sich **nach der Prozesslage,** dh. nach dem bisherigen Klägervorbringen, aber auch nach Hinweisen oder Fragen des Gerichts und dem Verlauf einer etwa schon anberaumten Verhandlung (§ 275 Abs. 3). Dabei sind die Grundsätze der allgemeinen Prozessförderungspflicht (§ 282 Rn. 2 ff.) zu beachten; denn die VereinfNov. wollte die Parteipflichten nach § 277 und § 282 Abs. 1 gleich behandeln.[1] Insbesondere selbständige Verteidigungsmittel gehören daher weitgehend in die Klageerwiderung (näher § 282 Rn. 5 f.). Das ist sogar für eine Hilfsaufrechnung denkbar (§ 282 Rn. 5), zu diesem frühen Zeitpunkt freilich nur, wenn der Klage als solcher bei nüchterner Betrachtung gewisse Erfolgsaussicht zuerkannt werden musste.[2]

c) Die Äußerung zur **Entscheidung durch den Einzelrichter** (Abs. 1 S. 2) dient dem rechtlichen Gehör des Beklagten vor Beschlüssen nach §§ 348 f. (für Kläger vgl. § 253 Abs. 3). Erzwingbar ist sie nicht.

4 **2. Fristsetzung.** Für das mündliche Vorverfahren verlangt Abs. 3 die Bestimmung einer angemessenen, mindestens zweiwöchigen Frist zur Klageerwiderung (näher § 275 Rn. 3). Für das schriftliche Vorverfahren sieht § 276 Abs. 1 S. 2 eine entsprechende Frist vor, die faktisch aber verlängert ist, weil ihr Beginn hinausgeschoben wird (§ 276 Rn. 3).

5 **3. Belehrungen (Abs. 2).** Der Beklagte ist darüber zu belehren, dass bei Anwaltszwang die Klageerwiderung durch den Rechtsanwalt einzureichen ist, den er zu bestellen hat (dazu § 271 Abs. 2). Er ist auch darauf hinzuweisen, dass ihm bei Versäumung der Klageerwiderungsfrist Zurückweisung wegen Verspätung droht (§ 296 Abs. 1). Die Belehrungen nach §§ 276 Abs. 2, 331 Abs. 3 und gemäß §§ 499, 307 S. 2 (beim Amtsgericht) kommen hinzu.

6 Die **Art der Belehrung** ist wichtig, weil eine verspätete oder unvollständige Klageerwiderung zum Ausschluss nach § 296 Abs. 1 führen kann. Die Belehrung ist also Grundlage eines späteren Eingriffs in das rechtliche Gehör und deshalb so zu formulieren, dass auch dem Laien das Risiko bewusst wird: dass der Beklagte sich gegen die Klage grds. nur innerhalb der gesetzten Frist verteidigen kann, dass ihm bei deren Versäumung grds. jegliche Verteidigung abgeschnitten wird und er den Prozess vollständig verlieren kann.[3] Bei gerichtsbekannter anwaltlicher Vertretung des Beklagten ist ein Hinweis auf § 296 zwar ebenfalls nötig,[4] aber auf dessen Wortlaut beschränkbar.[5] Das gilt erst recht, wenn der Beklagte selber Anwalt ist,[6] hingegen nicht schon, wenn der Beklagte erst vor Ablauf der gesetzten Frist einen Anwalt bestellt.[7] **Verstöße** gegen Abs. 2 machen die Belehrung unwirksam und § 296 Abs. 1 unanwendbar.[8] Möglich bleibt jedoch eine Zurückweisung nach § 296 Abs. 2.

III. Replik des Klägers (Abs. 4)

7 Im mündlichen wie im schriftlichen Vorverfahren kann dem Kläger eine Frist zur schriftlichen Stellungnahme auf die Klageerwiderung gesetzt werden (§ 275 Abs. 4, § 276 Abs. 3). Nach Abs. 4 gilt für den **Inhalt** dieser Stellungnahme, was zur Prozessförderungspflicht des Beklagten gesagt ist (Rn. 3). Zur **Fristdauer** vgl. Abs. 3 (§ 275 Rn. 3, § 276 Rn. 12). Eine **Belehrung** über die Risiken einer Fristversäumung (§ 296 Abs. 1) schreibt Abs. 4 auch zu Gunsten des Klägers vor (näher Rn. 6).

---

[1] Vgl. RegE, BT-Drucks. 7/2729, S. 38 u. 71.

[2] Vgl. BVerfG NJW 1980, 1737, 1738 (nur *prozess*rechtlich plausibel); *B/L/H* § 282 Rn. 10; *St/J/Leipold* Rn. 15; strenger *E. Schneider* MDR 1977, 793, 796; milder *Sae/Saenger* Rn. 5.

[3] BGHZ 86, 218, 225 f. = NJW 1983, 822; BGH NJW 1986, 133.

[4] BGHZ 88, 180, 183 f. = NJW 1983, 2507; aber nicht verfassungsrechtlich, BVerfG NJW 1987, 2733, 2736.

[5] OLG Hamm NJW 1984, 1566; vgl. auch BVerfG (Fn. 4); aM MK/*Prütting* Rn. 8; offen BGH NJW 1986, 133 f.

[6] BGH NJW 1991, 493.

[7] So auch MK/*Prütting* Rn. 8 (aE).

[8] Vgl. BVerfG NJW 1982, 1453, 1454; BGH (Fn. 3) S. 225; BGH (Fn. 4) S. 183.

278 ***Gütliche Streitbeilegung, Güteverhandlung, Vergleich*** **(1) Das Gericht soll in jeder Lage des Verfahrens auf eine gütliche Beilegung des Rechtsstreits oder einzelner Streitpunkte bedacht sein.**

(2) [1]Der mündlichen Verhandlung geht zum Zwecke der gütlichen Beilegung des Rechtsstreits eine Güteverhandlung voraus, es sei denn, es hat bereits ein Einigungsversuch vor einer außergerichtlichen Gütestelle stattgefunden oder die Güteverhandlung erscheint erkennbar aussichtslos. [2]Das Gericht hat in der Güteverhandlung den Sach- und Streitstand mit den Parteien unter freier Würdigung aller Umstände zu erörtern und, soweit erforderlich, Fragen zu stellen. [3]Die erschienenen Parteien sollen hierzu persönlich gehört werden.

(3) [1]Für die Güteverhandlung sowie für weitere Güteversuche soll das persönliche Erscheinen der Parteien angeordnet werden. [2]§ 141 Abs. 1 Satz 2, Abs. 2 und 3 gilt entsprechend.

(4) Erscheinen beide Parteien in der Güteverhandlung nicht, ist das Ruhen des Verfahrens anzuordnen.

(5) [1]Das Gericht kann die Parteien für die Güteverhandlung vor einen beauftragten oder ersuchten Richter verweisen. [2]In geeigneten Fällen kann das Gericht den Parteien eine außergerichtliche Streitschlichtung vorschlagen. [3]Entscheiden sich die Parteien hierzu, gilt § 251 entsprechend.

(6) [1]Ein gerichtlicher Vergleich kann auch dadurch geschlossen werden, dass die Parteien dem Gericht einen schriftlichen Vergleichsvorschlag unterbreiten oder einen schriftlichen Vergleichsvorschlag des Gerichts durch Schriftsatz gegenüber dem Gericht annehmen. [2]Das Gericht stellt das Zustandekommen und den Inhalt eines nach Satz 1 geschlossenen Vergleichs durch Beschluss fest. [3]§ 164 gilt entsprechend.

I. Normzweck

Eine gütliche Einigung hat erhebliche Vorzüge.[1] Sie trägt zum **Rechtsfrieden** bei, da der Streit (halbwegs) einvernehmlich beigelegt wird, zumal bei Einbeziehung weiterer Streitigkeiten oder außerrechtlicher Gesichtspunkte, und oft – nicht immer – zur **Beschleunigung** des Verfahrens und zur **Kostensenkung.** Wie Abs. 1 verlangte daher schon § 279 aF, jederzeit auf gütliche Streitbeilegung bedacht zu sein. Gleichwohl konstatierte der Gesetzgeber, auch im Hinblick auf die Belastung der Gerichte, eine „unzureichende Streitschlichtungskultur".[2] Die Annahme, dem gesetzlich abhelfen zu können, wurde zu einem Leitmotiv des ZPO-RG. Daher schreibt § 278 vor, dass der (streitigen) mündlichen Verhandlung grds. eine Güteverhandlung vorauszugehen hat (ähnlich § 54 ArbGG). Verspricht eine außergerichtliche Streitschlichtung mehr Erfolg, so bleibt auch sie möglich (Abs. 5 S. 2, 3); s. schon § 15a EGZPO (Einl. Rn. 25). Die Zulassung **schriftlicher Prozessvergleiche** in jeder Phase des Verfahrens (Abs. 6) soll ebenfalls entlasten und Kosten sparen. 1

II. Die Güteverhandlung

1. Notwendigkeit. Die Güteverhandlung ist vorgeschrieben. Nur Berufungs- und Revisionsgerichten steht sie frei (§§ 525 S. 2, 555 Abs. 1 S. 2). Weitere Ausnahmen sieht Abs. 2 S. 1 vor: 2

a) Es wurde ein **früherer Einigungsversuch** vor einer außergerichtlichen Gütestelle unternommen. Gütestellen idS sind jedenfalls die in § 15a Abs. 1 EGZPO erwähnten Stellen, die durch Landesjustizverwaltungen eingerichtet oder anerkannt worden sind. Geeignet sind aber auch sonstige Gütestellen,[3] die Streitbeilegungen betreiben (arg. § 15a Abs. 3 EGZPO). Die Güteverhandlung ist also stets entbehrlich, wenn bereits die Klage einen Güteversuch voraussetzte (§ 495a Rn. 12), dh. vor allem in vermögensrechtlichen Streitigkeiten vor dem Amtsgericht mit Streitwerten bis zu 750 Euro, in nachbarrechtlichen Streitigkeiten und solchen über Ehrverletzungen, die nicht in Presse oder Rundfunk begangen worden sind. Umgekehrt können die Fälle, in denen ein Güteversuch laut § 15a Abs. 2 EGZPO ausnahmsweise entbehrlich ist, aber nicht auf § 278 ausgedehnt werden: Auch hier ist Güteverhandlung geboten.[4]

b) **Erkennbar aussichtslos** ist die Güteverhandlung, wenn Anhalt dafür besteht, dass selbst der Versuch, auf eine gütliche Beilegung hinzuwirken, sinnlos wäre. Dann kann die Verhandlung „schon nach wenigen Minuten" enden.[5] Das Gericht wird sich ganz am Einzelfall orientieren, auch bei völliger Zerstrittenheit der Parteien;[6] schematisierende Vorgaben wären verfehlt. Aussichtslosigkeit kann sich durchaus schon aus den gewechselten Schriftsätzen, speziell aus dem Streitstand ergeben, zB dann, wenn vernünftigerweise keine Seite zu einem Vergleich bereit sein dürfte, ohne dass zunächst wichtige Tatfragen geklärt werden, die auch aufklärbar erscheinen. Dass Vergleichsbereitschaft fehlt, mag für gerichtsbekannte Parteien auch aus Vorprozessen geläufig sein. Widerspricht eine Partei der Güteverhandlung persönlich und ausdrücklich, wenn auch nur schriftsätzlich, so ist das ebenfalls bedeutsam,[7] es sei denn, dass Hinweise des Gerichts 3

---

1 Zu Nachteilen zB *M. Wolf* ZZP 89 (1976), 260, 264f.

2 Vgl., auch zum Folgenden, amtl. Begr. des ZPO-RG (BT-Drucks. 14/4722 S. 58, 62, 83).

3 Überblick bei *Prütting* JZ 1985, 261ff.; eingehend die Broschüre „Schlichten ist besser als Richten", 12. Aufl., 1996, Hrsg. Presse- und Informationsamt der Bundesregierung.

4 *Zö/Greger* Rn. 10; aA MK/*Prütting* Rn. 22.

5 Amtl. Begr. (Fn. 2) S. 83.

6 Ebenso *Zö/Greger* Rn. 22.

7 *Windel,* Feschr. f. Gerhardt, 2004, S. 1093, 1101.

auf die (wirklichen) Erfolgsaussichten umstimmen könnten. Persönlicher Widerspruch beider Parteien macht eine Güteverhandlung idR unzulässig.[8] Bei **Fernbleiben einer Partei** endet die Güteverhandlung ohnehin, wenn zugleich Säumnis eintritt (Rn. 9). Kommt es nicht zur Säumnis, weil zB ein Rechtsanwalt auftritt, so ist idR eine Ordnungsmaßnahme veranlasst, wenn und weil die Partei nicht entschuldigt ist (Rn. 6). Allein deshalb ist die Güteverhandlung aber nicht aussichtslos, denn das Fernbleiben der Partei kann andere Gründe als „Unversöhnlichkeit" haben. Im Zweifel muss die Verhandlung daher stattfinden; ist sie ohne die Partei aussichtslos, muss (jedenfalls einmal) vertagt und abgewartet werden, ob die Verhängung des Ordnungsgeldes hilft. Im Übrigen ist die **Güteverhandlung nachzuholen,** wenn sie (erst oder wieder) im Laufe der streitigen Verhandlung aussichtsreich wird. Dies ergibt der Normzweck, da der Rechtsausschuss diesen Fall einbezogen wähnte.[9]

4 c) Die **Entscheidung** über eine Güteverhandlung trifft das Gericht.[10] Sein Beschluss ist nach ganz hM weder zu begründen noch anfechtbar (vgl. § 567 Rn. 14). IdR wird ohnehin Beschwer fehlen.

5 **2. Anordnung persönlichen Erscheinens (Abs. 3).** Die persönliche Anwesenheit der Parteien erhöht die Chancen einer gütlichen Einigung meist deutlich. Daher „soll" das persönliche Erscheinen für die Güteverhandlung angeordnet werden (Ladung: § 141 Rn. 8 f.). Nur in atypischen Fällen ist dies entbehrlich,[11] immerhin aber zB, wenn (anonyme) Großunternehmen mit Verbrauchern streiten. Davon unabhängig wird persönliches Erscheinen nicht angeordnet, wenn es aus wichtigem Grunde **unzumutbar** ist (Abs. 3 S. 2; vgl. § 141 Rn. 4), zB wegen großer Entfernung (s. aber auch Rn. 13), ggf. auch für Unternehmensleiter, wenn das Verfahren zum „Massengeschäft" zählt, so dass die Geschäftsführung nach der betriebsinternen Arbeitsteilung mit ihm nicht befasst ist und solches auch unangemessen wäre.[12] Statt persönlich zu erscheinen, darf die Partei freilich stets einen **Vertreter** entsenden, der (ebenbürtig!) zur Sachaufklärung beitragen kann und zum Vergleichabschluss ermächtigt ist (Abs. 3 S. 2; näher § 141 Rn. 18).

6 **3. Verfahren bei Fernbleiben der Parteien.** § 278 unterscheidet strikt zwischen dem persönlichen Fernbleiben der Partei und dem „Nichterscheinen" der Partei (Säumnis).

a) Persönliches Fernbleiben von der Güteverhandlung verstößt idR gegen eine Anordnung nach Rn. 5. Dann kann gegen die betreffende Partei **Ordnungsgeld** verhängt werden (§ 141 Rn. 12 ff.), ggf. gegen beide Parteien. Dies setzt freilich Verschulden voraus (näher § 381 Rn. 4, § 141 Rn. 18). Zudem ist in Verfahren, für die die Verhandlungsmaxime gilt, keine Einlassung erzwingbar; § 141 Abs. 3 gilt daher nicht gegenüber Beklagten, die sich, obschon zur Sachaufklärung geladen, noch gar nicht auf den Rechtsstreit eingelassen hatten (§ 141 Rn. 13). Ladungen zur Güteverhandlung sind kaum anders zu bewerten, denn auch diese bedingt eine Einlassung zur Sache, wie Abs. 2 S. 2 unterstreicht.

7 Die **Folgen für die Güteverhandlung** hängen vom Fall ab. Anders als bei Säumnis (Rn. 8 f.) bleibt die Güteverhandlung bei persönlicher Abwesenheit einer oder beider Parteien grds. möglich. Insbesondere können Prozessbevollmächtigte einen Vergleich schließen. Auch sonst ist die Präsenz der Parteien nicht unerlässlich, sind doch nur die „erschienenen" Parteien anzuhören (Abs. 2 S. 3). Erscheint die Anhörung der Parteien allerdings wichtig, so ist zu vertagen.[13] Wiederholtes Fernbleiben der Partei, gar beider Parteien, dürfte freilich anzeigen, dass eine Güteverhandlung aussichtslos ist (Rn. 3).

8 **b) Nichterscheinen der Parteien (Abs. 4)** bedeutet Säumnis iSd. §§ 330 f.[14] Diese muss nicht mit persönlicher Abwesenheit (Rn. 6 f.) einhergehen und hat auch andere Folgen. Im Parteiprozess ist die Partei säumig, wenn weder sie selbst noch ein Bevollmächtigter erscheint, bei Anwaltszwang (der auch die Güteverhandlung erfasst), wenn für sie kein zugelassener Rechtsanwalt erscheint. Analog § 333 steht dem gleich, dass der Erschienene zu Prozesshandlungen iSd. Rn. 12 keine Stellung nimmt, zB Vergleichsvorschläge nicht einmal ablehnt (ausreichend: „Bin nicht vergleichsbereit").[15] Säumnis bleibt folgenlos, wenn wenigstens *ein* notwendiger Streitgenosse (§ 62 Abs. 1) oder statt der Partei ihr Streithelfer (§ 67) auftritt.[16] Ist **keine Partei** erschienen, so ist das Ruhen des Verfahrens anzuordnen (Abs. 4; also keine Vertagung nach § 251 a Abs. 3). Das ruhende Verfahren nimmt erst auf Antrag einer Partei Fortgang, wobei weiterhin eine Güteverhandlung vorausgehen muss (Rn. 3), für die erneut persönliches Erscheinen anzuordnen ist.

9 Ist nur **eine Partei erschienen,** weil zB für den Gegner kein Anwalt vor der Kammer auftritt, so findet keine Güteverhandlung statt (arg. § 279 Abs. 1 S. 1). Das gilt selbst dann, wenn eine oder beide Parteien *persönlich* anwesend sind, zumal es auch an Postulationsfähigkeit fehlen würde. Vielmehr schließt die streitige Verhandlung grds. unmittelbar an (§ 279 Rn. 3), so dass hier ggf. ein Versäumnisurteil ergehen kann und so eine Blockierung des Prozesses verhindert wird. Wird Einspruch eingelegt, muss die Güteverhandlung freilich (trotz § 341 a) vor Verhandlung über den (zulässigen) Einspruch nachgeholt werden, ebenso bei Vertagung nach §§ 335 Abs. 2, 337.

10 **4. Güteverhandlung vor Gericht. a) Die Erörterung des Sach- und Streitstandes** (Abs. 2 S. 2, 3) soll einerseits das Parteivorbringen klären bzw. ergänzen, andererseits aber auch den Parteien zeigen, dass ihre Anliegen deutlich genug wurden, um dem Gericht Grundlage für allfällige Vermittlung zu sein. Wichtige

---

8 MK/*Prütting* Rn. 19.
9 Bericht des Rechtsausschusses, BT-Drucks. 14/6036 S. 121.
10 AA *Wieser* MDR 2002, 10 (Vorsitzender).
11 Bericht des Rechtsausschusses (Fn. 9).
12 MK/*Prütting* Rn. 23; *Kauffmann* MDR 2004, 1035, 1038; idS auch LG Braunschweig NJW-RR 2004, 390, 391.
13 Vgl. *Zö/Greger* § 141 Rn. 20.
14 Dazu amtl. Begr. (Fn. 2) S. 83.
15 Vgl. auch *Zö/Greger* Rn. 20; LG Braunschweig (Rn. 12); aM *Windel* (Fn. 7) S. 1112 f. (§ 333 unanwendbar).
16 So amtl. Begr. (Fn. 2) S. 83; aA *Zö/Greger* Rn. 20.

Punkte sind durch Nachfrage zu klären. Auf Verständnisprobleme einer Partei ist jedenfalls dann einzugehen, wenn diese nicht anwaltlich vertreten ist. Die Erörterung erfolgt „unter freier Würdigung aller Umstände". Zu Beweiserhebungen ist das Gericht in dieser Phase des Verfahrens daher nicht verpflichtet[17] und, vor der streitigen Verhandlung und entsprechenden Anträgen, auch nicht berechtigt. Soweit die Kammer zuständig ist, kann der Vorsitzende (§ 136 Abs. 1) die Erörterung dem Berichterstatter überlassen. Verdacht auf **Unzulässigkeit der Klage** schließt weiter gehende Erörterungen nicht aus.[18] Verweisungen nach §§ 17a GVG, 281 sind jederzeit möglich (§ 128 Abs. 4).

b) Die **persönliche Anhörung der Parteien** erfolgt von Amts wegen (Abs. 2 S. 3). Sie soll die Vergleichsbereitschaft ausloten und Eindrücke wie den, die Partei werde nicht ernst genommen, gar nicht erst aufkommen lassen, zumal es darum geht, dass gerichtliche Vorschläge zur gütlichen Beilegung Vertrauen finden. Ggf. kann Anhörung auch das schriftsätzliche Vorbringen ergänzen, etwaige Unklarheiten beheben bzw. Lücken der Substantiierung schließen.[19] Sie dient – bei systematischer Auslegung – jedoch nicht dazu, schriftsätzlichen (idR also anwaltlichen) Vortrag ohne konkreten Anlass zu überprüfen oder sonst zurückzusetzen;[20] allerdings will das ZPO-RG offenbar ernstlich der Amtsermittlung Raum geben.[21] 11

c) Die Erörterung nach Rn. 10 mag **Vorschläge zur gütlichen Beilegung** des Rechtsstreits nahe legen, zB einen Prozessvergleich (Rn. 16) oder verfahrensbeendende Erklärungen wie Klagerücknahme (§ 269 Rn. 8), beidseitige Erledigungserklärung oder Anerkenntnis (§ 307 S. 2; Verurteilung: § 310 Abs. 1 S. 1 Fall 2 oder § 310 Abs. 3). Ein (Teil-) Verzicht (§ 306) erfordert freilich Übergang zur mündlichen Verhandlung,[22] der trotz § 278 Abs. 1 unbedenklich ist. Die Vorschläge des Gerichts werden sich an dem Normzweck des § 278 und der Erfolgsaussicht nach jeweiligem Sach- und Streitstand orientieren. In diesem Rahmen ist es nicht nur zulässig, sondern oft auch geboten,[23] jede Partei deutlich auf etwaige Aussichtslosigkeit, Unwägbarkeiten und Kostenrisiken hinzuweisen. Das kann freilich nicht für Verjährungseinreden gelten, die nicht erhoben, da offenbar noch nicht erkannt sind.[24] Mit Abs. 1 unvereinbar und rechtswidrig wäre auch jedes Drängen zur gütlichen Beilegung. Gleiches gilt für Versuche, der von Gesetz und Recht vorgegebenen Entscheidung (Art. 20 Abs. 3 GG) durch eine gütliche Einigung anderen Inhalts auszuweichen;[25] dies steht nur den Parteien frei, darf ihnen also allenfalls nach rechtlichem Hinweis nahe gelegt werden.[26] Inwieweit es in der Praxis zu aufgenötigten Vergleichen kommt, ist umstritten;[27] solche sind nach § 123 BGB anfechtbar.[28] Das **Ergebnis der Güteverhandlung** wird im Protokoll festgestellt (§ 160 Abs. 3 Nr. 10). Dort erklärte Geständnisse können mangels „Verhandlung" in keinem Fall binden (§ 288 Abs. 1).[29] Sonstiges Parteivorbringen kann hingegen bei streitiger Verhandlung vom Gegner genutzt werden[30] oder auch in spätere Beweiswürdigung einfließen.[31] 12

5. Güteverhandlung vor kommissarischem Richter. Das Gericht kann die Güteverhandlung durch Beschluss auch einem kommissarischen Richter überlassen (Abs. 5 S. 1).[32] Dieser ordnet auch persönliches Erscheinen an und lädt. Hier besteht kein Anwaltszwang, weder für die Güteverhandlung (Rn. 10) noch für einen Vergleichsschluss (Rn. 16). Beauftragter Richter (§ 361) ist nur ein Mitglied der Kammer bzw. des Senats (bei Nachholung, Rn. 3). Der ersuchte Richter (§ 362) gehört einem Amtsgericht an, das wegen örtlicher Nähe zum Wohnort einer Partei vorzugswürdig sein mag (vgl. § 141 Abs. 1 S. 2). Zur Verhandlung s. Rn. 10ff. 13

6. Außergerichtliche Streitschlichtung. In bestimmten, zB besonders schwierigen oder von Ressentiments beeinflussten Streitigkeiten kann das Gericht den Parteien vorschlagen, außergerichtliche Streitschlichtung zu versuchen (Abs. 5 S. 2). In Betracht kommt entweder (echte) Mediation – das Vermitteln durch eine neutrale Person, den Mediator, der bei der einvernehmlichen Konfliktbewältigung unterstützt, ohne selbst zu entscheiden oder auch nur Druck auszuüben[33] – oder das Schlichten durch eine neutrale Person, die beiden Seiten dank ihrer Autorität schließlich einen vermittelnden Vorschlag nahe legt.[34] Sind die Parteien hierzu bereit, so ist das Ruhen des Verfahrens anzuordnen (Abs. 5 S. 3). Aufzunehmen ist es erst auf Antrag einer Partei, und zwar nach Scheitern der Schlichtung idR als streitiges Verfahren (§ 279 Abs. 1 S. 1 Fall 2). Bei Erfolg der Schlichtung wird ggf. ein Titel der entsprechenden Gütestelle entstehen (§ 794 14

---

[17] Amtl. Begr. (Fn. 2) S. 83.
[18] Differenzierend *Windel* (Rn. 7) S. 1103ff.
[19] OLG Düsseldorf NJW-RR 1996, 1342.
[20] Zu §§ 278f. aF s. MK/*Prütting* (1. Aufl.) Rn. 13ff., § 279 Rn. 10; *St/J/Leipold* Rn. 14; *Birk* NJW 1985, 1489ff.
[21] Vgl. amtl. Begr. (Fn. 2) S. 62 („Gelegenheit, den Sachverhalt durch Befragung der Parteien umfassend aufzuklären").
[22] *Zö/Greger* Rn. 15; aM *Wieser* MDR 2002, 10, 11; *Windel* (Fn. 7) S. 1106f.
[23] So letztlich wohl auch BGH NJW 1966, 2399, 2400.
[24] *Rensen*, Die richterliche Hinweispflicht, 2002, S. 172ff.; offen gelassen in BGH NJW 2004, 164, 165.
[25] Eindringlich *Stürner* JR 1979, 133, 135ff.; *Zö/Greger* Rn. 26; *Jauernig* ZPR, S. 157; MK/*Prütting* § 279 Rn. 9, 11; anders *Arndt* NJW 1967, 1585ff.; AK-ZPO/*Röhl* § 279 Rn. 5f.
[26] MK/*Prütting* Rn. 10 aE.
[27] Vgl. *Salje* DRiZ 1994, 285ff.; zur Kritik *Herr* u. a. DRiZ 1994, 417ff.
[28] BGH NJW 1966, 2399, 2401.
[29] Auch für kommissarischen Richter, vgl. *Windel* (Fn. 7) S. 1110f.; insoweit aA *Zö/Greger* Rn. 18.
[30] Dazu *Greger* DStR 2005, 479, 480.
[31] Vgl. Gegenäußerung zur Stellungnahme des BRats zum ZPO-RG, BT-Drucks. 14/4722 S. 156.
[32] Dazu *Greger* ZRP 2006, 229f.
[33] Zu den Vorteilen *Gottwald* AnwBl. 2000, 265, 269.
[34] Zu allem *Prütting* (Fn. 3); *Blankenburg/Gottwald/Strempel,* Alternativen in der Ziviljustiz, 1982; *Breidenbach/Henssler,* Mediation für Juristen, 1997; *Katzenmeier* ZZP 115 (2002), 51ff.; *Greger* NJW 2007, 3258ff.

Abs. 1 Nr. 1 iVm. § 15a Abs. 6 S. 2 EGZPO); im Übrigen kann das Güteverfahren zwecks Titulierung (Prozessvergleich) aufgenommen werden. Zum Anwaltsvergleich s. §§ 796a ff. Eine **Obliegenheit** zum Schlichtungsversuch besteht nur vereinzelt, zB nach § 27a Abs. 10 UWG.

III. Gütliche Beilegung des Rechtsstreits (Abs. 1)

15 Vorrang gebührt einer gütlichen Einigung nicht nur vor der streitigen Verhandlung (Rn. 2ff.), sondern auch später, in jeder Lage des Verfahrens. Entsprechende Initiativen gebietet Abs. 1 immer dann, wenn sie nach Sach- und Streitstand denkbar bzw. aussichtsreich erscheinen, uU sogar nach Schließung der Verhandlung. Zu Art und Grenzen des richterlichen Engagements s. Rn. 12. Soweit sachdienlich, hat das Gericht ggf. auch (uU erneut) in eine echte Güteverhandlung einzutreten (Rn. 3). Für jeden Güteversuch soll das persönliche Erscheinen der Parteien angeordnet werden (Abs. 3 S. 1; Rn. 5). Auch hier ist die Verweisung an einen kommissarischen Richter möglich, ebenso eine außergerichtliche Streitschlichtung (Rn. 13f.). **Verpflichtet** sind die erstinstanzlichen Gerichte bzw. Einzelrichter. Für Berufungs- und Revisionsgerichte gilt Abs. 1 ebenfalls; eine Güteverhandlung steht ihnen allerdings frei (§§ 525, 555 Abs. 1).

IV. Prozessvergleich (Abs. 6)

16 **1. Allgemeines.** Eine gütliche Streitbeilegung im Verfahren – speziell in einer Güteverhandlung – mündet meist in einen Prozessvergleich (näher § 794 Rn. 2ff.). Dieser hat eine Doppelnatur als Rechtsgeschäft (§ 779 BGB) und Prozesshandlung, beendet den Prozess und ist Vollstreckungstitel (§ 794 Abs. 1 Nr. 1). Er wird grds. in der mündlichen Verhandlung (Güteverfahren oder streitige Verhandlung) vereinbart (str.) und beurkundet, also auch in das Sitzungsprotokoll aufgenommen oder diesem als Anlage beigefügt (§§ 160, 162ff.). Anwaltszwang besteht gemäß § 78 Abs. 1, 2, also auch vor dem Einzelrichter,[35] nicht aber vor dem beauftragten bzw. ersuchten Richter (§ 78 Abs. 3; rechtspolitisch fraglich) und auch nicht für Dritte, die dem Vergleich beitreten.[36]

17 **2. Schriftlicher Vergleich.** Um Parteien und Gericht zu entlasten, lässt Abs. 6 einen Vergleichsschluss auch außerhalb der mündlichen Verhandlung zu. In PKH-Verfahren (§ 118 Abs. 1 S. 3) gilt Abs. 6 analog.[37]

a) **Abschluss.** Dieser Prozessvergleich setzt einen schriftlichen Vorschlag voraus. Seit dem 1. JuMoG genügt ein **Vorschlag der Parteien.** Er mag Resultat außergerichtlicher Einigung sein. Es genügt aber auch ein einseitiger schriftsätzlicher Vorschlag iSd. § 779 BGB, dem der Gegner dann seinerseits zustimmt (Anwaltszwang wie Rn. 16); zu Einzelheiten s. §§ 145ff. BGB analog und im Folgenden. Ein **gerichtlicher Vorschlag** ist nicht nur im Rahmen des Abs. 2, sondern jederzeit zulässig. Zur Annahme kann das Gericht eine Frist setzen.[38] Wer fristgerecht annimmt, ist nicht gebunden, wenn der Gegner die Frist versäumt (§§ 145, 148 BGB analog). Dass beide Seiten verspätet annehmen, ist unschädlich. Die Annahme erfolgt durch Schriftsatz. Eine Annahme unter Erweiterung, Einschränkung oder sonstiger Änderung, zB unter Widerrufsvorbehalt (§ 794 Rn. 11ff.), gilt als neues Angebot (§ 150 Abs. 2 BGB). Es ist dem Gegner zur Stellungnahme zu übermitteln und kann sodann zum Vergleich führen – ungeachtet der Abweichung vom gerichtlichen Vorschlag, denn laut Abs. 6 S. 1 nF genügt Einigkeit der *Parteien.*

18 b) Es folgt die **gerichtliche Feststellung** von Zustandekommen und Inhalt des Vergleichs (Abs. 6 S. 2). Dessen inhaltliche Überprüfung beschränkt sich auf Verstöße gegen §§ 134, 138 BGB.[39] Der Feststellungs-Beschluss ist unanfechtbar.[40] Unrichtigkeiten, auch inhaltliche Fehler, können aber jederzeit berichtigt werden, auch von Amts wegen, freilich erst nach Anhörung der Parteien (Abs. 6 S. 3, § 164 Abs. 1, 2);[41] gegen die Ablehnung eines Berichtigungsantrags ist sofortige Beschwerde möglich (hier über § 164 Rn. 8 hinaus). Die **Wirkungen** des schriftlichen Vergleichs gleichen denen des im Termin vereinbarten (Rn. 16):[42] Er ist Vollstreckungstitel, und Mängel des Vergleichs sind durch Antrag auf Fortsetzung des Verfahrens geltend zu machen.[43] Bedenklich erscheint freilich die Anwendung der §§ 127a, 491 Abs. 3 Nr. 1 BGB,[44] soweit nicht nur die Schriftform ersetzt werden soll (§ 126 Abs. 4 BGB; Beweisfunktion). Zwar soll der Beschluss nach Abs. 6 einer Protokollierung gleichstehen, doch die im Zivilrecht vorausgesetzte Beratung bzw. Warnung durch den Richter ist ohne mündliche Verhandlung kaum möglich.

V. Gebühren und Kosten

19 **1. Rechtsanwaltsgebühren.** Die Teilnahme an der Güteverhandlung lässt die Terminsgebühr (Nr. 3104 VV RVG) anfallen (vgl. im Einzelnen § 141 Rn. 19).

---

[35] BGH FamRZ 1986, 458; OLG Hamm NJW 1975, 1709, 1710; OLG Köln NJW 1972, 2317.
[36] BGHZ 86, 160, 164ff. = NJW 1983, 1433.
[37] LG Lüneburg NJW-RR 2003, 1506.
[38] So auch noch Begr. zum Vorentwurf, BT-Drucks. 14/163, S. 23.
[39] Amtl. Begr. zum 1. JuMoG, BT-Drucks. 15/3482, S. 17.
[40] Amtl. Begr. (Fn. 2) S. 82; OLG München MDR 2003, 533.
[41] Näher *Abramenko* NJW 2003, 1356, 1357f.
[42] Amtl. Begr. (Fn. 2) S. 82; OLG Oldenburg NdsRpfl. 2005, 204 (keine Zustellung nach § 329 Abs. 3).
[43] *Zö/Greger* Rn. 25; aM *Schlosser,* FS Schumann, 2001, S. 389, 401.
[44] Ganz hL; s. *Deckenbrock/Dötsch* MDR 2006, 1325ff. (§ 127a BGB nur bei Vergleichsvorschlag des Richters); s. auch OLG Düsseldorf NJW-RR 2006, 1609, 1610f. (§ 925 BGB unanwendbar mangels „gleichzeitiger Anwesenheit"); großzügiger BAG NJW 2007, 1831, 1832ff. (zu Abs. 6 aF).

2. Gerichtskosten. Bei Beendigung des gesamten Verfahrens durch einen Vergleich ermäßigt sich die Gebühr für das Verfahren im Allgemeinen auf 1,0 (KV Nr. 1211 Nr. 3). 20

279 *Mündliche Verhandlung*

(1) [1]**Erscheint eine Partei in der Güteverhandlung nicht oder ist die Güteverhandlung erfolglos, soll sich die mündliche Verhandlung (früher erster Termin oder Haupttermin) unmittelbar anschließen.** [2]**Andernfalls ist unverzüglich Termin zur mündlichen Verhandlung zu bestimmen.**

(2) **Im Haupttermin soll der streitigen Verhandlung die Beweisaufnahme unmittelbar folgen.**

(3) **Im Anschluss an die Beweisaufnahme hat das Gericht erneut den Sach- und Streitstand und, soweit bereits möglich, das Ergebnis der Beweisaufnahme mit den Parteien zu erörtern.**

I. Normzweck

1 Die Vorschrift regelt das Verhältnis von Güteverhandlung (§ 278) und streitiger Verhandlung, kursorisch auch den Haupttermin. Sie sorgt – wie § 272 Abs. 1, 3 – für weitere **Konzentration und Beschleunigung:** Falls die Güteverhandlung scheitert, soll die streitige Verhandlung (möglichst) „unmittelbar" anschließen, jedenfalls aber „unverzüglich" terminiert werden. Verhandlung und Beweisaufnahme werden zusammengezogen (Abs. 2), damit der Rechtsstreit „in der Regel" im Haupttermin erledigt werden kann (§ 272 Abs. 1). Sind zusätzliche Termine – ebenfalls „Haupttermine" – unvermeidbar, so sollen sie wenigstens kurzfristig folgen (§ 136 Abs. 3 Halbs. 2). Dass nach Beweisaufnahme nochmals der Sach- und Streitstand zu erörtern ist (Abs. 3), ggf. samt dem Ergebnis der Beweisaufnahme, sichert das **rechtliche Gehör** und erleichtert die abschließende **Prozessförderung.**

II. Güteverhandlung und streitige Verhandlung (Abs. 1)

2 Mündliche Verhandlung iSd. Abs. 1 ist entweder der frühe erste Termin (§ 275) oder – nach schriftlichem Vorverfahren (§ 276) – der Haupttermin. Seit dem 1. 1. 2002 muss ihr aber grds. ein Güteverfahren vorausgehen (§ 278 Abs. 2). **Zulässig** ist die (streitige) mündliche Verhandlung daher nur, wenn es ausnahmsweise entbehrlich ist (§ 278 Rn. 2 f.), wenn eine Partei zur Güteverhandlung nicht erscheint (dh. säumig ist, § 278 Rn. 9) oder wenn diese erfolglos bleibt, weil eine gütliche Beilegung vor Gericht misslingt und auch eine außergerichtliche Streitschlichtung ausschied oder scheitert (§ 278 Rn. 12–14).

3 Hier soll die streitige Verhandlung möglichst **unmittelbar anschließen (S. 1).** Das setzt voraus, dass nicht nur zur Güteverhandlung, sondern – vorsorglich – auch zur mündlichen Verhandlung geladen wurde und etwaige vorbereitende Maßnahmen (zB Ladung von Zeugen) erfolgt sind. Dann kann bei Säumnis einer Partei im selben Termin Versäumnisurteil ergehen. Ein **späterer Termin** für die streitige Verhandlung (S. 2) mag jedoch näher liegen, wenn Aussicht auf gütliche Beilegung besteht oder die Erörterung des Streitstoffes in der Güteverhandlung Anlass geben dürfte, ergänzend vorzutragen, insbesondere Beweis anzutreten. Ein solcher Termin ist nach der Güteverhandlung unverzüglich zu bestimmen (S. 2).

III. Die mündliche Verhandlung

4 **1. Früher erster Termin.** Der frühe erste Termin (als Vorverfahren, § 275) und der Haupttermin (Abs. 2, 3) folgen weitgehend denselben Regeln (Rn. 5 ff.). Nur die Ziele beider Verfahrensphasen unterscheiden sich, aber auch das nicht immer: Ein früher erster Termin, in dem der Rechtsstreit abgeschlossen werden kann, erweist sich so der Sache nach als Haupttermin. Eine (nähere) Erörterung des Sach- und Streitstandes mit den Parteien ist für den Haupttermin vorgesehen. Im frühen ersten Termin ist sie entbehrlich, sofern eine Güteverhandlung vorausging (§ 278 Abs. 2 S. 1, 2), im Übrigen aber wichtiger als im Haupttermin und wohl auch geboten (arg. Abs. 3: „erneut"). Die persönliche Anhörung der Parteien ist dagegen, außerhalb des Güteverfahrens, nur nach Maßgabe des § 141 nötig. Der Haupttermin ist vorzubereiten, ggf. auch durch Beweisbeschluss (§§ 358, 358 a S. 1) und vorsorgliche Ladung (§ 273 Abs. 2 Nr. 4).

5 **2. Haupttermin.** Dies ist der dem Vorverfahren folgende, umfassend vorbereitete Termin zur mündlichen Verhandlung. Er ist das Kernstück des Prozesses und soll diesen „in der Regel" auch erledigen (§ 272 Abs. 1).

a) Überblick. Nach Aufruf der Sache (§ 220) eröffnet der Vorsitzende die mündliche Verhandlung (§ 136 Abs. 1). Diese wird durch die Anträge der Parteien eingeleitet (§ 137 Abs. 1). Es folgt die **Erörterung des Sach- und Streitstandes** mit den Parteien. Soweit diese persönlich erschienen sind, sollen sie auch persönlich gehört werden (§ 278 Abs. 1 S. 2 aF, Streichung wohl Redaktionsfehler), falls das noch nicht im Güteverfahren geschehen ist; vgl. § 278 Rn. 11. Die Erörterung beschränkt sich auf die Fragen, die noch nicht in Güteverhandlung bzw. frühem ersten Termin erledigt wurden. Sie kann daher sogar entbehrlich sein. Die **streitige Verhandlung** nimmt Fortgang mit Rede und Gegenrede (§ 137 Abs. 2), oft unter Bezug auf frühere Schriftsätze (§ 137 Abs. 3). Ggf. folgt die Beweisaufnahme (Rn. 6), dann die Verhandlung über diese (§ 285) unter Erörterung des neuen Sach- und Streitstandes (Rn. 7). Falls zur Fortsetzung des Haupttermins ein **neuer Termin** nötig wird, ist zu vertagen (§ 227), ggf. nach abschließenden Entscheidungen. Der Termin ist möglichst kurzfristig anzusetzen (§ 136 Abs. 3 Halbs. 2) und unverzüglich zu bestimmen (§ 216 Abs. 2), idR also noch im alten Termin (anders zB, falls ein Sachverständigengutachten abzuwarten ist[1]). Über Ver-

[1] Enger OLG Frankfurt FamRZ 1978, 919; MK/*Prütting* § 279 Rn. 20.

tagung entscheidet die Kammer (§ 227 Abs. 4). Wird die Verhandlung nach vollständiger Erörterung geschlossen (§ 136 Abs. 4), so berät das Gericht und verkündet eine Entscheidung oder beraumt doch Termin hierfür an (§ 310).

6 b) Die **Beweisaufnahme** (**Abs. 2**) soll der streitigen Verhandlung unmittelbar folgen, da das Verfahren möglichst im (ersten) Haupttermin abzuschließen ist (§ 272 Abs. 1). Die Parteien können der Beweisaufnahme beiwohnen (§ 357); nötig ist das nicht (§ 367). Auch präsente Zeugen sind sogleich zu vernehmen, soweit dem nicht §§ 357, 397 entgegenstehen.[2] Abweichend von Abs. 2 können gewisse Beweise sogar schon vor der mündlichen Verhandlung erhoben werden (§ 358a S. 2; zu Zeugen vgl. §§ 361 f., 375). Erfordert die Beweisaufnahme einen weiteren Termin, so ist zu vertagen.[3] **Säumnis** ist zwar nicht während der Beweisaufnahme, wohl aber bei der anschließenden Verhandlung (Rn. 7) möglich (näher § 285 Rn. 3).

7 c) Es folgt die Verhandlung über die Beweisaufnahme (§§ 285, 370 Abs. 1) und insoweit eine **erneute Erörterung des Sach- und Streitstandes** (**Abs. 3**). Die Norm hat heute besondere Bedeutung, da ein Verfahrensfehler die „Chance" gibt, die grundsätzliche Bindung des Berufungsgerichts an die erstinstanzlichen Tatsachenfeststellungen (§ 529 Abs. 1) zu durchbrechen. Die Erörterung erstreckt sich, wie die Neufassung betont, auch auf das Ergebnis der Beweisaufnahme. „Bereits möglich" ist dies jedenfalls dann, wenn weitere Beweiswürdigung (beim Kollegialgericht: entsprechende Beratung) entbehrlich ist. In anderen Fällen mag eine der Beweiswürdigung dienende Verhandlungspause helfen; zu ihr verpflichtet Abs. 3 aber allenfalls, wenn sie sich in die Sitzungsplanung einfügt, ohne unter Zeitdruck zu setzen. Auch das rechtliche Gehör gibt jedenfalls keinen sukzessiven Einfluss auf die Überzeugungsbildung des Gerichts.[4] Die Erörterung muss nicht im selben Termin erfolgen. Für sie kann auch ein **neuer Termin** angesetzt werden und sogar nötig werden: nicht allein deshalb, um nunmehr die Beweiswürdigung des Gerichts mitzuteilen,[5] uU aber zur Gewährung rechtlichen Gehörs, falls die Parteien bei umfangreicher Beweisaufnahme bzw. schwierigem Streitstoff Zeit zur Stellungnahme bzw. für Erkundigungen benötigen (vgl., auch zu Schriftsätzen, § 285 Rn. 1 f.). Dass Gelegenheit zur Erörterung gegeben wurde, ist im Protokoll festzuhalten, da nur so Verfahrensfehler widerlegbar sind (§ 165).[6] Im FGG-Verfahren gilt Abs. 3 nicht.[7] Zu Verstößen vgl. § 285 Rn. 3.

IV. Rechtsanwaltsgebühren

8 In der Güteverhandlung fällt die Terminsgebühr (Nr. 3104 VV RVG) an. Die Geschäftsgebühr von 1,5 (Nr. 2403 VV RVG), die für die Tätigkeit vor einer außergerichtlichen Gütestelle angefallen ist, wird auf die Verfahrensgebühr für das Prozessverfahren (Nr. 3100 VV RVG) zur Hälfte, jedoch höchstens mit einem Gebührensatz von 0,75 angerechnet (Vorbem. 3 Abs. 4 VV RVG).

280 *Abgesonderte Verhandlung über Zulässigkeit der Klage* **(1) Das Gericht kann anordnen, dass über die Zulässigkeit der Klage abgesondert verhandelt wird.**

(2) [1]Ergeht ein Zwischenurteil, so ist es in Betreff der Rechtsmittel als Endurteil anzusehen. [2]Das Gericht kann jedoch auf Antrag anordnen, dass zur Hauptsache zu verhandeln ist.

I. Normzweck

1 Schon § 146 gestattet es, bei Bedarf zunächst abgesondert über bestimmte Prozessvoraussetzungen zu verhandeln (§ 146 Rn. 5). § 280 ermöglicht dies auch für die Zulässigkeit der Klage insgesamt, was die Strukturierung des Verfahrens weiter erleichtern kann (Konzentration). Erweist sich die Klage als zulässig, so ist dies zudem durch (Zwischen-)Urteil festzustellen. Ein solches Urteil bindet das Gericht (§ 318); es kann zudem – anders als Urteile nach § 303 – in Rechtskraft erwachsen, was der folgenden Verhandlung zur Hauptsache eine sichere Grundlage gibt (Prozessökonomie bzw. Beschleunigung). Das Zuwarten bis zur Rechtskraft kann das gesamte Verfahren freilich stark verzögern; dies wiederum soll Abs. 2 vermeiden, was die erwähnten Vorzüge jedoch gefährdet.

II. Voraussetzungen

2 **1. Anwendungsbereich.** § 280 gilt für alle Fragen der Klagezulässigkeit, also für die allgemeinen Prozessvoraussetzungen (vor § 253 Rn. 4 ff.) und etwaige besondere Prozessvoraussetzungen[1]; ihr Fehlen ist von Amts wegen zu beachten (§ 139 Abs. 3). Die Norm erfasst ferner die Prozesshindernisse, welche nur auf Rüge des Gegners beachtet werden und bei verspäteter Rüge außer Acht bleiben (§§ 282 Abs. 3, 296 Abs. 3): die Einreden des Schiedsvertrags (§ 1032 Abs. 1) und fehlender Kostenerstattung (§ 269 Rn. 18), teils auch fehlende Ausländersicherheit (§§ 110 ff.; Rn. 6 f.). § 280 erlaubt **nicht** die Feststellung, dass das Verfahren wegen Unwirksamkeit eines Prozessvergleichs nicht erledigt ist;[2] er gilt ebenso wenig für die Zu-

---

[2] Vgl. BGH NJW 1982, 1535, 1536; *Gießler* NJW 1991, 2885 f.; einschr. OLG Schleswig NJW 1991, 303, 304.
[3] BGH NJW 1976, 1742, 1743.
[4] Weiter gehend wohl *Greger* NJW 2002, 3049, 3050.
[5] Zutr. *Siegburg* BauR 2003, 968, 969.
[6] BGH NJW 1990, 121, 122; MDR 2001, 830.
[7] BayObLGZ 1990, 177, 179 (zu § 278 aF).
[1] Vgl. BGH NJW 1997, 870 ff. (Feststellungsinteresse); NJW-RR 2006, 913 (Insolvenzeröffnung).
[2] HM; *St/J/Leipold* Rn. 3 m. weit. Nachw.; aM zB *Pecher* ZZP 97 (1984), 139, 161; offen BGH NJW 1996, 3345, 3346.

lässigkeit eines Rechtsmittels[3] und wird auch nicht bei Klageänderung angewandt, wohl aber bei Parteiwechsel (§ 263 Rn. 16). Für den **Rechtsweg** gelten Sonderregeln (§ 17a Abs. 2 S. 1, 3, Abs. 4 S. 3 GVG).

2. Anordnung abgesonderter Verhandlung. Hierüber wird von Amts wegen entschieden (bei der KfH vom Vorsitzenden[4]); entsprechende Anträge der Parteien gelten daher als Anregung. Die Anordnung steht im nicht überprüfbaren Ermessen des Gerichts[5] und ist noch im Berufungsverfahren zulässig. Sie kann auf bestimmte Zulässigkeitsvoraussetzungen beschränkt sein,[6] selbst nach Verwerfung anderer Zulässigkeitsrügen.[7] Sie ergeht, auch ohne mündliche Verhandlung, durch Beschluss, der unanfechtbar ist, aber geändert und (analog § 150) aufgehoben[8] werden kann. 3

III. Zwischenstreit-Verfahren

1. Allgemeines. Die Anordnung nach Abs. 1 eröffnet den Zwischenstreit. Er unterliegt den allgemeinen Regeln; damit über die fragliche Prozessvoraussetzung verhandelt werden kann, gilt diese als gegeben.[9] Zur Feststellungslast für Prozessvoraussetzungen und -hindernisse vgl. § 286 Rn. 50. Die Unzulässigkeit einer Klage bleibt außer Acht, soweit ein Prozesshindernis verspätet gerügt ist (§§ 296 Abs. 3, 532) oder eine sachliche bzw. örtliche (nicht: internationale[10]) Unzuständigkeit hinzunehmen ist (§§ 513 Abs. 2, 545 Abs. 2). 4

2. Säumnis. Ein Versäumnisurteil gilt allein dem Zwischenstreit (§ 347 Abs. 2). Es wird nur selten in Betracht kommen. Steht nämlich eine Prozessvoraussetzung in Frage, so führt dies, da von Amts wegen zu beachten, allenfalls zum abweisenden Prozess(end)urteil (§§ 331 Abs. 2, 335 Abs. 1 Nr. 1). Nur das Vorbringen zu einem Prozesshindernis (Rn. 2) gilt bei Säumnis des Gegners als zugestanden. Ein Versäumniszwischenurteil (§ 347 Abs. 2) ergeht demnach gegen einen säumigen Beklagten, der zB einen Schiedsvertrag behauptet hatte (analog § 331); gegenüber einem säumigen Kläger, der diesen Vertrag bestritten hatte, ist die Unzulässigkeit der Klage festzustellen (analog § 330[11]), und zwar (mangels Einspruchs) letztlich durch Endurteil (Rn. 6). 5

3. Entscheidung und Rechtsmittel. Bei der KfH entscheidet der Vorsitzende (§ 349 Abs. 2 Nr. 2). 6

a) Eine **unzulässige Klage** wird, wenn nicht Verweisungsantrag gestellt war (§§ 281, 506), durch Endurteil als unzulässig abgewiesen; gegen dieses Prozessurteil ist Berufung, uU auch Revision statthaft. Abs. 2 ist hier unanwendbar. Gänzlich unanfechtbar ist ein Urteil, das der Einrede fehlender Ausländersicherheit stattgibt (§ 110 Rn. 9).

b) Auf **zulässige Klage** hin muss nach abgesonderter Verhandlung Zwischenurteil iSv. Abs. 2 S. 1 (Feststellungsurteil) ergehen, zB mit dem Tenor: „Die Klage ist zulässig" oder nur „Die Streitsache ist nicht anderweitig rechtshängig". Das gilt auch bei Verwerfung der Einrede fehlender Ausländersicherheit (§ 110 Rn. 9). Das Zwischenurteil bindet (§ 318), hier auch das Rechtsmittelgericht (§ 512 Rn. 5). Als Endurteil (Abs. 2 S. 1) erlangt es zudem **Rechtskraft,** wenn nicht Rechtsmittel eingelegt wird; dessen Zulässigkeit unterliegt den allgemeinen Regeln, kann also auch an §§ 513 Abs. 2, 545 Abs. 2 scheitern.[12] Nach hM sind Zwischenurteile auch dann rechtskraftfähig, wenn ihnen keine abgesonderte Verhandlung vorausging.[13] 7

IV. Hauptsache-Verfahren

1. Wahlmöglichkeit. Mit der Anordnung nach Abs. 1 tritt für das Hauptsache-Verfahren bis zu einem Endurteil (Rn. 6) tatsächlicher Stillstand ein. Gleiches gilt bei (zulässigkeitsbejahendem) Zwischenurteil bis zu dessen Unanfechtbarkeit. Hier wird das Hauptsache-Verfahren grds. erst nach Rechtskraft des Zwischenurteils fortgesetzt, indem das Gericht von Amts wegen Termin bestimmt (§§ 216, 272 Abs. 3). Das Gericht kann jedoch anordnen, dass schon vorher zur Hauptsache verhandelt wird, wenn eine Partei dies beantragt. 8

2. Anordnung vorzeitiger Verhandlung (Abs. 2 S. 2). Sie setzt den Antrag einer Partei voraus. Das Gericht entscheidet durch Beschluss, und zwar nach pflichtgemäßem Ermessen, dh. mit Rücksicht auf die Dringlichkeit der Hauptsache, die (offenbar geringe) Erfolgsaussicht des Rechtsmittels im Zwischenstreit und den Normzweck von Abs. 1 (Rn. 1). Gegen die Verweigerung der Anordnung ist richtigerweise sofortige Beschwerde zulässig (analog § 252 wegen der ganz erheblichen Bedeutung der Entscheidung),[14] freilich nur zur Überprüfung auf Ermessensfehler. 9

---

3 BGH NJW-RR 2004, 851.
4 BGH NJW-RR 2001, 930.
5 OLG Frankfurt MDR 1985, 149.
6 Wohl allgM; vgl. *Grunsky* S. 471; *B/L/H* Rn. 7 (zum Rechtsweg); *St/J/Leipold* Rn. 5.
7 RGZ 57, 416, 418.
8 LG Hildesheim NdsRpfl. 1952, 183, 184; *Bergenroth* NJW 1952, 1204.
9 Vgl. BGHZ 110, 294, 295 f. = NJW 1990, 1734; BGHZ 111, 219, 221 f. = NJW 1990, 3152.
10 So BGHZ 153, 82, 84 ff. = NJW 2003, 426.
11 IE ebenso *Münzberg* AcP 159 (1960), 41, 53 f.; aM *St/J/Leipold* Rn. 6 (kontradiktorische Klageabweisung).
12 Vgl. BGH (Fn. 4).
13 S. nur BGH NJW 1956, 1920, 1921; WM 1994, 1051, 1052; *St/J/Leipold* Rn. 16; aA *Schwab* Festschr. f. F. Weber, 1975, S. 413, 421 ff.; MK/*Prütting* Rn. 8.
14 Vgl. OLG Köln NJW 1956, 555; OLG Karlsruhe NJW 1971, 662, 663; KG MDR 1971, 588; *Zö/Greger* Rn. 9; aA MK/*Prütting* Rn. 11 f.

10 **3. Einfluss des Zwischenurteils.** Wird das Hauptsacheverfahren trotz Rechtsmittels gegen das Zwischenurteil fortgesetzt, so verteilt der Rechtsstreit sich auf zwei Instanzen. Der Zwischenstreit muss aber Vorrang behalten. Daraus folgt: Ein vorzeitig ergehendes Endurteil zur Hauptsache steht unter der auflösenden Bedingung der Aufhebung des Zwischenurteils; es ist aber immerhin für vorläufig vollstreckbar zu erklären. Bei Aufhebung des Zwischenurteils entfällt das Endurteil trotz etwaiger Unanfechtbarkeit;[15] dies sollte im Zwischenurteil ausgesprochen werden. War aus dem Endurteil schon vollstreckt worden, so ist der Kläger ersatzpflichtig (§ 717 Abs. 2).

V. Gebühren und Kosten

11 **1. Rechtsanwaltsgebühren.** Die Tätigkeit des Anwalts gehört zum Rechtszug (§ 19 Abs. 1 Nr. 3 RVG), wird also durch die Gebühren der Nr. 3100ff. VV RVG abgegolten. In der abgesonderten Verhandlung ist keine besondere Angelegenheit zu sehen.

12 **2. Gerichtskosten.** Eine Ermäßigung gemäß KV Nr. 1211 scheidet nach einem Zwischenurteil aus.

281 *Verweisung bei Unzuständigkeit*

(1) [1]Ist auf Grund der Vorschriften über die örtliche oder sachliche Zuständigkeit der Gerichte die Unzuständigkeit des Gerichts auszusprechen, so hat das angegangene Gericht, sofern das zuständige Gericht bestimmt werden kann, auf Antrag des Klägers durch Beschluss sich für unzuständig zu erklären und den Rechtsstreit an das zuständige Gericht zu verweisen. [2]Sind mehrere Gerichte zuständig, so erfolgt die Verweisung an das vom Kläger gewählte Gericht.

(2) [1]Anträge und Erklärungen zur Zuständigkeit des Gerichts können vor dem Urkundsbeamten der Geschäftsstelle abgegeben werden. [2]Der Beschluss ist unanfechtbar. [3]Der Rechtsstreit wird bei dem im Beschluss bezeichneten Gericht mit Eingang der Akten anhängig. [4]Der Beschluss ist für dieses Gericht bindend.

(3) [1]Die im Verfahren vor dem angegangenen Gericht erwachsenen Kosten werden als Teil der Kosten behandelt, die bei dem im Beschluss bezeichneten Gericht erwachsen. [2]Dem Kläger sind die entstandenen Mehrkosten auch dann aufzuerlegen, wenn er in der Hauptsache obsiegt.

I. Normzweck

1 Wird ein sachlich oder örtlich unzuständiges Gericht angerufen, so muss die Klage eigentlich durch Prozessurteil abgewiesen werden. Dies bürdet dem Kläger aber erhebliche Kosten und Zeitverlust auf, der Justiz auch Mehrarbeit, da bereits erzielte Prozessergebnisse im Neuprozess nicht verwertbar sind. Daher eröffnet § 281 eine Alternative, nämlich die weithin bindende Verweisung des Rechtsstreits und dessen Fortführung vor dem als zuständig bestimmten Gericht.[1]

II. Anwendungsbereich

2 **1. Grundsätze.** § 281 gilt unmittelbar nur im Urteilsverfahren (in allen Instanzen), auch nach Mahn- oder Vollstreckungsbescheiden, sobald das Verfahren abgegeben ist (§§ 696 Abs. 1 u. 5, 700 Abs. 3). Er gilt aber entsprechend für sonstige Verfahren der **streitigen ordentlichen Gerichtsbarkeit,**[2] so für Urkunden- und Wechselprozess, für Eilverfahren,[3] selbständige Beweisverfahren,[4] Zwangsvollstreckungs-[5] und Insolvenzverfahren,[6] PKH-Verfahren,[7] Aufgebotsverfahren,[8] Anträge auf Vollstreckbarerklärung eines Schiedsspruchs (§§ 1060ff.) sowie im Gerichtsstandsbestimmungsverfahren,[9] **nicht** aber für Mahnsachen vor der Abgabe des Verfahrens (§ 689 Rn. 4), zwischen Zivil- und Schiedsgericht, im Verhältnis zu anderen Gerichtsbarkeiten (dazu § 17a GVG), zB zu Arbeitsgerichten (§ 48 ArbGG) oder zu ausländischen Gerichten (arg. Abs. 2 S. 4) bzw. dem EuGH.

3 **2. Freiwillige Gerichtsbarkeit.** Für das Verhältnis der ordentlichen zur fG bestehen einige Sonderregeln; sie sehen statt einer Verweisung die **Abgabe** an das zuständige Gericht vor (vgl. §§ 18f. HausratsVO,[10] § 12 LwVG). Nach § 46 WEG aF war an das Wohnungseigentumsgericht abzugeben,[11] analog § 46 WEG aF ggf. auch an das Prozessgericht, und zwar von Amts wegen.[12] Solche Abgaben sind unanfechtbar, soweit

---

[15] BGH NJW 1973, 467, 468.
[1] Vgl. BGHZ 71, 15, 17f. = NJW 1978, 888; BGHZ 71, 69, 74 = NJW 1978, 1163.
[2] BGH NJW 1964, 247.
[3] BGH FamRZ 1989, 847; einschr. *Teplitzky* DRiZ 1982, 41, 42.
[4] OLG Frankfurt NJW-RR 1998, 1610.
[5] BayObLG Rpfleger 1986, 98.
[6] Vgl. BGHZ 132, 195, 196 = WiB 1996, 657; BayObLG NJW 1999, 367.
[7] BGH NJW-RR 2004, 1437 (auch zur Nicht-Bindung bezüglich Zuständigkeit für das Hauptsacheverfahren).
[8] RGZ 121, 20, 22f.
[9] OLG München NJW 2007, 163, 164; s. auch BGHZ 71, 69, 75 = NJW 1978, 1163 (§ 36 Abs. 1 Nr. 6).
[10] Vgl. OLG Karlsruhe NJW-RR 1993, 71; OLG Frankfurt FamRZ 1994, 1602, 1603 (zu Mehrkosten).
[11] Vgl. etwa BayObLGZ 1986, 285ff.; *Hilbrandt* NJW 1999, 3594ff. (zur Fristwahrung).
[12] BGHZ 106, 34, 40f. = NJW 1989, 714.

sie nicht durch Urteil erfolgen.[13] Im Übrigen wird analog § 17a Abs. 2 GVG verwiesen (§ 17 GVG Rn. 2), teils auch analog § 281,[14] zB unter Wohnungseigentumsgerichten.[15]

3. Familiensachen. Das Verhältnis von FamG und allgemeiner Prozessabteilung (bzw. Familiensenat und anderem Senat) ist keines der sachlichen Zuständigkeit. Innerhalb desselben Gerichts ist § 281 daher unanwendbar, so dass von Amts wegen **Abgabe** erfolgt, die nicht bindet[16] (§ 23b GVG Rn. 6; s. aber § 23b Abs. 2 S. 2 GVG). Gleiches gilt im Verhältnis von FamG und VormG bei fG-Angelegenheiten.[17] Nur wenn ein anderes Gericht zu entscheiden hätte (zB das FamG in Y, das Landgericht statt des FamG[18]), wird nach § 281 verwiesen, also lediglich auf Antrag (näher § 621 Rn. 32f.; s. aber § 621 Abs. 3). Ein Landgericht verweist fG-Familiensachen jedoch entsprechend § 17a Abs. 2 GVG (§ 621 Rn. 31). Hat in Verkennung einer (Nicht-) Familiensache das falsche Gericht entschieden, so hat über Rechtsmittel ggf. das dafür formal zuständige Gericht zu entscheiden[19] (durch den formal zuständigen Spruchkörper[20]), und zwar unter „Zurück"verweisung an das rechtlich zuständige Gericht erster Instanz.[21] Näher zu allem § 621 Rn. 25ff., § 119 GVG Rn. 8ff. 4

III. Voraussetzungen

1. Rechtshängigkeit. Der Rechtsstreit muss bei dem angegangenen Gericht rechtshängig (§ 261 Rn. 2ff.) sein. Vor Zustellung der Klage kann daher nur die Abgabe der Sache verlangt werden; sie erfolgt ohne Prüfung der Zuständigkeit, formlos und ohne Bindung des aufnehmenden Gerichts.[22] Auch Rechtsmittelgerichte können verweisen.[23] Übereinstimmende Erledigterklärung beendet die Rechtshängigkeit; danach darf also nicht mehr verwiesen werden, zumal das angerufene Gericht für die verbleibende Kostenentscheidung stets zuständig ist.[24] Einseitige Erledigterklärung beendet die Rechtshängigkeit des Altantrags; zu verweisen bleibt aber wegen des Feststellungsantrags, es sei denn, dass sich der Beklagte (auch?) auf ihn rügelos einließ (§§ 39, 295).[25] 5

2. Unzuständigkeit. Das angegangene Gericht muss zur Zeit der Verweisung sachlich oder örtlich unzuständig sein. Die Norm betrifft also **nicht funktionelle** Unzuständigkeit, zB im Verhältnis zwischen Prozess- und Vollstreckungsgericht,[26] Baulandkammer zu anderer Kammer,[27] Kammer und originärem Einzelrichter, Berufungs- zu erstinstanzlicher Kammer,[28] Senat und Kammer[29] oder mehreren Rechtsmittelgerichten[30] (anders im Sonderfall des § 119 Abs. 1 Nr. 1 lit. b GVG[31]). Zu Verweisungen zwischen Zivilkammer und KfH vgl. §§ 97–102, 104 GVG.[32] Auch internationale Unzuständigkeit erlaubt keine Verweisung.[33] **Nach Rechtshängigkeit** kann Unzuständigkeit sowohl eintreten (dazu § 506, § 261 Rn. 14) als auch entfallen (vgl. § 39). 6

Partielle Unzuständigkeit berechtigt zur Verweisung jedenfalls dann, wenn sie für einen abtrennbaren (§ 145) prozessualen Anspruch besteht, ggf. auch für eine Widerklage. Ein Amtsgericht, das Teilversäumnisurteil erlassen hat, kann dennoch vollständig zum Landgericht verweisen.[34] Ist das Gericht nur für bestimmte Klagegründe ein und desselben prozessualen Anspruchs zuständig,[35] so weist die Rspr. die Klage hinsichtlich der übrigen Gründe als unzulässig ab (vgl. § 32 Rn. 10). Der Zweck des § 281 gebietet jedoch eine Teilverweisung.[36] Die Unzuständigkeit für einen **Hilfsantrag** bleibt zunächst einmal außer Acht. Ist das Gericht allerdings auch für den Hauptantrag unzuständig, so wird insgesamt verwiesen. Bezüglich des Hilfsantrags wird nur verwiesen, wenn der Hauptantrag abgewiesen oder für erledigt erklärt ist.[37] 7

3. Antrag. Die Verweisung erfolgt grds. nur auf Antrag des Klägers; hierauf ist vor Klageabweisung ggf. hinzuweisen (§ 139). Ein Antrag des Beklagten genügt in Fällen des § 506. Von Amts wegen verwiesen bzw. 8

---

[13] BGHZ 97, 287, 289f. = NJW 1986, 1994 (§ 46 WEG aF); BGH NJW 1993, 3326, 3328 (§ 18 HausratsVO).
[14] S. etwa BGHZ 5, 105, 107 (zu § 276 aF); BGH NJW-RR 2006, 1113, 1115.
[15] BGHZ 139, 305, 307f. = NJW 1998, 3648; *Hilbrandt* (Fn. 11).
[16] HM; BGH NJW-RR 1993, 1282.
[17] BGH Rpfleger 1990, 256, 257.
[18] Vgl. BGH NJW 1979, 2517f.
[19] BGH NJW 1991, 231, 232.
[20] Anders BGH FamRZ 1994, 25, 26f. m. abl. Anm. *Bergerfurth* S. 372.
[21] Offen gelassen von BGH (Fn. 19).
[22] BGH NJW 1980, 1281; NJW-RR 1996, 254; OLG Karlsruhe NJW-RR 2002, 1167, 1168.
[23] BGHZ 2, 278, 279 = NJW 1951, 802; BGH NJW 1968, 351, 352.
[24] OLG Frankfurt MDR 1981, 676.
[25] Anders OLG München OLGZ 1986, 67, 69f.; näher *Vossler* NJW 2002, 2373f.
[26] BayObLGZ 1988, 305, 306f.
[27] Vgl. OLG München NJW 1964, 1282f. (§ 276 aF übergangen).
[28] RGZ 119, 379, 384; BGH NJW 1984, 1552, 1555 (VI); VersR 2001, 126f. (zu § 36).
[29] BGH NJW-RR 2001, 60, 61; aM OLG Hamburg NJW-RR 2004, 62, 63.
[30] BGH NJW-RR 1997, 55f. (OLG und LG; keine Analogie); s. auch BGH NJW-RR 1996, 891 (zu § 506).
[31] IdS (analog § 281) OLG Karlsruhe IPrax 2004, 433 (Nr. 33) m. zust. Anm. *v. Hein* S. 418, 419; aA wohl BGH NJW-RR 2005, 780, 781; offen BGHZ 155, 46, 50 = NJW 2003, 2686.
[32] Dazu auch *Gaul* JZ 1984, 57ff. u. 563ff.; *Herr* JZ 1984, 318ff.
[33] OLG Düsseldorf WM 2000, 2192, 2195.
[34] OLG Zweibrücken NJW-RR 1998, 1606f. (Landgericht entscheidet auch über Einspruch).
[35] Abl. freilich BGHZ 153, 173, 175ff. = NJW 2003, 828 (§ 32 gelte auch für konkurrierende Vertragshaftung).
[36] S. nur *Ritter* NJW 1971, 1217, 1218; *St/J/Leipold* Rn. 13 m. weit. Nachw.
[37] Vgl. BGH NJW 1980, 1283, 1284; 1981, 2417, 2418.

abgegeben werden bestimmte Familiensachen (§ 621 Abs. 3, § 23b Abs. 2 S. 2 GVG) sowie Mahnverfahren (§§ 696 Abs. 1, 698, 700 Abs. 3). Das **zuständige Gericht** muss nicht benannt sein, ist dessen Bestimmung doch Aufgabe des Gerichts (Rn. 10); beharrt der Kläger auf einer unzulässigen Verweisung, so provoziert er sogar ein Prozessurteil. Sind jedoch mehrere Gerichte zuständig, so muss das gewählte (§ 35) bezeichnet werden; in Mahnverfahren geschieht dies schon im Mahnantrag (§ 690 Rn. 9). Diese Wahl ist als Präzisierung des Verweisungsantrags unverzichtbar (Abs. 1 S. 2; ggf. Hinweis), aber auch unwiderruflich.[38] **Erklärt** wird der Antrag mündlich oder schriftlich, auch zu Protokoll eines Amtsgerichts (Abs. 2 S. 1, § 129a), ggf. hilfsweise[39] oder auch bei Säumnis des Beklagten. Anwaltszwang besteht nicht (Abs. 2 S. 1, § 78 Abs. 3).

IV. Verfahren und Entscheidung

9 **1. Verweisungsverfahren.** Es kann (und wird idR) schriftlich geführt werden. Mündliche Verhandlung bleibt zulässig (§ 128 Abs. 4); geboten ist sie im Rechtsmittelverfahren, da dort stets auch über den Bestand des angegriffenen Urteils entschieden wird. In jedem Fall ist das rechtliche Gehör des Beklagten zu wahren.[40] Die Bestimmung des zuständigen Gerichts kann auch eine Beweiserhebung erforderlich machen. Anwaltszwang besteht nach allgemeinen Regeln, sobald streitig über die Zulässigkeit der Klage verhandelt wird.

10 **2. Entscheidung. a) Allgemeines.** Eine stattgebende Entscheidung bestimmt das zuständige Gericht bzw. bezeichnet das gewählte Gericht und verweist an dieses. Verweisungen an bestimmte Spruchkörper sind unzulässig und insoweit ohne Wirkung.[41] Die Verweisung ist knapp, aber nachvollziehbar zu begründen, es sei denn, dass die Gründe sich schon aus früheren richterlichen Hinweisen[42] oder den Akten[43] ergeben oder dass auch der Beklagte Verweisung beantragt hatte.[44] Über die Kosten wird nicht entschieden (Rn. 18). Zuständig sind beim Landgericht die Kammer bzw. ihr Einzelrichter und der Vorsitzende einer KfH (§ 349 Abs. 2 Nr. 1).

b) **Form.** In erster Instanz ergeht ein Beschluss. Ging ihm keine mündliche Verhandlung voraus, so muss er nicht verkündet und nur formlos mitgeteilt[45] werden; andernfalls ist er zu verkünden und zuzustellen (§ 329 Abs. 1, 2). Ein Rechtsmittelgericht verweist durch Urteil, da zugleich auch das angegriffene Urteil aufzuheben ist.[46]

11 c) **Anfechtbarkeit.** Die **Verweisung** ist grds. unanfechtbar (Abs. 2 S. 2), mag sie durch Beschluss oder Urteil erfolgen;[47] denn der Prozess soll nicht durch Streit um die Zuständigkeit verzögert und verteuert werden. Ausnahmen gelten nach hM aber dann, wenn das rechtliche Gehör einer Partei verletzt wurde[48] und die Verweisung hierauf beruht[49] oder wenn die Verweisung auf Willkür beruht, weil ihr jede rechtliche Grundlage fehlt[50] (näher Rn. 17). Dann soll sofortige Beschwerde möglich sein (§ 567).[51] Die **Ablehnung einer Verweisung** ist (entgegen § 567 Abs. 1 Nr. 2) ausnahmslos unanfechtbar;[52] dies folgt aus Wortlaut[53] und Zweck des Abs. 2 S. 2, zumal sonst im Beschwerdeverfahren faktisch (auch) über die Zulässigkeit der Klage entschieden werden könnte.

V. Wirkungen

12 **1. Anhängigkeit (Abs. 2 S. 3).** Die Rechtshängigkeit wechselt, aus Gründen der Rechtssicherheit aber erst mit Eingang der Akten bei dem Gericht, an das verwiesen wird. Jetzt ist der Rechtsstreit nur noch bei dem aufnehmenden Gericht rechtshängig. Über Rechtsmittel gegen Entscheidungen, die das abgebende Gericht vor Verweisung fällte, entscheidet daher auch nur das Gericht, das dem aufnehmenden Gericht übergeordnet ist.[54] Der Wechsel unterbricht die Rechtshängigkeit nicht, ist für den Kläger also ungefährlich (Rn. 13).

13 **2. Verfahrenseinheit.** Vor dem aufnehmenden Gericht wird der Prozess dort fortgesetzt, wo er endete. Die frühere Rechtshängigkeit und ihre (uU vorverlegten, § 167) Wirkungen bleiben erhalten,[55] auch wenn die zu wahrende Frist vor der Verweisung ablief.[56] Gefährdet ist der Kläger nur, falls an das zuständige Ge-

---

[38] BayObLG NJW-RR 1991, 187, 188.
[39] BGH (Fn. 14).
[40] Vgl. BVerfG NJW 1982, 2367f.
[41] BGHZ 6, 178, 181f. = NJW 1952, 879 (zu § 276 aF); BGH FamRZ 1988, 155, 156.
[42] BAG AP § 36 Nr. 22.
[43] So jedenfalls BGH FamRZ 1991, 90, 92.
[44] So BGH FamRZ 1988, 943; BayObLG Rpfleger 1993, 411; strenger KG MDR 1993, 176.
[45] BGH MDR 1995, 739.
[46] HM; BGHZ 97, 287, 288 = NJW 1986, 1994, 1995 (zu § 46 WEG aF); BGH NJW-RR 1988, 1405.
[47] BAG NJW 1991, 1630, 1631 (aE); einschr. BGH BB 1998, 609, 611 (zu §§ 20 GesO, 73 Abs. 3 KO).
[48] BGHZ 102, 338, 341 = NJW 1988, 1794; *St/J/Leipold* Rn. 22; abl. *Scherer* ZZP 110 (1997), 167, 171ff.
[49] So BGHZ 71, 69, 72 = NJW 1978, 1163; OLG Düsseldorf Rpfleger 1975, 102.
[50] BGH (Fn. 48); NJW 1984, 740; 1993, 1273.
[51] Vgl. (zu § 567 aF) BGH NJW 1964, 1416, 1417; BGH (Fn. 49) S. 72ff.; *Fischer* NJW 1993, 2417, 2420.
[52] Ebenso OLG Oldenburg MDR 1992, 518 (Begr. unklar); *B/L/H* Rn. 27.
[53] *T/P/Reichold* Rn. 11; abw. OLG Oldenburg MDR 1992, 518.
[54] KG NJW 1969, 1816; OLG Nürnberg OLGZ 1969, 56, 57f.; OLG Frankfurt Rpfleger 1974, 321.
[55] BGHZ 35, 374, 377f. = NJW 1961, 2259, 2260; BGH NJW-RR 2006, 1113, 1114.
[56] BGHZ 97, 155, 160ff. = NJW 1986, 2255.

richt lediglich *abgegeben* wurde (Rn. 5).[57] Erhalten bleiben auch Anträge und Erklärungen der Parteien (zB Geständnis) sowie Entscheidungen und Akte des verweisenden Gerichts (zB PKH-Bewilligung,[58] Teilanerkenntnis-, Versäumnisurteile[59]). Bestand hat ferner eine Übertragung an den Einzelrichter nach § 348a; ob das aufnehmende Gericht durch originären Einzelrichter (§ 348) entscheidet, hängt dagegen von der dortigen Situation ab.[60] Zur Möglichkeit sofortiger Anerkenntnisse s. § 93 Rn. 34.

3. Bindung (Abs. 2 S. 4). a) Normzweck. Der Verweisungsbeschluss ist nicht nur für die Parteien unanfechtbar (Rn. 11). Er bindet auch das im Beschluss benannte Gericht, damit die nachgeordnete Zuständigkeitsfrage Parteien und Justiz nicht unangemessen belastet. Eine Zurück- oder Weiterverweisung ist daher grds. unzulässig und unwirksam. Diese Regelung ist zweischneidig, da sie es ermöglicht, die Sache zu Lasten des aufnehmenden Gerichts und unter Entziehung des gesetzlichen Richters (Art. 101 GG)[61] zu „erledigen".[62] Die Versuche, dem prozess- bzw. verfassungsrechtlich zu begegnen (Rn. 17), sind so wenig konsistent, dass sie wiederum das Prinzip gefährden. Was bleibt, ist die Kontrollfunktion. Doch Zurückhaltung wäre sinnvoller;[63] helfen kann nur Richterethos, dh. eine Rückbesinnung auf die Bindung der dritten Gewalt. 14

b) Der **Umfang** der Bindung hängt aber davon ab, inwieweit das verweisende Gericht über die Zuständigkeit des angewiesenen Gerichts entscheiden wollte, sie also erkennbar (wenigstens konkludent) prüfte und bejahte.[64] Man mag dies auch als gerichtlichen „Bindungswillen" bezeichnen.[65] Für ihn genügt noch nicht, dass das Gericht wichtige Zuständigkeitsnormen untersucht hat.[66] Wohl aber können frühere richterliche Hinweise, die Verweisung selbst und deren Begründung für eine Entscheidung sprechen, die über den Tenor des Beschlusses hinausgeht.[67] Wurde jedoch nur die örtliche Zuständigkeit des aufnehmenden Gerichts festgestellt, so kann es wegen sachlicher Unzuständigkeit weiterverweisen;[68] das dritte Gericht ist dann beiderseits gebunden.[69] Abs. 2 S. 4 schließt auch eine Berichtigung der Verweisung durch das verweisende Gericht aus.[70] Die Bindung erstreckt sich nicht auf den Rechtsweg[71] (vorbehaltlich der §§ 17ff. GVG), die internationale Zuständigkeit,[72] die Geschäftsverteilung[73] (Rn. 6) und die Verfahrensart (§ 621 Rn. 32). 15

Sonderfragen. Der Bindung steht nicht entgegen, dass das angewiesene Gericht sich zuvor rechtskräftig für unzuständig erklärt hat.[74] Sind Streitgenossen verklagt und wurde deshalb die Verweisung an verschiedene Gerichte beantragt, so besteht idR kein Bedürfnis mehr, die Bindung an solche Verweisungen zu Gunsten eines Beschlusses nach § 36 Abs. 1 Nr. 3 zu durchbrechen.[75] Die Bindung erfasst auch einen Streitwertbeschluss, soweit die Zuständigkeit vom Streitwert abhängt.[76] Sie kann durch Parteiwechsel enden.[77] Die Verweisung eines PKH-Verfahrens betrifft hingegen nicht das folgende Klageverfahren (Rn. 2). 16

c) **Keine Bindung** besteht bei Verletzung des **rechtlichen Gehörs** einer Partei,[78] anders also, wenn dieses Gehör ausnahmsweise entbehrlich war, wie ggf. in Vollstreckungsverfahren (§ 834[79], § 14 Abs. 2 InsO[80]) und Eilverfahren (vgl. §§ 922 Abs. 1 S. 1, 937 Abs. 2[81]). Ebenso wenig binden Verweisungen, die auf objektiver **Willkür** beruhen, weil ihnen jede rechtliche Grundlage fehlt.[82] Willkür ist denkbar bei Verweisungen, die mangels Begründung (Rn. 10) nicht einmal überprüfbar sind,[83] einen schlechterdings abwegigen Inhalt haben[84] (zB wegen „anderweitiger Rechtshängigkeit",[85] den statuarischen Sitz einer GmbH übergehen,[86] 17

---

57 Vgl. BGHZ 90, 249, 251f. = NJW 1984, 1559.
58 OLG Düsseldorf NJW-RR 1991, 63 (zugleich einschr.).
59 BGH NJW-RR 1992, 1091.
60 Vgl. OLG Koblenz MDR 1986, 153; OLG Frankfurt MDR 2003, 1375.
61 Dazu OLG Frankfurt NJW-RR 2005, 935, 936; OLG Saarbrücken NJW 2005, 906, 907.
62 Bedrückend zB OLG Celle NdsRpfl. 2001, 55f.; näher (aus Richtersicht) *Fischer* NJW 1993, 2417f.
63 *Tombrink* NJW 2003, 2364, 2367; *Endell* DRiZ 2003, 133, 135; aA *Fischer* MDR 2005, 1091.
64 BGHZ 63, 214, 216f. = NJW 1975, 450; BGH NJW-RR 1996, 897; BAG NJW 1993, 1878, 1879.
65 Vgl. BGH NJW 1963, 585, 586; 1964, 1416, 1417f.; *Fischer* (Fn. 62) S. 2418.
66 So wohl auch BayObLG MDR 1983, 322 (Nr. 69); abw. BayObLG MDR 1983, 322 (Nr. 68).
67 BGH NJW-RR 1998, 1219; BayObLG (Fn. 66).
68 BGH NJW 1963, 585, 586; OLG München OLGZ 1965, 187, 189; s. auch BayObLG MDR 1983, 322.
69 OLG München NJW 1965, 767 (LS).
70 Vgl. BGH NJW-RR 1993, 700.
71 BGHZ 70, 295, 296f. = NJW 1978, 949.
72 Vgl. BGHZ 44, 46ff.= NJW 1965, 1665.
73 Für Familiensachen BGH MDR 1993, 1236 (zu Rechtsmittelinstanz); BayObLG NJW-RR 1993, 10, 11.
74 BGH NJW 1997, 869f. (örtliche Unzuständigkeit; offen gelassen für Fälle des § 11).
75 IE auch BayObLGZ 1992, 89, 90; OLG Düsseldorf Rpfleger 1977, 142f.; *Vollkommer* MDR 1987, 804.
76 So wohl auch OLG München MDR 1988, 973.
77 KG MDR 1998, 367 (Beklagtenseite).
78 BGHZ 102, 338, 341 = NJW 1988, 1794; BAG NZA 1992, 1049f. (zu § 48 Abs. 1 ArbGG).
79 Vgl. BayObLG Rpfleger 1986, 98f.
80 Vgl. schon BGH NJW 1996, 3013.
81 BAG AP ZPO § 36 Nr. 27 (aE).
82 BGH NJW 1984, 740; NJW-RR 1990, 708; 1997, 1161 (gar keine Rechtshängigkeit).
83 OLG Karlsruhe FamRZ 1991, 90, 92; OLG München FamRZ 1982, 942, 943; KG MDR 1998, 618f.
84 Vgl. zB den Fall BGH NJW-RR 1992, 383.
85 Vgl. BGH NJW 1980, 290.
86 OLG Naumburg InVo 2000, 12, 13 (zu § 17 Abs. 1 S. 2).

zur „Kostenentscheidung",[87] an ein OLG als erste Instanz[88] verweisen), trotz einer klaren[89] oder gar älteren[90] gezielten Gesetzesänderung die nunmehr unzweifelhafte Zuständigkeit verkennen, die Endgültigkeit einer Gerichtsstandswahl (§ 35) übersehen,[91] eine Gerichtsstandsvereinbarung erkennbar einseitig auslegen[92] oder als Erschleichung der „besseren Qualität" des prorogierten Gerichts übergehen,[93] wenn Amtsrichter an Landgericht verweist, obwohl seine Zuständigkeit durch Klagerücknahme rechtzeitig hergestellt wurde (§ 261 Rn. 15), eine Berufungskammer nach Klageerweiterung usw. wegen § 506 an das OLG[94] oder die erstinstanzliche Kammer[95] (Rn. 6) „verweist" oder wenn § 3 Abs. 1 S. 2 InsO trotz erkennbarer gewerblicher „Firmenbestattung" angewendet wird.[96] Als willkürlich gilt auch, dass ein Gericht sich mit einer ganz einhelligen gegenteiligen Ansicht in Rspr. und Schrifttum nicht einmal auseinander setzt.[97] Die Abweichung von einer dominierenden Rspr. belegt für sich allein jedoch keine Willkür.[98] Gleiches gilt aber auch für Rechtsfehler[99] als solche, auch wenn sie drastisch sind (zB Irrtümer über den Gerichtsbezirk,[100] die Übergehung von § 29,[101] § 261 Abs. 3 Nr. 2,[102] von Grundlagen der Streitwertberechnung[103] oder ausschließlicher Zuständigkeit,[104] sogar Verweisungen ohne Antrag[105]), erst recht, wenn auch der Beklagte Unzuständigkeit gerügt hatte.[106] Die **Bindung endet,** wenn das aufnehmende Gericht durch spätere Umstände unzuständig wird (dazu § 506),[107] also nicht bereits bei Wohnsitz(rück)verlegung (§ 261 Abs. 3 Nr. 2).[108] Mangels Bindung empfiehlt sich Rück- bzw. Weiterverweisung oder Vorlage bzw. Antrag[109] nach § 36 Abs. 1 Nr. 6.

VI. Kosten (Abs. 3)

18 Die bis zur Verweisung entstandenen Kosten gelten als Teil der Kosten, die bei dem aufnehmenden Gericht entstehen. Dieses entscheidet also auch über die Mehrkosten durch Anrufung des unzuständigen Gerichts. Die (notwendigen[110]) Mehrkosten sind stets dem Kläger aufzuerlegen (**S. 2**), nicht aber Gerichtskosten, die auf Fehler des Gerichts zurückgehen (Rn. 25). Unterbleibt die Entscheidung nach S. 2, so hilft nur eine Urteilsergänzung (§ 321 analog), denn im Kostenfestsetzungsverfahren für den Kläger können die Mehrkosten nicht als nicht „notwendig" abgezogen werden.[111] Letzteres gilt auch bei Kostenübernahme des Beklagten in einem Vergleich.[112] Dessen Auslegung mag freilich (bei gewissem Anhalt) ergeben, dass die Mehrkosten gar nicht übernommen wurden.[113]

VII. Gebühren und Kosten

19 **1. Rechtsanwaltsgebühren.** Die Gebühren des Anwalts entstehen neu für jeden Rechtszug (§ 15 Abs. 2 S. 2 RVG). § 20 RVG modifiziert diese Bestimmung für die Fälle der Abgabe/Verweisung. Bleibt das Verfahren in der **gleichen instanzlichen Ebene,** gelten das Verfahren vor und nach der Abgabe/Verweisung als ein gebührenrechtlicher Rechtszug. Gelangt das Verfahren durch die Abgabe/Verweisung in eine **niedrigere** Ebene, entsteht gebührenrechtlich ein zweiter Rechtszug, so dass die gleichen Gebühren ein zweites Mal anfallen können, § 20 S. 2, 15 Abs. 2 S. 2 RVG[114].

---

[87] LG Tübingen MDR 1958, 926.
[88] Bsp. aus BGHZ 2, 278, 280 = NJW 1951, 802.
[89] Vgl. OLG Frankfurt NJW 1993, 2448, 2449; OLG München NJW-RR 1994, 892.
[90] BGH NJW 1993, 1273; zust. *Fischer* NJW 1993, 2417, 2420.
[91] BGH NJW 2002, 3634, 3635f. (Benennung im Mahnantrag), s. aber auch BGH NJW 1993, 2810f.; OLG Zweibrücken NJW-RR 2000, 590f. (Widerklage); einschr. (für mehrere Beklagte) BayObLG NJW-RR 2001, 646, 647.
[92] KG MDR 1999, 56.
[93] IE anders KG NJW-RR 1997, 250, 251.
[94] So (aber zu streng) BGH NJW-RR 1996, 891 = JZ 1996, 975 mit i. ü. krit. Anm. *Rimmelspacher.*
[95] KG NJW-RR 2000, 804f.
[96] BGH MDR 2006, 703f.; OLG Celle NZI 2004, 260f. m. Anm. *Neuenhahn; Pape* ZIP 2006, 877, 880ff.
[97] BayObLGZ 1986, 285, 287f.; KG NJW-RR 2000, 801f.; OLG Schleswig NJW 2006, 3360, 3361; s. auch BayObLG NJW-RR 1991, 977, 978; ferner BVerfG NJW 1993, 996, 997; abw. OLG Karlsruhe MDR 1999, 1401.
[98] BGH NJW 2003, 3201f.; BayObLG NJW 2003, 1196, 1197; OLG Zweibrücken MDR 2005, 1187f.
[99] Vgl. etwa BGH NJW-RR 1992, 902f.; OLG Brandenburg NJW 2006, 3444, 3445 m. weit. Nachw.
[100] Abw. OLG Schleswig-Holstein SchlHA 1991, 15; iE auch *St/J/Leipold* Rn. 30b.
[101] BayObLG NJW-RR 2000, 589 (§ 29 übersehen); aM OLG Frankfurt NJW 2001, 3792.
[102] OLG Düsseldorf OLGZ 1976, 475, 476; abw. OLG Frankfurt NJW-RR 1996, 1403; KG MDR 1998, 735.
[103] Abw. KG MDR 1999, 438, 439 (zu Widerklage, Aufrechnung).
[104] OLG Frankfurt Rpfleger 1979, 389, 390; BayObLG NJW-RR 2002, 1024, 1025.
[105] So BGHZ 1, 341, 342 = NJW 1951, 656; BGH NJW 1979, 551; FamRZ 1990, 1226, 1227.
[106] BGH NJW-RR 1994, 706.
[107] BGH NJW 1990, 53, 54.
[108] BGH FamRZ 1994, 437, 438; 1995, 729.
[109] OLG Karlsruhe FamRZ 1991, 90 (II 2).
[110] OLG Düsseldorf MDR 1980, 321.
[111] So die überwM; OLG Düsseldorf JurBüro 1988, 784 m. Anm. *Mümmler;* OLG Koblenz NJW-RR 1992, 892; OLG Hamburg MDR 1998, 1502; abw. zB OLG Frankfurt MDR 1997, 102, 103.
[112] Vgl. OLG Zweibrücken MDR 1996, 971f.; OLG Hamburg (Fn. 111); OLG Düsseldorf MDR 1999, 568f.
[113] Vgl. OLG Stuttgart JurBüro 1986, 103 m. Anm. *Mümmler;* OLG Koblenz JurBüro 1975, 1109.
[114] *Hartung/Römermann* § 20 Rn. 5ff.

§ 20 S. 1 RVG ist zB gegeben, wenn zwischen zwei Amtsgerichten oder zwei Landgerichten, oder wenn von einem Landgericht an ein Amtsgericht oder umgekehrt jeweils als 1. Instanz verwiesen wurde. Das Gleiche gilt zwischen den verschiedenen Gerichtszweigen. § 20 S. 2 RVG ist gegeben, wenn das Gericht 1. Instanz seine Zuständigkeit bejaht hatte, das Rechtsmittelgericht sie aber verneint und an das Gericht 1. Instanz verweist.[115] Der Verweisungs-/Abgabeantrag ist durch die Verfahrensgebühr abgegolten, wenn er schriftsätzlich gestellt wird. Wird er in mündlicher Verhandlung gestellt, fällt zusätzlich die Terminsgebühr (Nr. 3104 VV RVG) an, wenn sie nicht bis dahin schon entstanden war. § 20 S. 2 RVG ist auch dann anzuwenden, wenn die Verweisung unzulässig ist. 20

2. Gerichtskosten. Ein Verweisungs-, Weiterverweisungs- oder Rückverweisungsbeschluss löst keine Gebühren aus. Im Übrigen ist § 4 GKG einschlägig. Bei Verweisungen sind nach § 4 Abs. 1 GKG unter Berücksichtigung des Geltungsbereichs des GKG (§ 1 GKG: ordentliche, Verwaltungs-, Finanz- und Arbeitsgerichtbarkeit und teilweise die Sozialgerichtsbarkeit) drei Fallgruppen zu unterscheiden: 21

a) Verweisung innerhalb des Geltungsbereichs des GKG. Kosten werden nur nach den für das übernehmende Gericht geltenden Vorschriften erhoben. Kostenrechtlich bildet das Verfahren vor und nach der Verweisung eine Einheit. Deshalb kann zB eine Gebühr entfallen, die vor dem verweisenden Gericht bereits angefallen war. Auch Fälligkeit und Höhe der Gebühren richten sich nach den Vorschriften, die vor dem übernehmenden Gericht gelten. Wird innerhalb der ordentlichen Gerichtsbarkeit (zB Amtsgericht – Landgericht) verwiesen, bleibt KV Teil 1 weiterhin anwendbar; bei Rechtswegverweisungen nach § 17a Abs. 2 GVG ist der nunmehr einschlägige Teil des KV heranzuziehen. 22

b) Verweisungen aus dem Geltungsbereich des GKG hinaus. Allein bestimmend sind für das gesamte Verfahren die für das übernehmende Gericht (zB Sozialgericht, Gericht der freiwilligen Gerichtsbarkeit) geltenden Regeln. Auch hier bilden beide Verfahrensabschnitte kostenrechtlich eine Einheit. Nach dem GKG bereits angefallene Gebühren werden nicht erhoben. Wurden indessen bereits Tatbestände verwirklicht, die auch nach nunmehr anzuwendendem Recht Gebühren auslösen, ist dies zu berücksichtigen. 23

c) Verweisung in den Geltungsbereich des GKG hinein. Beide Verfahrensabschnitte bilden kostenrechtlich eine Einheit. Nach dem GKG werden die Gebühren für das gesamte Verfahren berechnet; angerechnet werden die vor dem verweisenden Gericht entstandenen Kosten. 24

d) Mehrkosten. Die Mehrkosten, die durch die Anrufung des Gerichts, zu dem der Rechtsweg nicht gegeben ist, oder durch die Anrufung des sachlich oder örtlich unzuständigen Gerichts entstanden sind, werden nach **§ 4 Abs. 2 GKG** nur erhoben, wenn die fehlerhafte Anrufung auf verschuldeter Unkenntnis beruht. Es gilt § 85 Abs. 2. Wurden die Mehrkosten fehlerhaft in der gerichtlichen Kostengrundentscheidung dem Kläger nicht auferlegt, hat der Beklagte sie dem Kläger zu erstatten.[116] 25

282 *Rechtzeitigkeit des Vorbringens*

(1) Jede Partei hat in der mündlichen Verhandlung ihre Angriffs- und Verteidigungsmittel, insbesondere Behauptungen, Bestreiten, Einwendungen, Einreden, Beweismittel und Beweiseinreden, so zeitig vorzubringen, wie es nach der Prozesslage einer sorgfältigen und auf Förderung des Verfahrens bedachten Prozessführung entspricht.

(2) Anträge sowie Angriffs- und Verteidigungsmittel, auf die der Gegner voraussichtlich ohne vorhergehende Erkundigung keine Erklärung abgeben kann, sind vor der mündlichen Verhandlung durch vorbereitenden Schriftsatz so zeitig mitzuteilen, dass der Gegner die erforderliche Erkundigung noch einzuziehen vermag.

(3) [1]Rügen, die die Zulässigkeit der Klage betreffen, hat der Beklagte gleichzeitig und vor seiner Verhandlung zur Hauptsache vorzubringen. [2]Ist ihm vor der mündlichen Verhandlung eine Frist zur Klageerwiderung gesetzt, so hat er die Rügen schon innerhalb der Frist geltend zu machen.

I. Normzweck

§ 282 erlegt den Parteien Prozessförderungs- bzw. Rügepflichten auf, um dem Gericht die Prozessvorbereitung und dem Gegner rechtzeitige Stellungnahmen zu erleichtern. Beides dient der sachgerechten Behandlung des Streitstoffes (Konzentration) und der Beschleunigung des Verfahrens. Die Norm steht in engem Zusammenhang mit § 296, wonach verspätetem Vorbringen die Zurückweisung droht. Die allgemeine Prozessförderungspflicht nach **Abs. 1** beschränkt sich auf die mündliche Verhandlung. Prozessförderung durch vorbereitende Schriftsätze obliegt den Parteien nur bei entsprechender Aufforderung, zB zur Klagebegründung bzw. -erwiderung (§ 273 Abs. 2 Nr. 1; § 275 Abs. 1, 3 u. 4; § 276 Abs. 1 S. 2, Abs. 3; § 277), gemäß **Abs. 2** aber auch bei Vorbringen, zu dem der Gegner erst Erkundigungen einholen müsste. Sonstige Unzulänglichkeiten schriftsätzlicher Vorbereitung bleiben ungeahndet. **Zulässigkeitsrügen (Abs. 3)** sind besonders früh zu erheben, damit gravierende Fehlakzentuierungen des Prozesses vermieden werden (näher Rn. 10). 1

II. Allgemeine Prozessförderungspflicht (Abs. 1)

1. Angriffs- und Verteidigungsmittel sind alle zur Begründung oder zur Abwehr des Sachantrags vorgebrachten tatsächlichen **Behauptungen**, also auch **Bestreiten, Einwendungen** (Klageleugnen und Einre- 2

---

[115] Vgl. *Hartung/Römermann* § 20 Rn. 22ff. und zum bish. Recht OLG München MDR 1992, 523, str.; vgl. dazu und wegen weiterer Beispiele und der Berechnung bei Änderung des Gebührensatzes G/S-*Madert* § 20 RVG Rn. 8ff.

[116] OLG Düsseldorf NJW-RR 1999, 799 (LS).

den), **Einreden** (Tatbestand einer Gegennorm zur anspruchsbegründenden Norm), Repliken (§ 146), ferner **Beweismittel** und **Beweiseinreden.** Die Partei kann gehalten sein, auch die zivilrechtlichen Voraussetzungen des Angriffs- oder Verteidigungsmittels zu schaffen, soweit dies zumutbar, zB durch schlichte Erklärung möglich ist. Ihr obliegt es daher zB, aufzurechnen (zur Hilfsaufrechnung Rn. 5) oder die Einrede der Verjährung zu erheben, nicht aber, eine prüfbare Schlussrechnung zu erstellen.[1] Unanwendbar ist Abs. 1 auf Rechtsausführungen – sie sind jederzeit zulässig[2] – und auf neue Angriffe (Klageänderungen, -erweiterungen, Widerklagen) samt der dafür nötigen Begründung.

3 **2. Rechtzeitiges Vorbringen.** Der Zeitpunkt, zu dem das Angriffs- bzw. Verteidigungsmittel vorgebracht werden muss, richtet sich nach der **Prozesslage,** dh. nach dem bisherigen Vorbringen des Gegners, aber auch nach den Hinweisen oder Fragen des Gerichts und dem Verlauf einer etwa schon früher begonnenen Verhandlung. Eine Parteipflicht zur Ermittlung von Angriffs- bzw. Verteidigungsmitteln besteht nur bei Zumutbarkeit.[3] Anlass zur unselbständigen Verteidigung bietet nur Prozessvorbringen des Gegners; Abs. 1 zwingt also nicht zu vorsorglicher Abwehr von Behauptungen, für die erst ein vor- oder außerprozessualer Anhalt besteht.[4] Soweit die Substantiierungslast beim Gegner liegt, ist auch nur auf substantiiertes Vorbringen zu reagieren (§ 138 Rn. 10).[5] Vorbringen im ersten Termin kann nie verspätet iSv. Abs. 1 sein;[6] dagegen kann Schweigen in diesem Termin zur Verspätung führen. Abs. 1 gilt auch im schriftlichen Verfahren, nämlich bis zum Vortragsschluss nach § 128 Abs. 2 S. 2, so dass auch hier je nach Prozesslage[7] vorzutragen ist. – Verstöße können zum Ausschluss nach § 296 Abs. 2 führen.

4 Die **prozesstaktische Zurückhaltung** bestimmten Vorbringens wird von der höchstrichterlichen Rspr. wohl eher für **unzulässig** gehalten.[8] In der Tat kann man Abs. 1 so deuten, dass das Gericht zur optimalen Prozessleitung befähigt werden soll und daher möglichst früh den ganzen Streitstoff kennen lernen muss. Eine Parteipflicht, sämtliche Angriffs- und Verteidigungsmittel sogleich (gestaffelt) vorzubringen, würde freilich zur Eventualmaxime zurückführen.[9] Der Gesetzgeber hat einen Mittelweg gewählt. Die VereinfNov. wollte individuelle Prozesstaktik zwar jedenfalls so weit zurückdrängen, dass sie nicht länger als billige Entschuldigung herhalten kann; andererseits wurde nicht bezweifelt, dass ein Verteidigungsmittel im Einzelfall zurückgestellt werden dürfe.[10]

5 Demnach muss **differenziert** werden: Unselbständige Verteidigungsmittel, die erst durch Klägervorbringen provoziert werden, sind (entgegen der Eventualmaxime) erst aus diesem Anlass vorzubringen. Selbständige Verteidigungsmittel gehören dagegen im Allgemeinen schon in die Klageerwiderung, spätestens aber in die nächste mündliche Verhandlung (zB Einrede der Verjährung,[11] nachdem Beklagter Sachmangel einwandte). Das gilt auch für **Gestaltungsrechte** wie Irrtumsanfechtung, Rücktritt oder Prinzipalaufrechnung samt Begründung,[12] es sei denn, dass das Gestaltungsrecht gerade auch den Zeitpunkt seiner Ausübung freistellen soll[13] (so zB ein vertragliches Rücktrittsrecht[14]). Selbst eine **Eventualaufrechnung** wird oft schon in dem Termin erklärt werden müssen, in dem dies erstmals möglich ist, zumal dann, wenn ein Beweisbeschluss signalisiert, dass die Abwehr des Klageanspruchs selbst nur noch von dem Ergebnis einer Beweisaufnahme abhängt. Das schließt nicht aus, dass mehrere Gegenforderungen gestaffelt vorgebracht werden, wenn der Vortrag rechtzeitig (also auch vorausschauend) ergänzt wird. Bei Verspätung der Prozessaufrechnung darf ohnehin nur diese zurückgewiesen werden, nicht auch eine zeitgleich vorgebrachte Begründung von Aufrechnung oder Gegenforderung (mit der Folge einer aberkennenden Sachentscheidung nach § 322 Abs. 2; § 296 Rn. 37). Die jeweiligen **Beweismittel** muss der Beweisführer möglichst vollständig bezeichnen, ohne erst den Erfolg früherer Beweisangebote abzuwarten.[15] Entsprechendes gilt für etwaige Gegenbeweise, freilich erst nach Beweisantritt des Beweispflichtigen,[16] und für Beweiseinreden (zB gegen Echtheit einer Urkunde, Glaubwürdigkeit von Zeugen). Redliche Prozesstaktik kann freilich entlasten.[17]

6 Erleichterungen sind bei besonders umfangreichem oder **komplexem Streitstoff** geboten. Hier muss es der Partei freistehen, die schwerer darstellbaren Verteidigungsmittel zunächst nur zu benennen (zu „individualisieren"), also anzukündigen,[18] und deren Substantiierung auf Hinweis des Gerichts nachzuho-

---

[1] BGH NJW-RR 2004, 167f.; *Reichold* LMK 2004, 54, 55; aA *Schenkel* MDR 2004, 790f.; *Zö/Greger* Rn. 1.
[2] Vgl. auch BayVerfGH NJW-RR 1992, 895, 896 (aE); *Zö/Greger* Rn. 2b.
[3] BGH NJW 2003, 200, 202 (bei besonderen Umständen); strenger *Zö/Greger* Rn. 1.
[4] BVerfG NJW 1991, 2275, 2276; BVerfGE 54, 117, 126f. = NJW 1980, 1737; BGH NJW 1983, 2879, 2880.
[5] Näher *Weth,* Die Zurückweisung verspäteten Vorbringens im Zivilprozess, 1988, S. 149ff.
[6] BGH NJW 1992, 1965; NJW-RR 2005, 1007.
[7] AM wohl *St/J/Leipold* Rn. 9.
[8] Vgl. BGHZ 91, 293, 303 = NJW 1984, 1964 (zu § 277 Abs. 1); großzügiger BVerfGE 54, 117, 126f. = NJW 1980, 1737; *Grunsky* JZ 1977, 201, 204; *Fuhrmann,* Die Zurückweisung schuldhaft verspäteter und verzögernder Angriffs- und Verteidigungsmittel im Zivilprozess, 1987, S. 46ff.
[9] Vgl. *Leipold* ZZP 93 (1980), 237, 257ff.
[10] Vgl. BT-Drucks. 7/5499, S. 2; dazu *Leipold* (Fn. 9) S. 259f.
[11] HM; vgl. OLG Hamm NJW-RR 1993, 1150; *E. Schneider* MDR 1977, 793, 795; *Zö/Greger* Rn. 3.
[12] Vgl. BGH (Fn. 8) S. 303f. (Aufrechnung).
[13] So die Rspr.; vgl. BGHZ 94, 29, 33f. = NJW 1985, 2481 (zu § 767 Abs. 2).
[14] BGH (Fn. 13).
[15] Vgl. auch LG Frankfurt/M NJW-RR 1986, 143; *St/J/Leipold* Rn. 19; *MK/Prütting* Rn. 21.
[16] *St/J/Leipold* Rn. 19 aE.
[17] Vgl. *Geipel/Geisler/Nill* ZAP Fach 13, S. 1407ff.
[18] So wohl auch OLG Hamm NJW-RR 1993, 1150.

len.[19] Dies ist mit Wortlaut und Zweck des Abs. 1 vereinbar. Es gilt auch für Beweismittel zu komplexem Streitstoff, zB der fachlich beratenen Verteidigung gegen ein Sachverständigengutachten.[20] Soweit die Ankündigung von Vorbringen dem Abs. 1 genügt, ist vollständig erst dann vorzutragen, wenn das Gericht hierzu gemäß § 139 Abs. 1 auffordert.

Auch im **Berufungsverfahren** verpflichtet Abs. 1 zur Prozessförderung (§ 525). Überdies kann neues Vorbringen, das nach Abs. 1 schon im ersten Rechtszug vorzutragen war, gemäß § 531 ausgeschlossen sein. Hat umgekehrt ein erstinstanzliches Gericht das Vorbringen als ausreichend angesehen, so kann gegen Abs. 1 erst verstoßen werden, wenn das Berufungsgericht auf seine abweichende Ansicht hingewiesen hat.[21] Vor **Arbeitsgerichten** gilt Abs. 1 nur im Urteilsverfahren (§§ 46 Abs. 2, 64 Abs. 6 ArbGG). 7

III. Erkundigungsfrist für Schriftsätze (Abs. 2)

1. Allgemeines. Die besondere Prozessförderungspflicht, schon durch Schriftsatz fristgerecht und der Prozesslage entsprechend vorzutragen, entsteht nur bei gerichtlicher Aufforderung (Rn. 1). Um das rechtliche Gehör des Gegners zu wahren,[22] verpflichtet Abs. 2 die Partei zusätzlich, Anträge sowie Angriffs- und Verteidigungsmittel (Rn. 2), die den Gegner voraussichtlich zu Erkundigungen zwingen, entsprechend frühzeitig mitzuteilen. Das gilt auch für Beweisanträge, die dem Gegner absehbar Anlass geben, die Glaubwürdigkeit eines Zeugen zu erkunden oder Gegenbeweis anzutreten (dann Abs. 2 analog);[23] zu sistierten Zeugen § 273 Rn. 7. Da die Mitteilung durch vorbereitenden Schriftsatz erfolgen soll, gilt Abs. 2 nur **im Anwaltsprozess,** es sei denn, dass im Parteiprozess Anordnung gemäß § 129 Abs. 2 erging.[24] Entsprechendes gilt vor **Arbeitsgerichten** im ersten Rechtszug. 8

2. Rechtzeitige Mitteilung. Rechtzeitig ist ein Schriftsatz, der dem Gegner angemessene Zeit zur Erkundigung und auch (über den Wortlaut hinaus) zu der etwa nötigen Stellungnahme belässt. Dieser Zeitraum ist je nach Prozess und Sachfrage individuell zu bemessen. Die benötigte Zeit kann die einwöchige Schriftsatzfrist (§ 132 Abs. 1: „mindestens") überschreiten und durchaus zwei Wochen betragen; dann muss der Schriftsatz bei Gericht drei Wochen vor dem Termin eingehen.[25] Das gilt auch dann, wenn der Gegner im folgenden Termin säumig ist (§ 335 Abs. 1 Nr. 3).[26] Umgekehrt muss eine Verfehlung der Schriftsatzfrist nicht auch Abs. 2 verletzen.[27] Erweist der Zeitraum sich als zu kurz und konnte die Partei dies erkennen („voraussichtlich"), so ist Abs. 2 verletzt, falls rechtzeitiges Vorbringen möglich war (Abs. 1 analog). **Verspätung** bewirkt, dass der Gegner die Einlassung (entgegen § 138 Abs. 3) verweigern darf. IdR wird ihm Schriftsatznachlass zu gewähren sein (§ 283). Im Übrigen ist zwischen Vertagung (§ 227; s. auch § 95, § 38 GKG) und Verspätungspräklusion (§ 296 Abs. 2) zu entscheiden. 9

IV. Zulässigkeitsrügen (Abs. 3)

1. Anwendungsbereich. Die Zulässigkeit der Klage ist idR vor der Begründetheit zu prüfen (vor § 253 Rn. 12). Daher soll Abs. 3 dazu beitragen, dass Bedenken gegen die Zulässigkeit bekannt werden, bevor mit vergeblichem Aufwand zur Hauptsache verhandelt wird. Die Norm gilt für Prozessvoraussetzungen (vor § 253 Rn. 4–10). Sie gilt vor allem für die auf Einrede zu beachtenden Prozesshindernisse, nämlich bei Fehlen von Kostenerstattung (§ 269 Abs. 6) oder Ausländersicherheit (§ 113 S. 2); für Berufungs- und Revisionsverfahren vgl. §§ 532, 565.[28] Rügepflichtig ist auch ein Widerbeklagter. **Unanwendbar** ist Abs. 3 auf Gegenvorbringen des Klägers,[29] bei (Un-)Zuständigkeit einer KfH (dazu § 101 GVG)[30] und während einer Güteverhandlung (so explizit § 54 Abs. 2 S. 3 ArbGG). 10

2. Rügezeitpunkt. Mehrere Zulässigkeitsrügen müssen **gleichzeitig** vorgebracht werden (Eventualmaxime). Nach dem Normzweck sind aber auch alle Tatsachen (nicht: Beweismittel), die die Rüge(n) stützen sollen, gleichzeitig vorzubringen;[31] in diesen Grenzen bleibt, je nach Prozesslage (Rn. 3), ergänzender Vortrag zulässig, so zB zur Auslegung eines rechtzeitig mitgeteilten Schiedsvertrags.[32] Für den Zeitpunkt ist zu unterscheiden: Der Beklagte hat spätestens im ersten Termin **vor Verhandlung zur Hauptsache** zu rügen (für die Zuständigkeit vgl. § 39), im schriftlichen Verfahren vor schriftsätzlicher Erörterung der Hauptsache,[33] freilich nicht vor seiner Zustimmung zum schriftlichen Verfahren (§ 128 Abs. 2).[34] War dem Beklagten jedoch eine **Frist zur Klageerwiderung** gesetzt worden (§§ 275 Abs. 1, 276 Abs. 1 S. 2, 277 Abs. 3), so 11

---

19 Ebenso (und weiter gehend) MK/*Prütting* Rn. 23ff.; *Weth* (Fn. 5) S. 155ff.; aM *Leipold* (Fn. 9) S. 261 u. in *St/J/Leipold* Rn. 19; zu eng BGH NJW-RR 1990, 1241, 1242.
20 BGHZ 164, 330, 335 = NJW 2006, 152; BGH NJW 2007, 1531, 1532 (noch in Berufungsinstanz zulässig).
21 BGH NJW 1981, 1378f.
22 Vgl. BGH NJW 1989, 716, 717 m. Anm. *Deubner.*
23 Zu eng daher BGH NJW 1999, 2446f.
24 BVerfG NJW 1993, 1319.
25 Vgl. BGH NJW 1982, 1533, 1534 (§ 274 Abs. 3 S. 1 analog).
26 *B/L/H* Rn. 15; aM *St/J/Leipold* Rn. 23.
27 BGH NJW 1989, 716, 717.
28 Dazu BGH NJW 1981, 2646f.; OLG Frankfurt MDR 1982, 329.
29 *St/J/Leipold* Rn. 36; aM *Schröder* ZZP 91 (1978), 302, 310ff.
30 Abw. OLG Bremen MDR 1980, 410f.
31 Vgl. OLG Hamburg OLGRspr. 27, 77, 79; *Weth* (Fn. 5) S. 114f.; aM *St/J/Leipold* Rn. 36f.
32 BGH NJW-RR 1988, 1526, 1527 (Kompetenz-Kompetenz-Klausel).
33 Vgl. auch BGH NJW 1970, 198f. (zu § 274 Abs. 3 aF).
34 Vgl. *St/J/Leipold* Rn. 41.

muss er schon vor Fristende rügen (Abs. 3 S. 2). Entsprechendes gilt für die Einspruchsfrist nach Versäumnisurteil (§ 340 Abs. 3). Speziell die Rüge der Unzuständigkeit steht laut § 39 zwar bis zur mündlichen Verhandlung offen, doch gilt auch dies eben nicht im Falle einer Fristsetzung (abw. § 39 Rn. 3).[35] Demgegenüber soll § 1032 Abs. 1 die Schiedseinrede bis zur mündlichen Verhandlung zulassen.[36]

12 **3. Verspätete Rügen.** Eine Verspätung ändert nichts daran, dass Prozessvoraussetzungen von Amts wegen zu prüfen sind, so dass ein Mangel jederzeit zu beachten ist (vor § 253 Rn. 12); insoweit sind Verspätungen also folgenlos. Anderes gilt für die (verzichtbaren) **Prozesshindernisse:** Werden sie nicht gemäß Abs. 3 S. 1 bzw. § 340 Abs. 3 gerügt, droht Präklusion nach § 296 Abs. 3, ohne dass es (wie nach § 296 Abs. 1) auf eine Verzögerung des Rechtsstreits ankommt. Gleiches gilt für Rügen nach Ablauf einer Klageerwiderungsfrist (Abs. 3 S. 2), selbst wenn sie vor Verhandlung zur Hauptsache oder binnen einer später eröffneten Einspruchsfrist[37] nachgeholt werden; denn Abs. 3 soll sinnloser Befassung mit der Hauptsache vorbeugen, und Anlass hierzu besteht schon nach Eingang der Klageerwiderung.

283 *Schriftsatzfrist für Erklärungen zum Vorbringen des Gegners* **[1]Kann sich eine Partei in der mündlichen Verhandlung auf ein Vorbringen des Gegners nicht erklären, weil es ihr nicht rechtzeitig vor dem Termin mitgeteilt worden ist, so kann auf ihren Antrag das Gericht eine Frist bestimmen, in der sie die Erklärung in einem Schriftsatz nachbringen kann; gleichzeitig wird ein Termin zur Verkündung einer Entscheidung anberaumt. [2]Eine fristgemäß eingereichte Erklärung muss, eine verspätet eingereichte Erklärung kann das Gericht bei der Entscheidung berücksichtigen.**

I. Normzweck

1 Jede Partei hat das Recht, auch zu verspätetem Vorbringen des Gegners noch Stellung nehmen zu können (Art. 103 Abs. 1 GG). Nach Schluss der mündlichen Verhandlung sind Entgegnungen jedoch ausgeschlossen, § 296a. Insofern sichert § 283 – wie § 139 Abs. 5 – das **rechtliche Gehör** (vgl. Einl. Rn. 28).[1] Zu dessen Schutz wäre ohne diese Norm allerdings in jedem Fall zu vertagen (§ 227). § 283 gibt daher vor allem die Chance, eine **Vertagung zu vermeiden,** sie nämlich auf den Fall zu beschränken, dass die Entgegnung auf das späte Vorbringen eine mündliche Verhandlung erforderlich macht. Da die Vertagung oft zur Verzögerung des Rechtsstreits führen würde, schützt § 283 im Reflex auch den Gegner, nämlich vor einer Zurückweisung verspäteten Vorbringens nach § 296, freilich bei Abschneidung einer Duplik auf den nachgelassenen Schriftsatz. Soweit die Norm eine Entgegnung durch Schriftsatz ausreichen lässt, wird das Prinzip der Mündlichkeit (Einl. Rn. 45) durchbrochen.

2 **Anwendbar** muss die Norm auch in Eilverfahren sein.[2] Unter engen Voraussetzungen werden Schriftsätze ferner nach komplexer **Beweisaufnahme** nachgelassen (näher § 285 Rn. 2). Dies basiert idR auf Art. 103 Abs. 1 GG und einer Analogie zu § 283. Für **nicht nachgelassene Schriftsätze** gilt allein § 296a; sie sind also unbeachtlich, falls sie nicht Anlass zur Wiedereröffnung (§ 156) geben.[3]

II. Voraussetzungen

3 **1. Vorbringen des Gegners.** Vorbringen iSd. § 283 sind jedenfalls Angriffs- und Verteidigungsmittel (vgl. § 282 Rn. 2),[4] nicht aber Angriffe und Verteidigung als solche (zB Klage, Widerklage) oder sonstige Sachanträge. Beschränkt sich der gegnerische Vortrag erkennbar auf **Rechtsausführungen,** so wird die überraschte Partei kaum in ihrem rechtlichen Gehör berührt; nach hM ist § 283 aber auch insoweit anwendbar,[5] u. a. wegen der Neufassung gegenüber § 272a aF.[6] Macht sich das Gericht solche Rechtsausführungen zu Eigen, so folgt ein Entgegnungsrecht meist ohnehin aus § 139 Abs. 2, 5.

4 **2. Verspätetes Vorbringen.** Nicht rechtzeitig vor dem Termin mitgeteilt ist das Vorbringen, wenn es das rechtliche Gehör der überraschten Partei im Termin gefährdet. Ausreichend ist eine Unterschreitung der Wochenfrist des **§ 132 Abs. 1** (allgM). Kann die Partei dartun, dass sie zwecks Erkundigung mehr Zeit benötigte, so genügt auch ein Verstoß gegen **§ 282 Abs. 2.** Denn S. 1 gilt nach Wortlaut und Zweck auch für diese Zeitspanne;[7] für den Gegner mag sie zwar nicht immer eindeutig sein, doch ihre Versäumung wird sogar nach § 296 geahndet, so dass § 283 beiden Parteien hilft. Außer Acht bleiben Fristen nach § 273 und §§ 275[8] – 277; sie dienen allein der Terminsvorbereitung (vgl. § 296 Abs. 1).

5 **3. Erklärungsnot.** Die überraschte Partei muss einerseits (immerhin) verhandeln,[9] andererseits gerade wegen der Verspätung außer Stande sein, sich zum späten Vorbringen zu erklären, zB wegen des Umfangs überreichter Schriftsätze, wegen der Schwierigkeit der Materie oder wegen der Notwendigkeit näherer

---

[35] Offen BGHZ 134, 127, 134 = NJW 1997, 397; eher aA BGHZ 147, 394, 397 = NJW 2001, 2176.
[36] BGHZ 147, 394, 396f. = NJW 2001, 2176; zust. *Voit* WuB VII A. § 1032 1.01.
[37] OLG München MDR 1994, 1244.
[1] Vgl. allgemein *Mayer* NJW 1985, 937ff.; *Fischer* NJW 1994, 1315ff.
[2] Anders hM; OLG München WRP 1979, 166; OLG Koblenz WRP 1981, 115, 116; *Teplitzky* JuS 1981, 353.
[3] Vgl. *E. Schneider* MDR 1986, 903, 905; *Fischer* NJW 1994, 1315, 1316ff.
[4] Plausibel einschr. *Gaier* MDR 1997, 1093f. (nur erhebliches Vorbringen); dagegen *E. Schneider* MDR 1998, 137ff.
[5] Vgl. *B/L/H* Rn. 4; *St/J/Leipold* Rn. 11; MK/*Prütting* Rn. 9.
[6] Dazu BGH NJW 1951, 273; OLG Neustadt MDR 1960, 406.
[7] HM; OLG Schleswig SchlHA 1986, 92f.; *St/J/Leipold* Rn. 12f.; aM *T/P/Reichold* Rn. 2.
[8] Vgl. BVerfG NJW 1992, 679f. (zur Verwechselung von § 283 und §§ 275 Abs. 4, 296).
[9] Zur Abgrenzung näher OLG Schleswig SchlHA 1986, 91f. (bloßer Antrag genüge nicht).

Überprüfung oder Erkundigung. Müsste der überraschte Anwalt Rücksprache mit der abwesenden Partei nehmen, so ist festzustellen, ob dies auf seiner unzureichenden (globalen) Kenntnis der Sache beruht (vgl. § 227 Abs. 1 S. 1 Nr. 2, § 85 Abs. 2) oder ob der spät angesprochene Punkt so fern liegend oder subtil ist, dass er nicht in den Informationsfluss eingehen musste.[10] Das Gericht entscheidet nach pflichtgemäßem Ermessen. Ist im Termin nicht gleich feststellbar, ob Erklärungsnot besteht, so kann (analog § 283) ein vorläufiges Erklärungsrecht zugestanden werden, dessen Umfang später korrigierbar ist.[11]

4. Antrag auf Erklärungsfrist (Schriftsatznachlass). Dieser Antrag ist nicht schon in einem Vertagungsantrag (§ 227) enthalten.[12] Die Klärung, ob er (hilfsweise) gestellt wird, läuft auf einen richterlichen Hinweis hinaus. Dieser ist allgemein geboten (§ 139), wenn die überraschte Partei zu dem neuen Vorbringen schweigt und sich so gefährdet (vgl. § 138 Abs. 2, 3).[13] Er ist aber entbehrlich, wenn kein Anhalt dafür besteht, dass die Partei bzw. ihr Anwalt zu einer sachgerechten Entgegnung außer Stande ist.[14] 6

III. Entscheidung

1. Ohne Antrag auf Erklärungsfrist wird keine Frist belassen. Auch vertagt werden (§ 227) muss nicht, 7
selbst bei Vertagungsantrag; die überraschte Partei hat nämlich keinen Anspruch darauf, auch die Art ihres rechtlichen Gehörs festzulegen. IdR besteht auch kein Anlass für einen neuen Termin; denn das verspätete Vorbringen gilt als zugestanden, wenn es nicht (substantiiert) bestritten wird (§ 138 Abs. 3). Wird trotz richterlichen Hinweises (Rn. 6) kein Antrag gestellt, ist die Verhandlung also ohne weiteres zu schließen und gemäß § 310 zu verfahren.

2. Bei Antrag auf Erklärungsfrist. Das Gericht kann zwischen Schriftsatznachlass und Vertagung 8
(§ 227) wählen.

a) **Schriftsatznachlass** empfiehlt sich, wenn schon eine schriftsätzliche Äußerung zur Entscheidungsreife führen dürfte. Die Fristsetzung erfolgt durch Beschluss; die Frist muss angemessen, dh. an Umfang bzw. Komplexität des späten Vorbringens orientiert sein[15] (Fristverlängerung nach §§ 224 f.). Über die Folgen einer Fristversäumung muss nicht belehrt werden. Zugleich ist Verkündungstermin anzuberaumen (S. 1 Halbs. 2), ggf. aber über drei Wochen (§ 310 Abs. 1 S. 2) hinaus, denn seine Abhängigkeit von der Erklärungsfrist ist „wichtiger Grund" (sonst Verlegung möglich: § 227).

b) Die **Ablehnung** des Antrags erfolgt durch Beschluss oder implizit. Zugleich ist aber ggf. zu vertagen 9
(§ 227), damit die überraschte Partei rechtliches Gehör erhält (Rn. 1). Nicht vertagt wird, wenn die Partei sich nicht erklären kann, weil sie schlecht vorbereitet ist (§ 227 Abs. 1 S. 2 Nr. 2). Dann sollte die Verweigerung der Erklärungsfrist aber entsprechend begründet sein,[16] weil Verfassungsbeschwerde denkbar ist.

3. Zurückweisung des späten Vorbringens. Eine Zurückweisung nach § 296 ist keine Alternative zur 10
Entscheidung nach S. 1. Der Rechtsstreit kann zwar schon dadurch verzögert werden, dass der Ablauf einer Frist nach § 283 abzuwarten ist,[17] und sei es auch nur zur Feststellung, ob eine weitere Verzögerung entsteht.[18] Eine derart rigide Handhabung von § 296 wäre mit dem Zweck des § 283 (Rn. 1) jedoch unvereinbar.[19] Für Zurückweisung als verspätet ist also erst Raum, wenn die Erklärung der überraschten Partei ergibt, dass sie das späte Vorbringen bestreitet und deshalb Wiedereröffnung (§ 156) geboten wäre.[20] Für diesen Fall sollte dem Gegner schon vor Schließung der Verhandlung anheim gestellt werden,[21] sich nach § 296 Abs. 4 zu entlasten.

4. Terminsprengende Schriftsätze. Der Bewertung nach Rn. 5 fehlt uU die Basis, wenn sich das späte 11
Vorbringen, zB ein besonders umfangreicher Schriftsatz, im Termin gar nicht erfassen lässt. Statt einer Vertagung[22] sollte aber auch hier wenigstens ein vorläufiger Schriftsatznachlass (Rn. 5) zugelassen werden. Denn eine Zurückweisung als verspätet wird erst[23] nach dem Termin in Betracht kommen, eben nach der Lektüre (vgl. § 296 Abs. 4).

IV. Weiteres Verfahren

1. Berücksichtigung nachgelassener Schriftsätze (S. 2). a) **Fristgerechte Erklärungen** werden dem Geg- 12
ner formlos mitgeteilt. Sie müssen berücksichtigt werden, freilich nur insoweit, wie sie sich mit dem verspäteten Vorbringen befassen,[24] also mit dessen Richtigkeit oder[25] mit Einreden. Weiter gehendes Vorbringen

---

10 Vgl. OLG Koblenz NJW-RR 1991, 1087 (überraschendes Beweisergebnis).
11 Vgl. BGH NJW 1965, 297, 298 (zu § 272a aF).
12 AM OLG Köln NJW-RR 1998, 1076 (als „minus").
13 So BGHZ 94, 195, 214 = NJW 1985, 1539; OLG Düsseldorf NJW 1987, 507, 508.
14 OLG Schleswig SchlHA 1986, 92, 93.
15 BAG DB 1982, 1172 (LS).
16 Daran fehlte es im Fall des BVerfG NJW 1992, 2144.
17 So OLG Stuttgart NJW 1984, 2538, 2539.
18 OLG Schleswig SchlHA 1979, 22, 23; insoweit abw. BGH NJW 1985, 1556, 1558; MK/*Prütting* § 296 Rn. 102.
19 Ähnlich *Mayer* NJW 1985, 937, 939f.
20 Ganz hM; BGH (Fn. 13) S. 213; BGH NJW 1985, 1556, 1558; BAG NJW 1989, 2213, 2214.
21 Dazu BGH NJW 1989, 717, 718.
22 Dafür MK/*Prütting* Rn. 15.
23 Ähnlich *St/J/Leipold* Rn. 6a; aM *Mayer* NJW 1985, 937, 940; MK/*Prütting* Rn. 15.
24 BGH (Fn. 11); FamRZ 1979, 573, 575; OLG Köln FamRZ 1986, 927, 929.
25 Wohl nur scheinbar anders BGH FamRZ 1979, 573, 575.

bleibt außer Acht (§ 296a). Es erfordert grds. auch keine Wiedereröffnung der Verhandlung;[26] immerhin kann Wiedereröffnung zulässig sein (§ 156 Abs. 1), soweit sie nicht § 296 unterlaufen würde. Neue **Sachanträge** (Klageänderungen, Widerklagen) sind zu berücksichtigen, wenn sie gerade durch das verspätete Vorbringen provoziert wurden (denkbar für Zwischenfeststellungs[wider]klage), und dann förmlich zuzustellen, mit der Folge des § 156.[27] Sonstige Sachanträge sind unzulässig (§ 296a Rn. 3) und – wegen ihres Bezugs zum anhängigen Verfahren – auch nicht mehr zuzustellen.[28]

13 Eine Erklärung, die nach Rn. 12 beachtlich ist, kann ihrerseits neues Vorbringen enthalten. Hierzu ist wiederum dem Gegner rechtliches Gehör zu gewähren. Das kann – entgegen verbreiteter Praxis – nicht analog S. 1 geschehen (kein schriftliches Verfahren). Daher ist **Wiedereröffnung** geboten (§ 156 Rn. 4), mag sie auch Verspätungen iSd. § 296 fördern, es sei denn, dass das nachgelassene Vorbringen keine Wiedereröffnung rechtfertigt und daher außer Acht bleiben muss (§ 296a).[29] Wiedereröffnung ist ferner geboten, wenn Hinweise nach § 139 Abs. 2 nötig werden (§ 139 Rn. 17ff.) oder wenn verspätetes Vorbringen iSd. S. 1 nach § 296 zurückgewiesen werden soll, der Gegner sich aber noch nicht entlasten konnte (Rn. 10).

14 b) **Verspätete Erklärungen** werden dem Gegner formlos mitgeteilt und zu den Akten genommen. Ob sie (nach Rn. 12) berücksichtigt werden, ist Ermessensentscheidung. Diese wird vor allem davon abhängen, inwieweit die Entscheidung über die Klage schon vorbereitet war und diese Arbeiten bei Beachtung der verspäteten Erklärung entwertet würden.[30] Das gilt auch bei schuldloser Fristversäumnis. Diese zu bevorzugen,[31] wäre nur dann angebracht, wenn sie auch zur Wiedereröffnung zwingen würde;[32] doch schützt Art. 103 Abs. 1 GG nur vor Versagen der Justiz, nicht vor dem Schicksal. Bei **ausbleibender Erklärung** gilt das späte Vorbringen des Gegners als zugestanden (§ 138 Abs. 3),[33] was zur Entscheidungsreife führen mag.

15 **2. Entscheidung zur Sache.** Kann trotz Verwertung des nachgelassenen Schriftsatzes noch kein Endurteil ergehen, so wird idR die Wiedereröffnung der Verhandlung angezeigt sein, sei es zwecks Beweisaufnahme (nach Beweisbeschluss) oder aus anderen Gründen (Rn. 13). Ergeht ein Endurteil, so wird dessen Wirkung (§§ 322, 323 Abs. 2, 767 Abs. 2) dadurch erweitert, dass der Schriftsatznachlass den **Schluss der mündlichen Verhandlung** für die begünstigte Partei verschiebt, und zwar bis zum Fristablauf,[34] bei Einbeziehung eines verspäteten Schriftsatzes sogar auf den Zeitpunkt seines Eingangs bei Gericht. Dies gilt freilich nur für Vorbringen, das nach S. 2 beachtlich ist (Rn. 12) oder gewesen wäre.

16 **3. Rechtsbehelfe.** Die Fristsetzung nach S. 1 ist unanfechtbar. Gleiches gilt für deren Ablehnung, da sie (entgegen § 567) mündliche Verhandlung voraussetzt. Verstöße gegen § 283 können jedoch durch Rechtsmittel gegen das Endurteil geltend gemacht werden. Soweit eine Berufung unzulässig ist, hat bei Verletzung des rechtlichen Gehörs das erstinstanzliche Gericht abzuhelfen (§ 321a); zur Verfassungsbeschwerde § 321a Rn. 1, 4.

284 *Beweisaufnahme*

[1]Die Beweisaufnahme und die Anordnung eines besonderen Beweisaufnahmeverfahrens durch Beweisbeschluss wird durch die Vorschriften des fünften bis elften Titels bestimmt. [2]Mit Einverständnis der Parteien kann das Gericht die Beweise in der ihm geeignet erscheinenden Art aufnehmen. [3]Das Einverständnis kann auf einzelne Beweiserhebungen beschränkt werden. [4]Es kann nur bei einer wesentlichen Änderung der Prozesslage vor Beginn der Beweiserhebung, auf die es sich bezieht, widerrufen werden.

I. Allgemeines

1 **1. Funktion des Beweises.** Die Entscheidung über die Klage ist die Anwendung eines Rechtssatzes. Dessen Voraussetzungen müssen feststehen, insbesondere die Tatsachen. Diese werden grds. von den Parteien in den Prozess eingeführt (Beibringungsgrundsatz; Einl. Rn. 37). Entsprechende Behauptungen überprüft das Gericht zunächst rein rechtlich, nämlich auf ihre Relevanz für die begehrte Rechtsfolge: Es prüft die Schlüssigkeit des klägerischen Vorbringens (Klägerstation) und stellt dem schlüssigen Vortrag erhebliches Vorbringen des Beklagten gegenüber (Beklagtenstation). Eine schlüssige, aber streitige Behauptung kann das Gericht idR nur berücksichtigen, wenn es sich von ihrer Richtigkeit überzeugt hat. **Beweisbedürftig** sind daher erhebliche und bestrittene (§ 138 Rn. 13f.) Tatsachen, die weder offenkundig sind (§ 291) noch vermutet werden (§ 292).

2 **2. Beweisgegenstand. a) Tatsachen.** Gegenstand des Beweises sind grds. Tatsachen, nämlich Geschehnisse und Zustände der Außenwelt oder des menschlichen Seelenlebens (innere Tatsachen;[1] zB Schmerzen[2],

---

[26] BGH NJW 1993, 134.
[27] *Schur* ZZP 114 (2001), 319, 328f.
[28] IE auch *Fischer* (Fn. 3) S. 1320.
[29] Vgl. Begr. zur VereinfNov., BT-Drucks. 7/2729, S. 76.
[30] Ähnlich Begr. (Fn. 29) S. 74f.; enger *Zö/Greger* Rn. 7.
[31] Dafür *St/J/Leipold* Rn. 23 (wegen Art. 103 Abs. 1 GG).
[32] Zutr. *Fischer* NJW 1994, 1315, 1319; für Wiedereröffnung aber AG St. Blasien MDR 1983, 497.
[33] BGHZ 94, 195, 213 = NJW 1985, 1539; OLG Schleswig SchlHA 1986, 92, 93.
[34] OLG Schleswig SchlHA 1986, 91.
[1] BVerfG NJW 1993, 2165f.; BGH NJW 2006, 1808, 1809f. (feststellbar durch Indiztatsachen).
[2] BGH VersR 1986, 183, 184f.

Arglist), Tatbestandsmerkmale oder Indiztatsachen, vergangene oder künftige Tatsachen (Prognosen), auch hypothetische (zB Einwilligung des Patienten auch bei vollständiger ärztlicher Aufklärung), selbst negative Tatsachen oder eine Unmöglichkeit (vgl. § 288 Rn. 3). Deutsche **Rechtssätze** werden nicht bewiesen. Sie sind dem Gericht bekannt oder, soweit unbekannt, durch Studium bzw. Auslegung feststellbar. Gleiches gilt für inländisches Gewohnheitsrecht und ausländisches Recht (§ 293) mit der Einschränkung, dass beides nach Ermessen des Gerichts auch durch Beweisaufnahme feststellbar ist (näher § 293 Rn. 6f.).

b) **Normtatsachen** sind Fakten, die das Gericht kennen muss, um juristische Obersätze zu bilden oder 3 um unbestimmte Rechtsbegriffe oder Blankettnormen (zB „übliche Vergütung", Verkehrssitte, Sittenwidrigkeit, verkehrserforderliche Sorgfalt, Handelsbrauch iSd. § 346 HGB) zu konkretisieren, zT auch Vorfragen der Beweiswürdigung (zB Glaubwürdigkeit). Für Normtatsachen wird – anders als bei Subsumtionstatsachen – vielfach angenommen, sie seien von Amts wegen und durch Freibeweis zu ermitteln, und zwar noch in der Revisionsinstanz, die auch Feststellungen der Vorinstanz überprüfen soll.[3] Dem ist nur zurückhaltend zu folgen, trotz der hier reduzierten Eignung der Verhandlungsmaxime und trotz denkbarer Analogie zu § 293. So hat einen **Handelsbrauch** zu beweisen, wer sich auf ihn beruft.[4] Eine **Verkehrsauffassung** kann das Gericht jedenfalls dann aus eigener Sachkunde beurteilen, wenn es um Gegenstände des allgemeinen Lebensbedarfs geht und der Richter dem jeweiligen Verkehrskreis angehört.[5] Und zumindest **Rechtsfortbildungstatsachen** sind, da sie Rechtsnormen vorbereiten sollen, diesen so ähnlich, dass ihre Gewinnung eigenen Regeln folgen muss.

c) **Erfahrungssätze** können auf allgemeiner Lebenserfahrung[6] oder fachlichem Erfahrungswissen (zB in 4 Wissenschaft, Kunst, Handwerk) beruhen. Neben besonderen Erfahrungssätzen unterscheidet man einfache (von gewisser Wahrscheinlichkeit) und zwingende Erfahrungssätze (zB Alibi) sowie Erfahrungsgrundsätze, oft auch „allgemeine" Erfahrungssätze[7] genannt (von sehr hoher, zum Vollbeweis führender Wahrscheinlichkeit). Erfahrungssätze erleichtern die Subsumtion oder die Feststellung anderer Tatsachen. Sie ähneln den Normtatsachen (Rn. 3). Obschon keine Tatsachen, sind sie Beweisgegenstand; sie sollen aber weder behauptungsbedürftig noch geständnisfähig sein, sondern von Amts wegen und durch Freibeweis festzustellen sein[8] (zweifelhaft[9]). Das Gericht darf auch eigene Sachkunde verwerten, freilich unter Wahrung des rechtlichen Gehörs der Parteien; wo seine Urteilskraft endet, muss es in jedem Fall auf sachverständige Hilfe zurückgreifen (näher § 286 Rn. 3f.). Zur Überprüfbarkeit der Beweiswürdigung s. § 286 Rn. 68.

3. Beweisarten. a) Der **Strengbeweis** erfolgt durch eines oder mehrere der fünf gesetzlich vorgesehenen 5 (förmlichen) Beweismittel (Rn. 8). Das dabei anzuwendende Verfahren ist ebenfalls vorgegeben (vor allem in §§ 355ff.). Auch der **Freibeweis** muss zur vollen Überzeugung des Gerichts (§ 286) führen.[10] Er hängt aber nicht von einem Beweisantritt ab. Vor allem ist er nicht an bestimmte Beweismittel und Verfahren gebunden. Beides steht im Ermessen des Gerichts; zugelassen sind alle möglichen Beweismittel, zB telefonische Auskünfte, ferner eidesstattliche Versicherungen, deren Beweiswert allerdings begrenzt ist.[11] Eröffnet ist der Freibeweis aber nur ausnahmsweise: bei Amtsauskunft (§§ 273 Abs. 2 Nr. 2, 358a S. 2 Nr. 2), bei Zustimmung der Parteien (Rn. 26), laut Rspr. auch für Tatsachen, die der Amtsprüfung unterliegen (Voraussetzungen eines Sachurteils,[12] Rechtsmittels,[13] Beweisverbots[14]), im PKH-Verfahren, in Kleinverfahren nach § 495a,[15] für die (freie) Ermittlung eines Erfahrungssatzes (Rn. 4) oder ausländischen Rechts (§ 293 S. 2; keine Tatsache) sowie in fG-Verfahren.[16]

b) Der **Hauptbeweis** vermittelt dem Gericht die volle Überzeugung von der Wahrheit der behaupteten 6 Tatsache. Er obliegt der Partei, welche die (subjektive) Beweislast trägt (§ 286 Rn. 33). Ein Sonderfall des Hauptbeweises ist der Beweis des Gegenteils; er obliegt der Partei, welcher die Beweislast durch eine gesetzliche Vermutung (§ 292 S. 1) auferlegt ist. Der **Gegenbeweis** des Gegners zielt nur darauf ab, den Hauptbeweis zu vereiteln. Er muss die Behauptung des Beweisführers daher nicht widerlegen, sondern nur dartun, dass die Wahrheit dieser Behauptung zweifelhaft bleibt, das Beweisergebnis also keine Überzeugung iSv. § 286 rechtfertigt.

c) Der **unmittelbare Beweis** ermöglicht den direkten Schluss auf das Tatbestandsmerkmal als solches 7 (Bsp.: vollständige Beobachtung einer Körperverletzung). Dagegen bezieht sich der (mittelbare) **Indizienbeweis** auf Vorfragen oder Hilfstatsachen; erst deren Klärung gestattet den Schluss auf das Tatbestandsmerkmal (Bsp.: Wahrnehmung nur der drohenden Haltung des Angreifers und der späteren Wunde des Opfers;

---

[3] Näher *Konzen,* Festschr. f. Gaul, 1997, S. 335, 346f., 350f., 356; *Oestmann* JZ 2003, 285, 287ff.
[4] BGH DB 1962, 197; NJW 1991, 1292, 1293 („Darlegungslast"); anders zB *Konzen* (Fn. 3) S. 349f.; zu Mitteln der Feststellung s. *Limbach,* Festschr. f. E. Hirsch, 1968, S. 77ff.; *Wagner* NJW 1969, 1282ff.
[5] Vgl. BGH NJW-RR 1995, 676, 677; NJW 2004, 1163f.; NJW-RR 2004, 1248, 1249f. (Gutachter).
[6] Vgl. BGHZ 7, 198, 200f. = NJW 1953, 700.
[7] Vgl. *Albrecht* NStZ 1983, 489.
[8] *T/P/Reichold* Vorb. Rn. 6, 15; *Oberheim* JuS 1996, 1111, 1112; iE auch *Konzen* (Fn. 3) S. 353f.
[9] Abw. wohl auch BGH MDR 2004, 742f.; dazu krit. *E. Schmidt* KritVjschr. 2005, 177, 183.
[10] BGH NJW 1987, 2875, 2876 = ZZP 101 (1988), 294 m. krit. Anm. *Peters;* NJW-RR 2002, 1070.
[11] BGH NJW 2000, 814 (zum Nachweis der Fristwahrung „regelmäßig" unzureichend).
[12] BGH NJW 1996, 1059, 1060 = ZZP 110 (1997), 109 m. krit. Anm. *Oda;* BGHZ 143, 122, 124 = NJW 2000, 289; aM *Peters,* Der sog. Freibeweis im Zivilprozess, 1962, S. 72ff.; MK/*Prütting* Rn. 28.
[13] So BGH (Fn. 10); aM *Schilken,* Festschr. f. Kollhosser, Bd. II, 2004, S. 649, 657f.
[14] BGHZ 153, 165, 169 = NJW 2003, 1123.
[15] Ebenso *Kunze* NJW 1995, 2750; MK/*Prütting* Rn. 31.
[16] *Pohlmann* ZZP 106 (1993), 181, 193ff.

innere Tatsachen). Der Indizienbeweis gewinnt seine Überzeugungskraft durch die einzelfallbezogene Gesamtschau der Indizien.[17] Diese müssen ihrerseits nachgewiesen sein (Rn. 19). Zur Abgrenzung von Indizien- und Anscheinsbeweis § 286 Rn. 25. Mittelbarer Beweis iwS ist der Beweis, der den weniger direkten Schluss auf das Tatbestandsmerkmal gestattet (Bsp.: Für eine [Indiz-] Tatsache wird nicht Zeuge Z, sondern dessen Ehefrau benannt, der Z berichtet haben soll; dazu Rn. 22).

8 **4. Beweismittel** sind Augenschein (§§ 371 ff.), Zeuge (§§ 373 ff.), Sachverständiger (§§ 402 ff.), Urkunde (§§ 415 ff.) und Parteivernehmung (§§ 445 ff.). Zwischen diesen Beweismitteln kann frei gewählt werden; nur die Parteivernehmung ist nachgeordnet (§§ 445 Abs. 1, 448). Auch die amtliche Auskunft (§ 273 Abs. 2 Nr. 2) kann Beweismittel werden, nämlich dann, wenn sie nicht nur informatorisch oder vorbereitend ist, sondern die Vernehmung des Bediensteten (als Zeugen oder Sachverständigen) ersetzt.[18] Beschränkt sind die Beweismittel nur vereinzelt, zB im Urkundenprozess (§§ 592, 595 Abs. 2); zu Beweisverträgen § 286 Rn. 16.

II. Beweisantritt

9 **1. Erforderlichkeit.** Wo der Verhandlungsgrundsatz gilt (Einl. Rn. 37 f.), setzt die Beweiserhebung prinzipiell einen Beweisantrag voraus.[19] Auch vorbereitende Maßnahmen nach § 273 dürfen noch nicht auf Anordnung oder Durchführung der Beweiserhebung gerichtet sein. Dennoch überwiegen die **Ausnahmen;** denn die Beweisaufnahme kann weithin von Amts wegen erfolgen: bezüglich der Beweismittel Augenschein, Sachverständiger (§ 144), Parteivernehmung (§ 448) und solcher Urkunden, auf die sich eine Partei bezogen hat (§ 142). Dies geschieht freilich nur nach pflichtgemäßem Ermessen des Gerichts, soweit nicht ohnehin der Untersuchungsgrundsatz gilt.

10 **2. Form. a) Allgemeines.** Beweis wird angetreten in der mündlichen Verhandlung (§ 137). Zu benennen sind Beweisthema und Beweismittel; im Anwaltsprozess (§ 78) ist beides, um Verspätungspräklusion vorzubeugen, im vorbereitenden Schriftsatz anzukündigen (§ 130 Nr. 5). Auf den Schriftsatz kann Bezug genommen werden (§ 137 Abs. 3). Bezieht sich die Partei in mündlicher Verhandlung nur auf eines von mehreren schriftsätzlichen Beweisangeboten, so ist dies uU nur eine Betonung bzw. Klarstellung; dann werden alle Beweise beantragt.[20]

11 **b)** Im **Berufungsverfahren** genügt auf Seiten des Berufungsbeklagten die pauschale Inbezugnahme erstinstanzlicher Beweisantritte.[21] Für den Berufungskläger genügt dies jedenfalls dann, wenn er die Übergehung seiner Beweisanträge rügt oder die Rechtsansicht des Vorgerichts angreift, nach der diese Anträge obsolet waren (§ 520 Rn. 29, 32). Im Übrigen besteht noch mancherlei Unklarheit;[22] im Zweifel empfiehlt sich die Wiederholung des erstinstanzlichen Beweisantritts.

12 **3. Rücknahme.** Die Rücknahme eines Beweisantrags ist bis zur Beweisaufnahme möglich;[23] doch bestimmt der Gegner über die Vernehmung eines erschienenen Zeugen (§ 399 Halbs. 2) oder Sachverständigen (§ 402) und über die Verwertung einer vorgelegten Urkunde (§ 436). Eine Rücknahme kann auch darin liegen, dass ein einmal gestellter Beweisantrag nicht wiederholt wird, nachdem eine erkennbar als erschöpfend gedachte Beweisaufnahme durchgeführt wurde.[24]

III. Entscheidung über den Beweisantrag

13 **1. Form.** Die **Anordnung** des Beweises erfolgt grds. formlos in mündlicher Verhandlung. Jedoch ist ein Beweisbeschluss erforderlich (§ 358), wenn der Beweis erst in einem späteren Termin erhoben werden kann, ferner für Parteivernehmung (§ 450 Abs. 1 S. 1), Urkundenvorlegung (§ 425) und vor der mündlichen Verhandlung (§ 358 a). Zu Verkündung bzw. Mitteilung s. § 329. Die **Ablehnung** des Beweisantrags kann formlos, sogar stillschweigend erfolgen. Auch eine Begründung ist entbehrlich, allerdings dort ratsam, wo andernfalls der Eindruck einer ungerechtfertigten Übergehung des Beweisangebots entstehen könnte.

14 **2. Ablehnungsgründe.** Grds. besteht ein Recht auf Beweis.[25] Jede ungerechtfertigte Übergehung eines Beweisangebots verletzt das rechtliche Gehör[26] und den Justizgewährungsanspruch (Einl. Rn. 6); sie ist Verfahrensfehler. Gleiches gilt für die „Nichtausschöpfung" einer angeordneten Beweiserhebung.[27] Die Ablehnung von Beweisanträgen ist demnach nur ausnahmsweise zulässig:

a) Im **Ermessen des Gerichts** steht die Beweiserhebung nur dann, wenn Schaden oder Schuldbetrag geschätzt werden können (§ 287)[28] oder die Einschaltung eines Sachverständigen wegen ausreichender Sachkunde des Gerichts entbehrlich ist[29] (s. aber § 286 Rn. 11), ferner in Fällen des § 296 Abs. 2.

---

[17] Vgl. BGH NJW 1993, 935, 938.
[18] BGHZ 62, 93, 95 = NJW 1974, 701; BGHZ 89, 114, 119 = NJW 1984, 438.
[19] BVerfG NJW 1994, 1210, 1211.
[20] Weitgehend *Ordemann* NJW 1964, 1308 f. (Aufrechterhaltung als Regel).
[21] Zum alten Recht BVerfGE 60, 305, 309 = NJW 1982, 1636; BGH NJW 1997, 528, 529.
[22] Näher *Zö/Gummer/Heßler* § 520 Rn. 41.
[23] S. auch BGH NJW-RR 1996, 1459, 1460 (Parteivernehmung).
[24] BGH NJW 1994, 329, 330; NJW-RR 1997, 342 f.; einschr. BGH (Fn. 23); *Ordemann* NJW 1964, 1308, 1309.
[25] OLG München NJW 1972, 2048, 2049; näher *Störmer* JuS 1994, 238, 240 f.
[26] BVerfG NJW 1990, 3259, 3260; NJW-RR 2004, 1150, 1151; BGH NJW-RR 2007, 500, 501.
[27] BGH NJW 1992, 1768, 1769.
[28] BGH NJW 1991, 1412, 1413.
[29] BGH LM § 286[C] Nr. 10; BGHZ 107, 236, 245 = NJW 1989, 2821; *Bergerfurth* FamRZ 1990, 243.

b) Ein zu spät gestellter bzw. präzisierter Beweisantrag kann infolge **Verspätungspräklusion** auch zwingend ausgeschlossen sein (vgl. §§ 296 Abs. 1, 530f.).

c) **Ungenauigkeiten des Beweisantrags** berechtigen zur Ablehnung, wenn sie trotz Hinweises nicht behoben werden. Die zum **Beweisthema** gemachten Tatsachen müssen so substantiiert sein, wie § 138 es jeweils verlangt.[30] Für den Kläger genügt grds. der Vortrag von Tatsachen, die in Verbindung mit einem Rechtssatz für die Möglichkeit sprechen, dass das geltend gemachte Recht in seiner Person entstanden ist; Einzelheiten der Tatfrage sind erst in der Beweisaufnahme zu klären.[31] Jede Partei darf auch Tatsachen behaupten, die sie lediglich vermutet und daher kaum oder gar nicht plausibel machen kann (§ 138 Rn. 6).[32] Andererseits kann jede Partei gehalten sein, konkreter vorzutragen und bestimmte Anhaltspunkte für die behauptete Tatsache zu nennen (§ 138 Abs. 2; vgl. auch § 138 Rn. 10f.). Mangels Substantiierung fehlt bereits die Beweisbedürftigkeit. Ein Zeuge kann daher nicht zu einer widersprüchlichen Darstellung,[33] „zum Hergang der Auseinandersetzung"[34] oder zu dem „konkreten Inhalt" beleidigender Äußerungen benannt werden. Im Übrigen bedarf der Beweisantrag aber keiner Begründung oder Plausibilität. Diesbezügliche Schwächen, selbst auffällige Ungereimtheiten wie zB abweichende vorprozessuale Äußerungen, werden erst bei der Beweiswürdigung beachtet (§ 286 Rn. 2).[35] 15

Auch das **Beweismittel** muss individualisiert (zur Zeugenbenennung s. aber § 356 Rn. 3ff.) und dem Beweisthema zugeordnet sein. Ausreichen kann allerdings, dass der Beweisführer für ruhestörenden Lärm zu Lasten von Nachbarn acht Zeugen aufbietet, ohne zu spezifizieren, welcher Zeuge in welcher Wohnung welche Vorfälle bestätigen kann.[36] 16

d) **Ausforschungsbeweise** sind Beweisanträge, die darauf abzielen, bei Gelegenheit der erstrebten Beweisaufnahme Tatsachen in Erfahrung zu bringen, die genaueres Vorbringen oder die Benennung weiterer Beweismittel erst ermöglichen. Solche Anträge sind nicht etwa allgemein unzulässig.[37] Sie sind vielmehr **weithin zulässig,** wenn sie wenigstens auf substantiiertes Vorbringen (Rn. 15) gestützt sind. 17

Von unzulässigen Motiven und verbotener Ausforschung kann nur die Rede sein, wo trotz hinreichender Substantiierung einer Behauptung der sie begleitende Beweisantrag **offensichtlich rechtsmissbräuchlich** ist, weil Behauptung oder Beweismittel willkürlich vorgebracht werden – „aufs Geratewohl", „ins Blaue hinein" – und erkennbar aus der Luft gegriffen sind[38] (Bsp.: Antrag auf Anhörung eines Sachverständigen, ohne die Notwendigkeit einer Erörterung seines Gutachtens plausibel zu machen oder die offenen Fragen zu präzisieren[39]). Da selbst bloße Vermutungen beweisbar sind (Rn. 15), lässt sich Willkür aber allenfalls bei Fehlen jeglicher tatsächlicher Anhaltspunkte annehmen.[40] Laut Rspr. muss die Partei solchen Anhalt oder ihre Erkenntnisquelle darlegen (ggf. Hinweis, § 139), richtigerweise jedoch nicht, soweit es um Umstände geht, von denen sie kaum Kenntnis haben kann (zB innere Tatsachen).[41] Wenn danach lediglich Zweifel an der Seriosität bleiben, ist das unschädlich; denn das Ausforschungsverbot gestattet in keinem Fall eine vorweggenommene Beweiswürdigung.[42] 18

e) **Unerheblichkeit des Beweisthemas** liegt vor, wenn die Tatsache materiellrechtlich irrelevant ist, und sei es wegen Rückgriffs auf eine vorzugswürdige Hilfsbegründung (§ 260 Rn. 4), oder wenn ihre Relevanz mangels genauer Bezeichnung nicht überprüfbar ist.[43] Eine **Indiztatsache** ist nur wesentlich, wenn ihr Beweis (ggf. samt weiteren Indizien) das Tatbestandsmerkmal der Norm belegen würde,[44] nicht aber, wenn er nur mögliche Schlüsse erlauben würde, das Gericht solche aber nicht ziehen will.[45] Unmaßgeblich ist daher zB das angebliche Wissen eines Zeugen von den Vorstellungen eines Vertragspartners, wenn nicht auch zB die Gegenwart des Zeugen bei Vertragsschluss behauptet wird.[46] 19

f) Die **Beweisbedürftigkeit fehlt,** wenn die Tatsache unstreitig oder offenkundig (§ 291) ist oder dank einer Interventionswirkung (§ 68) nicht erneut bzw. abweichend festgestellt werden kann. Ist der Beweis schon erbracht, das Gericht also bereits von der Tatsache überzeugt, so hindert dies zwar weiteren Beweis, nicht aber einen Gegenbeweis (Rn. 6),[47] es sei denn, er wäre präkludiert (Rn. 14). 20

g) **Untaugliche Beweismittel** sind zwar unbeachtlich (analog § 244 Abs. 3 S. 2 StPO), aber selten. Das Gericht handelt rechtswidrig, wenn es wenig erfolgversprechende Anträge zwecks „Prozessökonomie" in vorweggenommener Beweiswürdigung zurückdrängt. Weder die Unwahrscheinlichkeit einer Tatsache[48] 21

---

[30] BGH NJW-RR 1994, 377, 378; 2004, 1362, 1363; zu EDV-Sachen *Bergmann/Streitz* NJW 1992, 1726ff.
[31] Vgl. BGH NJW-RR 1998, 1409; 2003, 491.
[32] BGH NJW 2001, 2327, 2328; NJW-RR 2004, 337, 338; zu entspr. Beweisanträgen BGH NJW-RR 1996, 56.
[33] BGH NJW-RR 2005, 494, 496f.
[34] OLG Köln MDR 1976, 407, 408.
[35] BGH NJW 1996, 1541, 1542; NJW-RR 2002, 774.
[36] AM AG Hamburg-Altona NJW-RR 2003, 154f.
[37] BGH NJW 2001, 2327, 2328; *Arens* ZZP 96 (1983), 1, 4ff.; *Chudoba,* Der ausforschende Beweisantrag, 1993.
[38] RGZ 162, 316, 318f.; BGH NJW 1991, 2707, 2709; 1992, 1967, 1968; MDR 2003, 1365, 1366.
[39] BVerfG NJW-RR 1996, 183, 184.
[40] Vgl. BGH NJW-RR 2002, 1433, 1435; MDR 2003, 1365, 1366.
[41] BGH NJW 1995, 1160, 1161; aM *Zö/Greger* Vor § 284 Rn. 5; offen BGH NJW-RR 2002, 1433, 1435.
[42] BGH NJW 1972, 249, 250; 1999, 143.
[43] BGH NJW 1991, 2707, 2709.
[44] BGHZ 53, 245, 260f. = NJW 1970, 946; BGH NJW 1983, 2034, 2035; 1989, 2947.
[45] BGHZ 121, 266, 271 = NJW 1993, 1391.
[46] BGH NJW 1992, 2489f.
[47] BGHZ 53, 245, 260 = NJW 1970, 946; BGH NJW-RR 2002, 1072, 1073.
[48] BVerfG NJW-RR 2001, 1006, 1007 (abw. amtliche Auskunft des benannten Zeugen); BGH VersR 1962, 177, 178.

noch die eventuelle Unglaubwürdigkeit von Zeugen (zB Verwandten oder Ehegatten[49]) berechtigen zur Ablehnung, schon gar nicht die Unwirtschaftlichkeit einer Beweisaufnahme.[50] Nur völlige Untauglichkeit ist ein Ablehnungsgrund,[51] bei **Parteien** also die Untersuchung durch Lügendetektor,[52] bei **Zeugen** uU auch Taubheit, Blindheit, Kleinkindalter, eine Berufung auf Aussageverweigerungsrecht (§ 386 Abs. 3) oder Vernehmungsunfähigkeit,[53] die Benennung für eine Vaterschaft nach sicherem erbbiologischen Ausschluss, ausnahmsweise auch Geistesschwäche. Eines **Sachverständigen** bedarf es nicht bei Unzumutbarkeit der körperlichen Untersuchung,[54] uU auch nicht bei komplexen ungeklärten Gefährdungslagen, deren Hinnehmbarkeit schon der Staat fortwährend prüft.[55] Ein Mietspiegel als amtliche Auskunft mit generalisierendem Sachverständigengutachten kann durch Mängel seiner statistischen Grundlagen ungeeignet werden;[56] zur Anhörung von Sachverständigen s. Rn. 18. **Augenschein** einer Entstellung des Gesichts kann nicht durch Fotos ersetzt oder Sachverständigen überlassen werden.[57]

h) Unerreichbare Beweismittel stehen den untauglichen gleich (arg. § 356, § 244 Abs. 3 S. 2 StPO analog), aber nur bei dauernder Unerreichbarkeit, zB bei Unmöglichkeit, einen Zeugen namhaft und ausfindig zu machen[58] (nach Fristsetzung gem. § 356[59]), einen im Ausland lebenden Zeugen zu vernehmen (s. aber § 363)[60] oder eine Urkunde beizubringen. Verstöße gegen die Zeugenpflicht, auch mehrfache, genügen für sich allein nicht.[61]

22 i) Ein **Vorrang unmittelbarer Beweismittel** gegenüber dem Indizienbeweis besteht nach ganz hM nicht:[62] Die ZPO[63] überlässt den Parteien die Auswahl unter selbst qualitativ verschiedenen Beweismitteln, damit freilich auch das Risiko, den Beweis zu verfehlen. Demnach genügt der Antrag, einen Zeugen vom Hörensagen zu vernehmen, auch dann, wenn der Hauptzeuge benannt werden könnte.[64] Das Gericht darf auch sog. Zeugnisurkunden verwerten, zB eine schriftliche Zeugenaussage (§ 377 Abs. 3)[65] und sogar die von einer Partei beigebrachte schriftliche „Zeugen"-Erklärung,[66] ferner eine Ortsbesichtigung (§ 371) ablehnen, wenn die Örtlichkeit fotografiert ist und Abweichungen der vorgelegten Fotos nicht behauptet werden[67] oder wenn eine Geruchsbelästigung schwankt und als solche schon anderweitig belegt ist.[68] All das mindert die materielle Beweisunmittelbarkeit,[69] uU schwerwiegend. Zwar kann jede Partei darauf bestehen, dass (auch) das direktere Beweismittel genutzt wird (Art. 103 Abs. 1 GG; allgM).[70] Das hilft aber nicht immer. Mittelbarer Beweis ist nur hinnehmbar, wenn das direktere Beweismittel entweder auch dem Gegner zur Verfügung steht (§ 286 Rn. 5; sonst auch Beweisvereitlung denkbar: § 286 Rn. 62ff.) oder für jede Seite unerreichbar, zB verloren ist. S. auch Rn. 25.

23 j) **Beweisverbote** sind Beweiserhebungs- und Beweisverwertungsverbote. Als Beweiserhebung kann schon die außerprozessuale **Beweismittelbeschaffung** verboten sein, zB eine heimliche Tonbandaufnahme; ein diesbezüglicher Beweisantrag darf aber nur abgelehnt werden, wenn auch ein Verwertungsverbot besteht, das die Einführung in den Prozess samt Beweisaufnahme hindert.[71] Ein solches Verwertungsverbot wird uU durch weitere Beweisverbote flankiert; zB ist der Inhalt einer illegalen Tonbandaufnahme auch nicht mit Zeugen derselben oder Protokollen beweisbar. Die prozessuale **Beweisaufnahme** ist ohne weiteres unzulässig, wenn der Beweisführer auf andere Beweismittel beschränkt ist, sei es durch Prozessrecht (zB §§ 80 Abs. 1, 165 S. 1, 314 S. 2, 595 Abs. 2, 605 Abs. 1, 605a), sei es durch einen Beweisvertrag (§ 286 Rn. 16). Häufiger steht entgegen, dass das Beweismittel fehlerhaft beschafft wurde und deshalb einem Verwertungsverbot (iwS) unterliegt. Ist demzuwider Beweis erhoben worden, so verbietet sich sogar die **Berücksichtigung** des Befundes bei der Beweiswürdigung (Verwertungsverbot ieS).[72] – Umfang und Folgen

[49] BGH NJW 1988, 566, 567; OLG München NJW-RR 1991, 17.
[50] BVerfGE 50, 32, 35.
[51] BVerfG NJW 1993, 254, 255; BGH NJW 2000, 3718, 3720 („größte Zurückhaltung geboten").
[52] BGH NJW 2003, 2527, 2528.
[53] BAG NJW 1966, 2426f. (zu entsprechender ärztlicher Prognose).
[54] OLG Düsseldorf NJW 1984, 2635 = VersR 1985, 457.
[55] BVerfG NJW 2002, 1638, 1639f.; OLG Frankfurt NJW-RR 2005, 1544f. (elektromagnetische Strahlung).
[56] LG München WoM 1993, 451, 452.
[57] BSG MDR 1994, 812, 813.
[58] BGH FamRZ 1988, 1037, 1038; NJW 1992, 1768, 1769.
[59] OLG Köln NJW-RR 1998, 1143.
[60] Dazu BGH NJW 1992, 1768, 1769 = ZZP 105 (1992), 500 m. Anm. *Leipold;* OLG Saarbrücken NJW-RR 1998, 1685.
[61] OLG Köln MDR 2001, 109.
[62] BVerfG NJW 1994, 2347f.; BAG NJW 1993, 612, 614f.; *Stadler* ZZP 110 (1997), 137, 145f. m. weit. Nachw.; *Pantle,* Die Beweisunmittelbarkeit im Zivilprozess, 1991, S. 26ff.; aM *Bachmann* ZZP 118 (2005), 133, 140ff. (m. Anm. 40); zweifelnd *Ahrens* JZ 1996, 738, 740.
[63] Vgl. *St/J/Leipold* Rn. 33 u. 74; anders das Strafprozessrecht, vgl. BVerfGE 57, 250, 277 = NJW 1981, 1719.
[64] BGH NJW 1992, 1899, 1900; BAG (Fn. 62).
[65] Ausf. *Stadler* (Fn. 62) S. 144ff.
[66] So BGHZ 80, 389, 395 = NJW 1981, 2193; BGH NJW-RR 2007, 1077, 1078; aM RGZ 49, 374, 375; BGH MDR 1970, 135; *St/J/Leipold* Rn. 35; *Pantle* (Fn. 62) S. 46f.; *Walker,* Festschr. f. E. Schneider, 1997, S. 147, 165f.
[67] BGH NJW-RR 1987, 1237, 1238; OLG Köln NZV 1994, 279, 280.
[68] BGHZ 140, 1, 8f. = NJW 1999, 356.
[69] Vgl. LAG Hamm AuR 1969, 61, 62; *Bruns* Rn. 87; skeptisch auch *Schilken* SAE 1993, 308, 309.
[70] Vgl. *Völzmann-Stickelbrock* ZZP 118 (2005), 359, 367f. m. weit. Nachw.
[71] Vgl. *Werner* NJW 1988, 993, 996ff.; *Störmer* JuS 1994, 334ff.
[72] *Zö/Greger* § 286 Rn. 15a; aA *Heinemann* MDR 2001, 137, 140.

der Beweisverbote sind erst teilweise geklärt. Vorrang hat der Schutzzweck der verletzten Norm (näher § 286 Rn. 6ff.). Im Übrigen sind die widerstreitenden Güter bzw. Sphären abzuwägen.

IV. Beweisaufnahme

24 **1. Allgemeines.** Die Beweisaufnahme richtet sich nach §§ 355–484. Sie erfolgt vor dem Prozessgericht (Grundsatz formeller Unmittelbarkeit, § 355), also ggf. vor dem Einzelrichter (§§ 348f.) bzw. dem Vorsitzenden der KfH (§ 349). Auch die Beweisaufnahme ist öffentlich, freilich mit Ausnahmen (§§ 169ff. GVG); die Parteien dürfen ihr aber stets beiwohnen (§ 357). Über das Ergebnis der Beweisaufnahme ist zu verhandeln, möglichst im Anschluss an diese (§ 285 Rn. 1f.).

25 **2. Geheimverfahren.**[73] Das öffentliche Beweisverfahren (Rn. 24) kann Geschäfts-, Betriebs- oder sonstige Geheimnisse (zB Mitgliedschaft in einer Gewerkschaft[74]) gefährden, weil sie dem Gegner bekannt werden können, selbst wenn die Öffentlichkeit ausgeschlossen ist (§§ 170–172 GVG). Insofern mag der beweisbelasteten Partei daran liegen, geheime Tatsachen, die ihre Klage rechtfertigen bzw. bei guter Verteidigung zur Sprache kommen müssten, nur dem Gericht (und allenfalls noch dem gegnerischen Anwalt) oder einer als Zeuge zu benennenden Vertrauensperson zur Kenntnis zu geben. In der Praxis wird versucht, dieses Ziel durch mittelbare Beweise (Rn. 22) und flankierende Maßnahmen (zB Einschränkung des Fragerechts nach § 397)[75] zu erreichen (s. § 357 Rn. 4). Für derartige Geheimverfahren spricht, dass sie mit dem effektiven Rechts- und Vermögensschutz Güter stärken, die auch Verfassungsrang haben.[76] Bedenklich ist aber die Beschränkung des rechtlichen Gehörs (Art. 103 Abs. 1 GG; § 285), denn sie kann den isolierten Gegner an effektiver Verteidigung hindern.[77] Dass das Grundgesetz dies wegen „praktischer Konkordanz" der widerstreitenden Güter in Kauf nimmt und daher den Weg der ZPO verwirft,[78] ist zwar denkbar, aber keineswegs sicher. Immerhin mag ein Geheimhaltungsbedürfnis in Grenzen die Substantiierungslast mindern.[79]

26 **3. Freie Beweisaufnahme (S. 2–4).** Das 1. JuMoG eröffnet nunmehr auch die Möglichkeit, reguläre Tatsachen (Rn. 2) durch Freibeweis (Rn. 5) zu klären.[80] Dabei darf das Gericht zugleich davon absehen, sich einen unmittelbaren Eindruck von dem Beweismittel zu verschaffen, nämlich zB telefonisch Zeugen befragen, bei Sachverständigen nachfragen, per E-Mail korrespondieren. Entsprechend beschränkt wird uU das Recht der Parteien, der Beweisaufnahme beizuwohnen (Rn. 24). In jedem Fall ist den Parteien über die Beweisaufnahme zu berichten (Art. 103 Abs. 1 GG, § 279 Abs. 3); ihr Fragerecht (§§ 397, 402, 411 Abs. 4 S. 1) bleibt unberührt. Die Abweichung vom Regelverfahren erfordert das **Einverständnis** beider Parteien (S. 2). Es kann auch schriftlich übermittelt und auf einzelne Beweiserhebungen beschränkt werden, zB auf gezielte Nachfragen bei einem Zeugen oder Sachverständigen, deren Notwendigkeit sich erst nach Entlassung der Beweisperson zeigte. Eine Verweigerung darf in keinem Fall als Misstrauen gegenüber dem Gericht verstanden werden, sondern als Beharren auf Förmlichkeit, die schließlich übergeordnete Gründe hat. **Widerruflich** ist das Einverständnis nur, wenn sich vor Beginn der betreffenden Beweiserhebung die Prozesslage wesentlich verändert hat (S. 4), zB bei Änderung (zumal Erweiterung) des Sachantrags, neuen Behauptungen oder Beweismitteln des Gegners (vgl. § 128 Rn. 14). Davon unberührt bleibt das Recht, ergänzende Beweisanträge zu stellen (nicht aber auf Strengbeweis[81]) und die Beweisperson zu befragen.[82]

285 *Verhandlung nach Beweisaufnahme* **(1) Über das Ergebnis der Beweisaufnahme haben die Parteien unter Darlegung des Streitverhältnisses zu verhandeln.**

(2) Ist die Beweisaufnahme nicht vor dem Prozessgericht erfolgt, so haben die Parteien ihr Ergebnis auf Grund der Beweisverhandlungen vorzutragen.

I. Verhandlung über Beweisergebnis (Abs. 1)

1 **1. Zeitpunkt.** Die Vorschrift konkretisiert das rechtliche Gehör.[1] Sie stellt klar, dass die streitige Verhandlung während der Beweisaufnahme suspendiert ist. Die Verhandlung wird möglichst **im gleichen Termin** fortgesetzt (s. auch §§ 279 Abs. 3, 370 Abs. 1). Die erneute Erörterung des Sach- und Streitstandes ist Aufgabe des Gerichts (§ 279 Abs. 3), aber auch der Parteien (Abs. 1), so dass Versäumnisurteil ergehen kann (Rn. 3).

---

[73] Dazu ausf. *Stadler,* Schutz des Unternehmensgeheimnisses, 1989; *Schlosser,* Festschr. f. Großfeld, 1999, S. 997ff.; *Walker* (Fn. 66) S. 147ff.; s. jetzt auch BVerfGE 115, 205, 228ff.

[74] Dazu BAG NJW 1993, 612, 613ff.; *Grunsky* AuR 1990, 105ff.; 1991, 220, 223; weit. Nachw. in Fn. 71.

[75] Vgl. *Schilken* SAE 1993, 308, 310 („Kunstgriff").

[76] So BAG NJW 1993, 612, 613ff.; *Stürner* JZ 1985, 453ff.; *Stadler* NJW 1989, 1202ff.

[77] Ebenso BGHZ 116, 47, 58 = BGH NJW 1992, 1817 (Geschäftsgeheimnis), dazu *Kürschner* NJW 1992, 1804f.; OLG Naumburg MDR 1999, 1441; OLG München NJW 2005, 1130f.; *Baumgärtel,* Festschr. f. Habscheid, 1989, S. 1, 5ff.; MK/*Prütting* § 285 Rn. 11ff.; *Walker* (Fn. 66) S. 166ff., 171ff.; ähnlich BGH JZ 1996, 736, 737f. m. zust. Anm. *Ahrens;* OLG Köln NJW-RR 1996, 1277; krit. auch *Schilken* SAE 1993, 308ff.; aM wohl *Grunsky* AuR 1990, 105, 112.

[78] So *Wagner* ZZP 108 (1995), 193, 212ff., 216f.; umgekehrt zB *Walker* (Fn. 66) S. 170ff.

[79] Vgl. OLG Stuttgart NJW-RR 1987, 677.

[80] Zu Recht krit. *M. Huber* ZRP 2003, 268, 269f.

[81] *Knauer/Wolf* NJW 2004, 2857, 2862; aA *Zö/Greger* Rn. 2.

[82] *Völzmann/Stickelbrock* ZZP 118 (2005), 359, 376f.

[1] BGHZ 63, 94, 95 = NJW 1974, 2322.

2 Eine Fortsetzung **in gesondertem Termin** erfolgt nach Beweisaufnahme vor beauftragtem oder ersuchtem Richter (§ 370 Abs. 2). Auch das rechtliche Gehör macht eine Vertagung notwendig (uU sogar Wiedereröffnung[2]), falls eine Partei verständigerweise[3] Zeit braucht, um zum Beweisergebnis angemessen vorzutragen, so zB bei besonders komplexen Beweisaufnahmen, zumal nach umfassender Erörterung von Gutachten oder deren Ergänzungen,[4] und dann, wenn die Partei auf das erst abzufassende Protokoll einer längeren Vernehmung bzw. auf sachverständige Beratung angewiesen ist,[5] ferner bei überraschendem Ergebnis einer Beweisaufnahme, das den allein erschienenen Anwalt zur Rücksprache zwingt.[6] Dann kann auch **Schriftsatznachlass** helfen. Dieser leitet ins schriftliche Verfahren über, wenn er von beiden Parteien gebilligt und beiden gewährt ist (§ 128 Abs. 2).[7] Einseitiger Nachlass kann analog § 283 ausreichen;[8] ist zu entsprechendem Vorbringen freilich auch der Gegner zu hören, so bleibt mündliche Verhandlung geboten (§ 283 Rn. 13).

3 **2. Verfahren.** Die Verhandlung über das Beweisergebnis gibt auch Gelegenheit, Streitiges unstreitig zu stellen. Grds. macht jede Partei sich Umstände, die bei der Beweisaufnahme zu Tage getreten und ihr günstig sind, (hilfsweise) zu Eigen.[9] Ggf. ist weiterer Beweis anzutreten (s. aber § 282). Die Gelegenheit zur Schlussverhandlung muss aus dem Protokoll hervorgehen (§ 160 Abs. 2). Die Parteien können auf die Verhandlung verzichten.[10] Ein **Verstoß** gegen Abs. 1 zwingt zur Wiedereröffnung (§ 156 Abs. 2 Nr. 1); im Übrigen hilft ein Rechtsmittel,[11] wenn ohne Verstoß uU anders entschieden worden wäre und dazu vorgetragen wird, bei Verletzung des rechtlichen Gehörs auch § 321 a. **Säumnis** einer Partei kann zwar nicht bei Beweisaufnahme (vgl. § 367), wohl aber in der anschließenden Verhandlung eintreten (dann Antrag auf Versäumnisurteil oder nach § 331 a). Säumnis scheidet jedoch aus, falls im Termin nach Abs. 1 schon vor der Beweisaufnahme verhandelt worden war; denn diese Verhandlung wird nur fortgesetzt.[12] Bei Abwesenheit beider Parteien ist die Beweisaufnahme, soweit möglich, durchzuführen; sodann kann vertagt oder, unter Verwertung des Beweisergebnisses,[13] ggf. nach Aktenlage entschieden werden (§ 251 a).

II. Vortrag des Beweisergebnisses (Abs. 2)

4 **1. Anwendungsbereich.** Abs. 2 gilt für Beweisaufnahmen außerhalb des Prozessgerichts, nämlich vor einem beauftragten (§ 361) oder ersuchten (§ 362) Richter (§§ 372 Abs. 2, 375, 402, 434, 451), in einem anderen Verfahren (§ 411 a) oder im Ausland (§ 363). Mangels Unmittelbarkeit der Beweisaufnahme drohen hier Übermittlungsfehler, denen der Parteivortrag zum Beweisergebnis vorbeugen soll.[14] Bei Richterwechsel gilt Abs. 2 entsprechend (§ 286 Rn. 15). Zu Verstößen vgl. Rn. 3.

5 **2. Vortrag und Verwertung.** Als Vortrag genügt eine Bezugnahme (§ 137 Abs. 3) auf das Protokoll (§ 160 Abs. 3 Nr. 4, 5), auf ein schriftliches Gutachten (§ 411) oder eine schriftliche Auskunft (§§ 273 Abs. 2 Nr. 2, 358 a S. 2 Nr. 2, 3, 377 Abs. 3). An die Verwertung des Beweisergebnisses stellt § 286 zusätzliche Anforderungen. Danach ist nur beachtlich, was auf der Wahrnehmung des gesamten Prozessgerichts beruht oder aktenkundig ist und wozu die Parteien sich erklären konnten (s. § 286 Rn. 3 ff., 15).

286 *Freie Beweiswürdigung*

(1) [1]Das Gericht hat unter Berücksichtigung des gesamten Inhalts der Verhandlungen und des Ergebnisses einer etwaigen Beweisaufnahme nach freier Überzeugung zu entscheiden, ob eine tatsächliche Behauptung für wahr oder für nicht wahr zu erachten sei. [2]In dem Urteil sind die Gründe anzugeben, die für die richterliche Überzeugung leitend gewesen sind.

(2) An gesetzliche Beweisregeln ist das Gericht nur in den durch dieses Gesetz bezeichneten Fällen gebunden.

Übersicht

---

[2] BGH NJW 2001, 2796, 2797.
[3] Vgl. BGH NJW 1991, 1547, 1548 = FamRZ 1991, 43 (zu Schriftsatznachlass).
[4] BGH NJW 1988, 2302, 2303; einschr. *Franzki* DRiZ 1977, 161, 163; abl. MK/*Prütting* § 279 Rn. 18.
[5] BGH NJW 1984, 1823.
[6] OLG Koblenz NJW-RR 1991, 1087.
[7] Vgl. *St/J/Leipold* Rn. 2; abl. BGH NJW 2004, 2019, 2021.
[8] BGH (Fn. 3); OLG Hamm NJW-RR 2004, 598, 599; abl. BGH (Fn. 7; stets mündliche Verhandlung); *Zö/Greger* Rn. 2.
[9] BGH NJW 2001, 2177, 2178; 2006, 63, 65.
[10] HM; BGHZ 63, 94, 95 = NJW 1974, 2322; *Zö/Greger* Rn. 1; aA MK/*Prütting* Rn. 6.
[11] BGH MDR 2001, 830 (Revision); einschr. *E. Schneider* MDR 2001, 781 f.
[12] *Hahn*, Bd. 2, Abt. 1, S. 273.
[13] Vgl. BGH NJW 2004, 1732 ff.; MK/*Prütting* Rn. 5.
[14] *Hahn* (Fn. 12).

A. Normzweck

Im Vertrauen auf die „Bildung, Integrität und unabhängige Stellung" des Richters statuiert Abs. 1 die freie Beweiswürdigung, so dass Abs. 2 die früher dominierenden gesetzlichen Beweisregeln zurückdrängen musste (vgl. § 14 Abs. 2 EGZPO).[1] Der Richter entscheidet also frei, ob Verhandlung und Beweisergebnis ihm die nötige Überzeugung verschaffen. Eine andere Frage ist es, welche Überzeugung nötig ist; dieser Überzeugungsgrad, das Beweismaß, ist festgelegt, und zwar ebenfalls durch Abs. 1 (Rn. 18f.). In § 286 selbst nicht geregelt sind einige Grundsätze, die in engem Zusammenhang mit der Beweiswürdigung stehen: der Anscheinsbeweis (Rn. 23ff.), die Beweisvereitlung (Rn. 62ff.) und die Beweislast (Rn. 32ff.). Zu Beweis und Beweisaufnahme vgl. auch Erl. zu § 284. 1

B. Die Beweiswürdigung durch das Gericht

I. Gegenstand der Beweiswürdigung

1. Inhalt der Verhandlung. Die Beweiswürdigung ergibt, ob das Gericht sich von der streitigen Tatsache überzeugen kann, ob also auch das jeweilige Beweismaß (Rn. 18ff.) erreicht ist. Gegenstand des Beweises sind die entscheidungserheblichen Tatsachen (näher § 284 Rn. 1ff.). Gegenstand der Beweiswürdigung ist vor allem die Beweisaufnahme. Zu berücksichtigen ist aber auch der „gesamte Inhalt der Verhandlungen", dh. das prozessuale Verhalten der Parteien samt dem persönlichen Eindruck, den das Gericht von ihnen erhält, insbesondere ein Verschweigen, die Weigerung zur Substantiierung,[2] Widersprüche und Unwahrheiten (§ 138 Abs. 1), uU auch Art, Zeitpunkt und Änderung des Sachvortrags (zu Erklärungen außerhalb des Verfahrens[3] s. Rn. 3–5), der Widerruf eines Beweisangebots und eine Beweisvereitlung (Rn. 62ff.). Um entsprechende Eindrücke zu ermöglichen, kann die **Anhörung** jedenfalls der Partei geboten sein, die in Beweisnot ist,[4] sei es nach §§ 141, 278 Abs. 2 S. 3, sei es durch Parteivernehmung, auch unterhalb der Schwelle des § 448 (s. aber Rn. 13a). 2

2. Amtliches und privates Wissen. a) Das **amtliche Wissen** umfasst vor allem **gerichtskundige Tatsachen** iSd. § 291. Sie sind dem Gericht aus früheren Prozessen, dienstlichen Mitteilungen usw. bekannt (zB eine Insolvenzeröffnung, notorische Unglaubwürdigkeit eines Zeugen, die örtliche Durchschnittsmiete[5]) und bedürfen keines Beweises. Sie sind aber auch erleichtert verwertbar, nämlich ohne entsprechende Parteibehauptung, soweit sie als Indizien für oder gegen eine andere Behauptung sprechen oder für die Beweiswürdigung bedeutsam sind (vgl. § 291 Rn. 4). Sie sind freilich in die mündliche Verhandlung einzuführen, wenn sie das rechtliche Gehör einer Partei berühren,[6] so auch bei Zweifeln an der Sachkunde eines Privatgutachters[7] und bei Beiziehung von Akten (Rn. 5). **Sonstige Sachkunde**, die allgemeiner Art ist und dem Gericht aus Anlass des Prozesses[8] oder durch Befassung mit ähnlichen Fällen[9] zuteil wurde, führt zwar 3

---

[1] *Hahn*, Bd. 2, Abt. 1, S. 275.
[2] OLG Düsseldorf OLGZ 1994, 80, 84.
[3] BGH NJW-RR 2004, 173f.
[4] So EGMR NJW 1995, 1413; BVerfG NJW 2001, 2531, 2532; BGH NJW 2006, 1429, 1431f.; BAG NJW 2007, 2427, 2428; *Oberhammer* ZZP 113 (2000), 295, 308ff.
[5] So wohl LG Darmstadt WoM 1993, 680.
[6] BVerfG NJW-RR 1996, 183, 184; s. auch BGH NJW 2006, 2492, 2494 (Vorstrafe einer Partei).
[7] BGH NJW 1993, 2382.
[8] BGH NJW 1984, 1408 (einschlägige Fachliteratur).
[9] Dazu BGH LM [B] Nr. 23 = MDR 1967, 745; NJW 1991, 2824, 2825; NJW-RR 1997, 1108.

nicht zur Offenkundigkeit iSd. § 291,[10] ist aber gleichfalls verwertbar. Sie ist den Parteien darzulegen; je nach Sachgebiet kann freilich ein pauschaler Verweis auf langjährige richterliche Erfahrung ausreichen,[11] dies jedenfalls bei Zugrundelegung eines Sachverständigengutachtens,[12] nicht aber bei einer Beschränkung auf eigenes Fachwissen aus Gutachten früherer Prozesse.[13] **Mitteilungen Dritter** an das Gericht bleiben jedenfalls dann außer Acht, wenn sie sich auf unstreitigen Streitstoff beziehen.[14]

4 b) **Privates Wissen** des Richters kann **allgemeinkundige Tatsachen** betreffen; diese können nach Maßgabe von § 291 in den Prozess eingeführt werden (Rn. 3). Der Kreis dieser Tatsachen ist jedoch beschränkt (§ 291 Rn. 1), auch Erfahrungssätze (§ 284 Rn. 4) gehören nicht dazu.[15] **Sonstiges Privatwissen** ist unverwertbar, soweit es seiner Art nach Zeugenwissen ist (Bsp.: Richter beobachtet Verkehrsunfall), arg. § 41 Nr. 5. Auch eine formlose Besichtigung zu Informationszwecken erscheint unzulässig, arg. §§ 144, 357.[16] Überhaupt sind Recherchen, die den Tatumständen des Streitfalles gelten, bedenklich, denn sie stellen die Neutralität des Richters (kein Untersuchungsrichter), das Verhandlungsprinzip und die Parteiöffentlichkeit der Beweisaufnahme (§ 357) in Frage.[17] Die Rspr. gestattet aber, dass der Richter sein Erfahrungswissen und etwaige **Fachkunde** nutzt, gleichviel ob solche Kenntnis auf Erinnerung, auf Erkundigung oder privatem Studium usw. beruht und wann sie erlangt wurde.[18] Ein Wissen, das nicht schon allgemeiner Lebenserfahrung entspricht, muss den Parteien in der Verhandlung mitgeteilt werden, ebenso die Grundlage der richterlichen Fachkenntnis;[19] zu alldem müssen die Parteien Stellung nehmen können. Im Übrigen ist die Verwertung dadurch begrenzt, dass Beweiswürdigung sich stets im Rahmen der anerkannten Denk- und Erfahrungssätze halten muss und diese oft zuverlässiger durch Sachverständige gehandhabt werden (Rn. 10f.). Auch deren Funktion darf der Richter nicht übernehmen, arg. § 41 Nr. 5.

5 **3. Akten.** In anderen Gerichts- bzw. Strafakten enthaltene Schriftstücke können uU als **Urkunden** verwertet werden (zB Strafurteile,[20] Vernehmungsprotokolle,[21] amtliche Auskünfte,[22] Gutachten[23]), allerdings nur nach Mitteilung an die Parteien, Art. 103 Abs. 1 GG.[24] Zur Erforderlichkeit eines Beweisantrags s. § 284 Rn. 9. Hat ein **Zeuge** ausgesagt, so bleibt der Beweiswert der entsprechenden Urkunde hinter dem der Aussage zurück. Soweit die Glaubwürdigkeit in Frage steht (Rn. 12f.), müssen daher die für die Würdigung maßgeblichen Umstände in den Akten festgehalten sein und die Parteien Gelegenheit haben, sich dazu zu erklären (fraglich zB in Strafverfahren).[25] Andernfalls ist das Gericht auf einen persönlichen Eindruck von der Beweisperson angewiesen (Rn. 15); darauf ist hinzuweisen, § 139.[26] Auch sonst können Beweisführer[27] wie Gegner[28] auf (erneuter) Vernehmung bestehen; dann ist Urkundenbeweis unzureichend (§ 284 Rn. 22). Das **Geständnis** einer Partei im Strafprozess (Rn. 6) kann dennoch hinreichendes Indiz sein.[29] Ein **Sachverständigengutachten,** das zB in einem anderen Prozess erstattet wurde, darf seit dem 1. JuMoG nicht nur im Wege des Urkundenbeweises, sondern ggf. als solches verwertet werden (§ 411 a), freilich unbeschadet der Parteirechte nach § 411 Abs. 3.

6 **4. Beweisverwertungsverbote. a) Allgemeines.** Der Beweiswürdigung sind solche Ergebnisse entzogen, deren Verwertung verboten ist.[30] Dies setzt voraus, dass schon die Beweiserhebung bzw. -beschaffung rechtswidrig war (s. § 284 Rn. 23). Der Verstoß gegen das primäre Verbot hindert die Verwertung aber nicht stets, sondern nur nach Maßgabe der verletzten Norm und ihres **Schutzzwecks.**[31] So sind gestohlene oder unterschlagene Beweismittel verwertbar.[32] Eine Aussage, die in Zivil- oder Strafverfahren ohne Belehrung über das Zeugnisverweigerungsrecht gewonnen wurde, darf (auch mittels Protokolls oder anderer Zeugen) nicht verwertet werden.[33] Entsprechendes gilt nach festgestelltem[34] Verstoß gegen §§ 136 Abs. 1

---

10 Zö/*Greger* § 291 Rn. 1.
11 Vgl. BGH JZ 1968, 670; NJW 1991, 2824, 2825; einschr. BGH NJW-RR 1997, 1108.
12 BGH NJW 1991, 2824, 2825.
13 BGH (Fn. 12).
14 BGHZ 158, 295, 301 = NJW 2005, 2152 (eingereichte Urkunde über Zession des Klaganspruchs).
15 Wohl allgM; MK/*Prütting* § 291 Rn. 3; *Pieper* BB 1987, 273, 280; *Pantle* MDR 1993, 1166, 1167.
16 Ebenso *Lipp,* Das private Wissen des Richters, 1995, S. 74ff.; skeptisch auch MK/*Wagner* §§ 142–144 Rn. 25.
17 Gegen Verwertbarkeit daher *Lipp* (Fn. 16) S. 72ff.; *Saenger* ZZP 110 (1997), 244, 247.
18 Vgl. RG JW 1931, 1477 Nr. 17; BGH NJW 1991, 2824, 2825; *Pieper* BB 1987, 273, 279f. (Regeln der Technik).
19 BGHZ 66, 62, 69 = NJW 1976, 715; BGH (Fn. 12); JZ 1970, 375; NJW 2006, 2482, 2484f.
20 OLG Koblenz NJW-RR 1995, 727, 728; s. aber Rn. 9.
21 BGH NJW 1985, 1470, 1471; 2000, 1420, 1421; NJW-RR 2004, 1001f. (Geständnis); *Eschenfelder* RIW 2006, 443, 448 (pre trial discovery).
22 BVerwG NJW 1986, 3221.
23 BGH LM [E] Nr. 7; NJW 1982, 2874; 1985, 1399, 1401.
24 BVerfG NJW 1994, 1210f.
25 BGH NJW 2000, 1420, 1421f. m. weit. Nachw.; s. aber auch BGH NJW-RR 1992, 1214, 1215.
26 BGH NJW 1982, 580, 581.
27 BGH NJW-RR 1992, 1214, 1215; LM § 355 Nr. 4 (nach PKH-Verfahren); LM § 355 Nr. 6.
28 BGH (Fn. 25); NJW 2000, 3072, 3073; *Pantle,* Die Beweisunmittelbarkeit im Zivilprozess, 1991, S. 40ff.
29 BGH NJW-RR 2004, 1001f. (vorbehaltlich etwaiger Gegenbeweise); OLG Bamberg NJW-RR 2003, 1223.
30 Dazu *Kaissis,* Die Verwertbarkeit materiell-rechtswidrig erlangter Beweismittel im Zivilprozess, 1978; *J. Helle,* Besondere Persönlichkeitsrechte im Privatrecht, 1991; *Störmer* JuS 1994, 334ff.; restriktiv *Werner* NJW 1988, 993ff.
31 BGHZ 153, 165, 171f. = NJW 2003, 1123; BGH NJW 2006, 1657, 1659; *Zeiss* ZZP 89 (1976), 377, 389; anders *Reichenbach,* § 1004 BGB als Grundlage von Beweisverboten, 2004, S. 203ff.
32 BAG NJW 2003, 1204, 1206; *Werner* NJW 1988, 993, 994.
33 Vgl. BGH NJW 1985, 1470, 1471; zT offen gelassen in BGH NJW 1985, 1158, 1159.
34 So BGH (Fn. 31) S. 169; krit. *Katzenmeier* ZZP 116 (2003), 375f.

S. 2, 163a Abs. 4 StPO, es sei denn, dass der Beschuldigte im Zivilprozess gerade Partei ist.[35] Ausnahmsweise mag der Schutzzweck aber auch Generalprävention nahe legen, wenn die Schutznorm ohne Verwertungsverbot leer laufen würde.[36] Rechtswidrigkeiten bei Beweisbeschaffung oder -erhebung können **gerechtfertigt** sein, wenn sie durch überwiegende berechtigte Interessen des Beweisführers veranlasst waren, zB durch Gefahrenabwehr (Notwehr) oder schwerwiegende Beweisnot.[37] Die hier widerstreitenden Positionen der Beteiligten sind oft auch durch Grundrechte geschützt; deren Aussagekraft sollte allerdings nicht überschätzt werden.

b) Schlichte **Verfahrensfehler,** zB unterbliebene Belehrungen, sind vielfach heilbar (§ 295). Sie machen das Beweisergebnis auch nur dann unverwertbar, wenn Zweck und Gewicht der verletzten Norm dazu zwingen,[38] wie zB fehlende Belehrung über Zeugnisverweigerungsrecht (§§ 383 Abs. 3, 384), Nichtvereidigung eines Dolmetschers (§ 189 GVG),[39] nicht aber zB bei Verstoß gegen § 296 oder § 407a Abs. 2;[40] s. ferner § 355 Rn. 11, § 383 Rn. 8. 6a

c) **Eingriffe ins Persönlichkeitsrecht.** Dieses Recht bedarf besonderen Schutzes, freilich ohne „pathetischen Überschwang".[41] Schon eine Verletzung des Rahmenrechts ist erst durch Abwägung feststellbar; einzubeziehen ist daher etwaige Beweisnot, jedenfalls aber eine notwehrähnliche Lage des Beweisführers[42] (zB drohender Prozessbetrug, Rn. 8). Ein Verwertungsverbot liegt nahe für heimliche – durch die Rspr. zur Vaterschaftsanfechtung leider provozierte – **DNA-Analysen** (auch für Substantiierung)[43] und für **höchstpersönliche Aufzeichnungen,** zB Liebesbriefe oder entsprechende Tagebuchnotizen (nicht aber für abtrennbare Teile anderen Inhalts[44]), ferner bei Verletzung des **Briefgeheimnisses.**[45] **Fotografien** berühren das Persönlichkeitsrecht nur bei intensiven Eingriffen (zB § 201a StGB), zumal ein überlegenes Beweisinteresse bestehen kann.[46] Heikler, bei konkretem Anlass aber gleichfalls gerechtfertigt sind verdeckte **Videoaufnahmen,**[47] speziell am **Arbeitsplatz.**[48] IdR unverwertbar ist hingegen **technisches Belauschen** (durch Aufschaltung, Richtmikrofone, Minisender usw.) ohne Zustimmung der Abgehörten,[49] ebenso die heimliche technische **Aufzeichnung** von Gesprächen,[50] meist ohne Rücksicht auf ein Bedürfnis an Beweismitteln[51] (zu Extremfällen Rn. 6). Dies gilt auch für Zeugenaussagen über das rechtswidrig Erfahrene,[52] nicht aber für die Vernehmung der belauschten Person,[53] erst recht nicht bei freiwilliger Bestätigung (bloße „Frucht des verbotenen Baumes"[54]). Denn **Indiskretion** eines Zeugen, der entgegen einer Vertraulichkeitserwartung des Sprechers „plaudert", ist uU unanständig, aber keine Persönlichkeitsrechtsverletzung[55] (anders allenfalls bei gesetzlicher Verschwiegenheitspflicht[56] oder Themen der Intimsphäre). Das Diskretionsbedürfnis bei Ehevermittlung genügt ebenso wenig[57] (Ausweg: Rn. 16). 7

Das **Mithören eines Gesprächs** (mit Zustimmung auch nur eines Teilnehmers), insbesondere am Telefonhörer oder -lautsprecher, wurde von Zivilgerichten früher weitgehend für zulässig gehalten (i. E. vgl. 3. Aufl.). Dem setzt das BVerfG nunmehr Grenzen: Kraft Art. 2 Abs. 1 GG dürfe jeder Sprecher bestimmen, 8

---

[35] BGH (Fn. 31) S. 171f. (nach Freispruch); NJW-RR 2005, 466, 467; abl. *Leipold* JZ 2003, 632, 633ff.

[36] Vgl. zB BGH NJW 1982, 277.

[37] Zum Bespitzeln BGH NJW 1994, 2289, 2292f.; zust. *Baumgärtel* MDR 1994, 767, 768; *Helle* JZ 1994, 915ff.; zu Tonbandaufnahmen BGHZ 27, 284ff. = NJW 1958, 1344; BGH NJW 1970, 1848; 1982, 277; NJW 1991, 1180 = JZ 1991, 927 m. Anm. *Helle;* zu Fotografien KG NJW 1980, 894; OLG Celle MDR 1980, 311; näher *St/J/Leipold* § 284 Rn. 61ff. – Krit. *Baumgärtel,* Festschr. f. Klug, 1983, S. 477, 480; *Dauster/Braun* NJW 2000, 313, 316 (zu „Datenuntreue").

[38] Zurückhaltend auch BGH NJW 2006, 1657, 1659.

[39] So BGH NJW 1987, 260, 261; 1994, 941, 942.

[40] BGH NJW 2006, 1657, 1659 bzw. OLG Zweibrücken NJW-RR 1999, 1368f.

[41] Prägung von *J. Helle* JR 2000, 353, 357; krit. auch *Paglotke,* Notstand und Notwehr bei Bedrohungen innerhalb von Prozesssituationen, 2006, S. 261f. („Überhöhung").

[42] Dafür auch BVerfG NJW 2002, 3619, 3624.

[43] BVerfG NJW 2007, 753, 758; BGHZ 162, 1, 5ff. = NJW 2005, 497; aM *Balthasar* JZ 2007, 635, 636.

[44] Einschr. BVerfGE 80, 367ff. (für zusätzliche Interessenabwägung; Strafverfahren).

[45] LG Stuttgart JZ 1965, 686, 687f. (Strafprozess) m. krit. Anm. *Evers* S. 661; *Baumgärtel* (Fn. 37) S. 488f.

[46] KG NJW 1980, 894; OLG Celle MDR 1980, 311; OLG Frankfurt MDR 1981, 316.

[47] In Öffentlichkeit: OLG Düsseldorf NJW-RR 1998, 241 (Überfall); *Huff* JuS 2005, 896ff.; in Mietshauskeller: AG Zerbst NJW-RR 2003, 1595; strenger OLG Köln NJW 2005, 2997ff.; in Tiefgarage: abl. OLG Karlsruhe NJW 2002, 2799f.; zust. *Huff* NZM 2002, 688f.

[48] BAG NJW 2003, 3436, 3437f. (Verdacht auf Straftat); einschr. BAG NJW 2005, 313, 317ff. (dauernde offene Überwachung); *Helle* JZ 2004, 340ff.; *Walker,* Festschr. f. Zezschwitz, 2005, S. 222ff.; *Altenburg/Leister* NJW 2006, 469ff. (Mitbestimmung des Betriebsrats).

[49] BVerfG NJW 1992, 815f.; BAG NJW 1983, 1691; LG Kassel NJW-RR 1990, 62.

[50] BVerfGE 34, 238, 245 = NJW 1973, 891; BGH NJW 1988, 1016; 1998, 155; *Bartl* WRP 1996, 386ff.

[51] Vgl. BGH NJW 1988, 1016, 1017f.; 1998, 155; aM *Roth,* in: Erichsen/Kollhosser/Welp, Recht der Persönlichkeit, 1996, S. 279, 292.

[52] BayObLG NJW 1990, 197f.; OLG Karlsruhe NJW 2000, 1577f.

[53] BVerfG NZA 2002, 284f.; BayObLG (Fn. 52) S. 198 r. Sp.; *Heinemann* MDR 2001, 137ff.; *Paglotke* (Fn. 41) S. 266f.; abw. OLG Karlsruhe (Fn. 52) S. 1578.

[54] So tendenziell BGHSt 32, 68, 70f. = NJW 1984, 2772; offen BGHZ 166, 283, 287 = NJW 2006, 1657.

[55] Vgl. BGHSt 42, 139, 156 = NJW 1996, 2940 („allgemeine Risiko"); aA BVerfG NJW 2002, 3619, 3621 (sub II 1b; obiter dictum).

[56] OLG Köln NJW-RR 1993, 1073f.; LAG Hamm NZA-RR 1998, 114, 115; abl. BayObLG NJW-RR 1991, 6, 7.

[57] AA OLG Koblenz NJW-RR 2004, 268, 269f. (für vorgeschlagene Partner; unzutr. Hinweis auf BGH).

wer seine Worte vernimmt; heimliche Mithörer, mit denen er weder rechnen muss[58] noch einverstanden ist,[59] sollen daher sein Persönlichkeitsrecht verletzen und später auch nicht als Zeugen aussagen dürfen;[60] das Bedürfnis einer Beweisführung durch Lauschzeugen, dh. die typische Beweisnot dieser Partei, soll als „schlichte(s)" Beweisinteresse zurücktreten[61] (ebenso § 373 Rn. 12). Das überzeugt wenig.[62] Immerhin berücksichtigt das BVerfG, ob die Belauschung in Notwehr oder notwehrähnlicher Lage erfolgte.[63] Dafür genügt ein Angriff auf das Vermögen. Um so mehr muss ausreichen, dass zur **Abwehr von Prozessbetrug** belauscht wurde,[64] sei es im Versuchsstadium (zB ab Rechtshängigkeit), sei es nach Anhalt für Betrugsvorbereitung, zB für vorsätzlich falsche Einlassung des Gegners. Solchen Anhalt hat der Beweisführer darzulegen, nicht aber nachzuweisen,[65] denn dies wäre ihm ja erst mit Hilfe des Lauschzeugen möglich, und sein Grundrecht auf Beweis muss in die Güterabwägung eingehen. Belauschung unter Verletzung des **Hausrechts** ist schwerer zu rechtfertigen.[66] Gesprächspartner des Belauschten sind stets vernehmbar (Rn. 7).

II. Freie Beweiswürdigung (Abs. 1 S. 1)

9 **1. Bedeutung.** Der Grundsatz freier Beweiswürdigung entbindet den Richter weitgehend von gesetzlichen Beweisregeln, die für bestimmte Beweismittel einen festen Beweiswert vorgeben oder ausschließen. Der Richter entscheidet daher grds. frei darüber, ob Beweis erbracht ist, so auch über den Beweiswert einzelner und das Verhältnis mehrerer Beweismittel sowie über das Gewicht einer Beweisaufnahme im Verhältnis zur eigenen Lebenserfahrung.[67] An strafgerichtliche Feststellungen in beigezogenen Urteilen (Rn. 5f.) ist er nicht gebunden.[68]

10 **2. Einschränkungen.** Der Grundsatz freier Beweiswürdigung ist aber auch mehrfach beschränkt. Je nach Prozessart kann die Beweiswürdigung von vornherein auf bestimmte Beweismittel begrenzt sein (zB §§ 592, 595 Abs. 2).

a) Die **Denk-, Naturgesetze und Erfahrungssätze** sind durchweg zu beachten;[69] denn der Verzicht auf schematisierende Beweisregeln (Rn. 1) soll nicht auch von rationalen Maßstäben befreien, sondern solche gerade durchsetzen.[70] Die Beweiswürdigung muss daher widerspruchsfrei[71] und vollständig[72] erfolgen. Gerade **Indizien** gebieten eine Gesamtschau.[73] Gegen Denkgesetze verstößt es zB, wenn Indizien eine Aussage beigemessen wird, die sie nicht haben können,[74] oder wenn Indizien nur einer Partei zugute gehalten werden, obwohl sie den gegnerischen Vortrag gleichermaßen stützen.[75] Erfahrungssätze (§ 284 Rn. 4) beeinflussen die Überzeugungsbildung jedenfalls dann, wenn sie zwingend sind.[76] Einfache Erfahrungssätze determinieren den Beweis nur, soweit sie zum Anscheinsbeweis führen.[77] Sie sind aber stets zu berücksichtigen; so muss die extrem geringe Gefahr eines technischen Defekts Anlass sein, diesbezügliche Zeugenaussagen besonders kritisch zu würdigen.[78]

11 b) **Distanz gegenüber Sachverständigengutachten** ist insofern nötig, als diese sorgfältig und kritisch zu würdigen sind (§ 402 Rn. 12f.).[79] Der Gutachter muss spezifische Sachkunde besitzen.[80] Bei inhaltlichen Zweifeln am Gutachten ist er zur Klarstellung bzw. Vervollständigung zu veranlassen.[81] Diskrepanzen zwischen verschiedenen Gutachten müssen Anlass sein, etwaige Unterschiede in Grundlagen oder Wertung aufzuklären; das Ermessen iSd. § 411 Abs. 3 ist entsprechend reduziert. Erst wenn solche Bemühungen erfolglos bleiben, dürfen Diskrepanzen frei gewürdigt werden, indem einem Gutachten mit logisch nachvollziehbarer Begründung der Vorzug gegeben wird.[82] All das gilt auch bei fundierten Einwänden einer Partei

---

[58] Dazu *Foerste* JZ 2003, 1111, 1113 (sub V 2); großzügig OLG Jena MDR 2006, 533.
[59] BVerfG NJW 2003, 2375 (Schweigen nach Hinweis).
[60] BVerfG NJW 2002, 3619, 3621ff.
[61] BVerfG NJW 2002, 3619, 3624; BGH NJW 2003, 1727ff.
[62] Näher *Foerste* JZ 2003, 1111ff.; NJW 2004, 262f.; *Greger* BRAK-Mitt. 2005, 150, 153; grdl. *Helle* JR 2000, 353ff.; dagegen *Kiethe* MDR 2005, 965, 967ff., doch ohne Behebung der Begründungsdefizite.
[63] BVerfG NJW 2002, 3619, 3624; so auch BAG NJW 2003, 3436, 3437f. (Videoüberwachung).
[64] Ebenso *Sae/Saenger* Rn. 24f.; *Kiethe* MDR 2005, 965, 969; *Paglotke* (Fn. 41) S. 260.
[65] So jedoch BGH NJW 2003, 1727, 1728 (sub II 2 aE); wie hier *Roth* (Fn. 51) S. 285; *Balthasar*, in: Jahrbuch Junger Zivilrechtswissenschaftler 2005, 2006, S. 229, 237f.; näher *Foerste* NJW 2004, 262, 263.
[66] Unzulässig nach BGH NJW 1970, 1848.
[67] BGH LM [B] Nr. 4.
[68] BGH NJW-RR 2005, 1024f.; OLG München MDR 2007, 1037f. (aber Substantiierungslast erhöht); *Knauer/Wolf*, 2. Hannoveraner ZPO-Symposion 20. 9. 2003 (NJW-Sonderheft), S. 33ff., 41; einschr. OLG Köln FamRZ 1991, 580f.; OLG Koblenz NJW-RR 1995, 727f.
[69] BGH NJW 1987, 1557, 1558; 1993, 935, 937.
[70] *Patermann*, Die Entwicklung des Prinzips der freien Beweiswürdigung …, Diss. Bonn, 1970, S. 125ff., 144.
[71] BVerfGE 70, 93, 98 = NJW 1986, 575; BGH NJW-RR 1992, 920, 921.
[72] BGH NJW 1991, 1894, 1895; 1995, 966f.; DStR 1998, 426.
[73] BGH NJW 1994, 2289, 2291f.; 1998, 2736f.; NJW-RR 1994, 1112f.
[74] BGH NJW 1993, 935, 938.
[75] BGH (Fn. 74); NJW 1991, 1894, 1895.
[76] Bsp. bei *Musielak*, Festschr. f. Kegel, 1977, S. 451, 454.
[77] *Zö/Greger* Rn. 13, 16.
[78] *OLG Hamm ZfS 1996, 363, 365* („feindliches Grün" im Ampelbereich).
[79] Ausf. *Bürger* MedR 1999, 100ff.
[80] BGH NJW-RR 1998, 1117.
[81] BGH NJW 1995, 779, 780; OLG Bremen NJW-RR 2001, 213 (gerichtliche Vorgaben).
[82] St. Rspr.; BGH NJW 1996, 1597, 1598f.; 2001, 2791.

gegen ein Sachverständigengutachten, zumal durch **Privatgutachten.**[83] Ein solches ist allerdings urkundlich belegter Parteivortrag und nur mit Zustimmung des Gegners als Sachverständigengutachten verwertbar (vgl. § 402 Rn. 5 f.). Den Divergenzen konträrer Privatgutachten ist ggf. durch gerichtlich erhobenes Gutachten nachzugehen.[84] Wegen **eigener Sachkunde** (Rn. 3 f.) darf das Gericht nur ausnahmsweise auf ein Sachverständigengutachten verzichten oder von ihm abweichen (Rn. 67). Fehler des Gutachtens, die erst durch wissenschaftlichen Erkenntnisfortschritt zu Tage treten, erlauben die Restitutionsklage.[85]

c) Die **Glaubwürdigkeit von Zeugen** wird grds. frei bewertet, selbst bei Beeidigung (§ 391 Rn. 5). Sie ist 12 fundiert zu prüfen, vorrangig anhand der Aussagen und des Aussageverhaltens (näher § 373 Rn. 16). Zweifel an der Glaubwürdigkeit können aber auch auf Lebenserfahrung beruhen, zB auf dem allgemeinen Verdacht, ein Zeuge sei mit der Partei solidarisch (als Verwandter, Freund, Kollege, Arbeitnehmer) oder am Prozessausgang interessiert, sei es am Vorteil (zB als Zedent, Treugeber, nur temporär abberufener GmbH-Geschäftsführer), sei es an Schädigung (zB als Konkurrent einer Partei, entlassener Arbeitnehmer, verfeindeter Nachbar). Derartige Annahmen (zumal die frühere Beifahrer-Rspr.) hält der **BGH** heute jedoch für unzulässig; sie sollen mit freier Beweiswürdigung unvereinbar sein, es sei denn, dass sie im konkreten Fall irgendeinen, wenigstens geringen Anhalt finden.[86]

Diese Vorgabe ist **bedenklich,** nämlich ihrerseits eine Beweisregel,[87] die auferlegt, abstrakte Zweifel aus- 13 zublenden. Sie ist mit Wortlaut und Zweck des Abs. 1 unvereinbar; danach findet freie Beweiswürdigung ihre Grenze nur in Willkür, und diese fehlt nicht nur bei konkretem Anhalt für bzw. gegen Glaubwürdigkeit, sondern auch bei Skepsis, die nachvollziehbar ist, weil sie in Lebenserfahrung wurzelt: Typisierende Beweiswürdigung ist zulässig.[88] Insoweit darf und muss der Richter ohne weiteres misstrauen,[89] je nach Fall aber auch vertrauen, notfalls auch intuitiv (arg. § 375 Abs. 1, 1a, 377 Abs. 3 S. 1; Rn. 17).[90] Lebenserfahrung prägt Beweiswürdigung auch sonst. Nur sie rechtfertigt auch die Gewohnheit, bestimmten Zeugen (zB Polizeibeamten[91]) umgekehrt ein erhöhtes Vertrauen entgegenzubringen, ohne dass konkrete Umstände *für* diese Zeugen sprechen, während das sonstigen Zeugen zuteil werdende „Grundvertrauen"[92] meist auf (legitimer) Intuition beruhen dürfte. Für eine gewisse Korrektur sorgt die Rspr. allerdings selbst, indem sie der Partei, die durch das überzogene Vertrauen in nahe stehende Zeugen gefährdet wird, die Möglichkeit zur Gegenäußerung gibt (Rn. 2, 13a). Auch dies schützt aber eher vor Zeugen des Beweisbelasteten als vor solchen, die gegenbeweislich benannt wurden.

d) Die **Glaubwürdigkeit von Parteien** ist bedeutsam bei Parteivernehmung, aber auch sonst, wenn Par- 13a teiaussagen und -verhalten zu würdigen sind (Rn. 2). Kraft § 453 Abs. 1 darf der Richter einer Partei zB glauben, wenn ihre Behauptung nur durch ihre Vernehmung gestützt wird (im Falle des § 448 immerhin auch durch „Anbeweis"), selbst wenn ein beeideter Zeuge widersprochen hat (s. auch § 453 Rn. 2). Gleiches erlaubt Abs. 1 S. 1, wenn die Partei bei ihrer bloßen **Anhörung** (§§ 141, 278 Abs. 2 S. 3) „überzeugte".[93] Ein derart „guter Eindruck" wird jedoch den Strengbeweis, zumindest plausible Indizien, nur selten völlig ersetzen können. Nicht nur ist stets, auch ohne weiteren Anhalt, die fehlende Neutralität zu bedenken (arg. § 453 Abs. 1).[94] Zur Zurückhaltung mahnt das Misstrauen des Gesetzgebers gegenüber Parteiaussagen (arg. §§ 445 ff.). Es ist berechtigt und – im Jahre 1949 ganz selbstverständlich – trotz seiner Pauschalität auch verfassungsgemäß. Der Grundsatz prozessualer Waffengleichheit nötigt uU zwar zur Anhörung einer Partei (Rn. 2), nicht aber dazu, dort, wo Beweismittel nun einmal fehlen, allein bloße Intuition genügen zu lassen. Gerade das wollte der Gesetzgeber hier nicht.[95]

e) **Gesetzliche Beweisregeln** soll Abs. 2 (entgegen dem Wortlaut) nur ausschließen, soweit sie in früheren 14 Landesrechten enthalten waren. Reichs- bzw. bundesrechtliche Regeln gelten also insgesamt fort. Die ZPO kennt Beweisregeln zB für Erklärungen nach § 126a BGB (§ 292a), Protokoll (§ 165), Zustellungsurkunden (§§ 195 Abs. 2, 183 Abs. 2, 174 Abs. 1),[96] Urteil (§ 314) und Urkunden (§§ 415–418, 435 S. 1, 438 Abs. 2). Weitere Regeln finden sich in § 190 StGB, §§ 60, 66 PStG, §§ 32–35 GBO. Keine Beweisregeln sind §§ 288, 291 f.[97]

---

83 BGH NJW 2001, 2796, 2797; s. aber auch *Sandvoß* ArztR 2004, 392 ff. (zu Gefälligkeitsgutachten).
84 BGH NJW 1993, 2382, 2383.
85 *Foerste* NJW 1996, 345, 351 f.; anders hL, vgl. *Zö/Greger* § 580 Rn. 3, 16a, 21.
86 ÜberwM; BGH NJW 1974, 2283; 1988, 566, 567 m. Anm. *Walter;* NJW 1995, 955 f.; OLG München NZV 2005, 582; *Meyke* NJW 1989, 2032, 2034.
87 Krit. auch AG Marbach MDR 1987, 241; *G. Reinecke* MDR 1986, 630 ff. m. weit. Nachw., MDR 1989, 114 ff.; *Binkert/Preis* AuR 1995, 77, 80 f.; *Geipel* AnwBl. 2006, 784 ff.; *Foerste* NJW 2001, 321 ff.; iE auch *E. Schneider* MDR 1975, 297, 298; *Greger* NZV 1988, 13.
88 Ausf. *E. Schneider* Beweis Rn. 143 ff., 156 ff.; ähnlich OLG Karlsruhe NJW-RR 1998, 789, 790 (non liquet).
89 *Lange* NJW 2002, 476, 481, iE auch *Kluth/Böckmann* MDR 2002, 616, 621 (für „geschaffene" Zeugen).
90 Näher *Scherzberg* ZZP 117 (2004), 163 ff., 177 ff.; *Foerste* NJW 2001, 321, 325 f.
91 OLG Karlsruhe VersR 1977, 937 (LS); krit. *Geipel* (Fn. 87) S. 786 f.
92 Zur Statistik *Einmahl* NJW 2001, 469, 473.
93 BGHZ 132, 13, 28 = NJW 1996, 1131; BGHZ 132, 79, 82 = NJW 1996, 1348; BGH NJW 2003, 2527, 2528; vgl. auch OLG Karlsruhe (Fn. 88); anders zB *E. Schneider* Beweis Rn. 104.
94 Ganz hM; nachdrücklich *Stürner,* Festschr. f. Ishikawa, 2001, S. 529, 539; *Lange* NJW 2002, 476, 481 ff.; OLG Koblenz NJW-RR 2002, 630, 631; insoweit auch *Oberhammer* (Fn. 4) S. 305, 315 mit Anm. 83.
95 Abw. *Oberhammer* (Fn. 4) S. 313 ff. (zum „Anbeweis" nach § 448).
96 BGH NJW 1990, 2125 f. (zu § 212a aF).
97 *Sae/Saenger* Rn. 10; aA *Britz* ZZP 110 (1997), 61, 66 ff.

15 **3. Beteiligte Richter.** Die Beweiswürdigung erfolgt durch das gesamte Gericht (§ 355 Abs. 1; formelle Unmittelbarkeit). Einem **kommissarischen Richter** (§§ 361 f.) darf die Beweisaufnahme nur bedingt (§§ 372 Abs. 2, 375, 402, 434, 451, 479) übertragen werden. Für die anschließende Beweiswürdigung gilt, dass jedes Mitglied des Gerichts sich eigene Eindrücke verschaffen können muss, soweit es auf die Glaubwürdigkeit einer Beweisperson oder die Glaubhaftigkeit ankommt. Daher muss das Vernehmungsprotokoll des kommissarischen Richters auch dessen persönlichen Eindruck wiedergeben, und die Parteien müssen Gelegenheit zur Stellungnahme gehabt haben (s. auch § 285 Abs. 2). Andernfalls ist erneute Vernehmung geboten, ebenso wenn das Gericht die Glaubwürdigkeit abweichend bewerten will. Entsprechendes gilt, wenn Erkenntnisse aus anderen Verfahren verwertet werden (Rn. 5),[98] bei **Richterwechsel** vor Schluss der mündlichen Verhandlung (§ 309; vgl. § 355 Rn. 6), für die Beweiswürdigung des **Berufungsgerichts** (näher § 398 Rn. 5) und bei Verweisung nach § 281, wenn das Vorgericht schon Beweis erhoben hatte.[99]

16 **4. Beweisverträge.**[100] Über die **Beweiswürdigung** können die Parteien weder nach Art noch Umfang bestimmen;[101] unzulässig sind also Abreden über Gelingen oder Scheitern[102] des Beweises, ferner über das **Beweismaß** (Rn. 21). Zulässig sind dagegen Absprachen über Ausschluss oder Beschränkung bestimmter **Beweismittel**[103] (zB einer Zeugenvernehmung des Mediators[104]), soweit nicht der Untersuchungsgrundsatz gilt; sie gehen allerdings ins Leere,[105] soweit das Gericht von sich aus Beweis erhebt (zB nach §§ 142, 144, 273 Abs. 2 Nr. 5). Zur **Beweislast** s. Rn. 61.

III. Beweismaß

17 **1. Allgemeines.** Das Beweismaß ist der Grad der richterlichen Erkenntnis, der erreicht sein muss, damit der Beweis gelingt.[106] Es besagt, ob das Gericht die Behauptung mit überwiegender, mit hoher oder mit höchster Wahrscheinlichkeit[107] oder gar mit naturwissenschaftlicher Sicherheit für wahr halten muss. Insofern kann das Beweismaß auch als Objekt richterlicher Überzeugung gelten.[108] Ob diese an der Wahrheit[109] oder nur an einer (wie auch immer bemessenen) Wahrscheinlichkeit orientiert ist, ist bereits eine Vorfrage des gesetzlichen Beweismaßes: Menschliche Erkenntnis ist zwar regelmäßig auf Wahrscheinlichkeiten beschränkt,[110] doch verlangt das Gesetz prinzipiell, dass das Gericht sich von der uns zugänglichen Wahrheit als besonders hoher Wahrscheinlichkeit überzeugt (Rn. 18). Dem entspricht, dass dem Richter ein rein subjektives Beweismaß weder vorgegeben noch eröffnet ist (letztlich allgM): Basis seiner Überzeugung kann nicht willkürliches Meinen sein, das von Logik und Erfahrung gelöst ist, sondern nur ein hieran orientierter Erkenntnisgewinn, insofern also ein eher objektives Beweismaß,[111] das freilich intuitives Erfassen und Abwägen einschließt und oft geradezu voraussetzt.[112] In diesem Punkt wird das Beweismaß durch die Regeln zur freien Beweiswürdigung (Rn. 10–13a) präzisiert. Das nach deutschem Prozessrecht nötige Beweismaß gilt (als lex fori) auch im internationalen Zivilprozessrecht.[113] – Wer für die erwähnte Erkenntnis des Gerichts zu sorgen hat, dh. wem der Beweis obliegt, ergibt die Beweislast. Ob diese Erkenntnis erreicht ist, dh. der Beweis gelingt, ergibt die Beweiswürdigung: der Vergleich des bewerteten Beweisergebnisses mit dem Beweismaß.

18 **2. Regelbeweismaß. a)** Ziel der Beweiswürdigung ist die Entscheidung, ob die streitige Behauptung „für wahr oder nicht wahr" zu erachten ist. Damit stellt das Gesetz klar, dass für den Beweis grds. nicht schon ein Für-wahrscheinlich-Halten genügt, sondern die **volle Überzeugung** (Gewissheit) des Richters erforderlich ist;[114] historische Auslegung bestätigt das.[115] Abweichende Lehren, die generell ein geringeres Beweismaß (gar ein „Überwiegensprinzip") genügen lassen[116] oder dem Richter auch nur gestatten, das Beweismaß den Besonderheiten des Falles anzupassen (relative Beweismaßtheorien),[117] gefährden nicht nur die

---

[98] BGH NJW 1990, 3088, 3089 f.; 2000, 1420, 1421 f. (beigezogene Strafakten).

[99] Vgl. BGH LM § 648 Nr. 2.

[100] Dazu *Eickmann,* Beweisverträge im Zivilprozess, 1987; *Wagner,* Prozessverträge, 1998, S. 683 ff.

[101] RGZ 96, 57, 59.

[102] *Beuthien,* Festschr. f. Larenz, 1973, S. 495, 509 f.

[103] RG (Fn. 101); JW 1908, 304; BGH DB 1973, 1451; *Wagner* (Fn. 100) S. 683 ff.

[104] *Wagner* NJW 2001, 1398 ff.; *Eckardt/Dendorfer* MDR 2001, 786 ff.

[105] Vgl. *Baumgärtel,* Festschr. f. Fasching, 1988, S. 67, 74 m. weit. Nachw.; *Weth* AcP 189 (1989), 303, 333.

[106] Vgl. BGHZ 53, 245, 256 = NJW 1970, 946 („Grad von Gewissheit"); zu „Überzeugung" idS vgl. *M. Huber,* Das Beweismaß im Zivilprozess, 1983, S. 95.

[107] Zum Begriff *Musielak,* Festschr. f. Kegel, 1977, S. 451, 455 ff.

[108] Dafür zB *Musielak* (Fn. 107) S. 465; MK/*Prütting* Rn. 28.

[109] So *Greger,* Beweis und Wahrscheinlichkeit, 1978, S. 113 ff., 118.

[110] Insofern zutr. *M. Huber* (Fn. 106) S. 90.

[111] Vgl. *Musielak* (Fn. 107) S. 465 ff.; *M. Huber* (Fn. 106) S. 116 ff.

[112] MK/*Prütting* Rn. 34 (für „gewissen unüberprüfbaren innerlichen Spielraum"); *H. Weber,* Der Kausalitätsbeweis im Zivilprozess, 1997, S. 165 f.

[113] OLG Koblenz IPRax 1994, 302, 303.

[114] BGHZ 53, 245, 255 f. = NJW 1970, 946; *Prütting,* Gegenwartsprobleme der Beweislast, 1983, S. 67 ff., 71 ff.; *Katzenmeier* ZZP 117 (2004), 187 ff. m. weit. Nachw.

[115] Vgl. *Hahn,* Bd. 2, Abt. 1, S. 275 und zB § 282 Abs. 2 des Bay. Entw. von 1861.

[116] *Kegel,* Festg. f. Kronstein, 1967, S. 321, 335, 343 f.; *Bruns* ZZP 91 (1978), 64, 70 f.; *Maassen,* Beweismaßprobleme im Schadensersatzprozess, 1975, S. 153 ff.

[117] *Gottwald,* Schadenszurechnung und Schadensschätzung, 1979, S. 208 ff.; *Rommé,* Der Anscheinsbeweis im Gefüge von Beweiswürdigung, Beweismaß und Beweislast, 1989, S. 88 ff.

Rechtssicherheit; sie verlassen auch das System des Zivilrechts (arg. § 830 Abs. 1 S. 2 BGB) und das Prozessrecht, dessen klare Wertungen (zB § 287 Abs. 2) nach wie vor binden. Freilich ist die Praxis darüber hinweg gegangen (Rn. 21 a).

b) Andererseits ist **keine absolute Gewissheit** bzw. mathematisch-naturwissenschaftliche Stringenz nötig.[118] Der Richter darf und muss sich mit einem für das praktische Leben brauchbaren Grad von Gewissheit begnügen, der etwaigen Zweifeln Schweigen gebietet, ohne sie völlig auszuschließen;[119] dem entspricht eine an Sicherheit grenzende Wahrscheinlichkeit, falls sie dem Richter persönliche Gewissheit verschafft. So ist zB Ursächlichkeit auch dann beweisbar, wenn die Wirkungs*weise* naturwissenschaftlich nicht zu klären ist.[120] All das gilt auch im Bereich der Amtsermittlung.[121] 19

3. Ausnahmen. a) **Beweismaßerhöhungen,** die das ohnehin hohe Regelbeweismaß noch steigern, etwa im Sinne einer absoluten (zB naturwissenschaftlich stringenten) Gewissheit, kennt die ZPO nicht. Aber auch im materiellen Recht bedeutet ein Attribut wie „offenbar" meist nur „auf den ersten Blick" (zB in §§ 319 Abs. 1, 560 S. 2, 660 Abs. 1 S. 2, 2155 Abs. 3 BGB). Ein gesteigertes Beweismaß wird für Rechtskraftdurchbrechungen nach § 826 BGB befürwortet (§ 322 Rn. 95). 20

b) **Beweismaßsenkungen** ermöglicht das Gesetz nur vereinzelt: als Schätzung von Schaden und Forderungshöhe (§ 287), Glaubhaftmachung (§ 294), im Privatrecht zB für Irrtumskausalität (§§ 119 Abs. 1, 2078 Abs. 1 BGB: „anzunehmen ist"), überhaupt für den hypothetischen Willen (Rn. 40), für Produktfehler (§ 1 Abs. 2 Nr. 2 ProdHaftG) und Schadensermittlung (§ 252 S. 2 BGB). Ein Vertrag kann zwar nicht das Beweismaß mildern,[122] wohl aber die Voraussetzungen der übernommenen Verpflichtung (vgl. Rn. 22). 21

Auch **Richterrecht** kann das Beweismaß in Grenzen senken. Heute geschieht dies aber in einem Umfang, der das Prinzip ernstlich in Frage stellt: vor allem durch Anscheinsbeweise (Rn. 24 ff.), aber auch durch (davon schwer unterscheidbare) **„tatsächliche Vermutungen"**[123] bzw. **„Beweisanzeichen"**[124] oder verdeckt, zB beim Beweis innerer Tatsachen (§ 284 Rn. 2, 7). Ein Bedürfnis dafür besteht vornehmlich im Haftungsrecht, zB weil Unfallschäden nach § 823 Abs. 1 BGB nur bei Körper- oder Gesundheitsverletzung ersetzbar sind. Ist diese nicht nachweisbar (und daher auch kein Raum für die Zurechnung evidenter Schäden nach § 287), so geht der Geschädigte leer aus, selbst dann, wenn bestimmte Verletzungen schon ihrer Art nach zunächst keine oder nur unspezifische Symptome mit sich bringen. Typisch ist das medizinisch nur bedingt greifbare[125] **HWS-Syndrom** nach Auffahrunfall. Hier erkennt der BGH auch geringer Körperbeschleunigung Verletzungseignung zu, besteht aber auf Vollbeweis im Einzelfall.[126] Hinreichender Beweiswert wird im Kern gleichwohl den glaubhaften *Behauptungen* des Klägers zugesprochen, was problematisch ist (Rn. 13 a), also wohl eher das Beweismaß reduziert. Transparenter ist die Rspr., soweit sie ausreichen lässt, dass die Tathandlung das Opfer „betroffen", also unmittelbar gefährdet hat.[127] Erst kürzlich hat der BGH offen gelassen, inwiefern eine körperliche Einwirkung – Handbelastung als Auslöser für Handversteifung? – „verletzen" kann.[128] 21a

c) **Beweis für das äußere Bild.**[129] Klagt ein Versicherungsnehmer wegen Diebstahls auf Deckung, so genügt der Beweis für das äußere Bild einer Entwendung bei Einbruch oder Raub.[130] Nachzuweisen sind also nur Mindesttatsachen, die mit hinreichender[131] Wahrscheinlichkeit auf eine Entwendung schließen lassen: dass die vermissten Sachen vor der Tat am angegebenen Ort vorhanden und danach nicht mehr auffindbar waren[132] und zudem Einbruchsspuren vorhanden sind, wenn kein Nachschlüsseldiebstahl in Betracht kommt.[133] Diese Beweiserleichterung beruht auf richterrechtlicher Beweismaßreduktion oder auf Anbindung der Deckungsbereitschaft an den Nachweis bloßer Wahrscheinlichkeit.[134] Kann der Kläger diesen (abgeschwächten) Beweis nicht durch Beweismittel führen, so genügen sogar seine Angaben bei der Anhörung (§ 141; Rn. 2), es sei denn, dass seine Glaubwürdigkeit durch unstreitige oder bewiesene Tatsachen ernsthaften oder schwerwiegenden Zweifeln ausgesetzt ist.[135] Demgegenüber kann der Versicherer konkrete Umstände beweisen, die das äußere Bild **erschüttern,**[136] nämlich mit erheblicher Wahrscheinlich- 22

---

[118] BGH NJW 1994, 801, 802 = LM [B] Nr. 98 m. Anm. *Grunsky;* 1999, 486, 488.
[119] BGH (Fn. 106); NJW 1998, 2969, 2971.
[120] BGH (Strafsenat) NJW 1995, 2930, 2932 (Holzschutzmittel).
[121] BGH NJW 1987, 2296; 1990, 2312.
[122] *Musielak* NZV 1990, 467, 468; anders wohl BGHZ 123, 217, 220 = NJW 1993, 2678 = LM BGB § 812 Nr. 235 m. abl. Anm. *Voit.*
[123] S. nur BGH NJW 1992, 560, 562 (Beachtung von Warnhinweisen).
[124] S. nur BGH NJW 2006, 1348, 1350 (Benachteiligungsvorsatz, § 133 InsO).
[125] Skizziert bei *Oppel* DAR 2003, 400 ff.; zuversichtlicher *Lepsien/Mazzotti* NZV 2007, 226 f.
[126] BGH NJW 2003, 1116 ff. (zB Symptome bei Erstbefund, Sitzposition im Kfz, Plausibilität aus ärztlicher Sicht); ausf. *Staab* VersR 2003, 1216 ff.; *Müller* VersR 2003, 137 ff.; *Wedig* DAR 2003, 393 ff.
[127] BGH DB 1959, 170; BGHZ 58, 48, 55 f. („tangiert") = JZ 1972, 363 m. krit. Anm. *Stoll;* ähnlich LG Lübeck ZfS 2000, 436, 437 (HWS).
[128] BGH NJW 2004, 777, 778 (II 1 a).
[129] Näher *Römer* NJW 1996, 2329 ff.; *Kollhosser* NJW 1997, 969 ff.; *Kessal-Wulf* ZAP Fach 9, S. 767 ff.
[130] BGHZ 123, 217, 220 = NJW 1993, 2678; allgemein *Zopfs* VersR 1993, 140 ff.; *Lücke* VersR 1994, 128 ff.
[131] BGH NJW-RR 1993, 797 f. (überwiegende Wahrscheinlichkeit genügt nicht).
[132] BGH NJW-RR 1992, 920 f.; NJW 2007, 372, 373 f. (bei Tresordiebstahl auch für den Inhalt).
[133] BGH NJW-RR 1995, 1174.
[134] Vgl. OLG Koblenz NJW-RR 1996, 1433, 1434; *Musielak* NZV 1990, 467, 468; *Terbille* VersR 1996, 408, 410 f.
[135] So BGHZ 132, 79, 82 f. = NJW 1996, 1348; näher *Kollhosser* NJW 1997, 969, 972.
[136] BGH (Fn. 122) S. 223 f.

keit[137] für eine vorgetäuschte Entwendung, dh. gegen die Glaubwürdigkeit des Versicherungsnehmers sprechen,[138] so zB (je nach Fall) falsche oder widersprüchliche Angaben,[139] frühere Straftaten oder Unredlichkeiten[140] oder auffällig gehäufte Vorschäden,[141] nicht aber die Unfähigkeit, das Fehlen eines Originalschlüssels plausibel zu erklären, als solche.[142] – Klagt der Versicherer auf **Rückzahlung**, da das äußere Bild inzwischen widerlegt sei, so sollte eben dies auch für den Beweis der Rechtsgrundlosigkeit genügen; dennoch verlangt der BGH, dass ein Versicherungsfall durch Vollbeweis ausgeschlossen wird.[143]

IV. Der Anscheinsbeweis

23 **1. Grundlagen.** b) Der Anscheinsbeweis (prima-facie-Beweis) ist von größter Bedeutung. Die **Praxis** zieht ihn heran, wenn im Einzelfall ein typischer[144] Geschehensablauf vorliegt, der nach der Lebenserfahrung auf eine bestimmte Ursache oder Folge hinweist und derart gewöhnlich und üblich erscheint, dass die besonderen individuellen Umstände an Bedeutung verlieren.[145] Diese Voraussetzungen hat zu beweisen, wer den Hauptbeweis führen will. Sind sie bewiesen, so scheitert der Anscheinsbeweis erst, wenn der Gegner Tatsachen behauptet und beweisen kann, aus denen sich die ernsthafte Möglichkeit eines abweichenden (atypischen) Ablaufs ergibt (s. auch § 371 a Abs. 1 S. 2).[146] Der Anscheinsbeweis ist insofern konturenarm, als sich fast jedes individuelle Geschehen generalisierend beschreiben lässt und dann auch oft plausibel erscheint.

24 b) Die **rechtliche Einordnung** ist unsicher: Die auf den Einzelfall anwendbare Lebenserfahrung mag derart zwingend sein, dass sie ohne weiteres die **volle Überzeugung** von dem konkreten Geschehensablauf vermittelt. Dann ist kein Anscheinsbeweis gegeben, sondern das Regelbeweismaß (Rn. 18) erreicht, also Vollbeweis erbracht, sei es unmittelbar oder durch Indizienbeweis. Auf diese Weise wird zB oft (aber keineswegs immer[147]) ein Verschulden beweisbar sein, so etwa bei Nichtbeachtung von Verkehrszeichen. Die schwierigen Fälle liegen anders. Hier spricht (dank einfacher Erfahrungssätze, Rn. 4) zwar eine ganz überwiegende oder hohe Wahrscheinlichkeit für einen bestimmten Geschehensablauf, doch bleiben Zweifel, die nicht ganz von der Hand zu weisen sind (zB Abkommen von Fahrbahn wegen angeblicher Abdrängung durch ein überholendes Kfz[148]). Solche Zweifel schließen einen Vollbeweis bereits aus, wenn sie (gegenbeweislich) auch nur substantiiert behauptet werden. Behandelt man Erfahrungssätze anders, indem man an ihnen festhält, bis Anhalt für Zweifel (als ernsthaft möglich) bewiesen ist, so privilegiert man sie,[149] zumal Erfahrungssatz und Zweifelsausschluss einander bedingen können.[150] Zu rechtfertigen ist dies, auch für den Kausalitätsnachweis, nicht materiellrechtlich, zB als Haftung für Wahrscheinlichkeit analog § 119 Abs. 1 BGB[151] (keine Regelungslücke), ggf. aber als Gewohnheitsrecht, nämlich als **Beweismaßsenkung**[152] oder Beweiswürdigungsregel.[153]

25 Der **Unterschied zum Indizienbeweis** (§ 284 Rn. 7) besteht darin, dass dieser am regulären Beweismaß orientiert ist; zudem basiert der Indizienbeweis auf der einzelfallbezogenen Würdigung mehrerer sich ergänzender Erfahrungssätze, während der Anscheinsbeweis oft auf *einen* Erfahrungssatz zurückgeführt wird, dessen Typizität eine Würdigung entbehrlich machen soll.[154] In der Praxis verschwimmen diese Eigenheiten. Mitunter ist ein Anscheinsbeweis zu verneinen, da die Lebenserfahrung zwar für den fraglichen Hergang, aber nicht für dessen Typizität spricht; dann bleibt zu prüfen, ob die Erfahrung (sogar) einen Indizienbeweis ermöglicht.[155]

26 **2. Beispiele. a) Fahrlässigkeit.** Der Anscheinsbeweis wird vor allem im **Haftungsrecht** herangezogen. Er spricht für Fahrlässigkeit: generell bei feststehender Pflichtverletzung[156] bzw. bei Schutzgesetzverstoß im Falle hinreichender Konkretisierung des abverlangten Verhaltens,[157] uU sogar für grobe Fahrlässigkeit (Rn. 30); bei Einbrechen einer Betondecke in Neubau;[158] Sturmschäden an Gebäude;[159] Brechen eines Bau-

---

137 Dazu BGH VersR 1989, 587; NJW-RR 1993, 720; NJW 1996, 993; OLG Köln r+s 1990, 80.
138 BGH VersR 1984, 29, 30; 1987, 146 f.; 1989, 587; OLG Koblenz NJW-RR 1996, 1433, 1434.
139 BGH NJW-RR 1993, 719, 720.
140 BGH (Fn. 135); NJW-RR 1997, 152, 153; *Römer* (Fn. 129) S. 2334.
141 OLG Karlsruhe VersR 1995, 1088 (LS).
142 BGHZ 130, 1, 3 ff. = NJW 1995, 2169.
143 BGH (Fn. 130) S. 224; ebenso *Glauber* VersR 1993, 1263 f.; abw. OLG Hamm VersR 1992, 180.
144 Näher BGH NJW 1997, 528, 529 (Wahrscheinlichkeit müsse sehr groß sein); gegenteilig *Weber* (Fn. 112) S. 245 ff.
145 BGHZ 100, 214, 216 = NJW 1987, 1944; BGH NJW 2001, 1140, 1141; einführend *Stück* JuS 1996, 153 ff.
146 BGHZ 8, 239, 240 = NJW 1953, 584; BGH NJW 1991, 230, 231; instruktiv OLG Celle NJW-RR 1997, 1456, 1457; zur Abgrenzung OLG Hamm VersR 2000, 55, 57.
147 Zu weitgehend *Mu/St* Rn. 163; *M. Huber* (Fn. 106) S. 133.
148 BGH NJW 1996, 1828.
149 Vgl. *Musielak* S. 120 ff.; deutlich zB in BGH NJW 2006, 2262, 2263 („Wahrscheinlichkeit … sehr groß ist")
150 Sehr deutlich in BGH NJW 1996, 1828 f.; explizit OLG Frankfurt NJW 2007, 87, 88.
151 So aber *Greger* VersR 1980, 1091, 1102 f.; s. auch *Diederichsen* VersR 1966, 211, 217 ff.
152 *St/J/Leipold* Rn. 92 ff., 99 f.; einschr. *Mummenhoff*, Erfahrungssätze im Beweis der Kausalität, 1997, S. 117 ff.
153 So wohl RGZ 130, 357, 359; BGHZ 2, 1, 5 = NJW 1951, 653; BGHZ 100, 31, 33 f. = NJW 1987, 2876.
154 Vgl. *Oberheim* JuS 1996, 918 m. weit. Nachw.
155 BGH NJW 1961, 777, 779.
156 BGH NJW 1986, 2757, 2758 (entweder indiziert oder Anscheinsbeweis).
157 Vgl. BGHZ 116, 104, 114 f. = NJW 1992, 1039.
158 BGH LM [C] Nr. 31.
159 OLG Zweibrücken NJW-RR 2002, 749 (§ 836 BGB).

gerüstbretts;[160] uU bei Sprengschäden am Nachbarhaus;[161] bei Fahrfehler[162] (vorbehaltlich überraschender technischer Defekte, zB Bremsversagen, Radlockerung); Fahren ohne Fahrerlaubnis (je nach Ursache ihrer Entziehung[163]); Übersehen von Verkehrszeichen;[164] Frontalzusammenstoß mit Kfz auf der Gegenfahrbahn (Überhol-Fehler);[165] Abkommen von Fahrbahn bzw. Schleudern,[166] falls Fahrer nicht atypischen Straßenzustand[167], Wildwechsel[168] oder die gefährliche Annäherung eines Überholers[169] nachweisen kann; bei Linksabbiegen;[170] des auffahrenden Kfz-Fahrers,[171] es sei denn, dass auch der Vormann verantwortlich sein kann;[172] auch bei nächtlichem Auffahren auf unbeleuchtetes Hindernis;[173] Überholen ohne hinreichenden Seitenabstand;[174] Einfahren in Fahrbahn,[175] auch aus Parkstreifen;[176] uU bei Vorfahrtsverletzung;[177] oft bei Stolpern des Schädigers;[178] bei Zurücklassen größerer Fremdkörper (zB Tupfer) durch Arzt[179] in Operationswunde;[180] nicht schon bei Fehlschlagen einer Sterilisierung;[181] uU bei Sportunfällen,[182] bei Ausrutschen auf Gemüseabfall[183] oder Glatteis;[184] Laufen auf Kopfsteinpflaster;[185] gefährlicher Glitschigkeit in Duschbecken trotz Reinigung;[186] für Herstellung und Vertrieb von Raubpressungen bei Herstellung von Schallplattenhüllen ohne Auftrag;[187] ggf. aber auch für die **Verletzung vertraglicher Pflichten** (Rn. 58) mit der Folge gesetzlicher Verschuldensvermutung.[188]

b) Kausalität.[189] Erster Anschein spricht für Schädigung durch Verstoß gegen Schutzgesetz[190] oder Verkehrssicherungspflicht (genaue Verhaltensanweisung),[191] wenn damit typischen Gefährdungen der Art vorgebeugt werden soll, die sich in dem eingetretenen Schaden realisiert hat; für Unfall bzw. Brand infolge Verstoßes gegen Verhütungsvorschrift;[192] für Brand durch Abfüllung feuergefährlicher Abfälle in Plastikeimer (statt Kurzschluss),[193] durch feuergefährliche Arbeiten nahe (leicht) brennbaren und danach brennenden Stoffen,[194] durch offenes Feuer in 60 m Entfernung bei starkem Wind,[195] nach Spielen mit Feuer,[196] durch Montage eines Heizgeräts ohne Bodenplatte,[197] nicht aber durch betriebsunsicheres Klimatisierungsgerät bei konkreten Alternativursachen,[198] auch sonst nicht bei vielen, unterschiedlich zusammenwirkenden Einzelursachen[199] oder denkbaren Alternativursachen;[200] für Schäden auf Nachbargrundstück durch DIN-widrigen Erdaushub;[201] sturmbedingtes Umkippen eines ungesicherten Schildes;[202] Versagen in Gefahren- 27

---

160 BGH NJW 1997, 1853, 1854.
161 LG Amberg NJW-RR 1997, 668.
162 Hierzu *Greger* VersR 1980, 1094 ff.; ausf. *B/L/H* Anh. § 286 Rn. 105–126.
163 Wohl weiter gehend LG Leipzig NJW-RR 1997, 25.
164 BGH VersR 1955, 183.
165 BGH MDR 1983, 37.
166 BGH VersR 1966, 693; OLG Stuttgart VersR 1974, 502; OLG Hamm MDR 1993, 516.
167 OLG Bremen VersR 1966, 278; strenger OLG Düsseldorf VersR 1995, 311 (Glatteis).
168 OLG Stuttgart VersR 1974, 502 f.; OLG Naumburg NJW-RR 2003, 677 f.
169 BGH NJW 1996, 1828 f.
170 OLG Oldenburg ZfS 1995, 168.
171 BGH LM [C] Nr. 53; NJW-RR 1989, 670, 671; OLG Köln VersR 1970, 91, 92; OLG Celle VersR 1974, 496.
172 Überraschend gebremst: OLG Frankfurt NJW 2007, 87 f.; Fahrspurwechsel: OLG Düsseldorf VersR 1983, 40; KG MDR 2001, 808; seinerseits aufgefahren: OLG Düsseldorf VersR 1999, 729, 730.
173 BGH NJW 1984, 50, 51; OLG Hamburg VRS 87 (1994), 249, 251.
174 BGH LM [C] Nr. 10; s. auch BGH NJW 1975, 312 f.
175 OLG Celle NJW-RR 2003, 1536, 1537.
176 OLG Frankfurt VersR 1982, 1079.
177 OLG München NZV 1989, 438; OLG Nürnberg VRS 87 (1994), 22, 23.
178 OLG Celle NJW-RR 1997, 533 (bekannte Stufe); OLG Düsseldorf NJW-RR 1997, 1313 (Treppensturz).
179 Dazu auch *Schmid* NJW 1994, 767, 773.
180 BGHZ 4, 138, 144 ff. = NJW 1952, 382 (zum Vollbeweis).
181 OLG Düsseldorf NJW 1975, 595.
182 Dazu BGH NJW 1975, 109, 111 f. (Fußball); BGH NJW 1982, 2555, 2556 (Schlittschuh); abl. OLG München NJW-RR 2004, 751 (zu Fall gebrachter Inline-Skater); s. auch OLG Düsseldorf MDR 1966, 504, 505 (Ski).
183 OLG Köln VersR 1999, 861.
184 AM OLG Celle NJW-RR 2003, 1536 (aber Indiz).
185 OLG Köln MDR 2000, 642 f.
186 OLG München VersR 1975, 478 (nur vier Stunden nach Reinigung).
187 BGHZ 100, 31, 33 f. = NJW 1987, 2876; zust. *v. Gravenreuth* GRUR 1987, 632.
188 BGH NJW 2002, 2708, 2709 (Bauüberwachung).
189 Überblick bei *G. Engels,* Der Anscheinsbeweis der Kausalität, 1994.
190 BGH VersR 1986, 916, 917; NJW 1994, 945, 946.
191 BGH VersR 1984, 40, 41; NJW 1994, 945, 946.
192 BGH VersR 1972, 149, 150; OLG Brandenburg NJW-RR 2004, 97, 99; OLG Koblenz NJW-RR 1988, 1486.
193 BGH NJW 1978, 2032, 2033.
194 BGH VersR 1974, 750, 751 (noch weiter gehend); OLG Hamm NJW-RR 2000, 837 f.
195 BGH VersR 1975, 379, 380.
196 OLG Köln VersR 1994, 1420, 1421.
197 BGH NJW 1997, 528, 529 (nachgebender Fußboden).
198 BGH VersR 1981, 1181, 1182.
199 BGH NJW-RR 1993, 1117, 1118.
200 OLG Stuttgart VersR 1997, 340 (recht vage).
201 BGHZ 114, 273, 276 = NJW 1991, 2021 (tatsächliche Vermutung).
202 LG Berlin NJW-RR 2004, 169.

lage gerade wegen Alkoholisierung;[203] Auffahren auf Kfz mangels Beleuchtung;[204] Platzen eines Autoreifens wegen Aufziehens falscher Reifen (statt Wartungsmangels o. ä.);[205] uU für Unfall durch fehlerhafte Kfz-Bremsen;[206] nicht für Entgleiten von Fahrradlenker wegen Lösung des Gummigriffs;[207] für ärztliche Unaufmerksamkeit mangels Warnung vor schwersten Folgen eines Injektionsfehlers;[208] für Komplikation infolge ärztlichen Eingriffs,[209] Verlust des Geruchssinns durch Fehler bei Septumbegradigung,[210] für Fehler bei Sterilisation nicht schon eine Schwangerschaft;[211] für Hühnerpest wegen schlechten Impfstoffs bei Verunreinigung der Charge und Erkrankung auch anderer daraus versorgter Tiere;[212] für Herstellungsmangel, wenn andere Mangelursachen auszuschließen sind oder gleiche Produkte auch andere Benutzer gleichartig geschädigt haben;[213] für Erkrankung auf wenn auch seltenem Infektionsweg (Transfusionslues), falls kein Anhalt für andere Ursachen;[214] für HIV – Infektion (auch des Ehegatten) durch Übertragung verseuchten Blutes, wenn Opfer keiner Risikogruppe angehören,[215] nicht aber für Kontaminierung einer Blutspende bei geringem Durchseuchungsgrad[216] und für Zahnbruch durch Stein im Essen;[217] für Kopfverletzung von Motorradfahrer mangels Helmbenutzung;[218] bestimmte Verletzung mangels Gurtanlegung,[219] für Verstoß gegen Anschnallpflicht bei bestimmter Verletzungsart;[220] nicht aber für HWS-Syndrom (Rn. 21 a); uU für Sturz wegen Gefahrenstelle in unmittelbarer Nähe,[221] wegen Glatteises bei vorheriger Verletzung der Streupflicht,[222] wegen extremer Glätte von Treppenstufen,[223] von Wendeltreppe gerade wegen fehlenden Geländers;[224] Oberschenkelhalsbruch bei altem, aber gehfähigem Patienten durch Sturz von erhöhtem Behandlungstisch;[225] uU für Immission bei genehmigter Emission,[226] auch für illegale Emissionen,[227] für Hörsturz durch Rockkonzert.[228]

28 c) **Sachmängel.** Ein erster Anschein spricht uU für Sachmangel zur Zeit des Gefahrübergangs bei späterem Schaden an der Ware[229] oder bei durch sie verursachten Folgeschäden (s. auch § 476 BGB); für Werkmängel, wenn sie typisch, uU sogar, wenn sie außergewöhnlich[230] für jeweilige Tätigkeit sind; für besonders schweren Mietmangel (Kündigungsgrund[231]); Feuchtigkeit der Mietwohnung;[232] für Mietmangel bei Bruch von Karabinerhaken im Geschirr eines Pferdes, das Wagen mit 18 Personen ziehen soll.[233]

29 d) **Willenserklärungen.** Erster Anschein nicht für Zugang eines einfachen **Briefs,**[234] da sonst das zivilrechtliche Zugangserfordernis ausgehöhlt würde, auch nicht für Zeitpunkt von Postzustellung,[235] wohl aber für Erfolg eines von zahlreichen Zustellungsversuchen;[236] für Zugang eines **Einwurf-Einschreibens** uU bei Reproduktion des elektronisch archivierten Auslieferungsbelegs.[237] Der Zugang eines **Fax** ist nach hM nicht einmal durch positiven Sendebericht belegbar, da dieser nur für die Herstellung, nicht aber für

---

[203] BGH NJW 1992, 119, 120; OLG Saarbrücken NJW 2007, 1888, 1889 f. (Cannabis); s. aber auch OLG Zweibrücken VersR 1995, 429.
[204] BGH VersR 1964, 296.
[205] OLG Hamburg DAR 1972, 16.
[206] BGH VersR 1971, 80, 82 (S. 81: „Beweisanzeichen").
[207] BGH VersR 1982, 1145; s. auch OLG Frankfurt NJW-RR 1994, 800 f.
[208] BGH NJW 1972, 2217, 2221.
[209] BGH NJW 1989, 1533, 1534; OLG Köln NJW 1987, 2302, 2303 f.
[210] OLG Köln NJW-RR 1993, 919, 920.
[211] OLG Düsseldorf NJW-RR 2001, 959 f.
[212] BGH NJW 1969, 269, 274 m. Anm. *Diederichsen* (insoweit nicht in BGHZ 51, 91).
[213] BGH NJW 1987, 1694, 1695.
[214] BGHZ 11, 227, 230 f. = NJW 1954, 718.
[215] BGHZ 163, 209, 212 f. = NJW 2005, 2614; s. auch OLG Celle (Fn. 146; Hepatitis C); einschr. OLG Düsseldorf NJW 1996, 1599, 1600.
[216] So OLG Düsseldorf (Fn. 215; für das Jahr 1987; fraglich).
[217] BGH (Fn. 149).
[218] BGH NJW 1983, 1380.
[219] BGH NJW 1980, 2125, 2126; *Weber* NJW 1986, 2667, 2670 ff.; einschr. OLG Karlsruhe MDR 1979, 845 f.
[220] BGH NJW 1991, 230, 231.
[221] BGH NJW 2005, 2454; OLG Köln VersR 1999, 861; OLG Bamberg VersR 2001, 349 (LS); OLG Koblenz NJW-RR 1995, 158; anders OLG Hamm ZfS 1994, 196 f. (Obst- und Gemüseabfall); OLG Schleswig VersR 1998, 1563 (LS); einschr. OLG Düsseldorf VersR 1998, 1562 (jeweils Treppe).
[222] BGH NJW 1984, 432, 433; OLG Frankfurt VersR 1980, 50, 51.
[223] BGH NJW 1994, 945, 946; s. aber auch OLG Köln NJW-RR 1994, 1052.
[224] BGH VersR 1974, 263, 264 f. (zumindest Erfahrungssatz).
[225] LG Koblenz NJW 1988, 1521, 1522.
[226] AM OLG Köln VersR 1993, 894, 895 (wegen § 6 UmweltHG); s. auch BGH NJW 1994, 1880 f.
[227] BVerwG NJW 1995, 2303, 2305.
[228] Vgl. BGH VersR 2001, 1040, 1041; abw. OLG Karlsruhe JZ 2000, 789.
[229] Vgl. OLG Düsseldorf NJW 1978, 1693 (zu § 823 BGB).
[230] Insoweit abw. BGH VersR 1979, 822, 823.
[231] OLG Köln NJW-RR 1989, 439 f.
[232] AG Dortmund WoM 1993, 40; näher *Lammel* ZMR 1990, 41 ff.
[233] OLG Karlsruhe NJW 1989, 907, 908.
[234] St. Rspr.; s. nur BGH NJW 1995, 665, 666; abw. wohl BVerfG NJW 1992, 2217 f. (wenig methodisch); AG Offenburg MDR 1989, 992; *E. Schneider* MDR 1984, 281 ff.
[235] BGH NJW 1964, 1176 f.
[236] AG Freiburg AnwBl. 1992, 139 (Bestreiten sei treuwidrig); AG Grevenbroich MDR 1990, 437 (4 Briefe).
[237] AG Paderborn NJW 2000, 3722, 3723; *Reichert* NJW 2001, 2523 f.; *Putz* NJW 2007, 2450 ff.; abl. LG Potsdam NJW 2000, 3722; AG Kempen NJW 2007, 1215.

den Bestand der Verbindung spreche;[238] heutige Erkenntnisse rechtfertigen aber wohl einen Anscheinsbeweis, sofern eine Manipulation des Sendeberichts ausschließbar ist[239] (zB durch Zeugen; s. aber Rn. 13). Für den Zugang von **E-Mails**[240] und die Authentizität von Geboten auf Internetauktionen[241] bleibt dies zweifelhaft. Eine **digitale Signatur** erbringt Anscheinsbeweis nach Maßgabe des § 371a Abs. 1.

e) **Individuelle Vorgänge.** Für sie wird ein Anscheinsbeweis überwiegend verneint, da die Lebenserfahrung nie für bestimmtes menschliches Verhalten spreche, zB nicht für individuelle Folgen eines historischen Ereignisses;[242] für die Wahrnehmung eines Konstruktionsfehlers durch den Produzenten;[243] für Willensentschlüsse, zB zur Scheidung,[244] zum Kirchenaustritt[245], zur Ablehnung erneuter Heirat aus unterhaltsrechtlichen Gründen,[246] zur Geldanlage infolge arglistiger Täuschung;[247] für die Herbeiführung eines Versicherungsfalles[248] jedenfalls bei Freitod,[249] uU auch bei Unfallmanipulation;[250] für vorsätzliche Straftaten;[251] für grobe Fahrlässigkeit[252] nach Maßgabe der ihr zugeschriebenen individuellen Komponente (s. aber Rn. 31); für rechtswidriges Plakatieren im Auftrag des Begünstigten.[253] Dies geht zu weit; je nach Fall kann der erste Anschein durchaus für ein bestimmtes menschliches Verhalten sprechen,[254] zB für Täuschungsabsicht bei Zugabe von Frostschutzmittel in Wein,[255] für die einzige vernünftige Reaktion im Falle richtiger Beratung bzw. Risikoaufklärung (Rn. 40), uU auch für vorsätzliche sittenwidrige Schädigung.[256] Der Zugang einer Willenserklärung spricht für Kenntnisnahme.[257] Persönliche Entscheidungen sind im Übrigen dem Indizienbeweis zugänglich, so zB die Selbstnutzungsabsicht des Vermieters.[258] 30

f) **Sonstiges.** Für die Richtigkeit einer **Telefonrechnung** bei Nachweis der Einzelverbindungen spricht nach hM der erste Anschein, sofern Hinweise auf technische Fehler bei der Gebührenerfassung auch bei vollständiger und konkreter interner Prüfung der Telekom nicht zu finden sind.[259] Für Mobilfunknetze gilt entsprechendes.[260] Verneint wird der Anschein bei konkretem Anhalt dafür, dass Unbefugte zB über ungeschützte externe Verteilerdosen die Leitung des Anschlussinhabers nutzen konnten,[261] zT auch bei plötzlichen Gebührensprüngen[262] und denkbarer Softwaremanipulation;[263] durch Zeugenbeweis kann er immerhin erschüttert werden.[264] Bei Abhebung am **Geldautomaten** spricht erster Anschein dafür, dass der Inhaber der EC-Karte entweder selbst abgehoben oder einen Missbrauch grob fahrlässig erleichtert hat,[265] entsprechend im **Online-Banking** (PIN/TAN-Verfahren), es sei denn, dass ein „Phishing"-Angriff stattfand.[266] Er spricht auch für die Bezahlung ausgehändigter **Nachnahmesendungen,**[267] für eine **Arbeitneh-** 31

---

238 BGH NJW 1995, 665, 666f. (allenfalls Indiz) = LM § 144 Nr. 12 m. Anm. *Marly* = JZ 1995, 628 m. Anm. *Fritzsche;* näher *Laghzaoui/Wirges* MDR 1996, 230ff.; *Riesenkampff* NJW 2004, 3296ff.

239 Vgl. OLG München MDR 1999, 286; näher *Burgard* AcP 195 (1995), 74, 129ff.; *Gregor* NJW 2005, 2885f.; iE auch OLG Zweibrücken NJW-RR 2002, 355f.; *Jaeger* CR 1994, 155, 156; *Faulhaber/Riesenkampff* DB 2006, 376ff.; AG Rudolstadt NJW-RR 2004, 1151f. (Einzelverbindungsnachweis).

240 Ganz hM, *Roßnagel/Pfitzmann* NJW 2003, 1209ff.; weiter gehend *Mankowski* NJW 2004, 1901ff.; *Sosnitza/Gey* K&R 2004, 465ff.

241 OLG Köln VersR 2002, 1565, 1566; OLG Hamm NJW 2007, 611 m. weit. Nachw. (trotz Passwortes).

242 BGH LM BEG 1956 § 9 Nr. 18.

243 RGZ 163, 21, 27f.

244 BGH LM [C] Nr. 11.

245 BGH NJW-RR 2006, 1645, 1646f. (Steuerberaterhaftung); aM OLG Düsseldorf NJW-RR 2003, 1071, 1073.

246 BGH NJW 1983, 1548, 1551.

247 BGH LM BGB § 123 Nr. 21 (aE) = MDR 1960, 660; s. aber BGH NJW 1995, 2361, 2362.

248 BGHZ 104, 256, 259 = NJW 1988, 2040; BGH NJW-RR 2005, 466, 467 (§ 152 VVG).

249 BGHZ 100, 214, 216f. = NJW 1987, 1944; OLG Hamm NJW-RR 1989, 493.

250 Dazu *Knoche* MDR 1992, 919ff. m. weit. Nachw.; OLG Hamm VersR 1996, 1555f. (Indizienbeweis).

251 BGH NJW 2002, 1643, 1645.

252 BGH NJW-RR 2007, 1630, 1632; s. aber OLG Köln NJW-RR 2002, 535 (indiziert).

253 OLG Koblenz NJW 2003, 2837; anders BGHZ 106, 229, 234f. = NJW 1989, 902 (für Werbezettel).

254 BGH NJW 1958, 177; *Walter* ZZP 90 (1977), 270, 275ff.; *Lepa,* Festschr. f. Merz, 1992, S. 387, 399; offen denn auch BGHZ 123, 311, 316f. = NJW 1993, 3259.

255 AG Kreuznach NJW-RR 1987, 242f.

256 OLG Dresden NJW-RR 2001, 1690, 1691 (aE).

257 BGHZ 135, 39, 43 = NJW 1997, 1775.

258 BVerfG NJW 1990, 3259, 3260; zum Anscheinsbeweis offen BGH NJW 2005, 2395, 2397f.

259 OLG Düsseldorf ArchivPT 1998, 52, 53f.; LG Weiden NJW-RR 1995, 1278; LG Wuppertal NJW-RR 1997, 701f. m. weit. Nachw.; *R. Schneider* ArchivPT 1993, 200f.; näher *Allgaier* RDV 2000, 53ff.; für Vollbeweise OLG Bamberg ArchivPT 1998, 375, 377f.; OLG Köln NJW-RR 1998, 1363f.; vgl. auch AG Bremerhaven RdE 1995, 132 (Stromzähler).

260 AG Memmingen MMR 1998, 424, 425 m. zust. Anm. *Ehmer;* AG Paderborn NJW-RR 2002, 1141; differenzierend LG Berlin NJW-RR 1996, 895f.; offen OLG Celle NJW-RR 1997, 568, 569; LG Ulm MDR 1999, 472; aM wohl AG Hersbruck NJW-RR 1999, 1510, 1516.

261 Vgl. LG Saarbrücken NJW-RR 1998, 1367f.; AG Frankfurt/M DWW 1994, 187, 188f.; AG Leipzig NJW-RR 1994, 1395, 1396f.

262 LG Aachen NJW 1995, 2364f.; LG Oldenburg NJW-RR 1998, 1365f.; AG München ArchivPT 1993, 309f.; AG Leipzig (Fn. 261) S. 1396; AG Köln ArchivPT 1995, 233, 234 m. krit. Anm. *J. Schmidt.;* AG Berlin-Tiergarten NJW-RR 2002, 997.

263 AG Starnberg NJW 2002, 3714.

264 LG München I NJW-RR 1996, 893; AG Bonn NJW-RR 2002, 1426; AG Pinneberg NJW-RR 2004, 270f.

265 BGHZ 160, 308, 313ff. = NJW 2004, 3623 m. Nachw. zum Streitstand; *Kind/Werner* CR 2006, 353, 359f.

266 LG Bonn CR 2004, 218, 220 (obiter dictum); zum „Phishing" *Borges* NJW 2005, 3313, 3316f.

267 So wohl auch BGH NJW 2006, 300f.; LG Hannover NJW-RR 1999, 1225f.

mererfindung[268] und für zutreffende Berichte in **Stasi-Akten,**[269] nicht aber für die Durchführung von **Überweisungsaufträgen.**[270]

V. Beweislast

32 **1. Arten.** a) Die **objektive Beweislast** (Feststellungslast) regelt den Fall, dass ein Beweis misslingt (Beweislosigkeit; non liquet). Für die **Parteien** bezeichnet sie das Risiko, die nachteiligen Folgen der Beweislosigkeit tragen zu müssen. Das **Gericht** ist angewiesen, bei Beweislosigkeit iSd. Beweislast zu entscheiden. Dies kann schon dem materiellen Recht zu entnehmen sein, sofern das Gericht die jeweiligen Rechtsfolge erst beachten soll, wenn es ihre Voraussetzungen feststellen kann.[271] Aus heutiger Sicht muss das materielle Recht jedoch erst für anwendbar erklärt werden, nämlich durch gesonderte (stillschweigende) Beweislastnormen,[272] zB die (negative) Fiktion der Tatsache.

33 **b) Subjektive Beweislast** (Beweisführungslast) ist die Obliegenheit der Partei, für ihre bestrittenen Behauptungen Beweis anzubieten, um einen Prozessverlust zu vermeiden. Wird demzuwider kein (Haupt-) Beweis angeboten, so darf auch ein vom Gegner angetretener Gegenbeweis nicht erhoben werden; die Behauptung ist vielmehr als unbewiesen zu behandeln.[273] Eine Beweisführungslast ist nur in Verfahren denkbar, in denen der Verhandlungsgrundsatz gilt, also nicht in fG-Verfahren (§ 12 FGG). Die subjektive folgt grds. der objektiven Beweislast. Der so verstandenen „abstrakten" Beweisführungslast wird zT noch eine „konkrete" Beweisführungslast gegenübergestellt, die je nach Beweislage im Laufe des Verfahrens wechseln können soll.[274] Demgegenüber ist die **Behauptungs- bzw. Darlegungslast** die Obliegenheit, diejenigen Behauptungen, die Angriff bzw. Verteidigung stützen können, überhaupt aufzustellen und dieses Vorbringen hinreichend zu substantiieren (§ 138 Abs. 1, 2). Sie folgt grds. der Beweislast, variiert aber stärker (näher § 138 Rn. 10ff.), was der beweisbelasteten Partei helfen kann bzw. Beweiserleichterungen entbehrlich macht.

34 **2. Gesetzliche Beweislastverteilung.** Die Beweislast ist einerseits nach einer ungeschriebenen Grundregel verteilt; andererseits wird diese vielfach durchbrochen. Die Beweislast folgt also einem System von Grund- und Gegennormen (Rosenbergsche Normentheorie). Diese Verteilung wurde vom Gesetzgeber als Strukturprinzip zu Grunde gelegt[275] und bindet.[276] Hiervon abweichende Kriterien (zB die frei abwägende Verteilung nach Wahrscheinlichkeiten,[277] Verantwortungssphären,[278] Vertrauens-, Präventions- bzw. Sanktionselementen oder Versicherungsschutz[279]) können daher nie den Rang eines Prinzips erhalten, sondern allenfalls Regelungslücken schließen (vgl. Rn. 36f.).

35 Die **Grundregel** lautet: Der Anspruchsteller trägt die Beweislast für die **rechtsbegründenden,** der Anspruchsgegner für die **rechtsvernichtenden** und **rechtshemmenden Tatbestandsmerkmale.**[280] Sprache und Satzbau der materiellrechtlichen Normen bestätigen das (Bsp.: Der Kaufpreiskläger hat den Vertrag, der Beklagte die Erfüllung zu beweisen, arg. § 362 BGB). Die Grundregel gilt nicht nur für Ansprüche, sondern für sämtliche Rechte, grds. auch für den Negativbeweis (Rn. 48). Sie gilt unabhängig von der Parteirolle, zB für den Anspruchsteller auch dann, wenn er gegen den Klaganspruch aufrechnet oder einer negativen Feststellungsklage ausgesetzt ist.[281]

36 Ausnahmen statuiert das Gesetz vor allem dort, wo es rechtsbegründende als **rechthindernde Merkmale** behandelt, indem es die Beweislast dem Anspruchsgegner zuschiebt (Beweislastumkehr iwS).[282] ZB ist bei einer Kaufpreisklage der Vertragsschluss zwar anspruchsbegründend, doch ist Geschäftsunfähigkeit die Ausnahme (arg. §§ 104ff. BGB) und daher von dem zu beweisen, der sie behauptet. Solche Ausnahmen kennzeichnet das Gesetz meist ausdrücklich (zB §§ 280 Abs. 1 S. 2, 476 BGB), auch durch Satzbau bzw. Systematik, zB die Wendungen „es sei denn, dass", „sofern nicht" usw. (vgl. §§ 145, 179 Abs. 1, 817 S. 2, 831 Abs. 1 S. 2, 932 Abs. 2 BGB). In Ergänzung dieser Regeln gilt, dass die Beweislast sich dort umkehrt, wo eine Ausnahme vom gesetzlichen Regelfall geltend gemacht wird.[283]

37 **3. Beweislastumkehr durch Richterrecht.** Die gesetzliche Beweislastverteilung wird zunehmend auch durch Richterrecht geändert[284] (Beweislastumkehr ieS). **Grundlage** hierfür ist zum Teil eine Analogie zu

---

[268] OLG München MDR 1995, 283, 284.
[269] VG Greifswald DtZ 1995, 455f. (samt Beschwerde-Entsch. des OVG Greifswald).
[270] BGH NJW-RR 1997, 177.
[271] Vgl. *Rosenberg,* Die Beweislast auf der Grundlage des Bürgerlichen Gesetzbuchs und der Zivilprozessordnung, 5. Aufl. 1965, S. 12.
[272] So zB *Musielak* S. 19, 27, 294, 300ff.; ZZP 100 (1987), 385, 392ff.
[273] HM; s. nur *Weber* NJW 1972, 896f.; aM *Walther* NJW 1972, 237f.
[274] Vgl. MK/*Prütting* Rn. 103.
[275] Vgl. Prot. I, 259 zu BGB E I §§ 193ff. („was sich nach den Grundsätzen der Logik ergebe und deshalb auch ohne gesetzlichen Ausspruch nicht werde verkannt werden"); ausf. *Heinrich,* Die Beweislast bei Rechtsgeschäften, 1996, S. 54ff., 79ff.
[276] BGHZ 113, 222, 224f. = NJW 1991, 1052.
[277] Dazu *G. Reinecke* JZ 1977, 159, 162f.; *Peters* MDR 1949, 66ff.
[278] Vgl. zB *Prölss,* Beweiserleichterungen im Schadensersatzprozess, 1966; VersR 1964, 901ff.
[279] Vgl. zB *Wahrendorf,* Die Prinzipien der Beweislast im Haftungsrecht, 1976, S. 65ff., 130ff.
[280] Vgl. BGB E I § 193 (zu „Begründung", „Aufhebung" und „Hemmung"); s. auch BGH NJW 1999, 352, 353.
[281] BGH (Fn. 276); NJW 1993, 1716, 1717.
[282] Vgl. BGB E I § 194 (zu besonderen, die regelmäßige Wirkung ausschließenden Tatsachen).
[283] BGHZ 87, 393, 399f. = NJW 1983, 2499; BGH DB 1990, 1081, 1082; LM BGB § 242 [Ca] Nr. 13.
[284] Dazu *Stoll* AcP 176 (1976), 145ff.

§ 836 BGB,[285] zu § 280 Abs. 1 S. 2 BGB (Risikozuweisung zur jeweiligen Sphäre; Rn. 58), der Grundsatz prozessualer Waffengleichheit[286] (Einl. Rn. 31) oder eine an Zumutbarkeit bzw. Gerechtigkeit orientierte Abwägung. Indessen greift jede Beweislastumkehr in die Wertungen des materiellen Rechts ein; sie ist also Rechtsfortbildung.[287] Als solche ist sie unzulässig, wo schon Beweiserleichterungen helfen.[288] Im Übrigen unterliegt sie strengen Voraussetzungen.[289] Ist eine Partei in bestimmten Konstellationen allerdings typischerweise unzumutbar benachteiligt (zB im Arzthaftungsprozess), so *kann* für prozessuale Waffengleichheit zu sorgen sein, ausnahmsweise sogar kraft Verfassungsrechts.[290] Dessen spärliche Aussagen zur Beweislast dürfen freilich nicht mit wünschenswerter Einzelfallgerechtigkeit verwechselt werden.[291] Beweislastumkehr muss vor allem um nachvollziehbare und verallgemeinerungsfähige Begründung bemüht sein, zumal „Unbilligkeit" als solche mit jeder Beweislastentscheidung verbunden ist und nicht genügt.[292] Nur dann bleibt auch die Rechtssicherheit gewahrt, dh. das Prozessrisiko kalkulierbar.

4. Kasuistik.[293] 38

- **AGG.** Für Beweislastumkehr nach § 22 AGG genügt nicht schon, dass ein Betroffener objektive Benachteiligung oder seine Gruppenzugehörigkeit samt Kenntnis des Gegners nachweisen kann.[294]
- **Anfechtungsrecht.** Eine Gläubigerbenachteiligung hat der Anfechtende nachzuweisen, soweit der Gegner seiner Substantiierungslast genügt.[295] Gleiches gilt für etwaigen Benachteiligungsvorsatz, für den (und für dessen Kenntnis) bei inkongruenter Deckung allerdings oft ein Beweisanzeichen spricht.[296]
- **Anwaltsvertrag.** Eine Gebührenvereinbarung hat zu beweisen, wer sich auf sie beruft,[297] zB eine Unterschreitung der gesetzlichen Vergütung behauptet.[298] Die Beweislast für Anwaltsfehler und deren Folgen trägt grds. der Mandant;[299] zu Aufklärungsfehlern Rn. 40. Im Regressprozess gelten die Beweislastregeln des Vorprozesses.[300]
- **Arbeitsrecht.**[301] Pflichtverletzungen des Arbeitgebers hat der Arbeitnehmer zu beweisen, was aber erleichtert ist, soweit sie dem Gefahrenbereich zuzurechnen sind (Rn. 58; dann Verschuldensvermutung, § 280 Abs. 1 S. 2 BGB). Pflichtwidrigkeiten des Arbeitnehmers sind idR vom Arbeitgeber zu beweisen, ein Verschulden ebenfalls (§ 619a BGB). Sind allerdings Indizien für eine Mankohaftung vorgetragen (zB zu zugeflossenen Einnahmen, alleiniger Kassen-Kontrolle des Arbeitnehmers), so hat dieser sich iS einer gestuften Darlegungslast substantiiert zu äußern.[302] Bei nachgewiesener Schädigung durch (ungewisse) Mitglieder einer Akkordgruppe sollte sich nach altem Recht jedes Mitglied entlasten müssen;[303] diese Judikatur dürfte durch § 619a BGB überholt sein.
- **Architektenvertrag.** Die Vergabe eines „umfassenden" Auftrags ist in jedem Einzelfall zu beweisen.[304]
- **Arzthaftung.**[305] Kraft Deliktsrechts sind ein schuldhafter Behandlungsfehler und dessen Folgen grds. vom Patienten zu beweisen. Im Rahmen vertraglicher Haftung hat der Patient grds. die ärztliche **Pflichtverletzung** zu beweisen. Diese liegt auf der Hand, wenn der medizinische Erfolg ausgeblieben ist, obwohl „erfolgsbezogene" Pflichten bestanden (Rn. 58); solche obliegen dem Arzt freilich nur im Einzelfall.[306] Für sonstige Misserfolge gilt dagegen keine allgemeine Beweislastumkehr im ärztlichen „Gefahrenbereich" (Rn. 58); der Patient kann daher nicht umhin, einen konkreten Fehler bei der (lediglich erfolgsorientierten) Tätigkeit nachzuweisen. Steht eine Pflichtverletzung allerdings fest, so hat der Arzt zu beweisen, dass ihn kein **Verschulden** trifft (§ 280 Abs. 1 S. 2 BGB;[307] früher umstr.). Zur Beweislastumkehr für die Kausalität[308] führen **grobe Behandlungsfehler,** also solche, die vielleicht nicht grob fahrlässig sind, einem Arzt aber schlechterdings nicht unterlaufen dürfen (zB Verstoß gegen gefestigte lex artis),[309] wenn sie wenigstens geeignet sind, den konkreten Schaden herbeizuführen, es sei denn, dass eine Kausalität äu- 39

---

[285] BGHZ 51, 91, 106f. = NJW 1969, 269 m. Anm. *Diederichsen.*
[286] BVerfGE 52, 131, 158 = NJW 1979, 1925.
[287] *Stodolkowitz* VersR 1994, 11, 13.
[288] Ausf. *Weber* (Fn. 112) S. 233f.; *Laumen* NJW 2002, 3739, 3743.
[289] Ebenso *Heinrich* (Fn. 275) S. 80; *Prütting* RdA 1999, 107, 110; *Laumen* (Fn. 288).
[290] Vgl. BVerfG (Fn. 286).
[291] Vgl. Minderheitsvoten in BVerfG (Fn. 286); *Reinhardt* NJW 1994, 93ff.; *St/J/Leipold* Rn. 53; *Greger* ZZP 112 (1999), 393f.; zu optimistisch *Huster* NJW 1995, 112f.; *Schlemmer-Schulte,* Beweislast und Grundgesetz, 1997.
[292] BGH NJW-RR 1997, 892; *Stadler/Bensching* JZ 2000, 790, 792; *Wacke* ZZP 114 (2001), 92f.
[293] Hierzu i. e. *Baumgärtel.*
[294] *Windel* ZGS 2007, 60, 63; RdA 2007, 1, 6; aM *Armbrüster* VersR 2006, 1297, 1305.
[295] Näher BGH NJW 1999, 1395, 1397 (AnfG aF); 2000, 3777, 3778 (Insolvenz).
[296] S. nur BGH NJW 2006, 1348, 1350 (zu § 133 InsO).
[297] OLG München NJW 1984, 2537.
[298] OLG Stuttgart AnwBl. 1976, 439, 440.
[299] Näher *Heinemann* NJW 1990, 2345ff.; *Poll* ZVglRWiss. 94 (1995), 237ff. (auch US-Recht).
[300] BGH NJW 2000, 1572, 1573.
[301] Vgl. *Ascheid,* Beweislastfragen im Kündigungsschutzprozess, 1989; *Prütting* RdA 1999, 107ff.
[302] BAG NJW 1999, 1049, 1052; für Anscheinsbeweis noch BAG NZA 1985, 183 (zu § 282 BGB aF).
[303] BAG NJW 1974, 2255f.
[304] BGH NJW 1980, 122; abw. OLG Köln BB 1973, 66f.
[305] Näher BVerfG (Fn. 286); *Schmid* NJW 1994, 767, 771ff.; *G. Müller* NJW 1997, 3049ff.
[306] Vgl. *Spickhoff* NJW 2002, 2530, 2532ff. (sogar für „Ausnahme").
[307] Differenzierend *Spickhoff* (Fn. 306).
[308] Näher BGH NJW 1994, 801, 802f.
[309] BGH NJW 1983, 2080, 2081; 1995, 778, 779 m. weit. Nachw.; 1997, 798f.

ßerst unwahrscheinlich ist.[310] Verstöße gegen die **Befunderhebungspflicht,** dh. die Nichterhebung von Diagnose- oder Kontrollbefund (anders bei falscher Diagnose[311]), entbinden den Patienten vom Nachweis des Befundes, wenn dieser hinreichend wahrscheinlich ist. Der Beweis, dass der Fehler auch negative Folgen hatte, obliegt grds. weiterhin dem Patienten; davon wiederum macht der BGH eine Ausnahme (ohne Wertungslogik), falls die – wenn auch nur leicht fahrlässig – unterlassene Abklärung mit hinreichender Wahrscheinlichkeit einen Befund ergeben hätte, dessen Verkennung bzw. Vernachlässigung grob fehlerhaft gewesen *wäre.*[312] Entsprechendes gilt für Verstöße gegen die (nebenvertragliche[313]) Befundsicherungs- bzw. **Dokumentationspflicht,**[314] falls ein schuldhafter Behandlungsfehler ernstlich in Betracht kommt.[315] Realisiert sich gar ein **voll beherrschbares Risiko,** so trifft die Beweislast den Träger von Klinik bzw. Arztpraxis, da er für den „Gefahrenbereich" einzustehen hat (Rn. 58).[316] Zweifel daran, ob die Überlassung einer Operation an einen Berufsanfänger ohne fachärztliche Überwachung risikoerhöhend war, gehen zu Lasten des Krankenhausträgers bzw. des einteilenden Arztes.[317]

40 – **Aufklärungsfehler.** Die Beweislast für unterbliebene oder **unzulängliche Aufklärung** liegt grds. bei dem Geschädigten, und zwar auch im Rahmen vertraglicher Haftung.[318] Das gilt auch im Verhältnis zu Notaren,[319] es sei denn, dass eine vorgeschriebene Belehrung aus bestimmten Gründen entbehrlich gewesen sein soll.[320] Ein Rechtsanwalt muss die Beratung des Mandanten und dessen Reaktion im Einzelnen substantiieren,[321] was ohne Dokumentation schwierig sein wird. Dass eine solche unterblieb, führt für sich allein grds. aber nicht zu Beweiserleichterungen.[322] Der Nachweis medizinischer Aufklärung soll hingegen dem Arzt obliegen, zumindest soweit es um Risiken eines Eingriffs geht („Eingriffsaufklärung").[323] Die **Folgen** eines Aufklärungs- und Beratungsfehlers sind oft besonders schwer feststellbar; dennoch obliegt der Beweis, dass der Geschädigte bei ordnungsgemäßer Information eine schadensvermeidende Entscheidung getroffen hätte, grds. dem Geschädigten.[324] Die Praxis kehrt diese Beweislast zT jedoch um, so bei Verletzung vertraglicher oder vorvertraglicher[325] Hinweispflichten, die zugleich etwaiger Beweisnot des Gläubigers vorbeugen sollen[326] (s. aber auch § 287 Rn. 3). Dies soll zumindest für „aufklärungsrichtiges" Verhalten gelten, nämlich dann, wenn richtiger Rat vernünftigerweise befolgt worden wäre, zB bei vertraglicher **Arzt- und Notarhaftung,**[327] nicht ohne weiteres bei rein deliktischer Haftung.[328] Beweislastumkehr liegt in der Tat nahe, soweit korrekte Aufklärung, wie beim ärztlichen Eingriff, zugleich gerechtfertigt hätte;[329] hier hat der Patient freilich idR (persönlich, § 141[330]) plausibel zu machen, dass eine ordnungsgemäße Aufklärung ihn zur Ablehnung der Behandlung veranlasst oder doch in einen ernsthaften Entscheidungskonflikt gebracht hätte.[331] Konsequent ist Beweislastumkehr auch dort, wo das Unterlassen „therapeutischer Aufklärung" ein grober Behandlungsfehler (Rn. 39) ist.[332] Teilweise bejaht die Rspr. aber auch nur einen Anscheinsbeweis für aufklärungsgemäßes Verhalten, zB nach falscher **Steuer- oder Rechtsberatung**[333] – nicht aber bei einer Mehrzahl plausibler Verhaltensweisen[334] – und dann, wenn die Reaktion auf deutliche Gefahrenhinweise in Frage steht.[335] Im Üb-

[310] BGHZ 159, 48, 53 ff. = NJW 2004, 2011; BGH NJW 2005, 427, 428.
[311] OLG Köln NJW 2006, 69, 70 (wegen allein gebotener Statussicherung); *Feifel* GesR 2006, 308, 309 f.
[312] BGH (Fn. 310) S. 56 f.; zust. *Spickhoff* NJW 2004, 2345 ff.; krit. *Hausch* VersR 2003, 1489, 1492 ff.
[313] Einschr. BGH NJW 1993, 2375, 2376 (nur medizinisch gebotene Dokumentationen); ausf. *Taupitz* ZZP 100 (1987), 287, 308 ff.
[314] BGHZ 132, 47, 50 f. = NJW 1996, 1589; OLG Stuttgart VersR 1996, 1029, 1030 (Tierarzt).
[315] BGH NJW 1983, 332.
[316] BGH NJW 1991, 1540, 1541 (Transport, Begleitung); VersR 1978, 82, 83 f. (Narkosegerät); VersR 1975, 952, 954 (Tubus); NJW 1984, 1403, 1404 (Positionierung auf OP-Tisch); OLG Köln VersR 2000, 974, 975 (Intensivüberwachung); Infusionsfehler: BGH NJW 1982, 699; BGHZ 89, 263, 269 ff. = NJW 1984, 1400; im OP-Bereich belassene Fremdkörper: BGH VersR 1981, 462 f.; durch Personal infiziert: BGH NJW 2007, 1682 f.
[317] BGHZ 88, 248, 256 = NJW 1984, 655; BGH NJW 1998, 2736, 2737.
[318] BGH NJW 1987, 1322, 1323 (Rechtsanwalt); 1996, 2571 f. (Steuerberater); 2006, 1429, 1430 (Bank).
[319] BGH NJW 1996, 2037, 2038; näher *Ganter* WM 1993 Sonderbeil. 1, S. 3, 13 f.
[320] BGH (Fn. 319; zu § 17 BeurkG).
[321] So BGH NJW 1987, 1322, 1323.
[322] BGH NJW 2006, 1429, 1430 f. (Bank); strenger zB *Heinemann* (Fn. 299) S. 2347, 2354; anders bei normierter Dokumentationspflicht: BGH NJW 2006, 3065, 3067 (Notar); *Heinemann* DNotZ 1990, 443 ff.
[323] BGH NJW 1984, 1807, 1808 f.; MDR 1990, 996; zur Therapieaufklärung *Hausch* VersR 2007, 167, 170 f.
[324] BGHZ 116, 60, 72 f. = NJW 1992, 560 (Milupa); *Vollkommer,* Festschr. f. Baumgärtel, 1990, S. 585, 590.
[325] BGH NJW 1996, 2503; NJW-RR 1997, 144, 145.
[326] BGHZ 61, 118, 120 ff. = NJW 1973, 1688; 111, 75, 81 f. = NJW 1990, 1659; 115, 213, 223 = NJW 1992, 228; krit. *Grunewald* ZIP 1994, 1162, 1163 f.
[327] Arzt: BGHZ 89, 95, 103 f. = NJW 1984, 658; vgl. auch BGH NJW 1981, 630, 632; 1989, 2320, 2321; Notar: BGH NJW-RR 2003, 1569, 1571; Vermögensanlage: BGHZ 124, 151, 159 ff. = NJW 1994, 512.
[328] Vgl. BGH NJW 1980, 1159 f.; BGHZ 99, 167, 181 = NJW 1987, 1009.
[329] BGHZ 29, 176, 179 f., 187 = NJW 1959, 814; BGHZ 90, 103, 111 f. = NJW 1984, 1397; *Lepa* r+s 2001, 441 ff.
[330] BGH NJW 1990, 2928, 2929.
[331] BGHZ 90, 103, 111 f. = NJW 1984, 1397; BGH NJW 1991, 1543, 1544; 1998, 2734.
[332] BGHZ 107, 222, 228 = NJW 1989, 2318.
[333] BGHZ 123, 311, 315 ff. = NJW 1993, 3259; BGH NJW 2005, 3275 f.; NJW-RR 2004, 1210, 1211.
[334] BGH NJW-RR 2004, 1210, 1211 f. (dann nur Beweismaßsenkung nach § 287); 2007, 569, 571.
[335] BGHZ 17, 191, 198 = NJW 1955, 1105; BGH JZ 1989, 249, 251 m. Anm. *v. Bar* = LM BGB § 823 [Dc] Nr. 166 (Baggersee); zur Produkthaftung: BGH NJW 1972, 2217, 2221; ähnlich BGHZ 116, 60, 73 = NJW 1992, 560 (Milupa);

rigen sollte für den Beweis hypothetischer Entscheidungen eine überwiegende Wahrscheinlichkeit genügen (Beweismaßsenkung analog §§ 119 Abs. 1, 2087 BGB).

- **Baurecht.**[336] S. auch Werkvertrag.
- **Bereicherungsklage.** Dem Gläubiger obliegt der Beweis, dass ohne den Rechtsgrund geleistet wurde, den der Bereicherte (auch hilfsweise) behauptet[337] und substantiiert darzulegen hat[338] (s. aber Schenkung). Dass auch andere theoretisch denkbare Rechtsgründe ausscheiden, hat der Gläubiger nicht zu beweisen.[339] Die Beweislast setzt im Übrigen voraus, dass der Gläubiger die Forderung durch seine Leistung oder vorher anerkannt hat. Daran fehlt es bei Leistung „unter Vorbehalt", wenn die Klausel zeigt, dass nur für den Fall der Schuld gezahlt werden soll,[340] nicht aber, wenn sie nur vor § 814 BGB schützen soll[341] (Rückforderungsklausel). Ebenso wenig erkennt an, wer nur zur Abwendung eines Zurückbehaltungsrechts leistet[342] oder in der Erwartung, die Forderung werde noch festgestellt werden,[343] also zB einen Vorschuss[344] zahlt oder auf eine Architektenrechnung, die erkennbar nicht gemäß HOAI erstellt ist.[345] Auch beim Prätendentenstreit um einen hinterlegten Betrag soll der Kläger die volle Beweislast tragen.[346] Obwohl der Klageantrag entsprechend der Saldotheorie zu beschränken ist, hat der Gegner eine Minderung des Saldos zu beweisen.[347] 41
- **Darlehen.** Der Kreditgeber muss den Vertrag beweisen (s. aber Schenkung), eine (stillschweigende) Zinsabrede[348] und die Auszahlung des Darlehens.[349] Der Beweis, dass ein (entgeltlicher) Verbraucherkredit[350] statt eines Bargeschäfts vereinbart wurde, obliegt dem Käufer bei Berufung auf § 495 BGB[351] und gegenüber Kaufpreisklagen.[352]
- **Deliktische Haftung.**[353] Die Beweislast liegt grds. beim Geschädigten,[354] wobei für Kausalität bzw. Verschulden aber ein Anscheinsbeweis sprechen kann (Rn. 26f.). Die Beweislast für Rechtfertigungsgründe,[355] Deliktsunfähigkeit,[356] hypothetische Schadensursachen[357] und ein Mitverschulden des Geschädigten[358] trägt hingegen der Schädiger. Bei Sturz auf Glatteis hat der Verletzte eine streupflichtbegründende Wetter- und Straßenlage nachzuweisen, der Streupflichtige eine Ausnahmesituation.[359] Bei Sportunfällen sind dem Schädiger Regelwidrigkeit[360] und Verschulden[361] nachzuweisen, im Rahmen der Tierhalterhaftung die Realisierung einer spezifischen Tiergefahr,[362] mit Ausnahme des Einwands, auf das Tier sei Zwang ausgeübt worden.[363] Bei **grober Verletzung** von Berufspflichten zum Schutz von Leben und Gesundheit wird die Beweislast für die Folgen zum Teil dem Schädiger auferlegt, so dem Arzt (Rn. 39), Krankenpflegepersonal,[364] einer Hebamme[365] und einem Schwimmmeister[366] bzw. dessen Arbeitgeber,[367] nicht dagegen bei Verletzung sonstiger Berufspflichten oder gar bloßer Verkehrspflichten.[368] Nach Amtspflichtverletzung kann die Beweislast für den Verlauf eines mangelfreien Stellenbesetzungs- 42

---

abl. BGH VersR 1957, 584, 585; 1977, 334, 335; näher Produkthaftungshandbuch/*Foerste,* Bd. 1, 2. Aufl. 1997, § 30 Rn. 105ff. (für Beweislastumkehr).

336 Ausf. *Werner/Pastor,* Der Bauprozess, 12. Aufl. 2008, Rn. 2687ff.; *Baumgärtel* Keio Law Review 1990, 109ff.

337 BGH NJW 2003, 1039.

338 BGH NJW 1999, 2887f.; NJW-RR 2004, 556.

339 BGH NJW-RR 1996, 1211.

340 BGH NJW 1984, 2826f.; 1989, 161, 162; OLG Düsseldorf NJW-RR 1996, 1430; abw. BGH NJW-RR 1992, 1214, 1216.

341 Dazu BGH NJW 1984, 2826f.; OLG Düsseldorf NJW-RR 1996, 1430.

342 OLG Koblenz NJW-RR 2002, 784, 785.

343 RG DR 1943, 1068; BGH NJW 1989, 161, 162; 1989, 1606, 1607.

344 BGH VersR 2000, 905, 906.

345 OLG Köln BauR 1995, 583f.

346 BGHZ 109, 240, 244 = NJW 1990, 716; mit Recht krit. *E. Peters* NJW 1996, 1246ff.; aA OLG Nürnberg NJW-RR 2003, 1716.

347 BGH NJW 1999, 1181f.

348 OLG Oldenburg NJW-RR 1995, 1452.

349 BGH NJW 2001, 2096, 2097 = LM § 767 Nr. 106 m. Anm. *Foerste.*

350 Dazu ausf. *Bülow* NJW 1998, 3454ff.

351 *Bülow* (Fn. 350) S. 3456f.; ebenso der Beweis für den Widerruf: *Teske* NJW 1991, 2793, 2801.

352 Offen gelassen in BGHZ 125, 251, 256 = NJW 1994, 1353 m. weit. Nachw.

353 *Grunsky,* Beweiserleichterungen im Schadensersatzprozess, 1990; zur Kausalität zB *Weber* (Fn. 112).

354 BGH NJW-RR 2003, 1344, 1345; OLG Naumburg NJW-RR 2003, 676f. (beherrschbares Verhalten).

355 BGHZ 24, 21, 28 = NJW 1957, 785; BGH NJW-RR 2005, 172f.

356 BGHZ 98, 135, 137f. = NJW 1987, 121; BGH NJW-RR 2004, 173, 174; krit. *Dunz* JR 1987, 239f.

357 BGH NJW 1967, 551, 552.

358 OLG München NJW 1970, 2297, 2298.

359 BGH NJW 1985, 484, 485; OLG Celle NJW-RR 2004, 1251.

360 BGHZ 63, 140, 148f. = NJW 1975, 109 (Fußball); OLG Hamm MDR 1997, 553 (Fußball); BGH VersR 1975, 155, 156 (II 2b); näher *Grunsky* JZ 1975, 109, 111f.; *Scheffen* NJW 1990, 2658, 2663f.

361 OLG Bamberg NJW 1972, 1820, 1821.

362 BGH VersR 1990, 796, 798.

363 BGH (Fn. 363); aM (konsequent) *Terbille* VersR 1995, 129, 130f.

364 Vgl. BGH VersR 1971, 227, 229; s. auch BGH NJW 1984, 432, 433.

365 OLG Braunschweig VersR 1987, 76, 77.

366 BGH NJW 1962, 959, 960; s. auch OLG Saarbrücken VersR 1994, 60, 62 (Reinigungskraft).

367 OLG Köln r+s 1996, 353, 354.

368 BGHZ 126, 217, 222ff. = NJW 1994, 3295; OLG Saarbrücken VersR 1994, 60, 63.

verfahrens auf die Behörde übergehen.[369] Einfache Fahrlässigkeit rechtfertigt keine Beweislastumkehr, anders uU bei Verstoß gegen Befundsicherungspflichten (Rn. 39, 64). Bei **Schlägerei** kann § 231 StGB die Beweislast umkehren.[370]

43 – **Ehrschutz.**[371] Die Rechtswidrigkeit eines Eingriffs in Ehre, Persönlichkeitsrecht[372] oder Kredit hat grds. der Verletzte zu beweisen;[373] das gilt auch für ehrenrührige Behauptungen, die nur ihm gegenüber aufgestellt werden (§ 185 StGB).[374] Jedoch ist die Unwahrheit einer Behauptung erst dann beweisbedürftig, wenn der Verletzer diese substantiiert.[375] Steht eine Haftung wegen **übler Nachrede** nach § 823 Abs. 2 BGB in Frage, so hat der Verletzer sich zu entlasten (§ 186 StGB), es sei denn, er handelte in Wahrnehmung berechtigter Interessen (§ 193 StGB).[376] Bei Widerrufsklagen wendet die Praxis § 186 StGB nicht an; verurteilt wird demnach nur bei nachgewiesener Unrichtigkeit der Behauptung,[377] und selbst zu eingeschränktem Widerruf nur nach Beweis des Klägers, dass die Behauptung keinen ernstlichen Anhalt hat.[378]

44 – **Erbrecht.**[379] Wer Rechte aus Testament herleitet, hat dessen formgültige Errichtung[380] und den maßgeblichen[381] Wortlaut zu beweisen, also auch, dass angebliche Veränderungen der Urkunde durch den Erblasser erfolgt sind, was bei andauerndem Gewahrsam desselben aber nahe liegt.[382] Entsprechendes gilt für die Behauptung, die Bestimmung eines Auflagenbegünstigten widerspreche einem bestimmten Auflagenzweck (§ 2194 BGB).[383] Unwirksamkeit eines Testaments wegen Testierunfähigkeit[384] oder nach §§ 1933, 2077 BGB[385] muss beweisen, wer sie behauptet, Voraussetzungen eines Pflichtteils, wer ihn begehrt.[386] Der Erbe tritt in die beweisrechtliche Position des Erblassers ein.[387]

– **Erfüllung.** S. Schuldbefreiung.

– **Fälligkeit.** Da § 271 BGB sofortige Fälligkeit vorsieht, sind abweichende Umstände vom Schuldner nachzuweisen.[388] S. auch Rechtsgeschäft.

45 – **Fracht/Spedition.**[389] Der Anspruchsteller hat die Beschädigung zwischen Übernahme und Ablieferung durch den Frachtführer zu beweisen (Art. 17 CMR, § 425 Abs. 1 HGB),[390] daher auch den einwandfreien Zustand des Gutes bei Annahme zur Beförderung (zB hinreichende Kühlung; s. § 409 Abs. 2 HGB),[391] ferner Leichtfertigkeit und das Bewusstsein einer Schadenswahrscheinlichkeit (Art. 29 CMR, § 435 HGB).[392] Den Frachtführer trifft die Beweislast für mitwirkende Verursachung durch den Absender oder Empfänger (§ 425 Abs. 2 HGB)[393] sowie dafür, dass der Verlust usw. auf Umständen beruht, die er auch bei größter Sorgfalt nicht vermeiden und deren Folgen er nicht abwenden konnte (§ 426 HGB). Grobe Fahrlässigkeit des Spediteurs als Voraussetzung unbeschränkter Haftung hat der Anspruchsteller zu beweisen.[394]

– **Handelsvertreter.**[395]

46 – **Insolvenzrecht.** Soweit Zahlungsunfähigkeit streitig ist, liegt die Beweislast beim Antragsteller, hingegen beim Schuldner, soweit er sich auf bloße Zahlungsstockung beruft. Bei Streit um verspäteten Insolvenzantrag hat der Gläubiger die objektiven Voraussetzungen der Antragspflicht zu beweisen, der Geschäftsführer die Umstände, die dennoch für Fortführung sprachen, zumindest darzulegen und sich ggf. zu entlasten.[396] Masseunzulänglichkeit (§§ 208f. InsO) hat der Verwalter zu beweisen.[397] S. auch Anfechtungsrecht.

---

[369] BGHZ 129, 226, 232f. = NJW 1995, 2344; BGH MDR 1978, 735, 736 (grobe Pflichtverletzung).
[370] BGH NJW 1999, 2895f. (zu § 227 StGB aF).
[371] Näher *Leipold,* Festschr. f. Hubmann, 1985, S. 271ff.
[372] Dazu *Brandner* JZ 1983, 689, 695.
[373] OLG Frankfurt NJW 1980, 597.
[374] Ebenso OLG Köln NJW 1964, 2121, 2122 (Strafprozess); abw. OLG Frankfurt MDR 1980, 495.
[375] BGH NJW 1974, 1710, 1711.
[376] BGH NJW 1985, 1621, 1622; BGHZ 132, 13, 23f. = NJW 1996, 1131; *E. Helle* NJW 1964, 841, 845; s. auch LAG Düsseldorf DB 1969, 1300 (LS; Beweislast dessen, dem wegen übler Nachrede gekündigt wurde).
[377] BGHZ 37, 187, 189f. = NJW 1962, 1438; BGHZ 69, 181, 182 = NJW 1977, 1681.
[378] BGH (Fn. 377) S. 190f.; BGHZ 69, 181, 182ff. = NJW 1977, 1681; aM *St/J/Leipold* Rn. 58.
[379] *M. Hardt,* Amtsermittlung, Parteiverhalten und Feststellungslast im Erbscheinsverfahren, 1999.
[380] OLG Hamm FamRZ 1993, 606, 607.
[381] Strenger BayObLG Rpfleger 1985, 194 (Gesamtwortlaut).
[382] BayObLGZ 1983, 204, 207f.
[383] BGHZ 121, 357, 364f. = NJW 1993, 2168.
[384] KG NJW 2001, 903f.
[385] BGHZ 128, 125, 130f. = NJW 1995, 1082.
[386] BGHZ 7, 134, 136; BGHZ 89, 24, 29 = NJW 1984, 487; näher *Baumgärtel,* Festschr. f. Hübner, 1984, S. 395ff.
[387] BGH NJW-RR 1994, 323.
[388] BGH NJW-RR 2004, 209, 210.
[389] Dazu *Giefers,* Beweislast und Beweisführung bei der Haftung des Frachtführers nach der CMR, 1997.
[390] BGH NJW-RR 1988, 1369 (zu Art. 17 CMR); HK-HGB/*Ruß* § 425 Rn. 10.
[391] OLG Braunschweig NJW-RR 2005, 834 (zugleich Anscheinsbeweis für richtigen Inhalt von Behältnissen).
[392] OLG Braunschweig (Fn. 391) S. 835; HK-HGB/*Ruß* § 435 Rn. 2.
[393] HK-HGB/*Ruß* § 425 Rn. 10.
[394] BGHZ 129, 345, 347f. = NJW 1995, 3117 (zu § 51 Buchst. b S. 2 ADSp. 1993).
[395] Vgl. *Schreiber* NJW 1998, 3737ff. (zu § 89b HGB).
[396] BGHZ 126, 181, 200 = NJW 1994, 2220.
[397] BGH NJW-RR 1997, 43, 44; BAG NJW 1999, 517, 518 (jeweils zur KO).

- **Kauf.** Ein **Mangel** der Kaufsache bei Gefahrübergang ist bis zur Annahme und bei Verweigerung der Annahme vom Verkäufer auszuschließen, hingegen vom Käufer zu beweisen, wenn er die Ware angenommen hat (§ 363 BGB),[398] und schon vorher bei Vorleistungspflicht[399] (zB bei „Kasse gegen Dokument", Rn. 61), im Scheckprozess stets vom Scheckschuldner, der den Mangel als Einrede geltend macht.[400] Beim Verbrauchsgüterkauf wird für Mängel, die binnen sechs Monaten nach Gefahrübergang auftreten, vermutet, dass sie zZ desselben vorlagen (§ 476 BGB).[401] Um einen Garantiefall (§§ 443, 477 BGB) auszuschließen, muss der Verkäufer beweisen, dass der Mangel auf unsachgemäßer Behandlung oder äußerer Einwirkung in der Käufersphäre beruht.[402] Die Entgeltlichkeit eines Zahlungsaufschubs (§ 499 Abs. 1 BGB) ist vom Verkäufer auszuschließen.[403] S. auch Rn. 58. 47
- **Maklervertrag.**[404]
- **Mietvertrag.** Einen Mangel der Mietsache muss ab Annahme (§ 363 BGB) der Mieter beweisen, den Erfolg von Mangelbehebungsversuchen der Vermieter.[405] Entlastung nach § 538 BGB obliegt dem Mieter erst, wenn feststeht, dass die Schadensursache seinem Obhutsbereich (Mietgebrauch) und nicht der Vermietersphäre (zB Heizungs-, Elektro-, Sanitärinstallation) entstammt.[406] Ein Übergabeprotokoll führt zur Beweislastumkehr.[407] Kündigungsgründe für den Vermieter sind weitgehend von diesem zu beweisen,[408] vorgetäuschter Eigenbedarf im Schadensersatzprozess vom Mieter.[409] 48
- **Negative Tatsachen.** Hängt eine Rechtsfolge davon ab, dass eine Tatsache *nicht* vorliegt (zB unterbliebene Beratung, Rn. 40; kein Rechtsgrund iSd. § 812 BGB, Rn. 41), so kann dies den Beweis wesentlich erschweren. Dennoch bleibt es bei der regulären Beweislast. Die Rspr. stellt aber strengere Anforderungen an substantiiertes Bestreiten des Gegners.[410]
- **Patent.**[411] Im Patenterteilungsverfahren hat der Anmelder die Beweislast für die Patentfähigkeit der für die Erfindung bedeutsamen Umstände, uU aber auch nur für die technischen Erfahrungssätze.[412] Die Beweislast für einspruchsbegründende Umstände trifft den Einsprechenden. Im Nichtigkeitsverfahren liegt sie bei dem Nichtigkeitskläger.[413] Erschöpfung muss beweisen, wer sie behauptet.[414]
- **Produkthaftung.**[415] Für **deliktische Haftung** genügt der Nachweis, dass dem Produkt, das den Geschädigten verletzt hat, die erforderliche Sicherheit fehlte aus Gründen, die im Gefahrenbereich des Herstellers liegen. Damit geht die Beweislast für Pflichtwidrigkeit[416] und Verschulden[417] bei der Produktion auf den Hersteller über, auch in Kleinbetrieben,[418] und zwar bei Herstellungsfehlern und – laut BGH – solchen Instruktionsfehlern, die schon bei Inverkehrgabe unterliefen.[419] Auch der Gefahrenbereichsnachweis soll entbehrlich sein, wenn der Hersteller schuldhaft seine „Befundsicherungspflicht" – eine Kontrollpflicht zur Vermeidung schwerer, herstellungstypischer Gefahren – verletzt hat, was laut Rspr. bereits außer Frage steht, wenn der Hersteller seine Sicherungsmaßnahmen nicht hinreichend substantiiert.[420] Das **Produkthaftungsgesetz** erwartet vom Geschädigten den Nachweis von Produktfehler, Verletzung, Schädigung, Hersteller und Kausalität, vom Hersteller eine Entlastung nach § 1 Abs. 3, 4 ProdHaftG. 49
- **Prozessvergleich.** Der Kläger hat den rechtzeitigen Eingang eines Widerrufs bei Gericht zu beweisen, ggf. also auch den Einwurf der Widerrufsschrift in einen Gerichts(nacht)briefkasten, wenn diese keinen Eingangsstempel erhielt.[421] 50
- **Prozessvoraussetzungen.** Die objektive Beweislast liegt grds. beim Kläger,[422] beim Beklagten aber dann, wenn er ein Verzichts- oder Versäumnisurteil beantragt. Das gilt nach hM auch für Prozessfähigkeit

---

398 RGZ 66, 279, 281f.; BGHZ 159, 215, 217 = NJW 2004, 2299; *Zahrnt* NJW 2002, 1531ff. (Software); s. auch OLG Nürnberg CR 1995, 343 (EDV-Anlage); BGH NJW 1981, 2403, 2404 (Werkvertrag).
399 BGH NJW 1965, 1270f.
400 BGH NJW-RR 1994, 114.
401 Ausf. *Maultzsch* NJW 2006, 3091ff.; *Klöhn* NJW 2007, 2811ff.
402 Zum alten Kaufrecht BGH NJW 1996, 2504, 2506 = LM BGB § 459 Nr. 133 m. Anm. *Reinking*.
403 LG Hamburg NJW-RR 1994, 246, 247 (§ 1 Abs. 1 VerbrKrG).
404 Näher *Bandemer* JurBüro 1993, 457ff.
405 BGH NJW 2000, 2344, 2345; 2006, 1061 (Ursachennachweis iSd. § 536a BGB).
406 BGH (Fn. 405); BGHZ 126, 124, 128ff. = NJW 1994, 2019; s. aber auch BGH NJW-RR 2005, 381, 382.
407 OLG Düsseldorf NJW-RR 2004, 300; zum Verzicht auf Protokoll s. BGH NJW 1996, 315, 316.
408 Vgl. *Heinrich* (Fn. 275) S. 228ff. (zum Wohnraummietverhältnis).
409 BGH NJW 2005, 2395, 2396ff. (sekundäre Behauptungslast bei Vermieter); *Teichmann* JZ 2006, 155, 156.
410 BGH NJW 1985, 264, 265; 2003, 1039; BAG NJW 2004, 2848, 2851; dazu *Lange* VersR 2007, 36, 38ff.
411 Näher *Benkard/Schäfers*, Patentgesetz, 10. Aufl. 2006, § 87 Rn. 10ff.
412 BGHZ 53, 283, 296f. = NJW 1970, 1367.
413 BGH GRUR 1984, 339, 340.
414 BGH NJW-RR 2000, 569, 571.
415 Näher Produkthaftungshandbuch/*Foerste* (Bd. 1), 2. Aufl. 1997, §§ 30, 34, 36, 38.
416 BGH NJW 1999, 1028, 1029.
417 BGHZ 51, 91, 103ff. = NJW 1969, 269 m. Anm. *Diederichsen;* BGHZ 67, 359, 361ff. = NJW 1977, 379.
418 BGHZ 116, 104, 108ff. = NJW 1992, 1039.
419 BGHZ 80, 186, 197f. = NJW 1981, 1603; differenzierend *Foerste* (Fn. 415) § 30 Rn. 78ff.
420 BGHZ 104, 323, 332ff. = NJW 1988, 2611 m. zust. Anm. *Reinelt;* BGH NJW 1993, 528ff.; BGHZ 129, 353, 365 = NJW 1995, 2162; *Kullmann* NJW 1994, 1698, 1705; *Steffen*, Festschr. f. Brandner, 1995, S. 327, 336ff.; abl. *Arens* ZZP 104 (1991), 123, 131ff.; *Knoche*, Festschr. f. Heldrich, 2005, S. 247ff.; *Foerste* VersR 1988, 958ff.; JZ 1993, 680.
421 OLG Köln NJW-RR 1996, 122.
422 BGHZ 18, 184, 188ff. = NJW 1955, 1714; BGH NJW 2006, 1808, 1809 (bzw. Berufungskläger).

(beider Parteien),[423] obschon die nicht beweisbelastete Partei Prozessunfähigkeit ausreichend darlegen muss (§ 56 Rn. 6). Der Kläger hat die Einreichung der Klage zu beweisen, grds. also auch den (rechtzeitigen) Einwurf in einen (Nacht-) Briefkasten.[424] Rechtskraft, anderweitige Rechtshängigkeit (§ 261 Abs. 3 Nr. 1) und Prozesshindernisse (vor § 253 Rn. 11) hat der Beklagte zu beweisen.[425]

51 – **Rechtsgeschäft.** Wer eine Willenserklärung geltend macht, hat Urheberschaft[426] und Inhalt zu beweisen (nur Wortlaut und objektiven Sinn der Erklärung[427]), wobei für Vertragsurkunden die Vermutung der Richtigkeit und Vollständigkeit gilt.[428] Er muss den Zugang der Erklärung beweisen (allgM; zum Anscheinsbeweis Rn. 29), ihre Formgültigkeit,[429] bei Vertretung auch das Handeln in fremdem Namen (bzw. unternehmensbezogenes Handeln[430]) nebst Erteilung der Vollmacht (nicht aber deren Fortdauer[431]). Wer einen Vertragsschluss[432] behauptet, muss auch widerlegen, man habe eine aufschiebende Bedingung,[433] eine Befristung[434] oder ein Darlehen (Rn. 41) vereinbart. Hingegen sind Geschäftsunfähigkeit[435] (umgekehrt auch luzide Intervalle, § 104 Nr. 2 BGB[436]), ein Handeln gerade in fremdem Namen,[437] eine auflösende Bedingung[438], ein Dissens[439] und ein Rücktrittsvorbehalt von dem zu beweisen, der dies behauptet, ebenso sonstige Nichtigkeitsgründe (zB ein Scheingeschäft[440]) und die erhebliche Abweichung eines kaufmännischen Bestätigungsschreibens von den Vorverhandlungen[441] (s. auch Sittenwidrigkeit). Gleiches gilt für Anfechtbarkeit;[442] ist jedoch die Rechtzeitigkeit der Anfechtung substantiiert dargetan, so soll Anfechtungsgegner eine Verspätung beweisen.[443] Klauseln, die bei Teilnichtigkeit Restgültigkeit vorsehen, ändern (nur) die Beweislast nach § 139 BGB.[444] Wer Unwirksamkeit aus AGB-Recht herleitet, muss beweisen, dass die fragliche Klausel AGB iSd. § 305 Abs. 1 BGB ist;[445] der Beweis für individuelles Aushandeln (§ 305 Abs. 1 S. 3 BGB)[446] und für sachliche oder persönliche Unanwendbarkeit des AGB-Rechts[447] obliegt dem Verwender. Beweisbedürftig sind auch Vertragsänderung und ein atypischer Leistungsmodus, zB eine Bringschuld (allgM), eine nachträgliche Stundung und eigentlich jede Stundung (entgegen § 271 BGB), also auch Teilzahlungsabreden[448] (s. aber Darlehen). S. auch Rn. 58.

52 – **Reise.** Wer Aufwendungsersatz verlangt (§ 651 c Abs. 3 BGB), muss den Reisemangel usw., die Setzung einer angemessenen Frist zur Abhilfe[449] oder ihre Verzichtbarkeit sowie seine Aufwendungen beweisen, der Veranstalter fristgemäße Abhilfe, der Reisende deren Unzulänglichkeit. Abhilfeverlangen (§§ 651 c, 651 e Abs. 2 BGB) bzw. Mängelanzeige (§ 651 d Abs. 2 BGB) bedürfen des Beweises aber erst, wenn feststeht, dass der Adressat (zB Reiseleiter im Wohn- oder Nachbarort) in zumutbarer Weise erreichbar gewesen wäre.[450]

– **Rücktritt.** Der Rückgewährgläubiger hat die Voraussetzungen einer Wertersatzpflicht, der Schuldner deren Ausschluss nach § 346 Abs. 3 BGB zu beweisen. Bezüglich § 346 Abs. 4 BGB hat der Gläubiger die Pflichtverletzung usw. zu beweisen, der Schuldner Nichtvertretenmüssen.

53 – **Schadensersatz.** Schäden statt der Leistung (§ 280 Abs. 3 BGB) hat der Gläubiger zu beweisen, ersparte Aufwendungen und schadensmindernde Vorteile grds. der Schädiger.[451] Ein Gewinnentgang muss nur wahrscheinlich sein (§ 252 S. 2 BGB); die dafür maßgebenden Tatsachen hat der Geschädigte zu bewei-

---

423 BGH NJW 1996, 1059, 1060 = ZZP 110 (1997), 109 m. Anm. *Oda;* BGHZ 143, 122, 124 = NJW 2000, 289; *Bork* ZZP 103 (1990), 468 f.; aA *Musielak* NJW 1997, 1736, 1739 ff.; *Klicka,* Die Beweislastverteilung im Zivilverfahrensrecht, Wien 1995, S. 90 ff.

424 OLG Köln (Fn. 421; Vergleichswiderruf).

425 RGZ 160, 338, 346 f.; *Klicka* (Fn. 423) S. 100 f.

426 Zur elektronischen Signatur vgl. *Hammer/Bizer* DuD 1993, 689, 690 ff.

427 BGH NJW 1995, 3258 (i. ü. Beweislastumkehr).

428 BGH NJW 1999, 1702, 1703; 2002, 3164 f.; zum NachwG *Preis* NZA 1997, 10, 12.

429 *Musielak* S. 316 f. (unter Hinweis auf BGB E § 195).

430 BGH NJW 1995, 43, 44; OLG Köln NJW-RR 1997, 670, 671.

431 BGH NJW 1974, 748; *Heinrich* (Fn. 275) S. 247 ff., 255.

432 Näher *Heinrich* (Fn. 275) S. 120 ff. (zu §§ 145 ff., 151 BGB).

433 BGH NJW 1985, 497; 2002, 2862, 2863; so auch schon BGB E § 196; aM *Heinrich* (Fn. 275) S. 161 ff.

434 LAG Köln DB 1988, 1607 (für Arbeitsverhältnis).

435 OLG Saarbrücken NJW 1973, 2065; ausf. *Heinrich* (Fn. 275) S. 110 ff.

436 HM; BGH NJW 1988, 3011; aA *Heinrich* (Fn. 275) S. 115 f.

437 BGH NJW 1975, 775; 1995, 43, 44; *Laumen,* Festschr. f. Baumgärtel, 1990, S. 281, 285 ff.

438 BGH MDR 1966, 571; *Heinrich* (Fn. 275) S. 163 f.; aM *G. Reinecke* JZ 1977, 159, 164 m. weit. Nachw.

439 Dazu *Heinrich* (Fn. 275) S. 136 ff.

440 BGH NJW 1988, 2597, 2599; 1999, 3481 f.

441 BGH NJW 1974, 991, 992; vgl. auch OLG Oldenburg NJW-RR 1996, 1528, 1529.

442 Vgl. OLG Hamm MDR 1966, 928 (Erbvertrag).

443 RG JW 1911, 648; OLG München NJW-RR 1988, 497, 498.

444 BGH NJW 2003, 347 f.

445 OLG Frankfurt NJW-RR 1990, 281, 282.

446 Vgl. BGHZ 83, 56, 58 = NJW 1982, 1035; näher *Heinrichs* NJW 1977, 1505, 1509.

447 *Heinrich* (Fn. 275) S. 180 f. (zu 23 f. AGBG)

448 Anders BGH NJW 1975, 206, 207; *Bülow* NJW 1998, 3454, 3456.

449 BGHZ 92, 177, 183 = NJW 1985, 132.

450 Vgl. BGH NJW 1989, 2750, 2752 f.

451 BGH NJW-RR 2004, 79, 81; einschr. BGH NJW-RR 2002, 1280.

sen,[452] sodann der Schädiger, dass kein Gewinn entgangen ist.[453] Der Schädiger hat zu beweisen, dass ein Schaden auch bei rechtmäßigem Alternativverhalten eingetreten wäre[454] und dass die Liquidation eines Drittschadens dem Willen des Geschädigten widerspricht.[455] S. auch § 287.

- **Scheck-/Kreditkarten.** Soweit eine Bank bei pflichtgemäßem Kundenverhalten für Schäden haftet, die durch Missbrauch einer verlorenen EC-Karte bis zur Verlustanzeige entstehen, hat der Karteninhaber Verlust (idR aber nur das äußere Bild einer Entwendung, Rn. 22) und Missbrauch zu beweisen, die Bank dessen Ermöglichung durch den Kunden (Anscheinsbeweis: Rn. 31).[456]
- **Schenkung.** Den Einwand einer Schenkung hat nach hM der Kläger zu widerlegen, zB gegenüber Klagen aus § 812 BGB,[457] aus Kaufvertrag[458] oder auf Darlehensrückzahlung;[459] dies ist bedenklich.[460] Steht grober Undank (§ 530 BGB) deshalb in Frage, weil er durch Verhalten des Schenkers provoziert worden sein soll, so hat dieser sich auch zu entlasten.[461]
- **Schuldbefreiung.** Erfüllung ist prinzipiell vom Schuldner zu beweisen,[462] so zB die Tilgung gerade der Klageforderung, falls nachweislich auch andere Ansprüche bestanden,[463] ferner befreiende Hinterlegung, Aufrechnung, Erlass, auch der Untergang einer zuvor unstreitigen Kontoforderung.[464] Das gilt auch für Sicherungsgeber bezüglich der gesicherten Forderung.[465] Eine Quittung beweist das Geständnis der Erfüllung, idR auch dessen Richtigkeit, ändert aber nicht die Beweislast.[466] Zu Nachnahmesendungen s. Rn. 31. Mängel (Rn. 47) oder Unvollständigkeit einer angenommenen Leistung (§ 363 BGB) sind jedoch vom Gläubiger zu beweisen,[467] ebenso die Nichterfüllung einer Unterlassungspflicht (analog § 345 BGB).[468] Ein Gläubiger, der zur Besitzverschaffung in seiner Abwesenheit auffordert, übernimmt uU zugleich die Beweislast für Nichterfüllung (§ 157 BGB; Rn. 61).[469] – S. auch Rn. 58. 54
- **Sittenwidrigkeit.** Bei objektiv wucherähnlichem Konsumentenkredit hat die Bank zu beweisen, dass der Kreditnehmer sich darauf nicht nur wegen seiner wirtschaftlichen Not usw. eingelassen hat oder dass sie dies doch ohne Leichtfertigkeit verkannt hat.[470] 55
- **Treu und Glauben.** Wer dem Gegner vorhält, auch er sei nicht vertragtreu („tu quoque"), muss nur dessen Lossagung vom Vertrag beweisen, der Gegner seine Berechtigung hierzu.[471]
- **Umwelthaftung.**[472] Steht fest, dass eine Emission zu Verletzung bzw. Schäden geführt hat, so hat der Emittent zu beweisen, dass die Immission nicht oder nur unwesentlich beeinträchtigt, auf ortsüblicher Nutzung beruht, nicht wirtschaftlich zumutbar verhindert werden kann (§ 906 Abs. 2 BGB),[473] sonst zu dulden ist[474] bzw. nicht verschuldet wurde (§ 823 BGB).[475] Die Beweislast für (wesentliche) Beeinträchtigung geht auf den Gestörten über, wenn die Einhaltung der Grenz- bzw. Richtwerte iSd. § 906 Abs. 1 S. 2, 3 BGB nachgewiesen wird.[476] Die Widerlegung der Kausalitätsvermutung nach § 7 UmweltHG setzt den Nachweis konkreter Alternativursachen im Einzelfall voraus.[477] Auch eine Altlast iSd. § 23 UmweltHG ist vom Emittenten nachzuweisen.[478]
- **Unterhalt.**[479] Beweislast hat der **Gläubiger** für die ehelichen Lebensverhältnisse,[480] seine Bedürftigkeit, zB das Fehlen eigener Einkünfte (auch fiktiver Einkünfte aus Versorgung eines Partners[481]) und erfolg- 56

---

452 BGH NJW 1989, 2756, 2757 = ZZP 103 (1990), 77 m. Anm. *Wolf;* NJW 1996, 311, 312.
453 BGH NJW 1988, 200, 203f.
454 BGH NJW 1991, 166, 167.
455 BGH NJW 1998, 1864, 1865.
456 OLG Hamm NJW 1997, 1711f.
457 BGH NJW 1999, 2887, 2888.
458 *E. Schneider* MDR 1969, 666f.; anders AG Adelsheim MDR 1969, 307.
459 BGH WM 1976, 974, 975; OLG Hamm NJW 1978, 224; NJW-RR 1994, 770; s. auch BGH NJW 1983, 931.
460 Vgl. *Wacke* ZZP 114 (2001), 77ff.; *Schiemann* JZ 2000, 570ff.; *Böhr* NJW 2001, 2059ff.
461 Ähnlich BGH LM BGB § 242 [Ca] Nr. 13.
462 BGH NJW 1997, 128f. = LM BGB § 362 Nr. 24 m. Anm. *Wax;* näher *Heinrich* (Fn. 275) S. 193ff., 204ff.
463 BGH DB 1974, 2005f.; NJW-RR 1993, 1015.
464 BGH NJW-RR 1993, 1266, 1267; s. aber LG München I WM 1999, 2498, 2499 (Sparbuch).
465 BGH NJW 1995, 2161, 2162 (Bürgen); 2000, 1108, 1109 (Verpfänder); 1996, 719f. (nicht anerkannter Tagessaldo).
466 BGH (Fn. 349) S. 2099; NJW-RR 1988, 881; OLG Köln WM 2001, 677, 679 (Bankquittung).
467 OLG Köln NJW-RR 1995, 751.
468 HM; aA *Heinrich* (Fn. 275) S. 208ff. (unter Betonung der Substantiierungspflicht des Gläubigers).
469 AA OLG München NJW-RR 2002, 1427f. (Schlüsseleinwurf durch Kfz-Mieter, Darlegungslast wechselt).
470 BGHZ 104, 102, 107 = NJW 1988, 1659.
471 BGH NJW 1999, 352, 353.
472 Näher *Gmehling,* Die Beweislastverteilung bei Schäden aus Industrieimmissionen, 1989; *Kargados,* Festschr. f. Baumgärtel, 1990, S. 187ff.
473 BGHZ 90, 255, 261 = NJW 1984, 2207; BGH NJW 1982, 440f.
474 BGHZ 106, 142, 145 = NJW 1989, 1032.
475 BGHZ 92, 143, 146ff. = NJW 1985, 47; dazu *Baumgärtel* JZ 1984, 1109f.; *Bürge,* Festschr. f. Lüke, 1997, S. 7ff.; s. auch BGH NJW 1997, 2748ff.
476 So BT-Drucks. 12/7425, S. 88; *Fritz* NJW 1996, 573, 574; aA *Marburger,* Festschr. f. Ritter, 1997, S. 901, 904ff. (Regelbeispiele mit Indizwirkung).
477 BGH NJW 1997, 2748, 2750; dazu *Petersen* NJW 1998, 2099f.; *Wagner* EWiR § 6 UmwHG 1/98.
478 Ebenso *Boecken* VersR 1991, 962, 964ff.; aM *Schmidt-Salzer* VersR 1991, 9, 16.
479 Näher *Klauser* MDR 1982, 529ff.
480 OLG Karlsruhe NJW-RR 1997, 323 (einschr. für doppelrelevante Tatsachen).
481 BGH NJW 1995, 1148, 1150.

lose Arbeitssuche,[482] sowie dafür, dass der Schuldner seinen Arbeitsplatz durch unterhaltsbezogene Leichtfertigkeit verlor, falls dies substantiiert bestritten ist.[483] Der **Schuldner** hat Beweislast für mangelnde Leistungsfähigkeit (zB erfolglose Arbeitssuche, krankheitsbedingte Mehraufwendungen), gegenüber einem Kind auch für die Fähigkeit des anderen Elternteils, trotz Kindesbetreuung noch Barunterhalt zu leisten.[484] Bei Aufklärungsschwierigkeiten kann § 287 Abs. 2 helfen (§ 287 Rn. 11).

– **Verbraucherverträge.** Die Unternehmereigenschaft (§ 14 BGB) ist vom Verbraucher zu beweisen (hM).[485] Behauptet dieser Widerruf nach § 355 BGB, so trägt er die Beweislast für den Zugang. Wendet der Unternehmer Verspätung ein, so hat er den Beginn der Widerrufsfrist zu beweisen (§ 355 Abs. 2 S. 4 BGB), dh. ordnungsgemäße Belehrung usw., der Verbraucher Fristwahrung durch Absendung des Widerrufs (§ 355 Abs. 1 S. 2 Halbs. 2 BGB).

57 – **Versicherung.**[486] Kraft Versicherungsvertrags hat die Entscheidung im Haftpflichtprozess gegen den Versicherungsnehmer „Bindungswirkung“ auch für die Leistungspflicht des Versicherers. Beweispflichtig ist der Versicherungsnehmer für den Eintritt des Versicherungsfalles[487] (zum „äußeren Bild“ Rn. 22) und für rechtzeitige Zahlung der Erstprämie,[488] der Versicherer für grobe Fahrlässigkeit iSd. § 61 VVG[489] und deren Schadensursächlichkeit.[490] Die objektive Verletzung einer Obliegenheit hat grds. der Versicherer zu beweisen (allgM), der Versicherungsnehmer, dass sie nicht schuldhaft erfolgte[491] (anders im Rückforderungsprozess[492]); die Erfüllung gefahrmindernder Obliegenheiten[493] und wohl auch die rechtzeitige Schadensanzeige[494] sind jedoch vom Versicherungsnehmer zu beweisen. Ist streitig, ob der Versicherungsnehmer gegen § 16 VVG verstoßen hat, und bestreitet er substantiiert die Kenntnis der aufklärungsbedürftigen Tatsache, so ist jene vom Versicherer zu beweisen;[495] entsprechendes soll für § 7 Abs. 5 AKB gelten.[496]

58 – **Vertragsverletzung.** Wer Schadensersatz fordert, trägt die Beweislast für **Pflichtverletzung** und dadurch entstandenen Schaden (s. aber § 287 Rn. 3). Nach verbreiteter Ansicht ist eine Verletzung „erfolgsbezogener“ Pflichten aber schon dann belegt, wenn der Erfolg ausgeblieben ist, dh. ein pflichtwidriger Zustand besteht,[497] nämlich bei Nicht-, Spät- oder Schlechtleistung (zum Nachweis der Erfüllung s. Schuldbefreiung; zum Sachmangel s. auch Kauf, Produkthaftung). Wer sich dagegen auf „verhaltensbezogene“ Pflichten stützt, zB auf Schutz- oder Nebenpflichten (§ 241 Abs. 2 BGB), soll auch pflichtwidriges Verhalten des Schuldners zu beweisen haben. Jedenfalls hier ist bedeutsam, dass die Praxis seit jeher mit vielfältiger Beweislastumkehr hilft: Der Schuldner soll Pflichtverletzungen in seinem Verantwortungs- und „Gefahrenbereich“ (bei Einsatz seiner Geräte, durch seine Leute usw.) ausschließen müssen.[498] Teilweise wird zusätzlich verlangt, dass die Sachlage auf eine Pflichtverletzung des Schuldners hinweist.[499] Das **Vertretenmüssen** bezüglich der Pflichtverletzung (§ 276 BGB) wird heute generell vermutet (§ 280 Abs. 1 S. 2 BGB). Die Beweislast für die **Kausalität** der Pflichtverletzung bleibt dagegen idR beim Geschädigten, grds. selbst bei grobem Pflichtverstoß[500] (s. aber auch Arzthaftung, Aufklärungsfehler). S. auch Schadensersatz. – Wer Ansprüche aus **Unmöglichkeit** herleitet (§§ 283, 311 a BGB), muss diese beweisen (erleichtert zB nach Veräußerung[501]), ggf. also auch die Erhebung der Einrede nach § 275 Abs. 2, 3 BGB, wer sich auf **Verzug** (§§ 280 Abs. 2, 286 BGB) oder **§ 281 BGB** beruft, dessen objektive Voraussetzungen, der Schuldner Nichtvertretenmüssen bzw. Leistung vor Fristablauf.

59 – **Vollstreckungsgegenklage.** IdR sind dem Kläger nur rechtsvernichtende und -hemmende Einwendungen möglich; sie muss er beweisen. Geht er gegen vollstreckbare Urkunden vor, so hat er auch die Beweislast für rechtshindernde Einwendungen, zB auch für solche aus Grundschuldsicherungsabrede,[502] jedoch (wie immer) nicht für rechtsbegründende Tatsachen.[503]

---

[482] BGH FamRZ 1982, 255, 257.
[483] OLG Düsseldorf NJW-RR 1994, 1097 (zu § 1603 BGB).
[484] BGH NJW 1981, 923, 924 f.; aM *Klauser* MDR 1982, 529, 534.
[485] Zu Erleichterungen *Szczesny/Holthusen* NJW 2007, 2586, 2590; aA OLG Koblenz NJW 2006, 1438 (eBay).
[486] *Hansen,* Beweislast und Beweiswürdigung im Versicherungsrecht, 1990; *Zopfs* VersR 1993, 140 ff.
[487] OLG Hamm VersR 1991, 330.
[488] LG Osnabrück VersR 1987, 62, 63 (zu § 38 VVG); offen gelassen in OLG Düsseldorf VersR 1976, 429.
[489] BGH NJW-RR 2004, 173, 174 (anders für § 827 S. 1 BGB).
[490] LG München VersR 1977, 858.
[491] BGH NJW 1972, 1809; VersR 1983, 674, 675; abw. BGH VersR 1977, 733, 734.
[492] BGHZ 128, 167, 170 ff. = NJW 1995, 662 = LM VVG § 6 Nr. 85/86 m. Anm. *Hübner/Matusche-Beckmann.*
[493] LG Stade VersR 1988, 712; AG Regensburg VersR 1985, 660.
[494] AG Düsseldorf VersR 1987, 63 f.; anders die hM, zB OLG Köln VersR 1995, 567.
[495] OLG Frankfurt VersR 1992, 41, 42; OLG Hamm VersR 1994, 1333 f.
[496] So OLG Hamm NJW-RR 1990, 1310; abw. OLG Oldenburg VersR 1995, 952, 953.
[497] Vgl. MK-BGB/*Ernst* § 280 Rn. 9 ff.
[498] BGH NJW 1978, 1576 f. (Überlaufen ausgelieferten Heizöls); 1980, 2186, 2187; 1991, 1540, 1541; OLG Düsseldorf NJW-RR 2004, 962; *Strittmatter/Riemer* DAR 2007, 437, 440 (Waschstraßen-Schäden); näher *Hübner* ZZP 103 (1990), 376 ff.; krit. *Larenz,* Festschr. f. Hauß, 1978, S. 225 ff.; *Musielak* AcP 176 (1976), 465, 466 ff.; *Kohler* ZZP 118 (2005), 25, 38 f.
[499] BGHZ 27, 236, 238 = NJW 1958, 1629; BGH VersR 1968, 650 f.; NJW 1975, 685, 686.
[500] BGHZ 126, 217, 221 ff. = NJW 1994, 3295; schwankend BGH NJW 2001, 2538, 2539 (Begr. fern liegend); krit. *Teske* JZ 1995, 472, 474.
[501] BGHZ 141, 179, 182 ff. = NJW 1999, 2034.
[502] OLG Düsseldorf NJW-RR 1997, 444 f. (anders bei Sicherung ungewisser Forderungen).
[503] BGH (Fn. 350) S. 2098; *Münch* NJW 1991, 795, 801 ff.

- **Wechsel/Scheck.** Der Schuldner hat zu beweisen, dass der Wechselinhaber die sachliche Berechtigung weder anfänglich noch (soweit substantiiert) nachträglich erwarb,[504] dass eine Kausalforderung weder bestand noch (soweit substantiiert) später unterlegt wurde[505] und dass er nicht auf ein Zurückbehaltungsrecht verzichtet hat.[506]
- **Werkvertrag.** Dem Unternehmer obliegt der Nachweis von Umständen, die eine Vergütungsabrede indizieren (§ 632 Abs. 1 BGB), dem Besteller der Nachweis, dass gleichwohl unentgeltlich herzustellen war.[507] Wer den üblichen Werklohn (§ 632 Abs. 2 BGB) einklagt, muss beweisen, dass kein niedrigerer Lohn vereinbart wurde;[508] das gilt auch für Architekten.[509] Es setzt aber voraus, dass der Besteller die Individualabrede (nach Ort, Zeit, Betrag) substantiiert, woran strenge Anforderungen zu stellen sind.[510] Eine nachträgliche Festpreisvereinbarung muss der Besteller beweisen,[511] ebenso Ersparnisse iSv. § 649 S. 2 BGB.[512] Die Erforderlichkeit des berechneten Materials hat der Unternehmer zu beweisen,[513] die der berechneten Arbeitsstunden der Besteller zu widerlegen, da zögerliche Arbeit nur als Nebenpflichtverletzung angreifbar ist.[514] Bei Streit um **Mängel** hat bis zur Abnahme[515] der Unternehmer die Beweislast, danach der Besteller (vgl. § 13 Nr. 1 VOB/B),[516] es sei denn, dass anerkannte Regeln der Technik[517] oder Befundsicherungspflichten[518] (Rn. 64) verletzt wurden. S. auch Rn. 58 und Fracht. 60
- **Wettbewerbsrecht.**[519]

5. Beweislastverträge. Die gesetzliche oder richterrechtliche Beweislast kann durch Vertrag verlagert werden, soweit sie Tatfragen des materiellen Rechts betrifft, dieses abdingbar ist[520] und nur die Parteien für den Streitstoff zuständig sind.[521] Die Klausel „Kasse gegen Dokumente" führt daher nicht nur zur Vorleistungspflicht, sondern soll auch die Beweislast für Mängel usw., welche vor Warenannahme beim Verkäufer liegt (Rn. 47), auf den Käufer schieben.[522] **Unzulässig** sind Beweislaständerungen nach § 309 Nr. 12 BGB, und zwar auch Beweiserleichterungen, zB eine „Aushandelnsbestätigung".[523] Selbst Individualabreden, welche die Beweislast für Umstände aus dem eigenen Verantwortungsbereich abwälzen, können im Einzelfall ausnahmsweise unzumutbar sein (§ 242 BGB).[524] 61

VI. Beweisvereitlung

1. Grundlagen.[525] Den Beweis vereitelt, wer die Beweisführung durch den beweisbelasteten Gegner schuldhaft verhindert oder erschwert. Dieser Fall ist gesetzlich kaum geregelt, wohl aber für den Urkundenbeweis, nämlich für vorsätzliche (§§ 371 Abs. 3, 444) wie für fahrlässige Vereitlung (§§ 427, 441 Abs. 3). Diese Vorschriften sind auf andere Beweismittel entsprechend anzuwenden.[526] Demnach kann vorsätzliche Vereitlung frei gewürdigt werden, zumal dahin, dass sie deshalb erfolgte, weil sonst der Beweis gelungen wäre.[527] 62

Ein solcher Schluss ist bei **fahrlässiger** Vereitlung idR nicht gerechtfertigt;[528] diese kann die Beweiswürdigung also kaum beeinflussen,[529] gerade auch bei Analogie zu § 446.[530] Die Rspr. gewährt hier aber „Beweiserleichterungen bis hin zur Beweislastumkehr",[531] soweit der beweisbelasteten Partei wegen der Vereit- 63

---

504 BGH NJW 1975, 309.
505 BGH NJW-RR 1988, 1314, 1315; BGHZ 125, 251, 255 = NJW 1994, 1353.
506 *D. Reinicke* DB 1970, 1368, 1369f.; aM *Bulla* DB 1975, 191, 193.
507 BGH NJW 1987, 2742; OLG Köln NJW-RR 1994, 1239.
508 BGH NJW 1983, 1782f.; NJW-RR 1992, 848; aM (mit beachtlichen Gründen) *Mettenheim* NJW 1984, 776f.; *Heinrich* (Fn. 275) S. 174f. (systematische Anpassung von Abs. 2 an Abs. 1).
509 BGH NJW 1980, 122.
510 BGH NJW-RR 1992, 848; OLG Hamm NJW-RR 1993, 1490, 1491; OLG Düsseldorf BauR 2001, 406.
511 OLG Hamm NJW 1986, 199; OLG Frankfurt NJW-RR 1997, 276.
512 BGHZ 131, 362, 365 = NJW 1996, 1282; BGH WM 2001, 821.
513 OLG Celle NJW-RR 2003, 1243.
514 BGH NJW 2000, 1107f.; OLG Düsseldorf NJW-RR 2003, 455, 457; aA OLG Celle (Fn. 516; nur bei Unterzeichnung der Stundenzettel).
515 BGH NJW-RR 1997, 339 (auch bei berechtigter Verweigerung bzw. § 640 Abs. 2 BGB).
516 Näher *Zahn* BauR 2006, 1823, 1827ff.
517 OLG Hamm NJW-RR 1995, 17, 18.
518 So BGH NJW 1996, 2924, 2927 (unterbliebene EDV-Kontrolle) = LM BGB § 633 Nr. 94 m. Anm. *Peters.*
519 Ausf. *Kemper,* Beweisprobleme im Wettbewerbsrecht, 1992; *Lindacher* WRP 2000, 950ff.
520 *Ro/S/Go* § 114 Rn. 36; *Baumgärtel,* Festschr. f. Fasching, 1988, S. 67, 69f.
521 Vgl. BGH NJW 1998, 2967, 2968; *Sachse* ZZP 54 (1929), 409ff.; *Wagner,* Prozessverträge, 1998, S. 697ff.
522 RGZ 106, 294, 299f.; BGH MDR 1987, 665 (noch weiter gehend).
523 BGHZ 99, 374, 379ff. = NJW 1987, 1634 = JZ 1987, 724 m. Anm. *Wolf.*
524 S. nur *Zö/Greger* Vor § 284 Rn. 23; *Baumgärtel* (Fn. 520) S. 70.
525 *E. Peters* ZZP 82 (1969), 200ff.; *Baumgärtel,* Festschr. f. Kralik, 1986, S. 63ff.; *Krapoth,* Die Rechtsfolgen der Beweisvereitlung im Zivilprozess, 1996.
526 BGH NJW 1986, 59, 60f.; LAG Köln MDR 1999, 1074, 1075.
527 BGH NJW 1963, 389, 390; OLG Hamburg VersR 1989, 1281, 1282.
528 Zutr. *Stürner* NJW 1979, 1225, 1229; *E. Peters* (Fn. 525) S. 218; MK/*Prütting* Rn. 86; fiktiv BGHZ 99, 391, 399 = NJW 1987, 1482 („Indiz").
529 Anders die hL; vgl. *Musielak,* Festg. für BGH, S. 193, 224f.; iE auch *E. Peters* (Fn. 525) S. 218f.
530 So wohl auch MK/*Prütting* Rn. 90ff.
531 BGHZ 72, 132, 139 = NJW 1978, 2337; BGH NJW 2006, 434, 436; einschr. BGH NJW 2004, 2011, 2012; zu Recht krit. *Laumen* NJW 2002, 3739, 3744ff.; *Sae/Saenger* Rn. 97 (Umkehr nur der Beweisführungslast).

lung ein Vollbeweis nicht mehr zugemutet werden kann. Demnach kann sich das Beweismaß (Rn. 18), je nach Verschulden des Gegners, auf eine überwiegende oder gar geringe Wahrscheinlichkeit reduzieren.[532] Wo auch das nicht hilft, mag je nach Fall unterstellt werden, dass die vereitelte Beweisführung gelungen wäre[533] (vgl. §§ 427, 441 Abs. 3); dies ist jedenfalls dann zulässig, wenn grob fahrlässig vereitelt wurde. Wird die Erschütterung eines Anscheinsbeweises vereitelt, so ist dieser uU ausgeschlossen.[534] Ein Mitverschulden der beweisbelasteten Partei am Verlust des Beweismittels wird Beweiserleichterungen idR ausschließen.[535]

64 **2. Eigenständiges Unrecht.** Beweisvereitlung setzt den Beweisgegenstand voraus und ist autonomes (vor-) prozessuales Fehlverhalten. Sie muss also, wenn auf Ebene des materiellen Rechts zB pflichtwidriges Verhalten zu beweisen ist, zu diesem noch hinzutreten. Bleibt im Haftpflichtprozess offen, ob der Kläger gerade durch den Beklagten verletzt wurde, so genügt es daher nicht, dass der Beklagte das Beweisproblem durch sein pflichtwidriges Verhalten überhaupt erst schuf.[536] Hierfür spricht auch, dass andernfalls der Kausalitätsbeweis bei unerlaubten Handlungen regelmäßig erleichtert und dies systemwidrig wäre (arg. § 830 Abs. 1 S. 2 BGB). Die Praxis ist aber zu **Weiterungen** bereit: Sie verlagert die Beweislast schon bei unterbliebener „Befundsicherung“, vor allem auf Ärzte (Rn. 39) und Warenhersteller (Rn. 49), teils aber auch sonst.[537] Auf Verhaltensunrecht wird gänzlich verzichtet, wo die Rspr. eine sekundäre Darlegungslast selbst für unaufklärbare Tatsachen postuliert.[538]

65 **3. Verschulden.** Beweisvereitlung setzt doppeltes Verschulden voraus. Es muss sich beziehen sowohl auf die Zerstörung bzw. Entziehung des Beweisobjekts[539] als auch auf dessen Beweisfunktion im gegenwärtigen oder künftigen Prozess.[540] Ein Verschulden von Hilfspersonen genügt, wenn diese mit der Registrierung, Verwahrung usw. betraut waren (§ 278 S. 1 BGB analog). Der minderjährigen Partei schadet ein Verschulden ihres gesetzlichen Vertreters (§ 51 Abs. 2), ggf. auch schon vor dem Prozess (§ 278 S. 1 BGB). Verletzt zB eine explodierende Flasche ein Kind, werfen seine Eltern die Scherben aber weg, obwohl deren Untersuchung Materialfehler hätte ausschließen können, so muss der Entlastungsbeweis des Herstellers erleichtert sein.[541]

66 **4. Beispiele.** Beweisvereitlung liegt vor, wenn eine Partei dem Gegner durch Nichtbestreiten suggeriert, sein Beweismittel sei entbehrlich, so dass er es preisgibt;[542] wenn sie die Anregung, einen Havariekommissar hinzuzuziehen, zurückweist;[543] wenn sie das Unfallfahrzeug ohne dringenden Anlass so abstellt, dass eine Zuordnung der Fahrspuren unmöglich wird,[544] wenn sie es vernachlässigt[545] oder ohne Ermöglichung der Schadensfeststellung veräußert, ihr bekannte Unfallzeugen nicht namhaft macht,[546] uU auch bei Verkehrsunfallflucht (nicht aber bezüglich des Schadensumfangs[547]); wenn der Patient eine Untersuchung verweigert und so die Entlastung des Arztes gefährdet,[548] uU auch bei Ablehnung einer serologischen Untersuchung im Abstammungsprozess (dann keine schwerwiegenden Bedenken iSd. § 1600d Abs. 2 S. 2 BGB);[549] wenn sie Zeugen ohne triftigen Grund nicht oder zu spät von einer Schweigepflicht entbindet;[550] wenn nach einem Skiunfall der Verleiher die Skibindungen verändert;[551] wenn Unterschriften bewusst vielfältig gestaltet werden, um Fälschung einwenden zu können;[552] wenn dem Arbeitnehmer keine Niederschrift über die Vertragsbedingungen ausgehändigt wird;[553] der wegen Kunstfehlers verklagte Arzt seine Dokumentationspflicht verletzt hat (Rn. 39) oder wichtige Befunde (Röntgenaufnahmen, EKG) nicht mehr vorlegen kann;[554] wenn bei Streit um Schlechterfüllung der Besteller die erhaltene Software,[555] der vom Man-

---

532 Vgl. zB BGHZ 99, 391, 399 = NJW 1987, 1482.

533 Überzeugend *Weber* (Fn. 112) S. 216f.

534 BGH NJW 1998, 79, 81.

535 BGH NJW 1976, 1315, 1316; BB 1979, 1527f.; s. auch *Taupitz* (Fn. 313) S. 337ff. (zum Arztrecht).

536 BGHZ 61, 118, 121 = NJW 1973, 1688; BGH NJW 1984, 432, 433; BGHZ 104, 323, 333f. = NJW 1988, 2611; s. auch OLG Saarbrücken VersR 1994, 60, 62; *Gottwald* KF 1986, 16; *Baumgärtel* (Fn. 520) S. 69f.

537 BGH NJW 1996, 315, 317 (zu § 39 Abs. 1 NRW-OBG: Beweiserleichterung); 1996, 2924, 2927 (unterbliebene EDV-Kontrolle); OLG Frankfurt MDR 1984, 946, 947; OLG München VersR 1992, 320; s. auch OLG Naumburg NJW-RR 1995, 919, 920 (aE); abw. BGHZ 34, 206, 215 = NJW 1961, 868; OLG Karlsruhe JZ 2000, 789, 790 m. zust. Anm. *Stadler/Bensching*.

538 ZB von BGH (Fn. 215) S. 214ff. (Kennenmüssen wegen objektiver Dokumentationspflicht).

539 Einschr. BGHZ 121, 266, 277f. = NJW 1993, 1391.

540 BGH NJW 1994, 1594, 1595; 2004, 222; 2006, 434, 436.

541 Wohl übersehen in BGHZ 104, 323ff. = NJW 1988, 2611; ähnlich OLG Saarbrücken NJW-RR 1988, 611f.

542 OLG Celle NJW-RR 1997, 568, 570.

543 Vgl. BGH (Fn. 534) S. 80f.

544 Vgl. LG Stade VersR 1980, 100 (LS).

545 LG Saarbrücken NJW-RR 1988, 37, 38.

546 So BGH NJW 1960, 821.

547 Anders LG Saarbrücken NJW-RR 1988, 37f.

548 S. *Bürger* MedR 1999, 100, 104.

549 BGHZ 121, 266, 276ff. = NJW 1993, 1391 = LM § 372a Nr. 3 m. Anm. *Wax* (zu § 1600o BGB aF).

550 BGH NJW 1967, 2012f. (Bank); BGH MDR 1984, 48 (Steuerberater); BGH NJW-RR 1996, 1534; OLG München NJW-RR 1987, 1021f. (beurkundender Notar); OLG Frankfurt NJW 1980, 2758 (Krankenhauspersonal).

551 OLG München VersR 1989, 489f.

552 BGH NJW 2004, 222.

553 LAG Köln MDR 1999, 1074, 1075 (zum NachwG); enger LAG Hamm MDR 1999, 618, 619.

554 Vgl. BGH NJW 1963, 389, 390; 1996, 779, 780f.; BGHZ 132, 47, 50f. = NJW 1996, 1589.

555 LG Köln NJW-RR 1994, 1487, 1488; i. e. *Zahrnt* (Fn. 398) S. 1533f.

danten verklagte Berater Handakten/Unterlagen vorenthält,[556] ein Käufer das mangelverdächtige Teil in Werkstatt auswechseln lässt;[557] trotz fortschreitender Bauarbeiten das gemeinsame Aufmaß verweigert wird;[558] ein Tierkadaver vor der Untersuchung auf Tierseuche vernichtet wird;[559] bei Vernichtung erkennbar wichtiger Unterlagen,[560] idR aber **nicht** nach Ablauf der gesetzlichen Aufbewahrungsfrist;[561] ebenso wenig, wenn ein Transportunternehmen Mitarbeiter, die Kundenware beschädigen, nicht sogleich identifiziert.[562]

C. Darlegung der Beweiswürdigung (Abs. 1 S. 2)

Zur Erleichterung der Selbstkontrolle und Überprüfung sind die wesentlichen Gesichtspunkte der richterlichen Überzeugungsbildung im Urteil nachvollziehbar darzulegen.[563] Nötig ist keine Vollständigkeit im Detail (vgl. § 313 Abs. 3).[564] Die Konkretisierung muss aber zeigen, dass eine sachentsprechende Beurteilung überhaupt stattgefunden hat.[565] Im Übrigen steigen die Anforderungen mit der Schwierigkeit der Beweiswürdigung:[566] Sind Indiztatsachen geeignet, das Vorbringen beider Seiten zu stützen, so ist auf diese Ambivalenz einzugehen.[567] Wird ein Zeuge für unglaubwürdig gehalten, so ist dies zu begründen.[568] Soweit das Gericht allerdings intuitiv entscheiden muss (zB Rn. 13f.), hat die Freiheit der Beweiswürdigung Vorrang vor Abs. 1 S. 2. Nachvollziehbar darzulegen ist, inwiefern das Gericht dank eigener Sachkunde ohne Sachverständigen entscheiden kann,[569] dem Gutachten eines Sachverständigen nicht folgt[570] oder warum es ihm trotz eines beachtlichen (auch privaten) Gegengutachtens[571] oder trotz zumindest nicht haltloser Einwendungen[572] folgt (§ 402 Rn. 12f.). Bei Ablehnung einer Parteivernehmung nach § 448 muss erkennbar sein, dass das Gericht sich der Beweisnot der Partei bewusst war.[573] 67

D. Überprüfung der Beweiswürdigung

Das **Berufungsgericht** überprüft festgestellte Tatsachen nur nach Maßgabe des § 529 Abs. 1 Nr. 1, dh. soweit „Zweifel" an ihrer Richtigkeit oder Vollständigkeit bestehen (§ 529 Rn. 5) und dafür „konkrete Anhaltspunkte" sprechen (§ 529 Rn. 9f.).[574] Es beachtet daher insbesondere, wenn auch nicht allein, Verfahrensfehler. Auf solchen Fehlern gründende „Zweifel" sind zwar eigentlich in der Berufungsbegründung geltend zu machen, soweit sie nicht von Amts wegen zu beachten sind (§ 529 Abs. 2 S. 1). Dies soll die (beschränkte) Tatsachen-Bindung des Berufungsgerichts nach § 529 Abs. 1 aber unberührt lassen.[575] Zur Wiederholung einer Zeugenvernehmung vgl. § 398 Rn. 5. Das **Revisionsgericht** ist an die Tatsachenfeststellung des Berufungsgerichts gebunden (§ 559 Abs. 2). Es überprüft daher die Beweiswürdigung nicht als solche, sondern nur auf Verfahrensfehler hin: die Übergehung eines Beweisantritts, die Unmittelbarkeit der Beweisaufnahme (Rn. 15)[576] und die Mindestvoraussetzungen der Beweiswürdigung (Rn. 9ff.) samt der Beachtung des Beweismaßes.[577] Bezüglich eines Erfahrungssatzes ist grds. nicht überprüfbar, ob seine Bedeutung und sein Gewicht im Einzelfall (zB gegenüber anderen Beweismitteln) erfasst wurden, wohl aber seine Eignung, eine solche Differenzierung auszuschließen,[578] sowie die Verkennung allgemeiner Erfahrungssätze[579] und der Voraussetzungen eines Anscheinsbeweises.[580] Die Kontrolle geht nach allem sehr weit, zumal unter dem Stichwort Unvollständigkeit der Beweiswürdigung. Die **Rüge** eines in erster Instanz unterlaufenen Fehlers der Beweisaufnahme muss schon im Berufungsverfahren erfolgen.[581] Willkürliche Beweiswürdigung, die uU zur **Verfassungsbeschwerde** berechtigt, setzt Anhalt für sachfremde Erwägungen voraus.[582] 68

---

[556] BGH NJW 2002, 825, 827 m. Anm. *Hirtz* EWiR § 287 ZPO 1/02; OLG Köln MDR 1968, 674.
[557] BGH NJW 2006, 434, 436 (keine Anweisung zur Aufbewahrung).
[558] OLG Celle NJW-RR 2002, 1675f. (§ 8 VOB/B).
[559] LG Oldenburg VersR 1982, 1176, 1177.
[560] Vgl. RGZ 105, 255, 259; BGH NJW-RR 2000, 1471, 1472 (iE; Fälschungseinwand nach Originalvernichtung).
[561] Vgl. OLG Bamberg WM 1995, 918, 919f. (dann sogar Beweislastumkehr zu Gunsten des Aufbewahrers; zweifelhaft).
[562] AM OLG Köln NJW-RR 1997, 98f. (zu Art. 25 WarschAbk.).
[563] BGH NJW 1991, 1894, 1895f.; NJW-RR 2004, 45, 46; *Meyke* NJW 1989, 2032ff.
[564] BGH NJW 1998, 2969, 2971; NJW-RR 2005, 568, 569.
[565] BGH NJW 1991, 1052, 1053; 1992, 2080, 2082; NJW-RR 1998, 1117; BAG NJW 2004, 2848, 2852.
[566] BAG NJW 1993, 612, 615.
[567] BGH NJW 1991, 1894, 1895; 1994, 2289, 2291.
[568] BGH MDR 1978, 826f.; OLG Köln NJW-RR 1998, 1143.
[569] BGH NJW 1981, 2578; 1989, 2948f.; 1993, 2378f.; 1994, 794, 795.
[570] BGH NJW 2003, 1325; *Baumgärtel* VersR 1975, 677ff.
[571] BGH VersR 1985, 188, 189; 1986, 467, 468; MDR 1980, 662.
[572] BGH VersR 1985, 188, 189; NJW 1986, 1928, 1930; 1988, 762, 763.
[573] So BGH MDR 1990, 705f.
[574] Vgl. *Heiderhoff* JZ 2003, 490ff.; *Stackmann* JuS 2004, 878ff.
[575] So die Rspr., BGHZ 158, 269, 279f. = NJW 2004, 1876; BGH NJW 2005, 1583, 1584f.; sehr str.
[576] BGH NJW 1991, 1302.
[577] BGH NJW 1993, 935, 937; 1999, 486, 488.
[578] BGHZ 12, 22, 25 = NJW 1954, 550; BGH NJW 1973, 1411f.
[579] BGH NJW 1973, 1411, 1412; *Konzen,* Festschr. f. Gaul, 1997, S. 335, 351f.
[580] BGH (Fn. 187); VersR 1982, 1145; BGH NJW 1994, 945, 946.
[581] BGH NJW 1996, 2734, 2735.
[582] BVerfG NJW 1994, 2279f.

287 *Schadensermittlung; Höhe der Forderung* **(1) [1]Ist unter den Parteien streitig, ob ein Schaden entstanden sei und wie hoch sich der Schaden oder ein zu ersetzendes Interesse belaufe, so entscheidet hierüber das Gericht unter Würdigung aller Umstände nach freier Überzeugung. [2]Ob und inwieweit eine beantragte Beweisaufnahme oder von Amts wegen die Begutachtung durch Sachverständige anzuordnen sei, bleibt dem Ermessen des Gerichts überlassen. [3]Das Gericht kann den Beweisführer über den Schaden oder das Interesse vernehmen; die Vorschriften des § 452 Abs. 1 Satz 1, Abs. 2 bis 4 gelten entsprechend.**

(2) Die Vorschriften des Absatzes 1 Satz 1, 2 sind bei vermögensrechtlichen Streitigkeiten auch in anderen Fällen entsprechend anzuwenden, soweit unter den Parteien die Höhe einer Forderung streitig ist und die vollständige Aufklärung aller hierfür maßgebenden Umstände mit Schwierigkeiten verbunden ist, die zu der Bedeutung des streitigen Teiles der Forderung in keinem Verhältnis stehen.

I. Normzweck

1 Die strengen Anforderungen an den Vollbeweis, zumal dessen Beweismaß (§ 286 Rn. 18f.), können im Haftungsrecht zu besonderen Problemen führen, da oft nicht mit letzter Sicherheit zu klären ist, inwieweit das Fehlverhalten auch zu Schäden geführt hat. An solchen Zweifeln ließ die Praxis des Gemeinen Rechts zahlreiche Schadensersatzklagen scheitern. Um solches auszuschließen, soll der Richter sich mit einer Schätzung begnügen, also vor allem mit einem **geringeren Beweismaß** für den Schadensnachweis (Abs. 1 S. 1, deutlicher Abs. 2).[1] Zusätzlich erhält der Richter größere **Freiheit bei der Beweisaufnahme** (Abs. 1 S. 2, 3). Ähnliche Erleichterungen sieht Abs. 2 für sonstige Forderungen vor, deren Höhe nur mit unverhältnismäßigem Aufwand feststellbar wäre. Dieses **prozessökonomische** Anliegen ist richtigerweise auch im Rahmen von Abs. 1 zu beachten.

II. Schadensermittlung (Abs. 1)

2 **1. Haftungsnorm.** Hierfür genügt jede Verpflichtung zu Entschädigung,[2] oder Schadensersatz (zB §§ 823ff., 839 BGB, §§ 7ff. StVG), auch wegen Vertragsverletzung (zB §§ 280, 281, 283 BGB), Vertrauensschadens (zB §§ 122 Abs. 1, 179 Abs. 2 BGB) oder Nichtvermögensschadens (§§ 253 Abs. 2, 651f Abs. 2 BGB[3]). Abs. 1 gilt entsprechend für die Verpflichtung zum Wertersatz wegen Eingriffs (zB § 818 Abs. 2 BGB[4]), für Abzüge „neu für alt“[5] und für Nutzungsersatz,[6] nicht aber für den Umfang einer Minderung[7] (s. aber Rn. 11) und schon gar nicht für Erfüllungsansprüche.[8]

3 **2. Schädigung. a) Schadensentstehung und -umfang.** Erleichtert wird die Feststellung, ob überhaupt ein Schaden eingetreten ist, welchen Umfang er hat und ob er auf dem verpflichtenden Verhalten beruht (haftungsausfüllende Kausalität), so zB bei entgangenem Gewinn (neben § 252 S. 2 BGB[9]), Nutzungsausfall,[10] unfallbedingtem Mehrbedarf (§ 843 BGB),[11] dem Umfang einer mutmaßlichen Unterhaltspflicht (§ 844 BGB),[12] im Wettbewerbsrecht (Rn. 7), bei Bemessung einer angemessenen Lizenzgebühr als Anhalt für Schaden durch Schutzrechtsverletzung,[13] bei Vorteilsausgleich[14] und ersparten Eigenkosten,[15] bei den zulässigen Mehrkosten einer Reparatur gegenüber dem Wiederbeschaffungswert[16] und bei Folgeverletzungen durch ärztlichen Kunstfehler (Rn. 5). Das gilt auch für die Frage, ob pflichtgemäßes Verhalten eines Notars[17] oder Rechtsanwalts[18] den Schaden vermieden hätte, selbst dann, wenn in dem Prozess, dessen hypothetischer Ausgang zu bewerten ist, ein Vollbeweis zu erbringen war und der Untersuchungsgrundsatz galt.[19] Ein Mitverschuldensanteil kann geschätzt werden, wenn die dafür maßgebenden Tatsachen bewiesen sind.[20]

---

[1] Ganz hM; anders *H. Weber,* Der Kausalitätsbeweis im Zivilprozess, 1997, S. 197f.
[2] BGH NJW 1962, 1441, 1443 (Entschädigungsrecht); BGHZ 29, 95, 99f. = NJW 1959, 386 (Aufopferung).
[3] OLG Frankfurt NJW 1966, 254, 256 (Recht am eigenen Bild) m. Anm. *Fromm.*
[4] Abl. hingegen BGH GRUR 1962, 261, 262 (zu Aufwendungsersatz).
[5] AG Bad Hersfeld NJW-RR 1999, 1211, 1212.
[6] OLG Braunschweig NJW-RR 1998, 1586; OLG Koblenz NJW-RR 2003, 1424.
[7] BGH WM 1971, 1382, 1383.
[8] Abw. zT die Praxis, vgl. BGH NJW-RR 1999, 1586f.
[9] BGH NJW 2000, 506, 509; s. aber *Halfpap,* Der entgangene Gewinn, 1999, S. 127ff. (historisch sollte § 252 S. 2 BGB die Schadensschätzung begrenzen); ausf. *Medicus* DAR 1994, 442, 444ff.
[10] LG Osnabrück NJW-RR 1999, 349.
[11] BGH NJW-RR 1992, 792.
[12] BGH NJW-RR 1990, 962, 963.
[13] BGHZ 82, 310, 316f. = NJW 1982, 1151 (Patent); BGHZ 44, 372, 380 = NJW 1966, 823 (Warenzeichen); OLG Düsseldorf NJW-RR 1999, 194, 195 (Lichtbild).
[14] BGHZ 45, 212, 220 = NJW 1966, 1260; BGH NJW 2005, 1041, 1043.
[15] BGH NJW 1963, 1399, 1400; 2005, 1650, 1652 (zu § 648a Abs. 5 BGB: Folgen der Behinderung).
[16] BGHZ 115, 364, 371 = NJW 1992, 302.
[17] BGH NJW 1996, 3009, 3010 (Belehrung); BGH NJW 1996, 3343, 3344 (Verstoß gegen Weisung).
[18] BGH NJW 2000, 730, 732 m. weit. Nachw. (Prozessführung); NJW-RR 2005, 784, 785 (Beratung).
[19] BGHZ 133, 110, 114f. = BGH NJW 1996, 2501 = LM BGB § 249 [Bb] Nr. 62 m. Anm. *Wax* = JZ 1997, 257 m. krit. Anm. *Braun;* abw. BGH NJW-RR 1987, 898, 899.
[20] BGH VersR 1961, 368, 369; BGHZ 121, 210, 214 = NJW 1993, 2674; *Arens* ZZP 88 (1975), 1, 44ff.

b) Haftungsgrund. aa) § 287 gilt **prinzipiell nicht** für die Feststellung des Haftungsgrundes, also weder für das tatbestandliche Verhalten noch für die haftungsbegründende Kausalität. Beides ist vielmehr regulär nachzuweisen (§ 286);[21] hierfür spricht schon der Wortlaut des § 287, vor allem aber dessen Entstehungsgeschichte.[22] Verklagt also der Beifahrer seinen Chauffeur wegen Unfallverletzung, so müsste er bezüglich § 823 Abs. 1 BGB nachweisen, dass diese gerade auf der überhöhten Geschwindigkeit beruht, bezüglich § 823 Abs. 2 BGB jedoch nur die Missachtung der StVO und hinsichtlich der Vertragsverletzung nur die Missachtung der vertraglichen Schutzpflicht.[23] 4

bb) Dies zeigt freilich, dass die Beschränkung des § 287 auf haftungsausfüllende Fragen **Zufallsergebnisse** ermöglicht. Schließlich birgt auch der Nachweis des Haftungsgrundes typische Schwierigkeiten, die Beweiserleichterungen nahe legen, und zwar über den Anscheinsbeweis hinaus. Wohl deshalb ist man teilweise zu einem flexiblen Umgang mit § 287 bereit: Einerseits wird die Norm zum Teil stillschweigend auf die haftungsbegründende Kausalität erstreckt.[24] Auch die Rspr. hat bei Verletzungstatbeständen wie § 823 Abs. 1 BGB den Vollbeweis vereinzelt nur für das **Betroffensein** des Klägers verlangt, letztlich also nur für konkrete Gefährdung; ob diese auch zur Verletzung führte, ist demnach bereits nach § 287 zu beurteilen (§ 286 Rn. 21a). Andererseits soll dieses Betroffensein aber auch für Haftungsnormen nachzuweisen sein, die eigentlich nur die Verletzung einer Amtspflicht[25] oder Vertragspflicht[26] voraussetzen, nämlich für die Zurechnung angeblicher Körper-/Gesundheitsschäden[27] wie auch reiner Vermögensschäden.[28] 5

cc) Ob **Folgeverletzungen** durch eine Erstverletzung bedingt sind (zB deren Therapie zur Allergie führte), beurteilt die Praxis ebenfalls nach § 287,[29] wenn feststeht, dass schon die Erstverletzung zu einem Schaden führte.[30]

3. Beweiserleichterung. a) Abs. 1 S. 1 **mindert das Beweismaß.** Auch Abs. 1 S. 2 gestattet dem Gericht keine Rückkehr zum Beweismaß des § 286, sondern nur eine Beweiserhebung über die Schätzungsgrundlagen. Umgekehrt verwehrt Abs. 1 dem Geschädigten aber nicht einen Vollbeweis, wenn er von einer Schätzung keine hinreichend sichere Feststellung seines (vollen) Anspruchs erwartet;[31] denn die Norm entlastet vor allem den Geschädigten, das Gericht nur bedingt (analog Abs. 2). Eine Schätzung setzt daher voraus, dass ein Vollbeweis vom Geschädigten nicht angetreten wird (ggf. Nachfrage, § 139), scheitert oder mit Schwierigkeiten verbunden ist, die außer Verhältnis zur Höhe des streitigen Anspruchs stehen. Demgegenüber lässt die Rspr. teilweise ausreichen, dass der Tatrichter der Beweisführung eine ungünstige Prognose stellt.[32] 6

b) Im Ergebnis genügt es, dass die Schädigung lediglich **wahrscheinlich** gemacht wird; entsprechend mindert sich auch die Darlegungslast,[33] beides freilich nur in den engen Grenzen des Normzwecks (Rn. 1).[34] Die Schätzungsgrundlagen als **Anknüpfungstatsachen** hat der Geschädigte darzulegen und ggf. zu beweisen; hieran sind allerdings, soweit es um wettbewerbliche[35] oder Erwerbsschäden[36] geht, keine allzu hohen Anforderungen zu stellen. Der Geschädigte bleibt zu solchen Angaben gehalten, die ihm ohne weiteres möglich sind.[37] Auch die Beweislast behält Einfluss.[38] Denn die Schadenskausalität muss überwiegend wahrscheinlich sein; teils wird sogar „deutlich überwiegende" Wahrscheinlichkeit verlangt.[39] Entsprechendes gilt für die Schadensbewertung.[40] Im Rahmen der Prognose eines Erwerbsschadens ist mangels gegenteiligen Anhalts allerdings von durchschnittlichem Berufserfolg auszugehen.[41] Auf dieser Basis muss, soweit möglich, wenigstens ein Teil- bzw. **Mindestschaden** geschätzt werden.[42] 7

Nach allem darf die Schätzung nicht „völlig in der Luft hängen".[43] Eine freie, dh. **„echte Schätzung"** ist nur ausnahmsweise zulässig, denn sie überspielt das Erfordernis haftungsausfüllender Kausalität restlos. Zumindest muss die Mitwirkung des Haftenden feststehen; ein bestimmtes Ausmaß derselben muss zwar nicht überwiegend wahrscheinlich sein, aber doch immerhin nahe liegen; zudem müsste eine Versagung an- 8

---

21 HM; BVerfG NJW 1979, 413, 414; BGH NJW 2004, 777, 778f.; einschr. *Weber* (Fn. 1) S. 208ff.

22 Näher *Stoll* JZ 1972, 365, 367; AcP 176 (1976), 145, 183ff.

23 Vgl. BGH NJW 1983, 998f.; 2003, 358, 359; *Arens* (Fn. 21) S. 26f.; strenger jedoch BGH NJW 1969, 1708, 1709; 1993, 3073, 3076 (Gefährdung nachzuweisen).

24 Vgl. auch *Hanau*, Die Kausalität der Pflichtwidrigkeit, 1971, S. 117ff., 136ff.; *Gottwald*, Schadenszurechnung und Schadensschätzung, 1979, S. 78ff.

25 BGH NJW 1963, 1828, 1829; vgl. auch BGH VersR 1965, 91, 92.

26 BGH NJW 1969, 1708, 1709; wohl auch NJW 1993, 3073, 3076; OLG Karlsruhe NJW-RR 2006, 458, 459.

27 Vgl. etwa BGH (Fn. 26); OLG Karlsruhe (Fn. 26); *Zö/Greger* Rn. 3; krit. *Arens* (Fn. 20) S. 26f.

28 BGH NJW 1993, 3073, 3076; wohl auch *Zö/Greger* Rn. 3; abw. BGH NJW 2000, 509.

29 BGH JZ 1972, 363, 365 m. krit. Anm. *Stoll;* NJW-RR 2005, 897, 898f.; abl. *Arens* (Fn. 20) S. 43.

30 So BGH NJW 1998, 3417, 3418; s. aber auch OLG Köln NJW-RR 1999, 720, 721.

31 Vgl. BGH NJW 1994, 663, 664f.; NJW-RR 2002, 1072, 1073; *Grunsky* S. 456; *Oberheim* JuS 1996, 918, 923.

32 BGHZ 133, 110, 113f. = NJW 1996, 2501 (mangels „Wahrscheinlichkeit"); wohl auch MK/*Prütting* Rn. 23.

33 So BGH (Fn. 32) m. weit. Nachw.; NJW 1996, 775, 776; NJW-RR 2007, 569, 571.

34 Zu großzügig BGH NJW-RR 1992, 202, 203.

35 BGHZ 119, 20, 30f. = NJW 1992, 2753; BGH NJW-RR 1998, 331, 333.

36 Ständige Rspr.; BGH NJW 1998, 1634, 1636.

37 BGH NJW 1996, 775, 776; 2007, 1806, 1807f.; einschr. OLG Düsseldorf NJW-RR 2003, 87.

38 BGH NJW 1970, 1970, 1971.

39 BGH NJW 2005, 3275, 3277; BGHZ 159, 254, 257 = NJW 2004, 2828 („je nach Lage des Einzelfalles").

40 Vgl. BGH NJW 1964, 589, 590; 1972, 1515, 1516; 1991, 1412, 1413.

41 Vgl. BGH (Fn. 36); NJW 2000, 3287, 3288; 2005, 3348, 3349 (auch bei vertraglicher Haftung).

42 So allgemein BGH NJW 1994, 663, 664f.; 2007, 1806, 1808; einschr. BGH NJW 2004, 1945, 1946f.

43 BGHZ 91, 243, 256f.; BGH NJW 1997, 1640, 1641; NJW-RR 2004, 1023.

gemessenen Ersatzes zu Härten führen, die § 287 vermeiden soll (Rn. 1). Dennoch erfolgt freie Schätzung nicht nur punktuell,[44] sondern in großzügiger Handhabung des § 252 S. 2 BGB.[45]

9 c) **Grenzen.** Die Schätzung soll der Wahrheit möglichst nahe kommen; das Gericht darf sich nicht mit grober Schätzung begnügen, wo eine genauere Schätzung möglich ist. Nie darf die Schätzung wesentliche Bemessungsfaktoren außer Acht lassen, unrichtige Maßstäbe zu Grunde legen,[46] von wesentlichem Parteivorbringen gelöst[47] oder auf eine Sachkunde gestützt sein, die das Gericht nicht selber haben kann (Rn. 10). Für Gewinnentgang bzw. Erwerbsschaden müssen zumindest greifbare Tatsachen sprechen;[48] auch die Schadensberechnung kraft Lizenzanalogie setzt gesicherte Grundlagen voraus und muss dem Einzelfall Rechnung tragen.[49]

10 **4. Verfahren.** a) Die **Beweiserhebung (Abs. 1 S. 2)** steht im pflichtgemäßen Ermessen des Gerichts. Gleichwohl darf der Geschädigte grds. den Vollbeweis versuchen (Rn. 6). Begnügt er sich aber mit Schätzung und sind lediglich Anknüpfungstatsachen (Rn. 7) streitig, so ist das Gericht frei, einem Beweisantrag zu folgen oder auch von Amts wegen einen Sachverständigen zu beauftragen, § 144. Die Ausübung des Ermessens kann nur daraufhin überprüft werden, ob grds. falsche oder offenbar unsachliche Erwägungen maßgebend waren und ob wesentliche entscheidungserhebliche Tatsachen außer Acht gelassen wurden.[50] Willkürlich ist der Verzicht auf Beweis zB dann, wenn dieser unerlässliche Grundlage für die Schätzung ist,[51] zB weil dem Gericht Sachkunde fehlt[52] oder ein von ihm zugrundegelegtes Privatgutachten vom Gegner qualifiziert angegriffen wurde,[53] nicht aber, wenn die verfügbaren Beweismittel keine Wahrscheinlichkeit werden belegen können[54] oder wenn der Beweisaufwand unverhältnismäßig wäre (arg. Abs. 2). Von Beweis darf auch nicht abgesehen werden, um ein Teilurteil über den Mindestschaden zu ermöglichen, wenn bezüglich des Restschadens eine Beweiserhebung für möglich und sinnvoll gehalten wird.[55]

b) Eine **Parteivernehmung (Abs. 1 S. 3)** des Beweisführers ist entgegen § 448 ohne weiteres möglich, auch seine Beeidigung.

c) Die **Überprüfung der Schätzung** ist beschränkt auf grundsätzlich falsche oder offenbar unrichtige Erwägungen und die Außerachtlassung wesentlicher Tatsachen.[56] Der Tatrichter hat daher die Grundlagen der Schätzung und ihre Auswertung mitzuteilen und die Ablehnung einer Beweisaufnahme zu begründen.[57]

III. Ermittlung der Forderungshöhe (Abs. 2)

11 Beweiserleichterungen gelten auch dann, wenn bei anderen vermögensrechtlichen Streitigkeiten (als in Rn. 2) zwar der Anspruch als solcher feststeht, seine Höhe aber nur mit unverhältnismäßigem Aufwand vollständig aufklärbar wäre. Die Höhe kann wiederum geschätzt werden (Rn. 7ff.), ohne dass eine Beweisaufnahme geboten wäre (Rn. 10). Helfen kann Abs. 2 zB **bei Minderung,**[58] bei Ermittlung der ortsüblichen Vergleichsmiete[59] und im Unterhaltsrecht, wenn zB Einkünfte eines Selbständigen zu erfassen sind.[60] Eine Parteivernehmung des Beweisführers kann allerdings nur nach allgemeinen Vorschriften (§ 448) erfolgen, denn Abs. 1 S. 3 ist unanwendbar.

288 *Gerichtliches Geständnis*

(1) Die von einer Partei behaupteten Tatsachen bedürfen insoweit keines Beweises, als sie im Laufe des Rechtsstreits von dem Gegner bei einer mündlichen Verhandlung oder zum Protokoll eines beauftragten oder ersuchten Richters zugestanden sind.

(2) Zur Wirksamkeit des gerichtlichen Geständnisses ist dessen Annahme nicht erforderlich.

I. Normzweck

1 Im Bereich des Verhandlungsgrundsatzes haben die Parteien den **Tatsachenstoff** beizubringen (Einl. Rn. 37). Folgerichtig erlaubt die Vorschrift ein bindendes Geständnis vor dem Richter zu einer von der anderen Partei behaupteten Tatsache; als Rechtsfolge davon entfällt deren Beweisbedürftigkeit. Mit Zusätzen oder Einschränkungen beim Geständnis befasst sich § 289, mit dessen Widerruf § 290; in Familiensachen gilt als Sondervorschrift der § 617 (Rn. 10). Hat die Anwendung der §§ 288, 290 dieselben einschneidenden Folgen wie eine Präklusionsvorschrift (§ 296 Rn. 37), unterliegt die Entscheidung ebenfalls einer stren-

---

[44] BGH NJW 1973, 1283, 1284 (doppelter Auffahrunfall; Wahrscheinlichkeit unerheblich).
[45] Vgl. BGH VersR 2006, 131, 132 m. weit. Nachw.; skeptisch *Medicus* (Fn. 9) S. 446.
[46] BGH NJW-RR 1993, 795, 796; OLG Celle NJW-RR 1994, 1334ff.; OLG Frankfurt VersR 1995, 53f.
[47] RGZ 130, 108, 112f.; BGH NJW-RR 1989, 606, 607; VersR 1992, 1410f.
[48] BGH NJW 1993, 2673; 1997, 941f.; allgemein BGH NJW-RR 2004, 1023.
[49] BGH NJW-RR 1995, 1320, 1321 = LM PatG 1981 § 139 Nr. 10 m. Anm. *Vinck*.
[50] BGH NJW 1991, 1412, 1413; 1999, 3487f.; näher *Klauser* JZ 1968, 167, 171.
[51] BGH VersR 1976, 389, 390; NJW-RR 1988, 534, 535.
[52] BGH NJW 1988, 3016, 3017; BGHZ 159, 254, 262f. = NJW 2004, 2828.
[53] BGH NJW-RR 1998, 331, 333f.
[54] Vgl. BGHZ 133, 110, 113f. = NJW 1996, 2501.
[55] Anders BGH NJW 1996, 1478 = JZ 1996, 1188 m. abl. Anm. *K. G. Müller*.
[56] BGH NJW 1999, 3487f.
[57] BGH NJW 1982, 32, 33; NJW-RR 2003, 873, 874.
[58] BGH NJW-RR 1997, 688, 689.
[59] BGH NJW 2005, 2074f. (§ 558 BGB, zur Eingrenzung der Spanne des Berliner Mietspiegels).
[60] BGH NJW-RR 1993, 898, 900f. (zurückhaltend).

gen **verfassungsgerichtlichen Überprüfung,** die über eine bloße Willkürkontrolle hinausgeht (§ 296 Rn. 39).[1]

II. Gerichtliches Geständnis

1. Begriff und Abgrenzung. Das Geständnis enthält die Erklärung (Rn. 6ff.) einer Partei, dass die von der anderen behauptete Tatsache (Rn. 3ff.) wahr ist,[2] was eine Beweiserhebung überflüssig macht. Hierin unterscheidet es sich vom **Anerkenntnis,** das sich auf den geltend gemachten Anspruch bezieht (§ 307 Abs. 1), den der Richter dann nicht mehr zu prüfen hat; entsprechendes gilt bei **Verzicht** des Klägers (§ 306). Der wesentliche Unterschied zum schlichten **Nichtbestreiten** nach § 138 Abs. 3 liegt in der Bindungswirkung des Geständnisses (Rn. 9; § 138 Rn. 12ff., 15). Denn eine bislang unstreitige Tatsache kann bis zum Schluss der mündlichen Verhandlung bestritten und damit beweisbedürftig werden, sofern keine Zurückweisung als verspätet erfolgt (§§ 296, 340 Abs. 3 S. 3, 530, 531); nur ausnahmsweise darf deshalb das Nichtbestreiten als Geständnis behandelt werden (Rn. 8). **Offenkundige Tatsachen** hat das Gericht von Amts wegen als nicht beweisbedürftig zu behandeln, ohne dass diese Folge, wie beim Geständnis, von einer Parteihandlung abhängt. Ein **außergerichtliches Geständnis** meint ein entsprechendes Verhalten einer Partei durch mündliche oder schriftliche Erklärung, zB eine Quittung,[3] oder ein Geständnis in einem anderen Rechtsstreit, hauptsächlich einem Vorprozess.[4] Es ist nach allgM lediglich Erkenntnisquelle (Hilfstatsache) für die Beweiswürdigung,[5] unter Umständen Gegenstand eines Urkundsbeweises (§§ 416, 439ff.), entfaltet aber die Wirkungen der §§ 288–290, 535 dann, wenn es die zugestehende Partei (nicht der Gegner) ausdrücklich oder schlüssig im Rechtsstreit wiederholt,[6] zB durch Bezugnahme auf ein vorprozessuales Schreiben.[7] Diese Grundsätze gelten auch für ein Geständnis im **Strafverfahren;** dessen Indizwirkung reicht zu Überzeugungsbildung nach § 286 Abs. 1 aber nur aus, wenn zuvor alle für die (nun behauptete) Unrichtigkeit des Geständnisses angetretenen Beweise erhoben wurden.[8] 2

2. Gegenstand. Ein Geständnis bezieht sich auf von der beweisbelasteten Partei behauptete Tatsachen, welche dieser günstig, dem zugestehenden Gegner jedoch ungünstig (Rn. 5) sind. Unter **Tatsachen** versteht man Geschehnisse und Zustände der Außenwelt, die zum Tatbestand der anzuwendenden Rechtsnorm gehören, aber auch solche des menschlichen Seelenlebens wie Vorsatz, Absicht, Einverständnis, guter und böser Glaube (§ 284 Rn. 2), weshalb zB die Willensrichtung desjenigen, der im Testament eine Person mit einem Namen bezeichnet hat, zugestanden werden kann.[9] Ob die Partei die zugestandene Tatsache selbst wahrgenommen hat oder wahrnehmen konnte, ist ohne Belang[10] (s. aber Rn. 9). **Kein Geständnis** ist möglich zu Werturteilen, Erfahrungs- und Rechtssätzen und zur Beweiswürdigung. 3

Ein Geständnis kann **juristisch eingekleidete Tatsachen** betreffen, die den Parteien als **Rechtsbegriffe oder Rechtsverhältnisse** bekannt sind, wie zB Eigentum, Kauf, Miete, Darlehen, Vertrag/Vertragspartner,[11] Bürgschaft,[12] Abnahme (§ 640 BGB)[13], Abtretung (§ 398 BGB)[14], vertragliche Unverfallbarkeit einer Versorgungsanwartschaft[14a] oder unter Kaufleuten beispielsweise auch die Kommanditistenstellung.[15] Ist ein an sich einfacher Begriff, zB derjenige der Schenkung,[16] im konkreten Einzelfall zweifelhaft, dann scheidet ein Geständnis iSd § 288 Abs. 1 aus, so für behauptete „Schenkungen" während einer nun aufgelösten nichtehelichen Lebensgemeinschaft, weil dazu streitig ist, welche Zuwendungen unter §§ 516ff. BGB fallen.[17] Entsprechendes gilt bei rechtlich schwierigen Bewertungen von Tatsachen, zB zur Unwirksamkeit eines Grundstückskaufvertrages wegen des Umfangs der notariellen Beurkundungspflicht[18] oder zur Fortführungsprognose einer (möglicherweise) überschuldeten Aktiengesellschaft.[19] Die allgM[20] sieht auch **präjudizielle Rechtsverhältnisse** als geständnisfähig an, wenn es sich um einen Tatsachenkomplex in seiner juristischen Zusammenfassung handelt, wie zB beim Begriff der Rechtsnachfolge (vgl. auch § 239 Abs. 4). 4

Das Geständnis muss sich auf **eine dem Zugestehenden ungünstige Behauptung der beweisbelasteten Partei** beziehen.[21] Auch die eigene ungünstige Behauptung kann Gegenstand eines Geständnisses werden, 5

---

1 BVerfG NJW 2001, 1565.
2 BGH NJW 2002, 1276f.; 1983, 1496f.
3 RGZ 108, 56.
4 Vgl. BGH NJW 1994, 3165, 3167; BAG NJW 1996, 1299f.
5 MK/*Prütting* Rn. 38; *Ro/S/Go* § 111 Rn. 19.
6 BGH NJW-RR 2005, 1297, 1298.
7 OLG Hamm NJW-RR 1997, 405.
8 BGH NJW-RR 2004, 1001.
9 BGH NJW 1981, 1562.
10 BGH NJW 1987, 1947f.; 1962, 1390f.; *Ro/S/Go* § 111 Rn. 19. AA *Orfanides* NJW 1990, 3174, 3177f.
11 BGH NJW-RR 2003, 1578; dazu *Deubner* JuS 2004, 203, 205.
12 BGH NJW-RR 2006, 281, 282f.
13 OLG Frankfurt/M NJW-RR 1994, 530.
14 BGH NJW 2004, 2152, 2153 (insoweit in BGHZ 158, 295 nicht abgedruckt).
14a BGH NJW-RR 2007, 1563.
15 BGH NJW-RR 1987, 416.
16 BGH NJW 1987, 122, 124.
17 BGH NJW 1992, 906.
18 BGH NJW-RR 2004, 284.
19 BGH NJW 1995, 1739, 1744.
20 BAG NJW 1996, 1299f.; MK/*Prütting* Rn. 18; *Ro/S/Go* § 111 Rn. 5.
21 BGH NJW 1990, 392f.; 1978, 884.

falls sie der Gegner aufgreift.[22] Wird die ungünstige Tatsache schon zugestanden, bevor sie die andere Partei vorgetragen hat, so spricht man von einem (antizipierten) **vorweggenommenen Geständnis.** Dessen Bindungswirkung (Rn. 9) tritt erst ein, wenn es sich die andere Partei (hilfsweise) zu Eigen macht, weshalb bis zu diesem Zeitpunkt ein Widerruf möglich ist.[23] Zum **qualifizierten Geständnis** § 289 Rn. 3.

6 **3. Erklärung.** Das Geständnis ist **Prozesshandlung,** setzt also Prozess- und Postulationsfähigkeit voraus. Im Anwaltsprozess kann es nach hM aber gleichwohl von der Partei selbst abgegeben werden, auch im Widerspruch zum Verhalten ihres Rechtsanwalts.[24] Bei einem Minderjährigen handelt der gesetzliche Vertreter; sind das mehrere Personen, zB die Eltern, so hat eine gemeinsame und übereinstimmende Erklärung zu erfolgen.[25] Die für Willenserklärungen geltenden Vorschriften über Nichtigkeit oder Anfechtbarkeit wegen **Willensmängel** sind weder direkt noch entsprechend anwendbar (zum Widerruf s. § 290).[26] Zur **Form** bestimmt § 288 Abs. 1, dass das Geständnis als einseitige Erklärung – die nach Abs. 2 der Vorschrift einer Annahme nicht bedarf – in der mündlichen Verhandlung vor dem erkennenden Gericht oder zum Protokoll eines beauftragten oder ersuchten Richters abzugeben ist; die schriftsätzliche Ankündigung enthält lediglich ein „außergerichtliches Geständnis" (Rn. 2), sofern darauf nicht im Termin Bezug genommen wird. Das Geständnis ist gemäß § 160 Abs. 3 Nr. 3 zu protokollieren bei Abgabe vor beauftragtem oder ersuchtem Richter (vgl. § 288 Abs. 1 aE), nicht aber notwendigerweise vor dem Prozessgericht,[27] obgleich dort dringend zu empfehlen; hierfür genügt die Feststellung, dass eine genau zu bezeichnende, bislang streitige Tatsache „nunmehr nach Erörterung zwischen den Parteien unstreitig wurde".[28] Wird es nach vorläufiger Aufzeichnung entgegen § 162 Abs. 1 nicht vorgelesen und genehmigt, hindert das seine Wirksamkeit nicht.[29] Ein schriftliches Geständnis gibt es bei Entscheidung ohne mündliche Verhandlung (§§ 128 Abs. 2, 251a, 331a). Als Prozesshandlung ist die Erklärung nach hM[30] **bedingungsfeindlich.** Die Bindung an eine bestimmte Entscheidungslage bei Gericht (innerprozessuales Ereignis) ist aber auch hier – wie sonst bei Sachanträgen[31] – unter Beachtung der Pflicht zu vollständigem und wahrheitsgemäßem Vortrag (§ 138 Abs. 1) möglich.[32] Eine Tatsache kann also für den Fall zugestanden werden, dass sie der Richter als entscheidungserheblich ansehen will; entsprechendes gilt für einen Einwand der Partei, bspw. den der Geschäftsunfähigkeit der Erblasserin, der nur aufrecht erhalten werden soll, falls das Gericht die Voraussetzungen des § 2287 BGB nicht für gegeben erachten sollte. Ein „Geständnis nur für diese (eine) Instanz" ist nicht möglich, wie aus § 535 folgt.

7 Die ungünstige Aussage einer Partei bei ihrer **Parteivernehmung** enthält kein Geständnis;[33] denn die Vernehmung erfolgt zu Beweiszwecken, weshalb die Aussage nur als Beweismittel bei der Beweiswürdigung verwertet werden darf (§ 445 Rn. 3). Etwas anderes gilt für tatsächliche Erklärungen anlässlich einer **Parteianhörung** nach §§ 137 Abs. 4, 141,[34] weil sie zur mündlichen Verhandlung und nicht zur Beweisaufnahme gehören; Voraussetzung ist allerdings, dass sie mit Geständniswillen (Rn. 8) abgegeben sind, was der Richter gegebenenfalls durch Nachfrage (§ 139) aufzuklären hat. Ein **Streithelfer** darf sich mit einem Geständnis nicht in Widerspruch zu der unterstützten Partei setzen, § 67.

8 Erforderlich ist ein **Geständniswille** (Wille, dass die Tatsache ungeprüft zur Urteilsgrundlage gemacht wird),[35] der in der Erklärung zum Ausdruck kommen muss, was das Revisionsgericht eigenständig durch Auslegung nachprüft.[36] Das Wort „Geständnis" braucht nicht verwendet zu werden,[37] es genügt ein übereinstimmender Parteivortrag in der mündlichen Verhandlung (Rn. 6)[38] oder sonstiges schlüssiges Verhalten, zB die Erklärung der beklagten Versicherung, nach dem im Prozess erholten Sachverständigengutachten liege zwar Berufsunfähigkeit (Geständnis) vor, gleichwohl sei der Kläger aber nicht berufsunfähig iSd Versicherungsbedingungen (Möglichkeit der Betriebsumstrukturierung).[39] Bloßes Stillschweigen auf die gegnerische Behauptung reicht aber nicht.[40] Beim Einwand mangelnder Passivlegitimation und bloß „vorsorglichem" Bestreiten der Schadenshöhe ist die Verantwortlichkeit dem Grunde nach nicht zugestanden.[41]

---

22 BGH NJWE-MietR 1997, 150.
23 BGH NJW-RR 1994, 1405; NJW 1990, 392f.; 1978, 884f.
24 BGH VersR 1966, 269, 270; BayObLG MDR 1976, 234; a A Zö/Greger Rn. 3c; offen gelassen von BGH NJW 1995, 1432, 1433.
25 BGH NJW 1987, 1947f.
26 BGH NJW 2007, 1460 [Rn. 13].
27 BGH NJW-RR 2003, 1578.
28 *Wittschier* JuS 1999, 1214, 1216; BGH NJW 1994, 3109.
29 BGH NJW 1994, 3109.
30 BGH NJW-RR 2003, 1145; *St/J/Leipold* Rn. 11; MK/*Prütting* Rn. 31.
31 Vgl. dazu BGHZ 132, 390, 398 = NJW 1996, 2306; BGH NJW 1996, 3147, 3150.
32 BGH NJW-RR 2003, 1145.
33 BGHZ 129, 108 = NJW 1995, 1432; LM Nr. 11 m. abl. Anm. *Wax* = JR 1996, 65ff. m. zust. Anm. *Preuß* (Aufgabe von BGHZ 8, 235 = NJW 1953, 621). Ausf. dazu *Hülsmann* NJW 1997, 617ff.
34 So BGH VersR 1966, 269f. (in BGHZ 129, 108 offen gelassen); OLG Hamm NJW-RR 1998, 679. AA OLG Hamm WM 1996, 669; *T/P/Thomas* Rn. 4; *Zö/Greger* Rn. 3c.
35 BGH NJW-RR 2005, 1297.
36 BGH NJW 2001, 2550f. (ständige Rechtsprechung).
37 BGH NJW 1983, 1496f.
38 BGH NJW 1992, 2818, 2820.
39 BGH NJW-RR 1999, 1113.
40 BGH NJW 1999, 579, 580.
41 BGH NJW-RR 2005, 1297.

Das Geständnis in einem anderen Verfahren, insbes. im Strafprozess, fällt nicht unter § 288, ist jedoch bei der Beweiswürdigungvon Bedeutung (Rn. 2); Entsprechendes gilt, wenn eine Partei ihr Vorbringen im Laufe des Rechtsstreits modifiziert,[42] sog. **modifiziertes Parteivorbringen** (zu unterscheiden vom modifizierten Geständnis, § 289 Rn. 1). Das **Nichtbestreiten** nach § 138 Abs. 3 darf wegen der unterschiedlichen Rechtsfolgen grundsätzlich nicht als Geständnis angesehen werden (Rn. 2); das bloße Untätigbleiben einer Partei auf einen Vortrag des Gegners hin kann ebenso auf einem Versehen oder auf einer Verkennung der Rechtslage beruhen.[43] Anders kann jedoch die ausdrückliche Erklärung zu werten sein, dass eine Behauptung des Gegners nicht bestritten werden solle, wenn weitere Umstände hinzutreten, die einen Schluss auf ein konkludentes Geständnis nahe legen.[44] Begehrt die beklagte Partei die Abweisung der Klage wegen einer von ihr erklärten Hauptaufrechnung (**Primäraufrechnung**), so sind damit idR die den Klageanspruch begründenden tatsächlichen Behauptungen zugestanden.[45]

4. Wirkung. Es entfällt die **Beweisbedürftigkeit** der zugestandenen Tatsache, die der Richter deshalb als wahr zu behandeln hat; einer Annahme des Geständnisses bedarf es gemäß § 288 Abs. 2 nicht. Zugleich tritt eine **Bindungswirkung** für die geständige Partei im Rahmen des § 290 ein, auch für die Berufungsinstanz (§ 535). Diese Regeln gelten grundsätzlich auch für ein **bewusst unwahres Geständnis,** trotz der Pflicht der Partei zum vollständigen und wahrheitsgemäßen Vortrag (§ 138 Abs. 1).[46] Erkennt das Gericht jedoch, dass die Partei lügt oder mit der anderen betrügerisch zusammenwirkt, so darf es dieses Vorbringen nicht als wahr zu Grunde legen, wohl aber das nach seiner Überzeugung falsche Geständnis gemäß freier Überzeugung nachteilig würdigen. 9

Keine Wirkungen treten ein bei von Amts wegen zu prüfenden Prozessvoraussetzungen (vor § 253 Rn. 2–10, 12) oder wenn die zugestandene Tatsache unmöglich oder ihr Gegenteil offenkundig ist[47] oder bei kollusivem Zusammenwirken der Partei mit dem Gegner zum Nachteil des mitverklagten[48] oder als (einfacher) Streithelfer beigetretenen[49] Haftpflichtversicherers. Ein Geständnis ist nicht möglich im Bereich des Untersuchungsgrundsatzes, §§ 617, 640 Abs. 1 (vgl. Einl. Rn. 38); entsprechende Erklärungen dort sind Gegenstand der freien Beweiswürdigung. 10

289 *Zusätze beim Geständnis* (1) **Die Wirksamkeit des gerichtlichen Geständnisses wird dadurch nicht beeinträchtigt, dass ihm eine Behauptung hinzugefügt wird, die ein selbständiges Angriffs- oder Verteidigungsmittel enthält.**

(2) **Inwiefern eine vor Gericht erfolgte einräumende Erklärung ungeachtet anderer zusätzlicher oder einschränkender Behauptungen als ein Geständnis anzusehen sei, bestimmt sich nach der Beschaffenheit des einzelnen Falles.**

I. Normzweck

Das Geständnis darf mit Zusätzen oder Einschränkungen verbunden werden, weshalb man von einem **modifizierten Geständnis** spricht (zum modifizierten Parteivorbringen § 288 Rn. 8). Die Erklärung der Parteien bekommt dadurch den Inhalt eines „ja, aber",[1] ist also teilbar.[2] Ob sie den gesetzlichen Erfordernissen entspricht und einen Geständniswillen enthält, richtet sich nach den schon erörterten Regeln (§ 288 Rn. 6–8). Darüber hinaus stellt § 289 klar, dass die Wirksamkeit eines Geständnisses durch einen bei der Abgabe hinzuverbundenen Tatsachenvortrag nicht beeinträchtigt wird. 1

II. Modifiziertes Geständnis

1. Absatz 1. Die Bestimmung meint **selbständige Angriffs- und Verteidigungsmittel,** die für sich alleine den Tatbestand einer rechtsbegründenden, rechtshindernden, rechtshemmenden oder rechtsvernichtenden Vorschrift ausfüllen (§ 146 Rn. 5), die also einen anderen Sachverhalt als das Geständnis betreffen. Wird eine solche Behauptung einem gerichtlichen Geständnis hinzugefügt, so beeinträchtigt das dessen Wirksamkeit nicht. **Beispiel 1** (Gegenbeispiele: Beispiele 2 und 3): Der auf Zahlung verklagte Käufer räumt den Vertragsschluss ein, beruft sich jedoch auf Sachmängel. Das Geständnis bezieht sich in diesem Fall auf das Zustandekommen des Kaufvertrages, der folglich nicht mehr beweisbedürftig und deshalb vom Richter als wahr hinzunehmen ist (§ 288 Rn. 4, 9). 2

2. Absatz 2. Die Vorschrift erfasst **andere** – als die soeben behandelten – **Zusätze oder Einschränkungen.** Hier bezieht sich folglich die hinzuverbundene Tatsache auf den vom Geständnis betroffenen Sachverhalt selbst. Hat auch ihn die andere Partei zu beweisen, so handelt es sich bloß um ein **motiviertes Leugnen. Beispiel 2** (Gegensatz: Beispiele 1 und 3): Der auf Zahlung verklagte Käufer räumt den Vertragsschluss ein, bestreitet aber die Lieferung der Ware; auch der zuletzt genannte Umstand gehört zur anspruchsbegründenden 3

[42] BGH NJW 2002, 1276.
[43] BVerfG NJW 2001, 1565 f.
[44] BGH NJW 1994, 3109; OLG Köln NJW-RR 1997, 213.
[45] BGH NJW 1996, 699.
[46] BGH NJW 1995, 1432 f.; BGHZ 37, 154, 155 = NJW 1962, 1395; *Zö/Greger* Rn. 7.
[47] BGH NJW 1979, 2089; *Orfanides* NJW 1990, 3174, 3178.
[48] OLG Düsseldorf NJW-RR 1998, 606.
[49] OLG Schleswig NJW-RR 2000, 356.
[1] *Musielak,* GK ZPO, Rn. 407.
[2] Ausf. *J. P. Schmidt,* Teilbarkeit und Unteilbarkeit des Geständnisses im Zivilprozess, 1972.

Norm, weshalb der Kläger (Verkäufer) die Beweislast trägt, woran § 289 Abs. 2 nichts ändert. Muss die zusätzliche oder einschränkende Tatsache von der Partei bewiesen werden, die sie behauptet, so spricht man von einem **qualifizierten Geständnis. Beispiel 3** (Gegensatz: Beispiele 1 und 2): Der auf Zahlung verklagte Käufer räumt den Vertragsschluss ein, behauptet aber einen Umtauschvorbehalt oder ein Vertretergeschäft oder beruft sich auf Anfechtung; diese zuletzt genannten Umstände hat der Käufer zu beweisen.[3] In beiden Fällen verpflichtet § 289 Abs. 2 den Richter, zunächst in freier Beweiswürdigung zu beurteilen, welchen Inhalt die Erklärung hat, also ob sich ein Geständniswille (§ 288 Rn. 8) hinsichtlich der eingeräumten Tatsache feststellen lässt. Bejaht er das, bedarf es insoweit keines Beweises. Verneint er das, entfällt die Wirkung des Geständnisses (§ 288 Rn. 9), weshalb der Vertragsschluss nicht als wahr zu Grunde zu legen ist; die Klage kann folglich auch mit der Begründung abgewiesen werden, es sei kein Vertrag zu Stande gekommen.

290 *Widerruf des Geständnisses* [1]**Der Widerruf hat auf die Wirksamkeit des gerichtlichen Geständnisses nur dann Einfluss, wenn die widerrufende Partei beweist, dass das Geständnis der Wahrheit nicht entspreche und durch einen Irrtum veranlasst sei. [2]In diesem Fall verliert das Geständnis seine Wirksamkeit.**

1 Die Vorschrift findet **Anwendung** nur auf den einseitigen Widerruf eines wirksamen gerichtlichen Geständnisses (§§ 288, 289), den sie als Folge der Bindungswirkung (§ 288 Rn. 9) und Sanktion für eine Verletzung der Wahrheitspflicht nur unter engen Voraussetzungen zulässt (Rn. 2). Eine Anfechtung nach §§ 119ff. BGB kommt nicht in Betracht, weil das Geständnis Prozesshandlung ist (§ 288 Rn. 6). Sondervorschriften für den Widerruf eines vom Prozessbevollmächtigten oder Beistand abgegebenen Geständnisses enthalten §§ 85 Abs. 1 S. 2, 90 Abs. 2. Nach allgM unbeschränkt möglich, in der Praxis jedoch bedeutungslos ist der Widerruf mit Einverständnis der anderen Partei. **Nicht** unter § 290 fallen das bloße Nichtbestreiten (§ 288 Rn. 2, 8) und außergerichtliche oder vorweggenommene Geständnisse, sofern diese nicht bindend geworden sind (§ 288 Rn. 2, 5).

2 **Voraussetzung des Widerrufs** ist nach § 290 S. 1 der Beweis durch die widerrufende Partei, dass das Geständnis der Wahrheit nicht entspreche und durch einen Irrtum veranlasst sei. Wegen des zuletzt genannten Merkmals scheidet nach allgM der Widerruf eines bewusst unwahren Geständnisses aus,[1] sofern es überhaupt Bindungswirkung erlangt hat (§ 288 Rn. 9). Unter Irrtum versteht man die unbewusste Unkenntnis des wirklichen Sachverhalts, unabhängig davon, ob diese verschuldet oder unverschuldet ist, es sich um einen Tatsachen-, Rechts- oder Motivirrtum handelt.[2] Bei der Beurteilung dieser Voraussetzungen kommt es auf die Person an, die das Geständnis abgegeben hat, idR also auf die Partei, gegebenenfalls auf ihren gesetzlichen Vertreter oder ihren Rechtsanwalt bzw. Beistand (vgl. § 166 BGB),[3] falls in den beiden zuletzt genannten Fällen der Widerruf nicht schon nach §§ 85 Abs. 1 S. 2, 90 Abs. 2 erfolgt ist (Rn. 1). In der Behauptung, eine zunächst zugestandene Tatsache (zB: Geschwindigkeitsbeschränkung an der Unfallstelle) treffe nicht zu (zB, weil die Beschränkung erst später angeordnet worden sei), liegt zugleich die Behauptung, man habe das Geständnis wegen eines Irrtums abgegeben.[4] Die bloße Änderung eines Vortrags mit der Folge einer günstigeren Rechtsposition genügt dafür aber nicht; Beispiel:[5] Hatte der Beklagte zugestanden, Vertragspartner zu sein (§ 288 Rn. 4), behauptet er aber später, aus dem Vertrag ergebe sich, dass Inhaber der dort genannten Einzelfirma damals tatsächlich nicht er, sondern seine Ehefrau gewesen sei, so beinhaltet dieses Vorbringen keinen wirksamen Widerruf, weil kein Irrtum vorgetragen wird. Im vorigen Beispiel hatte die Partei demgegenüber irrtümlich angenommen, die Handlung eines Dritten sei zu einem früheren Zeitpunkt geschehen. Irrtum des Erklärenden scheidet aus, wenn dieser die Ungewissheit bewusst in Kauf nimmt.[6] Als **Rechtsfolge** eines wirksamen Widerrufs verliert das Geständnis gemäß § 290 S. 2 seine Wirkung (§ 288 Rn. 9).

291 *Offenkundige Tatsachen* **Tatsachen, die bei dem Gericht offenkundig sind, bedürfen keines Beweises.**

I. Offenkundigkeit und Rechtsfolge

1 **1. Offenkundigkeit.** Die Bestimmung betrifft ausschließlich Tatsachen (§ 288 Rn. 3, 4), nicht Erfahrungssätze oder Rechtsvorschriften.[1] Man unterscheidet zwei Gruppen. Zur Ersten gehören **allgemeinkundige Tatsachen,** die in einem größeren oder kleineren Bezirk einer beliebig großen Menge von Personen bekannt sind oder wahrnehmbar waren und über die man sich aus zuverlässigen Quellen ohne besondere Fachkunde unterrichten kann;[2] Beispiele: Die in den Medien berichteten Ereignisse der Zeitgeschichte; geographische Lage und Ortsentfernungen in Landkarten; Börsenkurse im Wirtschaftsteil der Zeitungen; Zah-

---

[3] *Palandt/Putzo* vor § 454 Rn. 2; *Palandt/Heinrichs* § 164 Rn. 18; § 119 Rn. 32; § 123 Rn. 30; siehe auch *Heinrich,* Die Beweislast bei Rechtsgeschäften, 1996, S. 147ff., 247ff.

[1] BGH ZInsO 2005, 373, 374; BGHZ 37, 154f. = NJW 1962, 1395; MK/*Prütting* Rn. 6.

[2] RGZ 11, 108; BGHZ (Fn. 2); aA *Sae* Rn. 8.

[3] RGZ 146, 348; MK/*Prütting* Rn. 7.

[4] Deubner JuS 2000, 271, 274f., zu Recht gegen OLG Köln NJW-RR 2000, 1478.

[5] BGH NJW-RR 2003, 1578, 1579f.; abl. *Deubner* JuS 2004, 203, 205.

[6] OLG Düsseldorf MDR 2000, 1211; *Zö/Greger* Rn. 2.

[1] BGHZ 156, 250, 253 = NJW 2004, 1163f.

[2] So *Ro/S/Go* § 111 Rn. 26 und ähnlich BVerfGE 10, 177, 183 = NJW 1960, 31; BSG NJW 1979, 1063.

lenangaben in statistischen Jahrbüchern;[3] Indexstand der Lebenshaltungskosten;[4] Kalenderdaten; die in wissenschaftlichen Nachschlagewerken erläuterten Fachbegriffe; Abkürzungen gemäß einschlägigen Verzeichnissen. Insoweit darf der Richter auch **privates Wissen** verwerten (anders Rn. 2), muss dazu den Parteien aber rechtliches Gehör gewären.[4a]

Die zweite Gruppe bilden die **gerichtskundigen Tatsachen,** die das Gericht, nämlich der Einzelrichter oder die Mehrheit des Kollegiums, aus seiner jetzigen oder früheren Tätigkeit, auch in anderen Aufgabenbereichen (zB in Vormundschafts-, Nachlass-, Insolvenz- oder Strafsachen) in amtlicher (dienstlicher) Eigenschaft kennt; Beispiele: Spezialwissen (zB Fragen der Ernährungswissenschaft[5]) aus früheren Prozessen; Verhalten einer Partei im früheren Zivilprozess; ihre rechtskräftige Verurteilung im Strafverfahren; Existenz eines Testamentes; Scheidung; Betreuung mit Einwilligungsvorbehalt; Registereintragung; Anerkennung der Vaterschaft oder deren Ausschluss; Ablehnung der Insolvenzeröffnung mangels Masse. Ob es ausreicht, dass der Richter solche Tatsachen ohne weiteres aus Akten desselben Gerichtes entnehmen kann, ist streitig,[6] richtigerweise aber zu verneinen. Es genügt nicht, wenn der Richter die Tatsache selbst positiv nie gekannt hat, sondern nur weiß, dass es dazu gerichtliche Akten in seiner Behörde gibt, durch deren Einsicht er sich Kenntnis verschaffen kann; denn damit wäre die Grenze zum Urkundenbeweis überschritten, der einen entsprechenden Beweisantritt voraussetzt (§ 415 Rn. 1). Kennt er die Tatsache aus seiner eigenen Tätigkeit, so darf er freilich zur Gedächtnisauffrischung in den Akten nachlesen. **Privates Wissen** des Richters scheidet aus (anders Rn. 1), weil „gerichtskundig" – wie dargelegt – nur eine aus amtlicher Tätigkeit bekannte Tatsache sein kann, weshalb die Tatrichter in einem wettbewerbsrechtlichen Unterlassungsprozess ihre eigene Beobachtung nicht als „gerichtskundig" verwerten durften, wonach „im Biergarten der Beklagten die ausgeschenkte Maß regelmäßig weniger als einen Liter Bier enthalten habe".[7] Andernfalls wäre der Richter in einer Person Richter und Zeuge, was die Prozessordnung nicht zulässt (§ 41 Nr. 5). Nicht verwechseln darf man den Begriff der Gerichtskundigkeit mit dem der **Sachkunde** eines Gerichts, die einen Sachverständigenbeweis entbehrlich machen kann (§ 402 Rn. 2, § 403 Rn. 3). 2

2. Rechtsfolge. Offenkundige Tatsachen bedürfen keines Beweises. Jedoch ist stets der Gegenbeweis zulässig, dass die als offenkundig angesehene Tatsache unwahr ist. Die Frage, wie die angesprochenen Verkehrskreise eine bestimmte Werbung verstehen, kann nicht „offenkundig" sein, weil sich die Feststellung der Verkehrsauffassung auf Erfahrungswissen stützt, § 291 aber nur Tatsachen betrifft (Rn. 1). Der Richter ermittelt folglich das Verkehrsverständnis, und zwar nicht durch Zeugenbeweis, sondern mit Hilfe eines Sachverständigen, der sich das erforderliche Fachwissen durch eine Meinungsumfrage (§ 402 Rn. 3) verschafft, sofern der Richter nicht selbst über die erforderliche Sachkunde verfügt.[8] 3

II. Verfahren

Ob auch offenkundige Tatsachen von einer Partei behauptet werden müssen, es also auch insoweit eine **Behauptungslast** gibt, oder ob sie das Gericht von sich aus in den Prozess einführen darf, ist streitig,[9] in der Praxis jedoch kaum von Bedeutung. Jedenfalls ist dem Richter der Hinweis auf die Offenkundigkeit einer Tatsache gemäß § 139 erlaubt. Will er davon auch bei seiner Entscheidung ausgehen, so muss er wegen Art. 103 Abs. 1 GG rechtliches Gehör gewähren;[10] für gerichtskundige Tatsachen ergibt sich das auch aus § 139 Abs. 2, weil die Parteien grundsätzlich nicht wissen können, welche amtlichen Wahrnehmungen das Gericht gemacht hat. Nimmt wenigstens eine Partei den Hinweis hin, so schließt sie sich damit dem Standpunkt des Richters konkludent an; das genügt in diesem Zusammenhang zur Wahrung des Beibringungsgrundsatzes (Einl. Rn. 37), weil § 291 gerade Beweisantritt und Beweiserhebung überflüssig macht. Die Rechte der anderen Prozesspartei sind ausreichend geschützt, weil diese Gegenbeweis antreten kann (Rn. 3). 4

Die **Entscheidung** über die Offenkundigkeit trifft das Kollegium. Das Berufungsgericht hat diese Frage selbständig und neu zu beurteilen. In der Revision wird nachgeprüft, ob die Tatrichter die Begriffe „allgemeinkundig" und „gerichtskundig" richtig erkannt haben.[11] 5

292 *Gesetzliche Vermutungen* **[1]Stellt das Gesetz für das Vorhandensein einer Tatsache eine Vermutung auf, so ist der Beweis des Gegenteils zulässig, sofern nicht das Gesetz ein anderes vorschreibt. [2]Dieser Beweis kann auch durch den Antrag auf Parteivernehmung nach § 445 geführt werden.**

I. Gesetzliche Vermutungen

1. Anwendungsbereich. Die Vorschrift erfasst, wie der Wortlaut von S. 1 zeigt, nur widerlegliche gesetzliche Vermutungen (Rn. 2, 3), **nicht** jedoch unwiderlegliche gesetzliche Vermutungen (zB § 1566 BGB, 1

---

[3] BGH NJW-RR 1993, 1122.
[4] BGH NJW 1992, 2088; 1990, 2620f.
[4a] BGH NJW 2007, 3211.
[5] BGH NJW 1999, 3498.
[6] Bejahend zB *T/P/Reichold* Rn. 2; *Ro/S/Go* § 111 Rn. 28. Verneinend zB MK/*Prütting* Rn. 9; *St/J/Leipold* Rn. 5.
[7] BGH NJW 1987, 1021 („Ausschank unter Eichstrich II"). Ausf. *Lipp*, Das private Wissen des Richters, 1995.
[8] BGHZ (Fn. 1).
[9] Ausf. MK/*Prütting* Rn. 13, der eine entsprechende Befugnis des Gerichts überzeugend bejaht.
[10] BGH NJW-RR 1993, 1122.
[11] MK/*Prütting* Rn. 17.

§ 267) oder Fiktionen (zB § 108 Abs. 2 S. 2 BGB). Sie ist auch nicht anwendbar auf die von Gerichten verschiedentlich herangezogenen „tatsächlichen Vermutungen",[1] die gesetzlich nicht geregelt sind und mit denen Beweisschwierigkeiten begegnet wird, zB durch die Vermutung der Richtigkeit und Vollständigkeit einer Privaturkunde (§ 416 Rn. 4) und durch die Verschuldensvermutung beim Verstoß gegen ein Schutzgesetz iSd § 823 Abs. 2 BGB[2] oder im Urheberrecht.[3]

2 **2. Widerlegliche gesetzliche Vermutungen.**[4]. Man unterscheidet nach dem Gegenstand der Vermutung: Bei den **Tatsachenvermutungen** schließt das Gesetz von einer tatbestandsfremden Tatsache auf ein Tatbestandsmerkmal, zB vom Besitz des Gläubigers am Hypothekenbrief auf die Übergabe (§ 1117 Abs. 3 BGB), vom Besitz des Pfandes beim Verpfänder oder Eigentümer auf die Rückgabe (§ 1253 Abs. 2 BGB). Gegenstand der Vermutung ist hier eine Tatsache (Übergabe, Rückgabe), die zum Tatbestand der Entstehung des Rechtes (Erwerb der Briefhypothek) oder dessen Untergang (Erlöschen des Pfandrechts) gehört. Weitere Fälle enthalten §§ 938, 1377 Abs. 1, Abs. 3, 1600c, 2009 BGB und, obgleich nicht ausdrücklich als Vermutung bezeichnet, §§ 363, 685 Abs. 2, 1213 Abs. 2, 1360b, 1620, 1625, 2270 Abs. 2 BGB.

3 Die andere Gruppe bilden die **Rechtsvermutungen,** bei denen das Gesetz von einer Tatsache unmittelbar auf das Bestehen oder Nichtbestehen eines Rechts oder Rechtsverhältnisses schließt, zB von der Eintragung im Grundbuch auf das Bestehen des eingetragenen Rechts (§ 891 Abs. 1 BGB) bzw. von der Löschung auf das Nichtbestehen (§ 891 Abs. 2 BGB). Gegenstand der Vermutung ist hier keine Tatsache (kein Tatbestandsmerkmal), sondern unmittelbar das Recht oder Rechtsverhältnis. Weitere Fälle enthalten §§ 1006 Abs. 1 S. 1 (1065, 1227), wegen des Verweises auf § 851 auch §§ 1138, 1155 sowie §§ 1362, 1964 Abs. 2, 2365 (1507, 2368 Abs. 3) BGB.

II. Rechtsfolgen

4 **1. Vermutungsbasis.** Darunter versteht man die Ausgangstatsache, an die der Schluss des Gerichtes anknüpft; in den genannten Beispielen (Rn. 2, 3) sind das der Besitz sowie die Eintragung bzw. Löschung. Diese Vermutungsbasis – nicht die vermutete Tatsache oder das vermutete Recht bzw. Rechtsverhältnis selbst – muss die Partei behaupten und beweisen, die sich auf die Vermutung beruft. Steht die Ausgangstatsache fest, weil sie unstreitig, zugestanden oder offenkundig ist, so muss der Richter davon ausgehen und die einschlägige Vermutungsvorschrift ohne weiteres der Urteilsfindung zu Grunde legen; darauf ist gegebenenfalls gemäß § 139 hinzuweisen.

5 **2. Beweis des Gegenteils.** Er obliegt dem Gegner, zu dessen Lasten die Vermutung wirkt. Da es zu den tatbestandlichen Voraussetzungen der Vermutung gehört, dass die vermutete Tatsache oder das vermutete Recht in der Existenz zweifelhaft ist,[5] muss der volle Beweis des Gegenteils der Vermutung erbracht werden. Es handelt sich folglich um einen Hauptbeweis (§ 284 Rn. 6); die bloße Erschütterung der Vermutungsbasis, die Erweckung von Zweifeln beim Richter genügt nicht.[6] Der Beweis kann nach § 292 S. 2 auch durch den Antrag auf Vernehmung des Gegners als Partei geführt werden; das ist eine Ausnahme von § 445 Abs. 2 (§ 445 Rn. 9).[7]

292a *(weggefallen)*

Die durch das FormAnpG (§ 371 Rn. 11) mit Wirkung ab 1. 8. 2001 eingefügte Vorschrift wurde durch das JKomG (§ 130a Rn. 1) wieder aufgehoben und – unter Aufgabe der Beschränkung auf Willenserklärungen – in § 371a Abs. 1 als Satz 2 eingestellt (§ 371a Rn. 1, 2, 6ff.).

293 *Fremdes Recht; Gewohnheitsrecht; Statuten*

[1]Das in einem anderen Staat geltende Recht, die Gewohnheitsrechte und Statuten bedürfen des Beweises nur insofern, als sie dem Gericht unbekannt sind. [2]Bei Ermittlung dieser Rechtsnormen ist das Gericht auf die von den Parteien beigebrachten Nachweise nicht beschränkt; es ist befugt, auch andere Erkenntnisquellen zu benutzen und zum Zwecke einer solchen Benutzung das Erforderliche anzuordnen.

I. Normzweck

1 Die Parteien müssen nur Tatsachen, nicht die darauf anzuwendenden Rechtsbestimmungen vortragen; Kenntnis, Feststellung, Auslegung und Anwendung des Rechts ist Sache des Gerichts (iura novit curia). Davon macht die Vorschrift eine Ausnahme: Der Richter braucht fremdes Recht, Gewohnheitsrecht und Satzungen nicht zu kennen. Die darunter fallenden Rechtssätze sind deshalb einem Beweisverfahren zugänglich. Das Gericht ist dabei nicht auf die von den Parteien beigebrachten Nachweise beschränkt, sondern kann auch andere Erkenntnisquellen benutzen und das dazu Erforderliche anordnen.

---

[1] Näher *Baumgärtel,* Festschr. f. K. H. Schwab, 1990, S. 43; *Heinrich,* Die Beweislast bei Rechtsgeschäften, 1996, S. 99. Vgl. auch MK/*Prütting* Rn. 26f.
[2] S. dazu *Musielak* S. 156ff.
[3] Vgl. zB BGHZ 95, 274 = NJW 1986, 1244 („GEMA-Vermutung I").
[4] Ausf. dazu *Mu/St* Rn. 244ff.
[5] *Musielak,* GK ZPO, Rn. 481.
[6] BGH MDR 1959, 114.
[7] BGHZ 104, 172, 176f. = NJW 1988, 2741.

II. Systematik

1. Abgrenzung. Wie im Umkehrschluss aus § 293 S. 1 folgt, hat der Richter zu **kennen:** Das Recht (Gesetzesrecht und Rechtsverordnungen) der Bundesrepublik Deutschland, und zwar einschließlich des internationalen Privatrechts[1] und des internationalen Verfahrensrechts,[2] die beide trotz der insoweit missverständlichen Bezeichnung zum nationalen Recht gehören;[3] das Recht der Europäischen Gemeinschaften[4] (vgl. aber Rn. 3); die allgemeinen Regeln des Völkerrechts (Art. 25 S. 1 GG). In allen diesen Fällen ist § 293 nicht einschlägig, die Erholung von Gutachten insoweit also unzulässig, weshalb Kosten dafür nicht von den Parteien zu tragen sind;[5] die genannte Vorschrift betrifft nur die Ermittlungen der nach deutschem internationalen Privatrecht berufenen ausländischen Rechtsordnung. Das schließt allerdings eine Beweiserhebung zu Rechtsvorschriften, die der Richter an sich zu kennen hat, nicht aus; deshalb darf im Streit über die Rechtmäßigkeit der Bewertung von Prüfungsleistungen im Zweiten Juristischen Staatsexamen ein Sachverständigengutachten mit der Begründung eingeholt werden, das Gericht sei mit dem Rechtsgebiet, in dem die Prüfungsleistung erbracht worden ist, nicht hinreichend vertraut.[6] 2

2. Anwendungsbereich des § 293. Der Richter muss **nicht kennen:** Das ausländische Recht; das nationale Recht eines Mitgliedsstaates der Europäischen Gemeinschaften (vgl. aber Rn. 2); das inländische oder ausländische Gewohnheitsrecht, also ungeschriebene, jedoch durch ständige Übung aus Rechtsüberzeugung anerkannte Rechtssätze; inländische oder ausländische Statuten, dh. das Satzungsrecht öffentlichrechtlicher Körperschaften, Anstalten und Stiftungen, zB Tarifverträge,[7] nicht aber ausländische allgemeine Geschäftsbedingungen oder Vereinssatzungen,[8] welche die Parteien in Übersetzung (§ 184 GVG) vorzulegen haben (vgl. §§ 134, 142, 273 Abs. 2 Nr. 1); (analog § 293) das nicht mehr geltende Recht. Kennt der Richter die genannten Rechte gleichwohl, zB auf Grund eines Auslandsstudienaufenthalts, scheidet § 293 aus. Andernfalls hat er das ihm unbekannte Recht in den Grenzen des ihm eingeräumten Ermessens (Rn. 8 ff.) mit den im Folgenden erörterten Möglichkeiten zu ermitteln. 3

III. Umfang der Ermittlungen

1. Ermittlung ausländischen Rechts, ausländischen Gewohnheits- und Statutenrechts.[9]**. a) Gerichtsinterne Ermittlungen.** Der Richter kann eigene Nachforschungen anstellen, zB durch Studium der Gesetzesblätter des jeweiligen Staates, Gesetzbücher, Kommentare, Lehrbücher und sonstigen Veröffentlichungen. Ein solches Vorgehen bietet sich hauptsächlich für das deutschsprachige Ausland an oder, wenn fremdsprachiges Recht und Literatur dazu übersetzt sind bzw. der Richter über einschlägige Sprachkenntnisse verfügt. Hat er sich auf diese Weise rechtskundig gemacht, so wendet er das ausländische Recht an, das folglich nicht mehr des Beweises im Sinn von § 293 S. 1 bedarf. In der Praxis scheitert diese Ermittlungsmethode meist am schwierigen quellentechnischen Zugang zum ausländischen Recht.[10] 4

b) Formloses Verfahren. Das Gericht ist zu formlosen Ermittlungen außerhalb des Strengbeweises befugt und dabei auf die schon beigebrachten Nachweise, zB Privatgutachten auch ausländischer Sachverständiger, nicht beschränkt. Es darf vielmehr die **Parteien** zu umfassenden Rechtsausführungen zum ausländischen Recht auffordern, wenn sie es ersichtlich kennen oder zu entsprechenden Erkenntnisquellen unschwer Zugang haben;[11] tun sie es gleichwohl nicht, darf ihnen allein daraus kein Nachteil entstehen, zB also nicht ein Prozesskostenhilfegesuch zurückgewiesen werden.[12] Denn es gibt keine Beweisführungslast (Rn. 13). Der Richter kann auch **Auskünfte** erbitten von inländischen Stellen, zB dem Bundesverwaltungsamt für Fragen auf dem Gebiet des Familien-, Erb-, Staatsangehörigkeits-, Personenstands-, Aufenthalts- und Fremdenrechts,[13] oder von ausländischen Behörden. Für letzteres gilt das **Europäische Übereinkommen** vom 7. 6. 1968[14], dessen Vertragsstaaten kostenlos Rechtsauskünfte über ihr Zivil- und Handelsrecht, ihr Verfahrensrecht auf diesen Gebieten und ihre Gerichtsverfassung erteilen; Inhalt und Übermittlung des Auskunftsersuchens sind in Art. 2 und Art. 4 des Übereinkommens im Einzelnen geregelt. Allerdings erschöpft sich nach dessen Art. 7 die Antwort „in der Mitteilung des Wortlauts der einschlägigen Gesetze und Verordnungen sowie in der Mitteilung von einschlägigen Gerichtsentscheidungen“, gegebenenfalls samt Auszügen aus dem Schrifttum und den Gesetzesmaterialien. Es wird also kein fallbezogenes Gutachten erstellt. Die Erholung einer Auskunft ist deshalb stets als **unzureichend** anzusehen, wenn es 5

---

[1] BGH NJW 1996, 54 m. Besprechung *Mäsch* NJW 1996, 1453; BGH NJW 1995, 2097.
[2] BGH NJW 1992, 3106; 1988, 647.
[3] MK/*Prütting* Rn. 8.
[4] *Sommerlad/Schrey* NJW 1991, 1377 f.
[5] *Zö/Geimer* Rn. 9 (für IPR-Gutachten); *Mankowski* MDR 2001, 194, 197 f.
[6] BVerwG NJW 1999, 1045 (LS) = NVwZ 1999, 187.
[7] BAGE 4, 39.
[8] BayObLG MDR 1977, 491.
[9] Ausf. dazu *Spickhoff* ZZP 112 (1999), 265; zur Rechtsnatur der Ermittlung ausländischen Rechts *Schilken*, FS Schumann, 2001, S. 373.
[10] Vgl. nur *Schurig* in: *Kegel/Schurig* § 15 II (S. 439).
[11] BGHZ 118, 151, 163 = NJW 1992, 2026; zur Mitwirkung der Parteien bei der Ermittlung ausländischen Rechts *Lindacher*, FS Schumann, 2001, S. 283.
[12] OLG Frankfurt/M NJW-FER 1999, 194.
[13] Näher *Hetger* FamRZ 1995, 654.
[14] BGBl. 1974 II, 938 mit Ausführungsgesetz BGBl. 1974 I, 1433, in Kraft seit 19. 3. 1975 (BlGl. II, 300), abgedruckt in MK/*Prütting* Rn. 33 ff.; *B/L/H* Rn. 14.

nicht nur auf den Inhalt eines ausländischen Gesetzes, sondern dessen Auslegung und Anwendung durch die Gerichte des betreffenden Landes ankommt (Rn. 6, 8, 9).[15]

6 c) **Beweisverfahren.** Das Gericht kann die Erholung eines Gutachtens beschließen; das gilt auch für den Urkundenprozess, weil sich die Beschränkungen der §§ 592 S. 1, 595 Abs. 2 nur auf die anspruchsbegründenden Tatsachen, nicht auf die Rechtsermittlung nach § 293 beziehen.[16] Es wird bei schwieriger Gesetzeslage und zur Ermittlung von ausländischem Gewohnheits- und Statutenrecht idR erforderlich sein, ein Gutachten einzuholen. Als Sachverständige werden in erster Linie inländische Universitätsprofessoren mit einem Lehrstuhl für Rechtsvergleichung oder andere Wissenschaftler auszuwählen sein, die an rechtsvergleichenden Instituten oder am Max-Plank-Institut für ausländisches und internationales Privatrecht tätig sind.[17] Kommt es entscheidend auf die ausländische Rechts-/Gerichtspraxis – also nicht nur auf gesetzliche Vorschriften – an, so wird ein fehlerfreier Ermessensgebrauch (Rn. 8) die Beauftragung eines ausländischen Wissenschaftlers erforderlich machen.[18] Die Anforderungen sind umso höher, je detaillierter und kontroverser die Parteien zur ausländischen Rechtspraxis vortragen (Rn. 9). Es gelten die Regeln des Sachverständigenbeweises (§§ 402 ff.), weshalb das Gericht auf rechtzeitig gestellten Antrag einer Partei den Sachverständigen zur Erläuterung seines Gutachtens laden muss[19] (§ 411 Rn. 9 ff.). Wegen des bei § 293 geltenden **Amtsermittlungsgrundsatzes**[20] darf die Erhebung eines Sachverständigengutachtens jedoch nicht von der Zahlung eines Kostenvorschusses abhängig gemacht werden. Deshalb kommt auch eine Zurückweisung von Parteivorbringen zur Ermittlung ausländischen Rechts als **verspätet** über § 282 Abs. 1 grundsätzlich nicht in Betracht, ausnahmsweise zB aber für einen streitigen Vortrag zur Auslandsberührung (Rn. 8); zur Beweislast Rn. 13.

7 **2. Ermittlung von inländischem Gewohnheits- und Statutenrecht.** Dafür werden meist gerichtsinterne Nachforschungen ausreichen, zB das Studium von Kommentaren, Lehrbüchern und sonstigen Veröffentlichungen (Rn. 4). Der Richter darf aber auch die Mithilfe der Parteien in Anspruch nehmen und von diesen einen ausführlichen Vortrag beispielsweise dazu verlangen, aus welcher ihnen bekannten Übung sie die Anerkennung bestimmter Rechtssätze als Gewohnheitsrecht herleiten wollen. Wegen des inländischen Statutenrechts kommt hauptsächlich die Erholung von Auskünften in Betracht (Rn. 5). Reichen solche formlosen Beweiserhebungen wegen einer besonders schwierigen Sach- und Rechtslage nicht aus, so kann das Gericht die Erholung eines Gutachtens durch einen Sachverständigen beschließen (Rn. 6).

8 **3. Umfang der Ermittlungspflicht. a) Prüfungspflicht.** Hat der Sachverhalt **Auslandsberührung,** so muss von Amts wegen (Rn. 6 aE) nach deutschem internationalen Privatrecht geprüft werden, ob deutsches oder ausländisches Recht anzuwenden ist. Im **Deliktsrecht** ist gemäß Art. 40 Abs. 1 EGBGB alleine das Recht des Handlungsortes maßgeblich ist, sofern nicht der Verletzte (gemäß S. 2) im ersten Rechtszug zeitlich befristet (nach S. 3) verlangt, „dass an Stelle dieses Rechtes das Recht des Staates angewendet wird, in dem der Erfolg eingetreten ist".[21] Im Übrigen gilt: Ist ausländisches Recht maßgeblich und haben die Parteien nicht durch schlüssiges Verhalten im Prozess die Anwendung von inländischem Recht vereinbart, zB durch ausschließliches Verhandeln nach deutschem Recht, so hat das Gericht nach pflichtgemäßen Ermessen zu entscheiden, nach welcher der erörterten Möglichkeiten (Rn. 4–6) es das von Amts wegen zu prüfende ausländische Recht ermittelt;[22] ebenso verhält es sich für **inländisches oder ausländisches Gewohnheits- oder Statutenrecht** (Rn. 7). Die **Urteilsgründe** müssen erkennen lassen, dass der Tatrichter dieses Ermessen wirklich ausgeübt hat, wobei nicht alleine auf Gesetzesrecht, sondern auch – soweit im Einzelfall erforderlich (Rn. 6) – auf die Rechtspraxis abzustellen ist, zB zur Entschuldigung für Verzögerungen und Wiedereinsetzungsgründe[23], bei Verjährung[24] oder bei einem Schmerzensgeldverlangen;[25] die bloß allgemeine Bezugnahme auf „sonstige Rechtsgrundlagen im ausländischen Recht" genügt hierfür nicht.[26] Entsprechendes gilt für die Auslegung eines Urteilstenors eines ausländischen Gerichts zB bei Verurteilung „zuzüglich der anfallenden Zinsen" eines spanischen Amtsgerichts.[27] **Die Verletzung dieser prozessrechtlichen Ermittlungspflicht** kann mit der Verfahrensrüge (§ 551 Abs. 3 Nr. 2b) beanstandet werden. Das vom Tatrichter festgestellte und angewendete ausländische Recht ist nicht revisibel (§ 545 Abs. 1), das **Revisionsgericht** überprüft lediglich die Einhaltung der Ermessensgrenzen (Rn. 9)[28], insbesondere die Ausschöpfung der Erkenntnisquellen, und die Vereinbarkeit des festgestellten Rechtssatzes mit dem ordre public in Art. 6 EGBGB. Gibt das Berufungsurteil keinen Aufschluss darüber, wie der Tatrichter seiner Pflicht zur Ermitt-

---

[15] BGH NJW 2003, 2685; ZIP 2001, 675.
[16] BGH NJW-RR 1997, 1154; *Peiffer* NJW 1999, 3674, 3682.
[17] Vgl. auch die Aufstellung (Personenverzeichnis, fachliche Übersicht) von *Hetger* DNotZ 1994, 88.
[18] BGH NJW 2003, 2685 (Verjährung nach thailändischem Recht); NJW-RR 2002, 1359 = NZI 2002, 430 (Gesellschafterhaftung nach Recht des Bundesstaats New York); NJW 1991, 1418 (Schiffspfandrechte nach venezolanischem Recht); NJW-RR 1991, 1211 (Parallelverfahren). Dazu *Samtleben* NJW 1992, 3057; OLG Düsseldorf NJW-RR 1997, 3.
[19] BGH NJW 1994, 2959.
[20] *Pfeiffer* NJW 2002, 3306 f.; vgl. schon BGHZ 77, 32, 38 = NJW 1980, 2022; *Kindl* ZZP 1998 (111), 177.
[21] Näher *Lorenz* NJW 1999, 2215, 2216 f.
[22] BGHZ 77, 32, 38 = NJW 1980, 2022 (ständige Rechtsprechung).
[23] OLG Düsseldorf NJW-RR 1997, 3 (türkisches Ehelichkeitsanfechtungsrecht).
[24] BGH NJW 2003, 2685.
[25] BGH NJW 1988, 648.
[26] BGH NJW 1992, 3106.
[27] BGH ZIP 2001, 675 (auch vorprozessuale Verzugszinsen oder nur Prozesszinsen?).
[28] Vgl. zB BGH NJW 1991, 1418 f. Näher *Pfeiffer* NJW 2002, 3306.

lung des ausländischen Rechts in seiner Ausprägung in Rechtssprechung, Rechtslehre und Praxis nachgekommen ist, wird revisionsrechtlich davon auszugehen sein, dass eine ausreichende Erforschung verfahrensfehlerhaft unterblieben ist.[29] Daher wird die Verfahrensrüge, das ausländische Recht sei fehlerhaft ermittelt, in vollem Umfang nachgeprüft, auch wenn dies die Prüfung ausländischen Rechts voraussetzt.[30]

b) **Ermessensausübung.** Nach höchstrichterlicher Rechtsprechung[31] gelten folgende Regeln: Ermessensfehlerhaft ist es, wenn statt des maßgebenden Rechts eines bestimmten Staates das eines anderen zu Grunde gelegt oder das für die Beurteilung des Falles maßgebliche Recht in seiner Gesamtheit überhaupt nicht ermittelt wird;[32] der Tatrichter kann sich seiner Pflicht auch nicht durch die „Anwendung einer wirtschaftlichen Betrachtungsweise" entziehen.[33] Im Übrigen werden die Grenzen der Ermessensausübung durch die jeweiligen Umstände des Einzelfalles bestimmt. Es sind umso höhere Anforderungen zu stellen, je detaillierter oder kontroverser die Parteien vortragen[34] oder komplexer oder je fremder im Vergleich zum eigenen das anzuwendende Recht ist.[35] Von Einfluss auf das Ermittlungsermessen können auch Vortrag und sonstige Beiträge – etwa Privatgutachten[36] – der Parteien sein. Tragen sie eine bestimmte ausländische Rechtspraxis detailliert und kontrovers vor, so wird der Richter regelmäßig umfassendere Ausführungen zur Rechtslage zu machen und gegebenenfalls sämtliche ihm zugängliche Erkenntnismittel zu erschöpfen haben, als wenn der Vortrag zum Inhalt des ausländischen Rechts übereinstimmt.[37] In die Abwägung, welche Ermittlungsmethode angewendet wird, darf schließlich auch die Bedeutung der Streitsache für die Parteien im Verhältnis zu Zeit, Aufwand und Kosten der Ermittlungen miteinbezogen werden.[38] Sich anbietende, zugängliche Erkenntnisquellen sind aber stets auszuschöpfen.[39] Zur revisionsgerichtlichen Überprüfung der Ermessensabwägung s. Rn. 8 aE. 9

c) **Offenlassen.** Die Wahl zwischen mehreren ausländischen Rechtsordnungen, von denen jede zum selben sachlichen Ergebnis führt, kann in beiden Tatsacheninstanzen offen bleiben; denn das Revisionsgericht prüft ausländisches Recht nicht nach (Rn. 8 aE; § 545 Abs. 1). Entsprechendes gilt im Verhältnis zwischen deutschem und ausländischem Recht für das Gericht erster Instanz. Das Berufungsgericht darf diese Frage nicht unbeantwortet lassen; die unterlegene Partei muss erkennen können, ob wegen der Anwendung von deutschem Bundesrecht Revision stattfindet oder ob bei Annahme von ausländischem Recht nur ein Ermessensfehlgebrauch beanstandet werden kann (Rn. 8, 9). Anders verhält es sich wiederum in der Revisionsinstanz; dort kann, wie in der ersten Instanz, offen bleiben, ob inländisches oder ausländisches Recht gilt, wenn das deutsche Recht zu keinem anderen Ergebnis führt.[40] Hat zB das Berufungsgericht den geltend gemachten Verzicht nach spanischem Recht für wirksam gehalten, der Revisionsführer hierzu aber beanstandet, die Parteien hätten schlüssig deutsches Recht vereinbart, so kann das offen bleiben, wenn der Verzicht auch nach deutschem Recht gültig ist.[41] 10

4. Besondere Verfahrenslagen. a) **Versäumnisverfahren.** Die Säumnis der beklagten Partei ändert nichts an der Pflicht des Gerichts zur Ermittlung von ausländischem Recht, Gewohnheitsrecht und Statuten.[42] Die Geständnisfiktion des § 331 Abs. 1 bezieht sich ausschließlich auf Tatsachen. Nicht ausreichend ist es folglich, wenn der Kläger für den vorgetragenen Inhalt ausländischen Rechts Beweis anbietet.[43] 11

b) **Arrest und einstweilige Verfügung.** Entsprechendes gilt im einstweiligen Rechtsschutzverfahren.[44] Bei der Ermessensprüfung, welche Ermittlungen zum ausländischen Recht in Betracht kommen (Rn. 4 ff.), ist allerdings die besondere Eilbedürftigkeit der Entscheidung zu berücksichtigen. Selbst wenn der Richter mündliche Verhandlungen anberaumt (§ 921 Rn. 3; § 937 Rn. 4–6), wird nur Zeit zu eigenen Nachforschungen verbleiben. Für den Gläubiger empfiehlt es sich, dem Gesuch einschlägige Literatur oder ein schon vorsorglich beschafftes Kurzgutachten beizulegen; der Antrag darf aber nicht wegen fehlender Glaubhaftmachung ausländischen Rechts zurückgewiesen werden,[45] weil es eine Beweisführungslast bei § 293 nicht gibt (Rn. 13; vgl. auch Rn. 5). Das Gericht muss sich daher auf alle präsenten und kurzfristig erreichbaren Erkenntnisquellen beschränken und beurteilen, ob nach dem so ermittelten ausländischen Recht das Bestehen des Arrest- oder Verfügungsanspruchs überwiegend wahrscheinlich ist (§ 920 Rn. 6, 8, 9).[46] Misslingt eine Ermittlung, wird deutsches Recht angewendet (Rn. 13). 12

---

[29] BGH NJW-RR 2002, 1359 = NZI 2002, 430.
[30] BGH NJW 2002, 3335.
[31] BGHZ 118, 151, 163 = NJW 1992, 2026 m. zahlreichen Nachweisen aus Rechtsprechung und Schriftum.
[32] BGH NJW 1995, 1032 (Organisationsakt einer juristischen Person tschechischen Rechts).
[33] BGH NJW-RR 1995, 766.
[34] BGH NJW-RR 2002, 1359 = NZI 2002, 430.
[35] Zum Ermittlungsumfang des schweizerischen Rechts der Mängelgewährleistung beim Werkvertrag vgl. BGH IPRax 1995, 38, zu dem des luxemburgischen Rechts der Garantie auf erstes Anfordern durch eine Privatperson vgl. BGH NJW-RR 1997, 1154 m. Anm. Schütze DZWiR 1997, 329.
[36] Zur Erstattungsfähigkeit der Kosten hierfür *Mankowski* MDR 2001, 194 ff.
[37] BAGE 27, 99, 109 f. = NJW 1975, 2160.
[38] *Sommerlad/Schrey* NJW 1991, 1378, 1380.
[39] *Pfeiffer* NJW 2002, 3306 f.
[40] BGH NJW 1996, 54.
[41] BGH NJW 1991, 2214.
[42] MK/*Prütting* Rn. 55; *Zö/Geimer* Rn. 18.
[43] So aber OLG München NJW 1976, 489 m. abl. Anm. v. *Küppers;* dagegen auch MK/*Prütting* aaO.
[44] Ausf. dazu MK/*Prütting* Rn. 56.
[45] So aber OLG Frankfurt NJW 1969, 991; dagegen auch *Sommerlad/Schrey* NJW 1991, 1378, 1381.
[46] Im Ergebnis ebenso OLG Koblenz IPRax 1995, 171; dazu *Schack* IPRax 1995, 158.

13 **5. Entscheidung bei fehlgeschlagenen Ermittlungen.** Da der Richter ausländisches Recht, Gewohnheitsrecht und Statuten nach § 293 von Amts wegen zu ermitteln hat, gibt es keine prozessuale Beweisführungslast.[47] Keine Partei wird folglich beweisfällig. Lässt sich trotz aller Sorgfalt der Inhalt des ausländischen Rechts nicht feststellen, so wird als lex fori ersatzweise deutsches Recht angewendet.[48]

IV. Kosten

14 Gerichtsgebühren entstehen nicht. Anfallende **Auslagen** für ein Sachverständigengutachten oder ein an einen fremden Staat gerichtetes Auskunftsersuchen werden jedoch erhoben. Zu den anfallenden Auslagen für ein Ersuchen um Auskunft im Wege der Rechtshilfe zählen die Prüfgebühr (Nr. 200 GebVerz. zur JVKostO), die Übersetzungskosten und die im Ausland anfallenden Kosten. Nach § 17 Abs. 3 GKG kann dafür ein Vorschuss gefordert werden. Im Rechtshilfeverkehr mit dem Ausland anfallende Kosten werden auch dann erhoben, wenn die deutsche Justizverwaltung aus Gründen der Gegenseitigkeit oder aus sonstigen Gründen keine Zahlungen zu leisten hat (KV Nr. 9013).

294 *Glaubhaftmachung*

(1) Wer eine tatsächliche Behauptung glaubhaft zu machen hat, kann sich aller Beweismittel bedienen, auch zur Versicherung an Eides statt zugelassen werden.

(2) Eine Beweisaufnahme, die nicht sofort erfolgen kann, ist unstatthaft.

I. Normzweck

1 Die Bestimmung regelt mit der Glaubhaftmachung nicht nur eine besondere Art der Beweisführung, sondern auch das insoweit geltende Beweismaß. Ist nämlich eine tatsächliche Behauptung lediglich glaubhaft zu machen und kann der Richter darauf seine Entscheidung stützen, so muss ein anderer Beweis als der im Regelfall des § 286 Abs. 1 gemeint sein. Sonst wäre § 294 ohne Sinn; dessen Abs. 1 bezeichnet die zugelassenen Beweismittel, die nach Abs. 2 bei einer Beweisaufnahme präsent sein müssen.

II. Glaubhaftmachung

2 **1. Anwendungsbereich.** Glaubhaftmachung zum Nachweis einer Tatsache (§ 288 Rn. 3, 4) ist nur in den **gesetzlich zugelassenen** Fällen gestattet. Dazu finden sich im Verfahrensrecht zahlreiche Bestimmungen, von denen in der Praxis wichtig sind: §§ 44 Abs. 2, Abs. 4, 104 Abs. 2, 118 Abs. 2 S. 1, 236 Abs. 2, 296 Abs. 4, 381 Abs. 1 S. 2, 406 Abs. 3, 487 Nr. 4, 511 Abs. 3, 531 Abs. 2 S. 2, 589 Abs. 3, 605 Abs. 3, 707 Abs. 1 S. 2, 719 Abs. 1 S. 2, 769 Abs. 1 S. 2, 805 Abs. 4, 900 Abs. 4, 920 Abs. 2. Als weiteres Beispiel sei die Glaubhaftmachung des Grundes für die Versagung der Restschuldbefreiung (§ 290 Abs. 1 Nr. 2 InsO) genannt, was dort nicht anders wie bei § 294 zu verstehen ist.[1] Auch das materielle Recht enthält solche Vorschriften, zB §§ 885 Abs. 1 S. 2, 899 Abs. 2 S. 2, 1615 o Abs. 3, 2228 BGB. Die abschließende Regelung des § 294 kann **nicht** auf andere Fälle der Beweisführung angewendet werden.[2] Ist nach dem Gesetz Glaubhaftmachung zugelassen, so gilt das auch für den Gegenbeweis, durch den verhindert werden soll, dass der Richter die glaubhaft gemachte Tatsache zu Grunde legt (§ 284 Rn. 6).

3 **2. Beweismaß.**[3] Die Vorschrift enthält nach ihrem Zweck (Rn. 1) eine Abweichung vom Regelbeweismaß der vollen Überzeugung von der Wahrheit einer Tatsache (§ 286 Rn. 18, 19, 21). Insoweit wird oft nur von „den geringeren Anforderungen des § 294“,[4] „einem geringeren Grad von Wahrscheinlichkeit“[5] oder „einem gewissen Grad von Wahrscheinlichkeit“[6] gesprochen. Tatsächlich handelt es sich um eine überwiegende Wahrscheinlichkeit.[7] Denn der Richter kann die behauptete Tatsache nur zu Grunde legen, wenn er ihr Bestehen für wahrscheinlicher hält als das Gegenteil; sonst ist die Behauptung schon begrifflich nicht „glaubhaft“ (gemacht). Eine weiter gehende Beweiserleichterung lässt sich aus § 294 nicht herleiten. Deshalb hat zB ein Arrestgesuch, dessen Voraussetzungen glaubhaft zu machen sind (§ 920 Abs. 2), nur Erfolg, wenn es wahrscheinlicher, also (mindestens) überwiegend wahrscheinlich ist, dass Arrestanspruch und Arrestgrund bestehen als umgekehrt (§ 920 Rn. 8). Das Gericht beurteilt in freier Beweiswürdigung, ob dieses Beweismaß erreicht ist.

4 **3. Mittel der Glaubhaftmachung (Abs. 1).** Dazu gehören – sofern sie präsent sind (Rn. 5) – alle üblichen Beweismittel (§§ 371–455) und die eigene Versicherung an Eides statt (außer bei §§ 44 Abs. 2 S. 1, 406 Abs. 3, 511 Abs. 3), sowie die Dritter;[8] eine eidesstattliche Versicherung darf sich aber nicht in der Bezug-

---

[47] BGHZ 120, 334, 342 = NJW 1993, 1073.

[48] BGHZ 69, 387 = NJW 1978, 496; BGH NJW 1982, 1215. Im Schrifttum sehr str., vgl. MK/*Prütting* Rn. 59 ff.; *Sommerlad/Schrey* NJW 1991, 1378, 1382 f.

[1] BGHZ 156, 139 = NJW 2003, 358 = NZI 2003, 662; dazu *Huber* LMK 2004, 40.

[2] BGH VersR 1973, 186 f.; MK/*Prütting* Rn. 4; *Zö/Greger* Rn. 1.

[3] Ausf. *Scherer,* Das Beweismaß der Glaubhaftmachung, Diss. Köln 1996; *Huber,* Das Beweismaß im Zivilprozess, Diss. Passau 1983; *Greger,* Beweis und Wahrscheinlichkeit, Diss. Erlangen-Nürnberg, 1978. Vgl. auch C. *Paulus,* Beweismaß und materielles Recht, FS Gerhardt (2004), S. 747.

[4] ZB BGH NJW 1994, 2898; ähnlich *B/L/H* Rn. 1.

[5] ZB *T/P/Reichold* Rn. 1.

[6] ZB *Ro/S/Go* § 109 Rn. 4.

[7] ZB BGHZ (Fn. 1); BGH NJW 1998, 1870; VersR 1976, 928; MK/*Prütting* Rn. 24 f.

[8] Zur Strafbarkeit nach § 156 StGB vgl. BayObLG NJW 1996, 406.

nahme auf einen anwaltlichen Schriftsatz erschöpfen, sondern muss eine selbständige Sachdarstellung enthalten.[9] Außerdem kommen in Betracht: schriftliche Erklärung eines Zeugen (§ 377 Abs. 3); anwaltliche Versicherung (unter Bezugnahme auf die Standespflichten) über die bei der Berufstätigkeit wahrgenommenen Vorgänge;[10] Bezugnahme auf die Akten des angerufenen Gerichts. Eine Glaubhaftmachung im Wiedereinsetzungsverfahren (§ 236 Abs. 2 S. 1) kann daran scheitern, dass der Anwalt einer Partei einen die Wiedereinsetzung rechtfertigenden Sachverhalt anwaltlich (eidesstattlich) versichert, schriftsätzlich jedoch einen die Wiedereinsetzung nicht rechtfertigenden Sachverhalt vorträgt, ohne dass Anhaltspunkte dafür bestehen, welcher wahrscheinlicher ist.[11]

4. Präsente Beweismittel (Abs. 2). Danach ist eine Beweisaufnahme, die nicht sofort erfolgen kann, also 5
eine Vertagung zum Zwecke der Herbeischaffung von Beweismitteln, unstatthaft. Deshalb müssen schriftliche Zeugenaussagen, eidesstattliche Versicherungen, Behördenauskünfte, sonstige Urkunden und Augenscheinsobjekte im Termin vorgelegt werden, Zeugen und Sachverständige mitgebracht oder auf Ladung gemäß § 273 Abs. 2 Nr. 4 erschienen sein; nur eine anwesende Partei (§§ 445, 447, 448) kann vernommen werden. Die unter Verstoß gegen § 294 Abs. 2 erhobenen Beweise sind jedoch verwertbar.[12] Die dort angeordneten Beschränkungen gelten nicht im Fall des § 104 Abs. 2, der eine Glaubhaftmachung genügen lässt, sie also nicht „erfordert" (vgl. § 294 Abs. 1: „glaubhaft zu machen hat").

295 *Verfahrensrügen*

(1) Die Verletzung einer das Verfahren und insbesondere die Form einer Prozesshandlung betreffenden Vorschrift kann nicht mehr gerügt werden, wenn die Partei auf die Befolgung der Vorschrift verzichtet, oder wenn sie bei der nächsten mündlichen Verhandlung, die auf Grund des betreffenden Verfahrens stattgefunden hat oder in der darauf Bezug genommen ist, den Mangel nicht gerügt hat, obgleich sie erschienen und ihr der Mangel bekannt war oder bekannt sein musste.

(2) Die vorstehende Bestimmung ist nicht anzuwenden, wenn Vorschriften verletzt sind, auf deren Befolgung eine Partei wirksam nicht verzichten kann.

I. Normzweck

Nach der Bestimmung verliert eine Partei unter bestimmten Voraussetzungen das Recht, die Verletzung 1
einer für sie verzichtbaren Verfahrensvorschrift zu rügen, wodurch der Mangel geheilt wird. Diese Regelung beruht auf dem Gedanken, dass eine allzu große Formstrenge den Prozessverlauf meist eher behindert als fördert. Sie wird ergänzt durch §§ 534, 556, denen zufolge die einmal eingetretene Heilung in den Rechtsmittelinstanzen fortwirkt, was der endgültigen und zügigen Prozessbeendigung dient.

II. Anwendungsbereich

1. Grundsatz. Erfasst werden Verstöße gegen Verfahrensvorschriften, zB über Form, Voraussetzungen 2
und Umstände (Zeit und Ort) der Vornahme von Prozesshandlungen (Einl. Rn. 58ff.) des Gerichts oder der Parteien, unabhängig von einem Verschulden. Eine Heilung des Mangels tritt jedoch nur ein, wenn eine Partei auf die Befolgung der verletzten Vorschrift wirksam verzichten konnte (Abs. 2) und ein solcher Verzicht entweder abgegeben oder nicht rechtzeitig erhoben wird (Abs. 1). Unter § 295 fallen **nicht Bestimmungen,** die den Inhalt der Prozesshandlung betreffen, wie zB §§ 139, 286, 287, 308.[1]

2. Unverzichtbare Verfahrensvorschriften (Abs. 2). Bei ihrer Verletzung tritt kein Rügeverlust und keine 3
Heilung ein, der Mangel kann durch Berufung und Revision beanstandet werden (§§ 520 Abs. 2 S. 2 Nr. 2, 538 Abs. 2 Nr. 1, 546, 547); bei Gerichtshandlungen steht dieses Recht jeder Partei zu, bei Parteihandlungen nur dem Gegner. Eine Partei kann nicht auf die Befolgung von Verfahrensvorschriften verzichten, die im öffentlichen Interesse an einer geordneten Rechtspflege bestehen oder dem Schutz einer anderen Partei dienen und die deshalb idR von Amts wegen zu beachten sind; **Beispiele:** Zulässigkeit des Rechtsweges; Partei-, Prozess- und Postulationsfähigkeit; Eintritt der Rechtshängigkeit (§ 261 Abs. 3); ausschließliche Zuständigkeit (§ 40 Abs. 2); Zuständigkeit im Instanzenzug;[2] gesetzlicher Richter (Art. 101 Abs. 1 S. 2 GG), zB ordnungsgemäße Besetzung des Gerichts,[3] Ausübung des Richteramtes durch ausgeschlossenen Richter (§ 41), unterbliebene Mitwirkung eines ehrenamtlichen Richters[4] oder Missachtung der Zuständigkeiten von originärem Einzelrichter und Kammer gem. § 348 – jedenfalls in der Instanz (§ 513 Abs. 2) – oder fehlende Zuweisung an den Einzelrichter nach § 348a, sofern dieser die Sache selbst entscheidet,[5] sie also nicht lediglich (dann verzichtbar) für eine Verhandlung vor dem ordnungsgemäß besetzten Kollegium vorbereitet;[6] Zulässigkeit von Rechtsbehelfen und Rechtsmitteln; Notfristen; Wiedereinsetzung; gesetzliche

---

[9] BGH NJW 1988, 2045f. Vgl. auch den Praxishinweis von *E. Schneider* in: *Zi* Rn. 4.
[10] OLG Köln MDR 1986, 152.
[11] BGH NJW 2002, 1429.
[12] BGH FamRZ 1989, 373.
[1] *Ro/S/Go* § 67 Rn. 10.
[2] BGH NJW-RR 1992, 1152 (Landwirtschaftssache).
[3] BVerwG NJW 1997, 674.
[4] BGH WM 1993, 1656, 1658.
[5] BGH NJW 2001, 1357; 1993, 600f.
[6] BGHZ 86, 104, 113 = NJW 1983, 1793.

Voraussetzung für Zurückweisung verspäteter Prozesshandlungen;[7] Gebot der nichtöffentlichen Verhandlung;[8] Protokollierungspflicht (zB § 160 Abs. 3 Nr. 4), falls aus deren Unterlassen ein Mangel des Tatbestandes folgt;[9] fehlerhafte Ermessensausübung bei unterlassener Ladung des Sachverständigen zur Gutachtenerläuterung[10] (§ 411 Rn. 9ff.).

4 **3. Verzichtbare Verfahrensvorschriften.** An Sonderbestimmungen sind zu beachten § 39 bezüglich der Zuständigkeit durch rügeloses Verhandeln (außer Rn. 3), § 189 für Zustellungen, § 267 für Einlassen auf Klageänderung (vermutete Einwilligung) und §§ 282 Abs. 3, 296 Abs. 3 für verzichtbare Rügen zur Zulässigkeit der Klage. Im Übrigen kann eine Partei auf die Einhaltung von Verfahrensvorschriften verzichten, soweit nicht § 295 Abs. 2 entgegensteht (Rn. 3). In Betracht kommen hauptsächlich ihrem Interesse oder Schutz dienende Bestimmungen; **Beispiele:** Einlassungs- und Ladungsfristen; Zustellungsmängel, außer bei Notfristen (zur Klageschrift Rn. 5); Grundsatz der Mündlichkeit und Öffentlichkeit (außer: nichtöffentliche Verhandlung, Rn. 3); nur vorbereitende Tätigkeit des Einzelrichters trotz fehlender Zuweisung (Rn. 3); Beweisaufnahme ohne Beweisbeschluss oder sonstige Anordnung; Verstöße gegen § 355[11] oder § 375[12] (Beweisaufnahme durch Berichterstatter); unterbliebene Protokollierung einer Zeugenaussage, sofern daraus kein Tatbestandsmangel folgt (Rn. 3); Benutzung eines beispielsweise wegen unterlassener Belehrung nach § 383 Abs. 2 unzulässigen Beweismittels;[13] Gutachtenerstattung durch einen anderen als vom Gericht beauftragten Sachverständigen entgegen § 407a Abs. 2;[14] Absehen von förmlicher Entscheidung über einen Befangenheitsantrag.[15]

5 In der Praxis wichtig sind Verfahrensverstöße im Zusammenhang mit der **Klageschrift** (§ 253 Rn. 10, 21). Soll durch die Klageerhebung eine materiell-rechtliche Ausschlussfrist gewahrt werden, zB bei §§ 121, 124, 561 Abs. 2 BGB oder bei Gläubigeranfechtung außerhalb des Insolvenzverfahrens,[16] und hat zwar die Klageschrift Mängel der beschriebenen Art, nicht aber das ihr zu Grunde liegende Prozesskostenhilfegesuch mit Klageentwurf, so gilt: Macht sich der Kläger den Klageentwurf durch Bezugnahme in der mündlichen Verhandlung zu Eigen, wird der Mangel bei unterlassener Rüge des Gegners jedenfalls dann geheilt, wenn die Verhandlung vor Ablauf der notariell-rechtlichen Ausschlussfrist stattfindet.[17] Eine gegen den Insolvenzschuldner erhobene Klage darf trotz Verfahrenseröffnung nicht von Amts wegen dem Insolvenzverwalter zugestellt werden; geschieht das gleichwohl, tritt Heilung ein, wenn dieser den Rechtsstreit aufnimmt und der Kläger klarstellt, dass die Klage gegen den Verwalter gerichtet sein soll.[18]

III. Verlust des Rügerechts und Wirkung

6 **1. Verlust des Rügerechts.** Eine Partei kann – sofern nicht Abs. 2 eingreift (Rn. 3) – die Verletzung einer Verfahrensvorschrift (Rn. 2, 4, 5) nicht mehr beanstanden, wenn sie auf die Rüge verzichtet oder diese nicht rechtzeitig erhebt. Der **Verzicht** ist als Prozesshandlung einseitig und unwiderruflich dem Gericht gegenüber nach dem Verfahrensverstoß in der mündlichen Verhandlung zu erklären, im Verfahren nach § 128 Abs. 2 oder § 495a schriftlich. Dem steht gleich **Unterlassen der Rüge** bis zum Schluss der nächsten mündlichen Verhandlung; auf diese Rechtsfolge braucht der Richter – außer im Verfahren vor dem Amtsgericht (§ 504 entsprechend) – nicht hinzuweisen.[19] Eine verfahrensfehlerhafte Beweisaufnahme muss im Falle des § 370 noch im selben Termin beanstandet werden, das gegen § 527 Abs. 2 S. 2 verstoßende Verfahren vor dem Einzelrichter allerdings erst in der nächsten mündlichen Verhandlung vor dem Kollegium.[20] Auch rügeloser Sachantrag (§ 297) führt zum Verlust des Rügerechts, nicht jedoch bloßes Nichtverhandeln. Ein Verzichtswille ist nicht erforderlich, bloße Unaufmerksamkeit genügt.[21] Vorausgesetzt wird nur, dass die Partei bzw. ihr gesetzlicher Vertreter oder Prozessbevollmächtigter (§§ 51 Abs. 2, 85 Abs. 2) den Verfahrensmangel kannte oder kennen musste (infolge – einfacher – Fahrlässigkeit nicht kannte); deshalb können Fehler bei der Urteilsfällung nicht durch rügeloses Verhandeln geheilt worden sein, entsprechendes gilt für eine verfahrensfehlerhafte Parteivernehmung (§ 448 Rn. 5). Im schriftlichen Verfahren nach § 128 Abs. 2 oder § 495a muss der Mangel nach allgM im nächsten eingereichten Schriftsatz beanstandet werden; läuft für eine Partei keine Schriftsatzfrist oder äußert sie sich nicht, so geht das Rügerecht mit der nächsten Entscheidung verloren.[22]

---

[7] BGH NJW 1990, 2389f.
[8] OLG Köln OLGZ 1985, 318.
[9] BGH NJW 1987, 1200.
[10] OLG Zweibrücken NJW-RR 1999, 1156.
[11] BGHZ 40, 179, 183 = NJW 1964, 108.
[12] BGH NJW 1979, 2518; aA OLG Köln NJW-RR 1998, 1143 (bei ständigem Verstoß gegen § 375 Abs. 1a).
[13] BGH NJW-RR 1987, 445; NJW 1985, 1158.
[14] OLG Zweibrücken NJW-RR 1999, 1368.
[15] BVerwG NJW 1992, 1186.
[16] Näher *Huber* § 7 Rn. 4ff.
[17] BGH NJW 1996, 1351.
[18] OLG Nürnberg OLGZ 1994, 454.
[19] *MK/Prütting* Rn. 40; *T/P/Reichold* Rn. 1. Weitergehend (Hinweis, falls Partei „unzumutbar überrascht" würde) BGH NJW 1958, 104.
[20] BGH NJW 1994, 801f.
[21] BGHZ 25, 71 = NJW 1957, 1517; *Rosenberg* JZ 1958, 60. AllgM im Schrifttum.
[22] *T/P/Reichold* Rn. 6; str., vgl. *Bischof* NJW 1985, 1143 m. weit. Nachw.

2. Wirkung. Durch Verzicht oder Unterlassen rechtzeitiger Rüge wird der Mangel grundsätzlich rück- 7
wirkend geheilt, die mangelhafte Verfahrenshandlung folglich als ex tunc fehlerfrei behandelt, auch in den Rechtsmittelinstanzen (§§ 534, 556). Bei der Klageschrift muss man jedoch unterscheiden: Wurde sie nicht zugestellt, so tritt Heilung nur **ex nunc** ein;[23] dieser Zeitpunkt ist auch maßgeblich bei bloß fehlerhafter Zustellung eines Scheidungsantrages (Argument: § 1587 Abs. 2 BGB).[24] In allen anderen Fällen fehlerhafter Klagezustellung wird der Mangel unter den Voraussetzungen des § 167 **ex tunc** geheilt;[25] entsprechendes gilt für den Mahnbescheid.

Im Schrifttum[26] wird neben § 295 eine Heilung durch offenbare **Zweckerreichung** befürwortet; danach 8
soll ein Formmangel nicht schaden, wenn sich der gesetzgeberische Zweck der Formvorschrift auch durch die unter ihrer Verletzung vorgenommene Prozesshandlung erreichen lässt, die deshalb durch eine den Mangel nicht beanstandende Entscheidung des Gerichts geheilt werden soll. Dem kann nicht zugestimmt werden.[27] Soweit das erstrebte Ergebnis auch nach § 295 Abs. 1 eintritt, besteht kein Bedürfnis für einen anderen Lösungsansatz, der umgekehrt gesetzwidrig erscheint, soweit er über den Anwendungsbereich dieser Vorschrift hinausgeht (vgl. § 295 Abs. 2).

296 ***Zurückweisung verspäteten Vorbringens*** **(1) Angriffs- und Verteidigungsmittel, die erst nach Ablauf einer hierfür gesetzten Frist (§ 273 Abs. 2 Nr. 1 und, soweit die Fristsetzung gegenüber einer Partei ergeht, 5, § 275 Abs. 1 Satz 1, Abs. 3, 4, § 276 Abs. 1 Satz 2, Abs. 3, § 277) vorgebracht werden, sind nur zuzulassen, wenn nach der freien Überzeugung des Gerichts ihre Zulassung die Erledigung des Rechtsstreits nicht verzögern würde oder wenn die Partei die Verspätung genügend entschuldigt.**

(2) Angriffs- und Verteidigungsmittel, die entgegen § 282 Abs. 1 nicht rechtzeitig vorgebracht oder entgegen § 282 Abs. 2 nicht rechtzeitig mitgeteilt werden, können zurückgewiesen werden, wenn ihre Zulassung nach der freien Überzeugung des Gerichts die Erledigung des Rechtsstreits verzögern würde und die Verspätung auf grober Nachlässigkeit beruht.

(3) Verspätete Rügen, die die Zulässigkeit der Klage betreffen und auf die der Beklagte verzichten kann, sind nur zuzulassen, wenn der Beklagte die Verspätung genügend entschuldigt.

(4) In den Fällen der Absätze 1 und 3 ist der Entschuldigungsgrund auf Verlangen des Gerichts glaubhaft zu machen.

Übersicht

I. Normzweck

Die Bestimmung will verhindern, dass die Parteien unter Verletzung ihrer Mitwirkungspflichten verspä- 1
tet vortragen oder Tatsachenbehauptungen nachschieben und so die Beendigung des Prozesses verzögern. Sie erlaubt deshalb unter bestimmten Voraussetzungen die Zurückweisung solchen Vorbringens. Umgekehrt möchte die Vorschrift durch ihren Sanktionscharakter zu einem möglichst frühzeitigen und deshalb von einer Zurückweisung nicht bedrohten Tatsachenvortrag anhalten. **Zweck** der Präklusionsvorschrift ist folglich die Prozessbeschleunigung. Allerdings darf dieser Normzweck nur in einem ordnungsgemäßen ge-

---

[23] BGH NJW 1996, 1351 f.
[24] BGH NJW 1984, 926.
[25] *Ro/S/Go* § 67 Rn. 18.
[26] *Vollkommer,* Formstrenge und prozessuale Billigkeit, 1973, S. 385 ff.
[27] Ebenso MK/*Prütting* Rn. 43; *T/P/Reichold* Rn. 8.

richtlichen Verfahren verfolgt werden; es gibt keinen „kurzen Prozess" zu Lasten einer Partei. Der Richter muss deshalb die ihm obliegenden Pflichten erfüllen, also rechtzeitig die erforderlichen Hinweise (§ 139) erteilen und den Rechtsstreit durch umfassende Vorbereitung einer nahen mündlichen Verhandlung sowie prozessfördernde Verfahrensleitung (vgl. zB §§ 272, 273, 278, 279) zur baldigen Entscheidungsreife führen (Rn. 14 ff.). Nur durch ein gesetzmäßiges Verfahren kann das Spannungsverhältnis zwischen dem Erfordernis der Prozessbeschleunigung und dem einer sorgfältigen Arbeitsweise (Einl. Rn. 52) aufgelöst und der Anspruch der Parteien auf rechtliches Gehör (Art. 103 Abs. 1 GG) gewahrt werden (Rn. 35).

2 Bei der Anwendung von § 296 sind **drei Gruppen zu** unterscheiden: **Abs. 1** erfasst Angriffs- und Verteidigungsmittel, die erst nach Ablauf einer hierfür gesetzten Frist vorgebracht wurden; bei **Abs. 2** sind sie zwar ohne Fristsetzung, jedoch entgegen der allgemeinen Prozessförderungspflicht nicht rechtzeitig vorgebracht oder mitgeteilt worden; **Abs. 3** betrifft Rügen zur Zulässigkeit der Klage, auf die der Beklagte verzichten kann. Die Beweismaßanforderungen für eine Entschuldigung der Partei wegen der Verspätung legt schließlich **Abs. 4** fest. **Sondervorschriften** enthalten §§ 39, 504 für die Zuständigkeitsrüge (Rn. 34), §§ 530–533 für die Berufung, § 571 für das Beschwerdeverfahren, §§ 615, 640 für Familien- und Kindschaftssachen und § 296 a für Vorbringen nach Schluss der mündlichen Verhandlung. Sonst gibt es **keine entsprechende Anwendung** dieser Präklusionsvorschrift, weil sie strengen Ausnahmecharakter hat und der säumigen Partei die einschneidenden Folgen einer Zurückweisung ihres Vorbringens nur bei klarer gesetzlicher Grundlage zugemutet werden können.[1]

II. Zurückweisung nach Absatz 1

3 **1. Voraussetzungen (Überblick).** Die Vorschrift erfasst Angriffs- und Verteidigungsmittel (Rn. 4–6), die erst nach Ablauf einer hierfür gesetzten Frist (Rn. 7–12), aber noch vor Schluss der mündlichen Verhandlung (sonst: § 296 a) vorgebracht wurden. Sie „sind" nur zuzulassen, wenn dadurch keine Verzögerung eintritt (Rn. 13–23) oder die Verspätung genügend entschuldigt wird (Rn. 24, 25). Bei schuldhafter und verfahrensverzögernder Missachtung der richterlichen Fristen muss folglich das Vorbringen zwingend zurückgewiesen werden. Die betroffene Partei kann allerdings auf andere Weise versuchen, den Folgen einer Präklusion zu entgehen (Rn. 40 ff.).

4 **2. Angriffs- und Verteidigungsmittel.** Hierunter fallen Behauptungen, Bestreiten, Einwendungen, Einreden, Beweismittel und Beweiseinreden (vgl. § 282 Abs. 1); einer Abgrenzung zwischen selbständigen und unselbständigen Angriffs- und Verteidigungsmitteln (§ 289 Rn. 2, 3) bedarf es für die Frage einer Zurückweisung grundsätzlich nicht. Für die Behandlung eines Beweisantrages muss man unterscheiden: Der Beweisantritt selbst ist Angriffs- oder Verteidigungsmittel und unterliegt folglich § 296 Abs. 1. Er darf aber nicht deshalb (auch nicht nach § 296 Abs. 2) zurückgewiesen werden, weil seiner Erledigung ein behebbares Hindernis entgegensteht, zB die ladungsfähige Anschrift des Zeugen fehlt; insoweit geht § 356 vor, weshalb nur danach verfahren werden darf (§ 373 Rn. 10).[2] Zu den Verteidigungsmitteln zählt auch die Geltendmachung einer Aufrechnung (§ 145 Rn. 23),[3] und zwar sowohl bei erstmaliger Erklärung im Rechtsstreit wie auch bei Berufung auf eine schon vorprozessual ausgesprochene Aufrechnung (zu den Wirkungen bei Zurückweisung Rn. 37).

5 Als **weitere Voraussetzung** muss der zu Grunde liegende Tatsachenvortrag streitig sein; neuer unstreitiger Vortrag ist folglich zu berücksichtigen, selbst wenn dadurch die Beweisaufnahme erforderlich wird.[4] Unstreitiges verzögert nicht,[5] auch nicht Streitiges, wenn die beweisbelastete Partei beweisfällig bleibt; im zuletzt genannten Falle ergeht eine Beweislastentscheidung. Auch zugestandene (§ 288) oder offenkundige (§ 291) Tatsachen sind ohne weiteres zu berücksichtigen. Schließlich muss der Vortrag entscheidungserheblich sein (näher Rn. 21); Unerhebliches bleibt – ob rechtzeitig oder verspätet vorgebracht – ohnehin außer Betracht.

6 **Keine Angriffs- und Verteidigungsmittel** sind der Angriff und die Verteidigung selbst (§ 296 a Rn. 3). Sachanträge gehören folglich nicht hierher. **Beispiele:** Klageänderung einschließlich nachträglicher objektiver Klagehäufung (Rn. 42);[6] Klageerweiterung; Einführung eines Anspruchs in den Prozess, dessen materiell-rechtlichen Voraussetzungen die Partei erst im Laufe des Verfahrens geschaffen hat;[7] Erledigungserklärung; Widerklage; Berufungsantrag. Jedoch muss der zu Grunde liegende Tatsachenstoff bei Antragstellung vollständig vorgetragen werden, andernfalls § 296 Abs. 2 eingreift (Rn. 29). Nicht unter den Begriff der Angriffs- und Verteidigungsmittel fallen außerdem Prozessanträge, zB auf Vertagung (§ 227) oder Fristverlängerung (§ 224 Abs. 2), von Amts wegen zu beachtende Zulässigkeitsrügen (vor § 253 Rn. 2–10, 12; zu verzichtbaren Rügen s. Rn. 33, 34) und Rechtsausführungen.

7 **3. Fristen. a) Anwendungsbereich.** Er umfasst die in der Vorschrift enumerativ aufgezählten richterlichen Fristen. Hierzu unterscheidet man zweckmäßigerweise zwischen frühem ersten Termin und Haupttermin; die Besonderheiten bei einer vorangegangenen **Güteverhandlung** (§§ 278, 279) werden später erörtert

[1] BVerfGE 69, 145, 149 = NJW 1985, 1150; BGH NJW 1981, 1217; BGHZ 76, 236, 239 f. = NJW 1980, 1167.
[2] BVerfG NJW 2000, 945 f.; BGH NJW 1993, 1926 f.; *Zö/Greger* Rn. 4; *Gottschalk* NJW 2004, 2939, 2940. AA *Rixecker* NJW 1984, 2135 f.; ihm zust. *Zi* Rn. 1.
[3] BGHZ 91, 293, 303 = NJW 1984, 1964.
[4] BGHZ 161, 138 = NJW 2005, 291.
[5] Vgl. BVerfGE 55, 72, 84 ff. = NJW 1981, 271; BGHZ 76, 113, 141 = NJW 1980, 945.
[6] BGH NJW 2001, 1210.
[7] BGH NJW-RR 2004, 167 (neue Schlussrechnung nach VOB/B); dazu *Reichold* LMK 2004, 54.

(Rn. 26–28). Wird ein **früher erster Termin** bestimmt, so sind das die Frist zur vor diesem Termin einzureichenden Klageerwiderung (§ 275 Abs. 1 S. 1; zuständig: Vorsitzender), die im frühen ersten Termin gesetzte Klageerwiderungsfrist (§ 275 Abs. 3; zuständig: Gericht) und die Frist zur schriftlichen Stellungnahme auf die Klageerwiderung (Replik, § 275 Abs. 4). Für die Zuständigkeit im zuletzt genannten Fall kommt es darauf an: Erfolgt sie im Termin, obliegt sie nach § 275 Abs. 4 S. 1 dem Gericht, außerhalb der Verhandlung kann sie nach § 275 Abs. 4 S. 2 auch der Vorsitzende setzen.

Wird **schriftliches Vorverfahren** angeordnet, so sind das die Frist zur Klageerwiderung (§ 276 Abs. 1 8 S. 2) und die zur schriftlichen Stellungnahme auf die Klageerwiderung (Replik, § 276 Abs. 3); zuständig ist jeweils der Vorsitzende. Die Anordnung nach § 276 Abs. 3 darf erst nach Eingang der Klageschrift ergehen, vorher kann der Richter nicht beurteilen, ob der Kläger zur Replik aufzufordern und welche Zeit ihm für die Abfassung zuzubilligen ist.[8] In **beiden Verfahrensarten** kommt außerdem eine Fristsetzung bei bestimmten **vorbereiteten Maßnahmen** in Betracht, nämlich zur Ergänzung oder Erläuterung sowie zur Vorlegung von Urkunden oder Gegenständen (§ 273 Abs. 2 Nr. 1, 5; zuständig: Vorsitzender); im Fall des § 273 Abs. 1 Nr. 5 gilt das aber nur, soweit die Fristsetzung gegenüber einer Partei (nicht: Dritten) erfolgt (vgl. die Einschränkung beim Zitat dieser Vorschrift in § 296 Abs. 1). Die allgemeine Aufforderung, „den Vortrag zu präzisieren“, genügt nicht; vielmehr sind die klärungsbedürftigen Punkte zu bezeichnen, andernfalls § 296 Abs. 1 ausscheidet.

Kraft ausdrücklicher Verweisung ist § 296 Abs. 1 **anwendbar** (zur Anwendung in der Berufungsinstanz 9 vgl. § 530) auf:

- Begründung des Einspruchs gegen ein Versäumnisurteil innerhalb der kraft Gesetzes laufenden Frist (§ 340 Abs. 3 S. 3 iVm. §§ 340 Abs. 1, 339);
- Frist zur Stellungnahme auf ein schriftliches Sachverständigengutachten (§ 411 Abs. 4 S. 2; zum Problem der Zuständigkeit s. § 411 Rn. 5);
- Frist zur Begründung des durch Mahnbescheid geltend gemachten Anspruchs nach Widerspruch bzw. Einspruch gegen einen Vollstreckungsbescheid (§§ 697 Abs. 3 S. 2, 700 Abs. 5; zuständig jeweils: Vorsitzender). Wird im zuletzt genannten Falle keine Anspruchsbegründung abgegeben und auch nicht bis zum Schluss der mündlichen Verhandlung nachgereicht, ist die Klage als unzulässig abzuweisen;[9] fehlt beim Einspruch gegen ein Versäumnisurteil die Begründung gänzlich, darf aber nicht gemäß § 341 verworfen werden (§ 340 Rn. 4).

Auf andere Fälle von Fristüberschreitungen ist § 296 Abs. 1 **nicht entsprechend anwendbar** (Rn. 2), also 10 zB nicht auf vorbereitende (§ 132)[10] oder nachgelassene (§ 283)[11] Schriftsätze, die Beibringungsfrist nach § 356 (Rn. 4), Zahlung von Auslagenvorschuss (§§ 379, 402; näher § 379 Rn. 9),[12] verspätete Anspruchsbegründung im Mahnverfahren (§ 697 Abs. 1; sondern: § 697 Abs. 3 S. 2, vgl. Rn. 9).[13] In solchen Fällen kommt möglicherweise § 296 Abs. 2 in Betracht.

b) Wirksamkeit der Fristsetzung. Nur eine wirksam gesetzte Frist löst die Folgen des § 296 aus, Mängel 11 können nicht geheilt werden (§ 295 Rn. 3). **Zwingend erforderlich** ist:

- Beachtung der Zuständigkeitsregeln zwischen Gericht und Vorsitzendem (Rn. 7–9), eine Fristsetzung durch den Berichterstatter oder ein anderes Mitglied der Kammer ist, außer im Vertretungsfalle, unzulässig;
- Unterschrift mit vollem Namen, Handzeichen (Paraphe) genügt nicht;[14]
- Zustellung einer beglaubigten Abschrift der Verfügung (§ 329 Abs. 2 S. 2),[15] gegebenenfalls an Prozessbevollmächtigten (§ 172);
- Belehrung, soweit gesetzlich vorgeschrieben, also bei §§ 276 Abs. 2, 277 Abs. 2, 277 Abs. 4 (nicht – jedoch ratsam – bei Frist zur Replik oder bei vorbereitender Maßnahme gemäß § 273 Abs. 2 Nr. 1, 5), die sich nicht in der bloßen Wiederholung des gesetzlichen Wortlauts erschöpfen darf,[16] außer der Beklagte ist selbst Rechtsanwalt,[17] sondern allgemein verständlich sein und „sinnfällig vor Augen führen“[18] muss, dass der vollständige Prozessverlust droht (Beispiel: „Achtung! Die Versäumung der Frist kann dazu führen, dass Sie den Prozess verlieren, obwohl Sie im Recht sind“.);
- klare Fristsetzung,[19] wobei der Beginn der Frist schon bei der Anordnung feststehen (Rn. 8) und für die Partei erkennbar sein muss (Beispiel: „Die Frist beginnt mit Zustellung dieser Verfügung“);
- angemessene Klageerwiderungsfrist,[20] weshalb der Richter vor Fristsetzung die tatsächlichen und rechtlichen Schwierigkeiten der Sache sorgfältig bedenken muss, auch ob die Partei anwaltschaftlich vertreten ist; dabei sollte auch berücksichtigt werden, dass ein Kläger in aller Regel die Zeit, die er auf die Vor-

---

8 BGHZ 76, 236, 239f. = NJW 1980, 1167.
9 LG Gießen NJW-RR 1995, 62.
10 BGH NJW 1989, 716 m. Anm. *Deubner.*
11 BVerfG NJW 1992, 679.
12 BGH NJW 1982, 2559 m. Anm. *Deubner;* OLG Hamm NJW-RR 1995, 1151.
13 BGH NJW 1982, 1533.
14 BGH NJW 2001, 1210.
15 BGH NJW 1990, 2389.
16 BGHZ 86, 218 = NJW 1983, 822.
17 BGH NJW 1991, 493.
18 BGH NJW 1991, 2773f.
19 BVerfG NJW 1982, 1453; BGH NJW 1990, 2389f.
20 BGH NJW 1994, 736; OLG Karlsruhe NJW-RR 1997, 828; OLG Dresden NJW-RR 1999, 214, 216.

bereitung seines „Angriffs“ verwendet hat, selbst bestimmen konnte. Bei umfangreichem Sachverhalt genügt die gesetzliche Mindestfrist (§§ 276 Abs. 1 S. 2, 277 Abs. 3) nicht. Die **Verlängerung** der von § 296 Abs. 1 erfassten Fristen ist möglich (§ 224 Abs. 2), eine förmliche Zustellung dieser Verfügung nicht erforderlich,[21] wenn dem Gesuch inhaltlich entsprochen wurde.

12 c) **Versäumung der Frist.** Die Frist ist versäumt, wenn Angriffs- und Verteidigungsmittel erst nach ihrem Ablauf vorgebracht werden. Dem steht der Fall gleich, dass eine Partei auf eine Anordnung nach § 273 Abs. 2 Nr. 1 nur allgemein Stellung nimmt, die dort konkret bezeichneten Punkte (Rn. 8) jedoch vollkommen übergeht.[22] Bloß inhaltliche Mängel oder Unklarheiten genügen demgegenüber nicht; werden sie trotz eines richterlichen Hinweises (§ 139) nicht rechtzeitig beseitigt, droht aber eine Zurückweisung nach § 296 Abs. 2, falls die angeforderte Ergänzung oder Erläuterung später nachgeschoben wird.

13 **4. Verzögerung. a) Begriff.** Den Eintritt der Verzögerung beurteilt das Gericht nach freier Überzeugung bezogen auf den Zeitpunkt des Vorbringens; das ist bei schriftlichem Vortrag der Eingang des Schriftsatzes, bei mündlichem die Abgabe der Erklärung im Termin. Nach ständiger Rechtsprechung des **Bundesgerichtshofes**[23] und **hM** im Schrifttum[24] gilt der **absolute Verzögerungsbegriff** (mit den in Rn. 14 ff. genannten Einschränkungen). Danach kommt es ausschließlich darauf an, ob der Rechtsstreit bei Zulassung des verspäteten Vorbringens länger dauern würde als bei dessen Zurückweisung; Feststellungen dazu sind unproblematisch zu treffen, weil bei Zurückweisung das Verfahren in aller Regel sofort beendet werden kann, während bei Zulassung ein weiterer Termin erforderlich würde. Unerheblich ist, ob der Prozess bei rechtzeitigem Vorbringen früher geendet oder wenigstens genauso lange gedauert hätte als bei Berücksichtigung des verspäteten Vortrags; der auf einen solchen hypothetischen Vergleich abstellende **relative Verzögerungsbegriff**[25] hat sich zu Recht nicht durchgesetzt, obgleich Elemente davon in der Rechtsprechung des BVerfG zum Merkmal der „offensichtlich fehlenden Ursächlichkeit“ verspäteten Vorbringens für die Verzögerung (Rn. 14, 17, 18) verdeckt verwendet werden. Der mutmaßliche Geschehensablauf bei richtigem Alternativverhalten (rechtzeitigem Vorbringen) könnte in der Praxis – außer beim frühen ersten Termin als „Durchlauftermin“ (Rn. 19, 20) – nur mit großen Unsicherheiten festgestellt werden.[26] Außerdem würde diese Prüfung dem Richter erheblichen Aufwand abverlangen, was der erstrebten Beschleunigung des gerichtlichen Verfahrens und Entlastung der Zivilgerichte widerspräche (Rn. 1).

14 **b) Einschränkungen des absoluten Verzögerungsbegriffs (Überblick).** Die Anwendung des absoluten Verzögerungsbegriffs verstößt – wie das BVerfG[27] mehrfach entschieden hat – nicht gegen Art. 103 Abs. 1 GG, sofern die betroffene Partei ausreichend Gelegenheit hatte, sich zu allen für sie wichtigen Punkten zur Sache zu äußern, dies aber aus von ihr zu vertretenden Gründen versäumt hat. Das setzt allerdings voraus, dass der Richter die ihm obliegenden Pflichten zur umfassenden Vorbereitung der mündlichen Verhandlung und prozessfördernden Verfahrensleitung erfüllt (Rn. 1). Kommt er dem nicht nach, besteht ein Zurückweisungshindernis (Rn. 15, 16), zB nach unterlassenem, aber gem. § 139 Abs. 2 gebotenen Hinweis für das (verspätete/neue) Verteidigungsvorbringen zu dem vom Gericht für erheblich gehaltenen Punkt.[27a] Auch darf verspätetes Vorbringen bei offensichtlich fehlender Ursächlichkeit für die Verzögerung nicht ausgeschlossen werden (Rn. 17, 18). Besonderheiten gelten im frühen ersten Termin (Rn. 19, 20) und bei vorangegangener Güteverhandlung (Rn. 26–28).

15 c) **Richterliche Mitverantwortung.** Die Anwendung der Präklusionsvorschrift ist rechtsmissbräuchlich, wenn der Richter durch unzureichende Verfahrensleitung (bei unangemessen kurzer Klageerwiderungsfrist fehlt es schon an einer wirksamen Fristsetzung, Rn. 11), unzulängliche Terminsvorbereitung oder Verletzung der gerichtlichen Fürsorgepflicht die Verzögerung mitverursacht.[28] Verspätetes Vorbringen muss deshalb zugelassen werden, wenn eine Verzögerung durch **zumutbare Maßnahmen** bei der Terminsvorbereitung abgewendet werden kann oder das fehlerhaft unterlassen wurde.[29] Zumutbar sind vorbereitende Anordnungen gemäß § 273, wenn es sich um einfache und klar abgrenzbare Streitpunkte handelt, die ohne unangemessenen Zeitaufwand geklärt werden können;[30] **Beispiele:** Trotz verspätet eingereichtem Tatsachenvortrag wäre die Beweiserhebung in der mündlichen Verhandlung oder bei gehöriger Terminsvorbereitung möglich;[31] unterlassene vorsorgliche Ladung eines Zeugen/Sachverständigen, wenn dazu hinreichend Anlass und Gelegenheit bestand;[32] zwischen dem Eingang des den verspäteten Beweisantritt

---

21 BGH NJW 1990, 2389; BGHZ 93, 300, 305 = NJW 1985, 1558.

22 So auch *Zö/Greger* Rn. 10.

23 BGHZ 86, 31, 34 = NJW 1983, 575; 75, 138, 142 = NJW 1979, 1988.

24 MK/*Prütting* Rn. 78 ff.; *T/P/Reichold* Rn. 14; *Zi* Rn. 17; *Sae* Rn. 18, 19; *Musielak*, GK ZPO, Rn. 375; *Ro/S/Go* § 68 Rn. 31 ff.; *Weth*, Die Zurückweisung verspäteten Vorbringens im Zivilprozess, 1988, S. 235 ff.

25 AK-ZPO/*Deppe-Hilgenberg* Rn. 17; OLG Frankfurt/M NJW 1979, 1616; OLG Hamburg NJW 1979, 1718; *E. Schneider* NJW 1979, 2615. In diese Richtung auch OLG Dresden NJW-RR 1999, 214 f.; dazu *Deubner* JuS 1998, 827.

26 BVerfGE 75, 302, 315 ff. = NJW 1987, 2732; BGHZ 86, 31, 37 = NJW 1983, 575; BGH NJW 1989, 719 f.

27 BVerfGE 69, 145, 149 = NJW 1985, 1156; BVerfG NJW 1991, 2275 f.

27a Vgl. den Fall von BGH NJW-RR 2007, 1612.

28 BVerfG NJW 2000, 945 f.; 1998, 2044 (abhanden gekommener Einspruch); BVerfGE 60, 1, 6 = NJW 1982, 1453; 69, 126, 139 = NJW 1985, 1149; BGHZ 86, 31, 39 = NJW 1983, 575.

29 BVerfGE 81, 264 ff. = NJW 1990, 2373; BVerfG NJW-RR 1995, 377 f.; BGHZ 91, 293, 304 = NJW 1984, 1964; BGH NJW-RR 2002, 646; NJW 1996, 528 f. (dazu *Deubner* JuS 1996, 534, 536 f.).

30 BGH NJW 1996, 528 f.; BGHZ 91, 293, 304 = NJW 1984, 1964.

31 BVerfG WM 1994, 512 (Zeugenvernehmung im Räumungsprozess).

32 BGH NJW-RR 2002, 646.

enthaltenden Schriftsatzes und dem Termin zur mündlichen Verhandlung liegen mehrere Monate;[33] die verspätet benannten Zeugen sind kurzfristig greifbar,[34] zB durch Telefon oder Fax, falls nicht, ist der Prozessbevollmächtigte aufzufordern, die nicht mehr ladbaren Zeugen im Termin zu stellen;[35] Vernehmung von mehreren statt einem Zeugen zu einem eingegrenzten Beweisthema,[36] sofern nicht der verspätete Beweisantritt verbunden ist mit einem umfangreichen, zB mehrere Ordner umfassenden Sachvortrag;[37] Auftrag zu mündlichem statt schriftlichem Sachverständigengutachten (§ 411 Rn. 2).

Hat der Richter von vornherein zu wenig Zeit für den **Termin** (zum frühen ersten Termin Rn. 19, 20) eingeplant, so darf er sich später nicht auf die von ihm selbst geschaffene Terminslage zurückziehen.[38] Kommt also beispielsweise der Beklagte der Auflage nicht nach, Vorschüsse für die Ladung der angebotenen Zeugen einzuzahlen, sondern lässt er im Haupttermin Versäumnisurteil ergehen, so muss das Gericht nach Einspruch damit rechnen, dass die Vorschusszahlung noch rechtzeitig vor dem gemäß § 341a bestimmten Termin nachgeholt wird, weshalb für diese Verhandlung ausreichend Zeit vorzusehen ist.[39] Ansonsten ist eine Absetzung und Neuanberaumung eines Termins aber grundsätzlich unzumutbar;[40] zur zweistufigen Beweisaufnahme vgl. Rn. 22. Nimmt der Kläger vom Urkunden-/Wechsel-/Scheckprozess Abstand (§§ 596, 602, 605a), so kann zwar sofort im Termin im ordentlichen Verfahren weiterverhandelt werden, jedoch darf ein jetzt vorgetragenes Beweisangebot des Beklagten nicht als verspätet zurückgewiesen werden, vielmehr ist zu vertagen.[41] 16

d) Ursächlichkeit. Verspätetes Vorbringen darf nicht unberücksichtigt bleiben, wenn ohne jeden Aufwand erkennbar ist, dass die Pflichtwidrigkeit – die Verspätung allein – nicht kausal für eine Verzögerung ist;[42] **Beispiel:** Der Beklagte hatte rechtzeitig Einspruch gegen das Versäumnisurteil eingelegt (§§ 338, 339 Abs. 1, 340 Abs. 1, Abs. 2), die Einspruchsbegründung mit Beweisantritt (§ 340 Abs. 3 S. 1) aber verspätet eingereicht (vgl. Rn. 9 aE); das Gericht bestimmte Termin, unterließ jedoch die Ladung des benannten Zeugen und wies das Vorbringen gemäß §§ 340 Abs. 3, 296 Abs. 1 zurück. Das BVerfG[43] beanstandete das mit Recht, weil bei Einreichung des Schriftsatzes innerhalb der Einspruchsfrist dieselbe Verzögerung eingetreten wäre; denn im Zeitpunkt des verspäteten Eingangs war noch kein Termin anberaumt worden. 17

An der Ursächlichkeit fehlt es auch, wenn das Gericht die von einem einfachen Streitgenossen verspätet vorgebrachte Tatsache wegen rechtzeitigen Vorbringens eines anderen Streitgenossen ohnehin berücksichtigen muss[44] oder wenn bei fristgerechtem Eingang des Schriftsatzes mit dem verspäteten Vorbringen ein Beweisbeschluss – zB wegen Umfang und Art der behaupteten Mängel mit Anordnung zur Erholung eines Sachverständigengutachtens – hätte ergehen müssen und der Rechtsstreit folglich nicht erledigt worden wäre.[45] Ebenso ist es bei Verzögerungen, die einen Prozessverlauf unabhängig davon beeinflussen, ob die Partei rechtzeitig oder verspätet vorgetragen hat, wenn also zB der verspätet benannte, gleichwohl aber ordnungsgemäß und rechtzeitig geladene Zeuge nicht erscheint.[46] Etwas anderes gilt, wenn der ausgebliebene Zeuge nicht mehr rechtzeitig geladen werden konnte, selbst wenn er vorher dem Prozessbevollmächtigten sein Erscheinen zugesagt hatte.[47] In einem solchen Falle besteht ein Zusammenhang zwischen der infolge der Verspätung nicht erfolgten Ladung und dem die Verzögerung bewirkenden Nichterscheinen; auf die hypothetische Prüfung, ob der Zeuge einer rechtzeitigen gerichtlichen Ladung nachgekommen wäre, braucht sich das Gericht nicht einzulassen (Rn. 13). 18

e) Früher erster Termin. Nach hM[48] ist eine Zurückweisung verspäteten Vorbringens grundsätzlich auch bei einem frühen ersten Termin (§ 275) zugelassen (zu Besonderheit bei vorangegangener Güteverhandlung Rn. 26–28); es kommt nicht darauf an, dass der Vortrag noch in einem späteren Haupttermin (§§ 275 Abs. 2, 279 Abs. 2) berücksichtigt werden könnte. Abzulehnen sind die Gegenauffassungen, die wegen einer Verzögerung entweder ausschließlich auf den Haupttermin[49] oder dessen Vorbereitung[50] abstellen und die deshalb der Sache nach auf einen relativen Verzögerungsbegriff (Rn. 13) hinauslaufen. Der frühe erste Termin wird nicht nur in der Vereinfachungsnovelle (Rn. 1) als vollwertiger Verhandlungstermin angesehen;[51] vielmehr macht die Praxis davon in nicht unerheblichem Umfang zum Zwecke einer schnellen, auch streitigen Prozess- 19

---

[33] BVerfG NJW-RR 1999, 1079 (8 Monate zwischen verspäteter Berufungsbegründung und Termin).
[34] BGH NJW 1991, 1181f.
[35] BGH NJW 1980, 1848f.
[36] BVerfGE 81, 264, 271 = NJW 1990, 2373; BGH NJW 1991, 2759f.; 1987, 260f.
[37] BGH NJW 1999, 3272f.
[38] BVerfG NJW 1992, 299f.; *Deubner* JuS 1996, 534, 536f.
[39] AA OLG Hamm NJW-RR 1995, 1038.
[40] BGH NJW 1999, 585.
[41] SächsVerfGH NJW 1998, 3266.
[42] BVerfGE 75, 302, 316f. = NJW 1987, 2733 m. Anm. *Deubner.*
[43] BVerfG NJW 1995, 1417f.
[44] OLG Brandenburg NJW-RR 1998, 498.
[45] OLG Hamm NJW-RR 1995, 126. Insofern richtig OLG Dresden NJW-RR 1999, 214f.; das spricht jedoch – entgegen OLG u. *Deubner* JuS 1998, 827 – nicht für den relativen und gegen den absoluten Verzögerungsbegriff (Rn. 13).
[46] BGH NJW 1982, 2259 m. Anm. *Deubner;* BGH NJW 1986, 2319; 1987, 1949.
[47] BGH NJW 1989, 719f.
[48] Grundlegend BGHZ 86, 31, 33f. = NJW 1983, 575; MK/*Prütting* Rn. 89 m. weit. Nachw.
[49] OLG München NJW 1983, 402; OLG Karlsruhe NJW 1980, 296; *Leipold* ZZP 97 (1984), 401ff.; *Deubner* NJW 1983, 1026, 1028.
[50] *Hermisson* NJW 1983, 2229, 2231 m. weit. Nachw.
[51] MK/*Prütting* Rn. 98, 99.

beendigung Gebrauch; **Beispiele:** Mietrechtsstreitigkeiten, Verkehrsunfallprozesse, Nachbarstreitigkeiten, vermögensrechtliche Abwicklung nach Beendigung von Lebensgemeinschaften, Darlehensprozesse mit einer Bank oder zwischen Angehörigen, Erbschaftsstreitigkeiten, Hauptsacheprozesse nach vorangegangenen selbständigem Beweisverfahren (vgl. S. 493). Schon deshalb wäre es weder gerechtfertigt noch für die Rechtsanwendung hilfreich, die Verzögerung nach einem anderen Maßstab zu bemessen. Es gilt also auch hier grundsätzlich der absolute Verzögerungsbegriff mit den bereits erörterten Einschränkungen (Rn. 13 bis 16).

20 Die Anwendung der Präklusionsvorschriften im frühen ersten Termin ist jedoch rechtsmissbräuchlich, wenn es sich um einen **Durchlauftermin** handelt.[52] Dieser Begriff, der nicht ganz einheitlich verwendet wird,[53] meint einen Termin, in dem von vornherein für die Verfahrensbeteiligten erkennbar eine abschließende streitige Verhandlung einschließlich Beweisaufnahme ausgeschlossen ist,[54] was bezogen auf den Zeitpunkt der Terminsbestimmung beurteilt wird; **Beispiele:** Anberaumung von einer Vielzahl von Sachen auf dieselbe Terminsstunde (Sammeltermine), zB mit Ladung auf 09.00 Uhr und dem Vermerk: „Sammelterminsende sp. 11.00 Uhr";[55] unzureichende Dauer der Verhandlung, zB vorgesehen 10 Minuten bei komplizierten Sachverhalten wie Arzthaftung oder Bauprozess (s. auch Rn. 16); Ablauf der Klageerwiderungsfrist kurz vor dem Termin, weil das Gericht dadurch zu erkennen gibt, dass es vorbereitende Maßnahmen nicht mehr treffen will; Aufforderung an die Parteien bei der Klagezustellung, einen Sachverständigen vorzuschlagen (§ 404 Abs. 3) oder zum Vorschlag des Gegners Stellung zu nehmen.

21 **f) Keine Verzögerung.** Verspätetes Vorbringen muss streitig, beweisbedürftig und entscheidungserheblich sein (Rn. 5). Gleichwohl verzögert es nicht, wenn der Rechtsstreit weder bei Zulassung noch bei Zurückweisung entscheidungsreif wäre.[56] Die Anwendung der Präklusionsvorschriften setzt **Entscheidungsreife** des **ganzen Rechtsstreits** voraus, also dass der Rechtsstreit ohne das verspätete Vorbringen **insgesamt** entscheidungsfrei ist.[57] Angriffs- und Verteidigungsmittel dürfen nicht durch Teilurteil (§ 301) zurückgewiesen werden;[58] entsprechendes gilt für Klage und Widerklage, die in Sachzusammenhang stehen (§ 33 Abs. 1), weshalb kein die Klage oder Widerklage betreffendes Teilurteil ergehen kann[59] (zu deshalb eröffneten „Fluchtwegen" Rn. 42). Statthaft ist aber eine Zurückweisung verspäteten Vorbringens im Grundurteil (§ 304);[60] denn der Streit zum Anspruchsgrund betrifft diesen Verfahrensabschnitt im Ganzen.

22 Keine Verzögerung tritt ein, wenn die unverzügliche **Fortsetzung der Beweisaufnahme** möglich ist, also zB der verspätet angebotene Zeuge mitgebracht wird (Rn. 15) oder der anwesende Sachverständige zu weiteren bisher nicht behaupteten Mängeln befragt werden soll. Etwas anderes gilt, wenn die Zulassung dieses Vorbringens zu einem weiteren Termin zwingt, zB nun die Vernehmung nicht präsenter Gegenzeugen erforderlich wird[61] oder der Sachverständige die an ihn gerichteten Fragen nicht ohne neue Ortsbesichtigung oder Untersuchungen beantworten kann. Entsprechendes gilt, wenn beim Nachweis der verspäteten Tatsache – zB der Rechtzeitigkeit einer Mängelrüge (§ 377 Abs. 2 HGB) – andere unter Beweis gestellte Behauptungen – zB die Mangelfreiheit der Sache – entscheidungserheblich würden und für die Erhebung dieser Folgebeweise ein neuer Termin anberaumt werden müsste.[62] Auf eine zweistufige Beweisaufnahme braucht sich das Gericht nicht einzulassen;[63] vgl. auch Rn. 16.

23 Kann der Gegner auf ein verspätetes Vorbringen erst in einem **nachgelassenen Schriftsatz** (§ 283) Stellung nehmen, so bewirkt das alleine keine Verzögerung, selbst wenn ein schon vorgesehener Verkündungstermin hinausgeschoben werden muss.[64] Erst die Erwiderung erlaubt die Prüfung, ob das Vorbringen verzögert, woran der Richter wegen der Einräumung der Schriftsatzfrist nicht gehindert ist.

24 **5. Verschulden.** Weitere Voraussetzung einer Präklusion nach § 296 Abs. 1 ist das Verschulden der Partei oder ihres gesetzlichen Vertreters bzw. Prozessbevollmächtigten (§§ 51 Abs. 2, 85 Abs. 2) an der Fristversäumung (Rn. 3). Es genügt – anders als bei § 296 Abs. 2 (Rn. 31, 32) – leichte Fahrlässigkeit, die vermutet wird. Die Partei kann sich aber entschuldigen, allerdings nur sofort, dh. in dem Schriftsatz, der den verspäteten Vortrag enthält, spätestens in der nächsten mündlichen Verhandlung. Die Entschuldigungsgründe sind auf Verlangen glaubhaft zu machen, §§ 296 Abs. 4, 294; eine Zurückweisung wegen fehlender Glaubhaftmachung ist folglich unzulässig, falls letztere nicht verlangt war.[65] Zum Vortrag muss der Partei eine kurze Frist gewährt werden, auch zur Nachbesserung, falls der Richter schon vorgebrachte Gründe für unzureichend hält, worauf hinzuweisen ist.[66] Entschieden wird auf Grund freier Überzeugung unter Berücksichtigung der zur Entschuldigung beigebrachten präsenten Beweismittel (§ 294 Abs. 2).

---

[52] BVerfG NJW 1992, 299f.; BVerfGE 75, 302, 315ff. = NJW 1987, 2733 m. Anm. *Deubner;* BayVerfGH NJW 1990, 1653f. m. Anm. *Deubner;* BGH NJW-RR 2005, 1296; BGHZ 98, 368 = NJW 1987, 500.

[53] Vgl. *Lange* NJW 1988, 1644; *Deubner* NJW 1987, 1583. Krit. gegen diesen – in der Praxis allerdings allgemein üblichen – Begriff *Musielak,* GK ZPO, Rn. 380.

[54] BVerfGE 69, 126, 139 = NJW 1985, 1119.

[55] BayVerfGH NJW 1992, 299f.

[56] BGH NJW-RR 1989, 786.

[57] BGH NJW-RR 1999, 787.

[58] BGHZ 77, 306 = NJW 1980, 2355 m. Anm. *Deubner.*

[59] BGH NJW 1981, 1217.

[60] BGH WM 1979, 918.

[61] BGH NJW 1982, 1535.

[62] BGHZ 86, 189 = NJW 1983, 1495.

[63] BVerfGE 81, 264 = NJW 1990, 2373; BGH NJW 1986, 2257; BGHZ 83, 310, 312 = NJW 1982, 1535.

[64] BGHZ 94, 195, 213 = NJW 1985, 1539.

[65] OLG Brandenburg NJW-RR 1998, 498.

[66] BGH NJW 1986, 3193.

Bei **genügender Entschuldigung** muss das nicht fristgerechte Angriffs- oder Verteidigungsmittel trotz der dann eintretenden Verzögerung zugelassen werden. Ob die Partei die ihr zumutbare Sorgfalt hat walten lassen, wird wie bei der Wiedereinsetzung geprüft (§ 233 Rn. 3ff.). Es kommt darauf an, ob sie nach ihren persönlichen Fähigkeiten die Verspätung hätte vermeiden können; das ist zB zu verneinen, wenn ihr die Tatsache oder das Beweismittel nicht rechtzeitig bekannt geworden war[67] oder sich ihr mit der Sache vertrauter Anwalt im Urlaub befand und daher nicht rechtzeitig beauftragt werden konnte.[68] Hat der Prozessbevollmächtigte die Frist versäumt, so wird auf die für einen Anwalt übliche Sorgfalt abgestellt. Der Entschuldigungsgrund kann aber auch offensichtlich sein, zB wenn das Gericht jetzt feststellt, dass ein erteilter Hinweis missverständlich oder zu knapp vor dem nächsten Verhandlungstermin erteilt[69] oder eine Frist zu kurz bemessen war. Fehlt es an einer wirksamen Fristsetzung (Rn. 11) oder besteht sonst ein Zurückweisungshindernis (Rn. 14–18, 20), scheidet schon aus diesem Grunde eine Zurückweisung aus, auf eine Entschuldigung kommt es nicht mehr an. 25

6. Sonderproblem: Güteverhandlung (§§ 278, 279). Hat eine Partei zu diesem Zeitpunkt eine in § 296 Abs. 1 genannte (Rn. 7, 8), wirksam gesetzte (Rn. 11) Frist versäumt (Rn. 12), so muss man für nachgeschobene Angriffs- und Verteidigungsmittel (Rn. 5, 6) unterscheiden: In der **Güteverhandlung selbst** darf verspätetes Vorbringen nicht unberücksichtigt beliében und scheidet eine Anwendung von § 296 Abs. 1 von vornherein aus. Diese Vorschrift erlaubt eine Präklusion nur zum Zwecke der Prozessbeschleunigung, um den Rechtsstreit in der konkreten mündlichen Verhandlung (früher erster Termin oder Haupttermin) entscheiden zu können (Rn. 1); die Güteverhandlung geht jedoch einer mündlichen Verhandlung erst voraus (§ 278 Abs. 2 S. 1). Sie dient ausschließlich der einvernehmlichen Streitbeilegung, wozu das Gericht den Sach- und Streitstand mit den Parteien „unter freier Würdigung aller Umstände" zu erörtern hat (§ 278 Abs. 2 S. 2). 26

In der nach Scheitern der Güteverhandlung sich **unmittelbar anschließenden mündlichen Verhandlung** (früher erster Termin oder Haupttermin, § 279 Abs. 1 S. 1) greift jedoch wegen vor oder in der Güteverhandlung nachgeschobener Angriffs- und Verteidigungsmittel § 296 Abs. 1 gemäß den dargestellten Regeln (Rn. 2–25) ein. Folglich kommt eine Zurückweisung verspäteten Vorbringens trotz dessen Erörterung in der Güteverhandlung in Betracht, wenn es danach streitig und entscheidungserheblich geblieben ist (Rn. 5). Ist ein sich anschließender früher erster Termin ein bloßer Durchlauftermin, gilt Rn. 20. 27

Wird nach Scheitern der Güteverhandlung in dieser oder unmittelbar danach **Termin zur mündlichen Verhandlung** bestimmt (§ 279 Abs. 1 S. 2), scheidet für bis dahin nachgeschobenes Vorbringen die Anwendung des § 296 Abs. 1 wegen der nun eingreifenden richterlichen Mitverantwortung für die Prozessförderung (Rn. 15ff.) regelmäßig aus. Denn danach ist der Richter verpflichtet, bei der Bestimmung und Vorbereitung des frühen ersten Termins oder Haupttermins eine mögliche Verzögerung durch zumutbare Maßnahmen abzuwenden. Der Sache nach muss folglich die mündliche Verhandlung so weit hinausgeschoben werden, dass das verspätete Vorbringen dort berücksichtigt werden kann, zumal dem Gegner dazu ohnehin erst rechtliches Gehör zu gewähren ist. Vor allem für den Beklagten hat der Gesetzgeber auf diese Weise einen bislang nicht gegebenen „Fluchtweg" eröffnet (Rn. 44). 28

III. Zurückweisung nach Absatz 2

1. Voraussetzungen. Die Vorschrift erfasst Angriffs- und Verteidigungsmittel (Rn. 4–6), die noch vor Schluss der mündlichen Verhandlung (sonst: § 296a) ohne Fristsetzung (Rn. 7–9), jedoch unter Verletzung der allgemeinen Prozessförderungspflicht nicht rechtzeitig vorgebracht und mitgeteilt wurden (Rn. 30). Sie „können" zurückgewiesen werden, wenn ihre Zulassung die Erledigung des Rechtsstreits verzögern würde (Rn. 13–23) und die Verspätung auf grober Nachlässigkeit beruht (Rn. 31, 32). Die Zurückweisung steht – anders als bei § 296 Abs. 1 (Rn. 3) – in pflichtgemäßem Ermessen des Gerichts (Rn. 32).[70] Die betroffene Partei kann allerdings auf andere Weise versuchen, den Folgen einer Präklusion zu entgehen (Rn. 40ff.). 29

2. Verspätung. Zu unterscheiden sind zwei Gruppen: Aus **§ 282 Abs. 1** folgt, ob Angriffs- und Verteidigungsmittel in der mündlichen Verhandlung rechtzeitig vorgebracht wurden; wegen der Einzelheiten wird auf die Kommentierung dort verwiesen. Die Vorschrift hat für eine vorangegangene Güteverhandlung (Rn. 26–28) und den frühen ersten Termin (Rn. 19, 20) keine Bedeutung; Vorbringen in der mündlichen Verhandlung kann wegen § 128 Abs. 1 nicht früher erfolgen als im frühen ersten Termin.[71] Nach **§ 282 Abs. 2** wird beurteilt, ob Angriffs- und Verteidigungsmittel vor der mündlichen Verhandlung (früher erster Termin und jeder Haupttermin; nicht: Güteverhandlung, Rn. 26) rechtzeitig mitgeteilt wurden, was den Erläuterungen dort zu entnehmen ist. Die Vorschrift kommt unter anderem in Betracht bei Missachtung von nicht unter § 296 Abs. 1 fallenden Fristen (Rn. 10) und für den zu Sachanträgen nachgeschobenen Tatsachenvortrag (Rn. 6). Ihr Zweck ist es aber nicht, dem Richter die rechtzeitige Terminsvorbereitung zu ermöglichen, sondern den Gegner vom neuen Vorbringen so rechtzeitig zu unterrichten, dass er sich dazu im Termin – gegebenenfalls nach Einziehung von Erkundigungen – substantiiert und wahrheitsgemäß erklären kann.[72] Das ist zB der Fall, wenn eine Partei schriftsätzlich ankündigt, ihr Geschäftsführer (und gesetz- 30

---

[67] BGH NJW 1988, 60, 62.
[68] OLG Köln NJW 1980, 2421.
[69] OLG Celle NJW-RR 1998, 499 (Zugang 20 Tage vor dem Termin).
[70] BGH NJW 1981, 1218; hM auch im Schrifttum. AA (zwingend) MK/*Prütting* Rn. 180.
[71] BGH NJW 1993, 1926f.; 1992, 1965; *Deubner* NJW 1987, 1583, 1584.
[72] BGH NJW 1999, 2446.

licher Vertreter) werde in Kürze abberufen und dann als Zeuge (vgl. § 373 Rn. 7) zur Verfügung stehen; denn darauf konnte sich der Gegner einrichten, weshalb der entsprechende Beweisantritt im Termin nicht nach §§ 296 Abs. 2, 282 Abs. 2 zurückgewiesen werden durfte.[73]

31 **3. Verschulden.** Eine Präklusion nach § 296 Abs. 2 setzt außerdem Verschulden der Partei oder ihres gesetzlichen Vertreters bzw. Prozessbevollmächtigten (§§ 51 Abs. 2, 85 Abs. 2) an der Verspätung (Rn. 30) voraus. Erforderlich ist – anders als bei § 296 Abs. 1 (Rn. 24) – grobe Nachlässigkeit, also eine Vernachlässigung der Prozessförderungspflicht in besonders hohem Maße. Die Partei muss sich ausnehmend sorglos verhalten und unterlassen haben, was jeder anderen in der konkreten Verfahrenslage als notwendig eingeleuchtet hätte;[74] **Beispiele:** Urlaubsreise während des Prozesses mit auch für den Prozessbevollmächtigten unbekanntem Ziel und ohne zureichende Information zum Rechtsstreit;[75] bewusstes Zurückhalten eines Beweismittel, um abzuwarten, zu welchem Ergebnis die angebotenen Beweise führen.[74a]

32 Die grobe Nachlässigkeit wird nicht – wie das Verschulden bei § 296 Abs. 1 – vermutet. Der Richter muss der Partei Gelegenheit geben, die gegen sie sprechenden Umstände zu entkräften und dafür unter Umständen eine kurze Frist gewähren,[76] auch zur Nachbesserung, falls er schon vorgebrachte Gründe für unzureichend hält, worauf hinzuweisen ist. Bei der **Entscheidung** berücksichtigt das Gericht auf Grund des ihm eingeräumten Ermessens (Rn. 29) den Grad der Nachlässigkeit, die Bedeutung des Rechtsstreits und den Umfang der drohenden Verzögerung. Bei einer Zurückweisung müssen die Entscheidungsgründe die maßgeblichen Erwägungen enthalten (Rn. 38). Kann keine grobe Nachlässigkeit festgestellt werden, so ist das verspätete Vorbringen trotz der dann eintretenden Verzögerung zuzulassen.

IV. Zurückweisung nach Absatz 3

33 **1. Voraussetzungen.** Die Bestimmung erfasst verspätete Rügen, die die Zulässigkeit der Klage betreffen und auf die der Beklagte verzichten kann (Rn. 34); die **Verspätung** richtet sich nach § 282 Abs. 3, wegen der Einzelheiten wird auf die Kommentierung dort verwiesen. Sie „sind" nur zuzulassen, wenn der Beklagte die Verspätung genügend entschuldigt; auf eine Verzögerung kommt es nicht an. Für **Verschulden** und **genügende Entschuldigung** gelten die Erörterungen zu § 296 Abs. 1 entsprechend (Rn. 24, 25). Bei schuldhafter Verspätung muss die Rüge zwingend zurückgewiesen werden (Rn. 37, 38); Besonderheiten gelten für die Anfechtung fehlerhafter Zulassung einer verspäteten Rüge (Rn. 36 aE).

34 **2. Zulässigkeitsrügen.** Die von Amts wegen zu beachtenden Zulässigkeitsvoraussetzungen (vor § 253 Rn. 2–10, 12) braucht der Beklagte nicht zu beanstanden; sie sind vom Gericht in jeder Lage des Verfahrens zu prüfen. Wegen der – nicht ausschließlichen (§ 40 Abs. 2; Art. 24 EuGVO), die von Amts wegen zu prüfen ist – Zuständigkeit gehen §§ 39, 504 vor[77] (Rn. 2); ebenso ist es für die internationale Zuständigkeit gemäß Art. 24 EuGVO.[78] Für die Berufung auf eine Schiedsvereinbarung enthält § 1032 eine Sonderregelung; der Beklagte braucht sie also nicht in der Klageerwiderungsfrist, sondern erst bis zum Beginn der mündlichen Verhandlung vorzubringen (§ 1032 Rn. 7).[79] Bei einem Antrag auf Verweisung von der Kammer für Handelssachen an eine allgemeine Zivilkammer gilt § 296 Abs. 3 entsprechend (§ 101 Abs. 1 S. 3 GVG). **Verzichtbare Rügen** sind: Fehlende Vollmacht (§ 88 Abs. 1); fehlende Ausländersicherheit (§ 110); fehlende Kostenerstattung nach Klagerücknahme (§ 269 Abs. 6).

V. Verfahren

35 **1. Rechtliches Gehör.** Kommt eine Zurückweisung verspäteten Vorbringens in Betracht, so hat das Gericht in allen Fällen des § 296 darauf hinzuweisen (§ 139; Art. 103 Abs. 1 GG); dass die Präklusion bei Abs. 1 und 3 unter den dort genannten Voraussetzungen zwingend zu erfolgen hat (Rn. 3, 33), ändert daran nichts.[80] Ein Hinweis darf nur unterbleiben, wenn der Gegner die Verspätung rügt und eine Zurückweisung „beantragt". Der betroffenen Partei ist Gelegenheit zur Äußerung zu geben (Rn. 24, 32, 33).

36 **2. Zulassung verspäteten Vorbringens.** Es ergeht keine Zwischenentscheidung; über die verspäteten **Angriffs- und Verteidigungsmittel** wird verhandelt und Beweis erhoben. Im Tatbestand des Urteils werden sie nicht gesondert, sondern wie jede andere streitige Tatsache behandelt. Die Entscheidungsgründe sollten sich wenigstens kurz mit § 296 Abs. 1 bzw. § 296 Abs. 2 befassen, vor allem wenn die Parteien – wie in der Praxis häufig – über die Verspätung gestritten haben. Die auch **fehlerhafte Zulassung** ist unanfechtbar, weil die durch gesetzwidrige Berücksichtigung eingetretene Verzögerung nicht mehr rückgängig gemacht werden kann (§ 530 Rn. 28). Besonderheiten gelten für **verspätete Zulässigkeitsrügen** nach § 296 Abs. 3. Da es dort auf eine Verzögerung nicht ankommt (Rn. 33), kann die fehlerhafte Zulassung mit Berufung und Revision beanstandet werden.[81] Tatbestand und Entscheidungsgründe werden daher nach den im Folgenden erörterten Regeln abgefasst (Rn. 38).

---

[73] BGH aaO.
[74] BGH NJW 1997, 2244f.; 1991, 2759f.; 1987, 501f.
[75] OLG Köln VersR 1972, 985.
[74a] BGH VersR 2007, 373 (zurückgehaltener, dann verspätet benannter Zeuge).
[76] BGH NJW-RR 2002, 646.
[77] OLG Frankfurt OLGZ 1983, 99, 101ff. *T/P/Reichold* Rn. 41; *Zö/Greger* Rn. 8a. AA *Sae* Rn. 50.
[78] BGH NJW 1997, 397f.
[79] BGHZ 147, 394 = NJW 2001, 2176.
[80] BVerfGE 70, 215 = NJW 1987, 485 (zu § 296 I).
[81] BGH NJW 1985, 743f.

37 **3. Zurückweisung verspäteten Vorbringens. a) Wirkung.** Die Sachprüfung ist so vorzunehmen, als hätte die Partei das verspätete Vorbringen nicht vorgetragen.[82] Es wird also zB die Behauptung des Klägers bei unberücksichtigt gebliebenem Verteidigungsmittel als unstreitig behandelt oder die Beweistatsache bei Zurückweisung des Beweisantritts als unbewiesen angesehen. Soweit das verspätete Vorbringen zur Begründung von Anträgen oder Einwendungen diente, werden diese sachlich aberkannt. Im Falle einer **Aufrechnung** (Rn. 4) gilt das uneingeschränkt, wenn diese außerhalb des Prozesses erklärt worden war, der Beklagte sich darauf jedoch verspätet beruft; es besteht kein Grund, ihn gegenüber anderen verspätet vorgebrachten Verteidigungsmitteln, zB der behaupteten Zahlung, zu privilegieren.[83] Demgegenüber muss man bei einer **Prozessaufrechnung** (§ 145 Rn. 12ff.) unterscheiden: Wurde der Aufrechnungseinwand selbst fristgerecht (zB innerhalb der Klageerwiderungsfrist) geltend gemacht, jedoch der Tatsachenvortrag zu den Voraussetzungen der Aufrechnung, hauptsächlich zum Bestand der Gegenforderung, verspätet (im Beispielsfall nach Ablauf der genannten Frist) eingereicht oder schlüssig gemacht, so folgt aus der Zurückweisung dieses Tatsachenvortrags die Aberkennung der Gegenforderung mit Rechtskraftwirkung (§ 322 Abs. 2).[84] Wurde schon der Aufrechnungseinwand selbst verspätet (zB außerhalb der Frist des § 275 Abs. 1 S. 1) vorgetragen und deshalb als verspätet zurückgewiesen, also aus prozessualen Gründen unberücksichtigt gelassen, so wird nach hM[85] – freilich mit unterschiedlichen Begründungen – die Gegenforderung nicht mit Rechtskraftwirkung aberkannt (§ 322 Rn. 83). In beiden Fällen empfiehlt sich deshalb die Erhebung einer Widerklage als sicherer „Fluchtweg“ (Rn. 42 aE).

38 **b) Entscheidung.** Es ergeht keine Zwischenentscheidung;[86] ein Teilurteil ist unzulässig (Rn. 21; dort zur Ausnahme beim Grundurteil). Im **Tatbestand** des Endurteils empfiehlt sich die Behandlung nicht berücksichtigter Angriffs- und Verteidigungsmittel oder der nicht berücksichtigten Zulässigkeitsrüge meist in der Prozessgeschichte. Es sind alle Tatsachen zu beurkunden, die für die Entscheidung von Bedeutung sind, also zB bei § 296 Abs. 1 die Art der versäumten Frist, die Einzelheiten der Fristsetzung und die Fristversäumung sowie die Nichterledigung des Beweisantritts; wegen der Einzelheiten des Vortrags kann auf den Schriftsatz Bezug genommen werden. Für § 296 Abs. 2 und § 296 Abs. 3 gilt das entsprechend. Die **Entscheidungsgründe** müssen alle Voraussetzungen der angewendeten Präklusionsvorschrift im Einzelnen sorgfältig erörtern, und zwar im Zusammenhang mit derjenigen Norm, auf die sich der verspäteten Tatsachenvortrag bezieht.[87] Erforderlich sind weiter konkrete Ausführungen dazu, durch welche Maßnahmen das Gericht die Verspätung des Parteivortrags auszugleichen suchte (Rn. 15, 16) und warum sie erfolglos blieben oder warum bestimmte Maßnahmen als unzumutbar angesehen wurden (vgl. zB Rn. 22); bloß allgemeine Bemerkungen zB über „Erfahrungen des Gerichts“ zur Arbeitsbelastung eines Sachverständigen oder zur sommerlichen Urlaubszeit“ genügen nicht.[88]

39 **c) Anfechtung.** Die Zurückweisung von Vorbringen als verspätet kann mit **Berufung** und **Revision** beanstandet werden, sofern diese Rechtsmittel nach allgemeinen Regeln statthaft sind, gegebenenfalls also auch nach **§ 321a;** die Begriffe Angriffs- und Verteidigungsmittel, Zulässigkeitsrüge, Verzögerung, Verschulden und grobe Nachlässigkeit sind revisibel. Ein fehlerhaft angenommener Präklusionstatbestand darf durch das Rechtsmittelgericht nicht durch einen anderen ersetzt werden, der die Zurückweisung gerechtfertigt hätte.[89] Mit der **Verfassungsbeschwerde** kann ein Verstoß gegen Art. 103 Abs. 1 GG gerügt werden. Zwar verletzt nicht jede fehlerhafte Anwendung von Präklusionsvorschriften diese Bestimmung;[90] überprüft wird aber, ob die Rechtsanwendung offenkundig unrichtig war,[91] richterliches Fehlverhalten mitgewirkt hat (Rn. 15, 16, 20) oder ob offensichtlich die Ursächlichkeit fehlte (Rn. 17). Die verfassungsrechtliche Überprüfung geht also über eine bloße Willkürkontrolle hinaus.[92]

VI. Umgehung der Präklusion

40 **1. Ausgangspunkt.** Nicht selten erkennt die Partei selbst die drohende Zurückweisung ihres verspäteten Vorbringens, hauptsächlich in den Fällen des § 296 Abs. 1, in denen die Fristversäumung meist unzweifelhaft ist. Oft wird sie auf diese Gefahr erst durch eine Beanstandung des Gegners oder einen Hinweis des Gerichts (Rn. 35) aufmerksam gemacht. Sie kann nun zwar versuchen, ihre Säumnis zu entschuldigen. Misslingt das jedoch, so treten schwerwiegende Folgen ein bis hin zum endgültigen Prozessverlust. Die Partei muss deshalb überlegen, ob es „Fluchtwege“ aus der bevorstehenden Präklusion gibt. Für den Anwalt gehört eine solche Prüfung zu den ihm obliegenden Sorgfaltspflichten; er muss seine Partei entsprechend beraten und die Vorteile, aber auch die Nachteile eines Auswegs aufzeigen.

41 **2. Flucht in die Säumnis.**[93]. Die Gefahr der Zurückweisung verspäteten Vorbringens kann jedenfalls zunächst abgewendet werden, wenn die davon betroffene Partei im Termin nicht erscheint oder nicht verhan-

---

[82] BGH NJW-RR 1996, 961.
[83] *Ro/S/Go* § 68 Rn. 50, § 102 Rn. 21.
[84] BGHZ 33, 236, 242 = NJW 1961, 115; BGH NJW-RR 1991, 971f.
[85] Ausf. *Musielak* JuS 1994, 817, 820ff. m. weit. Nachw. AA zB *Schellhammer* Rn. 477.
[86] BGH NJW 2002, 290, 291.
[87] Einzelheiten *Huber,* Rn. 275ff.
[88] BGH NJW 1999, 585.
[89] BGH NJW 2006, 1741; NJW-RR 2005, 1007; NJW 1992, 1965.
[90] Ausf. BVerfGE 75, 302 = NJW 1987, 2733 m. Anm. *Deubner.*
[91] Vgl. auch BVerfG NJW 1991, 2275.
[92] BVerfG NJW 2000, 945f.
[93] Näher Gounalakis DRiZ 1997, 294ff.

delt (§ 333) und Versäumnisurteil gegen sich ergehen lässt. Sie kann dann Einspruch einlegen und auf diese Weise (§ 340 Abs. 3) ihre Angriffs- und Verteidigungsmittel vorbringen; der Anwalt muss so nach einer Flucht in die Säumnis grundsätzlich auch ohne ausdrückliche Weisung des Mandanten vorgehen.[94] Zwar ändert das nichts an der versäumten Frist, zB der zur Klageerwiderung, gleichwohl muss der so nachgeschobene Tatsachenvortrag berücksichtigt werden. Er verzögert den Rechtsstreit nicht, soweit er in dem gemäß § 341 a anzuberaumenden Termin erledigt werden kann (§ 340 Rn. 6).[95] Das Gericht ist verpflichtet, diese mündliche Verhandlung umfassend vorzubereiten, um eine Verzögerung des Prozesses abzuwenden (Rn. 15, 16). Allerdings ist die Gefahr der Zurückweisung nicht endgültig beseitigt, falls ein weiterer Termin nötig wird (Rn. 22, § 341 a Rn. 1). Die Partei muss bei einem solchen Vorgehen außerdem empfindliche Nachteile hinnehmen; sie trägt, auch wenn sie später obsiegt, die Versäumniskosten (§ 344) und ist der Vollstreckung aus dem Versäumnisurteil ausgesetzt (§ 708 Nr. 2), die sie grundsätzlich nur gegen Sicherheitsleistung einstweilen einstellen lassen kann (§ 719 Abs. 1 S. 2).

42 **3. Flucht in die Klageänderung/-erweiterung bzw. Widerklage.**[96]. Der Kläger kann die Berücksichtigung verspäteten Vorbringens zur Klage erzwingen, wenn es zugleich Grundlage eines weiteren Angriffs (Rn. 6), also einer Klageerweiterung oder Klageänderung, insbesondere auch einer nachträglichen objektiven Klagehäufung ist; **Beispiel:** Der auf Vertrag gestützte Zahlungsanspruch wird nachträglich als Schadensersatzanspruch weiter verfolgt.[97] Entsprechendes gilt für den Beklagten, er kann sein Vorbringen zum Klageabweisungsantrag mit einer Widerklage[98] (oder deren Erweiterung) verbinden. Eine Präklusion setzt nämlich Entscheidungsreife des ganzen Rechtsstreits voraus; weder Angriffs- und Verteidigungsmittel noch Klage und Widerklage, die in Sachzusammenhang stehen[99], dürfen durch Teilurteil zurückgewiesen werden (Rn. 21). Das ist auch richtig, weil wenig einleuchten würde, hätte das Gericht dasselbe Vorbringen einmal als verspätet zurückzuweisen (zB als Grundlage des Klageabweisungsantrages) und das andere Mal zuzulassen (zB als Grundlage der Widerklage); **Beispiel:**[100] Der Kläger verlangt die auf den Kaufpreis geleistete Anzahlung zurück, weil er den Vertrag wegen arglistiger Täuschung angefochten habe. Der Beklagte bestreitet unter Beweisantritt die Täuschung, jedoch verspätet (zB nach Ablauf der Frist des § 275 Abs. 1 S. 1); dann muss er im frühen ersten Termin Widerklage auf Zahlung des offenen Kaufpreisrestes erheben. Denn Klageerweiterung (Angriff) und Widerklage (Verteidigung) selbst unterliegen nicht § 296, sondern können bis zum Schluss der mündlichen Verhandlung erhoben werden (Rn. 6). Es handelt sich folglich um einen sicheren Fluchtweg, der sich für die beklagte Partei vor allem an Stelle einer (hilfsweisen) Prozessaufrechnung empfiehlt (Rn. 37).

43 **4. Flucht in die Klagerücknahme.** Das kann bei Versäumung der zur Stellungnahme auf die Klageerwiderung (§ 275 Abs. 4) oder nach § 273 Abs. 2 Nr. 1, 5 gesetzten Frist (Rn. 7, 8) erwogen werden. Erfolgversprechend ist dieser Ausweg jedoch nur, wenn sein Beschreiten nicht von der Zustimmung des Gegners abhängt (§ 269 Abs. 1). Außerdem muss der Kläger die Prozesskosten tragen (§ 269 Abs. 3 S. 2) und die dem Beklagten entstandenen Kosten wegen § 269 Abs. 6 gezwungenermaßen auch tatsächlich erstatten, bevor er den Anspruch erneut gerichtlich geltend machen kann.

44 **5. Fluchtweg bei vorangegangener Güteverhandlung.** Wird nach Scheitern der Güteverhandlung (§§ 278, 279) erst in dieser oder danach gem. § 279 Abs. 1 S. 2 Termin zur mündlichen Verhandlung bestimmt (Rn. 28), eröffnet sich nun von Gesetzes wegen ein sicherer Fluchtweg. Das gilt insbesondere für den Beklagten, der einen in der Klageerwiderung (§ 276 Abs. 1 S. 2) unterlassenen Vortrag nachschieben kann; denn die daraus folgende mögliche Verzögerung muss der Richter bei der noch erst vorzunehmenden Bestimmung und Vorbereitung des Haupttermins ausgleichen (Rn. 28 aE). Entsprechendes gilt für den Kläger, falls ihm eine vor der Güteverhandlung abgelaufene Frist zur Stellungnahme auf die Klageerwiderung (§ 275 Abs. 4) gesetzt war, oder für beide Parteien im Falle einer Fristsetzung nach § 273 Abs. 1 Nr. 1, 5 (Rn. 8). Diese vom Gesetzgeber ersichtlich nicht bedachten Folgen sollten die Gerichte unbedingt durch die Verbindung der Güteverhandlung mit der sich unmittelbar anschließenden mündlichen Verhandlung (§ 279 Abs. 1 S. 1) abzuwenden suchen (Rn. 27).

45 **6. Einvernehmlicher Fluchtweg.** Die Parteien können einvernehmlich die vom Gericht zwingend (§ 296 Abs. 1, 3; Rn. 3, 33) oder nach Ermessen (§ 296 Abs. 2; Rn. 29, 32) auszusprechende Zurückweisung verspäteten Vorbringens unterlaufen, wenn sie übereinstimmend das Ruhen des Verfahrens beantragen (§ 251). Ein entsprechendes Ergebnis wird herbeigeführt, wenn beide Parteien im Termin nicht erscheinen oder nicht verhandeln, falls noch in keinem früheren Termin verhandelt wurde, weil dann auch kein Urteil der Akten ergehen kann (§ 251 a). Das Ruhen des Verfahrens wird schließlich angeordnet, wenn beide Parteien in der Güteverhandlung nicht erscheinen (§ 278 Abs. 4).

46 **7. Flucht in die Insolvenz.** Für einen **Kläger** wird das wegen der einschneidenden Folgen der Eröffnung des Insolvenzverfahrens über sein Vermögen kaum ernstlich in Betracht kommen. Anders mag sich die Lage für einen wirtschaftlich schon in Bedrängnis geratenen **Beklagten** darstellen, zumal ihm der Eröffnungsgrund der – möglicherweise gerade wegen des Prozesses – drohenden Zahlungsunfähigkeit (§ 18

---

94 BGH NJW 2002, 290.
95 BGHZ 76, 173 = NJW 1980, 1105.
96 Ausführlich *Habermann,* Die Flucht in die Widerklage zur Umgehung der Verspätungspräklusion, 2003.
97 BGH NJW 2001, 1210.
98 Ausf. *Ott,* Die Parteiwiderklage, 1999, S. 193 ff.
99 Falls kein Sachzusammenhang besteht, ist eine Präklusion folglich möglich, näher *Ott* aaO S. 196.
100 Nach *Musielak,* GK ZPO, Rn. 391.

InsO) den Zugang zum Insolvenzverfahren erleichtert. Der Rechtsstreit wird dann unterbrochen (§ 240). Betrifft er eine Insolvenzforderung, muss der Kläger seinen Anspruch zur Tabelle anmelden (§§ 35, 87, 174ff. InsO) und kommt eine Aufnahme des Prozesses nur nach § 180 Abs. 2 InsO bzw. gegen einen widersprechenden Schuldner nach § 184 S. 2 InsO in Betracht. Bei einer Prozessfortsetzung muss der Richter aber auf Grund seiner Mitverantwortung bei Terminierung und Vorbereitung der neuen mündlichen Verhandlung eine Verzögerung ausgleichen (Rn. 15, 16; zur ähnlichen Problemlage bei einer vorangegangenen Güteverhandlung s. Rn. 28, 44) und wird es im Übrigen wegen der bis zur Fortsetzung des Prozesses ohnehin verstrichenen Zeit an der Ursächlichkeit des verspäteten Vorbringens für eine Verfahrensverzögerung fehlen (Rn. 17). Nichts anderes gilt im Fall des § 86 InsO bei Aufnahme eines der dort genannten Passivprozesse, wenn also zB der Kläger sein Herausgabeverlangen aus § 985 BGB nunmehr im Wege des Aussonderungsanspruches (§ 46 InsO) weiterverfolgt (§ 86 Abs. 1 Nr. 1 InsO).

8. Flucht in die Berufung. Unterlässt die Partei wegen der drohenden Zurückweisung Tatsachenvortrag 47 gänzlich, so wird sie zwar in der ersten Instanz unterliegen, kann aber das dort zurückgehaltene Vorbringen mit der Berufung verfolgen. Das Berufungsgericht darf es nicht nach § 531 Abs. 1 unberücksichtigt lassen, weil § 296 Abs. 1 im vorangegangenen Rechtszug gerade nicht angewendet wurde. Allerdings sind neue Angriffs- und Verteidigungsmittel gemäß § 531 Abs. 2 nur noch ausnahmsweise zuzulassen. Es besteht also die ernste Gefahr der endgültigen Präklusion, weshalb von diesem Fluchtweg dringend abzuraten ist.

296a *Vorbringen nach Schluss der mündlichen Verhandlung*

[1]Nach Schluss der mündlichen Verhandlung, auf die das Urteil ergeht, können Angriffs- und Verteidigungsmittel nicht mehr vorgebracht werden. [2]§ 139 Abs. 5, §§ 156, 283 bleiben unberührt.

I. Normzweck

1 Die Vorschrift will als Folge der Verhandlungsmaxime (Einl. Rn. 37ff.) und des Grundsatzes der Mündlichkeit (Einl. Rn. 45, 46) sicherstellen, dass bei der Urteilsfindung nur berücksichtigt wird, worüber mündlich verhandelt wurde. Deshalb verbietet **Satz 1** das Vorbringen von Angriffs- und Verteidungsmitteln nach Schluss der mündlichen Verhandlung; die Bestimmung dient dem Schutz des Gegners, der auf solchen Vortrag nicht mehr erwidern kann. Auf Grund der Verweisung in **Satz 2** gelten Ausnahmen für nachgelassene Schriftsätze (§§ 139 Abs. 5, 283) und die Wiedereröffnung der Verhandlung.

II. Erläuterungen

2 **1. Anwendungsbereich.** Die verfassungsgemäße[1] Vorschrift ist anwendbar in **Verfahren** mit notwendiger mündlicher Verhandlung, aber auch bei freigestellter, sofern nur mündlich verhandelt wurde; sie gilt außerdem in schriftlichen Verfahren, bei denen ein dem Schluss der mündlichen Verhandlung (§ 136 Abs. 4) entsprechender Zeitpunkt bestimmt wird (§ 128 Abs. 2 S. 2), ebenso für eine Entscheidung nach Lage der Akten (§ 251a Abs. 2 S. 4). Eine analoge Anwendung des § 296a in anderen Verfahrensordnungen scheidet aus.[2]

3 Die Bestimmung verbietet Vorbringen **nach** Schluss der mündlichen Verhandlung bzw. den ihr gleichstehenden Zeitpunkten (Rn. 2); früherer verspäteter Vortrag fällt unter § 296. Sie erfasst ausweislich ihres Wortlauts **Angriffs- und Verteidigungsmittel** (§ 296 Rn. 4ff.). Dazu gehören folglich nicht der Angriff und die Verteidigung selbst (§ 296 Rn. 6);[3] die darauf bezogenen Sachanträge, zB Klageänderung, Klageerweiterung, Erledigungserklärung oder Widerklage,[4] können aber wegen §§ 256 Abs. 2, 261 Abs. 2, 297 ebenfalls nur bis zum Schluss der mündlichen Verhandlung angebracht werden.

4 **2. Vorbringen nach Schluss der mündlichen Verhandlung.** Aus § 296a S. 1 folgt nicht, dass der Richter einen nach Schluss der mündlichen Verhandlung (Rn. 2) eingereichten – nicht nachgelassenen – Schriftsatz von vornherein unberücksichtigt lassen darf.[5] Er muss das Vorbringen vielmehr zur Kenntnis nehmen und ohnehin beachten, sofern damit nur Rechtsausführungen nachgeschoben werden; das gilt auch, wenn ein Urteil iSd § 309 gefällt, aber noch nicht verkündet ist.[6] Enthält es neue Angriffs- oder Verteidigungsmittel, so ist zu prüfen, ob eine **Wiedereröffnung** der Verhandlung gemäß § 296a S. 2 iVm. § 156 in Betracht kommt. Der Wiedereintritt steht bei § 156 Abs. 1 im Ermessen des Gerichts, ist aber nach § 156 Abs. 2 zwingend anzuordnen, hauptsächlich gemäß dessen Nr. 1, wenn das Vorbringen auf Grund eines nicht ordnungsgemäßen Verhaltens des Gerichts, insbes. bei Verletzung von § 139 oder des Grundsatzes des rechtlichen Gehörs, nicht rechtzeitig in den Prozess eingeführt wurde.[7] Bei einem **nachgelassenen Schriftsatz** wird – auf Grund der genannten Verweisungsnorm – gemäß § 283 verfahren; entsprechendes gilt nach § 139 Abs. 5, wenn also eine Partei ihre Erklärung zu einem gerichtlichen Hinweis nachbringen darf. Einzelheiten dazu enthalten die Kommentierungen zu §§ 139, 156, 283.

---

[1] BVerfGE 69, 248, 253 = NJW 1985, 3005.
[2] BVerfGE 63, 80, 86 = NJW 1983, 2017.
[3] Ausf. *Fischer* NJW 1994, 1315f. m. weit. Nachw.
[4] BGH NJW 1992, 2894 (LS) = NJW-RR 1992, 1085.
[5] Ausführlich *Schur* ZZP 114 (2001), 319.
[6] BGH NJW 2002, 1426.
[7] BGHZ 170, 276 [Rn. 18] = NJW 2007, 1357 = ZIP 2007, 435.

5 **Unberücksichtigt gebliebene Angriffs- und Verteidungsmittel** werden im Tatbestand nicht inhaltlich (vgl. § 313 Abs. 2) behandelt,[8] weil sie nicht Gegenstand der mündlichen Verhandlung waren. Allerdings darf das Gericht den entsprechenden Schriftsatz nicht zurückgeben, sondern muss ihn zu den Akten nehmen und dem Gegner formlos eine Abschrift davon übersenden.[9] Das kann bei den Parteien zu Verwirrungen führen. Deshalb empfiehlt sich aus Gründen der Rechtsklarheit in der Prozessgeschichte des Tatbestandes der schlichte Hinweis, dass „der nach Schluss der mündlichen Verhandlung am … eingereichte Schriftsatz nicht berücksichtigt wurde". Das Vorbringen ist in der Berufungsinstanz neu und kann dort unter den Voraussetzungen der §§ 531 Abs. 2, 532 wiederholt werden;[10] § 531 Abs. 1 ist nicht einschlägig, weil das Angriffs- oder Verteidungsmittel nicht „zurückgewiesen" wurde, sondern lediglich unberücksichtigt blieb.[11] Bei einem nachgelassenen Schriftsatz scheidet eine Anwendung von § 531 Abs. 1 aus, weil die Frist des § 283 S. 1 dort nicht genannt ist. **Entgegen § 296a berücksichtigtes Vorbringen** begründet einen wesentlichen Verfahrensmangel iSd § 538 Abs. 2 Nr. 1.

297 *Form der Antragstellung* **(1) [1]Die Anträge sind aus den vorbereitenden Schriftsätzen zu verlesen. [2]Soweit sie darin nicht enthalten sind, müssen sie aus einer dem Protokoll als Anlage beizufügenden Schrift verlesen werden. [3]Der Vorsitzende kann auch gestatten, dass die Anträge zu Protokoll erklärt werden.**

(2) Die Verlesung kann dadurch ersetzt werden, dass die Parteien auf die Schriftsätze Bezug nehmen, die die Anträge enthalten.

I. Anwendungsbereich

1 Die Vorschrift erfasst **Sachanträge,** also Anträge, die Inhalt, Gegenstand und Wirkung der erbetenen Entscheidung betreffen;[1] **Beispiele:** Klageantrag, Klageänderung, Klageerweiterung, Klagerücknahme in der mündlichen Verhandlung, Erledigungserklärung, Anträge des Rechtsmittelklägers und Erweiterung der Anschlussberufung,[2] Anträge nach § 714, Anträge auf Erlass eines Arrestes oder einer einstweiligen Verfügung bei mündlicher Verhandlung. Auch der Abweisungsantrag des Beklagten oder der Antrag auf Verwerfung eines Rechtsmittels[3] beinhaltet nach herrschender, wenn auch bestrittener Auffassung[4] einen Sachantrag (keinen Prozessantrag); der Meinungsstreit hat geringe praktische Bedeutung, weil regelmäßig die Form des § 297 gewahrt wird, worauf im Zweifel der Vorsitzende hinwirken sollte (§ 139). Nicht notwendig ist ein Abweisungsantrag bei unbehebbaren Mängeln der Klage (§ 253 Rn. 17ff., 21) oder eines Rechtsmittels (vgl. §§ 522 Abs. 1, 552) oder bei fehlender Schlüssigkeit (§ 331 Abs. 2).

2 Die Vorschrift ist **nicht anwendbar auf Prozessanträge,** die das Verfahren betreffen; **Beispiele:** Anträge auf Terminsbestimmung, Vertagung, Prozessverbindung bzw. -trennung, Verweisung; Beweisanträge; Antrag auf Erlass eines Urteils auf Grund Verzichts (§ 306), und Säumnis[5] (§§ 330, 331); Antrag auf Verlesung einer Urkunde (§ 424 Rn. 1).

II. Verfahren

3 Die Antragstellung erfolgt gemäß Abs. 1 S. 1 grundsätzlich durch **Verlesung** der Sachanträge (Rn. 1) aus den vorbereitenden Schriftsätzen (§§ 129, 496), gegebenenfalls auch aus einer dem Protokoll als Anlage (§ 160 Abs. 5) hinzugefügten Schrift (Abs. 1 S. 2); letzteres kommt kaum vor, weil der Vorsitzende auch eine **Antragstellung zu Protokoll** gestatten kann (Abs. 1 S. 3). Statt einer Verlesung des Antrags darf die Partei auf den entsprechenden Schriftsatz **Bezug nehmen** (Abs. 2); die Bezugnahme muss aber eindeutig sein, also ausdrücklich einen konkreten schriftlichen Antrag betreffen.[6] Im **schriftlichen Verfahren** genügt notwendigerweise die Antragstellung im Schriftsatz; entsprechendes gilt bei freigestellter und nicht durchgeführter mündlicher Verhandlung.

4 Die Art der Antragstellung ist in das **Protokoll** aufzunehmen (§ 160 Abs. 3 Nr. 2), bei mündlich zu Protokoll gestellten Anträgen auch deren Verlesung (§ 162 Abs. 1). **Mängel,** auch eine unterbliebene Verlesung, sind nach § 295 heilbar. Wird **kein Sachantrag** gestellt, so fehlt die Sachentscheidungsbefugnis des Gerichts (vgl. § 308), eine Heilung ist nicht möglich; es wird Versäumnisurteil erlassen (§§ 330, 331, 333) bzw. das Ruhen des Verfahrens angeordnet (§ 251).

298 ***Aktenausdruck*** **(1) Von einem elektronischen Dokument (§§ 130a, 130b) kann ein Ausdruck für die Akten gefertigt werden.**

(2) Der Ausdruck muss den Vermerk enthalten,

1. welches Ergebnis die Integritätsprüfung des Dokumentes ausweist,

---

[8] OLG Köln NJW-RR 1991, 1536.
[9] *Fischer* NJW 1994, 1315, 1320.
[10] BGH NJW 2006, 1589 [Rn. 26]; 1983, 2030f. (zu § 528 aF).
[11] BGHZ 76, 131, 141 = NJW 1980, 945 (zu § 528 Abs. 3 aF).
[1] *Ro/S/Go* § 64 Rn. 3.
[2] BGH NJW 1993, 269f.
[3] BGHZ 52, 385, 388 = NJW 1970, 99.
[4] Nachweise bei MK/*Prütting* Rn. 6.
[5] AA (zugleich Sachantrag) *Zö/Greger* Rn. 3. Wie hier *Ro/S/Go* § 64 Rn. 3; *Zi* Rn. 1; *T/P/Reichold* Rn. 2.
[6] BAG NJW 2003, 1548.

2. wen die Signaturprüfung als Inhaber der Signatur ausweist,
3. welchen Zeitpunkt die Signaturprüfung für die Anbringung der Signatur ausweist.

(3) Das elektronische Dokument ist mindestens bis zum rechtskräftigen Abschluss des Verfahrens zu speichern.

I. Normzweck

1 Die – durch das JKomG (§ 130a Rn. 1) eingefügte – Vorschrift regelt den sog. **Medientransfer** eines elektronischen Dokuments (§§ 130a, 130b) in die Papierform. **Abs. 1** betrifft die Zulässigkeit des Aktenausdrucks, **Abs. 2** die Formerfordernisse für den Medientransfer und **Abs. 3** die Mindestspeicherdauer für das elektronische Dokument. Die Vorschrift wird ergänzt durch § 298a zur elektronischen Aktenführung und zum umgekehrten Medientransfer von der Papierform in ein elektronisches Dokument.

II. Aktenausdruck (Abs. 1)

2 Die Vorschrift erlaubt den Medientransfer eines bei Gericht eingegangenen (§ 130a) oder im Gericht erstellten (§ 130b) elektronischen Dokuments in die Papierform und ermöglicht dadurch beispielsweise die Zusendung eines elektronischen Dokuments als Schriftstück an Prozessbeteiligte, die nicht über einen elektronischen Zugang verfügen.[1] Sie betrifft damit – entgegen dem engeren Wortlaut – nicht nur den Ausdruck **für,** sondern auch den Ausdruck **aus** den Akten (nicht aber den Ausdruck eines elektronisch übermittelten Dokuments durch den Anwalt).[2] Für das als elektronisches Dokument bestehende Urteil folgt die Zulässigkeit des Medientransfers auch aus § 317 Abs. 3 (s. auch u. Rn. 3). Der Aktenausdruck, der nach den allgemeinen für Schriftstücke geltenden Aufbewahrungsvorschriften zu behandeln ist, muss einen Transfervermerk enthalten (Rn. 3ff.); zur Speicherung des Dokuments Rn. 8ff.

III. Transfervermerk (Abs. 2)

3 Die – zwingende – Vorschrift regelt die **Formerfordernisse** für den Medientranser eines elektronsichen Dokuments zur Papierform. Der hergestellte Ausdruck (Rn. 2) muss einen so genannten Transfervermerk mit Dokumentation der dreifachen Sorgfaltsprüfung (Rn. 5–7) enthalten.[3] Das entspricht weitgehend den Formerfordernissen für behördliche Beglaubigungen von Ausdrucken öffentlicher elektronischer Dokumente gemäß § 33 Abs. 5 VwVfG, allerdings wurde zur Vereinfachung der Verfahrensabläufe auf das Erfordernis der Angabe eines Attribut-Zertifikats verzichtet.[4] Der Papierausdruck eines als elektronischen Dokument bestehenden Urteils ist zusätzlich zum Transfervermerk vom Urkundsbeamten der Geschäftsstelle zu unterschreiben und mit dem Gerichtssiegel zu versehen, § 317 Abs. 4. Auf § 298 Abs. 2 verweist § 110d Abs. 1 S. 2 OWiG; ihm entsprechende Vorschriften enthalten § 55b Abs. 4 S. 2 VwGO, § 52b Abs. 4 S. 2 FGO, § 65b Abs. 4 S. 2 SGG.

4 Die **Herstellung** des Transfervermerks erfolgt aus wirtschaftlichen Gründen automatisiert, weshalb das Gesetz keine handschriftliche Unterzeichnung verlangt. Nicht geregelt sind außerdem die Rechtsfolgen eines **mangelhaften Transfervermerks.** Der Gesetzgeber meint,[5] das der Rechtsprechung überlassen zu können, die für die Rechtsfolgen eines mangelhaften Ausfertigungsvermerks und einer unrichtigen Ausfertigung zu differenzierten Ergebnissen (dazu vgl. § 317 Rn. 10ff.) gefunden habe. Die **Beweiskraft** des Ausdrucks eines gerichtlichen elektronischen Dokuments, das einen Vermerk des zuständigen Gerichts gemäß § 298 Abs. 2 enthält, regelt § 416a.

5 Inhalt des Tranfervermerks muss nach **Nr. 1** das Ergebnis der **Integritätsprüfung** sein. Dieses Erfordernis geht auf einen Vorschlag des Bundesrats im Gesetzgebungsverfahren zurück, das der Rechtsausschuss aufgegriffen hat.[6] Es handelt sich um eine wesentliche Information aus dem elektronischen Original, die zur Beurteilung seiner Integrität, der Authentizität und der Gültigkeit der Signatur erforderlich ist. Elektronische Dokumente, die nach §§ 130a, 130b erzeugt wurden, tragen eine qualifizierte Signatur, die jederzeit ohne weiteren Aufwand eine Prüfung der Integrität des Dokuments und seiner Authentizität ermöglicht. Die Prüfung erfolgt durch einen Abgleich der sog. Hash-Werte zum Zeitpunkt des Signierens und zum Zeitpunkt des Ausdrucks für die Akten, und zwar automatisch, wobei der Vorgang zusammen mit dem Auslesen der Zertifikationsdaten online vorgenommen wird.

6 Weiterer Inhalt mus nach **Nr. 2** die **Signaturprüfung** sein. Der Vermerk hat also festzustellen, wer Inhaber des mit dem Dokument verbundenen Signaturschlüssels, wer also der Signaturschlüssel-Inhaber im Sinn von § 2 Nr. 9 Signaturgesetz ist.

7 Schließlich muss der Transfervermerk nach **Nr. 3** den **Zeitpunkt der Signaturprüfung** ausweisen. Es ist daher festzustellen, wann die elektronische Signatur mit dem Dokument verbunden wurde. Dieser Zeitpunkt lässt sich zB anhand einer mit einem Zeitstempel versehenen qualifizierten elektronischen Signatur eines akkreditierten Zertifizierungsdiensteanbieters bestimmen.[7]

---

[1] BT-Drucks. 15/4067, S. 32.
[2] *Viefhues* NJW 2005, 1012; *Sae* Rn. 2.
[3] Krit. zu dieser komplizierten Regelung aus praktischer Sicht zu Recht *B/L/H* Rn. 2. Vgl. auch *Hähnchen* NJW 2005, 2257, 2259.
[4] BT-Drucks. (Fn. 1).
[5] BT-Drucks. (Fn. 1).
[6] BT-Drucks. 15/4952, S. 67; krit dazu *B/L/H* Rn. 5.
[7] BT-Drucks. (Fn. 1); *Viefhues* (Fn. 2).

IV. Mindestspeicherdauer (Abs. 3)

8 Nach dieser Vorschrift besteht die **Pflicht zur Speicherung** des elektronischen Originals **mindestens** bis zum rechtskräftigen Abschluss des Verfahrens; für die Zeit danach gilt das SchrAG (§ 298a Rn. 7). Die Regelung entspricht damit § 298a Abs. 2 S. 1, nach dem allerdings zusätzlich erforderlich ist, dass die Unterlagen in Papierform „weiter benötigt werden" (§ 298a Rn. 8). Die Speicherungspflicht bezieht sich ausschließlich auf originäre elektronische Dokumente im Sinn des § 298 Abs. 1, von einem Papieroriginal abgeleitete und eingescannte Dokumente fallen nicht darunter.

9 **Zweck** der Speicherungspflicht ist die Vereinfachung der Verfahrensabläufe. Durch sie wird eine ausdrückliche Feststellung der Identität zwischen elektronischen Original und Papierausdruck entbehrlich, weil bei möglichen Identitätszweifeln im Laufe des Verfahrens zur Prüfung stets auf das elektronische Original zurückgegriffen werden kann. Die Norm hat allerdings nur Bedeutung für solche Verfahren, in denen das Gericht noch keine elektronischen Akten (§ 298a) führt, aber dennoch elektronische Dokumente gemäß §§ 130a, 130b vorhanden sind, deren Originale bei einer Übertragung in die Papierform aus Beweisgründen erhalten bleiben müssen. Bei elektronisch geführten Prozessakten ergibt sich die Speicherungspflicht als Pflicht zur Speicherung des Akteninhalts von selbst.

298a

Elektronische Akte (1) [1]Die Prozessakten können elektronisch geführt werden. [2]Die Bundesregierung und die Landesregierungen bestimmen für ihren Bereich durch Rechtsverordnung den Zeitpunkt, von dem an elektronische Akten geführt werden sowie die hierfür geltenden organisatorisch-technischen Rahmenbedingungen für die Bildung, Führung und Aufbewahrung der elektronischen Akten. [3]Die Landesregierungen können die Ermächtigung durch Rechtsverordnung auf die Landesjustizverwaltungen übertragen. [4]Die Zulassung der elektronischen Akte kann auf einzelne Gerichte oder Verfahren beschränkt werden.

(2) [1]In Papierform eingereichte Schriftstücke und sonstige Unterlagen sollen zur Ersetzung der Urschrift in ein elektronisches Dokument übertragen werden. [2]Die Unterlagen sind, sofern sie in Papierform weiter benötigt werden, mindestens bis zum rechtskräftigen Abschluss des Verfahrens aufzubewahren.

(3) Das elektronische Dokument muss den Vermerk enthalten, wann und durch wen die Unterlagen in ein elektronisches Dokument übertragen worden sind.

I. Normzweck

1 Die – durch das JKomG (§ 130a Rn. 1) eingefügte – Vorschrift schafft in **Abs. 1** die gesetzliche Grundlage für die **elektronische Prozessakte. Abs. 2** S. 1 regelt den sog. **Medientransfer** von Papier in elektronische Dokumente, also den umgekehrten Fall gegenüber § 298 (Transfer eines elektronsichen Dokuments in Papierform, § 298 Rn. 1); S. 2 betrifft die **Aufbewahrungspflicht der Papierdokumente.** Gegenstand von **Abs. 3** ist der **Transfervermerk.** Erfasst wird von § 298a Abs. 2, 3 allerdings nur der Medientransfer in einem **laufenden Verfahren;** wird erst nach rechtskräftigem Abschluss eines Verfahrens von der zuständigen Stelle die Übertragung der Prozessakten auf einen Bild- oder Tonträger angeordnet, gilt § 299a.

II. Elektronische Aktenführung (Abs. 1)

2 **1. Gesetzliche Grundlagen nach S. 1.** Es handelt sich um die Ermächtigungsnorm zur Einführung einer elektronsichen Prozessakte,[1] deren Einzelheiten Rechtsverordnungen regeln (Rn. 3). Den systematischen Zusammenhalt einer elektronischen Akte bewirkt ein sog. Dokument-Management-System (DMS) oder ein vergleichbares Justiz-Fach-System, das an die Stelle von Aktendeckel und Blattnummern tritt.[2] Wie sich solche Systeme in der Praxis bei Verweisungen/Abgaben an andere Gerichte verhalten werden, bleibt abzuwarten.

3 **2. Rechtsverordnungen, S. 2 bis 4.** Ab welchem **Zeitpunkt** elektronische Akten geführt und die dafür notwendigen organisatorisch-technischen Rahmenbedingungen geschaffen werden, bestimmen Bundesregierung und Landesregierungen durch Rechtsverordnungen jeweils für ihren Bereich (S. 2), wobei eine Übertragung der Ermächtigung (S. 3) und eine gegenständliche Beschränkung (S. 4) in Betracht kommen.

4 Elektronischen Rechtsverkehr in Zivilsachen gibt es bislang am **BGH** für die dort zugelassenen Anwaltschaft. **Rechtsverordnungen** der Länder stehen – außer für Hamburg[2a] – noch aus.

III. Medientransfer und Aufbewahrungspflicht (Abs. 2)

5 **1. Medientransfer, S. 1.** Die Vorschrift regelt den Medientransfer **von Papier in ein elektronisches Dokument in einem laufenden Verfahren** (Rn. 1), der auf unabsehbare Zeit hinaus erforderlich sein wird. Das gilt vor allem für Verfahren ohne Anwaltszwang (§ 78), insbesondere für die allgemeinen Zivilsachen vor den Amtsgerichten, in denen der rechtsuchende Bürger den Schriftverkehr in Papierform abwickelt. Zum Transfervermerk Rn. 9.

---

[1] Krit. zur Arbeit mit der elektronischen Akte aus richterlicher Sicht: *Suermann* DRiZ 2001, 291; *B/L/H* Rn. 2. Optimistischer – freilich aus wissenschafts-theoretischer Sicht – *Hähnchen* NJW 2005, 2257.

[2] *Viefhues* NJW 2005, 1009, 1013.

[2a] VO v. 1. 8. 2006, Hamburgisches GVBl. S. 455.

Zwar „sollen“ nach S. 1 die in Papierform eingereichten Schriftstücke und sonstigen Unterlagen zur Ersetzung der Urschrift in ein elektronisches Dokument übertragen werden. Wird aber eine elektronische Akte geführt, ist das faktisch zwingend, um Misch-Akten und möglicherweise unauffindbare Aktenreste in Papier zu vermeiden. Nach ihrem Wortlaut bezieht sich die Vorschrift nur auf **Schriftstücke und sonstige Unterlagen** (zB Pläne, Zeichnungen), nicht aber auf die Akten der Vorinstanz oder beigezogene Akten. Eine **Ausnahme** besteht für eingereichte Unterlagen von besonderem Umfang,[3] was in der Praxis hauptsächlich in Bau- oder Arzthaftungsprozessen (zB hinsichtlich Röntgenunterlagen), aber auch in umfangreicheren Verkehrsunfallprozessen vorkommen wird;[4] von einem Medientransfer in ein elektronisches Dokument kann dann abgesehen werden. Eine **Zuständigkeitsregelung** enthält das Gesetz nicht. Der Medientransfer obliegt der Geschäftsstelle, die bei Zweifelsfragen – zB zu den angesprochenen Ausnahmefällen – das Einvernehmen mit dem zuständigen Richter herbeiführen wird. 6

2. Aufbewahrungspflicht für Unterlagen in Papier, S. 2. Nach dieser Bestimmung sind die in ein elektronisches Dokument übertragen (Rn. 5, 6) Unterlagen in Papier **mindestens** bis zum rechtskräftigen Abschluss des Verfahrens – allerdings nur, soweit benötigt (Rn. 8) – aufzubewahren. Für die Zeit danach gilt das SchrAG, das in seinem Geltungsbereich Art und Weise sowie Höchstfrist der Aufbewahrung von (dort legal definierten) Schriftgut regelt.[5] 7

Die Aufbewahrungspflicht besteht allerdings – im Unterschied zu § 298 Abs. 3 (dort Rn. 8) – nur für Unterlagen, sofern sie **in Papierform weiter benötigt** werden; nach der amtlichen Begründung ist das zB der Fall, wenn die von einer eingereichten Urkunde mittels Scannen erstellte Bilddatei nicht denselben Beweiswert hat wie das Papieroriginal.[6] Diese Vorschrift wird in der Praxis erhebliche Probleme bereiten, weil Urkundenbeweis gemäß § 420 immer durch Vorlage des Originals anzutreten ist. Für die mittels Scannen erstellte Bilddatei gilt nichts anderes wie für eine Kopie, die als Beweis nur ausreicht, wenn sie der Gegner nicht bestreitet (§ 420 Rn. 1). Es kann aus richterlicher Sicht auch keine Rede davon sein, dass ein Streit über Inhalt und Echtheit von Unterlagen, die nur in Kopie zu den Gerichtsakten gereicht werden, „in der Praxis äußerst selten“ sei.[7] Folglich ist eindringlich davor zu warnen, § 298 a Abs. 2 S. 2 restriktiv anzuwenden, vielmehr umgekehrt im Zweifel dafür Sorge zu tragen, dass das in Papierform eingereichte Originaldokument aufbewahrt wird,[8] vor allem dann, wenn ein Streit über Inhalt und Echtheit der Urkunde (wie zB fast regelmäßig bei Quittungen) wahrscheinlich erscheint. In die Abwägung ist auch mit einzubeziehen, dass sich der Gesetzgeber des JKomG gerade nicht dazu entschließen konnte, das entstehende elektronische Dokument zum Beweisgegenstand und damit unproblematisch den Weg frei zu machen für eine generelle Vernichtung des Papieroriginals. Zur **Zuständigkeit** gelten die früheren Erörterungen entsprechend (Rn. 6 aE). 8

IV. Transfervermerk (Abs. 3)

Die Vorschrift erfordert einen Vermerk über die **Person,** welche die Unterlagen von der Papierform in ein elektronsiches Dokument übertragen hat, und den **Zeitpunkt** der Übertragung. Auf Ersteres hätte aber aus Vereinfachungsgründen besser verzichtet werden sollen, weil die Kenntnis davon, wer eingescannt hat, die Beweiskraft des elektronischen Dokuments nicht erhöht.[9] Wenigstens hat der Gesetzgeber eine elektronsiche Signatur für diesen Vermerk für nicht erforderlich gehalten und auf eine ausdrückliche Feststellung der Identität zwischen Papieroriginal und elektronischem Abbild im Hinblick auf die Aufbewahrungspflicht (Rn. 8) verzichtet;[10] auch Letzteres spricht für die oben vertretene Auslegung des § 298 a Abs. 2 S. 2. 9

Nach Abs. 3 muss das elektronische Dokument den Transfervermerk **enthalten,** dieser dort aber nicht sichtbar sein, weshalb es ausreicht, den Vemerk in den Dokumenteneigenschaften der Grafikdatei abzulegen.[11] Die Vorschrift betrifft ausschließlich das gerichtliche Verfahren, enthält also **keine Regelung** für die vom Anwalt eingescannten Unterlagen, der deshalb weder zur Aufbewahrung der Papieroriginale noch zur Anbringung des Transfervermerkes verpflichtet ist.[12] 10

299 ***Akteneinsicht; Abschriften*** **(1) Die Parteien können die Prozessakten einsehen und sich aus ihnen durch die Geschäftsstelle Ausfertigungen, Auszüge und Abschriften erteilen lassen.**

(2) Dritten Personen kann der Vorstand des Gerichts ohne Einwilligung der Parteien die Einsicht der Akten nur gestatten, wenn ein rechtliches Interesse glaubhaft gemacht wird.

(3) [1]Werden die Prozessakten elektronisch geführt, gewährt die Geschäftsstelle Akteneinsicht durch Erteilung eines Aktenausdrucks, durch Wiedergabe auf einem Bildschirm oder Übermittlung von elektronischen Dokumenten. [2]Nach dem Ermessen des Vorsitzenden kann Bevollmächtigten,

---

[3] BT-Drucks. 15/4067, S. 33.
[4] Die Praxisrelevanz bezweifelt deshalb zu Unrecht *Sae* Rn. 2.
[5] Abgedruckt und kurz erläutert bei *B/L/H* Anh. nach § 298 a.
[6] BT-Drucks. (Fn. 3).
[7] So *Viefhues* (Fn. 2); das übernimmt *Sae* Rn. 3.
[8] So auch MK/*Prütting* Rn. 7; *B/L/H* Rn. 6.
[9] Ebenso *Viefhues* (Fn. 2); *Sae* Rn. 4.
[10] BT-Drucks. (Fn. 3).
[11] Näher *Viefhues* NJW 2005, 1009, 1014 (insbes. Fn. 65).
[12] *Viefhues* NJW 2005, 1009, 1014.

die Mitglied einer Rechtsanwaltskammer sind, der elektronische Zugriff auf den Inhalt der Akten gestattet werden. [3]Bei einem elektronischen Zugriff auf den Inhalt der Akten ist sicherzustellen, dass der Zugriff nur durch den Bevollmächtigten erfolgt. [4]Für die Übermittlung ist die Gesamtheit der Dokumente mit einer qualifizierten elektronischen Signatur zu versehen und gegen unbefugte Kenntnisnahme zu schützen.

(4) Die Entwürfe zu Urteilen, Beschlüssen und Verfügungen, die zu ihrer Vorbereitung gelieferten Arbeiten sowie die Dokumente, die Abstimmungen betreffen, werden weder vorgelegt noch abschriftlich mitgeteilt.

I. Normzweck

1 Die Vorschrift regelt in **Abs. 1** das Einsichtsrecht der Parteien, das Teil des Anspruchs auf rechtliches Gehör (Art. 103 Abs. 1 GG) ist, und in **Abs. 2** das Dritter. **Abs. 3** gilt, soweit die Prozessakten in elektronischer Form vorliegen, **Abs. 4** betrifft gerichtsinterne Entwürfe und Dokumente; diese beiden Vorschriften wurden durch das JKomG geändert (Rn. 6ff.). Sind die Prozessakten zur Ersetzung der Urschrift auf einen Bildträger verkleinert wiedergegeben worden, so gilt § 299a. Neben der in §§ 299, 299a geregelten Akteneinsicht gibt es **Sondervorschriften** für die Einsicht in die Akten des Gerichtsvollziehers (§ 760), zu Auskünften aus dem Schuldnerverzeichnis (§§ 915 Abs. 3, 915b Abs. 1) und im Aufgebotsverfahren (§§ 996 Abs. 2, 1001, 1016, 1022 Abs. 2, 1023) sowie außerhalb der Zivilprozessordnung zB in § 12 GBO, § 42 ZVG und in § 34 FGG.

II. Rechte von Parteien und Dritten (Abs. 1, Abs. 2)

2 **1. Parteien (Abs. 1).** Sie, auch Streithelfer, haben ein **Einsichtsrecht** in die Prozessakten. Das sind die eigenen Akten des Prozessgerichts, und zwar in vollständiger Form, auch mit dienstlichen Erklärungen des Richters im Heft zur Selbstablehnung (§ 48),[1] sowie beigezogene Akten anderer Gerichte oder Behörden, soweit diese die Einsicht gestattet haben.[2] **Nicht** eingesehen werden dürfen gerichtsinterne Schriftstücke (Rn. 7), die mit einem Prozesskostenhilfegesuch gemäß § 117 Abs. 2 vorgelegten Erklärungen des Gegners[3] und eine bei Gericht eingereichte Schutzschrift (§ 937 Rn. 7).[4] Die Parteien können ihr Einsichtsrecht auf der Geschäftsstelle des Gerichts selbst oder durch einen Vertreter ausüben (kein Anwaltszwang). Ein Anspruch auf Versendung oder Hinausgabe der Akten besteht nicht;[5] die Mitnahme von Akten in die Kanzlei jedenfalls des ortsansässigen Prozessbevollmächtigten sollte der Vorsitzende aber großzügig gestatten,[6] ein Anspruch auf Übersendung in die Kanzlei besteht nicht.[7] Außerdem dürfen sich die Parteien durch die Geschäftsstelle **Ausfertigungen, Auszüge und Abschriften** erteilen lassen. Die **Entscheidung** trifft bei Akteneinsicht auf der Geschäftsstelle/Erteilung von Abschriften der Urkundsbeamte der Geschäftsstelle, bei Hinausgabe an den Prozessbevollmächtigten aus praktischen Gründen (Akten entbehrlich? Zuverlässigkeit des RA) der Richter. Bei Verweigerung der Akteneinsicht oder der Erteilung von Ausfertigungen sind **Rechtsbehelfe** statthaft, und zwar bei Entscheidung durch den Richter sofortige Beschwerde gemäß § 567 Abs. 1 Nr. 2, bei der durch den Urkundsbeamten Erinnerung gemäß § 573 Abs. 1. Zur Einsicht in eine **elektronische Akte** Rn. 6ff.

3 **2. Dritte (Abs. 2).** Das sind alle, die nicht Partei sind (Rn. 2). Behörden oder Gerichte können Einsicht im Wege der Amtshilfe verlangen (Art. 35 GG; vgl. im Übrigen zur Übermittlung personenbezogener Daten von amtswegen §§ 12ff. EGGVG[8]), sofern die Grundrechte der Parteien (Art. 1, 2 GG) nicht vorgehen.[9] Nach Abs. 2 (zu Sondervorschriften Rn. 1) besteht allerdings – anders als bei den Parteien – (mit der Einschränkung nach Rn. 7) **nur ein Recht auf Einsicht, nicht** auf Erteilung von Ausfertigungen oder Auszügen; eine **anonymisierte Urteilsabschrift** darf aber hinausgegeben werden,[10] hauptsächlich im öffentlichen Informationsinteresse an Fachverlage zum Zwecke der **Veröffentlichung.**[11] Zur Einsicht in eine **elektronische Akte** Rn. 6ff.

3a Das Einsichtsrecht hängt vom **Einverständnis der Parteien** oder der Glaubhaftmachung (§ 294) eines **rechtlichen Interesses**[12] ab. Letzteres besteht zB: Für einen Streitverkündungsempfänger, der nicht beigetreten ist (sonst Rn. 2), zwecks Prüfung der Interventionswirkung (§ 74 Abs. 2, 3); für einen Grundstücksnachbarn zwecks Einsicht in die Akten eines selbständigen Beweisverfahrens zwischen Dritten zu Schäden nach Bohrpfahlgründungen, wenn genügend starke Anhaltspunkte dafür vorliegen, dass die an seinem Grundstück aufgetretenen Schäden durch diese Maßnahmen verursacht sein können.[13] Bloße Neugierde

---

1 Vgl. BVerfGE 89, 28 = NJW 1993, 2229.
2 VGH Mannheim NJW 1996, 613; weitergehend *Zi* Rn. 1 (soweit kein Widerspruch).
3 BVerfG NJW 1991, 2078; BGHZ 89, 65 = NJW 1984, 740.
4 MK/*Prütting* Rn. 29.
5 BGH NJW 1961, 559.
6 OLG Hamm ZIP 1990, 1369.
7 OLG Brandenburg OLG-NL 1999, 238.
8 Näher dazu MK/*Prütting* Rn. 33f.
9 Zum Einsichtsrecht des Finanzamts in Scheidungsakten vgl. BVerfGE 27, 344 = NJW 1990, 555. Zur Beiziehung dieser Akten durch Finanzgerichte BFH NJW 1991, 3055; OLG Köln NJW 1994, 1075.
10 Näher *Hirte* NJW 1988, 1698.
11 OLG Celle NJW 1990, 2570; OVG Berlin NJW 1993, 676. Wie hier *Sae* Rn. 24; *Zi* Rn. 3.
12 Dazu OLG Hamm NJW-RR 1997, 1489.
13 OLG Hamburg NJW-RR 2002, 139.

oder wirtschaftliche Gründe genügen nicht, letzteres auch nicht, wenn es zur Grundlage der Klage gegen eine der bisherigen Parteien gemacht werden kann (Ausforschungsgedanke). Beruft sich aber eine Partei zu ihrer Rechtsverteidigung selbst auf den Inhalt einer Akte in einem zwischen ihr und einem Dritten geführten Rechtsstreit, so ist ihrem Gegner ein rechtliches Interesse auf Einsicht in diese Akte zuzubilligen.[14] Ausreichend ist zu **Forschungszwecken**[15] ein wissenschaftliches Interesse,[16] das aber trotz Art. 5 Abs. 3 GG nicht verfassungsrechtlich verbürgt ist.[17]

Über § 4 InsO gelten diese Grundsätze auch für die Einsicht in **Akten des Insolvenzgerichts.**[18] Ein Gläubiger ist auch nach **Abweisung des Insolvenzantrages mangels Masse** zur Akteneinsicht, auch in Gutachten (vgl. auch Rn. 7), berechtigt, falls er Insolvenzgläubiger wäre, auch zwecks Prüfung von Durchgriffs-/Schadensersatzansprüchen gegen Dritte, insbesondere Geschäftsführer oder Gesellschafter des Insolvenzschuldners;[19] für die spätere Einstellung wegen Masseunzulänglichkeit (§§ 207, 209 InsO) gilt entsprechendes.[20] Dass der Schuldner (zB eine GmbH) zwischenzeitlich gelöscht und aufgelöst ist, hat keine Bedeutung.[21] Das Akteneinsichtsrecht ist nicht etwa auf Titel-Gläubiger beschränkt,[22] weil auch nicht titulierte Forderungen zum Eröffnungsantrag berechtigen (vgl. §§ 14 Abs. 1, 179 InsO). Jedenfalls für denjenigen, der einen Massekostenvorschuss (§ 26 Abs. 1 S. 2 InsO) geleistet hat, besteht wegen § 26 Abs. 3 InsO auch ein Einsichtsrecht zwecks Prüfung, ob der Insolvenzantrag rechtzeitig iSd § 64 GmbHG gestellt worden ist. Für andere Dritte, die nur einen Schadensersatzprozess vorbereiten und dessen Erfolgsaussichten abklären wollen, wird ein rechtliches Interesse jedoch zu verneinen sein.[23] Dritter iSd § 299 Abs. 2 ist auch derjenige Insolvenzgläubiger, der seine Forderung im **eröffneten Insolvenzverfahren** nicht (gemäß §§ 38, 87, 174ff. InsO) angemeldet hat.[24] Hat sich der Insolvenzgläubiger demgegenüber am Verfahren beteiligt, richtet sich sein Akteneinsichtsrecht nach § 299 Abs. 1 (Rn. 2). 4

Die **Entscheidung** über das Gesuch dritter Personen ergeht durch den „Vorstand des Gerichts", also Direktor/Präsident von Amts-/Landgericht; eine Übertragung dieser Befugnis im Einzelfall auf den Richter, der den Prozess geführt hat, ist allgemein üblich und zulässig. Den Parteien ist vorher rechtliches Gehör zu gewähren, damit sie gegebenenfalls ihr Interesse an einer Geheimhaltung darlegen können.[25] Gegen Gewährung der Einsicht kann jede Partei, gegen Verweigerung der Dritte nach Art. 23ff. EGGVG vorgehen, daneben auch Dienstaufsichtsbeschwerde erheben.[26] 5

III. Prozessakten als elektronische Dokumente (Abs. 3)

Normzweck der durch das JKomG (§ 130a Rn. 1) erweiterten – Vorschrift ist es, das Recht der Parteien (Rn. 2) und dritter Personen (Rn. 3–5) auf Akteneinsicht umzusetzen, soweit die Prozessakten als elektronische Dokumente vorliegen; letzteres hängt davon ab, wann und bei welchen Gerichten hierfür die technischen Voraussetzungen geschaffen sind (vgl. § 298a Rn. 3). Satz 1 enthält die Grundregel zur Akteneinsicht. Nach Satz 2 kann bestimmten Personen ein unmittelbarer Zugriff auf die elektronische Akte unter den Voraussetzungen des Satz 3 gestattet werden. Satz 4 regelt schließlich die Übermittlung der Dokumente. Für elektronische Akten des Gerichtsvollziehers gilt § 760. 6

Parteien oder Dritte erhalten Einsicht in die elektronische Akte unter den oben (Rn. 2, 3–5) genannten Voraussetzungen gemäß S. 1 entweder durch Erteilung eines Aktenausdrucks (§ 298) oder durch Übermittlung von elektronischen Dokumenten per E-Mail (Rn. 6c) oder durch Wiedergabe auf einem Bildschirm in den Räumen der aktenführenden Stelle. Wohnt der Antragsteller nicht im räumlichen Einzugsbereich dieser Stelle, kann er eine Akteneinsicht auch dadurch erhalten, dass das entsprechende elektronische Dokument an die seinem Wohnsitz nächstgelegene Verwaltungsbehörde bzw. an das nächstgelegene Gericht übermittelt (Rn. 6c) und die Akteneinsicht durch Wiedergabe auf einem Bildschirm dort gewährt wird.[27] Die Art der Akteneinsicht bestimmt der Urkundsbeamte der Geschäftsstelle nach pflichtgemäßem Ermessen. Ob Anspruch auf Akteneinsicht besteht, richtet sich nach § 299 Abs. 1 und 2. Zu den Rechtsbehelfen Rn. 2 aE. 6a

Rechtsanwälten (und Erlaubnisinhabern, § 25 EGZPO) kann – zwangsläufig auf entsprechenden Antrag – gemäß S. 2 auch der elektronische Zugriff auf die Akte gestattet werden.[28] Zuständig ist das Gericht; 6b

---

14 OLG Saarbrücken NJW-RR 2001, 931.
15 Näher dazu *Keller* NJW 2004, 413 (auch zur Einsicht im Staats- oder Bundesarchiv).
16 Verneint für Einsicht in Personenstandsbücher, LG Frankenthal NJW 1985, 2539.
17 BVerfG NJW 1986, 1277f.
18 Ausführl. dazu *Zpiierer* NZI 2002, 244; *Graf/Wunsch* ZIP 2001, 1800; *Pape* ZIP 2004, 598.
19 BGH ZIP 2006, 1154 = ZInsO 2006, 597.
20 OLG Celle NJW 2004, 863 = ZIP 2004, 368; OLG Hamm ZIP 2004, 283.
21 OLG Dresden ZIP 2003, 39; OLG Hamburg NZI 2002, 99 = ZIP 2002, 266.
22 So aber OLG Braunschweig ZIP 1997, 894.
23 Ebenso OLG Brandenburg NZI 2003, 36; ZIP 2000, 1541 = NJW-RR 2001, 1419; *Frind* EWiR 2000, 1079. AA für Titel-Gläubiger OLG Hamburg NZI 2002, 99.
24 OLG Celle ZIP 2004, 370.
25 BGH ZIP 1998, 961 (Geheimhaltungsinteresse des Gemein-/Insolvenzschuldners); näher zum Geheimhaltungsinteresse bei Unternehmensfortführung *Holzer* ZIP 1998, 1333. Zum Datenschutz ausf. *Abel* (Hrsg.), Datenschutz in Anwaltschaft, Notariat und Justiz, 1998; vgl. auch *Wollweber* FPR 1998, 282.
26 KG OLGZ 1976, 158; OLG Naumburg ZIP 1997, 895.
27 BT-Drucks. 15/4067, S. 33.
28 Diese Vorschrift und Satz 3 gehen zurück auf Beschlussempfehlung und Bericht des Rechtsausschusses, BT-Drucks. 15/4952, S. 9, 10, 68.

die Ausführung obliegt der Geschäftsstelle, die zu diesem Zweck den Datenbestand spiegeln und in Kopie auslagern wird.[29] Wegen des auf Erleichterung gerichteten Zwecks eines elektronischen Rechtsverkehrs sollte der Vorsitzende von seinem Ermessen großzügig Gebrauch machen. Nach S. 3 muss allerdings sichergestellt werden, dass der Zugriff nur durch den antragstellenden Rechtsanwalt – also unter Ausschluss von Mitarbeitern – erfolgt. Wie das gewährleistet wird, muss dieser im Gesuch mitteilen, andernfalls ist er zu einer entsprechenden Erklärung aufzufordern; die Vorschrift erscheint deshalb wenig praktikabel.[30] Für die Anfechtung gilt § 567 Abs. 1 Nr. 2.

6c Für die **Übermittlung** auf elektronischem Weg ist nach S. 4 die Gesamtheit der Dokumente mit einer qualifizierten elektronischen Signatur (§ 371a Rn. 3, 4) zu versehen und gegen unbefugte Kenntnisnahme zu schützen. Nach den Vorstellungen des Gesetzgebers[31] ist Letzteres „durch geeignete technische Maßnahmen sicherzustellen" und bei Übertragung personenbezogener Daten über allgemein zugängliche Netze „die Vertraulichkeit insbesondere durch Verschlüsselung herzustellen." Ob wegen dieser hohen Sicherheitsanforderungen diese Art der elektronischen Akteneinsicht in der Praxis wirklich große Bedeutung erlangen wird, bleibt abzuwarten.

IV. Gerichtsinterne Entwürfe und Dokumente (Abs. 3).

7 Die Vorschrift erfasst die vom Richter gefertigten Entwürfe zu Urteilen, Beschlüssen und Verfügungen und die zu ihrer Vorbereitung gelieferten Arbeiten, zB durch einen Referendar, sowie Dokumente, die Abstimmungen betreffen. Sie können Parteien, Dritte, andere Behörden oder Gerichte weder einsehen noch Mitteilungen daraus verlangen. Das gilt auch für die bei den Zivilsenaten des Bundesgerichtshofes geführten Senatshefte, welche u. a. das Votum des Berichterstatters enthalten. Denn dabei handelt es sich um gerichtsinterne Vorgänge, die der später getroffenen Entscheidung lediglich vorausgehen. Solche Entwürfe und Dokumente sind deshalb vor einer Akteneinsicht von der Geschäftsstelle herauszunehmen; unterbleibt das, erhält also der Antragsteller prozessordnungswidrig davon Kenntnis, so folgt daraus gleichwohl kein „Verwertungsverbot", weshalb damit ein Ablehnungsgesuch begründet werden kann.[32] Eine dienstliche Äußerung zu einer Selbstablehnung unterliegt jedoch dem Einsichtsrecht (Rn. 2). Bei einem im Insolvenzverfahren erstatteten Gutachten – auch bei dem des vorläufigen Insolvenzverwalters nach § 22 Abs. 2 Nr. 3 InsO – handelt es sich **nicht** um vorbereitende Entwürfe iSd § 299 Abs. 4 (vgl. auch Rn. 4).[33]

V. Gerichtskosten

8 Werden Akten zur Einsicht versandt, werden pauschal Auslagen nach KV Nr. 9003 erhoben. Deren Fälligkeit richtet sich nach § 9 Abs. 3 GKG. Dies gilt nicht, wenn Kostenschuldner derjenige ist, von dem die Gebühr KV Nr. 2116 zu erheben ist. Eine Aktenversendung ist nicht anzunehmen, wenn die Akten über ein Gerichtsfach zur Verfügung gestellt werden.[34] Anders ist dies, wenn die Akten mit der Dienstpost (etwa durch Dienstfahrzeuge) erst zu dem Gericht verbracht werden, bei dem sich das Gerichtsfach befindet.[35] Der Kostenschuldner ist nach § 28 Abs. 2 GKG zu bestimmen.

299a

Datenträgerarchiv **[1]Sind die Prozessakten nach ordnungsgemäßen Grundsätzen zur Ersetzung der Urschrift auf einen Bild- oder anderen Datenträger übertragen worden und liegt der schriftliche Nachweis darüber vor, dass die Wiedergabe mit der Urschrift übereinstimmt, so können Ausfertigungen, Auszüge und Abschriften von dem Bild- oder dem Datenträger erteilt werden. [2]Auf der Urschrift anzubringende Vermerke werden in diesem Fall bei dem Nachweis angebracht.**

1 Die Vorschrift erlaubte in ihrer früheren Fassung zwecks Einsparung von Archivraum lediglich die **Mikroverfilmung** der Prozessakten statt deren Aufbewahrung im Original gemäß der AktO und ermöglicht nun **auch** den Einsatz **elektronischer Speichermedien.**[1] Eine Mikroverfilmung[2] ist also nach wie vor möglich. **Gemeinsame Voraussetzung** ist die Übertragung nach „ordnungsgemäßen Grundsätzen", dh. den einschlägigen Verwaltungsbestimmungen. Liegt der schriftliche Nachweis darüber vor, dass die Wiedergabe mit der Urschrift übereinstimmt, so werden die Akten vernichtet; allerdings kann der Vorsitzende gleichwohl die Originalakten oder Teile davon als Archivgut aufbewahren lassen. Die auf richterliche Anordnung von Parteien oder Behörden vorgelegten (§§ 142 Abs. 1, 273 Abs. 2 Nr. 1, 2, 5) oder durch Urkundenbeweis beschafften (§§ 430, 432) oder sonst verwahrten (§ 443) Urkunden sind zurückzugeben. Für den **Medientransfer in einem laufenden Verfahren** gilt § 298a (dort Rn. 1, 5).

---

[29] *Viefhues* NJW 2005, 1009, 1014.

[30] *Gottwald* Festgabe Vollkommer, 2006, S. 259, 267.

[31] BT-Drucks. 15/4067, S. 33.

[32] OLG Frankfurt/M. NJW 2007, 928 m. Anm. *Kroppenberg* (Vermerk des Richters im Entwurf, ein bestimmter Rechtsanwalt – Zeuge im Prozess – sei „als ziemlich verwunderlich" bekannt).

[33] OLG Celle ZInsO 2007, 150, 152; NZI 2002, 261; OLG Düsseldorf ZIP 2000, 322 = NZI 2000, 178.

[34] LG Münster AnwBl. 1995, 378.

[35] BVerfG AnwBl. 1996, 293 ff.

[1] BT-Drucks. 14/4987 S. 25.

[2] Vgl. dazu die „Richtlinie für die Mikroverfilmung von Schriftgut in der Rechtspflege und Justizverwaltung" vom 10. 3. 1976, in Kraft getreten am 1. 8. 1978, abgedruckt in Justiz 1976, 231.

Wer Akteneinsicht und Ausfertigungen, Auszüge und Abschriften verlangen kann, ergibt sich aus § 299. Die Einsicht in die Mikroverfilmung erfolgt durch ein Lesegerät auf der Geschäftsstelle. Dort werden auch Rückvergrößerungen zwecks Erteilung von Abschriften hergestellt, denen Urkundsqualität zukommt,[3] sofern die Mikroverfilmung „ordnungsgemäß" (Rn. 1) vorgenommen wurde; letzteres ist gegebenenfalls zu bestätigen, eine Beglaubigung der Abschrift erfolgt nicht. Bei elektronischer Speicherung gilt für Einsicht § 299 Abs. 3 (dort Rn. 6). 2

Titel 2. Urteil

300 *Endurteil* **(1) Ist der Rechtsstreit zur Endentscheidung reif, so hat das Gericht sie durch Endurteil zu erlassen.**

(2) Das Gleiche gilt, wenn von mehreren zum Zwecke gleichzeitiger Verhandlung und Entscheidung verbundenen Prozessen nur der eine zur Endentscheidung reif ist.

I. Normzweck

Die durch diese Vorschrift ausgesprochene Verpflichtung des Gerichts, den Rechtsstreit zu entscheiden, wenn er reif ist, enthält zwei wesentliche Elemente. Zum einen soll das Gericht den Rechtsstreit zur Entscheidungsreife bringen, weil er erst dann durch Urteil abgeschlossen werden darf; zum anderen ist der entscheidungsreife Prozess durch ein Urteil zu beenden, und es darf dann nicht die Entscheidung noch weiter offen gelassen werden. Durch die Verbindung mehrerer Rechtsstreite soll die Entscheidung des einzelnen Prozesses nicht verzögert werden. Deshalb bestimmt § 300 Abs. 2, dass in dem Fall, dass einer der verbundenen Rechtsstreite zur Endentscheidung reif ist, insoweit ein Endurteil zu erlassen ist. 1

II. Arten von Urteilen

Der **Begriff des Endurteils** wird durch § 300 Abs. 1 charakterisiert: Durch ein solches Urteil wird der Rechtsstreit abschließend für die Instanz erledigt. Im Gegensatz dazu steht das **Zwischenurteil,** durch das über eine prozessuale Frage entschieden wird, von deren Erledigung der Fortgang des Verfahrens abhängt (§ 303 Rn. 2). Zwischenurteile über die Zulässigkeit der Klage werden durch § 280 Abs. 2 in Bezug auf Rechtsmittel einem Endurteil gleichgestellt. Eine Besonderheit stellt das Zwischenurteil über den Grund dar (§ 304), das eine Entscheidung in der Sache trifft. Wird durch das Endurteil lediglich ein Teil des Rechtsstreits erfasst, so bezeichnet man es als Teilurteil (vgl. § 301), sonst spricht man von einem Vollendurteil. 2

Wird lediglich über prozessuale Fragen entschieden, dann handelt es sich um ein **Prozessurteil,** während ein **Sachurteil** eine gerichtliche Erkenntnis über den (sachlichen) Streitgegenstand enthält. Eine weitere Unterscheidung zwischen verschiedenen Arten von Urteilen stellt darauf ab, ob die Entscheidung auf Grund der Säumnis einer Partei ergeht (dann Versäumnisurteil) oder auf Grund einer mündlichen (streitigen) Verhandlung, in der beide Parteien vertreten sind (kontradiktorisches Urteil). Sieht man auf die Art der Klage, über die entschieden wird, so kann man bei stattgebenden Urteilen[1] zwischen **Leistungs-, Feststellungs- und Gestaltungsurteilen** unterscheiden. Schließlich ist noch zu berücksichtigen, dass auch **bedingte Urteile** erlassen werden können. Die Bedingung kann auflösend oder aufschiebend ausfallen. Aufschiebend bedingt wird der Beklagte verurteilt, der nach § 510b zur Zahlung einer Entschädigung verpflichtet wird, wenn er nicht eine bestimmte Handlung innerhalb einer vom Gericht festgesetzten Frist vornimmt, zu der er (unbedingt) verurteilt wird. Als auflösend bedingt sind die Vorbehaltsurteile (vgl. §§ 302, 599) sowie die Urteile anzusehen, die vor der Rechtskraft einer im selben Verfahren nach § 280 Abs. 2 oder § 304 erlassenen Entscheidung ergehen. Zwischen den dargestellten Urteilsarten können sich mannigfaltige Kombinationen ergeben. 3

III. Fehlerhafte Urteile

Ein begriffsbestimmendes Merkmal des Urteils ist sein Erlass durch ein zur Rechtsprechung berufenes staatliches Organ, dh. durch ein Gericht. Deshalb kann die Willensäußerung einer anderen Institution auch dann nicht als ein Urteil angesehen werden, wenn es sonst alle übrigen Merkmale aufweist. Man spricht dann üblicherweise von einem **„Scheinurteil"**.[2] Als Beispiel sei das „Urteil" genannt, das der Leiter einer Referendar-Arbeitsgemeinschaft zu Übungszwecken erlässt. Auch wenn es sich bei diesem Arbeitsgemeinschaftsleiter um einen Richter handelt, wird er doch nicht in Ausübung der Rechtspflege tätig und ergeht deshalb die Entscheidung auch nicht als Erkenntnis eines Gerichts. Erlässt dagegen ein Gericht ein Urteil, dann ist grundsätzlich von der Wirksamkeit auszugehen. Wie die Regelung über die Wiederaufnahme des Verfahrens (§§ 578 ff.) zeigt, sind regelmäßig auch solche gerichtlichen Entscheidungen als wirksam zu behandeln, die unter **schwersten Verfahrensfehlern** zu Stande kommen;[3] sie können nur mit der Nichtig- 4

---

[3] Zum Beweiswert näher *Heuer* NJW 1982, 1505.

[1] AK-ZPO/*Fenge* Vorb. Rn. 4 weist zu Recht darauf hin, dass bei einem abweisenden Urteil diese Unterscheidung nicht zutrifft.

[2] *Jauernig,* Das fehlerhafte Zivilurteil, 1958, S. 6 ff., 14; *Lüke* ZZP 108 (1995), 427, 439.

[3] BGH VersR 1987, 1195; vgl. BGH FamRZ 1963, 131, 132 m. weit. Nachw. (Wirksamkeit eines Urteils, das gegen eine prozessunfähige Partei ergangen ist); OLG Köln NJW-RR 1988, 701 (Wirksamkeit eines Versäumnisurteils, das während der Unterbrechung des Rechtsstreits erlassen worden ist); OLG Bamberg NJW-RR 1994, 459 (Wirksamkeit eines Versäumnisurteils, das entgegen § 612 Abs. 4 erging).

keitsklage beseitigt werden. Deshalb ist auch ein Urteil, an dem ein nicht mehr amtierender Richter mitgewirkt hat, kein Scheinurteil,[4] weil es ein Gericht, wenn auch in nicht vorschriftsmäßiger Besetzung, erlassen hat (vgl. auch § 579 Abs. 1 Nr. 1).[5] Zu berücksichtigen ist jedoch, dass das **Urteil** als solches erst **existent** wird, wenn es verkündet oder wenn es in den Fällen des § 310 Abs. 3 zugestellt worden ist. Vor diesem Zeitpunkt handelt es sich lediglich um einen Urteilsentwurf, dem nicht die Wirkungen eines Urteils zukommen können (§ 310 Rn. 8).[6]

5 Nur ausnahmsweise ist die **Wirkung eines** existenten **Urteils aufgehoben oder gemindert.** Wirkungslos ist eine gerichtliche Entscheidung, die gegen eine Person ergeht, die nicht der deutschen Gerichtsbarkeit untersteht[7] oder die nicht (mehr) existiert[8] oder die eine im deutschen Recht nicht bekannte[9] oder verbotene Rechtsfolge ausspricht. Ist ein Urteil außerhalb eines Urteilsverfahrens ergangen, weil zB überhaupt keine Klage erhoben worden ist[10] oder die Klage wirksam zurückgenommen wurde,[11] oder ergeht eine gerichtliche Entscheidung, obwohl das Verfahren bereits durch Vergleich beendet worden ist,[12] dann kann ein solches Urteil ebenfalls keine Wirkungen entfalten. Ergeht ein Urteil, ohne dass die ordnungsgemäß erhobene Klage und die Ladung zur mündlichen Verhandlung dem Beklagten zugestellt worden sind und er deshalb keine Kenntnis von dem Verfahren hat, dann ist eine solche Entscheidung wirksam und erwächst in Rechtskraft, wenn sie nicht auf Grund eines Rechtsmittels aufgehoben wird (vgl. § 579 Rn. 7).[13] Stets muss davon ausgegangen werden, dass die Wirkungslosigkeit (Nichtigkeit) eines Urteils auf seltene Ausnahmefälle zu beschränken ist, wobei im Interesse der Rechtssicherheit zu verlangen ist, dass der zur Wirkungslosigkeit führende Fehler offenkundig ist.[14]

6 Fehler eines Urteils können auch dazu führen, dass einzelne Urteilswirkungen entfallen (sog. **wirkungsgemindertes Urteil**). Lässt sich zB einem Teilurteil nicht entnehmen, über welche von verschiedenen Einzelforderungen oder über welche Teilbeträge das Gericht entschieden hat, dann ist ein solches Urteil nicht der materiellen Rechtskraft fähig.[15] Ist allerdings das Urteil so widersprüchlich, dass aus ihm auch im Wege der Auslegung keine wirksame Rechtsfolge abgeleitet werden kann, dann ist es im Ganzen wirkungslos.[16]

7 Auch ein **„wirkungsloses Urteil" erzeugt Rechtswirkungen.** Es bindet das erlassende Gericht (§ 318 Rn. 9) und ist der formellen Rechtskraft fähig, beendet also die Instanz.[17] Die siegreiche Partei erwirbt durch ein solches Urteil einen Kostenerstattungsanspruch, sofern nicht der Mangel des Urteils auch den Kostenausspruch umfasst.[18] Gegen ein wirkungsloses Urteil kann ein Rechtsmittel eingelegt werden (vgl. auch § 310 Rn. 12; § 511 Rn. 7).[19] Nach formeller Rechtskraft eines wirkungslosen Urteils können die Parteien erneut klagen, da einem solchen Urteil die materielle Rechtskraft fehlt.[20] Die Wirkungslosigkeit des Urteils kann auch zum Gegenstand einer Feststellungsklage gemacht werden, wenn das dafür erforderliche Feststellungsinteresse zu bejahen ist.[21]

IV. Entscheidungsreife

8 **1. Voraussetzungen.** Um einen Rechtsstreit entscheiden zu können, muss der entscheidungserhebliche Tatsachenstoff hinreichend geklärt worden sein. Es müssen die zulässigen Beweise hinsichtlich der beweisbedürftigen Tatsachen vom Gericht erhoben und gewürdigt werden, um darauf das Urteil zu stützen. Wenn auch das Gericht nicht jede theoretisch denkbare Möglichkeit einer Sachaufklärung nutzen muss, ist es doch verpflichtet, die Sach- und Rechtslage mit den Parteien erschöpfend zu erörtern und ihnen Gelegenheit zu geben, sich über alle erheblichen Tatsachen vollständig zu erklären (vgl. § 139). Zwar verpflichtet der Anspruch auf rechtliches Gehör (Art. 103 Abs. 1 GG) das Gericht, den Parteien zu ermöglichen, den von ihnen eingenommenen Standpunkt in sachgerechter Weise im Prozess darzulegen, und ihnen ausreichende Gelegenheit zu geben, sich zu allen relevanten Punkten zu äußern (vgl. Einl. Rn. 28), jedoch darf bei Geltung der Verhandlungsmaxime nicht außer Acht gelassen werden, dass die Beschaffung des ent-

---

[4] So aber BezG Leipzig DtZ 1993, 27.
[5] *Jauernig* DtZ 1993, 173.
[6] BGH NJW 1985, 1782, 1783; 1996, 1969, 1970; 1999, 1192; OLG Brandenburg NJW-RR 2002, 356; FamRZ 2004, 384, 386.
[7] *T/P/Reichold* Vorb. Rn. 15; *Ro/S/Go* § 62 Rn. 22; aA *Zi* Rn. 2; *Günter Hein,* Das wirkungslose Urteil, Diss. Passau 1996, S. 195ff., 205.
[8] OLG Hamm NJW-RR 1986, 739.
[9] OLG Oldenburg MDR 1989, 268.
[10] BGH NJW-RR 2006, 565, 566; BayObLG NJW-RR 2000, 671, 672 (wirkungslose Beschwerdeeinlegung wegen fehlenden Antrags); LAG Frankfurt BB 1982, 1924, 1925.
[11] LG Itzehoe NJW-RR 1994, 1216.
[12] OLG Stuttgart NJW-RR 1987, 128.
[13] KG NJW-RR 1987, 1215, 1216; OLG Zweibrücken NJWE-FER 1999, 130.
[14] BGHZ 127, 74, 79 = NJW 1994, 2832; BGH MDR 2007, 600, 601; OLG Düsseldorf MDR 1988, 881.
[15] BGHZ 124, 164, 166 = NJW 1994, 460 m. weit. Nachw.; OLG Brandenburg MDR 2000, 227, 228.
[16] BGHZ 5, 240, 244f. = NJW 1952, 818.
[17] *Jauernig* (Fn. 2) S. 143, 188; *Ro/S/Go* § 62 Rn. 21; aA *Vollkommer* MDR 1992, 642.
[18] *Ro/S/Go* (Fn. 17).
[19] BGH NJW 1996, 1969, 1970; 1999, 1192; MDR 2004, 1134; BayObLG (Fn. 10).
[20] *Jauernig* (Fn. 2) S. 188; *T/P/Reichold* Vorb. Rn. 19; aA *Vollkommer* (Fn. 17).
[21] BGHZ 29, 223, 230 = NJW 1959, 723; OLG Düsseldorf NJW 1986, 1763; aA *Jauernig* (Fn. 2) S. 188f.; *Lüke* (Fn. 2) S. 441 verneint im Regelfall ein Feststellungsinteresse, weil die Parteien den Rechtsstreit mangels materieller Rechtskraft erneuern könnten.

scheidungserheblichen Tatsachenstoffs in die Verantwortung der Parteien gegeben worden ist. Hierauf hat das Gericht bei der Durchführung des Rechtsstreits Rücksicht zu nehmen.

2. Einzelfälle. Fehlt eine **Prozessvoraussetzung,** dann hat das Gericht festzustellen, ob der Mangel noch behoben werden kann. Ist dies möglich, dann muss dem Kläger dazu Gelegenheit gegeben werden.[22] Andernfalls ist die Klage durch Prozessurteil (Rn. 3) abzuweisen, ohne dass auf die Frage der Begründetheit der Klage einzugehen ist. Stützt der Kläger sein Klagebegehren auf verschiedene **gleichwertige rechtliche Gründe,** dann ist der Rechtsstreit zur Entscheidung reif, wenn das Gericht die tatsächlichen Voraussetzungen einer dieser Gründe positiv festgestellt hat; andere kann es offen lassen.[23] Gleiches gilt, wenn die Klage auf Grund mehrerer Einwendungen des Beklagten abzuweisen ist; dann kann der Richter ebenfalls wählen, auf welche er das klageabweisende Urteil stützt und von einer Prüfung der anderen absehen.[24] Eine Ausnahme gilt nur für die vom Beklagten erklärte Aufrechnung, weil wegen der durch § 322 Abs. 2 angeordneten Rechtskrafterstreckung die Entscheidung stets ergeben muss, ob die Klage wegen der Aufrechnung oder aus anderen Gründen abgewiesen worden ist (§ 322 Rn. 84). Prozessökonomische Gründe sollen das Gericht berechtigen, von einer zeit- und kostenaufwändigen Klärung abzusehen und eine **Alternativentscheidung** zu treffen, wenn sich der Kläger hilfsweise auf einen die Sachdarstellung zum Hauptantrag ausschließenden Sachverhalt (zB Anspruch aus eigenem, hilfsweise aus abgetretenem Recht) beruft und wenn die Beantwortung der Frage, welcher Sachverhalt zutrifft, für die Entscheidung ohne Einfluss ist (vgl. auch Einl. Rn. 42).[25] 9

3. Pflicht zur Entscheidung. Die durch § 300 Abs. 1 dem Richter aufgegebene Pflicht, ein Endurteil zu erlassen, wird davon abhängig gemacht, dass der Rechtsstreit zur Endentscheidung reif ist. Wird jedoch in einem Verfahren der Stand der Entscheidungsreife erreicht, dann muss das Gericht das Endurteil erlassen und darf damit nicht länger warten. Dementsprechend ist es nicht zulässig, nach einer mündlichen Verhandlung das schriftliche Verfahren anzuordnen, wenn der Rechtsstreit auf Grund dieser Verhandlung bereits zur Endentscheidung reif ist.[26] Stellt das Gericht die Unzulässigkeit der Klage fest, dann darf es grundsätzlich nicht den Rechtsstreit zur Heilung der Zulässigkeitsmängel aussetzen, sondern hat die Klage durch Prozessurteil abzuweisen.[27] Aus Gründen der Prozessökonomie wird man jedoch von einer sofortigen Abweisung der Klage als unzulässig abzusehen haben, wenn erkennbar ist, dass die bestehenden Mängel kurzfristig behoben werden können (vgl. Rn. 9). Ein Richter, der die Erledigung eines Rechtsstreits verzögert und entgegen § 300 Abs. 1 ein Urteil bei Entscheidungsreife nicht erlässt, kann sich wegen Verletzung einer Amtspflicht schadensersatzpflichtig machen.[28] 10

V. Endurteil

1. Prozessvoraussetzungen. Das bei Entscheidungsreife zu erlassende Endurteil (Rn. 2) kann sowohl ein Prozessurteil als auch ein Sachurteil (Rn. 3) sein. Werden Prozessvoraussetzungen nicht erfüllt, dann ist die Klage durch Prozessurteil als unzulässig abzuweisen, ohne auf die Frage der Begründetheit einzugehen (Rn. 9f.). Verneint das Gericht die Zulässigkeit der Klage und nimmt es dennoch zusätzliche Erwägungen über die Unbegründetheit in das Urteil auf, dann sind sie als unverbindlich und nicht geschrieben zu betrachten und können auch nicht in Rechtskraft erwachsen (§ 322 Rn. 46).[29] An dem Vorrang der Zulässigkeitsprüfung ist auch dann festzuhalten, wenn die Frage nach der Verwirklichung der Prozessvoraussetzungen erhebliche Schwierigkeiten bereitet, während die Unbegründetheit der Klage ohne weiteres feststeht. Lediglich bei den sog. Rechtsschutzvoraussetzungen (Klagbarkeit, Rechtsschutzbedürfnis) ist nach ihrem Zweck, die Arbeitsbelastung der Gerichte zu mindern, ein anderes Vorgehen gerechtfertigt. Ihre Erfüllung kann dahinstehen, wenn die Klage einfacher aus Sachgründen abzuweisen ist.[30] 11

2. Prozessverbindung (Abs. 2). Dass bei verbundenen Prozessen (§ 147) nach § 300 Abs. 2 zu erlassende Urteil stellt ein Voll-Endurteil dar und nicht etwa ein Teilurteil iSv. § 301.[31] Dem Gericht steht deshalb auch anders als bei einem Teilurteil (vgl. § 301 Rn. 24) kein Beurteilungsspielraum zu, ob es diese Art der Erledigung wählt.[32] Ein einheitliches Urteil hat allerdings zu ergehen, wenn alle verbundenen Rechtsstreite zur Entscheidung reif sind.[33] Unter die Vorschrift des § 300 Abs. 2 fällt nur die subjektive Klagenhäufung; für eine objektive Klagenhäufung (§ 260) gibt § 301 die Möglichkeit zum Erlass eines Teilurteils (§ 301 Rn. 3). 12

VI. Gebühren und Kosten

1. Rechtsanwaltsgebühren. Die Tätigkeit des Anwalts im Zivilprozess wird durch die Gebühren der Nrn. 3100ff. VV RVG abgegolten. Die **Verfahrensgebühr** ist in den Nrn. 3100, 3101 VV RVG geregelt, die 13

---

[22] BGH NJW 1981, 2462, 2463; 1983, 684, 685.

[23] *Ro/S/Go* § 59 Rn. 8.

[24] *Zö/Vollkommer* Rn. 4; *T/P/Reichold* Rn. 2; aA *Grunsky* § 46 I 1, § 47 V 1c.

[25] OLG Köln NJW-RR 1987, 505.

[26] BGH 17, 118, 120f. = NJW 1955, 988; BAGE 3, 52, 54.

[27] RGZ 18, 383, 384f.

[28] *Blomeyer* NJW 1977, 557; AK-ZPO/*Fenge* Rn. 8.

[29] OVG Schleswig-Holstein MDR 1992, 525.

[30] *St/J/Brehm* Einl. Rn. 267, 273 (ebenso bei Fällen, in denen Unklarheit über Einhaltung der Klagefrist oder der Rechtskraftwirkung eines Urteils besteht); *Gottwald* NJW 1974, 2241 m. weit. Nachw.

[31] *Schneider* MDR 1974, 7, 8; *Zö/Vollkommer* Rn. 6.

[32] *Schneider* (Fn. 31); *St/J/Leipold* Rn. 28.

[33] RGZ 49, 401, 402.

Terminsgebühr in den Nrn. 3104, 3105 VV RVG. Die ehemalige Beweisgebühr (§ 31 Abs. 1 Nr. 3 BRAGO) ist in der Terminsgebühr aufgegangen und fällt nicht mehr gesondert an. Damit haben viele Streitfragen, unter welchen Voraussetzungen die Beweisgebühr anfiel, keine Bedeutung mehr. Die Verfahrens- und Terminsgebühren gelten für alle Verfahrensarten der ZPO und des FGG. Die **Verfahrensgebühr** (Nrn. 3100, 3101 VV RVG) entsteht für das „Betreiben des Geschäfts einschließlich der Information" (vgl. Vorbem. 3 Abs. 2 VV RVG). Der Umfang des „Geschäfts" ist durch § 19 Abs. 1 RVG gekennzeichnet. Es umfasst alle innerprozessualen Handlungen, die keinen eigenen Gebührentatbestand haben (zB die Beweisaufnahme, prozessuale Anträge, Erklärungen zum Rechtsmittelverzicht). In drei Fällen reduziert sich die Verfahrensgebühr auf den Satz von 0,8 (vgl. Nr. 3101 VV RVG): Nr. 3101 Ziff. 1 VV RVG entspricht dem bisherigen § 32 Abs. 1 BRAGO, erweitert um den Begriff „Sachvortrag". In FGG-Verfahren wird die volle Gebühr nur durch Sachvortrag ausgelöst, nicht schon durch die Stellung eines Antrages.[34] Nr. 3101 Ziff. 2 VV RVG ist eine Anlehnung an den bish. § 32 Abs. 2 BRAGO. Durch den Wortlaut ist nun klargestellt, dass die Gebühr auch anfällt, wenn die betreffenden Ansprüche in einem anderen Verfahren anhängig sind. Die Gebühr bleibt bestehen, wenn Verhandlungen vor Gericht zur Einigung geführt wurden, auch wenn es nicht zum Vergleich kommt, dieser widerrufen wurde oder ein wirksamer Rücktritt erfolgt. Der dritte Fall der Reduzierung der Verfahrensgebühr ist in Nr. 3101 Ziff. 3 VV RVG geregelt. Auf die Verfahrensgebühr sind die Beratungskosten **anzurechnen** soweit in der Gebührenvereinbarung nichts anderes geregelt ist; die Geschäftsgebühr (Nrn. 2300ff. VV RVG) wird zur Hälfte, jedoch höchstens mit einem Gebührensatz von 0,75 angerechnet (s. Vorbem. 3 Abs. 4 VV RVG). Durch die Neufassung der Vorbem. 3 Abs. 4 S. 1 erfolgt die Anrechnung auch in den Fällen, in denen die Geschäftsgebühr nach der Verfahrensgebühr entsteht (sog. Rückanrechnung). Die (ggf. nach Nr. 3101 Abs. 3 VV RVG zu kürzende) Gebühr aus Nr. 3101 Ziff. 2 VV RVG ist auf die in einem anderen Verfahren entstandene Verfahrensgebühr anzurechnen (s. Nr. 3101 Abs. 1 VV RVG), auch auf die in einem PKH-Verfahren (vgl. Nr. 3334 VV RVG). Bei der Vertretung mehrerer Auftraggeber in derselben Angelegenheit erhöht sich die Verfahrens- oder Geschäftsgebühr um eine Gebühr von 0,3 für jede weitere Person bis zu einer maximalen Erhöhung von 2,0 (Nr. 1008 VV RVG). Die **Terminsgebühr** fällt bereits bei „Vertretung" in einem Gerichtstermin an. Auf die Stellung von Anträgen oder streitiges Verhandeln kommt es nicht mehr an.[35] Auch die Mitwirkung an einer außerhalb des Gerichtsverfahrens geführten Besprechung über den anhängigen Streitgegenstand löst nunmehr die Terminsgebühr aus (Vorbem. 3 Abs. 3 VV RVG). Sie entsteht entgegen der Ansicht des BGH[35a] unabhängig davon, ob im gerichtlichen Verfahren eine mündliche Verhandlung vorgeschrieben ist.[35b] Gleiches gilt, wenn Besprechungen mit dem Ziel geführt werden, ein anderweitig anhängiges Hauptsache- oder PKH-Verfahren zu erledigen. Die Terminsgebühr setzt voraus, dass der Anwalt Prozessauftrag hat, während die frühere Besprechungsgebühr aus § 118 I Nr. 2 BRAGO nur anfiel, wenn der Anwalt keinen Prozessauftrag hatte.[36] Es bleibt bei der vollen Terminsgebühr, wenn der Beklagte anerkennt oder wenn nur Anträge zur Prozessleitung (Verweisung, Aussetzung, Ruhen des Verfahrens) gestellt werden. Sie entsteht auch, wenn ein Einvernehmen mit den Parteien oder gem. § 307 Abs. 2 oder § 495a ZPO ohne mündliche Verhandlung entschieden oder dabei ein schriftlicher Vergleich geschlossen wird (Nr. 3104 Abs. 1 Nr. 1 VV RVG). Von der reduzierten Terminsgebühr (Nr. 3105 VV RVG) wird nur der Fall erfasst, dass eine Partei zum Termin nicht erscheint und sodann entweder ein Versäumnisurteil beantragt wird oder Entscheidungen zur Prozessleitung beantragt oder vom Gericht von Amts wegen getroffen werden.Sie entsteht entgegen der Ansicht des BGH[37] unabhängig davon, ob in gerichtlichen Verfahren eine mündliche Verhandlung vorgeschrieben ist.[38] Gleiches gilt, wenn das Versäumnisurteil gem. § 331 Abs. 3 erlassen wird (Nr. 3105 Abs. 1 Nr. 2 VV RVG). Ist die Partei anwesend, verhandelt aber nicht, fällt die volle Terminsgebühr an (Nr. 3105 Abs. 3 VV RVG). Die **Einigungsgebühr** ist an die Stelle der bisherigen Vergleichsgebühr getreten. Sie beträgt bei anhängigem Gerichtsverfahren 1,0 (Nr. 1003 VV RVG). Dazu zählt auch das PKH-Verfahren mit den in Nr. 1003 VV RVG genannten Ausnahmen. Die bisherige Voraussetzung des „gegenseitigen Nachgebens" ist entfallen (vgl. Nr. 1000 Abs. 1 VV RVG).

14 **Berufungsverfahren** und die in **Vorbem. 3.2.1 Abs. 1 Nr. 2 VV RVG genannten Beschwerde- und Rechtsbeschwerdeverfahren** gegen instanzbeendende Entscheidungen lösen die Verfahrensgebühr der Nr. 3200 VV RVG und die Terminsgebühr Nr. 3202 VV RVG aus. Für Rechtsbehelfe gegen Entscheidungen, die **den Rechtszug nicht beenden** (zB PKH-Beschwerden, Erinnerungen gem. § 11 RPflG) fällt eine 0,5 Verfahrensgebühr aus Nr. 3500 VV RVG und eine 0,5 Terminsgebühr aus Nr. 3513 VV RVG an. Im **Revisionsverfahren** fallen Verfahrensgebühren aus Nrn. 3206, 3208 VV RVG und Terminsgebühren aus Nr. 3210 VV RVG an. Die **Rechtsbeschwerde** zum BGH löst die Verfahrensgebühr aus Nr. 3502 VV RVG aus.

15 Die Gebühren sind Pauschalgebühren (§ 15 Abs. 1 RVG), die jeweils aus dem Wert der Tätigkeit anfallen, die den Gebührentatbestand bildet (§ 2 Abs. 1 RVG). Der gebührenrechtliche Begriff „Angelegenheit" gibt an, wie oft die gleichen Gebühren entstehen können (§ 15 Abs. 2 S. 1 RVG), der Begriff „Gegenstand" zeigt an, aus welchem Wert die Gebühr zu bemessen ist (§ 2 Abs. 1 RVG).

---

[34] Vgl. *Hartung/Römermann* VV Teil 3 Rn. 52.
[35] *Hartung/Römermann* VV Teil 3 Rn. 8f.
[35a] BGH NJW 2007, 2644
[35b] *Schneider* AGS 2007, 398f.; *Schons* AnwBl 2007, 632f.
[36] S. Umkehrschluss aus Nr. 3104 Abs. 3 VV RVG.
[37] BGH NJW 2007, 2644.
[38] *Schneider* AGS 2007, 398f.; *Schons* AnwBl 2007, 632f.

2. Gerichtskosten. Das am 1. 7. 2004 in Kraft getretene „neue“ Gerichtskostengesetz hat das mit dem Kostenrechtsänderungsgesetz für die erste Instanz eingeführte Pauschalierungssystem auf alle Rechtszüge erweitert. Für Urteile fallen daher **keine besonderen Gebühren** mehr an. Die Gebühren hierfür sind bereits in den (erhöhten) Gebühren für das Verfahren im Allgemeinen, zB KV Nrn. 1210, 1220 und 1230, enthalten. Kostenrechtlich sind Urteile deshalb lediglich noch von Bedeutung, als sie **Ermäßigungen** entgegenstehen (zB KV Nrn. 1211 oder 1222) oder die Art des Urteils (etwa Anerkenntnisurteil, Verzichtsurteil; vgl. KV Nrn. 1211 Nr. 2) zu einer Ermäßigung führt. 16

301 ***Teilurteil*** **(1) [1]Ist von mehreren in einer Klage geltend gemachten Ansprüchen nur der eine oder ist nur ein Teil eines Anspruchs oder bei erhobener Widerklage nur die Klage oder die Widerklage zur Endentscheidung reif, so hat das Gericht sie durch Endurteil (Teilurteil) zu erlassen. [2]Über einen Teil eines einheitlichen Anspruchs, der nach Grund und Höhe streitig ist, kann durch Teilurteil nur entschieden werden, wenn zugleich ein Grundurteil über den restlichen Teil des Anspruchs ergeht.**

(2) Der Erlass eines Teilurteils kann unterbleiben, wenn es das Gericht nach Lage der Sache nicht für angemessen erachtet.

Übersicht

I. Normzweck

Der Gesetzgeber hat das Rechtsinstitut des Teilurteils geschaffen, um Entscheidungen über spruchreif gewordene Teile des Streitgegenstandes zu ermöglichen und dadurch eine Beschränkung und Vereinfachung des noch zu verhandelnden Prozessstoffes zu bewirken.[1] Neben der Vereinfachung der Entscheidung soll durch das Teilurteil auch eine Beschleunigung in der Durchsetzung von Rechten der obsiegenden Partei erreicht werden.[2] 1

Teilurteile sind im Rahmen des Zivilprozesses grundsätzlich in jeder Prozessart zulässig.[3] Sie können als Leistungs-, Gestaltungs- oder Feststellungsurteile ebenso ergehen wie als bedingte Urteile (§ 300 Rn. 3). Wird eine Leistungsklage erhoben, darf nicht durch ein Teilurteil die Ersatzpflicht dem Grunde nach festgestellt werden, weil für eine solche Feststellung nur das Grundurteil (§ 304) in Betracht kommt.[4] Wird ein Teilurteil erlassen, dann muss die Verhandlung über den verbleibenden Rest fortgesetzt werden; auch hinsichtlich dieses Restes können noch Teilentscheidungen getroffen werden, wenn die Voraussetzungen dafür erfüllt sind.[5] Das Urteil, das über den verbleibenden Rest entscheidet und den Rechtsstreit insgesamt und endgültig für die Instanz abschließt, wird als **Schlussurteil** bezeichnet. § 301 ist entsprechend auf Beschlüsse anzuwenden[6], und es kann zB im Beschwerdeverfahren über einen teilbaren Gegenstand der Beschwerde ein Teilbeschluss ergehen.[7] In Verfahren der **freiwilligen Gerichtsbarkeit** gilt § 301 entsprechend,[8] ebenso in patentgerichtlichen Beschwerdeverfahren.[9] Gleiches gilt in **arbeitsgerichtlichen Urteils-** und Beschlussverfahren.[10] 2

II. Zulässigkeit eines Teilurteils

1. Abgrenzbarkeit des Gegenstandes. Ein Teilurteil kann nur erlassen werden, wenn sich ein Rechtsstreit in abgrenzbare Teile zerlegen lässt, die zum Gegenstand eines selbständigen Urteils gemacht werden können. Bei dem ausdrücklich im Gesetzestext als Beispiel genannten Fall der Klage und Widerklage ist dies ohne 3

---

[1] Mat. II 1 S. 283.
[2] Vgl. BGHZ 77, 306, 310 = NJW 1980, 2355; OLG Oldenburg VersR 1986, 926f.
[3] *St/J/Leipold* Rn. 3; AK-ZPO/*Fenge* Rn. 19.
[4] OLG Karlsruhe Justiz 1988, 154, 155.
[5] *Zö/Vollkommer* Rn. 1.
[6] Zur teilweisen Zurückweisung der Berufung durch Beschluss gemäß § 522 Abs. 2 vgl. OLG Rostock NJW 2003, 2754.
[7] BGH NJW 1994, 2235; BPatG GRUR 1991, 828, 829.
[8] BGH NJW 1984, 1543; BayObLG WoM 1994, 152, 153 (zum Wohnungseigentumsverfahren); OLG Zweibrücken NJW-RR 1994, 1525, 1527.
[9] BPatG (Fn. 7).
[10] LAG Berlin DB 1978, 1088; 1988, 1860.

weiteres ebenso möglich wie bei einer **objektiven Klagenhäufung** (§ 260),[11] die sich ebenso wie Klage und Widerklage auf eine Mehrheit von Streitgegenständen bezieht. Werden jedoch die mit einer Feststellungsklage und einer Leistungsklage verfolgten Ansprüche aus demselben tatsächlichen Geschehen abgeleitet, dann darf nicht durch Teilurteil über eine dieser Klagen entschieden werden.[12] Abgrenzbare Teile ergeben sich auch regelmäßig bei der einfachen **Streitgenossenschaft,**[13] bei der nur mehrere Prozesse zur gemeinschaftlichen Verhandlung und Beweisaufnahme zusammengefasst werden und die deshalb einer getrennten Entscheidung durch Teilurteil regelmäßig zugänglich sind, wenn nicht eine Abhängigkeit zwischen dem durch Teilurteil erfassten Streitstoff und der Entscheidung über den restlichen Verfahrensgegenstand besteht (vgl. Rn. 11). Eine solche Abhängigkeit ist zB bei Klagen mehrerer gleichrangiger Unterhaltsberechtigter zu bejahen, wenn der beklagte Unterhaltsverpflichtete nicht ausreichend leistungsfähig ist und deshalb eine Aufteilung der verfügbaren Mittel unter den Klägern vorgenommen werden muss.[14] Ebenso ist ein Teilurteil unzulässig, durch das über einen Teil des Unterhalts für einen bestimmten Zeitraum entschieden wird, die Entscheidung über den restlichen Unterhalt für denselben Zeitraum jedoch offen bleibt.[15] Das Gleiche gilt, wenn durch Teilurteil über eine Berufung befunden wird, mit der ein Unterhaltsberechtigter die Erhöhung des in erster Instanz zugesprochenen Unterhalts begehrt, der Unterhaltsverpflichtete dagegen mit einer Anschlussberufung seine Verurteilung anfechtet.[16] Wird eine Amtshaftungsklage gegen einen Beamten mit der Klage gegen den Dienstherrn verbunden und ist die Frage, ob den Dienstherrn eine Ersatzpflicht trifft, noch nicht entscheidungsreif, dann darf die Amtshaftungsklage nicht durch Teilurteil abgewiesen werden, weil die Entscheidung hierüber für den durch Teilurteil entschiedenen Amtshaftungsanspruch präjudiziell ist.[17] Die Gefahr widersprüchlicher Entscheidungen und damit die Unzulässigkeit eines Teilurteil ergibt sich, wenn mehrere Ärzte als einfache Streitgenossen wegen Fehler bei einer Operation verklagt werden und ein Teilurteil nicht alle für die Durchführung der Operation verantwortlichen Ärzte erfasst und deshalb bei Entscheidung über deren Haftung die gleiche Haftungsfrage erneut zu beantworten ist.[18] Wird während des laufenden Prozesses das Insolvenzverfahren über das Vermögen eines von mehreren einfachen Streitgenossen eröffnet, dann kann gegenüber den anderen Streitgenossen ein Teilurteil auch dann erlassen werden, wenn nicht ausgeschlossen werden kann, dass eine vom Teilurteil abweichende Entscheidung in dem später aufzunehmenden Verfahren ergeht; denn die durch das Insolvenzverfahren bewirkte Unterbrechung führt zu einer faktischen Trennung der Verfahren, weil nicht absehbar ist, wie lange die Unterbrechung dauert. Es würde dem Rechtsschutzanspruch der übrigen Streitgenossen widersprechen, sie bis zum ungewissen Zeitpunkt der Wiederaufnahme warten zu lassen.[19] Das Gleiche gilt im Falle der Unterbrechung des Verfahrens infolge des Todes einer Partei, wenn der Klageanspruch hinsichtlich eines Streitgenossen entscheidungsreif ist und keine Anhaltspunkte dafür gegeben sind, dass das Verfahren alsbald mit den Erben der verstorbenen Partei fortgesetzt werden kann.[20] Bei einer notwendigen Streitgenossenschaft ist einheitlich über die Klage zu entscheiden, so dass es regelmäßig ausgeschlossen ist, ein Teilurteil nur gegen einen der Streitgenossen zu erlassen und die Entscheidung im Übrigen dem Schlussurteil vorzubehalten.[21] Die **Heilung der Unzulässigkeit** eines Teilurteils (Teilurteil gegen nur einen von zwei Gesamtschuldnern) kann nachträglich eingetreten, wenn nach Erlass des Urteils die Klage gegen den anderen Gesamtschuldner zurückgenommen wird und dadurch eine abweichende Entscheidung in demselben Verfahren ausgeschlossen ist.[22]

4 § 301 Abs. 1 weist ausdrücklich darauf hin, dass Gegenstand eines Teilurteils auch der „Teil eines Anspruchs" sein kann, dh. **Teil eines einheitlichen Streitgegenstandes.** Auch insoweit ist es selbstverständlich, dass ein solcher Teil sich derart individualisieren und abgrenzen lassen muss, dass er einer gesonderten rechtlichen und tatsächlichen Beurteilung fähig ist.[23] So kann beispielsweise bei einem Schmerzensgeldanspruch ein Teilurteil hinsichtlich der Verletzungsfolgen ergehen, die bis zum Zeitpunkt der Abfassung der Klageschrift aufgetreten sind, während über ein weiteres Schmerzensgeld für spätere Verletzungsfolgen, die noch nicht feststehen, im Schlussurteil befunden wird (vgl. auch Rn. 8).[24]

5 Über den Grund des Anspruchs kann nur einheitlich entschieden werden. Er ist nicht teilbar iSd. § 301 Abs. 1.[25] Über einzelne Elemente einer Schadensersatzforderung, die sich nicht verselbständigen lassen, wie

---

[11] BGH NJW 1984, 615; 1993, 2173. Dass die Entscheidung über verschiedene in einer Klage geltend gemachten Ansprüche von derselben Rechtsfrage abhängt, steht einem Teilurteil nicht entgegen, so BGH NJW 2004, 1662. 1664f.

[12] BGH NJW 2001, 155; 2001, 760, jeweils m. weit. Nachw.

[13] BGH (Fn. 12); BGH NJW 1988, 2113; OLG Hamm NJW-RR 1996, 1083; OLG Bremen VersR 1996, 748, 749; OLG Schleswig MDR 2002, 662.

[14] OLG Frankfurt/M FamRZ 1987, 1275.

[15] OLG Brandenburg NJWE-FER 1997, 44 = FamRZ 1997, 504; OLG Koblenz FamRZ 1998, 755; OLG Hamburg NJWE-FER 1999, 129; OLG Brandenburg NJWE-FER 2000, 219f.

[16] BGH NJW 1999, 1718, 1719 = LM Nr. 61 (m. Anm. v. *Musielak*) m. weit. Nachw.

[17] BGH MDR 2004, 898.

[18] OLG Karlsruhe NJW-RR 2005, 798.

[19] BGH NJW-RR 2003, 1002, 1003. Das Gericht weist darauf hin, dass etwas anders gelten kann, wenn Anhaltspunkte dafür gegeben sind, dass das unterbrochene Verfahren bald fortgesetzt wird.

[20] BGH NJW 2007, 156, 157f.

[21] BGH NJW 1962, 1722 (anders nur, wenn die anderen Streitgenossen erklären, zu der mit der Klage begehrten Leistung verpflichtet und bereit zu sein); 1991, 101; BGHZ 131, 376, 381f. = NJW 1996, 1060.

[22] KG MDR 2005, 291.

[23] BGH (Fn. 12); BGH NJW 1992, 1769, 1770.

[24] BGH MDR 2004, 701; OLG Koblenz VRS 77, 427, 432.

[25] BGH NJW 1992, 511; 1992, 1769, 1770.

dies zB für Zeiten einer Erwerbsunfähigkeit zutrifft, die die Grundlage für die Berechnung eines dem Kläger entstandenen Schadens bilden, kann nicht durch Teilurteil befunden werden.[26] Macht der Kläger einen Zahlungsanspruch geltend, der sich aus mehreren bezifferten Einzelposten zusammensetzt und teilt das Gericht das Klagebegehren lediglich nach Zeitabschnitten auf, so lässt sich sowohl eine teilweise Klageabweisung als auch eine Entscheidung zum Grund nur dann ausreichend individualisieren, wenn die geltend gemachten Einzelposten entweder im Urteil oder im Parteivorbringen bestimmten Zeitabschnitten zugeordnet sind.[27] Zulässig ist ein Teilurteil, durch das die Feststellung getroffen wird, dass ein Arbeitsverhältnis nicht vor einem bestimmten Termin beendet worden ist, und das dem Schlussurteil die Beantwortung der Frage des genauen Auflösungszeitpunktes überlässt.[28] Wurde ein bestimmter Betrag als Mindestschaden vom Richter geschätzt (§ 287) und muss wegen der Höhe des diesen Betrages übersteigenden Schadens ein Sachverständigengutachten eingeholt werden, dann kann durch Teilurteil dem Kläger der Betrag in Höhe des Mindestschadens zuerkannt werden, wenn sich der Richter die Überzeugung verschafft hat, dass durch die Beweiserhebung kein Schaden festgestellt werden wird, der unter dem Betrag des geschätzten Mindestschadens liegt.[29]

Wird ein Klageantrag auf **mehrere Klagegründe** gestützt, dh. auf Tatsachen, aus denen das vom Kläger behauptete Recht hergeleitet wird, dann ist ein Teilurteil über einen dieser Klagegründe nicht zulässig.[30] Ebenso wenig kann durch Teilurteil ausgesprochen werden, dass eine von mehreren konkurrierenden Anspruchsgrundlagen dem Kläger nicht zusteht,[31] also beispielsweise eine Klage auf Schadensersatz insoweit abzuweisen ist, als sie auf Vertrag gestützt wird, während eine Ersatzpflicht, die sich aus einer anderen Rechtsgrundlage ableitet, offen bleibt. 6

Die Frage der **Abgrenzbarkeit** von Teilen des Streitgegenstandes hängt auch von der Regelung des **materiellen Rechts** ab. Der BGH hat bei der Frage nach der Zulässigkeit eines Teilurteils hinsichtlich von Teilen eines Abfindungsanspruchs, der einem ausscheidenden Gesellschafter einer Personengesellschaft zusteht, darauf abgestellt, ob es statthaft sei, einen derartigen Anspruch vor seiner endgültigen Feststellung zu einem bestimmten Teil geltend zu machen.[32] Dies wird vom BGH bejaht, wenn zweifelsfrei geklärt ist, dass der ausscheidende Gesellschafter jedenfalls ein Guthaben in einer bestimmten Höhe zu beanspruchen habe. In einem solchen Fall könne der Gesellschafter sein Guthaben in dieser Höhe schon vor der endgültigen Abrechnung fordern und auch ein entsprechendes Teilurteil ergehen. 7

2. Entscheidungsreife. Da es sich bei dem Teilurteil um ein Endurteil handelt, darf es gemäß § 300 Abs. 1 erst ergehen, wenn die Entscheidungsreife des von ihm erfassten Gegenstandes des Rechtsstreits bejaht werden kann; dies wird noch einmal ausdrücklich durch § 301 Abs. 1 S. 1 bestätigt. Ist allerdings die Entscheidungsreife (zum Begriff vgl. § 300 Rn. 8) hinsichtlich des gesamten Rechtsstreits gegeben, dann muss das Gericht ein Vollendurteil erlassen. Beantragt der Kläger die Zahlung eines Schmerzensgeldes und daneben die Feststellung, dass der Beklagte zum Ersatz noch weiterer Schäden verpflichtet sei, dann darf das Gericht nicht durch Teilurteil den Schmerzensgeldanspruch für einen bestimmten Zeitraum mit der Begründung zusprechen, für die Zeit danach stehe noch nicht fest, welcher Schaden dem Kläger erwachse; vielmehr ist in diesem Fall die Klage insgesamt entscheidungsreif: Soweit ein Schaden für die Zukunft nicht feststeht, muss ein Zahlungsantrag als zurzeit unbegründet abgewiesen und zugleich dem Feststellungsantrag stattgegeben werden.[33] 8

Wird eine aus zahlreichen streitigen Positionen und unter Berücksichtigung von Abschlagszahlungen errechnete restliche Werklohnforderung eingeklagt, dann kann das Gericht nicht durch Teilurteil die Klage hinsichtlich einzelner als nicht bestehend festgestellter Positionen abweisen, wenn diese Positionen zusammen mit den noch im Streit befindlichen herangezogen werden müssen, um die dem Kläger zustehende Forderung insgesamt zu berechnen.[34] Wird ein bestimmter Betrag als Mindestschaden geltend gemacht, ist jedoch die Aufteilung auf einzelne Posten der vom Kläger vorgenommenen Schadensberechnung nicht möglich, dann bleiben die einzelnen Schadenspositionen weiter im Streit und müssen berücksichtigt werden, wenn über die noch offene Frage des vom Kläger entstandenen Gesamtschadens entschieden werden soll;[35] deshalb kann ein Teilurteil nicht ergehen, das dem Kläger den von ihm beanspruchten Mindestschaden zuspricht.[36] 9

Hält das Berufungsgericht in einem Rechtsstreit gegen mehrere Beklagte eine Wiederholung der vom erstinstanzlichen Gericht durchgeführten **Zeugenvernehmung** zu einem Beweisthema für erforderlich, das für die Entscheidung gegen alle Beklagte gleichermaßen von Bedeutung ist, dann darf es nicht diese Beweis- 10

---

26 BGH NJW-RR 1989, 1149. Vgl. auch LG Frankfurt/M NJW 1989, 1935 (Unzulässigkeit eines Teilurteils, das einzelne Mängelpositionen eines einheitlichen Minderungsanspruchs wegen eines Reisemangels betrifft).

27 BGHZ 108, 256, 259 = NJW 1989, 2745.

28 BAG NJW 1991, 3170.

29 BGH NJW 1996, 1478 = JZ 1996, 1188 m. abl. Anm. v. *G. Müller.*

30 BGH NJW 1961, 72; 1971, 564; RGZ 165, 374, 383.

31 BGH NJW 1984, 615 m. weit. Nachw.; BAG DB 1988, 2212; OLG Frankfurt/M WM 1986, 1144, 1150.

32 BGH BB 1961, 348.

33 OLG Celle VersR 1973, 60, 61; anders bei Geltendmachung zweier Schmerzensgeldansprüche aus verschiedenen Unfällen, vgl. OLG Oldenburg VersR 1986, 926 (Teilurteil, wenn nur ein Anspruch entscheidungsreif ist).

34 OLG Zweibrücken MDR 1982, 1026.

35 RG HRR 1932, 553.

36 Es lässt sich die Unzulässigkeit eines Teilurteils auch mit der fehlenden Entscheidungsreife begründen, so *de Lousanoff,* Zur Zulässigkeit des Teilurteils gemäß § 301 ZPO, 1978, S. 47ff., 51.

aufnahme auf ein Prozessrechtsverhältnis beschränken und gleichzeitig über das andere vorab durch Teilurteil entscheiden. Ein solches Teilurteil wäre mangels Entscheidungsreife des erhobenen Anspruchs unzulässig; Beweise sind wegen der Einheitlichkeit des Verfahrens nur einmal zu erheben und einheitlich frei zu würdigen, so dass unterschiedliche Ergebnisse gegen einzelne Streitgenossen ausgeschlossen sind.[37] Nur wenn das Berufungsgericht die Beweisaufnahme nicht wiederholt, kann es durch Teilurteil gegenüber einem Streitgenossen entscheiden, muss dann aber erkennen lassen, dass es die Frage einer **Wiederholung der Beweisaufnahme** geprüft und verneint hat.[38]

11 **3. Unabhängigkeit.** Die hM verlangt von einem zulässigen Teilurteil, dass die durch dieses Urteil getroffene Entscheidung unabhängig von der Entscheidung über den restlichen Verfahrensgegenstand sein muss. Das Erfordernis der Unabhängigkeit soll die **Gefahr eines Widerspruchs** zwischen dem Teilurteil und dem Schlussurteil **ausschließen.**[39] In der Sache ist diese Forderung durchaus richtig. Sie wird aber bereits ausreichend durch die Zulässigkeitsvoraussetzungen der Abgrenzbarkeit und der Entscheidungsreife des vom Teilurteil erfassten Prozessstoffs erfüllt.[40] Die Entscheidungsreife fehlt durchweg, wenn die verlangte Unabhängigkeit der vom Teil- und Schlussurteil getroffenen Entscheidungen nicht besteht, wenn also für die Entscheidung im Schlussurteil Fragen erheblich werden, die bereits im Teilurteil aufgeworfen und beantwortet worden sind.[41]

12 Wegen fehlender Entscheidungsreife darf nicht durch Teilurteil einem **Feststellungsantrag** stattgegeben werden, wenn erst die durch Schlussurteil über den verbleibenden Rest zu treffende Entscheidung ergibt, ob dem Kläger ein Feststellungsinteresse zusteht und der Feststellungsantrag zulässig ist.[42] Ebenso darf nicht durch Teilurteil dem Kläger eine Schadensersatzforderung zugesprochen werden, die er neben dem Antrag auf Feststellung der Ersatzpflicht des Beklagten für künftige Schäden geltend macht, wenn die Feststellungen des Gerichts, die für die Entscheidung des restlichen Rechtsstreites erforderlich sind, ergeben können, dass dem Kläger ein Anspruch in der durch Teilurteil zuerkannten Höhe nicht zusteht.[43] Umgekehrt kann jedoch dem Feststellungsantrag durch Teilurteil stattgegeben werden, wenn diese Entscheidung durch ein Schlussurteil, mit dem über den Schadensersatzanspruch befunden wird, nicht mehr verändert werden kann.[44] Verlangt der Kläger Zahlung einer Werklohnforderung und der Beklagte widerklagend Ersatz von Schäden wegen einer mangelhaften Herstellung des Werkes, dann muss die Frage der Abnahme des Werkes sowohl für die Fälligkeit der Werklohnforderung (§ 641 Abs. 1 BGB) als auch für den Beginn der Verjährung der Schadensersatzansprüche (§ 634a BGB) geklärt werden. Deshalb ist die Widerklage nicht entscheidungsreif und kann folglich nicht zum Gegenstand eines Teilurteils gemacht werden, wenn die Möglichkeit besteht, dass neue im weiteren Verfahren gewonnene Erkenntnisse zu einer abweichenden Beurteilung der Abnahme des Werkes führen können.[45]

13 Wird die Klage auf einen Vertrag gestützt, dessen wirksames Zustandekommen der Beklagte bestreitet, dann kann dem Kläger durch **Teilurteil** ein Teil der Klageforderung nur **in Verbindung mit** einem **Grundurteil** (§ 304) zuerkannt werden, damit diese sowohl für das Teilurteil als auch für das Schlussurteil bedeutsame Frage nach der Wirksamkeit des Vertrages durch das Grundurteil verbindlich entschieden wird und nicht erneut zum Gegenstand der weiteren Verhandlung gemacht werden muss.[46] Denn ein Teil eines einheitlichen Anspruchs, dessen Grund streitig ist, darf nur dann durch Teilurteil zugesprochen werden, wenn zugleich ein Grundurteil ergeht, das über den Streit zum Grund abschließend entscheidet (Abs. 1 S. 2; vgl. auch Rn. 5).[47] Bestehen zwischen Mieter und Vermieter verschiedene Mietverhältnisse und verlangt der Vermieter mit einer Klage die Räumung sämtlicher gemieteter Räume, dann ist ein Teilurteil hinsichtlich des einzelnen Mietverhältnisses zulässig.[48] Bestimmt sich der Unterhalt für verschiedene Zeiträume nach den selben Tatsachen- und Rechtsfragen, dann kann nicht durch Teilurteil über einen der Zeiträume entschieden werden, weil entweder die entscheidungserheblichen Tatsachen- und Rechtsfragen geklärt sind und dann ein Urteil über den gesamten Rechtsstreit zu ergehen hat oder aber weil die Entscheidungsreife hinsichtlich der einzelnen Einzelzeiträume noch nicht besteht.[49]

---

[37] BGH (Fn. 19) S. 1002; LG Köln MDR 2001, 232 m. Anm. v. *E. Schneider*; vgl. auch BAG NZA 2006, 1428, 1429.

[38] BGH NJW-RR 1992, 253, 254.

[39] St. Rspr. vgl. nur BGH NJW 1997, 1709, 1710; 2000, 800, 801; 2004, 1452; FamRZ 2002, 1097; weit. Nachw. bei MK/*Musielak* Rn. 9 Fn. 49f.

[40] Zutr. BayOLG WoM 1994, 152, 153: Voraussetzung für eine Teilentscheidung ist aber, dass es sich um einen teilbaren Verfahrensgegenstand handelt und ein Teil des geltend gemachten Anspruchs in der Weise zur Entscheidung reif ist, dass er vom Verlauf des Verfahrens über den Rest unter keinen Umständen mehr berührt werden kann; zu dem insoweit geführten Meinungsstreit vgl. *Musielak*, Festschr. f. G. Lüke, 1997, S. 561, 575f.

[41] BAG NZA 2006, 1062, 1063; OLG Frankfurt/M MDR 1998, 1053; OLG Stuttgart NJW-RR 1999, 141; vgl. *Jauernig*, Festg. f. BGB, Bd. III, 2000, S. 311, 312ff.

[42] RGZ 151, 381, 383f.

[43] OLG Köln OLGZ 1976, 244, 247ff.; vgl. auch BGH NJW 2000, 800, 801 (das Gericht weist darauf hin, dass die Gefahr eines Widerspruchs zwischen Teil- und Schlussurteil auch bei unstreitigem Haftungsgrund besteht, weil nicht auszuschließen sei, dass im weiteren Verfahren ein solcher Streit entsteht); 2001, 155; *W. Schmitz* NJW 2000, 3622.

[44] OLG Koblenz NJW-RR 1988, 532.

[45] BGH NJW 1997, 453, 455.

[46] OLG Köln NJW-RR 1992, 908, 909; MDR 1997, 491. Vgl. auch BGH NJW 1997, 2184f.

[47] BGH NJW 2001, 760.

[48] BezG Cottbus DtZ 1992, 361.

[49] OLG Nürnberg MDR 2003, 219 (allerdings nennt das Gericht die Gefahr einander widersprechender Entscheidungen als entscheidenden Grund).

III. Einzelfragen

1. Eventuelle Klagenhäufung. Werden in einer Klage mehrere Ansprüche geltend gemacht, die in einem Eventualverhältnis zueinander stehen, dann kann nach hM durch Teilurteil der Hauptantrag abgewiesen und die Verhandlung über den Hilfsantrag fortgesetzt werden.[50] Die dagegen geltend gemachten Bedenken, es könne sich eine Widersprüchlichkeit dadurch ergeben, dass auf die Berufung des mit dem Hauptantrag abgewiesenen Klägers das Berufungsgericht nach dem Hauptantrag erkennen könne, während das erstinstanzliche Gericht dem Hilfsantrag stattgebe,[51] sind letztlich nicht stichhaltig. Das dem Hilfsantrag stattgebende Urteil hängt auf Grund einer entsprechenden auflösenden Bedingung in seinem Bestand davon ab, dass der Hauptantrag rechtskräftig abgewiesen wird.[52] Zu berücksichtigen ist allerdings, dass der mit dem Hauptantrag abgewiesene Kläger zur Einlegung eines Rechtsmittels neigen wird, auf das er bei Gewissheit über den Erfolg seines Hilfsantrages verzichten könnte.[53] Dies sollte das Gericht beachten, wenn es erwägt, den Hauptantrag des Klägers durch Teilurteil abzuweisen. 14

2. Aufrechnung des Beklagten. Wird gegenüber einem einheitlichen Anspruch zum Teil mit einer Gegenforderung aufgerechnet, die noch nicht entscheidungsreif ist, dann darf durch Teilurteil nur entschieden werden, wenn gleichzeitig ein **Vorbehaltsurteil nach § 302** erlassen wird.[54] Erklärt der Beklagte die Aufrechnung gegenüber einem Teil der Klageforderung, dann kann dieser Teil der Klageforderung nicht durch Teilurteil abgewiesen werden, wenn der Verpflichtungsgrund, aus dem der Beklagte die zur Aufrechnung gestellte Forderung herleitet, im Verfahren über den restlichen Teil der Klageforderung noch streitig bleibt und die Möglichkeit nicht ausgeschlossen werden kann, dass dieser Verpflichtungsgrund als nicht bestehend festgestellt wird.[55] Übersteigen die vom Beklagten zur Aufrechnung gestellten Gegenforderungen die (unstreitige) Klageforderung, dann ist ein Teilurteil unzulässig, das Teile der Klageforderung wegen der Aufrechnung mit einzelnen Gegenforderungen abweist.[56] Denn wird gegen das Teilurteil Berufung eingelegt, dann kann das Berufungsgericht nicht über die Klageforderung entscheiden, wenn es entgegen der Meinung des erstinstanzlichen Gerichts das Bestehen der Gegenforderungen verneint, von deren Erlöschen das erstinstanzliche Gericht auf Grund der Aufrechnung ausgegangen ist. Für die Entscheidung über die Klageforderung wäre erforderlich, zunächst zu klären, ob dem Beklagten Gegenforderungen in einer den Forderungsrest übersteigenden Höhe (über den das erstinstanzliche Gericht noch nicht entschieden hat) zustehen, wenn er weiterhin wie in der ersten Instanz an der Aufrechnung mit allen Gegenforderungen festhält. Wird mit mehreren Klageforderungen und mit mehreren Gegenforderungen wechselseitig aufgerechnet, dann ist der Erlass eines Teilurteils unzulässig, das dem Kläger einen unstreitig die Summe der zur Aufrechnung gestellten Gegenforderungen übersteigenden Betrag zuspricht, weil sich die Entscheidung über die zunächst als bestehend unterstellten Gegenforderungen im Schlussurteil auf die Reihenfolge der Tilgung der Klageforderungen auswirken kann.[57] Ein Teilurteil über einen Teil der Klageforderung ist ebenfalls unzulässig, wenn der Beklagte mit einer die gesamte Klageforderung übersteigenden Gegenforderung aufrechnet und beide Forderungen der Höhe nach streitig sind.[58] Verteidigt sich der Beklagte gegenüber der Werklohnforderung des Klägers mit der Einrede der Verjährung und rechnet er im Übrigen mit einer Gegenforderung wegen Mängelbeseitigungskosten auf, dann kann das Gericht ein Grundurteil unter Vorbehalt der Aufrechnung (§ 304 Rn. 19) mit einem Teilurteil über den Teil der Werklohnforderung verbinden, der durch die erklärte Aufrechnung keinesfalls berührt wird.[59] Beruft sich der Beklagte gegenüber der Forderung des Klägers auf Verjährung und macht er außerdem Gegenansprüche aus demselben Rechtsverhältnis teils durch Widerklage, teils im Wege der Eventualaufrechnung geltend, dann darf nicht die Klage durch Teilurteil wegen Verjährung abgewiesen werden. Beurteilt nämlich das Berufungsgericht die Frage der Verjährung anders, dann kommt es auf die vom Beklagten geltend gemachten Gegenansprüche an, über die das erstinstanzliche Gericht nicht entschieden hat.[60] 15

3. Leistungsverweigerungsrecht. Steht dem Beklagten ein Leistungsverweigerungsrecht nach § 320 BGB zu, dann muss das Gericht bei Erlass eines Teilurteils berücksichtigen, dass ein solches Recht über die Sicherung des Anspruchs hinaus bezweckt, Druck auf den Vertragspartner auszuüben, die ihm obliegende Leistung umgehend zu erbringen. Deshalb darf durch Teilurteil dem Kläger nur ein Betrag in einer Höhe zugesprochen werden, dass der verbleibende Rest ausreicht, um der Druckfunktion des Leistungsverweigerungsrechts zu genügen.[61] Verlangt der Kläger nach fristloser Kündigung eines Mietverhältnisses wegen Zahlungsverzuges Räumung und Zahlung des rückständigen Mietzinses, dann ist der Erlass eines Teilurteils über den Räumungsanspruch nicht zulässig, wenn der Beklagte ein Leistungsverweigerungsrecht gel- 16

---

[50] BGH NJW 1992, 2080, 2081 (zu der in diesem Fall bestehenden Besonderheit, dass zwei selbständig nebeneinander stehende Klagegründe zugleich wechselseitig im Eventualverhältnis geltend gemacht werden, vgl. *Voit* WuB VII A. 1. 92); 1995, 2361.

[51] *de Lousanoff* (Fn. 36) S. 135f.; *Zö/Vollkommer* Rn. 8; *Bülow* DNotZ 1971, 376, 377.

[52] BGH NJW 1995, 2361; *Jauernig* (Fn. 41) S. 322f.; *Ro/S/Go* § 96 Rn. 40; *Sae/Saenger* Rn. 8.

[53] *de Lousanoff* (Fn. 36) S. 135; *U. Gottwald* JA 1997, 573, 574f.

[54] BGH NJW 1996, 395; OLG Köln VersR 1997, 623, 625.

[55] OLG Düsseldorf NJW 1970, 2217.

[56] OLG Düsseldorf NJW 1972, 1474.

[57] BGH NJW 2000, 958, 959; *Vollkommer* EwiR § 301 ZPO 1/2000, 1081.

[58] OLG Frankfurt/M MDR 1975, 321; OLG Hamm NJW-RR 1989, 827, 828.

[59] BGH NJW-RR 1999, 858.

[60] OLG Düsseldorf NJW 1973, 1928.

[61] BGH NJW 1992, 1632; KG NJW-RR 2003, 804.

tend macht, weil das Leistungsverweigerungsrecht den Verzug und damit auch das Recht zur Kündigung ausschließt. Deshalb ist eine Entscheidungsreife erst zu bejahen, wenn auch die Frage des Bestehens des Leistungsverweigerungsrechts geklärt ist.[62]

17 **4. Widerklage.** Die Widerklage kann durch Teilurteil abgewiesen werden, wenn das Gericht feststellt, dass die damit geltend gemachten Ansprüche unbegründet sind. Daran ändert sich auch nichts, wenn der Beklagte gleichzeitig hilfsweise mit denselben Ansprüchen gegen die Klageforderung aufrechnet. Denn dadurch wird die Entscheidungsreife für die Widerklage nicht ausgeschlossen, weil das Gericht nach § 318 an seine Entscheidung gebunden ist (Rn. 21) und deshalb auch im Schlussurteil hinsichtlich der Gegenforderung nicht anders entscheiden darf als im Teilurteil.[63] Dies muss jedoch nicht bedeuten, dass bei Abweisung der Widerklage auch die Hilfsaufrechnung des Beklagten als unwirksam angesehen werden muss. Wird die Widerklage deshalb abgewiesen, weil die Gegenforderung des Beklagten verjährt ist, dann kann auf Grund der vom materiellen Recht zugelassenen Aufrechnung mit verjährten Forderungen (vgl. § 215 BGB) die Aufrechnung des Beklagten Erfolg haben.[64] Die Entscheidung des Teilurteils, dass die vom Beklagten geltend gemachte Forderung als selbständig durchsetzbares Recht nicht besteht, bleibt dadurch unberührt. Ein Teilurteil über Klage und Widerklage darf nicht ergehen, wenn beide darauf gerichtet sind, die Einwilligung der Gegenpartei zur Auszahlung ein und desselben Betrages herbeizuführen, weil mit einer Verurteilung auf die Klage (oder Widerklage) zur Einwilligung in die Auszahlung eine entsprechende Verurteilung auf die Widerklage (oder Klage) durch Schlussurteil nicht zu vereinbaren wäre.[65] Erklärt der Kläger gegenüber der Widerklageforderung die Aufrechnung mit einem Teil der Klageforderung, dann kann über die Widerklage nicht durch Teilurteil befunden werden, weil dann die Gefahr besteht, dass über den Teil der Klageforderung, mit dem aufgerechnet worden ist, anders entschieden wird als über den restlichen Teil.[66] Wird vom Beklagte gegenüber der Klageforderung zunächst **hilfsweise** die **Aufrechnung** mit einer Gegenforderung erklärt und macht er diese Gegenforderung später im Wege der Widerklage geltend, dann kann nicht über die Widerklage durch Teilurteil befunden werden, wenn das Gericht die der Widerklage zu Grunde liegende Forderung für begründet hält. Denn die erklärte Eventualaufrechnung muss vorrangig berücksichtigt werden, weil von ihr sowohl die Entscheidung über die Klage als auch über die Widerklage abhängt.[67] Fordern Unterhaltsberechtigte und Unterhaltsverpflichteter mit Klage und Widerklage die Abänderung des Unterhaltstitels für denselben Zeitraum im gegenläufigen Sinne, dann darf nicht über Klage oder Widerklage durch Teilurteil entschieden werden.[68]

18 **5. Anschlussrechtsmittel.** Wird eine Anschlussberufung (§ 524) oder eine Anschlussrevision (§ 554) eingelegt, dann darf das Gericht vor Entscheidung über das Hauptrechtsmittel nicht durch Teilurteil über das Anschlussrechtsmittel befinden, weil dann die Möglichkeit besteht, dass das Hauptrechtsmittel als unzulässig verworfen oder mit Einwilligung des Gegners zurückgenommen wird und dadurch das Anschlussrechtsmittel seine Wirkung verliert (§§ 524 Abs. 4, 554 Abs. 4).[69] Dies gilt auch, wenn das Anschlussrechtsmittel unheilbar unzulässig ist.[70] Ist allerdings bereits durch Teilurteil über einen Teil des (zulässigen) Hauptrechtsmittels entschieden worden, dann kann das Anschlussrechtsmittel nicht mehr wegen Unzulässigkeit oder Rücknahme des Hauptrechtsmittels seine Wirkung verlieren. In einem solchen Fall ist ein Teilurteil über das Anschlussrechtsmittel zulässig.[71]

19 **6. Verspätetes Vorbringen.** Der Streit über die Frage, ob Angriffs- oder Verteidigungsmittel durch Teilurteil als verspätet zurückgewiesen werden dürfen,[72] hat seinen Grund in der §§ 296, 530, 531 betreffenden Frage, ob die Verzögerung nur nach der Dauer des gesamten Verfahrens bis zum instanzbeendenden Schlussurteil zu beurteilen ist (§ 296 Rn. 13).[73] Aus § 301 lassen sich keine Erwägungen zur Entscheidung dieses Meinungsstreits gewinnen.[74]

20 **7. Scheidungssachen.** Scheidungs- und Folgesachen sind nach § 623 grundsätzlich zusammen zu verhandeln und zu entscheiden (vgl. im Einzelnen §§ 627 bis 629). Ein Teilurteil ist deshalb insoweit unzulässig. In der Rechtsmittelinstanz besteht der Verfahrensverbund nur dann, wenn das Rechtsmittelgericht auch mit dem Scheidungsausspruch materiell befasst wird.[75] Werden Klage auf Feststellung des Nichtbestehens der Ehe und Scheidungsantrag unzulässigerweise verbunden (vgl. § 610 Abs. 2, § 632), dann kann

---

62 Vgl. LG Bonn NJW-RR 1990, 19.

63 BGH WM 1971, 1366.

64 BGH (Fn. 63); *de Lousanoff* (Fn. 36) S. 99 ff., 102.

65 BGH NJW-RR 1992, 1339, 1340; *Jauernig* (Fn. 41) S. 318 f.; vgl. auch BGH NJW-RR 2005, 22 (kein Teilgrundurteil über Klage oder Widerklage bei derselben Vorfrage).

66 BGH NJW-RR 1994, 379, 380.

67 OLG Düsseldorf NJW-RR 1995, 575, 576.

68 BGH NJW 1987, 441; vgl. auch OLG Zweibrücken FamRZ 1993, 440, 441; *Jauernig* (Fn. 41) S. 316 f. weist darauf hin, dass nicht der mögliche Widerspruch zwischen Teil- und Schlussurteil, sondern die Entscheidungsreife beider Klagen den eigentlichen Grund dafür bildet.

69 BGHZ 20, 311 = NJW 1956, 1030; BGH NJW 1994, 2235, 2236; OLG Koblenz NJW-RR 1989, 960; aA OLG Celle NJW 1962, 815 m. abl. Anm. v. *Fenn* NJW 1962, 1826.

70 BGH NJW 1994, 2235, 2236; zT abw. *Rimmelspacher,* Festschr. f. Odersky, 1996, S. 623, 635 ff.

71 OLG Celle NJW-RR 1986, 357.

72 Verneinend BGHZ 77, 306, 308 f. = NJW 1980, 2355 m. abl. Anm. v. *Deubner;* BGH DtZ 1993, 211; aA *Prütting/Weth* ZZP 98 (1985), 131.

73 Vgl. *Zö/Greger* § 296 Rn. 12 m. weit. Nachw.

74 Anders BGH (Fn. 72) S. 308.

75 Vgl. BGH FamRZ 1983, 38, 39; OLG München FamRZ 1980, 279.

die Feststellungsklage durch Teilurteil abgewiesen und der Prozess über den dann allein den Gegenstand des Rechtsstreits bildenden Scheidungsantrag fortgesetzt werden.[76] Außerhalb des Verfahrensverbundes sind Teilentscheidungen zulässig. Dies gilt auch für Verfahren über den Versorgungsausgleich,[77] dagegen nicht im Rahmen einer Klage auf Zugewinnausgleich.[78]

IV. Wirkungen des Teilurteils

1. Verhältnis zum Schlussurteil. Durch ein Teilurteil wird der Rechtsstreit in zwei selbständige Verfahren gespalten, die nach Erlass des Teilurteils so zueinander stehen, als wären von vornherein beide Teile isoliert eingeklagt worden.[79] Das bedeutet, dass die formelle und materielle Rechtskraft des Teilurteils und des Schlussurteils selbständig zu beurteilen sind (§ 322 Rn. 75).[80] Lässt sich jedoch dem Urteil nicht entnehmen, in welchem Umfang über verschiedene zur Klage gestellte Ansprüche dem Grunde und der Höhe nach entschieden worden ist, dann kann das Teilurteil keine Rechtskraftwirkungen entwickeln, die einer erneuten Klage wegen einzelner dieser Ansprüche entgegenstehen (§ 300 Rn. 6).[81] Die sich aus § 318 ergebende innerprozessuale Bindungswirkung für das Teilurteil hat zur Folge, dass das Gericht bei Erlass des Schlussurteils die im Teilurteil getroffene Entscheidung beachten muss (§ 318 Rn. 5).[82] 21

2. Rechtsmittel. Die Eigenständigkeit des Teilurteils (Rn. 3, 21) wirkt sich auch auf die Frage nach der Zulässigkeit eines Rechtsmittels gegen dieses Urteil aus. Die Zulässigkeitsvoraussetzungen sind ausschließlich auf das Teilurteil zu beziehen und unabhängig vom Schlussurteil zu entscheiden. Durch die durch das Teilurteil vollzogene Aufteilung kann deshalb die sonst erreichte Berufungssumme (vgl. §§ 511 Abs. 2 Nr. 1) unterschritten werden und deshalb ein Rechtsmittel unzulässig sein (vgl. hierzu auch Rn. 24).[83] Eine Addition des Wertes der durch Teil- und Schlussurteil erfassten Gegenstände kommt auch dann nicht in Betracht, wenn die Voraussetzungen für den Erlass des Teilurteils nicht erfüllt werden und deshalb das Teilurteil als unzulässig angesehen werden muss.[84] Der Auffassung, dass eine unzulässige Verfahrenstrennung die Rechtsmittelfähigkeit der in den einzelnen Verfahrenstiteln ergangenen Urteile unberührt lasse und deshalb die Summe aller vom Kläger geltend gemachten Ansprüche insoweit maßgebend sein müsse,[85] ist nicht zu folgen.[86] Die **Unzulässigkeit eines** in der Tatsacheninstanz erlassenen **Teilurteils** kann in der **Revisionsinstanz** regelmäßig **nur nach** einer **Verfahrensrüge** des Beschwerten (§ 551 Abs. 3 Nr. 2b) **berücksichtigt** werden.[87] **Ausnahmsweise** kann jedoch der Erlass eines Teilurteils einen **von Amts wegen** zu berücksichtigenden Mangel der Urteilsfindung darstellen. Der BGH hat dies für den Fall bejaht, dass über eine unselbständige Anschlussberufung durch Teilurteil vor Entscheidung über die Hauptberufung befunden worden ist (vgl. dazu Rn. 18)[88] oder dass bei einer notwendigen Streitgenossenschaft ein Teilurteil gegen einen der Streitgenossen erlassen worden ist (vgl. Rn. 3).[89] Ebenso kommt es in Ehesachen auf eine solche Verfahrensrüge nicht an.[90] 22

Bei Anfechtung eines Teilurteils beschränkt sich die Überprüfung des Rechtsmittelgerichts auf den von diesem Urteil erfassten Teil des Rechtsstreits. Der beim unteren Gericht weiterhin anhängig gebliebene Teil steht grundsätzlich nicht zur Entscheidung des Rechtsmittelgerichts.[91] Allerdings gibt es in einer Reihe von Fällen Ausnahmen von dieser Regel. So wird das **Rechtsmittelgericht** für befugt gehalten, den vom unteren Gericht **noch nicht entschiedenen Teil des Streitgegenstandes an sich** zu **ziehen,** wenn beide Parteien das Rechtsmittelgericht um Entscheidung des gesamten Streitgegenstandes angehen oder ein solches Einverständnis infolge Rügeverzichts zu vermuten ist.[92] Erlässt das erstinstanzliche Gericht ein unzulässiges Teilurteil, dann wird das Berufungsgericht für berechtigt angesehen, den beim erstinstanzlichen Gericht anhängig gebliebenen Klageantrag an sich zu ziehen und über ihn zu entscheiden, um den Verfahrensverstoß zu beseitigen.[93] In solchen Fällen wird der aus § 538 Abs. 1 abzuleitenden Regel, dass bei vom Erstgericht begangenen Verfahrensverstößen das Berufungsgericht zur Beseitigung des Verstoßes selbst entscheiden darf, 23

---

[76] OLG Düsseldorf FamRZ 1989, 648.
[77] BGH (Fn. 75); zu Einzelheiten vgl. MK/*Musielak* Rn. 13 m. weit. Nachw.
[78] OLG Hamm FamRZ 2004, 1393.
[79] BGH NJW 1977, 1152; 1996, 1060, 1062; OLG Düsseldorf NJW 1972, 1474; OLG Zweibrücken MDR 1982, 1026.
[80] BGH MDR 1981, 216; 1996, 1176 (insbes. zur Frage der Anfechtbarkeit); NJW 1992, 511, 512; OLG München FamRZ 1980, 279.
[81] BGHZ 124, 164 = NJW 1994, 460; OLG Brandenburg MDR 2000, 227, 228.
[82] Vgl. dazu *Musielak* (Fn. 40) S. 564ff.
[83] BGH NJW 1989, 2757; 1996, 3216 = LM Nr. 54 m. Anm. v. *Reischl;* BGH NJW 2000, 217, 218.
[84] BGH NJW 1996, 3217 (Fn. 83); aA *Jauernig* (Fn. 41) S. 327.
[85] BGH NJW 1995, 3120.
[86] BGH NJW 1996, 3217 (Fn. 83); *Reischl* (Fn. 83) Bl. 3f.
[87] BGH NJW 1991, 2082, 2083; 2000, 3007; vgl. aber auch BGH NJW-RR 1994, 379, 381. Ob an dieser bisher ständigen Rechtsprechung des BGH festzuhalten ist, wird neuerdings vom V. ZS bezweifelt (vgl. NJW 2003, 2380, 2381).
[88] BGHZ 16, 71, 74 = NJW 1955, 337 unter Hinweis auf RGZ 159, 295.
[89] BGH NJW 1962, 1722; 1991, 101 m. weit. Nachw.
[90] RGZ 107, 350; *St/J/Leipold* Rn. 13; *T/P/Reichold* Rn. 6; *Zö/Vollkommer* Rn. 13.
[91] BGH NJW 1984, 120, 121; BGHZ 97, 280, 281 = NJW 1986, 2108; OLG Frankfurt/M JR 1984, 290.
[92] BGHZ 97 (Fn. 91) S. 282; OLG Frankfurt/M (Fn. 90); OLG Düsseldorf VersR 1989, 705; aA BGH NJW 1984, 120, 121.
[93] BGH NJW 1992, 511, 512; NJW-RR 1994, 379, 381; OLG Köln VersR 1997, 623, 625; OLG Düsseldorf NJW-RR 1997, 659, 660, jeweils m. weit. Nachw.

Vorrang eingeräumt.[94] Nach § 538 Abs. 2 S. 1 Nr. 7 iVm. S. 3 kann jedoch das Berufungsgericht auch ohne Antrag einer Partei die Sache an das erstinstanzliche Gericht zurückverweisen, wenn die Voraussetzungen für den Erlass eines Teilurteils nicht erfüllt werden. Ist ein Teilurteil wegen der Gefahr widersprechender Entscheidungen im Schlussurteil unzulässig, wird der darin liegende Verfahrensfehler geheilt, wenn das Rechtsmittelgericht die gegen das Teilurteil und das Schlussurteil eingelegten zulässigen Rechtsmittel zur gemeinsamen Verhandlung und Entscheidung verbindet, weil dann feststeht, dass sich die vorher bestehende Gefahr widersprüchlicher Entscheidungen nicht verwirklichen kann.[95]

V. Angemessenheit der Entscheidung durch Teilurteil (Absatz 2)

24 Die in § 301 Abs. 1 ausgesprochene Verpflichtung zum Erlass eines Teilurteils wird durch Abs. 2 dieser Vorschrift modifiziert. Trotz Entscheidungsreife eines abgrenzbaren Teils des Rechtsstreits kann der Erlass eines Teilurteils unterbleiben, wenn das Gericht nach Lage der Sache ein solches Teilurteil nicht für angemessen hält. Im Rahmen der Prüfung der Gründe, die für und gegen den Erlass eines Teilurteils sprechen, wird das Gericht auch zu berücksichtigen haben, ob den Parteien durch **Aufspaltung des Prozessstoffs** die **Möglichkeit eines Rechtsmittels genommen** wird (Rn. 22). Dies ist aber nur ein Gesichtspunkt unter anderen und kann nicht allein den Ausschlag gegen die Entscheidung durch Teilurteil geben.[96] Die Nachprüfung durch das Rechtsmittelgericht erstreckt sich nicht darauf, ob der Erlass eines Teilurteils nach Lage der Sache für angemessen zu erachten war.[97] Denn die Entscheidung dieser Frage obliegt allein dem Richter, der das Teilurteil erlässt. Ebenso wenig kann ein Teilurteil mit der Begründung angefochten werden, es wären noch weitere Teile entscheidungsreif gewesen und das erlassende Gericht hätte auch diese Teile in das Teilurteil mit einbeziehen müssen.[98] Das Gleiche gilt für die Entscheidung des Gerichts, von dem Erlass eines Teilurteils abzusehen und eine Aussetzung des Verfahrens auszusprechen.[99]

25 Da also der Erlass eines Teilurteils von einer vorhergehenden Abwägung verschiedener Gesichtspunkte abhängt, muss sich das Gericht auch darüber bewusst sein, dass die von ihm erlassene Entscheidung ein Teilurteil iSv. § 301 darstellt. Der Wille des Gerichts, über ein abtrennbaren Teil des Verfahrensgegenstandes zu befinden, muss in der Entscheidung selbst oder wenigstens in den Begleitumständen hinreichend zum Ausdruck kommen.[100] Deshalb kann auch **nicht** ein **unvollständiges Vollurteil in** ein **Teilurteil umgedeutet** werden.[101] Vielmehr kommt nach der gesetzlichen Regelung in solchen Fällen nur in Betracht, das Urteil nach § 321 zu ergänzen, wenn die dafür notwendigen Voraussetzungen erfüllt werden (§ 321 Rn. 3 ff.).

26 Auf Grund spezieller Regelungen kann der **Erlass eines Teilurteils zwingend geboten** sein. So muss bei einer Stufenklage (§ 254) zunächst über den Anspruch auf Rechnungslegung durch Teilurteil entschieden werden, ehe über die weiteren Anträge des Klägers zu befinden ist (§ 254 Rn. 4).[102] Ebenso muss auf Grund eines entsprechenden Antrags der Gegenpartei bei einem Teilverzicht oder einem Teilanerkenntnis ein Teilurteil ergehen.[103] Schließlich ist bei Säumnis eines einfachen Streitgenossen gegen ihn ein Versäumnisurteil zu erlassen, wenn die Voraussetzungen nach §§ 330 ff. dafür erfüllt sind.[104]

VI. Kosten

27 **1. Kostenausspruch.** Regelmäßig wird im Teilurteil nicht über die Kosten entschieden, sondern diese Entscheidung dem Schlussurteil vorbehalten, weil erst dann feststeht, in welchem Umfang der Kläger erfolgreich war.[105] Das Schlussurteil enthält hinsichtlich der Entscheidung über die Kosten des Rechtsstreits lediglich eine notwendige Ergänzung des keinen Kostenausspruch enthaltenden Teilurteils und bildet infolgedessen in diesem Umfang mit dem Teilurteil ein einheitliches, untrennbares Ganzes.[106] Daraus folgt, dass eine zulässige Revision gegen das Teilurteil auch die Revision gegen die darauf bezogene Kostenentscheidung des Schlussurteils statthaft werden lässt (§ 99 Rn. 11).[107] Die Kostenentscheidung im Schlussurteil kann grundsätzlich selbständig angefochten werden;[108] in diesen Fällen hindern weder die Vorschriften des § 99 Abs. 1 noch das Fehlen der Revisionssumme die Anfechtung der Kostenentscheidung.[109] Steht bei Erlass des Teilurteils bereits fest, wer bestimmte Kosten zu ersetzen hat, und kann ausgeschlossen werden,

---

94 Vgl. dazu *Musielak* (Fn. 40) S. 578 f.

95 BGH NJW 1991, 3036.

96 BGH MDR 1998, 179; aA *de Lousanoff* (Fn. 36) S. 148 ff., 152; vgl. dazu MK/*Musielak* Rn. 23.

97 OLG Düsseldorf NJW 1974, 2010; OLG Köln MDR 1977, 938, 939.

98 RAG 20, 271, 273.

99 OLG Naumburg NJOZ 2007, 1776, 1781.

100 BGH NJW 2002, 1115, 1116.

101 BGH NJW 1984, 1543, 1544; aA LG Bonn NJW 1973, 1375; AK-ZPO/*Fenge* Rn. 18; zur Wertung einer als Zwischenurteil bezeichneten Entscheidung als Teilurteil OLG Köln NJW-RR 1996, 122.

102 OLG Hamm NJW-RR 1990, 709; MK/*Becker-Eberhard* § 254 Rn. 21 m. Nachw.

103 *St/J/Leipold* Rn. 17.

104 *U. Gottwald* JA 1997, 573, 575; *T/P/Reichold* Rn. 4.

105 BayObLG WoM 1994, 152, 154; LG Bonn NJW 1973, 1375; AK-ZPO/*Fenge* Rn. 20; *Schneider* Kosten S. 72, 214 f.; aA LAG Berlin MDR 1978, 345; *Lepke* JR 1968, 411.

106 BGH NJW 1993, 1063, 1066.

107 BGH NJW 1987, 2997.

108 BGHZ 29, 126, 127 = NJW 1959, 578; BGH VersR 1969, 1039 (LS); OLG Frankfurt/M MDR 1977, 143.

109 BGH (Fn. 107).

dass die im Schlussurteil zu treffende Kostenentscheidung Auswirkungen auf diese Kosten hat, dann kann bereits im Teilurteil über die Kosten befunden werden.[110] Diese Möglichkeit kann sich insbesondere bei Teilurteilen gegen einen Streitgenossen ergeben (§ 100 Rn. 11).[111]

2. Gerichtskosten. S. § 300 Rn. 16. 28

302 *Vorbehaltsurteil* **(1) Hat der Beklagte die Aufrechnung einer Gegenforderung geltend gemacht, so kann, wenn nur die Verhandlung über die Forderung zur Entscheidung reif ist, diese unter Vorbehalt der Entscheidung über die Aufrechnung ergehen.**

(2) Enthält das Urteil keinen Vorbehalt, so kann die Ergänzung des Urteils nach Vorschrift des § 321 beantragt werden.

(3) Das Urteil, das unter Vorbehalt der Entscheidung über die Aufrechnung ergeht, ist in Betreff der Rechtsmittel und der Zwangsvollstreckung als Endurteil anzusehen.

(4) [1]In Betreff der Aufrechnung, über welche die Entscheidung vorbehalten ist, bleibt der Rechtsstreit anhängig. [2]Soweit sich in dem weiteren Verfahren ergibt, dass der Anspruch des Klägers unbegründet war, ist das frühere Urteil aufzuheben, der Kläger mit dem Anspruch abzuweisen und über die Kosten anderweit zu entscheiden. [3]Der Kläger ist zum Ersatz des Schadens verpflichtet, der dem Beklagten durch die Vollstreckung des Urteils oder durch eine zur Abwendung der Vollstreckung gemachte Leistung entstanden ist. [4]Der Beklagte kann den Anspruch auf Schadensersatz in dem anhängigen Rechtsstreit geltend machen; wird der Anspruch geltend gemacht, so ist er als zur Zeit der Zahlung oder Leistung rechtshängig geworden anzusehen.

I. Normzweck

Der gleiche Gedanke, der der Verpflichtung des Gerichts zu Grunde liegt, einen Rechtsstreit bei Entscheidungsreife durch Endurteil abzuschließen (vgl. § 300 Rn. 1, 10), kehrt in § 302 wieder. Zwar ist bei Berücksichtigung der Aufrechnungserklärung die Klage noch nicht entscheidungsreif, dennoch wird es dem Gericht ermöglicht, ein Vorbehaltsurteil zu erlassen. Mit dieser in § 302 getroffenen Regelung erhält das Gericht ein Mittel, über eine Klage rasch zu entscheiden und einer Prozessverschleppung durch missbräuchliche Aufrechnungserklärungen zu begegnen.[1] Zugleich wird damit dem Interesse des Klägers entsprochen, möglichst bald einen Vollstreckungstitel zu erhalten (§ 302 Abs. 3). Zu dem Vorhaben einer Änderung der Vorschrift vgl. Einl. Rn. 79. 1

II. Voraussetzungen für den Erlass des Vorbehaltsurteils

1. Rechtlicher Zusammenhang. Anders als im früheren Recht ist der Erlass eines Vorbehaltsurteils nicht mehr davon abhängig, dass zwischen Klageforderung und der zur Aufrechnung gestellten Gegenforderung kein rechtlicher Zusammenhang besteht. Durch das Gesetz zur Beschleunigung fälliger Zahlungen vom 30. März 2000 (BGBl. I S. 330) ist dieses Erfordernis gestrichen und damit ein Vorbehaltsurteil auch für den Fall zugelassen worden, dass ein rechtlicher Zusammenhang zwischen Klage- und Gegenforderung zu bejahen ist. Begründet wurde diese Änderung unter Hinweis auf Werklohnprozesse, in denen nicht selten der Besteller dem Werklohnanspruch eine Aufrechnung mit Gegenansprüchen zB auf Schadensersatz entgegensetze, damit, dass in solchen Fällen die bestehende Einschränkung des § 302 Abs. 1 aF eine schnellere, wenn auch vorläufige Titulierung verhindere.[2] Der BGH[3] hat jedoch klargestellt, dass § 302 Abs. 1 auch in seiner Neufassung nur wenige Ausnahmefälle zulasse, in denen der Richter die Grenzen seines Ermessens nicht überschreite, wenn er trotz einer Aufrechnung des Bestellers mit Ansprüchen auf Ersatz von Mängelbeseitigungskosten und Fertigstellungsmehrkosten über den Werklohnanspruch durch Vorbehaltsurteil entscheide. Er hat diese Auffassung wie folgt begründet: Mache der Werkunternehmer mit seiner Klage einen Vergütungsanspruch und der Beklagte einen Anspruch aus demselben Vertragsverhältnis auf Ersatz der Kosten der Mängelbeseitigung oder der Fertigstellung geltend, dann ständen sich diese Forderungen aufrechenbar gegenüber und nicht lediglich im Rahmen eines Verrechnungsverhältnisses. Auch wenn eine solche Aufrechnung der gesetzlichen Regelung des § 302 Abs. 1 unterliege, könne im Regelfall ein Vorbehaltsurteil über die Werklohnforderung nicht ergehen. Denn dem Besteller stehe ein Leistungsverweigerungsrecht im Falle einer mangelhaften oder nicht fertig gestellten Leistung gemäß § 320 Abs. 1 BGB zu. Es wäre ein nicht hinnehmbares Ergebnis, wenn trotz des Leistungsverweigerungsrechts des Bestellers dem Werkunternehmer die Möglichkeit verschafft werde, mit Hilfe eines Vorbehaltsurteils seine Werklohnforderung ohne Erbringung der vertragsgerechten Gegenleistung durchzusetzen. Als Ausnahmefall, in dem nach dem Zweck des Gesetzes zur Beschleunigung fälliger Zahlungen ein Vorbehaltsurteil zu erlassen ist, nennt das Gericht solche Sachverhalte, in denen auf der Grundlage des gesamten Streitstoffes insbesondere auf Grund eines überzeugenden Privatgutachtens oder des Ergebnisses eines selbstständigen Beweisverfah- 2

---

[110] OLG Düsseldorf NJW 1970, 568.
[111] BGH NJW 1960, 484; OLG München NJW 1969, 1123.
[1] Mat. II 1 S. 216, 283 (zu § 130 und § 264).
[2] Vgl. Beschlussempfehlung und Bericht des Rechtsausschusses des Dt. BTag v. 21. 2. 2000 (BT-Drucks. 14/2552, S. 14f., zu Art. 2 Abs. 4 Nr. 2).
[3] BGHZ 165, 134 = NJW 2006, 698.

rens der Richter davon ausgehen könne, dass dem Besteller wahrscheinlich keine oder nur eine geringe Gegenforderung zustehen.

3 **2. Begründetheit der Klageforderung.** Besteht die Klageforderung unabhängig von der vom Beklagten erklärten Aufrechnung nicht, dann muss die Klage abgewiesen werden (vgl. auch § 322 Rn. 83). Deshalb kann der Erlass eines Vorbehaltsurteils nur in Betracht kommen, wenn der Richter die **Klageforderung** unabhängig von der erklärten Aufrechnung für **begründet** hält.[4] Ist folglich die von § 302 Abs. 1 vorausgesetzte Entscheidungsreife der Klage im Sinne der richterlichen Erkenntnis zu verstehen, dass die Klageforderung besteht, dann bedeutet dies, dass ein Vorbehaltsurteil nur erlassen werden kann, wenn alle vom Beklagten gegen die Klage erhobenen Einwendungen mit Ausnahme der Aufrechnung vom Gericht als nicht existent oder rechtlich nicht erheblich gewertet worden sind.[5]

4 Ist die Klageforderung sowohl dem Grund als auch der Höhe nach streitig und ergibt sich eine „Entscheidungsreife" nur hinsichtlich des Grundes, dann können die in §§ 302 und 304 getroffenen Regelungen miteinander verknüpft und ein **Vorbehaltsurteil dem Grunde nach** erlassen werden (vgl. § 304 Rn. 19).[6] Erkennt der Beklagte die Klageforderung an und rechnet er mit einer Gegenforderung auf, dann kann das Gericht ein Anerkenntnisvorbehaltsurteil erlassen (§ 307 Rn. 8).[7]

5 **3. Fehlende Entscheidungsreife der Gegenforderung.** Der Erlass eines Vorbehaltsurteils setzt voraus, dass vom Gericht über die Gegenforderung noch nicht entschieden werden kann.[8] Erkennt dagegen das Gericht, dass der Aufrechnungseinwand unbegründet ist, oder stellt es umgekehrt fest, dass die Klageforderung durch die Aufrechnung erloschen ist, dann gibt es keinen Grund, die Entscheidung dem Nachverfahren vorzubehalten[9]. Gleiches gilt, solange die Aufrechnung noch nicht erklärt, sondern lediglich angekündigt worden ist.[10] Streitig ist, ob und in welchem Umfang das Gericht vor Erlass des Vorbehaltsurteils den **Aufrechnungseinwand prüfen** muss.[11] Nach dem Zweck des § 302, eine Prozessverschleppung durch den Aufrechnungseinwand des Beklagten zu verhindern (Rn. 1), ist es dem Ermessen des Gerichts überlassen, ob es zeitraubende Prüfungen im Zusammenhang mit der zur Aufrechnung gestellten Gegenforderung vor einer Entscheidung über die Klageforderung durchführen oder in ein Nachverfahren verlagern will. In jedem Fall muss das Gericht die Erheblichkeit des Aufrechnungseinwandes prüfen. Nur wenn das Gericht dabei zu einem positiven Ergebnis und zu der Erkenntnis gelangt, dass noch tatsächliche Feststellungen getroffen werden müssen, um über den Aufrechnungseinwand entscheiden zu können, kann es ein Vorbehaltsurteil erlassen und die noch erforderlichen tatsächlichen Klärungen im Nachverfahren vornehmen.

6 Ein **vertragliches Aufrechnungsverbot**, das dem Ziel dient, eine Aufrechnung mit bestrittenen oder nicht rechtskräftig festgestellten Forderungen zu vermeiden, damit die Hauptforderung rasch durchgesetzt werden kann, hindert eine Verurteilung unter Vorbehalt der Entscheidung über die Aufrechnung nicht, weil der Kläger dann ein vollstreckbares Urteil über die Hauptforderung erhält und der mit dem Aufrechnungsverbot verbundenen Absicht folglich entsprochen wird.[12] Fällt die Gegenforderung unter eine **Schiedsklausel,** dann sind die Aufrechnungen im ordentlichen Verfahren und damit auch ein Vorbehaltsurteil ausgeschlossen (vgl. § 1029 Rn. 25).[13] Die Aufrechnung mit Gegenforderungen, die in die Zuständigkeit des Familiengerichts gehören, und ein darauf bezogenes Vorbehaltsurteil sind im Verfahren der streitigen Zivilgerichtsbarkeit zulässig (zur **Aufrechnung mit rechtswegfremden Forderungen** vgl. § 145 Rn. 29–32).[14]

III. Vorbehaltsurteil

7 **1. Ermessen des Gerichts.** Die Entscheidung darüber, ob bei Erfüllung der dafür erforderlichen Voraussetzungen das Gericht ein Vorbehaltsurteil erlässt, ist in sein nicht nachprüfbares Ermessen gestellt. Das Gericht wird bei der Ausübung des Ermessens abzuwägen haben, ob nach dem durch § 302 verfolgten Zweck (Rn. 1) der Erlass eines Vorbehaltsurteils den Interessen beider Parteien gerecht wird. Dabei wird allerdings besonders zu beachten sein, dass ohne Berücksichtigung der Aufrechnungserklärung die Klage entscheidungsreif wäre und der Rechtsstreit durch ein Urteil zu Gunsten des Klägers abgeschlossen würde. Deshalb kann regelmäßig das Interesse des Klägers an einer raschen Entscheidung seiner sonst entscheidungsreifen Klage Vorrang beanspruchen.[15] Weder müssen die Parteien den Erlass eines Vorbehaltsurteils ausdrücklich beantragen,[16] noch können sie durch eine Vereinbarung ein solches Urteil ausschließen.[17]

---

[4] AK-ZPO/*Fenge* Rn. 6; *St/J/Leipold* Rn. 7.

[5] Vgl. MK/*Musielak* Rn. 2 zu Einreden gegen die Klageforderung, die wie die Stundungseinrede mit der Aufrechnung sachlich zusammenhängen.

[6] BGHZ 11, 63, 64f. = NJW 1954, 73; BGH VersR 1959, 515; *St/J/Leipold* Rn. 7.

[7] *Schilken* ZZP 90 (1977), 157, 180f.

[8] BGHZ 25, 360, 366 = NJW 1958, 18; BGHZ 35, 248, 250 = NJW 1961, 1721; *T/P/Reichold* Rn. 4.

[9] *St/J/Leipold* Rn. 8.

[10] BGH NJW 1988, 2542, 2543.

[11] Vgl. dazu MK/*Musielak* Rn. 4.

[12] OLG München VersR 1982, 884; vgl. auch AK-ZPO/*Fenge* Rn. 14.

[13] BGHZ 38, 254, 257f. = NJW 1963, 243; *Ro/S/Go* § 176 Rn. 5 m. weit. Nachw.; aA BGHZ 23, 17, 23ff. = NJW 1957, 591.

[14] OLG München FamRZ 1985, 84, 85; OLG Stuttgart FamRZ 1979, 717, 718; OLG Düsseldorf FamRZ 1987, 705, 706.

[15] AK-ZPO/*Fenge* Rn. 4.

[16] BGH WM 1965, 827, 828.

[17] BGH LM HGB § 355 Nr. 12.

2. Tenor. Der Vorbehalt nach § 302 Abs. 1 muss in die Urteilsformel ausdrücklich aufgenommen[18] und 8
darin auch die Forderung, um deren Aufrechnung es geht, möglichst genau bezeichnet werden.[19] Fehlt der Vorbehalt, dann kann die Ergänzung des Urteils nach § 321 beantragt werden (§ 302 Abs. 2). Ergibt sich aus dem Tatbestand und den Entscheidungsgründen, dass das Gericht nur versehentlich die Aufnahme des Vorbehalts in den Tenor übersehen hat, dann kann eine Berichtigung nach § 319 vorgenommen werden. Das Vorbehaltsurteil hat eine Entscheidung über die vorläufige Vollstreckbarkeit und über die Kosten zu enthalten.[20]

3. Bindungswirkung und Rechtskraft. Das Vorbehaltsurteil ist hinsichtlich der Anfechtbarkeit und der 9
Zwangsvollstreckung als Endurteil anzusehen (§ 302 Abs. 3). Sein Bestand ist allerdings von dem Ausgang des Nachverfahrens abhängig. Es handelt sich deshalb bei ihm um ein auflösend bedingtes Endurteil.[21] Deshalb kommt ihm nur formelle, nicht materielle Rechtskraft (zu den Begriffen vgl. § 322 Rn. 1) zu.[22] Das Urteil erlangt erst materielle Rechtskraft, wenn es im Nachverfahren unter Aufhebung des Vorbehalts aufrechterhalten wird (§ 322 Rn. 75). An die im Vorbehaltsurteil getroffene Entscheidung ist das Gericht nach § 318 gebunden. Dies bedeutet, dass es das Bestehen der Klageforderung nur noch wegen der Aufrechnung verneinen kann[23] und von der Zulässigkeit der Aufrechnung ausgehen muss, soweit darüber im Vorbehaltsurteil befunden wurde (Rn. 5).[24]

4. Vollstreckbarkeit. Das Vorbehaltsurteil ist in Betreff der Zwangsvollstreckung als Endurteil anzuse- 10
hen (§ 302 Abs. 3). Nach § 707 Abs. 1 S. 1 kann der Beklagte beantragen, dass die Vollstreckung aus einem Vorbehaltsurteil während des Nachverfahrens einstweilen eingestellt oder nur gegen Sicherheitsleistung durchgeführt wird. § 707 ist auch auf Vorbehaltsurteile entsprechend anwendbar, die unanfechtbar geworden sind.[25] Ein Vorbehaltsurteil, das nicht mehr angefochten werden kann, ist ohne Sicherheitsleistung zu vollstrecken,[26] denn es steht einem (formell) rechtskräftigen Endurteil gleich,[27] und eine vom Kläger geleistete Sicherheit ist ihm zurückzugeben (§ 715), es sei denn, dass eine Sicherheitsleistung nach § 707 angeordnet wird.

5. Anfechtbarkeit. Da das Vorbehaltsurteil auch hinsichtlich der Rechtsmittel als Endurteil gilt (§ 302 11
Abs. 3), ist es selbständig anfechtbar. Dabei wird jedoch zum Gegenstand des Rechtsmittelverfahrens nur der Streitstoff, der durch das Vorbehaltsurteil entschieden worden ist.[28] Dementsprechend kann der Beklagte die Zulässigkeit und Begründetheit der Klage angreifen. Wurde bereits die Zulässigkeit der Aufrechnung im Vorbehaltsurteil bejaht, dann kann der Kläger diese Feststellung mit einem Rechtsmittel angreifen.[29]

Da die Frage, ob ein Vorbehaltsurteil bei Erfüllung aller Voraussetzungen zu erlassen ist, in das Ermes- 12
sen des entscheidenden Gerichts gestellt wird (Rn. 7), kann die Zweckmäßigkeit eines solchen Vorbehaltsurteils nicht vom Rechtsmittelgericht überprüft werden.[30] Wird vom Berufungsgericht festgestellt, dass die Voraussetzungen für den Erlass eines Vorbehaltsurteils nicht erfüllt worden sind, dann darf es die Sache an das erstinstanzliche Gericht zurückverweisen, wenn die Voraussetzungen des § 538 Abs. 2 S. 1 Nr. 1 erfüllt werden; sonst hat es selbst zu entscheiden (§ 538 Abs. 1). Denn die Trennung des Streitstoffes in einen Teil, der beim erstinstanzlichen Gericht bleibt und den Gegenstand des Nachverfahrens bildet, und den anderen Teil, der vom Vorverfahren erfasst und durch das Rechtsmittel in die Berufungsinstanz gebracht wird, tritt nur ein, wenn die verfahrensrechtlichen Voraussetzungen für den Erlass eines Vorbehaltsurteils erfüllt werden. Fehlt es an diesen Voraussetzungen, dann gelangt mit der Berufung gegen das Vorbehaltsurteil der gesamte Streitstoff in die Berufungsinstanz.[31] Folglich ist das Berufungsgericht nicht gehindert, auch über die zur Aufrechnung gestellte und in dem Vorbehaltsurteil nicht behandelte Gegenforderung sachlich zu entscheiden (vgl. auch § 538 Rn. 33).[32]

IV. Nachverfahren

1. Gegenstand. Nach § 302 Abs. 4 S. 1 bleibt nach Erlass des Vorbehaltsurteils der Rechtsstreit hinsicht- 13
lich der zur Aufrechnung gestellten Gegenforderung bei dem das Vorbehaltsurteil erlassenden Gericht anhängig. Das Nachverfahren ist folglich die Fortsetzung des bisherigen Rechtsstreits und bildet mit dem Vorbehaltsverfahren eine prozessuale Einheit.[33] Da der Bestand des Vorbehaltsurteils vom Ergebnis des

---

[18] BGH NJW 1981, 393, 394.
[19] Vgl. *Zi* Rn. 5ff.; *Sae/Saenger* Rn. 5; Schröer JA 1997, 873, 875.
[20] BGH MDR 1988, 227, 228; *Huber* Rn. 234, 263f.; *Tempel* (Fn. 19).
[21] Str., wie hier BGHZ 69, 270, 272 = NJW 1978, 43 (zur parallelen Frage bei § 599); BGH NJW 1988, 2542, 2543; *St/J/Leipold* Rn. 11; aA *Ro/S/Go* § 59 Rn. 79 (Zwischenurteil eigener Art).
[22] BGH NJW 1967, 566; *Ro/S/Go* § 59 Rn. 74; aA *Grunsky* § 46 II 5.
[23] *St/J/Leipold* Rn. 25; *Zi* Rn. 4.
[24] BGHZ 35, 248, 250ff. = NJW 1961, 1721; BGH WM 1965, 1250, 1251; NJW 1979, 1046.
[25] BGH (Fn. 22).
[26] BGH BB 1977, 1571, 1572 = LM § 599 Nr. 5; AK-ZPO/*Fenge* Rn. 26.
[27] AA *Tiedemann* ZZP 93 (1980), 23, 29ff.
[28] BGH ZZP 67 (1954), 302 = LM Nr. 4; *T/P/Reichold* Rn. 10.
[29] BGHZ 35, 248, 249ff. = NJW 1961, 1721; BGH NJW 1979, 1046.
[30] BGH (Fn. 16).
[31] *St/J/Leipold* Rn. 18.
[32] BGH (Fn. 28); OLG Karlsruhe NJW-RR 1987, 254; *St/J/Leipold* Rn. 18.
[33] BGH NJW 1981, 393, 394.

Nachverfahrens abhängig ist (§ 302 Abs. 4 S. 2), bleibt auch das Vorbehaltsverfahren zumindest bis zum rechtskräftigen Abschluss des Nachverfahrens anhängig. Ist das **Schlussurteil** vor dem Vorbehaltsurteil **rechtskräftig** geworden und hat es das Vorbehaltsurteil dadurch bestätigt, dass es die Aufrechnung verneint und den Vorbehalt aufgehoben hat, dann verliert dieses Schlussurteil ohne weiteres seine Wirkung, wenn auf ein Rechtsmittel hin das Vorbehaltsurteil aufgehoben wird, weil das Gericht zu dem Ergebnis gelangt, dass die Klageforderung nicht besteht.[34]

14 Das Nachverfahren ist grundsätzlich auf die Entscheidung über die vorbehaltene Aufrechnung beschränkt. Bei dieser Entscheidung ist das Gericht an das Vorbehaltsurteil gebunden (Rn. 9). Neues Vorbringen gegen die Klageforderung ist ausgeschlossen.[35] Neue Angriffs- und Verteidigungsmittel hinsichtlich der Klageforderung können allerdings geltend gemacht werden, wenn der Kläger einen neuen Anspruch erhebt oder den bisherigen Anspruch erweitert; denn **Klageänderung** und **Klageerweiterung** sowie auch eine **Widerklage** sind im Nachverfahren zulässig.[36] Der Beklagte kann auch mit einer neuen, nicht vom Vorbehalt umfassten Gegenforderung im Nachverfahren aufrechnen.[37]

15 **2. Durchführung.** Das Nachverfahren, dessen Durchführung nicht von der Unanfechtbarkeit des Vorbehaltsurteils abhängig ist, wird dadurch begonnen, dass von Amts wegen ein Verhandlungstermin anberaumt wird (§ 216), wobei die Ladungsfrist nach § 217, dagegen nicht die Einlassungsfrist nach § 274 Abs. 3 zu beachten ist.[38] Das Nachverfahren schließt mit einem Endurteil, das entweder das Vorbehaltsurteil aufhebt und die Klage abweist, wenn das Erlöschen der Klageforderung durch Aufrechnung festgestellt wird, oder das das Vorbehaltsurteil unter Aufhebung des Vorbehalts aufrechterhält, wenn die Wirksamkeit der Aufrechnung verneint wird.

16 **3. Säumnis.** Im Nachverfahren sind die Rollen der Parteien vertauscht und der Beklagte übernimmt die Rolle des Angreifenden. Ist er im Nachverfahren säumig, so wird in entsprechender Anwendung des § 330 die vorbehaltene Gegenforderung zurückgewiesen, dh. das Vorbehaltsurteil wird unter Aufhebung des Vorbehalts aufrechterhalten (Rn. 15). Bleibt dagegen der Kläger bei der Verhandlung aus, dann gilt das Vorbringen des Beklagten analog § 331 als zugestanden; dies bedeutet, dass das Vorbehaltsurteil aufzuheben ist, wenn sich auf Grund dieses Vorbringens die Aufrechnung mit der Gegenforderung ergibt.[39]

17 **4. Schadensersatzanspruch.** Mit Verkündung des Schlussurteils, das das Vorbehaltsurteil aufhebt, tritt die vorläufige Vollstreckbarkeit des Vorbehaltsurteils außer Kraft (§ 717 Abs. 1). Hat der Kläger das rechtskräftig aufgehobene Vorbehaltsurteil bereits vollstreckt oder der Beklagte zur Abwendung der Vollstreckung eine Leistung bewirkt, dann kann der Beklagte auf Grund des § 302 Abs. 4 S. 3 Ersatz des Schadens fordern, der ihm adäquat kausal durch solche Maßnahmen entstanden ist.[40] Der Ersatzanspruch besteht unabhängig von einem Verschulden des Klägers. § 717 Abs. 3 ist nicht entsprechend anwendbar.[41] Dagegen ist der immaterielle Schaden, den der Beklagte dadurch erlitten hat, dass er auf Grund eines Vorbehaltsurteils zur Erzwingung der Leistung einer Offenbarungsversicherung in Haft genommen wurde, nicht zu ersetzen.[42]

18 Der **Schadensersatzanspruch kann in demselben Verfahren** durch Inzidentantrag **geltend gemacht werden** (§ 302 Abs. 4 S. 4). Der Anspruch kann jedoch auch durch eine förmliche Widerklage oder in einem neuen Prozess verfolgt werden. Gegenüber einem mit Inzidentantrag oder Widerklage im anhängigen Prozess verfolgten Schadensersatzanspruch kann der Kläger aufrechnen.[43]

V. Gebühren und Kosten

19 **1. Rechtsanwaltsgebühren.** Das Verfahren vor und nach dem Vorbehaltsurteil ist gebührenrechtlich nur eine Angelegenheit, § 15 Abs. 2 S. 1 RVG. § 17 Nr. 5 RVG ist nicht analog anwendbar.[44]

20 **2. Gerichtskosten.** S. § 300 Rn. 16.

303 *Zwischenurteil* Ist ein Zwischenstreit zur Entscheidung reif, so kann die Entscheidung durch Zwischenurteil ergehen.

I. Normzweck

1 Zwischenurteile können nur über prozessuale, nicht den Streitgegenstand selbst betreffende Fragen ergehen.[1] Durch eine solche Vorabentscheidung, die das Gericht nach § 318 bindet (Rn. 6), soll eine Konzentration des Rechtsstreits auf die noch offen gebliebenen Punkte sowie eine bessere Übersicht über den Streit-

---

34 *Mattern* JZ 1960, 385, 386; *Grunsky* § 46 II 5; *Zö/Vollkommer* Rn. 15.
35 *B/L/H* Rn. 12; aA AK-ZPO/*Fenge* Rn. 24 (neues Vorbringen in den Grenzen des § 767 Abs. 2).
36 BGHZ 37, 131, 134ff. = NJW 1962, 1249; *St/J/Leipold* Rn. 24.
37 BGH WM 1971, 130, 131; OLG München MDR 1975, 324.
38 *Zö/Vollkommer* Rn. 10.
39 *St/J/Leipold* Rn. 26.
40 *R/G/S* § 15 III 4 m. Nachw.
41 *T/P/Reichold* Rn. 17; *Zö/Vollkommer* Rn. 14; *Ro/S/Go* § 59 Rn. 86.
42 OLG Hamburg MDR 1965, 202.
43 BGH NJW 1980, 2527.
44 Vgl. G/S-*Madert* § 15 RVG Rn. 33.
1 *Tiedtke* ZZP 89 (1976), 64f.; *Grunsky* § 46 II 2; *Ro/S/Go* § 59 Rn. 34.

stoff herbeigeführt[2] und dadurch eine Arbeitserleichterung für Gerichte und Parteien geschaffen werden.[3] Andererseits wird durch diese Begrenzung des Prozessstoffes, der Gegenstand eines Zwischenurteils nach § 303 sein kann, und durch die Unzulässigkeit einer selbständigen Anfechtung dieses Urteils seine praktische Bedeutung erheblich eingeschränkt.

II. Entscheidung eines Zwischenstreits

1. Begriff des Zwischenurteils. Das Zwischenurteil ergeht zu Vorfragen, die im Prozess auftreten und geklärt werden müssen, die sich aber nicht unmittelbar auf den Streitgegenstand selbst beziehen (Rn. 1). Es entscheidet regelmäßig einen Zwischenstreit und kann deshalb auch als „Zwischenstreiturteil" bezeichnet werden.[4] Diese Beschreibung passt lediglich nicht für das Grundurteil, bei dem es sich um ein Zwischenurteil besonderer Art handelt (§ 304 Rn. 3). Ein Zwischenstreit, der stets Fragen betrifft, bei denen es um den Fortgang des Verfahrens geht, also durchweg einen verfahrensrechtlichen Charakter aufweist,[5] kann nicht nur zwischen den Parteien, sondern auch zwischen den Parteien und Dritten entstehen. Als Beispiel sei der Zwischenstreit über die Zulassung einer Nebenintervention genannt (§ 71). Zwischenurteile über einen Zwischenstreit zwischen den Parteien schaffen jedoch stets einen **„antizipierten Bestandteil der Endentscheidung"**.[6] Dies unterscheidet sie von Zwischenurteilen, die zu Zwischenstreiten mit Dritten ergehen.[7] Zudem gelten für Zwischenurteile gegen Dritte Sonderregeln (vgl. §§ 71, 135, 372a, 387, 402). 2

Auch die abgesonderte Verhandlung über die Zulässigkeit der Klage stellt einen Zwischenstreit zwischen den Parteien dar, zu dem ein Zwischenurteil ergehen kann. Jedoch ist für das **Zwischenurteil über die Zulässigkeit der Klage** durch § 280 Abs. 2 eine eigene Regelung getroffen worden. Kein Zwischenurteil ist das Vorbehaltsurteil nach § 302, da es auflösend bedingt über den Klageanspruch entscheidet (§ 302 Rn. 9), und das Urteil, das auf Grund einer Zwischenfeststellungsklage nach § 256 Abs. 2 ergeht, da dadurch abschließend über eine zusätzlich erhobene Klage befunden wird (§ 256 Rn. 39, 43). 3

2. Beispielsfälle. Durch Zwischenurteile können entschieden werden: ein Zwischenstreit über die Pflicht zur Vorlage von Urkunden (§§ 422, 423) oder über ihre Echtheit (§§ 440ff.);[8] ein Streit über die Zulassung oder Verneinung einer Klageänderung (§§ 263, 264)[9] oder den Widerruf eines Geständnisses (§ 290);[10] der Streit über die Zulässigkeit eines Rechtsmittels,[11] eines Einspruchs gegen ein Versäumnisurteil (§§ 338, 341)[12] oder eines Antrags auf Wiedereinsetzung (§ 238 Abs. 1 S. 2).[13] Auch über die Unterbrechung des Verfahrens (§§ 239ff.) kann durch Zwischenurteil befunden werden (vgl. auch Rn. 7).[14] Wird über einen Parteiwechsel durch Zwischenurteil entschieden, dann stützt sich dies nicht auf § 303, sondern auf § 280 Abs. 2.[15] Gleiches gilt für die Bejahung der Zulässigkeit der Wiederaufnahmeklage (§ 590 Rn. 2)[16] oder für die Ablehnung des Antrags auf Sicherheitsleistung des ausländischen Klägers (§ 110) durch Zwischenurteil;[17] dagegen fällt ein Zwischenurteil, das der Einrede mangelnder Prozesskostensicherheit stattgibt und die Sicherheitsleistung anordnet (§ 113 S. 1), nicht unter § 280 Abs. 2, sondern unter § 303.[18] Die Entscheidung, dass der Rechtsstreit durch einen wirksamen Prozessvergleich erledigt wurde, ist durch Endurteil und nicht mit Zwischenurteil nach § 303 zu treffen.[19] 4

3. Erlass und Inhalt des Zwischenurteils. Ein Zwischenurteil ist nur zu erlassen, wenn der Rechtsstreit insgesamt noch nicht entscheidungsreif ist, weil sonst ein Endurteil ergehen muss (§ 300 Rn. 1). Aber auch wenn die Voraussetzungen für den Erlass eines Zwischenurteils erfüllt werden, steht es im Ermessen des Gerichts, ob es von der Möglichkeit des § 303 Gebrauch machen will.[20] Dem Erlass eines Zwischenurteils muss stets eine mündliche Verhandlung vorausgehen, es sei denn, es wird im schriftlichen Verfahren entschieden (§ 128 Abs. 2, 3).[21] Da ein Zwischenurteil keine Kostenentscheidung enthält[22] und seiner Rechtsnatur nach ein Feststellungsurteil darstellt,[23] weist es keinen vollstreckungsfähigen Inhalt auf, so dass ein Ausspruch über die Vollstreckbarkeit nicht in Betracht kommen kann. 5

---

[2] BAG NJW 1960, 2211.
[3] *Ro/S/Go* § 59 Rn. 28; AK-ZPO/*Fenge* Rn. 1.
[4] *Ro/S/Go* § 59 Rn. 32; *Blomeyer* § 83 III.
[5] *Tiedtke* (Fn. 1) S. 64; *Reinicke* NJW 1967, 513, 515; *Linnenbaum* JR 1984, 114, 115.
[6] Mat. II 1 S. 284 (zu § 303 aF, der auch Zwischenurteile über selbständige Angriffs- und Verteidigungsmittel vorsah).
[7] *St/J/Leipold* Rn. 3.
[8] Mat. II 1 S. 283; *Sae/Saenger* Rn. 3.
[9] *Ro/S/Go* (Fn. 4).
[10] *T/P/Reichold* Rn. 2.
[11] BGH NJW 1987, 3264, 3265; BAG AP § 212a Nr. 1.
[12] *Demharter* NJW 1986, 2754.
[13] BGH FamRZ 1993, 1191.
[14] BGHR Anfechtbarkeit 1.
[15] BGH NJW 1981, 989; *T/P/Reichold* Rn. 3; *Ro/S/Go* § 42 Rn. 28; aA *Franz* NJW 1982, 15, 16 (Urteil nach § 303); AK-ZPO/*Fenge* Rn. 21 (Urteil analog § 304 anfechtbar).
[16] Str.; aA *Ro/S/Go* (Fn. 4); *B/L/H* Rn. 8, § 589 Rn. 4.
[17] BGH NJW-RR 1990, 378.
[18] BGHZ 102, 232, 234 = NJW 1988, 1733; NJW-RR 2006, 710, 711; MK/*Giebel* § 113 Rn. 12.
[19] BGH NJW 1996, 3345, 3346; *Zi* Rn. 1.
[20] *St/J/Leipold* Rn. 2.
[21] AK-ZPO/*Fenge* Rn. 13.
[22] *Huber* Rn. 233.
[23] *T/P/Reichold* Rn. 1.

6 **4. Bindungswirkung des Zwischenurteils.** Die Bindungswirkung eines zulässigen Zwischenurteils ist grundsätzlich die gleiche, wie sie auch andere Urteile entfalten (§ 318 Rn. 3f., 8).[24] Dies bedeutet, dass späteres Vorbringen zu dem durch Zwischenurteil entschiedenen Punkt und eine darauf bezogene erneute Prüfung und Entscheidung durch das Gericht ausgeschlossen sind. Treten allerdings nach Erlass des Zwischenurteils neue Tatsachen ein, die zu einer Veränderung der Rechtslage führen, auf die sich das Zwischenurteil bezieht, dann müssen sie vom Gericht berücksichtigt werden (§ 318 Rn. 8).[25] Ein unzulässiges Zwischenurteil, das nicht ergehen durfte, weil die dafür erforderlichen Voraussetzungen nicht erfüllt worden sind, bindet das erlassende Gericht nicht.[26]

7 **5. Anfechtbarkeit.** Zwischenurteile nach § 303 sind nicht selbständig anfechtbar. Ihre Nachprüfung durch die nächsthöhere Instanz kann nur durch ein Rechtsmittel gegen das Endurteil erreicht werden. Dies gilt auch dann, wenn ein Zwischenurteil nicht erlassen werden durfte, weil es nicht über einen Zwischenstreit iSv. § 303, sondern über eine materiell-rechtliche Vorfrage entschieden hat.[27] Wenn jedoch die als Zwischenurteil bezeichnete Entscheidung ihrem Inhalt nach ein (Teil-)Endurteil darstellt, dann kann sie wie jedes andere Endurteil auch mit dem dafür zulässigen Rechtsmittel angefochten werden.[28] Demgemäß kann eine als „Zwischenurteil" bezeichnete Entscheidung, durch die der Antrag auf Wiedereinsetzung wegen Versäumung der Berufungsfrist abgelehnt wird, selbständig angefochten werden, weil diese Entscheidung einem Endurteil gleichkommt.[29] Ein Zwischenurteil, das einer Person die Aufnahme eines nach § 240 unterbrochenen Rechtsstreits versagt, kann wie ein Endurteil angefochten werden.[30]

III. Gebühren und Kosten

8 **1. Rechtsanwaltsgebühren.** Die Tätigkeit des Anwalts im Zwischenstreit gehört zum Rechtszug, wird also durch die Gebühren der Nrn. 3100 VV RVG abgegolten (§ 19 Abs. 1 Nr. 3 RVG). Ist der Anwalt **nicht Prozessbevollmächtigter,** erhält er die Gebühr der Nr. 3403 VV RVG.

9 **2. Gerichtskosten.** Für Zwischenurteile fallen keine Gebühren an. Vgl. i. ü. § 300 Rn. 16. Für das **Beschwerdeverfahren** gilt grundsätzlich KV Nr. 1812; für Beschwerden nach § 71 Abs. 2 jedoch KV Nr. 1810.

304 *Zwischenurteil über den Grund* (1) **Ist ein Anspruch nach Grund und Betrag streitig, so kann das Gericht über den Grund vorab entscheiden.**

(2) Das Urteil ist in Betreff der Rechtsmittel als Endurteil anzusehen; das Gericht kann jedoch, wenn der Anspruch für begründet erklärt ist, auf Antrag anordnen, dass über den Betrag zu verhandeln sei.

Übersicht

I. Normzweck

1 Streiten die Parteien sowohl über den Grund als auch über den Betrag eines Anspruches, dann lassen sich möglicherweise zeit- und kostenaufwändige Beweisaufnahmen über den Betrag vermeiden, wenn das die Klage zusprechende Urteil über den Grund in der Rechtsmittelinstanz aufgehoben und die Klage abgewiesen wird.[1] Die in § 304 getroffene Regelung gibt dem Gericht die rechtliche Möglichkeit, entsprechend

---

[24] BGH FamRZ 1993, 1191.
[25] *St/J/Leipold* Rn. 7.
[26] BGH (Fn. 14) S. 247; BGHZ 8, 383, 385 = NJW 1953, 702 m. zust. Anm. v. *Schönke; Tiedtke* (Fn. 2) S. 73f.
[27] BGH (Fn. 26) S. 385; BGH VersR 1985, 44, 45; NJW 1994, 1651, 1652.
[28] BGH (Fn. 26) S. 384; BGH NJW 1994, 1651, 1652; NJW-RR 2006, 288; 2006, 565; BGH (Fn. 19); *Deubner* JuS 1997, 253, 255.
[29] BAG NJW 1956, 240; AP § 232 Nr. 5; vgl. auch BGHZ 47, 289 = NJW 1967, 1566; BGH VersR 1979, 960.
[30] BGH MDR 2004, 1312; NJW 2005, 290, 291; NJW-RR 2006, 288.
[1] BGH NJW 1991, 1896.

zu verfahren und zunächst nur über den Grund des Anspruchs zu befinden.[2] Die Vorschrift dient **prozesswirtschaftlichen Zwecken.**[3] Die durch das Grundurteil bewirkte Aufteilung des Prozessstoffes nach Grund und Betrag gliedert das Verfahren und fördert die Konzentration der Verhandlung auf die jeweiligen Streitpunkte (vgl. auch § 303 Rn. 1).[4] Der Erlass eines Grundurteils bietet auch den Vorteil, den Parteien verbindlich die Rechtsauffassung des Gerichts über den Grund des Anspruchs mitzuteilen und dadurch ihre Vergleichsbereitschaft zu fördern.[5]

Es ist jedoch nicht zu verkennen, dass diesen Vorteilen auch erhebliche **Nachteile** gegenüberstehen. 2
Durch die Trennung des Rechtsstreits können sich die Kosten für den Beklagten wesentlich erhöhen, wenn die Klageforderung bei einem hohen Gegenstandswert dem Grunde nach im Rechtsmittelverfahren letztlich bestätigt wird, sich im Betragsverfahren dann aber herausstellt, dass die Höhe der Klageforderung nur einen Teil des vom Kläger geltend gemachten Anspruchs ausmacht (vgl. Rn. 31). In diesem Fall hat der Beklagte die gesamten Kosten des Grundverfahrens zu tragen und nicht nur einen Teil wie bei einer einheitlichen Entscheidung über Grund und Betrag.[6] Der Erlass eines Grundurteils kann auch die Gesamtdauer des Prozesses verlängern, weil sowohl Grundurteil als auch Endurteil selbständig mit Rechtsmittel angefochten werden können. Da ein Grundurteil keinen vollstreckungsfähigen Inhalt aufweist (Rn. 3, 10), muss der Kläger bis zum Erlass des Endurteils warten, ehe er vollstrecken kann. Alle diese Gesichtspunkte sind zu berücksichtigen, wenn das Gericht darüber entscheidet, ob es im Einzelfall ein Grundurteil erlassen will.

II. Grundurteil

1. Rechtsnatur. Bei dem Grundurteil handelt es sich um ein Zwischenurteil, das jedoch im Gegensatz zu 3
anderen Zwischenurteilen nicht über prozessuale Vorfragen ergeht (§ 303 Rn. 2), sondern einen materiellrechtlichen Inhalt aufweist. Dem Grundurteil kommt wie auch anderen Zwischenurteilen ein feststellender Charakter zu (§ 303 Rn. 5). Es ähnelt seinem Inhalt nach einem Endurteil, das die Verpflichtung des Beklagten zum Ersatz eines ziffernmäßig nicht bestimmten Schadens ausspricht oder das eine Klage auf Feststellung des Nichtbestehens einer nicht bezifferten Forderung abweist.[7] Deshalb kann die **Umdeutung** eines unzulässigen Grundurteils **in ein Teilurteil auf Feststellung** in Betracht gezogen werden,[8] wobei jedoch in der Rechtsmittelinstanz darauf zu achten ist, dass nicht das Verbot der reformatio in peius entgegensteht.[9] Auch kann eine irrtümlich als „Teilurteil" bezeichnete Entscheidung ein Zwischenurteil über den Grund darstellen,[10] denn es kommt nicht auf die Bezeichnung des Urteils, sondern auf seinen Inhalt an. Der entscheidende Unterschied zwischen einem Grundurteil und einem Endurteil besteht darin, dass dem Grundurteil als Zwischenurteil ein Endurteil folgt, in dem über die im Grundurteil noch offen gelassene Höhe des als bestehend festgestellten Anspruchs entschieden wird.

2. Gegenstand. Nur wenn den Streitgegenstand ein Anspruch auf Zahlung von Geld oder auf Leistung 4
vertretbarer Sachen (§ 91 BGB) bildet, kommt der Erlass eines Grundurteils in Betracht, weil nur dann eine Aufteilung nach Grund und Betrag möglich ist.[11] Gegenstand eines Grundurteils können auch Schuldbefreiungsansprüche sein, wenn es sich um eine Schuld handelt, die selbst Gegenstand eines Grundurteils sein kann, also es um die Befreiung einer Verpflichtung zur Zahlung von Geld oder Leistung vertretbarer Sachen in bestimmter Höhe geht.[12] Ebenso kann über die Klage auf Einwilligung in die Auszahlung eines hinterlegten Betrages[13] oder auf Feststellung der Verpflichtung zur Leistung eines bezifferten Betrages[14] durch Grundurteil entschieden werden, wenn bei diesen Klagen über Grund und Betrag gestritten wird. Da diese Voraussetzung bei einem **unbezifferten Anspruch** nicht erfüllt wird, kann ein Grundurteil nicht ergehen, soweit ein vom Kläger geltend gemachter Schaden von einer künftigen, im Einzelnen noch ungewissen Entwicklung abhängt und deshalb der Umfang der Ersatzpflicht noch offen bleibt.[15] Aus gleichen Gründen ist die Entscheidung durch Grundurteil bei einer unbezifferten Feststellungsklage unzulässig.[16] Bei einem **Bürgschaftsanspruch** gehört zum Anspruchsgrund nicht nur die Feststellung des Bestandes und Inhalts des Bürgschaftsvertrages, sondern wegen der Abhängigkeit der Bürgschaftsverpflichtung von der verbürgten Hauptschuld auch die Feststellung, dass die verbürgte Hauptverbindlichkeit dem Grunde nach besteht.[17] Umfasst

---

[2] Vgl. Mat. II 1 S. 284f. (zu § 266). Zur Entstehungsgeschichte *Arnold,* Das Grundurteil, 1996, S. 5ff.
[3] BGH NJW-RR 1991, 599, 600; 1993, 91; *Keller* JA 2007, 433.
[4] *Arnold* (Fn. 2) S. 59f.; *Becker,* Die Voraussetzungen für den Erlass eines Grundurteils nach § 304 Abs. 1 ZPO, Diss. Augsburg 1983, S. 20.
[5] BGH NJW 1968, 1968; *Schilken* ZZP 95 (1982), 45, 46f.; zurückhaltender *Arnold* (Fn. 2) S. 68f.
[6] *Schilken* (Fn. 5) S. 47; *St/J/Leipold* Rn. 1; *Becker* (Fn. 4) S. 27f.
[7] Vgl. BGH NJW 1986, 2508.
[8] BGHZ 7, 331, 333f. = NJW 1953, 184; BGH NJW 1969, 2241; NJW-RR 1992, 531; OLG Frankfurt VersR 1984, 168.
[9] BGH NJW 1984, 2213, 2214.
[10] BGH NJW 1991, 489.
[11] BGH NJW 1991, 1048; 1991, 1896; 2000, 1572; NJW-RR 1994, 319.
[12] BGH NJW 1975, 1968f.; 1990, 1366, 1367; 2001, 155, 156; aA AK-ZPO/*Fenge* Rn. 6.
[13] *Zö/Vollkommer* Rn. 3; *Arnold* (Fn. 2) S. 161.
[14] BGH NJW 1994, 3295, 3296; 2000, 1572; BAG NJW 1971, 774 (LS).
[15] BGH NJW 1991, 1896; vgl. auch BGH NJW 1990, 1366, 1367; NJW-RR 1987, 756; 1993, 678, 682.
[16] St. Rspr. vgl. nur BGH NJW 1993, 1641, 1642; 2000, 1572; 2001, 155; OLG Hamm VersR 1992, 208, 209.
[17] BGH NJW 1990, 1366, 1367.

das Klagebegehren mehrere selbständige Ansprüche, dann darf ein einheitliches Grundurteil nur erlassen werden, wenn feststeht, dass jeder der Ansprüche dem Grunde nach gerechtfertigt ist.[18] Eine Entscheidung durch Grundurteil über einen nur hilfsweise geltend gemachten Anspruch darf nur ergehen, wenn feststeht, dass die vorrangig erhobene Forderung nicht ausreicht, um den Klageanspruch im vollen Umfang zu decken.[19] Macht der Kläger mit seiner Klage einen Teil eines Zahlungsanspruchs geltend und erhebt der Beklagte Widerklage auf Feststellung, dass er nicht mehr als die Klageforderung schuldet, dann kann über die Klage durch Grundurteil nur entschieden werden, wenn zugleich mit einem Endurteil über die Widerklage befunden wird.[20]

5 **3. Voraussetzungen. a) Bestreiten von Grund und Betrag.** Eine Voraussetzung für den Erlass eines Grundurteils bildet nicht nur die Eignung des durch Klage geltend gemachten Anspruchs, nach Grund und Betrag aufgeteilt zu werden (Rn. 4, 6), sondern auch, dass die Parteien über beides streiten.[21] Wegen der Geständnisfiktion nach § 331 Abs. 1 S. 1 besteht im Fall der Säumnis des Beklagten kein Streit über Grund und Höhe des Klageanspruchs, so dass deshalb ein **Versäumnisurteil** nicht auf den Grund des Anspruchs beschränkt werden darf. Dies gilt auch dann, wenn der Kläger zulässigerweise einen unbezifferten Klageantrag gestellt hat, weil dann das Gericht nach seinem Ermessen die Höhe des Anspruchs festzusetzen hat.[22]

6 **b) Entscheidungsreife des Grundes.** Der Erlass eines Grundurteils kommt nur in Betracht, wenn der Rechtsstreit hinsichtlich des Grundes zur Entscheidung reif ist, nicht aber hinsichtlich des Betrages. Besteht auch Entscheidungsreife bezüglich der Höhe des Anspruchs, dann muss nach § 300 Abs. 1 ein umfassendes Endurteil ergehen und darf sich nicht die Entscheidung des Gerichts nur auf den Grund beschränken (§ 300 Rn. 10). Ist ein **ziffernmäßig bestimmter Teil** der Klageforderung **entscheidungsreif,** dann ist ein Grundurteil über die Gesamtforderung unzulässig. Will das Gericht in diesem Fall ein Grundurteil erlassen, dann muss über den entscheidungsreifen Teil der Gesamtforderung durch Teil-Endurteil entschieden und dies mit einem Teil-Grundurteil verbunden werden (§ 301 Abs. 1 S. 2).[23] Stellt das Gericht fest, dass ein Teil des vom Kläger geltend gemachten Anspruchs dem Grunde nach nicht gerechtfertigt ist, dann kann ein auf diesen Teil bezogenes Grundurteil nicht ergehen, weil insoweit eine Entscheidung über die Höhe nicht mehr aussteht, sondern die Klage abzuweisen ist. Das Grundurteil muss stets aussprechen, dass der vom Kläger geltend gemachte Anspruch ganz oder teilweise besteht.[24] Vor Erlass des Grundurteils muss das Gericht stets die Erfüllung aller Prozessvoraussetzungen feststellen,[25] weil sonst die Klage durch Prozessurteil als unzulässig abzuweisen ist. Auch im **strafprozessualen Adhäsionsverfahren** (§§ 403ff. SPO) kann ein Grundurteil gegen den Angeklagten erlassen werden (§ 406 Abs. 1 S. 2 StPO), durch das ein vom Verletzten geltend gemachter vermögensrechtlicher Anspruch dem Grunde nach bejaht wird. Die Verhandlung über den Betrag findet dann nach § 406 Abs. 3 S. 4 StPO vor den zuständigen Zivilgericht statt. Im Interesse der Verfahrensökonomie muss jedoch der Strafrichter bemüht sein, auch über den Betrag zu entscheiden, wenn sich nicht besondere Schwierigkeiten ergeben, die gerade im Betragsverfahren aufgeworfen werden.[26]

7 Die **Entscheidungsreife** des Grundes ist zu **bejahen,** wenn alle dafür maßgebenden Punkte geprüft und nur noch die im Betragsverfahren zu beantwortenden Fragen offen sind (zur Abgrenzung vgl. Rn. 16ff.), wobei zumindest wahrscheinlich sein muss, dass der Anspruch in irgendeiner Höhe besteht (vgl. dazu auch Rn. 17).[27] Das Gericht kann dabei auch seine Entscheidung über den Grund alternativ auf verschiedene Anspruchsgrundlage stützen, wenn nur alle in Betracht kommenden Anspruchsgrundlagen den geltend gemachten Zahlungsbetrag rechtfertigen können und inhaltlich dieselben Anspruchspositionen betreffen.[28] Hat der beweisführungsbelastete Kläger die Existenz rechtserheblicher Tatsachen, deren Feststellung auf Grund einer entsprechenden Vereinbarung zwischen den Parteien einem Schiedsgutachter übertragen wurde, nicht durch Vorlage eines Schiedsgutachtens nachgewiesen, dann darf kein Grundurteil gefällt werden, sondern die Klage ist als zurzeit unbegründet abzuweisen.[29] Wird dem Beklagten durch Beschluss das Recht eingeräumt, zu einer bislang nicht schlüssigen Gegenforderung, die in ihrer Höhe die Klageforderung übersteigt, ergänzend vorzutragen, dann muss vom Erlass eines Grundurteils abgesehen werden.[30]

8 **c) Aufteilbarkeit.** Eine weitere Voraussetzung für den Erlass eines Grundurteils bildet die Möglichkeit, die Entscheidung des Rechtsstreits sinnvoll auf Grund- und Endurteil aufteilen zu können. Deshalb ist ein Grundurteil unzulässig, wenn die Tatsachen über Grund und Betrag annähernd dieselben sind oder in einem so engen Zusammenhang stehen, dass eine Grundentscheidung unzweckmäßig und verwirrend erscheint.[31] Verknüpft bereits das materielle Recht Elemente von Grund und Betrag so miteinander, dass sie nicht voneinander getrennt werden können, dann muss ein Grundurteil ausscheiden. Beispielsweise wird

---

[18] BGHZ 89, 383, 388 = NJW 1984, 1226; BGH (Fn. 17).
[19] BGH MDR 1998, 400.
[20] BGH NJW 2002, 1806.
[21] BGH NJW-RR 1989, 1149.
[22] OLG Stuttgart MDR 1960, 930; OLG Koblenz MDR 1979, 587f.; *St/J/Leipold* Rn. 11; *Zö/Vollkommer* Rn. 17
[23] BGH NJW 2001, 760; OLG Frankfurt/M NJW-RR 1988, 640; vgl. auch § 301 Rn. 5, 13.
[24] BGHZ 95, 10f. = NJW 1985, 1959.
[25] BGH NJW 1990, 1366, 1367.
[26] BGH NJW 2002, 3560.
[27] BGH NJW-RR 2005, 928; 2005, 1008, 1009.
[28] BGH NJW 2001, 224, 225 m. Nachw.
[29] BGH NJW-RR 1988, 1405.
[30] BGH NJW-RR 2005, 1008, 1009.
[31] BGH VersR 1979, 25; 1992, 1087; 1992, 1465; NJW-RR 1993, 91.

die Zulässigkeit eines Grundurteils in **Unterhaltsprozessen** regelmäßig deshalb nicht in Betracht kommen, weil dieselben Tatsachen, nämlich die Leistungsfähigkeit des Verpflichteten und die Bedürftigkeit des Berechtigten, gleichermaßen für die Entstehung und den Umfang eines Unterhaltsanspruchs Bedeutung haben.[32] Ist bei Bemessung eines Schmerzensgeldanspruches das Mitverschulden des Geschädigten zu berücksichtigen, dann ist nicht in einem Grundurteil die Höhe der beiderseitigen Verantwortung von Schädiger und Geschädigten in Form einer Quote festzulegen und die endgültige **Quotierung des Schmerzensgeldes** dem Endurteil vorzubehalten,[33] weil die Frage des beiderseitigen Verschuldens im Betragsverfahren erneut aufgegriffen werden muss; denn die Höhe des Schmerzensgeldes ist auch davon abhängig, in welchem Verhältnis das beiderseitige Verschulden zu den anderen Faktoren steht, die ebenfalls für die Bemessung des Schmerzensgeldes maßgebend sind (vgl. aber auch Rn. 24).[34]

4. Erlass. Ob das Gericht bei Erfüllung der erforderlichen Voraussetzungen (Rn. 5ff.) ein Grundurteil erlässt, steht – wie auch bei anderen Zwischenurteilen (§ 303 Rn. 5) – in seinem **Ermessen** (vgl. Rn. 13).[35] Auch das **Berufungsgericht** kann ein Grundurteil erlassen, und zwar selbst dann, wenn das erstinstanzliche Gericht der Klage im vollen Umfang stattgegeben hat und mit der Berufung sowohl die Entscheidung über den Grund als auch über die Höhe des Anspruchs zur Nachprüfung gestellt wird (vgl. Rn. 14).[36] Wenn das erstinstanzliche Gericht durch Teilurteil erkannt hat, kann das Berufungsgericht hinsichtlich dieses Teiles ein Grundurteil erlassen.[37] Auch kann ein Grundurteil mit einem Teilurteil verbunden werden (§ 301 Rn. 5, 13).[38] In der Revisionsinstanz kann ebenfalls ein Grundurteil ergehen.[39] 9

Die **Urteilsformel** eines Grundurteils lautet überlicherweise: „Der Klageanspruch wird dem Grunde nach für gerechtfertigt erklärt (oder: ist gerechtfertigt").[40] Werden bestimmte Fragen im Grundverfahren ausgeklammert und ihre Entscheidung erst im Endurteil getroffen (Rn. 17), dann sind entsprechende Vorbehalte und Beschränkungen der richterlichen Erkenntnis zweckmäßigerweise ausdrücklich in die Urteilsformel aufzunehmen.[41] Über **Kosten** und **vorläufige Vollstreckbarkeit** ist nicht im Grundurteil, sondern erst im Endurteil zu befinden.[42] 10

5. Bindungswirkung und Rechtskraft. Die Bindungswirkung eines Grundurteils entspricht der anderer Zwischenurteile (§ 303 Rn. 6; § 318 Rn. 8).[43] Im Umfang entspricht die Bindungswirkung der materiellen Rechtskraft;[44] dies bedeutet, das sie sich auch auf den Tatbestand und die Entscheidungsgründe insoweit erstreckt, als sie den festgestellten Anspruch kennzeichnen, mithin dessen Inhalt bestimmen.[45] Die Bindung des erlassenden Gerichts hängt davon ab, dass das Grundurteil einen **zulässigen Inhalt** aufweist.[46] Da Feststellungen über die Höhe des Anspruchs im Grundurteil unzulässig sind, können sie keine Bindungswirkung entfalten, wenn sie dennoch in das Grundurteil aufgenommen werden.[47] Obwohl ein Grundurteil nur bei einer zulässigen Klage ergehen darf und deshalb durch den Erlass eines solchen Urteils die Erfüllung der **Prozessvoraussetzungen** bestätigt wird, ergibt sich daraus keine Bindung des Gerichts für das weitere Verfahren; es kann deshalb durchaus die Klage durch Endurteil als unzulässig abgewiesen werden.[48] Die Bindungswirkung kann nicht weiter reichen als die vom Gericht getroffene Entscheidung[49] und nur den Betrag des Anspruchs erfassen, der zur Zeit des Grundurteils rechtshängig gewesen ist.[50] Der insoweit maßgebende Umfang ist nicht allein der Urteilsformel zu entnehmen, sondern zur Feststellung sind auch die Entscheidungsgründe mit heranzuziehen.[51] 11

Das Grundurteil ist in Betreff der Rechtsmittel als Endurteil anzusehen (§ 304 Abs. 2 Halbs. 1) und wie dieses anzufechten. Unterbleibt die Anfechtung, dann erwächst das Grundurteil in **formelle Rechtskraft, nicht** jedoch **in materielle,** weil das Gericht nicht durch das Grundurteil gehindert wird, die Klage abzuweisen, wenn sich im Betragsverfahren herausstellt, dass der Beklagte dem Kläger nichts schuldet (Rn. 31 aE).[52] 12

---

32 OLG Düsseldorf FamRZ 1980, 1012; OLG Köln MDR 1995, 411, 412; OLG Schleswig FamRZ 1999, 27.
33 So OLG Celle NJW 1968, 1785, 1786; OLG Köln VersR 1975, 543, 544; *MK/Stein* § 847 BGB Rn. 38; *T/P/Reichold* Rn. 17 halten ein Grundurteil für zulässig, das feststellt, dass ein „angemessenes Schmerzensgeld" unter Berücksichtigung eines bestimmten Mithaftungsanteils des Verletzten geschuldet wird; ebenso *Zö/Vollkommer* Rn. 14.
34 Abl. gegenüber Grundurteil auch OLG Hamburg MDR 1964, 514; OLG Düsseldorf VersR 1975, 1052, 1053; 1983, 1039.
35 BGH VersR 1985, 154, 155; BayObLG BayVBl. 1995, 411, 413; *Schilken* (Fn. 5) S. 53; einschr. *Arnold* (Fn. 2) S. 215ff., 249ff.
36 BGH VersR 1979, 25.
37 BGHZ 77, 88, 89.
38 OLG Frankfurt/M NJW-RR 1988, 640.
39 BGH NJW-RR 1994, 1171, 1173; NJW 1995, 1093, 1095.
40 Vgl. *Sae/Saenger* Rn. 14; *Zi* Rn. 10.
41 BGH NJW-RR 1996, 700, 701; *Keller* JA 2007, 433, 438f.; AK-ZPO/*Fenge* Rn. 20.
42 *Huber* Rn. 264, 328.
43 BGH NJW-RR 1987, 1196, 1197.
44 BGH NJW 2002, 1806.
45 BGH NJW 2002, 3748, 3479; 2004, 2526, 2527; NJW-RR 2005, 1157, 1158.
46 BGH NJW 1961, 1465, 1466; MDR 1964, 214, 215 = LM Nr. 21; *Zi* Rn. 15.
47 BGH NJW-RR 2005, 1157, 1158; 2007, 138, 139: BGH MDR (Fn. 46) S. 214; OLG München WRP 1961, 283, 285; *Schilken* (Fn. 5) S. 64; aA *Tiedtke* ZZP 89 (1976), 77, 79.
48 *St/J/Leipold* Rn. 49.
49 BGH WM 1968, 1380, 1382; BGH MDR (Fn. 46) S. 215; NJW 1985, 496.
50 OLG Stuttgart NJW-RR 1996, 1085.
51 BGH MDR (Fn. 46) S. 215; NJW-RR 1997, 188, 189.
52 BGH (Fn. 43).

13 **6. Anfechtung.** Bei Anfechtung eines Grundurteils stehen seine Zulässigkeit, dh. die Erfüllung aller dafür notwendigen Voraussetzungen (Rn. 5ff.), und die inhaltliche Richtigkeit zur **Prüfung des Rechtsmittelgerichts.** Ob die Voraussetzungen für den Erlass eines Grundurteils im Einzelfall erfüllt werden, muss vom Rechtsmittelgericht von Amts wegen geprüft werden.[53] Dagegen liegt es im Ermessen des entscheidenden Gerichts, ob es bei Erfüllung der dafür erforderlichen Voraussetzungen ein Grundurteil erlässt (Rn. 9); das Rechtsmittelgericht hat deshalb nicht zu prüfen, ob der Erlass eines Grundurteils zweckmäßig erscheint.[54]

14 Kommt das Berufungsgericht zu dem Ergebnis, dass die Klage nicht nur dem Grunde, sondern auch der Höhe nach zuzusprechen ist, dann kann es durch Endurteil über die Klage endgültig entscheiden, also das sich noch in erster Instanz befindende Betragsverfahren an sich ziehen und über die Höhe der Klageforderung befinden (§ 538 Rn. 28).[55] Bei Berufung gegen die Abweisung einer nach Grund und Betrag streitigen Klage muss das Berufungsgericht über den Grund selbst befinden, wenn es die Erwägungen nicht für zutreffend hält, die das erstinstanzliche Gericht für die Abweisung der Klage dem Grunde nach genannt hat. Hält es die Klage dem Grunde nach für gerechtfertigt, dann ist dies durch Grundurteil festzustellen, und es kommt nur hinsichtlich des Betrages eine Zurückverweisung in Betracht, wenn insoweit die Voraussetzungen für eine Zurückverweisung erfüllt werden (vgl. § 538 Abs. 2).[56] Das Berufungsgericht kann eine **Materie des Betragsverfahrens** immer dann an sich ziehen und über sie entscheiden, wenn die Parteien den vom erstinstanzlichen Gericht ausgeklammerten Komplex zum Gegenstand des Berufungsverfahrens gemacht haben und die Entscheidung hierüber sachdienlich ist.[57]

15 Setzt sich der Klageanspruch aus **mehreren unselbständigen Schadensposten** zusammen und lässt sich dem Grundurteil nicht entnehmen, dass die Entscheidung, ob einzelne dieser Posten dem Grunde nach gerechtfertigt sind, dem Betragsverfahren überlassen wird (vgl. dazu Rn. 21), so ist der Beklagte hinsichtlich der Schadensposten, bei denen er den ursächlichen Zusammenhang bestreitet, beschwert und kann deshalb ein Rechtsmittel einlegen.[58] Macht der Kläger zwei selbständige **Ansprüche im Eventualverhältnis** geltend und wird der Hauptanspruch abgewiesen, der Hilfsanspruch dagegen (ganz oder teilweise) dem Grunde nach für gerechtfertigt erklärt (Rn. 27), dann hat das Revisionsgericht, wenn es auf die Revision des Klägers die Abweisung des Hauptanspruchs aufhebt und die Sache insoweit an das Berufungsgericht zurückverweist, die unangefochtene Berufungsentscheidung über den Hilfsanspruch bestehen zu lassen. Kommt jedoch das Berufungsgericht bei der erneuten Prüfung zu dem Ergebnis, dass der Hauptanspruch begründet sei, dann hat es in dem zusprechenden Urteil das Grundurteil aufzuheben, in dem über den Hilfsanspruch entschieden wurde.[59] Werden in einem Grundurteil **einzelne (kumulativ geltend gemachte) Klagegründe** ausgeschieden, dann kann der Kläger auch dann das Grundurteil anfechten, wenn die anderen im Grundurteil bejahten Klagegründe das Begehren des Klägers voll rechtfertigen.[60] Denn der Kläger ist dann durch die Verneinung einzelner Klagegründe beschwert, weil das Gericht an die im Grundurteil getroffene Entscheidung gebunden ist und nicht mehr auf die verneinten Klagegründe im späteren Verfahren zurückgreifen darf.[61]

III. Abgrenzung von Grund und Betrag

16 **1. Grundsatz.** Im Grundverfahren geklärt und durch Grundurteil entschieden werden muss die Verwirklichung aller Tatbestandsmerkmale, von deren Erfüllung der vom Kläger geltend gemachte Anspruch abhängt (Rn. 7). Dies bedingt zugleich auch, dass alle vom Beklagten dagegen vorgetragenen Einwendungen und Einreden ausgeschlossen werden müssen, bevor ein Grundurteil ergehen kann.[62] Besteht auch über diesen Grundsatz Einvernehmen, so werden doch nicht selten aus **prozesswirtschaftlichen Erwägungen** Ausnahmen gemacht und einzelne zum Grund des Anspruchs gehörende Fragen im Grundverfahren offen gelassen und ihre Klärung dem Betragsverfahren vorbehalten. So wird es beispielsweise für zulässig gehalten, Fragen und Feststellungen, die gleichermaßen für die Verursachung wie für die Höhe des Schadens bedeutsam sein können, dem Betragsverfahren vorzubehalten.[63] Dementsprechend wird die Prüfung der **Ursächlichkeit bei mehreren unselbständigen Rechnungsposten** eines einheitlichen Anspruchs erst im Betragsverfahren für zulässig gehalten (vgl. dazu Rn. 21). Bei einer **Verjährungseinrede,** die nicht gegen den ganzen Klageanspruch, sondern nur gegen einen Teilbetrag gerichtet ist, soll die darauf bezogene Klärung in das Betragsverfahren verlagert werden können, wenn davon auszugehen ist, dass dem Kläger jedenfalls aus dem übrigen Teil des Klageanspruchs im Nachverfahren ein Betrag zuzusprechen sein wird.[64]

---

[53] BGH NJW 1996, 848, 849; 2003, 2380, 2381. jeweils m. weit. Nachw.
[54] BGH WM 1975, 141, 142.
[55] BGH NJW 1986, 182; OLG Koblenz MDR 1992, 805; MK/*Rimmelspacher* § 538 Rn. 59; *St/J/Grunsky* § 538 Rn. 25.
[56] Vgl. BGH NJW 1991, 1893 m. weit. Nachw.
[57] BGH NJW 1993, 1793, 1794.
[58] BGH (Fn. 5).
[59] BGHZ 106, 219, 221 = NJW 1989, 1486.
[60] BGH NJW 1959, 1918, 1919; *Grunsky* ZZP 84 (1971), 116, 120; *Götz* JZ 1959, 681, 687f.; *Blomeyer* § 83 V 4c.
[61] AA *Bötticher* JZ 1960, 240, 241; *Schilken* (Fn. 5) S. 52f.; differenzierend *Zö/Vollkommer* Rn. 11 (Bindung, wenn der abgelehnte Klagegrund weiter reicht als der bejahte); vgl. zu einer zusprechenden Entscheidung auf alternativer Grundlage Rn. 7 zu Fn. 28.
[62] BGHZ 80, 222, 224 = NJW 1981, 1953; *St/J/Leipold* Rn. 12ff.
[63] BGH WM 1968, 1380, 1382.
[64] BGH NJW 1968, 2105f.; BGH MDR 1974, 558 = LM Nr. 35; *T/P/Reichold* Rn. 8; aA *Grunsky* § 46 II 4a.

In der praktischen Konsequenz wird ein Grundurteil bereits dann für zulässig gehalten, wenn feststeht, dass **im Betragsverfahren** voraussichtlich noch **etwas „übrig bleibt"**, das dem Kläger zugesprochen wird.[65] In der Rspr. findet sich nicht selten die Forderung, dass ein klägerischer (Teil-)Erfolg im Betragsverfahren zumindest mit hinreichender Wahrscheinlichkeit erwartet werden müsse; in manchen Entscheidungen wird sogar eine hohe Wahrscheinlichkeit für den Erfolg des Klägers verlangt.[66] Für eine solche mehr an **pragmatischen** als an rechtlichen **Erwägungen** orientierte Handhabung lässt sich auch anführen, dass die Abgrenzung zwischen Grund und Betrag auf Grund des materiellen Rechts häufig erhebliche Schwierigkeiten bereitet. Wie sich am Beispiel eines Schadensersatzanspruchs aufzeigen lässt, gehört auch der „Betrag" zum anspruchsbegründenden Tatbestand, weil der Schaden als Voraussetzung eines Schadensersatzanspruches nur bejaht werden kann, wenn er in irgendeiner Höhe festgestellt wird (vgl. Rn. 22).[67] Wegen dieser Verklammerung von Grund und Betrag im Tatbestand des materiell-rechtlichen Anspruchs lassen sich häufig Gegenrechte des Beklagten nicht eindeutig nur auf den Grund oder nur auf die Höhe eines Anspruchs beziehen.[68] Aber auch wenn man deshalb auf formale Kriterien bei der Abgrenzung von Grund und Betrag verzichtet und in erster Linie prozesswirtschaftliche Aspekte unter Beachtung der Parteiinteressen für ausschlaggebend hält, steht doch andererseits nicht im Belieben des Richters, welche Fragen er im Grundverfahren und welche im Betragsverfahren entscheiden will. Vielmehr hat er sich an der **Regel** zu orientieren, dass **alle Fragen im Grundverfahren** entschieden werden müssen, **von denen nicht die Höhe des Anspruchs abhängt,** während nur solche für den Grund erhebliche Punkte im Grundverfahren ausgeklammert und zu einer Entscheidung in das Betragsverfahren verwiesen werden dürfen, die auch die Höhe des Anspruchs beeinflussen. Wegen der Bindungswirkung des Grundurteils (Rn. 11) ist darauf zu sehen, dass sich aus dem Grundurteil eindeutig ergibt, inwieweit es den Streit entschieden hat und was dem Betragsverfahren vorbehalten bleibt (Rn. 10).[69] 17

2. Einzelfragen. a) Sachlegitimation. Streiten die Parteien über die Sachlegitimation (Aktiv- oder Passivlegitimation), dann ist eine Klärung im Grundverfahren vorzunehmen.[70] Bestreitet beispielsweise der Beklagte, dass der Kläger Inhaber der Klageforderung sei, weil sie vor Beginn des Rechtsstreits abgetreten oder kraft Gesetzes auf einen anderen übergegangen sei, dann muss diese Frage im Grundverfahren geklärt werden, weil davon abhängt, ob dem Kläger überhaupt eine Forderung zusteht.[71] Erfasst jedoch der **Forderungsübergang** nur einen Teil der Klageforderung, dann bezieht sich der Einwand des Beklagten auch auf die Höhe der Klageforderung und kann deshalb im Betragsverfahren geklärt werden.[72] 18

b) Aufrechnung. Nach der zum 1. Mai 2000 in Kraft getretenen Änderung des § 302 bildet die **Inkonnexität** von Klage- und Gegenforderung **keine Voraussetzung** mehr für den Erlass eines Vorbehaltsurteils (vgl. § 302 Rn. 2). Deshalb kann in jedem Fall einer Aufrechnung die Entscheidung über die Aufrechnung dem Nachverfahren vorbehalten bleiben. In einem solchen Fall wird die in § 304 getroffene Regelung mit der des § 302 kombiniert; es wird über den Grund der Klageforderung entschieden und dem weiteren Verfahren überlassen, über den Betrag der Klageforderung und über die Gegenforderung zu befinden (§ 302 Rn. 4).[73] Der BGH vertritt die Auffassung, dass eine derartige Verbindung von Grund- und Vorbehaltsurteil nur in Betracht komme, wenn das Gericht damit rechne, dass das Urteil im Nachverfahren abgeändert werden müsse. Gehe das Gericht dagegen davon aus, dass die zur Aufrechnung gestellte Forderung niedriger ausfalle als die Klageforderung, dann könne es allein ein Grundurteil erlassen, in dem der Vorbehalt hinsichtlich der Aufrechnung in den Entscheidungsgründen aufzunehmen sei, während bei der Kombinationen von Grund- und Vorbehaltsurteil der Vorbehalt im Urteilstenor enthalten sein müsse.[74] 19

c) Kausalitätsfragen. Die Kausalität, und zwar sowohl die haftungsbegründende als auch die haftungsausfüllende, gehören zum Grund des Anspruchs. Dennoch muss **im Grundverfahren** der Ursachenzusammenhang zwischen der begangenen Verletzung und dem eingetretenen Schaden **nicht abschließend geklärt** werden. Auf Grund der zu beachtenden prozesswirtschaftlichen Erwägungen (Rn. 16f.) kommt es vielmehr darauf an, ob das Grundurteil auch ohne Feststellungen über die Schadensentstehung zu einer Vorentscheidung des Rechtsstreits führt.[75] Der BGH meint, dies hänge davon ab, ob wenigstens die Wahrscheinlichkeit eines aus dem geltend gemachten Haftungsgrund resultierenden Schadens feststeht, so dass sich das Grundurteil nicht im Nachhinein, wenn die haftungsausfüllende Kausalität im Betragsverfahren verneint werden müsste, lediglich als ein die Erledigung des Rechtsstreits verzögernder und verteuernder Umweg erweise.[76] 20

---

[65] BGH VersR 1967, 1002, 1003; BGHZ 110, 196, 201 = NJW 1990, 1106.

[66] BGH NJW 1996, 848, 849; NJW-RR 2005, 928; 2005, 1008, 1009; 2007, 305. 306; BayObLG NZM 2002, 564, 567; weniger weitgehend BGH (Fn. 28) („zumindest wahrscheinlich ist, dass der Anspruch in irgendeiner Höhe besteht"); vgl. auch *Arnold* (Fn. 2) S. 182ff. m. Nachw.

[67] BGH NJW 2002, 1806; *Wagemeyer* ZZP 74 (1961), 281f.

[68] *Becker* (Fn. 4) S. 70.

[69] BGH NJW-RR 1987, 1277, 1278; NJW 1999, 2440, 2441; BayObLG NVwZ 1995, 928, 930.

[70] BGH NJW 1956, 1236; VersR 1968, 69, 70; *Schilken* (Fn. 5) S. 59.

[71] BGH (Fn. 70); NJW-RR 1988, 66.

[72] BGH NJW 1956, 1236; VersR 1967, 1002, 1003; BayObLG MDR 1966, 422; *St/J/Leipold* Rn. 20; *T/P* Rn. 7; aA *Ro/S/Go* § 59 Rn. 50.

[73] BGH ZZP 67 (1954), 62; *Schilken* (Fn. 5); *St/J/Leipold* Rn. 21; *Sae/Saenger* Rn. 8; aA *Becker* (Fn. 4) S. 114f.

[74] BGH NJW 2005, 1935, 1936.

[75] BGH VersR 1980, 867, 868 = LM Nr. 43.

[76] BGH NJW-RR 1991, 599, 600.

21 Wird ein Schadensersatzanspruch geltend gemacht, der auf demselben tatsächlichen und rechtlichen Grund beruht und der zum Zwecke der Berechnung in **Einzelposten** aufgegliedert ist, dann kann dem Betragsverfahren die Prüfung vorbehalten werden, ob und inwieweit die einzelnen Schadensposten in einem Ursachenzusammenhang zur schadensstiftenden Handlung stehen.[77] Werden dagegen Einzelposten eines geltend gemachten Gesamtschadens auf rechtlich selbständige Ansprüche gestützt, dann muss die Ursächlichkeit des schädigenden Ereignisses für jeden Einzelanspruch im Grundverfahren geklärt werden.[78]

22 **d) Schaden.** Streiten die Parteien darüber, ob der vom Kläger geltend gemachte Schaden entstanden ist, dann soll nach hM vor Erlass eines Grundurteils festgestellt werden, dass ein zu ersetzender Schaden mit hoher Wahrscheinlichkeit entstanden ist.[79] Nach dem Zweck, der mit dem Grundurteil verfolgt wird, und den dabei zu berücksichtigenden Parteiinteressen (Rn. 1), verbietet es sich jedoch, insoweit zu hohe Anforderungen zu stellen. Im Regelfall dürfte es genügen, dass triftige Anhaltspunkte im Grundverfahren festgestellt werden, die für das Entstehen eines Schadens sprechen (Rn. 17).[80]

23 Wird der Ersatz eines **Vertrauensschadens wegen unrichtiger Angaben beim Vertragsschluss** vom Kläger verlangt, dann gehört es nach Auffassung des BGH zum Grund des Anspruchs und kann nicht dem Betragsverfahren überlassen bleiben, ob der Getäuschte vom Abschluss des Vertrages überhaupt abgesehen hätte oder ob es ihm gelungen wäre, einen günstigen Preis durchzusetzen.[81] Die Frage, ob ein dem Kläger entstandener **Schaden durch Vorteile auszugleichen** ist, kann der Entscheidung im Betragsverfahren überlassen bleiben.[82] Ebenso können im Betragsverfahren geklärt werden, ob ein Schadensersatz in Form einer **Rente** oder in einem Kapitalbetrag zu leisten ist,[83] sowie Beginn und Dauer der Rentenzahlung.[84]

24 **e) Mitwirkendes Verschulden.** Die Frage, ob ein mitwirkendes Verschulden des Klägers zu berücksichtigen ist, muss im Grundverfahren geklärt werden, wenn sich diese Frage nicht vom Grund der Haftung trennen lässt, weil beides von einem einheitlich zu würdigenden Schadensereignis abhängt.[85] Durch Grundurteil kann auch nicht über einen unbezifferten Feststellungsantrag entschieden werden, wenn über den Mitverursachungsanteil erst im Betragsverfahren befunden werden soll.[86] Kommen zwei schadensbegründende Verläufe in Betracht, die weder hinsichtlich ihrer Auswirkungen noch hinsichtlich eines möglichen Mitverschuldens des Geschädigten gleichwertig sind, dann darf die Frage, ob dem Geschädigten ein Mitverschulden zur Last fällt, nicht dem Verfahren über den Betrag vorbehalten bleiben.[87] Nur in Fällen, in denen sich die Frage nach dem mitwirkenden Verschulden des Klägers mit der nach der Haftung des Beklagten nicht überschneidet, kann über das mitwirkende Verschulden im Betragsverfahren entschieden werden, wenn auf Grund einer summarischen Prüfung im Grundverfahren davon ausgegangen werden kann, dass trotz des Mitverschuldens ein Anspruch des Klägers gegen den Beklagten bestehen bleibt.[88]

25 **f) Sonstige Einwendungen des Beklagten.** Beruft sich der Beklagte darauf, die **Klageforderung** sei **gepfändet** und es sei deshalb nicht an den Kläger zu leisten, dann kann die Entscheidung über diesen Einwand dem Betragsverfahren überlassen werden.[89] Die **Einrede des Zurückbehaltungsrechts** berührt nicht den Grund des Klageanspruchs und kann deshalb im Betragsverfahren erledigt werden;[90] Gleiches gilt für die **Einrede des nichterfüllten Vertrages** (§§ 320, 322 BGB).[91] Zur Verjährungseinrede vgl. Rn. 16.

26 **3. Mehrheit von prozessualen Ansprüchen und Klagegründen. a) Objektive Klagenhäufung.** Werden mehrere Ansprüche in einer Klage verbunden (objektive Klagenhäufung iSv. § 260), dann kann ein einheitliches Grundurteil ergehen, wenn feststeht, dass jeder der Teilansprüche dem Grunde nach gerechtfertigt ist.[92] Steht fest, dass einzelne Ansprüche nicht begründet sind, dann kann das Gericht ein klageabweisendes Endurteil (Teilurteil) mit einem Teilurteil über den Grund verbinden (Rn. 6).[93] Zulässig ist aber auch ein Grundurteil über einen oder mehrere in der Klage geltend gemachten Ansprüche, wenn die anderen noch nicht entscheidungsreif sind.[94] Allerdings lässt dies erforderlich sein, dass sowohl die Voraussetzungen des § 304 (Rn. 5ff.) als auch die des § 301 (§ 301 Rn. 3ff.) erfüllt werden. Denn es handelt sich dann um ein

[77] BGH NJW 1961, 1465, 1466; 1968, 1968; 1989, 2745; VersR 1988, 38; NJW-RR 2007, 305, 306; OLG Düsseldorf ZMR 2002, 41, 42.
[78] BGH NJW 1961, 1465, 1466; WM 1968, 1380, 1382
[79] BGHZ 18, 107, 109 = NJW 1955, 1358; BGH NJW 1966, 1859, 1861; 1977, 1538, 1539; BAGE 20, 96, 101.
[80] BGH NJW-RR 1991, 599, 600, will sich damit begnügen, dass „wenigstens die Wahrscheinlichkeit eines aus dem geltend gemachten Haftungsgrund resultierenden Schadens feststeht"; ähnlich auch BGH NJW 2004, 2526, 2527 („dass es zumindest wahrscheinlich ist, dass der Anspruch in irgendeiner rechnerischen Höhe besteht").
[81] BGH NJW 1977, 1538, 1539.
[82] *St/J/Leipold* Rn. 26; *Zö/Vollkommer* Rn. 8.
[83] BGHZ 59, 139, 147 = NJW 1972, 1943; BGH VersR 1976, 987f.
[84] BGHZ 11, 181, 183 = NJW 1954, 716; BGH VersR 1955, 485; 1967, 1002, 1004.
[85] BGH NJW 1981, 287.
[86] BGH NJW 1997, 3176.
[87] BGH NJW 1979, 1933, 1935.
[88] BGH NJW 1999, 2440, 2441; 2000, 1572, 1573; VersR 2006, 78, 79; BayObLG NVwZ 1994, 1139, 1141; OLG Köln OLGZ 1976, 87, 90f.; OLG Schleswig VersR 1980, 656.
[89] MK/*Musielak* Rn. 25 m. Nachw.
[90] BGH NJW 1984, 2213f.; RGZ 123, 6, 7; *St/J/Leipold* Rn. 28.
[91] *T/P/Reichold* Rn. 10.
[92] BGH NJW-RR 1991, 533, 534.
[93] BGHZ 89, 383, 388 = NJW 1984, 1226; BGH NJW 1993, 1779, 1782.
[94] *Schilken* (Fn. 5) S. 55; *Zö/Vollkommer* Rn. 12; aA AK-ZPO/*Fenge* Rn. 13; offen gelassen von BGH NJW-RR 1992, 1053; vgl. dazu auch *Arnold* (Fn. 2) S. 125ff.

Teilurteil über den Grund. Dementsprechend darf ein solches Urteil nur ergehen, wenn die darin entschiedenen Fragen abschließend geklärt werden und sich nicht noch einmal im weiteren Verfahren stellen (§ 301 Rn. 13).[95]

b) Eventuelle Klagenhäufung. Macht der Kläger mehrere Ansprüche im Eventualverhältnis geltend, dann darf über einen lediglich hilfsweise eingeführten Anspruch eine Entscheidung über den Grund nur ergehen, wenn und soweit feststeht, dass vorrangig geltend gemachte Forderungen nicht begründet sind.[96] Das Gericht kann folglich durch Teilurteil den Hauptantrag abweisen und durch Grundurteil über den Hilfsantrag befinden (§ 301 Rn. 14).[97] Dagegen ist es nicht zulässig, gleichzeitig alternativ den Hauptantrag und den Hilfsantrag dem Grunde nach für gerechtfertigt zu erklären.[98] 27

c) Verschiedene Klagegründe. Stützt der Kläger einen einzigen prozessualen Anspruch auf mehrere rechtliche Begründungen (konkurrierende Anspruchsgrundlagen nach materiellem Recht), dann kann im Grundurteil offen bleiben, ob sämtliche Anspruchsgrundlagen den Klageantrag rechtfertigen, und nur eine bejaht werden, wenn außer Zweifel steht, dass der Anspruch des Klägers allein durch diese Rechtsgrundlage ausreichend fundiert ist und deshalb den anderen keine Bedeutung zukommt.[99] Kann dagegen die **Klage in vollem Umfang nur auf Grund einer Anspruchsgrundlage zugesprochen** werden, dagegen nicht auf Grund einer anderen ebenfalls in Betracht zu ziehenden (Beispiel: Schadensersatzanspruch des Klägers wegen eines Verkehrsunfalls, wenn die Höhe des geltend gemachten Anspruchs den Haftungshöchstbetrag des § 12 StVG übersteigt), dann kann ein Grundurteil nur erlassen werden, wenn das Gericht geprüft hat, ob die weiterreichende und den Klageantrag in vollem Umfang deckende Anspruchsgrundlage (im Beispiel § 823 Abs. 1 BGB) dem Grunde nach gerechtfertigt ist. Gelangt das Gericht in dieser Frage zu einem negativen Ergebnis, dann ist der Rechtsstreit teilweise entscheidungsreif, so dass mit einem Teilurteil über den Grund ein Teil-Endurteil verbunden werden muss, das die Klage in einem bestimmten Umfang (im Beispiel die Haftungsgrenze des § 12 StVG übersteigenden Höhe) abweist. Wenn jedoch der Klageantrag innerhalb der Höchstgrenzen der in Betracht kommenden Anspruchsgrundlage bleibt (zB der Kläger macht als Folge eines Verkehrsunfalls einen Sachschaden von 20 000 Euro geltend), dann braucht nicht entschieden zu werden, ob der Anspruch dem Grunde nach auch aus dem Gesichtspunkt der weiterreichenden Norm (zB nach § 823 Abs. 1 BGB) begründet ist. Insoweit gilt das Gleiche wie bei einem Endurteil, bei dem sich das Gericht damit begnügen kann, das zusprechende Urteil auf eine von mehreren konkurrierenden Anspruchsgrundlagen zu stützen, wenn nicht eine der Rechtsnormen dem Kläger eine bessere Rechtsposition verleiht (§ 300 Rn. 9).[100] Im Grundurteil können noch **einzelne** der **konkurrierenden Anspruchsgrundlagen verneint** werden, wenn das Gericht zu dem Ergebnis gelangt, dass der Anspruch des Klägers dem Grunde nach nur auf einzelne, nicht auf alle geprüften Rechtsgrundlagen gestützt werden kann.[101] Das Gericht ist im Betragsverfahren an diese Entscheidung gebunden (Rn. 30).[102] 28

IV. Betragsverfahren

1. Verfahrensbeginn. Sinn des Grundurteils ist es, überflüssig werdende Beweisaufnahmen über den Betrag zu vermeiden, wenn das die Klage zusprechende Urteil über den Grund in der Rechtsmittelinstanz aufgehoben und die Klage abgewiesen wird (Rn. 1). Dementsprechend ist im **Regelfall** die **Rechtskraft des Grundurteils abzuwarten,** ehe die Verhandlung über den Betrag fortgesetzt wird. Nach Verkündung eines Grundurteils tritt ein tatsächlicher Stillstand des Verfahrens ein, der bis zur Rechtskraft dieses Urteils andauert, sofern nicht das Gericht auf Antrag einer Partei Termin zur mündlichen Verhandlung über den Betrag anberaumt (§ 304 Abs. 2 Halbs. 2).[103] Lehnt das Gericht den Antrag einer Partei ab, vor Rechtskraft eines ergangenen Grundurteils über den Betrag zu verhandeln, dann ist gegen diese Entscheidung in entsprechender Anwendung des § 252 die sofortige Beschwerde zulässig.[104] Im umgekehrten Fall, dass also das Gericht dem Antrag auf Durchführung des Betragsverfahrens vor formeller Rechtskraft stattgibt, ist dagegen kein Rechtsmittel statthaft.[105] Nach Eintritt der formellen Rechtskraft des Grundurteils hat das Gericht von Amts wegen Termin zur Verhandlung über den Betrag des Anspruchs zu bestimmen.[106] 29

2. Entscheidungsgegenstand. Das Betragsverfahren dient der Klärung der Fragen, die durch das Grundurteil deshalb offen gelassen worden sind, weil sie die Höhe des Anspruchs betreffen (Rn. 16 ff.). Das Gericht hat bei dieser Entscheidung die sich aus dem Grundurteil ergebende Bindungswirkung an die darin getroffenen Feststellungen zu beachten (Rn. 11). Dementsprechend dürfen im Betragsverfahren solche **Einwendungen** nicht mehr berücksichtigt werden, die sich auf die durch das Grundurteil erledigten Streit- 30

---

[95] BGH (Fn. 85); BGH NJW 2000, 1405, 1406.
[96] BGH NJW-RR 1992, 290; NJW 1998, 1140.
[97] BGH MDR 1975, 1007.
[98] BGH NJW 1969, 2241.
[99] BGHZ 72, 34, 36 = NJW 1978, 1920; BGH NJW 2001, 224, 225; OLG München VersR 1992, 375 (LS); vgl. auch Rn. 7.
[100] Vgl. MK/*Musielak* Rn. 31 auch zu abw. Auffassungen.
[101] *Grunsky* § 46 II 4a; *Furtner* S. 324; aA *Bötticher* JZ 1960, 240; *Schilken* (Fn. 5) S. 52f.; abl. auch *St/J/Leipold* Rn. 34.
[102] Dagegen ist das Rechtsmittelgericht nicht gebunden; vgl. *Zö/Vollkommer* Rn. 11.
[103] BGH NJW 1979, 2307.
[104] OLG Köln NJW 1956, 555; KG MDR 1971, 588; *St/J/Leipold* Rn. 46.
[105] OLG München NJW 1974, 1514 m. weit. Nachw.
[106] BGH (Fn. 103); *Zi* Rn. 13.

punkte beziehen.[107] Dabei kommt es nicht darauf an, ob die Partei diese Einwendungen bei Erlass des Grundurteils kannte, oder auch nur kennen konnte.[108]

31 Dagegen sind im Betragsverfahren **Einwendungen und Einreden** zu beachten, die erst **nach Schluss der letzten mündlichen Verhandlung,** die dem Erlass des Grundurteils vorausging, entstanden sind.[109] Es sind insoweit die gleichen Grundsätze anzuwenden, wie sie im Rahmen des § 767 Abs. 2 für die Vollstreckungsabwehrklage gelten (vgl. dazu § 767 Rn. 41). Ergeben sich **Wiederaufnahmegründe** gegen das Grundurteil, so sind sie im Betragsverfahren geltend zu machen.[110] Hat das Gericht im Grundurteil bestimmte Punkte dem Betragsverfahren vorbehalten, dann sind sie dort zu klären, auch wenn sie im Grundverfahren hätten entschieden werden müssen.[111] **Blieb im Grundurteil** die Entscheidung über einzelne (konkurrierende) **Anspruchsgrundlagen offen,** dann kann im Betragsverfahren auf diese Anspruchsgrundlagen zurückgegriffen werden, denn die bindende Wirkung des Grundurteils ist auf die vom Gericht getroffenen Feststellungen beschränkt (Rn. 11).[112] **Erweitert** der **Kläger** im Betragsverfahren den **Klageantrag,** dann erstreckt sich die Bindungswirkung des Grundurteils auf den Umfang des Anspruchs, wie er zur Zeit der letzten mündlichen Verhandlung im Grundverfahren anhängig war (vgl. Rn. 11); im Übrigen muss der Anspruch dem Grund nach neu geprüft werden.[113] Gelangt das Gericht in dem Betragsverfahren zu dem Ergebnis, dass entgegen seiner Annahme bei Erlass des Grundurteils kein Betrag festgestellt werden kann, der dem Kläger zuzusprechen ist, dann muss die Klage abgewiesen werden.[114] Bei **Säumnis des Klägers** im Betragsverfahren muss die Klage trotz des Grundurteils abgewiesen werden (§§ 330, 347 Abs. 1). Ist der **Beklagte säumig,** ist das Gericht bei Erlass des Versäumnisurteils an seine Feststellungen im Grundurteil gebunden.[115]

32 **3. Verhältnis zwischen Grund- und Endurteil.** Das Gericht ist bei Erlass des Endurteils an die im Grundurteil getroffenen „Entscheidungen" (vgl. § 318 Rn. 2) gebunden (Rn. 11).[116] Wird das Betragsverfahren vor (formeller) Rechtskraft des Grundurteils begonnen (Rn. 29), dann ergibt sich die Möglichkeit, dass rechtskräftig über den Betrag durch Endurteil entschieden wird, bevor das Grundurteil unanfechtbar geworden ist. Wird in einem solchen Fall das Grundurteil rechtskräftig aufgehoben, dann fällt damit auch das Endurteil weg, denn es ist vom Bestand des Grundurteils abhängig. Die Aufrechterhaltung des Grundurteils stellt also eine auflösende Bedingung für das Endurteil dar.[117] Deshalb ist das Endurteil, auch wenn es formell rechtskräftig geworden ist, in der Zwangsvollstreckung als vorläufig vollstreckbar zu behandeln.[118]

V. Gebühren und Kosten

33 **1. Kostenausspruch.** Im Grundurteil ist über die Kosten nicht zu entscheiden, weil bei seinem Erlass noch nicht feststeht, in welchem Umfang der Kläger obsiegt. Vielmehr ist die Kostenentscheidung dem Endurteil vorzubehalten.[119] Bleibt aber ein Rechtsmittel gegen das Grundurteil erfolglos, dann steht nach § 97 Abs. 1 endgültig fest, dass der unterlegene Rechtsmittelkläger die Kosten des Rechtsmittelverfahrens zu tragen hat. Deshalb ist in diesem Urteil und nicht erst im Endurteil über die Kosten des Rechtsmittelverfahrens zu befinden.[120]

34 **2. Rechtsanwaltsgebühren.** Das Verfahren über den Grund des Anspruchs und das Betragsverfahren bilden gebührenrechtlich eine Einheit. Es liegt ein Fall des § 21 RVG vor, wenn die Berufung gegen ein Grundurteil zurückgewiesen und sodann vor dem Erstgericht zur Höhe verhandelt wird.[121] Das Gleiche gilt, wenn in der Rechtsmittelinstanz ein Vergleich über den Grund des Anspruchs geschlossen wurde.[122]

35 **3. Gerichtskosten.** S. § 300 Rn. 16.

305 *Urteil unter Vorbehalt erbrechtlich beschränkter Haftung*

(1) Durch die Geltendmachung der dem Erben nach den §§ 2014, 2015 des Bürgerlichen Gesetzbuchs zustehenden Einreden wird eine unter dem Vorbehalt der beschränkten Haftung ergehende Verurteilung des Erben nicht ausgeschlossen.

(2) Das Gleiche gilt für die Geltendmachung der Einreden, die im Falle der fortgesetzten Gütergemeinschaft dem überlebenden Ehegatten nach dem § 1489 Abs. 2 und den §§ 2014, 2015 des Bürgerlichen Gesetzbuchs zustehen.

---

107 BGH NJW 1965, 1763; VersR 1968, 69, 70; OLG Köln VersR 1968, 380, 381; OLG Hamm NJW-RR 1993, 693.
108 RGZ 64, 228; 138, 212, 213f.
109 BGH NJW 1965, 1763; *Schilken* (Fn. 5) S. 64; *St/J/Leipold* Rn. 51.
110 BGH LM § 578 Nr. 6; *Wilts* NJW 1963, 1532.
111 *Zö/Vollkommer* Rn. 24.
112 BGH ZZP 67 (1954), 295, 296 = LM § 318 Nr. 2.
113 BGHZ 35, 223, 227 = NJW 1961, 1629; BGHZ 37, 131, 135 = NJW 1962, 1249; BGH NJW 1985, 496; BayObLGZ 1992, 5, 8.
114 BGH VersR 1965, 1173, 1174; NJW 1989, 2117; BSG NJW 1991, 380.
115 *St/J/Leipold* Rn. 50.
116 BGH NJW-RR 1997, 188, 189; NJW 2004, 2526, 2527.
117 *Schiedermeier* JuS 1961, 212, 214f.; *Ro/S/Go* § 59 Rn. 68.
118 *St/J/Leipold* Rn. 55; *St/J/Münzberg* § 704 Rn. 3; *Arnold* (Fn. 2) S. 267ff. auch zur Gegenauffassung.
119 BGHZ 20, 397, 399 = NJW 1956, 1235.
120 BGH (Fn. 119); OLG Oldenburg JurBüro 1992, 492; aA OLG Frankfurt/M NJW-RR 1988, 1213.
121 Str., wie hier OLG Oldenburg AGS 2000, 167; aA bei G/S-*Madert* § 21 RVG Rn. 4 m. weit. Nachw.
122 AA G/S-*Madert* § 21 RVG Rn. 5.

I. Normzweck

Der beschränkt haftende Erbe (vgl. § 2016 BGB) ist berechtigt, die Berichtigung von Nachlassverbindlichkeiten zeitweilig durch die sog. Dreimonatseinrede nach § 2014 BGB oder die Einrede des Aufgebotsverfahrens nach § 2015 BGB zu verweigern. § 305 Abs. 1 bezieht sich auf diese Rechtslage und stellt klar, dass die Einreden nach §§ 2014, 2015 BGB nicht eine Klage gegen den Erben ausschließen, wohl aber eine unbeschränkte Verurteilung, wenn sich der Erbe darauf beruft, dass er zurzeit die Berichtigung von Nachlassverbindlichkeiten verweigern darf (Rn. 3). Das Gericht braucht nicht über die Einrede sachlich zu entscheiden, sondern kann sich vielmehr nach **§ 305 Abs. 1** darauf beschränken, dem Erben vorzubehalten, sich auf die Haftungsbeschränkung im Zwangsvollstreckungsverfahren zu berufen (vgl. § 780).[1] Auf diese Weise werden die Interessen des Klägers an einer zügigen Rechtsdurchsetzung und die Interessen des Beklagten, den Zugriff von Nachlassgläubigern auf den Nachlass während einer Übergangszeit abzuwehren, angemessen berücksichtigt. Das unter dem Vorbehalt der beschränkten Haftung ergehende Urteil bildet zwar einen Vollstreckungstitel, der jedoch nur die Rechtsgrundlage für sichernde Maßnahmen schafft (Rn. 5). 1

Unter den in § 1489 Abs. 2 BGB genannten Voraussetzungen kann der überlebende Ehegatte wegen seiner persönlichen Haftung die gleichen Haftungsbeschränkungen geltend machen wie ein Erbe und folglich auch die Einreden nach §§ 2014, 2015 BGB erheben. Dementsprechend wird den Ehegatten durch **§ 305 Abs. 2** eine gleiche prozessuale Behandlung wie einem Erben gewährt. 2

II. Urteil unter Vorbehalt

1. Voraussetzungen. Um eine Verurteilung unter Vorbehalt der Haftungsbeschränkungen nach § 305 auszusprechen, muss das **Gericht feststellen,** dass dem Beklagten das Recht zur **Haftungsbeschränkung** zusteht. Kann dies nicht festgestellt werden, dann muss er vorbehaltslos verurteilt werden.[2] Auch wenn der Beklagte einwendet, die Klage sei wegen **Erschöpfung des Nachlasses** abzuweisen oder er könne lediglich dazu verurteilt werden, den Nachlass im Wege der Zwangsvollstreckung herauszugeben, darf das Gericht die Entscheidung über die Beschränkung der Haftung und ihre Folgen dem Zwangsvollstreckungsverfahren überlassen und sich mit dem Ausspruch eines Vorbehalts iSv. § 305 Abs. 1 begnügen.[3] Der Erbe muss die **Einrede nach § 2014 oder § 2015 BGB erheben,** wenn das Gericht sie berücksichtigen und ihn unter Vorbehalt der beschränkten Haftung verurteilen soll.[4] Ein **förmlicher Antrag** auf Aufnahme eines entsprechenden Vorbehalts in das Urteil ist dagegen nicht erforderlich.[5] Grundsätzlich muss die Einrede bis zum Schluss der letzten mündlichen Tatsachenverhandlung geltend gemacht werden.[6] War dies jedoch nicht möglich, weil der **Erbfall** erst **nach Einlegung der Revision** eingetreten ist, dann kann ausnahmsweise die Einrede auch noch in der Revisionsinstanz vorgebracht werden.[7] Hierfür ist allerdings Voraussetzung, dass der Beklagte nicht allein nur deshalb die Revision einlegt, um den Vorbehalt seiner beschränkten Haftung in das Urteil aufnehmen zu lassen, ohne die Aufhebung oder die sachliche Nachprüfung des Berufungsurteils zu begehren. Vielmehr ist er dann darauf verwiesen, seine beschränkte Haftung durch eine Vollstreckungsabwehrklage (§ 767) geltend zu machen.[8] 3

2. Tenor. Der Vorbehalt der beschränkten Haftung ist in den Tenor des Urteils aufzunehmen, zB in der Formulierung „dem Beklagten wird vorbehalten, die Beschränkung seiner Haftung auf den Nachlass geltend zu machen".[9] Lässt sich jedoch der Begründung eindeutig entnehmen, dass dem Beklagten die Beschränkung seiner Haftung als Erbe vorbehalten bleiben soll, dann ist dies als ausreichend anzusehen.[10] Nicht genügend ist es allerdings, wenn lediglich die Verurteilung des Beklagten mit dem Zusatz „als Erbe" ausgesprochen wird.[11] Das **Revisionsgericht** kann den **Vorbehalt** auch ohne eine darauf gerichtete Revisionsrüge **nachholen,** wenn eine entsprechende Einrede des Beklagten in der Tatsacheninstanz übergangen wurde.[12] Hat das Gericht versehentlich den Ausspruch des Vorbehalts unterlassen, dann kann in entsprechender Anwendung des § 321 die **Entscheidung nachträglich ergänzt** werden;[13] es kann jedoch auch ein Rechtsmittel eingelegt werden (vgl. § 321 Rn. 10). 4

3. Wirkung des Vorbehalts. Ist im Urteil ein Vorbehalt iSv. § 305 ausgesprochen worden, dann kann der Erbe verlangen, die Zwangsvollstreckung für die Dauer der in den §§ 2014, 2015 BGB bestimmten Fristen auf solche Maßregeln zu beschränken, die zur Vollziehung eines Arrestes zulässig sind (§ 782 Rn. 2). Der Erbe muss jedoch in der Zwangsvollstreckung eine entsprechende Einwendung erheben (§ 781), die er im Wege der Vollstreckungsabwehrklage geltend zu machen hat (§ 785 iVm. §§ 767, 769, 770).[14] 5

---

[1] BGH NJW 1954, 635.
[2] AK-ZPO/*Fenge* Rn. 5.
[3] BGH (Fn. 1).
[4] *St/J/Leipold* Rn. 3.
[5] BGH NJW 1964, 2298, 2300; 1983, 2378, 2379.
[6] BGH NJW 1962, 1250.
[7] BGHZ 17, 69, 72f. = NJW 1955, 788.
[8] BGHZ 54, 204, 206f. = NJW 1970, 1742.
[9] *Zi* Rn. 1.
[10] KG OLGRspr. 7, 134; *Furtner* S. 196.
[11] RG JW 1911, 948; *Furtner* (Fn. 10).
[12] BGH NJW 1983, 2378, 2379.
[13] OLG Schleswig MDR 2005, 350; *E. Wolff* ZZP 64 (1951), 97, 105; *T/P/Reichold* Rn. 2.
[14] *R/G/S* § 21 II 4c.

305a *Urteil unter Vorbehalt seerechtlich beschränkter Haftung* **(1) [1]Unterliegt der in der Klage geltend gemachte Anspruch der Haftungsbeschränkung nach § 486 Abs. 1 oder 3, §§ 487 bis 487d des Handelsgesetzbuchs und macht der Beklagte geltend, dass**

1. aus demselben Ereignis weitere Ansprüche, für die er die Haftung beschränken kann, entstanden sind und

2. die Summe der Ansprüche die Haftungshöchstbeträge übersteigt, die für diese Ansprüche in Artikel 6 oder 7 des Haftungsbeschränkungsübereinkommens (§ 486 Abs. 1 des Handelsgesetzbuchs) oder in den §§ 487, 487a oder 487c des Handelsgesetzbuchs bestimmt sind,

so kann das Gericht das Recht auf Beschränkung der Haftung bei der Entscheidung unberücksichtigt lassen, wenn die Erledigung des Rechtsstreits wegen Ungewissheit über Grund oder Betrag der weiteren Ansprüche nach der freien Überzeugung des Gerichts nicht unwesentlich erschwert wäre. [2]Das Gleiche gilt, wenn der in der Klage geltend gemachte Anspruch der Haftungsbeschränkung nach den §§ 4 bis 5m des Binnenschifffahrtsgesetzes unterliegt und der Beklagte geltend macht, dass aus demselben Ereignis weitere Ansprüche entstanden sind, für die er die Haftung beschränken kann und die in ihrer Summe die für sie in den §§ 5e bis 5k des Binnenschifffahrtsgesetzes bestimmten Haftungshöchstbeträge übersteigen.

(2) Lässt das Gericht das Recht auf Beschränkung der Haftung unberücksichtigt, so ergeht das Urteil

1. im Falle des Absatzes 1 Satz 1 unter dem Vorbehalt, dass der Beklagte das Recht auf Beschränkung der Haftung geltend machen kann, wenn ein Fonds nach dem Haftungsbeschränkungsübereinkommen errichtet worden ist oder bei Geltendmachung des Rechts auf Beschränkung der Haftung errichtet wird,

2. im Falle des Absatzes 1 Satz 2 unter dem Vorbehalt, dass der Beklagte das Recht auf Beschränkung der Haftung geltend machen kann, wenn ein Fonds nach § 5d des Binnenschifffahrtsgesetzes errichtet worden ist oder bei Geltendmachung des Rechts auf Beschränkung der Haftung errichtet wird.

I. Normzweck

1 § 305a wurde durch das Zweite Seerechtsänderungsgesetz vom 25. Juli 1986 (BGBl. I S. 1120) in die ZPO eingefügt und ist am 1. September 1987 in Kraft getreten. Die Vorschrift bezieht sich auf die in § 486 Abs. 1 und 3 HGB getroffene Regelung über die Haftungsbeschränkung für Seeforderungen und für Ansprüche wegen bestimmter Verschmutzungsschäden. Unter den in dieser Vorschrift genannten Voraussetzungen ist es dem Gericht gestattet, von den oft umfangreichen und zeitraubenden Feststellungen zur Klärung der Auswirkungen der Haftungsbeschränkung abzusehen und den Beklagten unter dem im Gesetz genannten Vorbehalt der Haftungsbeschränkung zu verurteilen. Eine gleiche Regelung ist mit Wirkung vom 1. September 1998 durch das Gesetz zur Änderung der Haftungsbeschränkung in der Binnenschifffahrt vom 25. August 1998 (BGBl. I S. 2489) für die Binnenschifffahrt getroffen worden.

II. Verurteilung unter Vorbehalt

2 Ein Vorbehalt iSv. § 305a Abs. 2 darf nur ausgesprochen werden, wenn die Erledigung des Rechtsstreites wegen der **Ungewissheit über Grund oder Betrag** der weiteren Ansprüche nicht unwesentlich erschwert wäre. Die amtliche Begründung[1] macht deutlich, dass der Gesetzgeber eine „nicht unwesentliche Erschwerung" insbesondere darin gesehen hat, dass Beweis darüber erhoben werden muss, ob und in welcher Höhe die einzelnen Ansprüche begründet sind, um den Gesamtbetrag der Ansprüche festzustellen und die auf den Kläger entfallende Quote ermitteln zu können. Die Entscheidung, ob von der durch § 305a in diesen Fällen eröffneten Möglichkeit Gebrauch gemacht wird, ist in die **„freie Überzeugung"** des Gerichts gestellt. Mit dieser Formulierung soll zum Ausdruck gebracht werden, dass insoweit dem Gericht ein weit gezogener Ermessensspielraum eingeräumt ist.

3 Der Vorbehalt der beschränkten Haftung ist in den **Tenor** des Urteils aufzunehmen. Bei der Formulierung des Vorbehalts empfiehlt sich die Übernahme des Gesetzeswortlauts.[2] Ist die Aufnahme des Vorbehalts in die Urteilsformel unterlassen worden, ergibt sich jedoch eindeutig aus der Begründung, dass dem Beklagten die beschränkte Haftung vorbehalten bleiben soll, dann kann er sich darauf berufen; insoweit gilt das Gleiche wie bei § 305 (§ 305 Rn. 4 aE). Der Vorbehalt nach § 305a Abs. 2 gibt dem Beklagten das Recht, sich in der Zwangsvollstreckung auf seine Haftungsbeschränkung zu berufen (vgl. § 786a).

306 *Verzicht* **Verzichtet der Kläger bei der mündlichen Verhandlung auf den geltend gemachten Anspruch, so ist er auf Grund des Verzichts mit dem Anspruch abzuweisen, wenn der Beklagte die Abweisung beantragt.**

---

[1] BT-Drucks. 10/3852 S. 13, 36.

[2] *T/P/Reichold* Rn. 4.

I. Allgemeines

Bei dem Verzicht handelt es sich um das prozessuale Gegenstück des Anerkenntnisses (§ 307). Viele der Fragen, die sich hinsichtlich des Verzichtes ergeben, sind im gleichen Sinn zu entscheiden wie bei einem Anerkenntnis. Da jedoch dem Anerkenntnis in der Praxis ungleich größere Bedeutung zukommt, sollen diese Fragen bei Erläuterung des § 307 dargestellt und hier darauf Bezug genommen werden. Dies gilt zB für die Rechtsnatur des Verzichts und seine Wirksamkeit (§ 307 Rn. 2), für seine Beschränkbarkeit auf Teile des geltend gemachten Anspruchs (§ 307 Rn. 7), für Zeitpunkt und Form der Verzichtserklärung (§ 307 Rn. 9) sowie für den Ausschluss eines Widerrufs oder einer Anfechtung wegen Irrtums oder Täuschung (§ 307 Rn. 14). 1

Im Unterschied zur Klagerücknahme (§ 269), bei der der Kläger lediglich sein Rechtsschutzgesuch zurückzieht, ohne jedoch seine Rechtsbehauptung aufzugeben, erklärt der Kläger beim Verzicht, dass der von ihm gegen den Beklagten geltend gemachte Anspruch nicht bestehe, dass folglich sein Antrag unberechtigt und die eigene Rechtsbehauptung unrichtig sei.[1] **Abgrenzungsschwierigkeiten** können sich **zur einseitigen Erledigungserklärung** ergeben. Bei ihr macht der Kläger geltend, dass ein nach Erhebung der Klage eingetretenes Ereignis den Zweck seiner zunächst begründeten Klage hat wegfallen lassen. In Zweifelsfällen kann als Orientierung dienen, ob der Kläger verlangt, dem Beklagten die Kosten aufzuerlegen, was bei einem Verzicht nicht in Betracht kommen kann.[2] 2

II. Verzichtsurteil

1. Wirksamkeit des Verzichts. Das Gericht hat zu prüfen, ob der Verzicht wirksam erklärt worden ist. Da der Verzicht eine Prozesshandlung darstellt, ist seine Wirksamkeit davon abhängig, dass alle Prozesshandlungsvoraussetzungen erfüllt sind (vgl. § 307 Rn. 11). Hinzukommen muss die Dispositionsbefugnis des Klägers über den **Gegenstand** des Verzichts (vgl. § 307 Rn. 12). Im Gegensatz zum Anerkenntnis kann ein Verzicht auch in Ehe- und Kindschaftssachen erklärt werden (§§ 617, 640). Der Verzicht darf nicht im Widerspruch zu zwingenden Vorschriften des materiellen Rechts stehen. So verhindert § 1614 Abs. 1 BGB, dass der Kläger wirksam auf den Unterhalt für die Zukunft verzichtet. Kommt das Gericht zu dem Ergebnis, dass ein wirksamer Verzicht nicht erklärt worden ist, dann kann es den Streit der Parteien darüber durch ein **Zwischenurteil** nach § 303 entscheiden. Dagegen ist es ausgeschlossen, den Antrag des Beklagten auf Erlass eines Verzichtsurteils durch Beschluss zurückzuweisen, weil es sich bei diesem Antrag lediglich um die Wiederholung seines Sachantrags handelt, über den durch Endurteil zu entscheiden ist (vgl. § 307 Rn. 16). 3

2. Antrag des Beklagten. In § 306 wird ausdrücklich der Erlass eines Verzichtsurteils von einem entsprechenden Antrag des Beklagten abhängig gemacht. Bei der Frage, was zu geschehen hat, wenn der **Beklagte** nach einem Verzicht des Klägers einen solchen **Antrag nicht stellt,** ist zu unterscheiden: Hält der Beklagte an seinem Antrag auf Klageabweisung fest, dann hat das Gericht ein Verzichtsurteil zu erlassen, auch wenn der Beklagte nicht ausdrücklich ein Verzichtsurteil beantragt[3] oder sogar ausdrücklich ein kontradiktorisches Urteil fordert; denn ein Antrag des Beklagten auf Erlass eines Verzichtsurteils bildet dafür keine zwingende Voraussetzung. An dieser Rechtslage hat sich nichts durch die Streichung des Antragserfordernisses in § 307 durch das ZPO-RG geändert. Lässt der Beklagte auch seinen Antrag auf Klageabweisung fallen, dann darf kein Verzichtsurteil erlassen werden,[4] weil in diesem Fall § 306 anders als sonst (§ 308 Rn. 2) die Abweisung der Klage von einem entsprechenden Antrag des Beklagten abhängig macht. Da in einem solchen Fall beide Parteien keine Sachanträge stellen, dürfte regelmäßig an Stelle der auch möglichen Entscheidung nach Lage der Akten (§ 251a Abs. 2) die Anordnung des Ruhens des Verfahrens (§ 251a Abs. 3 iVm. § 251) in Betracht kommen.[5] 4

III. Gebühren und Kosten

1. Kostenentscheidung. Die Kosten sind stets nach § 91 dem Kläger aufzuerlegen. Abzulehnen ist die Auffassung,[6] § 93 sei sinngemäß auf den Kläger anzuwenden, wenn dieser sofort nach dem Zeitpunkt, in dem seine bis dahin objektiv begründete Klage unbegründet wird, sein Begehren darauf beschränkt, dem Beklagten die Kosten aufzuerlegen (§ 99 Rn. 15). Es fehlt in diesen Fällen an der für eine Analogie erforderlichen Ähnlichkeit zwischen dem in § 93 geregelten Tatbestand und einem Klageverzicht.[7] In derartigen Fällen besteht die Lösung für den Kläger darin, dass er die Hauptsache für erledigt erklärt und den Ersatz seiner Kosten auf Grund materiell-rechtlicher Ansprüche fordert. Ist der Anlass zur Einreichung der Klage vor Rechtshängigkeit weggefallen, dann kann der Kläger die Klage zurücknehmen, ohne dass ihm dann die Kosten zufallen müssen (vgl. § 269 Abs. 3 S. 3)). Dem Beklagten ist auch dann nicht ein Teil der Kosten auf- 5

---

[1] *Musielak*, GK ZPO, Rn. 247.

[2] *Zö/Vollkommer* Rn. 1.

[3] BGHZ 49, 213, 216f. = NJW 1968, 503; BGHZ 76, 50, 53 = NJW 1980, 838; *St/J/Leipold* Rn. 14; *T/P/Reichold* Rn. 3.

[4] AK-ZPO/*Fenge* Rn. 16.

[5] OLG Düsseldorf FamRZ 1986, 485, 486.

[6] BPatG GRUR 1986, 808, 811; OLG Frankfurt/M WRP 1979, 799, 800; 1982, 422; NJW-RR 1994, 62; LG Hamburg NJW-RR 1987, 381, 382.

[7] Abl. auch OLG Hamm MDR 1982, 676; OLG Koblenz WRP 1983, 171; 1986, 298.

zuerlegen, wenn er keinen Antrag auf Verzichtsurteil stellt, sondern trotz des Verzichts des Klägers eine materiell-rechtlich begründete Klageabweisung verlangt (vgl. § 307 Rn. 19).

6 **2. Rechtsanwaltsgebühren.** Die Anwälte erhalten die volle Verfahrens- und Terminsgebühr (Nrn. 3100, 3104 VV RVG).

7 **3. Gerichtskosten.** Für das Verzichtsurteil fällt in keiner Instanz eine Gebühr an (s. § 300 Rn. 16). Nach einem Verzichtsurteil ermäßigt sich der Satz der Verfahrensgebühr (KV Nrn. 1211 Nr. 2, 1222 Nr. 2, 1232 Nr. 2, 1252 Nr. 2, 1311 Nr. 2, 1322 Nr. 2, 1332 Nr. 2, 1411 Nr. 2, 1415 Nr. 2). Voraussetzung dafür ist allerdings, dass dieses Urteil den gesamten Rechtsstreit beendet.[8]

307 *Anerkenntnis*

[1]Erkennt eine Partei den gegen sie geltend gemachten Anspruch ganz oder zum Teil an, so ist sie dem Anerkenntnis gemäß zu verurteilen. [2]Einer mündlichen Verhandlung bedarf es insoweit nicht.

I. Normzweck

1 Das prozessuale Anerkenntnis ist die gegenüber dem Prozessgericht vom Beklagten abgegebene einseitige Erklärung, dass der vom Kläger geltend gemachte (prozessuale) Anspruch ganz oder zum Teil bestehe,[1] wobei es unerheblich ist, ob dieser Anspruch durch Leistungs-, Feststellungsklage oder Gestaltungsklage geltend gemacht wird.[2] Es handelt sich bei dem Anerkenntnis um das Gegenstück zum Klageverzicht (§ 306). Beiden ist gemeinsam, dass durch sie – beschränkbar auf Teile (Rn. 7) – jede Möglichkeit und Aussicht auf einen prozessualen Sieg aufgegeben wird. Die Gründe hierfür können unterschiedlich sein. Neben der erst im Laufe des Rechtsstreits gewonnenen Erkenntnis, dass keine Aussicht auf einen Erfolg bestehe und deshalb ein weiteres Prozessieren nutzlos erscheine, kann insbesondere die Erwägung eines leistungsbereiten Beklagten, der durch sein Verhalten dem Kläger keine Veranlassung zur Klage gegeben hat, bestimmend sein, Prozesskosten auf diese Weise zu vermeiden (vgl. § 93).

II. Anerkenntnis

2 **1. Rechtsnatur.** Bei dem prozessualen Anerkenntnis handelt es sich um eine **Prozesshandlung.**[3] Als ein (einseitiger) Dispositionsakt über prozessuale Rechte stellt es eine Bewirkungshandlung dar (vgl. Einl. Rn. 61), durch die die Grundlage für das zu erlassende Anerkenntnisurteil geschaffen wird. Wird mit dem prozessualen Anerkenntnis auch eine materiell-rechtliche Erklärung verbunden, dann müssen beide in ihrer Wirkung getrennt voneinander beurteilt werden.[4] Anders als das materiell-rechtliche Rechtsgeschäft, das gegenüber der Gegenpartei vorgenommen werden muss, ist das prozessuale Anerkenntnis **gegenüber dem Gericht zu erklären** und richtet sich in seiner Wirksamkeit allein nach dem Prozessrecht (Rn. 11 ff.).

3 **2. Inhalt der Erklärung.** Die Erklärung des Beklagten, dass der vom Kläger geltend gemachte prozessuale Anspruch ganz oder zum Teil bestehe (Rn. 7), kann **auch konkludent** abgegeben werden.[5] Es kommt lediglich darauf an, dass eindeutig der Wille des Beklagten erkennbar wird, den vom Kläger gegen ihn erhobenen Anspruch für begründet zu erklären und sich diesem Anspruch zu unterwerfen. Ein Beklagter, der vorbehaltlos die Klageforderung erfüllt, aber weiterhin Abweisung der Klage beantragt, erkennt nicht an; auf diesen Fall ist § 307 Abs. 1 auch nicht entsprechend anwendbar.[6]

4 Um ein Anerkenntnis handelt es sich nicht, wenn der Beklagte zwar erklärt, er erkenne den gegen ihn erhobenen Klageanspruch an, zugleich aber materiell-rechtliche Einwendungen oder Einreden geltend macht, die sich gegen den Bestand oder die Durchsetzbarkeit des „anerkannten" Anspruchs richten. In einem solchen Fall wird das Gericht nicht durch die Erklärung des Beklagten wie bei einem wirksamen Anerkenntnis einer rechtlichen Prüfung enthoben (Rn. 15), sondern muss sich mit den geltend gemachten Gegenrechten des Beklagten auseinander setzen.[7] Zur Aufrechnung mit einer Gegenforderung vgl. Rn. 8.

5 Die Frage, welche rechtlichen Folgen sich aus einem solchen **„eingeschränkten Anerkenntnis" ergeben,** ist streitig. So wird verlangt, dass sich der Kläger in seinem Antrag der Einschränkung anpasst, also zB eine Verurteilung Zug um Zug begehren muss, wenn ein Anerkenntnisurteil ergehen soll.[8] Nach anderer Auffassung[9] soll danach unterschieden werden, ob der Einwand des Beklagten begründet ist. Ist dies zu bejahen, dann soll er gemäß dem Anerkenntnis verurteilt und im Übrigen die Klage abgewiesen werden, andernfalls ist eine uneingeschränkte Verurteilung des Beklagten auszusprechen. Es handelt sich dann jedoch nicht um ein Anerkenntnisurteil, sondern um ein streitiges, bei dem das Gericht die anerkannte Rechtsfolge seinem Urteil ungeprüft zu Grunde zu legen habe. Auch der **BGH** vertritt die Auffassung, dass in Fällen, in

---

8 OLG Dresden JurBüro 1998, 429f.

1 BGHZ 10, 333, 335 = NJW 1953, 1830; BGH NJW 1981, 686.

2 *Zö/Vollkommer* vor § 306 Rn. 1; vgl. OLG Hamm NJW-RR 1995, 1073 (zum Anerkenntnis gegenüber einer Erledigungserklärung).

3 BGHZ 80, 389, 391 = NJW 1981, 2193; BGH NJW 1981, 686; BGHZ 107, 142, 147 = NJW 1989, 1934; BPatG GRUR 1994, 278, 280.

4 BGHZ 80 (Fn. 3) S. 391

5 BGH NJW 2006, 217, 280 <23>: Anerkenntnis auf Grund einer Rechtsmittelbeschränkung.

6 BGH NJW 1981, 686.

7 *Schilken* ZZP 90 (1977), 157, 182.

8 BGH NJW-RR 2005,1005, 1006; OLG Düsseldorf MDR 1990, 59; *Sae/Saenger* Rn. 3.

9 *St/J/Leipold* Rn. 6.

denen der Kläger nicht seinen Klageantrag der vom Beklagten seinem Anerkenntnis hinzugefügten Einschränkung anpasst, kein Anerkenntnisurteil ergehen könne, dass aber der Beklagte an sein „Anerkenntnis" gebunden sei und das Gericht sein Urteil ohne Sachprüfung auf die anerkannte Rechtsfolge zu gründen habe.[10] Das Gericht müsse streitmäßig lediglich über die Durchsetzbarkeit des Anspruchs im Hinblick auf das geltend gemachte Gegenrecht entscheiden. Werde dieses Gegenrecht bejaht, sei eine entsprechend eingeschränkte Verurteilung auszusprechen; werde es verneint, soll der Beklagte einschränkungslos verurteilt werden. In beiden Fällen sei zwar das Urteil kein Anerkenntnisurteil iSv. § 307, habe aber ein wirksames Anerkenntnis zur Entscheidungsgrundlage.

Es ist nicht zu verkennen, dass diese Auffassung, die der heute **hM** entspricht, durchaus praktische Vorteile wegen der dadurch für das Gericht entfallenden rechtlichen Prüfung der anerkannten Rechtsfolge hat. Jedoch ergeben sich **dogmatische Bedenken,** weil auf diese Weise den Parteien die Befugnis eingeräumt wird, einzelne Urteilselemente anzuerkennen und sie dadurch der richterlichen Prüfung zu entziehen. Eine solche Einschränkung der richterlichen Kompetenz zur rechtlichen Prüfung lässt sich nicht durch § 307 rechtfertigen.[11] 6

Abzulehnen ist die Auffassung, dass der vom Kläger geltend gemachte **Anspruch** vom Beklagten **dem Grunde nach anerkannt** werden kann, wenn er den Betrag bestreitet. Ein derartiges „Anerkenntnis" wirkt als Geständnis der zu Grunde liegenden Tatsachen. Insbesondere kann in einem solchen Fall nicht etwa ein Grundurteil ergehen,[12] weil dafür stets Voraussetzung ist, dass sowohl Grund als auch Betrag streitig sind (§ 304 Rn. 5) und das „Anerkenntnis" den Grund aus dem Streit der Parteien herausnimmt.[13] § 307 Abs. 1 stellt ausdrücklich klar, dass **Teile des Klageanspruchs** zum Gegenstand eines Anerkenntnisses gemacht werden können. Jedoch müssen hinsichtlich eines solchen Teiles die Voraussetzungen für den Erlass eines Teilurteils erfüllt werden (§ 301 Rn. 3 ff.). Wird ein vom Kläger **hilfsweise geltend gemachter Anspruch** vom Beklagten anerkannt, dann darf nur ein Anerkenntnisurteil ergehen, wenn der Hauptantrag abgewiesen worden ist und deshalb das Gericht über den Hilfsantrag zu entscheiden hat.[14] 7

3. Unbedingtheit der Erklärung. Das Anerkenntnis darf als Prozesshandlung nicht unter einer Bedingung erklärt werden.[15] **Keine unzulässige Bedingung** stellt es jedoch dar, wenn der Beklagte sein Anerkenntnis davon abhängig macht, dass die von Amts wegen zu prüfenden Voraussetzungen für das Anerkenntnisurteil (Rn. 15) erfüllt werden und dass nicht die Klage zB wegen des fehlenden Rechtsschutzinteresses des Klägers abzuweisen sei.[16] Zulässig ist es auch, in erster Linie die mangelnde internationale Zuständigkeit des Gerichts zu rügen und nur für den Fall, dass diese Zuständigkeit vom Gericht bejaht wird, den Anspruch des Klägers anzuerkennen.[17] Ebenso ist es nicht zu beanstanden, dass der Beklagte sein Anerkenntnis „unter Verwahrung gegen die Kosten" erklärt. Denn es handelt sich dabei lediglich um einen Hinweis des Beklagten auf die Kostenvorschrift des § 93, die das Gericht von Amts wegen zu prüfen hat. Als zulässig ist auch ein Anerkenntnis unter dem **Vorbehalt der Aufrechnung mit einer Gegenforderung**[18] oder unter dem Vorbehalt der Rechte im Urkundenprozess anzusehen.[19] In solchen Fällen hat ein Anerkenntnisvorbehaltsurteil nach § 302 oder § 599 zu ergehen, wenn die sonstigen Voraussetzungen dafür erfüllt sind. Hinsichtlich der Grundlagen dieses Urteils wird das Anerkenntnis vom Beklagten nämlich uneingeschränkt abgegeben. Der Vorbehalt bezieht sich auf die im Nachverfahren durch das Schlussurteil zu entscheidenden Rechte des Beklagten. Wollte man ein Anerkenntnisurteil in diesen Fällen deshalb ablehnen, weil sich der Beklagte dem gegen ihn geltend gemachten prozessualen Anspruch nicht vollständig unterwirft,[20] dann würde man ihm ohne zwingenden Grund die Möglichkeit nehmen, einen für ihn kostengünstigen Weg zu wählen. Ein Anerkenntnisurteil kann auch unter Vorbehalt beschränkter Haftung in den Fällen der §§ 305 und 305a ergehen.[21] 8

4. Zeitpunkt und Form. Das Anerkenntnis kann in jeder Instanz, also auch in der Revisionsinstanz[22] abgegeben werden. In dem durch das 1. JuMoG eingefügten Satz 2 wird nunmehr bestimmt, dass es einer mündlichen Verhandlung für den Erlass eines Anerkenntnisurteils nicht bedarf. Durch diese Regelung wird ein sich bisher in der Praxis häufig stellendes Problem behoben, das entstanden war, weil nach der früheren Regelung ein Anerkenntnisurteil ohne mündliche Verhandlung außerhalb des schriftlichen Verfahrens nur ergehen durfte, wenn der Beklagte das Anerkenntnis im schriftlichen Vorverfahren abgegeben hatte. Wurde das Anerkenntnis jedoch nach Beendigung des schriftlichen Vorverfahrens erklärt, konnte ein Anerkenntnisurteil nicht mehr ohne mündliche Verhandlung erlassen werden, obwohl die Parteien dann regel- 9

[10] BGHZ 107 (Fn. 3) S. 147; zust. *Schilken* ZZP 103 (1990), 213; *Zö/Vollkommer* vor § 306 Rn. 2; vgl. auch BGH (Fn. 8).
[11] Vgl. im Einzelnen MK/*Musielak* Rn. 10 ff.
[12] So aber LG Mannheim MDR 1992, 898, 899; *Zö/Vollkommer* Rn. 7; *Ro/S/Go* § 131 Rn. 42.
[13] *Schilken* (Fn. 7) S. 181 f.; *St/J/Leipold* Rn. 9; *B/L/H* Rn. 6
[14] OLG Zweibrücken OLGZ 1987, 371, 373.
[15] BGH NJW 1985, 2713, 2716; OLG Düsseldorf MDR 1989, 825.
[16] OLG Hamm WRP 1992, 252, 253; OLG Karlsruhe WRP 1979, 223 (zum Feststellungsinteresse); *Zö/Vollkommer* Rn. 9.
[17] BGH JZ 1976, 607, 609 m. Anm. v. *Mummenhoff*.
[18] *Schilken* (Fn. 7) S. 180 f.; *St/J/Leipold* Rn. 4; AK-ZPO/*Fenge* Rn. 7, § 302 Rn. 9.
[19] OLG München MDR 1963, 603; OLG Düsseldorf NJW-RR 1999, 68, 69; *Schwarz* JR 1995, 1 m. weit. Nachw.
[20] So LG Hannover NJW-RR 1987, 384; *Kleinwächter* NJW 1957, 737; *Ro/S/Go* § 162 Rn. 31.
[21] *Schilken* (Fn. 7) S. 179; *T/P/Reichold* Rn. 3.
[22] BGHZ 10 (Fn. 1) S. 334; *St/J/Leipold* Rn. 17.

mäßig kein Interesse an einer mündlichen Verhandlung hatten. In jedem Fall muss das Anerkenntnis gegenüber dem Prozessgericht erklärt werden.[23] Eine Erklärung gegenüber dem beauftragten oder ersuchten Richter genügt dagegen nicht. Im schriftlichen Vorverfahren (Rn. 18) und im schriftlichen Verfahren nach § 128 Abs. 2 und 3 ist es schriftlich zu erklären. Bei einer Entscheidung nach Lage der Akten (§§ 251a, 331a) genügt ebenfalls eine entsprechende schriftliche Erklärung. Wird das Anerkenntnis zwischen den Instanzen abgegeben, dann entfaltet es keine Wirkungen, weil das ergangene Urteil das erlassende Gericht nach § 318 bindet und deshalb eine neue Entscheidung auf Grund des Anerkenntnisses erst nach Aufhebung des Urteils durch die nächsthöhere Instanz möglich wird.[24]

10 **5. Protokollierung.** Nach § 160 Abs. 3 Nr. 1 ist das in der mündlichen Verhandlung abgegebene Anerkenntnis im Protokoll festzustellen. Jedoch ist die Wirksamkeit des Anerkenntnisses nicht von der Protokollierung abhängig.[25] Entsteht bei fehlender Protokollierung Streit über die Frage, ob ein Anerkenntnis abgegeben worden ist und welchen Inhalt es aufweist, dann muss eine Klärung im Wege der Beweisaufnahme versucht werden.[26] Divergieren die Angaben im Tatbestand des Urteils und im Sitzungsprotokoll über den Inhalt des Anerkenntnisses, dann ist grundsätzlich die Wiedergabe im Protokoll maßgebend (§ 314 Rn. 7).[27]

11 **6. Unwirksamkeitsgründe.** Die Wirksamkeit eines Anerkenntnisses ist von der Abgabe einer entsprechenden Erklärung durch den Beklagten (Rn. 3ff.), von der Erfüllung der Prozesshandlungsvoraussetzungen (Einl. Rn. 62) und von seiner Zulässigkeit abhängig. Zur Erfüllung aller Prozesshandlungsvoraussetzungen ist es erforderlich, dass im **Anwaltsprozess** das Anerkenntnis vom Prozessbevollmächtigten erklärt wird.[28] Die Prozessvollmacht ermächtigt regelmäßig auch zur Erklärung eines Anerkenntnisses (§ 81); sie kann aber auch diese Befugnis ausschließen (§ 83 Abs. 1). Dagegen ist die Wirksamkeit eines prozessualen Anerkenntnisses von materiell-rechtlichen Gültigkeitsvoraussetzungen, die für die anerkannte Rechtsfolge gelten, unabhängig, wie zB von vormundschaftsgerichtlichen Genehmigungen.[29]

12 Der Beklagte kann nur wirksam den gegen ihn geltend gemachten Anspruch anerkennen, soweit er dispositionsbefugt ist[30]. In **Ehe- und Kindschaftssachen** kann ein Anerkenntnisurteil nicht ergehen (§§ 617, 640). Dementsprechend kann die Anerkennung der Vaterschaft im Prozess (§ 641c) nicht zur Grundlage eines Anerkenntnisurteils gemacht werden.[31] Ebenso kann ein Anspruch auf Getrenntleben nicht anerkannt werden, weil die Klage auf Feststellung des Rechts zum Getrenntleben als Gegenstück der Herstellungsklage zu den Ehesachen gehört.[32] Alle die einer Prüfung des Gerichts vorbehaltenen Gegenstände sind einem Anerkenntnis nicht zugänglich, wie beispielsweise das Anerkenntnis hinsichtlich der vorläufigen Vollstreckbarkeit eines Urteils.[33] Schließlich darf ein Anerkenntnisurteil auch nicht ergehen, wenn der anerkannte Anspruch des Klägers auf eine **verbotene Rechtsfolge** gerichtet ist oder im Widerspruch zum ordre public (Art. 6 EGBGB) steht oder die anerkannte Rechtsfolge den guten Sitten zuwiderläuft (§ 138 BGB).[34]

13 Hat sich der **Beklagte** gegenüber dem Kläger **verpflichtet**, den Anspruch des Klägers nicht anzuerkennen, sondern darüber streitig zu verhandeln, etwa um den Rechtsstreit als einen **Musterprozess zu führen,**[35] dann soll nach hM das Anerkenntnis unwirksam sein, wenn sich der Kläger gegenüber dem Gericht auf diese Vereinbarung beruft.[36] Dieser Auffassung ist nicht zu folgen. Gegen sie spricht, dass eine solche Vereinbarung die Interessen der Rechtspflege verletzt und deshalb nicht als verbindlich angesehen werden kann. Der BGH hat zu der Frage, ob der Kläger trotz des Anerkenntnisses eine Entscheidung auf Grund streitiger Verhandlung verlangen könne, zu Recht darauf hingewiesen, dass der Zweck des Prozesses nicht darin bestehen könne, eine Entscheidung über Rechtsfragen herbeizuführen, deren Erörterung nicht geboten sei, um dem Anspruch des Klägers gerecht zu werden. Zeit und Kräfte des staatlichen Gerichts dürften vom Einzelnen nur insoweit in Anspruch genommen werden, als dies zur Durchsetzung seines Rechtsschutzanspruchs erforderlich sei.[37]

14 **7. Beseitigung und Korrektur.** Grundsätzlich kann ein Anerkenntnis nicht durch Widerruf beseitigt werden; denn es stellt eine Bewirkungshandlung des Prozessrechts dar und ist deshalb unwiderruflich, soweit der prozessuale Erfolg eingetreten ist.[38] Eine Ausnahme gilt nur in solchen Fällen, in denen die Bewirkungs-

---

[23] OLG Brandenburg MDR 1999, 504.
[24] *Ro/S/Go* § 131 Rn. 50. Zu den (prozessualen) Wirkungen eines außergerichtlich erklärten Anerkenntnisses vgl. LG Leipzig NJW-RR 1997, 571.
[25] BGH NJW 1984, 1465; BGHZ 107 (Fn. 3) S. 146; OLG Karlsruhe NJW-RR 1989, 1468; OLG Düsseldorf NJW 1991, 1492, 1493; aA OLG Düsseldorf FamRZ 1983, 721, 723.
[26] BGH NJW 1984, 1465, 1466.
[27] OLG Stuttgart FamRZ 1985, 607, 609.
[28] BGH NJW 1988, 210 (zur gleichen Frage beim Klageverzicht).
[29] BGH JZ 1956, 62 = LM § 306 Nr. 1 (zur gleichen Frage beim Klageverzicht); *Zi* Rn. 5; aA *Häsemeyer* ZZP 85 (1972), 207, 227.
[30] OLG Koblenz NJW-RR 2000, 529, 530
[31] OLG Hamm Rpfleger 1987, 414; FamRZ 1988, 854.
[32] OLG Frankfurt FamRZ 1984, 1123.
[33] OLG Nürnberg NJW 1989, 842.
[34] BGHZ 10 (Fn. 1) S. 335; *Kohte* NJW 1985, 2217, 2227; *St/J/Leipold* Rn. 22.
[35] Vgl. dazu *Schilken* (Fn. 7) S. 173; *Hirte* ZZP 104 (1991), 12, 55f.
[36] *Schilken* (Fn. 7) S. 173; *Lindacher* JA 1984, 404, 406; *St/J/Leipold* Rn. 26.
[37] Abl. auch AK-ZPO/*Fenge* Rn. 12. vgl. zu dieser Frage MK/*Musielak* Rn. 19.
[38] *Musielak*, GK ZPO, Rn. 161; vgl. auch Einl. Rn. 63ff.

handlung von einem **Restitutionsgrund** iSv. § 580 betroffen ist, auf Grund dessen das Urteil, das auf dieser Bewirkungshandlung beruht, mit der Wiederaufnahmeklage beseitigt werden könnte (Einl. Rn. 63).[39] Eine analoge Anwendung des § 290 in dem Fall, dass sich der Beklagte zur Abgabe seines Anerkenntnisses in einem **Irrtum** befunden hat,[40] ist wegen fehlender Ähnlichkeit beider Tatbestände abzulehnen.[41] Auf die in § 290 vorausgesetzte Unrichtigkeit der einem Anerkenntnis zu Grunde liegenden Tatsachen kommt es bei § 307 gerade nicht an. Das Anerkenntnis kann auch nicht wegen Täuschung oder Irrtums in analoger Anwendung der §§ 119, 123 BGB angefochten werden,[42] weil eine Übertragung der Regeln des materiellen Rechts über Willenserklärungen auf Prozesshandlungen wegen der grundsätzlichen Unterschiede zwischen beiden nicht in Betracht kommt.[43] Eine Ausnahme wird jedoch für ein Anerkenntnis, das sich auf einen Unterhaltsanspruch bezieht, dann gemacht, wenn die **Voraussetzungen für eine Abänderungsklage nach § 323** erfüllt werden, also sich nach dem Anerkenntnis die für die Unterhaltsbemessung maßgebenden tatsächlichen Verhältnisse wesentlich verändert haben.[44] Offenbare Unrichtigkeiten, wie Schreib- oder Rechenfehler, können auf Grund des Rechtsgedankens des § 319 vom Beklagten berichtigt werden.[45]

III. Urteil

1. Richterliche Prüfung. Soweit die Dispositionsbefugnis der Parteien reicht, wird das Gericht verpflichtet, entsprechend dem Anerkenntnis des Beklagten ohne rechtliche und tatsächliche Prüfung ein Urteil zu erlassen.[46] Dabei ist jedoch vorauszusetzen, dass der anerkannte Anspruch eine Rechtsfolge zum Inhalt hat, die das geltende Recht zulässt. Ein Anspruch, der mit dem **zwingenden Recht unvereinbar** ist oder der **nicht** der **Parteidisposition unterliegt,** kann nicht die Grundlage eines Anerkenntnisurteils bilden (Rn. 12).[47] Vor Erlass des Anerkenntnisurteils muss vom Gericht geprüft werden, ob Gründe bestehen, aus denen sich die Unwirksamkeit des Anerkenntnisses ergibt (Rn. 11 ff.).[48] Ferner kommt es für die Wirksamkeit des Anerkenntnisses als Prozesshandlung darauf an, dass die **Prozesshandlungsvoraussetzungen** (Rn. 11) erfüllt werden; auch insoweit ist das Gericht zur Prüfung verpflichtet.[49] Gleiches gilt für die **Prozessvoraussetzungen,** die verwirklicht werden müssen, damit das Anerkenntnisurteil als Sachurteil ergehen darf. Eine Ausnahme gilt nur hinsichtlich der **Rechtsschutzvoraussetzungen** (Klagbarkeit, Rechtsschutzfähigkeit, Rechtsschutzbedürfnis, Feststellungsinteresse bei der Feststellungsklage); wegen ihres besonderen Charakters als „bedingte Sachurteilsvoraussetzungen"[50] hat das Gericht diese Voraussetzungen nicht zu prüfen, wenn der Beklagte nicht dadurch eine Prüfung verlangt, dass er sein Anerkenntnis von der Erfüllung dieser Voraussetzungen abhängig macht (Rn. 8).[51] 15

2. Antrag des Klägers. Der Kläger muss einen Sachantrag stellen, damit eine Verurteilung des Beklagten vom Gericht ausgesprochen werden darf. Nachdem durch das ZPO-RG das zuvor bestehende Antragserfordernis für eine Verurteilung des Beklagten gemäß seinem Anerkenntnis beseitigt worden ist, wurde die zuvor ganz herrschend vertretende Meinung nunmehr auch gesetzlich bestätigt, dass für ein Anerkenntnisurteil ein speziell darauf gerichteter Antrag des Klägers nicht erforderlich ist.[52] Bleibt das Anerkenntnis inhaltlich hinter dem Sachantrag des Klägers zurück, dann kommt es darauf an, ob der anerkannte Teil zum Gegenstand eines Teilurteils gemacht werden kann (§ 301 Rn. 3 ff.). Ist dies zu bejahen, dann hat ein Teilanerkenntnisurteil zu ergehen, während über den Rest nach streitiger Verhandlung durch kontradiktorisches Urteil zu entscheiden ist (vgl. auch Rn. 7). Dagegen darf kein Anerkenntnisurteil ergehen, wenn **Antrag** des Klägers **und Anerkenntnis nicht übereinstimmen.** Deshalb kann der Kläger dem Anerkenntnis des Beklagten dadurch die Wirkung nehmen, dass er seinen Klageantrag nachträglich ändert und zB an Stelle Feststellung eine Leistung fordert.[53] Stellt das Gericht fest, dass das Anerkenntnis nicht wirksam erklärt wurde, dann kann es dies durch ein Zwischenurteil nach § 303 aussprechen.[54] Hat der Kläger in der Klage- 16

---

[39] BGHZ 80, 389, 394 = NJW 1981, 2193; BGH NJW 1993, 1717, 1718; 1997, 252; 2002, 436, 438; FamRZ 1994, 300, 302.

[40] OLG Nürnberg MDR 1963, 419; *Orfanides,* Die Berücksichtigung von Willensmängeln im Zivilprozess, 1982, S. 78 f. Fn. 205; *Schreiber* JR 1982, 107, 108.

[41] BGHZ 12, 284, 285 = LM § 515 Nr. 4; BGHZ 80 (Fn. 39) S. 394; OLG Hamm FamRZ 1993, 78; OLG Schleswig NJW-RR 1993, 1416.

[42] BGHZ (Fn. 39) S. 392; OLG Hamm (Fn. 41); OLG Schleswig (Fn. 41); OLG München FamRZ 1992, 698.

[43] *Musielak,* GK ZPO, Rn. 162 m. weit. Nachw.

[44] BGH NJW 2002, 436, 438; OLG Bamberg NJW-RR 1993, 1219, 1221; OLG Koblenz FamRZ 1998, 915, 916; OLG Karlsruhe NJW-RR 1989, 1468, 1469 (einschr.: Abänderungsklage, wenn auf Grund eines den gesamten Anspruch des Klägers umfassenden Anerkenntnisses ein Urteil bereits ergangen ist); zur Bindungswirkung eines Anerkenntnisurteils über Unterhalt vgl. OLG Hamm FamRZ 1992, 1201.

[45] OLG Karlsruhe MDR 1974, 588, 589; *König* MDR 1989, 706.

[46] BGH NJW 1993, 1717, 1718; OLG Karlsruhe WRP 1979, 223, 224; OLG Hamm VersR 1990, 1025; OLG Düsseldorf NJW-RR 1999, 68, 69 f.

[47] *Ro/S/Go* § 131 Rn. 46 f.

[48] BGHZ 10, 333, 335 = NJW 1953, 1830.

[49] OLG Hamm MDR 1990, 637, 638; KG FamRZ 1988, 310.

[50] *St/J/Schumann* vor § 253 Rn. 129 f.

[51] LG Koblenz MDR 1961, 605 (zum Rechtsschutzbedürfnis); *St/J/Leipold* Rn. 34; aA BGH FamRZ 1974, 246 (zum Feststellungsinteresse).

[52] Vgl. Amtl. Begr. (BT-Drucks. 14/4722) S. 84.

[53] OLG Frankfurt/M MDR 1978, 583; *Zö/Vollkommer* § 307 Rn. 5 a.

[54] *Ro/S/Go* § 131 Rn. 55.

schrift vorsorglich einen (entbehrlichen) Antrag auf Erlass eines Anerkenntnisurteils gestellt, dann verlangt sein Anspruch auf rechtliches Gehör, dass er über ein Anerkenntnis des Beklagten informiert wird, um sich über die Wirksamkeit oder Reichweite zu äußern oder einen weiter gehenden, vom Anerkenntnis nicht erfassten Sachantrag zu stellen.[55]

17 **3. Inhalt, Anfechtung.** Das Anerkenntnisurteil kann in **abgekürzter Form** ergehen und ist dann als solches zu bezeichnen (§ 313b Abs. 1 S. 2). Das Urteil ist ohne Sicherheitsleistung für vorläufig vollstreckbar zu erklären (§ 708 Nr. 1) und kann vor schriftlicher Abfassung der Urteilsformel verkündet werden (§ 311 Abs. 2 S. 3). Gegen ein Anerkenntnisurteil sind die gleichen **Rechtsmittel** wie gegen andere Urteile statthaft. Dies gilt auch dann, wenn der Beklagte seinem Anerkenntnis gemäß verurteilt worden ist.[56] Stellt das Rechtsmittelgericht fest, dass das Anerkenntnis wirksam erklärt worden ist, dann hat es das Rechtsmittel zurückzuweisen, ohne dass es den ursprünglichen Streitstoff prüfen darf. Kommt das Berufungsgericht zu dem Ergebnis, dass der Beklagte kein (wirksames) Anerkenntnis abgeben darf, dann hat es in analoger Anwendung des § 538 Abs. 2 S. 1 Nr. 6 die Sache an das erstinstanzliche Gericht zurückzuverweisen.[57]

IV. Anerkenntnis im schriftlichen Vorverfahren

18 Bisher war eine auf das Anerkenntnis im schriftlichen Vorverfahren bezogene Regelung in § 307 Abs. 2 getroffen worden. Diese Vorschrift ist als entbehrlich durch das 1. JuMoG aufgehoben worden, nachdem in dem durch dieses Gesetz eingefügten Satz 2 bestimmt wird, dass es für den Erlass eines Anerkenntnisurteils der mündlichen Verhandlung nicht bedarf (vgl. Rn. 9), und diese Bestimmung die Fälle des bisherigen § 307 Abs. 2 umfasst. Der Beklagte kann im schriftlichen Vorverfahren auf eine Aufforderung nach § 276 Abs. 1 S. 1 den Anspruch des Klägers ganz oder teilweise anerkennen. Hinsichtlich der rechtlichen Folgen eines solchen Anerkenntnisses ergeben sich keine Unterschiede zu dem im späteren Verfahren insbesondere in der mündlichen Verhandlung erklärten.[58] Daraus folgt, dass nicht notwendigerweise das Anerkenntnis in der Frist des § 276 Abs. 1 S. 1 abgegeben werden muss[59], was nunmehr auch durch Satz 2 klargestellt wird, und dass das Anerkenntnis auch bestehen bleibt, wenn kein Anerkenntnisurteil im schriftlichen Vorverfahren ergeht, sondern mündlich verhandelt wird.[60] Der Erlass des Anerkenntnisurteils im schriftlichen Vorverfahren ist unabhängig von einem darauf gerichteten Antrag des Klägers; es gilt insoweit das Gleiche wie in der mündlichen Verhandlung (Rn. 16). Das vorher bestehende Antragserfordernis wurde durch das ZPO-RG beseitigt.[61] Im amtsgerichtlichen Verfahren ist der Beklagte nach § 499 mit der Aufforderung nach § 276 über die Folgen eines schriftlich abgegebenen Anerkenntnisses zu belehren. Zur Verkündung eines ohne mündliche Verhandlung erlassenen Anerkenntnisurteils vgl. § 310 Rn. 6f.

V. Gebühren und Kosten

19 **1. Allgemeines.** Der Beklagte, der nicht durch sein Verhalten zur Erhebung der Klage Veranlassung gegeben hat und der sofort den Anspruch des Klägers anerkennt, braucht die Kosten des Rechtsstreits nicht zu tragen; diese fallen vielmehr dem Kläger zur Last (§ 93). Zu den insoweit zu stellenden Anforderungen wird auf die Ausführungen zu § 93 verwiesen.

2. Rechtsanwaltsgebühren. Vgl. zunächst § 306 Rn. 6. Neben der Verfahrensgebühr entsteht die volle Terminsgebühr (Nr. 3104 VV RVG); dies gilt auch, wenn gem. § 307 II schriftlich entschieden wird (Nr. 3104 Ziff. 1 VV RVG).

21 **3. Gerichtskosten.** Für ein Anerkenntnisurteil werden in keiner Instanz Gebühren erhoben (vgl. § 300 Rn. 16). Nach einem solchen Urteil ermäßigt sich der Satz der Verfahrensgebühr (KV Nrn. 1211 Nr. 2, 1222 Nr. 2, 1232 Nr. 2, 1252 Nr. 2, 1311 Nr. 2, 1322 Nr. 2, 1332 Nr. 2, 1411 Nr. 2, 1415 Nr. 2). Diese tritt nur ein, wenn das gesamte Verfahren durch das Urteil beendet wird.[62] Deshalb führt es nach zutreffender Ansicht auch nicht zur Emäßigung, wenn der Beklagte unter Verwahrung gegen die Kostenlast anerkennt, weil über die Kosten streitig zu entscheiden ist; s. § 91a Rn. 62 aE.

308 *Bindung an die Parteianträge*

(1) [1]Das Gericht ist nicht befugt, einer Partei etwas zuzusprechen, was nicht beantragt ist. [2]Dies gilt insbesondere von Früchten, Zinsen und anderen Nebenforderungen.

(2) Über die Verpflichtung, die Prozesskosten zu tragen, hat das Gericht auch ohne Antrag zu erkennen.

---

[55] BGH NJW 2004, 2019, 2021.

[56] BGH LM § 263 Nr. 5; NJW 1992, 1513, 1514; OLG Karlsruhe MDR 1982, 417, 418; KG OLGZ 1978, 114, 115. Zu dem insoweit geführten Meinungsstreit vgl. MK/*Musielak* Rn. 25.

[57] OLG München MDR 1991, 795; KG NJW-RR 1995, 958.

[58] BGH NJW 1993, 1717, 1718.

[59] Ob dies anders in Bezug auf das Erfordernis der Sofortigkeit nach § 93 beurteilt werden muss, ist streitig; bejahend; OLG Zweibrücken NJW-RR 2002, 138; *Bohlander* NJW 1997, 35; aA OLG Bamberg NJW-RR 1996, 392, 393; OLG Nürnberg NJW 2002, 2254, 2255 m. weit Nachw.; vgl. dazu auch *Meiski* NJW 1993, 1904; § 93 Rn. 5.

[60] BGH (Fn. 58).

[61] Vgl. Amtl. Begr. (Fn. 52) S. 84.

[62] OLG Dresden JurBüro 1998, 429f.

I. Normzweck

§ 308 Abs. 1 ist als Ausdruck des Prinzips der Parteifreiheit und Parteiverantwortung zu begreifen, auf das Dispositionsmaxime und Verhandlungsgrundsatz zurückzuführen sind.[1] Es entspricht dem Rechtsschutzzweck des Zivilprozesses, es den Parteien zu überlassen, durch ihre Anträge (Rn. 2) das „Streitprogramm" zu bestimmen und dem Gericht dadurch auch die Grenzen für seine Entscheidung zu setzen (Einl. Rn. 35).[2] Davon enthält § 308 Abs. 2 eine Ausnahme, die sich durch das öffentliche Interesse an einem Kostenausspruch erklärt (Rn. 24). 1

II. Anträge der Parteien

1. Klage- und Abweisungsantrag. Trotz des wesentlich weiter gefassten Wortlauts bildet der **Sachantrag des Klägers** den Bezugspunkt der Vorschrift des § 308 Abs. 1 S. 1. Durch diesen Antrag wird bestimmt, was der Kläger auf Grund des von ihm geltend gemachten Rechts vom Beklagten fordert (vgl. § 253 Abs. 2 Nr. 2).[3] § 308 Abs. 1 wird folglich verletzt, wenn das Gericht dem Kläger einen prozessualen Anspruch aberkennt, den er nicht (mehr) zur Entscheidung gestellt hat.[4] Dagegen schafft der **Antrag des Beklagten auf Abweisung der Klage** keine zwingende Voraussetzung für eine entsprechende Entscheidung des Gerichts. Dass Entscheidungen zu Gunsten des Beklagten auch ohne seinen Antrag zulässig sind, folgt zwingend aus der kontradiktorischen Stellung der Parteien zueinander. Weil nur der Kläger mit seinem Antrag Erfolg haben kann, wenn und soweit das von ihm geltend gemachte Recht von dem an Gesetz und Recht gebundenen Richter (Art. 20 Abs. 3 GG) festgestellt wird, somit ein weiter gehender Antrag abgewiesen werden muss, kommt es insoweit nicht auf den Antrag des Beklagten an. Dies wird insbesondere auch durch § 331 Abs. 2 Halbs. 2 bestätigt. Nur in Fällen, in denen das Gesetz die Abweisung des Klageantrages auf Grund einer besonderen Konstellation von einem darauf gerichteten Antrag des Beklagten abhängig macht, wie im Fall der Säumnis des Klägers (§ 330) oder bei einem Verzicht des Klägers auf den von ihm geltend gemachten Anspruch (§ 306), gilt etwas anderes.[5] 2

2. Auslegung der Anträge. Die Anträge der Parteien sind als Prozesshandlungen der Auslegung fähig.[6] Die zur Auslegung materiell-rechtlicher Rechtsgeschäfte entwickelten Regeln sind entsprechend heranzuziehen.[7] Danach kann nicht der bloße Wortlaut des Antrags entscheidend sein, sondern der durch ihn verkörperte Wille.[8] Es ist dementsprechend nicht nur darauf zu sehen, ob der Antrag für sich allein betrachtet einen eindeutigen Sinn ergibt, sondern es ist auch die dem Antrag beigegebene Begründung zu beachten.[9] Aus diesem zu berücksichtigenden Zusammenhang von Antrag und Begründung ergibt sich zwingend die **Beachtlichkeit des vom Kläger dargestellten Sachverhalts,** auf den er seinen Klageantrag stützt, für das Verständnis und auch die inhaltliche Begrenzung seines Klagebegehrens. Wie das Gericht den Klageantrag zu verstehen hat, darf also nicht allein dem bloßen Wortlaut des Antrags entnommen werden, sondern hierfür ist auch die Sachverhaltsschilderung des Klägers maßgebend.[10] Vor einer Korrektur des missverständlich oder unklar gefassten Antrages durch Auslegung hat jedoch der **Richter** regelmäßig **nach § 139 Abs. 1** den Kläger **auf** die **Notwendigkeit einer Klarstellung hinzuweisen** und es ihm zu überlassen, dem Klageantrag die richtige Fassung zu geben. Eine solche Aufklärung muss stets, soweit dies möglich ist, der selbständigen Auslegung des Gerichts vorgehen.[11] 3

3. Bindungswirkung. a) Quantitative Grenzen. Nach Wortlaut und Entstehungsgeschichte der Vorschrift[12] kann es nicht zweifelhaft sein, dass § 308 Abs. 1 dem Richter verbietet, die durch den Klageantrag gezogenen Grenzen in quantitativer Hinsicht zu überschreiten und dem Kläger mehr zuzusprechen, als er beantragt hat. Im Einzelfall kann jedoch die Auslegung eines ziffernmäßig genau bestimmten Klageantrags ergeben, dass dadurch der zu Grunde liegende Anspruch in seiner Gesamtheit geltend gemacht werden soll, die **vom Kläger genannte Höhe** also **lediglich als** ein **Mindestbetrag zu verstehen** ist und die genaue Höhe des geltend gemachten Anspruchs dem Ermessen des Gerichts überlassen wird. Spricht das Vorbringen des Klägers für eine derartige Willensrichtung, dann liegt die sich ergebende Problematik nicht in der Vorschrift des § 308 Abs. 1, sondern im Bestimmtheitserfordernis des § 253 Abs. 2 Nr. 2.[13] Allerdings ist gegenüber einer derartigen den Wortlaut des Antrags übergehenden Auslegung Zurückhaltung geboten. Nur wenn das übrige Vorbringen des Klägers eindeutig ergibt, dass die ziffernmäßig bestimmte Höhe der Klageforderung den zu Grunde liegenden Anspruch nicht quantitativ begrenzt, sondern nur qualitativ individua- 4

---

[1] *St/J/Leipold* vor § 128 Rn. 138f.
[2] Bericht 1961 S. 174ff.; *Batsch* ZZP 86 (1973), 254f.
[3] *Bruns* Rn. 137c.
[4] BGH NJW 1991, 1683, 1684.
[5] *B/L/H* Rn. 4; aA MK/*Prütting* § 297 Rn. 6.
[6] MK/*Rauscher* Einl. Rn. 391 m. Nachw.
[7] *St/J/Leipold* vor § 128 Rn. 247 m. Nachw.
[8] BGH NJW 1988, 128; 2006, 1062; BAG NZA 2004, 975, 976; OLG Frankfurt/M MDR 1977, 56; OLG Nürnberg FamRZ 1982, 1102, 1103.
[9] BGH WM 1980, 343; OLG Hamm MDR 2001, 470, 471.
[10] BGH NJW 1994, 788, 790 (insoweit nicht abgedruckt in BGHZ 124, 128); BAG NZA 1993, 561, 562; OLG Düsseldorf MDR 2004, 1257.
[11] *St/J/Leipold* vor § 128 Rn. 250
[12] Mat. II 1 S. 285 (zu § 269).
[13] *Batsch* (Fn. 2) S. 270ff.

lisieren soll, dem Gericht also überlassen wird, dem vom Kläger zu beanspruchenden Betrag in seiner Höhe zB nach § 287 festzustellen, ist Raum für eine solche Interpretation des Klageantrags.[14]

5 Beantragt der Kläger die Verurteilung des Beklagten zur Zahlung einer bestimmten Summe, die sich aus einzelnen **unselbständigen Rechnungsposten** zusammensetzt, dann ist das Gericht befugt, diese Rechnungsposten der Höhe nach zu verschieben und auch über den bei einzelnen Posten genannten Betrag hinauszugehen, sofern nur die beantragte Höhe insgesamt nicht überschritten wird.[15] Eine solche Vorgehensweise kann insbesondere bei der **Bemessung des Altersvorsorgeunterhalts** im Verhältnis zum Elementarunterhalt in Betracht kommen, bei denen es sich um unselbständige Teile des Gesamtunterhaltsanspruchs des Ehegatten handelt.[16] Dagegen darf das Gericht nicht einen Zahlungsanspruch, der auf eine konkrete Rechtsverletzung gestützt wird, mit Beträgen ausfüllen, die dem noch nicht bezifferten Zahlungsanspruch einer Stufenklage entnommen werden.[17] Wird Schadensersatz geltend gemacht und beantragt, bestimmte monatliche **Rentenbeträge** zuzusprechen, dann darf das Gericht dem Kläger nicht einen höheren monatlichen Rentenbetrag als beantragt zuerkennen. Ebenso darf es sich nicht über die durch den Klageantrag vorgenommene Zuordnung einzelner Rentenbeträge zu bestimmten Zeitabschnitten in der Weise hinwegsetzen, dass es eine Zuvielforderung für einzelne Monate durch andere Monate ausfüllt.[18] Beantragt der Kläger ein Versäumnisurteil, dann darf das Gericht nicht davon abweichend die Klage durch kontradiktorisches Urteil zusprechen.[19]

6 Nach allgemeiner Meinung ist der Richter nicht durch § 308 Abs. 1 daran gehindert, dem **Kläger weniger zuzusprechen, als er beantragt** hat. Rechtfertigen lässt sich diese Auffassung durch die Erwägung, dass der (bezifferte) Klageantrag des Klägers das Weniger mitumfasst, also die Verurteilung des Beklagten auch zu einem niedrigeren Betrag begehrt wird, wenn mehr nicht erreichbar ist. Erklärt jedoch ausnahmsweise der Kläger ausdrücklich, er wünsche nur die volle Verurteilung des Beklagten und lehne jede Einschränkung insoweit ab, dann muss dieser Wille des Klägers beachtet werden.[20]

7 b) **Aliud.** Da der Richter nichts anderes, wohl aber weniger zusprechen darf, als der Kläger beantragt hat, ist es erforderlich, das **Aliud vom Minus abzugrenzen.**[21] Nach einer im Schrifttum vertretenen Auffassung soll diese Abgrenzung nicht nach objektiven Kriterien vorgenommen werden, sondern es soll der Wille des Klägers entscheiden,[22] wobei allerdings nur der erkennbar zum Ausdruck gebrachte Wille maßgebend sein und auf eine „Motivforschung" verzichtet werden soll.[23] Dieser Auffassung ist insoweit zuzustimmen, als der Wille des Klägers für ausschlaggebend erklärt wird. Dieser Wille ist aber wie sonst auch durch Auslegung aus seinem Vortrag zu erschließen (Rn. 3). Dabei muss ebenfalls berücksichtigt werden, dass in einem Hauptantrag unausgesprochen ein auf ein Aliud gerichteter Hilfsantrag enthalten sein kann.[24] In Zweifelsfällen wird der Richter stets zu versuchen haben, durch entsprechende Fragen (§ 139 Abs. 1) eine Klärung herbeizuführen. Wenn der Kläger daraufhin seinen Antrag korrigiert, dann kommt es für die Frage, ob es sich dabei um eine Klageänderung handelt, entscheidend darauf an, ob lediglich ein missverständlich gefasster Antrag verdeutlicht wird oder ob der Kläger sein ursprüngliches Klageziel wechselt (§ 263 Rn. 2f.).

8 Zweifelsfrei kann **bei Geldansprüchen** oder bei Ansprüchen auf Leistung einer Gattungssache, deren Größenordnungen angegeben sind, ein **niedrigerer Betrag, als beantragt,** als Minus aufgefasst werden (Rn. 6). In anderen Fällen wird regelmäßig ein Aliud anzunehmen sein, auf das nicht ohne vorherige Klageänderung erkannt werden darf, wenn nicht ausnahmsweise im Wege der Auslegung ein entsprechender (stillschweigend gestellter) Hilfsantrag des Klägers festgestellt werden kann. Es ist nicht zu verkennen, dass die Praxis jedoch wesentlich großzügiger verfährt (Rn. 9ff.).

9 c) **Einzelfälle.** Die folgenden Hinweise auf Entscheidungen der Gerichte sollen dazu dienen, die häufig nicht einfache Abgrenzung zwischen Aliud und Minus zu erleichtern: Bei einem Antrag des Klägers auf uneingeschränkte Verurteilung des Beklagten wird das Gericht für befugt gehalten, eine **Zug-um-Zug-Verurteilung** (als Minus) auszusprechen.[25] In dem auf Verurteilung des Beklagten zu einer Leistung gerichteten Antrag soll als Weniger der **Antrag auf Feststellung** des Rechtsverhältnisses enthalten sein, das die Voraussetzung für die begehrte Leistung bildet.[26] Dementsprechend bedeutet die Feststellung, dass der Verurteilte zur Leistung verpflichtet sei, ein Weniger gegenüber der beantragten Verurteilung zur Leistung.[27] Die Feststellung eines Leistungsverweigerungsrechts wird als Minus gegenüber der beantragten Feststellung angesehen, nichts zu schulden.[28] An Stelle der Abweisung einer **negativen Feststellungsklage** als unbegründet,

---

14 *Batsch* (Fn. 2) S. 276; vgl. auch *Fenn* ZZP 89 (1976), 121, 134.

15 BGH NJW-RR 1990, 997, 998.

16 BGH NJW-RR 1989, 386, 387; OLG Koblenz FamRZ 1989, 59, 61; *Wosgien* FamRZ 1987, 1102, 1104.

17 BGH (Fn. 15).

18 BGH NJW-RR 1990, 380.

19 LAG Mainz NZA 1997, 1071.

20 AK-ZPO/*Fenge* Rn. 7; einschr. *Sae/Saenger* Rn. 6 (nur bei berechtigtem Interesse des Klägers); vgl. dazu auch *Musielak*, Festschr. f. K. H. Schwab, 1990, S. 349, 352ff.

21 Ausführlich dazu *Musielak* (Fn. 20) S. 354f.

22 *Melissinos,* Die Bindung des Gerichts an die Parteianträge nach § 308 ZPO, 1982, S. 119; AK-ZPO/*Fenge* Rn. 8.

23 So *Fenge* (Fn. 22); im gleichen Sinn auch *Grunsky* ZZP 96 (1983), 395, 398.

24 BAGE 7, 256, 259.

25 BGHZ 117, 1, 3 = NJW 1992, 1172, 1173 m. weit. Nachw.

26 BGH NJW 1984, 2295 m. Anm. v. *Dunz;* BGHZ 118, 70, 81f. = NJW 1992, 1834; OLG Köln FamRZ 1986, 577, 578. Dies gilt jedoch nicht für ein Zwischenfeststellungsurteil; vgl. BGH MDR 2005, 645.

27 OLG Köln (Fn. 26).

28 BGH NJW 1983, 392, 393.

kann das Gericht auch das Gegenteil positiv feststellen.[29] Hinter dem **Antrag auf Wiederherstellung (§ 249 Abs. 1 BGB)** bleibt als Minus das Geltendmachen eines Geldersatzanspruchs (§ 251 BGB) zurück.[30] Hängt die dem Beklagten aufgegebene Beseitigung einer Störungsquelle von einer behördlichen Genehmigung ab, dann kann der Richter auch ohne entsprechenden Antrag des Klägers den Vorbehalt der Erteilung der Ausnahmegenehmigung in den Urteilstenor aufnehmen, weil diese Einschränkung als ein Weniger gegenüber dem auf eine uneingeschränkte Beseitigung der Störung gerichteten Klageantrag zu werten ist[31].

Umstritten ist die Frage, ob ein **nachbarrechtlicher Ausgleichsanspruch** nach § 906 Abs. 2 S. 2 BGB gegenüber einem vom Kläger geltend gemachten Schadensersatzanspruch als Aliud oder als Minus zu werten ist.[32] Beantragt der Kläger bei einer **Vollstreckungsabwehrklage,** die Zwangsvollstreckung aus einem Urteil für unzulässig zu erklären, dann kann das Gericht als Minus aussprechen, dass die Vollstreckung nur teilweise unzulässig sei.[33] In dem Antrag auf Feststellung, dass ein Arbeitsverhältnis nicht durch fristlose **Kündigung** beendet worden sei, kann ein Hilfsantrag enthalten sein, die Folgen einer in der fristlosen Kündigung liegenden befristeten Kündigung auszusprechen.[34] Verlangt der Kläger, den Beklagten **von einem bestimmten Zeitpunkt an** zur **Zahlung** eines höheren als ursprünglich vereinbarten Erbbauzinses zu verurteilen, dann bedeutet es gegenüber diesem Antrag ein Weniger, wenn das Gericht die Verpflichtung des Beklagten ausspricht, den erhöhten Betrag erst von einem späteren Zeitpunkt an zu entrichten.[35] Wird rückständige und künftige **Miete** eingeklagt, dann darf das Gericht die im Laufe des Verfahrens fällig gewordenen Beträge bei der Entscheidung in einer Summe zusammenfassen und den Beklagten entsprechend verurteilen.[36] 10

Zulässig ist die Festlegung von **Grenzwerten** im Urteil, die vom Beklagten nicht überschritten werden dürfen, wenn sich der Klageantrag gegen wesentliche **Lärm- und Geruchsbeeinträchtigungen** wendet.[37] Bei einer auf § 920 BGB gestützten **Grenzscheidungsklage** kann der Richter auch eine andere Grenzlinie als vom Kläger beantragt festlegen, wobei jedoch dem Kläger nicht mehr zugesprochen werden darf als er mit seinem (bestimmten) Antrag begehrt.[38] Zulässig soll die Verurteilung zur **Hinterlegung** statt der verlangten Verurteilung zur Zahlung sein, weil die Hinterlegung als das Mindere gegenüber der Zahlung aufgefasst werden müsse.[39] Das Gleiche soll für die **Freistellung von einer Verbindlichkeit** gelten, zu der der Beklagte statt der vom Kläger beantragten Leistung des auf die Verbindlichkeit entfallenden Betrages verurteilt wird.[40] 11

Als **Aliud** und deshalb nicht mehr vom Klageantrag umfasst sind gewertet worden: die Zubilligung einer **Kapitalabfindung** statt einer begehrten Rentenzahlung oder umgekehrt;[41] die Verurteilung zur **Leistung eines Gegenstandes** statt der beantragten Zahlung seines Wertes[42] oder zur Übereignung statt zu der begehrten Herausgabe[43], die Einwilligung in die **Entfernung einer falschen Signatur** auf einem Ölgemälde an Stelle der beantragten Einwilligung in die Kennzeichnung des Bildes als Fälschung;[44] die Verurteilung des Beklagten zur Zahlung eines Geldbetrages in inländischer Währung, wenn der Kläger die Zahlung in **ausländischer Währung beantragt** hat.[45] Als Verletzung des § 308 ist die Verurteilung des Beklagten zur **Zahlung von Umzugskosten** aufgefasst worden, wenn der Kläger beantragt, den Beklagten wegen einer falschen Beratung über die steuerliche Belastung der Eigennutzung eines von ihm errichteten Hauses zur Zahlung des Unterschiedsbetrages zwischen den Mieteinnahmen und den Baukosten **als Schadensersatz** zu verurteilen.[46] Gleiches gilt, wenn das Gericht einen Kostenvorschuss für die Beseitigung eines Mangels des Werkes statt des beantragten Schadensersatzanspruchs dem Kläger zuspricht.[47] Beantragt der Kläger die **Räumung des Mietobjektes** zu einem bestimmten Zeitpunkt, dann darf der Richter nicht ohne einen entsprechenden Antrag des Klägers den Beklagten zur Räumung zu einem späteren Zeitpunkt verurteilen.[48] Die Verurteilung des beklagten Mieters zur **Duldung bestimmter** (nicht beantragter) **Umbaumaßnahmen** widerspricht § 308 Abs. 1, wenn der Kläger die Verurteilung zur Duldung umfassender Umbauten fordert.[49] Beantragt der Kläger, den Beklagten zum Abschluss eines Vertrages mit einer bestimmten Laufzeit zu verurteilen, dann darf 12

---

[29] BAG WM 1988, 1514, 1516.
[30] RG JW 1936, 1997; aA *T/P/Reichold* Rn. 2; *Ro/S/Go* § 131 Rn. 7.
[31] BGH NZM 2005, 318, 319.
[32] Als „Weniger" angesehen von OLG Stuttgart NJW 1989, 1224; offen gelassen von BGH NJW 1990, 1910, 1911 (das Gericht äußert allerdings Bedenken); als Aliud gewertet von BGH NJW 1993, 925, 928 (insoweit nicht abgedruckt in BGHZ 120, 239).
[33] BGH NJW-RR 1987, 59, 60.
[34] BAG (Fn. 24).
[35] BGH NJW 1985, 2524, 2525.
[36] BGH ZIP 1986, 583, 586.
[37] BGH WM 1993, 1478, 1479; LG Freiburg WoM 2002, 94.
[38] BGH NJW 1965, 37.
[39] RGZ 79, 275, 276.
[40] OLG Frankfurt/M FamRZ 1990, 49, 50; vgl. auch BGH NJW 1994, 944, 945.
[41] BGH NJW 1998, 3411; vgl. auch *Schreiber* Jura 1988, 190, 192.
[42] RG WarnR 1914 Nr. 173.
[43] Pukall Rn. 791.
[44] BGHZ 107, 384, 394 = NJW 1990, 1986.
[45] BGH WM 1993, 2011.
[46] BGH NJW 1994, 442.
[47] OLG Köln MDR 2002, 716, 717.
[48] LG Bonn WoM 1993, 464.
[49] LG Köln WoM 1993, 40, 41.

das Gericht nicht eine kürzere Laufzeit gegen den Willen des Klägers festsetzen, weil die kürzere Laufzeit den Inhalt der vom Kläger gewollten Willenserklärung verändert und zu einem aliud werden lässt.[50]

13 Beschreibt der Kläger in seinem Antrag eine zu unterlassende Handlung durch die Angabe bestimmter Merkmale, dann geht das Gericht in unzulässiger Weise über den Antrag hinaus, wenn es einzelne Merkmale der Beschreibung weglässt und damit die von ihm verbotene Handlung allgemeiner kennzeichnet, als sie vom Kläger begehrt wird.[51] Denn bei **Unterlassungsklagen** kommt wegen der Vielzahl möglicher Ansprüche dem Antrag zur Individualisierung des Klagebegehrens besondere Bedeutung zu.[52] Richtet sich eine Unterlassungsklage gegen die Veröffentlichung eines Testberichts über ein im Antrag des Klägers namentlich bezeichnetes Produkt, dann verstößt es gegen § 308 Abs. 1, wenn das Gericht das Verbot von sich aus auf ein nunmehr unter einer anderen Bezeichnung auf dem Markt befindliches Produkt bezieht.[53] Das Verbot der Werbung mit einer bestimmten Zeitungsanzeige darf vom Gericht nicht darauf gestützt werden, dass der Verkehr durch bestimmte in der Anzeige enthaltenen Angaben irre geführt werde, wenn der Kläger seinen Unterlassungsantrag nicht auf diese, sondern auf andere in der Anzeige enthaltenen Angaben stützt, weil dann ein von der Klage abweichender Lebenssachverhalt und damit auch ein anderer Streitgegenstand der Entscheidung zu Grunde gelegt wird.[54] Denn der Streitgegenstand wird durch Antrag und zu Grunde liegenden Lebenssachverhalt bestimmt (vgl. Einl. Rn. 69, 74ff.), und deshalb muss bei der Frage, was der Kläger mit seiner Klage begehrt, stets auch auf dem Klagegrund (Lebenssachverhalt) gesehen werden. Zu Recht hat es deshalb der BGH für unzulässig erklärt, dass vom Gericht bestimmte geschäftliche Tätigkeiten verboten werden, deren Unterlassung vom Kläger mit einer anderen tatsächlichen Begründung beantragt wird,[55] oder dass die Verurteilung auf ein von mehreren dem Kläger zustehenden Schutzrechten gestützt wird, wenn sich der Kläger in seiner Klage auf ein anderer Schutzrecht beruft.[56] Stellt der Kläger einen zu engen Antrag, dann darf das Gericht nicht etwa mit der Begründung, dass das vom Kläger begehrte Unterlassungsgebot auch alle nicht ausdrücklich bezeichneten Verletzungshandlungen umfasse, die in ihrem Kern der im klägerischen Antrag genannten Handlung entsprechen, über die vom Klageantrag gezogenen Grenzen hinausgehen.[57] Vielmehr muss der Richter wie auch sonst bei sachwidrigen Anträgen dem Kläger durch entsprechende Hinweise (§ 139 Abs. 1) Gelegenheit geben, das von ihm Gewollte zu erklären, also seinen Antrag zu präzisieren, möglicherweise auch zu erweitern.[58] Der Beklagte darf folglich nicht verurteilt werden, bestimmte Handlungen (zB das Starten und Landen von Flugzeugen) zu einer bestimmten Zeit gänzlich zu unterlassen, wenn der Kläger den Antrag gestellt hat, dem Beklagten zu untersagen, Geräusche zu verursachen, die einen bestimmten Schallpegel übersteigen.[59] Es ist rechtlich etwas anderes, ob ein Handlungs-, Unterlassungs- oder Duldungsanspruch einschränkungslos für alle denkbaren Fälle oder nur in bestimmten von weiteren Umständen abhängigen Einzelfällen besteht. Dementsprechend darf eine Verurteilung des Beklagten zu Duldung des Betretens seines Grundstücks unter bestimmten Vorgaben und Einschränkungen nicht ausgesprochen werden, wenn der Kläger die uneingeschränkte Duldung fordert.[60] Hat der Kläger seinen Unterlassungsantrag zu weit gefasst, dann kann der Antrag als ein Minus die konkrete Verletzungsform enthalten.[61]

14 Gegen § 308 Abs. 1 verstößt es, wenn das Gericht in einem Streit über die **Entfernung eines Abmahnungsschreibens** aus den Personalakten den beklagten Arbeitgeber ohne entsprechenden Antrag für berechtigt erklärt, den klagenden Arbeitnehmer erneut schriftlich abzumahnen.[62] Kann der Beklagte mit Rücksicht auf die zwischen ihm und dem Kläger bestehende Wettbewerbslage nach Treu und Glauben verlangen, eine **Auskunftspflicht** dadurch zu erfüllen, dass er die von ihm zu gebenden Informationen nicht dem Kläger, sondern einer zur Berufsverschwiegenheit verpflichteten Vertrauensperson mitteilt, dann wird das Gericht für berechtigt gehalten, den Beklagten auch ohne einen entsprechenden Antrag des Klägers zu verurteilen, seiner Auskunftspflicht in dieser Form nachzukommen.[63]

15 **d) Rechtliche Bewertung.** Da das Gericht an die rechtliche Bewertung der von den Parteien vorgetragenen Tatsachen nicht gebunden ist, kann grundsätzlich vom Kläger auch nicht verlangt werden, dass das Gericht seine Klage nur unter bestimmten rechtlichen Gesichtspunkten prüft.[64] Nur wenn das materielle

---

[50] OLG Köln MDR 1992, 613,

[51] OLG Karlsruhe GRUR 1982, 169, 171; vgl. auch BGH GRUR 2006, 960, 961 (unzulässige Abweichung vom Klageantrag durch Abwandelung der Verletzungsform); zur Problematik beim Gegendarstellungsanspruch s. OLG Koblenz NJW-RR 1998, 23, 24.

[52] Vgl. BGH NJW 2003, 3406, 3408; 2005, 2550, 2551; *Schubert* ZZP 85 (1972), 29, 41ff., 51; *Ritter,* Zur Unterlassungsklage: Urteilstenor und Klageantrag, 1994, S. 150ff.; für Entbehrlichkeit eines bestimmten Antrags bei Unterlassungsverfügungen *du Mesnil de Rochemont,* Die Notwendigkeit eines bestimmten Antrages bei der Unterlassungsverfügung im Wettbewerbsprozess und die Bindung des Gerichts an einen solchen Antrag, 1993, S. 78ff., 94.

[53] BGH NJW 2001, 157, 158f.

[54] BGH NJW 2001, 1791, 1792;

[55] BGH NJW 2003, 2317, 2318.

[56] BGH MDR 2001, 949.

[57] So aber die sog. Kerntheorie; vgl. dazu *Ritter* (Fn. 52) S. 67ff., 106f. m. Nachw.

[58] *Ritter* (Fn. 52) S. 151f.; *Melissinos* (Fn. 22) S. 156f.

[59] BGHZ 69, 118, 120f. = NJW 1977, 1920.

[60] BAG EzA BetrVG § 40 Nr. 67.

[61] Vgl. BGH NJW 1999, 2193.

[62] BAG NJW 1995, 1374f.

[63] BGH LM BGB § 260 Nr. 6; GRUR 1978, 52, 53 = LM BGB § 242 (Be) Nr. 35.

[64] BAG DB 1991, 549, 550; OLG Hamm WRP 1987, 396, 398; *M. Huber* JuS 1987, 464; *St/J/Leipold* Rn. 4; *Zö/Vollkommer* Einl. Rn. 84 m. weit. Nachw.

Recht dem Kläger die Möglichkeit bietet, ein bestimmtes Rechtsschutzziel auf unterschiedlichen Wegen und unter unterschiedlichen Voraussetzungen zu erreichen, muss es ihm gestattet werden, insoweit eine Wahl zu treffen, die auch für den Richter verbindlich ist. So kann er beispielsweise einen Herausgabeanspruch nicht auf Eigentum, sondern allein auf Besitz stützen, um mögliche Einwendungen des Beklagten auszuschließen (vgl. § 986 BGB einerseits und § 863 BGB andererseits).[65] Errechnet der Kläger zB wegen einer verfehlten Rechtsanwendung den von ihm geltend gemachten Anspruch falsch, dann ist das Gericht nur an die Höhe der Klageforderung, nicht dagegen an die zu Grunde liegende Berechnung gebunden.[66]

4. Fehlender oder unbezifferter Antrag. Stellt der Kläger keinen Sachantrag, dann darf der Beklagte nicht verurteilt werden.[67] Das Gericht darf dann aber auch nicht durch kontradiktorisches Urteil die Klage abweisen, weil § 308 auch verletzt wird, wenn dem Kläger ein Anspruch aberkannt wird, den er nicht geltend macht.[68] Wird vom Kläger **einseitig** die **Hauptsache für erledigt erklärt** und deshalb nicht mehr die Verurteilung des Beklagten beantragt, dann ist in dem Fall, dass sich die Hauptsache nicht erledigt hat, zu prüfen, ob nicht stillschweigend vom Kläger der Antrag auf Verurteilung des Beklagten hilfsweise aufrechterhalten wurde (§ 91a Rn. 31). Ist ausnahmsweise ein **unbezifferter Antrag** zulässig, weil die ziffernmäßige Feststellung einer Forderung entscheidend von der Ausübung des richterlichen Ermessens oder einer richterlichen Schätzung abhängig ist, dann hat der Kläger nach der Rechtsprechung des BGH eine ungefähre Größenordnung des von ihm verlangten Betrages anzugeben, um den aus § 253 Abs. 2 Nr. 2 abzuleitenden Anforderungen zu genügen (§ 253 Rn. 34). 16

Die Frage, welche **Bindungswirkung für den Richter aus** dieser **Angabe der Größenordnung bei einem unbezifferten Antrag** folgt, ist streitig. Während die einen darin eine verbindliche Obergrenze sehen, die es verhindere, dass vom Richter ein über diese Größenordnung hinausgehender Betrag dem Kläger zugesprochen werde,[69] lehnen andere eine solche Bindung ab und bejahen die Zulässigkeit auch einer erheblichen Überschreitung der vom Kläger genannten Größenordnung,[70] während eine dritte Auffassung dem Richter einen Spielraum von höchstens 20 Prozent nach beiden Seiten von der vom Kläger angegebenen Größenordnung zubilligen will.[71] Die Festlegung eines bestimmten Prozentsatzes als Spielraum für richterliche Abweichungen erscheint wenig überzeugend und führt letztlich auch dazu, dass eine verbindliche Obergrenze auf diese Weise geschaffen wird. Die Notwendigkeit einer solchen Obergrenze lässt sich nur aus dem Bestimmtheitserfordernis des § 253 Abs. 2 Nr. 2 ableiten, dagegen nicht aus § 308, der auf den vom Kläger gestellten Antrag (Rn. 2) bezogen ist. Wenn es aber mit dem Bestimmtheitserfordernis des § 253 Abs. 2 Nr. 2 für vereinbar gehalten wird, einen unbezifferten Antrag zu stellen, dann ist es nur konsequent, die zur Bestimmung des Streitgegenstandes verlangte Angabe einer ungefähren Größenordnung für § 308 Abs. 1 keine Verbindlichkeit zuzumessen; andernfalls würde aus dem unbezifferten Antrag doch wieder ein bezifferter werden.[72] Der Kläger will die von ihm bezeichnete Höhe seines Anspruchs lediglich als Mindestbetrag verstanden wissen und dadurch nicht die vom Gericht vorzunehmende Schätzung begrenzen. Hält man dies mit der hM in Bezug auf § 253 Abs. 2 Nr. 2 für zulässig, dann steht § 308 Abs. 1 nicht entgegen, wenn das Gericht auch im erheblichen Umfang die Schätzung des Klägers überschreitet. 17

5. Hilfsantrag. Stellt der Kläger für den Fall, dass er mit seinem Hauptantrag keinen Erfolg hat, einen Hilfsantrag (eventuelle Klagenhäufung), dann ist das Gericht an die vom Kläger vorgegebene Reihenfolge gebunden und darf erst über den Hilfsantrag entscheiden, nachdem es die Unzulässigkeit oder Unbegründetheit des Hauptantrages festgestellt hat (vgl. § 260 Rn. 4, 8).[73] In gleicher Weise ist zu verfahren, wenn der Kläger noch weitere Hilfsanträge eventualiter hinzufügt.[74] Der Kläger kann die Entscheidung über den Hilfsantrag auch davon abhängig machen, dass sein Hauptantrag erfolgreich ist.[75] 18

III. Verstoß gegen § 308 Abs. 1

1. Rechtsfolgen. Die Verletzung des § 308 Abs. 1 führt nur zur Anfechtbarkeit, nicht zur Unwirksamkeit des Urteils. Das Rechtsmittel muss allerdings zulässig sein (vgl. aber Rn. 22). Dies gilt auch dann, wenn dem Kläger etwas anderes zugesprochen wird, als er beantragt hat.[76] Da § 308 Abs. 1 den Inhalt der gerichtlichen Entscheidung regelt, also materielles Prozessrecht enthält[77] und folglich keine das Verfahren betreffende Vorschrift iSv. § 295 Abs. 1 darstellt, ist ein Verstoß gegen diese Vorschrift vom Rechtsmittelgericht von Amts wegen zu beachten; auch in der Revisionsinstanz kommt es auf eine Rüge nicht an (vgl. 19

---

[65] *Melissinos* (Fn. 22) S. 88ff.; vgl. auch BGHZ 109, 275, 276f. = NJW 1990, 834; *Smid* ZZP 102 (1989), 22, 39ff.
[66] OLG Nürnberg JurBüro 1975, 771, 772.
[67] BGH NJW 2004, 2019, 2021; BAG NJW 1971, 1332.
[68] BGH NJW 1991, 1683, 1684; OLG Köln FamRZ 1995, 888.
[69] OLG München NJW 1986, 3089, 3090; *Röttger* NJW 1994, 368, 369.
[70] BGHZ 132, 341, 350f. = NJW 1996, 2425 = MDR 1996, 886 m. zust. Anm. v. *L. Jaeger;* BGH JR 1997, 154, 157 m. Anm. v. Probst; BGH NJW 2002, 3769; OLG Celle NJW 1977, 343; OLG Brandenburg VersR 2000, 489, 490; *Schneider* MDR 1991, 195, 198; *Batsch* (Fn. 2) S. 272; *Frahm* VersR 1996, 1212.
[71] OLG Düsseldorf NJW-RR 1995, 955.
[72] BGHZ (Fn. 70); vgl. dazu auch *Gerstenberg* NJW 1988, 1352, 1356.
[73] BGH WM 1978, 194; NJW-RR 1989, 650; 1992, 290; OLG Zweibrücken OLGZ 1987, 371, 373.
[74] BGH WM 1978, 194, 195.
[75] *Kion,* Eventualverhältnisse im Zivilprozess, Diss. Berlin 1971, S. 163.
[76] *B/L/H* Rn. 17; *Musielak* (Fn. 20) S. 359ff.; aA *Jauernig,* Das fehlerhafte Zivilurteil, 1958, S. 156ff.
[77] BGH LM Nr. 7; RGZ 110, 150, 151; 156, 372, 376; *Melissinos* (Fn. 22) S. 43.

§ 557 Abs. 3).[78] Hebt das Berufungsgericht wegen Verletzung des § 308 Abs. 1 das Urteil auf, dann wird es die Sache regelmäßig an das erstinstanzliche Gericht zurückzuverweisen haben.[79]

20 **2. Klageänderung oder Klageerweiterung in der Rechtsmittelinstanz.** Wird dem Kläger mehr oder etwas anderes zugesprochen, als er beantragt hat und legt der Beklagte gegen dieses Urteil **Berufung** ein, dann enthält nach hM[80] der Antrag des Klägers (Berufungsbeklagten) auf Zurückweisung der Berufung inzidenter eine Klageänderung oder Klageerweiterung iSv. § 264 Nr. 2 (iVm. § 525), die auf das ihm durch das angefochtene Urteil Zugesprochene gerichtet ist; allerdings müssen die durch § 533 gezogenen Grenzen beachtet werden. Die Einlegung einer Anschlussberufung ist zu diesem Zweck nicht erforderlich, weil der Kläger (Berufungsbeklagte) nicht die Änderung des angefochtenen Urteils zu seinen Gunsten, sondern lediglich die Verwerfung oder Zurückverweisung der Hauptberufung begehrt, also die durch das angefochtene Urteil erworbene Rechtsposition behalten möchte (§ 524 Rn. 8).[81]

21 In der **Revisionsinstanz,** in der es nicht zulässig ist, neue Ansprüche im Wege der Klageänderung oder der Klageerweiterung zu erheben, wird es regelmäßig nicht möglich sein, den Antrag auf Zurückweisung der Revision im gleichen Sinn wie einen Berufungsantrag auszulegen, also anzunehmen, dass der Revisionsbeklagte seine Klage ändert oder erweitert, um den ihm zugesprochenen Vorteil, der über den von ihm in der Berufungsinstanz gestellten Antrag hinausgeht, zu behalten.[82] Nur wenn die Tatsachen, die einer solchen Klageänderung oder Klageerweiterung zu Grunde liegen, bereits in einer der Tatsacheninstanzen festgestellt worden sind, kommt eine entsprechende Auslegung des Zurückweisungsantrags in Betracht und kann der vom Berufungsgericht begangene Verstoß gegen § 308 Abs. 1 in der Revisionsinstanz auf diese Weise geheilt werden.[83]

22 **3. Weitere Korrekturmöglichkeiten.** Ist ein Urteil, das § 308 Abs. 1 verletzt, mit einem Rechtsmittel nicht anfechtbar, dann kommt für die durch das Urteil beschwerte Partei eine Rüge nach § 321a in Betracht, weil regelmäßig mit einem Verstoß gegen § 308 Abs. 1 eine Verletzung des Anspruchs auf rechtliches Gehör verbunden sein wird.[84]

IV. Sachenrechtsbereinigungsgesetz

23 Die Regelung der Rechtsverhältnisse, die durch die Bebauung fremder Grundstücke auf dem Gebiet der ehemaligen DDR entstanden sind, wird durch das Gesetz zur Sachenrechtsbereinigung im Beitrittsgebiet (SachenRBerG) vorgenommen.[85] Die sich auf Grund dieses Gesetzes ergebenden Ansprüche sind in einem gerichtlichen Verfahren durchzusetzen, das nach den Vorschriften der ZPO durchgeführt wird (§ 103 Abs. 1 SachenRBerG). Nach § 106 Abs. 1 SachenRBerG kann das Gericht bei einer Entscheidung über eine Vertragsgestaltungsklage nach § 104 SachenRBerG im Urteil auch vom Klageantrag abweichende Rechte und Pflichten der Parteien feststellen. Bestimmte in der Vorschrift genannte Feststellungen darf das Gericht nicht ohne Zustimmung der Parteien treffen.

V. Kapitalanleger-Musterverfahrensgesetz

23a Zu den Besonderheiten, die hinsichtlich der Bindung des Gerichts an die Anträge der Parteien in Verfahren nach dem Kapitalanleger-Musterverfahrensgesetz, gelten, wird auf die Ausführungen zu § 325a verwiesen.

VI. Entscheidung über Prozesskosten (§ 308 Abs. 2)

24 **1. Die von Amts wegen zu treffenden Entscheidungen.** § 308 Abs. 2 nimmt ausdrücklich die Kostenentscheidung von der in Abs. 1 dieser Vorschrift ausgesprochenen Bindung des Gerichts an die Parteianträge aus. Der Gesetzgeber hat diese Regelung mit der „besonderen Natur" der Prozesskosten gerechtfertigt.[86] Das öffentliche Interesse an einer Beantwortung der Frage, welche Partei zu welcher Quote die entstandenen Prozesskosten zu tragen hat, ist Grund für diese Regelung. Dementsprechend ist das Gericht verpflichtet, in jeder Instanz von Amts wegen zu bestimmen, welche Partei die Kosten zu tragen hat, und bei einer Aufteilung auch die Quoten genau festzusetzen.[87] Allerdings gilt dies nur für die Kostengrundentscheidung; in den darauf aufbauenden **Kostenfestsetzungsverfahren** (§§ 103, 104) ist § 308 Abs. 1 mit der Folge zu beachten, dass die von den Parteien gestellten Anträge den festzusetzenden Betrag begrenzen.[88] Macht der Kläger eine Forderung geltend, die Gegenstand eines **selbständigen Beweisverfahrens** gewesen ist, dann

---

[78] BGH NJW-RR 1989, 1087; 1991, 1346, 1347; 2002, 255, 257; BAG NZA 1994, 260, 261; NJW 2004, 386,387; BFH NJWE-FER 2001,

[79] OLG Köln JurBüro 1970, 177; OLG Koblenz MDR 2002, 415.

[80] BGHZ 111, 158, 161 = NJW 1990, 1910; BGH NJW-RR 1999, 61, 62; NJW 2006, 1062; BAG NJW 1995, 1374, 1375; *Musielak* (Fn. 20) S. 363 m. weit. Nachw.

[81] So aber RGZ 110, 150, 151 f.; *Melissinos* (Fn. 22) S. 173.

[82] BGH NJW 2003, 2317, 2319; MDR 2005, 645, 646.

[83] BGH NJW 1991, 1683, 1684; *Walchshöfer* AP BGB § 615 Nr. 30.

[84] BAG NJW 1971, 1332; *Melissinos* (Fn. 22) S. 15 f.; *Ro/S/Go* § 131 Rn. 6.

[85] *Schmidt-Räntsch* DtZ 1994, 322; *Leutheuser-Schnarrenberger* DtZ 1993, 322.

[86] Mat II 1 S. 285 (zu § 269).

[87] OLG Hamm WRP 1981, 111.

[88] OLG Hamm JurBüro 1969, 769; OLG Stuttgart Rpfleger 1973, 220; OLG Braunschweig Rpfleger 1977, 176, 177; OLG Zweibrücken Rpfleger 1981, 455.

muss im Urteil von Amts wegen auch über die Kosten der selbständigen Beweiserhebung befunden werden.[89] Bei einer **Änderung des Kostenausspruchs** der unteren Instanz ist das Rechtsmittelgericht nicht an das Verbot der reformatio in peius gebunden.[90] Voraussetzung für eine solche Änderung ist allerdings die Zulässigkeit des eingelegten Rechtsmittels.[91] Die Kostenentscheidung der Vorinstanz kann auch zum Nachteil eines nicht mehr am Rechtsstreit Beteiligten geändert werden, der das Urteil der Vorinstanz nicht angefochten hat.[92] Weist das Revisionsgericht die Zulassungsbeschwerde zurück, dann darf es nicht die Kostenentscheidung des Berufungsgerichts ändern.[93]

2. Ausnahmen. Die Pflicht des Gerichts, stets eine Kostenentscheidung von Amts wegen zu treffen, besteht in einer Reihe von Ausnahmefällen nicht. Hebt das **Rechtsmittelgericht** das angefochtene Urteil auf und **verweist** es die Sache zur anderweitigen Entscheidung **an** die **Vorinstanz zurück,** dann kann es von einer Kostenentscheidung absehen und sie der unteren Instanz überlassen.[94] Bei einem **Prozessvergleich** ist § 98 zu beachten. Danach sind die Kosten als gegeneinander aufgehoben anzusehen, wenn die Parteien nichts anderes vereinbart haben. In diesem Fall ist eine Kostenentscheidung durch das Gericht überflüssig, denn sie könnte lediglich deklaratorisch das wiederholen, was in § 98 bestimmt ist. Hiervon ist abzusehen, denn § 308 Abs. 2 verpflichtet das Gericht nicht zu einem derartigen rein deklaratorisch wirkenden Ausspruch.[95] Nur wenn die Parteien über die Kostenfolge streiten und eine gerichtliche Entscheidung beantragen oder wenn die Rechtslage für den Kostenbeamten nicht überschaubar erscheint, hat das Gericht eine Kostenentscheidung zu erlassen (§ 98 Rn. 1).[96] Da im **Prozesskostenhilfeverfahren** die gegnerischen Kosten nicht zu erstatten sind (§ 118 Abs. 1 S. 4), ist keine Kostenentscheidung zu treffen (vgl. dazu auch § 118 Rn. 16). 25

Keine Ausnahme von der Vorschrift des § 308 Abs. 2 gilt in den Fällen der **beiderseitigen Erledigungserklärung.** Das Gericht hat von Amts wegen durch Beschluss (§ 91a) über die Kosten zu entscheiden, sofern nicht die Parteien ausdrücklich auf eine Kostenentscheidung verzichten (§ 91a Rn. 20).[97] Denn dass § 308 Abs. 2 nicht anzuwenden ist, wenn nicht mehr über die Hauptsache entschieden werden muss, sondern nur eine (isolierte) Kostenentscheidung übrig bleibt, kann nach dem Zweck der Regelung (Rn. 24) nicht angenommen werden.[98] 26

3. Verstoß gegen § 308 Abs. 2. Entscheidet das Gericht entgegen § 308 Abs. 2 nicht über die Kosten, dann weist das Urteil eine Lücke auf, die nach § 321 Abs. 1 geschlossen werden kann, wenn die unterlassene Entscheidung auf einem Versehen des Gerichts beruht.[99] In diesem Fall muss die Kostenentscheidung nachgeholt werden, wenn sie form- und fristgerecht beantragt wird (vgl. § 321 Abs. 2). Hat dagegen das Gericht bewusst von einer Kostenentscheidung abgesehen, dann ist eine Urteilsergänzung nach § 321 ausgeschlossen und es kommt nur eine Nachholung der Kostenentscheidung durch das Gericht der nächsten Instanz auf Grund eines Rechtsmittels in Betracht. § 99 Abs. 1 steht der Anfechtung des Urteils allein wegen der unterlassenen Kostenentscheidung nicht entgegen, weil diese Vorschrift voraussetzt, dass überhaupt eine Kostenentscheidung getroffen worden ist.[100] 27

308a

Entscheidung ohne Antrag in Mietsachen (1) [1]**Erachtet das Gericht in einer Streitigkeit zwischen dem Vermieter und dem Mieter oder dem Mieter und dem Untermieter wegen Räumung von Wohnraum den Räumungsanspruch für unbegründet, weil der Mieter nach den §§ 574 bis 574b des Bürgerlichen Gesetzbuchs eine Fortsetzung des Mietverhältnisses verlangen kann, so hat es in dem Urteil auch ohne Antrag auszusprechen, für welche Dauer und unter welchen Änderungen der Vertragsbedingungen das Mietverhältnis fortgesetzt wird.** [2]**Vor dem Ausspruch sind die Parteien zu hören.**

(2) Der Ausspruch ist selbständig anfechtbar.

I. Normzweck

Die durch das zweite Gesetz zur Änderung mietrechtlicher Vorschriften vom 14. 7. 1964 (BGBl. I S. 457) neu in die ZPO eingefügte Vorschrift des § 308a enthält eine weitere Ausnahme von der durch § 308 Abs. 1 ausgesprochenen Bindung des Gerichts an die Anträge der Parteien. Der Gesetzgeber war der Meinung, es sei im Interesse des Rechtsfriedens geboten, in den Fällen der §§ 574 bis 574b BGB bei Abweisung der Räumungsklage durch das Gericht von Amts wegen Dauer und Modalitäten einer Fortsetzung des Mietver- 1

[89] OLG Düsseldorf MDR 1994, 201.
[90] BGHZ 92, 137, 139; BGH NJW 1993, 1260, 1261; BAG BB 1975, 231; OLG Frankfurt/M FamRZ 1987, 62, 66; *Musielak* (Fn. 20) S. 356f.
[91] BAG (Fn. 90).
[92] BGH NJW 1981, 2360; OLG Düsseldorf VersR 1981, 537 (jeweils nur LS).
[93] BGH NJW 2004, 2598.
[94] *Zö/Vollkommer* Rn. 8.
[95] *Bergerfurth* NJW 1972, 1840, 1841; aA OLG Köln JurBüro 1983, 1882.
[96] *Bergerfurth* (Fn. 95); *T/P/Reichold* § 98 Rn. 11.
[97] *T/P/Hüßtege* § 91a Rn. 26; AK-ZPO/*Röhl* § 91a Rn. 26; *Zö/Vollkommer* § 91a Rn. 22; aA KG FamRZ 1994, 1608; *Wieczorek* Anm. E II.
[98] So auch OLG Köln (Fn. 95).
[99] OLG Celle Rpfleger 1969, 170; *Zö/Vollkommer* Rn. 8, § 321 Rn. 2f.
[100] BGH NJW 1959, 291f.; OLG Hamm FamRZ 1981, 189, 190; KG Rpfleger 1981, 318; OLG Bremen Rpfleger 1985, 160.

hältnisses aussprechen zu lassen, um den Parteien insoweit Klarheit zu verschaffen.[1] § 308a kann als Ausprägung des sozialen Zivilprozessrechts verstanden werden, durch das dafür Sorge getragen wird, die auf sozialen Erwägungen beruhenden Bestimmungen des materiellen Rechts in der Praxis durchzusetzen.[2] Aufgrund dieser Vorschrift hat der Richter ohne ein entsprechendes Rechtsfolgebegehren ein privates Rechtsverhältnis zu gestalten.[3] Da durch das Mietrechtsreformgesetz vom 19. 6. 2001 (BGBl. I S. 1149) auch die Paragrafenfolge geändert wurde, ist durch dieses Gesetz die in § 308a ausgesprochene Verweisung entsprechend angepasst worden. Inhaltliche Änderungen waren damit nicht verbunden.

II. Ausspruch über eine Mietfortsetzung

2 **1. Voraussetzungen.** § 308a findet nicht nur in den Fällen der §§ 574 bis 574b BGB, sondern auch in denen des **§ 574c BGB** Anwendung,[4] dagegen nicht, wenn es um die Fortsetzung befristeter Mietverhältnisse gemäß **§ 575 BGB** geht; in diesen Fällen muss der Mieter durch Klage oder Widerklage einen Ausspruch auf Verlängerung geltend machen.[5] Hat der Mieter der Kündigung des Vermieters nach § 556a BGB widersprochen und ist zwischen beiden eine Einigung über die Fortsetzung des Vertrages nicht zu erzielen, ohne dass der Vermieter Räumungsklage erhebt, dann kann der **Mieter auf Fortsetzung klagen.** In einem solchen Rechtsstreit ist § 308a Abs. 1 entsprechend anzuwenden, wenn der Mieter keinen zeitlich genau bestimmten Antrag stellt.[6]

3 Da die Entscheidung nach § 308a Abs. 1 in erster Linie den Interessen des **Mieters** dient (Rn. 1), ist gegen seinen **Willen** die Fortsetzung des Mietverhältnisses durch das Gericht nicht auszusprechen. Gibt also der Mieter zu erkennen, dass er auf eine Fortsetzung des Mietverhältnisses überhaupt keinen Wert legt oder wünscht er nur die Verlängerung für einen bestimmten Zeitraum, dann hat sich das Gericht nicht darüber hinwegzusetzen und ihm mehr zu gewähren, als er wünscht.[7] In Zweifelsfällen hat das Gericht durch Ausübung seines Fragerechts (§ 139) den Willen des Mieters zu ermitteln (vgl. auch Rn. 7).

4 **2. Inhalt.** Da der Richter durch sein Urteil das zwischen den Parteien bestehende Mietverhältnis neu gestaltet (Rn. 1 aE), muss der **Tenor** möglichst **präzise Angaben** enthalten. Regelmäßig ist für die Fortsetzung des Mietverhältnisses ein genau bestimmter Zeitraum anzugeben, wobei es sich empfiehlt, das Datum zu nennen, zu dem das Mietverhältnis endet.[8] Nur wenn ungewiss ist, wann voraussichtlich die Umstände entfallen, wegen derer der Mieter die Fortsetzung des Mietverhältnisses verlangen kann, darf im Urteil angeordnet werden, dass das Mietverhältnis auf unbestimmte Zeit fortgesetzt wird (vgl. § 574a Abs. 2 S. 2 BGB).[9] Die vom Gericht geänderten Bedingungen, zB die Miethöhe,[10] müssen stets genau im Tenor bezeichnet werden. Das Urteil ist ohne Sicherheitsleistung für vorläufig vollstreckbar zu erklären (§ 708 Nr. 7).

5 **3. Urteilsergänzung.** Wurde vom Gericht irrtümlich über die Fortsetzung des Mietverhältnisses nicht entschieden, obwohl die Voraussetzungen dafür erfüllt sind, dann ist in entsprechender Anwendung des § 321 das Urteil zu ergänzen.[11] Allerdings ist hierfür ein Antrag innerhalb der in § 321 Abs. 2 vorgeschriebenen Frist erforderlich.

III. Verfahren

6 **1. Rechtliches Gehör.** In Abs. 1 S. 2 wird ausdrücklich die Verpflichtung des Gerichts erwähnt, die Parteien vor einem Ausspruch über die Fortsetzung des Mietverhältnisses zu hören. Es handelt sich dabei nicht lediglich um eine deklaratorische Wiederholung des sich aus Art. 103 Abs. 1 GG ergebenden Anspruchs auf rechtliches Gehör, sondern es soll dadurch zum Ausdruck gebracht werden, dass die Parteien vom Gericht auf die Möglichkeit des Verlängerungsanspruchs hingewiesen und zum **Vortrag der** dafür **erforderlichen Tatsachen** aufgefordert werden sollen.[12] Denn die entsprechenden Tatsachen müssen von den Parteien beigebracht werden und werden nicht etwa von Amts wegen ermittelt.[13]

7 **2. Versäumnisverfahren.** Auch im Versäumnisurteil kann eine Entscheidung nach § 308a Abs. 1 ausgesprochen werden, wenn der vom Gericht zu beachtende Tatsachenstoff die dafür erforderlichen Voraussetzungen ergibt.[14] Jedoch muss hierbei beachtet werden, dass die Entscheidung über die Fortsetzung eines Mietverhältnisses nicht gegen den Willen des Mieters ergehen darf (Rn. 3). Falls sich insoweit Zweifel ergeben, muss das Gericht von dem Erlass eines Versäumnisurteils absehen und die nicht erschienene Partei hören.

---

[1] Amtl. Begr. des Gesetzentwurfs (BT-Drucks. IV/806) S. 13 zu Art. II Nr. 2.
[2] *St/J/Schumann,* 20. Aufl. 1977, Einl. Rn. 521, 523.
[3] *Zö/Vollkommer* Rn. 1.
[4] *Hoffmann* MDR 1965, 170, 174; *Zö/Vollkommer* Rn. 2.
[5] AG Münster WoM 1988, 364; *Bamberger/Roth/ Hannappel* § 575 Rn, 40 m. weit. Nachw.
[6] *Zö/Vollkommer* Rn. 2.
[7] *Wieczorek* Anm. B IVa 1, 2; *Zö/Vollkommer* Rn. 3; aA AK-ZPO/*Fenge* Rn. 13.
[8] *B/L/H* Rn. 4.
[9] AG Friedberg WoM 1993, 675; aA *B/L/H* Rn. 4.
[10] LG Aurich WoM 1992, 609, 610; vgl. auch AG Heidenheim WoM 1992, 436, 437.
[11] *St/J/Leipold* Rn. 13; *Zö/Vollkommer* Rn. 4.
[12] *St/J/Leipold* Rn. 13.
[13] *T/P/Reichold* Rn. 7.
[14] *Zö/Vollkommer* Rn. 5; *T/P/Reichold* Rn. 7.

3. Widerklage des Mieters. Die in § 308a Abs. 1 getroffene Regelung macht eine Widerklage des Mieters, mit der er die Fortsetzung des Mietverhältnisses anstrebt, entbehrlich. Deshalb ist es konsequent, ein Rechtsschutzinteresse des Mieters an einer solchen Klage zu verneinen.[15] 8

IV. Anfechtung des Ausspruches (Absatz 2)

§ 308a Abs. 2 eröffnet die Möglichkeit, den Ausspruch über die Fortsetzung des Mietverhältnisses isoliert, also ohne Einlegung eines Rechtsmittels gegen die übrige Entscheidung anzufechten. Dies geschieht mit dem Rechtsmittel, das gegen das Urteil gegeben ist. Ist kein Rechtsmittel statthaft, dann entfällt auch die Möglichkeit einer Anfechtung. Für die Anfechtung des Urteils ist lediglich eine materielle Beschwer erforderlich, weil nach § 308a Abs. 1 die Entscheidung über die Fortsetzung des Mietverhältnisses nicht von einem Antrag abhängig ist.[16] 9

V. Gerichtskosten

Gerichtsgebühren fallen neben der allgemeinen Verfahrensgebühr (KV Nr. 1210) nicht an. 10

309 *Erkennende Richter* Das Urteil kann nur von denjenigen Richtern gefällt werden, welche der dem Urteil zugrunde liegenden Verhandlung beigewohnt haben.

I. Normzweck

§ 309 knüpft an die Verfahrensgrundsätze der Unmittelbarkeit und der Mündlichkeit des zivilprozessualen Verfahrens an (Einl. Rn. 45ff.)[1] und präzisiert die verfassungsrechtlich fundierte Garantie des gesetzlichen Richters (Art. 101 Abs. 1 S. 2 GG).[2] Die Vorschrift klärt, wer bei einer Änderung in der Besetzung der Richterbank der gesetzliche Richter ist.[3] Zugleich wird dadurch auch eine Einschränkung des Grundsatzes der Unmittelbarkeit ausgesprochen, weil nur verlangt wird, dass die das Urteil fällenden Richter an der letzten mündlichen Verhandlung, die dem Urteil voranging (Rn. 2), und nicht an der gesamten Verhandlung des Rechtsstreits teilgenommen haben müssen. Da § 309 als eine Konkretisierung verfassungsrechtlicher Garantien und grundlegender Verfahrensmaximen aufzufassen ist, stellt diese Vorschrift eine strikt zu beachtende, unverzichtbare Regelung dar (Rn. 5).[4] § 309 ist nach § 329 Abs. 1 S. 2 auf Beschlüsse, nicht jedoch auf Verfügungen entsprechend anzuwenden (vgl. § 329 Rn. 18, 22). 1

II. Entscheidung des Rechtsstreits

1. Dem Urteil zu Grunde liegende Verhandlung. Die dem Urteil zu Grunde liegende Verhandlung, der nach § 309 die das Urteil fällenden Richter beizuwohnen haben, ist die letzte mündliche Verhandlung vor Erlass des Urteils, also die sog. **Schlussverhandlung.**[5] An vorher stattfindenden Verhandlungsterminen müssen dagegen die das Urteil sprechenden Richter nicht teilgenommen haben.[6] Im **schriftlichen Verfahren** (§ 128 Abs. 2 und 3) ist § 309 nicht anwendbar.[7] Dies gilt auch dann, wenn bereits eine mündliche Verhandlung stattgefunden hat, bevor die Parteien ihr Einverständnis zum schriftlichen Verfahren erteilt haben (§ 128 Abs. 2).[8] Allerdings darf bei einer Änderung in der Besetzung des Spruchkörpers ein lediglich mündlich gehaltener Vortrag, der also nicht in den Akten festgehalten wurde, in der Entscheidung nicht berücksichtigt werden.[9] § 309 kann auch nicht angewendet werden, wenn das Gericht auf der Grundlage des § 251a ein **Urteil nach Lage der Akten** erlässt.[10] Die mündliche Verhandlung, die dem Urteil vorauszugehen hat (§ 251a S. 1), ist nicht die dem Urteil zu Grunde liegende Verhandlung iSv. § 309, denn das Urteil ergeht nicht auf Grund der mündlichen Verhandlung, sondern nach dem Verfahrensstand, wie er sich aus den Akten ergibt.[11] 2

2. Entscheidung über das Urteil. Das Urteil wird dadurch „gefällt" iSv. § 309, dass eine verbindliche Entscheidung über seinen Inhalt getroffen wird. Bei **Kollegialgerichten** ist diese Entscheidung in geheimer Beratung und Abstimmung nach den Regeln der §§ 192ff. GVG zu vollziehen. Ein **Einzelrichter** fällt das Urteil dadurch, dass er einen entsprechenden Entschluss fasst.[12] Das sodann schriftlich niedergelegte Urteil 3

---

[15] *Bamberger/Roth/Hannappel* § 574a RdNr. 17; *Staudinger/Rolfs* § 574a Rn. 10; aA MünchKommBGB/*Häublein* § 574a Rn. 9; *T/P/Reichold* Rn. 8; *Sae/Saenger* Rn. 7.

[16] *St/J/Leipold* Rn. 19.

[1] Vgl. Mat. II 1 S. 125, 286 (zu § 270); BGHZ 11, 27, 30 = NJW 1954, 266; BGHZ 61, 369, 370 = NJW 1974, 143.

[2] OLG Köln NJW 1977, 1159; *St/J/Leipold* Rn. 1.

[3] *Ro/S/Go* § 80 Rn. 3.

[4] OLG Stuttgart ZZP 68 (1955), 94.

[5] BGHZ 61 (Fn. 1) S. 370; BGH NJW 1981, 1273, 1274.

[6] *B. Schmidt*, Richterwegfall und Richterwechsel im Zivilprozess, Diss. Hannover 1993, S. 24ff. m. weit. Nachw.; vgl. auch BVerfG NJW 2004, 3696.

[7] BGHZ 11, 27, 29ff. = NJW 1954, 266; BGH FamRZ 1957, 370, 371; MDR 1968, 314 = LM § 551 Ziff. 1 Nr. 48; *B. Schmidt* (Fn. 6) S. 149f. m. weit. Nachw.

[8] BGH NJW-RR 1992, 1065 = LM Nr. 3 (Anm. v. *Wax*); MK/*Musielak* Rn. 5 auch zur Gegenauffassung.

[9] BGH (Fn. 8); *St/J/Leipold* § 128 Rn. 96.

[10] RGZ 132, 330, 336; 149, 158, 159f.; *Zö/Vollkommer* Rn. 6; *St/J/Leipold* Rn. 17; aA *Auernhammer* ZZP 67 (1954), 256, 260ff.; *Blomeyer* § 55 III 1.

[11] MK/*Gehrlein*§ 251a Rn. 11, 17.

[12] *Vollkommer* NJW 1968, 1309, 1311.

stellt bis zu seiner Verkündung nur einen gerichtsinternen Entwurf dar, der abgeändert werden kann (§ 310 Rn. 8). Für eine solche Abänderung gilt das Gleiche wie für die ursprüngliche Entscheidung.[13] Dies bedeutet, dass dieselben Richter, die die abzuändernde Entscheidung gefasst haben, an ihrer Korrektur mitwirken müssen. Hat zwischenzeitlich ein **Richterwechsel** stattgefunden oder ist ein Richter an der erneuten Beschlussfassung verhindert, dann kann eine Änderung nur auf Grund einer erneuten mündlichen Verhandlung vorgenommen werden.[14] Urteile, die im schriftlichen Verfahren oder nach Lage der Akten ergehen, können bei Verhinderung oder Wechsel von Richtern auch ohne erneute mündliche Verhandlung geändert werden, weil für sie § 309 nicht gilt (Rn. 2).[15] Das Urteil darf nur von den Richtern gefällt werden, die der letzten mündlichen **Verhandlung beigewohnt,** dh. an ihr ununterbrochen teilgenommen haben.[16] Verlässt ein Richter auch nur kurzfristig diese Verhandlung, so hat er ihr nicht „beigewohnt" iSv. § 309, auch wenn er sich später über den Gang der Verhandlung informiert.[17]

III. Verhinderung oder Wechsel von Richtern

4 Bei der Frage nach den Rechtsfolgen bei einem Richterwechsel oder bei einer Richterverhinderung müssen folgende Fälle unterschieden werden: – Tritt der **Wechsel** (Verhinderung) **vor der letzten mündlichen Verhandlung** ein, dann ergeben sich aus § 309 keine Konsequenzen, da nach dieser Vorschrift die das Urteil fällenden Richter nur an der Schlussverhandlung teilnehmen müssen (Rn. 1f.). – Der **Wechsel** (Verhinderung) vollzieht sich **nach der letzten mündlichen Verhandlung** vor Fällung des Urteils. In diesem Fall muss die Verhandlung wieder eröffnet werden (§ 156).[18] Bindende Prozesslagen wie beispielsweise Rügeverzicht (§ 295), eingetretene Verspätungsfolgen und Geständnisse sowie das bisherige Parteivorbringen bleiben weiterhin wirksam (zur Verwertung der Ergebnisse einer Beweisaufnahme vgl. § 355 Rn. 6).[19] Bei einer Übertragung vom Einzelrichter auf die Zivilkammer (§ 348a Abs. 2) muss ebenfalls eine Schlussverhandlung vor der Kammer stattfinden, bevor der Rechtsstreit durch Urteil entschieden wird.[20] – Tritt der **Wechsel** (Verhinderung) **nach Fällung des Urteils** und vor seiner Verkündung ein, ist dies unschädlich. Denn dieser Fall wird durch § 309 nicht erfasst, so dass nicht dieselben Richter, die das Urteil gefällt haben, an seiner Verkündung teilnehmen müssen (§ 310 Rn. 4).[21] Die Entscheidung über die Wiedereröffnung des Verfahrens wegen eines nach Beratung und Abstimmung über das Urteil eingehenden Schriftsatzes haben die Richter zu treffen, die an der letzten mündlichen Verhandlung und an dem Urteil mitgewirkt haben. Ist einer dieser Richter verhindert, dann haben die übrigen Richter allein ohne Zuziehung eines Vertreters in entsprechender Anwendung des § 320 Abs. 4 S, 2 und 3 zu entscheiden.[22] Für die Frage, welche Rechtsfolgen sich aus einer Verhinderung (Wechsel) nach Verkündung und vor Unterzeichnung des Urteils ergeben, ist § 315 maßgebend (vgl. § 315 Rn. 5).

IV. Rechtsfolgen eines Verstoßes gegen § 309

5 Wird bei Erlass eines Urteils die Vorschrift des § 309 verletzt, dann ist die Entscheidung wirksam, aber anfechtbar.[23] Der Verstoß gegen § 309 stellt einen wesentlichen Verfahrensmangel iSv. § 538 Abs. 2 S. 1 Nr. 1 dar[24] sowie einen absoluten Revisions- und Nichtigkeitsgrund (§§ 547 Nr. 1, 579 Abs. 1 Nr. 1).[25] Vom Revisionsgericht ist jedoch eine Verletzung des § 309 in der ersten Instanz nur dann zu beachten, wenn auch das Urteil in der zweiten Instanz davon beeinflusst sein kann.[26] Nach Rechtswegerschöpfung, wozu auch die Rüge nach § 321a gehört, wenn ihre Voraussetzungen erfüllt werden, kann eine Verfassungsbeschwerde wegen Verletzung des Rechts auf den gesetzlichen Richter (Art. 101 Abs. 1 S. 2 GG)[27] oder Missachtung des Anspruchs auf rechtliches Gehör (Art. 103 Abs. 1 GG)[28] in Betracht kommen.

310

Termin der Urteilsverkündung (1) [1]**Das Urteil wird in dem Termin, in dem die mündliche Verhandlung geschlossen wird, oder in einem sofort anzuberaumenden Termin verkündet.** [2]**Dieser wird nur dann über drei Wochen hinaus angesetzt, wenn wichtige Gründe, insbesondere der Umfang oder die Schwierigkeit der Sache, dies erfordern.**

---

13 BGHZ 61 (Fn. 1) S. 370; BGH NJW 2002, 1426, 1427; *St/J/Leipold* Rn. 13.
14 BGH (Fn. 13); *Vollkommer* (Fn. 12) S. 1312.
15 BFH NJW 1964, 1591.
16 BAG NJW 1958, 924 = AP § 164 Nr. 1 m. Anm. v. *Lukes*.
17 BAG (Fn. 16).
18 *St/J/Leipold* Rn. 14; *Zö/Vollkommer* Rn. 4; *Zi* Rn. 3; für analoge Anwendung des § 156 in diesem Fall *B. Schmidt* (Fn. 6) S. 59ff.; aA AK-ZPO/*Wassermann* Rn. 5.
19 *Ro/S/Go* § 60 Rn. 1.
20 *Zö/Vollkommer* Rn. 1.
21 BGH (Fn. 13); BGH NJW 2002, 1426, 1428; LAG Frankfurt LAGE § 311 Nr. 1; *Vollkommer* (Fn. 12).
22 BGH NJW 2002, 1426. Das Gericht lässt es offen, ob gleich zu entscheiden ist, wenn nicht der Gesamtspruchkörper eines Kollegialgericht, sondern ein Einzelrichter oder ein Richter am AG über die Wiedereröffnung zu entscheiden hat.
23 *Sae/Saenger* Rn. 7.
24 OLG München MDR 1955, 426; OLG Köln NJW 1977, 1159; (jeweils zu § 539 aF); *T/P/Reichold* Rn. 3.
25 BAG NJW 1971, 1332; *St/J/Leipold* Rn. 2, 15; AK-ZPO/*Wassermann* Rn. 9.
26 BGH FamRZ 1986, 898 = LM § 628 Nr. 8.
27 *T/P/Reichold* Rn. 3; *Zi* Rn. 4.
28 Vgl. *Gusy* JuS 1990, 712.

(2) Wird das Urteil nicht in dem Termin, in dem die mündliche Verhandlung geschlossen wird, verkündet, so muss es bei der Verkündung in vollständiger Form abgefasst sein.

(3) [1]Bei einem Anerkenntnisurteil und einem Versäumnisurteil, die nach §§ 307, 331 Abs. 3 ohne mündliche Verhandlung ergehen, wird die Verkündung durch die Zustellung des Urteils ersetzt. [2]Dasselbe gilt bei einem Urteil, das den Einspruch gegen ein Versäumnisurteil verwirft (§ 341 Abs. 2).

I. Normzweck

Das Urteil wird durch seine Verkündung existent (vgl. Rn. 8). Der Gesetzgeber hat es als Idealfall angesehen, dass das Urteil sofort nach Schluss der mündlichen Verhandlung verkündet wird. Dafür spreche nicht nur die Raschheit des Verfahrens, sondern auch der Umstand, dass eine Garantie für die Güte des Urteils darin zu finden sei, die richterliche Beratung über das Urteil der Verhandlung möglichst schnell folgen zu lassen.[1] Da jedoch Schwierigkeit und Umfang eines Urteils eine längere Bearbeitungszeit erfordern können, wird zugelassen, das Urteil in einem späteren besonderen Termin zu verkünden. An die Stelle der Verkündung tritt bei den in Abs. 3 genannten Urteilen die Zustellung. 1

II. Urteilsverkündung

1. Zeitpunkt. Auch wenn nach Möglichkeit die Verkündung des Urteils in dem Termin vorzunehmen ist, in dem die mündliche Verhandlung geschlossen wird (Rn. 1), hat doch der Richter die Vorteile einer raschen Verkündung gegen die Gefahr abzuwägen, bei einer schnellen Entscheidung wichtige Gesichtspunkte zu übersehen, die zu einem anderen Ergebnis führen können. Es muss deshalb dem **Ermessen des Richters** überlassen bleiben, **ob er** zunächst noch seine **Entscheidung hinausschiebt,** um sie zu überdenken, oder ob er sich für ein sog. „Stuhlurteil" entscheidet, dh. unmittelbar nach Schluss der mündlichen Verhandlung das Urteil verkündet. Wird das Urteil in einem besonderen Termin verkündet, dann ist dieser sofort, und zwar in dem Termin selbst, in dem die mündliche Verhandlung geschlossen wird, anzuberaumen. Das in der Gerichtspraxis vorkommende Verfahren, das Urteil in einem gewissen zeitlichen Abstand vom Schluss der mündlichen Verhandlung zu verkünden, zB am späten Nachmittag, wenn am Vormittag die mündliche Verhandlung geschlossen worden ist,[2] ist nur dann mit der Vorschrift des § 310 vereinbar, wenn das Gericht den Zeitpunkt der Verkündung in der mündlichen Verhandlung nennt, weil es sich dann nicht etwa um eine Verkündung am Schluss der mündlichen Verhandlung, sondern um einen besonderen Termin zur Verkündung handelt. Die Vorschriften über die Verkündung in einem besonderen Termin können auch nicht dadurch umgangen werden, dass eine mündliche Verhandlung unterbrochen und am nächsten Tag mit der Verkündung des Urteils fortgesetzt wird.[3] Allerdings muss das Gericht das Urteil nicht im unmittelbaren Anschluss an die mündliche Verhandlung verkünden, sondern kann zunächst noch andere Sachen verhandeln, um erst nach Wiederaufruf der früheren die Verkündung des Urteils vorzunehmen; jedoch darf dann nicht zuvor die mündliche Verhandlung geschlossen worden sein.[4] 2

Wird das **Urteil in einem besonderen Termin verkündet,** dann muss dieser nicht ausdrücklich zur Verkündung eines „Urteils" bestimmt werden; vielmehr genügt es, dass dieser Termin zur Verkündung einer „Entscheidung" angesetzt wird. Die Parteien müssen in einem solchen Fall mit dem Erlass eines Urteils rechnen.[5] Ein solcher Termin kann auch wie jeder andere von Amts wegen verlegt oder vertagt werden (§ 227). Der **Verkündungstermin** darf nach § 310 Abs. 1 S. 2 nur dann **über drei Wochen hinaus angesetzt** werden, wenn wichtige Gründe dies erfordern. Als solche **wichtigen Gründe** werden im Gesetz insbesondere der Umfang und die Schwierigkeit der Sache genannt. Auch die Überlastung des Gerichts kann als Grund in Betracht kommen.[6] Die Verkündung des Urteils ist stets in einer öffentlichen Sitzung vorzunehmen (§ 173 GVG). Auf die Öffentlichkeit kann nicht verzichtet werden.[7] Soweit die Öffentlichkeit gewahrt ist, kann die Verkündung auch im Arbeitszimmer des Vorsitzenden oder im Beratungszimmer vollzogen werden. Diesen Anforderungen wird jedoch nicht genügt, wenn das Gericht lediglich ankündigt, die Entscheidung im Laufe des Tages zu verkünden und nur auf Anfrage eines Beteiligten Ort (regelmäßig das Dienst- oder Beratungszimmer) und genauen Zeitpunkt nennt, weil sonst von einem konkludent erklärten Verzicht auf Teilnahme ausgegangen wird.[8] 3

2. Vollzug. Die Verkündung des Urteils ist durch den Vorsitzenden vorzunehmen (§ 136 Abs. 4). Wird das Urteil im Termin verkündet, in dem die mündliche Verhandlung geschlossen wird, so müssen die anderen **Mitglieder des Prozessgerichts** bei der Verkündung **anwesend** sein; es müssen dies jedoch nicht dieselben Richter sein, die das Urteil gefällt haben (§ 309 Rn. 4). Dagegen ist die Anwesenheit der anderen Mitglieder des Prozessgerichts nicht erforderlich, wenn das Urteil in einem besonderen Termin verkündet wird (§ 311 Abs. 4). In § 312 Abs. 1 S. 1 wird ausdrücklich festgestellt, dass die Wirksamkeit der Verkündung eines Urteils von der Anwesenheit der Parteien nicht abhängig ist. Die **Form der Verkündung** ist in § 311 4

---

1 Mat. II 1 S. 286 (zu § 271).
2 Vgl. *Fischer* DRiZ 1994, 95, 97.
3 OLG Frankfurt/M NJW-RR 1988, 128.
4 BGH NJW 2004, 1666.
5 BGH VersR 1983, 1082.
6 BVerfG NJW-RR 1993, 253.
7 MK/*Wolf* § 173 GVG Rn. 1.
8 Von einem solchen Verfahren in der Praxis berichtet *Fischer* (Fn. 2).

Abs. 2 und 3 geregelt. Nach § 160 Abs. 3 Nr. 7 ist die Verkündung im Protokoll festzustellen. Der Verkündungsvermerk des Urkundsbeamten der Geschäftsstelle nach § 315 Abs. 3 ersetzt das **Verkündungsprotokoll** nicht (§ 315 Rn. 9).[9] Enthält das Protokoll die Feststellung, „anliegendes Urteil" sei verkündet worden, dann wird auch dann, wenn die ihm beigefügte Anlage mit der Urteilsformel erst geraume Zeit nach der Sitzung hergestellt ist, dadurch der Beweis erbracht, dass das Urteil auf der Grundlage einer schriftlich fixierten Urteilsformel verkündet wurde.[10] Wird im Protokoll nicht vermerkt, ob die Verkündung durch Verlesen der Urteilsformel (§ 311 Abs. 2 S. 1) oder durch Bezugnahme (§ 311 Abs. 2 S. 2) vorgenommen worden ist, so hindert dies nicht die Wirksamkeit der Verkündung.[11]

5 Nach **§ 310 Abs. 2** muss das in einem besonderen Termin verkündete Urteil schriftlich in einer den §§ 313 bis 313b entsprechenden Form niedergelegt und unterschrieben sein. Ein Diktat der Urteilsbegründung im Stenogramm oder auf Tonband genügt nicht, weil es sich dann nur um einen Entwurf des Urteils handelt.[12] Ist einer Partei bis zum Ablauf der Rechtsmittelfrist (vgl. §§ 517, 548) das Urteil in vollständiger Form nicht zugestellt worden und legt die Partei vorsorglich ein Rechtsmittel ein, dann sind bei späterer Rücknahme die Kosten des Rechtsmittels nach § 21 GKG niederzuschlagen, denn in diesem Fall handelt es sich um eine unrichtige Sachbehandlung, die für die Entstehung der Gerichtskosten ursächlich ist, weil die vollständige Fassung des Gerichts nicht so rechtzeitig hergestellt und der Partei mitgeteilt wurde, dass sie sich über die Erfolgsaussicht ihres Rechtsmittels schlüssig werden konnte.[13]

III. Zustellung statt Verkündung

6 Nach § 310 Abs. 3 S. 1 sind die ohne mündliche Verhandlung (§ 276) ergehenden Anerkenntnisurteile (§ 307 S. 2) und Versäumnisurteile gegen den Beklagten (§ 331 Abs. 3) den Parteien zuzustellen. Das Gleiche gilt für Entscheidungen, durch die der Einspruch gegen ein Versäumnisurteil als unzulässig verworfen wird (§ 341 Abs. 1). **Urteile,** die **im schriftlichen Verfahren** nach §§ 128 Abs. 2 und 3 ergehen oder die **nach Lage der Akten** erlassen werden (§§ 251a, 331a) fallen nicht unter die Regelung des § 310 Abs. 3, sondern sind zu verkünden.[14] Bei Urteilen nach Lage der Akten ist abweichend von § 310 Abs. 1 eine sofortige Verkündung unzulässig; sie darf frühestens nach zwei Wochen vorgenommen werden (§§ 251a Abs. 2 S. 2, 331a S. 2). Die nach § 310 Abs. 3 zuzustellenden Urteile müssen zwar vollständig abgefasst werden, jedoch kann bei Anerkenntnis- und Versäumnisurteilen die abgekürzte Form des § 313b gewählt werden. Allerdings genügt nicht allein die Mitteilung der Urteilsformel.[15]

7 Mit der Zustellung wird das Urteil, wie sonst durch seine Verkündung (Rn. 2ff., 8), existent und für das Gericht bindend (§ 318 Rn. 7). Da die Zustellung nach § 310 Abs. 3 zugleich die Zustellung iSv. § 317 ersetzt (§ 317 Abs. 1 S. 2), werden dadurch die **Rechtsmittel- und Einspruchsfristen** (§§ 339, 517, 548) in Lauf gesetzt. Nach hM beginnen diese Fristen jedoch erst in dem Zeitpunkt, in dem auch der zweiten Partei das Urteil zugestellt wurde, wenn dies nicht gegenüber beiden Parteien gleichzeitig geschieht.[16] Bei einer notwendigen Streitgenossenschaft (§ 62) ist die Zustellung des Urteils iSv. § 310 Abs. 3 erst dann vollzogen, wenn es alle Streitgenossen im Wege der Zustellung erhalten haben, bei einer einfachen Streitgenossenschaft (§§ 59, 60) genügt dagegen die Zustellung an den einzelnen Streitgenossen, um das Urteil ihm gegenüber wirksam werden zu lassen.[17]

IV. Folgen einer Verletzung des § 310

8 **1. Fehler bei der Verkündung.** Bis zu seiner Verkündung stellt das Urteil nur einen gerichtsinternen Entwurf dar, der noch abgeändert werden kann. Erst mit der Verkündung wird das Urteil als gerichtliche Entscheidung existent und bindend. Werden Fehler bei der Verkündung begangen, dann ist das Urteil grundsätzlich nicht unwirksam, sondern nur anfechtbar. Nur wenn bei der Verlautbarung Regeln verletzt werden, die als unerlässlich angesehen werden müssen, gilt etwas anderes (§ 300 Rn. 5).[18] Im Einzelnen gilt folgendes: Ist die Verkündung nicht in einem **Protokoll** festgehalten worden, wie dies durch § 160 Abs. 3 Nr. 7 vorgeschrieben wird, dann muss davon ausgegangen werden, dass die Verkündung nicht stattgefunden hat und es sich folglich nicht um ein wirksames Urteil sondern lediglich um einen unverbindlichen Urteilsentwurf handelt.[19] Die fehlende Protokollierung kann jedoch nachgeholt werden und damit das Urteil wirksam werden lassen.[20] Wird ein **Urteil nicht von der Kammer, die es fällte, sondern von einer anderen** desselben Zivilgerichts **verkündet,** so führt dieser Fehler nicht zur Nichtigkeit des Urteils.[21] Glei-

---

9 OLG Frankfurt/M NJW-RR 1995, 511; OLG Brandenburg NJW-RR 2002, 356, 357.

10 BGH NJW 1985, 1782, 1783.

11 BGH NJW 1994, 3358.

12 OLG München OLGZ 1985, 491, 492.

13 OLG München NJW 1975, 836f. (zur gleichen Regelung in § 8 GKG aF).

14 OLG Frankfurt/M FamRZ 1978, 430; MDR 1980, 320; OLG Koblenz GRUR 1989, 75 (alle zu Urteilen in schriftlichen Verfahren).

15 *St/J/Leipold* Rn. 21.

16 BGH NJW 1994, 3359, 3360; *Zugehör* NJW 1992, 2261, jeweils m. weit. Nachw.

17 *St/J/Leipold* Rn. 23.

18 Vgl. BGHZ 14, 39, 40f. = NJW 1954, 1281.

19 BGH NJW 2007, 3210 (zur fehlenden Unterzeichnung des Protokolls); OLG Zweibrücken FamRZ 1992, 972, 973; OLG Brandenburg MDR 1999, 563, 564; NJW-RR 2002, 356, 357.

20 OLG Zweibrücken (Fn. 19); vgl. auch BGH NJW 1958, 1237.

21 BGHZ 41, 249, 253 = NJW 1964, 1568; LAG Frankfurt/M BB 1988, 568 (LS).

ches gilt, wenn ein Einzelrichter bei der Zivilkammer ein von der Kammer gefälltes Urteil verkündet[22] oder umgekehrt ein Urteil des Einzelrichters ohne seine Beteiligung von der Kammer verkündet wird.[23] Einen minder schweren, keine Nichtigkeit bewirkenden Verfahrensverstoß stellt es dar, wenn entgegen § 311 Abs. 2 S. 1 das Urteil nicht durch **Vorlesung der Urteilsformel,** sondern durch Bezugnahme auf sie verkündet wird, obwohl die Voraussetzungen des § 311 Abs. 2 S. 2 nicht erfüllt werden. Dementsprechend ist es auch unschädlich, wenn im Protokoll die Art der Verlautbarung nicht angegeben wird.[24]

9 Ein unter Verstoß gegen die Vorschriften über die **Anberaumung** und **Bekanntgabe des Verkündungstermins** verkündetes Urteil ist kein wirkungsloses Urteil und kann die Grundlage einer Sachentscheidung des Revisionsgerichts bilden.[25] Setzt das Gericht den Verkündungstermin über drei Wochen hinaus an, obwohl dafür ein wichtiger Grund nicht gegeben ist (§ 310 Abs. 1 S. 2), dann ist dies als ein Verfahrensfehler zu werten, der die Wirksamkeit des Urteils nicht berührt.[26] Gleiches gilt, wenn entgegen der Vorschrift des § 310 Abs. 2 das Urteil im Zeitpunkt der Verkündung noch nicht in **vollständiger Form** abgefasst ist.[27] Allerdings leidet das Verfahren des ersten Rechtszuges an einem wesentlichen Mangel iSd. § 538 Abs. 2 S. 1 Nr. 1, wenn die vollständige Fassung des erstinstanzlichen Urteils erst kurze Zeit vor Ablauf der Fünfmonatsfrist des § 517 zugestellt wird.[28] Der wesentliche Verfahrensmangel besteht in einem solchen Fall darin, dass dadurch die Parteien in die Zwangslage versetzt werden, mit Rücksicht auf den Ablauf der Rechtsmittelfrist ein Rechtsmittel einlegen zu müssen, ohne die Urteilsgründe zu kennen.[29] Aus den gleichen Erwägungen ist ein Revisionsgrund nach § 547 Nr. 6 gegeben, wenn ein Berufungsurteil erst nach Ablauf der Fünfmonatsfrist des § 548 zur Geschäftsstelle gelangt (vgl. auch § 315 Rn. 12).[30] Die nach § 315 vorgeschriebenen Unterschriften können jedoch noch später nachgeholt werden (§ 315 Rn. 11).[31] Der Anspruch auf rechtliches Gehör (Einl. Rn. 28) wird jedoch nicht verletzt, wenn ein Urteil erst nach Ablauf der Fünfmonatsfrist (§§ 517, 548) abgesetzt wird.[32]

10 Wird ein **zu verkündendes Urteil** fälschlicherweise nur **zugestellt,** dann bewirkt dieser Verfahrensmangel nicht die Nichtigkeit des Urteils, weil die Entscheidung, wenn auch fehlerhaft, verlautbart worden ist;[33] allerdings muss die Zustellung für die Parteien erkennbar an Stelle der Verkündung durchgeführt worden sein. Wird das Urteil in der irrtümlichen Annahme, es sei bereits verkündet worden, zugestellt (§ 317 Abs. 1), dann ist es nicht als verlautbart und deshalb als nicht existent anzusehen.[34] Ist gegen das **Öffentlichkeitsgebot** des § 173 Abs. 1 GVG verstoßen worden, dann begründet dies einen absoluten Revisionsgrund iSv. § 547 Nr. 5.[35] Jedoch muss aus diesem Grunde nicht zwingend die Sache zur erneuten Verhandlung zurückverwiesen werden, sondern das Revisionsgericht kann die Verkündung entsprechend § 563 Abs. 3 selbst vornehmen.[36]

11 **2. Fehler bei der Zustellung (Abs. 3).** Wird ein nach § 310 Abs. 3 zuzustellendes Urteil irrtümlich verkündet, dann ist es in gleicher Weise wie im umgekehrten Fall (Rn. 10) als existent und wirksam zu betrachten.[37] Die Verletzung von Formvorschriften, die als wesentlich für die Verlautbarung angesehen werden müssen, führt zur **Unwirksamkeit der Verlautbarung** und damit zur Nichtexistenz des Urteils.[38] Dies gilt zB, wenn, der **Urkundsbeamte** der Geschäftsstelle bei der Zustellung **nicht mitgewirkt** hat.[39] Fehlt dagegen der **Ausfertigungs- oder Beglaubigungsvermerk**[40] oder das Empfangsbekenntnis des Anwalts[41], obwohl unstreitig ist, dass die Übergabe vorgenommen wurde, oder wird an Stelle einer beglaubigten Abschrift nur eine nicht beglaubigte zugestellt,[42] dann wird dadurch nicht das Existentwerden des Urteils ausgeschlossen. Wird eine Ausfertigung zugestellt, die nicht die **Unterschrift der Richter** oder einen sie ersetzenden Verkündungsvermerk aufweist (§ 315 Abs. 1), dann wird dadurch die Wirksamkeit der Zustellung und damit das Existentwerden des Urteils verhindert (§ 315 Rn. 10, § 317 Rn. 10).

---

22 *Jauernig,* Das fehlerhafte Zivilurteil, 1958, S. 39f.
23 OLG Düsseldorf MDR 1977, 144.
24 BGH (Fn. 10); BGH NJW 1994, 3358.
25 BGH (Fn. 18) S. 52f.; vgl. auch BGHZ 10, 327, 331f. = LM Nr. 1 (LS) m. Anm. v. *Johannsen.*
26 BGH NJW 1989, 1156, 1157; 1999, 143, 144; vgl. auch OLG Hamm FamRZ 1997, 1166 (LS): elf Monate zwischen Schluss der letzten mündlichen Verhandlung und Verkündung bedeuten einen Verfahrensverstoß.
27 BGH NJW 1988, 2046; 1999, 143, 144; OLG Frankfurt/M MDR 1998, 124.
28 BGH NJW 1986, 2958; 1991, 1547.
29 BGH (Fn. 28).
30 BGH NJW 1987, 2446, 2447; MDR 2004, 1194; ebenso GmS-OGB NJW 1993, 2603 (zu § 138 Nr. 6 VwGO); BAG MDR 1994, 202; NJW 1996, 870; BSG MDR 1994, 614; BVerwG NJW 1994, 273; BFH NJW 1994, 1752.
31 BGHZ 18, 350, 354 = LM HGB § 140 Nr. 5.
32 BVerfG NJW 1996, 3203.
33 BGH NJW 2004, 2019, 2020; BAG NJW 1966, 175; OLG Schleswig SchlHA 1979, 21; OLG Frankfurt/M MDR 1980, 320; NJW-RR 1995, 511; OLG Köln Rpfleger 1982, 113; aA OLG Koblenz GRUR 1989, 75.
34 BGH VersR 1984, 1192, 1193; OLG Frankfurt/M NJW-RR 1995, 511; OLG Brandenburg NJW-RR 2002, 356.
35 BGHSt. 4, 279, 281 = NJW 1953, 1442 (zu § 338 Nr. 6 StPO); MK/*Wolf* § 173 GVG Rn. 9; *Zö/Gummer* § 173 GVG Rn. 2; aA *B/L/H* § 173 GVG Rn. 3.
36 MK/*Wolf* (Fn. 35).
37 OLG München IPRax 1988, 144, 165f.; *Jauernig* (Fn. 22) S. 69; *St/J/Leipold* Rn. 27; aA AK-ZPO/*Wassermann* Rn. 9.
38 BGHZ 41, 337, 339 = NJW 1964, 1523.
39 *B/L/H* Rn. 13.
40 BGHZ 15, 142, 143f. = NJW 1955, 142.
41 BGHZ 32, 370, 372f. = NJW 1964, 1523; *Johannsen* LM Nr. 8.
42 *St/J/Leipold* Rn. 24.

12 **3. Rechtsmittel.** Führen schwerwiegende Verstöße bei der Verkündung oder der sie ersetzenden Zustellung des Urteils zur **Unwirksamkeit der Verlautbarung** und damit zur Nichtexistenz des Urteils, dann bleibt der Rechtsstreit noch anhängig, weil eine wirksame Entscheidung des Gerichts noch aussteht. Dennoch ist in einem solchen Fall ein **Rechtsmittel gegen das Nichturteil** statthaft, weil der äußere Schein einer gültigen gerichtlichen Entscheidung dadurch geschaffen wird (§ 300 Rn. 7).[43] Die **Rechtsmittelfristen** werden indes nicht durch eine Zustellung des Nicht-Urteils in Lauf gesetzt.[44] Dagegen beginnt die Fünfmonatsfrist des § 517, wenn ein existentes Urteil fehlerhaft, jedoch wirksam verkündet wird, weil die Vorschrift des § 517 keine mangelfreie, sondern lediglich eine wirksame Verkündung voraussetzt.[45]

13 **Schwere Mängel** bei der Verlautbarung des Urteils, die zu seiner Nichtexistenz führen, müssen von Amts wegen berücksichtigt werden und werden nicht durch Unterlassen einer Rüge geheilt (§ 295 Abs. 2).[46] Die an wesentlichen Mängeln leidende Verkündung und die sie ersetzende Zustellung des Urteils können nachgeholt werden, jedoch ohne Rückwirkung.[47] **Weniger gravierende Verlautbarungsmängel** lassen das (wirksame) Urteil anfechtbar werden, wobei ein Rechtsmittel nur dann Erfolg haben kann, wenn der Mangel rechtzeitig gerügt wird und wenn das Urteil auf diesem Fehler beruhen kann.[48] Wird eine von der auch Originalfassung abweichende Urteilsausfertigung zugestellt, dann beginnt die fünfmonatige Ausschlussfrist des § 517 bereits mit der Verkündung des angefochtenen Urteils.[49]

311

Form der Urteilsverkündung **(1) Das Urteil ergeht im Namen des Volkes.**

(2) [1]Das Urteil wird durch Vorlesung der Urteilsformel verkündet. [2]Die Vorlesung der Urteilsformel kann durch eine Bezugnahme auf die Urteilsformel ersetzt werden, wenn bei der Verkündung von den Parteien niemand erschienen ist. [3]Versäumnisurteile, Urteile, die auf Grund eines Anerkenntnisses erlassen werden, sowie Urteile, welche die Folge der Zurücknahme der Klage oder des Verzichts auf den Klageanspruch aussprechen, können verkündet werden, auch wenn die Urteilsformel noch nicht schriftlich abgefasst ist.

(3) Die Entscheidungsgründe werden, wenn es für angemessen erachtet wird, durch Vorlesung der Gründe oder durch mündliche Mitteilung des wesentlichen Inhalts verkündet.

(4) Wird das Urteil nicht in dem Termin verkündet, in dem die mündliche Verhandlung geschlossen wird, so kann es der Vorsitzende in Abwesenheit der anderen Mitglieder des Prozessgerichts verkünden.

I. Normzweck

1 Abs. 1 ist 1950 in die ZPO eingefügt worden, um der sich nach 1945 entwickelten Vielfalt von Urteilspräambeln in den einzelnen Bundesländern entgegenzuwirken. Die gewählte Fassung findet ihr Vorbild in der preußischen Verfassung von 1920 und soll die demokratische und republikanische Neuordnung betonen. Die Formulierung entspricht dem in Art. 20 Abs. 2 GG enthaltenen Verfassungsgrundsatz, dass alle Staatsgewalt vom Volke ausgeht.[1] Die in § 311 Abs. 2 S. 1 getroffene Anordnung, dass das Urteil durch Vorlesung der Urteilsformel verkündet wird, soll das Gericht veranlassen, die Formel vor Verkündung schriftlich zu fixieren, um auf diese Weise eine Garantie für die Übereinstimmung des verkündeten Urteils mit der später in vollständiger Form auszufertigenden Entscheidung zu schaffen.[2] Die in Abs. 2 S. 2 und 3 vorgesehenen Ausnahmen beruhen auf praktischen Erwägungen. Die Mitteilung der Entscheidungsgründe bei der Verkündung (Abs. 3) hat der Gesetzgeber in das Ermessen des Vorsitzenden gestellt, weil er sie nicht für so wichtig hielt, dass sie zwingend vorgeschrieben werden müsse. Abs. 4 schafft eine Vereinfachung für die Verkündung des Urteils.

II. Urteilsüberschrift (Absatz 1)

2 Das Urteil muss die Überschrift „Im Namen des Volkes" enthalten, um dadurch auf den Träger der Gerichtshoheit zu verweisen (Rn. 1). Ein Verstoß gegen diese Vorschrift führt jedoch nicht zur Unwirksamkeit oder zur Anfechtbarkeit des Urteils.[3]

III. Verkündung des Urteils

3 Das Gesetz unterscheidet zwischen **drei verschiedenen Verkündungsformen:** 1. Die Vorlesung der schriftlich abgefassten Urteilsformel als Regelform (§ 311 Abs. 2 S. 1). 2. An Stelle der Vorlesung der Ur-

---

[43] BGHZ 10, 346, 349 = NJW 1954, 34; BGH NJW 1996, 1969, 1970 = JZ 1996, 978 m. zust. Anm. v. *Braun;* NJW 1999, 1192; OLG Brandenburg NJW-RR 1996, 766, 767; FamRZ 2004, 384, 386; *Fischer* (Fn. 2) S. 98.
[44] BGH VersR 1984, 1192, 1193.
[45] BGH NJW-RR 1994, 127 m. weit. Nachw.
[46] BFH BB 1993, 1000 (LS); OLG Zweibrücken (Fn. 18).
[47] BGHZ 32, 370, 374 = NJW 1960, 1763 (auch zu der Frage, welche Rechtsfolgen es hat, wenn vor Nachholung ein Rechtsmittel eingelegt wird); *St/J/Leipold* Rn. 25.
[48] BGH (Fn. 18) S. 52; BGH (Fn. 21); BAG (Fn. 33); OLG Düsseldorf MDR 1977, 144.
[49] BGH NJW-RR 2004, 1651, 1652.
[1] *Müller-Graff* ZZP 88 (1975), 442, 449; *Kroitzsch* NJW 1994, 1032, 1033.
[2] Mat. II 1 S. 287 (zu § 272).
[3] *Zö/Vollkommer* Rn. 1; *St/J/Leipold* Rn. 1.

teilsformel eine Bezugnahme darauf, wenn die Voraussetzungen des § 311 Abs. 2 S. 2 erfüllt sind. 3. Die Mitteilung der Urteilsformel ohne vorherige schriftliche Abfassung und somit auch ohne Verlesen bei Versäumnis-, Verzichts- und Anerkenntnisurteilen sowie Urteilen, die die Folgen der Zurücknahme der Klage aussprechen (vgl. aber § 269 Rn. 14, 17) gemäß § 311 Abs. 2 S. 3. Diese Vorschrift ist auf Entscheidungen entsprechend anwendbar, die nach Rücknahme des Einspruchs (§ 346) oder eines Rechtsmittels (§§ 516 Abs. 3, 565) ergehen.[4]

Die Verkündung des Urteils ist die Aufgabe des Vorsitzenden (§ 136 Abs. 4). Er kann jedoch die **Vorlesung der Urteilsformel** einem anderen Mitglied des Prozessgerichts oder dem Protokollführer übertragen; von diesem ist dann in Anwesenheit des Vorsitzenden die Urteilsformel zu verlesen.[5] Die Verkündung des Urteils muss stets öffentlich geschehen (§ 173 Abs. 1 GVG; vgl. auch § 310 Rn. 3). Sie ist im **Protokoll** festzustellen (§ 160 Abs. 3 Nr. 7; vgl. auch § 310 Rn. 4), jedoch muss nicht auch die Form der Verkündung im Protokoll ausgewiesen werden.[6] Der **Nachweis,** dass das Urteil verkündet worden ist, kann nur durch das Protokoll geführt werden (§ 165);[7] weist das Protokoll eine tatsächlich vorgenommene Verkündung nicht aus, dann kann es berichtigt werden (§ 164). 4

Die **Urteilsformel** muss grundsätzlich bei der Verkündung **schriftlich abgefasst** sein, wobei ein Stenogramm ausreicht.[8] Dies ergibt sich nicht nur aus dem Wortlaut der Vorschrift (Abs. 2 S. 1: „Vorlesung der Urteilsformel“; Abs. 2 S. 2: „Bezugnahme auf die Urteilsformel“), sondern insbesondere auch aus dem damit verfolgten Zweck, durch eine schriftliche Fixierung der Urteilsformel eine Garantie für Übereinstimmung des verkündeten und des später ausgefertigten Urteils zu schaffen (Rn. 1). Nur in den Fällen des Abs. 2 S. 3 braucht die Urteilsformel bei der Verkündung noch nicht schriftlich niedergelegt zu sein; hier genügt eine bloße mündliche Mitteilung. Die nach Abs. 2 S. 2 mögliche **Bezugnahme auf** die **Urteilsformel** muss nicht notwendigerweise mündlich, sondern kann auch durch einen Protokollvermerk als sog. stumme Verkündung geschehen.[9] Diese Form der Verkündung setzt allerdings voraus, dass von den Parteien niemand erschienen ist, dh. sich beim Aufruf zur Sache niemand gemeldet hat.[10] Auch wenn die schriftliche Abfassung der Urteilsformel geboten ist, muss das Urteil nicht notwendigerweise bei der Verkündung unterschrieben sein.[11] 5

Abs. 3 stellt es in das Ermessen des Vorsitzenden, ob er es für angemessen hält, auch die **Entscheidungsgründe** durch Vorlesung oder durch mündliche Mitteilung des wesentlichen Inhalts zu verkünden. Es dürfte sich jedoch empfehlen, bei Anwesenheit der Parteien ihnen zumindest den wesentlichen Inhalt der Entscheidungsgründe bekannt zu geben. Bei einem Widerspruch zwischen den mündlich vorgetragenen Entscheidungsgründen und dem schriftlich abgefassten Urteil gilt die schriftliche Fassung.[12] 6

IV. Verstöße gegen § 311

Wird die Verkündung des Urteils nicht in der durch § 311 Abs. 2 S. 1 oder S. 2 vorgesehenen Form verkündet, dann wird das Urteil nicht existent und es handelt sich dann nur um einen Urteilsentwurf (§ 310 Rn. 8).[13] Wegen der Gleichwertigkeit dieser beiden Verlautbarungsformen hindert es die Wirksamkeit der Verkündung nicht, wenn das noch nicht vollständig abgefasste Urteil statt durch Verlesen des Tenors durch Bezugnahme auf die schriftlich vorliegende Urteilsformel verkündet wurde.[14] Das Urteil wird auch existent und wirksam, wenn es statt der vorgeschriebenen Verkündung nach § 310 Abs. 3 zugestellt wird (vgl. dazu § 310 Rn. 10). Wird die tatsächlich vollzogene Verkündung nicht im Protokoll festgestellt (Rn. 4), dann kann nicht von der Verkündung (§ 165) ausgegangen werden und es handelt sich dann nur um einen Urteilsentwurf; der auf das Urteil angebrachte Verkündungsvermerk ändert daran nichts.[15] 7

312

Anwesenheit der Parteien (1) **[1]Die Wirksamkeit der Verkündung eines Urteils ist von der Anwesenheit der Parteien nicht abhängig. [2]Die Verkündung gilt auch derjenigen Partei gegenüber als bewirkt, die den Termin versäumt hat.**

(2) Die Befugnis einer Partei, auf Grund eines verkündeten Urteils das Verfahren fortzusetzen oder von dem Urteil in anderer Weise Gebrauch zu machen, ist von der Zustellung an den Gegner nicht abhängig, soweit nicht dieses Gesetz ein anderes bestimmt.

I. Normzweck

Der Gesetzgeber hat die Vorschrift damit begründet, dass zwar das Urteil, das auf Grund einer mündlichen Verhandlung ergangen ist, auch mündlich eröffnet werden müsste, um rechtliche Existenz nach au- 1

[4] *T/P/Reichold* Rn. 3; *Zi* Rn. 2.
[5] *St/J/Leipold* Rn. 4.
[6] BGH NJW 1985, 1782, 1783; 1994, 3358; *Jauernig* NJW 1986, 117.
[7] BGH VersR 1989, 604; 1990, 637f.; NJW-RR 2004, 1651, 1652.
[8] BGH NJW 1999, 794.
[9] *Jauernig* (Fn. 6) S. 118; *T/P/Reichold* Rn. 5.
[10] AK-ZPO/*Wassermann* Rn. 7.
[11] BGHZ 10, 327, 329 = NJW 1953, 1829.
[12] AK-ZPO/*Wassermann* Rn. 6; Sae/*Saenger* Rn. 7.
[13] *St/J/Leipold* Rn. 10 m. Nachw.
[14] BGH NJW 1994, 3358 m. weit. Nachw.
[15] OLG Zweibrücken FamRZ 1992, 972, 973.

ßen zu erlangen (vgl. aber § 310 Rn. 8), dass aber die Anwesenheit der Parteien bei der Verkündung nicht zwingend erforderlich wäre.[1] Von den Parteien könne vielmehr erwartet werden, dass sie die im Anschluss an die mündliche Verhandlung vorgenommene Verkündung abwarten oder sich nach dem verkündeten Ergebnis erkundigen, wenn die Verkündung in einem besonderen Termin stattfindet (§ 310 Abs. 1), an dem sie selbst nicht teilnehmen konnten. Fehler bei der Bekanntgabe des Verkündungstermins sind ohne Einfluss auf die Wirksamkeit der Verkündung (§ 310 Rn. 9).

II. Verkündung und Zustellung

2 Wenn auch die Verkündung des Urteils ihrem Sinn nach an die Parteien gerichtet ist, kommt es nicht entscheidend darauf an, ob sie Kenntnis von dem Urteil erlangt haben. Dementsprechend bildet es auch keine Wirksamkeitsvoraussetzung für das Urteil, dass den Parteien überhaupt die Möglichkeit geboten wird, von dem Urteil Kenntnis zu erlangen. Für die rechtliche Existenz des Urteils kommt es nur auf die Verkündung, nicht auf die Zustellung des Urteils an, sofern nicht die Zustellung die Verkündung ersetzt (§ 310 Rn. 6). Dies wird durch § 312 Abs. 2 noch einmal klargestellt. Der Eintritt bestimmter Rechtswirkungen wird jedoch in verschiedenen gesetzlichen Regelungen an die Zustellung des Urteils geknüpft: Beginn der Einspruchsfrist gegen ein Versäumnisurteil (§ 339 Abs. 1), Beginn von Rechtsmittelfristen (§§ 517, 548, 569, 575), Beginn der Fristen für den Antrag auf Urteilsberichtigung (§ 320 Abs. 2 S. 1) oder Urteilsergänzung (§ 321 Abs. 2), Voraussetzung für die Zwangsvollstreckung (§ 750).

313 *Form und Inhalt des Urteils*

(1) Das Urteil enthält:

1. die Bezeichnung der Parteien, ihrer gesetzlichen Vertreter und der Prozessbevollmächtigten;
2. die Bezeichnung des Gerichts und die Namen der Richter, die bei der Entscheidung mitgewirkt haben;
3. den Tag, an dem die mündliche Verhandlung geschlossen worden ist;
4. die Urteilsformel;
5. den Tatbestand;
6. die Entscheidungsgründe.

(2) [1]Im Tatbestand sollen die erhobenen Ansprüche und die dazu vorgebrachten Angriffs- und Verteidigungsmittel unter Hervorhebung der gestellten Anträge nur ihrem wesentlichen Inhalt nach knapp dargestellt werden. [2]Wegen der Einzelheiten des Sach- und Streitstandes soll auf Schriftsätze, Protokolle und andere Unterlagen verwiesen werden.

(3) Die Entscheidungsgründe enthalten eine kurze Zusammenfassung der Erwägungen, auf denen die Entscheidung in tatsächlicher und rechtlicher Hinsicht beruht.

I. Normzweck

1 § 313 gehört zusammen mit § 311 Abs. 1 und § 315 Abs. 1 zu den Vorschriften, die regeln, wie ein Zivilurteil äußerlich zu gestalten ist. Die in § 313 genannten Bestandteile bilden den wesentlichen Inhalt des Urteils,[1] ohne dass jedoch ihr Fehlen zur Nichtigkeit der Entscheidung führt (Rn. 12ff.). Die Bestimmung gilt grundsätzlich für alle erstinzstanzliche Urteile, wobei die abweichende Regelungen der §§ 313a und 313b zu beachten sind. Für Berufungsurteile ergeben sich aus § 540, für Revisionsurteile aus § 564 erhebliche Besonderheiten.

II. Aufbau und Inhalt des Urteils

2 **1. Allgemeines.** Das Urteil stellt die Antwort des Gerichts auf das Rechtsschutzgesuchs des Klägers dar. Wird dieses Gesuch für unzulässig gehalten, dann wird es zurückgewiesen, ohne dass zur Sache Stellung genommen wird. Wird jedoch die Sache selbst entschieden, dann muss den Parteien eine klare Entscheidung ihres Streites mitgeteilt werden. In jedem Fall müssen die für die Entscheidung maßgebenden Gründe den Parteien nachvollziehbar dargelegt werden. Auch **Stil und Sprache** des Urteils haben sich an dieser Funktion zu orientieren. Der Richter soll sich darum bemühen, Sprachbarrieren abzubauen und seine Entscheidung auch für einen Nichtjuristen verständlich zu machen. Dass dabei auf eine Fachterminologie nicht verzichtet werden kann, weil juristische Begriffe einen bestimmten Inhalt haben und deshalb nicht ohne weiteres ersetzt werden können, ist allerdings nicht zu verkennen. Dies schließt keinesfalls aus, das Urteil in einer klaren, lebendigen und anschaulichen Sprache zu verfassen.[2] Wird ein Urteil in Versform abgefasst,[3] dann ist dies nur zu beanstanden, wenn dadurch der berechtigte Eindruck erweckt wird, der Richter habe dem Streit der Parteien nicht den erforderlichen Ernst und die notwendige Sachlichkeit entgegengebracht.[4]

---

[1] Mat. II S. 287 (zu § 273).

[1] BGH VersR 1980, 744.
[2] Vgl. dazu *Lüke* NJW 1995, 1067.
[3] Vgl. *Beaumont* NJW 1990, 1969.
[4] OLG Karlsruhe NJW 1990, 2009.

Aus §§ 311 Abs. 1, 313 und 315 Abs. 1 ergibt sich, wie ein Zivilurteil äußerlich zu gestalten ist. Danach ist das **Urteil** wie folgt zu **gliedern:** Das Urteil wird mit „Im Namen des Volkes" überschrieben (§ 311 Abs. 1). Eine besondere Kennzeichnung als Urteil ist nur erforderlich, wenn es sich um ein Versäumnis-, Anerkenntnis- oder Verzichtsurteil handelt,[5] kann jedoch empfehlenswert sein, wenn es zu einer besonderen Urteilsart (§ 300 Rn. 2f.) gehört.[6] Der sich anschließende Urteilskopf (sog. Rubrum, auch Urteilseingang genannt) fasst die in § 313 Abs. 1 Nr. 1 bis 3 genannten Angaben zusammen.[7] Es folgen dann die Urteilsformel (sog. Tenor), der Tatbestand und die Entscheidungsgründe (§ 313 Abs. 1 Nr. 4 bis 6). Das Urteil ist von den Richtern, die bei der Entscheidung mitgewirkt haben, zu unterschreiben (§ 315 Abs. 1 S. 1). In der Praxis ist es üblich, neben diesen **gesetzlich vorgeschriebenen Bestandteilen** noch das Aktenzeichen und den Gegenstand des Rechtsstreits hinzuzufügen.[8] 3

2. Rubrum (Abs. 1 Nr. 1 bis 3). Nach Abs. 1 Nr. 1 sind im Urteil die Parteien zu bezeichnen, und zwar die **Parteien,** die am Schluss der mündlichen Verhandlung den Prozess führen. Hat ein Gesellschafter einer BGB-Gesellschaft eine Gesamthandsforderung entsprechend der früheren Rechtsprechung als notwendiger Streitgenosse eingeklagt, dann ist nach Änderung dieser Rechtsprechung, die nunmehr der (Außen-) Gesellschaft bürgerlichen Rechts Parteifähigkeit zuerkennt,[9] eine Rubrumsberichtigung dahin gehend vorzunehmen, dass als Partei die Gesellschaft genannt wird.[10] Die Bezeichnung der Partei ist so genau vorzunehmen, dass keine Zweifel entstehen können, wer gemeint ist;[11] neben Namen und Vornamen ist auch der Beruf zu nennen, wenn dies zur besseren Identifizierung beiträgt. Bei Gesellschaften ist die Rechtsform anzugeben. Eine genaue Anschrift ist wegen der Zustellung des Urteils (§ 317 Abs. 1) und zur Vermeidung von Schwierigkeiten bei der Zwangsvollstreckung erforderlich.[12] Hinzuzufügen ist die Parteirolle (Kläger, Beklagter). Sofern die Partei einen gesetzlichen Vertreter hat, ist auch dieser namentlich zu bezeichnen, ebenso der Prozessbevollmächtigte der Partei. 4

Nach § 313 Abs. 1 Nr. 2 sind die **Bezeichnung des Gerichts** und die Namen der **Richter,** die bei der Entscheidung mitgewirkt haben, anzugeben, und zwar so genau, dass feststeht, wer das Urteil gefällt hat. Bei der Gerichtsbezeichnung ist auch der Spruchkörper (zB 1. Zivilkammer) zu nennen. Die Namen der Richter müssen sich mit denen decken, die das Urteil unterschreiben (§ 315 Abs. 1). Die Unterschriften können die fehlenden Namensangaben im Rubrum ersetzen, wenn kein Zweifel bestehen kann, dass die unterzeichnenden Richter auch diejenigen sind, die bei der Entscheidung mitgewirkt haben.[13] Die nach Abs. 1 Nr. 3 vorgeschriebene Angabe des Tages, an dem die **mündliche Verhandlung** geschlossen worden ist, hat insbesondere Bedeutung für die Präklusionswirkung, die sich aus §§ 296a, 323 Abs. 2 und 767 Abs. 2 ergibt.[14] Im **schriftlichen Verfahren** (§ 128 Abs. 2, 3) entspricht der nach § 128 Abs. 2 S. 2 vom Gericht zu bestimmende Termin dem Schluss der mündlichen Verhandlung und ist demzufolge im Urteil zu nennen. Bei einer **Entscheidung nach Lage der Akten** (§§ 251 a, 331 a) ist der Tag des versäumten Termins anzugeben.[15] 5

3. Tenor (Abs. 1 Nr. 4). Die Anforderungen, die an den Tenor, die Urteilsformel, zu stellen sind, ergeben sich aus der dadurch zu erfüllenden Funktion. Die Urteilsformel enthält den Spruch des Gerichts, durch den der Streit der Parteien entschieden wird. Sie bestimmt wesentlich den Umfang der Rechtskraft und schafft bei einem Leistungsurteil die maßgebende Voraussetzung für die Zwangsvollstreckung. Deshalb muss der Tenor so exakt formuliert werden, dass die Parteien und die Organe der Zwangsvollstreckung ihm zweifelfrei entnehmen können, welche Rechtswirkungen sich aus ihm ergeben und was sie zu tun oder zu unterlassen haben.[16] Die Urteilsformel eines klagezusprechenden Urteils[17] muss aus sich selbst heraus verständlich sein, ohne dass zur Ermittlung ihres Sinnes auf den Tatbestand oder die Entscheidungsgründe zurückgegriffen werden muss.[18] Zulässig ist es allerdings, dass in der Urteilsformel auf **Anlagen** zum Urteil Bezug genommen wird, um dadurch anders nicht genauer zu beschreibende Gegenstände wie zB Konstruktionszeichnungen mit der notwendigen Bestimmtheit zu bezeichnen.[19] Bei einer Verurteilung zur Zahlung von Zinsen genügt es nicht der zu fordernden Bestimmtheit, wenn nur ein variabler Zinssatz (zB Liborsatz) genannt wird.[20] Schuldet der Beklagte dem Kläger die Zahlung eines Geldbetrages in einer 6

---

[5] OLG Oldenburg MDR 1991, 159.
[6] *Zö/Vollkommer* Rn. 1.
[7] Vgl. *Huber* Rn. 164; *Musielak,* GK ZPO, Rn. 490.
[8] *Tempel* Bd. I § 4 I 3 (S. 371).
[9] Vgl. BGHZ 146, 341 = NJW 2001, 1056.
[10] BGH NJW 2003, 1043; NZG 2006, 16 = JuS 2006, 268 (*K. Schmidt*); NJW-RR 2007, 305, 306; OLG Köln NJW-RR 2003, 431; aA *Jacoby* NJW 2003, 1644, 1645.
[11] OLG Hamburg GRUR 1981, 90, 91; vgl. auch die in Fn. 7f. Zitierten.
[12] *Zö/Vollkommer* Rn. 4.
[13] BGH FamRZ 1977, 124.
[14] *T/P/Reichold* Rn. 7; *St/J/Leipold* Rn. 16; vgl. auch OLG Düsseldorf NJW 1987, 507, 508 (zu § 296a).
[15] *MK/Gehrlein* § 251 a Rn. 21.
[16] BGH NJW 1992, 1691, 1692 (zum Tenor einer Verurteilung zum Unterlassen); OLG München IPRax 1988, 291, 293; *Womelsdorf* JuS 1983, 855; *Schröer* JA 1997, 318 (zur Urteilsformel bei Teil-, Schluss- und Grundurteil); zur Tenorierung vgl. *Wallisch/Spinner* JuS 2000, 64, 377.
[17] Anders jedoch bei einem klageabweisenden Urteil, vgl. *Huber* Rn. 189.
[18] AA Sutschet ZZP 119 (2006), 279, 280.
[19] BGHZ 94, 276, 291 = NJW 1986, 192; BGHZ 142, 388, 392ff. = NJW 2000, 2207 (Video-Mitschnitt); BGH NJW-RR 1989, 1085, 1086; OLG Frankfurt/M NJW-RR 1996, 750.
[20] OLG Frankfurt/M NJW-RR 1992, 684, 685.

fremden Währung,[21] dann ist bei Verurteilung des Beklagten die Zahlungspflicht in dieser Währung festzulegen.[22]

7 Die Urteilsformel besteht regelmäßig aus **drei Elementen,** nämlich der Entscheidung zur Hauptsache, der Kostenentscheidung und der Entscheidung zur vorläufigen Vollstreckbarkeit.[23] Bei der Entscheidung zur Hauptsache muss das Gericht die Parteianträge beachten (vgl. § 308 Rn. 2ff.). Soweit Entscheidungen über die Zulassung von Rechtsmitteln zu treffen sind (vgl. § 511 Abs. 2 Nr. 2, § 543 Abs. 1 Nr. 1), müssen sie in die Urteilsformel aufgenommen werden.[24]

8 **4. Tatbestand (Abs. 1 Nr. 5, Abs. 2).** Der Tatbestand eines Zivilurteils umfasst „eine gedrängte Darstellung des Sach- und Streitstandes auf der Grundlage der mündlichen Vorträge der Parteien unter Hervorhebung der gestellten Anträge". Diese vor Änderung durch die Vereinfachungsnovelle 1976 in § 313 Abs. 1 Nr. 3 aF enthaltene Begriffsbeschreibung trifft auch noch nach geltendem Recht zu. Auch die neue Regelung des Berufungsrecht durch das ZPO-RG (vgl. insbesondere § 529 Abs. 1 Nr. 1) hat daran nichts geändert.[25] § 313 Abs. 2 bestimmt ausdrücklich, dass die Darstellung des Tatbestandes knapp gehalten und auf den wesentlichen Inhalt beschränkt werden soll und dass wegen der Einzelheiten des Sach- und Streitstandes auf Schriftsätze, Protokolle und andere Unterlagen zu verweisen ist. Eine nichts sagende Pauschalverweisung auf die Akten hat jedoch zu unterbleiben.[26] Trotz der gebotenen Kürze muss die Darstellung im Sachverhalt verständlich bleiben und den wesentlichen Kern des Rechtsstreites wiedergeben.[27]

9 In der Praxis ist es üblich geworden, beim Aufbau des Sachverhalts eine bestimmte **Reihenfolge** einzuhalten. Es wird mit dem unstreitigen Sachverhalt begonnen, sodann das streitige Vorbringen des Klägers und anschließend sein Antrag wiedergegeben. Es folgt der Antrag des Beklagten, an den sich das vom Kläger bestrittene Vorbringen des Beklagten anschließt. Danach sind die Erwiderung des Klägers und eventuelle darauf bezogene Antworten des Beklagten anzufügen. Den Schluss bildet die Prozessgeschichte. Dieser Aufbau eines Tatbestandes dient der besseren Übersichtlichkeit und Verständlichkeit und sollte im Regelfall von jedem Verfasser eines Urteils beachtet werden.[28]

10 **5. Entscheidungsgründe (Abs. 1 Nr. 6, Abs. 3).** § 313 Abs. 3 bestimmt, dass die Entscheidungsgründe eine kurze Zusammenfassung der Erwägungen zu enthalten haben, auf denen die Entscheidung in tatsächlicher und rechtlicher Hinsicht beruht. Die ausdrücklich betonte **Kürze** der Entscheidungsgründe darf jedoch **nicht auf Kosten ihrer Verständlichkeit** gehen. Vielmehr ist zu berücksichtigen, dass die Parteien einen verfassungsrechtlich fundierten Anspruch darauf haben, über die den Spruch des Richters tragenden Gründe und über die dafür maßgebenden Erwägungen in ausreichender Weise unterrichtet zu werden.[29] Hierbei ist allerdings zu erwarten, dass sich der Laie juristischen Rat holt, um Verständnisschwierigkeiten infolge der juristischen Terminologie zu überwinden.[30] Ein Computerausdruck kann nicht eine übersichtliche und für die Parteien verständliche Darstellung der Berechnung des Unterhaltsanspruchs ersetzen.[31]

11 Wenn auch der Richter nicht verpflichtet ist, sich in den Entscheidungsgründen mit jedem **Vorbringen der Parteien** ausdrücklich auseinander zu setzen, muss er doch auf den wesentlichen Kern des Tatsachenvorbringens einer Partei zu einer Frage eingehen, die für das Verfahren von zentraler Bedeutung ist. Tut er dies nicht, so lässt dies auf die Nichtberücksichtigung des Vortrages schließen, so dass eine Verletzung des Anspruchs auf rechtliches Gehör anzunehmen ist (Einl. Rn. 28), sofern der unberücksichtigt gebliebene Vortrag nicht nach dem Rechtsstandpunkt des Gerichts unerheblich oder offensichtlich unsubstantiiert war.[32] Erforderlich ist insbesondere eine **sorgfältige Würdigung der erhobenen Beweise** und die Angabe der Gründe, die für die richterliche Überzeugung leitend gewesen sind (§ 286 Abs. 1 S. 2).[33] Weicht der Richter von einer **gefestigten Rechtsauffassung** ab, dann kann erwartet werden, dass er sich mit ihr auseinander setzt und die **Gründe für** die **abweichende Ansicht** mitteilt.[34] Sonst bleibt es jedoch grundsätzlich

---

[21] Zu beachten ist, dass § 3 S. 1 WährG, der bestimmte, dass Geldschulden aus Rechtsgeschäften zwischen Bewohnern der Bundesrepublik Deutschland in anderen Währungen als in Deutscher Mark nur mit Genehmigung der Deutschen Bundesbank eingegangen werden durften, durch Art. 9 § 1 EuroEG mit Wirkung vom 1. 1. 1999 aufgehoben ist.

[22] *St/J/Leipold* Rn. 24.

[23] *Huber* Rn. 164.

[24] BGH NJW 1956, 831; *T/P/Reichold* § 511 Rn. 22; § 543 Rn. 6 (wirksam auch in den Gründen).

[25] AG Frankfurt/M NJW 2002, 2328.

[26] BGH LM § 295 Nr. 9; OLG Hamburg NJW 1988, 2678; OLG Oldenburg NJW 1989, 1165; *Crückeberg* MDR 2003, 199; einschr. *Fischer* JuS 1995, 535, 536; *ders.,* Bezugnahmen – insbesondere pauschale Bezugnahmen – in Tatbeständen und Schriftstücken im Zivilprozess sowie damit zusammenhängende Fragen, 1994, S. 24ff.; *Balzer* NJW 1995, 2448, 2452.

[27] Eingehend zur Abfassung des Tatbestandes *Huber* JuS 1984, 615, 786, 950; *ders.* Rn. 331ff.; vgl. auch BVerfG NJW 2001, 2009; *Balzer* (Fn. 26) S. 2450.

[28] Hilfen zur Klärung von Zweifelsfragen finden sich auch in den einschlägigen Anleitungsschriften; zB */Zimmermann,* Klage, Gutachten und Urteil, 18. Aufl. 2003; *Sirp/Schuschke,* Bericht, Gutachten, Urteil, 33. Aufl. 2003, jeweils m. weit. Nachw.; vgl auch *Fischer* JuS 2005, 904.

[29] EGMR NJW 1999, 2429; OLG Saarbrücken FamRZ 1993, 1098, 1099; OLG Köln FamRZ 2005, 1921; *Lüke,* Begründungszwang und Verfassung, 1987, S. 111f.; *Gottwald* ZZP 98 (1985), 113, 114f.

[30] *Kischel,* Die Begründung, 2003, S. 347ff.

[31] OLG Zweibrücken FamRZ 2004, 1735.

[32] BVerfG NJW 1994, 2279; NJW-RR 1995, 1033, 1034, jeweils m. weit. Nachw.; vgl. auch BGH NJW-RR 1997, 688, 689; *Kischel* (Fn. 30) S. 381ff.

[33] BGH NJW-RR 1988, 524.

[34] Vgl. BVerfG NJW 1992, 2556, 2557; 1995, 2911; *Deubner* JuS 1996, 240, 242f. m. weit. Nachw.

dem pflichtgemäßen Ermessen des Gerichts überlassen, in welchem Umfang es Rechtsprechung und Literatur bei seiner Entscheidung heranzieht und sich ausdrücklich damit auseinander setzt.[35] Auf Entscheidungen, die gleichzeitig zwischen den Parteien ergehen, kann Bezug genommen werden.[36] Allerdings können lediglich pauschale Verweisungen auf das Vorbringen in einer anderen Instanz oder in einem angefochtenen Urteil die Begründung nicht ersetzen.[37] Jedenfalls müssen die Entscheidungsgründe so gefasst sein, dass das Rechtsmittelgericht in der Lage ist, die rechtlichen Ausführungen auf ihre Richtigkeit hin zu überprüfen.

III. Verstöße gegen § 313

1. Fehler im Rubrum. Die falsche Bezeichnung einer Partei, ihres gesetzlichen Vertreters oder ihres Prozessbevollmächtigten im Rubrum stellt einen wesentlichen Mangel iSv. § 538 Abs. 2 S. 1 Nr. 1 dar, sofern es sich dabei nicht um eine offenbare Unrichtigkeit handelt, die nach § 319 berichtigt werden kann (§ 319 Rn. 6).[38] **Fehlende Namen der Richter** im Rubrum werden durch die Unterschriften ersetzt, sofern nicht zweifelhaft ist, dass die unterzeichnenden Richter diejenigen sind, die bei der Entscheidung mitgewirkt haben (Rn. 5). In diesem Fall kann von einer stillschweigenden Verweisung des Urteils auf die Unterschriften ausgegangen werden.[39] Wird im Rubrum der Name eines Richters angegeben, der an der Beschlussfassung und an dem Erlass des Urteils nicht beteiligt war, dann kann dieser Mangel dadurch beseitigt werden, dass die Unrichtigkeit im Wege der Berichtigung nach § 319 korrigiert wird; hat dieser Richter das Urteil auch unterschrieben, dann kann seine Unterschrift gestrichen werden, ohne dass dies die Wirksamkeit des Urteils berührt (§ 315 Rn. 11 und § 319 Rn. 12).[40] Ist **für** den **Schluss der mündlichen Verhandlung** ein **falsches Datum** angegeben worden, dann läuft unabhängig von der Möglichkeit, das Urteil nach § 319 zu berichtigen, die Rechtsmittelfrist nach §§ 517, 548 mit der Zustellung des in vollständiger Form abgefassten Urteils.[41] 12

2. Fehler im Tenor. Unklarheiten und Widersprüche in der Urteilsformel sind nach Möglichkeit durch Auslegung mit Hilfe des übrigen Urteilsinhalts zu beseitigen.[42] Bei **Abweichungen zwischen Urteilstenor und Entscheidungsgründen** ist der Tenor maßgebend, weil er den rechtskraftfähigen Spruch des Richters darstellt.[43] **Offenbare Unrichtigkeiten** in der Urteilsformel können nach § 319 berichtigt und Lücken im Tenor, die durch eine versehentlich unterbliebene Entscheidung der Haupt- oder Nebenansprüche oder über Kosten entstanden sind, nach § 321 ergänzt werden. Ein Tenor, der in sich so widersprüchlich und unbestimmt ist, dass sein Inhalt auch nicht im Wege der Auslegung festgestellt werden kann, verhindert, dass die Entscheidung Rechtskraft erlangt, und macht das Urteil unwirksam (§ 300 Rn. 6).[44] 13

3. Fehler im Tatbestand. Ein Urteil, das entgegen der Vorschrift des § 313 Abs. 1 Nr. 5 **keinen Tatbestand** enthält, ohne dass dies auf Grund spezieller Regelungen (§§ 313a, 313b, 525, 540, 555 Abs. 1) gestattet ist, weist einen wesentlichen Verfahrensmangel auf und ist vom Rechtsmittelgericht aufzuheben (§§ 538 Abs. 2 S. 1 Nr. 1, 562 Abs. 2).[45] Gleiches gilt, wenn zwar der **Tatbestand** nicht vollständig fehlt, aber so **lückenhaft und widersprüchlich** gefasst ist, dass er keine brauchbare tatsächliche Grundlage für die rechtliche Beurteilung bietet.[46] In einem solchen Fall kann jedoch das Revisionsgericht von einer Zurückverweisung absehen, wenn die Parteien nur um Rechtsfragen streiten und das Berufungsurteil hinreichend tatsächliche Angaben enthält, um diese Rechtsfragen beurteilen zu können.[47] Nicht zwingend geboten ist es, zwischen Tatbestand und Entscheidungsgründen im Urteil auch äußerlich zu trennen. Allerdings muss deutlich sein, was zum Tatsachenstoff gehört und was zu den rechtlichen Wertungen des Gerichts zu rechnen ist.[48] Unrichtigkeiten und Widersprüche im Tatbestand können nach § 320 berichtigt werden. 14

4. Fehler in den Entscheidungsgründen. Fehlen die vorgeschriebenen **Entscheidungsgründe** (vgl. aber §§ 313a, 313b, 525, 540, 555, 564), dann ist das Urteil mit einem wesentlichen Verfahrensmangel behaftet, der die Berufung (§ 538 Abs. 2 S. 1 Nr. 1) oder die Revision (§ 547 Nr. 6) begründet.[49] Dem steht es gleich, wenn die Entscheidungsgründe **unverständlich und verworren** sind oder solche Lücken aufweisen, dass die rechtlichen Erwägungen des Gerichts nicht nachvollzogen werden können[50] oder wenn eine Aus- 15

---

[35] BVerfG NJW 1987, 2499.

[36] BGH NJW 1971, 39.

[37] OLG Frankfurt/M FamRZ 1993, 717; OLG Hamm NJW-RR 1992, 631.

[38] OLG Hamburg GRUR 1981, 90, 91.

[39] BGH FamRZ 1977, 124.

[40] BGHZ 18, 350, 354f. = NJW 1955, 1919.

[41] BGH VersR 1980, 744.

[42] BGHZ 34, 337, 339 = NJW 1961, 917; BGH NJW 1972, 2268; OLG Köln NJW 1985, 274.

[43] BGH NJW 1997, 3447, 3448; 2003, 140, 141 (zumindest bei Widersprüchlichkeit der Entscheidungsgründe); OLG Celle OLGZ 1979, 194, 196;; aA *Lindacher* ZZP 88 (1975), 64, 72f.

[44] BGHZ 5, 240, 246 = NJW 1952, 818.

[45] St. Rspr. vgl. nur BGH NJW 1999, 1720; NJW-RR 2003, 1145, 1146; 2004, 494; 2004, 1576 (mit dem Hinweis darauf, dass ein solches Urteil vom Revisionsgericht auch dann aufzuheben ist, wenn es mangels Überschreiten der Beschwersumme nicht revisibel ist; jetzt bedeutsam in Bezug auf die Wertgrenze des § 26 Nr. 8 EGZPO); BAG NJW 2003, 918; NZA 2004, 564, 565.

[46] BGH NJW 1981, 1848; OLG Frankfurt OLGZ 1984, 179, 180; *Crükkeberg* MDR 2003, 199.

[47] BGH (Fn. 46); BGH NJW 1983, 1901.

[48] *Huber* JuS 1987, 213; *Stanicki* DRiZ 1983, 264, 270.

[49] OLG Schleswig NJWE-FER 2000, 240; *Sae/Saenger* Rn. 33.

[50] BGHZ 32, 17, 24 = NJW 1960, 866; BGHZ 39, 333, 338 = NJW 1963, 2272; BGH GRUR 1967, 543, 546; BVerwG NJW 2003, 1753f.; OLG Brandenburg FamRZ 2006, 129, 130.

einandersetzung mit einem für die Entscheidung bedeutsamen Parteivorbringen fehlt (Rn. 11). Ein Urteil muss aufgehoben werden, wenn die Entscheidungsgründe von einer anderen Sachlage ausgehen, als im Tatbestand angegeben wird, und wenn eine am richtigen Sach- und Streitstand orientierte Beurteilung zu einem anderen rechtlichen Ergebnis führen muss.[51]

313a ***Weglassen von Tatbestand und Entscheidungsgründen*** **(1) [1]Des Tatbestandes bedarf es nicht, wenn ein Rechtsmittel gegen das Urteil unzweifelhaft nicht zulässig ist. [2]In diesem Fall bedarf es auch keiner Entscheidungsgründe, wenn die Parteien auf sie verzichten oder wenn ihr wesentlicher Inhalt in das Protokoll aufgenommen worden ist.**

(2) [1]Wird das Urteil in dem Termin, in dem die mündliche Verhandlung geschlossen worden ist, verkündet, so bedarf es des Tatbestands und der Entscheidungsgründe nicht, wenn beide Parteien auf Rechtsmittel gegen das Urteil verzichten. [2]Ist das Urteil nur für eine Partei anfechtbar, so genügt es, wenn diese verzichtet.

(3) Der Verzicht nach Absatz 1 oder 2 kann bereits vor der Verkündung des Urteils erfolgen; er muss spätestens binnen einer Woche nach dem Schluss der mündlichen Verhandlung gegenüber dem Gericht erklärt sein.

(4) Die Absätze 1 bis 3 finden keine Anwendung:
1. in Ehesachen, mit Ausnahme der eine Scheidung aussprechenden Entscheidungen;
2. in Lebenspartnerschaftssachen nach § 661 Abs. 1 Nr. 2 und 3;
3. in Kindschaftssachen;
4. im Falle der Verurteilung zu künftig fällig werdenden wiederkehrenden Leistungen;
5. wenn zu erwarten ist, dass das Urteil im Ausland geltend gemacht werden wird.

(5) Soll ein ohne Tatbestand und Entscheidungsgründe hergestelltes Urteil im Ausland geltend gemacht werden, so gelten die Vorschriften über die Vervollständigung von Versäumnis- und Anerkenntnisurteilen entsprechend.

I. Normzweck

1 Durch das ZPO-RG ist die Vorschrift neu gefasst worden. Danach darf das Gericht bei unanfechtbaren Entscheidungen die Entscheidungsgründe nicht nur wie zuvor bei einem Verzicht der Parteien, sondern auch dann weglassen, wenn der wesentliche Inhalt der Entscheidungsgründe in das Protokoll aufgenommen worden ist. Diese in Abs. 1 getroffene Regelung wird durch Abs. 2 dahingehend ergänzt, dass das Gericht generell bei einem sog. Stuhlurteil von der Darstellung des Tatbestandes und der Entscheidungsgründe absehen darf, wenn das Urteil auf Grund eines Verzichts auf Rechtsmittel unanfechtbar ist. Die in **Abs. 4** genannten Ausnahmen betreffen Fälle, in denen entweder ein öffentliches Interesse an der schriftlichen Urteilsbegründung besteht (Nr. 1 bis 3) oder in denen die Entscheidungsgründe festgehalten werden müssen, damit bei einer künftigen Abänderungsklage nach § 323 beurteilt werden kann, ob eine wesentliche Änderung der Verhältnisse eingetreten ist (Nr. 4). Die Ausnahme der Nr. 5 erklärt sich dadurch, dass im internationalen Rechtsverkehr im Allgemeinen ein vollständig begründetes Urteil vorzulegen ist.

2 Die Vorschrift des **§ 313a gilt für Urteile aller Instanzen,**[1] **jedoch nicht für Versäumnis-, Anerkenntnis- und Verzichtsurteile, weil insoweit § 313 b eine Sonderregelung** enthält. Für Berufungsurteile ist § 540 zu beachten, für Revisionsurteile gilt § 564, die als Spezialvorschriften § 313a vorgehen. In **Verfahren der Freiwilligen Gerichtsbarkeit** ist § 313a nicht anwendbar. Dies gilt auch für die Entscheidung über den Versorgungsausgleich im Verbundurteil (§ 629 Abs. 1), weil durch § 53b Abs. 3 FGG eine Begründung vorgeschrieben wird.[2]

II. Urteil in abgekürzter Form

3 **1. Weglassen des Tatbestandes (Abs. 1 S. 1, Abs. 2).** Im Interesse einer Entlastung der Richter und der Kanzlei (Rn. 1)[3] wird dem Gericht freigestellt, das Urteil ohne Tatbestand zu erlassen, wenn es zweifelsfrei unanfechtbar ist. Der Beurkundungsfunktion des Tatbestandes (§ 314 Rn. 1) kommt in diesem Fall regelmäßig keine Bedeutung zu.

4 **2. Weglassen der Entscheidungsgründe (Abs. 1 S. 2, Abs. 2).** Die Möglichkeiten des Gerichts, auf die Wiedergabe der Entscheidungsgründe im Urteil zu verzichten, ist durch das ZPO-RG erweitert worden. Folgende Fälle kommen in Betracht: (1) Das Urteil ist unanfechtbar und die Parteien verzichten auf die Entscheidungsgründe (Abs. 1 S. 2 Alt. 1); (2) Das Urteil ist unanfechtbar und das Gericht nimmt den wesentlichen Inhalt der Entscheidungsgründe in das Protokoll auf (Abs. 1 S. 2 Alt. 2); (3) Das Urteil wird in dem Termin, in dem die mündliche Verhandlung geschlossen worden ist, verkündet (sog. Stuhlurteil) und jede Partei, die das Urteil anfechten kann, verzichtet auf Rechtsmittel (Abs. 2). Hinzu kommt stets noch als negative Voraussetzung, dass es sich nicht um einen der in Abs. 4 genannten Fälle handelt. Der **Verzicht der Parteien** nach Abs. 1 oder 2 stellt eine Prozesshandlung dar,[4] der nur Wirksamkeit zukommt, wenn die Pro-

---

[51] BGHR Tatbestandswidrigkeit 1.
[1] *Hartmann* JR 1977, 181, 186; *St/J/Leipold* Rn. 3.
[2] OLG Hamburg NJW 1979, 434; OLG Stuttgart FamRZ 1983, 81, 82.
[3] Amtl. Begr. des ZPO-RG (BT-Drucks. 14/4722 S. 85).
[4] OLG Frankfurt/M NJW 1989, 841.

zesshandlungsvoraussetzungen erfüllt werden. Dies bedeutet, dass im Anwaltsprozess die Erklärungen von den Prozessbevollmächtigten abgegeben werden müssen. Der Verzicht kann gegenüber dem Gericht sowohl mündlich als auch schriftlich erklärt werden. Ein nachträglicher Widerruf des Verzichts ist nicht zulässig.[5] Als Prozesshandlung kann der Verzicht in seiner Wirksamkeit grundsätzlich nicht von einer Bedingung abhängig gemacht werden. Eine Ausnahme gilt jedoch für innerprozessuale Bedingungen.[6] Dementsprechend ist es als zulässig anzusehen, dass eine Partei den Verzicht nach Abs. 1 nur für den Fall ihres Obsiegens oder ihres Unterliegens erklärt.[7] Um einen Anreiz für die Parteien zu schaffen, auf ein Rechtsmittel zu verzichten, werden die Kosten bei einem Urteil, das nach § 313a Abs. 2 keinen Tatbestand und keine Entscheidungsgründe enthalten muss, um zwei Gebühren auf eine vermindert (vgl. Rn. 10). Eine entsprechende Privilegierung ist für den Verzicht nach Abs. 1 nicht vorgesehen; der Gesetzgeber war der Auffassung, dass dies nicht erforderlich sei, weil sich dieser Verzicht nicht auf ein Rechtsmittel, sondern lediglich auf die Entscheidungsgründe bezöge.[8] In der Erklärung, auf Tatbestand und Entscheidungsgründe verzichten zu wollen, kann zugleich ein Rechtsmittelverzicht liegen.[9] Stets muss jedoch vom Gericht festgestellt werden, ob ein solcher Verzicht dem wirklichen Wille des Erklärenden entspricht.[10]

Die Frist, in der nach Abs. 3 spätestens der Verzicht dem Gericht erklärt werden muss, ist durch das ZPO-RG auf eine Woche verlängert worden, um der Partei ausreichend Zeit zu gewähren, mit ihrem Prozessbevollmächtigten die Frage eines Verzichts zu erörtern. Andererseits bleibt dem Richter auch noch genügend Zeit, um die Urteilsbegründung innerhalb der durch § 315 Abs. 2 bestimmten Frist zu fertigen, falls der Verzicht nicht erklärt wird.[11] Mit dieser Zweckrichtung ist es vereinbar, einen **Verzicht,** der **nach Ablauf der Wochenfrist** erklärt wurde, nicht für unwirksam anzusehen, sondern das Gericht auch dann für berechtigt zu halten, nach § 313a Abs. 1 S. 2 zu verfahren.[12] Im **schriftlichen Verfahren** (§ 128 Abs. 2) beginnt die Frist mit dem nach § 128 Abs. 2 S. 2 zu bestimmenden Zeitpunkt.[13] 5

3. Inhalt des Urteils. Ergeht eine Entscheidung ohne Tatbestand und Entscheidungsgründe, dann können sich Schwierigkeiten bei der Bestimmung des Streitgegenstandes und damit der Grenzen der materiellen Rechtskraft des Urteils ergeben. Bei den Gesetzesberatungen ist dieses Problem durchaus erkannt worden; man hat darauf hingewiesen, dass trotz eines Verzichts der Parteien das Urteil in vollständiger Form abgefasst werden könnte, um den Umfang der Rechtskraft etwa bei einer erklärten Aufrechnung erkennbar zu machen.[14] Häufig wird es genügen, durch erläuternde Zusätze in der Urteilsformel oder durch eine kurze Begründung den Streitgegenstand in ausreichender Weise zu konkretisieren.[15] 6

III. Die Ausnahmen des Absatzes 4

In den Fällen, die in Abs. 4 genannt werden, sprechen wichtige Gründe dafür, auf Tatbestand und Entscheidungsgründe des Urteils nicht zu verzichten (Rn. 1). Durch Nr. 5 werden auch solche Scheidungsurteile erfasst, an denen ein Ausländer beteiligt ist, selbst wenn dieser zusätzlich die deutsche Staatsangehörigkeit besitzt.[16] Soll ein Urteil im Ausland geltend gemacht werden, das zunächst in abgekürzter Form ergangen ist, dann kann es nachträglich vervollständigt werden (§ 313a Abs. 5). 7

IV. Verstöße gegen § 313a

Wird ein Urteil ohne Tatbestand und Entscheidungsgründe erlassen, obwohl die Voraussetzungen des § 313a Abs. 1 oder 2 dafür nicht erfüllt werden oder obwohl es sich um einen Ausnahmefall des Abs. 4 handelt, dann stellt dies einen wesentlichen Verfahrensmangel dar, der die Anfechtbarkeit des Urteils begründet (§ 313 Rn. 14f.). Dagegen ist es unschädlich, wenn das Gericht ein Urteil in vollständiger Form erlässt, obwohl eine Abkürzung nach § 313a Abs. 1 oder 2 zulässig wäre. Denn § 313a überlässt es dem Ermessen des Gerichts, ob es von der durch diese Vorschrift geschaffenen Möglichkeit Gebrauch machen will.[17] 8

V. Gebühren und Kosten

1. Rechtsanwaltsgebühren. Die Tätigkeit des Anwalts (Verzicht auf Urteilsbegründung, Antrag auf Vervollständigung) gehört zum Rechtszug, wird also durch die Gebühren der Nrn. 3100ff. RVG abgegolten 9

---

[5] OLG Frankfurt/M NJW (Fn. 4).
[6] *Musielak,* GK ZPO, Rn. 160.
[7] *St/J/Leipold* Rn. 12; *Sae/Saenger* Rn. 8.
[8] Amtl. Begr. des ZPO-RG (Fn. 3).
[9] OLG Hamm MDR 1989, 919; JurBüro 1996, 96, 97; OLG Brandenburg NJW-RR 1995, 1212f.; aA (nur bei besonderen Anhaltspunkten) OLG Hamm NJW- RR 1995, 1213f.; OLG Schleswig MDR 1997, 1154; abl. auch Zöller/Vollkommer RdNr. 6: im Regelfall kein Rechtsmittelverzicht.
[10] Vgl. BAG NJW 2006, 1995, 1996; OLG Hamm NJW-RR 2000. 212.
[11] Amtl. Begr. (Fn. 3).
[12] LAG NZA 2006, 878 (LS); *T/P/Reichold* Rn. 3; Zi Rn. 3; *St/J/Leipold* Rn. 12; *Sae/Saenger* Rn. 8.
[13] *Schneider* MDR 1985, 906; *Zö/Vollkommer* Rn. 6.
[14] Bericht des Rechtsausschusses (BT-Drucks. 7/5250 S. 5) zur früheren Fassung des Gesetzes. Diese Erwägungen haben aber weiterhin Bestand.
[15] Vgl. *Huber* Rn. 342f., 380.
[16] Amtliche Begr. (BT-Drucks. 7/2729 S. 78).
[17] *St/J/Leipold* Rn. 14.

(Vorbem. 3 Abs. 2 VV RVG, für die Vervollständigung § 19 Abs. 1 Nr. 8 RVG). Ist der Anwalt **nicht Prozessbevollmächtigter,** erhält er die Gebühr der Nr. 3403 VV RVG.

10 **2. Gerichtskosten.** Seit dem In-Kraft-Treten des Kostenrechtsmodernisierungsgesetzes zum 1. Juli 2004 führt der Verzicht der Parteien auf Entscheidungsgründe zur Ermäßigung der (erhöhten) Gebühr für das Verfahren im Allgemeinen (KV Nrn. 1211 Nr. 2, 1222 Nr. 2, 1223, 1311 Nr. 2, 1322 Nr. 2, 1323, 1415), sofern die jeweils genannten Voraussetzungen erfüllt sind.

313b *Versäumnis-, Anerkenntnis- und Verzichtsurteil*

(1) [1]Wird durch Versäumnisurteil, Anerkenntnisurteil oder Verzichtsurteil erkannt, so bedarf es nicht des Tatbestandes und der Entscheidungsgründe. [2]Das Urteil ist als Versäumnis-, Anerkenntnis- oder Verzichtsurteil zu bezeichnen.

(2) [1]Das Urteil kann in abgekürzter Form nach Absatz 1 auf die bei den Akten befindliche Urschrift oder Abschrift der Klage oder auf ein damit zu verbindendes Blatt gesetzt werden. [2]Die Namen der Richter braucht das Urteil nicht zu enthalten. [3]Die Bezeichnung der Parteien, ihrer gesetzlichen Vertreter und der Prozessbevollmächtigten sind in das Urteil nur aufzunehmen, soweit von den Angaben der Klageschrift abgewichen wird. [4]Wird nach dem Antrag des Klägers erkannt, so kann in der Urteilsformel auf die Klageschrift Bezug genommen werden. [5]Wird das Urteil auf ein Blatt gesetzt, das mit der Klageschrift verbunden wird, so soll die Verbindungsstelle mit dem Gerichtssiegel versehen oder die Verbindung mit Schnur und Siegel bewirkt werden.

(3) Absatz 1 ist nicht anzuwenden, wenn zu erwarten ist, dass das Versäumnisurteil oder das Anerkenntnisurteil im Ausland geltend gemacht werden soll.

(4) Absatz 2 ist nicht anzuwenden, wenn die Prozessakten elektronisch geführt werden.

I. Normzweck

1 § 313b Abs. 1 und 2 ist durch die Vereinfachungsnovelle 1976 in die ZPO eingefügt worden. Zuvor enthielt § 313 Abs. 3 aF eine entsprechende Regelung. Abweichend vom früheren Recht ist die in § 313b getroffene Regelung auf Verzichtsurteile und auf solche Versäumnisurteile erstreckt worden, die gegen den Kläger ergehen. Zweck der Regelung ist eine Entlastung der Gerichte. Abs. 3 wurde 1988 in § 313b eingefügt. (vgl. dazu Rn. 5). Durch das JKomG ist schließlich mit Wirkung vom 1. 4. 2005 Abs. 4 dem § 313b angefügt worden.

II. Urteil in abgekürzter Form

2 **1. Erlass.** § 313b ist nur auf sog. **„echte" Versäumnisurteile** anzuwenden, also Urteile, die nach §§ 330ff. auf Grund der Säumnis einer Partei ergehen, dagegen nicht auf Urteile, die zwar gegen einen Säumigen, aber ohne Rücksicht auf die Säumnis erlassen werden,[1] denn bei solchen Urteilen handelt es sich nicht um ein Versäumnisurteil, sondern um ein kontradiktorisches.[2] Anerkenntnisurteile (§ 307) und Verzichtsurteile (§ 306) bedürfen ebenfalls nicht des Tatbestandes und der Entscheidungsgründe. § 313b gilt für die genannten Urteile in allen Instanzen, auch wenn sie als Teilurteile ergehen.

3 Ob das Gericht ein Versäumnis-, Anerkenntnis- oder Verzichtsurteil ohne Tatbestand und Entscheidungsgründe erlässt, ist vorbehaltlich der Vorschrift des Abs. 3 in sein **Ermessen** gestellt. Bei dieser Entscheidung stellen sich gleiche Fragen wie bei § 313a (vgl. § 313a Rn. 6). Wird bei einem Anerkenntnisurteil über die Kostentragung (§ 93) gestritten und muss deshalb mit einer **Beschwerde nach § 99 Abs. 2 gerechnet** werden, dann ist dem Urteil zumindest eine kurze Begründung beizufügen, um dem Beschwerdegericht eine Überprüfung zu ermöglichen.[3]

4 **2. Inhalt.** Ein Urteil, das nach § 313b in abgekürzter Form erlassen wird, muss nach Abs. 1 S. 2 dieser Vorschrift als Versäumnis-, Anerkenntnis- oder Verzichtsurteil bezeichnet werden. Eine solche Bezeichnung ist jedoch nicht erforderlich, wenn ein solches Urteil in vollständiger Form ergeht.[4] Neben dem Weglassen von Tatbestand und Entscheidungsgründen (Abs. 1 S. 1) sind weitere Abweichungen durch Abs. 2 gestattet. Danach braucht das Urteil die Namen der Richter nicht zu enthalten (Abs. 2 S. 2), wohl aber ihre Unterschriften (§ 315 Abs. 1). Der durch Abs. 2 S. 4 zugelassene Bezug in der Urteilsformel auf die Klageschrift kann zB durch die Formel geschehen: Es wird nach Klageantrag erkannt. Wird dagegen nicht dem Klageantrag entsprochen, dann ist eine vollständige Urteilsformel erforderlich.[5]

III. Die Ausnahme des Absatzes 3 und 4

5 Die in Abs. 3 getroffene Regelung entspricht der Vorschrift des § 313a Abs. 4 Nr. 5. Weil im Rechtsverkehr mit dem Ausland regelmäßig Tatbestand und Entscheidungsgründe erforderlich sind (§ 313a Rn. 1 aE), muss der Erlass des Urteils in abgekürzter Form ausgeschlossen werden. Abs. 3 ist durch das Anerkennungs- und Vollstreckungsausführungsgesetz (AVAG) dem § 313b angefügt worden. Nach § 30 dieses Ge-

---

[1] BGH NJW-RR 1991, 255; OLG Frankfurt OLGZ 1984, 179, 180.
[2] *Musielak*, GK ZPO, Rn. 167, 175 aE, 179.
[3] OLG Bremen NJW 1971, 1185 (zu § 313 Abs. 3 aF); OLG Brandenburg NJW-RR 2000, 517; FamRZ 2004, 651.
[4] BGH FamRZ 1988, 945.
[5] AK-ZPO/*Wassermann* Rn. 4.

setzes hat eine Partei einen Rechtsanspruch auf Vervollständigung eines nach § 313b in verkürzter Form abgefassten Urteils, wenn sie es in einem anderen Vertrags- oder Mitgliedstaat geltend machen will. Zur Vervollständigung des Urteils sind der Tatbestand und die Entscheidungsgründe nachträglich abzufassen (§ 30 Abs. 2, 3 AVAG). § 320 gilt entsprechend. Die in § 313b Abs. 2 vorgesehene Möglichkeit, ein Versäumnis-, Anerkenntnis- oder Verzichtsurteil auf die Urschrift oder die Abschrift der Klage zu setzen, wird bei elektronischer Aktenführung (§ 298a) ausgeschlossen, da eine solche Verbindung von Klage und Urteil unzweckmäßig erscheint und es zudem keinen wesentlichen Aufwand verursacht, das Urteil auf der Grundlage der in der elektronischen Klageschrift enthaltenen Daten als neues elektronisches Dokument anzulegen.[6]

IV. Verstöße gegen § 313b

Ein Urteil ohne Tatbestand oder Entscheidungsgründe weist einen wesentlichen Verfahrensmangel auf und ist vom Rechtsmittelgericht aufzuheben, sofern nicht dem Gericht durch Sonderregeln zB durch § 313b Abs. 1 S. 1 gestattet ist, auf diese Urteilsbestandteile zu verzichten (§ 313 Rn. 14f., § 313a Rn. 8). Ein solches fehlerhaftes Urteil setzt die Berufungsfrist nicht in Lauf.[7] Fehlt entgegen § 313b Abs. 1 S. 2 die Bezeichnung als Versäumnisurteil, Anerkenntnisurteil oder Verzichtsurteil, dann begründet dieser Mangel kein Rechtsmittel, wenn die Parteien erkennen können, dass es sich um ein entsprechendes Urteil handelt.[8] Führt jedoch die fehlende Bezeichnung bei einer Partei zu einem nicht von ihr zu vertretenden Irrtum, dann dürfen ihr dadurch, dass sie ein falsches Rechtsmittel wählt, keine Nachteile entstehen.[9] 6

314 *Beweiskraft des Tatbestandes* [1]Der Tatbestand des Urteils liefert Beweis für das mündliche Parteivorbringen. [2]Der Beweis kann nur durch das Sitzungsprotokoll entkräftet werden.

I. Normzweck

Dem Tatbestand (Rn. 2) wird durch § 314 eine Beurkundungsfunktion zugewiesen, deren Beweiskraft über die hinausgeht, die dem Urteil als öffentliche Urkunde zukäme (vgl. §§ 415, 418). Die durch § 314 S. 1 bewiesenen Tatsachen hat der Richter seinem Urteil zu Grunde zu legen, ohne dass es darauf ankommt, ob er von ihrer Richtigkeit überzeugt ist. Es handelt sich bei dieser Vorschrift um eine Beweisregel iSv. § 286 Abs. 2.[1] Ein Gegenbeweis ist durch § 314 S. 2 eingeschränkt. Die Berichtigung des Tatbestandes nach § 320 bleibt allerdings zulässig. 1

II. Beweiskraft des Tatbestandes

1. Begriff des Tatbestandes. Als Tatbestand iSv. § 314 ist nicht nur die äußerlich von den übrigen Bestandteilen des Urteils gesonderte und als „Tatbestand" bezeichnete Darstellung im Urteil zu begreifen, sondern dazu gehören auch Tatbestandsfeststellungen, die sich in den Entscheidungsgründen finden.[2] Die zu § 543 Abs. 1 aF vertretene Auffassung, dass § 314 auch gilt, wenn das Berufungsgericht von der Darstellung eines Tatbestandes absieht und sich die tatsächlichen Grundlagen in einer § 561 aF (jetzt § 559) genügenden Weise deutlich aus den Entscheidungsgründen ergeben,[3] ist auch in Bezug auf die tatsächlichen Feststellungen im Berufungsurteil gemäß § 540 Abs. 1 S. 1 Nr. 1 zu beachten. Bestandteil des Tatbestandes und damit von der Beweisregel des § 314 erfasst sind auch die in ihm enthaltenen **Verweisungen** auf Schriftsätze, Protokolle und andere Unterlagen, aus denen sich Einzelheiten des Sach- und Streitstandes ergeben (§ 313 Abs. 2 S. 2).[4] Bei Widersprüchen zwischen der Darstellung im Tatbestand selbst und den Unterlagen, auf die verwiesen wird, sind jedoch allein die Ausführungen im Tatbestand maßgebend.[5] Nach Auffassung des BGH soll davon ausgegangen werden, dass durch die Stellung der Anträge und anschließendes Verhandeln der gesamte bis zum Termin anfallende Akteninhalt zum Gegenstand der mündlichen Verhandlung gemacht werde, so dass auch die Beweiskraft des § 314 diesen Akteninhalt umfasst, sofern nicht Tatbestand oder Verhandlungsprotokoll etwas Gegenteiliges ergeben.[6] Wird wegen des Tatbestandes eines Berufungsurteils auf ein in demselben Rechtsstreit zuvor ergangenes Revisionsurteil Bezug genommen, dann wird dadurch die Tatbestandsdarstellung im Revisionsurteil zu dem vom Berufungsgericht festgestellten Tatbestand erhoben.[7] 2

---

[6] Vgl. Amtl. Begr. des JKomG (BT-Drucks. 15/4067, S. 33).
[7] BGH NJW-RR 1991, 255.
[8] OLG Düsseldorf MDR 1985, 678, 679; *St/J/Leipold* Rn. 11; aA *Zö/Vollkommer* Rn. 6; AK-ZPO/*Wassermann* Rn. 4.
[9] BGH NJW 1999, 583, 584; OLG Hamm NJW-RR 1995, 186; OLG Köln VersR 1998, 387.
[1] *Mu/St* Rn. 42, 187.
[2] BGHZ 119, 300, 301 = NJW 1993, 55; BGH NJW; 1999, 641, 642; 2000, 3007; 2003, 2158, 2159; (st. Rspr.); OLG Düsseldorf NJW-RR 2004, 564; *Grunsky* JuS 1972, 29, 34; aA *Schneider* MDR 1978, 1, 2.
[3] BGH NJW 1997, 1931; aA OLG Köln MDR 1988, 870; Schneider EWiR 1997, 479.
[4] BGH NJW 1983, 885, 886; 2004, 3777, 3778; *Huber* JuS 1984, 615, 616.
[5] BGHZ 140, 335, 339 = NJW 1999, 1539; BAG AP KSchG § 7 Nr. 2; OLG Köln MDR 1976, 848; *St/J/Leipold* Rn. 3.
[6] BGH NJW 1992, 2148, 2149 (zust. *Oehlers* NJW 1994, 712; abl. *Schumann* NJW 1993, 2786; *Fischer* DRiZ 1994, 461); 1999, 1339.
[7] BAG NJW 1989, 1627, 1628.

3 **2. Beweis.** Die Beweisregel des § 314 S. 1 bezieht sich auf das **mündliche Parteivorbringen.** Es ist danach davon auszugehen, dass die Parteien dasjenige in der mündlichen Verhandlung vorgetragen haben, was der „Tatbestand" (Rn. 2) ausweist. Bisher nahm die Rechtsprechung an, dass der Urteilstatbestand auf Grund des § 314 auch eine negative Beweiskraft aufweist, dass die Parteien also das nicht vorgetragen hätten, was durch ihn nicht wiedergegeben wird.[8] Von dieser Auffassung ist nunmehr BGH mit dem zutreffenden Hinweis abgerückt, dass eine vollständige Wiedergabe des Parteivorbringens im Urteilstatbestand im Hinblick auf die gesetzliche Regelung (§ 313 Abs. 2) nicht erwartet werden könne.[9] Allein mit dem Hinweis auf die negative Beweiskraft des Urteilstatbestandes könne mithin ein Parteivorbringen, das sich aus den vorbereitenden Schriftsätzen ergebe, in den Rechtsmittelverfahren nicht unberücksichtigt bleiben. Zum mündlichen Parteivorbringen gehören auch die in der mündlichen Verhandlung von den Parteien abgegebenen **prozessualen Erklärungen** wie Geständnisse, Anerkenntnisse, Verzichtserklärungen oder Erklärungen zu einer Klageänderung oder einem Parteiwechsel sowie die gestellten Anträge.[10] Da jedoch solche Erklärungen und Anträge nach § 160 Abs. 3 Nr. 1 bis 3 im Protokoll festzuhalten sind, kann es insoweit zu Widersprüchen zwischen Tatbestand und Protokoll kommen. In diesem Fall ist das Protokoll maßgebend (Rn. 7).

4 **Andere Angaben im Tatbestand** wie zB Mitteilungen über prozessuale Ereignisse oder Feststellungen von Beweisergebnissen[11] oder die Wiedergabe einer Rechtsauffassung des Gerichts[12] werden von § 314 S. 1 nicht erfasst. Insoweit besitzt der Tatbestand nur die Beweiskraft einer öffentlichen Urkunde (§ 418).[13] Bei **Entscheidungen,** die **im schriftlichen Verfahren** (§ 128 Abs. 2, 3) oder **nach Lage der Akten** (§§ 251 a, 331 a) ergangen sind, findet die Beweisregel des § 314 nur auf das Parteivorbringen Anwendung, das Gegenstand einer früheren mündlichen Verhandlung gewesen ist.[14] Wird im Tatbestand ein Tatsachenvortrag der Parteien als unstreitig bezeichnet, dann hat zwar das Berufungsgericht davon auszugehen, dass in erster Instanz das entsprechende Vorbringen nicht bestritten wurde, das Gericht ist aber dadurch nicht gehindert, **neues** davon **abweichendes Tatsachenvorbringen** der Parteien zu prüfen, sofern dessen Berücksichtigung zulässig ist (§ 529 Abs. 1 Nr. 2).[15]

5 **3. Widersprüche.** Nur solche tatsächlichen Angaben, die sich widerspruchsfrei aus dem Tatbestand des Urteils ergeben, sind nach § 314 S. 1 als bewiesen anzusehen. Enthält der Tatbestand verschiedene miteinander nicht zu vereinbarende Feststellungen oder weist er Lücken oder sonstige Unklarheiten auf, dann fehlt ihm die Eignung für den Beweis des mündlichen Parteivorbringens.[16] Dies gilt grundsätzlich auch dann, wenn sich diese Widersprüche aus tatsächlichen Angaben in den Entscheidungsgründen ergeben, weil solche Angaben zum Tatbestand iSv. § 314 S. 1 zu rechnen sind (Rn. 2).[17] Einen Vorrang des formellen Tatbestandes gegenüber den Entscheidungsgründen kann es insoweit nicht geben,[18] da § 314 S. 1 nicht der formelle Tatbestandsbegriff zugrunde liegt. Es muss jedoch darauf geachtet werden, ob es sich bei den Ausführungen in den Entscheidungsgründen um die Darstellung eines tatsächlichen Vorbringens der Parteien handelt oder ob das im Tatbestand wiedergegebene Parteivorbringen in den Entscheidungsgründen gewertet wird. Fehlinterpretationen eines im Tatbestand wiedergegebenen Parteivorbringens lassen die Beweiskraft der Darstellung im Tatbestand unberührt. Zeigen sich Widersprüche zwischen ausdrücklichen Feststellungen im Tatbestand und den in Bezug genommenen Schriftsätzen (§ 313 Abs. 2 S. 2), dann geht der Tatbestand vor.[19]

III. Gegenbeweis

6 Der auf Grund des § 314 S. 1 erbrachte Beweis kann nur nach S. 2 dieser Vorschrift durch das **Sitzungsprotokoll** entkräftet werden. Durch andere Beweise lassen sich also die Angaben im Tatbestand nicht widerlegen. Auch eine ausdrückliche Erklärung der Gegenpartei, die Darstellung im Tatbestand sei falsch, ist insoweit unerheblich.[20] Nur durch eine **Berichtigung des Tatbestandes** nach § 320 kann erreicht werden, dass Unrichtigkeiten, Auslassungen oder Widersprüche korrigiert werden.[21]

7 Ergeben sich **Widersprüche** zwischen der Darstellung des mündlichen Parteivorbringens im **Tatbestand** und im Sitzungsprotokoll, dann gehen die Angaben im **Protokoll** vor und sind allein maßgebend.[22] Allerdings gilt dies nur für solche Angaben, die zu den Förmlichkeiten gehören, auf die sich die Beweiskraft des Protokolls nach § 165 bezieht.[23] Ist das Protokoll lückenhaft und enthält es keine Angaben über bestimmte

---

8 BGH NJW 1983, 885, 886; NJW-RR 1990, 1269.

9 BGHZ 158, 269, 280ff. = NJW 2004, 1876; BGHZ 158, 295, 309f. = NJW 2004, 2152; zust. Gaier NJW 2004, 2041, 2044; *Zö/Vollkommer* Rn. 4; krit. *Wach/Kern* NJW 2006, 1315, 1319f.

10 BVerwG NJW 1988, 1228 (Klageänderung, Parteiwechsel); OLG Köln ZIP 1985, 436, 437 (Geständnis); OLG Düsseldorf NJW 1991, 1492 (Anerkenntnis, Verzicht).

11 BGH NJW 1983, 2030, 2032; OLG Celle NJW 1970, 53, 54.

12 BGH NJW-RR 1990, 813, 814.

13 BGH (Fn. 11); RGZ 149, 312, 316.

14 BGH WarnR 1972, 200, 201; *Zö/Vollkommer* Rn. 1.

15 BGH NJW-RR 1992, 1214; NJW 2001, 448, 449, jeweils zu § 525 aF.

16 BGH NJW-RR 1989, 306, 307; 1994, 1340, 1341; 2005, 962, 963; BGH (Fn. 5); BAG NJW 2004, 1061f.

17 BGH NJW 1992, 1107, 1108; 1993, 2530, 2531; 1999, 641, 642.

18 So aber BGH NJW 1989, 898; BAG AP BeurkG § 9 Nr. 2; *St/J/Leipold* Rn. 2; *Zö/Vollkommer* Rn. 1.

19 BGHZ 140, 335, 339 = NJW 1999, 1339; BGH NJW 2002, 3478, 3480; FamRZ 2007, 721 (LS).

20 OLG Frankfurt/M HRR 1932 Nr. 2310.

21 BGH NJW 2007, 2912, 2915 <21>; NJW-RR 2007, 1434, 1435 <11>.

22 BGH VersR 1984, 946, 947; NJW 1993, 3067; BFH NJWE-FER 2000, 163.

23 BGH NJW 1991, 2084, 2085; OLG Düsseldorf OLGZ 1966, 178, 179.

Vorgänge, die im Tatbestand beschrieben werden, dann ergibt sich kein Widerspruch zwischen beiden und es gilt folglich der Tatbestand.[24] Es sind also stets ausdrückliche Feststellungen im Protokoll über die Verhandlung erforderlich, auf Grund deren das Urteil ergangen ist,[25] um den nach § 314 S. 1 durch den Tatbestand erbrachten Beweis zu entkräften.[26]

315 ***Unterschrift der Richter*** (1) **[1]Das Urteil ist von den Richtern, die bei der Entscheidung mitgewirkt haben, zu unterschreiben. [2]Ist ein Richter verhindert, seine Unterschrift beizufügen, so wird dies unter Angabe des Verhinderungsgrundes von dem Vorsitzenden und bei dessen Verhinderung von dem ältesten beisitzenden Richter unter dem Urteil vermerkt.**

(2) **[1]Ein Urteil, das in dem Termin, in dem die mündliche Verhandlung geschlossen wird, verkündet wird, ist vor Ablauf von drei Wochen, vom Tage der Verkündung an gerechnet, vollständig abgefasst der Geschäftsstelle zu übermitteln. [2]Kann dies ausnahmsweise nicht geschehen, so ist innerhalb dieser Frist das von den Richtern unterschriebene Urteil ohne Tatbestand und Entscheidungsgründe der Geschäftsstelle zu übermitteln. [3]In diesem Fall sind Tatbestand und Entscheidungsgründe alsbald nachträglich anzufertigen, von den Richtern besonders zu unterschreiben und der Geschäftsstelle zu übermitteln.**

(3) **[1]Der Urkundsbeamte der Geschäftsstelle hat auf dem Urteil den Tag der Verkündung oder der Zustellung nach § 310 Abs. 3 zu vermerken und diesen Vermerk zu unterschreiben. [2]Werden die Prozessakten elektronisch geführt, hat der Urkundsbeamte der Geschäftsstelle den Vermerk in einem gesonderten Dokument festzuhalten. [3]Das Dokument ist mit dem Urteil untrennbar zu verbinden.**

I. Normzweck

1 Mit ihren Unterschriften bestätigen die Richter, dass die schriftliche Fassung des Urteils mit der von ihnen beschlossenen Entscheidung übereinstimmt. Dies setzt eine entsprechende Kontrolle durch die unterzeichnenden Richter voraus; sie ist durch § 315 bezweckt. **§ 315 Abs. 2** entspricht der in § 310 Abs. 2 iVm. Abs. 1 getroffenen Regelung. Nach Möglichkeit soll das Urteil möglichst rasch nach der mündlichen Verhandlung abgefasst werden. Insoweit spielt auch das Interesse der Parteien eine Rolle, bald die vollständige Fassung des Urteils zu erhalten, um die Gründe des Gerichts für die von ihm getroffene Entscheidung kennen zu lernen und überprüfen zu können, insbesondere um sich darüber schlüssig zu werden, ob ein Rechtsmittel gegen das Urteil eingelegt werden soll. Durch die in **§ 315 Abs. 3** getroffene Regelung wird eine zusätzliche Kontrolle geschaffen, die sicherstellen soll, dass die Vorschrift des § 310 beachtet und das Urteil verkündet oder an Stelle der Verkündung zugestellt worden ist. Durch das JKomG sind die S. 2 und 3 in Abs. 3 eingefügt worden, um den elektronischen Verkündungsvermerk zuzulassen.

2 § 315 muss auch bei Verbundurteilen (§ 629) beachtet werden, durch die über Familiensachen in Verfahren entschieden wird, für die das **FGG** gilt (§ 621 a Abs. 1). Sonst ist die Vorschrift in Verfahren der Freiwilligen Gerichtsbarkeit nicht anzuwenden. Allerdings sind Verfügungen und Beschlüsse, die in diesem Verfahren ergehen, ebenfalls zu unterschreiben, weil nur die Unterschrift Echtheit und Herkunft der Entscheidung verbürgt (vgl. auch § 329 Rn. 4, 22).

II. Unterzeichnung

3 **1. Unterschrift der Richter.** Unterschrieben muss die Urschrift des Urteils selbst werden, und zwar von sämtlichen Richtern, die das Urteil gefällt haben (§ 309 Rn. 3). Es genügt nicht, dass die auf der **Urschrift** fehlenden Unterschriften auf einer Kopie des Urteils nachgeholt werden. Auch die Unterzeichnung des Sitzungsprotokolls durch sämtliche Richter entspricht selbst dann nicht den nach § 315 Abs. 1 zu stellenden Anforderungen, wenn das Urteil eine Anlage zum Protokoll bildet,[1] denn es soll durch die Unterschrift die Richtigkeit der schriftlichen Fassung des Urteils auch nach außen erkennbar gemacht werden (Rn. 1), und dafür ist es erforderlich, dass die Urteilsurkunde selbst unterzeichnet wird. Wenn lediglich ein Formblatt mit **Textbausteinen** und allgemein auf eine Vielzahl von Fällen abgestellten Anweisungen an die Kanzlei zur Erstellung des Rubrums vorhanden ist, dann handelt es sich lediglich um einen Urteilsentwurf und nicht um die zu unterzeichnende Urschrift.[2] Nur wenn der aus Textbausteinen bestehende Wortlaut des Urteils in eine endgültige Fassung gebracht worden ist, die der Richter kontrolliert und bei der er durch seine Unterschrift bezeugen kann, dass diese Fassung seinem Willen entspricht, wird § 315 Abs. 1 genügt.[3]

4 Die Unterschrift ist handschriftlich zumindest mit dem Nachnamen des Richters zu leisten. Entsprechend den an die wirksame **Unterzeichnung** bestimmender Schriftsätze **zu stellenden Anforderungen** (§ 130 Rn. 9 iVm. § 129 Rn. 12) ist zu verlangen, dass es sich bei der Unterschrift um einen die Identität des Unterschreibenden ausreichend kennzeichnenden Schriftzug handelt, der nicht nur ein Namenskürzel (Paraphe) darstellt, sondern charakteristische Merkmale einer Unterschrift mit vollem Namen aufweist und die Nachahmung durch einen Dritten zumindest erschwert. Es reicht jedoch aus, dass jemand, der

---

[24] OLG Düsseldorf NJW 1991, 1492, 1493.
[25] *Zö/Vollkommer* Rn. 3.
[26] *Huber* JuS 1984, 615, 616; *T/P/Reichold* Rn. 3.
[1] AA *St/J/Leipold* Rn. 2.
[2] OLG Celle NJW-RR 1990, 123, 124; vgl. auch OLG Düsseldorf Rpfleger 1994, 75.
[3] OLG Celle FamRZ 1990, 419; OLG Köln MDR 1990, 346.

den Namen des Unterzeichnenden kennt, den Namen aus dem Schriftbild herauslesen kann.[4] Auch ein überstimmter Richter ist verpflichtet, seine Unterschrift zu leisten, denn durch die Unterzeichnung wird nur die Richtigkeit der schriftlichen Fassung bestätigt und nicht zum Ausdruck gebracht, dass der Unterzeichnende die Entscheidung persönlich auch für richtig hält. Richter, die das Urteil nicht gefällt haben, aber bei der Verkündung anwesend waren, haben das Urteil nicht zu unterschreiben.

5 **2. Verhinderung.** Bei Verhinderung eines Richters, der nach § 315 Abs. 1 S. 1 das Urteil zu unterschreiben hat, kommt es darauf an, ob dieser Richter einem Kollegium angehört. In diesem Fall ist nach der Regelung des Abs. 1 S. 2 zu verfahren. Handelt es sich dagegen bei dem verhinderten Richter um einen allein entscheidenden, dann muss ein bereits verkündetes Urteil ohne Unterschrift ausgefertigt und zugestellt werden (zur Anfechtbarkeit eines solchen Urteils vgl. Rn. 11).[5] Ein anderer Richter darf diese Aufgabe nicht übernehmen.[6] Das Gleiche gilt, wenn alle Richter des Kollegiums an der Unterschriftsleistung verhindert sind.[7] **Zusätze zur Unterschrift,** in denen der unterzeichnende Richter zB Verfahrensfehler rügt, jedoch nicht in Abrede stellt, dass die schriftliche Fassung des Urteils mit der von der Mehrheit der Richter beschlossenen übereinstimmt, hindern nicht die Wirksamkeit der Unterschrift.[8] Ein Richter ist an der Leistung der Unterschrift verhindert, wenn zwingende tatsächliche oder rechtliche Gründe der Unterzeichnung entgegenstehen; keine Verhinderung stellt es dar, wenn der Richter die Unterschrift verweigert.[9] **Als triftige Verhinderungsgründe** sind zB Tod, Krankheit oder Urlaub des Richters[10] anzuerkennen. Bei einer kurzfristigen Verhinderung ist die Unterschrift nachzuholen und nicht nach Abs. 1 S. 2 zu ersetzen.[11] Die Zeitdauer einer Verhinderung, die von einer Unterzeichnung absehen lässt, kann nicht allgemein bestimmt werden. Einen Orientierungspunkt bietet die Dreiwochenfrist des § 315 Abs. 2 S. 1.

6 Wurde der Richter an einen anderen Spruchkörper desselben Gerichts versetzt, dann bedeutet dies nicht seine Verhinderung an der Unterschriftsleistung.[12] Bei **Versetzung** an ein anderes Gericht ist der Richter nicht rechtlich, möglicherweise aber tatsächlich verhindert, seine Unterschrift zu leisten.[13] Die Versetzung eines Richters zur Staatsanwaltschaft begründet keine Verhinderung.[14] Wenn jedoch ein Richter nicht mehr im aktiven Richterdienst tätig ist, weil er entlassen oder in den Ruhestand versetzt worden ist, dann ist er an der Unterschriftsleistung rechtlich verhindert; denn die Unterschrift unter ein Urteil ist als eine richterliche Amtshandlung anzusehen, die nur von einer mit entsprechender öffentlicher Gewalt ausgestatteten Person vorgenommen werden darf.[15]

7 Der **Vermerk,** der **bei Verhinderung** eines Richters nach Abs. 1 S. 2 auf das Urteil zu setzen ist, muss die Tatsache der Verhinderung und ihren Grund angeben; allerdings kann in der Mitteilung des Verhinderungsgrundes zugleich stillschweigend auch die Tatsache der Verhinderung enthalten sein.[16] Es ist ausreichend, wenn die Art der Verhinderung (zB wegen Krankheit) genannt wird. Detaillierte Angaben (zB um welche Krankheit es sich handelt) sind nicht erforderlich.[17] Eine Nachprüfung, ob tatsächlich der Richter an einer Unterzeichnung des Urteils verhindert war, wird grundsätzlich vom Rechtsmittelgericht nicht vorgenommen, weil die Rechtssicherheit gefährdet wäre, wenn der Bestand des Urteils davon abhinge, ob auch das höhere Gericht den Verhinderungsgrund als ausreichend anerkennt.[18] Wird hingegen der Verhinderungsgrund im Vermerk nicht angegeben, dann muss das Rechtsmittelgericht prüfen, ob ein ausreichender Rechtsgrund für die Ersetzung der Unterschrift zu bejahen ist.[19] Es empfiehlt sich, dass der Vorsitzende oder bei dessen Verhinderung der älteste beisitzende Richter den Verhinderungsvermerk unterschreibt, um jeden Zweifel über die Herkunft des Vermerks auszuschließen.[20] Der **„älteste beisitzende Richter"** ist der dienstälteste,[21] nicht der an Lebensjahren älteste Richter,[22] weil das Lebensalter nur bei gleichem Dienstalter entscheidet (vgl. § 21f. Abs. 2 S. 2, § 197 GVG); dies kann auch ein Richter auf Probe sein.[23] Die Unterschrift unter dem Verhinderungsvermerk ist jedoch keine Gültigkeitsvoraussetzung. Ergibt sich aus der Anordnung und Fassung des Vermerks zweifelsfrei, dass ihn der Vorsitzende oder der dienstälteste Richter gefertigt hat, dann ist die

[4] BGH NJW 1988, 713 1994, 55; VersR 1997, 988. 989; *Fischer* DRiZ 1994, 95.
[5] *Fischer* (Fn. 4) S. 96 m. Nachw.
[6] OLG Koblenz VersR 1981, 688.
[7] BGH VersR 1992, 1155; *Schmidt* JR 1993, 457, 458.
[8] BGHSt. 26, 92, 93 = NJW 1975, 1177.
[9] BGH NJW 1977, 765.
[10] BGH VersR 1981, 576; 1984, 287.
[11] BGH NJW 1977, 765.
[12] BayObLG VRS 64, 209, 210f.; *Vollkommer* Rpfleger 1976, 258, 259; vgl. auch BFH NJW 2003, 3440.
[13] *St/J/Leipold* Rn. 6; aA OLG Stuttgart OLGZ 1976, 241, 243 (rechtlicher Hinderungsgrund); vgl. auch BGH VersR 1981, 552, 553 (Versetzung kann Hinderungsgrund sein).
[14] BGH MDR 1993, 9.
[15] BayObLG NJW 1967, 1578; OLG Stuttgart (Fn. 13); OLG München OLGZ 1980, 465, 467f.; aA *Vollkommer* NJW 1968, 1309, 1310.
[16] BGH NJW 1961, 782.
[17] BGH (Fn. 16); *Fischer* (Fn. 4) S. 96.
[18] BGH (Fn. 16); BGH NJW 1980, 1849, 1850.
[19] BGH NJW 1979, 663; 1980, 1850.
[20] *Fischer* (Fn. 4) S. 96.
[21] *Schmidt* JR 1993, 457; *Zö/Vollkommer* Rn. 1; *B/L/H* Rn. 5.
[22] So aber *St/J/Leipold* Rn. 7 Fn. 9.
[23] BGH (Fn. 7).

fehlende Unterschrift nicht zu beanstanden.[24] In der Praxis ist es üblich, den Vermerk unter die Unterschrift des Vorsitzenden zu setzen und ihn mit den Worten „zugleich für den" zu beginnen.[25]

III. Übermittlung des Urteils an die Geschäftsstelle (Abs. 2)

Die Anordnung des § 315 Abs. 2, dass das Urteil vor Ablauf von drei Wochen der Geschäftsstelle zu übermitteln ist, betrifft nur Urteile, die entsprechend dem in § 310 Abs. 1 S. 1 vorausgesetzten Regelfall in dem Termin verkündet werden, in dem die mündliche Verhandlung geschlossen wird (sog. Stuhlurteile). Urteile, die in einem besonderen Termin verkündet werden, müssen nach § 310 Abs. 2 bei der Verkündung in vollständiger Form abgefasst sein (§ 310 Abs. 2). Nur die ohne mündliche Verhandlung ergehenden Anerkenntnisurteile (§ 307 S. 2) und Versäumnisurteile gegen den Beklagten (§ 331 Abs. 3) sowie Urteile, durch die der Einspruch gegen ein Versäumnisurteil verworfen wird, sind nach § 310 Abs. 3 an Stelle einer Verkündung den Parteien in vollständig abgefasster Form zuzustellen (§ 310 Rn. 6f.). § 315 Abs. 2 S. 1 schreibt vor, dass innerhalb einer **Frist von drei Wochen** das vollständig abgefasste, dh. den Anforderungen der §§ 313 bis 313b genügende Urteil der Geschäftsstelle (§ 153 GVG) zu übermitteln ist. In gleicher Weise wie in den Fällen des § 310 muss auch im Rahmen des § 315 Abs. 2 berücksichtigt werden, dass die Einhaltung der Dreiwochenfrist aus zwingenden Gründen nicht möglich sein kann. § 310 Abs. 2 S. 2 nennt als solche Gründe den Umfang und die Schwierigkeit der Sache. Dies gilt in gleicher Weise auch für § 315 Abs. 2 S. 2. Auch die Überlastung des Gerichts kann als Grund in Betracht kommen (§ 310 Rn. 3). Wird die Dreiwochenfrist aus zwingenden Gründen nicht eingehalten, dann muss innerhalb dieser Frist das von den Richtern nach § 315 Abs. 1 zu unterschreibende Urteil ohne Tatbestand und Entscheidungsgründe, aber sonst in einer alle Bestandteile eines Urteils (§ 313 Rn. 3) aufweisenden Form der Geschäftsstelle übermittelt werden. Tatbestand und Entscheidungsgründe sind in diesem Fall „alsbald" nachträglich anzufertigen, von den entscheidenden Richtern zu unterschreiben und der Geschäftsstelle zu übergeben. Zur Konkretisierung des Begriffs „alsbald" ist auf die in §§ 517, 548 zum Ausdruck kommende gesetzliche Wertung zurückzugreifen und die Zeit für die nachträgliche Abfassung des bei Verkündung unvollständigen Urteils auf längstens fünf Monate zu begrenzen. Wird diese zeitliche Grenze überschritten, dann wird dadurch ein absoluter Revisionsgrund iSd. § 547 Nr. 6 geschaffen (vgl. Rn. 12).[26] 8

IV. Verkündungs- oder Zustellungsvermerk (Abs. 3)

Der Urkundsbeamte der Geschäftsstelle, der nicht notwendigerweise mit demjenigen identisch sein muss, der bei der Verkündung des Urteils anwesend war,[27] hat auf der Urschrift jedes Urteils den Tag der Verkündung, der sich aus dem Protokoll ergibt (§ 160 Abs. 3 Nr. 7) oder in den Fällen des § 310 Abs. 3 den Tag der die Verkündung ersetzenden Zustellung (§ 310 Rn. 6) zu vermerken und diesen Vermerk zu unterschreiben. An diese Unterschrift sind die gleichen Anforderungen wie an die eines Richters zu stellen (Rn. 4).[28] Der Nachweis der ordnungsgemäßen förmlichen Verkündung des Urteils (§ 311) kann nur durch das Verkündungsprotokoll (§ 160 Abs. 3 Nr. 7) erbracht werden (§ 311 Rn. 7). Der Verkündungsvermerk des Urkundsbeamten der Geschäftsstelle gemäß § 315 Abs. 3 ersetzt das Verkündungsprotokoll nicht.[29] Werden die Prozessakten elektronisch geführt, dann sind Abs. 3 S. 2 und 3 zu beachten. Für die Form des elektronischen Verkündungsvermerks gilt § 130b. Dies bedeutet, dass der Urkundsbeamte der Geschäftsstelle in dem elektronischen Dokument seinen Namen anzugeben und das Dokument mit einer qualifizierten elektronischen Signatur (vgl. § 2 SigG) zu versehen hat.[30] 9

V. Verstöße gegen § 315

1. Mängel bei der Unterschrift. Ein Urteil, das entgegen der Vorschrift des § 315 Abs. 1 S. 1 nicht von sämtlichen bei der Entscheidung mitwirkenden Richtern unterschrieben worden ist und das auch keinen die Unterschrift ersetzenden Vermerk iSv. Abs. 1 S. 2 trägt, wird von manchen nur als ein Urteilsentwurf angesehen.[31] Gleich wird entschieden, wenn der die Unterschrift ersetzende Vermerk nicht den zu stellenden Anforderungen (Rn. 5) genügt, zB nicht den Verhinderungsgrund angibt.[32] Gegen diese Auffassung spricht indes, dass ein Urteil mit seiner Verkündung von einem Entwurf zu einer bindenden Entscheidung wird (§ 310 Rn. 8) und dass Fehler bei der Herstellung der schriftlichen Fassung das einmal existent gewordene Urteil nicht wieder in den Zustand eines Entwurfs zurückführen können (s. a. Rn. 11).[33] Da jedoch eine Urteilsausfertigung, die nicht die Unterschriften der Richter aufweist, nicht wirksam zugestellt werden 10

[24] BGH (Fn. 16); BGH VersR 1984, 287.
[25] BGH (Fn. 24); *Fischer* (Fn. 4) S. 96.
[26] GmS-OGB NJW 1993, 2603.
[27] AK-ZPO/*Wassermann* Rn. 6; *Zi* Rn. 9.
[28] BGH NJW 1988, 713.
[29] OLG Frankfurt/M NJW-RR 1995, 511; OLG Brandenburg MDR 1999, 563, 564.
[30] Vgl. BT-Drucks. 15/4067, S. 33f.
[31] BGH NJW 1977, 765; 1980, 1849, 1850; OLG Koblenz VersR 1981, 688; OLG Köln NJW 1988, 2805 (zur parallelen Frage bei Beschlüssen); aA BGH NJW 1989, 1156; 1998, 609, 610; WM 1998, 932, 933; vgl. auch BFH BB 1996, 997.
[32] BGH NJW 1980, 1850; VersR 1984, 586.
[33] BGHZ 137, 49, 52f. = NJW 1998, 609; BGH NJW 1989, 1156, 1157; 2006, 1881, 1882; OLG Stuttgart NJW-RR 1989, 1534f.

kann (§ 317 Rn. 12), werden durch die Zustellung eines solchen Urteils nicht die **Rechtsmittelfristen** in Lauf gesetzt (Rn. 11).[34] Dabei ist jedoch zu berücksichtigen, dass es für die Frage, ob das Urteil rechtswirksam zugestellt worden ist, auf die Ausfertigung ankommt.[35] Werden in der Ausfertigung abweichend vom Original mit den im Rubrum genannten Namen der Richter übereinstimmende Unterschriften angegeben, dann ist die Zustellung wirksam.[36] Bei einer unwirksamen Zustellung infolge des Fehlens der erforderlichen Unterschriften oder des sie ersetzenden Vermerks wird in den Fällen, in denen die Zustellung die Verkündung ersetzt (§ 310 Abs. 3), das Existentwerden des Urteils verhindert (§ 317 Rn. 12).[37]

11 **Fehlen die erforderlichen Unterschriften** oder die sie ersetzenden Vermerke auf dem Urteil, dann stellt dies einen wesentlichen Verfahrensmangel iSv. **§ 538 Abs. 2 S. 1 Nr. 1** und einen absoluten Revisionsgrund nach § 547 Nr. 6[38] dar. Die Anwendung des § 547 Nr. 6 auf diesen Fall ist gerechtfertigt, weil wegen der fehlenden Unterschrift nicht feststeht, dass die Gründe der schriftlichen Urteilsfassung für die getroffene Entscheidung maßgebend waren (Rn. 1). Das Rechtsmittel muss bei Urteilen, die wirksam verkündet, jedoch nicht wirksam zugestellt worden sind (Rn. 10), innerhalb von fünf Monaten seit Verkündung eingelegt werden (§ 517 Halbs. 2, § 548 Halbs. 2). Dies ist auch die äußerste Frist, innerhalb der eine fehlende Unterschrift nachgeholt werden kann.[39] Diese Frist läuft nicht in Fällen, in denen überhaupt kein Urteil existent wurde, zB bei fehlender Unterschrift unter Urteilen, die an Stelle einer Verkündung nach § 310 Abs. 3 zuzustellen sind (§ 310 Rn. 8); jedoch kann auch dann ein Rechtsmittel eingelegt werden (§ 310 Rn. 12). Da die Unterschrift nachträglich auch noch nach Einlegung eines Rechtsmittels geleistet werden kann,[40] ist es jedoch vorzuziehen, den Mangel des Urteils dadurch zu beseitigen, dass das Rechtsmittelgericht die Nachholung der Unterschrift veranlasst.[41] Der BGH hat es deshalb zu Recht die Zulassung der Revision wegen Fehlens der Unterschrift eines Richters abgelehnt.[42] Wurde das **Urteil** von einem **Richter unterzeichnet, der es nicht gefällt hat,** dann ist dessen Unterschrift zu streichen und durch die des bei der Entscheidung mitwirkenden Richters zu ersetzen.[43] Ist auch der Name des mitwirkenden Richters im Rubrum falsch angegeben worden, dann kommt zusätzlich eine Berichtigung des Urteils nach § 319 in Betracht (§ 319 Rn. 12, s. auch § 313 Rn. 12).[44]

12 **2. Nicht rechtzeitige Übermittlung an die Geschäftsstelle (Abs. 2).** Bei der Vorschrift des § 315 Abs. 2 S. 1, nach der das Urteil vor Ablauf von drei Wochen nach seiner Verkündung vollständig abgefasst der Geschäftsstelle zu übermitteln ist, handelt es sich um eine reine Ordnungsvorschrift,[45] deren Verletzung ohne Rechtsfolgen bleibt. Ein Urteil, das nicht binnen fünf Monaten nach Verkündung schriftlich niedergelegt, von den Richtern besonders unterschrieben und der Geschäftsstelle übermittelt worden ist, ist als ein Urteil ohne Entscheidungsgründe anzusehen und muss auf ein Rechtsmittel hin aufgehoben werden (Rn. 8; § 310 Rn. 9).[46]

13 **3. Mängel beim Verkündungs- oder Zustellungsvermerk (Abs. 3).** Das Fehlen eines Verkündungs- oder Zustellungsvermerks auf dem Urteil berührt weder die Wirksamkeit der Entscheidung noch ihrer Zustellung.[47] Denn dass das Urteil verkündet worden ist, kann dem Protokoll entnommen werden (§ 160 Abs. 3 Nr. 7). Umgekehrt wird jedoch durch einen Verkündungsvermerk auf dem Urteil nicht dessen Verkündung bewiesen, denn nach § 165 S. 1 iVm. § 160 Abs. 3 Nr. 7 kann dies nur durch das Protokoll geschehen.[48]

316 *(weggefallen)*

[34] BGH NJW 1961, 782; VersR 1978, 138; FamRZ 1982, 482; NJW-RR 1987, 377; OLG Hamm MDR 1989, 465.

[35] BGH NJW 2001, 1653, 1654; OLG Frankfurt/M NJW 1983, 2395, 2396; *St/J/Leipold* Rn. 15; *T/P/Reichold* Rn. 3

[36] OLG Frankfurt/M MDR 1979, 678; *St/J/Leipold* Rn. 16; vgl. auch BGH NJW-RR 1993, 956.

[37] *Zö/Vollkommer* Rn. 3; anders *St/J/Leipold* § 310 Rn. 24 (nur das Fehlen der Unterschriften auf der Urschrift, nicht auch auf der zugestellten Ausfertigung führt zur Unwirksamkeit).

[38] BGH NJW-RR 2007, 141, 143; OLG Koblenz VersR 1981, 688 (zu § 538); BGH NJW 1977, 765 (zu § 547).

[39] BGH NJW 2006, 1881, 1882; NJW-RR 2007, 141, 142.

[40] BGHZ 18, 350, 354ff. = NJW 1955, 1919; BGHZ 137, 53 (Fn. 33); OLG Frankfurt/M (Fn. 35); einschr. OLG Koblenz AgrarR 1990, 114, 115 (es gilt eine zeitliche Grenze, bis zu der äußerstenfalls das Erinnerungsvermögen des zur Beurkundung verpflichteten Richters reicht).

[41] RGZ 150, 147, 148; *Sae/Saenger* Rn. 9.

[42] BGH NJW 2003, 3057.

[43] BGH NJW-RR 1998, 1065; BGH FamRZ 1989, 734f.; OLG Düsseldorf NJW-RR 1995, 636, 637.

[44] BGHZ 18 (Fn. 40) S. 354; BGH NJW 2003, 3057 m. weit. Nachw.; OLG Düsseldorf (Fn. 43).

[45] BGH NJW 1984, 2828, 2829 m. weit. Nachw.

[46] GmS-OGB (Fn. 26); BAG NZA 1993, 1150; NJW 1996, 870; 2000, 2835 (Überschreiten der Fünfmonatsfrist, wenn der letzte Tag dieser Frist auf einen Sonnabend, Sonntag oder Feiertag fällt und das Urteil am folgenden Werktag vollständig abgefasst wird); vgl. auch BVerfG NJW 1996, 3203 (keine Verletzung des Anspruchs auf rechtliches Gehör bei Überschreitung der Fünfmonatsfrist); BayVerfGH NJW 1991, 2413 (kein Verstoß gegen das Willkürverbot, wenn ein Urteil erst acht Monate nach seiner Verkündung zugestellt wird).

[47] BGHZ 8, 303, 308 = LM Nr. 2 (LS); BGH VersR 1987, 680 (zum fehlenden Verkündungsvermerk auf der zugestellten Ausfertigung).

[48] BGH VersR 1989, 604; LM § 160 Nr. 10; OLG Zweibrücken OLGZ 1987, 371, 372; OLG Frankfurt/M NJW-RR 1995, 511.

317 ***Urteilszustellung und -ausfertigung*** **(1) [1]Die Urteile werden den Parteien, verkündete Versäumnisurteile nur der unterliegenden Partei zugestellt. [2]Eine Zustellung nach § 310 Abs. 3 genügt. [3]Auf übereinstimmenden Antrag der Parteien kann der Vorsitzende die Zustellung verkündeter Urteile bis zum Ablauf von fünf Monaten nach der Verkündung hinausschieben.**

(2) [1]Solange das Urteil nicht verkündet und nicht unterschrieben ist, dürfen von ihm Ausfertigungen, Auszüge und Abschriften nicht erteilt werden. [2]Die von einer Partei beantragte Ausfertigung eines Urteils erfolgt ohne Tatbestand und Entscheidungsgründe; dies gilt nicht, wenn die Partei eine vollständige Ausfertigung beantragt.

(3) Ausfertigungen, Auszüge und Abschriften eines als elektronisches Dokument (§ 130b) vorliegenden Urteils können von einem Urteilsausdruck gemäß § 298 erteilt werden.

(4) Die Ausfertigung und Auszüge der Urteile sind von dem Urkundsbeamten der Geschäftsstelle zu unterschreiben und mit dem Gerichtssiegel zu versehen.

(5) [1]Ausfertigungen, Auszüge und Abschriften eines in Papierform vorliegenden Urteils können durch Telekopie oder als elektronisches Dokument (§ 130b) erteilt werden. [2]Die Telekopie hat eine Wiedergabe der Unterschrift des Urkundsbeamten der Geschäftsstelle sowie des Gerichtssiegels zu enthalten. [3]Das elektronische Dokument ist mit einer qualifizierten elektronischen Signatur des Urkundsbeamten der Geschäftsstelle zu versehen.

(6) [1]Ist das Urteil nach § 313b Abs. 2 in abgekürzter Form hergestellt, so erfolgt die Ausfertigung in gleicher Weise unter Benutzung einer beglaubigten Abschrift der Klageschrift oder in der Weise, dass das Urteil durch Aufnahme der in § 313 Abs. 1 Nr. 1 bis 4 bezeichneten Angaben vervollständigt wird. [2]Die Abschrift der Klageschrift kann durch den Urkundsbeamten der Geschäftsstelle oder durch den Rechtsanwalt des Klägers beglaubigt werden.

I. Normzweck

Abs. 1 ist durch die Vereinfachungsnovelle 1976 dahingehend geändert worden, dass Urteile nicht mehr auf Betreiben der Parteien, sondern von Amts wegen zuzustellen sind. Durch diese Änderung ist eine Straffung und Beschleunigung des Verfahrens bezweckt, weil die Rechtsmittelfristen hierdurch im Allgemeinen früher in Lauf gesetzt werden und Urteile, die nicht angefochten werden, früher Rechtskraft erlangen. Der Gesetzgeber hat es als einen unnötigen Aufwand angesehen, ein verkündetes Versäumnisurteil auch der obsiegenden Partei zuzustellen; deshalb ist der Fall der Amtszustellung auf die unterliegende Partei beschränkt worden. Durch die Amtszustellung soll den Parteien nicht die Möglichkeit genommen werden, nach einem Urteil zunächst Vergleichsverhandlungen zu führen, ehe sie sich entschließen, ein Rechtsmittel einzulegen. Es ist deshalb durch Abs. 1 S. 3 vorgesehen worden, dass die Parteien durch übereinstimmenden Antrag auf Hinausschieben der Zustellung eine Verlängerung der Berufungs- und der Revisionsfrist herbeiführen können.[1] Von Amts wegen sind nur vollständige Ausfertigungen des Urteils zu erteilen und zuzustellen. Nur die von einer Partei beantragte Ausfertigung des Urteils kann Tatbestand und Entscheidungsgründe weglassen, wenn die Partei nicht eine vollständige Fassung beantragt (Abs. 2 S. 2). Die Absätze 3 und 5 sind durch das JKomG mit Wirkung vom 1. 4. 2005 eingefügt worden (vgl. Rn. 9a). Die bisherigen Absätze 3 und 4 wurden zu Absätze 4 und 6. 1

II. Zustellung von Urteilen

1. Amtszustellung. Urteile werden von Amts wegen zugestellt (§ 166 Abs. 2). Eine Ausnahme gilt nur für verkündete Versäumnisurteile hinsichtlich der Zustellung an die obsiegende Partei (§ 317 Abs. 1 S. 1). Rechtsmittelfristen[2] und Einspruchsfristen beim Versäumnisurteil[3] werden nur durch die Amtszustellung in Lauf gesetzt. Bei einem **Anerkenntnisurteil** oder einem **Versäumnisurteil,** das ohne mündliche Verhandlung ergeht (§ 307 S. 2, § 331 Abs. 3), und bei einem Urteil, das den Einspruch gegen ein Versäumnisurteil verwirft, (sie sind nach § 310 Abs. 3 an Stelle einer Verkündung zuzustellen), beginnt die Rechtsmittel- oder Einspruchsfrist nach hM erst in dem Zeitpunkt, in dem auch der zweiten Partei das Urteil zugestellt worden ist, wenn dies nicht gegenüber beiden Parteien gleichzeitig geschieht (§ 310 Rn. 7). Eine Parteizustellung genügt für die Zwangsvollstreckung (§ 750 Abs. 1 S. 2). Ist jedoch das Urteil von Amts wegen zugestellt worden, dann ist dies für die Zwangsvollstreckung ausreichend und eine nochmalige Zustellung im Parteibetrieb überflüssig.[4] Das Gleiche gilt für die Anordnung einer einstweiligen Verfügung durch Urteil.[5] 2

2. Urteil. Nach Abs. 1 S. 1 ist das Urteil zuzustellen. Hierbei handelt es sich um eine **Ausfertigung** des Urteils, nicht um das Original, das bei den Akten des Gerichts bleibt. Die Ausfertigung ist die amtliche Ab- 3

---

[1] Amtl. Begr. (BT-Drucks. 7/2729, S. 43, 79); Bericht und Antrag des Rechtsausschusses (BT-Drucks. 7/5250, S. 10, 40).

[2] *Bischof* NJW 1980, 2235; *Ro/S/Go* § 72 Rn. 10.

[3] *Bischof* (Fn. 2).

[4] OLG Düsseldorf JurBüro 1987, 239 m. abl. Anm. v. *Mümmler* (zu § 750 Abs. 3); *St/J/Leipold* Rn. 7; *T/P* § 750 Rn. 11.

[5] BGH NJW 1990, 122, 124; OLG Oldenburg FamRZ 1989, 879 f.; JurBüro 1992, 495; OLG Koblenz FamRZ 1991, 589.

schrift oder Kopie des vollständigen Urteils einschließlich des Tatbestandes und der Entscheidungsgründe.[6] Die Ausfertigung muss die **Unterschrift der Richter** wiedergeben (§ 315 Rn. 3f.), und zwar in der Weise, dass der Ausfertigung entnommen werden kann, ob die Urschrift entsprechend der Vorschrift des § 315 Abs. 1 von dem bei der Entscheidung mitwirkenden Richter unterzeichnet worden ist.[7] Es genügt nicht, dass die Namen der Richter, die an der Entscheidung mitgewirkt haben, nur in Klammern angegeben sind, ohne dass darauf hingewiesen wird, ob sie das Urteil unterschrieben haben.[8] Dies kann dann zB durch den Zusatz „gez." geschehen, jedoch auch dadurch, dass die Richternamen in Maschinenschrift ohne Klammern in der Ausfertigung angegeben werden.[9] Bei Verhinderung eines Richters an der Unterzeichnung des Urteils muss die Ausfertigung den dann nach § 315 Abs. 1 S. 2 anzubringenden **Verhinderungsvermerk** mit der Unterschrift des Vorsitzenden enthalten.[10] Besteht die Ausfertigung aus einer **Kopie der Urschrift,** dann kommt es auf die Lesbarkeit der Unterschriften nicht an, wenn nur die Ablichtung erkennen lässt, dass das Urteil handschriftlich von den beteiligten Richtern unterzeichnet wurde.[11] Wird in der von Amts wegen zuzustellenden Ausfertigung das Urteil nicht wortgetreu und vollständig einschließlich der erforderlichen Unterschriften wiedergegeben, dann ist die Zustellung nicht wirksam[12] und die Rechtsmittelfristen laufen nicht. Unbedeutende Abweichungen der Ausfertigung von der Urschrift sind jedoch kein Hinderungsgrund für die Wirksamkeit der Urteilszustellung.[13] Als bedeutende Abweichung von der Urschrift, die eine Zustellung des Urteils fehlerhaft sein lässt, ist es anzusehen, wenn Mängel der Ausfertigung geeignet sind, die Entschließung der Parteien über die Einlegung von Rechtsmitteln zu beeinflussen.[14]

4 **3. Von der Partei beantragte Ausfertigung.** Die Ausfertigung des Urteils, die von einer Partei beantragt worden ist, enthält vorbehaltlich eines Antrags der Partei auf vollständige Ausfertigung keinen Tatbestand und keine Entscheidungsgründe (Abs. 2 S. 2); sonst muss es jedoch alle übrigen Bestandteile des Urteils (§ 313 Rn. 3) einschließlich der Unterschriften der Richter aufweisen. Liegt der Geschäftsstelle nur ein Urteil ohne Tatbestand und Entscheidungsgründe vor (§ 315 Abs. 2 S. 2), dann kann das Urteil nur im Parteibetrieb, nicht von Amts wegen zugestellt werden, weil bei der Amtszustellung eine Ausfertigung des Urteils in ungekürzter Form erforderlich ist, sofern nicht das Urteil nach § 313b Abs. 2 in abgekürzter Form hergestellt wird (vgl. dazu Rn. 9).

5 **4. Adressat.** Regelmäßig ist das Urteil beiden **Parteien,** bei einer Streitgenossenschaft jedem Streitgenossen zuzustellen. Eine Ausnahme gilt nur für das verkündete Versäumnisurteil, das nur der unterliegenden Partei zugestellt wird (§ 317 Abs. 1 S. 1). Dem einfachen (anders dem streitgenössischen[15]) **Streithelfer** ist das Urteil nicht von Amts wegen zuzustellen.[16] Bei der Vertretung einer Partei durch einen **Prozessbevollmächtigten** ist diesem das Urteil zuzustellen (§ 172 Abs. 1). Eine solche Zustellung hat nur zu unterbleiben, wenn der Prozessbevollmächtigte wegen Fehlens oder wegen Nichtbeibringens einer Prozessvollmacht vom Gericht zurückgewiesen worden ist; in diesem Fall ist das Urteil an die Partei persönlich zuzustellen.[17] Ist eine gesetzlich vorgeschriebene **Beiladung** unterblieben, dann muss das Urteil auch demjenigen zugestellt werden, der hätte beigeladen werden müssen.[18]

6 **5. Aufschieben der Zustellung.** Nach Abs. 1 S. 3 kann die Zustellung verkündeter Urteile auf Antrag beider Parteien hinausgeschoben werden. Nach dem Zweck dieser Regelung (Rn. 1) ist der Vorsitzende verpflichtet, einem übereinstimmenden Antrag der Parteien zu entsprechen.[19] Der **Antrag** stellt eine **Prozesshandlung** dar, so dass seine Wirksamkeit von der Erfüllung der Prozesshandlungsvoraussetzungen abhängt. Im Anwaltsprozess muss deshalb der Antrag von dem Prozessbevollmächtigten gestellt werden. Nennen die Parteien in ihrem Antrag unterschiedliche Zeitpunkte für das Hinausschieben der Zustellung, dann kann regelmäßig davon ausgegangen werden, dass die erforderliche Übereinstimmung hinsichtlich der kürzeren **Frist** besteht;[20] ergeben sich insoweit Zweifel, sind sie durch Rückfrage zu klären. Eine nachträgliche Verlängerung der Frist bis zum Ablauf von fünf Monaten nach der Verkündung ist zulässig.[21] Die Entscheidung des Vorsitzenden ist durch Verfügung zu treffen, die den Parteien formlos mitgeteilt wird (§ 329 Abs. 2 S. 1). Gegen eine ablehnende Entscheidung können die Parteien sofortige Beschwerde einlegen.[22] Die Regelung des § 317 Abs. 1 S. 3 gilt nicht in Ehesachen (§ 618), in Familiensachen (§ 621c) und in Kindschaftssachen (§ 640 Abs. 1).

---

[6] BGH FamRZ 1990, 1227; OLG Hamm MDR 1989, 465; *Putzo* NJW 1977, 1, 6.
[7] BGH NJW 1978, 217; VersR 1980, 741, 742; BGH (Fn. 8); OLG Stuttgart DAVorm. 1974 Sp. 141, 142.
[8] BGH (Fn. 6); BGH NJW 1975, 781; FamRZ 1982, 482; NJW-RR 1987, 377; VersR 1994, 1495; *Hornung* Rpfleger 1987, 225, 228.
[9] BGH VersR 1981, 61, 62; 1981, 576; 1994, 1495.
[10] BGH VersR 1981, 576; OLG Hamm (Fn. 6).
[11] BGH VersR 1983, 874.
[12] OLG Nürnberg FamRZ 2004, 470.
[13] BGHZ 67, 284, 287ff. = NJW 1977, 297; BGH VersR 1982, 70; 1985, 551; 2002, 464; NJW 2001, 1653; 1654; AK-ZPO/*Wassermann* Rn. 4.
[14] BGH FamRZ 2003, 620, 621.
[15] BGHZ 89, 121, 125 = NJW 1984, 353.
[16] BGH NJW 1986, 257.
[17] OLG Zweibrücken MDR 1982, 586; *St/J/Leipold* Rn. 8 Fn. 9.
[18] BGH (Fn. 15) zu § 640e.
[19] *Hartmann* JR 1977, 181, 187; *Putzo* (Fn. 6); *Zö/Vollkommer* Rn. 2.
[20] AK-ZPO/*Wassermann* Rn. 2; *Zö/Vollkommer* Rn. 2.
[21] *B/L/H* Rn. 5.
[22] *Zö/Vollkommer* Rn. 2.

Die **Herstellung der Ausfertigung** und ihre **Zustellung** sind nach § 168 Abs. 1 Aufgaben der Geschäftsstelle (§ 153 GVG). Auch die Geschäftsstelle eines anderen Gerichts als des erkennenden ist zur Erteilung der Ausfertigung befugt, wenn ihr die Urschrift des Urteils vorliegt.[23] Ausfertigungen, Auszüge und Abschriften des Urteils dürfen erst erteilt werden, wenn das Urteil verkündet und unterschrieben worden ist (§ 317 Abs. 2 S. 1). Denn vor der Verkündung handelt es sich nur um einen unverbindlichen Entwurf (§ 310 Rn. 8), der nach außen nicht bekannt gemacht werden soll, damit nicht der falsche Anschein erweckt wird, dass es sich dabei um eine für das erkennende Gericht nicht mehr abänderbare Entscheidung handelt.[24] Ergibt sich aus der zugestellten Urteilsausfertigung, dass der Ausfertigungsvermerk vor der Verkündung des Urteils angebracht wurde, dann ist die Zustellung unwirksam.[25] Ist ein vom Einzelrichter verkündetes Urteil von diesem nicht unterschrieben worden, dann muss die Geschäftsstelle davon Ausfertigungen erteilen und sie zustellen (§ 315 Rn. 5). Ein solches Urteil ist allerdings fehlerhaft und auf ein Rechtsmittel hin aufzuheben, wenn die Unterschrift nicht nachgeholt werden kann (§ 315 Rn. 11). 7

Ausfertigungen und Auszüge der Urteile sind **vom Urkundsbeamten** der Geschäftsstelle **zu unterschreiben** (zu den Anforderungen an die Unterschrift vgl. § 315 Rn. 4, 9) und mit dem Gerichtssiegel zu versehen (§ 317 Abs. 4). Aus dem **Ausfertigungsvermerk,** für den ein bestimmter Wortlaut nicht vorgeschrieben ist,[26] muss sich ergeben, dass die in der Ausfertigung enthaltenen Teile der Urschrift mit dieser gleich lautend sind.[27] Zwar muss nicht notwendigerweise der Name des Urkundsbeamten der Geschäftsstelle im Ausfertigungsvermerk angegeben werden, jedoch muss erkennbar sein, dass ein Urkundsbeamter den Ausfertigungsvermerk unterzeichnet hat;[28] insoweit genügt aber die Formel „gez. Unterschrift". Wird jedoch der Name des Urkundsbeamten nur in Klammern gesetzt und fehlt ein Hinweis darauf, ob sich darüber oder daneben auch dessen Unterschrift befindet, dann handelt es sich nicht um eine gültige Ausfertigung.[29] In der Gerichtspraxis ist die Fassung üblich: „Für den Gleichlaut der Ausfertigung mit der Urschrift, gez. N. N. als Urkundsbeamter der Geschäftsstelle". Eine Angabe des Datums braucht der Ausfertigungsvermerk nicht zu enthalten.[30] Finden sich in der vom Urkundsbeamten erteilten Ausfertigung **Unrichtigkeiten,** dann können sie entsprechend § 319 von ihm berichtigt werden.[31] 8

Bei Versäumnis-, Anerkenntnis- und Verzichtsurteilen, die **nach § 313b Abs. 2 in abgekürzter Form** ergangen sind, kann der Urkundsbeamte der Geschäftsstelle nach § 317 Abs. 6 zwischen zwei Fassungen wählen: Er kann die Ausfertigung auf eine beglaubigte Abschrift der Klageschrift oder auf ein damit zu verbindendes Blatt setzen oder er kann das nach § 313b Abs. 2 abgekürzte Urteil um die in § 313 Abs. 1 Nr. 1 bis 4 bezeichneten Angaben vervollständigen. Im zweiten Fall wird ein Urteil hergestellt, das alle Bestandteile mit Ausnahme des Tatbestandes und der Entscheidungsgründe aufweist. 9

6. Elektronisches Dokument. Die durch das JKomG eingefügten Absätze 3 und 5 treffen zusätzliche Regelungen, um die Anforderungen zu berücksichtigen, die sich aus der elektronischen Aktenbearbeitung ergeben. Der neue Abs. 3 regelt die **Übertragung eines elektronischen Originalurteils in eine Papierausfertigung.** Die für den Papierausdruck geltende Form richtet sich zum einen nach § 298 Abs. 2 und zum anderen nach § 317 Abs. 4 (bisher Abs. 3). Dies bedeutet, dass die auf diese Weise hergestellten Ausfertigungen und Auszüge zunächst den Vermerk gemäß § 298 Abs. 2 erhalten müssen und dass sie sodann der Urkundsbeamte der Geschäftsstelle zu unterschreiben und mit dem Gerichtssiegel zu versehen hat. Diese Möglichkeit ist bedeutsam für Parteien, mit denen nicht elektronisch kommuniziert werden kann.[32] Die in dem neuen Abs. 5 getroffene Regelung bezieht sich einmal auf die **Erteilung von elektronischen Ausfertigungen,** Auszügen und Abschriften eines konventionell **in Papierform verfassten Urteils.** Solche Ausfertigungen und Abschriften sind vom Urkundsbeamten der Geschäftsstelle qualifiziert zu signieren, um die Identität mit dem Papieroriginal zu bescheinigen. Die qualifizierte elektronische Signatur ersetzt zugleich das auf der Papierausfertigung vorgesehene Gerichtssiegel. Zum anderen regelt Abs. 5 die **Erteilung von Urteilsausfertigungen per Telekopie,** insbesondere durch Computerfax. Für diese Übermittlungsart gelten grundsätzlich die gleichen Formerfordernisse wie bei der Papierausfertigung, da beim Empfänger eine körperliche Urkunde erstellt wird. Für diese Übertragungsform wird die Wiedergabe der Unterschrift des Urkundsbeamten sowie des Gerichtssiegels auf der beim Empfänger erstellten Ausfertigung für ausreichend erklärt. Im Bericht des Rechtsausschusses des Deutschen Bundestages wird ausdrücklich darauf hingewiesen, dass diese Vorschrift damit den Formerfordernissen für bestimmende Schriftsätze entspricht, die per Telekopie dem Gericht übermittelt werden[33] Wird dagegen das **Urteil zugleich als elektronisches Dokument erstellt,** dann bedarf es hierfür keiner Sonderregelung in § 317. Weil das Urteil dann mit einer qualifizierten elektronischen Signatur des Richters versehen ist, kann sich der Empfänger des ihm elektronisch übermittelten Urteils durch Prüfung der Signatur Sicherheit verschaffen, dass das Urteil mit dem Original 9a

---

[23] BAG AP Nr. 1.
[24] BGHZ 8, 303, 307 = NJW 1953, 622.
[25] BGH NJW-RR 1993, 956.
[26] BGHZ 55, 251, 253 = NJW 1971, 659; BGH NJW 2007, 3640, 3641 (21).
[27] BGH LM Nr. 6; BGH (Fn. 25).
[28] BGH VersR 1971, 470; NJW 1975, 781.
[29] BGH VersR 1964, 848, 849; 1974, 1129; 1994, 1495, 1496; NJW 1975, 781.
[30] BGH VersR 1985, 503; *Hornung* (Fn. 8) S. 229.
[31] BGH NJW-RR 1993, 1213, 1214.
[32] *Viefhus* NJW 2005, 1009, 1014.
[33] BT-Drucks. 15/4952, S. 48.

übereinstimmt.[34] Durch Zustellung papiergebundener Urteile per Computerfax oder per elektronischer Übermittlung werden zeitaufwändige Postabläufe und Portokosten gespart.[35]

III. Verstöße gegen § 317

10 Ein **Urteil,** das entgegen § 317 Abs. 1 iVm. § 166 Abs. 2 **nicht** von Amts wegen **zugestellt** worden ist, setzt nicht die Rechtsmittel- und Einspruchsfristen in Gang; eine Zustellung im Parteibetrieb ändert daran nichts (Rn. 2). Jedoch sind die mit Verkündung des Urteils laufenden Fünfmonatsfristen des § 517 letzter Halbs. und des § 548 letzter Halbs. zu beachten.[36] Die **Zustellung** ist **nur wirksam,** wenn die Ausfertigung in allen wesentlichen Teilen mit dem (vollständigen) Urteil übereinstimmt (Rn. 3);[37] insbesondere muss erkennbar sein, ob alle wesentlichen Verfahrensregeln beim Zustandekommen des Urteils beachtet wurden.[38] Lassen sich auf Grund der Ausfertigung diese Feststellungen treffen, dann verhindern kleine Fehler in ihr nicht die Wirksamkeit der Zustellung.[39]

11 Die Zustellung ist bei folgenden Mängeln der Ausfertigung als wirksam angesehen worden: Das Urteil wird nicht als Versäumnisurteil bezeichnet (vgl. § 313b Abs. 1 S. 2);[40] im Rubrum werden die Namen der Prozessbevollmächtigten vertauscht;[41] es fehlen im Urteilskopf die Bezeichnung des Gerichts[42] oder die Angabe des Tages, an dem die mündliche Verhandlung geschlossen worden ist;[43] es wird im Tenor weggelassen, dass die Klage teilweise abgewiesen wird;[44] es sind Teile der Gründe unleserlich;[45] das Urteil wird von einem Richter unterschrieben, der auch im Urteilskopf als mitwirkender Richter genannt wird, obwohl er an der Entscheidung nicht beteiligt war (vgl. § 315 Rn. 11);[46] ein fälschlich mit „Beschluss" überschriebenes Urteil wird an den Prozessbevollmächtigten zugestellt, im Empfangsbekenntnis aber die Zustellung eines Urteils bestätigt.[47] Dagegen ist die Zustellung an einen als Terminsvertreter anzusehenden Unterbevollmächtigten an Stelle des Prozessbevollmächtigten (Rn. 5) unwirksam und setzt Rechtsmittelfristen nicht in Lauf.[48]

12 Ausfertigungen des Urteils vor seiner Verkündung können nicht wirksam zugestellt werden (Rn. 7).[49] Fehler, die dem Urkundsbeamten der Geschäftsstelle bei der Herstellung der Ausfertigung unterlaufen sind, können in entsprechender Anwendung des § 319 nachträglich berichtigt werden (Rn. 8 aE); lehnt dies der Geschäftsstellenbeamte ab, dann ist die Entscheidung des Prozessgerichts nach § 573 Abs. 1 herbeizuführen. Fehlt ein Ausfertigungsvermerk völlig,[50] oder lässt er nicht erkennen, dass die Übereinstimmung der Ausfertigung mit der Urschrift bestätigt wird[51] oder ist der Ausfertigungsvermerk nicht unterschrieben (Rn. 8),[52] dann verhindern diese Mängel die Wirksamkeit der Zustellung. Dagegen wird die Wirksamkeit der Zustellung nicht dadurch in Frage gestellt, dass sich die Geschäftsstelle des Gerichts die zugestellte Ausfertigung zurückgeben lässt.[53]

318 *Bindung des Gerichts* Das Gericht ist an die Entscheidung, die in den von ihm erlassenen End- und Zwischenurteilen enthalten ist, gebunden.

I. Normzweck

1 Wird das Urteil verkündet oder nach § 310 Abs. 3 zugestellt, dann wird die vom Gericht getroffene Entscheidung des Rechtsstreits existent und nach außen erkennbar. Es wäre unvereinbar mit der Autorität, die Gerichte als Träger hoheitlicher Gewalt im Interesse der ihnen zugewiesenen Aufgaben zu beanspruchen haben, und mit dem Vertrauen, das die Staatsbürger der Rechtsprechung entgegenbringen, wenn eine solche Entscheidung einseitig vom erkennenden Gericht aufgehoben und geändert werden könnte (zur Bindungswirkung von **Beschlüssen** vgl. § 329 Rn. 12ff.). § 318 stellt deshalb ein Aufhebungs- und Änderungsverbot auf (Rn. 3). Aus gleichen Gründen muss aber die gefällte Entscheidung im weiteren Verfahren derselben Instanz vom erkennenden Gericht beachtet werden; dem entspricht ein Abweichungsverbot

---

[34] Vgl Amtl. Begr des JkomG (BT-Drucks. 15/4067, S. 34).
[35] Bericht (Fn. 33); *Viefhus* (Fn. 32).
[36] Vgl. BGH NJW-RR 2004, 1651, 1652 (auch zur Möglichkeit einer Wiedereinsetzung in den vorigen Stand).
[37] BGH NJW 2001, 1653, 1654; FamRZ 2007, 372.
[38] BGHZ 67, 284, 288 = NJW 1977, 297.
[39] BGH VersR 1985, 551; NJW-RR 2006, 1570, 1571; BGH (Fn. 37); OLG Naumburg MDR 2000, 601, 602.
[40] OLG Düsseldorf MDR 1985, 678, 679.
[41] OLG Frankfurt/M VersR 1978, 545.
[42] BGH VersR 1985, 551.
[43] BGH VersR 1980, 744.
[44] BGH (Fn. 38): Der Kläger konnte allerdings der Urteilsformel entnehmen, dass er nur zum Teil obsiegt hatte; vgl. auch BGH VersR 1980, 771, 772 (Weglassen eines Teils der Kostenentscheidung).
[45] BGH VersR 1980, 771, 772 (für einen mit dem Rechtsstreit Vertrauten bleiben jedoch die Gründe insgesamt verständlich); OLG Naumburg (Fn. 39).
[46] BGHZ 18, 350, 354f. = NJW 1955, 1919.
[47] OLG Brandenburg VersR 1997, 1375 (LS).
[48] BGH MDR 2007, 479, 480.
[49] BGH (Fn. 25).
[50] BGH VersR 1962, 218; 1994, 1495, 1496; NJW 1963, 1307, 1309.
[51] *St/J/Leipold* Rn. 27 m. weit. Nachw.
[52] BGH VersR 1964, 848, 849; 1974, 1129; BGHZ 100, 234, 237f. = NJW 1987, 2868; BGH NJW 1991, 1116.
[53] OLG Brandenburg VersR (Fn. 47); FamRZ 2005, 123.

(Rn. 4), das ebenfalls § 318 zu entnehmen ist. Die durch §§ 319, 320 geschaffenen Möglichkeiten einer Berichtigung des Urteils betreffen lediglich offensichtliche Unrichtigkeiten und ermöglichen eine technische Korrektur, die den in § 318 ausgesprochenen Grundsatz der Bindung des Gerichts an die eigene Entscheidung im Kern unberührt lässt. Bei einer auf Grund des § 321 vorgenommenen Ergänzung des Urteils wird lediglich eine Entscheidungslücke geschlossen und nicht der Inhalt des zunächst erlassenen Urteils korrigiert (§ 321 Rn. 1). Zu Ausnahmen von der Regelung des § 318. vgl. Rn. 8.

II. Die Bindung des Gerichts

1. Gegenstand. § 318 bezeichnet als Gegenstand der Bindung des Gerichts die „Entscheidung", die in dem von ihm erlassenen End- oder Zwischenurteil enthalten ist. Diese Fassung des Gesetzes macht deutlich, dass nicht das Urteil insgesamt, sondern der im Tenor enthaltene Ausspruch des Gerichts (§ 313 Rn. 6f.) von der Bindungswirkung erfasst wird. Im Umfang entspricht diese Bindungswirkung der materiellen Rechtskraft (§ 322 Rn. 7).[1] Dies bedeutet insbesondere, dass Tatbestand und Entscheidungsgründe nicht von der Bindungswirkung umfasst werden, wenn auch beide zur genauen Feststellung der Bedeutung und Tragweite der Urteilsformel heranzuziehen sind (§ 322 Rn. 16).[2] Eine Bindung des Gerichts an die von ihm geäußerte Rechtsauffassung besteht grundsätzlich nicht. Etwas anderes gilt jedoch, soweit die geäußerte Rechtsauffassung den Inhalt der Entscheidung bestimmt. Über die Bindung an diesen Inhalt (Rn. 3f.) kann sich auch die Verpflichtung zum Festhalten an der geäußerten Rechtsauffassung ergeben.[3] 2

2. Inhalt. a) Aufhebungs- und Änderungsverbot. § 318 verbietet es einmal dem erkennenden Gericht, die von ihm getroffene (verkündete) Entscheidung nachträglich aufzuheben oder zu ändern (Rn. 1).[4] Daran können neue Erkenntnisse des Gerichts nichts ändern, die dazu führen, die Entscheidung für falsch zu halten.[5] Eine bei Fällung des Urteils versehentlich unterbliebene Entscheidung über einen Anspruch darf nicht bei der schriftlichen Urteilsabfassung „nachgeschoben" werden; vielmehr kommt dann nur eine Ergänzung des Urteils nach § 321 in Betracht.[6] 3

b) Abweichungsverbot. § 318 schreibt dem Gericht ferner vor, die von ihm getroffene Entscheidung im weiteren Verfahren zu beachten, und verwehrt es ihm folglich, in derselben Instanz davon abweichende Erkenntnisse zu verkünden.[7] Dementsprechend muss das Gericht die in einem **Vorbehaltsurteil** getroffene Entscheidung berücksichtigen (§ 302 Rn. 9). Gleiches gilt bei **Zwischenurteilen** nach §§ 303 und 304, soweit sie einen zulässigen Inhalt aufweisen (§ 303 Rn. 6, § 304 Rn. 11). 4

Zu Recht wird von der hM § 318 auch auf **Teilurteile** mit der Folge angewendet, dass die darin getroffene Entscheidung vom Gericht bei seinem Schlussurteil zu berücksichtigen ist.[8] Zwar spaltet ein Teilurteil den Prozess in zwei voneinander unabhängige Teile, deren Selbständigkeit so gewertet wird, als wenn von vornherein zwei verschiedene Verfahren anhängig gewesen wären (§ 301 Rn. 21) jedoch darf diese Verselbständigung der einzelnen Teile nicht soweit durchgeführt werden, dass Teil- und Schlussurteil im selben Verhältnis zueinander stehen, wie die Entscheidungen, die in selbständigen Prozessen zwischen denselben Parteien ergangen sind. Der Zweck des § 318, der darauf gerichtet ist, das Vertrauen der Parteien zu schützen, dass der Richter die von ihm gefällte Entscheidung im weiteren Verfahren derselben Instanz beachten wird (Rn. 1), verlangt die Ausdehnung des Abweichungsverbotes auch auf Teilurteile. Es wäre für die Parteien nicht verständlich, warum ein von ihnen begonnener Rechtsstreit zunächst aufgeteilt und dann unterschiedlich entschieden werden soll.[9] 5

Das Berufungsgericht, das ein **Grundurteil** erlassen hat, darf sich zu diesem nicht in Widerspruch setzen, wenn die Sache wegen eines neuerlichen Rechtsmittels wieder bei ihm anfällt.[10] Nach Auffassung des BGH ist das **Berufungsgericht,** das ein landgerichtliches Urteil aufhebt und die Sache zurückverweist, an seine der Aufhebung des landgerichtlichen Urteils zu Grunde liegende Rechtsauffassung gebunden, wenn die Sache erneut in die Berufungsinstanz gelangt; diese Bindung entnimmt der BGH einer sinngemäßen Anwendung des § 565 Abs. 2 aF (jetzt § 563 Abs. 2); vgl. auch Rn. 2 aE, § 538 Rn. 38 und § 563 Rn. 14.[11] Eine rückwirkende Gesetzesänderung nach Erlass der Entscheidung vermag ebenso wenig von dem Abweichungsverbot zu befreien[12] wie die Einwilligung der Parteien,[13] weil § 318 nicht nur den Interessen der Parteien dient, sondern auch Ziele verfolgt, die nicht zu ihrer Disposition stehen (Rn. 1). 6

---

[1] BGH NJW 1991, 1116, 1117; 1994, 1222f.; OLG Hamm NJW-RR 1993, 693.
[2] BGH NJW 1967, 1231; MDR 1969, 643 = LM § 304 Nr. 29; NJW 2002, 3478, 3479.
[3] Vgl. dazu BSG NJW 1993, 3346; BFH NJW 1995, 216 (zur Selbstbindung des Revisionsgerichts).
[4] *Lüke* JuS 2000, 1042, 1043.
[5] *B/L/H* Rn. 9, 11.
[6] *Zö/Vollkommer* Rn. 10
[7] *Jauernig* MDR 1982, 286; *Götz* JZ 1959, 681, 682; *T/P/Reichold* Rn. 4.
[8] BGH NJW 1967, 1231; 1971, 1840, 1841; OLG Düsseldorf NJW-RR 2001, 522, 523; *de Lousanoff,* Zur Zulässigkeit des Teilurteils gem. § 301 ZPO, 1979.
[9] Vgl. *Musielak,* Festschr. f. Lüke, 1997, S. 561, 565ff.
[10] BGH MDR 1987, 841, 842.
[11] BGH NJW 1992, 2831, 2832.
[12] *Zö/Vollkommer* Rn. 11; aA *Götz* (Fn. 7) S. 689f.
[13] OLG Bamberg OLGRspr. 3, 143, 144f.; KG OLGRspr. 17, 321; *Baumgärtel* MDR 1969, 173; *Schulte* GRUR 1975, 573; *T/P/Reichold* Rn. 5; aA *Schlosser,* Einverständliches Parteihandeln im Zivilprozess, 1968, S. 17f.; AK-ZPO/*Fenge* Rn. 10.

7 **3. Zeitliche Grenzen.** Die Bindungswirkung tritt ein, sobald das Urteil den internen Bereich des Gerichts verlässt und nach außen in Erscheinung tritt; dies geschieht mit der **Verkündung** (§ 310 Rn. 8) oder in den Fällen des § 310 Abs. 3 durch die **Zustellung** des Urteils, und zwar bereits an eine Partei (zu den Folgen einer fehlenden Unterschrift des Richters vgl. § 315 Rn. 10).[14] Da Verkündung und Zustellung gleichwertige Formen des Existentwerdens eines Urteils darstellen, wird ein zu verkündendes Urteil durch seine Zustellung bindend wie umgekehrt ein zuzustellendes Urteil Bindungswirkung durch Verkündung erlangt (§ 310 Rn. 10). Die gleichen Regeln gelten auch für **Versäumnisurteile,** die nach § 331 Abs. 3 ergehen. Dass nach der in § 331 Abs. 3 S. 1 Halbs. 2 getroffenen Regelung die Übergabe eines solchen Urteils an die Geschäftsstelle bewirkt, dass es trotz eingehender Verteidigungsanzeige des Beklagten zu erlassen ist, macht es in diesem Zeitpunkt noch nicht zu einer existenten Entscheidung,[15] so dass die Bindung des § 318 vor Zustellung des Urteils noch nicht eingreift. Die Bindung **endet** mit Aufhebung des Urteils durch das nächsthöhere Gericht.[16]

8 **4. Ausnahmen.** Der Bestand des Vorbehaltsurteils ist vom Ausgang des Nachverfahrens abhängig (§ 302 Rn. 9, 15; § 600 Rn. 11). Deshalb hat das Gericht ein **Vorbehaltsurteil** aufzuheben, wenn sich im Nachverfahren zeigt, dass der Anspruch des Klägers infolge der vom Beklagten erklärten Aufrechnung unbegründet ist (zur Bindung an das Vorbehaltsurteil im Urkunden- und Wechselprozess vgl. § 600 Rn. 8 ff.). In Ausnahme zu § 318 ermöglichen die §§ 927, 936 eine Aufhebung und Änderung von Entscheidungen wegen veränderter Umstände, die einen **Arrest** oder eine **einstweilige Verfügung** anordnen.[17] Die Bindungswirkung eines zulässigen **Zwischenurteils** ist grundsätzlich die gleiche wie die anderer Urteile.[18] Da sich jedoch die Zwischenurteile des § 303 auf prozessuale Vorfragen beziehen, wie sie sich im Zeitpunkt des Erlasses ergeben, steht die Bindungswirkung dieses Urteils einer Entscheidung nicht entgegen, durch die Tatsachen im späteren Verfahren berücksichtigt werden, die nach Erlass des Zwischenurteils eingetreten sind und die die dafür maßgebenden Verhältnisse ändern (§ 303 Rn. 6). Gleiches gilt für Zwischenurteile nach § 280 Abs. 2.[19] § 318 steht nicht dem Erlass eines die Entscheidung in der Hauptsache ergänzenden Urteils entgegen, durch das der Streit über die Aufnahme eines Verfahrens entschieden wird, das durch den Tod einer Partei nach Erlass des Urteils in der Hauptsache und vor Einlegung eines Rechtsmittels unterbrochen worden ist (§ 239).[20] Durch § 321 a wird für die **Gehörsrüge** eine Regelung getroffen, die das Gericht von der Bindung an seine Entscheidung insoweit freistellt, als dies zur Erfüllung des Anspruchs auf rechtliches Gehör geboten ist (vgl. die Erl. zu dieser Vorschrift).

9 Eine **Wiedereinsetzung in den vorigen Stand** (§ 233) kann dazu führen, dass Urteile, die ein Rechtsmittel wegen nicht fristgemäßer Einlegung oder Begründung verwarfen, aufgehoben werden[21] oder dass ein Versäumnisurteil auf **Einspruch** (§§ 338, 342) durch eine neue Entscheidung ersetzt wird (§ 343); dabei handelt es sich jedoch nicht um eine Ausnahme vom Aufhebungs- und Änderungsverbot, sondern vielmehr um eine Konkretisierung oder Modifizierung. Auch sog. **wirkungslose Urteile** (§ 300 Rn. 5 ff.) binden das erlassende Gericht. Ist ein solches Urteil verkündet oder in den Fällen des § 310 Abs. 3 zugestellt worden, dann darf das erkennende Gericht es nicht mehr einseitig korrigieren oder widerrufen.[22] Wird das Verfahren in derselben Instanz fortgesetzt, dann kann es das erkennende Gericht korrigieren, weil sich aus einem solchen Urteil ein Abweichungsverbot nicht ergeben kann.[23]

319 *Berichtigung des Urteils* **(1) Schreibfehler, Rechnungsfehler und ähnliche offenbare Unrichtigkeiten, die in dem Urteil vorkommen, sind jederzeit von dem Gericht auch von Amts wegen zu berichtigen.**

(2) [1]Der Beschluss, der eine Berichtigung ausspricht, wird auf dem Urteil und den Ausfertigungen vermerkt. Erfolgt der Berichtigungsbeschluss in der Form des § 130b, ist er in einem gesonderten elektronischen Dokument festzuhalten. [2]Das Dokument ist mit dem Urteil untrennbar zu verbinden.

(3) Gegen den Beschluss, durch den der Antrag auf Berichtigung zurückgewiesen wird, findet kein Rechtsmittel, gegen den Beschluss, der eine Berichtigung ausspricht, findet sofortige Beschwerde statt.

I. Normzweck

1 § 319 schafft ein einfaches und rasches Verfahren, um Berichtigungen von Schreibfehlern, Rechenfehlern und ähnlichen offenbaren Unrichtigkeiten zu ermöglichen.[1] Eine solche Berichtigung dient dazu, das vom Gericht wirklich Gewollte zum Ausdruck zu bringen[2] und eine Verfälschung des Rechtsspruchs durch

---

[14] *St/J/Leipold* Rn. 1 m. weit. Nachw.; aA *Jauernig* ZPR § 58 I 2b (erst mit der Zustellung an die letzte Partei).
[15] AA LG Stuttgart AnwBl. 1981, 197, 198; *Sae/Saenger* Rn. 6.
[16] BGHZ 106, 219, 221 = NJW 1989, 1486.
[17] OLG München NJW-RR 1987, 761, 762.
[18] BGH FamRZ 1993, 1191.
[19] *St/J/Leipold* Rn. 7; *T/P/Reichold* Rn. 2.
[20] RGZ 68, 247, 256; *Zö/Vollkommer* Rn. 6.
[21] KG NJW 1967, 1865, 1866.
[22] *Jauernig*, Das fehlerhafte Zivilurteil, 1958, S. 143; *Ro/S/Go* § 62 Rn. 21.
[23] *Jauernig* (Fn. 22).
[1] Mat. II 1 S. 288 (zu § 280).
[2] OLG Hamm MDR 1977, 760.

technische Fehlleistungen und banale Irrtümer zu vermeiden.[3] Dem entspricht es, dass eine Berichtigung auch von Amts wegen zugelassen ist. Die Beschränkung der Korrektur auf offenbare Unrichtigkeiten verhindert, dass ein Urteil nachträglich vom Gericht abweichend von der gefällten Entscheidung und entgegen der Bindung des § 318 inhaltlich verändert werden kann.[4] Die S. 2 und 3 sind durch das JKomG in Abs. 2 eingefügt worden, um die Berichtigung auf elektronischen Wege zu regeln (vgl. Rn. 15a).

II. Anwendungsbereich

§ 319 ist entsprechend **auf andere gerichtliche Entscheidungen anwendbar,** zB auf Mahnbescheide,[5] Vollstreckungsbescheide,[6] Verweisungsbeschlüsse[7] und Kostenfestsetzungsbeschlüsse (§ 104 Rn. 17).[8] Ebenso kann ein Tatbestandsberichtigungsbeschluss nach § 320[9] gem. § 319 korrigiert werden. Für Schiedssprüche gilt § 1058 (vgl § 1058 Rn. 2). Zur Berichtigung von Beschlüssen und Verfügungen vgl. auch § 329 Rn. 20, 22. Bei **Prozessvergleichen** ist § 319 nicht anwendbar.[10] Sind die Erklärungen der Parteien nicht richtig in den Vergleich aufgenommen worden, dann ist das Protokoll, in dem der Vergleich festzustellen ist (§ 160 Abs. 3 Nr. 1), nach Maßgabe des § 164 zu berichtigen. Wurden aber die Erklärungen der Parteien richtig beurkundet und ist ihnen dabei nur ein gemeinsamer Rechenfehler unterlaufen, dann kann dieser Fehler nicht auf der Grundlage des § 319 berichtigt werden,[11] vielmehr sind dann nur die Mittel des materiellen Rechts (zB Korrektur auf der Grundlage der Lehre von der Geschäftsgrundlage) anzuwenden. 2

Sind bei einem Urteil die Voraussetzungen des § 319 nicht erfüllt, dann ist zu prüfen, ob eine **Berichtigung oder Ergänzung** auf der Grundlage der **§§ 320, 321** in Betracht kommt. Ergeben sich Zweifel über den Inhalt und die Tragweite einer Urteilsformel, die sich nicht im Wege der Berichtigung oder Ergänzung des Urteils ausräumen lassen, dann kann eine **Klage auf Feststellung des Urteilsinhalts** zulässig sein (§ 256 Rn. 32; § 322 Rn. 9).[12] 3

III. Berichtigung offenbarer Unrichtigkeiten (Abs. 1)

1. Unrichtigkeit. Als unrichtig iSv. § 319 Abs. 1 ist eine Erklärung anzusehen, in der das Gewollte nicht zutreffend zum Ausdruck gebracht wird. Der Fehler muss also bei der Verlautbarung des Willens, nicht bei dessen Bildung unterlaufen sein.[13] Der von der hM eingenommene Standpunkt, § 319 Abs. 1 biete keine Möglichkeit, eine **falsche Willensbildung des Gerichts** nachträglich zu **korrigieren,** ist allerdings streitig. Mit der Begründung, dass auch die im Gesetz ausdrücklich genannten Rechenfehler Denkfehler darstellten und deshalb die Abgrenzung zwischen Verlautbarungsmängeln, die berichtigt werden dürften, und Willensbildungsmängeln, bei denen eine Anwendung des § 319 Abs. 1 ausgeschlossen sei, nicht strikt durchführbar wäre, wird eine Korrektur offensichtlicher Fehler bei der Willensbildung für zulässig gehalten, um gerechte Ergebnisse zu erreichen.[14] Diese Auffassung ist jedoch unvereinbar, mit der Bindungswirkung des Urteils (§ 318) und seiner Rechtskraft. Nur zur Behebung (technischer) Mängel, die unvereinbar mit dem geäußerten Willen des erkennenden Gerichts sind, darf eine Berichtigung nach § 319 vorgenommen werden (Rn. 1). Dabei ist unerheblich, ob ein Versehen des Gerichts oder der Fehler einer Partei die Ursache für die Unrichtigkeit bildet.[15] 4

2. Offenbar. Die Unrichtigkeit, die nach § 319 korrigiert werden soll, muss „offenbar" sein. Diese Voraussetzung wird erfüllt, wenn sich bereits unmittelbar auf Grund des Urteils selbst die Unrichtigkeit feststellen lässt. Hierbei ist jedoch nicht stehen zu bleiben.[16] Vielmehr genügt es, dass sich das Versehen aus den Vorgängen bei Erlass und Verkündung des Urteils evident ergibt.[17] Die Unrichtigkeit muss sich jedoch nicht bereits auf den ersten Blick zeigen; als offenbar können auch **Rechenfehler** angesehen werden, die 5

---

[3] BVerfG NJW 1992, 1496; BAG NZA 2006, 439, 440.

[4] Vgl. BGH NJW-RR 1995, 765, 766.

[5] BGH NJW 1984, 242.

[6] OLG Frankfurt NJW-RR 1990, 767; LG Münster JurBüro 1988, 1728, 1729.

[7] OLG Stuttgart MDR 2004, 1377.

[8] OLG Düsseldorf BB 1988, 368.

[9] BGH NJW-RR 1988, 407, 408.

[10] OLG Hamm Rpfleger 1979, 29, 30; *St/J/Leipold* Rn. 2; *Sae/Saenger* Rn. 3; aA OLG Hamm MDR 1983, 410; vgl. auch BayVerfGH NJW 2005, 1347.

[11] OLG Frankfurt/M MDR 1986, 152, 153. Für die Anwendung des § 319 auf notarielle Urkunden OLG Frankfurt/M NJW-RR 1997, 566.

[12] BGH NJW 1972, 2268.

[13] BGH NJW 1985, 742; BAG AP BGB § 616 Nr. 45; OLG München NJW-RR 1986, 1447; OLG Frankfurt/M NJW-RR 1989, 640; OLG Zweibrücken MDR 1994, 831, 832 (allerdings für Berichtigung von Ungenauigkeiten, die auf offensichtlicher Gedankenlosigkeit beruhen: Hinterlegungsstelle des LG statt des AG); OLG Oldenburg MDR 2000, 1211.

[14] OLG Hamm MDR 1986, 594; OLG Braunschweig NJW-RR 1994, 34, 35; OLG Bamberg FamRZ 2000, 38; offen gelassen vom BGHZ 127, 74, 78f. = NJW 1994, 2832 = LM Nr. 19 m. Anm. v. *Heinrich.*

[15] OLG Hamm JurBüro 1989, 693; LAG Frankfurt/M MDR 1974, 77, 78; LAG München MDR 1985, 170, 171; LG Bonn JurBüro 1991, 125; aA *Bull* Rpfleger 1957, 401.

[16] So aber RAG JW 1931, 1291, 1292 m. abl. Anm. v. *Jonas;* OLG Düsseldorf NJW 1973, 1132.

[17] BGHZ 20, 188, 192 = NJW 1956, 830; BGHZ 78, 22 = NJW 1980, 2813; BGH FamRZ 1994, 1520, 1521; NJW-RR 2002, 712, 713; BAG NJW 2002, 1142; NZA 2006, 439, 440; BFH DB 1984, 2602; OLG Hamm JurBüro 1989, 693.

sich erst nach einem genauen Nachrechnen feststellen lassen.[18] Zur Feststellung der Unrichtigkeit kann auf eine gleichzeitig verkündete Parallelentscheidung,[19] allgemein zugängliche Aufzeichnungen wie Steuertabellen[20] und auf öffentliche Register[21] zurückgegriffen werden. Der Fehler muss auf Grund von **Informationsquellen,** die zumindest den Parteien zugänglich sind (zB Prozessakten einschließlich der Sitzungsprotokolle), erkennbar sein, wobei allerdings die Offenkundigkeit nicht daran scheitert, dass der Fehler erst durch den sachkundigen **Rat eines Juristen** den Parteien begreifbar gemacht wird.[22] Zu verlangen ist aber, dass die Unrichtigkeit von den Parteien zu erkennen sein muss; es genügt nicht, dass nur die beteiligten Richter in der Lage sind, den Fehler festzustellen.[23] Ob aus rechtsstaatlichen Gründen bei Fehlen einer Begründung eine Ausnahme zugelassen werden kann, wenn sich nur durch Bekanntgabe des Beratungsergebnisses der Widerspruch zwischen dem gewollten und dem verkündeten Urteil feststellen lässt, hat der BGH zwar offen gelassen, jedoch deutlich gemacht, dass er zu einer solchen Auffassung neigt.[24]

6 **3. Berichtigung. a) Rubrum.** Offenbare Unrichtigkeiten bei der Bezeichnung der Richter,[25] der Prozessbevollmächtigten[26] oder der Parteien[27] können nach § 319 berichtigt werden. Solche Korrekturen sind jedoch nur zulässig, soweit die **Identität der Personen gewahrt** bleibt.[28] Dies ist der Fall, wenn versehentlich an Stelle der Beklagten ihr Ehemann im Kopf des Urteils genannt wird,[29] wenn die Firmenbezeichnung[30] oder die Anschrift einer Partei[31] korrigiert wird oder wenn der persönlich in Anspruch genommene Insolvenzverwalter im Rubrum in seiner Funktion als Amtswalter bezeichnet wird, obwohl sich aus dem Urteil eindeutig die persönliche Inanspruchnahme ergibt.[32] Dagegen kommt eine Korrektur nach § 319 nicht in Betracht, wenn irrtümlich der Zustellungsempfänger einer erkennbar gegen einen anderen gerichteten Klage als Partei bezeichnet wird.[33] Berichtungsfähig nach § 319 ist auch die unrichtige Bezeichnung eines gesetzlichen Vertreters der Partei[34] oder das irrtümliche Weglassen des Tages der letzten mündlichen Verhandlung.[35] **Unzulässig** ist eine auf Grund des § 319 vorgenommene Änderung stets dann, wenn dadurch ein bisher am Verfahren nicht Beteiligter unter Verletzung seines Anspruchs auf rechtliches Gehör zur Partei gemacht werden würde.[36] Deshalb ist eine Berichtigung abzulehnen, wenn durch sie bezweckt wird, an die Stelle einer (nicht existierenden) GmbH eine natürliche Person zu setzen, die nach § 11 Abs. 2 GmbHG persönlich haftet.[37] Zur Korrektur des Rubrums bei der Klage des Gesellschafters einer BGB-Gesellschaft an Stelle der Gesellschaft vgl. § 313 Rn. 4.

7 **b) Tenor.** Ergibt sich aus den Urteilsgründen, dass über einen bestimmten **Anspruch** befunden worden ist, ohne dass dies im Tenor zum Ausdruck gebracht wird, dann handelt es sich um eine aus dem Urteil selbst ersichtliche und damit offenbare Unrichtigkeit, die nach § 319 korrigiert werden kann.[38] Dabei bil-

---

[18] BGH NJW 1995, 1033; OLG Hamburg MDR 1978, 583; *Zö/Vollkommer* Rn. 5; zur offenbaren Unrichtigkeit infolge eines Eingabefehlers bei Verwendung von Computerprogrammen vgl. OLG Bamberg NJW-RR 1998, 1620; OLG Karlsruhe MDR 2003, 523; OLG Saarbrücken MDR 2005, 47.

[19] BGHZ 78 (Fn. 17) S. 23.

[20] BFH DB 1984, 2602; OLG Düsseldorf FamRZ 1997, 1407 (Tabelle über Kaufpreisschwund).

[21] LAG München MDR 1985, 170, 171; LG Stuttgart Rpfleger 1996, 166. *Proske,* Die Urteilsberichtigung gem. § 319 ZPO, 2002, S. 79.

[22] Str. So oder ähnlich wie hier: BGHZ 78 (Fn. 17) S. 23 (für einen am Erlass des Urteils nicht beteiligten Richter erkennbar); OLG Düsseldorf BB 1977, 471, 472 (für einen Rechtskundigen offenbar); *Proske* (Fn. 21) S. 77; aA *Runge* BB 1977, 472; *Zö/Vollkommer* Rn. 5.

[23] BAG NJW 2002, 1142; LG Wiesbaden MDR 2001, 771; aA. *Paulus* ZZP 71 (1958), 188, 205 f.

[24] BGH NJW-RR 2002, 712, 713

[25] BGHZ 18, 350, 354 = NJW 1955, 1919; *Wieczorek* Anm. B IIIa 2.

[26] AK-ZPO/*Wassermann* Rn. 4.

[27] BGH NJW-RR 2004, 501; BAG BB 1978, 453; NJW 2002, 459, 461; OLG Frankfurt/M MDR 2004, 49; OLG Düsseldorf MDR 1977, 144; OLG Koblenz WRP 1980, 576, 577; KG NJW-RR 1987, 954; OLG Frankfurt/M NJW-RR 1990, 767; MDR 2004, 49; LAG München MDR 1985, 170, 171. Eine vor Erlass des Urteils vorgenommene Korrektur der Parteibezeichnung wird vom Gericht durch eine prozessleitende Verfügung vorgenommen, nicht durch einen Beschluss nach § 31., der stets den Erlass der zu berichtigenden Entscheidung voraussetzt; vgl. BAG NZA 2004, 452, 454.

[28] BGH NJW 2007, 518; *Vollkommer* MDR 1992, 642; *Derleder* JurBüro 1995, 11, 12; *T/P/Reichold* vor § 50 Rn. 4; vgl. auch die in Fn. 27 zitierten Entscheidungen.

[29] BGHZ 113, 228 = NJW 1991, 1834.

[30] OLG Hamburg OLGRspr. 23, 172 (an Stelle der nicht mehr existierenden Firma eines Einzelkaufmanns wird dessen Name gesetzt); OLG Köln NJW 1964, 2424 (Änderung einer als Handelsgesellschaft bezeichneten Firma in die Firma eines Einzelkaufmanns); OLG Hamm WM 1975, 46 (an Stelle der sich erst im Gründungsstadium befindlichen KG werden die Namen der Gründungsgesellschafter gesetzt); OLG Koblenz NJW-RR 1997, 1352; OLGR Karlsruhe 2001, 230. Der BGH (NJW 2003, 1043; NZG 2006, 16 = JuS 2006, 268; NJW-RR 2007, 305, 306) spricht sich nach Änderung der Rechtsprechung zur Parteifähigkeit der Gesellschaft bürgerlichen Rechts für eine Rubrumsberichtigung aus, durch die an Stelle des Gesellschafters die Gesellschaft gesetzt wird (vgl. § 313 Rn, 4); ebenso OLG Rostock NJW-RR 2007, 188.

[31] *Derleder* (Fn. 28).

[32] OLG Frankfurt/M MDR 2004, 49.

[33] OLG Stuttgart NJW-RR 1999, 217.

[34] LAG München MDR 1985, 170, 171; *Wolter,* Die Urteilsberichtigung nach § 319 ZPO, 1999, S. 48.

[35] BGH VersR 1980, 744.

[36] OLG Zweibrücken NJW-RR 1998, 666; *Jauernig* ZZP 86 (1973), 459, 460 f.

[37] LG Hamburg NJW 1956, 1761.

[38] BGH NJW 1964, 1858; NJW-RR 1990, 893; 1991, 1278; vgl. auch BGH ZIP 1993, 622, 624 (zur offenbaren Unrichtigkeit im Tenor).

det es keine Grenze für eine Änderung, dass die Korrektur den Tenor in sein Gegenteil verkehrt[39] und dadurch ein Rechtsmittel statthaft oder nicht statthaft wird.[40] Fehlt die **Kostenentscheidung** in der Urteilsformel, obwohl sie in den Gründen behandelt wird[41] oder bei der Verkündung des Urteils mitverkündet worden ist,[42] dann kann eine Ergänzung des Tenors auf Grund des § 319 vorgenommen werden. Wurden jedoch die Kosten vom Gericht deshalb falsch berechnet, weil es übersehen hat, dass eine Widerklage zurückgenommen wurde, dann handelt es sich bei diesem Fehler nicht um eine Unrichtigkeit, die nach § 319 korrigierbar ist.[43] Hat das Gericht irrtümlich versäumt, eine Kostenentscheidung insgesamt oder hinsichtlich bestimmter Teile zu treffen, dann kann nur § 321 Anwendung finden, dagegen nicht § 319.[44]

Sehr streitig ist die Frage, ob die durch eine nachträgliche **Änderung des Streitwertes** unrichtig gewordene Kostenquote in entsprechender Anwendung des § 319 berichtigt werden kann. Die Befürworter einer solchen Analogie[45] stellen im Wesentlichen Billigkeitserwägungen an und setzen sich darüber hinweg, dass es an der für eine Analogie erforderlichen Ähnlichkeit zwischen dem in § 319 geregelten Tatbestand und den Fällen einer nachträglich korrigierten Streitwertberechnung mangelt. Denn die getroffene Kostenentscheidung beruht nicht auf einem Fehler bei der Verlautbarung (Rn. 4), sondern war zunächst auf der Grundlage der (falschen) Streitwertberechnung richtig. Die Korrektur des Streitwertes hat nachträglich die Grundlage der Kostenberechnung verändert. Wenn in einem solchen Fall § 319 als Instrument zur Anpassung an veränderte Umstände benutzt wird, setzt man sich dadurch in einen klaren Widerspruch zum Normzweck der Vorschrift (Rn. 1). Die Anwendung des § 319 in Fällen einer nachträglichen Korrektur des Streitwertes muss deshalb abgelehnt werden (§ 91 Rn. 43).[46] 8

Das Gleiche gilt, wenn der Streitwert bereits geändert worden ist, der **Rechtspfleger** jedoch versehentlich **im Kostenfestsetzungsbeschluss** den früheren (**inzwischen geänderten**) **Streitwert zu Grunde legt.** In diesem Fall ist zwar die Kostenberechnung von vornherein falsch, jedoch handelt es sich dabei um einen Willensbildungsfehler, der nicht nach § 319 korrigierbar ist (Rn. 4).[47] Wiederum einen anderen Fall stellt es dar, wenn bei der Berechnung der Kosten irrtümlich von einer **falschen Quote** ausgegangen wird. Nennt die Kostengrundentscheidung eine Quote zB von 1/16 und berechnet der Rechtspfleger versehentlich die Kosten nach einer Quote von 1/6, dann handelt es sich um einen Rechenfehler, der nach § 319 Abs. 1 korrigiert werden kann.[48] Dieser Fall unterscheidet sich von dem vorher dargestellten dadurch, dass der Rechtspfleger die (richtige) Kostengrundentscheidung berücksichtigen will, hierbei jedoch irrtümlich von falschen Quoten ausgeht. Im Kern handelt es sich deshalb um einen Rechenfehler und nicht um einen Willensbildungsmangel. 9

Gleiche Grundsätze, wie sie für eine Korrektur der Kostenentscheidung gelten, sind auch bei der Berichtigung von **Fehlern in der Vollstreckbarkeitserklärung** anzuwenden. Dies bedeutet, dass eine verfehlte Entscheidung über die Vollstreckbarkeit nur dann nach § 319 als offenbare Unrichtigkeit berücksichtigt werden kann, wenn sich aus den Gründen zweifelsfrei entnehmen lässt, dass der im Tenor enthaltene Ausspruch über die Vollstreckbarkeit nicht dem Willen des Richters entspricht[49] oder wenn ausweislich des Protokolls (§ 160 Abs. 3 Nr. 6) die schriftlich abgefasste Urteilsformel irrtümlich von der mündlich verkündeten abweicht. 10

Sowohl die im Urteil versehentlich nicht ausgesprochene **Rechtsmittelzulassung**[50] als auch umgekehrt die nicht gewollte, aber im Urteil enthaltene Rechtsmittelzulassung[51] sind einer Berichtigung zugänglich (zum Fristlauf s. Rn. 17). Allerdings ist zu verlangen, dass die Entscheidung über die Rechtsmittelzulassung zumindest aus den Vorgängen bei Erlass des Urteils oder seiner Verkündung nach außen hervorgetreten und damit erkennbar geworden ist.[52] Ebenso kann eine Parteiverwechslung in der Revisionszulassung als offenbare Unrichtigkeit nach § 319 beseitigt werden.[53] Eine bewusste Nichtzulassung kann jedoch nicht später nach § 319 korrigiert werden, und zwar auch dann nicht, wenn die Richter ein Rechtsmittel nicht ausschließen wollten, jedoch wegen eines Irrtums über den Wert der Beschwer eine Zulassung für überflüssig ansahen.[54] 11

---

[39] BAG (Fn, 23).
[40] RG JW 1927, 1638; *Lindacher* ZZP 88 (1975), 64, 66; *T/P/Reichold* Rn. 1.
[41] BGH VersR 1982, 70; OLG München MDR 2003, 522; LAG Bremen MDR 1996, 1069.
[42] OLG Hamm NJW-RR 1986, 1444.
[43] *Schneider* MDR 1980, 762; *Zö/Vollkommer* Rn. 15; aA OLG Köln MDR 1980, 761, 762.
[44] OLG Hamm MDR 1970, 1018; 2000, 1149, 1150; KG JurBüro 1981, 614, 615; OLG München (Fn. 41).
[45] OLG Hamm MDR 1986, 594; 2001, 1186; OLG Düsseldorf NJW-RR 1992, 1407; 2002, 211, 212; *Zö/Vollkommer* Rn. 15; bedenklich OLG Köln NJW-RR 2000, 142 (Korrektur einer Kostenentscheidung, die auf einem irrtümlich falsch angesetzten Streitwert beruht); differenzierend *Proske* (Fn. 21) S, 118 (nur zulässig wenn die Anpassung des Kostenausspruches ohne neue richterliche Wertung vorgenommen werden kann).
[46] So auch BGH MDR 1977, 925; KG NJW 1975, 2107; OLG Düsseldorf NJW-RR 1992, 1532f.; OLG Köln FamRZ 1994, 56; OLG Stuttgart MDR 2001, 892, 893; LG Frankfurt/M NJW-RR 1998, 67; *T/P/Reichold* Rn. 3; *Zi* Rn. 4; *Wolter* (Fn. 34) S. 79ff.
[47] AA OLG München JurBüro 1993, 680; *Sae/Saenger* Rn. 12.
[48] OLG München JurBüro 1992, 247; *Zö/Vollkommer* Rn. 20.
[49] OLG Celle NJW 1955, 1843, 1844; OLG Düsseldorf BB 1977, 471, 472 m. abl. Anm. v. *Runge.*
[50] BGH NJW-RR 2001, 61; NJW 2004, 2389; 2005, 156; BAG NJW 1996, 674 m. weit. Nachw.
[51] *St/J/Leipold* Rn. 22.
[52] BGH NJW 2004, 779; BGH (Fn. 50); LG Mainz NJW-RR 2002, 1654.
[53] BGH VersR 1981, 548, 549.
[54] BGH FamRZ 2004,530; BAG AP Nr. 1; vgl. auch BAG ZIP 1993, 1573; aA *Vollkommer/Schwaiger* EzA § 72 ArbGG 1979 Nr. 20 (S. 15). Jeweils zu § 546 aF, jetzt bedeutsam für § 511 Abs. 2 Nr. 2.

12 c) **Unterschrift.** Wurde das Urteil versehentlich nicht unterschrieben, dann kann die Unterschrift jederzeit nachgeholt werden (§ 315 Rn. 11). Eine Berichtigung nach § 319 kommt folglich in diesem Fall nicht in Betracht. Ist dagegen das Urteil von einem Richter unterzeichnet worden, der an seinem Erlass nicht mitgewirkt hat, dann kann die Unterschrift im Wege der Berichtigung gestrichen und diese Korrektur auch mit der Änderung einer unrichtigen Angabe im Kopf des Urteils über die Person des mitwirkenden Richters verbunden werden (Rn. 6, § 313 Rn. 12 und § 315 Rn. 11).[55]

IV. Verfahren

13 **1. Zuständigkeit.** Grundsätzlich ist für die Berichtigung gem. § 319 das Gericht zuständig, das das zu korrigierende Urteil erlassen hat.[56] Es ist jedoch nicht erforderlich, dass der Spruchkörper in derselben Besetzung wie bei der Urteilsfällung über die Berichtigung entscheidet.[57] Wurde das Urteil vom Einzelrichter (§§ 348, 348a, 526) erlassen, dann ist nur er und nicht das Kollegium zur Berichtigung berufen.[58] Wird das Urteil angefochten, dann kann auch das Rechtsmittelgericht die Berichtigung offenbarer Unrichtigkeiten vornehmen, solange es mit dem Rechtsstreit befasst ist.[59] Fehler bei der Herstellung einer Ausfertigung sind vom Urkundsbeamten der Geschäftsstelle formlos zu korrigieren (§ 317 Rn. 8 aE).[60]

14 **2. Einleitung des Verfahrens.** Offenbare Unrichtigkeiten sind vom Gericht von Amts wegen zu berichtigen.[61] Wenn auch im Anwaltsprozess Anträge auf Berichtigung von einem Rechtsanwalt gestellt werden müssen,[62] ist ein von der Partei selbst eingereichter Antrag als Anregung für das Gericht aufzufassen, von Amts wegen das Berichtigungsverfahren durchzuführen.[63] Nach hM soll ein **Antrag der Partei** auf Berichtigung eines Urteils unzulässig sein, wenn sich der Antrag als **Rechtsmissbrauch** darstellt oder das Antragsrecht verwirkt ist.[64] Da jedoch das Gericht verpflichtet ist, von Amts wegen eine Urteilsberichtigung gem. § 319 vorzunehmen, kann es nur darauf ankommen, ob ausnahmsweise dann von einer Berichtigung abgesehen werden muss, wenn sie zu groben Unbilligkeiten führt. Dass aus einer grundsätzlich stets gebotenen Korrektur derartige Folgerungen entstehen können, lässt sich zwar nicht allgemein ausschließen, dürfte aber selten sein.

15 **3. Entscheidung.** Die Entscheidung über die Berichtigung ergeht durch Beschluss, wobei eine mündliche Verhandlung freigestellt ist (§ 128 Abs. 4). Von einer **Anhörung der Parteien** kann abgesehen werden, wenn es sich um die Berichtigung reiner Formalien wie zB Schreib- und Rechenfehler handelt, deren Korrektur nicht zu einem Eingriff in die Rechtsstellung der Beteiligten führen kann.[65] Der Beschluss, der die Berichtigung ausspricht, ist beiden Parteien von Amts wegen zuzustellen (§ 329 Abs. 3), während für eine ablehnende Entscheidung eine formlose Übersendung genügt.[66] Nach § 319 Abs. 2 ist der eine Berichtigung aussprechende Beschluss auf dem Urteil und den Ausfertigungen zu vermerken; dies kann dadurch geschehen, dass der Berichtigungsbeschluss auf das Urteil selbst gesetzt oder mit ihm verbunden wird. Jedoch bildet die Anbringung des Berichtigungsvermerks auf dem Urteil für ihn keine Wirksamkeitsvoraussetzung.[67] Der Berichtigungsbeschluss ist **nicht fristgebunden**[68] und auch noch nach Rechtskraft des Urteils zulässig.[69] Die Berichtigung des Urteils (auch durch das untere Gericht)[70] wird nicht dadurch verhindert, dass eine Partei ein Rechtsmittel einlegt (vgl. auch Rn. 16).[71]

15a Durch Abs. 2 S. 2 wird klargestellt, dass der **Berichtigungsbeschluss** auch **als elektronisches Dokument** ergehen kann und dass in diesem Fall die Berichtigung in einem gesonderten Dokument und nicht durch Veränderung des gespeicherten Originalurteils vorzunehmen ist. Der elektronische Beschluss ist von den Richtern in der durch § 130b vorgeschriebenen Form zu signieren und bei einer elektronischen Aktenführung mit dem elektronischen Protokoll in untrennbarer Weise zu verbinden. Wird die Akte in Papierform geführt, dann kann der Beschluss per E-Mail den Parteien mitgeteilt werden. In einem solchen Fall ist der

---

[55] BGH NJW 2003, 3057; OLG Düsseldorf NJW-RR 1995, 636, 637.

[56] KG JurBüro 1981, 614, 615.

[57] BGHZ 20 (Fn. 17) S. 192; BGH NJW 1972, 2268, 2269; 1985, 742; BGHZ 78 (Fn. 17) S. 23; OLG München NJW-RR 1986, 1447; KG (Fn. 56).

[58] *T/P/Reichold* Rn. 5.

[59] BGH NJW 1964, 1858; BGH NJW-RR 1991, 1278; BAG NJW 1964, 1874; BayObLG FamRZ 1992, 1326, 1328, jew. m. weit. Nachw. Nach Beendigung des Rechtsmittelverfahrens bleibt das Rechtsmittelgericht für die Berichtigung seines Urteils zuständig (OLG Düsseldorf NJW-RR 1991, 1471).

[60] KG OLGRspr. 17, 155; LG Stuttgart ZZP 69 (1956), 222, 223.

[61] OLG Hamm NJW-RR 1987, 187, 188.

[62] AK-ZPO/*Wassermann* Rn. 14; *St/J/Leipold* Rn. 11.

[63] *Zö/Vollkommer* Rn. 21; *Sae/Saenger* Rn. 15.

[64] BSG NJW 1966, 125, 126; OLG München OLGZ 1983, 368, 369; OLG Hamm (Fn. 61) S. 189; OLG Brandenburg NJW-RR 2000, 1522, 1523; *Zö/Vollkommer* Rn. 21.

[65] BVerfGE 34, 1, 7f.; vgl. auch BVerfG RdL 1988, 157.

[66] *St/J/Leipold* Rn. 12.

[67] BVerwG NJW 1975, 1795, 1796.

[68] BGH VersR 1981, 548, 549.

[69] RG DR 1943, 249, 250; OLG Hamm (Fn. 61); OLG München (Fn. 64); OLG Brandenburg NJW-RR 2000, 1522; *Braun* JuS 1986, 364, 366; *Zi* Rn. 8; aA *Lindacher* (Fn. 40) S. 71 (nicht zu Lasten einer gutgläubigen Partei).

[70] BGH (Fn. 25) S. 353ff.; zweifelnd *Ro/S/Go* § 61 Rn. 15 Fn. 17.

[71] BGH (Fn. 25) S. 356f.; BGH (Fn. 55); BayObLGZ 1968, 190, 194; OLG Hamm (Fn. 61); OLG München (Fn. 64); OLG Brandenburg (Fn. 69).

Berichtigungsbeschluss gemäß § 298 auszudrucken, mit einem Transfervermerk zu versehen, zu den Akten zu nehmen und gemäß Abs. 2 S. 1 auf dem Urteil zu vermerken.[72]

V. Wirkung der Berichtigung

1. Verhältnis zum unberichtigten Urteil. a) Grundsatz. Mit Erlass des Berichtigungsbeschlusses tritt an Stelle der bisherigen die berichtigte Fassung des Urteils. Die Neufassung ist so zu behandeln, als hätte sie von Anfang an gegolten; dies bedeutet, dass die berichtigte Fassung für alle mit dem Urteil verbundenen Rechtswirkungen vom Zeitpunkt der Verkündung oder der sie nach § 310 Abs. 3 ersetzenden Zustellung der Entscheidung maßgebend ist.[73] Folglich richtet sich die **Zulässigkeit eines Rechtsmittels** nach der Berichtigung ausschließlich nach der korrigierten Fassung, so dass ein zunächst zulässiges Rechtsmittel auf Grund der Berichtigung unzulässig werden kann und umgekehrt.[74] Ebenso kann eine zunächst zulässige **Zwangsvollstreckung** auf Grund der Berichtigung unzulässig werden und muss dann auf einen Rechtsbehelf des Schuldners hin eingestellt werden (vgl. auch § 717 Rn. 6 zur analogen Anwendung des § 717 Abs. 2).[75] Auf den Lauf der **Rechtsmittelfristen** hat allerdings die Berichtigung grundsätzlich keinen Einfluss. Die Rechtsmittelfrist wird vielmehr regelmäßig (zu Ausnahmen vgl. Rn. 17 und § 517 Rn. 10) durch die Zustellung des nicht berichtigten Urteils in Lauf gesetzt, nach der Berichtigung beginnt keine neue Frist;[76] dies gilt selbst dann, wenn später das berichtigte Urteil nochmals zugestellt wird.[77] 16

b) Ausnahmen. Von dem Grundsatz, dass mit Zustellung der unkorrigierten Fassung des Urteils die Rechtsmittelfristen beginnen und dass mit Erlass des Berichtigungsbeschlusses **neue Rechtsmittelfristen** nicht in Lauf gesetzt werden, muss eine Ausnahme zugelassen werden, wenn das Urteil in der zugestellten, nicht berichtigten Fassung insgesamt nicht klar genug war, um den Parteien die Grundlage für ihr weiteres prozessuales Handeln zu bieten, insbesondere für ihre Entscheidung über die Frage der Notwendigkeit und der Möglichkeit eines Rechtsmittels.[78] Denn der Irrtum eines Gerichts darf sich nicht dahin auswirken, dass die Rechtsmittelmöglichkeit einer Partei beeinträchtigt oder gar vereitelt wird.[79] Dabei muss noch berücksichtigt werden, dass im Regelfall wegen der in § 319 Abs. 1 vorausgesetzten Offensichtlichkeit des Fehlers die Partei den richtigen Inhalt des Urteils zu erkennen vermag und deshalb auch in der Lage ist, sich über die Einlegung eines Rechtsmittels schlüssig zu werden. Nur wenn berechtigte Zweifel einer Partei erst durch die Berichtigung des Urteils ausgeräumt werden, muss auch vom Zeitpunkt der Zustellung des Berichtigungsbeschlusses die Frist für die Einlegung eines Rechtsmittels gegen das berichtigte Urteil neu beginnen. Dies gilt insbesondere, wenn bei einer **Rechtsmittelzulassung** irrtümlich der Zulassungsausspruch fehlt,[80] die **Parteien verwechselt** wurden[81] oder wenn sich eine Beschwer der betroffenen Partei erst durch Aufklärung eines Rechenfehlers ergibt, der zwar den Gründen des Urteils entnommen werden kann, sich aber erst bei genauer Überprüfung und Saldierung zahlreicher Einzelposten erschließt.[82] Wird dem Beklagten mit dem Urteil ein Beschluss zugestellt, der den auf einen höheren Betrag lautenden Urteilstenor wegen offenbarer Unrichtigkeit auf einen niedrigeren Betrag berichtigt, und wird erst durch die spätere **Aufhebung des Berichtigungsbeschlusses** klargestellt, dass der Beklagte entsprechend der ursprünglichen Fassung des Tenors zur Zahlung eines höheren Betrages verurteilt worden ist, so beginnt hinsichtlich dieser höheren Beschwer der Lauf der Rechtsmittelfrist mit der Zustellung des Aufhebungsbeschlusses.[83] 17

2. Rechtsmittel statt Berichtigungsantrag. Gegen die Zulässigkeit eines Rechtsmittels, das an Stelle eines Antrags auf Berichtigung mit dem Ziel eingelegt wird, eine Korrektur von Unrichtigkeiten des Urteils zu erreichen, spricht, dass § 319 einen einfacheren, rascheren und billigeren Weg weist, um dieses Ziel zu erreichen; jedoch wird man nicht durchweg der Partei ein Rechtsschutzinteresse an einem solchen Rechtsmittel absprechen können. Da bereits mit Zustellung des unberichtigten Urteils der Lauf von Rechtsmittelfristen beginnt (Rn. 16) und die Partei nicht durchweg mit Sicherheit zu erkennen vermag, ob die Voraussetzungen einer Berichtigung nach § 319 erfüllt sind, wird man immer dann ein Rechtsmittel für zulässig halten können, wenn es sich nicht zweifelsfrei um offensichtliche Unrichtigkeiten des Urteils handelt, die gem. § 319 korrigiert werden können.[84] Da jedoch auch nach Einlegung eines Rechtsmittels eine Berichtigung von Amts wegen zulässig bleibt (Rn. 15 aE), kann sie dazu führen, dass für den Rechtsmittelführer rückwirkend 18

---

[72] Amtl. Begr. des JKomG (BT-Drucks. 15/4067, S. 34).

[73] BGHZ 89, 184, 186 = NJW 1984, 1041; BGH NJW 1985, 742; OLG Saarbrücken NJWE-FER 2000, 44.

[74] BGH NJW 1993, 1399, 1400 m. weit. Nachw.

[75] OLG Koblenz WRP 1980, 576, 577.

[76] St. Rspr., vgl. nur BGHZ 113, 228, 230 = NJW 1991, 1834; BGH NJW-RR 2004, 712, 713; NJW 2003, 2991, 2992. Zur Verfassungsmäßigkeit: BVerfG NJW 2001, 142.

[77] BGH NJW-RR 1993, 1213 f.

[78] BVerfG NJW-RR 1996, 183, 184; BGHZ (Fn. 73) S. 186 ff.; BGH NJW-RR 1992, 251; 1993, 1213, 1214; 2001, 211; 2004, 712, 713; NJW 1998, 3280; 1999, 646, 647.

[79] BGH NJW 1999, 646, 647.

[80] RAG ARS 39, 193, 196.

[81] BGH VersR 1981, 548, 549; BGHZ 113 (Fn. 76) S. 231; OLG Düsseldorf MDR 1990, 930, vgl. dazu *Vollkommer* (Fn. 28).

[82] BGH NJW 1995, 1033 f.; vgl. auch OLG Brandenburg MDR 2005, 123.

[83] BGH NJW 1986, 935.

[84] Str., wie hier OLG Karlsruhe MDR 2003, 523; *Zö/Vollkommer* Rn. 2; einschr. OLG Zweibrücken FamRZ 1985, 614; dagegen wesentlich weiter gehend (Wahlmöglichkeit für Partei) *St/J/Leipold* Rn. 13; *T/P/Reichold* Rn. 1; vgl. auch BGH MDR 1978, 307, 308.

die Beschwer entfällt und deshalb sein Rechtsmittel kostenpflichtig verworfen wird.[85] Ob in einem solchen Fall eine Erledigungserklärung hinsichtlich des Rechtsmittels in Betracht kommen kann, ist streitig.[86]

19 **3. Fehlerhafter Berichtigungsbeschluss.** Nach hM soll die Bindung des Rechtsmittelgerichts an einen Berichtigungsbeschluss (vgl. §§ 512, 557 Abs. 2) entfallen, wenn der Beschluss in Wirklichkeit keine Berichtigung nach § 319 zum Gegenstand hat, also ohne gesetzliche Grundlage ergangen ist.[87] Es soll sich dann um eine wirkungslose Entscheidung handeln.[88] Ein Berichtigungsbeschluss wird weiterhin dann für unwirksam und unbeachtlich angesehen, wenn Willensbildungsfehler korrigiert werden (Rn. 4),[89] wenn die Unrichtigkeit nicht als offenbar iSv. § 319 angesehen werden kann (Rn. 5)[90] oder wenn der Berichtigungsbeschluss keine näheren Erläuterungen darüber enthält, inwiefern eine offenbare Unrichtigkeit gegeben ist.[91] Dieser Auffassung kann nicht zugestimmt werden. Fehlerhafte Berichtigungsbeschlüsse sind nur in seltenen Ausnahmefällen als nichtig anzusehen (vgl. § 300 Rn. 5). Ein Berichtigungsbeschluss, der nicht den durch § 319 Abs. 1 aufgestellten Voraussetzungen entspricht, ist regelmäßig wirksam und muss zur Beseitigung seiner Wirksamkeit nach § 319 Abs. 3 von der betroffenen Partei angefochten werden. Unterbleibt die Anfechtung oder ist sie ausgeschlossen (Rn. 21), dann muss der Berichtigungsbeschluss auch vom Rechtsmittelgericht als wirksam und verbindlich seiner Entscheidung zu Grunde gelegt werden.[92]

VI. Anfechtung (§ 319 Abs. 3)

20 **1. Berichtigungsbeschlüsse.** Gegen den Beschluss, der eine Berichtigung ausspricht, findet nach § 319 Abs. 3 die sofortige Beschwerde statt. Dies gilt auch dann, wenn der Berichtigungsbeschluss nur die Kostenentscheidung betrifft; § 99 steht dem nicht entgegen.[93] Die Vorschrift des § 319 Abs. 3 wird durch § 567 Abs. 1 eingeschränkt. Danach sind Berichtigungsbeschlüsse der Oberlandesgerichte und der Landgerichte in Berufungs- und Beschwerdeverfahren grundsätzlich nicht anfechtbar, es sei denn, dass die Rechtsbeschwerde zugelassen worden ist (§ 574).[94]

21 **2. Die Berichtigung ablehnende Beschlüsse.** Ein Rechtsmittel gegen den Beschluss, durch den der Antrag auf Berichtigung zurückgewiesen wird, ist durch § 319 Abs. 3 ausdrücklich ausgeschlossen. Hiervon sind in der Rechtsprechung der Instanzgerichte Ausnahmen dann gemacht worden, wenn das Gericht aus formalen Gründen eine Überprüfung des Urteils auf offenbare Unrichtigkeiten abgelehnte[95] oder wenn die Ablehnung unter Verkennung des Begriffs der offenbaren Unrichtigkeit ausgesprochen wurde (vgl. auch Rn. 19).[96] Solche Ausnahmen sind nach Änderung des Beschwerderechts durch das ZPO-RG nicht mehr zuzulassen.[97] Bei Verletzung des Anspruchs auf rechtliches Gehör kann jedoch ein Gehörsrüge nach § 321 a erhoben werden.

VII. Gebühren und Kosten

22 **1. Rechtsanwaltsgebühren.** Die Tätigkeit des Anwalts (Berichtigungsanträge) gehört zum Rechtszug, wird also durch die Gebühren der Nrn. 3100ff. VV RVG abgegolten. Ist der Anwalt nicht Prozessbevollmächtigter, erhält er die Gebühren der Nr. 3403 VV RVG. Für die **sofortige Beschwerde** s. § 567 Rn. 29.

23 **2. Gerichtskosten.** Gerichtsgebühren werden für die Berichtigung nicht erhoben.

320

Berichtigung des Tatbestandes **(1) Enthält der Tatbestand des Urteils Unrichtigkeiten, die nicht unter die Vorschriften des vorstehenden Paragraphen fallen, Auslassungen, Dunkelheiten oder Widersprüche, so kann die Berichtigung binnen einer zweiwöchigen Frist durch Einreichung eines Schriftsatzes beantragt werden.**

(2) [1]Die Frist beginnt mit der Zustellung des in vollständiger Form abgefassten Urteils. [2]Der Antrag kann schon vor dem Beginn der Frist gestellt werden. [3]Die Berichtigung des Tatbestandes ist ausgeschlossen, wenn sie nicht binnen drei Monaten seit der Verkündung des Urteils beantragt wird.

(3) Über den Antrag ist mündlich zu verhandeln, wenn eine Partei dies beantragt.

---

[85] BGH (Fn. 14) S. 81f.; aA *Lindacher* (Fn. 40) S. 67ff., 73.

[86] Vgl. *Heinrich* (Fn. 14) Bl. 5f.; *Wolter* (Fn. 34) S. 130ff. Für Anwendung des § 91 a Abs. 1 S. 1 bei beiderseitiger Erledigungserklärung LG Bochum ZZP 97 (1984), 215 m. insoweit zust. Anm. v. *Waldner; St/J/Leipold* Rn. 13. Der BGH (Fn. 85) hat die entsprechende Anwendung des § 91 a abgelehnt, wenn die ursprüngliche Partei den Prozess gegen den Rechtsmittelführer nicht aufgenommen hat; abl. *Pfeiffer* EWiR 1/94, 1149, 1150.

[87] BGHZ 20 (Fn. 17) S. 190ff.; BGH NJW 1958, 1917; 1985, 742; NJW-RR 1988, 407, 408; *Zö/Vollkommer* Rn. 29; *Zi* Rn. 6; einschr. BGH (Fn. 14) S. 79.

[88] *Braun* JuS 1986, 364, 366.

[89] BGH NJW 1985, 742; BAG AP Nr. 1; aA BGH (Fn. 14) S. 79.

[90] BGHZ 20 (Fn. 17) S. 190ff.; BGH NJW 1958, 1917; BGH NJW-RR 1988, 407, 408; BAG AP Nr. 4, 20.

[91] BAG AP Nr. 14.

[92] RGZ 110, 427, 429; RG JW 1928, 709, 710; 1930, 1001; *Pohle* AP Nr. 1; *Grunsky* AP Nr. 15; *St/J/Leipold* Rn. 16 m. weit. Nachw.

[93] BayObLG NJW-RR 1997, 57; OLG Hamburg MDR 1957, 753; *Ro/S/Go* § 61 Rn. 16; vgl. aber OLG Karlsruhe NJW-RR 2000, 730: § 99 steht Anfechtung entgegen, wenn nicht die Voraussetzungen der Berichtigung gemäß § 319 in Frage gestellt werden sollen, sondern die sachlichen Grundlagen der Kostenentscheidung.

[94] *T/P/Reichold* Rn. 9; *Zö Vollkommer* Rn. 26.

[95] KG NJW 1975, 2107; OLG Hamm NJW-RR 1987, 187; OLG Frankfurt/M OLGZ 1990, 75, 76

[96] OLG Nürnberg JurBüro 1980, 144; LAG München MDR 1985, 170; LG Bonn JurBüro 1991, 125.

[97] BGH NJW-RR 2004, 1654, 1655.

(4) [1]Das Gericht entscheidet ohne Beweisaufnahme. [2]Bei der Entscheidung wirken nur diejenigen Richter mit, die bei dem Urteil mitgewirkt haben. [3]Ist ein Richter verhindert, so gibt bei Stimmengleichheit die Stimme des Vorsitzenden und bei dessen Verhinderung die Stimme des ältesten Richters den Ausschlag. [4]Eine Anfechtung des Beschlusses findet nicht statt. [5]Der Beschluss, der eine Berichtigung ausspricht, wird auf dem Urteil und den Ausfertigungen vermerkt. [6]Erfolgt der Berichtigungsbeschluss in der Form des § 130b, ist er in einem gesonderten elektronischen Dokument festzuhalten. [7]Das Dokument ist mit dem Urteil untrennbar zu verbinden.

(5) Die Berichtigung des Tatbestandes hat eine Änderung des übrigen Teils des Urteils nicht zur Folge.

I. Normzweck

Der Gesetzgeber hat durch das Berichtigungsverfahren nach § 320 den Parteien ein Mittel zur Verfügung gestellt, nachträglich den richtigen Inhalt ihres Vorbringens in den Tatbestand des Urteils aufnehmen zu lassen.[1] Eine solche Korrektur des Tatbestandes kann zum einen wegen der nach § 97 Abs. 2 und § 531 erheblichen Feststellung neuen Vorbringens Bedeutung erlangen, zum anderen wegen der durch §§ 529, 559 gezogenen Grenze für die tatsächlichen Grundlagen, auf die das Rechtsmittelgericht seine Entscheidung zu stützen hat; schließlich kann die Berichtigung auch wegen der Möglichkeit einer Ergänzung des Urteils nach § 321 wichtig sein (vgl. dazu § 321 Rn. 6).[2] Der Tatbestand eines Urteils liefert nach § 314 S. 1 Beweis für das mündliche Parteivorbringen (vgl. § 314 Rn. 3); kann dieser Beweis nicht durch das Sitzungsprotokoll entkräftet werden (§ 314 S. 2), dann muss der Richter auf Grund der Beweisregel des § 314 S. 1 von der Richtigkeit der im Tatbestand des Urteils enthaltenen tatsächlichen Angaben ausgehen, wenn eine Berichtigung nach § 320 nicht vorgenommen wird (§ 314 Rn. 6).[3] Deshalb ist auch die Einlegung eines Rechtsmittels mit dem Ziel, eine Berichtigung des Tatbestandes zu erreichen, stets erfolglos.[4] Die Vorschrift gilt nicht für **Beschlüsse** (§ 329 Rn. 20). 1

II. Berichtigung des Tatbestandes

1. Berichtigungsfähige Punkte. Durch § 320 werden nur solche Unrichtigkeiten im Tatbestand erfasst, die nicht unter die Vorschrift des § 319 fallen; dies wird ausdrücklich in Abs. 1 klargestellt. Folglich sind offenbare Verlautbarungsmängel, insbesondere Schreib- und Rechenfehler, nur nach § 319, nicht nach § 320 zu berichtigen. Aus dem Normzweck des § 320 (Rn. 1) ergibt sich, dass sich das auf diese Vorschrift stützende Berichtigungsverfahren nur auf solche **Angaben im Tatbestand** beziehen kann, **für die die Beweisregel des § 314 S. 1 gilt** (§ 314 Rn. 3).[5] Deshalb kann entgegen der hM[6] eine nicht protokollierte, aber im Tatbestand oder in den Entscheidungsgründen des Urteils wiedergegebene Zeugenaussage oder Bekundung eines Sachverständigen nicht zum Gegenstand eines Berichtigungsverfahrens nach § 320 gemacht werden, weil solche Angaben nicht unter die Beweisregel des § 314 S. 1 fallen (§ 314 Rn. 4). Gegen die hM spricht auch das Ergebnis: Im Berichtigungsverfahren nach § 320 gibt es keinen Beweis für die Unrichtigkeit von Angaben im Tatbestand. Die Partei würde dadurch schlechter gestellt werden, wenn man sie auch hinsichtlich solcher Tatsachen, die nicht von der Beweisregel des § 314 S. 1 erfasst werden und die deshalb durch Gegenbeweis zu widerlegen sind, auf eine Tatbestandsberichtigung nach § 320 verweisen wollte. Da eine **pauschale Verweisung auf Akten** oder auf Schriftsätze der Parteien im Tatbestand zu unterbleiben hat (§ 313 Rn. 8), kann ein Berichtigungsantrag, der eine darauf zielende Korrektur zu erreichen versucht, keinen Erfolg haben.[7] Auch **Rechtsausführungen** der Parteien, die in den Tatbestand eines Urteils aufgenommen worden sind, können regelmäßig nicht gemäß § 320 korrigiert werden.[8] **Neues Vorbringen** einer Partei, das in einem nach Schluss der mündlichen Verhandlung nachgereichten, aber nicht nach § 283 nachgelassenen Schriftsatz enthalten ist, gehört nicht zum prozessual wirksamen Parteivortrag und ist deshalb nicht in den Tatbestand des Urteils aufzunehmen, so dass eine darauf bezogene Tatbestandsberichtigung nicht in Betracht kommen kann.[9] Das Gleiche gilt für Tatsachen, die das Gericht deshalb nicht in den Tatbestand aufgenommen hat, weil es sie für unerheblich hält[10]. 2

---

[1] Mat. II 1 S. 289 (zu § 281).

[2] BGH NJW 1956, 1480; BGH NJW-RR 1988, 407, 408; *Fischer,* Bezugnahmen – insbesondere pauschale Bezugnahmen – in Tatbeständen und Schriftsätzen im Zivilprozess sowie damit zusammenhängende Fragen, 1994, S. 85ff.; *Schumann* NJW 1993, 2786, 2787.

[3] BGH NJW 1983, 2030, 2032. Vgl. dazu auch *Müller/Heydn* NJW 2005, 1750, die sich für die Abschaffung der §§ 314, 320, aussprechen.

[4] OLG Karlsruhe NJW-RR 2003, 778, 779; OLG Stuttgart NJW 1969, 2055, 2056; OLG München BauR 1984, 637, 639.

[5] BGH (Fn. 2); BGH (Fn. 3), BAG AP Nr. 4; KG NJW 1966, 601; OLG Stuttgart NJW 1973, 1049; LAG Köln MDR 1985, 171; aA *Weitzel,* Tatbestand und Entscheidungsqualität, 1990, S. 80ff.

[6] OLG Celle NJW 1970, 53f.; *Fischer* (Fn. 2) S. 96; *Zö/Vollkommer* Rn. 4; *St/J/Leipold* Rn. 3; *Ro/S/Go* § 61 Rn. 18.

[7] OLG Oldenburg NJW 1989, 1165; *Fischer* (Fn. 2) S. 117.

[8] FG Hamburg MDR 1996, 852.

[9] OLG Köln NJW-RR 1991, 1536.

[10] AG Frankfurt/M. NJW 2002, 2328. Zur Behandlung solcher Tatsachen in der Berufungsinstanz vgl. Barth NJW 2002, 1702, 1703.

3 Die Deckungsgleichheit der Anwendungsbereiche des § 314 S. 1 und des § 320 ergibt, dass der **Begriff des Tatbestandes** in beiden Vorschriften gleich aufzufassen ist.[11] Es ist deshalb nicht von einem formellen Tatbestandsbegriff im Sinne einer äußerlich von den übrigen Bestandteilen des Urteils, insbesondere von den Entscheidungsgründen, abgesetzten Darstellung des Sach- und Streitstandes auszugehen, sondern es sind unter § 320 auch Tatbestandsfeststellungen zu subsumieren, die sich in den Entscheidungsgründen finden (§ 314 Rn. 2).[12] Erging die **Entscheidung im schriftlichen Verfahren** (§ 128 Abs. 2) oder **nach Lage der Akten** (§§ 251 a, 331 a), dann bezieht sich die Beweisregel des § 314 nur auf das Parteivorbringen, das Gegenstand einer früheren mündlichen Verhandlung gewesen ist (§ 314 Rn. 4); folglich kann auch § 320 nur insoweit angewendet werden.[13] Unrichtigkeiten im Tatbestand, die durch die Sitzungsniederschrift widerlegt werden, bedürfen nicht einer Berichtigung nach § 320, weil dann die **Angaben im Protokoll** alleine maßgebend sind (§ 314 Rn. 7).[14] Bei **Revisionsurteilen** kommt eine Berichtigung des Tatbestandes regelmäßig nicht in Betracht, weil dieser nur dazu dient, die Entscheidungsgründe verständlich zu machen und darüber hinaus keine selbständige Bedeutung aufweist.[15] Ausnahmen gelten nur für das Parteivorbringen nach § 551 Abs. 3 Nr. 2b[16] und für die in der Revisionsinstanz abgegebenen Parteierklärungen.[17]

4 **2. Antrag.** Das Verfahren auf Berichtigung des Tatbestandes nach § 320 wird nur auf Antrag einer Partei eingeleitet. Dieser Antrag ist schriftlich, im Amtsgerichtsprozess auch zu Protokoll des Urkundsbeamten der Geschäftsstelle (§ 496) zu stellen und muss im Anwaltsprozess von einem Rechtsanwalt eingereicht werden (§ 78)[18]. Der Antrag muss angeben, in welchen Punkten der Tatbestand unrichtig ist und berichtigt werden muss; die unsubstantiierte Behauptung der Lückenhaftigkeit oder Unrichtigkeit des Tatbestandes genügt nicht.[19] Eine über den Antrag hinausgehende Berichtigung des Tatbestandes ist in entsprechender Anwendung des § 263 zulässig. Auch Urteile, die nicht mit einem Rechtsmittel angefochten werden können, unterliegen einer Tatbestandsberichtigung; wegen der stets gebenden Möglichkeit einer Verfassungsbeschwerde besteht für einen entsprechenden Antrag ein Rechtsschutzinteresse.[20]

5 **3. Frist.** Die Berichtigung des Tatbestandes muss innerhalb einer Frist von zwei Wochen beantragt werden, die mit Zustellung des in vollständiger Form abgefassten Urteils beginnt (Abs. 1, 2 S. 1). Schon vor Beginn dieser Frist kann der Antrag gestellt werden (Abs. 2 S. 2). Die Antragsfrist kann nicht verlängert (§ 224 Abs. 2) und für sie auch keine Wiedereinsetzung in den vorigen Stand gewährt werden (**keine Notfrist**). Nach § 320 Abs. 2 S. 3 ist die Berichtigung des Tatbestandes ausgeschlossen, wenn sie nicht innerhalb von drei Monaten seit Verkündung des Urteils beantragt wird. Diese Frist beginnt in den Fällen des § 310 Abs. 3 mit der Zustellung des Urteils. Die Dreimonatsfrist läuft unabhängig davon, ob das Urteil in vollständiger Form zugestellt worden ist. Eine Berichtigung nach § 320 ist deshalb auch dann ausgeschlossen, wenn innerhalb dieser Frist (entgegen § 315 Abs. 2) das **Urteil nicht vollständig abgefasst und zugestellt** wurde.[21] Auch in diesem Fall kommt eine Wiedereinsetzung in den vorigen Stand nicht in Betracht.[22] Ein **Rechtsmittel** der betroffenen Partei, wird nur Erfolg haben, wenn ein rechtzeitig berichtigter Tatbestand zu einer anderen Entscheidung geführt hätte.[23] Wird ein Urteil so spät zugestellt, dass der Partei wegen der Dreimonatsfrist die zweiwöchige Antragsfrist des § 320 Abs. 2 nicht in voller Länge zur Verfügung steht, dann ist die Partei verpflichtet, alles ihr Zumutbare zu tun, um in der verbleibenden Zeit den Berichtigungsantrag zu stellen. Nur wenn ihr dies nicht möglich ist, kann ein deshalb eingelegtes Rechtsmittel Erfolg haben.[24]

6 **4. Gericht.** Durch § 320 Abs. 4 S. 2 und 3 wird bestimmt, welche Richter die Entscheidung über den Berichtigungsantrag zu treffen haben und wie die Abstimmung bei **Verhinderung eines Richters** vorzunehmen ist. Ist der Vorsitzende einer Kammer für Handelssachen verhindert, dann entscheiden die Handelsrichter allein.[25] Sind sämtliche Richter, die bei der Entscheidung mitgewirkt haben, verhindert, dann ist eine Berichtigung des Tatbestandes nicht möglich.[26] Vielmehr muss die betroffene Partei in diesem Fall ein Rechtsmittel einlegen. In diesem Fall ist die Beweiskraft des Tatbestandes entsprechend § 529 Abs. 1 Nr. 1 einzuschränken, um dem Anspruch der betroffenen Partei auf rechtliches Gehör zu genügen.[27] Für die **Ablehnung eines**

---

11 BAG VersR 1979, 93, 94; AK-ZPO/*Wassermann* Rn. 2.

12 BGH WM 1962, 1289, 1290; VersR 1974, 1021; NJW 1993, 1851, 1852; 1994, 517, 519; 1997, 1931; BAG (Fn. 11); OLG München (Fn. 4).

13 BFH BB 1983, 755; KG NJW 1966, 601 f.

14 *B/L/H* Rn. 5; aA *St/J/Leipold* Rn. 2.

15 BGH NJW 1956, 1480; 1999, 796; GRUR 2004, 271; BFH NJW 2003, 3440; BAG (Fn. 5); BVerwG MDR 1960, 609 (LS); OLG Köln MDR 1988, 870.

16 *St/J/Leipold* Rn. 1.

17 BGHR Revisionsurteil 1.

18 BGH GRUR 2004, 271.

19 LAG Bremen DB 1997, 1088.

20 OLG OLdenburg NJW 2003, 149; *Rößler* NJW 2004, 266; *St/J/Leipold* Rn. 2; aA BFH (Fn. 15) allerdings bezogen auf Revisionsurteile (vgl dazu Rn. 3).

21 OLG Hamburg NJW-RR 2005, 653; aA KG NJW-RR 2001, 1296.

22 BGHZ 32, 17, 27 f. = NJW 1960, 866; OLG Hamburg (Fn. 21); *Zö/Vollkommer* Rn. 8; aA *Blomeyer* JR 1955, 184.

23 BGH LM Nr. 1; BGH (Fn. 22); BAG NJW 1957, 1165, 1166; BAG AP Nr. 1; krit. *Schneider* MDR 1988, 640.

24 BAG NJW 1962, 1413, 1414.

25 *Hirte* JR 1985, 138, 139; *Zö/Vollkommer* Rn. 12.

26 BAG NJW 1970, 1624 (LS) = AP Nr. 2; OLG Hamm NJW 1967, 1619; *Hirte* (Fn. 25) S. 138; *Schmidt* JR 1993, 457, 458.

27 BVerfG NJW 2005, 657, 658; *Crückeberg* MDR 2003, 199, 200; zust. *Zö/Vollkommer* Rn. 12.

Richters oder seine Selbstablehnung, die auch im Verfahren der Tatbestandsberichtigung zulässig sind,[28] fehlt es nicht deshalb am Rechtsschutzinteresse, weil bei einem Erfolg des Ablehnungsgesuchs wegen der dann eintretenden Verhinderung der betroffenen Richter die Tatbestandsberichtigung unmöglich wird.[29]

Um ein Berichtigungsverfahren nach Möglichkeit nicht an der Verhinderung der mitwirkenden Richter scheitern zu lassen, ist vorgeschlagen worden, den **Begriff der Verhinderung** enger als bei § 315 Abs. 1 auszulegen.[30] Diesem Vorschlag ist nicht zu folgen. Weder in der Bedeutung der Amtshandlungen noch in den Folgen, die sich ergeben, wenn sie nicht vorgenommen werden können, besteht zwischen der Unterzeichnung eines Urteils und der Mitwirkung an einem Berichtigungsbeschluss ein Unterschied. In beiden Fällen kann nur ein zwingender tatsächlicher oder rechtlicher Grund als ausreichende Verhinderung anerkannt werden. Um eine weitere oder engere Auslegung von Begriffen kann es dabei nicht gehen. Was als **triftiger Verhinderungsgrund** iSv. § 315 Abs. 1 anzusehen ist (§ 315 Rn. 5f.), muss in gleicher Weise auch im Rahmen des § 320 Abs. 4 ausreichen und umgekehrt.[31] 7

5. Verhandlung. Auf Grund der durch das 1. JuModG vorgenommenen Gesetzesänderung ist über den Antrag auf Tatbestandsberichtigung nur dann mündlich zu verhandeln, wenn dies eine Partei beantragt. Der Gesetzgeber ging davon aus, dass das Berichtigungsverfahren effizienter gestaltet werde, wenn das Gericht, ohne die Zustimmung der Parteien einholen zu müssen, schriftlich entscheiden könnte.[32] Ungeregelt ist die Frage geblieben, ob dem Antrag der Partei auf mündliche Verhandlung auch dann zu entsprechen ist, wenn der Antrag offensichtlich unzulässig ist, insbesondere wenn die Fristen der Abs. 1 und 2 nicht eingehalten werden. Die mündliche Verhandlung hat den Sinn, den Parteien die Möglichkeit einzuräumen, zu der Frage der Unrichtigkeit des Tatbestandes Stellung zu nehmen. Wenn jedoch wegen der Unzulässigkeit des Antrags über diese Frage überhaupt nicht verhandelt wird, gibt es keinen triftigen Grund, dennoch eine mündliche Verhandlung anzuberaumen.[33] Die Entscheidung über den Berichtigungsantrag ergeht ohne Beweisaufnahme (Abs. 4 S. 1), weil für die Entscheidung allein die persönliche Erinnerung der mitwirkenden Richter maßgebend sein soll.[34] Die Richter dürfen bei ihrer Entscheidung auf das Sitzungsprotokoll oder persönliche Aufzeichnungen zurückgreifen.[35] Da kein Beweis zu erheben ist, bleibt auch ein Geständnis ohne bindende Wirkung.[36] Bei Säumnis einer Partei sind die §§ 330ff. nicht anwendbar. Vielmehr ist unabhängig von der Anwesenheit einer oder beider Parteien über den Antrag auf Berichtigung zu entscheiden.[37] 8

6. Entscheidung. Über den Berichtigungsantrag ist durch Beschluss zu entscheiden. Ein ablehnender Beschluss muss schon deshalb begründet werden, damit der Antragsteller zu erkennen vermag, ob das Gericht den Antrag sachlich geprüft hat, weil andernfalls eine Beschwerde statthaft ist (Rn. 10).[38] In einer solchen **Begründung** sind auch die Gründe anzugeben, aus denen einer der an der ursprünglichen Entscheidung beteiligten Richter verhindert gewesen ist, an der Entscheidung über den Antrag auf Tatbestandsberichtigung teilzunehmen.[39] Das Gericht hat dem Antrag stattzugeben, wenn es Tatbestandsmängel iSv. § 320 feststellt (Rn. 2ff.). Die Rechtskraft des Urteils steht einer Berichtigung nicht entgegen. Ein Rechtsschutzbedürfnis ergibt sich in diesem Fall wegen einer möglichen Wiederaufnahme des Verfahrens, wegen möglicher Klagen nach §§ 323 oder 767 oder wegen einer Verfassungsbeschwerde gegen das Urteil (vgl. auch Rn. 4 aE).[40] Der Beschluss über die Berichtigung des Tatbestandes lässt die übrigen Teile des Urteils unberührt (§ 320 Abs. 5); dies gilt auch in dem Fall, dass auf Grund der vorgenommenen Korrektur die tatsächlichen Grundlagen die Entscheidung nicht mehr tragen. Nur **im Wege eines Rechtsmittels oder** einer **Ergänzung nach § 321** können aus der Tatbestandsberichtigung Folgerungen für das Urteil insgesamt gezogen werden. Dem Berichtigungsbeschluss kommt rückwirkende Kraft zu. Bei einer Tatbestandsberichtigung muss also das Urteil so behandelt werden, als enthielte es von vornherein einen Tatbestand in der berichtigten Fassung. Der Beschluss, der eine Berichtigung ausspricht, ist auf der Urschrift des Urteils und den Ausfertigungen zu vermerken (Abs. 4 S. 5; vgl. auch § 319 Rn. 15). Wird die Form des § 130b gewählt, sind S. 6 und 7 des Abs. 4 zu beachten (vgl. § 319 Rn. 15a), die durch das JKomG in das Gesetz eingefügt worden sind, um klarzustellen, dass der **Beschluss** auch **in elektronischer** Form ergehen kann. 9

III. Rechtsmittel

Eine Anfechtung des Berichtigungsbeschlusses wird durch § 320 Abs. 4 S. 4 ausgeschlossen. Diese gesetzgeberische Entscheidung beruht auf der Erwägung, dass über die Berichtigung allein von den Richtern 10

---

[28] BGH NJW 1963, 46.
[29] *St/J/Leipold* Rn. 13; aA OLG Frankfurt/M MDR 1979, 940; *Zö/Vollkommer* Rn. 12.
[30] *Hirte* (Fn. 25) S. 140; *Zö/Vollkommer* Rn. 12, *Sae/Saenger* Rn. 12.
[31] So auch *Schmidt* (Fn. 26) S. 458f. Zum Fall des Ausscheidens eines Richters aus dem Richterkollegium vgl. BFH (Fn. 15); *Rößler* (Fn. 20) S. 267.
[32] BT-Drucks. 15/1508 S. 18.
[33] So auch BGH NJW 1999, 796 (zu § 320 Abs. 3 aF); *Naundorf* MDR 2004, 1273, 1274; aA OLG Düsseldorf NJW-RR 2004, 1723.
[34] BGH NJW 2002, 1426, 1428.
[35] BGH (Fn. 28); LAG Köln MDR 1985, 171, 172; *Hunn* AuR 1953, 335, 337.
[36] OLG Schleswig JR 1952, 29; *St/J/Leipold* Rn. 12.
[37] *Hunn* (Fn. 35); *Zö/Vollkommer* Rn. 11.
[38] *St/J/Leipold* Rn. 16.
[39] *Hirte* (Fn. 25) S. 140; *Schmidt* (Fn. 26) S. 459.
[40] OLG Oldenburg NJW 2003, 149;.*Rößler* NJW 2004, 266, 267; *Zö/Vollkommer* Rn. 10 aA BFH NJW 2003, 3440 (bezogen auf Revisionsurteile; vgl. dazu Rn. 3 aE).

befunden werden kann, die bei dem Urteil mitgewirkt haben (Rn. 6). Ein anderes Gericht, insbesondere das Rechtsmittelgericht, kann diese Entscheidung nicht fällen.[41] Vom **Rechtsmittelgericht** kann indes **geprüft** werden, ob der Berichtigungsantrag ohne sachliche Prüfung aus verfehlten formalen Gründen zurückgewiesen worden ist. Deshalb lässt die hM in diesem Fall zu Recht eine Anfechtung mittels sofortiger Beschwerde zu.[42] Gleiches gilt, wenn der Beschluss unter Verletzung wichtiger Vorschriften über das Verfahren der Berichtigung zu Stande kam, wenn zB ein Richter mitgewirkt hat, der nicht das zu berichtigende Urteil fällte.[43] Kann eine Berichtigung wegen Verhinderung eines Richters der Vorinstanz nicht erreicht werden, dann darf das Berufungsgericht nicht von der Bindung an die Tatsachenfeststellungen der ersten Instanz ausgehen, deren Richtigkeit der Berufungskläger bestreitet.[44] Das Beschwerdegericht kann aber über den Berichtigungsantrag sachlich nicht entscheiden und muss nach Aufhebung des angefochtenen Beschlusses die Sache zur weiteren Entscheidung zurückverweisen (§ 572 Abs. 3).

11 **Offenbare Unrichtigkeiten** in einem Berichtigungsbeschluss können nach § 319 beseitigt werden.[45] Dagegen ist eine Korrektur des Berichtigungsbeschlusses nach § 320 nicht zulässig, weil sonst das Berichtigungsverfahren über die insbesondere auch im Interesse der Rechtssicherheit kurz gehaltenen Fristen verlängert und der Weg zu einer endlosen Kette von Tatbestandsberichtigungsanträgen eröffnet werden könnte.[46]

IV. Gebühren und Kosten

12 **1. Rechtsanwaltsgebühren.** Die Tätigkeit des Anwalts (Berichtigungsanträge) gehört zum Rechtszug, wird also durch die Gebühren der Nrn. 3100ff. VV RVG abgegolten. Ist der Anwalt nicht Prozessbevollmächtigter, erhält er die Gebühren der Nr. 3403 VV RVG.

13 **2. Gerichtskosten.** Vgl. § 319 Rn. 23.

321 *Ergänzung des Urteils*

(1) Wenn ein nach dem ursprünglich festgestellten oder nachträglich berichtigten Tatbestand von einer Partei geltend gemachter Haupt- oder Nebenanspruch oder wenn der Kostenpunkt bei der Endentscheidung ganz oder teilweise übergangen ist, so ist auf Antrag das Urteil durch nachträgliche Entscheidung zu ergänzen.

(2) Die nachträgliche Entscheidung muss binnen einer zweiwöchigen Frist, die mit der Zustellung des Urteils beginnt, durch Einreichung eines Schriftsatzes beantragt werden.

(3) [1]Auf den Antrag ist ein Termin zur mündlichen Verhandlung anzuberaumen. [2]Dem Gegner des Antragstellers ist mit der Ladung zu diesem Termin der den Antrag enthaltende Schriftsatz zuzustellen.

(4) Die mündliche Verhandlung hat nur den nicht erledigten Teil des Rechtsstreits zum Gegenstand.

I. Normzweck

1 Lässt das Gericht einen im Prozess geltend gemachten Anspruch ganz oder teilweise in seinem Urteil unentschieden, dann handelt es sich der Sache nach um ein Teilurteil, dem zur vollständigen Streitentscheidung notwendigerweise ein weiteres Urteil folgen muss, das die Entscheidung über den offen gelassenen Anspruch enthält. Da jedoch der Erlass eines Teilurteils von einer vorhergehenden Abwägung verschiedener Gesichtspunkte abhängt, kann nicht einfach ein unvollständiges Vollurteil in ein Teilurteil iSv. § 301 umgedeutet werden (§ 301 Rn. 25). Deshalb ist in § 321 ein Verfahren vorgesehen worden, mit dem die Entscheidungslücke geschlossen werden kann.

II. Anwendungsbereich

2 Die Anwendung des § 321 auf **Vorbehaltsurteile,** die keinen Vorbehalt enthalten, wird ausdrücklich im Gesetz bestimmt (§§ 302 Abs. 2, 599 Abs. 2). Ebenso sind nach § 716 die Vorschriften des § 321 anzuwenden, wenn ein Urteil keine Entscheidung über die **vorläufige Vollstreckbarkeit** aufweist. Auch in den Fällen des § 721 kann das Urteil nach § 321 ergänzt werden, wenn der Antrag auf Gewährung einer angemessenen Räumungsfrist bei der **Räumung von Wohnraum** übergangen worden ist (§ 721 Abs. 1 S. 3). Über diese Fälle hinaus ist **§ 321** auch **ohne** eine **ausdrückliche Verweisung** im Gesetz immer dann **anzuwenden,** wenn das Gericht versehentlich eine Nebenentscheidung nicht getroffen hat, zu deren Erlass es verpflichtet ist. So kann beispielsweise eine Frist nach § 255,[1] ein Vorbehalt beschränkter Haftung des Erben nach § 305 (§ 305 Rn. 4),[2] eine Entscheidung über die Fortsetzung eines Mietverhältnisses nach § 308a (§ 308a Rn. 5) oder eine Lösungssumme nach § 923[3] in entsprechender Anwendung des § 321 ergänzend vom Gericht an-

---

[41] BayObLGZ 1965, 137, 139f.
[42] BVerfG NJW 2007, 657, 658; OLG Düsseldorf (Fn. 33); *Crückeberg* MDR 2003, 199, 200; *T/P/Reichold* Rn. 6; *Rosenberg/Schwab/Gottwald* § 61 Rn. 22.
[43] OLG Düsseldorf NJW 1963, 2032; OLG Hamm NJW 1967,1619; *Hirte* (Fn. 25) S. 139f.
[44] BVerfG (Fn. 42) S. 658f.
[45] BGH NJW-RR 1988, 407, 408.
[46] BGH (Fn. 45).
[1] BGH NJW-RR 1996, 1238.
[2] OLG Schleswig MDR 2005, 350.
[3] BGH (Fn. 1); OLG Hamburg NJW 1958, 1145.

geordnet werden. Wird die Beschränkung der Einstandspflicht des Haftpflichtversicherers übergangen, die sich aus der mit dem Geschädigten vereinbarten Vertragssumme ergibt, dann handelt es sich dabei um eine Entscheidungslücke, die auf Grund einer entsprechenden Anwendung des § 321 im Wege der Urteilsergänzung geschlossen werden kann.[4] § 321 ist entsprechend auf **Beschlüsse** anwendbar (§ 329 Rn. 20; zur Anwendung auf Kostenfestsetzungsbeschlüsse vgl. § 104 Rn. 17).

III. Voraussetzungen

1. Unvollständiges Urteil. Die Urteilsergänzung nach § 321 dient dazu, eine Entscheidungslücke zu schließen. Das Gericht muss also entgegen seiner Absicht über einen Haupt- oder Nebenanspruch iSd. Zivilprozessrechts (Einl. Rn. 68) oder über den Kostenpunkt nicht entschieden haben. Eine derartige Entscheidungslücke muss sich aus dem Urteil ergeben, so dass die Partei sie zu erkennen vermag.[5] 3

a) Übergehen eines Anspruchs. Die Urteilsergänzung hängt davon ab, dass das Gericht versehentlich (Rn. 3, 5) einen Haupt- oder Nebenanspruch oder Teile davon übergangen hat;[6] es geht also um ein in einen bestimmten Antrag gekleidetes Begehren, über das im Urteil entschieden werden muss.[7] Übersieht das Gericht dagegen Einwendungen, die gegen den im Prozess geltend gemachten Anspruch vorgetragen werden, dann muss sich die durch einen solchen Fehler beschwerte Partei mit einem Rechtsmittel wehren und kann nicht eine Korrektur durch eine Ergänzung des Urteils nach § 321 erreichen. Dementsprechend kann das Gericht nicht eine unbeschränkte Verurteilung im Wege der Urteilsergänzung in eine **Zug-um-Zug-Verurteilung** verändern.[8] Bleiben **tatsächliche oder rechtliche Ausführungen** einer Partei unbeachtet, die zur Begründung eines Sachantrags oder zur Verteidigung gegen ihn vorgetragen werden (Angriffs- und Verteidigungsmittel), dann kommt ebenfalls nur eine Anfechtung des Urteils im Rechtsmittelverfahren, dagegen nicht eine Urteilsergänzung in Betracht (vgl. auch Rn. 10).[9] Deshalb ist eine Ergänzung nach § 321 ausgeschlossen, wenn das Gericht einen **Aufrechnungseinwand**[10] **oder ein Zurückbehaltungsrecht**[11] **des Beklagten** übergangen hat. Bleibt ein Hilfsantrag unberücksichtigt, dann kommt es darauf an, ob die Bedingung eingetreten ist, von deren Verwirklichung die Entscheidung über den **Hilfsantrag** abhängt (§ 308 Rn. 18); nur wenn dies zu bejahen ist, muss die Entscheidung nachgeholt werden. 4

Die unterlassene Entscheidung muss auf einem **Versehen** des Gerichts beruhen.[12] Hat das Gericht willentlich von einer Entscheidung Abstand genommen, dann hat es den Anspruch und den Kostenpunkt nicht „übergangen" iSv. § 321 Abs. 1, und zwar auch dann nicht, wenn sich das Gericht dabei in einem Rechtsirrtum befunden hat,[13] zB von einer Entscheidung absah, weil es irrtümlich annahm, dass ein Streitgegenstand noch in der Vorinstanz anhängig sei.[14] Ein Anspruch wird auch nicht übergangen, wenn er in der Urteilsbegründung abgehandelt wird und nur die ihn betreffende Entscheidung im Tenor versehentlich unterblieb; in einem solchen Fall ist eine Berichtigung nach § 319 vorzunehmen (§ 319 Rn. 7).[15] Gleiches gilt in dem umgekehrten Fall, dass sich zu der im Tenor enthaltenen Entscheidung in der Urteilsbegründung keine Ausführungen finden.[16] 5

Der **übergangene Anspruch** muss „nach dem ursprünglich festgestellten oder nachträglich berichtigten Tatbestand von einer Partei **geltend gemacht**" worden sein (§ 321 Abs. 1). Ist versehentlich der Anspruch nicht in den Tatbestand aufgenommen worden, dann muss vor einer Urteilsergänzung eine Berichtigung des Tatbestandes nach § 320 vorgenommen werden; die Partei kann den Antrag auf die Tatbestandsberichtigung **mit** dem Antrag auf **Urteilsergänzung verbinden.**[17] Nicht zugestimmt kann dem Vorschlag werden, § 321 entsprechend anzuwenden, wenn das Gericht versehentlich mehr zuspricht als beantragt worden ist (§ 308 Rn. 22).[18] Eine Ähnlichkeit beider Tatbestände als Voraussetzung für die empfohlene Analogie besteht nicht. 6

b) Übergehen des Kostenpunktes. Nur wenn eine zwingend zu treffende Kostenentscheidung versehentlich unterblieben ist, kommt eine Ergänzung des Urteils nach § 321 in Betracht,[19] dagegen nicht, wenn die Entscheidung in das gerichtliche Ermessen gestellt wird, wie zB eine Verteilung der Kosten in Fällen der 7

---

[4] BGH (Fn. 1).
[5] BGH NJW 1980, 840, 841.
[6] BGH NJW 2002, 1500, 1501; 2006, 1351, 1352; vgl. auch BVerfG NJW-RR 2000, 1664.
[7] BGH WM 1956, 1155, 1156.
[8] Vgl. BGH NJW 2003, 1463; aA *Zö/Vollkommer* Rn. 3; *Zi* Rn. 4. Sae/*Saenger* RdNr. 5.
[9] BGH (Fn. 7); OLG Frankfurt/M NJW-RR 1989, 640; LAG Mainz MDR 2000, 228.
[10] OLG Frankfurt/M (Fn. 9). Die entsprechende Anwendung, um nicht den Weg einer Verfassungsbeschwerde beschreiten zu müssen (so AG Paderborn MDR 2000, 1272; zust. *E. Schneider* MDR 2000, 1453), wird jetzt durch § 321a entbehrlich.
[11] BGH NJW 2003, 1463; *Ro/S/Go* § 61 Rn. 24; aA Sae/*Saenger* RdNr. 5.
[12] BGH NJW 2002, 1500, 1501; vgl. auch BVerfG NJW-RR 2000,1664.
[13] BGH LM § 253 Nr. 7; BGH (Fn. 1); OLG Hamm FamRZ 1981, 189, 190.
[14] RGZ 105, 236, 242.
[15] BGH NJW 1964, 1858; BGH VersR 1982, 70; aA BAG NJW 1959, 1942; differenzierend *Lindacher* ZZP 88 (1975), 64, 66ff.
[16] *Th/P/Reichold* Rn. 2.
[17] BGH NJW-RR 2005, 790, 791; BayObLG WuM 1997, 399.
[18] So *Klette* ZZP 82 (1969), 93, 104ff.; zust. *Zö/Vollkommer* § 308 Rn. 6; *Ro/S/Go* § 61 Rn. 30, § 131 Rn. 9; vgl. dazu auch *Musielak*, Festschr. f. Schwab, 1990, S. 349, 361f.
[19] BGH NJW 2006, 1351, 1352; OLG Celle Rpfleger 1969, 170.

Streitgenossenschaft nach § 100 Abs. 2.[20] Eine Entscheidung über die Kosten des Rechtsstreits umfasst nicht die Kosten der Nebenintervention; über diese Kosten muss ausdrücklich entschieden und diese Entscheidung nachgeholt werden, wenn dies formgerecht innerhalb der zweiwöchigen Frist des § 321 Abs. 2 beantragt wird (vgl. auch Rn. 9 und § 101 Rn. 5).[21] § 321 kann auch analog auf einen nach § 91a ergangenen Beschluss angewendet werden, wenn das Gericht irrtümlich über die Kosten der Säumnis nicht nach § 344 entschieden hat.[22] Eine versehentlich unterlassene Kostenentscheidung kann nur im Wege des Ergänzungsurteils nach § 321 nachgeholt werden, dagegen nicht vom Rechtspfleger im Rahmen des **Kostenfestsetzungsverfahrens** (aA *Wolst* § 100 Rn. 4).[23]

7a c) **Rechtsmittelzulassung.** Fehlt im Urteil auf Grund eines Versehens des Gerichts eine Entscheidung über die Zulassung eines Rechtsmittels, dann muss unterschieden werden: Das Gericht hat positiv über die Zulassung entschieden, versehentlich wurde jedoch diese Entscheidung nicht im Urteil wiedergegebenen, dann kommt eine Berichtigung nach § 319 in Betracht (vgl. § 319 Rn. 11). Das Gericht geht irrtümlich davon aus, dass eine Zulassung nicht erforderlich sei; weil es den Wert der Beschwer (vgl. § 511) falsch berechnet. Dieser Fall ist gleich zu behandeln wie eine fehlerhafte Bewertung der Zulassungsgründe. In beiden Fällen handelt es sich um Fehler des Gerichts, die durch eine Urteilsergänzung nicht korrigiert werden können, weil die Entscheidung über die Rechtsmittelzulassung nicht übergangen, sondern in einem negativen Sinn getroffen worden ist (vgl. Rn. 5). Von einer negativen Entscheidung geht die überwiegende Auffassung auch in dem Fall aus, dass vom Gericht vergessen worden ist, über die Zulassung eines Rechtsmittels zu befinden, weil es keines ausdrücklichen Ausspruchs bedürfe und ein Schweigen hinsichtlich der Rechtsmittelzulassung im Sinne einer Nichtzulassung zu deuten sei (vgl. § 543 Rn. 15).[24] Hierbei wird jedoch nicht ausreichend berücksichtigt, das im letzten Fall das Schweigen des Gerichts über die Zulassung eines Rechtsmittels auf einem Versehen beruht und nicht von einem entsprechenden Willen des Gerichts getragen ist. Mit dem Hinweis auf die Ähnlichkeit eines solchen Versehens mit dem Übergehen der Kostenentscheidung lässt sich durchaus die Auffassung vertreten, dass die vergessene Zulassung eines Rechtsmittels mit Hilfe einer entsprechenden Anwendung des § 321 korrigiert werden kann (aA *Ball* § 543 Rn. 15).[25]

8 **2. Antrag. a) Form.** Der zwingend vorgeschriebene Antrag (Rn. 1) ist schriftlich, im Amtsgerichtsprozess auch zu Protokoll des Urkundsbeamten der Geschäftsstelle (§ 496) zu stellen. Er ist an das Gericht, das das zu ergänzende Urteil erlassen hat, zu richten. Ein Antrag ist auch erforderlich, wenn er die **Kostenentscheidung** betrifft.[26] Ist das Urteil im Anwaltsprozess ergangen (§ 78), dann muss der Antrag von einem Rechtsanwalt unterzeichnet werden.[27] Dem Gegner des Antragstellers ist nach Abs. 3 S. 2 mit der Ladung zur mündlichen Verhandlung (vgl. dazu Rn. 11) der den Antrag enthaltende Schriftsatz (in den Fällen des § 496 das Protokoll) zuzustellen. Mit dem Antrag auf Urteilsergänzung kann ein Antrag auf einstweilige Einstellung der Zwangsvollstreckung verbunden werden, über den in entsprechender Anwendung der §§ 707, 719, 721 zu entscheiden ist.[28]

9 **b) Frist.** Der Antrag auf Urteilsergänzung muss innerhalb der Frist von zwei Wochen gestellt werden, die mit Zustellung des Urteils beginnt (§ 321 Abs. 2). Es handelt sich um eine gesetzliche Frist, nicht um eine Notfrist, so dass eine Wiedereinsetzung in den vorigen Stand nicht zulässig ist.[29] Wird das **Urteil in abgekürzter Form zugestellt,** wird dadurch die Zweiwochenfrist nur dann in Lauf gesetzt, wenn sich aus dieser Fassung die Ergänzungsbedürftigkeit der Entscheidung ergibt.[30] Muss der Ergänzung des Urteils eine Tatbestandsberichtigung nach § 320 vorausgehen, dann beginnt die Frist des § 321 Abs. 2 erst mit Zustellung des Berichtigungsbeschlusses.[31] Wurde die Entscheidung über die Kosten übergangen, die durch eine **Nebenintervention** verursacht worden sind (§ 101 Abs. 1), dann läuft die Frist für den Streithelfer erst vom Zeitpunkt der Zustellung des Urteils an ihn (§ 101 Rn. 5).[32] Wird der **Antrag** auf Urteilsergänzung wegen eines übergangenen Anspruchs **nicht fristgerecht** gestellt, dann kann die betroffene Partei diesen Anspruch mit einer neuen Klage geltend machen, weil mit Ablauf der Frist des § 321 Abs. 2 die **Rechtshängigkeit** hinsicht-

---

[20] RG WarnR 1931 Nr. 227.

[21] BGH NJW 1975, 218; MDR 2005, 526 (auch noch nach Rechtskraft).

[22] OLG Stuttgart Justiz 1984, 19; vgl. auch *Schneider* MDR 1980, 762.

[23] OLG Koblenz NJW-RR 1992, 892; JurBüro 1992, 631 m. abl. Anm. v. *Mümmler;* ZEV 1997, 253; OLG Köln Rpfleger 1993, 37 m. weit. Nachw. auch zur Gegenmeinung.

[24] BGH NJW 1966, 931, 932; 1981, 2755 m. weit. Nachw. (beide Entscheidungen zum früheren Revisionsrecht); BGH MDR 2002, 1449, 1450; NJW 2004, 779; LG Mainz NJW-RR 2002, 1654; Greger NJW 2002, 3049, 3050; *Zö/Gummer* § 543 Rn. 18.

[25] *Stackmann* NJW 2002, 781, 782; *Zö/Vollkommer* Rn. 5.

[26] OLG Celle JurBüro 1976, 1254, 1255; OLG Stuttgart MDR 1999, 116, 117 (Kostenfestsetzungsantrag nicht ausreichend); LG Essen NJW 1970, 1688; vgl. aber auch LAG Hamm MDR 1972, 900 (Entscheidung von Amts wegen, wenn bei Erlass eines Teilurteils die Kostenentscheidung zurückgestellt wurde und sich der noch nicht entschiedene Teil durch Vergleich erledigt).

[27] *T/P/Reichold* Rn. 4.

[28] LG Hannover MDR 1980, 408.

[29] BGH NJW 1980, 785, 786; aA *Zö/Vollkommer* Rn. 6.

[30] OLG Hamburg MDR 1962, 313; *St/J/Leipold* Rn. 13; *Zö/Vollkommer* Rn. 7.

[31] BGH NJW 1982, 1821, 1822 m. weit. Nachw. auch zur Gegenauffassung.

[32] BGH NJW 1975, 218: jedenfalls bei einem noch nicht rechtskräftigen Urteil; OLG Köln OLGZ 1992, 244f. (auch bei einem rechtskräftigen Urteil).

lich dieses Anspruchs **endet.**[33] Umgekehrt erlischt die Rechtshängigkeit des übergangenen Anspruchs nicht, solange die Frist des § 321 Abs. 2 nicht läuft. Deshalb kann ein Nebenintervenient, dem das Urteil nicht zugestellt worden ist, auch noch nach dessen Rechtskraft eine Urteilsergänzung erreichen.[34]

IV. Verhältnis zur Einlegung von Rechtsmitteln

Übergeht das Gericht versehentlich geltend gemachte Ansprüche ganz oder teilweise, dann stellt das gefällte Urteil eine Teilentscheidung dar (Rn. 1), ist aber inhaltlich nicht falsch, so dass wegen des übergangenen Anspruchs ein Rechtsmittel erfolglos bleiben muss.[35] Wird aus anderen Gründen das Urteil angefochten, dann kann die Partei nach Ablauf der Frist des § 321 Abs. 2 und der dadurch bewirkten Beendigung der Rechtshängigkeit (Rn. 9 aE) den übergangenen Anspruch in der Berufungsinstanz als neuen Anspruch durch Klageänderung (§ 263) oder durch Erweiterung des Klageantrages (§ 264 Nr. 2) geltend machen (s. dazu allgemein § 525 Rn. 4 ff.).[36] Werden jedoch versehentlich Nebenentscheidungen nicht getroffen, zB nicht über die vorläufige Vollstreckbarkeit oder die Kosten entschieden oder ein erforderlicher Vorbehalt versehentlich nicht ausgesprochen,[37] dann ist das Urteil inhaltlich falsch und kann deshalb auch (alternativ zu einer Urteilsergänzung nach § 321) angefochten werden;[38] wegen der Anfechtung der Kostenentscheidung ist allerdings § 99 zu beachten. Beruht dagegen die falsche Nebenentscheidung auf einer verfehlten Rechtsauffassung des Gerichts oder auf einer Fehlbeurteilung der Streitstoffs, dann kommt niemals eine Ergänzung nach § 321, sondern nur ein Rechtsmittel in Betracht (Rn. 5).[39] 10

V. Verfahren

1. Mündliche Verhandlung. Wie ausdrücklich in § 321 Abs. 3 S. 1 bestimmt wird, muss über die Urteilsergänzung mündlich verhandelt werden, es sei denn, dass die Voraussetzungen für ein schriftliches Verfahren erfüllt sind (§ 128 Abs. 2, 3).[40] Dies erklärt sich dadurch, dass es sich bei dem Ergänzungsurteil um eine selbständige Entscheidung handelt, für die gleiche Verfahrensregeln gelten wie für andere Urteile. In der mündlichen Verhandlung ist sowohl über die Zulässigkeit einer Ergänzung auf Grund des § 321 als auch über den nicht erledigten Anspruch selbst zu befinden.[41] Da das Ergänzungsurteil auf Grund einer selbständigen, neuen mündlichen Verhandlung ergeht, muss es nicht von denselben Richtern gefällt werden, die das zu ergänzende Urteil erlassen haben.[42] 11

2. Entscheidung. Da das Ergänzungsurteil eine eigenständige Entscheidung und nicht etwa nur einen Teil des unvollständigen Ersturteils darstellt, muss es auch allen Anforderungen genügen, die an ein selbständiges Urteil zu stellen sind, und zwar sowohl hinsichtlich seines Aufbaus als auch seines Inhalts. Folglich muss in ihm ein selbständiger Kostenausspruch und eine Entscheidung über die Vollstreckbarkeit enthalten sein.[43] Ist eine Partei säumig, kann auch ein Versäumnisurteil erlassen werden. Das Ergänzungsurteil steht zum Ersturteil im gleichen Verhältnis wie ein Teilurteil des § 301 zum Schlussurteil (§ 301 Rn. 21).[44] Folglich hat das Gericht beim Schlussurteil die Entscheidung des Ersturteils zu beachten und darf nicht von ihr abweichen (§ 318 Rn. 5). Das Ergänzungsurteil kann auch wie jedes andere nach den Vorschriften der §§ 319 bis 321 berichtigt und ergänzt werden. 12

VI. Rechtsmittel

Da es sich bei dem Ergänzungsurteil um eine selbständige Entscheidung handelt (Rn. 11), beurteilen sich Statthaftigkeit und Zulässigkeit von Rechtsmitteln allein nach dieser Entscheidung. Das Ergänzungsurteil kann folglich mit Berufung und Revision angefochten werden, wenn es die dafür erforderlichen Voraussetzungen erfüllt; mit seiner Zustellung beginnen die Rechtsmittelfristen (§§ 517, 548), und die Statthaftigkeit der Berufung (§ 511) und der Revision (§ 542) beurteilen sich nach seinem Inhalt.[45] In gleicher Weise wie es zugelassen wird, isoliert die im Schlussurteil enthaltene Kostenentscheidung mit Rechtsmitteln anzugreifen, wenn gleichzeitig das Teilurteil angefochten wird (§ 301 Rn. 27),[46] muss dies auch für das Ergänzungsurteil gelten, das im gleichen Verhältnis zum Ersturteil steht (Rn. 12). Folglich kann wegen der im Ergänzungsurteil enthaltenen Kostenentscheidung allein ein Rechtsmittel eingelegt werden, wenn auch das Ersturteil an- 13

---

[33] BGH LM § 322 Nr. 54 BGH NJW 1991, 1683, 1684; NJW-RR 2005, 790, 791; BAG NJW 1959, 1942; OLG Oldenburg MDR 1986, 62.
[34] BGH NJW-RR 2005, 295.
[35] BAG NJW 1994, 1428, 1429 m. weit. Nachw.; OLG Zweibrücken FamRZ 1994, 972; ZMR 1999, 663.
[36] BGH NJW-RR 2005, 790, 791; *Ro/S/Go* § 61 Rn. 28.
[37] *St/J/Schlosser* § 599 Rn. 4.
[38] BGH NJW-RR 1996, 1238; NJW 2006, 1351, 1352; OLG Bamberg FamRZ 1990, 184; OLG Schleswig (Fn. 2); *St/J/Leipold* Rn. 15.
[39] BGH (Fn. 6); OLG Nürnberg NJW 1989, 842.
[40] BGH NJW 1980, 576, 577.
[41] *St/J/Leipold* Rn. 18.
[42] *Klette* (Fn. 18) S. 123 f.
[43] Vgl. *Anders/Gehle,* Handbuch für das Zivilurteil, 1995, Teil A „Ergänzungsurteil".
[44] RG JR 1927, 687; *Furtner* S. 468.
[45] BGH NJW 2000, 3008 m. weit. Nachw.
[46] BGH NJW 1987, 2997.

gefochten wird.[47] Gleich zu verfahren ist, wenn das Urteil nach § 321 nur den Ausspruch über die Vollstreckbarkeit ergänzt und sich so auf das ergänzte Urteil bezieht, dass es für die Anfechtung als Bestandteil dieses Urteils zu behandeln ist.[48]

14 Die Selbständigkeit des Ergänzungsurteils gegenüber dem Ersturteil hat auch zur Folge, dass ein Rechtsmittel gegen eines von beiden die Entscheidung des anderen unberührt lässt. Wird aber gegen beide Urteile ein Rechtsmittel eingelegt, dann sind beide Rechtsmittelverfahren miteinander zu verbinden (§ 518 S. 2). Nach § 518 S. 1 beginnt die Berufungsfrist und auf Grund einer entsprechenden Anwendung dieser Vorschrift auch die Revisionsfrist (§ 518 Rn. 2) für das Ersturteil mit der Zustellung des Ergänzungsurteils von neuem, wenn die Rechtsmittelfristen noch nicht im Zeitpunkt der Zustellung des Ergänzungsurteils abgelaufen waren. Wird die Entscheidung nach § 321 fälschlicherweise durch einen Beschluss getroffen, dann kann er nach dem Grundsatz der Meistbegünstigung (vor § 511 Rn. 31 ff.) auch mit der sofortigen Beschwerde angefochten werden, wenn gegen ein entsprechendes Urteil ein Rechtsmittel statthaft wäre.[49]

VII. Gebühren und Kosten

15 **1. Rechtsanwaltsgebühren.** Vgl. § 320 Rn. 12.

16 **2. Gerichtskosten.** Für das Verfahren werden keine Gebühren erhoben.

321a *Abhilfe bei Verletzung des Anspruchs auf rechtliches Gehör*

(1) [1]Auf die Rüge der durch die Entscheidung beschwerten Partei ist das Verfahren fortzuführen, wenn

1. ein Rechtsmittel oder ein anderer Rechtsbehelf gegen die Entscheidung nicht gegeben ist und

2. das Gericht den Anspruch dieser Partei auf rechtliches Gehör in entscheidungserheblicher Weise verletzt hat.

[2]Gegen eine der Endentscheidung vorausgehende Entscheidung findet die Rüge nicht statt.

(2) [1]Die Rüge ist innerhalb einer Notfrist von zwei Wochen nach Kenntnis von der Verletzung des rechtlichen Gehörs zu erheben; der Zeitpunkt der Kenntniserlangung ist glaubhaft zu machen. [2]Nach Ablauf eines Jahres seit Bekanntgabe der angegriffenen Entscheidung kann die Rüge nicht mehr erhoben werden. [3]Formlos mitgeteilte Entscheidungen gelten mit dem dritten Tage nach Aufgabe zur Post als bekannt gegeben. [4]Die Rüge ist schriftlich bei dem Gericht zu erheben, dessen Entscheidung angegriffen wird. [5]Die Rüge muss die angegriffene Entscheidung bezeichnen und das Vorliegen der in Absatz 1 Satz 1 Nr. 2 genannten Voraussetzungen darlegen.

(3) Dem Gegner ist, soweit erforderlich, Gelegenheit zur Stellungnahme zu geben.

(4) [1]Das Gericht hat von Amts wegen zu prüfen, ob die Rüge an sich statthaft und ob sie in der gesetzlichen Form und Frist erhoben ist. [2]Mangelt es an einem dieser Erfordernisse, so ist die Rüge als unzulässig zu verwerfen. [3]Ist die Rüge unbegründet, weist das Gericht sie zurück. [4]Die Entscheidung ergeht durch unanfechtbaren Beschluss. [5]Der Beschluss soll kurz begründet werden.

(5) [1]Ist die Rüge begründet, so hilft ihr das Gericht ab, indem es das Verfahren fortführt, soweit dies auf Grund der Rüge geboten ist. [2]Das Verfahren wird in die Lage zurückversetzt, in der es sich vor dem Schluss der mündlichen Verhandlung befand. [3]§ 343 gilt entsprechend. [4]In schriftlichen Verfahren tritt an die Stelle des Schlusses der mündlichen Verhandlung der Zeitpunkt, bis zu dem Schriftsätze eingereicht werden können.

I. Normzweck

1 Bereits durch das ZPO-RG ist mit § 321a eine Rechtsgrundlage geschaffen worden, um in Fällen einer Verletzung des Anspruchs auf rechtliches Gehör den Fachgerichten die Selbstkorrektur unanfechtbarer Urteile zu ermöglichen. Diese Regelung war jedoch nach ihrem ausdrücklichen Wortlaut auf Urteile des erstinstanzlichen Gerichts beschränkt; eine analoge Anwendung auf andere Fälle war sehr umstritten. Durch das **Anhörungsrügengesetz** wurde mit Wirkung vom 1. Januar 2005 § 321a neu gefasst und die Anhörungsrüge auf alle unanfechtbaren Entscheidungen ausgedehnt. Diese gesetzgeberische Maßnahme wurde auf Grund des Plenarbeschlusses des BVerfG vom 30. April 2003[1] erforderlich, der dem Gesetzgeber aufgab, eine Regelung zu schaffen, die sicherstellt, dass entscheidungserhebliche Verstöße gegen den Anspruch auf rechtliches Gehör auch bei unanfechtbaren Entscheidungen durch die Fachgerichte beseitigt werden können. Die bisherigen Lösungen der Praxis, die für solche Fälle außerhalb des Geltungsbereichs des § 321a aF außerordentliche Rechtsbehelfe entwickelt hatte, genügten nach Auffassung des BVerfG nicht den verfassungsrechtlichen Anforderungen an die Rechtsmittelklarheit. Die Anhörungsrüge ist folglich als das Mittel im Zivilverfahrensrecht ausgestaltet worden, dessen sich die in ihrem Anspruch auf rechtliches Gehör verletzte Partei bedienen muss, um die Beseitigung der sich aus den Grundsrechtsverstoß ergebenden Nachteile zu erreichen. Folgerichtig verlangt deshalb das BVerfG, dass alle mit einer Verfassungsbeschwerde geltend gemachten Gehörsverletzungen, die in den Anwendungsbereich des § 321a fallen, zuvor zum Gegenstand eines Anhörungsrügeverfahrens gemäß dieser Vorschrift gemacht werden müssen.[2]

---

[47] BGH ZIP 1984, 1107, 1113; *T/P/Reichold* Rn. 6.
[48] *St/J/Leipold* Rn. 21.
[49] BGH WM 1982, 491; OLG Zweibrücken NJW-RR 1998, 508; LG Bielefeld MDR 1987, 941.
[1] BVerfGE 107, 395 = NJW 2003, 1924; vgl. dazu *Vollkommer,* Festschr. f. Gerhardt, 2004, S. 1023.
[2] BVerfG NJW 2007, 3054 f.

II. Rechtsnatur und Anwendungsbereich der Anhörungsrüge

1. Rechtsnatur. Bei der Rüge nach **§ 321 a** handelt es sich um einen Rechtsbehelf eigener Art, durch den das Gericht von der Bindungswirkung des § 318 (vgl. § 318 Rn. 2 ff.) sowie von der formellen und materiellen Rechtskraft (vgl. § 322 Rn. 1, 9) freigestellt wird, wenn sich die Rüge als begründet erweist (vgl. Absatz 5 S. 1). Die Anhörungsrüge ist kein Rechtsmittel, denn sie weist weder einen Suspensiveffekt noch einen Devolutiveffekt auf (vgl. vor § 511 Rn. 1) Die rechtskrafthemmende Wirkung, die der Anhörungsrüge durch § 705 aF beigelegt worden ist, hat der Gesetzgeber ausdrücklich aufgegeben. Die Rüge wirkt nunmehr rechtskraftdurchbrechend[3] und ihr ist damit eine prozessuale Funktion wie der Wiedereinsetzung in den vorigen Stand oder der Wiederaufnahme eingeräumt.[4] 2

2. Anwendungsbereich. Der Anwendungsbereich des § 321 a wird nunmehr auf **alle unanfechtbaren Entscheidungen** ausgedehnt (Rn. 1), gleichgültig ob sie im Hauptsacheverfahren oder in Nebenverfahren wie zB in PKH-Verfahren[4a] oder in Verfahren auf einstweiligen Rechtsschutz ergehen. Unerheblich ist auch, in welcher Form die Entscheidung erlassen wird. Rügefähig sind somit die unanfechtbaren **Urteile aller Instanzen,** ebenso **unanfechtbare Beschlüsse.** Somit unterliegt auch der (unanfechtbare) **Beschluss** über die Zurückweisung der Berufung **nach § 522 Abs. 2** einer Selbstkorrektur des Gerichts nach § 321 a;[4b] das Gleiche gilt für den Beschluss, durch den eine Nichtzulassungsbeschwerde abgelehnt wird (§ 544 Abs. 5 S. 2).[5] Eine Ausnahme betrifft die der **Endentscheidung vorausgehenden (unanfechtbaren) Entscheidungen** wie zB Beweisbeschlüsse und unanfechtbare Zwischenurteile (vgl. § 303 Rn. 7). Solche Zwischenentscheidungen werden nach der ausdrücklichen Bestimmung des Abs. 1 S. 2 von der **Rügemöglichkeit ausgenommen.** Zu den unanfechtbaren Zwischenentscheidungen zählen auch **Verweisungsbeschlüsse** (§ 281 Abs. 2 S. 2). Die Ausnahmen, die bisher von der Rechtsprechung hinsichtlich der Bindungswirkung zugelassen werden, wenn ein solcher Beschluss unter Verletzung des Anspruchs auf rechtliches Gehör ergangen ist, lässt der Ausschluss einer Rüge gemäß § 321 a Abs. 1 S. 2 unberührt.[6] 3

III. Voraussetzungen der Anhörungsrüge

1. Unanfechtbarkeit der Entscheidung. Nach der gesetzgeberischen Konzeption sind Gehörsverletzungen von der betroffenen Partei grundsätzlich im allgemeinen Rechtsmittel- und Rechtsbehelfssystem zu verfolgen. Eine Anhörungsrüge ist deshalb nur **statthaft,** wenn die Verletzung des Anspruchs auf rechtliches Gehör nicht mit einem Rechtsmittel oder Rechtsbehelf geltend gemacht werden kann.[7] Da nach der nunmehr einheitlichen Rechtsprechung des BGH eine Verletzung des Anspruchs auf rechtliches Gehör die Zulassung zur Sicherung einer einheitlichen Rechtsprechung rechtfertigt,[8] hat die betroffene Partei mit der Nichtzulassungsbeschwerde (§ 544) die Gehörsverletzung des Berufungsgerichts zu verfolgen.[9] Hat das Berufungsgericht den Anspruch auf rechtliches Gehör in entscheidungserheblicher Weise verletzt, dann kann das Revisionsgericht in dem der Nichtzulassungsbeschwerde stattgebenden Beschluss das angefochtene Urteil aufheben und den Rechtsstreit zur erneuten Verhandlung und Entscheidung an das Berufungsgericht zurückverweisen (§ 544 Abs. 7). In Fällen, in denen eine Rechtsbeschwerde im Gesetz vorgesehen ist, ergibt sich ihre Zulässigkeit bei Verletzung des Anspruchs auf rechtliches Gehör ebenfalls unter dem Gesichtspunkt der Sicherung einer einheitlichen Rechtsprechung (§ 574 Abs. 1 Nr. 1 iVm. Abs. 2 Nr. 2). Ist dagegen die Rechtsbeschwerde von einer Zulassung abhängig, dann kann die betroffene Partei bei einer Ablehnung der Zulassung die Gehörsverletzung gemäß § 321 a rügen.[10] Ist eine Berufung ohne Zulassung zulässig, weil die Wertgrenze des § 511 Abs. 2 Nr. 1 überschritten wird, dann stellt sich die Frage, ob eine Gehörsverletzung in jedem Fall im Wege der Berufung geltend zu machen ist oder ob die Anhörungsrüge statthaft ist, wenn die betroffene Partei nur einen Teil ihrer Beschwer mit der Rüge verfolgen will, der unterhalb der Wertgrenze des § 511 Abs. 2 Nr. 1 bleibt. Da die Partei ihre Rüge auf einen abgrenzbaren Teil des Streitgegenstandes beschränken kann,[11] muss ihr auch gestattet sein, von einer Berufung abzusehen und gegen die Gehörsverletzung hinsichtlich eines unter der Wertgrenze liegenden Teiles mit der Anhörungsrüge vorzugehen.[12] 4

2. Zusammentreffen von Rechtsmitteln und Anhörungsrüge. Streitig ist, wie verfahren werden soll, wenn eine Entscheidung für die betroffene Partei nicht selbstständig anfechtbar ist, jedoch die Gegenpartei ein Rechtsmittel eingelegt hat. Dazu wird die Auffassung vertreten, die Subsidiarität der Anhörungsrüge verlange die Anschließung nach §§ 524, 554, 567 Abs. 3, 574 Abs. 4 und das Verfahren sei gemäß § 321 a 5

---

[3] BGH NJW 2005, 1432.

[4] Amtl. Begr. zum Anhörungsrügengesetz (BT-Drucks. 15/3706) S. 14.

[4a] OLG Naumburg NJOZ 2007, 5016.

[4b] OLG Koblenz NJOZ 2007, 5371, 5375.

[5] BGH NJW 2006, 3786.

[6] So ausdrücklich die Amtl. Begr. (Fn. 4) S. 16; vgl. auch *St/J/Leipold* vor § 128 Rn. 102; *Zö/Vollkommer* Rn. 5. Der BGH (NJW 2007, 3786 m. abl. Anm. v. Fölsch) zählt auch die Entscheidung über eine Richterablehnung zu den unanfechtbaren Zwischenentscheidungen.

[7] Amtl. Begr. (Fn. 4) S. 13; vgl. auch BVerfG NJW 2007, 2242, 2243; 2007, 3418, 3419.

[8] BGH NJW 2004, 2222, 2223.

[9] BVerfG NJW 2007, 3418, 3419; BGH NJW 2005, 1950, 1951; 2005, 2710, 2711; OLG Frankfurt NJW-RR 2005, 1591. Zu dem insoweit zu beachtenden Darlegungserfordernis bei der Nichtzulassungsbeschwerde vgl. BAG NJW 2005, 1214.

[10] AA *Zö/Vollkommer* Rn. 4 (außerordentliche Beschwerde).

[11] *Zö/Vollkommer* Rn. 15

[12] *H/M-S/Engers* Rn. 23.

Abs. 4 und 5 in der unteren Instanz fortzusetzen, wenn die Anschließung ihre Wirkung verliere.[13] Nach anderer Auffassung soll die Rüge zwar auch im Wege der Anschließung, aber als eigenständiger Rechtsbehelf mit dem ihm eigenen Frist- und Formerfordernissen erhoben werden und entgegen §§ 524 Abs. 4, 554 Abs. 4, 567 Abs. 3 S. 2, 574 Abs. 4 S. 3 ihre Wirkung behalten, so dass auch dann vom Rechtsmittelgericht über die Rüge zu entscheiden sei, wenn zB die Hauptberufung zurückgenommen wird.[14] Gegen beide Vorschläge spricht, dass sie sich in Widerspruch zu den im Gesetz getroffenen Regelungen über die Anhörungsrüge und über die Anschlussrechtsmittel setzen. Die Rüge ist nicht bei dem Rechtsmittelgericht, sondern bei dem Gericht zu erheben, dessen Gehörsverletzung gerügt wird. Nur über das Anschlussrechtsmittel ist von dem Rechtsmittelgericht und nur von diesem zu entscheiden. Beide Entscheidungswege dürfen nicht miteinander vermengt werden. Deshalb bleibt nur die Alternative, die Gehörsverletzung mit dem Anschlussrechtsmittel beim Rechtsmittelgericht oder mit der Anhörungsrüge beim iudex a quo zu verfolgen. Insoweit ist jedoch der betroffenen Partei die Wahl zu überlassen. Denn ein Anschlussrechtsmittel stellt wegen seiner Abhängigkeit vom Hauptrechtsmittel für die betroffene Partei keinen gleichwertigen Rechtsbehelf zur Anhörungsrüge dar.[15] Werden in demselben Rechtsstreit Berufung und Anhörungsrüge eingelegt, dann hat das Berufungsgericht das Verfahren bis zur Entscheidung über die Anhörungsrüge in entsprechender Anwendung des § 148 auszusetzen.[16]

6 **3. Verletzung des Anspruchs auf rechtliches Gehör.** Der Gesetzgeber hat ausdrücklich klargestellt, dass § 321a nur dazu dienen soll, einen Verstoß gegen das in Art. 103 Abs. 1 GG verbürgte Recht auf rechtliches Gehör zu rügen. Er hat diese Beschränkung des Anwendungsbereichs mit dem Gesetzgebungsauftrag des BVerfG begründet, der sich allein auf dieses Grundrecht bezogen habe. Wie die Gerichte künftig mit der **Verletzung anderer Grundrechte** umzugehen haben, hat der Gesetzgeber offen gelassen und darauf hingewiesen, dass die bisher in diesen Fällen zur Anwendung gekommenen außerordentlichen Rechtsbehelfe wie die außerordentliche Beschwerde oder die Gegenvorstellung durch die von ihm getroffene Regelung nicht ausgeschlossen werden sollten.[17] Allerdings darf nicht übersehen werden, dass die Unvereinbarkeit dieser außerordentlichen Rechtsbehelfe mit dem Gebot der Rechtsmittelklarheit der entscheidende Grund für das BVerfG war, dem Gesetzgeber aufzugeben, eine Abhilfemöglichkeit durch die Fachgerichte bei Grundrechtsverstößen zu schaffen.[18] Zwar ist es richtig, dass dieser Auftrag auf das Grundrecht des rechtlichen Gehörs bezogen worden ist, jedoch lässt sich kein überzeugender Grund finden, um die Unterschiede in den verfahrensrechtlichen Reaktionen auf Grundrechtsverstöße durch die Gerichte zu rechtfertigen. Da die Beschränkung des § 321a auf Gehörsverletzungen eine **bewusste und ausdrücklich begründete Entscheidung des Gesetzgebers** darstellt, muss dies bei der Rechtsanwendung berücksichtigt werden und **verbietet** deshalb **eine analoge Anwendung dieser Vorschrift auf Fälle anderer Grundrechtsverletzungen.**[19] Soweit nicht durch die ZPO rechtliche Möglichkeiten geschaffen wurden, um Grundrechtsverletzungen in unanfechtbaren Entscheidungen korrigieren zu können, wie dies zB durch die Nichtigkeitsklage bei einer Verletzung des Anspruchs auf den gesetzlichen Richter (Art. 101 Absatz 1 S. 2 GG) ermöglicht wird (vgl. § 579 Rn. 2), ist die Rechtslage ungeklärt. Zweifelhaft ist insbesondere, ob Grundrechtsverletzungen durch unanfechtbare Entscheidungen außerhalb des Anwendungsbereichs des § 321a mit einer Gegenvorstellung geltend gemacht werden können. Dies wird von einigen oberen Bundesgerichten ausdrücklich bejaht.[20] Demgegenüber nimmt das BVerfG einen ablehnenden Standpunkt ein und verneint zumindest für den Anwendungsbereich der Anhörungsrüge die fristwahrende Wirkung einer Gegenvorstellung, die nach dem Wortlaut des Gesetzes weder als Rechtsmittel noch als Anhörungsrüge zulässig sei.[21]. Hält man trotz des insoweit festzustellenden Fehlens an Rechtsmittelklarheit eine Gegenvorstellung als geeignetes und erforderliches Mittel zum Geltendmachen von Grundrechtsverletzungen außerhalb des Anwendungsbereichs des § 321a, dann ist hinsichtlich der zu beachtenden Form und Fristen eine Parallele zur Gehörsrüge herzustellen (vgl. dazu RdNr. 9f.). Dies bedeutet insbesondere, dass die Gegenvorstellung gegen unanfechtbare Entscheidungen innerhalb einer Notfrist von zwei Wochen nach Kenntnis von der Verletzung des Verfahrensgrundrechts zu erheben ist.[22]

6a Der **Begriff des rechtlichen Gehör iSv. § 321a Abs. 1 S. 1 Nr. 2** darf nicht eng ausgelegt werden. Wie ausgeführt (Einl. Rn. 28ff.), lassen sich verschiedene das Prozessrecht prägende Verfassungsprinzipien, wie zB der Anspruch auf ein faires Verfahren und in gewisser Weise sogar auch der Grundsatz der Waffengleichheit durchaus auf den Anspruch auf rechtliches Gehör des Art. 103 Abs. 1 GG zurückführen.[23] Die Rechtspre-

[13] *T/P/Reichold* RdNr. 2a.

[14] *Zö/Vollkommer* Rn. 4.

[15] *H-F. Müller* NJW 2002, 2743, 2744; *U Schmidt* MDR 2002, 915, 916.

[16] *Greger* NJW 2002, 3049, 3051; *H-F. Müller* (Fn. 15); *U. Schmidt* (Fn. 15); *H/S-M/Engers* Rn. 25; *Sae/Saenger* Rn. 4.

[17] Amtl. Begr. (Fn. 4) S. 14 (A II 4); krit. dazu zu Recht *Nassall* ZRP 2004, 164, 168; *Kettinger* ZRP 2006, 152, 153.

[18] BVerfG (Fn. 1) S. 416f.

[19] BFH NJW 2005, 2639, 2640; 2006, 861; OVG Frankfurt/Oder NVwZ 2005, 11; *Pukall* Rn. 1066; *Zö/Vollkommer* Rn. 3a; *St/J/Leipold* vor § 128 Rn. 93 m. weit. Nachw. (zu § 321a aF); aA BGH NJW 2006, 1978; *Gravenhorst* NZA 2005, 24, 27; *Jauernig* § 29 III 3.

[20] BSG NJW 2006, 860; BFH NJW 2006, 861; BGH NJW-RR 2007, 1295; 2007, 1654; ebenso OLG Hamm MDR 2007, 483; vgl. auch § *329* Rn. 16 und MK/*Musielak* Rn. 14; aA OVG Lüneburg NJW 2005, 2171, *Desens* NJW 2006, 1243.

[21] BVerfG NJW 2006, 2907, 2908.

[22] OLG Dresden NJW 2006, 851; *Zimmermann* § 567 RdNr. 6. Dagegen spricht sich der BFH (NJW 2006, 861) gegen eine Fristgebundenheit der Gegenvorstellung aus.

[23] Vgl. *Leipold* (Fn. 19) Rn. 14, 113ff.; einschr. dagegen *Zuck* NJW 2005, 1226, 1228.

chung des BVerfG zu Art. 103 GG, durch die das Recht auf Gehör sehr weit ausgedehnt wird,[24] bestätigt eine solche großzügige Anwendung des Rügerechts. Streitig ist die Frage, ob sich der Begriff des rechtlichen Gehörs iSv. § 321a allein am Normgehalt des Art. 103 Abs. 1 GG zu orientieren hat oder ob auch solche Anhörungsfälle erfasst werden, die über die grundgesetzliche Mindestgarantie hinausgehen und sich aus einfachgesetzlichen Vorschriften der ZPO ableiten. Im Interesse der Rechtssicherheit ist dem Zivilverfahrensrecht ein einheitlichen Begriff des rechtlichen Gehörs zu Grunde zu legen und eine Anhörungsrüge zuzulassen, wenn einer Partei die ihr nach der ZPO zugebilligte Anhörung verweigert wird, ohne dass es darauf ankommt, ob darin zugleich ein Verstoß gegen das Grundrecht des Art. 103 Abs. 1 GG zu finden ist.[25] Wegen der Vielzahl der in Betracht kommenden Möglichkeiten, in denen eine Partei rechtliches Gehör beanspruchen kann[26] und deshalb auch eine Verletzung dieses Anspruchs in Betracht kommt, wird zur besseren Strukturierung und Übersichtlichkeit die Bildung von **Fallgruppen** vorgeschlagen, in denen typische Verstöße gegen den Anspruch auf rechtliches Gehör zusammengefasst werden.[27] So wird zwischen **Pannenfällen,** in denen die Gehörsverletzung auf einem Versehen beruht,[28] **Präklusionsfällen,** bei denen das Gericht durch eine verfehlte Anwendung der einschlägigen Vorschriften das Äußerungsrecht einer Partei verkürzt oder ausschließt,[29] **Hinweisfällen,** die sich dadurch charakterisieren lassen, dass durch Unterlassen gebotener richterlicher Hinweise eine Partei benachteiligt wird, und sog. **Unrichtigskeitfällen** unterschieden, in denen das Vorbringen einer Partei vom Gericht nicht erfasst oder grob missverstanden wird.[30] Dass sich eine versehentliche Missachtung des rechtlichen Gehörs wie in den Pannenfällen einfach und wirksam auf dem durch § 321a geöffneten Weg korrigieren lässt, dürfte nicht zweifelhaft sein. Wesentlich skeptischer ist dagegen die Erfolgsaussicht einer Anhörungsrüge zu beurteilen, wenn unterschiedliche Auffassungen zwischen Gericht und Partei zur Gehörsverletzung führen, weil dann regelmäßig davon ausgegangen werden muss, dass der Richter an seiner Meinung festhalten wird.[31]

4. Entscheidungserhebliche Gehörsverletzung. Die Verletzung des Anspruchs auf rechtliches Gehör 7
muss entscheidungserheblich sein. Von einer Entscheidungserheblichkeit ist immer dann auszugehen, wenn nicht ausgeschlossen werden kann, dass das Gericht ohne die Verletzung des Anspruchs auf rechtliches Gehör zu einer anderen Entscheidung gekommen wäre,[32] die die betroffene Partei besser gestellt hätte als die erlassene. Denn die Beschwer, die eine Voraussetzung für das Rügerecht bildet, muss sich in einem Nachteil ausdrücken, für den die Gehörsverletzung ursächlich sein kann.[33] Allerdings ist für die Zulässigkeit der Rüge insoweit nur eine Prognose erforderlich, nach der eine günstigere Entscheidung erwartet werden kann. Ob diese Annahme tatsächlich zutrifft, ist dagegen eine Frage der Begründetheit der Rüge. Hat zB das Gericht unzulässigerweise einen Beweisantrag übergangen, dann ist die Entscheidungserheblichkeit des Verstoßes zu bejahen, weil nicht auszuschließen ist, dass die Beweiserhebung zu einem Ergebnis gelangt, das die Rechtslage für die Partei verbessert.[34] Nur wenn von vornherein feststeht, dass die Gehörsverletzung keinerlei nachteilige Wirkungen für die betroffene Partei hat, fehlt es an der erforderlichen Beschwer und damit an der Zulässigkeit der Rüge.

5. Korrektur auf Grund der §§ 319 bis 321. Eine negative Voraussetzung für eine Anhörungsrüge bildet 8
es, dass der Fehler des Gerichts nicht nach §§ 319 bis 321 berichtigt werden kann. Soweit diese Regelungen greifen, gehen sie als speziellere Regelungen einer Anhörungsrüge vor. Allerdings dürften sich die Anwendungsbereiche dieser Vorschriften mit dem des § 321a nur selten überschneiden. Die Berichtigung einer offenbaren Unrichtigkeit nach § 319 und des Tatbestandes nach § 320 lassen den Inhalt der gerichtlichen Entscheidung unberührt, während es bei § 321a darum geht, die erlassene Entscheidung aufzuheben und durch Fortführung des Prozesses eine neue Entscheidung zu finden. Auch im Fall des § 321 bleibt das Urteil in seinem Bestand gewahrt und muss lediglich ergänzt werden; also auch insoweit geht es nicht um die Beseitigung von Unrichtigkeiten der getroffenen Entscheidung, sondern um die Ausfüllung einer Entscheidungslücke (§ 321 Rn. 3), wenn auch in der Nichtberücksichtigung eines Anspruchs der Partei zugleich auch eine Gehörsverletzung liegen kann. Nur wenn durch eine Urteilsergänzung dem Anspruch auf rechtliches Gehör nicht genügt wird, kann ergänzend auf § 321a zurückgegriffen werden.

---

[24] *Schumann,* Festg. f. BGH, S. 3, 18.

[25] So auch Sangmeister NJW 2007, 2363, 2366; *Zö/Vollkommer* Rn. 3a; *Sae/Saenger* Rn. 5; aA *Zuck* NJW 2005, 1226, 1228; 2005, 3752; vgl. auch BVerfG NJW 2007, 3418, 3419 (das Gericht lässt die Frage offen).

[26] Vgl. *Leipold* (Fn. 19) Rn. 42ff.

[27] *Vollkommer,* FS f. Musielak, 2003, S. 619, 632ff.; Zö/*Vollkommer* Rn. 8ff.

[28] Vgl. *Schumann* NJW 1985, 1134, 1135ff.; *Vollkommer* FS f. Schumann, 2001, S. 507, 520ff.

[29] Vgl. dazu BGH NJW 2005, 2624; BayVerfGH NJW-RR 2005, 1730 (zur Gewährung rechtlichen Gehörs bei Ankündigung eines Schriftsatzes).

[30] Vgl. dazu Zö/*Vollkommer* Rn. 10f.; s. auch *Zuck* NJW 2005, 3753, 3755f.

[31] Dies ist auch der durchaus berechtigte Grund für die Kritik an der vom Gesetzgeber gewählten Zuständigkeit für die Entscheidung über die Anhörungsrüge; vgl. *Gravenhorst* MDR 2003, 887, 888; *Huber* JuS 2005, 109, 111; *Nassall* (Fn. 17) S. 167; *Rensen* JZ 2005, 196, 197; *Sangmeister* NJW 2007, 2363, 2369; *E. Schneider* MDR 2006, 969, 970f.; *Zi* Rn. 6; s. auch Beschlüsse des 65. DJT, Abt. Verfahrensrecht (7.1), NJW 2004, 3241.

[32] Amtl. Begr. (Fn. 4) S. 16; ebenso BGH NJW 2005, 2624, 2625; NJW-RR 2006, 428.

[33] *H/S-M/Engers* Rn. 44 *Vollkommer* (Fn. 27) S. 624; *Zö/Vollkommer* Rn. 13;; vgl. auch BGH NJW 2006, 3786; aA *U. Schmidt* MDR 2002, 915, 916.

[34] *Zuck* NJW 2005, 1226, 1228; Zö/*Vollkommer* Rn. 12.

IV. Verfahren

9 **1. Form der Rüge.** Nach Abs. 2 S. 4 ist die Rüge schriftlich zu erheben. **Adressat** ist das Gericht, dessen Gehörsverletzung gerügt wird. Ist dieses Gericht ein LG, dann besteht Anwaltszwang (§ 78 Abs. 1 S. 1).[35] Im amtsgerichtlichen Verfahren kann die Rüge auch durch Erklärung zu Protokoll (§ 496) angebracht werden.[36] Um die Zulässigkeit der Rüge prüfen zu können, muss die Rügeschrift neben der Bezeichnung des Prozesses, dessen Fortführung begehrt wird, insbesondere substantiiert darlegen, worin die Verletzung des Anspruchs auf rechtliches Gehör (zum Begriff vgl. Rn. 6a) erblickt wird und weshalb eine Verletzung als entscheidungserheblich (vgl. Rn. 7) aufzufassen ist (Abs. 2 S. 5).[37] Die ausdrückliche Bezeichnung als Rügeschrift ist nicht erforderlich; vielmehr genügt, dass sich aus ihrem Inhalt das sich mit § 321a zu verfolgende Begehren ergibt.

9a **2. Frist.** Die Rügeschrift muss innerhalb einer **Notfrist von zwei Wochen** eingereicht werden. Diese Frist beginnt nunmehr nicht mehr mit der Zustellung des in vollständiger Form abgefassten Urteils, sondern im Zeitpunkt der Kenntniserlangung von der Verletzung des rechtlichen Gehörs. Allerdings dürfte im Regelfall zumindest bei schriftlich begründeten Entscheidungen der Zeitpunkt der Kenntniserlangung mit dem der Zustellung (Bekanntgabe) der Entscheidung zusammenfallen. Vorbild für diese Fristenregelung sind die entsprechenden Bestimmungen für die Wiedereinsetzung (§§ 234, 236 Abs. 2 S. 1) und für die Wiederaufnahme des Verfahrens (§ 586 Abs. 2 S. 1).[38] Deshalb kann bei Auslegung des Abs. 2 S. 1 auf diese Vorschriften zurückgegriffen werden. Dies gilt insbesondere für den Begriff der Kenntniserlangung (vgl. dazu § 586 Rn. 3) und für die Anforderungen an die Glaubhaftmachung des Zeitpunkts der Kenntniserlangung (vgl. dazu § 236 Rn. 5). Grundsätzlich genügt ein Kennenmüssen der Gehörsverletzung nicht,[39] es sei denn, dass sich die Partei oder ihr Vertreter bewusst der Kenntnisnahme verschließt. Aus Gründen der Rechtssicherheit ist als äußerster Zeitpunkt für die Erhebung der Rüge in Abs. 2 S. 2 eine Jahresfrist genannt, die mit der Bekanntgabe der angegriffenen Entscheidung beginnt. Für formlos mitgeteilte Entscheidungen fingiert Abs. 2 S. 3 den Zeitpunkt der Bekanntgabe („mit dem dritten Tag nach Aufgabe zur Post").[40] Während es sich bei der Zweiwochenfrist um eine Notfrist handelt, bei der eine Wiedereinsetzung zulässig ist (§ 233), stellt die **Jahresfrist** eine **Ausschlussfrist** dar, die nicht verändert werden kann und bei der auch eine Wiedereinsetzung ausgeschlossen ist (vgl. dazu § 586 Rn. 7).

10 **3. Entscheidung des Gerichts.** Das Gericht entscheidet in seiner regulären **Besetzung** und nicht notwendigerweise in der, in der die angegriffene Entscheidung gefällt worden ist; § 320 Abs. 4 S. 2 ist nicht entsprechend anzuwenden.[41] In einem ersten Verfahrensschritt wird von Amts wegen die **Zulässigkeit der Rüge,** dh. ihre Statthaftigkeit sowie die Beachtung der vorgeschriebenen Form und Frist, geprüft. Entspricht die Rüge diesen Erfordernissen nicht, so ist sie durch einen unanfechtbaren Beschluss (vgl. Rn. 12) als unzulässig zu verwerfen (Abs. 4 S. 2). In diesem Fall ist die Anhörung des Gegners nicht erforderlich (Abs. 3) und kann deshalb unterbleiben[42]. Das Gleiche gilt, wenn sich für den Richter ohne weiteres ergibt, dass die Rüge unbegründet ist.[43] In allen anderen Fällen muss der Gegenpartei Gelegenheit gegeben werden, zur Rüge Stellung zu nehmen, wie dies ihr Anspruch auf rechtliches Gehör verlangt.[44]

11 Bei Zulässigkeit der Rüge prüft das Gericht von Amts wegen dann in einem zweiten Verfahrensschritt die **Begründetheit.**[45] Stellt das Gericht die Verletzung des Anspruchs auf rechtliches Gehör fest, deren Einfluss auf die Entscheidung nicht auszuschließen ist (vgl. Rn. 7), dann hat das Gericht das Verfahren fortzuführen (Abs. 5 S. 1), und zwar in der bisherigen Verfahrensart, beispielsweise im schriftlichen Verfahren (§ 128 Abs. 2); eine förmliche Entscheidung über die Fortsetzung des Rechtsstreits ist nicht zu treffen.[46] Der Prozess wird jedoch nur in dem Umfang fortgesetzt, soweit dies auf Grund der Rüge geboten ist. Dies bedeutet, dass im Fortsetzungsverfahren nur noch über den (abgrenzbaren) Teil des Streitgegenstandes verhandelt wird, der von der Gehörsrüge in einer entscheidungsrechtlichen Weise betroffen ist. Wenn zB bei der Fortführung des Prozesses nach einer erfolgreichen Rüge ein übergangener Beweisantrag ausgeführt wird und das Ergebnis der neuen Beweisaufnahme Anlass für einen weiteren, bisher noch nicht gestellten Beweisantrag gibt, dann muss dieser Beweis erhoben werden. Andererseits ist jedoch ausgeschlossen, dass der Gegner der die Rüge einlegenden Partei sein Vorbringen zu solchen Streitpunkten ergänzt, mit denen er im bisherigen Ver-

---

[35] BGH NJW 2005, 2017.

[36] *Vollkommer* (Fn. 27) S. 624; *Zö/Vollkommer* Rn. 13; aA *U. Schmidt* MDR 2002, 915, 916.

[37] Vgl. BAG NJW 2005, 2638, 2639; *Huber* Rn. 42Gegen eine Überspannung der formalen Anforderungen an die Darstellung der Gehörsverletzung zu Recht *Vollkommer* (Fn. 27) S. 628f.; *Sangmeister* NJW 2007, 2363, 2366f. Demgegenüber will das OVG NJW 2006, 3018, auf Grund der bundesverfassungsgerichtlichen Rechtsprechung davon ausgehen, dass eine Vermutung für die Berücksichtigung des entscheidungserheblichen Vorbringens der Beteiligten bestehe, zu deren Widerlegung es der Darlegung besonderer Umstände im Einzelfall bedürfe.

[38] Amtl. Begr. (Fn. 4) S. 16.,

[39] BVerfG NJW 2007, 2242, 2244 m. zust, Anm. v. *Schnabl;* BAG NJW 2006, 2346; *Rensen* MDR 2007, 695, 696f.

[40] Vgl. BVerfG (Fn. 39).Das Gericht weist darauf hin, dass sich diese Fiktion ausschließlich auf die Bekanntgabe der angegriffenen Entscheidung bezieht, die für die Jahresfrist maßgebend ist.

[41] BGH NJW-RR 2006, 63, 64.

[42] *Huber* Rn. 43; *Sae/Saenger* Rn. 10.

[43] *T/P/Reichold* Rn. 10.

[44] *Sae/Saenger* Rn. 11,

[45] Vgl. dazu die eingehende Fallanalyse auf der Grundlage der bisher bekannt gewordenen Rechtsprechung von *Vollkommer* (Fn. 27) S. 632ff.

[46] *Huber* Rn. 48; *U. Schmidt* MDR 2002, 915, 917.

fahren unterlegen ist und die mit dem Fehler des Gerichts nichts zu tun haben.[47] Es ergibt sich insoweit eine Parallele zum Versäumnisverfahren (vgl. § 342). In dem neu zu verhandelnden Teil des Rechtsstreits ist das Gericht in seiner Entscheidung frei; das Verbot der reformatio in peius gilt nicht.[48] Nach dem gemäß Abs. 5 S. 3 entsprechend anwendbaren § 343 hat das Gericht in der neuen Entscheidung auszusprechen, ob die bisherige Entscheidung aufrechterhalten wird. Ist dies nicht der Fall, dann ist die bisherige Entscheidung aufzuheben und über den Rechtsstreit neu zu befinden, soweit dies durch die Rüge gerechtfertigt ist.

Erweist sich die Rüge als unbegründet, dann ist sie durch einen unanfechtbaren Beschluss[49] zurückzu- 12
weisen. Eine mündliche Verhandlung ist nicht erforderlich (§ 128 Abs. 4). Die Entscheidung des Gerichts soll „kurz" begründet werden, wobei die Kürze nicht auf Kosten der Verständlichkeit gehen darf, denn die betroffene Partei hat grundsätzlich ein Recht darauf, zu erfahren, aus welchen Gründen die Rüge zurückgewiesen wird (vgl. § 313 Rn. 10). Wird die Rüge im Revisionsverfahren erhoben und erachtet sie das Gericht nicht für durchgreifend, dann ist gemäß § 564 eine Begründung entbehrlich.[50] Die Gehörsrüge gegen die Entscheidung über eine Nichtzulassungsbeschwerde kann nicht dazu eingelegt werden, eine Begründungsergänzung herbeizuführen.[51]

V. Gebühren und Kosten

1. Gerichtskosten. Für das Verfahren über die Rüge wird nach KV Nr. 1700, 2500 eine Festgebühr von 13
50 Euro berechnet, wenn die Rüge in vollem Umfang verworfen oder zurückgewiesen wird.

2. Rechtsanwaltsgebühren. Für den Prozessbevollmächtigten gehört das Rügeverfahren zum Rechtszug 14
(§ 19 Abs. 1 Nr. 5 RVG). War der Anwalt nicht Prozessbevollmächtigter, erhält er gem. Nr. 3330 VV RVG eine 0,5 Verfahrensgebühr.

322 *Materielle Rechtskraft* (1) **Urteile sind der Rechtskraft nur insoweit fähig, als über den durch die Klage oder durch die Widerklage erhobenen Anspruch entschieden ist.**

(2) Hat der Beklagte die Aufrechnung einer Gegenforderung geltend gemacht, so ist die Entscheidung, dass die Gegenforderung nicht besteht, bis zur Höhe des Betrages, für den die Aufrechnung geltend gemacht worden ist, der Rechtskraft fähig.

Übersicht

I. Normzweck

1. Absatz 1. Jeder Rechtsstreit muss einmal sein Ende finden. Dies geschieht dadurch, dass durch Unan- 1
fechtbarkeit der ihn abschließenden Entscheidung der Bestand des richterlichen Spruchs gesichert wird. Die Entscheidung erlangt dann **formelle (äußere) Rechtskraft** (vgl. § 705). Durch die Unanfechtbarkeit der Entscheidung kann jedoch nicht verhindert werden, dass derselbe Rechtsstreit zum zweiten Male aufgenommen und durch eine erneute Anrufung des Gerichts versucht wird, ein von der formell rechtskräftigen Entscheidung abweichendes, günstigeres Urteil zu erlangen. Eine solche Prozesswiederholung muss jedoch ausgeschlossen werden, weil sonst der Rechtsfrieden zwischen den Parteien stets gefährdet bliebe. Eine

---

[47] Vgl. zur Vorgängerregelung BT-Drucks. 15/1508, S. 19; vgl. auch BGH FamRZ 2007, 1463 (Unzulässigkeit eines neuen Sachverständigen durch eine rügeführende Partei).

[48] *Zö/Vollkommer* Rn. 18; *T/P/Reichold* Rn. 15

[49] Die Erhebung einer Verfassungsbeschwerde bleibt der betroffenen Partei unbenommen; vgl. dazu *Zuck* NJW 2005, 1226, 1228 f.

[50] BGH NJW 2005, 1432, 1433; krit. Zuck (Fn. 42) S. 1228; aA *Sangmeister* NJW 2007, 2363, 2365.

[51] BGH FamRZ 2006, 408.

endlose Fortsetzung des Prozesses und die Möglichkeit der Erneuerung des Rechtsstreits sind in gleicher Weise unvereinbar mit der aus rechtsstaatlichen Gründen gebotenen Herstellung des Rechtsfriedens nach Durchführung des gerichtlichen Verfahrens.[1] Das Verbot, in einem neuen Prozess über eine bereits rechtskräftig festgestellte Rechtsfolge zu verhandeln und zu entscheiden, ist folglich die notwendige Ergänzung der formellen Rechtskraft; dieses Verbot ist **Inhalt der materiellen (inneren) Rechtskraft.**

2 Der Gesetzgeber setzt das Rechtsinstitut der materiellen Rechtskraft voraus, wenn er in § 322 Abs. 1 den Umfang der Rechtskraftwirkung bestimmt. Diese Vorschrift ist als gesetzgeberische Reaktion gegenüber Auffassungen anzusehen, die weiter gehend die materielle Rechtskraft auch auf tragende Begründungselemente der gerichtlichen Entscheidung ausdehnen wollten. Bei den Beratungen des Gesetzes sind die Folgen eines derartigen weiten Rechtskraftbegriffs erörtert und bewusst die Rechtskraft auf die Entscheidung über den „Anspruch" beschränkt worden.[2] Diese Entscheidung des Gesetzgebers kann man durchaus aus rechtspolitischen Gründen kritisieren, sie muss aber von dem Rechtsanwender beachtet werden.

3 **2. Absatz 2.** Eine Ausnahme von dem in Abs. 1 ausgesprochenen Grundsatz, dass nur über den „Anspruch" des Klägers und nicht auch über Einwendungen des Beklagten rechtskräftig entschieden wird, findet sich in Abs. 2. Durch diese Regelung wird ein weiterer Rechtsstreit über die vom Beklagten zur Aufrechnung gestellte Gegenforderung vermieden. Denn würde über diese Forderung nicht rechtskräftig entschieden, dann könnte der Beklagte den Standpunkt einnehmen, die Klageforderung sei nicht begründet gewesen und die von ihm erklärte Aufrechnung sei deshalb ins Leere gegangen. Durch die verbindliche Feststellung, dass die Gegenforderung nicht besteht, weil sie der Beklagte im Zeitpunkt der Aufrechnung nicht innehat oder – dieser Fall ist gleich zu behandeln (Rn. 76) – weil sie durch die Aufrechnung des Beklagten erloschen ist, wird ein solcher Rechtsstreit ausgeschlossen. Zudem wird durch diese Regelung erreicht, dass beide Parteien hinsichtlich der Urteilsfolgen gleich behandelt werden, die sich ergeben, wenn die Klage auf Grund der vom Beklagten erklärten Aufrechnung abgewiesen wird. § 322 Abs. 2 stellt sicher, dass in diesem Fall der Beklagte nicht erneut die von ihm zur Aufrechnung gestellte Gegenforderung gerichtlich geltend machen kann und behandelt ihn insoweit wie den Kläger, der wegen der Rechtskraft des klageabweisenden Urteils ebenfalls nicht noch einmal seine Klage wiederholen darf.[3]

II. Zum Begriff der materiellen Rechtskraft

4 **1. Inhalt und Wesen.** Die ZPO enthält lediglich Bestimmungen über den Gegenstand (§ 322 Abs. 1) und über die subjektiven Grenzen (§§ 325 ff.) der materiellen Rechtskraft. Über Begriff und Wesen finden sich weder in diesem Gesetz noch im BGB Regelungen; deshalb lassen sich dazu aus dem geschriebenen Recht keine Erkenntnisse ableiten. Sieht man auf den Zweck der materiellen Rechtskraft, dann liegt es nahe, Inhalt und Wesen dieses Rechtsinstituts allein vom Verbot her zu bestimmen, die res iudicata erneut zu verhandeln und zu entscheiden. Denn die materielle Rechtskraft bezweckt, den inhaltlichen Bestand des Richterspruchs zu sichern (Rn. 1). Um dieses Ziel zu erreichen, ist jedoch nicht eine Veränderung der materiellen Rechtslage durch das rechtskräftige Urteil erforderlich, wie dies von den sog. **materiellen Rechtskrafttheorien** angenommen wird. Gegen sie spricht insbesondere, dass es nicht Aufgabe des Richters sein kann, die materielle Rechtslage durch seine Entscheidung umzugestalten, sondern dass ihm aufgetragen ist, das außerhalb des Prozesses entstandene Recht festzustellen.[4] Deshalb ist es mit der heute fast allgemein vertretenen Auffassung abzulehnen, der Entscheidung des Richters (mit Ausnahme des Gestaltungsurteils) eine verändernde Wirkung auf das materielle Recht zuzuerkennen.[5]

5 Auf der Grundlage einer **prozessrechtlichen Auffassung der materiellen Rechtskraft** ist als Wesen dieses Rechtsinstituts die rein prozessual wirkende Bindung des Richters an die rechtskräftige Entscheidung zu begreifen, die jeder erneuten Verhandlung und Entscheidung der res iudicata entgegensteht. Die materielle Rechtskraft verhindert also die Wiederholung eines bereits geführten Rechtsstreits nicht deshalb, weil die Bindung an den rechtskräftigen Richterspruch eine davon abweichende Entscheidung ausschließt und demzufolge dem Kläger das Rechtsschutzinteresse an einer erneuten Anrufung des Gerichts abgesprochen werden müsste,[6] sondern weil durch sie ein Wiederholungsverbot aufgestellt wird, das ein **ne bis in idem** ausspricht.[7] Da die materielle Rechtskraft bezweckt, den Bestand der richterlichen Entscheidung zu sichern, kann sie erst in einem Zeitpunkt eintreten, in dem feststeht, dass der Richterspruch nicht mehr abänderbar ist. Dies ist der Zeitpunkt, in dem eine Korrektur der Entscheidung auf Grund von Rechtsmitteln ausgeschlossen werden kann. Die materielle Rechtskraft setzt folglich den **Eintritt der formellen Rechtskraft** voraus.

6 **2. Rechtskraftfähige Entscheidungen.** Der materiellen Rechtskraft fähig sind alle endgültigen und vorbehaltlosen Entscheidungen deutscher Gerichte (zu Entscheidungen ausländischer Gerichte vgl. § 328 Rn. 35 ff.). Dazu gehören die Endurteile der Zivilgerichte, und zwar auch Versäumnisurteile,[8] Anerkennt-

[1] *Zeuner,* Festg. f. BGH Bd. III, 2000, S. 337 f. Zu den verschiedenen Auffassungen, die im Schrifttum zum Zweck und zur Rechtfertigung der Rechtskraft vertreten werden, vgl. *Gaul,* Festschr. f. Henckel, 1995, S. 235, 246 ff.

[2] Mat. II 1 S. 290 ff., 608 f. (zu § 283); vgl. auch BAG NJW 2003, 1204, 1205.

[3] *Zeuner* JuS 1987, 354, 356.

[4] Zu abweichenden Auffassungen vgl. *Musielak* S. 4 ff.

[5] *Gaul,* Festschr f. *Flume,* 1978, S. 443, 512 ff.; MK/*Gottwald* Rn. 7 ff.

[6] So *Blomeyer* § 88 III 2; *Lüke* Rn. 353.

[7] BGHZ 123, 30, 34 = NJW 1993, 2942, 2943; BGH NJW 2004, 1252, 1253; 2004, 1805, 1806 (st. Rspr.).

[8] BGHZ 35, 338 = NJW 1961, 1969; BGH NJW-RR 1987, 831.

nis- und Verzichtsurteile,[9] Gestaltungsurteile[10] sowie Teilurteile (Rn. 75). Prozessurteile erwachsen ebenfalls in materielle Rechtskraft, und zwar mit der Folge, dass die in ihnen behandelten verfahrensrechtlichen Punkte bei einer erneuten Prüfung der Zulässigkeit nicht abweichend entschieden werden dürfen (vgl. Rn. 44).[11] Vollstreckungsbescheide sind ebenso der Rechtskraft fähig (vgl. § 700 Rn. 3) wie Beschlüsse; sie erlangen materielle Rechtskraft, wenn ihnen formelle Rechtskraft und Bindungswirkung zukommen und wenn sie einen rechtskraftfähigen Inhalt aufweisen (§ 329 Rn. 17).

3. Abgrenzung von anderen Urteilswirkungen. Von der formellen und materiellen Rechtskraft (vgl. 7
Rn. 1) ist die **Bindungswirkung gemäß § 318** zu unterscheiden. Sie schafft für das Gericht, das die Entscheidung erlassen hat, ein Aufhebungs- und Änderungsverbot. In ihrem Umfang entspricht die prozessuale Bindungswirkung des § 318 der materiellen Rechtskraft; der Eintritt dieser Wirkung ist jedoch **von der formellen Rechtskraft** der Entscheidung **unabhängig** und ergibt sich bereits in dem Zeitpunkt, in dem die Entscheidung aus dem internen Bereich des Gerichts gelangt und nach außen erkennbar existent wird (§ 318 Rn. 7).

Wird in einer Rechtsnorm die sich aus ihr ergebende Rechtsfolge von dem Erlass einer gerichtlichen Ent- 8
scheidung abhängig gemacht, dann kommt dieser Entscheidung **Tatbestandswirkung**[12] zu. So kann der Bürge nach § 775 Abs. 1 Nr. 4 BGB Befreiung von der Bürgschaft verlangen, wenn der Gläubiger gegen den Bürgen ein vollstreckbares Urteil auf Erfüllung erwirkt hat (vgl. auch § 325 Rn. 4). Von der Rechtskraft ist auch die Gestaltungswirkung, die Gestaltungsurteilen zukommt und die verändernd auf die materielle Rechtslage einwirkt (vgl. Rn. 63), und die **Vollstreckbarkeit** (§ 704 Rn. 2f.) zu unterscheiden.[13]

III. Wirkungen der materiellen Rechtskraft

1. Negative Prozessvoraussetzung. Das sich aus der materiellen Rechtskraft einer gerichtlichen Ent- 9
scheidung ableitende Verbot der erneuten Verhandlung und Entscheidung über denselben Streitgegenstand (Rn. 5) schafft eine negative Prozessvoraussetzung. Dies bedeutet, dass jedes Gericht von Amts wegen zu prüfen hat, ob bereits eine rechtskräftige Entscheidung über den Streitgegenstand ergangen ist, der bei ihm anhängig gemacht worden ist. Ist diese Frage zu bejahen, dann muss durch Prozessurteil die Klage als unzulässig abgewiesen werden.[14] Zugelassen wird jedoch eine Klage, wenn der vollstreckbare **Titel verloren gegangen oder vernichtet** ist und nicht wiederhergestellt werden kann. Ob es sich in diesem Fall um eine **Ausnahme von dem Wiederholungsverbot** handelt[15] oder ob Streitgegenstand der Inhalt des verloren gegangenen Urteils und nicht der des früheren Prozesses ist, wird unterschiedlich beurteilt. Ist der Beklagte zu künftig fällig werdenden **wiederkehrenden Leistungen** verurteilt worden, dann kann bei drohender Verjährung (vgl. § 197 Abs. 2 BGB) eine Feststellungsklage über die fällig gewordenen Raten desselben Anspruchs erhoben werden, um die Verjährung zu hemmen (§ 204 Abs. 1 Nr. 1 BGB), es sei denn, dass eine gerichtliche Vollstreckungshandlung vorgenommen oder beantragt werden kann.[16] Diese Ausnahme vom Wiederholungsverbot ist dadurch zu rechtfertigen, dass das Gesetz durch § 258 die Klagemöglichkeit erweitert, ohne die regelmäßigen verjährungsrechtlichen Folgen an die Erhebung der Klage zu knüpfen (vgl. § 258 Rn. 1). Deshalb muss eine dieser besonderen Rechtslage angepasste Einschränkung der materiellen Rechtskraft zugelassen werden.[17] Nicht im Widerspruch zur Rechtskraft eines Urteils steht die **Klage auf Feststellung** seines Inhalts; das dafür erforderliche rechtliche Interesse an einer entsprechenden gerichtlichen Entscheidung ist zB zu bejahen, wenn der Tenor eines rechtskräftigen und vollstreckbaren Urteils nicht eindeutig und bestimmt genug ist, um die Grundlage für eine Zwangsvollstreckung zu bilden, und eine Urteilsberichtigung nach § 319 nicht in Betracht kommt (§ 319 Rn. 3).[18]

2. Präjudizialität. Eine weitere, in der Praxis wesentlich häufiger auftretende Folge der materiellen 10
Rechtskraft besteht darin, dass der rechtskraftfähige Inhalt der Entscheidung den Richter eines folgenden Rechtsstreits bindet, wenn die res iudicata eine Vorfrage für die Entscheidung über einen anderen Streitgegenstand bildet. In diesem Fall darf der Richter des zweiten Prozesses die rechtskräftig entschiedene Vorfrage nicht neu selbständig beurteilen, sondern hat das rechtskräftige Judikat ohne sachliche Prüfung seiner Entscheidung zu Grunde zu legen.[19] Ob darin lediglich eine besondere Ausprägung des ne bis in idem zu sehen ist oder ob es sich dabei um die positive Funktion materieller Rechtskraft handelt, durch die ein Widerspruchsverbot aufgestellt wird,[20] kann als ein lediglich rechtstheoretisches Problem hier offen bleiben.

unbesetzt 11

---

[9] OLG Karlsruhe MDR 1991, 991; MK/*Gottwald* Rn. 26 m. weit. Nachw.

[10] *St/J/Leipold* Rn. 65ff.

[11] BGH NJW 1981, 1962f.; 1985, 2535f.; 1991, 1116, 1117.

[12] Vgl. dazu *Gaul,* Festschr. f. Zeuner, 1994, S. 317; *ders.* ÖJZ 2003, 861, 876f.; *Schack* NJW 1988, 865, 868.

[13] Zu weiteren Urteilswirkungen MK/*Gottwald* Rn. 22f.

[14] BGH NJW 1993, 333, 334; 2004, 1252, 1253, jeweils m. weit. Nachw.

[15] Bejaht von BGHZ 93, 287, 289f. = NJW 1985, 1711; verneint von *Jauernig* ZPR § 62 III 1.

[16] BGH NJW-RR 2003, 1076, 1077.

[17] BGHZ 93 (Fn. 15) S. 289ff.; *Olzen* JR 1986, 56, jeweils m. weit. Nachw.

[18] BGH NJW 1972, 2268; BGHZ 152, 166 = NJW 2003, 515 (zur titelergänzenden Feststellungsklage bezüglich der Voraussetzungen des § 850f Abs. 2; vgl. dazu auch § 850f Rn. 10); OLG Zweibrücken NJW-RR 1997, 1 hält auch eine Leistungsklage für zulässig, wenn die Unbestimmtheit des Urteilsspruchs einer Zwangsvollstreckung entgegensteht.

[19] BGH NJW 2003, 3058, 3059; 2004, 294, 295; NJW-RR 2006, 712, 714; vgl. auch MK/*Gottwald* Rn. 50; *St/J/Leipold* Rn. 204ff.; *Lüke* JuS 1996, 782 lehnt die präjudizielle Bindungswirkung für Urteile ab, die auf einer vom BVerfG für verfassungswidrig erklärten Norm basieren; aA BVerfG NJWE-MietR 1996, 121.

[20] Vgl. *Gaul* (Fn. 5) S. 517ff.

12 Die Wirkung der Rechtskraft erschöpft sich also keinesfalls darin, eine erneute Verhandlung und Entscheidung wegen der Identität des Streitgegenstandes zu unterbinden, sondern führt auch dazu, dass der in materielle Rechtskraft erwachsene Spruch als feststehend und unabänderlich von jedem Richter hinzunehmen ist. Deshalb darf beispielsweise kein Beweisbeschluss ergehen, demzufolge über Tatsachen Beweis erhoben werden soll, denen Entscheidungserheblichkeit für das rechtskräftig festgestellte oder aberkannte Recht zukommt.[21]

13 **3. Rechtsweggrenzen.** Die materielle Rechtskraft eines zivilgerichtlichen Urteils ist grundsätzlich nicht auf die Bindung der Zivilgerichte beschränkt, sondern reicht über die Rechtsweggrenzen hinaus und bindet auch die Richter anderer Gerichtszweige.[22] Diese umfassende Bindungswirkung leitet sich aus dem Verhältnis ab, in dem die Gerichte der verschiedenen Gerichtszweige zueinander stehen, nämlich als gleichwertige Teile einer einheitlichen rechtsprechenden Gewalt (Art. 92 GG).[23] Dass dies auch die Sicht des Gesetzgebers ist, wird durch die Neufassung des § 17a GVG bestätigt (s. § 17a GVG Rn. 1, § 17 GVG Rn. 1). Selbstverständlich gilt diese Bindungswirkung nur innerhalb der objektiven und subjektiven Grenzen der materiellen Rechtskraft. Da jedoch nur selten ein Gericht eines anderen Gerichtszweiges über denselben Streitgegenstand zu befinden haben wird wie das Zivilgericht und auch die Parteien beider Rechtsstreite sehr häufig nicht dieselben sein werden wie im Zivilprozess, wird sich die rechtswegübergreifende Rechtskraft des Zivilurteils in der Praxis nur wenig auswirken.[24]

14 **4. Subjektive Grenzen.** Die Wirkung der materiellen Rechtskraft erstreckt sich grundsätzlich nur auf die Parteien des Rechtsstreits, in dem die Entscheidung ergangen ist (§ 325 Rn. 1). Nur in gesetzlich ausdrücklich geregelten Ausnahmefällen erstreckt sich die Rechtskraft auch auf Dritte (vgl. die Erl. zu §§ 325 bis 327).

15 **5. Kollision rechtskräftiger Entscheidungen.** Wird bei Erlass eines Urteils die materielle Rechtskraft einer früheren Entscheidung nicht beachtet und dieser Mangel nicht durch Rechtsmittel geltend gemacht, dann erwächst auch die zweite Entscheidung in Rechtskraft, so dass sich zwei einander widersprechende rechtskräftige Urteile gegenüberstehen können.[25] Die Frage, in welchem Verhältnis beide Entscheidungen zueinander stehen, ist streitig. Nach hM soll die Rechtskraft des älteren Urteils vorgehen,[26] während eine Gegenauffassung meint, das jüngere Urteil entfalte volle Rechtskraft und könne deshalb den Vorrang gegenüber dem älteren beanspruchen.[27]. Bei der zu klärenden Rangfolge darf nicht außer Acht gelassen werden, dass eines der kollidierenden Urteile, nämlich das jüngere, in Widerspruch zu den Regeln der materiellen Rechtskraft zu Stande gekommen ist. Diesen Fehler darf man nicht ignorieren und eine Entscheidung treffen, als gebe es das erste rechtmäßig zu Stande gekommene Urteil nicht. Wesen und Inhalt der materiellen Rechtskraft verlangen, dass eine solche Verletzung nicht folgenlos bleibt. Deshalb ist das Kollisionsproblem zu Gunsten des älteren Urteils und seiner rechtmäßig zu Stande gekommenen Rechtskraftwirkung zu entscheiden (vgl. a. § 580 Rn. 14 aE).[28] Die Rechtslage kann sich allerdings anders darstellen, wenn es um das Verhältnis zwischen einem älteren Leistungsurteil und einem jüngeren Gestaltungsurteil geht, das den durch das Leistungsurteil zuerkannten Anspruch betrifft.[29]

IV. Umfang und Grenzen der materiellen Rechtskraft

16 **1. Gegenstand.** Durch Abs. 1 wird als Gegenstand der materiellen Rechtskraft die Entscheidung über den durch die Klage (Widerklage) erhobenen Anspruch bezeichnet. Der Begriff des Anspruchs ist im prozessualen Sinn zu verstehen und als Streitgegenstand (Einl. Rn. 68ff.) aufzufassen. Dies bedeutet also, dass in materielle Rechtskraft die Entscheidung über den Streitgegenstand erwächst.[30] Allerdings wird die Rechtskraft nicht durch den Antrag des Klägers begrenzt, auch wenn dieser Antrag den Streitgegenstand bestimmt (vgl. Einl. Rn. 68f.). Entscheidet das Gericht irrtümlich über einen nicht geltend gemachten Anspruch oder geht es über den gestellten Antrag hinaus, dann erstreckt sich die (materielle) Rechtskraft auch auf den nicht beantragten Teil.[31] Die in Rechtskraft erwachsene Entscheidung ist in erster Linie dem Urteilstenor zu entnehmen. Er enthält das Ergebnis des Subsumtionsschlusses, der vom Gericht bei Anwendung des Rechtssatzes auf den entscheidungserheblichen Tatsachenstoff gezogen wird. Dass nur das **Ergebnis des Subsumtionsschlusses** und nicht auch seine einzelnen Glieder, insbesondere nicht der zur Entscheidung gestellte Sachverhalt, von der materiellen Rechtskraft erfasst werden, ist eine bewusste Entscheidung des Gesetzgebers (Rn. 2). Will eine Partei die Rechtskraft auch auf die den Urteilsspruch tragenden Entscheidungsgründe ausdehnen, dann muss sie den Weg der **Zwischenfeststellungsklage** nach § 256

---

[21] *Zö/Vollkommer* vor § 322 Rn. 23.
[22] MK/*Gottwald* Rn. 70.
[23] *St/J/Leipold* Rn. 287.
[24] *Zö/Vollkommer* (Fn. 21) Rn. 11.
[25] BAG NJW 1986, 1831, 1832. Vgl. zu dem insoweit geführten Meinungsstreit *Lenenbach,* Die Behandlung von Unvereinbarkeiten zwischen rechtskräftigen Zivilurteilen nach deutschem und europäischem Zivilprozessrecht, 1997.
[26] BGH NJW 1981, 1517, 1518; BAG (Fn. 25); *Zö/Vollkommer* (Fn. 21) Rn. 78; *Blomeyer* § 49 IV.
[27] *Mädrich* MDR 1982, 455, 456; *St/J/Leipold* Rn. 226.
[28] Vgl. *Gaul,* Festschr. f. F. Weber, 1975, S. 155, 169f.; *ders.* ÖJZ 2003, 861, 871; *Sae/Saenger* Rn. 21; aA *Reuschle,* Das Nacheinander von Entscheidungen, 1998, S. 103ff., 121.
[29] Vgl. dazu *Gaul,* Festschr. f. Nakamura, 1996, S. 137.
[30] Dies entspricht st. Rspr., vgl. nur BGH NJW 1993, 333, 334; 1995, 967; 2007, 1466, 1467 <7>; BAG NJW 2002, 1287, 1288; *Ro/S/Go* § 152 Rn. 1ff. auch zu abwM.
[31] BGH NJW 1999, 287, 288, m. weit. Nachw.

Abs. 2 gehen. Lässt sich der Urteilsformel nicht mit genügender Bestimmtheit entnehmen, worüber das Gericht entschieden hat, wie dies beispielsweise bei Klageabweisungen der Fall ist, dann sind zur **Ermittlung des Entscheidungsinhalts** Tatbestand und Entscheidungsgründe sowie ggf. auch das in Bezug genommene Parteivorbringen heranzuziehen.[32] Da die Entscheidungsgründe lediglich eine Auslegungshilfe darstellen, ist der Tenor maßgebend, wenn zwischen ihm und den Gründen Widersprüche bestehen.[33]

Aus dem in Abs. 1 eindeutig zum Ausdruck gebrachten Willen des Gesetzgebers, die materielle Rechtskraft auf die Entscheidung über den Streitgegenstand zu beschränken, folgt im Einzelnen: Die vom Gericht festgestellten und seinem **Urteil zu Grunde gelegten Tatsachen** erwachsen nicht in Rechtskraft. Entscheidet beispielsweise das Gericht, dass ein Vertrag infolge Anfechtung wegen arglistiger Täuschung nichtig sei, dann steht rechtskräftig nur die Unwirksamkeit des Vertrages, nicht auch der dafür maßgebende Grund fest, so dass eine auf arglistige Täuschung gestützte Schadensersatzklage in einem zweiten Prozess deshalb abgewiesen werden kann, weil das Gericht eine arglistige Täuschung verneint.[34] Auch die **präjudiziellen** (vorgreiflichen) **Rechtsverhältnisse,** die für die vom Gericht getroffene Entscheidung bestimmend sind, nehmen nicht an der materiellen Rechtskraft teil.[35] So wird durch das Urteil, das den Beklagten zur Zahlung von Mietzins verurteilt, nicht rechtskräftig die Existenz des der klägerischen Forderung zu Grunde liegenden Mietvertrages festgestellt, und die Entscheidung, die dem Kläger einen Anspruch auf Herausgabe einer Sache wegen seines Eigentums zuerkennt, erfasst mit ihrer Rechtskraftwirkung nicht das Eigentum des Klägers.[36] Ebenso wird nicht rechtskräftig über **Einwendungen, Einreden** und **Gegenrechte des Beklagten** entschieden.[37] Wird eine Verurteilung zur Erbringung einer Leistung Zug um Zug gegen eine Gegenleistung ausgesprochen, dann wird rechtskräftig nur die Verpflichtung des Beklagten zur Leistung, nicht auch sein Anspruch auf Gegenleistung festgestellt (vgl. auch Rn. 26f.).[38] Nur für die Aufrechnung gilt auf Grund der Vorschrift des § 322 Abs. 2 etwas anderes (Rn. 3, 76ff.). 17

Bei der Frage, ob derselbe Streitgegenstand, über den bereits gerichtlich entschieden worden ist, erneut zum Gegenstand einer Klage gemacht wird, können sich Abgrenzungsschwierigkeiten hinsichtlich des Lebenssachverhalts ergeben, durch den der Streitgegenstand im ersten Prozess bestimmt worden ist (Einl. Rn. 75). Diese Schwierigkeiten betreffen insbesondere solche **Tatsachen, die** zwar zur Zeit der letzten Tatsachenverhandlung bereits existierten, aber von den Parteien **nicht dem Gericht vorgetragen worden sind.** Es stellt sich hierzu die Frage, ob solche Tatsachen von dem Verbot des ne bis in idem erfasst, also durch die Rechtskraft der Entscheidung präkludiert sind. Der Normzweck des § 322 Abs. 1 (Rn. 1) verbietet es, dass die im früheren Prozess unterlegene Partei lediglich durch eine korrigierte Sachverhaltsdarstellung eine erneute Verhandlung und Entscheidung über ihr Rechtsbegehren zu erreichen vermag.[39] Vielmehr gehören zu dem Lebenssachverhalt, der den Streitgegenstand im ersten Prozess gebildet hat und über den rechtskräftig entschieden wurde, alle die Tatsachen, auf deren Existenz (oder auch Nichtexistenz) es für die Anwendung des den damaligen Klageantrag rechtfertigenden Rechtssatzes ankommt (Einl. Rn. 76). Dabei ist es völlig **unerheblich, ob** der Kläger von diesen Tatsachen **Kenntnis** hatte und in der Lage war, sie dem Gericht vorzutragen.[40] Beruft sich dagegen der Kläger auf Tatsachen, die für die Schlüssigkeit der Klage im ersten Prozess ohne Bedeutung sind oder die sich erst nach Schluss der letzten mündlichen Tatsachenverhandlung ereignet haben (Rn. 28), dann steht einer darauf gestützten Klage die Rechtskraft des ersten Urteils nicht entgegen.[41] 18

Dass die auf Grund dieser Kriterien zu treffende Entscheidung des Einzelfalls nicht immer einfach ist und durchaus zu Zweifeln Anlass geben kann, ist nicht zu verkennen. Das sich insoweit stellende Problem ist jedoch nicht auf die materielle Rechtskraft beschränkt; es stellt sich stets dann, wenn es um die genaue Erfassung des Streitgegenstandes und des ihm zu Grunde liegenden Lebenssachverhalts geht. Die Diskussion um die richtige Auffassung des Streitgegenstandsbegriffs (vgl. Einl. Rn. 69ff.) betrifft im besonderen Maße Sachverhalte, in denen solche Abgrenzungsfragen Schwierigkeiten bereiten. Die Wertungen, die bei der Entscheidung getroffen werden müssen, ob es sich um denselben oder einen neuen Lebenssachverhalt handelt, lassen sich nicht durch weitere Kriterien erleichtern, die über die gegebenen Beschreibungen hinausgehen. Hilfreich können allerdings Orientierungspunkte sein, die sich aus Entscheidungen der Rechtsprechung ableiten lassen. Die im Folgenden angeführten **Beispielsfälle** dienen diesem Zweck: 19

Wird auf Grund eines Factoring-Vertrages die Anschlussfirma zur Zahlung eines Betrages an den Factor verurteilt, der sich als Saldo bei Abrechnung des Factoring-Verhältnisses ergibt, dann gehören sämtliche den Saldo beeinflussenden Vorgänge – Ankäufe, Vergütungen, Rückbelastungen, Provisionen, Spesen u. ä. – zu dem zur Entscheidung gestellten Lebenssachverhalt, unabhängig davon, ob sie vorgetragen worden sind oder nicht. Die Anschlussfirma kann deshalb nicht in einem Folgeprozess gegen den Factor geltend 20

[32] BVerfG NJW, 2003, 3759; BGH (Fn. 30); BGH NJW-RR 1999, 1006; OLG Frankfurt/M NJW-RR 1997, 700.
[33] OLG Celle OLGZ 1979, 194, 196; *T/P/Reichold* Rn. 18; aA *Lindacher* ZZP 88 (1975), 64, 71ff.
[34] BGH NJW-RR 1988, 199, 200.
[35] BGH NJW 2003, 3058, 3059; KG VersR 2006, 1377, 1378.
[36] BGH NJW-RR 1999, 376, 377 m. Nachw.
[37] Vgl. *Doderer* NJW 1991, 878.
[38] BGHZ 117, 1, 2f. = NJW 1992, 1172; *Batschari/Durst* NJW 1995, 1650.
[39] BGH NJW 1995, 967, 968 = LM Nr. 139 m. Anm. v. *Grunsky;* BGH NJW 1995, 1757f.; NJW-RR 1996, 826, 827; vgl. dazu auch *Bub,* Streitgegenstand und Rechtskraft bei Zahlungsklagen des Käufers wegen Sachmängeln, 2001, S. 161ff.
[40] BGH NJW2004, 294, 295f.; 2004, 1252, 1253; BAG NJW 2002, 1287, 1288.
[41] OLG Köln ZMR 2000, 459, 460; vgl. dazu *Musielak* NJW 2000, 3593.

machen, sie habe noch Gelder wegen der Abtretung von Forderungen im Rahmen des Factoring-Verhältnisses zu beanspruchen.[42] Ist rechtskräftig über die Unwirksamkeit der Kündigung eines Arbeitsverhältnisses entschieden worden, dann hat das Gericht, das in einem zweiten Prozess über eine erneute Kündigung des Arbeitgebers zu befinden hat, seiner Entscheidung zu Grunde zu legen, dass die Tatsachen, auf die die erste Kündigung gestützt worden ist, keinen ausreichenden Kündigungsgrund ergeben; durch die Rechtskraft des ersten Urteils werden alle Tatsachen präkludiert, die zu dem vom Kläger im ersten Prozess zur Entscheidung gestellten Tatsachenkomplex gehören, und zwar ohne Rücksicht darauf, ob er sie kannte oder auch nur kennen konnte.[43] Wird die Verpflichtung eines steuerlichen Beraters zur Leistung von Schadensersatz festgestellt, weil er die Berücksichtigung von Werbungskosten falsch beurteilt hat, dann schließt die Rechtskraft des Feststellungsurteils den später vorgetragenen Einwand aus, die Absicht, Einkünfte erzielen zu wollen, sei überhaupt nicht vorgetragen worden. Die Absicht der Einkunftserzielung gehört zum Lebenssachverhalt, über den in der Feststellungsklage entschieden wurde.[44]

21 **2. Kontradiktorisches Gegenteil.** Eine Identität des Streitgegenstandes wird von der hM angenommen, wenn der frühere Beklagte den Streit in seiner Umkehrung anhängig macht und das „kontradiktorische Gegenteil" der im ersten Prozess ausgesprochenen Rechtsfolge begehrt.[45] Wird dem Kläger ein Recht zugesprochen, beispielsweise das Eigentum, das nur einer Person zustehen kann, dann ist damit zugleich festgestellt, dass der Beklagte nicht Inhaber dieses Rechts ist. Hatte der Kläger mit seiner Klage auf Feststellung des Eigentums Erfolg, dann steht die Rechtskraft dieses Urteils nicht nur der negativen Feststellungsklage des ursprünglichen Beklagten entgegen, die sich darauf richtet, dass der Kläger nicht Eigentümer sei, sondern auch einer positiven Feststellungsklage, mit der die Feststellung des Eigentums des früheren Beklagten begehrt wird. Allerdings wird bei der zweiten Alternative der Streitgegenstand durch die unterschiedlichen Anträge in beiden Prozessen verändert. Jedoch ist in solchen Fällen nach dem Normzweck des § 322 Abs. 1 (Rn. 1) die Ausdehnung der Grenzen der Rechtskraft über den Streitgegenstand hinaus geboten.[46] Die Rechtskrafterstreckung auf das kontradiktorische Gegenteil rechtfertigt sich dadurch, dass derselbe Lebenssachverhalt dem Gericht mit dem Antrag vorgetragen wird, eine vom rechtskräftigen Richterspruch abweichende Entscheidung zu treffen.

22 Die hier gegebene Identität des Lebenssachverhaltes ist das **Unterscheidungskriterium von Fällen der Präjudizialität** (Rn. 10ff.). Klagt der im Rechtsstreit zur Leistung Verurteilte in einem zweiten Prozess auf **Rückzahlung des auf Grund des ersten Urteils Geleisteten** mit der Begründung, er sei durch die Leistung ungerechtfertigt entreichert, dann hat das Gericht im zweiten Prozess nicht über denselben Lebenssachverhalt wie im ersten zu befinden; die auf Grund des ergangenen Urteils erbrachte Leistung des damaligen Beklagten und die darauf gestützte Rückforderung wegen ungerechtfertigter Bereicherung des vormaligen Klägers und jetzigem Beklagten stellen neu eingetretene Tatsachen dar, die den Lebenssachverhalt entscheidend verändern, über den das erste Gericht urteilte. Die Rechtskraft des ersten Urteils bewirkt jedoch, dass der Richter des zweiten Prozesses an die Feststellung gebunden ist, dass der damalige Beklagte dem Kläger auf Grund des von den Parteien vorgetragenen Lebenssachverhaltes eine Leistung schuldet. Deshalb muss er die ungerechtfertigte Bereicherung des früheren Klägers und jetzigem Beklagten durch diese Leistung verneinen. Die Präjudizialität der ersten Entscheidung bewirkt jedoch nicht die Unzulässigkeit der zweiten Klage, sondern ihre Unbegründetheit (Rn. 11).[47]

23 Nach denselben Regeln ist über eine auf § 985 BGB gestützte **Klage auf Herausgabe** einer Sache zu entscheiden, die der Kläger erhebt, **nachdem er in** einem **Vorprozess** auf Grund derselben Vorschrift **zur Herausgabe** an den Beklagten **verurteilt** worden ist. Von dem Vortrag des Klägers hängt es ab, ob die Klage als unzulässig zu werten ist, weil derselbe Lebenssachverhalt erneut zur Entscheidung des Gerichts gestellt wird, ob bei Vortrag neuer Tatsachen die Präjudizialität der ersten Entscheidung zur Unbegründetheit der Klage führt oder ob schließlich die nach Schluss der mündlichen Verhandlung im ersten Prozess eingetretenen Tatsachen das Herausgabeverlangen des Klägers rechtfertigen. Ohne diese Differenzierungen lässt sich dieser im juristischen Schrifttum häufig als Beispiel eines kontradiktorischen Gegenteils gebrachte Fall nicht entscheiden.

24 Dagegen macht der Kläger, der die **Feststellung seines Eigentums** an einem Grundstück begehrt, **nachdem** er als Bucheigentümer rechtskräftig **zur Zustimmung in eine Grundbuchberichtigung verurteilt** worden ist, mit seinem Antrag nicht das kontradiktorische Gegenteil geltend. Denn das Eigentum an dem Grundstück stellt im ersten Prozess lediglich eine von der Rechtskraft nicht erfasste Vorfrage dar.[48] Rechtskräftig ist nur festgestellt worden, dass der Beklagte des ersten Prozesses verpflichtet ist, seine Zustimmung zur Eintragung des Klägers als Eigentümer im Grundbuch zu erteilen. Von dieser Verpflichtung hat auch der Richter des zweiten Prozesses auszugehen. Deshalb kann er nicht zu dem Ergebnis gelangen, dass der Kläger des zweiten Prozesses Eigentümer des Grundstücks ist, wenn nicht ein neuer Erwerbstatbestand, der nach Schluss der mündlichen Verhandlung des ersten Prozesses verwirklicht wurde, vom Kläger des zwei-

---

[42] BGHZ 123, 137, 140f. = NJW 1993, 2684.

[43] BAG NJW 1977, 1895, 1896.

[44] BGH NJW-RR 1996, 826, 827.

[45] BGH (Fn. 42) S. 139; BGH (Fn. 39); BGH (Fn. 35), jeweils m. weit. Nachw.

[46] So auch *Jauernig* ZPR § 63 II; *Zeuner* (Fn. 1) S. 352f. Ganz überwiegend wird jedoch in diesen Fällen die Identität des Streitgegenstandes bejaht; vgl. die in Fn. 45 zitierten Entscheidungen sowie *Doderer* NJW 1991, 878, 879; *Zö/Vollkommer* vor § 322 Rn. 21.

[47] So auch MK/*Gottwald* Rn. 51 m. Nachw.; *Zeiss/Schreiber* Rn. 560; aA *Doderer* (Fn. 46); *Zi* Rn. 10; *T/P/Reichold* Rn. 11.

[48] BGH NJW-RR 2002, 516, 517; aA MK/*Gottwald* Rn. 55 m. weit. Nachw.

ten Prozesses mitgeteilt wird. Sonst bewirkt die rechtskräftige Entscheidung des ersten Urteils, dass die Feststellungsklage als unbegründet abgewiesen werden muss, weil mit dem Eigentum des Feststellungsklägers seine Verpflichtung zur Grundbuchberichtigung unvereinbar ist.[49] Denn hätte die Feststellungsklage Erfolg, dann müsste der Kläger als Eigentümer in das Grundbuch eingetragen werden und die Eintragung des Beklagten (Kläger des ersten Prozesses) wäre falsch.

Um den Fall eines kontradiktorischen Gegenteils handelt es sich dagegen, wenn die **zur Auflassung eines Grundstücks verurteilte Partei** von ihrem erfolgreichen Gegner in einem zweiten Prozess die **Rückauflassung** auf Grund eines Erwerbstatbestandes **begehrt,** der zu dem Lebenssachverhalt gehört, über den rechtskräftig entschieden wurde (vgl. Einl. Rn. 76).[50] Die zweite Klage muss folglich als unzulässig abgewiesen werden. Die Richtigkeit dieses Ergebnisses bestätigt die Überlegung, dass gleich zu entscheiden wäre, wenn der im ersten Prozess erfolglos gebliebene Kläger eine zweite Klage auf einen bereits vor Schluss der mündlichen Tatsachenverhandlung verwirklichten, vom Streitgegenstand der ersten Klage erfassten Erwerbstatbestand stützte, den er nicht kannte und deshalb auch nicht im ersten Prozess vorgetragen hatte (vgl. Rn. 18).[51] Es kommt stets entscheidend darauf an, ob der neu eingeführte Erwerbsgrund zu dem Lebenssachverhalt und damit zum Streitgegenstand gehört, über den im ersten Prozess befunden wurde (vgl. Rn. 49, 60). 25

3. Sinnzusammenhänge. Die enge Begrenzung der materiellen Rechtskraft auf das Ergebnis des Subsumtionsschlusses und die daraus folgende Ablehnung, Urteilselemente an der Rechtskraft teilhaben zu lassen, kann durchaus zu unbefriedigenden Ergebnissen führen. Wenn der **Kläger auf Grund bestimmter** tatsächlicher und rechtlicher **Annahmen einen Prozess gewinnt und in einem zweiten Prozess diese Annahmen bestreitet,** mag man geneigt sein, diese Inkonsequenz mit dem Hinweis auf die Rechtskraft der ersten Entscheidung im zweiten Verfahren zu unterbinden. Hat beispielsweise der Kläger mit der Behauptung, es sei ein Kaufvertrag zwischen ihm und dem Beklagten geschlossen worden, die Verurteilung des Beklagten zur Übereignung und Übergabe einer Sache erreicht, dann erscheint es als nicht hinnehmbar, dass der Kläger sich gegenüber dem Anspruch des Beklagten auf Zahlung des Kaufpreises darauf berufen kann, es sei kein wirksamer Kaufvertrag zu Stande gekommen. 26

Dennoch müssen Vorschläge, die deshalb die materielle Rechtskraft erweitern und auf „Sinnzusammenhänge" und auf „Ausgleichszusammenhänge"[52] erstrecken wollen, als im Widerspruch zur gesetzlichen Entscheidung stehend abgelehnt werden.[53] Vielmehr müssen andere prozessuale Instrumente eingesetzt werden, um derartige **unbillige Entscheidungen** zu **vermeiden.** Hinzuweisen ist auf die Möglichkeit, eine **Zwischenfeststellungsklage** nach § 256 Abs. 2 zu erheben, um präjudizielle Rechtsverhältnisse rechtskräftig feststellen zu lassen. Trägt eine Partei wie in dem Kaufvertragsbeispiel in einem zweiten Prozess Tatsachen vor, die unvereinbar mit den Behauptungen sind, die sie in einem ersten Rechtsstreit aufgestellt hat, dann wird sich regelmäßig für den Richter des zweiten Prozesses die Frage nach der **Verletzung der Wahrheitspflicht** durch die Partei und nach den sich daraus ergebenden Folgen für die richterliche Entscheidung stellen (Einl. Rn. 40). Auch ist in solchen Fällen zu prüfen, ob sich eine Partei nicht **rechtsmissbräuchlich** verhält, wenn sie sich zur Verteidigung gegen eine Klage von dem Vorbringen distanziert, das ihr in einem Vorprozess zum Sieg verholfen hat. Versagen im Einzelfall solche prozessualen Mittel, dann muss dies als Folge einer bewusst getroffenen Entscheidung des Gesetzgebers (Rn. 2) hingenommen werden. Im Interesse klarer Grenzen der materiellen Rechtskraft und damit auch im Interesse der Rechtssicherheit muss es abgelehnt werden, die Billigkeit der Entscheidung im Einzelfall dadurch zu suchen, dass man tragende Entscheidungsgründe an einer „relativen" Rechtskraft teilnehmen lässt[54] oder dass man „in Grenzbereichen" die Bindungswirkung der Rechtskraft ausdehnt, um Sachverhalte zu erfassen, „die bei wertender Betrachtung Fällen unstreitiger Bindung gleichstehen".[55] Eine Ausnahme ist lediglich auf Grund des Normzwecks für die Fälle des kontradiktorischen Gegenteils zuzulassen (Rn. 21). 27

4. Zeitliche Grenzen. a) Grundsatz. Es versteht sich von selbst, dass das Gericht in seinem Urteil nur solche Tatsachen berücksichtigen kann, die sich bis zum Zeitpunkt seiner Entscheidung ereignet haben. Hieraus ergibt sich eine natürliche Grenze für die richterliche Erkenntnis und damit für die materielle Rechtskraft des Urteils. Diese natürliche Grenze muss rechtlich noch präzisiert werden. Bei Geltung des Verhandlungsgrundsatzes (Einl. Rn. 37) muss auf den Zeitpunkt abgestellt werden, zu dem die Parteien spätestens Tatsachen vortragen können, über die das Gericht zu befinden hat und auf die es sein Urteil stützt; dies ist der **Schluss der mündlichen Verhandlung,** auf die das Urteil ergeht (§ 296a), im schriftlichen Verfahren der vom Gericht bestimmte Zeitpunkt, bis zu dem noch Schriftsätze eingereicht werden dürfen (§ 128 Rn. 18). Endet der Prozess in der Revisionsinstanz, dann bildet regelmäßig der Verhandlungsschluss in der Berufungsinstanz den maßgebenden Zeitpunkt, weil in der Revisionsinstanz grundsätzlich keine 28

---

49 Für Unzulässigkeit der zweiten Klage dagegen *Ro/S/Go* § 153 Rn. 5.

50 BGH (Fn. 39).

51 Unrichtig deshalb BGH NJW 1976, 1095, zu der Frage, ob der Kläger, der erfolglos im ersten Prozess einen Grundbuchberichtigungsanspruch gegen den Beklagten geltend gemacht hatte, die Klage mit der Begründung wiederholen kann, er sei aus einem anderen (auch früher schon bestehenden) Erwerbsgrund Eigentümer des Grundstücks.

52 *Zeuner,* Die objektiven Grenzen der Rechtskraft im Rahmen rechtlicher Sinnzusammenhänge, 1959, S. 75ff., 115f.; zust. *Blomeyer* § 89 V 4; *Grunsky* § 47 IV 2b; *Schlosser* Bd. I Rn. 225f.; ähnlich *Foerste* ZZP 108 (1995), 167, 170ff.

53 So auch BGH NJW 2003, 3058, 3059 m. zahlr. Nachw.; FamRZ 2004, 863, 864; *St/J/Leipold* Rn. 216f.; *Gaul* ÖJZ 2003, 861, 872ff.

54 *B/L/H* Rn. 9.

55 MK/*Gottwald* Rn. 55.

neuen Tatsachen vorgebracht werden können (vgl. aber die Erl. zu § 559).[56] Diese zeitliche Grenze der materiellen Rechtskraft wird durch die in § 767 Abs. 2 für die Vollstreckungsgegenklage getroffene Regelung bestätigt (§ 767 Rn. 32). Positiv gefasst, bedeutet diese Regel: Die Rechtskraft einer gerichtlichen Entscheidung hindert die durch sie betroffenen Personen (§§ 325 ff.) nicht daran, in einem späteren Prozess solche Tatsachen vorzutragen, die erst nach Schluss der letzten mündlichen Tatsachenverhandlung des Vorprozesses eingetreten sind.

29 **b) Wirkung neu entstandener Tatsachen.** Ob neu entstandene Tatsachen in einem zweiten Prozess zu einer vom ersten Urteil abweichenden Entscheidung führen können, richtet sich danach, ob sie **geeignet** sind, die **rechtskräftig festgestellte Rechtslage zu verändern.**[57] Eine Antwort auf diese Frage ist auf Grund des materiellen Rechts zu suchen. Ist beispielsweise eine Klage deshalb abgewiesen worden, weil die Fälligkeit der geltend gemachten Forderung vom Gericht verneint wurde, dann kann nach Eintritt der Fälligkeit erneut die Forderung eingeklagt werden (Rn. 51). Ist die Forderungsklage erfolglos geblieben, weil der Kläger keine nachvollziehbare Abrechnung vorlegte, dann ist zu unterscheiden: Ist wegen der fehlenden Rechnung die Fälligkeit der Forderung des Klägers vom Gericht verneint worden, dann wird die Klage als derzeit unbegründet abgewiesen. Dies trifft nach Auffassung des BGH auf die Klage eines Architekten oder Ingenieurs zu, die wegen Fehlens einer prüfbaren Schlussrechnung abgewiesen wird, weil Voraussetzung für die Fälligkeit des Architekten- und Ingenieurhonorars nach § 8 Abs. 1 HOAI die Vorlage einer prüfbaren Schlussrechnung bildet.[58] Verneint jedoch das Gericht wegen Fehlens der Abrechnung die Schlüssigkeit der Klage, dann kann nicht nach Erstellung einer neuen Abrechnung die Klage wiederholt werden, weil dann die Abweisung endgültig ist und die neue Abrechnung dann nichts an der rechtskräftig getroffenen Feststellung ändert, dass dem Kläger kein Anspruch gegen den Beklagten zusteht.[59] Anders verhält es sich in dem Fall, dass die Klage auf Schadensersatz wegen Amtspflichtverletzung mit der Begründung abgewiesen wird, der Kläger könne auf andere Weise Ersatz erlangen (§ 839 Abs. 1 S. 2 BGB), sich aber später herausstellt, dass diese Erwartung nicht zutrifft. Die Annahme des Gerichts, es bestehe für den Kläger eine andere Ersatzmöglichkeit, führt dazu, dass die Klage als **„zur Zeit unbegründet"** abgewiesen wird. Scheitert der Versuch des Klägers endgültig, auf andere Weise Ersatz zu erhalten, dann fällt damit der Grund für die Abweisung seiner Amtshaftungsklage weg und eine neue Klage wird zulässig (vgl. Rn. 51).[60] Vergleichbar damit ist der Fall, dass eine Klage auf Feststellung einer altrechtlichen Wegedienstbarkeit deshalb abgewiesen wird, weil das Gericht davon ausgeht, dass dort ein öffentlicher Weg verlaufe, später aber durch verwaltungsgerichtliche Entscheidung die Öffentlichkeit des Weges verneint wird. Der BGH hat die Zulässigkeit einer zweiten Klage, die auf das Bestehen der Wegedienstbarkeit gestützt wurde, mit der Begründung bejaht, durch die verwaltungsgerichtliche Entscheidung sei eine neue Tatsache geschaffen worden.[61]. Haben neu entstandene Tatsachen dazu geführt, dass der rechtskräftig festgestellte Rechtsgrund erloschen ist, dann kann diese neue Rechtslage nicht nur mit der Vollstreckungsgegenklage, sondern auch mit einer negativen Feststellungsklage oder einer Bereicherungsklage geltend gemacht werden.[62] Ist dagegen tatbestandliche Voraussetzung für den Eintritt einer Rechtsfolge eine **Prognoseentscheidung** des Gerichts, dann ändert sich die Rechtslage nicht, wenn sich später herausstellt, dass die Prognose nicht richtig war.[63]

30 *unbesetzt*

31 Auch wenn das Gericht über erst **nach Erlass des Urteils fällig werdende Leistungen** zu entscheiden hat, muss es häufig eine Prognose über die künftige Entwicklung von Tatsachen treffen, die durch die Rechtskraft des Urteils fixiert wird. Die Abänderungsklage des § 323 stellt deshalb der betroffenen Partei ein Mittel zur Verfügung, um die rechtskräftige Entscheidung abändern zu können (vgl. die Erl. zu § 323). Zur Nachforderung von Schmerzensgeld bei neuen Unfallfolgen vgl. Rn. 52.

32 Neue Tatsachen, die eine rechtskräftig festgestellte Rechtslage so verändern, dass eine abweichende Beurteilung von der rechtskräftig getroffenen Entscheidung gerechtfertigt ist, führen dazu, dass ein Lebenssachverhalt entsteht, der sich von dem unterscheidet, über den im ersten Prozess zu befinden war. Folglich handelt es sich dann auch im zweiten Prozess um einen **neuen Streitgegenstand.** Denn bei Abgrenzung des Lebenssachverhalts, der dem Streitgegenstand zu Grunde liegt, ist auf die materiell-rechtliche Regelung zu sehen, aus der sich das durch die Klage geltend gemachte Recht ableitet (Einl. Rn. 76). Wird eine Klage wegen fehlender Aktivlegimitation des Klägers abgewiesen, dann steht die Rechtskraft dieses Urteils einer erneuten Klage nicht entgegen, mit der der Kläger denselben Anspruch verfolgt, wenn er sich darauf beruft, dass ihm nach der letzten mündlichen Tatsachenverhandlung die **Forderung abgetreten** worden sei. Die Zession verändert den bisher entschiedenen Sachverhalt und führt dazu, dass im zweiten Prozess über

---

[56] Vgl. BGH NJW 1998, 2972, 2973; 1999, 278, 279: Der Bürge kann mit der Vollstreckungsabwehrklage geltend machen, dass die Hauptverbindlichkeit während des Revisionsverfahrens des Bürgschaftsprozesses verjährt ist.

[57] BGH NJW 2000, 2022, 2023; *Heiderhoff* ZZP 118 (2005),185, 188.

[58] BGH NJW 1999, 1867; 2000, 653, 656; NJW-RR 2001, 310; vgl. auch *Kappel*, Die Klageabweisung „zur Zeit", 1999, S. 95 ff.

[59] OLG Düsseldorf NJW 1993, 802, 803 vgl. auch BGH NJW-RR 2002, 1596, 1597: durch Vorlage einer zweiten Schlussrechnung wird der Streitgegenstand einer Werklohnklage nicht verändert; ebenso BGH NJW-RR 2004, 167; 2004, 526.

[60] BGHZ 37, 375, 377 ff. = NJW 1962, 1862.

[61] BGH NJW 1995, 2993 = JZ 1996, 423 m. Anm. v. *Braun;* krit. *G. Lüke* JuS 1996, 392. Vgl. auch BayVerfGH NVwZ 1997, 379 (neuer Herausgabeanspruch nach Wegfall einer Widmung).

[62] BGH NJW 1984, 126, 127; *St/J/Leipold* Rn. 241 m. weit. Nachw.

[63] Vgl. BGH NJW 1986, 2645, 2646; NJW-RR 2006, 712, 714.

einen neuen Streitgegenstand zu verhandeln ist (s. aber auch Rn. 33 aE).[64] Nach rechtskräftiger Abweisung einer Räumungsklage steht für die Parteien lediglich fest, dass im Zeitpunkt der letzten mündlichen Verhandlung ein Anspruch auf Räumung nicht bestand. Diese Feststellung hindert den Kläger nicht, mit einer weiteren Räumungsklage geltend zu machen, dass das Mietverhältnis durch eine erneute Kündigung beendet worden ist, die auf Gründe gestützt wird, die nach Rechtskraft des ersten Urteils eingetreten sind.[65] Denn die neuen Kündigungsgründe verändern den Lebenssachverhalt und führen dazu, dass im zweiten Prozess ein vom ersten Rechtsstreit verschiedener Streitgegenstand zur Entscheidung gestellt wird. Demgegenüber meint das BVerfG, die erste Klage sei als zurzeit unbegründet abgewiesen worden (vgl. Rn. 51). Dies wäre jedoch nur zutreffend, wenn der Streitgegenstand beider Klagen derselbe wäre. Wollte man auch bei verschiedenen Streitgegenständen die zeitlichen Grenzen der Rechtskraft durch den Hinweis auf die Unzulässigkeit oder Unbegründetheit einer Klage zur Zeit des Eintritts der Rechtskraft beschreiben, dann träfe dies auf jedes klageabweisende Urteil zu.

unbesetzt 33

Hat eine veränderte Sachlage zu einem neuen Streitgegenstand und damit zur Zulässigkeit einer zweiten 34 Klage geführt, dann muss dennoch der zweite Richter weiterhin von der im ersten Prozess ergangenen rechtskräftigen Entscheidung ausgehen, allerdings nur von dem Richterspruch als solchem, nicht auch von den ihn tragenden Gründen (Rn. 16f.). Eine im Schrifttum vertretenen Gegenmeinung will dagegen auch den Entscheidungsgründen, die den ersten Richterspruch tragen, Bindungswirkung für das zweite Urteil zuerkennen. Gerechtfertigt wird diese über die Grenzen der materiellen Rechtskraft hinausgehende Verbindlichkeit damit, dass die Entscheidungsbegründung für die im ersten Prozess geltend gemachte Rechtsfolge in Bezug auf den damaligen Streitgegenstand ihre Wirkung behält und auch für den zweiten Rechtsstreit weiterhin wirksam bleibt, wenn sich der Streitgegenstand nicht verändert.[66] Die vorgeschlagene Abgrenzung des Streitgegenstandes dient also nur dazu, die tragenden Entscheidungsgründe des ersten Urteils auch für die zweite Entscheidung maßgebend sein zu lassen. Eine solche Verbindlichkeit ist jedoch unvereinbar mit der Stellung des Richters; dessen Entscheidungsfreiheit darf nur insoweit eingeschränkt werden, wie dies zwingende Gründe gebieten. Einen solchen zwingenden Grund stellt die Rechtskraft dar, dagegen nicht die Prozessökonomie, auf die man sich berufen kann, um eine erneute Verhandlung bereits entschiedener Fragen zu vermeiden.

unbesetzt 35

c) **Wirkung für die Vergangenheit.** Die Frage nach den Wirkungen der rechtskräftigen Entscheidung 36 stellt sich nicht nur für die Zeit nach Erlass des Urteils, sondern kann auch Bedeutung für den davor liegenden Zeitraum gewinnen. Ist beispielsweise der Beklagte auf der Grundlage des § 985 BGB zur Herausgabe einer Sache verurteilt worden und nimmt ihn der Kläger mit einer zweiten Klage auf Ersatz von Nutzungen in Anspruch (§ 988 BGB), dann fragt es sich, ob sich der Beklagte für die Zeit vor Rechtshängigkeit der Herausgabeklage damit verteidigen kann, dass ein Herausgabeanspruch des Klägers und damit eine Vindikationslage nicht bestanden habe, die eine Voraussetzung für die Anwendung des § 988 BGB bildet. Der BGH hat die Auffassung vertreten, dass die Rechtskraft des Herausgabeurteils der Verneinung eines Anspruchs auf Nutzungsvergütung mangels einer Vindikationslage für die Zeit vor Zustellung der Herausgabeklage nicht entgegenstehe.[67] Diese Entscheidung ist richtig, weil die Rechtskraft des Urteils die Zeit vor Rechtshängigkeit der Klage nicht erfasst, denn rechtskräftig ist die Verpflichtung des Beklagten zur Herausgabe der Sache erst danach festgestellt worden und damit auch die Vindikationslage.

Die **zeitlichen Grenzen der materiellen Rechtskraft** sind auch **in Bezug auf die Frage einer Rückwirkung** 37 nach gleichen Regeln zu entscheiden, wie sie für neu eingetretene Tatsachen gelten. Es kommt darauf an, welcher Lebenssachverhalt zur Entscheidung des Gerichts gestellt wird. Die zeitlichen Grenzen dieses Lebenssachverhalts sind für den Streitgegenstand und für das ihn entscheidende Urteil maßgebend. Die materielle Rechtskraft reicht somit nur soweit, „wie der prozessuale Anspruch erhoben und über ihn entschieden ist".[68] Geht man davon aus, dass der Streitgegenstand durch den entscheidungserheblichen Lebenssachverhalt und dieser wiederum von dem Tatbestand der Rechtsnormen bestimmt wird, von denen die Entscheidung über das klägerische Begehren abhängt, dann hat der BGH zu Recht eine Ausdehnung der Rechtskraft des Herausgabeurteils auf die Zeit vor dessen Rechtshängigkeit abgelehnt, weil es für die Herausgabepflicht des Beklagten irrevelant ist, ob er in einem früheren Zeitpunkt besitzberechtigt war.[69] Das Gleiche gilt für den Fall, dass durch rechtskräftiges Urteil eine Unterlassungspflicht auf Grund eines Vertrages bejaht wird und die Parteien in einem zweiten Rechtsstreit über eine Schadensersatzpflicht streiten, für die es darauf ankommt, ob diese Unterlassungspflicht bereits vom Zeitpunkt des Vertragsschlusses an bestanden hat. Auch in diesem Fall ist durch die Rechtskraft des ersten Urteils nicht der Vortrag von Tatsachen präkludiert, aus denen sich ergibt, dass die Unterlassungspflicht vor Rechtshängigkeit des ersten Urteils verneint werden muss.[70]

Zusammenfassend ist also **festzustellen,** dass dem Urteil, Tenor und Gründen einschließlich der darin 38 in Bezug genommenen Parteivorträge, entnommen werden muss, wie die zeitlichen Grenzen des Lebenssach-

---

64 BGH NJW 1986, 1046, 1047: MDR 2007, 1152.
65 BVerfG NJW 2003, 3759.
66 *Leipold* Festschr. f. Mitsopoulos, 1993. S. 797, 806; ebenso *Grunsky* ZZP 76 (1963), 165, 167f., 175ff.
67 BGH NJW 1985, 1553; vgl. auch BGH NJW 1998, 1709, 1710.
68 BGHZ 42, 340, 349 = NJW 1965, 689.
69 Im Ergebnis ebenso *Hackspiel* NJW 1986, 1148, 1150, jedoch mit abweichender Begründung.
70 BGH (Fn. 68) S. 345; aA *Zeuner* JuS 1966, 147, 150ff.; *St/J/Leipold* Rn. 260f.

verhalts verlaufen, über den das Gericht entschied. Da die Rechtshängigkeit regelmäßig den Streitgegenstand festlegt, wird durch sie die zeitliche Grenze einer Rückwirkung der Rechtskraft bestimmt, sofern sich nicht aus dem Streitgegenstand etwas anderes ergibt, beispielsweise eine Feststellungsklage auf einen früheren Zeitpunkt gerichtet ist. Wenn sich jedoch im Laufe des Prozesses der dem Streitgegenstand zu Grunde liegende Lebenssachverhalt verändert, ist auch hier die letzte mündliche Tatsachenverhandlung maßgebend.

39 **d) Gestaltungsrechte.** Dem Problem, das insbesondere im Rahmen der Vollstreckungsgegenklage erörtert wird, wie im Zeitpunkt der letzten mündlichen Verhandlung bestehende, von dem Berechtigten aber noch nicht ausgeübte Gestaltungsrechte zu behandeln sind (§ 767 Rn. 34ff.), kommt auch Bedeutung für die Frage nach den zeitlichen Grenzen der materiellen Rechtskraft zu. Denn erklärt man den **Zeitpunkt** für maßgebend, in dem das Gestaltungsrecht entstanden ist, dann kann eine nach Schluss der letzten mündlichen Tatsachenverhandlung abgegebene Gestaltungserklärung nicht mehr als eine neue Tatsache betrachtet werden, die es rechtfertigt, unter Berufung auf die veränderte Rechtslage im Wege einer neuen Klage die sich aus der Ausübung des Gestaltungsrechts ergebenden Rechtsfolgen geltend zu machen. Dies ist der Standpunkt insbesondere des BGH.[71]

40 Allerdings werden von der hM **Ausnahmen** für einzelne Gestaltungsrechte zugelassen. So hat der BGH für ein im Mietvertrag eingeräumtes Optionsrecht zur Verlängerung des Mietverhältnisses den Zeitpunkt der Gestaltungserklärung für maßgebend erklärt und die unterschiedliche Behandlung damit gerechtfertigt, dass es im Wesen eines solchen Optionsrechtes liege, dem Mieter die Entscheidungsfreiheit zu lassen, ob und ggf. wann er das Optionsrecht ausübe. Dagegen sei bei anderen Gestaltungsrechten wie bei der Aufrechnung oder Anfechtung die Freiheit des Berechtigten, den Zeitpunkt der Abgabe der Gestaltungserklärung zu wählen, lediglich als eine Nebenfolge und nicht als Zweck des Gestaltungsrechts anzusehen.[72]

41 Diese **Differenzierungen nach dem Zweck des Gestaltungsrechts** schaffen nicht nur für die Rechtsanwendung Unsicherheiten, sondern können auch in der Sache nicht überzeugen. Der eigentliche Zweck jedes Gestaltungsrechts besteht in der Veränderung der Rechtslage, die durch seine Ausübung erreicht wird, nicht in der Freiheit des Berechtigten, den Zeitpunkt für die Ausübung zu wählen.[73] Der BGH hat zu Recht die Möglichkeit, eine die Rechtslage ändernde Tatsache schon früher zu schaffen, grundsätzlich als bedeutungslos für die Frage nach der durch die materielle Rechtskraft bewirkten Präklusion erklärt.[74] Von diesem Ausgangspunkt erscheint es nur folgerichtig, bei **jedem Gestaltungsrecht** auf seine **Ausübung** zu sehen, durch die eine gegenüber der rechtskräftigen Entscheidung veränderte Rechtslage erzeugt wird, die es rechtfertigt, eine neue Klage nicht durch die Rechtskraft des früheren Urteils auszuschließen.[75] Das Gleiche gilt für das **Widerrufsrecht bei Verbraucherverträgen** (§ 355 BGB), das als Gestaltungsrecht ausgebildet worden ist.[76]

42 Die von der hM angenommene Gefahr, dass eine Partei den rechtskräftig abgeschlossenen Prozess durch Ausübung eines Gestaltungsrechts wieder aufrollen und insbesondere die Zwangsvollstreckung durch eine Vollstreckungsgegenklage verschleppen könnte, darf nicht überschätzt werden. In aller Regel wird ein Beklagter die ihm bekannten Gestaltungsrechte ausüben, schon um seine Verurteilung und die sich daraus ergebende vorläufige Vollstreckbarkeit der Entscheidung sowie die ihn dann treffenden Prozesskosten zu vermeiden. **Missbrauch** und **grober Nachlässigkeit des Schuldners** kann man wesentlich angemessener und wirkungsvoller dadurch begegnen, dass bei einer Aufrechnung die Vorschrift des § 533 Nr. 1 analog angewendet und der Aufrechnungseinwand nur bei Sachdienlichkeit zugelassen wird,[77] während bei anderen Gestaltungsrechten eine Präklusion in analoger Anwendung des § 296 Abs. 2 dann vorzunehmen ist, wenn die Partei durch Unterlassen der Ausübung des Gestaltungsrechts ihre Prozessförderungspflicht im früheren Prozess verletzt hat.[78]

V. Besonderheiten bei einzelnen Urteilsarten

43 Die dargestellten Grundsätze über Umfang und Grenzen der materiellen Rechtskraft (Rn. 16ff.) gelten für alle Urteilsarten. Bei einzelnen Urteilsarten können sich jedoch Sonderfragen ergeben, auf die im Folgenden eingegangen werden soll.

44 **1. Prozessurteil.** Wird eine Klage durch Prozessurteil als unzulässig abgewiesen, dann bewirkt die materielle Rechtskraft dieses Urteilsspruchs lediglich eine Sperre für die Wiederholung einer Klage, die auf denselben Streitgegenstand gerichtet ist und die denselben prozessualen Mangel aufweist, der zur Klageabweisung führte.[79] Wird dagegen der prozessuale Mangel behoben, dann wird dadurch der zur Entscheidung gestellte Sachverhalt in einer Weise verändert, dass die Rechtskraft des ersten Urteils einer erneuten gerichtlichen Entscheidung nicht entgegensteht. Aus welchen Gründen die Klageabweisung ausgesprochen worden ist, muss dem Tatbestand und den Entscheidungsgründen des klageabweisenden Urteils entnom-

[71] So BGHZ 100, 222, 225 = NJW 1987, 1691; BGH WM 1994, 1185, 1186; NJW 2004, 1252, 1253f.; ebenso *Ernst* NJW 1986, 401; *Zö/Vollkommer* vor § 322 Rn. 62f.; MK/*K. Schmidt* § 767 Rn. 80ff.; vgl. auch *Althammer/Löhnig* AcP 205(2005), 520, 526ff.

[72] BGHZ 94 29. 31 unter Hinweis auf *Zö/Vollkommer* (Fn. 71 im) Rn. 67.

[73] *Arens* JZ 1985, 751, 752.

[74] BGH (Fn. 72) S. 34; BGHZ 103, 362, 366 = NJW 1988, 2542.

[75] *Heinrich* LMK 2004, 172, 173; *Heiderhoff* ZZP 118 (2005),185, 190ff.,; *St/J/Leipold* Rn. 246; MK/*Gottwald* Rn. 165f.; *R/G/S* § 154 Rn. 4; *Sae/Saenger* Rn. 33;

[76] *Palandt/Heinrichs* § 355 Rn. 3; *Bamberger/Roth/Grothe* § 355 Rn. 3.

[77] *St/J/Münzberg* § 767 Rn. 38; MK/*Gottwald* Rn. 166.

[78] *Leipold* (Fn. 66) S. 812f.; *Lüke* Rn. 591.

[79] OLG Brandenburg NJW-RR 2000, 1735, 1736.

men werden.[80] Wird eine erneute Klage zulässigerweise erhoben, weil die Rechtskraft des Prozessurteils dies nicht verhindert, dann kann diese Klage auch aus einem Grund, der bereits während des ersten Prozesses bestanden hat, erneut als unzulässig abgewiesen werden. Denn durch ein Prozessurteil, das die Klage wegen eines bestimmten Mangels für unzulässig erklärt, wird nicht etwa festgestellt, dass **andere vom Gericht nicht erwähnte Unzulässigkeitsgründe** nicht vorhanden sind; vielmehr kann sich das Gericht trotz mehrerer prozessualer Mängel auf einen von ihnen beschränken und darauf seine Entscheidung stützen.

Streitig ist die **Frage, ob durch** ein **in der Sache entscheidendes Urteil** rechtskräftig **festgestellt wird, dass** 45
die **Klage zulässig** ist.[81] Diese Frage kann sich stellen, wenn eine Klage zB wegen mangelnder Fälligkeit des geltend gemachten Anspruchs abgewiesen und später wiederholt wird. Wird in diesem Fall durch das klageabweisende Urteil ausgesprochen, dass die Klage zulässig sei, dann wäre der Richter des zweiten Prozesses daran gehindert, bei unverändertem Sachverhalt die Zulässigkeit der Klage zu verneinen. Da jedoch ein Sachurteil grundsätzlich nur ergehen darf, wenn die Prozessvoraussetzungen erfüllt werden, kann der Richter eines zweiten Prozesses bei der Beurteilung der Zulässigkeitsgründe nicht durch ein (falsches) Urteil gebunden werden, das die Klage aus Sachgründen abwies. In diesem Zusammenhang muss berücksichtigt werden, dass die Auffassung vertreten wird, es könne die Abweisung einer unzulässigen Klage als unbegründet in Betracht kommen, wenn durch das Offenlassen von Prozessvoraussetzungen Rechtsschutzbelange nicht beeinträchtigt werden.[82]

Wird eine Klage (prozessrechtlich verfehlt) sowohl als unzulässig als auch als unbegründet abgewiesen, 46
dann ist die Entscheidung über die Unbegründetheit unbeachtlich und kann nicht in Rechtskraft erwachsen. Rechtskraft erlangt aber die getroffene Feststellung über die prozessualen Mängel.[83] Hat das Gericht unzulässigerweise Fragen der Zulässigkeit offen gelassen und ein Urteil in der Sache gefällt, dann ist eine solche Entscheidung als Sachurteil anzusehen und insoweit auch rechtskraftfähig.[84] Wird eine Klage in zweiter Instanz als unzulässig abgewiesen, nachdem sie in der ersten Instanz für unbegründet erklärt worden ist, dann wird die Sachentscheidung durch das Prozessurteil ersetzt und die Rechtskraft erfasst lediglich die Feststellung des prozessualen Mangels.[85]

2. Leistungsurteil. Die Grenzen der Rechtskraft des Urteils, das einer Leistungsklage stattgibt, werden 47
regelmäßig ohne große Schwierigkeiten zu ermitteln sein. Wird der Beklagte zB zur Herausgabe einer Sache verurteilt, dann steht damit fest, dass dem Beklagten kein Recht zur Verweigerung der Herausgabe zusteht; davon muss der Richter in einem Folgeprozess ausgehen, in dem über die Pflicht zur Herausgabe der Sache gestritten wird.[86] Nur soweit der Beklagte zu einer **Unterlassung** verurteilt wird, können sich bei der Frage Zweifel ergeben, wie weit das **durch das Urteil ausgesprochene Verbot** reicht. Ausgangspunkt für eine Antwort auf diese Frage muss auch hier der Streitgegenstand sein. Es kommt folglich darauf an, welcher Lebenssachverhalt dem Antrag des Klägers zugrunde liegt.[87] Alle die zu diesem Lebenssachverhalt gehörenden Tatsachen werden von dem in der Entscheidung ausgesprochenen Verbot erfasst.[88] Die hM bezeichnet diesen Lebenssachverhalt als die „konkrete Verletzungshandlung" – synonym auch „konkrete Verletzungsform" genannt[89] –, auf die sich die materielle Rechtskraft des Urteils bezieht.[90] Dabei werden nach der sog. Kerntheorie[91] von der Rechtskraft des Unterlassungsurteils auch solche Änderungen des Verhaltens erfasst, die den Kern der verbotenen Verletzungshandlung betreffen.[92]

Das eine **Leistungsklage abweisende Urteil** stellt fest, dass eine Leistungspflicht des Beklagten entspre- 48
chend dem klägerischen Antrag nicht besteht; es stellt somit ein Feststellungsurteil dar.[93] Um den Streitgegenstand zu ermitteln und den Umfang der Rechtskraft zu erkennen, muss insbesondere bei einem klageabweisenden Urteil auf den Tatbestand und die Entscheidungsgründe, erforderlichenfalls auch auf das Parteivorbringen, eingegangen werden.[94] Meinungsverschiedenheiten bestehen in der Frage, ob auch die im Urteil für die Abweisung der Klage genannten Gründe an der Rechtskraft teilnehmen.[95] Der in diesem Zusammenhang verwendete Begriff des „Abweisungsgrundes" könnte das Missverständnis fördern, es werde darum gestritten, ob die rechtliche Begründung für die Klageabweisung rechtskräftig festgestellt werde. Darum kann es offensichtlich nicht gehen (Rn. 16f.). Zu beachten ist vielmehr Folgendes:

---

[80] BGH NJW 1985, 2535.

[81] Bejahend *St/J/Leipold* Rn. 145; aA MK/*Gottwald* Rn. 174.

[82] OLG Köln NJW 1974, 1515 m. Anm. v. *Gottwald* NJW 1974, 2241; KG NJW 1976, 2353 (beide Entscheidungen betreffen die parallele Frage der Zulässigkeitsvoraussetzungen eines Rechtsmittels); *Schlosser* Bd. I Rn. 303.

[83] OVG Schleswig-Holstein MDR 1992, 525; MK/*Gottwald* Rn. 175; *St/J/Leipold* Rn. 149 m. weit. Nachw.

[84] MK/*Gottwald* (Fn. 83); aA *St/J/Leipold* Rn. 148.

[85] BGH NJW 1971, 1844.

[86] BGH NJW 2006, 63, 64.

[87] BGH NJW-RR 2006, 1118, 1120 = JZ 2006, 1180 m. krit. Anm. v. *Ahrens; Susanne Ritter,* Zur Unterlassungsklage: Urteilstenor und Klageantrag, 1994, S. 61; *Rüssmann,* Festschr. f. G. Lüke, 1997, S. 675, 682ff.

[88] Vgl. KG NJW-RR 1999, 789.

[89] Gegen diese Gleichsetzung *Ritter* (Fn. 87) S. 61ff.; *Borck* WRP 1965, 49; 1979, 180, 181f.; *Nirk/Kurtze* GRUR 1980, 645, 647f.

[90] BGH GRUR 1977, 114, 115; 1979, 859, 860; 1989, 445, 446; NJW 2006, 615, 616; NJW-RR 2006, 1120f.

[91] Grundlegend BGHZ 5, 189 = NJW 1952, 665 (LS).

[92] BGH GRUR 1991, 138; OLG Frankfurt WRP 1978, 828; OLG Stuttgart WRP 1986, 435; 1989, 276, 277; OLG Köln WRP 1989, 334 m. Anm. v. *Teplitzky;* MK/*Schilken* § 890 Rn. 10 m. weit. Nachw.

[93] BGHZ 42, 340, 348f. = NJW 1965, 689; BGH NJW 2000, 3492, 3494 m. weit. Nachw.

[94] BGH NJW 1993, 333, 334; 1993, 3204, 3205.

[95] Dafür MK/*Gottwald* Rn. 177; *Blomeyer* § 89 IV 1; aA *J. Blomeyer* NJW 1969, 587.

49 Wird zB der Schadensersatzanspruch des Klägers mit der Begründung abgewiesen, er sei nicht geschädigt worden, weil er nicht Eigentümer der Sache sei, die der Beklagte angeblich zerstört haben soll,[96] dann wird durch dieses Urteil rechtskräftig festgestellt, dass dem Kläger auf Grund des Lebenssachverhalts, der seinem Antrag und dem Urteil zu Grunde lag, kein Schadensersatzanspruch gegen den Beklagten zusteht. Macht der Kläger erneut einen Schadensersatzanspruch durch eine Klage geltend und trägt Tatsachen vor, die er im ersten Prozess dem Gericht nicht mitgeteilt hat, dann kommt es darauf an, ob diese neu in den Prozess eingeführten Tatsachen zu dem Lebenssachverhalt gehören, der bereits Gegenstand des ersten Rechtsstreits war. Soweit dies zu bejahen ist, muss die Klage als unzulässig abgewiesen werden (Rn. 18). Gehören jedoch die neu vorgetragenen Tatsachen nicht zu diesem Lebenssachverhalt, dann wird vom Kläger ein neuer Streitgegenstand eingeführt und die Rechtskraft des ersten Urteils steht der Zulässigkeit der zweiten Klage nicht entgegen.[97] In dem Beispielsfall der Schadensersatzklage ist also der Kläger mit allen **Tatsachen** durch das klageabweisende Urteil **präkludiert,** die bis zum Zeitpunkt der letzten mündlichen Verhandlung eingetreten waren und die zur Begründung seines Schadens einschließlich seiner Eigentümerstellung dienen konnten. Dagegen nimmt die vom Gericht getroffene Feststellung, dass der Kläger nicht Eigentümer der beschädigten Sache sei, nicht an der Rechtskraft teil. Dementsprechend hindert die rechtskräftige Abweisung eines auf eine Schutzrechtsverletzung gestützten Schadensersatzanspruch den Kläger nicht, in einem zweiten Prozess einen Anspruch auf Unterlassung der gleichen Schutzrechtsverletzung geltend zu machen. Wie der BGH[98] zutreffend feststellt, betreffen beide Ansprüche unterschiedliche Handlungen: Der Schadensersatzanspruch stützt sich allein auf die geschehene Verletzungshandlung, während es beim Unterlassungsanspruch allein um eine in die Zukunft liegende Verletzungshandlung geht. Dieses Beispiel zeigt erneut, wie wichtig eine genaue Abgrenzung des Streitgegenstandes und des ihm zu Grunde liegenden Lebenssachverhalts ist, um die Grenzen der Rechtskraft eines Urteils zu bestimmten.

50 Da Tatsachen, die nach Schluss der letzten mündlichen Tatsachenverhandlung des Erstprozesses eingetreten sind, stets in einem Folgeprozess vorgetragen werden dürfen, ohne dass die Präklusion des rechtskräftigen Urteils entgegensteht (vgl. Rn. 28), muss darauf gesehen werden, ob solche Tatsachen den Klageantrag im zweiten Prozess rechtfertigen. Bei Beantwortung dieser Frage hat der Richter die von der Rechtskraft des Urteils erfasste Feststellung seiner Entscheidung als richtig zu Grunde zu legen (Rn. 10). Der **Richter des Folgeprozesses hat** also **zu prüfen**, ob Tatsachen, die nach dem Schluss der Verhandlung des Vorprozesses eingetreten sind, die Rechtslage so verändert haben, dass der Anspruch des Klägers begründet ist. Bei dieser Entscheidung ist er nicht an Wertungen gebunden, die sich aus den Gründen des rechtskräftigen Urteils ergeben (vgl. auch Rn. 34). Hat beispielsweise der erste Richter, der die Klage wegen fehlender Fälligkeit des klägerischen Anspruchs abwies, in den Gründen ausgeführt, der Vertrag, auf den der Kläger seinen Anspruch stütze, sei wirksam zu Stande gekommen, dann kann der Richter des zweiten Prozesses eine davon abweichende Meinung vertreten[99] und die Klage abweisen, weil er die Wirksamkeit des Vertrages verneint. Ein Widerspruch zu der rechtskräftigen Entscheidung entsteht nicht dadurch, dass nach Meinung des Richters im Folgeprozess die Klageabweisung im Vorprozess nicht auf die fehlende Fälligkeit, sondern auf die Nichtigkeit des Vertrages hätte gestützt werden müssen.[100] Der Richter eines Folgeprozesses ist zwar durch die materielle Rechtskraft eines zwischen den Parteien ergangenen Urteils daran gehindert, auf Grund einer davon abweichenden rechtlichen Bewertung zu einem anderen Ergebnis als der erste Richter zu gelangen, er kann aber ein gleiches Ergebnis wie im Vorprozess unterschiedlich begründen, wenn ihm eine erneute Verhandlung und Entscheidung gestattet ist.

51 Wird eine **Klage als zurzeit unzulässig oder unbegründet** abgewiesen (vgl. dazu auch Rn. 32 aE), dann steht die Rechtskraft dieses Urteils einer neuen Klage nicht entgegen, die nach Wegfall des Grundes erhoben wird, aus dem sich im ersten Prozess die Unzulässigkeit oder Unbegründetheit ergeben hat (s. a. Rn. 29). Weist das Gericht die Klage beispielsweise wegen eines vereinbarten, aber noch nicht durchgeführten Schlichtungsverfahrens als derzeit unzulässig ab, dann kann der Kläger erneut Klage erheben, nachdem das Schlichtungsverfahren stattgefunden hat und gescheitert ist.[101] Das Gleiche gilt, wenn die Klage deshalb erfolglos geblieben war, weil der Anspruch des Klägers gegen den Beklagten etwa wegen einer Stundung noch nicht fällig gewesen ist und die Fälligkeit inzwischen eintrat.[102] Da die Sperre der materiellen Rechtskraft zeitlich durch den Schluss der letzten mündlichen Tatsachenverhandlung des ersten Prozesses begrenzt wird (Rn. 28), kann dieses Ergebnis nicht zweifelhaft sein. Umfang und Wirkung des klageabweisenden Urteils werden wie sonst auch durch die in Rechtskraft erwachsene Feststellung bestimmt, dass dem Kläger auf Grund des von ihm vorgetragenen Sachverhalts ein Anspruch gegen den Beklagten (noch) nicht zusteht (Rn. 48 f.). Der Richter des Folgeprozesses muss von dieser Feststellung ausgehen und ist deshalb gehindert anzunehmen, vor Schluss der letzten mündlichen Verhandlung des Vorprozesses habe ein (fälliger) Anspruch des Klägers bestanden.[103] Eine weiter gehende Bindung kann dagegen das klageabweisende Urteil nicht schaffen. Insbesondere nimmt nicht der Abweisungsgrund, im Beispielsfall die noch nicht

[96] Beispiel von *J. Blomeyer* (Fn. 95) S. 588.
[97] BGH NJW 1993, 333, 334.
[98] NJW-RR 2002, 1617, 1618.
[99] *Brox* ZZP 81 (1968), 379, 389 Fn. 41; *Dietrich* ZZP 83 (1970), 201, 211 f.; aA *St/J/Leipold* Rn. 251; *Sae/Saenger* Rn. 31.
[100] AA *Zö/Vollkommer* vor § 322 Rn. 58.
[101] BGHZ 143, 169, 172 = NJW 2000, 590; *Walchshöfer,* Festschr. f. Schwab, 1990, S. 521, 533.
[102] BGH (Fn. 101); BGHZ 144, 242, 244 = NJW 2000, 2988.
[103] BGH WM 1989, 1897, 1899; NJW 1993, 3204, 3205.

eingetretene Fälligkeit des klägerischen Anspruchs, an der Rechtskraft der klageabweisenden Entscheidung teil.[104] Dies wäre unvereinbar mit dem Grundsatz, dass nur das Ergebnis des richterlichen Subsumtionsschlusses und nicht dessen Glieder von der materiellen Rechtskraft erfasst werden (Rn. 16). Deshalb ist der Grund der Abweisung, die fehlende Fälligkeit, auch nicht im Urteilstenor anzugeben.[105]

Die getroffenen Feststellungen über den Umfang der Bindung des Richters eines Folgeprozesses an das rechtskräftige Urteil lassen auch die Antwort auf die Frage finden, unter welchen Voraussetzungen vom Kläger ein weiterer **Schmerzensgeldanspruch** geltend gemacht werden kann, nachdem ihm bereits durch ein rechtskräftiges Urteil auf seinen uneingeschränkten Antrag hin Schmerzensgeld zuerkannt worden ist. Die Entscheidung hängt davon ab, ob der Kläger durch nachträglich entstandene Tatsachen seinen Antrag zu begründen vermag. Dabei muss davon ausgegangen werden, dass durch den rechtskräftig festgestellten Schmerzensgeldanspruch alle diejenigen Schadensfolgen abgegolten sind, die entweder bereits während des ersten Prozesses eingetreten und objektiv erkennbar waren oder deren Eintritt jedenfalls vorhergesehen und bei der Entscheidung berücksichtigt werden konnte. Maßgebend ist insoweit nicht die subjektive Sicht der Partei oder die Erfassung des Streitstoffes durch das Gericht, sondern die nach objektiven Gesichtspunkten zu treffende sachverständige Beurteilung der damaligen Situation.[106] 52

3. Anerkenntnis- und Verzichtsurteil. Diese Urteile können nach § 313b Abs. 2 ohne Tatbestand und Entscheidungsgründe erlassen werden. Um den rechtskraftfähigen Inhalt eines solchen Urteils zu ermitteln, muss dann ggf. ersatzweise auf das Parteivorbringen zurückgegriffen werden: auf das Klagevorbringen und die Anerkenntnis- oder Verzichtserklärung.[107] Auf dieser Grundlage ist auch zu entscheiden, welche Tatsachen durch die Rechtskraft präkludiert werden (vgl. auch Rn. 16). 53

4. Versäumnisurteil. Wird ein Versäumnisurteil ohne Tatbestand und Entscheidungsgründe erlassen (§ 313b), dann ist zur Ermittlung des rechtskraftfähigen Entscheidungsinhalts in gleicher Weise wie bei entsprechenden Anerkenntnis- und Verzichtsurteilen zu verfahren (Rn. 53).[108] Dies gilt auch für ein gegen den Kläger erlassenes Versäumnisurteil. Die Rechtskraft eines solchen Urteils bezieht sich auf den durch die Klage zur Entscheidung des Gerichts gestellten Lebenssachverhalt und enthält wie jedes andere **klageabweisende Urteil** (Rn. 48) die Feststellung, dass das vom Kläger gegenüber dem Beklagten geltend gemachte Recht auf Grund dieses Lebenssachverhaltes unter keinem rechtlichen Gesichtspunkt zu bejahen ist. Dies hindert aber den Kläger nicht, einen **gleichen Anspruch** gegen den Beklagten mit der Begründung zu erheben, **auf Grund neuer Tatsachen,** dh. solcher, die nach Schluss der letzten mündlichen Verhandlung des Verfahrens eingetreten sind, in dem das rechtskräftige Versäumnisurteil gegen den Kläger ergangen ist, stehe ihm jetzt ein solches Recht zu. Bei der Diskussion dieser Frage wird nicht genau genug beachtet, dass auf Grund neuer rechtserheblicher Tatsachen – dh. Tatsachen, die geeignet sind, die im rechtskräftigen Urteil festgestellte Rechtslage zu verändern (vgl. Rn. 32) – auch ein neuer Lebenssachverhalt entsteht und dadurch der Streitgegenstand des zweiten Prozesses nicht mehr mit dem identisch ist, über den durch das Versäumnisurteil entschieden wurde. Folglich kann auch die Rechtskraft des Versäumnisurteils nicht entgegenstehen. Allerdings muss der Kläger bei einer erneuten Klage vortragen, welche Tatsachen inzwischen neu eingetreten sind und wodurch sie den früheren Lebenssachverhalt so verändern, dass ein neuer Streitgegenstand zur Entscheidung gestellt wird (§ 330 Rn. 4). Gelingt diese Feststellung nicht, dann ist die zweite Klage als unzulässig abzuweisen (s. Rn. 50).[109] 54

Im alten und im neuen Prozess können sich allerdings gleiche Fragen ergeben. Man könnte deshalb meinen, die **Bindung des rechtskräftigen Versäumnisurteils** reiche soweit, wie es sich um Punkte handelt, die bereits zur Entscheidung des ersten Gerichts standen. Hatte beispielsweise der Kläger einen Kaufpreisanspruch geltend gemacht, der zur Zeit des gegen ihn erlassenen Versäumnisurteils noch nicht fällig war und erhebt er nach Fälligkeit erneut Klage, dann müsste diese Klage als unzulässig abgewiesen werden, wenn das Versäumnisurteil gegen den Kläger als umfassende Klageabweisung aufzufassen ist und deshalb der Richter im zweiten Prozess an die Feststellung gebunden wäre, dem Kläger stehe gegen den Beklagten endgültig kein Kaufpreisanspruch zu. Bei dieser Sichtweise wäre der Kläger mit allen Tatsachen präkludiert, die zu einem vom Versäumnisurteil abweichenden Ergebnis führen. Dies entspricht der Auffassung des BGH[110] Eine solche Auffassung lässt indes unberücksichtigt, dass sich die materielle Rechtskraft auf den prozessualen Anspruch, dh. auf den Streitgegenstand bezieht (Rn. 16) und dass die Rechtskraft des Urteils folglich auch nur den Lebenssachverhalt als Teil der Streitgegenstandes erfassen kann, wie er in dem Prozess zur Entscheidung gestellt wird. Die inzwischen eingetretene Fälligkeit des Anspruchs verändert jedoch 55

---

[104] Unklar insoweit BGH WM 1989, 1899.

[105] Vgl. LG Freiburg MDR 1997, 396.

[106] BGH NJW 1995, 1614; NJW-RR 2006, 712, 713, jeweils m. weit. Nachw.; vgl. auch BGH NJW 1998, 1786; 2004, 1243, 1244; OLG Schleswig MDR 2001, 1116; 2002, 1068.

[107] BGH (Fn. 91) S. 192; OLG Köln NJW-RR 1993, 1407; *St/J/Leipold* Rn. 193; anders OLG Frankfurt NJW-RR 1994, 9: Auslegung des Urteils ausschließlich auf Grund der Urteilsformel; ebenso OLG Köln Rpfleger 1992, 527, 528; einschr. auch OLG Bamberg FamRZ 1986, 702.

[108] BGH NJW-RR 1987, 831, 832; NJW 1994, 460 m. weit. Nachw.; BAG NJW 1995, 2310, 2311.

[109] *Reuschle* (Fn. 28) S. 71 f.; MK/*Gottwald* Rn. 189.

[110] So BGH NJW 2003, 1044 = ZZP 116 (2003), 491 m. abl. Anm. v. *Reischl,* ebenso bereits BGHZ 35, 338, 340 f. = NJW 1961, 1969; zust. *Hau* JuS 2003, 1157; *Heiderhoff* ZZP 118 (2005), 185, 196 ff. Der BGH (aaO S. 1045) kommt zu einem gleichen Ergebnis wenn die Berufung des Klägers gegen ein kontradiktorisches Urteil durch Versäumnisurteil abgewiesen wird; insoweit abl. *Just* NJW 2003, 2289; *Greger* EwiR § 322 ZPO 1/03, 441; *Deubner* JuS 2003, 892, 894 f.; *Hau* aaO S. 1159; *Siemon* MDR 2004, 301; *Zö/Vollkommer* Rn. 56.

den rechtskräftig entschiedenen Lebenssachverhalt in einem für die Rechtslage wesentlichen Punkt (vgl. Rn. 29)und folglich kann das Gericht des zweiten Prozesses nicht an die Feststellungen gebunden sein kann, die hinsichtlich einer sich inzwischen geänderten Sachlage getroffen wurden (vgl. Rn. 51).[111]

56 Die Rechtslage ist bei einem **Versäumnisurteil gegen den Kläger** insoweit nicht anders zu beurteilen als bei einem klageabweisenden Urteil auf Grund streitiger Verhandlung. Die rechtlichen Erwägungen, die das Gericht veranlassten, die Klage abzuweisen, nehmen an der Rechtskraft eines Urteils nicht teil (Rn. 50). Sowohl bei einem klageabweisenden Urteil auf Grund streitiger Verhandlung als auch bei einem Versäumnisurteil gegen den Kläger wird rechtskräftig nur festgestellt, dass auf der Grundlage des zur Entscheidung stehenden Lebenssachverhalts das vom Kläger geltend gemachte Recht nicht besteht. Diese Feststellung kann keinen Bestand mehr haben, wenn der Kläger in einem zweiten Prozess sein Recht auf einen vom ersten Prozess verschiedenen Tatsachenstoff stützt und damit geltend macht, die Rechtslage habe sich seit Erlass des Versäumnisurteils verändert (§ 330 Rn. 4). Der Auffassung, die eine zweite Klage des durch Versäumnisurteil abgewiesenen Klägers auf Grund neuer Tatsachen zulässt, ist folglich zuzustimmen.[112] Die sich dabei ergebende Konsequenz, dass bereits in einem ersten Prozess entschiedene Vorfragen in einem zweiten Rechtsstreit erneut und möglicherweise mit einem anderen Ergebnis behandelt werden können, ist Folge der vom Gesetzgeber gewollten Einschränkungen der Rechtskraft (Rn. 2, 16) und muss deshalb akzeptiert werden; bindend ist für den Richter des Folgeprozesses nur die Feststellung, dass dem Kläger bis zum Schluss der Verhandlung über das Versäumnisurteil das von ihm geltend gemachte Recht nicht zugestanden hat (Rn. 51).

57 **5. Feststellungsurteil.** Durch ein Urteil, das der Klage auf Feststellung des Bestehens eines Rechtsverhältnisses (§ 256) stattgibt, wird das Bestehen dieses Rechts auch dann festgestellt, wenn das Gericht nicht alle dafür maßgebenden Gesichtspunkte berücksichtigt hat.[113] Folglich ist der Beklagte auf Grund der rechtskräftigen Feststellung mit allen Einwendungen ausgeschlossen, die er bis zur letzten Tatsachenverhandlung gegen das festgestellte Recht hätte geltend machen können. Der BGH, der die Auffassung vertritt, es komme bei **Gestaltungsrechten** für die Präklusionswirkung des rechtskräftigen Urteiles im Regelfall auf den Zeitpunkt der Entstehung und nicht auf die Ausübung an (Rn. 39), verlangt deshalb folgerichtig, dass der Beklagte, der gegen die festzustellende Forderung aufrechnen kann, die Aufrechnung erklärt, wenn er die Präklusion vermeiden will. Besteht indes die Aufrechnungslage noch nicht, dann braucht sich der Beklagte nicht die Aufrechnung ausdrücklich vorzubehalten.[114]

58 Wird eine Schadensersatzpflicht des Beklagten festgestellt, dann schließt die Rechtskraft dieses Urteils solche Einwendungen gegen den Anspruch aus, die sich auf Tatsachen stützen, die bereits im Zeitpunkt der letzten mündlichen Verhandlung (vgl. Rn. 28) eingetreten sind; dies gilt insbesondere auch für einen **Mitschuldeinwand** in einem späteren Prozess, in dem über die Höhe des Schadens gestritten wird.[115] Dagegen betrifft die Frage, ob und in welcher Höhe ein Verdienstaufallsschaden eingetreten ist, nicht den festgestellten Bestand des Anspruch, sondern den Schadensumfang, der nicht von der Rechtskraft des Feststellungsurteils erfasst wird.[116] Wird eine **positive Feststellungsklage als unbegründet abgewiesen,** dann wird damit das Nichtbestehen des Rechtsverhältnisses festgestellt, auf das sie sich bezieht.[117] Erhebt der Kläger dennoch eine dieses Rechtsverhältnis betreffende **Leistungsklage,** dann ist die Klage nicht als unzulässig, sondern als unbegründet abzuweisen.[118] Denn wegen der unterschiedlichen Anträge ist der Streitgegenstand beider Klagen nicht identisch und deshalb die zweite Klage zulässig; der Kläger kann jedoch nicht in der Sache obsiegen, weil auf Grund des Feststellungsurteils davon auszugehen ist, dass ihm ein Recht nicht zusteht. Auch bei einem Feststellungsurteil muss – in gleicher Weise wie bei anderen Urteilen (Rn. 16f.) – berücksichtigt werden, dass die rechtlichen Erwägungen, die das Gericht zu der von ihm getroffenen Feststellung veranlassten, nicht an der Rechtskraft teilnehmen. Durch ein Urteil, das das Bestehen oder Nichtbestehen eines Rechtsverhältnisses feststellt, wird deshalb nicht auch der dafür maßgebende Grund verbindlich fixiert, so dass in einem Folgeprozess die Entscheidung über den Entstehungs- oder Auflösungsgrund eines Rechtsverhältnisses abweichend getroffen werden kann.[119]

59 Hat eine **negative Feststellungsklage** Erfolg, dann steht damit fest, dass das Rechtsverhältnis zwischen den Parteien nicht existiert, wie umgekehrt bei einer Abweisung der Klage vom Bestehen des Rechtsverhältnisses auszugehen ist. Wird eine negative Feststellungsklage als unbegründet abgewiesen, dann hat diese Entscheidung grundsätzlich dieselbe Rechtskraftwirkung wie ein Urteil, das das Gegenteil dessen, was mit der negativen Feststellungsklage begehrt wird, positiv feststellt.[120] Bei Ermittlung des Inhalts der rechtskräftig getroffenen Feststellung muss darauf gesehen werden, was Streitgegenstand des Rechtsstreits war, was also der Kläger beantragte und auf welche Tatsachen er diesen Antrag stützte. Einen Aufschluss geben

---

[111] Nach anderer Auffassung soll der nachträgliche Eintritt der Fälligkeit den im ersten Prozess zu Grunde liegenden Lebenssachverhalt unverändert lassen; so *Oetker* ZZP 115 (2002), 3, 5; *Roth* LMK 2003, 116.

[112] So mit unterschiedlichen Begründungen: *Dietrich* ZZP 84 (1971), 419, 436ff.; *Roth* (Fn. 111); *Zeuner* JZ 1962, 497f.; MK/*Gottwald* Rn. 181; *St/J/Leipold* Rn. 254; *Lüke* Rn. 374.

[113] BGH NJW 1979, 1046f.; 1982, 2257.

[114] BGHZ 103, 362, 367ff. = NJW 1988, 2542.

[115] BGH NJW 1989, 105; krit. *Piepenbrock* MDR 1998, 201.

[116] BGH NJW-RR 2005, 1517f.

[117] BGH NJW 1994, 657, 659 m. weit. Nachw.

[118] BGH NJW 1989, 393, 394.

[119] BGH NJW-RR 1988, 199, 200; *Musielak* NJW 2000, 3593, 3597f.

[120] BGH NJW 1983, 2032, 2033; 1986, 2508, 2509; 1995, 1757; BAG NZA 2005, 647, 649 (zur gleichen Frage zu einem Beschluss).

insoweit regelmäßig Tatbestand und Entscheidungsgründe des Urteils (Rn. 16). Hat der Kläger die negative Feststellung eines nicht näher bezifferten Anspruchs begehrt (Antrag auf Feststellung, dass der Kläger aus einem bestimmten Rechtsverhältnis keine Forderung gegen den Beklagten habe), dann steht durch die Abweisung dieser Klage positiv nur fest, dass ein Anspruch des Beklagten gegen den Kläger dem Grunde nach besteht und die Höhe noch der Prüfung und Entscheidung bedarf.[121] Einem solchen Urteil kommt die gleiche Bedeutung zu wie einem Grundurteil für das spätere Betragsverfahren, so dass in einem zweiten Prozess das Ergebnis nicht ausgeschlossen ist, dem im ersten Prozess erfolgreichen Beklagten stehe kein Anspruch zu (§ 304 Rn. 31).[122]

Wird durch ein obsiegendes Urteil auf Grund einer negativen Feststellungsklage (und das Gleiche gilt bei Abweisung einer entsprechenden positiven Feststellungsklage) **festgestellt,** dass der **Beklagte nicht Eigentümer einer bestimmten Sache** ist, dann bezieht sich zwar diese Feststellung nicht allein auf den vorgetragenen und im Urteil erörterten Erwerbsgrund, dennoch ist durch diese Entscheidung nicht ausgeschlossen, dass sich die erfolglos gebliebene Partei in einem späteren Prozess auf einen Erwerbsgrund berufen kann, der bereits zum Zeitpunkt der ersten Entscheidung bestanden hat. Die im Schrifttum geführte Diskussion dieser Frage[123] wird durch die Meinungsverschiedenheiten beeinflusst, die über den Streitgegenstand einer Feststellungsklage bestehen.[124] Wer annimmt – wie es der hier vertretenen Auffassung entspricht –, dass auch bei der Feststellungsklage der Lebenssachverhalt zum Streitgegenstand gehört und folglich die Abweisung der Klage auf den zu Grunde liegenden Lebenssachverhalt bezogen ist und nicht das festzustellende Rechtsverhältnis schlechthin verneint, der muss auch davon ausgehen, dass nicht alle denkbaren Erwerbsgründe durch das rechtskräftige Urteil erfasst werden. Insoweit besteht kein Unterschied zum Leistungsurteil (Rn. 49).[125] Hat beispielsweise der Kläger das Eigentum an einer Sache aus einem bestimmten rechtsgeschäftlichen Erwerbsvorgang abgeleitet und wird die Klage mit der Begründung abgewiesen, der Veräußerer sei nicht Eigentümer der Sache gewesen, dann schließt es die Rechtskraft dieses Urteils aus, sich in einem späteren Prozess erfolgreich auf einen mit dem vorgetragenen Sachverhalt in Zusammenhang stehenden gutgläubigen Eigentumserwerb zu berufen. Jedoch kann der Kläger geltend machen, er habe das Eigentum an der Sache bereits im Zeitpunkt des Vorprozesses durch Erbgang erworben, denn dieser Erwerbsgrund gehört nicht zu dem Lebenssachverhalt, über den das erste Gericht zu entscheiden hatte.[126] 60

Sehr streitig ist die Frage, welche Rechtskraftwirkung einem **Urteil** zukommt, **das** eine **negative Feststellungsklage** mit der Begründung **abweist,** weder das Bestehen noch das Nichtbestehen des Rechtsverhältnisses sei bewiesen worden. Dass vom **Gericht** die **Beweislastverteilung verkannt** worden ist und dass die negative Feststellungsklage hätte Erfolg haben müssen, weil der Beklagte das Bestehen des Rechtsverhältnisses nicht beweisen konnte (§ 286 Rn. 35, 51), hat keinen Einfluss auf die Rechtskraft der Entscheidung. Deshalb will der BGH[127] auch in diesem Fall aus der Abweisung der negativen Feststellungsklage auf das positive Gegenteil schließen, so dass nach dieser Auffassung rechtskräftig das Bestehen des Rechtsverhältnisses feststeht. Die dafür gegebene Begründung vermag allerdings nicht zu überzeugen. Entscheidend kann nicht sein, dass – wie der BGH meint – die Entscheidungsgründe nicht an der Rechtskraft des Urteils teilnehmen und deshalb die unrichtigen Erwägungen unbeachtlich sein müssten. Zu Recht ist darauf hingewiesen worden, dass bei einem klageabweisenden Urteil die Entscheidungsgründe berücksichtigt werden müssen, um Inhalt und Umfang der Urteilsformel klarzustellen (Rn. 16).[128] Mit der Begründung, ein Urteil, das weder „ja" noch „nein" zu dem umstrittenen Rechtsverhältnis sage, habe einen relativ unbestimmten Inhalt, so dass ihm nur eine beschränkte Rechtskraftwirkung zukommen könne,[129] wird die vom BGH vertretene Meinung abgelehnt und angenommen, dass in diesen Fällen durch Abweisung der negativen Feststellungsklage nicht das kontradiktorische Gegenteil rechtskräftig festgestellt werde.[130] 61

Wird jedoch der Inhalt einer Beweislastentscheidung richtig gewertet, dann zeigt sich, dass die Auffassung des BGH im Ergebnis zutreffend ist. Werden im Falle eines non liquet **Beweislastnormen** vom Richter angewendet, dann fingieren sie ein Beweisergebnis, das der Richter bei Anwendung des materiellen Rechts zu Grunde zu legen hat.[131] Die Anwendung von Beweislastnormen führt also in den vom BGH entschiedenen Fällen nicht etwa dazu, dass die Frage der Existenz des Rechtsverhältnisses offen bleibt, sondern dass eine Tatsachenfeststellung fingiert wird, aus der sich eine Antwort auf die Frage nach der Existenz des Rechtsverhältnisses ergibt. Bei richtiger Anwendung der Beweislastnormen hätten die Richter zu dem Ergebnis gelangen müssen, dass die umstrittenen Rechtsverhältnisse als nicht existent zu behandeln und die 62

---

[121] BGH NJW 1975, 1320, 1321; *St/J/Leipold* Rn. 119.

[122] BGH NJW 1986, 2508, 2509; MK/*Gottwald* Rn. 185.

[123] Vgl. *Zö/Vollkommer* Rn. 12 (gegen Beachtung nicht vorgetragener Erwerbsgründe in einem zweiten Prozess); ebenso *Becker* AcP 188 (1988), 24, 53f.; aA *St/J/Leipold* Rn. 106, jeweils m. weit. Nachw.

[124] Vgl. *Habscheid,* Festschr. f. Schwab, 1990, S. 181, 189ff.

[125] Die Parallele zum Leistungsurteil betont auch BGH NJW 1995, 1757, 1758.

[126] Anders wohl BGH NJW 1995, 1757.

[127] BGH NJW 1983, 2032, 2033; 1986, 2508, 2509; zustimmend *Arens,* Festschr. f. Müller-Freienfels, 1986, S. 13, 22ff.; *Habscheid* NJW 1988, 2641; *Kapp* MDR 1988, 710, 712f.

[128] *Tiedtke,* NJW 1990, 1697, 1700; *Künzl* JR 1987, 57f.

[129] MK/*Gottwald* Rn. 186.

[130] *Tiedtke* (Fn. 128); *Künzl* (Fn. 128); *Lepp* NJW 1988, 806; *St/J/Leipold* Rn. 118; *Zö/Vollkommer* Rn. 11; vgl. auch *Stetter-Lingemann,* Die materielle Rechtskraft eines die negative Feststellungsklage abweisenden Urteils, insbesondere bei unrichtiger Beweislastverteilung, Diss. Tübingen 1992, S. 225ff.

[131] *Musielak,* GK ZPO, Rn. 474ff.

Klagen folglich zuzusprechen gewesen wären. Die Rechtskraft eines solchen Urteils hätte dazu geführt, dass eine zweite Klage, die sich auf das Bestehen dieses Rechtsverhältnisses gestützt hätte, als unbegründet hätte abgewiesen werden müssen. Gleiches muss aber auch dann gelten, wenn die Feststellungsklage in Verkennung der Beweislastregelung abgewiesen wird. Der **Rechtsirrtum des Richters** ändert daran nichts.[132] Die Fiktion der (falsch angewendeten) Beweislastnormen bewirkt, dass in einem Folgeprozess von der Existenz des Rechtsverhältnisses ausgegangen werden muss.

63 **6. Gestaltungsurteil.** Das Urteil, das einer Gestaltungsklage stattgibt, führt die beantragte Änderung der Rechtslage herbei. So wird durch das Ehescheidungsurteil im Zeitpunkt des Eintritts der formellen Rechtskraft die Ehe aufgelöst (§ 1564 S. 2 BGB). Von dieser Gestaltungswirkung des Urteils ist seine **materielle Rechtskraft** zu unterscheiden. Sie hat die Feststellung zum **Inhalt,** dass dem Kläger ein Recht auf Gestaltung der Rechtslage entsprechend der gerichtlichen Entscheidung zusteht.[133] Die materielle Rechtskraft des Gestaltungsurteils bewirkt, dass ein Schadensersatz- oder Bereicherungsanspruch, der mit der Begründung erhoben wird, die vom Kläger herbeigeführte Gestaltung der Rechtslage sei rechtswidrig, als unbegründet abgewiesen werden muss.[134]

64 Bleibt eine Gestaltungsklage erfolglos, dann wird durch das klageabweisende Urteil festgestellt, dass dem Kläger ein entsprechendes Gestaltungsrecht nicht zusteht.[135] Wie weit diese Feststellung reicht, ergibt sich wie auch bei anderen Urteilen aus dem Streitgegenstand. Die **Klageabweisung** bedeutet folglich, dass auf Grund des Lebenssachverhalts, über den das Gericht zu befinden hatte, ein Gestaltungsrecht des Klägers zu verneinen ist. Auch hier stellt sich wieder die Frage, wie im Einzelfall der Lebenssachverhalt abzugrenzen ist. Anhaltspunkte ergeben sich hierfür aus den anzuwendenden Rechtssätzen (Einl. Rn. 76).[136] Dies gilt auch in Fällen, in denen generalklauselartige Tatbestände einem Gestaltungsrecht zu Grunde liegen. Wird beispielsweise die Klage auf Ausschließung eines Gesellschafters einer OHG abgewiesen, dann steht damit fest, dass ein Grund für die Ausschließung iSv. §§ 133, 140 HGB nicht besteht. Diese Feststellung lässt es nicht zu, dass eine erneute Ausschließungsklage auf bisher nicht vorgetragene Tatsachen gestützt wird, die bereits im Zeitpunkt der letzten mündlichen Verhandlung des Vorprozesses bestanden haben; dies wird durch die Rechtskraft des klageabweisenden Urteils verhindert.[137]

65 Wird eine **Vollstreckungsgegenklage,** bei der es sich nach hM um eine prozessuale Gestaltungsklage handelt (§ 767 Rn. 2), als unbegründet abgewiesen, dann kommt der Rechtskraft dieses Urteils die Bedeutung zu, dass dem titulierten Anspruch mit dem der Klage zu Grunde liegenden Sachverhalt die Vollstreckungsfähigkeit nicht zu nehmen ist.[138] Dagegen wird durch die Klageabweisung nicht festgestellt, dass dieser Anspruch auch besteht, denn dies ist nicht Gegenstand der Vollstreckungsgegenklage.[139]. Da jedoch durch die Klageabweisung die Vollstreckbarkeit des Anspruchs festgestellt wird, muss eine Klage als unbegründet abgewiesen werden, mit der ein durch die Vollstreckung des Anspruchs entstandener Schaden geltend gemacht wird, wenn zur Begründung Tatsachen vorgetragen werden, die bereits im Zeitpunkt der letzten mündlichen Verhandlung über die Vollstreckungsgegenklage eingetreten waren, auch wenn sie der Kläger nicht kannte.[140] Hat die Vollstreckungsgegenklage Erfolg, dann wird damit die Vollstreckbarkeit des titulierten Anspruchs beseitigt, ohne dass rechtskräftig über das Bestehen der gegen den titulierten Anspruch erhobenen Einwendungen entschieden wird (vgl. § 767 Rn. 46).[141]

66 Die Rechtskraft des Urteils, das einer **Vaterschaftsanfechtung** iSd. § 640 Abs. 2 Nr. 2 iVm. §§ 1599 ff. BGB stattgibt, bezieht sich auf die leibliche Abstammung des Kindes. Die Entscheidung stellt fest, dass der (zunächst) in Anspruch genommene Mann nicht der Vater des Kindes ist (vgl. § 640 h Abs. 2). Wird eine solche Klage abgewiesen, dann bezieht sich die rechtskräftige Entscheidung auf den Lebenssachverhalt, aus dem der Kläger die von ihm begehrte Rechtsfolge ableitet. Durch die Rechtskraft eines solchen Urteils ist der Kläger nicht gehindert, eine zweite Anfechtungsklage zu erheben, wenn er sie auf einen neuen Lebenssachverhalt stützen kann.[142] Insoweit besteht also kein Unterschied zu den Grenzen der Rechtskraft in anderen Fällen (vgl. Rn. 16, 18).

67 **7. Urteil über Teile eines Anspruchs.** Fordert der Kläger nur einen Teil eines einheitlichen, aber teilbaren Anspruchs (50 % einer Schadensersatzforderung), zB um das Kostenrisiko bei einem ungewissen Ausgang des Rechtsstreits zu vermindern, dann wird auch nur rechtskräftig über den von ihm geltend gemachten Anspruchsteil entschieden, so dass eine Rechtskrafterstreckung auf den noch nicht rechtshängig gewordenen Teil seines Anspruchs nicht in Betracht kommen kann (vgl. aber auch Rn. 72 f.). Ob es sich um eine Teilklage handelt, muss dem Vorbringen des Klägers entnommen werden. Erklärt er ausdrücklich, dass er nur einen Teil seines Anspruchs verlange und sich die Restforderung vorbehalte – sog. **offene Teilklage** –, dann ergeben sich insoweit keine Zweifel. In anderen Fällen muss durch Auslegung der klägerischen Erklärung ermittelt werden, ob eine sog. **verdeckte Teilklage** erhoben wird.

---

[132] *Zö/Vollkommer* Rn. 14: auch fehlerhaften non-liquet-Entscheidungen kommt volle Rechtskraftwirkung zu.
[133] MK/*Gottwald* Rn. 188.
[134] BGHZ 40, 130, 132 ff. = NJW 1964, 349; *K. Schmidt* JuS 1986, 35, 38; *St/J/Leipold* Rn. 66.
[135] BAG NJW 1994, 473, 475.
[136] *Blomeyer* § 89 VII.
[137] MK/*Gottwald* Rn. 189
[138] BGH FamRZ 1984, 878, 879; BGH WM 1985, 703, 704; OLG Düsseldorf NJW-RR 1992, 1216.
[139] BGH FamRZ 1984, 878, 879.
[140] BGH NJW 1960, 1460 f.
[141] BGH NJW-RR 1990, 48, 49.
[142] BGH NJW 2003, 585, 586.

Im Grundsatz wird es nicht für erforderlich angesehen, ausdrücklich einen Vorbehalt zu erklären, um sich die Möglichkeit offen zu halten, nach rechtskräftiger Entscheidung Nachforderungen auf denselben Anspruch zu stützen, denn nach hM ergeben sich die Beschränkungen auf den geltend gemachten (Teil-) Anspruch bereits aus der materiellen Rechtskraft.[143] Dies gilt auch für den Zugewinnausgleich, der auf eine Geldsumme gerichtet und deshalb teilbar ist.[144] Stellt jedoch der Kläger zulässigerweise einen **unbezifferten Klageantrag** (§ 253 Rn. 34f., § 308 Rn. 16), dann wird davon ausgegangen, dass der gesamte Anspruch anhängig gemacht wird und deshalb Nachforderungen auf Grund des zur Entscheidung gestellten Lebenssachverhaltes ausgeschlossen sind.[145] Auch bei **Unterhaltsklagen** will der BGH von der Regel ausgehen, dass stets der Anspruch in voller Höhe eingeklagt werde, wenn nicht wenigstens erkennbar eine Nachforderung vorbehalten wird.[146] Etwas anderes gilt jedoch, wenn der Kläger eine Unterhaltsrente über freiwillig bezahlte Beträge hinaus verlangt und zugesprochen erhält. Ein solches Urteil entscheidet nach Ansicht des BGH über eine Teilklage und stellt nicht rechtskräftig fest, dass der Unterhaltsanspruch auch im Umfang der freiwilligen Zahlung besteht (vgl. auch § 323 Rn. 18f.).[147] 68

Die hM weist darauf hin, dass sich trotz der Beschränkung der materiellen Rechtskraft auf den geltend gemachten Anspruch **materiell-rechtliche Folgen** ergeben können, wenn der Kläger im Prozess zu erkennen gibt, er wolle sich mit dem beantragten Betrag begnügen und in Zukunft keine weiter gehenden Ansprüche einklagen. Bei einem solchen (ggf. durch Auslegung der Erklärung ermittelten) Willen des Klägers wird erwogen, darin das Angebot zum Abschluss eines Erlassvertrages oder ein negatives deklaratorisches Schuldanerkenntnis zu sehen; auch wird eine materiell-rechtliche Verwirkung der weiteren Anspruchsteile auf Grund widersprüchlichen oder arglistigen Verhaltens in Betracht gezogen.[148] Sind solche materiell-rechtlichen Wirkungen zu bejahen, dann ist eine Nachforderungsklage als unbegründet abzuweisen. 69

Wird eine **Teilklage abgewiesen** oder hat sie nur zum Teil Erfolg, dann wird dadurch vom erkennenden Gericht zum Ausdruck gebracht, dass dem Kläger überhaupt kein Anspruch oder zumindest nicht über den zuerkannten Teil hinaus zusteht. Die hM sieht in dieser Erkenntnis lediglich ein Urteilselement, das nicht von der Rechtskraft erfasst wird.[149] Der BGH erklärt, gegenüber der Regelung des § 322 Abs. 1 versagten logische Erwägungen wie etwa, dass die Zuerkennung des Restbetrages einer Forderung die Bejahung der Gesamtforderung voraussetze. Die Rechtskraft reiche in diesen Fällen nicht so weit wie die Folgerichtigkeit der Entscheidungsgründe.[150] 70

Es liegt nahe, zur Begründung auf den **Fall eines zusprechenden Urteils** zu verweisen. Wird nur ein Teil eines Anspruchs eingeklagt und obsiegt der Kläger, dann schließt es die Rechtskraft des Urteils nicht aus, dass der Richter in einem zweiten Prozess, in dem über den Rest des Anspruchs zu befinden ist, die Klage mit der Begründung abweist, der Anspruch besteht überhaupt nicht. Die Existenz des Anspruchs ist in dem ersten Urteil nicht rechtskräftig festgestellt worden (Rn. 16f.). Die hM überträgt offensichtlich diese Erkenntnis auch auf die **Klageabweisung** und folgert daraus, dass ebenso in einem zweiten Prozess der Anspruch bejaht werden kann, nachdem eine Teilklage deshalb abgewiesen worden ist, weil der Richter den Anspruch verneinte. Bei dieser Gleichsetzung wird jedoch ein entscheidender Unterschied zwischen beiden Fällen nicht berücksichtigt. Bei dem zusprechenden Urteil wird rechtskräftig nur entschieden, dass dem Kläger auf Grund des von ihm zur Begründung angeführten Lebenssachverhalts ein Anspruch gegen den Beklagten in der beantragten Höhe zusteht. Zu der Frage, ob der Kläger noch darüber hinaus etwas zu beanspruchen hat, ist nicht Stellung zu nehmen. Auch wenn dies der Richter in den Gründen tut und ausdrücklich erklärt, dem Kläger stehe noch eine weitere Forderung gegen den Beklagten zu, binden solche Ausführungen in den Urteilsgründen den Richter eines nachfolgenden Prozesses nicht. Bei einem klageabweisenden Urteil bleibt jedoch gerade nicht offen, ob der Kläger noch über den geltend gemachten Anspruch hinaus eine weitere Forderung gegen den Beklagten besitzt. Denn durch die Klageabweisung wird rechtskräftig festgestellt, dass im Rahmen des Streitgegenstandes eine Leistungspflicht des Beklagten gegenüber dem Kläger nicht existiert (Rn. 48).[151] 71

An diesem Ergebnis vermag auch nichts der Hinweis zu ändern, dass bei einer Teilklage nur ein Teil des Gesamtanspruchs den Streitgegenstand bilde und dass über den weiteren mit der Nachforderungsklage geltend gemachten Teil nicht rechtskräftig entschieden werde.[152] Der Richter, der über eine zweite Teilklage zu befinden hat, ist bei seiner Entscheidung an die rechtskräftig getroffene Feststellung gebunden, dass dem Kläger auf Grund des Lebenssachverhalts, auf den er seine erste Teilklage gestützt hat, eine Forderung gegen den Beklagten nicht zusteht (Rn. 10). Diese Erkenntnis ist unteilbar und unterscheidet sich dadurch 72

---

[143] BGHZ 135, 178, 181f. = NJW 1997, 1990 = JZ 1997, 1126 m. Anm. v. *Jauernig* = LM Nr. 148 (*Leipold*) = JR 1998, 153 m. Anm. v. *Tischner;* BGH NJW 1997, 3019, 3020f.; 2002, 2167f.; OLG Frankfurt/M NJW-RR 1997, 700, 701; abw. *Marburger,* Gedächtnisschrift für Knobbe-Keuk, 1997, S. 187, 194ff.

[144] BGH NJW 1994, 3165, 3166; OLG Düsseldorf FamRZ 1998, 916; vgl. dazu *Ludwig* FamRZ 1999, 384.

[145] BGH NJW 1985, 2825, 2826; 1997, 3019, 3021; *St/J/Leipold* Rn. 162.

[146] BGHZ 94, 145, 147 = NJW 1985, 1701 m. weit. Nachw.; BGH NJW-RR 1990, 390; OLG Hamm FamRZ 1990, 299, 301; MDR 1997, 1159.

[147] BGHZ 93, 330, 334f. = NJW 1985, 1340; BGH NJW 1991, 429, 430.

[148] Vgl. BGH NJW 1979, 720; 1997, 3019, 3021 (einschr.); OLG Köln BB 1994, 1814, 1815; *Kuschmann,* Festschr. f. Schiedermair, 1976, S. 351, 369; MK/*Gottwald* Rn. 133; s. auch BGH NJW-RR 1990, 390, 391.

[149] BGH WM 1986, 146; OLG Düsseldorf MDR 2001, 1257; *Kuschmann* (Fn. 148) S. 368; *Zö/Vollkommer* Rn. 47f.

[150] BGHZ (Fn. 147) S. 334.

[151] Im gleichen Sinn auch *Oberhammer* FS f. Kollhosser, 2004, S. 501, 509ff.

[152] *Eckhardt* Jura 1996, 624, 629f.; *Elzer* JuS 2001, 224, 227; *Brötel* JuS 2003, 429, 433; MK/*Gottwald* Rn. 132; *Sae/Saenger* Rn. 25.

von dem klagezusprechenden Urteil. Werden Tausend verlangt und wird dabei darauf hingewiesen, dass noch weitere Tausend beansprucht werden können, dann wird dadurch, dass Tausend zugesprochen werden, über die zweiten Tausend nichts ausgesagt. Werden jedoch die geforderten Tausend verweigert, weil ein Anspruch nicht besteht, dann ist damit zugleich auch mitentschieden worden, dass weitere Tausend dem Fordernden nicht zustehen können, weil sich ein Rechtsgrund für eine Forderung des Klägers gegen den Beklagten aus dem vorgetragenen Lebenssachverhalt nicht ableiten lässt. Für diese Feststellung ist es unerheblich, ob der Kläger seine gesamte (vermeintliche) Forderung geltend macht oder lediglich einen Teil davon. Nur wenn für die zweiten Tausend eine eigenständige Begründung gegeben werden kann, es sich also insoweit um einen anderen Lebenssachverhalt handelt, gilt etwas anderes. Dies ist der Fall, wenn eine sog. **individualisierte Teilklage** erhoben wird, bei der sich der Anspruchsteil nicht nur quantitativ, sondern zugleich auch qualitativ unterscheidet; als Beispiel sei ein fälliger Lohnanspruch genannt, von dem nur ein auf einen bestimmten Zeitraum entfallender Teilbetrag geltend gemacht wird.[153]

73 Diese Überlegungen, die in gleicher Weise für eine verdeckte und für eine offene Teilklage gelten, müssen dazu führen, dass **nach** einer **Klageabweisung** eine auf denselben Rechtsgrund gestützte **zweite Klage** als **unbegründet** abgewiesen werden muss, dagegen nicht als unzulässig, weil das erste Urteil keine Rechtskraftsperre schafft, sondern präjudiziell wirkt. Dies gilt auch, wenn der Kläger einer Teilklage nicht voll obsiegt, weil dann durch die Entscheidung festgestellt wird, dass über den zuerkannten Teil hinaus ein Anspruch gegen den Beklagten nicht gegeben ist. Während diese Auffassung für die offene Teilklage fast durchweg – mit dem zwar zutreffenden, jedoch an der Sache vorbei gehenden Hinweis, die Rechtskraft des klageabweisenden Urteils erfasse nicht den nicht eingeklagten Teil – abgelehnt wird,[154] finden sich im Schrifttum für die verdeckte Teilklage durchaus Befürworter eines solchen Vorgehens (allerdings wird auch insoweit ganz überwiegend auf die Rechtskraft des klageabweisenden Urteils gesehen und deshalb die Unzulässigkeit der zweiten Klage angenommen).[155] Die Differenzierung zwischen der offenen und der verdeckten Teilklage vermag auf Grund der oben angestellten Erwägungen nicht zu überzeugen. Für eine Besserbehandlung der offenen Teilklage lässt sich allenfalls anführen, dass dann der Beklagte, der die Gefahr einer Nachforderung erkennt, sich durch eine negative Feststellungsklage widerklagend zur Wehr setzen kann. Berücksichtigt muss allerdings auch werden, dass die hM zur verdeckten Teilklage dazu führt, jeden quantitativ bestimmten Klageantrag als potenzielle Teilklage anzusehen,[156] so dass bei einer Klageabweisung die Gegenauffassung dazu kommen müsste, einen auf denselben Lebenssachverhalt gestützten Anspruch zur erneuten Verhandlung und Entscheidung durch das Gericht zuzulassen, wenn der Kläger nur behauptet, er mache einen weiteren noch nicht rechtskräftig zurückgewiesenen Teilanspruch geltend.

74 Der **Umfang der Rechtskraft** eines Urteils, das über eine Teilklage ergeht, ist auch wie sonst (Rn. 16) auf Grund der Urteilsformel zu bestimmen, zu deren Auslegung Tatbestand und Entscheidungsgründe einschließlich des dort in Bezug genommenen Parteivortrages heranzuziehen sind.[157] Wird danach ein Lebenssachverhalt uneingeschränkt zur Entscheidung des Gerichts gestellt, dann kann eine Nachforderung nicht damit begründet werden, das Gericht habe bestimmte Tatsachen nicht umfassend berücksichtigt und zutreffend gewürdigt; dieser Einwand kann nur im Rechtsmittelverfahren gegen das Urteil vorgebracht werden.[158] Lässt jedoch das Urteil nicht erkennen, über welche Teilbeträge das Gericht entschieden hat, dann ist das Urteil nicht der materiellen Rechtskraft fähig (vgl. § 300 Rn. 6).[159]

75 **8. Sonstige Urteile.** Ein **Teilurteil** iSv. § 301 trennt den Rechtsstreit in zwei selbständige Verfahren, die nach Erlass des Urteils so zueinander stehen, als wären sie von vornherein isoliert eingeklagt worden (§ 301 Rn. 21). Jedes Urteil, das Teilurteil und das über den verbleibenden Rest entscheidende Schlussurteil (§ 301 Rn. 2), wird selbständig rechtskräftig.[160] Ergibt sich jedoch aus dem Urteil nicht mit hinreichender Deutlichkeit, in welchem Umfang über verschiedene vom Kläger erhobene Ansprüche befunden worden ist, dann kann das Teilurteil eine Rechtskraftwirkung, die einer erneuten Klage wegen einzelner dieser Ansprüche entgegensteht, nicht entfalten (Rn. 74 aE).[161] Da auch bei einer **Stufenklage** (§ 254) die Entscheidung über die einzelne Stufe durch Teilurteil getroffen wird, muss der rechtskraftfähige Inhalt des einzelnen Urteils jeweils selbständig und getrennt von den anderen beurteilt werden. Dies bedeutet, dass die rechtskräftige Verurteilung zur Auskunftserteilung keine Aussage über die Existenz des Zahlungsanspruchs trifft und deshalb das Gericht nicht gehindert ist, die Zahlungsklage abzuweisen.[162] Ein **Vorbehaltsurteil** nach

---

[153] *Lindacher* ZZP 76 (1963), 451, 452f. (allerdings ablehnend gegenüber dem Wert dieser Unterscheidung); *Kuschmann* (Fn. 148) S. 355 Fn. 11.

[154] Anders nur *Leipold,* Festschr. f. Zeuner, 1994, S. 431, 441ff.; *Oberhammer* (Fn. 151); *Zeiss* Zivilprozeßrecht, 9. Auflage 1997, Rn. 581; *Bruns* Rn. 235b; *Bub,* Streitgegenstand und Rechtskraft bei Zahlungsklagen des Käufers wegen Sachmängeln, 2001, S. 301ff.; *Schulte,* Zur Rechtskrafterstreckung bei Teilklagen, Bochumer Diss. 1998, S. 83ff.; *Fenge,* Festschr. f. Piper, 1996, S. 31, 40.

[155] *Jauernig* Festg. f. BGH, Bd. III, S. 311, 334f.; *Lüke* Rn. 360; *Ludwig* FamRZ 1999, 384, 385; weitere Nachw. zum älteren Schrifttum bei *Kuschmann* (Fn. 148) S. 357 Fn. 15; aA OLG Düsseldorf NJW 1993, 802, 803. Eingehend zu diesem Meinungsstreit *Musielak* FS f. Schumann, 2001, S. 295.

[156] Hierauf verweist *Batsch* ZZP 86 (1973), 254, 258; vgl. auch *Eckhardt* (Fn. 152) S. 624.

[157] BGH NJW 1985, 2825, 2826; OLG Frankfurt/M NJW-RR 1997, 700.

[158] BGH NJW 1980, 2754; 1988, 2300, 2301.

[159] BGHZ 124, 164, 166 = NJW 1994, 460 m. weit. Nachw.; OLG Hamm NJW-RR 1999, 70.

[160] BGH NJW 1992, 511, 512; weit. Nachw. § 301 Fn. 76. Zum Verhältnis von Urteilen, die über Klage und Widerklage entscheiden, vgl. BGH NJW 2007, 1466, 1467 <8>.

[161] BGH MDR 1953, 164; BAGE 30, 189 zur Möglichkeit einer Klarstellung durch Parteierklärung.

[162] BGH NJW 1985, 862; OLG Karlsruhe MDR 1992, 804 m. weit. Nachw.

§ 302 oder § 599 ist in seinem Bestand von dem Ausgang des Nachverfahrens abhängig. Die materielle Rechtskraft dieser Urteile tritt erst ein, wenn im Nachverfahren das Vorbehaltsurteil unter Aufhebung des Vorbehalts aufrechterhalten wird (§ 302 Rn. 9; § 599 Rn. 12). Ein **Zwischenstreiturteil** nach § 303 enthält keine der materiellen Rechtskraft fähige Entscheidung (§ 303 Rn. 2). Dagegen können Zwischenurteile gegen Dritte (§§ 71, 135, 372a und 387) als eine endgültige Entscheidung über den Zwischenstreit mit einem Dritten materielle Rechtskraft erlangen.[163] Ein **Grundurteil** iSv. § 304 erwächst nicht in materielle Rechtskraft (vgl. auch § 304 Rn. 12).

VI. Rechtskraft der Entscheidung über die Aufrechnung (Absatz 2)

76 **1. Anwendungsbereich. a) Aufrechnung des Beklagten.** Ob der Beklagte die Aufrechnung innerhalb oder außerhalb des Prozesses erklärt, ist für die Rechtskraftwirkung unerheblich. Der Wortlaut der Vorschrift spricht dafür, dass nur die erfolglos gebliebene Aufrechnung erfasst werden soll.[164] Eine solche enge Auffassung der Regelung ist jedoch mit dem Normzweck unvereinbar. Denn danach kann es nur darauf ankommen, ob die vom Beklagten zur Aufrechnung gestellte Gegenforderung als nicht bestehend vom Gericht festgestellt wird (Rn. 3); dagegen ist es gleichgültig, ob die Forderung von vornherein nicht bestanden hat oder ob sie infolge der Aufrechnung erloschen ist. Deshalb wird § 322 Abs. 2 nach allgemeiner Meinung auch dann angewendet, wenn die **Aufrechnung des Beklagten Erfolg** hatte. In diesem Fall wird durch das abweisende Urteil rechtskräftig entschieden, dass Klageforderung und Gegenforderung im Zeitpunkt der Aufrechnungserklärung bestanden haben und mit Wirkung des § 389 BGB erloschen sind[165].

77 Die durch § 322 Abs. 2 angeordnete Rechtskrafterstreckung gilt nur für die Aufrechnung und kann auf **andere Verrechnungsformen** nicht entsprechend angewendet werden.[166] So werden Gegenforderungen nicht von der Rechtskraft des Urteils erfasst, die lediglich als Rechnungsposten im Rahmen einer Saldierung oder Abrechnung vom Beklagten geltend gemacht werden.[167]

78 **b) Aufrechnung des Klägers.** Bei der Frage, ob § 322 Abs. 2 analog dann anzuwenden ist, wenn sich der Kläger auf eine Aufrechnung beruft, wird zwischen zwei **Fallgruppen** unterschieden: (1) Der Kläger verteidigt sich mit einer negativen Feststellungsklage oder einer Vollstreckungsgegenklage gegen eine Forderung des Beklagten und beruft sich darauf, dass die gegen ihn geltend gemachte Forderung durch Aufrechnung erloschen sei.(2) Die Klage wird abgewiesen, weil der Kläger durch Aufrechnung die Klageforderung zum Erlöschen gebracht hat. Der Beklagte erhebt daraufhin seinerseits Klage wegen der Hauptforderung. Der frühere Kläger und jetzige Beklagte beruft sich auf die von ihm erklärte Aufrechnung.

79 Auf die **erste Fallgruppe** wird § 322 Abs. 2 analog angewendet.[168] Begründet wird dies mit der Ähnlichkeit dieser Fälle mit dem in § 322 Abs. 2 geregelten Sachverhalt. Diese Ähnlichkeit bestehe darin, „dass – wie im Normalfall – der Aufrechnende Schuldner der Forderung ist, die den Gegenstand des Rechtsstreits bildet und durch die Aufrechnung getilgt werden soll“.[169] Den Sachverhalten der **zweiten Fallgruppe** wird dagegen diese Ähnlichkeit abgesprochen, weil es nicht darum gehe, den Aufrechnungsgegner vor erneuter Inanspruchnahme mit der Gegenforderung zu schützen, sondern vielmehr sich die Rechtskrafterstreckung zum Nachteil des Aufrechnungsgegners auswirken würde. Deshalb lehnen der BGH und Teile des Schrifttums eine Rechtskrafterstreckung in entsprechender Anwendung des § 322 Abs. 2 auf Sachverhalte der zweiten Fallgruppe ab.[170]

80 Es fällt auf, dass bei der Diskussion dieser Frage, die man bezeichnenderweise auch unter dem Stichwort „Klägeraufrechnung“ führt, darauf gesehen wird, ob der Kläger oder der Beklagte die Aufrechnungserklärung abgegeben hat, während doch § 322 darauf abstellt, dass der Beklagte „die Aufrechnung einer Gegenforderung geltend gemacht“ hat. Dass die Aufrechnungserklärung und die Berufung darauf nicht gleichgesetzt werden können, belegt die Entstehungsgeschichte des Gesetzes.[171] Abgesehen davon ist zu berücksichtigen, dass es bei § 322 Abs. 2 um die Erstreckung der Rechtskraft auf die „Gegenforderung“, also auf die zur Aufrechnung gestellte Forderung geht. Wird die Klage deshalb abgewiesen, weil die Klageforderung durch Aufrechnung des Klägers mit ihr erloschen ist, dann bedarf es einer Rechtskrafterstreckung iSv. § 322 Abs. 2 auf diese „Gegenforderung“ nicht. Denn durch das klageabweisende Urteil ist schon gem. § 322 Abs. 1 rechtskräftig festgestellt, dass die Forderung des Klägers nicht besteht und demzufolge der Beklagte auch nicht deswegen in einem Folgeprozess in Anspruch genommen werden kann. Der Gesetzgeber glaubte deshalb, dass es lediglich erforderlich sei, den Fall der Aufrechnung durch den Beklagten zu regeln. Dabei wurde offensichtlich übersehen, dass bei einer Aufrechnung durch den Kläger die **Frage der Rechtskrafterstreckung auf die Hauptforderung,** also der Forderung des Beklagten, gegen die der Kläger aufrechnet, offen bleibt.

---

[163] *St/J/Leipold* Rn. 59.

[164] Zur Entstehungsgeschichte dieser Regelung vgl. *Zeuner* JuS 1987, 354, 355f.; *St/J/Leipold* Rn. 168.

[165] BGH NJW 2002, 900.

[166] BGH NJW 1992, 317, 318; NJW-RR 1993, 386, 388; BGH (Fn. 163).

[167] BGH NJW 1992, 317, 318; NJW-RR 1997, 1157; MDR 2004, 47; 2004, 702, 703.

[168] BVerfG NJW 2000, 1936, 1938; BGH NJW 1992, 982, 983; BGHZ 125, 351 = NJW 1994, 2769; OLG Koblenz NJW-RR 1997, 1426; *Braun* ZZP 89 (1976), 93, 95f.; *Niklas* MDR 1987, 96, 99; *Tiedtke* NJW 1992, 1473, 1474.

[169] BGH NJW 1992, 982, 983.

[170] BGHZ 89, 349, 352 = NJW 1984, 1356; BGH (Fn. 169); OLG Koblenz (Fn. 168); *Tiedtke* (Fn. 168); *Niklas* (Fn. 168) S. 99f.; *T/P/Reichold* Rn. 44.

[171] Darauf verweist *Foerste* NJW 1993, 1183.

81 Dass es durchaus Fälle gibt, in denen diese Frage praktische Bedeutung gewinnt, zeigen die vom BGH entschiedenen Fälle;[172] ihre Sachverhalte sind jedoch sehr kompliziert; deshalb soll an einem einfachen Beispielsfall das sich stellende Problem näher erläutert werden: A rechnet mit einer Kaufpreisforderung gegen die Darlehensforderung des B auf. Da B die Zulässigkeit der Aufrechnung aus Rechtsgründen bestreitet, erhebt A wegen der Kaufpreisforderung Klage. Das Gericht hält aber die Aufrechnung für wirksam und weist deshalb die Klage des A ab. Daraufhin erhebt B, der weiterhin von der Unzulässigkeit der Aufrechnung ausgeht, wegen seiner Darlehensforderung Klage gegen A. Dieser verteidigt sich gegen die Klage mit der von ihm erklärten Aufrechnung. Die Rechtskraft des klageabweisenden Urteils stellt lediglich die Nichtexistenz der Kaufpreisforderung fest, wenn nicht § 322 Abs. 2 entsprechend angewendet und damit auch die Feststellung, dass die Darlehensforderung durch Aufrechnung erloschen ist, rechtskräftig festgestellt wird. Es ist deshalb zu klären, ob eine Erstreckung der Rechtskraft auf diesen Fall wegen der fehlenden Ähnlichkeit mit dem in § 322 Abs. 2 geregelten Sachverhalt scheitern muss, wie dies der Auffassung des BGH entspricht.

82 Diese **Ähnlichkeit** ist auf Grund des Normzwecks zu ermitteln, nach dem sich ergeben muss, ob der **geregelte und der ungeregelte Sachverhalt** in den für die rechtliche Bewertung maßgebenden Punkten übereinstimmen.[173] Durch § 322 Abs. 2 soll verhindert werden, dass nach einer vom Gericht festgestellten Aufrechnung erneut ein Prozess über eine dieser Forderungen zwischen den Parteien geführt wird. Dass ein solcher Prozess nicht nur wegen der Gegenforderung, sondern auch wegen der Hauptforderung droht, ist im Gesetz unberücksichtigt geblieben (Rn. 80). Warum der Beklagte anders als der Kläger in der Lage sein soll, trotz der vom Gericht für wirksam gehaltenen Aufrechnung seine Forderung in einem zweiten Prozess einzuklagen, lässt sich durch den Normzweck des § 322 Abs. 2 nicht begründen. Verneint man eine Rechtskrafterstreckung auf die Hauptforderung des Beklagten, dann liegt darin nicht nur eine ungerechtfertigte Ungleichbehandlung der Parteien, sondern es wird dadurch gerade der durch § 322 Abs. 2 bezweckte Ausschluss eines zweiten Prozesses in diesen Fällen zugelassen. Der im Schrifttum überwiegend vertretenen Meinung,[174] dass § 322 Abs. 2 entsprechend dann anzuwenden ist, wenn es um die Hauptforderung des Beklagten geht, ist deshalb zuzustimmen (s. a. § 145 Rn. 27).

83 **2. Entscheidung des Gerichts.** Das Gericht hat über die Aufrechnung nur zu entscheiden, wenn es auf sie ankommt, dh. wenn nicht die Klage aus anderen Gründen abzuweisen ist. Geschieht dies, dann enthält das Urteil selbst dann keine rechtskraftfähige Feststellung iSv. § 322 Abs. 2, wenn das Gericht überflüssigerweise zusätzlich noch die Existenz der Gegenforderung bejaht. Das Gleiche gilt, wenn die **Zulässigkeit der Aufrechnung vom Gericht verneint** wird; auch dann sind zusätzliche Ausführungen über ihre Begründetheit als unverbindlich zu betrachten.[175] Deshalb darf das Gericht nicht offen lassen, ob es die Aufrechnung für unzulässig oder für unbegründet hält.[176] Sind die Angaben des Beklagten zu der von ihm zur Aufrechnung gestellten Gegenforderung so ungenau, dass nicht festgestellt werden kann, um welche Forderung es sich handelt, dann bedeutet die vom Gericht ausgesprochene Zurückweisung der Aufrechnung wegen Unbestimmbarkeit der Gegenforderung, dass die Aufrechnung als unzulässig zurückgewiesen wird und dass deshalb eine der Rechtskraft fähige Entscheidung über die behauptete Gegenforderung nicht ergeht.[177] Davon ist der Fall zu unterscheiden, dass vom Gericht die Aufrechnung für unbegründet gehalten wird, weil mangels eines substantiierten Vorbringens des Beklagten die Gegenforderung verneint wird; auf diese Entscheidung erstreckt sich die Rechtskraft des Urteils nach § 322 Abs. 2.[178]

84 Im Falle der Aufrechnung muss der Entscheidung stets entnommen werden können, ob die Klage wegen der Aufrechnung oder aus anderen Gründen abgewiesen worden ist. Dies muss nicht notwendigerweise in der Urteilsformel zum Ausdruck kommen, sich jedoch aus den Entscheidungsgründen ableiten lassen. Es ist deshalb nicht zulässig, von einer **Stellungnahme zum Bestehen der Klageforderung** deshalb abzusehen, weil doch jedenfalls die Aufrechnung zu ihrem Erlöschen führe, wie dies von der heute nicht mehr vertretenen Klageabweisungstheorie befürwortet wurde (s. § 145 Rn. 22).[179] Die Rechtskraft einer solchen Entscheidung erfasst nur die Feststellung, dass die Klageforderung nicht besteht, erstreckt sich aber nicht auf die Gegenforderung.[180] Wird ein **Bürge,** der sich auf die Aufrechnung mit einer Gegenforderung des Hauptschuldners berufen hat, **verurteilt,** weil die aufgerechnete oder aufzurechnende Gegenforderung vom Gericht als nicht bestehend angesehen wird, dann erwächst diese Feststellung nicht nach § 322 Abs. 2 in Rechtskraft, weil es sich bei der Entscheidung über die Gegenforderung nur um eine solche über Einwendungen iSd. §§ 767 oder 770 Abs. 2 BGB handelt.[181]

---

[172] BGH (Fn. 170).

[173] *Larenz,* Methodenlehre der Rechtswissenschaft, 6. Aufl. 1991, S. 381.

[174] *Zeuner* (Fn. 164) S. 357f.; *ders.* NJW 1992, 2870; *Foerste* (Fn. 171); MK/*Gottwald* Rn. 199, 206; *St/J/Leipold* Rn. 177f.; *Zö/Vollkommer* Rn. 24; *Sae/Saenger* Rn. 48.

[175] BGH NJW 1984, 128, 129; BGHZ 125 (Fn. 168); BGH NJW 1997, 743; 2001, 3616.

[176] BGH NJW 1988, 3210; BGH NJW-RR 1991, 971.

[177] BGHR § 322 II Aufrechnung 1; BGH NJW 1994, 1538; 1997, 743; 2001, 3616.

[178] BGH NJW 1994, 1538.

[179] Vgl. dazu *Musielak* JuS 1994, 817, 826; im Gegensatz dazu steht die heute einhellig anerkannte Beweiserhebungstheorie.

[180] MK/*Gottwald* Rn. 200; *St/J/Leipold* Rn. 170 m. weit. Nachw.; aA *Zö/Vollkommer* Rn. 21 (auch keine Rechtskraftwirkung für die Klageforderung).

[181] BGH NJW 1973, 146.

Wird die **Klage wegen** der **Aufrechnung abgewiesen,** dann steht damit rechtskräftig fest, dass die Gegenforderung in Höhe der Klageforderung erloschen ist. Legt gegen diese Entscheidung nur der Kläger ein Rechtsmittel ein, dann ist die Forderung des Klägers rechtskräftig festgestellt.[182] **Verneint das Gericht** die **Gegenseitigkeit der Forderungen** und damit die Wirksamkeit der Aufrechnung, dann wird damit festgestellt, dass die Gegenforderung dem Beklagten jedenfalls nicht im Verhältnis zum Kläger zusteht. Insoweit erwächst die Entscheidung des Gerichts auch in Rechtskraft mit der Folge, dass der Beklagte die Forderung im Rahmen der Rechtskrafterstreckung gem. § 322 Abs. 2 nicht noch einmal gegen den Kläger geltend machen kann.[183] Kommt das Gericht zu dem Ergebnis, dass die Gegenforderung des Beklagten nicht besteht, dann ist die Frage, ob damit auch der die **Klageforderung übersteigende Teil** der Gegenforderung rechtskräftig aberkannt wird, nach den Regeln zu entscheiden, die für Teilklagen gelten (Rn. 67ff.). Zur Aufrechnung mit rechtswegfremden Forderungen vgl § 145 Rn. 29ff. 85

unbesetzt 86

unbesetzt 87

VII. Durchbrechung der Rechtskraft

1. Verfahren nach der ZPO. Wesen und Zweck der materiellen Rechtskraft fordern, dass auch sachlich unrichtige Urteile Bestand haben (Rn. 1). Denn die verbindliche Entscheidung über die Richtigkeit eines Urteils lässt die Durchführung eines gerichtlichen Verfahrens erforderlich sein, das gerade durch die Rechtskraft ausgeschlossen ist. Deshalb hat der Gesetzgeber nur in wenigen genau beschriebenen Fällen eine von dem rechtskräftigen Urteil abweichende Entscheidung zugelassen. 88

Als wichtigstes und vorrangiges Mittel für die Korrektur rechtskräftiger Entscheidungen ist die Wiederaufnahme des Verfahrens durch Nichtigkeitsklage oder Restitutionsklage zu nennen (§§ 578ff.). Mit der Abänderungsklage nach § 323 kann jede Partei die Änderung eines rechtskräftigen Urteils verlangen, das die Verpflichtung zu künftig fällig werdenden wiederkehrenden Leistungen ausspricht, wenn eine wesentliche Veränderung der für Dauer oder Höhe der Leistungspflicht maßgebenden Verhältnisse eintritt. Eine Abänderung von Titeln über Unterhaltsrenten Minderjähriger ist nach § 655 zulässig. In diesem Zusammenhang ist auch § 10a des Gesetzes zur Regelung von Härten im Versorgungsausgleich (VAHRG) für den öffentlich-rechtlichen Versorgungsausgleich zu nennen. 89

2. Unterlassungsklagengesetz. Nach § 10 UKlaG kann ein Verwender von AGB, dem die Verwendung einer Bestimmung untersagt worden ist, im Wege einer Vollstreckungsgegenklage einwenden, dass nachträglich eine Entscheidung des Bundesgerichtshofes oder des Gemeinsamen Senats der obersten Gerichtshöfe des Bundes ergangen ist, welche die Verwendung dieser Bestimmung für dieselbe Art von Rechtsgeschäften nicht untersagt und dass die Zwangsvollstreckung aus dem Urteil gegen ihn in unzumutbarer Weise seinen Geschäftsbetrieb beeinträchtigen würde. Bei dieser Klage handelt es sich um ein Rechtsinstitut, das nicht nur auf eine Beseitigung der Vollstreckbarkeit, sondern in ähnlicher Weise wie die Wiederaufnahmeklage auf die Aufhebung der rechtskräftigen Feststellung abzielt (zur Drittwirkung des Urteils gem. § 11 UKlaG vgl. § 325 Rn. 14).[184] 90

3. Die Klage nach § 826 BGB. Der BGH bejaht in ständiger Rechtsprechung die Zulässigkeit einer auf § 826 BGB gestützten Klage, durch die gegen die Erschleichung oder die sittenwidrige Ausnutzung eines Urteils vorgegangen wird.[185] In einer neueren Entscheidung hat der BGH diese Rechtsprechung noch einmal zusammengefasst und präzisiert.[186] Das Gericht hat betont, dass die Anwendung des § 826 BGB mit dem Ziel, dem Schuldner die Möglichkeit einzuräumen, sich gegen die Vollstreckung aus einem rechtskräftigen, aber materiell unrichtigen Titel zu schützen, auf besonders schwerwiegende, eng begrenzte Ausnahmefälle beschränkt bleiben müsste, weil sonst die Rechtskraft ausgehöhlt und die Rechtssicherheit beeinträchtigt würde.[187] Der Erfolg einer solchen Klage hänge von der **Erfüllung folgender Voraussetzungen** ab: 91

- Materielle Unrichtigkeit des Titels; der für vollstreckbar erklärte Anspruch darf nicht oder nicht im titulierten Umfang bestehen;
- der Titelgläubiger muss die Unrichtigkeit des Titels kennen, wobei es beim Streit über die Zulässigkeit einer künftigen Vollstreckung genügt, wenn ihm diese Kenntnis durch das zur Entscheidung über den Anspruch aus § 826 BGB berufene Gericht vermittelt wird;
- besondere Umstände, die noch hinzutreten müssen und auf Grund derer dem Gläubiger zuzumuten ist, die ihm unverdient zugefallene Rechtsposition aufzugeben. Von dem Erfordernis zusätzlicher besonderer Umstände soll in Extremfällen abgesehen werden können, wenn die materielle Unrichtigkeit des Titels zB wegen der Sittenwidrigkeit eines Vertrages bereits so eindeutig und so schwerwiegend ist, dass

---

[182] BGHZ 109, 179, 188ff. = NJW 1990, 447.

[183] OLG Celle AnwBl. 1984, 311.

[184] *St/J/Leipold* Rn. 257 (zu § 19 AGBG).

[185] BGH NJW 1998, 2818; 1999, 1257, 1258; 2002, 2940, 2943; zu weit. Nachw. vgl. *Walker* Festg. f. BGH Bd. III, S. 367, 372ff.

[186] BGHZ 101, 380. 384f.= NJW 1987, 3256. Die Kontinuität der Rspr. zeigt sich auch darin, dass bereits BGH NJW 1951, 759 fast wörtlich die gleichen Anforderungen nannte, wobei auf RGZ 168, 1, 12 verwiesen wird. Vgl. auch BGH NJW 1998, 2818, 2819 (mit der Forderung nach einer besonderen Schutzbedürftigkeit des Klägers).

[187] BGH NJW 1999, 1257, 1258, BGHZ 151, 316, 327 = NJW 2002, 2940; BGH NJW 2005, 2991, 2994, jeweils m. weit. Nachw.

jede Vollstreckung allein schon deswegen das Rechtsgefühl in schlechthin unerträglicher Weise verletzen würde.

92 In der früheren Rechtsprechung ist zwischen der **Urteilserschleichung** und der **sittenwidrigen Ausnutzung unrichtiger Urteile** unterschieden und das Hinzutreten „besonderer Umstände" nur in Fällen einer sittenwidrigen Urteilsausnutzung verlangt worden.[188] In der neueren Rechtsprechung wird auf diese Unterscheidung verzichtet und auch für die Urteilserschleichung, also den Fall, dass eine Partei durch unlautere Mittel ein Urteil erlangt, das der wirklichen Rechtslage widerspricht, zumindest formal der Erfolg der Klage aus § 826 BGB von der Erfüllung „besonderer Umstände" abhängig gemacht. Abgesehen von der inhaltlichen Unbestimmtheit dieses Begriffs, der kaum die Feststellung zulässt, ob dadurch im Ergebnis eine Verschärfung in den Anforderungen bezweckt ist, kann davon ausgegangen werden, dass eine Urteilserschleichung stets „besondere Umstände" verwirklicht.

93 Mit der Klage aus § 826 BGB wird die materielle Rechtskraft des angegriffenen Urteils durchbrochen. Zwar sind der **Streitgegenstand** im Vorprozess und im Schadensersatzprozess nicht identisch, aber die im Vorprozess rechtskräftig festgestellte Rechtsfolge stellt eine präjudizielle Voraussetzung des Schadensersatzanspruches dar, über die im zweiten Prozess entschieden werden muss. Denn nur in dem Fall, dass die Unrichtigkeit des angegriffenen Urteils festgestellt wird, der Richter im zweiten Prozess also anders als der Richter im ersten Prozess über die rechtskräftig festgestellte Rechtsfolge entscheidet, kann ein durch das Urteil entstandener Schaden und damit eine notwendige Voraussetzung des Schadensersatzanspruchs aus § 826 BGB bejaht werden und der Kläger im Schadensersatzprozess erfolgreich sein. Der BGH verlangt dementsprechend auch die Feststellung der materiellen Unrichtigkeit des Titels. Über die Richtigkeit oder Unrichtigkeit des im Vorprozess ergangenen Urteils zu entscheiden oder anders zu entscheiden, verbietet aber gerade die materielle Rechtskraft (Rn. 5). Dieser Befund war und ist der Grund für eine stets an dieser Rechtsprechung geübten Kritik.[189] Dennoch hat der BGH wie schon vor ihm das RG[190] an dieser Klage aus § 826 BGB festgehalten und damit ein weiteres neben das Restitutionsrecht der ZPO gestelltes Mittel der Rechtskraftdurchbrechung geschaffen. Es handelt sich hierbei um **Richterrecht**[191], über dessen Berechtigung sich trefflich streiten lässt, das aber als ein existentes Rechtsinstitut zur Kenntnis genommen werden muss.

94 Aus dieser Rechtsprechung lassen sich folgende Grundsätze ableiten: Die Klage aus § 826 BGB ist nicht gegenüber den **Vorschriften über das Restitutionsrecht** subsidiär, sondern steht selbständig neben ihnen.[192] Deshalb gelten die durch das Restitutionsrecht geschaffenen Einschränkungen für diese Klage nicht; sie kann auch nach Ablauf der Frist des § 586 Abs. 2 S. 2 erhoben werden und ein zur Begründung der Klage vorgetragener Vorwurf strafrechtlich relevanten Verhaltens muss nicht entsprechend § 581 Abs. 1 durch ein Strafurteil belegt werden. Allerdings hat sich der BGH in mehreren Entscheidungen für eine entsprechende Anwendung des § 582 ausgesprochen und eine Durchbrechung der Rechtskraft auf Grund des § 826 BGB abgelehnt, wenn der Betroffene bei sorgfältiger Prozessführung die Unrichtigkeit des Urteils hätte vermeiden können.[193]

95 Die Klage aus § 826 BGB darf nicht lediglich auf die bereits im Vorprozess aufgestellten Behauptungen und Beweise gestützt werden.[194] Es ist also nicht zulässig, die Überprüfung eines rechtskräftigen Urteils auf der Grundlage des § 826 BGB zu verlangen, wenn lediglich vom Kläger die Behauptung der Unrichtigkeit des angegriffenen Urteils auf **dasselbe tatsächliche Vorbringen wie im Vorprozess** gestützt wird. Überdies ist zu verlangen, dass die Anforderungen an den **Beweis der Unrichtigkeit** des angegriffenen Urteils gegenüber dem im Regelfall geltenden Beweismaß (vgl. § 286 Rn. 17ff.) erhöht werden. Dieser Forderung entspricht es, wenn der BGH verlangt, bei dem angegriffenen Urteil müsse es sich um eine „offensichtliche Fehlbeurteilung" handeln, „die zu keinerlei rechtlichen Zweifeln Anlass geben kann",[195] das Urteil müsse „offensichtlich objektiv unzutreffend" sein[196] und „an den Nachweis der Klagevoraussetzungen" müssten „strenge Anforderungen gestellt werden".[197]

96 **Ziel der Klage** aus § 826 BGB ist nicht die Aufhebung der fehlerhaften Entscheidung, sondern die Vermeidung und Wiedergutmachung eines sich daraus ergebenden Schadens für den Kläger. Konkret bedeutet dies, dass der Kläger die Unterlassung der Zwangsvollstreckung aus dem Urteil und die Herausgabe des Titels vom Beklagten fordern[198] und die Rückgabe des zwangsweise Beigetriebenen[199] verlangen kann.

---

188 Vgl. nur BGHZ 40, 130, 133f. = NJW 1964, 349.

189 Vgl. *Braun*, Rechtskraft und Restitution, 1. Teil, 1979, S. 120ff.; *Prütting/Weth*, Rechtskraftdurchbrechung bei unrichtigen Titeln, 2. Aufl. 1994, Rn. 176ff., jeweils m. umfangreichen Nachw.

190 Nachw. bei den in Fn. 189 Zitierten sowie bei *Musielak* JA 1982, 7, 8 Fn. 17ff.

191 MK/*Gottwald* Rn. 223; *Zö/Vollkommer* vor § 322 Rn. 76; *Sae/Saenger* Rn. 51; *Klados* JuS 1997, 705, 710; zur dogmatischen Legitimation dieser Rechtsprechung vgl. auch *Hönn*, Festschr. f. G. Lüke, 1997, S. 265, 269ff.; Walker (Fn. 185) S. 375ff.

192 BGHZ 50, 115, 120 = NJW 1968, 1275.

193 BGH NJW 1974, 557; BGH NJW-RR 1988, 957, 959; NJW 1989, 1285, 1286 (jedoch mit der Einschränkung, dass § 582 nicht analog im Schadensersatzprozess gegen den Geschäftsführer einer GmbH wegen Erschleichung eines unrichtigen Urteils für die GmbH anzuwenden ist); BGH NJW 1996, 57, 59 (insoweit nicht in BGHZ 131, 82 abgedruckt).

194 BGH (Fn. 188) S. 134; BGH NJW 1974, 557.

195 BGH NJW 1963, 1606, 1608.

196 BGH NJW 1951, 759.

197 BGH (Fn. 192) S. 122f.

198 BGH NJW 1983, 2317; 1988, 971, 972.

199 LG Bochum NJW-RR 1993, 302.

Der Einwand eines in der Ausnutzung des Urteils liegenden sittenwidrigen Verhaltens kann auch einredeweise geltend gemacht werden.[200]

Zur Anwendung des § 826 BGB zur Durchbrechung der Rechtskraft von **Entscheidungen**, die vor der Wiedervereinigung **durch Gerichte der DDR** erlassen worden, vgl. die 4. Auflage dieses Kommentars. 97

323 *Abänderungsklage* **(1) Tritt im Falle der Verurteilung zu künftig fällig werdenden wiederkehrenden Leistungen eine wesentliche Änderung derjenigen Verhältnisse ein, die für die Verurteilung zur Entrichtung der Leistungen, für die Bestimmung der Höhe der Leistungen oder der Dauer ihrer Entrichtung maßgebend waren, so ist jeder Teil berechtigt, im Wege der Klage eine entsprechende Abänderung des Urteils zu verlangen.**

(2) Die Klage ist nur insoweit zulässig, als die Gründe, auf die sie gestützt wird, erst nach dem Schluss der mündlichen Verhandlung, in der eine Erweiterung des Klageantrages oder die Geltendmachung von Einwendungen spätestens hätte erfolgen müssen, entstanden sind und durch Einspruch nicht mehr geltend gemacht werden können.

(3) [1]Das Urteil darf nur für die Zeit nach Erhebung der Klage abgeändert werden. [2]Dies gilt nicht, soweit die Abänderung nach § 1360a Abs. 3, § 1361 Abs. 4 Satz 4, § 1585b Abs. 2, § 1613 Abs. 1 des Bürgerlichen Gesetzbuchs zu einem früheren Zeitpunkt verlangt werden kann.

(4) Die vorstehenden Vorschriften sind auf die Schuldtitel des § 794 Abs. 1 Nr. 1, 2a und 5, soweit darin Leistungen der im Absatz 1 bezeichneten Art übernommen oder festgesetzt worden sind, entsprechend anzuwenden.

(5) Schuldtitel auf Unterhaltszahlungen, deren Abänderung nach § 655 statthaft ist, können nach den vorstehenden Vorschriften nur abgeändert werden, wenn eine Anpassung nach § 655 zu einem Unterhaltsbetrag führen würde, der wesentlich von dem Betrag abweicht, der der Entwicklung der besonderen Verhältnisse der Parteien Rechnung trägt.

Übersicht

I. Normzweck

1 Die Abänderungsklage des § 323 steht im engen Zusammenhang mit der Klage auf wiederkehrende Leistungen gem. § 258. Mit der Klage nach § 258 wird dem Kläger die Möglichkeit eröffnet, Ansprüche auf Rentenzahlungen, familienrechtlichen Unterhalt und andere wiederkehrende Leistungen geltend zu machen, die noch nicht im Zeitpunkt der Klageerhebung, sondern erst in einem in der Zukunft liegenden Zeitpunkt erfüllt werden müssen. Das Urteil, das einer Klage nach § 258 stattgibt, bezieht sich auf die künftige Rechtslage,[1] weil der Richter in seiner Entscheidung die für die Ansprüche maßgebenden Verhältnisse vorausschauend beurteilen muss (vgl. § 258 Rn. 1, 3). Beispielsweise sind familienrechtliche Unterhaltsansprüche vom Bedarf des Berechtigten (§§ 1578 Abs. 1 bis 3, 1610 BGB), dessen Bedürftigkeit (§§ 1569ff., 1577 Abs. 1, 1602 BGB) und von der Leistungsfähigkeit des Verpflichteten (§§ 1581ff., 1603f. BGB) abhängig, also von Umständen, die sich anders entwickeln können, als dies das Gericht vorhergesehen hat. Gleiches gilt zB auch für Schadensersatzrenten, deren Höhe von veränderbaren Verletzungsfolgen bestimmt wird, sowie für Schadensersatz wegen Nichterfüllung aus einer Pflegevereinbarung.[2] Weicht die Realität von der richterlichen Prognose erheblich ab, so verlangt es die Gerechtigkeit, der betroffenen Partei zu gestatten, diese Divergenz geltend zu machen und eine Korrektur des Urteils zu fordern. § 323 bietet dafür die rechtliche Möglichkeit. Daraus folgt, dass diese Vorschrift nur insoweit anzuwenden ist, als die auf einer richterlichen Prognose beruhende Entscheidung korrigiert werden soll.[3] Die Abänderungsklage stellt einen prozessualen Anwendungsfall der clausula rebus sic stantibus dar.[4]

---

[200] BGHZ 42, 194, 204 = NJW 1964, 2350, 2353.
[1] *Braun*, Grundfragen der Abänderungsklage, 1994, S. 8.
[2] BGH NJW-RR 2005, 371 = FamRZ 2004, 1712.
[3] OLG Stuttgart 2003, 1121 m. Anm v. *Reischl*.
[4] BGHZ 78, 130, 136 = NJW 1980, 2811; BGH NJW-RR 2001, 937.

II. Allgemeines

2 **1. Rechtsnatur.** Bei der Abänderungsklage handelt es sich um eine prozessuale **Gestaltungsklage,**[5] die darauf gerichtet ist, den Titel, der die Verpflichtung des Beklagten zur Erbringung wiederkehrender Leistungen ausspricht, insoweit abzuändern, als auf Grund nachträglicher Veränderungen der für die Verurteilung maßgebenden Verhältnisse (Rn. 27f.) eine solche Korrektur geboten erscheint. Zugleich ist sie auch als eine **Leistungsklage** zu werten, soweit eine erneute Verurteilung durch sie erstrebt wird,[6] oder als **negative Feststellungsklage** aufzufassen, wenn der Kläger eine völlige Beseitigung der durch das abzuändernde Urteil ausgesprochenen Leistungspflicht begehrt. Dagegen kann mit ihr ein (zusätzlicher) Feststellungsantrag nicht verbunden werden, weil dadurch eine Urteilsabänderung nicht erlangt werden kann und deshalb das Rechtsschutzinteresse für eine Feststellungsklage fehlt.[7]

3 **2. Streitgegenstand.** Ob der Abänderungsklage derselbe Streitgegenstand zu Grunde liegt wie der abzuändernden Entscheidung, hängt davon ab, ob das abzuändernde Urteil auch die erst in Zukunft eintretenden Tatsachen umfasst, die für die Pflicht zur Erbringung der wiederkehrenden Leistungen maßgebend sind. Wird dies angenommen, dann bezieht sich die materielle Rechtskraft der abzuändernden Entscheidung auch auf die richterliche Prognose und betrifft denselben Streitgegenstand wie die Abänderungsklage. Aus dieser Sicht, die der hM entspricht, ist die Abänderungsklage ein Rechtsinstitut, das aus Gründen der Billigkeit die **Durchbrechung der materiellen Rechtskraft** des abzuändernden Urteils zulässt (sog. **Billigkeitstheorie**).[8] Gegenüber dieser Auffassung wird eingewendet, um denselben Streitgegenstand könne es sich schon deshalb nicht handeln, weil sich der auf Abänderung gerichtete Antrag von dem des Erstprozesses unterscheide. Zudem läge der neuen Klage ein veränderter Sachverhalt zu Grunde, weil auch bei Klagen auf wiederkehrende Leistungen die zeitliche Grenze wie sonst auch (§ 322 Rn. 28) durch den Schluss der letzten mündlichen Tatsachenverhandlung des Erstprozesses gesetzt werde.[9] Folglich durchbreche das Abänderungsurteil nicht die Rechtskraft der zu korrigierenden Entscheidung, sondern stehe im Einklang mit ihr (sog. **Bestätigungstheorie**).[10] Gleichgültig, ob man nun der Billigkeitstheorie oder der Bestätigungstheorie folgen will, muss man die Einschränkungen berücksichtigen, die durch § 323 geschaffen werden, also das Erfordernis einer „wesentlichen" Änderung der Verhältnisse (Rn. 27ff.) und die zeitlichen Grenzen des § 323 Abs. 3 (Rn. 42ff.). Nur die Deutungen dieser einschränkenden Regelungen fallen unterschiedlich aus, indem man entweder – wie die Billigkeitstheorie – darin die Bestätigung der im Übrigen zu beachtenden Rechtskraft des ersten Urteils sieht oder sie als zusätzliche Hindernisse für die Änderung eines fortbestehenden Titels ohne Eingriff in die Rechtskraft begreift.[11]

4 **3. Anwendungsbereich.** Die Abänderung auf Grund einer Klage nach § 323 bezieht sich einmal auf **Urteile,** in denen der Beklagte zu künftig wiederkehrenden Leistungen gem. § 258 verurteilt worden ist (Rn. 1), auch wenn die Entscheidung durch Anerkenntnisurteil[12] oder durch Versäumnisurteil ergangen ist. Bei einem Versäumnisurteil darf jedoch der Einspruch nicht (mehr) zulässig sein (Rn. 32).[13] Schiedssprüche, auch solche mit vereinbartem Wortlaut, die auf Grund eines Vergleichs erlassen worden sind (§ 1053), haben die Wirkung eines rechtskräftigen Urteils (§ 1055) und sind somit nach § 323 abänderbar. Ist dem Kläger für die Zeit nach der letzten mündlichen Verhandlung ein über den gesetzlichen Zinssatz (§ 288 BGB, § 352 Abs. 1 HGB) hinausgehender **Anspruch auf Zinsen** zuerkannt worden, dann kann bei Veränderung des Zinsniveaus Klage nach § 323 erhoben werden.[14] Eine Abänderungsklage ist auch gegen anerkennungsfähige **ausländische Urteile** zulässig.[15] Streitig ist die Frage, ob die **Voraussetzungen der Abänderung** sich aus dem innerstaatlichen Prozessrecht als der lex fori[16] ergeben oder aus dem innerstaatlichen materiellen Kollisionsrecht[17], falls die Frage der Abänderbarkeit dem Unterhaltsstatut zugerechnet

---

[5] *St/J/Leipold* Rn. 34; MK/*Gottwald* Rn. 3.

[6] BGH NJW 1986, 3142, 3143; 2001, 2259, 2260; *Schwab/Maurer/Borth* Teil I Rn. 983.

[7] BGH (Fn. 6); *Zö/Vollkommer* Rn. 2; *St/J/Leipold* Rn. 34; aA *Ro/S/Go* § 157 Rn. 2.

[8] BGHZ 82, 246, 250f. = NJW 1982, 578; BGHZ 103, 393, 398 = NJW 1988, 1734; BGH NJW-RR 1987, 642; FamRZ 1990, 496, 497; OLG Karlsruhe FamRZ 1987, 395, 397; *Graba* NJW 1989, 481, 483; *St/J/Leipold* Rn. 1f., 34; *Göppinger/Wax/Vogel* Rn. 2347f.

[9] *Gottwald*, Festschr. f. Schwab, 1990, S. 151, 162; *Kollrus*, Die Rechtsschutzmöglichkeiten der Ehegatten in Unterhaltssachen, 1995, S. 32f.

[10] *Gottwald* (Fn. 9) S. 163f.; *Tintelnot* FamRZ 1988, 242, 244f.; *Meister* FamRZ 1980, 864, 868; im gleichen Sinn auch BGH NJW 1984, 2364, 2365; BGHZ 96, 205, 211f. = NJW 1986, 383; BGH NJW-RR 1990, 390, 391 (für ein klageabweisendes Urteil).

[11] Vgl. BGH (Fn. 4) (auf der Grundlage der Billigkeitstheorie); MK/*Gottwald* Rn. 7 (auf der Grundlage der Bestätigungstheorie).

[12] BGHZ 80, 389, 397 = NJW 1981, 2193; OLG Hamm FamRZ 1992, 1201; 1997, 890; aA OLG Bamberg FamRZ 1986, 702.

[13] OLG Hamm FamRZ 1984, 1123, 1125; FamRZ 1997, 433.

[14] OLG Karlsruhe NJW 1990, 1738; *Kahlert* NJW 1990, 1715, 1716f.; eingehend zur Frage, ob Zinstitel der Abänderungsklage unterliegen, und zu den insoweit zu beachtenden Besonderheiten: *Braun* ZZP 108 (1995), 319; vgl. auch *Frühauf* NJW 1999, 1217, 1219f.

[15] BGH NJW 1992, 438, 439 = FamRZ 1992, 1060, 1062 (Österreich); OLG Celle NJW-RR 1993, 651, 652; AG Kerpen FamRZ 1997, 436 (Polen); OLG Hamm FamRZ 1993, 189, 190 (Türkei); OLG Düsseldorf NJW-RR 1993, 136, 138 (Serbien); OLG Karlsruhe (Polen); vgl. auch *Kollrus* (Fn. 9) S. 112ff.

[16] ZB *Staudinger/von Bar/Mankowski* Art. 18 EGBGB Anh. I Rn. 44ff.; OLG Hamm FamRZ 1991, 718.

[17] ZB *MK/Gottwald* Rn. 135ff., 138; OLG Hamm FamRZ 1995, 882; abweichend insoweit OLG Köln IPRax 1989, 53 – Recht des ausländischen Gerichts.

wird. Der BGH[18] hat sich bisher nur zum Abänderungsstatut festgelegt und wendet im Interesse eines Entscheidungseinklangs das vom Urteilsgericht angewandte Sachrecht an. Entsprechend dem Normzweck des § 323 Abs. 1 ist diesem Ansatz, nach dem das der abzuändernden Entscheidung zu Grunde liegende Unterhaltsstatut in Bezug auf die Grundlagen eines Unterhaltsanspruchs und dessen Bemessung Anwendung findet, zu folgen. Es ist jedoch zu berücksichtigen, dass gemäss Art. 18 EGBGB ein nachträglicher Statutenwechsel eintreten kann[19], der eine wesentliche Änderung iSd. § 323 Abs. 1 darstellt.[20] Zu beachten ist zur **internationalen Zuständigkeit** Art. 5 Nr. 2, 6b Abs. 1 EuGVO sowie die §§ 23a, 35a.[21]

5 Nach überwiegender Auffassung soll die Abänderungsklage auch gegen ein **Unterlassungsurteil** gerichtet werden können, wenn sich die Verhältnisse wesentlich ändern, auf denen das Urteil beruht.[22] Gegen diese Auffassung spricht, dass ein solches Urteil nicht auf einer Prognose über die zukünftige Entwicklung beruht, sondern dass der Richter auf Grund der im Zeitpunkt der letzten mündlichen Verhandlung eingetretenen Tatsachen entscheidet. Ändern sich diese Tatsachen, dann können sie mit der Vollstreckungsgegenklage oder mit einer negativen Feststellungsklage geltend gemacht werden.[23]

6 Streitig ist die Frage, ob § 323 auf **Urteile** angewendet werden kann, die **auf eine Kapitalabfindung gerichtet** sind (§ 843 Abs. 3, § 844 Abs. 2 S. 1 BGB, § 8 HPflG). Der BGH[24] hat dies mit der Erwägung verneint, dass zwar die Kapitalabfindung weitgehend nichts anderes sei als der Barwert der geschuldeten Rente und dass der Berechnung eine Prognose der künftigen Entwicklung der persönlichen und vor allem der wirtschaftlichen Verhältnisse des Verletzten zu Grunde liege, dass sich aber andererseits im Wesen einer Abfindung Elemente eines wenn auch richterlich verfügten Vergleichs fänden. Wer statt laufender Rentenzahlung die Kapitalabfindung wähle, nehme das Risiko in Kauf, dass die für ihre Berechnung maßgebenden Faktoren auf Schätzungen und unsicheren Prognosen beruhten, und verzichte zugleich darauf, künftige Entwicklungen der eigenen persönlichen und wirtschaftlichen Verhältnisse später zu berücksichtigen. Der Schädiger wolle und dürfe sich seinerseits darauf verlassen, dass mit der Bezahlung der Kapitalabfindung die Sache für ihn ein für alle Mal erledigt sei. Dieses Element der Befriedigung durch Abwägung der unsicheren Zukunftschancen verbietet es nach Auffassung des BGH, die durch Richterspruch festgesetzte Kapitalabfindung in entsprechender Anwendung des § 323 zu dynamisieren. Diese Meinung verdient Zustimmung.[25] Der Richter sollte allerdings stets den Kläger darauf hinweisen, dass bei Wahl einer Kapitalabfindung eine spätere Korrektur anders als bei einer Rentenzahlung nicht in Frage kommen kann.

7 Nach hM kann auch ein **Feststellungsurteil** das Ziel einer Abänderungsklage bilden, soweit die Voraussetzungen der Änderung bei einem Leistungsurteil gleichen Inhalts gegeben wären.[26] Eine solche Korrektur kommt in Betracht, wenn das Gericht festgestellt hat, dass der Beklagte dem Kläger in Abänderung eines Vergleichs nicht mehr zur Unterhaltszahlung verpflichtet ist[27] oder wenn die negative Feststellungsklage des Klägers insoweit abgewiesen wird, als sich seine Verpflichtung auf Grund einer einstweiligen Anordnung ergibt.[28] Es muss jedoch stets darauf gesehen werden, ob die Feststellung auf einer Zukunftsprognose beruht, deren wesentliche Änderung der Kläger geltend macht (vgl. auch Rn. 20). Dies ist nicht der Fall, wenn lediglich eine auf den Zeitpunkt der mündlichen Verhandlung bezogene Pflicht zur Leistung eines unbeziffert gebliebenen Geldbetrages festgestellt wird.[29]

8 **Entsprechend anwendbar** ist § 323 auf Prozessvergleiche (§ 794 Abs. 1 Nr. 1), auf vollstreckbare Urkunden (§ 794 Abs. 1 Nr. 5) und auf vollstreckbar erklärte Anwaltsvergleiche (§§ 796a – c) (vgl. dazu Rn. 47).

9 Eine **Klage nach § 323** ist bei einem Urteil **ausgeschlossen,** das die Verpflichtung zur Zahlung einer Überbau- oder Notwegrente ausspricht, weil für die Bemessung der Rente der Zeitpunkt der Grenzüberschreitung oder der Inanspruchnahme des Notwegs[30] maßgebend ist (§ 912 Abs. 2 S. 2, § 917 Abs. 2 S. 2 BGB). Durch § 10a VAHRG ist die Möglichkeit eröffnet worden, rechtskräftig abgeschlossene Verfahren über den öffentlich-rechtlichen Versorgungsausgleich neu zu beurteilen;[31] eine Abänderungsklage kommt insoweit nicht in Betracht.[32] Die Änderung einer einstweiligen Anordnung nach § 620 Nr. 4 und 6 ist im Änderungsverfahren zu verfolgen (§ 620b) und nicht durch eine Änderungsklage durch § 323.[33] Zur Abänderung von gerichtlichen Vergleichen in solchen Verfahren vgl. Rn. 47.

---

[18] NJW 1983, 1976, 1978 = FamRZ 1983, 806, 808; NJW 1992, 438, 439 = FamRZ 1992, 1060, 1062.

[19] ZB bei dem Aufenthaltswechsel eines minderjährigen Kindes; zur Höhe des Anspruchs s. Art. 18 Abs. 5, 6 EGBGB.

[20] S. auch *Göppinger/Wax/Linke* Rn. 3309; *Schwab/Borth* Teil IV Rn. 1382f.; OLG Köln FamRZ 2005, 534.

[21] S. auch OLG Nürnberg FamRZ 2005, 1692.

[22] OLG Koblenz GRUR 1988, 478, 480; LG Kleve NJW-RR 1996, 206, 207; *Oetker* ZZP 115 (2002), 3, 10ff.; *Völp* GRUR 1984, 486, 488f.; *B/L/H* Rn. 79.

[23] *Rüssmann,* Festschr. f. G. Lüke, 1997, S. 675, 696f.; *St/J/Leipold* Rn. 14; *Zö/Vollkommer* Rn. 29.

[24] BGHZ 79, 187, 192ff. = NJW 1981, 818; s. a. FamRZ 2005, 1662 – Anpassung einer Unterhaltsabfindung nach § 313 BGB bei neuer Ehe.

[25] So auch *Schlund* BB 1993, 2025, 2030; MK/*Gottwald* Rn. 16; *St/J/Leipold* Rn. 7; s. aber *Zö/Vollkommer* Rn. 28; für (entsprechende) Anwendung des § 323 auch *Moritz,* Probleme der Abänderungsklage gemäß § 323 ZPO, dargestellt am Urteil auf Abfindung in Kapital, Diss. Passau 1998, S. 169ff.; *B/L/H* Rn. 79.

[26] MK/*Gottwald* Rn. 14.

[27] OLG Köln NJW-RR 1987, 834.

[28] OLG Hamm FamRZ 1994, 387.

[29] St/J/Leipold Rn. 13.

[30] MK/*Säcker* § 917 BGB Rn. 40.

[31] Vgl. *Dörr* NJW 1988, 97.

[32] BGH NJW 1982, 1646, 1647.

[33] BGH NJW 1983, 1330, 1331; vgl. auch OLG Hamm NJW 1999, 3274; OLG Bremen FamRZ 2000, 1165.

10 Nach dem Einigungsvertrag (Anl. I Kap. III A Abschn. III Nr. 5 i) gilt für die **Abänderung** rechtskräftiger **Urteile von Gerichten der DDR** § 323.[34] Zu den Besonderheiten, die sich für die neuen Bundesländer auf Grund des unter bestimmten Voraussetzungen anzuwendenden Recht der DDR ergeben, wird auf die 3. Auflage (Rn. 10) verwiesen.

III. Verhältnis zu anderen Rechtsbehelfen

11 **1. Rechtsmittel.** Der Eintritt der Rechtskraft bildet keine Zulässigkeitsvoraussetzung für die Abänderungsklage. Deshalb kann diese Klage erhoben werden, auch wenn die Möglichkeit besteht, die angestrebte Änderung durch Einlegung der **Berufung** zu erreichen.[35] Allerdings setzt diese Wahlmöglichkeit voraus, dass ein Berufungsverfahren noch nicht anhängig ist. Eine Abänderungsklage neben dem laufenden Rechtsmittelverfahren ist unzulässig.[36] Wird **nach Erlass eines rechtskräftigen Teilurteils** Berufung gegen das Schlussurteil eingelegt und ergeben sich während des Berufungsverfahrens Umstände, die den Berufungsbeklagten berechtigen, eine Abänderung des rechtskräftigen Teilurteils durch eine Abänderungsklage herbeizuführen, dann wird ihm vom BGH die Wahl zugestanden, entweder die Klage im Rahmen des Berufungsverfahrens als Widerklage oder aber in einem neuen Verfahren als selbständige Abänderungsklage zu erheben, ohne dass § 323 Abs. 2 dann entgegensteht.[37] In anderen Fällen der Berufung muss der Abänderungsberechtigte den Änderungsgrund durch Klageerweiterung im Berufungsverfahren geltend machen.[38]

12 Hat die Gegenpartei Berufung eingelegt, dann muss der Abänderungsberechtigte durch **Anschlussberufung** (§ 524) die von ihm begehrte Änderung zu erreichen suchen.[39] Der nahe liegende Einwand, bei der Anschlussberufung könnten dem Abänderungsberechtigten dadurch Rechtsnachteile entstehen, dass er nach einer Berufungsrücknahme durch den Gegner und durch den damit verbundenen Verlust der Wirkung seiner Anschlussberufung (§ 524 Abs. 4) erst eine Abänderung mit der durch § 323 Abs. 3 bedingten zeitlichen Verzögerung durchsetzen könne,[40] hat der BGH dadurch ausgeräumt, dass er in Abweichung von dem Wortlaut des § 323 Abs. 3 die Abänderung des angegriffenen Titels auf den Zeitpunkt zurückbezogen hat, in dem die Anschlussberufung im Vorprozess erhoben worden ist.[41] Das Gericht weist darauf hin, dass § 323 Abs. 3 eine auf Zweckmäßigkeitserwägungen beruhende Regelung darstelle, durch die zugleich auch das Vertrauen in die Unabänderbarkeit des früheren Urteils geschützt werde. Dieses Vertrauen verliere seine Grundlage, wenn durch Erhebung einer Anschlussberufung geltend gemacht werde,[42] dass die tatsächliche Entwicklung und die im Urteil angestellte Prognose erheblich divergierten. Allerdings werde sich eine Partei, deren Anschlussberufung durch Rücknahme oder Verwerfung des Hauptrechtsmittels wirkungslos geworden sei, die vertrauensstörende Wirkung der Anschlussberufung nach den Grundsätzen von Treu und Glauben nicht beliebig lange zu Nutze machen können. Der BGH hat es offen gelassen, bis zu welchem Zeitpunkt die „Vorwirkung" einer Abänderungsklage danach ausgedehnt werden könnte, hat aber in diesem Zusammenhang auf die Sechs-Monats-Frist des § 212 Abs. 2 aF BGB (vgl. jetzt § 204 Abs. 2 iVm. Abs. 1 Nr. 1 BGB) verwiesen. Die durch das ZPO-RG eingeführte **Befristung der Anschlussberufung** nach § 524 Abs. 2 S. 2 gilt nach § 524 Abs. 2 S. 3 nicht im Falle einer Verurteilung zu künftig fällig werdenden wiederkehrenden Leistungen.[43] Danach kann im laufenden Berufungsverfahren durch Klageerweiterung oder Widerklage ein höherer Unterhalt verlangt werden, so dass eine selbständige Abänderungsklage ausscheidet.

13 Ist gegen das abzuändernde Urteil **Revision** eingelegt worden, dann hindert dies nicht die Erhebung einer Abänderungsklage, da die zur Begründung einer wesentlichen Änderung der Verhältnisse vorzutragenden neuen Tatsachen nach § 559 in der Revisionsinstanz nicht vorgebracht werden können. Die Abänderungsklage ist aber bis zum rechtskräftigen Abschluss des Vorprozesses gem. § 148 auszusetzen.[44]

14 **2. Vollstreckungsabwehrklage.** In vielen, allerdings nicht in allen Fällen ist eine Abgrenzung zwischen der Abänderungs- und der Vollstreckungsabwehrklage auf Grund der Tatbestände des § 323 und des § 767 möglich. Die Vollstreckungsabwehrklage dient der Durchsetzung rechtsvernichtender und rechtshemmender Einwendungen gegen den titulierten Anspruch und steht lediglich dem Schuldner zur Verfügung. Da jedoch auch der Wegfall und die Änderung anspruchsbegründender Tatsachen Einwendungen gegen den Anspruch ergeben können, ist eine **Überschneidung beider Klagen** durchaus möglich.[45] Dies wird allerdings häufig nicht berücksichtigt und von einem einander ausschließenden Anwendungsbereich

---

[34] Vgl. BGH NJW 1994, 1002; 1997, 735; OLG Brandenburg FamRZ 1997, 1342 (LS); *Maurer* FamRZ 1994, 337, 344; *Graba* DtZ 1993, 39.

[35] OLG Hamburg FamRZ 1984, 706, 707 f.; OLG Zweibrücken FamRZ 1995, 1160 (LS); MK/*Gottwald* Rn. 40 f.

[36] BGHZ 96, 205, 207 = NJW 1986, 383; OLG Köln FamRZ 1997, 507 (mit der Einschränkung, dass dies nicht gilt, wenn das Urteil nur in einem anderen Teilbereich zB bezüglich der Entscheidung über das Sorgerecht angefochten wird).

[37] BGH NJW 1993, 1795; OLG Hamm NJW-RR 1998, 222.

[38] OLG Koblenz FamRZ 1988, 1072 f.; OLG Hamburg (Fn. 35).

[39] BGH (Fn. 36) S. 209; BGH NJW 1998, 161; OLG Hamm FamRZ 1996, 1088.

[40] *Eckert* MDR 1986, 542, 544; *Hoppenz* FamRZ 1986, 226, 227.

[41] BGHZ 103, 393, 396 = NJW 1988, 1734; vgl. auch OLG Hamm FamRZ 2001, 557.

[42] Vgl. auch OLG Karlsruhe FamRZ 1999, 1289.

[43] Zur früheren Problematik *Born* FamRZ 2003, 1248 f.; BGH FamRZ 2005, 1538; OLG Zweibrücken FamRZ 2004, 554.

[44] MK/*Gottwald* Rn. 45.

[45] BGH NJW-RR 1989, 322, 323; *Braun* (Fn. 1) S. 25, 27; *Kollrus* (Fn. 9) S. 249 f.; *St/J/Leipold* Rn. 42; *Hoppenz* FamRZ 1987, 1097, 1098.

beider Regelungen gesprochen, wenn auch Abgrenzungsschwierigkeiten eingeräumt werden.[46] Bei Überschneidungen kann dem Kläger nicht die freie Wahl zugestanden werden (§ 767 Rn. 10).[47] Dagegen spricht insbesondere, dass man sonst einseitig dem Schuldner die Möglichkeit einräumte, die Einschränkungen des § 323 zu umgehen, während dies dem Gläubiger in vergleichbaren Fällen verschlossen wäre; darin läge ein offensichtlicher Verstoß gegen den Grundsatz der prozessualen Gleichbehandlung (Einl. Rn. 31).[48]

Bei der Abgrenzung beider Klagen voneinander ist davon auszugehen, dass solche **Einwendungen,** die gegenüber Urteilen auf einmalige Leistung **die Vollstreckungsabwehrklage begründen,** mit dieser Klage auch gegenüber Urteilen über wiederkehrende Leistungen geltend gemacht werden müssen.[49] Hierzu zählen die Erfüllung, der Erlass, die Aufrechnung, der Wegfall eines titulierten Unterhaltsanspruchs bei Eingehen einer neuen Ehe[50] (§ 1586b Abs. 1 BGB) oder der Wegfall des Trennungsunterhalts bei Wiederaufnahme der ehelichen Lebensgemeinschaft (s. Rn. 22), die Stundung, die Verjährung, Einwendungen auf Grund eines Vergleichs sowie die Verwirkung.[51] Insoweit handelt es sich um Ereignisse, die Tatsachen zum Gegenstand haben, aus denen sich keine unmittelbaren Auswirkungen auf die vom Richter bei der Entscheidung über die Klage auf künftige Leistung zu treffende Zukunftsprognose ergeben. Dagegen sind **mit der Abänderungsklage** solche Tatsachen **geltend zu machen,** die die Prognose über die künftige Unterhaltspflicht beeinflussen und sie unrichtig werden lassen.[52] Nach dem Normzweck des § 323 (Rn. 1) werden von der Abänderungsklage solche Umstände erfasst, die Bedeutung für die wirtschaftlichen Verhältnisse aufweisen, von denen die Leistungspflicht des Schuldners abhängt.[53] Hierzu zählen Veränderungen in der Leistungsfähigkeit des Schuldners[54] oder in der Bedürftigkeit des Unterhaltsberechtigten,[55] Einschränkungen der Unterhaltsverpflichtung aus Billigkeitsgründen,[56] aber auch der zwischenzeitlich eingetretene erhebliche Anstieg der allgemeinen Lebenshaltungskosten (vgl. aber auch Rn. 27).[57] Eine zeitliche Begrenzung des Unterhaltsanspruchs gemäß § 1573 Abs. 5, § 1578 Abs. 1 S. 2 BGB kann nicht im Wege der Vollstreckungsgegenklage, sondern muss durch eine Abänderungsklage geltend gemacht werden. Die Entscheidung, dass der Unterhaltsanspruch von einem bestimmten Zeitpunkt an aus Billigkeitsgründen zu begrenzen ist, verlangt jedoch nicht, dass diese Zeit bereits erreicht ist. Sind die dafür maßgebenden Gründe schon eingetreten oder zuverlässig vorauszusehen, dann muss die Entscheidung über eine Unterhaltsbegrenzung im Ausgangsverfahren über den Unterhalt getroffen werden und kann nicht einer Abänderungsklage überlassen bleiben.[58] Diese strengen Grundsätze hat der BGH[59] abgeschwächt, wenn die eine Begrenzung stützenden Tatsachen im Zeitpunkt der Erstentscheidung nicht mit hinreichender Sicherheit beurteilt werden konnten. Auch wurde der Begrenzung des Anspruchs erst mit dem Übergang von der Anrechungs- zur Differenz- bzw. Additionsmethode[60] bei der Bestimmung des Unterhalts eine größere Bedeutung beigemessen. 15

Bezieht der **Unterhaltsberechtigte** eine **eigene Rente,** die auf einer Übertragung von Versorgungsanwartschaften beim Versorgungsausgleich beruht, dann **mindert** dies wie jedes andere Einkommen, das der Berechtigte erzielt, seine **Bedürftigkeit.** Eine solche Änderung in den wirtschaftlichen Verhältnissen ist – wie ausgeführt – dem Anwendungsbereich des § 323 zuzuordnen. Die gleiche Auffassung ist auch vom BGH[61] vertreten worden, der jedoch im Falle des Bezugs einer Rente, die beim Unterhaltspflichtigen durch den Versorgungsausgleich gekürzt wird und beim Unterhaltsberechtigten zu einer höheren Rente führt, den Einwand der verminderten Bedürftigkeit nach § 767 berücksichtigt. An dieser Auffassung hält der BGH[62] nicht mehr fest. Er verweist zutreffend darauf, dass auf Grund seiner geänderten Rechtsprechung zur prägenden Wirkung des Rentenbezugs aus dem Versorgungsausgleich[63] und gleichzeitigem Wegfall des Anspruchs auf den Altersvorsorgeunterhalt nach § 1578 Abs. 3 BGB eine Neuberechnung des Unterhaltsanspruchs erforderlich wird. Dies kann nur mit der Abänderungs- und nicht mit der Vollstreckungsabwehrklage erreicht werden. 16

---

46 Vgl. nur MK/*Gottwald* Rn. 37; BGH NJW 2005, 2313 = FamRZ 2005, 1479.

47 So aber *B/L/H* Rn. 4 m. weit. Nachw.

48 *Braun* (Fn. 1) S. 31; s. auch BGH NJW 2000, 3789 = FamRZ 2000, 1499; FamRZ 2001, 905, 906; FamRZ 2004, 1357 – zu § 1573 Abs. 5 BGB.

49 OLG Düsseldorf FamRZ 1981, 306, 307.

50 OLG Naumburg FamRZ 2006, 1402.

51 BGH NJW-RR 1991, 899; OLG Hamm NJW-RR 1998, 510; *Büttner/Niepmann* NJW 2002, 2283, 2291 (bei dauerhaftem Ausschluss des Unterhaltsanspruchs, sonst Vollstreckungsabwehrklage); *Zö/Vollkommer* Rn. 16 m. weit. Nachw.; aA *Luthin/Margraf* Rn. 7258 (für Fälle, in denen es um die Verschiebung der für den Unterhaltstitel wesentlichen materiellen Voraussetzungen und um langfristige Vorgänge geht).

52 OLG Bremen NJWE-FER 2000, 161f.; *Hoppenz* (Fn. 45); MK/*Gottwald* Rn. 31.

53 BGHZ 70, 151, 157 = NJW 1978, 753; *St/J/Leipold* Rn. 44.

54 OLG Zweibrücken NJW-RR 1993, 1218.

55 OLG Bamberg FamRZ 1980, 617; NJWE-FER 1999, 97; OLG Nürnberg FamRZ 2003, 1025 (zu bedarfsdeckenden BAföG-Leistungen an den Unterhaltsberechtigten).

56 OLG Bamberg FamRZ 1992, 717, 718; MK-BGB/*Born* § 1611 BGB Rn. 54; aA; *Büttner/Niepmann* NJW 2001, 2215, 2228.

57 OLG Zweibrücken NJW 1994, 527f.

58 BGH FamRZ 2001, 905, 906.

59 FamRZ 2007, 793, 798.

60 BGHZ 148, 105ff. = NJW 2001, 2254 = FamRZ 2001, 986

61 BGH NJW-RR 1989, 322, 323.

62 NJW 2005, 2313 = FamRZ 2005, 1479, 1480.

63 BGH FamRZ 2002, 88, 91; BGHZ 153, 372 = FamRZ 2003, 848, 851.

17 Der Erfüllung gleichgestellt und damit der Klage nach § 767 zugewiesen ist vom BGH auch die **Zahlung von Kindergeld** (vgl. § 1612b BGB), das der Unterhaltsberechtigte **auf Grund** einer **nachträglichen Gesetzesänderung** erhalten hat (vgl. aber Rn. 28).[64] Wird die Ehe zuvor getrennt lebender Ehegatten geschieden, dann geht die hM davon aus, dass damit ein rechtskräftig zugesprochener Unterhaltsanspruch erlischt und dass die **mit der Scheidung eingetretene unterhaltsrechtliche Veränderung** mit der Vollstreckungsgegenklage sowie der nacheheliche Unterhalt mit einer neuen Klage (Rn. 22) geltend gemacht werden muss.[65] Da im Einzelfall die Unterscheidung zwischen Abänderungsklage und Vollstreckungsabwehrklage nicht immer mit letzter Sicherheit getroffen werden kann. Deshalb lässt die Praxis es zu, dass **beide Klagen in Eventualstellung miteinander verbunden** werden, dass also in erster Linie Vollstreckungsabwehrklage oder Abänderungsklage erhoben und damit hilfsweise die jeweils andere in Betracht kommende Klage verbunden wird.[66] Ebenso kommt eine **Umdeutung** einer Abänderungsklage in eine Vollstreckungsabwehrklage[67] und umgekehrt[68] in Betracht, wenn die erhobene Klage sämtliche Voraussetzungen der anderen Klageform beinhaltet.

18 **3. Unterhaltszusatzklage.** Hat der Kläger mit seinem Antrag auf Verurteilung des Beklagten zu künftig fällig werdenden wiederkehrenden Leistungen vollen Erfolg, dann fragt es sich, ob es als zulässig angesehen werden kann, dass er eine über den titulierten Betrag hinausgehende Forderung mit einer weiteren Leistungsklage, der sog. Nachforderungs- oder Zusatzklage, begehrt. Begreift man jede Leistungsklage als potenzielle (verdeckte) Teilklage, dann scheint zumindest die Rechtskraft des obsiegenden Urteils einer Nachforderung nicht entgegenzustehen (vgl. dazu § 322 Rn. 68). Mit der Begründung, dass § 323 dazu diene, die Rechtskraft des Unterhaltsurteils zu durchbrechen und dass dies für den Zusatzbetrag, über den rechtskräftig nicht erkannt sei, nicht in Betracht komme, könnte man die Zulässigkeit einer Unterhaltszusatzklage bejahen. Der BGH hat dies jedoch in einer Grundsatzentscheidung ausgeschlossen[69] und die Auffassung vertreten, auch der voll obsiegende Kläger müsse nach Sinn und Zweck des § 323 eine **Erhöhung des** ihm **zuerkannten Betrages** durch eine **Abänderungsklage** zu erreichen suchen. Durch § 323 sei eine Sonderregelung geschaffen worden, die ohne Rücksicht auf den Umfang der Rechtskraft bei Abänderung eines Urteils über künftig fällig werdende wiederkehrende Leistungen beachtet werden müsse. Wegen dieser Regelung und der Lebenserfahrung, die dafür spreche, dass Unterhalt regelmäßig in voller Höhe eingeklagt werde, sei eine Teilklage auszuschließen, wenn sich der Kläger nicht erkennbar eine Nachforderung vorbehalte (§ 322 Rn. 68). An dieser Auffassung hat der BGH in ständiger Rechtsprechung festgehalten;[70] sie entspricht auch der hM im Schrifttum.[71]

19 Mit dieser Konzeption stimmt es überein, dass der Kläger, der erkennbar nur einen Teil seines Anspruchs mit der ersten Klage geltend gemacht hat, später durch eine zweite Leistungsklage den bisher noch nicht erhobenen Anspruch einfordern kann. So handelt es sich um eine **Teilklage,** wenn der Kläger lediglich die Zahlung eines Spitzenbetrages vom Beklagten verlangt, der über den freiwillig geleisteten Unterhalt hinausreicht. Die Bindung des Urteils, das eine solche Klage zuspricht, ist nach Auffassung des BGH nicht anders zu beurteilen, als wenn es sich um entsprechende Grund- oder Sockelbeträge gehandelt hätte. **Für Mehrforderungen** ist dann die **Nachforderungsklage** gegeben.[72] Eine Abänderungsklage kommt nur dann in Betracht, wenn sich die Verhältnisse in einer Weise geändert haben, dass eine Einschränkung der freiwilligen Zahlung nicht mehr ausreicht und der titulierte Betrag berührt wird.[73] Auch eine Klage, die auf einen **zeitlich begrenzten Unterhalt** gerichtet ist, stellt eine Teilklage dar, so dass der Kläger Leistungsklage zu erheben hat, wenn er Unterhalt für einen späteren Zeitraum fordert.[74] **Sonderbedarf,** dh. ein unregelmäßiger außergewöhnlich hoher Bedarf des Unterhaltsberechtigten (§ 1613 Abs. 2 Nr. 1 BGB), ist nicht mit der Abänderungsklage, sondern mit der Leistungsklage geltend zu machen.[75] Macht der Kläger für einen bestimmten Zeitraum weniger geltend als ihm zusteht, weil er sich bei Berechnung der auf diesen Zeitraum entfallenden Monatsrenten (erkennbar für den Beklagten) irrt, dann ist diese Klage als Teilklage zu werten.[76]

20 Wird eine **Unterhaltsklage abgewiesen,** weil das Gericht die Bedürftigkeit des Klägers (§§ 1577, 1602 BGB) oder die Leistungsfähigkeit des Beklagten (§§ 1581, 1603 BGB) verneint, dann hat der Kläger nach Auffassung des BGH bei Änderung dieser Anspruchsvoraussetzungen seinen Unterhaltsanspruch mit der **Leistungsklage** (Nachforderungsklage) zu verfolgen.[77] Zur Begründung verweist das Gericht darauf, dass

---

[64] BGH FamRZ 1977, 461, 462.

[65] BGHZ 78, 136 (Fn. 4); BGH NJW 1981, 978; 1982, 1875, 1876; *Braun* (Fn. 1) S. 200f.

[66] BGH FamRZ 1979, 573, 575; OLG Köln NJWE-FER 2000, 144; *Braun* (Fn. 1) S. 32.

[67] BGH NJW-RR 1991, 899.

[68] OLG Bamberg (Fn. 56); OLG Brandenburg NJW-RR 2002, 1586.

[69] BGHZ 34, 110, 114ff. = NJW 1961, 871.

[70] BGHZ 94, 145, 146 = NJW 1985, 1701 = FamRZ 1985, 690; BGH NJW-RR 1987, 642 = FamRZ 1987, 368; vgl. auch OLG Hamm MDR 1997, 1159 (für Verdienstausfallschaden).

[71] *Niklas* FamRZ 1987, 869, 873; *Kollrus* (Fn. 9) S. 37; *Eckardt* Jura 1996, 624, 633; *St/J/Leipold* Rn. 3f.; *Zö/Vollkommer* Rn. 19; *T/P/Reichold* Rn. 46f.; aA *Roth* NJW 1988, 1233, 1236ff.; kritisch auch *Gottwald* FamRZ 1992, 1374, 1376ff.

[72] BGHZ 93, 330, 334ff. = NJW 1985, 1340; BGH NJW 1991, 429, 430; MDR 1993, 650, 651; OLG Hamm FamRZ 1997, 619; OLG Naumburg FamRZ 2006, 1046.

[73] BGH NJW 1985, 1343, 1344f. Zur gleichen Frage bei einem Prozessvergleich vgl. BGH NJW 1993, 1995.

[74] OLG Koblenz NJW-RR 1986, 1457.

[75] OLG Düsseldorf FamRZ 1981, 75, 76.

[76] OLG Hamm FamRZ 1999, 1084, 1085.

[77] BGHZ 82, 246, 250ff. = NJW 1982, 578; BGH NJW 1985, 552, 554 = FamRZ 1985, 376, 377 m. weit. Nachw.; NJW 2005, 142 = FamRZ 2005, 101; *Roth* NJW 1988, 1233, 1236; aA *Zö/Vollkommer* Rn. 22 m. weit. Nachw.

der Abweisung der Klage keine sachliche Beurteilung der voraussichtlich in Zukunft bestehenden Verhältnisse zu Grunde liege. Anders als bei einem zusprechenden Urteil gäbe es keine Rechtskraftwirkung für zukünftig eintretende Tatsachen, und deshalb sei der Kläger nicht gehindert, wie bei anderen Klageabweisungen auch, eine neue Leistungsklage zu erheben, wenn neue Tatsachen eintreten, die einen anderen, vom rechtskräftigen Urteil nicht erfassten Lebensvorgang schafften.[78] Dies gilt auch für den Fall, dass nur die über eine freiwillige Zahlung hinausgehende Unterhaltsmehrforderung Gegenstand des Rechtsstreites und des klageabweisenden Urteils ist.[79] Wird eine **auf** Zahlung von **Schadensrente gerichtete Klage abgewiesen,** weil dem Kläger zurzeit kein Schaden entstanden ist, dann muss er erneut Leistungsklage und nicht Abänderungsklage erheben, wenn er einen später entstandenen Schaden geltend machen will.[80]

Hat dagegen der Unterhaltsgläubiger ein Urteil erstritten, das ihm eine Unterhaltsrente zuerkennt, und kommt es wegen Rückgangs oder Fortfalls von Leistungsfähigkeit oder Bedürftigkeit zur Abänderung des Titels nach § 323, dann soll im Falle einer späteren abermaligen wesentlichen Änderung der für die abgeänderte Rente maßgebenden Verhältnisse erneut die Abänderungsklage nach § 323 und nicht eine Leistungsklage gegeben sein.[81] Der BGH meint, dies leuchte ohne weiteres ein, wenn **das abändernde Urteil** die Unterhaltsrente nur reduziere, müsse aber auch gelten, wenn das Urteil die **Unterhaltsrente ganz entfallen lasse,** denn auch hier gehe es immer noch um die Modifikation des ersten Urteils. Komme es zu einer Entscheidung nach § 323, so habe das Gericht im Zuge der Korrektur der ursprünglichen Prognose seinerseits die künftige Entwicklung der Verhältnisse vorausschauend zu berücksichtigen, und demgemäß beruhe das abändernde Urteil sowohl im Falle der Reduzierung als auch der völligen Streichung der Unterhaltsrente auf einer Prognose der zukünftigen Entwicklung und stelle den Rechtszustand auch für die Zukunft fest. Eine spätere Klage auf Wiedergewährung oder Erhöhung der Unterhaltsrente müsse daher abermals eine von der Prognose abweichende tatsächliche Entwicklung der Verhältnisse geltend machen, für die das Gesetz die Abänderungsklage vorsehe. Ist danach eine Nachforderungsklage (Leistungsklage) unzulässig, dann kann eine **Umdeutung in eine Abänderungsklage** in Betracht kommen.[82] 21

Hat der Eintritt neuer Tatsachen zur **Änderung des Streitgegenstandes** (Einl. Rn. 68ff.) geführt, der dem Unterhaltsurteil zu Grunde gelegen hat, dann ist für eine Abänderungsklage insoweit kein Raum, als es um die Berücksichtigung dieser neuen Tatsachen geht. Deshalb ist der **Anspruch auf nachehelichen Unterhalt** nach der Scheidung trotz eines Urteils, das dem Kläger während des Getrenntlebens Unterhalt zusprach, mit der Leistungsklage zu verfolgen, weil die Ehescheidung einen neuen Lebenssachverhalt und damit einen neuen Streitgegenstand schafft (Rn. 17). Haben Eheleute nach Erlass eines Urteils, das einem Ehegatten Trennungsunterhalt zusprach, längere Zeit wieder zusammengelebt, dann muss der Trennungsunterhalt neu bemessen und tituliert werden, wenn sich die Ehegatten erneut trennen;[83] dies gilt allerdings nicht für einen titulierten Unterhaltsanspruch eines Kindes, weil er trotz Zusammenlebens der Eltern (anders als der Anspruch auf Trennungsunterhalt) bestehen bleibt.[84] Wird aus einem Titel zum Trennungsunterhalt während der Zeit des Zusammenlebens vollstreckt, ist hingegen mit der Klage nach § 767 vorzugehen.[85] Liegt ein Urteil oder ein Prozessvergleich zum Unterhalt eines minderjährigen Kindes vor, erlischt der Anspruch nach §§ 1601, 1610 BGB nicht mit Eintritt der Volljährigkeit des Kindes; deren Abänderung ist deshalb mit der Klage nach § 323 Abs. 1, 4 zu erreichen.[86] 22

IV. Zulässigkeit der Abänderungsklage

1. Allgemeine Prozessvoraussetzungen. Die Zulässigkeit einer Abänderungsklage hängt davon ab, dass die allgemeinen Prozessvoraussetzungen erfüllt werden. Die örtliche und sachliche **Zuständigkeit** des Gerichts bestimmt sich nach den dafür allgemein geltenden Vorschriften. Eine Zuständigkeit des früheren Prozessgerichts besteht nicht. Insbesondere ist nicht § 767 Abs. 1 entsprechend anwendbar.[87] Für Verfahren, die die gesetzliche Unterhaltspflicht eines Elternteils oder beider gegenüber einem minderjährigen Kind betreffen, also auch für entsprechende Abänderungsklagen, wird durch § 642 eine ausschließliche Zuständigkeit angeordnet. Bei Bestimmung der sachlichen Zuständigkeit ist § 9 zu beachten, sofern der Wert des Streitgegenstandes dafür maßgebend ist (§ 23 Nr. 1, § 71 Abs. 1 GVG). Die funktionelle Zuständigkeit der Familiengerichte richtet sich nach § 23b Abs. 1 Nr. 5, 6 und 13 GVG. Ein **Rechtsschutzinteresse** für eine Abänderungsklage entfällt nicht auf Grund einer freiwilligen Leistung der vom Gläubiger geforderten Erhöhung.[88] Gibt der Unterhaltsgläubiger den Titel zurück oder erklärt er in dem Fall, dass er den Titel noch zur Vollstreckung von Ansprüchen wegen rückständigen Unterhalts benötigt, er werde von einem bestimmten Zeitpunkt an nicht mehr vollstrecken, dann ist ein Rechtsschutzinteresse des Unterhaltsschuldners an einer Ab- 23

[78] BGH NJW 1985, 1345; OLG Karlsruhe FamRZ 1995, 893, 894; OLG Hamm (Fn. 76); aA *Hahne* FamRZ 1983, 1189, 1190; *Zö/Vollkommer* Rn. 22; differenzierend *Schwab/Maurer/Borth* Teil I Rn. 1006ff.
[79] BGH NJW 1982, 1284, 1285; OLG Karlsruhe (Fn. 78).
[80] MK/*Gottwald* Rn. 31f.; aA *St/J/Leipold* Rn. 8; *Zö/Vollkommer* Rn. 26.
[81] BGH (Fn. 78) S. 1346.
[82] BGH NJW 1992, 438, 440; OLG Zweibrücken FamRZ 1997, 837 (zur Sachdienlichkeit einer entsprechenden Klageänderung).
[83] Zum Fall einer späteren Vollstreckung aus einem Titel zum Trennungsunterhalt s. Rn. 15.
[84] OLG Hamm FamRZ 1999, 30, 31 m. weit. Nachw.
[85] Zum Verzicht auf rückständigen Trennungsunterhalt s. *Schwab/Borth* Teil IV Rn. 59.
[86] OLG Hamm FamRZ 2007, 654.
[87] BayObLG NJW-RR 1999, 1293, 1294; *Zö/Vollkommer* Rn. 37; *B/L/H* Rn. 43; aA *St/J/Leipold* Rn. 68.
[88] OLG Zweibrücken FamRZ 1997, 620.

änderungsklage zu verneinen.[89] Die **Prozessführungsbefugnis** steht grundsätzlich nur denjenigen zu, zwischen denen die abzuändernde Entscheidung ergangen ist oder auf die sich die Rechtskraft erstreckt. Außer den Parteien des Vorprozesses kommen infolge eines gesetzlichen Forderungsübergangs auch deren Rechtsnachfolgern in Betracht. In Fällen, in denen der titulierte Unterhaltsanspruch zum Teil auf einen öffentlichen Leistungsträger übergegangen ist, muss die Abänderungsklage gleichzeitig gegen den Unterhaltsberechtigten als Titelgläubiger und gegen den öffentlichen Leistungsträger erhoben werden, um eine Unterhaltsherabsetzung oder Unterhaltsaufhebung zu erreichen (vgl. auch Rn. 25).[90] Betrifft das Verfahren die Abänderung eines Prozessvergleichs (Rn. 46 ff.), so kommen außer den Parteien des Vorprozesses und deren Rechtsnachfolgern auch Dritte in Betracht, die an dem Prozessvergleich beteiligt waren[91] oder die durch den Prozessvergleich als einem echten Vertrag zu Gunsten Dritter eigene Rechte erworben haben.[92]

24 Sind die Eltern eines Kindes miteinander verheiratet, so kann nach § 1629 Abs. 3 BGB ein Elternteil **Unterhaltsansprüche des Kindes** gegen den anderen Elternteil nur im eigenen Namen geltend machen, solange die Eltern getrennt leben oder eine Ehesache zwischen ihnen anhängig ist. Die gerichtliche Entscheidung und ein zwischen den Eltern geschlossener gerichtlicher Vergleich wirken für und gegen das Kind (§ 1629 Abs. 3 S. 2 BGB). Solange die Voraussetzungen des § 1629 Abs. 3 BGB noch zutreffen, ist auch eine Abänderungsklage in gesetzlicher Prozessstandschaft wegen des Kindesunterhalts zu erheben, sofern nicht das Kind volljährig geworden ist. Dies gilt auch im Passivprozess nach § 323 gegen das Kind.[93] Nach Beendigung der gesetzlichen Prozessstandschaft durch Rechtskraft der Scheidung ist allein das Kind in einem Abänderungsverfahren die richtige Partei.[94]

25 Hat ein **Sozialhilfeträger** Unterhaltsansprüche durch gesetzlichen Forderungsübergang gem. § 33 SGB II, § 94 SGB XII erworben (vgl. § 621 Rn. 64 f.), dann ist eine Abänderungsklage (in Höhe der erbrachten Hilfeleistung und des von den Forderungsübergang erfassten Betrages, vgl Rn. 23) gegen ihn zu richten und er auch für die Klage nach § 323 prozessführungsbefugt und aktiv legitimiert, solange er sie nicht zurück abgetreten hat (§ 33 Abs. 4 S. 1 SGB II, § 94 Abs. 5 SGB XII).[95] Verpflichtet sich ein Unterhaltsschuldner in einem Prozessvergleich, dem Unterhaltsgläubiger eine bestimmte Unterhaltsrente über eine **freiwillig geleistete Zahlung** hinaus (Sockelbetrag) zu zahlen, dann kann der Unterhaltsschuldner nur dann mit Erfolg eine Abänderungsklage erheben, wenn die erstrebte Herabsetzung der Unterhaltsrente den freiwillig geleisteten Sockelbetrag übersteigt; andernfalls fehlt ihm für eine solche Klage das Rechtsschutzbedürfnis (vgl. Rn. 19).[96] Will der Kläger die Erhöhung eines Unterhaltsanspruchs im Wege einer Abänderungsklage durchsetzen und benötigt er dafür Informationen über die Einkommensverhältnisse des Beklagten, dann kann er im Rahmen einer **Stufenklage** (§ 254) vorab auf Auskunft klagen (s. auch Rn. 43);[97] Entsprechendes gilt für eine Herabsetzungsklage des Unterhaltspflichtigen.

26 **2. Besondere Prozessvoraussetzungen.** Die Abänderungsklage muss gegen einen Titel gerichtet werden, der in den Anwendungsbereich des § 323 fällt (vgl. Rn. 4 ff.) und aus dem noch weiterhin vollstreckt werden kann.[98] Die Zulässigkeit der Abänderungsklage ist von der **Behauptung** des Klägers abhängig, dass eine wesentliche Änderung der für die Leistungspflicht maßgebenden Verhältnisse nach dem in § 323 Abs. 2 bezeichneten Zeitpunkt eingetreten ist. Ob diese Behauptung zutrifft, ist eine Frage der Begründetheit der Klage.[99]

V. Begründetheit der Abänderungsklage

27 **1. Wesentliche Änderung.** Nach § 323 Abs. 1 kann eine Abänderungsklage nur erfolgreich sein, wenn eine wesentliche Änderung derjenigen Verhältnisse eingetreten ist, die für die Verurteilung zur Entrichtung der Leistungen, für die Bestimmung ihrer Höhe oder für die Dauer ihrer Entrichtung maßgebend waren. Die Änderung muss sich auf die **tatsächlichen Grundlagen** der Entscheidung beziehen und nicht lediglich auf die insoweit vom Erstgericht vorgenommene Beurteilung. Wird die vom ersten Richter der Verurteilung zu künftigen Leistungen zu Grunde gelegte Prognose auf eine unrichtige Bewertung der maßgeblichen Umstände gestützt, dann kann ein solcher Fehler nur mit einem Rechtsmittel korrigiert werden.[100] Denn die bloße Änderung der rechtlichen Beurteilung bereits bekannter und im früheren Verfahren gewürdigter tatsächlicher Verhältnisse kann eine Abänderung eines Unterhaltsurteils auf der Grundlage des § 323 schon deshalb nicht rechtfertigen, weil diese Klage nur der Korrektur einer fehlgeschlagenen. Prognose dient (vgl.

---

[89] OLG München FamRZ 1999, 942; vgl. auch OLG Karlsruhe NJWE-FER 2000, 98; zur Aufforderung zum Verzicht s. OLG Brandenburg FamRZ 2005, 536.

[90] OLG Brandenburg NJW-RR 2003, 1448, 1449 m. Nachw.

[91] BGH NJW 1983, 684, 685.

[92] *St/J/Leipold* Rn. 33; *Zö/Vollkommer* Rn. 30, jeweils m. weit. Nachw. auch zur Gegenauffassung.

[93] S. a. OLG Naumburg FamRZ 2007, 1335 – zu § 1629 Abs. 2 S. 2 BGB.

[94] BGH NJW 1983, 1976; OLG Hamm FamRZ 1990, 1375, 1376.

[95] BGH NJW 1992, 1624, 1625 f.; OLG Düsseldorf FamRZ 1994, 764; LG Heilbronn DAVorm. 1997, 712; *Luthin/Margraf* Rn. 7229 ff. (auch zu anderen Fällen eines gesetzlichen Forderungsübergangs).

[96] BGH MDR 1993, 650, 651.

[97] BGH NJW 1985, 195, 196; OLG Köln FamRZ 1983, 1047, 1048 f.; zur Stufenklage bei beziffertem Mindestbetrag s. BGH NJW-RR 2003, 68 = FamRZ 2003, 31.

[98] KG FamRZ 1988, 310, 311; OLG Karlsruhe (Fn. 84).

[99] OLG Bamberg NJW-RR 1992, 1413, 1414; vgl. auch BGH NJW-RR 1986, 938: Unzulässigkeit bei bloßem Wechsel der tatsächlichen oder rechtlichen Beurteilung der entscheidungserheblichen Umstände.

[100] BGH NJW-RR 1986, 938, 939; NJW-RR 1992, 1091, 1092; NJW-RR 2001, 937 f.

Rn. 1), nicht aber wie ein Rechtsmittel der Beseitigung von Fehlern.[101]. Deshalb kann auch nicht eine **Änderung von Unterhaltsrichtlinien** allein die Klage gem. § 323 rechtfertigen, weil durch Unterhaltsrichtlinien lediglich Orientierungshilfen für die richterliche Beurteilung geschaffen werden (vgl. aber auch Rn. 38).[102] Allerdings können die für die Änderung der Tabellen maßgebenden Gründe, wie beispielsweise ein allgemeiner Anstieg der Lebenshaltungskosten, die Erhöhung der geschuldeten Leistungen rechtfertigen, wenn sich dadurch eine wesentliche Veränderung der individuellen Verhältnisse des Unterhaltsberechtigten ergibt, denn der BGH[103] sieht in § 323 ein Instrument zur „Dynamisierung" der Rente, um eine Anpassung an die Veränderung des Lebensstandards und an eine fortschreitende Geldentwertung zu ermöglichen. In dem Vorbringen einer Partei, die ihr Abänderungsverlangen auf eine Änderung der Bedarfssätze solcher Unterhaltsrichtlinien stützt, ist regelmäßig die Behauptung zu sehen, dass sich die Lebenshaltungskosten entsprechend geändert haben und eine Korrektur des Unterhaltstitels insoweit gerechtfertigt erscheint.[104] In besonderem Maße gilt dies für die Anpassung der Regelbetragssätze nach § 1612a BGB jeweils nach Ablauf von zwei Jahren.[105] Die in der Praxis verlangte Schwelle von 10 % muss danach nicht erreicht werden.[106]

Als **Abänderungsgründe** kommen beispielsweise in Betracht: Das Vorrücken in eine höhere Altersstufe 28 in den Unterhaltstabellen,[107] Minderung der Barunterhaltspflicht mit Eintritt der Volljährigkeit eines Kindes, weil der andere Elternteil nach § 1606 Abs. 3 S. 1 BGB ebenfalls Barunterhalt zu leisten hat,[108] Minderung der Bedürftigkeit des Unterhaltsgläubigers durch Bezug einer eigenen Erwerbsunfähigkeitsrente,[109] Änderung der Leistungsfähigkeit des Unterhaltsschuldners infolge einer längerfristigen Arbeitslosigkeit,[110] erheblicher Währungsverfall bei einem auf ausländische Währung lautenden Unterhaltstitel,[111] die Anfechtung der Vaterschaft durch denjenigen, der sich zur Unterhaltszahlung verpflichtet hat.[112] Eine berechtigte Ausnahme von der Regel, dass nur eine Veränderung der tatsächlichen Verhältnisse beachtlich ist, wird von der hM für den Fall einer **Gesetzesänderung** zugelassen.[113] Diese Ausnahme ist vom BGH auf den Fall einer **verfassungskonformen Auslegung durch** das **BVerfG** ausgedehnt worden;[114] die Ähnlichkeit dieses Falles mit einer Gesetzesänderung macht diese Auffassung gut vertretbar. Da jedoch die Zahlung von Kindergeld der Erfüllung gleichgestellt wird, ist eine die Höhe des Kindergeldes beeinflussende Gesetzesänderung mit der Vollstreckungsabwehrklage geltend zu machen (vgl. Rn. 17).[115]

Zunächst ging die hM davon aus, dass eine nachträgliche **Änderung der Rechtsprechung** grundsätzlich 28a keinen Einfluss auf die durch Urteil getroffene Entscheidung des Erstrichters haben könne.[116] Die Richtigkeit dieser Auffassung wird in letzter Zeit zunehmend bezweifelt.[117] Die Diskussion der Frage, ob ein Wandel in der Beurteilung grundsätzlicher Fragen in der höchstrichterlichen Rechtsprechung einen Grund für die Änderung von Unterhaltsurteilen schaffen könne, ist durch die Entscheidung des BGH vom 13. 6. 2001[118] ausgelöst worden, durch die das Gericht seine langjährige Rechtsprechung zur sog. Anrechnungsmethode aufgehoben und durch die sog. Differenz- bzw. Additionsmethode ersetzt hat, die dem gewandelten Verständnis zur Bewertung der Hausfrauentätigkeit Rechnung trägt.[119] Nachdem das BVerfG die Gleichwertigkeit von Familien- und Erwerbsarbeit bei der Bemessung nachehelichen Unterhalts für verfas-

---

101 BGH NJW 2001, 3618, 3620.

102 BGH NJW 1984, 1458f.; OLG Oldenburg FamRZ 1993, 1475; OLG München OLGR 1996, 228 = FamRZ 1997, 312 (LS); aA OLG Saarbrücken FamRZ 1987, 615; *Zö/Vollkommer* Rn. 33; vgl. dazu auch *Esser*, Zur Rechtmäßigkeit richterlicher Tabellen, Kölner Diss. 1998.

103 BGHZ 79, 187, 194 = NJW 1981, 818.

104 BGH NJW 1995, 534, 535; OLG Karlsruhe NJW-RR 2004, 585; dagegen sieht das OLG Bamberg FamRZ 1999, 31, allein in dem Ansteigen der Lebenshaltungskosten keinen ausreichenden Grund für die Abänderung eines gerichtlichen Unterhaltsvergleichs.

105 BGH FamRZ 2005, 608.

106 S. auch OLG Hamm FamRZ 2004, 1885.

107 OLG Hamburg FamRZ 1989, 885; OLG Hamm FamRZ 1989, 201; OLG Köln (Fn. 66) (Erreichen der Volljährigkeit). Allerdings wird von der Rechtsprechung überwiegend verlangt, dass ein kurz bevorstehendes Hineinwachsen in eine höhere Altersstufe im Erstverfahren zu berücksichtigen ist, vgl. KG FamRZ 1990, 1122 f. m. weit. Nachw.

108 OLG Koblenz FamRZ 2007, 653; OLG Düsseldorf FamRZ 2007, 654.

109 BGH NJW 1990, 709, 710.

110 KG NJW 1985, 869; OLG Hamm NJW-RR 1996, 963 (Arbeitslosigkeit infolge Alkoholabhängigkeit); vgl. auch OLG Koblenz NJW 1997, 1588 (Haft wegen sexuellen Missbrauchs eines der unterhaltsberechtigten Kinder.

111 BGH NJW-RR 1993, 5, 6.

112 OLG Nürnberg NJW-RR 1996, 1089, 1090 (zur Anfechtung der Ehelichkeit nach § 640 Abs. 1 Nr. 2 aF).

113 BGH NJW-RR 1991, 514; *Braun* (Fn. 1) S. 217f.; aA *St/J/Leipold* Rn. 24: Änderung ist mit der Vollstreckungsgegenklage durchzusetzen. Art. 6 Nr. 1 des UÄndG sieht ausdrücklich die Möglichkeit vor, mit der Klage gem. § 323 die durch dieses Gesetz vollzogene Rechtsänderung geltend zu machen. *Würthwein* ZZP 112 (1999), 447, 468ff. will den Fall der Gewinnung neuer wissenschaftlicher Erkenntnisse wie eine Gesetzesänderung behandeln (vgl. § 580 Rn. 25).

114 BGH NJW 1990, 3020, 3022.

115 BGH FamRZ 1977, 461, 462. Zur Neuregelung der Kindergeldanrechnung nach § 1612b Abs. 5 vgl. *Graba* NJW 2001, 249, 255f.; zur Einkommenserhöhung auf Grund des Realsplittings s. OLG Köln FamRZ 1999, 31.

116 BAG BB 1996, 2469, 2471; OLG Hamm NJW 1984, 315; *Büttner/Niepmann* NJW 2001, 2215, 2229; *Graba*, Die Abänderung von Unterhaltstiteln, 2. Aufl. 2000, Rn. 276ff.; *St/J/Leipold* Rn. 23; MK/Gottwald Rn. 69; *B/L/H* Rn. 18.

117 Vgl OLG Hamm FamRZ 2003, 50; OLG Düsseldorf FamRZ 2002, 1574, 1575; *Scholz* FamRZ 2001, 1061, 1064; *Luthin* FamRZ 2001, 1065; Finger MDR 2002, 135, 137. Für eine Berücksichtigung einer geänderten höchstrichterlichen Rechtsprechung schon zuvor: *Braun* (Fn. 1) S. 220ff.; *Zö/Vollkommer* Rn. 32.

118 BGHZ 148, 105 = NJW 2001, 2254.

119 Vgl. dazu *Borth* FamRZ 2001, 1653; *Scholz* (Fn. 110) S. 1061ff.; *Finger* (Fn. 110) S. 135f.; Büttner NJW 2001, 3244; *Waldner* FPR 2003, 188.

sungsrechtlich geboten erklärt hat und die neue Rechtsprechung des BGH in dieser Frage als einen möglichen, verfassungsrechtlich nicht zu beanstanden Weg zur Erreichung dieses Ziels bezeichnete,[120] entspricht die Berücksichtigung der Differenzmethode bei der Abänderung von Unterhaltsurteilen der auch schon bisher vom BGH vertretene Auffassung, nach der eine verfassungskonforme Auslegung durch das BVerfG einer im Rahmen des § 323 zu beachtenden Gesetzesänderung gleichstehe (Rn. 28).[121] Der BGH hat allerdings, ohne auf die verfassungsrechtlich Notwendigkeit einer Änderung seiner bisherigen Rechtsprechung einzugehen, die Abänderung von Unterhaltsurteilen mit dem Ziel der Berücksichtigung der Differenzmethode allein damit begründet, dass seine neue Rechtsprechung zu einer geänderten Rechtslage geführt habe, die eine Abänderung von Unterhaltsurteilen rechtfertige.[122] Einschränkend hat das Gericht darauf hingewiesen, dass zwar die geänderte Rechtslage auch zurückliegende Zeiträume erfasse, dass es jedoch für die Zeit vor dem 13. 6. 2001, dem Tag der Verkündung des maßgebenden Urteils, aus Gründen der Rechtssicherheit bei der bisherigen Rechtslage bleiben müsse. Das Gericht zieht insoweit eine Parallele zu Unterhaltsvergleichen. Denn fällt bei einem Prozessvergleich die Geschäftsgrundlage infolge der Änderung einer gefestigten höchstrichterlichen Rechtsprechung weg, dann werden rechtlichen Konsequenzen regelmäßig nur für die Zukunft gezogen(vgl. Rn. 48f.).

29 Bei einem **Versäumnisurteil gegen den Beklagten** wird die Verurteilung auf das tatsächliche Vorbringen des Klägers gestützt, das als zugestanden gilt (§ 331 Abs. 1 S. 1). Dementsprechend muss als Bezugspunkt für ein Abänderungsbegehren auch dieser Vortrag gewählt werden und nicht die sich davon unterscheidenden tatsächlichen Verhältnisse, die in Wirklichkeit bestanden haben.[123] Das gegen diese Auffassung vorgetragene Argument, der Beklagte könne durch die Abänderungsklage jederzeit die Korrektur des Versäumnisurteils erreichen, wenn die tatsächlichen Verhältnisse denen in dem Urteil als zugestanden zu Grunde gelegten widersprächen, ist nicht stichhaltig. Denn dabei ist die Zeitgrenze des § 323 Abs. 2 zu berücksichtigen. Der Beklagte muss folglich Tatsachen vortragen, die in einem Zeitpunkt eingetreten sind, in dem ein Einspruch gegen das Versäumnisurteil nicht mehr erhoben werden konnte. Dies schließt also das Geltendmachen von Gründen aus, die bereits in diesem Zeitpunkt existierten, auch wenn sie noch weiterhin Bestand haben. Dass dadurch verhindert wird, falsche Behauptungen des Klägers durch eine Änderungsklage zu korrigieren, stellt sich als Folge der Rechtskraft und der in § 323 enthaltenen Einschränkungen dar und muss deshalb hingenommen werden. Ist das **Versäumnisurteil gegen den Kläger** erlassen worden, dann muss davon ausgegangen werden, dass im Zeitpunkt, in dem ein Einspruch gegen dieses Urteil nicht mehr erhoben werden konnte, der von ihm geltend gemachte Anspruch nicht bestanden hat. In diesem Fall kann der Kläger seinen Anspruch nur auf Tatsachen stützen, die neu nach Rechtskraft des Urteils eingetreten sind; er muss dann seinen Anspruch mit einer neuen Leistungsklage, nicht mit der Abänderungsklage verfolgen. Es gilt insoweit das Gleiche wie für ein klageabweisendes Urteil nach kontradiktorischen Verhandlung(vgl. Rn. 20).

30 Betrifft die Änderungsklage ein **Anerkenntnisurteil** (§ 307), dann kommt es auf die tatsächlichen Verhältnisse im Zeitpunkt des Anerkenntnisses an,[124] weil auch dessen materielle Rechtskraft grundsätzlich zur Bindungswirkung im Sinne des Abs. 1 führt.[125] Der Unterschied zum Versäumnisurteil gegen den Beklagten (Rn. 29) erklärt sich dadurch, dass das Anerkenntnisurteil anders als das Versäumnisurteil (vgl. § 331 Abs. 1 S. 1 iVm. Abs. 2) nicht auf den Tatsachenvortrag des Klägers gestützt wird (vgl. § 307 Rn. 15). Die Abänderungsklage kann deshalb nur Erfolg haben, wenn eine wesentliche Veränderung dieser Verhältnisse nachträglich (Abs. 2, s. Rn. 32f.) eingetreten ist.[126] Da jedoch ein Anerkenntnisurteil wie auch ein Versäumnisurteil ohne Tatbestand und Entscheidungsgründe ergehen darf (§ 313b Abs. 1), kann es vorkommen, dass im Abänderungsverfahren nicht zu klären ist, von welchen Verhältnissen und Bemessungsgrundlagen der Richter des Erstprozesses ausgegangen ist. In einem solchen Fall muss die Abänderungsklage wie eine Erstklage behandelt werden (s. auch Rn. 38).[127]

31 Das Erfordernis einer wesentlichen Änderung der für die Verurteilung maßgebenden Verhältnisse wird von der hM auf den Anspruch bezogen und deshalb verlangt, dass die eingetretene Veränderung zu einer Korrektur dieses Anspruchs in einem wesentlichen Umfang führt. Die Praxis orientiert sich bei Bestim-

---

[120] BVerfG NJW 2002, 1185, 1187.

[121] OLG Köln NJW 2002, 3640; *Büttner/Niepmann* NJW 2002, 2283, 2292; *Beunings* NJW 2003, 568, 569; *Aubel* NJW 2003, 3657, 3661 (zur Entscheidung des BVerfG NJW 2003, 3466 = FamRZ 2003, 1821; BGH NJW 2003, 1181 = FamRZ 2003, 518; FamRZ 2007, 1332 zu den steuerlichen Vorteilen aus Ehegattensplitting und Unterhaltsleistungen an einen ehemaligen Ehegatten); *T/P/Reichold* Rn. 25.

[122] BGH NJW 2003, 1796, 1798 = FamRZ 2003, 848 m. zT. abl. Anm v. *Hoppenz;* OLG Thüringen FamRZ 2004, 211 m. weit. Nachw.; krit. zur Ablehnung einer Rückwirkung dieser Rspr. auf die Zeit vor dem 13. 6. 2001 auch *Büttner/Niepmann* NJW 2003, 2492, 2502.

[123] OLG Hamm FamRZ 1991, 1199, 1201; OLG Karlsruhe FamRZ 2000, 907 (LS); *Maurer* FamRZ 1989, 445, 448f.; *Zö/Vollkommer* Rn. 31; MK/*Gottwald* Rn. 77; *B/L/H* Rn. 52; aA. OLG Hamm FamRZ 1990, 772, 773; NJW-RR 1990, 841, 842; OLG Oldenburg FamRZ 1990, 188; offen gelassen von OLG Hamm FamRZ 1997, 891, 892.

[124] *Schwab/Maurer/Borth* Teil I Rn. 1036; *Luthin/Margraf* Rn. 7292; aA *B/L/H* Rn. 52.

[125] BGH FamRZ 2007, 1459, 1460 m. Anm. *Hoppenz.*

[126] BGHZ 80, 389, 397 = NJW 1981, 2193; OLG Hamm FamRZ 1992, 1201; FamRZ 1997, 890; aA OLG Bamberg FamRZ 1986, 702 (keine Bindungswirkung des Anerkenntnisurteils im Abänderungsverfahren).

[127] BGH FamRZ 2007, 1459, 1460; vgl. aber OLG Bamberg FamRZ 2001, 556 (keine freie Neufestsetzung, wenn die von den Parteien einvernehmlich dem Anerkenntnis zugrundegelegten Lebensverhältnisse eindeutig zB aus den Akten des Vorprozesses feststellbar sind).

mung der Wesentlichkeit an einer **10-Prozent-Grenze,**[128] ohne jedoch auszuschließen, dass eine wesentliche Änderung auch bei geringeren Prozentsätzen zu bejahen sein kann.[129] Die konkrete Situation der Parteien ist im Einzelfall zu berücksichtigen und danach die „Wesentlichkeit" einer Veränderung zu beurteilen. Handelt es sich bei dem abzuändernden Unterhaltstitel um einen **Prozessvergleich,** dann ist die Anpassung an veränderte Umstände allein nach den Regeln des materiellen Rechts vorzunehmen (Rn. 48). Bei den danach anzuwendenden Grundsätzen über das Fehlen oder den Wegfall der Geschäftsgrundlage kann die Grenze von 10 Prozent insbesondere bei beengten wirtschaftlichen Verhältnissen deutlich unterschritten werden.[130]

2. Nachträgliche Änderung (Absatz 2). Die Tatsachen, die für eine wesentliche Veränderung sprechen, müssen nach § 323 Abs. 2 nach der letzten Tatsachenverhandlung des Erstprozesses entstanden sein oder bei einem Versäumnisurteil zu einem Zeitpunkt, in dem sie durch einen Einspruch nicht mehr geltend gemacht werden können (s. auch Rn. 40). Dagegen ist es unerheblich, dass solche Gründe durch ein Rechtsmittel im ersten Prozess hätten vorgetragen werden können (Rn. 11 ff.). Sind nacheinander mehrere Abänderungsurteile ergangen, so ist dabei auf den Schluss der Tatsachenverhandlung des letzten Verfahrens abzustellen.[131] Die mündliche Verhandlung, die die Präklusionswirkung des § 323 Abs. 2 auslöst, muss sich auf einen den Klageanspruch betreffenden Sachantrag beziehen, so dass ein Urteil ergeht, das den dazugehörenden Tatsachenstoff würdigt; eine Verhandlung nur über die Kosten des Rechtsstreits genügt insoweit nicht.[132] Für den **Prozessgegner der Abänderungsklage** gilt § 323 Abs. 2 nicht,[133] jedoch müssen bekannte Abänderungsgründe im Verfahren zur Abänderungsklage geltend gemacht werden, um eine Präklusion zu vermeiden.[134] 32

Durch die Vorschrift des § 323 Abs. 2 werden nicht solche **Gründe** präkludiert, **die** bereits bei Erlass des abzuändernden Urteils **voraussehbar** waren, **jedoch nicht vom Erstrichter berücksichtigt** worden sind.[135] Etwas anderes gilt, wenn einem kurz bevorstehenden Ereignis, beispielsweise das Hineinwachsen in eine höhere Altersstufe der Unterhaltstabellen (Rn. 28), bereits im Erstverfahren Rechnung getragen worden ist. Hat ein Unterhaltsgläubiger mit seiner Unterhaltsklage **nicht** seinen **gesamten berücksichtigungsfähigen Unterhaltsbedarf,** sondern einen niedrigeren Betrag **geltend gemacht,** ohne jedoch eine Teilklage zu erheben (Rn. 18 f.), dann kann er nach Auffassung des BGH nach Eintritt einer Abänderungssituation im Rahmen der dann zu seinen Gunsten vorzunehmenden Unterhaltsanpassung den vollen ihm zustehenden Unterhaltsanspruch durchsetzen und ist nicht auf die Anpassung des ihm antragsgemäß zugesprochenen Unterhalts beschränkt.[136] Soweit im laufenden Verfahren wie bereits in den Vorprozessen vorhandenes Vermögen verschleiert wird, gilt Abs. 2 nicht (vgl Rn. 39 aE). Wurde im Vorprozess die Erwerbsunfähigkeit des Unterhaltsberechtigten festgestellt, dann muss im Abänderungsverfahren die Frage der Erwerbstätigkeit auf Grund der inzwischen eingetretenen Veränderungen im Gesundheitszustand neu beurteilt werden.[137] 33

VI. Entscheidung über die Abänderungsklage

1. Inhalt. Ist die Abänderungsklage zulässig und begründet, dann ist das frühere Urteil ausdrücklich aufzuheben und die Zahlungspflicht des Schuldners auf Grund der veränderten Verhältnisse neu zu bestimmen.[138] Der bisherige Titel verliert jedoch durch die im Abänderungsurteil ausgesprochene Aufhebung seine Vollstreckungsfähigkeit nicht rückwirkend, sondern nur von dem Zeitpunkt an, in dem der neue Titel an die Stelle des bisherigen tritt.[139] 34

Da ein **Teilurteil** nur dann zulässig ist, wenn der von ihm erfasste Teil für das weitere Verfahren in der jeweiligen Instanz ausscheidet und die Entscheidung über ihn durch die Fortsetzung des Verfahrens in der Instanz nicht mehr beeinflusst werden kann, darf nicht durch Teilurteil über einen Anspruch entschieden werden, wenn eine Partei mit der Abänderungsklage die Erhöhung, die andere mit einer Widerklage die Herabsetzung des titulierten Betrages begehrt.[140] Verlangen die Parteien in getrennten Verfahren eine Ab- 35

---

128 KG FamRZ 1983, 291, 293; OLG Hamburg FamRZ 1983, 932, 933; vgl. auch *Bieder* FamRZ 2000, 649 m. weit. Nachw.

129 So jetzt BGH FamRZ 2005, 608 zur Anpassung an die Regelbetragssätze nach § 1612a BGB; OLG Düsseldorf NJW-RR 1994, 520 m. Nachw.

130 BGH NJW 1986, 2054, 2055; 1992, 1621, 1622; OLG Stuttgart, NJWE-FER 2000, 78.

131 BGH NJW 1998, 161 f. (um die Präklusionswirkungen zu vermeiden, muss der Beklagte seinen Standpunkt mit einer Abänderungswiderklage verfolgen, dagegen aber OLG Hamm NJW-RR 1998, 222, 223); BGH NJW 2000, 3789; OLG Düsseldorf FamRZ 1981, 59.

132 OLG Köln NJW-RR 1996, 1349, 1350.

133 BGHZ 98, 360 = NJW 1987, 1203; BGHReport 2001, 396 f.

134 BGHZ 136, 378 = NJW 1998, 162 = FamRZ 1998, 99, 100.

135 BGH (Fn. 126); BGH NJW 1992, 364; OLG Frankfurt/M FamRZ 1997, 434; OLG Köln NJWE-FER 2000, 249 (ein im Vorprozess möglicher Antrag auf Rentenerhöhung wurde nicht gestellt); vgl. auch *Graba* (Fn. 116) Rn. 314.

136 BGHZ 98, 353, 357 f. = NJW 1987, 1201; BGH NJW 1987, 1551, 1553 f.; ebenso OLG Hamm FamRZ 1999, 677; kritisch dazu *Gottwald* FamRZ 1992, 1374, 1377.

137 OLG Hamm FamRZ 1999, 917, 918 f.

138 *St/J/Leipold* Rn. 76; *Zö/Vollkommer* Rn. 40; *T/P/Hüßtege* Rn. 38; aA MK/*Gottwald* Rn. 121.

139 Vgl. AG Hannover FamRZ 2001, 1232, 1233; s. a. OLG Düsseldorf FamRZ 2006, 1289.

140 BGH NJW 1987, 441; 1999, 1718, 1719 = LM § 301 Nr. 61 m. Anm. v. *Musielak;* zu den Konsequenzen, falls das unzulässige Teilurteil von dem rechtskräftig gewordenen Schlussurteil prozessual überholt wird, vgl. OLG Zweibrücken FamRZ 1995, 891, 892.

änderung desselben Unterhaltstitels für denselben Zeitraum in gegenläufiger Richtung, so sind beide Verfahren zu verbinden (§ 147) und über die Klagen einheitlich zu entscheiden (vgl. dazu auch § 301 Rn. 3).[141]

36 Die **vorläufige Vollstreckbarkeit** des Abänderungsurteils ist auf Grund des § 708 Nr. 8, 711 zu erklären; dies gilt auch für den Fall, dass die Verpflichtung durch das Urteil vermindert wird.[142] Eine einstweilige Einstellung der Zwangsvollstreckung kann in entsprechender Anwendung des § 769 angeordnet werden.[143] Dabei ist streitig, ob die Einstellung schon vor Zustellung der Abänderungsklage[144] oder erst ab dem Zeitpunkt ausgesprochen werden darf, zu dem die Abänderung des Titels zulässig ist (vgl. Rn. 42f.).[145]

37 **2. Bindung an das abzuändernde Urteil.** Durch die Abänderungsklage soll eine Anpassung des Urteils an veränderte Umstände erreicht werden (Rn. 1f.). Entsprechend dieser Zielsetzung lässt die hM eine Korrektur des Urteils nur insoweit zu, wie dies zur Anpassung des Titels geboten ist, und bejaht im Übrigen eine Bindung an das abzuändernde Urteil.[146] Dem Richter des Abänderungsverfahrens wird es deshalb verwehrt, frei eine Neufestsetzung der vom Schuldner zu erbringenden Leistung vorzunehmen, und ihm wird nur gestattet, den titulierten Anspruch insoweit zu korrigieren, als dies durch die veränderten Verhältnisse gerechtfertigt ist. Da auf diese Weise **Fehler des Ersturteils** in das abändernde Urteil übernommen werden müssen, wird die hM im Schrifttum kritisiert und mit unterschiedlichen Begründungen eine freie Fehlerkorrektur im Abänderungsverfahren gefordert.[147] Demgegenüber hält die hM daran fest, dass es sich bei § 323 um einen prozessualen Anwendungsfall der clausula rebus sic stantibus handele und dass deshalb die Abänderung des Urteils nicht weitergehen dürfe, als es aus Gründen der veränderten Verhältnisse notwendig erscheine. Die Vorschrift solle weder eine Möglichkeit zur neuerlichen Wertung des alten Sachverhalts noch einen Weg eröffnen, diesen bei Gelegenheit einer gerechtfertigterweise erfolgenden Abänderung abweichend zu beurteilen (zu den Rechtsfolgen einer Änderung der höchstrichterlichen Rechtsprechung vgl. Rn. 28a). Erst recht könne sie nicht die Gelegenheit bieten, gegen den Grund des Anspruchs Einwendungen zu erheben oder diesen sonst neu zur Nachprüfung zu stellen.[148]

38 Trotz dieses grundsätzlichen Standpunktes werden **aus Billigkeitsgründen Korrekturen** falscher oder zumindest **nicht mehr zutreffender Feststellungen im abzuändernden Urteil** zugelassen. Hat der Kläger im früheren Unterhaltsrechtsstreit weniger beantragt, als ihm nach den vom Erstrichter angewendeten Unterhaltsrichtlinien zugestanden hätte, dann soll er nach Eintritt der Voraussetzungen des § 323 berechtigt sein, die unterlassene Mehrforderung nachzuholen (Rn. 33). Die vom Erstrichter angewendete **Methode der Unterhaltsberechnung,** Richtlinien, Tabellen und Verteilungsschlüssel binden den Richter im Abänderungsverfahren nicht, so dass er auf Grund einer anderen Methode den Unterhalt festsetzen darf (vgl. auch Rn. 27).[149] Zu dem Kreis solcher nicht bindenden Hilfsmittel zur Berechnung des geschuldeten Unterhalts wird auch der Berechnungssatz gezählt, mit dem das Erstgericht die Tatsache berücksichtigt hat, dass eine Partei allein die gemeinsam beiden Parteien gehörende Eigentumswohnung nutzt. Wie eine solche Nutzung bei der Berechnung des Unterhaltsbedarfs zu bewerten ist, kann der Richter des Abänderungsverfahrens somit frei entscheiden.[150] Der BGH hat eine Bindung an die Berechnung des Erstrichters verneint, wenn dieser die für die Bemessung des Unterhalts maßgebenden ehelichen Lebensverhältnisse nicht ermittelt hat.[151] Das Gleiche gilt, wenn sich nicht klären lässt, von welchem Verhältnis und welchen Bemessungsgrundlagen die Parteien und das Gericht bei der Schaffung des abzuändernden Titels ausgegangen sind. In solchen Fällen muss über die Abänderungsklage nach den gleichen Grundsätzen wie bei der erstmaligen Erhebung der Unterhaltsklage befunden werden (vgl. auch Rn. 30).[152]

39 Wurde der Unterhaltsbetrag im Vorprozess errechnet, ohne bei Feststellung des Einkommens des Unterhaltsschuldners bestimmte einzelne Bedarfsposten, wie beispielsweise Krankenversicherungsbeiträge, zu berücksichtigen, dann kann sich nach hM der Schuldner in einem Abänderungsverfahren nicht darauf berufen, dass sich diese Bedarfsposten später erhöht haben und dadurch sein Eigenbedarf gestiegen sei. Der BGH hat jedoch festgestellt, dass eine andere Beurteilung in Betracht kommt, wenn auf Grund einer ganz ungewöhnlichen Entwicklung der früher außer Acht gelassene **Aufwand** ein solches Gewicht gewonnen hätte, dass seine weitere **Nichtberücksichtigung** zu einem **untragbaren Ergebnis** führen würde; in einem solchen Fall müsse das Gericht bei der abzuändernden Entscheidung diesem Umstand Bedeutung zumessen.[153] Handelt es sich um **tatsächliche Vorgänge, die nach Schluss der mündlichen Verhandlung** des Vorprozesses nicht ihr Ende finden, sondern andauern und **fortwirken,** wie beispielsweise ein betrügerisches

---

[141] Vgl. OLG Zweibrücken FamRZ 1988, 420, 421.
[142] MK/*Gottwald* Rn. 124 m. Nachw.; aA *Scheffler* FamRZ 1986, 532, 533 (§ 708 Nr. 11).
[143] BGH NJW 1986, 2057; KG FamRZ 1988, 313f.
[144] KG (Fn. 143).
[145] MK/*Gottwald* Rn. 125; vgl. auch OLG Köln FamRZ 1987, 963, 964.
[146] BGH NJW 1979, 1656, 1657; 1986, 2054; NJW-RR 1992, 1091, 1092; 2001, 937; OLG Hamm NJWE-FER 1997, 164f. (zur Zurechnung fiktiver Einkünfte); *Schwab/Maurer/Borth* Teil I Rn. 1039; *Zö/Vollkommer* Rn. 41; jeweils m. weit. Nachw.
[147] *Graba* NJW 1988, 2343, 2349f.; *Braun* (Fn. 1) S. 202ff.; *ders.* FamRZ 1994, 1145; *Kollrus* (Fn. 9) S. 105f.; MK/*Gottwald* Rn. 101.
[148] BGH NJW 1979, 1656, 1657; MDR 1995, 68f.
[149] BGH NJW 1984, 1458f.; 1995, 534, 535; OLG Koblenz FamRZ 1991, 210; vgl. auch *Braun* (Fn. 1) S. 192.
[150] BGH MDR 1995, 68, 69.
[151] BGH FamRZ 1984, 374, 375; 1987, 257, 258.
[152] BGH FamRZ 2001, 1140, 1142 – Vergleich; FamRZ 2007, 1459, 1460 – Anerkenntnisurteil.
[153] BGH NJW 1983, 1118, 1119; s. hierzu OLG Schleswig FamRZ 1988, 417, 419 – übergangene Unterhaltspflicht in Erstentscheidung.

Verhalten des Unterhaltsberechtigten, dann kann sich der Kläger im Abänderungsverfahren darauf berufen und ist nicht durch § 323 Abs. 2 mit diesem Vorbringen präkludiert.[154]

Die **Präklusion von** sog. **„Alttatsachen"**, also solchen Fakten, die bereits im Zeitpunkt des früheren Verfahrens bestanden und hätten vorgebracht werden können (s. Rn. 32f.), wird vom BGH **nur für** den **Abänderungskläger** bejaht, während sie für die Verteidigung des Abänderungsbeklagten nicht gelten soll (s. a. Rn. 32 aE). Das Gericht stützt seine Auffassung auf den Wortlaut des § 323 Abs. 2, nach dem allein die Berücksichtigung klagebegründender Tatsachen geregelt und insoweit eine zeitliche Schranke für den Abänderungskläger errichtet sei. Dass die Vorschrift außerdem die Einschränkung der Rechtsverteidigung des Abänderungsbeklagten zum Ziele hätte, ließe sich ihr nicht entnehmen.[155] 40

Diese Beispiele aus der Rechtsprechung zeigen, dass die von der hM gezogenen Grenzen für die Abänderung häufig sehr gedehnt, in manchen Fällen sogar eindeutig überschritten werden, wenn dies geboten erscheint, um unbillige Entscheidungen zu vermeiden. Dass dadurch ein „verwirrendes Bild" gezeichnet wird[156] und im Einzelfall unvorhersehbare Ergebnisse erzielt werden,[157] muss festgestellt werden und lässt an der Richtigkeit der hM zweifeln. 41

3. Rückwirkungsverbot des § 323 Abs. 3. Eine rückwirkende Urteilsabänderung ist im Grundsatz (Abs. 3 S. 1) gesetzlich ausgeschlossen. Die **Begründung für diese Regelung** wird einmal darin gesehen, dass die Ermittlung des Zeitpunktes, in dem die Änderung der maßgebenden Verhältnisse tatsächlich eingetreten ist, meist mit erheblichen Schwierigkeiten verknüpft sein werde;[158] zum anderen wird auf die Schutzbedürftigkeit des Vertrauens in den Bestand des Urteils verwiesen, das nicht ausreichend berücksichtigt würde, wenn Gläubiger und Schuldner eines Unterhaltstitels ohne Vorwarnung mit der Abänderung dieses Titels für die zurückliegende Zeit rechnen müssten.[159] Die Erhebung der Klage erfolgt durch Zustellung der Klageschrift (§ 253 Abs. 1); folglich ist die **Abänderung seit dem Tag der Klagezustellung** möglich. Der BGH hat zu Recht die Auffassung abgelehnt, „die Zeit nach Erhebung der Klage" iSv. § 323 Abs. 3 von dem auf die Zustellung folgenden nächsten Fälligkeitstag an zu rechnen,[160] da sich dies weder aus dem Wortlaut der Vorschrift noch aus übergeordneten Gesichtspunkten rechtfertigen lasse.[161] Auch kommt deshalb nicht die Zurückverlegung des Zeitpunktes der Zustellung der Klage auf den Termin ihrer Einreichung entsprechend der in § 167 getroffenen Regelung,[162] auf den Termin des Eingangs des Antrages auf Prozesskostenhilfe oder dessen Zustellung an den Abänderungsgegner[163] in Betracht. Da die Einreichung eines **Prozesskostenhilfegesuchs** keine Klageerhebung bedeutet, kann zur Vermeidung von Nachteilen nach § 14 Nr. 3a, b RVG die sofortige Zustellung der Abänderungsklage beantragt werden. 42

Wird eine zunächst **unschlüssige oder unzulässige Abänderungsklage** erhoben, dann ist für die Abänderung der Zeitpunkt maßgebend, in dem der Mangel beseitigt wird.[164] Fehlen dem Kläger für seinen Abänderungsantrag Informationen und erhebt er daraufhin eine Auskunftsklage und verbindet er sie als **Stufenklage** mit seinem Abänderungsbegehren, dann tritt die Rechtshängigkeit aller im Stufenverhältnis stehenden Anträge mit Zustellung der Klageschrift ein (s. auch § 254 Rn. 1), und von diesem Zeitpunkt an kann auch die Abänderung vorgenommen werden.[165] Wird die Abänderung durch **Klageerweiterung** oder durch **Widerklage** begehrt, dann kann die Abänderung ab dem in § 261 Abs. 2 genannten Zeitpunkt vorgenommen werden.[166] Ist der Antrag auf Abänderung durch eine **Anschlussberufung** erhoben worden, die dann wegen Rücknahme der Hauptberufung ihre Wirkung verloren hat (§ 524 Abs. 4), dann ist für eine anschließend erhobene Abänderungsklage trotzdem der Zeitpunkt der Erhebung der Anschlussberufung maßgebend (Rn. 12).[167] Hat der Unterhaltsschuldner im Hinblick auf eine nach Erlass des Unterhaltsurteils eintretende wesentliche Änderung der für die Unterhaltshöhe maßgebenden Umstände freiwillig längere Zeit einen höheren Unterhalt geleistet, die Zahlungen später aber wieder reduziert, dann ist der Unterhaltsberechtigte durch § 323 Abs. 3 nicht gehindert, rückwirkend für die Zeit ab Verzugseintritt die Abänderung des Unterhaltstitels bis zur Höhe des zuvor freiwillig gezahlten Betrages zu erwirken (vgl. auch Rn. 20).[168] 43

---

[154] BGH NJW-RR 1990, 1410, 1411; OLG Koblenz NJW-RR 1997, 1229.
[155] BGHZ (Fn. 136) S. 360; BGH NJW 1990, 2886, 2889; NJW 1992, 364, 366; NJW 2000, 3789, 3790; FamRZ 2001, 1364.
[156] *Braun* (Fn. 1) S. 201.
[157] *Gottwald* FamRZ 1992, 1374, 1380.
[158] So die im Gesetzgebungsverfahren vorherrschende Auffassung; vgl. dazu *Braun* (Fn. 1) S. 133f.
[159] BGH NJW 1982, 1050, 1051; NJW 1998, 2433, 2434.
[160] So OLG Stuttgart FamRZ 1980, 393, 394; wie hier BGH FamRZ 2004, 1712, 1714.
[161] BGH NJW 1990, 709, 710 = FamRZ 1990, 269; ebenso OLG Zweibrücken NJW 1994, 527, 528.
[162] OLG Hamm Rpfleger 1986, 136, 137; OLG Köln FamRZ 1987, 616, 618 jeweils m. weit. Nachw. Die Entscheidungen ergingen zu der Vorläufer-Regelung des § 270 Abs. 3 aF.
[163] BGH NJW 1982, 1050, 1051; NJW 1982, 1812, 1813; NJW 1984, 1458; OLG Köln FamRZ 1988, 1077, 1078; OLG Bamberg NJW-RR 1992, 1413, 1414; OLG Dresden FamRZ 1998, 566, 567; *T/P/Hüßtege* Rn. 38; aA *Maurer* FamRZ 1988, 445, 448; MK/*Gottwald* Rn. 110.
[164] OLG Frankfurt/M FamRZ 1985, 303, 304; OLG Hamburg FamRZ 1985, 93, 94 (zur Heilung eines Zustellungsfehlers).
[165] BGH FamRZ 1986, 560, 561.
[166] BGH NJW 1984, 1458; *Schwab/Maurer/Borth* Teil I Rn. 1060.
[167] BGHZ 96, 205, 211f. = NJW 1986, 383; BGHZ 103, 393, 396ff. = NJW 1988, 1734.
[168] KG FamRZ 1995, 892, 893.

44 Die Folgen, die sich insbesondere in Fällen ergeben, in denen aus nicht vom Kläger zu vertretenden Gründen die Erhebung der Klage zu einem früheren Zeitpunkt ausgeschlossen war, hat zu einer erheblichen Kritik an der Vorschrift des § 323 Abs. 3 geführt. Nicht wenige halten die von der Rechtsprechung praktizierte Anwendung für **verfassungsrechtlich bedenklich,** wenn nicht sogar für verfassungswidrig.[169]

45 Die Zeitgrenze des § 323 Abs. 3 gilt nicht, soweit nach den in § 323 Abs. 3 genannten Vorschriften des BGB für die Vergangenheit erhöhter Unterhalt bereits vom Zeitpunkt einer Aufforderung zur Auskunftserteilung oder von Beginn des Verzuges an verlangt werden kann. Diese **Lockerung der Zeitgrenze** des § 323 Abs. 3, die durch das KindUG mit Wirkung vom 1. Juli 1998 vorgenommen worden ist,[170] soll auch dazu beitragen, die außergerichtliche Streitbeilegung zu fördern. Denn die neue Regelung beseitigt den vorher bestehenden Zwang für den Unterhaltsberechtigten, zur Vermeidung von finanziellen Nachteilen möglichst rasch Klage zu erheben und nicht erst längere Verhandlungen abzuwarten.[171] Die Regelung des § 323 Abs. 3 S. 2 ist nur auf die dort geregelten Unterhaltsfälle anzuwenden, nicht dagegen auf sonstige Fälle einer wiederkehrenden Leistung.[172] Für Prozessvergleiche und für vollstreckbare Urkunden gilt die Zeitgrenze des § 323 Abs. 3 ebenfalls nicht (Rn. 46 ff.). Streitig ist, ob § 323 Abs. 3 anzuwenden ist, wenn auf Grund Art. 18 Abs. 1 S. 1 EGBGB ausländisches materielles Recht das Rechtsverhältnis regelt.[173] Wird diese Bestimmung materiell-rechtlich qualifiziert, scheidet deren Anwendung aus[174], so dass das ausländische Recht bestimmt, inwieweit die Parteien präkludiert sind. Im Falle einer verfahrensrechtlichen Qualifikation greift Abs. 3 ein. Haben die Parteien jedoch in der Rechtsmittelinstanz einen **Prozessvergleich** geschlossen, in dem sie den Unterhaltsanspruch zwar anderweitig, aber im Ergebnis in derselben Höhe bemessen haben wie das angefochtene Urteil, und haben sie deshalb in dem Vergleich die Rücknahme ihrer Rechtsmittel erklärt, dann ist der Unterhaltsanspruch nicht durch diesen Vergleich, sondern durch das Urteil tituliert, so dass § 323 Abs. 3 angewendet werden muss.[175] Im Übrigen weist § 323 Abs. 3 S. 2 eine Regelungslücke auf. §§ 1585 b Abs. 2, 1613 Abs. 1 BGB stellen jeweils auf die Aufforderung zur Auskunft bzw. Verzugsetzung durch den Unterhaltsberechtigten ab. Ob diese Regelung auch für den Unterhaltspflichtigen gilt, kann weder aus dem Wortlaut noch den Gesetzesgrundlagen ermittelt werden.[176] Nach Sinn und Zweck der Vorschrift und im Interesse der Waffengleichheit gilt die Regelung im Falle eines Auskunftsbegehrens gegenüber dem Unterhaltsberechtigten auch für den Unterhaltspflichtigen.[177] Für die Praxis ist aber anzuraten, mit der Stufenabänderungsklage nach § 254 Abs. 1 vorzugehen.

45a **4. Beweislast.** Für die Tatsachen, aus denen sich eine wesentliche Änderung der für die Festsetzung der Unterhaltsrente maßgebenden Verhältnisse ergibt, trägt grundsätzlich der Kläger die Beweisführungslast und die Feststellungslast.[178] Dies bedeutet, dass der Kläger, der eine Unterhaltserhöhung wegen einer Verbesserung der Einkommensverhältnisse des Unterhaltsschuldners fordert, die dafür bedeutsamen Tatsachen vorzutragen und ggf. zu beweisen hat.[179] Da sich jedoch um Vorgänge handelt, über die der Kläger regelmäßig nur unzureichende Kenntnisse haben wird, während der Beklagte die rechtserheblichen Tatsachen genau kennt, hat auch der Beklagte zur Aufklärung beizutragen, indem er substantiiert den Sachvortrag des Klägers bestreitet.[180] Steht fest, dass sich die dem früheren Urteil zu Grunde gelegten Verhältnisse verändert haben, dann hat der Beklagte die Tatsachen darzulegen und zu beweisen, die einen unveränderte Fortbestand der Unterhaltsverpflichtung rechtfertigen.[181] Diese Grundsätze gelten entsprechend, wenn der Unterhalt nach § 1570 BGB nicht mehr besteht und der Unterhaltsberechtigte einen Anschlussunterhalt nach §§ 1572, 1573 Abs. 1 BGB verlangt. In diesem Fall trifft den Unterhaltsberechtigten weiterhin die Darlegungs- und Beweislast.[182] Ist das unterhaltsberechtigte Kind volljährig geworden und verlangt es als Volljähriger Unterhalt, dann muss das Kind dartun und beweisen, dass der Unterhaltsanspruch fortbesteht, insbesondere welche Haftungsquote auf den jeweiligen Elternteil entfällt.[183] Macht der Unterhaltsschuldner seine fehlende Leistungsfähigkeit geltend, dann hat er die dafür maßgebende Tatsachen vorzutragen und zu beweisen, denn das Fehlen der Leistungsfähigkeit ist in § 1603 Abs. 1 BGB als rechtshindernde Tatsache ausgewiesen, für die nach allgemeinen Beweislastregeln die Partei beweisbelastet ist, die sich darauf beruft.[184]

---

169 Vgl. *Meister* FamRZ 1980, 864, 869; *Braun* NJW 1992, 1593; 1995, 936; *ders.* (Fn. 1) S. 170 ff. (für verfassungskonforme Auslegung); *Gottwald* FamRZ 1992, 1374, 1375 f.; FamRZ 1996, 1090; MK/*Gottwald* Rn. 114 (für teleologische Reduktion).

170 OLG Bamberg FamRZ 2001, 1235: Keine Rückwirkung über diese Zeitgrenze.

171 Vgl. die amtliche Begründung des Gesetzentwurfs der Bundesregierung (BT-Drucks. 13/7338, S. 33, zu Art. 2 Nr. 4 a).

172 BGH NJW-RR 2005, 371 = FamRZ 2004, 1712 – Schadensersatz für Pflegeleistungen.

173 Vgl. OLG Bamberg NJW-RR 1998, 363, 364.

174 Offen gelassen von BGH NJW-RR 1992, 1474 = FamRZ 1993, 43; s. *Schwab/Maurer/Borth* Teil I Rn. 1049, 1114 m. weit. Nachw.

175 BGH NJW 1990, 709, 710 = FamRZ 1990, 269.

176 BT-Drucks. 13/7338 S. 33; abl. OLG Düsseldorf FamRZ 2006, 1211; in § 258 Abs. 3 S. 2 FamFG – E zugunsten des Unterhaltspflichtigen vorgesehen.

177 Zur verspäteten Auskunft und Kostenfolge s. § 93 d.

178 OLG Hamm FamRZ 2003, 1025, 1026; *St/J/Leipold* Rn. 73 m. Nachw.

179 OLG Hamburg FamRZ 1989, 885, 886; OLG Naumburg FamRZ 2003, 618, 619.

180 Zur sog. sekundären Behauptungslast vgl. *Musielak,* Festg. für BGH, Bd. III S. 192, 194 ff.

181 OLG Köln NJW-RR 2001, 1371; OLG Brandenburg FamRZ 2005, 895; *Luthin/Margraf* Rn. 7307.

182 BGH NJW 1990, 2752 = FamRZ 1990, 496; FamRZ 1995, 665, 667; *Schwab/Borth* Teil IV Rn. 234.

183 OLG Brandenburg NJW-RR 2002, 1586, 1587; 2003, 1448, 1449; OLG Hamm (Fn. 178).

184 OLG Naumburg FamRZ 2003, 1022, 1023.

VII. Schuldtitel des Absatzes 4

1. Bedeutung der Regelung. Durch die im Jahre 1919 in das Gesetz eingefügte Vorschrift bezweckte der Gesetzgeber die durch § 323 geschaffene Abänderungsmöglichkeit auf Prozessvergleiche und vollstreckbare Urkunden zu erstrecken. Zu diesem Zeitpunkt war das Rechtsinstitut des Wegfalls der Geschäftsgrundlage noch nicht entwickelt worden. Nachdem dies geschehen ist, erscheint diese Regelung nicht nur verzichtbar, sondern wegen der sich aus Abs. 2 und 3 ergebenden Beschränkungen sogar hinderlich, um den vom Gesetzgeber verfolgten Zweck zu erreichen.[185] 46

2. Anwendungsbereich. § 323 Abs. 4 ist nicht nur auf die ausdrücklich in dieser Vorschrift genannten Vergleiche iSv. § 794 Nr. 1 (vgl. § 794 Rn. 4ff.), in denen wirksam[186] die Verpflichtung zu künftig fällig werdenden Leistungen übernommen wurde, sondern auch analog auf vollstreckbar erklärte Anwaltsvergleiche (§§ 796a bis 796c)[187] anzuwenden, wenn sie einen entsprechenden Inhalt aufweisen. Dass bei Änderung des § 323 Abs. 4 durch das KindUG nicht auch ein Verweis auf § 794 Abs. 1 Nr. 4b aufgenommen worden ist, rechtfertigt nicht den Schluss auf eine bewusst getroffene negative Entscheidung des Gesetzgebers in Bezug auf Anwaltsvergleiche. Vielmehr ergibt sich aus den Gesetzesmaterialien, dass der Gesetzgeber durch die Neufassung des § 323 Abs. 4 nur beabsichtigte, die in dieser Vorschrift enthaltene Aufzählung der Schuldtitel der Neuregelung des Vereinfachten Verfahrens anzupassen und nicht etwa zugleich auch auszuschließen, dass die Vorschrift entsprechend auf nicht ausdrücklich genannte, aber inhaltlich gleiche Fälle angewendet werden kann.[188] Deshalb kommen auch weiterhin neben den vollstreckbaren Urkunden des § 794 Abs. 1 Nr. 5 Jugendamtsurkunden nach §§ 59, 60 SGB VIII für eine Anpassung an veränderte Verhältnisse gem. § 323 in Betracht.[189] Ist ein Prozessvergleich durch arglistige Täuschung über Einkünfte des Unterhaltsverpflichteten zu Stande gekommen, dann ist nicht durch Abänderungsklage, sondern durch Anfechtung des Vergleichs und Fortsetzung des früheren Verfahrens eine Korrektur herbeizuführen.[190] Die Verweisung auf die Beschlüsse des § 794 Abs. 1 Nr. 2a ist durch das KindUG eingefügt worden. Mit dieser Änderung ist bezweckt, die Vorschrift des § 323 Abs. 1 bis 3 auf alle in einem Vereinfachten Verfahren über den Unterhalt Minderjähriger ergangenen Titel einschließlich der Titel, die nach Art. 5 § 3 KindUG erlassen wurden, entsprechend anzuwenden, soweit nicht durch §§ 654 und 656 etwas anderes bestimmt wird.[191] Schließen die Parteien im Anordnungsverfahren nach §§ 620ff. einen Prozessvergleich, dessen Wirkungen nicht weiter gehen als die der einstweiligen Anordnung, die andernfalls erlassen worden wäre, dann ist die Abänderung eines solchen Vergleiches nicht nach § 323, sondern durch einen Antrag nach § 620b zu verfolgen (Rn. 9); ist dagegen eine endgültige Regelung bezweckt, ist eine Änderung auf der Grundlage des § 323 vorzunehmen.[192] Hat sich der Unterhaltsschuldner in einem Prozessvergleich oder in einer vollstreckbaren Urkunde zur Zahlung einer Unterhaltsrente über einen freiwillig geleisteten Sockelbetrag hinaus verpflichtet, dann kann die Herabsetzung der Unterhaltsrente nur dann zum Gegenstand einer Abänderungsklage nach § 323 gemacht werden, wenn die erstrebte Herabsetzung den freiwillig geleisteten Sockelbetrag übersteigt (vgl. auch Rn. 19).[193] Vereinbaren Eheleute in einer notariellen Urkunde Unterhalt sowohl für die Trennungszeit als auch für die Zeit nach der Scheidung, dann kann eine Neufestsetzung der Unterhaltsbeträge nur im Wege der Abänderungsklage erreicht werden.[194] Soll bei einem **außergerichtlichen Vergleich** wegen Veränderung oder Wegfalls der Geschäftsgrundlage eine Korrektur erreicht werden, dann steht hierfür nicht die Abänderungsklage des § 323, sondern eine Leistungs- oder Feststellungsklage zur Verfügung. Die Parteien können jedoch vereinbaren, dass eine Abänderung des außergerichtlichen Vergleichs nur unter den Voraussetzungen des § 323 verlangt werden kann.[195] Ein entsprechender Wille der Parteien kann auch in Betracht kommen, wenn ein beabsichtigter Prozessvergleich aus formellen Gründen nicht zu Stande kommt, jedoch als materiell-rechtliches Verpflichtungsgeschäft iSv. § 779 BGB Bestand hat.[196] 47

3. Die für die Abänderung geltende Regelung. Für Prozessvergleiche und vollstreckbare Urkunden[197] bedeutet die in § 323 Abs. 4 getroffene Regelung lediglich die Klarstellung, dass eine Partei im Wege der Abänderungsklage eine Korrektur der getroffenen Vereinbarung verlangen kann, wenn die Geschäftsgrundlage für die Verpflichtung zu künftig fällig werdenden Leistungen sich verändert hat oder weggefal- 48

---

185 GSZ BGHZ 85, 64, 67f. = NJW 1983, 228; *St/J/Leipold* Rn. 49.

186 OLG Köln FamRZ 1999, 943.

187 Ebenso auf gerichtliche Einigungen iSd. §§ 46 Abs. 1, 83 Abs. 4 DDR-ZPO, vgl. BGH NJW 1995, 1345, 1346; OLG Naumburg DtZ 1997, 363.

188 Vgl. BT-Drucks. (Fn. 171), S. 33 (zu Art. 2 Nr. 4b), 54 (Nr. 7), 58 (zu Nr. 7).

189 BGH NJW 1985, 64; NJW-RR 2003, 433, 435; OLG Dresden FamRZ 1998, 767; OLG Brandenburg FamRZ 1999, 1512, 1513; OLG Hamm FamRZ 1999, 794; OLG Köln FamRZ 2000, 905; OLG Nürnberg FamRZ 2004, 212; MDR 2004, 281.

190 OLG Hamm FuR 1997, 206; OLG Köln NJWE-FER 1999, 108 (nicht § 323 bei Unwirksamkeit nach § 779 BGB).

191 BGH NJW 1983, 2200, 2201; NJW-RR 1991, 1154, 1155; OLG Frankfurt/M FamRZ 1989, 87.

192 OLG Brandenburg FamRZ 2000, 1377, 1378; MK/*Finger* § 620b Rn. 7; vgl. auch die amtliche Begründung (Fn. 161) S. 33 (zu Art. 2 Nr. 4b).

193 BGH NJW 1993, 1995, 1996; *Gerber* FamRZ 1997, 230.

194 BGH NJW 1997, 2176, 2177.

195 BGH FamRZ 1960, 60, 61; OLG Koblenz FamRZ 1997, 24, 25 (zur Maßgeblichkeit des Parteiwillens).

196 OLG Köln FamRZ 1986, 1018.

197 Vgl. OLG Zweibrücken FamRZ 1999, 33, zum Erfordernis der Bestimmtheit der Geldsumme, wegen der sich der Schuldner der sofortigen Zwangsvollstreckung unterworfen hat.

len ist (Rn. 47). Da Geltungsgrund von derartigen Vereinbarungen allein der Parteiwille ist, sind die sich **aus dem Prozessrecht ergebenden Einschränkungen für die Abänderung von Urteilen nicht anzuwenden;** vielmehr richten sich Voraussetzungen und Umfang einer Abänderung solcher Titel allein nach dem materiellen Recht.[198] Dies bedeutet insbesondere, dass die durch **§ 323 Abs. 2 und 3** errichteten zeitlichen Schranken **nicht gelten** (s. aber Rn. 45 und Rn. 50 aE).[199] Für die Abänderung einer solchen Vereinbarung kommt es allein darauf an, welche Verhältnisse ihr zu Grunde lagen und wie die Parteien diese Verhältnisse bewerteten.[200] Dabei können nicht nur Veränderungen der individuellen Verhältnisse, sondern auch solche in der bestehenden Rechtslage, insbesondere auf Grund der höchstrichterlichen Rechtsprechung, zu einer Störung der vertraglichen Vereinbarung führen, die nach den Grundsätzen über den Wegfall der Geschäftsgrundlage (vgl. § 313 BGB) im Wege der Anpassung zu bereinigen ist;[201] insoweit besteht ein Unterschied zur Abänderung eines Urteils (Rn. 27). Ist in den maßgeblichen Verhältnissen seit Abschluss der Vereinbarung eine gewichtige Änderung (vgl. Rn. 31) eingetreten, so muss die danach gebotene Anpassung der getroffenen Regelung an die veränderten Verhältnisse nach Möglichkeit unter Wahrung der **dem Parteiwillen entsprechenden Grundlagen** vollzogen werden, wobei eine Wesentlichkeitsgrenze wie bei Urteilen nicht gilt (vgl. Rn. 31). Haben sich die Verhältnisse so tief greifend verändert, dass dem Parteiwillen für die vorzunehmende Änderung keine hinreichenden Anhaltspunkte mehr zu entnehmen sind oder lässt sich ein solcher Parteiwille nicht mehr ermitteln, dann muss die Abänderung ohne eine fortwirkende Bindung an die Vereinbarung vorgenommen und im Falle einer Unterhaltsregelung der Unterhalt wie bei einer Erstfestsetzung nach den gesetzlichen Vorschriften bemessen werden.[202] Gleiches gilt, wenn die Parteien beim Abschluss ihrer Vereinbarung bestimmen, dass die Änderung nach Ablauf einer bestimmten Frist durch Neufestsetzung und nicht durch Abänderung gem. § 323 begehrt werden kann.[203]

49 Aus den für die Änderung von Prozessvergleichen und vollstreckbaren Urkunden maßgebenden Regeln des **materiellen Rechts** können sich **Einschränkungen** zeitlicher Art ergeben und beispielsweise Billigkeitsgründe einer rückwirkenden Korrektur entgegenstehen.[204] Ein allgemeiner Vertrauensschutz des Unterhaltsgläubigers, der ihn berechtigen könnte, die Änderung erst ab Rechtshängigkeit der Klage oder ab Verzug mit einem Verzicht auf die Rechte aus dem Titel zu verlangen, findet indes im Gesetz keine Stütze. Der BGH weist darauf hin, dass sich der Titelgläubiger gegenüber einem Anspruch auf Rückzahlung überzahlten Unterhaltes auf den Wegfall seiner Bereicherung (§ 818 Abs. 3 BGB) berufen könne und dass weiter gehende Einschränkungen nicht gerechtfertigt seien.[205] Rücksicht auf den Vertrauensschutz des Titelgläubigers ist insbesondere dann nicht zu nehmen, wenn er ihm obliegenden Informationspflichten zuwiderhandelte.[206] Allerdings dürfen die Anforderungen an eine Offenbarungspflicht nicht überspannt werden.[207] Die Frage nach einer rückwirkenden Beachtung einer neuen Rechtslage stellt sich insbesondere bei **Änderung der höchstrichterlichen Rechtsprechung,** weil man sich auf den Standpunkt stellen könnte, die Rechtslage sei auch bereits vor der richterlichen Erkenntnis keine andere gewesen als danach. Der BGH hat hinsichtlich seiner neuen Rechtsprechung zur Differenzmethode (vgl. Rn. 28 a) die Auffassung vertreten, dass eine Abänderung von Prozessvergleichen und vollstreckbaren Urkunden für die Zeit vor Verkündung des maßgebenden Urteils abzulehnen sei; insoweit gebe es kein Unterschied zur Änderung tatsächlicher individueller Verhältnisse.[208] Ist der in einem Prozessvergleich titulierte Unterhaltsanspruch in der Erwartung zeitlich begrenzt vereinbart worden, dass der Unterhalt nach Ablauf der Frist entfällt, muss ein nach Fristablauf bestehender Unterhaltsanspruch mit der Leistungsklage verlangt werden.[209]

50 Ist ein **Prozessvergleich** oder eine **vollstreckbare Urkunde im Abänderungsverfahren korrigiert** worden, dann tritt an ihre Stelle das Abänderungsurteil; bei einer erneuten Abänderung gelten für dieses Urteil

---

198 BGH (Fn. 185) S. 73; BGH NJW 1995, 1891, 1892; BGHZ 148, 368, 374 = NJW 2001, 3618; OLG Koblenz FamRZ 2001, 1231; OLG Hamm FamRZ 2003, 1025, 1026.

199 BGH (Fn. 185) S. 74f.; OLG Zweibrücken FamRZ 1997, 837, 838; OLG Koblenz (Fn. 188); OLG Brandenburg FamRZ 2004, 210, 211.

200 BGH NJW 1986, 2054, 2055; NJW 2001, 2259, 2260; OLG Hamm NJW-RR 1999, 1096, OLG Köln FamRZ 2002, 675, 676. Zur Verteilung der Beweislast: OLG München FamRZ 1999, 1512; OLG Bamberg NJWE-FER 2001, 83.

201 BGH DtZ 1994, 371, 372; NJW 2001, 3618, 3620; OLG Karlsruhe NJW-RR 1995, 709 (zur Abänderung eines Vergleichs über Unterhaltsleistung durch Wohnungsüberlassung); OLG Hamm NJW-RR 1998, 78, 79; OLG Schleswig NJW-RR 2004, 223.

202 BGH NJW 1994, 1530, 1531; 2001, 2259, 2260f.; OLG München FamRZ 2000, 612; OLG Koblenz FamRZ 2001, 1231, 1232; *Palmberger* FPR 2003, 190, 192.

203 OLG Zweibrücken FamRZ 1992, 839, 840; 2000, 681 (Vereinbarung einer Neuberechnung bei Veräußerung eines Grundstücks).

204 OLG Köln NJW 1990, 2630; OLG Karlsruhe FamRZ 1980, 608, 610 (Hinweis auf den Rechtsgedanken des § 1585 b Abs. 2 und 3 BGB für die Rückwirkung des Urteils beim Unterhalt des geschiedenen Ehegatten); *Kollrus* (Fn. 9) S. 110f.

205 BGH NJW 1990, 3274; FamRZ 1998, 951; NJW 2000, 740; OLG Brandenburg FamRZ 2006, 1856.

206 OLG Hamm FamRZ 1999, 1163; vgl. dazu auch *Graba* (Fn. 116) Rn. 367, 393 ff.

207 BGHZ 148, 374 (Fn. 185); BGH NJW 2003, 1181, 1182; aA OLG Köln (Fn. 200) für den Fall, dass sich ein Unterhaltsberechtigter gegen das Herabsetzungsverlangen des Unterhaltsschuldners verteidigt; vgl. auch *Waldner* FPR 2003, 188.

208 BGHZ (Fn. 197); BGH NJW 2003, 1181, 1182; BVerfG NJW 2003, 3466 = FamRZ 2003, 1821 – Ehegattensplitting; aA OLG Köln (Fn. 200) für den Fall, dass sich ein Unterhaltsberechtigter gegen das Herabsetzungsverlangen des Unterhaltsschuldners verteidigt; vgl. auch *Waldner* FPR 2003, 188.

209 BGH FamRZ 2007, 983.

Abs. 1 bis 3 des § 323 ohne jede Einschränkung (vgl. auch Rn. 45).[210] Ist dagegen die gegen eine solche Vereinbarung gerichtete **Abänderungsklage** mangels schlüssiger Begründung rechtskräftig **abgewiesen** worden, dann kann der Kläger ohne Behauptung einer zwischenzeitlichen Veränderung seiner Vermögensverhältnisse die Abänderungsklage nicht wiederholen.[211] Denn durch das abweisende Urteil wird der Prozessvergleich bestätigt und rechtskräftig festgestellt, dass der Kläger verpflichtet ist, weiterhin Unterhalt in bisheriger Höhe zu leisten. Eine erneute Abänderungsklage kann nur erfolgreich sein, wenn eine wesentliche Veränderung der für die Unterhaltspflicht maßgebenden Verhältnisse eingetreten ist (§ 323 Abs. 1) und wenn die Tatsachen, die für eine solche Veränderung sprechen, nach der letzten mündlichen Tatsachenverhandlung des Erstprozesses entstanden sind (§ 323 Abs. 2).[212] Ob auch das Rückwirkungsverbot des § 323 Abs. 3 bei einer erneuten Abänderungsklage zu beachten ist, richtet sich danach, ob das Urteil, das die erste Abänderungsklage abweist, eine Prognose über die zukünftige Leistungsfähigkeit des Klägers enthält. Dies wird ebenso wie bei Abweisung einer Unterhaltsklage (Rn. 20) mit der Begründung verneint, dass in Fällen, in denen eine Abänderungsklage gegen einen Prozessvergleich mangels Bedürftigkeit des Gläubigers oder mangels Leistungsfähigkeit des Schuldners abgewiesen wird, eine solche Feststellung grundsätzlich nur für den Zeitpunkt der letzten mündlichen Verhandlung des betreffenden Verfahrens getroffen werde, ohne eine vorausschauende Betrachtung in die Zukunft vorzunehmen.[213] Nach dieser Auffassung kann mit einer zweiten Abänderungsklage auch rückwirkend bis zum Zeitpunkt der letzten mündlichen Verhandlung des Erstverfahrens die Änderung der für die Unterhaltspflicht maßgebenden Verhältnisse erfolgreich geltend gemacht werden. Im Unterschied dazu ist Gegenstand eines Abänderungsverfahrens das Urteil und nicht der Vergleich, wenn die Parteien den durch das Urteil **titulierten Unterhaltsanspruch durch** den **Vergleich** ausdrücklich **aufrechterhalten** und durch eine im Vergleich erklärte Rücknahme von Rechtsmitteln die Rechtskraft des Urteils herbeiführen; § 323 Abs. 1 bis 3 gelten dann ohne weiteres (vgl. Rn. 45).[214]

Die dargestellten Regeln für Prozessvergleiche und vollstreckbare Urkunden gelten auch für alle anderen durch § 323 Abs. 4 erfassten Vergleiche und Urkunden (Rn. 47).[215] **Jugendamtsurkunden** nach §§ 59, 60 SGB VIII können im Falle der Änderung der materiell-rechtlichen Grundlagen abgeändert werden, da einer solchen keine Rechtskraftwirkung zukommt.[216] Beruht diese auf einer Vereinbarung der Parteien, so erfolgt deren Anpassung wegen der Ähnlichkeit mit einer gerichtlichen oder notariellen Vereinbarung nach den Grundsätzen zum Wegfall der Geschäftsgrundlage.[217] Fehlt eine Vereinbarung, so hat der Gläubiger nach BGH die Wahl, ob er mit der Erstklage nach § 258 oder der Abänderungsklage vorgehen will.[218] Bedeutsam ist dies, wenn der Unterhaltspflichtige einseitig einen geringeren Unterhalt anerkennt als gesetzlich geschuldet. Der BGH stützt die Erhebung der Abänderungsklage darauf, dass § 323 Abs. 4 keine Vereinbarung voraussetze.[219] Dies lässt sich mit den Grundsätzen zur Nachforderungsklage kaum vereinbaren (s. Rn. 18 f.), wenn sich die Parteien darüber einig sind, dass nur ein Teilbetrag tituliert werden soll, ist jedoch dann zutreffend, wenn nach der Verpflichtungserklärung der anerkannte Unterhalt längere Zeit entgegen genommen wurde, ohne den weitergehenden Unterhalt zu fordern.[220] Wegen der Bindung des Unterhaltsschuldners an die Jugendamtsurkunde, die den Charakter eines schuldbestätigenden Anerkenntnisses aufweist, kann dieser Titel nur nach § 323 Abs. 4 herabgesetzt werden. Entsprechend verlangt der BGH[221] im Abänderungsverfahren vom Abänderungskläger die Darlegung veränderter Umstände. Wurde der durch eine Jugendamtsurkunde titulierte Unterhalt mit der Klage nach § 323 Abs. 4 auf Null herabgesetzt, ist die erneute Verurteilung wiederum mit der Abänderungsklage geltend zu machen. Besonderheiten sind dagegen in Bezug auf Schuldtitel zu beachten, die im Vereinfachten Verfahren über den Unterhalt Minderjähriger (§§ 645 ff.) erwirkt worden sind (vgl. Rn. 52). 51

VIII. Die Regelung des Absatzes 5

Die Vorschrift des Abs. 5 schränkt die Zulässigkeit der Abänderungsklage nach § 323 ein. Soweit eine Änderung nach § 655 statthaft ist, wird eine Abänderungsklage nach § 323 nur dann zugelassen, wenn der nach § 655 festzusetzende Betrag wesentlich von dem Betrag abweicht, der den individuellen Verhältnissen der Parteien Rechnung trägt. Wird Unterhalt nach § 649 Abs. 1 oder in Verbindung mit einem Statusprozess nach § 653 zuerkannt, dann ermöglicht **§ 654** eine Abänderung der rechtskräftigen Entschei- 52

---

[210] BGH NJW 1988, 2473; 1992, 364; OLG Bamberg FamRZ 1999, 31, 32.
[211] Vgl. OLG Düsseldorf FamRZ 1989, 1207 m. zust. Anm. v. *Vollkommer/Steindl;* OLG Koblenz NJW-RR 1999, 1680, 1681.
[212] *Vollkommer/Steindl* FamRZ 1989, 1208 f.; deshalb nur im Ergebnis zutreffend OLG Koblenz FamRZ 1998, 765.
[213] OLG Karlsruhe FamRZ 1995, 893, 894.
[214] BGH NJW 1990, 709, 710.
[215] BGH NJW 1985, 64, 65; BGHZ 101, 235, 238 = NJW 1987, 2999 – für Jugendamtsurkunden; s. auch *Graba* FamRZ 2005, 678.
[216] BGH NJW-RR 2003, 433 = FamRZ 2003, 304; OLG München FamRZ 2002, 1371; OLG Nürnberg FamRZ 2004, 1053.
[217] BGH FamRZ 2003, 304, 306.
[218] BGH NJW 1989, 1033 = FamRZ 1989, 172, 174.
[219] NJW 2003, 3770 = FamRZ 2004, 24.
[220] OLG Düsseldorf FamRZ 2006, 1212.
[221] BGH FamRZ 2007, 715 m. Anm. *Hoppenz.*

dung im Klageweg.[222] Diese Klage ist weder an die Voraussetzungen des § 323 noch an die des § 767, insbesondere nicht an eine wesentliche und nachträgliche Veränderung der Verhältnisse geknüpft (vgl. § 654 Rn. 2f.).[223] Allerdings ist zu beachten, dass durch § 654 Abs. 2 die Klage auf Herabsetzung des Unterhalts dahingehend eingeschränkt wird, dass sie innerhalb von einem Monat nach Rechtskraft der Entscheidung nach § 649 oder § 653 erhoben werden muss. Nach dieser Frist kann nur noch die Herabsetzung für die Zeit nach Erhebung der Abänderungsklage durchgesetzt werden. Nur wenn das Kind Klage auf Zuerkennung eines höheren Unterhalts erhoben hat, wird die Frist für den Unterhaltsverpflichteten bis zur Beendigung des Verfahrens über die Klage des Kindes verlängert (§ 654 Abs. 2 S. 2). Nach § 656 Abs. 1 können die Parteien die Abänderungsklage ohne die Beschränkungen des § 323 Abs. 2 und 3 erheben, wenn die Abänderung des Schuldtitels in dem Vereinfachten Verfahren nach § 655 zu einem Betrag führt, der wesentlich von dem Betrag abweicht, der der Entwicklung der besonderen Verhältnisse der Parteien Rechnung trägt (vgl. § 656 Rn. 2). Auch für diese Klage gilt eine Zeitgrenze von einem Monat, gerechnet von der Zustellung des Beschlusses (§ 656 Abs. 2). Nach Ablauf dieser Zeitspanne ist lediglich das Verfahren nach § 323 statthaft. Zu weiteren Einzelheiten wird auf die Erläuterungen der §§ 654 bis 656 verwiesen.

IX. Gebühren und Kosten

53 **1. Rechtsanwaltsgebühren.** Der Anwalt erhält die Gebühren der Nrn. 3100ff. VV RVG. Bei einem vorangegangenen vereinfachten Verfahren nach § 645 wird die dort entstandene Verfahrensgebühr auf die entsprechende Gebühr der nachfolgenden Hauptsache oder Abänderungsklage iSd. §§ 650 bzw. 656 angerechnet, Nr. 3100 Abs. 1 VV RVG.

54 **2. Gerichtskosten.** Bei einer Klage nach § 656 wird nach KV Nr. 1210 die Gebühr 1121 angerechnet.

324 *Nachforderungsklage zur Sicherheitsleistung*

Ist bei einer nach den §§ 843 bis 845 oder §§ 1569 bis 1586b des Bürgerlichen Gesetzbuchs erfolgten Verurteilung zur Entrichtung einer Geldrente nicht auf Sicherheitsleistung erkannt, so kann der Berechtigte gleichwohl Sicherheitsleistung verlangen, wenn sich die Vermögensverhältnisse des Verpflichteten erheblich verschlechtert haben; unter der gleichen Voraussetzung kann er eine Erhöhung der in dem Urteil bestimmten Sicherheit verlangen.

I. Normzweck

1 In den Fällen der §§ 843 bis 845 BGB ist eine Sicherheitsleistung für künftig fällig werdende Rentenansprüche in das Ermessen des Gerichts gestellt (**§ 843 Abs. 2 S. 2 BGB**). Da die Sicherheitsleistung den Zweck verfolgt, die Durchsetzbarkeit der Rentenansprüche zu gewährleisten, wird das Gericht eine Sicherheitsleistung nur anordnen, wenn die Einkommens- oder Vermögensverhältnisse Zweifel an der finanziellen Leistungsfähigkeit des Verpflichteten begründen oder sonstige Anhaltspunkte dafür erkennbar sind, dass er seiner Zahlungsverpflichtung nicht nachkommen wird.[1] Hat danach das Gericht davon abgesehen, eine Sicherheitsleistung anzuordnen, dann kann sich auf Grund einer Veränderung der Vermögensverhältnisse des Verpflichteten eine Gefährdung der Realisierbarkeit der Rentenansprüche ergeben, so dass eine Sicherheitsleistung geboten erscheint. Für diesen Fall gibt § 324 dem Gläubiger das Recht, nachträglich die Anordnung einer Sicherheitsleistung zu verlangen. Das Gleiche gilt, wenn sich eine gerichtlich festgesetzte Sicherheitsleistung auf Grund der späteren Entwicklung als zu niedrig erweist. Eine vergleichbare Regelung hinsichtlich der Sicherheitsleistung ist durch **§ 1585a Abs. 1 BGB** für den Unterhalt des geschiedenen Ehegatten getroffen worden. Diese Vorschrift räumt dem Berechtigten einen materiell-rechtlichen Anspruch auf Sicherheitsleistung ein, der jedoch entfällt, wenn kein Grund zu der Annahme besteht, dass die Unterhaltsleistung gefährdet ist oder wenn der Verpflichtete durch die Sicherheitsleistung unbillig belastet würde. Eine nachträglich eintretende Veränderung der für die Entscheidung über die Anordung einer Sicherheitsleistung maßgebenden Verhältnisse kann folglich ebenso wie im Rahmen des § 843 Abs. 2 S. 2 BGB die Forderung nach einer Sicherheitsleistung begründen. Durch die in verschiedenen Vorschriften (zB in § 618 Abs. 3 BGB, § 62 Abs. 3 HGB, § 14 Abs. 2 UmweltHG, § 9 Abs. 2 ProdHaftG) enthaltene Verweisung auf § 843 Abs. 2 BGB wird § 324 auch in den dort geregelten Fällen anwendbar. Eine § 324 **vergleichbare Regelung** findet sich in § 8 Abs. 3 HPflG, § 13 Abs. 3 StVG, § 30 Abs. 3 AtomG und in § 38 Abs. 3 LuftVG.

II. Voraussetzungen

2 Es muss ein (nicht notwendigerweise rechtskräftiges[2]) **Urteil** ergangen sein, das die Verpflichtung auf Grund der oben (Rn. 1) genannten Vorschriften des Beklagten zu künftig fällig werdenden Rentenzahlungen ausspricht. Prozessvergleiche und vollstreckbare Urkunden stehen einem Urteil nur auf Grund der ausdrücklich in § 38 Abs. 3 S. 2 LuftVG getroffenen Regelung oder bei einer Vereinbarung der Parteien gleich.[3] Die den Klageantrag rechtfertigende Veränderung der Vermögensverhältnisse muss nachträglich, dh. nach

---

[222] Zur Abgrenzung zur Klage nach § 323 vgl. BGH NJW-RR 2003, 433; zum Fall eines Titels nach Art. 5 § 3 KindUG OLG Naumburg FamRZ 2005, 1756.

[223] Amtliche Begründung (Fn. 161), S. 43 zu § 654 ZPO.

[1] *Bamberger/Roth/Spindler* § 843 BGB Rn. 31.

[2] *B/L/H* Rn. 1.

[3] MK/*Gottwald* Rn. 4.

Schluss der mündlichen Verhandlung eingetreten sein, in der spätestens diese Veränderung hätte geltend gemacht werden können, um sie in dem früheren Urteil zu berücksichtigen (vgl. § 323 Rn. 32 zu der parallelen Frage bei der Abänderungsklage).

Während es für die Anordnung der Sicherheitsleistung auf Grund der oben (Rn. 1) genannten Vorschrif- 3
ten auf die Gefährdung der Erfüllung des Anspruchs auf Zahlung der Rente ankommt, wird in § 324 einschränkend darauf abgestellt, dass sich die **Vermögensverhältnisse** des Verpflichteten **erheblich verschlechtert** haben. Daraus folgert die hM, dass **andere Umstände,** die die künftige Durchsetzung der Rentenforderung gefährden, wie beispielsweise Maßnahmen, durch die Vermögenswerte dem Zugriff des Gläubigers entzogen werden, nicht ausreichen.[4] Nach dem Normzweck des § 324 (Rn. 1), dem zufolge eine zunächst nicht erforderliche Sicherheitsleistung auf Grund einer veränderten Situation notwendig wird, ist diese allein an dem Wortlaut der Vorschrift orientierte Auslegung wenig überzeugend. Dass die Fassung des Gesetzes zu eng ist, zeigt sich auch darin, dass eine nachträgliche **Verbesserung der Vermögensverhältnisse** eine Aufhebung oder Herabsetzung der Sicherheitsleistung gebieten kann. In diesem Punkt setzt sich die hM über den Wortlaut des § 324 hinweg und billigt dem Verpflichteten das Recht zu, in analoger Anwendung des § 324 und der dieser Vorschrift entsprechenden Bestimmungen Klage auf Herabsetzung oder Rückforderung der Sicherheitsleistung zu erheben.[5]

III. Verfahren

Für die Klage nach § 324 bildet die **Behauptung der wesentlichen Änderung** der für die Sicherheitsleis- 4
tung maßgebenden Umstände eine **besondere Prozessvoraussetzung** (vgl. § 323 Rn. 26 zur parallelen Frage bei der Abänderungsklage).[6] Die Klage ist darauf zu richten, dass für die zukünftig fällig werdenden Ansprüche Sicherheit zu leisten ist oder die im Urteil bestimmte Sicherheit erhöht werden muss. Soweit es sich um fällige Forderungen handelt, die sofort beigetrieben werden können, muss der Gläubiger Befriedigung und nicht Sicherheit suchen. Dementsprechend ist die **Berechnung** des Betrages **der Sicherheitsleistung** nur auf die Rentenzahlungen zu beziehen, die nach dem Urteil fällig werden.[7] Hat die Klage Erfolg, dann wird durch das Urteil das frühere Urteil in rechtsgestaltender Weise verändert und wirkt hinsichtlich der (neu) festgesetzten Sicherheitsleistung als Leistungsurteil für die Zukunft.[8] Das Gleiche gilt, wenn der Verpflichtete mit Erfolg die Aufhebung oder Herabsetzung der Sicherheitsleistung erreicht. § 324 gilt auch für die vor dem 3. 10. 1990 rechtskräftig gewordenen **Entscheidungen von Gerichten der DDR** (EinigsV Anl. I Kap. III A III Nr. 5 Maßg. i).

325 *Subjektive Rechtskraftwirkung*

(1) Das rechtskräftige Urteil wirkt für und gegen die Parteien und die Personen, die nach dem Eintritt der Rechtshängigkeit Rechtsnachfolger der Parteien geworden sind oder den Besitz der in Streit befangenen Sache in solcher Weise erlangt haben, dass eine der Parteien oder ihr Rechtsnachfolger mittelbarer Besitzer geworden ist.

(2) Die Vorschriften des bürgerlichen Rechts zugunsten derjenigen, die Rechte von einem Nichtberechtigten herleiten, gelten entsprechend.

(3) [1]Betrifft das Urteil einen Anspruch aus einer eingetragenen Reallast, Hypothek, Grundschuld oder Rentenschuld, so wirkt es im Falle einer Veräußerung des belasteten Grundstücks in Ansehung des Grundstücks gegen den Rechtsnachfolger auch dann, wenn dieser die Rechtshängigkeit nicht gekannt hat. [2]Gegen den Ersteher eines im Wege der Zwangsversteigerung veräußerten Grundstücks wirkt das Urteil nur dann, wenn die Rechtshängigkeit spätestens im Versteigerungstermin vor der Aufforderung zur Abgabe von Geboten angemeldet worden ist.

(4) Betrifft das Urteil einen Anspruch aus einer eingetragenen Schiffshypothek, so gilt Absatz 3 Satz 1 entsprechend.

I. Allgemeines

1. Normzweck. Durch die materielle Rechtskraft wird verhindert, dass in einem neuen Prozess über 1
eine bereits rechtskräftig festgestellte Rechtsfolge verhandelt und entschieden wird (§ 322 Rn. 1). Es erscheint selbstverständlich, dass dieses Verbot nur gegenüber den an dem Rechtsstreit beteiligten Parteien ausgesprochen werden kann, weil nur sie durch ihre Mitwirkung am Prozess die Möglichkeit erhalten haben, auf den Inhalt des Urteils Einfluss zu nehmen.[1] § 325 Abs. 1 spricht diesen Grundsatz der Rechtskraftwirkung aus und erweitert ihn zugleich auf Personen, die nach Eintritt der Rechtshängigkeit Rechtsnachfolger oder Besitzmittler der Parteien oder ihrer Rechtsnachfolger geworden sind. Die **Erstreckung der Rechtskraft auf den Rechtsnachfolger** ist eine notwendige Folgerung aus der in § 265 getroffenen Regelung, nach der eine Partei auch nach Veräußerung des Streitgegenstandes weiterhin prozessführungsbefugt bleibt (Fall einer gesetzlichen Prozessstandschaft, vgl. § 265 Rn. 9). Soll die Entscheidung nicht ins Leere gehen, muss der Rechtsnachfolger hinsichtlich der Rechtskraft wie eine Partei behandelt werden. Ergänzt

---

[4] MK/*Gottwald* Rn. 5, *St/J/Leipold* Rn. 3.
[5] MK/*Gottwald* Rn. 8; *St/J/Leipold* Rn. 4; *Zö/Vollkommer* Rn. 2.
[6] AllgM; vgl. nur *T/P/Hüßtege* Rn. 1.
[7] *St/J/Leipold* Rn. 7.
[8] MK/*Gottwald* Rn. 6.
[1] *Schack* NJW 1988, 865; MK/*Gottwald* Rn. 1; *St/J/Leipold* Rn. 1 f.

wird diese Regelung durch § 727, nach dem eine vollstreckbare Ausfertigung für und gegen den Rechtsnachfolger erteilt werden kann (§ 727 Rn. 1ff.). Auch durch Begründung eines Besitzmittlungsverhältnisses nach Rechtshängigkeit soll die siegreiche Partei nicht an der zwangsweisen Durchsetzung des Urteilsspruchs gehindert werden. Deshalb erstreckt § 325 Abs. 1 die Rechtskraftwirkung und § 727 Abs. 1 die Vollstreckungswirkung des Urteils auf den Besitzmittler.

2 **2. Erstreckung der Rechtskraft auf Dritte.** Der Grundsatz, dass die Rechtskraft auf die Parteien zu beschränken ist, muss in einer Reihe von Fällen aus zwingenden Gründen durchbrochen werden. Neben den in § 325 Abs. 1 selbst angeordneten Ausnahmen gibt es weitere in § 326 bei der Nacherbfolge und in § 327 bei der Testamentsvollstreckung. Darüber hinaus finden sich zT Regelungen in materiell-rechtlichen Vorschriften (Rn. 11ff.).

3 Die Rechtskrafterstreckung auf Dritte muss entgegen **abweichenden Auffassungen im Schrifttum** als eine Ausnahmeregelung aufgefasst werden und rechtlich fundiert sein.[2] Aus der gesetzlichen Regelung lässt sich nicht ein allgemeiner Rechtssatz ableiten, nach dem eine rechtskräftige Entscheidung in einem nachfolgenden Prozess, den eine Partei mit einem Dritten führt, bindende Wirkung entfaltet, wenn diese Entscheidung im Prozess gegen den Dritten präjudizielle Bedeutung hat.[3] Die **Präjudizialität der festgestellten Rechtslage** für das Rechtsverhältnis mit dem Dritten reicht jedoch auch dann nicht aus, um die Bindung des Dritten herbeizuführen, wenn zusätzlich noch die Zumutbarkeit einer derartigen Bindung verlangt wird. Eine solche Zumutbarkeit und damit die Rechtskrafterstreckung sollen bejaht werden, wenn die Rechtskraft zu Gunsten des Dritten wirke, wenn das von der Urteilsfeststellung abhängige Rechtsverhältnis des Dritten erst nach Rechtskraft begründet worden sei oder wenn der Dritte nach materiellem Recht eine spätere Verschlechterung seiner Rechtslage durch rechtsgeschäftliche Änderung des präjudiziellen Verhältnisses hinnehmen müsse.[4] Die nach dem materiellen Recht einer Partei eingeräumte **Macht zur materiell-rechtlichen Verschlechterung** der Lage des Dritten kann ebenfalls nicht als ein ausreichender Grund anerkannt werden, die Rechtskraftwirkung eines Urteils zu Ungunsten des Dritten auszudehnen.[5]

4 **3. Tatbestands- und Gestaltungswirkung.** Die Existenz eines Urteils kann auf Grund einer materiellrechtlichen Norm das Rechtsverhältnis einer Partei zu einem Dritten beeinflussen. So kann beispielsweise der Bürge unter den in § 775 Abs. 1 BGB genannten Voraussetzungen nach Nr. 4 dieser Vorschrift vom Hauptschuldner Befreiung von der Bürgschaft verlangen, wenn der Gläubiger gegen den Bürgen ein vollstreckbares Urteil auf Erfüllung erwirkt hat. Hierbei handelt es sich jedoch nicht um eine Rechtskrafterstreckung auf den Dritten (Hauptschuldner), sondern um eine Tatbestandswirkung (§ 322 Rn. 8). Deshalb kann der Hauptschuldner das Bestehen der Hauptforderung leugnen und damit geltend machen, dass ein Befreiungsanspruch nicht bestehe.[6] Dass die durch ein Gestaltungsurteil herbeigeführte Änderung der Rechtslage (§ 322 Rn. 8, 63) auch von jedem Dritten hingenommen werden muss, ist Folge der Gestaltungswirkung dieses Urteils und hat nichts mit einer Rechtskrafterstreckung auf Dritte zu tun.[7]

II. Wirkung der Rechtskraft gegenüber den Parteien und ihren Rechtsnachfolgern

5 **1. Parteien.** Die Wirkung der Rechtskraft erstreckt sich regelmäßig nur auf die Parteien des Rechtsstreits; dies sind die Personen, für und gegen die vom Gericht auf Grund der Klageschrift Rechtsschutz begehrt wird (sog. formeller Parteibegriff[8], s. a. § 50 Rn. 3). Wird allerdings eine wirtschaftlich mit der Partei gleichzusetzende Person als **„Strohmann"** vorgeschoben, um die Rechtskraftwirkungen der früheren Entscheidung zu unterlaufen, dann handelt es sich um ein rechtsmissbräuchliches Verhalten, das zur Folge hat, dass die Rechtskraftwirkung der früheren Entscheidung auch für den „Strohmann" gilt.[9] In Fällen einfacher **Streitgenossenschaft** (§§ 59ff.) erstreckt sich die Rechtskraft des gegen einen Streitgenossen ergangenen Urteils nicht auf den anderen (zur Rechtskrafterstreckung auf notwendige Streitgenossen vgl. § 62 Rn. 21).[10] Führt den Prozess für die Partei ein (gesetzlicher oder rechtsgeschäftlich bestellter) **Vertreter,** dann beschränkt sich die Rechtskraft des Urteils stets nur auf die Partei und erfasst nicht den Vertreter.

6 **2. Rechtsnachfolge.** Die in § 325 Abs. 1 angeordnete Rechtskrafterstreckung auf den Rechtsnachfolger einer Partei setzt die Rechtshängigkeit voraus. Tritt die Rechtsnachfolge in einem Zeitpunkt ein, in dem die **Klageschrift** dem Beklagten **noch nicht zugestellt** worden ist (§ 261 Abs. 1 iVm. § 253 Abs. 1), dann bleibt

---

[2] BGHZ 3, 385, 388 = NJW 1952, 178.

[3] So aber die Drittwirkungslehre von *Schwab* ZZP 77 (1964), 124; *ders.*, Festschr. f. Walder, 1994, S. 261 (*Schwab* betont, dass die Drittwirkung nicht mit einer absoluten Rechtskraftwirkung gleich gesetzt werden dürfe); zustimmend *Koussoulis,* Beiträge zur modernen Rechtskraftlehre, 1986, S. 117ff.; *Martens* ZZP 79 (1966), 404, 428f.; abl. BGH NJW 1996, 395, 396; BB 2005, 123, 124; *St/J/Leipold* Rn. 80ff.; MK/*Gottwald* Rn. 8; *Blomeyer* ZZP 75 (1962), 1, 7, 10; *Grunsky* AcP 186 (1986), 523, 524f.

[4] *Blomeyer* § 91 II 3, § 93; *ders.* ZZP (Fn. 3) S. 8ff.; abl. BGH NJW 1996, 395, 396 = JZ 1996, 524 m. Anm. v. *Brehm;* BGH NJW-RR 2005, 338, 339; *St/J/Leipold* Rn. 86ff.; MK/*Gottwald* Rn. 2ff.

[5] So *Bettermann,* Die Vollstreckung des Zivilurteils in den Grenzen seiner Rechtskraft, 1948, S. 79ff., 101ff.; *ders.* Festschr. f. Baur, 1981, S. 273, 282ff.; zust. *Grunsky* § 47 VI 2c; *Zö/Vollkommer* Rn. 41f.; abl. *Schack* NJW 1988, 865, 872; *St/J/Leipold* Rn. 86ff.; MK/*Gottwald* Rn. 3ff., jeweils m. weit. Nachw.; vgl. dazu auch *Otte,* Umfasssende Streitentscheidung durch Beachtung von Sachzusammenhängen, 1998, S. 69ff.

[6] *Schack* (Fn. 5) S. 868.

[7] *St/J/Leipold* Rn. 7.

[8] *Musielak,* GK ZPO, Rn. 223.

[9] BGHZ 123, 30, 35 = NJW 1993, 2942.

[10] OLG Düsseldorf NJW-RR 1992, 922, 923; OLG Hamm NJW-RR 1997, 90, 91; *Hofmann* VersR 2003, 288.

die Rechtskraft des gegen die nicht legitimierte Partei ergehenden Urteils grundsätzlich ohne Wirkung für den Rechtsnachfolger.[11] Etwas anderes gilt nur in Fällen, in denen das Gesetz zu Gunsten des Schuldners bestimmt, dass ein rechtskräftiges Urteil gegen (nicht für) den Rechtsnachfolger wirkt (zB § 407 Abs. 2 BGB, § 372 Abs. 2 HGB, § 55 Abs. 4 S. 1 MarkenG). Wird die streitbefangene Sache erst **nach Rechtskraft des Urteils** auf den Rechtsnachfolger übertragen, dann wird die Rechtskraft des Urteils auf ihn erstreckt. Begründet wird dies mit der Erwägung, die Nachfolge nach Eintritt der Rechtskraft liege zeitlich „nach dem Eintritt der Rechtshängigkeit", so dass der Nachfolger den Gegenstand mit der Belastung durch das Ergebnis des rechtskräftig abgeschlossenen Prozesses erwerbe.[12]

Als **Rechtsnachfolger** ist derjenige anzusehen, der den **streitbefangenen Gegenstand** oder eine mindere Rechtsstellung an ihm (zB Pfandrecht, Nießbrauch) **erwirbt** (s. a. § 239 Rn. 6, § 265 Rn. 5 ff.).[13] Ob dies durch Gesamtrechtsnachfolge oder Einzelrechtsnachfolge, kraft Hoheitsakt, auf Grund Gesetzes oder Rechtsgeschäfts, in abgeleiteter oder originärer Weise geschieht, ist für § 325 Abs. 1 unerheblich.[14] Auch wenn der Dritte während des Rechtsstreits ein Pfändungspfandrecht an dem streitbefangenen Gegenstand erlangt, wirkt das Urteil für und gegen ihn.[15] Die Rechtskraft des Urteils, das einen Anspruch auf Vertragserfüllung gegen den Vollstreckungsschuldner bejaht, erstreckt sich jedoch nicht auf den Vollstreckungsgläubiger, der die Forderung aus ungerechtfertigter Bereicherung wegen Nichtigkeit des Vertrages pfänden lässt.[16] In Fällen einer Gesamtrechtsnachfolge durch Erbfall bindet den Erben ein gegen den Erblasser ergangenes Urteil nur insoweit, als es sich um die durch Erbfall erworbene Rechtsstellung handelt. Deshalb kann sich der Erbe darauf berufen, dass er bereits vor Rechtshängigkeit vom Erblasser durch Rechtsgeschäft unter Lebenden erworben habe, ohne durch die Rechtskraft des gegen den Erblasser ergangenen Urteils daran gehindert zu werden.[17] 7

3. Einzelfälle einer Rechtsnachfolge. Die hM sieht in einer Übernahme des gesamten Geschäftsvermögens einer **OHG** durch einen Gesellschafter (§ 142 HGB) eine Gesamtrechtsnachfolge.[18] Dagegen ist es nicht als eine Gesamtrechtsnachfolge aufzufassen, wenn bei Identität einer fortbestehenden Gesellschaft ein Wechsel einzelner Gesellschafter stattfindet.[19] Da eine Rechtsnachfolge vor Rechtshängigkeit nicht unter § 325 Abs. 1 fällt (Rn. 6), kommt es bei einer **aufschiebend bedingten Verfügung** darauf an, ob die Rechtsnachfolge schon im Zeitpunkt der Vornahme der Verfügung oder erst mit dem Bedingungseintritt vollzogen wird. Diese Frage ist sehr streitig. Mit der Begründung, das materielle Recht lasse bereits im Zeitpunkt der Vornahme des bedingten Rechtsgeschäfts eine Rechtsnachfolge minderen Umfangs in Form eines Anwartschaftsrechts eintreten, wird dieser Zeitpunkt für maßgebend angesehen.[20] Nach anderer Ansicht soll die Rechtskraft eines Urteils aus einem Prozess mit dem Veräußerer, der nach der bedingten Übertragung begonnen worden ist, lediglich Wirkungen für den Erwerber, nicht jedoch gegen ihn haben.[21] Mit der hM[22] ist jedoch daran festzuhalten, dass sich der Rechtsübergang entsprechend dem materiellen Recht mit Verwirklichung des letzten Teilakts vollzieht, also mit Eintritt der aufschiebenden Bedingung. Konsequenterweise muss man dann aber auch im Falle der **auflösenden Bedingung** darauf abstellen, dass vor dem Bedingungseintritt allein der Zwischenerwerber Inhaber des Rechts ist und dass deshalb Urteile, die ihm gegenüber in Bezug auf dieses Recht ergangen sind, für und gegen den Rückerwerber wirken.[23] Anders stellt sich jedoch die materielle Rechtslage auf Grund der Rückwirkung des § 142 Abs. 1 BGB dar, wenn ein Dritter auf Grund einer **Anfechtung** nach §§ 119, 123 BGB wieder seine alte Rechtsstellung zurückerhält; er ist dann nicht Rechtsnachfolger des Anfechtungsgegners.[24] 8

Der **Schuldübernehmer** ist nicht Rechtsnachfolger (vgl. auch § 265 Rn. 6), so dass sich die Rechtskraft eines Urteils gegen den Altschuldner nicht auf ihn erstreckt. Bei einem Schuldbeitritt (**kumulative** Schuldübernahme) entsteht ein Gesamtschuldverhältnis zwischen Altschuldner und Beitretendem; deshalb ist die Wirkung eines gegen den Altschuldner ergangenen Urteils bereits durch die ausdrückliche Vorschrift des § 425 Abs. 2 BGB ausgeschlossen.[25] Gleich ist hinsichtlich der befreienden (**privativen**) Schuldübernahme (§ 414 f. BGB) zu entscheiden (s. auch § 727 Rn. 3), wobei es nicht darauf ankommt, ob die Schuld im Zeit- 9

---

[11] *St/J/Leipold* Rn. 16; *Sae/Saenger* Rn. 8.

[12] *Jauernig* ZZP 101 (1988), 361, 374, 376; MK/*Gottwald* Rn. 14; vgl. auch BGH NJW 1981, 1517 f.; 1983, 2032; *Braun* ZZP 117 (2004), 3.

[13] *Zö/Vollkommer* Rn. 20.

[14] MK/*Gottwald* Rn. 18.

[15] BGHZ 86, 337, 339 = NJW 1983, 886; BGH MDR 1988, 1053.

[16] BGH (Fn. 4).

[17] BGH MDR 1956, 542, 543 m. Anm. v. *Bötticher.*

[18] BGH NJW 1971, 1844; MK/*Gottwald* Rn. 17; aA *U. Huber* ZZP 82 (1969), 224, 253 ff.

[19] MK/*Gottwald* Rn. 17; aA *Zö/Vollkommer* Rn. 15.

[20] *St/J/Leipold* Rn. 22; vgl. auch MK/*Westermann* § 161 BGB Rn. 15 f.

[21] *Henke,* Bedingte Übertragungen im Rechtsverkehr und Rechtsstreit, 1959, S. 104 ff., 115 ff.; *Soergel/M. Wolf* vor § 158 Rn. 41; *Staudinger/Dilcher* vor § 158 Rn. 41.

[22] BGH NJW 1998, 156, 158; MK/*Gottwald* Rn. 43; MK/*Lüke* § 265 Rn. 64; *Zö/Vollkommer* Rn. 19; *T/P/Reichold* § 265 Rn. 11; *Palandt/Heinrichs* § 161 Rn. 2. Für den praktisch wichtigsten Fall des § 449 BGB hat dieser Streit kaum Bedeutung, da der Käufer regelmäßig zZ der Einigung den Besitz an der gekauften Sache erwirbt (vgl. Rn. 10).

[23] *Pohle,* Festschr. f. Lehmann, Bd. 2, 1956, S. 738, 740, 761 f.; *Staudinger/Dilcher* (Fn. 21) Rn. 42; MK/*Becker-Eberhard* § 265 Rn. 64; aA *St/J/Leipold* Rn. 24; MK/*Westermann* (Fn. 20) Rn. 18; *Henke* (Fn. 21) S. 117 ff. (für Rechtskraft nur zu Gunsten des Rückerwerbers).

[24] MK/*Gottwald* Rn. 32; *Zö/Vollkommer* Rn. 18.

[25] BGH WM 1974, 395 f.; NJW-RR 1989, 1055, 1056 (zu §§ 25, 28 HGB); MK/*Gottwald* Rn. 40.

punkt der Rechtshängigkeit des Rechtsstreits gegen den alten Schuldner oder erst nach Rechtskraft eines in diesem Verfahren ergangenen Urteils übernommen wird.[26]

10 **4. Besitzwechsel.** Der Rechtsnachfolge ist im Gesetz die Besitznachfolge im Rahmen eines Besitzmittlungsverhältnisses gleichgestellt worden. Ob diese ausdrückliche Anordnung als überflüssig aufgefasst werden muss, weil sie schon vom Tatbestand der Rechtsnachfolge erfasst wird, ist streitig,[27] kann jedoch dahinstehen. Auf Grund der gesetzlichen Regelung erstreckt sich die Rechtskraft der Entscheidung, die gegenüber dem Vermieter, Verpächter, Verleiher oder einem anderen mittelbaren Besitzer ergeht, auch auf den Besitzmittler, der nach Rechtshängigkeit oder auch nach Rechtskraft des Urteils (Rn. 6) den Besitz an der streitbefangenen Sache von der Partei oder ihrem Rechtsnachfolger erlangt hat (zum Fall der Begründung eines Besitzmittlungsverhältnisses durch Mieter und Entleiher vor Rechtshängigkeit vgl. Rn. 18). Wird nach Rechtshängigkeit durch Übertragung des unmittelbaren Besitzes von der Partei auf einen Dritten Eigenbesitz (§ 872 BGB) begründet, dann ist dieser Fall, auch wenn man darin nicht eine Rechtsnachfolge sieht, in entsprechender Anwendung des § 325 Abs. 1 als ein unter diese Vorschrift fallender Besitzwechsel aufzufassen.[28] Der Erwerber mittelbaren Besitzes wird dagegen von der Rechtskraft eines gegen den unmittelbaren Besitzer ergehenden Urteils nicht erfasst.[29]

III. Rechtskraftbindung Dritter

11 **1. Auf Grund gesetzlicher Regelung.** Eine Rechtskrafterstreckung auf Dritte, also auf Personen, die weder Partei noch ihre Rechtsnachfolger sind, ergibt sich in einer Reihe von Fällen auf Grund einer ausdrücklichen Anordnung des Gesetzes. So wirken Urteile, die das **Bestehen eines Eltern-Kind-Verhältnisses** oder der elterlichen Sorge feststellen, nach Maßgabe des § 640h für und gegen alle.[30] Klagt in **Fällen mehrfacher Pfändung** ein Vollstreckungsgläubiger, dem der Anspruch überwiesen wurde, gegen den Drittschuldner auf Erfüllung der sich aus §§ 853 bis 855 ergebenden Verpflichtungen, dann wird die Entscheidung für und gegen jeden Gläubiger wirksam, für den der Anspruch ebenfalls gepfändet worden ist (§ 856 Abs. 4 mit der Einschränkung des Abs. 5; vgl. die Erl. zu diesen Vorschriften). Die **Eintragung in die Insolvenztabelle** (§ 178 Abs. 3 InsO) und eine rechtskräftige Entscheidung, durch die eine Forderung festgestellt oder ein Widerspruch für begründet erklärt worden ist (§ 183 Abs. 1 InsO), wirken gegenüber dem Insolvenzverwalter und allen Insolvenzgläubigern.

12 Durch § 248 Abs. 1 S. 1 (§ 249 Abs. 1 S. 1) AktG ist eine erweiterte Rechtskraftwirkung des Urteils bestimmt worden, durch das ein Hauptversammlungsbeschluss einer **Aktiengesellschaft** für nichtig erklärt wird. Gleiches gilt für ein Urteil, das die Nichtigkeit der Wahl eines Aufsichtsratsmitglieds durch die Hauptversammlung feststellt oder die Wahl für nichtig erklärt (§ 252 Abs. 1 und 2 AktG). Das Urteil, das auf Grund einer Nichtigkeitsklage nach § 75 Abs. 1 **GmbHG** ergeht, wirkt für und gegen alle Gesellschafter (§ 75 Abs. 2 GmbHG iVm. § 248 Abs. 1 S. 1 AktG). Gegenüber allen Genossen wirkt ein Urteil, durch das rechtskräftig der Beschluss der Generalversammlung einer **Genossenschaft** für nichtig erklärt wird (§ 51 Abs. 5 GenG). Gleiche Wirkungen hat ein Urteil, das über eine auf Nichtigkeitserklärung der Genossenschaft gerichtete Klage gem. §§ 94f. GenG befindet (§ 96 GenG), sowie ein Urteil über die Anfechtungsklage gegen die Vorschuss-, Zusatz- und Nachschussberechnungen bei Insolvenz der Genossenschaft (§§ 111 Abs. 2, 113 Abs. 1 S. 2, 114 Abs. 3 GenG).

13 In der **Kfz-Haftpflichtversicherung** wirkt nach § 3 Nr. 8 PflVG ein klageabweisendes Urteil zwischen dem Geschädigten und dem Versicherer zu Gunsten des Versicherungsnehmers[31] und ein Urteil zwischen dem Geschädigten und dem Versicherungsnehmer zu Gunsten des Versicherers, und zwar auch dann, wenn Versicherer und Versicherungsnehmer gleichzeitig verklagt werden.[32] Dagegen kann der Geschädigte auch nach rechtskräftiger Abweisung seiner Klage gegen den Versicherungsnehmer (Halter des schädigenden Fahrzeuges) den Fahrer des schädigenden Fahrzeuges oder wegen dessen Haftung den Versicherer in Anspruch nehmen.[33] Stellt das Gericht zunächst die Leistungspflicht des Versicherers oder des Versicherungsnehmers rechtskräftig fest und wird danach zwischen dem Geschädigten und dem anderen der beiden entschieden, dass dem Geschädigten der Anspruch nicht oder nicht in der bereits festgestellten Höhe zusteht, dann kann sich dadurch nicht die rechtskräftig festgestellte Leistungspflicht mindern; § 3 Nr. 8 PflVG kann insoweit keine Anwendung finden.[34]

14 Eine eigentümliche Wirkung wird einem Urteil durch § 11 S. 1 UKlaG beigelegt, durch das auf Grund einer Verbandsklage nach §§ 1, 3 UKlaG dem Verwender die Verwendung einer Allgemeinen Geschäftsbe-

---

[26] BGHZ 61, 140, 141f. = NJW 1973, 1700; BGH MDR 1975, 300 = ZZP 88 (1975), 325 m. zust. Anm. v. *Henckel; Schilken,* Veränderungen der Passivlegitimation im Zivilprozess, 1987, S. 31ff.; *Schack* NJW 1988, 865, 867 Fn. 46; *St/J/Leipold* Rn. 30; MK/*Gottwald* Rn. 35; aA *Schwab* ZZP 87 (1974), 97; *Zö/Vollkommer* Rn. 24f.

[27] MK/*Gottwald* Rn. 30 (unnötige Alternative); aA *Schilken* (Fn. 26) S. 70f.

[28] Die hM sieht in diesem Fall eine Rechtsnachfolge, vgl. BGHZ 114, 305, 309 = NJW 1991, 2420; anders BGH NJW 1981, 1517f.; *Schilken* (Fn. 26) S. 72f. (für entsprechende Anwendung).

[29] *Schilken* (Fn. 26) S. 73; MK/*Gottwald* Rn. 30

[30] Vgl. *Jauernig* ZZP 101 (1988), 361, 379ff.; *Häsemeyer* ZZP 101 (1988), 385, 407ff.

[31] BGH MDR 2003, 1231: Rechtskrafterstreckung auch dann, wenn der Geschädigte mit seinem Begehren auf Schadensersatz unterlegen ist, weil die zehnjährige Verjährungsfrist für seinen Anspruch gegen den Pflichtversicherer abgelaufen ist.

[32] BGH NJW 1982, 996f., 999.

[33] BGHZ 96, 18, 22 = NJW 1986, 1610.

[34] BGH NJW-RR 1986, 22.

dingung untersagt worden ist. Handelt der verurteilte Verwender dem Unterlassungsgebot zuwider, so ist die Bestimmung in den Allgemeinen Geschäftsbedingungen als unwirksam anzusehen, soweit sich der betroffene Vertragsteil auf die Wirkung des Unterlassungsurteils beruft. Das Gesetz ordnet also die Bindung an eine Vorfrage des Unterlassungsurteils an.[35]

2. Auf Grund materiell-rechtlicher Abhängigkeit. Auch wenn das Gesetz nicht ausdrücklich die Bindung Dritter an die Rechtskraft eines Urteils anordnet, kann sich doch aus der gesetzlichen Regelung die Notwendigkeit ergeben, der gerichtlichen Entscheidung Verbindlichkeit auch gegenüber Dritten zuzuerkennen. So folgt aus der **akzessorischen Haftung** des Bürgen, des Eigentümers des hypothekarisch belasteten Grundstücks oder des Verpfänders einer beweglichen Sache, dass diese sich auf die klageabweisende Entscheidung im Prozess zwischen Gläubiger und Schuldner berufen können (vgl. §§ 768 Abs. 1, 1137 Abs. 1, 1211 Abs. 1 BGB).[36] Da jedoch der Bürge, der Eigentümer des hypothekarisch belasteten Grundstücks, der nicht der persönliche Schuldner ist, sowie der nicht persönlich schuldende Verpfänder uneingeschränkt Einwendungen gegen die Forderung erheben können (vgl. §§ 768 Abs. 2, 1137 Abs. 2, 1211 Abs. 2 BGB), verlieren sie dieses Recht auch nicht, wenn durch eine rechtskräftige Entscheidung im Prozess zwischen Gläubiger und Schuldner diesem die Einreden genommen werden.[37] Ein Urteil, das im Prozess zwischen Schuldner und Bürgen ergeht, wirkt nicht gegenüber dem Gläubiger.[38] Ebenso hat ein Urteil des Gläubigers gegen den Bürgen, Hypothekenschuldner oder Verpfänder keine Rechtskraftwirkung für und gegen den Hauptschuldner oder persönlichen Schuldner.[39] Dem Sicherungszweck einer **Prozessbürgschaft** (s. dazu § 108 Rn. 17) entspricht es, dass der Bürge den Ausgang des Rechtsstreits als für ihn verbindlich hinnimmt. Demgemäß ist es dem Bürgen verwehrt, Einwendungen gegen die rechtskräftig festgestellte Forderung geltend zu machen.[40] 15

Aus § 129 Abs. 1 HGB folgt, dass ein rechtskräftiges Urteil, das in einem Prozess zwischen der **OHG** (oder **KG,** § 161 Abs. 2 HGB) und einem Gesellschaftsgläubiger ergeht, insoweit auch gegenüber den Gesellschaftern wirkt, als es sich um Einwendungen handelt, die der Gesellschaft durch das Urteil abgesprochen worden sind.[41] Allerdings braucht sich ein ausgeschiedener Gesellschafter ein gegen die Gesellschaft ergangenes Urteil dann nicht entgegenhalten zu lassen, wenn er schon vor der Klageerhebung ausgeschieden war.[42] Ein Gesellschafter kann sich auf ein Urteil berufen, das zu Gunsten der OHG oder KG ergangen ist.[43] Urteile gegen Gesellschafter haben grundsätzlich keine Rechtskraftwirkung gegenüber der Gesellschaft. Etwas anderes gilt, wenn rechtskräftig über die Grundlagen des Gesellschaftsverhältnisses entschieden wurde. Ein solches im Gesellschafterprozess ergangenes Urteil ist auch für die Gesellschaft maßgebend.[44] Wird eine **GmbH** durch Urteil aufgelöst (§ 61 GmbHG), dann erstreckt sich die Rechtskraft dieses Urteils auch gegen die nicht beteiligten Mitgesellschafter.[45] Der auf Zahlung in Anspruch genommene Gesellschafter einer GmbH kann die Rechtmäßigkeit der Kaduzierung (§ 21 GmbHG) ohne Rücksicht auf ein im Verhältnis zwischen seinem Mitgesellschafter und der Gesellschaft bzw. dem Insolvenzverwalter ergangenes Urteil in Frage stellen, weil sich keine Rechtskrafterstreckung dieses Urteils auf ihn ergibt.[46] 16

Wer als Vollstreckungsgläubiger einen anderen konkurrierenden Gläubiger oder als Rechtsnachfolger des Vollstreckungsschuldners den Vollstreckungsgläubiger vom Zugriff auf den vollstreckungsbefangenen Gegenstand deshalb ausschließen will, weil der im vollstreckbaren Titel festgestellte Anspruch nicht (mehr) besteht, kann gegen den Anspruch selbst die Einwendung erheben, die der Vollstreckungsschuldner je nach Art des vollstreckbaren Titels gem. § 767 Abs. 2, §§ 794 Abs. 1 Nr. 4, 795, 796 Abs. 2, nach §§ 794 Abs. 1 Nr. 4a iVm. §§ 1060, 1064 Abs. 2, 795, § 767 Abs. 2, nach § 794 Abs. 1 Nr. 4b, § 795 oder §§ 794 Abs. 1 Nr. 5, 795, 797 Abs. 4, 767 Abs. 1 und 3 im Wege der **Vollstreckungsgegenklage** vorbringen könnte.[47] Bei der **Widerspruchsklage** im Rahmen des Verteilungsverfahrens nach §§ 872ff. kann der Kläger Einwendungen gegen den Bestand der Forderung eines konkurrierenden Gläubigers nach Rechtskraft dessen Titels nur in den Grenzen des § 767 Abs. 2 und der Wiederaufnahme geltend machen, weil er in die Rechtsposition des Schuldners eintritt (§ 878 Rn. 6).[48] Gleiches gilt für konkurrierende Vollstreckungsgläubiger bei der **Klage auf vorzugsweise Befriedigung** nach § 805.[49] Ebenso ist der **Insolvenzgläubiger,** der einen Widerspruch gegen eine titulierte Forderung gem. § 179 Abs. 2 InsO verfolgt, an die Rechtskraft des angegriffenen Titels gebunden.[50] Bei der Anfechtung nach dem **AnfG** kann der Beklagte den rechtskräftig festgestell- 17

---

35 Vgl. dazu *Gaul,* Festschr. f. Beitzke, 1979, S. 997, 1014ff. (zu dem Vorläufer dieser Vorschriften im AGBG).

36 BGH WM 1965, 579, 580; NJW 1970, 279; NJW-RR 1987, 683, 685; 2005, 338, 339.

37 BGHZ 76, 222, 230f. = NJW 1980, 1460; BGH NJW-RR 2005, 338, 339.

38 BGH NJW 1971, 701.

39 BGHZ (Fn. 37); OLG Koblenz JR 1999, 74, 75 (beide Urt. z. Bürgschaft); MK/*Gottwald* Rn. 77 m. Nachw.

40 BGH NJW 1975, 1119, 1120f.; vgl. auch OLG München JZ 2005, 361 m. Anm. v. *Braun.*

41 BGHZ 64, 155, 156 = NJW 1975, 1280; BGHZ 73, 217, 224f. = NJW 1979, 1361. Gleiches gilt für Gesellschafter einer Schein-OHG oder Schein-GmbH, vgl. BGH NJW 1980, 784.

42 BGHZ 44, 229, 233f. = NJW 1966, 499. Anders jedoch, wenn der Gesellschafter nur aus der Haftungsposition ausscheidet und als Kommanditist und Geschäftsführer einer Komplementär-GmbH Aufgaben der Gesellschaft wahrnimmt, vgl. BGH NJW 1981, 175, 176; *K. Schmidt* NJW 1981, 159, 160.

43 MK/*Gottwald* Rn. 69.

44 BGHZ 48, 175, 176f. = NJW 1967, 2159.

45 *Zö/Vollkommer* Rn. 37 unter Hinweis auf BVerfGE 60, 7, 13ff. = NJW 1982, 1635.

46 BGH NJW-RR 2005, 338, 339.

47 BGH NJW 1988, 828, 829.

48 *R/G/S* § 59 IV 5b m. Nachw.; vgl. auch BGHZ 63, 61, 62f. = NJW 1974, 2284.

49 MK/*Gottwald* Rn. 79.

50 *Zö/Vollkommer* Rn. 30

ten Anspruch des Anfechtungsgläubigers gegen den Schuldner nur insoweit bestreiten, als dies durch § 767 Abs. 2 zugelassen wird.[51]

18 Streitig ist die Frage, ob ein **Urteil auf Herausgabe gegen** den **Hauptmieter** oder Entleiher, auch dann gegenüber dem **Untermieter** oder Unterentleiher wirkt, wenn das Besitzmittlungsverhältnis vor Rechtshängigkeit entstanden ist (für die Begründung des Besitzmittlungsverhältnisses nach Rechtshängigkeit gilt § 325 Abs. 1, vgl. Rn. 10). Dies wird mit der Begründung bejaht, aus §§ 546 Abs. 2, 604 Abs. 4 BGB ergebe sich, dass die Rechtsstellung des Untermieters und Unterentleihers materiell völlig von der des Mieters oder Entleihers abhängt. Das führe dazu, dass Untermieter und Unterentleiher dem aus § 546 Abs. 2 oder § 604 Abs. 4 BGB Klagenden gegenüber die Beendigung des Hauptmiet- oder Hauptleiheverhältnisses nicht mehr bestreiten könnten.[52] Die hM verneint zu Recht eine Rechtskraftwirkung der Herausgabepflicht des Zwischenvermieters und Hauptmieters (Verleihers und Hauptentleihers) auf den vor Rechtshängigkeit eingetretenen Untermieter (Unterentleiher).[53] Mieter (Entleiher) und Untermieter (Unterentleiher) schulden Rückgabe als Gesamtschuldner, so dass nach § 425 Abs. 2 BGB die Rechtskraft des Urteils auf den verklagten Mieter oder Entleiher beschränkt wird.

19 Tritt der Leasinggeber bei einem **Finanzierungsleasing** die ihm als Käufer wegen eines Mangels des Leasinggegenstandes zustehenden Ansprüche an den Leasingnehmer ab und zeichnet sich wegen seiner eigenen Einstandspflicht umfassend frei, dann erklärt er damit zugleich auch, dass er die rechtlichen Folgen, die sich aus der Geltendmachung der Mängelansprüche durch den Leasingnehmer ergeben, als für sich verbindlich hinnimmt. Auf Grund dieser Erklärung und nicht auf Grund einer Rechtskrafterstreckung ist es deshalb ausgeschlossen, dass der Leasinggeber die Wirksamkeit eines Rücktritts bestreitet, wenn der Lieferant wegen eines Sachmangels rechtskräftig verurteilt worden ist.[54] Unterliegt der Leasingnehmer mit den ihm abgetretenen Mängelansprüchen rechtskräftig in einem Prozess gegen den Hersteller, dann kann der Leasingnehmer diese Rechte auch nicht mehr im Verhältnis zum Leasinggeber geltend machen.[55]

20 **3. Auf Grund Vereinbarung.** Da die materielle Rechtskraft und ihre Grenzen nicht der Disposition der Parteien unterliegen, können sie auch nicht durch eine Vereinbarung eine Rechtskrafterstreckung auf Dritte bewirken.[56] Deshalb hat auch das Ergebnis eines **„Musterprozesses"** keine unmittelbaren Auswirkungen auf Dritte. Von den öffentlich-rechtlichen Wirkungen der Rechtskraft sind die materiell-rechtlichen Folgen eines zivilgerichtlichen Urteils zu unterscheiden. Das rechtskräftig festgestellte Rechtsverhältnis ist einer Parteivereinbarung durchaus zugänglich, soweit sein Gegenstand der Disposition der Parteien unterliegt.[57] Die Parteien gehen hierbei von der rechtskräftig festgestellten Rechtsfolge aus und ändern sie für die Zukunft ab. Eine solche Vereinbarung bezieht sich nicht auf die materielle Rechtskraft des Urteils. Deshalb ist es auch als zulässig anzusehen, dass die Parteien das Ergebnis eines Musterprozesses auf Grund einer entsprechenden Vereinbarung als verbindlich für ihre Rechtsbeziehungen erklären.[58]

21 **4. Prozessstandschaft.** Eine Rechtskrafterstreckung im Verhältnis zwischen dem Prozessführungsbefugten und dem Rechtsträger ist in Fällen einer **gesetzlichen Prozessstandschaft** (§ 51 Rn. 19) anzunehmen, wenn der prozessführungsbefugten Partei die Wahrnehmung der Interessen des Rechtsträgers übertragen ist.[59] Diese Voraussetzung wird regelmäßig bei **Parteien kraft Amtes** erfüllt sein, so bei dem Insolvenzverwalter (vgl. §§ 22, 80 InsO)[60] und beim Nachlassverwalter (§§ 1984 Abs. 1, 1985 Abs. 1 BGB)[61]; zum Testamentsvollstrecker vgl. § 327 und die Erl. zu dieser Vorschrift. Führt der verwaltende Ehegatte bei der **ehelichen Gütergemeinschaft** einen Prozess, der sich auf das Gesamtgut bezieht, dann erstreckt sich die Rechtskraft des Urteils für und gegen den anderen Ehegatten (§ 1422 S. 1 BGB).[62] Das Gleiche gilt für eine Prozessführung im Rahmen des Notverwaltungsrechts (§ 1429 S. 2 BGB). Macht ein Elternteil im eigenen Namen während des Getrenntlebens oder bei Anhängigkeit einer Ehesache nach § 1629 Abs. 3 S. 1 BGB **Unterhaltsansprüche des Kindes** gegen den anderen Elternteil geltend, dann wirkt die gerichtliche Entscheidung für und gegen das Kind (§ 1629 Abs. 3 S. 2 BGB).[63] Ist in Fällen, in denen ein **Recht mehreren gemeinschaftlich zusteht,** dem einzelnen Berechtigten das Recht zuerkannt, den Anspruch allein geltend zu machen, wie bei einer unteilbaren Leistung nach § 432 Abs. 1 S. 2 BGB, beim Miteigentum nach § 1011 BGB

[51] BGH (Fn. 47); *Gaul,* Festschr. f. Schwab, 1990, S. 111 f., weist darauf hin, dass es sich um einen Fall der Tatbestandswirkung handele, weil § 2 AnfG nur einen vollstreckbaren, nicht rechtskräftigen Titel verlangt; zustimmend MK/*Gottwald* Rn. 82.

[52] AG Hamburg NJW-RR 1992, 1487; *Zö/Vollkommer* Rn. 38; *Bettermann* (Fn. 5) S. 217 ff.; *Blomeyer* § 93 III 2b; *Grunsky* § 47 VI 2c.

[53] BGH NZM 2006, 699, 700; *Schilken* (Fn. 26) S. 80 ff.; MK/*Selb* § 425 BGB Rn. 11; MK/*Gottwald* Rn. 86; *St/J/Leipold* Rn. 91; *Palandt/Weidenkaff* § 546 Rn. 24; weitere Nachw. bei *Koussoulis* (Fn. 3) S. 88 ff. m. eingehender Darstellung der vertretenen Auffassungen.

[54] BGHZ 81, 298, 304 ff. = NJW 1982, 105; BGHZ 114, 57, 62 = NJW 1991, 1746; *Schack* NJW 1988, 865, 871.

[55] OLG München NJW-RR 1993, 123.

[56] *Koussoulis* (Fn. 3) S. 50 f.; *Sae/Saenger* Rn. 25.

[57] *Koussoulis* (Fn. 3) S. 49; *St/J/Leipold* § 322 Rn. 222.

[58] MK/*Gottwald* Rn. 93. Zur Unzulässigkeit einer solchen Vereinbarung durch AGB: BGHZ 92, 13 = NJW 1984, 2408.

[59] *St/J/Leipold* Rn. 54. Die gesetzliche Prozessstandschaft des Veräußerers der streitbefangenen Sache nach § 265 Abs. 2 S. 1 ist ein wichtiger Grund für die in § 325 Abs. 1 getroffene Regelung (Rn. 1).

[60] BGHZ 88, 331, 334 = NJW 1984, 739; OLG Celle NJW-RR 1988, 447, 448.

[61] BGHZ 47, 293, 296 f. = NJW 1967, 1961.

[62] MK-BGB/*Kanzleiter* § 1422 Rn. 26.

[63] MK-BGB /*Huber* § 1629 Rn. 95, 99 f.

und bei der Erbengemeinschaft nach § 2039 S. 2 BGB, dann erstreckt sich die Rechtskraftwirkung des Urteils, das über die Klage des Berechtigten entscheidet, nicht für und gegen die anderen Berechtigten (s. a. § 51 Rn. 36).[64] Stimmt jedoch einer der anderen Berechtigten der Klageerhebung zu, dann erwächst das Urteil auch ihm gegenüber in Rechtskraft.[65]

Das bei einer **gewillkürten Prozessstandschaft** (§ 51 Rn. 25 ff.) ergangene Urteil wirkt für und gegen den Rechtsinhaber.[66] Allerdings muss im Prozess deutlich erkennbar werden, dass der Prozessstandschafter ein fremdes Recht einklagt und wer Inhaber dieses Rechts ist.[67] Soweit die Prozessstandschaft nicht aus anderen Gründen offenkundig ist, muss sich also der Prozessstandschafter auf die ihm erteilte Ermächtigung berufen.[68] Bei einer **Inkassozession** macht der Zessionar ein eigenes Recht geltend, tritt also nicht als Prozessstandschafter bei der prozessualen Durchsetzung der abgetretenen Forderung auf. Ob in einem solchen Fall das Urteil für und gegen den Zedenten (Treugeber) wirkt, ist streitig. Weil der Treuhänder wirtschaftlich für den Treugeber tätig wird, bejaht die hM eine Rechtskrafterstreckung,[69] während eine Gegenauffassung dies nur bei einer Rückübertragung der Forderung und der dadurch herbeigeführten Rechtsnachfolge annimmt.[70] 22

IV. Schutz des Gutgläubigen (Absatz 2)

1. Zweck und Bedeutung der Vorschrift. Über das richtige Verständnis des § 325 Abs. 2, durch den eine **Ausnahme von** der sich aus Absatz 1 ergebenden **Rechtskrafterstreckung auf den Rechtsnachfolger** bei Verlust des Rechtsstreits durch den Rechtsvorgänger gemacht wird (vgl. Rn. 26), bestehen Meinungsverschiedenheiten.[71] Die Auffassung, die Vorschrift beziehe sich nur auf die Rechtshängigkeit und von der Rechtskraft eines dem Rechtsvorgänger ungünstigen Urteils werde der Rechtsnachfolger dann nicht erfasst, wenn er unabhängig von der materiellen Berechtigung hinsichtlich der Rechtshängigkeit gutgläubig gewesen ist,[72] vermag nicht zu überzeugen. Denn sie kann nicht erklären, warum sich dann der Schutz des Gutgläubigen an der Regelung orientiert, die für den Rechtserwerb des Nichtberechtigten nach materiellem Recht getroffen worden ist. Die Differenzierung im materiellen Recht zwischen verschiedenen Gutglaubenstatbeständen und der Ausschluss des gutgläubigen Erwerbs zB bei der Forderungsabtretung haben gute Gründe, denen jedoch im Zivilprozessrecht keine Bedeutung zukommen kann.[73] Deshalb ist mit der hM davon auszugehen, dass § 325 Abs. 2 ausschließlich auf **Fälle des Rechtserwerbs vom Nichtberechtigten** bezogen ist.[74] 23

Sinn und Bedeutung der Vorschrift liegen somit in Folgendem: Der Rechtsnachfolger, der nach Rechtshängigkeit von einem anderen erwirbt, dessen Nichtberechtigung durch das Urteil festgestellt wird, müsste diese Feststellung gem. § 325 Abs. 1 gegen sich auch dann gelten lassen, wenn er nach materiellem Recht gutgläubig erworben hätte. Denn die Rechtskraft des Urteils, das die Berechtigung der obsiegenden Partei hinsichtlich des streitbefangenen Gegenstands feststellt, würde sich auch auf ihn erstrecken. Dies wird für den Fall der Gutgläubigkeit hinsichtlich der Rechtshängigkeit durch § 325 Abs. 2 ausgeschlossen. Konkret bedeutet dies, dass der nach materiellem Recht gutgläubig Erwerbende vor dem Einwand geschützt wird, sein Rechtserwerb habe gegenüber der Rechtskraft des Urteils keinen Bestand, wenn er sich auch hinsichtlich der Rechtshängigkeit im guten Glauben befunden hat (**„doppelte Gutgläubigkeit"** zur Zeit des Rechtserwerbes). Damit ist zugleich die Auffassung abgelehnt, die § 325 Abs. 2 nicht nur auf Fälle des Erwerbs vom Nichtberechtigten, sondern auch auf die des **Erwerbs vom Berechtigten** erstrecken will.[75] 24

unbesetzt 25

2. Anwendungsbereich. Wie die vorstehenden Ausführungen ergeben, bezieht sich § 325 Abs. 2 auf Fälle, in denen der Rechtsnachfolger nach Eintritt der Rechtshängigkeit von einer Partei ein Recht erwirbt, deren Nichtberechtigung in dem Rechtsstreit festgestellt wird. Dieser Rechtserwerb hat Bestand, wenn der Erwerber auf der Grundlage des materiellen Rechts wirksam vom Nichtberechtigten erworben hat und er zudem gutgläubig hinsichtlich der Rechtshängigkeit gewesen ist. Die Vorschrift schützt also den Rechtsnachfolger vor den ungünstigen Folgen, die sich aus § 325 Abs. 1 wegen des Prozessverlustes seines Rechtsvorgängers für ihn ergeben würden. Daraus folgt, dass der Vorschrift keine Bedeutung zukommen kann, wenn der **Rechtsvorgänger** den **Prozess gewonnen** hat. Dass sich dann der Rechtsnachfolger auf die ihm günstige Entscheidung berufen kann, folgt aus § 325 Abs. 1. 26

---

[64] BGHZ 79, 245, 247 ff. = NJW 1981, 1097; BGH NJW 1985, 2825, jeweils zu § 1011 BGB; *St/J/Leipold* Rn. 58; MK/*Gottwald* Rn. 84

[65] BGH NJW 1985, 2825 (zu § 1011 BGB).

[66] BGHZ 78, 1, 7 = NJW 1980, 2461; BGH FamRZ 1988, 834, 835; NJW 1988, 1585, 1586; *St/J/Bork* vor § 50 Rn. 41 c; *Zö/Vollkommer* vor § 50 Rn. 54.

[67] BGH LM Nr. 4; BGH NJW 1972, 1580; 1988, 1585, 1586; MK/*Gottwald* Rn. 55

[68] BGH NJW 1957, 1635, 1636; vgl. auch die Nachw. in Fn. 67.

[69] RG JW 1911, 409; RGZ 88, 290, 293; MK/*Gottwald* Rn. 56; *T/P* Rn. 4; *Sae/Saenger* Rn. 29.

[70] *St/J/Leipold* Rn. 53.

[71] Ausführlich dazu *v. Olshausen* JZ 1988, 584, 585 ff.; *Blume,* Die subjektiven Grenzen der Rechtskraft im Rahmen des § 325 II ZPO, 1999, S. 9 ff., 31 ff.

[72] *Grunsky* § 47 VI 2 b bb; *Calavros,* Urteilswirkungen zu Lasten Dritter, 1978, S. 102 ff.; vgl. auch die in Fn. 75 Zitierten.

[73] *v. Olshausen* (Fn. 71) S. 586; *St/J/Leipold* Rn. 38.

[74] MK/*Gottwald* Rn. 97; *St/J/Leipold* Rn. 36, 40 f.; *Zö/Vollkommer* Rn. 45; *Sae/Saenger* Rn. 30.

[75] *B/L/H* Rn. 9; *T/P/Reichold* Rn. 8; *Zi* Rn. 11; *Lüke,* Fälle zum Zivilprozessrecht, 2. Aufl. 1993, S. 76.

27 Die **Anforderungen,** die **an den guten Glauben** hinsichtlich der Rechtshängigkeit zu stellen sind, ergeben sich aus den entsprechenden Regelungen des materiellen Rechts über den Erwerb vom Nichtberechtigten. Hiernach beurteilt sich, ob lediglich positive Kenntnis (wie zB bei § 892 BGB) oder auch grobe Fahrlässigkeit (wie bei § 932 BGB) schadet.[76]

V. Die Regelungen der Absätze 3 und 4

28 **1. Eingetragene Rechte (Absatz 3 S. 1).** Die Vorschrift des § 325 Abs. 3 S. 1, nach der ein Urteil, das einen Anspruch aus einer eingetragenen Reallast, Hypothek, Grundschuld oder Rentenschuld betrifft, im Falle einer Veräußerung des belasteten Grundstücks auch dann gegen den Rechtsnachfolger (Erwerber) wirkt, wenn dieser die Rechtshängigkeit nicht gekannt hat, enthält eine entbehrliche Klarstellung. Denn bereits nach materiellem Recht ist ein gutgläubiger lastenfreier Erwerb des Grundstücks bei eingetragenen Rechten ausgeschlossen, so dass auch bei Anwendung der Gutglaubensregelung des § 325 Abs. 2 dasselbe Ergebnis eintreten würde (Rn. 24).[77]

29 **2. Erwerb in der Zwangsversteigerung (Absatz 3 S. 2).** Wird in der Zwangsversteigerung ein Grundstück erworben, das mit einer Reallast, Hypothek, Grundschuld oder Rentenschuld belastet ist, dann wirkt ein Urteil, das diesen Anspruch betrifft, nur dann gegen den Erwerber, wenn die Rechtshängigkeit spätestens im Versteigerungstermin vor der Aufforderung zur Abgabe von Geboten angemeldet worden ist (vgl. § 66 ZVG). Durch diese in § 325 Abs. 3 S. 2 getroffene Regelung wird bezweckt, dem Ersteher in der Zwangsversteigerung eine sichere Kenntnis über die Belastungen des erworbenen Grundstücks zu vermitteln und ihn vor Täuschungen zu bewahren. Diesem Normzweck entspricht es, die Vorschrift auch anzuwenden, wenn der Rechtsstreit über das eingetragene Recht bereits rechtskräftig entschieden worden ist;[78] die Anmeldung ist auch dann notwendig, wenn der Ersteher die Rechtshängigkeit kennt.[79]

30 **3. Schiffshypothek (Absatz 4).** Es gibt keinen triftigen Grund, die Interessen des Erwerbers bei der Zwangsversteigerung von Schiffen weniger zu schützen als die eines Erwerbers im Rahmen der Zwangsversteigerung eines Grundstücks, obwohl Abs. 4 lediglich auf S. 1 des Abs. 3 verweist. Nachdem auch bei der Versteigerung von Schiffen entsprechende Anmeldepflichten eingeführt worden sind, hätte eine entsprechende Anpassung des § 325 Abs. 4 vorgenommen werden müssen. Die so entstandene Lücke ist durch eine analoge Anwendung des § 325 Abs. 3 S. 2 zu schließen.[80]

325a *Feststellungswirkung des Musterentscheids* **Für die weitergehenden Wirkungen des Musterentscheids gelten die Vorschriften des Kapitalanleger-Musterverfahrensgesetzes.**

I. Normzweck

1 Die Vorschrift ist in die ZPO mit Wirkung vom 1. 11. 2005 durch das Gesetz zur Einführung von Kapitalanleger-Musterverfahren (KapMuG) vom 16. 8. 2005 (BGBl. I S. 2437) eingefügt worden. Dieses Gesetz hat ein Musterverfahren geschaffen, das die prozessuale Bündelung gleichgerichteter Interessen und Ansprüche von Kapitalanlegern in Fällen ermöglichen soll, in denen falsche Darstellungen gegenüber dem Kapitalmarkt wie zB unrichtige Meldungen über die Gewinnerwartungen oder unrichtige Börsenprospekte Streuschäden mit vielen Geschädigten verursachen.[1] Dieses Musterverfahren verfolgt das Ziel, die sich in verschiedenen parallel geführten Prozessen stellenden gleichen Haftungsfragen einheitlich mit Breitenwirkung zu klären. Dieses Ziel kann nur erreicht werden, wenn der in diesem Verfahren ergehende Musterentscheid (§ 14 KapMuG) für die anhängigen Parallelprozesse Bindungswirkung erzeugt. § 325a soll klarstellen, dass sich die Feststellungswirkungen des Musterentscheids nach dem KapMuG richten.

II. Verfahren

2 Wird in einem erstinstanzlichen Verfahren ein Schadensersatzanspruch wegen falscher, irreführender oder unterlassener öffentlicher Kapitalinformationen oder ein Erfüllungsanspruch aus Vertrag, der auf einem Angebot nach dem Wertpapiererwerbs- und Übernahmegesetz beruht, geltend gemacht,[2] dann kann durch einen Musterfeststellungsantrag die Feststellung anspruchsbegründender oder anspruchsausschließender Voraussetzungen oder die Klärung von Rechtsfragen begehrt werden (sog. Feststellungsziel), wenn hiervon die Entscheidung des Rechtsstreits abhängt (§ 1 Abs, 1 S. 1 KapMuG). Der Musterfeststellungsantrag ist bei dem Prozessgericht von einer der Parteien unter Angabe des Feststellungsziels und der öffentlichen Kapitalinformation zu stellen. Der Antragsteller hat darzulegen, dass der Entscheidung über den Musterfeststellungsantrag Bedeutung über den einzelnen Rechtsstreit hinaus für andere gleich gela-

---

[76] Ganz hM; vgl. nur *St/J/Leipold* Rn. 41.

[77] *v. Olshausen* (Fn. 71) S. 589; MK/*Gottwald* Rn. 104.

[78] MK/*Gottwald* Rn. 107; aA *St/J/Leipold* Rn. 46 (Anmeldung der Rechtshängigkeit soll dem Ersteher die Übernahme des Prozesses gem. § 266 Abs. 1 ermöglichen, die nach Rechtskraft nicht in Betracht kommen kann); *T/P/Reichold* Rn. 10.

[79] RGZ 122, 156, 158.

[80] MK/*Gottwald* Rn. 108.

[1] *Möllers/Weichert* NJW 2005, 2737.

[2] Vgl. zu diesen beiden Anwendungsbereichen *Kilian*, Ausgewählte Probleme des Musterverfahrens nach dem KapMuG, 2007, S. 26ff.

gerte Rechtsstreite zukommen kann. Das Prozessgericht führt durch Beschluss eine Entscheidung des im Rechtzug übergeordneten OLG über das Feststellungsziel gleichgerichteter Musterfeststellungsanträge (Musterentscheid) herbei, wenn innerhalb von vier Monaten in mindestens neun weiteren Verfahren bei demselben oder anderen Gerichten gleichgerichtete Musterfeststellungsanträge gestellt wurden (§ 4 Abs. 1 S. 1 KapMuG). Das OLG bestimmt durch unanfechtbaren Beschluss nach billigem Ermessen den Musterkläger aus den Klägern bei dem Gericht, dass den Musterentscheid einholt (§ 8 Abs. 2 KapMuG), dessen Gegner wird zum Musterbeklagten. Alle anhängigen oder später noch anhängig werdenden Verfahren, deren Entscheidung vom Musterentscheid abhängt, werden ausgesetzt (§ 7 KapMuG) und erst nach Abschluss des Musterverfahrens fortgeführt (§ 16 Abs. 1 S. 5 KapMuG). Die Kläger und Beklagten der ausgesetzten Verfahren sind zu dem Musterverfahren beizuladen, wobei der Aussetzungsbeschluss als Beiladung gilt (§ 8 Abs. 2 KapMuG). Die am Musterverfahren Beteiligten können bis zum Abschluss des Musterverfahrens über den Inhalt des prozessgerichtlichen Vorlagebeschlusses hinausgehende Feststellungen begehren, sofern das Prozessgericht dies für sachdienlich erachtet (§ 13 Abs. 1 KapMuG).[3] Auf das Musterverfahren sind die im ersten Rechtszug für das Verfahren vor den Landgerichten geltenden Vorschriften der ZPO entsprechend anzuwenden, soweit nicht durch das KapMuG Abweichendes bestimmt wird (§ 9 Abs. 1 KapMuG). Der Musterentscheid wird auf Grund mündlicher Verhandlung vor dem OLG durch Beschluss erlassen (§ 14 Abs. 1 S. 1KapMuG). Gegen den Musterentscheid findet die Rechtsbeschwerde statt (vgl. § 15 KapMuG).

III. Feststellungs- und Rechtskraftwirkung des Musterentscheids

Die Wirkung des Musterentscheids ist in § 16 KapMuG geregelt. Danach bindet der Musterentscheid die Prozessgerichte (§ 16 Abs. 1 S. 1 KapMuG). Diese Bindungswirkung entspricht der Bindungswirkung an Entscheidungen der Rechtsmittelgerichte gemäß § 563 Abs. 2.[4] § 16 Abs. 1 S. 2 KapMuG bestimmt, dass der den Musterentscheid enthaltene Beschluss der Rechtskraft insoweit fähig ist, als über den Streitgegenstand des Musterverfahrens entschieden ist. Der Gesetzgeber geht hierbei offensichtlich von einem Verständnis der materiellen Rechtskraft aus, wie es der Vorschrift des § 322 Abs. 1 zu Grunde liegt (vgl. § 322 Rn. 16).[5] Dies belegt die ausdrückliche Bezugnahme auf den Streitgegenstand. Hierbei muss allerdings berücksichtigt werden, dass im Musterverfahren ein wesentlich weiter reichender Streitgegenstandsbegriff gilt. Denn das Feststellungsziel, das den Gegenstand des Musterverfahrens bildet, umfasst nicht nur anspruchsbegründende und anspruchsausschließende Voraussetzungen, sondern auch die Klärung von Rechtsfragen. Damit erhält die Rechtskraft in Musterverfahren einen Inhalt, der dem Inhalt der Interventionswirkung iSv. § 68 entspricht, und umfasst in gleicher Weise wie diese (vgl. § 68 Rn. 30) die den Spruch des Gerichts tragenden tatsächlichen und rechtlichen Feststellungen.[6] Der Musterentscheid wirkt auch für und gegen alle Beigeladenen des Musterverfahrens unabhängig davon, ob der Beigeladene selbst alle Streitpunkte ausdrücklich geltend gemacht hat (§ 16 Abs. 1 S. 3 KapMuG). § 16 Abs. 2 KapMuG schränkt jedoch diese Wirkung ein, indem einem Beigeladenen das Recht eingeräumt wird, unter vergleichbaren Voraussetzungen wie in § 68 die Einrede mangelhafter Prozessführung geltend zu machen. Die Wirkung des Musterentscheids iSv. § 16 Abs. 1 S. 3 KapMuG erstreckt sich nicht auf solche Anspruchsinhaber, die keine Klage erhoben hatten, denn sie gehören nicht zu dem Beigeladenen, und ein Urteil, das ein Gesamtgläubiger erstreitet, wirkt nach § 425 Abs. 2 BGB nicht gegenüber anderen Gesamtgläubigern.[7] 3

326

Rechtskraft bei Nacherbfolge **(1) Ein Urteil, das zwischen einem Vorerben und einem Dritten über einen gegen den Vorerben als Erben gerichteten Anspruch oder über einen der Nacherbfolge unterliegenden Gegenstand ergeht, wirkt, sofern es vor dem Eintritt der Nacherbfolge rechtskräftig wird, für den Nacherben.**

(2) Ein Urteil, das zwischen einem Vorerben und einem Dritten über einen der Nacherbfolge unterliegenden Gegenstand ergeht, wirkt auch gegen den Nacherben, sofern der Vorerbe befugt ist, ohne Zustimmung des Nacherben über den Gegenstand zu verfügen.

I. Normzweck

Da der Nacherbe Rechtsnachfolger des Erblassers und nicht des Vorerben ist (vgl. § 2100 BGB), erstreckt sich die Rechtskraft eines Urteils, das gegenüber dem Vorerben ergangen ist, nicht nach § 325 Abs. 1 auf ihn. Da jedoch eine Rechtskrafterstreckung sowohl im Interesse des Nacherben als auch der Gegenpartei des Vorerben liegt, wird durch § 326 die Wirkung der Rechtskraft gegenüber dem Nacherben unter den in dieser Vorschrift genannten Voraussetzungen angeordnet. Durch die im Gesetz genannten Einschränkungen soll verhindert werden, dass der Vorerbe über seine materielle Verfügungsbefugnis hinaus durch seine Prozessführung dem Nacherben Rechte entzieht.[1] 1

---

[3] Zu Einzelheiten vgl. *Kilian* (Fn. 2) S. 49ff.
[4] MK/*Gottwald* Rn. 3; anders *W. Lüke* ZZP 119 (2006), 131, 146f.:
[5] *W. Lüke* (Fn. 4) S. 148.
[6] *Gebauer* ZZP 119 (2006), 159, 170f., auch zu den so weit bestehenden Unterschiede;. *Möllers/Weichert* (Fn. 1) S. 2740; *B. Schneider* BB 2005, 2249, 2256.
[7] MK/*Gottwald* Rn. 9.
[1] Kritisch zu dieser Regelung MK-BGB/*Grunsky* § 2100 Rn. 23; *Staudinger/Behrends* § 2112 BGB Rn. 26.

II. Urteile über Nachlassverbindlichkeiten

2 Nach § 326 Abs. 1 wirkt ein den **Vorerben begünstigendes Urteil,** das zwischen ihm und einem Dritten über einen gegen den Vorerben als Erben gerichteten Anspruch, also über eine Nachlassverbindlichkeit,[2] ergeht, zu Gunsten des Nacherben, sofern das Urteil vor Eintritt der Nacherbfolge Rechtskraft erlangt. Die Rechtskraft eines dem Vorerben und damit auch dem Nacherben **ungünstigen Urteils** erstreckt sich dagegen nicht auf den Nacherben. Weist das Urteil zum Teil günstige und zum Teil ungünstige Entscheidungen auf, dann wirken die günstigen Feststellungen für den Nacherben, wenn sie sich von den ungünstigen trennen lassen und Gegenstand eines Teilurteils sein könnten (§ 301 Rn. 3ff.).[3] Erst nach Eintritt der Nacherbfolge rechtskräftig werdende Urteile binden den Nacherben nicht.

III. Urteile über einen der Nacherbfolge unterliegenden Gegenstand

3 Ist ein **Urteil,** das über einen der Nacherbfolge unterliegenden Gegenstand ergeht, dem Vorerben gegenüber **günstig,** dann wirkt es nach § 326 Abs. 1 auch für den Nacherben, wenn es vor dem Eintritt der Nacherbfolge rechtskräftig geworden ist. Ist dagegen ein solches Urteil **ungünstig,** dann wirkt es nach § 326 Abs. 2 gegenüber dem Nacherben nur dann, wenn der Gegenstand der Verfügungsbefugnis des Vorerben unterliegt (vgl. §§ 2112ff., 2136 BGB). Die Prozesskosten stellen keinen der Nacherbfolge unterliegenden Gegenstand dar.[4] In anderen Fällen kann eine Rechtskrafterstreckung auf den Nacherben dadurch herbeigeführt werden, dass er der Prozessführung des Vorerben zustimmt.[5] Tritt die **Nacherbfolge vor Rechtskraft des Urteils** ein, dann sind die in §§ 242, 246 getroffenen Regelungen zu beachten. An ein **Urteil,** das **gegen den Erblasser** ergangen ist, ist der Nacherbe als dessen Rechtsnachfolger (Rn. 1) gem. § 325 Abs. 1 gebunden. Hat der Vorerbe einen vom Erblasser begonnenen Prozess beendet, dann ergibt sich die Rechtskrafterstreckung des Urteils ebenfalls aus § 325, nicht aus § 326.[6]

IV. Entsprechende Anwendung

4 Wird die **Erbschaft ausgeschlagen,** dann ist der endgültige Erbe nicht Rechtsnachfolger des vorläufigen, sondern des Erblassers.[7] Die Ähnlichkeit dieser Rechtslage mit dem Fall der Nacherbschaft rechtfertigt es, § 326 entsprechend anzuwenden, wenn ein Urteil in einem vom vorläufigen Erben geführten Rechtsstreit vor der Ausschlagung Rechtskraft erlangt hat; überwiegend wird jedoch eine solche Wirkung davon abhängig gemacht, dass es sich um einen Fall dringlicher Prozessführung entsprechend § 1959 Abs. 2 BGB handelt.[8]

327 *Rechtskraft bei Testamentsvollstreckung* **(1) Ein Urteil, das zwischen einem Testamentsvollstrecker und einem Dritten über ein der Verwaltung des Testamentsvollstreckers unterliegendes Recht ergeht, wirkt für und gegen den Erben.**

(2) Das Gleiche gilt von einem Urteil, das zwischen einem Testamentsvollstrecker und einem Dritten über einen gegen den Nachlass gerichteten Anspruch ergeht, wenn der Testamentsvollstrecker zur Führung des Rechtsstreits berechtigt ist.

I. Normzweck

1 Ein der Verwaltung des Testamentsvollstreckers unterliegendes Recht kann nur von ihm gerichtlich geltend gemacht werden (§ 2212 BGB). Dementsprechend ordnet § 327 Abs. 1 an, dass ein in einem solchen Prozess ergangenes Urteil für und gegen den Erben wirkt. Dies ergibt sich aber bereits aus § 325 Abs. 1, weil der Testamentsvollstrecker als Partei kraft Amtes den Prozess führt und sich die Rechtskraft deshalb auf den Rechtsinhaber erstreckt (§ 325 Rn. 21).[1] Ein Anspruch, der sich gegen den Nachlass richtet, kann nach § 2213 Abs. 1 S. 1 BGB sowohl gegen den Erben als auch gegen den Testamentsvollstrecker gerichtlich geltend gemacht werden. Wird die Klage in einem solchen Fall gegen den Testamentsvollstrecker gerichtet, muss auch der Erbe durch das Urteil gebunden sein. Dies wird durch § 327 Abs. 2 angeordnet.

II. Prozesse des Testamentsvollstreckers

2 Nur die Urteile, die in einem Rechtsstreit ergehen, den der Testamentsvollstrecker im Rahmen seines **Prozessführungsrechts** nach §§ 2212, 2213 BGB führt, wirken für und gegen den Erben. Dagegen kann der Testamentsvollstrecker nicht kraft seines Amtes Ansprüche geltend machen, die dem Erben persönlich zustehen, ohne in den Nachlass zu fallen, wie zB Ansprüche nach § 2287 BGB;[2] in einem solchen Fall kann jedoch eine **gewillkürte Prozessstandschaft** des Testamentsvollstreckers in Betracht kommen (vgl. dazu

---

[2] Vgl. *Lange/Kuchinke,* Lehrbuch des Erbrechts, 5. Aufl. 2001, § 47.
[3] *St/J/Leipold* Rn. 4; *Zö/Vollkommer* Rn. 2.
[4] *St/J/Leipold* Rn. 8.
[5] MK/*Gottwald* Rn. 6; *Lange/Kuchinke* (Fn. 2) § 28 IV 10b.
[6] MK/*Gottwald* Rn. 3.
[7] BGHZ 106, 359, 364 = NJW 1989, 2885.
[8] MK-BGB/*Leipold* § 1959 Rn. 12; MK/*Gottwald* Rn. 2.
[1] *Sinaniotis* ZZP 79 (1966), 78, 93.
[2] Vgl. BGHZ 78, 1, 3f. = NJW 1980, 2461.

§ 325 Rn. 22).[3] Rechtsstreitigkeiten, in denen es um **persönliche Rechte des Testamentsvollstreckers** geht, zB um die Dauer seines Amtes, oder in denen Schadensersatzansprüche wegen Pflichtverletzung gegen ihn geltend gemacht werden,[4] können nicht zu einem Urteil führen, das von § 327 erfasst wird.[5]

III. Prozesse des Erben

3 Soweit der Testamentsvollstrecker allein prozessführungsbefugt ist (§ 2212 BGB), ist eine vom Erben erhobene Klage unzulässig. Ergeht dennoch ein Sachurteil, dann kann es keine Wirkungen für oder gegen den Testamentsvollstrecker haben.[6] Etwas anderes gilt dann, wenn der Testamentsvollstrecker den Erben zur Prozessführung ermächtigt; das Urteil bindet dann auch den Testamentsvollstrecker (Fall der gewillkürten Prozessstandschaft, vgl. § 325 Rn. 22).[7] Ergeht ein Urteil über eine Nachlassverbindlichkeit gegen den Erben (§ 2213 Abs. 1 S. 1 BGB), dann wirkt es nicht gegen den Testamentsvollstrecker.[8] Dies folgt aus § 748, denn nach dieser Vorschrift ist stets ein Titel gegen den Testamentsvollstrecker erforderlich, wenn in den von ihm verwalteten Nachlass vollstreckt werden soll (§ 748 Rn. 4). Auf diese Weise wird verhindert, dass der Erbe über die Prozessführung in verwaltete Rechte eingreifen kann (vgl. aber § 62 Rn. 4).[9] Ein Urteil, das in einem Passivprozess zu Gunsten des Erben entscheidet, muss auch zu Gunsten des Testamentsvollstreckers wirken, weil sonst die Gefahr bestünde, dass auf Grund einer Verurteilung des Testamentsvollstreckers in einem nachfolgenden Verfahren nach § 327 Abs. 2 eine auch für den Erben wirkende Entscheidung ergeht, die in Widerspruch zu dem Urteil gegen den Erben steht.[10]

328 *Anerkennung ausländischer Urteile*

(1) Die Anerkennung des Urteils eines ausländischen Gerichts ist ausgeschlossen:

1. wenn die Gerichte des Staates, dem das ausländische Gericht angehört, nach den deutschen Gesetzen nicht zuständig sind;

2. wenn dem Beklagten, der sich auf das Verfahren nicht eingelassen hat und sich hierauf beruft, das verfahrenseinleitende Dokument nicht ordnungsmäßig oder nicht so rechtzeitig zugestellt worden ist, dass er sich verteidigen konnte;

3. wenn das Urteil mit einem hier erlassenen oder einem anzuerkennenden früheren ausländischen Urteil oder wenn das ihm zugrunde liegende Verfahren mit einem früher hier rechtshängig gewordenen Verfahren unvereinbar ist;

4. wenn die Anerkennung des Urteils zu einem Ergebnis führt, das mit wesentlichen Grundsätzen des deutschen Rechts offensichtlich unvereinbar ist, insbesondere wenn die Anerkennung mit den Grundrechten unvereinbar ist;

5. wenn die Gegenseitigkeit nicht verbürgt ist.

(2) Die Vorschrift der Nummer 5 steht der Anerkennung des Urteils nicht entgegen, wenn das Urteil einen nichtvermögensrechtlichen Anspruch betrifft und nach den deutschen Gesetzen ein Gerichtsstand im Inland nicht begründet war oder wenn es sich um eine Kindschaftssache (§ 640) oder um eine Lebenspartnerschaftssache im Sinne des § 661 Abs. 1 Nr. 1 und 2 handelt.

Übersicht

---

[3] *Tiedtke* JZ 1981, 429, 430.

[4] *Lange/Kuchinke,* Lehrbuch des Erbrechts, 5. Aufl. 2001, § 31 VI 4e.

[5] *St/J/Leipold* Rn. 4.

[6] MK/*Gottwald* Rn. 11.

[7] Vgl. BGHZ 38, 281, 283 = NJW 1963, 297; *Lange/Kuchinke* (Fn. 4) § 31 VI 4f m. weit, Nachw. auch zur Gegenauffassung, die hier eine gewillkürte Prozessstandschaft für unzulässig hält.

[8] AK-ZPO/*Wassermann* Rn. 3; *T/P/Reichold* Rn. 4.

[9] *St/J/Leipold* Rn. 7.

[10] MK/*Gottwald* Rn. 13; *St/J/Leipold* Rn. 8; *T/P/Reichold* Rn. 4.

I. Normzweck

1 Die Vorschrift regelt die **Anerkennung** ausländischer Urteile und ergänzt §§ 722, 723, welche die davon zu unterscheidende **Vollstreckung** aus einem ausländischen Urteil betreffen. Sie kommt nur dort zur Anwendung, wo nicht für Entscheidungen aus den Mitgliedstaaten der EU die **EuGVVO** (insoweit einschließlich Dänemark[1]), die **EuVTVO**, die **EheVO II** (s. Rn. 40ff.) oder für konkursrechtliche Entscheidungen die **EuInsVO** eingreifen und ein vereinfachtes Verfahren vorsehen (s. auch Rn. 3). Dass der Gesetzgeber Versagungsgründe nennt und nicht positiv bestimmt, unter welchen Voraussetzungen ein ausländisches Urteil in Deutschland anzuerkennen ist, wird teilweise damit erklärt, dass vom **Grundsatz der automatischen Anerkennung** fremder Entscheidungen auszugehen ist, str.[2] Dies bedeutet jedoch nicht eine Anerkennung ipso iure, sondern dass ausländische Entscheidungen inländischen nur dann gleichgestellt sind, wenn im konkreten Fall kein Anerkenntnishindernis besteht, was im Einzelfall von Amts wegen nach § 328 (Ausnahme Abs. 1 Nr. 2) zu prüfen ist.[3] Ein besonderes Anerkenntnisverfahren ist dafür anders als in bestimmten Ehesachen außerhalb der EheVO II (vgl. Rn. 40ff.) nicht erforderlich.[4]

II. Allgemeines

2 **1. Begriff der Anerkennung.** Anerkennung bedeutet nach hM die Beachtlichkeit der **Wirkungen des ausländischen Urteils** im Inland, wobei diese Wirkungen nach dem Recht des ausländischen Gerichtsstaats zu beurteilen sind (sog. **Wirkungserstreckung**[5] im Gegensatz zur Gleichstellungstheorie[6]). Es kommt also darauf an, ob und welche Wirkungen nach der Rechtsordnung des Staates, in dem das Urteil ergangen ist, der ausländischen Entscheidung zukommen.[7] Streitig ist die Frage, ob auch solche Urteilswirkungen anzuerkennen sind, die dem deutschen Recht unbekannt sind (vgl. dazu Rn. 34).[8]

3 **2. Rechtsgrundlagen.** Die Anerkennung richtet sich nach § 328, sofern nicht Regelungen durch unmittelbar in den Mitgliedsstaaten der EU geltende Rechtsvorschriften oder durch Staatsverträge vorgehen.[9] Die Anerkennung von Entscheidungen der Gerichte der Mitgliedsstaaten der EU mit Ausnahme Dänemarks bestimmt sich vor allem nach den in Rn. 1 genannten EG-Verordnungen. Für andere ausländische Entscheidungen sind in vielen Fällen **Anerkennungs- und Vollstreckungsverträge** zu beachten. Da regelmäßig die Anerkennungsverträge nicht ausschließen, dass eine Anerkennung auf Grund anderer günstigerer Regelungen vorgenommen wird, kann neben einem Staatsvertrag auch § 328 angewendet werden, wenn dadurch weniger strenge Voraussetzungen aufgestellt werden (sog. **Günstigkeitsprinzip**).[10] Für den Geltungsbereich des Europäischen Gemeinschaftsrechts gilt allerdings das Günstigkeitsprinzip nicht.[11]

4 **3. Anerkennungsverträge.** Es gibt eine Vielzahl von multi- und bilateralen Staatsverträgen über die Anerkennung und Vollstreckung ausländischer Entscheidungen. Sie sind in Schriften genannt und erläutert, die das Internationale Zivilprozessrecht behandeln;[12] hierauf muss verwiesen werden.

5 **4. Anerkennungsfähige Entscheidungen.** Obwohl § 328 seinem Wortlaut nach die Anerkennung auf Urteile beschränkt, entspricht es der allgemeinen Meinung, dass **jede zivilrechtliche Sachentscheidung** eines ausländischen **Gerichts** (nicht: Verwaltungsbehörde[13]) anerkennungsfähig ist.[14] Die Entscheidung muss allerdings in der Sache und nicht lediglich über prozessuale Fragen ergangen sein; **Prozessurteile** und prozessuale Zwischenentscheidungen bleiben nach hM für den deutschen Richter ohne Bedeutung.[15] Soweit nicht durch Anerkennungsverträge etwas anderes bestimmt wird, muss die Entscheidung nach dem für sie geltenden ausländischen Prozessrecht Unanfechtbarkeit (**formelle Rechtskraft**) erlangt haben.[16] Obwohl

---

1 Das Abkommen zwischen Dänemark und der EU, das die EuGVVO auf Dänemark erstreckt, trat am 1. 7. 2007 in Kraft, ABl. Nr. L 299 vom 16. 11. 2005, S. 62 sowie ABl. Nr. L 94 vom 4. 4. 2007, S. 70.

2 MK/*Gottwald* Rn. 7, 55; *Zö/Geimer* Rn. 276; aA *B/L/H* Rn. 1 (weder Regel noch Ausnahme); eine völkerrechtliche Verpflichtung zur Anerkennung besteht grds. nicht, *Zö/Geimer* Rn. 1ff.

3 So auch BGHZ 59, 121; BayObLG NJW 1976, 1038; *B/L/H* Rn. 14; aA *Gottwald* ZZP 103 (1990), 257, 262; OLG Koblenz RIW 2004, 302, 303 für Abs. 1 Nr. 1, ebenso *Zö/Geimer* Rn. 126.

4 *Kropholler,* Internationales Privatrecht, 5. Aufl. 2004, § 60 II 2.

5 HM, s. nur *Geimer* Rn. 2776ff. m. Nachw.

6 *Matscher* JBl. 1960, 270; *Musger* IPRax 1992, 11.

7 BGHZ 118, 312, 318 = NJW 1992, 3096.

8 MK/*Gottwald* Rn. 5; *Gottwald* ZZP 103 (1990), 257, 262; aA *Schack* IPRax 1989, 139, 142; *St/J/Roth* Rn. 8; *Zö/Geimer* Rn. 22f.; jeweils m. weit. Nachw.

9 *Baumann,* Die Anerkennung und Vollstreckung ausländischer Entscheidungen in Unterhaltssachen, 1989, S. 1; AK-ZPO/*Koch* Rn. 6; *Ro/S/Go* § 156 Rn. 8, 11ff.

10 BGH NJW 1987, 3083, 3084; BayObLG NJW-RR 1990, 842, 843; *Matscher* ZZP 103 (1990), 294, 310ff. mit dem Hinweis, dass allerdings etwas anderes auch durch den Vertrag bestimmt werden kann.

11 *Zö/Geimer* Rn. 11.

12 Vgl. vor allem *Bülow/Böckstiegel/Schütze/Geimer,* Der Internationale Rechtsverkehr in Zivil- und Handelssachen (Loseblatt); sowie die Nachw. durch MK/*Gottwald* Rn. 13ff. u. IZPR (Bd. 3, Schlussanh.); *St/J/Schumann* Rn. 501ff.; *Schütze* S. 129ff.; *Staudinger/Spellenberg* Rn. 8ff.

13 *Zö/Geimer* Rn. 67a m. Nachw.; s. aber zum anderen „Entscheidungsbegriff" nach Art. 7 § 1 FamRÄndG unten Rn. 41; falsch daher OLG Koblenz FamRZ 2005, 1692, 1693.

14 *Gottwald* ZZP 103 (1990), 257, 263f.; *Kropholler,* Internationales Privatrecht, 5. Aufl. 2004, § 60 III 1.

15 *Geimer* Rn. 2788; MK/*Gottwald* Rn. 38.

16 *v. Bar/Mankowski,* Internationales Privatrecht, Bd. 1, 2. Aufl. 2003, § 5 Rn. 112; *Gottwald* ZZP 103 (1990), 257, 264f.; abw. *Kropholler,* Internationales Privatrecht, 5. Aufl. 2004, § 60 III 3a; *Zö/Greger* Rn. 69 m. Nachw.; *T/P/Hüßtege* Rn. 1.

§ 328 diese Voraussetzung nicht ausdrücklich nennt, wird sie für das autonome Recht aus § 723 Abs. 2 S. 1 abgeleitet. Anerkennungsfähig sind somit alle gerichtlichen Sachentscheidungen, auch Abänderungsurteile,[17] Versäumnisurteile,[18] Vollstreckungsbescheide und Kostenfestsetzungsbeschlüsse.[19] Dagegen können nicht Vorbehaltsurteile,[20] **Arreste oder einstweilige Verfügungen**[21] (vorbehaltlich abweichender Regelungen im EG-Recht[22] oder in Anerkennungsverträgen) anerkannt werden, weil sie keine endgültige Entscheidung in der Sache treffen. Auch ausländische Vollstreckungsakte fallen nicht unter den Anwendungsbereich des § 328 (vgl. § 722 Rn. 1, 7, § 723 Rn. 1).[23] Zur Anerkennung ausländischer **Schiedssprüche** s. §§ 1025 Abs. 4, 1061. Schließlich sind auch **Prozessvergleiche** und **vollstreckbare Urkunden** nicht nach § 328 (wohl aber häufig auf Grund von Staatsverträgen) anerkennungsfähig, da es sich dabei nicht um Entscheidungen ausländischer Gerichte handelt.[24]

Die anzuerkennende Entscheidung muss eine **Zivil- oder Handelssache** betreffen. Dies wird zwar ausdrücklich nur in Anerkennungsverträgen oder im EG-Recht (vgl. Art. 1 Abs. 1 EuGVVO) festgelegt, gilt aber gleichermaßen auch für § 328.[25] Der Begriff ist weit auszulegen (§ 13 GVG) und umfasst auch **kartellrechtliche** Entscheidungen[26] (zu punitive damages und class action-Entscheidungen s. Rn. 25, 27). Ist die Entscheidung auf dem Gebiet der fG ergangen, dann ist § 16a FGG anzuwenden[27], für insolvenzrechtliche Entscheidungen gelten außerhalb der EuInsVO §§ 343ff. InsO. 6

III. Voraussetzungen der Anerkennung

1. Wirksamkeit der Entscheidung. Da die Anerkennung die Wirkungen der ausländischen Entscheidung zum Gegenstand hat (Rn. 2), bildet die Wirksamkeit der Entscheidung eine zwingende Voraussetzung für ihre Anerkennung. Nichtige oder unwirksame Urteile sind nicht anerkennungsfähig.[28] Die Frage nach der Wirksamkeit ist auf Grund der Gesetze des Staates zu beurteilen, dessen Gericht die Entscheidung erlassen hat. Ist dagegen die Entscheidung nach dem Recht des Erststaates lediglich **anfechtbar,** dann schließt dies nach hM eine Anerkennung so lange nicht aus bis die Entscheidung aufgehoben worden ist (vgl. aber Rn. 5).[29] 7

2. Gerichtsbarkeit des Erststaates. Eine weitere (ungeschriebene) Anerkennungsvoraussetzung bezieht sich auf die Gerichtsbarkeit des Staates, dessen Gericht die Entscheidung erlassen hat.[30] Diese ist dem Erfordernis internationaler Zuständigkeit (Abs. 1 Nr. 1) sozusagen logisch vorgelagert.[31] Die Frage nach der Gerichtsbarkeit ist **auf Grund deutschen Rechts** (§§ 18ff. GVG) zu entscheiden.[32] Dementsprechend darf ein Urteil, das gegen ein Mitglied der im Erststaat errichteten diplomatischen Mission ergangen ist, nicht anerkannt werden, weil eine solche Person nicht der Gerichtsbarkeit des Erststaates unterliegt (§ 18 GVG).[33] 8

3. Internationale Zuständigkeit (Abs. 1 Nr. 1). Das die anzuerkennende Entscheidung erlassende Gericht muss nach deutschem Recht zuständig sein. Damit folgt das deutsche Recht dem sog. **Spiegelbildprinzip.**[34] Nach diesem Prinzip ist die Zuständigkeit des ausländischen Gerichts zu bejahen, wenn es bei einer entsprechenden Anwendung der inländischen Regeln zuständig wäre (sog. **Anerkennungszuständigkeit**).[35] Dies bedeutet, dass für diese hypothetische Prüfung zunächst die zuständigkeitsrelevanten Elemente des Sachverhaltes ggf. vom Urteilsstaat ins Inland gedanklich zu verlegen sind und umgekehrt.[36] In einem zweiten Schritt ist dann zu prüfen, ob sich auch unter Zugrundelegen deutschen Zuständigkeitsrechts eine Zuständigkeit ergäbe. Es genügt, wenn danach überhaupt irgendein Gericht des Urteils-/Erststaates zuständig ist. Auch bei Urteilen **US-amerikanischer Bundesgerichte** ist nach Ansicht des BGH grds. darauf abzustel- 9

---

[17] *Geimer* Rn. 2789 m. Nachw.
[18] *B/L/H* Rn. 8.
[19] *Zi* Rn. 14; *Schack* Rn. 810.
[20] *T/P/Hüßtege* Rn. 2.
[21] *Gottwald* ZZP 103 (1990), 257, 266; *B/L/H* Rn. 9.
[22] Vgl. Art. 32 EuGVO und Art. 13 EheVO I.
[23] BAG NZA 1997, 334, 336; *Geimer* Rn. 2793; *Schack* Rn. 811.
[24] MK/*Gottwald* Rn. 54; aA *Koch,* Festschr. Schumann 2001, 272; speziell zu US-amerikanischen class action settlements *Heß* JZ 2000, 373.
[25] *Schack* Rn. 817; *Zö/Geimer* Rn. 80 m. Nachw.
[26] *Zö/Geimer* Rn. 80 m. Nachw.; aA für das HZÜ OLG Koblenz IPRax 2006, 25.
[27] Hierzu *Wagner* FamRZ 2006, 744ff.
[28] BGHZ 118, 312, 318 = NJW 1992, 3096; OLG Hamm RIW 1994, 335; *Habscheid* FamRZ 1981, 1142, 1143; *Geimer* Rn. 2889; *Zö/Geimer* Rn. 95; OLG Düsseldorf VersR 1991, 1161, 1162, (Nichtigkeit muss offenkundig sein); OLG Koblenz FamRZ 2005, 1692, 1693 (f. Entscheidung, die im Rechtsmittelzug aufgehoben).
[29] BGHZ 118, 312, 318 = NJW 1992, 3096.
[30] *Zö/Geimer* Rn. 98; *B/L/H* Rn. 12; *Habscheid* FamRZ 1981, 1142.
[31] BGH NJW 2003, 3488; OLG Frankfurt IPRax 1982, 71, 73; MK/*Gottwald* Rn. 57.
[32] OLG Frankfurt IPRax 1982, 71, 73; *St/J/Roth* Rn. 94.
[33] *Geimer* Rn. 2894; allerdings ist Immunität verzichtbar, vgl. *Staudinger/Spellenberg* Rn. 306.
[34] Ausführlich hierzu *Kern* ZZP 120 (2007), 31ff.
[35] *Kropholler,* Internationales Privatrecht, 5. Aufl. 2004, § 60 IV 5a; *Schack* Rn. 831. Eingehend zum Sinn und Zweck des Spiegelbildprinzips *Fricke,* Anerkennungszuständigkeit zwischen Spiegelbildgrundsatz und Generalklausel, 1990, S. 63ff.
[36] *Kern* ZZP 120 (2007), 31ff, 39.

len, ob irgendein Gericht innerhalb der gesamten USA zuständig ist.[37] Irrelevant ist hingegen, ob die Frage der Zuständigkeit von dem ausländischen Richter nach dem für ihn geltenden Recht richtig entschieden worden ist; das deutsche Gericht hat diese Frage nicht zu prüfen.[38]

10 Str. ist, ob dem Wortlaut entsprechend nur die vom deutschen Gesetzgeber erlassenen Zuständigkeitsregeln zur Anwendung kommen oder das in Deutschland geltende Zuständigkeitsrecht mit der Folge, dass – soweit sie Vorrang hat – auch die Zuständigkeitsregeln der EuGVVO anzuwenden wären. Rsp. und h. M. lassen bislang die **europarechtlichen Regelungen** außer Betracht.[39] Soweit nicht die Anerkennungszuständigkeit in Anerkennungs- und Vollstreckungsverträgen geregelt wird und nicht die ZPO Vorschriften über die internationale Zuständigkeit enthält (vgl. §§ 606a, 640a), ist danach die Anerkennungszuständigkeit aus den §§ 12ff. abzuleiten.[40] Die internationale Zuständigkeit wird folglich auch durch den Gerichtsstand des Vermögens (§ 23),[41] des Erfüllungsortes (§ 29)[42] oder der unerlaubten Handlung (§ 32)[43] bestimmt. Die völlige Außerachtlassung des europäischen Zuständigkeitsrechts wäre jedoch nicht sachgerecht.[44] Zwar regeln die Zuständigkeitsvorschriften der EuGVVO nicht die Anerkennungszuständigkeit (gegenüber Drittstaaten), sondern die Entscheidungszuständigkeit im europäischen Rechtsraum. Der Rückgriff auf solche Normen liegt jedoch im Prinzip in der Konsequenz des Spiegelbildprinzips. Der Zweck von Abs. 1 Nr. 1, den Beklagten vor unzumutbaren Gerichtsständen zu schützen, spricht dafür, zumindest die ausschließliche Zuständigkeit nach Art. 22 EuGVVO[45] sowie Gerichtsstandsvereinbarungen, die eine ausschließliche Zuständigkeit begründen,[46] auch gegenüber Drittstaaten durchzusetzen. Zum Problem der Gegenseitigkeit bei exorbitanten Gerichtsständen s. Rn. 30.

11 Eine **Anerkennungszuständigkeit** kann sich auch **auf Grund rügelosen Verhandelns** vor dem ausländischen Gericht entsprechend § 39 S. 1 ergeben.[47] Es kann allerdings nur von dem Beklagten verlangt werden, eine Zuständigkeitsrüge zu erheben, wenn das ausländische Gericht nicht nach eigenem Recht international zuständig ist und eine Zuständigkeit erst durch rügeloses Verhandeln begründet wird.[48] Wollte man in Fällen, in denen der fremde Staat nach eigenem Recht unabhängig von einem rügelosen Verhandeln international zuständig ist, vom Beklagten verlangen, lediglich vorbeugend gegenüber der Begründung einer Anerkennungszuständigkeit nach deutschem Recht ohne jede Aussicht auf Erfolg die Unzuständigkeit geltend zu machen, dann würde man ihm ein erhebliches Risiko zumuten, weil nach manchen ausländischen Rechtsordnungen an solche Zuständigkeitsrügen erhebliche Nachteile insbesondere kostenrechtlicher Art geknüpft werden.[49] Lässt sich vor dem deutschen Gericht **nicht klären, ob** das ausländische Gericht nach eigenem Recht **international zuständig** gewesen ist und deshalb eine Zuständigkeitsrüge hätte erfolglos bleiben müssen, so geht das Risiko der Unaufklärbarkeit (vgl. § 293) zu Lasten der Partei, die sich gegen die Zuständigkeit des ausländischen Gerichts wendet.[50] Die Begründung der Zuständigkeit auf Grund eines rügelosen Verhandelns wird nicht dadurch ausgeschlossen, dass der Beklagte nicht von dem ausländischen Gericht auf diese Rechtsfolge **hingewiesen** worden ist. Denn die Regelung des § 39 S. 2 iVm. § 504 stellt eine Sonderregelung für das deutsche amtsgerichtliche Verfahren dar und ist nicht auf die Regelung der internationalen Zuständigkeit übertragbar.[51]

---

[37] BGH NJW 1999, 3198, 3199 = ZZP 112 (1999), 473; *Zö/Geimer* Rn. 97 m. Nachw. zur Gegenansicht; *Haas* IPrax 2001, 195; *Geimer* Rn. 2900; abl. *Roth* ZZP 112 (1999), 483; *Stürner/Bormann* JZ 2000, 81 (für diversity-Fälle); *Wazlawik* IPRax 2002, 273.

[38] BGH NJW 1999, 3198, 3199 = ZZP 112 (1999), 473 m. Anm. v. *Roth.*

[39] BGHZ 120, 334, 337 = NJW 1993, 1073; 124, 237, 239; 141, 286, 289f; OLG München IPRspr. 1994, Nr. 170; OLG Koblenz IPRspr. 2003 Nr. 184, S. 599, 601; OLG Düsseldorf RIW 1995, 947ff; *St/J/Roth,* Rn. 82, *ders.* ZZP 112 (1999), 483, 484ff.; *Schack* ZZP 106 (1993), 104, 106; *ders.* ZZP 107 (1994), 75f; *Wazlawik* IPRax 2002, 273; *Schärtl* IPRax 2006, 438ff; offen *Geimer,* Internationales Zivilprozessrecht, Rn. 2896 („die für deutsche Gerichte geltenden Zuständigkeitsvorschriften"); gegen die Anwendung europäischer Zuständigkeitsregeln aber *Zö/Geimer* Rn. 102; aA *Kern* ZZP 120 (2007), 31ff, 45ff.

[40] BGHZ 94, 156, 157f. = NJW 1985, 2090; BGH NJW 1995, 58 (zu § 24).

[41] Zu den insoweit bestehenden Meinungsverschiedenheiten über die Anwendung dieser Zuständigkeitsregel vgl. BGHZ 115, 90, 92ff. = NJW 1991, 3092; *Geimer* NJW 1991, 3072; *Fricke,* Anerkennungszuständigkeit zwischen Spiegelbildgrundsatz und Generalklausel, 1990, S. 104ff.; *Bittighofer,* Der internationale Gerichtsstand des Vermögens, 1994, S. 151ff., jeweils m. weit. Nachw.; s. auch Erl. zu § 23. Richtigerweise wird man die einschränkende Auslegung des BGH zu § 23 auch im Rahmen von § 328 Abs. 1 Nr. 1 zu Grunde legen müssen, aA *Zö/Geimer* Rn. 103.

[42] OLG Koblenz RIW 2004, 302, 303f. Was als Erfüllungsort zu gelten hat, richtet sich nach dem materiellen Recht (lex causae), offen gelassen von OLG Koblenz aaO; vgl. MK/*Patzina* § 29 Rn. 19; *Linke,* Internationales Zivilprozessrecht, 4. Aufl. 2005, Rn. 153ff.; vgl. auch BGHZ 120, 334, 337, 347.

[43] Vgl. BGHZ 124, 237, 240f. = NJW 1994, 1413 zur Frage der Prüfung sog. doppelrelevanter Tatsachen durch den deutschen Richter (dazu Rn. 12).

[44] Ausführliche Darstellung bei *Kern* ZZP 120 (2007), 31ff.

[45] So im Erg. auch *Zö/Geimer* Rn. 102; *Kern* ZZP 120 (2007), 31ff, 66ff.

[46] Überzeugend *Kern* ZZP 120 (2007), 31ff, 68ff.

[47] BGHZ 101, 296, 301 = NJW 1987, 3181; BGHZ 120, 334, 337 = NJW 1993, 1073; NJW 1999, 1395; NJW 1993, 1270 m. weit. Nachw.; vgl. auch BGH WM 1996, 2037; *Basedow* IPRax 1994, 183, 185; *Doser,* Gegenseitigkeit und Anerkennung ausländischer Entscheidungen (§ 328 Abs. 1 Nr. 5 ZPO), 1999, S. 153ff.; abl. *Schack* ZZP 107 (1994), 75.

[48] BGHZ 120, 334, 337ff. = NJW 1993, 1073; *Basedow* IPrax 1994, 183, 185; MK/*Gottwald* Rn. 67; *Zö/Geimer* Rn. 111; aA *Schack* ZZP 107 (1994), 75, 77f.

[49] *Basedow* IPrax 1994, 183, 184.

[50] BGHZ 120, 334, 337, 341f. = NJW 1993, 1073.

[51] OLG Frankfurt/M NJW 1979, 1787; *Zö/Geimer* Rn. 116; *T/P/Hüßtege* Rn. 8a; aA *Schack* Rn. 485; *Spickhoff* ZZP 108 (1995), 475, 487.

Bei **Prüfung der Anerkennungszuständigkeit** ist der deutsche Richter vorbehaltlich abweichender Regelungen in Staatsverträgen nicht an die Feststellungen des ausländischen Gerichts gebunden.[52] Deshalb ist der Beklagte, gegen den ein Versäumnisurteil vor dem ausländischen Gericht ergangen ist, nicht daran gehindert, im Zweitverfahren vor dem deutschen Gericht die klägerischen Behauptungen, die zur Annahme der Zuständigkeit des ausländischen Gerichts und zum Erlass des Versäumnisurteils führten, zu bestreiten[53] und neue noch nicht im Erstverfahren vorgetragene Tatsachen zu behaupten.[54] Gleiches gilt auch für sog. **doppelrelevante Tatsachen,** die sowohl für die Zulässigkeit als auch für die Begründetheit einer Klage erheblich sind, wie dies zB bei einer Klage wegen einer unerlaubten Handlung der Fall ist. Der BGH hat mit überzeugender Begründung dargelegt, dass bei Prüfung der internationalen Zuständigkeit des ausländischen Gerichts auch dann gem. Abs. 1 Nr. 1 die dafür maßgebenden Tatsachen vom deutschen Richter selbständig festzustellen sind, wenn diese Tatsachen zugleich die Klageforderung inhaltlich stützen. Die bloße schlüssige Behauptung der die Zuständigkeit begründenden Tatsachen genügt anders als bei einem Erstprozess vor einem deutschen Gericht (§ 32 Rn. 18) insoweit nicht.[55] 12

Für die Anerkennung der ausländischen Entscheidung kommt es darauf an, ob im **Zeitpunkt ihres Erlasses** nach deutschem Recht die internationale Zuständigkeit des Erstgerichts zu bejahen ist.[56] Erleichtern nach Erlass der ausländischen Entscheidung neue Vorschriften des deutschen Rechts die Anerkennung, so ist regelmäßig das im Zeitpunkt der Anerkennung (letzte mündliche Verhandlung) geltende Verfahrensrecht maßgebend.[57] Fallen im Laufe des Rechtsstreits vor dem Erstgericht die seine Zuständigkeit begründenden Tatsachen weg, dann ist dies entsprechend § 261 Abs. 3 Nr. 2 ohne Einfluss auf die (internationale) Zuständigkeit des ausländischen Gerichts.[58] 13

4. Verfahrenseinleitung (Abs. 1 Nr. 2). Nach § 328 Abs. 1 Nr. 2 kommt es darauf an, ob das verfahrenseinleitende Dokument ordnungsgemäß und rechtzeitig dem Beklagten zugestellt worden ist (der Wortlaut weicht insoweit von Art. 34 Nr. 2 EuGVO ab: nur Rechtzeitigkeit erforderlich). Ist dies nicht der Fall und hat sich der Beklagte auf das Verfahren nicht eingelassen, dann ist die in diesem Verfahren ergehende Entscheidung des ausländischen Gerichts nicht anerkennungsfähig. Den Anforderungen des Abs. 1 Nr. 2 genügt es nicht, wenn sich ein vom ausländischen Gericht ohne Mitwirkung des Beklagten besonders bestellter Vertreter auf das Verfahren eingelassen hat.[59] Da diese Vorschrift dem Schutz des Beklagten dient, wird das Anerkenntnishindernis der nicht ordnungsgemäßen Verfahrenseinleitung allerdings nur dann beachtet, wenn sich der Beklagte darauf beruft. Diese **Rüge** muss **im Zweitverfahren rechtzeitig** erhoben werden, um nicht präkludiert zu werden (Rechtsgedanke der §§ 295, 532, 556).[60] Verlangt wird die ordnungsgemäße und rechtzeitige **Zustellung des verfahrenseinleitenden Dokumentes.** Es handelt sich hierbei um das Schreiben, das nach der Verfahrensordnung des entscheidenden (ausländischen) Gerichts dem Beklagten von der Einleitung des Verfahrens Kenntnis gibt.[61] Die an dieses Schriftstück zu stellenden Anforderungen sind der ausländischen Rechtsordnung zu entnehmen; Angaben, wie sie nach § 253 für eine Klageschrift vorgeschrieben sind, zB ein bestimmter Antrag,[62] können nicht verlangt werden.[63] Inhalt und Umfang des Anspruchs müssen dem Beklagten aber in Grundzügen erkennbar sein, um über die Frage der Einlassung zu entscheiden.[64] Schriftsätze, durch die die **Klage erweitert oder geändert** wird, werden von der hM nicht unter Abs. 1 Nr. 2 subsumiert.[65] 14

Die Zustellung des verfahrenseinleitenden Dokumentes ist ordnungsgemäß, wenn sie der **lex fori,** also dem nationalen Recht des Urteilsstaats einschließlich der ihr vorgehenden völkerrechtlichen Verträge, entspricht.[66] Nach diesem Recht will der EuGH auch die Frage nach der **Heilung von Zustellungsmängeln** entscheiden.[67] Dies ist jedoch zu allgemein. Im Schrifttum – vor allem zum Europäischen Zivilprozessrecht, das aber übertragbar ist – hat sich zur Heilungsfrage folgende Differenzierung durchgesetzt:[68] Fehler in der Anwendung nationaler Zustellungsvorschriften (s. etwa Art. 5 Abs. 1 HZÜ) sollten nach dem nationa- 15

---

[52] BGHZ 52, 30, 37 = NJW 1969, 1536; *Kegel/Schurig* § 22 V 1c; MK/*Gottwald* Rn. 69.
[53] BGHZ 52, 30, 37f.= NJW 1969, 1536; *St/J/Roth* Rn. 96; *Schütze* S. 161.
[54] BGHZ 124, 237, 245 = NJW 1994, 1413; *Zö/Geimer* Rn. 147; MK/*Gottwald* Rn. 69; einschränkend *Spickhoff* ZZP 108 (1995), 475, 478 (Bindung an von Amts wegen vom ausländischen Gericht ermittelte Tatsachen).
[55] BGHZ 124, 237, 242 = NJW 1994, 1413.
[56] BGH NJW 1999, 3198, 3199 = ZZP 112 (1999), 473; BayObLGZ 1990, 217, 219; KG NJW 1988, 649.
[57] BayObLG NJW 1988, 2178, 2179 m. abl. Anm. v. *Geimer;* MK/*Gottwald* Rn. 71; *T/P/Hüßtege* Rn. 8b.
[58] BGHZ 34, 134, 140 = NJW 1961, 874; BGH NJW 1999, 3198 = ZZP 112 (1999), 473; *T/P/Hüßtege* Rn. 8b.
[59] OLG Hamm NJW-RR 1996, 773, 774.
[60] *Zö/Geimer* Rn. 153.
[61] BayObLG FamRZ 2000, 1170; OLG Koblenz IPRspr. 1991 Nr. 207, jeweils m. Nachw. Die Zustellung der Entscheidung ist dagegen für die Anerkennung ohne Bedeutung; vgl. OLG Hamm RIW 1993, 148, 149.
[62] BGH NJW 1999, 3198, 3200 = ZZP 112 (1999), 473.
[63] BGH NJW 1997, 2051, 2052; *Stürner/Bormann* JZ 2000, 81, 86; MK/*Gottwald* Rn. 74.
[64] *Stürner/Bormann* JZ 2000, 81, 86.
[65] BGH NJW-RR 1987, 377; NJW 1990, 2201, 2202 (zur gleichen Regelung in Art. 27 Nr. 2 EuGVÜ, jetzt Art. 34 Nr. 2 EuGVO); *Geimer* Rn. 2927; krit. *Stürner* JZ 1992, 325, 332f.
[66] EuGH EuZW 1990, 352, 354 (f. Art. 27 EuGVÜ) m. abl. Anm. v. *Geimer;* BayObLG FamRZ 2000, 1170f.; gilt auch f. Ersatzzustellung nach lex fori BayObLG FamRZ 2004, 274.
[67] EuGH EuZW 1990, 352, 354; BGH NJW 1991, 641, 642; 1993, 2688; 1999, 3198, 3202.
[68] Ausführlicher Überblick zum Meinungsstand bei *Stadler* IPRax 2002, 282, 283.

len Recht dieses Zustellungsstaates geheilt werden können.[69] Da es für Verstöße gegen die supranationalen Zustellungsregeln des HZÜ (und der EuZustVO) an Vorschriften über die Heilung fehlt, verneinen Vertreter einer strengen Position, zu der auch der BGH gehört, insoweit eine Heilungsmöglichkeit grundsätzlich,[70] nach anderer Ansicht sollen auch für solche Mängel die Heilungsvorschriften des Zustellungsstaates[71] anwendbar sein oder die Regeln nach dem kleinsten gemeinsamen Nenner von Urteils- und Zustellungsstaat.[72] Im Vordringen ist eine Ansicht, welche die Kenntnisnahme des zuzustellenden Schriftstücks nach dem Rechtsgedanken des § 189 quasi zu einem **allgemeinen Heilungsgrundsatz** erhebt.[73] Für den Bereich der EuZustVO hat der EuGH nun eine Heilungsmöglichkeit durch nachträgliches Übersenden der notwendigen Übersetzung für zulässig erachtet.[74] Unabhängig von diesem Meinungsstreit ist aber ein Zustellungsmangel dann als geheilt anzusehen, wenn der Beklagte erkennbar zum Ausdruck bringt, er wolle die Entscheidung gegen sich gelten lassen, und somit auf den ihm durch § 328 Abs. 1 Nr. 2 gewährten Schutz verzichtet.[75] Die Neufassung von Nr. 2 sieht inzwischen ohnehin vor, dass der Beklagte sich auf den Versagungsgrund beruft. Bei **bewusster Zugangsvereitelung** kann ordnungsgemäße Zustellung angenommen werden.[76]

16 Dagegen werden Zustellungsfehler nicht dadurch unbeachtlich, dass der Beklagte nach Erlangung der Kenntnis von der ausländischen Entscheidung **keinen Gebrauch von** der Möglichkeit macht, einen nach der Verfahrensordnung des Urteilsstaats **zulässigen Rechtsbehelf** einzulegen.[77] Der EuGH und ihm folgend der BGH haben darauf hingewiesen, dass der Zeitpunkt, zu dem sich der Beklagte verteidigen können müsse, der Zeitpunkt der Verfahrenseinleitung sei. Die Möglichkeit, später einen Rechtsbehelf gegen eine bereits für vollstreckbar erklärte Versäumnisentscheidung einzulegen, sei einer Verteidigung vor Erlass der Entscheidung nicht gleichwertig.[78] Der EuGH, der diese Auffassung zu Art. 27 Nr. 2 EuGVÜ vertrat, wurde zwar vom europäischen Gesetzgeber mit der Neufassung von Art. 34 Nr. 2 EuGVVO insoweit korrigiert. Gleichwohl ist für Abs. 1 Nr. 2 angesichts des Wortlauts an dieser beklagtenfreundlicheren Ansicht festzuhalten.[79]

17 Das Recht des Urteilsstaats einschließlich der dort geltenden völkervertraglichen Regelungen entscheidet darüber, ob das **verfahrenseinleitende Dokument** nur in der Sprache des Gerichts dieses Staates oder auch **in der Übersetzung** in der Sprache des Staates übermittelt werden muss, in dem sich der Zustellungsort befindet.[80] Soweit das **Haager Zustellungsabkommen** anzuwenden ist, muss bei einer förmlichen Zustellung nach Deutschland unter Vermittlung deutscher Behörden eine Übersetzung beigefügt worden sein, während bei einer Annahmebereitschaft des Empfängers, über deren Rechtsfolgen er zu belehren ist, eine einfache Übergabe des Schriftstücks ohne Übersetzung genügt (Art. 5 Abs. 2, 3 HZÜ).[81] Fehlt die erforderliche Übersetzung, dann handelt es sich nicht um eine ordnungsgemäße Zustellung. Str. ist, ob sich der Beklagte auf einen solchen Mangel dann nicht berufen darf, wenn er das einleitende Schriftstück so rechtzeitig erhält, dass er sich eine eigene Übersetzung anfertigen lassen und sich dann ordnungsgemäß verteidigen kann.[82] Ordnungsgemäße und rechtzeitige Zustellung sind jedoch kumulative Voraussetzungen. Vorbehaltlich einer Heilung führt ein solcher Fehler zur Ordnungswidrigkeit der Zustellung und damit zum Ausschluss der Anerkennung der ausländischen Entscheidung.[83] Zu beachten ist, dass für die Zustellung gerichtlicher und außergerichtlicher Schriftstücke in Zivil- und Handelssachen in den Mitgliedsstaaten der EU die EuZustVO gilt. Nach Art. 5 dieser Verordnung (abgedruckt im Anh. 2) ist der Verfahrensbeteiligte von der Übermittlungsstelle in Kenntnis zu setzen, dass der Empfänger die Annahme des Schriftstücks verweigern darf, wenn es nicht in einer in Art. 8 der Verordnung genannten Sprache abgefasst ist. Die teilweise problematischen Sprachregelungen der EuZustVO werden derzeit reformiert.[84]

---

[69] So *Roth* IPRax 1997, 407, 408; *Stadler* IPRax 2002, 282, 283; *Stürner* JZ 1992, 325, 332; *Rauscher* IPRax 1991, 155, 159; *Kondring*, Die Heilung von Zustellungsfehlern im internationalen Zivilrechtsverkehr, 1995, S. 239 ff., 262 ff. mit Zugeständnisses an die lex fori des Urteilsstaates.

[70] BGHZ 120, 305, 312 = NJW 1993, 598; NJW 1991, 641; RIW 1999, 702; *Rauscher* IPRax 2001, 155, 158; *Brand/Reichhelm* IPRax 2001, 175, 176; *Stürner* JZ 1992, 3225, 332; *T/P/Hüßtege* Rn. 12; zu streng jedoch OLG Jena IPRax 2002, 298 m. Anm. *Stadler*.

[71] *Kondring*, Die Heilung von Zustellungsfehlern im internationalen Zivilrechtsverkehr, 1995, S. 287 f.

[72] Etwa *Schlosser*, Festschr. Matscher 1993, 387 ff., 399.

[73] BayObLGZ 1974, 471, 477 f.; 1978, 132, 133; *Geimer* Rn. 2916 f.; *ders.* NJW 1973, 2138, 2142; IPRax 1985, 7; MK-ZPO/*Gottwald*, Art. 27 EuGVÜ Rn. 24; *Schack*, Rn. 848 f.; *Schumacher* IPRax 1985, 268; für den Anwendungsbereich des EuGVÜ ähnlich *Kondring*, Die Heilung von Zustellungsfehlern im internationalen Zivilrechtsverkehr, 1995, S. 335 ff., 362 ff., 368; *Linke* RIW 1986, 412 ff.

[74] EuGH, 8. 1. 2005 – C-443/03, IPrax 2006, 151, hierzu *Stadler* IPRax 2006, 116 ff; *Heiderhoff* EuZW 2006, 235; *Rösler/Siepmann* NJW 2006, 457.

[75] BGH NJW 1990, 3090, 3091 (Prüfung von Nr. 2 noch von Amts wegen); OLG Bremen FamRZ 2004, 1975, 1976; Bad.-Württ. JM FamRZ 1995, 1411, 1413 f. (zu einem Fall der Verwirkung); *T/P/Hüßtege* Rn. 12.

[76] OLG Zweibrücken FamRZ 2005, 997; *T/P/Hüßtege* Rn. 12.

[77] Bad.-Württ. JM FamRZ 2001, 1379, 1380; aA *Geimer* Rn. 2921; *Zö/Geimer* Rn. 163.

[78] EuGH IPRax 1991, 177, 178; 1993, 394, 395; BGH NJW 1991, 641, 642; BGHZ 120, 305, 312, 316 = NJW 1993, 598; BGH NJW 1993, 2688, 2689; ebenso BayObLG FamRZ 2000, 1170, 1172.

[79] BGHZ 120, 305, 311 = NJW 1993, 598; aA *Zö/Geimer* Rn. 155.

[80] MK/*Gottwald* Rn. 82.

[81] *Stürner* JZ 1992, 325, 330; *Schack* Rn. 607.

[82] Dafür *Zö/Geimer* Rn. 164; MK/*Gottwald* Rn. 83.

[83] EuGH IPRax 1991, 177, 178; 1993, 394, 395; BGHZ 120, 305, 309 f. = NJW 1993, 598.

[84] Hierzu *Stadler* IPrax 2006, 116 ff.

Neben dem Erfordernis ordnungsgemäßer Zustellung bildet ihre **Rechtzeitigkeit** eine selbständig zu prüfende Voraussetzung.[85] Es kommt darauf an, ob dem Beklagten seit dem Zeitpunkt der ordnungsgemäßen Zustellung ausreichend Zeit bleibt, seine Verteidigung gegen die Klage vorzubereiten.[86] Dies ist zu verneinen, wenn dem Beklagten nicht mindestens die zweiwöchige Einlassungsfrist des § 274 Abs. 3 S. 1 zur Verfügung steht.[87] Der erforderliche Zeitraum läuft erst mit Kenntniserlangung des zugestellten Dokuments.[88] Wie viel Zeit dem Beklagten für seine Verteidigung einzuräumen ist, richtet sich nach den Umständen des Einzelfalles; es muss dem Beklagten genügend Zeit gelassen werden, damit er seine Verteidigung und die ein Versäumnisurteil verhindernde Einlassung vorbereiten kann.[89] Der deutsche Richter hat über die Rechtzeitigkeit der Zustellung ohne Bindung an die Feststellungen des Erstrichters zu entscheiden.[90]. Der ausfüllungsbedürftige Begriff „rechtzeitig" verlangt eine Gesamtwürdigung aller Umstände des Einzelfalles, zB Verständigungsprobleme, wobei zu beachten ist, ob die Parteien ein zumutbares Verhalten mit dem Ziel, eine rechtzeitigen Zustellung zu fördern, gezeigt oder unterlassen haben[91]. 18

Auf die nicht ordnungsgemäße oder nicht rechtzeitige Zustellung des verfahrenseinleitenden Schriftstücks kann der Beklagte sich nur mit Erfolg im Anerkenntnisverfahren berufen, wenn er sich **nicht im Erstverfahren** eingelassen hat. Als **Einlassung** gilt jede Prozesshandlung, die zur Abwehr der gegen ihn vor dem ausländischen Gericht erhobenen Klage dient. Dazu gehört auch ein Bestreiten oder Verhandeln über Prozessvoraussetzungen, zB die Rüge der Unzuständigkeit des Gerichts.[92] Die Einlassung kann auch durch einen gesetzlichen oder bevollmächtigten Vertreter des Beklagten vorgenommen werden,[93] nicht jedoch durch einen vom Erstgericht bestellten Verfahrenspfleger (Kurator), der ohne Wissen oder gegen den Willen des Beklagten tätig wird.[94] 19

5. Fehlen einer unvereinbaren Entscheidung oder Rechtshängigkeit (Abs. 1 Nr. 3). Ein ausländisches Urteil darf nach Abs. 1 Nr. 3 nur anerkannt werden, wenn keine mit ihm unvereinbare Entscheidung erlassen worden ist. Unvereinbarkeit ist stets zu bejahen, wenn die kollidierenden Urteile **denselben Streitgegenstand** (zum Begriff Einl. Rn. 68ff.) betreffen und die Rechtskraft der einen Entscheidung dem Erlass der anderen entgegensteht (§ 322 Rn. 9). Darüber hinaus wird eine Unvereinbarkeit bei einem Widerspruch **präjudizieller Feststellungen** in den Entscheidungen angenommen. Unvereinbar ist danach ein Urteil, das einen Vertrag für nichtig erklärt, mit einer Entscheidung, die den Beklagten wegen Nichterfüllung dieses Vertrages zum Schadensersatz verurteilt. Begründet wird diese Auslegung des Begriffs der Unvereinbarkeit mit einer gleichen Interpretation des Art. 27 Nr. 3 und 5 EuGVÜ, der Vorbild für die im Jahre 1986 vorgenommene Neufassung des § 328 Abs. 1 Nr. 3 gewesen ist;[95] die entsprechende Regelung findet sich jetzt in Art. 34 Nr. 3 und 4 EuGVO. 20

Die Frage der Unvereinbarkeit stellt sich nicht nur bei Urteilen im technischen Sinn. Deshalb ist der im Gesetz verwendete **Begriff „Urteil"** weit auszulegen und darunter jeder rechtskraftfähige Richterspruch zu verstehen, der eine Entscheidung in der Sache trifft.[96] Als eine solche Sachentscheidung ist es nicht anzusehen, wenn ein deutsches Gericht einer Partei Prozesskostenhilfe wegen fehlender Erfolgsaussicht versagt.[97] Ein **Prozessvergleich** steht grundsätzlich der Anerkennung eines ausländischen Urteils nicht entgegen; etwas anderes gilt nur dann, wenn das ausländische Recht ihm die Wirkungen eines Urteils verleiht.[98] 21

Bei einer Kollision ausländischer Urteile gilt das **Prioritätsprinzip,** wie es nach hM auch § 322 zu Grunde liegt (§ 322 Rn. 15). Dies bedeutet, dass eine ausländische Entscheidung nicht anerkannt werden darf, wenn eine früher gefällte ausländische Entscheidung, welche anzuerkennen ist, mit ihr unvereinbar ist. Dagegen soll ein **deutsches Urteil** einem ausländischen stets vorgehen, auch wenn die deutsche Entscheidung später als die ausländische ergangen ist (Nr. 3, 1. Alt.: Wortlaut!). Hierbei bleibt unbeachtet, dass der deutsche Richter eine Entscheidung in der Sache erlassen hat, obwohl die Rechtskraft des ausländischen Urteils ihn daran hätte hindern müssen (vgl. Rn. 36f.).[99] Die Anerkennung eines ausländischen Urteils ist ferner ausgeschlossen, wenn es in einem Verfahren ergangen ist, dem die **Rechtshängigkeitssperre** 22

---

[85] EuGH IPRax 1991, 177, 178; 1993, 394, 395; BGHZ 120, 305, 310 = NJW 1993, 598; *Kropholler,* Internationales Privatrecht, 5. Aufl. 2004, § 60 IV 3; einschränkend *Zö/Geimer* Rn. 140.

[86] BayObLG FamRZ 2005, 923; *St/J/Schumann* Rn. 188; *Linke,* Internationales Zivilprozessrecht, 4. Aufl. 2005, Rn. 406; vgl. auch *Schack* Rn. 850.

[87] BGH NJW 1986, 2197; anders OLG Hamm IPRax 1988, 289, 290 (20 Tage reichen „unter Berücksichtigung der besonderen Umstände des Falles" nicht); OLG Düsseldorf IPRax 1985, 289, 290 (im Eilverfahren genügen 11 Tage).

[88] BayObLG FamRZ 2005, 923, 924 m. Nachw.; 2002, 1423; *T/P/Hüßtege* Rn. 12a.

[89] BayObLG FamRZ 2000, 1170, 1171 m. Nachw.

[90] BayObLG FamRZ 2000, 1170, 1171; *Linke* RIW 1986, 409, 411; *Staudinger/Spellenberg* Rn. 435.

[91] BayObLG FamRZ 2005, 638, 639 (bewusste Zustellung an alte Adresse) u. 923, 924; 2002, 1423, 1424.

[92] KG NJW 1988, 649, 650; OLG Hamm RIW 1994, 243, 244; vgl. auch BayObLG FamRZ 2004, 274, 275: Es kommt auf die Einlassung in der ersten Tatsacheninstanz an.

[93] *St/J/Roth* Rn. 112.

[94] BayObLG IPRspr. 1978 Nr. 176.

[95] OLG Hamm FamRZ 2001, 1015 unter Berufung auf die sog. Kernpunkttheorie (vgl. dazu Einl. Rn. 72a); MK/*Gottwald* Rn. 91; AK-ZPO/*Koch* Rn. 37; vgl. auch *M. Wolf,* Festschr. f. K. H. Schwab, 1990, S. 561, 567ff.

[96] *St/J/Roth* Rn. 121.

[97] BGHZ 88, 17, 20f. = NJW 1984, 568.

[98] *Zö/Geimer* Rn. 207.

[99] *Schack* Rn. 854f.; *Linke,* Internationales Zivilprozessrecht, 4. Aufl. 2005, Rn. 413; MK/*Gottwald* Rn. 89 kritisch gegenüber dieser Regelung. Vgl. auch OLG Jena FamRZ 1999, 1211 (zu der durch ein ausländisches Verfahren bewirkten Rechtshängigkeitssperre).

eines inländischen Prozesses (§ 261 Abs. 3 Nr. 1) entgegengestanden hat. Dabei kommt es nicht darauf an, ob dem ausländischen Gericht die deutsche Rechtshängigkeit bekannt gewesen ist.[100]

23 **6. Ordre public (Abs. 1 Nr. 4).** Grundsätzlich darf der deutsche Richter die Richtigkeit der ausländischen Entscheidung nicht nachprüfen. Es gilt das **Verbot der révision au fond.** Von der Regel, dass fehlerhafte ausländische Urteile in gleicher Weise hinzunehmen sind wie fehlerhafte inländische, muss jedoch dann eine **Ausnahme** zugelassen werden, wenn höherwertige Interessen eine Durchbrechung dringend gebieten.[101] Dementsprechend bestimmt Abs. 1 Nr. 4, dass die Anerkennung des ausländischen Urteils ausgeschlossen ist, wenn sie zu einem Ergebnis führt, das mit **wesentlichen Grundsätzen des deutschen Rechts,** zu denen insbesondere die **Grundrechte** zählen,[102] offensichtlich unvereinbar ist.[103] Eine solche Unvereinbarkeit ergibt sich jedoch nicht schon bei einem Verstoß gegen zwingendes deutsches Recht, sondern erst dann, wenn der Inhalt des ausländischen Urteils zu den Grundgedanken der deutschen Regelungen und der in ihnen enthaltenen Gerechtigkeitsvorstellungen in so starkem Widerspruch steht, dass es nach inländischer Vorstellung **untragbar** erscheint.[104] Die Darlegungs- und Beweislast liegt bei demjenigen, der sich auf die fehlende Anerkennungsfähigkeit beruft.[105]

24 Für den ordre public-Verstoß kommt es auf das **Ergebnis der Entscheidung** an, nicht auf ihre Begründung.[106] Die vom deutschen Richter durchzuführende Ergebniskontrolle ist **auf der Grundlage der tatsächlichen Feststellungen des Erstrichters** zu vollziehen, soweit sie verfahrensrechtlich ohne Verletzung des deutschen ordre public getroffen worden sind.[107] Da jedoch für die Beurteilung durch den deutschen Richter nicht der **Zeitpunkt** des Erlasses der ausländischen Entscheidung maßgebend ist, sondern der, in dem über die Anerkennung zu befinden ist,[108] sind zwischenzeitlich eingetretene Tatsachen insoweit zu berücksichtigen, als ihnen Bedeutung für die Beantwortung der Frage zukommt, ob die seit Erlass des anzuerkennenden Urteils eingetretenen Veränderungen einen Verstoß gegen den ordre public begründen.[109]

25 Ein Widerspruch zum ordre public kann sich sowohl in **materiell-rechtlicher Hinsicht** ergeben, wenn das Urteil eine Rechtsfolge ausspricht, die tragenden Grundsätzen der deutschen Rechtsordnung zuwiderläuft, als auch in Fällen zu bejahen sein, in denen die anzuerkennende Entscheidung in einer verfahrensrechtlich anstößigen Weise zu Stande gekommen ist (s. Rn. 25a, 26).[110] Nach ständiger Rechtsprechung gehörte bisher der **Termin- und Differenzeinwand** nicht termingeschäftsfähiger Inländer zum materiellen deutschen ordre public; an dieser Rechtsprechung hält jedoch das BGH nach Änderung der einschlägigen Vorschriften des BörsG nicht mehr fest, sondern stellt auf die Aufklärungsbedürftigkeit ab, die zu verneinen sei, wenn es sich um sachkundige Anleger handelt.[111] Ordre public-widrig ist hingegen die Schadensersatzpflicht für Personenschäden einer nach §§ 104ff. SGB VII von der **Haftung freigestellten Person**[112] sowie die Verurteilung eines **Bürgen,** die seine Handlungsfreiheit in verfassungswidriger Weise beeinträchtigt.[113] Die Anerkennung ist auch für die Verneinung von **Unterhaltsansprüchen** zu versagen, wenn keine Möglichkeit besteht, den Lebensunterhalt zu verdienen ohne zu betreuende Kinder zu vernachlässigen.[114] Für die Frage der Vereinbarkeit einer Verurteilung zu einem sog. Strafschadensersatz (**punitive/treble damages**) durch ein US-amerikanisches Gericht mit dem deutschen ordre public kommt es darauf an, ob dadurch die Prinzipien des deutschen Schadensersatzrechts, insbesondere seine Ausgleichsfunktion, gewahrt werden oder ob dabei der Strafcharakter überwiegt[115] und deshalb die Verurteilung in einem deutlichen Widerspruch zum deutschen Zivilrecht steht. Art. 40 Abs. 3 EGBGB findet dabei keine Anwendung.[116] Der BGH[117] geht davon aus, dass der Strafschadensersatz regelmäßig durch Momente der Bestrafung und Abschreckung geprägt sei und verneint deshalb die Anerkennung einer Entscheidung, die den Beklagten zur Zahlung eines Strafschadensersatzes verurteilt, **Teilanerkennung** ist aber möglich (zu

---

[100] BayObLGZ 1983, 21, 25 (das Gericht bejahte gemäß der zur Zeit der Entscheidung geltenden Rechtslage einen Verstoß gegen den ordre public); vgl. auch OLG Bamberg NJWE-FER 2000, 160; *Dohm,* Die Einrede ausländischer Rechtshängigkeit im deutschen internationalen Zivilprozess, 1996, S. 31ff.

[101] *Geimer* Rn. 2910f.

[102] EuGH NJW 2000, 1853, 1854 (Nr. 25).

[103] Deshalb zu Recht krit. zu dem Vorschlag der EU-Kommission, den anerkennungsrechtlichen ordre public abzuschaffen *Bruns* JZ 1999, 278.

[104] BGH NJW 1993, 3269, 3270 m. weit. Nachw.; BayObLG FamRZ 2001, 1622; OLG Düsseldorf NJW 1997, 572; vgl. auch EuGH NJW 2000, 1853, 1854 (Nr. 36); EuGH NJW 2000, 2185, 2186 (Nr. 29f.), beide Entscheidungen zur gleichen Regelung in Art. 27 Nr. 1 EuGVÜ; zu Einzelheiten *Völker,* Zur Dogmatik des ordre public, 1998, S. 115ff.

[105] BGH NJW-RR 2002, 1151 m. Anm. *Geimer* IPRax 2002, 378.

[106] *St/J/Roth* Rn. 124.

[107] BGH NJW 1980, 529, 531; *Spickhoff* ZZP 108 (1995), 475, 489ff.

[108] BGH NJW 1980, 529, 531; aA *Geimer* Rn. 29a, 2798.

[109] MK/*Gottwald* Rn. 94

[110] *Schütze* S. 143; *Kropholler,* Internationales Privatrecht, 5. Aufl. 2004, § 60 IV 2.

[111] BGH WM 2005, 423; NJW 1998, 2358, 2359, auch m. Nachw. zur früheren Rspr.

[112] BGHZ 123, 268.

[113] BGH IPRax 1999, 371 m. Anm. *Schulz* ebenda 342; *Roth* JZ 1999, 1119.

[114] OLG Zweibrücken FamRZ 1997, 93; allg. zu Unterhaltsentscheidungen *Zö/Geimer* Rn. 257.

[115] Bejaht von *Mörsdorf-Schulte,* Funktion und Dogmatik US-amerikanischer punitive damages, 1999, S. 295; verneint von *Brockmeier,* Punitive damages, multiple damages und deutsches ordre public, 1999, S. 87.

[116] BGHZ 118, 312, 334ff. = NJW 1992, 3096; *T/P/Hüßtege* Rn. 19 aE; aA *Kropholler/v. Hein,* Festschr. Stoll 2001, 553, 572; *Zö/Geimer* Rn. 249.

[117] BGHZ 118, 312, 334ff. = NJW 1992, 3096; vgl. auch BGH NJW-RR 2000, 1372, 1373. Zur gleichen Frage bezüglich US-amerikanischer Antitrust-Treble-Damages-Urteile vgl. *Zekoll/Rahlf* JZ 1999, 384.

class actions s. Rn. 27).[118] Ob die Rspr. des BGH angesichts zunehmender „Strafelemente" im deutschen Zivilrecht (s. § 611a BGB, § 10 UWG[119]) so noch haltbar ist, erscheint fraglich. Der ordre public-Verstoß wird sich vielfach nur noch aus der exorbitanten Höhe von punitive damages ableiten lassen.

Ein **Verstoß gegen** den deutschen **verfahrensrechtlichen ordre public** wird nicht bereits dadurch begründet, dass die anzuerkennende Entscheidung in einem Verfahren erlassen worden ist, das von zwingenden Vorschriften des deutschen Prozessrechts abweicht. Ein Versagungsgrund ist vielmehr nur gegeben, wenn das Urteil des ausländischen Gerichts auf Grund eines Verfahrens gefällt worden ist, das von den Grundprinzipien des deutschen Verfahrensrechts in einem solchen Maße abweicht, dass nach der deutschen Rechtsordnung das Urteil nicht als in einem geordneten rechtsstaatlichen Verfahren ergangen angesehen werden kann. Nur dies und nicht die Frage, ob bei gleicher Verfahrensweise ein deutscher Richter gegen tragende Grundsätze des deutschen Zivilverfahrensrechts verstoßen hätte, ist entscheidend.[120] 25a

Insbesondere kommt eine Verletzung des verfahrensrechtlichen ordre public in Betracht, wenn die aus dem deutschen Verfassungsrecht abzuleitenden Verfahrensgrundsätze (Einl. Rn. 27ff.), vor allem der **Anspruch auf rechtliches Gehör,** missachtet worden sind.[121] Der BGH hat betont, dass hinsichtlich des Grundrechts auf rechtliches Gehör zur Konkretisierung des verfahrensrechtlichen ordre public auf die Grundsätze abzustellen sei, die Art. 103 Abs. 1 GG schützen wolle (Gelegenheit zur Äußerung und aktiven Einfluss auf Verfahrensablauf).[122] Als eine offensichtliche Grundrechtsverletzung ist es anzusehen, wenn es einer Partei verwehrt wird, sich nur deshalb nicht durch einen Prozessbevollmächtigten vertreten zu lassen, weil sie selbst nicht in der Verhandlung anwesend ist.[123] Der Anspruch auf rechtliches Gehör wird dagegen nicht missachtet, wenn Zustellungen im anhängigen Verfahren nur an einen von mehreren Prozessbevollmächtigten vorgenommen werden, wobei es im Hinblick auf den erforderlichen Vertrauensschutz der Gegenpartei nur darauf ankommt, dass dieser Prozessbevollmächtigte ausdrücklich oder durch schlüssiges Verhalten bestellt worden ist, nicht aber darauf, ob er auch eine wirksame Prozessvollmacht erhielt.[124] Ebenfalls ist es nicht zu beanstanden, dass der Beklagte **nicht zum Verhandlungstermin geladen** wird, wenn er sich trotz ordnungsgemäßer und rechtzeitiger Klagezustellung nicht auf das Verfahren eingelassen hat und deshalb nach dem ausländischen Recht als säumig gilt.[125] Hat der Kläger das Urteil durch zielgerichtete **Täuschung** des ausländischen Gerichts erschlichen, dann ist die Anerkennung der Entscheidung nach Abs. 1 Nr. 4 ausgeschlossen.[126] Als eine solche Täuschung ist es auch anzusehen, wenn der Kläger bei der Verfahrenseinleitung wahrheitswidrig angibt, ihm sei der Aufenthaltsort des Beklagten nicht bekannt.[127] 26

Dagegen werden durch das erststaatliche Verfahren grundlegende Verfahrensgrundsätze des deutschen Prozessrechts nicht missachtet, wenn das anzuerkennende Urteil von einem lediglich **mit Laien besetzten Gericht** erlassen worden ist,[128] sofern nur dem Grundsatz richterlicher Neutralität genügt wird und es sich bei ihnen um nicht beteiligte Dritte handelt,[129] oder wenn das ausländische **Beweisrecht** dem Richter größere Befugnisse bei der Tatsachenfeststellung einräumt, ihm beispielsweise gestattet, die Feststellung der Vaterschaft ohne ein medizinisches Gutachten allein auf die Aussage der Kindesmutter zu stützen.[130] Ebenso wenig ist es zu beanstanden, dass das ausländische Verfahrensrecht großzügiger als das deutsche Recht **vorläufige Zahlungsanordnungen** kennt[131], keine schriftlichen Urteilsgründe vorsieht[132], **keine Vertretung durch Rechtsanwälte** vorschreibt[133] oder dass das ausländische Gericht den **Beklagten** wegen „con- 27

---

[118] Vgl. BVerfG NJW 2003, 2598, 2599 („Napster"). Das Gericht lehnt durch einstw. Anordnung die Zustellung einer class action-Klage, gerichtet auf punitive damages, ab, wenn die geltend gemachte Forderung jedenfalls in ihrer Höhe offenkundig keine substanzielle Grundlage habe und in einer offenkundig missbräuchlichen Weise das gerichtliche Verfahren genutzt werden solle, um den Beklagten mit publizistischem Druck und dem Risiko einer Verurteilung gefügig zu machen; krit. *Zekoll* NJW 2003, 2885; s. auch Rn. 27. Der zustellungsrechtliche (Art. 13 HZÜ) und der anerkennungsrechtliche ordre public unterliegen jedoch unterschiedlichen Maßstäben, s. vgl. *Stürner* JZ 2006, 60ff; *Stadler* JZ 1995, 718ff., 720; IPRax 1992, 147; *Piekenbrock* IPRax 2006, 4, 9.; krit. auch in Fn. 141 Genannten. Im Prinzip an der Napster-Entscheidung festhaltend nunmehr BVerfG (Kammebeschl.), JZ 2007, 1046 m. Anm. *Stadler.*

[119] S. auch die Rspr. zur Geldentschädigung bei Persönlichkeitsverletzungen, BGHZ 128, 14f.; NJW 1996, 885 und 986; BVerfG NJW 2000, 2198.

[120] BGHZ 48, 327, 331 = NJW 1968, 354; BGH NJW 1978, 1114, 1115; OLG Düsseldorf FamRZ 1999, 447, m. weit. Nachw.

[121] Zu den unverzichtbaren Verfahrensgrundsätzen vgl. *Baur,* Festschr. f. Guldener, 1973, 1, 17; *Staudinger/Spellenberg* Rn. 565ff.

[122] BGHZ 118, 312, 321 = NJW 1992, 3096 m. Nachw.; BGH NJW 1997, 2051, 2052; NJW-RR 2002, 1151.

[123] EuGH NJW 2000, 1853, 1855 (Nr. 39ff.); BGHZ 144, 390 = NJW 2000, 3289 = JZ 2000, 1067 m. Anm. v. *Gross.*

[124] BGHZ 118, 312, 322 = NJW 1992, 3096.

[125] BGH NJW 1999, 3198, 3201 = ZZP 112 (1999), 473.

[126] BGH NJW 2004, 2386 (Beweislast: Beklagter); NJW-RR 1987, 377; BGH NJW 1999, 3202; BayObLG FamRZ 2000, 836; BSG NJW-RR 1997, 1433, 1434; OLG Koblenz FamRZ 1991, 459, 460; *Geimer* Rn. 2986f.

[127] OLG Hamm NJW-RR 1996, 773, 774.

[128] OLG Saarbrücken NJW 1988, 3100; *Roth* IPRax 1989, 14, 17ff.

[129] BGHZ 98, 70, 72 = NJW 1986, 3027.

[130] BGH NJW 1986, 2193, 2194; BSG NJW-RR 1997, 1433, 1434; OLG München IPRax 2004, 120; OLG Hamm FamRZ 2004, 719, 720 m. Anm. *Geimer* IPRax 2004, 419; OLG Naumburg FamRZ 2001, 1013, 1015 (zum Statusurteil eines DDR-Gerichts).

[131] OLG Düsseldorf NJW-RR 2001, 1575; OLG Stuttgart NJW-RR 1995, 280 (ital. ordinanza ingiuntiva di pagamento).

[132] Vgl. KG FamRZ 2002, 840; *Zö/Geimer* Rn. 257.

[133] BayObLG NJW 1974, 418.

tempt of court" **vom** weiteren **Verfahren ausschließt,** weil er eine einstweilige Anordnung (interim order) nicht befolgt hat.[134] Kann sich eine **Partei** im erststaatlichen Verfahren **nicht ordnungsgemäß vertreten** lassen, weil das ausländische Recht keine Möglichkeit vorsieht, ohne eigenen für die Partei wirtschaftlich untragbaren Kostenvorschuss eine rechtskundige Prozessvertretung zu erhalten, so kann darin ein Verstoß gegen den ordre public liegen.[135] Der Anerkennung eines US-amerikanischen Urteils steht nicht entgegen, dass seinem Erlass eine **pretrial discovery** vorausgegangen ist.[136] Auch wird die Anerkennung eines Urteils nicht deshalb ausgeschlossen, weil danach ein hoher Prozentsatz (40 Prozent) aller eingehenden Gelder an den **Rechtsanwalt** der obsiegenden Partei als **Erfolgshonorar** abzuführen ist[137] oder eine **Kostenerstattung** nicht vorgesehen ist.[138] Verurteilungen im Rahmen eines US-amerikanischen **class-action-Verfahrens** begründen für sich ebenfalls noch keine ordre public-Widrigkeit.[139] Etwas anderes kann allenfalls für nachweislich missbräuchlich erhobene Klagen dieser Art gelten, wenn sich der Beklagte aus rein finanziellen Gründen einem settlement beugen muss.[140]

28 Bei Prüfung der Verletzung des ordre public kommt es neben dem Ausmaß der Abweichung vom deutschen Recht auch auf die Stärke der Inlandsbeziehung des jeweiligen Sachverhalts an.[141] Als Faktoren für den **Inlandsbezug** können Staatsangehörigkeit des Klägers und des Beklagten, Wohnsitz oder gewöhnlicher Aufenthaltsort der Parteien, Ort der Vornahme des Rechtsgeschäfts, Handlungs- und Erfolgsort der Tathandlung und Ort von Vermögensgegenständen dienen. Umfang und Gewicht des Inlandsbezuges entscheiden ganz wesentlich darüber, ob Regelungen des ausländischen Rechts, die von wesentlichen deutschen Rechtsvorstellungen abweichen, noch hingenommen werden können, oder ob die Anerkennung einer darauf beruhenden Entscheidung abgelehnt werden muss.[142]

29 Nach hM soll ein Verstoß bei der Anerkennung eines Urteils nur dann berücksichtigt werden, wenn die betroffene Partei im Erstverfahren die **Beseitigung des Verfahrensfehlers** mit allen ihr zur Verfügung stehenden Mitteln **ohne Erfolg versucht** hat. Hat sie eine ihr **mögliche Rüge unterlassen,** dann soll sie damit im Zweitverfahren präkludiert sein.[143] Dieser Auffassung ist nicht zu folgen. Nach Abs. 1 Nr. 4 ist die Anerkennung des ausländischen Urteils ausgeschlossen, wenn dies zu einem Ergebnis führen würde, das mit wesentlichen Grundsätzen des deutschen Rechts unvereinbar ist. Das Verhalten der betroffenen Partei kann nur insoweit erheblich sein, als es um die vom deutschen Richter vorzunehmende Wertung der Unvereinbarkeit mit dem deutschen Recht geht. Erscheint jedoch das Ergebnis auch bei einem Untätigbleiben der Betroffenen nach deutschen Rechtsvorstellungen nicht hinnehmbar, dann muss im Zweitverfahren die Anerkennung versagt werden, ohne dass es darauf ankommt, ob der Beklagte im Erstprozess die Möglichkeit gehabt hätte, die in diesem Verfahren begangenen Fehler zu beseitigen.[144] Der deutsche Richter ist auch nicht an die Entscheidung im Erstverfahren gebunden, dass ein Verfahrensverstoß oder seine Ursächlichkeit für die angefochtene Entscheidung zu verneinen sei.[145]

30 **7. Gegenseitigkeit (Abs. 1 Nr. 5, Abs. 2).** Abs. 1 Nr. 5 macht die Anerkennung einer ausländischen Entscheidung davon abhängig, dass die Gegenseitigkeit verbürgt ist.[146] Dies ist der Fall, wenn die Anerkennung und Vollstreckung eines entsprechenden deutschen Urteils in dem Urteilsstaat auf keine wesentlich größeren Schwierigkeiten stößt als die Anerkennung und Vollstreckung des anzuerkennenden Urteils in Deutschland.[147] Diese Gegenseitigkeit braucht nicht formell durch Vereinbarung mit dem ausländischen Staat gesichert zu werden.[148] Bei der Prüfung ist auf die Praxis des ausländischen Staates zu sehen, also

---

134 BGHZ 48, 327, 330 ff. = NJW 1968, 354; OLG Frankfurt IPRax 2002, 523; *St/J/Schumann* Rn. 242; MK/*Gottwald* Rn. 104; aA *Baur* Festschr. f. Guldener, 1973, 1, 20.

135 *Zö/Geimer* Rn. 220; offen gelassen von BGH NJW 1994, 1413, 1415. Das Gericht weist jedoch darauf hin, dass zumindest die Partei, die sich im Anerkennungsprozess auf diesen Umstand berufen will, erfolglos im Erstprozess eine kostenlose oder kostenermäßigte Vertretung beantragt haben müsse.

136 BGHZ 118, 312, 323 f. = NJW 1992, 3096 m. Nachw. auch zur Gegenauffassung; aA *Linke,* Internationales Zivilprozessrecht, 4. Aufl. 2005, Rn. 422.

137 BGHZ 118, 312, 332 f. = NJW 1992, 3096; OLG Koblenz RIW 2004, 302, 306; *Zö/Geimer* Rn. 249.

138 BGHZ 118, 312, 332 f. = NJW 1992, 3096; OLG Koblenz RIW 2004, 302, 306.

139 OLG Frankfurt IPrax 1992, 166, 168 (für Art. 13 HZÜ); *Heß* JZ 2000, 373; *Stiefel/Stürner* VersR 1987, 830; aA *Mann* NJW 1994, 1189.

140 So für Verstoß gegen ordre public-Vorbehalt nach Art. 13 HZÜ OLG Koblenz IPRax 2006, 25 im Anschluss an BVerfG NJW 2003, 2598, 2599 (einstw. Anordung, Hauptsacheverf. erledigt durch Rücknahme der Verfassungsbeschwerde) m. krit. Anm. *Piekenbrock* IPRax 2006, 4 ff. (m. zahlr. Nachw.); *Stürner* JZ 2006, 60 ff; *Oberhammer* IPRax 2004, 40 ff; *Hess* JZ 2003, 923 ff; *Rothes* RIW 2003, 859 ff; *Zekoll* NJW 2003, 2885; die Zustellung zulassend, da keine erkennbar missbräuchliche Klageerhebung vorliege, BVerfG, Kammerbeschl., 24. 1. 2007, JZ 2007, 1046 mit Anm. *Stadler.*

141 *Bungert* ZIP 1993, 815; *Schack* ZZP 106 (1993), 104, 111.

142 BGHZ 118, 312, 348 f. = NJW 1992, 3096.

143 BGH NJW 1997, 2051, 2052; BayObLG FamRZ 2002, 1638; 2001, 1622, 1623; KG FamRZ 2004, 275; OLG Koblenz RIW 2004, 302, 306 (einfacher Verfahrensfehler begründet aber nicht ordre public-Verstoß); *Zö/Geimer* Rn. 158; MK/*Gottwald* Rn. 102; *T/P/Hüßtege* Rn. 16.

144 *Schütze* S. 143; *Schack* Rn. 866.

145 *Geimer* Rn. 2956 m. weit. Nachw.

146 Darlegungs- und Beweislast trägt derjenige, der sich auf Anerkennungsversagungsgrund beruft: BGH ZIP 1999, 1226, 1231.

147 BGHZ 42, 194, 196 = NJW 1964, 2350; BGH NJW 2001, 524; 1999, 3201; *St/J/Roth* Rn. 151 f.; vgl. auch *Doser,* Gegenseitigkeit und Anerkennung ausländischer Entscheidungen (§ 328 Abs. 1 Nr. 5 ZPO), 1999, S. 23 ff., 103 ff., 168 ff.

148 BGH NJW 2001, 524, 525; MK/*Gottwald* Rn. 107.

auf die **tatsächliche Übung;**[149] nur soweit sie nicht feststellbar ist, kommt es auf das Anerkennungsrecht des Urteilsstaates an.[150] Die Gegenseitigkeit braucht nicht für die Anerkennung und Vollstreckung anderer Urteile eines deutschen Gerichts im Urteilsstaat begründet zu sein, sondern nur für ein Urteil des Inhalts, das in Deutschland anerkannt werden soll. Handelt es sich dabei um ein Urteil, das den Beklagten zur Zahlung eines bestimmten Geldbetrages verurteilt, dann ist für die Gegenseitigkeit nur darauf abzustellen, ob ein entsprechender deutscher Zahlungstitel im Urteilsstaat anerkannt und vollstreckt wird (**partielle Verbürgung**).[151] Bei **Bundesstaaten** ist für die Gegenseitigkeit auf den **konkreten Einzelstaat** abzustellen.[152] Auch wenn der Urteilsstaat zB den deutschen Gerichtsstand nach § 23 nicht anerkennt,[153] kann die Gegenseitigkeit verbürgt sein, wenn für ein entsprechendes Urteil die internationale Zuständigkeit deutscher Gerichte unter einem anderen Gesichtspunkt bejaht wird.[154] Eine Antwort auf die Frage, ob im Einzelfall die Gegenseitigkeit bei der Anerkennung von Entscheidungen verbürgt ist, lässt sich auf Grund der Nachweise in Staatenverzeichnissen finden.[155]

Abs. 2 enthält Ausnahmen von dem in Abs. 1 Nr. 5 aufgestellten Erfordernis der Gegenseitigkeit. Danach sind Entscheidungen ohne Rücksicht auf die Gegenseitigkeit anzuerkennen, wenn es sich bei ihnen um Kindschaftssachen (§ 640) oder um Lebenspartnerschaftssachen iSv. § 661 Abs. 1 Nr. 1 und 2 handelt oder wenn sie nichtvermögensrechtliche Ansprüche (dazu § 3 Rn. 11f.) betreffen, für die ein inländischer Gerichtsstand nach deutschem Recht nicht begründet war. Nach Art. 7 § 1 Abs. 1 S. 2 FamRÄndG wird auf die Gegenseitigkeit als Anerkennungsvoraussetzung in Bezug auf Ehesachen verzichtet (Rn. 40). 31

8. Prüfung der Voraussetzungen. Bei Entscheidung der Frage, ob eine ausländische Entscheidung in Deutschland anzuerkennen ist, müssen die einzelnen dafür zu erfüllenden Voraussetzungen mit Ausnahme des in Abs. 1 Nr. 2 genannten Erfordernisses (Rn. 14) von Amts wegen geprüft werden (s. Rn. 1).[156] Der Partei, die sich auf die Anerkennung beruft, kann jedoch aufgegeben werden, Unterlagen beizubringen, auf die es für die Entscheidung ankommt. Kommt die Partei dieser Aufforderung nicht nach, obwohl ihr dies ohne größere Schwierigkeiten möglich ist, dann kann das Gericht von weiteren Ermittlungen absehen.[157] 32

IV. Wirkung der Anerkennung

1. Grundsatz. Nach dem Grundsatz der automatischen Anerkennung (Rn. 1) erstreckt sich die Wirkung der ausländischen Entscheidung mit ihrem Erlass auf das Inland. Jedes mit der ausländischen Entscheidung befasste Staatsorgan hat in Fällen, in denen es auf die Anerkennung der Entscheidung ankommt, über ihre Wirkungen im Inland zu befinden. 33

Gehen die **Wirkungen einer ausländischen Entscheidung weiter als die einer entsprechenden deutschen,** dann ist zu unterscheiden: Sind die weiter reichenden Wirkungen ihrer Art nach dem deutschen Recht unbekannt, dann können sie sich nicht auf das Inland erstrecken und in Deutschland anerkannt werden.[158] Gehen die ihrer Art nach dem deutschen Recht bekannten Wirkungen der ausländischen Entscheidung weiter als die einer vergleichbaren deutschen, dann ist das ausländische Recht maßgebend.[159] Erstreckt sich beispielsweise die materielle Rechtskraft anders als im deutschen Recht (§ 322 Rn. 16f.) auch auf präjudizielle Rechtsverhältnisse, die für die vom Gericht getroffene Entscheidung bestimmend sind, dann ist dies vom deutschen Richter ebenfalls anzuerkennen (vgl. Rn. 35). Bleiben die Wirkungen der anzuerkennenden Entscheidung nach dem Recht des Erststaates hinter den Wirkungen zurück, die das deutsche Recht einem entsprechenden Urteil beilegt, dann bestimmt sich der Umfang der Wirkungen ebenfalls nach dem ausländischen Recht.[160] Soweit die ausländische Entscheidung in ihren Wirkungen über die durch das deutsche Recht gezogene Grenze hinausgeht, verhindert dies nicht ihre Anerkennung insgesamt, sondern nur hinsichtlich der nicht anerkennungsfähigen Wirkungen.[161] 34

2. Materielle Rechtskraft. Der **Umfang** der Rechtskraftwirkung eines ausländischen Urteils bestimmt sich sowohl in sachlicher als auch in persönlicher Hinsicht nach dem **Recht des Urteilsstaats.**[162] Allerdings ergibt sich – wie oben (Rn. 34) ausgeführt – eine Einschränkung, soweit das ausländische Recht der Rechtskraft Wirkungen beimisst, die dem deutschen Recht unbekannt sind. Wird nach dem Recht des Urteilsstaats die Rechtskraft auch auf alle entscheidungserheblichen Tatsachen bezogen, dann wird damit der 35

---

149 *St/J/Roth* Rn. 156; AK-ZPO/*Koch* Rn. 39.
150 BGHZ 49, 50, 52 = NJW 1968, 357.
151 BGHZ 42, 194, 196; *Schütze* S. 144f.
152 BGH ZIP 1999, 1226, 1230; OLG Koblenz RIW 2004, 302, 306f.; MK/*Gottwald* Rn. 119; *T/P/Hüßtege* Rn. 20; *Haas/Stangl* IPRax 1998, 452.
153 Vgl. BGHZ 120, 334 = NJW 1993, 1073; abl. *Zö/Geimer* Rn. 105.
154 BGH NJW 1999, 319, 320; OLG Koblenz RIW 2004, 302, 306.
155 Vgl. die Nachw. von *Martiny,* in: Handbuch des Internationalen Zivilverfahrensrechts, Bd. III/1 1984; *Geimer/Schütze* I 2 S. 1780ff.; MK/*Gottwald* Rn. 112ff.; *St/J/Roth* Rn. 161ff.; *B/L/H* Anh. nach § 328; *Schütze* S. 146ff.
156 *Ro/S/Go* § 156 Rn. 46; *T/P/Hüßtege* Rn. 7.
157 BayObLG NJW-RR 1990, 842, 843.
158 *Kropholler,* Internationales Privatrecht, 5. Aufl. 2004, § 60 V 1b; MK/*Gottwald* Rn. 5, 136; *Schütze* S. 133.
159 MK/*Gottwald* Rn. 5, 136; *Kegel/Schurig* § 22 V 1a; aA *St/J/Roth* Rn. 8; *Müller* ZZP 79 (1966), 199, 206f.; *Schack* Rn. 794ff.; zu den zu dieser Frage vertretenen Auffassungen vgl. *Bungert* IPRax 1992, 225.
160 OLG Hamburg IPRspr. 1983 Nr. 184; *Geimer* Rn. 2777.
161 *Kropholler,* Internationales Privatrecht, 5. Aufl. 2004, § 60 V 1b 2; *Geimer* Rn. 2782.
162 OLG Saarbrücken NJW 1958, 1046; *Kegel/Schurig* § 22 V 1a.

Rechtskraft ein Inhalt gegeben, der dem deutschen Recht fremd ist. Deshalb kann eine solche Wirkung nicht anerkannt werden.[163] Dagegen ist die Erstreckung der Rechtskraft auf vorgreifliche Rechtsverhältnisse durchaus mit dem deutschen Rechtsverständnis vereinbar, wie sich aus der in § 322 Abs. 2 für die Aufrechnung getroffenen Regelung ergibt (§ 322 Rn. 3).[164]

36 Die Frage, ob das aus der materiellen Rechtskraft abzuleitende **Verbot der erneuten Verhandlung und Entscheidung über denselben Streitgegenstand** (§ 322 Rn. 5, 9) auch für ein ausländisches Urteil gilt, ist streitig (zur Rechtshängigkeitssperre eines ausländischen Verfahrens bei positiver Anerkennungsprognose s. § 261 Rn. 5). Während im Schrifttum die Auffassung vertreten wird, das Wiederholungsverbot müsse für ausländische Entscheidungen in gleicher Weise gelten wie für deutsche,[165] befürwortet der BGH eine Durchbrechung dieser Regel und rechtfertigt dies damit, dass sich bei einer ausländischen Entscheidung deren Verbindlichkeit für das deutsche Rechtsgebiet nicht von selbst verstehe.[166] Nach Auffassung des BGH soll sich aus der Rechtskraft des ausländischen Urteils für den deutschen Richter nur ein Abweichungsverbot ergeben, so dass bei Bejahung eines Rechtsschutzinteresses der Zulässigkeit einer erneuten Klage die Rechtskraft des ausländischen Urteils nicht entgegensteht. Das Rechtsschutzinteresse wird insbesondere nicht deshalb verneint, weil der Kläger den Weg des § 722 gehen und ein Vollstreckungsurteil erlangen könne (§ 722 Rn. 10).[167]

37 Diese unterschiedliche Behandlung deutscher und ausländischer Entscheidungen lässt sich nur rechtfertigen, wenn nach dem Recht des Erststaates mit der Rechtskraft kein Wiederholungsverbot verbunden ist; sonst steht die Auffassung der Rechtsprechung im Widerspruch zu den sonst für die Wirkungen ausländischer Urteile entwickelten Regeln (Rn. 2, 33).[168] Hinzuweisen ist darauf, dass sich diese Streitfrage nicht stellen kann, wenn durch Staatsverträge die Rechtskrafterstreckung des ausländischen Urteils dahingehend geregelt worden ist, dass eine erneute Klage im Zweitstaat als unzulässig abgewiesen werden muss.[169]

38 **3. Sonstige Wirkungen.** Einem Urteil kann neben der Rechtskraft auch Gestaltungswirkung, Interventions- und Streitverkündungswirkung, Vollstreckungswirkung sowie Tatbestandswirkung zukommen. Für die **Gestaltungswirkung** (§ 322 Rn. 8, 63) ist die Anerkennung mit der hM zu bejahen.[170] Die insbesondere im älteren Schrifttum vertretene Gegenauffassung,[171] nach der die Gestaltungswirkung eines ausländischen Urteils nur dann anerkannt werden soll, wenn das Urteil auch von dem Staat als wirksam anerkannt werde, dessen Recht nach dem deutschen internationalen Privatrecht für das gestaltende Rechtsverhältnis maßgebend sei (sog. lex causae-Theorie),[172] ist nach der durch die Gesetzesänderung im Jahre 1986 vorgenommenen Streichung des § 328 Abs. 1 Nr. 3 aF nicht mehr zutreffend.[173] Zu Recht weist die hM darauf hin, dass es keinen Gleichlauf zwischen internationaler Zuständigkeit und anwendbarem Recht gebe.

39 Weist ein ausländisches Urteil nach dem Recht des Urteilsstaates **Interventions- und Streitverkündungswirkung** (§ 68 Rn. 3ff.; § 74 Rn. 4) auf, die im Wesentlichen den Regelungen der §§ 66ff. entspricht, dann ist diese Wirkung in gleicher Weise wie Rechtskraft- und Gestaltungswirkung anzuerkennen.[174] Die dem ausländischen Urteil nach dem Recht des Urteilsstaates zukommende **Vollstreckbarkeitswirkung** erstreckt sich nicht automatisch auf das Inland. Vielmehr muss der ausländischen Entscheidung die inländische Vollstreckbarkeit erst durch einen besonderen Akt verliehen werden (vgl. die Erl. zu § 722).[175] Die **Tatbestandswirkungen** (§ 322 Rn. 8) eines ausländischen Urteils ergeben sich nicht aus dem Prozessrecht, sondern aus dem materiellen Recht, das nach deutschem internationalen Privatrecht maßgebend ist. Aus der Anerken-

---

[163] *St/J/Roth* Rn. 8; MK/*Gottwald* Rn. 141.

[164] MK/*Gottwald* Rn. 142; aA *Geimer* Rn. 2780f.; *St/J/Roth* Rn. 8. Zur Frage einer Anerkennung der sich aus US-amerikanischen Gerichtsentscheidungen ergebenden issue-preclusion-Wirkung vgl. *Gottwald* Festschr. f. Musielak, 2004, S. 183, 189ff.

[165] *Zö/Geimer* Rn. 35; AK-ZPO/*Koch* Rn. 12; *Schütze* S. 133f.; *Linke,* Internationales Zivilprozessrecht, 4. Aufl. 2005, Rn. 359f.; *Staudinger/Spellenberg* Rn. 151; gleicher Auffassung LG Münster NJW 1980, 534, 535 (dazu *Geimer* NJW 1980, 1234).

[166] BGH NJW 1987, 1146 m. weit. Nachw.; OLG Zweibrücken IPRspr. 1974 Nr. 185; OLG Hamm FamRZ 1991, 718; OLG Braunschweig NJW-RR 1989, 1097; LG München II IPRspr. 1977 Nr. 164; *Baumann* IPRax 1990, 28, 29; *St/J/Roth* Rn. 13; *Schack* Rn. 887. In anderen Entscheidungen wird dagegen die Gleichwertigkeit der Rechtskraft ausländischer Urteile mit der deutscher Judikate ausdrücklich festgestellt; vgl. BGH NJW 1983, 514, 515; OLG Bamberg NJW-RR 1997, 4.

[167] BGH NJW 1979, 2477.

[168] *Geimer* Rn. 2801f.; *Doser,* Gegenseitigkeit und Anerkennung ausländischer Entscheidungen (§ 328 Abs. 1 Nr. 5 ZPO), 1999, S. 97; vgl. auch *Habscheid* ZZP 75 (1962), 164.

[169] So für das EuGVÜ: EuGHE 1976, 1759 = NJW 1977, 495 (LS); *Kropholler,* Internationales Privatrecht, 5. Aufl. 2004, § 60 V 2a; *Schütze* S. 134.

[170] *Schütze* S. 135; *Geimer* Rn. 2813f.; *Kropholler,* Internationales Privatrecht, 5. Aufl. 2004, § 60 V 2e; *St/J/Roth* Rn. 16; MK/*Gottwald* Rn. 147.

[171] *Hausmann,* Kollisionsrechtliche Schranken von Scheidungsurteilen, Diss. München 1980, S. 186ff., 204f.; *Süß,* Festg. f. Rosenberg, 1949, S. 229ff., 252; weit. Nachw. bei *Müller* ZZP 79 (1966), 199, 217 Fn. 81.

[172] Vgl. dazu *Geimer* Rn. 42, 2814.

[173] *Kropholler,* Internationales Privatrecht, 5. Aufl. 2004, § 60 IV 7, V 2e mit Hinweis auf die amtliche Begründung (BT-Drucks. 10/504 S. 88).

[174] Anders nur *Geimer* Rn. 2820, der die Erfüllung sämtlicher Voraussetzungen des § 328 für die Anerkennung für überflüssig hält, weil sie primär auf die Rechtskraft- und Gestaltungswirkung zugeschnitten seien; es genüge deshalb die Verwirklichung der Nr. 1 und 4.

[175] Für den Bereich der EU vgl. Art. 38ff. EuGVO und Art. 21ff. EheVO I bzw. Art. 28ff. EheVO II.

nung eines ausländischen Urteils folgt deshalb noch nicht, dass auch seine Tatbestandswirkungen in Deutschland anzuerkennen sind.[176]

V. Anerkennungsverfahren in Ehesachen

1. Allgemeines. Der Grundsatz der automatischen Anerkennung fremder Entscheidungen (Rn. 1) fördert die Gefahr widersprechender Urteile. Um die dadurch entstehende Rechtsunsicherheit auszuschließen, die sich besonders in Statussachen ungünstig auswirken würde, bestehen unterschiedliche Regelungen innerhalb der EU und für Drittstaaten. Unter den **Mitgliedstaaten der EU** (mit Ausnahme Dänemarks) richtet sich die Anerkennung von Ehescheidungen, Entscheidungen über die Trennung ohne Auflösung des Ehebandes, Ungültigerklärungen der Ehe sowie die Zuweisung, Ausübung und Übertragung oder Entziehung der elterlichen Verantwortung nach der **EheVO II** (s. Anhang).[177] Danach werden die ergangenen Entscheidungen in den anderen Mitgliedstaaten anerkannt, ohne dass es hierfür eines besonderen Verfahrens bedarf (Art. 21 EheVO II). Dies gilt jedoch nicht für Entscheidungen, die eine Scheidung oder Auflösung der Ehe **ablehnen.** Beachte hierzu auch die Durchführungsvorschriften im **IntFamRVG.**[178] Für Einzelheiten wird auf die im Anhang abgedruckten und kommentierten Vorschriften verwiesen. Für Entscheidungen aus **nicht EU-Staaten und Dänemark** hat der Gesetzgeber dagegen ein förmliches Feststellungsverfahren geschaffen, dessen Rechtsgrundlage in Art. 7 FamRÄndG zu finden ist.[179] 40

2. Anwendungsbereich des Verfahrens nach FamRÄndG. Das Anerkennungsverfahren ist für alle Entscheidungen der in Art. 7 § 1 Abs. 1 S. 1 FamRÄndG bezeichneten Art vorgeschrieben, sofern nicht die EheVO II vorgeht (Rn. 40) oder beide Ehegatten zur Zeit der Entscheidung Angehörige des Staates gewesen sind, dessen Gericht die Entscheidung erlassen hat (Art. 7 § 1 Abs. 1 S. 3 FamRÄndG, s. Rn. 42). Die Anwendung des Art. 7 § 1 FamRÄndG auf **Lebenspartnerschaftssachen** ist streitig.[180] Als Entscheidungen iSd. Art. 7 § 1 FamRÄndG sind nicht nur Erkenntnisse der Gerichte anzusehen, sondern – abweichend von § 328 – auch solche von Verwaltungsbehörden[181] oder sonstigen Hoheitsträgern.[182] Kirchliche Gerichte, die auf Grund einer staatlichen Ermächtigung in Ehesachen tätig werden, können **anerkennungsfähige Ent-** 41

---

176 *MK/Gottwald* Rn. 154ff. auch zu den Tatbestandswirkungen im Einzelnen.

177 VO (EG) 2201/2003 v. 27. 11. 2003 (ABl. EG 2003, Nr. L 338, S. 1), sie löst seit dem 1. 3. 2005 die EheVO I (VO [EG] 1347/2000) ab.

178 Gesetz zur Aus- und Durchführung bestimmter Rechtsinstrumente auf dem Gebiet des internationalen Familienrechts v. 26. 1. 2005, BGBl. 2005 I, 162; hierzu *Gruber* FamRZ 2005, 1603ff.; *ders.* IPRax 2005, 293ff. Art. 7 § 1 FamRÄndG bleibt davon unberührt.

179 Die Vorschriften haben folgenden Wortlaut: Art. 7 FamRÄndG § 1 Anerkennung ausländischer Entscheidungen in Ehesachen

(1) Entscheidungen, durch die im Ausland eine Ehe für nichtig erklärt, aufgehoben, dem Bande nach oder unter Aufrechterhaltung des Ehebandes geschieden oder durch die das Bestehen oder Nichtbestehen einer Ehe zwischen den Parteien festgestellt ist, werden nur anerkannt, wenn die Landesjustizverwaltung festgestellt hat, dass die Voraussetzungen für die Anerkennung vorliegen. Die Verbürgung der Gegenseitigkeit ist nicht Voraussetzung für die Anerkennung. Hat ein Gericht des Staates entschieden, dem beide Ehegatten zur Zeit der Entscheidung angehört haben, so hängt die Anerkennung nicht von einer Feststellung der Landesjustizverwaltung ab.

(2) Zuständig ist die Justizverwaltung des Landes, in dem ein Ehegatte seinen gewöhnlichen Aufenthalt hat. Hat keiner der Ehegatten seinen gewöhnlichen Aufenthalt im Inland, so ist die Justizverwaltung des Landes zuständig, in dem eine neue Ehe geschlossen werden soll; die Justizverwaltung kann den Nachweis verlangen, dass das Aufgebot bestellt oder um Befreiung von dem Aufgebot nachgesucht ist. Soweit eine Zuständigkeit nicht gegeben ist, ist die Justizverwaltung des Landes Berlin zuständig.

(2a) Die Landesregierungen können die den Landesjustizverwaltungen nach diesem Gesetz zustehenden Befugnisse durch Rechtsverordnung auf einen oder mehrere Präsidenten des Oberlandesgerichts übertragen. Die Landesregierungen können die Ermächtigung auf die Landesjustizverwaltung übertragen.

(3) Die Entscheidung ergeht auf Antrag. Den Antrag kann stellen, wer ein rechtliches Interesse an der Anerkennung glaubhaft macht.

(4) Lehnt die Landesjustizverwaltung den Antrag ab, so kann der Antragsteller die Entscheidung des Oberlandesgerichts beantragen.

(5) Stellt die Landesjustizverwaltung fest, dass die Voraussetzungen für die Anerkennung vorliegen, so kann ein Ehegatte, der den Antrag nicht gestellt hat, die Entscheidung des Oberlandesgerichts beantragen. Die Entscheidung der Landesjustizverwaltung wird mit der Bekanntmachung an den Antragsteller wirksam. Die Landesjustizverwaltung kann jedoch in ihrer Entscheidung bestimmen, dass die Entscheidung erst nach Ablauf einer von ihr bestimmten Frist wirksam wird.

(6) Das Oberlandesgericht entscheidet im Verfahren der freiwilligen Gerichtsbarkeit. Zuständig ist das Oberlandesgericht, in dessen Bezirk die Landesjustizverwaltung ihren Sitz hat. Der Antrag auf gerichtliche Entscheidung hat keine aufschiebende Wirkung. § 21 Abs. 2, §§ 23, 24 Abs. 3, §§ 25, 28 Abs. 2, 3, § 30 Abs. 1 Satz 1 und § 199 Abs. 1 des Gesetzes über die Angelegenheiten der freiwilligen Gerichtsbarkeit gelten sinngemäß. Die Entscheidung des Oberlandesgerichts ist endgültig.

(7) Die vorstehenden Vorschriften sind sinngemäß anzuwenden, wenn die Feststellung begehrt wird, dass die Voraussetzungen für die Anerkennung einer Entscheidung nicht vorliegen.

(8) Die Feststellung, dass die Voraussetzungen für die Anerkennung vorliegen oder nicht vorliegen, ist für Gerichte und Verwaltungsbehörden bindend.

180 Bejahend *Andrae/Heidrich* FPR 2004, 292; *Hausmann* Festschr. f. Henrich, 2000, S. 241, 265; aA *Wagner* IPRax 2001, 281, 288; *Zö/Geimer* Rn. 304.

181 *Zö/Geimer* Rn. 305; verfehlt daher OLG Koblenz FamRZ 2005, 1692, 1693 m. abl. Anm. *Gottwald* ebenda 1694 und *Geimer* IPRax 2005, 325, 326.

182 *St/J/Roth* Rn. 192; MK/*Gottwald* Rn. 170.

scheidungen erlassen.[183] Privatscheidungen durch vertragliches oder einseitiges Rechtsgeschäft (Verstoßung, Scheidebrief), wie sie zB in islamischen Staaten, in Thailand und Ghana vorkommen, fallen ebenfalls in den Anwendungsbereich des Art. 7 § 1 FamRÄndG, wenn eine ausländische Behörde an ihrem Vollzug mitgewirkt hat, und sei es auch nur beurkundend oder registrierend (vgl. auch Rn. 43).[184] Ob auch eine **Privatscheidung** ohne konstitutive behördliche Mitwirkung anerkannt werden kann, ist streitig.[185] Diese Frage ist nach dem Kollisionsrecht zu entscheiden (Art. 17, 14 EGBGB) und dementsprechend eine Privatscheidung anzuerkennen, wenn sie durch das anzuwendende ausländische Recht (zur Anwendung des deutschen Rechts vgl. Rn. 43)zugelassen wird, sofern nicht im Einzelfall der deutsche ordre public entgegensteht.[186] Entscheidungen, durch die eine Klage oder ein Antrag auf Scheidung oder in einer anderen Ehesache **abgewiesen** worden ist, fallen nicht unter Art. 7 § 1 FamRÄndG. Sofern solche Entscheidungen Wirkungen entfalten, sind sie wie andere ausländische Entscheidungen zu behandeln (Rn. 1f.) und ihre Anerkennungsfähigkeit richtet sich nach § 328.[187] Gleiches gilt für Neben- und Folgeentscheidungen, auch wenn sie gemeinsam im Verbund mit der Ehescheidung ergangen sind.[188] **Urteile** von Gerichten **der ehemaligen DDR** sind keine ausländischen Entscheidungen und bedürfen keiner Anerkennung.[189]

42 Die Anerkennung einer Entscheidung durch ein ausländisches Gericht, dem beide Ehegatten zur Zeit der Entscheidung angehört haben, richtet sich nicht nach Art. 7 Abs. 1, sondern nach § 328.[190] Dies ergibt sich aus der sog. **Heimatstaatklausel** des Art. 7 § 1 Abs. 1 S. 3 FamRÄndG. Diese Klausel findet jedoch nur dann Anwendung, wenn ein Gericht entschieden hat; bei Auflösung der Ehe durch Verwaltungsbehörden oder bei Privatscheidungen bleibt es bei dem förmlichen Anerkennungsverfahren des Art. 7 § 1 FamRÄndG.[191] Gleich ist zu entscheiden, wenn einer der Ehegatten zugleich auch die deutsche Staatsangehörigkeit innehat. Der durch Art. 5 Abs. 1 S. 2 EGBGB angeordnete Vorrang der deutschen Staatsangehörigkeit führt dazu, dass die Heimatstaatklausel nicht anzuwenden ist.[192] Besitzt einer der Ehegatten mehrere ausländische Staatsbürgerschaften, dann ist ebenfalls ein Anerkennungsverfahren erforderlich.[193] Auch wenn die Voraussetzungen des Art. 7 § 1 Abs. 1 S. 3 FamRÄndG erfüllt werden, bleibt ein Feststellungsverfahren zulässig, das auf Grund eines (freiwillig gestellten) Antrages eines Beteiligten durchgeführt wird.[194]

43 **3. Anerkennungsvoraussetzungen.** Die Entscheidung über die Anerkennung ist von der Landesjustizverwaltung auf der Grundlage des § 328 zu treffen. Es kommt also darauf an, ob die in dieser Vorschrift genannten Voraussetzungen erfüllt sind.[195] § 328 ist nur dann nicht heranzuziehen, wenn es sich um eine Privatscheidung handelt (vgl. Rn. 41). Da es sich bei der **Privatscheidung** nicht um einen konstitutiven Hoheitsakt, sondern um ein Rechtsgeschäft handelt, sind für ihre Anerkennung die Normen des deutschen internationalen Privatrechts maßgebend.[196] Ist danach deutsches Recht anzuwenden, dann kann eine Privatscheidung nicht anerkannt werden, weil das deutsche Scheidungsrecht nur eine gerichtliche Ehescheidung kennt.[197]

44 **4. Verfahren.** Sachlich zuständig für das Anerkennungsverfahren ist die Landesjustizverwaltung (Art. 7 § 1 Abs. 2 S. 1 FamRÄndG). Auf Grund des 1994 neu in Art. 7 § 1 FamRÄndG eingefügten Abs. 2a können die Landesregierungen die Zuständigkeit auf einen Präsidenten des Oberlandesgerichts übertragen. Die örtliche Zuständigkeit ist in Art. 7 § 1 Abs. 2 FamRÄndG geregelt. Halten sich die Ehegatten in verschiedenen Bundesländern auf, dann ist in entsprechender Anwendung des § 4 FGG die alleinige Zuständigkeit der Behörde gegeben, die zuerst tätig wird.[198] Ist in einem gerichtlichen Verfahren die ausländische Scheidung präjudizielle Vorfrage, so ist das Verfahren bis zur Entscheidung über die Anerkennung **auszusetzen** (s. § 148 Rn. 15).

45 Die Entscheidung über die Anerkennung ergeht auf **Antrag** (Art. 7 § 1 Abs. 3 S. 1 FamRÄndG). Der Antrag, für den weder eine Form noch Frist vorgeschrieben ist,[199] kann auf positive oder auf negative Feststellung gerichtet sein (vgl. Art. 7 § 1 Abs. 7). **Antragsberechtigt** ist, wer ein rechtliches Interesse an der Anerkennung glaubhaft macht (Art. 7 § 1 Abs. 3 S. 2 FamRÄndG). Ein solches rechtliches Interesse ist zu bejahen,

---

183 *Gottwald* StAZ 1981, 84; *Beule* StAZ 1979, 29, 31.

184 BGHZ 82, 34, 41f. = NJW 1982, 517; BayObLG NJW-RR 1994, 771; OLG Celle FamRZ 1998, 686, jeweils m. weit. Nachw.

185 Bejahend *Andrae/Heidrich* FPR 2004, 292, 293; MK/*Gottwald* Rn. 175; jeweils m. weit. Nachw.; verneinend *Schack* Rn. 895; vgl. auch *Staudinger/Spellenberg* Rn. 591ff.

186 MK/*Gottwald* Rn. 175 m. Nachw.

187 OLG Frankfurt/M NJW 1989, 671, 672; *St/J/Roth* Rn. 201; *Zö/Geimer* Rn. 322f.

188 BGHZ 64, 19, 21f. = NJW 1975, 1072; BayObLG IPRspr. 1978 Nr. 175; *Geimer* Rn. 3023.

189 MK/*Gottwald* Rn. 173.

190 OLG Hamm FamRZ 1998, 303; OLG Bamberg NJW-RR 1997, 4, 5; OLG Zweibrücken FamRZ 1997, 93, 94; AG Weilburg NJW-RR 1999, 1382.

191 *Richter* JR 1987, 98, 99.

192 BayObLG NJW-RR 1990, 842, 843; LJV NRW IPRax 1986, 167, 169; vgl. auch BGH FamRZ 1994, 434, 435.

193 *Richter* JR 1987, 98, 99; *Krzywon* StAZ 1989, 93, 95; aA *Staudinger/Gamillscheg*, 10./11. Aufl. 1973, Rn. 501.

194 BGHZ 112, 127, 130ff. = NJW 1990, 3081 m. weit. Nachw.

195 BayObLGZ 1999, 211, 213; StAZ 2001, 174, 175; AG Weilburg NJW-RR 1999, 1382.

196 BGHZ 110, 267, 272 = NJW 1990, 2194 m. weit. Nachw.; vgl. auch *Börner* IPRax 1995, 309.

197 BGHZ 110, 267, 276f. = NJW 1990, 2194; BayObLG NJW-RR 1994, 771; FamRZ 2003, 381, 383; OLG Celle FamRZ 1998, 686 jeweils m. weit. Nachw.; OLG Düsseldorf FamRZ 2003, 381 (LS); vgl. auch Bad-Württ. JM FamRZ 2001, 1018; *Zö/Geimer* Rn. 307f.

198 *St/J/Roth* Rn. 218.

199 BayObLG FamRZ 1985, 75; OLG Düsseldorf FamRZ 1974, 528, 530.

wenn der Status des Antragstellers durch die Anerkennung oder Nichtanerkennung berührt wird.[200] Dies trifft regelmäßig auf die Ehegatten der aufgelösten Ehe zu und auf den neuen Ehepartner eines der im Ausland geschiedenen Ehegatten sowie auf deren Kinder, wenn von der Anerkennung abhängt, ob sie in Deutschland als ehelich anzusehen sind.[201] Nach dem Tode eines Ehegatten sind auch solche Personen antragsberechtigt, für deren Erbrecht es auf die Anerkennung oder Nichtanerkennung einer ausländischen Ehescheidung ankommt.[202] Ein Antragsrecht steht in Verfahren auf Aufhebung einer Ehe gem. § 1316 Abs. 1 Nr. 1 BGB der zuständigen Verwaltungsbehörde (§ 631 Rn. 2)[203] und in Fällen, in denen ihre Leistungspflicht von der Anerkennung der Entscheidung abhängt, auch den Sozialversicherungsträgern[204] zu.

Die **Entscheidung** der Landesjustizverwaltung wird mit der Bekanntmachung an den Antragsteller wirksam. In der Entscheidung kann jedoch auch bestimmt werden, dass sie erst nach Ablauf einer bestimmten Frist wirksam wird (Art. 7 § 1 Abs. 5 S. 2, 3 FamRÄndG). Sowohl ein positiver als auch ein negativer Feststellungsbescheid ist für die Gerichte und Verwaltungsbehörden bindend (Art. 7 § 1 Abs. 8 FamRÄndG). Diese Wirkung kommt jedoch einer Entscheidung nicht zu, durch die der Antrag als unzulässig zurückgewiesen wird.[205] Die Anerkennungsentscheidung der Landesjustizverwaltung **wirkt** auf den Zeitpunkt der Rechtskraft der anerkannten Entscheidung **zurück.**[206] 46

5. Gerichtliche Entscheidung. Die Entscheidung der Landesjustizverwaltung kann durch Antrag auf gerichtliche Entscheidung angefochten werden. **Zuständig** ist das OLG, in dessen Bezirk die Landesjustizverwaltung ihren Sitz hat (Art. 7 § 1 Abs. 6 S. 2 FamRÄndG), in Bayern (noch, vgl. Einl. Rn. 18) das Bayerische Oberste Landesgericht (Art. 11 Abs. 3 Nr. 3 BayAGGVG). Für das **Verfahren** gilt das FGG (Art. 7 § 1 Abs. 6 S. 1 FamRÄndG). Das **Antragsrecht** ist in Art. 7 § 1 Abs. 4 und 5 S. 1 FamRÄndG geregelt. Darüber hinaus wird nach überwiegender Meinung jedem ein Antragsrecht zugebilligt, der ein rechtliches Interesse an der Anerkennung oder Nichtanerkennung der ausländischen Entscheidung glaubhaft macht.[207] Der Antrag auf gerichtliche Entscheidung ist nicht an eine Frist gebunden. Das Antragsrecht kann zwar verwirkt werden, wenn der Antrag nicht innerhalb eines angemessenen Zeitraums eingereicht wird; jedoch müssen zum Zeitablauf noch besondere Umstände hinzutreten, die ein längeres Zuwarten als unangemessen und damit die verspätete Einreichung des Antrags als unzulässige Rechtsausübung erscheinen lassen.[208] 47

VI. Gebühren und Kosten

1. Rechtsanwaltsgebühren. Für die **Feststellungsklage** über die Wirksamkeit einer ausländischen Entscheidung erhält der Anwalt die Gebühren der Nrn. 3100 ff. VV RVG. 48

2. Gerichtskosten. Einschlägig sind KV Nrn. 1510 und 1520. 49

329 *Beschlüsse und Verfügungen*

(1) [1]Die auf Grund einer mündlichen Verhandlung ergehenden Beschlüsse des Gerichts müssen verkündet werden. [2]Die Vorschriften der §§ 309, 310 Abs. 1 und des § 311 Abs. 4 sind auf Beschlüsse des Gerichts, die Vorschriften des § 312 und des § 317 Abs. 2 Satz 1, Abs. 3 bis 5 auf Beschlüsse des Gerichts und auf Verfügungen des Vorsitzenden sowie eines beauftragten oder ersuchten Richters entsprechend anzuwenden.

(2) [1]Nicht verkündete Beschlüsse des Gerichts und nicht verkündete Verfügungen des Vorsitzenden oder eines beauftragten oder ersuchten Richters sind den Parteien formlos mitzuteilen. [2]Enthält die Entscheidung eine Terminsbestimmung oder setzt sie eine Frist in Lauf, so ist sie zuzustellen.

(3) Entscheidungen, die einen Vollstreckungstitel bilden oder die der sofortigen Beschwerde oder der Erinnerung nach § 573 Abs. 1 unterliegen, sind zuzustellen.

I. Normzweck

In § 329 werden Bestimmungen über die Verkündung und Zustellung von Beschlüssen und Verfügungen getroffen und dabei einzelne Vorschriften des Urteils für entsprechend anwendbar erklärt. Ob auch andere Vorschriften, die für Urteile gelten, auf Beschlüsse und Verfügungen sinngemäß zu übertragen sind, ist im Gesetz nicht ausdrücklich bestimmt und muss jeweils nach dem Normzweck der in Betracht kommenden Vorschriften entschieden werden (vgl. Rn. 18 ff., 22). 1

II. Aufbau und Inhalt von Beschlüssen

1. Äußere Gestaltung. Die §§ 313 bis 313 b, die Regeln über die äußere Gestaltung eines Urteils aufstellen, gelten nicht für Beschlüsse. Die äußere Form eines Beschlusses ist in das Ermessen des Gerichts ge- 2

---

200 *Richter/Krzywon* IPrax 1988, 349, 350.
201 MK/*Gottwald* Rn. 194.
202 *Krzywon* StAZ 1989, 93, 96.
203 MK-BGB/*Diederichsen* § 1316 Rn. 6.
204 KG NJW 1970, 2169; *Zö/Geimer* Rn. 330.
205 BayObLG NJW 1974, 1628, 1630.
206 BGH NJW 1983, 514, 515; OLG Hamm FamRZ 1992, 673, 674.
207 OLG Koblenz NJW-RR 1988, 1159; KG FamRZ 2004, 275, 276; *Richter/Krzywon* IPrax 1988, 349, 350, 351; *Geimer* Rn. 3044 (jedem ist ein Antragsrecht zuzubilligen, in dessen Rechtssphäre die Entscheidung der Justizverwaltung eingreift).
208 BayObLG NJW-RR 1986, 5.

stellt.[1] Es empfiehlt sich jedoch, bei **Beschlüssen, die zu begründen sind** (Rn. 5), eine Trennung zwischen der Entscheidungsformel und den Gründen vorzunehmen. Auch sollte der Richter im Interesse einer besseren Übersichtlichkeit beim Aufbau der Gründe zwischen der Sachverhaltsdarstellung und der rechtlichen Bewertung unterscheiden,[2] soweit nicht die gesonderte Darstellung eines Tatbestandes entbehrlich ist, weil die der Entscheidung zu Grunde liegenden Tatsachen ohne weiteres der rechtlichen Begründung entnommen werden können. Beschlüsse, die der Rechtsbeschwerde unterliegen, müssen den rechtserheblichen Sachverhalt einschließlich der Parteianträge wiedergeben, weil das Rechtsbeschwerdegericht grundsätzlich von diesen Sachverhalt auszugehen hat.[3] Stets muss der Beschluss erkennen lassen, welcher **Richter** ihn gefasst hat[4] und in welchem **Verfahren** er ergeht. Es sind also die im Rubrum eines Urteils enthaltenen Angaben (§ 313 Nr. 1 bis 3) im Wesentlichen auch bei einem Beschluss aufzuführen.

3 Die Frage, ob der Beschluss auch von allen mitwirkenden Richtern unterschrieben werden muss[5] oder ob es bei einem Kollegium genügt, dass der Vorsitzende allein unterzeichnet,[6] ist streitig. Die gesetzliche Regelung ist in diesem Punkt nicht eindeutig. Gegen die Notwendigkeit einer **Unterzeichnung** des Beschlusses **durch alle mitwirkenden Richter** spricht, dass § 315 in § 329 nicht für anwendbar erklärt worden ist. In diesem Umstand kann allerdings kein gewichtiges Argument gefunden werden, weil einmal die Verweisungen in § 329 nicht als abschließend aufgefasst werden können und andererseits aus der Verweisung auf § 317 Abs. 2 S. 1 in § 329 durchaus gefolgert werden kann, dass Beschlüsse wie Urteile unterschrieben werden müssen.

4 Entscheidend ist deshalb, welche Funktion der Unterschrift unter dem Beschluss zukommt. Wer meint, die Unterschrift solle nur das Zustandekommen des Beschlusses in verlässlicher Form beurkunden, der wird die Unterschrift des Vorsitzenden oder sogar des Berichterstatters genügen lassen. Wer jedoch der Unterschrift unter einem Beschluss die Aufgabe zuerkennt, die interne Kontrolle der Übereinstimmung der schriftlichen Fassung mit der von den Richtern beschlossenen Entscheidung zu bekunden und dies auch nach außen erkennbar werden zu lassen, der muss die Unterschrift aller Richter fordern, die den Beschluss gefasst haben. Da es keinen überzeugenden Grund gibt, der dagegen spricht, auch bei einem Beschluss wie bei einem Urteil (§ 315 Rn. 1) zu verlangen, dass der mitwirkende Richter durch seine Unterschrift die Billigung der Entscheidung zum Ausdruck bringt, ist die **Unterschrift aller Richter** als **Wirksamkeitsvoraussetzung** für Beschlüsse anzusehen; dabei ist es gleichgültig, ob sie verkündet werden müssen oder nicht. Ist ein Richter an der Unterschriftsleistung verhindert, dann ist nach den gleichen Regeln zu verfahren, wie sie nach § 315 Abs. 1 S. 2 für Urteile gelten (§ 315 Rn. 5 ff.).[7] Fehlende Unterschriften können wie bei Urteilen (§ 315 Rn. 11) mit Wirkung für die Zukunft nachgeholt werden.[8]

5 **2. Begründung.** Beschlüsse sind regelmäßig zu begründen. Dies gilt nach allgemeiner Meinung[9] für **anfechtbare Beschlüsse** schon deshalb, weil der Betroffene die Erwägungen des Gerichts kennen muss, um sich mit ihnen auseinander setzen und entscheiden zu können, ob er ein Rechtsmittel einlegen will. Zudem verpflichtet der Anspruch auf rechtliches Gehör das Gericht, die wesentlichen der Rechtsverfolgung und der Rechtsverteidigung dienenden Tatsachenbehauptungen des Betroffenen in den Entscheidungsgründen zu verarbeiten.[10]. Das aus Art. 3 Abs. 1 GG folgende Willkürverbot verlangt darüber hinaus auch die Begründung **unanfechtbarer Beschlüsse,** wenn der Richter von dem eindeutigen Wortlaut einer Rechtsnorm abweicht und der Grund hierfür nicht schon aus den Besonderheiten des Falles folgt, die den Beteiligten bekannt oder für sie ohne weiteres erkennbar sind.[11] Auch wenn das Gericht von der Auslegung einer Norm des einfachen Rechts abweicht, die die höchstrichterliche Rechtsprechung ihr bislang gegeben hat, muss eine Rechtfertigung hierfür entweder den Entscheidungsgründen oder den übrigen Umständen des Falles entnommen werden können.[12] In anderen Fällen ist bei unanfechtbaren Beschlüssen zumindest verfassungsrechtlich eine Begründung nicht geboten.[13] Da jedoch eine Begründung auch der Selbstkontrolle des Gerichts dient, sollte der Richter unanfechtbare Beschlüsse stets mit einer kurzen Begründung versehen, wenn sie sich nicht aus dem Wortlaut des Beschlusses selbst ohne weiteres ableiten lässt, wie dies regelmäßig bei Beweisbeschlüssen der Fall ist oder wenn der Inhalt des Beschlusses den übereinstimmenden Anträ-

---

[1] *Huber* JuS 1984, 950, 952; *Sae/Saenger* Rn. 3; vgl. auch OLG Hamm MDR 1999, 316.

[2] AK-ZPO/*Wassermann* Rn. 6; *St/J/Roth* Rn. 6.

[3] BGH NJW 2002, 2648; 2007, 2045; NJW-RR 2005, 78.

[4] BGH NJW-RR 1994, 1406; OLG Koblenz Rpfleger 1974, 260, 261.

[5] AG Bocholt MDR 1968, 423; *Schneider* MDR 1989, 488; *Elzer* JuS 2004, 36, 37f.; *Ro/S/Go* § 60 Rn. 49; *St/J/Schumann* Rn. 14; AK-ZPO/*Wassermann* Rn. 7; offen gelassen von BGH (Fn. 4).

[6] OLG Düsseldorf MDR 1980, 943; *Seidel* ZZP 99 (1986), 64, 66; *Zö/Vollkommer* Rn. 36; *T/P/Reichold* Rn. 11; *Sae/Saenger* Rn. 5.

[7] BGH (Fn. 4).

[8] BGHZ 137, 49, 52f. = NJW 1998, 609; aA (für nur zuzustellende, nicht zu verkündende Beschlüsse; vgl. Rn. 8) OLG Stuttgart FamRZ 1999, 452.

[9] BGH NJW 2002, 2648; NJW-RR 2005, 78; OLG Düsseldorf FamRZ 2002, 249; OLG Nürnberg MDR 2001, 893; OLG Frankfurt/M FamRZ 2006, 274, 275.

[10] Vgl. BVerfGE 47, 182, 189 = NJW 1978, 989; BVerfGE 54, 43, 46; 58, 353, 357 = NJW 1982, 30; BVerfG NJW 1991, 2757 m. weit. Nachw.; EGMR NJW 1999, 2429; OLG Hamm NJW-RR 2000, 211.

[11] BVerfG NJW 1993, 1909; 1994, 574; 1998, 3484.

[12] BVerfG NJW 1994, 574; 1998, 3484, 3485, jeweils m. weit. Nachw.

[13] BVerfG FamRZ 1989, 145; BVerfG (Fn. 12).

gen der Parteien entspricht.[14] **Ausnahmsweise** ist eine **Begründung** auch bei **anfechtbaren Beschlüssen entbehrlich,** wenn die Gründe dafür unmittelbar dem Gesetz entnommen werden können.[15]

Streitig ist die Frage, ob das Gericht eine **fehlende Begründung nachholen** kann; dies wird bejaht, wenn die Begründung so rechtzeitig vorliegt, dass der Betroffene seine Rechte in einem Rechtsmittelzug hinreichend wahrnehmen und das Rechtsmittelgericht die angefochtene Entscheidung sachgemäß überprüfen kann.[16] Die Begründung eines Beschlusses muss ebenso wenig wie die Entscheidungsgründe eines Urteils ausdrücklich zu dem gesamten Parteivorbringen Stellung nehmen; es genügt vielmehr eine Auseinandersetzung mit den wesentlichen Tatsachenbehauptungen (§ 313 Rn. 11).[17] Jedoch stellen formelhafte Wendungen, die nicht auf das Vorbringen der Partei eingehen, keine ausreichende Begründung dar.[18] In diesem Fall ist der Beschluss in gleicher Weise wie bei einer fehlenden Begründung mangelhaft und muss auf ein Rechtsmittel hin aufgehoben werden. Die Sache ist dann zur erneuten Entscheidung zurückzuverweisen.[19] Verzichten die Parteien auf die Begründung des Beschlusses, dann kann darin ein **Rechtsmittelverzicht** liegen, weil für eine Nachprüfung durch das Rechtsmittelgericht die Darstellung der Entscheidungsgründe regelmäßig unerlässlich ist.[20] Der Verzicht der Parteien allein auf die Begründung und nicht auch auf ein Rechtsmittel ändert nichts an der Begründungspflicht des Gerichts.[21] 6

III. Existentwerden und Wirksamkeit von Beschlüssen

1. Grundsatz. Bei einem Beschluss ist zwischen seinem Existentwerden und seinem Wirksamwerden zu unterscheiden. Existent wird der Beschluss, wenn er mit Willen des Gerichts aus dessen inneren Bereich gelangt und nach außen als erlassener Beschluss erkennbar wird.[22] Vorher handelt es sich lediglich um einen unverbindlichen Entwurf, durch den noch nicht das Verfahren abgeschlossen ist; folglich muss das Gericht dann auch noch eingegangene Schriftsätze berücksichtigen, um dem Anspruch auf rechtliches Gehör zu genügen.[23] Vom Zeitpunkt des Existentwerdens an kann ein (beschwerdefähiger) Beschluss angefochten werden.[24] Die Wirksamkeit des Beschlusses ist davon abhängig, dass er den Betroffenen mitgeteilt wird.[25] Ist für diese Mitteilung eine besondere Form vorgeschrieben, dann muss sie eingehalten werden, damit der Beschluss Wirksamkeit erlangen kann. 7

2. Zu verkündende Beschlüsse. Für Beschlüsse, die zu verkünden sind, gilt folgendes: Der Beschluss wird **mit** seiner **Verkündung existent,** weil er damit den inneren Bereich des Gerichts verlässt (Rn. 7). Ist eine Zustellung nicht vorgeschrieben, dann wird der Beschluss auch zugleich mit der Verkündung wirksam; sonst tritt die **Wirksamkeit** erst mit der Zustellung ein, und zwar regelmäßig bereits mit der Zustellung an eine Partei.[26] Zu verkünden sind alle Beschlüsse, die auf Grund einer (notwendigen oder freigestellten) mündlichen Verhandlung erlassen werden (§ 329 Abs. 1 S. 1). Das Gleiche gilt für Beschlüsse in schriftlichen Verfahren (§ 128). § 329 Abs. 1 S. 2 erklärt für das Verfahren der Verkündigung §§ 310 Abs. 1, 311 Abs. 4 und § 312 für entsprechend anwendbar. Der Beschluss und seine Verkündung sind im Protokoll festzustellen (§ 160 Abs. 3 Nr. 6, 7). 8

3. Zuzustellende Beschlüsse. Zuzustellen sind Beschlüsse, die eine Terminsbestimmung enthalten (§ 329 Abs. 2 S. 2). Eine Ausnahme gilt nach § 497 Abs. 1 für die Ladung des Klägers zum ersten Verhandlungstermin vor dem Amtsgericht. Ein Beschluss, der eine Frist in Lauf setzt, ist ebenfalls zuzustellen (Abs. 2 S. 2); hierbei muss es sich allerdings um eine „echte" Frist handeln, die auch eine richterliche sein kann (s. § 221 Rn. 1 ff.).[27] Nach § 329 Abs. 3 sind ferner Beschlüsse zuzustellen, die einen Vollstreckungstitel bilden oder die der Beschwerde oder der Erinnerung nach § 573 Abs. 1 unterliegen. Eine Pflicht zur Zustellung kann sich auch aus speziellen Vorschriften ergeben (Beispiele: § 922 Abs. 2, § 994 Abs. 2). UU sind Beschlüsse sowohl zuzustellen als auch **öffentlich bekannt zu machen** (zB Beschluss zur Eröffnung des Insolvenzverfahrens, §§ 27, 8, 9 InsO).[28] 9

4. Formlos mitzuteilende Beschlüsse. Beschlüsse, die weder zu verkünden noch zuzustellen sind, müssen den Parteien vom Gericht mitgeteilt werden, ohne dass für diese Mitteilung eine bestimmte Form eingehal- 10

---

[14] BGH FamRZ 1988, 943 (zum Verweisungsbeschluss gem. § 281); OLG Köln MDR 1989, 919, 920. Eingehend zur Begründung unanfechtbar Entscheidungen Kischel, Die Begründung, 2003, S. 182 ff. Der BGH FamRZ 2006, 1029; hält eine Begründung des Beschlusses, durch den Prozesskostenhilfe versagt wird, für entbehrlich.

[15] BayObLG NJW-RR 1991, 187, 188; KG NJW 1974, 2010; OLG Frankfurt/M Rpfleger 1984, 477; OLG Nürnberg OLGR 2001, 192.

[16] OLG Düsseldorf OLGZ 1972, 245, 246; KG (Fn. 15); OLG Köln NJW-RR 1991, 1280; aA *St/J/Roth* Rn. 9.

[17] BGH NJW 1983, 123.

[18] BAG NJW 1994, 1815 (LS); OLG Hamm JurBüro 1991, 682 m. Anm. v. *Mümmler;* OLG Hamm (Fn. 10); vgl. auch OLG Karlsruhe FamRZ 1991, 349.

[19] OLG Düsseldorf Rpfleger 1985, 255; OLG Frankfurt/M Rpfleger 1984, 477.

[20] OLG Hamm NJW-RR 1993, 827, 828.

[21] OLG Hamm NJW-RR 2000, 212.

[22] BGH VersR 1974, 365; FamRZ 1987, 921, 922; NJW-RR 2000, 877, 878; 2004, 1575; FamRZ 2004, 1368; BayObLG Rpfleger 1981, 144, 145.

[23] OLG Koblenz JurBüro 1991, 435, 436; OLG Zweibrücken NJW-RR 2002, 1015, 1016.

[24] BGH VersR 1974, 365; OLG Frankfurt/M NJW 1974, 1389; *Schneider* NJW 1978, 833.

[25] BGH NJW 2005, 3724, 3725; BAG (GS) NJW 1980, 309, 310 (zur parallelen Frage bei Verfügungen); OLG Düsseldorf NJW-RR 1988, 319.

[26] Vgl. *Schneider* (Fn. 24); *Zö/Vollkommer* Rn. 20 f.

[27] BGH NJW 1977, 717, 718.

[28] Zu den Folgen dabei fehlender Unterschriften s. BGH NJW 1998, 609, 610 f. und § 315 Rn. 11.

ten werden muss. Deshalb genügt auch eine telefonische Unterrichtung,[29] über die ein Aktenvermerk nicht vorgeschrieben ist, wohl aber empfehlenswert erscheint.[30] Gegebenenfalls muss sich das Gericht auf geeignete Weise (zB durch Versendung mittels Einschreiben mit Rückschein oder rückgabepflichtiger Empfangsbescheinigung) davon überzeugen, dass dem Adressaten rechtliches Gehör gewährt worden ist.[31] Auch bei formlos mitzuteilenden Beschlüssen ist zwischen ihrem Existent- und Wirksamwerden zu unterscheiden (Rn. 7). Solche Beschlüsse werden in gleicher Weise wie zuzustellende in dem Zeitpunkt **existent,** in dem sie den internen Geschäftsbereich des Gerichts verlassen; sie werden **wirksam** mit der (formlosen) Mitteilung an die Partei,[32] wobei darauf zu achten ist, ob die Wirksamkeit von der Mitteilung an beide Parteien abhängt.[33]

11 **5. Mängel.** Wird ein Beschluss, der zu verkünden ist, nur zugestellt, dann hindert dieser Verfahrensmangel das Wirksamwerden der Entscheidung nicht (vgl. zur gleichen Frage bei Urteilen § 310 Rn. 10).[34] Gleiches gilt im umgekehrten Fall, wenn also ein zuzustellender Beschluss fälschlicherweise verkündet wird (vgl. § 310 Rn. 11). Fehler bei der Verkündung oder der Zustellung von Beschlüssen führen nur dann zur Unwirksamkeit der Entscheidung, wenn gegen solche Vorschriften verstoßen wird, die als wesentlich für die Verlautbarung angesehen werden müssen. Wird ein zu verkündender oder zuzustellender Beschluss lediglich formlos mitgeteilt, dann wird er zwar existent, aber nicht wirksam, so dass er u. a. keine fristauslösende Wirkung hat.[35]

IV. Bindungswirkung und Rechtskraft

12 **1. Bindung des Gerichts.** Auf die Frage, ob das Gericht einen existent gewordenen Beschluss nachträglich ändern darf oder ob in entsprechender Anwendung des § 318 eine Bindung des Gerichts an die von ihm getroffene Entscheidung bejaht werden muss, lässt sich keine einheitliche Antwort finden, sondern es muss auf Grund der gesetzlichen Regelung differenziert werden. Im Einzelnen gilt Folgendes:

13 Beschlüsse, die nach der gesetzlichen Regelung im Rahmen eines besonderen Verfahrens nach bestimmten Regeln oder auf Grund eines besonderen befristeten Rechtsbehelfs angefochten werden können, sind grundsätzlich für das erlassende Gericht bindend. Hierunter fallen der Arrest (§§ 924ff.), die einstweilige Verfügung (§§ 936ff.), der Beschluss, durch den ein Schiedsspruch oder ein Schiedsvergleich in Form eines Schiedsspruches für vollstreckbar erklärt wird (§§ 1064 Abs. 2, 1065, 1053, 1060f.), der Mahnbescheid (§ 694 iVm. § 692 Abs. 1 Nr. 3)[36] und der Vollstreckungsbescheid (§ 700 iVm. §§ 338ff.). Der Beschluss, durch den Prozesskostenhilfe bewilligt worden ist, kann von dem Gericht nur unter den in § 124 genannten Voraussetzungen aufgehoben werden.[37] Der Verweisungsbeschluss nach § 281 darf nach seiner Verkündung von dem erlassenden Gericht nicht mehr geändert werden, da es sich für dieses Gericht um eine abschließende Entscheidung handelt, mit der seine Zuständigkeit endet.[38] Der Beschluss nach § 522 Abs. 2, durch den die Berufung zurückgewiesen wird, weist einen urteilsähnlichen Charakter auf und ist in gleicher Weise wie ein Urteil für das erlassene Gericht unabänderlich.[39]

14 In einer Reihe von Fällen ist im Gesetz ausdrücklich über die Zulässigkeit einer Abänderung entschieden. So besteht nach § 621e Abs. 3 S. 2 iVm. § 318 eine Bindung des Gerichts an die in § 621e Abs. 1 und 2 aufgeführten Entscheidungen. Ausdrücklich wird dem Gericht durch § 150 die Aufhebung der von ihm erlassenen Beschlüsse über eine Trennung, Verbindung oder Aussetzung des Verfahrens gestattet. Die Änderung eines Beweisbeschlusses ist durch § 360 geregelt.

15 Durch das ZPO-RG ist eine generelle Abhilfemöglichkeit des Untergerichts bei allen sofortigen Beschwerden eingeführt worden (§ 572 Abs. 1 S. 1). Eine solche Abhilfe setzt allerdings voraus, dass die betroffene Partei eine sofortige Beschwerde gegen die Entscheidung eingelegt hat. Das Gericht ist entgegen einer zum früheren Recht vertretenen Auffassung (vgl. Rn. 13 der 2. Auflage) nicht befugt, einen als falsch erkannten Beschluss von Amts wegen abzuändern. Eine solche Möglichkeit stände im Widerspruch zu der Bindungswirkung von Beschlüssen, die im Rahmen eines besonderen Verfahrens nach bestimmten Regeln anzufechten sind, wenn ihre Korrektur erreicht werden soll (Rn. 13). Deshalb muss schon im Interesse des Vertrauens der betroffenen Partei auf den Bestand der vom Gericht erlassenen Entscheidung die Abänderung davon abhängig gemacht werden, dass der Beschluss angefochten wird.

16 Werden bei Erlass eines unanfechtbaren Beschlusses Verfahrensgrundrechte (vgl. Einl. Rn. 27ff.) verletzt, dann ist zu unterscheiden: Ist der Anspruch auf rechtliches Gehör verletzt worden, dann hat die be-

---

[29] BGHZ 14, 148, 152 = NJW 1954, 1604; BGH NJW-RR 2000, 877, 878; BAG AP § 519 Nr. 28; OLG Hamm Rpfleger 1987, 251, 253.

[30] OLG Hamm (Fn. 29); AK-ZPO/*Wassermann* Rn. 9; dagegen hält *Zwirner* NJW 1954, 907, einen Aktenvermerk für erforderlich.

[31] BVerfG NJW 1991, 2757.

[32] BGH NJW 1987, 2379; NJW-RR 1995, 641; 2000, 877, 878; FamRZ 2004, 1368.

[33] So für den Verweisungsbeschluss nach § 281: BGH NJW-RR 1995, 641; *Zö/Vollkommer* Rn. 22.

[34] OLG Schleswig SchlHA 1957, 158; OLG München MDR 1954, 424, 1962, 224; OLG Bremen FamRZ 1981, 1091; OLG Köln Rpfleger 1982, 113.

[35] BGH (Fn. 28) S. 611; OLG Köln NJW-RR 1998, 365.

[36] *T/P/Reichold* Rn. 12; Hk-ZPO/Saenger RdNr. 21; aA OLG Karlsruhe Rpfleger 1987, 422; *Vollkommer* Rpfleger 1975, 161, 165.

[37] OLG Hamm FamRZ 1986, 583.

[38] *St/J/Leipold* Rn. 15 und § 281 Rn. 22.

[39] BGH MDR 2007, 600, 601; OLG München MDR 2003, 522; vgl. auch BAG NJW 2004, 174, 175.

troffene Partei Abhilfe durch Erhebung einer Anhörungsrüge gemäß § 321a zu suchen (§ 321a Rn. 3). Bei Verstößen gegen andere Grundrechte besteht diese Möglichkeit nicht und es kommt nur eine Gegenvorstellung in Betracht, die bei dem Gericht, das den Beschluss erlassen hat, zu erheben ist (vgl. dazu § 321a Rn. 6). Der BGH vertritt zu Recht die Auffassung, die Einschränkung der sich aus einer entsprechenden Anwendung des § 318 ergebenden Bindung sei in diesen Fällen gerechtfertigt, weil Entscheidungen, die unter Verletzung eines Verfahrensgrundrechts ergangen seien, auf eine Verfassungsbeschwerde hin aufzuheben wären und damit letztlich keine Bestandskraft entfalten könnten.[40] Die insoweit bestehende Ähnlichkeit mit der Anhörungsrüge spricht dafür, die Zwei-Wochen-Frist des § 321a Abs. 2 S. 1 auch auf die Gegenvorstellung anzuwenden (vgl. auch § 321a Rn. 6).[41]

2. Rechtskraft. Alle Beschlüsse, die einer befristeten selbständigen Anfechtung unterworfen sind, erlangen nach Ablauf dieser Frist **formelle Rechtskraft;** Gleiches gilt für Beschlüsse, für die im Gesetz eine Anfechtung ausgeschlossen wird.[42] Beschlüsse sind auch der **materiellen Rechtskraft** fähig.[43] Sie erlangen allerdings nur dann materielle Rechtskraft, wenn ihnen formelle Rechtskraft und Bindungswirkung (Rn. 12ff.) zukommen und wenn sie einen rechtskraftfähigen Inhalt aufweisen, dh. wenn sich ihr Inhalt nicht lediglich auf das anhängige Verfahren bezieht, sondern eine Wirkung über den Prozess hinaus entfaltet. Berichtigungsbeschlüsse nach § 319,[44] Zurückweisungsbeschlüsse nach § 522 Abs. 2,[45] Kostenfestsetzungsbeschlüsse,[46] Vollstreckungsbescheide (§ 700 Rn. 3),[47] Beschlüsse in Verfahren nach §§ 23ff. EGGVG,[48] Beschlüsse in Richterablehnungsverfahren,[49] Beschlüsse nach §§ 807, 900 Abs. 4[50] sowie nach § 887[51] und Beschlüsse im arbeitsgerichtlichen Beschlussverfahren können in materielle Rechtskraft erwachsen.[52] Beschlüsse, durch die über die Gewährung von Prozesskostenhilfe entschieden wird, sind nach § 127 Abs. 2, 3 unter bestimmten, in diesen Vorschriften genannten Voraussetzungen mit der sofortigen Beschwerde anfechtbar und werden mit Ablauf der Beschwerdefrist folglich formell rechtskräftig. Der BGH[53] verneint jedoch die materielle Rechtskraftfähigkeit von Beschlüssen, durch die eine Prozesskostenhilfe versagt wird, weil den mit dem Rechtsinstitut der materiellen Rechtskraft verfolgten Zielen, vor allem der endgültigen Befriedigung eines kontradiktorischen Parteienstreit über denselben Streitgegenstand, in Verfahren auf Gewährung von Prozesskostenhilfe grundsätzlich keine Bedeutung zukommen könnte. 17

V. Entsprechende Anwendung von Urteilsvorschriften

Die in § 329 ausgesprochenen Verweisungen auf einzelne Vorschriften über das Urteil sind keinesfalls abschließend. Darüber hinaus sind auch weitere Regelungen entsprechend anwendbar, wenn dies die Ähnlichkeit zwischen Urteil und Beschluss rechtfertigt. **§ 308:** Bei Beschlüssen, die auf Antrag einer Partei ergehen, ist das Gericht nicht befugt, der Partei etwas zuzusprechen, was sie nicht beantragt hat; Kostenentscheidungen in Beschlüssen sind dagegen von Amts wegen zu treffen (vgl. § 91 Rn. 3). **§ 309:** Die Vorschrift ist in § 329 Abs. 1 S. 2 ausdrücklich für entsprechend anwendbar erklärt worden. Beschlüsse, die auf Grund einer mündlichen Verhandlung ergehen, müssen folglich von denjenigen Richtern gefällt werden, die an dieser Verhandlung teilgenommen haben. Der BGH verlangt zudem, dass nur diejenigen Richter mitwirken dürfen, die dazu im Zeitpunkt des Erlasses nach der Geschäftsverteilung. berufen sind.[54] **§ 310:** Abs. 1 gilt entsprechend für Beschlüsse, die verkündet werden müssen (§ 329 Abs. 1 S. 2). Abs. 2 gilt dagegen nicht, weil die Anforderungen, die an die Form eines Urteils gestellt werden, bei Beschlüssen grundsätzlich nicht erfüllt werden müssen (Rn. 2ff.). **§ 311:** Abs. 1 ist nicht anwendbar. Abs. 2 und 3 gelten entsprechend. Dies bedeutet, dass bei Beschlüssen, die zu verkünden sind (§ 329 Abs. 1 S. 1) die Entscheidungsformel (vorbehaltlich des § 311 Abs. 2 S. 2) verlesen wird und dass es im Ermessen des Vorsitzenden (§ 136 Abs. 4) steht, ob er auch die Begründung des Beschlusses mitteilt. Ebenso ist Abs. 4 auf Grund der in § 329 Abs. 1 S. 2 ausgesprochenen Verweisung entsprechend anwendbar. Gleiches gilt für **§ 312.** 18

§§ 313, 313a: Für die äußere Gestaltung eines Beschlusses gibt es keine zwingenden Regeln, jedoch ist eine Orientierung an § 313 empfehlenswert (Rn. 2). Wegen dieser Freiheit des Richters bei der äußeren Gestaltung eines Beschlusses ist es nicht zu beanstanden, wenn die Urschrift auf einen genau bezeichneten Teil des Akteninhalts („Einrücken wie Rotklammer") Bezug nimmt.[55] Nach Auffassung des BGH muss bei 19

---

[40] BGH NJW 2002, 1577 m. weit. Nachw.
[41] So OLG Dresden NJW 2006, 851; aA BFH NJW 2006, 861.
[42] OLG München MDR 1954, 237; OLG Stuttgart JZ 1959, 445.
[43] BGH NJW 2004, 1805, 1806; WM 1994, 992, 994; BAG NJW 1984, 1710.
[44] BAG NZA 2004, 452, 453.
[45] BGH NJW 1981, 1962 (zu § 519b aF); OLG München (Fn. 39).
[46] BGH NJW 1997, 743; OLG Düsseldorf JurBüro 1996, 592; *Münzberg* JZ 1987, 477.
[47] BGHZ 101, 380, 382 = NJW 1987, 3256; BGH NJW-RR 1990, 179; 1993, 1013, 1014; OLG Hamm NJW-RR 1994, 1468.
[48] BGH WM 1994, 992, 994.
[49] BayObLGZ 1986, 366, 367.
[50] LG Kassel Rpfleger 1991, 118.
[51] OLG Zweibrücken JurBüro 1996, 443.
[52] BAG (Fn. 43); BAG AP BetrVG 1972 § 19 Nr. 32 m. Anm. v. Krause.
[53] BGH NJW 2004, 1805, 1806; aA OLG Oldenburg MDR 2003, 1071.
[54] BGH MDR 2005, 410.
[55] OLG Hamm MDR 1999, 316; vgl. aber auch BGH VersR 2002, 464, zur Frage der Übereinstimmung der in der unterschriebenen, Kanzleianweisungen enthaltenen Urschrift mit der zuzustellen Ausfertigung

einem Beschluss, aus dem wie bei einer einstweiligen Verfügung die Zwangsvollstreckung stattfindet, die genaue und eindeutige Bezeichnung des Rubrums und die Entscheidungsformel unmittelbar aus dem Text der vom Richter unterzeichneten Urschrift ersichtlich sein.[56] **§ 314:** Die Vorschrift ist nicht anwendbar, da sie voraussetzt, dass ein Tatbestand iSv. § 313 Abs. 1 Nr. 5 Abs. 2 zwingend vorgeschrieben ist (zur entsprechenden Anwendung auf Grund spezialgesetzlicher Regelungen vgl. Rn. 20). **§ 315 Abs. 1** gilt entsprechend (Rn. 4). **§ 317:** Die Zustellung von Beschlüssen ist in § 329 geregelt. Nur die in § 317 Abs. 2 S. 1 und Abs. 3 bis 5 getroffenen Bestimmungen sind auf Beschlüsse entsprechend anwendbar (§ 329 Abs. 1 S. 2). Demgemäß ist bei einer vollstreckbaren Ausfertigung des Beschlusses eine vollständige Wiedergabe der Urschrift erforderlich, weil § 317 Abs. 2 S. 2 nicht entsprechend angewendet werden darf.[57] **§ 318:** Eine Bindung des Gerichts an die von ihm erlassenen Beschlüsse besteht nur in bestimmten Fällen (vgl. dazu Rn. 12ff.).

20 **§ 319:** Diese Vorschrift enthält einen allgemeinen Rechtsgedanken, der auf Beschlüsse zu übertragen ist.[58] Folglich können offenbare Unrichtigkeiten (§ 319 Rn. 4f.) in Beschlüssen von Amts wegen berichtigt werden. **§ 320:** Die Vorschrift erklärt sich aus der Beweisregel des § 314 S. 1 (§ 320 Rn. 1), die für Beschlüsse nicht gilt. Folglich kommt auch eine entsprechende Anwendung des § 320 auf Beschlüsse nicht in Betracht.[59] Etwas anderes gilt nur in Verfahren, in denen Beschlüsse begründet werden müssen und auch tatsächliche Angaben zu enthalten haben (vgl. Rn. 3); auf solche Beschlüsse ist sowohl **§ 314** als auch § 320 entsprechend anwendbar.[60] **§ 321:** Der Rechtsgedanke dieser Vorschrift ist auch auf Beschlüsse anzuwenden. Dies bedeutet, dass versehentlich gelassene Entscheidungslücken (vgl. dazu § 321 Rn. 4f.) entsprechend der in § 321 getroffenen Regelung nachträglich geschlossen werden können;[61] soweit nicht eine förmliche Zustellung vorgeschrieben ist, beginnt die Antragsfrist mit Zugang des Beschlusses bei der betroffenen Partei.[62]. **§§ 322 bis 328:** Soweit Beschlüsse auch der formellen und materiellen Rechtskraft fähig sind (Rn. 17), können diese Vorschriften auf sie entsprechend angewendet werden.

VI. Verfügungen

21 **1. Existent- und Wirksamwerden.** In der Form der Verfügung werden regelmäßig die **den Prozessbetrieb bestimmenden Anordnungen** getroffen, die vom Vorsitzenden oder vom beauftragten oder ersuchten Richter erlassen werden. Die Verfügung wird in gleicher Weise wie ein Beschluss (Rn. 7) in dem Zeitpunkt rechtlich **existent,** in dem sie den internen Bereich der Behörde verlässt und nach außen in Erscheinung tritt.[63] Auch das **Wirksamwerden** der Verfügung richtet sich nach gleichen Regeln, wie sie für Beschlüsse gelten (Rn. 7ff.). Dies bedeutet zB, dass die Verfügung des Vorsitzenden, mit der er die Berufungsbegründungsfrist verlängert (§ 520 Abs. 2 S. 2, 3), wirksam wird, wenn dem Prozessbevollmächtigten der Partei dies durch die Geschäftsstelle des Gerichts fernmündlich mitgeteilt wird. Die Mitteilung, dass die Berufungsbegründung nicht fristgerecht beim Gericht eingegangen sei, bei der es sich um eine zur Erfüllung der richterlichen Hinweispflicht gem. § 139 Abs. 3 dienende Verfügung handelt, muss **zugestellt** werden, weil sie die Frist des § 234 Abs. 1 in Lauf setzt (§ 329 Abs. 2 S. 2).[64] Fristsetzende Verfügungen wie zB solche, durch die eine in § 296 Abs. 1 aufgeführte Präklusionsfrist gesetzt wird, sind gleichfalls nach § 329 Abs. 2 S. 2 zuzustellen.[65]

22 **2. Entsprechend anzuwendende Urteilsvorschriften. § 308:** Abs. 1 S. 1 bezieht sich auf den Sachantrag des Klägers (§ 308 Rn. 2). Durch Verfügungen wird über einen solchen Antrag nicht entschieden, so dass § 308 folglich auf Verfügungen nicht entsprechend anzuwenden ist. Soweit jedoch das Gesetz den Erlass einer Verfügung von einem Antrag der Partei abhängig macht, wie zB bei der Verlängerung der Frist für die Berufungs- oder Revisionsbegründung (§ 520 Abs. 2 S. 2, 3, § 551 Abs. 2 S. 5, 6), wird man auf Grund des Rechtsgedankens des § 308 Abs. 1 den Verfügenden für verpflichtet halten, den Antrag zu beachten und nicht mehr oder etwas anderes zu verfügen als beantragt wurde. **§ 309:** Diese Vorschrift ist ausdrücklich von einer Anwendung auf Verfügungen in § 329 Abs. 1 S. 2 ausgenommen worden. **§§ 310 bis 312:** Verfügungen brauchen nicht verkündet zu werden (§ 329 Abs. 1). Werden sie dennoch verkündet, dann ist nach dem entsprechend anzuwendenden § 312 (§ 329 Abs. 1 S. 2) die Wirksamkeit der Verkündung nicht von der Anwesenheit der Parteien abhängig. Die übrigen Vorschriften über die Verkündung von Urteilen sind auf Verfügungen nicht entsprechend anzuwenden. **§ 315:** Fristsetzende Verfügungen müssen vom Vorsitzenden oder dem verfügenden Richter unterzeichnet werden; eine Paraphe genügt nicht (s. a. § 129 Rn. 8ff.; § 130 Rn. 9).[66] Dagegen wird die Unterzeichnung mit einer Paraphe bei einer Terminsbestimmung

---

56 BGH NJW 2003, 3136, 3137 m. weit. Nachw.

57 LG Stade Rpfleger 1987, 253.

58 BVerfGE 29, 45, 50; BayObLG NJW-RR 1989, 720, 721; ZMR 2000, 237; OLG Brandenburg FamRZ 2000, 1096; OLG München (Fn. 39).

59 OLG Köln MDR 1976, 848; OLG Frankfurt/M MDR 2004, 901; AK-ZPO/*Wassermann* Rn. 12; aA *St/J/Schumann* Rn. 12; *Zö/Vollkommer* Rn. 40.

60 BGHZ 65, 30, 35f. = NJW 1975, 1837 (zur Rechtsbeschwerde in Verfahren nach dem GWB).

61 OLG München, JurBüro 1987, 1555, 1556; OLG Frankfurt/M JurBüro 1980, 778; OLG Stuttgart MDR 1999, 116, 117; vgl. dazu auch MK/*Musielak* Rn. 14.

62 OLG München MDR 2003, 522.

63 BGH NJW 1990, 1797; NJW-RR 1994, 444f.; BAG AP § 519 Nr. 28.

64 BGH VersR 1995, 317.

65 BGHZ 76, 236, 238, 241 = NJW 1980, 1167; BGH NJW 1981, 2255; VersR 1983, 33; OLG Düsseldorf NJW-RR 1986, 799, 800.

66 BGHZ (Fn. 65) S. 241; BGH VersR 1983, 33; BVerwG NJW 1994, 746.

für ausreichend gehalten, die allerdings charakteristische Merkmale aufweisen müsse, um zumindest innerhalb des Gerichts den Unterzeichner klar erkennbar sein zu lassen.[67] **§ 317:** Aufgrund der in § 329 Abs. 1 S. 2 ausgesprochenen Verweisung gelten Abs. 2 S. 1 und Abs. 3 bis 5 sinngemäß. Dies bedeutet insbesondere, dass vor einer Unterzeichnung der Verfügung Abschriften nicht erteilt werden dürfen. **§ 318:** Die Vorschrift ist auf Verfügungen nicht anwendbar. **§ 319:** Der Rechtsgedanke dieser Vorschrift ist auf Verfügungen zu übertragen und offenbare Unrichtigkeiten (§ 319 Rn. 4f.) in ihnen von Amts wegen zu berichtigen. Die **analoge Anwendung anderer Urteilsvorschriften** kommt nicht in Betracht.

Titel 3. Versäumnisurteil

Vorbemerkung

I. Grundsatz

1 **1. Regelungszweck des Versäumnisurteils.** Der Grundsatz mündlicher Verhandlung und die Verhandlungsmaxime (näheres siehe Einl. Rn. 37, 45) setzen ein Minimum an **Verfahrensmitwirkung** der Parteien voraus. Hierzu gehört zwar nicht ihre Teilnahme am Verfahren, jedoch soll jeder Beteiligte die **prozessuale Last**[1] der Säumnis tragen. Diese besteht in einer möglichen gegen ihn gerichteten **Sachentscheidung** in Form des Versäumnisurteils.[2] Bedenken hinsichtlich einer Verletzung des Anspruchs auf **rechtliches Gehör** (Art. 103 Abs. 1 GG) bestehen nicht,[3] da für beide Parteien die **Möglichkeit** der Teilnahme gegeben ist und Einspruch (§ 338) eingelegt werden kann. Uneingeschränkte Sanktionswirkung hat wegen der Wirkung des Einspruchs (§ 342 Rn. 1–2) ohnehin nur das zweite Versäumnisurteil.[4]

2 **2. Anwendungsbereich.** Das Versäumnisverfahren (§§ 330–347) bezieht sich sowohl auf die Versäumnis eines Termins zur mündlichen Verhandlung als auch einer Anzeigefrist nach § 276 Abs. 1 S. 1 (§ 331 Abs. 3, dort Rn. 17ff.). Nicht anwendbar sind §§ 330ff. jedoch bei gleichzeitiger **Säumnis beider Parteien** (s. Rn. 8); ebenso wenig wird die Säumnis **einzelner Prozesshandlungen** erfasst, vgl. hierzu §§ 230ff., 283, 296. Kraft Verweisung gelten die §§ 330ff. vor dem **Amtsgericht** (§ 495), in den Rechtsmittelinstanzen (**Berufung** und **Revision**,[5] §§ 539, 555; s. auch § 565) sowie im arbeitsgerichtlichen Urteilsverfahren nach § 46 Abs. 2 ArbGG. Unzulässig ist ein Versäumnisurteil im **schriftlichen Verfahren** nach § 128 Abs. 2–4.[6] Zur Anwendung im Verfahren nach § 495a s. dort Rn. 5.[7] Für das Vollstreckbarerklärungsverfahren ausländischer Schiedssprüche (§§ 1025 Abs. 4 iVm §§ 1061–1065 lehnt der BGH[8] die Anwendung der Säumnisvorschriften ab, s. differenzierend § 1063 Rn. 5.

3 Da das Versäumnisverfahren auf der **Verhandlungsmaxime** basiert (Rn. 1), kommt es in Verfahren, die dem Untersuchungsgrundsatz unterfallen, nicht zur Anwendung, so zB im **Verwaltungsprozess** (§ 102 Abs. 2 VwGO, § 91 Abs. 2 FGO, § 110 Abs. 1 S. 1 SGG). Ein Versäumnisurteil gegen den Kläger in **Ehe- und Kindschaftssachen** ist grundsätzlich zulässig (§§ 612 Abs. 4, 632 Abs. 4, 640 Abs. 1).[9] **Unzulässig** ist eine Säumnisentscheidung jedoch **gegen den Beklagten** (§§ 612 Abs. 4, 640 Abs. 1). Allerdings lässt es die hM zu, ein Rechtsmittel des säumigen Beklagten (Rechtsmittelklägers) durch Versäumnisurteil zurückzuweisen (Einzelheiten § 612 Rn. 9).[10] In **Familiensachen** ist es uneingeschränkt möglich, wenn über Verfahren nach § 23b Abs. 1 Nr. 5, 6 und 9 GVG isoliert verhandelt wird. Bei nach § 629 verbundenen Sachen ist dessen Abs. 2 zu beachten.[11] § 227 Abs. 3 BauGB schließt ein Versäumnisurteil für **Baulandsachen** aus. Nach § 82 PatG kann im Verfahren vor dem Patentgericht bei Nichterscheinen einer ordnungsgemäß geladenen Partei auch ohne diese verhandelt und durch kontradiktorisches Urteil entschieden werden.[12]

II. Allgemeine Voraussetzungen des Versäumnisurteils

4 Unabhängig davon, ob das Versäumnisurteil gegen den Kläger ergehen soll (§ 330) oder gegen den Beklagten (§ 331), müssen die folgenden **allgemeinen Voraussetzungen** für den Erlass gegeben sein. Sie werden jeweils durch besondere Voraussetzungen nach §§ 330, 331 ergänzt.

---

[67] BSG NJW 1992, 1188, 1189; vgl. auch OVG Münster NJW 1991, 1628.
[1] Zum Begriff vgl. statt vieler *Stürner,* Aufklärungspflicht, S. 71ff. mit Nachw.
[2] Zur geschichtlichen Entwicklung des Versäumnisverfahrens *Schubert,* Festschr. f. Schneider, 1997, S. 65ff.
[3] BVerfGE 36, 298, 301; *Schwab/Gottwald,* Verfassung und Zivilprozess, 1984, S. 56; *Waldner,* Der Anspruch auf rechtliches Gehör, 1989, Rn. 340ff.
[4] MK/*Prütting* § 330 Rn. 2.
[5] Vgl. BGH NJW-RR 1992, 1474; NJW 1985, 2589; 1982, 2179.
[6] Auch nicht unter dem Gesichtspunkt des Gleichheitssatzes geboten: BVerfG NJW 1993, 2864.
[7] Vgl. auch *Städing* NJW 1996, 691, 693ff.
[8] BGHZ 166, 278 = NJW 2007, 772; ebenso MK/*Münch* § 1063 Rn. 6 mit Nachw.; aA OLG Hamm MDR 2007, 483.
[9] Vgl. etwa OLG Hamm NJW 1986, 2061.
[10] BGHZ 46, 300, 304; OLG Karlsruhe FamRZ 1985, 505, 506; OLG Koblenz FamRZ 1983, 759; OLG Hamm FamRZ 1982, 295.
[11] OLG Zweibrücken NJW-RR 1997, 2.
[12] BGH NJW-RR 1996, 1320.

5 **1. Säumnis. a) Säumnisfähiger Termin.** Erforderlich ist die Bestimmung eines Termins zur notwendigen mündlichen Verhandlung (§ 216) vor dem **erkennenden Gericht.** Als solches kommt das Prozessgericht, ein Einzelrichter (§§ 348, 348a, 526, 527 Abs. 3 Nr. 2, 568), oder der Vorsitzende der Kammer für Handelssachen (§ 349 Abs. 2 Nr. 5) in Betracht. Unerheblich ist, um welchen Termin im laufenden Verfahren es sich handelt (§ 332), das Verfahren darf nur **nicht unterbrochen** sein (§§ 239ff.).[13] Versäumnis-urteil kann daher auch im frühen ersten Termin ergehen. **Ausreichend** ist ein **Beweistermin** nach § 370 mit Ende der Beweisaufnahme und Fortsetzung der mündlichen Verhandlung (§ 370 Rn. 4). Eine **freigestellte mündliche Verhandlung** genügt jedoch nur im Verfahren nach §§ 922 Abs. 1, 936, 937 Abs. 2. Zur Frage der Anwendbarkeit des Säumnisverfahrens bei Vollstreckbarerklärung eines Schiedsspruchs s. § 1063 Rn. 5. Auch ein **Zwischentermin** (§§ 280, 347) ist ausreichend, die Wirkung der Versäumnis beschränkt sich dann jedoch auf diese Verhandlung. **Unzulängliche** Termine für ein Versäumnisurteil sind reine Gütetermine (§ 278 Abs. 1, für die **Güteverhandlung** nach § 278 Abs. 2 ist aber § 279 Abs. 1 zu beachten: unmittelbar im Anschluss mündliche Verhandlung!) und solche nach §§ 310, 320. Ebenso wenig begründet ein Termin vor einem **beauftragten oder ersuchten Richter** (§§ 361, 362) Säumnissanktionen.

6 b) **Ordnungsgemäße Anberaumung des Termins und Ladung.** Der Termin muss durch handschriftlich unterzeichneten Beschluss oder Verfügung angeordnet (§ 216 Rn. 10) und entweder verkündet (§ 218) oder die säumige Partei bzw. ihr Prozessvertreter ordnungsgemäß geladen worden sein (§§ 335 Abs. 1 Nr. 2, 214ff.). Bei der erschienenen, aber nicht verhandelnden Partei ist ein Mangel der Ladung **durch das Erscheinen geheilt.**[14]

7 c) **Nichterscheinen oder Nichtverhandeln.** Versäumt ist der Termin, wenn die Partei bis zum **Schluss der mündlichen Verhandlung** nicht erscheint oder verhandelt (§§ 220 Abs. 2, 333, vgl. § 220 Rn. 4). Auch eine sich freiwillig aus dem Termin entfernende oder nach § 158 durch sitzungspolizeiliche Maßnahme aus dem Termin entfernte Partei kann säumig sein, wenn sie bis zur Entfernung nicht verhandelte (vgl. § 158 Rn. 1).[15] Maßgeblicher Zeitpunkt des Nichterscheinens ist nach **Aufruf der Sache** (vgl. aber § 370 Rn. 4 und § 279 Rn. 6), der frühestens zur angesetzten Zeit erfolgen darf und auch außerhalb des Gerichtssaals ergehen muss (§ 220 Rn. 2).[16] Dem Gericht obliegt bei pünktlichem Aufruf keine längere **Wartepflicht,** anders bei verspätetem (ggf. angemessene Wartezeit, s. § 337 Rn. 4). Ein verfrühter und damit nicht ordnungsgemäßer Aufruf hindert ein Versäumnisurteil jedoch nicht, wenn es erst zur festgesetzten Terminstunde ergeht und wegen der Säumnis auch bei pünktlichem Aufruf niemand für die Partei erschienen wäre.[17] Streitig sind Einzelheiten zum **maßgeblichen Zeitpunkt des Nichtverhandelns,** s. hierzu § 342 Rn. 2; zum teilweisen Verhandeln §§ 333, 334 Rn. 4. In **Anwaltsprozessen** gilt eine ohne zugelassenen Anwalt anwesende Partei als nicht erschienen. Zu **Terminabsprachen** der Anwälte und der Berücksichtigung von Standesrecht s. § 337 Rn. 4ff. Die Säumnis einer Partei bleibt unberücksichtigt, wenn ein **notwendiger Streitgenosse** oder **Streithelfer** (§§ 62, 67) erscheint und verhandelt.

8 **2. Antrag.** Ein Versäumnisurteil ergeht grundsätzlich nur auf Antrag der nicht säumigen Partei. Er muss auf den Erlass eines Versäumnisurteils gerichtet sein. Ist er dies **ausdrücklich,** so ist es dem Gericht verwehrt, ein streitiges Sachurteil zu erlassen.[18] Ebenso wenig darf ein ausdrücklicher Antrag auf ein kontradiktorisches Urteil zu einem Versäumnisurteil führen. Einzelheiten zur Auslegung des Antrags sind streitig, vgl. hierzu § 330 Rn. 3, § 331 Rn. 6. Stellt der Anwesende gar keinen Antrag, so sind **beide Parteien säumig** (§ 333). Das Gericht kann dann zwischen Vertagung, Ruhen des Verfahrens (§ 251) oder Entscheidung nach Aktenlage (unter den Voraussetzungen des § 251a Abs. 2) wählen. Zum Fall der **Klagerücknahme** bei verweigerter Einwilligung des Beklagten und fehlendem neuen Sachantrag des Klägers s. § 269 Rn. 17.[19]

9 **3. Sachurteilsvoraussetzungen und Ausschlussgründe.** Da das Versäumnisurteil Sachurteil ist, müssen die allgemeinen Voraussetzungen für den Erlass eines solchen vorliegen (§ 335 Abs. 1 Nr. 1). Überdies ist in den Fällen der §§ 335, 337 ein Versäumnisurteil **unzulässig.** Eine generelle Vereinbarung zwischen den Parteien, kein Versäumnisurteil gegeneinander zu beantragen, ist nichtig.[20] Eine auf einen konkreten Termin bezogene **Vereinbarung** oder die Verabredung, bis zu einem bestimmten Zeitpunkt eines Termins kein Versäumnisurteil zu beantragen, soll nach teilweise vertretener Ansicht ein Versäumnisurteil ausschließen.[21] Dies findet jedoch wie das anwaltliche Standesrecht nur im Rahmen von § 337 Berücksichtigung (dort Rn. 4).

III. Allgemeine Folgen der Säumnis

10 **1. Echte Versäumnisurteile.** Die Säumnis einer Partei führt nicht immer zu einem echten Versäumnisurteil. Ein solches liegt nur vor, wenn es **gegen den säumigen Kläger oder Beklagten auf Grund** der in §§ 330, 331 (bzw. § 345) geregelten Folgen der Säumnis ergeht. Das Versäumnisurteil gegen den Kläger beinhaltet

---

[13] AllgM, vgl. MK/*Prütting* § 330 Rn. 11.
[14] MK/*Prütting* § 330 Rn. 12; *Zö/Herget* vor § 330 Rn. 3.
[15] *St/J/Schumann* § 158 Rn. 4; *Musielak,* GK ZPO, Rn. 170f.
[16] BVerfG NJW 1977, 1443, 1444; BVerfGE 42, 364, 370f.; KG NJW 1987, 1338, 1339.
[17] KG NJW *1987, 1338, 1339.*
[18] OLG Koblenz NJW-RR 1991, 1087; MK/*Prütting* § 330 Rn. 24.
[19] Hierzu *Rupp/Fleischmann* MDR 1985, 17ff.
[20] *T/P/Reichold* vor § 330 Rn. 11; MK/*Prütting* § 330 Rn. 26.
[21] *St/J/Schumann* vor § 330 Rn. 21; MK/*Prütting* § 330 Rn. 26.

eine materielle Klageabweisung **ohne sachliche Prüfung** (§ 330 Rn. 4). Ein solches gegen den Beklagten gibt der Klage lediglich auf Grund einer Schlüssigkeitsprüfung und auf der Grundlage der vom Kläger vorgetragenen Tatsachen statt (§ 331 Rn. 7ff.). Hingegen wird der Charakter des Versäumnisurteils nicht davon beeinflusst, ob die Entscheidung inhaltlich anders ausgefallen wäre, wäre die säumige Partei im Termin erschienen.[22] Liegen die Voraussetzungen weder für den Erlass eines echten noch eines unechten (sogleich Rn. 11) Versäumnisurteils vor, so ist nach § 335 Abs. 1 zu verfahren (dort Rn. 8).

2. Unechte Versäumnisurteile. Der Begriff ist missverständlich,[23] da es sich um ein gewöhnliches streit- 11
iges Endurteil im Säumnisverfahren handelt: **unechte Versäumnisurteile** sind **kontradiktorische** Urteile, die trotz bzw. **ohne Rücksicht auf die Säumnis** einer Partei ergehen.[24] Ist ein solches Urteil nur fälschlicherweise als Versäumnisurteil bezeichnet, so ändert dies den Charakter der Entscheidung nicht.[25] Ebenso wird umgekehrt ein als Versäumnisurteil erlassenes Urteil nicht deshalb zu einem kontradiktorischen, weil das Gericht nur irrtümlich von einem Säumnisfall ausging.[26]

Für das unechte Versäumnisurteil sind dagegen folgende Fälle zu unterscheiden: Das Urteil richtet sich 12
gegen die säumige Partei, ergeht aber nicht auf Grund der §§ 330, 331, sondern wegen **fehlender,** von Amts wegen zu prüfender **Sachurteilsvoraussetzungen.** So ist nach ganz herrschender Ansicht eine unzulässige Klage des nicht erschienenen (oder nicht verhandelnden, § 333) Klägers durch instanzbeendendes Prozessurteil abzuweisen.[27] Die Gegenauffassung[28] stellt den säumigen Kläger durch ein Versäumnisurteil wegen der Einspruchsmöglichkeit (§ 338) unberechtigterweise besser als den anwesenden.[29] Allerdings muss der säumigen Partei Gelegenheit zur Stellungnahme gegeben sein.[30] Zur **Säumnis bei Fiktion der Rechtsnachfolge** s. § 239 Rn. 13. Ein unechtes Versäumnisurteil liegt auch vor, wenn es sich bei Säumnis einer Partei, zB des Beklagten, **gegen die andere Partei,** den Kläger, richtet, weil die **Klage unzulässig** oder **unschlüssig** ist. Auch diese Urteile stellen **kontradiktorische** dar, die nicht auf der Säumnis selbst beruhen.[31]

3. Rechtsbehelfe. Während gegen das echte Versäumnisurteil nur **Einspruch** eingelegt werden kann 13
(§ 338) und Berufung oder Revision ausgeschlossen sind (§§ 514 Abs. 1, 565;[32] s. aber §§ 345, 514 Abs. 2 für das zweite Versäumnisurteil), ist gegen ein unechtes Versäumnisurteil nur der Rechtsbehelf der **Berufung bzw. Revision** gegeben.[33] Lediglich der **Grundsatz der Meistbegünstigung** kann bei einer fälschlicherweise als Versäumnisurteil bezeichneten kontradiktorischen Entscheidung dazu führen, dass der Einspruch ebenfalls zulässig ist (s. Rn. 11, § 331 Rn. 24, § 338 Rn. 2).[34] Eine eindeutig als Versäumnisurteil erlassene Entscheidung unterliegt aber auch dann nur dem Einspruch, wenn das Gericht irrtümlich von einem Säumnisfall ausging.[35] Umgekehrt gilt das Meistbegünstigungsprinzip jedoch, wenn das Versäumnisurteil fälschlicherweise nicht als solches bezeichnet ist und der Betroffene deshalb Berufung einlegt[36] – entscheidend ist immer das Vorliegen eines Verlautbarungsfehlers seitens des Gerichts (hierzu allgemein vor § 511 Rn. 31–34). Das unechte Versäumnisurteil darf **nicht in abgekürzter Form** ergehen (§ 313b); die Rechtsmittelfrist läuft erst **ab Zustellung** des vollständig abgefassten Urteils.[37] Wird gegen das Versäumnisurteil kein Einspruch eingelegt, so unterliegt es der formellen (§ 705) und materiellen **Rechtskraft** (§ 322; § 330 Rn. 4).

330 *Versäumnisurteil gegen den Kläger* **Erscheint der Kläger im Termin zur mündlichen Verhandlung nicht, so ist auf Antrag das Versäumnisurteil dahin zu erlassen, dass der Kläger mit der Klage abzuweisen sei.**

I. Voraussetzungen

1. Grundsatz. § 330 findet bei Säumnis des Klägers (geringe praktische Bedeutung) oder **Widerklägers** 1
Anwendung. Deshalb kann der erschienene Kläger gegen den säumigen widerklagenden Beklagten wegen des mit der Widerklage geltend gemachten Anspruchs Versäumnisurteil beantragen. Zum Erlass in Familiensachen s. Vorb. Rn. 3. Der Erlass eines Versäumnisurteils gegen den Kläger/Widerkläger ist nur mög-

---

[22] So auch *Prütting* ZZP 91 (1978), 197, 199 m. weit. Nachw.; *Ro/S/Go* § 107 II; MK/*Prütting* § 330 Rn. 19.

[23] So auch AK-ZPO/*Pieper* vor § 330 Rn. 17.

[24] So ausdrücklich BGH WM 1981, 829, 830.

[25] BGH FamRZ 1988, 945; OLG München OLGZ 1988, 488, 489 = NJW-RR 1989, 1405.

[26] BGH WM 1981, 829, 830; OLG Düsseldorf MDR 1985, 1034; s. auch BGH NJW 1999, 583, 584.

[27] BGH NJW-RR 1986, 1041 (für fehlende Prozessführungsbefugnis); NJW 1969, 845, 846; OLG Frankfurt/M NJW 1992, 1178; KG NJW-RR 1991, 41, 42 (für die Berufungsinstanz); OLG München OLGZ 1988, 488, 490 = NJW-RR 1989, 1405; *Ro/S/Go* § 104 Rn. 4; *Jauernig* § 66 III; *St/J/Schumann* vor § 330 Rn. 29; MK/*Prütting* § 330 Rn. 19; AK-ZPO/*Pieper* vor § 330 Rn. 17; *Zö/Herget* vor § 330 Rn. 11.

[28] So etwa RGZ 140, 77, 78; 50, 384, 388; *Blomeyer* § 54 III 2a; *B/L/H* Übers § 330 Rn. 11 und § 330 Rn. 2; *Dunz* JR 1987, 27.

[29] OLG Frankfurt/M NJW 1992, 1178.

[30] BGH NJW-RR 1986, 1041; OLG München OLGZ 1988, 488, 490 = NJW-RR 1989, 1405.

[31] AllgM, BGHR § 331 Nr. 1; BGH NJW-RR 1986, 1041; MK/*Prütting* § 330 Rn. 18; *B/L/H* Übers § 330 Rn. 13.

[32] BGH WM 1981, 829, 830.

[33] OLG München OLGZ 1988, 488, 489 = NJW-RR 1989, 1405.

[34] BGH NJW 1999, 583, 584.

[35] BGH NJW 1999, 583, 584; 1994, 665f.; OLG Zweibrücken NJW-RR 1997, 1087; OLG Düsseldorf MDR 1985, 1034.

[36] OLG Köln NJW-RR 1996, 581f.; OLG Hamm NJW-RR 1995, 186.

[37] BGH BB 1990, 1664 = BauR 1990, 771 (vgl. § 330 Fn. 8).

lich, wenn die in Vorb. Rn. 4–9 genannten allgemeinen Voraussetzungen vorliegen. Darüber hinaus sind folgende Besonderheiten zu beachten.

2 **2. Sachurteilsvoraussetzungen.** Bestehen Zweifel an den von Amts wegen zu prüfenden Sachurteilsvoraussetzungen, so obliegt es ausnahmsweise dem Beklagten, diese **zu beweisen** (§ 335 Abs. 1 Nr. 1).[1] Eine § 331 entsprechende Geständnisfiktion greift nicht ein. Es können aber **Zuständigkeitsmängel** nach § 39 oder **Mängel der Klageerhebung** nach § 295 geheilt sein. Die hierzu erforderliche Verhandlung zur Hauptsache bzw. der Rügeverzicht liegen in der Erörterung der Voraussetzungen eines Versäumnisurteils und einem entsprechenden Antrag des Beklagten.[2] Da der **Rügeverzicht** jedoch im Fall des Einspruchs wieder entfällt (§ 342 Rn. 2), wird ein Beklagter, dem nicht an einer Prozessverzögerung gelegen ist, und der mit einem Einspruch des Klägers rechnet, eher Antrag auf Erlass eines Prozessurteils stellen. Nicht geheilte und nicht behebbare Mängel führen ebenfalls zur kontradiktorischen Klageabweisung als unzulässig,[3] etwa die fehlende Anspruchsbegründung nach Übergang vom Mahnverfahren (vgl. § 697 Rn. 6).[4]

3 **3. Antrag des Beklagten.** Von den Fällen eines ausdrücklichen Antrags auf Erlass eines Versäumnisurteils bzw. kontradiktorischen Urteils abgesehen (Vorb. Rn. 8) ist streitig, ob in einem gewöhnlichen Klageabweisungsantrag gleichzeitig der notwendige **Prozessantrag** (vgl. § 297 Rn. 2) auf Erlass eines Versäumnisurteils liegt. Rechtsprechung und hM verfahren hier im Wege der **Auslegung** großzügig.[5] Im Übrigen besteht bei Unklarheiten hinsichtlich des Antrages eine richterliche Aufklärungspflicht nach § 139 (s. dort Rn. 10). Der Antrag kann auch dahin beschränkt werden, ein **Teilversäumnisurteil** (s. § 301) zu erlassen oder nach Hauptsacheerledigung über die Kosten zu entscheiden. Will der Beklagte jedoch ein kontradiktorisches Urteil gemäß § 331a, so muss er dies ausdrücklich beantragen.[6] Unterbleibt ein Antrag des Beklagten überhaupt, so ist auch er säumig, und das Gericht hat die in Vorb. Rn. 8 aufgezeigte Wahlmöglichkeit.[7]

II. Entscheidung über die Säumnis des Klägers und deren Folgen

4 Das Versäumnisurteil ist bei Vorliegen der genannten Voraussetzungen zu erlassen (**kein Ermessensspielraum**). Es ergeht als abgekürztes (§ 313b[8]) klageabweisendes Sach- und Endurteil,[9] welches **als Versäumnisurteil bezeichnet** sein muss. Es erkennt den prozessualen Anspruch des Klägers **ohne Sachprüfung** ab.[10] Allerdings geht die Rechtskraft – entgegen neuerer BGH-Rechtsprechung –[11] nicht weiter als bei kontradiktorischer Klageabweisung, nur ist der Umfang wegen der fehlenden Urteilsgründe (§ 313b) schwieriger zu ermitteln. Es ist auf den Parteivortrag zurückzugreifen. Zweifel gehen dann zu Lasten des erneut prozessierenden Klägers. War etwa der vom Kläger geltend gemachte Anspruch noch nicht fällig und ergeht Versäumnisurteil gegen ihn, so steht bei Nachweis der inzwischen eingetretenen Fälligkeit die Rechtskraft der Klage nicht entgegen.[12] Einzelheiten § 322 Rn. 54ff.

5 Im Fall einer **Stufenklage** erfasst die Säumnisentscheidung gegen den Kläger in der ersten Verfahrensstufe alle Klageanträge, auch den bereits rechtshängigen, aber noch unbezifferten Zahlungsantrag.[13] Ist nach erteilter Auskunft und eidesstattlicher Versicherung die dritte Stufe erreicht, muss der Kläger seinen Antrag beziffern (§ 254 Rn. 1). Unterlässt er dies, so ist auch im Säumnisfall die Klage insoweit durch Prozessurteil als unzulässig abzuweisen.[14] **Besonderheiten** für den Inhalt gelten nach §§ 113, 632 Abs. 4, 640 sowie im Fall des § 881. Die **Verkündung** kann erfolgen, ohne dass der Tenor schriftlich abgefasst ist (§ 311 Abs. 2 S. 3). Gemäß § 708 Nr. 2 ist es ohne besonderen Antrag für **vorläufig vollstreckbar** zu erklären. Das echte Versäumnisurteil wird nur der säumigen Partei **zugestellt** (§ 317 Abs. 1), der Beklagte erhält eine Ausfertigung (§ 317 Abs. 2). Weist das Gericht den Antrag auf Erlass eines Versäumnisurteils zurück, so gilt § 336.

III. Gebühren und Kosten

6 **1. Rechtsanwaltsgebühren.** Neben der Verfahrensgebühr (Nr. 3100 VV RVG) fällt bei Säumnis einer Partei eine auf 0,5 reduzierte Terminsgebühr (Nr. 3105 VV RVG) an. Das Gleiche gilt, wenn trotz Abwe-

---

[1] HM, BGH NJW 1961, 2207; *St/J/Schumann* Rn. 11; aA *Münzberg* AcP 159 (1960), 40, 53f.

[2] *St/J/Schumann* Rn. 4, 9; *T/P/Reichold* Rn. 3.

[3] OLG München OLGZ 1988, 488, 489.

[4] LG Gießen NJW-RR 1995, 62.

[5] BGHZ 37, 79, 83 = NJW 1962, 1149; OLG Köln NJW-RR 1996, 581; *MK/Prütting* Rn. 25; *T/P/Reichold* Rn. 2; iE auch *St/J/Schumann* vor § 330 Rn. 18; aA AK-ZPO/*Pieper* vor § 330 Rn. 13; *Münzberg* JuS 1963, 219, 220.

[6] OLG Schleswig FamRZ 1991, 95, 96.

[7] OLG Zweibrücken FamRZ 1983, 1154, 1155.

[8] Nicht anwendbar auf unechte Versäumnisurteile, s. BGH BB 1990, 1664 = BauR 1990, 771 (vgl. Vorbem. Fn. 32).

[9] BGH NJW-RR 1987, 831, 832.

[10] BGHZ 35, 338, 341 = NJW 1961, 1969; *Zö/Herget* Rn. 6.

[11] BGHZ 153, 239, 243 = NJW 2003, 1044, 1045 (für Berufungsinstanz); hierzu (im Erg. differenzierend) *Hau* JuS 2002, 1157; krit. *Greger* EWiR 2003, 441; *Just* NJW 2003, 2289; *Reischl* ZZP 116 (2003) 493, 494f.

[12] So iE auch *Arens/Lüke* Rn. 374; *Musielak*, GK ZPO, Rn. 180; *St/J/Schumann* Rn. 19; *B/L/H* Rn. 6; *Dietrich* ZZP 84 (1971), 419, 436f.; *Zeuner* JZ 1962, 497, 498; *Maurer* FamRZ 1989, 445, 447; OLG Karlsruhe Justiz 1983, 454, 455 (für § 331); aA BGHZ 153, 239, 243 = NJW 2003, 1044, 1045; *Ro/S/Go* § 152 Rn. 25; *Zö/Vollkommer* Vorbem. § 322 Rn. 56.

[13] OLG Stuttgart NJW-RR 1990, 766.

[14] OLG Schleswig FamRZ 1991, 95, 96.

senheit einer Partei kein Versäumnisurteil ergeht, der Anwalt aber Anträge zur Prozess- oder Sachleitung gestellt hat, oder das Gericht von Amts wegen Entscheidungen zur Prozessleitung trifft (Nr. 3105 Abs. 1 Nr. 1 VV RVG). Die reduzierte Terminsgebühr entsteht auch bei Erlass eines Versäumnisurteils gem. § 331 Abs. 3 (s. Nr. 3105 Abs. 1 Nr. 2 VV RVG).[15] Die volle Terminsgebühr von 1,2 (Nr. 3104 VV RVG) fällt hingegen an, wenn beide Parteien anwesend oder vertreten sind, eine Partei aber nicht verhandelt iSd. § 333 (vgl. Nr. 3105 Abs. 3 VV RVG). Der Gesetzentwurf zum RVG begründet dies damit, dass in solchen Fällen nicht selten trotzdem die Sache im Termin erörtert werde und damit ein Mehraufwand vorliege, der die Reduzierung der Terminsgebühr nicht rechtfertige. Erscheinen im Anwaltsprozess beide Parteien nicht, sind sie aber anwaltlich vertreten, steht den Anwälten ebenfalls die volle Terminsgebühr aus Nr. 3104 VV RVG zu, auch wenn ein Versäumnisurteil ergeht.[16]

2. Gerichtskosten. Eine Urteilsgebühr fällt in keiner Instanz an; sie ist bereits mit der Gebühr für das Verfahren im Allgemeinen abgegolten. Nach LG Koblenz[17] steht ein Versäumnisurteil gegen den Kläger einer späteren Gebührenermäßigung nach KV Nr. 1211 nicht entgegen. 7

331 *Versäumnisurteil gegen den Beklagten* (1) [1]**Beantragt der Kläger gegen den im Termin zur mündlichen Verhandlung nicht erschienenen Beklagten das Versäumnisurteil, so ist das tatsächliche mündliche Vorbringen des Klägers als zugestanden anzunehmen.** [2]**Dies gilt nicht für Vorbringen zur Zuständigkeit des Gerichts nach § 29 Abs. 2, § 38.**

(2) **Soweit es den Klageantrag rechtfertigt, ist nach dem Antrag zu erkennen; soweit dies nicht der Fall, ist die Klage abzuweisen.**

(3) [1]**Hat der Beklagte entgegen § 276 Abs. 1 Satz 1, Abs. 2 nicht rechtzeitig angezeigt, dass er sich gegen die Klage verteidigen wolle, so trifft auf Antrag des Klägers das Gericht die Entscheidung ohne mündliche Verhandlung; dies gilt nicht, wenn die Erklärung des Beklagten noch eingeht, bevor das von den Richtern unterschriebene Urteil der Geschäftsstelle übermittelt ist.** [2]**Der Antrag kann schon in der Klageschrift gestellt werden.** [3]**Eine Entscheidung ohne mündliche Verhandlung ist auch insoweit zulässig, als das Vorbringen des Klägers den Klageantrag in einer Nebenforderung nicht rechtfertigt, sofern der Kläger vor der Entscheidung auf diese Möglichkeit hingewiesen worden ist.**

I. Normzweck

Zum Normzweck des Versäumnisverfahrens Vorb. Rn. 1. Das Versäumnisurteil gegen den Beklagten hat in der Praxis eine ungleich größere Bedeutung als das gegen den Kläger. **Nicht anwendbar** ist § 331 in Wechsel- und Urkundenprozessen, wenn der Kläger keinen vollständigen Urkundenbeweis angetreten hat (§ 597 Abs. 2, dort Rn. 11), da der Normzweck eine Geständnisfiktion auch bezüglich der vom Kläger gewählten Verfahrensart nicht rechtfertigt.[1] Schon die Vereinfachungsnovelle 1976 hat mit Abs. 3 den **Anwendungsbereich** auf das **schriftliche Vorverfahren** erweitert. Vgl. im Übrigen zum **Anwendungsbereich** Vorb. Rn. 2–3. 1

II. Voraussetzungen des Versäumnisurteils gegen den Beklagten (Abs. 1 und 2)

1. Grundsatz. Ein Versäumnisurteil gegen den Beklagten setzt zunächst voraus, dass die **allgemeinen Voraussetzungen** für eine Säumnisentscheidung vorliegen: s. hierzu im Einzelnen Vorb. Rn. 4–9.[2] § 331 erweitert dies in Abs. 2 um die Voraussetzung einer **schlüssigen Klage** (s. Rn. 7), wobei die vom Kläger vorgebrachten Tatsachen als **zugestanden** gelten (Abs. 1 S. 1, Rn. 8–9). Zu beachten ist, dass auch das Versäumnisurteil gegen den Beklagten nicht nur im ersten Termin, sondern auch in einem späteren ergehen kann (Vorb. Rn. 5). Im Einzelnen gelten für die Säumnisentscheidung gegen den Beklagten folgende Besonderheiten. 2

2. Sachurteilsvoraussetzungen. Die allgemeinen, von Amts wegen zu beachtenden Sachurteilsvoraussetzungen (§ 253 Rn. 3–35) müssen vorliegen und gegebenenfalls **vom Kläger bewiesen** werden (§ 335 Abs. 1 Nr. 1).[3] Eine **Heilung** von Mängeln nach § 295 oder eine Zuständigkeit des Gerichts nach § 39 wegen **rügeloser Einlassung** kommt bei Säumnis des Beklagten im ersten Termin zur mündlichen Verhandlung nicht in Betracht. Bei **behebbaren Mängeln** ist nach § 335 Abs. 1 zu verfahren, fehlt eine Prozessvoraussetzung endgültig, so ergeht (kontradiktorisches) Prozessurteil (Vorb. Rn. 12). 3

Besonderheiten ergeben sich wegen der eingeschränkten Parteiherrschaft hinsichtlich der durch eine **Vereinbarung** über den **Erfüllungsort** (§ 29 Abs. 2) oder den **Gerichtsstand** (§ 38) begründeten sachlichen, örtlichen oder internationalen[4] Zuständigkeit. Abs. 1 S. 2 ist auch auf die Vereinbarung nach Art. 17 EuGVÜ/Art. 23 EuGVO anwendbar.[5] Für eine von der gesetzlichen Regelung abweichende Zuständigkeitsvereinbarung kann sich der Kläger nicht auf die Geständniswirkung des Abs. 1 S. 1 berufen. Vielmehr sind 4

---

[15] OLG Koblenz NJW 2005, 1955.
[16] S. auch *G/S/Müller-Rabe* VV 3105 Rn. 8.
[17] LG Koblenz MDR 2004, 237f.
[1] BGHZ 62, 286, 290 = NJW 1974, 1199.
[2] Vgl. BGH NJW 1991, 43, 44.
[3] BGH NJW-RR 1986, 1041.
[4] Zum Streitstand MK/*Prütting* Rn. 13 und *Geimer* Rn. 1494, 1526.
[5] MK/*Prütting* Rn. 13.

die **tatsächlichen Voraussetzungen** für eine Vereinbarung über die Zuständigkeit gemäß § 286 zur Überzeugung des Gerichts **nachzuweisen.** Zulässigkeit und Wirksamkeit der Zuständigkeitsvereinbarung werden von Amts wegen geprüft (aber keine Amtsermittlung). Für eine **kaufmännische Prorogation** ist ein Handelsregisterauszug kein zwingendes, jedoch gegebenenfalls hinreichendes Beweismittel, um das Gericht von der Kaufmannseigenschaft des Beklagten zu überzeugen.[6] Ein Nachweis durch Urkunden ist – auch im Urkundenprozess – nicht zwingend.[7] Gelingt es dem Kläger nicht, die Voraussetzungen der Zuständigkeitsvereinbarung zu beweisen, so kann er **Verweisung** an das zuständige Gericht beantragen (§§ 281 Abs. 1, 506, 696 Abs. 5).

5 **3. Antrag des Klägers. a) Wahlmöglichkeit im Säumnisfall.** Der anwesende Kläger kann zwischen einem Antrag auf **Erlass eines Versäumnisurteils** gegen den säumigen Beklagten gemäß Abs. 1, einem Antrag auf **Entscheidung nach Aktenlage** (§ 331 a) und einem Antrag auf **Vertagung** wählen. Letzteres steht allerdings vorbehaltlich der §§ 227 Abs. 1, 335, 337 im Ermessen des Gerichts.[8] Zum Verweisungsantrag Rn. 4.

6 **b) Antrag auf Erlass eines Versäumnisurteils.** Ohne entsprechenden Antrag im Termin darf das Gericht eine Säumnisentscheidung nicht erlassen. Dieser stellt hinsichtlich der Form des Urteils einen (notwendigen) **Prozessantrag** dar, erfordert aber bezüglich des Urteilsinhaltes die Aufnahme des Sachantrages.[9] Auch hier entnimmt die Rechtsprechung dem gewöhnlichen Klageantrag im Wege der **Auslegung** den Prozessantrag,[10] s. hierzu § 330 Rn. 3. Der Antrag kann sich auch nur auf einen Teil des Anspruches beziehen, der Erlass eines **Teilversäumnisurteils** (§ 301) steht allerdings im Ermessen des Gerichts (§ 301 Abs. 2, s. dort Rn. 24–26).[11] Zum **unbezifferten Klageantrag** s. Rn. 10.

7 **4. Schlüssigkeit der Klage (Abs. 2) und Geständnisfiktion (Abs. 1 S. 1). a) Grundsatz.** Ein Versäumnisurteil darf nur erlassen werden, wenn die Klage in sich schlüssig ist. In dieser **begrenzten Sachprüfung** liegt ein wesentlicher Unterschied zum Versäumnisurteil nach § 330 (vgl. dort Rn. 4) und ein nicht zu unterschätzender **Schutz des Beklagten,** dem lediglich unterstellt wird, er wolle sich in tatsächlicher Hinsicht nicht gegen die Klage zur Wehr setzen. Die Prüfung der Schlüssigkeit erfolgt **von Amts wegen** (§ 331 Abs. 2 Halbs. 1). Die Klage ist schlüssig, wenn das Gericht die vom Kläger vorgetragenen Tatsachen ohne weitere tatsächliche Überprüfung im Sinne des Klageantrages unter eine Anspruchsgrundlage subsumieren kann. Es darf somit weder am Vortrag **anspruchsbegründender Tatsachen** fehlen, noch darf der Kläger vollumfänglich Tatsachen vorgebracht haben, die zu einer **rechtshindernden oder rechtsvernichtenden Einwendung** führen, ohne diese gleichzeitig durch eine Replik zu entkräften.[12] Trägt er Umstände vor, welche lediglich eine **Einrede** begründen (zB die Verjährung des Klageanspruchs), ohne dass eine eventuell auch außerprozessuale Geltendmachung seitens des Beklagten vorliegt, so muss mangels Berufung auf die Einrede ein Versäumnisurteil ergehen. Es genügt jedoch, wenn der Kläger die **Erhebung der Einrede** durch den Beklagten in einem in Bezug genommenen Schriftsatz (§ 137 Abs. 3) **referiert.**[13] Das klägerische Vorbringen hindert die Schlüssigkeit aber nur, wenn es tatsächlich in die mündliche Verhandlung eingeführt ist.[14]

8 **b) Umfang der Geständnisfiktion.** Die rechtliche Schlüssigkeitsprüfung bedarf einer **Tatsachengrundlage.** Abs. 1 S. 1 fingiert das **Geständnis des säumigen Beklagten,** der Vortrag des Klägers entspreche der Wahrheit, und enthebt diesen insoweit des Beweises (§ 288 Abs. 1). Allerdings greift die Fiktion immer nur, soweit dem Beklagten dieses Vorbringen des Klägers **rechtzeitig mitgeteilt** worden war (§ 335 Abs. 1 Nr. 3). Behauptungen, die der Kläger in dem vom Beklagten versäumten Termin erstmals vorbringt, können zwar die Klage schlüssig machen und damit eine Klageabweisung verhindern, dürfen aber einem Versäumnisurteil nicht zu Grunde gelegt werden (s. § 335 Rn. 4). **Ausgenommen** von der Geständnisfiktion sind die tatsächlichen Behauptungen zur Vereinbarung der gerichtlichen Zuständigkeit (Rn. 4), **Rechtsfragen, Erfahrungssätze** und der vom Kläger behauptete **Inhalt ausländischen Rechts** (s. § 293 Rn. 11), nicht aber die Tatsachenbehauptung, dass eine **Rechtswahl** (Art. 27 EGBGB) vorliege.[15]

9 Das schriftliche Vorbringen des Beklagten oder solches aus früheren Verhandlungsterminen ist ebenso wenig zu berücksichtigen wie Ergebnisse **bereits durchgeführter Beweisaufnahmen,** selbst wenn sie den Vortrag des Beklagten stützen.[16] Das Gericht muss daher ggf. ein Versäumnisurteil erlassen, das inhaltlich mit seiner Überzeugung nicht zu vereinbaren ist.[17] Die Fiktion wirkt jedoch nur, soweit auch ein tatsächli-

---

[6] Streitig, wie hier OLG Frankfurt ZIP 1981, 664, 665; *Zö/Herget* Rn. 6; *St/J/Schumann* Rn. 7 m. weit. Nachw.; *B/L/H* Rn. 8; aA *Vollkommer* Rpfleger 1974, 129, 139.

[7] OLG Frankfurt MDR 1975, 232; *Reinelt* NJW 1974, 2310, 2311; *B/L/H* Rn. 8; *T/P/Reichold* Rn. 3; aA *Vollkommer* Rpfleger 1974, 249, 252.

[8] *B/L/H* Rn. 4 (kein Anspruch auf Vertagung); ebenso *Kramer* NJW 1977, 1657, 1662.

[9] BGHZ 37, 79, 83 = NJW 1962, 1149; RGZ 159, 357, 360; OLG Koblenz FamRZ 1990, 894; *Zö/Herget* Rn. 5.

[10] BGHZ 37, 79, 83 = NJW 1962, 1149; OLG Koblenz FamRZ 1990, 894; iE *St/J/Schumann* vor § 330 Rn. 18; *B/L/H* Rn. 4; krit. hierzu *Münzberg* JuS 1963, 219, 220; *Musielak,* GK ZPO, Rn. 168; *Zö/Herget* Rn. 5; AK-ZPO/*Pieper* vor § 330 Rn. 13.

[11] Zur Verweisung an das LG nach Erlass eines Teilversäumnisurteils s. OLG Zweibrücken NJW-RR 1998, 1606.

[12] OLG Düsseldorf NJW 1991, 2089; *Nierwetberg* ZZP 98 (1985), 442 ff.

[13] OLG Düsseldorf NJW 1991, 2089, 2090; *Nierwetberg* ZZP 98 (1985), 442, 444; *St/J/Schumann* Rn. 14; *Zö/Herget* Rn. 4; grds. so auch BGH NJW 1999, 2120, 2123 mit Nachw.; aA *B/L/H* Rn. 12.

[14] BGH NJW 1999, 2120, 2123.

[15] *St/J/Schumann* Rn. 9.

[16] AllgM, vgl. nur *Ro/S/Go* § 104 Rn. 34 ff. und Rn. 38 ff.; *St/J/Schumann* Rn. 3; aA OLG Brandenburg NJW-RR 1995, 1471 (Berücksichtigung einer von der Naturalpartei vorgelegten Urkunde im Anwaltsprozess).

[17] Insoweit zu Recht krit. *Jauernig* ZPR § 68 III; ähnlich MK/*Prütting* Rn. 3.

ches **Geständnis wirksam** wäre (vgl. § 288 Rn. 3). Insbesondere wenn das Gericht erkennt, dass der Kläger tatsächlich **Unmögliches** behauptet oder Behauptungen **offenkundig** unter **Verstoß gegen die Wahrheitspflicht** (§ 138 Abs. 1) aufgestellt hat, bleiben diese nach hM unberücksichtigt und führen ggf. zur Klageabweisung (str., s. § 138 Rn. 7 m. Nachw.).[18]

Hat der Kläger auf **Widerruf einer persönlichkeitsverletzenden Behauptung** geklagt, so ist im Säumnis- 10
fall nach Abs. 1 die Unwahrheit der Behauptung zugestanden, so dass eine uneingeschränkte Verurteilung ergeht.[19] Bei zulässigem **unbezifferten Klageantrag** (§ 287) kann das Gericht ein Versäumnisurteil erlassen in Höhe des auf Grund der (ausreichend) vorgetragenen Tatsachen geschätzten Schadens, soweit keine weitere Beweiserhebung notwendig ist.[20] Unterschreitet der gerichtlich **geschätzte Betrag** den vom Kläger angegebenen Mindestbetrag, so kann ein Teilversäumnisurteil gegen den Beklagten in Höhe des geschätzten und im Übrigen kontradiktorisches klageabweisendes (unechtes Versäumnis-)Urteil in Höhe des überschreitenden Betrages ergehen.

c) **Folgen der Geständnisfiktion.** Mit der Fiktion nach Abs. 1 **entfällt** die **Beweisbedürftigkeit** der vom 11
Kläger behaupteten Tatsachen, sie sind dem Urteil ohne weitere Prüfung zugrundezulegen. Die Bindungswirkung einer **Streitverkündung** erfasst auch die bei Säumnis als zugestanden geltenden tatsächlichen Behauptungen.[21] Ebenso kann eine **Abänderungsklage** gegen ein Versäumnisurteil nur noch auf eine Veränderung der tatsächlichen Verhältnisse **nach Ablauf der Einspruchsfrist** gestützt werden; eine Diskrepanz zwischen den damaligen wirklichen und den nach Abs. 1 zugestandenen Tatsachen genügt nicht (vgl. auch § 323 Rn. 29).[22]

III. Entscheidung über die Säumnis

1. Grundsatz. Liegen die unter Rn. 3–11 genannten Voraussetzungen vor, so ist **echtes Versäumnisurteil** 12
gegen den Beklagten als **Sach- und Endurteil** zu erlassen. Das Gericht hat **keinen Ermessensspielraum.** Ist die Klage **unschlüssig,** so ist sie als unbegründet abzuweisen (Abs. 2 Halbs. 2; Vorb. Rn. 12). In den Fällen des § 335 ist der Antrag auf Erlass eines Versäumnisurteils zurückzuweisen und ggf. neuer Termin anzuberaumen (§ 335 Rn. 8).

2. Einzelfälle. Im **Urkundenprozess** ergeht mangels Widerspruchs des Beklagten vorbehaltloses Ver- 13
säumnisurteil (§ 599 Rn. 4), auch wenn er sich in einem früheren Termin verteidigt hatte.[23] Bei einer **Stufenklage** wird ein Teilversäumnisurteil nur in Bezug auf die aktuelle Stufe erlassen, in der sich der Prozess im Zeitpunkt der Säumnis befindet.[24] So kann in der ersten Stufe, wenn der Beklagte noch keine Auskunft erteilt hat und der Klageantrag daher noch unbeziffert ist, ein Versäumnisurteil nicht zur Zahlung verurteilen. Ein **Grundurteil** (§ 304) kann nach hM nicht als Versäumnisurteil ergehen;[25] vielmehr ist bei Vorliegen aller Voraussetzungen insgesamt über den prozessualen Anspruch zu entscheiden; zum unbezifferten Klageantrag Rn. 10.

Hat der Kläger **Haupt- und Hilfsanträge** gestellt, so ist das Gericht auch im Fall der Säumnis des Beklag- 14
ten an die damit vorgegebene Prüfungs- und Entscheidungsreihenfolge gebunden: Über Hilfsanträge darf erst entschieden werden, wenn der Hauptantrag abgewiesen werden muss. Zulässig ist es aber, einen unzulässigen oder unbegründeten Hauptantrag durch kontradiktorisches Urteil (unechtes Versäumnisurteil) abzuweisen und gleichzeitig dem Hilfsantrag durch echtes Versäumnisurteil stattzugeben.

Im Fall der **Hauptsacheerledigung** kann eine Entscheidung nach § 91a nicht ergehen, solange die not- 15
wendige Prozesserklärung des säumigen Beklagten fehlt.[26] Jedoch kann der Kläger **einseitig die Erledigung** erklären.[27] Wurde dies vorab schriftsätzlich mitgeteilt, erstreckt die Geständnisfiktion sich auch auf den **Erledigungstatbestand.**[28] Nach hM[29] ist jedoch ein Versäumnisurteil auch dann möglich, wenn der Kläger **erst im Termin** die Erledigung erklärt. Sieht man in der einseitigen Erledigungserklärung aber – wie die hM – eine **Klageänderung,** so handelt es sich um einen **Sachantrag,** der unter § 335 Abs. 1 Nr. 3 fällt und eine Säumnisentscheidung verbietet.

---

[18] BGH NJW 1979, 2089; *St/J/Schumann* Rn. 5; MK/*Prütting* Rn. 20; *Musielak*, GK ZPO, Rn. 175 mit Nachw.; allgemein gegen die Bindungswirkung wahrheitswidriger Geständnisse nach § 288 *Weyers*, Festschr. f. Esser, 1975, S. 193, 210f.; AK-ZPO/*Schmidt* § 138 Rn. 65; insoweit abl. BGHZ 37, 154, 155; MK/*Prütting* Rn. 19.

[19] OLG Hamm MDR 1983, 850, 851.

[20] BGH NJW 1969, 1427, 1428; OLG Koblenz MDR 1979, 587; OLG Stuttgart MDR 1960, 930; *St/J/Schumann* Rn. 21.

[21] OLG Hamm NJW-RR 1990, 163.

[22] OLG Hamm FamRZ 1997, 433; NJW-RR 1990, 841, 842; FamRZ 1990, 772, 773; 1987, 1286; OLG Karlsruhe FamRZ 1983, 624, 625; MDR 1983, 585 (Maßstab für die Veränderung sollen aber nicht die zugestandenen Tatsachen sein, sondern die tatsächlichen im Zeitpunkt des Versäumnisurteils; streitig, insoweit aA OLG Köln FamRZ 2002, 471; OLG Stuttgart FamRZ 1982, 91, 92; OLG Zweibrücken FamRZ 1983, 291).

[23] Streitig, wie hier: *B/L/H* Rn. 11; *Zö/Herget* Rn. 8; aA OLG Naumburg MDR 1994, 1246; *Künkel* NJW 1963, 1041, 1044; *Moller* NJW 1963, 2013.

[24] AllgM, vgl. RGZ 84, 370, 372; *Zö/Herget* Rn. 9.

[25] RGZ 36, 425, 428; OLG Koblenz MDR 1979, 587, 588; OLG Stuttgart MDR 1960, 930; *B/L/H* Rn. 11; MK/*Musielak* § 304 Rn. 7; MK/*Prütting* Rn. 25, 36; *Zö/Herget* Rn. 11 und § 304 Rn. 17; aA *Bergenroth* NJW 1953, 51f.

[26] *Mertins* DRiZ 1989, 281, 288 m. weit. Nachw.; *Schneider* MDR 1983, 370, 371; *St/J/Schumann* Rn. 35; MK/*Prütting* Rn. 30.

[27] *B/L/H* Rn. 12.

[28] OLG Karlsruhe JurBüro 1988, 1723.

[29] Etwa *St/J/Schumann* § 335 Rn. 37; *Mertins* DRiZ 1989, 281, 289; aA MK/*Prütting* Rn. 31.

16 **3. Formalien.** Das Urteil ist durch **Verlesung** zu verkünden – auch ohne abgefasste Urteilsformel (§ 311 Abs. 2). Es bedarf der **Bezeichnung als Versäumnisurteil** (§ 313b Abs. 1). §§ 313b Abs. 2, 317 Abs. 4 finden Anwendung; es ist **vorläufig vollstreckbar** (§ 708 Nr. 2).

IV. Versäumnisurteil gegen den Beklagten im schriftlichen Vorverfahren (Abs. 3)

17 **1. Normzweck.** Abs. 3 bietet eine Sanktionsmöglichkeit für die Nichtbeachtung der zweiwöchigen Notfrist nach § 276 Abs. 1 und der damit verbundenen Prozessverschleppung im schriftlichen Vorverfahren. Die Vorschrift befreit von der Notwendigkeit mündlicher Verhandlung, ihre Voraussetzungen sind eng auszulegen.[30] Sie ist **nur im schriftlichen Vorverfahren** anwendbar, dh. nicht mehr, nachdem bereits ein Termin bestimmt wurde,[31] und nicht im schriftlichen Verfahren nach § 128 (Vorb. Rn. 2, § 128 Rn. 20). Im Fall öffentlicher Zustellung der Klage ist § 186 Abs. 2 S. 3 und 4 zu beachten. Im **arbeitsgerichtlichen** Verfahren kommt Abs. 3 mangels schriftlichen Vorverfahrens nicht zur Anwendung.

18 Abs. 3 ermöglicht **nur** ein Versäumnisurteil **gegen den Beklagten.** Bei Unzulässigkeit oder Unschlüssigkeit der Klage ist ein kontradiktorisches Urteil **gegen den Kläger** (sog. unechtes Versäumnisurteil) nur nach einem Hinweis gemäß § 139 zulässig (streitig, zur Hinweispflicht § 139 Rn. 8 mit Nachw.). Der Hinweis kann zwar schriftlich ergehen,[32] eine Entscheidung darf jedoch entgegen der hM wegen des **Mündlichkeitsprinzips,** das hier keine Durchbrechung erfährt, erst im Termin zur mündlichen Verhandlung erlassen werden (Abs. 2 Halbs. 2).[33] Diese Ansicht hat der Gesetzgeber mit dem durch das JMoG eingefügten Abs. 3 S. 3 grundsätzlich bestätigt.[34] Dieser erlaubt ausnahmsweise bei Unschlüssigkeit der Klage lediglich bzgl. einer Nebenforderung die Entscheidung auch ohne mündliche Verhandlung, wenn der Kläger vor der Entscheidung auf diese Möglichkeit hingewiesen worden ist. Ohne mündliche Verhandlung ergeht dann ein Teilversäumnisurteil bzgl. des schlüssigen Teils des Klageantrags, bzgl. der Nebenforderung ergeht ein abweisendes kontradiktorisches Urteil.

19 **2. Voraussetzungen. a) Grundsatz.** Es muss ein **ordnungsgemäßes schriftliches Vorverfahren** angeordnet, dem Beklagten die richterliche Frist nach § 276 Abs. 1 S. 1 mitgeteilt und eine **Belehrung** gemäß § 276 Abs. 2 über die Fristversäumung erfolgt sein (Zustellung beglaubigter Abschrift der unterzeichneten Verfügung des Vorsitzenden[35]). Bei **Verstoß** hiergegen ist ein Versäumnisurteil unzulässig (§ 335 Abs. 1 Nr. 4).[36]

20 **b) Fristversäumung.** Sie liegt vor, wenn der Beklagte seine Verteidigungsbereitschaft nicht anzeigt oder sie ausdrücklich verweigert bzw. im Anwaltsprozess nicht durch einen zugelassenen Rechtsanwalt erklären lässt.[37] Eine **konkludente Erklärung** – etwa ein Antrag auf Prozesskostenhilfe[38] – ist ausreichend.[39] Gleichzeitig mit Zurückweisung des PKH-Antrags darf kein Versäumnisurteil ergehen (Überlegungsfrist von 3–4 Tagen für Partei, um über Weiterführung auf eigene Kosten zu entscheiden).[40] Eine Anzeige **nach Fristablauf** ist – ohne dass es nach hM der Wiedereinsetzung bedarf – rechtzeitig, wenn sie vor dem unterschriebenen Urteil in der zuständigen[41] Geschäftsstelle eingeht (Abs. 3 S. 1 aE). Das JKomG hat hier zur Umstellung auf einen internen elektronischen Aktenverkehr zwischen Gericht und Geschäftsstelle das Wort „übergeben" durch „übermittelt" ersetzt. Auf die Kenntnis des Gerichts von der Anzeige kommt es nicht an.[42] **Wiedereinsetzung** in den vorigen Stand kann gewährt werden bei Eingang der Anzeige **nach Übermittelung** des Versäumnisurteils an die Geschäftsstelle, aber vor Zustellung an den Beklagten, da das Urteil mangels Verkündung erst mit Zustellung erlassen ist (vgl. Rn. 23).[43] Nach Zustellung ist der Wiedereinsetzungsantrag unzulässig (Rn. 24).

21 Der **Widerspruch im Mahnverfahren** ist nicht als Anzeige der Verteidigungsbereitschaft im Sinne von Abs. 3 anzusehen.[44] Vielmehr ist überhaupt erst nach erfolgter Anspruchsbegründung seitens des Klägers nach §§ 697 Abs. 2, 276 vorzugehen. Hierbei sollte klarstellend darauf **hingewiesen** werden, dass der Wi-

---

30 OLG München MDR 1983, 324; *B/L/H* Rn. 14; s. auch BVerfG NJW 1982, 1453 (besonderes Maß an Rechtsklarheit bei Präklusion).

31 KG MDR 1985, 416; OLG München OLGZ 1983, 86, 88 (auch nicht bei Wiederaufhebung des Termins); *B/L/H* Rn. 17; aA *Fischer* NJW 2004, 909, 910.

32 BayVerfGH NJW 1991, 2078, 2079; MK/*Prütting* Rn. 50.

33 OLG Köln MDR 2001, 954 m. abl. Anm. *Heistermann;* OLG Brandenburg NJW-RR 1999, 939; OLG Frankfurt/M NJW 1992, 1178 (zu §§ 916, 935); OLG Nürnberg NJW 1980, 460, 461 mit zust. Anm. *Kniesch* JA 1980, 371; *St/J/Leipold* § 276 Rn. 34; *St/J/Schumann* Rn. 66–73; *Putzo* NJW 1977, 1, 2; *Zö/Herget* 24. Aufl. 2004 Rn. 13; aA BayVerfGH NJW 1991, 2078, 2079; OLG Brandenburg NJW-RR 1997, 1518; OLG Köln OLGZ 1989, 83, 84f.; OLG Frankfurt OLGZ 1984, 179, 180; OLG Celle OLGZ 1980, 11, 12 = NJW 1980, 2140 (mit insoweit zust. Anm. *Geffert* NJW 1980, 2820); LG Berlin NJW-RR 1998, 1285; *Ro/S/Go* § 107 IV 2; *Jauernig* ZPR § 66 III 4; MK/*Prütting* Rn. 50; *B/L/H* Rn. 24; AK-ZPO/*Pieper* Rn. 19; *Gerhardt* ZZP 99 (1986), 492, 494; wohl auch *Musielak,* GK ZPO, Rn. 176.

34 BT-Drucks. 15/1508, S. 50 (unter Hinweis auf Art. 6 EMRK); *Knauer/Wolf* NJW 2004, 2857, 2861; *Zö/Herget* Rn. 13.

35 OLG Celle NdsRpfl. 1983, 185, 186; OLG Nürnberg NJW 1981, 2266.

36 Zur Erkundigungspflicht des Anwalts OLG Hamm MDR 1987, 582, 583.

37 LG Düsseldorf JurBüro 1988, 1563.

38 Zum PKH-Gesuch durch die Partei persönlich im Anwaltsprozess s. OLG Brandenburg NJW-RR 2002, 285, 286.

39 AllgM, s. zB MK/*Prütting* Rn. 43.

40 OLG Brandenburg NJW-RR 2002, 285, 286.

41 KG MDR 1989, 1003.

42 OLG Düsseldorf JR 1997, 161, 162; für Abwarten des Gerichts *T/P/Reichold* § 276 Rn. 7.

43 KG NJW-RR 1997, 56 mit Nachw. zur Gegenansicht; *Unmützer* NJW 1978, 985, 986; MK/*Prütting* Rn. 46.

44 OLG Celle OLGZ 1980, 11, 12 = NJW 1980, 2140; *Zö/Herget* Rn. 12; MK/*Prütting* Rn. 52.

derspruch nicht als ausreichende Anzeige anzusehen ist.[45] Nach Erlass eines **Vollstreckungsbescheids** sind §§ 276 Abs. 1 S. 1, 331 Abs. 3 nicht anwendbar (§ 700 Abs. 4 S. 2), um ein zweites Versäumnisurteil ohne mündliche Verhandlung zu verhindern (vgl. § 700 Rn. 9).[46]

c) **Antrag.** Der **Antrag** des Klägers auf Erlass des Versäumnisurteils kann bereits **in der Klageschrift** enthalten sein (Abs. 3 S. 2). Streitig ist, ob ein erst später gestellter Antrag dem Beklagten **zugestellt,**[47] **formlos mitgeteilt**[48] oder gar nicht vorab übermittelt[49] werden muss. Da es sich lediglich um einen **Prozessantrag** handelt, für den § 335 Abs. 1 Nr. 3 nicht eingreift, und der Beklagte bereits auf die Möglichkeit einer Säumnisentscheidung hingewiesen ist, kann ein Versäumnisurteil auch **ohne Mitteilung** ergehen. Fehlt – trotz richterlichen Hinweises – ein entsprechender (Prozess-) Antrag des Klägers, so ist Termin zu bestimmen.[50] 22

3. Entscheidung. Bei Schlüssigkeit der Klage wird entsprechend Abs. 1 und 2 im Rahmen der Geständnisfiktion dem Klageantrag durch Erlass eines Versäumnisurteils ohne mündliche Verhandlung entsprochen. Die Verkündung wird durch **Zustellung** an **beide Parteien** ersetzt (§ 310 Abs. 3).[51] Liegt ein grundlegender, nicht geheilter **Zustellungsmangel** vor (zB bei Zustellung im Ausland), so entfaltet die Entscheidung keinerlei Wirkung, setzt insbesondere die Einspruchsfrist nicht in Lauf.[52] Bei fehlerhafter Bezeichnung (zB unterbliebene Kennzeichnung als Versäumnisurteil in der Ausfertigung) ist die Zustellung wirksam.[53] 23

V. Rechtsbehelfe

Gegen ein **echtes Versäumnisurteil** ist Einspruch nach § 338 zulässig (Vorb. Rn. 13); auf die **Folgen eines verspäteten Einspruchs** muss das Gericht bei der Zustellung hinweisen (§ 340 Abs. 3 S. 4). Gegen die **Ablehnung** des Antrages auf Erlass eines Versäumnisurteils ist nach § 336 Abs. 1 S. 1 **sofortige Beschwerde** gegeben. Ergeht **Teilversäumnisurteil** und ein kontradiktorisches (Teil-) Schlussurteil, so ist gegen das Versäumnisurteil Einspruch, ansonsten Berufung bzw. Revision gegeben.[54] Ist die Entscheidung versehentlich nicht als Versäumnisurteil gekennzeichnet oder umgekehrt ein kontradiktorisches Urteil als Versäumnisurteil bezeichnet, so kann nach dem **Meistbegünstigungsgrundsatz** wahlweise Einspruch oder Berufung eingelegt werden (s. Vorb. Rn. 11, 13, § 338 Rn. 2 und vor § 511 Rn. 32). Ist ein Versäumnisurteil nach Abs. 3 bereits ergangen, dh. zugestellt, fehlt einem Wiedereinsetzungsgesuch wegen der versäumten Frist (§ 276 Abs. 1 S. 1) das Rechtsschutzbedürfnis.[55] Im Fall eines Versäumnisurteils, das trotz fehlender Rechtshängigkeit der Klage ergangen ist, kommt eine analoge Anwendung des § 269 Abs. 3 und 4 (Beschluss über Wirkungslosigkeit des Urteils) nicht in Betracht; der Beklagte muss Einspruch einlegen, ggf. nach § 579 Abs. 1 Nr. 4 vorgehen.[56] 24

VI. Gebühren und Kosten

1. Rechtsanwaltsgebühren. Vgl. § 330 Rn. 6 und Nr. 3105 Abs. 1 Nr. 2 VV RVG. 25

2. Gerichtskosten. Vgl. § 330 Rn. 7. 26

331a

Entscheidung nach Aktenlage **[1]Beim Ausbleiben einer Partei im Termin zur mündlichen Verhandlung kann der Gegner statt eines Versäumnisurteils eine Entscheidung nach Lage der Akten beantragen; dem Antrag ist zu entsprechen, wenn der Sachverhalt für eine derartige Entscheidung hinreichend geklärt erscheint. [2]§ 251 a Abs. 2 gilt entsprechend.**

I. Normzweck

§ 331 a gibt der am Fortgang des Verfahrens interessierten, anwesenden Partei die Möglichkeit, ein **instanzbeendendes kontradiktorisches Urteil nach Lage der Akten** zu erwirken und dient damit gegenüber dem Versäumnisurteil mit Einspruchsmöglichkeit der **Verfahrensbeschleunigung.** Ob eine Aktenlageentscheidung (s. die Entschuldigungsmöglichkeit nach § 251 a Abs. 2 S. 4), ein Versäumnisurteil (beachte §§ 338, 342) oder ggf. ein unechtes Versäumnisurteil (etwa bei unzulässiger oder unschlüssiger Klage und Säumnis des Klägers) günstiger ist, muss die erschienene Partei im Einzelfall **abwägen.** Ggf. ist nach § 139 auf die unterschiedlichen Folgen hinzuweisen.[1] 1

---

[45] *Holch* NJW 1991, 3177, 3178.
[46] OLG Nürnberg NJW-RR 1996, 58; *Holch* NJW 1991, 3177, 3179.
[47] OLG München OLGZ 1979, 480 = NJW 1979, 2619; *Geffert* NJW 1978, 1418; *Ro/S/Go* § 107 IV 1 d.
[48] MK/*Prütting* Rn. 48 Fn. 36.
[49] KG OLGZ 1994, 579, 580 = NJW-RR 1994, 1344; *St/J/Schumann* Rn. 55; *B/L/H* Rn. 23; *Zö/Herget* Rn. 12; *T/P/Reichold* Rn. 2.
[50] *Bergerfurth* JZ 1978, 298, 299; *St/J/Schumann* Rn. 56; MK/*Prütting* Rn. 48; *T/P/Reichold* Rn. 2; aA *B/L/H* Rn. 16; *Kramer* NJW 1977, 1657, 1662.
[51] BGHZ 32, 370, 371 = NJW 1960, 1763; OLG Dresden OLG-NL 1996, 143; LG Kiel NJW-RR 1997, 1021, 1022.
[52] OLG München IPRax 1988, 164, 166 mit zust. Anm. *Hausmann* IPRax 1988, 140, 142; OLG Frankfurt NJW 1981, 291 (LS).
[53] OLG Hamm NJW-RR 1995, 186.
[54] BGH FamRZ 1994, 1521; OLG Hamm FamRZ 1998, 381, 382; OLG Frankfurt/M NJW-RR 1997, 120.
[55] KG NJW-RR 1997, 56.
[56] OLG Düsseldorf NJW-RR 1995, 895.
[1] *St/J/Schumann* Rn. 4.

II. Anwendungsbereich

2 Zum **Anwendungsbereich** Vorb. Rn. 2, für das arbeitsgerichtliche Verfahren vgl. §§ 46 Abs. 2 ArbGG, 495 ZPO mit Abweichungen nach §§ 53, 60 Abs. 1 S. 3, 64 Abs. 7 ArbGG. Obwohl nach § 331a **kein Versäumnisurteil** ergeht, kommt die Vorschrift auch **in Kindschafts- und Ehesachen** erstinstanzlich (vgl. Vorb. Rn. 3)[2] bei Säumnis des Antragsgegners wegen des Schutzzwecks der §§ 612 Abs. 4, 640 Abs. 1 nicht zur Anwendung.[3] Bei Säumnis beider Parteien im Gütetermin nach § 278 Abs. 2 gilt § 278 Abs. 4, es darf weder ein Versäumnisurteil noch eine Aktenlageentscheidung ergehen (Vorb. Rn. 5).

III. Voraussetzungen

3 **1. Allgemeines.** Kläger **oder** Beklagter (Unterschied zu § 251 a) müssen im Termin zur mündlichen Verhandlung **säumig** sein, Vorb. Rn. 5 ff. Es muss ein ausdrücklicher[4] **Prozessantrag** (§ 335 Abs. 1 Nr. 3 findet daher insoweit keine Anwendung) wie im Fall der §§ 330, 331 vorliegen, der regelmäßig nicht im gewöhnlichen Klageantrag enthalten ist. Auch hier ist in Zweifelsfällen nach § 139 zu verfahren (s. bereits Rn. 1). Zulässig ist ein Antrag auf **Teilurteil.**[5] Eine weitere **inhaltliche Beschränkung** ist jedoch unzulässig (zB Entscheidung nur zu Gunsten des Antragstellers oder nur für den Fall eines Beweisbeschlusses).[6] Der Antrag kann neben einem **Eventualantrag** auf Erlass eines Versäumnisurteils gestellt werden, für den Fall, dass die Voraussetzungen für eine Entscheidung nach Lage der Akten (insbesondere § 251 a Abs. 2) nicht gegeben sind.[7] Dagegen darf der Erlass eines Versäumnisurteils nicht für den Fall beantragt werden, dass eine Entscheidung nach § 331 a inhaltlich zu Ungunsten des Antragstellers ausfiele.[8] Der Rechtsstreit muss nach **Ermessen** des Gerichts für **eine Entscheidung,** nicht notwendigerweise ein Urteil, **reif** sein. Dabei bleibt es der Einschätzung des Gerichts überlassen, ob der **Sachverhalt hinreichend geklärt** ist.[9] Wird dies allerdings bejaht, so **muss** das Gericht **nach Aktenlage entscheiden.** Das freie Ermessen oder die Wahlmöglichkeit des § 251 a kommen dem Gericht nicht zu.[10]

4 **2. § 251 a Abs. 2.** Für den **Erlass eines Urteils** – auch eines Zwischenurteils – (§ 251 a Abs. 2 S. 1) ist weiterhin erforderlich, dass bereits eine sachlich nicht beschränkte **mündliche Verhandlung** in derselben Rechtssache und Instanz[11] stattfand (Einzelheiten § 251 a Rn. 2).[12] In der Zwischenzeit darf die Klage weder **geändert** noch **erweitert** worden sein, Fälle des § 264 sind unschädlich (§ 251 a Rn. 2). Im **arbeitsgerichtlichen** Verfahren genügt ein **Gütetermin nur bei Antragstellung**[13], nicht ausreichend ist im zivilgerichtlichen Verfahren eine Güteverhandlung nach § 278 Abs. 2, s. § 251 a Rn. 2. Zwischenzeitlicher **Richterwechsel** hindert eine Entscheidung nach § 331 a nicht (vgl. § 309 Rn. 2).[14] Im Fall der **Verwerfung eines Rechtsmittels** bedarf es im Hinblick auf §§ 522 Abs. 1, 552 iVm 128 Abs. 4 keiner mündlichen Verhandlung.[15]

5 **3. Ausschlussgründe und Zurückweisung.** In den Fällen der §§ 335 (nicht anwendbar ist Abs. 1 Nr. 4), 337 darf ein Urteil nach Aktenlage nicht ergehen; vielmehr wird der Antrag durch **unanfechtbaren** (§ 336 Abs. 2) **Beschluss** zurückgewiesen (§ 335 Abs. 1) und neuer Termin bestimmt. Eines ausdrücklichen Antrags auf Terminsbestimmung bedarf es nicht, da dieser als „Minus" im Antrag auf Entscheidung nach Aktenlage enthalten ist.[16] Dasselbe gilt, sofern die Voraussetzungen nach § 251 a Abs. 2 fehlen oder rechtzeitig ein Terminsantrag nach § 251 a Abs. 2 S. 4 eingeht. Da die Vorschrift nur auf § 251 a Abs. 2 verweist, nicht auf Abs. 3, kann statt der Terminsbestimmung nicht das Ruhen des Verfahrens angeordnet werden.[17]

IV. Die Entscheidung

6 **1. Grundsatz.** Ergeht keine Entscheidung nach Rn. 5, so kann das Gericht in der Sache entscheiden. Grundlage ist **nur die Aktenlage,** die sich aus früheren Terminen oder Beweisaufnahmen[18] ergibt. Ein Vorbringen im aktuellen Termin darf nicht berücksichtigt werden, **vorbereitende Schriftsätze** nur, sofern sie dem Gegner rechtzeitig mitgeteilt wurden (vgl. § 335 Abs. 1 Nr. 3). Das Gericht kann jedoch vor erneutem Eintritt in die mündliche Verhandlung einen früheren Beweisbeschluss ergänzen und einen Sachverständigen gem. § 411 Abs. 3 mündlich anhören und das Ergebnis als „Akteninhalt" verwerten.[19]

---

[2] OLG Karlsruhe FamRZ 1985, 505, 506.
[3] *Zö/Philippi* § 612 Rn. 3 a, 4; MK/*Prütting* Rn. 4.
[4] RGZ 159, 357, 360; OLG Düsseldorf FamRZ 1991, 95, 96; *Zö/Herget* Rn. 2.
[5] MK/*Prütting* Rn. 8; *T/P/Reichold* Rn. 2.
[6] *B/L/H* Rn. 4; *T/P/Reichold* Rn. 2.
[7] HM, vgl. MK/*Prütting* Rn. 9; *B/L/H* Rn. 4; *St/J/Schumann* Rn. 3.
[8] MK/*Prütting* Rn. 9; *B/L/H* Rn. 4.
[9] So die überwiegende Ansicht im Anschluss an § 300 Abs. 1: *St/J/Schumann* Rn. 8; *Zö/Herget* Rn. 2; aA MK/*Prütting* Rn. 10 (Rechtsfrage).
[10] *St/J/Schumann* Rn. 8.
[11] BGH NJW 1982, 2179; BGHZ 37, 79, 81 = NJW 1962, 1149.
[12] *Ro/S/Go* § 105 Rn. 12.
[13] LAG MDR 2004, 112 unter Berufung auf BAG MDR 2002, 520; aA AG Frankfurt/M BB 1976, 1611; *B/L/H* Rn. 3.
[14] RGZ 132, 336; hM, s. zB MK/*Prütting* Rn. 12; *Zö/Herget* Rn. 2.
[15] So auch *Zö/Herget* Rn. 2.
[16] *St/J/Schumann* Rn. 16.
[17] OLG Frankfurt NJW-RR 1998, 1288.
[18] MK/*Prütting* Rn. 2.
[19] BGH NJW 2002, 301, 302.

Die Geständnisfiktion des § 331 findet keine Anwendung; vorausgegangenes Bestreiten führt stattdessen zur Beweisbedürftigkeit der betroffenen Tatsache.

2. Inhalt. § 331a ermöglicht es, **ohne mündliche Verhandlung** zu entscheiden. Unberührt bleiben hiervon die inhaltlichen Entscheidungsalternativen. Außer einem **Urteil** kommt auch ein **Beweis-, Kosten- oder Aufklärungsbeschluss** sowie die Vertagung des Termins[20] in Betracht. Ist der **Kläger säumig,** so kann eine unzulässige Klage durch streitiges Endurteil abgewiesen werden.[21] Grundsätzlich kann nach hM bei Säumnis des Beklagten auch gegen den **anwesenden Kläger** im Fall **unzulässiger oder unschlüssiger Klage** – wenn also ein echtes Versäumnisurteil nicht zulässig wäre – nach vorherigem Hinweis (§ 139)[22] eine **Entscheidung nach Aktenlage** (kein gewöhnliches streitiges Urteil[23]) ergehen.[24] Entgegen der hM ist aber auch insoweit die für jedes Urteil geltende Verweisung auf § 251a Abs. 2 und damit die Notwendigkeit vorausgegangener mündlicher Verhandlung zu beachten.[25] 7

3. Form und Rechtsbehelfe. Ergeht ein **Urteil,** so darf dieses nicht sofort verkündet werden, sondern unterliegt nach Form und Frist § 251a Abs. 2 S. 2 und 3: sofortige Anberaumung eines Verkündungstermins, der frühestens zwei Wochen nach dem versäumten Termin stattfindet. Die säumige Partei kann die Verkündung durch **Entschuldigung** der Säumnis (Glaubhaftmachung) und Antrag auf erneute Terminsbestimmung innerhalb der 7-Tage-Frist des § 251a Abs. 2 S. 4 verhindern. Es handelt sich um ein **kontradiktorisches Endurteil,** das nach Ablauf der Einspruchsfrist des § 251a Abs. 2 S. 4 nur durch **Berufung** oder **Revision** angreifbar ist, s. § 251a Rn. 3. Die vorläufige Vollstreckbarkeit richtet sich nach § 708 Nr. 2. Ergeht ein **Beschluss** (vgl. Rn. 7), ist **§ 251a Abs. 2 nicht anwendbar.** Zur Ablehnung des Antrags auf Aktenlageentscheidung vgl. Rn. 6. 8

V. Gebühren und Kosten

1. Rechtsanwaltsgebühren. Für den Antrag auf Entscheidung nach Aktenlage bei Ausbleiben einer Partei erhält der Anwalt die 1,2 Terminsgebühr aus Nr. 3104 VV RVG;[26] vgl. im Übrigen § 330 Rn. 6. 9

2. Gerichtskosten. Vgl. § 330 Rn. 7. 10

332 *Begriff des Verhandlungstermins* **Als Verhandlungstermine im Sinne der vorstehenden Paragraphen sind auch diejenigen Termine anzusehen, auf welche die mündliche Verhandlung vertagt ist oder die zu ihrer Fortsetzung vor oder nach dem Erlass eines Beweisbeschlusses bestimmt sind.**

I. Normzweck

1 § 332 trägt der Tatsache Rechnung, dass entgegen der ursprünglichen Konzeption des Gesetzgebers ein einzelner Termin zur mündlichen Verhandlung (zum Begriff § 214 Rn. 3) regelmäßig nicht ausreicht. Somit kann in **allen** mündlichen **Terminen** ein **Versäumnisurteil** oder – ab dem zweiten Termin (§ 251a Abs. 2 S. 1) – eine **Aktenlageentscheidung**[1] ergehen. § 332 räumt der Säumnis und ihren Folgen Priorität ein gegenüber den Ergebnissen vorangegangener Termine: Vorbringen der säumigen Partei **in vorherigen Terminen** bleibt im Rahmen der §§ 330, 331 grundsätzlich **unbeachtet.**[2] Das gilt auch für Geständnis, Anerkenntnis, Verzicht – vorbehaltlich eines bereits ergangenen Urteils nach §§ 306, 307 – und jede Beweisaufnahme (auch im Fall des § 370 Abs. 1), die allerdings im Fall des Einspruchs (§ 342) ihre ursprüngliche Bedeutung zurückerlangen. Die Auswirkung der Säumnis in einem Termin auf die vorangegangenen lässt sich einerseits mit der **Einheit der mündlichen Verhandlung** erklären,[3] andererseits wird dieser Grundsatz gerade durchbrochen, insoweit als im Säumnisfall nicht alle Termine gleichwertig sind.[4]

II. Terminsbegriff

2 § 332 gilt nicht für Termine, die ausdrücklich nur der **Verhandlung eines Zwischenstreits** vorbehalten sind (§ 347 Abs. 2). Dem frühen ersten Termin oder Haupttermin soll nun nach § 278 Abs. 2 im Regelfall eine **Güteverhandlung** vorausgehen. Erscheint eine Partei nicht oder scheitert der Güteversuch aus anderen Gründen, schließt sich die mündliche Verhandlung unmittelbar an (§ 279 Abs. 1 S. 1). Ein Versäumnisurteil darf daher frühestens nach Übergang zur mündlichen Verhandlung ergehen. Auch bei **Beweisterminen,** die zugleich zur Fortsetzung der mündlichen Verhandlung angesetzt sind, kann ein Versäumnisurteil erst nach Ende der Beweisaufnahme ergehen (§§ 367, 370 Abs. 1). Im **Einspruchstermin** (§ 341a) kann schon vor Be-

---

[20] *B/L/H* Rn. 6; AK-ZPO/*Pieper* Rn. 2.
[21] MK/*Prütting* Rn. 19.
[22] HM, s. *Zö/Herget* Rn. 2.
[23] So aber *St/J/Schumann* Rn. 14.
[24] MK/*Prütting* Rn. 20; *B/L/H* Rn. 6; *Zö/Herget* Rn. 2; AK-ZPO/*Pieper* Rn. 3.
[25] *Ro/S/Go* § 105 Rn. 17; MK/*Prütting* Rn. 20, 21; *T/P/Reichold* Rn. 4.
[26] *G/S/Müller-Rabe* VV 3104 Rn. 26.
[1] BGH NJW 1964, 658, 659; *St/J/Schumann* Rn. 1; MK/*Prütting* Rn. 1.
[2] AllgM, vgl. nur MK/*Prütting* Rn. 1; aA OLG Naumburg MDR 1994, 1246 (Berücksichtigung eines früheren Widerspruchs des Beklagten mit der Folge eines bloßen Vorbehalts-Versäumnisurteils).
[3] *St/J/Schumann* Rn. 1.
[4] *B/L/H* Rn. 1; MK/*Prütting* Rn. 1.

weisaufnahme ein Versäumnisurteil (§ 345) erlassen werden, da das Gericht zunächst über den Einspruch selbständig verhandelt (§§ 341, 341 a).[5] § 332 findet auch in weiteren Instanzen entsprechende Anwendung.[6]

III. Maßgeblichkeit früherer Prozessergebnisse

3 Das Gericht ist auch bei Erlass eines Versäumnisurteils an bereits ergangene **Zwischen- oder (Teil-) Endurteile,** einschließlich eines **Vorbehaltsurteils,**[7] gebunden (§ 318). Bereits erlassene **Grundurteile** (§ 304) sind bei **Säumnis des Klägers** unbeachtlich.[8] Bedeutung behält eine Verhandlung des Beklagten zur Hauptsache insoweit, als sie Mängel der Klage heilte oder die Zuständigkeit des Gerichts begründete (§§ 39, 295).[9] Zur Entscheidung nach Aktenlage vgl. § 331 a Rn. 7.

333 *Nichtverhandeln der erschienenen Partei* **Als nicht erschienen ist auch die Partei anzusehen, die in dem Termin zwar erscheint, aber nicht verhandelt.**

334 *Unvollständiges Verhandeln* **Wenn eine Partei in dem Termin verhandelt, sich jedoch über Tatsachen, Urkunden oder Anträge auf Parteivernehmung nicht erklärt, so sind die Vorschriften dieses Titels nicht anzuwenden.**

I. Normzweck

1 Eine lediglich anwesende, aber **nicht verhandelnde** Partei hindert den Fortgang des Verfahrens in gleicher Weise wie die nicht erschienene, so dass § 333 auch dies als Säumnisfall definiert. § 334 betrifft das **unvollständige Verhandeln** über den Klageanspruch und schließt insoweit den Erlass eines Versäumnisurteils oder einer Entscheidung nach § 331 a aus.

II. Begriff des Verhandelns

2 Verhandeln ist jede aktive handelnde Teilnahme vor dem Prozessgericht im Termin und setzt nach hM einen **Antrag** (§ 297) voraus.[1] Es genügt aber etwa für den Klageabweisungsantrag des Beklagten **konkludentes Verhalten,** aus dem sich ergibt, dass die Partei sich gegen ihre Verurteilung wendet.[2] Ausreichend ist die Einlassung hinsichtlich der **Zulässigkeit**[3] (Verweisungsantrag nach § 281 Abs. 1 Rn. 8 genügt daher).[4] In Folgeterminen muss ein einmal gestellter Antrag nicht wiederholt werden.[5] Die **Fälle des Nichtverhandelns** lassen sich wie folgt differenzieren: Wird **jede Einlassung** zur Sache verweigert, so liegt der Grundfall der Säumnis trotz Anwesenheit vor, ebenso wenn ein Antrag ausdrücklich verweigert wird[6] oder der Anwalt erklärt, „er trete nicht auf".[7] Stellt die Partei nur einen **Sachantrag,** so ist dies wegen einer konkludenten Bezugnahme nach § 137 Abs. 3 **ausreichendes Verhandeln** (s. aber Rn. 5).[8] Hat eine Partei zunächst zur Sache verhandelt und **verweigert sie nach Durchführung einer Beweisaufnahme die erneute Antragstellung,** so ist sie nicht mehr säumig.[9] Das gilt jedoch nicht, wenn ein Termin unmittelbar mit der Beweisaufnahme begann und dann gemäß § 370 Abs. 1 fortgesetzt wird.[10] Wurde im selben Termin schon einmal verhandelt, so ist dies jedenfalls **unwiderruflich;** es darf dem Gegner nicht rechtsmissbräuchlich die Möglichkeit genommen werden, ein kontradiktorisches Urteil zu erwirken.[11]

3 Das Stellen von **Prozessanträgen** ist nur dann Verhandeln iSv. § 333, wenn diese **streitgegenstandsbezogen** sind (zB Beweisanträge[12]) oder auf Klageabweisung zielen.[13] Alle anderen Prozessanträge wie solche auf bloße Vertagung, Aussetzung,[14] Verfahrenstrennung bzw. -verbindung, Richterablehnung[15] oder Pro-

---

[5] *B/L/H* Rn. 4.

[6] *St/J/Schumann* Rn. 6.

[7] *St/J/Schumann* Rn. 4; MK/*Prütting* Rn. 3.

[8] *St/J/Schumann* Rn. 1; *B/L/H* Rn. 4.

[9] *B/L/H* Rn. 5; *T/P/Reichold* Rn. 1.

[1] BGH NJW-RR 1986, 1252, 1253; BAG NJW 2003, 1548 (Antrag v. Kläger/Rechtsmittelkl.); OLG Frankfurt NJW-RR 1998, 280 (Sachantrag d. Klägers notw.); MK/*Prütting* § 333 Rn. 3 (s. aber Rn. 11 „verhandelt oder Anträge gestellt ..."); *Zö/Herget* § 333 Rn. 1; *Wiecz* Anm. B Ib 2; aA *St/J/Schumann* § 333 Rn. 7; *B/L/H* § 333 Rn. 4 („stillschweigendes sachliches Eingehen"); offenbar auch OLG Stuttgart IPRax 1990, 250 (aktive Erörterung genügt).

[2] BAG NJW 2003, 1548; OLG Bamberg NJW-RR 1996, 317, 318; ArbG Düsseldorf NJW-RR 1992, 366; ähnlich bereits BGH NJW 1972, 1373, 1374.

[3] BGH NJW-RR 1986, 1252, 1253 f.; NJW 1967, 728; MK/*Prütting* § 333 Rn. 1; *St/J/Schumann* § 333 Rn. 1.

[4] OLG Dresden NJW-RR 2001, 792.

[5] BGH NJW-RR 1986, 1252, 1253; BGHZ 63, 94, 95 = NJW 1974, 2322.

[6] BGH NJW 1982, 280, 281.

[7] OLG Koblenz MDR 1982, 858.

[8] AA noch RGZ 132, 330, 336; heute allgM, s. *Zö/Herget* § 333 Rn. 1.

[9] BGHZ 63, 94, 95 = NJW 1974, 2322; OLG Hamm MDR 1974, 407; *B/L/H* § 333 Rn. 6; *Zö/Herget* § 333 Rn. 1; *T/P/Reichold* § 333 Rn. 1; AK-ZPO/*Pieper* § 333 Rn. 3; *Bassenge* JR 1975, 200; aA *Schneider* MDR 1992, 827.

[10] So auch *B/L/H* § 333 Rn. 6; *Schneider* MDR 1992, 827.

[11] OLG Frankfurt/M ZIP 1981, 1192, 1193; *St/J/Schumann* § 333 Rn. 10; MK/*Prütting* § 333 Rn. 9.

[12] *Zö/Herget* § 333 Rn. 2; *B/L/H* § 333 Rn. 5.

[13] MK/*Prütting* § 333 Rn. 8.

[14] BGH NJW-RR 1986, 1252, 1254; OLG Köln NJW-RR 1996, 581.

[15] BGH NJW-RR 1986, 1252, 1253 f.; RGZ 31, 423, 424.

zesskostenhilfe[16] genügen auch bei hilfsweise gestelltem Sachantrag nicht,[17] wenn sie nicht ein **sachliches Eingehen** auf das gegnerische Vorbringen einschließen. Dies kann auch schlüssig[18] **bis Verhandlungsschluss**[19] erfolgen. Zur Säumnis des Berufungsklägers s. § 539 Rn. 3ff.

Verhandelt eine Partei nur über einen **Teil des Streitgegenstandes** und stellt sie auch nur einen **Teilantrag,** so ist bei Teilbarkeit des Streitgegenstandes für den nicht betroffenen Teil § 333 anwendbar und dieser einem Teilversäumnisurteil (§ 301) zugänglich, wenn ein Teilurteil bei streitiger Entscheidung zulässig wäre (§ 301).[20] Das **Teilverhandeln,** bezogen auf abtrennbare Teile des prozessualen Anspruchs, ist zu unterscheiden vom **unvollständigen Verhandeln** nach § 334, das sich auf den **Streitgegenstand als ganzen** bezieht, aber in einer partiell verweigerten Erwiderung äußert.[21] Letzteres liegt auch vor, wenn die Partei oder ihr Prozessvertreter im Anwaltsprozess zunächst anwesend waren und verhandelten, sich dann aber aus der Verhandlung entfernten.[22] 4

Tritt im **Anwaltsprozess** ein **vollmachtloser** oder **nicht zugelassener** Rechtsanwalt auf, so ist nach entsprechender Rüge der Gegenpartei und unterbliebener einstweiliger Zulassung (§ 89 Abs. 1) diese Partei säumig.[23] Eine der Rüge **vorangegangene Verhandlung zur Sache** schließt ein Versäumnisurteil in diesem Termin aus.[24] Stellt ein sachlich völlig **uninformierter** Prozessvertreter nur einen Antrag ohne vorausgegangenen Schriftsatz, so kann dies nach hA Säumnis begründen, da auch nicht konkludent auf schriftsätzliche Ausführungen Bezug genommen werden kann.[25] 5

III. Folgen des Nichtverhandelns

Im Fall des Nichtverhandelns nach Rn. 2–5 **muss** bei Vorliegen aller übrigen Voraussetzungen auf Antrag ein **Versäumnisurteil ergehen.** Wird ein streitmäßiges Urteil beantragt, obwohl das Gericht auf Nichtverhandeln erkennt und hierauf hingewiesen hat (§ 139),[26] kann **mangels** entsprechenden **Prozessantrages** kein Versäumnisurteil ergehen (Vorb. Rn. 8). Geht das Gericht von ausreichendem Verhandeln aus, so ist – wiederum nach Hinweis gemäß § 139 – ein dennoch gestellter Antrag auf Erlass einer Säumnisentscheidung zurückzuweisen (§ 336). Liegt ein **unvollständiges Verhandeln** iSv. § 334 vor, so ist der Erlass einer Säumnisentscheidung ausgeschlossen; vielmehr gelten §§ 85, 138 Abs. 3 und 4, 282, 286, 296, 427, 439, 446, 453, 454, 510. 6

335 *Unzulässigkeit einer Versäumnisentscheidung*

(1) Der Antrag auf Erlass eines Versäumnisurteils oder einer Entscheidung nach Lage der Akten ist zurückzuweisen:

1. wenn die erschienene Partei die vom Gericht wegen eines von Amts wegen zu berücksichtigenden Umstandes erforderte Nachweisung nicht zu beschaffen vermag;

2. wenn die nicht erschienene Partei nicht ordnungsmäßig, insbesondere nicht rechtzeitig geladen war;

3. wenn der nicht erschienenen Partei ein tatsächliches mündliches Vorbringen oder ein Antrag nicht rechtzeitig mittels Schriftsatzes mitgeteilt war;

4. wenn im Falle des § 331 Abs. 3 dem Beklagten die Frist des § 276 Abs. 1 Satz 1 nicht mitgeteilt oder er nicht gemäß § 276 Abs. 2 belehrt worden ist.

(2) Wird die Verhandlung vertagt, so ist die nicht erschienene Partei zu dem neuen Termin zu laden.

Mit Wirkung zum 1. Juli 2008 wird Abs. 2 um folgenden Punkt ergänzt: **5. wenn in den Fällen des § 79 Abs. 3 die Zurückweisung des Bevollmächtigten oder die Untersagung der weiteren Vertretung erst in dem Termin erfolgt oder der nicht erschienenen Partei nicht rechtzeitig mitgeteilt worden ist.**

I. Normzweck

§ 335 erklärt in **vier Fällen** ein Versäumnisurteil bzw. eine Entscheidung nach Aktenlage für **unzulässig.** Diese sind nicht abschließend,[1] haben aber gemeinsam, dass ihnen **behebbare Verfahrensmängel** zugrundeliegen. 1

---

[16] MK/*Prütting* § 333 Rn. 8; *St/J/Schumann* § 333 Rn. 8.

[17] OLG Frankfurt WM 1992, 1088, 1089.

[18] OLG Koblenz JurBüro 1995, 197.

[19] BGH NJW 1993, 861, 862.

[20] BGH NJW 2002, 145; OLG Koblenz FamRZ 2001, 1009; MK/*Prütting* § 333 Rn. 10; *Zö/Herget* § 333 Rn. 3; *St/J/Schumann* § 333 Rn. 9 mit Nachw. zur älteren Lit.

[21] MK/*Prütting* § 334 Rn. 1.

[22] BGHZ 63, 94, 95 = NJW 1974, 2322; OLG Frankfurt/M ZIP 1981, 1192, 1193; OLG Hamm NJW 1974, 1097; *St/J/Schumann* § 334 Rn. 4.

[23] MK/*Prütting* § 333 Rn. 6.

[24] BGH JurBüro 1977, 1540; aA *St/J/Schumann* § 333 Rn. 5.

[25] OLG Düsseldorf MDR 1987, 852; OLG Zweibrücken OLGZ 1983, 329; LG Tübingen NJW-RR 1987, 1212, 1213; MK/*Prütting* § 333 Rn. 7; *St/J/Schumann* § 333 Rn. 7.

[26] MK/*Prütting* § 333 Rn. 2.

[1] So für § 278 Abs. 3 aF OLG Hamm NJW-RR 1991, 703; ähnlich BGHR § 337 Nr. 1 (§ 337 analog bei Verstoß gegen rechtliches Gehör).

II. Von Amts wegen zu berücksichtigende Mängel (Nr. 1)

2 Nr. 1 erfasst nur von Amts wegen zu beachtende Mängel, insbesondere also **Zulässigkeitsmängel der Klage,**[2] fehlende Prozessvollmacht nach § 88 Abs. 2 oder Anerkennungs- und Vollstreckungsvoraussetzungen nach §§ 328, 723. Es müssen solche sein, die von der erschienenen Partei[3] noch **zu beheben** sind (Rn. 1), sonst wird die Klage streitig abgewiesen (§ 330 Rn. 2).[4] Die auf Einrede des Beklagten beachtlichen **Prozesshindernisse** nach §§ 113, 269 Abs. 6 fallen unter Nr. 1, wenn ein entsprechender Antrag auf Sicherheitsleistung bzw. Kostenerstattung des Beklagten bereits gestellt ist.[5]

III. Ladungsmängel (Nr. 2)

3 Nur Mängel der Ladung der **säumigen Partei** wirken sich aus. Erscheint eine Partei trotz fehlerhafter Ladung, ist Nr. 2 unanwendbar (Vorb. Rn. 6). Die Ladung muss insbesondere **erforderlich** (vgl. §§ 214 Rn. 4, 218 Rn. 2, entbehrlich bei § 331 Abs. 3), **rechtzeitig** (§§ 217, 274)[6], **vollständig** (§ 214 Rn. 5 und § 215) und **ordnungsgemäß zugestellt** (§§ 166 ff. nF, 497, 270 S. 2) sein.[7]

IV. Unterbliebene rechtzeitige Mitteilung (Nr. 3)

4 Nr. 3 ist nur anwendbar bei **Säumnis des Beklagten,** da weder tatsächliches Vorbringen noch ein Sachantrag des Beklagten notwendig wäre, wenn der Kläger säumig ist. **Prozessanträge** werden nicht erfasst.[8] **Tatsachenvortrag** ist mitzuteilen, damit sich die später säumige Partei bei Ladung auf Umfang und Reichweite der Säumnisfolgen einstellen kann. **Rechtzeitig** ist die Mitteilung, wenn die Fristen der §§ 132, 226, 274 Abs. 3 eingehalten sind, nicht beachtlich ist in diesem Zusammenhang jedoch eine solche nach § 282 Abs. 2.[9] **Schriftsätzliche** Mitteilung ist nur im Anwaltsprozess zwingend,[10] sie ist entbehrlich, wenn die Tatsachen Gegenstand früherer mündlicher Verhandlung waren,[11] nach einer abzulehnenden Mindermeinung auch, wenn der **Gegner nicht anwesend** war.[12] Für die Rechtzeitigkeit von Erklärungen im Parteiprozess gem. §§ 129 Abs. 2, 129 a, 496 kann § 132 entsprechend angewendet werden (s. § 132 Rn. 1).[13] S. auch § 331 Rn. 15, 22.

V. Mängel im schriftlichen Vorverfahren (Nr. 4)

5 Ist im schriftlichen Vorverfahren (§ 276) die **Notfrist nicht mitgeteilt** oder über die **Säumnisfolge nicht belehrt** worden, so hindert dies ein Versäumnisurteil. Das gilt auch, wenn die Verfügung dem Beklagten nicht ordnungsgemäß **zugestellt** ist, vgl. § 331 Rn. 22.[14] Der **Antrag** auf Erlass des Versäumnisurteils ist dann aber **nicht zurückzuweisen,** vielmehr sind die vom Gericht versäumten Handlungen gemäß § 276 Abs. 1 oder 2 nachzuholen.[15]

VI. Zurückweisung des Antrags auf Versäumnisurteil

6 Das Gericht muss auf Gründe, die dem Erlass eines Versäumnisurteils entgegenstehen, **hinweisen** (§ 139).[16] Liegt ein noch **zu behebender Mangel** nach Nr. 1–3 vor, so ist der Antrag auf Erlass eines Versäumnisurteils durch zu verkündenden **Beschluss** zurückzuweisen (§ 335 Abs. 1; zu Nr. 4 s. Rn. 5). Der Beschluss ist nach § 329 Abs. 3 nF wegen der Beschwerdemöglichkeit der nicht säumigen Partei auch **zuzustellen** (Protokollabschrift mit Inhalt des verkündeten Beschlusses). Ist der Mangel nicht zu beseitigen, so wird durch **unechtes Versäumnisurteil** entschieden (§ 330 Rn. 2). **Verweisung** auf Grund eines auch hilfsweise vorgebrachten Antrags ist möglich (§§ 281, 506). Zur Beschwerdemöglichkeit bei Zurückweisung s. § 336.

VII. Entscheidung nach Aktenlage

7 Seinem Wortlaut nach ist § 335 auch für die Entscheidung nach Lage der Akten (§ 331 a) anwendbar. Um Ungereimtheiten zu vermeiden, gelten jedoch folgende **Abweichungen:** Im Fall von Nr. 1 hat das Gericht nach hA einen **Aufklärungs- oder Beweisbeschluss** zu erlassen, statt den Antrag zurückzuweisen.[17] Sind **Zulässigkeitsmängel** der Klage nicht behebbar, so ergeht unter den Voraussetzungen des § 251 a Abs. 2 ein Urteil nach § 331 a (s. dort Rn. 7). Zur Tatsachengrundlage (Nr. 3) der Entscheidung s. § 331 a

---

[2] ZB anderweitige Rechtshängigkeit, BGH FamRZ 1987, 926, 928.
[3] *St/J/Schumann* Rn. 2; *B/L/H* Rn. 4 f.
[4] AllgM, s. MK/*Prütting* Rn. 2, 4.
[5] So auch *Zö/Herget* Rn. 2; aA wohl MK/*Prütting* Rn. 3.
[6] OLG Hamm NJW-RR 1993, 895, 896.
[7] OLG Düsseldorf MDR 1987, 769 (keine Belehrung über Folgen zweiter Säumnis); OLGR Zweibrücken 2001, 389–392 (unzulässige öffentliche Zustellung).
[8] AllgM, s. BGH NJW 1970, 99, 100; OLG Celle MDR 1993, 686; *B/L/H* Rn. 7.
[9] HM, vgl. *St/J/Schumann* Rn. 14; MK/*Prütting* Rn. 13.
[10] OLG Frankfurt/M FamRZ 1993, 1467, 1468.
[11] *St/J/Schumann* Rn. 15; *T/P/Reichold* Rn. 5.
[12] RGZ 28, 407, 409; *Zö/Herget* Rn. 4; wohl auch *B/L/H* Rn. 7.
[13] *T/P/Reichold* Rn. 5.
[14] BGH NJW 1980, 1167, 1168.
[15] MK/*Prütting* Rn. 16, 19; *Zö/Herget* Rn. 5; aA wohl *T/P/Reichold* Rn. 8, 10.
[16] MK/*Prütting* Rn. 5, 17.
[17] Statt vieler *T/P/Reichold* Rn. 7.

Rn. 6. Ist eine Aktenlageentscheidung **unzulässig,** so wird der Antrag durch unanfechtbaren Beschluss zurückgewiesen (§ 336 Abs. 2, dort Rn. 1).

VIII. Vertagung

8 Streitig ist im Hinblick auf die **Beschwerdemöglichkeit** nach § 336, ob das Gericht bei Zurückweisung eines Antrags auf Versäumnisurteil aus den in Abs. 1 Nr. 1–3 genannten Gründen **auch ohne entsprechenden Antrag von Amts wegen** bereits vertagen und einen neuen Termin anberaumen soll.[18] Über die zwingenden Fälle der §§ 227, 337 hinaus sollte sich die Entscheidung an der Zweckmäßigkeit orientieren;[19] ggf. ist der neue Termin erst nach Ablauf der Beschwerdefrist anzusetzen, um die Beschwerde nicht zu unterlaufen. Ein Terminsantrag der anwesenden Partei bedeutet in der Regel **Beschwerdeverzicht.**[20] Nur bei Zurückweisung und Vertagung aus den in Abs. 1 Nr. 1–3 genannten Gründen ist die säumige Partei trotz Verkündung (§ 218) zum nächsten Termin unter **Einhaltung der Ladungsfrist**[21] zu laden (§ 335 Abs. 2). Keiner Ladung bedarf es für die anwesende, jedoch nicht verhandelnde Partei (§ 333).[22]

336 *Rechtsmittel bei Zurückweisung* (1) [1]**Gegen den Beschluss, durch den der Antrag auf Erlass des Versäumnisurteils zurückgewiesen wird, findet sofortige Beschwerde statt.** [2]**Wird der Beschluss aufgehoben, so ist die nicht erschienene Partei zu dem neuen Termin nicht zu laden.**

(2) **Die Ablehnung eines Antrages auf Entscheidung nach Lage der Akten ist unanfechtbar.**

I. Voraussetzungen und Verfahren

1 § 336 ist bei jedem einen Antrag auf Erlass eines Versäumnisurteils zurückweisenden Beschluss anwendbar – namentlich nach §§ 335, 337 –, nicht bei klageabweisendem, unechtem Versäumnisurteil.[1] Unerheblich ist, ob der Beschluss ausdrücklich erging oder **konkludent im Vertagungsbeschluss** liegt.[2] Wird der Erlass eines **Teilversäumnisurteils** abgelehnt, so ist die Entscheidung wegen des bestehenden Ermessens **nicht beschwerdefähig.**[3] **Unanwendbar** ist § 336, wenn die Ablehnung durch Urteil erfolgt (dann Berufung oder Revision). Die Ablehnung einer Entscheidung nach Lage der Akten ist gemäß Abs. 2 unanfechtbar, da es im Ermessen des Gerichts steht, ob Entscheidungsreife vorliegt (§ 331a Rn. 3). **Beschwerdebefugt** ist nach S. 1 nur die anwesende Partei (zum Verzicht § 335 Rn. 8). Die **Beschwerdefrist** ist eine **Notfrist** von zwei Wochen, beginnend mit **Zustellung** – § 329 Abs. 3 (nicht mehr mit Verkündung wie nach § 577 Abs. 2 aF) – des Beschlusses (s. aber § 569 Abs. 1 S. 2). Die Neufassung von § 569 Abs. 1 durch das ZPO-RG sieht einen grundsätzlich einheitlichen Fristbeginn vor (dort Rn. 3), so dass sich für § 336 die Überlegungsfrist der Partei, die den Beschluss seit Verkündung kennt, um den Zustellungszeitraum verlängert.[4] Inhaltlich kann die Beschwerde nur auf die **zu Unrecht erfolgte Ablehnung** eines Versäumnisurteils gestützt werden.[5] Die säumige Partei wird **nicht gehört.**[6]

II. Rechtsfolgen

2 Bei **erfolgloser** Beschwerde ist, wenn das Gericht nicht schon mit Zurückweisung neuen Termin bestimmt hat (§ 335 Rn. 8), nunmehr von Amts wegen zu terminieren; es sind beide Parteien zu laden. Hat die Beschwerde Erfolg, kann das Versäumnisurteil nicht vom Beschwerdegericht selbst erlassen werden.[7] Vielmehr hat das **Ausgangsgericht** neuen Termin zu bestimmen und die säumige Partei hierzu **nicht zu laden** (Abs. 1 S. 2), so dass eine vergleichbare Prozesslage wie vor Zurückweisung geschaffen wird. **Erscheint die Partei dennoch und verhandelt sie,** darf letztlich auch aus prozessökonomischen Gründen (Einspruch wahrscheinlich) **kein Versäumnisurteil** gegen sie ergehen.[8] Ist der Beschwerdeführer im neuen Termin (auch) säumig, so gilt § 251a.

III. Gebühren und Kosten

3 **1. Rechtsanwaltsgebühren.** Anwaltsgebühren vgl. § 567 Rn. 29.

4 **2. Gerichtskosten.** Der zurückweisende Beschluss ist gebührenfrei; für das Beschwerdeverfahren gilt KV Nr. 1812.

---

[18] *B/L/H* Rn. 1, 10; aA *Zö/Herget* Rn. 6 (Amtspflicht aus § 216).
[19] *St/J/Schumann* Rn. 22 ff., Pflicht zu Terminierung (§§ 216, 497) aber nach Rechtskraft der Zurückweisung der Beschwerde, Rn. 20; so auch MK/*Prütting* Rn. 22.
[20] *St/J/Schumann* Rn. 24; *Zö/Herget* Rn. 6.
[21] OLG München VersR 1974, 674; *Zö/Herget* Rn. 6; *T/P/Reichold* Rn. 10.
[22] *Zö/Herget* Rn. 6.
[1] BGH NJW 1987, 1204; *Zö/Herget* Rn. 1; *T/P/Reichold* Rn. 1.
[2] OLG Hamm NJW-RR 1991, 703 und hM, vgl. MK/*Prütting* Rn. 1; aA LAG Düsseldorf NJW 1961, 2371.
[3] *St/J/Schumann* Rn. 2; *B/L/H* Rn. 3.
[4] Amtl. Begr. des ZPO-RG, BT-Drucks. 14/4722, S. 112.
[5] OLG Hamm NJW-RR 1991, 703; OLG Nürnberg MDR 1963, 507 (jeweils für antragswidrige Vertagung).
[6] RGZ 37, 396, 398; KG MDR 1983, 412; hA vgl. *T/P/Reichold* Rn. 1; krit. MK/*Prütting* Rn. 3.
[7] BGH NJW 1995, 2563, 2564; OLG Hamm NJW-RR 1991, 703, 704.
[8] OLG Hamm NJW-RR 1991, 703; *Ro/S/Go* § 104 Rn. 24; *St/J/Schumann* Rn. 7 (auf Anfrage ist Termin zu nennen); *B/L/H* Rn. 7; *T/P/Reichold* Rn. 1; anders bei zweitem Versäumnisurteil, MK/*Prütting* Rn. 5; *St/J/Schumann* Rn. 8.

337 *Vertagung von Amts wegen* **[1]Das Gericht vertagt die Verhandlung über den Antrag auf Erlass des Versäumnisurteils oder einer Entscheidung nach Lage der Akten, wenn es dafür hält, dass die von dem Vorsitzenden bestimmte Einlassungs- oder Ladungsfrist zu kurz bemessen oder dass die Partei ohne ihr Verschulden am Erscheinen verhindert ist. [2]Die nicht erschienene Partei ist zu dem neuen Termin zu laden.**

I. Normzweck

1 Die Bestimmung gebietet **Vertagung** zum Schutz der säumigen Partei und ihres **Anspruchs auf rechtliches Gehör,** wenn sie ihre Abwesenheit nicht zu vertreten hat. Die Vorschrift greift daher nur, wenn eine Partei **nicht erscheint,** nicht bei Nichtverhandeln trotz Anwesenheit (§ 333).[1] Im schriftlichen Vorverfahren (§ 276 Abs. 1 S. 1) hat nur die zweite Alternative Bedeutung (fehlende Anzeige der Verteidigungsbereitschaft).

II. Voraussetzungen

2 **1. Zu kurze Einlassungs- oder Ladungsfrist.** Gemeint sind hier nicht gesetzliche, sondern nur **richterliche Fristen** (zB §§ 226, 239 Abs. 3, 274 Abs. 3 S. 3, 523 Abs. 2, 553 Abs. 2). Die vom Vorsitzenden bestimmte Frist muss nach Ansicht des gesamten Spruchkörpers gemessen an den Umständen des Einzelfalls zu kurz gewesen sein.

3 **2. Schuldlose Säumnis.** Weder die Partei noch ihr gesetzlicher Vertreter oder Prozessvertreter (§§ 51 Abs. 2, 85 Abs. 2) dürfen das Nichterscheinen verschuldet haben. Dies entspricht § 233, so dass grundsätzlich auf die dortige Kasuistik verwiesen werden kann (§ 233 Rn. 3 ff.); s. noch Rn. 6 zu Einzelheiten. Der Entschuldigungsgrund muss überzeugend dargelegt[2] oder **offenkundig** sein.

4 Im **Anwaltsprozess** binden **standesrechtliche Restriktionen** für ein Versäumnisurteil (Wartefrist, vorherige Androhung) das Gericht grundsätzlich nicht.[3] Nur wenn **konkrete Umstände** gegeben sind, die für eine schuldlose Abwesenheit der Partei bzw. ihres Anwalts sprechen (ggf. Nachfrage gemäß § 139), ist zu vertagen.[4] Hieran hat die Aufnahme des inzwischen für verfassungswidrig erklärten[5] § 13 in die neue Berufsordnung[6] nichts geändert. Das Nichterscheinen im Vertrauen auf das kollektive Versprechen der Standesordnung begründet für sich genommen keine „Verhinderung". Auf die alte Rechtsprechung zu den Standesrichtlinien ist daher nicht zurückzugreifen.[7] Dem Anwalt ist einerseits ein **hohes Maß an Sorgfalt** zur Abwendung von Säumnisfolgen abzuverlangen, er kann aber auch insoweit durch nicht vorhersehbare Umstände an der Beachtung schuldlos gehindert sein (§ 233 Rn. 4). Eine **kurze Wartezeit** von 10–15 Minuten ist grundsätzlich angezeigt und üblich.[8] Der anwesende Parteivertreter muss aber im Zweifel den Belangen seines Mandanten den Vorrang einräumen und darf nicht aus rein kollegialer Rücksichtnahme keinen Antrag auf Versäumnisurteil stellen.[9]

5 In folgenden **Einzelfällen** liegt **kein Verschulden** vor: vorherige Zusage des erschienenen Anwalts, auf Gegner zu warten bzw. nicht aufzutreten,[10] oder Zusage, einen Kollegen um Auftreten für den noch Abwesenden zu bitten;[11] sich kreuzende Ladung an die Partei und Vertretungsanzeige des Rechtsanwalts, wenn dieser entgegen seiner ausdrücklichen Bitte nicht selbst vom Termin benachrichtigt wird;[12] Aufruf vor dem anberaumten Zeitpunkt[13], wobei sich der Prozessvertreter auf einen vor dem Sitzungssaal ausgehängten Terminsbeginn verlassen darf, auch wenn dieser eine spätere Zeit als die schriftliche Ladung angibt;[14] un-

---

[1] OLG Hamm NJW 1991, 1067, hM; aA MK/*Prütting* Rn. 5 (§ 333 aber nur relevant bei fehlender Sprachkenntnis der anwesenden, nicht verhandelnden Partei); ebenso *St/J/Schumann* Rn. 9 a.

[2] LAG Köln MDR 1994, 1046; LG Düsseldorf MDR 1988, 326 (Ankündigung eines Krankheitsattests); *St/J/Schumann* Rn. 9; *Zö/Herget* Rn. 3; ähnlich MK/*Prütting* Rn. 4; strenger wohl *B/L/H* Rn. 4 (Glaubhaftmachung oder Offenkundigkeit notwendig); zum „Gefälligkeitsattest" LG Berlin Rpfleger 1998, 167.

[3] BVerfG NJW 1993, 121, 122 (Kammerbeschl.); BGH NJW 1991, 42, 43; *Kleine-Cosack* NJW 1988, 164; *Jähnke* NJW 1988, 1888, 1893; krit. *T/P/Reichold* Rn. 3; *Mennicke* MDR 1992, 221 ff.; *Hettinger* NJW 1991, 1161 f.; für die Berücksichtigung konkret individueller anwaltlicher Versprechen, kein Versäumnisurteil zu beantragen *Foerste* NJW 1993, 1309, 1310; *Taupitz,* Festschr. f. Pawlowski, 1997, 443, 449.

[4] BGH NJW 1991, 42, 43; 1978, 428; *Zö/Herget* vor § 330 Rn. 12.

[5] BVerfG NJW 2000, 347 ff.; Bedenken bereits bei *Kleine-Cosack* NJW 1997, 1257, 1260.

[6] Abgedruckt in BRAK-Mitt. 1996, 241.

[7] *Taupitz,* Festschr. f. Pawlowski, 1997, 443, 450; vgl. früher BGH NJW 1976, 196; OLG Nürnberg AnwBl. 1983, 28.

[8] BGH NJW 1999, 724; OLG Rostock MDR 1999, 626, 627 (längere Wartezeit bei zweitem Versäumnisurteil); s. auch KG NJW 1987, 1338, 1339; OLG Stuttgart MDR 1985, 871; AK-ZPO/*Pieper* Rn. 6; zurückhaltender OLG München OLGZ 1988, 242, 244 (50 Minuten zu lang); strenger *B/L/H* Rn. 10; OLG München 19 W 729/07 Jurion = OLGR 2007, 186 (Versäumnisurteil 5 Min. nach Aufruf nicht gesetzeswidrig).

[9] So BGH NJW 1991, 42, 43; 1978, 428; OLG Stuttgart NJW 1994, 1884, 1885; OLG Köln BB 1993, 1397, 1398 für die Zeit ohne verbindliches Standesrecht; vgl. *Taupitz,* Festschr. f. Pawlowski, 1997, 443, 459.

[10] LG Mönchengladbach NJW-RR 1998, 1287.

[11] OLG Karlsruhe NJW 1974, 1096.

[12] BAG DB 1977, 919; krit. insoweit *B/L/H* Rn. 9.

[13] *Zö/Herget* vor § 330 Rn. 12.

[14] OLG Celle MDR 1999, 1345, 1346.

zumutbar verspäteter Aufruf, wenn sich der Anwalt wegen anderweitiger Verpflichtungen entfernt hat (s. § 220 Rn. 2).[15]

6 Eine schuldlose Verhinderung der Partei bzw. ihres Prozessvertreters liegt auch vor, wenn das Fernbleiben durch Krankheit, Unglücksfälle, unvorhersehbare Verkehrsbehinderungen[16] (§ 227 Rn. 4, 5, § 233 Rn. 6 ff.) verursacht ist. Es muss allerdings im Rahmen des Zumutbaren und Möglichen alles versucht werden, dem Gericht die Verhinderung rechtzeitig mitzuteilen (sinnvoller Anwendungsbereich für Mobiltelefon!),[17] um dem Gericht die Möglichkeit zu geben zu vertagen. Die Anforderungen an eine schuldlose Verhinderung dürfen nicht soweit gehen, dass quasi ein unabwendbarer Zufall dargelegt werden muss.[18] Das Fernbleiben einer Partei ist ebenso schuldlos, wenn sie nicht anwaltlich vertreten und über ihren **Prozesskostenhilfeantrag** noch nicht entschieden ist[19] oder er erst unmittelbar vor der Verhandlung zurückgewiesen wurde.[20] Das Gericht muss der Partei grundsätzlich 3–4 Werktage einräumen, um zu entscheiden, ob sie das Verfahren auf eigene Kosten betreibt. Zeitgleich mit der Zurückweisung des PKH-Antrags darf daher grundsätzlich kein Versäumnisurteil ergehen[21] (s. auch § 118 Rn. 19). Ein **kurzfristig gestellter Vertagungsantrag** ohne Rückfrage über die Stattgabe **entschuldigt nicht;**[22] ebenso wenig zB Mandatsniederlegung eine Woche vor dem Termin.[23] Hat der Prozessvertreter seine kurze Verspätung (zB 10 Minuten) angekündigt, so gebietet es der Anspruch auf rechtliches Gehör, dass das Gericht während dieses Zeitraums kein Versäumnisurteil erlässt.[24]

III. Rechtsfolge und Rechtsbehelfe

7 Bei Vorliegen der Hinderungsgründe ist die Verhandlung durch **Beschluss** zu vertagen. Er unterliegt der **sofortigen Beschwerde** (§ 336), da er eine konkludente Zurückweisung eines gestellten Antrags auf Erlass eines Versäumnisurteils enthalten kann (§ 336 Rn. 1), daher Zustellung nach § 329 Abs. 3. Zu dem neuen **Termin** ist die säumige Partei zu **laden** (S. 2). Dieser ist ein Verhandlungstermin ohne Besonderheiten. Im Fall der zu kurz bemessenen Ladungs- oder Einlassungsfrist ist diese **neu festzusetzen;** letztere läuft jedoch auch bei Verlängerung ab Zustellung der ersten Ladung.[25] **Vertagt** das Gericht in Unkenntnis eines **objektiv** gegebenen Hinderungsgrundes nach § 337 **nicht,** sondern erlässt es ein Versäumnisurteil, so ist dies nicht „in gesetzlicher Weise" (§ 344) ergangen. Der **Säumige** kann hiergegen grundsätzlich nur **Einspruch** einlegen (Ausnahme §§ 345, 514 Abs. 2). Ihm fallen dann nach § 344 die Versäumniskosten nicht zur Last.

338 *Einspruch*

[1]Der Partei, gegen die ein Versäumnisurteil erlassen ist, steht gegen das Urteil der Einspruch zu. [2]Hierauf ist die Partei zugleich mit der Zustellung des Urteils schriftlich hinzuweisen; dabei sind das Gericht, bei dem der Einspruch einzulegen ist, und die einzuhaltende Frist und Form mitzuteilen.

I. Wesen des Einspruchs

1 Der Einspruch ist mangels Devolutiveffekts **kein Rechtsmittel** und dient auch **nicht der Kontrolle** des erlassenen Versäumnisurteils, sondern lediglich der Beseitigung der Säumnis.[1] Er ist unabhängig von einer Beschwer[2] und stellt den **einzigen Rechtsbehelf** dar, der gegen ein Versäumnisurteil zulässig ist (s. aber §§ 345, 514 Abs. 2 und Wiederaufnahme).[3] Unterbleibt er, erwächst das Versäumnisurteil in Rechtskraft (Vorb. Rn. 13), er hat daher **Suspensiveffekt.**[4]

II. Zulässigkeitsvoraussetzungen

2 **Statthaft** ist der Einspruch ausschließlich **für die säumige Partei** iSd. §§ 330, 331, 333 (nicht § 334). Er muss sich gegen ein **echtes erstes Versäumnisurteil**[5] oder einen **Vollstreckungsbescheid** (§ 700) richten, nicht gegen ein technisch zweites Versäumnisurteil (§ 345) oder ein solches nach § 238 Abs. 2 (zum Einspruch

---

[15] Ähnlich auch *Zö/Herget* vor § 330 Rn. 12.

[16] BGH NJW 1999, 724; 1998, 2677 (Reservezeit ist nicht grds. einzuplanen); LAG Köln BB 1998, 595 (LS).

[17] BGH NJW 2006, 448; OLG Brandenburg NJW-RR 1998, 1678, 1679 (auch zu §§ 345, 513 Abs. 2); KG MDR 1999, 185; OLG Hamm MDR 1999, 185; OLG Naumburg MDR 1999, 186, 187.

[18] BGH NJW 1999, 724.

[19] OLG München JurBüro 1985, 1267; LG Münster MDR 1991, 160, 161.

[20] *Schneider* MDR 1985, 377; *ders.* AnwBl. 1987, 466; *Zö/Herget* Rn. 3; aA (wenn bereits Rechtsanwalt bestellt) OLG Koblenz OLGZ 1990, 126; ähnlich BGHR § 513 Abs. 2 Nr. 1. RA muss sich ggf über Beschluss bezüglich PKH informieren, OLG Rostock MDR 2002, 780, 781.

[21] OLG Brandenburg NJW-RR 2002, 285, 286; OLG Zweibrücken NJW-RR 2003, 1078.

[22] BGH NJW 1982, 889; ähnlich OLG Rostock MDR 2002, 780, 781.

[23] BGH VersR 1985, 542, 543.

[24] BGH NJW 1999, 724, 725 (für zweites Versäumnisurteil).

[25] MK/*Prütting* Rn. 23.

[1] AllgM, vgl. OLG Köln NJW-RR 1993, 1408; MK/*Prütting* Rn. 3.

[2] OLG Köln NJW-RR 1993, 1408.

[3] Rechtsvergleichend *Fasching,* Festschr. f. Baur, 1981, S. 387 ff.

[4] *Münzberg,* Die Wirkungen des Einspruchs im Versäumnisverfahren, 1959, S. 19 ff.; MK/*Prütting* Rn. 3; aA *Zö/Herget* Rn. 3.

[5] OLG Köln NJW-RR 1988, 701, 702 (Einspruch des Konkursverwalters unzulässig, wenn Versäumnisurteil während Unterbrechung ergangen und daher wirkungslos; zweifelhaft).

gegen ein Scheinversäumnisurteil s. § 339 Rn. 1). Für die Abgrenzung zu kontradiktorischen Urteilen ist der **Inhalt** entscheidend, nicht nur die Bezeichnung der Entscheidung;[6] ist sie (ggf. auch zu Unrecht) als Säumnisentscheidung ergangen, so ist nur Einspruch möglich.[7] Zum **Meistbegünstigungsgrundsatz** bei falscher Bezeichnung s. Vorb. Rn. 11, 13, § 331 Rn. 24 und allgemein vor § 511 Rn. 31–34. Er gilt auch, wenn fälschlicherweise ein zweites Versäumnisurteil statt eines ersten erging und umgekehrt (s. § 345 Rn. 7). Ist gegen die richtige, an sich zu erlassende Entscheidung kein Rechtsmittel gegeben, so ändert hieran auch eine falsche Bezeichnung nichts.[8] Wird gegen eine versehentlich als Endurteil bezeichnete Säumnisentscheidung Berufung eingelegt, so wird das Verfahren zur Verwirklichung des Einspruchs an das Untergericht abgegeben und umgekehrt.[9] Zum Rechtsbehelf bei **Teilversäumnisurteil** s. § 331 Rn. 24, § 342 Rn. 3. Der Lauf der Rechtsbehelfsfristen ist unabhängig voneinander.[10]

3 Zu **Form und Frist** s. § 339. Der Einspruch bedarf zu seiner Zulässigkeit keiner **Begründung.**[11] § 340 Abs. 3 S. 2 konkretisiert lediglich die **Prozessförderungspflicht** der säumigen Partei. Der Einspruch kann auch nur für einen abtrennbaren Teil des Versäumnisurteils eingelegt werden (§ 340 Abs. 2 Nr. 2, s. dort Rn. 3). § 99 Abs. 1 ist nicht anwendbar.[12] Die **Wirkung** des zulässigen Einspruchs regelt § 342, **Rücknahme** und **Verzicht** § 346.

III. Belehrung über Einspruch

4 Die Belehrungspflicht nach S. 2 wurde im Zuge des EG-Vollstreckungstitel-DG mit Wirkung zum 21. 10. 2005 eingefügt (s. auch § 215 Rn. 1). Nach der Verordnung über den **Europäischen Vollstreckungstitel** (EuVTVO) kann innerhalb der EU (ohne Dänemark) aus Titeln über unbestrittene Geldforderungen – hierzu gehören auch Versäumnisurteile – unmittelbar vollstreckt werden, ohne dass es eines Vollstreckbarerklärungsverfahrens bedarf, wenn diese als Europäischer Vollstreckungstitel bestätigt sind. Eine solche Bestätigung durch das Prozessgericht darf im Falle eines Versäumnisurteils nur erfolgen, wenn eine **Belehrung** über die Säumnisfolgen und über Rechtsbehelfe gegen ergangene Säumnisentscheidungen erfolgt ist (Art. 17, 18 EuVTVO). Eine solche Belehrung war bislang nicht vorgesehen. Im Übrigen genügt die Einspruchsmöglichkeit der §§ 338, 700 jedenfalls den Mindestanforderungen für eine Überprüfung der Säumnisentscheidung gem. Art. 19 EuVTVO.[13]

339 *Einspruchsfrist* **(1) Die Einspruchsfrist beträgt zwei Wochen; sie ist eine Notfrist und beginnt mit der Zustellung des Versäumnisurteils.**

(2) Muss die Zustellung im Ausland oder durch öffentliche Bekanntmachung erfolgen, so hat das Gericht die Einspruchsfrist im Versäumnisurteil oder nachträglich durch besonderen Beschluss zu bestimmen.

I. Einspruchsfrist

1 Die Frist ist gemäß Abs. 1 eine **Notfrist** (zu den Folgen s. § 224 Abs. 1 und 2, 233[1]), deren Einhaltung von Amts wegen geprüft wird. Ihre **Dauer** beträgt zwei Wochen, im arbeitsgerichtlichen Verfahren eine Woche (§ 59 ArbGG). Sie **beginnt** mit der **Zustellung an die säumige Partei** (§§ 317 Abs. 1, 172 nF[2]).[3] Bei Versäumnisurteil im schriftlichen Vorverfahren (§ 331 Abs. 3), das an beide Parteien zuzustellen ist, beginnt die Frist nach hA mit der **zuletzt vorgenommenen** Zustellung.[4] Der Einspruch kann **vor Fristbeginn** eingelegt werden,[5] nicht aber vor Erlass des Versäumnisurteils.[6] Etwas anderes gilt, wenn trotz fehlender Zustellung der Rechtsschein eines Versäumnisurteils besteht (zB durch Erteilung einer vollstreckbaren Ausfertigung). Der Einspruch ist dann zulässig und führt zur klarstellenden Aufhebung.[7] Eine **Belehrung** über die

---

[6] BGH NJW 1994, 665, 666; FamRZ 1988, 945 (Verbundurteil); OLG Düsseldorf MDR 1985, 1034; *Zö/Herget* Rn. 1; MK/*Prütting* Rn. 8.

[7] BGH NJW 1994, 665, 666; FamRZ 1988, 945.

[8] BVerwG DÖV 1986, 248; *Ro/S/Go* § 133 Rn. 13; MK/*Prütting* Rn. 8.

[9] OLG München FamRZ 1989, 1204, 1205.

[10] NJW-RR 1986, 1326; *St/J/Schumann* Rn. 4.

[11] BGHZ 75, 138, 140 = NJW 1979, 1988; BGH NJW 1981, 928; 1980, 1102, 1103.

[12] AllgM, s. *B/L/H* Rn. 4.

[13] So auch Begr. zum Gesetzentwurf des EG-Vollstreckungstitel-DG, S. 15.

[1] Auf Grund der Neufassung des Zustellungsrechts sind Zustellungsmängel nun auch heilbar, wenn das zuzustellende Schriftstück eine Notfrist in Gang setzen soll, § 189.

[2] Zustellung an Verfahrensbevollmächtigten ab Kenntnis von der Bestellung, BGH NJW 1981, 1673, 1674; nicht mehr nach Erlöschen der Vollmacht, OLG Hamm NJW 1982, 1887.

[3] Im arbeitsgerichtlichen Verfahren nur, wenn die nach § 59 S. 3 ArbGG notwendige Belehrung erfolgt, BVerfGE 36, 303.

[4] OLG Brandenburg NJW-RR 1996, 766, 767; OLG München IPRax 1988, 164; *St/J/Schumann* Rn. 1; MK/*Prütting* Rn. 6; *Zö/Herget* Rn. 4; *T/P/Reichold* Rn. 1; aA LG Bückeburg NJW-RR 1986, 1508; ebenso und im Ergebnis nur auf Zustellung an Beklagten abstellend *Rau* MDR 2001, 794; *Schneider E.*, NJW 1978, 833.

[5] *Ro/S/Go* § 104 Rn. 57; *Zugehör* NJW 1992, 2261; aA zutreffend für den Fall des § 310 Abs. 3 *B/L/H* Rn. 5; *Zugehör* aaO S. 2262; hierzu auch *Rau* MDR 2001, 794, 796.

[6] *B/L/H* Rn. 4; *Zö/Herget* Rn. 2; *T/P/Reichold* Rn. 1; *Ro/S/Go* § 104 Rn. 57; aA *St/J/Schumann* Rn. 7, 8; vgl. auch BGHZ 105, 197, 200 = NJW 1989, 530 (ausnahmsweise Einlegung zu Protokoll zulässig).

[7] OLG Brandenburg NJW-RR 1996, 766, 767; s. auch BGH NJW 1996, 1969 m. zust. Anm. *Braun* JZ 1996, 979.

Einspruchsmöglichkeit ist nicht notwendig.[8] **Zustellungsmängel** hindern den Fristlauf,[9] Heilung ist gem. § 189 möglich. Unbeachtlich ist jedoch wegen der Möglichkeit einer Nichtigkeitsklage (§§ 579 Abs. 1 Nr. 4, 586 Abs. 1, 3) ein Fehler nach § 170.[10] Die **Fünfmonatsgrenze** der §§ 517, 548 ist **nicht anwendbar.**[11] Der Einsprechende trägt die Beweislast für die Einhaltung der Frist,[12] nicht jedoch soweit diese von gerichtsinternen Umständen abhängt.[13] Der Eingangsstempel hat Beweiskraft gem. § 418, die durch Gegenbeweis entkräftet werden kann.[14]

II. Besonderheiten bei Zustellung nach Abs. 2

Die gesetzliche Zweiwochenfrist nach Abs. 1 gilt in den Fällen des Abs. 2 nicht; vielmehr kann im Versäumnisurteil oder durch **unanfechtbaren Gerichtsbeschluss** eine andere, regelmäßig längere Frist bestimmt werden.[15] Bei Entscheidung durch Beschluss entfällt die Notwendigkeit mündlicher Verhandlung nach § 128 Abs. 4, eine entsprechende Ermächtigung in Abs. 2 aF konnte daher entfallen.[16] **Zustellung im Ausland** (§§ 183, 184 nF) setzt voraus, dass kein Zustellungsbevollmächtigter ernannt wurde (§ 184 sieht jetzt keine Benennung von Gesetzes wegen mehr vor wie § 174 Abs. 2 aF). Nach der Rechtsprechung durfte die Fristsetzung nach Abs. 2 auch bei **Inlandszustellung** mit der Fiktion des § 175 Abs. 1 S. 2, 3 aF unterbleiben.[17] Der Bundesgerichtshof hielt die Fristverlängerung gegenüber Abs. 1 für zulässig, aber nicht für zwingend.[18] Das Problem ist durch die Neufassung des Zustellungsrechts nun wesentlich entschärft. § 184 Abs. 2 nF novelliert die Zustellung durch Aufgabe zur Post gegenüber bisherigem Recht zu Gunsten des Empfängers (Einzelheiten s. § 184).[19] Das Gericht kann nun wahlweise oder kumulativ die Einspruchsfrist nach Abs. 2 verlängern und/oder die Frist für die Zustellungsfiktion nach § 184 Abs. 2 S. 2. Bei der **öffentlichen Zustellung** (§§ 185 ff.) ist die besondere Bewilligung nach § 186 Abs. 1 zu beachten. 2

Auch diese Frist ist **Notfrist.** Sie ist maßgebend, selbst wenn zu Unrecht eine Voraussetzung des Abs. 2 angenommen wurde. Fehlt eine ausdrückliche Bestimmung, so läuft keine Frist.[20] Bei sich **widersprechenden Fristen** in Versäumnisurteil und ggf. beigefügter Belehrung ist die längere entscheidend.[21] Sie beginnt nicht vor Zustellung des Versäumnisurteils, bei nachträglichem Beschluss ab dessen Zustellung an den Säumigen. Der anwesenden Partei wird die Fristbestimmung bei fehlender Verkündung nach § 329 Abs. 2 S. 1 mitgeteilt. 3

340 *Einspruchsschrift*

(1) Der Einspruch wird durch Einreichung der Einspruchsschrift bei dem Prozessgericht eingelegt.

(2) [1]Die Einspruchsschrift muss enthalten:

1. die Bezeichnung des Urteils, gegen das der Einspruch gerichtet wird;

2. die Erklärung, dass gegen dieses Urteil Einspruch eingelegt werde.

[2]Soll das Urteil nur zum Teil angefochten werden, so ist der Umfang der Anfechtung zu bezeichnen.

(3) [1]In der Einspruchsschrift hat die Partei ihre Angriffs- und Verteidigungsmittel, soweit es nach der Prozesslage einer sorgfältigen und auf Förderung des Verfahrens bedachten Prozessführung entspricht, sowie Rügen, die die Zulässigkeit der Klage betreffen, vorzubringen. [2]Auf Antrag kann der Vorsitzende für die Begründung die Frist verlängern, wenn nach seiner freien Überzeugung der Rechtsstreit durch die Verlängerung nicht verzögert wird oder wenn die Partei erhebliche Gründe darlegt. [3]§ 296 Abs. 1, 3, 4 ist entsprechend anzuwenden. [4]Auf die Folgen einer Fristversäumung ist bei der Zustellung des Versäumnisurteils hinzuweisen.

I. Einlegung des Einspruchs

Der Einspruch wird durch fristgerechte (§ 339) **Einreichung** eines bestimmenden Schriftsatzes (Einspruchsschrift) beim Ausgangsgericht, welches das Versäumnisurteil oder den Vollstreckungsbescheid erließ, eingelegt. Ist die Frist versäumt, so kann der Schriftsatz mit dem **Gesuch um Wiedereinsetzung** 1

---

[8] OLG Karlsruhe NJW-RR 1987, 895; allgemein für Rechtsmittelbelehrung BVerfGE 93, 99 ff. = NJW 1995, 3173; BGH NJW 1991, 295, 296.

[9] BGH MDR 2002, 600, 601 (unzulässig bewilligte öffentliche Zustellung).

[10] BGHZ 104, 109, 111 = NJW 1988, 2049 m. weit. Nachw.; MK/*Prütting* Rn. 2; aA *Ro/S/Go* § 73 Rn. 5; LG Berlin MDR 1988, 588, 589.

[11] BGHZ 30, 299, 300; BGH NJW 1976, 1940; *St/J/Schumann* Rn. 5; MK/*Prütting* Rn. 3; *Zö/Herget* Rn. 1; aA *Rimmelspacher,* Festschr. f. Schwab, 1990, S. 421 ff.

[12] Einwurf in Tagesbriefkasten genügt, BGH NJW 1984, 1237.

[13] BGH NJW 1981, 1673, 1674.

[14] BGH NJW 1998, 461.

[15] Fristverkürzung gegenüber Abs. 1 wäre nach der ratio legis unzulässig.

[16] Amtl. Begr. ZPO-RG, BT-Drucks. 14/4722, S. 86.

[17] BGH NJW 1992, 1701, 1702; 1987, 582; OLG München IPRax 1990, 111, 112.

[18] BGH NJW 1999, 1187, 1191 f. mit Nachw.; WM 1999, 1085, 1087; s. hierzu *Hausmann* JPRax 1988, 140, 141; *Schack* ZZP 100 (1987), 442, 446; *Roth* JPRax 1990, 90, 92 (Fristverlängerung zwindend).

[19] Amtl. Begr. Zust-RG, BT-Drucks. 14/4554, S. 24.

[20] *St/J/Schumann* Rn. 12; MK/*Prütting* Rn. 7.

[21] BGH NJW 1992, 1700, 1701.

(§ 236) verbunden werden. Die Formalien bestimmender Schriftsätze (zB Unterschrift[1]) müssen eingehalten sein (s. § 129 Rn. 7–14).[2] Im landgerichtlichen Verfahren genügt Protokollierung grundsätzlich nicht;[3] nur vor dem **Amtsgericht** gelten §§ 496, 129a.[4] Die Frist ist bei Protokollierung durch ein auswärtiges Gericht erst mit Eingang beim Ausgangsgericht gewahrt.[5] Zu Ausnahmen im **arbeitsgerichtlichen Verfahren** §§ 59 S. 2, 64 Abs. 7 ArbGG.

II. Notwendiger Inhalt der Einspruchsschrift

2 **1. Bezeichnung des Urteils (Abs. 2 Nr. 1).** Um Verzögerungen im gerichtsinternen Ablauf zu vermeiden, sind erkennendes **Gericht, Datum** und **Aktenzeichen** des Versäumnisurteils anzugeben. Aus dem Normzweck folgt, dass auch Einsprüche, die unter Verstoß gegen Nr. 1 zu der korrekten Akte **innerhalb der Frist** gelangen, nicht wegen des formalen Fehlers nach § 341 zurückgewiesen werden können.[6] Jedoch hat der Einspruchерhebende Verzögerungen, die durch Falschangaben entstehen, zu vertreten.[7] Hierzu auch § 519 Rn. 3–9.

3 **2. Einspruchserklärung (Abs. 2 Nr. 2).** Es genügt, wenn aus der Schrift deutlich wird, dass ein Angriffsmittel gegen das Versäumnisurteil und damit eine Weiterführung des Verfahrens beabsichtigt ist.[8] Der Schriftsatz ist einer **(großzügigen) Auslegung** zugänglich,[9] **mündliche** Erklärungen sind insoweit grundsätzlich **unbeachtlich.**[10] Die Umdeutung in einen Einspruch (etwa einer Berufung oder eines Widerspruchs[11]) ist nur möglich, wenn der Rechtsbehelf **beim Prozessgericht** eingelegt wurde.[12] Der Einspruch erstreckt sich inhaltlich auf den **gesamten Streitgegenstand,** wenn nicht ausdrücklich gemäß Abs. 2 S. 2 eine **Einschränkung** erfolgt. Diese ist zulässig, soweit es sich um einen einem **Teilurteil zugänglichen Abschnitt** handelt[13] und in persönlicher Hinsicht bei einem Versäumnisurteil für oder gegen mehrere Streitgenossen.[14] Eine entsprechende Beschränkung kann auch noch im Einspruchstermin erfolgen.[15]

4 **3. Einspruchsbegründung.** Anders als bei Berufung und Revision muss der Einspruch **nicht begründet** werden. Abs. 3 ist anerkannterweise nur eine konkrete und verschärfte Ausformung der **Prozessförderungspflicht** der säumigen Partei. Bei fehlender Begründung wird der Einspruch daher nicht unzulässig,[16] vielmehr gilt § 296 (hierzu Rn. 6).

5 **4. Mängel der Einspruchsschrift.** Liegen formelle Mängel nach Rn. 2–3 vor, die zur Verwerfung des Einspruches führen müssten (§ 341), hat das Gericht hierauf gemäß § 139 **hinzuweisen,** solange der Mangel innerhalb der Einspruchsfrist behoben werden kann. Eine **Verwerfung** kommt grundsätzlich **erst nach Fristablauf** in Betracht.

III. Prozessförderungspflicht (Abs. 3)

6 **1. Normzweck.** Obwohl Abs. 3 die Einspruchsbegründung **nicht** zur **Zulässigkeitsvoraussetzung** erhebt (Rn. 4), sanktioniert er fehlendes oder verspätetes Vorbringen mit einer möglichen **Präklusion** gemäß § 296 Abs. 3, 4 bzw. Abs. 1, 4. § 340 Abs. 3 ist insoweit lex specialis. Er ist **unanwendbar** für den Einspruch gegen einen Vollstreckungsbescheid (§ 700 Abs. 3 S. 3), da noch keine substantiierte Klagebegründung vorliegt. Hatte eine Partei bereits eine der in § 296 Abs. 1 genannten richterlichen Fristen versäumt, so ermöglicht ihr eine Säumnis mit der nachfolgenden Chance nach Abs. 3, eine sofortige Zurückweisung zu verhindern

---

[1] BGHZ 101, 134, 137f. = NJW 1987, 2588; LG Hamburg NJW 1986, 1997ff.; und die hL; aA LG Heidelberg NJW-RR 1987, 1213, 1214; *Zö/Vollkommer* § 700 Rn. 5.

[2] LG Köln NJW 2005, 79, 80 lässt unter Bezugnahme auf GmS-OGB BGHZ 144, 160 bloße Namensangabe auf Telefax genügen; dies übersieht die nach der Entscheidung des GmS-OGB erfolgte Neufassung von § 130 Nr. 6 (§ 129 Rn. 11). Angabe eines Postfachs als Adresse soll ausreichen nach OLG München NJW-RR 1995, 59; aA OLG Düsseldorf NJW-RR 1993, 1150f.

[3] So aber OLG Zweibrücken MDR 1992, 998; wie hier *MK/Prütting* Rn. 2; *T/P/Reichold* Rn. 1; *B/L/H* Rn. 4; eine Ausnahme lässt zu BGHZ 105, 197, 200 = NJW 1989, 530 nur für den Fall, dass auf einen bereits eingereichten Schriftsatz Bezug genommen wird.

[4] Einlegung bei der Vollstreckungsabteilung des Amtsgerichts genügt bei Vollstreckungsbescheid, LG Köln MDR 1988, 63; fernmündliche Einlegung unzureichend, OLG Schleswig ZIP 1984, 1017.

[5] *St/J/Schumann* Rn. 1.

[6] *Zö/Herget* Rn. 3.

[7] BGH VersR 1983, 250.

[8] BGHZ 105, 197, 200 = NJW 1989, 530; BGH NJW-RR 1994, 1213, 1214; s. auch BVerfGE 88, 118, 126 = NJW 1993, 1635; *MK/Prütting* Rn. 7; *T/P/Reichold* Rn. 3.

[9] BGH NJW-RR 1999, 938 (Verwechselung d. Parteien); NJW-RR 1994, 1213, 1214.

[10] BGH NJW-RR 1994, 1213, 1214.

[11] Zu den Grenzen der Auslegungsmöglichkeit vgl. BGH FamRZ 1994, 1521; OLG Braunschweig FamRZ 1995, 237; AG Dortmund MDR 1992, 413; *Zugehör* NJW 1992, 2261 (Kenntnis des Versäumnisurteils Voraussetzung); ebenso OLG Köln NJW-RR 2002, 1231 (keine Umdeutung einer Klageerwiderung mit Klageabweisungsantrag).

[12] *St/J/Schumann* Rn. 3.

[13] OLG Celle NJW 1972, 1867, 1868; *St/J/Schumann* Rn. 6; *MK/Prütting* Rn. 10; unklar *B/L/H* Rn. 7 („beliebigen Teil").

[14] BGH VersR 1987, 988, 989; zu großzügig BAG BB 1975, 842.

[15] *St/J/Schumann* Rn. 6.

[16] BVerfGE 88, 118, 126 = NJW 1993, 1635; BGH NJW-RR 1992, 957; BGHZ 75, 138, 140 = NJW 1979, 1988; BGH NJW 1981, 928; OLG Köln NJW-RR 1993, 1408; OLG München NJW-RR 1989, 255; OLG Frankfurt/M JurBüro 1981, 302, 303; hL, *Baur* ZZP 91 (1978), 329, 331; *St/J/Schumann* Rn. 11; *MK/Prütting* Rn. 9.

(sog. **Flucht in die Säumnis**[17]). Zwar versetzt der Einspruch den Prozess in die Lage vor Säumnis zurück, fraglich ist jedoch im Hinblick auf § 341 a die für eine Zurückweisung notwendige[18] **Verzögerung.** Hier ist zu differenzieren: Ist der nachträgliche Vortrag so **umfangreich,** dass das Gericht in Erfüllung seiner sachgerechten und zeitlich zumutbaren[19] Terminsvorbereitungspflicht (§ 272 Abs. 1) entgegen § 272 Abs. 3 keine frühe Terminierung vornehmen kann, so ist der Vortrag **verspätet.**[20] Dasselbe gilt, wenn **ein Termin** nicht ausreicht, um alle benannten Zeugen[21] (und Gegenzeugen[22]) anzuhören und eventuell notwendige **Folgebeweise** aufzunehmen.[23] Das Gericht ist daher nicht verpflichtet, die Berücksichtigung jeglichen Vorbringens in vollem Umfang noch zu ermöglichen.[24] Liegt eine „Flucht in die Säumnis" vor, muss der Anwalt auch ohne ausdrückliche Weisung Einspruch einlegen bzw. bei Aussichtslosigkeit Rücksprache beim Mandanten nehmen.[25] Vgl. auch § 296 Rn. 41.

2. Rechtzeitiges Vorbringen. Hatte sich die säumige Partei bereits vor Erlass des Versäumnisurteils hin- 7
reichend streitig eingelassen (§§ 277, 282), so bedarf es **keiner Wiederholung** mit der Einspruchsschrift, vielmehr genügt **Bezugnahme** auf früheres Vorbringen.[26] **Regelmäßig** sind Angriffs- und Verteidigungsmittel bzw. Zulässigkeitsrügen nach Abs. 3 S. 1 innerhalb der **Zwei-Wochen-Frist** des § 339 Abs. 1 vorzubringen. Diese ist insoweit **keine Notfrist,**[27] da sie in Abs. 3 nicht als solche bezeichnet ist. Ihre Versäumung führt nur zur Zurückweisung des Vorbringens und nicht zur Unzulässigkeit des Einspruches.[28] Wiedereinsetzung kommt damit nicht in Betracht.[29] Entgegen dem Wortlaut braucht die Begründung **nicht in der Einspruchsschrift** selbst enthalten zu sein, ein weiterer Schriftsatz **innerhalb der Frist** ist ausreichend.[30] Liegen die Voraussetzungen für eine Zurückweisung vor, so ist das Versäumnisurteil durch **streitiges Urteil** (§ 343) aufrechtzuerhalten.[31]

Fristverlängerung durch den Vorsitzenden ist nach Abs. 3 S. 2 **auf Antrag** möglich (zu den Formalien 8
§ 225 Rn. 2), wenn dieser seinerseits innerhalb der Frist des § 339 eingeht. Die Gründe sind mit denen nach § 520 Abs. 2 S. 2, 3 identisch, vgl. dort Rn. 7f. Eine **Belehrung** der säumigen Partei über die Folgen der Nichteinhaltung der Frist nach Abs. 3 ist **zwingend** (Abs. 3 S. 4); ist sie fehlerhaft[32] oder unterblieben, so ist dies **ohne Einfluss auf die Einspruchsfrist,** es darf verspätetes Vorbringen im Einspruchstermin aber nicht zurückgewiesen werden. **Verstößt das Gericht** gegen Abs. 3 und lässt es an sich verspätetes Vorbringen zu, so ist dies unanfechtbar und **bindend** für das Rechtsmittelgericht.[33] Der konkrete **Umfang des Vorzubringenden** ist abhängig von der **Prozesslage,** vgl. §§ 277 Abs. 1, 282 Abs. 1 und 3.[34] Eine entsprechende Anwendung der vierwöchigen Frist des § 276 Abs. 1[35] kommt auch dann, wenn die Einspruchsbegründung sachlich der Klageerwiderung entspricht, wegen der eindeutigen Regelung und Sanktion in §§ 339, 340 Abs. 3 nicht in Betracht.[36]

340a *Zustellung der Einspruchsschrift*

[1]Die Einspruchsschrift ist der Gegenpartei zuzustellen. [2]Dabei ist mitzuteilen, wann das Versäumnisurteil zugestellt und Einspruch eingelegt worden ist. [3]Die erforderliche Zahl von Abschriften soll die Partei mit der Einspruchsschrift einreichen. [4]Dies gilt nicht, wenn die Einspruchsschrift als elektronisches Dokument übermittelt wird.

Die Vorschrift soll der nicht säumigen Partei die **Vorbereitung des Einspruchstermins** ermöglichen. Da 1
das Versäumnisurteil nur der säumigen Partei zugestellt wird (§ 317 Abs. 1), sichert § 340a, dass in dieser Phase des Verfahrens die Gegenpartei über die technischen Daten der Zustellung des Versäumnisurteils, der

---

[17] Das ZPO-RG hat entgegen anders lautender Vorschläge die Aufhebung des Versäumnisurteils nicht von fehlendem Verschulden des Säumigen abhängig gemacht, um dieser „Flucht" entgegenzuwirken, s. *Greger* JZ 2000, 842, 848 m. Nachw. zu entspr. Vorschlägen.

[18] Verzögerung irrelevant bei Zulässigkeitsrügen, daher keine Abwendung von Versäumnisfolgen mehr durch § 340 Abs. 3, s. OLG München NJW-RR 1995, 127; aA *T/P/Reichold* Rn. 9.

[19] Vgl. BVerfG NJW 1990, 2373, 2374.

[20] BGH NJW 1981, 286; streng BAGE 44, 242; s. OLG Düsseldorf MDR 2005, 1189f. besonders kurzfristige Terminierung, um vorbereitende Maßnahmen zu umgehen.

[21] BGH NJW 1984, 1964f.; 1980, 1102, 1103.

[22] BGHZ 83, 310, 312 = NJW 1982, 1535.

[23] BGHZ 86, 198, 202 = NJW 1983, 1495.

[24] *Gounalakis* DRiZ 1997, 294, 299ff. verneint bereits die Zulässigkeit des Einspruchs in offensichlichen Missbrauchsfällen.

[25] BGH NJW 2002, 290, 291.

[26] *Zö/Herget* Rn. 9.

[27] OLG Frankfurt/M NJW-RR 1993, 1151f.; *Wedel* MDR 1989, 512f.; *Zö/Herget* Rn. 11; MK/*Prütting* Rn. 17; *T/P/Reichold* Rn. 5; aA *Hartmann* NJW 1988, 2659, 2660; *B/L/H* Rn. 12.

[28] BGH NJW-RR 1992, 957; *Zö/Herget* Rn. 11.

[29] *Zö/Herget* Rn. 11.

[30] BGHZ 75, 138, 140 = NJW 1979, 1988; OLG München NJW 1977, 1972; OLG Nürnberg NJW 1981, 2266; *B/L/H* Rn. 12.

[31] Statt vieler *Zö/Herget* Rn. 11.

[32] Hierzu OLG Karlsruhe Justiz 1983, 409, 410.

[33] BGH NJW 1981, 928.

[34] Ausführlich *Kramer* NJW 1977, 1657, 1659.

[35] OLG Nürnberg NJW 1981, 2266 für den Fall, dass die Frist nach § 276 Abs. 1 nicht wirksam gesetzt und Versäumnisurteil deshalb unzulässig war.

[36] HL, s. MK/*Prütting* Rn. 14.

fristgerechten Einlegung des Einspruchs und das Vorbringen nach § 340 Abs. 3 informiert wird. Die Zustellung erfolgt von Amts wegen (§§ 166 Abs. 2, 209, 211). Zur Gerichtsentlastung ist vorgesehen, dass für die Gegenpartei eine – unbeglaubigte – Abschrift der Einspruchsschrift beizulegen ist. Der durch das JKomG neu angefügte S. 4 entspricht der Neufassung von § 133. Ein **Verstoß** lässt die Zulässigkeit des Einspruches unberührt, vgl. § 133 Rn. 1. Unterbleibt die Zustellung, greift für den Gegner im Einspruchstermin § 335 Abs. 1 Nr. 2.

341 *Einspruchsprüfung* (1) [1]**Das Gericht hat von Amts wegen zu prüfen, ob der Einspruch an sich statthaft und ob er in der gesetzlichen Form und Frist eingelegt ist.** [2]**Fehlt es an einem dieser Erfordernisse, so ist der Einspruch als unzulässig zu verwerfen.**

(2) **Das Urteil kann ohne mündliche Verhandlung ergehen.**

I. Zulässigkeit des Einspruchs

1 **1. Allgemeines.** Die Zulässigkeit **ist von Amts wegen** zu prüfen. Dies gilt wegen des Eintritts formeller Rechtskraft durch unzulässigen Einspruch auch für die Rechtsmittelinstanzen.[1] Die **Beweislast** trägt bei Zweifeln an der Zulässigkeit der Einspruchsführer;[2] bei Unklarheiten bezüglich gerichtsinterner Abläufe hat das Gericht zur Aufklärung beizutragen; Unaufklärbarkeit darf insoweit nicht zu Lasten des Einspruchsführers gehen.[3] Zu prüfen sind vom Prozessgericht vor Vornahme weiterer Prozesshandlungen (zB Verweisung nach §§ 281, 504, 506, 700 Abs. 3): **Statthaftigkeit** (§ 338), **Rechtzeitigkeit** (§ 339) und **Formgerechtigkeit** (§ 340 Abs. 1 und 2) des Einspruchs; es dürfen **weder Verzicht noch Rücknahme** vorliegen (§ 346). Besonderheiten gelten im **arbeitsgerichtlichen Verfahren:** §§ 55 Abs. 1 Nr. 4, 64 Abs. 7 ArbGG.

2 **2. Entscheidung bei Unzulässigkeit.** Der durch das ZPO-RG neu gefasste Abs. 2 stellt klar, dass die Entscheidung auch bei unzulässigem Einspruch **stets durch Urteil** erfolgt; die früher nach Abs. 2 S. 1 aF bestehende Wahlmöglichkeit des Gerichts zwischen Urteil und Beschluss ist entfallen, ebenso die differenzierende Rechtsmittelregelung nach Abs. 2 S. 2 aF (zur Meistbegünstigung bezüglich des Rechtsmittels s. Rn. 4). **Mündliche Verhandlung** ist grundsätzlich **nicht** notwendig. Ein unzulässiger Einspruch wird durch **kontradiktorisches Endurteil** ohne Sachprüfung verworfen (Kostenentscheidung und Vollstreckbarkeit: §§ 97 Abs. 1 analog, 708 Nr. 3).[4] Das gilt auch, wenn die Einspruch einlegende Partei erneut oder ihr Gegner im Einspruchstermin säumig sind (**unechtes Versäumnisurteil**). Die Entscheidung beruht in diesem Fall nicht auf der Säumnis einer Partei, sondern der Unzulässigkeit des Einspruchs (vgl. Vorb. Rn. 11 f.).[5] Von dem nach bisherigem Recht möglichen Beschluss unterscheidet sich das Verwerfungsurteil nur in seiner Form. Im Tatbestand sind die Tatsachen, die den Zulässigkeitsmangel (zB Versäumen der Einspruchsfrist) begründen, wiederzugeben. Die bislang erforderliche Anberaumung eines Verkündungstermins entfällt mit der Anpassung von § 310 Abs. 3 durch das 1. JuMoG.

3 **3. Entscheidung bei Zulässigkeit.** Hält das Gericht den Einspruch für zulässig, so hat es einen Termin zur mündlichen Verhandlung zu bestimmen und die Zulässigkeit entweder durch **Zwischenurteil** (§ 303) oder in den **Gründen des Endurteils** festzustellen. Ein **Beschluss** über die Zulässigkeit ohne mündliche Verhandlung ist **unstatthaft,** da § 341 a insoweit einen Termin zwingend erfordert, sofern nicht ein bloßer Verweisungsbeschluss ergeht.[6] Ist im Einspruchstermin der **Einspruchsführer säumig,** so ergeht gegen diesen ein **technisch zweites Versäumnisurteil** (§ 345), das den Einspruch verwirft.[7] Ist der **Einspruchsgegner säumig,** so ist das Versäumnisurteil gegen den Einspruchsführer durch **neue, erste Säumnisentscheidung** aufzuheben (§ 343). Hierfür müssen die allgemeinen Voraussetzungen erfüllt sein (Vorb. Rn. 4–9, § 330 Rn. 1–3, § 331 Rn. 2–11), insbesondere muss im Hinblick auf § 335 Abs. 1 Nr. 2 dem Säumigen mit der Ladung die **Einspruchsschrift** zugestellt worden sein (§ 340 a). In der Begründung ist abweichend von § 313 b die Zulässigkeit des Einspruchs festzustellen.

II. Rechtsmittel

4 Mit Wegfall der Wahlmöglichkeit zwischen Verwerfungsurteil und -beschluss wurde Abs. 2 S. 2 aF gestrichen und die Rechtsmittel vereinheitlicht. Das Endurteil ist nach **allgemeinen Regeln** anfechtbar. Ergeht die Entscheidung irrtümlich durch Beschluss, ist nach dem Grundsatz der Meistbegünstigung auch die sofortige Beschwerde statthaft.[8] Damit sich der Fehler der Vorinstanz nicht fortsetzt, muss das Rechtsmittelgericht nach hA aber in der Verfahrensart vorgehen, die einer formell korrekten Entscheidung der Vorin-

---

[1] BGH NJW 1976, 1940; RGZ 110, 169, 170; hM.

[2] BGH NJW 1981, 1673, 1674; *Zö/Herget* Rn. 5.

[3] BGH NJW 1981, 1673, 1674.

[4] Unstatthaft ist die weitere Feststellung, das Versäumnisurteil werde aufrechterhalten, LAG Frankfurt BB 1982, 1924, 1925.

[5] BGH NJW 1995, 1561; LAG Hamburg NJW 1975, 951, 952; MK/*Prütting* Rn. 11, 13 m. weit. Nachw.; *Zö/Herget* Rn. 9; *T/P/Reichold* Rn. 5; aA *B/L/H* Rn. 9 (echtes Versäumnisurteil).

[6] *B/L/H* Rn. 11; MK/*Prütting* Rn. 9; für Zulässigkeit aus Gründen der Rechtsklarheit *Demharter* NJW 1986, 2754, 2755; *St/J/Schumann* Rn. 14; *Zö/Herget* Rn. 11.

[7] *B/L/H* Rn. 8; *T/P/Reichold* Rn. 4.

[8] LAG Köln MDR 2003, 953. Zum weiteren Verfahren s. OLG Celle NJW-RR 2003, 647; *Schenkel* MDR 2003, 136 ff.

stanz entspricht (hier: Berufung).[9] Ist der Einspruch nach Ansicht des Rechtsmittelgerichts entgegen der angefochtenen Entscheidung nach Rn. 3 unzulässig, so ist das Endurteil aufzuheben und der Einspruch zu verwerfen. Ergeht die Entscheidung über die Zulässigkeit des Einspruchs durch **Zwischenurteil,** so ist dieses isoliert nicht **anfechtbar** (§ 303 Rn. 7, vgl. aber §§ 512, 557 Abs. 2).[10]

III. Gebühren und Kosten

1. Rechtsanwaltsgebühren. Eine dem bisherigen § 38 BRAGO entsprechende Regelung findet sich im RVG nicht mehr. Es gelten somit die allgemeinen Grundsätze. Wird der Einspruch zurückgenommen oder verworfen, gilt das Verfahren über den Einspruch somit nicht mehr als besondere Angelegenheit. Findet nach Einspruchseinlegung ein weiterer Verhandlungstermin statt, fällt insgesamt für den Anwalt, der schon die 0,5 Terminsgebühr aus Nr. 3105 VV RVG verdient hat, insgesamt nur eine 1,2 Terminsgebühr aus Nr. 3104 VV RVG an. 5

2. Gerichtskosten

Gebühren fallen nicht an. 6

341a *Einspruchstermin* **Wird der Einspruch nicht als unzulässig verworfen, so ist der Termin zur mündlichen Verhandlung über den Einspruch und die Hauptsache zu bestimmen und den Parteien bekannt zu machen.**

I. Terminsbestimmung

Bei zulässigem Einspruch ist ein **Einspruchstermin zwingend,** bei unzulässigem fakultativ (§ 341 Rn. 2). 1
Verwirft daher das Gericht den Einspruch nicht durch Urteil als unzulässig, so hat der **Vorsitzende bzw. Einzelrichter** (§§ 348, 348a, 349, 526) **unverzüglich**[1] (§§ 216 Abs. 2, 272 Abs. 3) Termin zur mündlichen Verhandlung zu bestimmen, dh. in der Regel auf den nächsten möglichen Gerichtstag.[2] Zur zumutbaren Terminsvorbereitung durch das Gericht bei so genannter „Flucht in die Säumnis" s. § 340 Rn. 6 und § 296 Rn. 41. Das Gericht ist grundsätzlich nicht gehalten, den Termin so weit hinauszuschieben, dass noch eine vollumfängliche Vorbereitung (§ 273 Abs. 2) und Berücksichtigung verspäteten Vorbringens ermöglicht wird.[3] Inhaltlich dient der Termin, soweit nichts anderes bestimmt ist, der Verhandlung über den **Einspruch und die Hauptsache.**[4] § 146 erlaubt eine **Beschränkung** auf die Zulässigkeit des Einspruchs,[5] ggf. mit Entscheidung durch **Zwischenurteil nach** § 303 (nicht nach § 280).[6]

II. Bekanntmachung

Die Bekanntmachung (§§ 274 Abs. 1, 166 Abs. 2 nF) entspricht einer **Ladung** und hat gegenüber allen Parteien[7] und bei persönlich nicht beschränktem Einspruch gegenüber allen Streitgenossen bzw. Streithelfern unter Angabe des Terminszwecks (Rn. 1) zu erfolgen. Die Einspruchsschrift ist mit der Ladung zuzustellen, soweit dies noch nicht geschehen ist (§ 340a), und die **Ladungsfrist** des § 217 gegenüber allen Parteien zu beachten.[8] Im **amtsgerichtlichen** Verfahren kann nach § 497 Abs. 2 verfahren werden. In **Familiensachen** ist § 629 Abs. 2 S. 2 zu beachten. Unvollständige oder fehlende Bekanntmachung hindern im Einspruchstermin ein Versäumnisurteil gegen die betroffene Partei (§ 335 Abs. 1 Nr. 2). 2

342 *Wirkung des zulässigen Einspruchs* **Ist der Einspruch zulässig, so wird der Prozess, soweit der Einspruch reicht, in die Lage zurückversetzt, in der er sich vor Eintritt der Versäumnis befand.**

I. Wirkung des Einspruchs für das Verfahren

Der zulässige Einspruch versetzt kraft Gesetzes das Verfahren vor dem Ausgangsgericht **in die Lage vor der Säumnis** zurück.[1] Sein Erfolg hängt damit im Gegensatz zu anderen Rechtsbehelfen nicht von seiner Begründetheit ab. Die Zurückversetzung bedeutet in **zeitlicher** Hinsicht nach hL, dass das Verfahren fortgeführt werden muss ab dem **Schluss der mündlichen Verhandlung** des versäumten Termins (§ 220 Abs. 2, 1

---

[9] Ausführlich m. Nachw. *Schenkel* MDR 2003, 136ff.
[10] *Zö/Herget* Rn. 12.
[1] BGH NJW 1981, 286.
[2] OLG Köln MDR 2005, 1188; s. aber OLG Düsseldorf MDR 2005, 1189f. bewusst kurzfristige Terminierung.
[3] Umgekehrt darf es aber auch nicht bewusst kurzfristig terminieren, um weiteres Vorbringen und vorbereitende Maßnahmen zu umgehen, OLG Düsseldorf MDR 2005, 1189.
[4] BGH NJW 1982, 888; *St/J/Schumann* Rn. 5; MK/*Prütting* Rn. 4.
[5] *St/J/Schumann* Rn. 1.
[6] MK/*Prütting* Rn. 1; *Zö/Herget* Rn. 3 (gegen die 20. Auflage).
[7] Auch an die Hauptpartei, wenn Einspruch durch Streithelfer, *St/J/Schumann* Rn. 4; *B/L/H* Rn. 5.
[8] OLG München OLGZ 1974, 241, 243; hM.
[1] Ausführlich *Münzberg*, Die Wirkungen des Einspruchs im Versäumnisverfahren, 1959.

dort Rn. 4; sogleich Rn. 2).[2] Nach der Rechtsprechung ist ein Termin jedoch bereits nach **Aufruf der Sache** versäumt.[3] Entsprechend wird im Verfahren nach § 331 Abs. 3 der Prozess ab dem Ablauf der Frist nach § 276 Abs. 1 S. 2 fortgesetzt.[4]

2 **Inhaltlich** behalten dem Säumnistermin vorangegangene Prozesshandlungen der Parteien und des Gerichts ihre prozessuale Bedeutung, zB Zwischenurteile, Anerkenntnisse, Geständnisse, Verzichte oder Beweiserhebungen.[5] Alle **Prozesshandlungen der erschienenen Partei im Säumnistermin** (Anerkenntnis, Geständnis, Verzicht) verlieren nach zulässigem Einspruch ihren Bestand. Zwar tritt die Säumnis nach hL erst mit Terminsschluss ein (Rn. 1), dann gilt jedoch dieser **insgesamt als versäumt.**[6] Daher entfallen insbesondere mögliche **Präklusionswirkungen,** die gerade an den Antrag des erschienenen Beklagten auf Erlass des Versäumnisurteils geknüpft sind (vgl. zB §§ 39, 43, 93, 267), vgl. § 330 Rn. 2.[7] So kann zB der Kläger bei Säumnis des Beklagten auch noch nach dem Versäumnisurteil die Klage oder Berufung ohne dessen Zustimmung zurücknehmen, wenn die Wirkung der mündlichen Verhandlung nach § 342 beseitigt ist (§ 269 Rn. 8).[8] War umgekehrt die **Klagerücknahme** des Klägers erfolgt, nachdem gegen ihn Versäumnisurteil ergangen ist, gegen das er zulässigen Einspruch eingelegt hat, so hat der Einspruch zur Folge, dass das einseitige Verhandeln des Beklagten im versäumten Termin seine Wirkung verliert. Die Klagerücknahme ist nach § 269 Abs. 1 wirksam.[9] Ob der Kläger seine Rücknahme durch Weiterverfolgen seines Sachantrages (ggf. mit Zustimmung des Beklagten) widerrufen kann, ist streitig (hierzu § 269 Rn. 7).[10] Auch die Berufung des Klägers kann zurückgenommen werden, wenn er gegen das gegen ihn im Berufungsverfahren ergangene Versäumnisurteil zulässig Einspruch eingelegt hat.[11] **Versäumte Prozesshandlungen** (§ 296) bleiben unberührt, so dass die **„Flucht in die Säumnis"** eine Präklusion nicht in jedem Fall hindert (§ 340 Rn. 6, § 296 Rn. 38). Die Zurückversetzung wirkt bei **beschränktem Einspruch** (§ 340 Abs. 2 S. 2 oder Teilversäumnisurteil) nur, **soweit der Einspruch reicht.**[12] Der verbleibende Teil erwächst entweder mit Ablauf der Einspruchsfrist (§ 339) oder mit der Rechtsmittelfrist in formeller Rechtskraft. Eine negative Feststellungsklage wird infolge Wegfalls des Feststellungsinteresses unzulässig, wenn gegen das die begehrte Feststellung treffende Versäumnisurteil Einspruch eingelegt ist und vor der Entscheidung nach § 343 in einer parallel anhängigen Leistungsklage ein Grundurteil ergeht.[13]

II. Wirkung für das Versäumnisurteil

3 Durch den zulässigen Einspruch wird das Versäumnisurteil weder beseitigt noch einer sachlichen Prüfung unterzogen. Es **bleibt** bis zu einer neuen Entscheidung (§ 343) **bestehen,** wird aber nicht formell rechtskräftig (§ 705 S. 2). Die Bindungswirkung nach § 318 entfällt.[14] Die Zwangsvollstreckung ohne Sicherheitsleistung (§ 708 Nr. 2) ist bis zu einer Entscheidung über einen Antrag auf Einstellung (§§ 719, 707) und Sicherheitsleistung zulässig.

343 *Entscheidung nach Einspruch*

[1]Insoweit die Entscheidung, die auf Grund der neuen Verhandlung zu erlassen ist, mit der in dem Versäumnisurteil enthaltenen Entscheidung übereinstimmt, ist auszusprechen, dass diese Entscheidung aufrechtzuerhalten sei. [2]Insoweit diese Voraussetzung nicht zutrifft, wird das Versäumnisurteil in dem neuen Urteil aufgehoben.

I. Normzweck

1 Die Vorschrift regelt nur das Vorgehen **bei zulässigem Einspruch.** Das Versäumnisurteil ist nach § 343 entweder durch gegenläufiges Urteil **aufzuheben** oder durch (End-)Urteil (ggf. mit Neufassung der Formel) **aufrechtzuerhalten,** soweit nicht zunächst nur ein Zwischenurteil (§§ 280, 303, 304) oder ein Verweisungsbeschluss ergeht.[1] Die Entscheidung über das Versäumnisurteil bleibt dann dem Endurteil vorbehalten.

---

[2] *Münzberg* (Fn. 1), S. 44; *ders.* ZZP 94 (1981), 330, 335f.; *St/J/Schumann* Rn. 1 (anders aber § 220 Rn. 10); MK/*Prütting* Rn. 4.

[3] BGH NJW 1993, 861, 862; BGHZ 4, 328, 340 = NJW 1952, 545; RGZ 167, 293, 295.

[4] OLG Düsseldorf NJW 1981, 2264; MK/*Prütting* Rn. 5.

[5] OLG Hamm NJW-RR 1986, 1508, 1509 (für Beschluss nach § 769).

[6] BGH NJW 1993, 861, 862; 1980, 2313, 2314; BGHZ 4, 328, 340 = NJW 1952, 545; *T/P/Reichold* Rn. 2; *Ro/S/Go* § 104 Rn. 62; aA *Deubner* NJW 1980, 2363; MK/*Prütting* Rn. 4.

[7] RGZ 167, 293, 295; OLG Köln VersR 1990, 635 (zu § 93); *Ro/S/Go* § 104 Rn. 64; *T/P/Reichold* Rn. 2; aA *Münzberg* ZZP 94 (1981), 330, 331; *Zö/Herget* Rn. 2; MK/*Prütting* Rn. 4.

[8] BGH NJW 1993, 861, 862; NJW-RR 1987, 1534; NJW 1980, 2313, 2314; BGHZ 4, 328; OLG Koblenz FamRZ 1990, 894; OLG Düsseldorf MDR 1988, 681; *Münzberg* ZZP 94 (1981), 330, 331ff.; *Ro/S/Go* § 104 Rn. 64; *St/J/Schumann* Rn. 3; *B/L/H* Rn. 5; *Zö/Herget* Rn. 2.

[9] OLG Saarbrücken MDR 2000, 722.

[10] Insoweit abl. OLG Saarbrücken MDR 2000, 722.

[11] BGH NJW 2006, 2124.

[12] BGH NJW-RR 1986, 1326, 1327; OLG Stuttgart JurBüro 1981, 1894, 1895 (zur Beschränkung des Einspruchs auf die Kostenfrage).

[13] BGHZ 165, 305, 309 = NJW 2006, 515.

[14] OLG Köln VersR 1992, 901.

[1] *St/J/Schumann* Rn. 9 (gegen die Voraufl.); *Zö/Herget* Rn. 1; zum Grundurteil MK/*Prütting* Rn. 2.

II. Entscheidungsinhalt

Die neue Entscheidung betrifft weder den Einspruch noch die Zulässigkeit des Versäumnisurteils; sie befindet auf Grund neuer mündlicher Verhandlung über die Klage und damit die **inhaltliche Richtigkeit** des Versäumnisurteils.[2] Zu den Entscheidungsalternativen im Fall der Säumnis s. § 341 Rn. 2, 3 und § 345 Rn. 2 ff. Das Versäumnisurteil wird auch dann **aufrechterhalten,** wenn die zu Grunde liegenden Erwägungen voneinander abweichen. Bei abweichendem Ergebnis ist das Versäumnisurteil ausdrücklich **aufzuheben** („Kassation") und entsprechend abweichend **neu zu entscheiden** („Reformation"). Eine versehentlich unterbliebene Aufhebung kann gemäß § 319 nachträglich korrigiert werden.[3] Bei teilweise identischem Ergebnis ist das ursprüngliche Versäumnisurteil nur aufzuheben, soweit es den Ergebnissen der neuen mündlichen Verhandlung widerspricht, **im Übrigen aufrechtzuerhalten.** Eine **völlige Neufassung** ist wegen des drohenden Verlustes (§§ 776, 775 Nr. 1) eines bereits erworbenen Vollstreckungsrangs und Schadensersatzpflichten (§ 717 Abs. 2) **unzulässig.**[4] Bei **unstreitiger Erledigung** (Vergleich, Klagerücknahme, Erledigung) ist entsprechend § 269 Abs. 3 S. 1 und Abs. 4 die **Wirkungslosigkeit** des Versäumnisurteils festzustellen.[5] 2

Bei **Aufrechterhaltung** des Versäumnisurteils trägt der Einspruchsführer alle **Kosten** (§ 91), eine Kostenfeststellung erfolgt nur wegen der weiteren Kosten. Die **vorläufige Vollstreckbarkeit** folgt § 709 S. 3, soweit nicht § 708 Nr. 2 vorgeht. Bei **Aufhebung** des Versäumnisurteils trägt der Verurteilte die **Kosten** nach Maßgabe der §§ 91, 344; für die vorläufige Vollstreckbarkeit s. §§ 708 Nr. 11, 709 S. 1. 3

344 *Versäumniskosten* **Ist das Versäumnisurteil in gesetzlicher Weise ergangen, so sind die durch die Versäumnis veranlassten Kosten, soweit sie nicht durch einen unbegründeten Widerspruch des Gegners entstanden sind, der säumigen Partei auch dann aufzuerlegen, wenn infolge des Einspruchs eine abändernde Entscheidung erlassen wird.**

I. Allgemeines

Die Bestimmung setzt eine Entscheidung nach **§ 343 S. 2** (Aufhebung bzw. Abänderung zu Gunsten der säumigen Partei) und damit einen **zulässigen Einspruch** voraus. § 344 findet nach hM keine Anwendung bei Klage- oder Rechtsmittelrücknahme nach Säumnis (§ 269 Abs. 3 S. 2, dort Rn. 12).[1] Bereits nach der Neufassung von § 269 Abs. 3 S. 2 im Jahre 1998 war mit der Gegenansicht die entsprechende Anwendung zu bejahen.[2] § 269 Abs. 3 S. 2 enthielt seither ausdrücklich einen Vorbehalt für rechtskräftig auferlegte Kosten und „solche Kosten, die dem Beklagten aus einem anderen Grund aufzuerlegen sind". Dies gab bereits Spielraum für die Auferlegung der durch Säumnis des Beklagten entstandenen Kosten. Seit dem 1. 1. 2002 sind von der Kostentragungspflicht des Klägers nach § 269 Abs. 3 S. 2 solche Kosten ausdrücklich ausgenommen, die dem Beklagten aus anderem Grund aufzuerlegen sind. Dies bestätigt die Anwendung des § 344.[3] Abzulehnen ist die Analogie bei einem prozessbeendenden Vergleich (mangels eigener Regelung im Vergleich gilt § 98, s. dort Rn. 7 aE)[4]. Die Kosten der Säumnis müssen bei **Aufhebung oder Abänderung des Versäumnisurteils** abstrakt, dh. auch bei Ungewissheit über Mehrkosten, und gesondert ausgewiesen und der säumigen Partei in **Ausnahme zu §§ 91, 91a**[5] sanktionsweise auferlegt werden (s. Rn. 2).[6] Beispielsweise: „Der Kläger trägt die Kosten des Rechtsstreits mit Ausnahme der durch die Säumnis im Termin vom … entstandenen Kosten, die der Beklagte zu tragen hat". Hierunter fallen zB Kosten zusätzlicher Ladung von Zeugen, Reisekosten des Einspruchsgegners für den Einspruchstermin,[7] nicht aber Prozessgebühren des Anwalts, Gerichtsgebühren,[8] Vollstreckungs- und Zustellungskosten aus dem Versäumnisurteil.[9] **Ergänzung** nach § 321 ist möglich,[10] nicht aber eine Änderung im Kostenfestsetzungsverfahren.[11] 1

---

2 Kein Verbot der reformatio in peius, *St/J/Schumann* Rn. 1; MK/*Prütting* Rn. 4; s. auch OLG Köln VersR 1992, 901 (abweichende Beurteilung des Rechtswegs nach Einspruch).

3 HL, vgl. *St/J/Schumann* Rn. 3 mit Nachw.

4 OLG Köln NJW 1976, 113 f.; MK/*Prütting* Rn. 14; *T/P/Reichold* Rn. 3.

5 MK/*Prütting* Rn. 19; *T/P/Reichold* Rn. 7.

1 OLG Schleswig NJW-RR 1998, 1151, 1152 m. weit. Nachw.; OLG Brandenburg NJW-RR 1999, 871; OLG Rostock NJW-RR 1996, 832; OLG Düsseldorf OLGZ 1989, 250, 251; *St/J/Schumann* Rn. 4; MK/*Prütting* Rn. 8; *T/P/Reichold* Rn. 2; aA OLG Köln OLGZ 1993, 365; MDR 1990, 256; OLG Hamm OLGZ 1989, 464, 465 f.; *B/L/H* Rn. 6; *Zö/Herget* Rn. 2; *Habel* NJW 1997, 2357.

2 OLG München NJW-RR 2002, 142; MDR 2001, 533, 534.

3 Mit ausführlicher Begründung und Nachw. zum Streitstand BGHZ 159, 153 ff. = NJW 2004, 2309 m. zust. Anm. *Timme* JuS 2006, 705.

4 OLG München AnwBl. 1980, 153, 154.

5 OLG Stuttgart Justiz 1984, 19, 20; MK/*Prütting* Rn. 8; *B/L/H* Rn. 6.

6 Abweichend *St/J/Schumann* Rn. 2 (Auslegung bei fehlender Kostentrennung).

7 OLG Stuttgart MDR 1989, 269.

8 OLG München Rpfleger 1981, 495.

9 Vgl. etwa OLG Frankfurt/M Rpfleger 1975, 260; OLG München Rpfleger 1974, 368; OLG Köln JurBüro 1973, 879.

10 HM, s. MK/*Prütting* Rn. 10; *B/L/H* Rn. 5.

11 So die hM, s. *B/L/H* Rn. 8; aA *Zö/Herget* Rn. 3; zur Kostenausgleichung OLG Köln Rpfleger 1992, 448.

II. Voraussetzungen der Kostentragung

2 Es muss ein **„in gesetzlicher Weise"** ergangenes **Versäumnisurteil** aufgehoben oder abgeändert werden: Ein solches liegt vor, wenn bei Schluss der einseitigen Verhandlung im versäumten Termin die prozessualen Voraussetzungen nach §§ 330, 331 vorlagen und **kein Verstoß** gegen §§ 335, 337 gegeben war. Entscheidend ist ein **objektiver Maßstab,** dh. auch dem Gericht nicht erkennbare Mängel führen zu einem fehlerhaften und damit in ungesetzlicher Weise ergangenen Versäumnisurteil.[12] Ausgenommen von der Kostentragungspflicht des Säumigen sind Kosten, die durch einen **unbegründeten Widerspruch** des Gegners gegen die Zulässigkeit des Einspruchs entstanden sind (zB Beweisaufnahme über dessen Rechtzeitigkeit). Hierüber ist ausdrücklich in der Kostenentscheidung zu befinden.

III. Gerichtskosten

3 Das Verfahren nach Einspruch zählt mit dem vorherigen Verfahren zur selben Instanz; weitere Verfahrensgebühren werden nicht erhoben.

345 *Zweites Versäumnisurteil* **Einer Partei, die den Einspruch eingelegt hat, aber in der zur mündlichen Verhandlung bestimmten Sitzung oder in derjenigen Sitzung, auf welche die Verhandlung vertagt ist, nicht erscheint oder nicht zur Hauptsache verhandelt, steht gegen das Versäumnisurteil, durch das der Einspruch verworfen wird, ein weiterer Einspruch nicht zu.**

I. Normzweck

1 Die Vorschrift sanktioniert das Verhalten einer Partei, die in dem auf ihre erste Säumnis folgenden Einspruchstermin erneut säumig ist, mit einem **zweiten Versäumnisurteil** im technischen Sinn und soll so der Prozessverschleppung entgegenwirken. Hiergegen ist **kein Einspruch** mehr möglich und ein Rechtsmittel nur in den engen Grenzen der §§ 514 Abs. 2, 565.[1]

II. Voraussetzungen

2 **1. Einspruchstermin.** Es muss ein **zulässiger Einspruch** gegen ein erstes Versäumnisurteil oder einen Vollstreckungsbescheid (§ 700) vorliegen,[2] auf Grund dessen Termin zur mündlichen Verhandlung bestimmt wurde (§ 341a) oder ein Termin, auf den nach Erlass des ersten Versäumnisurteils ohne Verhandlung zur Hauptsache nach §§ 227, 335, 337 vertagt wurde. § 345 ist daher **nicht bei jeder wiederholten Säumnis** anwendbar (dann uU § 331a), sondern nur, wenn die bereits einmal säumige Partei gerade in dem **Einspruchstermin** oder dem auf die Säumnis unmittelbar folgenden Termin erneut nicht anwesend ist oder nicht verhandelt.[3] Ergeht in allen anderen Fällen eine Säumnisentscheidung, so ist dies ein **technisch erstes Versäumnisurteil** mit Einspruchsmöglichkeit. Ist das erste Versäumnisurteil mangels Zustellung nicht existent geworden, kann kein „zweites" ergehen.[4]

3 **2. Säumnis, Antrag und Fehlen von Ausschlussgründen. Nichtverhandeln** des Einspruchsführers führt auch hier zur Säumnis (§ 333), zum Begriff §§ 333, 334 Rn. 2–5. **Unzureichend** ist das Verhandeln über den Einspruch[5] oder das Stellen von reinen Prozessanträgen.[6] Hingegen genügt ein Antrag auf Versäumnisurteil[7] oder die Verhandlung über die örtliche Zuständigkeit.[8] Ein technisch zweites Versäumnisurteil ergeht nur **auf Antrag** der anwesenden Partei.[9] Im Übrigen dürfen Hinderungsgründe nach §§ 335, 337 nicht vorliegen[10] (s. § 337 Rn. 5, 6; § 233 Rn. 6ff.).

4 **3. Gesetzmäßigkeit des ersten Versäumnisurteils.** Ging der zweiten Säumnis ein **Vollstreckungsbescheid** voraus, so sieht § 700 Abs. 6 ausdrücklich eine (bislang noch nicht erfolgte) Prüfung der **Schlüssigkeit** der Klage sowie des ordnungsgemäßen Erlasses des Vollstreckungsbescheides vor.[11] Streitig ist, ob dies auch für ein **vorangegangenes Versäumnisurteil,** insbesondere gegen den Beklagten, gilt, mit anderen Worten, ob auch die **Gesetzmäßigkeit der ersten Säumnisentscheidung** Voraussetzung des Erlasses des zweiten Versäumnisurteils ist. Nach teilweise vertretener Ansicht muss diese Prüfung im Interesse einer materiell richtigen Entscheidung erfolgen.[12] Die Gegenansicht, der sich nunmehr auch der BGH angeschlossen

---

[12] BGH NJW 1961, 2207; BAG NJW 1971, 957, 959; hL, s. MK/*Prütting* Rn. 14; *T/P/Reichold* Rn. 5.

[1] Daher Ermittlungspflicht des Rechtsanwaltes, ob erstes oder zweites Versäumnisurteil erging, BGH VersR 1987, 256; zur Prozesskostenhilfe nach zweitem Versäumnisurteil OLG Köln VersR 1992, 1022.

[2] BGH NJW 1995, 1561; OLG Düsseldorf MDR 2001, 833; hL, vgl. MK/*Prütting* § 341 Rn. 11.

[3] AllgM, vgl. OLG Nürnberg OLGZ 1982, 447, 448f.; MK/*Prütting* Rn. 1ff.; *Boemke* ZZP 106 (1993), 371, 373.

[4] OLG Dresden OLG-NL 1996, 143.

[5] MK/*Prütting* Rn. 7 m. weit. Nachw.

[6] BGH NJW-RR 1986, 1252, 1253; OLG Frankfurt/M OLGZ 1992, 479, 480 (Ablehnungs- oder Vertagungsantrag; bedingter Antrag).

[7] LAG Bremen NJW 1966, 1678.

[8] BGH NJW 1967, 728; OLG Dresden NJW-RR 2001, 792.

[9] OLG Stuttgart NJW 1994, 1884 (zur anwaltlichen Pflicht, den Antrag zu stellen).

[10] BGH NJW 1998, 3125; OLG Brandenburg NJW-RR 1998, 1678.

[11] BGHZ 112, 367ff.

[12] BAG JZ 1995, 523 (allerdings entgegen dem Gleichlaufprinzip ohne Rügemöglichkeit gemäß § 513 Abs. 2 aF); OLG Celle FamRZ 1993, 1120 (Teilurteil); OLG Stuttgart MDR 1976, 51; LAG Hamm BB 1975, 745; LAG Frankfurt/M NZA 1993, 816; *Braun* JZ 1995, 525, 526; *Elser* JuS 1994, 965, 967; *Orlich* NJW 1980, 1782; *Vollkommer* ZZP 94

hat,[13] will im Umkehrschluss aus § 700 Abs. 6 allein auf den zulässigen Einspruch und die in Rn. 3 genannten Voraussetzungen abstellen; jede weitere Prüfung des ersten Versäumnisurteils soll unterbleiben.[14] Dem ist zuzustimmen. Die hM stützt sich auf die **Restitutionswirkung** des § 342. Mit der erneuten Säumnis verzichtet die säumige Partei aber gerade auf eine Verhandlung über den Einspruch und die Hauptsache. § 342 wird daher von § 345 verdrängt. Wollte der Beklagte zunächst mit seinem Einspruch die ungünstige Säumnisentscheidung durch eine ihm günstigere ersetzen, indem der Prozess in die Lage vor Eintritt der Säumnis zurückversetzt wird, so vergibt er gerade diese Chance mit seinem erneuten Fernbleiben. Hierin liegt kein Verstoß gegen den Anspruch auf rechtliches Gehör, denn die Gelegenheit zur Teilnahme bestand.[15] Eine nicht vorliegende Säumnis (zB fehlende Ladung) kann weiterhin nach § 514 Abs. 2 geltend gemacht werden. Im Übrigen ist der Fortbestand des möglicherweise sachlich falschen Urteils die vom Gesetzgeber gewollte **Sanktionswirkung** des § 345. Zu Recht betont daher auch der BGH, eine Partei sei nach einmal gegen sie erlassenem Versäumnisurteil (auch wenn es fehlerhaft sein sollte) im Interesse der Verfahrensbeschleunigung zu besonders **sorgfältiger Prozessführung** angehalten.[16]

4. Klageänderung oder -erweiterung. Die Streitgegenstände des ersten und zweiten Versäumnisurteils 5
müssen **übereinstimmen.** Bei Klageerweiterung nach Erlass des ersten Versäumnisurteils kann daher nur über den ursprünglichen Teil ein zweites Versäumnisurteil ergehen, im Übrigen bzw. bei Klageänderung ein technisch erstes.[17]

III. Entscheidung

Das als solches zu kennzeichnende zweite Versäumnisurteil lautet auf **Verwerfung** des Einspruchs. Da es 6
über die Zulässigkeit der Klage nicht entscheidet, und auch eine neue Sachentscheidung nicht ergeht (das erste Versäumnisurteil bleibt bestehen, dies ist aber nicht in den Tenor aufzunehmen), ist es **weder Prozess-, noch Sachurteil.**[18] Die Kostenentscheidung folgt § 97 Abs. 1, die vorläufige Vollstreckbarkeit richtet sich nach § 708 Nr. 3. Der Einspruch ist nach der hier vertretenen Ansicht (s. Rn. 4) auch zu verwerfen bei einem ersten Versäumnisurteil gegen den Beklagten, wenn dieses wegen unzulässiger oder unschlüssiger Klage nicht hätte ergehen dürfen. Die Gegenansicht verfährt wie folgt: War das erste Versäumnisurteil gesetzmäßig und liegen die übrigen Voraussetzungen (Rn. 2, 3) vor, so ergeht das technisch zweite Versäumnisurteil. Ergibt die Prüfung, dass das erste Versäumnisurteil nicht hätte ergehen dürfen, wäre dieses aufzuheben (§ 343 S. 2) und ein **technisch erstes** zu erlassen.[19] Bei anfänglich unzulässiger oder unschlüssiger Klage handelte es sich dabei um ein kontradiktorisches, da unechtes Versäumnisurteil (Vorb. Rn. 12). § 344 kommt nicht zur Anwendung. Zum gleichen Ergebnis kommen beide Ansichten bei vorausgegangenem **Vollstreckungsbescheid.** Darf der Einspruch wegen der nunmehr festgestellten Unschlüssigkeit oder Unzulässigkeit der Klage nicht verworfen werden, so ist der Vollstreckungsbescheid aufzuheben und die Klage durch unechtes Versäumnisurteil abzuweisen (Kostenentscheidung: § 91).[20]

IV. Rechtsbehelfe

Gegen ein **zweites technisches Versäumnisurteil** ist nur unter den Voraussetzungen der §§ 514 Abs. 2, 565 7
(aber ohne Rücksicht auf die Voraussetzungen nach § 511 Abs. 2[21] oder die allgemeinen Revisionsvoraussetzungen[22] – s. § 565 Rn. 2) Berufung bzw. Revision möglich. Wird ein technisch erstes Versäumnisurteil versehentlich als zweites bezeichnet, stehen dem Verurteilten nach dem **Grundsatz der Meistbegünstigung** sowohl Einspruch als auch Berufung zu.[23] Für ein kontradiktorisches Urteil nach Rn. 6 gelten die allgemeinen Regeln. Die Rechtsmittelbeschränkung nach § 514 Abs. 2 greift nicht, wenn statt eines „unechten" Ver-

---

(1981), 91, 92; *ders.* JZ 1991, 828 ff.; *St/J/Schumann* Rn. 7; *Zö/Herget* Rn. 4; *Zö/Gummer/Heßler* § 514 Rn. 6–8 b; *Schneider* MDR 1985, 376; *T/P/Reichold* Rn. 4.

13 BGH NJW 1999, 2599 f. mit Nachw. zum Streitstand; offen gelassen in BGH NJW 1999, 2120, 2122.

14 OLG Düsseldorf MDR 2001, 159; OLG Rostock MDR 1999, 1084, 1085; OLG Hamm NJW 1991, 1067; OLG Düsseldorf MDR 1987, 769; LAG Nürnberg NJW 1976, 2231; *Heinrich,* Säumnis im Zivil- und Arbeitsprozess, 2001, S. 118; *Stadler/Jarsumbek* JuS 2006, 135, 135; *Jacobsen/Keim/Waas* MDR 1977, 631 ff.; *Boemke* ZZP 106 (1993), 371 ff.; *Stahlhacke,* Festschr. f. E. Schneider, 1997, 109 ff., 119 f.; *Jauernig* ZPR § 67 II 3; *Musielak,* GK ZPO, Rn. 185; MK/*Prütting* Rn. 9 ff. mit ausführlicher Begründung; *B/L/H* Rn. 6.

15 *Boemke* ZZP 106 (1993), 371, 375 ff.; MK/*Prütting* Rn. 16.

16 BGHZ 97, 341, 344 ff. = NJW 1986, 2113 (zu § 513 Abs. 2 aF). Demgegenüber betraf BGHZ 112, 367 den gerade gesetzlich anders geregelten Fall des Versäumnisurteils nach Vollstreckungsbescheid: Der vom Gericht betonte Gleichlauf der Prüfungsbefugnis von Berufungs- und Einspruchsrichter (s. § 514 Rn. 10) führt wegen § 700 Abs. 6 zur jeweiligen Prüfung von Zulässigkeit und Schlüssigkeit der Klage. Dem lässt sich entnehmen, dass dies nicht umgekehrt gilt, wenn es an den Besonderheiten des Mahnverfahrens fehlt.

17 BGHZ 112, 367, 370; OLG Köln NJW-RR 1988, 701; OLG Karlsruhe NJW-RR 1993, 383, 384 (für Parteiänderung); MK/*Prütting* Rn. 23.

18 MK/*Pütting* Rn. 21 (Entscheidung sui generis).

19 *St/J/Schumann* Rn. 12; *Zö/Herget* Rn. 4.

20 *T/P/Reichold* Rn. 7.

21 Anders im arbeitsgerichtlichen Verfahren, s. BAGE 61, 237, 241 = NJW 1989, 2644; § 514 Abs. 2 S. 1 erfasst auch den früher in § 521 Abs. 2 aF geregelten Fall der Anschlussberufung.

22 Zum alten Recht idS BGH NJW 1979, 166.

23 BGH VersR 1984, 287, 288; BGHZ 73, 87, 89 = NJW 1979, 658; OLG Brandenburg NJW-RR 1998, 1286; ZMR 1999, 102, 103; OLG Frankfurt/M NJW-RR 1992, 1468, 1469.

säumnisurteils nach Rn. 6 ein zu Unrecht als zweites Veräumnisurteil bezeichnetes Urteil ergeht.[24] Der Grundsatz der Meistbegünstigung gilt auch im umgekehrten Fall, wenn statt eines zweiten Versäumnisurteils im Sinne von § 345 ein („weiteres") erstes ergeht. Der Betroffene kann hiergegen mit Einspruch oder/und Berufung vorgehen[25] (zur Meistbegünstigung vgl. allgemein vor § 511 Rn. 31–34, § 514 Rn. 3). Der Einspruch ist aber nur erfolgreich, wenn (entspr. § 514 Abs. 2) ein Fall der Säumnis nicht vorlag, da der Betroffene aus der Meistbegünstigung keine Erweiterung des Instanzenzuges gegenüber korrekter Verfahrensweise erlangen soll.[26]

V. Gebühren und Kosten

8 **1. Rechtsanwaltsgebühren.** Für den Antrag auf weiteres Versäumnisurteil erhält der Anwalt eine 0,5 Terminsgebühr gemäß Nr. 3105 VV RVG. Hatte er schon das erste Versäumnisurteil erwirkt, fällt insgesamt eine 1,2 Terminsgebühr aus Nr. 3104 VV RVG an.[27] Die Beschränkung aus Nr. 3105 VV RVG gilt für die Wahrnehmung nur „eines" Termins; vgl. auch § 300 Rn. 13, auch zum Sonderfall, dass beide Parteien anwesend oder vertreten sind und es dennoch zu einem Versäumnisurteil kommt (Nr. 3105 Abs. 3 VV RVG).

9 **2. Gerichtskosten.** Gerichtsgebühren werden für das zweite Versäumnisurteil nicht erhoben.

346 *Verzicht und Zurücknahme des Einspruchs* **Für den Verzicht auf den Einspruch und seine Zurücknahme gelten die Vorschriften über den Verzicht auf die Berufung und über ihre Zurücknahme entsprechend.**

1 Die Bestimmung verweist auf §§ 515, 516. Ein einseitiger **Verzicht vor Erlass** des Versäumnisurteils ist nach hM unzulässig,[1] möglich ist hingegen der **beidseitig vertraglich vereinbarte.**[2] Der dennoch eingelegte Einspruch ist dann zu verwerfen. **Nach Erlass des Versäumnisurteils** erfolgt der Verzicht durch formlose Mitteilung an Gericht oder Gegner;[3] nach Einspruchseinlegung ist Zustellung notwendig. Die **Rücknahme** kann nur **gegenüber dem Gericht** erklärt werden und bedarf nach der Neufassung von § 516 Abs. 1 nach Beginn der mündlichen Verhandlung im Einspruchstermin oder dem Termin nach § 341 Abs. 2 (nur ausnahmsweise mündliche Verhandlung) nicht mehr der **Zustimmung** des Gegners. Sie ist entsprechend § 516 Abs. 1 bis zur **Verkündung** der **Entscheidung über den Einspruch** nach § 341 oder – wenn das Gericht erst in den Gründen des Endurteils die Zulässigkeit des Einspruchs feststellen will – bis zur Verkündung des Endurteils (s. § 341 Rn. 3) möglich. Sie ist gegenüber dem Gericht in der mündlichen Verhandlung oder durch Schriftsatz ausdrücklich oder wenigstens zweifelsfrei zu erklären, Einzelheiten s. § 515 Rn. 12 und § 516 Rn. 4. Der Einspruch kann innerhalb der Einspruchsfrist **wiederholt** werden.[4]

347 *Verfahren bei Widerklage und Zwischenstreit* **(1) Die Vorschriften dieses Titels gelten für das Verfahren, das eine Widerklage oder die Bestimmung des Betrages eines dem Grunde nach bereits festgestellten Anspruchs zum Gegenstand hat, entsprechend.**

(2) [1]War ein Termin lediglich zur Verhandlung über einen Zwischenstreit bestimmt, so beschränkt sich das Versäumnisverfahren und das Versäumnisurteil auf die Erledigung dieses Zwischenstreits. [2]Die Vorschriften dieses Titels gelten entsprechend.

I. Widerklage und Betragsverfahren (Abs. 1)

1 **Anerkannt** ist über die in Abs. 1 genannten Fälle hinaus eine entsprechende Anwendung für das Nachverfahren gemäß §§ 302, 599, 600 und die Stufenklage (§ 254).[1] Ein echtes Versäumnisurteil **gegen den Widerbeklagten** setzt ordnungsgemäße schriftsätzliche Erhebung der Widerklage voraus (§ 335 Abs. 1 Nr. 3), ein solches **gegen den Widerkläger** zumindest Erhebung nach § 261 Abs. 2.[2] Im **Betragsverfahren** nach Erlass eines Grundurteils erstrecken sich die **Säumnisfolgen für den Kläger** auf den gesamten Streitstoff; der Anspruch wird durch Versäumnisurteil trotz anders lautenden Grundurteils vollständig aberkannt (s. auch § 330 Rn. 4). Bei **Säumnis des Beklagten** ergeht ein Urteil nach § 331 über den Betrag.

II. Zwischenstreit (Abs. 2)

2 Abs. 2 gilt nur für einen Zwischenstreit **unter den Parteien** (nicht für Dritte), wenn der versäumte Termin ausschließlich für die Verhandlung über den Zwischenstreit bestimmt war. Das (Zwischen-) Versäumnisurteil erstreckt sich **nur auf die Zwischenstreitfrage;** der Beantragende ist „Kläger", der Streitgegner „Beklagter" iSd. §§ 330, 331.

---

[24] OLG Düsseldorf MDR 2001, 833.
[25] BGH NJW 1997, 1448; OLG Brandenburg NJW-RR 1998, 1286.
[26] OLG Brandenburg NJW-RR 1998, 1286; aA aber offenbar für den Fall unschlüssiger Klage ZMR 1999, 102, 103.
[27] BGH AnwBl 2006, 674.

[1] *Rimmelspacher* JuS 1988, 953, 955 f.; *Ro/S/Go* § 107 V 2 d; MK/*Prütting* Rn. 4; *Häsemeyer* ZZP 85 (1972), 207, 225; aA *St/J/Schumann* Rn. 2; *Zö/Herget* Rn. 1; *B/L/H* Rn. 4; *Habscheid* NJW 1965, 2369, 2375.
[2] S. die Nachw. Fn. 1; *St/J/Schumann* Rn. 2; aA *Häsemeyer* ZZP 85 (1972), 207, 225.
[3] BGH NJW 1974, 1248, 1249; *Zö/Herget* Rn. 1.
[4] RAG 22, 85.

[1] MK/*Prütting* Rn. 7.
[2] Einzelheiten MK/*Prütting* Rn. 2–4.

Titel 4. Verfahren vor dem Einzelrichter

348 *Originärer Einzelrichter* **(1) [1]Die Zivilkammer entscheidet durch eines ihrer Mitglieder als Einzelrichter. [2]Dies gilt nicht, wenn**

1. das Mitglied Richter auf Probe ist und noch nicht über einen Zeitraum von einem Jahr geschäftsverteilungsplanmäßig Rechtsprechungsaufgaben in bürgerlichen Rechtsstreitigkeiten wahrzunehmen hatte oder

2. die Zuständigkeit der Kammer nach dem Geschäftsverteilungsplan des Gerichts wegen der Zuordnung des Rechtsstreits zu den nachfolgenden Sachgebieten begründet ist:

a) Streitigkeiten über Ansprüche aus Veröffentlichungen durch Druckerzeugnisse, Bild- und Tonträger jeder Art, insbesondere in Presse, Rundfunk, Film und Fernsehen;

b) Streitigkeiten aus Bank- und Finanzgeschäften;

c) Streitigkeiten aus Bau- und Architektenverträgen sowie aus Ingenieurverträgen, soweit sie im Zusammenhang mit Bauleistungen stehen;

d) Streitigkeiten aus der Berufstätigkeit der Rechtsanwälte, Patentanwälte, Notare, Steuerberater, Steuerbevollmächtigten, Wirtschaftsprüfer und vereidigten Buchprüfer;

e) Streitigkeiten über Ansprüche aus Heilbehandlungen;

f) Streitigkeiten aus Handelssachen im Sinne des § 95 des Gerichtsverfassungsgesetzes;

g) Streitigkeiten über Ansprüche aus Fracht-, Speditions- und Lagergeschäften;

h) Streitigkeiten aus Versicherungsvertragsverhältnissen;

i) Streitigkeiten aus den Bereichen des Urheber- und Verlagsrechts;

j) Streitigkeiten aus den Bereichen der Kommunikations- und Informationstechnologie;

k) Streitigkeiten, die dem Landgericht ohne Rücksicht auf den Streitwert zugewiesen sind.

(2) Bei Zweifeln über das Vorliegen der Voraussetzungen des Absatzes 1 entscheidet die Kammer durch unanfechtbaren Beschluss.

(3) [1]Der Einzelrichter legt den Rechtsstreit der Zivilkammer zur Entscheidung über eine Übernahme vor, wenn

1. die Sache besondere Schwierigkeiten tatsächlicher oder rechtlicher Art aufweist,

2. die Rechtssache grundsätzliche Bedeutung hat oder

3. die Parteien dies übereinstimmend beantragen.

[2]Die Kammer übernimmt den Rechtsstreit, wenn die Voraussetzungen nach Satz 1 Nr. 1 oder 2 vorliegen. [3]Sie entscheidet hierüber durch Beschluss. Eine Zurückübertragung auf den Einzelrichter ist ausgeschlossen.

(4) Auf eine erfolgte oder unterlassene Vorlage oder Übernahme kann ein Rechtsmittel nicht gestützt werden.

I. Normzweck

Durch das ZPO-RG wurden die Entscheidungskompetenzen zwischen Zivilkammer und Einzelrichter beim Landgericht mit Wirkung vom 1. 1. 2002 an neu verteilt. Die Vorschrift des § 348, mit der – im Interesse der stärkeren Nutzung der Binnenressourcen – der **originäre** Einzelrichter eingeführt wurde, befasst sich mit der Entscheidungsbefugnis des Einzelrichters bei den **erstinstanzlichen** Zivilkammern der Landgerichte (zur Entscheidungsbefugnis des Einzelrichters im **Berufungsverfahren** s. § 527; im **Revisionsverfahren** ist § 348 gemäß § 555 Abs. 2 nicht anzuwenden; im **Beschwerdeverfahren** wurde zum 1. 1. 2002 in allen Fällen, in denen ein amts- oder landgerichtlicher Einzelrichter oder ein Rechtspfleger die angefochtene Entscheidung erlassen hat, der originäre Einzelrichter eingeführt: § 568). Nach § 348 Abs. 1 ist nunmehr – im Interesse der Beschleunigung des Verfahrens und der Entlastung des Kollegiums – die Zuständigkeit des Einzelrichters **automatisch,** dh. ohne gesonderte vorherige Übertragungsentscheidung der Kammer gegeben, sofern nicht das Kammermitglied Proberichter ist und noch nicht ein Jahr lang geschäftsplanverteilungsmäßig Rechtsprechungsaufgaben in bürgerlichen Rechtsstreitigkeiten bearbeitet hat (§ 348 Abs. 1 S. 2 Nr. 1) oder der Rechtsstreit nicht eine der in Abs. 1 Satz 2 Nr. 2 aufgeführten und im Geschäftsverteilungsplan geregelten Spezialmaterien betrifft. § 348 Abs. 2 bestimmt, dass bei Zweifeln über das Vorliegen der Voraussetzungen des Absatzes 1 die **Kammer** durch **unanfechtbaren** Beschluss entscheidet. Der Einzelrichter ist gemäß § 348 Abs. 3 berechtigt und verpflichtet, der Kammer den Rechtsstreit zur Entscheidung über eine **Übernahme** vorzulegen, wenn die Sache besondere Schwierigkeiten aufweist, grundsätzliche Bedeutung hat oder die Parteien dies übereinstimmend beantragen. Und schließlich bestimmt § 348 Abs. 4, dass auf eine erfolgte oder unterlassene Vorlage oder Übernahme ein Rechtsmittel nicht gestützt werden kann. 1

II. Rechtstatsachen

Nach den Angaben des Statistischen Bundesamtes in Wiesbaden vom 29. März 2007[1] sind im Jahre **2005** von den Zivilkammern im **gesamten Bundesgebiet** 378 911 erstinstanzliche Zivilsachen erledigt worden, hiervon 292 733 (77,26 %) von den Einzelrichtern. 2

---

[1] Fachserie 10 (Rechtspflege) Reihe 2.1 (Zivilgerichte) S. 58.

III. Originäre Einzelrichterzuständigkeit (Abs. 1 Satz 1)

3 Nach § 348 Abs. 1 Satz 1 entscheidet die Zivilkammer durch eines ihrer Mitglieder als Einzelrichter. Die Zuständigkeit des **originären Einzelrichters** (zum Einsatz des obligatorischen Einzelrichters s. § 348a Rn. 3ff.) ist damit – im Gegensatz zum früheren, bis zum 31. 12. 2001 geltenden Recht – automatisch, dh. ohne gesonderte vorherige Übertragungsentscheidung der Kammer gegeben, sofern nicht das Mitglied Richter auf Probe und daher gemäß § 348 Abs. 1 Satz 2 Nr. 1 vom Einzelrichterdienst ausgenommen ist (Rn. 5) oder nach § 348 Abs. 1 Satz 2 Nr. 2 eine geschäftsplanverteilungsmäßige Sonderzuständigkeit der Kammer (Rn. 6–17) besteht.

IV. Originäre Kammerzuständigkeit (Abs. 1 Satz 2)

4 Gemäß § 348 Abs. 1 Satz 2 ist die **originäre Kammerzuständigkeit** gegeben, wenn das Kammermitglied Proberichter ist und noch nicht ein Jahr lang geschäftsplanverteilungsmäßig Rechtsprechungsaufgaben in bürgerlichen Rechtsstreitigkeiten bearbeitet hat (Nr. 1) **oder** der Rechtsstreit eine der in Abs. 1 Satz 2 Nr. 2 aufgeführten und im Geschäftsverteilungsplan geregelten Spezialmaterien betrifft.

5 **1. Einsatz von Proberichtern (Satz 2 Nr. 1).** § 348 Abs. 1 Satz 2 Nr. 1 – der im Beschwerdeverfahren (§ 568) keine entsprechende Anwendung findet[2] – bestimmt, dass ein Proberichter, der noch nicht länger als ein Jahr geschäftsverteilungsplanmäßig Rechtsprechungsaufgaben in bürgerlichen Rechtsstreitigkeiten bearbeitet hat, **nicht** als originärer Einzelrichter, sondern allenfalls als obligatorischer Einzelrichter gemäß § 348a tätig sein darf (zum Vorliegen der Voraussetzungen nach Dezernatswechsel s. Rn. 5a). Damit soll – in Anlehnung an die Regelung des eingeschränkten Proberichtereinsatzes im familiengerichtlichen Verfahren (§ 23b Abs. 3 Satz 2 GVG) und in Schöffensachen (§ 29 Abs. 1 Satz 2 GVG) – gewährleistet werden, dass nur ein schon ausreichend in die Praxis bürgerlichrechtlicher Streitigkeiten eingeübter Richter von vornherein mit der Alleinzuständigkeit betraut wird.[3] Zugleich wird damit der Befürchtung vorgebeugt, dass ein Berufsanfänger aus Angst oder Unsicherheit vor einer sich im Einzelfall als erforderlich erweisenden Vorlageentscheidung nach Absatz 3 zurückschrecken könnte.[4] Das die Geschäftsverteilung beschließende **Präsidium** des Landgerichts kann durch die geschäftsplanverteilungsmäßige Zuweisung von Proberichtern den Umfang der originären Zuständigkeit der Kammer bzw. des Einzelrichters beeinflussen.[5] Im Gegensatz zu dem von der Justizministerkonferenz am 7. 6. 1999 verabschiedeten „Bericht zur Rechtsmittelreform in Zivilsachen“[6] ist der Proberichter **nicht** mehr im **ersten Zivilkammerjahr** vom Einzelrichterdienst generell ausgenommen. Originärer Einzelrichter kann demnach auch ein Proberichter sein, der erst kurzfristig bei der Zivilkammer tätig ist, aber schon vorher beim Amtsgericht geschäftsplanverteilungsmäßig Zivilsachen bearbeitet hat und damit insgesamt – beim Amts- und Landgericht – schon länger als ein Jahr Rechtsprechungsaufgaben in bürgerlichen Rechtsstreitigkeiten wahrzunehmen hatte. Durch die Bezugnahme auf die **geschäftsplanverteilungsmäßige** Zuständigkeit des Proberichters für bürgerliche Rechtsstreitigkeiten werden im Übrigen Berechnungsprobleme bei Urlaubs- und Krankheitszeiten vermieden.[7]

5a Das ZPO-RG hat nicht berücksichtigt, dass der nicht unter die Ausnahmeregelung des § 348 Abs. 1 Satz 2 Nr. 1 fallende Richter auf Probe auch durch einen Richter auf Probe ersetzt werden kann, der noch nicht über einen Zeitraum von einem Jahr geschäftsplanverteilungsmäßig Rechtsprechungsaufgaben in bürgerlichen Rechtsstreitigkeiten wahrzunehmen hatte.[8] Der Entwurf eines Justizbeschleunigungsgesetzes[9] sah daher vor, dass, wenn nach **Dezernatswechsel** ein Fall des § 348 Absatz 1 Satz 2 Nr. 1 vorliegt, der in ein Einzelrichterdezernat eintretende Richter auf Probe die Einzelrichtersachen der Kammer vorlegt, die diese ohne Rückübertragungsmöglichkeit zu übernehmen hat. Da dieser Vorschlag jedoch keinen Eingang in das 1. JuMoG gefunden hat, gilt deshalb **zurzeit** in einem solchen Fall, dass die vom ausgeschiedenen Richter bearbeiteten Einzelrichter-Zivilsachen **automatisch Kammersachen werden.**[10] Die Einzelrichterzuständigkeit kann dann nur durch Beschluss der Kammer nach § 348a Abs. 1 begründet werden.[11] **Im umgekehrten Fall,** wenn nämlich der Proberichter iSv. § 348 Abs. 1 Satz 2 Nr. 1 durch einen älteren Richter ersetzt wird, oder wenn der Proberichter das Zivilrichterjahr vollendet, hat dies keine Auswirkungen auf die Entscheidungszuständigkeit, da die §§ 348, 348a nur regeln, auf welche Weise der Einzelrichter zuständig wird (kraft Gesetzes bei Eingang der Sache oder kraft späterer Übertragung) und keine nachträgliche originäre Einzelrichterzuständigkeit für bereits bei der Kammer angefallene Zivilsachen begründen.[12]

6 **2. Geschäftsplanverteilungsmäßige Sonderzuständigkeit (Satz 2 Nr. 2).** Die originäre Kammerzuständigkeit nach § 348 Abs. 1 Satz 2 Nr. 2 ist nur dann gegeben, wenn der Rechtsstreit eine der im Gesetz katalogisierten – und gegebenenfalls gesetzgeberisch fortzuschreibenden – Spezialmaterien (Rn. 7–17) betrifft

---

[2] BGH NJW 2003, 1875.
[3] BT-Drucks. 14/3750, S. 61; 14/4722, S. 87; BGH NJW 2003, 1875, 1876.
[4] BT-Drucks. 14/3750, S. 61; 14/4722, S. 87.
[5] BT-Drucks. 14/4722, S. 87.
[6] S. 120ff.
[7] BT-Drucks. (Fn. 4).
[8] BT-Drucks. 15/999, S. 12 u. S. 18; BR-Druck. 397/03, S. 21 u. S. 33/34.
[9] BT-Drucks. 15/999, S. 12; BR-Druck. 397/03, S. 21.
[10] *T/P/Reichold* Rn. 2; *Zö/Greger* Rn. 6a.
[11] *T/P/Reichold* Rn. 2; *Zö/Greger* Rn. 6a.
[12] *Zö/Greger* Rn. 6a; *Sae/Pukall, ZPO Rn. 4;* aA (Kammersachen werden automatisch Einzelrichtersachen) *T/P/Reichold* Rn. 2.

und die Zuständigkeit aus Spezialitätsgründen geschäftsplanverteilungsmäßig einer oder mehreren Kammern zugewiesen ist. Das die Geschäftsverteilung beschließende **Präsidium** des Landgerichts verteilt – wie bisher unter Berücksichtigung der konkreten Erfordernisse – die richterlichen Geschäfte und richtet dort, wo es sinnvoll ist, Spezialkammern ein.[13] Durch die geschäftsverteilungsplanmäßige Bildung von Spezialkammern kann es den Umfang der originären Zuständigkeit der Kammer bzw. des Einzelrichters beeinflussen.[14] Dabei bleibt es dem Präsidium unbenommen, den Katalog der in § 348 Abs. 1 Satz 2 Nr. 2 aufgeführten Sachgebiete **ganz** oder **teilweise** zu übernehmen oder durch **Einschränkungen** zu präzisieren.[15] Die geschäftsverteilungsplanmäßige Einrichtung von Spezialkammern erscheint dann sinnvoll, wenn es sich um komplexe und schwierige Rechtsgebiete handelt, deren Behandlung besondere Einarbeitung, Kenntnisse und Erfahrungen erfordert.[16] Nur derartige besonders gewichtige Rechtsstreitigkeiten rechtfertigen eine Ausnahme vom Prinzip des originären Einzelrichters und begründen die originäre Kammerzuständigkeit.[17] Soweit andere Gründe (zB Bewältigung von Massengeschäften) ein Motiv zur Einrichtung einer Spezialkammer sein können, kommt allerdings nach dem Sinngehalt der gesetzlichen Zuständigkeitsordnung **keine** originäre Zuständigkeit der Zivilkammer in Betracht.[18]

a) **Veröffentlichungsstreitigkeiten (Nr. 2a).** Die unter § 348 Abs. 1 Satz 2 Nr. 2a genannten Sachgebiete können Streitigkeiten wegen Verletzung des allgemeinen Persönlichkeitsrechts, des wirtschaftlichen Rufes und der Ehre betreffen, sowie entsprechende Streitigkeiten bei Verletzung des Rechts am eingerichteten und ausgeübten Gewerbebetrieb, wenn dies als Folge von Veröffentlichungen durch Presse, Rundfunk, Film, Fernsehen oder andere Medien (zB Internet) geltend gemacht ist.[19] Sie umfasst aber auch Streitigkeiten über die Verpflichtungen zur Veröffentlichung einer Gegendarstellung entsprechend den Pressegesetzen der Länder oder anderen Rechtsgrundlagen sowie Streitigkeiten auf Grund von Vereinbarungen aus den genannten Rechtsgebieten.[20] 7

b) **Bank- und Finanzgeschäfte (Nr. 2b).** Die Vorschrift umfasst Streitigkeiten, an denen eine Bank, Sparkasse, ein Kredit- oder Finanzinstitut beteiligt ist, sofern Ansprüche aus dem allgemeinen Bankvertrag oder den in § 1 Abs. 1 und 3 KWG aufgeführten Materien (u. a. Depot-, Diskont-, Effekten-, Einlagen-, Giro-, Geldkarten-, Investment-, Kredit-, Leasing- und Wertpapiergeschäfte, Anlageberatung, Optionen und Terminkontrakte) betroffen sind.[21] 8

c) **Bau-, Architekten- und Ingenieurverträge (Nr. 2c).** Hierher gehören die Fälle, bei denen sich im Zusammenhang mit Bauleistungen die Problematik der Anwendung der vom regelmäßigen Schuldrecht abweichenden, zum Teil komplizierten Bestimmungen der HOAI und der VOB stellt.[22] Das sind Streitigkeiten aus Dienst-, Werk-, Werklieferungs- und entgeltlichen Geschäftsbesorgungsverträgen, wenn an den Verträgen zumindest auf einer Seite ein Architekt, Bauunternehmer, Ingenieur oder eine andere **berufsmäßig mit der Planung oder Ausführung von Bauarbeiten befasste Person** in dieser Eigenschaft beteiligt waren, sowie Streitigkeiten aus Baubetreuungsverträgen und verwandten Rechtsgeschäften unter Einschluss von Kaufanwärter- und Träger-Bewerber-Verträgen, soweit in diesen eine Partei die Verpflichtung zur **Durchführung oder Überwachung von Bauarbeiten** übernommen hat.[23] 9

d) **Rechts-, steuer- und wirtschaftsberatende Berufe (Nr. 2d).** Die unter § 348 Abs. 1 Satz 2 Nr. 2d genannte Regelung betrifft **Vergütungsansprüche** der Angehörigen rechts-, steuer- und wirtschaftsberatender Berufe, soll aber vor allem Rechtsstreitigkeiten wegen **Schadensersatz** gegen die genannten Personen im Zusammenhang mit ihrer **Berufsausübung** umfassen.[24] 10

e) **Heilbehandlungen (Nr. 2e).** Die Vorschrift erfasst sowohl **vertragliche** wie **gesetzliche** Ansprüche gegen Ärzte, Zahnärzte sowie weitere beruflich mit der Heilbehandlung befasste Personen (zB Ergotherapeuten, Heilpraktiker, Krankengymnasten, Logopäden, Masseure und medizinische Bademeister, Orthoptisten, Physiotherapeuten, Psychologen, Psychotherapeuten) im Zusammenhang mit der **Ausübung ihrer Berufstätigkeit.**[25] Wegen der Sachnähe sind dabei auch Ansprüche auf **Einsicht in Krankenunterlagen** und die **Vergütungsansprüche** aus diesen Bereichen einbezogen.[26] 11

f) **Handelssachen (Nr. 2f).** Das sind alle Handelssachen iSv. § 95 GVG (s. im Einzelnen § 95 GVG Rn. 2–19). 12

g) **Fracht-, Speditions- und Lagergeschäfte (Nr. 2g).** Die Regelung erweitert den Katalog der unter § 348 Abs. 1 Satz 2 Nr. 2f. aufgeführten Rechtsstreitigkeiten um Transportrechtsstreitigkeiten auch für die Fälle, in denen kein beiderseitiges Handelsgeschäft gegeben ist.[27] 13

---

[13] BT-Drucks. (Fn. 4).
[14] BT-Drucks. (Fn. 4).
[15] BT-Drucks. (Fn. 4).
[16] BT-Drucks. (Fn. 4).
[17] BT-Drucks. 14/4722, S. 87, 88.
[18] BT-Drucks. 14/4722, S. 88.
[19] BT-Drucks. (Fn. 18).
[20] BT-Drucks. (Fn. 18).
[21] BT-Drucks. (Fn. 18).
[22] BT-Drucks. 14/4722, S. 88; 14/6036, S. 122.
[23] BT-Drucks. (Fn. 18).
[24] BT-Drucks. (Fn. 18).
[25] BT-Drucks. (Fn. 18).
[26] BT-Drucks. (Fn. 18).
[27] BT-Drucks. 14/4722, S. 88, 89.

14 **h) Versicherungsvertragsverhältnisse (Nr. 2h).** Die unter § 348 Abs. 1 Satz 2 Nr. 2g genannten Sachgebiete umfassen Streitigkeiten aus Versicherungsverhältnissen zwischen dem Versicherungsnehmer, dem Versicherten oder dem Bezugsberechtigten und dem Versicherer.[28]

15 **i) Urheber- und Verlagsrecht (Nr. 2i).** Urheber- und Verlagsrechtsstreitigkeiten betreffen Streitigkeiten um Rechtsverhältnisse der Literatur, Wissenschaft und Kunst nach dem Urheberrechtsgesetz (UrhG), dem Urheberrechtswahrnehmungsgesetz, dem Gesetz betreffend das Urheberrecht an Werken der bildenden Kunst und der Photographie (KunstUrhG) sowie dem Gesetz über das Verlagsrecht.[29]

16 **j) Kommunikations- und Informationstechnologie (Nr. 2j).** Mit dieser Vorschrift soll einem immer stärker werdenden Bedürfnis auf Spezialisierung in bürgerlichrechtlichen Streitigkeiten vor allem aus Verträgen und unerlaubter Handlung einschließlich der Produkthaftung hinsichtlich Datenverarbeitungsprogrammen und Computern Rechnung getragen werden.[30] Daneben sollen aber auch etwaige gesetzliche Neuerungen auf dem Gebiet des telekommunikativen Vertragswesens und Handelns umfasst sein.[31]

17 **k) Streitwertunabhängige landgerichtliche Zuständigkeit (Nr. 2k).** Hierunter fallen neben den in § 71 Abs. 2 GVG genannten Rechtsstreitigkeiten (s. im Einzelnen § 71 GVG Rn. 6–8) alle erstinstanzlichen Sachen, für die die Landgerichte ohne Rücksicht auf den Streitwert auf Grund spezialgesetzlicher Zuweisung des Bundes (s. im Einzelnen § 71 GVG Rn. 12–13) und der Länder (s. im Einzelnen § 71 GVG Rn. 9–11) zuständig sind.

18 **3. Zweifelsfragen (Abs. 2).** Bei Zweifeln über das Vorliegen der Voraussetzungen des Absatzes 1 **entscheidet** gemäß § 348 Abs. 2 die **Kammer.** Dies wird vor allem in den Fällen relevant, in denen fraglich ist, ob der Rechtsstreit eine der in Absatz 1 Satz 2 Nr. 2 aufgeführten und im Geschäftsverteilungsplan geregelten Spezialmaterien (Rn. 6–17) betrifft.[32] Fälle, in denen die Voraussetzungen des Absatzes 1 Satz 2 Nr. 1 (Einsatz von Proberichtern; s. Rn. 5) zweifelhaft sind, werden hingegen in der Praxis wohl allenfalls vereinzelt vorkommen.[33] Die nach Absatz 2 zu treffende Kammerentscheidung erfolgt durch **unanfechtbaren Beschluss,** dessen etwaige Fehlerhaftigkeit gemäß den §§ 512, 557 Abs. 2 mit der Berufung oder Revision nicht gerügt werden kann, es sei denn, dass die Entscheidung in willkürlicher Weise ergangen ist[34] (s. im Einzelnen § 348a Rn. 23). Da Zweifelsfragen zur internen Zuständigkeit, die durch die Einführung des originären Einzelrichters entstehen können, gem. § 348 Abs. 2 vom Kollegialgericht geklärt werden müssen, **scheidet** bei spruchkörperinternen Kompetenzkonflikten zwischen Kammer und Einzelrichter ein **Zuständigkeitsstreit iSd § 36 Abs. 1 aus.**[35]

V. Übernahme (Abs. 3)

19 Da § 348 Abs. 3 fast wörtlich mit § 348a Abs. 2 übereinstimmt, wird hinsichtlich der einzelnen Voraussetzungen auf die Erläuterungen zu § 348a Rn. 17–20 verwiesen.

VI. Anfechtbarkeit von Vorlage oder Übernahme

20 Da § 348 Abs. 4 fast wörtlich mit § 348a Abs. 3 übereinstimmt, wird hinsichtlich der Anfechtbarkeit von Vorlage oder Übernahme auf die Erläuterungen zu § 348a Rn. 21–23 verwiesen.

348a *Obligatorischer Einzelrichter*

(1) Ist eine originäre Einzelrichterzuständigkeit nach § 348 Abs. 1 nicht begründet, überträgt die Zivilkammer die Sache durch Beschluss einem ihrer Mitglieder als Einzelrichter zur Entscheidung, wenn
1. die Sache keine besonderen Schwierigkeiten tatsächlicher oder rechtlicher Art aufweist,
2. die Rechtssache keine grundsätzliche Bedeutung hat und
3. nicht bereits im Haupttermin vor der Zivilkammer zur Hauptsache verhandelt worden ist, es sei denn, dass inzwischen ein Vorbehalts-, Teil- oder Zwischenurteil ergangen ist.

(2) [1]Der Einzelrichter legt den Rechtsstreit der Zivilkammer zur Entscheidung über eine Übernahme vor, wenn
1. sich aus einer wesentlichen Änderung der Prozesslage besondere tatsächliche oder rechtliche Schwierigkeiten der Sache oder die grundsätzliche Bedeutung der Rechtssache ergeben oder
2. die Parteien dies übereinstimmend beantragen.
[2]Die Kammer übernimmt den Rechtsstreit, wenn die Voraussetzungen nach Satz 1 Nr. 1 vorliegen. Sie entscheidet hierüber nach Anhörung der Parteien durch Beschluss. [3]Eine erneute Übertragung auf den Einzelrichter ist ausgeschlossen.

(3) Auf eine erfolgte oder unterlassene Übertragung, Vorlage oder Übernahme kann ein Rechtsmittel nicht gestützt werden.

---

[28] BT-Drucks. 14/4722, S. 89.
[29] BT-Drucks. (Fn. 28).
[30] BT-Drucks. (Fn. 28).
[31] BT-Drucks. (Fn. 28).
[32] BT-Drucks. 14/3750, S. 62; 14/4722, S. 89.
[33] BT-Drucks. (Fn. 32).
[34] BT-Drucks. (Fn. 32).
[35] BGH NJW 2003, 3636, 3637 = BGHReport 2004, 190 mit abl. Anm. *Vollkommer; Schneider* MDR 2004, 1269, 1272.

I. Normzweck

Der Normzweck dieser Vorschrift entspricht der des § 348 (s. im Einzelnen § 348 Rn. 1). § 348a, der sich inhaltlich weitgehend an den bisherigen § 348 anlehnt, regelt den Einsatz des **obligatorischen** Einzelrichters (zur Zuständigkeit des originären Einzelrichters s. § 348). Diese Norm kommt dann zum Tragen, wenn der Rechtsstreit nach § 348 Abs. 1 Satz 2 nicht dem Einzelrichter, sondern der Kammer in originärer Zuständigkeit zugewiesen ist. Nach § 348a Abs. 1 **hat** die Zivilkammer den Rechtsstreit einem ihrer Mitglieder als Einzelrichter zur **selbständigen, eigenverantwortlichen** Entscheidung zu übertragen, wenn die Sache keine besonderen Schwierigkeiten aufweist, keine grundsätzliche Bedeutung hat und die Übertragungsbefugnis nach dem Verfahrensstand nicht eingeschränkt ist. § 348a Abs. 2 sieht ein **Vorlageverfahren** des obligatorischen Einzelrichters an die Zivilkammer für die Fälle vor, in denen sich auf Grund des Prozessverlaufes nachträglich die Unrichtigkeit der Prognosebeurteilung bei Übertragung ergibt oder beide Parteien dies beantragen. 1

II. Rechtstatsachen

S. im Einzelnen § 348 Rn. 2. 2

III. Übertragung auf den Einzelrichter (Absatz 1)

1. Übertragungsumfang. a) Hauptsache- und Nebenverfahren. Nach allgM erstreckt sich die Übertragungsbefugnis der Zivilkammer sowohl auf das **Hauptsacheverfahren** wie auch auf sämtliche **Nebenverfahren** (zB Arrestverfahren, einstweiliges Verfügungsverfahren, Prozesskostenhilfeverfahren und selbständiges Beweisverfahren[1]), und zwar selbst dann, wenn sie vor dem Hauptsacheverfahren anhängig werden.[2] 3

b) Übertragung zur Entscheidung. Die Übertragung des Rechtsstreits auf den Einzelrichter gemäß § 348a Abs. 1, die nach ganz hM[3] nicht nur eine rein interne arbeitsorganisatorische Maßnahme darstellt, erfolgt **zur Entscheidung.** Das bedeutet zum einen, dass die **Zivilkammer** (sowohl das Kollegium wie auch der Vorsitzende) ihre **Entscheidungsbefugnis verliert**[4] **und der Einzelrichter** (das ist auch der Proberichter, der noch nicht ein Jahr lang Rechtsprechungsaufgaben in bürgerlichen Rechtsstreitigkeiten bearbeitet hat[5]) für das **gesamte weitere Verfahren** (einschließlich Kostenfestsetzungsverfahren[6], einstweiliger Einstellung der Zwangsvollstreckung gemäß den §§ 707, 719 und Zwangsvollstreckungsverfahren gemäß den §§ 887ff.; s. auch Rn. 14) die **unbeschränkte Alleinentscheidungsbefugnis** erwirbt; er stellt also, solange keine Übernahme gemäß § 348a Abs. 2 (Rn. 17–20) erfolgt, das erkennende **Prozessgericht** des 1. Rechtszuges und damit auch den **gesetzlichen Richter** im Sinne von Art. 101 Abs. 1 S. 2 GG dar.[7] Zum anderen bedeutet es, dass es **unzulässig** ist, dem Einzelrichter den Rechtsstreit **„zur weiteren Vorbereitung"** oder – soweit die Voraussetzungen der §§ 375[8], 402, 434, 451 nicht gegeben sind – **„zur Durchführung der Beweisaufnahme"**[9] **zu übertragen.** Beauftragt die Zivilkammer dennoch den Berichterstatter als Einzelrichter mit der Beweiserhebung, so erhält dieser nicht die Stellung des Einzelrichters, sondern nur die des beauftragten Richters (§ 361).[10] 4

c) Gesamtübertragung. Da eine Übertragung unter dem Vorbehalt des Widerrufs nicht vorgesehen – und daher unzulässig – ist,[11] ist der **gesamte** Rechtsstreit zu übertragen. Insbesondere ist eine **Prozesstrennung durch Teilübertragung** ausgeschlossen.[12] Nachträgliche Änderungen oder Erweiterungen des Streitgegenstandes lassen die Zuständigkeit des Einzelrichters – im Gegensatz zu § 349 (§ 349 Rn. 19) – unberührt.[13] Die Übertragungswirkung bleibt insbesondere auch dann bestehen, wenn der Einzelrichter den Rechtsstreit gemäß § 281 an ein anderes Landgericht verweist, so dass dort als gesetzlicher Richter auch der Einzelrichter zuständig bleibt.[14] 5

2. Übertragungspflicht. Im Gegensatz zum früheren Recht steht die Übertragung des Rechtsstreits auf den Einzelrichter seit dem 1. 3. 1993 **nicht mehr im Ermessen** der Kammer; es besteht vielmehr – wenn nicht bestimmte Ausnahmetatbestände (Rn. 7–14) eingreifen – eine **grundsätzliche Übertragungspflicht.**[15] 6

---

[1] *Geffert* NJW 1995, 506f.

[2] MK/*Deubner* Rn. 4ff.

[3] Für viele: OLG Hamm MDR 1993, 384; aA OLG Frankfurt NJW 1977, 813; vgl. auch *Rasehorn* NJW 1977, 789, 790f.

[4] OLG Koblenz MDR 1978, 851; OLG München MDR 1983, 498; OLG Karlsruhe VersR 1986, 662, 663.

[5] BT-Drucks. 14/4722, S. 90.

[6] OLG Koblenz MDR 1978, 851; OLG Stuttgart AnwBl 1979, 22; OLG Hamm MDR 1993, 384.

[7] OLG Köln NJW 1976, 1101; OLG Hamm MDR 1993, 384; aA *Rasehorn* NJW 1977, 789, 790f.

[8] Die Durchführung der Beweisaufnahme durch ein Mitglied der Kammer als beauftragter Richter ist idR verfahrensfehlerhaft, wenn es auf die Glaubwürdigkeit von Zeugen ankommt (BGH NJW 1997, 1586; OLG Köln NJW-RR 1998, 1143 mit Anm. Deubner JuS 1998, 828).

[9] OLG Köln NJW 1976, 1101; OLG Düsseldorf NJW 1976, 1103; *Putzo* NJW 1975, 185, 187; *Müller* DRiZ 1977, 305.

[10] BGH NJW 1980, 2307; 2000, 2024, 2025; zur Stellung des beauftragten Richters im Verhältnis zum Prozessgericht s. *Schneider* DRiZ 1977, 13ff.

[11] OLG Karlsruhe VersR 1986, 662, 663; *St/J/Grunsky* § 348 Rn. 34.

[12] MK/*Deubner* Rn. 19.

[13] MK/*Deubner* Rn. 15; *Zö/Greger* Rn. 7; aA OLG München NJW-RR 1992, 123.

[14] OLG Koblenz MDR 1986, 153; *Zö/Greger* Rn. 7.

[15] MK/*Deubner* Rn. 3; *B/L/H* Rn. 5; Deubner JuS 1998, 828; aA *Zö/Greger* § 348 Rn. 3.

Seit dem 1. 1. 2002 wird die Übertragungspflicht nicht mehr eingeschränkt. Der mit der bisherigen **„soll in der Regel"**-Formulierung irrig immer wieder in Verbindung gebrachte Gedanke, es könne hier einen irgendwie gearteten Ermessensspielraum der Kammer geben, findet in der neuen Formulierung keine Stütze mehr.[16] Aus der Formulierung „überträgt die Zivilkammer" wird vielmehr klar ersichtlich, dass die Übertragung auf den Einzelrichter den Regelfall darstellt und von einer Übertragung nur dann abzusehen ist, wenn eine der als Ausnahmefall einzuordnenden Voraussetzungen der Nummern 1 bis 3 vorliegt.[17]

7 **3. Übertragungsverbote.** Die Übertragung des Rechtsstreits von der Zivilkammer auf eines ihrer Mitglieder als Einzelrichter ist kraft Gesetzes in den Fällen des § 348a Abs. 1 Nr. 1 (Rn. 8), Abs. 1 Nr. 2 (Rn. 9), Abs. 1 Nr. 3 (Rn. 11–12) und Abs. 2 S. 4 (Rn. 13) ausgeschlossen. Darüber hinaus ist die Übertragung auch bei Entscheidungsreife (Rn. 10) und erst im Zwangsvollstreckungsverfahren (Rn. 14) verboten. Im Einzelnen gilt Folgendes:

8 **a) Besondere Schwierigkeiten (Absatz 1 Nr. 1).** Gemäß § 348a Abs. 1 Nr. 1 rechtfertigt nicht jede Schwierigkeit tatsächlicher oder rechtlicher Art ein Übertragungsverbot, sondern nur eine solche, die **deutlich über das übliche, durchschnittliche Maß hinausgeht.**[18] Allein der Umfang der Sache, insbesondere der mit der Bearbeitung und Entscheidung verbundene Zeitaufwand oder ein besonders hoher Streitwert bzw. die wirtschaftliche Bedeutung des Rechtsstreits, verbieten die Übertragung auf den Einzelrichter nicht.[19] Maßgeblich ist vielmehr, ob die Sache an die Kammer Anforderungen stellt, die – abhängig vom jeweiligen Erfahrungsstand (zB einer Spezialkammer) – hinsichtlich der Sachverhaltserfassung, der Beweiserhebung, der Beweiswürdigung oder der Rechtsanwendung deutlich über dem Durchschnitt der Verfahren liegen.[20] Das ist in der Regel bei Arzthaftungssachen[21], bei schwierigen Versicherungssachen[22] und in Fällen, in denen in großem Umfang ausländisches Recht zur Anwendung kommt[23], der Fall, **nicht** jedoch bei reinen **Punktesachen** (zB Bausachen, Abrechnungsstreitigkeiten), die – jeweils einzeln betrachtet – keinen besonderen Schwierigkeitsgrad aufweisen.[24]

9 **b) Grundsätzliche Bedeutung (Absatz 1 Nr. 2).** Eine Übertragung des Rechtsstreits auf den Einzelrichter verbietet sich gemäß § 348a Abs. 1 Nr. 2 weiterhin, wenn die Rechtssache **grundsätzliche Bedeutung** (§ 511 Rn. 41 und § 543 Rn. 5 f.) hat. Das ist dann der Fall, wenn die zu treffende Entscheidung **über den Einzelfall hinausgeht,** und zwar unabhängig davon, ob sie rechtliche oder tatsächliche Schwierigkeiten aufweist.[25] Eine grundsätzliche Bedeutung wird nicht nur dann anzunehmen sein, wenn die Zivilkammer von einer höchstrichterlichen Entscheidung abweichen will, sondern auch dann, wenn die Kammer oder ein Mitglied der Kammer die Rechtsfrage bereits anders entschieden hat.[26] Die grundsätzliche Bedeutung ist **im weitesten Sinne** zu verstehen, so dass nicht der Einzelrichter, sondern das Kollegium entscheiden muss, wenn zur Fortbildung des Rechts oder zur Wahrung einer einheitlichen Rechtsprechung eine Entscheidung des Rechtsmittelgerichts geboten ist.[27]

10 **c) Entscheidungsreife.** Außerdem begründet § 300 von seinem Normzweck (§ 300 Rn. 1) her ein Übertragungshindernis, sobald der Rechtsstreit zur Endentscheidung reif ist.[28] Das gilt zB dann, wenn der Kläger bei Säumnis des Beklagten im frühen ersten Termin den Erlass eines Versäumnisurteils beantragt. Eine Übertragung des Rechtsstreits auf den Einzelrichter ist aber noch nach Einspruch des Beklagten gegen das von der Kammer erlassene Versäumnisurteil möglich.[29]

11 **d) Verhandlung zur Hauptsache im Haupttermin (Absatz 1 Nr. 3).** § 348a Abs. 1 Nr. 3 schränkt die Übertragungsbefugnis nach dem Verfahrensstand weiter ein. Nach dieser Bestimmung darf der Rechtsstreit – auch wenn eine Übertragung nach § 348a Abs. 1 an sich zulässig wäre – dem Einzelrichter nicht mehr übertragen werden, wenn bereits im **Haupttermin** vor der Zivilkammer **zur Hauptsache verhandelt** (§ 39 Rn. 3) worden ist. Haupttermin ist nach der Legaldefinition des § 272 Abs. 1 jeder **umfassend vorbereitete Termin** zur mündlichen Verhandlung (§ 272 Rn. 2), auch der dem Schluss der mündlichen Verhandlung entsprechende Termin im schriftlichen Verfahren gemäß § 128 Abs. 2.[30] Ob ein Termin Haupttermin ist, hängt **nicht** von der **Bezeichnung** des Vorsitzenden[31], sondern einzig und allein von der **Art seiner Vorbereitung** ab.[32] Folglich ist der im Anschluss an ein **schriftliches Vorverfahren** (§ 276) anberaumte Termin

---

[16] BT-Drucks. 14/3750, S. 62; 14/4722, S. 90.
[17] BT-Drucks. 14/3750, S. 62, 63; 14/4722, S. 90.
[18] *Geffert* NJW 1995, 506 f.; BT-Drucks. 14/3750, S. 62; 14/4722, S. 63, 89.
[19] *Geffert* NJW 1995, 506 f.; BT-Drucks. 14/3750, S. 62; 14/4722, S. 89.
[20] *Geffert* (Fn. 19); BT-Drucks. (Fn. 19).
[21] BGH NJW 1994, 801, 802; OLG Köln VersR 1987, 164; OLG Oldenburg NJW-RR 1990, 863; NJWE-VHR 1997, 182; OLG Brandenburg OLG-NL 2001, 5, 6.
[22] OLG Nürnberg OLGZ 1993, 197 = NJW-RR 1993, 573.
[23] *B/L/H* Rn. 7 iVm. § 348 Rn. 39.
[24] *Holtgrave* DB 1975, 39, 40; MK/*Deubner* Rn. 12; *B/L/H* Rn. 7 iVm. § 348 Rn. 39.
[25] *Geffert* (Fn. 19); BT-Drucks. (Fn. 19).
[26] *Geffert* (Fn. 1).
[27] BGH NJW 2003, 1254; 2004, 449; BGHReport 2006, 189.
[28] MK/*Deubner* Rn. 26–27; *Zö/Greger* Rn. 3; *B/L/H* Rn. 9.
[29] LG Frankfurt NJW-RR 1995, 1211; *Zö/Greger* Rn. 3.
[30] OLG München NJW-RR 1986, 1512; *Zö/Greger* Rn. 3.
[31] OLG Düsseldorf JMBlNRW 1979, 116, 117; MK/*Deubner*Rn. 19; *Zö/Greger* Rn. 3; aA OLG Düsseldorf MDR 1980, 943.
[32] OLG Düsseldorf JMBlNRW 1979, 116, 117; OLG München NJW 1986, 1001; MK/*Deubner* Rn. 17.

nicht notwendig ein Haupttermin.[33] Und ebenso kann auch ein **früher erster Termin** (§ 275) trotz der Regelung des § 275 Abs. 2 bereits ein Haupttermin sein.[34] Ist der frühe erste Termin allerdings nicht umfassend vorbereitet, so kann der Rechtsstreit auch noch nach dem Verhandeln zur Hauptsache auf den Einzelrichter (zB in einem Beweisbeschluss[35]) übertragen werden.[36]

Das Übertragungshindernis des § 348a Abs. 1 Nr. 3 ist nicht absolut. Es **entfällt** vielmehr, wenn zwischenzeitlich ein **Vorbehalts-** (§ 302), ein **Teil-** (§ 301) oder ein **Zwischenurteil** (§ 303) ergangen ist. Nach dem Erlass eines solchen Urteils ist die Übertragung des Rechtsstreits auf den Einzelrichter nicht nur bis zum nächsten Haupttermin vor der Kammer[37], sondern bis zur Verhandlung zur Hauptsache im nächsten Haupttermin vor der Kammer möglich. 12

e) **Nach Übernahme (Absatz 2 S. 4).** Kraft ausdrücklicher gesetzlicher Bestimmung (§ 348a Abs. 2 S. 4) ist nach Vorlage des Rechtsstreits vom Einzelrichter an die Zivilkammer und Übernahme durch die Kammer (Rn. 17–20) die **erneute** Übertragung auf den Einzelrichter ausgeschlossen. 13

f) **Im Zwangsvollstreckungsverfahren.** Hat im Erkenntnisverfahren die Zivilkammer entschieden, so verbietet sich eine Übertragung des Rechtsstreits auf den Einzelrichter **erst** im anschließenden Zwangsvollstreckungsverfahren gemäß den §§ 887ff., da die Zivilkammer dann das Prozessgericht des ersten Rechtszuges ist.[38] 14

4. Übertragungsverfahren. a) Zeitpunkt und Inhalt der Entscheidung. Die Übertragung des Rechtsstreits von der Zivilkammer auf den Einzelrichter erfolgt nach Anhörung der Parteien auf Grund freigestellter mündlicher Verhandlung (§ 128 Abs. 4) durch **Beschluss der gesamten** – mit drei Berufsrichtern besetzten – **Zivilkammer.**[39] Eine Selbstbestellung durch den Einzelrichter[40] oder eine Bestellung allein durch den Vorsitzenden[41] ist unzulässig. Da sowohl die Klageschrift (§ 253 Abs. 3) wie auch die Klageerwiderung (§ 277 Abs. 1 S. 2) eine Äußerung dazu enthalten soll, ob einer Entscheidung der Sache durch den Einzelrichter Gründe entgegenstehen, darf die Entscheidung erst **nach Eingang der Klageerwiderung** bzw. nach Ablauf der dem Beklagten gesetzten Erklärungsfrist erfolgen.[42] Eine weitere Anhörung der Parteien ist – abgesehen vom Fall der Übernahme (Rn. 18) – nicht erforderlich.[43] Im **selbständigen Beweisverfahren** kann der Übertragungsbeschluss sofort ergehen, weil dort schon vor der Anhörung des Antragsgegners feststeht, dass es sich um keine Sache von besonderer – tatsächlicher oder rechtlicher – Schwierigkeit oder von grundsätzlicher Bedeutung handeln kann.[44] Der Beschluss ist nur **ausnahmsweise zu begründen,** und zwar dann, wenn Einwendungen gegen die Übertragung erhoben werden.[45] Da sich der zuständige Einzelrichter aus dem Geschäftsverteilungsplan (§ 21g Abs. 3 GVG) ergibt, ist die **Person des Einzelrichters** (das ist auch der Proberichter, der noch nicht ein Jahr lang Rechtsprechungsaufgaben in bürgerlichen Rechtsstreitigkeiten bearbeitet hat[46]) im Übertragungsbeschluss **nicht** zu bezeichnen;[47] der Beschluss ordnet daher lediglich die Übertragung auf den Einzelrichter an. 15

b) **Verfahrensfehler.** Die Übertragung des Rechtsstreits auf den Einzelrichter, die unter Verstoß gegen § 348a Abs. 1 Nr. 1 u. 2[48] oder Abs. 1 Nr. 3[49] erfolgt, stellt, da es um den gesetzlichen Richter geht, einen durch Rügeverzicht gemäß § 295 **nicht heilbaren Verfahrensmangel** dar. Bloße **Formfehler** sind dagegen **heilbar;** dies gilt insbesondere für einen von der gesamten – mit drei Berufsrichtern besetzten – Zivilkammer gefassten Übertragungsbeschluss, den nur der Einzelrichter unterschrieben hat.[50] 16

---

[33] MK/*Deubner* Rn. 18; aA OLG Hamm NJW-RR 1993, 830, 831; *Seidel* ZZP 99 (1986), 64, 70; *St/J/Grunsky* § 348 Rn. 22; vgl. auch OLG Schleswig NJW 1988, 69, 70.

[34] OLG Köln NJW-RR 1995, 512; 2000, 1593; MK/*Deubner* Rn. 24; *Seidel* ZZP 99 (1986), 64, 70; aA OLG Düsseldorf MDR 1980, 943.

[35] SchlHOLG SchlHA 1978, 68, 69; MK/*Deubner* Rn. 34; *T/P/Reichold* § 348 Rn. 9; *B/L/H* Rn. 9; aA OLG Brandenburg NJW-RR 2000, 1338.

[36] OLG Düsseldorf NJW-RR 1996, 638; OLG München NJW 1986, 1001; OLG Brandenburg NJW-RR 2000, 1338; OLG Köln NJW-RR 2000, 1593.

[37] So aber: *T/P/Reichold* § 348 Rn. 9.

[38] OLG Frankfurt MDR 1981, 504; OLG München MDR 1983, 499; OLG Koblenz NJW-RR 2002, 1724 mit abl. Anm. *Deubner* JuS 2002, 687; *T/P/Reichold* § 348 Rn. 11.

[39] OLG Düsseldorf NJW 1976, 114; OLG Frankfurt NJW 1977, 301; OLG Karlsruhe VersR 1986, 662.

[40] *Seidel* ZZP 99 (1986), 64, 81.

[41] OLG Celle MDR 2003, 523, 524; *Schneider* MDR 2004, 1269, 1271.

[42] OLG Karlsruhe VersR 1986, 662.

[43] OLG Saarbrücken VersR 1992, 756, 757; *Zö/Greger* Rn. 4.

[44] *Geffert* NJW 1995, 506, 507.

[45] *Seidel* ZZP 99 (1986), 64, 66f.; vgl. auch OLG Köln NJW-RR 1987, 1152.

[46] BT-Drucks. 14/4722, S. 90; BGH NJW 2003, 1875, 1876.

[47] OLG Düsseldorf MDR 1980, 943; MK/*Deubner* Rn. 32; *Zö/Greger* Rn. 4; *Holch* DRiZ 1975, 275f.; *Müller* NJW 1975, 859, 860 und DRiZ 1976, 43ff.; aA *B/L/H* Rn. 10.

[48] OLG Köln NJW 1976, 1101; OLG Karlsruhe VersR 1986, 662; OLG Nürnberg NJW-RR 1993, 573; OLG München OLGR 1995, 115; *Müller* DRiZ 1977, 305, 306f. (für den allerdings nur ein Verfahrensverstoß vorliegt).

[49] OLG Düsseldorf JMBlNRW 1979, 15, 16; OLG Schleswig NJW 1988, 69; OLG Hamm NJW-RR 1993, 830; OLG Köln NJW-RR 1995, 512; 2000, 1593; OLG Brandenburg NJW-RR 2000, 1338, 1339; vgl. auch BGH NJW 1993, 600; aA OLG Düsseldorf NJW 1981, 352; offen gelassen in: BGH NJW-RR 1991, 472, 473.

[50] OLG Köln NJW 1976, 680; OLG Frankfurt NJW 1977, 301; für OLG Düsseldorf MDR 1980, 943 und *Seidel* ZZP 99 (1986), 64, 66 liegt kein Formfehler vor, da Beschlüsse nicht von allen mitwirkenden Richtern unterschrieben werden müssen.

IV. Übernahme (Absatz 2)

17 **1. Voraussetzungen.** Gemäß § 348a Abs. 2 S. 1 **hat**[51] der Einzelrichter **ausnahmsweise** den Rechtsstreit der Zivilkammer zur Entscheidung über eine Übernahme **vorzulegen,** und zwar dann, wenn sich entweder nach der gemäß § 348a Abs. 1 erfolgten Übertragung aus einer wesentlichen Änderung der Prozesslage besondere Schwierigkeiten der Sache oder die grundsätzliche Bedeutung der Rechtssache ergeben (§ 348a Abs. 2 S. 1 Nr. 1) oder wenn beide Parteien dies übereinstimmend beantragen (§ 348a Abs. 2 S. 1 Nr. 2). Eine **nachträgliche Änderung der Prozesslage** iSv. § 348a Abs. 2 S. 1 Nr. 1, die zB infolge neuen Sachvortrags, Klageerweiterung, Erhebung einer Widerklage oder durch Aufrechnung mit einer Gegenforderung eintreten kann, ist dann **wesentlich,** wenn die Umstände vor der Übertragung in erheblichem Maße von den Gegebenheiten nach der Übertragung abweichen.[52] Die wesentliche Änderung muss darüber hinaus entweder – seit dem 1. 1. 2002 – das nachträgliche Auftreten von besonderen Schwierigkeiten iSv. § 348a Abs. 1 Nr. 1[53] (Rn. 8) oder zur Folge haben, dass die Entscheidung von grundsätzlicher Bedeutung iSv. § 348a Abs. 1 Nr. 2 (Rn. 9) ist. Letzteres ist zB dann der Fall, wenn der Einzelrichter von einer nach der Übertragung ergangenen höchstrichterlichen Entscheidung abweichen will,[54] nicht jedoch, wenn sich nach der Übertragung auf den Einzelrichter herausstellt, dass die Zivilkammer irrtümlicherweise die grundsätzliche Bedeutung der Rechtssache verneint hat.

18 **2. Verfahren.** Die verbindliche, nicht anfechtbare Entscheidung über die Zuständigkeit des Einzelrichters oder der Zivilkammer hat unter den in Rn. 17 genannten Voraussetzungen die Kammer zu treffen.[55] Diese **hat** den Rechtsstreit gemäß § 348a Abs. 2 S. 2 zu übernehmen, wenn die Voraussetzungen nach Satz 1 Nr. 1 vorliegen, wenn also die Sache besondere Schwierigkeiten aufweist oder die Rechtssache grundsätzliche Bedeutung hat.[56] Der übereinstimmende Antrag der Parteien gemäß § 348a Abs. 2 S. 1 Nr. 1 macht dagegen zwar die Vorlage an die Kammer zwingend, präjudiziert aber deren Entscheidung über eine Übernahme nicht;[57] die Übernahme steht also insoweit – im Gegensatz zur Übernahme gemäß § 348a Abs. 2 S. 2 und zur Übertragung des Rechtsstreits von der Zivilkammer auf den Einzelrichter nach § 348a Abs. 1 (Rn. 6) – im **freien Ermessen**[58] **der Kammer.** Die Übernahme **erfolgt** in allen Fällen **nach Anhörung der Parteien** (§ 348a Abs. 2 S. 3) auf Grund freigestellter mündlicher Verhandlung (§ 128 Abs. 4) durch förmlichen – in der Regel nicht zu begründenden (Rn. 15) – **Beschluss der Zivilkammer.** Eine formlose oder konkludente Übernahme ist dagegen ausgeschlossen.[59] Ebenso wie bei der Übertragung nach § 348a Abs. 1 (Rn. 5) gilt auch für die Übernahme gemäß § 348a Abs. 2 der Grundsatz der **Gesamtübertragung** bzw. **Gesamtübernahme.**

19 **3. Wirkung.** Die Übernahme ist grundsätzlich – abgesehen von den Fällen des Fehlens einer gesetzlichen Grundlage[60] (Rn. 22) – für das Kollegium **bindend** (§ 348a Abs. 2 S. 4) und für die Parteien gemäß § 348a Abs. 3[61] **unanfechtbar.**[62] **Mit der Übernahme verliert** der **Einzelrichter** seine **Entscheidungsbefugnis** und die **Zivilkammer** wird für das **gesamte weitere Verfahren** – wieder – zum Prozessgericht erster Instanz und damit zum gesetzlichen Richter iSv. Art. 102 Abs. 1 S. 2 GG. Eine **erneute Übertragung** auf den Einzelrichter ist gemäß § 348a Abs. 2 S. 4 ausdrücklich **ausgeschlossen.** Das gilt insbesondere auch dann, wenn die besonderen Schwierigkeiten oder die grundsätzliche Bedeutung durch ein zwischenzeitlich ergangenes Vorbehalts-, Teil- oder Zwischenurteil erledigt sind.[63] In den Fällen des Fehlens einer gesetzlichen Gurndlage entfaltet ein späterer wirksamer Übertragungs- bzw. Übernahmebeschluss allerdings **keine Rückwirkung.**[64]

20 **4. Verfahrensfehler.** Die Übernahme außerhalb von § 348a Abs. 2 stellt, da es um den gesetzlichen Richter geht, einen durch Rügeverzicht gemäß § 295 nicht heilbaren Verfahrensfehler dar.[65]

V. Anfechtbarkeit von Übertragung, Vorlage oder Übernahme

21 **1. Beschwerde.** § 348a Abs. 3 schließt ausdrücklich die Überprüfung der Entscheidung, durch die die Sache gemäß § 348a Abs. 1 auf den Einzelrichter übertragen worden ist, für das Beschwerdeverfahren aus (s. auch Rn. 19). Die Vorschrift findet kraft ausdrücklicher gesetzlicher Bestimmung **auch Anwendung** auf die Vorlage (Rn. 17) und den Übernahmebeschluss gemäß § 348a Abs. 2 (Rn. 18–19) sowie die unterlas-

---

[51] BT-Drucks. 14/6036, S. 122.
[52] MK/*Deubner* Rn. 38–39.
[53] AA zum Rechtszustand vor dem 1. 1. 2002: OLG Köln NJW 1976, 680; OLG Karlsruhe VersR 1986, 662, 663; *Holch* ZRP 1980, 38, 41.
[54] MK/*Deubner* Rn. 38.
[55] BT-Drucks. (Fn. 51).
[56] BT-Drucks. (Fn. 51).
[57] BT-Drucks. (Fn. 51).
[58] *T/P/Reichold* Rn. 12 iVm. § 348 Rn. 10; so zum bisherigen § 348 Abs. 4 S. 1: OLG Köln NJW 1976, 680.
[59] So zum bisherigen § 348 Abs. 4 S. 1: OLG Karlsruhe VersR 1986, 662, 663; aA OLG Frankfurt NJW 1977, 813.
[60] OLG Köln NJW 1976, 680; OLG Celle MDR 2003, 523, 524; Schneider MDR 2004, 1269, 1271.
[61] Nach dem Willen des Gesetzgebers (BT-Drucks. 14/3750, S. 62, 63; 14/4722, S. 230, 232) stellt § 348a Abs. 3 entsprechend dem bisherigen § 348 Abs. 2 Satz 2 klar, dass erfolgte oder unterlassene Übertragung, Vorlage oder Übernahme unanfechtbar sind.
[62] BT-Drucks. 14/6036, S. 122; OLG Köln NJW 1976, 680; MK/*Deubner* Rn. 44; aA *Müller* DRiZ 1977, 305, 307.
[63] *Zö/Greger* Rn. 11; aA *St/J/Grunsky* § 348 Rn. 52.
[64] OLG Celle MDR 2003, 523; *Schneider* MDR 2004, 1269, 1271.
[65] OLG Düsseldorf NJW 1976, 114; OLG Köln NJW 1976, 1101; aA OLG Frankfurt NJW 1977, 813; vgl. auch *Rasehorn* NJW 1977, 789, 790f.

sene Vorlage und die Ablehnung oder Nichtbescheidung eines Übertragungs-[66] oder Übernahmeantrages.[67] Für die Unanfechtbarkeit von Übertragung, Vorlage oder Übernahme ist es grundsätzlich (s. aber Rn. 22) unbeachtlich, ob sie unter Verstoß gegen § 348a Abs. 1 Nr. 1, Abs. 1 Nr. 2, Abs. 1 Nr. 3, Abs. 2 S. 1 Nr. 1, Abs. 2 S. 1 Nr. 2 oder Abs. 2 S. 2 erfolgt sind.[68]

2. Außerordentliche Beschwerde. Nach allgM[69] kann ein nach den gesetzlichen Vorschriften unanfechtbarer Beschluss ausnahmsweise mit der außerordentlichen Beschwerde angefochten werden, wenn die Entscheidung **jeder gesetzlichen Grundlage entbehrt und inhaltlich** dem **Gesetz fremd** ist (§ 567 Rn. 15–18). Das gilt insbesondere auch für Übertragungs- und Übernahmebeschlüsse gemäß § 348a.[70] Diese sind zB mit der außerordentlichen Beschwerde anfechtbar, wenn dem Einzelrichter der Rechtsstreit zur Durchführung der Beweisaufnahme (Rn. 4) übertragen worden ist[71], sich die Kammer die Rücknahme der Übertragung vorbehält (Rn. 5), der Vorsitzende den Übertragungs- bzw. Übernahmebeschluss allein erlassen hat[72], im Falle der Selbstbestellung des Einzelrichters[73], bei Übertragung des Rechtsstreits nach Verhandlung zur Hauptsache im Haupttermin[74] und bei erneuter Übertragung des Rechtsstreits nach erfolgter Übernahme, **nicht** jedoch, wenn fälschlicherweise die Voraussetzungen von § 348a Abs. 1 Nr. 1, 2 oder 3 bejaht wurden. 22

3. Berufung und Revision. Gemäß den §§ 512, 557 Abs. 2 unterliegen der Beurteilung des Berufungs- bzw. Revisionsgerichts diejenigen Entscheidungen **nicht,** die nach den Vorschriften der ZPO **unanfechtbar** oder **mit der Beschwerde anfechtbar** sind. Darüber hinaus bestimmt § 348a Abs. 3, dass auf eine erfolgte oder unterlassene Übertragung, Vorlage oder Übernahme ein Rechtsmittel nicht gestützt werden kann. Somit gilt die Unanfechtbarkeit von Übertragung, Vorlage und Übernahme (Rn. 21) auch im Berufungs- und Revisionsverfahren, insbesondere auch in den Fällen des Fehlens jeder gesetzlichen Grundlage (Rn. 22).[75] Mit der Berufung oder Revision kann insbesondere nicht gerügt werden, dass die Sache hätte auf den Einzelrichter übertragen bzw. der Kammer vorgelegt oder von der Kammer übernommen werden müssen.[76] Das Berufungs- oder Revisionsgericht darf sich aber seit dem 1. 1. 2002 auch **nicht mehr** mit Verstößen gegen § 348a **befassen,** wenn die Zivilkammer entschieden hat, obwohl sie die Sache auf den Einzelrichter übertragen hatte, oder wenn der Einzelrichter tätig geworden ist, ohne dass der Rechtsstreit zuvor auf ihn übertragen wurde.[77] Denn – im Interesse der Verfahrensbeschleunigung und der Entlastung der Rechtsmittelgerichte – kann gemäß den §§ 513 Abs. 2, 545 Abs. 2, 571 Abs. 2 S. 2, 576 Abs. 2 ein Rechtsmittel nicht darauf gestützt werden, dass das Gericht des ersten Rechtszuges seine Zuständigkeit zu Unrecht angenommen hat. Nach Auffassung des Gesetzgebers[78] wird die verfassungsrechtliche Garantie des gesetzlichen Richters durch die Neuregelung nicht verletzt, da Art. 101 Abs. 1 Satz 2 GG nur jedermann seinen gesetzlichen Richter sichert, aber nicht fordert, den Streit darüber in mehreren Instanzen austragen zu können. Eine **Ausnahme** gilt nur für die seltenen Fälle, in denen die erste Instanz ihre Zuständigkeit in **willkürlicher** Weise angenommen hat.[79] Für solche seltenen Ausnahmefälle einer willkürlichen Annahme der eigenen Zuständigkeit durch das erstinstanzliche Gericht ist nämlich anerkannt, dass – wie auch in anderen Fällen einer willkürlichen Entscheidung – eine Überprüfung der erstinstanzlichen Entscheidung durch das Berufungs- oder Revisionsgericht zulässig ist.[80] Wird der Verfahrensmangel in diesen Fällen mit Erfolg angefochten, so hat die Zurückverweisung gemäß den §§ 538, 563, 566 stets an die **Kammer** zu erfolgen.[81] 23

VI. Gerichtskosten

Gebühren werden nicht erhoben. 24

---

[66] MK/*Deubner* Rn. 44.

[67] OLG Köln (Fn. 60).

[68] So zum bisherigen § 348: SchlHOLG SchlHA 1978, 68, 69; OLG Düsseldorf NJW 1981, 352; OLG Saarbrücken VersR 1992, 756, 757.

[69] Für viele: BGHZ 109, 41, 43f. m. weit. Nachw. = NJW 1990, 840, 841; NJW-RR 1998, 63; BFH NJW 1998, 335; KG NJW-RR 1996, 58; LAG Rheinland-Pfalz NZA-RR 1996, 184; OLG Koblenz NJW-RR 1997, 957f.

[70] So zum bisherigen § 348: OLG Köln NJW 1976, 680; *Seidel* ZZP 99 (1986), 64, 80ff.

[71] So zum bisherigen § 348: *Seidel* ZZP 99 (1986), 64, 84; vgl. auch OLG Köln NJW 1976, 1101.

[72] OLG Celle MDR 2003, 523, 524; *Schneider* MDR 2004, 1269, 1271.

[73] So zum bisherigen § 348: OLG Düsseldorf NJW 1976, 114; *St/J/Grunsky* § 348 Rn. 37; *Seidel* ZZP 99 (1986), 64, 81.

[74] So zum bisherigen § 348: OLG Düsseldorf JMBlNRW 1979, 15; OLG Oldenburg MDR 1982, 856; OLG Schleswig NJW 1988, 69; OLG Hamm NJW-RR 1993, 830, 831; *Seidel* ZZP 99 (1986), 64, 83; *St/J/Grunsky* § 348 Rn. 37; aA SchlHOLG SchlHA 1978, 68, 69; OLG Düsseldorf NJW 1981, 352; vgl. auch BGH NJW-RR 1991, 472, 473.

[75] *T/P/Reichold* Rn. 9; aA BGH NJW-RR 1991, 472, 473; OLG Schleswig NJW 1988, 69; OLG Nürnberg NJW-RR 1993, 573; OLG Köln NJW-RR 1995, 512; *Seidel* ZZP 99 (1986), 64, 86.

[76] *T/P/Reichold* Rn. 12.

[77] So zum bisherigen § 348: vgl. BGH NJW 1993, 600, 601 für den Fall des bisherigen § 524 (= jetziger § 527); aA *Zö/Greger* Rn. 12.

[78] BT-Drucks. 14/3750, S. 65/66, 78, 84; 14/4722, S. 94, 106, 113.

[79] Referentenentwurf eines Gesetzes zur Reform des Zivilprozesses (Stand: 23. 12. 1999), S. 130; vgl. auch BGH NJW 2003, 1254; 2003, 3712.

[80] Referentenentwurf eines Gesetzes zur Reform des Zivilprozesses (Stand: 23. 12. 1999), S. 131; vgl. auch BGH NJW 2003, 1254; NJW-RR 2003, 936; NJW 2003, 3712.

[81] AA für den Fall des § 568 S. 2: BGH NJW-RR 2002, 936.

349 *Vorsitzender der Kammer für Handelssachen* (1) [1]In der Kammer für Handelssachen hat der Vorsitzende die Sache so weit zu fördern, dass sie in einer mündlichen Verhandlung vor der Kammer erledigt werden kann. [2]Beweise darf er nur insoweit erheben, als anzunehmen ist, dass es für die Beweiserhebung auf die besondere Sachkunde der ehrenamtlichen Richter nicht ankommt und die Kammer das Beweisergebnis auch ohne unmittelbaren Eindruck von dem Verlauf der Beweisaufnahme sachgemäß zu würdigen vermag.

(2) Der Vorsitzende entscheidet
1. über die Verweisung des Rechtsstreits;
2. über Rügen, die die Zulässigkeit der Klage betreffen, soweit über sie abgesondert verhandelt wird;
3. über die Aussetzung des Verfahrens;
4. bei Zurücknahme der Klage, Verzicht auf den geltend gemachten Anspruch oder Anerkenntnis des Anspruchs;
5. bei Säumnis einer Partei oder beider Parteien;
6. über die Kosten des Rechtsstreits nach § 91 a;
7. im Verfahren über die Bewilligung der Prozesskostenhilfe;
8. in Wechsel- und Scheckprozessen;
9. über die Art einer angeordneten Sicherheitsleistung;
10. über die einstweilige Einstellung der Zwangsvollstreckung;
11. über den Wert des Streitgegenstandes;
12. über Kosten, Gebühren und Auslagen.

(3) Im Einverständnis der Parteien kann der Vorsitzende auch im Übrigen an Stelle der Kammer entscheiden.

(4) Die §§ 348 und 348 a sind nicht anzuwenden.

I. Normzweck

1 § 349, der auf Grund seiner systematischen Stellung im 2. Buch nur für das **erstinstanzliche Verfahren** vor den Kammern für Handelssachen (§§ 96–99 GVG) gilt, befasst sich mit der Entscheidungsbefugnis des Vorsitzenden einer solchen Kammer (zur Entscheidungsbefugnis des Vorsitzenden im **Berufungsverfahren** gemäß § 100 GVG s. § 527; im **Revisionsverfahren findet** § 349 gemäß § 555 Abs. 2 keine Anwendung; im **Beschwerdeverfahren** wurde zum 1. 1. 2002 der originäre Einzelrichter in allen Fällen, in denen ein amts- oder landgerichtlicher Einzelrichter oder ein Rechtspfleger die angefochtene Entscheidung erlassen hat, eingeführt: § 568. Ihm kommt in erster Linie **vorbereitende** Tätigkeit im Hinblick auf den Haupttermin zu (Absatz 1). Außerdem sind dem Vorsitzenden der Kammer für Handelssachen zur selbständigen – **nicht ausschließlichen** – Erledigung alle Aufgaben übertragen, für die es auf die **besondere Sachkunde der Handelsrichter nicht** ankommt (Absatz 2). Schließlich kommt ihm bei **Einverständnis der Parteien** eine **unbeschränkte**, sich auf die Endentscheidung erstreckende **Alleinentscheidungsbefugnis** zu (Absatz 3). Eine Bestellung des Vorsitzenden der Kammer für Handelssachen zum **Einzelrichter gemäß den §§ 348, 348 a** ist dagegen kraft Gesetzes ausdrücklich **ausgeschlossen** (Absatz 4).

II. Vorbereitung des Haupttermins (Absatz 1)

2 **1. Prozessförderungspflicht (Satz 1).** § 349 Abs. 1 S. 1 bestimmt, dass der Vorsitzende der Kammer für Handelssachen die Sache **so weit zu fördern hat,** dass sie in **einer** mündlichen Verhandlung vor der Kammer erledigt werden kann. Dem Vorsitzenden obliegt damit eine **umfassende Vorbereitung des Haupttermins** im Sinne von § 272 Abs. 1. Er ist demnach insbesondere befugt, auf die gütliche Beilegung des Rechtsstreits hinzuwirken (§ 278 Abs. 1), alle prozessleitenden Anordnungen gemäß § 273 zu treffen, einen Beweisbeschluss zu erlassen, in beschränktem Umfang Beweise zu erheben (Rn. 3–4) und gemäß § 216 Termin zu bestimmen (zur Anfechtbarkeit der Entscheidungen des Vorsitzenden s. § 350). Trotz der Formulierung „zu fördern hat" bleibt es dem Vorsitzenden unbenommen, bei der Vorbereitung auch das Kollegium miteinzubeziehen, indem er zB die Sache zunächst vor der Kammer zur Verhandlung bringt, die dann in einem frühen ersten Termin selbst einen Beweisbeschluss erlässt.[1]

3 **2. Beweiserhebung (Satz 2). a) Voraussetzungen.** Im Umkehrschluss aus § 349 Abs. 1 S. 1 ergibt sich, dass die Beweiserhebung grundsätzlich **Aufgabe der Kammer** ist. § 349 Abs. 1 S. 2 gestattet dem Vorsitzenden daher **nur,** Beweise insoweit zu erheben, als anzunehmen ist, dass es für die Beweiserhebung auf die **besondere Sachkunde der ehrenamtlichen Richter** (Handelsrichter) **nicht ankommt und** die Kammer das Beweisergebnis auch **ohne unmittelbaren Eindruck** von dem Verlauf der Beweisaufnahme sachgemäß zu würdigen vermag. Darüber, ob diese Voraussetzungen gegeben sind, entscheidet der Vorsitzende nach pflichtgemäßem Ermessen.[2] Er ist im Rahmen der Beweiserhebung insbesondere befugt, alle Entscheidungen gemäß den §§ 360, 362, 366, 375, 379, 380, 387, 391 und 400 Abs. 4 zu treffen. Die Kammer darf allerdings die vom Vorsitzenden erhobenen Beweise nur verwerten, wenn sie im Protokoll niedergelegt worden sind.[3]

---

[1] *Bergerfurth* NJW 1975, 331, 332; MK/*Deubner* Rn. 4.
[2] BGHZ 40, 179, 182 = NJW 1964, 108, 109.
[3] *T/P/Reichold* Rn. 4; *Zö/Greger* Rn. 4; vgl. auch BGH NJW 1962, 960.

b) **Verfahrensfehler.** Erfolgt die Beweiserhebung durch den Vorsitzenden der Kammer für Handelssachen unter Missachtung von § 349 Abs. 1 S. 2, so stellt dies einen mit **allgemeinen Rechtsmitteln** angreifbaren Verfahrensfehler (§ 350 Rn. 3) dar. Will eine Partei noch in der ersten Instanz geltend machen, der Vorsitzende sei bei der Beweiserhebung nicht vorschriftsmäßig verfahren, so kann sie das nur in der Weise tun, dass sie eine **Wiederholung der Beweisaufnahme** gemäß § 398 (gegebenenfalls iVm. § 402 oder § 451) durch das Prozessgericht beantragt.[4] Die Entscheidung über einen solchen Antrag, also darüber, ob die Beweiserhebung durch den Vorsitzenden als ausreichende Grundlage für die Entscheidung durch das Kollegium gewertet oder – etwa um des persönlichen Eindrucks eines Zeugen willen – vor dem vollbesetzten Gericht wiederholt werden soll, liegt im Ermessen der Kammer.[5] 4

III. Entscheidungen des Vorsitzenden (Absatz 2)

Im Interesse der Beschleunigung des Verfahrens überträgt § 349 Abs. 2 dem Vorsitzenden der Kammer für Handelssachen – unabhängig vom Einverständnis der Parteien (Rn. 19) – zur **selbständigen** Erledigung alle Aufgaben, für die es auf die besondere Sachkunde der ehrenamtlichen Richter (Handelsrichter) nicht ankommt. Diese dem Vorsitzenden eingeräumte Entscheidungsbefugnis besagt jedoch nach allgM[6] – abgesehen von den Fällen des § 349 Abs. 3 – **nicht,** dass das Kollegium – im Sinne einer **ausschließlichen Zuständigkeit des Vorsitzenden** – von den dort genannten Entscheidungen ausgeschlossen ist; der Vorsitzende erhält vielmehr die Befugnis zu gewissen Entscheidungen, wenn die Kammer noch nicht (§ 349 Abs. 2 Nr. 1–8) oder nicht mehr (§ 349 Abs. 2 Nr. 9–12) in der mündlichen Verhandlung mit der Sache befasst ist. Der nach § 349 Abs. 2 und Abs. 3 an Stelle der Kammer entscheidende Vorsitzende der Kammer für Handelssachen ist **nicht** Einzelrichter iSv. § 568 S. 1.[7] 5

1. Verweisung (Nr. 1). § 349 Abs. 2 Nr. 1 erfasst sämtliche Verweisungen wegen örtlicher oder sachlicher Unzuständigkeit (§ 281), die Verweisungen von der Kammer für Handelssachen an die Zivilkammer (§§ 97, 99 GVG) sowie die Verweisungen in einen anderen Rechtsweg (§ 17a Abs. 2 GVG). 6

2. Zulässigkeitsrügen (Nr. 2). Darunter fallen alle Entscheidungen über die Zulässigkeit der Klage (Zwischenurteil[8], klageabweisendes Prozessurteil, Verweisungsbeschluss), soweit über sie gemäß § 280 Abs. 1 abgesondert verhandelt wird. § 349 Abs. 2 Nr. 2 findet entsprechende Anwendung auf die Entscheidung eines Zwischenstreits (§ 303) und auf Urteile nach den §§ 75–77. 7

3. Aussetzung des Verfahrens (Nr. 3). Die Vorschrift betrifft alle Fälle, in denen das Verfahren auf Grund von Bestimmungen innerhalb (§§ 65, 148ff., 246ff.) oder außerhalb der ZPO (§ 148 Rn. 3, 4) auszusetzen ist; **ausgenommen** ist jedoch der Fall der Aussetzung gemäß Art. 100 Abs. 1 GG.[9] § 349 Abs. 2 Nr. 3 findet entsprechende Anwendung in den vergleichbaren Fällen der Anordnung des Ruhens des Verfahrens (§§ 251, 251a Abs. 3) und der Unterbrechung des Verfahrens (§§ 239ff.). 8

4. Klagerücknahme, Verzicht, Anerkenntnis (Nr. 4). Dazu gehören der Kostenbeschluss gemäß § 269 Abs. 4 und der Erlass von Verzichts- (§§ 306, 313b) und Anerkenntnisurteilen (§§ 307, 313b). § 349 Abs. 2 Nr. 4 gilt aber auch in allen Fällen, in denen § 269 entsprechende Anwendung findet (§ 269 Rn. 20–27), sowie nach Einspruchsrücknahme oder Verzicht auf den Einspruch (§§ 346, 515, 516 Abs. 3 S. 2). 9

5. Säumnis (Nr. 5). Die Entscheidungsbefugnis des Vorsitzenden bezieht sich bei **Säumnis einer Partei** auf den Erlass echter erster (§§ 330, 331 Abs. 2 und 3) und zweiter (§ 345) sowie unechter Versäumnisurteile (§ 331 Abs. 2), auf den Erlass von Entscheidungen nach Lage der Akten (§ 331a) und gemäß § 335 sowie auf den Erlass von Entscheidungen über die Zulässigkeit des Einspruchs (§ 341) und über die Wiedereinsetzung gegen die Versäumung der Einspruchsfrist (§§ 233, 238 Abs. 2). Bei **Säumnis beider Parteien** ist der Vorsitzende gemäß § 251a befugt, nach Lage der Akten zu entscheiden oder das Ruhen des Verfahrens anzuordnen. 10

6. Erledigung (Nr. 6). Damit ist nur der **isolierte** Kostenbeschluss gemäß § 91a Abs. 1 gemeint, der ergeht, wenn die Parteien den **gesamten** Rechtsstreit **übereinstimmend** für erledigt erklärt haben. 11

7. Prozesskostenhilfe (Nr. 7). Die Vorschrift umfasst **sämtliche** Entscheidungen im Prozesskostenhilfeverfahren (§§ 114ff.) einschließlich der Beweiserhebung gemäß § 118 Abs. 2 und der Aufhebung der Bewilligung nach § 124. 12

8. Wechsel- und Scheckprozesse (Nr. 8). Darunter fallen alle Entscheidungen in Scheck- (§ 605a) und Wechselprozessen (§ 602). **Nicht** erfasst werden jedoch sonstige Urkundenprozesse (§ 592), das Nachverfahren gemäß § 600 und das Verfahren nach Abstandnahme vom Urkundenprozess (§ 596).[10] 13

9. Sicherheitsleistung (Nr. 9). Damit ist die **nach erfolgter Anordnung** einer prozessualen Sicherheit zu treffende Entscheidung über die **Art** der Sicherheitsleistung gemäß § 108 gemeint. Die Vorschrift findet 14

---

[4] BGH (Fn. 2).
[5] BGH (Fn. 2).
[6] Für viele: Schulz JuS 2005, 909, 911f.
[7] BGH NJW 2004, 856; OLG Frankfurt/M OLGR 2002, 250; OLG Karlsruhe NJW 2002, 1962; OLG Zweibrücken NJW 2002, 2722; *Huber* JuS 2002, 593, 595; aA Zö/*Gummer* § 568 Rn. 2; *T/P/Reichold* § 568 Rn. 2; *Greger* NJW 2002, 3049, 3053; *Feskorn* NJW 2003, 856.
[8] BGH NJW-RR 2001, 930.
[9] *T/P/Reichold* Rn. 8; *Zö/Greger* Rn. 7; *B/L/H* Rn. 11; aA MK/*Deubner* Rn. 11; differenzierend: *St/J/Grunsky* Rn. 19.
[10] *Bergerfurth* NJW 1975, 331, 333f.

aber auch entsprechende Anwendung auf die Entscheidungen über **Höhe** (§§ 108, 112), **Frist** (§ 113) und **Rückgabe** der Sicherheit (§§ 109, 715).[11]

15 **10. Einstellung der Zwangsvollstreckung** (**Nr. 10**). Hierunter fallen alle Entscheidungen des Prozessgerichts über Anträge auf einstweilige Einstellung der Zwangsvollstreckung (§§ 707, 719, 769).

16 **11. Streitwert** (**Nr. 11**). § 349 Abs. 2 Nr. 11 erfasst sämtliche Zuständigkeits- (§§ 2–9) und Gebührenstreitwertbeschlüsse (§§ 62, 63 GKG). Bezüglich des Rechtsmittelstreitwertes findet § 527 Abs. 3 Nr. 4 Anwendung.[12]

17 **12. Kosten, Gebühren, Auslagen** (**Nr. 12**). Dazu gehören alle dem Richter zugewiesenen erstinstanzlichen Entscheidungen, die – soweit sie nicht Bestandteil des Endurteils sind – Kosten, Gebühren und Auslagen betreffen, insbesondere die Anordnung der öffentlichen Zustellung eines Kostenfestsetzungsbeschlusses[13] und die Entscheidung über Erinnerungen gegen Kostenfestsetzungsbeschlüsse.

18 **13. Weitere Zuständigkeiten.** § 349 Abs. 2 enthält nach allgM[14] **keine abschließende** Aufzählung der Alleinentscheidungsbefugnisse des Vorsitzenden der Kammer für Handelssachen. Über die in dieser Vorschrift geregelten Fälle hinaus ist der Vorsitzende insbesondere zum Erlass folgender weiterer Entscheidungen befugt: Entscheidung über Antrag auf Erlass eines **Arrestes** oder einer **einstweiligen Verfügung** in dringenden Fällen, sofern deren Erledigung eine mündliche Verhandlung nicht erfordert (§ 944); Entscheidung über Anordnung und Durchführung eines **selbständigen Beweisverfahrens** (§§ 486 Abs. 1, 490); Entscheidung über Zulassung der **Nebenintervention** (§ 71)[15]; Entscheidung über andere – als in § 349 Abs. 2 Nr. 2 geregelte – Fälle der **Prozessabweisung** (zB bei nicht ordnungsgemäß erhobener Klage; s. im Einzelnen § 253 Rn. 17 ff.); Entscheidung über **Prozesstrennung** (§ 145); Entscheidung über **Prozessverbindung** (§ 147); Entscheidung im ersten Rechtszug in Streitigkeiten, die sich auf das Rechtsverhältnis zwischen **Reeder** oder **Schiffer** und **Schiffsmannschaft** (s. auch § 23 GVG Rn. 16 und § 95 GVG Rn. 15) beziehen (§ 105 Abs. 3 GVG); Entscheidung über die Aufhebung sowie Verlegung eines **Termins** (§ 227 Abs. 4 S. 1); Entscheidung über die Rechtmäßigkeit der **Zeugnisverweigerung** (§ 387).

IV. Einverständnis der Parteien (Absatz 3)

19 Mit Einverständnis der Parteien steht dem Vorsitzenden der Kammer für Handelssachen eine **unbeschränkte Alleinentscheidungsbefugnis** zu. Das Einverständnis stellt eine Prozesshandlung dar, die in entsprechender Anwendung von § 128 Abs. 2 S. 1 **nur** bei einer **wesentlichen Änderung der Prozesslage** (§ 128 Rn. 15) **widerruflich** ist.[16] Es erstreckt sich inhaltlich und zeitlich – anders als das Einverständnis mit der Entscheidung im schriftlichen Verfahren (§ 128 Abs. 2) – nicht nur auf die nächste Entscheidung, sondern auf die Endentscheidung sowie auf etwa erforderlich werdende Entscheidungen des Prozessgerichts im anschließenden Zwangsvollstreckungsverfahren[17], **im Zweifel** jedoch **nicht** auf eine nachträgliche Erweiterung des Streitgegenstandes.[18] Liegt die Einverständniserklärung vor, so **kann** der Vorsitzende allein entscheiden, **muss** es aber **nicht.** Eine analoge Anwendung von § 349 Abs. 3 auf die Landwirtschaftsgerichte ist nicht möglich.[19]

V. Unanwendbarkeit von §§ 348, 348a (Absatz 4)

20 § 349 Abs. 4 bestimmt, dass die §§ 348, 348a nicht anzuwenden sind. Das bedeutet, dass die Kammer für Handelssachen den Rechtsstreit weder dem Vorsitzenden noch einem ehrenamtlichen Richter (Handelsrichter) als Einzelrichter zur Entscheidung übertragen darf.[20] Weiterhin zulässig bleibt jedoch die Beweiserhebung durch ein Mitglied der Kammer für Handelssachen als **beauftragter Richter** (§§ 361, 375).

350 *Rechtsmittel* **Für die Anfechtung der Entscheidungen des Einzelrichters (§§ 348, 348a) und des Vorsitzenden der Kammer für Handelssachen (§ 349) gelten dieselben Vorschriften wie für die Anfechtung entsprechender Entscheidungen der Kammer.**

I. Normzweck

1 Die Vorschrift des § 350 bestimmt, dass für die Anfechtung der **Entscheidungen** (Urteile, Beschlüsse, Verfügungen) des **Einzelrichters** bei der Zivilkammer erster Instanz und des **Vorsitzenden der Kammer für Handelssachen** erster Instanz dieselben Vorschriften wie für die Anfechtung entsprechender Entscheidungen des Kollegialgerichts gelten. Sie stellt damit klar, dass der Einzelrichter und der Vorsitzende der Kam-

[11] *B/L/H* Rn. 13; *Zö/Greger* Rn. 13; einschränkend: *St/J/Grunsky* Rn. 27.
[12] *St/J/Grunsky* Rn. 29; aA *B/L/H* Rn. 13.
[13] OLG Frankfurt MDR 1987, 414.
[14] *Bergerfurth* (Fn. 6).
[15] OLG Frankfurt NJW 1970, 817.
[16] BGHZ 105, 270 = NJW 1989, 229 (für den Widerruf des Einverständnisses gemäß § 527 Abs. 4 ZPO); *T/P/Reichold* Rn. 18; *Zö/Greger* Rn. 19; *St/J/Grunsky* Rn. 41; aA OLG Köln WM 1972, 1371 = JMBlNRW 1972, 228; *Bergerfurth* NJW 1975, 331, 335; MK/*Deubner* Rn. 25; offen gelassen in: OLG Karlsruhe OLGZ 1973, 373, 374.
[17] OLG Köln WM 1972, 1371 = JMBlNRW 1972, 228; OLG Karlsruhe OLGZ 1973, 373; *Bergerfurth* NJW 1975, 331, 335; *T/P/Reichold* Rn. 18.
[18] OLG Nürnberg MDR 1978, 323; *B/L/H* Rn. 19; *T/P/Reichold* Rn. 18; aA MK/*Deubner* Rn. 24.
[19] BGH DtZ 1993, 248.
[20] Vgl. OLG Karlsruhe NJW 2002, 1962, 1963.

mer für Handelssachen **an Stelle** der Kammer entscheiden und daher gegen deren Entscheidungen eine **Anrufung des Kollegiums** in entsprechender Anwendung der §§ 140, 573 **nicht** in Betracht kommt.

Das **Kollegialgericht** (die Zivilkammer nach Rückübertragung gemäß § 348a Abs. 2 S. 1 bzw. die Kammer für Handelssachen) ist jedoch zur **Abänderung** von Entscheidungen des Einzelrichters bzw. des Vorsitzenden befugt, soweit diese ihre eigenen Entscheidungen selbst abändern dürfen und insbesondere § 318 (Bindung an erlassene End- und Zwischenurteile) nicht entgegensteht. 2

II. Verfahrensfehler

Trifft der Einzelrichter oder der Vorsitzende unter Überschreitung seiner ihm gesetzlich eingeräumten Befugnisse Entscheidungen, so sind diese nach allgM **nicht nichtig,** sondern lediglich mit den allgemeinen Rechtsmitteln **anfechtbar.** Der kompetenzüberschreitende Mangel ist grundsätzlich gemäß § 295 heilbar, soweit kein Verstoß gegen das Verbot der Entziehung des gesetzlichen Richters (Art. 101 Abs. 1 S. 2 GG, § 16 S. 2 GVG) vorliegt.[1] Ist der Verfahrensmangel nicht geheilt, so kann er seit dem 1. 1. 2002 grds. nicht mehr mit Erfolg angefochten werden (s. im Einzelnen § 348a Rn. 21–23). 3

351 bis 354 *(weggefallen)*

Titel 5. Allgemeine Vorschriften über die Beweisaufnahme

355 *Unmittelbarkeit der Beweisaufnahme* (1) [1]**Die Beweisaufnahme erfolgt vor dem Prozessgericht.** [2]**Sie ist nur in den durch dieses Gesetz bestimmten Fällen einem Mitglied des Prozessgerichts oder einem anderen Gericht zu übertragen.**

(2) **Eine Anfechtung des Beschlusses, durch den die eine oder die andere Art der Beweisaufnahme angeordnet wird, findet nicht statt.**

I. Gemeinsame Grundsätze der Beweiserhebung

1. Allgemeines. §§ 355–370 enthalten allgemeine Regeln zur Anordnung und Durchführung von Beweisaufnahmen unabhängig vom jeweiligen Beweismittel. Ihnen folgen detaillierte Regelungen zu den einzelnen Beweismitteln (§§ 371–455). Zu den Voraussetzungen der Beweiserhebung, Beweisantritt, -gegenstand und Beweismitteln s. § 284 Rn. 2ff. Zur Beweiswürdigung s. die Erläuterungen zu § 286. Eine Bindung des Gerichts an das förmliche Verfahren nach §§ 355–370 und die in §§ 371ff. geregelten Beweismittel greift nach hM nur für den sog. **Strengbeweis**, nicht beim **Freibeweis** (zu Begriff und Abgrenzung s. § 284 Rn. 5;[1] s. auch Rn. 4). Allen Arten der Beweisaufnahme ist gemeinsam, dass sie entweder **formlos** oder durch **Beweisbeschluss** angeordnet werden müssen. 1

2. Grundsätze und Formalien. Die Beweisaufnahme vor dem Prozessgericht (**Unmittelbarkeitsgrundsatz**) ist ein Grundprinzip des deutschen Zivilprozesses und sichert die Möglichkeit persönlicher **Beweiswürdigung** durch das entscheidende Gericht. Kommissarische Beweisaufnahmen sind nur in Ausnahmefällen zulässig (Rn. 10). Der Grundsatz der **Öffentlichkeit** (§ 169 GVG) wird für die Beweisaufnahme ergänzt durch das Recht der Parteien auf persönliche Teilnahme (**Parteiöffentlichkeit,** § 357). In welcher **Reihenfolge** das Gericht die angebotenen Beweise erhebt, steht in seinem **Ermessen.** Das Gericht hat für Praktikabilitäts- und Zweckmäßigkeitserwägungen einen breiten Spielraum. Im Hinblick auf §§ 272 Abs. 1, 279 Abs. 2 ist über Angriffs- und Verteidigungsmittel möglichst in einem Zuge Beweis zu erheben. Innerhalb der Beweisaufnahme empfiehlt sich auch aus Gründen der Prozessökonomie eine logische Abstufung nach **anspruchsbegründenden Tatsachen, Einwendungen bzw. Einreden** des Beklagten und **Repliken** des Klägers sowie innerhalb eines Beweisthemas der Vorrang des **beweiskräftigeren** Beweismittels.[2] Zur **Protokollierung** des Beweisergebnisses vgl. § 159 Rn. 4 und § 160a Rn. 4. 2

3. Beweisaufnahme mit Auslandsberührung. Soweit für das Verfahren vor einem deutschen Gericht Beweis **im Ausland** erhoben werden muss oder Beweismittel aus dem Ausland herbeigeschafft werden sollen, ist die **Souveränität** des fremden Staates zu achten. Es gelten §§ 363, 364 (§ 363 Rn. 1, 9ff.) sowie die für Deutschland verbindlichen Regeln des internationalen Rechtshilfeverkehrs (§ 363 Rn. 3, 6–7). Letztere kommen auch für den umgekehrten Fall der Rechtshilfe durch deutsche Stellen für ein im Ausland anhängiges Verfahren zur Anwendung.[3] Problematisch ist unter Souveränitätsgesichtspunkten die Beweisaufnahme in Deutschland **ohne** Einschaltung der Rechtshilfebehörden sowie der spiegelbildliche Fall der direkten Beweiserhebung im Ausland für ein deutsches Verfahren.[4] 3

---

[1] AllgM; für viele: OLG München NJW-RR 1992, 123; OLG Nürnberg OLGZ 1993, 197.

[1] Ausführlich *Pohlmann* ZZP 106 (1993), 181ff.

[2] Einzelheiten bei *Mu/St* Rn. 50.

[3] Einzelheiten insbes. zum Haager Beweishilfeübereinkommen von 1970 bei MK/*Musielak* (2. Aufl. 2000) Anh. I zu § 363.

[4] Hierzu ausführlich *Stadler,* Schutz des Unternehmensgeheimnisses, S. 261ff., 275ff. m. weit. Nachw. unter bes. Berücksichtigung US-amerikanischer Beweiserhebungen; großzügiger die BeweisVO, Verordnung (EG) Nr. 1206/2001, ABl. EG L 174 v. 27. Juni 2001, S. 1–24, insbes. Art. 17 (s. Anhang 3).

II. Unmittelbarkeitsgrundsatz (Abs. 1)

4 **1. Normzweck.** Abs. 1 S. 1 normiert den **Grundsatz der Unmittelbarkeit** der Beweisaufnahme.[5] Er gewährleistet, dass das erkennende Gericht auf Grund eigener Anschauung die Beweismittel frei würdigen kann (s. § 286 Rn. 9 ff.). Es kann Unklarheiten sofort aufklären, Zweifel erhärten oder beseitigen.[6] Ergänzend integrieren §§ 279 Abs. 2, 370 Abs. 1, 272 Abs. 1 die Beweisaufnahme möglichst in die mündliche Verhandlung selbst. § 310 Abs. 1 soll die rasche Abfassung des Urteils noch unter dem Eindruck von Verhandlung und Beweisaufnahme und damit eine Form **zeitlicher Unmittelbarkeit** gewährleisten. Im **FGG-Verfahren** gilt § 355 über § 15 FGG entsprechend, soweit auch dort eine förmliche Beweisaufnahme (Strengbeweis) durchgeführt wird.[7] Wegen des Amtsermittlungsgrundsatzes kommt aber bei Verstoß ein **Rügeverzicht nicht** in Betracht (s. sonst Rn. 12).[8]

5 **2. Formelle und materielle Unmittelbarkeit.** Abs. 1 regelt nur die formelle Unmittelbarkeit. Einen Grundsatz **materieller Unmittelbarkeit** im Sinne eines Gebotes, das zuverlässigste bzw. sachnächste Beweismittel zu verwenden, kennt das Zivilprozessrecht im Gegensatz zum Strafverfahren angesichts des **Verhandlungsgrundsatzes** (vgl. Einl. Rn. 37 ff.) nicht.[9] Er lässt sich auch nicht unmittelbar aus dem Anspruch auf **rechtliches Gehör** (vgl. Einl. Rn. 28) ableiten,[10] solange nicht eine Partei die Verwertung des „besseren" Beweismittels beantragt.[11] So kollidiert etwa die **schriftliche Zeugenaussage** nach § 377 Abs. 3 S. 1 nicht mit dem Unmittelbarkeitsgebot nach Abs. 1, solange das Prozessgericht die schriftliche Aussage selbst zur Kenntnis nimmt (zur Ladungsmöglichkeit bzw. -pflicht s. § 377 Abs. 3 S. 3; dort Rn. 4).[12] Ebenso wenig verletzt die Vorlage einer anonymen notariellen Erklärung über das Vertretensein einer Gewerkschaft im Betrieb die formelle Unmittelbarkeit.[13] Die **Sachnähe** eines Beweismittels (etwa Zeuge vom Hörensagen) findet in der **Beweiswürdigung** ihren Niederschlag[14] (s. aber § 284 Rn. 22). Mögliche Beeinträchtigungen der Beurteilungsgrundlage bei Beweisaufnahmen nach § 128 a können dazu führen, dass die persönliche Ladung der „Video-Vernehmung" vorzuziehen ist (s. § 128 a Rn. 7).

6 **3. Prozessgericht und Beweisaufnahme.** Prozessgericht im Sinne der Vorschrift ist das **vollbesetzte** Gericht, der originäre Einzelrichter[15] (§§ 348, 568), der obligatorische Einzelrichter (§ 348 a), ebenso der entscheidende Richter nach § 526 nach Übertragung (§ 526 Rn. 2 ff.). Zu Durchbrechungen bei Beweisaufnahmen durch den **Vorsitzenden der Kammer für Handelssachen** (§ 349 Abs. 1 S. 2) und den vorbereitenden Einzelrichter im Berufungsverfahren (§ 527, dort Rn. 6) unten Rn. 10. **Unzulässig** ist die Beweisaufnahme durch Vorsitzenden und Berichterstatter unter Ausschluss des zweiten Beisitzers.[16] Bei **Richterwechsel** vor Schluss der mündlichen Verhandlung (s. § 309 Rn. 1) ist die **Wiederholung** von Beweisaufnahmen nicht in jedem Fall zwingend,[17] solange etwa eine ausreichend protokollierte Zeugenaussage verwertet werden kann[18] und Parteivortrag nach § 285 Abs. 2 erfolgt.[19] **Persönliche Eindrücke** von Zeugen (Glaubwürdigkeit) und Sachverständigen bzw. auf Grund eines Augenscheins[20] müssen zur Verwertung nach Richterwechsel **aktenkundig** und **Verhandlungsgegenstand** gewesen sein.[21] Ansonsten muss das erkennende Gericht in seiner Spruchbesetzung ggf. eine Vernehmung erneut durchführen.[22] Zur **Wiederholung** erstinstanzlicher oder in anderen Verfahren erfolgter Beweisaufnahme s. unten Rn. 8, 9. Das Prozessgericht muss grundsätzlich jede Beweiserhebung selbst durchführen. Eine Übertragung der Beweiserhebung auf

---

[5] Zur geschichtlichen Entwicklung *Koukouselis,* Die Unmittelbarkeit der Beweisaufnahme im Zivilprozess, Diss. Freiburg 1989, S. 15 ff.

[6] *Peters,* Der sog. Freibeweis, 1962, S. 96 ff.; ausführlich *Koukouselis* (Fn. 5) S. 11 ff.

[7] BayObLG Rpfleger 1988, 240; Rpfleger 1987, 360; OLG Karlsruhe NJW-RR 1998, 1771, 1772; OLG Zweibrücken OLGZ 1989, 295, 297; *Pohlmann* ZZP 106 (1993), 181, 186 m. weit. Nachw.; großzügiger OLG Köln FamRZ 1992, 200; Einzelheiten bei *Koukouselis* (Fn. 5) S. 129 ff.

[8] BayObLG Rpfleger 1988, 240; FamRZ 1988, 422, 423.

[9] *St/J/Berger* Rn. 28; *St/J/Leipold* vor § 128 Rn. 206; *Weth* JuS 1991, 34, 35; *Reichel,* Die Unmittelbarkeit der Beweisaufnahme im Zivilprozess, 1971, S. 67 ff.; *Koukouselis* (Fn. 5) S. 79–82; MK/*Heinrich* Rn. 1; AK-ZPO/*Rüssmann* Rn. 6; aA *Bruns* § 16 Rn. 87; *Pohle* zu BAG AP § 402 Nr. 1; zweifelnd auch *Ahrens* JZ 1996, 738, 740.

[10] BVerfGE 1, 418, 429; *Stürner,* Festschr. Baur 1981, S. 646, 665; *Weth* JuS 1991, 34, 35.

[11] Vgl. BGH WM 1993, 99; NJW-RR 1992, 1214, 1215; 1988, 1527, 1528.

[12] OLG Düsseldorf NJW 1992, 187, 188; *Stadler* ZZP 110 (1997), 137, 144; für restriktive Handhabung im Hinblick auf die (formelle) Unmittelbarkeit aber MK/*Heinrich* Rn. 1 aE.

[13] Richtig BAG NJW 1993, 612, 613 gegen *Prütting/Weth* DB 1989, 2276; s. auch die abl. Anm. von *Prütting/Weth* NJW 1993, 576, 577.

[14] S. etwa BVerfG NJW 1981, 1719; BGH NJW 1995, 2856, 2857 (urkundliche Verwertung früherer Zeugenaussage).

[15] BGHZ 40, 179, 182 (zur alten Rechtslage).

[16] BGHZ 32, 233, 237 = NJW 1960, 1252; *Brüggemann* JZ 1952, 172, 173; *B/L/H* Rn. 6; *Zö/Greger* Rn. 5; aA *Wiecz* Anm. B IIa 1.

[17] BGH NJW-RR 1992, 1214, 1215; MDR 1992, 777; NJW 1979, 2518; BGHZ 53, 245, 256 f.; OLG Hamm MDR 1993, 1235; MK/*Heinrich* Rn. 6; *Mu/St* Rn. 48.

[18] BGHZ 32, 233, 237 = NJW 1960, 1252.

[19] MK/*Heinrich* Rn. 6.

[20] BGH MDR 1992, 777; NVwZ 1992, 915, 916.

[21] BGH NJW 1997, 1586, 1587; 1995, 1292, 1293; 1991, 1180; JZ 1984, 186, 187; BayObLG NJW-RR 1995, 653, 654 f.; OLG Koblenz NVersZ 1998, 123; SchlHOLG MDR 1999, 761; OLG Hamm MDR 1993, 1235, 1236; OLG Düsseldorf NJW 1992, 187, 188; großzügiger für fG OLG Köln FamRZ 1992, 200 für Vermittlung des persönlichen Eindrucks.

[22] BGH NJW 1997, 1586, 1587; NJW-RR 1997, 506, 507; OLG Koblenz NVersZ 1998, 123.

nichtrichterliche Personen ist nach Abs. 1 S. 2 ausgeschlossen. Zu den gesetzlich vorgesehenen Durchbrechungen s. Rn. 10. An einer Zeugenvernehmung durch das ausländische Rechtshilfegericht muss das Prozessgericht nicht teilnehmen, s. Rn. 10; es hat aber nach der BeweisVO künftig neben der eigenen Teilnahme auch die Möglichkeit, über eine Videokonferenz der Vernehmung beizuwohnen oder sie selbst durchzuführen.[23]

4. Sachverständigengutachten. Auch im Vorfeld der eigentlichen Beweisaufnahme etwa durch Gutach- 7
ten obliegt die Feststellung von Tatsachen dem Gericht. Es muss daher beim Sachverständigenbeweis die tatsächliche Grundlage der Begutachtung, sog. **Anschlusstatsachen,** selbst feststellen (§ 404a Rn. 4).[24] Auch soweit es dazu bestimmter Sachkunde bedarf, ist in der Regel **keine vollständige** Übertragung auf den Gutachter notwendig; es genügt vielmehr seine Zuziehung zur Beweisaufnahme[25]. Die Praxis verfährt hier jedoch eher großzügig (vgl. § 404a Rn. 5). Eine Übertragung kommt jedenfalls in Betracht, wenn und soweit das Gericht rein tatsächlich eine Beweisaufnahme (zB Augenschein an unzugänglicher Stelle) nicht durchführen kann[26] oder die alleinige Anwesenheit des Sachverständigen zum **Schutz berechtigter Interessen** einer Beweisperson notwendig ist (zB körperliche Untersuchung[27])[28]. Die **Zeugenvernehmung** darf nicht – auch nicht mit Einverständnis der Parteien[29] (s. aber zur **nachfolgenden** Heilung gemäß § 295 unten Rn. 12) – dem Sachverständigen überlassen werden;[30] großzügiger ist die hM zu Recht bei **Behördenauskünften.**[31] **Befundtatsachen,** deren Feststellung allein auf der Sachkunde beruht, sind dagegen vom Sachverständigen ggf. nach näherer Bestimmung durch das Gericht (§ 404a Abs. 4) eigenständig zu ermitteln. Einzelheiten zur Tatsachenfeststellung durch Sachverständige und die Beteiligung der Parteien s. § 404a Rn. 4–7.

5. Beweiserhebungen aus der Vorinstanz. Beweiserhebungen aus der ersten Instanz wirken in der Beru- 8
fungsinstanz grundsätzlich fort. Allerdings hat das ZPO-RG die Berufungsinstanz umgestaltet zur **Fehlerkontrolle und -beseitigung.** Daher ist das Berufungsgericht im Rahmen von § 529 Abs. 1 Nr. 1 an erstinstanzliche Tatsachenfeststellungen **gebunden.** Nur soweit eine Bindung nach dieser Vorschrift nicht gegeben ist, kommt eine eigene Beweisaufnahme nach § 538 in Betracht. Sind nach § 529 Abs. 1 Nr. 1 die notwendigen **konkreten** Zweifel an der Glaubwürdigkeit von Zeugen, Sachverständigen oder Parteien gegeben, muss – wie bisher – eine eigene Vernehmung erfolgen.[32] Dasselbe gilt bei unvollständiger Tatsachenfeststellung (§ 529 Abs. 1 Nr. 1) infolge fehlerhafter Beweiserhebung.[33] Einzelheiten s. § 529 Rn. 5 ff.

6. Beweiserhebungen aus anderen Verfahren. Wegen des fehlenden Gebots materieller Unmittelbarkeit 9
(s. Rn. 5) war es schon bislang möglich, auch Beweisaufnahmen aus anderen Verfahren (zB Strafverfahren,[34] PKH[35]) **urkundlich** (Protokoll, Gutachten, Wiedergabe im Urteil[36]) zu verwerten. Anträge auf unmittelbare Vernehmung konnten allerdings nicht mit dem Hinweis auf den möglichen Urkundenbeweis abgelehnt werden.[37] Dies galt auch für den Sachverständigenbeweis.[38] Die urkundlich verwerteten Aussagen durften nicht aus Gründen angezweifelt werden, die weder aus der Urkunde noch aus sonstigen belegbaren Umständen ersichtlich sind.[39] Das 1. JuMoG erweitert mit der Neuregelung in § 411a die Verwertungsmöglichkeiten von Sachverständigengutachten aus anderen Verfahren. Unter Effizienzgesichtspunkten[40] ist die Neuregelung zu begrüßen. Zu Recht räumt die Vorschrift dem Richter ein weites Ermessen ein.[41]

III. Durchbrechungen

Daneben gelten folgende Besonderheiten: Unter den Voraussetzungen der §§ 372 Abs. 2, 375, 402, 434, 10
451, 479 kann die Beweisaufnahme einem **Mitglied des Kollegiums** als **beauftragtem** Richter[42] (§ 361) – hierzu gehört in der Kammer für Handelssachen auch der Handelsrichter – oder dem **ersuchten** Richter (§ 362 iVm. §§ 156 ff. GVG – Amtsgericht –) übertragen werden. S. auch §§ 613 Abs. 1 S. 3, 640 Abs. 1. Für die **Würdigung** kommissarisch erhobener Beweise gilt: **Persönliche Eindrücke** des Vernehmenden bei

---

[23] Art. 10, 17 der Verordnung (EG) Nr. 1206/2001, ABl. EG L 174, 1 ff.; s. Anhang 3.
[24] BGHZ 37, 389, 394 = NJW 1962, 1770; BGHZ 23, 207, 213.
[25] *St/J/Berger* Rn. 24; *Stadler,* Schutz des Unternehmensgeheimnisses, S. 212; *Pohle* zu BAG AP § 402 Nr. 1 sub b.
[26] *Pohle* zu BAG AP § 402 Nr. 1; *St/J/Berger* Rn. 24.
[27] *St/J/Berger* Rn. 24.
[28] Einzelheiten bei *Stadler,* Schutz des Unternehmensgeheimisses, S. 210 ff. m. Nachw.
[29] So aber BGHZ 23, 207, 214 f. = NJW 1957, 906 unter Anwendung der Grundsätze über die materielle Unmittelbarkeit.
[30] BGH NJW 1970, 1919, 1921; BGHZ 23, 207, 213 = NJW 1957, 906; *Zö/Greger* Rn. 2.
[31] OLG Köln NJW 1962, 2162; MK/*Heinrich* Rn. 12.
[32] Zum alten Recht BGHZ 53, 245, 257; *Koukouselis* (Fn. 5) S. 95 ff.
[33] St. Rspr., s. BGH NZV 1997, 72, 73; NJW 1997, 466; 1996, 663, 664; NJW-RR 1995, 307, 308; NJW-RR 1993, 213, 214; 1988, 717; NJW 1987, 3205 mit zust. Anm. *Pantle* NJW 1988, 2027.
[34] BGH NJW 1995, 2856; 1985, 1470, 1471.
[35] BGH NJW 1960, 862, 864.
[36] BGH MDR 1961, 312, 313 (nur mit Einwilligung der Parteien).
[37] St. Rspr., s. BGH VersR 1971, 177, 178; BGHZ 7, 116, 122 = NJW 1952, 1171; BGH NJW 1995, 2856, 2857; NJW 2000, 3072, 3073.
[38] BGH NJW 1997, 3096, 3097.
[39] BGH NJW-RR 1992, 1214, 1215; NJW 1982, 580, 581.
[40] S. auch die amtl. Begründung BT-Drucks. 15/1508 S. 19 f.
[41] BT-Drucks. 15/1508 S. 20.
[42] Falsche Bezeichnung als „Berichterstatter" schadet nicht, BGHZ 77, 264, 273 = NJW 1980, 2307.

kommissarischer oder im Ausland durchgeführter Beweisaufnahme dürfen nur Urteilsgrundlage werden, wenn sie dem Prozessgericht über das **Protokoll** zugänglich sind und Gegenstand der Verhandlung waren[43] oder das Gericht sich über eine Videoschaltung (§ 128a Abs. 2 mit entspr. Rechtshilfevorschriften, § 128a Rn. 5 ff., 8) einen eigenen Eindruck verschaffen konnte. Will das Prozessgericht etwa die **Glaubwürdigkeit** anders bewerten, bedarf es eigener Vernehmung.[44] An der Vernehmung im Ausland ist es nicht verpflichtet teilzunehmen (s. oben Rn. 6).[45] Eine Durchbrechung des Unmittelbarkeitsgebotes liegt auch für den **Vorsitzenden der Kammer für Handelssachen** in den Fällen des § 349 Abs. 1 S. 2 (s. § 349 Rn. 3) und den vorbereitenden **Einzelrichter im Berufungsverfahren** vor (§ 527 Rn. 6): Prozessgericht ist jeweils die Kammer.[46]

IV. Verstoß gegen formelle Unmittelbarkeit

11 **1. Verfahrensfehler.** Die Verletzung von Abs. 1 ist Verfahrensfehler;[47] er ist gegebenenfalls noch innerhalb der Instanz durch fehlerfreie Wiederholung der Beweisaufnahme zu korrigieren. Ansonsten führt er grundsätzlich zur **Unverwertbarkeit** des Beweisergebnisses[48] bzw. zur Aufhebung der darauf beruhenden angefochtenen Endentscheidung,[49] wenn der Verstoß nicht geheilt ist (s. Rn. 12). **Abs. 2** schließt nur die **eigene Anfechtbarkeit** des Beweisbeschlusses aus,[50] nicht die Rüge des fehlerhaften Beschlusses im Berufungs- oder Revisionsverfahren.[51] Dies gilt auch bei Übertragung auf ein ausländisches Gericht[52] und bei Ablehnung einer Beweiserhebung (s. aber § 252 Rn. 2 für die Fälle des faktischen Verfahrensstillstandes). Streitig ist, ob auch der **Ermessensmissbrauch** bei der Übertragung einer Beweisaufnahme überprüfbar ist.[53] Der historische Zweck[54] spricht gegen eine Überprüfbarkeit.

12 **2. Heilung.** Verstöße gegen Abs. 1 können nach **§ 295 Abs. 1** nachträglich geheilt werden.[55] Dies gilt nach richtiger Ansicht[56] auch, wenn eine Übertragung an den ersuchten oder beauftragten Richter erfolgte, obwohl die Voraussetzungen hierfür nicht vorlagen.[57] § 295 Abs. 2 stünde nur entgegen, wenn der Unmittelbarkeitsgrundsatz primär im **öffentlichen Interesse** bestünde und daher der Disposition der Parteien entzogen wäre. Er dient aber ganz überwiegend dem **Parteiinteresse.**[58] Auch ein Verstoß gegen Art. 101 Abs. 1 S. 2 GG (**gesetzlicher Richter**) liegt nicht vor, da weiterhin das Prozessgericht als Spruchkörper entscheidet und nur eine vorbereitende Maßnahme ausgegliedert wird.[59] § 295 Abs. 2 greift auch nicht deshalb ein, weil ein Gericht systematisch und in vielen Fällen die Übertragungsvorschriften verletzt;[60] es ist allein auf den Einzelfall abzustellen.[61] Die Rügemöglichkeit setzt aber erst mit **Kenntnis** vom Verstoß ein; tritt dieser erst in der Beweiswürdigung der Urteilsgründe zu Tage (zB Gewicht persönlicher Eindrücke vom Zeugen) – wie dies bei § 398 häufig der Fall ist[62] –, scheidet eine Heilung für diese Instanz aus.[63]

356 *Beibringungsfrist* **Steht der Aufnahme des Beweises ein Hindernis von ungewisser Dauer entgegen, so ist durch Beschluss eine Frist zu bestimmen, nach deren fruchtlosem Ablauf das Beweismittel nur benutzt werden kann, wenn nach der freien Überzeugung des Gerichts dadurch das Verfahren nicht verzögert wird.**

---

43 BGH NJW 1991, 3284; BGHZ 32, 233, 237 = NJW 1960, 1252.
44 MK/*Heinrich* Rn. 16.
45 OLG Saarbrücken NJW-RR 1998, 1685.
46 AA offenbar *B/L/H* Rn. 6.
47 BGH NJW 1991, 1302; 1987, 3205; BayObLG FamRZ 1988, 423; *Pantle* NJW 1988, 2027, 2028.
48 *St/J/Berger* Rn. 30.
49 BGH JZ 1984, 186, 187 f.; OLG Düsseldorf NJW 1992, 187, 188; hM.
50 *Seidel* ZZP 99 (1986), 64, 84 nimmt isolierte Anfechtbarkeit bei „greifbarer grober Gesetzeswidrigkeit" an; zweifelhaft!
51 *St/J/Berger* Rn. 30; AK-ZPO/*Rüssmann* Rn. 4; *Weth* JuS 1991, 34, 36; aA noch RGZ 159, 235, 242 (aber offen gelassen, ob dies auch für offensichtlichen Missbrauch gilt); *Wiecz* Anm. B III; ausdrücklich offen gelassen in der BGH-Rspr., die zumeist auf einen Rügeverzicht verweisen konnte, s. BGHZ 40, 179, 183; 32, 233, 236 = NJW 1960, 1252; NJW 1979, 2518.
52 *B/L/H* Rn. 9.
53 Bejahend OLG Düsseldorf NJW 1976, 1103, 1105; *St/J/Berger* Rn. 30; AK-ZPO/*Rüssmann* Rn. 4.
54 Mat. II S. 305; so MK/*Musielak* 2. Auflage Rn. 18; wohl auch OLG Köln MDR 1990, 728.
55 BGH NJW 1991, 1180; BGHZ 40, 179, 183 f.; NJW 1979, 2518; BayObLG FamRZ 1988, 422, 423; OLG Hamm MDR 1993, 1235, 1236; grundsätzlich aA *Weth* JuS 1991, 34, 36; AK-ZPO/*Rüssmann* Rn. 7.
56 BGHZ 86, 104, 113; KG VersR 1980, 654; *Lindacher* FamRZ 1967, 195, 196; MK/*Heinrich* Rn. 18; *Zö/Greger* § 295 Rn. 3.
57 Insoweit gegen Heilungsmöglichkeit OLG Köln NJW 1976, 1101, 1102; OLG Düsseldorf NJW 1976, 1103, 1105; *Weth* JuS 1991, 34, 36; *Schneider* NJW 1977, 301, 302; *Müller* DRiZ 1977, 305, 306; *Werner/Pastor* NJW 1975, 329, 331. Gegen Heilung auch *Seiler* ZZP 99 (1986), 64, 76, der zugleich einen unheilbaren Verstoß gegen die funktionelle Zuständigkeitsordnung annimmt.
58 S. Nachw. in Fn. 53.
59 So auch MK/*Heinrich* Rn. 18; aA OLG München NJW-RR 1992, 123, 124; OLG Köln NJW 1976, 1101, 1102.
60 Vgl. aber OLG Düsseldorf NJW 1976, 1103, 1105; OLG Köln OLGZ 1977, 491, 493.
61 OLG Köln MDR 1978, 321, 322; MK/*Heinrich* Rn. 18; offen BGH NJW 1979, 2518.
62 *Pantle* NJW 1988, 2027, 2028.
63 BGH NJW-RR 1997, 506; MDR 1992, 777, 778 (Feststellungen zu Augenschein); BGH NJW 1991, 1180; SchlHOLG MDR 1999, 761 f.

I. Normzweck

Die Vorschrift will die **Prozessverzögerung** durch Benennung schwer erlangbarer Beweismittel eindämmen, andererseits den Interessen des Beweisführers an nur vorübergehend nicht greifbaren Beweisen Rechnung tragen.[1] Sie ist mit Art. 103 Abs. 1 GG vereinbar.[2] Ist das Beweismittel völlig ungeeignet oder sicher nicht erreichbar, kann das Gericht den Antrag endgültig ablehnen (s. hierzu § 284 Rn. 21, § 363 Rn. 7). Grundsätzlich gilt § 356 auch in Verfahren mit Amtsermittlung[3] und für alle Beweismittel; für die **Urkundenvorlage durch einen Dritten,** welche ggf. durch Klage erzwungen werden muss (§ 429 S. 1, 2. Halbs.) enthält § 431 jedoch eine Spezialvorschrift, die sich aber nur auf einen Beweisantrag nach § 428, 1. Var. bezieht (sonst gelten §§ 428, 2. Var., 429 S. 2, 142 Abs. 1 S. 2 für die Fristsetzung).[4] Beim Sachverständigenbeweis kann das Gericht Hindernisse in der Person eines bestimmten Gutachters durch anderweitige Auswahl beheben; im Übrigen gilt § 356[5]. Eine Beibringungsfrist ist hingegen nicht zu setzen bei vereinbarter vorprozessualer **Schiedsbegutachtung.**[6] Gegenüber §§ 273 Abs. 2 Nr. 5 iVm 142 Abs. 1 S. 2 ist § 356 spezieller, da ein behebbares Hindernis vorliegen muss (s. Rn. 3).[7] 1

II. Voraussetzungen der Fristsetzung

1. Rechtzeitiger Beweisantrag. Bei **verspätetem** Beweisantrag erfolgt Zurückweisung unter den Voraussetzungen von § 296. Beim Zeugenbeweis genügt zum rechtzeitigen Beweisantritt die individualisierende Angabe auch ohne ladungsfähige Anschrift (s. § 373 Rn. 10).[8] 2

2. Hindernis. Im Sinn der Vorschrift ist dies jeder Umstand, welcher der Beweiserhebung entgegensteht und vom Beweisführer voraussichtlich beseitigt werden kann oder in seine Risikosphäre fällt.[9] Den möglichen Wegfall des Hindernisses muss der Beweisführer darlegen; bei Anhaltspunkten ist gemäß § 139 nachzufragen. Auf ein **Verschulden** der beweisführenden Partei für das Vorliegen des Hindernisses kommt es nach richtiger Ansicht nicht an;[10] Fristsetzung kann also auch bei einem vom Beweisführer selbst verschuldeten Hinderungsgrund erfolgen.[11] 3

3. Beispiele für mögliche Fristsetzung: fehlender Auslagenvorschuss (§ 379, streitig[12]); unbekannter Name oder Adresse des Zeugen;[13] fehlende Befreiung eines Sachverständigen[14] oder verweigerte Befreiung eines Zeugen von Schweigepflicht; Verweigerung ärztlicher Untersuchung durch Beweisführer.[15] Für den Streit um die Vorlage von Augenscheinsobjekten gilt nun § 371 Abs. 2 S. 2 iVm § 429 (s. oben Rn. 1).[16] Der Beweisantritt **„Zeuge N. N."** ist dagegen unbeachtlich, wenn nicht Gründe für die unvollständige Benennung genannt werden, so dass Behebbarkeit und Dauer einer möglichen Frist abgeschätzt werden können[17] oder der Zeuge aus dem Gesamtzusammenhang heraus wenigstens individualisierbar ist (zB Mitarbeiter des zuständigen Referats eines Kreditinstituts).[18] Zur Hinweispflicht s. § 139 Rn. 4. 4

4. Hindernis aus Sphäre des Prozessgegners oder Dritten. Liegt das Beweishindernis in der Sphäre des **Gegners,** greift § 356 nicht, vielmehr kommen ggf. die Grundsätze der **Beweisvereitelung** zum Zuge[19] bzw. §§ 427, 371 Abs. 3. Hängt die Beseitigung des Hindernisses vom Verhalten eines **Dritten** ab, so ist der be- 5

---

[1] BGH NJW 1993, 1926, 1928; 1972, 1133, 1134; *Deubner* JuS 1988, 221, 222.

[2] BVerfG NJW 1985, 3005, 3006; s. auch NJW-RR 1994, 700.

[3] OLG Hamm FamRZ 2003, 616, 617.

[4] Über § 371 Abs. 2 S. 2 findet § 431 auch auf Augenscheinsobjekte Anwendung – auch insoweit kann eine Klage gegen den Dritten notwendig sein, wenn das Gericht nicht nach § 144 verfährt.

[5] OLG Braunschweig NJW-RR 1992, 124.

[6] OLG Düsseldorf NJW-RR 1986, 1061; Einzelheiten bei *Sieg* NJW 1992, 2992; MK/*Heinrich* Rn. 9 mit Nachw.; s. aber BGH WM 1994, 351, 353; 1988, 1500, 1503.

[7] *Reinecke* MDR 1990, 767, 769.

[8] BVerfG NJW 2000, 945, 946; BGH NJW 1993, 1926, 1928.

[9] So die hM, s. *B/L/H* Rn. 2; *Zö/Greger* Rn. 2; *Gerhardt* ZZP 86 (1973), 63, 64.

[10] BGH NJW 1993, 1926, 1928; 1989, 227, 228; NJW 1981, 1319; 1972, 1133, 1134; OLG Braunschweig NJW-RR 1992, 124; OLG Karlsruhe OLGZ 1990, 241, 242; *St/J/Schumann* Rn. 10; *Zö/Greger* Rn. 2.

[11] BVerfG NJW 2000, 945, 946; BGH NJW 1993, 1926, 1927f.; LG Hamburg NJW-RR 1994, 204, 205 (medizinisches Gutachten); differenzierend MK/*Heinrich* Rn. 5: Bei vermuteter Prozessverschleppungsabsicht, auf die es ankommen soll, empfiehlt sich aber eher die Einräumung einer knapp bemessenen Frist, so auch *Gerhardt* ZZP 86 (1973), 64, 66.

[12] Wie hier *Zö/Greger* Rn. 2; gegen Fristsetzung wegen Verschuldens des Beweisführers MK/*Heinrich* Rn. 7; s. auch *Sass* MDR 1985, 96, 97.

[13] BVerfG NJW 1984, 1026; BGH NJW 1998, 2368, 2369; 1993, 1926, 1927; 1974, 188; OLG Hamm FamRZ 2003, 616, 617; OLG Köln NJW-RR 1998, 1143; OLG Karlsruhe OLGZ 1990, 241, 242.

[14] LAG Köln MDR 2003, 462, 463.

[15] OLG Hamm MDR 2003, 1373, 1374 (Verweigerung der schriftlichen Bestätigung über Risikoaufklärung); LG Hamburg NJW-RR 1994, 204, 205; ähnlich BGH NJW 1981, 1319 (keine Zustimmung zur Verwertung von Röntgenbildern).

[16] Zum alten Recht noch BGH NJW 1981, 1319.

[17] So richtig OLG Koblenz AnwBl. 1990, 327; LG Frankfurt/M MDR 1976, 851; *Zö/Greger* Rn. 4; grundsätzlich auch *B/L/H* Rn. 4; MK/*Heinrich* Rn. 6; *Rixecker* NJW 1984, 2135, 2136; offen BGH NJW 1989, 227, 228. Ausführlich zum „Zeugen N. N." *Reinecke* MDR 1990, 767.

[18] So BGH NJW 1998, 2368, 2369 m. zust. Anm. *Schneider* MDR 1998, 1115f.; *St/J/Berger* Rn. 5; ausführlich zum Meinungsstand *Gottschalk* NJW 2004, 2939ff.

[19] *St/J/Berger* Rn. 7; BGH NJW 1986, 2371, 2372 scheint Fristsetzung nach § 356 und Beweisvereitelungsgrundsätze nebeneinander anzunehmen; krit. hierzu *Stürner* JZ 1987, 44; wie BGH auch BAG VZA 1997, 705, 709.

weisbelasteten Partei eine Beibringungsfrist zu setzen, wenn sie **tatsächlich** oder **rechtlich** (Klagemöglichkeit!) in der Lage ist, auf dessen Verhalten einzuwirken (nach erfolgter Klageerhebung ggf. Aussetzung nach § 148).[20] Um die Interessen der in Beweisnot befindlichen Partei zu wahren, kann eine Fristsetzung auch erfolgen, wenn **ohne deren Einflussmöglichkeit** begründete Aussicht (strenge Anforderungen) besteht, dass das Hindernis in absehbarer Zeit wegfällt (str.).[21] Nach der Erweiterung der prozessualen Mitwirkungspflicht in §§ 142, 144, 273 Abs. 2 Nr. 5 wird es häufig für einen zügigen Prozessfortgang zweckmäßiger sein, wenn das Gericht **von Amts wegen** eine entsprechende **Vorlage- oder Duldungsanordnung** trifft. Dies kann selbst dann gelten, wenn ein Zwischenstreit nach §§ 142 Abs. 2 S. 2, 144 Abs. 2 S. 2 zu erwarten ist, über den das Prozessgericht ja selbst entscheiden kann. Von einer Fristsetzung nach § 356 ist daher **abzusehen,** wenn sie keine schnellere Erledigung verspricht, der Aufnahme des Beweises steht dann kein Hindernis im Sinne dieser Vorschrift entgegen.

6 **5. Behebbarkeit.** Grundsätzlich muss es sich um ein **behebbares Hindernis** handeln, für das lediglich der **Zeitpunkt** des Wegfalls **ungewiss** ist. Fehlt es an der Behebbarkeit (zB Augenscheinsobjekt ist zerstört; endgültige Verweigerung der Mitwirkung von Dritten oder Partei), kommt Zurückweisung des Beweisantrags wegen Unerreichbarkeit in Betracht (s. Rn. 1). Streitig ist, wie zu verfahren ist, wenn der **Zeitpunkt des Wegfalls** zwar **feststeht,** ein Abwarten aber den Prozess verzögern würde. Gegenüber der analogen Anwendung der § 148[22] oder §§ 296, 531[23] ist dem erst-Recht-Schluss aus § 356 der Vorzug zu geben: Wird der Hinderungsgrund innerhalb einer Frist entfallen, die auch im Rahmen von § 356 – also für Hindernisse mit ungewisser Dauer – noch als zumutbar angesehen wird, so ist dies erst recht für ein mit Sicherheit entfallendes Hindernis vertretbar.[24] In Kindschaftssachen trifft § 640f eine Sonderregelung für Sachverständigengutachten.

III. Fristsetzung

7 Sind die Voraussetzungen nach § 356 gegeben, so **muss** von Amts wegen durch das Prozessgericht[25] /Einzelrichter durch Beschluss eine Frist gesetzt werden (**kein Ermessen**[26]). Die Anordnung richtet sich – ohne Rücksicht auf die Beweislastverteilung[27] (s. auch § 364 Rn. 4) – an die beweisführende Partei[28] und ist förmlich **zuzustellen.**[29] Einer mündlichen Verhandlung bedarf es nach § 128 Abs. 4 nicht; S. 2 wurde daher durch das ZPO-RG gestrichen. Die **Länge** der konkret anzugebenden **Frist** bemisst sich nach dem voraussichtlichen Bedarf für die Beseitigung des Hindernisses durch den Beweisführer einerseits sowie der zumutbaren Verfahrensverzögerung für den Prozessgegner andererseits.[30] § 224 ist anwendbar.

IV. Rechtsfolge bei Versäumnis

8 Kann die Partei das Beweismittel nicht binnen der gesetzten Frist beibringen, so hängt die Erhebung des Beweises davon ab, ob sie das Verfahren verzögern würde. Ist dies der Fall, wird der Beweisführer für diese Instanz mit dem Beweismittel präkludiert. Das Gericht hat über die Verzögerung nach freier Überzeugung zu entscheiden; es gilt der Verzögerungsbegriff des § 296[31] (s. dort Rn. 13ff.). Bringt also die Partei den doch noch ausfindig gemachten Zeugen in den Termin mit, so muss er vernommen werden.[32] Entgegen der Verspätungsvorschrift kommt es auf ein **Verschulden** des Beweisführers hinsichtlich der Fristversäumung nach hA nicht an.[33] Gemäß § 231 muss die Säumnisfolge nicht angedroht worden sein.[34] Die Säumnisfolge ist verfassungskonform.[35] Allerdings sind Feststellungen darüber zu treffen, ob ein Hindernis iS der Vorschrift überhaupt vorliegt und dass die bejahte Verzögerung gerade auf der Fristversäumung beruht.[36] Im Übrigen ist wie in allen Fällen des § 296 auch zu bedenken, ob die Verzögerung noch durch zumutbare prozessleitende Maßnahmen (§§ 73 Abs. 2 Nr. 5, 142, 144) aufgefangen werden kann.

---

[20] OLG Nürnberg MDR 1983, 942.
[21] *St/J/Berger* Rn. 7; abl. MK/*Heinrich* Rn. 8.
[22] *B/L/H* Rn. 6.
[23] OLG Karlsruhe OLGZ 1990, 241, 242.
[24] *St/J/Berger* Rn. 8; iE auch MK/*Heinrich* Rn. 4; s. auch OLG Karlsruhe OLGZ 1990, 241, 243 (Fristsetzung bei Wegfall nach 2–3 Monaten zumutbar).
[25] Verfügung des Vorsitzenden oder Schreiben der Geschäftsstelle nicht ausreichend; so ausdrücklich für letzteres BVerfG NJW 1985, 3005, 3006; *Zö/Greger* Rn. 6; offen gelassen in BVerfG NJW-RR 1994, 700.
[26] OLG Hamm MDR 2003, 1373, 1374.
[27] BGH NJW 1984, 2039 (obiter dictum).
[28] MK/*Heinrich* Rn. 10; *St/J/Berger* Rn. 12; *Zö/Greger* Rn. 6.
[29] BGH NJW 1989, 227, 228.
[30] *St/J/Berger* Rn. 12.
[31] OLG Karlsruhe OLGZ 1990, 241, 243.
[32] MK/*Heinrich* Rn. 13; *T/P/Reichold* Rn. 5; *Gottschalk* NJW 2004, 2939, 2940.
[33] BGH NJW 1989, 227, 228; *Reinecke* MDR 1990, 767, 769; *Rixecker* NJW 1984, 2135, 2136; *St/J/Berger* Rn. 14; MK/*Heinrich* Rn. 12; *Zö/Greger* Rn. 7; aA *Sass* MDR 1985, 96, 98f.
[34] *St/J/Berger* Rn. 14; MK/*Heinrich* Rn. 13; aA OLG Braunschweig NJW-RR 1992, 124.
[35] BVerfG NJW 1985, 3005.
[36] BVerfG NJW-RR 1994, 700.

V. Rechtsmittel

Dem Gegner der beweisbelasteten Partei steht gegen die Fristsetzung grundsätzlich **kein Rechtsmittel** zu; bei nicht zumutbarer überlanger oder unbestimmter Frist kann in Extremfällen Beschwerde in Analogie zu § 252 eingelegt werden (dort Rn. 2).[37] Im Fall der ausdrücklichen Ablehnung der Fristsetzung ist Beschwerde (§ 567 Abs. 1 Nr. 2) zulässig; ein Fall des § 355 Abs. 2 oder § 360 (keine isolierte Anfechtbarkeit) liegt nicht vor.[38] Übergeht das Gericht die Möglichkeit der Fristsetzung oder setzt es eine unangemessen kurze[39] Frist, kann dies einen Verfahrensfehler begründen[40]: die Anfechtung erfolgt zusammen mit der Endentscheidung. Der Verstoß gegen § 356 kann darüber hinaus die Verfassungsbeschwerde wegen Verletzung des Anspruchs auf rechtliches Gehör begründen[41]; zur Erschöpfung des Rechtsweges ist § 321 a zu beachten. 9

357 *Parteiöffentlichkeit*

(1) Den Parteien ist gestattet, der Beweisaufnahme beizuwohnen.

(2) ¹Wird die Beweisaufnahme einem Mitglied des Prozessgerichts oder einem anderen Gericht übertragen, so ist die Terminsbestimmung den Parteien ohne besondere Form mitzuteilen, sofern nicht das Gericht die Zustellung anordnet. ²Bei Übersendung durch die Post gilt die Mitteilung, wenn die Wohnung der Partei im Bereich des Ortsbestellverkehrs liegt, an dem folgenden, im Übrigen an dem zweiten Werktage nach der Aufgabe zur Post als bewirkt, sofern nicht die Partei glaubhaft macht, dass ihr die Mitteilung nicht oder erst in einem späteren Zeitpunkt zugegangen ist.

I. Normzweck

Grundsätzlich haben die **Parteien**, ihre **Streithelfer** (§ 71 Abs. 3), notwendigenfalls **sachkundige Berater** der Partei[1] sowie die **Prozessvertreter** das Recht, bei der Beweisaufnahme anwesend zu sein, auch wenn die Öffentlichkeit ausgeschlossen ist (zB §§ 171 b, 172 GVG). Die Parteiöffentlichkeit ist ein **allgemeines Prinzip**, das im Übrigen im Akteneinsichtsrecht (§ 299) und Teilnahmerecht in der mündlichen Verhandlung (s. § 128 Rn. 1) zum Ausdruck kommt. Die persönliche Anwesenheit ändert im Anwaltsprozess nichts an der notwendigen anwaltlichen Vertretung (vgl. auch § 137 Abs. 4). Sie ist aber im Hinblick auf die Möglichkeit ergänzender Fragen an Zeugen und Sachverständige (§§ 397, 402, s. auch § 451) sowie der Stellungnahme zum Beweisergebnis (§§ 279 Abs. 3, 285) eine Ausformung des **Anspruchs auf rechtliches Gehör;**[2] gleichzeitig dient die Anwesenheit der effektiven Ermittlung des Sachverhaltes. Parteiöffentlich sind auch Beweisaufnahmen bei nur fakultativer mündlicher Verhandlung (§ 128 Abs. 4).[3] Erscheint die benachrichtigte Partei nicht, so gilt § 367. 1

II. Anwendungsbereich

1. Sachverständigentätigkeit. Nicht unmittelbar anwendbar ist § 357 auf nicht gerichtliche Beweisaufnahmen, etwa auf selbständig durchgeführte **Ermittlungen** und **Ortstermine gerichtlicher Sachverständiger** zur Vorbereitung des Gutachtens.[4] Überwiegend wird jedoch analog § 357 (str.) ein Anwesenheitsrecht der Parteien bei derartigen Tatsachenfeststellungen anerkannt (zu Ausnahmen s. unten Rn. 3),[5] weshalb der Sachverständige in der Praxis **beide** Parteien von einem entsprechenden Termin benachrichtigen wird. Ist eine Partei ohnehin von der vorbereitenden Maßnahme betroffen (zB Besichtigung auf ihrem Grundstück), gebieten regelmäßig schon Waffengleichheit und Neutralität des Sachverständigen, den Gegner hinzuziehen.[6] S. auch § 404 a Rn. 6. 2

2. Beweisaufnahmen außerhalb des Gerichtsgebäudes. Ist zur Durchführung eines Augenscheins oder eines Ortstermins mit dem Sachverständigen das Betreten fremder Grundstücke oder Räumlichkeiten zum Zweck der Beweiserhebung notwendig (§ 219 Abs. 1, dort Rn. 3), so können Dritte den Prozessbeteiligten den Zutritt kraft ihres Hausrechts nur noch im Rahmen von § 144 Abs. 2 (dort Rn. 9–10) verweigern. Die Beweisaufnahme bzw. der Termin kann dann wegen des Rechts aus Abs. 1 **nicht durchgeführt werden.** Uneingeschränkt erhalten bleibt das Hausrecht nur für die **Wohnung.**[7] Mit Ausnahme ihrer Wohnung muss auch jede **Partei** einen solchen Ortstermin in ihren Räumlichkeiten oder auf Grundstücken dulden (§ 144 Abs. 1), ohne dass dies jedoch erzwingbar wäre. Verweigert eine Partei dem Gegner den Zutritt, so dass 3

---

[37] OLG Köln FamRZ 1960, 409, 410; *St/J/Berger* Rn. 15; *B/L/H* Rn. 12.
[38] *T/P/Reichold* Rn. 6; aA OLG Celle NJW-RR 2000, 1166; *B/L/H* Rn. 12.
[39] OLG Nürnberg MDR 1983, 942; MK/*Heinrich* Rn. 14.
[40] BGH NJW 1989, 227, 228; 1981, 1319.
[41] BVerfG NJW-RR 2004, 1150; NJW 1985, 3005; 1984, 1026.
[1] OLG München NJW-RR 1988, 1534, 1535; OLG Düsseldorf BauR 1974, 72.
[2] OLG München NJW-RR 1988, 1534, 1535; MK/*Heinrich* Rn. 1; *Stadler*, Schutz des Unternehmensgeheimnisses, S. 233; *Kürschner* NJW 1992, 1804.
[3] *St/J/Berger* Rn. 7.
[4] OLG München OLGZ 1983, 355.
[5] BGHZ 116, 47; LM § 406 Nr. 5; ZZP 67 (1954), 295, 297; OLG Köln NJW-RR 1996, 1277; OLG München OLGZ 1983, 355, 356 („wo es sinnvoll erscheint") und NJW 1984, 807; OLG Düsseldorf MDR 1979, 409; *Schnapp*, Festschr. Menger, 1985, S. 557 ff., 567, 571; *St/J/Berger* Rn. 9, 10; *T/P/Reichold* Rn. 1; aA AK-ZPO/*Rüssmann* Rn. 3; ausführlich *Höffmann*, Die Grenzen der Parteiöffentlichkeit insbes. beim Sachverständigenbeweis, Diss. Bochum 1989.
[6] Vgl. BGH ZZP 67 (1954), 295, 297; BAG AP § 402 Nr. 1 m. Anm. *Pohle*.
[7] Großzügiger („zu ihren Räumen") *T/P/Reichold* Rn. 1.

die Beweisaufnahme wegen Abs. 1 nicht stattfinden kann, kann ein solches Verhalten aber als **Beweisvereitelung** gewertet werden (s. nun auch ausdrücklich § 371 Abs. 3), wenn keine plausiblen Weigerungsgründe vorliegen (s. § 144 Rn. 8, § 219 Rn. 3 und § 286 Rn. 62ff.).[8] Grundsätzlich darf auch der an seinem Wohnort aufgesuchte **Zeuge** (§ 219) den Parteien den Zutritt verweigern; seine Zeugenpflicht verpflichtet ihn dann nur, vor Gericht zu erscheinen[9] oder an einer Vernehmung nach § 128a Abs. 2 an einem anderen Ort teilzunehmen. Der Zutritt ist in keinem Fall erzwingbar.[10]

III. Durchbrechungen

4 Der Grundsatz der Parteiöffentlichkeit ist mehrfach durchbrochen. So kann eine Partei im Zuge **sitzungspolizeilicher Entfernung** gemäß § 177 GVG von der Beweisaufnahme ausgeschlossen werden; § 247 StPO analog kann den Ausschluss einer Partei (nicht ihres Prozessvertreters) für die Dauer einer Zeugenaussage rechtfertigen.[11] Das Recht, Fragen zu stellen (§ 397) – uU im Nachhinein – muss unberührt bleiben. Nach hM hat auch bei der **ärztlichen Untersuchung** einer Person durch einen medizinischen Sachverständigen das Recht auf Parteiöffentlichkeit hinter der Wahrung der Menschenwürde zurückzutreten.[12] Streitig ist, ob dies entsprechend und ausländischen Vorbildern[13] folgend für ein „Geheimverfahren" zur Wahrung von **Geschäfts- und Betriebsgeheimnissen** einer Partei gelten kann[14] (s. auch § 284 Rn. 25) und wenn ja, ob die Interessen der ausgeschlossenen Partei wenigstens durch ihren Anwalt oder einen vom Gericht bestellten Vertreter gewahrt werden sollen. Verweigert der **Gegner** unter Hinweis auf eigene Unternehmensgeheimnisse der beweispflichtigen Partei den Zutritt zu seinem Unternehmen, so liegt ein Weigerungsgrund vor, der **Beweisvereitelung** uU ausschließt (s. § 286 Rn. 62f.; § 371 Rn. 20). Unproblematisch ist auch der Fall, dass die beweisführende Partei auf ihr Anwesenheitsrecht **verzichtet,** um die Beweisaufnahme zu ermöglichen.[15] Geht es aber um den Schutz eigener Geschäfts- oder Betriebsgeheimnisse **der beweisbelasteten Partei,** so sollte man sie nicht uneingeschränkt vor die Wahl des Prozessverlustes oder der Preisgabe des Geheimnisses stellen. In diesen Fällen ist der **Ausschluss des Gegners** zumindest in Betracht zu ziehen auf Grund einer Abwägung zwischen verfahrensförmiger Wahrheitsermittlung unter Wahrung rechtlichen Gehörs einerseits und Geheimnisschutz bzw. dem Gebot effektiven Rechtsschutzes andererseits,[16] ggf. unter gerichtlicher Benennung eines zur Verschwiegenheit (auch gegenüber der Partei) verpflichteten Vertreters des ausgeschlossenen Gegners[17].

5 **Keine** Durchbrechung der Parteiöffentlichkeit liegt vor, wenn ein Zeuge zur Wahrung schutzwürdiger Belange (zB Gewerkschaftszugehörigkeit) nicht selbst vor Gericht aussagt, sondern unter Wahrung der Anonymität ein Notar als **Vertrauensperson** dazwischengeschaltet und – parteiöffentlich – vernommen wird (zB zum Nachweis der Vertretung einer Gewerkschaft im Betrieb).[18] Hier wird lediglich nicht das sachnächste Beweismittel verwertet, was im Zivilprozess aber im Gegensatz zum Strafverfahren auch nicht geboten ist (s. § 355 Rn. 5).

IV. Benachrichtigung

6 **1. Art und Frist.** Wegen § 370 erfolgt im Regelfall bei nicht verkündetem Termin (§ 218) **förmliche Ladung** (§§ 274, 172 nF) zu Beweisaufnahmen vor dem Prozessgericht unter Beachtung der Ladungsfrist. Bei kommissarischer Beweiserhebung ergeht nur eine **formlose Mitteilung** (Abs. 2, § 172 nF), soweit nicht der Termin ohnehin verkündet oder die Terminsbestimmung gemäß § 329 Abs. 3 zugestellt wurde. Die **Ladungsfrist** nach § 217 ist auch bei formloser Mitteilung einzuhalten.[19] Bei Beweisaufnahmen im Ausland s. § 363 Rn. 7. Ist eine Partei verhindert, greift ggf. § 227.

---

[8] OLG München NJW-RR 1988, 1534, 1535; NJW 1984, 807; wegen Art. 13 GG zu Recht zur Zurückhaltung mahnend *T/P/Reichold* Rn. 1.

[9] AA *B/L/H* Rn. 7; *Zö/Greger* Rn. 1; AK-ZPO/*Rüssmann* Rn. 2.

[10] OLG Nürnberg MDR 1961, 62; OLG Koblenz NJW 1968, 897.

[11] *St/J/Berger* Rn. 15; AK-ZPO/*Rüssmann* Rn. 6; MK/*Heinrich* Rn. 9; aA unter Hinweis auf die Amtsermittlung *B/L/H* Rn. 2; einschränkend auch *Höffmann,* Die Grenzen der Parteiöffentlichkeit insbes. beim Sachverständigenbeweis, S. 101ff.

[12] OLG München NJW-RR 1991, 896; *T/P/Reichold* Rn. 1; die zu untersuchende Partei darf jedoch Personen ihres Vertrauens, zB ihren Anwalt, zur Untersuchung hinzuziehen, LSG Rheinland-Pfalz NJW 2006, 1547.

[13] S. die Nachw. zu USA und der Schweiz bei *Stadler,* Schutz des Unternehmensgeheimnisses, S. 222ff., 254ff. und *Wagner* ZZP 108 (1995), 193ff., 210ff.

[14] Befürwortend *Stürner* JZ 1985, 453, 459; *Schlosser* Bd. I Rn. 430; *Stadler* NJW 1989, 1202, 1203f.; *Benkard/Rogge* § 139 Rn. 123; *Leppin* GRUR 1984, 552ff., 695ff., 697; *Wagner* ZZP 108 (1995), 193ff., 210ff., 217; aA OLG Köln NJW-RR 1996, 1277; OLG Nürnberg CR 1987, 197; *Walker,* Festschr. f. Schneider E. 1997, 147ff.; *Prütting/Weth* NJW 1993, 576, 577; *dies.* DB 1989, 2273, 2276ff.; *dies.* AuR 1990, 269, 272ff.; *Zeuner* NJW 1993, 845; *Kürschner* NJW 1992, 804, 805; *Lachmann* NJW 1987, 2206; Zeuner, Festschr. f. Gaul, 1997, S. 845, 853ff.; MK/*Heinrich* Rn. 9; *St/J/Berger* Rn. 17f.; s. auch ohne nähere Stellungnahme BGHZ 116, 47, 58 = NJW 1992, 1817.

[15] *Stürner* § 14 III 5b, S. 226.

[16] Ausführlich *Stadler,* Schutz des Unternehmensgeheimnisses, S. 239ff.

[17] *Stadler,* Schutz des Unternehmensgeheimnisses, S. 231ff., 246f.; für Anwesenheitsrecht des selbstgewählten Anwalts *Leppin* GRUR 1984, 695, 697.

[18] So BAG NJW 1993, 612, 613 gegen *Prütting/Weth* DB 1989, 2276; wie hier auch *Zö/Greger* Rn. 1; aA *Prütting/Weth* NJW 1993, 576, 577.

[19] *Wiecz* Anm. C I; MK/*Heinrich* Rn. 11; *Zö/Greger* Rn. 4; AK-ZPO/*Rüssmann* Rn. 4; OLG Köln MDR 1973, 856; aA RG JW 1932, 1137.

2. Verstoß gegen Benachrichtigungspflicht. Wird gegen Abs. 2 verstoßen, so ist die tatsächlich ohne Parteimitwirkung durchgeführte Beweisaufnahme fehlerhaft und zu wiederholen.[20] S. auch Rn. 8. 7

V. Verstoß

Verstöße gegen den Grundsatz der Parteiöffentlichkeit (Abs. 1) machen die Beweisaufnahme ebenfalls 8
fehlerhaft, so dass sie **wiederholt** werden muss. Die Rechtsprechung will hiervon abweichen, wenn feststeht, dass die Beweiserhebung in Anwesenheit der Partei nicht anders ausfallen wird.[21] Dies ist angesichts der Unsicherheit solcher Prognosen und dem Gewicht der Parteiöffentlichkeit für die Wahrnehmung eigener Rechte abzulehnen.[22] Der Verstoß kann jedoch – sofern nicht durch **Rügeverzicht** Heilung eingetreten ist (§ 295 Abs. 1) – nur zusammen mit dem Urteil selbst, **nicht** separat mittels **Beschwerde** angegriffen werden.[23] Eine Aufhebung des Urteils erfolgt, wenn die rügende Partei darlegen kann, dass die Entscheidung auf der fehlerhaften Durchführung der Beweisaufnahme **beruht** oder beruhen kann (§§ 538 Abs. 2 S. 1 Nr. 1, 546).[24]

357a *(weggefallen)*

358 *Notwendigkeit eines Beweisbeschlusses* Erfordert die Beweisaufnahme ein besonderes Verfahren, so ist es durch Beweisbeschluss anzuordnen.

I. Notwendigkeit eines Beweisbeschlusses

1. Allgemeines. Da das Gericht gehalten ist, Verhandlung und Beweisaufnahme möglichst in einem umfassend vorbereiteten Termin durchzuführen (§§ 272 Abs. 1, 279 Abs. 2, 273 Abs. 2), hat die Vorschrift nur noch in Ausnahmefällen Bedeutung. Zwar bedarf jede Beweiserhebung der prozessleitenden Anordnung, doch muss ein **formeller Beweisbeschluss** (Inhalt: § 359) nur ergehen in Fällen der Parteivernehmung (§ 450 Abs. 1 S. 1 – Abgrenzung zur Parteianhörung!), der Anordnung einer Urkundenvorlage nach § 425[1] sowie einer vor der Verhandlung durchzuführenden Beweisaufnahme (§ 358a) und nach §§ 284, 358 für **besondere Beweisverfahren.** In allen anderen Fällen genügt die Anordnung durch **formlosen Beschluss,** dem die Beweiserhebung unmittelbar folgt; ein formeller Beweisbeschluss ist allerdings unschädlich. 1

2. Erforderlichkeit eines besonderen Verfahrens. Fälle des § 358 liegen beispielsweise vor, wenn ein schriftliches **Sachverständigengutachten**[2], eine Untersuchung nach § 372a[3], eine schriftliche Zeugenaussage (§ 377 Abs. 3) oder eine Beweisaufnahme im **Rechtshilfeweg**[4] notwendig sind, nicht hingegen bei Einholen einer amtlichen Auskunft.[5] Auch Beweisbeschlüsse nach Lage der Akten (§§ 331a, 251a) müssen als förmliche ergehen.[6] Dagegen sind die Voraussetzungen nach § 358 nicht erfüllt, wenn die Beweisaufnahme noch in dem Termin, in dem sich ihre Notwendigkeit herausstellt, erfolgen kann, etwa weil die Beweismittel infolge einer Anordnung nach § 273 Abs. 2 verfügbar sind. Daher ist grundsätzlich auch kein förmlicher Beweisbeschluss erforderlich, soweit überhaupt nur **präsente Beweismittel** zugelassen sind (§ 294). Str. ist, ob es sich um ein „besonderes Verfahren" im Sinne der Vorschrift handelt, wenn zum Zweck der Beweiserhebung (zB Zeugenladung, Herbeischaffen einer Urkunde) eine **Vertagung** des Termins notwendig wird.[7] Grundsätzlich könnte das Gericht hier auch nach § 273 Abs. 2 vorgehen; in komplizierten Fällen wird sich jedoch ein Beweisbeschluss zur Klarstellung etwa von Beweislast, Kostenfragen oder der Haupt- und Gegenbeweisführung anbieten.[8] 2

II. Erlass und Rechtsmittel

Der auf Grund mündlicher Verhandlung ergehende Beweisbeschluss ist gemäß § 329 Abs. 1 S. 1 zu verkünden (uU auch in separatem Verkündungstermin); ebenso im schriftlichen Verfahren nach § 128 Abs. 2. Zu Inhalt, Änderung und Aufhebung s. §§ 359, 360. Der förmliche Beweisbeschluss ist ebenso wenig wie die formlose Anordnung selbständig mit Beschwerde **anfechtbar** (§ 355 Abs. 2); s. aber § 252 Rn. 2. Unterbleibt ein an sich nach der Verfahrenslage gebotener Beweisbeschluss, so kann dies ebenfalls nur zusammen mit dem Urteil angefochten werden.[9] 3

---

[20] *Peters* ZZP 76 (1963), 145, 158.
[21] RGZ 136, 299, 300; 118, 382, 384; ebenso *B/L/H* Rn. 9.
[22] So auch die hM, s. *St/J/Berger* Rn. 21 (Ausnahme nur für bloßen Termin zur Beeidung); AK-ZPO/*Rüssmann* Rn. 5; vorsichtig auch MK/*Heinrich* Rn. 12.
[23] *St/J/Berger* Rn. 23.
[24] BGH VersR 1984, 946; BGHZ 31, 43, 46 ff. = NJW 1959, 2213.
[1] MK/*Heinrich* Rn. 2.
[2] OLG Oldenburg MDR 1982, 856.
[3] BGH NJW 1990, 2936; OLG Celle NdsRpfl. 1995, 269.
[4] BAG NJW 1991, 1252; RGZ 10, 370, 371; MK/*Heinrich* Rn. 2.
[5] OLG Düsseldorf MDR 1989, 363.
[6] MK/*Heinrich* Rn. 2; *B/L/H* Rn. 4.
[7] Bejahend RGZ 10, 370, 371; *St/J/Berger* Rn. 1; MK/*Heinrich* Rn. 2; *T/P/Reichold* Rn. 2; *Ro/S/Go* § 115 Rn. 31; *Engel,* Beweisinterlokut und Beweisbeschluss im Zivilprozess, 1992, S. 142; aA *Zö/Greger* Rn. 2.
[8] So auch *Zö/Greger* Rn. 2.
[9] MK/*Heinrich* Rn. 7; *Zö/Greger* Rn. 4.

III. Gebühren und Kosten

4 **1. Rechtsanwaltsgebühren.** Eine gesonderte Gebühr für die Beweiserhebung fällt nach RVG nicht mehr an.

5 **2. Gerichtskosten.** Gerichtsgebühren werden weder für den Beweisbeschluss noch für das Verfahren der Beweisaufnahme erhoben; sie sind mit der Gebühr für das Verfahren im Allgemeinen abgegolten.

358a *Beweisbeschluss und Beweisaufnahme vor mündlicher Verhandlung*

[1]Das Gericht kann schon vor der mündlichen Verhandlung einen Beweisbeschluss erlassen. [2]Der Beschluss kann vor der mündlichen Verhandlung ausgeführt werden, soweit er anordnet
1. eine Beweisaufnahme vor dem beauftragten oder ersuchten Richter,
2. die Einholung amtlicher Auskünfte,
3. eine schriftliche Beantwortung der Beweisfrage nach § 377 Abs. 3,
4. die Begutachtung durch Sachverständige,
5. die Einnahme eines Augenscheins.

I. Normzweck

1 § 358a dient der **Beschleunigung** des Verfahrens und der Konzentration auf einen Haupttermin (§ 272 Abs. 1). Im Regelfall soll die Beweisaufnahme im Verhandlungstermin erfolgen (§ 279 Abs. 2). Während § 273 Abs. 2 zu diesem Zweck dem **Vorsitzenden** bzw. einem von ihm bestimmten Mitglied des Prozessgerichts die Möglichkeit gibt, bestimmte Beweismittel für den Termin **bereitzustellen,** kann nach § 358a das **Gericht** überdies bereits vor dem Termin einen **förmlichen** (§ 359) **Beweisbeschluss erlassen** (Mitteilung bzw. Zustellung gemäß § 329 Abs. 2) und in den Fällen Nr. 1–5 die Beweisaufnahme sogar schon vor der mündlichen Verhandlung (s. Rn. 6ff.) **durchführen,** um diesen Zeitraum effektiv zu nutzen. Allerdings gehen auch die Maßnahmen nach § 273 Abs. 2 Nr. 2 (behördliche Auskünfte und Unterlagen) über die bloße Vorbereitung hinaus und haben „beweiserhebenden Charakter“[1]. Der entscheidende Unterschied zu § 273 liegt in Form und Zuständigkeit der Anordnung (s. Rn. 4).[2]

II. Möglichkeit des Beweisbeschlusses

2 **1. Grundsatz und Zeitpunkt.** Der Beweisbeschluss nach § 358a steht im pflichtgemäßen Ermessen des Gerichts[3] und kann sich im Gegensatz zur vorterminlichen Durchführung auf alle Beweiserhebungen beziehen; er darf aber erst ergehen, wenn die **allgemeinen Voraussetzungen** für die Beweiserhebung vorliegen, also wenn das Gericht erkennen kann, ob die beweisgegenständliche Tatsache **erheblich** und **streitig** ist. Er kommt daher in der Regel[4] frühestens nach Eingang der Klageerwiderung in Betracht (s. auch § 273 Abs. 3 für § 273 Abs. 2 Nr. 4 und 5).[5] **„Vor der mündlichen Verhandlung“** bedeutet vor Durchführung irgendeines Verhandlungstermins (Einheit der mündlichen Verhandlung); daher ist § 358a nach dem frühen ersten Termin nicht mehr anwendbar, es gelten §§ 358, 273.[6]

3 Obwohl der **Beweisantritt** grundsätzlich erst mit Antragstellung in der mündlichen Verhandlung wirksam erfolgt, genügt nach Sinn und Zweck des § 358a in den dort genannten Fällen der Antritt im **vorbereitenden Schriftsatz.**[7] Bedeutung hat dies vor allem für die nicht von Amts wegen mögliche Einholung schriftlicher Zeugenaussagen nach Nr. 3 (für Sachverständigenbeweis und Augenschein s. § 144 und dort Rn. 1): Es genügt die Benennung des Zeugen im Schriftsatz.

4 **2. Zuständigkeit.** Der Beweisbeschluss ist vom **Prozessgericht,** nicht allein vom Vorsitzenden (Abgrenzung zu § 273 Abs. 2[8]), zu erlassen.[9] Prozessgericht in diesem Sinn ist der Vorsitzende der Kammer für Handelssachen im Rahmen von § 349, der Einzelrichter nach §§ 348, 348a, 526, 568[10], nicht aber der vorbereitende Einzelrichter in der Berufungsinstanz nach § 527 Abs. 1 (s. aber § 527 Abs. 2). Für den Anfall einer Beweisgebühr kann eine richterliche Verfügung dem Beweisbeschluss gleichstehen.[11]

5 **3. Anfechtbarkeit.** Der Beschluss ist **nicht isoliert anfechtbar** (§ 355 Abs. 2, s. dort Rn. 11). Hat aus Versehen der Vorsitzende allein den Beschluss erlassen, so liegt ein gemäß § 295 Abs. 1 heilbarer Verfahrensfehler vor.[12]

---

[1] AK-ZPO/*Rüssmann* Rn. 1.
[2] KG JurBüro 1988, 471; MK/*Heinrich* Rn. 3.
[3] OLG Koblenz NJW 1979, 374.
[4] Nach *B/L/H* Rn. 4 grundsätzlich ab Klageeingang möglich, aber unzweckmäßig.
[5] *St/J/Berger* Rn. 6; *Zö/Greger* Rn. 1 halten die praktische Bedeutung der Vorschrift für gering, da sich die Beweisbedürftigkeit häufig erst in der mündlichen Verhandlung klären lässt.
[6] MK/*Heinrich* Rn. 4; aA *T/P/Reichold* Rn. 1; *St/J/Berger* Rn. 7.
[7] So auch *Ro/S/Go* § 109 Rn. 32; *St/J/Schumann* Rn. 13.
[8] Vgl. *Schneider* MDR 1980, 177.
[9] BGHZ 86, 104, 112 = NJW 1983, 1793.
[10] MK/*Heinrich* Rn. 2; *Mu/St* Rn. 3; *Zö/Greger* Rn. 2; aA *B/L/H* Rn. 1.
[11] Hans. OLG Hamburg MDR 1998, 1121.
[12] MK/*Heinrich* Rn. 7; *Zö/Greger* Rn. 4; aA *B/L/H* Rn. 11; *St/J/Berger* Rn. 40.

III. Ausführung des Beweisbeschlusses (S. 2)

Vor dem Termin durchgeführt werden dürfen nur die in Nr. 1–5 aufgezählten Beweiserhebungen, die durch das RPflVereinfG 1990 um die Möglichkeit der schriftlichen Zeugenaussage ergänzt wurden. Andere Beweise – etwa durch eine mündliche Zeugenvernehmung des erkennenden Gerichts – können nicht vorterminlich erhoben werden.[13] Ob das Gericht die vorgezogene Beweiserhebung anordnen will, steht ebenso wie der Erlass des Beweisbeschlusses in seinem **pflichtgemäßen Ermessen.**[14] Wird auch die vorterminliche Beweiserhebung nur vor dem Vorsitzenden, nicht vor dem vollbesetzten Prozessgericht durchgeführt (zB Augenschein), so liegt überdies ein Verstoß gegen das **Unmittelbarkeitsprinzip** vor. 6

IV. Beweisaufnahmen nach Nr. 1, 3–5

Zur kommissarischen Beweisaufnahme s. §§ 361, 362; zur schriftlichen Zeugenaussage s. § 377 Rn. 5 sowie §§ 402 ff. und §§ 371 ff. für Sachverständigenbeweis und Augenschein. 7

V. Amtliche Auskünfte (Nr. 2)

1. Begriff. Amtliche Auskünfte sind erbetene Mitteilungen einer Behörde im funktionalen, nicht im organisationsrechtlichen Sinne[15] über amtskundige, dh. in der Regel dort schriftlich niedergelegte oder überprüfbare Tatsachen.[16] 8

2. Rechtsnatur. Nach wohl hA ist die amtliche Auskunft ein **eigenständiges Beweismittel,**[17] das aber nicht nur im Rahmen des Freibeweises Anwendung findet, sondern auch als Mittel des **Strengbeweises** und dann den Bindungen der §§ 355 ff. unterworfen ist[18]. In der Abgrenzung zum Zeugenbeweis ist entscheidend, dass die Auskunftsperson innerhalb der Behörde austauschbar ist. Vom Urkundenbeweis unterscheidet sich die amtliche Auskunft dadurch, dass die übersandten Schriftstücke erst auf Grund der gerichtlichen Aufforderung geschaffen wurden (s. sonst §§ 415, 417, 418 und 432). Sog. **Behördengutachten** unterfallen §§ 402 ff. und damit § 358 a Nr. 4.[19] 9

VI. Durchführung und Verwertung

Die Ausführung des Beweisbeschlusses nach S. 2 unterliegt den **allgemeinen Regeln** über die Beweisaufnahme (§§ 355, 357). Im nachfolgenden Termin muss das Gericht über das Ergebnis der vorab durchgeführten Beweisaufnahme **Bericht** erstatten, soweit nicht § 285 Abs. 2 greift, und die Möglichkeit der **Stellungnahme und Erörterung** geben[20] (§§ 279 Abs. 3, 285 Abs. 1). 10

VII. Gebühren und Kosten

1. Rechtsanwaltsgebühren. Eine gesonderte Gebühr für die Beweiserhebung fällt nach RVG nicht an. 11

2. Gerichtskosten. S. § 358 Rn. 5. 12

359 *Inhalt des Beweisbeschlusses* Der Beweisbeschluss enthält:

1. die Bezeichnung der streitigen Tatsachen, über die der Beweis zu erheben ist;

2. die Bezeichnung der Beweismittel unter Benennung der zu vernehmenden Zeugen und Sachverständigen oder der zu vernehmenden Partei;

3. die Bezeichnung der Partei, die sich auf das Beweismittel berufen hat.

I. Rechtsnatur des Beweisbeschlusses

Der förmliche Beweisbeschluss ist eine prozessleitende Verfügung.[1] Er setzt zwar die Prüfung von **Erheblichkeit, Beweisbedürftigkeit** der streitigen Tatsache sowie der **Zulässigkeit** des angebotenen Beweismittels voraus, hat aber insoweit keine bindende Wirkung, und greift dem Urteil nicht vor (s. § 360 Rn. 2). Zur **Bindung** des ersuchten Gerichts s. unten Rn. 4. 1

II. Art und Zeitpunkt des Beweisbeschlusses

Der förmliche Beweisbeschluss (zur Notwendigkeit s. § 358 Rn. 1, 2) kann in der mündlichen Verhandlung oder im schriftlichen Vorverfahren ergehen. Er ist zu **verkünden,** wenn er auf Grund mündlicher Verhandlung ergeht (§ 329 Abs. 1 S. 1), ggf. in einem gesonderten Verkündungstermin, etwa wenn die Voraussetzungen der Beweiserhebung nach streitiger Verhandlung vom Gericht nochmals überprüft wurden. 2

---

[13] BGH NJW 1986, 2319.
[14] *St/J/Berger* Rn. 27.
[15] *Hohlfeld,* Die Einholung amtlicher Auskünfte im Zivilprozess, Diss. Konstanz 1995, S. 31 ff.
[16] *Hohlfeld,* Die Einholung amtlicher Auskünfte im Zivilprozess, S. 53 ff., 63.
[17] BGH NJW 1964, 107; *T/P/Reichold* § 273 Rn. 7; *B/L/H* Übers § 373 Rn. 32; AK-ZPO/*Menne* vor § 284 Rn. 27.
[18] *Hohlfeld,* Die Einholung amtlicher Auskünfte im Zivilprozess, S. 83; *St/J/Leipold* § 284 Rn. 28; MK/*Prütting* § 284 Rn. 47 und 58; aA *Ro/S/Go* § 109 Rn. 8.
[19] *Hohlfeld,* Die Einholung amtlicher Auskünfte im Zivilprozess, S. 104 ff. und 110 ff. mit Nachw.
[20] Vgl. *Ro/S/Go* § 115 Rn. 40.
[1] RGZ 150, 330, 336; hM.

Verkündung muss auch erfolgen in den Fällen des § 128 Abs. 2 S. 2, nicht jedoch im schriftlichen Verfahren nach § 128 Abs. 4; auch im Fall des § 358a erfolgt einfache Bekanntmachung gemäß § 329 Abs. 2 S. 1; **Zustellung** ist nur erforderlich, soweit der Beweisbeschluss eine Terminsbestimmung oder Fristsetzung enthält. § 329 Abs. 3 greift mangels selbstständiger Anfechtbarkeit (s. § 358 Rn. 3) nicht. Als Fristsetzung gilt aber auch die Ernennung eines Sachverständigen, der nur binnen der Zweiwochenfrist des § 406 Abs. 2 beginnend ab Verkündung bzw. Zustellung abgelehnt werden kann.

III. Notwendiger Inhalt (Nr. 1–3)

3 **1. Beweisthema (Nr. 1).** § 359 schreibt den notwendigen **Mindestinhalt** des förmlichen Beweisbeschlusses vor. Er enthält keine Begründung.[2] Streitig ist, wie genau die unter Beweis gestellte Tatsache insbesondere beim **Zeugenbeweis** zu bezeichnen ist. Der Verweis auf Schriftsätze bzw. Protokolle wird in der Regel nicht ausreichen.[3] Über die Substantiierungspflicht der Parteien können auch die Anforderungen an die Detailliertheit des Beweisthemas im Beweisbeschluss nicht hinausgehen.[4] Die Gefahr, mit einer zu konkreten Fassung dem Zeugen aber eine Antwort bereits zu **suggerieren,** sollte durch eine **summarische Angabe** des streitigen Komplexes oder die Wahl der **Frageform** vermieden werden, aus der der Zeuge nicht ablesen kann, welche Behauptung für eine bestimmte Partei günstig wäre.[5] Andererseits sollte die Bezeichnung des Beweisthemas so **konkret** sein, dass der Zeuge von sich aus über den Vorgang berichten (§ 396 Abs. 1)[6] und sich ggf. nach § 378 vorbereiten kann. Eine möglichst detaillierte Angabe der Beweistatsachen ist daher uU zweckmäßig, aber nicht zwingend, da eine Zeugenvernehmung ja grundsätzlich auch ohne förmlichen Beweisbeschluss möglich ist.[7] Der abweichende Wortlaut von § 377 Abs. 2 Nr. 2 („Gegenstand der Vernehmung") lässt es zu, wenngleich die Praxis hiervon kaum Gebrauch macht, dass dem Zeugen nicht der Wortlaut des Beweisbeschlusses ganz oder auszugsweise mitgeteilt wird, sondern das Beweisthema neu formuliert wird.[8] Einer ausführlicheren Darlegung (ggf. Zusatz- und Eventualfragen) bedarf es jedenfalls im Fall der Beweisaufnahme durch den ersuchten **Richter,** der eine verwertbare Vernehmung nur bei exakter Information durchführen kann und nicht gehalten ist, sich die klärungsbedürftigen Tatsachen im Einzelnen aus dem Akteninhalt herauszusuchen.[9] Ein gewisses Studium der Prozessakten ist aber notwendig und zumutbar.[10] Beim **Sachverständigenbeweis** sind gemäß § 404a Abs. 3 die dem Gutachten zugrundezulegenden Tatsachen anzugeben.

4 **2. Beweismittel.** Die in Nr. 2 genannten Personen sind nach Namen, Beruf und ladungsfähiger Adresse zu bezeichnen, so dass ihre **Identität** feststeht, soweit nicht – im Bereich des Sachverständigenbeweises – der Richterkommissar den Gutachter erst auswählt (§§ 372 Abs. 2, 402). Es muss aus dem Beschluss auch hervorgehen, und insoweit bindet das Prozessgericht den ersuchten Richter, ob die Person als Zeuge oder Sachverständiger vernommen werden soll.[11] Bei der Parteivernehmung sind §§ 449, 455 Abs. 1 und 2 zu beachten.

5 **3. Beweisführer.** Nach Nr. 3 ist die beweisführende Partei – ohne Rücksicht auf die Beweislastverteilung[12] – zu benennen. Sie **haftet** für die Auslagen (§§ 379 ZPO, 68 GKG), und ihr steht das Recht zu, auf den von ihr benannten Zeugen zu **verzichten** (§ 399). Bei Benennung eines Beweismittels durch beide Parteien empfiehlt sich die Angabe, für wen der Beweis haupt- und gegenbeweislich erhoben wird. Der Beweisbeschluss muss ggf. auch erkennen lassen, dass eine Beweisaufnahme von Amts wegen erfolgt.[13]

IV. Sonstige Angaben

6 Neben den notwendigen Angaben nach Nr. 1–3 kann der Beweisbeschluss darüber hinaus **Einzelheiten zur Durchführung der Beweisaufnahme** anordnen (§§ 128 Abs. 2, 355 Abs. 1 S. 2, 363, 364, 377 Abs. 3, 378). Regelmäßig wird angegeben, wo die Beweiserhebung erfolgt (Prozessgericht/ersuchter oder beauftragter Richter). Nach § 379 steht es im Ermessen des Gerichts, im Beweisbeschluss die Ladung des Zeugen von der Einbezahlung eines **Auslagenvorschusses** durch den Beweisführer abhängig zu machen (Einzelheiten s. § 379 Rn. 2). Einzelheiten zur Befreiung bei PKH s. § 122 Rn. 2, insbesondere zur Begünstigung des Gegners nach § 122 Abs. 2. Vielfach wird der Beweisbeschluss darüber hinaus eine **Terminsbestimmung** enthalten (§§ 361, 370 Abs. 2).

---

[2] MK/*Heinrich* Rn. 3; *Zö/Greger* Rn. 7.

[3] So auch *B/L/H* Rn. 8; anders, wenn hierdurch keine Missverständnisse möglich sind, in diesem Sinne MK/*Heinrich* Rn. 4; *Zö/Greger* Rn. 3.

[4] *Reinecke* MDR 1990, 1061.

[5] *Schellhammer* Rn. 544; s. auch *Bruns* Rn. 175b; *Reinecke* MDR 1990, 1061ff.

[6] OLG Düsseldorf OLGZ 1973, 492, 493.

[7] Richtig *Reinecke* MDR 1990, 1061, 1062.

[8] *Reinecke* MDR 1990, 1061, 1062.

[9] BAG NJW 1991, 1252; so auch *Mu/St* Rn. 5; MK/*Heinrich* Rn. 4.

[10] OLG Frankfurt/M NJW-RR 1995, 637 (ausreichend: „über den Hergang des Verkehrsunfalls" mit Zeit- und Ortsangabe); JurBüro 1982, 1576, 1577; OLG Düsseldorf OLGZ 1973, 492, 493.

[11] OLG Köln OLGZ 1966, 188, 189.

[12] HM, s. MK/*Heinrich* Rn. 6.

[13] *St/J/Schumann* Rn. 9; *Zö/Greger* Rn. 5.

V. Gebühren und Kosten

1. **Rechtsanwaltsgebühren.** Vgl. § 358 Rn. 4. 7
2. **Gerichtskosten.** S. § 358 Rn. 5. 8

360 *Änderung des Beweisbeschlusses*

[1]Vor der Erledigung des Beweisbeschlusses kann keine Partei dessen Änderung auf Grund der früheren Verhandlungen verlangen. [2]Das Gericht kann jedoch auf Antrag einer Partei oder von Amts wegen den Beweisbeschluss auch ohne erneute mündliche Verhandlung insoweit ändern, als der Gegner zustimmt oder es sich nur um die Berichtigung oder Ergänzung der im Beschluss angegebenen Beweistatsachen oder um die Vernehmung anderer als der im Beschluss angegebenen Zeugen oder Sachverständigen handelt. [3]Die gleiche Befugnis hat der beauftragte oder ersuchte Richter. [4]Die Parteien sind tunlichst vorher zu hören und in jedem Fall von der Änderung unverzüglich zu benachrichtigen.

I. Anwendungsbereich

1. Verhältnis zu § 358 a. Die Vorschrift hat durch die Einführung von § 358 a nur teilweise an Bedeutung 1
verloren. Der durch die Vereinfachungsnovelle erst eingefügte § 358 a erlaubt schon **vor der mündlichen Verhandlung** den Erlass eines Beweisbeschlusses. Daher muss es erst recht möglich sein, einen bereits erlassenen Beweisbeschluss – jedenfalls nach Anhörung der Parteien – zu ändern oder aufzuheben, ohne an die Einschränkungen nach § 360 S. 2 gebunden zu sein. § 360 ist insoweit nicht anwendbar.[1] Allerdings gilt § 358 a nach hier vertretener Ansicht nur bis zum ersten Verhandlungstermin. Die Abänderung aller ab diesem Zeitpunkt erlassenen Beweisbeschlüsse folgt § 360.

2. Regelungsgehalt. § 360 regelt nur den Fall der **Änderung des Beweisbeschlusses** bzw. der veränderten 2
Erledigung. Ein erlassener Beweisbeschluss bindet, da bloße prozessleitende Maßnahme, das Gericht aber im Übrigen grundsätzlich weder bezüglich der **Beweiserheblichkeit**, der **Beweislast**, der angeführten **Beweistatsachen** oder der **Zulässigkeit des Beweismittels**, noch hinsichtlich der **Durchführung** der Beweiserhebung (s. § 359 Rn. 1). Das Prozessgericht kann daher – was im Urteil zu begründen wäre – von der Erhebung des Beweises trotz Beweisbeschlusses **gänzlich oder teilweise absehen**, etwa weil sich die Unerheblichkeit der zu beweisenden Tatsache herausstellt.[2] Unterbleibt die Beweiserhebung aber im Hinblick darauf, dass bereits erhobene Beweise die weitere Beweisaufnahme überflüssig erscheinen lassen, so ist darauf zu achten, dass der Verzicht nicht eine unzulässige **vorweggenommene Beweiswürdigung** enthält. Den Parteien ist die Möglichkeit der Stellungnahme zur Nichtdurchführung des Beweisbeschlusses einzuräumen (rechtliches Gehör!).[3] **Nichtdurchführung** und **förmliche Aufhebung des Beweisbeschlusses** stehen dabei gleich und sind ohne mündliche Verhandlung möglich. § 360 regelt nur den Fall der **Abänderung,** nicht der **völligen Aufhebung.**[4]

II. Zeitpunkt der Abänderung

Für die Frage der Abänderung des Beweisbeschlusses ist nach § 360 zu differenzieren: Nach erneuter 3
mündlicher Verhandlung kann das Gericht den Beweisbeschluss jederzeit aufheben oder inhaltlich abändern (Umkehrschluss aus S. 2);[5] ohne erneuten Verhandlungstermin kann eine Abänderung (s. Rn. 4–9) nur unter den Voraussetzungen des § 360 S. 2 geschehen. Die Parteien haben keinen Anspruch auf Änderung, insoweit bestätigt S. 1 die Unanfechtbarkeit des Beweisbeschlusses.[6] Das Gericht entscheidet nach **freiem Ermessen,** ohne dass es bei Antrag einer Partei einen Termin zur Verhandlung über die Änderung anberaumen müsste.

III. Änderung mit Zustimmung

S. 2 Halbs. 1 ermöglicht eine im Rahmen zulässiger Beweisbeschlüsse **beliebige inhaltliche Änderung,** 4
wenn dies auf **Antrag** einer Partei mit **Zustimmung des Gegners** geschieht oder – über den Wortlaut hinaus, aber durch den Normzweck gerechtfertigt – **von Amts wegen** mit **Zustimmung beider Parteien**[7]. Die Zustimmung der Partei ist Prozesshandlung und im Anwaltsprozess vom Prozessvertreter abzugeben (zu den sonstigen Voraussetzungen wirksamer Prozesshandlungen s. Einl. Rn. 58 ff., 62). Mangels entsprechender Formvorschrift kann sie **auch mündlich** erteilt werden.[8]

---

[1] MK/*Heinrich* Rn. 11; *Zö/Greger* Rn. 3; AK-ZPO/*Rüssmann* Rn. 4; iE auch *T/P/Reichold* Rn. 7, der aber von nahezu völliger Verdrängung der Vorschrift ausgeht, weil § 358 a nach dort vertretener Ansicht auch für Erlass eines Beweisbeschlusses nach frühem ersten Termin gelten soll (aaO § 358 a Rn. 1) und *St/J/Berger* Rn. 3 gegen die Voraufl.

[2] RGZ 97, 126, 127.

[3] OLG Köln NJW-RR 1992, 719, 720; BVerwG NJW 1965, 413; MK/*Musielak* Rn. 2; *St/J/Berger* Rn. 18.

[4] So auch MK/*Heinrich* Rn. 3; *B/L/H* Rn. 1, 4; *Teplitzky* JuS 1968, 71, 76; aA *Wiecz* Anm. A Ia; AK-ZPO/*Rüssmann* Rn. 1; für analoge Anwendung *St/J/Berger* Rn. 15.

[5] HM, s. etwa *St/J/Berger* Rn. 1, 5.

[6] S. MK/*Heinrich* Rn. 15; *St/J/Berger* Rn. 5.

[7] HM, s. nur *T/P/Reichold* Rn. 2.

[8] *Ro/S/Go* § 115 Rn. 34; MK/*Heinrich* Rn. 6; aA *B/L/H* Rn. 6; *T/P/Reichold* Rn. 2.

IV. Änderung ohne Zustimmung

5 Darüber hinaus kann der Beweisbeschluss gemäß S. 2 Halbs. 2 auf Antrag oder von Amts wegen **ohne Zustimmung der Parteien** in folgenden Punkten geändert werden: (1) Berichtigung bzw. Ergänzung der Beweistatsachen; (2) Austausch von Zeugen oder Sachverständigen.

6 **1. Beweistatsachen.** Zulässig ist lediglich **Berichtigung** oder **Ergänzung** der zu beweisenden Tatsachen, nicht hingegen ein **völliger Austausch** des Beweisthemas. Die Voraussetzungen des auch auf Beschlüsse anwendbaren § 319 müssen nicht vorliegen. Solange das Beweisthema an sich dasselbe bleibt, ist eine Erweiterung des Beweisthemas vor allem im Sinne einer **Präzisierung** oder Erweiterung auf inhaltlich zusammenhängende Tatsachen zulässig.[9]

7 **2. Auswechseln von Zeugen oder Sachverständigen.** Die Person des zu vernehmenden Zeugen oder Sachverständigen kann ebenfalls ohne Zustimmung der Parteien geändert werden. Praktisch kann dies im Fall des Angebots zahlreicher Zeugen für ein Beweisthema werden, wenn das Gericht zunächst nur eine Auswahl getroffen hat, die es später für falsch oder unzureichend erachtet. Zur (Neu-)Ernennung von Sachverständigen vgl. § 405 Rn. 2 und § 408 Rn. 1; den Fall der Neubegutachtung regelt § 412.

8 **3. Sonstige Änderungen.** Über den Wortlaut hinaus wird teilweise auch der Austausch einer **Partei gegen einen Zeugen** bzw. umgekehrt der Wechsel der Vernehmungsperson durch Austausch eines Zeugen gegen eine Partei für zulässig gehalten.[10] Wegen des damit verbundenen Übergangs von einem Beweismittel zu einem anderen (Partei- bzw. Zeugenvernehmung) ist das bedenklich. Zulässig ist hingegen bei Streitgenossenschaft ein Personenwechsel hinsichtlich der **Parteivernehmung**[11] und Änderungen, die nur die **Art und Weise der Ausführung** betreffen, wie etwa ein Übergang von der Beweiserhebung durch das **Prozessgericht** auf eine **kommissarische Vernehmung**[12] und umgekehrt sowie der Wechsel zwischen beauftragtem und ersuchtem Richter.[13]

9 **4. Änderungen während der Beweiserhebung.** Von § 360 nicht erfasst sind Ausdehnungen der Beweisaufnahme über das im Beweisbeschluss angegebene Beweisthema hinaus während des Beweistermins **ohne ausdrückliche Abänderung** des Beschlusses. Die **weiter gehende Befragung** von Zeugen und Sachverständigen ist zulässig, solange die Mitwirkungsrechte der Parteien gewahrt bleiben. Möglicherweise kann der **Verhandlungsgrundsatz** verletzt sein, wenn die Vernehmungsperson von Amts wegen zu Tatsachen befragt wird, die von den Parteien gar nicht vorgetragen waren.[14]

V. Zuständigkeit und Form der Abänderung

10 Die Befugnis zur Abänderung im Sinne von § 360 S. 2 steht sowohl dem **Prozessgericht** als auch dem **beauftragten oder ersuchten Richter** zu (S. 3).[15] Letzterer sollte jedoch nur in **Ausnahmefällen** (zB bei Personenverwechslung des Zeugen) von dieser Möglichkeit Gebrauch machen.[16] Seine Entscheidung kann durch einen neuen Beweisbeschluss des Prozessgerichts wiederum geändert oder aufgehoben werden.

11 Die Abänderung erfolgt in der Regel durch **förmlichen Beschluss** (§ 329). Ausnahmsweise soll auch eine stillschweigende Änderung möglich sein, vorausgesetzt, das Gericht bringt seinen Abänderungswillen den Parteien gegenüber unmissverständlich zum Ausdruck, so dass diese von ihren Mitwirkungsrechten (zB Ablehnung eines Sachverständigen wegen Befangenheit) Gebrauch machen können. So muss das Gericht, wenn es ein Gutachten verwerten will, das von einem anderen als dem tatsächlich bestellten Sachverständigen erstellt wurde, vor der Urteilsfällung deutlich zu erkennen geben, ob es das Gutachten für unverwertbar oder für sachlich nicht überzeugend hält.[17] Dies gebietet nicht nur § 360, sondern auch § 139.[18]

VI. Anhörung bzw. Benachrichtigung

12 Die Parteien sind auf Grund ihres Anspruchs auf rechtliches Gehör nicht nur „tunlichst", sondern **immer** bei sachlichen Änderungen, die über eine Berichtigung **offensichtlicher Irrtümer** hinausgehen, vor der Abänderung zu hören.[19] Ausnahmsweise mag die Anhörung auch unterbleiben, wenn eine sofortige Anpassung, etwa bei der Vernehmung durch den ersuchten oder beauftragten Richter notwendig ist, um die Beweisaufnahme sachgerecht und zügig durchführen zu können.[20] In jedem Fall sind die Parteien aber nachträglich davon in Kenntnis zu setzen.[21] Der Verstoß ist in beiden Fällen gemäß § 295 heilbar.[22]

---

9 MK/*Heinrich* Rn. 8; grundsätzlich ablehnend für neue Tatsachen *Zö/Greger* Rn. 4.
10 *Zö/Greger* Rn. 4.
11 MK/*Heinrich* Rn. 10; *Zö/Greger* § 449 Rn. 2; *St/J/Leipold* § 449 Rn. 4; *B/L/H* § 449 Rn. 5.
12 So BGHZ 86, 105, 111 f.
13 *St/J/Berger* Rn. 11; MK/*Heinrich* Rn. 9.
14 In diesem Sinne auch *Zö/Greger* Rn. 5.
15 *Ro/S/Go* § 115 Rn. 34.
16 HM, vgl. MK/*Heinrich* Rn. 13; *B/L/H* Rn. 11; *Zö/Greger* Rn. 6.
17 BGH NJW 1985, 1399, 1400 m. zust. Anm. *Giesen* JZ 1986, 244, 245; OLG Zweibrücken NJW-RR 1999, 1368 f.
18 *Giesen* JZ 1986, 244, 245.
19 BGH NJW 1985, 1399, 1401; MDR 1979, 126.
20 S. auch MK/*Heinrich* Rn. 14.
21 BGH NJW 1985, 1399, 1400; BVerwGE 17, 172, 173.
22 HM, OLG Zweibrücken NJW-RR 1999, 1368 f.

VII. Rechtsmittel

Eine vom Gericht vorgenommene Abänderung oder Aufhebung des Beweisbeschlusses ist ebenso wenig isoliert anfechtbar wie der Erlass des Beweisbeschlusses (s. § 358 Rn. 3).[23] Der Verstoß gegen § 360 S. 2–4 kann – sofern keine **Heilung** eingetreten ist – im Einzelfall ein Rechtsmittel gegen das Urteil begründen. 13

361 *Beweisaufnahme durch beauftragten Richter*

(1) Soll die Beweisaufnahme durch ein Mitglied des Prozessgerichts erfolgen, so wird bei der Verkündung des Beweisbeschlusses durch den Vorsitzenden der beauftragte Richter bezeichnet und der Termin zur Beweisaufnahme bestimmt.

(2) Ist die Terminsbestimmung unterblieben, so erfolgt sie durch den beauftragten Richter, wird er verhindert, den Auftrag zu vollziehen, so ernennt der Vorsitzende ein anderes Mitglied.

I. Verfahren vor dem beauftragten Richter

Der beauftragte Richter wird als Teil des Prozessgerichts entweder in der Güteverhandlung (§ 278 Abs. 5 S. 1) tätig oder führt in den gesetzlich zugelassenen Fällen (s. etwa §§ 375, 372 Abs. 2) eine **Beweisaufnahme** durch (§ 355 Abs. 1 S. 2). Zur Frage, ob der beauftragte Richter, dem die Durchführung einer Beweisaufnahme übertragen ist, von sich aus einen Versuch gütlicher Einigung nach § 278 Abs. 1 unternehmen darf s. § 278 Rn. 13. Dem beauftragten Richter stehen nach § 229 dieselben **Befugnisse** zu wie Prozessgericht und Vorsitzendem, sowie die Sitzungsgewalt nach GVG. Bei der Zeugenvernehmung räumt ihm § 400 darüber hinaus Befugnisse ein. Über die Anforderung eines Vorschusses entscheidet jedoch nach § 379 das Gericht, nicht der beauftragte Richter.[1] Das Verfahren vor ihm unterliegt **nicht dem Anwaltszwang** (§ 78 Rn. 30); es ist parteiöffentlich, § 357. Gegen Entscheidungen des ersuchten Richters ist zunächst das **Prozessgericht anzurufen** (§ 573). Zur **Weitergabe** an ein anderes Gericht durch den beauftragten Richter s. § 365. 1

II. Maßnahmen des Vorsitzenden (Abs. 1)

Soweit die Beweisaufnahme durch einen beauftragten Richter erfolgen soll, muss dies **durch das Prozessgericht** angeordnet werden. Die Auswahl des Richters steht im **Ermessen des Vorsitzenden.** Der beauftragte Richter wird zusammen mit der Bestimmung des Termins zur Beweisaufnahme, gegebenenfalls auch erst in einem Änderungsbeschluss nach § 360 **namentlich** benannt.[2] Im Fall der **Verhinderung** tritt – ohne dass es einer ausdrücklichen Bestimmung bedarf – an seine Stelle der geschäftsplanmäßige Vertreter bzw. Nachfolger.[3] 2

III. Terminierung durch den beauftragten Richter (Abs. 2)

Enthält der Beweis- oder Änderungsbeschluss keine Terminsbestimmung, so bleibt sie dem beauftragten Richter überlassen. Der Termin ist dann von Amts wegen **formlos** bekannt zu geben (s. § 357 Abs. 2). Die **Ladungsfrist** ist nach richtiger Ansicht auch insoweit einzuhalten (s. bereits § 357 Rn. 6 mit Nachw.).[4] 3

362 *Beweisaufnahme durch ersuchten Richter*

(1) Soll die Beweisaufnahme durch ein anderes Gericht erfolgen, so ist das Ersuchungsschreiben von dem Vorsitzenden zu erlassen.

(2) Die auf die Beweisaufnahme sich beziehenden Verhandlungen übermittelt der ersuchte Richter der Geschäftsstelle des Prozessgerichts in Urschrift; die Geschäftsstelle benachrichtigt die Parteien von dem Eingang.

I. Ersuchter Richter

Der ersuchte Richter gehört nicht dem Prozessgericht an, sondern wird im Wege des **Rechtshilfeersuchens** als **auswärtiger Richter** – regelmäßig eines **Amtsgerichts** (§ 157 GVG) – um Erledigung einer Beweisaufnahme oder Vornahme eines Sühneversuchs ersucht. § 362 regelt nur den Fall der Beweisaufnahme durch einen ersuchten Richter im **Inland;** zum Auslandsrechtshilfeersuchen s. § 363. Sein Aufgabenbereich deckt sich daher mit dem des beauftragten Richters (s. § 361 Rn. 1). Er darf ebenso wie dieser nur in den **gesetzlich geregelten Fällen** (§§ 372 Abs. 2, 375 Abs. 1, 402, 434, 451, 613) in Anspruch genommen werden, da die nicht vom Prozessgericht selbst durchgeführte Beweisaufnahme den formellen **Unmittelbarkeitsgrundsatz** (s. § 355 Rn. 5, 10) durchbricht. Für den ersuchten Richter gelten dieselben **Ausschließungsgründe** wie für die Mitglieder des Prozessgerichts, s. § 41 Rn. 8 ff.; Verwandtschaft mit dem zu vernehmenden Zeugen oder zu hörenden Sachverständigen begründet nach § 41 Nr. 3 jedoch wegen der begrenzten Mitwirkung keinen Ausschlussgrund;[1] ebenso wenig eine frühere Mitwirkung am Verfahren (§ 41 Nr. 6). 1

---

[23] OLG Brandenburg FamRZ 2001, 294.

[1] *Zö/Greger* Rn. 2; aA *B/L/H* Rn. 5.

[2] *B/L/H* Rn. 4; *Zö/Greger* Rn. 2; aA (namentliche Nennung nicht notwendig) *St/J/Berger* Rn. 4.

[3] *St/J/Berger* Rn. 4; *B/L/H* Rn. 4; aA MK/*Heinrich* Rn. 4.

[4] OLG Köln MDR 1973, 856; *Teplitzky* NJW 1973, 1675, 1676; *St/J/Berger* Rn. 5; *Zö/Greger* Rn. 1; *B/L/H* Rn. 5; aA *T/P/Reichold* Rn. 1.

[1] *St/J/Berger* Rn. 5.

II. Ablehnung des Ersuchens

2 Der ersuchte Richter darf ein Rechtshilfeersuchen gemäß § 158 GVG nur ablehnen, wenn es **unzulässig** ist. In Betracht kommt der Verstoß gegen **tragende Prozessgrundsätze**[2], nicht aber mit der Begründung, es liege ein unzulässiger **Ausforschungsbeweis** vor.[3] Ebenso wenig ist der ersuchte Richter befugt, die **Sachdienlichkeit** der Übertragung zu prüfen.[4] Die Möglichkeit, das Ersuchen an ein anderes Gericht ohne erneuten Beweisbeschluss des Prozessgerichts **weiterzuleiten,** regelt § 365; s. dort Rn. 1.

III. Beweisaufnahme durch den ersuchten Richter

3 Sie wird eingeleitet durch einen **Beweisbeschluss** (Durchführung vor der mündlichen Verhandlung nach § 358a möglich) oder einen **Änderungsbeschluss** nach § 360, zu dessen Durchführung der Vorsitzende ein **Ersuchungsschreiben** (prozessleitende Verfügung[5]) nach Abs. 1 verfasst und zusammen mit dem Beweisbeschluss, gegebenenfalls auch mit den Prozessakten oder Auszügen (Ermessen des Vorsitzenden[6]) daraus an das ersuchte Gericht übersendet. Je präziser die Beweisfragen bzw. das Beweisthema formuliert sind, umso eher wird der ersuchte Richter ohne eigenes Aktenstudium auskommen, das ihm ohnehin nur ergänzend zumutbar ist und nicht, um den Beweisstoff erst selbst zusammenzutragen. Für die Durchführung der Beweisaufnahme und die Bindung an den Beweisbeschluss des Prozessgerichts ist zwischen eigenen Aufgaben des ersuchten Richters und der übertragenen Aufgabe zu differenzieren.

4 **1. Übertragener und eigener Aufgabenkreis.** § 359 bindet den ersuchten Richter bezüglich der **Beweistatsachen** (Nr. 1), nicht aber hinsichtlich der angegebenen **Beweismittel,** die der ersuchte Richter **im Rahmen von § 360** kraft eigener Befugnis austauschen darf (s. § 360 Rn. 10). Die dem Richter nach §§ 229, 400, 365 zustehenden Befugnisse übt der ersuchte Richter einschließlich der Sitzungspolizei zunächst **unabhängig vom Prozessgericht** aus.

5 **2. Verfahren.** Der ersuchte Richter bestimmt in der Regel selbst einen **Termin** (Terminsbestimmung durch den Vorsitzenden nach § 361 Abs. 1 unpraktisch) und benachrichtigt die Parteien formlos unter Einhaltung der **Ladungsfrist** (§ 357 Abs. 2, s. dort Rn. 6 mit Nachw., § 361 Rn. 3). Die Beweisaufnahme vor dem ersuchten Richter ist nicht notwendigerweise öffentlich (§ 169 GVG), aber **parteiöffentlich** (§ 357). Es besteht gemäß § 78 Abs. 3 **kein Anwaltszwang** für die Prozessparteien (§ 78 Rn. 30; zur Frage des Anwaltszwangs, wenn ein Prozessvergleich vor dem ersuchten Richter abgeschlossen wird.

6 Über die Verhandlung bzw. Beweisaufnahme ist ein **Protokoll** zu fertigen (§ 159 Abs. 2); dieses ist nach **Abs. 2** an die Geschäftsstelle des ersuchenden Gerichts zu übersenden. Dort besteht für die Parteien nach Benachrichtigung (Abs. 2) – keine förmliche Zustellung – die Möglichkeit der **Einsichtnahme** und der Fertigung von **Abschriften** (§ 299). Zur **Fortsetzung der mündlichen Verhandlung** kann das Prozessgericht schon im Beweisbeschluss einen Termin anberaumen oder nach Ausführung des Rechtshilfeersuchens von Amts wegen terminieren (§ 370 Abs. 2).

IV. Rechtsbehelfe

7 Zur Anfechtung des Übertragungsbeschlusses s. § 355 Rn. 11. Lehnt der ersuchte Richter die Durchführung des Rechtshilfeersuchens ab, so entscheidet auf Antrag der Parteien oder des Prozessgerichts (§ 159 Abs. 2 GVG) das Oberlandesgericht (§ 159 Abs. 1 GVG). Gegen Entscheidungen des ersuchten Richters, die nicht zu den sitzungspolizeilichen Maßnahmen gehören, können die Parteien im Wege der **Erinnerung** das Prozessgericht anrufen und erst anschließend sofortige **Beschwerde** beim übergeordneten Gericht einlegen (s. § 573).[7] Für **sitzungspolizeiliche Maßnahmen** nach §§ 178, 180 GVG des ersuchten Richters kann hingegen direkt das Oberlandesgericht angerufen werden.

363 *Beweisaufnahme im Ausland*

(1) Soll die Beweisaufnahme im Ausland erfolgen, so hat der Vorsitzende die zuständige Behörde um Aufnahme des Beweises zu ersuchen.

(2) Kann die Beweisaufnahme durch einen Bundeskonsul erfolgen, so ist das Ersuchen an diesen zu richten.

(3) [1]Die Vorschriften der Verordnung (EG) Nr. 1206/2001 des Rates vom 28. Mai 2001 über die Zusammenarbeit zwischen den Gerichten der Mitgliedstaaten auf dem Gebiet der Beweisaufnahme in Zivil- oder Handelssachen (ABl. EG Nr. L 174 S. 1) bleiben unberührt. [2]Für die Durchführung gelten die §§ 1072 und 1073.

---

[2] Zum Unmittelbarkeitsgrundsatz OLG Thüringen MDR 2000, 1055 (Ablehnung, wenn von vorneherein mit widersprüchlichen Zeugenaussagen zu rechnen ist).

[3] Streitig, wie hier OLG Frankfurt/M MDR 1970, 597; *B/L/H* GVG § 158 Rn. 5; offen BAG NJW 1991, 1252; BGH JZ 1953, 230, 231; aA bei Offensichtlichkeit des Ausforschungsbeweises OLG Düsseldorf NJW 1959, 298, 299; OLG München NJW 1966, 2125; OLG Karlsruhe FamRZ 1968, 536; *Zö/Gummer* GVG § 158 Rn. 4.

[4] OLG Frankfurt/M Rpfleger 1979, 426; MK/*Heinrich* Rn. 5; *Zö/Greger* Rn. 1.

[5] MK/*Heinrich* Rn. 4; *B/L/H* Rn. 3.

[6] HM, s. MK/*Heinrich* Rn. 4.

[7] HM, s. *Zö/Greger* Rn. 2, § 400 Rn. 5; *B/L/H* Rn. 7; aA LG Frankenthal NJW 1961, 1363, 1364 (direkte Beschwerde).

I. Grundsätze der grenzüberschreitenden Beweiserhebung

1. Souveränitätsverständnis und Grundsatz. Nach deutschem Prozessrechtsverständnis ist die Durchführung einer Beweisaufnahme Aufgabe des Gerichts und damit **hoheitliche Tätigkeit.** Für Verfahren mit Auslandsberührung bedeutet dies, dass die Betätigung eines deutschen Gerichts im Ausland ohne Einwilligung des betroffenen Staates dessen Souveränität verletzt, ebenso wie umgekehrt die Durchführung gerichtlicher Beweisaufnahmen auf deutschem Hoheitsgebiet ohne entsprechende Einwilligung souveränitätsverletzend ist.[1] Die Achtung ausländischer Hoheitsrechte genießt gegenüber dem Unmittelbarkeitsgrundsatz (§ 355) **Priorität.** § 363 erklärt Beweisaufnahmen im Ausland für grundsätzlich zulässig und enthält somit eine Ausnahme vom Unmittelbarkeitsgebot.[2] Diesem strengen Souveränitätsverständnis, dem die meisten **kontinental-europäischen Staaten** folgen, steht zB die sehr viel großzügigere **US-amerikanische** Haltung gegenüber, welche auf Grund des adversary systems die Beweiserhebung den Parteien bzw. deren Anwälten überlässt und nicht als hoheitlich einstuft. Der hierdurch hervorgerufene „Justizkonflikt" war Gegenstand zahlreicher in- und ausländischer Entscheidungen und Abhandlungen und ist bis heute nicht völlig entschärft.[3] **Innerhalb der Europäischen Union** ist dieses enge Souveränitätsverständnis mit Art. 17 der BeweisVO[4] weitgehend aufgegeben; sie ersetzt für die Mitgliedstaaten das Haager Beweishilfeübereinkommen. § 363 selbst verbietet zwar für sich genommen das unmittelbare Tätigwerden des Gerichts im Ausland nicht, wurde aber zur Anpassung an die Verordnung nun im Abs. 3 ergänzt. Einzelheiten s. Bem. zu §§ 1072, 1073. 1

2. Möglichkeiten der Beweisbeschaffung. a) Konsularische Beweisaufnahme. Für die Beschaffung von Beweismitteln aus dem Ausland sieht Abs. 2 primär die Beweiserhebung **durch deutsche Konsuln** vor. Sie ist grundsätzlich von der Zustimmung des betroffenen Staates abhängig und wegen der vielfältigen Einschränkungen (s. Rn. 5) nur in wenigen Fällen erfolgversprechend. 2

b) Rechtshilfe. Kommt eine konsularische Beweiserhebung nicht in Betracht und scheidet auch ein Direktzugriff (Rn. 4) aus, so muss der ausländische Staat, in dem sich das Beweismittel befindet, um **Rechtshilfe** ersucht werden (Abs. 1, Einzelheiten Rn. 6–7). Hierbei ist zwischen der völkervertraglich geregelten und der vertragslosen Rechtshilfe zu unterscheiden. Eine **völkergewohnheitsrechtliche Verpflichtung** der Staaten, Rechtshilfe zu leisten, **besteht** bei fehlender vertraglicher Regelung **nicht.** Von den **Rechtshilfeverträgen** kommt dem Haager Übereinkommen über die Beweisaufnahme im Ausland in Zivil- oder Handelssachen vom 18. März 1970 **(HBewÜ)** gegenwärtig noch die größte praktische Bedeutung zu.[5] Die Ausführung eines ordnungsgemäßen Rechtshilfeersuchens kann nach den bestehenden Rechtshilfevereinbarungen (vgl. Art. 12 HBewÜ) nur unter sehr engen Voraussetzungen abgelehnt werden. Das deutsche Gericht darf einen bestehenden Beweisantrag nicht schon deshalb übergehen, weil es sich von einer Vernehmung des ausländischen Zeugen im Rechtshilfewege nicht die notwendige Aufklärung verspricht.[6] 3

c) Direktzugriff. Nur in ganz wenigen Situationen besteht darüber hinaus die Möglichkeit, auf ein im Ausland belegenes Beweismittel ohne Verletzung der Souveränität des Belegenheitsstaates und ohne dessen Rechtshilfe **direkt zuzugreifen** (Rn. 9–14). Die BeweisVO (s. oben Rn. 1) ermöglicht auch eine Beweisaufnahme des Prozessgerichts in einem anderen Mitgliedstaat der Union, wenn die Beweisperson freiwillig mitwirkt (§§ 1072 Abs. 2, 1073 Abs. 2, Art. 17 der VO). 4

II. Beweiserhebung durch deutschen Konsul

Die Vorteile der Beweiserhebung durch den im Ausland ansässigen deutschen Konsul liegen in der **Anwendung deutschen Verfahrensrechts** (§ 15 Abs. 3 S. 1 KonsG, Art. 21 lit. d HBewÜ)[7] und der damit regelmäßig **besseren Verwertbarkeit** für den deutschen Prozess sowie in der zumeist **schnelleren Erledigung**[8] gegenüber dem Rechtshilfeverfahren. Zahlreiche bi- und multilaterale Rechtshilfeverträge erlauben grundsätzlich das Tätigwerden der Konsuln (vgl. Art. 5j Wiener Übk. über konsularische Beziehungen; Art. 15 HaagZivilProzessÜbk.; Art. 15, 16 HBewÜ.; zur innerstaatlichen Regelung s. §§ 15, 19 KonsG), beschränken die Beweiserhebung aber zumeist auf die **Vernehmung eigener Staatsangehöriger** (Art. 15 Abs. 1, 16 Abs. 1 und 2 HBewÜ), dh. eine Vernehmung von Angehörigen des Empfangsstaates oder von Drittstaaten scheidet oftmals von vornherein aus (s. auch der Vorbehalt der Bundesrep. Deutschland in 5

---

1 Zu diesem Grundsatz vgl. *Stürner* JZ 1987, 44, 45; *ders.* IPRax 1984, 299; *Schlosser* IPRax 1987, 153; *Geimer* Rn. 120, 442; *Stadler,* Schutz des Unternehmensgeheimnisses, S. 270ff.

2 *Leipold* ZZP 105 (1992), 508ff.; vgl. auch BGH IPRax 1981, 57, 58.

3 Nachw. bei *Schack* Rn. 734ff.; *Stadler,* Schutz des Unternehmensgeheimnisses, S. 275ff.; *Trittmann/Leitzen* IPRax 2003, 8ff.

4 Verordnung (EG) Nr. 1206/2001, Abl. EG L 174, 1ff., s. Anhang 3; hierzu ausführlich *Stadler,* Festschr. Geimer, 2002, 1281ff.; *Berger* IPrax 2001, 522ff.

5 BGBl. 1977 II S. 1472. Es ersetzt zwischen den jeweiligen Vertragsstaaten das ältere Haager Übereinkommen über den Zivilprozess (HaagZivilProzessÜbk.) vom 1. März 1954 (BGBl. 1958 II S. 577). Zu bilateralen Rechtshilfeverträgen vgl. *Bülow/Böckstiegel,* Der internationale Rechtsverkehr in Zivil- und Handelssachen, sub A II, S. 400ff.; für einen umfass. Länderüberblick s. *St/J/Berger* Rn. 46 und unter http://www.hcch.net/c/status/evidshte.html.

6 *Nagel* IPRax 1992, 301, 302; ohne eigene Stellungnahme insoweit BGH NJW 1992, 1768 = ZZP 105 (1992), 500 m. krit. Anm. *Leipold,* ebenda S. 508.

7 Einzelheiten bei *Nagel* Rn. 542, 544; *Geimer* Rn. 2406.

8 *Schack* Rn. 731.

§ 11 AusfG[9]).[10] Auch soweit sie zulässig ist, darf der Konsul grundsätzlich **keinen Zwang** ausüben (Art. 15 Abs. 1, 16 Abs. 1 HBewÜ), sondern muss sich insoweit der Hilfe des Empfangsstaates bedienen, die wiederum vielfach in vertraglichen Vorbehalten ausgeschlossen ist oder der ausdrücklichen Zulassungserklärung des Vertragsstaates bedarf (Art. 18 HBewÜ).[11] Einige Vertragsstaaten (etwa die USA[12]) sind vergleichsweise großzügig – Art. 15, 16 HBewÜ gewährleisten nur einen **Mindeststandard,** s. Art. 27 lit. b.[13] Nur bei **Mitwirkungsbereitschaft** der Beweisperson, die soweit möglich vorher geklärt werden sollte, kann daher der Beschleunigungseffekt eintreten. Gegebenenfalls kann der vernehmende Konsulatsbeamte als Zeuge vom Hörensagen ergänzend bzw. klarstellend als Zeuge geladen und vernommen werden.[14] Ist die konsularische Beweisaufnahme zulässig und durchführbar,[15] so ist der Weg nach § 363 Abs. 2 zwingend.[16] In Zweifelsfällen ist ein **Eventualersuchen** zulässig.[17] Ansonsten bleibt – von den wenigen Formen des Direktzugriffs abgesehen (vgl. Rn. 9–14) – nur der Rechtshilfeweg. Innerhalb der Europäischen Union spielt diese Form der Beweiserhebung seit Wirksamwerden der BeweisVO (Rn. 1) wohl keine große Rolle mehr – zulässig bleibt sie weiterhin.[18]

III. Beweiserhebung durch ausländische Behörde im Wege der Rechtshilfe

6 **1. Entscheidung und Ersuchen gem. Abs. 1.** Soweit der Weg über die konsularische Beweisaufnahme keinen Erfolg verspricht und der Direktzugriff (Rn. 4) nicht in Betracht kommt, ist regelmäßig gemäß Abs. 1 von Amts wegen um Rechtshilfe zu ersuchen. Die Beibringung des Beweismittels der beweisbelasteten Partei zu überlassen, kommt nur ausnahmsweise in Betracht (§ 364 Rn. 1). Die Entscheidung ergeht nach Anhörung der Parteien[19] durch **Beweisbeschluss**[20] (auch gemäß § 358 a vor der mündlichen Verhandlung[21]). Das eigentliche **Ersuchungsschreiben** verfasst – unter Beachtung der Bestimmungen der ZRHO bzw. besonderer Regelungen in Rechtshilfeverträgen (zB Art. 3 HBewÜ) – nach Abs. 1 der **Vorsitzende.**[22] Das Ersuchen ist vorbehaltlich vertraglicher Spezialbestimmungen in **deutscher** Sprache abzufassen (§ 16 Abs. 1 ZRHO[23]; Sonderregelung in Art. 4 HBewÜ). Die **Gerichtsakten** dürfen **nicht versandt** werden (§ 19 Abs. 1 S. 3 ZRHO). Auch bei zugelassenem direkten Verkehr mit ausländischen Behörden ist das Ersuchen der deutschen **Prüfungsstelle** (§§ 27, 9 ZRHO) vorzulegen, die über die Weiterleitung des Ersuchens durch Justizverwaltungsakt (§§ 23 ff. EGGVG: Rechtsbehelf der Parteien gegen Verweigerung) entscheidet und dabei die Einhaltung der einschlägigen staatsvertraglichen Bestimmungen sowie der ZRHO überprüft. Grund: Der Rechtshilfeverkehr mit dem Ausland ist Angelegenheit der Justizverwaltung, nicht der Rechtspflege.[24]

7 **2. Verfahren und Verwertung.** Die Beweiserhebung im Ausland muss nach § 363 nicht notwendigerweise durch ein Gericht erfolgen[25] – maßgebend sind das Recht des ersuchten Staates bzw. zwischenstaatliche Vereinbarungen. Die Parteien sind von dem Beweistermin im Ausland zu **verständigen** (vgl. § 357 Abs. 2; Art. 7 HBewÜ). Das HBewÜ sieht nicht nur die Möglichkeit der **Anwesenheit** der Parteien bzw. ihrer Vertreter (beachte § 38 ZRHO), sondern mit fakultativem Genehmigungsvorbehalt auch von Mitgliedern des ersuchenden Gerichts vor (Art. 7, 8, s. aber das Genehmigungserfordernis nach § 38 a ZRHO; für den europäischen Raum s. § 1073 Abs. 1). Den Parteien steht das Recht der Teilnahme nach Art. 11 BeweisVO in gleicher Weise zu wie nach dem Recht des ersuchenden Staates.[26] Bei **unterbliebener Benachrichtigung** der Parteien ist die Beweisaufnahme nicht schlechthin unverwertbar, sondern kann nach Ermessen des Gerichts verwertet werden (arg. ex §§ 364 Abs. 4 S. 2 und 493 Abs. 2).[27] Die ersuchte Behörde verfährt regelmäßig bei der Beweisaufnahme **nach ihrem eigenen Prozessrecht** (s. Art. 9 HBewÜ; § 369 Rn. 2), einschließlich der danach gegebenen Zwangsmaßnahmen (Art. 10 HBewÜ). Verstöße gegen die ausländische lex fori hindern die Verwertbarkeit nicht, wenn die Beweisaufnahme nach deutschen Maßstäben korrekt ist (s. § 369 Rn. 5). Zweifelt das deutsche Gericht die **Glaubwürdigkeit** eines im Rechtshilfeweg vernommenen Zeugen aus Gründen an, die sich nicht aus dem Vernehmungsprotokoll des ausländischen Rechtshilferichters ergeben,

---

9 BGBl. 1977 I S. 3105.

10 Einzelheiten bei *Geimer,* Festschr. Matscher, 1993, S. 133, 140 ff.

11 S. auch Art. 21 HaagBeweisÜbk.

12 Nachw. bei *Junker,* Discovery im deutsch-amerikanischen Rechtsverkehr, 1987, S. 430 f.

13 *Geimer* Rn. 2407.

14 BGH NJW 1984, 2039, 2040 (aber unter Hinweis auf den regelmäßig geringen Beweiswert des Zeugen vom Hörensagen).

15 Zu rein tatsächlichen Hindernissen (etwa zu große Entfernung des Zeugen vom Konsulat) vgl. *St/J/Schumann* Rn. 14; *Geimer* Rn. 2412.

16 *St/J/Schumann* Rn. 12; zur Verpflichtung der deutschen Konsuln, Rechtshilfe zu leisten s. § 15 Abs. 1 KonsG.

17 Vgl. *St/J/Schumann* Rn. 15–16.

18 *Jastrow* IPRax 2004, 11, 12 unter Hinweis auf die Entstehungsgeschichte der Verordnung.

19 *Geimer* Rn. 2397.

20 *St/J/Schumann* Rn. 167; MK/*Heinrich* Rn. 7.

21 MK/*Heinrich* Rn. 7; offen gelassen in BGH NJW 1980, 1848, 1849.

22 Einzelheiten zu Begleitbericht und Denkschrift bei MK/*Heinrich* Rn. 10.

23 Die ZRHO ist abrufbar unter http://www.datenbanken.justiz.nrw.de/pls/jmi/ir_start.

24 Ausführlich *Junker* DRiZ 1985, 161, 162.

25 *St/J/Schumann* Rn. 112; *Zö/Geimer* Rn. 10; *Geimer* Rn. 260, 2352.

26 Einzelheiten zu Einschränkungen *Stadler,* Festschr. Geimer 2002, 1281, 1292 f.

27 BGHZ 33, 63, 64 f. = NJW 1960, 1950; LG Göttingen IPRspr. 1983 Nr. 170; *St/J/Schumann* Rn. 169; MK/*Heinrich* Rn. 14; *Zö/Geimer* Rn. 9 (mit der Einschränkung, dass Belange der nicht verständigten Partei nicht beeinträchtigt sind. Dies wird aber oftmals der Fall sein.).

so muss es die **wiederholte Vernehmung** vor dem Prozess- oder Rechtshilfegericht vor der Verwertung zumindest versuchen (§ 398).[28] Kommt von vorneherein nur eine persönliche Vernehmung in Betracht, weil das Prozessgericht sich einen eigenen Eindruck verschaffen muss, so kann der Zeuge trotz der Möglichkeit einer Vernehmung im Rechtshilfeweg als **unerreichbar** gelten[29] (s. auch § 355 Rn. 6, 10 zur Teilnahme an Vernehmung im Ausland). Nach Eintreffen des ausländischen Beweisprotokolls gilt § 362 Abs. 2 entsprechend.[30]

IV. Beweiserhebung durch Mitglieder des deutschen Prozessgerichts oder sonstige Beauftragte

Das HBewÜ sieht – mit fakultativem Genehmigungsvorbehalt – neben der Beweiserhebung durch konsularische oder diplomatische Vertreter auch eine solche durch **Beauftragte des ersuchenden Gerichts** vor (Art. 16). Da sie den gleichen Einschränkungen wie konsularische Beweisaufnahmen unterliegen, ist ihre **praktische Bedeutung gering** geblieben, obwohl hiermit grundsätzlich die Möglichkeit eingeräumt wäre, dass auch ein **Mitglied des Prozessgerichts** (§ 361) die Beweiserhebung durchführt. Unmittelbarkeit und Effizienz wären dabei in höherem Maße gewährleistet als bei Beweisaufnahmen durch Dritte, die den Sachverhalt regelmäßig weniger gut kennen. Einen wesentlichen Fortschritt stellt insoweit die BeweisVO dar (s. Rn. 3, 4). 8

V. Beweiserhebung im Wege des Direktzugriffs auf auslandsbelegene Beweismittel

1. Grundsatz. Streitig ist, in welchen Fällen die Beweisaufnahme sich nur **im Inland** abspielt und daher vom Prozessgericht ohne Inanspruchnahme von Rechtshilfe (§ 363 regelt nur die Beweisaufnahme **im Ausland** und verbietet insoweit vorbehaltlich Abs. 3 mit §§ 1072 Abs. 2, 1073 Abs. 2 die eigene Betätigung im Ausland; ebenso das HBewÜ.[31], s. aber Rn. 3, 4) durchgeführt werden darf (**Direktzugriff**). Die Frage, wann eine reine Inlandsbeweisaufnahme vorliegt und wann eine souveränitätsverletzende Beschaffung auslandsbelegener Beweismittel, wird insbesondere von den USA anders beantwortet als nach dem strengeren kontinental-europäischen Souveränitätsverständnis. Dahinter steht oftmals weniger der unmittelbare Schutz staatlicher Hoheitsinteressen als der Versuch, die eigenen Bürger vor dem Zugriff fremden Prozessrechts zu schützen, das bisweilen weniger Rechtsgarantien (etwa Schutz von Betriebs- und Geschäftsgeheimnissen[32]) bietet oder zu bieten scheint. Grundsätzlich gilt: Versagt der konsularische Weg und wird Rechtshilfe durch ausländische Behörden nicht geleistet, so müssen souveränitätsverletzende Direkterhebungen im Ausland unterbleiben – auf die Beweisaufnahme ist dann zu verzichten, „weil die deutsche Gerichtsbarkeit an den Grenzen Deutschlands Halt macht".[33] Kann ein Augenschein durch Recherche im **Internet** erfolgen, so liegt eine Beweisaufnahme im Inland vor, auf Sitz des Providers bzw. Speicherort kommt es nicht an.[34] Durch die BeweisVO (Art. 17) verändert sich aber allmählich das Souveränitätsverständnis innerhalb der Europäischen Union. Sofern die betroffene Beweisperson freiwillig mitwirkt, sind Souveränitätsbedenken hintanzustellen. Allerdings wird auch in Art. 17 der Verordnung das unmittelbare Tätigwerden im Ausland noch unter einen Ablehnungsvorbehalt gestellt. 9

2. Zeugenladung und schriftliche Zeugenaussagen.[35]. So darf das deutsche Gericht einen im Ausland wohnhaften Zeugen nicht direkt gem. § 377 Abs. 1 und 2 laden, auch nicht unter Weglassen der Androhung nach § 377 Abs. 2 Nr. 3.[36] Insoweit bedarf es der **Zustellung** der Ladung **im Wege der Rechtshilfe.**[37] Das Erscheinen ist auch dann nicht erzwingbar nach § 380. Ebenso ist die unmittelbare Einholung **schriftlicher Zeugenaussagen** eines im Ausland ansässigen Zeugen durch das deutsche Gericht nach § 377 Abs. 3 unzulässig (so auch § 39 ZRHO).[38] Mit der Aufforderung an den auswärtigen Zeugen wird das Gericht **selbst im Ausland tätig** und auf die Tatsache, dass insoweit Zwangsmaßnahmen nicht bestehen und nicht angedroht werden, kommt es daher gar nicht an (anders § 377 Rn. 7).[39] Die **freiwillige Mitwirkung** der Be- 10

---

[28] BGH NJW 1990, 3089, 3090.

[29] OLG Saarbrücken NJW-RR 1998, 1685.

[30] *St/J/Schumann* Rn. 169.

[31] *Zö/Geimer* Rn. 39.

[32] Für das Verhältnis zu den USA insoweit ausführlich *Stadler,* Schutz des Unternehmensgeheimnisses, S. 128ff., 166ff., 223ff., 261ff.

[33] BGH IPRax 1981, 57, 58.

[34] *St/J/Berger* Rn. 16.

[35] Hierzu ausführlich *Schabenberger,* Der Zeuge im Ausland im deutschen Zivilprozess, Diss. Freiburg 1996.

[36] S. aber OLG München NJW 1962, 56, 57 (Vernehmung durch grenznahes Amtsgericht bei aussichtsloser Rechtshilfe); OLG Schleswig-Holstein RIW 1989, 910 (Vernehmung durch grenznahes Amtsgericht, wenn ausländischer Zeuge zur Vernehmung bereit ist); BGH IPRax 1981, 57, 58 zieht sich zurück auf bloße Unzweckmäßigkeit; zu großzügig *Geimer* Rn. 2388 (für Deutsche), Rn. 2389 (für Ausländer) und *Linke,* Internat. Zivilprozessrecht, 1990, Rn. 311 gegen die hM; wie hier *St/J/Berger* Rn. 13.

[37] OLG Hamm NJW-RR 1988, 703; *Nagel* IPRax 1992, 301; *Leipold* ZZP 105 (1992), 507, 511.

[38] BGH NJW 1984, 2039; OLG Hamm NJW-RR 1988, 703; *Stürner* in: Habscheid, Der Justizkonflikt mit den Vereinigten Staaten von Amerika, 1986, S. 3, 23; *Stadler,* Schutz des Unternehmensgeheimnisses, S. 281, 301; *St/J/Berger* Rn. 14 (Zustellung im Rechtshilfeweg); vorsichtig auch *B/L/H* Rn. 2; aA *Geimer* Rn. 437, 2384; *Mann* NJW 1990, 618, 619; *Schack* Rn. 721; MK/*Heinrich* Rn. 3; *Zö/Geimer* Rn. 5; großzügig auch *Schlosser* EuZPR Art. 1 HBÜ, Rn. 7.

[39] Grundsätzlich hierzu *Stadler,* Schutz des Unternehmensgeheimnisses, S. 284ff., 301; s. aber *Schack* Rn. 721; BGH NJW 1986, 2371, 2372. Grundsätzlich sehr großzügig für formlose Aufforderungen an Parteien oder Dritte im Ausland *Zö/Geimer* Rn. 5f.

weisperson kann mangels Dispositionsbefugnis die Verletzung staatlicher Hoheitsrechte nicht heilen. Im Bereich der Europäischen Union dürfte eine direkte Ladung bzw. Aufforderung nach § 377 Abs. 3 im Hinblick auf die neueren Entwicklungen (Rn. 9) nicht mehr auf Souveränitätsvorbehalte stoßen. Schon jetzt ist es nach hM grundsätzlich zulässig, wenn die beweisbelastete Partei selbst den Zeugen formlos bittet, zur Vernehmung zu erscheinen,[40] oder selbst eine schriftliche Aussage des Zeugen beibringt, die dann im Wege des **Urkundenbeweises** der freien Beweiswürdigung zugänglich ist.[41] Hierdurch wird weder der **Unmittelbarkeitsgrundsatz** verletzt,[42] den es in Form eines Gebotes, das sachnächste Beweismittel zu benutzen, nicht gibt (s. § 355 Rn. 5), noch liegt eine unzulässige Umgehung der Rechtshilferegeln vor.[43] Zu beachten ist allerdings das aus § 286 abgeleitete Gebot möglichst vollständiger Sachverhaltsaufklärung, dessen Verstoß nur auf Rüge berücksichtigt wird und nur gegeben ist, wenn der Zeuge tatsächlich nicht unerreichbar war.[44] **Videokonferenzen** zur Einvernahme ausländischer Zeugen kommen im Rahmen des Strengbeweises nach § 128a Abs. 2 nun grundsätzlich in Betracht (s. § 128a Rn. 8).

11 **3. Ausländische Sachverständigengutachten.** Entsprechend unzulässig ist die unmittelbare Einholung von **Gutachten eines ausländischen Sachverständigen** (§ 40 ZRHO, anders § 40a ZRHO für Art. 17 BeweisVO). Liegt ein schriftliches Gutachten eines ausländischen Sachverständigen vor, so kann er **nicht direkt** vor das Prozessgericht zur mündlichen Befragung **geladen** werden, sondern nur im Wege der Rechtshilfe oder konsularischen Vernehmung.[45] Auch eine direkte gerichtliche Aufforderung zur Beantwortung schriftlicher Fragen wäre unzulässig.[46]

12 **4. Mitwirkungs- und Vorlageanordnungen im Inland. a) Bloße Vorbereitungshandlungen der Beweisperson im Ausland.** Soll eine (ausländische) **Prozesspartei** oder ggf. ein Dritter angehalten werden, **Beweismittel** aus dem Ausland zu beschaffen und **vorzulegen,** so findet die eigentliche Beweisaufnahme im Inland statt. Dennoch liegt eine **Souveränitätsverletzung** auch bei einer gerichtlichen Aufforderung im Inland vor (bedeutsam vor allem für die Prozesspartei), wenn das deutsche Gericht dabei **Zwang** durch Androhung von Beugemitteln ausübt oder Prozessnachteile androht, die echten Beugemitteln vergleichbar sind. Letzteres kann für die nach der deutschen ZPO zur Verfügung stehenden Prozessnachteile allerdings kaum angenommen werden, wohl aber für bestimmte Sanktionen des US-Zivilprozessrechts.[47] Für Urkundenvorlageanordnungen ausländischer Gerichte entspricht dies der deutschen Haltung;[48] umgekehrt darf dann nichts anderes gelten.[49]

13 **b) Duldung von Beweisaufnahmehandlungen im Ausland.** Unzulässig ist aber auch die Aufforderung an einen ausländischen Beklagten, sich **im Ausland** einer **Blutentnahme** nach § 372a zu unterziehen,[50] wenn dies mit einer Androhung nach § 372a Abs. 2 oder Prozessnachteilen (Beweisfälligkeit, Beweisvereitelung) verbunden ist.[51] Die zu duldende Handlung geht über bloße Vorbereitungsmaßnahmen hinaus.

14 **5. Betätigung deutscher Sachverständiger im Ausland.** Ebenfalls in diesen Problemkreis fällt die **Erhebung von Tatsachen im Ausland** durch einen inländischen gerichtlich beauftragten **Sachverständigen.** Für den Bereich der BeweisVO vgl. § 1073 Abs. 2. Im Übrigen wäre die Bestätigung nur dann nicht souveränitätsverletzend, wenn es sich um die bloße Tätigkeit einer Privatperson im Ausland handelte. Dies lässt sich im Hinblick auf Anlass (gerichtlicher Beweisbeschluss §§ 358a, 359) und Zweck (Verwertung des daraus entstehenden Gutachtens in der mündlichen Verhandlung) kaum behaupten. Deutlich wird der **hoheitliche Charakter,** soweit der Sachverständige als **Augenscheinsgehilfe** des Gerichts bei der Tatsachenermittlung einzuordnen ist. Es bedarf daher eines Rechtshilfeersuchens.[52] § 1073 Abs. 2 lässt im innereuropäischen Raum nur eine Auslandsbetätigung des Sachverständigen zu. Wegen der Bezugnahme auf Art. 17 der Verordnung muss dem Tätigwerden des Sachverständigen aber ein Ersuchen nach Art. 17 Abs. 1 vorausgehen.[53] Dieser „Sou-

---

[40] *Gottwald,* Festschr. Habscheid, 1989, S. 119, 128; *Geimer* Rn. 2389; *Schlosser* EuZPR Art. 1 HBÜ Rn. 7.

[41] BGH NJW 1984, 2039; *St/J/Berger* Rn. 13.

[42] So aber *Schack* Rn. 723; *Zö/Geimer* Rn. 15 und *Geimer* Rn. 2391.

[43] Skeptisch *Leipold,* Lex fori, Souveränität, Discovery – Grundfragen des IZPR, 1989, S. 66 für gerichtliche Aufforderung an die Partei, schriftliche Aussagen beizubringen.

[44] BGH NJW 1992, 1768 = ZZP 105 (1992), 500.

[45] BGH IPRax 1981, 57, 58; RzW 1981, 127, 128; aA *Schlosser* EuZPR Art. 1 HBÜ Rn. 9.

[46] Anders offenbar BGH IPRax 1981, 57, 58 (obiter dictum); RzW 1981, 127, 128 = MDR 1980, 931; zum Sachverständigenbeweis im Rahmen der BeweisVO s. *Stadler,* Festschr. Geimer, 2002.

[47] *Stadler,* Schutz des Unternehmensgeheimnisses, S. 287, 292.

[48] Nachw. bei *Stürner* ZVglRWiss 81 (1982), 159, 211; *Junker,* Discovery in deutsch-amerikanischen Rechtsverkehr, S. 208f., 368ff.; *Stadler,* Schutz des Unternehmensgeheimnisses, S. 281f.

[49] Nachw. zur teilw. abweichenden deutschen Praxis (vor allem in Steuerverfahren, zB BFHE 118, 553) bei *Stürner,* in: Habscheid, Der Justizkonflikt mit den Vereinigten Staaten von Amerika, 1986, S. 26.

[50] So aber BGH NJW 1986, 2371, 2372 m. abl. Anm. *Stürner* JZ 1987, 44; dagegen *Schroeder* JZ 1987, 605 mit Gegenerwiderung *Stürner* JZ 1987, 607.

[51] *Leipold* (Fn. 42) S. 67; ebenso *Stürner* JZ 1987, 44, 45; abl. auch *St/J/Berger* § 372a Rn. 31; für Zulässigkeit *Schlosser* EuZPR Art. 1 HBÜ Rn. 6.

[52] *Hau* RIW 2003, 822, 824; m. Nach.; *Ahrens,* Festschr. Schütze 1999, 1, 5f.; ausführlich *Stadler,* Schutz des Unternehmensgeheimnisses, S. 276; vorsichtig auch *Jessnitzer,* Der gerichtliche Sachverständige, Rn. 628; *MK/Heinrich* Rn. 6; für den bloßen Augenschein s. *Meilicke* NJW 1984, 2017; aA *Wussow,* Festschr. Korbion, 1986, S. 493ff.; *St/J/Berger* Rn. 22; *Geimer* Rn. 2387; *Junker* (Fn. 14) S. 402.

[53] *Stadler,* Festschr. Geimer 2002, 1281, 1305f.; ähnlich *Heß/Müller* ZZP Jut 6 (2001), 149, 174f.; *Schulze* IPRax 2001, 527f.; *Hau* RiW 2003, 822, 824; aA offenbar *Jastrow* IPRax, 2004, 11, 12.

veranitätsbegriff" ist im Rahmen der Verordnung bedauerlich, im Umkehrschluss spricht er gegen eine liberale Handhabung außerhalb der Verordnung.

VI. Beweiserhebung im Inland für ausländische Verfahren

§ 363 regelt nur **ins Ausland gerichtete Ersuchen,** nicht eingehende Rechtshilfeersuchen. Grundsätzlich sind die für die Notwendigkeit der Inanspruchnahme von Rechtshilfe durch das deutsche Prozessgericht geltenden Regeln (Rn. 9–14) vice versa entsprechend für Rechtshilfeersuchen und **Direktzugriff ausländischer Gerichte und Behörden anwendbar.** Einzelheiten zur Ausführung **eingehender Ersuchen** regeln §§ 57ff. ZRHO sowie §§ 7–14 des AusfG zum HBewÜ. Im Anwendungsbereich des HBewÜ provoziert der deutsche Vorbehalt gegen die Rechtshilfe bei Urkundenvorlage nach Art. 23 HBewÜ iVm. § 14 des AusfG aber geradezu den US-amerikanischen Direktzugriff durch Urkundenvorlageanordnung,[54] den der US-Supreme Court je nach Lage des Einzelfalls auf Grund von „comity"-Erwägungen für zulässig hält.[55] Ein ausländisches Urteil, das auf Beweisen beruht, die in souveränitätverletzender Weise erlangt wurden, ist **nicht anerkennungsfähig** (§ 328 Nr. 4).[56] 15

VII. Selbständiges Beweisverfahren im Ausland

Grundsätzlich besteht nach dem HBewÜ und der BeweisVO[57] auch die Möglichkeit, im Rahmen eines selbständigen Beweisverfahrens (§§ 485ff.) um Rechtshilfe zu ersuchen (arg. ex Art. 1 Abs. 2 HBewÜ: Beweishilfe für künftige Verfahren). In diesem Fall ist das künftig für den deutschen Rechtsstreit zuständige Gericht auch die zuständige **ersuchende Behörde** im Sinne von Art. 1 des Übereinkommens.[58] Schneller zum Ziel führen wird aber oftmals ein Direktantrag beim ausländischen Gericht (ggf. Zuständigkeit entsprechend Art. 31 EuGVO[59]).[60] 16

VIII. Gebühren und Kosten

1. Rechtsanwaltsgebühren. Eine gesonderte Gebühr für die Beweiserhebung fällt nach RVG nicht an. 17

2. Gerichtskosten. Gerichtsgebühren werden nicht erhoben; indessen sind gerichtliche **Auslagen** zu erstatten. Dazu zählen neben der Gebühr für die justizverwaltungsmäßige Prüfung des Rechtshilfeersuchens nach dem Ausland durch die Prüfungsstellen (§ 9 ZRHO) vor allem die Kosten der Übersetzung in die Sprache der ersuchten ausländischen Behörde, die bei der ersuchten ausländischen Behörde entstehenden Kosten sowie etwaige bei den deutschen Auslandsvertretungen anfallende Gebühren und Auslagen. Für die **Prüfung** von Ersuchen in das Ausland ist nach Nr. 200 des GebVerz. zu § 2 Abs. 1 JVKostO eine Rahmengebühr zwischen 10 und 50 Euro anzusetzen. Die **Übersetzungskosten** richten sich nach §§ 8, 11ff. JVEG. Inwieweit bei der **ausländischen Behörde entstehende Kosten** vom ersuchten Staat verlangt werden, richtet sich im vertraglichen Rechtshilfeverkehr nach den zwischenstaatlichen Vereinbarungen, im vertragslosen Rechtshilfeverkehr nach dem Recht des ersuchten Staates. Diese Kosten werden auch dann angesetzt, wenn die deutsche Justizverwaltung aus Gegenseitigkeits- oder anderen Gründen keine Zahlung zu leisten hat (KV Nr. 9013). Die Gebühren und Auslagen **deutscher Auslandsvertretungen** richten sich nach dem AKostG und der AKostV. 18

364 *Parteimitwirkung bei Beweisaufnahme im Ausland*

(1) Wird eine ausländische Behörde ersucht, den Beweis aufzunehmen, so kann das Gericht anordnen, dass der Beweisführer das Ersuchungsschreiben zu besorgen und die Erledigung des Ersuchens zu betreiben habe.

(2) Das Gericht kann sich auf die Anordnung beschränken, dass der Beweisführer eine den Gesetzen des fremden Staates entsprechende öffentliche Urkunde über die Beweisaufnahme beizubringen habe.

(3) [1]In beiden Fällen ist in dem Beweisbeschluss eine Frist zu bestimmen, binnen der von dem Beweisführer die Urkunde auf der Geschäftsstelle niederzulegen ist. [2]Nach fruchtlosem Ablauf dieser Frist kann die Urkunde nur benutzt werden, wenn dadurch das Verfahren nicht verzögert wird.

(4) [1]Der Beweisführer hat den Gegner, wenn möglich, von dem Ort und der Zeit der Beweisaufnahme so zeitig in Kenntnis zu setzen, dass dieser seine Rechte in geeigneter Weise wahrzunehmen vermag. [2]Ist die Benachrichtigung unterblieben, so hat das Gericht zu ermessen, ob und inwieweit der Beweisführer zur Benutzung der Beweisverhandlung berechtigt ist.

---

[54] Vgl. *Trittmann/Leitzen* IPRax 2003, 7ff.

[55] In re Société Nationale Industrielle Aerospatiale 107 S. Ct. 2542 (1987) – teilw. Übersetzung und Anm. *Stürner* JZ 1987, 984. Zu Für und Wider eines Erlasses der von deutscher Seite im AusfG in Aussicht gestellten Verordnung zu Art. 23 HaagBeweisÜbk. *Schack* Rn. 742ff. mit Nachw. und *Stürner* (Fn. 37) S. 156f.; *ders.* JZ 1987, 984, 988.

[56] BGHZ 118, 312, 324; s. auch zum umgekehrten Fall *Stürner* JZ 1987, 44, 45.

[57] Zu Überschneidungen von EuGVO (Art. 31) und der BeweisVO *Stadler,* Festschr. Geimer 2002, 1281, 1302f.

[58] So *Stürner* IPRax 1984, 299, 300 (§§ 486 Abs. 1, 919, 937 Abs. 1 analog).

[59] Zu Einschränkungen auf Grund der EuGH-Rspr. *Stadler* JZ 1999, 1089ff.

[60] Ausführlich *Ahrens,* Festschr. Schütze, 1999, 1ff.; zu möglichen Verwertungsverboten *Stürner* IPRax 1984, 299, 300; für Verwertungsverbot OLG Köln IPRax 1984, 315 = NJW 1983, 2779; s. hierzu die abl. Anm. im Hinblick auf Art. 24 EuGVÜ *Meilicke* NJW 1984, 2017, 2018.

I. Grundsatz und Anwendungsbereich

1 **1. Verhältnis zur amtswegigen Beweisbeschaffung.** Die Beweisaufnahme wird – auch soweit es um die Beschaffung von Beweismitteln aus dem Ausland geht – grundsätzlich **von Amts wegen** betrieben. Dem Gericht stehen hierzu mit einer Priorität von § 363 Abs. 2 vor Abs. 1 verschiedene Möglichkeiten zur Verfügung (s. § 363 Rn. 2–4). § 364 eröffnet darüber hinaus die Möglichkeit, die Beweisaufnahme dem Beweisführer im **Parteibetrieb** zu überlassen. Das Gericht kann zwischen beiden Vorgehensweisen **nicht nach freiem Ermessen** wählen. Vielmehr darf auf die Beibringung auslandsbelegener Beweismittel im Parteibetrieb nur **in Ausnahmefällen** zurückgegriffen werden.[1] Dies kann etwa dann geschehen, wenn diplomatische Beziehungen zum Belegenheitsstaat nicht bestehen, gerichtlichen Rechtshilfeersuchen nicht entsprochen wird und das Bemühen der Partei schon deshalb größere Aussicht auf Erfolg verspricht. Der BGH will die Möglichkeit des Parteibetriebs darüber hinaus eröffnen, wenn es **aus sonstigen Gründen zweckmäßig** erscheint (schnellere Erledigung[2]); allerdings müssen konkrete Anhaltspunkte gegeben sein, auf Grund derer damit zu rechnen ist, dass die Beweisaufnahme auf diesem Weg auch tatsächlich wird stattfinden können (so auch § 36 ZRHO).[3] Dies wird nur selten vorliegen.

2 **2. Anwendung gegenüber Vertragsstaaten des HBewÜ.** Das HaagBeweisÜbk. sieht, da es nur einen Mindeststandard der Rechtshilfe garantiert, die Möglichkeit der parteibetriebenen Beweisaufnahme **nicht ausdrücklich vor,** sie ist aber bei entsprechender großzügiger Handhabung des Belegenheitsstaates nach Art. 27 lit. a (Rechtshilfeersuchen der Partei) und b **zulässig.** Eine Beschränkung von § 364 auf den vertragslosen Rechtshilfebereich ist daher zu eng; liegen die Voraussetzungen gemäß Art. 27 lit. a oder b HBewÜ vor, kann ein entsprechendes Vorgehen auch schwerlich gegen die von deutscher Seite oft proklamierte **Priorität bzw. Ausschließlichkeit** des **Übereinkommens**[4] **verstoßen.**[5] S. aber zu eigener Beweisaufnahmetätigkeit der Partei unten Rn. 3.

II. Anordnung nach Abs. 1 bzw. 2

3 **1. Inhalt.** Die Anordnung kann der Partei entweder aufgeben, das Ersuchen um ausländische Rechtshilfe selbst zu besorgen und dessen Erledigung zu betreiben (Abs. 1) oder sich darauf beschränken, ihr die Beibringung einer Urkunde nach Abs. 2 aufzuerlegen. Nicht zulässig ist es, die Partei bzw. ihren Vertreter mit **eigenen Ermittlungen** (Augenschein/Vernehmungen) oder Beweiserhebungen zu beauftragen.[6] Die Ergebnisse wären selbst bei Einverständnis des betroffenen Staates nicht als Beweismittel, sondern nur als Parteivortrag verwertbar. S. aber zur urkundlichen Verwertung parteiinitiierter schriftlicher Zeugenaussagen § 363 Rn. 10.

4 **2. Adressat.** Nach überwiegender Ansicht soll sich die Anordnung und Fristsetzung wie im Fall des § 356 an diejenige Partei richten, die sich auf das Beweismittel berufen hat (**Beweisführer**), **unabhängig** davon, ob sie auch die **Beweislast** trägt.[7] Dem ist zuzustimmen, da der fruchtlose Fristablauf auch nicht zur Beweisfälligkeit führen kann, wenn die Partei die Beweislast nicht trägt. Hatte sich der Beweisführer auf das Beweismittel **gegenbeweislich** berufen,[8] ohne dass der Haupt- oder Anscheinsbeweis angetreten oder geführt war,[9] wirkt sich die Anordnung bzw. ihre Nichtbefolgung ebenfalls nicht zum Nachteil der betroffenen Partei aus.

III. Fristsetzung (Abs. 3)

5 Für Fristsetzung und Fristversäumnis gelten § 356 Rn. 7–8 entsprechend. Ist eine Berücksichtigung ohne Verfahrensverzögerung möglich, so muss der nach Fristablauf beigebrachte Beweis berücksichtigt werden.[10]

IV. Benachrichtigung (Abs. 4)

6 Die Benachrichtigung des Gegners nach Abs. 4 S. 1 erfolgt **formlos.** S. 2 stellt es in das **Ermessen** des Gerichts, ob es das Beweisergebnis seiner Entscheidung zugrundelegt, wenn die Benachrichtigung unterblieben ist.[11] Da Waffengleichheit und rechtliches Gehör bei fehlender Kenntnis vom Termin der Beweisaufnahme regelmäßig beeinträchtigt sein dürften, wird die **Verwertung,** wenn nicht **Heilung** des Mangels nach § 295 vorliegt, **nur in Ausnahmefällen** möglich sein.[12] Ist die Beweisurkunde eingegangen, so gilt

---

[1] BGH NJW-RR 1989, 160, 161; MK/*Heinrich* Rn. 1; aA *Zö/Geimer* Rn. 1; AK-ZPO/*Koch* Rn. 6; für bloße „Anstandspflicht", nicht Amtspflicht *B/L/H* Rn. 2.

[2] BGH NJW 1984, 2039 (Rechtshilfeersuchen 1 Jahr lang erfolglos); OLG Köln NJW 1975, 2349, 2350.

[3] BGH NJW-RR 1989, 160, 161; *Cohn* ZZP 80 (1967), 230, 234; *St/J/Berger* Rn. 1, 2; AK-ZPO/*Koch* Rn. 6; sehr großzügig LG Neubrandenburg MDR 1996, 1186.

[4] Hierzu *Stadler,* Schutz des Unternehmensgeheimnisses, S. 308 ff.

[5] Großzügig *St/J/Berger* Rn. 2.

[6] *Junker,* Discovery im deutsch-amerikanischen Rechtshilfeverkehr, 1987, S. 432 f.; *Zö/Geimer* Rn. 1.

[7] BGH NJW 1984, 2039; *B/L/H* Rn. 4; MK/*Heinrich* Rn. 2.

[8] So im Fall von BGH NJW 1984, 2039.

[9] Erhebung des Gegenbeweises nach hM erst nachdem der Hauptbeweis erbracht ist, aber gleichzeitige Anordnung zulässig, vgl. *Zö/Greger* Vor § 284 Rn. 10.

[10] BGH NJW 1989, 2039.

[11] So auch BGHZ 33, 63, 64 f. = NJW 1960, 1950.

[12] So auch *T/P/Reichold* Rn. 2; MK/*Heinrich* Rn. 4; *St/J/Berger* Rn. 12, 13.

§ 362 entsprechend: Das Gericht muss den Gegner **benachrichtigen** und **von Amts wegen Termin bestimmen** (§§ 370 Abs. 2, 285).

V. Rechtsmittel

Anordnungen gemäß Abs. 1 und 2 mit Fristsetzung können grundsätzlich nicht selbständig durch Beschwerde angefochten werden.[13] Zu Ausnahmefällen s. § 356 Rn. 9. 7

VI. Gebühren und Kosten

1. **Rechtsanwaltsgebühren.** Eine gesonderte Gebühr für die Beweiserhebung fällt nach RVG nicht an. 8
2. **Gerichtskosten.** Gerichtsgebühren werden nicht erhoben. 9

365 *Abgabe durch beauftragten oder ersuchten Richter*

Der beauftragte oder ersuchte Richter ist ermächtigt, falls sich später Gründe ergeben, welche die Beweisaufnahme durch ein anderes Gericht sachgemäß erscheinen lassen, dieses Gericht um die Aufnahme des Beweises zu ersuchen. Die Parteien sind von dieser Verfügung in Kenntnis zu setzen.

I. Normzweck und Anwendungsbereich

Die Vorschrift dient der **Verfahrensbeschleunigung und -erleichterung,** indem sie dem Rechtshilfegericht den direkten Weg der Weitergabe ermöglicht – ohne Rückgabe der Sache an das Prozessgericht. Sie regelt nur die Abgabe des Ersuchens des inländischen Richterkommissars an ein anderes **inländisches Gericht,** also die **nationale Rechtshilfe.** Der beauftragte oder ersuchte Richter ist nicht befugt, ein Auslandsrechtshilfeersuchen zu veranlassen; hierfür gilt ausschließlich § 363, der die Entscheidung dem **Prozessgericht** überlässt (s. § 363 Rn. 6). Im Bereich der **internationalen Rechtshilfe** muss der ausländische ersuchte Richter nach seinem eigenen Verfahrensrecht gegebenenfalls über die Weitergabe an ein anderes (ausländisches) Gericht entscheiden (vgl. etwa Art. 9 Abs. 1, 12 Haager Beweishilfeübereinkommen).[1] Soweit ein inländisches Rechtshilfegericht für die **Durchführung eines ausländischen Ersuchens** örtlich nicht zuständig ist (§ 8 AusfG Haager Zustellungs- und Beweishilfeübereinkommen), folgt die Abgabe an das zuständige Gericht § 58 Abs. 1 ZRHO. Ist das Rechtshilfegericht aus **Rechtsgründen** (zB §§ 41, 42) an der Durchführung gehindert, so gilt § 36, nicht § 365.[2] 1

II. Abgabe des Ersuchens und Benachrichtigung

Sie ist zulässig, wenn **nachträglich,** dh. nach Erlass des Beweis- oder Änderungsbeschlusses durch das Prozessgericht Gründe **eingetreten** sind oder **bekannt werden**[3] („sich … ergeben"), welche die Erledigung durch ein anderes Gericht sachgemäß erscheinen lassen. So kann das Ersuchen beispielsweise weitergereicht werden, wenn der zu vernehmende Zeuge seinen Wohnsitz gewechselt hat und nunmehr in einem anderen Gerichtsbezirk wohnt. Die Prüfung, ob das Ersuchen von Anfang an sachdienlich war (zB § 375) oder eine andere Wertung von Umständen, die dem Prozessgericht bei der Beschlussfassung bekannt waren, ist dem ersuchten Richter aber verwehrt (s. § 362 Rn. 2). Über die Weitergabe entscheidet der Richterkommissar im Wege der Verfügung (S. 2) ohne vorherige Anhörung der Parteien[4] oder Rücksprache mit dem Prozessgericht. Die Parteien sind hiervon **formlos** in Kenntnis zu setzen.[5] Nach hM ist auch das Prozessgericht von der Weitergabe **zu benachrichtigen.**[6] Dem ist zuzustimmen. 2

III. Rechtsbehelfe

In der Abgabeverfügung liegt regelmäßig die **Ablehnung** des Rechtshilfeersuchens durch das weiterleitende Gericht. Sie ist daher gemäß § 159 GVG anfechtbar.[7] 3

366 *Zwischenstreit*

(1) Erhebt sich bei der Beweisaufnahme vor einem beauftragten oder ersuchten Richter ein Streit, von dessen Erledigung die Fortsetzung der Beweisaufnahme abhängig und zu dessen Entscheidung der Richter nicht berechtigt ist, so erfolgt die Erledigung durch das Prozessgericht.

(2) Der Termin zur mündlichen Verhandlung über den Zwischenstreit ist von Amts wegen zu bestimmen und den Parteien bekannt zu machen.

---

13 LG Neubrandenburg MDR 1996, 1186; *St/J/Berger* Rn. 10; MK/*Heinrich* Rn. 4; *T/P/Reichold* Rn. 2; aA *B/L/H* Rn. 5; OLG Köln NJW 1975, 2349.

1 *Zö/Greger* Rn. 1; AK-ZPO/*Rüssmann* Rn. 3; *T/P/Reichold* Rn. 1.

2 RGZ 44, 394 (ersuchter Richter sollte sich selbst als Zeuge vernehmen!); hM.

3 S. auch *St/J/Berger* Rn. 2; MK/*Heinrich* Rn. 2; AK-ZPO/*Rüssmann* Rn. 1; *B/L/H* Rn. 5.

4 MK/*Heinrich* Rn. 4.

5 *B/L/H* Rn. 5.

6 Vgl. etwa *Zö/Greger* Rn. 1.

7 MK/*Heinrich* Rn. 5; *Wiecz* Anm. A IIIa; AK-ZPO/*Rüssmann* Rn. 4; aA *B/L/H* Rn. 6, wonach offenbar nicht in jeder Abgabe eine Weigerung iSv. § 159 GVG liegen soll; unklar *Zö/Greger* Rn. 1 aE mit § 362 Rn. 2.

I. Normzweck

1 Die Vorschrift sichert dem **Prozessgericht** die **Entscheidungskompetenz** über bestimmte Fragen, von denen die Fortsetzung der Beweisaufnahme abhängt und damit indirekt der Prozessausgang.

II. Abgrenzung der Entscheidungsbefugnis

2 Die Beantwortung der Frage, zu welchen Entscheidungen der beauftragte/ersuchte Richter befugt ist, und welche dem Prozessgericht vorbehalten sind, ergibt sich nicht aus § 366 selbst, sondern aus der Aufzählung der Befugnisse des kommissarisch tätigen Richters in verschiedenen anderen Vorschriften. Dem Richterkommissar bleibt danach nur ein **enger Kreis eigener Entscheidungsbefugnis:** Es sind dies Maßnahmen und Entscheidungen nach §§ 229 (Termine und Fristen); 360 S. 3 (Abänderung des Beweisbeschlusses, vgl. hierzu § 360 Rn. 10); 365 (Weitergabe des Ersuchens); 400 (iVm. §§ 380, 390, 381 – Ordnungsmaßnahmen gegen Zeugen); 405, 406 Abs. 4 (Auswahl, Anleitung und Ablehnung von Sachverständigen); 180 GVG (Ordnungsmaßnahmen gem. §§ 176–179). Darüber hinaus räumt die hM dem Richterkommissar auch das Recht ein, alle Entscheidungen zu treffen, welche die **Art und Weise der Ausführung** des Auftrags betreffen[1] (zB Vertagung wegen fehlerhafter Zeugenladung; Modalitäten eines Augenscheins, § 372 Abs. 2; § 434, Urkundenvorlage).

3 Alle sonstigen Streitfragen sind vom Prozessgericht selbst zu entscheiden; dies gilt beispielsweise für den Streit über das Bestehen eines **Zeugnisverweigerungsrechts** (§ 387); über die **Zulässigkeit von Fragen der Parteien** (§ 397 Abs. 3), die (ergänzende) **Beantwortung schriftlicher Fragen** (§ 377 Abs. 3) oder die **Beeidigung** (§ 391; str.[2]). Entsteht Streit über das Recht eines Sachverständigen, die **Begutachtung zu verweigern** (§ 408), so wird die Entscheidung des Prozessgerichts überflüssig, wenn der Richterkommissar in Abänderung des Beweisbeschlusses den Gutachter gemäß § 360 S. 3 auswechselt (s. aber § 360 Rn. 10).

III. Voraussetzungen

4 Abs. 1 greift ein, wenn zwischen den Parteien oder einer Partei und einer Beweisperson (Zeuge, Sachverständiger) ein Zwischenstreit aufkommt oder zwischen den Parteien und dem Richterkommissar Meinungsverschiedenheiten bestehen. Vom Ausgang des Streits hängt die **Fortsetzung der Beweisaufnahme** beispielsweise dann ab, wenn über ein **bestrittenes Verweigerungsrecht** zu entscheiden ist, auf das sich ein Zeuge oder Sachverständiger beruft. Desgleichen, wenn die Parteien über die Zulässigkeit einer Frage streiten, die eine Partei oder ihr Anwalt dem Zeugen vorlegen lassen bzw. stellen.

IV. Verfahren

5 **1. Vorgehen des beauftragten/ersuchten Richters.** Fällt die Entscheidung über eine Streitfrage nicht in die eigene Kompetenz des Richterkommissars, so hat er die Beweisaufnahme – soweit es ohne Entscheidung der streitigen Frage möglich ist – durchzuführen und die Akten sodann mit einer Darstellung des Zwischenstreites an das Prozessgericht zurückzugeben.

6 **2. Verfahrensweise des Prozessgerichts.** Das Prozessgericht muss gemäß Abs. 2 von Amts wegen einen Termin bestimmen und die Parteien hiervon in Kenntnis setzen; die Beteiligten sind von Amts wegen zu laden (s. etwa § 389 Abs. 2).[3] Zur Möglichkeit eines **Versäumnisurteils** über den Zwischenstreit s. § 347 Abs. 2 und dort Rn. 2. Soweit an dem Zwischenstreit Nichtparteien, dh. Zeugen oder Sachverständige, beteiligt sind, ist durch **Zwischenurteil** (§ 303) zu entscheiden, ebenso, wenn es um Streitfragen zwischen den Parteien und dem beauftragten/ersuchten Richter geht und letzterer die Beweisaufnahme nach der Entscheidung fortsetzen soll. Ändert das Prozessgericht den übertragenden Beweisbeschluss ab und führt es die Beweisaufnahme selbst fort, so kann – vom Fall der Drittbeteiligung abgesehen (§§ 387, 408) – über den Zwischenstreit auch in den Gründen des Endurteils befunden werden.

V. Rechtsbehelfe

7 Zu den Rechtsbehelfen gegen Entscheidungen des beauftragten oder ersuchten Richters s. §§ 361 Rn. 1, 362 Rn. 7. Rechtsmittel gegen Zwischenurteile des Prozessgerichts sind nur in Ausnahmefällen gegeben (§§ 387 Abs. 3, 402, 408), s. § 303 Rn. 7.

367 *Ausbleiben der Partei*

(1) Erscheint eine Partei oder erscheinen beide Parteien in dem Termin zur Beweisaufnahme nicht, so ist die Beweisaufnahme gleichwohl insoweit zu bewirken, als dies nach Lage der Sache geschehen kann.

(2) Eine nachträgliche Beweisaufnahme oder eine Vervollständigung der Beweisaufnahme ist bis zum Schluss derjenigen mündlichen Verhandlung, auf die das Urteil ergeht, auf Antrag anzuordnen, wenn das Verfahren dadurch nicht verzögert wird oder wenn die Partei glaubhaft macht, dass sie ohne ihr Verschulden außerstande gewesen sei, in dem früheren Termin zu erscheinen, und im Falle

---

[1] *St/J/Berger* Rn. 2; MK/*Heinrich* Rn. 1; *T/P/Reichold* Rn. 4.

[2] *T/P/Reichold* § 391 Rn. 2, § 400 Rn. 3; *Ro/S/Go* § 119 Rn. 30; aA *St/J/Berger* § 391 Rn. 21; MK/*Damrau* § 391 Rn. 7; *B/L/H* Rn. 4.

[3] *St/J/Berger* Rn. 5; *B/L/H* Rn. 5.

des Antrags auf Vervollständigung, dass durch ihr Nichterscheinen eine wesentliche Unvollständigkeit der Beweisaufnahme veranlasst sei.

I. Anwendungsbereich und Voraussetzungen

Die Vorschrift gilt für Termine zur Beweisaufnahme vor dem Prozessgericht (Einzelrichter) und vor einem beauftragten oder ersuchten Richter (§§ 361, 362). Die Parteien müssen von dem Termin **ordnungsgemäß benachrichtigt** worden sein (s. §§ 218, 357 Abs. 2 mit § 172 nF bzw. § 273 Abs. 4 S. 1). Ist dies unterblieben, ist die dennoch durchgeführte Beweisaufnahme **fehlerhaft** und auf Rüge zu wiederholen (zum Verlust des Rügerechts s. unten Rn. 6). 1

II. Folgen des Ausbleibens

1. Durchführung der Beweisaufnahme. Die Beweisaufnahme – auch vor dem Richterkommissar – ist **parteiöffentlich;** dies bedeutet aber nur ein **Recht** der Parteien, anwesend zu sein. Ihre Präsenz ist für die Durchführung der Beweisaufnahme weder notwendig, noch steht es im Ermessen des Gerichts, im Fall der Säumnis den Termin zu vertagen. Liegen die Voraussetzungen nach Rn. 1 vor, so ist die Beweisaufnahme auch ohne die Partei oder im Anwaltsprozess ohne den Prozessvertreter durchzuführen, soweit dies möglich ist. 2

Auch im Fall der nach § 273 Abs. 2 Nr. 4 zur Verhandlung geladenen Zeugen oder Sachverständigen kann trotz Abwesenheit einer oder beider Parteien eine **sofortige Vernehmung** erfolgen, wenn das Gericht nach §§ 251 a, 331 a **einen Beweisbeschluss nach Aktenlage** erlässt.[1] Die Gegenmeinung,[2] die eine vorherige Benachrichtigung der Parteien vom Gerichtsbeschluss verlangt, ist abzulehnen, soweit die säumige(n) Partei(en) nach § 273 Abs. 4 S. 1 von der Ladung in **Kenntnis** gesetzt worden war(en). 3

2. Ausschluss. Die bei der Beweisaufnahme nicht anwesende Partei bleibt – vorbehaltlich der Regelung in Abs. 2 – mit ihrem Frage- und Mitwirkungsrecht etwa bei der Zeugen- oder Sachverständigenvernehmung für diese Instanz ausgeschlossen. Die **beweisbelastete Partei** ist gegebenenfalls mit dem Beweismittel ganz ausgeschlossen, wenn die Beweisaufnahme infolge ihrer Säumnis nicht durchgeführt werden kann. So beispielsweise, wenn der Termin zur Urkundenvorlage oder Vorlage eines Augenscheinsobjektes gerade durch die säumige Partei anberaumt war. Scheitert die Durchführung der Beweisaufnahme am **Gegner** der beweisbelasteten Partei, so ist das Verhalten nach § 286 frei zu würdigen (**Beweisvereitelung**) bzw. nach §§ 371 Abs. 2, 427 zu verfahren. Die Folgen des Ausbleibens einer Partei, die selbst als solche vernommen werden soll, richten sich nach § 454. 4

3. Versäumnisurteil. Gegen die säumige Partei darf ein Versäumnisurteil nicht vor Erledigung der Beweisaufnahme ergehen, sondern erst nach deren Abschluss, soweit der Termin zur **Fortsetzung der mündlichen Verhandlung** bestimmt war (Regelfall: § 370 Abs. 1). Die Beweisaufnahme muss im Fall des Einspruchs nicht wiederholt werden. 5

III. Nachholung und Vervollständigung der Beweisaufnahme

Auf **Antrag** der säumigen Partei muss das Prozessgericht eine Wiederholung bzw. Vervollständigung der Beweisaufnahme anordnen, wenn **keine Verzögerung** eintritt oder die **Säumnis unverschuldet** war (zum Begriff s. jeweils § 296 Rn. 13 ff., 24 f.) und die Partei dies **glaubhaft** macht (§ 294) bzw. im Fall der Vervollständigung die Partei glaubhaft macht, dass ihre **Säumnis kausal war für eine wesentliche Unvollständigkeit** der Beweisaufnahme. Der Antrag auf Wiederholung ist in dem nächsten auf die versäumte Beweisaufnahme folgenden Termin zu stellen, sonst entfällt das Antragsrecht nach § 295 Abs. 1 analog und es kommt **nur** eine **Ergänzung** der Beweisaufnahme in Betracht.[3] Wiederholung und Vervollständigung der Beweisaufnahme sollen nach hM auch zulässig sein, wenn die gegnerische Partei **einwilligt.**[4] Mangels Dispositionsbefugnis der Parteien über die von der Vorschrift angestrebte Verfahrensbeschleunigung wird dies von der Gegenansicht zu Recht abgelehnt.[5] Das Prozessgericht – nicht der Richterkommissar – kann nach §§ 398, 402 auch nur aus anderen Gründen als der Säumnis einer Partei eine erneute Vernehmung anordnen. Das Prozessgericht entscheidet über den Antrag durch **Beweisbeschluss,** sofern die Beweisaufnahme wiederholt oder ergänzt wird. Eine **Zurückweisung** erfolgt entweder durch nicht selbständig anfechtbares Zwischenurteil oder in den Gründen des Endurteils. 6

368 *Neuer Beweistermin* **Wird ein neuer Termin zur Beweisaufnahme oder zu ihrer Fortsetzung erforderlich, so ist dieser Termin, auch wenn der Beweisführer oder beide Parteien in dem früheren Termin nicht erschienen waren, von Amts wegen zu bestimmen.**

I. Amtsbetrieb bei Erforderlichkeit eines weiteren Termins

Die Vorschrift stellt klar, dass bis zur vollständigen Erledigung des Beweisbeschlusses **Amtsbetrieb** herrscht. Das Prozessgericht bzw. der Richterkommissar entscheiden über die erschöpfende Durchführung 1

---

1 HM, statt vieler *St/J/Schumann* Rn. 2.
2 *Wiecz* Anm. A II.
3 BGH LM StVO § 13 Nr. 7; *Zö/Greger* Rn. 2; MK/*Heinrich* Rn. 4; *T/P/Reichold* Rn. 4.
4 *T/P/Reichold* Rn. 3; *Zö/Greger* Rn. 2; *B/L/H* Rn. 5.
5 MK/*Heinrich* Rn. 6; *Wiecz* Anm. C IIa 2.

der Beweisaufnahme und entscheiden je nach Sachlage über Neuterminierung (es bleibt zB der geladene Zeuge aus) oder Fortsetzung (der Zeuge hat die nach § 378 Abs. 1 mitzubringenden Unterlagen nicht dabei). Grundsätzlich besteht die Möglichkeit, einen weiteren Termin nach § 368 anzuberaumen auch in den Fällen der **Parteisäumnis** nach § 367.[1] Allerdings sollten die dort genannten Voraussetzungen für die Nachholung oder Vervollständigung nicht durch eine zu großzügige Auslegung der „Erforderlichkeit" wegen unvollständiger Sachaufklärung nach § 368 unterlaufen werden. Zur wiederholten Vernehmung von Zeugen und Sachverständigen s. die Sonderreglung in §§ 398 Abs. 1, 402.

II. Terminsbestimmung und Benachrichtigung der Parteien

2 Der neu anberaumte Termin ist grundsätzlich zu verkünden. Eine Ladung der Parteien ist nach § 218 entbehrlich, wenn sie bereits zum Verkündungstermin selbst geladen waren.[2] Ansonsten gelten §§ 329 Abs. 2 S. 2, 357 Abs. 2. Zur notwendigen Einhaltung der Ladungsfrist s. bereits § 357 Rn. 6.

369 *Ausländische Beweisaufnahme* **Entspricht die von einer ausländischen Behörde vorgenommene Beweisaufnahme den für das Prozessgericht geltenden Gesetzen, so kann daraus, dass sie nach den ausländischen Gesetzen mangelhaft ist, kein Einwand entnommen werden.**

I. Normzweck

1 Die Vorschrift regelt die formelle **Verwertbarkeit** von Beweisaufnahmen, die im Wege der Rechtshilfe im Ausland durchgeführt wurden und geht dabei – der hM im internationalen Prozessrecht entsprechend – vom lex-fori-Prinzip aus.

II. Reichweite des lex-fori-Prinzips bei der Rechtshilfe

2 **1. Verfahren der Beweisaufnahme.** Nicht nur das mit der Hauptsache beschäftigte Prozessgericht legt der Verhandlung und Entscheidung sein eigenes Verfahrensrecht zu Grunde,[1] sondern auch die Durchführung von Rechtshilfemaßnahmen folgt grundsätzlich dem Ortsrecht des ersuchten Rechtshilfegerichts.[2] Insbesondere das **HBewÜ**[3] übernimmt diesen Grundsatz in Art. 9 Abs. 1 für die Rechtshilfe durch **ausländische Behörden und Gerichte,** verpflichtet allerdings – von strengen Ausnahmen abgesehen –, Anträgen auf Einhaltung einer bestimmten Form zu folgen (wegen der praktischen Schwierigkeiten des ausländischen Gerichts mit fremdem deutschen Verfahren sollen entsprechende Anträge aber nach § 20 ZRHO unterbleiben). Daran hält auch die BeweisVO (§ 363 Rn. 1) in Art. 10 grundsätzlich fest. **Weigerungsrechte** der Beweisperson können sich aber bei der Beweisaufnahme im Ausland **wahlweise** aus der lex fori des ersuchten Staates oder dem Recht des ersuchenden Staates ergeben (Art. 11 Abs. 1 HBewÜ).[4] Dagegen kommt bei der Rechtshilfe durch **diplomatische oder konsularische Vertreter,** die jedoch wegen der zahlreichen vertraglichen Vorbehalte eine Ausnahme darstellt, auch nach dem Haager Übereinkommen grundsätzlich das Verfahrensrecht des Hauptsachegerichts zur Anwendung, wenn das Recht des ersuchten Staates nicht bestimmte Formen verbietet (Art. 11 lit. d HBewÜ; § 15 Abs. 3 S. 1 KonsG). Für die Durchführung von **Zwangsmaßnahmen** ist aber auch in diesen Fällen grundsätzlich auf die Behörden des ersuchten Staates und deren Prozessrecht zurückzugreifen (Art. 18 HBewÜ).

3 Aus dem lex-fori-Prinzip folgt daher, dass allein das ausländische Verfahrensrecht über die Ordnungsgemäßheit der Beweisaufnahme entscheidet. Sofern dessen Vorschriften beachtet sind, spielt es keine Rolle, wenn das deutsche Verfahrensrecht abweicht oder dergleichen Beweisaufnahmen gar nicht kennt.[5] Einen **ordre-public-Vorbehalt** für die Verwertung gibt es anders als bei der Anerkennung förmlicher ausländischer Entscheidungen nicht; entsprechende Bedenken mögen aber in die Beurteilung der Beweiskraft einfließen.

4 **2. Wirkung und Verwertung der Beweisaufnahme.** Anders als die Durchführung der Beweisaufnahme richten sich die **Wirkungen,** also die Beweiskraft und damit die Regeln über die Beweiswürdigung (zB einer Zeugenaussage) nach dem Recht des ersuchenden Staates, im Fall des § 369 somit nach deutschem Prozessrecht (hM).

III. Meistbegünstigung

5 **1. Grundsatz.** Deutsches Zivilverfahrensrecht setzt die ordnungsgemäße Durchführung der Beweisaufnahme für die Verwertung voraus. Wollte man am oben geschilderten lex-fori-Prinzip uneingeschränkt festhalten, so wäre der im Ausland unter Verstoß gegen das ausländische Prozessrecht erhobene Beweis unverwertbar. Von dieser strengen Handhabung weicht § 369 mit dem sog. **Meistbegünstigungsprinzip** ab: Es

---

[1] MK/*Heinrich* Rn. 1 und § 367 Rn. 7.
[2] MK/*Heinrich* Rn. 2; *B/L/H* Rn. 4.

[1] BGH NJW 1985, 552, 553; statt vieler *Leipold,* Lex fori, Souveränität, Discovery – Grundfragen des IZPR, 1989, S. 25ff. mit Nachw.; abl. bzw. differenzierend *Schack* Rn. 40ff., 656ff.; *Grunsky* ZZP 89 (1976), 241, 249; speziell für das Beweisrecht s. auch *Coester-Waltjen,* Internationales Beweisrecht, 1983, Rn. 5ff., 658ff.
[2] Statt vieler *Schack* Rn. 183.
[3] Übereinkommen über die Beweisaufnahme im Ausland in Zivil- und Handelssachen, BGBl. 1977 II S. 1472.
[4] Hierzu ausführlich *Stadler,* Schutz des Unternehmensgeheimnisses, S. 329ff.
[5] So auch zutreffend MK/*Heinrich* Rn. 4; aA *Wiecz* Anm. A III.

genügt, wenn die Beweiserhebung entweder nach dem ausländischen Ortsrecht **oder** nach deutschem Prozessrecht ordnungsgemäß durchgeführt wurde. Verletzt also etwa eine Zeugenvernehmung in den USA die Regeln über das Kreuzverhör, so bleibt die Aussage verwertbar, wenn die Formalien nach §§ 373ff. eingehalten wurden.

2. Unverwertbarkeit ausländischer Beweisaufnahmen. Der Umkehrschluss aus § 369 ergibt, dass eine Beweisaufnahme, die **weder** den Vorschriften des ausländischen Verfahrens, **noch** deutschem Prozessrecht entspricht, **nicht verwertbar** ist. Die Beweisaufnahme ist in korrekter Art und Weise zu wiederholen. Für den Verstoß gegen das deutsche Prozessrecht kommt jedoch **Heilung nach § 295** in Betracht, so dass dann wiederum Verwertbarkeit gemäß § 369 gegeben sein kann. Die hM will in Fällen des „Doppelmangels" bei fehlender Heilung eine freie Beweiswürdigung nach § 286 zulassen.[6] Damit werden jedoch §§ 295, 369 unterlaufen: Auch bei korrekter Beweisaufnahme erfolgt freie Beweiswürdigung; die Einbeziehung des Mangels und seines Einflusses auf das Beweisergebnis in die Würdigung widerspricht dem deutschen Verfahrensgrundsatz der Unverwertbarkeit bei gerügter mangelhafter Beweiserhebung mit der Folge, dass der Verfahrensverstoß im Rechtsmittelverfahren geltend gemacht werden kann.[7] Dieses Prinzip sollte auch nicht im Hinblick auf das Rechtshilfeverfahren aufgegeben werden.[8] 6

370 *Fortsetzung der mündlichen Verhandlung*

(1) Erfolgt die Beweisaufnahme vor dem Prozessgericht, so ist der Termin, in dem die Beweisaufnahme stattfindet, zugleich zur Fortsetzung der mündlichen Verhandlung bestimmt.

(2) [1]**In dem Beweisbeschluss, der anordnet, dass die Beweisaufnahme vor einem beauftragten oder ersuchten Richter erfolgen solle, kann zugleich der Termin zur Fortsetzung der mündlichen Verhandlung vor dem Prozessgericht bestimmt werden.** [2]**Ist dies nicht geschehen, so wird nach Beendigung der Beweisaufnahme dieser Termin von Amts wegen bestimmt und den Parteien bekannt gemacht.**

I. Zusammenfallen von Beweis- und Verhandlungstermin

1. Anwendungsbereich. Nach Abs. 1 wird im Anschluss an den Beweisaufnahmetermin vor dem Prozessgericht **kraft Gesetzes** auch die mündliche Verhandlung fortgesetzt. Dies gilt auch bei Beweisaufnahmen außerhalb des Gerichtssaales (§ 219),[1] etwa bei der Einnahme eines Augenscheins. Die Vorschrift ist jedoch **nicht zwingend** und hindert daher nicht, dass das Prozessgericht einen Termin bewusst **ausschließlich zur Beweisaufnahme** ansetzt und gleichzeitig bereits für einen späteren Zeitpunkt Termin zur Fortsetzung der mündlichen Verhandlung anberaumt.[2] Keinen eigenständigen Regelungsbereich hat Abs. 1 in den Fällen des § 279 Abs. 2, wenn im Rahmen des Verhandlungstermins Beweis erhoben wird.[3] 1

2. Normzweck und Abweichungen von der Koppelung nach Abs. 1. Abs. 1 dient der Verwirklichung des Grundsatzes der **Unmittelbarkeit** der Beweisaufnahme. Das Prozessgericht bzw. der Einzelrichter sollen möglichst unter dem Eindruck der Beweisaufnahme über das Beweisergebnis und die Sache mit den Parteien verhandeln. In begründeten Fällen kann das Gericht die Koppelung aufheben und nach Abschluss der Beweisaufnahme vertagen: Dies wird insbesondere zur Wahrung des Anspruchs auf **rechtliches Gehör** in Betracht kommen, wenn sich neue Tatsachen ergeben haben, zu denen sich die Parteien nicht ohne vorherige Erkundigung äußern können.[4] Kann die Beweisaufnahme nicht vollständig durchgeführt werden, so greift § 368. Erst für den neu anzuberaumenden Termin gilt dann wiederum § 370. 2

II. Fortsetzung der mündlichen Verhandlung

1. Beendigung der Beweisaufnahme. Erst nach **vollständiger Erledigung** der Beweisaufnahme wird die mündliche Verhandlung fortgesetzt. Neben den Fällen der endgültigen Ausführung des Beweisbeschlusses ist die Beweisaufnahme auch beendet bei **Unausführbarkeit** (s. aber § 368) des Beschlusses,[5] **Verzicht** auf ein Beweismittel oder gerichtlicher **Aufhebung des Beweisbeschlusses** (vgl. § 360 Rn. 2). Die mündliche Verhandlung wird nach § 285 Abs. 1 regelmäßig mit der **Aussprache über das Beweisergebnis** fortgesetzt. 3

2. Versäumnisurteil. Die Beweisaufnahme selbst kann auch in Abwesenheit der Partei(en) durchgeführt werden (§ 367 Abs. 1). Ist sie jedoch beendet und wird die mündliche Verhandlung fortgesetzt, können die säumige Partei die Säumnisfolgen nach §§ 330, 331ff. treffen. Anträge auf Erlass eines Versäumnisurteils sind **erst nach Abschluss der Beweisaufnahme zulässig;** allerdings kann die erschienene Partei angesichts der Säumnis des Gegners auf die von ihr benannten Beweismittel **verzichten** und so die Beweisaufnahme 4

[6] *St/J/Berger* Rn. 2 (wenn Wiederholung nicht möglich) und *St/J/Leipold* § 286 Rn. 17; *Zö/Greger* Rn. 1; *B/L/H* Rn. 5; *T/P/Reichold* Rn. 1.
[7] *Mu/St* Rn. 58; für die entspr. Anwendung von § 286 auch im deutschen Recht bei mangelhafter und gerügter Beweisaufnahme *St/J/Leipold* § 286 Rn. 17.
[8] Zurückhaltend auch MK/*Heinrich* Rn. 5.
[1] HM, statt vieler *T/P/Reichold* Rn. 1.
[2] *St/J/Berger* Rn. 1.
[3] *Wiecz* Anm. A; MK/*Heinrich* Rn. 1.
[4] BGH MDR 1978, 46 (Vorlage fremdsprachiger schriftlicher Zeugenerklärung im Termin); OLG Koblenz NJW-RR 1991, 1087.
[5] *B/L/H* Rn. 5.

vorzeitig beenden. Dann besteht allerdings die Gefahr der Zurückweisung eines erneuten Beweisantritts (§ 296), wenn nach Einspruch weiterverhandelt wird.[6]

5 Grundsätzlich wird bei der Entscheidung über das beantragte Versäumnisurteil das **Ergebnis der durchgeführten Beweisaufnahme** nicht berücksichtigt. Streitig ist dies für den Fall der Säumnis des Beklagten, wenn sich entscheidungserhebliche Behauptungen des Klägers auf Grund des Beweisergebnisses als **bewusst unwahr** und damit als Verstoß gegen die Wahrheitspflicht nach § 138 Abs. 1 herausstellen. Die hM hält dann zu Recht die Ablehnung des Versäumnisurteils für zulässig, da die Geständnisfiktion nach § 331 Abs. 1 nicht mehr greife.[7] Entscheidet das Gericht gemäß §§ 251 a, 331 a **nach Lage der Akten,** so ist das Ergebnis der Beweisaufnahme einzubeziehen.[8]

III. Fortsetzung der Verhandlung nach kommissarischer Beweisaufnahme

6 Abs. 2 S. 1 hat geringe praktische Bedeutung, da es in den wenigsten Fällen absehbar ist, wann der Richterkommissar die Beweisaufnahme abgeschlossen haben wird. Abs. 2 S. 2 sieht die **amtswegige** Terminierung des Fortsetzungstermins nach Abschluss der Beweisaufnahme vor. Die Terminsbestimmung ist unter **Einhaltung der Ladungsfrist**[9] zuzustellen (§§ 329 Abs. 2 S. 2, 217). Die Parteien müssen das Ergebnis der kommissarischen Beweisaufnahme gemäß § 285 Abs. 2 im Fortsetzungstermin vortragen.

Titel 6. Beweis durch Augenschein

371 *Beweis durch Augenschein* (1) [1]**Der Beweis durch Augenschein wird durch Bezeichnung des Gegenstandes des Augenscheins und durch die Angabe der zu beweisenden Tatsachen angetreten.** [2]**Ist ein elektronisches Dokument Gegenstand des Beweises, wird der Beweis durch Vorlegung oder Übermittlung der Datei angetreten.**

(2) [1]**Befindet sich der Gegenstand nach der Behauptung des Beweisführers nicht in seinem Besitz, so wird der Beweis außerdem durch den Antrag angetreten, zur Herbeischaffung des Gegenstandes eine Frist zu setzen oder eine Anordnung nach § 144 zu erlassen.** [2]**Die §§ 422 bis 432 gelten entsprechend.**

(3) **Vereitelt eine Partei die ihr zumutbare Einnahme des Augenscheins, so können die Behauptungen des Gegners über die Beschaffenheit des Gegenstandes als bewiesen angesehen werden.**

I. Normzweck

1 Augenschein ist **echtes Beweismittel.** Folgerichtig findet sich in § 371 eine Regelung zum förmlichen Beweisantritt, ähnlich den Bestimmungen bei den übrigen Beweismitteln (vgl. §§ 373, 403, 420, 421, 428 ff., 432, 445); umgekehrt ergibt sich daraus, dass auch beim Augenscheinsbeweis ein entsprechender Beweisantrag nur nach den allgemeinen Vorschriften abgelehnt werden kann (Rn. 15–17). Darin besteht der wesentliche Unterschied zu der durch den Richter von Amts wegen angeordneten Einnahme eines Augenscheines nach § 144 Abs. 1 S. 1, die in seinem pflichtgemäßen Ermessen liegt (§ 144 Rn. 3, 4; auch Einl. Rn. 43). Der in der Praxis wichtigste **Anwendungsbereich** des Augenscheinsbeweises betrifft die Besichtigung von Örtlichkeiten, insbesondere in Unfallprozessen oder Nachbarstreitigkeiten, und Gebäuden, insbesondere in Bausachen (weitere Beispiele s. Rn. 3, 6). Diese „Ortstermine" tragen, wenn sie vom Gericht gut vorbereitet sind, oft mehr zur Klärung eines Sachverhaltes bei als Zeugenvernehmungen oder Erörterungen im Gerichtssaal (s. auch Rn. 8) und fördern nicht selten die Vergleichsbereitschaft der Parteien.

2 **Systematik: Abs. 1 S. 1** enthält den Grundsatz (Rn. 1). Er wird ergänzt durch die Sonderregelung in **Abs. 1 S. 2** für den Beweisantritt bei einem elektronischen Dokument und in **Abs. 2** für den Beweisantritt, wenn sich das Augenscheinsobjekt im Besitz eines Dritten befindet. **Abs. 3** beinhaltet eine Beweisregel für den Fall, dass die Gegenpartei des Beweisführers die ihm zumutbare Einnahme des gerichtlichen Augenscheins vereitelt. Mit der **Beweiskraft elektronischer Dokumente** befasst sich § 371 a.

II. Einzelheiten zum Augenschein

3 **1. Begriff.** Augenschein ist nach allgM jede **eigene und gegenständliche Wahrnehmung** des Gerichts zu beweiserheblichen und streitigen Tatsachen über die Beschaffenheit von Personen und Sachen oder über sonstige Vorgänge. Sie erfolgt durch den Gesichtssinn – woraus sich der Name „Augenscheinsbeweis" erklärt[1] – oder durch jeden anderen Sinn, also durch Gehör, Geruch, Geschmack oder Gefühl; man spricht deshalb auch von „Wahrnehmungsbeweis".[2] **Beispiele:** Besichtigung einer Person wegen einer Narbe, von

---

[6] Ausführlich hierzu *St/J/Berger* Rn. 5, der mangels Verstoßes gegen eine Prozessförderungspflicht Präklusion ausschließt (gegen die Voraufl.).

[7] So MK/*Heinrich* Rn. 5; *Zö/Greger* Rn. 1; *B/L/H* Rn. 5 und vor § 288 Rn. 6; aA *St/J/Berger* Rn. 6 (gegen die Voraufl.).

[8] *Zö/Greger* Rn. 1; *St/J/Berger* Rn. 7; so auch BGH NJW 2002, 301, 302 für mündliche Anhörung des Sachverständigen vor Wiedereintritt in die mündliche Verhandlung.

[9] RGZ 81, 321, 323 und hM.

[1] *Ro/S/Go* § 117 Rn. 1.

[2] *Ahrens,* FS Geimer, 2002, S. 1, 4.

Gebäuden wegen der Größe von Rissen, von Örtlichkeiten wegen Beeinträchtigung des Lichteinfalls durch Bäume oder von sonstigen Vorgängen, zB auf welche Weise Oberflächenwasser abläuft; Anhören von Geräuschen; Geruch von Gasen oder Dämpfen (vgl. § 906 BGB); Geschmack bestimmter Lebensmittel; Gefühl beim Betasten eines Stoffes wegen dessen Eigenschaften. Wahrgenommen wird dabei in der Regel unmittelbar; jedoch gehört auch die mittelbare Wahrnehmung hierher, zB auf Grund einer Fotografie oder bei einer Phonmessung durch Ablesen der Messgeräte.[3]

Ergebnis eines solchen Augenscheins ist die Tatsachenfeststellung durch das Gericht auf Grund eigener Wahrnehmung als „unmittelbarste"[4] Art der Beweiserhebung. Soweit es hierbei nicht um den Einsatz des Gesichtssinns, sondern anderer Sinne (Hören, Riechen, Schmecken, Fühlen) geht, ist auch ein **blinder Richter** selbst (andernfalls: § 372 Abs. 2) zum „Augenschein" fähig[5]; Gleiches muss gelten, wenn dieser sein fehlendes Sehvermögen durch eine andere Sinneswahrnehmung ausreichend ersetzen kann, zB durch das Betasten einer Narbe zwecks Beurteilung einer Entstellung. Um eine eigene Wahrnehmung handelt es sich auch, wenn die Einnahme des Augenscheins durch eine dritte Person als sog. **Augenscheinsgehilfe** im Auftrag des Richters erfolgt (näher § 372 Rn. 4). 4

2. Abgrenzung zu anderen Beweismitteln. Beim Augenschein geht es immer um die eigene Wahrnehmung des Richters. Demgegenüber vermitteln der **Urkundenbeweis** den Gedankeninhalt der Urkunde und der **Zeugenbeweis,** was der Zeuge wahrgenommen hat; in beiden Fällen kommt aber die Einnahme eines Augenscheines in Betracht, wenn äußere Merkmale der Urkunde oder des Zeugen zu klären sind, zB in welcher Schrift ein Brief abgefasst ist oder ob der Zeuge eine Gehbehinderung hat. Abgrenzung zum **Sachverständigenbeweis** (§ 372 Rn. 3, 4): Zieht das Gericht zur Einnahme des Augenscheins den Sachverständigen lediglich als Gehilfen hinzu (Rn. 4), so handelt es sich ausschließlich um einen Beweis nach §§ 371, 372; wird der Sachverständige jedoch wegen seiner Sachkunde eingesetzt (§ 402 Rn. 1, 2), so liegt insoweit Sachverständigen- und für die eigene Wahrnehmung des Richters Augenscheinsbeweis vor. Überlässt das Gericht dem Sachverständigen die Einnahme des Augenscheins, was in der Praxis die Regel ist, so gelten ausschließlich die Vorschriften zum Sachverständigenbeweis (§ 372 Rn. 3). 5

3. Augenscheinsobjekt kann jeder Gegenstand sein, bei dem eine sinnliche Wahrnehmung (Rn. 3) in Betracht kommt, insbesondere die **streitige Sache** selbst. Nach hM[6] gehören hierher auch **Tonband-**[7] und **Schallplattenaufnahmen** sowie **andere technische Aufzeichnungen** (Computer-, Videobänder, Disketten, Filmaufnahmen) einschließlich **elektronischer Dokumente** (Rn. 12) und **Fotografien** (zur Verwertbarkeit Rn. 11, 12); jedoch ist ein Foto als Urkunde anzusehen, wenn es eine Gedankenerklärung vermitteln soll, zB ob die abgebildete Person in einer bestimmten Lebenssituation lacht oder weint als Ausdruck der Freude oder des Schmerzes. Bei Streit über die **Identität des Augenscheinsobjekts** (oder dessen **Echtheit/Unversehrtheit**) trifft die Beweislast den Beweisführer (§ 359 Nr. 3); hat das Gericht den Augenschein von Amts wegen nach § 144 Abs. 1 S. 1 angeordnet (Rn. 1), so trägt die Beweislast diejenige Partei, welche die streitige Tatsache nachzuweisen hat, auf die sich der Augenschein bezieht.[8] 6

4. Beweiswert. Meist betrifft der Augenscheinsbeweis das streitige Tatbestandsmerkmal selbst, zB im Rechtsstreit wegen Ersatz von Mängelbeseitigungskosten (§ 634 Nr. 2 BGB) die nicht ordnungsgemäß schließenden, mit einem Fehler behafteten (§ 633 Abs. 2 BGB) Fenster. Dann liegt ein **unmittelbarer Beweis** vor (§ 284 Rn. 7), der sehr zuverlässig ist. Denn der Richter trifft die Tatsachenfeststellung selbst (vgl. Rn. 4), ohne dass eine weitere Person (Zeuge/Sachverständiger) oder eine Urkunde zwischen der Wirklichkeit und der Wahrnehmung steht, was stets besondere Fehlerquellen eröffnet.[9] Der Augenscheinsbeweis kann sich aber auch auf eine tatbestandsfremde Tatsache, ein Indiz, beziehen und ist dann **mittelbarer Beweis** (§ 284 Rn. 7); Beispiel: Das Gericht besichtigt im Inneren eines Raumes eine feuchte Mauerstelle, die nach den Behauptungen des Klägers auf mangelhaften Isolierungsarbeiten (Haupttatsache) des beklagten Bauunternehmers beruht. Dann ist nach allgemeinen Regeln die Beweiskraft des Indizes zu bewerten[10]. In allen diesen Fällen muss außerdem beachtet werden, dass auch die Wahrnehmungsfähigkeit unserer Sinnesorgane Grenzen hat,[11] insbesondere der Tast-, Geruchs- und Geschmackssinn. 7

Der Augenschein ist darüber hinaus ein wichtiges **Kontrollmittel** und eine wirksame Erinnerungshilfe beim Zeugenbeweis. Wahrnehmungsfähigkeit eines Zeugen und Wahrheitsgehalt seiner Aussage lassen sich so objektiv überprüfen (§ 373 Rn. 16). Andererseits erhält der Zeuge durch die Vernehmung am Ort des streitigen Geschehens eine Gedächtnisstütze ohne jede unzulässige Einflussnahme auf das Erinnerungsbild; der Beweiswert einer Zeugenaussage wird erheblich gestärkt. Meist erleichtert deshalb eine Augenscheinseinnahme dem Richter die Entscheidung, was den mit einer Ortsbesichtigung (Rn. 1 aE) verbundenen zeitlichen Mehraufwand wieder ausgleicht. 8

---

[3] MK/*Zimmermann* Rn. 2.

[4] So treffend *Schneider* Beweis Rn. 854.

[5] *Zö/Greger* Rn. 1; zur Augenscheinseinnahme durch einen blinden Richter vgl. OLG Frankfurt ZMR 1995, 166; 1995, 381.

[6] MK/*Zimmermann* Rn. 4; *T/P/Reichold* vor § 371 Rn. 6.

[7] BGH NJW 1982, 277.

[8] *Ro/S/Go/* § 117 Rn. 19. Offen Münch Komm/*Zimmermann* Rn. 5. Nicht differenzierend *Zö/Greger* Rn. 7 (Beweislast wie für streitige Tatsache) u. *Zi* Rn. 2 (Beweislast stets Beweisführer).

[9] *Schneider* Beweis Rn. 854.

[10] Ausf. *Bender/Nack/Treuer* Rn. 580 ff.

[11] *Bender/Nack/Treuer* Rn. 20 ff.

9 Die **Würdigung** des Augenscheinsbeweises erfolgt in den Entscheidungsgründen des Urteils nach allgemeinen Regeln (§ 313 Rn. 11).[12] Die zweite Instanz darf dem vom Erstgericht festgestellten Ergebnis einer Augenscheinseinnahme ohne eigene Beweiserhebung keine abweichende Bedeutung beimessen.[13]

III. Beweisantritt und Verfahren

10 **1. Beweisantritt. a) Grundsatz (Abs. 1 S. 1).** Angetreten wird der Beweis gemäß § 371 Abs. 1 S. 1 durch die Bezeichnung des Gegenstandes des Augenscheins und die Angabe der zu beweisenden Tatsachen. Sind diese Erfordernisse nicht erfüllt, so liegt eine bloße Anregung vor, über die im Rahmen des § 144 Abs. 1 S. 1, also nach pflichtgemäßem Ermessen entschieden wird (Rn. 1); das ist zB der Fall, wenn – was in der Praxis häufig vorkommt – die Ortsbesichtigung nur zur „Unterrichtung des Gerichts" oder zur „Verdeutlichung des Vorbringens" verlangt wird.[14]

11 **b) Beweisantritt bei elektronischem Dokument (Abs. 1 S. 2).** Diese Bestimmung wurde ursprünglich bereits durch das FormAnpG[15] in den damaligen § 371 als S. 2 eingefügt, was der Gesetzgeber bei der Verabschiedung des ZPO-RG jedoch übersehen hat, weshalb dort die beschlossene Fassung nur die frühere Regelung des § 371 als neuen § 371 Abs. 1 enthielt.[16] Das Versehen wurde durch das zusammen mit dem ZPO-RG in Kraft getretenen SchuldrechtsmodernisierungsG bereinigt.[17] Der **Begriff** des elektronischen Dokuments entspricht dem in §§ 126a, 126b BGB und § 130a; gemeint ist ein Dokument, „das nur elektronische lesbar ist".[18]

12 **Zweck** des § 371 Abs. 1 S. 2 ist es zunächst, klarzustellen, dass sich die Beweisführung mittels elektronischer Dokumente nach den Vorschriften über den **Beweis durch Augenschein** richtet. Es handelt sich um **keinen Urkundenbeweis.** Dem elektronischen Dokument fehlt nämlich das Wesensmerkmal der Verkörperung auf einem unmittelbar, ohne technisches Hilfsmittel lesbaren Schriftträger, wovon der Gesetzgeber zutreffend ausgegangen ist;[19] das entsprach für digitale Signaturen schon bisher der hM.[20]

13 Der **Beweisantritt** erfolgt bei einem im **Besitz des Beweisführers** (§ 359 Nr. 3) befindlichen elektronischen Dokument durch Vorlegung oder Übermittlung der Datei, auf der es gespeichert ist, also zB Festplatte, Diskette oder CD-ROM. Der Begriff „Besitz" ist ersichtlich untechnisch gemeint; es geht nicht um die tatsächliche Sachherrschaft über den Datenträger, sondern um die Innehabung der Verfügungsgewalt über den Datenbestand.[21] Eine elektronische Übermittlung an das Gericht setzt freilich voraus, dass dort die Voraussetzungen hierfür bereits geschaffen sind (§§ 130a Abs. 2, 298 Abs. 1 S. 2–4). Ist die Datei mit einem Passwort oder einem anderen technischen Schlüssel versehen, umfasst die Beweisführung – über den zu engen Gesetzeswortlaut („Verlegung oder Übermittlung") hinaus – die Mitteilung des Zugangsschlüssels.[22] Die **Beweisaufnahme** erfolgt durch eigene und gegenständliche Wahrnehmung des Gerichts (Rn. 3) von der Unverfälschtheit der Signatur und ihrer Erzeugung in einem sicheren Verfahren durch eine Überprüfung des in die Signatur eingeschlossenen Zertifikats des Zertifizierungsdiensteanbieters.[23] Kann das Gericht die Datei nicht selbst öffnen, zieht es gem. § 372 einen Sachverständigen hinzu.[24] Die **Beweiskraft** elektronischer Dokumente regelt § 371a.

14 **c) Beweisantritt bei Besitz eines Dritten am Beweisgegenstand (Abs. 2).** Die Vorschrift gilt sowohl für den Grundfall (Rn. 10) wie für elektronische Dokumente (Rn. 11–13). Dann hat der Beweisführer (§ 359 Nr. 3) zwei Möglichkeiten zum Beweisantritt: Zum einen kann er das Gericht um Bestimmung einer **Frist für die Vorlage des Augenscheinsobjektes** ersuchen, wofür (gemäß § 371 Abs. 2 S. 2) die §§ 429–432 entsprechend gelten (Einzelheiten vgl. bei der Kommentierung dort); dieser Weg kommt freilich grundsätzlich nur in Betracht, wenn ein materiell-rechtlicher Vorlageanspruch gegen den Dritten besteht (§ 429 Rn. 1). Zum anderen hat der Beweisführer die Möglichkeit, den **Erlass einer gerichtlichen Vorlegungsanordnung** nach § 144 unter den dort genannten Voraussetzungen zu beantragen, wenn also die Pflicht dem Dritten zumutbar ist und ihm kein Zeugnisverweigerungsrecht zusteht (§ 144 Rn. 9); ein materiell-rechtlicher Vorlegungsanspruch ist hier nicht Voraussetzung (§ 428 Rn. 5). Das Gericht wird dem Gesuch zu entsprechen haben, wenn es überzeugt ist, dass der Gegenstand sich im Besitz des Dritten befindet, die Tatsache, die durch die Einnahme des Augenscheins bewiesen werden soll, erheblich ist und die Einnahme des Augenscheins zum Beweis dieser Tatsache geeignet erscheint.[25] Dieser Weg wird sich folglich regelmäßig als der

---

[12] Vgl. *Huber* Rn. 415ff., 423f.
[13] BGH NJW-RR 1986, 190; KG NJW-RR 1994, 599.
[14] BGH VersR 1959, 30; 1963, 192.
[15] In Kraft getreten am 1. 8. 2001; BT-Drucks. 14/4987 S. 6; BGBl. 2001 I S. 1541, 1543.
[16] BT-Drucks. 14/4722 S. 11; BGBl. 2001 I S. 1887.
[17] In Kraft getreten am 1. 1. 2002; Art. 5 Abs. 1a Nr. 1 dieses Gesetzes, BGBl. 2001 I S. 3138, 3179.
[18] *Bergmann*, GS Meurer, 2002, S. 643, 645; zur Entwicklung der Diskussion hinsichtlich elektronischer Dokumente und technischer Aufzeichnungen *Ahrens* (Fn. 4), S. 7ff.; zu Regelungen in anderen europäischen Ländern *A. Stadler* ZZP 111 (2002), 413, 422f.
[19] BT-Drucks. 14/4987 S. 25. Vgl. zB *Roßnagel/Wilke* NJW 2006, 2145, 2148.
[20] Vgl. nur *A. Stadler* ZZP 111 (2002), 413, 430; aA *A. Becker*, Elektronische Dokumente als Beweismittel im Zivilprozess, Diss. Bochum, 2003, S. 115ff.
[21] *Berger* NJW 2005, 1016, 1017.
[22] *Berger* aaO.
[23] BT-Drucks. 14/4987 S. 17.
[24] Ähnlich MK/*Zimmermann* Rn. 13.
[25] BT-Drucks. aaO S. 90f.

einfachere empfehlen. Entsprechendes gilt, wenn sich das Augenscheinsobjekt im **Besitz des Beweisgegners** befindet für den Antrag entweder auf Fristsetzung zur Vorlegung (§§ 422–427 entsprechend) oder auf Anordnung nach § 144.

2. Ablehnung. Die Einnahme eines Augenscheins ist als **unzulässig** abzulehnen, wenn ein Beweisverbot besteht (§ 244 Abs. 3 S. 1 StPO entsprechend). Dann darf der Richter den Beweis weder selbst erheben (Beweiserhebungsverbot) noch das von einer Partei rechtswidrig erlangte und ihm vorgelegte Augenscheinsobjekt verwerten (Beweisverwertungsverbot); in Betracht kommen hauptsächlich heimliche **Tonbandaufnahmen** von (Telefon-)Gesprächen, entwendete **persönliche Aufzeichnungen** (zB Tagebücher) und **Foto-, Film-, Videoaufnahmen** (Beispiele s. Rn. 16; zum Mithören durch **Lauschzeugen** § 373 Rn. 12). In solchen Fällen liegt in der Regel ein Verstoß gegen ein Strafgesetz (§§ 201 ff. oder §§ 123, 242, 246 StGB) oder gegen das allgemeine Persönlichkeitsrecht (Art. 2 iVm. Art. 1 Abs. 1 GG) vor. Allerdings ist streitig, in welchem Umfang daraus ein **Beweisverbot** folgt;[26] die hM nimmt dazu einen vermittelnden Standpunkt ein und billigt unter bestimmten Voraussetzungen gleichwohl die prozessuale Verwertung eines rechtswidrig erlangten Beweismittels (vgl. auch § 284 Rn. 23; § 373 Rn. 12). Auf die Rechtswidrigkeit bei der Erlangung des späteren Tatsachenvortrags kommt es aber nicht mehr an, wenn die Tatsache im Prozess unstreitig wird (§ 373 Rn. 12 aE). Im Einzelnen ist bei der Lösung wie folgt **abzuwägen:** 15

Da die Problemlage der im Strafprozess ähnelt (Verwertbarkeit der von den Ermittlungsbehörden unter Verstoß gegen ein Beweisverbot erlangten Beweismittel), lässt sich die dort ergangene Rechtsprechung des **BVerfG** auch hier entsprechend anwenden;[27] auch das BVerfG knüpft daran bei seinen Entscheidungen zum Mithören eines Telefonats (§ 373 Rn. 12) an.[28] Nach der von diesem Gericht entwickelten **Sphären-Theorie** sind der Sozialbereich (1. Sphäre), der schlichte Privatbereich (2. Sphäre) und der Intimbereich (3. Sphäre) zu unterscheiden. Die zuletzt genannte (3.) Sphäre schützt den unantastbaren Kernbereich privater Lebensgestaltung;[29] stammt das Augenscheinsobjekt daraus, so ist es absolut unverwertbar, zB eine **Fotografie** mit intimem Inhalt und grundsätzlich auch Tagebuchaufzeichnungen sowie das genetische Material einer Person, das zB für eine Vaterschaftsanfechtungsklage erforderlich ist, weshalb ein heimlich eingeholtes **DNA-Gutachten** (§ 372a Rn. 10) unverwertbar ist.[30] Für die erste Sphäre, zu der alle geschäftlichen oder sonstigen wirtschaftlichen Kontakte einer Person gehören, ist demgegenüber ein besonderer verfassungsrechtlich verbürgter Schutz nicht vorgesehen; freilich wird im Einzelfall oft ein Strafgesetz verletzt (insbesondere § 201 StGB) oder ein sonst rechtlich unzulässiges Verhalten, insbesondere Überlistung durch versteckte Vorrichtungen, gegeben sein. Bei der 2. Sphäre kommt es auf eine Güterabwägung an. Sie kann ergeben, dass mit Rücksicht auf die generelle Bedeutung der betroffenen Schutzgüter die Rechtsverwirklichung, die mit Hilfe des Augenscheinsbeweises erstrebt wird, Vorrang hat;[31] die Verwertung von rechtswidrig erlangten Augenscheinsobjekten ist dann gerechtfertigt. Ebenso liegt es, wenn der Beweisführer aus einer nicht anders abwendbaren (näher § 373 Rn. 12) notwehr- oder notstandsähnlichen Lage heraus handelt, zB bei einer heimlichen **Tonbandaufnahme** zur Vorbereitung eines zivilrechtlichen Ehrenschutzprozesses.[32] Eine heimliche **Videoüberwachung** eines Arbeitnehmers ist zulässig, wenn der konkrete Verdacht einer strafbaren Handlung oder einer anderen schweren Verfehlung zu Lasten des Arbeitgebers besteht, weniger einschneidende Mittel zur Aufklärung ausgeschöpft sind und die Videoüberwachung insgesamt nicht unverhältnismäßig ist.[33] Unzulässig ist aber eine verdeckte Videoüberwachung zwecks Überführung eines Straftäters schon dann, wenn davon weitere Personen betroffen und dadurch deren Persönlichkeitsrechte verletzt werden.[34] 16

Ein **zulässiger Antrag** auf Einnahme eines Augenscheins kann nur nach den allgemein geltenden Regeln abgelehnt werden (§ 284 Rn. 14 ff.)[35], wie aus der Gleichstellung des Augenscheinsbeweises mit den anderen Beweismitteln folgt (Rn. 1). Liegt dem Tatrichter eine Fotografie der Örtlichkeit vor, so ist er aber nicht verpflichtet, dem zusätzlich gestellten Beweisantrag auf Augenscheinseinnahme stattzugeben, wenn das Foto die Örtlichkeiten in ihren für die rechtliche Beurteilung maßgeblichen Merkmalen hinreichend ausweist und keine davon abweichende Beschaffenheit behauptet wird.[36] Eine besondere **Entscheidungsform** für eine Ablehnung schreibt die ZPO nicht vor (§ 284 Rn. 13). IdR wird der Beweisantrag schlicht unerledigt gelassen und später im Urteil gerechtfertigt; mit den in Rn. 15, 16 genannten Fällen müssen sich aber die Entscheidungsgründe des Urteils befassen. 17

---

[26] Ausführl. dazu *Balthasar* in: Jahrbuch Junger Zivilrechtswissenschaftler, 2005, S. 229 ff. (mit rechtsvergleichenden Hinweisen zum österreichischen, englischen und französischem Recht); *ders.* JuS 2008, 35, 38 ff.

[27] BVerfGE 80, 367 = NJW 1990, 563; BVerfGE 34, 238 = NJW 1973, 891. Dieser Rechtsprechung haben sich die Strafsenate des BGH angeschlossen, vgl. zB BGHSt 34, 397 = NJW 1988, 1037 (Tagebuch) u. BGH NJW 1995, 269 (Abschiedsbrief). Ebenso die Zivilsenate, vgl. zB BGHZ 73, 120, 123 = NJW 1979, 647.

[28] BVerfG NJW 2002, 3619 = JuS 2003, 392 Nr. 3 (*M. Sachs*).

[29] Dazu insbes. BVerfGE 109, 279 = NJW 2004, 999 („großer Lauschangriff"); BGH (1. Strafsenat) NJW 2005, 3295 (Unverwertbarkeit eines im Krankenzimmer abgehörten Selbstgesprächs des Angeklagten).

[30] BGHZ 166, 283 = BGH NJW 2006, 1657; BGHZ 162, 1 = NJW 2005, 497; dazu *Wolf* NJW 2005, 2417.

[31] BGH NJW 1982, 277 f. Aus der einschlägigen Rechtsprechung der Strafgerichte vgl. zB BayObLG NJW 1990, 197; NJW 1994, 1671 (heimlicher Mitschnitt von Telefongesprächen).

[32] MK/*Zimmermann* Rn. 7; *Balthasar* JuS 2008, 35, 36.

[33] BAG NJW 2003, 3436, 3437 (überdurchschnittlich hohe Inventurdifferenzen); *Balthasar* aaO S. 37 f.

[34] OLG Karlsruhe NJW 2002, 2799 (Videoüberwachung eines Stellplatzes in einer Tiefgarage); OLG Köln NJW 2005, 2997 (Videoüberwachung einer Waschküche). Vgl. auch *Glauben* DRiZ 2006, 104; *Kiethe* MDR 2005, 965, 969.

[35] AllgM, vgl. nur MK/*Zimmermann* Rn. 3; *Ro/S/Go/* § 117 Rn. 20.

[36] BGH NJW-RR 1987, 1237; OLG Köln NZV 1994, 279.

18 **3. Anordnung.** Sie erfolgt durch **Beweisbeschluss** des Prozessgerichts nach §§ 358ff. (insbesondere § 358a S. 2 Nr. 5) oder, wenn der Beweis sofort erhoben werden kann, durch formlose **Anordnung** nach § 273 Abs. 1 (§ 358 Rn. 1). Für die Durchführung des Augenscheins gilt § 372 (vgl. dort auch zum Protokoll), für seine Wiederholung nach allgM § 398 entsprechend und für die Einnahme im Ausland § 363.

IV. Duldung und Vereitelung des Augenscheins

19 **1. Duldung.** Das neuere Schrifttum nimmt zwar – im Anschluss an die Lehre zur allgemeinen Mitwirkungs-/Aufklärungspflicht der Parteien bei der Stoffsammlung[37] – eine prozessuale Pflicht zur Duldung eines Augenscheins an.[38] In der Praxis hilft das freilich wenig, weil eine solche Verpflichtung mangels gesetzlicher Grundlage nicht durchgesetzt werden kann; anders ist das nur für die Untersuchung zur Feststellung der Abstammung nach § 372a und bei einem von Amts wegen angeordneten Augenschein (§ 144 Abs. 1 S. 2, 3, Abs. 2), auch bei Erlass einer gerichtlichen Vorlegungsanordnung (Rn. 14). Der Richter kann Parteien oder Dritte also nicht zwingen, einen Augenschein vornehmen zu lassen oder daran mitzuwirken. Möglicherweise hat jedoch eine Partei nach materiellem Recht Anspruch auf Duldung oder Mitwirkung gegenüber dem Gegner zB gemäß §§ 454 Abs. 2, 809, 810 BGB, § 471 Abs. 1 S. 1 HGB oder aus nachbarlichem Gemeinschaftsverhältnis. Dieses Recht muss freilich grundsätzlich erst in einem eigenen Rechtsstreit eingeklagt werden, wozu das Gericht eine Frist nach § 356 setzen kann.[39]

20 **2. Vereitelung (Abs. 3).** Das macht dem Gericht die Beweiserhebung unmöglich und vereitelt jedenfalls einer Partei den von ihr erstrebten Tatsachennachweis; Vereitelungshandlungen sind zB Zerstören oder Beiseiteschaffen des Augenscheinobjekts, Verweigerung von Herausgabe oder Zutritt. Für die beweisrechtlichen Konsequenzen daraus ist zu unterscheiden; nur die zweite der folgenden drei Fallgruppen betrifft § 371 Abs. 3: Vereitelt der **Beweisführer** die von ihm selbst beantragte Einnahme des Augenscheins, gleich aus welchem Grunde, so bleibt er beweisfällig (§ 230); des Rückgriffs auf § 371 Abs. 3 bedarf es nicht. Vereitelt der **Gegner** den beantragten oder die **beweisbelastete Partei** den von Amts wegen (Rn. 1) angeordneten Augenschein, greift § 371 Abs. 3 ein. Danach können die dem Beweisantritt zu Grunde liegenden Behauptungen über die Beschaffenheit des Gegenstandes des Augenscheinbeweises als bewiesen angesehen werden. Etwas anderes gilt, falls die Einnahme des Augenscheins der ihn vereitelnden Partei unzumutbar war, also bei einem triftigen und objektiv nachvollziehbaren Grund für die Weigerung. So liegt es, wenn die Schwere des mit der Augenscheinseinnahme verbundenen Eingriffs außer Verhältnis zur Bedeutung des Streitgegenstandes steht;[40] für die in der Praxis nicht seltenen Fälle der Verweigerung der Besichtigung eines Grundstücks trifft das in der Regel aber nicht zu. Vereitelt ein **Dritter** die Einnahme des Augenscheins, so gilt § 371 Abs. 3 nicht, wie aus dem Wortlaut folgt. Zwar führt das Verhalten des Dritten zur Beweisfälligkeit der Partei, welche die nachzuweisende Behauptung aufgestellt hatte. Beweisrechtliche Konsequenzen zu ihren Gunsten bzw. Lasten hat das grundsätzlich aber nicht, außer der Dritte hatte auf Weisung einer Partei gehandelt oder die beweisfällige Partei hat gegen den Dritten Anspruch auf Duldung, den sie aber – trotz Fristsetzung nach § 356 (Rn. 19 aE) – nicht durchsetzt.[41]

V. Gebühren und Kosten

21 **1. Rechtsanwaltsgebühren.** Eine gesonderte Gebühr für die Beweiserhebung fällt nach RVG nicht an.

22 **2. Gerichtskosten.** Gerichtsgebühren werden nicht erhoben; allerdings soll das Gericht die Durchführung des Augenscheins von der vorherigen Zahlung eines Auslagenvorschusses nach § 17 Abs. 1 GKG abhängig machen.

371a *Beweiskraft elektronischer Dokumente*

(1) **¹Auf private elektronische Dokumente, die mit einer qualifizierten elektronischen Signatur versehen sind, finden die Vorschriften über die Beweiskraft privater Urkunden entsprechende Anwendung. ²Der Anschein der Echtheit einer in elektronischer Form vorliegenden Erklärung, der sich auf Grund der Prüfung nach dem Signaturgesetz ergibt, kann nur durch Tatsachen erschüttert werden, die ernstliche Zweifel daran begründen, dass die Erklärung vom Signaturschlüssel-Inhaber abgegeben worden ist.**

(2) **¹Auf elektronische Dokumente, die von einer öffentlichen Behörde innerhalb der Grenzen ihrer Amtsbefugnisse oder von einer mit öffentlichem Glauben versehenen Person innerhalb des ihr zugewiesenen Geschäftskreises in der vorgeschriebenen Form erstellt worden sind (öffentliche elektronische Dokumente), finden die Vorschriften über die Beweiskraft öffentlicher Urkunden entsprechende Anwendung. ²Ist das Dokument mit einer qualifizierten elektronischen Signatur versehen, gilt § 437 entsprechend.**

---

[37] *Stürner,* Die Aufklärungspflicht der Parteien des Zivilprozesses, 1976, S. 92ff., 138ff.
[38] *B/L/H* Übers § 371 Rn. 7.
[39] *T/P/Reichold* vor § 371 Rn. 2; *Mu/St* Rn. 125.
[40] MK/*Zimmermann* Rn. 28.
[41] *Schellhammer* Rn. 580; *Zö/Greger* Rn. 6.

I. Normzweck

Bei elektronischen Dokumenten erfolgt der **Beweisantritt** nicht nach den Regeln des Urkundenbeweises, sondern nach denen des Beweises durch Augenschein (§ 371 Rn. 12, 13). Hinsichtlich der **Beweiskraft** stellt der durch das JKomG (§ 130 Rn. 1) eingefügte § 371 a bestimmte private und öffentliche elektronische Dokumente aber privaten und öffentlichen Urkunden gleich. **Zweck** ist die Erleichterung der Beweisführung im Rechtsverkehr. **Abs. 1** betrifft private, mit einer qualifizierten Signatur versehene elektronische Dokumente; S. 1 regelt deren Beweiskraft, S. 2 – in den der frühere § 292 a aufgegangen ist (Rn. 2, 6) – den Anscheinsbeweis für deren Echtheit. **Abs. 2** betrifft öffentliche elektronische Dokumente; S. 1 regelt die Beweiskraft, S. 2 die Echtheitsvermutung (allerdings nur) für solche mit einer qualifizierten Signatur. Diese Regelungen werden ergänzt durch § 416 a zur Beweiskraft des Ausdrucks eines öffentlichen elektronischen Dokuments. 1

II. Private elektronische Dokumente (Abs. 1)

1. Anwendungsbereich. a) Die Vorschrift erfasst alle in elektronischer Form vorliegenden Erklärungen, also nicht nur – wie der aufgehobene § 292 a – **Willens-**, sondern auch **Wissenserklärungen** wie beispielsweise Quittungen.[1] Voraussetzung ist allerdings, dass solche elektronischen Dokumente mit einer qualifizierten Signatur versehen sind. Nur dann kommt ihnen nach der gesetzlichen Konzeption hoher Beweiswert zu. Grund dafür sind neben dem technischen Sicherheitsstandard (Rn. 3, 4) vor allem die Zuverlässigkeit des hier einschlägigen Beweises durch Augenschein (§ 371 Rn. 12) und die – gegenüber einer Urkunde – erleichterte Beweisbarkeit (Rn. 6 ff.). Die Vorschrift gilt folglich **nicht** für E-Mail ohne solche Signatur; denn sie kann auf dem Transport – unerkennbar – oder nach Empfang verändert worden sein, weshalb sich die Übereinstimmung mit der abgesandten Erklärung durch die Datei allein nicht beweisen lässt. 2

b) Unter einer **„qualifizierten elektronischen Signatur"**[2] versteht man gemäß § 2 Nr. 3 SigG eine fortgeschrittene elektronische Signatur, die auf einem zum Zeitpunkt ihrer Erzeugung gültigen qualifizierten Zertifikat beruht und mit einer sicheren Signaturerstellungseinheit erzeugt wird; den Begriff der „fortgeschrittenen elektronischen Signatur" definiert § 2 Nr. 2 SigG. „Qualifizierte Zertifikate" sind nach § 2 Nr. 7 SigG Zertifikate, welche die Voraussetzungen des § 7 SigG erfüllen und von Zertifizierungsdiensteanbietern ausgestellt werden. „Sichere Signaturerstellungseinheiten" sind nach § 2 Nr. 10 SigG Software- oder Hardwareeinheiten zur Speicherung von Anwendung des jeweiligen Signaturschlüssels, die für qualifizierte elektronische Signaturen bestimmt sind und die Gesetzesanforderungen erfüllen. Nur solche „qualifizierte elektronische Signaturen" fallen unter § 371 a, **nicht** jedoch (lediglich) „elektronische Signaturen" iSd. § 2 Nr. 1 SigG oder „fortgeschrittene elektronische Signaturen" nach § 2 Nr. 2 SigG. 3

c) Von § 371 a wird außerdem eine **„qualifizierte elektronische Signatur mit Anbieter-Akkreditierung"** (§ 15 Abs. 1 S. 4 SigG) erfasst, einfacher auch „akkreditierte Signatur" genannt.[3] Denn dabei handelt es sich um eine qualifizierte elektronische Signatur mit zusätzlichen Qualitätsmerkmalen, die sich aus der Akkreditierung von Zertifizierungsdiensten nach Vorabprüfung ihrer Sicherheitskonzepte ergeben.[4] Solchen akkreditierten Signaturen wird in der Praxis für die Anwendbarkeit des § 371 a die Hauptbedeutung zukommen (Rn. 9). 4

2. Beweiskraft nach S. 1. Nach dieser Vorschrift hat ein privates, mit einer qualifizierten Signatur versehenes elektronisches Dokument (Rn. 2–4) dieselbe Beweiskraft wie eine private Urkunde; es gilt folglich § 416. 5

3. Anscheinsbeweis nach Satz 2. a) Grundsätze. Die Vorschrift hat den früheren § 292 a – unter Aufgabe der Beschränkung auf Willenserklärungen (Rn. 2) – übernommen. Danach gilt eine **Beweiserleichterung** zu Gunsten des Empfängers einer in bestimmter elektronischer Form (Rn. 3, 4) vorliegenden Erklärung. Dieser soll – wie es in den Gesetzesbegründungen (zu §§ 292 a, 371 a) heißt – entsprechend den für den Beweis des ersten Anscheins von der Rechtsprechung entwickelten Grundsätzen[5] den Nachweis, dass die Erklärung von dem Signaturschlüssel-Inhaber abgegeben worden ist, grundsätzlich schon durch eine Überprüfung der Signatur nach dem SigG (durch Überprüfung der Zuordnung des Signaturprüfschlüssels) erbringen können.[6] Gemäß ihrem Normzweck (Rn. 1) schützt die Vorschrift so den Erklärungsempfänger als die regelmäßig beweispflichtige Partei vor unbegründeten Einwänden des Signaturausstellers, zB davor, das elektronische Dokument stamme nicht von ihm, sei ohne sein Wissen abgesandt oder auf dem Transport verfälscht worden. Solche Behauptungen könnte der Erklärungsempfänger praktisch nicht widerlegen, zumal ihm kein Auskunftsanspruch gegen den Zertifizierungsdiensteanbieter des Signaturausstellers zusteht.[7] 6

Der Hinweis in den oben wiedergegebenen Gesetzesbegründungen auf die entsprechende Geltung der „für den Beweis des ersten Anscheins von der Rechtsprechung entwickelten Grundsätze" ist freilich ziemlich missverständlich. Ein Anscheinsbeweis wird von der Rechtsprechung nämlich herangezogen, wenn im Einzelfall ein typischer Geschehensablauf vorliegt, der nach der Lebenserfahrung auf eine bestimmte Ursa- 7

---

[1] BT-Drucks. 15/4067 S. 34; *Roßnagel/Fischer-Diskau* NJW 2006, 806, 807.

[2] Ausf. dazu *Rossnagel* NJW 2001, 1817, 1819 ff.; vgl. auch die Übersicht bei *Czeguhn* JuS 2004, 124.

[3] Vgl. *Rossnagel* aaO S. 1822.

[4] Ausf. dazu *Rossnagel* aaO S. 1821 ff.

[5] Deshalb wird im Schrifttum auch hervorgehoben, damit habe der Gesetzgeber „erstmals" den Anscheinsbeweis als Form anerkannt, *Bergmann,* GS Meurer (2000), S. 648. Vgl. auch *A. Stadler* ZZP 111 (2002), 413, 432: „Kodifizierter Anscheinsbeweis".

[6] BT-Drucks. 14/4987 S. 24 (zu § 292 a); BT-Drucks. 15/4067 S. 34 (zu § 371 a).

[7] *Roßnagel* NJW 2001, 1817, 1826.

che hinweist und derart gewöhnlich und üblich erscheint, dass die besonderen individuellen Umstände an Bedeutung verlieren (§ 286 Rn. 23). Hier geht es aber gerade nicht um einen für die zu beweisende Tatsache nach der Lebenserfahrung typischen Geschehensablauf.[8] Denn der geregelte Anschein der Echtheit beruht nicht auf Erfahrungswissen, sondern auf einer gesetzlichen Vorgabe, beinhaltet mithin eine **Beweisregel iSd § 286 Abs. 2.**[9] Grundlage für sie ist der gesetzlich verbriefte Sicherheitsstandard, weshalb der Anschein der Echtheit der elektronischen Willenserklärung auch ausdrücklich auf das Ergebnis der Prüfung nach dem SigG bezogen ist.[10]

8 **b) Anscheinsbeweis bei qualifizierter elektronischer Signatur.** Er setzt wegen der Verknüpfung mit dem Ergebnis der Prüfung nach dem SigG (Rn. 7 aE) voraus, dass der Erklärungsempfänger alle Voraussetzungen einer qualifizierten elektronischen Signatur nach § 2 Nr. 2 und 3 SigG (Rn. 3) nachweisen kann. Dann freilich bedarf er der Beweiserleichterung des § 372a Abs. 1. S. 2 ohnehin nicht mehr; gelingt ihm der Nachweis jedoch nicht, hilft auch die genannte Vorschrift nicht weiter, weil es an der Grundlage für ihre Anwendbarkeit fehlt. Der Signaturaussteller wird in solchen Fällen deshalb meist mit Erfolgsaussicht die Ausstellung der Signatur leugnen können (Rn. 6 aE).

9 **c) Anscheinsbeweis bei „akkreditierter Signatur".** Bei einer solchen Signatur (Rn. 4) kann der Erklärungsempfänger demgegenüber die Voraussetzungen einer qualifizierten elektronischen Signatur mit Hilfe der technisch-organisatorischen Sicherheitsvermutung des § 15 Abs. 1 S. 4 SigG nachweisen.[11] Verfügt er also über eine akkreditierte Signatur als Beweismittel (Rn. 4), so kann als sicher davon ausgegangen werden, dass diese mit dem Signaturschlüssel des im zu Grunde liegenden qualifizierten Zertifikat angegebenen Signaturschlüssel-Inhabers erzeugt wurde und die signierten Daten danach nicht verändert wurden, sowie, dass der im qualifizierten Zertifikat benannte Signaturschlüssel-Inhaber die Signatur erzeugt oder die Erzeugung autorisiert hat.[12] In Anknüpfung daran kann sich der Erklärungsempfänger sodann auf den Anschein der Echtheit der elektronischen Erklärung gemäß § 372a Abs. 1 S. 2 berufen.

10 **d) Erschütterung des Anscheinsbeweises.** Der gemäß § 372a Abs. 1 S. 2 begründete Anschein der Echtheit (Rn. 6–9) kann nur „durch Tatsachen erschüttert werden, die ernstliche Zweifel daran begründen, dass die Erklärung mit dem Willen des Signaturschlüssel-Inhabers abgegeben worden ist". Solche „ernstliche Zweifel" werden sich insbesondere aus einer unberechtigten Verwendung des Signaturschlüssels oder aus dem Signieren anderer Daten als die eigentlich gewollten ergeben.[13] Erforderlich ist – in Abweichung von den Rechtsprechungsgrundsätzen zur Sorgfaltspflichtverletzung bei Verwendung von EC-Karten[14] – der Nachweis des Abhandenkommens; denn die Erzeugung der Signatur setzt neben dem Wissen der PIN den Besitz der Signaturerstellungseinheit voraus.

III. Öffentliche elektronische Dokumente (Abs. 2)

11 **1. Inhalt von S. 1.** Die Vorschrift stellt die Beweiskraft eines öffentlichen elektronischen Dokuments (§§ 3a, 33, 37 VwVfG; § 130b) derjenigen einer öffentlichen Urkunde gleich, indem sie die dazu geltenden Bestimmungen für entsprechend anwendbar erklärt; das sind sowohl die allgemeinen Beweiskraftregeln (§§ 415, 417, 418) wie die besonderen zum gerichtlichen Protokoll (§ 165) und Urteilstatbestand (§ 314). Damit kann zB eine verfahrensbeteiligte Behörde die in ihren Dateien gespeicherten Dokumente, insbesondere Verwaltungsakte, ohne die Gefahr eines Rechtsverlustes in elektronischer Form an das Gericht übermitteln.[15] Die begrifflichen Voraussetzungen (Erstellung durch öffentliche Behörde innerhalb der Grenzen ihrer Amtsbefugnisse oder von einer mit öffentlichem Glauben versehenen Person innerhalb des ihr zugewiesenen Geschäftskreises in der vorgeschriebenen Form) stimmen mit denen im Urkundsbeweis überein (§ 415 Rn. 8).

12 **2. Echtheitsvermutung bei qualifizierter elektronischer Signatur nach S. 2.** In Signaturschlüssel-Zertifikaten oder in Attribut-Zertifikaten können allen Funktionen, Zuständigkeiten, Rechte usw. von Behördenmitarbeitern ausgewiesen und auch Dienstsiegel elektronisch abgebildet werden.[16] Die Vorschrift gewährt deshalb öffentlichen elektronischen Dokumenten (Rn. 11), die qualifiziert signiert worden sind (Rn. 3, 4), die Vermutung der Echtheit durch eine entsprechende Anwendung der für die öffentliche Urkunde geltenden Beweisregel des § 437. Durch die verwendeten Zertifikate ist es für das Gericht im Rahmen der Signaturprüfung möglich, festzustellen, wer das öffentliche elektronische Dokument mit welchem Inhalt erstellt hat.

---

[8] Darauf hat auch der Bundesrat in seiner ablehnenden Stellungnahme hingewiesen, BT-Drucks. 14/4987 S. 37.
[9] Ebenso *Czeguhn* JuS 2004, 124, 126.
[10] Gegenäußerung der Bundesregierung, BT-Drucks. 14/4987 S. 44.
[11] Krit. zur Güte der Zertifizierungsstellen *Jungclaus* DRiZ 2001, 441, 442.
[12] Vgl. amtliche Begründung zu § 15 Abs. 1 S. 4 SigG, BT-Drucks. 14/4642 S. 28; *Roßnagel* NJW 2001, 1817, 1822, 1826. Abw. zur letzten Alternative (zB bei Missbrauch durch Familienangehörige oder Mitarbeiter des Signaturinhabers) *Dästner* NJW 2001, 3469.
[13] *Roßnagel* NJW 2006, 806, 807. Ausführl. *Schemmann* ZZP 118 (2005), 161, 173ff.
[14] BGHZ 160, 308 = NJW 2004, 3623.
[15] BT-Drucks. 15/4067 S. 35.
[16] BT-Drucks. (Fn. 20).

372 *Beweisaufnahme* **(1) Das Prozessgericht kann anordnen, dass bei der Einnahme des Augenscheins ein oder mehrere Sachverständige zuzuziehen seien.**

(2) Es kann einem Mitglied des Prozessgerichts oder einem anderen Gericht die Einnahme des Augenscheins übertragen, auch die Ernennung der zuzuziehenden Sachverständigen überlassen.

I. Normzweck

Die Vorschrift trägt praktischen Bedürfnissen Rechnung. Sie gestattet es dem Prozessgericht, zum Augenschein Sachverständige hinzuzuziehen (Abs. 1); zugleich wird festgelegt, in welchem Umfang die Einnahme eines Augenscheins auf andere Personen übertragen werden kann (Abs. 2). 1

II. Durchführung der Beweisaufnahme

1. Grundsatz. Auch die Einnahme des Augenscheins erfolgt gemäß § 355 durch das Prozessgericht selbst, und zwar entweder im Gerichtssaal, wenn das Augenscheinsobjekt (§ 371 Rn. 6) in der mündlichen Verhandlung vorgelegt wird, oder bei Ortsterminen (§ 371 Rn. 1 aE, 8, 19) an „Ort und Stelle" außerhalb des Gerichts (§ 219; § 166 GVG). Dabei kann das Gericht nach Abs. 1 zu seiner Unterstützung die Zuziehung eines Sachverständigen anordnen. Ein solches Vorgehen empfiehlt sich stets, wenn der Richter nicht über ausreichende Sachkunde verfügt oder der Augenschein Grundlage eines späteren Sachverständigengutachtens sein soll (zur Abgrenzung Augenscheinsgehilfe und Sachverständigenbeweis s. Rn. 3, 4; § 371 Rn. 4, 5). Bei der Einnahme des Augenscheins ist den Parteien die Anwesenheit gestattet (§ 357); sie dürfen zu ihrer Beratung auch Privatgutachter beiziehen.[1] 2

2. Augenscheinseinnahme durch Dritte. a) Voraussetzungen. Das Prozessgericht darf dem **Sachverständigen** die Einnahme des Augenscheins ausnahmsweise auch ganz überlassen. Voraussetzung dafür ist, dass eine auf das Beweisthema bezogene, substanzielle Wahrnehmung nur dem Sachverständigen auf Grund dessen Sachkunde möglich ist, die Anwesenheit des Gerichts mithin bloßer Formalismus wäre;[2] Beispiel: Besichtigung und Vermessung einer Brücke zur Beurteilung ihrer Tragfähigkeit. Der Sachverständige berichtet dann über seine Wahrnehmungen zu den tatsächlichen Verhältnissen als sachverständiger Zeuge (§ 414), während die von ihm gezogenen Schlüsse dem Sachverständigenbeweis unterliegen. In der Praxis kommt es freilich nicht selten vor, dass der Sachverständige alleine tätig wird, obgleich die genannten Bedingungen nicht erfüllt sind. Das ist aber unschädlich, wenn – wie meist – die Parteien damit einverstanden sind oder den Verfahrensfehler nicht rügen (§ 295). 3

b) Verfahrensfehler. Schaltet das Gericht einen **Augenscheinsgehilfen** ein (§ 371 Rn. 4), so führt dieser zwar rein technisch betrachtet den Augenschein durch. Gleichwohl handelt es sich um eine eigene Wahrnehmung des Richters, der sich dieser Person nur bedient, weil er meist aus tatsächlichen Gründen zur Augenscheinseinnahme nicht in der Lage ist; Beispiel:[3] Zur Feststellung, wie der obere Abschlussrand eines hohen Industrieschornsteins beschaffen ist, lässt der Richter einen Schornsteinbauer zur Spitze hinaufklettern. Dieser Gehilfe berichtet anschließend – ähnlich einem Zeugen –, was er gesehen hat, und was umgekehrt der Richter nicht anders hätte wahrnehmen können, wenn er selbst zum Augenscheinsobjekt vorgedrungen wäre. Kommt es allerdings auf die besondere Sachkunde eines Schornsteinbauers an, um diese Feststellungen treffen zu können, so gelten die oben (Rn. 3) beschriebenen Grundsätze. 4

3. Vorbereitung und Durchführung. Vor allem Augenscheinseinnahmen außerhalb des Gerichts bedürfen stets einer sorgfältigen **Vorbereitung.** Dazu gehören insbesondere frühzeitige Terminabsprachen mit den Parteien und ihren Anwälten sowie dem Sachverständigen; bei Nachbarstreitigkeiten und Bauprozessen sollten Flurkarten, Pläne und Ähnliches rechtzeitig von den Parteien angefordert und dem Sachverständigen zur Verfügung gestellt werden. 5

Das Ergebnis des Augenscheins ist im **Protokoll** festzuhalten (§ 160 Abs. 3 Nr. 5) und den Parteien zwecks Genehmigung gemäß § 162 Abs. 1 vorzulesen-/spielen, sofern kein Verzicht nach § 162 Abs. 2 S. 2 erfolgt; unter diesen Voraussetzungen ist das Augenscheinsprotokoll auch nach Richterwechsel ohne weiteres verwertbar. Die örtlichen Verhältnisse oder die Beschaffenheit der besichtigten Gegenstände sind genau zu beschreiben. Jedem Dritten, der nicht am Augenschein teilgenommen hat, insbesondere dem Rechtsmittelgericht, muss so eine unmittelbar aus sich heraus verständliche Darstellung geboten werden. Fehlen solche Feststellungen im Protokoll und sind sie auch nicht entbehrlich (Rn. 7), so muss das Ergebnis im Tatbestand des Urteils mitgeteilt werden.[4] Die Würdigung des Augenscheinsbeweises bleibt stets den Entscheidungsgründen vorbehalten (§ 371 Rn. 9). Hat der Sachverständige oder Augenscheinsgehilfe die Einnahme des Augenscheins allein durchgeführt (Rn. 3, 4), so muss er Art und Ergebnis seiner Ermittlungen nachprüfbar offen legen.[5] 6

Entbehrlich sind Feststellungen allerdings im Falle des § 161. Eine zusätzliche Erleichterung bringt außerdem § 160a Abs. 2 S. 2, 3: Hat das Gericht, wie in der Praxis üblich, ein Tonaufnahmegerät zum Zwecke der vorläufigen Aufzeichnung verwendet, so braucht zunächst nur das im Protokoll vermerkt zu wer- 7

---

[1] OLG München NJW-RR 1988, 1534.
[2] MK/*Zimmermann* Rn. 3.
[3] *Musielak,* GK ZPO, Rn. 427.
[4] BGH LM BGB § 1362 Rn. 2.
[5] MK/*Zimmermann* Rn. 5.

den; die Niederschrift ist aber um die (oben Rn. 6 beschriebenen) Feststellungen zu ergänzen, wenn eine Partei dies beantragt oder das Rechtsmittelgericht die Ergänzung anfordert.

III. Übertragung der Beweisaufnahme

8 Die Einnahme des Augenscheins kann nach § 372 Abs. 2 einem Mitglied des Prozessgerichts oder einem anderen Gericht übertragen werden. Besonderer Gründe für diese Übertragung, wie sie etwa § 375 beim Zeugenbeweis verlangt, bedarf es nicht, sie steht vielmehr im pflichtgemäßen Ermessen des Prozessgerichts.[6] Über die Hinzuziehung eines Sachverständigen befindet dann der beauftragte oder ersuchte Richter, sofern nicht schon das Prozessgericht eine entsprechende Anordnung getroffen hat.

372a

Untersuchungen zur Feststellung der Abstammung **(1) Soweit es in den Fällen der §§ 1600c und 1600d des Bürgerlichen Gesetzbuchs oder in anderen Fällen zur Feststellung der Abstammung erforderlich ist, hat jede Person Untersuchungen, insbesondere die Entnahme von Blutproben zum Zwecke der Blutgruppenuntersuchung, zu dulden, soweit die Untersuchung nach den anerkannten Grundsätzen der Wissenschaft eine Aufklärung des Sachverhalts verspricht und dem zu Untersuchenden nach der Art der Untersuchung, nach den Folgen ihres Ergebnisses für ihn oder einen der im § 383 Abs. 1 Nr. 1 bis 3 bezeichneten Angehörigen und ohne Nachteil für seine Gesundheit zugemutet werden kann.**

(2) [1]Die Vorschriften der §§ 386 bis 390 sind entsprechend anzuwenden. [2]Bei wiederholter unberechtigter Verweigerung der Untersuchung kann auch unmittelbarer Zwang angewendet, insbesondere die zwangsweise Vorführung zum Zwecke der Untersuchung angeordnet werden.

I. Normzweck

1 Die Vorschrift[1] begründet gegenüber Parteien und Dritten eine prozessual **erzwingbare Pflicht zur Duldung,** die beim Augenscheinsbeweis sonst fehlt (§ 371 Rn. 19). Damit sichert § 372a die Beweiserhebung zur Feststellung der Abstammung und regelt dazu in Abs. 1 Voraussetzung und Umfang der zulässigen Untersuchungen sowie in Abs. 2 Verfahren und Zwangsmaßnahmen bei einer Weigerung. Die Bestimmung genügt dem Gesetzesvorbehalt in Art. 2 Abs. 2 S. 3 GG und verstößt deshalb nicht gegen das Grundrecht auf körperliche Unversehrtheit.[2]

II. Voraussetzung und Umfang der Untersuchung (Abs. 1)

2 **1. Regelungsbereich.** a) **Hauptanwendungsfälle** in der Praxis sind Verfahren zur Klärung der Abstammung nach §§ 1600c, 1600d BGB (§ 640 Abs. 2 Nr. 1, 2 ZPO) bzw. nach der alten Rechtslage[3] die Verfahren auf Feststellung der nichtehelichen Vaterschaft und Klagen wegen der Ehelichkeit eines Kindes bzw. der Anerkennung der nichtehelichen Vaterschaft (§§ 1591ff., 1600aff. BGB; § 640 Abs. 2 Nr. 1, 2, 3; jeweils aF). Anwendbar ist § 372a darüber hinaus in allen Verfahren nach ZPO und FGG (vgl. § 15 FGG), in denen – sei es auch nur als Vorfrage – Feststellungen zur Abstammung zu treffen sind, zB in Erbrechts- oder Namensrechtsstreitigkeiten und Unterhaltssachen. Der Scheinvater (sog. Zahlvater) kann aber im Regressprozess wegen des Unterhalts, den er seinem vermeintlichen Kind geleistet hat, dessen Abstammung vom Beklagten (dem angeblich wirklichen Vater) nicht als Vorfrage klären lassen; dem steht nämlich die sog. Rechtsausübungssperre des § 1594 Abs. 1 (§ 1600a S. 2 aF) BGB entgegen.[4] **Unanwendbar** ist die Vorschrift in Restitutionsverfahren gegen ein rechtskräftiges Urteil, in dem über die Vaterschaft entschieden wurde auf das neue Gutachten iSd § 641i Abs. 1, das als Zugangsvoraussetzung schon bei Erhebung der Restitutionsklage vorliegen muss (§ 641i Rn. 5).

3 b) Der in § 372a begründeten **Duldungspflicht** unterliegt „jede Person", nicht nur eine Partei, sondern auch jeder Dritte, zB die leiblichen Eltern eines verstorbenen Mannes, dessen Vaterschaft behauptet wird,[5] oder insbesondere ein Zeuge, der sich insoweit nicht auf ein Zeugnisverweigerungsrecht berufen kann;[6] denn hinsichtlich der Untersuchungen handelt es sich um Augenscheins- und Sachverständigen-, nicht aber um Zeugenbeweis (Rn. 4). Die Pflicht zur Duldung bedeutet trotz der missverständlichen Formulierung im Gesetz nicht etwa nur, dass Untersuchungen lediglich zu „erdulden" sind; die zu untersuchende Person muss daran vielmehr, soweit aus der Natur der Sache heraus erforderlich, mitwirken, sich also zum Arzt zur Blutprobenentnahme begeben und ihre Identität durch Vorzeigen des Personalausweises offen legen. Diese Duldungspflichten setzen voraus, dass die Untersuchung zur Abstammungsfeststellung erforderlich (Rn. 5–7) und zumutbar ist (Rn. 8) und nach den anerkannten Grundsätzen der Wissenschaft eine Aufklärung verspricht (Rn. 9ff.).

4 **2. Anordnung.** Sie trifft das Prozessgericht auf Antrag (§ 371 Abs. 1) oder von Amts wegen (§ 144 Abs. 1 S. 1) durch **Beweisbeschluss** (§ 371 Rn. 18). Eine Entscheidung gemäß § 358a S. 2 Nr. 4, 5 ist hier

---

[6] BGH NJW 1990, 2936f.

[1] Sie wurde nachträglich in Anlehnung an § 81a StPO eingefügt; zur Entstehungsgeschichte s. MK/*Zimmermann* Rn. 1.

[2] BVerfGE 5, 13 = NJW 1956, 986.

[3] Bis 30. 6. 1998; Änderung dann durch Art. 5 Nr. 6 KindRG (Übergangsrecht Art. 13 KindRG).

[4] BGHZ 121, 299, 301ff. = NJW 1993, 1195.

[5] OLG Dresden NJW-RR 1999, 84.

[6] *Zö/Greger* Rn. 11a.

jedoch nicht möglich, weil das Merkmal der Erforderlichkeit (Rn. 5, 6) erst in der mündlichen Verhandlung, unter Umständen nach Erhebung der übrigen Beweise, beurteilt werden kann;[7] eine Anordnung wäre außerdem nicht erforderlich, wenn sich der Betroffene auf Befragen des Gerichts mit den Untersuchungen einverstanden erklärt. Um die **Durchführung** kann nach § 372 Abs. 2 ein anderes Gericht im Wege der Rechtshilfe (§§ 156ff. GVG) ersucht werden.[8] Es handelt sich nämlich um einen Augenscheinsbeweis, dessen Erhebung dem Sachverständigen überlassen wird (§ 372 Rn. 3); nur die Schlussfolgerungen gehören zum Sachverständigenbeweis.[9] Die Anordnung durch das Prozessgericht ist nicht anfechtbar, § 355 Abs. 2 (zum Verfahren bei Verweigerung der Untersuchung Rn. 11ff.). Ein **heimlich eingeholtes Gutachten** zur Abstammungsfrage ist unverwertbar (§ 371 Rn. 16) und begründet deshalb auch keinen Anfangsverdacht für eine Vaterschaftsanfechtungsklage nach § 1599 BGB.[10]

3. Erforderlichkeit der Untersuchung. Das setzt voraus, dass die Abstammung **beweisbedürftig,** also streitig und entscheidungserheblich ist (Rn. 2). Unterschiedliche Meinungen bestehen freilich darüber, wie substantiiert eine Behauptung bzw. das Bestreiten der Abstammung sein muss, wo also die Grenze zum **Ausforschungsbeweis** (§ 284 Rn. 16ff.) verläuft[11] und ob vor einer Anordnung durch § 372a alle übrigen Beweismöglichkeiten erschöpft sein müssen.[12] Dabei ist zunächst zu berücksichtigen, dass wegen des unsicheren Wertes der übrigen Beweismittel die medizinische Begutachtung ohnehin im Vordergrund steht.[13] 5

Im Übrigen gilt: Bei der Entscheidung über die Erholung eines Gutachtens geht es praktisch um die Glaubwürdigkeit der Zeugenaussage einer Mutter zum Geschlechtsverkehr in der Empfängniszeit. Insofern rechtfertigt alleine schon der unter Vortrag konkreter Tatsachen entstandene Streit um die Abstammung die Einbeziehung der Parteien – das sind in der Regel das klagende Kind und der beklagte (angebliche) Vater – sowie der Mutter in die Untersuchungen nach § 372a. Anders liegt es, wenn Dritte als sog. Mehrverkehrszeugen Untersuchungen dulden sollen; denn dann ist nicht nur deren persönliches Freiheitsrecht (Rn. 1), sondern auch das Verhältnismäßigkeitsprinzip (Art. 20 Abs. 1, 3 GG) berührt. Der Eingriff darf mithin nur erfolgen, wenn bestimmte Tatsachen vorliegen, aus denen auf intime Beziehungen dieser Männer zur Mutter des Kindes geschlossen werden kann; der Vorschlag hier lehnt sich an den bestimmten Tatsachenverdacht bei § 103 Abs. 1 S. 1 StPO an.[14] Damit ist dem beklagten Mann die nicht selten „ins Blaue hinein" oder „aufs Geratewohl" aufgestellte Behauptung eines Mehrverkehrs abgeschnitten. 6

Hat die Mutter des Kindes mit dem Beklagten (für dessen Inanspruchnahme die in Rn. 6 geschilderten Voraussetzungen vorliegen) und einem weiteren Mann in einer Wohngemeinschaft zusammenlebt, leugnen jedoch sie und die beiden Männer intime Beziehungen, so soll es zulässig sein[15], den anderen Mann sofort, sozusagen automatisch, in die Begutachtung nach § 372a einzubeziehen. Dem kann nicht zugestimmt werden, sofern nicht dessen Zeugenaussage (Bestreiten eines Geschlechtsverkehrs mit der Kindesmutter) von vornherein unglaubwürdig erscheint. Es fehlt an „bestimmten Tatsachen" für einen solchen Eingriff; allein die Form des Zusammenlebens in einer Wohngemeinschaft lässt – jedenfalls in der Regel – keinen Schluss auf geschlechtliche Beziehungen unter allen Mitgliedern zu. Der Richter kann deshalb zunächst nur die Untersuchung des Kindes (Klägers), der Mutter und des Beklagten anordnen; das ist schon deshalb erforderlich, um deren Angaben auf ihren Wahrheitsgehalt hin zu überprüfen. Scheidet nach dem sodann erstellten Sachverständigengutachten der Beklagte mit hinreichender Wahrscheinlichkeit als Vater aus, so spricht nach der Lebenserfahrung ausreichend viel für eine intime Beziehung des Zeugen mit der Mutter. Gegen diese Lösung kann nicht eingewendet werden, dass sie eine doppelte Begutachtung erforderlich macht; denn das lässt sich in der Praxis auch sonst nicht immer vermeiden und ist hier zum Schutze der verfassungsmäßig verbürgten Rechte des Zeugen erforderlich. 7

4. Zumutbarkeit der Untersuchung. Voraussetzung ist: **Zumutbarkeit der Untersuchung der Art nach und ohne gesundheitlichen Nachteil,** was bei Anwendung der anerkannten wissenschaftlichen Untersuchungsmethoden (Rn. 9ff.) grundsätzlich anzunehmen sein wird[16] – diese Merkmale dürfen nicht mit der „Erforderlichkeit der Untersuchung" Rn. 5ff.) vermengt werden – und **Zumutbarkeit nach den Folgen des Untersuchungsergebnisses** für zu den Untersuchenden oder einen Angehörigen (§ 383 Abs. 1 Nr. 1–3). Letzterem steht nicht entgegen, dass die Feststellung der Abstammung zu vermögensrechtlichen Nachteilen, insbesondere den Verlust von bzw. die Belastung mit Unterhaltsansprüchen, oder zu einer strafrechtlichen Verfolgung führen kann. Das ergibt sich schon aus der Natur der Sache, weil sonst das Verfahren nach § 372a in der Praxis weitgehend ins Leere liefe. Außerdem verweist Abs. 2 dieser Vorschrift nicht auf 8

[7] Ebenso MK/*Zimmermann* Rn. 19; *Zö/Greger* Rn. 12; aA *B/L/H* Rn. 18.

[8] BGH NJW 1990, 2936f.; krit. *Zender* NJW 1991, 2947. Wie BGH auch OLG Naumburg NJW-RR 1994, 1551. Die Übertragung auf einen beauftragten Richter kommt in der Praxis kaum vor.

[9] BGH aaO. AA *Ro/S/Go/* § 117 Rn. 24 (der Natur nach insgesamt Sachverständigenbeweis).

[10] BGHZ 162, 1 = NJW 2005, 497; krit. dazu *Wolf* NJW 2005, 2417, 2419f.

[11] Vgl. dazu MK/*Zimmermann* Rn. 5; dazu auch *Chudoba,* Der ausforschende Beweisantrag, 1993, S. 99ff.

[12] Dafür zB *T/P/Reichold* Rn. 2; *Zö/Greger* Rn. 3; *Zi* Rn. 1; dagegen MK/*Zimmermann* Rn. 4; unentschieden *Sae/Eichele* Rn. 5. Ausf. zum Problem *Sauter* AcP 161 (1962), 213ff.

[13] BGHZ 61, 165, 170 = NJW 1973, 1924; BGH NJW 1986, 2371f.; 1993, 1391f.

[14] Weniger streng MK/*Zimmermann* Rn. 5: „irgendwelche Verdachtsgründe"; strenger *Zö/Greger* Rn. 3: „konkrete Verdachtsgründe"; zu vage OLG Stuttgart NJW 1972, 2226: „Anhaltspunkte".

[15] KG NJW 1987, 2311 m. abl. Anm. *Mutschler* DAVorm. 1988, 61; krit. auch *Zö/Greger* Rn. 3. Zust. MK/*Zimmermann* Rn. 5 u. *B/L/H* Rn. 20.

[16] Anders zB bei Spritzenphobie mit der Gefahr wesentlicher psychischer Schäden, OLG Koblenz NJW 1976, 379.

§ 384 (Nr. 1, 2); daher ist auch § 81c Abs. 3 StPO nicht entsprechend anwendbar.[17] Für die Mutter des Kindes ist eine Begutachtung nicht schon deshalb unzumutbar, weil dadurch eine Falschaussage (§§ 153, 154 StGB) nachgewiesen würde.[18]

9 **5. Erfolgversprechende Aufklärung.** Ob die Untersuchung nach den anerkannten Grundsätzen der Wissenschaft eine Aufklärung des Sachverhaltes verspricht, ist für jede im Einzelfall vorgesehene Methode gesondert zu beurteilen. Freilich kann sich der Richter bei der Anordnung von Untersuchungen und deren Reihenfolge grundsätzlich auf Vorschläge des Sachverständigen oder des Bundesgesundheitsamtes verlassen.[19] Allerdings darf er eine von einer Partei beantragte Begutachtung nicht alleine unter Hinweis auf eine solche Stellungnahme als untauglich ablehnen, sondern muss sich dazu eine selbständige Meinung beispielsweise durch eigenes Literaturstudium verschaffen.[20] Welcher Beweiswert eingeholten Gutachten zukommt, hat das Gericht im Urteil bei der Beweiswürdigung überprüfbar darzulegen.[21]

10 Der Vorrang der **DNA** (= Desoxyribonukleinsäure) – **Analyse** vor anderen Gutachtermethoden hat sich in der zivilgerichtlichen Praxis bedauerlicherweise noch nicht allgemein durchgesetzt, obwohl dieses Analyseverfahren im Strafverfahren zwischenzeitlich gesetzlich anerkannt ist (§ 81e StPO) und obwohl es die neuen „Richtlinien für die Erstattung von Abstammungsgutachten“[22] auch ohne klassische Systemuntersuchungen (insbes. Blutgruppengutachten) für ausreichend ansehen. Diese Methode sollte auch deshalb von vornherein angewendet werden,[23] weil sie in einem einzigen – und damit letztlich kostensparenderen – Verfahren sichere und zweifelsfreie Ergebnisse erzielt und im Übrigen bei einem Kind sofort nach dessen Geburt vorgenommen werden kann. Auch der BGH ist inzwischen der Auffassung, dass auch ein isoliertes DNA-Gutachten grundsätzlich jedenfalls dann als geeignetes Beweismittel angesehen werden kann, wenn es den Anforderungen der „Richtlinie 2002“ entspricht und Fachkunde sowie Sorgfalt des Gutachtens – insbes. aufgrund eines in dieser Richtlinie geforderten Qualitätsmanagements – außer Zweifel steht.[24] Allerdings muss der Tatrichter berücksichtigen, dass die DNA-Analyse lediglich eine statistische Aussage enthält, die eine Würdigung aller weiteren Beweisgegenstände nicht überflüssig macht.[25]

10a Zu den anderen Methoden gilt: Eine **Blutgruppenuntersuchung**[26] erlaubt einen sicheren Ausschluss der Vaterschaft. Wird dieses Ergebnis nicht erzielt, so kommt es zu einem **serostatistischen Zusatzgutachten**[27], bei dem – in der Regel nach dem sog. Essen-Möller-Verfahren – eine Wahrscheinlichkeitsaussage zur Vaterschaft getroffen wird; ab 99,9 Prozent ist die „Vaterschaft praktisch erwiesen“, denn dann hat die Übereinstimmung der genetischen Merkmale des Terzetts aus Mutter, Kind, Proband eine so hohe Wahrscheinlichkeit für die Vaterschaft des Probanten erbracht, dass sich daraus ein für das praktische Leben brauchbarer Grad von Gewissheit ergibt, der Zweifeln Schweigen gebietet.[28] Der Gesamtbeweiswert der bisher beschriebenen medizinischen Begutachtung lässt sich aber auch durch ein **erbbiologisches (Ähnlichkeits-) Gutachten**[29], das erbbedingte Körpermerkmale (zB Kopfform, Augengegend, Ohrform) vergleicht, erhöhen oder vermindern. In der Praxis seltener ist das **Tragezeitgutachten;**[30] steht der Zeitpunkt des Geschlechtsverkehrs mit der Kindesmutter fest, so kann es aber „schwerwiegende Zweifel“ an der Vaterschaft nach § 1600d Abs. 2 S. 2 BGB begründen. Entsprechendes gilt für eine **Zeugungsunfähigkeitsprüfung.**[31]

III. Verweigerung der Untersuchung (Abs. 2)

11 **1. Verweigerung unter Angabe von Gründen. a) Berücksichtigungsfähige Gründe.** Auf Grund der Verweisung in § 372a Abs. 2 S. 1 gelten dafür §§ 386–390 entsprechend: Die zu untersuchende Person muss die Verweigerung der Untersuchung nach § 386 Abs. 1 schriftlich oder zu Protokoll der Geschäftsstelle erklären und dabei die Tatsachen, auf die sie die Weigerung gründet, angeben und glaubhaft machen (§ 294); die Erklärung kann zu Protokoll der Geschäftsstelle des ersuchten Richters erfolgen (Rn. 4; zur Entscheidungskompetenz Rn. 12, 13). Der **gesetzliche Vertreter** eines Minderjährigen kann über die Duldung der Untersuchung nur entscheiden, wenn der Minderjährige wegen mangelnder Verstandesreife von der Bedeutung des Weigerungsrechts nach § 372a Abs. 1 letzter Halbs. keine genügende Vorstellung hat.[32] **Berück-**

[17] HM, vgl. nur MK/*Zimmermann* Rn. 15 m. Nachw. auch zur Gegenauffassung.
[18] OLG Hamm NJW 1993, 474.
[19] So auch MK/*Zimmermann* Rn. 6.
[20] BGH NJW 1976, 1793f.
[21] BGH NJW 1991, 749, 751 (DNA-Analyse).
[22] Sog. „Richtlinien 2002“, gemeinsam entwickelt von der Bundesärztekammer und dem Robert-Koch-Institut, abgedruckt in FamRZ 2002, 1159 mit Ergänzung FamRZ 2003, 81. Näher *Orgis* FamRZ 2002, 1157 und krit. *Martin/Muche/Zang* FamRZ 2003, 76.
[23] In der Tendenz ebenso schon *Gaul* FamRZ 2000, 1461, 1470f. Wie hier auch MK/*Zimmermann* Rn. 7, 8; *Wolf* NJW 2005, 2417, 2418.
[24] BGHZ 168, 79 [Rn. 61] = NJW 2006, 3416.
[25] BGHZ aaO [Rn. 16].
[26] Vgl. dazu BGH NJW 1964, 1179; *Hummel* NJW 1981, 605. Mindestalter des Kindes: 8 Monate.
[27] Vgl. dazu *Rittner* NJW 1974, 590; *Scholl* NJW 1979, 1913.
[28] BGHZ 168, 79 [Rn. 39] = NJW 2006, 346.
[29] Ausf. *Roth-Stielow* NJW 1977, 2114. Für eine unter Umständen erforderliche Aussetzung des Verfahrens gilt § 640f.
[30] Dazu vgl. MK/*Zimmermann* Rn. 12.
[31] Dazu vgl. BGH NJW 1974, 1428.
[32] OLG Karlsruhe NJWE-FER 1998, 89.

sichtigungsfähige Gründe sind, dass die Untersuchung nach ihrer Art und den Folgen ihrer Ergebnisse sowie wegen gesundheitlicher Nachteile unzumutbar ist (Rn. 8) oder dass sie keine Aufklärung des Sachverhalts verspricht (Rn. 9, 10). Ob darüber hinaus die Erforderlichkeit der Untersuchung (Rn. 5 ff.) angezweifelt und zur Überprüfung gestellt werden kann, ist streitig.[33] Richtigerweise muss man unterscheiden: Verweigert eine Partei die Untersuchung, so ist die Frage zu verneinen, verbleibt es also bei dem Grundsatz, wonach Beweisbeschlüsse unanfechtbar (§ 355 Abs. 2) und erst mit dem Rechtsmittel gegen das Urteil überprüfbar sind; die Gegenansicht macht auch wenig Sinn, weil das Beschwerdegericht an die Rechtsansicht des Prozessgerichtes gebunden sein soll.[34] Anders liegt es bei der Weigerung eines Zeugen, weil für ihn das Urteil nicht anfechtbar ist. Wegen des Eingriffs in verfassungsrechtlich verbürgte Rechte (Rn. 1, 6) kann er aber nicht rechtlos gestellt sein, muss also geltend machen können, die Untersuchung sei aus Rechtsgründen nicht „erforderlich" im Sinn des § 372a Abs. 2;[35] allerdings muss das Beschwerdegericht – schon mangels eigenen unmittelbaren Eindrucks von der Beweisaufnahme – von der Würdigung des bisherigen Beweisergebnisses durch das Prozessgericht ausgehen.

b) **Zwischenstreit.** Die Verweigerung unter Angabe von Gründen leitet einen Zwischenstreit vor dem Prozessgericht ein, und zwar auch dann, wenn die Weigerung beim Rechtshilfegericht erfolgte (vgl. § 389 Abs. 2).[36] Entschieden wird nach Anhörung der Parteien auf Grund mündlicher Verhandlung durch Zwischenurteil[37] (§ 303; zum Inhalt siehe § 387 Rn. 3), gegen das sofortige Beschwerde stattfindet, § 387 Abs. 1, 3. Gegen die Entscheidung des LG oder OLG als Beschwerdegericht findet Rechtsbeschwerde statt, wenn sie in dieser Entscheidung zugelassen wurde (§ 574 Abs. 1 Nr. 2, Abs. 3); ebenso ist es, wenn der Zwischenstreit erst vor dem LG oder OLG als Berufungsgericht entstanden ist. Weigert sich ein Zeuge, so braucht er sich im Anwaltsprozess nicht vertreten zu lassen (§ 387 Abs. 2), auch nicht im Beschwerdeverfahren (§§ 569 Abs. 3 Nr. 3, 78 Abs. 5). 12

c) **Zwangsmittel.** Steht nach rechtskräftigem Abschluss des Zwischenstreits die Duldungspflicht der zu untersuchenden Person fest, unterzieht sie sich aber gleichwohl den angeordneten Untersuchungen nicht, so werden durch Beschluss die **Zwangsmittel** des § 390 Abs. 1 festgesetzt;[38] dazu ist auch der beauftragte oder ersuchte Richter befugt (vgl. § 400).[39] Bei wiederholter Verweigerung erlaubt § 372a Abs. 2 S. 1 unmittelbaren Zwang (Rn. 15). Über diese Maßnahmen sollte die betroffene Person zweckmäßigerweise schon im Zwischenurteil belehrt werden. 13

2. Verweigerung ohne Angabe von Gründen. Ein solches Verhalten führt sogleich zur Anwendung von § 390 (Rn. 13). Das gilt auch für das bloße **Nichterscheinen im Untersuchungstermin** jedenfalls dann, wenn eine ordnungsgemäße Ladung mit Belehrung über die Folgen ergangen ist (vgl. § 377 Abs. 2 Nr. 3).[40] Entschuldigt sich die zu untersuchende Person nachträglich, so steht einer entsprechenden Anwendung von § 381 nichts entgegen, obgleich § 372a Abs. 2 S. 1 darauf nicht verweist.[41] Werden in der nachträglichen Entschuldigung nur oder zugleich Gründe für eine Verweigerung der Untersuchung angeführt, so leitet der Richter in das Zwischenstreitverfahren (Rn. 12) über, weil diese Entscheidung dann Vorrang hat. Wird nämlich die Weigerung für berechtigt erklärt, so ist der Anordnung von Ordnungsgeld/-haft die Grundlage entzogen; wegen der Kosten des Ausbleibens (§ 390 Abs. 1 S. 1) wird eine sofortige Beschwerde nach § 390 Abs. 3 meist erfolglos sein (§ 97 Abs. 2). 14

3. Wiederholte Verweigerung. Schon nach dem zweiten Ausbleiben im Untersuchungstermin trotz ordnungsgemäßer Ladung kann nach § 372a Abs. 2 S. 2 unmittelbarer Zwang angewendet, insbesondere die zwangsweise Vorführung zum Zwecke der Untersuchung angeordnet werden;[42] dass vorher Zwangsmittel nach § 390 verhängt oder durchgesetzt worden wären, ist nicht erforderlich.[43] Entschieden wird durch Beschluss, wogegen nach § 390 Abs. 3 sofortige (Rn. 14 aE) Beschwerde stattfindet (zur Beschwerde insbesondere eines Zeugen siehe Rn. 12); sie hat nach § 570 Abs. 1 aufschiebende Wirkung. 15

4. Beweisvereitelung. Ist die Untersuchung trotz rechtskräftig festgestellter unberechtigter Verweigerung nicht durchsetzbar, weil sich der auf Feststellung der Vaterschaft in Anspruch genommene Mann im Ausland aufhält[44], so liegt der Sache nach eine Beweisvereitelung vor. Hält der Beklagte trotz unmissverständlichen Hinweises auf die rechtlichen Folgen an seiner Weigerung fest, so greift – weil es sich um Augenscheinbeweis handelt (Rn. 4 aE) – § 371 Abs. 3 ein und zeigt das nach der Lebenserfahrung, dass er die Untersuchung fürchtet.[45] Entsprechendes gilt, wenn nach einer ärztlichen Bescheinigung die Erzwingung 16

---

[33] JA zB: OLG Stuttgart NJW 1972, 2226; OLG Oldenburg NJW 1973, 1419; *Zö/Greger* Rn. 13. Nein zB: OLG Celle NJW 1955, 1037; OLG Düsseldorf NJW 1958, 265; MK/*Zimmermann* Rn. 22. Offen gelassen in BGHZ 121, 266, 276 = NJW 1993, 1391.

[34] *B/L/H* Rn. 27.

[35] Ebenso OLG München NJW 1977, 341 f.

[36] BGH NJW 1990, 2936 f.; OLG Brandenburg NJWE-FER 2001, 130 (Verweigerung durch den vermeintlichen Vater).

[37] OLG Brandenburg (aaO) möchte auch Beschluss-Entscheidung gestatten, weil § 387 „analog" gelte; abzulehnen, weil die Begriffe „Analogie" und „entsprechende Anwendung" (so § 372a Abs. 2 S. 1) verkannt sind.

[38] OLG Dresden NJW-RR 1998, 84.

[39] BGH NJW 1990, 2936.

[40] Str.; aA *B/L/H* Rn. 29. Bedenken hat aber BGH NJW 1990, 2936 f. ersichtlich nicht.

[41] MK/*Zimmermann* Rn. 20, 21, 29.

[42] Vollzug durch den Gerichtsvollzieher, LG Regensburg DGVZ 1980, 171.

[43] AllgM, vgl. nur MK/*Zimmermann* Rn. 28.

[44] Zur internationalen Rechtshilfe vgl. *Hausmann* FamRZ 1977, 302; *Stürner* JZ 1987, 607.

[45] Zu § 1600 o Abs. 2 aF BGB (schwerwiegende Zweifel) BGH NJW 1986, 2371; vgl. auch *Wax* NJW 1994, 3210.

einer Blutentnahme zwar nicht vertretbar ist, der Richter daraufhin aber anordnet, die zu untersuchende Person müsse eine bei einer anderweitigen medizinischen Begutachtung gewonnene Blutentnahme zur Verfügung stellen, was diese jedoch ebenfalls verweigert.[46]

Titel 7. Zeugenbeweis

373 *Beweisantritt* **Der Zeugenbeweis wird durch die Benennung der Zeugen und die Bezeichnung der Tatsachen, über welche die Vernehmung der Zeugen stattfinden soll, angetreten.**

I. Normzweck

1 Die Vorschrift regelt die Förmlichkeiten des **Beweisantritts,** ähnlich den Bestimmungen bei den übrigen Beweismitteln (§ 371 Rn. 1). Sie hat in der Praxis große Bedeutung, weil es sich beim Zeugen um das bei weitem häufigste Beweismittel handelt; außerdem kann Zeugenbeweis nur auf Antrag erhoben werden, also nicht von Amts wegen wie zB die Augenscheinseinnahme und der Sachverständigenbeweis (Rn. 10).

II. Einzelheiten zum Zeugenbeweis

2 **1. Begriff und Gegenstand. Zeuge** kann nur eine natürliche Person sein, wobei es nicht auf das Alter, sondern auf die verstandesmäßige Fähigkeit ankommt, Wahrnehmungen zu machen, zu behalten und wiederzugeben. Gegenstand der Zeugenvernehmung sind grundsätzlich Wahrnehmungen „vergangener Tatsachen oder Zustände" (§ 414). Die Beweiserhebung kann jedoch ausnahmsweise auch gegenwärtige, möglicherweise sogar künftige Umstände betreffen; Beispiel: Der bei der Klägerin versicherte Zeuge bekundet, welche Schmerzen ihn jetzt noch beeinträchtigen und welche, zeitlich schon festgelegten, ärztlichen Untersuchungen noch anstehen. Die Zeugenaussage bezieht sich aber nicht auf Werturteile, Rechtsbegriffe oder Schlussfolgerungen; wohl aber kann eine Tatsachenschilderung im Einzelfall zwangsläufig mit einer Wertung verbunden sein. Als **Zeuge vom Hörensagen** wird bezeichnet, wer Äußerungen Dritter wiedergibt, die selbst nicht Beweisgegenstand, sondern nur Indiz sind; ein solcher Zeuge bekundet also keine Wahrnehmung zu einer zum gesetzlichen Tatbestand gehörenden Tatsache, sondern nur Beweisanzeichen, die auf solche Tatsachen hindeuten können.[1] Zeuge im begrifflichen Sinn ist er deshalb, weil er bekundet, welche konkrete Äußerung des Dritten er persönlich wahrgenommen hat.[2]

3 **2. Abgrenzung zu anderen Beweismitteln.** a) **Sachverständiger und Augenscheinsgehilfe.** Während der Zeuge eigene Wahrnehmungen zu (idR) vergangenen Tatsachen und Zuständen berichtet (Rn. 2), vermittelt der **Sachverständige** dem Richter fehlendes Fachwissen (§ 371 Rn. 5; § 402 Rn. 1, 2); der Zeuge ist folglich nicht durch eine andere Person ersetzbar, wohl aber der Sachverständige durch jeden anderen mit gleicher Sachkunde. Der Sachverständige kann außerdem zugleich Zeuge sein (§ 372 Rn. 3; § 414), der Zeuge dem Gericht aber kein Fachwissen vermitteln. Welchen Erlös ein Grundstück bei der Zwangsversteigerung voraussichtlich erbringen wird, kann deshalb nicht im Wege des Zeugenbeweises geklärt werden; denn das erfordert Fachwissen, dessen Weitergabe zu den typischen Sachverständigenaufgaben gehört.[3] Der **Augenscheinsgehilfe** berichtet zwar – ähnlich einem Zeugen –, was er gesehen hat, gleichwohl handelt es sich um eine eigene Wahrnehmung des Richters, der sich nur eines Gehilfen bedient hat (§ 372 Rn. 4). Für die Abgrenzung entscheidend ist auch hier das Merkmal der Ersetzbarkeit; Augenscheinsgehilfe kann nämlich grundsätzlich jeder sein, den das Gericht bestimmt, während der Zeuge für seine Aussage unersetzbar ist. Allerdings kann ein Zeuge zugleich Augenscheinsgehilfe sein, wenn er auch über gegenwärtige Tatsachen oder Umstände berichtet; Beispiel: Ein Polizeibeamter bekundet in einem Verkehrsunfallprozess als Zeuge, wo sich bestimmte Spuren (zB Glassplitter) befunden haben, und beschreibt als Augenscheinsgehilfe die Örtlichkeiten. Diese Unterscheidung ist wichtig, weil eine Augenscheinseinnahme ohne Einverständnis der Partei nicht durch Zeugenbeweis ersetzt werden kann (vgl. § 371 Rn. 17).

4 **b) Ersetzung durch Urkundenbeweis.** Der im Entwurf des 1. JuMoG zunächst vorgesehene neue § 374 zur Verwertung von richterlichen Vernehmungsniederschriften von Zeugen[4] ist nicht Gesetz geworden (vgl. auch § 415 Rn. 3a). Zu einer **Ersetzung der Zeugenvernehmung durch Urkundenbeweis** kommt es deshalb nach wie vor nur dann, wenn sich der Beweisführer auf die in einem vorangegangenen Verfahren, zB einem Strafprozess, protokollierte Aussage beruft.[5] Dann kann die dortige Niederschrift im Wege des Urkundenbeweises (§§ 415ff., 432) in den Zivilrechtsstreit eingeführt werden, und zwar ohne dass es hierzu der Zustimmung des Prozessgegners bedarf[6] (vgl. aber § 397 Rn. 1). Das setzt freilich voraus, dass die frühere Aussage ordnungsgemäß gewonnen wurde, weil sonst jetzt ein **Beweisverwertungsverbot** besteht (Rn. 12).[7] Der

---

[46] BGH NJW 1993, 1391, 1393.
[1] BVerfG NJW 2001, 2245f. Ausführl. Bestandaufnahme zum Zeugen vom Hörensagen – allerdings aus strafrechtlicher Sicht – *Detter* NJW 2003, 1.
[2] BGHZ 168, 79 [Rn. 21] = NJW 2006, 3416.
[3] BGH NJW 1993, 1796f. (keine Wertermittlung durch Vernehmung des Kreditsachbearbeiters als Zeugen).
[4] BT-Drucks. 15/1508, S. 6 (Art. 1 Nr. 13 des Entwurfes); dazu näher *Huber* ZRP 2003, 268, 270.
[5] Vgl. zum taktischen Vorgehen *Huber* JuS 2003, 907.
[6] BGHZ 7, 116, 121ff. = NJW 1952, 1171; BGH NJW 1995, 2856, 2857.
[7] BGH NJW 1985, 1470f.

Zeuge muss also über sein Zeugnisverweigerungsrecht belehrt worden sein; war er damals Beschuldigter, so gilt Entsprechendes für die Beschuldigtenbelehrung (§§ 163a Abs. 4 S. 2, 136 Abs. 1 S. 2 StPO). Wird die Aussage gleichwohl verwertet, so kann der Mangel allerdings gemäß § 295 geheilt werden.[8] Sieht das Gericht den Beweis durch die Protokolle nicht als geführt an, zB weil mangels persönlichen Eindrucks von dem Zeugen Zweifel verbleiben, so muss es darauf gemäß § 139 hinweisen. Der Beweisführer kann daraufhin die Vernehmung vor dem Prozessgericht beantragen, ohne dass dieser Beweisantritt als verspätet zurückgewiesen werden dürfte.[9] Beantragt der Gegner der beweisbelasteten Partei von sich aus die Ladung des Zeugen, so kann das wegen des Unmittelbarkeitsgrundsatzes (§ 355) nicht abgelehnt werden; dann handelt es sich um einen Gegenbeweis gegen die Urkunde. Wurde nach schriftsätzlich gestelltem Beweisantrag auf Vernehmung eines bestimmten Zeugen später allgemein der Verwertung der Strafakte zugestimmte, ist durch Rückfrage (§ 139) zu klären, ob darin ein Verzicht auf die Vernehmung des Zeugen liegt.[10] Auch sonst hat das Gericht zu bedenken, dass einer Urkunde über die frühere Vernehmung eines Zeugen im Allgemeinen ein geringerer Beweiswert zukommt als dem Zeugenbeweis selbst, weil persönlicher Eindruck und Möglichkeit zu Vorhalten oder Gegenüberstellungen fehlen.[11] Wird die Aussage eines Zeugen vor einem anderen Gericht (zB ArbG, SG) zum Beweisthema urkundlich verwertet, will der Richter die Glaubwürdigkeit jedoch abweichend beurteilen, so muss er den Zeugen persönlich vernehmen (Rechtsgedanke des § 398 Abs. 1).[12]

c) **Amtliche/nicht-amtliche Auskunft.** Eine **amtliche Auskunft** (§§ 273 Abs. 2 Nr. 2, 358a S. 2 Nr. 2) ersetzt ebenfalls die Vernehmung eines Beamten/Sachbearbeiters als Zeugen.[13] Sie ist nach hM ein selbständiges Beweismittel und kann deshalb von Amts wegen eingeholt werden. Auch hier kann aber eine Partei auf dem Zeugenbeweis bestehen (Rn. 4); die Verwertung der amtlichen Auskunft an Stelle der Zeugenvernehmung ist dann unzulässig.[14] Die in der Praxis übliche Einholung einer **nicht-amtlichen Auskunft,** zB bei einer Bank oder Versicherung, kann den Zeugenbeweis nicht ersetzen, falls nicht beide Parteien damit einverstanden sind oder anschließend die von der Auskunft betroffene Tatsache unstreitig wird; im Zweifelsfalle empfiehlt sich ein Vorgehen nach § 377 Abs. 3. 5

3. Zeugnisfähigkeit und Parteivernehmung. a) Auszugehen ist von der formalen Trennung zwischen Zeugenbeweis und Beweis durch Parteivernehmung (zur Beweiswürdigung Rn. 16): Als **Zeuge darf nicht gehört werden,** wer im Prozess als Partei (§§ 445 ff.) vernommen werden kann.[15] Zur Beurteilung dieser Frage kommt es auf den Zeitpunkt der Vernehmung an. Zeuge kann mithin sein der Gegner des Vorprozesses im Regressprozess gegen den Anwalt[16] oder die ehemalige schon ausgeschiedene Partei, selbst wenn sie wegen der einheitlich zu treffenden Kostenentscheidung noch Verfahrensbeteiligter ist,[17] nicht aber die neu eingetretene; war in dem zuletzt genannten Falle die jetzige Partei früher als Zeuge vernommen worden, so bleibt diese Aussage zwar verwertbar, die geänderten Umstände sind aber bei der Beweiswürdigung zu berücksichtigen. Die fehlerhafte Vernehmung einer Partei als Zeuge und umgekehrt ist nach § 295 heilbar. Es soll sogar offen bleiben können, ob Partei- oder Zeugenbeweis erhoben wurde.[18] Das setzt aber voraus, dass sich der Beweiswert in beiden Fällen deckt, was in der Praxis alleine schon wegen des Interesses einer Partei am Prozessausgang kaum vorstellbar ist; kam ein Zeugnisverweigerungsrecht in Betracht, so ist die Beweiserhebung mangels Belehrung ohnehin nicht verwertbar (Rn. 4, 12). 6

b) **Als Partei zu vernehmen** sind: Die prozessfähige Partei; der gesetzliche Vertreter einer prozessunfähigen Partei (§ 455 Abs. 1), sofern diese nicht selbst als Partei vernommen wird (Rn. 8; § 455 Abs. 2 S. 1); ein Verwalter (Insolvenz-, Nachlass-, Zwangsverwalter, Testamentsvollstrecker), weil er nach hM Partei kraft Amtes ist (§ 51 Rn. 19); im Prozess eines Vereins oder einer Gesellschaft der satzungsmäßige oder gesetzliche Vertreter[19], zB Vorstandsmitglieder eines Vereins (§ 26 Abs. 2 BGB) oder einer AG (§ 78 AktG), persönlich haftender Gesellschafter einer KG (§§ 161 Abs. 2, 170 HGB; siehe aber Rn. 8); der vertretungsberechtigte Gesellschafter einer OHG (§ 125 HGB); der Geschäftsführer einer GmbH; die Streitgenossen einer Partei (Einzelheiten § 449 Rn. 1); der Bürgermeister im Rechtsstreit der Gemeinde.[20] 7

c) Als **Zeuge zu vernehmen** sind: Die prozessunfähige Partei, die nicht unter § 455 Abs. 2 fällt, zB also ein 15 Jahre altes Kind; der gesetzliche Vertreter einer Partei, sofern diese selbst als Partei vernommen wird (§ 455 Abs. 2 S. 1) oder sofern er im Rechtsstreit die Vertretungsmacht nicht ausübt, zB die mit dem Vater des Kindes nicht verheiratete Mutter (§ 1626a Abs. 2 BGB) oder die Eltern (§§ 1626 Abs. 1, 1626a Abs. 1, 1629 Abs. 1 BGB) im Rechtsstreit des Kindes, das durch einen Pfleger (§§ 1630 Abs. 1, 1909 BGB) oder Beistand (§§ 1712 ff. BGB; § 53a) vertreten wird; der Rechtsinhaber, wenn Partei ein Verwalter ist (Rn. 7), also der Insolvenzschuldner/Erbe/Eigentümer im Prozess des Insolvenzverwalters/Testamentsvollstreckers/Zwangsverwalters; der Zedent im Prozess des Zessionars, weil letzterer der Forderungsinhaber ist, oder 8

---

[8] BGH NJW 1985, 1158f.
[9] BGH NJW 1983, 999f. m. Anm. *Deubner.*
[10] OLG Hamm NJW-RR 2002, 1653.
[11] BGH ZIP 2000, 635, 637 = NJW 2000, 1420, 1421.
[12] BSG NJW 1999, 2767.
[13] BGHZ 89, 114, 119 = NJW 1984, 438.
[14] BGH NJW-RR 1992, 1124.
[15] MK/*Damrau* Rn. 7; *T/P/Reichold* vor § 373 Rn. 6; *Musielak,* GK ZPO, Rn. 430.
[16] BGHZ 72, 328 = NJW 1979, 819; BGH NJW 1984, 1240.
[17] OLG Koblenz NJW-RR 2003, 283.
[18] BGH LM Nr. 3; zust. Zö/*Greger* Rn. 7; abl. MK/*Damrau* Rn. 17.
[19] Ausf. *Barfuß* NJW 1977, 1273.
[20] BGH LM Nr. 1.

der Rechtsträger bei der gewillkürten Prozessstandschaft (§ 51 Rn. 25ff.), weil Partei der Prozessstandschafter ist[21], es sei denn, die Abtretung oder Übertragung der Prozessführungsbefugnis erfolgte nur zu dem Zweck, dem anderen die Zeugenstellung zu verschaffen[22] (in der Praxis nur schwer nachweisbar); der nur materiell, nicht aber formell Beteiligte in Fällen der gesetzlichen Prozessstandschaft (§ 51 Rn. 19, 24), zB die übrigen Miterben im Rechtsstreit über eine Nachlassforderung, die nur ein Miterbe nach § 2039 BGB einklagt; Mitglieder von Vereinen/Gesellschafter von Gesellschaften in deren Prozessen, sofern ihnen nicht die satzungsmäßige oder gesetzliche Vertretung obliegt (Rn. 7), zB der Kommanditist, auch wenn er Prokurist ist[23], auch der Komplementär einer in Liquidation befindlichen Gesellschaft, sofern er nicht selbst Liquidator ist[24], der Aktionär; der einfache Streitgenosse über Tatsachen, die nicht auch für den eigenen Prozess erheblich sind;[25] der gewöhnliche Nebenintervenient (§ 67); der Streitverkündungsempfänger, der (noch) nicht beigetreten ist; Ehegatte, Lebensgefährte; Prozessbevollmächtigter, Beistand; Richter, Urkundsbeamter, wobei dann aber §§ 41 Nr. 5, 49 zu beachten sind.

9 **4. Pflichten des Zeugen.** Die Zeugenpflicht, die öffentlich-rechtlicher Natur und erzwingbar ist (§§ 380, 390), trifft jeden, der der deutschen Gerichtsbarkeit unterliegt (vgl. §§ 18–20 GVG). Sie umfasst grundsätzlich **drei Pflichten,** nämlich die zum Erscheinen vor dem Gericht am Terminsort (§§ 380–382), die zur wahrheitsgemäßen und vollständigen Aussage (§§ 390, 395–398) und die zur Beeidigung der Aussage (§§ 390–393). Der Zeuge ist aber nicht gehalten, eigene Nachforschungen zu den Umständen, über die er aussagen soll, anzustellen, wohl aber, sein Gedächtnis vor der Vernehmung durch zumutbare Maßnahmen aufzufrischen[26], zB durch Einsicht in Aufzeichnungen und Unterlagen (vgl. § 378 Abs. 1 S. 1); die Vorlage von Augenscheinsobjekten oder Urkunden kann ihm als Dritten gem. § 144 aufgehoben werden (vgl. die Kommentierung dort). Eine Verpflichtung zur Duldung von Untersuchungen besteht nur gemäß § 372a (vgl. insbesondere § 372a Rn. 1, 3).

III. Beweisantritt und Verfahren

10 **1. Beweisantritt.** Während die übrigen Beweismittel auch von Amts wegen erhoben werden können (vgl. § 144 Abs. 1 S. 1 für den Augenscheins- und Sachverständigenbeweis – siehe auch § 371 Rn. 1, 10; § 448 für die Parteivernehmung; §§ 142, 143, 273 Abs. 2 Nr. 2, 5 für den Urkundenbeweis), erfolgt die Zeugenvernehmung im Bereich des Verhandlungsgrundsatzes (Einl. 37ff.) ausschließlich auf Antrag hin.[27] Angetreten wird dieser Beweis gemäß § 373 durch die Benennung des Zeugen und die Bezeichnung der Tatsache, über welche die Vernehmung stattfinden soll. Die **Benennung des Zeugen** muss namentlich und mit ladungsfähiger Anschrift (also Wohnungsanschrift) erfolgen, Angabe des Postfaches genügt nicht[28] (vgl. auch § 130 Rn. 3); beim Beweisantritt „Zeuge NN" oder mit falscher oder ohne Anschrift ist Fristsetzung nach § 356 erforderlich[29] (§ 356 Rn. 2; § 296 Rn. 4). Das gilt auch für den oft anzutreffenden Hinweis, die Person sei über „Kläger/Beklagten" oder eine bestimmte „Behörde" zu laden, weil es grundsätzlich auf den Wohnort des Zeugen ankommt (§ 395 Rn. 2), worüber die Gerichte in aller Regel aus Vereinfachungsgründen großzügig hinwegsehen.

11 Erforderlich ist ferner die **Bezeichnung der Tatsachen,** über welche die Vernehmung stattfinden soll; widersprechen sich mehrere Behauptungen, so muss ihr Verhältnis zueinander klargestellt werden, ansonsten fehlt es an einem ordnungsgemäßen Beweisantritt.[30] Auf Mängel bei der Bezeichnung der Beweistatsachen muss auch hier hingewiesen und Frist nach § 356 gesetzt werden (Rn. 10). Angaben darüber, wie der Zeuge die Beweistatsachen erfahren hat, können grundsätzlich nicht verlangt werden[31]. Anders ist das bei inneren, nicht in seiner Person eingetretenen Tatsachen, wenn also der Zeuge zB Angaben dazu machen soll, wann die Partei ihren Irrtum erkannt hatte; dann muss schlüssig dargelegt werden, auf Grund welcher Umstände der Zeuge davon Kenntnis erlangt hat.[32] Trägt die Partei hinsichtlich innerer Tatsachen bei einer bestimmten Person die Beweislast, so ist sie nicht gehalten, in erster Linie diese Person als unmittelbaren Zeugen zu benennen, insbesondere dann nicht, wenn sie von ihr keine wahrheitsgemäße Aussage erwartet; es steht ihr dann vielmehr frei, sich stattdessen auf andere Zeugen zu berufen, denen gegenüber die betreffende Person sich über ihr Wissen und ihre Absichten geäußert hat, und so von vornherein einen mittelbaren Beweis der inneren Tatsachen anzustreben.[33]

12 **2. Ablehnung.** Eine Zeugenvernehmung ist (entsprechend § 244 Abs. 3 S. 1 StPO) als **unzulässig** abzulehnen, wenn sie auf einen **Ausforschungsbeweis** (§ 284 Rn. 16ff.) hinausläuft. So liegt es, falls der Beweisführer die zur Konkretisierung seines Prozessvortrages benötigten Tatsachen erst durch die Vernehmung des

---

21 BGH NJW 1972, 1580.
22 MK/*Damrau* Rn. 13 u. in. Rn. 14 speziell zur Zession.
23 BGH NJW 1965, 2253.
24 BGHZ 42, 230 = NJW 1965, 106.
25 BGH NJW 1983, 2508 (Ls) = LM § 59 Nr. 4; *Ro/S/Go/* § 119 Rn. 9.
26 AllgM, vgl. nur OLG Köln NJW 1973, 1383 = ZZP 87 (1974), 484 m. Anm. *Peters; Mu/St* Rn. 65.
27 *Musielak*, GK ZPO, Rn. 417; *Schellhammer* Rn. 535.
28 BVerwG NJW 1999, 2608.
29 BGH NJW 1998, 2368; 1993, 1926f.; BVerfGE 69, 248 = NJW 1985, 3005f.; BVerfG NJW 2000, 945f.
30 BGH LM Nr. 11 = MDR 1988, 133.
31 Zu Voraussetzungen und Umfang einer Substantiierungspflicht vgl. BGH NJWE-MietR 1996, 33 = ZMR 1996, 122.
32 BGH NJW 1983, 2034f. (insoweit in BGHZ 87, 227 nicht abgedruckt).
33 BGH NJW 1992, 1899f. (Schädigungsabsicht bei § 826 BGB).

Zeugen in Erfahrung zu bringen sucht; allerdings darf eine Partei – wie bei dem Parallelproblem der sog. ausforschenden Parteivernehmung (§ 445 Rn. 8a) – auch Tatsachen behaupten, über die sie keine genaue Kenntnis haben kann, die sie aber nach Lage der Dinge für wahrscheinlich hält, sofern sie nicht die Beweisbehauptungen „aufs Geratewohl" oder „ins Blaue hinein" aufstellt.[34] Unzulässig ist die Beweiserhebung auch bei einem **Beweisverbot** (vgl. § 371 Rn. 15). Ist die Partei des Zivilprozesses in einem vorangegangenen Strafverfahren (entgegen §§ 163a Abs. 4, 136 Abs. 1 S. 2 StPO) nicht belehrt worden, so ergibt sich allein daraus im nachfolgenden Zivilprozess kein Beweisverbot bezüglich der Vernehmung der Verhörsperson als Zeuge (oder der urkundlichen Verwertung des polizeilichen Vernehmungsprotokolls; vgl. dazu Rn. 4), vielmehr ist auf Grund einer Interessen- und Güterabwägung im Einzelfall zu entscheiden.[35] Über den Inhalt eines verbotswidrig aufgenommenen Videos (§ 371 Rn. 15) darf ein Zeuge nicht vernommen werden.[36]

Aussagen von sog. **Lauschzeugen**, die ein unter vier Augen geführtes Gespräch ohne Wissen des einen, aber im Auftrag des anderen Gesprächspartners belauschen, sind im Zivilprozess aber nicht schlechthin unverwertbar.[37] Vielmehr ist darüber mittels einer Interessen- und Güterabwägung zwischen dem gegen die Verwertung streitenden allgemeinen Persönlichkeitsrecht auf der einen und dem dafür sprechenden rechtlich gestützten Interesse auf der anderen Seite zu entscheiden (§ 371 Rn. 16; weitergehend § 286 Rn. 8). Allein das Interesse, sich ein Beweismittel für zivilrechtliche Ansprüche zu sichern, reicht aber dann nicht aus, um die Verletzung des Persönlichkeitsrechts der anderen Prozesspartei zu rechtfertigen, wenn der Beweisführer es vielmehr versäumt hat, die Beweisbarkeit seiner Behauptung auf andere Weise sicherzustellen.[38] Ein Schweigen des Gesprächspartners zu einem ausdrücklichen Hinweis auf die Anwesenheit einer Dritten Person und auf das Einschalten eines Lautsprechers gilt aber als Zustimmen zum Mithören.[39] Für die Abwägung ist schließlich auch maßgeblich, wo sich der Vorfall ereignete, ob in einer besonders geschützten Sphäre (Wohn-/Schlafraum), in einem Geschäftsraum oder in einem öffentlichen Gebäude, zB einer Gaststätte. Auf die Rechtswidrigkeit bei der Erlangung des späteren Tatsachenvortrags kommt es aber nicht weiter an, wenn die Tatsache im Prozess unstreitig wird.[40] Zum Beweisverwertungsverbot bei Ersetzung der Zeugenaussage durch Urkundenbeweis s. Rn. 4.

Ein **zulässiger Antrag** kann nur nach den allgemein geltenden Regeln abgelehnt werden (§ 284 13
Rn. 14ff.). Dem erneuten Begehren auf Vernehmung eines Zeugen, der schon von seinem Zeugnisverweigerungsrecht Gebrauch gemacht hat, braucht aber nur stattgegeben zu werden, wenn hinreichende Anhaltspunkte dafür vorliegen, er werde nunmehr aussagen.[41] Darüber hinaus kommt eine Ablehnung in Betracht, wenn das Gericht auf Mängel des Beweisantritts hingewiesen hatte, diese aber nicht fristgerecht beseitigt worden sind (Rn. 10, 11). Mit diesem Falle und mit einer Ablehnung aus den in Rn. 12 erörterten Gründen müssen sich dann die Entscheidungsgründe des Urteils befassen (§ 371 Rn. 17).

3. Anordnung. Sie erfolgt durch formellen **Beweisbeschluss** des Prozessgerichts nach §§ 358ff. oder, 14
wenn der Beweis sofort erhoben werden kann (mitgebrachte Zeugen), durch formlose **Anordnung** (§ 358 Rn. 1). Sehr oft macht die Praxis darüber hinaus von der Möglichkeit Gebrauch, Zeugen schon durch eine **vorbereitende Maßnahme** nach § 273 Abs. 2 Nr. 4 zum Termin zu laden.[42]

IV. Beweiswürdigung

1. Mittelbarer Beweis. Zwar wird nach hM die Bekundung eines Augenzeugen, der die entscheidungs- 15
erhebliche Tatsache wahrgenommen hat (Beispiel: Ampel rot/gelb/grün im Verkehrsunfallprozess), zum unmittelbaren Beweis gerechnet, der Sache nach handelt es sich aber um einen mittelbaren Beweis[43] (zum Unterschied § 284 Rn. 7). Denn der Zeuge kann sich irren oder bewusst die Unwahrheit sagen. **Indiztatsachen** sind also sowohl die Aussage selbst wie die Anhaltspunkte, auf Grund derer das Gericht einen Irrtum oder eine Lüge des Zeugen verneint; erst nach deren zusammenfassender Bewertung schließt der Richter auf die Haupttatsache[44] (zB Ampel rot). Das muss bei der Beweiswürdigung sorgfältig erwogen werden. Nur so kann der Beweiswert einer Zeugenaussage richtig beurteilt und die richterliche Überzeugungsbildung (§ 286) nachprüfbar dargelegt werden. Dieser sehr schwierigen Aufgabe suchen sich die Gerichte häufig mit bloßen Leerformeln zu entziehen, wie der Zeuge sei „auf Grund persönlichen Eindrucks glaubwürdig", „die Aussage in sich widerspruchsfrei und deshalb glaubhaft", „die Zeugin als Ehefrau des Klägers am Verfahren interessiert und deshalb unglaubwürdig" (vgl. auch § 286 Rn. 12, 13).

---

34 BGH NZI 2002, 486, 488 = NJW-RR 2002, 1419 (Insolvenzanfechtungsprozess); ausführl. dazu *Huber* FS Gerhard, 2004, S. 379; vgl. auch BGH ZIP 2003, 1596 (Bürgschafts-Fall); NJW-RR 2003, 491; NJW 1988, 2100f.; NJW-RR 1991, 888.

35 BGHZ 153, 165 = NJW 2003, 1123 = JuS 2003, 924 Nr. 10 (*K. Schmidt*).

36 OLG Karlsruhe NJW 2002, 2799.

37 BVerfG NJW 2002, 3619 = JuS 2003, 392 Nr. 3 (*M. Sachs*); dazu ausführl. *Foerste* NJW 2004, 262. BGH NJW 1991, 1180 = JZ 1991, 927 m. Anm. *Helle;* dazu auch *Gerhardt,* Zivilprozessrecht, 6. Aufl. 2000, S. 76ff. (Fall 9). BGH NJW 1994, 2289, 2292. Vgl. auch *Kiethe* MDR 2005, 965, 968f.; *Lenz/Meurer* MDR 2000, 73.

38 BGH NJW 2003, 1727 (Nachweis der Darlehenshingabe); krit. *Foerste* aaO (Zulässigkeit einer Hörfalle zur Abwehr von Prozessbetrug).

39 BVerfG NJW 2003, 2375.

40 Richtig *Heinemann* MDR 2001, 137, 141f.

41 BGH NJW-RR 1987, 445.

42 Vgl. auch die Empfehlung mit Muster von *Balzer* Rn. 140, 141.

43 *Bender/Nack/Treuer* Rn. 578, 582.

44 Zum Denkprozess beim Indizienbeweis *Bender/Nack/Treuer* Rn. 586ff.

16 **2. Bewertungsmerkmale.** Beim Zeugenbeweis[45] sind das hauptsächlich
- die (objektive) **Wahrnehmungsmöglichkeit** (äußere Umstände wie Standort, Witterungsverhältnisse, Lärmbeeinträchtigungen; Aufnahmemöglichkeit, sog. Reizschwellen, dh. objektive Grenzen der Sinnesorgane, zB bei Geschwindigkeitsschätzungen; Fremdbeeinflussung bei der Wahrnehmung),
- die (subjektive) **Wahrnehmungsfähigkeit** (geistige Verfassung nach Alter, Schulbildung und Berufsstand; körperlicher Zustand wie Kurzsichtigkeit, Alkoholisierung, Müdigkeit/Frische, Ablenkung/Aufmerksamkeit; seelische Verfassung wie Ausgeglichenheit/Unruhe/Stress; Selbstbeeinflussung bei der Wahrnehmung wie besondere Ängstlichkeit/Forschheit; Bereitschaft zur Wahrnehmung wie Interesse/Desinteresse an einem Vorgang; besondere Übung im Wahrnehmen, zB bei einem Polizeibeamten)
- die **Wiedergabemöglichkeit** (Zeitablauf; Klarheit/Blassheit des Erinnerungsbildes; Verdrängung des Geschehens; Überlagerung durch ähnliche Ereignisse; körperliche, geistige, seelische Verfassung bei der Vernehmung, sonstige Vernehmungssituation) und
- die **Wiedergabebereitschaft** (Aufgeschlossenheit oder Bereitschaft zur Aussage oder Beeinträchtigung durch Angst/Voreingenommenheit; Unbefangenheit).

Zu unterscheiden ist dabei zwischen der **Glaubwürdigkeit des Zeugen und der Glaubhaftigkeit seiner Aussage**[46] (vgl. auch § 395 Rn. 2, § 396 Rn. 3, § 398 Rn. 4, 5); denn es kann jemand persönlich glaubwürdig, seine Darstellung aber gleichwohl unglaubhaft sein, beispielsweise bei demjenigen Zeugen, der unbewusst einer Sinnestäuschung erlegen ist.
- Merkmale für die **Glaubwürdigkeitsprüfung** (dazu auch § 286 Rn. 12, 13) sind: Beziehungen zu einer Prozesspartei, Interesse am Verfahren; nur formale Zeugenstellung, zB weil der Zeuge der Zedent oder der nur vorübergehende abberufene Geschäftsführer ist (sog. „zivilprozessuale Partei im Zeugenmantel"[47]); Anzeichen für Lüge auf Grund der Persönlichkeit des Zeugen; Vorstrafen wegen Aussagedelikten oder andere bewertungserhebliche Straftaten[48], zB Betrug; Besonderheiten in der Vorgeschichte (Wie kam der Zeuge in die „Zeugenstellung"?); Auffälligkeiten in der Vernehmung („Belastungseifer"); „persönlicher Eindruck" vom Zeugen durch den vernehmenden Richter (dazu näher § 398 Rn. 4).
- Zu sog. **Glaubhaftigkeitskontrollen** – also zur Bestätigung der Zeugenaussage durch anderweit gesicherte Umstände – geeignet sind zB: Augenschein (§ 371 Rn. 8), Spuren, Schriftverkehr, andere Beweismittel; Aussagekonstanz/Detailgenauigkeit/Widersprüchlichkeiten; Neigung des Zeugen zur Selbstkritik, Selbstüberschätzung, Übertreibung; Wahrscheinlichkeit der Aussage nach der Lebenserfahrung; ein **Glaubwürdigkeitsgutachten** wird im Zivilprozess selten erholt (§ 403 Rn. 4).

17 **3. Zeuge vom Hörensagen.** Besondere Sorgfalt verlangt die Würdigung eines **Zeugen vom Hörensagen**[49], der bekundet, was ein anderer geäußert oder wahrgenommen hat (Rn. 2). Dann muss nicht nur die Zeugenaussage nach den schon genannten Merkmalen bewertet, sondern außerdem beurteilt werden, ob der möglicherweise unbekannte Dritte seinerseits die Wahrnehmung richtig gemacht und weitergegeben hat. Die theoretischen Fehlerquellen sind mithin verdoppelt, was den Beweiswert eines Zeugen vom Hörensagen in der Regel stark vermindert, weil an die Beweiswürdigung hohe Anforderungen zu stellen sind.[50]

V. Rechtsanwaltsgebühren

18 Eine gesonderte Gebühr für die Beweiserhebung fällt nach RVG nicht an.

374 *(weggefallen)*

375 *Beweisaufnahme durch beauftragten oder ersuchten Richter*

(1) Die Aufnahme des Zeugenbeweises darf einem Mitglied des Prozessgerichts oder einem anderen Gericht nur übertragen werden, wenn von vornherein anzunehmen ist, dass das Prozessgericht das Beweisergebnis auch ohne unmittelbaren Eindruck von dem Verlauf der Beweisaufnahme sachgemäß zu würdigen vermag, und
1. **wenn zur Ausmittlung der Wahrheit die Vernehmung des Zeugen an Ort und Stelle dienlich erscheint oder nach gesetzlicher Vorschrift der Zeuge nicht an der Gerichtsstelle, sondern an einem anderen Ort zu vernehmen ist;**
2. **wenn der Zeuge verhindert ist, vor dem Prozessgericht zu erscheinen und eine Zeugenvernehmung nach § 128 a Abs. 2 nicht stattfindet;**

---

[45] Ausf. vgl. zB *Bender/Nack/Treuer* Rn. 1 ff. (Glaubwürdigkeitslehre). Speziell zum Zeugenbeweis im Verkehrsunfallprozess ausf. *Kirchhoff* MDR 1999, 1473 (Beweiswürdigung) und MDR 2000, 186 (Vernehmungstechnik); *ders.* MDR 2001, 661 (Wahrnehmungsexperiment: Richter als Zeugen); *Einmahl* NJW 2001, 469, 470 ff. (Irrtumsanfälligkeit der Aussage eines Unfallzeugen). S. auch *Balzer* Rn. 152 ff.

[46] Vgl. BGH NJW 1991, 3284.

[47] Ausführl. dazu *Kluth/Böckmann* MDR 2002, 616.

[48] OLG Bamberg OLGR 2004, 67.

[49] *Schneider* Beweis Rn. 876 ff.; *Bender/Nack* Rn. 917 ff. Zum Strafprozess vgl. BVerfG NJW 1996, 448; *Detter* NJW 2003, 1. Zur Rechtsprechung des EuGH vgl. *Wolf,* Festschr. f. Söllner, 2000, S. 1279, 1282.

[50] BGHZ 168, 79 [Rn. 21] = NJW 2006, 3416.

3. wenn dem Zeugen das Erscheinen vor dem Prozessgericht wegen großer Entfernung unter Berücksichtigung der Bedeutung seiner Aussage nicht zugemutet werden kann und eine Zeugenvernehmung nach § 128a Abs. 2 nicht stattfindet.

(1a) Einem Mitglied des Prozessgerichts darf die Aufnahme des Zeugenbeweises auch dann übertragen werden, wenn dies zur Vereinfachung der Verhandlung vor dem Prozessgericht zweckmäßig erscheint und wenn von vornherein anzunehmen ist, dass das Prozessgericht das Beweisergebnis auch ohne unmittelbaren Eindruck von dem Verlauf der Beweisaufnahme sachgemäß zu würdigen vermag.

(2) Der Bundespräsident ist in seiner Wohnung zu vernehmen.

I. Normzweck

Die Vorschrift beinhaltet eine Ausnahme zum Grundsatz der Unmittelbarkeit (§ 355) und will auf diese 1 Weise der Entlastung der (Kollegial-)Gerichte und der Verfahrensvereinfachung dienen. Sie erlaubt in Abs. 1 unter bestimmten Voraussetzungen die Übertragung der Beweisaufnahme auf ein Mitglied des Prozessgerichts oder auf ein anderes Gericht; für die zuerst genannte Möglichkeit schafft Abs. 1a eine zusätzliche Erleichterung. Abs. 2 betrifft die Vernehmung des Bundespräsidenten.

II. Übertragung der Beweisaufnahme

1. Gemeinsame Voraussetzung. Nicht alleine der Unmittelbarkeitsgrundsatz (§ 355), sondern vor allem 2 die besonderen Schwierigkeiten bei der Würdigung des Zeugenbeweises (§ 373 Rn. 15ff., § 398 Rn. 4) erfordern in der Regel die persönliche Vernehmung durch den erkennenden Richter. Dem trägt § 375 Rechnung, indem er sowohl für die Fälle des Abs. 1 wie auch für die des Abs. 1a als erste und gemeinsame Voraussetzung eine **Beweisprognose** verlangt. Die Aufnahme des Zeugenbeweises darf nämlich einem Mitglied des Prozessgerichts (§ 361) oder einem anderen Gericht (§ 362) nur übertragen werden, wenn von vornherein anzunehmen ist, dass das Prozessgericht das Beweisergebnis auch ohne unmittelbaren Eindruck von dem Verlauf der Beweisaufnahme sachgemäß zu würdigen vermag; das ist insbes. nicht der Fall, wenn von vornherein mit widersprechenden Aussagen zu rechnen ist.[1] Diese Entscheidung wird nach pflichtgemäßem Ermessen auf Grund einer Wahrscheinlichkeitsbewertung getroffen („von vornherein anzunehmen"); maßgeblich dafür sind vor allem das Beweisthema und die Person des Zeugen (Beispiele: Abrechnungsprozesse, sog. Punktesachen). Erweist sich die Prognose nachträglich als unzutreffend, so muss die Vernehmung vor dem Prozessgericht wiederholt werden (§ 398).

2. Übertragung an beauftragten/ersuchten Richter nach Abs. 1. Sie ist bei entsprechender Beweisprog- 3 nose (Rn. 2) in folgenden Fällen zulässig:

- **Sachdienlichkeit der Vernehmung an Ort und Stelle (Nr. 1 Alt. 1).** Gemeint ist die Vernehmung außerhalb der Gerichtsstelle (§ 219) zwecks besserer Wahrheitsermittlung, auch in Kombination mit der Einnahme eines Augenscheins (§ 371 Rn. 8) oder bei Gegenüberstellung (§ 394 Abs. 2) am Tatort oder mit einem am Erscheinen verhinderten Zeugen.
- **Pflicht zur auswärtigen Vernehmung (Nr. 1 Alt. 2).** Das sind die Fälle des § 375 Abs. 2 (Rn. 6) und des § 382.
- **Verhinderung des Zeugen (Nr. 2).** Gemeint ist Verhinderung von einiger Dauer, hauptsächlich bei Krankheit, Haft und hohem Alter. Findet die Vernehmung deshalb in der Wohnung des Zeugen statt, so muss dieser nach allgM wegen § 357 auch den Parteien den Zutritt gestatten. Kein Hinderungsgrund sind fehlende finanzielle Mittel des Zeugen für eine Anreise, weil er einen Vorschuss verlangen kann (§ 3 JVEG; früher: § 14 ZSEG). Von der Befugnis zur Übertragung der Beweisaufnahme darf aber kein Gebrauch gemacht werden, wenn eine Zeugenvernehmung durch eine sog. „Video-Konferenz" nach § 128a Abs. 2 möglich ist, sofern die erforderlichen Einrichtungen tatsächlich verfügbar sind.
- **Große Entfernung (Nr. 3).** Das gilt nur, wenn dem Zeugen deshalb auch unter Berücksichtigung der Bedeutung seiner Aussage das Erscheinen vor dem Prozessgericht nicht zugemutet werden kann. Eine der Strecke nach „große" Entfernung wird im Rechtssinne freilich umso kleiner, je günstiger die Verkehrsverhältnisse sind (Flug, schnelle Zugverbindung); Kosten sind gegebenenfalls vorzuschießen. Die „Bedeutung seiner Aussage" beurteilt sich nach dem Beweisthema und den Folgen des Prozesses für den Beweisführer. Auch hier gilt die im vorigen Absatz gemachte Einschränkung in Hinblick auf § 128a Abs. 2.

3. Übertragung an beauftragten Richter nach Abs. 1a. Sie ist bei entsprechender Beweisprognose (Rn. 2) 4 „auch dann", dh. ohne die Voraussetzungen von Rn. 3 möglich, wenn dies zur **Vereinfachung der Verhandlung vor dem Prozessgericht zweckmäßig** erscheint. Insoweit kommt es vor allem auf die für die Vernehmung erforderliche Zeit an, falls sie die übrigen Mitglieder des Prozessgerichtes anderweit im Interesse der Rechtspflege nutzen können. Die Bedeutung der Vorschrift ist wegen §§ 348, 348a gering.

4. Anordnung und Verfahren. Die Übertragung der Beweisaufnahme auf einen beauftragten oder er- 5 suchten Richter ordnet das Prozessgericht in der Regel im Beweisbeschluss nach §§ 358, 358a an. Waren die Voraussetzungen des § 375 Abs. 1, 1a nicht gegeben, so liegt ein nach § 295 heilbarer Verfahrensmangel vor (§ 295 Rn. 4); die Zeugenvernehmung kann auch lediglich im Freibeweis gewürdigt werden, wenn es auf den persönlichen Eindruck nicht ankommt.[2]

---

[1] OLG Köln NJW-RR 1998, 1143.
[2] OLG Frankfurt/M. NJW-RR 1998, 870.

III. Vernehmung des Bundespräsidenten

6 Der Bundespräsident ist nach § 375 Abs. 2 in seiner Wohnung zu vernehmen oder, wenn er es verlangt, an seinem Dienstsitz (allgM). Das ist ein Fall des § 375 Abs. 1 Nr. 1 (Rn. 3), weshalb eine Übertragung der Beweisaufnahme nach dieser Vorschrift statthaft ist. Das Recht der Parteien auf Teilnahme an der Beweisaufnahme (§ 357) besteht auch hier. Der Bundespräsident kann aber auf sein Vorrecht auch verzichten und vor dem Prozessgericht erscheinen.

376

Vernehmung bei Amtsverschwiegenheit **(1) Für die Vernehmung von Richtern, Beamten und anderen Personen des öffentlichen Dienstes als Zeugen über Umstände, auf die sich ihre Pflicht zur Amtsverschwiegenheit bezieht, und für die Genehmigung zur Aussage gelten die besonderen beamtenrechtlichen Vorschriften.**

(2) Für die Mitglieder des Bundestages, eines Landtages, der Bundes- oder einer Landesregierung sowie für die Angestellten einer Fraktion des Bundestages oder eines Landtages gelten die für sie maßgebenden besonderen Vorschriften.

(3) Eine Genehmigung in den Fällen der Absätze 1, 2 ist durch das Prozessgericht einzuholen und dem Zeugen bekannt zu machen.

(4) Der Bundespräsident kann das Zeugnis verweigern, wenn die Ablegung des Zeugnisses dem Wohl des Bundes oder eines deutschen Landes Nachteile bereiten würde.

(5) Diese Vorschriften gelten auch, wenn die vorgenannten Personen nicht mehr im öffentlichen Dienst oder Angestellte einer Fraktion sind oder ihre Mandate beendet sind, soweit es sich um Tatsachen handelt, die sich während ihrer Dienst-, Beschäftigungs- oder Mandatszeit ereignet haben oder ihnen während ihrer Dienst-, Beschäftigungs- oder Mandatszeit zur Kenntnis gelangt sind.

I. Normzweck

1 Die Bestimmung schützt das öffentliche Interesse an der Geheimhaltung von Umständen, auf die sich die Pflicht zur Amtsverschwiegenheit bestimmter, in den Abs. 1, 2 und 5 genannter Personen bezieht. Sie gibt aber keine Antwort auf die Frage, in welchem Umfang eine solche Verpflichtung besteht, sondern verweist dazu in Abs. 1 und 2 auf spezielle Vorschriften außerhalb der ZPO. Ebenso verhält es sich mit der Aussagegenehmigung, über die nicht etwa das Gericht zu entscheiden, sondern die es gemäß Abs. 1 und 3 bei der zuständigen Stelle einzuholen hat. Eine Sondervorschrift für den Bundespräsidenten findet sich schließlich noch in Abs. 4.

II. Betroffene Personen und Anwendungsbereich

2 **1. Anwendungsbereich des Abs. 1: Richter,** auch ehrenamtliche (§ 1 DRiG); für die Verschwiegenheitspflicht über Beratung und Abstimmung gelten §§ 43, 45 Abs. 1 DRiG, sonst hinsichtlich der Berufsrichter die entsprechenden Beamtengesetze (auf die § 46 DRiG bzw. die Landesrichtergesetze verweisen). **Beamte** im staatsrechtlichen Sinne, also wer unter Berufung in das Beamtenverhältnis (auf Probe/Widerruf/Lebenszeit) in einem öffentlich-rechtlichen Dienst- und Treueverhältnis zu einem Dienstherrn steht (Bund, Länder, Gemeinde, Gemeindeverbände, Körperschaften, Stiftungen, Anstalten des öffentlichen Rechts, auch Kirchenbeamte); Verschwiegenheitspflicht: §§ 61, 62 BBG, § 39 BRRG und Länderbeamtengesetze. **Andere Personen** des öffentlichen Dienstes, also Angestellte und Arbeiter des öffentlichen Dienstes, für die aber die Herleitung der Verschwiegenheitspflicht streitig ist[1], sowie andere nach dem Verpflichtungsgesetz[2] dem öffentlichen Dienst besonders Verpflichtete, auch V-Leute der Polizei[3], Bedienstete der öffentlich-rechtlichen Religionsgemeinschaften (zB angestellte Psychologin als Diözesaneheberaterin[4]) und Soldaten sowie Zivildienstleistende (§ 14 SoldatenG, § 28 ZivildienstG). **Nicht unter Abs. 1** fallen: Notare (Notarvertreter, -verweser), für die § 18 BNotO die Verschwiegenheit und die Befreiung davon speziell regelt; Angehörige der NATO;[5] Bedienstete der Europäischen Gemeinschaften.[6]

3 **2. Anwendungsbereich des Abs. 2:** Mitglieder der Bundes- oder einer Landesregierung, für die das Bundesministergesetz bzw. die entsprechenden Landesgesetze gelten; soweit sie Beamte sind, vgl. Rn. 2.

4 **3. Erweiterung des Anwendungsbereiches durch Abs. 5:** Erfasst werden nach dieser Bestimmung die vorgenannten Personen auch dann, wenn sie nicht mehr im öffentlichen Dienst sind, soweit es sich um Tatsachen handelt, die sich während ihrer Dienstzeit ereignet haben oder ihnen während ihrer Dienstzeit zur Kenntnis gelangt sind.

5 **4. Sondervorschrift des Abs. 4.** Danach kann der Bundespräsident das Zeugnis verweigern, wenn die Ablegung des Zeugnisses dem Wohl des Bundes oder eines deutschen Landes Nachteile bereiten würde.

---

[1] MK/*Damrau* Rn. 5 m. weit. Nachw.
[2] Abgedruckt bei MK/*Damrau* Rn. 18.
[3] BGHSt 31, 148, 156 f. = NJW 1993, 1005.
[4] OLG Zweibrücken MDR 1995, 202.
[5] Es gilt Gesetz zum NATO-Truppenstatut, BGBl. 1061 II S. 1183, 1218.
[6] Es gilt Art. 10 der Verordnung Nr. 31, BGBl. 1962 II S. 953.

III. Genehmigung und Verfahren

1. Genehmigung. Sie ist erforderlich für Zeugenaussagen über Umstände, die in Ausübung der amtlichen Tätigkeit bekannt geworden sind. Die **Erteilung** umfasst alle Rechtszüge, wird die Genehmigung verweigert, so ist das auch für die nächste Instanz verbindlich, ein entsprechender Beweisantritt also unbeachtlich.[7] Die Befreiung von der Geheimhaltungspflicht lässt ein Zeugnisverweigerungsrecht nach § 383 Abs. 1 Nr. 6 unberührt (§ 383 Rn. 6). Abzulehnen ist die Auffassung, wonach keine Genehmigung erforderlich sei, wenn die Tatsache ihrer Natur nach keiner Geheimhaltung bedürfe, zB bei einem Polizeibeamten bezüglich eines aufgenommenen Verkehrsunfalls;[8] denn nach der Systematik des Gesetzes darf das Prozessgericht gerade nicht beurteilen, in welchem Umfang die Pflicht zur Amtsverschwiegenheit besteht (Rn. 1; vgl. auch § 376 Abs. 3). Einer förmlichen Genehmigung bedarf es aber nicht, wenn derjenige, der sie zu erteilen hätte, selbst Beweisführer ist; dann liegt im entsprechenden Beweisantritt eine schlüssige Aussagegenehmigung. Die **Verweigerung** der Genehmigung ist ein Verwaltungsakt, den anfechten kann, wer ein rechtliches Interesse an der Aussage hat.[9] Das Gericht hat dafür eine Frist nach § 356 zu setzen und darf bei nachgewiesener Klageerhebung den Prozess nach § 148 aussetzen. 6

2. Verfahren. Die Genehmigung muss das Prozessgericht vor der Vernehmung einholen und dem Zeugen bekannt machen, § 376 Abs. 3. Letzteres erfolgt zweckmäßigerweise schon in der Ladung, um keinen Streit über die Pflicht zum Erscheinen aufkommen zu lassen. Bemerkt der Richter erst in der Beweisaufnahme, dass die erforderliche Genehmigung nicht oder noch nicht erteilt wurde, so darf der Zeuge nicht vernommen werden (Beweiserhebungsverbot) und hat dieser ein Aussageverweigerungsrecht. Wird das Fehlen der Genehmigung übersehen, so soll die unter Verstoß gegen § 376 gewonnenen Aussage aber keinem Verwertungsverbot unterliegen.[10] 7

377 *Zeugenladung*

(1) [1]Die Ladung der Zeugen ist von der Geschäftsstelle unter Bezugnahme auf den Beweisbeschluss auszufertigen und von Amts wegen mitzuteilen. [2]Sie wird, sofern nicht das Gericht die Zustellung anordnet, formlos übermittelt.

(2) Die Ladung muss enthalten:
1. die Bezeichnung der Parteien;
2. den Gegenstand der Vernehmung;
3. die Anweisung, zur Ablegung des Zeugnisses bei Vermeidung der durch das Gesetz angedrohten Ordnungsmittel in dem nach Zeit und Ort zu bezeichnenden Termin zu erscheinen.

(3) [1]Das Gericht kann eine schriftliche Beantwortung der Beweisfrage anordnen, wenn es dies im Hinblick auf den Inhalt der Beweisfrage und die Person des Zeugen für ausreichend erachtet. [2]Der Zeuge ist darauf hinzuweisen, dass er zur Vernehmung geladen werden kann. [3]Das Gericht ordnet die Ladung des Zeugen an, wenn es dies zur weiteren Klärung der Beweisfrage für notwendig erachtet.

I. Normzweck

Die Vorschrift bestimmt in Abs. 1 die Form der Ladung und in Abs. 2 deren Inhalt. Sinn dieser Regelungen ist es, dem Zeugen rechtzeitig alle Informationen zukommen zu lassen, die er zur ordnungsgemäßen Erfüllung seiner Pflichten (§ 373 Rn. 9) benötigt. Abs. 3 erlaubt dem Gericht zum Zwecke der Verfahrensvereinfachung, beim Zeugen eine schriftliche Beantwortung der Beweisfrage einzuholen. 1

II. Form und Inhalt der Ladung

1. Form, Abs. 1. Die Ladung wird dem Zeugen durch die Geschäftsstelle von Amts wegen **formlos** übermittelt (auch elektronisch[1]), sofern nicht das Gericht die Zustellung (§§ 166ff.) anordnet. Letzteres kommt ausnahmsweise bei Anhaltspunkten dafür in Betracht, der Zeuge werde nicht erscheinen. Wegen der Verhängung von Ordnungsmitteln (§ 380) ist ein entsprechender Nachweis zweckmäßig (§ 380 Rn. 2; § 381 Rn. 3); statt Zustellung mittels PZU (Postzustellungsurkunde, vgl. §§ 176ff.) genügt idR Einschreiben mit Rückschein (§ 175). Ein **minderjähriger Zeuge** wird nach gerichtlicher Übung ab seinem 14. Lebensjahr grundsätzlich selbst geladen, ist er jünger, so der gesetzliche Vertreter mit der Bitte, das Kind zum Termin zu bringen. Auch der **Zeuge im Ausland** kann formlos oder durch Einschreiben mit Rückschein (für Ausland s. § 183 Rn. 1; für EU-Mitgliedsstaaten s. § 1068 Rn. 1) geladen werden, sofern nicht ohnehin nach § 377 Abs. 3 verfahren wird (Rn. 7). Weigert sich der Zeuge, zum Prozessgericht zu reisen, so wird er im Ausland nach § 363 und in EU-Mitgliedsstaaten nach § 1072 vernommen (Einzelheiten s. Kommentierungen dort). 2

2. Inhalt, Abs. 2. Die dort genannten Anforderungen sind unverzichtbar. Genügt dem eine Ladung – auch die gemäß § 273 Abs. 2 Nr. 4 – nicht, so dürfen bei Ausbleiben des Zeugen Ordnungsmittel nach § 380 nicht verhängt werden. Erforderlich sind: 3

– **Bezeichnung der Parteien (Nr. 1).** Das ist notwendig, damit der Zeuge beurteilen kann, ob er ein Zeugnisverweigerungsrecht hat.

---

[7] BGH LM Nr. 1.
[8] So *Zi* Rn. 2. Wie hier *B/L/H* Rn. 11.
[9] BVerwGE 34, 252, 254 = NJW 1971, 160.
[10] BGH NJW 1952, 151; bedenklich, zust. aber MK/*Damrau* Rn. 17; *Zö/Greger* Rn. 9. Wie hier *Sae/Eichele* Rn. 7.
[1] Durch JKomG (§ 130a Rn. 1) neuer Sprachgebrauch in § 377 Abs. 1 S. 1 von „übersandt" in „übermittelt" geändert.

- **Gegenstand der Vernehmung (Nr. 2).** Bei diesen Angaben muss die Beweisfrage einerseits bloß summarisch, andererseits aber so ausführlich beschrieben werden, dass der Zeuge sein Gedächtnis auffrischen kann (§ 373 Rn. 9). Die in der Praxis oft anzutreffende Übersendung des Beweisbeschlusses oder des den Zeugen betreffenden Teils daraus sollte aber grundsätzlich unterbleiben. Denn diese Schriftstücke enthalten die streitigen Parteibehauptungen; das kann einen Zeugen, wenn auch nur unbewusst, bei der Wiederherstellung seines Erinnerungsbildes beeinflussen (vgl. auch § 373 Rn. 16).
- **Vernehmungstermin und Säumnisfolgen (Nr. 3).** Die Ladung muss außerdem die genaue Angabe von Ort und Zeit der Vernehmung enthalten samt Belehrung über die Säumnisfolgen, letzteres so eindeutig, dass auch ein Laie die Folgen des § 380 überschauen kann. Wird der Zeuge in seiner Wohnung vernommen (§ 375 Rn. 3, 6), so enthält die Ladung den Hinweis, dass er sich dort bereitzuhalten hat; entsprechendes gilt bei Vernehmung durch Videokonferenz nach § 128a Abs. 2.

III. Schriftliche Beantwortung der Beweisfrage

4 **1. Voraussetzungen.** Das Gericht kann davon absehen, den Zeugen zur Vernehmung zu laden, und stattdessen nach § 377 Abs. 3 S. 1 eine schriftliche Beantwortung der Beweisfrage anordnen,[2] wenn es dies im Hinblick auf den Inhalt der Beweisfrage und die Person des Zeugen für ausreichend erachtet. Beide Voraussetzungen, also die **Geeignetheit der Beweisfrage und die Geeignetheit der Person,** sind eng miteinander verknüpft. Das Beweisthema kann nämlich aus Sicht des Gerichts einfach und leicht zu beantworten, der Zeuge dazu aber gleichwohl nicht in der Lage sein, zB wenn er ersichtlich schreib- oder formulierungsungewandt ist. Umgekehrt kann die Beweisfrage einen komplizierten Sachverhalt betreffen, vom Zeugen aber dennoch auf Grund seines Berufes und Bildungsstandes eine zuverlässige und umfassende Antwort erwartet werden (Beispiel: Architekt als Zeuge im Bauprozess). Verlangt ist mithin eine **Beweisprognose** (ähnlich § 375 Rn. 2), die das Gericht nach pflichtgemäßem Ermessen trifft. Dabei muss auch berücksichtigt werden, wie sich die Einschränkungen der Grundsätze zur Beweisunmittelbarkeit oder Parteiöffentlichkeit (§§ 355, 357) im Einzelfall auswirken. Trotz der Geeignetheit von Beweisfrage und Person des Zeugen kann deshalb eine Vernehmung vor Gericht geboten sein, wenn von vornherein mit Fragen der Parteien, einer Gegenüberstellung mit anderen Zeugen oder Vorhalten aus Urkunden zu rechnen ist oder es auf den persönlichen Eindruck ankommt, wie für eine Glaubhaftigkeitskontrolle (§ 373 Rn. 16).

5 **2. Anordnung.** Die schriftliche Beantwortung der Beweisfrage ist nach allgM Zeugen-, nicht Urkundenbeweis[3] (wegen der Ersetzung einer Zeugenaussage durch Urkunden siehe § 373 Rn. 4). Zum Verfahren nach § 377 Abs. 3 kommt es nur, wenn ein ordnungsgemäßer Antrag auf Vernehmung des Zeugen gestellt wurde (§ 373 Rn. 10f.), das Gericht aber eine schriftliche „Aussage" für genügend hält; das Einverständnis des Beweisführers oder der anderen Partei ist nicht erforderlich. Die Entscheidung trifft das Prozessgericht nach pflichtgemäßem Ermessen (Rn. 4) im **Beweisbeschluss** (§§ 358, 358a S. 2 Nr. 3); eine Anordnung nach § 273 Abs. 2 Nr. 4 kommt nicht in Betracht[4], weil die Beweisprognose (Rn. 4) dem „Gericht", nicht dem Vorsitzenden obliegt. Die Beweisfrage muss so genau – freilich ohne suggestive Wirkung (Rn. 3) – beschrieben werden, dass der Zeuge zu einer vollständigen schriftlichen Aussage in der Lage ist. Hat der Richter bei der Formulierung selbst Schwierigkeiten, so liegt darin ein deutliches Indiz für die Ungeeignetheit des beabsichtigten Vorgehens (Rn. 4).

6 Alles Weitere enthält das **Begleitschreiben an den Zeugen,** nicht etwa der Beweisbeschluss: Grundsätzlich empfiehlt sich die Setzung einer **Frist,** innerhalb der die Anfrage zu erledigen ist. Sie sollte so bemessen werden, dass beim Ausbleiben einer Antwort noch die – dann förmliche (Rn. 2) – Ladung des Zeugen zum nächsten Termin bewirkt werden kann. Darauf sollte dieser ausdrücklich hingewiesen werden, weil das die Bereitschaft der umfassenden und gewissenhaften Beantwortung der Beweisfrage fördert; Ordnungsgeld/-haft kann aber nicht angedroht werden, weil § 380 für die schriftliche Beantwortung nicht anwendbar ist.[5] Gleichzeitig muss eine **Belehrung nach § 377 Abs. 3 S. 2** dahin erfolgen, dass trotz einer ordnungsgemäßen schriftlichen Auskunft eine Ladung zur Vernehmung vor dem Prozessgericht in Betracht kommen kann (Rn. 8). Geboten sind außerdem **Hinweise** auf die Pflicht zur vollständigen Angabe der Personalien (§ 395 Abs. 2 S. 1) und zur wahrheitsgemäßen Aussage (§ 395 Abs. 1); entgegen der früheren Rechtslage muss der Zeuge seine schriftliche Aussage allerdings nicht an Eides statt versichern (Rn. 7). Die Belehrung über das **Zeugnisverweigerungsrecht** (§ 383 Abs. 2; vgl. dort Rn. 8) wird zweckmäßigerweise mit dem Zusatz verbunden, dass bei Zweifelsfragen telefonisch Verbindung mit dem zuständigen (Vorsitzenden) Richter aufgenommen werden sollte. Angebracht ist schließlich noch die Bemerkung, dass Verdienstausfall oder Auslagen (zB Schreibgebühren für die Abfassung der schriftlichen Auskunft) auf Antrag ersetzt werden (§ 19 Abs. 1 JVEG, vgl. § 401 Rn. 1).

7 Nach § 377 Abs. 3 kann auch verfahren werden, wenn sich der **Zeuge im Ausland** befindet.[6] Die zur alten Fassung der genannten Vorschriften ergangene gegenteilige Rechtsprechung[7] ist überholt; denn dort wurde ein unzulässiger Eingriff in die Hoheitsrechte des fremden Staates ersichtlich deshalb befürchtet,

---

[2] Ausf. *Koch*, Die schriftliche Zeugenaussage gemäß § 377 Abs. 3 ZPO und die Grundsätze der Unmittelbarkeit und Parteiöffentlichkeit, Diss. Köln 1996; *A. Stadler* ZZP 110 (1997), 137ff.

[3] Vgl. nur MK/*Damrau* Rn. 1; *B/L/H* Rn. 9; *A. Stadler* (Fn. 3), S. 139.

[4] AA *B/L/H* Rn. 12.

[5] MK/*Damrau* Rn. 15.

[6] Ausführl. *Musielak*, FS Geimer, 2002, S. 761, 767ff.

[7] BGH NJW 1984, 2039.

weil nach früherem Recht die Beweisfrage „unter eidesstattlicher Versicherung ihrer Richtigkeit" beantwortet werden musste. Eine solche Verpflichtung ist jetzt entfallen. Äußert sich der Zeuge nicht und kommt er auch einer Ladung nicht nach, so bleibt der Weg über §§ 363, 1072 (Rn. 2).

3. Weiteres Verfahren. Geht die schriftliche Aussage des Zeugen ein, so wird sie den Parteien formlos mitgeteilt und spätestens jetzt (vgl. Rn. 6) Termin zur mündlichen Verhandlung und Beweiserörterung bestimmt (§§ 216 Abs. 2, 285). Dabei sollte zweckmäßigerweise eine Frist (entsprechend § 411 Abs. 4) gesetzt werden, innerhalb der die Ladung des Zeugen beantragt werden muss; dann kommt auch eine Zurückweisung als verspätet (§ 296 Rn. 9; § 411 Rn. 8) in Betracht. Unabhängig davon hat der Richter freilich selbst nach § 377 Abs. 3 S. 3 zu prüfen, ob die persönliche Vernehmung des Zeugen zur weiteren Klärung der Beweisfrage notwendig erscheint, zB weil die Auskunft unvollständig oder widersprüchlich ist oder eine Beeidigung erfolgen soll (§ 391). Besteht eine Partei auf Fragen (§ 397) und deshalb auf Vorladung des Zeugen, so soll das nach verbreiteter, aber unzutreffender Meinung eine wiederholte Vernehmung im Sinn des § 398 sein[8], über die (nur) nach pflichtgemäßem Ermessen zu entscheiden wäre; in aller Regel wird einem solchen Antrag aber ohnehin stattzugeben sein[9] (Rn. 4 aE), weshalb es auf die unterschiedlichen Auffassungen nicht ankommen wird. Der **Beweiswert** der Zeugenaussage ist nicht alleine wegen ihrer Schriftlichkeit gemindert, falls die Geeignetheit von Beweisthema und Beweisperson (Rn. 4) zutreffend beurteilt wurden; der Richter muss aber bedenken, dass der persönliche Eindruck von Zeugen fehlt.[10] 8

378 *Aussageerleichternde Unterlagen* (1) [1]**Soweit es die Aussage über seine Wahrnehmungen erleichtert, hat der Zeuge Aufzeichnungen und andere Unterlagen einzusehen und zu dem Termin mitzubringen, wenn ihm dies gestattet und zumutbar ist.** [2]**Die §§ 142 und 429 bleiben unberührt.**

(2) **Kommt der Zeuge auf eine bestimmte Anordnung des Gerichts der Verpflichtung nach Absatz 1 nicht nach, so kann das Gericht die in § 390 bezeichneten Maßnahmen treffen; hierauf ist der Zeuge vorher hinzuweisen.**

I. Normzweck

Die Vorschrift begründet in Abs. 1 unter gewissen Voraussetzungen die allgemeine Pflicht des Zeugen, Aufzeichnungen und andere Unterlagen einzusehen und zum Termin mitzubringen. Sie will auf diese Weise eine rasche und vor allem sachdienliche Durchführung der Beweisaufnahme gewährleisten. Abs. 2 erlaubt darüber hinaus Zwangsmaßnahmen, falls ein Zeuge einer bestimmten Anordnung zum Einsehen und Mitbringen von Unterlagen nicht nachkommt. 1

II. Pflichten des Zeugen (Abs. 1)

1. Pflicht zum Einsehen und Mitbringen von Unterlagen (S. 1). Der Zeuge bekundet von ihm wahrgenommene Tatsachen oder Zustände nach seinem Erinnerungsbild, muss also keine eigenen Nachforschungen anstellen (§ 373 Rn. 2, 9). Soweit es die Aussage über seine Wahrnehmungen erleichtert, verpflichtet ihn aber Abs. 1 zur **Einsicht** in Aufzeichnungen und andere Unterlagen. Der Zeuge soll auf diese Weise sein Gedächtnis auffrischen und sich so gezielt auf die Vernehmung vorbereiten. Dem dient auch die in der Vorschrift weiter angeordnete Pflicht zum **Mitbringen** der Unterlagen; die Gedächtnishilfe soll also noch in der mündlichen Verhandlung zur Verfügung stehen. 2

Der Zeuge muss Unterlagen allerdings nur einsehen und mitbringen, wenn ihm das **gestattet und zumutbar** ist. Ersterem kann hauptsächlich das Eigentum anderer Personen an dem Schriftstück oder eine innerbetriebliche Anweisung, die der Zeuge befolgen muss, entgegenstehen. Letzteres hängt insbesondere davon ab, wie groß der Zeitaufwand für die Sichtung der Unterlagen ist; werden dadurch besondere Kosten verursacht, so sind diese auf Antrag zu ersetzen (§ 377 Rn. 6 aE). Unzumutbarkeit kann ferner gegeben sein bei besonderen Schwierigkeiten für den Transport der Unterlagen wegen deren Umfangs. 3

2. Vorlegungspflicht (S. 2). Danach muss der Zeuge, wie aus der Verweisung auf **§ 142** folgt, die mitgebrachten Unterlagen vorlegen, sofern das Gericht dies verlangt, die Vorlegung zumutbar ist und kein Zeugnisverweigerungsrecht besteht (§ 142 Abs. 2). Der weitere Verweis in § 378 Abs. 2 S. 2 auf **§ 429** wird deshalb in der Praxis nur noch Bedeutung erlangen, wenn das Gericht keine Vorlegungsanordnung – auch nicht auf Anregung einer Partei – trifft. Dann muss der Beweisführer den Zeugen auf Vorlegung verklagen, falls dafür ein materiell-rechtlicher Anspruch besteht; Letzteres gilt entsprechend, falls sich die Schriftstücke in den Händen anderer Personen befinden (vgl. §§ 428 ff.). Eines Vorgehens nach § 142 oder § 429 bedarf es **nicht,** wenn der Zeuge die Unterlagen freiwillig zur Verfügung stellt. 4

III. Zwangsmaßnahmen (Abs. 2)

Verstößt der Zeuge gegen die Pflicht zum Einsehen und Mitbringen von Unterlagen (Rn. 2, 3) oder gegen die ihm nach § 378 Abs. 2 S. 2 iVm. § 142 Abs. 2 auferlegte Pflicht zu deren Vorlegung, so „kann" 5

---

[8] BGH LM Nr. 4; OLG Düsseldorf NJW-RR 1994, 1453. Zust. *B/L/H* Rn. 9; *Zö/Greger* Rn. 10 a; *Zi* Rn. 3. Wie hier MK/*Damrau* Rn. 17 m. dem richtigen Hinweis, dass die genannte BGH-Entscheidung zu § 377 aF ergangen und deshalb überholt ist.

[9] Zu streng LG Berlin NJW-RR 1997, 1289 („ist" zu entsprechen).

[10] Näher *A. Stadler* ZZP 110 (1997), 137, S. 148 f.

(pflichtgemäßes Ermessen) das Gericht nach § 378 Abs. 2 die in § 390 bezeichneten Zwangsmaßnahmen treffen (zB Auferlegung der Kosten für einen weiteren Termin und/oder Ordnungsgeld). Voraussetzung dafür ist eine **bestimmte Anordnung;** die bloße Aufforderung, „etwa vorhandene Unterlagen" mitzubringen und diese im Termin vorzulegen, genügt nicht. Was der Zeuge einzusehen, mitzubringen und vorzulegen hat, muss zweifelsfrei bezeichnet werden (zB Regiezettel für eine bestimmte Baumaßnahme, einen bestimmten Tag); das setzt einen entsprechend genauen Sachvortrag des Beweisführers voraus, wozu dieser gegebenenfalls anzuhalten ist (§ 139). Das Gesetz verlangt darüber hinaus einen **vorherigen Hinweis** auf die möglichen Zwangsmaßnahmen (§ 378 Abs. 2 1. Halbs.). Beides – Anordnung und Belehrung – enthält zweckmäßigerweise die Ladung (vgl. auch § 377 Rn. 3). Der Zeuge hat dagegen zwar keinen **Rechtsbehelf** (§ 355 Abs. 2); sind ihm aber Einsehen und/oder Mitbringen und/oder Vorlegung von Unterlagen nicht gestattet oder nicht zumutbar (Rn. 3, 4), so sollte er sich unverzüglich an den zuständigen Richter wenden. Gegen den Beschluss, der die Zwangsmaßnahme verhängt, findet freilich sofortige Beschwerde statt (§ 390 Abs. 3; Einzelheiten dort Rn. 3).

379

Auslagenvorschuss **[1]Das Gericht kann die Ladung des Zeugen davon abhängig machen, dass der Beweisführer einen hinreichenden Vorschuss zur Deckung der Auslagen zahlt, die der Staatskasse durch die Vernehmung des Zeugen erwachsen. [2]Wird der Vorschuss nicht innerhalb der bestimmten Frist gezahlt, so unterbleibt die Ladung, wenn die Zahlung nicht so zeitig nachgeholt wird, dass die Vernehmung durchgeführt werden kann, ohne dass dadurch nach der freien Überzeugung des Gerichts das Verfahren verzögert wird.**

I. Normzweck

1 Die Vorschrift dient in **Satz 1** – einer Sonderregelung gegenüber § 17 Abs. 1 GKG (Rn. 2) – hauptsächlich fiskalischen Interessen. Da Zeugen und Sachverständige (vgl. § 402) in aller Regel unmittelbar nach ihrer Vernehmung vom Gericht entschädigt werden (vgl. § 1 Abs. 1 Nr. 1, 3, § 4 JVEG, vgl. § 401 Rn. 1), sollen auch schon zu diesem Zeitpunkt die erforderlichen Mittel durch die Parteien zur Verfügung gestellt sein; das Gleiche gilt, wenn ein Zeuge/Sachverständiger selbst Anspruch auf Vorschuss hat (§ 3 JVEG). Denn es besteht kein Anlass, in diesen Fällen zunächst die Staatskasse mit Auslagen zu belasten und ihr das Risiko einer Zahlungsunfähigkeit zu überbürden. Im Übrigen lehrt die Praxis, dass die Zahlungswilligkeit einer Partei nach Durchführung der Beweisaufnahme bzw. nach Urteilserlass erheblich abnimmt; erforderliche Beitreibungen verursachen aber zusätzlichen Verwaltungsaufwand. Für Beweisanträge des Beklagten bezweckt § 379 S. 1 außerdem den Schutz des Klägers, der wegen § 22 Abs. 1 GKG stets für die Verfahrenskosten haftet; die unterlegene Partei ist (nur) weiterer Gebührenschuldner nach § 29 Nr. 1 GKG. Freilich kann die Anordnung eines Auslagenvorschusses im Einzelfall zu Verzögerungen des Prozesses führen, also dem Beschleunigungsgrundsatz widerstreiten (Rn. 7). § 379 regelt in **Satz 2** schließlich die Folgen, wenn der Vorschuss innerhalb der gesetzten Frist nicht bezahlt wird.

II. Auslagenvorschuss

2 **1. Anwendbar** ist § 379 auf die Ladung von Zeugen und Sachverständigen sowie auf Auslagen für schriftliche Auskünfte sowie Gutachten (§§ 377 Abs. 3, 411). Die Vorschrift gilt auch bei vorbereitenden Maßnahmen nach § 273 Abs. 2 Nr. 4 (vgl. § 273 Abs. 3 S. 2) und bei Beweisbeschlüssen nach § 358a (vgl. aber Rn. 7) sowie in Zwangsvollstreckungssachen.[1] Die Vornahme von anderen Handlungen, die mit Auslagen verbunden sind, zB die Einnahme eines Augenscheins, werden von § 17 GKG erfasst.

3 **Keine Vorschusspflicht** besteht bei Kostenfreiheit nach § 2 GKG, also für den Fiskus, und nach § 122 Abs. 1 Nr. 1a, also für diejenige Partei, der Prozesskostenhilfe bewilligt wurde; in den Fällen des § 122 Abs. 2 gilt das auch zu Gunsten der beklagten Partei, außer die Beweisaufnahme betrifft nur ihre Widerklage.[2] Auch eine von Amts wegen angeordnete Beweiserhebung darf nicht von einem Vorschuss abhängig gemacht werden.[3] Eine (schon angeordnete) **Vorschusspflicht entfällt** nach allgemeiner gerichtlicher Übung, wenn ein Rechtsanwalt die persönliche Haftung gemäß § 29 Nr. 2 GKG – also schriftlich oder zu Protokoll – übernimmt oder wenn für den Zeugen eine grundsätzlich nicht widerrufbare[4] „Gebührenverzichtserklärung" vorgelegt wird.[5] Der Zeuge kann seinen Verzicht aber davon abhängig machen, vor einem bestimmten Gericht, zB seinem Wohnsitzgericht, vernommen zu werden.[6]

4 **Vorschusspflichtig** ist der Beweisführer, also wer den Beweis angetreten hat (§§ 359 Nr. 3, 373, 403), unabhängig von der Beweislast. Wurde der Zeuge/Sachverständige von beiden Parteien benannt, so ist nur diejenige Partei Schuldner der Vorauszahlung, die die Beweislast trägt.[7] Gleichwohl kann sich aber auch künftig eine Vorschusspflicht für jede Partei ergeben, wenn der Zeuge/Sachverständige zu mehreren Punk-

[1] AllgM, vgl. nur *T/P/Reichold* Rn. 1.
[2] RGZ 55, 268, 270; KG OLGZ 1971, 423f.
[3] BGH FamRZ 1969, 477.
[4] OLG München NJW 1975, 2108; näher auch MK/*Damrau* Rn. 5. Einschränkend OLG Düsseldorf NJW-RR 1997, 826 (Widerruf bei Wegfall der Geschäftsgrundlage).
[5] Vgl. auch BVerfG NJW 1986, 833.
[6] OLG Düsseldorf MDR 1991, 66.
[7] BGH NJW 1999, 2823, 2824; bestätigt in BGH NJW 2000, 1420, 1422. Ebenso OLG Stuttgart NJW-RR 2002, 143; *Heistermann* MDR 2001, 1085f.

ten gehört werden soll, für die die Beweislast unterschiedlich verteilt ist. Stammt ein Beweisantritt vom Streithelfer, so ist nicht er vorschusspflichtig, sondern die von ihm unterstützte Partei.[8]

2. Anordnung der Vorschusszahlung. Sie steht im Ermessen des Gerichts („kann"), das eine Interessenabwägung gemäß dem Normzweck des Gesetzes vorzunehmen hat (Rn. 1). Auf die Beweisbedürftigkeit kommt es in diesem Zusammenhang nicht an; sie hatte der Richter als Vorfrage bei der Anordnung der Beweisaufnahme zu beurteilen. Umgekehrt steht nicht entgegen, dass die voraussichtlichen Kosten des (zu einer entscheidungserheblichen Tatsache angetretenen) Zeugen-/Sachverständigenbeweises im Verhältnis zum Streitwert „höchst unökonomisch" sind;[9] das zu beurteilen, obliegt den Parteien und gehört zu dem von ihnen zu kalkulierenden Prozesskostenrisiko. Getroffen wird die Anordnung zweckmäßigerweise im Beweisbeschluss oder in der Verfügung zur vorbereitenden Maßnahme nach § 273 Abs. 2 Nr. 4 (§ 373 Rn. 14), wobei sich auch ein Hinweis auf die Folgen einer ausgebliebenen Vorschusszahlung empfiehlt (Rn. 9). Diese Entscheidungen sind dann aber, weil sie eine Frist in Lauf setzen (Rn. 7), gemäß § 329 Abs. 2 S. 2 zuzustellen, sofern sie nicht verkündet wurden. Die Anordnung zur Vorschusszahlung kann aber auch später nachgeholt werden, sofern nicht schon die Ladung bewirkt wurde. 5

Die **Höhe des Vorschusses** bestimmt sich nach der voraussichtlichen Zeugen-/Sachverständigenentschädigung (gemäß JVEG), die der Richter schätzt; anzugeben ist stets ein bezifferter Betrag. Erfordert die Zeugenvernehmung einen Dolmetscher, so sind diese Aufwendungen Teil der Auslagen für den Zeugen[10] und bei dem für ihn angesetzten Vorschuss zu berücksichtigen. Ergibt sich später, dass der geforderte Betrag nicht ausreicht, zB weil der Zeuge von einem auswärtigen Arbeitsort anreisen muss, so kann der Vorschuss nach allgM nachträglich erhöht werden (§ 379 oder § 17 Abs. 1 GKG). 6

Darüber hinaus muss eine **Frist** zur Vorschusszahlung gesetzt werden, die so zu bemessen ist, dass sie der Vorschusspflichtige (Rn. 4) einhalten kann. In der Praxis sind wenigstens zwei Wochen, in Anwaltsprozessen drei Wochen üblich, kürzere Fristen sind grundsätzlich unangemessen;[11] wegen einer Verlängerung oder Verkürzung vgl. § 224 Abs. 2. Da diese Zahlungsfristen bei der Terminierung berücksichtigt werden müssen, können Verzögerungen eintreten, vor allem bei nach § 273 Abs. 2 Nr. 4 bzw. § 358 a getroffenen Beweisanordnungen. Wäre ohne dem Verlangen nach Vorschuss ein früherer Termin möglich (was bei der Geschäftsbelastung der Gerichte freilich nicht häufig vorkommen dürfte), so muss im Einzelfall der Richter bei seiner Ermessensentscheidung prüfen, ob dem Beschleunigungsinteresse der Vorrang vor dem Deckungsinteresse des Fiskus bzw. des Klägers (Rn. 1) eingeräumt werden kann.[12] 7

Ein **Rechtsmittel** gegen die Anordnung durch § 379 S. 1 gibt es grundsätzlich nicht; Änderungen können aber von Amts wegen oder durch Gegenvorstellung vorgenommen werden. Davon abgesehen kann eine fehlerhafte Anordnung nur zusammen mit der Hauptsache angefochten oder durch Verfassungsbeschwerde beanstandet werden;[13] das setzt aber voraus, dass die Ladung und/oder Vernehmung des Zeugen/Sachverständigen wegen des nicht erbrachten Vorschusses unterblieben ist (s. auch Rn. 9). Der Anspruch auf rechtliches Gehör ist verletzt, wenn die Erhebung des Zeugenbeweises wegen Nichtzahlung eines Vorschusses unterbleibt, obwohl die entsprechende Anordnung versehentlich nicht übermittelt wurde.[14] Sofortige Beschwerde findet aber statt, wenn trotz Prozesskostenhilfe und entgegen der deshalb bestehenden Kostenfreiheit (Rn. 3) Vorschuss gefordert wird, weil darin eine teilweise Entziehung der Bewilligung liegt (vgl. § 127).[15] 8

III. Folgen der Fristversäumung

Wird der Vorschuss nicht innerhalb der bestimmten Frist (Rn. 7) gezahlt, so führt das nach § 379 S. 2 (nur) zum **Unterbleiben der Ladung;** eine Belehrung über diese Folgen ist im Gesetz nicht vorgeschrieben (s. aber Rn. 5). Der Termin zur Beweisaufnahme darf jedoch nicht aufgehoben werden.[16] Erscheint der Zeuge/Sachverständige gleichwohl, so wird er vernommen und auch entschädigt;[17] denn § 1 Abs. 1 Nr. 1, 3 JVEG stellt nur auf die tatsächliche „Heranziehung" ab. Auch muss die Ladung bei einer verspäteten Zahlung noch bewirkt werden, wenn das bei ordnungsgemäßem Geschäftsgang möglich ist;[18] **§ 296 Abs. 1 gilt nicht** (§ 296 Rn. 10). Unterbleibt die Ladung, so liegt darin keine automatische **Zurückweisung des Beweismittels,** wohl aber kann – ohne weitere Fristsetzung – § 296 Abs. 2 angewendet werden;[19] dann muss aber die Nichtzahlung des Vorschusses auf grober Nachlässigkeit beruhen (§ 296 Rn. 29 ff.). Ob eine Verzögerung eintritt, ist sorgfältig zu prüfen. Sie wurde in einem Fall verneint, in dem der Beweisführer den zuständigen Richter nach Anforderung des Vorschusses wegen Besorgnis der Befangenheit abgelehnt und 9

---

8 MK/*Damrau* Rn. 3; *Zö/Greger* Rn. 4. AA *Bachmann* DRiZ 1984, 401 f.

9 BVerfG NJW 1979, 414.

10 MK/*Damrau* Rn. 11; str., vgl. *Zö/Greger* Rn. 1 (§ 379 soll entspr. gelten) u. *St/J/Schumann* Rn. 6 (keine Anwendung von § 379).

11 Vgl. OLG Frankfurt NJW 1986, 731; *Heistermann* MDR 2001, 1085, 1086.

12 *Röbke* NJW 1986, 237 f.; *Schmid* MDR 1982, 94; *T/P/Reichold* Rn. 1.

13 ZB BVerfG NJW 1979, 414; 1986, 833.

14 BVerfG NJW-RR 2004, 1150; dazu *Deubner* JuS 2004, 1063, 1064 f.

15 RGZ 55, 268; KG OLGZ 1971, 423 f.

16 OLG Düsseldorf NJW-RR 1997, 1085.

17 Näher MK/*Damrau* Rn. 10.

18 BVerfG NJW 1986, 833.

19 BVerfG NJW-RR 2004, 1150; NJW 2000, 1327; BGH NJW 1998, 761; BGHZ 94, 92, 97 = NJW 1985, 1903 f.; BVerfGE 69, 145, 150 = NJW 1985, 1150; *Heistermann* MDR 2001, 1085, 1086.

sodann den Vorschuss nach Ablauf der ihm gesetzten Frist, jedoch vor rechtskräftiger Entscheidung über sein Ablehnungsgesuch nachentrichtet hatte;[20] denn die Fristversäumung hat keine Verzögerung bewirkt, weil der abgelehnte Richter wegen § 47 zunächst ohnehin keine weiteren Amtshandlungen (hier: Gutachtensauftrag an den Sachverständigen, vgl. § 402) vornehmen konnte.

380 *Folgen des Ausbleibens des Zeugen*

(1) [1]Einem ordnungsgemäß geladenen Zeugen, der nicht erscheint, werden, ohne dass es eines Antrages bedarf, die durch das Ausbleiben verursachten Kosten auferlegt. [2]Zugleich wird gegen ihn ein Ordnungsgeld und für den Fall, dass dieses nicht beigetrieben werden kann, Ordnungshaft festgesetzt.

(2) Im Falle wiederholten Ausbleibens wird das Ordnungsmittel noch einmal festgesetzt; auch kann die zwangsweise Vorführung des Zeugen angeordnet werden.

(3) Gegen diese Beschlüsse findet die sofortige Beschwerde statt.

I. Normzweck

1 Die öffentlich-rechtliche Pflicht des Zeugen, auf Ladung vor Gericht zu erscheinen (§ 373 Rn. 9), wäre wenig wirkungsvoll, hätte ihre Missachtung keine Folgen. Deshalb ordnen **Abs. 1 und 2** unter bestimmten Voraussetzungen an, dass ein ausgebliebener Zeuge mit den dadurch verursachten Kosten und einem Ordnungsgeld, ersatzweise Ordnungshaft, zu belegen ist; bei wiederholtem Ausbleiben kann auch seine zwangsweise Vorführung angeordnet werden. Dagegen ist nach **Abs. 3** (näher Rn. 6) sofortige Beschwerde statthaft. Wie verfahren wird, wenn der Zeuge sein Ausbleiben genügend entschuldigt, regelt schließlich § 381. Zur Durchsetzung der anderen Zeugenpflichten § 390 Rn. 1.

II. Ausbleiben des Zeugen und Folgen

2 **1. Voraussetzungen.** Maßnahmen sind unter folgenden drei Voraussetzungen zu treffen:
- **Ausbleiben.** Dem Ausbleiben des Zeugen im Vernehmungstermin (§ 377 Abs. 2 Nr. 3) steht gleich Erscheinen in (zB wegen Trunkenheit) vernehmungsunfähigem Zustand oder Entfernung vor Entlassung **trotz Erscheinungspflicht** (§ 373 Rn. 9; Ausnahmen davon: §§ 375 Abs. 2, 377 Abs. 3, 382, 386 Abs. 3); zum Verzicht auf den ausgebliebenen Zeugen vgl. Rn. 4. Obgleich der Zeuge pünktlich sein muss, wird das Gericht schon aus Zweckmäßigkeitsgründen die Anordnung von Maßnahmen bis zum Ende der mündlichen Verhandlung in der konkreten Sache zurückstellen; erscheint der Zeuge zwar verspätet, aber noch vor diesem Zeitpunkt, so wird er (lediglich ermahnt und) vernommen.
- **Ordnungsgemäße Ladung** (Einzelheiten vgl. § 377 Rn. 2, 3), außer der Zeuge hat darauf dem Gericht gegenüber verzichtet, was in der Praxis bei Vertagung und späterer Fortsetzung der Beweisaufnahme vorkommt; zur Rechtzeitigkeit der Ladung vgl. § 381 Rn. 5.
- **Fehlende Entschuldigung.** Es muss im Vernehmungstermin entweder eine rechtzeitige genügende Entschuldigung für das Ausbleiben des Zeugen fehlen (§ 381 Rn. 2 ff.) oder bei nicht rechtzeitiger Entschuldigung diesen an der Verspätung der Entschuldigung ein Verschulden treffen (§ 381 Rn. 8). Andernfalls sind Maßnahmen nach § 380 ausgeschlossen, § 381 Abs. 1, 2. Es kommt nicht darauf, ob sich der Zeuge selbst bei Gericht entschuldigt oder ob das ein Dritter – insbesondere die Partei, die ihn benannt hat – für ihn besorgt hat.

3 **2. Folgen des Ausbleibens.** Das Gericht – auch der verordnete Richter (§ 400) – hat den Zeugen unter den genannten Voraussetzungen (Rn. 2) die durch sein Ausbleiben verursachten **Kosten** aufzuerlegen; das sind die Kosten der Terminswahrnehmung durch die Parteien (vgl. § 91 Abs. 1 S. 2) und Kosten für erneute Ladungen, zB von zwecks Gegenüberstellung (§ 394 Abs. 2) wiederum vorzuladender Zeugen. Hat sich der ausgebliebene Zeuge nicht „genügend entschuldigt" (§ 381 Abs. 1 S. 1), zB bei unvorhersehbarer Verkehrsstörung (§ 381 Rn. 10), so dürfen ihm aber nicht sämtliche durch sein Ausbleiben verursachten Kosten, sondern nur diejenigen auferlegt werden, die bei rechtzeitiger Entschuldigung vermeidbar gewesen wären.[1] Außerdem ist zugleich **Ordnungsgeld** (in Höhe von 5 bis 1000 Euro, Art. 6 Abs. 1 EGStGB) sowie für den Fall der Nichtbeitreibbarkeit **Ordnungshaft** (nach Tagen bemessen, Höchstmaß bis zu 6 Wochen, Art. 6 Abs. 2 EGStGB) festzusetzen. Es empfiehlt sich als Faustregel in der Praxis bei erstmaligem Ausbleiben: 50 bis 150 Euro, ersatzweise 2 bis 3 Tage Haft, wobei die persönlichen und wirtschaftlichen Verhältnisse sowie die Bedeutung der Aussage für das Verfahren maßgeblich sind (zu Einzelheiten der Vollziehung vgl. § 890 Rn. 15, 16).

Entschieden wird durch **Beschluss,** der hinsichtlich seiner Voraussetzungen (Rn. 2) stets kurz zu begründen ist. **Tenorierungsbeispiel:** „Gegen den im Termin vom … ausgebliebenen Zeugen … wird Ordnungsgeld von …, für den Fall der Nichtbeitreibbarkeit Ordnungshaft von … Tagen/Wochen festgesetzt; zugleich werden ihm die durch sein Ausbleiben verursachten Kosten auferlegt." Der Beschluss wird in der Praxis regelmäßig in der Sitzung verkündet (Rn. 2), andernfalls den Parteien formlos mitgeteilt (§ 329 Abs. 1 S. 1, Abs. 2 S. 1). Dem ausgebliebenen Zeugen ist die Entscheidung in jedem Falle zuzustellen, § 329 Abs. 3 iVm. §§ 380 Abs. 3, 794 Abs. 1 Nr. 3; damit wird zweckmäßigerweise zugleich die förmliche (!) Zustellung der Ladung zum neuen Termin verbunden (§ 377 Rn. 2).

---

[20] BayVerfGH NJW-RR 2001, 352.
[1] OLG Nürnberg NJW-RR 1999, 788.

Gegen einen **minderjährigen Zeugen** unter 14 Jahren (vgl. § 19 StGB) kann § 380 nicht angewendet werden, und für ein Vorgehen gegen die Eltern (vgl. § 377 Rn. 2) fehlt eine gesetzliche Grundlage.[2]

Diese Maßnahmen sind stets **zusammen** („zugleich“) und **zwingend** („hat“) anzuordnen, stehen also nicht etwa im Ermessen des Gerichts. Deshalb wird zum Teil auch angenommen, dass davon bei **Verzicht** auf den ausgebliebenen Zeugen nicht abgesehen werden kann.[3] Eine andere Meinung bejaht das in entsprechender Anwendung von § 153 Abs. 1 StPO und § 47 OWiG.[4] Eine solche Analogie passt indessen nicht. Denn die zuerst genannte Vorschrift verlangt geringe Schuld an der Verfehlung (hier: Nichterscheinen), was mit einem Verzicht der Parteien nichts zu tun hat;[5] die andere Bestimmung stellt die Verfolgung (einer Ordnungswidrigkeit) in das Ermessen, eine Befugnis, die der Gesetzgeber bei § 380 aber gerade ausgeschlossen hat. Die richtige Lösung lässt sich nur aus dem Normsinn (Rn. 1) erschließen. Die öffentlich-rechtliche Pflicht des Zeugen, auf Ladung zu erscheinen, ist nämlich nicht Selbstzweck, sondern will gewährleisten, dass die Parteien von dem ihnen zur Durchsetzung ihrer Rechte zur Verfügung gestellten Verfahren wirkungsvoll Gebrauch machen können. Bedarf es dazu der Vernehmung des Zeugen nicht (mehr), so besteht auch kein Bedürfnis, dessen Nichterscheinen durch Ordnungsgeld/-haft zu sanktionieren; mit einer Missachtung des Gerichtes befasst sich § 380 jedenfalls nicht. Die durch das Ausbleiben verursachten Kosten stehen ohnehin zur Disposition der Parteien, die folglich auch das Gericht von der Pflicht entbinden können, sie dem Zeugen aufzuerlegen.[6] Bei Verzicht beider Parteien auf den nicht erschienenen Zeugen sind mithin Maßnahmen zu unterlassen. 4

III. Wiederholtes Ausbleiben

Bleibt der Zeuge ein **zweites Mal** aus, so „wird“ (zwingend) das Ordnungsmittel noch einmal festgesetzt (gegebenenfalls höher), sofern das Gericht nicht die zwangsweise Vorführung anordnet, § 380 Abs. 2; zugleich werden dem Zeugen die durch sein erneutes Ausbleiben entstandenen Kosten auferlegt. Dass das frühere Ordnungsmittel bereits vollzogen ist, setzt die Vorschrift nicht voraus. Erscheint der (nicht vorgeführte) Zeuge beim **dritten Mal** wiederum nicht, so ist streitig, ob eine erneute Festsetzung von Ordnungsmitteln zulässig ist.[7] Da aber der Zeuge jedenfalls zum zweiten Termin mit Zustellungsnachweis geladen werden muss (Rn. 3 aE), lässt sich leicht klären, ob er die Ladung (und somit auch den früheren Ordnungsmittelbeschluss) erhalten hat. War das der Fall, so besteht kein Anlass, ihn von einer zwangsweisen Vorführung zu verschonen. 5

IV. Sofortige Beschwerde

Statthaft ist nach § 380 Abs. 3 sofortige Beschwerde; hat der beauftragte oder ersuchte Richter entschieden (Rn. 3), ist (befristete) Erinnerung zulässig (§ 573). Gegen den Beschluss des LG oder OLG im Beschwerdeverfahren findet Rechtsbeschwerde statt, wenn sie in dieser Entscheidung zugelassen wurde (§ 574 Abs. 1 Nr. 2, Abs. 3); ebenso ist es, wenn der Beschluss von LG oder OLG im Berufungsverfahren gegen den dort ausgebliebenen Zeugen erlassen wurde (keine sofortige Beschwerde wegen § 567 Abs. 1 – „im ersten Rechtszug“). Die **sofortige Beschwerde einer Partei** (Anwaltszwang nach § 78 Abs. 1) kann nur darauf gestützt werden, dass die Auferlegung von Kosten unterblieben ist. Dazu muss der Beschwerdewert des § 567 Abs. 2 S. 1 erreicht sein; Satz 2 der Vorschrift ist nicht einschlägig, weil es um „Prozesskosten“ geht, welche die Partei(en) treffen, falls sie nicht der Zeuge zu tragen hat. Das Ordnungsmittel, auch dessen Unterbleiben, kann nicht beanstandet werden, weil es insoweit an einer Beschwer fehlt. Die Entscheidung über die Kosten des Beschwerdeverfahrens richtet sich nach § 97 ZPO. 6

Für die **sofortige Beschwerde des Zeugen**, die aufschiebende Wirkung hat (§ 570 Abs. 1), besteht kein Anwaltszwang, § 569 Abs. 3 Nr. 3; ein minderjähriger Zeuge (Rn. 3) hat ein eigenes selbständiges Beschwerderecht.[8] Die Beschwerdesumme des § 567 Abs. 2 gilt hier nicht;[9] denn sonst könnte der Fall eintreten, dass eine Beschwerde zwar zur Aufhebung des Ordnungsmittels führt, sie aber hinsichtlich des Kostenausspruches als unzulässig zu verwerfen wäre, ein ziemlich ungereimtes Ergebnis. Rügt der Zeuge mit seiner „Beschwerde“, dass ihm die Ladung nicht rechtzeitig zugegangen sei, so ist das Rechtsmittel als Antrag nach § 381 Abs. 1 S. 3 zu behandeln; das Gericht muss darüber durch Beschluss entscheiden (§ 381 Rn. 3). Umgekehrt handelt es sich um eine (sofortige) Beschwerde nach § 380 Abs. 3, wenn geltend gemacht wird, dass die vom Zeugen – oder für ihn von einer Partei (Rn. 2 aE) – noch **vor** der Entscheidung eingereichte Entschuldigung als nicht rechtzeitig oder unzureichend angesehen wurde (§ 381 Rn. 3). Für die **Kosten des Beschwerdeverfahrens** gilt: Hat das Rechtsmittel des Zeugen keinen Erfolg, so trägt er die Kos- 7

---

[2] MK/*Damrau* (Rn. 16) rät, dann das Vormundschaftsgericht einzuschalten.

[3] OLG Frankfurt OLGZ 1983, 458. Zust. zB *B/L/H* Rn. 8.

[4] OLG Frankfurt (anderer ZS) NJW 1972, 2093. Zust. zB *Mu/St* Rn. 73; MK/*Damrau* Rn. 5 m. weit. Nachw. Im Ergebnis ebenso *T/P/Thomas* Rn. 9.

[5] Im Falle des OLG Frankfurt (Fn. 4) hatte die Zeugin den Termin „vergessen“, und das Gericht stufte ihr „Verschulden als gering“ ein. Dann könnte aber bei einer solchen Entschuldigung nie nach § 380 verfahren werden, weil das Verschulden des Zeugen ohne Verzicht der Parteien nicht größer wird.

[6] MK/*Damrau* Rn. 5.

[7] Nein: OLG Celle OLGZ 1975, 372; MK/*Damrau* Rn. 10. Ja: KG NJW 1960, 1726; *T/P/Reichold* Rn. 7; *B/L/H* Rn. 16.

[8] LAG Nürnberg MDR 1999, 1342.

[9] Ebenso *B/L/H* Rn. 17; aA MK/*Damrau* Rn. 11.

ten (§ 97 Abs. 1 entsprechend). Ist seine Beschwerde erfolgreich, so werden ihm notwendige Auslagen nach § 19 JVEG (vgl. § 401 Rn. 1) ersetzt, welche die später unterliegende Partei dann als Teil der Prozesskosten zu tragen hat;[10] eine Kostenentscheidung unterbleibt. Eine andere Meinung[11] will die Kosten der Staatskasse entsprechend § 467 StPO, § 46 OWiG auferlegen, weil keine Partei fehlerhaft gehandelt habe. Das überzeugt nicht; denn auch sonst müssen die Parteien gebührenrechtlich für Fehler des Gerichtes einstehen (außer § 8 GKG), und die Staatskasse ist im Verfahren nach § 380 Abs. 3 nicht beteiligt, also kostenmäßig gesehen kein Gegner.

V. Gebühren und Kosten

8 **1. Rechtsanwaltsgebühren.** Vgl. § 567 Rn. 29.

9 **2. Gerichtskosten.** Gerichtsgebühren werden für die Beschlüsse nicht erhoben; für das Beschwerdeverfahren gilt KV Nr. 1812.

381 *Genügende Entschuldigung des Ausbleibens*

(1) [1]Die Auferlegung der Kosten und die Festsetzung eines Ordnungsmittels unterbleiben, wenn das Ausbleiben des Zeugen rechtzeitig genügend entschuldigt wird. [2]Erfolgt die Entschuldigung nach Satz 1 nicht rechtzeitig, so unterbleiben die Auferlegung der Kosten und die Festsetzung eines Ordnungsmittels nur dann, wenn glaubhaft gemacht wird, dass den Zeugen an der Verspätung der Entschuldigung kein Verschulden trifft. [3]Erfolgt die genügende Entschuldigung oder die Glaubhaftmachung nachträglich, so werden die getroffenen Anordnungen unter den Voraussetzungen des Satzes 2 aufgehoben.

(2) Die Anzeigen und Gesuche des Zeugen können schriftlich oder zum Protokoll der Geschäftsstelle oder mündlich in dem zur Vernehmung bestimmten neuen Termin angebracht werden.

I. Normzweck

1 Die Vorschrift steht in unmittelbarem Zusammenhang mit der vorangegangenen Bestimmung (§ 380). Ihr **Abs. 1** wurde durch das ZPO-RG nach dem Vorbild des § 51 Abs. 2 StPO[1] neu gefasst. Er verbietet die Anordnung von Maßnahmen wegen des Ausbleibens des Zeugen in S. 1 bei rechtzeitiger genügender Entschuldigung und in S. 2 unter bestimmten Voraussetzungen auch bei einer nicht rechtzeitigen Entschuldigung; Verstöße dagegen kann der Zeuge – wie bei § 380 Abs. 1 (dort Rn. 2) – nur mit der sofortigen Beschwerde rügen (§ 380 Abs. 3). Eines solchen förmlichen Rechtsmittelverfahrens bedarf es indessen bei S. 3 nicht; dort werden die schon getroffenen Maßnahmen unter bestimmten Voraussetzungen auf schlichten Antrag des Zeugen hin wieder aufgehoben. Diese Vorschrift dient folglich der Verfahrensvereinfachung. Für Anzeigen und Gesuche des Zeugen ordnet **Abs. 2** weitere Erleichterungen an.

II. Unterbleiben von Maßnahmen (Abs. 1 S. 1, 2)

2 **1. Grundsatz und Abgrenzung.** Nach § 381 Abs. 1 S. 1 **unterbleiben** die Auferlegung der Kosten und die Festsetzung eines Ordnungsmittels (§ 380 Rn. 3), wenn entweder eine rechtzeitige genügende Entschuldigung für das Ausbleiben des Zeugen vorliegt (Rn. 4ff.) oder diesen bei einer nicht rechtzeitigen Entschuldigung an der Verspätung der Entschuldigung kein Verschulden trifft (Rn. 8). Beide Alternativen gehen davon aus, dass sich der Zeuge – oder für ihn ein Dritter (§ 380 Rn. 2 aE) – mit einem entsprechenden Tatsachenvortrag bereits vorher an das Gericht gewandt hat. Die Neufassung des § 381 Abs. 1 (Rn. 1) stellt nicht mehr (anders als § 381 Abs. 1 S. 1 aF) ausdrücklich fest, dass (auch) die Anordnung der zwangsweisung Vorführung unterbleibt; der Gesetzgeber hat das zu Recht für überflüssig gehalten,[2] weil ein solcher Ausspruch bei genügender Entschuldigung selbstverständlich ebenfalls ausscheidet.

3 Werden gleichwohl Maßnahmen angeordnet (§ 380 Abs. 1), weil das Gericht einen Ausschluss nach § 381 Abs. 1 S. 1 oder S. 2 verneint, findet **sofortige Beschwerde** nach § 380 Abs. 3 statt (§ 380 Rn. 7). Erfolgt die genügende Entschuldigung oder die Glaubhaftmachung des fehlenden Verschuldens an der Verspätung erst nachträglich, gilt § 381 Abs. 1 S. 3 (Rn. 9ff.).

4 **2. Rechtzeitige genügende Entschuldigung (S. 1). a)** Die Entschuldigung des Zeugen oder eines Dritten für ihn (Rn. 2) ist nur **rechtzeitig,** wenn sie so frühzeitig bei Gericht eingeht, dass eine Verlegung des Termins und eine Abbestellung der zur Verhandlung geladenen Personen noch im gewöhnlichen Geschäftsbetrieb möglich ist.[3] Letzteres bemisst sich nach objektiven Maßstäben, in die der Zeuge meist keinen Einblick hat; für ihn empfiehlt es sich daher, seine Entschuldigung unverzüglich nach Erhalt der Ladung an das Gericht zu übermitteln.

5 **b) Genügende Entschuldigung.** Die Entschuldigung muss darüber hinaus aber auch genügend sein. Hauptanwendungsfall dafür ist die nicht rechtzeitige Ladung. Die Ladung muss so bald zugegangen sein,

---

[10] BGH NJW-RR 2007, 1364 [Rn. 23]; OLG Düsseldorf MDR 1985, 60; OLG Frankfurt MDR 1984, 322; OLG Celle JurBüro 1982, 1089 = NdsRpfl 1982, 45; *B/L/H* Rn. 18; *Zö/Greger* Rn. 10; *Sae/Eichele* Rn. 7.

[11] OLG Bamberg MDR 1982, 585; OLG Hamm MDR 1980, 322; OLG Koblenz NJW 1967, 1240; *MK/Damrau* Rn. 13; *T/P/Reichold* Rn. 12; *Ro/S/Go/* § 119 Rn. 13.

[1] BT-Drucks. 14/4722 S. 91.

[2] BT-Drucks. aaO.

[3] AllgM in der strafprozessualen Literatur zum gleich lautenden § 51 Abs. 2 S. 1 StPO; vgl. nur *Meyer-Goßner* StPO, § 51 Rn. 8. *B/L/H* Rn. 4.

dass sich der Zeuge auf den Termin einstellen, gegebenenfalls auch noch Reisekostenvorschuss (§ 3 JVEG, vgl. § 401 Rn. 1) beantragen konnte. Das lässt sich nur im Einzelfall beurteilen und hängt ganz wesentlich von der beruflichen Stellung des Zeugen ab, insbesondere ob er oder sein Arbeitgeber kurzfristig für eine Vertretung sorgen kann. Den Zeitpunkt des Zugangs der Ladung bestimmt der Richter nach normaler Postlaufzeit (vgl. auch § 357 Abs. 2 S. 2). Bestreitet der Zeuge, überhaupt eine Ladung erhalten zu haben, so wird das nur bei einem Zustellungsnachweis zu widerlegen sein (§ 377 Rn. 2); es gibt keinen Anscheinsbeweis dahin, dass ein ordnungsgemäß adressierter, frankierter und zur Post gegebener Brief den Empfänger auch erreicht hat.[4]

Weitere Entschuldigungsgründe: Krankheit; Unfall; dringende berufliche oder private Verpflichtungen nur, falls deren Absage unzumutbar ist; Todesfall im engeren Familienkreis; anderweitiger Gerichtstermin; Schweigen des Gerichts auf eine vom Zeugen angezeigte Verhinderung, wenn billigerweise eine Antwort erwartet werden konnte. Solche Entschuldigungsgründe hat der Zeuge unverzüglich (vgl. § 121 Abs. 1 BGB) nach Erhalt der Ladung mitzuteilen, damit das Gericht anderweit terminieren kann; ist letzteres wegen einer verspäteten Anzeige nicht mehr möglich, so liegt eine nicht rechtzeitige Entschuldigung vor (Rn. 4). **Nicht** zu entschuldigen vermögen: Irrtum über Terminstag/-zeit; bloßes Vergessen des Termins; vom Zeugen verlangte, aber unterbliebene Abstimmung des Termins durch das Gericht, wenn nicht gleichzeitig dringende berufliche Hinderungsgründe für einen bestimmten Termin geltend gemacht werden;[5] Arbeitsunfähigkeit, die nicht mit einer Reise- und/oder Verhandlungsunfähigkeit verbunden ist. 6

Eine **Glaubhaftmachung** erfordert § 381 Abs. 1 S. 1 nicht, wie der Vergleich mit S. 2 und S. 3 zeigt. Gleichwohl empfiehlt es sich dringend, zusammen mit der rechtzeitig (Rn. 4) eingereichten Entschuldigung geeignete Nachweise für die Verhinderung beizufügen, zB ein ärztliches Attest oder Bestätigungen für andere dringende Termine; Aufwendungen für die Beschaffung solcher Nachweise können nach § 19 Abs. 1 JVEG ersetzt werden. Das Gericht darf aber bei Fehlen solcher Nachweise nicht zugleich von einer „nicht genügenden Entschuldigung" ausgehen, sofern nicht ausnahmsweise ein strenger Maßstab anzulegen ist, zB weil sich der Zeuge schon einmal als unzuverlässig erwiesen hat oder weil es um eine besonders schwierige und umfangreiche Beweisaufnahme mit Gegenüberstellungen geht. Spricht die Lebenserfahrung für die Richtigkeit der Behauptung des Zeugen, so wird das Gericht vernünftigerweise den Vernehmungstermin verlegen, Maßnahmen nach § 380 Abs. 1 zurückstellen und den Zeugen zur Beibringung geeigneter Nachweise auffordern. 7

3. Nicht rechtzeitige Entschuldigung (S. 2). Erfolgt die Entschuldigung nicht rechtzeitig (Rn. 4), so unterbleiben die Auferlegung der Kosten und die Festsetzung eines Ordnungsmittels nur dann, wenn glaubhaft gemacht wird, dass den Zeugen an der Verspätung der Entschuldigung kein Verschulden trifft. Die Glaubhaftmachung kann auch hier durch den Zeugen oder für ihn durch einen Dritten erfolgen (Rn. 2), allerdings nur zugleich mit dem Vorbringen für die Verspätung der Entschuldigung. Teilt der Zeuge oder Dritte mit, für die Beschaffung entsprechender Nachweise noch Zeit zu benötigen, wird die Entscheidung vernünftigerweise angemessen zurückzustellen sein, um den Zeugen nicht zu einem Vorgehen nach § 381 Abs. 1 S. 3 zu zwingen. Weitere Voraussetzungen für § 381 Abs. 1 S. 2 ist ein genügender Entschuldigungsgrund (Rn. 6); besteht dieser nicht, kommt es auf die Rechtzeitigkeit oder Verspätung nicht an. 8

III. Aufhebung getroffener Maßnahmen (Abs. 1 S. 3)

1. Abgrenzung. Will der Zeuge geltend machen, dass das Gericht zu Unrecht einen Ausschluss nach § 381 Abs. 1 S. 1 oder S. 2 verneint hat, insbesondere also die Entschuldigung rechtzeitig und genügend war, ist gegen die Anordnung nach § 380 Abs. 1 sofortige Beschwerde einzulegen (Rn. 3). Folglich betrifft § 381 Abs. 1 S. 3 nur den Fall, dass eine genügende Entschuldigung oder die Glaubhaftmachung des fehlenden Verschuldens an der Verspätung erst nachträglich erfolgt. Wird das mittels „Beschwerde" geltend gemacht wird, muss diese als Antrag auf Aufhebung gemäß § 381 Abs. 1 S. 3 behandelt werden. 9

2. Nachträgliche genügende Entschuldigung. Die nach § 380 Abs. 1 getroffenen Maßnahmen sind aufzuheben, wenn der Zeuge – oder für ihn ein Dritter (Rn. 2) – nachträglich eine genügende Entschuldigung einreicht und zugleich die fehlende Rechtzeitigkeit der Entschuldigung (unter den Voraussetzungen von Rn. 8) entschuldigt. Von dieser Fallgruppe werden auch Fälle erfasst, in denen der Zeuge am Erscheinen im Verhandlungstermin aus erst kurz davor aufgetretenen Gründen gehindert war, zB bei unvorhersehbaren Verkehrsstörungen, mit denen auch ein sorgfältig planender Zeuge („Zeitpolster") nicht rechnen konnte; in einem solchen Fall muss der Zeuge das Gericht aber so rechtzeitig wie möglich und zumutbar telefonisch verständigen, damit die Entschuldigung „genügend" ist.[6] 10

3. Nachträgliche Glaubhaftmachung. Gemeint ist der Fall, dass Maßnahmen nach § 380 Abs. 1 nur deshalb getroffen wurden, weil die Entschuldigung des Zeugen verspätet war und er lediglich nicht glaubhaft gemacht hat, dass ihn hieran kein Verschulden trifft (Rn. 8). Holt der Zeuge – oder für ihn ein Dritter (Rn. 2) – die Glaubhaftmachung nach und entschuldigt er zugleich deren Verspätung, sind die Maßnahmen gleichfalls aufzuheben. 11

---

[4] HM, aber str. Ausf. *Heinrich,* Die Beweislast bei Rechtsgeschäften, 1996, S. 100 ff.; *Huber* JR 1985, 177 ff. (180); vgl. *Palandt/Heinrichs* § 130 Rn. 21 m. weit. Nachw.

[5] BVerfG NJW 2002, 955.

[6] OLG Nürnberg NJW-RR 1999, 788 (zu § 381 Abs. 1 aF).

IV. Verfahren (Abs. 2)

12 Die Anzeigen und Gesuche des Zeugen können nach § 381 Abs. 2 schriftlich oder zum Protokoll der Geschäftsstelle oder mündlich in dem zur Vernehmung bestimmten neuen Termin angebracht werden; es besteht also kein Anwaltszwang, § 78 Abs. 5. Diese Grundsätze gelten auch für den Aufhebungsantrag (§ 381 Abs. 1 S. 3), über den das Prozessgericht (§ 355 Abs. 1 S. 1) durch Beschluss entscheidet; stammen die Maßnahmen vom verordneten Richter (§ 400; § 380 Rn. 3), so steht auch ihm diese Befugnis zu. Zur Frage der Kostenentscheidung vgl. die Erörterungen in § 380 Rn. 7 aE. Gegen die Entscheidung über den Aufhebungsantrag findet sofortige Beschwerde gem. § 567 Abs. 1 Nr. 2 statt; auch insoweit wird wegen der Einzelheiten auf § 380 Rn. 6, 7 verwiesen.

382 *Vernehmung an bestimmten Orten* **(1) Die Mitglieder der Bundesregierung oder einer Landesregierung sind an ihrem Amtssitz oder, wenn sie sich außerhalb ihres Amtssitzes aufhalten, an ihrem Aufenthaltsort zu vernehmen.**

(2) Die Mitglieder des Bundestages, des Bundesrates, eines Landtages oder einer zweiten Kammer sind während ihres Aufenthaltes am Sitz der Versammlung dort zu vernehmen.

(3) Zu einer Abweichung von den vorstehenden Vorschriften bedarf es: für die Mitglieder der Bundesregierung der Genehmigung der Bundesregierung, für die Mitglieder einer Landesregierung der Genehmigung der Landesregierung, für die Mitglieder einer der im Absatz 2 genannten Versammlungen der Genehmigung dieser Versammlung.

1 Nach **Abs. 1 und 2** hat die Vernehmung von Regierungsmitgliedern am Amtssitz bzw. am Aufenthaltsort und die von Abgeordneten (eine zweite Kammer gab es früher nur in Bayern, Art. 34 BayVerf: Senat) am Sitz der Versammlung zu erfolgen. In Betracht kommt hauptsächlich die Gerichtsstelle des betreffenden Ortes (§ 219); ob das Prozessgericht oder ob ein beauftragter oder ersuchter Richter tätig wird, bestimmt der Beweisbeschluss (§ 375 Rn. 2–5). Zur Vernehmung des Bundespräsidenten vgl. § 375 Abs. 2.

2 Zu einer Abweichung davon muss – auch bei Zustimmung des Zeugen – eine Genehmigung gemäß **Abs. 3** eingeholt werden. Ihrer bedarf es nach allgM jedoch nicht, wenn die Vernehmung außerhalb der Sitzungswochen oder Ausschusstermine des Parlaments liegt. Ein Verstoß gegen Abs. 3 ist nach allgM prozessual bedeutungslos, steht aber Maßnahmen nach § 380 entgegen.

383 *Zeugnisverweigerung aus persönlichen Gründen* **(1) Zur Verweigerung des Zeugnisses sind berechtigt:**

1. der Verlobte einer Partei oder derjenige, mit dem die Partei ein Versprechen eingegangen ist, eine Lebenspartnerschaft zu begründen;
2. der Ehegatte einer Partei, auch wenn die Ehe nicht mehr besteht;
2a. der Lebenspartner einer Partei, auch wenn die Lebenspartnerschaft nicht mehr besteht;
3. diejenigen, die mit einer Partei in gerader Linie verwandt oder verschwägert, in der Seitenlinie bis zum dritten Grad verwandt oder bis zum zweiten Grad verschwägert sind oder waren;
4. Geistliche in Ansehung desjenigen, was ihnen bei der Ausübung der Seelsorge anvertraut ist;
5. Personen, die bei der Vorbereitung, Herstellung oder Verbreitung von periodischen Druckwerken oder Rundfunksendungen berufsmäßig mitwirken oder mitgewirkt haben, über die Person des Verfassers, Einsenders oder Gewährsmanns von Beiträgen und Unterlagen sowie über die ihnen im Hinblick auf ihre Tätigkeit gemachten Mitteilungen, soweit es sich um Beiträge, Unterlagen und Mitteilungen für den redaktionellen Teil handelt;
6. Personen, denen kraft ihres Amtes, Standes oder Gewerbes Tatsachen anvertraut sind, deren Geheimhaltung durch ihre Natur oder durch gesetzliche Vorschrift geboten ist, in Betreff der Tatsachen, auf welche die Verpflichtung zur Verschwiegenheit sich bezieht.

(2) Die unter Nummern 1 bis 3 bezeichneten Personen sind vor der Vernehmung über ihr Recht zur Verweigerung des Zeugnisses zu belehren.

(3) Die Vernehmung der unter Nummern 4 bis 6 bezeichneten Personen ist, auch wenn das Zeugnis nicht verweigert wird, auf Tatsachen nicht zu richten, in Ansehung welcher erhellt, dass ohne Verletzung der Verpflichtung zur Verschwiegenheit ein Zeugnis nicht abgelegt werden kann.

I. Normzweck

1 Die Vorschrift begründet (abschließend) ein Zeugnisverweigerungsrecht für die Aussage insgesamt (zum Recht, nur einzelne Fragen nicht beantworten zu müssen, vgl. § 384). Sie dient dem Schutz des Zeugen; die Gründe dafür sind je nach Fallgruppe verschieden: So will **Abs. 1 Nr. 1 bis 3** einen nahen Angehörigen vor einem Gewissenskonflikt bewahren; denn als Zeuge ist er – unter Strafandrohung (§§ 153ff. StGB) – zu wahrheitsgemäßen Angaben verpflichtet, die aber unter Umständen derjenigen Partei, zu welcher die Familienbande bestehen, *nachteilig* sein können. Er darf sich deshalb „heraushalten“, um keine Spannungen in die Familie hineinzutragen. Wie wichtig dem Gesetzgeber dieses Anliegen ist, zeigt die in **Abs. 2** angeordnete Belehrungspflicht. Bei den in **Abs. 1 Nr. 4 u. 6** genannten Personen geht es demgegenüber um die Rücksichtnahme auf ihre besondere berufliche Stellung; sie sollen nicht offenbaren müssen, was ihnen „anvertraut“ wurde. Umgekehrt erleichtert das ihre praktische Arbeit, weil sie darauf verweisen können, dass

ihre Verschwiegenheitspflicht auch im Falle eines Prozesses geschützt ist. Freiheit von Presse und Rundfunk ist schließlich Gegenstand von **Abs. 1 Nr. 5**, der auf diese Weise das Vertrauensverhältnis zwischen dort beschäftigten Personen und einem Informanten schützt. In den beiden zuletzt genannten Fallgruppen (Abs. 1 Nr. 4 bis 6) besteht zwar keine Belehrungspflicht, das Gericht muss bei der Befragung aber gemäß **Abs. 3** auf die Verschwiegenheitspflicht des Zeugen Rücksicht nehmen.

II. Zeugnisverweigerungsrechte

1. Nahe Angehörige, § 383 Abs. 1 Nr. 1 bis 3. a) Grundsätze. Das Zeugnisverweigerungsrecht, über das zu belehren ist (§ 383 Abs. 2; Rn. 8) besteht unabhängig vom Beweisthema für die Befragung insgesamt, sofern nicht eine Ausnahme nach § 385 Abs. 1 in Betracht kommt. Seine Ausübung muss nicht begründet werden (Umkehrschluss § 386; vgl. dort Rn. 1), weshalb der Richter nach dem Motiv dafür weder selbst forschen noch entsprechende Fragen zulassen darf; jede Einwirkung auf die Entschließungsfreiheit ist unzulässig[1] (zur Beweiswürdigung s. Rn. 10). Möglich ist freilich ein **Verzicht** auf das Zeugnisverweigerungsrecht, wie aus dem Normzweck (Vermeidung eines Gewissenskonfliktes, Rn. 1) folgt. Die **Berechtigung** zur Verweigerung (und zum Verzicht) hat stets nur ein Zeuge (oder ein Sachverständiger, § 402), nicht eine Partei. Es kommt also darauf an, ob jemand als Zeuge oder als Partei zu vernehmen ist (§ 373 Rn. 6 bis 8); denn im zuletzt genannten Falle scheidet schon begrifflich ein Zeugnisverweigerungsrecht aus. Besteht bei einer subjektiven Klagehäufung (§ 59 Rn. 3) die Beziehung im Sinn des § 383 Abs. 1 Nr. 1 bis 3 zwischen dem Zeugen und lediglich einem **Streitgenossen,** so greift das Zeugnisverweigerungsrecht uneingeschränkt nur ein, wenn die Beweisfrage auch den Rechtsstreit seines nahen Angehörigen betrifft;[2] andernfalls muss der Zeuge im Übrigen aussagen. Die Eigenschaft als naher Angehöriger eines **Streithelfers** (§ 66 ff., 72 ff.) begründet unzweifelhaft vor, aber auch nach Beitritt kein Zeugnisverweigerungsrecht, weil der Streithelfer nicht Partei wird und seine Stellung auch für eine Analogie nicht ausreicht.[3] Besteht eine solche Beziehung zu einer **Partei kraft Amtes** (§ 373 Rn. 7), so fehlt es an einer persönlichen Konfliktlage, weshalb ein Zeugnisverweigerungsrecht ausscheidet; § 383 Abs. 1 Nr. 1–3 gilt aber entsprechend, wenn der Zeuge ein naher Angehöriger des Inhabers des streitbefangenen materiellen Rechtes ist, also zB für den Ehegatten des Insolvenzschuldners in dem vom Insolvenzverwalter geführten Anfechtungsprozess.[4] Zwischen einer **juristischen Person** oder deren Vertretungsorgan und einem Zeugen kann keine Beziehung iSv § 383 Abs. 1 Nr. 1–3 bestehen,[5] wie aus dem Normzweck folgt (vgl. aber § 384 Rn. 3); aus dem neuen Begriff „nahe stehende Person" des § 138 InsO lässt sich nichts Gegenteiliges herleiten, weil diese Vorschrift spezifisch insolvenzanfechtungsrechtliche Zwecke verfolgt.[6] Der **minderjährige Zeuge** wird nach allgM entsprechend § 52 Abs. 2 S. 1 StPO behandelt.[7] Ist er – nach Belehrung (Rn. 8) – zur Aussage bereit, so kommt es mithin darauf an, ob er eine genügende Vorstellung von der Bedeutung des Zeugnisverweigerungsrechtes – möglicherweise erst auf Grund der Belehrung – hat: Liegt sie vor, so ist die Meinung des gesetzlichen Vertreters unmaßgeblich. Dessen Zustimmung ist aber erforderlich, wenn die Verstandesreife fehlt; im Prozess der Eltern muss dann ein Ergänzungspfleger bestellt werden, weil diese von der Vertretung ausgeschlossen sind (§§ 1629 Abs. 2 S. 1, 1795 Abs. 1 Nr. 3 BGB).[8] Ist der Minderjährige nicht aussagebereit, so darf er in keinem Falle vernommen werden. 2

b) Einzelheiten. Zur Verweigerung des Zeugnisses berechtigt sind: Nach **§ 383 Abs. 1 Nr. 1 der Verlobte** bei einem nach § 1297 BGB wirksamen Verlöbnis[9], woran es jedenfalls bei noch bestehender Ehe des Zeugen fehlt,[10] und der **Partner einer versprochenen Lebenspartnerschaft;**[11] nach **Nr. 2 der Ehegatte,** auch wenn die Ehe nicht mehr besteht, nicht aber nach hM der Partner einer nichtehelichen Lebensgemeinschaft[12]; nach **Nr. 2a der Lebenspartner** gemäß dem LPartG[13]; nach **Nr. 3 Verwandte und Verschwägerte** (§§ 1589, 1590 BGB), wobei genügt, dass die Verwandtschaft oder Schwägerschaft irgendwann einmal vorlag (§ 383 Abs. 1 Nr. 3: „waren"; § 1590 Abs. 2 BGB), und zwar für: 3

- Verwandte in gerader Linie unbeschränkt, also Eltern, Großeltern usw., Kinder (auch nichteheliche), Enkel usw.;
- Verschwägerte in gerader Linie ebenfalls unabhängig vom Grad, also Schwiegereltern/-großeltern, Schwiegersohn/-tochter, Ehefrau zum nichtehelichen Kind ihres Ehemannes und umgekehrt;

---

[1] BGH NJW 1989, 2403 (zum gleichliegenden Problem bei § 52 StPO).

[2] Im Grundsatz allgM (vgl. *T/P/Reichold* Rn. 3; *B/L/H* Rn. 2), in den Einzelheiten str. (vgl. *Zö/Greger* Rn. 2: bloßes Tangieren genügt).

[3] MK/*Damrau* Rn. 7. AA. *B/L/H* Rn. 2; *Zö/Greger* Rn. 2.

[4] BGHZ 74, 379, 382 = NJW 1979, 1832.

[5] Ebenso MK/*Damrau* Rn. 11; aA *Sae/Eichele* Rn. 5.

[6] Zum Normzweck MK-InsO/*Stodolkowitz* § 138 Rn. 1; *Nerlich/Römermann* InsO § 138 Rn. 4–6.

[7] Ausf. MK/*Damrau* Rn. 8 ff.; *Findeisen*, Der minderjährige Zeuge im Zivilprozess, 1992.

[8] Vgl. zB im Scheidungsprozess BayObLGZ 1966, 343, 351 f. = NJW 1967, 206.

[9] Str., wie hier MK/*Damrau* Rn. 13; aA zB *T/P* Rn. 3 (nur ernsthaftes u. nicht sittenwidriges Verlöbnis erforderlich).

[10] BVerfG FamRZ 1999, 1053.

[11] Gesetz zur Überarbeitung des LebenspartnerschaftsR v. 15. 12. 2004, BGBl. I S. 3396, eingefügt mit Wirkung ab 1. 1. 2005. Vgl. auch Fn. 13.

[12] Vgl. MK/*Damrau* Rn. 15 m. weit. Nachw.

[13] Gesetz zur Beendigung der Diskriminierung gleichgeschlechtlicher Gemeinschaften (LPartG) v. 16. 2. 2001, BGBl. I S. 266, in Kraft getreten am 1. 8. 2001.

– Verwandte in der Seitenlinie bis zum dritten Grad, also Bruder, Schwester, Onkel, Tante, Nichte und Neffe;
– Verschwägerte in der Seitenlinie bis zum zweiten Grad, also Geschwister des Ehegatten und Ehegatten der Geschwister (kein Zeugnisverweigerungsrecht gibt die sog. Schwippschwägerschaft zwischen den jeweiligen Ehegatten der Geschwister, also zB der Schwester im Verhältnis zur Frau des Bruders).

4 **2. Personen mit besonderer Vertrauensstellung, § 383 Abs. 1 Nr. 4 u. 6. a) Grundsätze.** Anders als bei nahen Angehörigen (Rn. 2, 3) besteht das Zeugnisverweigerungsrecht hier nur, wenn der Zeuge durch die Beantwortung der Beweisfrage seine ihm auf Grund besonderer beruflicher Stellung obliegende Pflicht zur Verschwiegenheit verletzen würde (Rn. 1); darauf hat das Gericht bei seiner Befragung von Amts wegen Rücksicht zu nehmen (§ 383 Abs. 3; Rn. 9). Die Verschwiegenheitspflicht umfasst, was einem Geistlichen (Rn. 5) bei Ausübung der Seelsorge sowie bestimmten anderen Personen als Amts-, Standes- oder Gewerbegeheimnis (Rn. 6, 7) **anvertraut** wurde. Dabei bedarf es keiner ausdrücklichen Bitte um Vertraulichkeit, vielmehr genügt die Kenntnisnahme von objektiv vertraulichen Tatsachen in unmittelbarem oder innerem Zusammenhang mit der Amtsausübung.[14] Entscheidend ist, ob der andere nach seinem möglicherweise auch nur stillschweigenden/mutmaßlichen Willen Verschwiegenheit erwartet hat und berechtigterweise erwarten durfte; deshalb erstreckt sich zB das Zeugnisverweigerungsrecht eines Notars auf den gesamten Inhalt der notariellen Verhandlung und alle ihm dort bekannt gewordenen Umstände, auch hinsichtlich eigener Erklärungen und Handlungen (zB seiner Änderungsvorschläge).[15] Die Schweigepflicht entfällt bei **Entbindung** nach § 385 Abs. 2 (Einzelheiten dort), nicht jedoch schlechthin bei **Tod des Vertrauensgebers,** außer es liegt auch in diesem Falle eine wirksame Entbindungserklärung durch Erben vor (§ 385 Rn. 7); freilich kann aber eine Offenlegung vertraulicher Tatsachen dem mutmaßlichen Einverständnis des Verstorbenen entsprechen, zB wenn ein Notar, Rechtsanwalt, Steuerberater oder Arzt zum Willen bzw. zur Testierfähigkeit des Erblassers vernommen werden soll.[16]

5 **b) Einzelheiten.** Berechtigt sind **Geistliche** (§ 383 Abs. 1 Nr. 4), allerdings nur Seelsorger anerkannter Religionsgemeinschaften (Art. 140 GG iVm. Art. 137 Abs. 5 Weimarer Reichsverfassung); für andere kommt nur § 383 Abs. 1 Nr. 6 in Betracht. Geistlicher ist auch ein Laie, der keine kirchliche Weihe erhalten hat, aber im Auftrag der Kirche hauptamtlich als Anstaltsseelsorger in einer JVA selbständige Aufgaben wahrnimmt, die zum unmittelbaren Bereich seelsorgerischer Tätigkeit gehören.[17] Das Zeugnisverweigerungsrecht umfasst, was anvertraut ist (zum Begriff Rn. 4) „bei der Ausübung der Seelsorge"; darunter fallen nicht karitative, fürsorgliche, erzieherische oder verwaltungsmäßige Angelegenheiten.[18]

6 Berechtigt sind Personen, deren Schweigepflicht auf **Amt, Stand oder Gewerbe** (§ 383 Abs. 1 Nr. 6) beruht, auch ihre Angestellten und Gehilfen sowie ihre Rechtsnachfolger. Zum Begriff „anvertraut" siehe Rn. 4; nicht anvertraut ist, was sich in der Öffentlichkeit ereignet hat oder was privat bekannt geworden ist. Die Pflicht zur Geheimhaltung kann **kraft Gesetzes** bestehen, zB nach § 85 GmbHG für den Geschäftsführer[19] oder nach § 203 StGB, der unter anderem nennt: Ärzte, Apotheker, Angehörige anderer Heilberufe (zB Hebammen, Krankenpfleger-/innen usw.), Psychologen, Rechtsanwälte und Notare[20] (s. auch schon Rn. 4), Steuerberater[21], Ehe-/Familien-/Erziehungs-/Jugendberater, Sozialarbeiter/-pädagogen, Angehörige privater Kranken-, Unfall- oder Lebensversicherungen. Hierher gehören auch Richter, Beamte und andere Personen des öffentlichen Dienstes (vgl. § 203 Abs. 2 Nr. 1, 2 StGB). Für sie ordnet schon § 376 eine von Amts wegen zu beachtende Schweigepflicht an, die aber das öffentliche Interesse an der Geheimhaltung schützt (§ 376 Rn. 1); eine dort erteilte Aussagegenehmigung berührt folglich deren persönliches Recht zur Zeugnisverweigerung nicht, weshalb unter Umständen zusätzlich eine Entbindung von der Schweigepflicht (Rn. 4) erforderlich werden kann. Für Abgeordnete gilt außerdem Art. 47 GG. Die Pflicht zur Geheimhaltung kann auch **kraft Natur der Sache** bestehen, wie bei Auskunfteien, Detektiven, Banken (sog. zivilrechtliches Bankengeheimnis für kundenbezogene Tatsachen und Wertungen gem. Nr. 2 AGB-Banken[22]), Dolmetschern, Übersetzern. Für einen **Mediator** besteht kein Zeugnisverweigerungsrecht nach § 383 Abs. 1 Nr. 6, sofern er nicht zu den dort erfassten Personen (insbesondere: Rechtsanwalt) gehört.[23]

7 **3. Presse und Rundfunk, § 383 Abs. 1 Nr. 5.** Das Zeugnisverweigerungsrecht schützt das Redaktionsgeheimnis und die Anonymität des Informanten (Rn. 1), worauf das Gericht bei seiner Befragung von Amts wegen Rücksicht zu nehmen hat (§ 383 Abs. 3; Rn. 9). Es ist wegen des hohen Stellenwertes von Presse,

---

[14] Vgl. zB BGH NJW 2005, 1948 (Notar); BGHZ 91, 392, 397 = NJW 1984, 2893 (Arzt) u. BGHSt 37, 138 = NJW 1990, 3283 (Geistlicher, § 53 Abs. 1 Nr. 1 StPO). MK/*Damrau* (Rn. 23, 32, 33) verlangt demgegenüber beim Geistlichen ein ausdrücklich „vertrauliches Gespräch oder Schreiben"; die zuletzt genannte Entscheidung gebietet aber eine solche Differenzierung nicht. Wie hier *Zö/Greger* Rn. 1, 11.

[15] BGH NJW 2005, 1948.

[16] BGHZ (Fn. 14); BayObLG NJW-RR 1991, 6 f.; OLG Köln OLGZ 1982, 1, 4. Ausführlich zur postmortalen Schweigepflicht des Arztes beim Streit über die Testierfähigkeit des Patienten *Bartsch* NJW 2001, 861.

[17] BGH NJW 2007, 307 (zum gleichlautenden § 53 Abs. 1 Nr. 1 StPO).

[18] BGHSt 37, 138 = NJW 1990, 3283.

[19] OLG Karlsruhe OLGR 2006, 27.

[20] BGH NJW 2005, 1948; 2003, 976; (zu § 53 Abs. 1 Nr. 3 StPO vgl. BGH NJW 2005, 2406).

[21] Ausf. *Schroer* DStR 1994, 1173.

[22] Nicht zu verwechseln mit dem Bankgeheimnis gegenüber Finanzbehörden nach § 30a Abs. 3 AO, *Grabau/Hundt/Hennecka* ZRP 2002, 430.

[23] *Goth/v. Bubnoff* NJW 2001, 338; Zur Sicherung der Vertraulichkeit von Mediationsverfahren durch Vertrag *Wagner* NJW 2001, 1398.

Rundfunk und Fernsehen als Kontrollorgane in einer Demokratie unverzichtbar (Nr. 5 fehlt bei § 385 Abs. 2). Berechtigt sind alle gegenwärtigen und früheren, beruflichen oder nebenberuflichen (freien) Mitarbeiter bei der Vorbereitung, Herstellung oder Verbreitung von periodischen Druckwerken (Zeitungen, Zeitschriften; in der Regel nicht Bücher[24]) oder Rundfunk-/Fernsehsendungen. Das Zeugnisverweigerungsrecht über die in § 383 Abs. 1 Nr. 5 im Einzelnen genannten Wahrnehmungen bezieht sich aber nur auf den redaktionellen Teil, nicht auf den – vorwiegend nur wirtschaftlichen Interessen dienenden – Anzeigenteil und nicht auf Werbesendungen.[25] Es erstreckt sich auch auf Umstände, die mittelbar zur Enttarnung des Informanten führen können.[26] Umgekehrt gibt es kein Zeugnisverweigerungsrecht für einen Pressevertreter, der sich selbst als Autor eines Artikels bezeichnet und darin seinen Gewährsmann mit wörtlichen Zitaten bekannt gegeben hat.[27]

III. Pflichten des Gerichts

1. Pflicht zur Belehrung nach § 383 Abs. 2. Sie besteht, wenn der Zeuge ein naher Angehöriger einer Partei (§ 383 Abs. 1 Nr. 1–3) ist. Das hat der Richter bei der Vernehmung zur Person (§ 395 Abs. 2) zu klären, bei einem minderjährigen Zeugen außerdem, ob dieser die Bedeutung des Zeugnisverweigerungsrechtes verstandesgemäß begreifen kann (Rn. 2 aE). Die Eigenschaft als Angehöriger, die Belehrung und die Entscheidung des Zeugen dazu sind in das Protokoll aufzunehmen, § 160 Abs. 2 (zB: „Mutter des Klägers, über das Zeugnisverweigerungsrecht belehrt und aussagebereit"). Wird eine schriftliche Beantwortung der Beweisfrage eingeholt, so muss die Belehrung im Anschreiben an den Zeugen enthalten sein (§ 377 Rn. 6). Ein **Verstoß** gegen § 383 Abs. 2 macht die Aussage unverwertbar, wenn der Fehler rechtzeitig gerügt wird (§ 295). Die Vernehmung muss dann wiederholt werden, weil der Beweisantrag nicht ordnungsgemäß behandelt wurde (§ 398 Rn. 4). Jedoch reicht in geeigneten Fällen (entsprechend den Grundsätzen § 377 Rn. 4) eine schriftliche Anfrage beim Zeugen aus, ob er bei vorheriger Belehrung über sein Zeugnisverweigerungsrecht zur Aussage bereit gewesen wäre. Entsprechendes gilt, wenn die Zeugenvernehmung durch Urkundsbeweis ersetzt werden soll (§ 373 Rn. 4). Wurde der Zeuge seinerzeit vor der Vernehmung jedoch ordnungsgemäß belehrt, so ist seine frühere Aussage auch dann verwertbar, wenn er jetzt von seinem Schweigerecht Gebrauch macht; es fehlt eine Vorschrift wie § 252 StPO.[28] 8

2. Pflicht zur Rücksichtnahme nach § 383 Abs. 3. Bei den Personen des § 383 Abs. 1 Nr. 4–6 ist der Richter zwar zu keiner Belehrung über das Zeugnisverweigerungsrecht, gemäß Abs. 3 aber zur Rücksichtnahme darauf verpflichtet, außer es liegt eine Entbindung nach § 385 Abs. 2 vor. Verletzt ein Zeuge (bewusst oder unbewusst) seine Verschwiegenheitspflicht, so kann die Aussage gleichwohl und trotz Rüge einer Partei verwertet werden, sofern er dazu nicht durch eine andere (!) verfahrenswidrige Maßnahme des Gerichts bestimmt worden ist.[29] Beispiel:[30] Der Zeuge, früher Steuerberater einer GmbH und jetzt deren Insolvenzverwalter, war vom Beklagten, dem Geschäftsführer der GmbH, von der Verschwiegenheitspflicht entbunden worden. Das hätte das Gericht aber als unzureichend erkennen müssen, weil mit der Insolvenzeröffnung die Dispositionsbefugnis des „Geheimnisherrn" in Angelegenheiten der Insolvenzmasse auf den Verwalter gemäß § 80 Abs. 1 InsO (ebenso im Falle von §§ 21 Abs. 2 Nr. 2, 22 Abs. 1 S. 1 InsO) übergegangen war, der Vernehmung folglich § 383 Abs. 3 entgegenstand. Obgleich die Entbindungserklärung auf richterliche Veranlassung abgegeben wurde, soll das nach BGH nicht verfahrenswidrig gewesen sein (zweifelhaft). Dennoch ist die Entscheidung im Ergebnis richtig, weil nicht festgestellt werden konnte, dass die Insolvenzmasse durch die Aussage berührt wurde. 9

IV. Beweiswürdigung

Der Zeuge hat nur die Tatsachen anzugeben und glaubhaft zu machen, auf die er die Weigerung stützt (§ 386 Abs. 1, 2), also zB was seine Eigenschaft als Angehöriger einer Partei betrifft, nicht aber den Beweggrund für seine Zeugnisverweigerung (Rn. 2). Da es sich um ein eigenes Recht des Zeugen handelt, dürfen aus dessen Aussageverweigerung keine Schlüsse zum Nachteil einer Partei gezogen werden. Das gilt auch, wenn der Zeuge zunächst geschwiegen, später aber ausgesagt hat bzw. umgekehrt;[31] in solchen Fällen ist hinsichtlich des verwertbaren Teils der Aussage jedoch eine besonders sorgfältige Glaubwürdigkeitsprüfung geboten (§ 373 Rn. 16). Die Weigerung einer Partei, den Zeugen von dessen Schweigepflicht zu entbinden (§ 385 Abs. 2), ist demgegenüber nach den Regeln der Beweisvereitelung (§ 286 Rn. 62ff.; vgl. auch § 371 Rn. 20) frei zu würdigen.[32] Im Allgemeinen kann der Richter daraus auf Grund der Lebenserfahrung schließen, dass die Aussage für diese Partei Ungünstiges enthalten hätte; im Einzelfall kann dieser Erfahrungssatz aber dann entkräftet sein, wenn die Partei ein besonderes, über die Erledigung des konkreten Rechtsstreites hinausgehendes Interesse an der Geheimhaltung dartun kann. 10

---

24 Näher MK/*Damrau* Rn. 26.

25 BVerfGE 64, 116 = NJW 1984, 1101.

26 BGH NJW 1990, 525 (Beschluss d. Ermittlungsrichters zu § 53 Abs. 1 Nr. 5 StPO).

27 BVerfG NJW 2002, 592.

28 Ebenso MK/*Damrau* Rn. 41, 43; *B/L/H* vor § 383 Rn. 1; *Ro/S/Go/* § 119 Rn. 24; *Sae/Eichele* Rn. 17. AA OLG Frankfurt MDR 1987, 151 („§ 252 StPO entspr.").

29 BGH NJW 1990, 1734f.; BGH NJW 1977, 1198 (dazu abl. *Geißler* NJW 1977, 1185).

30 BGH NJW 1994, 2220, 2225.

31 AllgM, vgl. nur MK/*Damrau* Rn. 21. S. auch BGH NJW 1980, 794 (zu § 52 StPO).

32 *Mu/St* Rn. 154. Vgl. auch BGH MDR 1984, 48.

384 ***Zeugnisverweigerung aus sachlichen Gründen*** **Das Zeugnis kann verweigert werden:**
1. über Fragen, deren Beantwortung dem Zeugen oder einer Person, zu der er in einem der im § 383 Nr. 1 bis 3 bezeichneten Verhältnisse steht, einen unmittelbaren vermögensrechtlichen Schaden verursachen würde;
2. über Fragen, deren Beantwortung dem Zeugen oder einem seiner im § 383 Nr. 1 bis 3 bezeichneten Angehörigen zur Unehre gereichen oder die Gefahr zuziehen würde, wegen einer Straftat oder einer Ordnungswidrigkeit verfolgt zu werden;
3. über Fragen, die der Zeuge nicht würde beantworten können, ohne ein Kunst- oder Gewerbegeheimnis zu offenbaren.

I. Normzweck

1 Die Vorschrift gewährt – anders als § 383 (dort Rn. 1) – nur ein **beschränktes Zeugnisverweigerungsrecht,** unter bestimmten Voraussetzungen einzelne Fragen nicht beantworten zu müssen. Gleichwohl ist es im Einzelfall nicht ausgeschlossen, dass der Zeuge wegen einer besonderen Konfliktlage insgesamt schweigen darf. Das setzt freilich voraus, dass zunächst einmal Fragen gestellt worden sind; es ist nicht gestattet, von vornherein jegliche Vernehmung unter Hinweis auf einen in § 384 Nr. 1 bis 3 bezeichneten Grund zu unterlassen.[1] Zweck der Vorschrift ist es, den Zeugen vor nachteiligen Folgen einer wahrheitsgemäßen Aussage zu schützen. In den Fällen des § 384 Nr. 1 u. 2 werden davon auch seine nahen Angehörigen (§ 383 Rn. 2, 3) erfasst. Eine solche Person braucht aber nicht Partei zu sein; denn dann greift ohnehin das umfassende Zeugnisverweigerungsrecht des § 383 ein. Besondere praktische Bedeutung erlangt § 384 bei solchen Fallgestaltungen vielmehr im umgekehrten Fall, wenn also den Zeugen kein Angehörigenverhältnis mit einer Partei verbindet. Eine **Belehrung** über das Zeugnisverweigerungsrecht ist nicht vorgeschrieben, jedoch zweckmäßig, vor allem bei Minderjährigen (§ 383 Rn. 2 aE). Der Zeuge darf sich zur Entscheidung, ob er von seinem Recht Gebrauch machen möchte, eines anwaltlichen Beistandes bedienen.[2] Bei einem **Verstoß** gegen § 384 gelten die Erörterungen in § 383 Rn. 9.

2 Die in § 384 Nr. 1 bis 3 genannten **Nachteile** rechtfertigen ein Zeugnisverweigerungsrecht auch dann, wenn sie bei wahrheitsgemäßer Aussage nicht eintreten können;[3] der Gesetzeswortlaut ist insoweit missverständlich. Der Zeuge darf also zB auf die Frage, von wem und zu welchem Preis er die dem Kläger angeblich gestohlene Sache erworben hat (vgl. § 935 Abs. 1 BGB) auch dann schweigen, wenn die Antwort keine Anhaltspunkte für eine Hehlerei (§ 259 StGB) ergäbe. Folglich können auch hier bei der Beweiswürdigung aus einer Aussageverweigerung alleine keine nachteiligen Schlüsse gezogen werden (§ 383 Rn. 10); die hM hält das jedoch in Verbindung mit anderen Ergebnissen des Verfahrens für möglich.[4]

II. Einzelerläuterungen

3 **1. Unmittelbarer vermögensrechtlicher Schaden (Nr. 1).** Er droht als Folge der Aussage unmittelbar, wenn die Antwort des Zeugen Tatsachen für einen Anspruch gegen ihn oder seinen nahen Angehörigen (Rn. 1) offenbaren oder dessen Geltendmachung erleichtern würde.[5] Beispiele: Der (Mehrverkehrs-) Zeuge im Abstammungsprozess käme als nichtehelicher Vater in Betracht und wäre dann unterhaltspflichtig;[6] die Aussage würde einen nach §§ 129ff. InsO oder §§ 3ff. AnfG anfechtbaren Erwerb aufdecken.[7] Ein bloß **mittelbarer** Schaden reicht nicht; Beispiele: Drohender Prozessverlust einer juristischen Person, deren Gesellschafter oder Geschäftsführer der Zeuge ist (anders bei OHG und KG, weil diesen Gesellschaften die Rechtspersönlichkeit fehlt und ein Prozessverlust das Vermögen des Zeugen unmittelbar mindert);[8] Einbüßung von Beförderungsaussichten für den Zeugen oder Gefahr sonstiger Repressalien.[9] Eine gem. § 142 als Dritte auf Vorlage von Urkunden in Anspruch genommene juristische Person (zB GmbH) kann aber die Herausgabe verweigern, wenn ihr selbst dadurch ein vermögensrechtlicher Schaden entstehen würde, wobei genügt, dass die Durchsetzung von Ansprüchen gegen sie auch nur erleichtert würde;[10] denn die Vorlegungspflicht obliegt ja auch ihr selbst, mag sie auch nur daurch ihre Organe erfüllt werden können. Zu **Ausnahmen** vom Zeugnisverweigerungsrecht vgl. § 385 Abs. 1.

4 **2. Unehre oder Gefahr der Verfolgung wegen einer Straftat oder Ordnungswidrigkeit (Nr. 2).** Geschützt sind auch hier der Zeuge und sein naher Angehöriger (Rn. 1). Nach Eintritt der Verfolgungsverjährung besteht kein Zeugnisverweigerungsrecht mehr.[11]

– **Unehre** meint eine nicht zumutbare Herabsetzung des Ansehens, wobei es auf das Bewusstsein der Rechtsgemeinschaft, nicht aber auf das einer Gruppe, ankommt,[12] allerdings unter Berücksichtigung

---

[1] BGH NJW 1994, 197f.
[2] BVerfGE 38, 105, 113 = NJW 1975, 103.
[3] Vgl. BGHZ 36, 391 = NJW 1958, 826; BGHZ 43, 368, 374 = NJW 1965, 1530; OLG Hamburg FamRZ 1965, 277.
[4] BGH NJW 1994, 197f.; MK/*Damrau* Rn. 4; *Zö/Greger* Rn. 3; *Mu/St* Rn. 154.
[5] OLG Celle NJW 1953, 426; OLG Stuttgart NJW 1971, 945.
[6] OLG Karlsruhe NJW 1990, 2758.
[7] BGHZ 74, 379 = NJW 1979, 1832.
[8] *MK/Damrau* Rn. 7; *Zö/Greger* Rn. 4. AA. *B/L/H* Rn. 4.
[9] OLG Nürnberg BayJMBl 1963, 10; OLG Hamm OLGZ 1989, 468.
[10] BGH NJW 2007, 155 = LMK 2007, 86 *(Huber)*.
[11] OLG Stuttgart NJW-RR 2007, 259.
[12] OLG Lüneburg NJW 1978, 1493.

der örtlichen und gesellschaftlichen Verhältnisse im Umfeld des Zeugen. Beispiele: Frage nach Vorstrafen[13] oder (im Trennungsunterhaltsprozess) nach ehewidrigen Beziehungen;[14] die bloße Nichteinhaltung einer Verschwiegenheitsabrede gereicht einem Zeugen aber nicht zur Unehre,[15] weil sonst dieser und die Partei ein Zeugnisverweigerungsrecht „vereinbaren" könnten. Das Zeugnisverweigerungsrecht besteht auch für die Witwe, deren Aussage Unehrenhaftes über ihren verstorbenen Mann offenbaren würde;[16] § 384 Nr. 2 setzt nicht voraus, dass der Angehörige des Zeugen noch lebt.

– **Gefahr der Verfolgung** besteht, wenn die Einleitung von Ermittlungen gegen den Zeugen wegen des Verdachtes einer Straftat oder einer Ordnungswidrigkeit möglich erscheint. Dazu gehören aber nicht Aussagedelikte (§§ 153 ff. StGB); ansonsten könnte jeder Zeuge die Aussage verweigern. Es genügt auch die Gefahr ehrengerichtlicher oder dienststrafrechtlicher Maßnahmen;[17] das folgt aus einer wertenden Betrachtung des Gesetzes, weil sie den Zeugen nicht weniger belasten als ein Bußgeld auf Grund einer Ordnungswidrigkeit.

3. Geheimnisoffenbarung (Nr. 3). Geschützt ist hier zwar nur der Zeuge (Rn. 1), Geheimnis[18] kann aber sowohl sein eigenes als auch ein fremdes sein, wenn dem Dritten gegenüber eine entsprechende Pflicht besteht, zB aus Arbeitsvertrag. Dritter kann aber nicht die Prozesspartei sein;[19] falls insoweit § 383 Abs. 1 Nr. 6 vorliegt, sind § 385 Abs. 2 und die Folgen einer Weigerung zur Entbindung zu beachten (§ 383 Rn. 10). Der Begriff des Geheimnisses darf nicht eng gefasst werden. Dazu gehört alles, was noch nicht allgemein bekannt ist, wie Arbeits-/Herstellungsmethoden, beim Gewerbegeheimnis auch wirtschaftliche Tatsachen, zB Bezugsquellen, Preiskalkulationen, Kreditumfang, Kundenstamm. 5

385 *Ausnahmen vom Zeugnisverweigerungsrecht* **(1) In den Fällen des § 383 Nr. 1 bis 3 und des § 384 Nr. 1 darf der Zeuge das Zeugnis nicht verweigern:**

1. über die Errichtung und den Inhalt eines Rechtsgeschäfts, bei dessen Errichtung er als Zeuge zugezogen war;
2. über Geburten, Verheiratungen oder Sterbefälle von Familienmitgliedern;
3. über Tatsachen, welche die durch das Familienverhältnis bedingten Vermögensangelegenheiten betreffen;
4. über die auf das streitige Rechtsverhältnis sich beziehenden Handlungen, die von ihm selbst als Rechtsvorgänger oder Vertreter einer Partei vorgenommen sein sollen.

(2) Die im § 383 Nr. 4, 6 bezeichneten Personen dürfen das Zeugnis nicht verweigern, wenn sie von der Verpflichtung zur Verschwiegenheit entbunden sind.

I. Normzweck

Die Bestimmung regelt Ausnahmen zu den im Gesetz vorher begründeten Zeugnisverweigerungsrechten. **Abs. 1** beschränkt die Befugnis zur Aussageverweigerung bei nahen Angehörigen (§ 383 Abs. 1 Nr. 1–3) und bei unmittelbar drohendem Vermögensschaden (§ 384 Nr. 1) in bestimmten Fällen. Nach **Abs. 2** müssen schließlich Personen mit besonderer Vertrauensstellung (§ 383 Nr. 4, 6) aussagen, wenn sie von ihrer Pflicht zur Verschwiegenheit entbunden sind. 1

II. Zeugnispflicht nach Abs. 1

Zu **Nr. 1:** Danach darf die Aussage nicht verweigern, wer **als Zeuge des Rechtsgeschäftes zugezogen** war. Gemeint ist Zuziehung einer Person zum Zwecke der Bezeugung, worüber sich diese bewusst gewesen sein muss;[1] das hat gegebenenfalls die Partei zu beweisen, die sich darauf beruft. Der Sinn des Gesetzes leuchtet unmittelbar ein; es wäre treuwidrig, wenn jemand später unter Berufung auf ein Aussageverweigerungsrecht gerade dazu schweigen könnte, was er als Zeuge wahrnehmen sollte. Gegenstand der Befragung sind allerdings nur die Errichtung und der Inhalt des Rechtsgeschäftes, nicht sonstige streitige Umstände. Nr. 1 gilt nach seinem Normzweck auch, wenn das Rechtsgeschäft nicht zu Stande gekommen ist;[2] dann hat der Zeuge über die gescheiterte „Errichtung" auszusagen. 2

Zu **Nr. 2:** Diese Vorschrift verpflichtet zur Aussage über **Geburten, Verheiratungen oder Sterbefälle von Familienmitgliedern.** Der Streit, ob zu diesem Personenkreis nur alle Verwandten und Verschwägerten[3] oder auch andere Mitglieder der Familie (die nicht bloße Hausgenossen sind)[4] zählen, wird in der Praxis kaum von Bedeutung werden; bezüglich der zuletzt genannten Personen besteht ohnehin kein Zeugnisver- 3

[13] BGHSt 5, 25 = NJW 1953, 1922 (für Meineid).
[14] OLG Karlsruhe NJW 1994, 528.
[15] OLG Hamm FamRZ 1999, 939, 940.
[16] OLG Nürnberg MDR 1975, 937.
[17] Str., wie hier MK/*Damrau* Rn. 12; *Zö/Greger* Rn. 6. AA *B/L/H* Rn. 5.
[18] Eingehend *A. Stadler* NJW 1989, 1202; *Stürner* JZ 1985, 453; *Gottwald* BB 1979, 780.
[19] MK/*Damrau* Rn. 13; *Stürner* JZ 1985, 453, 455 ff.
[1] BayObLGZ 1984, 141 = MDR 1984, 1025.
[2] AA MK/*Damrau* Rn. 2: „Vorverhandlungen genügen nicht." Dieser Begriff ist wenig hilfreich, weil bei einem gescheiterten Rechtsgeschäft Verhandlungen immer „Vorverhandlungen" waren. Vorsichtiger *Zö/Greger* Rn. 2: „... genügen idR nicht."
[3] So *Zö/Greger* Rn. 3; *Zi* Rn. 1.
[4] So MK/*Damrau* Rn. 3; *T/P/Reichold* Rn. 2; *B/L/H* Rn. 5.

weigerungsrecht. Die Aussagepflicht besteht aber nicht zu Voraussetzungen oder Ursachen der genannten Umstände,[5] also bei der Geburt nicht hinsichtlich der Zeugung, beim Tod nicht hinsichtlich der Ursache usw.

4 Zu **Nr. 3:** Unter die **durch das Familienverhältnis begründete Vermögensangelegenheiten** fallen zB güterrechtliche Vereinbarungen, Eheverträge, Erbrechtsangelegenheiten, Unterhaltsansprüche einschließlich der hierfür maßgeblichen Einkommensverhältnisse.[6] Nicht hierher gehören Vaterschaftsprozesse, weil diese – trotz unterhaltsrechtlicher Folgen – nicht Vermögensangelegenheiten im Sinn der Nr. 3, sondern Statussachen sind;[7] diese Vorschrift ändert also nichts am Zeugnisverweigerungsrecht der Mutter eines nichtehelichen Kindes im Unterhaltsprozess gegen den angeblichen Vater.

5 Zu **Nr. 4:** Die Aussagepflicht trifft **für eigene Handlungen den Rechtsvorgänger** (zur Einzel- und Gesamtrechtsnachfolge vgl. § 325 Rn. 7) **oder Vertreter** (im weitesten Sinne, also auch den früheren oder den Boten) einer Partei. Gemeint sind Handlungen aller Art (nicht aber bloße Wahrnehmungen[8]), die sich auf das streitige Rechtsverhältnis insgesamt – nicht nur auf dessen Begründung – bezogen. Verneint der Zeuge seine Stellung als Rechtsnachfolger oder Vertreter, so ist die Partei beweispflichtig, die das behauptet hat.

III. Entbindung von der Schweigepflicht (Abs. 2)

6 **1. Anwendungsbereich.** Die in § 383 Abs. 1 Nr. 4, 6 bezeichneten Personen dürfen das Zeugnis nicht verweigern, wenn sie von der Verpflichtung zur Verschwiegenheit entbunden sind. Für katholische **Geistliche** (§ 383 Rn. 4, 5) ist diese Regelung freilich weitgehend gegenstandslos, weil sie gemäß Art. 9 RKonkordat (vom 20. 7. 1933, RGBl II 679) gleichwohl die Aussage verweigern dürfen; in Bayern gilt das Gleiche für andere Seelsorger, Art. 144 Abs. 3 BayVerf.[9] In aller Regel geht es also um die Entbindung der **Vertrauenspersonen mit Schweigepflicht kraft Amtes, Standes oder Gewerbe** (§ 383 Rn. 4, 6); ob daneben zusätzlich eine Aussagegenehmigung erforderlich ist, beurteilt sich nach § 376 (§ 383 Rn. 6). Nicht hierher gehören aber die Mitarbeiter von Presse, Rundfunk und Fernsehen (§ 383 Rn. 7).

7 **2. Befugnis zur Entbindung.** Sie hat als **höchstpersönliches Recht** nur, zu wessen Gunsten die Schweigepflicht besteht; ist das ein Minderjähriger, so gelten die Erörterungen zur Ausübung des Zeugnisverweigerungsrechtes entsprechend (§ 383 Rn. 2 aE). Beim Tod des Berechtigten geht deshalb die Aussageermächtigung auch nicht auf den Erben über (anders bei Vermögensrechten; dazu sogleich), außer der Erblasser hat dies angeordnet oder eine entsprechende Anordnung für einen Dritten getroffen; jedoch kommt oft ein mutmaßliches Einverständnis des Verstorbenen in eine Offenlegung in Betracht (§ 383 Rn. 4). Etwas anderes gilt, wenn die Geheimhaltungspflicht **Vermögensrechte** betrifft. Dann kann an Stelle des Vertrauensgebers auch ein Vertreter, zB ein Generalbevollmächtigter,[10] oder sonst damit Beauftragter, zB ein Rechtsanwalt (die bloße Prozessvollmacht genügt insoweit aber nicht), entscheiden; im Insolvenzfalle steht die Befugnis dem Insolvenzverwalter zu.[11] Da Vermögensrechte vererbbar sind, kann beim Tode des Berechtigten der Erbe die Entbindung von der Schweigepflicht erteilen; das gilt aber nicht für Erben des an den Unfallfolgen verstorbenen Versicherungsnehmers gegenüber dem Notarzt wegen der diesem angeblich geoffenbarten Unfallursache.[12]

8 **3. Verfahren.** Wurde der Zeuge von derjenigen Partei benannt, der gegenüber die Verschwiegenheitspflicht besteht, so beinhaltet das eine schlüssige Befreiungserklärung. Die ausdrückliche Entbindung von der Schweigepflicht erfolgt dem Zeugen, der Partei oder dem Gericht gegenüber. Sie ist frei widerruflich, außer im zuletzt genannten Falle, weil dann eine Prozesshandlung (dazu Einl. Rn. 63) vorliegt.[13] Zur Verwertbarkeit einer Zeugenaussage bei Verstoß gegen § 385 Abs. 2 vgl. § 383 Rn. 9, zur Beweiswürdigung bei Verweigerung einer Entbindung vgl. § 383 Rn. 10.

386

Erklärung der Zeugnisverweigerung **(1) Der Zeuge, der das Zeugnis verweigert, hat vor dem zu seiner Vernehmung bestimmten Termin schriftlich oder zum Protokoll der Geschäftsstelle oder in diesem Termin die Tatsachen, auf die er die Weigerung gründet, anzugeben und glaubhaft zu machen.**

(2) Zur Glaubhaftmachung genügt in den Fällen des § 383 Nr. 4, 6 die mit Berufung auf einen geleisteten Diensteid abgegebene Versicherung.

(3) Hat der Zeuge seine Weigerung schriftlich oder zum Protokoll der Geschäftsstelle erklärt, so ist er nicht verpflichtet, in dem zu seiner Vernehmung bestimmten Termin zu erscheinen.

(4) Von dem Eingang einer Erklärung des Zeugen oder von der Aufnahme einer solchen zum Protokoll hat die Geschäftsstelle die Parteien zu benachrichtigen.

---

[5] RGZ 169, 48; LSG Hessen NJW 1989, 2710f.; vgl. auch *Müller* FamRZ 1986, 635.
[6] OLG Karlsruhe FamRZ 1989, 764.
[7] MK/*Damrau* Rn. 4 m. weit. Nachw.
[8] Ebenso: MK/*Damrau* Rn. 5; *Zö/Greger* Rn. 6; *Zi* Rn. 1. AA: *T/P/Reichold* Rn. 4; *B/L/H* Rn. 7.
[9] Für die entspr. Anwendung auf alle Geistlichen *Ro/S/Go/* § 119 Rn. 21 m. weit. Nachw.
[10] OLG Celle NJW 1955, 1844.
[11] BGHZ 109, 260, 270 = NJW 1990, 510; OLG Düsseldorf NJW-RR 1994, 958; *Kiethe* MDR 2006, 267, 269.
[12] OLG Frankfurt/M NVersZ 1999, 523 m. abl. Anm. *Knappmann* S. 511f.
[13] Sehr str. Wie hier: BayObLG FamRZ 1990, 1012f.; *B/L/H* Rn. 10; *Zö/Greger* Rn. 11. AA: OLG Celle NdsRpfl 1962, 620; MK/*Damrau* Rn. 11 m. weit. Nachw. (die dort genannte Entscheidung BGH NJW 1986, 3077, 3079 passt nicht recht, weil es um den Widerruf in einem schiedsgerichtlichen Verfahren ging).

1. Erklärung des Zeugen (Abs. 1, 2). Die Geltendmachung des Zeugnisverweigerungsrechtes (§§ 372a, 383, 384) erfordert eine ausdrückliche Erklärung, wofür Abs. 1 mehrere Möglichkeiten vorsieht; Anwaltszwang besteht nicht (§ 78 Abs. 5). Dabei muss der Zeuge die **Tatsachen,** auf die er die Weigerung gründet, angeben; gemeint sind diejenigen Umstände, aus denen sich sein Aussageverweigerungsrecht ergibt, also zB die Tatsachen zum Verwandtschaftsverhältnis im Sinn des § 383 Abs. 1 Nr. 3, damit der Richter die Rechtslage prüfen kann, nicht aber etwa Beweggründe und Motive (§ 383 Rn. 2). Das Gesetz verlangt außerdem eine **Glaubhaftmachung** (§ 294), wofür bei Personen mit besonderer Vertrauensstellung (§ 383 Abs. 1 Nr. 4, 6) Erleichterungen gelten (§ 386 Abs. 2). In der Praxis braucht der Zeuge – außer bei Zweifeln[1] – seine Angaben idR nicht glaubhaft zu machen; das versteht sich im Übrigen von selbst, soweit das Zeugnisverweigerungsrecht schon aus dem Beweisthema folgt (Beispiel: Fragen zu Buchungsvorgängen an den Steuerberater einer Partei, § 383 Abs. 1 Nr. 6). 1

Verweigert der Zeuge – trotz Hinweis auf § 386 Abs. 1 – die Angabe von Gründen, so verfährt das Gericht nach § 380, wenn der Zeuge nicht erschienen ist, andernfalls nach § 390. Fehlt es lediglich an einer substantiierten Begründung oder an der geforderten Glaubhaftmachung, so kommt es zunächst darauf an, ob die Partei(en) weiter auf der Vernehmung bestehen. In diesem Falle wird in den Zwischenstreit nach §§ 387ff. übergeleitet, ansonsten gelten die Regeln wie beim Verzicht auf einen ausgebliebenen Zeugen (§ 380 Rn. 4, § 399 Rn. 1). 2

2. Recht zum Ausbleiben und Benachrichtigung der Parteien (Abs. 3, 4). Hat der Zeuge seine Weigerung formal ordnungsgemäß (Rn. 1) erklärt, so braucht er zum Vernehmungstermin nicht zu erscheinen. Das gilt aber nur, wenn das Zeugnisverweigerungsrecht das gesamte Beweisthema abdeckt; ist das nicht der Fall, was bei § 384 vorkommen kann, und konnte das der Zeuge selbst erkennen oder wurde er noch rechtzeitig darüber aufgeklärt, so gilt § 380. Das Recht zum Ausbleiben hängt nicht davon ab, ob die Weigerung sachlich berechtigt ist; das muss vielmehr gegebenenfalls im Zwischenstreit (§§ 387ff.) geklärt werden. Die in § 386 Abs. 4 angeordnete Benachrichtigungspflicht soll die Parteien in die Lage versetzen, sich über das weitere Vorgehen klar zu werden (Rn. 2). Einem erneuten Antrag auf Vernehmung eines Zeugen, der von seinem Aussageverweigerungsrecht Gebrauch gemacht hat, ist nur stattzugeben, wenn Anhaltspunkte dafür bestehen, dass er nunmehr aussagen wird.[2] 3

387 ***Zwischenstreit über Zeugnisverweigerung*** **(1) Über die Rechtmäßigkeit der Weigerung wird von dem Prozessgericht nach Anhörung der Parteien entschieden.**

(2) Der Zeuge ist nicht verpflichtet, sich durch einen Anwalt vertreten zu lassen.

(3) Gegen das Zwischenurteil findet sofortige Beschwerde statt.

I. Normzweck

Die Vorschriften der **§§ 387–389** regeln das **Verfahren zur Entscheidung über die Berechtigung einer Zeugnisverweigerung.** Ihr Sinn ist es, dem Zeugen einerseits förmlich Rechtsschutz zu gewähren (vgl. § 387 Abs. 3), andererseits aber auch den behaupteten Grund für die Weigerung rechtskräftig zu erledigen und so die Voraussetzungen für Zwangsmaßnahmen zu schaffen (§ 390). Deshalb findet **kein Zwischenstreit** nach § 387 Abs. 1 statt, wenn keine Partei die Befugnis des Zeugen zur Aussageverweigerung bestreitet oder nach dessen Erklärung rügelos (§ 295) verhandelt wird[1] (§ 386 Rn. 2). **Voraussetzung für einen Zwischenstreit** ist – neben einer ordnungsgemäßen Zeugnisverweigerung nach § 386 (s. dort Rn. 1) – eine entsprechende Beanstandung durch den Beweisführer (§ 359 Nr. 3). Rügt nur dessen Gegner die Weigerung des Zeugen, so liegt im Verhalten des Beweisführers ein Verzicht auf das Beweismittel[2] (§ 399 Halbs. 1); ein Streit über die Berechtigung kann insoweit folglich nur entstehen, wenn der Zeuge im Termin erschienen ist und nunmehr der Gegner auf der Vernehmung besteht (§ 399 Halbs. 2). 1

II. Verfahren und Entscheidung

1. Verfahren. Zuständig ist stets das Prozessgericht, auch bei Zeugnisverweigerung vor dem beauftragten oder ersuchten Richter (§ 389 Abs. 1, 2). **Parteien** des Zwischenstreits sind der Zeuge – auch der minderjährige (§ 383 Rn. 2 aE) – und in aller Regel der Beweisführer, seltener der Gegner (Rn. 1 aE). Die jeweils andere Partei kann untätig bleiben oder den Zeugen als Streitgenossen unterstützen; bezweifeln beide Parteien die Berechtigung zur Zeugnisverweigerung, so sind sie notwendige Streitgenossen. Die **mündliche Verhandlung** findet möglichst sofort statt, wenn der Zeuge anwesend ist; eine schriftliche Entscheidung nach § 128 Abs. 2 (mit Zustimmung des Zeugen) kommt in der Praxis selten vor. Wird vertagt (§ 227), so sind der Zeuge und die Partei von Amts wegen zu laden (vgl. auch § 389 Abs. 2). Für den Zeugen besteht kein Anwaltszwang, § 387 Abs. 2; er darf sich aber anwaltlichen Beistandes bedienen (§ 384 Rn. 1). Versäumnisurteil ist unzulässig (§ 388 Rn. 1). Das Verfahren gehört zur Beweisaufnahme; der Prozess wird folglich erst nach Rechtskraft der Entscheidung fortgesetzt (§ 370). 2

2. Entscheidung. Entschieden wird durch **Zwischenurteil,** das die Aussageverweigerung des Zeugen für berechtigt/unberechtigt (vgl. § 390 Abs. 1 S. 1) erklärt; so lautet auch der **Tenor** zur Hauptsache. Die Kos- 3

---

[1] BGH NJW 1972, 1334 (zweifelhaftes Verlöbnis).
[2] BGH NJW-RR 1987, 445.
[1] BGH NJW 1990, 2936f.; NJW-RR 1987, 445; LM § 295 Nr. 9.
[2] RGZ 20, 380.

ten des Zwischenstreits trägt gemäß § 91 (§ 100 Abs. 1), wer unterliegt, also gegebenenfalls der Zeuge; eine Entschädigung nach JVEG (vgl. § 401 Rn. 1) wird für diesen Verfahrensabschnitt nicht gewährt. Der Ausspruch zur vorläufigen Vollstreckbarkeit darf nur auf die Kostenentscheidung bezogen werden; der Hauptsacheausspruch kann nicht für vorläufig vollstreckbar erklärt werden, weil die Vollziehung (Zeugniszwang) ausdrücklich eine rechtskräftige Entscheidung voraussetzt (§ 390 Abs. 1 S. 1). Der Tenor enthält zweckmäßigerweise außerdem die Streitwertfestsetzung[3] (§ 63 Abs. 2 GKG; zur Höhe vgl. § 3 Rn. 36). Auf welchen Grund der Zeuge seine Weigerung gestützt hat, ergibt sich – entsprechend den auch sonst für die Tenorierung geltenden Regeln – erst aus den Entscheidungsgründen,[4] nicht etwa bereits aus einem entsprechenden Zusatz in der Urteilsformel.[5] In Betracht kommen §§ 372a, 383, 384 sowie Art. 47 GG; auch eine Zeugnisverweigerung wegen Notstandes (§ 35 StGB)[6] ist denkbar.[7] Die Rechtskraft des Zwischenurteils umfasst nur das dort behandelte Aussageverweigerungsrecht;[8] der Zeuge kann folglich später mit einer anderen Begründung schweigen (Verspätungsregeln gelten nicht). An die rechtskräftige Entscheidung ist auch die Berufungs- und Revisionsinstanz gebunden.[9]

III. Sofortige Beschwerde

4 Gegen das Zwischenurteil findet nach § 387 Abs. 3 sofortige Beschwerde statt; das gilt auch, sofern über die Zeugnisverweigerung fälschlich erst im Endurteil befunden wurde.[10] Eine Abhilfebefugnis besteht hier jedoch nicht, § 567 Abs. 1 S. 2. Gegen den Beschluss des LG oder OLG als Beschwerdegericht findet Rechtsbeschwerde statt, wenn sie in dieser Entscheidung zugelassen wurde (§§ 574 Abs. 1 Nr. 2, Abs. 3); ebenso ist es, wenn der Zwischenstreit erst vor dem LG oder OLG als Berufungsgericht entstanden ist (keine sofortige Beschwerde wegen § 567 Abs. 1 – „im ersten Rechtszug“). Die Frist (§ 569 Abs. 1) beginnt mit der Zustellung des Urteils (§ 317 Abs. 1). Beschwerdeberechtigt sind nur der unterlegene Beweisführer (bei § 399 dessen Gegner) oder der Zeuge, dessen Weigerung für unberechtigt erklärt wurde. Für die Beschwerde des Zeugen, die aufschiebende Wirkung hat (§ 570 Abs. 1), besteht kein Anwaltszwang (§§ 569 Abs. 3 Nr. 2, 78 Abs. 5), obgleich auch hier anwaltschaftlicher Beistand in Anspruch genommen werden kann (§ 384 Rn. 1).

IV. Gebühren und Kosten

5 **1. Rechtsanwaltsgebühren.** Die Tätigkeit des **Anwalts der Partei** im Zwischenstreit über die Zeugnisverweigerung gehört zum Rechtszug, wird also durch die Gebühren der Nrn. 3100ff. VV RVG abgegolten (§ 19 Abs. 1 Nr. 3 RVG). Es können alle Gebühren der Nrn. 3100ff. VV RVG im Zwischenstreit entstehen, jedoch nur aus dem Wert des Zwischenstreits und nicht neben entsprechenden Gebühren im Hauptstreit.[11] Der Anwalt, der den **Zeugen** im Zwischenstreit **vertritt**, erhält die Gebühren der Nr. 3100 VV RVG.[12] Zum **Beschwerdeverfahren** vgl. § 567 Rn. 29.

6 **2. Gerichtskosten.** Gerichtsgebühren werden für das Zwischenurteil nicht erhoben; für das Beschwerdeverfahren gilt KV Nr. 1812.

388 *Zwischenstreit über schriftliche Zeugnisverweigerung* **Hat der Zeuge seine Weigerung schriftlich oder zum Protokoll der Geschäftsstelle erklärt und ist er in dem Termin nicht erschienen, so hat auf Grund seiner Erklärungen ein Mitglied des Prozessgerichts Bericht zu erstatten.**

1 Hat der Zeuge seine Weigerung ordnungsgemäß erklärt (§ 386 Rn. 1, 2), so ist er nicht verpflichtet, in dem zu seiner Vernehmung bestimmten Termin zu erscheinen, § 386 Abs. 3; das Gleiche gilt, wenn zum Zweck der Verhandlung über die Berechtigung der Zeugnisverweigerung vertagt wurde (§ 387 Rn. 2). § 388 stellt klar, dass in keinem Falle Versäumnisurteil ergehen darf. Vielmehr entscheidet das Prozessgericht über den vom Berichterstatter vorzutragenden Weigerungsgrund gemäß § 387.

389 *Zeugnisverweigerung vor beauftragtem oder ersuchtem Richter* **(1) Erfolgt die Weigerung vor einem beauftragten oder ersuchten Richter, so sind die Erklärungen des Zeugen, wenn sie nicht schriftlich oder zum Protokoll der Geschäftsstelle abgegeben sind, nebst den Erklärungen der Parteien in das Protokoll aufzunehmen.**

(2) Zur mündlichen Verhandlung vor dem Prozessgericht werden der Zeuge und die Parteien von Amts wegen geladen.

---

3 Zu dieser Methode vgl. *Huber* Rn. 184ff., 188 aE.
4 Dazu *Huber* Rn. 189, 194, 213.
5 AA *T/P/Thomas* Rn. 3; wohl auch *B/L/H* Rn. 5.
6 BGH NStZ 1984, 31 (Morddrohung gegen Zeugen).
7 Wegen eines im Gerichtssaal angebrachten christlichen Kreuzes vgl. BVerfGE 35, 366 = NJW 1973, 2197.
8 OLG Hamm FamRZ 1999, 939, 940.
9 BGH NJW 1993, 1391.
10 RGZ 106, 57f.
11 *G/S/Müller-Rabe* § 19 RVG Rn. 38, 61.
12 *G/S/Müller-Rabe* § 19 RVG Rn. 40.

(3) [1]**Auf Grund der von dem Zeugen und den Parteien abgegebenen Erklärungen hat ein Mitglied des Prozessgerichts Bericht zu erstatten.** [2]**Nach dem Vortrag des Berichterstatters können der Zeuge und die Parteien zur Begründung ihrer Anträge das Wort nehmen; neue Tatsachen oder Beweismittel dürfen nicht geltend gemacht werden.**

1. **Verfahren vor dem beauftragten oder ersuchten Richter.** Bei einer **formal ordnungsgemäßen Zeugnisverweigerung** (§ 386 Rn. 1) vor dem beauftragten oder ersuchten Richter (§§ 375, 361, 362) kommt es darauf an: Gibt der Zeuge die Erklärung schriftlich oder zu Protokoll der Geschäftsstelle schon vor dem Termin ab, so wird der Richter den Termin wegen § 386 Abs. 3 aufheben, davon Zeugen und Parteien benachrichtigen und die Akte an das Prozessgericht zurückleiten. Erfolgt die Zeugnisverweigerung im Termin, so hat der Richter gemäß § 389 Abs. 1 die Erklärung des Zeugen nebst den Stellungnahmen der Parteien in das Protokoll aufzunehmen und anschließend die Sache dem Prozessgericht vorzulegen. Anders ist es in beiden Fällen bei einer **nicht ordnungsgemäßen Zeugnisverweigerung;** dann wird nach § 400 verfahren,[1] gelten mithin die Erläuterungen in § 386 Rn. 2 entsprechend. Soweit abweichend davon im Schrifttum die Auffassung vertreten wird,[2] das Unterlassen einer Erklärung des Beweisführers vor dem verordneten Richter beinhalte keinen Verzicht auf den Zeugen, kann dem nicht zugestimmt werden; für eine solche Bevorzugung der Partei besteht kein Anlass, zumal sie durch ihr Schweigen gegen die allgemeine Prozessförderungspflicht (§ 282 Abs. 1) verstoßen hat. 1

2. **Mündliche Verhandlung vor dem Prozessgericht.** Dazu (wegen eines schriftlichen Verfahrens vgl. § 387 Rn. 2) sind der Zeuge und die Parteien gemäß § 389 Abs. 2 von Amts wegen zu laden; unterbleibt eine solche Anordnung, so muss das nach § 295 gerügt werden. Nach dem Bericht gemäß § 389 Abs. 3 S. 1 werden der Zeuge und die Parteien angehört; neue Tatsachen und Beweismittel dürfen sie dabei nicht geltend machen, § 389 Abs. 2 S. 3. Der Zeuge kann sich aber (zusätzlich) auf ein anderes – als das vorgebrachte – Zeugnisverweigerungsrecht berufen; das wäre ihm auch nach rechtskräftiger Entscheidung des wegen seiner ursprünglichen Weigerung entstandenen Zwischenstreites gestattet (§ 387 Rn. 3 aE). Zum weiteren Verfahren vor dem Prozessgericht vgl. § 387 Rn. 2 ff. 2

390 *Folgen der Zeugnisverweigerung*

(1) [1]**Wird das Zeugnis oder die Eidesleistung ohne Angabe eines Grundes oder aus einem rechtskräftig für unerheblich erklärten Grund verweigert, so werden dem Zeugen, ohne dass es eines Antrages bedarf, die durch die Weigerung verursachten Kosten auferlegt.** [2]**Zugleich wird gegen ihn ein Ordnungsgeld und für den Fall, dass dieses nicht beigetrieben werden kann, Ordnungshaft festgesetzt.**

(2) [1]**Im Falle wiederholter Weigerung ist auf Antrag zur Erzwingung des Zeugnisses die Haft anzuordnen, jedoch nicht über den Zeitpunkt der Beendigung des Prozesses in dem Rechtszug hinaus.** [2]**Die Vorschriften über die Haft im Zwangsvollstreckungsverfahren gelten entsprechend.**

(3) **Gegen die Beschlüsse findet die sofortige Beschwerde statt.**

I. Normzweck

Die öffentlich-rechtlichen Pflichten des Zeugen zum Erscheinen, zur Aussage und zu deren Beeidigung (§ 373 Rn. 9) wären wenig wirkungsvoll, hätte ihre Missachtung keine Folgen. Mit der zuerst genannten Verpflichtung befasst sich deshalb § 380, der die Maßnahmen gegen einen ausgebliebenen Zeugen regelt (§ 380 Rn. 1, 2). Um die Durchsetzung der beiden anderen Zeugenpflichten geht es nun bei § 390. **Voraussetzung** für Zwangsmaßnahmen ist nach **Abs. 1** die Verweigerung des Zeugnisses oder der Eidesleistung ohne Angabe eines Grundes (§ 386 Rn. 1, 2) oder mit einer rechtskräftig für unerheblich erklärten Begründung (§ 387 Rn. 3); letzteres bezieht sich – trotz der missverständlichen Formulierung des Gesetzes – allerdings nur auf eine Zeugnisverweigerung (vgl. §§ 386 Abs. 1, 387 Abs. 1), nicht auf die Eidesverweigerung, deren Berechtigung (§ 391 Rn. 1) im Verfahren nach § 390 zu prüfen ist. Außerdem muss eine ordnungsgemäße Ladung (§ 380 Rn. 2) erfolgt sein. **Abs. 2** befasst sich mit der wiederholten Weigerung. **Abs. 3** regelt das Rechtsmittel zur Überprüfung angeordneter Maßnahmen. 1

II. Zwangsmaßnahmen

Die Folgen der **erstmaligen Weigerung** entsprechen denen beim Ausbleiben des Zeugen; insoweit kann deshalb auf die Erörterung in § 380 Rn. 3, 4 verwiesen werden. Bei **wiederholter Weigerung** ist demgegenüber mehrfaches Ordnungsgeld nicht zulässig, vielmehr kann nur auf Antrag hin Zwangshaft verhängt werden, § 390 Abs. 2 S. 1; dafür gelten §§ 904–913 (vgl. insb. § 908), § 390 Abs. 2 S. 2. Wird kein Haftantrag gestellt, so liegt darin ein Verzicht auf den Zeugen (§ 399). Zu einer nochmaligen Beugehaft kann es in derselben Instanz nur kommen, wenn das Zeugnis oder die Eidesleistung zu einem anderen Beweisthema wiederum gemäß § 390 Abs. 1 verweigert wird. 2

---

[1] BGH NJW 1990, 2937 f.
[2] MK/*Damrau* Rn. 4; *St/J/Schumann* Rn. 1.

III. Rechtsbehelf

3 Es findet – wie beim Ausbleiben des Zeugen – sofortige Beschwerde statt. Beschlüsse gemäß § 390 Abs. 1 werden folglich nach den in § 380 Rn. 6, 7 erörterten Regeln angefochten. Entsprechendes gilt für den Zeugen, der gegen die Haftanordnung nach § 390 Abs. 2 vorgeht. Die Ablehnung einer Haft ist gemäß § 567 Abs. 1 Nr. 2 mit sofortiger Beschwerde zu beanstanden.

IV. Gebühren und Kosten

4 **1. Rechtsanwaltsgebühren.** Die Tätigkeit des **Anwalts** gehört zum Rechtszug, wird also durch die Gebühren der Nrn. 3100ff. VV RVG abgegolten (§ 19 Abs. 1 Nr. 3 RVG). **Vertritt** der Anwalt einen **Zeugen,** s. § 387 Rn. 5 aE. Zum Beschwerdeverfahren vgl. § 567 Rn. 29.

5 **2. Gerichtskosten.** Gerichtsgebühren werden nicht erhoben; für das Beschwerdeverfahren gilt KV Nr. 1812.

391

Zeugenbeeidigung **Ein Zeuge ist, vorbehaltlich der sich aus § 393 ergebenden Ausnahmen, zu beeidigen, wenn das Gericht dies mit Rücksicht auf die Bedeutung der Aussage oder zur Herbeiführung einer wahrheitsgemäßen Aussage für geboten erachtet und die Parteien auf die Beeidigung nicht verzichten.**

I. Beeidigung

1 Darüber entscheidet das Gericht – soweit kein Verbot besteht (Rn. 2) – nach pflichtgemäßem Ermessen.[1] Wird sie angeordnet, dann ist der Zeuge zur Beeidigung seiner Aussage verpflichtet (§ 373 Rn. 9). Bei Weigerung wird nach § 390 verfahren; einen Zwischenstreit über die Berechtigung zur Eidesverweigerung gibt es nicht (§ 390 Rn. 1). Für die **Ausübung des Ermessens** stellt das Gesetz zum einen auf die **Bedeutung der Aussage** für den Rechtsstreit ab. Danach unterbleibt eine Beeidigung, wenn die Bekundungen des Zeugen nichts Entscheidungserhebliches enthalten, unabhängig von seiner Glaubwürdigkeit.[2] Der andere Gesichtspunkt ist die **Herbeiführung einer wahrheitsgemäßen Aussage.** Folglich kann umgekehrt eine entscheidungserhebliche Aussage unbeeidet bleiben, wenn der Zeuge glaubwürdig ist. Hat das Gericht in einem solchen Falle jedoch Bedenken gegen die Glaubwürdigkeit des Zeugen, so wäre es in aller Regel ein Verfahrensmangel, die Beeidigung zu unterlassen.[3] Zwar ändert der Eid nichts an den objektiven Wiedergabemöglichkeiten des Zeugen, schon gar nichts an dessen (früheren) Wahrnehmungsmöglichkeiten und -fähigkeiten (dazu vgl. § 373 Rn. 16), kann aber die Bereitschaft zur wahrheitsgemäßen Aussage beeinflussen; der Zeuge, der die Aussage „auf seinen Eid nimmt", geht ein höheres strafrechtliches Risiko ein, wie der Vergleich der Strafrahmen in §§ 153, 154 Abs. 1 StGB zeigt. Auch deshalb empfiehlt es sich oft, die Beeidigung auf einen **Teil der Aussage** zu beschränken.[4]

II. Verbot der Beeidigung

2 Es besteht in den Fällen des § 393 und (nach § 391 aE) bei Verzicht der Parteien (unbeachtlich aber in Verfahren mit Untersuchungsgrundsatz, zB §§ 617, 640), der nach hM nur in der jeweiligen Instanz wirkt.[5] Dann ist es folgerichtig, den Verzicht trotz seiner Rechtsnatur als Prozesshandlung für widerruflich anzusehen;[6] es macht wenig Sinn, die Partei zunächst an ihre Erklärung zu binden, sie davon aber im Berufungsverfahren wieder freizustellen.[7] Eine Beeidigung hat außerdem zu unterbleiben, wenn ein Zeugnisverweigerungsberechtigter, der zur Sache ausgesagt hat, die Eidesleistung verweigert, wozu er nach allgM befugt ist[8] (vgl. § 63 StPO).

III. Verfahren

3 Über die Beeidigung entscheidet das Prozessgericht. Ob diese Befugnis auch dem beauftragten oder ersuchten Richter (§§ 361, 362) zusteht, ist streitig.[9] Die Antwort erschließt sich aus der Ermessensentscheidung (Rn. 1): Da dieser Richter die Bedeutung der Aussage für den Rechtsstreit insgesamt nicht beurteilen kann, scheidet dieser Gesichtspunkt aus. Anders scheint es für die Beeidigung zwecks wahrheitsgemäßer Aussage zu liegen, weil sie selbstverständlich auch der beauftragte oder ersuchte Richter herbeiführen soll.[10] Auch in einem solchen Falle kommt es aber weiter darauf an, ob die Zeugenaussage Entscheidungserhebliches ergeben hat, was freilich wiederum dieser Richter nicht beurteilen kann. Im Ergebnis bleibt es bei der alleinigen Anordnungsbefugnis des Prozessgerichtes. Für die Praxis folgt daraus, dass nach Akten-

---

1 BGH NJW 1999, 3355, 3356.
2 BGH NJW 1972, 584f.
3 BGHZ 43, 368, 371 = NJW 1965, 1530; dazu vgl. auch *Grunsky* ZZP 79 (1966), 140.
4 *Ro/S/Go/* § 119 Rn. 29; *Schneider* Beweis Rn. 1076.
5 BGH NJW 1972, 584f.
6 Ebenso MK/*Damrau* Rn. 3.
7 Gleichwohl aA („unwiderruflich") *B/L/H* Rn. 5; *Zö/Greger* Rn. 5; *Zi* Rn. 1.
8 MK/*Damrau* Rn. 2 m. weit. Nachw.; *Mu/St* Rn. 104.
9 Nein: *Zö/Greger* Rn. 6; *Ro/S/Go/* § 119 Rn. 29.
10 Für eine Beeidigungsbefugnis in diesen Fällen MK/*Damrau* Rn. 7; noch weiter gehend *B/L/H* Rn. 9.

rückkunft die Beeidigung gegebenenfalls nachgeholt werden muss (möglicherweise gemäß § 479), falls die Parteien nicht verzichten; das Unterlassen einer ihrer Ansicht nach gebotenen Beeidigung muss gemäß § 295 beanstandet werden.[11] Zur Abnahme des Eides vgl. §§ 478–484.

IV. Beweiswürdigung

Bei Beeidigung trotz Verbotes (Rn. 2) ist die Aussage gleichwohl verwertbar, in den Entscheidungsgründen jedoch als uneidliche zu würdigen. Das Gleiche gilt, wenn die Eidesleistung formal falsch war, beispielsweise also dem Zeugen der Sachverständigeneid (§ 410) oder umgekehrt abgenommen wurde, sofern nicht die richtige Beeidigung nachgeholt wird. Hat ein Zeugnisverweigerungsberechtigter nach Aussage zur Sache die Eidesleistung verweigert (Rn. 2), so bedarf das einer besonders sorgfältigen Würdigung nach § 286; die Aussage ist jedoch nicht völlig wertlos,[12] weil das die Befugnis des Zeugen zu einem solchen Verhalten (und damit den Rechtsgedanken des § 63 StPO) entwerten würde. Ist die Beeidigung des Zeugen, dessen Aussage Entscheidungserhebliches enthalten hat, unterblieben, so braucht das in den Entscheidungsgründen im Allgemeinen nicht gerechtfertigt zu werden;[13] hatte eine Partei jedoch Beeidigungsantrag gestellt, so ist eine wenigstens kurze Begründung geboten,[14] um einer Beanstandung der Ermessensentscheidung (Rn. 1) von vornherein die Grundlage zu entziehen. 4

Einer beeideten Aussage kommt alleine wegen der Eidesleistung kein höherer **Beweiswert** zu als einer unbeeideten;[15] die entgegengesetzte Annahme würde auf eine unzulässige Beweisregel (§ 286 Abs. 2) hinauslaufen (vgl. auch § 286 Rn. 9). Der Richter muss vielmehr auch eine unter Eid abgelegte Zeugenaussage sorgfältig anhand der auch sonst geltenden Bewertungsmerkmale (§ 373 Rn. 15 ff.) auf ihre Glaubwürdigkeit hin überprüfen und würdigen. Dabei kann freilich eine durch die Eidesleistung geförderte besondere Bereitschaft zur wahrheitsgemäßen Aussage (Rn. 1) angemessen berücksichtigt werden. 5

392 *Nacheid; Eidesnorm* **¹Die Beeidigung erfolgt nach der Vernehmung. ²Mehrere Zeugen können gleichzeitig beeidigt werden. ³Die Eidesnorm geht dahin, dass der Zeuge nach bestem Wissen die reine Wahrheit gesagt und nichts verschwiegen habe.**

Die Vorschrift bestimmt in S. 1, dass die Beeidigung (§ 391 Rn. 1) nach der Vernehmung erfolgt (Verbot des Voreides), die Aussage also abgeschlossen, dh. protokolliert (§ 160 Abs. 3 Nr. 4) und genehmigt (§ 162) ist; Verstoß (Beeidigung vor Vernehmung) schadet nach hM aber nicht.[1] Zur Abnahme vgl. §§ 478–484 und bei Fremdsprachigen § 188 GVG; zu wiederholter oder nachträglicher Vernehmung (auch weitere Befragung) nach Beeidigung vgl. § 398 Abs. 3. Zeugniszwang bei Verweigerung s. § 390. 1

Ein Verfahren nach S. 2 bei mehreren Zeugen ist in der Praxis nicht üblich und auch nicht empfehlenswert, weil die Eidesleistung dann bloße Formalie wäre. Die Eidesnorm des S. 3 sollte vor der Beeidigung jedem Zeugen erläutert werden, auch was „nichts verschweigen" bedeutet; nicht nur das, was der Zeuge bekundet, muss die „reine Wahrheit" sein, er darf auch nichts – vorsätzlich oder fahrlässig – von dem weglassen, was zum Gegenstand der Vernehmung (§ 396 Abs. 1) gehört. 2

393 *Uneidliche Vernehmung* **Personen, die zur Zeit der Vernehmung das 16. Lebensjahr noch nicht vollendet oder wegen mangelnder Verstandesreife oder wegen Verstandesschwäche von dem Wesen und der Bedeutung des Eides keine genügende Vorstellung haben, sind unbeeidigt zu vernehmen.**

Die Eidesunmündigkeit von Minderjährigen vor Vollendung des sechzehnten Lebensjahres stellt das Gesetz fest, diejenige wegen mangelnder Verstandesreife oder wegen Verstandesschwäche muss der Richter von Amts wegen prüfen. Bei nur vorübergehendem Mangel (insb. Trunkenheit) fehlt schon die Aussagetüchtigkeit, weshalb gegebenenfalls nach § 380 zu verfahren ist (§ 380 Rn. 2). Zum Verstoß gegen die Vorschrift s. § 391 Rn. 4. 1

394 *Einzelvernehmung* **(1) Jeder Zeuge ist einzeln und in Abwesenheit der später abzuhörenden Zeugen zu vernehmen.**
(2) Zeugen, deren Aussagen sich widersprechen, können einander gegenübergestellt werden.

Abs. 1 gilt auch für sachverständige Zeugen (§ 414) und beinhaltet eine bloße Ordnungsvorschrift, deren Befolgung freilich dringend geboten ist. Die Anwesenheit oder sogar gleichzeitige Vernehmung anderer Zeugen kann nämlich zu Beeinflussungen und zu Beeinträchtigungen der Wiedergabemöglichkeit (§ 373 Rn. 16) führen. Schon entlassene Zeugen dürfen als Teil der Öffentlichkeit im Sitzungssaal bleiben (vgl. §§ 169 ff. GVG). Das sollte der Richter bei der Reihenfolge der Vernehmungen bedenken, wenn später 1

---

[11] BVerwG NJW 1999, 3369.
[12] So aber *Zö/Greger* Rn. 1; *Sae/Eichele* Rn. 3.
[13] Auch von BGH NJW 1952, 384 nicht für erforderlich gehalten.
[14] BVerwG NJW 1999, 3369.
[15] *Mu/St* Rn. 154 m. weit. Nachw.; vgl. auch *Schneider* Beweis Rn. 1072 ff.
[1] MK/*Damrau* Rn. 2 m. weit. Nachw. (auch zur Gegenauffassung).

noch Zeugen anzuhören sind, die durch die Anwesenheit dieser Personen beeinflusst werden könnten.[1] Zum Recht der Partei auf Anwesenheit vgl. § 357 und auf Befragung vgl. § 397.

2 Die **Gegenüberstellung (Abs. 2)**, auf welche die Parteien keinen Anspruch haben, steht im Ermessen des Gerichts.[2] Ist sie beabsichtigt, so wird der Zeuge zunächst nicht entlassen. Der Richter kann ihn dann – ohne Verstoß gegen den Grundsatz der Öffentlichkeit (Rn. 1) – wieder zum Verlassen des Sitzungssaales und zum weiteren Zuwarten auffordern. In der Regel kann der Zeuge jedoch bei der Vernehmung des Nächsten anwesend bleiben, was spätere Vorhalte erspart; § 394 Abs. 1 steht nicht entgegen, weil dort Einzelvernehmung „in Abwesenheit der später abzuhörenden" Personen verlangt wird.

395 ***Wahrheitsermahnung; Vernehmung zur Person*** **(1) Vor der Vernehmung wird der Zeuge zur Wahrheit ermahnt und darauf hingewiesen, dass er in den vom Gesetz vorgesehenen Fällen unter Umständen seine Aussage zu beeidigen habe.**

(2) [1]Die Vernehmung beginnt damit, dass der Zeuge über Vornamen und Zunamen, Alter, Stand oder Gewerbe und Wohnort befragt wird. [2]Erforderlichenfalls sind ihm Fragen über solche Umstände, die seine Glaubwürdigkeit in der vorliegenden Sache betreffen, insbesondere über seine Beziehungen zu den Parteien vorzulegen.

1 Auch hier handelt es sich um eine bloße Ordnungsvorschrift. Zu der in **Abs. 1** vorgeschriebenen **Ermahnung und Belehrung** gehört auch der Hinweis auf die Strafbarkeit einer falschen eidlichen oder uneidlichen Aussage (§§ 153 ff. StGB). Mehrere zur gleichen Uhrzeit geladene oder erschienene Zeugen können gemeinsam ermahnt und belehrt werden; § 394 Abs. 1 gilt nur für die Vernehmung zur Person (§ 395 Abs. 2) und zur Sache (§ 396). Die Wahrheits- und Eidespflicht bezieht sich auch auf alle Angaben nach § 395 Abs. 2.

2 Die Vernehmung beginnt sodann gemäß **§ 395 Abs. 2 S. 1** mit der **Feststellung der persönlichen Verhältnisse,** die der Identifizierung des Zeugen (auch später) dienen. Mit Wohnort ist die Privatanschrift gemeint; gegen eine entsprechende Anwendung von § 68 Abs. 1 S. 2 StPO und – bei entsprechender Gefahrenlage für den Zeugen – von Abs. 2, 3 dieser Vorschrift ist aber nichts einzuwenden. Daran schließen sich nach **§ 395 Abs. 2 S. 2** die **Generalfragen zur Glaubwürdigkeit** an. Dabei ist die Beziehung des Zeugen zu den Parteien stets zu klären, worauf es schon wegen einer weiteren Belehrung über ein Zeugnisverweigerungsrecht (§§ 383 Abs. 1, 2, 384, 385 Abs. 2; vgl. außerdem § 383 Abs. 3) ankommt; um die Quelle des Wissens geht es aber erst bei der Vernehmung zur Sache (§ 396). Im Übrigen sind Fragen nur bei konkreten Anhaltspunkten geboten („erforderlichenfalls"; vgl. auch § 384 Nr. 2). Erkundigungen nach der Zugehörigkeit zu Religionsgemeinschaften sind nach allgM nicht zulässig, außer im Rahmen des § 383 Abs. 1 Nr. 4. Die Glaubwürdigkeit des Zeugen und die Glaubhaftigkeit seiner Aussage – was auseinander zuhalten ist – werden in den Entscheidungsgründen dargelegt (§ 373 Rn. 15 ff.).

396 ***Vernehmung zur Sache*** **(1) Der Zeuge ist zu veranlassen, dasjenige, was ihm von dem Gegenstand seiner Vernehmung bekannt ist, im Zusammenhang anzugeben.**

(2) Zur Aufklärung und zur Vervollständigung der Aussage sowie zur Erforschung des Grundes, auf dem die Wissenschaft des Zeugen beruht, sind nötigenfalls weitere Fragen zu stellen.

(3) Der Vorsitzende hat jedem Mitglied des Gerichts auf Verlangen zu gestatten, Fragen zu stellen.

I. Zeugenbericht

1 Der Gesetzgeber hat mit § 396 eine klare **„Regieanweisung"** für die Vernehmung zur Sache gegeben: Danach muss und darf der Zeuge zunächst eigenständig und unbeeinflusst von Zwischenfragen im Zusammenhang angeben, was ihm vom Beweisthema bekannt ist (Abs. 1). Erst im Anschluss daran (und nach einer Protokollierung; Rn. 3) setzt die Befragung durch den Vorsitzenden (Abs. 2), die anderen Gerichtsmitglieder (Abs. 3) und die Parteien (§ 397) ein. Verstoß dagegen ist einen Verfahrensfehler, für den freilich § 295 gilt;[1] letzteres ändert aber nichts daran, dass bei schweren Mängeln gerade wegen der davon ausgegangenen Beeinflussung des Zeugen dessen Aussage für eine Beweiswürdigung unbrauchbar sein kann. In der Praxis kommt es allerdings oft vor, dass der Zeuge keinen richtigen Zugang zum Aussagegegenstand findet, nicht so recht weiß, wie er beginnen soll. Es ist dann Aufgabe des Vorsitzenden, eine Hilfestellung zur ordnungsgemäßen Erfüllung der Pflicht nach Abs. 1 zu geben.

2 Zurückhaltung ist geboten, wenn der Zeuge eine mitgebrachte **schriftliche Aussage** übergeben oder verlesen möchte.[2] Denn § 396 Abs. 1 meint nicht nur einen zusammenhängenden, sondern auch einen mündlichen Bericht; außerdem werden die Grenzen zu § 377 Abs. 3 S. 1 und den dort genannten Voraussetzungen verwischt. Der Zeuge sollte deshalb auch in einem solchen Falle um eine zusammenhängende mündliche Darstellung gebeten werden, es sei denn, er hat einen besonderen Grund für sein Verhalten, zB Schwierigkeiten in mündlichem Ausdruck oder einen Sprachfehler; im zuletzt genannten Falle darf sogar der Richter das Schriftstück verlesen. Jede Verwertung einer schriftlichen Aussage setzt aber voraus, dass

---

[1] *Mu/St* Rn. 81.
[2] BAG NJW 1968, 566.
[1] BGH NJW 1961, 2168; OLG Koblenz NJW-RR 1991, 1471.
[2] Grds. abl. zB MK/*Damrau* Rn. 2. Für unbedenklich gehalten zB von *B/L/H* Rn. 6; *Ro/S/Go/* § 119 Rn. 46.

die Umstände ihrer Herkunft und Abfassung geklärt sind, um Beeinflussungen ausschließen zu können; das Schriftstück wird dann als Anlage zum Protokoll genommen. Stets zulässig ist eine Verwendung und Verwertung von Unterlagen, die der Zeuge nach § 378 mitgebracht oder sonst zur Gedächtnisauffrischung verwendet hat (§ 373 Rn. 9, § 378 Rn. 2). Diese Regeln gelten auch, wenn der Zeuge mit einem **Rechtsbeistand** erscheint (§ 384 Rn. 1; § 387 Rn. 2, 4). Dieser hat nur die Interessen des Zeugen zu wahren (wie Persönlichkeitsrechte, Zeugnisverweigerungsrechte nach §§ 383, 384), darf aber nicht etwa an dessen Stelle „aussagen"; in Betracht kommt freilich eine Beratung vor der Beantwortung von Fragen.

Nach dem Zeugenbericht empfiehlt sich grundsätzlich eine **Protokollierung** der bisherigen Aussage (§§ 160 Abs. 2 Nr. 4, 162).[3] Sie fasst der Richter zusammen, und zwar – ohne seine eigene (Fach-)Sprache zu benutzen – unter Verwendung der Ausdrucksweise des Zeugen, jedoch mit den nötigen sprachlichen (grammatikalischen, nicht sachlichen) Korrekturen. Dabei wird das Nebensächliche weggelassen und besonderer Wert auf die Kernpunkte gelegt, deren wörtliche Wiedergabe mit den vom Zeugen charakteristischerweise verwendeten Begriffen meist sehr aufschlussreich ist. Dieser Zwischenschritt dient der allgemeinen Konzentration und macht in der Niederschrift die Einhaltung des § 396 Abs. 1 ohne weiteres nach außen sichtbar; darüber hinaus hat der Zeuge, der das Diktat mithört, Gelegenheit, seine Aussage noch einmal zu überdenken und gegebenenfalls Änderungen oder Ergänzungen anzubringen. Erst anschließend beginnt die Befragung, für deren Protokollierung die schon erörterten Grundsätze entsprechend gelten; der Fragesteller sollte dabei stets genannt werden (zB „auf Frage des Klägervertreters" usw.), manchmal empfiehlt sich auch die wörtliche Protokollierung der Frage. Die Niederschrift enthält keine Wertungen; Widersprüche müssen sich unmittelbar aus dem Gesamtzusammenhang der Aussage ergeben. 3

II. Befragung

Sie beginnt mit den Fragen des Gerichts zwecks weiterer Aufklärung und Vervollständigung, § 396 Abs. 2, 3 (zu Beanstandungen vgl. § 140). In diesen Zusammenhang gehören auch Vorhalte früherer Vernehmungen, anderer Zeugenaussagen oder entgegengesetzter Parteibehauptungen sowie Nachfragen anhand von Unfallskizzen, Fotos, Bauplänen usw. Sehr wichtig ist zu erforschen, was der Zeuge selbst wahrgenommen hat, was er nur vom Hörensagen (§ 373 Rn. 17) weiß und worüber er schon mit Dritten, hauptsächlich einer Partei oder anderen Zeugen, gesprochen hat (vgl. außerdem § 395 Rn. 2). Im Anschluss daran erhalten die Parteien das Fragerecht, § 397. 4

397 *Fragerecht der Parteien*

(1) Die Parteien sind berechtigt, dem Zeugen diejenigen Fragen vorlegen zu lassen, die sie zur Aufklärung der Sache oder der Verhältnisse des Zeugen für dienlich erachten.

(2) Der Vorsitzende kann den Parteien gestatten und hat ihren Anwälten auf Verlangen zu gestatten, an den Zeugen unmittelbar Fragen zu richten.

(3) Zweifel über die Zulässigkeit einer Frage entscheidet das Gericht.

1 Nach dem Zeugenbericht und den Fragen des Gerichts (§ 396 Rn. 1, 2, 4) setzt das **Fragerecht** der Parteien ein, § 397 Abs. 1; eine Vernehmung des Zeugen durch sie (Kreuzverhör) kennt die ZPO aber nicht. Üblicherweise wird zuerst dem Beweisführer (§ 359 Nr. 3) das Wort erteilt (§ 136 Abs. 1, 2). Allerdings ist eine Partei grundsätzlich nur befugt, dem Zeugen Fragen „vorlegen zu lassen" (§ 397 Abs. 1), sofern nicht der Vorsitzende die unmittelbare Befragung gestattet (§ 397 Abs. 2), was in der Praxis freilich meist der Fall ist. Nur Anwälte (und Erlaubnisinhaber nach § 25 EGZPO) haben von Gesetzes wegen (§ 397 Abs. 2) das Recht, den Zeugen unmittelbar zu befragen. Ob die Frage **dienlich** ist, entscheidet der Fragesteller, nicht der Vorsitzende, der nur unzulässige Fragen unterbinden darf. Zur Befragung nach einer schriftlichen Beantwortung der Beweisfrage vgl. § 377 Rn. 8. Die Ersetzung einer Zeugenvernehmung durch Urkundenbeweis (§ 373 Rn. 4, § 374) vermag das Fragerecht nicht zu verdrängen; ein Zeuge/Sachverständiger ist folglich gegebenenfalls zu diesem Zwecke zu laden.[1]

2 **Unzulässige Fragen**[2] sind solche außerhalb des Beweisthemas (§§ 359 Nr. 1, 377 Abs. 2 Nr. 2) und Ausforschungsfragen (§ 284 Rn. 16ff.). Gefragt werden muss außerdem immer nach Wahrnehmungen, weil Werturteile oder Schlussfolgerungen nicht dem Zeugen obliegen (§ 373 Rn. 2). Unzulässig ist auch eine **Suggestivfrage**[3], die nach der Art ihrer Stellung entweder die Antwort schon beinhaltet oder nahe legt. Bei **Zweifeln über die Zulässigkeit** einer Frage, also bei Beanstandungen gegen die Zurückweisung durch den Vorsitzenden, entscheidet nach § 397 Abs. 3 das Prozessgericht durch Beschluss (unanfechtbar gemäß § 355 Abs. 2); es empfiehlt sich, obgleich nicht vorgeschrieben (vgl. § 160 Abs. 4), diese Frage wörtlich zu protokollieren, wenn sie sich nicht hinreichend klar aus dem Beschlusstenor ergibt. Zum Streit über die Zulässigkeit einer Frage vor dem verordneten Richter vgl. § 398 Rn. 6, § 400 Rn. 1.

---

[3] Ausf. *Schneider* Beweis Rn. 1281ff.

[1] BGH NJW 1997, 802; 1992, 1684, 1686.

[2] Dazu *v. Lanzenauer* DRiZ 1966, 223.

[3] Ausf. *Mu/St* Rn. 97, 98; *Schneider* Beweis Rn. 1275ff.

398 ***Wiederholte und nachträgliche Vernehmung*** **(1) Das Prozessgericht kann nach seinem Ermessen die wiederholte Vernehmung eines Zeugen anordnen.**

(2) Hat ein beauftragter oder ersuchter Richter bei der Vernehmung die Stellung der von einer Partei angeregten Frage verweigert, so kann das Prozessgericht die nachträgliche Vernehmung des Zeugen über diese Frage anordnen.

(3) Bei der wiederholten oder der nachträglichen Vernehmung kann der Richter statt der nochmaligen Beeidigung den Zeugen die Richtigkeit seiner Aussage unter Berufung auf den früher geleisteten Eid versichern lassen.

I. Normzweck

1 **Abs. 1** betrifft die wiederholte Vernehmung, die grundsätzlich im pflichtgemäßen Ermessen des Prozessgerichtes liegt. Die nachträgliche Vernehmung im Sinn des **Abs. 2** meint demgegenüber nur ganz bestimmte Sachverhalte, in denen der Zeuge vorher schon von einem beauftragten oder ersuchten Richter angehört worden war. In beiden Fällen schafft schließlich **Abs. 3** Erleichterungen für eine Beeidigung.

II. Wiederholte Vernehmung

2 **1. Grundsätze.** Um eine wiederholte Vernehmung handelt es sich, wenn derselbe Zeuge zu demselben Beweisthema schon einmal ausgesagt hat,[1] auch in einer anderen Instanz[2] oder im selbständigen Beweisverfahren[3]. Unerheblich ist weiter, ob die frühere bzw. neue Vernehmung vor dem Prozessgericht oder einem beauftragten oder ersuchten Richter (§§ 361, 362) stattfand bzw. stattfindet (zum Unterschied zur nachträglichen Vernehmung s. Rn. 6). **Keine** wiederholte Vernehmung liegt vor, wenn derselbe Zeuge, der früher von seinem Zeugnisverweigerungsrecht Gebrauch gemacht hatte, jetzt aussagebereit ist; wenn er in einem anderen Verfahren, zB einem Strafprozess, vernommen war und nun befragt werden soll (§ 373 Rn. 4; § 397 Rn. 1); wenn seine Vernehmung in demselben Verfahren zu neuen Tatsachen oder zu einem völlig anderen Beweisthema beantragt wird (s. aber §§ 282, 296, 340 Abs. 3, 525, 531). Zur Ladung eines Zeugen, der die Beweisfrage schriftlich beantwortet hatte, vgl. § 377 Rn. 8.

3 Eine wiederholte Vernehmung liegt im **pflichtgemäßem Ermessen** des Gerichts. Sie wird beispielsweise in Betracht kommen wegen einer nun erforderlichen Gegenüberstellung (§ 394 Abs. 2) oder bei erst später erkannten Unklarheiten oder Lücken, die der Zeuge voraussichtlich wird bereinigen können; nicht genügt, dass die Bekundungen bloß unergiebig waren (s. aber Rn. 5). Allerdings kann sich das Ermessen in bestimmten Fällen zu einer **Rechtspflicht** verdichten (Rn. 4, 5),[4] was die höhere Instanz nachprüft. Die **Anordnung** einer wiederholten Vernehmung erfolgt von Amts wegen oder auf Antrag durch nicht anfechtbaren Beschluss (§ 355 Abs. 2); bei einer Ablehnung ist die Rechtfertigung in den Entscheidungsgründen des Urteils im Zusammenhang mit der Beweiswürdigung zweckmäßig und ausreichend. Eine Erleichterung für die **Beeidigung** schafft § 398 Abs. 3.

4 **2. Wiederholte Vernehmung in derselben Instanz.** Sie ist notwendig, wenn ein Verfahrensmangel nicht gemäß § 295 geheilt wurde oder trotz Rügeverzichts das Beweismittel unbrauchbar gemacht hat (vgl. zB § 396 Rn. 1) oder nicht heilbar ist, wie bei unterlassener Belehrung über das Zeugnisverweigerungsrecht naher Angehöriger (§ 383 Rn. 8) oder einer entgegen § 189 GVG unterbliebenen Vereidigung eines Dolmetschers.[5] Zur **Glaubwürdigkeit** (vgl. auch § 373 Rn. 16, 17) gilt: Da sie ganz wesentlich vom persönlichen Eindruck abhängt, darf das erkennende Gericht – auch ein Kollegium – einen Zeugen nur dann für unglaubwürdig halten, wenn es ihn selbst vernommen hat oder der vernehmende Richter – ein beauftragter oder ersuchter (§§ 361, 362), der Einzelrichter nach § 527 Abs. 2, das Rechtshilfegericht, auch im Ausland – seine Eindrücke aktenkundig gemacht hat und die Parteien sich dazu äußern konnten.[6] Verwertbar ist dabei nur, was in das Protokoll aufgenommen wurde, lässt das keine Rückschlüsse zu, so muss der Zeuge erneut vernommen werden,[7] ein Auslandszeuge idR durch das Prozessgericht; kommt letzterer einer Ladung nicht nach, so ist die Sache an das Rechtshilfegericht zurückzugeben, damit es (grundsätzlich nach neuerlicher Vernehmung) zur Glaubwürdigkeit Stellung nehmen kann, unter Umständen ist die Vernehmung im EU-Staat durch das Prozessgericht selbst durchzuführen (§ 363 Abs. 3). Kommt es wegen widersprechender Aussagen auf die Glaubwürdigkeit einzelner Zeugen an, so setzt diese Beurteilung eine Vernehmung der Zeugen durch die erkennenden Richter voraus.[8] Von der Glaubwürdigkeit zu unterscheiden ist die Glaubhaftigkeit der Aussage (§ 373 Rn. 16; § 1072); ein Zeuge kann persönlich glaubwürdig, seine Aussage aber gleichwohl unglaubhaft sein, zB wenn durch andere Beweismittel (ein Sachverständigengutachten) feststeht, dass er einer Sinnestäuschung erlegen ist (vgl. aber Rn. 5).

5 **3. Wiederholte Vernehmung durch das Berufungsgericht.** Die hierzu ergangene Rechtsprechung hat auch nach der Neukonzeption des Berufungsrechts durch das ZPO-RG weiterhin Gültigkeit,[9] weil in den

---

[1] OLG Schleswig OLGZ 1980, 58f.
[2] BGHZ 35, 370, 372 = NJW 1961, 2308.
[3] BGH NJW 1970, 1919f.
[4] St. Rspr., vgl. nur BGH NJW-RR 2002, 1649; NJW 1990, 3088f.
[5] BGH NJW 1994, 941.
[6] BGH NJW 1997, 1586; 1995, 1292 (Richterwechsel); 1990, 3088 (Rechtshilfe).
[7] BGH NJW 1982, 580; auch 1992, 1966f.
[8] BGH NJW-RR 1997, 152; 1997, 506.
[9] BGHZ 158, 295 = NJW 2004, 1876.

beschriebenen Fällen konkrete Anhaltspunkte für Zweifel an der Richtigkeit und Vollständigkeit der erstinstanzlichen Feststellungen bestehen werden. Die wiederholte Vernehmung durch das Berufungsgericht ist notwendig, falls sie schon in der ersten Instanz erforderlich gewesen wäre (Rn. 4), dort aber fehlerhaft unterlassen wurde. Weitere **Beispiele** § 529 Rn. 13ff.

III. Nachträgliche Vernehmung

Der Unterschied zur wiederholten Vernehmung ergibt sich aus der Beschränkung des Anwendungsbereiches. Eine nachträgliche Vernehmung liegt nämlich nur vor, wenn ein beauftragter oder ersuchter Richter (§§ 400, 361, 362) die Stellung der von einer Partei angeregten Frage (§ 397 Abs. 1, 2) verweigert hat und das Prozessgericht nunmehr, also „nachträglich" die Vernehmung des Zeugen darüber anordnet. Der beauftragte oder ersuchte Richter erlässt mithin – anders als bei § 397 Abs. 3 – keine förmliche Entscheidung über den bei ihm entstandenen Streit, sondern beurkundet ihn nur im Protokoll. Sodann beurteilt das Prozessgericht nach Aktenrückkunft anhand der Protokollage von Amts wegen oder auf Antrag einer Partei, ob die nachträgliche Vernehmung geboten ist (Entscheidungsform s. Rn. 3 aE). Eine Erleichterung für die **Beeidigung** schafft schließlich § 398 Abs. 3. Statt einer nochmaligen Vernehmung kann aber auch eine schriftliche Beantwortung der noch offenen Beweisfrage nach § 377 Abs. 3 ausreichen. 6

399 *Verzicht auf Zeugen* **Die Partei kann auf einen Zeugen, den sie vorgeschlagen hat, verzichten; der Gegner kann aber verlangen, dass der erschienene Zeuge vernommen und, wenn die Vernehmung bereits begonnen hat, dass sie fortgesetzt werde.**

I. Normzweck

Da im Bereich des Verhandlungsgrundsatzes Zeugenbeweis nur auf Antrag erhoben wird (§ 373 Rn. 10), bestimmt **Halbs. 1,** dass der Beweisführer auf den von ihm benannten Zeugen auch wieder verzichten kann; die Vorschrift gilt mithin nicht in den Amtsverfahren (Untersuchungsgrundsatz, Einl. Rn. 38). Ein Schutz des Gegners ist nach **Halbs. 2** nur in den dort genannten Fällen vorgesehen. 1

II. Verzicht des Beweisführers

Er ist Prozesshandlung und unterliegt deshalb nach allgemeinen Regeln dem Anwaltszwang (§ 78 Abs. 1). Eine bestimmte Form ist nicht vorgeschrieben. Er kann **ausdrücklich** mündlich/schriftlich oder **stillschweigend** erfolgen, beispielsweise durch die widerspruchslose Hinnahme einer Zeugnisverweigerung (§ 386 Rn. 2, § 387 Rn. 1). Ein stillschweigender Verzicht kommt auch in Betracht, wenn ein noch nicht erledigter Beweisantrag nach Durchführung der Beweisaufnahme nicht wiederholt wird.[1] Anders ist das, wenn die Partei schon vorher die Unvollständigkeit des Beweisschlusses beanstandet hatte, der die von ihr benannten Zeugen nicht berücksichtigte.[2] Im Übrigen ist Voraussetzung, dass die Partei aus dem Prozessverlauf erkennen konnte, das Gericht sehe seine Aufklärungstätigkeit als erschöpft an;[3] darüber muss sich der Richter gegebenenfalls durch Ausübung seiner Hinweispflicht (§ 139) Gewissheit verschaffen. 2

III. Rechte des Gegners

Wurde auf den Zeugen rechtzeitig vor der Verhandlung verzichtet, so ist dieser abzuladen. Beim Verzicht erst im Termin zur Beweisaufnahme kann allerdings der **Gegner die Vernehmung des erschienenen Zeugen und,** wenn diese bereits begonnen hat, **deren Fortsetzung verlangen,** § 399 Halbs. 2 (zum Verzicht auf einen ausgebliebenen Zeugen vgl. § 380 Rn. 4). Aus der zuletzt genannten Alternative folgt im Umkehrschluss zweierlei: Zum einen, dass der Beweisführer den Verzicht noch während der Vernehmung bis zu deren Abschluss erklären kann; ein späterer Verzicht ist bedeutungslos. Zum anderen unter Berücksichtigung des Normzwecks, dass der schon vorliegende Teil der Zeugenaussage nicht verwertet werden darf, wenn nicht die andere Partei auf der ordnungsgemäßen Durchführung und Beendigung der Vernehmung besteht. Wird ein Zeuge entgegen § 399 angehört, dann dürfen dessen Bekundungen nicht verwertet werden, wenn der Verstoß rechtzeitig vom Beweisführer gerügt wird (vgl. § 295). Einer erneuten Benennung des Zeugen in derselben Instanz oder im Berufungsverfahren steht ein Verzicht nicht entgegen; jedoch gelten dann die Verspätungsregeln (§§ 282, 296, 340 Abs. 3, 525, 531).[4] 3

400 *Befugnisse des mit der Beweisaufnahme betrauten Richters* **Der mit der Beweisaufnahme betraute Richter ist ermächtigt, im Falle des Nichterscheinens oder der Zeugnisverweigerung die gesetzlichen Verfügungen zu treffen, auch sie, soweit dies überhaupt zulässig ist, selbst nach Erledigung des Auftrages wieder aufzuheben, über die Zulässigkeit einer dem Zeugen vorgelegten Frage vorläufig zu entscheiden und die nochmalige Vernehmung eines Zeugen vorzunehmen.**

---

[1] BGH NJW 1969, 1112.
[2] BGH NJW-RR 1987, 1403f.
[3] BGH NJW 1994, 329f.
[4] MK/*Damrau* Rn. 4; Zö/*Greger* Rn. 3.

1 Der mit der Beweisaufnahme betraute Richter im Sinne der Vorschrift ist der **beauftragte oder ersuchte** (§§ 361, 362) Richter. Die Bestimmung regelt dessen Befugnisse nicht abschließend, sondern enthält nur einige besonders wichtige Ermächtigungen: bei Ausbleiben des Zeugen Zwangsmaßnahmen nach § 380 zu treffen; bei einer Zeugnisverweigerung nach § 390 vorzugehen, aber nur bei einer nicht ordnungsgemäßen Weigerung, welche die Parteien nicht hinnehmen (§ 389 Rn. 1), sowie nach rechtskräftiger Erledigung eines Zwischenstreits (§ 387 Rn. 2, 3); in beiden Fällen getroffene Maßnahmen aufzuheben, sofern dies zulässig ist, nämlich nach § 381; über die Zulässigkeit von Fragen vorläufig und formlos (durch schlichte Nichtzulassung und Protokollierung) zu entscheiden (§ 397 Rn. 2, § 398 Rn. 6); die nochmalige (dh. wiederholte) Vernehmung nach § 398 Abs. 1 vorzunehmen.

2 Weiter obliegen dem beauftragten oder ersuchten Richter alle Maßnahmen zur Durchführung der Beweisaufnahme wie Terminsbestimmung (§§ 361 Abs. 2, 362), Veranlassung der Ladung (§ 377 Abs. 1, Abs. 2), Belehrung des Zeugen (§§ 395 Abs. 1, 383 Abs. 2) und dessen vom Prozessgericht (!) angeordnete Beeidigung (§ 391 Rn. 3) sowie die Zeugenentschädigung (§ 401). **Nicht befugt** ist er zur schriftlichen Befragung des Zeugen nach § 377 Abs. 3, weil eine solche Anordnung eine Beweisprognose des Prozessgerichtes erfordert (§ 377 Rn. 5), sowie zur Entscheidung in einem Zwischenstreit (§§ 366, 387 Abs. 1). **Rechtsbehelf:** Statthaft ist Erinnerung gemäß § 573 Abs. 1 und gegen die daraufhin ergangene Entscheidung des Prozessgerichts sofortige Beschwerde gemäß § 573 Abs. 2. Hat der beauftragte oder ersuchte Richter eine sitzungspolizeiliche Maßnahme getroffen oder die Zeugenentschädigung festgesetzt, so findet Beschwerde statt (§ 181 GVG, § 4 Abs. 3 JVEG), über die dessen übergeordnetes Gericht entscheidet.

401

Zeugenentschädigung **Der Zeuge wird nach dem Justizvergütungs- und -entschädigungsgesetz entschädigt.**

1 **Grundlage** ist seit 1. 7. 2004 das JVEG (Übergangsrecht s. Vorauflage). **Entschädigt** werden – außer bei Verzicht darauf (§ 379 Rn. 3) – der vernommene Zeuge, auch wenn er nicht geladen war, sofern seine Ladung vor das Prozessgericht erfolgt wäre (denn dann wurde er „herangezogen“ im Sinn des § 1 Abs. 1 Nr. 3 JVEG) und der nicht vernommene Zeuge, der auf Ladung erschienen ist (denn dann war er „herangezogen“ worden). Der mitgebrachte, aber nicht angehörte Zeuge fällt nicht unter JVEG, kann sich folglich wegen einer Kostenerstattung nur an „seine“ Partei halten (§ 670 BGB). Anspruch auf Entschädigung besteht auch bei schriftlicher Beantwortung der Beweisfrage (§ 377 Rn. 6). Auf Antrag wird Vorschuss nach § 3 JVEG bewilligt.

2 Zeugen werden allerdings nur **auf Verlangen** entschädigt, das aber – außer bei Verzicht (Rn. 1) – grundsätzlich zu unterstellen ist. In der Praxis wird die Entschädigung in aller Regel im unmittelbaren Anschluss an die Entlassung des Zeugen abgewickelt. Unterbleibt das, wird der Zeuge auf die schriftliche Geltendmachung seiner Ansprüche (mittels auszuhändigendem Formblatt) verwiesen; er sollte dann aber über § 2 Abs. 1 JVEG belehrt werden, wonach der Anspruch auf Entschädigung binnen 3 Monaten erlischt. Die **Festsetzung** der Zeugenentschädigung obliegt dem Urkundsbeamten der Geschäftsstelle, sofern nicht gerichtliche Festsetzungen (§ 4 JVEG) verlangt wird.

Titel 8. Beweis durch Sachverständige

402

Anwendbarkeit der Vorschriften für Zeugen **Für den Beweis durch Sachverständige gelten die Vorschriften über den Beweis durch Zeugen entsprechend, insoweit nicht in den nachfolgenden Paragraphen abweichende Vorschriften enthalten sind.**

I. Sachverständigenbeweis

1 **1. Begriff und Abgrenzungen.** Der Beweis durch Sachverständige wird vom Gesetz zwar als echtes Beweismittel behandelt; wegen seiner Tätigkeit ist der Sachverständige aber treffender als eine Art neutraler Richtergehilfe[1] oder Berater des Tatrichters[2] anzusehen. **Aufgaben des Sachverständigen** sind nämlich: Vermittlung der dem Richter fehlenden Kenntnis von Rechtsnormen (zB von Handelsbräuchen oder ausländischem Recht, § 293) oder von Erfahrungssätzen (zB über den zu erwartenden Heilungsverlauf einer Verletzung), die dann das Gericht selbst auf den zu beurteilenden Sachverhalt überträgt; eigene Anwendung seines Sach- und Fachwissens auf einen feststehenden – dh. unstreitigen oder vorher durch anderweitige Beweisaufnahme festgestellten – Sachverhalt und Weitergabe der dabei gezogenen Schlussfolgerungen; Ermittlung dieser Tatsachen (der sog. Anknüpfungs- oder Befundtatsachen), die ausnahmsweise ihm selbst an Stelle des Gerichtes deshalb übertragen wurde (näher § 404a Rn. 5, § 372 Rn. 3), weil schon dafür eine dem Richter fehlende besondere Sachkunde erforderlich ist (Beispiel: Feststellung eines Gesundheitszustandes durch den Arzt oder von Baumängeln durch einen Architekten/Bauingenieur).

2 Gemeinsames Merkmal der genannten Fallgruppen ist die **fehlende Sachkunde des Gerichts.** Dann muss Sachverständigenbeweis entweder von Amts wegen (§ 144) oder auf Antrag (§ 403) angeordnet werden, während umgekehrt die Ablehnung eines solchen Beweisantritts eigene Sachkunde des Richters voraussetzt

---

[1] *Ro/S/Go/* § 120 Rn. 1.
[2] BGH NJW 1998, 3355, 3356.

(§ 403 Rn. 3). Typisch für den Sachverständigen ist die Weitergabe von Fachwissen.[3] Darin liegt das wesentliche Merkmal für die **Abgrenzung gegenüber anderen Beweismitteln:** Zum Augenscheinsbeweis vgl. § 371 Rn. 5 und § 372 Rn. 3; wegen des Unterschiedes zum Augenscheinsgehilfen vgl. § 372 Rn. 4, und zum Zeugenbeweis vgl. § 373 Rn. 3; zum sachverständigen Zeugen s. § 414.

Beispiele zum **Anwendungsbereich** des Sachverständigenbeweises in der Praxis:[4] Abstammungsprozess 3
(§ 372a Rn. 9, 10); Ansprüche des Käufers aus Gebrauchtwagenkauf; Arzthaftung, Kunstfehlerprozess (s. auch Rn. 5 aE); Bauprozess; EDV; Kfz-Sachverständiger und sonstiges Unfallhaftpflichtrecht, insbesondere Verkehrsunfallprozess; Insolvenzeröffnungsverfahren (Gutachten zur Zahlungsunfähigkeit/Überschuldung); Meinungsforschung zB zum Bekanntheitsgrad einer Marke, Verwechslungsgefahr oder zur irreführenden Werbung (Umfragegutachten); Mietgutachten; Schriftgutachten (vgl. auch § 442); Softwaremängel; „Stand der Technik" (technische Regelwerke); steuerrechtliche Gutachten zB im Unterhaltsprozess; Vergütungsansprüche (Honorarprozesse) zB von Anwälten (§ 403 Rn. 3 aE) und Architekten; psychiatrische (zB zur Prozessfähigkeit) und psychologische Gutachten, zB in Familiensachen und Sorgerechtsgutachten (zum Glaubwürdigkeitsgutachten § 403 Rn. 4).

2. Abgrenzung Sachverständigen-/Urkundenbeweis. a) **Gutachten aus anderen Verfahren.** Dazu 4
kommt es, wenn **von Amts wegen nach § 411** a oder **auf Antrag ein Gutachten aus anderen Verfahren,** zB einem Strafprozess (zum Hergang eines Verkehrsunfalls), beigezogen und verwertet wird; bei der zuerst genannten Alternative handelt es sich um Sachverständigenbeweis, bei der anderen um Urkundenbeweis (§ 411a Rn. 5). Der Zustimmung der Parteien oder des Prozessgegners bedarf es in keinem Fall; denn die Erhebung von Sachverständigenbeweis setzt keinen Antrag voraus (§ 403 Rn. 1). Im Übrigen entspricht die Rechtslage der beim Zeugenbeweis (§ 373 Rn. 4). Das Fragerecht der Parteien darf dadurch nicht verdrängt werden (§ 397 Rn. 1). Reichen die Ausführungen dieses Gutachtens nicht aus, um die von einer Partei dazu gestellten aufklärungsbedürftigen Fragen zu beantworten, dann muss das Gericht den Sachverständigen (oder einen anderen) hinzuziehen und eine mündliche oder schriftliche Begutachtung anordnen.[5] **Kein** anderes Verfahren in diesem Sinne ist das **selbständige Beweisverfahren** (§§ 485ff.); das dort erstellte schriftliche Gutachten wird gemäß § 493 im Wege des Sachverständigenbeweises verwertet.

b) Bei einem **Privatgutachten** (zur Kostenerstattung vgl. § 91 Rn. 59, 60) handelt es sich nicht um ein 5
Beweismittel im Sinn der §§ 355ff., sondern (nur) um urkundlich belegten (qualifizierten) Parteivortrag.[6] Die Regeln des Sachverständigenbeweises gelten nicht; der Beweisführer kann also zB nicht verlangen, dass „sein" Gutachter zwecks Erläuterung nach § 411 Abs. 3 zum Termin geladen wird. Anders liegt es, wenn beide Parteien der Verwertung des Privatgutachtens zustimmen, das dann auch einen sonst nach § 144 anzuordnenden Sachverständigenbeweis überflüssig macht[7], falls das Gericht darauf seine Überzeugung gemäß § 286 zu gründen vermag; dann kann auch eine Anordnung nach § 411 Abs. 3 ergehen. Widerspricht der Gegner, so hindert das zwar nicht die urkundliche Verwertung des Privatgutachtens. Der Richter darf es als ausreichende Beantwortung der Beweisfrage jedoch nur ansehen, wenn er darauf gemäß § 139 hinweist; denn die andere Partei muss Gelegenheit erhalten, Gegenbeweis durch Antrag auf Erholung eines gerichtlichen Sachverständigengutachtens anzutreten (§ 403). Wird dem stattgegeben, so kommt unter Umständen die Vernehmung des Privatgutachters als sachverständiger Zeuge (§ 414) in Betracht, wenn dieser Anknüpfungstatsachen (Rn. 1) festgestellt hatte. Entsprechendes gilt im Arzthaftungsprozess für die Verwertung des Gutachtens einer außergerichtlichen Schlichtungsstelle.

Liegen von beiden Parteien Gutachten, also **zwei Privatgutachten** kompetenter Sachverständiger vor, die 6
einander in wesentlichen Punkten widersprechen, so darf der Richter, der über keine eigene Sachkunde verfügt, grundsätzlich nicht ohne Erholung eines gerichtlichen Sachverständigengutachtens dem einen Privatgutachten zu Lasten des anderen den Vorzug geben.[8] In der Praxis kommt es auch oft vor, dass eine Partei substantiierte **Einwendungen mittels eines Privatgutachtens** gegen das vom gerichtlichen Sachverständigen erstattete Gutachten vorbringt. In solchen Fällen darf das zuletzt genannte Gutachten nicht einfach unkritisch übernommen werden;[9] vielmehr muss sich das Gericht mit dem Privatgutachten auseinander setzen.[10] Deshalb ist es in aller Regel auch ohne ausdrücklichen Antrag geboten, den gerichtlichen Sachverständigen dazu ergänzend Stellung nehmen zu lassen bzw. (nach § 411 Abs. 3) anzuhören[11] (§ 411 Rn. 9); gegebenenfalls muss ein weiteres Gutachten eingeholt werden (§ 412 Rn. 1).

c) Eine **amtliche Auskunft** (§§ 273 Abs. 2 Nr. 2, 358a S. 2 Nr. 2) ersetzt ebenfalls einen Sachverständi- 7
genbeweis. Sie ist nach hM selbständiges Beweismittel und kann deshalb stets von Amts wegen eingeholt werden (§ 373 Rn. 5). Ein Widerspruch der Parteien gegen die Verwertung ist unbeachtlich. Bei substantiierten Einwendungen gilt freilich Rn. 6 entsprechend.

3. Pflichten des Sachverständigen. a) **Überblick.** Eine **Pflicht zur Gutachtertätigkeit** besteht ganz allge- 8
mein nur unter den Voraussetzungen des § 407 Abs. 1, also bei öffentlich bestellten Sachverständigen, wäh-

---

3 BGH NJW 1993, 1796.
4 Zum Sachverständigen in Fällen mit Auslandsbezug *Hau* RIW 2003, 822; zum Sachverständigenbeweis im Zivilprozess der EU *Stürner,* FS Sandrock, 2000, S. 959.
5 BGH NJW 1995, 1294.
6 BGH NJW 2001, 77f.; 1993, 2382f.
7 BGHZ 98, 32, 40 = NJW 1986, 3077; BGH NJW-RR 1994, 255.
8 BGH NJW 1993, 2382.
9 BVerfG NJW 1997, 122.
10 BGH NJW 2001, 77f.; 1996, 1597.
11 BGH NJW 1992, 1459; OLG Köln NJW 1994, 394.

rend sie im Übrigen erst nach entsprechender Erklärung gegenüber dem Gericht entsteht, § 407 Abs. 2; sie entfällt bei einem Recht zur Gutachtenverweigerung, § 408. Besondere **Sorgfaltspflichten vor, bei und nach Übernahme des Auftrages** regelt § 407a, welcher der Verfahrensbeschleunigung dient. Je nach Anordnung hat der Sachverständige sodann ein **mündliches oder schriftliches Gutachten** zu erstellen, gegebenenfalls zu ergänzen oder näher zu erläutern (vgl. § 411). Schließlich trifft ihn auch eine **Pflicht zur Eidesleistung.** Zum **Recht des Sachverständigen auf Vergütung** vgl. 413.

9 **b) Haftung.** Zur Haftung des gerichtlich bestellten Sachverständigen für sein **unrichtiges, aber verwertetes Gutachten** gilt: Vertragliche Schadensersatzansprüche scheiden von vornherein aus, weil es an Vertragsbeziehungen zu den Parteien fehlt[12] (anders liegt es beim Privatgutachten). Folglich kommt nur eine Haftung aus Delikt in Betracht. Hierzu gilt (für nach dem 31. 7. 2002 eingetretenen Schadensfälle) § 839a BGB (zum alten Recht vgl. 4. Auflage Rn. 9a).[13] Danach ist der vom Gericht ernannte Sachverständige bei einem **vorsätzlich oder grob fahrlässig erstatteten unrichtigen Gutachten** zum Schadensersatz verpflichtet, bei Haftungsprivilegierung für leichte Fahrlässigkeit; auf die Frage einer Beeidigung kommt es nicht mehr an. Die Anspruchsgrundlage setzt weiter voraus, dass der Schaden einem Verfahrensbeteiligten „durch eine gerichtliche Entscheidung entsteht, die auf dem Gutachten beruht." Es gibt also – nach dem eindeutigen Gesetzeswortlaut und der amtlichen Begründung[14] – keine Haftung bei Beendigung durch Vergleich. Für Anwälte ergibt sich daraus eine unerwartete Haftungsfalle: Schließen die Parteien einen Vergleich, berauben sie sich automatisch möglicher Schadensersatzansprüche gegen den gerichtlichen Sachverständigen, und zwar endgültig, weil es dann keinen Rückgriff auf andere Anspruchsgrundlagen (§ 823 BGB; § 826 BGB hat nur theoretische Bedeutung) gibt. Umgekehrt haftet der Anwalt schon, wenn er auf Grund *einfacher Fahrlässigkeit* das (mindestens) *grob fahrlässig* unrichtig erstattete Gutachten nicht als solches erkennt. Folglich muss der Rechtsanwalt, der den sichersten Weg zu gehen hat, bei Anhaltspunkten für ein unrichtiges Gutachten dessen Überprüfung durch einen Privatgutachter – der dann auf vertraglicher Anspruchsgrundlage bei vermutetem Verschulden (§ 280 Abs. 1 S. 2 BGB) haftet – vor Vergleichsabschluss empfehlen. Daraus folgen in der Praxis zwei erhebliche Nachteile: Einschlägige Prozesse werden länger dauern und für die Partei(en) teurer.

10 Ist das **unrichtige** Gutachten (wegen seiner Mängel) **nicht verwertet** worden, so beschränken sich die Nachteile daraus auf die Kostenbelastung der Prozessparteien gemäß §§ 91 ff. (vgl. auch § 91 Rn. 59, 60) oder nach §§ 22 Abs. 1, 29 Nr. 1, 2, 31 Abs. 2 GKG (zweitschuldnerische Haftung). Ein deliktsrechtlicher Schadenersatzanspruch besteht insoweit jedoch nicht. Statthaft ist nur die Erinnerung gegen den Kostensatz gemäß § 66 GKG, mit der unter bestimmten Voraussetzungen geltend gemacht werden kann, dass dem Sachverständigen wegen seiner unbrauchbaren Leistung keine Vergütung zusteht[15] (§ 413 Rn. 2).

11 Für eine **unerlaubte Handlung bei Ausführung des Gutachtenauftrages** muss der Sachverständige nach allgemeinen Regeln gemäß § 823 Abs. 1 BGB einstehen, beispielsweise also der Arzt für die Verletzung eines Patienten bei dessen Untersuchung oder der Bausachverständige für die Beschädigung einer Sache usw. Eine **Haftung des Staates** nach § 839 BGB, Art. 34 GG gibt es grundsätzlich nicht[16], außer der Sachverständige ist Beamter (Anstaltsarzt, Landgerichtsarzt in Bayern).

12 **4. Beweiswürdigung.** Auch Gutachten unterliegen der freien Beweiswürdigung (§ 286 Rn. 11)[17], eine oft schwierige Aufgabe; denn der Sachverständigenbeweis war doch gerade wegen der fehlenden Sach- und Fachkunde des Gerichts angeordnet worden (Rn. 2). Gleichwohl wird vom Tatrichter verlangt[18], das Gutachten eines gerichtlich bestellten Sachverständigen sorgfältig und kritisch zu würdigen; das gilt auch in Arzthaftungsprozessen.[19] Will der Richter vom Gutachten abweichen, so muss er das begründen und muss die Begründung erkennen lassen, dass die abweichende Beurteilung nicht durch einen Mangel von Sachkunde beeinflusst ist. Das Studium einschlägiger Fachliteratur ist zwar ein wichtiges Hilfsmittel zur Überprüfung eines Gutachtens. Das so erworbene, notwendigerweise bruchstückhafte Wissen reicht aber bei komplexen Geschehen wie aus dem medizinischen Bereich grundsätzlich nicht aus, um ein anderes Ergebnis zu rechtfertigen oder vermeintlichen Lücken oder Widersprüche zu schließen.[20] In solchen Fällen wird vielmehr, wenn auch die Erläuterung nach § 411 Abs. 3 keine Klarheit gebracht hatte, ein weiteres Gutachten gemäß § 412 einzuholen sein.

13 **Arbeitsschritte** zur Überprüfung von Gutachten, die sodann bei der Beweiswürdigung im gebotenen Umfang wiederkehren müssen, sind:

- Wurde die Beweisfrage vom Sachverständigen richtig erfasst und vollständig bearbeitet? Falls Lücken geblieben sind, wie wurden sie geschlossen (Rn. 12), oder kam es hierauf aus tatsächlichen oder rechtlichen Gründen nicht an?
- Ist der Gutachter von den richtigen Anknüpfungstatsachen ausgegangen? Hat er den unstreitigen Sachverhalt zutreffend als solchen erkannt und zu Grunde gelegt, bei streitigem Vorbringen die Anweisungen

---

[12] BGH NJW 1984, 870.

[13] Ausf. *Thole,* Die Haftung des gerichtlichen Sachverständigen nach § 839a BGB, 2004; Zur Dritthaftung des Sachverständigen (also innerhalb und außerhalb des § 839a BGB) *Quiring,* Diss. (Passau) 2004.

[14] BT-Drucks. 14/7752, S. 28.

[15] BGH NJW 1984, 870.

[16] BGHZ 50, 310 = NJW 1973, 554; OLG Düsseldorf NJW 1986, 2891.

[17] Ausf. *Schneider* Beweis Rn. 1481 ff. Vgl. auch *Ro/S/Go/* § 120 Rn. 65 f.; *Mu/St* Rn. 156.

[18] BGH NJW 1982, 2874.

[19] BGH NJW 2001, 1787 f.; BayObLG NJW 2003, 216, 219.

[20] BGH NJW 1984, 1408.

des Gerichts beachtet bzw. gebotene Alternativüberlegungen angestellt? Falls der Sachverständige Tatsachen selbst ermittelt hat (Rn. 1), war sein Verfahren ordnungsgemäß, und sieht sie auch das Gericht als erwiesen an?
- Welche Schlüsse hat der Sachverständige gezogen, sind sie logisch und überzeugend oder wenig einleuchtend bzw. widersprüchlich? Sind Gedanken-/Indizienketten denkgesetzlich richtig angeordnet und lückenlos?
- Ist die Fachkunde des Gutachters gesichert? Welche Mittel/Methoden hat er angewendet, bestehen Anhaltspunkte dafür, dass sie dem Stand von Wissenschaft und Forschung nicht (mehr) entsprechen? Wie forensisch erfahren ist der Sachverständige, haben sich seine Gutachten in früheren Prozessen als richtig oder falsch erwiesen (wozu den Parteien gegebenenfalls rechtliches Gehör zu gewähren ist)?

II. Beweisverfahren

Auf Grund der Verweisung in § 402 sind die **Regeln des Zeugenbeweises entsprechend anwendbar,** soweit nicht für den Beweis durch Sachverständige abweichende Vorschriften bestehen. 14
- **§ 373** gilt nicht, weil § 403 und §§ 404, 405 Sondervorschriften enthalten.
- **§ 375** kann einschlägig sein; eine entsprechende Anwendung von Abs. 1 ist aber kaum vorstellbar, wohl aber eine von Abs. 1a, wenn der Sachverständige sein Gutachten mündlich erstatten soll (§ 411 Rn. 2).
- **§ 376** gilt, falls nicht § 408 Abs. 2 eingreift.
- Von **§ 377** sind Abs. 1, 2 anwendbar, nicht aber Abs. 3, weil insoweit § 411 vorgeht.
- **§ 378** gilt, sofern nicht § 404a einschlägig ist.
- **§ 379** findet für einen **Auslagenvorschuss** Anwendung, außer Sachverständigenbeweis wird von Amts wegen (§ 144) erhoben; ob letzteres noch angeordnet werden kann, wenn der Vorschuss ausbleibt, ist streitig.[21] Reicht der eingezahlte Vorschuss nicht aus, kann die Differenz nachgefordert werden. Wird wegen Einwendungen einer Partei die Ergänzung des Gutachtens verlangt, kann erneut Vorschuss eingefordert werden, auch vom Beweisgegner, falls dieser die Ergänzung beantragt hat.[22]
- Zu **§ 380** ist § 409 Sondervorschrift.
- **§ 381** gilt.
- Einer Anwendung von **§ 382** steht zwar nichts entgegen, Sachverhalte dazu werden aber kaum vorkommen.
- **§§ 383, 384** gelten (vgl. § 408 Abs. 1).
- **§ 385** ist nach hM[23] nicht anwendbar, die Frage hat aber keine praktische Bedeutung.
- **§§ 386–389** gelten.
- Zu **§ 390** ist § 409 Sondervorschrift.
- **§ 391** findet Anwendung (§ 410 Rn. 1), anders **§ 392,** dem § 410 vorgeht.
- Fälle des **§ 393** sind im Sachverständigenbeweis nicht vorstellbar.
- **§§ 394–397** gelten (zur zuletzt genannten Vorschrift vgl. auch § 411 Abs. 4).
- **§ 398** ist entsprechend anwendbar und von großer praktischer Bedeutung (näher § 411 Rn. 10).
- **§§ 399, 400** gelten.
- Zu **§ 411** ist § 413 Sondervorschrift.

403 *Beweisantritt* **Der Beweis wird durch die Bezeichnung der zu begutachtenden Punkte angetreten.**

I. Normzweck

Da der Sachverständige – trotz seiner Stellung als Richtergehilfe (§ 402 Rn. 1) – echtes Beweismittel ist, regelt § 403 folgerichtig die Förmlichkeiten zum Beweisantritt, ähnlich den Bestimmungen bei den übrigen Beweismitteln (§ 371 Rn. 1). Im Unterschied zum Zeugenbeweis (§ 373 Rn. 1) kann das Gericht die Begutachtung durch einen Sachverständigen gemäß § 144 aber auch von Amts wegen veranlassen (vgl. außerdem §§ 287 Abs. 1 S. 2, 372 Abs. 1, 442). Die **Anordnung** geschieht in beiden Fällen durch Beweisbeschluss nach §§ 358ff.; die Ladung des Sachverständigen zum Termin durch eine vorbereitete Maßnahme nach § 273 Abs. 2 Nr. 4 kommt insbesondere in Betracht, wenn das Gutachten aus einem selbständigen Beweisverfahren verwertet werden soll (§ 493) oder ein mündliches Gutachten ausreicht (§ 411 Rn. 2). Die Beweisanordnung enthält auch die Ernennung des Sachverständigen (§ 404 Rn. 3). 1

II. Beweisantritt

Aus § 404 Abs. 1 und im Umkehrschluss aus § 403 folgt, dass die Partei keinen bestimmten Sachverständigen benennen muss (näher § 404 Rn. 3ff.). Voraussetzung für einen ordnungsgemäßen Beweisantrag ist lediglich „die Bezeichnung der zu begutachtenden Punkte". Das Gesetz nimmt so auf die Informationsnot der beweispflichtigen Partei Rücksicht; erforderlich ist mithin nicht eine Substantiierung, sondern die sum- 2

---

[21] Dafür MK/*Zimmermann* Rn. 3; dagegen OLG München NJW-RR 1994, 1201.
[22] LG Berlin NJW-RR 2007, 674; *Heistermann* MDR 2001, 1085, 1087.
[23] Vgl. nur *T/P/Reichold* Rn. 1; *B/L/H* Rn. 6.

marische Angabe von Tatsachen („der zu begutachtenden Punkte") samt den Ergebnissen, zu denen der Sachverständige kommen soll.[1]

III. Ablehnung

3 Die Begutachtung durch einen Sachverständigen ist, entsprechend der Rechtslage beim Zeugenbeweis (§ 373 Rn. 12), als unzulässig abzulehnen, wenn sie auf einen Ausforschungsbeweis (§ 284 Rn. 17ff.) hinausläuft oder ein Beweisverbot (§ 371 Rn. 15ff.) besteht. Im Übrigen kann ein Beweisantrag – außer nach allgemeinen Grundsätzen (§ 284 Rn. 14ff.) – nur mit der Begründung abgelehnt werden, das Gericht besitze die **erforderliche Sachkunde** selbst (§ 402 Rn. 2). Ein förmlicher Beschluss dazu ist nicht erforderlich, vielmehr genügt eine Rechtfertigung in den Entscheidungsgründen bei der Beweiswürdigung (§ 373 Rn. 13). Die eigene Sachkunde muss dort für das Revisionsgericht jedoch nachprüfbar dargelegt werden.[2] Wie sich der Tatrichter das erforderliche Fachwissen angeeignet hat, ist grundsätzlich ohne Bedeutung. In Betracht kommen zB das Studium einschlägiger Fachliteratur (§ 402 Rn. 12) und Kenntnisse aus eigenen früheren Prozessen oder aus Gutachten in anderen Verfahren, die im Wege des Urkundenbeweises verwertet worden sind[3] (§ 402 Rn. 4; § 411a); darauf oder auf ein „Sonderfachwissen" eines Richters (auch eines Mitglieds des Kollegiums) müssen die Parteien aber vorher hingewiesen werden. Bei komplexen Sachverhalten wie im medizinischen Bereich wird grundsätzlich Sachverständigenbeweis zu erheben sein; das gilt zB bei einem Badeunfall für die erforderlichen Vorkehrungen zu dessen Vermeidung bzw Maßnahmen danach, insbesondere auch aus medizinischer Sicht zu Untertauchzeiten und Vermeidbarkeit bleibender Schädigungen[4] oder zB auch für die Frage, ob das Krankheitsbild eines Patienten suizidgefährdende Handlungen befürchten lässt oder ließ und welche Schutzmaßnahmen gegebenenfalls zu treffen sind oder gewesen wären.[5] Eine **Pflicht zur Erholung eines Gutachtens** besteht im Rechtsstreit über die angemessene Höhe von Rahmengebühren (Honorarklage), § 14 Abs. 2 RVG.

4 Eigene Sachkunde besitzt das Gericht grundsätzlich zur Beurteilung der **Glaubwürdigkeit von Zeugen** (§ 373 Rn. 15ff.); denn das zählt zum ureigenen Aufgabenbereich des Richters.[6] Etwas anderes gilt, wenn besondere Umstände die Inanspruchnahme sachverständiger Hilfe nahe legen, insb. bei Anhaltspunkten für Psychosen, Abhängigkeit von Medikamenten usw., oder bei kindlichen und jugendlichen Zeugen. Dann wird die Begutachtung durch einen Psychiater oder (Kinder-)Psychologen oder durch beide angezeigt sein (§ 402 Rn. 3). Erforderlich ist dazu allerdings das Einverständnis der betroffenen Person; eine Pflicht zur Duldung von Untersuchungen gibt es nämlich nicht (außer nach § 372a).

404 *Sachverständigenauswahl*

(1) [1]Die Auswahl der zuzuziehenden Sachverständigen und die Bestimmung ihrer Anzahl erfolgt durch das Prozessgericht. [2]Es kann sich auf die Ernennung eines einzigen Sachverständigen beschränken. [3]An Stelle der zuerst ernannten Sachverständigen kann es andere ernennen.

(2) Sind für gewisse Arten von Gutachten Sachverständige öffentlich bestellt, so sollen andere Personen nur dann gewählt werden, wenn besondere Umstände es erfordern.

(3) Das Gericht kann die Parteien auffordern, Personen zu bezeichnen, die geeignet sind, als Sachverständige vernommen zu werden.

(4) Einigen sich die Parteien über bestimmte Personen als Sachverständige, so hat das Gericht dieser Einigung Folge zu geben; das Gericht kann jedoch die Wahl der Parteien auf eine bestimmte Anzahl beschränken.

I. Normzweck

1 Die Vorschrift ist die notwendige Folge daraus, dass die Bezeichnung eines bestimmten Sachverständigen nicht zu den Förmlichkeiten des Beweisantritts gehört (§ 403 Rn. 2). **Abs. 1** überträgt daher die Ernennung eines oder mehrerer Sachverständigen sowie deren Auswechslung dem Prozessgericht (bzw. § 405). Dessen pflichtgemäßes Ermessen wird jedoch durch **Abs. 2** mit Rücksicht auf die Qualität der Beweiserhebung beschränkt; sind Sachverständige für gewisse Arten von Gutachten öffentlich bestellt, so sollen grundsätzlich sie ausgewählt werden. **Abs. 3 und 4** dienen hauptsächlich den Interessen der Prozessparteien, aber auch der Verfahrensvereinfachung. Die Parteien können nämlich am Auswahlverfahren beteiligt werden; das beugt zugleich späteren Ablehnungsanträgen (§ 406) vor. Einigen sich die Parteien auf eine bestimmte Person als Sachverständigen, so muss der Richter dem Vorschlag folgen, eine Konsequenz der Verhandlungsmaxime (Einl. Rn. 37).[1]

---

[1] BGH NJW 1995, 130f.
[2] BGH NJW 1993, 1796f.; BGHZ 107, 236, 245f. = NJW 1989, 2821; BGH NJW 1981, 2578.
[3] BGH NJW 1993, 2378f.
[4] BGH NJW 2000, 1946.
[5] BGH NJW 1994, 794f.
[6] *Mu/St* Rn. 102.
[1] MK/*Zimmermann* Rn. 1 (unter Hinweis auf die Materialien zu den Reichsjustizgesetzen).

II. Auswahl

1. Befähigung zum Sachverständigen. Sie hat grundsätzlich nur eine **natürliche Person** mit Fachwissen auf einem bestimmten Sachgebiet; denn nur sie kann ein Gutachtenverweigerungsrecht haben (§ 408) oder zur Eidesleistung verpflichtet sein (§ 410). Etwas anderes gilt, wo **Behörden** oder **sonstige öffentliche Stellen** (vgl. § 1 Abs. 2 JVEG) kraft Gesetzes zur Erstellung von Gutachten verpflichtet sind, zB: die Handwerkskammer (§ 91 Abs. 1 Nr. 2 HandwO); das Deutsche Patentamt (§ 29 PatG, § 21 GebrMG, § 58 Abs. 1 MarkenG); die Kammern für Notare (§ 67 Abs. 4 BNotO), Rechtsanwälte (§ 403 Rn. 3 aE), Steuerberater (§ 76 Abs. 2 Nr. 7 StBerG); Gutachterausschüsse der Gemeinden für Grundstückswerte (§§ 192ff. BauGB)[2]; Rentenversicherungsträger wegen der Berechnung des Versorgungsausgleichs; Gemeindeprüfungsanstalt für Organisation und Wirtschaftlichkeit der öffentlichen Verwaltung.[3] Allerdings gelten dafür §§ 406, 410 nicht[4] und § 411 Abs. 3 nur angepasst[5]; oft genügt in diesen Fällen aber auch die Einholung einer amtlichen Auskunft (§ 402 Rn. 7). In welchem Umfang darüber hinaus eine **„Klinik"** oder ein **„Institut"** mit einem Sachverständigengutachten beauftragt werden kann, ist streitig[6]; die höchstrichterliche Rechtsprechung hat ein solches Verfahren bisher nur für eine Meinungsforschung (§ 402 Rn. 3) und die Auswertung eines Fahrtschreiberdiagramms durch die Herstellerfirma[7] gebilligt oder bei Beauftragung des „Büro des Sachverständigen" im Beweisbeschluss das für unschädlich gehalten, wenn der Inhaber nach Aktenübersendung den Mitarbeiter benennt, der das Gutachten erstellen wird.[8] Der Tatrichter sollte jedoch besser den Leiter der Einrichtung um den Vorschlag einer als Sachverständigen geeigneten Person ersuchen und den Parteien sodann dazu rechtliches Gehör gewähren; dieses Verfahren entspricht dem Zweck des Gesetzes (Rn. 1) und vermeidet Verzögerungen, weil der Kontakt mit dem Sachverständigen unmittelbar hergestellt werden kann. 2

2. Auswahl der zuzuziehenden Sachverständigen.[9] Darüber und über ihre Anzahl befindet das Prozessgericht nach **pflichtgemäßem Ermessen,** § 404 Abs. 1 S. 1, 2 (Ausnahme: Rn. 6; zur Übertragung der Befugnis auf einen verordneten Richter vgl. § 405). Oft weiß der Richter schon auf Grund seiner Erfahrung aus früheren Prozessen, wer als Sachverständiger in Betracht kommt, oder er verschafft sich dieses Wissen durch Einsicht in die den Gerichten vorliegenden Sachverständigenverzeichnisse (Rn. 4). In Zweifelsfällen empfiehlt sich eine vorherige Anfrage bei einer geeigneten Stelle, zB der Industrie- und Handelskammer oder der Handwerkskammer. Berührt die Beweisfrage mehrere Fachrichtungen oder gibt es Überschneidungen, so müssen gegebenenfalls mehrere Sachverständige bestellt werden; mit diesen ist dann zu klären, ob einer die Verantwortung für das ganze Gutachten übernehmen kann (zur Abgrenzung zum Gehilfen s. § 407a Rn. 3) oder ob die Gutachten prozessual selbständig zu behandeln sind (zB wegen §§ 410, 411 Abs. 3). Die **Entscheidung** über die Ernennung erfolgt bei der Beweisanordnung, grundsätzlich also im Beweisbeschluss (§ 403 Rn. 1), der – außer bei Verkündung – zuzustellen ist (§§ 329 Abs. 2 S. 2, 406 Abs. 2 S. 1). Eine **spätere Änderung,** insb. Auswechslung von Sachverständigen, ist gemäß §§ 404 Abs. 1 S. 3, 360 jederzeit möglich und kommt vor, wenn das Gutachten ein anderer als der ernannte Sachverständige erstellt hat; den Parteien muss jedoch vorher rechtliches Gehör gewährt werden.[10] 3

Öffentlich bestellte Sachverständige sind nach § 404 Abs. 2 bevorzugt heranzuziehen. Denn sie sind durch ihre Bestellung[11] als besonders sachkundig ausgewiesen und verfügen in aller Regel auch über große forensische Erfahrung; außerdem trifft sie gemäß § 407 Abs. 1 eine Pflicht zur Gutachtertätigkeit (§ 402 Rn. 8). Zwar beinhaltet § 404 Abs. 2 nur eine Ordnungsvorschrift.[12] Ihre Missachtung kann aber gleichwohl im Einzelfall einen Ermessensfehler begründen, wenn es offensichtlich an „besonderen Umständen" für die Ernennung der anderen Person fehlte; das setzt freilich eine entsprechende Rüge voraus (§ 295; vgl. Rn. 5). 4

Die **Beteiligung der Parteien** am Auswahlverfahren kann nur dringend empfohlen werden. Die Praxis geht hierzu freilich meist einen anderen Weg als den des § 404 Abs. 3; die Benennung eines Sachverständigen durch eine Partei lässt diesen der anderen nämlich oft als „suspekt" erscheinen. Viele Gerichte wählen deshalb zunächst gemäß § 404 Abs. 1 einen Sachverständigen aus, geben aber vor dessen Ernennung Gelegenheit zur Stellungnahme. Das vermeidet spätere Ablehnungsgesuche (vgl. § 406 Abs. 2) und heilt mögliche Fehler bei der Ermessensausübung (§ 295; s. Rn. 4); außerdem können bei dieser Gelegenheit oft weitere Fragen geklärt werden wie die zeitlichen Vorgaben oder das Verlangen des Sachverständigen nach einer besonderen Vergütung (§ 13 JVEG, vgl. § 413 Rn. 1). 5

An die **Einigung der Parteien** über eine bestimmte Person als Sachverständiger ist der Richter gebunden, wenn er auch die Wahl auf eine bestimmte Anzahl beschränken kann, § 404 Abs. 4; für die Abgabe entspre- 6

---

[2] BGHZ 62, 93 = NJW 1974, 701.

[3] BGH NJW 1998, 3355, 3356.

[4] OLG Nürnberg NJW 1967, 401; OLG Celle MDR 1973, 147; OLG Oldenburg FamRZ 1992, 451.

[5] BGHZ (Fn. 2).

[6] Dafür OLG Koblenz NJWE-VHR 1998, 88. Weit. Nachw. bei MK/*Zimmermann* Rn. 2. Vgl. auch *Jessnitzer* NJW 1971, 1075.

[7] BGH NJW 1963, 586.

[8] BGH NJW 2003, 3480, 3481 (sehr bedenklich – außer bei Zustimmung der Parteien).

[9] Näher zur Problematik *Lanz* ZRP 1998, 337; *Oehler* ZRP 1999, 285.

[10] BGH NJW 1985, 1399f.; BayOblG NJW 2003, 216, 218.

[11] Dazu sind bestimmte Stellen durch Bundes- oder Landesgesetze ermächtigt, insbes. IHK u. Handwerkskammer; Übersicht bei MK/*Zimmermann* Rn. 8. Zu den Voraussetzungen einer Bestellung vgl. BVerfG NJW 1992, 2621.

[12] HM, vgl. nur MK/*Zimmermann* Rn. 7; *Zö/Greger* Rn. 2.

chender Erklärungen besteht Anwaltszwang nach allgemeinen Regeln (§ 78). Hat das Gericht Bedenken gegen den übereinstimmend vorgeschlagenen Gutachter oder gegen dessen Sachkunde, so muss es darauf hinweisen. Bleiben die Parteien bei ihrer Entscheidung, so darf aber nicht gleichzeitig ein gerichtlicher Sachverständiger (nach § 144) bestellt werden.[13] Das widerspräche dem Normzweck (Rn. 1) und könnte dem Richter später leicht den Vorwurf einbringen, unnötige Kosten verursacht zu haben, falls sich das Gutachten des von den Parteien vorgeschlagenen Sachverständigen als tauglich erweist (vgl. § 8 GKG); ist letzteres nicht der Fall, so hat die Prozessverzögerung, die durch eine neue Begutachtung (§ 412) eintritt, jedenfalls nicht das Gericht zu verantworten.

404a *Leitung der Tätigkeit des Sachverständigen*

(1) Das Gericht hat die Tätigkeit des Sachverständigen zu leiten und kann ihm für Art und Umfang seiner Tätigkeit Weisungen erteilen.

(2) Soweit es die Besonderheit des Falles erfordert, soll das Gericht den Sachverständigen vor Abfassung der Beweisfrage hören, ihn in seine Aufgabe einweisen und ihm auf Verlangen den Auftrag erläutern.

(3) Bei streitigem Sachverhalt bestimmt das Gericht, welche Tatsachen der Sachverständige der Begutachtung zugrunde legen soll.

(4) Soweit es erforderlich ist, bestimmt das Gericht, in welchem Umfang der Sachverständige zur Aufklärung der Beweisfrage befugt ist, inwieweit er mit den Parteien in Verbindung treten darf und wann er ihnen die Teilnahme an seinen Ermittlungen zu gestatten hat.

(5) [1]Weisungen an den Sachverständigen sind den Parteien mitzuteilen. [2]Findet ein besonderer Termin zur Einweisung des Sachverständigen statt, so ist den Parteien die Teilnahme zu gestatten.

I. Normzweck

1 Die Vorschrift befasst sich mit den Pflichten des Gerichts gegenüber dem Sachverständigen, § 407a mit denjenigen des Sachverständigen gegenüber dem Gericht. Beide Bestimmungen ergänzen sich und bezwecken eine rasche, sachdienliche und ordnungsgemäße Durchführung der Beweisaufnahme. Als Mittel dazu begründet § 404a eine allgemeine Pflicht zur Anleitung des Sachverständigen (Abs. 1), die hinsichtlich der Beweisfrage (Abs. 2) und des Tatsachenstoffes (Abs. 3, 4) näher konkretisiert ist, sowie die Pflicht zur Unterrichtung der Parteien über ein entsprechendes Vorgehen (Abs. 5).

II. Leitungs- und Weisungspflichten

2 **1. Allgemeine Leitungs- und Weisungspflicht (Absatz 1).** Sie erklärt sich aus der Stellung des Sachverständigen als eine Art neutraler Richtergehilfe (§ 402 Rn. 1), der folglich angeleitet werden darf und muss; die Eigenverantwortlichkeit des Sachverständigen nach § 407a Abs. 1, 3 bleibt davon unberührt. Über den Umfang dieser allgemeinen gerichtlichen Pflicht entscheiden die Gegebenheiten des Einzelfalles, unter Berücksichtigung der bisherigen forensischen Erfahrung des Sachverständigen; so kann an einen hauptsächlich im Sozialrecht tätigen Sachverständigen ein Hinweis auf die andersartigen Kausalitäts- und Beweisanforderungen im Arzthaftungsprozess geboten sein.[1] Der Sachverständige hat die tatsächlichen Voraussetzungen für die Erledigung seines Gutachtensauftrags zu schaffen, ohne dass schädliche Folgen seiner Tätigkeit zurückbleiben.[2]

3 **2. Abfassung und Erläuterung der Beweisfrage (Absatz 2).** Beides verlangt das Gesetz nur, wenn „die Besonderheit des Falles" dies erfordert. Die Anhörung des Sachverständigen schon vor Abfassung der Beweisfrage empfiehlt sich vor allem bei komplizierten Sachverhalten, zB in Arzthaftungsprozessen,[3] wenn schon die Formulierung des Beweisbeschlusses Schwierigkeiten bereitet, wenn möglicherweise verschiedene Fachgebiete berührt werden (§ 404 Rn. 3) oder wenn unklar ist, ob die Tatsachengrundlage für einen Sachverständigenbeweis bereits ausreicht bzw. welche Anknüpfungstatsachen noch zu klären sind oder was vom Sachverständigen selbst ermittelt werden sollte (Rn. 6). Eine förmliche Einweisung in die Aufgabe (vgl. auch Abs. 5 S. 2) wird nur ausnahmsweise geboten sein. Dienlich ist aber oft eine telefonische Kontaktaufnahme mit dem Sachverständigen, spätestens nach Aktenübersendung; in diesem Gespräch zeigt sich dann schnell, ob Unklarheiten, zB hinsichtlich des unstreitigen/streitigen Tatsachenstoffes (Rn. 4, 5), bestehen, die eine Erläuterung des Auftrages verlangen.

4 **3. Tatsachenstoff (Absatz 3).** Was der Begutachtung zu Grunde zu legen ist, also die **Anknüpfungstatsachen,** muss grundsätzlich der Richter klären, wie aus dem Unmittelbarkeitsprinzip der Beweisaufnahme (§ 355) folgt[4] (Ausnahme Rn. 5). Allerdings darf das Gericht davon ausgehen, dass der Sachverständige bei seinem Aktenstudium den unstreitigen Sachverhalt richtig erkennt; besteht Anlass zu Zweifeln, empfiehlt sich eine telefonische Rückversicherung (Rn. 3). Bei streitigem Tatsachenstoff muss der Richter jedoch im Beweisbeschluss oder in seinem Anschreiben an den Sachverständigen – das dann den Parteien

---

[13] Str., wie hier MK/*Zimmermann* Rn. 10. AA *T/P/Reichold* Rn. 2; *B/L/H* Rn. 8; *Zö/Greger* Rn. 4.

[1] OLG Köln NJW-RR 1999, 720.

[2] OLG Frankfurt/M. NJW 1998, 2834 (Öffnen einer Wandverkleidung); OLG Celle BauR 1998, 1281 (Schließung einer Bauteilöffnung); OLG Stuttgart OLGR 2006, 769 (Zusammenbau eines zerlegten Motors).

[3] Näher *Scheppokat/Neu* VersR 2001, 23.

[4] BGH NJW 1997, 1446.

zur Kenntnis zu bringen ist (Abs. 5. S. 1) – bestimmen, wovon ausgegangen werden soll. Allerdings darf die Beweiswürdigung nicht vorweggenommen[5] und den Parteien keine Angriffsfläche für eine Richterablehnung (§ 42 Abs. 2) geboten werden. Unbedenklich erscheint der Hinweis, eine bestimmte Tatsache sei bisher nicht zur Überzeugung des Gerichtes nachgewiesen; anschließend kann dann, ohne eine Ablehnung befürchten zu müssen, dem Sachverständigen mitgeteilt werden, was er – gemäß den Grundsätzen der Beweislast – zu Grunde legen soll. Oft bleibt aber nichts anderes übrig, als um eine gutachtliche Stellungnahme auf alternativer Tatsachengrundlage zu ersuchen.

4. Verfahren des Sachverständigen (Absatz 4). Missverständlich ist die Formulierung des Gesetzes, wonach das Gericht „bestimmt, in welchem Umfang der Sachverständige zur **Aufklärung der Beweisfrage** befugt ist“. Denn wegen des Grundsatzes der Unmittelbarkeit der Beweisaufnahme (§ 355) besteht insoweit gerade kein Ermessen. Die Ermittlung und Aufklärung von Tatsachen darf dem Sachverständigen vielmehr nur überlassen werden, wenn schon dafür eine – dem Richter fehlende – besondere Sach- und Fachkunde erforderlich ist (§ 402 Rn. 1). Beispiele: Einnahme eines Augenscheins unter bestimmten Voraussetzungen (§ 372 Rn. 3); Beiziehung von und Einsicht in Geschäftsbücher, Baupläne, Konstruktionszeichnungen; Sichtung von für die Erstellung des Gutachtens erforderlichen Unterlagen bei einer Behörde sowie von Krankenhausunterlagen oder Arztberichten; Untersuchung zur Feststellung eines Gesundheitszustandes; Aufklärung des Sachverhalts zur Vorbereitung der Entscheidung dazu, welche Bezugspersonen eines Kindes in ein Sorgerechtsgutachten einbezogen werden sollen.[6] Die so ermittelten (Anknüpfungs-)Tatsachen (Rn. 4) nennt man **Befundtatsachen** (zum Begriff „Zusatztatsachen“ vgl. § 410 Rn. 2). Wie sie aufgeklärt und welche von ihnen zu Grunde gelegt wurden, muss der Sachverständige für Gericht und Parteien überprüfbar offen legen;[7] fehlt es daran, so ist das Gutachten unverwertbar.[8] Hätte der Richter die Anknüpfungstatsache selbst ermitteln, beispielsweise einen Zeugen vernehmen müssen, so liegt ein nach § 295 heilbarer Verfahrensverstoß vor.[9] Schon das Schweigen der Parteien auf die Anordnung zur Sachverhaltsaufklärung durch den Sachverständigen (im Beweisschluss oder im Anschreiben; vgl. Rn. 4) beinhaltet einen Rügeverzicht, ebenso ihre Teilnahme an seiner Beweiserhebung (Rn. 6). 5

Nach § 404a Abs. 4 bestimmt das Gericht, falls erforderlich, außerdem, inwieweit der Sachverständige **mit den Parteien in Verbindung treten,** also beispielsweise Untersuchungen in deren Räumen vornehmen darf und wann er ihnen die **Teilnahme an seinen Ermittlungen** zu gestatten hat. Beides soll hauptsächlich Ablehnungsgesuchen (§ 406) vorbeugen. Bezüglich der Ermittlungen von Anknüpfungstatsachen (Rn. 5), zB durch eine Ortsbesichtigung, gilt darüber hinaus der Grundsatz der Parteiöffentlichkeit (§ 357) unmittelbar, sofern die Anwesenheit von Parteien nicht unzumutbar ist (zB bei ärztlichen Untersuchungen); bei Verstoß gegen diesen Grundsatz ist das Gutachten regelmäßig nicht verwertbar.[10] Durch die Teilnahme der Parteien an der Tatsachenfeststellung lässt sich im Übrigen Streit über das Verfahren vermeiden, die Tätigkeit des Gutachters durchsichtig machen und so die Bereitschaft erhöhen, sich mit den Ergebnissen des Sachverständigen abzufinden. 6

III. Unterrichtung der Parteien

Auch die Pflicht zur Information der Parteien nach § 404a Abs. 5 S. 1 dient der Vermeidung von Ablehnungsgesuchen gegenüber Gericht und/oder Sachverständigen. Außerdem wird so der Anspruch auf rechtliches Gehör gesichert und jede Partei in die Lage versetzt, durch Gegenvorschläge oder Anregungen zur raschen und sachdienlichen Durchführung der Beweiserhebung beizutragen. Findet, was selten vorkommt, ein Termin zur Einweisung des Sachverständigen statt, so ist den Parteien die Teilnahme nach § 404a Abs. 5 S. 2 zu gestatten. 7

405 *Auswahl durch den mit der Beweisaufnahme betrauten Richter*

[1]Das Prozessgericht kann den mit der Beweisaufnahme betrauten Richter zur Ernennung der Sachverständigen ermächtigen. [2]Er hat in diesem Falle die Befugnisse und Pflichten des Prozessgerichts nach den §§ 404, 404a.

Wird ein Richterkommissar (§§ 361, 362, 375) mit der Beweisaufnahme betraut, so kann ihn das Prozessgericht gemäß § 405 S. 1 auch zur Ernennung des Sachverständigen ermächtigen. Die Vorschrift hat hauptsächlich für die Beweiserhebung durch einen **ersuchten Richter** (§ 362) Bedeutung. Er wird auf Grund seiner Erfahrungen aus früheren Prozessen und der Kenntnis von örtlichen Besonderheiten besser beurteilen können, wer in seinem Bezirk für ein bestimmtes Fachgebiet als Sachverständiger in Betracht kommt (§ 404 Rn. 3). Ein solcher Einblick fehlt dem Prozessgericht zwangsläufig, während andererseits die Auswahl eines ortsansässigen Sachverständigen meist schon aus Kostengründen geboten ist. Die Grundsätze gelten nach dem Normzweck auch für die Beweisaufnahme durch einen **ausländischen Richter** 1

---

[5] So auch *Zi* Rn. 1; weniger zurückhaltend *T/P/Reichold* Rn. 4.

[6] OLG Stuttgart MDR 2003, 172.

[7] BVerfG NJW 1997, 1909 u. 1995, 40 (Vergleichsmieten im Mieterhöhungsprozess); BGH NJW 1994, 2988 (Vergleichsobjekte u. -preise für Verkehrswertgutachten); BAG NZA 1999, 324.

[8] BGHZ 116, 47, 58 = NJW 1992, 1817.

[9] BGHZ 23, 207, 214 = NJW 1957, 906.

[10] BVerwG NJW 2006, 2058.

– auch einen **Richter eines Mitgliedstaates der EU** (§§ 363 Abs. 3, 1072) – oder einen **deutschen Konsul**[1] (§ 363 Abs. 2).

2 Die **Entscheidung** trifft das Prozessgericht im Beweisbeschluss (§ 403 Rn. 1). Auch eine nachträgliche Ermächtigung ist möglich, wenn sich später eine Notwendigkeit zur Auswechslung des ursprünglich vom Prozessgericht bestellten Sachverständigen ergibt (§ 404 Abs. 1 S. 3); in diesem Falle muss den Parteien aber vorher Gelegenheit zur Stellungnahme gegeben werden. Eine Anfechtung findet nicht statt, § 355 Abs. 2. Die **Befugnisse und Pflichten** des Prozessgerichtes nach §§ 404, 404a obliegen sodann demjenigen, dem die Auswahl des Sachverständigen übertragen wurde, § 405 S. 2.

406 *Ablehnung eines Sachverständigen*

(1) [1]Ein Sachverständiger kann aus denselben Gründen, die zur Ablehnung eines Richters berechtigen, abgelehnt werden. [2]Ein Ablehnungsgrund kann jedoch nicht daraus entnommen werden, dass der Sachverständige als Zeuge vernommen worden ist.

(2) [1]Der Ablehnungsantrag ist bei dem Gericht oder Richter, von dem der Sachverständige ernannt ist, vor seiner Vernehmung zu stellen, spätestens jedoch binnen zwei Wochen nach Verkündung oder Zustellung des Beschlusses über die Ernennung. [2]Zu einem späteren Zeitpunkt ist die Ablehnung nur zulässig, wenn der Antragsteller glaubhaft macht, dass er ohne sein Verschulden verhindert war, den Ablehnungsgrund früher geltend zu machen. [3]Der Antrag kann vor der Geschäftsstelle zu Protokoll erklärt werden.

(3) Der Ablehnungsgrund ist glaubhaft zu machen; zur Versicherung an Eides statt darf die Partei nicht zugelassen werden.

(4) Die Entscheidung ergeht von dem im zweiten Absatz bezeichneten Gericht oder Richter durch Beschluss.

(5) Gegen den Beschluss, durch den die Ablehnung für begründet erklärt wird, findet kein Rechtsmittel, gegen den Beschluss, durch den sie für unbegründet erklärt wird, findet sofortige Beschwerde statt.

Übersicht

I. Normzweck

1 Die Vorschrift setzt beim Sachverständigen Unparteilichkeit und Unbefangenheit voraus, was mit seiner tatsächlichen Stellung als eine Art neutraler Richtergehilfe (§ 402 Rn. 1) übereinstimmt. Folgerichtig begründet deshalb Abs. 1 ein Ablehnungsrecht wie gegenüber einem Richter, freilich mit einigen Besonderheiten. Das Verfahren dazu regeln Abs. 2–4. Mit der Anfechtbarkeit einer Entscheidung über ein Ablehnungsgesuch befasst sich schließlich Abs. 5.

II. Ablehnungsgründe

2 **1. Anwendungsbereich.** § 406 gilt für Sachverständige, die natürliche Personen sind, gleichviel ob sie von Amts wegen (§ 144) oder auf Beweisantritt hin (§ 403) bestellt wurden, sowie für Dolmetscher (§ 191 GVG) und Übersetzer.[1] **Nicht** anwendbar ist die Vorschrift auf Hilfspersonen des Sachverständigen[2] (§ 407a Rn. 3) und – aus der Natur der Sache heraus – auf eine Behörde, Amt oder Institut, das zum Sachverständigen ernannt wurde (§ 404 Rn. 3); in den zuletzt genannten Fällen kommt aber eine Ablehnung derjenigen Person in Betracht, die das Gutachten verantwortlich erstellt hat oder vor Gericht vertritt. Zur Anwendbarkeit der Bestimmung im **selbständigen Beweisverfahren** vgl. § 487 Rn. 5.

3 **2. Grundsätze (Abs. 1). a) Fälle des § 41.** Die Gründe, die zur Ablehnung eines Richters berechtigen, sind in §§ 41, 42 genannt. Dazu gilt auf Grund der Verweisung in § 406 Abs. 1 S. 1:

---

1 BGH LM BEG 1956 § 290 Nr. 73; Nr. 88 = NJW (RzW) 1965, 466; NJW (RzW) 1967, 229.
1 OLG Köln NJW 1987, 1091.
2 OLG Zweibrücken MDR 1986, 417. HM, aber str., vgl. MK/*Zimmermann* Rn. 3.

- **Eine persönliche Beziehung zu einer Partei** im Sinn des § 41 Nr. 1–4 bewirkt einen absoluten Ablehnungsgrund. Im Unterschied zum Richter ist der Sachverständige in diesen Fällen aber nicht kraft Gesetzes ausgeschlossen[3] und kann sich auch nicht etwa selbst ablehnen (Rn. 5); vielmehr bedarf es, wie aus dem Wortlaut von § 406 Abs. 1 S. 1 folgt, stets eines entsprechendes Gesuches einer Partei.
- Die Geltung von § 41 Nr. 5 ist durch § 406 Abs. 1 S. 2 ausgeschlossen, der als **Zeuge vernommene Sachverständige** kann also nicht alleine deshalb abgelehnt werden; umgekehrt darf ein Sachverständiger trotz eines erfolgreichen Ablehnungsgesuches als sachverständiger Zeuge gehört werden (Rn. 18).
- Streitig ist, ob eine **Gutachtertätigkeit in der früheren Instanz** oder in einem schiedsrichterlichen Verfahren entsprechend § 41 Nr. 6 Grund für eine Ablehnung gibt. Die hM[4] verneint das und sieht darin auch keine Befangenheit im Sinn des § 42 Abs. 2 (iVm. § 406 Abs. 1 S. 1), zu Recht, weil der Sachverständige, der nur Gehilfe des Gerichts ist, nicht „bei dem Erlass der angefochtenen Entscheidung" mitgewirkt hat; der in der ersten Instanz ernannte Sachverständige kann deshalb als solcher auch in der Berufungsinstanz tätig werden.

b) Befangenheit (§ 42). Für eine Ablehnung wegen **Besorgnis der Befangenheit** nach §§ 406 Abs. 1 S. 1, 42 Abs. 2 (sog. relativer Ablehnungsgrund) kommt es nicht darauf an, ob der Sachverständige tatsächlich parteiisch ist oder sich selbst für befangen hält oder ob das Gericht Zweifel an seiner Unparteilichkeit hat. Vielmehr genügt bereits der bei der ablehnenden Partei erweckte Anschein der Parteilichkeit, wenn von deren Standpunkt aus genügend objektive Gründe vorliegen, die in den Augen einer verständigen Partei geeignet sind, Zweifel an der Unparteilichkeit des Sachverständigen zu erregen[5] (Beispiele Rn. 6ff.). Subjektive oder unvernünftige Gedankengänge des Antragstellers scheiden deshalb aus. 4

c) Eine **Selbstablehnung** durch einen Sachverständigen ist nicht möglich; § 406 Abs. 1 S. 1 setzt stets ein Ablehnungsgesuch voraus (Rn. 4). Seine Stellung als eine Art neutraler Richtergehilfe (Rn. 1) bürdet ihm aber eine gewisse Verantwortung für die ordnungsgemäße Abwicklung der Beweiserhebung auf. Der Sachverständige darf daher einen möglichen Ablehnungsgrund nicht verschweigen in der Hoffnung, die Partei werde ihn nicht entdecken. Folglich muss er auf eine persönliche Beziehung zu einer Partei (Rn. 3) hinweisen, sofern er nicht ohnehin in den Fällen von § 41 Nr. 2, 2a, 3 von seinem Gutachtenverweigerungsrecht (§ 408 Abs. 1) Gebrauch macht; ebenso liegt es, wenn er sich selbst befangen fühlt oder berechtigten Grund für die Annahme hat, eine Partei könne an seiner Unvoreingenommenheit zweifeln. Auf eine solche Anzeige hin wird dann das Gericht – sofern es nicht von vornherein einen anderen Sachverständigen ernennt (§ 404 Abs. 1 S. 2) – die Parteien zur Stellungnahme auffordern. Das schafft Rechtsklarheit für das Verfahren, weil jetzt eine auf diese Umstände gestützte Ablehnung nur innerhalb der Frist des § 406 Abs. 2 S. 1 eingereicht werden kann. Unterlässt der Sachverständige eine entsprechende Mitteilung, obgleich sie nahe lag, so kann schon dieses Verhalten die Besorgnis der Befangenheit (Rn. 4) begründen. 5

3. Einzelne Befangenheitsgründe (vgl. im Gegensatz dazu Rn. 11): **a) Verhalten gegenüber einer Partei,** wenn zB der Sachverständige nur die eine Seite (nicht auch die andere) von einem Termin oder Ermittlungen (§ 404a Rn. 5) unterrichtet[6] (außer Rn. 11) oder den gemeinsam vereinbarten Ortstermin auf Antrag einer Partei verschiebt, dann aber den neuen Termin trotz eines Verlegungsantrags der anderen Partei durchführt;[7] mit nur einer Partei ohne gerichtliche Genehmigung in Verbindung tritt oder nur sie bei Ermittlungen zuzieht (§ 404a Rn. 6); sich mit nur einer auf Gespräche oder Verhandlungen einlässt oder die von ihr zur Verfügung gestellten Unterlagen ohne Offenlegung verwertet.[8] 6

b) Verhältnis zu einer Partei, wenn zB der Sachverständige in derselben Sache ihr Privatgutachter war[9] (außer in einstweiligen Verfügungs- und Arrestverfahren[10]) oder für sie vor oder nach seiner Gutachtenerstattung im selbständigen Beweisverfahren tätig wurde;[11] für sie gleichzeitig einen umfangreichen Bauauftrag ausführt;[12] ihr Hausarzt[13] oder Angestellter[14] oder Geschäftspartner[15] oder („Intim")Freund/Feind (aber Rn. 11) war oder ist. Entsprechendes gilt, wenn der Sachverständige im Bauprozess bereits für einen anderen Erwerber (als die Partei) desselben Haustyps im selben Baugebiet als Privatgutachter tätig war.[16] 7

c) Verhältnis zum Prozessbevollmächtigten einer Partei, zu dem der Sachverständige in persönlicher Beziehung (Rn. 3) steht; den er selbst mit seiner anwaltschaftlichen Vertretung in ähnlicher Sache beauftragt hat, zB mit der Durchsetzung von Patentrechten, wenn der Sachverständige im Patentnichtigkeitsverfahren 8

---

[3] BGH NJW-RR 2006, 1221 [Rn. 8].

[4] BGH MDR 1961, 397; *T/P/Reichold* Rn. 3; *Zö/Greger* Rn. 9; *Zi* Rn. 2. Letzterer erstaunlicherweise aber aA MK/*Zimmermann* Rn. 2; aA auch *Kahlke* ZZP 94 (1981), 50, 60ff.

[5] BGH NJW-RR 1987, 893 = LM Nr. 7.

[6] BGH NJW 1975, 1363; OLG München OLGZ 1983, 355; OLG Frankfurt FamRZ 1986, 1021; OLG München MDR 1998, 1123 (grobe Fahrlässigkeit dafür bejaht).

[7] LG Darmstadt BauR 1997, 703 (LS); aA OLG Dresden BauR 1997, 357 (LS).

[8] Vgl. auch BGHZ 116, 47, 58 = NJW 1992, 1817.

[9] BGH NJW 1972, 1133f.

[10] OLG Nürnberg NJW 1978, 954 (arg: verfahrensrechtliche Besonderheiten wegen der dort ausreichenden Glaubhaftmachung).

[11] OLG Schleswig BauR 1993, 117.

[12] OLG Celle ZMR 1996, 211.

[13] OLG Stuttgart MDR 1962, 910.

[14] OLG Hamburg MDR 1983, 412, 413.

[15] BGH NJW 1972, 827.

[16] OLG Düsseldorf NJW-RR 1997, 1353.

Gutachter ist[17], oder umgekehrt, wenn ihn der Prozessbevollmächtigte im Auftrag einer anderen Partei in einem anderen Prozess selbst auf Schadenersatz verklagt.[18] Regelmäßige Privatgutachtertätigkeit für die gegnerische Kanzlei von bedeutsamen wirtschaftlichem Gewicht.[19]

9 **d) Verhalten des Sachverständigen im Prozess,** zB wenn er (im Arzthaftungsprozess) das Beweisthema umformuliert und substantiierten Vortrag einer Partei gänzlich unberücksichtigt lässt[20] oder über den Gutachtensauftrag hinausgeht, ohne zuvor die Ergänzung des Beweisbeschlusses angeregt zu haben[21] (dazu Rn. 11) oder die Entscheidungserheblichkeit einer Beweisfrage mangels schlüssigen Vortrags verneint;[22] Weisungen des Gerichts zur Behandlung des Tatsachenstoffes missachtet (§ 404a Rn. 4), beispielsweise einen bestimmten Geschehensablauf als praktisch ausgeschlossen behandelt, obwohl ihm das Gericht aufgegeben hat, davon auszugehen;[23] den Eindruck erweckt, eine streitige Behauptung zu Lasten einer Partei für erwiesen zu erachten;[24] seine Befugnisse zur selbständigen Aufklärung der Beweisfrage überschreitet (§ 404a Rn. 5); die Parteien beleidigt[25] (aber Rn. 11); ein im Prozess vorgelegtes Parteigutachten überzogen kritisiert[26] (außer Rn. 11) oder ein zum Zwecke der Kritik seines Gutachtens angekündigtes Privatgutachten unbesehen als „Gefälligkeitsgutachten" bezeichnet.[27]

10 **e) Verhältnis zum Haftpflichtversicherer einer Partei.** Streitig ist, was im **Verhältnis zum Haftpflichtversicherer einer Partei** (zB eines beklagten Arztes, Architekten, Bauingenieurs; allgemein zur Verbindung des Sachverständigen mit Versicherungen Rn. 11) gilt, für den der Sachverständige außergerichtlich als Gutachter tätig war oder ist. Nach herrschender Rechtsprechung[28] ergibt sich daraus keine Besorgnis der Befangenheit, selbst bei häufigeren Aufträgen nicht, solange der Sachverständige nur wirtschaftlich unabhängig bleibt.[29] Das zuletzt genannte Merkmal ist aber wenig hilfreich, weil es im Zweifel kaum aufklärbar sein wird, zumal der Sachverständige seine finanziellen Verhältnisse Parteien und Gericht gegenüber nicht offen zulegen braucht. Vielmehr kommt es darauf an, ob eine ablehnende Partei bei objektiver Betrachtung vernünftigerweise den Eindruck haben kann (Rn. 4), der Gegner verfüge wegen der außergerichtlichen Tätigkeit des Sachverständigen für seinen Haftpflichtversicherer über Einflussmöglichkeiten, die ihr verschlossen sind. Das wird bei häufigeren Gutachtenaufträgen – entgegen der genannten Rechtsprechung – aber regelmäßig der Fall sein.[30]

11 **f) Keine Ablehnung** rechtfertigen: Selbständige Sachverhaltsaufklärung im Rahmen des § 404a Abs. 3, 4 (dort Rn. 4ff.); Bedenken gegen die Sachkunde;[31] Tätigkeit als gerichtlich bestellter Gutachter in der ersten Instanz (Rn. 3) oder im vorangegangenen Strafverfahren[32] oder in einem Parallelprozess gegen denselben Beklagten;[33] geschäftliche Kontakte im üblichen Rahmen mit Wirtschaftsunternehmen der Branche, zu der auch die Parteien gehören;[34] Tätigkeit des Sachverständigen als Privatgutachter für die Versicherungswirtschaft[35] (zu der für die Haftpflichtversicherung einer Partei Rn. 10); Tätigkeit des Sachverständigen als Universitätsprofessor desjenigen Landes, dessen Beamten fehlerhaftes, zB im Arzthaftungsprozess zu begutachtendes Verhalten vorgeworfen wird[36] (anders aber bei weisungsbebundenen Sachverständigen); bloße Begegnung mit dem beklagten Arzt auf medizinischem Kongress oder Zusammenarbeit mit diesem an universitären Forschungsobjekt (letzteres sehr zweifelhaft);[37] eigene gewerbliche Konkurrenztätigkeit;[38] eine über das unter Handwerkern seit altersher übliche sich duzen nicht hinausgehende Bekanntschaft mit einer Partei;[39] unterbliebene Verständigung beider Parteien (nicht nur der einen, Rn. 6) von einem Ortstermin[40] oder einer Partei von ärztlichen Untersuchungsterminen[41] (§ 404a Rn. 6); Beschaffung eines Arztbriefes bei einer Partei ohne vorherige Information der anderen, sofern Herkunft und Verwendung des Materials im Gutachten dargelegt sind;[42] Bitte an das Gericht, die erforderliche schalltechnische Messung ohne vor-

---

[17] BGH NJW-RR 1987, 893.
[18] OLG Köln NJW 1992, 762.
[19] OLG München BauR 2006, 882.
[20] OLG Bamberg MedR 1993, 351, 352.
[21] OLG Celle NJW-RR 2003, 135.
[22] OLG Köln NJW-RR 1987, 1198.
[23] OLG Nürnberg BauR 2006, 1361.
[24] OLG München NJW 1992, 1569.
[25] BGH NJW 1981, 2009, 2010.
[26] OLG Oldenburg NJW-RR 2000, 1166.
[27] OLG Zweibrücken NJW 1998, 912.
[28] Vgl. nur OLG Koblenz NJW-RR 1992, 1470; OLG Braunschweig MDR 1990, 730. Zust. zB *Zö/Greger* Rn. 9; krit. *Lanz* ZRP 1998, 337.
[29] OLG Köln OLGZ 1993, 341 (bejaht für einen Chefarzt als Sachverständigen).
[30] Ähnlich *Jagenburg* NJW 1995, 1712 („Nähe" zur Partei).
[31] OLG München RPfleger 1980, 303.
[32] OLG Stuttgart MDR 1964, 63.
[33] OLG München VersR 1994, 704.
[34] BGH NJW 2005, 2858 (LS) = DS 2005, 263.
[35] OLG Celle NJW-RR 2003, 135.
[36] AA OLG München OLGR 2001, 365; ähnlich OLG Nürnberg OLGR 2006, 76.
[37] OLG München NJW-RR 2007, 575 = MedR 2007, 359 m. (zu Recht) krit. Anm. *Riemer.*
[38] OLG München NJW-RR 1989, 1088; BauR 1990, 117f.
[39] OLG Frankfurt/M BauR 1998, 829.
[40] OLG Dresden OLG-NL 1997, 91; LG Konstanz BauR 1995, 887.
[41] OLG München NJW-RR 1991, 896; OLG Köln NJW 1992, 1568.
[42] OLG Zweibrücken NJW-RR 2001, 1149.

herige Information des Beklagten durchführen zu dürfen;[43] Hinweis an das Gericht zur Möglichkeit noch anderer als im Beweisbeschluss genannter Schadensursachen, sofern es der Sachverständige dem Richter überlässt, ihn auch insoweit zu beauftragen (Gegensatz: Rn. 9); Rechtsausführungen[44] (außer Rn. 9); Besprechung mit dem Richter (ohne Anwesenheit der Partei) über die Möglichkeiten eines Vergleiches;[45] bloß gesellschaftliche Verbindungen mit einer Partei (s. aber Rn. 7); Teilnahme eines nahen Angehörigen einer Partei an vom Sachverständigen veranstalteten Seminar;[46] eine auch überzogene Stellungnahme auf massive Angriffe einer Partei, wenn der Sachverständige provoziert wurde[47] (außer Rn. 9); Äußerungen zur Plausibilität einer Parteibehauptung ausschließlich aufgrund medizinischer Erfahrungen des Sachverständigen;[48] wissenschaftliche Veröffentlichungen, außer sie sind einseitig.[49] Mehrere Tatsachen, die für sich betrachtet nicht ausreichen, können aber in ihrer **Gesamtschau** Anlass geben, an der Unvoreingenommenheit des Sachverständigen zu zweifeln.[50]

III. Verfahren

1. Ablehnungsgesuch. Es ist Prozesshandlung, mithin bedingungsfeindlich (Einl. Rn. 62); Anwaltszwang besteht nicht (§§ 406 Abs. 2 S. 3, 78 Abs. 5). Der Ablehnungsgrund muss glaubhaft gemacht werden (§ 294), eine eigene eidesstattliche Versicherung der ablehnenden Partei ist dafür aber nicht zugelassen, § 406 Abs. 3. **Zuständig** ist das Gericht oder der Richter, von dem der Sachverständige ernannt wurde (§ 406 Abs. 2 S. 1), also in der Regel das Prozessgericht (§ 406 Abs. 1 S. 1); auch der Einzelrichter (§§ 348, 348a, 526), der Vorsitzende der Kammer für Handelssachen (§ 349), in den Fällen des § 405, wer mit der Auswahl betraut wurde (§ 405 Rn. 1). 12

2. Rechtzeitigkeit. Soweit § 406 Abs. 2 S. 1 von „Vernehmung" spricht, ist eine mündliche Gutachtenerstattung (§ 411 Rn. 2, 3) gemeint. Die in der Vorschrift weiter genannte **Zwei-Wochen-Frist** gilt aber auch für diesen Fall und nicht etwa nur bei einem schriftlichen Gutachten.[51] Es handelt sich um eine gesetzliche Frist, die nicht abgekürzt oder verlängert werden kann (§ 224 Abs. 2 aE), jedoch um keine Notfrist (§ 224 Abs. 1 S. 2). Zu Nachforschungen bezüglich der Unparteilichkeit des Sachverständigen sind die Parteien nicht verpflichtet[52] (vgl. auch Rn. 5); die Gegenmeinung[53] bürdet ihnen unzumutbare Maßnahmen auf und ist wenig praktikabel (wo und auf welche Weise sollte nachgeforscht werden. 13

Nach Ablauf der Zwei-Wochen-Frist ist eine Ablehnung nur zulässig, wenn sie ohne Verschulden nicht früher geltend gemacht werden konnte, was glaubhaft zu machen ist, § 406 Abs. 2 S. 2; die Beschränkung des § 406 Abs. 3 greift insoweit aber nicht ein, weil diese Vorschrift nur den Ablehnungsgrund selbst betrifft. Die Pflicht zur Glaubhaftmachung entfällt, wo der spätere Zeitpunkt offensichtlich ist, beispielsweise die Besorgnis der Befangenheit aus dem schriftlichen Gutachten hergeleitet wird. Die Streitfrage, ob das Ablehnungsgesuch dann „unverzüglich"[54] (§ 121 Abs. 1 S. 1 BGB) oder „innerhalb angemessener Überlegungszeit"[55] anzubringen ist, beinhaltet ein Scheinproblem; wer nämlich eine objektiv angemessene Frist – die keinesfalls länger als zwei Wochen[56] sein kann (Argument: § 406 Abs. 2 S. 1) – zur ruhigen und vernünftigen Entscheidung (Rn. 4) beansprucht, zögert nicht schuldhaft im Sinn des § 121 Abs. 1 S. 1 BGB.[57] Ob die Zwei-Wochen-Frist auch dann gilt, wenn die zur Stellungnahme auf das Gutachten gesetzte Frist länger war oder über diesen Zeitpunkt hinaus verlängert wurde; ist sehr streitig. Nach BGH läuft „im Allgemeinen" die Frist zur Ablehnung des Sachverständigen gleichzeitig mit der vom Gericht gesetzten Äußerungsfrist (§ 411 Abs. 4) ab, „wenn sich die Partei zur Begründung des Ablehnungsgesuches mit dem Inhalt des Gutachtens auseinander setzen muss".[58] Die Entstehung bringt keine endgültige Klärung, weil sie auf einfach gelagerte Fälle wegen der genannten Einschränkungen nicht zutrifft, weshalb sich für den Rechtsanwalt als sicherster Weg empfiehlt, das Gutachten nach Erhalt innerhalb der Zwei-Wochen-Frist einer Vorabüberprüfung auf mögliche Befangenheitsgründe zu unterziehen;[59] denn die Frist nach § 411 Abs. 4 bezweckt an sich nur, die sachliche Auseinandersetzung mit den Inhalten des Gutachtens zu ermöglichen. Keinesfalls darf die Partei, die aus dem schriftlichen Gutachten Befangenheitsgründe entnimmt, abwarten, 14

---

[43] OLG Saarbrücken BauR 1998, 641 (LS).
[44] OLG Nürnberg OLGR 2001, 351; OLG Karlsruhe MDR 1994, 725 f.
[45] OLG Stuttgart NJW-RR 1996, 1469.
[46] OLG München OLGR 2001, 60;
[47] OLG Nürnberg OLGR 2003, 21; OLG Düsseldorf NJW-RR 1997, 1428.
[48] OLG München OLGR 2006, 315.
[49] OLG München OLGR 2006, 164; LG Hamburg WoM 1989, 43.
[50] OLG München OLGR 2006, 120.
[51] Richtig *B/L/H* Rn. 21, 22. AA offenbar MK/*Zimmermann* Rn. 6.
[52] OLG Brandenburg NJW-RR 2001, 1433; MK/*Zimmermann* Rn. 7; *Schneider* MDR 1975, 353.
[53] RGZ 64, 429, 432; OLG Oldenburg MDR 1978, 1028; *B/L/H* Rn. 25.
[54] Dafür OLG München NJW 1964, 1576; OLG Frankfurt MDR 1989, 744; *B/L/H* Rn. 23; *Zi* Rn. 5.
[55] Dafür OLG Köln MDR 1983, 412; OLG Koblenz MDR 1994, 1147; MK/*Zimmermann* Rn. 7. Vermittelnd OLG Koblenz NJW-RR 1999, 72: „unverzüglich innerhalb angemessener Überlegungsfrist."
[56] OLG München OLGR 2004, 117; OLG Brandenburg NJW-RR 2001, 1433. Weiter gehend OLG Düsseldorf NJW-RR 1998, 933 (weniger als ein Monat); OLG München OLGR 2003, 58 (idR 2 Wochen).
[57] Im Ergebnis ebenso *T/P/Reichold* Rn. 7.
[58] BGH NJW 2005, 1869 m. Nachw. zum Streitstand.
[59] So auch *Christopoulos/Wiemann* MDR 2005, 1201.

ob der Sachverständige im Rahmen eines Ergänzungsgutachtens Zweifel an seiner Unbefangenheit ausräumen kann.[60]

15 Auch **nach Abschluss der Instanz** kann in den Grenzen des § 406 Abs. 2 S. 2 noch eine Ablehnung erfolgen, solange das Urteil nicht formell rechtskräftig ist. Die Zuständigkeit zur Einreichung des Gesuches und zur Entscheidung darüber (Rn. 12) ändert sich nicht.[61] Die Gegenmeinung[62] (Zuständigkeit des Berufungsgerichts) widerspricht den klaren Zuständigkeitsregeln in § 406 Abs. 2 S. 1, Abs. 4, der Systematik des Abs. 5, wonach über die Ablehnung in einem eigenständigen Verfahren (Rn. 18ff.) zu befinden ist, und § 512. Hält die erste Instanz (oder das Beschwerdegericht) die Ablehnung für begründet, so scheidet eine Verwertung des Gutachtens im Berufungsrechtszug aus (Rn. 18); das Berufungsgericht muss dann einen anderen Sachverständigen bestellen (§ 412 Abs. 2) oder gegebenenfalls nach § 538 Abs. 2 Nr. 1 verfahren.

War der Sachverständige erstmals in der **zweiten Instanz** abgelehnt worden und hält das Berufungsgericht die Ablehnung für begründet, so ist das Urteil in der zugelassenen Revision aufzuheben und die Sache zurückzuverweisen, weil der Würdigung des Sachverständigenbeweises die Grundlage entzogen wurde, falls sich nicht das Urteil aus einem anderen Grunde als richtig erweist. Bei nicht zugelassener Revision und erfolgloser Nichtzulassungsbeschwerde scheidet eine Ablehnung nach Urteilsverkündung aus; hat die Nichtzulassungsbeschwerde Erfolg, muss zunächst das Berufungsgericht über das Gesuch entscheiden.

16 **3. Verlust des Ablehnungsrechts.** Haben sich die Parteien auf einen bestimmten Sachverständigen geeinigt (§ 404 Abs. 4), so können sie auf die ihnen bis dahin bekannt gewordenen Umstände später keine Ablehnung stützen. Ebenso ist es, wenn eine Partei in Kenntnis eines Ablehnungsgrundes, beispielsweise der früheren Tätigkeit des Sachverständigen als Privatgutachter des Gegners (Rn. 7)[63], ihr Einverständnis mit der Ernennung erteilt. Auch das sachliche Verhandeln über das Gutachten trotz bekannten Ablehnungsgrundes soll eine spätere Ablehnung des Sachverständigen ausschließen.[64] Dem ist aber nur zuzustimmen, wenn die Partei schon angemessene (nämlich 2 Wochen) Zeit zur Prüfung der Sachlage hatte; denn die Wertung des § 406 Abs. 2 S. 2 darf nicht unterlaufen werden (Rn. 14).

17 **4. Rechtliches Gehör.** Wer wann zu einem Ablehnungsgesuch anzuhören ist, wird unterschiedlich beurteilt.[65] Der Tatrichter sollte sich auf eine Auseinandersetzung mit dieser Streitfrage nicht einlassen und grundsätzlich dem Sachverständigen rechtliches Gehör gewähren; ohne dessen Äußerung wird kaum eine sachgerechte Entscheidung möglich sein, und eine erfolgreiche Ablehnung kann außerdem zum Verlust des Vergütungsanspruchs führen (§ 413 Rn. 2). Dann steht aber auch einer Anhörung der Gegenpartei nichts im Wege, weil sie zu keiner zusätzlichen zeitlichen Verzögerung führt. Auf eine Stellungnahme des Sachverständigen muss den Parteien nach allgemeinen Regeln Gelegenheit zur Erwiderung gegeben werden, es sei denn, das Gericht hält das Ablehnungsgesuch für begründet.

18 **5. Entscheidung.** Sie ergeht (auf freigestellte mündliche Verhandlung, § 128 Abs. 4) durch **Beschluss,** § 406 Abs. 4; Zuständigkeit vgl. Rn. 12, 15. Hat die Ablehnung **Erfolg,** so wird sie „für begründet erklärt". Das Gutachten ist dann unverwertbar, weshalb der Richter einen neuen Sachverständigen auswählen muss (§ 412 Rn. 2); der abgelehnte Gutachter darf aber noch als sachverständiger Zeuge vernommen werden (§ 414 Rn. 1). Zu den gebührenrechtlichen Folgen vgl. § 413 Rn. 2. Ist die Ablehnung **sachlich nicht begründet,** so wird sie „als unbegründet zurückgewiesen". Ein **nicht rechtzeitiges Gesuch** (Rn. 13, 14) oder ein solches **trotz Verlustes des Ablehnungsrechts** (Rn. 16) kann grundsätzlich als „unzulässig verworfen/zurückgewiesen" werden. Damit steht zwar die Verwertbarkeit des Gutachtens fest. Die zur Rechtfertigung vorgebrachten Gründe müssen aber, falls sie hinreichend gesichert sind, bei der Beweiswürdigung berücksichtigt werden, weil Zweifel an der Unparteilichkeit des Sachverständigen den Beweiswert seines Gutachtens (§ 402 Rn. 12) beeinträchtigen können.[66] Ein solches Vorgehen empfiehlt sich folglich nur, wenn ein geringeres Gewicht des Sachverständigenbeweises bei der Gesamtbewertung insbesondere durch andere Beweismittel wieder so ausgeglichen werden kann, dass insgesamt gleichwohl eine tragfähige Entscheidungsgrundlage besteht.

19 Der Beschluss bedarf **keiner Kostenentscheidung,** stets aber einer **Begründung,** also auch dann, wenn die Ablehnung (unanfechtbar; Rn. 21) für begründet erachtet wurde; das gebietet schon die Fürsorgepflicht des Gerichts gegenüber dem Sachverständigen. Die **Zustellung** einer nicht verkündeten Entscheidung ist nur im Falle einer Zurückweisung an den Antragsteller erforderlich (§§ 329 Abs. 2 S. 2, 406 Abs. 5 Halbs. 2); im Übrigen wird sie den Beteiligten formlos mitgeteilt (§ 329 Abs. 2 S. 1).

20 Die verfahrensfehlerhafte **Zurückweisung eines Ablehnungsgesuches in den Entscheidungsgründen** des Endurteils, rechtfertigt grundsätzlich die Berufung[67], weshalb das angefochtene Urteil aufzuheben und die Sache zurückzuverweisen ist (§ 538 Abs. 2 Nr. 1; vgl. auch § 512 u. Rn. 15). Etwas anderes kann nur gelten, wenn das Berufungsgericht in derselben Besetzung auch als Beschwerdegericht zuständig wäre und die Zu-

---

[60] OLG Nürnberg MDR 2002, 1269.

[61] Wie hier zB MK/*Zimmermann* Rn. 12; *Zö/Greger* Rn. 10. Ebenso (für Betreuungsverfahren) Bay ObLG NJWE-FER 1997, 235 = FamRZ 1997, 1288.

[62] OLG Köln MDR 1977, 57; *St/J/Leipold* Rn. 21; *Ro/S/Go/* § 120 Rn. 27.

[63] OLG Köln VersR 1993, 1502.

[64] *OLG Düsseldorf MDR 1994, 620.* Ebenso *B/L/H* Rn. 25; *Zö/Greger* Rn. 12; *Zi* Rn. 7. Letzterer erstaunlicherweise aber aA in MK/*Zimmermann* Rn. 7.

[65] Vgl. nur die Nachw. bei MK/*Zimmermann* Rn. 11 u. *B/L/H* Rn. 28.

[66] BGH NJW 1981, 2009f.

[67] OLG Köln MDR 1974, 761; OLG Hamm FamRZ 1976, 46; MK/*Zimmermann* Rn. 14; *Ro/S/Go/* § 120 Rn. 26.

rückweisung des Ablehnungsgrundes billigt. Dagegen konnte nach der Rechtslage vor dem ZPO-RG die Revision auf diesen Verstoß nicht gestützt werden;[68] das ist jetzt anders zu beurteilen, weil in der Entscheidung des OLG, wenn sie (richtig) durch Beschluss getroffen worden wäre, über die Zulassung der Rechtsbeschwerde zu befinden gewesen wäre (§ 574 Abs. 1 Nr. 2, Abs. 3 iVm. § 562 Abs. 2).

6. **Rechtsmittel.** Ist die Ablehnung für **begründet** erklärt worden, auch vom beauftragten oder ersuchten Richter (§ 405 Rn. 1), so findet keine Anfechtung statt (§ 406 Abs. 5 Halbs. 1). Wurde das Ablehnungsgesuch für **unbegründet** erklärt, findet gemäß § 406 Abs. 5 Halbs. 2 sofortige Beschwerde statt; stammt die angefochtene Entscheidung von einem beauftragten oder ersuchten Richter (§ 405 Rn. 1), ist (befristete) Erinnerung nach § 573 zulässig. Gegen den Beschluss des LG oder OLG als Beschwerdegericht findet Rechtsbeschwerde statt, wenn sie in dieser Entscheidung zugelassen wurde (§ 574 Abs. 1 Nr. 2, Abs. 3); ebenso ist es, wenn das in der zweiten Instanz gestellte Ablehnungsgesuch von LG oder OLG als Berufungsgericht zurückgewiesen wurde. Es besteht Anwaltszwang nach allgemeinen Regeln. Die Beschwerdeentscheidung hat einen Kostenausspruch nach §§ 91 ff. zu enthalten. 21

Da die Beschwerde **keine aufschiebende Wirkung** hat (§ 570 Abs. 1), ist der Erlass des Endurteils (vor Ablauf der Beschwerdefrist und) vor Erledigung des Beschwerdeverfahrens zwar nicht rechtsfehlerhaft, aber unzweckmäßig.[69] Erklärt nämlich das Beschwerdegericht die Ablehnung für begründet, so entzieht es der Beweiswürdigung im Endurteil nachträglich die Grundlage (Rn. 15). 22

IV. Gebühren und Kosten

1. **Rechtsanwaltsgebühren.** Die Tätigkeit des **Anwalts** bei der Ablehnung von Sachverständigen gehört zum Rechtszug, wird also durch die Gebühren der Nrn. 3100 ff. VV RVG abgegolten (§ 19 Abs. 1 Nr. 3 RVG). Ist der Anwalt **nicht Prozessbevollmächtigter,** erhält er die Gebühr aus Nr. 3403 VV RVG aus dem Wert des Zwischenstreites.[70] Zum **Beschwerdeverfahren** vgl. § 567 Rn. 29. 23

2. **Gerichtskosten.** Gerichtsgebühren werden nicht erhoben; für das Beschwerdeverfahren gilt KV Nr. 1811. 24

407 *Pflicht zur Erstattung des Gutachtens*

(1) Der zum Sachverständigen Ernannte hat der Ernennung Folge zu leisten, wenn er zur Erstattung von Gutachten der erforderten Art öffentlich bestellt ist oder wenn er die Wissenschaft, die Kunst oder das Gewerbe, deren Kenntnis Voraussetzung der Begutachtung ist, öffentlich zum Erwerb ausübt oder wenn er zur Ausübung derselben öffentlich bestellt oder ermächtigt ist.

(2) Zur Erstattung des Gutachtens ist auch derjenige verpflichtet, der sich hierzu vor Gericht bereit erklärt hat.

Der Zeuge, auch der sachverständige Zeuge (§ 414), ist zum Erscheinen vor Gericht und zur Aussage über seine Wahrnehmungen verpflichtet, weil er nicht ersetzbar ist (§ 373 Rn. 3, 9). Letzteres gilt für den Sachverständigen nicht. Folglich gibt es auch **keine allgemeine Pflicht zur Gutachtertätigkeit.** Die **Ausnahme** von diesem Grundsatz enthält § 407; in den dort genannten Fällen kommt eine Weigerung nur nach § 408 in Betracht (Folgen einer unzulässigen Verweigerung: §§ 409, 411 Abs. 2). 1

Die Pflicht zur Gutachtenerstattung besteht für den, der: 2

- **öffentlich bestellt ist** (§ 404 Rn. 4);
- **eine zur Gutachtenerstattung erforderliche Wissenschaft, Kunst oder Gewerbe öffentlich ausübt,** wobei „Gewerbe" hier jede auf dauernden Erwerb gerichtete, selbständige oder abhängige Tätigkeit meint, zB als Kaufmann, Landwirt oder als angestellter Apotheker;
- **zur Ausübung öffentlich bestellt oder ermächtigt ist,** also alle Personen mit einer Zulassung für ihren Beruf, zB Ärzte, Steuerberater usw., sowie alle Beamten, zB Universitätsprofessoren, auch wenn die Tätigkeit beispielsweise wegen Pensionierung nicht mehr ausgeübt wird;
- **sich zur Erstattung des Gutachtens bereit erklärt hat,** und zwar nicht allgemein, sondern für den konkreten Fall (Argument: „des Gutachtens"; „hat"), wobei nach überwiegender Meinung stillschweigende Entgegennahme eines entsprechenden gerichtlichen Ersuchens ohne unverzügliche Ablehnung genügen soll (sehr zweifelhaft).

407a *Weitere Pflichten des Sachverständigen*

(1) [1]Der Sachverständige hat unverzüglich zu prüfen, ob der Auftrag in sein Fachgebiet fällt und ohne die Hinzuziehung weiterer Sachverständiger erledigt werden kann. [2]Ist das nicht der Fall, so hat der Sachverständige das Gericht unverzüglich zu verständigen.

(2) [1]Der Sachverständige ist nicht befugt, den Auftrag auf einen anderen zu übertragen. [2]Soweit er sich der Mitarbeit einer anderen Person bedient, hat er diese namhaft zu machen und den Umfang ihrer Tätigkeit anzugeben, falls es sich nicht um Hilfsdienste von untergeordneter Bedeutung handelt.

---

[68] BGH NJW 1979, 720; NJW 1959, 293 = LM Nr. 3; aA BAG JZ 1960, 608; BSG MDR 1976, 83.
[69] BGH NJW 1972, 1133 f.
[70] *Zö/Herget* § 406 Rn. 17.

(3) [1]Hat der Sachverständige Zweifel an Inhalt und Umfang des Auftrages, so hat er unverzüglich eine Klärung durch das Gericht herbeizuführen. [2]Erwachsen voraussichtlich Kosten, die erkennbar außer Verhältnis zum Wert des Streitgegenstandes stehen oder einen angeforderten Kostenvorschuss erheblich übersteigen, so hat der Sachverständige rechtzeitig hierauf hinzuweisen.

(4) [1]Der Sachverständige hat auf Verlangen des Gerichts die Akten und sonstige für die Begutachtung beigezogene Unterlagen sowie Untersuchungsergebnisse unverzüglich herauszugeben oder mitzuteilen. [2]Kommt er dieser Pflicht nicht nach, so ordnet das Gericht die Herausgabe an.

(5) Das Gericht soll den Sachverständigen auf seine Pflichten hinweisen.

I. Normzweck

1 Die Vorschrift befasst sich, sozusagen spiegelbildlich zu § 404a (s. dort Rn. 1), mit den Pflichten des Sachverständigen im Interesse einer raschen und sachdienlichen Durchführung der Beweisaufnahme. Sie begründet deshalb für ihn bestimmte Prüfungs- und Erklärungspflichten (Abs. 1, Abs. 3 S. 1), auch zur Vermeidung unerwartet hoher Kosten (Abs. 3 S. 2), sowie eine Herausgabepflicht von Unterlagen (Abs. 4) und regelt seine Eigenverantwortlichkeit einschließlich der Befugnis zur Einschaltung von Gehilfen (Abs. 2). Die Bestimmung schließt – in Ergänzung des § 404a – mit der Aufforderung an das Gericht, den Sachverständigen auf diese Pflichten hinzuweisen (Abs. 5; bloße Ordnungsvorschrift).

II. Prüfungs- und Erklärungspflichten (Absatz 1, Absatz 3 S. 1)

2 Verlangt wird jeweils eine unverzügliche Prüfung (§ 121 Abs. 1 S. 1 BGB) zur Vermeidung von Verzögerungen, falls der Sachverständige ausgewechselt bzw. ein weiterer bestellt (§ 404 Abs. 1) oder eine Erläuterung oder Weisung zum Gutachtenauftrag gegeben (§ 404a Rn. 3) werden muss. Was im Einzelfall als „schuldhaftes Zögern" anzusehen wäre, kann bei umfangreichen Gutachtenaufträgen oder erkennbar großer Arbeitsbelastung des Sachverständigen zweifelhaft sein. In solchen Fällen empfiehlt sich deshalb eine telefonische Absprache, unter Umständen eine Fristsetzung für die Erklärung. Der Zeitaufwand für die Kompetenzprüfung wird grundsätzlich nicht vergütet.[1]

III. Eigenverantwortlichkeit und Einschaltung von Gehilfen (Absatz 2)

3 Da die Auswahl/Auswechslung eines Sachverständigen dem pflichtgemäßen Ermessen des Richters obliegt (Rn. 2; § 404 Rn. 3ff.), ist das Verbot des S. 1 folgerichtig (zur Heilung bei Verstoß § 295 Rn. 4). Der Sachverständige hat sein Gutachten deshalb eigenverantwortlich zu erstatten; nicht genügt, dass er es bloß unterschreibt oder sich damit „einverstanden" erklärt.[2] Erlaubt ist nach S. 2 allerdings die Zuziehung von **Gehilfen,** die aber im Gutachten unter Angabe des Umfangs ihrer Mitwirkung namhaft zu machen sind. Auch ihre berufliche Ausbildung und Stellung ist zwecks Überprüfung ihrer Sachkunde darzulegen; zwar können Gehilfen nicht nach § 406 abgelehnt werden[3], wohl aber der Sachverständige selbst, wenn er bei deren Auswahl nicht die gebotene Sorgfalt aufwendet (§ 406 Rn. 2). Allgemein gültige Regeln für den Einsatz solcher Mitarbeiter gibt es nicht, so dass auch wichtige Abschnitte der gutachtlichen Untersuchungen übertragen werden dürfen, beispielsweise dem Oberarzt durch den gerichtlich als Sachverständigen bestellten Chefarzt.[4] Die Grenze ist aber dann überschritten, wenn der Sachverständige selbst die Arbeiten nicht mehr überschaut[5] und auch die wissenschaftliche Auswertung und Gesamtbeurteilung der Ergebnisse dem Gehilfen überlässt oder dazu nicht mehr in der Lage ist. Erkennt das der Richter, so muss der ursprünglich ernannte Sachverständige entlassen und gegebenenfalls der Gehilfe zum Sachverständigen ernannt werden (§ 404 Rn. 3). Diese Grundsätze gelten aber nicht für bloße **Hilfsdienste von untergeordneter Bedeutung**[6], zB von medizinisch-technischen Assistentinnen, Vorarbeiten bei Vermessungen und Grabungen, Sammlung von Material, Schreibarbeiten.

IV. Kostenumfang (Absatz 3 S. 2)

4 Aus den im Beweisbeschluss von den Parteien angeforderten **Auslagenvorschuss** (§ 379; § 402 Rn. 14) ergibt sich, wie der Kostenaufwand bisher veranschlagt wurde. Erkennt der Sachverständige, dass die tatsächlichen Kosten diese Kalkulation voraussichtlich „erheblich übersteigen" werden (Faustregel in der Praxis: um wenigstens 20 Prozent), so muss er darauf rechtzeitig, dh. sobald wie möglich, hinweisen. Das Gericht wird dann weiteren Vorschuss anfordern (§ 379 Rn. 6), was den Parteien Gelegenheit gibt, die Fortführung des Prozesses zu überdenken (vgl. § 379 Rn. 5); im Falle einer Klagerücknahme oder anderweitigen Einigung der Parteien muss der Sachverständige dann für die bisher erbrachten Leistungen eine Vergütung erhalten. Eine Hinweispflicht besteht aber auch, wenn die voraussichtlichen Kosten erkennbar **außer Verhältnis zum Wert des Streitgegenstandes** (Faustregel in der Praxis: ca. 50 Prozent vom Streitwert) stehen; diese Alternative kommt hauptsächlich in Betracht bei nach § 144 von Amts wegen angeordnetem

---

[1] BGH MDR 1979, 754.
[2] BVerwG NJW 1984, 2645; OLG Frankfurt MDR 1983, 849.
[3] OLG Zweibrücken MDR 1986, 417; *Zö/Greger* Rn. 2. AA MK/*Zimmermann* Rn. 6.
[4] OLG Frankfurt VersR 1994, 610. Vgl. auch *B/L/H* Rn. 5, 6.
[5] *Müller,* Der Sachverständige im gerichtlichen Verfahren, 3. Aufl. 1988, Rn. 538f.; *Bleutge* NJW 1985, 1185f.
[6] Mit Recht krit. zu dieser Unterscheidung *Zö/Greger* Rn. 2 aE.

Sachverständigenbeweis (der nicht von einem Auslagenvorschuss abhängt; § 402 Rn. 14) oder bei Kostenfreiheit der Partei (§ 379 Rn. 3). Folgen bei Verstoß Rn. 7.

V. Herausgabe-/Mitteilungspflicht (Absatz 4)

Sie kommt bei Wechsel des Sachverständigen (§ 404 Abs. 1 S. 3), zB auch nach erfolgreicher Ablehnung (§ 406 Rn. 15, 18; vgl. auch § 412 Abs. 2), und einer weiteren Begutachtung (§ 412 Abs. 1) in Betracht, damit der neue Sachverständige ohne Verzögerung seine Tätigkeit mit den dafür benötigten **Akten des Gerichts** und dem erforderlichen Wissen (Mitteilungspflicht) aufnehmen kann. Die Herausgabe der für die Begutachtung beigezogenen **Unterlagen** (zB Krankheitsgeschichte, Fotos, Baupläne) kann außerdem zur Beurteilung eines Ablehnungsgesuches von Bedeutung sein (§ 406 Rn. 6). Sie und vor allem die **Untersuchungsergebnisse** (zB Statistiken, Vergleichsberechnungen, Zwischenergebnisse), die – falls nicht schriftlich vorhanden – mitzuteilen sind, benötigt der Richter aber auch oft zur kritischen Überprüfung und Würdigung des Gutachtens (§ 402 Rn. 12). 5

Kommt der Sachverständige diesen Pflichten nicht nach, so trifft das Gericht nach S. 2 eine **Herausgabeanordnung,** welche die davon betroffenen Akten, Unterlagen oder Untersuchungsergebnisse genau bezeichnen muss; zweckmäßig ist außerdem Fristsetzung und Zustellung (für den Zugangsnachweis). Die Anordnung kann nicht angefochten werden[7] und ist Vollstreckungstitel zur zwangsweisen Beitreibung[8] (§ 1 Abs. 1 Nr. 2b JBeitrO). Ein Zurückbehaltungsrecht, zB wegen offener Vergütungsansprüche, hat der Sachverständige nicht; Folgen bei Weigerung vgl. § 409. 6

VI. Folgen von Pflichtverletzungen

Ein **Schadensersatzanspruch** einer Partei gegen den Sachverständigen wegen Verstoßes gegen § 407a Abs. 1, Abs. 3 S. 1 scheitert daran, dass diese Regelungen kein Schutzgesetz im Sinn des § 823 Abs. 2 BGB sind.[9] Denkbar wäre nämlich nur ein Vermögensschaden wegen Zeitverzögerungen; § 407a Abs. 1, Abs. 3 S. 1 will aber nicht das Vermögen der Partei schützen, sondern dient anderen Zwecken (Rn. 1). Macht eine Verletzung von § 407a Abs. 2 das Gutachten unverwertbar, so gilt § 402 Rn. 10. Hat der Sachverständige gegen seine Hinweispflicht nach § 407a Abs. 3 S. 2 verstoßen, so muss er eine **Kürzung seiner Vergütungsansprüche** hinnehmen, soweit er für sein Gutachten gleichwohl erheblich mehr als den ihm bekannten Auslagenvorschuss fordert oder sein Verlangen außer Verhältnis zum Streitwert steht (Rn. 4);[10] darauf sollte er aber durch das Gericht vorher hingewiesen worden sein (§ 407a Abs. 5). Macht der Sachverständige geltend, dass die Parteien nach erfolgtem Hinweis auf die Mehrkosten mit seiner weiteren Tätigkeit einverstanden gewesen wären, so ist er dafür beweispflichtig.[11] Zu **anderen vergütungsrechtlichen Nachteilen** wegen der genannten Pflichtverletzungen vgl. § 413 Rn. 2. 7

408 *Gutachtenverweigerungsrecht*

(1) **[1]Dieselben Gründe, die einen Zeugen berechtigen, das Zeugnis zu verweigern, berechtigen einen Sachverständigen zur Verweigerung des Gutachtens. [2]Das Gericht kann auch aus anderen Gründen einen Sachverständigen von der Verpflichtung zur Erstattung des Gutachtens entbinden.**

(2) [1]Für die Vernehmung eines Richters, Beamten oder einer anderen Person des öffentlichen Dienstes als Sachverständigen gelten die besonderen beamtenrechtlichen Vorschriften. [2]Für die Mitglieder der Bundes- oder einer Landesregierung gelten die für sie maßgebenden besonderen Vorschriften.

(3) Wer bei einer richterlichen Entscheidung mitgewirkt hat, soll über Fragen, die den Gegenstand der Entscheidung gebildet haben, nicht als Sachverständiger vernommen werden.

Ist der Sachverständige nach § 407 zur Gutachtenerstattung verpflichtet (§ 407 Rn. 1), so darf er das **Gutachten verweigern (Abs. 1),** soweit er als Zeuge nach §§ 383, 384 zur Zeugnisverweigerung berechtigt wäre. Gegebenenfalls kommt es deshalb zum Zwischenstreit gemäß §§ 386–389 (s. die Erläuterungen dort); nach rechtskräftiger Entscheidung (§ 387 Abs. 3) wird gemäß § 409 (§ 411 Abs. 2) verfahren. Diesen umständlichen und zeitaufwendigen Weg sollte ein Gericht aber nur einschlagen, wenn kein anderer Sachverständiger zur Verfügung steht. Ist letzteres der Fall, so kann nämlich der ernannte Sachverständige auch von der Verpflichtung zur Gutachtenerstattung entbunden (§ 408 Abs. 1 S. 2) und ein neuer bestellt werden (§ 404 Abs. 1 S. 3); die Parteien sind im Falle des § 404 Abs. 4 vorher zwingend zu hören, sonst „tunlichst“ (§ 360 S. 4). Zuständig ist, wer den früheren Sachverständigen ernannt hat, §§ 404 Abs. 1 S. 1, 405. Die Entscheidung ist stets unanfechtbar, § 355 Abs. 2. Ein Vorgehen nach § 408 Abs. 1 S. 2 kommt „auch“ (vgl. Gesetzeswortlaut) in anderen Fällen in Betracht, zB bei Arbeitsüberlastung des Sachverständigen oder Zweifeln an seiner Unparteilichkeit ohne Ablehnungsgesuch. 1

---

[7] MK/*Zimmermann* Rn. 19; Zö/*Greger* Rn. 4.

[8] Rechtsbehelf dagegen: § 766, näher vgl. MK/*Zimmermann* Rn. 21.

[9] MK/*Zimmermann* Rn. 3, 10.

[10] OLG Nürnberg NJW-RR 2003, 791 (Kürzung auf nicht mehr als 120 % des Vorschusses); OLG Köln MDR 1990, 559; OLG Celle NJW-RR 1997, 1295 (Kürzung auf 125 %).

[11] OLG Nürnberg OLGR 2006, 842.

2 Bei **Sachverständigentätigkeit eines Richters** (außerhalb von § 41 Abs. 1 DRiG), **Beamten oder einer anderen Person des öffentlichen Dienstes (Abs.** 2) benötigen diese Personen eine Nebentätigkeitsgenehmigung, die sie selbst einzuholen haben.

3 Nach **früherer Richtertätigkeit (Abs.** 3), auch ehrenamtlich (zB Schöffe oder Schiedsrichter), soll nicht gutachtlich zu Fragen Stellung genommen werden, die den Gegenstand der Entscheidung gebildet haben. Die Bestimmung ist bloße Ordnungsvorschrift, ihre Beachtung aber vornehme Pflicht; der Sachverständige wird folglich nach § 408 Abs. 1 S. 2 entbunden.

409 *Folgen des Ausbleibens oder der Gutachtenverweigerung* **(1) [1]Wenn ein Sachverständiger nicht erscheint oder sich weigert, ein Gutachten zu erstatten, obgleich er dazu verpflichtet ist, oder wenn er Akten oder sonstige Unterlagen zurückbehält, werden ihm die dadurch verursachten Kosten auferlegt. [2]Zugleich wird gegen ihn ein Ordnungsgeld festgesetzt. [3]Im Falle wiederholten Ungehorsams kann das Ordnungsgeld noch einmal festgesetzt werden.**

(2) Gegen den Beschluss findet sofortige Beschwerde statt.

1 Die Vorschrift regelt an Stelle der für den Zeugenbeweis geltenden §§ 380, 390 (§ 402 Rn. 14) die Folgen bei Ausbleiben des Sachverständigen oder dessen Gutachtenverweigerung; im Unterschied dazu gibt es hier weder (Ersatz-)Ordnungshaft noch Vorführung. Auch § 409 verfolgt den **Zweck,** die Durchführung des Sachverständigenbeweises zu gewährleisten. Diese Vorschrift gilt aber nicht bei bloßer Verzögerung des Gutachtens (dann: § 411 Abs. 2).

2 Als Voraussetzungen für Maßnahmen nennt Abs. 1:
- **Nichterscheinen** (grundsätzlich entsprechend § 380 Rn. 2), also Ausbleiben trotz ordnungsgemäßer Ladung sowie Erscheinungspflicht (außer § 408 Abs. 1 S. 1 iVm. § 386 Abs. 3 und § 408 Abs. 1 S. 2) und fehlender Entschuldigung;
- **Weigerung** (grundsätzlich entsprechend § 390 Rn. 1) trotz Pflicht zur Gutachtenserstattung (§ 408; außer § 408 Abs. 1 S. 2) und rechtskräftiger Zurückweisung des Weigerungsgrundes (§ 408 Rn. 1) oder Verweigerung einer mündlichen Erläuterung (§ 411 Rn. 11);
- **Zurückbehaltung von Akten und sonstigen Unterlagen** (§ 407a Abs. 4), falls Herausgabeanordnung besteht (§ 407a Rn. 6).

3 Wegen der **Folgen,** also wegen der Auferlegung von Kosten und der Festsetzung von Ordnungsgeld (Abs. 1), gelten die Erläuterungen nach § 380 Rn. 3–5 mit den oben (Rn. 1) genannten Einschränkungen. Es ist **sofortige Beschwerde** (Abs. 2) für den Sachverständigen statthaft, bei unterbliebener Kostenentscheidung auch für die Parteien; im Übrigen vgl. § 380 Rn. 6, 7. Hat eine – auch wiederholte – Maßnahme keinen Erfolg, wird das Gericht einen anderen Sachverständigen mit einer neuen Begutachtung beauftragen (§ 412 Abs. 1) mit der Folge, dass das frühere Gutachten seinen Wert und der bisherige Sachverständige seinen Vergütungsanspruch verliert,[1] worauf dieser zuvor hinzuweisen ist.

4 **Rechtsanwaltsgebühren.** Vertritt der **Anwalt** einen Sachverständigen in einem Zwischenstreit über die Berechtigung zur Verweigerung des Gutachtens, fallen die Gebühren gemäß Nr. 3100 VV RVG an.[2]

5 **Gerichtskosten.** Gerichtsgebühren werden nicht erhoben; für das Beschwerdeverfahren gilt KV Nr. 1811.

410 *Sachverständigenbeeidigung* **(1) [1]Der Sachverständige wird vor oder nach Erstattung des Gutachtens beeidigt. [2]Die Eidesnorm geht dahin, dass der Sachverständige das von ihm erforderte Gutachten unparteiisch und nach bestem Wissen und Gewissen erstatten werde oder erstattet habe.**

(2) Ist der Sachverständige für die Erstattung von Gutachten der betreffenden Art im Allgemeinen beeidigt, so genügt die Berufung auf den geleisteten Eid; sie kann auch in einem schriftlichen Gutachten erklärt werden.

1 **Regelungszweck** der Vorschrift ist nur, wie die Beeidigung durchgeführt, nicht aber, ob sie angeordnet wird.[1] Für die Anordnung der **Beeidigung** gelten deshalb grundsätzlich die Erörterungen zu § 391 mit folgenden Besonderheiten: Eine Beeidigung zur Herbeiführung eines „wahrheitsgemäßen Gutachtens" kommt nicht in Betracht; hat das Gericht insoweit Zweifel, wird nach § 412 verfahren. Auch die andere Alternative („Bedeutung des Gutachtens") ist kaum einschlägig, weil dem Sachverständigenbeweis wegen der fehlenden Sachkunde des Gerichts stets Bedeutung zukommt. Der Sachverständige wird also grundsätzlich unbeeidigt bleiben; in der Praxis ist ein Verzicht der Parteien ohnehin die Regel. Die Anordnung der Beeidigung muss in jedem Fall (auch bei § 410 Abs. 2) durch Beschluss des Prozessgerichtes erfolgen;[2] eine vom Sachverständigen selbständig am Ende seines schriftlichen Gutachtens abgegebene „eidestattliche Versicherung" ist folglich ohne Bedeutung. Abnahme des Eides: Vor- oder Nacheid, § 410 Abs. 1 S. 1; Eidesnorm (§ 410 Abs. 1 S. 2) oder Berufung auf den geleisteten Eid (§ 410 Abs. 2); Verfahren §§ 478 ff. Bei unberechtigter Eidesverweigerung gilt § 409 entsprechend.

---

[1] OLG Brandenburg MDR 2005, 1131.

[2] Streitig, zum bish. Recht wie hier *G/S/E* § 37 Rn. 7 m. weit. Nachw.; aA *Riedel/Sußbauer/Schneider* § 118 Rn. 10 (Gebühren gemäß § 118 BRAGO).

[1] BGH NJW 1998, 3355, 3356.

[2] *Peters* NJW 1990, 1832.

Der Eid betrifft das Gutachten einschließlich Befundtatsachen (§ 404a Rn. 5), nicht aber die Zusatztatsachen[3], die der Sachverständige zwar bei Erledigung des Gutachtenauftrages, aber ohne Einsatz seiner Sachkunde feststellt; kommt es auf sie an, muss er als Zeuge vernommen und beeidigt werden. Zur Haftung des Sachverständigen § 402 Rn. 9. 2

411 *Schriftliches Gutachten* **(1) Soll das Gericht dem Sachverständigen eine Frist setzen, innerhalb derer er das von ihm unterschriebene Gutachten zu übermitteln hat.**

(2) [1]Versäumt ein zur Erstattung des Gutachtens verpflichteter Sachverständiger die Frist, so kann gegen ihn ein Ordnungsgeld festgesetzt werden. [2]Das Ordnungsgeld muss vorher unter Setzung einer Nachfrist angedroht werden. [3]Im Falle wiederholter Fristversäumnis kann das Ordnungsgeld in der gleichen Weise noch einmal festgesetzt werden. [4]§ 409 Abs. 2 gilt entsprechend.

(3) Das Gericht kann das Erscheinen des Sachverständigen anordnen, damit er das schriftliche Gutachten erläutere.

(4) [1]Die Parteien haben dem Gericht innerhalb eines angemessenen Zeitraums ihre Einwendungen gegen das Gutachten, die Begutachtung betreffende Anträge und Ergänzungsfragen zu dem schriftlichen Gutachten mitzuteilen. [2]Das Gericht kann ihnen hierfür eine Frist setzen; § 296 Abs. 1, 4 gilt entsprechend.

I. Normzweck

Das Gericht kann eine mündliche oder schriftliche Begutachtung anordnen. Mit der zuletzt genannten Form befasst sich § 411. Die Vorschrift regelt zunächst in dem – durch das 2. JuMoG neu gefassten (Rn. 5) – **Abs. 1** die Fristsetzung zur Gutachtenserstattung und die Förmlichkeiten der Gutachtensübermittlung zwecks Beschleunigung; die Folgen bei Säumnis des Sachverständigen bestimmt **Abs. 2.** Mit dem Verfahren nach Eingang des Gutachtens befasst sich **Abs. 4,** der im Interesse einer Verfahrensbeschleunigung bestimmte Pflichten für die Parteien begründet. Trotz der angeordneten schriftlichen Begutachtung kann schließlich das Erscheinen des Sachverständigen zur mündlichen Erläuterung angeordnet werden (**Abs. 3**). 1

II. Art und Anordnung der Begutachtung

1. Wahl zwischen mündlicher und schriftlicher Begutachtung. Sie steht im pflichtgemäßen Ermessen des Gerichts, einer Zustimmung der Parteien bedarf es nicht.[1] Eine mündliche Gutachtenerstattung hat hauptsächlich den Vorteil, dass sie in aller Regel früher stattfinden kann. Gleichwohl empfiehlt sich dieses Verfahren nur, wenn Parteien und Gericht – trotz der ihnen fehlenden Sachkunde – voraussichtlich in der Lage sein werden, nicht nur dem mündlichen Gutachten zu folgen, sondern es sogleich auch kritisch zu verarbeiten, Einwendungen vorzubringen oder Ergänzungsfragen zu stellen; Beispiel: Durchschnittlicher Verkehrsunfallprozess mit streitigem Unfallhergang. Bei schwierigeren medizinischen oder technischen Beweisthemen wird das aber gerade nicht der Fall sein. Deshalb müssen bei solchen Sachverhalten die Parteien nach Übersendung des Vernehmungsprotokolls grundsätzlich die Möglichkeit zur Stellungnahme haben, auch um sich etwa selbst anderweit sachverständig beraten zu lassen;[2] es wird also ohnehin ein neuer Termin erforderlich. Dann aber ist die Erholung eines schriftlichen Gutachtens von vornherein der bessere Weg, der dem Sachverständigen eine gezielte Vorbereitung und Parteien und Gericht eine gründliche Vorprüfung des erstellten Gutachtens für die Verhandlung (§ 285) ermöglicht. Die **Anordnung** der einen oder anderen Art der Begutachtung erfolgt grundsätzlich im Beweisbeschluss, im Falle eines mündlichen Gutachtens auch gemäß § 273 Abs. 3 Nr. 4 (§ 403 Rn. 1). 2

2. Verfahren bei mündlichen Gutachten. Es entspricht grundsätzlich einer Zeugenvernehmung (vgl. §§ 394–397 u. die Erläuterungen dort). Oft empfiehlt es sich, den Sachverständigen schon vorher an Zeugenvernehmungen teilnehmen zu lassen[3] oder zu einem Ortstermin zuzuziehen (§ 372 Abs. 2); er kann die dort zu erhebenden Anknüpfungstatsachen (§ 404a Rn. 4ff.) oft durch sachdienliche Fragen oder Anregungen weiter aufklären helfen. Bei der Vernehmung zur Person sollte regelmäßig nach Ausbildung, Qualifikation und forensischer Erfahrung gefragt werden (§§ 395 Abs. 2, 402). Vor der Vernehmung zur Sache muss Klarheit zum unstreitigen Sachverhalt bzw. bei streitigen Tatsachen dazu herrschen, was zu Grunde zu legen ist (§ 404a Rn. 4). Zur Beeidigung vgl. § 410, zur Protokollierung § 396 Rn. 3. Bleibt der Sachverständige in der mündlichen Verhandlung aus, so gilt § 409. 3

III. Schriftliches Gutachten (Absätze 1, 2, 4)

1. Verfahren. Wurde schriftliche Begutachtung angeordnet (Rn. 2 aE), ist der Sachverständige (unter Rückgane der Akten) zur **Übermittlung des Gutachtens** an die Geschäftsstelle des Gerichts verpflichtet, **§ 411 Abs. 1;** aus dem Sprachgebrauch („übermitteln", früher:"niederlegen") folgt, dass der Sachverständige auch den elektronischen Übertragungsweg benutzen darf. Bevor der Vorsitzende die Hinausgabe an 4

---

[3] MK/*Zimmermann* Rn. 2.

[1] BGHZ 6, 398 = NJW 1952, 1214.

[2] BGH NJW 1988, 2302; 1982, 1335.

[3] § 394 Abs. 1 steht nicht entgegen; die entsprechende Anwendung dieser Vorschrift beim Sachverständigenbeweis (§ 402 Rn. 14) meint die Vernehmung mehrerer Gutachter.

die Parteien veranlasst, sind die **Formalien** zu überprüfen, vor allem ob der Sachverständige das Gutachten unterschrieben, Gehilfen und deren Beitrag namhaft gemacht (§ 407a Rn. 3) und die Befundtatsachen (§ 404a Rn. 5) offen gelegt hat; auch die von einer Partei oder Dritten „vertraulich" überlassenen Unterlagen müssen bezeichnet und der Überprüfung zugänglich gemacht werden, selbst wenn ein nachvollziehbares Interesse an Geheimhaltung besteht, zB zu Vergleichsmieten[4] oder Betriebs- und Geschäftsgeheimnissen.[5] Hat der Sachverständige dagegen verstoßen, so droht die Ablehnung wegen Besorgnis der Befangenheit (§ 406 Rn. 6, 9); dem kann der Richter vorbeugen, wenn er das Gutachten zurückgibt und eine Überarbeitung verlangt. Wird das versäumt, so ist das Gutachten auch ohne ausdrückliches Ablehnungsgesuch unverwertbar (§ 404a Rn. 5).

5 **2. Fristsetzung und Fristversäumung.** Nach dem – durch das 2. JuMOG[6] neu gefassten – **§ 411 Abs. 1** „soll" das Gericht dem Sachverständigen eine **Frist** zur Gutachtensübermittlung (Rn. 4) setzen. Durch diese Formulierung (früher: „kann") wird das Ermessen gemäß dem Normzweck der Verfahrensbeschleunigung (Rn. 1) dahin eingeschränkt, dass das Gericht regelmäßig eine Frist zu setzen „hat",[7] weshalb darauf nur bei besonderen Umständen des Einzelfalls verzichtet werden kann (Beispiel: Der Richter weiß, dass der Sachverständige gerade zur kurzfristigen Gutachtenserstellung in der Lage ist). Ob sich aber alleine wegen einer Fristsetzung das Verfahren beschleunigen lässt, darf aus praktischer Sicht bezweifelt werden, weil ein solches Vorgehen am Arbeits- und Terminsdruck von Gutachtern nichts ändert, den der Richter regelmäßig zudem nicht kennt. Das gilt umso mehr, als der Gesetzgeber eine Parallelregelung in § 407a Abs. 1 versäumt hat; dort hätte als neue Pflicht des Sachverständigen aufgenommen werden müssen, das Gericht unverzüglich zu unterrichten, wenn die gesetzte Frist nicht eingehalten werden kann. Folglich wird sich in der Praxis (weiterhin) empfehlen, vor einer Fristsetzung bei dem in Aussicht genommenen Sachverständigen zu klären, in welchem Zeitraum er den Auftrag erledigen kann, um notfalls gleich einen anderen Gutachter auszuwählen. Das erspart später das umständliche Verfahren nach § 411 Abs. 2, an dem die Neuregelung nicht ändert.

5a **Zuständig** ist das Gericht (nicht der Vorsitzende)[8], wie aus dem Wortlaut der Vorschrift folgt; es handelt sich nicht bloß um eine vorbereitende Maßnahme[9], vielmehr um die Schaffung der Grundlage für Zwangsmaßnahmen mit auch sonst weit reichenden Folgen (Rn. 6). Die Entscheidung ist wegen § 329 Abs. 2 S. 2 zuzustellen. Die Frist muss angemessen sein, also Umfang und Schwierigkeitsgrad des Beweisthemas sowie die Arbeitsbelastung des Sachverständigen hinreichend berücksichtigen, ebenso die seit Aktenübersendung schon vergangene Zeit. Wird die Frist versäumt, so muss zunächst **Ordnungsgeld unter Setzung einer Nachfrist angedroht** werden, **§ 411 Abs. 2 S. 2.** Auch hier entscheidet das Gericht (Zustellung, § 329 Abs. 2 S. 2); schon dieser Beschluss ist anfechtbar[10] (§§ 411 Abs. 2 S. 4, 409 Abs. 2); (Einzelheiten zum Beschwerdeverfahren vgl. § 380 Rn. 6, 7). Frist und Nachfrist können verkürzt oder verlängert werden, §§ 224, 225.

6 Nach fruchtlosem Ablauf der Nachfrist kann gegen den Sachverständigen gemäß **§ 411 Abs. 2 S. 1 Ordnungsgeld festgesetzt** werden (zu Höhe, Zustellung und Vollstreckung vgl. § 380 Rn. 3). Voraussetzung ist neben der Pflicht zur Gutachtenerstattung (§ 407) und einem ordnungsgemäßen Verfahren (Rn. 5, 5 a) ein Verschulden des Sachverständigen an der Säumnis; das kann mit dem bloßen Hinweis auf Arbeitsüberlastung nicht ausgeräumt werden.[11] Der Beschluss, der zuzustellen und mit Beschwerde anfechtbar ist, enthält zweckmäßigerweise eine zweite Nachfrist mit einer erneuten Androhung von Ordnungsgeld. Verstreicht auch sie ergebnislos, so wird der Sachverständige entlassen (§§ 404 Abs. 1 S. 3, 360), der damit seinen Vergütungsanspruch verliert (§ 413 Rn. 2); einen Hinweis darauf sollte schon der Beschluss enthalten.

7 **3. Pflichten der Parteien nach Übermittlung des Gutachtens (Abs. 4).** Gemäß S. 1 müssen die Parteien innerhalb eines angemessenen Zeitraums Einwendungen (zB wegen Lücken, Widersprüchen oder abweichenden Auffassungen in der Fachliteratur), Anträge (hauptsächlich auf Erläuterung des Gutachtens, Beeidigung, Vorlage von Material) und Ergänzungsfragen zu Arbeits-/Untersuchungsmethoden oder in sachlicher Hinsicht mitteilen. Dafür kann eine Frist gesetzt werden (S. 2 Halbs. 1; Zustellung wegen Halbs. 2, vgl. § 329 Abs. 2 S. 2), die ausreichend Zeit[12] lassen muss zur Überprüfung des Gutachtens, gegebenenfalls auch unter anderweiter sachverständiger Beratung (Rn. 2); auf die Folgen der Nichtbeachtung (Rn. 8) muss gleichzeitig hingewiesen werden.[13] Diese Frist ist im Allgemeinen auch maßgeblich für die Geltendmachung von aus dem Gutachten hergeleiteten Ablehnungsgründe (§ 406 Rn. 14). **Zuständig** für die Fristsetzung ist, wie aus dem Wortlaut folgt, das Gericht (nicht der Vorsitzende), was wegen der zwingenden gesetzlichen Zuständigkeitsregeln im Hinblick auf die Folgen einer Präklusion hinzunehmen ist (§ 296 Rn. 11);[14] die Problematik war dem Gesetzgeber bekannt, der im Rahmen des ZPO-RG gleichwohl nur bei § 275 Abs. 4 eine Änderung vorgenommen hat (§ 296 Rn. 7). Einem **Antrag auf Ladung** zwecks Erläuterung des Gut-

---

[4] BVerfG NJW 1997, 1909; 1995, 40; BGH NJW 1994, 2899 (Bekanntgabe von Vergleichsobjekten und -preisen).
[5] BGHZ 116, 47 = NJW 1992, 1817; ausf. dazu *Kürschner* NJW 1992, 1804.
[6] Art. 10 Nr. 4 dieses am 31. 12. 2006 in Kraft getretenen Gesetzes, BGBl. I S. 3416.
[7] BT-Drucks. 16/3038, S. 38.
[8] OLG Neustadt MDR 1956, 175; MK/*Zimmermann* Rn. 6. *Sae/Eichele* Rn. 3; aA zB *Zö/Greger* Rn. 6.
[9] So *Zö/Greger* aaO:
[10] OLG München MDR 1980, 1029.
[11] OLG Celle NJW 1972, 1524.
[12] OLG Düsseldorf NJW-RR 1996, 1527 (10 Wochen bei technisch nicht einfachem Sachverständigengutachten).
[13] BGH NJW-RR 2006, 428.
[14] BGH NJW-RR 2001, 1431, 1432.

achtens ist grundsätzlich zu entsprechen, selbst wenn der Richter die schriftliche Begutachtung für ausreichend und überzeugend hält.[15] Die Parteien haben ein Recht auf Befragung des Sachverständigen (§§ 402, 397), weshalb sie auch nur anzugeben brauchen, in welcher Richtung sie durch ihre Fragen, die nicht präzise ausformuliert sein müssen, eine weitere Aufklärung herbeizuführen wünschen.[16] Wegen der voraussichtlichen Kosten kann ein Auslagenvorschuss (§ 379) angefordert werden, außer der Sachverständigenbeweis wurde von Amts wegen angeordnet (§ 402 Rn. 14) oder das Gericht hält selbst eine Erläuterung für erforderlich (Rn. 9, 10).

Trotz eines Antrages auf Ladung kann aber zunächst ein **Ergänzungsgutachten** des Sachverständigen eingeholt werden, wenn das wegen der Schwierigkeit der Sache (zB in Bauprozessen) besser geeignet erscheint, die Einwendungen zu erledigen;[17] nach Eingang des Ergänzungsgutachtens ist die Partei zu befragen, ob sich nun ihr Antrag auf Ladung erledigt hat. Ein solches Vorgehen ist auch geboten, wenn die Partei zusammen mit ihrer Stellungnahme zu dem ihr übersandten Sachverständigengutachten ein Privatgutachten mit abweichendem Ergebnis vorlegt.[18] Bei Einwänden gegen das Ergänzungsgutachten gelten die vorstehenden Erläuterungen entsprechend; der Sachverständige muss zur mündlichen Verhandlung geladen werden, wobei es nicht darauf ankommt, ob das Gericht noch Erläuterungsbedarf sieht oder ob es schon überzeugt ist oder ob eine Änderung des Gutachtens/Ergänzungsgutachtens erwartet werden kann.[19]

Eine **Zurückweisung verspäteter Anträge und Einwendungen** gemäß §§ 296 Abs. 1, 411 Abs. 4 S. 2 erfolgt in den Entscheidungsgründen des Urteils. Fehlte es an einer Fristsetzung samt Belehrung (Rn. 7), so kommt ein Vorgehen nach §§ 282 Abs. 2, 296 Abs. 2 (unter den dort genannten erschwerten Voraussetzungen) in Betracht; ein Antrag auf Ladung im Sinne der zuletzt genannten Vorschriften ist rechtzeitig, wenn er in demjenigen Termin gestellt wird, in welchem über das Gutachten gemäß § 285 verhandelt wird.[20] Im Übrigen ist eine **Ablehnung** möglich, wenn die angekündigten Einwendungen oder Ergänzungsfragen nicht (mehr) entscheidungserheblich sind oder die Anträge völlig unsubstantiiert oder ohne jegliche Begründung (vgl. aber Rn. 7) und damit rechtsmissbräuchlich gestellt wurden.[21] Trotz der Möglichkeit, Anträge und Einwendungen der Parteien zurückzuweisen, kann aber eine Ladung des Sachverständigen zur Erläuterung des Gutachtens von Amts wegen nach § 411 Abs. 3 geboten sein (s. Rn. 9, 10). 8

IV. Mündliche Erläuterung des schriftlichen Gutachtens (Absatz 3)

1. Grundsätze. Einem rechtzeitig gestellten Antrag einer Partei auf Ladung des Sachverständigen zwecks Befragung muss stattgegeben werden (Rn. 7). Dazu werden dem Sachverständigen die eingereichten Schriftsätze übersandt. Auch wenn die Fragen der Parteien zu wenig präzise formuliert sind, dürfen sie nicht unberücksichtigt bleiben (Rn. 7), es genügt die allgemeine Angabe, wo die Partei noch Klärungsbedarf sieht;[22] gegebenenfalls hat das Gericht die Erläuterungsbedürftigkeit des Gutachtens auf konkrete entscheidungserhebliche Punkte hin aufzuzeigen.[23] Wird der Antrag auf Ladung übergangen, ist der Anspruch auf rechtliches Gehör verletzt.[24] Im Übrigen „kann" das Gericht das Erscheinen des Sachverständigen anordnen, damit er das schriftliche Gutachten erläutere, § 411 Abs. 3. Dabei handelt es sich aber um ein **gebundenes Ermessen** (revisionsrechtlich überprüfbar), weshalb vorhandene Aufklärungsmöglichkeiten zur Beseitigung von Zweifeln und Unklarheiten nicht ungenützt bleiben dürfen.[25] Unter diesen Voraussetzungen muss der Richter selbst bei verspäteten oder missbräuchlichen Anträgen (Rn. 7, 8) den Sachverständigen laden (unverzichtbare Verfahrensvorschrift, § 295 Rn. 3); **Beispiele:** Dunkelheiten oder Widersprüchlichkeiten in entscheidungserheblichen Punkten[26], auch wenn unklar ist, welche Anknüpfungstatsachen der Sachverständige zu Grunde gelegt[27] oder wie er Befundtatsachen ermittelt hat (§ 404a Rn. 4, 5); Widersprüche zu früheren Ausführungen,[28] über die sich das Gericht mangels Sachkunde nicht mit einer eigenen Interpretation hinwegsetzen darf;[29] sich widersprechende Gutachten mehrerer (näher § 412 Rn. 4) oder desselben Sachverständigen;[30] schon vorliegende oder als Einwendung eingereichte und abweichende Par- 9

---

15 BGH NJW-RR 2007, 212; NZBau 2000, 249; OLG München OLGR 2004, 126.
16 BGH NJW 1994, 2959f.; 1975, 2142; BGHZ 24, 9, 15 = NJW 1957, 870; OLG Zweibrücken FamRZ 1999, 940, 941; OLG München OLGR 2001, 330 (Arzthaftung). Vgl. auch *Balzer* Rn. 224.
17 OLG Düsseldorf BauR 1999, 512.
18 BGH NJW 2001, 77f.; NJW-RR 2000, 44.
19 BGH NJW-RR 2002, 1417; dazu *Deubner* JuS 2003, 272f.
20 BGH NJW 1988, 3019 (LS) = NJW-RR 1988, 1291; BGHZ 35, 370, 373 = NJW 1961, 2308.
21 BGH NJW 1998, 162; 1994, 1286f.; OLG Oldenburg NJW-RR 1999, 178.
22 BGH NJW-RR 2007, 212.
23 Ähnlich OLG Bremen NJW-RR 2001, 213.
24 BVerfG NJW 1998, 2273.
25 BGH NJW-RR 1997, 1487; NJW 1992, 1459. Zur Anhörung des Sachverständigen bei Gutachten zu Vergleichsmieten BGH NJW-RR 1997, 459.
26 BGH NJW 2001, 3269; 1982, 2874f.
27 BGH NJW-RR 1998, 1035 (kein ärztlicher Rat zur Operation trotz vorgelegtem Protokoll über Aufklärungsgespräch).
28 BGH NJW 2001, 1787f.
29 BGH NJW 2001, 2791.
30 BGH NJW 1993, 269f.

teigutachten (§ 402 Rn. 6).[31] Ist der Sachverständige zwischenzeitlich verstorben, so muss ein neuer bestellt und geladen werden;[32] wohnt der Sachverständige im Ausland (s. § 405 Rn. 1) und will er nicht erscheinen, obgleich das erforderlich und unter Berücksichtigung der Kosten auch verhältnismäßig wäre, so muss eine Befragung über § 363 ermöglicht werden.

10 Das **Berufungsgericht** muss den Sachverständigen zur Erläuterung des in der ersten Instanz erstellten Gutachtens laden, wenn es eine davon abweichende Auffassung zu Grunde legen oder es anders als der Erstrichter würdigen[33] bzw. eine mündliche Erläuterung des Sachverständigen in der Vorinstanz anders als diese verstehen[34] will, oder wenn dort dem Verlangen nach Erläuterung nicht entsprochen worden war,[35] oder bei verfahrensfehlerhafter Beweisaufnahme des Erstgerichts, die eine Prüfung nicht erlaubt, zB weil die mündliche Erläuterung des Sachverständigen nicht ordnungsgemäß protokolliert (§ 160 Abs. 3 Nr. 4) worden war.[36] Einem erstmals im zweiten Rechtszug gestellten Antrag nach § 411 Abs. 3 ist stattzugeben, wenn die Anhörung des Sachverständigen schon der Erstrichter von Amts wegen hätte vornehmen müssen.[37] Im Übrigen gelten die Erläuterungen in § 398 Rn. 5 entsprechend.

11 **2. Verfahren.** Der Sachverständige braucht bei seiner Vernehmung das schriftliche Gutachten nicht vollständig vorzutragen, weil es Gericht und Parteien bekannt ist. Vielmehr wird er aufgefordert, zunächst zu den schriftlich vorgetragenen Einwendungen und Ergänzungsfragen (Rn. 7, 9) Stellung zu nehmen. Im Anschluss daran steht den Gerichtsmitgliedern und den Parteien das Fragerecht zu (§§ 396 Abs. 3, 397, 402). Bei schwierigen Sachverhalten wie in einem Arzthaftpflichtprozess muss die nicht sachkundige Partei auf ihren Antrag hin auch Gelegenheit erhalten, zu einer mündlichen Erläuterung, die gegenüber dem schriftlichen Gutachten neue und ausführliche Beurteilungen enthält, nochmals – gegebenenfalls nach sachverständiger Beratung – Stellung zu nehmen.[38] Das oder eine verbleibende Unklarheit kann eine erneute Anhörung nach § 411 Abs. 3 oder eine neue Begutachtung durch denselben oder einen anderen Sachverständigen gemäß § 412 erforderlich machen. Zur Beeidigung, Protokollierung und zum Ausbleiben des Sachverständigen s. Rn. 3 aE. Bei **Säumnis einer Partei** ist das Gericht befugt, den geladenen Sachverständigen mündlich anzuhören und das Ergebnis dieser Beweisaufnahme zu verwerten bei Entscheidung nach § 331 a.[39]

V. Gebühren und Kosten

12 **1. Rechtsanwaltsgebühren.** Eine gesonderte Gebühr für die Beweiserhebung fällt nach RVG nicht an.

13 **2. Gerichtskosten.** Gerichtsgebühren werden nicht erhoben; für das Beschwerdeverfahren gilt KV Nr. 1812.

411a *Verwertung von Sachverständigengutachten aus anderen Verfahren* **Die schriftliche Begutachtung kann durch die Verwertung eines gerichtlich oder staatsanwaltlich eingeholten Sachverständigengutachtens aus einem anderen Verfahren ersetzt werden.**

I. Normzweck und Übergangsrecht

1 Die durch das 1. JuMOG mit Wirkung seit 1. September 2004[1] eingefügte Bestimmung war zunächst beschränkt auf **gerichtlich** eingeholte Sachverständigengutachten aus anderen Verfahren; nach ihrer Änderung durch das 2. JuMOG[2] werden nunmehr auch **staatsanwaltlich** eingeholte Gutachten erfasst. Gemeinsamer **Zweck** ist eine Erleichterung und Beschleunigung des Verfahrens durch Verwertung verfahrensfremder Gutachten als Sachverständigenbeweis (Rn. 5).

2 Eine **Übergangsregelung** enthält nur das 1. JuMOG; dessen Änderung gilt erst für Verfahren, die nach dem Inkrafttreten (Rn. 1) anhängig geworden sind. Bei Anhängigkeit schon zu diesem Zeitpunkt kommt folglich die Verwertung eines Gutachtens aus einem anderen Verfahren nur auf Antrag einer Partei in Betracht (§ 402 Rn. 4), wodurch Urkunden- (nicht Sachverständigen-) beweis erhoben wird (Rn. 5). Dadurch soll vermieden werden, dass die Parteien im schon vor Inkrafttreten anhängig gewordenen Rechtsstreit von einer Prozesslage überrascht werden, auf die sie sich nicht einstellen konnten.[3] Bei der Rechtsänderung durch das 2. JuMOG hat der Gesetzgeber (erstaunlicherweise) auf eine Übergangsvorschrift insoweit verzichtet.[4]

---

[31] BGH NJW 2001, 77f.; NJW-RR 1998, 1527; NJW 1994, 1596f.; NZV 1997, 72; OLG Frankfurt/M. NJW-RR 1998, 870.
[32] BGH NJW 1978, 1633 (LS) = MDR 1978, 829.
[33] BGH NJW 1993, 2380; NJW 1997, 1446.
[34] BGH NJW 1994, 803f.
[35] BGH NJW-RR 1997, 1487; NJW 1996, 788f.
[36] BGH NJW 2001, 3269.
[37] BGH NJW 1992, 1459; NJW-RR 1989, 1275.
[38] BGH NJW 1984, 1823.
[39] BGH NJW 2002, 301.
[1] Art. 1 Nr. 14 Erstes JuMoG (Übergangsvorschrift: Art. 2 Nr. 2), BGBl. I S. 2198.
[2] Art. 10 Nr. 5 dieses am 31. 12. 2006 in Kraft getretenen Gesetzes, BGBl. I S. 3416.
[3] BT-Drucks. 15/1508, S. 57.
[4] Das in Art. 28 Abs. 2 JuMOG angeordnete spätere Inkrafttreten betrifft andere Regelungen.

II. Einzelerläuterungen

1. Sachlicher Anwendungsbereich. Die Vorschrift gilt für **alle Beweisverfahren** der ZPO. Sie findet Anwendung vor anderen Fachgerichten, soweit deren Verfahrensordnungen auf die ZPO verweisen (vgl. § 46 Abs. 2 ArbGG, § 98 VwGO, § 82 FGO, § 118 SGG). 3

Die Neuregelung gilt grundsätzlich auch (aber nicht zu verwechseln mit der in Rn. 6 erörterten Frage) für das **selbständige Beweisverfahren** nach §§ 485 ff.[5] (§ 485 Rn. 6, 10; § 490 Rn. 3). Ob sie dort allerdings größere praktische Bedeutung erlangen wird, bleibt abzuwarten. Bei einem sichernden selbständigen Beweisverfahren wird jedenfalls kein aktuelles verfahrensfremdes gerichtliches oder staatsanwaltliches Sachverständigengutachten vorliegen, denn sonst würde es an der Besorgnis des Verlustes oder der erschwerten Benutzung fehlen (§ 485 Rn. 2, 10). Umgekehrt wird sich ein streitschlichtendes selbständiges Beweisverfahren nach § 485 Abs. 2 (dazu § 485 Rn. 2, 11 ff.) meist vermeiden lassen, wenn bereits in einem anderen Verfahren ein Gutachten eingeholt wurde, auf dessen Grundlage eine außergerichtliche Einigung erzielbar erscheint. Vorstellbar ist aber schon, dass ein selbständiges Beweisverfahren angeordnet (§ 490 Rn. 4) und dort – nach vorherigem rechtlichen Gehör der Parteien – ein verfahrensfremdes Gutachten herangezogen und dessen Verwertung nach § 411 a beschlossen wird. Die Parteien haben dann dieselben Rechte wie bei einem vom Gericht in Auftrag gegebenen Sachverständigengutachten (§ 492 Rn. 3; § 493 Rn. 4). 4

2. Rechtsnatur der Beweiserhebung. Bei einer Gutachtensverwertung nach § 411 a handelt es sich um Sachverständigenbeweis,[6] wie sich unmittelbar aus dem Wortlaut der Bestimmung ergibt. Demgegenüber tritt eine Partei mit ihrem Antrag, ein verfahrensfremdes Gutachten beizuziehen, grundsätzlich Urkundenbeweis an (§ 402 Rn. 4), wobei es auch bleibt, wenn das Gericht dem entspricht; der Unterschied in der Beweisart kann für die Haftung des Sachverständigen von Bedeutung sein (Rn. 15). Allerdings wird ein solcher Beweisantritt nun in aller Regel als Anregung an den Richter anzusehen sein, nach § 411 a zu verfahren, was gegebenenfalls durch Rückfrage (§ 139) zu klären ist. 5

3. Voraussetzungen für die Verwertung. Die Vorschrift erfasst ein **gerichtlich oder ein staatsanwaltlich eingeholtes Sachverständigengutachten. Anderes Verfahren** iSd. § 411 a ist jedes andere *gerichtliche* Verfahren vor einer anderen Abteilung oder Kammer desselben Gerichts oder vor anderen Gerichten, inbesondere Strafgerichten und auch Arbeits-, Sozial- oder Finanzgerichten, sowie ein *staatsanwaltliches* Verfahren. Insoweit kommt auch die Verwertung eines Sachverständigengutachtens *aus* einem selbständigen Beweisverfahren (nicht zu verwechseln mit der Frage von Rn. 4) in Betracht; für den Hauptsachprozess geht § 493 aber vor. 6

Beispiele: Sachverständigengutachten aus einem Strafverfahren (§§ 72 ff. StPO) oder dem staatsanwaltlichen Ermittlungsverfahren (§ 161 a StPO) im nachfolgenden Personenschadensprozess,[7] zB aus einem Strafverfahren gegen einen Arzt wegen fahrlässiger Körperverletzung des Patienten im folgenden Arzthaftungsprozess oder aus einer Verkehrsunfallstrafsache zum Unfallhergang im nachfolgenden Zivilprozess des Geschädigten gegen Fahrer (Angeklagten), Halter und dessen Haftpflichtversicherung; Gutachten aus dem Strafverfahren wegen Brandstiftung im nachfolgenden Regressprozess der Brandversicherung; Gutachten zur Mangelhaftigkeit/-freiheit einer Mietsache im Rechtsstreit zwischen Vermieter und Mieter im Prozess eines anderen Mieters gegen den Vermieter wegen desselben Mangels; im Sozialgerichtsprozess eingeholtes medizinisches Gutachten zur Berufsunfähigkeit im Rechtsstreit des Versicherungsnehmers gegen seinen privaten Unfallversicherer vor dem ordentlichen Gericht; das im insolvenzgerichtlichen Eröffnungsverfahren erstattete betriebswirtschaftliche Gutachten zu Zahlungsunfähigkeit (§ 17 InsO) oder Überschuldung (§ 19 InsO) im späteren Anfechtungsprozess des Insolvenzverwalters, in dem es auf den objektiven Eintritt der Zahlungsunfähigkeit ankommt (vgl. zB §§ 130, 131 InsO), oder im Prozess gegen einen Geschäftsführer einer GmbH wegen Verletzung der Insolvenzantragspflicht (§ 64 Abs. 2 GmbHG). 7

Nicht Voraussetzung ist, dass die Staatsanwaltschaft oder der Richter des anderen Verfahrens (Rn. 6, 7) das Gutachten auch tatsächlich verwertet oder sich ihm angeschlossen hat; denn § 411 a stellt nur auf die gerichtliche oder staatsanwaltliche Einholung ab. Diese Vorschrift verlangt auch weder Parteiidentität noch Deckung der Beweisthemen. Alle genannten Umstände sind aber bei der Ermessensausübung von Bedeutung (Rn. 9, 10). 8

4. Ermessen. Ob das erkennende Gericht der Verwertung eines verfahrensfremden Gutachtens oder aber der Einholung eines neuen Gutachtens den Vorzug gibt, obliegt seinem **pflichtgemäßen Ermessen;** auch die teilweise Verwertung verbunden mit einer zusätzlichen neuen Beauftragung des früheren Gutachters kommt in Betracht. Die Entscheidung hängt von einer Vielzahl von Faktoren ab, die sich einer Normierung entziehen, weshalb der Gesetzgeber darauf bewusst verzichtet hat.[8] 9

Kriterien für die Ermessensentscheidung sind insbesondere: 10
- Entspricht das Gutachten den formalen Anforderungen (§ 411 Rn. 4)?
- Wurde der Gutachter etwa mit Erfolg abgelehnt und bestehen die vorgebrachten Ablehnungsgründe auch im neuen Prozess fort oder erscheinen umgekehrt die Gründe für die frühere Zurückweisung eines Ablehnungsgesuches jetzt nicht mehr tragfähig?
- Ist nunmehr eine Ablehnung zu erwarten, zB wegen des Verhältnisses zu der Partei oder dem Prozessbevollmächtigten, die im anderen Verfahren nicht beteiligt waren (§ 406 Rn. 6 ff.), oder hätte der Sachver-

---

[5] *B/L/H* Rn. 3.
[6] BT-Drucks. 15/1508, S. 49; ebenso *R/S/G* § 120 Rn. 60.
[7] Ausf. dazu *Rath/Küppersbusch* VersR 2005, 890.
[8] BT-Drucks. aaO.

ständige jetzt ein Gutachtenverweigerungsrecht nach § 408, was bei Berufung darauf die Verwertung des Gutachtens von vornherein hindert (nicht erst nach persönlicher Hinzuziehung[9])?
- Aus welchen Gründen hat das andere Gericht das von ihm eingeholte Gutachten nicht oder nur zum Teil verwertet?
- In welchem Umfang decken sich die Beweisthemen? Sind die von einer Partei im Beweisantritt bezeichneten Tatsachen (§ 403 Rn. 2) im Gutachten vollständig behandelt? Gibt es wesentliche Unterschiede bei den Anknüpfungstatsachen (§ 404a Rn. 4)?
- Ist etwa im anderen Verfahren eine Entscheidung nach Beweislast ergangen, wofür jetzt andere Regeln gelten, beruhen zB im Strafprozess Feststellungen oder ein Freispruch oder im Ermittlungsverfahren eine Einstellung (§ 170 Abs. 2 StPO) auf dem Grundsatz in dubio pro reo?
- Stimmen die Fahrlässigkeitsmaßstäbe in den Verfahren überein oder gibt es Unterschiede, beispielsweise weil es einmal auf die persönlichen Kenntnisse und Fähigkeiten (Strafrecht), nun aber auf einen objektiven Beurteilungsmaßstab (Zivilrecht) ankommt?
- Sind Rechte einer Partei nicht behebbar verletzt, weil sie zB im anderen Verfahren mangels Beteiligung bei einem Ortstermin des Sachverständigen nicht anwesend war oder diesem Unterlagen nicht zur Verfügung stellen konnte?
- Welche Einwendungen haben die Parteien nach Gewährung des rechtlichen Gehörs (Rn. 11, 12) zu einem möglichen Verfahren nach § 411a in ihren Stellungnahmen erhoben?

11 **5. Verfahren und Rechte der Parteien.** Das Gericht kann von der ihm eingeräumten Befugnis (Rn. 9) nur dann ermessensfehlerfrei Gebrauch machen, wenn es vor einer Anordnung nach § 411a den Parteien **rechtliches Gehör** gewährt hat. Das verfahrensfremde Gutachten muss folglich zunächst beigezogen und den Parteien übermittelt werden, sofern es diese nicht schon kennen; dann genügt ein Hinweis auf das beabsichtigte Verfahren. Zugleich sind sie zur Stellungnahme innerhalb einer bestimmten Frist (mit Belehrung) aufzufordern; § 411 Rn. 7, 8 gilt entsprechend.

12 Da es sich um Sachverständigenbeweis handelt (Rn. 5), sind §§ 402ff. unmittelbar einschlägig, weshalb grundsätzlich auf die Erläuterungen dort Bezug genommen wird (zum Beweisverfahren § 402 Rn. 14). Für eine **Ablehnung des Sachverständigen** gilt § 406; die Frist des Abs. 2 S. 1 beginnt mit Zustellung der entsprechenden Verfügung samt – falls notwendig – Übersendung des Gutachtens (Rn. 11). War eine Partei im anderen Verfahren beteiligt und hat sie dort ihr Ablehnungsrecht verloren (§ 406 Rn. 12ff.), wirkt dies auch im jetzigen Prozess, wie sich aus dem Normzweck des § 411a ergibt (Rn. 1); § 406 Abs. 2 S. 3 bleibt unberührt. Zu den **Pflichten der Parteien** wegen Anträge auf Gutachtensergänzung oder Ladung des Sachverständigen zur mündlichen Erläuterung und zum **weiteren gerichtlichen Verfahren** vgl. § 411 Rn. 7ff.; ob ein **neues Gutachten** einzuholen ist, richtet sich nach § 412.

13 **6. Entscheidung und Rechtsmittel.** Entschließt sich das Gericht zur Anwendung des § 411a, so erlässt es **Beweisbeschluss** (§ 403 Rn. 1), in dem Sachverständigenbeweis in Form der Verwertung des genau zu bezeichnenden verfahrensfremden Gutachtens angeordnet wird; auch eine zusätzliche Beauftragung des Sachverständigen zu weiteren Tatsachenbehauptungen kommt in Betracht (Rn. 9). Entsprechendes gilt bei Vorgehen nach § 144.

14 Der Beweisbeschluss wird auch hier weder begründet, noch findet eine **Anfechtung** statt (§ 355). Die ermessensleitenden Umstände (Rn. 9, 10) sind aber in den **Entscheidungsgründen** des Urteils darzulegen;[10] das gilt insbesondere, wenn sich eine Partei gegen die Verwertung des verfahrensfremden Gutachtens ausgesprochen und eigenen Sachverständigenbeweis angetreten (§ 403) hatte. Denn Berufungs- und Revisionsgericht prüfen auf entsprechende Rüge nach, ob vom Ermessen nach § 411a rechtsfehlerfrei Gebrauch gemacht wurde. Zur **Beweiswürdigung** s. § 402 Rn. 13.

III. Stellung des Sachverständigen

15 Der Sachverständige hat **kein Widerspruchsrecht** gegen die Verwertung, denn dann würde der Anwendungsbereich der Vorschrift entgegen ihrem Normzweck (Rn. 1) weitgehend beschränkt. Ob er sein Gutachten aus urheberrechtlichen Gründen nach § 42 UrhG zurückrufen kann,[11] erscheint sehr zweifelhaft. Wird der Sachverständige hinzugezogen (Rn. 12), kann er das Gutachten ohnehin ändern, zB einer anderen Sach-/Beweislage oder Fragestellung Rechnung tragen; andernfalls gibt es für ihn in der Regel keine Möglichkeit zur einer „gewandelten Überzeugung" (§ 42 UrhG).

16 Eine **Haftung** des Sachverständigen nach § 839a BGB für sein verfahrensfremdes, jedoch verwertetes und unrichtiges Gutachten (§ 402 Rn. 9) scheidet bei bloß urkundlicher Verwertung schon deshalb aus, weil es an seiner Ernennung durch das Zivilgericht fehlt; denn dann handelt es sich um Urkunds-, nicht um Sachverständigenbeweis (Rn. 5; § 402 Rn. 4). Ist das verfahrensfremde Gutachten nach § 411a verwertet, also Sachverständigenbeweis erhoben worden, kommt jedoch grundsätzlich § 839a BGB in Betracht. Ob allerdings das erkennende Gericht durch die schlichte Anordnung der Verwertung eines Gutachtens dessen Verfasser iS. der zuletzt angeführten Vorschrift „ernennt", erscheint sehr zweifelhaft, vor allem bei Berücksichtigung der Interessen des Sachverständigen; denn dadurch würde dessen Haftungsrisiko erheb-

---

[9] So zu Unrecht *Fölsch* MDR 2004, 1030; *Völzmann-Stickelbrock* ZZP 118 (2005), S. 359, 382. Wie hier *Greger* NJW-Sonderheft BayObLG 2005, S. 36, 40.

[10] BT-Drucks. aaO.

[11] Das hält für möglich *Zö/Greger* Rn. 5.

lich ausgeweitet, obgleich er von der Verwertung des Gutachtens keine Kenntnis erlangt, dieses folglich auf die veränderten Umstände hin nicht überprüfen kann.

Das Problem wird sich in der Praxis aber meist für beide Varianten (Urkunden- und Sachverständigenbeweis) deshalb auflösen, weil der Sachverständige sein Gutachten in aller Regel schon auf Veranlassung des Gerichts oder auf entsprechende Fragen der Parteien zu ergänzen haben wird; dass sich ein verfahrensfremdes Gutachten ohne weiteres auf den zwangsläufig anderen Streitgegenstand des Zivilprozesses übertragen lässt, dürfte die Ausnahme bleiben. Jedenfalls dann ist er ein vom erkennenden Gericht „ernannter Sachverständiger".

Entsprechendes gilt für die **Sachverständigenvergütung** (§ 413). Die bloße Verwertung des Gutachtens durch Urkunden- oder (gemäß § 411 a) Sachverständigenbeweis lässt keinen Vergütungsanspruch entstehen.[12] Anders ist das bei einer Beauftragung des Gutachters bei den in Rn. 16 genannten Fällen. 17

412 *Neues Gutachten* **(1) Das Gericht kann eine neue Begutachtung durch dieselben oder durch andere Sachverständige anordnen, wenn es das Gutachten für ungenügend erachtet.**

(2) Das Gericht kann die Begutachtung durch einen anderen Sachverständigen anordnen, wenn ein Sachverständiger nach Erstattung des Gutachtens mit Erfolg abgelehnt ist.

I. Neues Gutachten

Davon oder von einem „weiteren" bzw. „zweiten" spricht man, wenn das Gericht eine neue Begutachtung durch denselben oder einen anderen Sachverständigen anordnet (Gegensatz: Obergutachten, Rn. 3). Nach § 412 Abs. 1 kann der Richter so verfahren, wenn er das erstellte Gutachten für **ungenügend** hält. Zunächst wird aber durch Anhörung des Sachverständigen nach § 411 Abs. 3 zu versuchen sein, Unklarheiten auszuräumen (§ 411 Rn. 7, 9, 10); das Gericht kann sich jedoch wegen des ihm eingeräumten Ermessens auch sogleich zu einer neuen Begutachtung entschließen,[1] was aber ausreichend substantiierte Einwendungen voraussetzt.[2] Sind trotz Erläuterungen des Sachverständigen Zweifel am Ergebnis, seiner Sachkunde oder Unvoreingenommenheit – ohne dass letzteres durch ein Ablehnungsgesuch beanstandet worden wäre (§ 406 Rn. 18) – verblieben, so ist ein anderer Sachverständiger auszuwählen (§ 404 Abs. 1) und mit einer neuen Begutachtung zu beauftragen. Ebenso liegt es, wenn der Richter vom Gutachten abweichen will (§ 402 Rn. 12) oder durch Privatgutachten vorgetragene substantiierte Einwendungen bei der Anhörung nicht widerlegt werden konnten (§ 402 Rn. 6, § 411 Rn. 9) oder sich der Sachverständige mit den Einwendungen nicht detailliert auseinander setzt.[3] Die Anfertigung eines neuen Gutachtens durch den früheren Sachverständigen wird nur möglich sein, wenn dessen Sachkunde unzweifelhaft erscheint und sich lediglich die Anknüpfungstatsachen (§ 404 a Rn. 4 ff.), zB auf Grund eines neuen Parteivortrags, geändert haben oder neue wissenschaftliche Erkenntnisse zu berücksichtigen sind, es sei denn, ein anderer Sachverständiger verfügt über überlegene Forschungsmittel.[4] Die Voraussetzungen für ein weiteres Gutachten liegen aber nicht allein deshalb vor, weil es innerhalb des Fachgebietes des Sachverständigen (zB für Schäden an Gebäuden) noch einen weiteren spezialisierten Gutachter (zB für Natursteine) gibt.[5] 1

Eine **erfolgreiche Ablehnung** des Sachverständigen macht dessen Gutachten unverwertbar (§ 406 Rn. 18), weshalb ein anderer Sachverständiger ernannt werden muss, § 412 Abs. 2. In der genannten Vorschrift heißt es zwar, „kann", dabei handelt es sich aber um einen Redaktionsfehler;[6] der Richter darf jedenfalls eine (angeblich) zwischenzeitlich gewonnene eigene Sachkunde (§ 403 Rn. 3) nicht aus dem Gutachten des abgelehnten Sachverständigen herleiten. Entsprechendes gilt für ein aus anderen Gründen **unverwertbares Gutachten** (§ 404 a Rn. 5; § 411 Rn. 4). 2

II. Obergutachten

Davon spricht man, wenn bereits zwei in derselben Sache – möglicherweise in verschiedenen Instanzen – erstattete Gutachten mit unterschiedlichen Ergebnissen vorliegen und diese Widersprüche nunmehr durch ein drittes geklärt werden sollen. In der Praxis wird demgegenüber oft fälschlich schon das weitere Gutachten (Rn. 1) als Obergutachten bezeichnet.[7] Voraussetzung für die Anordnung eines Obergutachtens ist – neben Rn. 4 – weiter, dass die beiden miteinander unvereinbaren Gutachten auf gerichtliche Beweisordnung hin erstellt wurden. Sind zwei sich widersprechende Privatgutachten im Einverständnis der Parteien verwertet worden, so liegt Urkundenbeweis vor (§ 402 Rn. 5, 6), weshalb schon deshalb bei Ernennung eines gerichtlichen Sachverständigen nicht von einem Obergutachten gesprochen werden kann; für diesen Fall gelten mithin die allgemeinen Regeln (§ 144 bzw. §§ 403, 404, 405), nicht aber § 412. 3

---

[12] *T/P/Reichold* Rn. 5; *Zö/Greger* aaO.
[1] BGH NJW 1996, 730 f.; 1992, 1459 f.; 1986, 1928, 1930.
[2] OLG Köln NJW-RR 1999, 388.
[3] OLG Frankfurt/M. NJW-RR 2007, 19.
[4] BGHZ 53, 245, 258 = NJW 1970, 949.
[5] OLG Frankfurt/M. NJW-RR 2007, 18.
[6] *Zö/Greger* Rn. 4.
[7] Gegen diesen Begriff – nicht ganz zu Unrecht – *Balzer* Rn. 225.

4 Auch bei **widersprechenden Gutachten** muss zunächst durch Anhörung der Sachverständigen nach § 411 Abs. 3 versucht werden, die Ursachen der Meinungsunterschiede zu erforschen, insb. ob die Gutachter von einer unterschiedlichen Tatsachengrundlage ausgegangen sind oder Anknüpfungstatsachen (§ 404a Rn. 4ff.) verschieden ermittelt haben und sich deshalb Widersprüche beheben lassen.[8] Ist das nicht möglich, so muss nicht zwangsläufig ein Obergutachten eingeholt werden. Das Gericht kann sich vielmehr nach dem Grundsatz der freien Beweiswürdigung (§ 286) unter kritischer Würdigung beider Gutachten (§ 402 Rn. 12) einem Sachverständigen anschließen, wenn ausreichend dargelegt werden kann, warum dem anderen nicht zu folgen ist. Es darf aber nicht etwa ein Gutachten übergangen oder ohne einleuchtende und nachvollziehbare Begründung für untauglich gehalten werden.[9] Scheitert der Richter an diesen Anforderungen, so gebietet ihm die Ausübung des pflichtgemäßen Ermessens die Beauftragung eines Obergutachters. Lässt sich ein solcher Sachverständiger nicht finden oder verfügt er über keine besseren Erkenntnismöglichkeiten, so dass keine weitere Klärung zu erwarten ist, so wird das im Urteil dargelegt und nach Beweislastgrundsätzen (vgl. § 286 Rn. 32ff.) entschieden.

III. Anordnung

5 Eine neue Begutachtung (Rn. 1, 2) oder ein Obergutachten (Rn. 3, 4) werden durch unanfechtbaren Beschluss des Prozessgerichts angeordnet, §§ 412, 404 Abs. 1, 355 Abs. 2; da dem beauftragten oder ersuchten Richter (§ 405 Rn. 1) keine Beweiswürdigung obliegt, ist er nur für einen Austausch des mit Erfolg abgelehnten Sachverständigen, den er ernannt hatte, zuständig. In den Entscheidungsgründen ist demgegenüber zu rechtfertigen, warum von Amts wegen keine zusätzliche Begutachtung erforderlich war bzw. entsprechende Parteianträge abzulehnen sind; ein gesonderter Beschluss ergeht dazu also nicht.

413 *Sachverständigenvergütung* **Der Sachverständige erhält eine Vergütung nach dem Justizvergütungs- und -entschädigungsgesetz.**

1 **Grundlage** ist das JVEG, welches das ZSEG ersetzt hat (zum Übergang s. Vorauflage). Die **Vergütung** erfolgt durch das Gericht, und zwar durch den Kostenbeamten, sofern nicht förmliche gerichtliche Festsetzung nach § 4 JVEG verlangt wird. Der Sachverständige erhält gem. § 8 JVEG – neben Fahrtkostenersatz (§ 5 JVEG) und Entschädigung für den Aufwand bei Terminswahrnehmung (§ 6 JVEG) – Honorar für seine Leistungen gem. §§ 9, 10 JVEG, wobei der Stundensatz nach Honorargruppen gestaffelt ist. Eine höhere Vergütung erhält er, sofern sich die Parteien damit gem. § 13 JVEG einverstanden erklärt und – was in der Praxis häufig übersehen wird – einen entsprechend höheren Vorschuss eingezahlt haben; den Ersatz von Aufwendungen, auch für Hilfskräfte (§ 407a Rn. 3), regelt § 12 Abs. 1 Nr. 1, Abs. 2 JVEG. Auch der Aufwand für eine Stellungnahme zu einem Ablehnungsgesuch kann im Einzelfall vergütet werden[1], grundsätzlich nicht aber der für Vorprüfungen zum Gutachtenauftrag (§ 407a Rn. 1, 4).

2 **Verlust des Vergütungsanspruchs** tritt ein bei:
- Übernahme des Gutachtenauftrages trotz fehlender Sachkunde (§ 407a Abs. 1 S. 1) oder bei unzulässiger Überlassung der Ausarbeitung des Gutachtens an Dritte (§ 407a Rn. 3);[2]
- unverwertbarem Gutachten wegen sachlicher Mängel[3] (§ 402 Rn. 10), allerdings nur bei Vorsatz und grober Fahrlässigkeit, nicht aber bei leichter, weil die Folgen für die Vergütung nicht weiter gehen können als die Haftung den Parteien gegenüber;
- Entziehung des Gutachtenauftrages wegen Fristversäumung (§ 411 Rn. 6) oder unberechtigter Gutachterverweigerung (§ 409 Rn. 3);
- erfolgreicher Ablehnung nur, wenn sie der Sachverständige vorsätzlich oder grob fahrlässig herbeigeführt hat[4], nicht aber bei leichter Fahrlässigkeit, denn dann würde er den Entschädigungsanspruch stets verlieren, weil schon der Anschein der Befangenheit genügt (§ 406 Rn. 4);
- vom Sachverständigen unterlassene Mitteilung eines Ablehnungsgrundes[5] (§ 406 Rn. 5).

3 Zur **Kürzung** wegen unterbliebenen Hinweises auf überraschend hohe Kosten § 407a Rn. 4, 7. Ein **neuer Vergütungsanspruch** kann aber ganz oder teilweise entstehen, wenn das zB wegen erfolgreicher Ablehnung des Sachverständigen unbrauchbare Gutachten später gleichwohl verwertet wird, weil es sich die Parteien zu Eigen machen oder weil der neue Sachverständige in kostensparender Weise darauf aufbaut.

414 *Sachverständige Zeugen* **Insoweit zum Beweis vergangener Tatsachen oder Zustände, zu deren Wahrnehmung eine besondere Sachkunde erforderlich war, sachkundige Personen zu vernehmen sind, kommen die Vorschriften über den Zeugenbeweis zur Anwendung.**

---

[8] Zum Umfang der Aufklärungspflicht BGH NJW 1997, 794; 1997, 1638.
[9] BGH NJW 1992, 2291f.; 1987, 442.
[1] OLG Frankfurt/M MDR 1993, 484.
[2] OLG Nürnberg BauR 2006, 1361.
[3] OLG Naumburg OLG-NL 1998, 228.
[4] BGH NJW 1976, 1154; KG MDR 1993, 289; OLG München MDR 1998, 1123 (grobe Fahrlässigkeit bejaht bei Ladung nur einer Partei zum Ortstermin).
[5] OLG Celle ZMR 1996, 211.

Sachverständiger Zeuge ist, wer über vergangene Tatsachen oder Zustände berichtet, zu deren Wahrnehmung eine besondere Sachkunde erforderlich war, zB über Verletzungen des Unfallopfers durch den Arzt, der am Unfallort erste Hilfe geleistet hat. Für eine solche Person gelten ausschließlich die Vorschriften über den Zeugenbeweis (§§ 373 ff.), auch hinsichtlich der Entschädigung (§ 401), nicht also §§ 402 ff., 413; auch eine Ablehnung nach § 406 ist nicht möglich. Der sachverständige Zeuge unterscheidet sich vom Sachverständigen dadurch, dass er nicht ersetzbar ist, vom Zeugen dadurch, dass die Wahrnehmung nur wegen der besonderen Sachkunde gemacht werden konnte (§ 373 Rn. 3). Sachverständige Zeugen sind auch der abgelehnte Sachverständige (§ 406 Rn. 18) und der Privatgutachter einer Partei, falls er Anknüpfungstatsachen wahrgenommen hat (§ 402 Rn. 5). 1

Ob eine **Person als Sachverständiger oder sachverständiger Zeuge vernommen** wird, richtet sich nicht nach der Ladung, sondern nach der Art der Heranziehung im Einzelfall, also danach, ob das Gericht wegen der ihm fehlenden Sachkunde außerdem nach Fachwissen, Erfahrungssätzen und Schlussfolgerungen fragt; Beispiel: Der am Unfallort gewesene Arzt (Rn. 1) soll sich (auch) dazu äußern, ob eine von ihm dort versorgte (also wahrgenommene) Beinverletzung ursächlich ist für eine jetzt noch bestehende Gehbehinderung. Nur dann liegt (einheitlich) Sachverständigenbeweis gemäß §§ 402 ff. in Form einer mündlichen Gutachtenerstattung (§ 411 Rn. 3) vor und gilt auch § 413. Nicht genügt aber, was häufig vorkommt, wenn die Vernehmungsperson von sich aus Wertungen vorbringt; dann muss der Richter eingreifen und darauf hinweisen, dass nur Wahrnehmungen Gegenstand der Vernehmung sind. Die Anhörung des **gerichtlich ernannten Sachverständigen** unterliegt stets den Regeln des Sachverständigenbeweises, auch soweit er über von ihm ermittelte (wahrgenommene) Befundtatsachen (§ 404a Rn. 5) vernommen wird; eine Ausnahme gilt nur für Zusatztatsachen (§ 410 Rn. 2). 2

Titel 9. Beweis durch Urkunden

415 *Beweiskraft öffentlicher Urkunden über Erklärungen* **(1) Urkunden, die von einer öffentlichen Behörde innerhalb der Grenzen ihrer Amtsbefugnisse oder von einer mit öffentlichem Glauben versehenen Person innerhalb des ihr zugewiesenen Geschäftskreises in der vorgeschriebenen Form aufgenommen sind (öffentliche Urkunden), begründen, wenn sie über eine vor der Behörde oder der Urkundsperson abgegebene Erklärung errichtet sind, vollen Beweis des durch die Behörde oder die Urkundsperson beurkundeten Vorganges.**

(2) Der Beweis, dass der Vorgang unrichtig beurkundet sei, ist zulässig.

I. Normzweck

1. Beweisantritt. Er ist verschieden, je nachdem, ob sich die Urkunde bei dem Beweisführer (§ 420), seinem Gegner (§§ 421–427), einem Dritten (§§ 428–431) oder einer Behörde (§ 432) befindet. Der Antrag muss das Beweisthema nennen und die Urkunde oder die Aktenteile genau bezeichnen, auf die es nach Meinung der Partei ankommt; zum Antrag auf Beiziehung von Akten s. § 432 Rn. 3. **Normzweck** dieser verschiedenartigen Regelungen ist es, den unterschiedlichen Ausgangslagen durch entsprechend abgestufte Anforderungen an den Beweisantritt Rechnung zu tragen: Besitzt der Beweisführer die Urkunde selbst, dann muss er sie vorlegen. Befindet sie sich jedoch in Händen des Gegners, so genügt ein Vorlegungsantrag. Hat sie ein Dritter, so kann eine Vorlegungsfrist zur Beschaffung, also ein Zuwarten des Gerichts, oder eine gerichtliche Anordnung dem Dritten gegenüber verlangt werden. Ist Dritter eine Behörde oder ein Beamter, so darf sogar die Hilfe des Gerichts in Anspruch genommen werden. Eine **Anordnung von Amts wegen** zur Vorlage von Urkunden gibt es nach §§ 142, 143, 273 Abs. 2 Nr. 2 (vgl. auch §§ 258 ff. HGB). 1

2. Beweiskraft. Sie kommt einer Urkunde nur zu, wenn sie echt ist (§ 437 Rn. 1, § 439 Rn. 1) oder das vermutet wird (§§ 437, 440 Abs. 2) und wenn sie keine Mängel aufweist (§ 419). Dann muss man unterscheiden: Die sog. (äußere oder) **formelle Beweiskraft** bezieht sich auf die in der Urkunde bezeugte Abgabe einer Erklärung, den dort beurkundeten Vorgang oder die dort beurkundete Tatsache. Insoweit gelten eine Reihe von den Richter bindenden **Beweisregeln** (§ 286 Abs. 2; vgl. dort Rn. 14), nämlich 2

- §§ 415, 417, 418 für öffentliche Urkunden,
- § 416 für Privatkunden,
- § 371a für qualifiziert signierte private elektronische Dokumente (§ 371a Rn. 2–5) und für bestimmte öffentliche elektronische Dokumente (§ 371a Rn. 11, 12),
- § 416a für den Ausdruck bestimmter öffentlicher elektronischer Dokumente.

Ihr **Zweck** ist es, die spätere Beweiswürdigung eines Gerichts für die Parteien schon bei Errichtung der Urkunde vorhersehbar zu machen. Werden nämlich die im Gesetz festgelegten Regeln bei der schriftlichen Niederlegung der Gedankenäußerung eingehalten, so muss der Richter grundsätzlich von der Abgabe der entsprechenden Erklärung bzw. von dem bezeugten Vorgang oder der bezeugten Tatsache ausgehen, sofern nicht der Beweis der Unrichtigkeit zulässig ist und erbracht wird.

Die Beweisregeln betreffen aber weder die inhaltliche (materielle) Richtigkeit der beurkundeten Erklärung[1], ob also zB das in der Urkunde bestätigte Rechtsgeschäft tatsächlich zu Stande gekommen ist, noch ihre Bedeutung für das Beweisthema und das Urteil, ob also das Rechtsgeschäft beispielsweise einen 3

[1] BGH NJW-RR 2007, 1006 (Rn. 17).

Schuldbeitritt oder eine Bürgschaft beinhaltet. Das ist vielmehr Gegenstand der (inneren oder) **materiellen Beweiskraft.** Insoweit entscheidet der Richter – ohne Bindung – frei bei streitiger Tatsachengrundlage über das Beweisergebnis (§ 286 Abs. 1) und frei über die Auslegung (§§ 133, 157 BGB) sowie die rechtliche Subsumtion. Nach dem Grundsatz der freien Beweiswürdigung wird insb. auch beurteilt, inwieweit die formell beweiskräftige Urkunde dem Gericht die Überzeugung davon verschaffen kann, dass die beurkundeten Tatsachen und Vorgänge der Wirklichkeit entsprechen (§ 416 Rn. 4). Reformvorschläge zur Einführung einer **materiellen Beweiskraftregel** (in vorgesehenen § 415 a bzw. § 286 Abs. 3) wurden nicht verwirklicht (näher 4. Auflage Rn. 3 a). Eine Bindung des Zivilrichters an Feststellungen in rechtskräftigen Urteilen über Straftaten oder Ordnungswidrigkeiten gibt es damit (vorerst) auch weiterhin nicht.

II. Urkundenbeweis

4 **1. Begriff der Urkunde.** Urkunde im Sinn der ZPO ist die Verkörperung einer Gedankenerklärung durch Schriftzeichen[2], die allgemein bekannt sind oder dem Gericht (unter Umständen mit Hilfe eines Sachverständigen oder Übersetzers) verständlich gemacht werden können.[3] Es kommt folglich auf die Schriftlichkeit und Lesbarkeit an, nicht aber auf die Art der Herstellung (Schreibmaschine, Handschrift) und das verwendete Material (Tinte, Blei, Papier, Holz).[4] Jede schriftliche Urkunde ist Beweismittel, auch wenn sie nicht von vornherein zum Beweis bestimmt war („Zufallsurkunde"), solange sie sich nur auf eine Tatsache bezieht;[5] ob sie eine Unterschrift trägt, ist zwar für die Echtheit, nicht aber für die Existenz einer Urkunde selbst von Bedeutung.[6] An **Arten von Urkunden** ist wegen der unterschiedlichen Beweiskraft zwischen öffentlichen (§§ 415, 417, 418) und privaten (§ 416) zu unterscheiden.

5 **Keine** Urkunden, sondern Gegenstand des Augenscheinsbeweises (vgl. auch § 371 Rn. 3, 5) sind demgegenüber: Zeichnungen, Baupläne, Tonaufnahmen (Tonband, Schallplatte)[7], Fotografien und Filme, weil es an der Lesbarkeit fehlt; EDV-Datenträger, Computerbänder, Disketten, CD-ROMS, Mikrofilme, Videobänder usw., weil es an der Verkehrsfähigkeit fehlt, dh. an der jederzeitigen Verfügbarkeit ohne Einsatz technischer Hilfsmittel;[8] bei elektronischen Dokumenten (§ 371 Rn. 6, 11, 12) außerdem auch deshalb, weil es an der Schriftlichkeit fehlt;[9] die gegenständlichen Beweiszeichen (Grenzzeichen, Kerbhölzer, Kfz.-/Motornummern usw.), weil es um die Kennzeichnung geht und die Gedankenerklärung fehlt. Die **Ablichtung** ist als solche keine Urkunde im Sinn der §§ 415 ff.;[10] Kopien (Mikro-, Foto-, Tele-(Fax-)Kopien) können aber Urkundsqualität erlangen, sofern das Original vernichtet oder sonst uneinbringlich ist.[11] **Sonderregelungen** gelten für bestimmte elektronische Dokumente nach §§ 371 a, 416 a, die keine Urkunden sind (§ 371 a Rn. 1); entsprechendes gilt für gescannte Dokumente.[12]

6 **2. Vorlage von Urkunden und Urkundenbeweis.** Nicht jede Vorlage einer Urkunde im Prozess beinhaltet zugleich einen Urkundenbeweis. Vorgelegte Schriftstücke (insoweit auch Kopien), deren Echtheit nicht bestritten sind, werden vielmehr Teil des unstreitigen Sachverhalts; eine förmliche Beweiserhebung wird dadurch überflüssig. Urkundenbeweis kommt daher nur in Betracht, wenn eine Urkunde zum Beweis einer streitigen Tatsache vorgelegt oder beigezogen wird, Streit über die Echtheit/Verfälschung herrscht oder es um eine Urkunde aus dem Besitz des Gegners, einer Behörde oder eines Dritten geht.

7 **3. Beweiswert.** Der Urkundenbeweis ist ein sehr zuverlässiges Beweismittel[13] mit folglich sehr hohem Beweiswert. Denn das, was eine Partei geschrieben oder unterschrieben hat, war gerade deshalb schriftlich niedergelegt worden, um es später beweiskräftig verwenden zu können. Hinzu kommt in aller Regel der unmittelbare zeitliche Zusammenhang zwischen Erklärung oder Vorgang und Beurkundung; fallen beide Ereignisse auseinander, so muss aber geprüft werden, ob das den Beweiswert mindert.

III. Beweiskraft öffentlicher Urkunden über Erklärungen (§ 415)

8 **1. Begriff der öffentlichen Urkunde.** Davon erfasst wird die **Ausstellung** einer Urkunde (Rn. 4, 5)

– **durch eine öffentliche Behörde,** das ist ein in den allgemeinen Organismus der Behörden eingefügtes Organ der Staatsgewalt, welches dazu berufen ist, unter öffentlicher Autorität für die Erreichung der Zwecke des Staates oder der von ihm geförderten Zwecke tätig zu sein[14] (§ 273 Rn. 13), zB die Bundes-, Landes- oder Gemeindebehörden, Gerichte (richterliches Protokoll[15]), öffentliche Sparkassen (Spar-

---

[2] BGHZ 65, 300 = NJW 1976, 294; *Ahrens* FS Geimer, 2002, S. 1, 2. Übersicht über die Definitionsmerkmale nach Rechtsprechung und Literatur *A. Becker,* Elektronische Dokumente als Beweismittel im Zivilprozess, Diss. Bochum, 2003, S. 30 ff., 83 ff.

[3] MK/*Schreiber* Rn. 5.

[4] AllgM, vgl. nur *Zoller* NJW 1993, 429, 431.

[5] *Ro/S/Go/* §§ 118 Rn. 2, 110 Rn. 2 ff.

[6] MK/*Schreiber* Rn. 10.

[7] *Ro/S/Go/* § 109 Rn. 19.

[8] MK/*Schreiber* Rn. 7.

[9] *Zö/Greger* vor § 415 Rn. 2; *Ahrens* (Fn. 2), S. 12 f.; *Malzer* DNotZ 1998, 96, 109; ausführl. zu elektronischen Dokumenten *Nöcker* CR 2000, 176. AA *A. Becker* (Fn. 2), 115 ff.

[10] BGH NJW 1992, 829 f.

[11] Ausführl. *Zoller* NJW 1993, 429, 435.

[12] Ausführl. zu deren Beweiswer *Roßnagel/Wilke* NJW 2007, 2145, 2147 ff.

[13] *Balzer* Rn. 245; *Schellhammer* Rn. 581; *Mu/St* Rn. 158; *Schneider* Beweis Rn. 1331.

[14] BGHZ 40, 225, 228 = NJW 1964, 299.

[15] BayOblG FamRZ 1994, 530 (§ 415 gilt in FGG-Verfahren entsprechend).

buch[16]), die frühere Deutsche Bundespost Postbank (Sparbuch[17]), Standesamt (Eheschließung), nicht aber zB Dokumente aus dem Archiv des Bundesbeauftragten für die Stasi-Unterlagen[18],
- **oder durch eine mit öffentlichem Glauben versehene Person,** zB Notare, Urkundsbeamte, Gerichtsvollzieher, Standesbeamte, Bedienstete der Deutschen Post AG (§ 418 Rn. 2 aF), Konsuln,
- wobei auch **ausländische Behörden oder Personen** in Betracht kommen (s. § 438).

Erforderlich ist außerdem die Ausstellung der Urkunde
- **innerhalb der sachlichen Zuständigkeit,** nämlich bei Behörden innerhalb der Grenzen ihrer Amtsbefugnisse (also nicht bei bloß innerdienstlichen Urkunden, zB Beurteilungen) und bei mit öffentlichen Glauben versehenen Personen innerhalb der ihnen zugewiesenen Geschäftskreise (also zB nicht die von einem deutschen Notar im Ausland erstellte Urkunde[19]), während die Missachtung der örtlichen Zuständigkeit grundsätzlich keine Folgen hat (vgl. § 7 FGG, §§ 1 Abs. 2, 2 BeurkG), und
- **in der vorgeschriebenen Form,** dh. unter Beachtung zwingender (nicht bloßer Soll-)Vorschriften, zB gemäß §§ 159ff. (Protokolle), § 182 (Zustellungsurkunde), § 762 (Vollstreckungsprotokoll) und nach §§ 8ff. BeurkG,[20] Art. 80ff. WG.

Weiter setzt § 415 voraus, dass die Urkunde über eine **vor** der Behörde oder der Urkundsperson **abgegebene Erklärung** errichtet wurde, zB Angebot, Annahme, vergleichsweise Vereinbarungen, Auflassung, Erbeinsetzung, Erbausschlagung. Für Urkunden von einer Behörde über ihre eigenen Anordnungen, Verfügungen oder Entscheidungen gilt demgegenüber § 417 und für Urkunden über Vorgänge (zB über die Art der Ersatzzustellung) § 418. 9

2. Beweiskraft. Ist die öffentliche Urkunde (Rn. 4, 8) echt (§ 437 Rn. 1), in Urschrift oder beglaubigter Abschrift (§ 435) vorgelegt und mangelfrei (§ 419), mithin beweiskräftig (§ 415 Rn. 2), so begründet sie nach der **Beweisregel des § 415 Abs. 1** – ohne Rücksicht auf die Überzeugung des Richters (§ 286 Abs. 2; Rn. 2) – vollen Beweis dafür, dass die Erklärung samt dem niedergelegten Inhalt und den Begleitumständen (Zeit, Ort, Behörde, Urkundsperson) zutreffend und vollständig so, wie beurkundet und nicht anders, abgegeben wurde;[21] bei notariellen Urkunden gilt das (wegen § 10 BeurkG) auch für die Identität der beteiligten Person.[22] **Sonderregeln** enthalten zB §§ 165, 314 sowie § 65 S. 2 BeurkG, §§ 60, 66 PStG; zur beabsichtigten Regelung in § 416a-E über die Beweiskraft des Ausdruckes eines öffentlichen elektronischen Dokuments vgl. § 292a Rn. 2a. **Nicht** von § 415 Abs. 1 erfasst ist die inhaltliche (materielle) Richtigkeit und Wirksamkeit, was der freien Beweiswürdigung nach § 286 Abs. 1 unterliegt (Rn. 13). 10

3. Beweis der unrichtigen Beurkundung (§ 415 Abs. 2). Er ist zulässig, soweit die formelle Beweiskraft (Rn. 10) reicht. Eine unrichtige Beurkundung (vgl. § 348 StGB) liegt daher vor, wenn der Inhalt der Erklärung nach Ort, Zeit, Beteiligte oder in sachlicher Hinsicht falsch oder unvollständig wiedergegeben wurde. War die abgegebene Erklärung durch einen Willensmangel beeinflusst oder hat der Erklärende beim Verlesen durch den Notar einen von ihm nicht gewollten Abschnitt überhört, ist die Urkunde aber richtig; denn das, was objektiv erklärt wurde, ist auch beurkundet worden, weshalb nur eine Anfechtung nach BGB hilft.[23] Auch der Verstoß gegen eine wesentliche Formvorschrift gehört nicht hierher, vielmehr handelt es sich dann um keine öffentliche Urkunde im Sinn des § 415 (Rn. 8; § 416 Rn. 1).[24] Steht fest, dass die Urkunde zumindest zum Teil Falschbeurkundungen enthält, verliert sie ihre formelle Beweiskraft.[25] 11

Erforderlich ist **Vollbeweis,** das bloße Erwecken von Zweifeln genügt nicht.[26] Die inhaltlichen Anforderungen entsprechen nach allgM denen des Hauptbeweises. Gleichwohl wird meist vom „Gegenbeweis" gesprochen[27], bei dem es aber an sich gerade genügt, wenn die Überzeugung des Richters wieder zweifelhaft gemacht ist (§ 284 Rn. 6); andererseits soll aber auch kein Beweis des Gegenteils (vgl. § 292) zu erbringen sein.[28] Diesen begrifflichen Streit sollte man meiden und – wie das Gesetz – besser vom Beweis der unrichtigen Beurkundung sprechen. Er kann nach allgM nicht durch Antrag auf Parteivernehmung geführt werden, § 445 Abs. 2;[29] möglich wäre aber eine Vernehmung von Amts wegen nach § 448[30] (dort Rn. 2ff.). Inhaltlich gelten für die Prüfung des angetretenen Beweises der Unrichtigkeit strenge Anforderungen; es bedarf einer umfassenden Würdigung, in der der Beweiskraft der Urkunde die der Gegenbeweismittel ge- 12

---

16 BGHSt 19, 19, 21 = NJW 1963, 1630.

17 BayOblG NJW 1993, 2947.

18 VG Greifswald DtZ 1995, 455. Vgl. auch BGH NJW 1992, 1975.

19 HM, vgl. nur MK/*Schreiber* Rn. 20.

20 OLG München NJWE-FER 1997, 231 (zu § 24 I 2 BeurKG).

21 BGH DNotZ 1986, 78 m. Anm. *Reithmann* (not. Urkunde).

22 *St/J/Leipold* Rn. 11; *Zö/Geimer* Rn. 5. AA – auch für notarielle Urkunden – MK/*Schreiber* Rn. 27.

23 BGHZ 71, 260, 262 = NJW 1978, 1480.

24 Str., aber praktisch wenig bedeutsam. Wie hier MK/*Schreiber* Rn. 28. AA (§ 415 Abs. 2 einschlägig) RGZ 161, 378, 381f.; *Ro/S/Go/* § 118 Rn. 19.

25 OLG Hamm NJW-RR 2000, 406.

26 BGH NJW 2006, 150, 151 u. BVerfG NJW-RR 2002, 1008 (je zu § 418; vgl. dort Rn. 2, 5); BGHZ 16, 217, 227 = NJW 1965, 625; OLG Düsseldorf NJW 2000, 2831 (zu § 418 Abs. 2).

27 So zB *T/P/Reichold* Rn. 6; *B/L/H* Rn. 11; *Zö/Geimer* Rn. 6; *Sae/Eichele* Rn. 11; *Balzer* Rn. 250.

28 Dazu u. zum Problem insges. MK/*Schreiber* Rn. 30. Beide Begriffe (Gegenbeweis u. Beweis des Gegenteils) verwendet zB *Zö/Geimer* § 418 Rn. 4.

29 BGH NJW 1965, 1714.

30 BGH NJW 1994, 320f. (zur formellen Beweiswirkung einer notariellen Niederschrift über eine Hauptversammlung einer Aktiengesellschaft).

genüberzustellen ist und beide gegeneinander abzuwägen sind, der Hinweis auf die von der Urkunde ausgehende Beweiskraft allein genügt nicht.[31]

13 **Nicht unter § 415 Abs. 2** fällt die Beweisführung gegen die materielle Richtigkeit der Urkunde (Rn. 3), zB bei einer Quittung[32] oder wegen einer Anfechtung (Rn. 10); dafür gilt schon § 415 Abs. 1 nicht (Rn. 9 aE). Insoweit genügt es, wenn eine schon gewonnene Überzeugung des Gerichts an der inhaltlichen Richtigkeit erschüttert wird, zB an der vor einem Notar abgegebenen Erklärung, einen bestimmten Betrag schon erhalten zu haben; gelingt das, so muss der Schuldner die Zahlung voll beweisen.

416 *Beweiskraft von Privaturkunden* **Privaturkunden begründen, sofern sie von den Ausstellern unterschrieben oder mittels notariell beglaubigten Handzeichens unterzeichnet sind, vollen Beweis dafür, dass die in ihnen enthaltenen Erklärungen von den Ausstellern abgegeben sind.**

I. Privaturkunde

1 **1. Begriff der Privaturkunde.** Darunter fällt jede Urkunde (§ 415 Rn. 4, 5), die eine Erklärung enthält und **keine** öffentliche Urkunde ist (§ 415 Rn. 8, 9); zur Beweiskraft des Ausdruckes eines öffentlichen elektronischen Dokuments vgl. § 416 a. Eine mangelhafte (§ 419) oder eine unter Verletzung der Amtsbefugnisse oder nicht formgerecht errichtete (§ 415 Rn. 8) öffentliche Urkunde kann noch als Privaturkunde wirksam sein;[1] andererseits macht die öffentliche Beglaubigung der Unterschrift auf einer privaten Urkunde diese nicht zu einer öffentlichen.[2] Eine Unterschrift ist im Übrigen zwar Voraussetzung für den Anwendungsbereich des § 416 (Rn. 2), nicht aber für den Begriff der Privaturkunde selbst; fehlt eine Unterschrift, so gilt (zB für Handelsbücher, Notizen, Tabellen, Rechnungen und Kontoblätter ohne Unterschrift[3]) folglich ausschließlich § 286 Abs. 1. Besteht ein Schriftstück aus mehreren Blättern, so ist deren körperliche Verbindung nicht Voraussetzung für die Urkundeneigenschaft.[4]

2 **2. Privaturkunde iSd § 416.** Die Bestimmung verlangt weiter, dass die Privaturkunde (Rn. 1) vom **Aussteller unterschrieben oder mittels notariell beglaubigten Handzeichens unterzeichnet** ist. Liegen diese Voraussetzungen vor, so erfasst die Vorschrift zB die oben genannten Fälle sowie Quittungen, Abholbescheinigungen und Frachtbriefe,[5] Überweisungsauftrag,[6] Bürgschaftserklärung,[7] das Protokoll einer Gesellschafterversammlung[8] oder einer Wohnungseigentümerversammlung (§§ 23 ff. WEG)[9], ein anwaltliches Empfangsbekenntnis.[10] **Aussteller** ist, wer die beurkundete Erklärung abgibt; er muss nicht notwendigerweise zugleich diejenige Person sein, welche die Urkunde abfasst. Die **Unterschrift** muss inhaltlich so viele individuelle Merkmale enthalten, damit im Einzelfall – gegebenenfalls auch erst unter Berücksichtigung des Urkundentextes – der Aussteller erkennbar ist; eine bloße (nicht notariell beglaubigte) **Paraphe** (Handzeichen mit einem Buchstaben oder Buchstabenfolge als Namensabkürzung) ist keine Unterschrift.[11] In der Regel genügt der Familien-/Firmenname (bei Verwechslungsgefahr unter Umständen mit weiteren Zusätzen) oder Künstlername, im privaten Bereich auch lediglich der Vorname oder eine allgemeine familienrechtliche Bezeichnung („dein Vater" usw.). Die Unterzeichnung braucht nach allgM nicht eigenhändig zu erfolgen, so dass auch ein Vertreter mit Wissen und Wollen des Vertretenen in dessen Namen unterschreiben kann; sie muss nicht handschriftlich[12] sein, mechanisch hergestellte Unterschriften genügen[13] wie zB bei einem Telegramm, Fernschreiben oder einem lediglich gestempelten Bankeinzahlbeleg. Enthält die Urkunde jedoch eine Willenserklärung, die nach materiellem Recht in schriftlicher Form abzufassen ist (zB: §§ 766, 781, 2247 BGB), muss sie „eigenhändig" unterschrieben sein (§ 126 Abs. 1 BGB).[14] Die Unterschrift muss den Text räumlich abschließen, also unter ihm stehen (keine sog. „Oberschrift"[15] oder sog. „Nebenschrift"[16]), kann aber blanko erteilt sein (zum Missbrauch Rn. 3 aE).

II. Beweiskraft

3 Ist die Privaturkunde unterschrieben (Rn. 2), in Urschrift vorgelegt (§ 420 Rn. 1), echt (§ 439 Rn. 1) und mangelfrei (§ 419), mithin beweiskräftig (§ 415 Rn. 2), so begründet sie nach der **Beweisregel des § 416** – ohne Rücksicht auf die Überzeugung des Gerichts (§ 286 Abs. 2; § 415 Rn. 2) – vollen Beweis dafür, dass

---

[31] BGH NJW-RR 2001, 571 (zu § 418 Abs. 2).
[32] BGH ZIP 1993, 1170, 1172 = NJW-RR 1993, 1379.
[1] BGHZ 37, 90 = NJW 1962, 1152.
[2] BGH NJW 1980, 1047 f.
[3] OLG Hamm NJW 1987, 964.
[4] BGHZ 136, 357, 367 = NJW 1998, 58.
[5] OLG Düsseldorf NJW-RR 1996, 361; OLG Köln NJW-RR 1999, 112.
[6] BGH NJW-RR 1997, 177 (zugleich zur Reichweite der Beweiskraft).
[7] BGH NJW 2000, 1179 f.
[8] BGH NJW-RR 1990, 737.
[9] BayOblG NJW-RR 1990, 210.
[10] BGH NJW 1990, 2125.
[11] BGH NJW-RR 2007, 351.
[12] *B/L/H* Rn. 5; *MK/Schreiber* Rn. 6; *T/P/Reichold* Rn. 2. AA zB *Zö/Geimer* Rn. 1.
[13] BGH NJW-RR 1988, 881.
[14] *Balzer* Rn. 248.
[15] BGHZ 113, 48, 51 f. = NJW 1991, 487.
[16] BGH NJW 1992, 829.

die in ihr enthaltenen Erklärungen von den Ausstellern abgegeben worden sind.[17] Innerhalb dieser Grenzen der formellen Rechtskraft gibt es keinen Beweis der unrichtigen Beurkundung (keinen „Gegenbeweis", vgl. § 415 Rn. 11, 12), wie der Vergleich mit §§ 415 Abs. 2, 418 Abs. 2 zeigt.[18] Durch einen Gegenteilsbeweis kann der Aussteller aber dartun, dass ihm die Urkunde gegen seinen Willen entzogen worden ist.[19] Behauptet er die abredewidrige Ausfüllung eines Blanketts, also dass der Text über der Unterschrift nicht von ihm stammt, so bestreitet er die Echtheit der Privaturkunde (§ 440 Rn. 1, 5).

Nicht von § 416, sondern vom Grundsatz der freien Beweiswürdigung (§ 286 Abs. 1) werden erfasst: 4
Die Umstände der Abgabe der Erklärung wie Zeit und Ort, weshalb ein in der Privaturkunde enthaltenes Datum nur beweist, dass es vom Aussteller stammt, nicht aber, dass es richtig angegeben wurde[20] (Ausnahme: anwaltliches Empfangsbekenntnis, auf das § 418 Anwendung findet (§ 418 Rn. 2), was verfassungsrechtlich unbedenklich ist[21]; der Zugang bei einer empfangsbedürftigen Willenserklärung; Zusätze unter der Unterschrift; inhaltliche (materielle) Richtigkeit und Wirksamkeit der Erklärung, also ob die in der Privaturkunde bestätigten Vorgänge wirklich so geschehen sind oder nicht (§ 415 Rn. 3).[22] Allerdings können die auf Grund der Beweisregel des § 416 formell erwiesenen Erklärungen – je nach ihrem Inhalt – auch geeignet sein, dem Gericht allein oder im Zusammenhang mit weiteren Umständen die Überzeugung davon zu verschaffen, dass die urkundlich bezeugten Tatsachen und Vorgänge der Wirklichkeit entsprechen.[23] Nach § 286 Abs. 1 wird auch über den Einwand entschieden, es seien mündliche Nebenabreden getroffen worden. Dazu kann der Erfahrungssatz angewendet werden, dass eine Vertragsurkunde den endgültigen und wohl überlegten Willen der Parteien enthält, mithin vollständig und richtig ist.[24]

416a *Beweiskraft des Ausdrucks eines öffentlichen elektronischen Dokuments*

Der mit einem Beglaubigungsvermerk versehene Ausdruck eines öffentlichen elektronischen Dokuments gemäß § 371a Abs. 2, den eine öffentliche Behörde innerhalb der Grenzen ihrer Amtsbefugnisse oder eine mit öffentlichem Glauben versehene Person innerhalb des ihr zugewiesenen Geschäftskreises in der vorgeschriebenen Form erstellt hat, sowie der Ausdruck eines gerichtlichen elektronischen Dokuments, der einen Vermerk des zuständigen Gerichts gemäß § 298 Abs. 2 enthält, stehen einer öffentlichen Urkunde in beglaubigter Abschrift gleich.

I. Normzweck

1 Trotz des elektronischen Zugangs zur Justiz wird es auf noch unabsehbare Zeit erforderlich sein, den Beweis durch Urkunden in Papierform auch dann zu führen, wenn das Originaldokument in elektronischer Form besteht. Die – durch das JKomG (§ 130a Rn. 1) eingefügte – Vorschrift bestimmt deshalb, unter welchen Voraussetzungen dem Papier-Ausdruck eines bestimmten elektronischen Dokuments die Wirkungen einer Urkunde zukommen. Damit ergänzt § 416a mit seinen Regeln zur Beweiskraft des Ausdrucks eines öffentlichen elektronischen Dokuments die Vorschrift des § 371a Abs. 2, der die Beweiskraft des öffentlichen elektronischen Original-Dokuments festlegt.

II. Einzelheiten

2 **1. Voraussetzungen.** Erfasst werden nur **originäre** elektronische Dokumente. Die Vorschrift ist **nicht** anwendbar auf elektronische Dokumente, die ursprünglich in Papierform vorgelegen haben und sodann für die weitere Bearbeitung eingescannt (§ 298a Rn. 5, 6) worden sind (sekundäre elektronische Dokumente);[1] Beweismittel bleibt in solchen Fällen das Papierdokument, das nach den Regeln des Urkundenbeweises in das Verfahren eingeführt wird.[2]

3 **Weitere Voraussetzung** ist
- der Ausdruck eines originären (Rn. 2) **öffentlichen elektronischen Dokuments** iSd. § 371a Abs. 2 (dort Rn. 11), nicht eines privaten elektronischen Dokuments nach § 371a Abs. 1 (dort Rn. 2),
- mit einem Beglaubigungsvermerk (zu Form und Inhalt vgl. auch § 33 Abs. 5 VwVfG), erstellt von einer öffentlichen Behörde innerhalb der Grenzen ihrer Amtsbefugnisse oder einer mit öffentlichem Glauben versehenen Person innerhalb des ihr zugewiesenen Geschäftskreises in der vorgeschriebenen Form (§ 415 Rn. 8), oder
- der Ausdruck eines gerichtlichen elektronischen Dokuments mit einem Transfervermerk nach § 298 Abs. 2 (dort Rn. 3–7).

---

[17] BGH NJW-RR 2003, 384 f. HM auch im Schrifttum, vgl. nur *S/J/Leipold* Rn. 7; aA zB *Zö/Geimer* Rn. 9.
[18] Str. wie hier MK/*Schreiber* Rn. 11 m. weit. Nachw.; aA zB *T/P/Reichold* Rn. 4.
[19] BGH NJW-RR 2006, 847.
[20] BGH NJW-RR 1990, 737; 1989, 1323.
[21] BVerfG NJW 2001, 1563 f.
[22] BGH NJW 1986, 3086.
[23] BGHZ 104, 172 = NJW 1988, 2741.
[24] BGH NJW 2002, 3164 f.; NJW-RR 1989, 1323; 1998, 1470 (notarielle Grundstückskaufvertragsurkunden); *Palandt/Heinrichs* § 125 Rn. 15.
[1] BT-Drucks. 15/4067 S. 35; *Viefhues* NJW 2005, 1009, 1014.
[2] *T/P/Reichold* Rn. 4; *Sae/Eichele* Rn. 2; *Zö/Geimer* Rn. 1.

Entsprechen die vorgelegten Ausdrucke diesen Anforderungen nicht, enthalten sie insbesondere keinen ordnungsgemäßen Beglaubigungs-/Transfervermerk, gilt § 416a nicht.[3]

4 Schließlich muss das öffentliche elektronische Dokument **echt** sein; unter den Voraussetzungen des § 371a Abs. 2 S. 2 (dort Rn. 12) wird das gemäß § 437 (Einzelheiten s. dort) vermutet. Im Übrigen gilt: Bei Bedenken gegen die Richtigkeit des Ausdrucks (Rn. 3) kann das Gericht in entsprechender Anwendung des § 435 anordnen, dass der Beweisführer die elektronische Urschrift des öffentlichen Dokuments vorlege oder die Tatsachen angebe und glaubhaft mache, die ihn an der Vorlegung oder Übermittlung des Originaldokuments gemäß § 371a Abs. 2 hindern.[4]

5 **2. Rechtsfolge.** Unter den genannten Voraussetzungen (Rn. 2–4) steht der Ausdruck eines öffentlichen elektronischen Dokuments den Wirkungen einer öffentlichen Urkunde in beglaubigter Abschrift gleich. Es gelten sowohl die allgemeinen Beweiskraftregeln (§§ 415, 417, 418) wie auch die speziellen für gerichtliche Dokumente (§§ 165, 314).

417

Beweiskraft öffentlicher Urkunden über amtliche Anordnung, Verfügung oder Entscheidung **Die von einer Behörde ausgestellten, eine amtliche Anordnung, Verfügung oder Entscheidung enthaltenden öffentlichen Urkunden begründen vollen Beweis ihres Inhalts.**

1 Die Vorschrift erfasst die durch eine **Behörde** ausgestellte **öffentliche Urkunde** (§ 415 Rn. 8) über eine von ihr selbst (nicht: vor ihr, § 415 Rn. 9) getroffene amtliche Anordnung, Verfügung oder Entscheidung; diese Begriffe sind untechnisch zu verstehen, gemeint ist jede auf Außenwirkung gerichtete Willenserklärung.[1] Man spricht deshalb von einer „wirkenden Urkunde", weil sie den zu beweisenden Vorgang (Rechtsakt) unmittelbar enthält und ihn verkörpert;[2] Beispiele: gerichtliche Urteile, Strafbefehle, Erbschein, Verwaltungsakte. Beabsichtigte Regelungen zur Beweiskraft rechtskräftiger Urteile über Straftaten und Ordnungswidrigkeiten wurden (vorerst) nicht verwirklicht (§ 415 Rn. 3 aE).

2 Ist die öffentliche Urkunde der Behörde echt (§ 437 Rn. 1), in Urschrift oder beglaubigter Abschrift (§ 435) vorgelegt und mangelfrei (§ 419), folglich beweiskräftig (§ 415 Rn. 2), so begründet sie nach der **Beweisregel des § 417** – ohne Rücksicht auf die Überzeugung des Gerichts (§ 286 Abs. 2, § 415 Rn. 2) – vollen Beweis dafür, dass die Willenserklärung nach Inhalt und Begleitumständen (Ort, Zeit, Beteiligte) ergangen ist. Innerhalb dieser Grenzen der formellen Rechtskraft gibt es keinen Beweis der unrichtigen Beurkundung (keinen „Gegenbeweis", vgl. § 415 Rn. 12), wie der Vergleich mit §§ 415 Abs. 2, 418 Abs. 2 zeigt.[3] **Nicht** von § 417 erfasst sind die inhaltliche (materielle) Richtigkeit und Wirksamkeit (§ 415 Rn. 3). Die Anfechtung der in der Urkunde enthaltenen Anordnungen, Verfügungen oder Entscheidungen richtet sich im Übrigen nach den dafür statthaften Rechtsbehelfen.

418

Beweiskraft öffentlicher Urkunden mit anderem Inhalt **(1) Öffentliche Urkunden, die einen anderen als den in den §§ 415, 417 bezeichneten Inhalt haben, begründen vollen Beweis der darin bezeugten Tatsachen.**

(2) Der Beweis der Unrichtigkeit der bezeugten Tatsachen ist zulässig, sofern nicht die Landesgesetze diesen Beweis ausschließen oder beschränken.

(3) Beruht das Zeugnis nicht auf eigener Wahrnehmung der Behörde oder der Urkundsperson, so ist die Vorschrift des ersten Absatzes nur dann anzuwenden, wenn sich aus den Landesgesetzen ergibt, dass die Beweiskraft des Zeugnisses von der eigenen Wahrnehmung unabhängig ist.

I. Anwendungsbereich

1 Die Vorschrift erfasst die **Zeugnisurkunden.** Das sind öffentliche Urkunden (§ 415 Rn. 8), und zwar in Abgrenzung zu §§ 415, 417 (§ 415 Rn. 9), über Vorgänge, die weder Erklärungen Dritter (§ 415) noch Willenserklärungen einer Behörde (§ 417) betreffen; weitere Voraussetzung ist grundsätzlich die **eigene Wahrnehmung durch die Behörde oder Urkundsperson selbst,** bei **fremder** Wahrnehmung gilt § 418 Abs. 3 (Rn. 4). Allerdings können auf dieselbe Urkunde mehrere der genannten Vorschriften gleichzeitig zutreffen.[1]

2 **Beispiele:** amtliche Auskunft (§ 273 Abs. 2 Nr. 2);[2] Beglaubigung, auch durch ausländische Behörde;[3] Zeugnis der ausländischen Behörde über die Zustellung (§ 183 Abs. 2 S. 2), zB der Klageschrift durch britische Behörde;[4] Eingangsstempel – behördliche[5], gerichtliche[6] – oder Empfangsbestätigungen über einen eingereichten Antrag; auch anwaltliches Empfangsbekenntnis nach § 174, auf das § 418 Anwendung findet (§ 416 Rn. 4; zur Beweiskraft und zum Beweis der Unrichtigkeit ausführlich Rn. 6); Grundbuchabschriften

---

[3] *B/L/H* Rn. 3 aE; MK/*Schreiber* Rn. 4.
[4] BT-Drucks. (Fn. 1).
[1] MK/*Schreiber* Rn. 5.
[2] *Ro/S/Go/* § 118 Rn. 9.
[3] RGZ 146, 143; MK/*Schreiber* Rn. 7; *T/P/Reichold* Rn. 2. AA *B/L/H* Rn. 3.
[1] Vgl. bei *Zö/Geimer* Rn. 3.
[2] RGZ 46, 356, 360.
[3] BVerwG NJW 1987, 1159.
[4] BGH NJW 2002, 521 (zu § 202 Abs. 2 aF).
[5] BFH NJW 1996, 679; OVG Weimar NVwZ-RR 1995, 233; OVG Münster NVwZ 2000, 346.
[6] BGH NJW 2000, 1872; 1998, 461; 1990, 2125.

des Grundbuchamts; Protokolle des Gerichts (§§ 159, 165) oder des Gerichtsvollziehers (§ 762); Quittierung durch Gerichtsvollzieher (§ 757); Rechtskraftzeugnis (§ 706); Registerauszüge vom Handelsregister, Standesamt über Geburten, Todesfälle usw.; Urteilstatbestand (§ 314); Aktenausdruck im maschinellen Mahnverfahren zum Text der über den Tag der Zustellung errichteten Urkunde (§ 696 Abs. 2 S. 1, 2); die (Post-) Zustellungsurkunde[7] (§§ 182, 193, 194) für Zustellungsvoraussetzungen, die der Zusteller selbst vornimmt (Übergabe des Schriftstücks, schriftliche Mitteilung von einer Niederlegung) oder vorfindet und feststellt (zB: „beschäftigten Person", § 178 Abs. 1 Nr. 1, 2), nicht aber bei einer Ersatzzustellung nach § 180 dafür, dass der Empfänger unter der angegebenen Adresse wohnt (wenngleich die Zustellungsurkunde dafür ein Indiz begründet).[8]

II. Beweiskraft

Ist die öffentliche Urkunde echt (§ 437 Rn. 1), in Urschrift oder beglaubigter Abschrift (§ 435) vorgelegt und mangelfrei (§ 419), folglich beweiskräftig (§ 415 Rn. 2) und betrifft sie eine **eigene** Wahrnehmung oder Handlung der Behörde oder Urkundsperson, so begründet sie nach der **Beweisregel des** § 418 Abs. 1 – ohne Rücksicht auf eine Überzeugung des Richters (§ 286 Abs. 2; § 415 Rn. 2) – vollen Beweis für alle in ihr bezeugten Tatsachen (§ 415 Rn. 10; zum anwaltlichen Empfangsbekenntnis Rn. 6. Diese formelle Beweiskraft erfasst aber nur die Tatsache selbst, nicht die rechtliche Beurteilung, zB nicht die vom Notar festgestellte Testierfähigkeit;[9] das gehört vielmehr zur freien Beweiswürdigung (§ 286 Abs. 1). 3

Entsprechendes gilt, wenn eine solche Urkunde eine **fremde** Wahrnehmung der Behörde oder Urkundsperson betrifft, soweit dies Landes- (ohne praktische Bedeutung) oder Bundesgesetze (§ 13 EGZPO) zulassen, zB §§ 60, 66 PStG (zB hinsichtlich der fremden Wahrnehmung – Hebamme – zur Geburt). Ist das nicht der Fall, so ist die Urkunde bloßes Indiz und unterliegt der freien Beweiswürdigung.[10] 4

III. Beweis der Unrichtigkeit (§ 418 Absatz 2)

Dieser Beweis („Gegenbeweis", vgl. § 415 Rn. 12) ist zulässig, soweit die formelle Beweiskraft des § 418 Abs. 1, 3 reicht und ihn nicht Bundesgesetze (§ 13 EGZPO, zB: §§ 165 S. 2, 314 S. 2, § 80 ZVG) oder Landesgesetze (hinsichtlich landesgesetzlich geregelter Urkunden[11]) ausschließen oder beschränken. Erforderlich ist **Vollbeweis** (§ 415 Rn. 12; dort auch zum Umfang der Begründungspflicht),[12] auch in FGG-Verfahren;[13] der Beweisantritt muss mithin substantiiert sein, bloßes Bestreiten ist unzureichend. Die Anforderungen dürfen aber nicht überspannt werden. So erbringt zwar der **Eingangsstempel des Gerichts** den Beweis für den Eingang, der jedoch durch den Beweis des Eingangs im Tagesbriefkasten am Vortag nach Dienstschluss der Poststelle widerlegt werden kann;[14] bei Behauptung der Unrichtigkeit eines gerichtlichen Eingangstempels nach Einwurf in den Nachtbriefkasten muss zunächst das Gericht aufklären, ob Fehlerquellen vorhanden sind und ob es in der konkreten Nacht vorher oder nachher Störungen gegeben hat.[15] Dafür genügt grundsätzlich eine dienstliche Äußerung der Wachtmeisterei.[16] Trägt eine Partei vor, ihr Prozessbevollmächtigter habe den fristgebundenen Schriftsatz (zB Berufungsschrift) zu einem konkret bezeichneten, nicht verfristeten Zeitpunkt persönlich in den Nachtbriefkasten eingeworfen und das in der Handakte vermerkt, ist der hierzu angebotene Beweis (Vernehmung des RA als Zeuge) zu erheben.[17] Eine eidesstattliche Versicherung genügt nicht,[18] außer sie kann dem Gericht die volle Überzeugung von der Richtigkeit der versicherten Behauptung vermitteln,[19] was aber nur zusammen mit anderen objektiv gesicherten Umständen möglich erscheint. Jedoch reicht Glaubhaftmachung stets aus (§ 294), wo das im Gesetz zugelassen ist, zB im Wiedereinsetzungsverfahren (§ 236 Abs. 2) gegen die formelle Beweiskraft des gerichtlichen Eingangsstempels (Rn. 2).[20] 5

Für ein **anwaltliches Empfangsbekenntnis** (§ 174; § 12a aF) – auf das § 418 Anwendung findet (Rn. 2; § 416 Rn. 4) – gilt nach ständiger höchstrichterlicher Rechtsprechung,[21] die verfassungsrechtlich unbedenklich ist:[22] Es erbringt grundsätzlich Beweis nicht nur für die Entgegennahme des darin bezeichneten Schriftstücks als zugestellt, sondern auch für den Zeitpunkt der Entgegennahme durch den Unterzeichner und damit der Zustellung. Der Beweis der Unrichtigkeit der im Empfangsbekenntnis enthaltenen Angaben 6

---

7 BGH NJW 2006, 150 (Rn. 12): Beurkundung einer Ersatzzustellung durch Einlegen in „ähnliche Vorrichtung". BVerfG NJW-RR 2002, 1008; BFH NVwZ 2000, 239. Ausf. *Grasshof*, Festschr. für Merz, 1992, S. 133 ff., 141 f.

8 BVerfG NStZ-RR 1997, 70; BGH NJW 1992, 1963. Vgl. auch *Deubner* JuS 1999, 581, 582 f.

9 BayOblG DNotZ 1975, 555.

10 OLG Düsseldorf FamRZ 1994, 630 (libanesische Geburtsurkunde).

11 MK/*Schreiber* Rn. 9.

12 BVerfG NJW-RR 2002, 1008 (Zustellungsurkunde).

13 BayOblG NZM 2000, 245.

14 BGH NJW-RR 2001, 280.

15 BGH NJW-RR 2005, 75; NJW 2000, 1872 f.

16 BGH NJW 2005, 3501.

17 BGH NJW-RR 2005, 75.

18 BVerfG NStZ-RR 1998, 73 (eidesstattliche Versicherung der Ehefrau); BGH NJW 1998, 461 (Eingangsstempel bei Einwurf in Nachtbriefkasten); BFH NJW 1996, 679 (Einspruchseinlegung gegen Steuerbescheid).

19 BGH NJW 1996, 2038 (Eingangszeitpunkt der Berufungsbegründungsschrift).

20 BGH VersR 1995, 1467; MDR 1983, 749.

21 BGH NJW 2003, 2460; 2002, 3164 f.; 2001, 2722; 1996, 3014. Ebenso BSG NJW-RR 2002, 1652.

22 BVerfG NJW 2001, 1563 f.

ist jedoch zulässig. An ihn sind allerdings strenge Anforderungen zu stellen. Er verlangt vollständige Entkräftung der Beweiswirkung des § 174 und den Ausschluss jeder Möglichkeit, dass die Angaben im Empfangsbekenntnis richtig sein können; dieser Beweis ist nicht schon dann geführt, wenn lediglich die Möglichkeit der Unrichtigkeit besteht, die Möglichkeit der Richtigkeit also nur erschüttert ist.

419 *Beweiskraft mangelbehafteter Urkunden* **Inwiefern Durchstreichungen, Radierungen, Einschaltungen oder sonstige äußere Mängel die Beweiskraft einer Urkunde ganz oder teilweise aufheben oder mindern, entscheidet das Gericht nach freier Überzeugung.**

1 Die Mangelfreiheit einer Urkunde ist – neben ihrer Echtheit – allgemeine Voraussetzung für ihre Beweiskraft (§ 415 Rn. 2); § 419 gilt folglich sowohl für öffentliche wie private Urkunden. **Äußere Mängel** sind, neben den in der Vorschrift genannten Fällen, zB: Flecken, Risse; Wechsel der Schriftart (Schreibschrift/Druckbuchstaben) ohne ersichtlichen Grund (zB wegen Hervorhebung); auffälliges Schriftbild, ungewöhnliche Anordnung der Erklärung auf dem Papier sowie Format der Urkunde, das auf nachträgliche Veränderungen („Zuschneiden") der ursprünglichen Größe hindeutet[1]; zusammengeklebtes Schriftstück; Einschübe, Änderungen von Zahlen und Einfügungen[2]; nicht unterschriebene handschriftliche Randvermerke/-ergänzungen auf Notarurkunde[3]; überstempeltes Eingangsdatum.[4] **Nicht** hierher gehören ordnungsgemäß beurkundete Änderungen oder Ergänzungen (vgl. § 30 DNotO) oder kraft Gesetzes anzubringende Randvermerke (vgl. §§ 12, 22, 29, 31 PStG).

2 Ob der Urkunde ein Mangel im beschriebenen Sinne anhaftet, entscheidet der Tatrichter auf Grund freier Beweiswürdigung (§ 286 Abs. 1)[5]. Dabei muss nicht festgestellt werden, dass die bereits unterzeichnete Urkunde nachträglich geändert worden, sondern nur, dass ein solcher Eingriff nach dem äußeren Erscheinungsbild möglich ist.[6] Auch kommt es grundsätzlich nicht darauf an, ob die von der Änderung möglicherweise betroffenen Teile entscheidungserheblich sind.[7]

3 Als **Rechtsfolge** eines Mangels im Sinn des § 419 gelten die Beweisregeln der §§ 415–418 nicht. Die Urkunde entfaltet also keine formelle Beweiskraft (§ 415 Rn. 2), sondern unterliegt insgesamt der freien Beweiswürdigung nach § 286 Abs. 1[8]. Folglich genügt es nicht, im Urteil darzulegen, dass wegen des Mangels die formelle Beweiskraft entfallen ist; vielmehr muss weiter erörtert werden, ob und welche Schlüsse gleichwohl noch aus der Urkunde gezogen werden können.[9]

420 *Vorlegung durch Beweisführer; Beweisantritt* **Der Beweis wird durch die Vorlegung der Urkunde angetreten.**

I. Beweisantritt

1 Beim Urkundenbeweis ist der Beweisantritt verschieden, je nachdem, wo sich die Urkunde befindet (§ 415 Rn. 1). Im Fall des § 420 muss sie der **Beweisführer** (§ 359 Nr. 3) in unmittelbarem Besitz haben oder sich ohne gerichtliche Hilfe beschaffen können (arg.: § 432 Abs. 2). Dann wird Beweis durch die **Vorlegung der Urkunde** angetreten; die in der Praxis häufig anzutreffende Ankündigung der Vorlage ist unzureichend[1] (Ausnahme: § 434). Bei **öffentlichen Urkunden** (§ 415 Rn. 8, 9) genügt die Vorlage einer beglaubigten Abschrift (§ 435). **Privaturkunden** (§ 416) sind demgegenüber stets in Urschrift beizubringen[2]; § 435 kann nicht entsprechend angewendet werden.[3] Wird nur eine Fotokopie vorgelegt und bestreitet sie der Gegner nicht, so kann das Gericht freilich von einer Übereinstimmung mit dem Original ausgehen und die nur abgelichtete Privaturkunde in tatrichterlicher Beweiswürdigung (§ 286 Abs. 1) als ausreichenden Beweis einer Behauptung ansehen.[4] Die Beweisregel des § 416 gilt insoweit aber nicht. Nur die Urschrift fällt unter diese Bestimmung (§ 416 Rn. 3); die Bindung des Richters bei der Würdigung einer tatsächlichen Behauptung (§ 286 Abs. 2) steht nicht zur Disposition der Parteien.

2 Wird **umfangreiches Urkundenmaterial** vorgelegt, zB ein langjähriger Briefwechsel mit einem Geschäftspartner, so müssen die Blätter/Seiten, die Gegenstand des Beweisantritts sein sollen, genau bezeichnet werden[5]; der Richter braucht sie nicht herauszusuchen. Die Partei ist vielmehr nach § 139 zum ordnungsgemäßen Beweisantritt aufzufordern[6]; bei Vorlage des Materials schon vor der mündlichen Verhandlung ist Fristsetzung zu empfehlen (Rn. 3).

---

[1] BGH NJW 1980, 893.
[2] BGH NJW-RR 1989, 1323.
[3] BGH NJW 1994, 2768.
[4] BGH NJW-RR 1987, 1151.
[5] OLG Köln NJW-RR 1999, 1509.
[6] BGH NJW 1980, 893; 1966, 1657.
[7] BGH NJW-RR 1989, 1323.
[8] BGH NJW 1992, 829f.
[9] BGH NJW 1988, 60, 62.
[1] BGH NJW 1991, 639f.
[2] BGH NJW 1992, 829f.
[3] BGH NJW 1980, 1047f.
[4] BGH NJW 1990, 1170f.
[5] BGH DRiZ 1963, 60.
[6] BGH NJW 1986, 428f.

II. Verfahren

Die Vorlegung der Urkunde hat grundsätzlich vor dem Prozessgericht zu erfolgen (Ausnahme: § 434), und zwar spätestens bis zum Schluss der mündlichen Verhandlung (§ 296a), sofern das Gericht keine andere Anordnung getroffen hat (§§ 134, 142, 273 Abs. 2 Nr. 5, 356).[7] Versäumt das der Beweisführer, so gelten im zuerst genannten Fall §§ 296 Abs. 2, 282 Abs. 1, im anderen (also nach Fristsetzung) §§ 296 Abs. 1, 273 Abs. 2 Nr. 5 oder § 356.[8] Die Beweisaufnahme erfolgt durch Bezugnahme des Beweisführers auf den Inhalt (§ 137 Abs. 3) und durch Einsichtnahme des Gerichts, die auch dem Gegner zu gestatten ist (vgl. § 134 Abs. 2). 3

III. Gebühren und Kosten

1. Rechtsanwaltsgebühren. Eine gesonderte Gebühr für die Beweiserhebung fällt nach RVG nicht mehr an. 4

2. Gerichtskosten. Gerichtsgebühren fallen nicht an. 5

421 *Vorlegung durch den Gegner; Beweisantritt* **Befindet sich die Urkunde nach der Behauptung des Beweisführers in den Händen des Gegners, so wird der Beweis durch den Antrag angetreten, dem Gegner die Vorlegung der Urkunde aufzugeben.**

I. Voraussetzungen

Beim Urkundenbeweis ist der Beweisantritt verschieden, je nachdem, wo sich die Urkunde befindet (§ 415 Rn. 1). Im Fall des § 421 muss sie nach der Behauptung des Beweisführers der **Gegner** (Rn. 3) in Händen, dh. im unmittelbaren Besitz oder Zugriffsbereich (Beispiel: Herausgabeanspruch als mittelbarer Besitzer) haben. Weiter wird vorausgesetzt, dass der Gegner zur Herausgabe oder Vorlegung nach bürgerlichem Recht (§ 422) oder deshalb verpflichtet ist, weil er sich auf die Urkunde selbst bezogen hat (§ 423); nur aus diesen beiden Vorschriften (oder einer Anordnung des Gerichts nach § 142 Abs. 1) kann sich eine zivilprozessuale Vorlagepflicht der nicht beweisbelasteten Partei ergeben, nicht aber aus den Grundsätzen der sekundären Behauptungslast.[1] Im Urkundenprozess findet § 421 **keine Anwendung** (§ 595 Abs. 3). 1

II. Beweisantritt

Unter den genannten Voraussetzungen wird Beweis durch den Antrag angetreten, dem Gegner die Vorlegung der Urkunde aufzugeben, § 421; zum Inhalt vgl. § 424. Der Vorlegungsantrag wird im schriftlichen Verfahren (§ 128 Abs. 2) und im Verfahren nach Aktenlage (§§ 251a, 331a) schriftsätzlich, sonst in der mündlichen Verhandlung gestellt, sollte dann aber zwecks Verfahrensbeschleunigung (Rn. 4) möglichst frühzeitig angekündigt werden (§ 130 Nr. 2, 5); die Anregung an das Gericht, nach §§ 142, 143 vorzugehen, ersetzt den Antrag nicht, macht ihn aber gegebenenfalls überflüssig. Zur Verspätung vgl. § 420 Rn. 3. 2

Antragsbefugt sind die beweisführende Partei und nach allgM auch ihr Streithelfer (§ 66 Abs. 1). Ist ein Antrag nach § 421 möglich, so fehlt einer Klage oder Widerklage auf Herausgabe/Vorlegung der Urkunde grundsätzlich das Rechtsschutzbedürfnis.[2] **Gegner** ist die andere Prozesspartei, unter Umständen auch ihr streitgenössischer Streithelfer (§ 69); andere Personen sind Dritte im Sinn des § 428.[3] 3

III. Weiteres Verfahren

Leugnet der Gegner eine Vorlegungspflicht (§§ 422, 423), so muss darüber entschieden werden (§ 425 Rn. 3ff.). Räumt er den Besitz der Urkunde ein oder erklärt er sich nicht, so wird, falls beweiserheblich, die Vorlegung angeordnet, § 425. Bestreitet der Gegner den Besitz, so wird er gemäß § 426 S. 1, 2 vernommen und ergeht unter den Voraussetzungen des S. 3 ebenfalls eine Vorlegungsanordnung. Wird gleichwohl nicht vorgelegt, so sind zwar Zwangsmaßnahmen unzulässig, jedoch treten die Folgen des § 427 ein. 4

422 *Vorlegungspflicht des Gegners nach bürgerlichem Recht* **Der Gegner ist zur Vorlegung der Urkunde verpflichtet, wenn der Beweisführer nach den Vorschriften des bürgerlichen Rechts die Herausgabe oder die Vorlegung der Urkunde verlangen kann.**

Der Beweisführer muss in seinem Vorlegungsantrag unter anderem auch eine Vorlegungspflicht des Gegners darlegen (§ 421 Rn. 1, vgl. § 424 Nr. 5). Auf eine solche **materiell-rechtliche Pflicht** stellt § 422 ab (zur prozessrechtlichen vgl. § 423; zu einer allgemeinen Aufklärungspflicht s. § 423 Rn. 1). Ein Anspruch auf Herausgabe/Vorlegung der Urkunde kann sich demzufolge **insb.** ergeben aus: 1

- §§ 259, 371, 402, 444, 666, 667, 681 S. 2, 687 Abs. 2 S. 1, 713, 716, 985/952, 1144, 1799, 2130 Abs. 2, 2218 Abs. 1 BGB

---

[7] BGH aaO.

[8] Dazu vgl. BVerfG NJW 1985, 3005f.

[1] BGH (für BGHZ) NJW 2007, 2989.

[2] OLG Frankfurt MDR 1980, 221 (Umdeutung einer Widerklage in § 421 – Antrag).

[3] *T/P/Reichold* Rn. 3; *Zö/Geimer* Rn. 1. weiter gehend *B/L/H* Rn. 3 (Gegner ist auch der gesetzliche Vertreter); noch weiter gehend MK/*Schreiber* Rn. 3 (jeder prozessual Beteiligte).

- sowie – in der Praxis besonders wichtig – aus § 810 BGB[1], zB auch für den Insolvenzverwalter im Anfechtungsprozess für eine Urkunde zu einem Rechtsgeschäft zwischen Insolvenzschuldner und dem Beklagten, die im schuldnerischen Unternehmen nicht mehr auffindbar ist,[2] vor allem in Arzthaftungsprozessen[3] (Dokumentationspflicht, Herausgabe von und Einsicht in Krankenpapiere[4]);
- §§ 118, 166, 233 HGB;
- Art. 50 WG; § 836 Abs. 3.

Ob solche Ansprüche oder Einwendungen dagegen bestehen, beurteilt sich nach materiellem Recht; prozessuale Grenzen ergeben sich aus §§ 383 Abs. 1, 384 entsprechend[5] und dem Verbot des Ausforschungsbeweises (§ 284 Rn. 16 ff.).

2 **Rechtsfolge:** Pflicht auf Vorlegung der Urkunde an das Prozessgericht (Ausnahme: § 434) zur Einsicht, und zwar auch dann, wenn der materiell-rechtliche Anspruch auf Herausgabe an den Beweisführer lautet. Weigert sich der Gegner, so gilt für das weitere Verfahren § 421 Rn. 4.

423 *Vorlegungspflicht des Gegners bei Bezugnahme* **Der Gegner ist auch zur Vorlegung der in seinen Händen befindlichen Urkunden verpflichtet, auf die er im Prozess zur Beweisführung Bezug genommen hat, selbst wenn es nur in einem vorbereitenden Schriftsatz geschehen ist.**

1 Der Beweisführer muss in seinem Vorlegungsantrag unter anderem auch eine Vorlegungspflicht des Gegners darlegen (§ 421 Rn. 1, vgl. § 424 Nr. 5). Einen entsprechenden **prozessrechtlichen Vorlegungsanspruch** begründet § 423 (zum materiell-rechtlichen vgl. § 422). Die Vorschrift setzt voraus, dass der Gegner auf die Urkunde als Beweismittel Bezug genommen hat; dann kann er sich auch nicht (anders als bei § 422; vgl. dort Rn. 1) auf eine entsprechende Anwendung von §§ 383 Abs. 1, 384 berufen. Nicht genügt aber, wenn der Gegner auf den Urkundeninhalt lediglich zur Ergänzung oder Erläuterung seines Tatsachenvortrages hingewiesen hat.[1] Eine darüber hinausgehende allgemeine Aufklärungspflicht der nicht beweisbelasteten Partei gibt es jedenfalls in diesem Zusammenhang nach hM nicht.[2] Eine weiter gehende prozessrechtliche Vorlegungspflicht begründet aber § 142 Abs. 1; die Anregung an das Gericht, nach dieser Vorschrift vorzugehen, ersetzt den Antrag nicht, macht ihn aber gegebenenfalls überflüssig.

2 **Rechtsfolge:** Pflicht auf Vorlegung der Urkunde an das Prozessgericht (Ausnahme: § 434). Weigert sich der Gegner, so gilt auch hier (wie bei § 422) § 421 Rn. 4, nicht etwa § 286 Abs. 1.[3]

424 *Antrag bei Vorlegung durch Gegner* [1]**Der Antrag soll enthalten:**
1. die Bezeichnung der Urkunde;
2. die Bezeichnung der Tatsachen, die durch die Urkunde bewiesen werden sollen;
3. die möglichst vollständige Bezeichnung des Inhalts der Urkunde;
4. die Angabe der Umstände, auf welche die Behauptung sich stützt, dass die Urkunde sich in dem Besitz des Gegners befindet;
5. die Bezeichnung des Grundes, der die Verpflichtung zur Vorlegung der Urkunde ergibt.
[2]**Der Grund ist glaubhaft zu machen.**

I. Normzweck

1 Die Vorschrift regelt den notwendigen Inhalt des Vorlegungsantrages (§ 421 Rn. 2); sie ist – entgegen ihrem Wortlaut – zwingend. Entspricht der Antrag diesen Erfordernissen nicht, so muss der Beweisführer zur Nachbesserung angehalten werden (§ 139). Allerdings dürfen die Anforderungen nicht überspannt werden. Sinn und Zweck der Regelung liegen nur darin, dem Gericht durch die Angaben zu ermöglichen, die Entscheidungserheblichkeit, die Beweiserheblichkeit und die Beweiseignung der Urkunde sowie die Verpflichtung zur Vorlage zu prüfen; zur Entscheidung, falls das nicht möglich ist, vgl. § 425 Rn. 2. Der Vorlegungsantrag ist Prozessantrag, § 297 gilt nicht (§ 297 Rn. 1, 2).

II. Antragsinhalt

2 Dazu gehören nach
- **Nr. 1** eine so genaue Bezeichnung nach den äußeren Merkmalen (Aussteller, Datum usw.), dass beim Gegner kein Zweifel darüber bestehen kann, welche öffentliche (§ 415 Rn. 4, 5, 8, 9) oder private (§ 416 Rn. 1, 2) Urkunde gemeint ist (unzureichend: „Korrespondenz", „Geschäftspapiere");
- **Nr. 2,** eine Tatsachenbehauptung, welche einen Ausforschungsbeweis (§ 284 Rn. 16 ff.) ausschließt und die Prüfung der Beweiserheblichkeit ermöglicht;

---

[1] Vgl. die Rspr.-Übersicht bei *Palandt/Heinrichs* § 810 Rn. 2, 4.
[2] BGH ZIP 2002, 1408, 1410 (Bauauftrag des Beklagten).
[3] BGHZ 72, 132 = NJW 1978, 2337; *Mu/St* Rn. 264 f.
[4] Vgl. auch *Uhlenbruck* (Urteilsanmerkung) NJW 1980, 1339.
[5] *MK/Schreiber* Rn. 5.

[1] RGZ 69, 405; MK/*Schreiber* Rn. 1
[2] Vgl. nur MK/*Schreiber* § 422 Rn. 1 u. *Ro/S/Go/* §§ 108 Rn. 14, 115 Rn. 47 f. AA insbes. *Stürner,* Die Aufklärungspflicht im Zivilprozess, 1976, S. 92 ff.
[3] So aber – ohne Begründung – *Zi* Rn. 1. Wie hier MK/*Schreiber* Rn. 3; *Zö/Geimer* Rn. 2.

- **Nr. 3** eine Bezeichnung des Urkundeninhalts, damit – aus Gründen der Rechtssicherheit – für Gericht und Gegner schon vorher erkennbar ist, was später bei Nichtvorlegung der Urkunde „als richtig angesehen … oder als bewiesen angenommen werden" wird (vgl. § 427);
- **Nr. 4** eine hinreichende Behauptung zum Besitz des Gegners an der Urkunde, damit dieser substantiiert bestreiten und so einer Vorlegungsvernehmung (§ 426) entgehen kann;
- **Nr. 5** eine Glaubhaftmachung (§ 294) der Vorlegungspflicht, was freilich nur bei § 422 erforderlich ist, weil die Voraussetzungen des § 423 (Bezugnahme) das Gericht ohnehin auf Grund Aktenlage beurteilen kann.[1]

425 ***Anordnung der Vorlegung durch Gegner*** **Erachtet das Gericht die Tatsache, die durch die Urkunde bewiesen werden soll, für erheblich und den Antrag für begründet, so ordnet es, wenn der Gegner zugesteht, dass die Urkunde sich in seinen Händen befinde, oder wenn der Gegner sich über den Antrag nicht erklärt, die Vorlegung der Urkunde an.**

I. Normzweck

1 Dazu ergibt die Betrachtung von §§ 425–427 in ihrem systematischen Zusammenhang: Die Vorschrift des § 425 regelt zusammen mit § 426 das gerichtliche Vorgehen bei einem Vorlegungsantrag (§ 424), den der Gegner nicht freiwillig erfüllt. Dann kommt es zum Vorlegungsstreit. Er endet – anders als bei Dritten (vgl. § 429) – nicht mit Zwangsmaßnahmen, sondern mit beweisrechtlichen Konsequenzen. Das Verfahren dafür stellen die §§ 425–427 zur Verfügung. Danach wird der Antrag entweder abgelehnt, womit der Beweisantritt gescheitert ist, oder es ergeht eine Vorlegungsanordnung. Erfüllt sie der Gegner, so wird der Urkundenbeweis erledigt; wird die Urkunde nicht vorgelegt, so greift § 427 ein.

II. Entscheidungsablauf bei Prüfung eines Vorlegungsantrages

2 Zuerst werden nach allgemeinen Regeln Entscheidungserheblichkeit, Beweiserheblichkeit und Beweiseignung der Urkunde samt den formalen Antragsvoraussetzungen geprüft (§ 424 Rn. 2). Fehlt es daran, gegebenenfalls trotz eines Hinweises (§ 424 Rn. 1), so **unterbleibt eine Vorlegungsanordnung,** was in den Entscheidungsgründen des Urteils zu rechtfertigen ist[1]; auch eine Zurückweisung des Antrages durch unanfechtbaren Beschluss ist möglich, jedoch umständlich und deshalb nicht zweckmäßig.

3 Sind die genannten Voraussetzungen erfüllt, so kommt es auf die Vorlegungspflicht an. Auch sie – nicht nur den Besitz – soll der Gegner nach § 288 zugestehen bzw. nach § 138 Abs. 3 unstreitig stellen können.[2] Das ist mindestens bedenklich, weil sich beide Vorschriften grundsätzlich nur auf Tatsachen beziehen. Jedoch wird es auf diese Frage meist nicht ankommen. Besteht nach Auffassung des Richters **keine Vorlegungspflicht,** weil § 423 nicht erfüllt ist oder der Beweisführer die Voraussetzungen für einen Anspruch gemäß § 422 nicht glaubhaft gemacht hat (§ 424 Rn. 2 aE), so wird wie bei Rn. 2 verfahren; ob der Gegner die Vorlegungspflicht leugnet oder die Urkunde überhaupt in Händen hat, ist unerheblich.

4 Hat der Gegner **Besitz an der Urkunde und** besteht nach Meinung des Gerichts eine **Vorlegungspflicht,** so wird die Vorlegung der Urkunde durch unanfechtbaren Beschluss gemäß § 425 angeordnet; Folge bei Nichtvorlegung vgl. § 427. **Bestreitet er den Besitz** der Urkunde, so gilt § 426. Zur Entscheidung, falls schon die Existenz der Urkunde streitig ist, § 426 Rn. 1.

5 **Leugnet der Gegner die Vorlegungspflicht,** die der Richter für gegeben hält, so wird wie in Rn. 4 verfahren, also entweder § 426 angewendet oder eine Beweisanordnung gemäß § 425 getroffen und die Entscheidung hinsichtlich des Streits zu §§ 422, 423 in den Gründen des Endurteils gerechtfertigt. Über die Vorlegungspflicht kann aber auch durch Zwischenurteil (§ 303) befunden werden, das aber grundsätzlich nur zusammen mit der Entscheidung in der Hauptsache anfechtbar ist (§ 303 Rn. 7); eine Ausnahme gilt, wenn ein materiell-rechtlicher Anspruch im Sinn des § 422 Streitgegenstand war.[3]

426 ***Vernehmung des Gegners über den Verbleib*** **[1]Bestreitet der Gegner, dass die Urkunde sich in seinem Besitz befinde, so ist er über ihren Verbleib zu vernehmen. [2]In der Ladung zum Vernehmungstermin ist ihm aufzugeben, nach dem Verbleib der Urkunde sorgfältig zu forschen. [3]Im Übrigen gelten die Vorschriften der §§ 449 bis 454 entsprechend. [4]Gelangt das Gericht zu der Überzeugung, dass sich die Urkunde im Besitz des Gegners befindet, so ordnet es die Vorlegung an.**

I. Voraussetzungen

1 Die Vernehmung des Gegners (§ 421 Rn. 3) über den Verbleib der Urkunde, deren Besitz er bestreitet, kommt nur in Betracht, wenn die in § 424 Rn. 1, 2 genannten Voraussetzungen vorliegen und die Existenz der Urkunde feststeht. Es ist **nicht Zweck** der Vorschrift, wie ihr Wortlaut zeigt („Verbleib"), dem Gericht eine Überzeugung dazu zu verschaffen, ob es die Urkunde überhaupt gibt.[1] Nicht zu folgen ist deshalb den

---

[1] BGH NJW 1989, 717, 719.
[1] KG NJW 1993, 2879.
[2] So *B/L/H* Rn. 4; *Zö/Geimer* Rn. 2.
[3] BGH ZZP 92 (1979), 362 m. Anm. *Gottwald.*
[1] RGZ 92, 222, 225; MK/*Schreiber* Rn. 2; *Zö/Geimer* Rn. 1.

Stimmen, welche eine Vorlegungsvernehmung nur ablehnen wollen, wenn die Nichtexistenz feststeht.[2] Bei einem Streit der Parteien dazu muss vielmehr der Beweisführer zunächst beweisen, dass die Urkunde errichtet wurde, zB durch Antrag auf Zeugenvernehmung oder auch auf Vernehmung des Gegners (jedoch) nach § 445 Abs. 1. Kann sich der Richter nicht von der Existenz überzeugen, weil unüberwindbare Zweifel verbleiben, so ist der Weg für eine Anwendung des § 426 schon von vornherein versperrt. Anders liegt es (wegen § 444), wenn nicht die ursprüngliche Existenz der Urkunde, sondern deren Beseitigung durch den Beweisgegner streitig ist (Rn. 3).

II. Entscheidung

2 Liegen die Voraussetzungen für eine Vernehmung des Gegners nicht vor, so unterbleibt eine entsprechende Anordnung, was in den Entscheidungsgründen des Urteils zu rechtfertigen ist. Auch eine Zurückweisung des Antrags durch Beschluss oder Zwischenurteil (§ 303) ist möglich, jedoch umständlich, weil diese Entscheidungen ohnehin nur zusammen mit dem Endurteil anfechtbar sind. Andernfalls wird die Vernehmung des Gegners durch unanfechtbaren Beweisbeschluss (§§ 450 Abs. 1, 355 Abs. 2) durch das Prozessgericht angeordnet. Die Ladung muss die Aufforderung zu sorgfältigen Nachforschungen beinhalten, § 426 S. 2. Im Übrigen gelten §§ 449–454 entsprechend (§ 426 S. 3). Beweisthema ist der „Verbleib" der Urkunde, also der Besitz, bei einer Weitergabe die Person des jetzigen Inhabers, bei Beschädigungen oder Vernichtung der Urkunde die Umstände dazu und schließlich, welche Nachforschungen angestellt wurden (arg.: Rn. 3 und § 426 S. 4).[3]

III. Rechtsfolgen

3 Hält das Gericht nach der Vernehmung den Besitz des Gegners für bewiesen, so ordnet es die Vorlegung an, § 426 S. 4 (Entscheidung wie § 425 Rn. 4); Folgen bei Nichtvorlegung vgl. § 427. Hält es den Besitz nicht für bewiesen, so ist der Beweis gescheitert. Ausnahmen: Der Richter gelangt zur Überzeugung, dass der Gegner nach dem Verbleib der Urkunde nicht sorgfältig geforscht (§ 426 S. 2) oder dass dieser den Urkundenbeweis vereitelt hat; in dem zuerst genannten Fall gilt § 427, im anderen § 444. Die genannten Alternativen werden in den Entscheidungsgründen des Urteils gerechtfertigt.

IV. Gebühren und Kosten

4 **1. Rechtsanwaltsgebühren.** Eine gesonderte Gebühr für die Beweiserhebung fällt nach RVG nicht an.
5 **2. Gerichtskosten.** Gerichtsgebühren werden nicht erhoben.

427 *Folgen der Nichtvorlegung durch Gegner*

[1]Kommt der Gegner der Anordnung, die Urkunde vorzulegen, nicht nach oder gelangt das Gericht im Falle des § 426 zu der Überzeugung, dass er nach dem Verbleib der Urkunde nicht sorgfältig geforscht habe, so kann eine vom Beweisführer beigebrachte Abschrift der Urkunde als richtig angesehen werden. [2]Ist eine Abschrift der Urkunde nicht beigebracht, so können die Behauptungen des Beweisführers über die Beschaffenheit und den Inhalt der Urkunde als bewiesen angenommen werden.

1 Ihrem **Zweck** nach will die Vorschrift verhindern, dass der Gegner der beweisbelasteten Partei dieser den Nachweis der behaupteten Tatsachen arglistig vereiteln kann (vgl. auch § 444 Rn. 1). Sie setzt eine Vorlegungsanordnung (§§ 425, 426 S. 4) oder die Überzeugung des Gerichts davon voraus, dass der Gegner nach dem Verbleib der Urkunde nicht sorgfältig geforscht hat (vgl. § 426 S. 2). § 427 gilt entsprechend bei Nichtbefolgung einer gerichtlichen Anordnung gemäß §§ 134, 142, 273 Abs. 2 Nr. 5. Zu den Folgen der Beseitigung der Urkunde vgl. § 444.

2 Die **Rechtsfolgen** bestehen nicht in Zwangsmaßnahmen, sondern in beweisrechtlichen Konsequenzen (§ 425 Rn. 1); es handelt sich um einen Fall der Beweisvereitelung.[1] Das Gericht hat also die Nichtvorlegung in den Entscheidungsgründen gemäß § 286 Abs. 1 zu würdigen; eine vom Beweisführer beigebrachte Abschrift kann als richtig bzw. dessen Behauptung über die Beschaffenheit und den Inhalt der Urkunde als bewiesen angesehen werden. Gegenbeweis ist zulässig, jedoch nicht durch Antrag auf Parteivernehmung (§ 445 Abs. 2).

428 *Vorlegung durch Dritte; Beweisantritt*

Befindet sich die Urkunde nach der Behauptung des Beweisführers im Besitz eines Dritten, so wird der Beweis durch den Antrag angetreten, zur Herbeischaffung der Urkunde eine Frist zu bestimmen oder eine Anordnung nach § 142 zu erlassen.

I. Voraussetzungen

1 Beim Urkundenbeweis ist der Beweisantritt verschieden, je nachdem wo sich die Urkunde befindet (§ 415 Rn. 1). Im Fall des § 428 muss sie sich nach den Behauptungen des Beweisführers im Besitz eines

---

[2] *B/L/H* Rn. 3; *T/P/Reichold* Rn. 2.
[3] Wie hier *T/P/Reichold* Rn. 3; *B/L/H* Rn. 5. AA MK/*Schreiber* Rn. 3; unentschieden *Zö/Geimer* Rn. 2.
[1] BGH NJW 2006, 434 (Rn. 23).

Dritten befinden (Rn. 2) Es gibt **zwei Möglichkeiten zum Beweisantritt,** nämlich den Antrag auf Fristsetzung zur Herbeischaffung der Urkunde (Rn. 2–4) oder den Antrag auf Erlass einer Anordnung nach § 142 (Rn. 2, 5). Im Urkundenprozess findet § 428 **keine Anwendung** (§ 595 Abs. 3).

II. Beweisantritt

1. Gemeinsame Voraussetzung für beide Alternativen (Rn. 1) ist die Behauptung des Beweisführers, dass sich die Urkunde im Besitz eines Dritten befindet; erfasst wird sowohl der unmittelbare wie der mittelbare Besitz (§ 421 Rn. 1). Zur **Antragsbefugnis** und zum Begriff des **Dritten** vgl. § 421 Rn. 3. Zur Frage der **Verspätung** vgl. § 420 Rn. 3. 2

2. Dann kann der Beweis durch den **Antrag auf Fristsetzung zur Herbeischaffung der Urkunde** angetreten werden (§ 428 Alt. 1), falls die oben genannten Voraussetzungen (Rn. 2) und eine Vorlegungspflicht des Dritten nach § 429 bestehen; zum Antragsinhalt vgl. § 430. Die Beschaffung der Urkunde ist Sache des Beweisführers (Rn. 3). Ein Antrag auf Ladung des Dritten mit der Auflage, die Urkunde mitzubringen, ist folglich unzulässig, jedoch in einen Beweisantritt nach § 428 Alt. 2 (Rn. 5) umzudeuten. 3

Ist im **weiteren Verfahren** der Dritte nicht zur Herausgabe der Urkunde bereit, so kommt nur eine Klage des Beweisführers in Betracht, § 429. Dafür wird eine Frist gesetzt, § 431. 4

3. Unter den genannten Voraussetzungen (Rn. 2) kann der Beweis aber auch (Rn. 1) durch den **Antrag auf Erlass einer Anordnung nach § 142** angetreten werden (§ 428 Alt. 2); es handelt sich um einen echten Beweisantrag.[1] Der Gesetzgeber hat diese Möglichkeit aus Gründen der Prozessökonomie **unabhängig vom Bestehen eines materiell-rechtlichen Anspruchs** des Beweisführers gegen den Dritten (vgl. § 429) geschaffen;[2] wegen letzterem wird diese Alternative die zuerst behandelte Möglichkeit des Beweisantritts (Rn. 2–4) in der Praxis verdrängen. Die Begründung mit der „Prozessökonomie" allein ist freilich bedenklich, weil diese zwar ein Vorgehen des Gerichts gegen die Parteien rechtfertigen kann, nicht aber eines gegen einen Dritten, dem keine Pflicht zur Verbesserung der Beweislage oder Verfahrensförderung obliegt. Dem Gesuch ist – unter den weiteren Voraussetzungen des § 142 Abs. 2 – zu entsprechen, wenn die Beweistatsache erheblich ist und der Inhalt der (im Besitz des Dritten befindlichen, Rn. 2) Urkunde zum Beweis dieser Tatsache geeignet erscheint; es darf vom Richter nicht mit der Begründung abgelehnt werden, von der vorzulegenden Urkunde verspreche er sich im Ergebnis wenig.[3] Allerdings kann das Gericht die Vorlegung gegenüber dem Dritten nicht erzwingen, sondern nur Ordnungsmittel ergreifen (§ 142 Abs. 2 S. 2 iVm. § 390); hat das keinen Erfolg, muss der Beweisführer nach Rn. 2–5 vorgehen.[4] 5

III. Gebühren und Kosten

Rechtsanwaltsgebühren. Eine gesonderte Beweisgebühr fällt nach RVG nicht an. 6

429 *Vorlegungspflicht Dritter* **[1]Der Dritte ist aus denselben Gründen wie der Gegner des Beweisführers zur Vorlegung einer Urkunde verpflichtet; er kann zur Vorlegung nur im Wege der Klage genötigt werden. [2]§ 142 bleibt unberührt.**

Der Beweisführer muss in seinem Beweisantritt unter anderem auch eine **Vorlegungspflicht** des Dritten darlegen (§ 428 Rn. 1, 3 vgl. §§ 430, 424 Nr. 5). Dazu verweist § 429 auf die für den Gegner geltenden Bestimmungen, hauptsächlich auf eine materiell-rechtliche Pflicht (§ 422 Rn. 1). Ein prozessrechtlicher Vorlegungsanspruch (§ 423 Rn. 1) hat kaum praktische Bedeutung. Dazu müsste ein Dritter in einem vorbereitenden Schriftsatz auf die Urkunde Bezug genommen haben; das kann zwar beim streitgenössischen Streithelfer durchaus vorkommen, der ist jedoch Gegner im Sinn der §§ 421 ff. (§ 421 Rn. 3). 1

Für die **Klage** des Beweisführers gegen den Dritten gelten die allgemeinen Regeln, auch zum Gerichtsstand. Klageantrag und Urteilstenor lauten auf Vorlegung der Urkunde zum Prozessgericht (bzw. § 434); Zwangsvollstreckung: § 883. Wird die Klage rechtskräftig abgewiesen oder hat eine Vollstreckung keinen Erfolg, so ist der Beweisantritt gescheitert. 2

Bei dem durch das ZPO-RG angefügten **Satz 2** handelt es sich um eine Folgeänderung zur Neufassung des § 142. Zum Beweisantritt durch den Antrag auf Erlass einer Anordnung nach § 142 wird auf die früheren Erörterungen verwiesen (§ 428 Rn. 1, 2, 5). 3

430 *Antrag bei Vorlegung durch Dritte* **Zur Begründung des nach § 428 zu stellenden Antrages hat der Beweisführer den Erfordernissen des § 424 Nr. 1 bis 3, 5 zu genügen und außerdem glaubhaft zu machen, dass die Urkunde sich in den Händen des Dritten befinde.**

Die Erörterungen zu § 424 gelten entsprechend mit folgender Besonderheit: Die in § 424 Nr. 4 enthaltene Pflicht regelt § 430 selbst; die Anforderungen sind verschärft, weil die Behauptung, der Dritte habe die Urkunde in Händen (§ 428 Rn. 2), glaubhaft gemacht (§ 294) werden muss. 1

---

[1] *Leipold,* FS Gerhardt, 2004, 563, 568.
[2] BT-Drucks. 14/4722 S. 92. Zusti. *Zekoll/Bolt* NJW 2002, 3129, 3132; *Leipold* aaO S. 578 f.
[3] *Leipold* aaO.
[4] Sehr krit. zur Zumutbarkeit der Urkundenvorlage durch Dritte *E. Schneider* MDR 2004, 1.

431 *Vorlegungsfrist bei Vorlegung durch Dritte* **(1) Ist die Tatsache, die durch die Urkunde bewiesen werden soll, erheblich und entspricht der Antrag den Vorschriften des vorstehenden Paragraphen, so hat das Gericht durch Beschluss eine Frist zur Vorlegung der Urkunde zu bestimmen.**

(2) Der Gegner kann die Fortsetzung des Verfahrens vor dem Ablauf der Frist beantragen, wenn die Klage gegen den Dritten erledigt ist oder wenn der Beweisführer die Erhebung der Klage oder die Betreibung des Prozesses oder der Zwangsvollstreckung verzögert.

1 Die **Fristsetzung** erfordert Entscheidungserheblichkeit, Beweiserheblichkeit und Beweiseignung der Urkunde (§ 425 Rn. 2) sowie Erfüllung der formalen Antragserfordernisse (§ 430). Dann wird eine Vorlegungsfrist bestimmt, § 431 Abs. 1 (die Vorschrift ist lex specialis zu § 356); eine mündliche Verhandlung ist freigestellt, § 128 Abs. 4. Es handelt sich um eine richterliche Frist im Sinn des § 224. Die **Anordnung** ist kein Beweisbeschluss, weil die Beweisaufnahme lediglich vorbereitet wird; § 355 Abs. 2 gilt mithin nicht. Gleichwohl ist die Fristsetzung nach allgemeinen Regeln grundsätzlich unanfechtbar (vgl. § 567 Abs. 1); da sie aber wie eine Aussetzung des Verfahrens wirkt, kann der Gegner des Beweisführers nach hM eine zu lange Frist mit der sofortigen Beschwerde entsprechend § 252 beanstanden. Gegen die **Ablehnung** ist sofortige Beschwerde nach § 567 Abs. 1 Nr. 2 statthaft; nachprüfbar sind nach allgM aber nur die formalen Antragsvoraussetzungen, nicht Entscheidungserheblichkeit, Beweiserheblichkeit und Beweiseignung. Die zuletzt genannten Umstände können nur zusammen mit dem Endurteil angegriffen werden; befasst sich der Beschluss damit nicht, so müssen folglich die Entscheidungsgründe eine entsprechende Rechtfertigung enthalten.

2 Die **Fortsetzung des Verfahrens** kann der Beweisführer jederzeit verlangen; die von Dritten beschaffte Urkunde wird dann im Termin vorgelegt (§ 420). Ist der Prozess (§ 429 Rn. 2) noch nicht erledigt oder erfolglos geblieben, so beinhaltet der Antrag auf Terminsbestimmung einen Verzicht auf das Beweismittel. Für den Gegner gelten vor Fristablauf die Beschränkungen des § 431 Abs. 2.

432 *Vorlegung durch Behörden oder Beamte; Beweisantritt* **(1) Befindet sich die Urkunde nach der Behauptung des Beweisführers in den Händen einer öffentlichen Behörde oder eines öffentlichen Beamten, so wird der Beweis durch den Antrag angetreten, die Behörde oder den Beamten um die Mitteilung der Urkunde zu ersuchen.**

(2) Diese Vorschrift ist auf Urkunden, welche die Parteien nach den gesetzlichen Vorschriften ohne Mitwirkung des Gerichts zu beschaffen imstande sind, nicht anzuwenden.

(3) Verweigert die Behörde oder der Beamte die Mitteilung der Urkunde in Fällen, in denen eine Verpflichtung zur Vorlegung auf § 422 gestützt wird, so gelten die Vorschriften der §§ 428 bis 431.

I. Normzweck

1 Die Vorschrift will durch die Regelung in Abs. 1 den Beweisantritt für die Beschaffung von Urkunden aus dem Besitz einer öffentlichen Behörde oder eines öffentlichen Beamten durch Einschaltung des Richters erleichtern; sie sind dem Gericht gegenüber zur Amtshilfe verpflichtet (Art. 35 Abs. 1 GG; vgl. auch § 168 GVG). Folgerichtig schränkt das Gesetz ein: Der erleichterte Beweisantritt (Abs. 1) ist nicht möglich, wenn die Partei die Urkunde auch ohne Mitwirkung des Gerichts beschaffen kann (Abs. 2) oder einen materiellrechtlichen Herausgabeanspruch hat (Abs. 3). Unabhängig davon, ob sich eine Partei auf die Urkunde bezogen hat, ist eine vorbereitende Maßnahme des Gerichts nach § 273 Abs. 2 Nr. 2 möglich.

II. Anwendungsbereich des Absatz 1

2 Beim Urkundenbeweis ist der Beweisantritt verschieden, je nachdem wo sich die Urkunde befindet (§ 415 Rn. 1). Im Fall des § 432 muss sie nach der Behauptung des Beweisführers eine öffentliche Behörde (§ 415 Rn. 8) oder ein öffentlicher Beamter in Händen, dh. im unmittelbaren Besitz oder Zugriffsbereich (§ 421 Rn. 1) haben. **Weitere Voraussetzungen:** Die Behörde oder der Beamte darf nicht Gegner (sonst: §§ 421–427), sondern muss Dritter sein (§ 421 Rn. 3). Erforderlich ist außerdem dienstlicher Besitz; bei Privatbesitz gelten unmittelbar §§ 428–431. Schließlich dürfen die Ausschlusstatbestände nach § 432 Abs. 2, Abs. 3 nicht eingreifen (Rn. 4). **Unanwendbar** ist § 432 im Urkundenprozess (§ 595 Abs. 3).

III. Beweisantritt

3 Unter den genannten Voraussetzungen wird Beweis durch den Antrag angetreten, die Behörde oder den Beamten um die Mitteilung der Urkunde zu ersuchen. Zum Inhalt äußert sich das Gesetz nicht. Da aber Behörde und Beamter im Sinne der §§ 428 ff. Dritte sind, gilt § 430 entsprechend.[1] Eine solche Anwendung ist auch geboten, weil sonst das Gericht die erforderlichen Prüfungen (Rn. 5) nicht vornehmen kann. Ein Antrag auf Beiziehung von Akten, der die vom Beweisführer für erheblich gehaltenen Urkunden oder Aktenteile nicht näher bezeichnet, entspricht jedenfalls nicht den Erfordernissen.[2] Zum Verbot des **Ausforschungsbeweises** vgl. § 284 Rn. 16 ff., zur Stellung des Antrages vgl. § 421 Rn. 2, zur Frage der **Verspätung** vgl. § 420 Rn. 3.

---

[1] Im Ergebnis ebenso MK/*Schreiber* Rn. 6; *B/L/H* Rn. 3; *T/P/Thomas* Rn. 2; *Zö/Geimer* Rn. 3.
[2] BGH NJW 1994, 3295 f.

Ausgeschlossen ist ein solcher Beweisantritt in zwei Fällen: 4
- **Nach Abs. 2,** wenn der Beweisführer die Urkunde nach den gesetzlichen Vorschriften ohne Mitwirkung des Gerichts zu beschaffen im Stande ist wie Ausfertigungen, beglaubigte Abschriften (§ 435), Grundbuch-/Handelsregisterauszüge, standesamtliche Urkunden (gesetzliche Vorschriften sind zB: §§ 34, 78, 85, 162 FGG; § 12 Abs. 2 GBO; §§ 299, 792, 896; § 9 HGB; § 61 PstG; § 179 Abs. 3 S. 1 InsO); dann muss Beweis gemäß § 420 angetreten werden.
- **Nach Abs. 3,** wenn dem Beweisführer ein materiell-rechtlicher Herausgabeanspruch im Sinn des § 422 zusteht; dann gelten die §§ 428–431.

IV. Entscheidung

Zu prüfen sind nach allgemeinen Regeln Entscheidungserheblichkeit, Beweiserheblichkeit und Beweis- 5
eignung der Urkunde sowie die formalen Antragsvoraussetzungen. Fehlt es daran, gegebenenfalls trotz eines entsprechenden Hinweises (§ 424 Rn. 1), so **unterbleibt das Ersuchen,** was in den Entscheidungsgründen des Urteils zu rechtfertigen ist; auch eine Zurückweisung des Antrages durch unanfechtbaren Beschluss ist möglich, jedoch umständlich und deshalb nicht zweckmäßig. Liegen die genannten Voraussetzungen vor, so richtet das Gericht **durch Beweisbeschluss das Ersuchen** an die Behörde oder den Beamten.

V. Weiteres Verfahren

Behörde/Beamter prüfen nach öffentlichem Recht, ob dem Ersuchen des Gerichts zu entsprechen ist; 6
dem können gesetzliche Vorschriften (zB Post-, Steuergeheimnis), berechtigte Interessen Dritter (zB bei straf- oder familienrechtlichen Akten) oder Gründe des Gemeinwohls entgegenstehen. Wird die Amtshilfe abgelehnt, so ist der Beweisantritt gescheitert; ebenso, wenn die mitgeteilte Urkunde nach Weisung der Behörde den Parteien nicht zugänglich gemacht werden darf, weil ein solches Verfahren § 355 widerspricht, das Beweismittel mithin unverwertbar ist. Beruft sich der Beweisführer auf einen öffentlich-rechtlichen Anspruch auf Vorlegung (zu einem solchen Anspruch aus bürgerlichem Recht vgl. Rn. 4 aE), so muss zunächst eine Beibringungsfrist gemäß § 356 gesetzt werden.

VI. Gebühren und Kosten

1. **Rechtsanwaltsgebühren.** Eine gesonderte Gebühr für die Beweiserhebung fällt nach RVG nicht an. 7
2. **Gerichtskosten.** Gerichtsgebühren werden nicht erhoben. 8

433 *(weggefallen)*

434 *Vorlegung vor beauftragtem oder ersuchtem Richter* **Wenn eine Urkunde bei der mündlichen Verhandlung wegen erheblicher Hindernisse nicht vorgelegt werden kann oder wenn es bedenklich erscheint, sie wegen ihrer Wichtigkeit und der Besorgnis ihres Verlustes oder ihrer Beschädigung vorzulegen, so kann das Prozessgericht anordnen, dass sie vor einem seiner Mitglieder oder vor einem anderen Gericht vorgelegt werde.**

Die Vorschrift beinhaltet eine Ausnahme vom Grundsatz der Beweisunmittelbarkeit (§ 355). Unter den 1
genannten Voraussetzungen kann die Vorlegung der Urkunde an Ort und Stelle an einen beauftragten oder ersuchten Richter (§§ 361, 362) erfolgen, sofern das Prozessgericht sie dort nicht selbst einsieht (vgl. § 219). Bedeutung hat § 434 idR nur für Privaturkunden, weil sie in Urschrift vorzulegen sind (§ 420 Rn. 1), während bei öffentlichen Urkunden nach § 435 grundsätzlich ohnehin eine beglaubigte Abschrift genügt (Ausnahme: Bedenken des Gerichts zur Übereinstimmung mit dem Original).

Die Anordnung erfolgt durch unanfechtbaren Beweisbeschluss (§§ 358, 358a S. 2 Nr. 1, 355 Abs. 2), 2
auch nachträglich (§ 360). Der Richterkommissar wird eine beglaubigte Abschrift herstellen lassen und zu den Akten nehmen; seine Feststellungen zur Echtheit und zu anderen für die Bestimmung des Beweiswerts (§ 415 Rn. 7) maßgeblichen Umständen sollten protokolliert werden. Befindet sich die Urkunde im Ausland, so gilt § 363. Verfahrensfortgang: §§ 362 Abs. 2, 367, 370.

435 *Vorlegung öffentlicher Urkunden in Urschrift oder beglaubigter Abschrift* **[1]Eine öffentliche Urkunde kann in Urschrift oder in einer beglaubigten Abschrift, die hinsichtlich der Beglaubigung die Erfordernisse einer öffentlichen Urkunde an sich trägt, vorgelegt werden; das Gericht kann jedoch anordnen, dass der Beweisführer die Urschrift vorlege oder die Tatsachen angebe und glaubhaft mache, die ihn an der Vorlegung der Urschrift verhindern. [2]Bleibt die Anordnung erfolglos, so entscheidet das Gericht nach freier Überzeugung, welche Beweiskraft der beglaubigten Abschrift beizulegen sei.**

Die Vorschrift lässt bei **öffentlichen Urkunden** (§ 415 Rn. 8, 9) auch eine beglaubigte Abschrift genügen, 1
die bezüglich ihrer Übereinstimmung mit dem Original aber beglaubigt sein muss.[1] Dann gelten auch für

[1] BGH NJW-RR 2007, 1006 (Rn. 13, 14): Beglaubigte Abschrift einer französischen Akte.

sie die Beweisregeln der §§ 415, 417, 418. Bei Bedenken gegen die Richtigkeit der beglaubigten Abschrift kann das Gericht die Anordnungen nach S. 1 Halbs. 2 treffen, mithin Vorlage der Urschrift oder glaubhaft gemachten Tatsachenvortrag zum Hinderungsgrund fordern. Kommt der Beweisführer keiner dieser Anordnungen nach, so entscheidet das Gericht nach S. 2 insgesamt auf Grund freier Überzeugung (§ 286 Abs. 1); eine formelle Beweiskraft (§ 415 Rn. 2) besteht dann also nicht mehr.

2 Für **Privaturkunden** gilt § 435 nicht (§ 420 Rn. 1).

436 *Verzicht nach Vorlegung* **Der Beweisführer kann nach der Vorlegung einer Urkunde nur mit Zustimmung des Gegners auf dieses Beweismittel verzichten.**

1 Die Vorschrift betrifft den Verzicht **nach** Vorlegung der Urkunde und verlangt dann – ähnlich wie § 399 – Zustimmung des Gegners; beides ist unwiderruflich. Das Beweismittel darf dann im Rahmen des Beibringungsgrundsatzes (Einl. Rn. 37) gerade wegen dieses Prinzips auch nicht von Amts wegen (§§ 142, 143) verwertet werden.[1]

2 **Bis** zur Vorlegung kann der Beweisführer einseitig, im Zweifel freilich ohne Aussicht auf Erfolg verzichten. Lag nämlich ein Beweisantritt nach § 420 vor, so kann jetzt der Gegner seinerseits grundsätzlich nach §§ 421, 423 vorgehen, weil der frühere Beweisantritt eine Bezugnahme enthalten haben wird. War Beweis gemäß §§ 421, 424 angetreten worden, hatte also der Gegner von Anfang an die Urkunde in Händen, so steht ihm jetzt § 420 offen.

437 *Echtheit inländischer öffentlicher Urkunden* **(1) Urkunden, die nach Form und Inhalt als von einer öffentlichen Behörde oder von einer mit öffentlichem Glauben versehenen Person errichtet sich darstellen, haben die Vermutung der Echtheit für sich.**

(2) Das Gericht kann, wenn es die Echtheit für zweifelhaft hält, auch von Amts wegen die Behörde oder die Person, von der die Urkunde errichtet sein soll, zu einer Erklärung über die Echtheit veranlassen.

I. Normzweck

1 Beweiskräftig ist, unabhängig von ihrer Art als öffentliche (§§ 415, 417, 418) oder private (§ 416), nur die **echte Urkunde** (§ 415 Rn. 2). Sie ist echt, wenn die Unterschrift dem Namensträger zuzuordnen ist und die über der Unterschrift stehende Schrift vom Aussteller stammt oder mit dessen Willen dort steht[1] (vgl. § 416 Rn. 2). Von der Echtheit zu unterscheiden ist die **Mangelfreiheit** (§ 419), die weitere Voraussetzung für die Beweiskraft der echten Urkunde (§ 415 Rn. 2; § 419 Rn. 1) ist.

2 **Zweck der §§ 437–443** ist es, den Nachweis der Echtheit sicherzustellen, zugleich aber auch den Unterschieden zwischen öffentlichen und privaten Urkunden durch verschiedenartige Beweisanforderungen Rechnung zu tragen. So wird bei einer inländischen öffentlichen Urkunde die Echtheit vermutet (§ 437), während bei einer ausländischen öffentlichen das Gericht darüber frei entscheidet, sofern diese Urkunde nicht legalisiert wird (§ 438); die Echtheit einer Privaturkunde steht demgegenüber zur Disposition der Parteien (§ 439), gegebenenfalls ist sie zu beweisen (§ 440). Das Verfahren zur Schriftvergleichung (§§ 441, 442) gilt für alle Arten. Die Beweissicherung bei verdächtigen Urkunden regelt § 443.

II. Inländische öffentliche Urkunden (§ 437)

3 Bei solchen Urkunden (§ 415 Rn. 8, 9), die frei von Mängeln im Sinn des § 419 sind (Rn. 1), ergibt sich die Echtheit meist ohne weiteres aus Inhalt und Form. Daran knüpft auch § 437 Abs. 1 an und begründet eine gesetzliche **Echtheitsvermutung.** Zu den genannten Urkunden gehört auch die Eigenurkunde des Notars, der dort für einen Beteiligten in dessen Namen auf Grund entsprechender Vollmacht eine Willens- oder Verfahrenserklärung abgibt.[2] Der **Beweis des Gegenteils** ist gemäß § 292 zulässig. Bei **Zweifeln des Gerichts** an der Echtheit wird nach § 437 Abs. 2 verfahren. Die Vermutungswirkung entfällt nur, wenn die Unechtheit auf Grund einer so erholten Erklärung der Behörde oder Urkundsperson von Amts wegen festgestellt oder vom Gegner bewiesen wird.

438 *Echtheit ausländischer öffentlicher Urkunden* **(1) Ob eine Urkunde, die als von einer ausländischen Behörde oder von einer mit öffentlichem Glauben versehenen Person des Auslandes errichtet sich darstellt, ohne näheren Nachweis als echt anzusehen sei, hat das Gericht nach den Umständen des Falles zu ermessen.**

(2) Zum Beweis der Echtheit einer solchen Urkunde genügt die Legalisation durch einen Konsul oder Gesandten des Bundes.

1 Auch bei einer ausländischen, also von einer ausländischen Behörde oder Urkundsperson errichteten öffentlichen Urkunde (§ 415 Rn. 8, 9; zur Übersetzung vgl. § 142 Abs. 3) ist die Echtheit Voraussetzung

---

[1] Sehr str.; wie hier *B/L/H* Rn. 3; *T/P/Thomas* Rn. 1. AA MK/*Schreiber* Rn. 2; *St/J/Leipold* Rn. 2. Einschränkend *Zö/Geimer* Rn. 1 (verwertbar, falls beiderseitiger Verzicht auch das materielle Recht betrifft).

[1] BGHZ 104, 172 = NJW 1988, 2741.

[2] BGH DNotZ 1981, 118, 120; *Reithmann* DNotZ 1983, 439.

für die Beweiskraft (§ 437 Rn. 1). Insoweit gibt es aber **keine allgemeine Echtheitsvermutung** wie bei § 437 Abs. 1 für inländische öffentliche Urkunden (Ausnahme: Rn. 2). Vielmehr entscheidet über die Echtheit das Gericht gemäß § 438 Abs. 1 in freier Beweiswürdigung nach den Umständen des Falles, unabhängig davon, ob zwischen den Parteien Streit dazu herrscht;[1] allerdings wird für das Gericht kaum Anlass bestehen, an der Echtheit der Urkunde zu zweifeln, wenn sie die Parteien übereinstimmend für echt halten. Zum **Beweis der Echtheit** genügt eine Legalisation (Rn. 2), sofern diese nicht entbehrlich ist (Rn. 3). Wird eine ausländische öffentliche Urkunde als echt und mangelfrei angesehen, so steht sie einer deutschen öffentlichen Urkunde gleich, insb. hinsichtlich der Beweiskraft[2] (§ 415 Rn. 10). Durch Gegenbeweis kann die Unechtheit der Urkunde oder der Legalisation dargetan werden; § 292 gilt insoweit nicht, weil § 438 keine Vermutung enthält.[3]

Legalisation (§ 438 Abs. 2) heißt Bestätigung der Urkunde durch die diplomatische oder konsularische Vertretung der Bundesrepublik Deutschland in demjenigen Land, aus dem die Urkunde stammt;[4] dorthin also hat sie das Gericht auf dem Dienstweg zu übersenden. Dieses umständliche Verfahren ist entbehrlich, wenn gemäß dem Haager Übereinkommen[5] eine **Apostille** genügt. Darunter versteht man die Bestätigung der Echtheit der Urkunde durch die hierfür zuständige Behörde des Herkunftslandes in dessen Sprache; insoweit sind nach Art. 4 des genannten Übereinkommens eine ganz bestimmte äußere Form und ein bestimmter Text vorgeschrieben.[6] 2

Nach Staatsverträgen sind vielfach **Legalisation und Apostille entbehrlich,** zB durch Art. 56 EuGVO, das Europäische Übereinkommen[7] und zahlreiche bilaterale Verträge[8]. Dann gilt § 437 mit seiner Echtheitsvermutung entsprechend[9] (§ 437 Rn. 3). 3

439 *Erklärung über Echtheit von Privaturkunden* **(1) Über die Echtheit einer Privaturkunde hat sich der Gegner des Beweisführers nach der Vorschrift des § 138 zu erklären.**

(2) Befindet sich unter der Urkunde eine Namensunterschrift, so ist die Erklärung auf die Echtheit der Unterschrift zu richten.

(3) Wird die Erklärung nicht abgegeben, so ist die Urkunde als anerkannt anzusehen, wenn nicht die Absicht, die Echtheit bestreiten zu wollen, aus den übrigen Erklärungen der Partei hervorgeht.

Ob eine in Urschrift vorgelegte und mangelfreie Privaturkunde (§ 416 Rn. 3) im Prozess als echt (§ 440 Rn. 2) anzuerkennen ist, entscheiden die Parteien (Ausnahme: § 617); eine Vermutung wie bei § 437 Abs. 1 gibt es hier nicht (vgl. aber § 440 Rn. 1, 3 f.). Mit der Vorlage der Urkunde (§ 420) behauptet der Beweisführer ihre Echtheit. Dazu besteht eine **Erklärungspflicht des Gegners,** die sich bei unterschriebenen Urkunden auf die Echtheit der Unterschrift beziehen muss, § 439 Abs. 1, 2. Die zeitlichen Grenzen dafür ergeben sich aus §§ 282, 296, 531; spätester Zeitpunkt ist der Schluss der letzten mündlichen Verhandlung in der Tatsacheninstanz, § 296 a. 1

Bei **Anerkennung der Echtheit** gelten §§ 288, 290. Gibt der Gegner – vor dem Amtsgericht trotz Aufforderung, § 510 – **keine Erklärung** ab, so gilt die Echtheit als zugestanden, § 439 Abs. 3; ebenso ist es, wenn er sich mit Nichtwissen erklärt, obwohl behauptet wird, die Urkunde stamme von ihm (§ 138 Abs. 3). Das ausdrückliche oder stillschweigende (vgl. § 439 Abs. 3) oder bei einer fremden Urkunde mit Nichtwissen zulässige (§ 138 Abs. 4) **Bestreiten der Echtheit** erfordert vollen Beweis dazu, § 440 Abs. 1. **Sondervorschriften:** §§ 510, 617, 640 Abs. 1. 2

440 *Beweis der Echtheit von Privaturkunden* **(1) Die Echtheit einer nicht anerkannten Privaturkunde ist zu beweisen.**

(2) Steht die Echtheit der Namensunterschrift fest oder ist das unter einer Urkunde befindliche Handzeichen notariell beglaubigt, so hat die über der Unterschrift oder dem Handzeichen stehende Schrift die Vermutung der Echtheit für sich.

I. Normzweck

Eine generelle Echtheitsvermutung wie bei § 437 gibt es für Privaturkunden nicht (§ 439 Rn. 1). Deshalb stellt § 440 Abs. 1 klar, dass deren Echtheit zu beweisen ist; Abs. 2 der Vorschrift schafft allerdings für unterschriebene Privaturkunden eine Erleichterung. Folglich kommt es darauf an: Ist **keine Unterschrift** vorhanden, was für die Qualität des Schriftstücks als Privaturkunde ohne Bedeutung ist (§ 416 Rn. 1), so bezieht sich die Erklärung des Gegners im Sinn des § 439 Abs. 1, Abs. 3 von vornherein auf den Urkundentext; wird er nicht als echt anerkannt (§ 439 Rn. 2), so muss Beweis gemäß § 440 Abs. 1 geführt werden. Ist 1

---

[1] AllgM, vgl. nur MK/*Schreiber* Rn. 1.
[2] BVerwG NJW 1987, 1159.
[3] MK/*Schreiber* Rn. 5.
[4] Näher *Balzer* Rn. 269.
[5] V. 5. 10. 1961, BGBl. II 1965 S. 875.
[6] *Balzer* Rn. 270 mit Muster-Apostillen in Anh. 2 (S. 220 f.). Vgl. auch OLG Hamm NJW-RR 1995, 469 = WiB 1995, 227 (Anm. *Waldner*) = BB 1995, 446 (Anm. *Schuck*).
[7] V. 7. 6. 1968, BGBl. II 1971 S. 86.
[8] Nachw. bei *B/B/G/S/H. Schmidt* S. 760 ff.; *Zimmermann* in: Beck'sches Notarbuch, 2000, G Rn. 236 ff.
[9] MK/*Schreiber* Rn. 4; Zö/*Geimer* Rn. 2.

die Privaturkunde **unterschrieben,** was § 416 unter anderem für das Eingreifen der Beweisregel voraussetzt (§ 416 Rn. 3), so hat sich der Gegner gemäß § 439 Abs. 2 zur Namensunterschrift zu erklären. Dann muss man weiter zwischen der Echtheit der Unterschrift und der Echtheit der Schrift selbst, also des Urkundentextes, unterscheiden: Steht die Echtheit der Unterschrift fest (Rn. 3), so gilt für den darüber stehenden Text die Vermutung des § 440 Abs. 2. Wird die Echtheit der Unterschrift bestritten, so wird damit zugleich geltend gemacht, dass der Urkundentext nicht vom Aussteller stammt, also nicht echt ist; folglich greift § 440 Abs. 1 ein, weshalb nach allgemeinen Regeln entweder die Echtheit der Schrift selbst bewiesen werden muss, oder diejenige der Unterschrift, um die Vermutungswirkung des § 440 Abs. 2 auszulösen. Zum **Normzweck** der §§ 437–443 vgl. im Übrigen schon § 437 Rn. 2.

II. Beweis der Echtheit (Absatz 1)

2 Eine Privaturkunde ist echt, wenn die Unterschrift dem Namensträger zuzuordnen ist und die über der Unterschrift stehende Schrift vom Aussteller stammt oder mit dessen Willen dort steht[1] (zur Unterschrift und zum Aussteller § 416 Rn. 2); fehlt eine Unterschrift, so kommt es alleine auf die zuletzt genannten Voraussetzungen an. Über die Echtheit der Unterschrift und über die Echtheit des Textes bei nicht unterschriebenen Urkunden entscheidet das Gericht in freier Beweiswürdigung gemäß § 286 Abs. 1. Die Beweislast trägt nach allgemeinen Regeln der Beweisführer (§ 359 Rn. 3), der aus der Urkunde eine für sich günstige Rechtsfolge ableitet;[2] der Beweis kann außer mit den sonst zugelassenen Mitteln (Augenschein, Zeugen, Sachverständige, andere Urkunden, Parteivernehmung) auch durch Schriftvergleichung (§§ 441, 442) geführt werden (Ausnahme: § 595 Abs. 2).

III. Echtheitsvermutung (Absatz 2)

3 Sie gibt es begrifflich nur bei unterschriebenen Urkunden (Rn. 1). **Voraussetzung** ist, dass die Echtheit der Namensunterschrift (§ 416 Rn. 2) „feststeht", also gemäß § 439 Abs. 2, 3 anerkannt oder gemäß § 440 Abs. 1 bewiesen wurde, oder dass das unter dem Text befindliche Handzeichen notariell beglaubigt ist; ohne eine solche notarielle Beglaubigung genügt eine Paraphe nicht (§ 416 Rn 2). Außerdem muss die Urkunde frei von äußeren Mängeln im Sinn des § 419 (Einzelheiten s. dort) sein.[3] Fehlt es daran, so beurteilt sich die Echtheit der Privaturkunde alleine nach § 440 Abs. 1, also nach dem Grundsatz der freien Beweiswürdigung (§ 286 Abs. 1); das gilt auch bei einer „Ober-/Nebenschrift" (statt Unterschrift), wofür § 440 Abs. 2 auch nicht analog anwendbar ist (§ 416 Rn. 2). Die **Wirkung** der Vermutung geht dahin, dass die über der Unterschrift bzw. dem notariell beglaubigten Handzeichen stehende Schrift vom Aussteller stammt oder mit dessen Willen dort steht. Damit darf aber nicht der von der Rechtsprechung entwickelte Grundsatz verwechselt werden, wonach bei beurkundeten schriftlichen Erklärungen deren Vollständigkeit und Richtigkeit vermutet werden[4] (§ 416 Rn. 4 aE).

4 Gegen die Vermutung ist gemäß § 292 der **Beweis des Gegenteils** zulässig, der auch durch den Antrag auf Parteivernehmung (§ 445) geführt werden kann. Entscheidungserheblich ist nicht, ob die Unterschriftsfälschung, sondern umgekehrt, ob die Echtheit der Urkunde festgestellt werden kann;[5] denn es gibt, wie § 440 Abs. 1 zeigt, keine Vermutung, eine nicht anerkannte Privaturkunde sei als echt zu behandeln, so lange die behauptete Unterschriftsfälschung nicht bewiesen sei.[6]

5 Diese Regeln gelten auch bei einer **Blankounterschrift** und selbst bei einem **Blankettmissbrauch**[7]. Die Vermutung erstreckt sich in diesem Fall darauf, dass die nachträgliche Ausfüllung des Blanketts durch dessen Empfänger vereinbarungsgemäß erfolgte, also inhaltlich dem Willen des Unterzeichners entsprach.[8] Es ist also Sache desjenigen, der die Echtheit des Urkundentextes (nicht aber die seiner Unterschrift) bestreitet, die Vermutung des § 440 Abs. 2 durch den Beweis des Gegenteils, also des Missbrauchs, zu entkräften.

441 ***Schriftvergleichung*** **(1) Der Beweis der Echtheit oder Unechtheit einer Urkunde kann auch durch Schriftvergleichung geführt werden.**

(2) In diesem Fall hat der Beweisführer zur Vergleichung geeignete Schriften vorzulegen oder ihre Mitteilung nach der Vorschrift des § 432 zu beantragen und erforderlichenfalls den Beweis ihrer Echtheit anzutreten.

(3) [1]Befinden sich zur Vergleichung geeignete Schriften in den Händen des Gegners, so ist dieser auf Antrag des Beweisführers zur Vorlegung verpflichtet. [2]Die Vorschriften der §§ 421 bis 426 gelten entsprechend. [3]Kommt der Gegner der Anordnung, die zur Vergleichung geeigneten Schriften vorzulegen, nicht nach oder gelangt das Gericht im Falle des § 426 zu der Überzeugung, dass der Gegner nach dem Verbleib der Schriften nicht sorgfältig geforscht habe, so kann die Urkunde als echt angesehen werden.

---

1 BGHZ 104, 172 = NJW 1988, 2741.
2 BGH NJW 2000, 1179, 1180 f.
3 BayObLG RPfleger 1985, 105 (zu nachträglichen Zusätzen); OLG Köln NJW-RR 1999, 1509.
4 BGH NJW-RR 1989, 1323.
5 BGH NJW 2001, 448, 449.
6 BGH NJW 1995, 1683.
7 BGH NJW 2000, 1179, 1181; 1986, 3086; RGZ 64, 406 ff.
8 BGHZ 104, 172 = NJW 1988, 2741.

(4) Macht der Beweisführer glaubhaft, dass in den Händen eines Dritten geeignete Vergleichungsschriften sich befinden, deren Vorlegung er im Wege der Klage zu erwirken imstande sei, so gelten die Vorschriften des § 431 entsprechend.

Die Schriftvergleichung ist ein weiteres Beweismittel zur Feststellung der Echtheit/Unechtheit jeder Art von Urkunden (§ 437 Rn. 2, § 440 Rn. 2). Sie beinhaltet einen **Augenscheinsbeweis** (§ 371), wenn das Gericht die Übereinstimmung der streitbefangenen Schrift mit einer anderen des Ausstellers selbst beurteilt; wird ein (Schrift-)Sachverständiger eingeschaltet (§ 442), so liegt **Sachverständigenbeweis** vor. Für die Beschaffung der Vergleichsschriften und deren Echtheit (Rn. 2) gelten stets die Regeln des **Urkundenbeweises.** Folgerichtig unterscheidet § 441 für den **Beweisantritt** danach, wer die Vergleichsschriften besitzt (vgl. § 415 Rn. 1): Bei Abs. 2 hat sie der Beweisführer (§ 359 Nr. 3), während sie sich bei Abs. 3 in den Händen des Gegners (§ 421 Rn. 3) und bei Abs. 4 in denen eines Dritten befinden. Daraus folgt zugleich, dass der Richter Vergleichsschriften, zB aus Beiakten, von Amts wegen (§§ 144, 372) nicht heranziehen darf, wohl aber nach entsprechendem Beweisantritt die Anhörung eines Sachverständigen auch ohne Antrag anordnen kann (§ 442). 1

Zur Vergleichung geeignet sind Schriften aus der Zeit, aus der die auf ihre Echtheit hin zu prüfende Schrift (sog. Prüfling) stammt; bei Personen unter 25 und über 55 Jahren wandelt sich die Unterschrift sehr schnell, während bei Personen zwischen diesen Altersgrenzen eine Zeitdifferenz von mehreren Jahren hingenommen werden kann.[1] **Weitere Voraussetzung** ist, dass die Vergleichsschriften Gegenstand der mündlichen Verhandlung und echt (§ 437 Rn. 1, § 439 Rn. 1) sind. Zu letzterem gelten die Erläuterungen zu §§ 437, 438 für öffentliche Urkunden und zu §§ 439, 440 für Privaturkunden entsprechend. Allerdings kommt es nicht auf den materiellen Inhalt der Vergleichsschrift an, sondern darauf, ob das dortige Schriftbild, insb. einer Unterschrift, mit demjenigen der streitgegenständlichen Urkunde übereinstimmt. Gestaltet jemand seine Unterschriften bewusst in einer so großen Vielfalt und Variationsbreite, dass der Fälschungseinwand mit Hilfe eines Schriftsachverständigengutachtens nicht widerlegt werden kann, und um die Möglichkeit zu haben, sich jederzeit auf die angebliche Unechtheit seiner Unterschrift berufen zu können, liegt eine vorsätzliche Beweisvereitelung (§ 444) vor.[2] Nach hM kann das Gericht den Gegner (§ 421 Rn. 3) zur **Herstellung einer Vergleichsschrift** auffordern und bei Weigerung ohne hinreichenden Grund daraus nachteilige Schlüsse gemäß §§ 286 Abs. 1, 446 (nicht: § 444) ziehen. 2

Im Übrigen gelten für das **weitere Verfahren** je nach Beweisantritt (Rn. 1) § 432 (Vergleichsschrift bei Beweisführer), §§ 421–426 (Vergleichsschrift bei Gegner) und § 431 (Vergleichsschrift bei Drittem) entsprechend. Hat der Gegner nach dem Verbleib einer in seinen Händen befindlichen Vergleichsschrift nicht sorgfältig geforscht, so kann die Urkunde nach § 441 Abs. 3 S. 3 als echt angesehen werden (zum Normzweck dieser Vorschrift vgl. § 444 Rn. 1). 3

442 ***Würdigung der Schriftvergleichung*** **Über das Ergebnis der Schriftvergleichung hat das Gericht nach freier Überzeugung, geeignetenfalls nach Anhörung von Sachverständigen, zu entscheiden.**

Die Vorschrift ist in Halbs. 1 inhaltsgleich mit § 286 Abs. 1,[1] woraus folgt, dass die Schriftvergleichung zunächst primär Aufgabe des Richters selbst ist. Allerdings stellt die Bestimmung in Halbs. 2 die Zuziehung eines Sachverständigen – in Übereinstimmung mit den allgemeinen Regeln (§ 144; vgl. § 403 Rn. 1) – in das pflichtgemäße Ermessen des Gerichts[2]; letzteres setzt freilich einen Beweisantritt nach § 441 voraus (§ 441 Rn. 1 aE). Es gelten die Regeln des Sachverständigenbeweises, zB für die Art der Begutachtung (mündlich/schriftlich; § 411 Rn. 2, 3), Auswahl des Sachverständigen (§§ 404, 405), Erläuterung eines schriftlichen Gutachtens (§ 411 Abs. 3) und Beweiswürdigung (§ 402 Rn. 12, 13; § 406 Rn. 18, § 412 Rn. 1, 3, 4). 1

443 ***Verwahrung verdächtiger Urkunden*** **Urkunden, deren Echtheit bestritten ist oder deren Inhalt verändert sein soll, werden bis zur Erledigung des Rechtsstreits auf der Geschäftsstelle verwahrt, sofern nicht ihre Auslieferung an eine andere Behörde im Interesse der öffentlichen Ordnung erforderlich ist.**

Die Vorschrift dient der Beweissicherung (§ 437 Rn. 2); denn vorgelegte Urkunden werden grundsätzlich nicht Bestandteil der Akten (vgl. § 134). Eine „andere Behörde" im Sinne der Bestimmung ist insb. die Staatsanwaltschaft (Einleitung eines Ermittlungsverfahrens) oder eine Registerbehörde (zwecks Prüfung einer Berichtigung). 1

444 ***Folgen der Beseitigung einer Urkunde*** **Ist eine Urkunde von einer Partei in der Absicht, ihre Benutzung dem Gegner zu entziehen, beseitigt oder zur Benutzung untauglich gemacht, so können die Behauptungen des Gegners über die Beschaffenheit und den Inhalt der Urkunde als bewiesen angesehen werden.**

---

[1] *Balzer* Rn. 280.
[2] BGH NJW 2004, 222.
[1] BGH NJW 1986, 2874.
[2] BGH NJW 1993, 534f.

I. Normzweck

1 Die Vorschrift beruht – wie §§ 371 Abs. 3, 427, 441 Abs. 3 S. 3 – auf der grundsätzlichen Erwägung, wonach es keiner Partei erlaubt sein darf, aus einem Verhalten Vorteile zu ziehen, durch das dem beweisbelasteten Gegner die Beweisführung vereitelt wurde. Dieser **allgemeine Rechtsgedanke** hat über den Urkundenbeweis hinaus auch bei allen anderen Beweismitteln (Zeugen, Sachverständigen; Sonderregeln für Parteivernehmung: §§ 446, 453 Abs. 2, 454 Abs. 1; Sonderregel für Augenschein: § 371 Abs. 3) Gültigkeit[1] (§ 286 Rn. 62ff.). Zu den Folgen einer Nichtvorlegung vgl. § 427.

II. Voraussetzungen

2 Der Beweisführer hat zu beweisen, dass die Partei, welche die Urkunde beseitigt oder untauglich gemacht hat, zur Vorlegung gemäß §§ 422, 423, 432 verpflichtet gewesen wäre, oder, dass sie ihm (bei § 420) den Besitz entzogen hat; andernfalls scheidet § 444 schon im objektiven Tatbestand aus. Notwendig ist außerdem ein schuldhaftes, nicht aber ein rechtswidriges Verhalten; die vereitelnde Partei kann also Eigentümer der Urkunde (gewesen) sein.[2] Auch die Handlung eines Dritten, welche die Partei billigt, reicht aus. In subjektiver Hinsicht verlangt das Gesetz zwar Absicht, die hM lässt jedoch Fahrlässigkeit genügen.[3] Ob die Vereitelungshandlung vor oder während des Prozesses begangen wurde, hat grundsätzlich keine Bedeutung; je näher sie aber an der Beweisaufnahme liegt oder je gezielter das Verhalten ist (zB bewusst vielfältige Unterschriftsgestaltung, § 441 Rn. 2), desto leichter wird der Nachweis von Fahrlässigkeit/Vorsatz fallen. Eine **Beweisvereitelung scheidet aus,** wenn die beweisbelastete Partei den Beweis selbst hätte sichern können, also durch eigene Handlungen in Beweisnot geraten ist.[4]

III. Rechtsfolge

3 Das Gericht würdigt das vereitelnde Verhalten der Partei frei gemäß § 286 Abs. 1. Sieht es die Behauptungen über Beschaffenheit und Inhalt der Urkunde als bewiesen an (§ 444), so ist damit zunächst aber nur die formelle Beweiskraft (§ 415 Rn. 2) der untauglich gemachten Urkunde wiederhergestellt. Der Beweisführer darf nicht besser als bei einem angetretenen und durchgeführten Urkundenbeweis stehen. Folglich beurteilt sich nach allgemeinen Regeln, ob die als formell erwiesen angesehenen Erklärungen dem Richter auch die Überzeugung von der inhaltlichen (materiellen) Richtigkeit der Urkunde hätten verschaffen können (§ 415 Rn. 3, § 416 Rn. 4).

Titel 10. Beweis durch Parteivernehmung

445 *Vernehmung des Gegners; Beweisantritt* **(1) Eine Partei, die den ihr obliegenden Beweis mit anderen Beweismitteln nicht vollständig geführt oder andere Beweismittel nicht vorgebracht hat, kann den Beweis dadurch antreten, dass sie beantragt, den Gegner über die zu beweisenden Tatsachen zu vernehmen.**

(2) Der Antrag ist nicht zu berücksichtigen, wenn er Tatsachen betrifft, deren Gegenteil das Gericht für erwiesen erachtet.

I. Normzweck

1 Die Parteivernehmung ist echtes, jedoch subsidiäres (Rn. 8) Beweismittel, dessen Gegenstand mit dem des Zeugenbeweises übereinstimmt (§ 373 Rn. 2). Ihr **Zweck** ist es, die Wahrnehmungen der Parteien über die streitigen Tatsachen oder Zustände einer förmlichen Beweisaufnahme zugänglich zu machen; denn die Parteien wissen wegen ihrer unmittelbaren Beziehung zum Beweisgegenstand darüber am besten Bescheid. Über den **Wert** einer Parteivernehmung bestehen freilich unterschiedliche Auffassungen. Zum Teil wird sie als „nicht sehr zuverlässig" bzw. „noch unzuverlässiger als die Zeugenvernehmung" angesehen[1], teils aber auch – vom Normzweck her betrachtet durchaus folgerichtig – als „gutes Beweismittel" bezeichnet[2], weshalb manche es sogar bedauern, dass davon nicht viel öfter Gebrauch gemacht wird.[3] Jede dieser Aussagen enthält einen richtigen Kern. Der Richter muss sie deshalb nicht nur bei der Beweiswürdigung bedenken (dazu § 453 Rn. 2), sondern auch bei seiner Entscheidung dazu, ob eine Parteivernehmung von Amts wegen nach § 448 in Betracht kommt.

---

[1] BGH NJW 2006, 434 (Rn. 23); MDR 2002, 169f.; NJW 1998, 79, 81; *Musielak,* Festg. für BGH, Bd. III. S. 193, 221.
[2] MK/*Schreiber* Rn. 2 m. weit. Nachw.
[3] BGH NJW 1986, 59f.; BSG NJW 1973, 535; *Ro/S/Go/* § 117 II 6a (aE).
[4] BSG NJW 1994, 1303.
[1] *Musielak,* GK ZPO, Rn. 451; *Mu/St* Rn. 155; *Schneider* Beweis Rn. 1498.
[2] *Ro/S/Go/* § 122 Rn. 2.
[3] *Bender/Nack* Rn. 176, 551; *B/L/H* vor § 445 Rn. 7.

II. Beweis durch Parteivernehmung

1. Abgrenzungen. a) Zeugenvernehmung. Dort wurde bereits die Regel aufgestellt, dass als Zeuge nicht gehört werden darf, wer als Partei vernommen werden kann (§ 373 Rn. 6); aus Sicht der Parteivernehmung lässt sich umgekehrt formulieren, dass eine Partei nicht als Zeuge vernommen werden kann, sofern nicht die Ausnahme des § 455 eingreift. Die Zeugnisfähigkeit/Parteistellung beurteilt sich nach dem Zeitpunkt der Vernehmung. Einzelheiten zur Frage, wer Zeuge und wer Partei ist, vgl. § 373 Rn. 6–8. 2

b) Parteianhörung. Während die Parteivernehmung förmliches Beweismittel ist (Rn. 1) und zur Überzeugungsbildung von der Wahrheit einer tatsächlichen Behauptung dient (§ 286 Abs. 1), geht es bei der **Parteianhörung** (§§ 118 Abs. 1 S. 3, 141, 278 Abs. 2 S. 3) lediglich um Stoffsammlung[4], dh. um die Klärung des Parteivortrages durch Fragen des Gerichts (§ 139) zwecks Aufhellung und Beseitigung von Dunkelheiten, Lücken oder Widersprüche (zu Parteivernehmung/-anhörung bei Gespräch „unter vier Augen" vgl. § 448 Rn. 7). Folglich dürfen die von einer Partei bei ihrer informatorischen Anhörung angegebenen Erklärungen (Bestreiten, Geständnis, Widerruf) nicht als Beweismittel verwertet und gewürdigt werden, obgleich sie bei der Beweiswürdigung Berücksichtigung finden können.[5] Umgekehrt werden bei der Parteivernehmung ausschließlich Beweise erhoben, also keine Prozesserklärungen abgegeben; die einer Partei ungünstige Aussage beinhaltet also kein Geständnis im Sinn des § 288 (dort Rn. 7). 3

2. Arten der Parteivernehmung. a) Beweisantrag. Für die **Parteivernehmung auf Antrag** knüpft das Gesetz wenig glücklich[6] bei der Beweislast an und regelt in §§ 445, 446 die Vernehmung des Gegners auf Beweisantrag der beweisbelasteten Partei und in § 447 diejenige des Beweislastträgers auf Beweisantrag einer Partei mit Zustimmung der anderen; die beweisbelastete Partei kann also ihre eigene Vernehmung und die des Gegners beantragen, letzterer aber nur die des Beweislastträgers. Weitere Fallgruppen beinhalten §§ 595 Abs. 2 (vgl. auch Rn. 6), 605 Abs. 1. 4

b) Von Amts wegen. Die **Parteivernehmung von Amts wegen** regelt § 448, wobei es auf die Beweislast nicht ankommt; wendet das Gericht – wie in der Praxis häufig – diese Vorschrift an, so werden grundsätzlich beide Parteien zu vernehmen sein (vgl. aber § 448 Rn. 8). Weitere Fallgruppen beinhalten §§ 287 Abs. 1 S. 3, 426, 441 Abs. 3 S. 2, 613, 640. 5

c) Unzulässig ist die Parteivernehmung nach § 445 Abs. 2 (näher Rn. 9), im Prozesskostenhilfeverfahren (§ 118 Abs. 1 S. 3; vgl. auch Rn. 3) und im Urkunden- und Wechselprozess zum Beweis der anspruchsbegründenden Tatsachen im Sinn des § 592 (sonst: § 595 Abs. 2; vgl. Rn. 4); für das Wiederaufnahmeverfahren § 581 Abs. 2. 6

III. Parteivernehmung des Gegners (§ 445)

1. Voraussetzungen (Abs. 1). a) Beweisantrag. Erforderlich ist ein Beweisantrag der **beweisbelasteten Partei** unter Angabe der Tatsachen, über welche die Vernehmung des Gegners (bei Streitgenossen vgl. § 449) stattfinden soll (§ 373 Rn. 11); deren Richtigkeit muss – anders als bei § 448 – nicht wahrscheinlich (glaubhaft) gemacht sein.[7] Die Beweislastfrage (§ 286 Rn. 32ff.) muss der Richter sorgfältig prüfen. Wird die falsche (nämlich die beweisbelastete) Partei vernommen, so ist deren (beeidete oder unbeeidigte) Aussage grundsätzlich unverwertbar; der Verstoß kann jedenfalls dann nicht nach § 295 geheilt werden, wenn die Beweislastnorm, wie regelmäßig, nicht dem Verfahrensrecht, sondern dem materiellen Recht angehört.[8] Für die Rücknahme des Beweisantrages gilt § 399 entsprechend. Zum Antrag auf eigene Vernehmung vgl. § 447, zu der von Amts wegen vgl. § 448. 7

b) Subsidiarität. Die Parteivernehmung ist gemäß § 445 Abs. 1 nur zulässig,[9] wenn der Beweis bisher noch nicht vollständig geführt, also das erforderliche Beweismaß (§ 286 Rn. 17ff.) nicht erreicht wurde, oder, wenn die Partei andere Beweismittel nicht vorgebracht hat. Das bedeutet für das Verfahren und die Verspätungsregeln: Bei der ersten Alternative kann der Beweisantritt auch nach Erledigung der übrigen Beweismittel erfolgen; erst ab diesem Zeitpunkt greifen §§ 282 Abs. 1, 296 Abs. 2, 531 ein. Bei der zweiten Alternative kommt demgegenüber eine Zurückweisung anderer Beweismittel (gemäß den genannten Vorschriften) grundsätzlich dann in Betracht, wenn sie erst nach durchgeführter Parteivernehmung zum selben Beweisthema angeboten werden[10], anders, wenn sie zur Widerlegung der Parteiaussage dienen sollen.[11] Hatte die Partei Beweis durch Antrag auf Vernehmung des Gegners zugleich mit anderen Beweismitteln oder letztere noch vor der Parteivernehmung angeboten, so wird nach § 450 Abs. 2 verfahren. 8

c) Ausforschende Parteivernehmung. Der Antrag auf Vernehmung des Gegners kann bei nicht hinreichend substantiiertem Tatsachenvortrag oder ungenauem Beweisthema auf einen unzulässigen Ausforschungsbeweis (§ 284 Rn. 16ff.) abzielen. Allerdings darf eine Partei auch Tatsachen behaupten, über die sie keine genaue Kenntnis haben kann, die sie aber nach Lage der Dinge für wahrscheinlich hält, außer die 8a

---

[4] *Ro/S/Go/* § 122 Rn. 3; weiter gehend *Lange* NJW 2002, 476, 480 (auch Aufklärung). Ausführl. zu Parteianhörung und Parteivernehmung *Kollhasser,* FS Beys, 2003, Bd. 1, S. 755; vgl. auch *Schöpflin* NJW 1996, 2134ff.

[5] BGH NJW 1992, 1558f.; NJW-RR 1988, 471.

[6] Krit. auch *Ro/S/Go/* § 122 Rn. 22ff.

[7] BGHZ 33, 63, 66 = NJW 1960, 1950. Vgl. auch BGH NJW 1983, 2033f.

[8] MK/*Schreiber* Rn. 9; aA *B/L/H* Rn. 6.

[9] Für die Aufgabe des Grundsatzes der Subsidiarität *Coester-Waltjen* ZZP 113 (2000), 269; ähnlich *Oberhammer* ZZP 113 (2000), 295.

[10] Ebenso MK/*Schreiber* Rn. 7.

[11] *Ro/S/Go/* § 122 Rn. 11; *Sae/Pukall* Rn. 3.

Behauptung wird ohne greifbare Anhaltspunkte für das Vorliegen eines bestimmten Sachverhalts willkürlich „aufs Geratewohl" oder „ins Blaue hinein" aufgestellt, wobei Willkür das Fehlen jeglicher Anhaltspunkte voraussetzt.[12] Deshalb ist es rechtsfehlerhaft, einen entsprechenden Antrag als „einer Beweisaufnahme nach § 445 Abs. 1 nicht zugänglich" abzulehnen, wenn für die nur vermutete Tatsache – im konkreten Fall für die Kenntnis des Gegners von einem bestimmten Umstand (sog. innere Tatsache) – unstreitige oder unter Beweis gestellte Indizien sprechen.[13]

9 **2. Unzulässige Parteivernehmung (Abs. 2).** Die Vorschrift verbietet eine Parteivernehmung zur Führung des direkten Gegenbeweises (§ 284 Rn. 6), also zum Beweis derselben Tatsache, deren Gegenteil der Richter bereits für erwiesen erachtet; dass er das Gegenteil bloß für wahrscheinlich hält, genügt nicht.[14] Erforderlich ist volle Überzeugung, gleichviel ob sie auf Offenkundigkeit (§ 291), einer gesetzlichen Beweisregel (§§ 415–418)[15] oder freier Beweiswürdigung (§ 286 Abs. 1) beruht. Durch Antrag auf Parteivernehmung kann aber indirekter Gegenbeweis geführt werden.[16] Beispiel[17]: Ist das Gericht vom Zustandekommen eines Kaufvertrages (Klagegrund) bereits überzeugt, dann kann der Beklagte, der das bestreitet, direkten Gegenbeweis wegen § 445 Abs. 2 nicht durch Antrag auf Vernehmung des Klägers (Gegners) führen. Ein solcher Beweisantrag ist aber statthaft für die Behauptung, er habe sich zum Zeitpunkt des angeblichen Vertragsschlusses an einem ganz anderen Ort befunden; denn damit wird nur ein Indiz behauptet, das einen Schluss auf die Unwahrheit oder Zweifelhaftigkeit der nach Auffassung des Gerichts schon erwiesenen (rechtserheblichen) Tatsache (Zustandekommen des Vertrages) zulässt (indirekter oder mittelbarer Gegenbeweis). **Zulässig** ist die Parteivernehmung zur Widerlegung einer gesetzlichen Vermutung gemäß § 292 S. 2; diese Vorschrift stellt für den Beweis des Gegenteils eine Ausnahme von § 445 Abs. 2 dar.[18]

10 **3. Verfahren.** Liegen die Voraussetzungen (Rn. 7–9) für die Vernehmung des Beweisgegners nicht vor oder wäre das ein unzulässiger Ausforschungsbeweis (§ 284 Rn. 16 ff.), so wird der Beweisantritt unerledigt gelassen und in den Entscheidungsgründen abgelehnt (§ 373 Rn. 13, § 371 Rn. 13). Andernfalls wird die Parteivernehmung durch unanfechtbaren Beweisbeschluss angeordnet, § 450 Abs. 1. Weigert sich der Gegner, so gilt § 446, beim Ausbleiben § 454; für seine Vernehmung vgl. § 451. Zur Beeidigung vgl. § 452, zur Beweiswürdigung vgl. § 453.

IV. Gebühren und Kosten

11 **1. Rechtsanwaltsgebühren.** Eine gesonderte Gebühr für die Beweiserhebung fällt nach RVG nicht an.

12 **2. Gerichtskosten.** Gerichtsgebühren werden nicht erhoben.

446 *Weigerung des Gegners*

Lehnt der Gegner ab, sich vernehmen zu lassen, oder gibt er auf Verlangen des Gerichts keine Erklärung ab, so hat das Gericht unter Berücksichtigung der gesamten Sachlage, insbesondere der für die Weigerung vorgebrachten Gründe, nach freier Überzeugung zu entscheiden, ob es die behauptete Tatsache als erwiesen ansehen will.

1 Die nach § 445 rechtmäßig beantragte Parteivernehmung ist **nicht erzwingbar.** Vielmehr hat das Gericht eine Weigerung des Gegners **frei zu würdigen;** es handelt sich um einen Fall der Beweisvereitelung mit der Folge von Beweiserleichterung bis hin zur Umkehr der Beweislast.[1] In der Regel wird dabei nach der Lebenserfahrung davon auszugehen sein, dass die Parteivernehmung Günstiges für den Beweisführer erbracht hätte.[2] Anders liegt es, wenn der Gegner für sein Verhalten vernünftige Gründe anführen kann (zB Aufdeckung von Geschäfts-/Betriebsgeheimnissen oder strafbarem Verhalten; gewichtige außerprozessuale Nachteile); zur Abgabe entsprechender Erklärungen muss ihn das Gericht auffordern.

2 Zum **Verfahren** gilt: Eine Verweigerung ist nach §§ 160 Abs. 3 Nr. 3, 510 a, 162 zu protokollieren. Auf die möglichen nachteiligen Folgen gemäß § 446 muss unter den Voraussetzungen des § 139 Abs. 2 S. 1 hingewiesen werden; wegen dieser Gefahr wird der Gegner meist bereit sein, sich vernehmen zu lassen. Zur Verweigerung der Aussage oder des Eides vgl. § 453 Abs. 2; zur Nachholung der Aussage in der Berufungsinstanz vgl. § 536.

447 *Vernehmung der beweispflichtigen Partei auf Antrag*

Das Gericht kann über eine streitige Tatsache auch die beweispflichtige Partei vernehmen, wenn eine Partei es beantragt und die andere damit einverstanden ist.

---

[12] BGH NZI 2002, 486, 488 = NJW-RR 2002, 1419 (Insolvenzanfechtungsprozess); ausführl. dazu *Huber,* FS Gerhardt, 2004, S. 379. Bestätigt in BGH ZIP 2003, 1596 (Bürgschafts-Fall); dazu *Kiethe* MDR 2003, 1325. Vgl. auch BGH NJW-RR 2003, 491.

[13] BGH, aaO.

[14] BGHZ 33, 63, 65 f. = NJW 1960, 1950.

[15] BGH NJW 1965, 1714.

[16] *Ro/S/Go/* § 122 Rn. 9.

[17] Nach *Musielak,* GK ZPO, Rn. 451.

[18] BGHZ 104, 172, 176 f. = NJW 1988, 2741.

[1] BGH NJW 2006, 434 (Rn. 23).

[2] Näher *Musielak,* Festg. für BGH Bd. III, S. 193, 221.

1 Die Bestimmung regelt die Vernehmung der **beweisbelasteten Partei** (vgl. § 445 Rn. 4); wegen der Abgrenzung zur Parteianhörung vgl. § 445 Rn. 3. Für die Voraussetzungen gelten die Erörterungen bei § 445 Rn. 6–8, 10 mit folgenden Besonderheiten: Erforderlich ist ein Antrag einer (gleich welcher) Partei und das Einverständnis der anderen. Letzteres beinhaltet eine unwiderrufliche Prozesshandlung[1] (also Anwaltszwang gemäß § 78 Abs. 1), die gemäß §§ 160 Abs. 3 Nr. 3, 510a, 162 zu protokollieren ist; erfolgt gleichwohl ein Widerruf, so entscheidet das Gericht entsprechend § 446. In der Praxis beantragt der Beweislastträger oft seine Vernehmung, dem der Gegner freilich meist nicht zustimmt; dann ist der Beweisantritt gescheitert, sofern nicht nach § 448 verfahren wird.

2 Trotz des Antrages und des Einverständnisses zu einer Vernehmung nach § 447 ist das Gericht dazu nicht verpflichtet. Die Beweiserhebung steht vielmehr in seinem **pflichtgemäßen Ermessen;** in der Regel wird der Richter sich aber einem übereinstimmenden Wunsch der Partei nicht widersetzen. Wird der Beweislastträger vernommen, so sollte zweck Erhöhung des Beweiswerts (§ 445 Rn. 1) grundsätzlich eine Beeidigung nach § 452 Abs. 1 S. 1 erfolgen (§ 453 Rn. 2).

448 ***Vernehmung von Amts wegen*** **Auch ohne Antrag einer Partei und ohne Rücksicht auf die Beweislast kann das Gericht, wenn das Ergebnis der Verhandlungen und einer etwaigen Beweisaufnahme nicht ausreicht, um seine Überzeugung von der Wahrheit oder Unwahrheit einer zu erweisenden Tatsache zu begründen, die Vernehmung einer Partei oder beider Parteien über die Tatsache anordnen.**

I. Normzweck

1 Die Vorschrift regelt die Parteivernehmung von Amts wegen, also ohne Rücksicht auf einen Beweisantrag und die Beweislast (§ 445 Rn. 4, 5). Sie beinhaltet eine Ausnahme vom Beibringungsgrundsatz (Einl. Rn. 37) und dient dazu, die beim Richter nach dem Ergebnis der Verhandlung und einer etwaigen Beweisaufnahme noch verbliebenen Zweifel auszuräumen; es ist aber nicht ihr Zweck, eine nachteilige Entscheidung für die beweisbelastete Partei zu vermeiden, wenn sich die streitigen Behauptungen beweislos gegenüberstehen. Zu Sondervorschriften vgl. § 445 Rn. 5; Abgrenzung zur Parteianhörung § 445 Rn. 3.

II. Voraussetzungen

2 Eine Parteivernehmung darf erst **nach Erhebung aller angebotenen Beweise** erfolgen. Auch hier gilt also der Grundsatz der Subsidiarität (§ 445 Rn. 8). Ein Antrag auf Parteivernehmung nach §§ 445, 447 geht deshalb vor. Vorrangig ist unter anderem der Zeugenbeweis; unterlässt eine Partei aus nicht näher dargelegten Gründen diesen ihr möglichen Beweisantritt, so ist sie als beweisfällig zu behandeln und für die Anwendung des § 448 kein Raum.[1] Letzteres gilt ebenfalls bei einem Gespräch der Prozesspartei mit einem außenstehenden Dritten (also nicht in einer Vier-Augen-Situation; dazu Rn. 7) für die Beweiserhebung zum Inhalt, denn dann handelt es sich nur um die im Zivilprozess häufig anzutreffende Situation, dass nur einer von zwei Prozessparteien ein unabhängiger Zeuge zur Verfügung steht;[2] eine solche Beweislast rechtfertigt die Parteivernehmung nach § 448 nicht. Eine in der Praxis wichtige Sondervorschrift beinhaltet § 287 Abs. 1 S. 3, der die Parteivernehmung erleichtert.

3 Erforderlich ist weiter, dass bereits eine **gewisse Wahrscheinlichkeit** für die Richtigkeit der umstrittenen Behauptung erbracht ist und das Gericht durch die Parteivernehmung die Ausräumung seiner restlichen Zweifel erwartet.[3] Daraus folgt zweierlei: Zum einen dürfen sich die streitigen Parteibehauptungen nicht völlig beweislos gegenüberstehen (Rn. 1). Vielmehr muss sich die „gewisse Wahrscheinlichkeit" – in der Beweislehre auch „Anfangswahrscheinlichkeit" genannt[4] – aus der bereits durchgeführten Beweisaufnahme[5] ergeben, was eine sorgfältige Bewertung der bisherigen Verhandlungsergebnisse verlangt. Auch eine Wahrscheinlichkeit auf Grund Lebenserfahrung („durchaus möglich"[6]) genügt; dass eine Partei schon vorprozessual einen bestimmten Vorgang behauptet hatte, reicht aber ohne Hinzutreten weiterer Umstände nicht aus.[7] Zum anderen muss der Richter der beabsichtigten Parteivernehmung einen bestimmten Beweiswert zumessen (§ 445 Rn. 1); schließt er das von vornherein aus, zB weil beide Parteien als unglaubwürdig erscheinen, dann darf eine solche Beweiserhebung nicht angeordnet werden.

---

[1] Str.; wie hier zB *Zö/Greger* Rn. 3; *Ro/S/Go/* § 122 Rn. 20. AA zB *Sae/Pukall* Rn. 1; MK/*Schreiber* Rn. 2 (frei widerruflich bis zur Vernehmung).

[1] BGH NJW 1997, 1988; OLG Koblenz NVersZ 2001, 363 (jeweils zu KfZ-Diebstahl).

[2] BGHZ 150, 334, 341ff. = NJW 2002, 2247, 2249 (Vernehmung des vom Gegner mit der Beurkundung beauftragten Notars als Zeuge).

[3] BGH NJW 1994, 320f.; *Lange* NJW 2002, 476, 481 m. Nachw. AA (neben den in § 445 Fn. 10 genannten Autoren) insbes. *Gehrlein* ZZP 110 (1997), 451, 466ff.; *Kluth/Böckmann* MDR 2002, 616, 621.

[4] *Bender/Nack* Rn. 417ff.

[5] HM, vgl. nur: BAG NJW 2002, 2196, 2198; BGH NJW 1999, 363, 364; aA *Wittschier,* Die Parteivernehmung in der zivilprozessualen Praxis, 1989, Rn. 87ff.

[6] BGH NJW-RR 1994, 636 (Vereinbarung zur Drittelung der Gesamtprovision bei drei am Geschäft beteiligten Maklern).

[7] BGH NJW 1989, 3222f. Vgl. auch BGH NJW-RR 1991, 983 (Behauptung der Fahrzeugentwendung gegenüber Diebstahlsversicherung); ausf. zu dieser Problemlage (Beweis bei Entwendungsversicherungen) *Kollhosser* NJW 1997, 969ff. Vgl. weiter OLG Köln NZV 1994, 320 (unabwendbarer Unfall wegen angeblicher Ölspur).

III. Verfahren

4 **1.** Das Gericht entscheidet nicht nach freiem, sondern wegen des Normzwecks (Rn. 1) nach gebundenem, also **pflichtgemäßem Ermessen.** Die Voraussetzungen des § 448 müssen demnach sorgfältig erwogen werden, und zwar sowohl bevor eine Partei als beweisfällig behandelt, wie auch umgekehrt, bevor eine bislang beweisfällige Partei durch die von Amts wegen angeordnete Vernehmung aus der ihr nachteiligen Beweislage befreit wird. Die Revisionsinstanz überprüft deshalb auch folgerichtig, ob der Tatrichter sein Ermessen unsachgemäß ausgeübt oder dessen Grenzen überschritten hat, oder, ob er das Ermessen in den Fällen, in denen eine Vernehmung nach § 448 in Betracht kam, nicht hat walten lassen,[8] insbes. wenn sich eine Parteivernehmung aufdrängt.[9] Zu den Besonderheiten bei Beweisnot vgl. Rn. 6, 7.

5 **2. Regeln für die Entscheidung.** Zwar ergeht auch hier die **Anordnung** der Parteivernehmung durch (wegen § 355 Abs. 2) unanfechtbaren Beweisbeschluss, § 450 Abs. 1. Das Revisionsgericht muss jedoch erkennen können, auf welcher Grundlage das Ermessen ausgeübt wurde. Der Tatrichter hat deshalb im Tatbestand den Streitstand sorgfältig aufzubereiten und in den Entscheidungsgründen seines Urteils darzulegen, aus welchen Umständen er die „gewisse Wahrscheinlichkeit" für die Richtigkeit der streitigen Parteibehauptungen hergeleitet hat (Rn. 3). Fehlt es daran oder tragen die angeführten Gründe die Beweisanordnung nicht, so liegt ein Rechtsfehler vor, der zur Aufhebung des Urteils führt; denn dann war das Verfahren unzulässig, hätte also die Aussage der Partei bei der Sachentscheidung nicht zu Grunde gelegt werden dürfen.[10] Umgekehrt ist es ebenso: **Unterbleibt eine Parteivernehmung** oder wird einer entsprechenden Anregung nicht nachgegangen, so muss das im Urteil gerechtfertigt werden. Schweigen die Entscheidungsgründe zu § 448 und finden sich auch sonst keine Anhaltspunkte dafür, dass der Tatrichter das ihm eingeräumte Ermessen ausgeübt hat, so kann die Entscheidung wegen des Verfahrensfehlers keinen Bestand haben[11], sofern sie sich nicht aus anderen Gründen als richtig erweist. Für beide Fallgruppen gilt deshalb zur **Heilung eines Verfahrensverstoßes:** Da die Parteien erst nach Kenntnis von Tatbestand und Entscheidungsgründen beurteilen können, ob die Voraussetzungen für die Parteivernehmung nach § 448 gegeben waren, kann ein entsprechender Verfahrensverstoß nicht durch rügeloses Verhandeln vor dem Tatrichter (§ 295 Abs. 1) im Anschluss an die Beweisaufnahme geheilt worden sein;[12] eine Rüge in der Berufungs- bzw. (bei Verstoß in der 2. Instanz) Revisionsbegründungsschrift ist folglich nicht verspätet.

6 **3.** Besonderheiten gelten bei **Beweisnot**[13]**.** Sie führt allerdings nicht dazu, dass an die Behauptung der beweisbelasteten Partei nur ein geminderter Wahrscheinlichkeitsmaßstab anzulegen wäre; auch ein unverschuldeter Mangel an Beweismitteln rechtfertigt keine Vergünstigung. Wohl aber sind an die Gründe, mit denen die Wahrscheinlichkeit der Behauptung (Rn. 3) verneint wird, erhöhte Anforderungen zu stellen. Sie müssen erkennen lassen, dass sich das Gericht der Beweisnot der Partei bewusst war, was eine Auseinandersetzung mit dem Prozessstoff und den vorhandenen Beweisergebnissen umfassend und widerspruchsfrei erfordert. Bei der Ermessensentscheidung muss der Richter auch die Auswirkung von Grundrechten bedenken, zB des Art. 14 GG im mietrechtlichen Eigenbedarfsprozess.[14]

7 Darüber hinaus wird wegen einer Entscheidung des EGMR[15] erwogen, ob § 448 unter dem Gerichtspunkt der **Waffengleichheit** erweitert ausgelegt werden kann.[16] Dem ist unter den in Rn. 3 genannten Voraussetzungen jedenfalls für Vorgänge zuzustimmen, die sich **„unter vier Augen"** abgespielt haben, wenn die maßgebliche Person auf der Gegenseite (also nicht ein außenstehender Dritter, Rn. 2) als Zeuge vernommen werden kann, der andere Gesprächspartner aber Partei ist (Ausnahme unten aE). Ähnlich hat auch schon der BGH entschieden, als er beanstandete, dass der persönlich haftende Gesellschafter einer KG – der kein Zeuge sein kann (§ 373 Rn. 7) – nicht als Partei gemäß § 448 zu der streitigen Frage vernommen wurde, ob die Unterschrift auf dem entscheidungserheblichen Vertrag von ihm stammt;[17] entsprechendes gilt, wenn sich ein Vertragspartner durch Abtretung formal die Zeugenstellung verschafft hatte.[18] Allerdings kann das Gericht dem Grundsatz der Waffengleichheit auch dadurch genügen, dass die durch ihre prozessuale Stellung bei der Aufklärung des Vieraugengesprächs benachteiligte Partei nach § 141 (vgl. § 445 Rn. 3) persönlich angehört wird.[19] Damit ist dem Standpunkt des EGMR Rechnung getragen, weil das Gericht nach deutschem Recht einer solchen Anhörung den Vorzug vor den Bekundungen eines Zeugen geben kann (§ 286 Abs. 1).[20] Entsprechendes gilt bei typischer Einseitigkeit der Beweismöglichkeit, zB wenn der beklagte Arzt das Aufklärungsgespräch mit der klagenden Patientin in Anwesenheit von deren

---

[8] Vgl. zB BGH NJW-RR 2001, 1431 f.; FamRZ 1987, 152 f.; BAG NZA 2000, 208.
[9] BGH NZM 1998, 449 (Wohnungskäufer wegen Unterdeckung in Finanzierung).
[10] BGH NJW 1989, 3222 f.
[11] BGH NJW-RR 1994, 636.
[12] BGH NJW 1999, 363, 364.
[13] Dazu BGHZ 110, 363, 365 f. = NJW 1990, 1721.
[14] BerlVerfGH JR 1994, 499.
[15] NJW 1995, 1413.
[16] *Schlosser* NJW 1995, 1404 ff.; *Schöpflin* NJW 1996, 2134, 2136; *Roth* ZEuP 1996, 490 f. AA OLG München NJW-RR 1996, 958; auch *Lange* NJW 2002, 476, 482 f. (keine Neuinterpretation erforderlich). Krit. zur Entscheidung des EGMR *Wittschier* DRiZ 1997, 247.
[17] BGH NJW-RR 1994, 1143.
[18] BGH WM 1980, 1071, 1073.
[19] BGH NJW 1999, 363, 364; Sächsisches LAG MDR 2000, 724 = NZA-RR 2000, 497; OLG München OLGR 2004, 139. Dafür auch (obiter dictum) BAG NJW 2002, 2196, 2198.
[20] BGHZ 122, 115, 121 = NJW 1993, 1638; BGH NJW 1998, 306, 307.

Ehemann – des späteren Zeugen – geführt hat, falls für eine ordnungsgemäße Aufklärung (zB infolge unterzeichneten Merkblatts) eine gewisse Wahrscheinlichkeit (Rn. 3) spricht.[21]

Jede der beiden Möglichkeiten – Parteivernehmung oder -anhörung – vermeidet die Begünstigung/Benachteiligung einer Partei und verwirklicht deren Anspruch auf rechtliches Gehör und Gewährleistung eines effektiven Rechtsschutzes; überwiegende Wahrscheinlichkeit für das Vorbringen der Partei, die entweder vernommen oder angehört werden soll, ist nicht erforderlich.[22] Diese Grundsätze gebieten es in aller Regel auch dem Berufungsgericht, das den Zeugen der Gegenpartei nochmals vernimmt, auch die Partei zum umstrittenen Inhalt eines Vier-Augen-Gesprächs nochmals gemäß § 448 zu hören.[23] **Keine Notwendigkeit** zu einer Vernehmung oder Anhörung einer Partei besteht, wenn sonstige Beweismittel und Indizien vorliegen, die die Aussage des Zeugen der Gegenseite (s. o.) stützen,[24] vor allem, wenn die Partei bei der Zeugenvernehmung anwesend war und sich dazu äußern konnte.[25]

IV. Wahl der zu vernehmenden Partei

Wegen des Normzwecks (Rn. 1), des Ausnahmecharakters der Vorschrift vom Beibringungsgrundsatz, des Prinzips der Waffengleichheit und der Pflicht zur Unparteilichkeit werden bei Anwendung von § 448 grundsätzlich beide Parteien zu vernehmen sein (vgl. aber § 452 Abs. 1 S. 2). Etwas anderes gilt, wenn der Richter eine Partei auf Grund ihres Prozessverhaltens für nicht vertrauenswürdig ansieht oder deren Behauptungen bisher völlig beweislos oder unwahrscheinlich sind (Rn. 3). Die alleinige Vernehmung der beweisbelasteten Partei sollte jedenfalls möglichst vermieden werden. Bei Streitgenossen vgl. § 449. Weigert sich eine Partei, so gilt § 446 entsprechend, beim Ausbleiben § 454; Beweiswürdigung vgl. § 453. 8

V. Rechtsanwaltgebühren

Eine gesonderte Gebühr für die Beweiserhebung fällt nach RVG nicht an. 9

449

Vernehmung von Streitgenossen **Besteht die zu vernehmende Partei aus mehreren Streitgenossen, so bestimmt das Gericht nach Lage des Falles, ob alle oder nur einzelne Streitgenossen zu vernehmen sind.**

Die Vorschrift meint mehrere Streitgenossen auf einer Seite, die nicht als Zeugen, sondern als Partei zu vernehmen sind (§ 373 Rn. 7), also stets den notwendigen (§ 63) und den streitgenössischen (§ 69) Streithelfer. Ebenso liegt es nach hM grundsätzlich auch bei der einfachen Streitgenossenschaft (§§ 59, 60), außer das Beweisthema betrifft nicht den zu vernehmenden Streitgenossen, sondern ausschließlich die anderen[1] (dann Zeugenvernehmung; vgl. § 61 Rn. 5). 1

In diesen Fällen hat das Gericht gemäß § 449 die Wahl, ob es alle oder nur einzelne Streitgenossen vernehmen will (Anordnung § 450 Rn. 1). Das gilt uneingeschränkt jedoch nur für die Parteivernehmung von Amts wegen (§ 448). Wird im Beweisantritt nach §§ 445, 447 ein Streitgenosse namentlich benannt, so darf nur dieser vernommen werden, wie sich aus dem Verhandlungsgrundsatz (Einl. Rn. 37) ergibt. Die Beweiswürdigung (§ 453) erfolgt allen Streitgenossen gegenüber einheitlich; das gilt auch bei einer Weigerung im Sinn des § 446. 2

450

Beweisbeschluss (1) [1]**Die Vernehmung einer Partei wird durch Beweisbeschluss angeordnet.** [2]**Die Partei ist, wenn sie bei der Verkündung des Beschlusses nicht persönlich anwesend ist, zu der Vernehmung unter Mitteilung des Beweisbeschlusses von Amts wegen zu laden.** [3]**Die Ladung ist der Partei selbst mitzuteilen, auch wenn sie einen Prozessbevollmächtigten bestellt hat; der Zustellung bedarf die Ladung nicht.**

(2) [1]**Die Ausführung des Beschlusses kann ausgesetzt werden, wenn nach seinem Erlass über die zu beweisende Tatsache neue Beweismittel vorgebracht werden.** [2]**Nach Erhebung der neuen Beweise ist von der Parteivernehmung abzusehen, wenn das Gericht die Beweisfrage für geklärt erachtet.**

Ein förmlicher Beweisbeschluss ist nach **Abs. 1** für jede Art der Parteivernehmung (§ 445 Rn. 4, 5) notwendig, die sich auch insoweit, also rein formell betrachtet, von der Parteianhörung (§ 445 Rn. 3) unterscheidet (vgl. § 141). Erlass, Inhalt und Änderung richten sich nach den allgemeinen Regeln (§§ 358–360), eine Anfechtung findet nicht statt (§ 355 Abs. 2); darüber hinaus ist zu beachten: Der Beweisbeschluss muss, am zweckmäßigsten durch Nennung der einschlägigen Vorschrift, erkennen lassen, auf welcher Grundlage (§§ 445, 447, 448) er beruht. Außerdem ist wegen der Subsidiarität der Parteivernehmung (§ 445 Rn. 8, § 448 Rn. 2) und der besonderen Interessenkonflikte (§ 453 Rn. 2) das Beweisthema (§ 359 Nr. 1) genau einzugrenzen. Verstöße dagegen sind allerdings gemäß § 295 heilbar.[1] 1

---

[21] BGH NJW-RR 2001, 1431 f.
[22] BGH NJW-RR 2006, 62, 63.
[23] BVerfG NJW 2001, 2531; dazu *Reinkenhof* JuS 2002, 645.
[24] BGH NJW-RR 2006, 62, 63.
[25] BGH NJW 2003, 3636.
[1] BGH NJW 1983, 2508; ausf. MK/*Damrau* § 373 Rn. 15. AA zB *Lindacher* JuS 1986, 379, 381.
[1] BGH NJW 1959, 1433; FamRZ 1965, 212 f.

2 Ist die zu vernehmende Partei bei Verkündung des Beweisbeschlusses anwesend, so schließt sich die Beweisaufnahme grundsätzlich sofort an; neuer Termin sollte nur ausnahmsweise bestimmt werden, weil eine für die Partei überraschende Vernehmung den Beweiswert ihrer Aussage erhöht. In anderen Fällen muss gemäß § 450 Abs. 1 S. 2, 3 eine persönliche **Ladung der Partei selbst** (also nicht über den Prozessbevollmächtigten) erfolgen. Hierfür hatte § 450 Abs. 1 S. 2 aF eine Zustellung vorgeschrieben, was nach Änderung dieser Bestimmung und Einfügung von S. 3 durch das ZPO-RG – zwecks Vermeidung von Zustellungsaufwand und -kosten[2] – nicht mehr erforderlich ist. Gleichwohl kann nur dringend empfohlen werden, die Ladung auch künftig durch Zustellung zu bewirken, weil bei fehlendem Ladungsnachweis und Ausbleiben der Partei §§ 446, 454 nicht angewendet werden können, folglich ein neuer Termin samt Zustellung der Ladung hierzu erforderlich wird. Für den Inhalt der Ladung gelten die Erörterungen zu § 377 Rn. 3 entsprechend (Ladungsfrist § 217); außerdem muss die Partei zur Überprüfung der Rechtmäßigkeit der Beweisanordnung deren Grundlage (Rn. 1) erkennen können.

3 Zur **Aussetzung des Beweisbeschlusses und zum Absehen von der Parteivernehmung** bestimmt **Abs. 2:** Werden neue Beweismittel vorgebracht, so „kann" nach S. 1 die Ausführung des Beweisbeschlusses ausgesetzt werden (vgl. auch § 445 Rn. 8); die Regelung ist Folge des Subsidiaritätsgrundsatzes (Rn. 1), weshalb sich das Gericht regelmäßig daran halten wird. Nach Erhebung der neuen Beweise ist nach S. 2 zwingend von der Parteivernehmung abzusehen, wenn das Gericht die Beweisfrage für geklärt erachtet; letzteres muss im Urteil sorgfältig begründet werden. Wird der Beweis als nicht geführt angesehen, so ist ein Hinweis gemäß § 139 geboten, damit der Beweisführer seinen Antrag auf Parteivernehmung wiederholen kann; dazu hält ihn die hM – wegen § 450 Abs. 2 S. 2 wenig überzeugend – für verpflichtet.[3]

451 *Ausführung der Vernehmung* **Für die Vernehmung einer Partei gelten die Vorschriften der §§ 375, 376, 395 Abs. 1, Abs. 2 Satz 1 und der §§ 396, 397, 398 entsprechend.**

1 Die im Gesetzestext genannten Bestimmungen des Zeugenbeweises (zu Einzelheiten vgl. die Erläuterungen dort) sind **entsprechend anwendbar;** von § 375 (Beweisaufnahme durch beauftragten oder ersuchten Richter) darf aber wegen der Besonderheiten bei der Parteivernehmung nur in engen Ausnahmefällen Gebrauch gemacht werden (§ 453 Rn. 2). Bei § 395 (Wahrheitsermahnung; Vernehmung zur Person) ist für Abs. 2 nur auf Satz 1, nicht auf S. 2 (Fragen betreffend die Glaubwürdigkeit) verwiesen; daraus folgt nach allgM aber nur, dass solche Fragen nicht erforderlich, wohl aber zulässig sind. Ablauf der Vernehmung zur Sache vgl. § 396, Fragerechte vgl. § 397. Für die wiederholte – auch in der 2. Instanz – und nachträgliche Vernehmung gelten die Grundsätze des § 398[1] (dort Rn. 2 ff.).

2 Andere Vorschriften **gelten nicht,** vor allem nicht § 377 Abs. 3 (schriftliche Aussage). Auch wenn beide Parteien zu vernehmen sind, hat die andere ein Anwesenheitsrecht (§ 357). § 394 ist unanwendbar. Ein Verzicht auf Vernehmung (§ 399) ist nicht möglich, wohl aber eine Antragsrücknahme; zum Widerruf des Einverständnisses § 447 Rn. 1. Eine Partei hat keinen Anspruch auf Erstattung ihrer Auslagen gegen die Staatskasse, § 401 gilt nicht; Auslagen der Partei sind aber notwendige Prozesskosten im Sinn des § 91.

3 Die Aussage der Partei(en) ist grundsätzlich zu protokollieren, §§ 160 Abs. 3 Nr. 4, 162 (außer: § 161). Ausbleiben der Partei vgl. § 454.

452 *Beeidigung der Partei* **(1) [1]Reicht das Ergebnis der unbeeidigten Aussage einer Partei nicht aus, um das Gericht von der Wahrheit oder Unwahrheit der zu erweisenden Tatsache zu überzeugen, so kann es anordnen, dass die Partei ihre Aussage zu beeidigen habe. [2]Waren beide Parteien vernommen, so kann die Beeidigung der Aussage über dieselben Tatsachen nur von einer Partei gefordert werden.**

(2) Die Eidesnorm geht dahin, dass die Partei nach bestem Wissen die reine Wahrheit gesagt und nichts verschwiegen habe.

(3) Der Gegner kann auf die Beeidigung verzichten.

(4) Die Beeidigung einer Partei, die wegen wissentlicher Verletzung der Eidespflicht rechtskräftig verurteilt ist, ist unzulässig.

1 Über eine **Beeidigung** entscheidet das Prozessgericht (vgl. § 391 Rn. 3) – soweit kein Verbot besteht (Rn. 3) – nach **pflichtgemäßem Ermessen** durch Beschluss; eine Verpflichtung zur Eidesleistung besteht nicht, bei Weigerung greift § 453 Abs. 2 ein. Grundsätzlich kann die Partei zwar unbeeidigt bleiben. Eine falsche uneidliche Aussage ist allerdings nicht nach § 153 StGB strafbar (in Betracht zu ziehen ist jedoch – versuchter – Prozessbetrug), was für die Bestimmung des Beweiswerts Bedeutung hat (§ 453 Rn. 2); jedenfalls bei Vernehmung des Beweislastträgers wird schon deshalb regelmäßig eine Beeidigung vorzunehmen sein (§ 447 Rn. 2). Im Übrigen gilt § 452 Abs. 1 S. 1; zur Herbeiführung einer wahrheitsgemäßen Aussage und zur Beschränkung der Beeidigung auf einen Teil vgl. § 391 Rn. 1. Zur **Abnahme des Eides** vgl. § 452 Abs. 2 und §§ 478–484. Zur Beeidigung im Berufungsverfahren § 536.

---

[2] BT-Drucks. 14/4722 S. 92, 81.

[3] BGH NJW 1991, 1290 f. (zugleich zu einem Ausnahmefall, in dem es der Wiederholung des Beweisantritts nicht bedurfte).

[1] BAG NJW 2002, 2196, 2197 f.

Eine **Einschränkung des Ermessens** enthält Abs. 1 S. 2. Welcher Partei der Eid abgenommen wird, entscheidet der Richter nach seinem Eindruck von der Glaubwürdigkeit (vgl. auch § 448 Rn. 8). Bei gleicher Vertrauenswürdigkeit soll nach allgM idR die nicht beweisbelastete Partei beeidigt werden. 2

Ein **Verbot der Beeidigung** besteht nach Abs. 3 bei Verzicht des Gegners (vgl. § 391 Rn. 2) und nach Abs. 4 für eine Partei, die wegen wissentlicher Verletzung der Eidespflicht (§§ 154ff. StGB) rechtskräftig verurteilt ist; für Prozessunfähige vgl. § 455 Abs. 2. Bei Verstoß gilt § 391 Rn. 4 entsprechend. 3

453 *Beweiswürdigung bei Parteivernehmung* (1) **Das Gericht hat die Aussage der Partei nach § 286 frei zu würdigen.**

(2) **Verweigert die Partei die Aussage oder den Eid, so gilt § 446 entsprechend.**

Den Grundsatz der **freien Beweiswürdigung** wiederholt **Abs. 1** für die Parteivernehmung, die ausschließlich als Beweismittel zu verwerten ist; auch die ihr ungünstige Aussage der Partei enthält kein Geständnis, also keine Prozesshandlung im Sinn des § 290 (§ 445 Rn. 3). Da, wie beim Zeugenbeweis, Wahrnehmungen über streitige Tatsachen oder Zustände berichtet werden (§ 445 Rn. 1), gelten grundsätzlich dieselben Regeln bezüglich Wahrnehmungsmöglichkeit/-fähigkeit, Wiedergabemöglichkeit/-fähigkeit sowie zur Glaubwürdigkeit der Partei und zur Glaubhaftigkeit ihrer Aussage (§ 373 Rn. 16). 1

Für die Prüfung der **Glaubwürdigkeit** ist darüber hinaus zu beachten, dass die Partei einerseits am besten über ihre Beziehung zum Beweisgegenstand Bescheid weiß, andererseits aber auch stets ein großes persönliches Interesse am Ausgang des Verfahrens hat (§ 445 Rn. 1). Das muss der Richter in der Beweiswürdigung sorgfältig abwägen und zusätzlich bedenken, dass die vernommene Partei (wegen § 357) die bisherigen Beweisergebnisse einschließlich einer eventuellen Aussage des Gegners (§ 394 gilt nicht, § 451 Rn. 2) kennt. Folglich erhöht sich der Beweiswert ganz wesentlich, wenn eine Partei nicht nur für sie Günstiges sondern auch Nachteiliges bekundet[1] oder wenn ihre Aussage oder ihr bisheriges Prozessverhalten andere, auch beweisfremde Merkmale enthält, die Rückschlüsse auf die Glaubwürdigkeit zulassen. Es kommt entscheidend sowohl auf den persönlichen Eindruck wie auch auf die Kenntnis des bisherigen Verfahrensverlaufes an. Schließlich hat eine beeidete Aussage – anders als beim Zeugenbeweis (§ 391 Rn. 5) – schon allein wegen der Eidesleistung und dem damit verbundenen Risiko für die Partei (§ 452) einen höheren Beweiswert. Zur Verweigerung des Eides s. Rn. 4. Hat die Vernehmung ein **beauftragter oder ersuchter Richter** durchgeführt, was wegen der genannten Umstände nur bei nicht ausräumbaren Hindernissen angeordnet werden darf (§ 451 Rn. 1), so gilt § 398 Rn. 4 entsprechend. 2

Zur **Glaubwürdigkeitsbeurteilung durch das Berufungsgericht** kann ebenfalls auf die Darstellung beim Zeugenbeweis Bezug genommen werden (§ 398 Rn. 5). Auch hier muss also grundsätzlich eine wiederholte Vernehmung erfolgen, wenn der Berufungsrichter einen abweichenden Standpunkt einnehmen möchte.[2] Anders liegt es, wenn das Gericht der früheren Instanz die Glaubwürdigkeit der Partei nur behauptet, sich aber mit den Besonderheiten der Beweiswürdigung einer Parteivernehmung (Rn. 2) nicht befasst hatte.[3] Das gilt auch, wenn der Berufungsrichter seine Bedenken gegen die Vertrauenswürdigkeit der Partei ausschließlich aus deren Prozessverhalten vor ihm, also in der zweiten Instanz, herleitet (vgl. § 445 Rn. 1, § 448 Rn. 3). Zur Frage der Beeidigung vgl. § 536 Abs. 2. 3

Bei **Verweigerung der Aussage oder des Eides** gilt nach **Abs. 2** der § 446 entsprechend, also wiederum der Grundsatz der freien Beweiswürdigung. Hat eine Partei ausgesagt, verweigert sie dann aber die Eidesleistung, so ist die Aussage allerdings stets wertlos; eine andere Beurteilung erscheint kaum vorstellbar. Zur Beweiswürdigung beim Ausbleiben der zu vernehmenden Partei vgl. § 454. 4

454 *Ausbleiben der Partei* (1) **Bleibt die Partei in dem zu ihrer Vernehmung oder Beeidigung bestimmten Termin aus, so entscheidet das Gericht unter Berücksichtigung aller Umstände, insbesondere auch etwaiger von der Partei für ihr Ausbleiben angegebener Gründe, nach freiem Ermessen, ob die Aussage als verweigert anzusehen ist.**

(2) **War der Termin zur Vernehmung oder Beeidigung der Partei vor dem Prozessgericht bestimmt, so ist im Falle ihres Ausbleibens, wenn nicht das Gericht die Anberaumung eines neuen Vernehmungstermins für geboten erachtet, zur Hauptsache zu verhandeln.**

I. Normzweck

Da die Parteivernehmung nicht erzwingbar ist, bedurfte es anderer Regelungen, damit der Beweis nicht vereitelt werden kann. Das sind §§ 446, 453 Abs. 2, die gelten, wenn die Beweiserhebung in Anwesenheit der zu vernehmenden Partei angeordnet wurde und sofort durchgeführt werden soll (§ 450 Rn. 2), oder, wenn die Partei im Vernehmungstermin erschienen ist; bleibt sie in dem zu ihrer Vernehmung oder Beeidigung bestimmten Termin aus, so ist § 454 einschlägig. Darin liegt ein wichtiger Unterschied zur Parteianhörung (§ 445 Rn. 3), wo beim Ausbleiben gemäß § 141 Abs. 3 Sanktionen vorgesehen sind (Rn. 4). 1

---

[1] *Mu/St* Rn. 155; *Schneider* Beweis Rn. 1503.
[2] BAG NJW 2002, 2196, 2197f.
[3] Ähnlich OLG Köln VersR 1993, 1373.

II. Voraussetzungen und Rechtsfolgen

2 Die in der Vorschrift genannten **Voraussetzungen** sind: Terminbestimmung zur Parteivernehmung oder Eidesleistung, nicht zur bloßen Anhörung (Rn. 1); ordnungsgemäße Verkündung, falls die zu vernehmende Partei anwesend ist, andernfalls ordnungsgemäße Ladung (§ 450 Rn. 2); Nichterscheinen bis zum Schluss des Termins (§ 220 Abs. 2); fehlende oder ungenügende Entschuldigung (Rn. 3) und Zulässigkeit der Parteivernehmung nach §§ 445, 446 oder § 448.

3 Bei **Fehlen einer dieser Voraussetzungen** muss ein neuer Termin bestimmt und die Partei erneut gemäß § 450 Abs. 1 S. 2 geladen werden, wie zB bei einer genügenden Entschuldigung; als solche wird es auch anzusehen sein, wenn die Partei nach Erlass des Beweisbeschlusses neue Beweismittel vorgebracht und deshalb die Aussetzung ihrer Vernehmung „beantragt" hat, so lange darüber nicht entschieden ist (§ 450 Rn. 3). Hält das Gericht die vorgebrachte Entschuldigung für unzureichend, so muss wegen der weit reichenden Folgen Gelegenheit zur Nachbesserung gegeben werden. In einem solchen Fall empfiehlt sich die Bestimmung eines Verkündungstermins; geht keine oder eine ungenügende Erklärung ein, so wird nach Rn. 4 verfahren.

4 **Folge des Ausbleibens** sind nicht Ordnungsmittel oder kostenrechtliche Nachteile (Rn. 1); auch § 95 und § 34 GKG können mangels Aussagepflicht nicht angewendet werden.[1] Vielmehr entscheidet das Gericht unter den genannten Voraussetzungen nach freiem Ermessen, ob die Aussage als verweigert anzusehen ist, § 454 Abs. 1; dann gilt § 453 Abs. 2. War der Termin zur Vernehmung oder Beeidigung der Partei vor dem Prozessgericht bestimmt, so wird anschließend zur Hauptsache verhandelt. Ist auch kein Vertreter der zu vernehmenden Partei anwesend, so ergeht Versäumnisurteil gemäß §§ 330 ff. (vgl. auch §§ 367, 370) oder eine Entscheidung nach Lage der Akten (§ 331 a); andernfalls wird Endurteil erlassen, in welchem das Verhalten der Partei entsprechend gewürdigt wird (§ 453), möglicherweise aber auch anderweitiger Beweisbeschluss. Hatte der Termin vor dem beauftragten oder ersuchten Richter stattgefunden, was ohnehin nur in Ausnahmefällen vorkommen wird (§ 451 Rn. 1), so gibt dieser die Akten zurück.

455 *Prozessunfähige*

(1) [1]Ist eine Partei nicht prozessfähig, so ist vorbehaltlich der Vorschrift im Absatz 2 ihr gesetzlicher Vertreter zu vernehmen. [2]Sind mehrere gesetzliche Vertreter vorhanden, so gilt § 449 entsprechend.

(2) [1]Minderjährige, die das 16. Lebensjahr vollendet haben, können über Tatsachen, die in ihren eigenen Handlungen bestehen oder Gegenstand ihrer Wahrnehmung gewesen sind, vernommen und auch nach § 452 beeidigt werden, wenn das Gericht dies nach den Umständen des Falles für angemessen erachtet. [2]Das Gleiche gilt von einer prozessfähigen Person, die in dem Rechtsstreit durch einen Betreuer oder Pfleger vertreten wird.

1 Die Vorschrift ordnet in **Abs. 1** an, dass für die Parteivernehmung grundsätzlich der gesetzliche Vertreter (bei mehreren gilt § 449) an die Stelle einer prozessunfähigen Partei (§§ 51 ff.) tritt. Zur Abgrenzung zur Zeugenvernehmung vgl. § 373 Rn. 7, 8; zur Frage, ob die Art der Beweiserhebung als Zeugen- oder Parteivernehmung offen bleiben kann, vgl. § 373 Rn. 6.

2 Von dem genannten Grundsatz enthält **Abs. 2** eine Ausnahme für Minderjährige, die das sechzehnte Lebensjahr vollendet haben, und für eine prozessfähige Person, die im Rechtsstreit durch einen Betreuer oder Pfleger (§§ 1896 ff. BGB) vertreten wird; Beweisgegenstand müssen aber eigene Handlungen oder Wahrnehmungen dieser Personen sein.

456 bis 477 *(weggefallen)*

Titel 11. Abnahme von Eiden und Bekräftigungen

478 *Eidesleistung in Person*

Der Eid muss von dem Schwurpflichtigen in Person geleistet werden.

1 Die Vorschriften dieses Titels finden **Anwendung** auf Zeugen (§§ 391, 392), Sachverständige (§ 410), Parteien (§§ 426 S. 3, 452, 455 Abs. 2 S. 1) und Dolmetscher (§ 189 GVG) sowie bei Abgabe einer eidesstattlichen Versicherung (§§ 807 Abs. 3, 883 Abs. 2, Abs. 4, 889 Abs. 1) und im Verfahren der freiwilligen Gerichtsbarkeit nach §§ 15 Abs. 1 S. 1, 79 S. 4 FGG; einschlägige Straftatbestände: §§ 154 ff. StGB.

2 Nach § 478 muss der Eid **höchstpersönlich** geleistet werden, eine Vertretung ist unzulässig; entsprechendes gilt für die eidesgleiche Bekräftigung (§ 484) und die Abgabe einer eidesstattlichen Versicherung. Schwurpflichtig sind Personen über 16 Jahre (§§ 393, 455 Abs. 2), die Wesen und Bedeutung des Eides verstandesmäßig erfassen können und denen kein Zeugnisverweigerungsrecht (§§ 383 ff., 408) zusteht, sofern sie vom Gericht zur Eidesleistung aufgefordert werden; der gesetzliche Vertreter ist selbst schwurpflichtig (§ 455). Die **Eidesverweigerung** regeln bei Zeugen § 390, bei Sachverständigen § 409 (vgl. § 410 Rn. 1 aE), bei Parteien § 453 Abs. 2, beim Titelschuldner § 889 Abs. 2.

---

[1] OLG Oldenburg RPfleger 1965, 316; MK/*Schreiber* Rn. 1; *T/P/Reichold* Rn. 4; Zö/*Greger* Rn. 8; *Sae/Pukall* Rn. 3. AA *B/L/H* Rn. 4; *St/J/Leipold* Rn. 7.

479 *Eidesleistung vor beauftragtem oder ersuchtem Richter* **(1) Das Prozessgericht kann anordnen, dass der Eid vor einem seiner Mitglieder oder vor einem anderen Gericht geleistet werde, wenn der Schwurpflichtige am Erscheinen vor dem Prozessgericht verhindert ist oder sich in großer Entfernung von dessen Sitz aufhält und die Leistung des Eides nach § 128a Abs. 2 nicht stattfindet.**

(2) Der Bundespräsident leistet den Eid in seiner Wohnung vor einem Mitglied des Prozessgerichts oder vor einem anderen Gericht.

Die Vorschrift beinhaltet in **Abs. 1** eine Ausnahme vom Unmittelbarkeitsgrundsatz (§ 355) und ist deshalb zurückhaltend anzuwenden. Sie meint Fälle, in denen die Beweisaufnahme vor dem Prozessgericht stattfand, der Eid aber vor einem beauftragten oder ersuchten Richter (§§ 361, 362) geleistet werden soll (zur Beeidigung, wenn die Beweiserhebung einem solchen Richter übertragen war vgl. § 391 Rn. 3) und die Leistung des Eides nach dem – durch das ZPO-RG eingefügten – § 128a Abs. 2 („Videokonferenz") nicht stattfindet. Entschieden wird durch unanfechtbaren Beschluss (§ 355 Abs. 2; Abänderung s. § 360), der – falls nicht verkündet – mitzuteilen ist, weil die Parteien ein Anwesenheitsrecht haben. Bei Streit über die Eidespflicht vor dem beauftragten oder ersuchten Richter gilt § 366. Eine Sondervorschrift enthält **Abs. 2** für die Beeidigung des Bundespräsidenten. 1

480 *Eidesbelehrung* **Vor der Leistung des Eides hat der Richter den Schwurpflichtigen in angemessener Weise über die Bedeutung des Eides sowie darüber zu belehren, dass er den Eid mit religiöser oder ohne religiöse Beteuerung leisten kann.**

Der Richter hat hinsichtlich **Art und Umfang** der Belehrung auf die Besonderheiten des Einzelfalles, die Person des Schwurpflichtigen und dessen Bildungsstand Rücksicht zu nehmen; entsprechendes gilt, wenn nur ein Teil einer Zeugenaussage vom Eid erfasst werden soll (§ 391 Rn. 1). Den Hinweis auf die Strafbarkeit einer falschen eidlichen Aussage schreibt § 395 Abs. 1 vor (s. dort Rn. 1); gegebenenfalls ist diese Belehrung vor der Beeidigung zu wiederholen. 1

Die **Einhaltung der Förmlichkeiten** muss sich aus dem Protokoll ergeben, § 160 Abs. 2; idR genügt der Vermerk, wonach die Belehrung in gesetzmäßiger Weise erfolgt ist. Eine Aufklärung darüber, dass an Stelle des Eides unter bestimmten Voraussetzungen eine eidesgleiche Bekräftigung (§ 484) in Betracht kommt, erfordert das Gesetz nicht. Das Gericht darf vielmehr davon ausgehen, der Schwurpflichtige werde sich auf seine Glaubens- oder Gewissensgründe, die ihm eine Eidesleistung verbieten, berufen. Ein Hinweis auf § 484 ist aber stets erforderlich, wenn der Eid verweigert wird, um nachteilige Folgen daraus (§ 391 Rn. 1, 4, 5) rechtsfehlerfrei begründen zu können. 2

481 *Eidesleistung; Eidesformel* **(1) Der Eid mit religiöser Beteuerung wird in der Weise geleistet, dass der Richter die Eidesnorm mit der Eingangsformel: „Sie schwören bei Gott dem Allmächtigen und Allwissenden" vorspricht und der Schwurpflichtige darauf die Worte spricht (Eidesformel): „Ich schwöre es, so wahr mir Gott helfe."**

(2) Der Eid ohne religiöse Beteuerung wird in der Weise geleistet, dass der Richter die Eidesnorm mit der Eingangsformel: „Sie schwören" vorspricht und der Schwurpflichtige darauf die Worte spricht (Eidesformel): „Ich schwöre es."

(3) Gibt der Schwurpflichtige an, dass er als Mitglied einer Religions- oder Bekenntnisgemeinschaft eine Beteuerungsformel dieser Gemeinschaft verwenden wolle, so kann er diese dem Eid anfügen.

(4) Der Schwörende soll bei der Eidesleistung die rechte Hand erheben.

(5) Sollen mehrere Personen gleichzeitig einen Eid leisten, so wird die Eidesformel von jedem Schwurpflichtigen einzeln gesprochen.

Der **Eid besteht** aus Eingangsformel, Eidesnorm und Eidesformel. Mit dem ersten und dem letzten Bestandteil befassen sich Abs. 1–4, während die Eidesnorm in anderen Vorschriften geregelt ist, nämlich: Zeugen § 392 S. 3, Sachverständige § 410 Abs. 1 S. 2, Parteien § 452 Abs. 2, Dolmetscher § 189 Abs. 1 GVG, Titelschuldner §§ 807 Abs. 3 S. 1, 883 Abs. 2 Abs. 3. Die gleichzeitige Beeidigung mehrere Personen, zulässig bei Zeugen und Sachverständigen (§§ 392 S. 2, 402), regelt Abs. 5. Schwurpflichtige, die der deutschen Sprache nicht mächtig sind, leisten Eide in der ihnen geläufigen Sprache, § 188 GVG. Zur Eidesleistung sprach- und hörbehinderter Personen vgl. § 483. 1

Folglich spricht zB bei der Beeidigung eines **Zeugen** (mit bzw.) ohne religiöse Beteuerungsformel der Richter vor: „Sie schwören (bei Gott dem Allmächtigen und Allwissenden), dass Sie nach bestem Wissen die reine Wahrheit gesagt und nichts verschwiegen haben"; der Zeuge antwortet, wobei er die rechte Hand erheben soll (Abs. 4): „Ich schwöre es (so wahr mir Gott helfe)"; er kann dem Eid aber auch die Beteuerungsformel seiner Religions- oder Bekenntnisgemeinschaft anfügen (Abs. 3), zB ein Mohammedaner „... beim Worte Allah's"[1]. In jedem Falle notwendig ist aber der Ausspruch „ich schwöre es" (andernfalls: 2

[1] *Leisten* MDR 1980, 636. Zu Beteuerungsformeln von weltlichen Bekenntnisgemeinschaften vgl. *Heimann/Torsien* JZ 1973, 612; zur Beeidigung von Juden vgl. *Jünemann* MDR 1970, 727. Zum Recht auf Eidesverweigerung, wenn ein Kreuz im Gerichtssaal angebracht ist, vgl. BVerfG NJW 1973, 2196 ff.

§ 484). Welche dieser Eidesformeln benutzt wurde, muss sich aus dem Protokoll ergeben (§ 160 Abs. 2). Nach allgemeiner Übung stehen bei Abnahme eines Eides alle Anwesenden einschließlich des Gerichts. Zum entsprechenden Beispiel bei einer eidesgleichen Bekräftigung § 484 Rn. 2.

482 *(weggefallen)*

483 *Eidesleistung sprach- oder hörbehinderter Personen*

(1) [1]Eine hör- oder sprachbehinderte Person leistet den Eid nach ihrer Wahl mittels Nachsprechens der Eidesformel, mittels Abschreibens und Unterschreibens der Eidesformel oder mit Hilfe einer die Verständigung ermöglichenden Person, die vom Gericht hinzuzuziehen ist. [2]Das Gericht hat die geeigneten technischen Hilfsmittel bereitzustellen. [3]Die hör- oder sprachbehinderte Person ist auf ihr Wahlrecht hinzuweisen.

(2) Das Gericht kann eine schriftliche Eidesleistung verlangen oder die Hinzuziehung einer die Verständigung ermöglichenden Person anordnen, wenn die hör- oder sprachbehinderte Person von ihrem Wahlrecht nach Absatz 1 keinen Gebrauch gemacht hat oder eine Eidesleistung in der nach Absatz 1 gewählten Form nicht oder nur mit unverhältnismäßigem Aufwand möglich ist.

I. Normzweck

1 Die **Neufassung** durch das OLG-VertrÄndG[1] betrifft die Eidesleistung sprach- oder hörbehinderter Menschen und ergänzt den ebenfalls neu gefassten § 186 GVG[2] zur Verständigung mit dem Gericht. **Zweck** ist die Verbesserung der Rechtsstellung von sprach- und hörbehinderten Personen und – insbesondere bei § 186 GVG – darüber hinaus eine stärkere Betonung der Verpflichtung des Gerichts, von der Möglichkeit einer direkten Verständigung (zB durch Zeichen- oder Gebärdensprache) vorrangig Gebrauch zu machen.[3]

2 Während § 483 aF nur Stumme und – in entsprechender Anwendung – Taube betraf, erfasst der **Anwendungsbereich** nunmehr sprach- und hör*behinderte* (nicht also etwa nur sprach- und hör*lose* Personen. Gemeint sind sensorische (sinnesgemäße) Behinderungen, kognitive (geistige) werden – wie bisher – nicht erfasst; gemäß §§ 393, 455 Abs. 2 sind solche Personen nicht schwurpflichtig, welche die Bedeutung des Eides nicht erkennen können.[4] Ob eine Sprach- oder Hörbehinderung vorliegt, entscheidet das Gericht nach den ihm offenbar werdenden Verständigungsschwierigkeiten; auf den medizinischen Nachweis einer Behinderung kommt es nicht an. Bei Beurteilung ist auf die Wünsche und Vorstellungen der jeweils betroffenen Person möglichst großzügig Rücksicht zu nehmen.[5] Wegen der vom Gericht zu treffenden Vorbereitungen (Rn. 4) empfiehlt es sich für Anwälte und Parteien dringend, auf Sprach- oder Hörbehinderungen einer Partei oder eines Zeugen hinzuweisen.

II. Wahlrecht nach Absatz 1

3 Nach **Satz 1** besteht für die sprach- oder hörbehinderte Person (Rn. 2) ein Wahlrecht zwischen mündlicher oder schriftlicher Eidesleistung oder Eidesleistung durch Hinzuziehen einer die Verständigung ermöglichenden Person (Einschränkung Rn. 5). Als Sprachmittler kommen nicht nur Gebärden-, Schrift- oder Oraldolmetscher in Betracht, vielmehr kann die Verständigung auch mit Hilfe anderer, dem behinderten Menschen vertrauten Personen, die zB lautsprachebegleitete Gebärden, das Lormen oder die Methode der „gestützten Kommunikation" beherrschen, ohne formelle Dolmetscherfunktion erfolgen.[6] Im zuletzt genannten Fall gilt deshalb § 189 GVG nicht unmittelbar; ob eine Verpflichtung solcher Hilfspersonen entsprechend dem Dolmetscherentscheid gleichwohl im Einzelfall geboten ist, steht im Ermessen des Gerichts.[7] Über das Wahlrecht ist nach **Satz 3** in geeigneter Form zu belehren.

4 **Satz 2** begründet zwecks Verwirklichung des Wahlrechts die Verpflichtung zur Bereitstellung geeigneter technischer Kommunikationshilfen. Insoweit kommen in Betracht:[8] Tonübertragungseinrichtungen (Höranlagen), bei denen die Verfahrensbeteiligten – gegebenenfalls mit Unterstützung eines technischen Kommunikationsassistenten – in dazugehörige Mikrofone sprechen; bei Taubblinden Übertragung der gesprochenen Rede durch eine Hilfsperson simultan in Punktschrift auf einem Papierstreifen zwecks Abtastung durch die behinderte Person. Die Kosten der Bereitstellung gehören zu denen nach §§ 91 ff.

III. Regelung des Absatz 2

5 Die Vorschrift regelt zum einen den Fall, dass die sprach- und hörbehinderte Person (Rn. 2) – trotz Belehrung (Rn. 4) – **keinen Gebrauch vom Wahlrecht** (Rn. 3) macht. Zum anderen enthält sie eine **Beschrän-**

---

[1] Vom 23. 7. 2002, BGBl. I S. 2850; Änderung durch Art. 1 Nr. 5 OLG-VertrÄndG mit Wirkung seit 1. 8. 2002.
[2] Art. 20 Nr. 3 OLG-VertrÄndG.
[3] Bericht des Rechtsausschusses, BT-Drucks. 14/9266, S. 35, 40.
[4] MK/*Schreiber* Rn. 2.
[5] *B/L/H* Rn. 1.
[6] BT-Drucks. (Fn. 3), S. 40.
[7] BGH NJW 1997, 2335 f. (Zuziehung einer Hilfsperson bei Zeugenvernehmung im Strafprozess).
[8] BT-Drucks. (Fn. 6).

kung des Wahlrechts im Interesse der Rechtspflege, wenn die gewählte Form nicht oder nur mit unverhältnismäßigem Aufwand möglich ist. Wegen des Normzwecks (Rn. 1) wird das freilich nur ausnahmsweise in Betracht kommen.[9]

6 Unter diesen Voraussetzungen ist das Gericht nach seinem Ermessen befugt zur **Anordnung** entweder der schriftlichen Eidesleistung (Beispiel: Verständigung durch Sprachmittler iSd Rn. 3 ist nicht möglich, weil die behinderte Person die Zeichen- oder Gebärdensprache nicht hinreichend beherrscht) oder der Hinzuziehung einer die Verständigung ermöglichenden Person (Beispiel: Die gewünschte schriftliche Verständigung in Punktschrift erfordert unverhältnismäßigen Aufwand). Auch in den Fällen des Absatz 2 ist es aber möglich, den Eid durch Nachsprechen der Eidesformel (Abs. 1 S. 1) leisten zu lassen.[10]

484

Eidesgleiche Bekräftigung (1) [1]**Gibt der Schwurpflichtige an, dass er aus Glaubens- oder Gewissensgründen keinen Eid leisten wolle, so hat er eine Bekräftigung abzugeben. [2]Diese Bekräftigung steht dem Eid gleich; hierauf ist der Verpflichtete hinzuweisen.**

(2) **Die Bekräftigung wird in der Weise abgegeben, dass der Richter die Eidesnorm als Bekräftigungsnorm mit der Eingangsformel: „Sie bekräftigen im Bewusstsein Ihrer Verantwortung vor Gericht" vorspricht und der Verpflichtete darauf spricht: „Ja".**

(3) **§ 481 Abs. 3, 5, § 483 gelten entsprechend.**

1 Die Verweigerung des Eides aus Glaubens- oder Gewissengründen (zur Belehrung darüber vgl. § 480) steht wegen Art. 4 GG jedermann zu, unabhängig von der Mitgliedschaft in einer bestimmten Religions- oder Bekenntnisgemeinschaft. Die Ausübung dieses Rechtes ist praktisch nicht überprüfbar; vorgeschrieben ist in Abs. 1 S. 2 aber der Hinweis darauf, dass die Bekräftigung dem Eid gleichsteht, auch in strafrechtlicher Hinsicht (§ 155 StGB). **Eingangsformel** und **Bekräftigungsnorm** ergeben sich aus Abs. 2; für die Eidesnorm gelten die allgemeinen Vorschriften (§ 481 Rn. 1).

2 Folglich spricht zB bei einer eidesgleichen Bekräftigung durch einen **Zeugen** der Richter vor: „Sie bekräftigen im Bewusstsein Ihrer Verantwortung vor Gericht, dass Sie nach bestem Wissen die reine Wahrheit gesagt und nichts verschwiegen haben"; der Zeuge antwortet: „Ja". Das Protokoll muss einen entsprechenden Vermerk enthalten (§ 160 Abs. 2). Zum entsprechenden Beispiel der Eidesleistung 481 Rn. 2.

Titel 12. Selbständiges Beweisverfahren

485

Zulässigkeit (1) **Während oder außerhalb eines Streitverfahrens kann auf Antrag einer Partei die Einnahme des Augenscheins, die Vernehmung von Zeugen oder die Begutachtung durch einen Sachverständigen angeordnet werden, wenn der Gegner zustimmt oder zu besorgen ist, dass das Beweismittel verloren geht oder seine Benutzung erschwert wird.**

(2) [1]**Ist ein Rechtsstreit noch nicht anhängig, kann eine Partei die schriftliche Begutachtung durch einen Sachverständigen beantragen, wenn sie ein rechtliches Interesse daran hat, dass**
1. der Zustand einer Person oder der Zustand oder Wert einer Sache,
2. die Ursache eines Personenschadens, Sachschadens oder Sachmangels,
3. der Aufwand für die Beseitigung eines Personenschadens, Sachschadens oder Sachmangels
festgestellt wird. [2]Ein rechtliches Interesse ist anzunehmen, wenn die Feststellung der Vermeidung eines Rechtsstreits dienen kann.

(3) **Soweit eine Begutachtung bereits gerichtlich angeordnet worden ist, findet eine neue Begutachtung nur statt, wenn die Voraussetzungen des § 412 erfüllt sind.**

Übersicht

I. Normzweck

1 Das frühere Beweissicherungsverfahren wurde mit Wirkung ab 1. 4. 1991[1] erheblich umgestaltet. Die Titelüberschrift lautet jetzt „selbständiges Beweisverfahren", eine freilich nicht ganz treffende Beschrei-

---

[9] BT-Drucks. (Fn. 3), S. 41.
[10] MK/*Schreiber* Rn. 7.
[1] RechtspflegevereinfachungsG v. 17. 12. 1990, BGBl. I S. 2847

bung. „Selbständig" ist nämlich im Grunde jede Beweisaufnahme, die ein besonderes Verfahren (§ 358) erfordert;[2] außerdem zeigt sich die Selbständigkeit des neuen Beweisverfahrens erst in § 485 Abs. 2,[3] während die in Abs. 1 geregelten Fälle im Wesentlichen der früheren Rechtslage entsprechen.

2 Die Regelung in **Abs. 1** betrifft das **einvernehmliche** und das **sichernde Beweisverfahren.** Beide dienen der vorsorglichen Beweiserhebung während oder außerhalb eines Streitverfahrens, die dort noch nicht angeordnet ist oder wegen einer besonderen Verfahrenslage (zB Ruhen, Unterbrechung, Aussetzung des Prozesses) nicht erfolgen kann. Dabei verlangt die zuerst genannte Alternative lediglich die Zustimmung des Gegners, die aber erfahrungsgemäß oft nicht beschafft werden kann. Die zweite Alternative setzt demgegenüber die Besorgnis voraus, dass das Beweismittel verloren geht oder seine Benutzung erschwert wird; im Vordergrund steht also die Beweissicherung. Das **streitschlichtende Beweisverfahren** behandelt **Abs. 2;** Voraussetzung dafür ist nicht die Sicherung und auch nicht die Zustimmung des Gegners, sondern ein rechtliches Interesse auf Seiten des Antragstellers, das besteht, wenn das Verfahren der Vermeidung eines Rechtsstreits dienen kann. Über diese sozusagen artspezifischen **Normzwecke** hinaus soll nach dem Willen des Gesetzgebers aber jedes selbständige Beweisverfahren der Prozessvermeidung (vgl. § 492 Abs. 3), wenigstens eine Prozessbeschleunigung dienen, weil nach § 493 die selbständige Beweiserhebung einer Beweisaufnahme vor dem Prozessgericht gleichsteht (Rn. 3).

II. Grundsätze

3 **1. Wirkungen.** a) **Prozessuale Wirkungen.** Insoweit steht die **Verwertbarkeit** der selbständigen Beweiserhebung im Hauptprozess gemäß § 493 im Vordergrund. Voraussetzungen dafür sind Parteiidentität, Gesetzmäßigkeit des selbständigen Beweisverfahrens und Einführung der Beweisergebnisse in den Rechtsstreit zur Hauptsache (§ 493 Rn. 2, 3); da auch die beiden zuerst genannten Punkte erst im Prozess geprüft werden, muss auf eine ordnungsgemäße Durchführung des selbständigen Beweisverfahrens geachtet werden. Ein Nachteil für den Antragsteller kann sich unter Umständen aus der Zuständigkeitsbegründung nach § 486 Abs. 2 S. 2 ergeben. Zur **Rechtskraft** gilt: Der stattgebende Beschluss wird, weil unanfechtbar (§ 490 Abs. 2 S. 2), mit Erlass, der ablehnende mit Abschluss des Beschwerdeverfahrens (§ 490 Rn. 7) formell rechtskräftig. Die Entscheidung ist auch der materiellen Rechtskraft fähig, soweit sachlich darüber befunden wird, ob der Antragsteller die selbständige Beweiserhebung – mit den materiell-rechtlichen Folgen (Rn. 4) – verlangen kann;[4] ist der Antrag lediglich an formalen, aber behebbaren Mängeln gescheitert, zB an einer ungenügenden Glaubhaftmachung (§ 487 Nr. 4), so kann er wiederholt werden.

4 **b) Materiell-rechtliche Wirkung auf Verjährung.** Nach der Änderung des BGB durch das SchuldrechtsmodernisierungsG[5] (zum alten Recht s. 4. Auflage) gilt:

- Folge ist für die nach dem 1. Januar 2002 eingereichten Anträge gemäß § 204 Abs. 1 Nr. 7 BGB die durch die Zustellung der Antragsschrift herbeigeführte **Hemmung** der Verjährung, und zwar nicht nur von Rechten wegen Mängel bei Kauf- und Werkvertrag, sondern von **allen** einem selbständigen Beweisverfahren zugänglichen Ansprüchen (zB auch im Mietrecht und bei Arzthaftung, Rn. 5). **Voraussetzung für den Eintritt** dieser Wirkung ist ein Antrag von dem nach materiellem Recht Anspruchsberechtigten (nicht von einem Dritten), der die Durchsetzung aktiv betreibt.[6] Jedoch genügt es, wenn er die Berechtigung erst während des selbständigen Beweisverfahrens erlangt, zB auf Grund Abtretung vom Bauträger; die Verjährung wird dann aber erst von diesem Zeitpunkt an gehemmt, ohne dass der Erwerb der Berechtigung offen gelegt werden muss.[7] Die zur Unzulässigkeit eines Antrags führenden Mängel hindern die Hemmungswirkung (§ 209 BGB) nicht, es sei denn, das Gesuch ist deshalb als unstatthaft zurückgewiesen worden.[8] Außerdem muss sich der Antrag gegen einen bestimmten Schuldner richten, ein selbständiges Beweisverfahren gegen unbekannt (§ 494) reicht nicht aus.[9]
- Zu **Beginn und Dauer der Hemmung** gilt: Die Verjährung wird gehemmt mit der in § 204 Abs. 1 Nr. 7 BGB ausdrücklich vorgeschriebenen Zustellung des Antrags; erfolgt diese „demnächst", ist schon der Eingang des Antrags maßgeblich (§ 167). Die Wirkung der Hemmung (§ 209 BGB) tritt auch ein, wenn der im selbständigen Beweisverfahren bestellte Sachverständige einen Mangel nicht bestätigt.[10] Die Hemmung endet gemäß § 204 Abs. 2 S. 1 BGB sechs Monate nach Beendigung des selbständigen Beweisverfahrens (§ 492 Rn. 3).
- Im **Umfang** wird die Hemmung der Verjährung durch die in den Anträgen bezeichneten Mängel begrenzt.[11] Umgekehrt beinhaltet die Einleitung eines selbständigen Beweisverfahrens **kein Weiterbetreiben** des Prozesses gemäß § 204 Abs. 2 S. 3 BGB, weil ersteres ein selbständiges Verfahren neben dem Prozess ist, auf diesen also nicht unmittelbar einwirkt.[12]

---

[2] *Cuypers* NJW 1994, 1985.
[3] *Schreiber* NJW 1991, 2600.
[4] Näher *Schilken* ZZP 92 (1979), 238, 258; MK/*Schreiber* Rn. 17.
[5] V. 26. 11. 2001, BGBl. I S. 3138, in Kraft getreten am 1. 2. 2002.
[6] BGHZ 72, 23, 29 = NJW 1978, 1975.
[7] BGH NJW 1993, 1916; OLG Köln BauR 1995, 587 (Rückabtretung ändert an schon eingetretener Verjährung nichts).
[8] BGH NJW 1998, 1305; 1983, 1910.
[9] BGH NJW 1980, 1458
[10] BGH NJW-RR 1998, 1475.
[11] BGH NJW 2000, 960 f. Zur Hemmung bei mehreren Mängeln OLG München NJW-RR 2007, 675.
[12] BGH NJW 2001, 218 (zu § 211 Abs. 2 aF BGB).

2. Anwendungsbereich. Das selbständige Beweisverfahren gehört nach seiner Stellung im Gesetz zum Verfahren vor dem Landgericht (näher zum Verfahren § 490 Rn. 1, 2; zur Streitverkündung § 487 Rn. 2). Es hat nach allgM kontradiktorischen Charakter und findet Anwendung **in allen Rechtsstreitigkeiten,** die vor die ordentlichen Gerichte gehören (§ 13 GVG)[13], unabhängig davon, ob ein solches Verfahren bereits anhängig ist (Ausnahme Rn. 11); inwieweit eine Schiedsgutachterabrede entgegensteht, ist streitig (Rn. 7, 14).[14] **Besondere Bedeutung** hat das selbständige Beweisverfahren erlangt in: 5
- Bausachen;[15]
- Deliktsrecht, insbesondere im nachbarschaftlichen Verhältnis wegen des Zustandes eines Grundstücks/ Gebäudes vor bestimmten Maßnahmen, zB vor Abgrabungen oder Sprengungen;
- möglicherweise auch in Kindschaftssachen[16] (Rn. 10; vgl. aber Rn. 14);
- Mietrecht;
- Arzthaftungssachen[17] (Rn. 10, 14), insbes. bei zahnärztlicher Behandlung.

Die hM hält es auch in echten Streitverfahren der freiwilligen Gerichtsbarkeit (wie in WEG-Verfahren nach altem Recht oder HausratsVO- oder Familiensachen) für entsprechend anwendbar,[18] soweit nicht § 164 FGG als Sonderbestimmung vorgeht; die Wohnungseigentümer können den Verwalter ermächtigen, das selbständige Beweisverfahren (in gewillkürter Prozessstandschaft) durchzuführen.[19] Nach neuem Recht gilt für WEG-Sachen ohnehin die ZPO.

Im **Umfang** ist das selbständige Beweisverfahren stets auf Beweiserhebung durch Augenscheinseinnahme, Zeugenvernehmung oder Begutachtung durch Sachverständige beschränkt, im Fall des § 485 Abs. 2 ausschließlich auf das zuletzt genannte Beweismittel.[20] Nicht möglich ist folglich ein Antrag auf Parteivernehmung.[21] Auch Urkundenbeweis scheidet aus; allerdings kann die Herkunft oder Echtheit einer Urkunde Gegenstand eines Augenscheins oder einer Zeugen-/Sachverständigenvernehmung und damit eines selbständigen Beweisverfahrens sein.

III. Beweisverfahren nach Abs. 1

1. Antrag und Gegenstand. Erforderlich ist ein Antrag (grundsätzlich kein Anwaltszwang, § 486 Rn. 7) an ein zuständiges Gericht (§ 486) während oder außerhalb eines Streitverfahrens mit dem Inhalt des § 487, für den ein Rechtsschutzbedürfnis besteht (Rn. 7, 8) und dem entweder der Gegner zustimmt (Rn. 9) oder der auf die Sicherung des Beweismittels abzielt (Rn. 10); **statthafte Beweismittel** vgl. Rn. 5 aE, zur Anwendbarkeit des § 411a s. dort Rn. 4. Der Antrag kann, zB aus Kostengründen, später eingeschränkt[22] oder ganz zurückgenommen werden bzw. umgekehrt bis zum Abschluss der Beweiserhebung (später gilt § 485 Abs. 3) erweitert werden; die bloße Nichteinzahlung eines angeforderten Vorschusses kann aber nicht ohne weiteres als Rücknahme ausgelegt werden.[23] Auch Erledigung, Verzicht, Anerkenntnis oder Erfüllung des zugrungeliegenden Anspruchs kommen in Betracht (zur Kostenentscheidung vgl. § 494a Rn. 7). Eine Ausdehnung des selbständigen Beweisverfahrens auf einen weiteren Antragsgegner ist möglich, so lange dieser in die Beweisaufnahme noch einbezogen werden kann, unter Umständen auch erst bei der Anhörung des Sachverständigen (§ 492 Rn. 1).[24] Zum Fehlen der Antragsbefugnis aus materiell-rechtlichen Gründen wird auf Rn. 4, zur **Streitverkündung** auf § 487 Rn. 2 verwiesen. 6

Ein **Gegenantrag** des Antragsgegners ist – wie aus den Normzwecken der Prozessvermeidung und Beschleunigung folgt (Rn. 2) – jedenfalls gegenbeweislich bis zum Beginn der Beweiserhebung möglich,[25] nicht aber zu neuen, nicht in sachlichem Zusammenhang stehenden Beweisthemen und zu anderen Beweismitteln; zB muss das Beweisthema des Gegenantrags vom gleichen Sachverständigen beurteilt werden können. Im Übrigen bleibt es dem Gegner unbenommen (als Antragsteller) ein eigenes selbständiges Beweisverfahren einzuleiten (dann gegebenenfalls § 147).

---

[13] Zur Anwendbarkeit im Arbeitsgerichtsprozess *Zwanziger* ZZP 109 (1996), 76.

[14] Grundsätzlich nein: *v. Bernuth* ZIP 1998, 2081; ja: *Zauner* BauR 1998, 1154.

[15] Ausf. *Weise,* Selbständiges Beweisverfahren im Baurecht, 2. Aufl. (2002); *Sturmberg,* Die Beweissicherung, 2003; *Greim,* Probleme des neuen selbständigen Beweisverfahrens am Beispiel von Bausachen, Diss. Potsdam 1995; *Pauly* JR 1996, 269; *Cuypers* MDR 2004, 244ff. u. 314ff. Zu Anwaltsstrategien *Ulrich* BauR 2007, 1634.

[16] Ausf. *Schuschke,* Festschr. f. Schneider, 1997, S. 179ff.

[17] BGHZ 153, 302 = NJW 2003, 1741; dazu *Bockey* NJW 2003, 3453. Vgl. auch OLG Koblenz MDR 2002, 352; *Popp* MDR 1998, 16. Ausf. *Gehrlein,* Selbständige Beweisverfahren im Arzthaftungsprozess, ZMGR 2004, 187.

[18] MK/*Schreiber* Rn. 3 m. weit. Nachw. Ebenso zu WEG-Sachen nach altem Recht: BayObLG OLGR 2002, 206 (auch zur Kostentragungspflicht des Verfahrens, wenn die Ursache für Schäden am Gemeinschaftseigentum im Sondereigentum einzelner Wohnungseigentümer liegt); NZM 2001, 773; NJW-RR 1996, 528.

[19] BGH NJW 2003, 3196.

[20] OLG München NJW-RR 2001, 1652; BauR 2001, 447.

[21] OLG Hamm MDR 1994, 307.

[22] OLG Köln VersR 1994, 1328.

[23] OLG Düsseldorf MDR 2002, 603.

[24] OLG Düsseldorf NJW-RR 1995, 1216.

[25] Str. Wie hier zB OLG Nürnberg OLG-R 2003, 92; NJW-RR 2001, 859; OLG München NJW-RR 1996, 1277; OLG Düsseldorf BauR 1996, 896; OLG Köln VersR 1994, 1328; OLG Düsseldorf BauR 1994, 802 („zulässig bei unmittelbarem sachlichem Zusammenhang"); *T/P/Reichold* Rn. 1; *Zö/Herget* Rn. 3. Noch weiter gehend *Ro/S/Go/* § 116 Rn. 14 (auch Erweiterung der Beweismittel). AA (Gegenanträge grundsätzlich unzulässig) zB OLG München BauR 1993, 365; OLG Frankfurt NJW-RR 1990, 1023; *B/L/H* § 487 Rn. 8 m. weit. Nachw. Ausf. zu Umfang und Grenzen von Gegenanträgen *Enaux* Festschr. Craushaar, 1997, S. 375ff.

7 **2. Allgemeines Rechtsschutzbedürfnis.** Einer entsprechenden Prüfung bedarf es beim **einvernehmlichen** Beweisverfahren (Rn. 2, 9) grundsätzlich nicht; dort ist gerade wegen der Zustimmung des Gegners nach Klärung der Beweisfragen eine Erledigung des Streits, also die Erreichung des Verfahrenszieles zu erwarten (vgl. § 492 Abs. 3). Für ein **sicherndes** Beweisverfahren (Rn. 2, 10) besteht ein Rechtsschutzbedürfnis, wenn ein Streitverfahren des Antragstellers – als Kläger oder Beklagter – auf Grund eines Rechtsverhältnisses mit dem Gegner schon anhängig oder zu erwarten ist und die Beweiserhebung in diesem oder im späteren Prozess nach § 493 benutzt werden kann. Der Richter hat aber weder die Beweisbedürftigkeit oder die Erheblichkeit des Beweismittels für den Hauptprozess[26] noch dessen Erfolgsaussichten[27] zu beurteilen; etwas anderes gilt bei offensichtlicher Nutzlosigkeit, zB wenn die Beweisbedürftigkeit oder die Entscheidungserheblichkeit durch das Prozessgericht der letzten Tatsacheninstanz bereits verneint wurde.[28] Das Bestreben, mit dem Antrag auf Einleitung eines selbständigen Beweisverfahrens dessen materiell-rechtliche Wirkungen herbeizuführen (Rn. 4), begründet stets ein Rechtsschutzbedürfnis; letzteres darf auch nicht mit der Begründung verneint werden, der mögliche materielle Anspruch sei verjährt,[29] vielmehr muss ein Streit darüber im Hauptsacheprozess ausgetragen werden.

Einem Rechtsschutzbedürfnis stehen **nicht** entgegen eine Schiedsgutachterabrede (Rn. 5),[30] das in § 14 AKB vorgesehene Schiedsgutachterverfahren zur Höhe eines Kraftfahrzeugschadens,[31] das Beweissicherungsverfahren nach § 3 Nr. 4 VOB/B[32] und eine Schiedsvereinbarung nach § 1029 (Rn. 5; vgl. aber Rn. 14), letztere jedenfalls dann nicht, wenn die Sache vor dem Schiedsgericht noch nicht anhängig ist.[33] Es entfällt nicht bei Einwand der Abgeltung von Gewährleistungsansprüchen[34] und nicht schon dann, wenn der Antragsteller das Beweismittel durch geeignete Maßnahmen oder Unterlassen von Veränderungen erhalten könnte (von Bedeutung vor allem in Bauprozessen), außer es liegt Missbrauch vor.[35]

8 **Ein Rechtsschutzbedürfnis fehlt** bei: „doppelter Anhängigkeit“,[36] wenn über den gleichen Beweisgegenstand bei einem anderen oder dem gleichen Gericht Beweis erhoben oder Beweisbeschluss ergangen ist; unzulässigem Beweismittel, zB wenn sich der Zeuge bereits auf sein Zeugnisverweigerungsrecht berufen hat oder für die Erhebung ein ärztlicher Eingriff vorgenommen werden müsste, für den keine Einwilligung vorliegt (außer Rn. 10: Duldungspflicht nach § 372 a). Ebenso ist es nach altem Recht bei Wiederholung eines zurückgewiesenen Antrages, außer es wurden behebbare Hindernisse beseitigt (Rn. 3); jetzt ist über den Antrag ohnehin rechtskräftig entschieden (§ 490 Rn. 7 aE).

9 **3. Zustimmung des Gegners** (einvernehmliches Beweisverfahren, Rn. 2). Sie kann mündlich, schriftlich oder zu Protokoll der Geschäftsstelle erklärt werden und ist nach allgM Prozesshandlung, die mit Zugang bei Gericht wirksam, unanfechtbar und unwiderruflich wird. Das gilt auch, wenn das Einverständnis dem Antragsteller gegenüber erklärt wurde, der es mit seinem Antrag an das Gericht weitergibt; soll das mündlich geschehen sein, so ist der entsprechende Vortrag glaubhaft zu machen (§ 487 Nr. 4). Inhaltlich muss die Zustimmung den Antrag decken. Ein einvernehmliches Beweisverfahren scheidet aus, wenn der Gegner unbekannt ist; ein vom Gericht nach § 494 Abs. 2 bestellter Vertreter kann die Zustimmung nicht erteilen, weil er nur „bei der Beweisaufnahme“ Rechte wahrnehmen soll.

10 **4. Besorgnis des Verlustes oder der erschwerten Benutzung** (sicherndes Beweisverfahren, Rn. 2). Beispiele: Bei einem Zeugen Gebrechlichkeit, hohes Alter,[37] schwere Erkrankung, längere Abwesenheit zB durch Auslandsaufenthalt; bei Vater/Scheinvater/Mehrverkehrszeugen/Mutter der drohende Verlust der Untersuchungsmöglichkeit (insbes. Blutprobeentnahme) zur Feststellung der Abstammung (§ 372 a) zB wegen bevorstehender Auswanderung oder lebensbedrohlicher Erkrankung (Rn. 7; vgl. aber Rn. 14); bei einer zu besichtigenden oder zu begutachtenden Sache drohender Untergang oder Verderb und bevorstehende Veränderungen, zB durch Reparaturmaßnahmen und Baufortschritt. Eine drohende Verjährung lässt aber schon begrifflich nicht „den Verlust oder die erschwerte Benutzung eines Beweismittels“ besorgen, ist vielmehr nur für das allgemeine Rechtsschutzbedürfnis von Bedeutung (Rn. 7). Aus den genannten Beispielen folgt, dass bei ähnlicher Problemlage auch in **Arzthaftungssachen** (Rn. 5) – nicht nur ein einvernehmliches (Rn. 9), sondern auch – ein sicherndes Beweisverfahren statthaft ist (allgM; zum streitschlichtenden s. Rn. 14), zB weil Revisionsoperationen bevorstehen.

Inhalt der Beweissicherung ist die Feststellung von Tatsachen; ob sie sich auch auf Ursachen, Verantwortlichkeiten und Beseitigungsaufwand einschließlich Kosten dafür erstrecken darf, wird unterschiedlich

---

[26] BGH NJW 2000, 960; OLG Hamm NJW-RR 1998, 68; OLG Köln VersR 1994, 1328.

[27] BGH NJW 2004, 3488; OLG Hamm NJW-RR 1998, 68; OLG Düsseldorf BauR 1997, 358.

[28] OLG München OLGZ 1975, 52; vgl. auch OLG Hamm NJW-RR 1998, 933.

[29] OLG Düsseldorf MDR 2001, 50 = BauR 2001, 128.

[30] OLG Koblenz MDR 1999, 502; LG Hanau MDR 1991, 989 = BauR 1992, 121; *T/P/Reichold* Rn. 10; *St/J/Leipold* § 486 Rn. 9. AA *Weise* Rn. 222, 249.

[31] LG München NJW-RR 1994, 355.

[32] *Weise* Rn. 58.

[33] OLG Koblenz BauR 1999, 1055; OLG Frankfurt/M. BauR 1993, 504. Zum Schiedsgutachten nach § 18 Nr. 3 VOB/B *Weie* Rn. 52.

[34] OLG Nürnberg OLGR 2003, 92.

[35] OLG Köln OLGZ 1994, 349. Näher MK/*Schreiber* Rn. 10

[36] ZT auch analog § 261 Abs. 3 Nr. 1 behandelt, vgl. *Weise* Rn. 240 f.

[37] OLG Nürnberg NJW-RR 1998, 575 (84 Jahre).

beurteilt.[38] Meist kann diese Streitfrage aber offen bleiben. Das selbständige Beweisverfahren kann nämlich sowohl auf § 485 Abs. 1 Alt. 2 wie auf § 485 Abs. 2 gestützt werden, sofern für letzteres ein rechtliches Interesse besteht (Rn. 13, 14); diese Voraussetzung wirft in der Regel aber keine Schwierigkeiten auf, weil ohne Erkenntnisse zu Verantwortlichkeit und Kostenaufwand der Mängelbeseitigung eine vergleichsweise Regelung von vornherein scheitern wird (vgl. §§ 485 Abs. 2 S. 2, 492 Abs. 3). Abgesehen davon darf das Gericht vom Sachverständigen stets eine Stellungnahme zu Mängelbeseitigungskosten verlangen, die es zur Streitwertfestsetzung benötigt (§ 490 Rn. 4); auf diese Weise erhalten die Parteien für ihre außergerichtlichen Verhandlungen wertvolle Informationen, auf die sich allerdings die Bindungswirkung des § 493 nicht erstreckt.

IV. Beweisverfahren nach Abs. 2

1. Antrag und Gegenstand. Erforderlich ist ein **Antrag** (grundsätzlich kein Anwaltszwang, § 486 Rn. 7) mit dem Inhalt des § 487 an ein zuständiges Gericht (§ 486), aber (im Unterschied zu Rn. 6) nur außerhalb eines Streitverfahrens und nur **auf schriftliche Begutachtung durch einen Sachverständigen** (Rn. 5 aE), für den ein rechtliches Interesse besteht (Rn. 13, 14); zur Anwendbarkeit des § 411a s. dort Rn. 4. Der Gegner muss hier (anders als bei Rn. 10) feststehen (Rn. 14). Wird die Hauptsache später anhängig, so entfällt die Zulässigkeit des noch nicht erledigten Beweisverfahrens, das aufzuheben ist, sofern es nicht unter den Voraussetzungen des § 485 Abs. 1 fortgesetzt werden kann;[39] die Aussetzung eines Rechtsstreits zB über eine Werklohnklage wegen eines bei einem anderen Gericht anhängigen selbständigen Beweisverfahrens über Mängel, auf die der Klageabweisungsantrag gestützt wird, ist unzulässig.[40] Eine von mehreren Schadenspositionen kann nicht Gegenstand eines selbständigen Beweisverfahrens sein, falls sie – wenn auch nicht beziffert – bereits in dem Rechtsstreit zur Hauptsache eingeführt ist.[41] Zum Fehlen der Antragsbefugnis aus materiell-rechtlichen Gründen wird verwiesen auf Rn. 4, zur **Streitverkündung** auf § 487 Rn. 2, zur Antragsrücknahme, -einschränkung, -erweiterung sowie anderweiten Erledigung und zum Gegenantrag des Antragsgegners auf Rn. 6. 11

Gegenstand können nur die im Gesetz genannten Feststellungen sein: 12

Nr. 1 betrifft den Zustand einer Person oder Sache, also ihre Beschaffenheit, aber nicht nur äußerlich, sondern auch versteckte Mängel (Beispiel: feuchte Mauerstelle und defektes Leitungsrohr), weshalb auch Veränderungen an der Sache zulässig sind (zB Aufgrabungen, Zerlegen einer Maschine); nicht hierher gehören Geräuschimmissionen, die nicht von einer gleich bleibenden Quelle ausgehen, sondern naturgemäß wechselnde Störungen verursachen, wie zB Lärm je nach Ausmaß des Maschinenbetriebs[42] oder solcher aus einer Gaststätte.[43] Außerdem betrifft Nr. 1 den Wert einer Sache, dh. den Verkehrs oder Handels-, auch den Minderwert oder eine Wertentwicklung (zB Wert des Angangs- und des Endvermögens für Zugewinnausgleich[44]). Die ortsübliche Miete kann nicht durch selbständiges Beweisverfahren ermittelt werden, weil es sich nicht auf die Feststellung des Wertes einer Sache richtet.[45]

Nr. 2 erfasst die Ursache eines Personen-/Sachschadens (§§ 249ff. BGB) oder Sachmangels (§§ 434, 536ff., 633 BGB) einschließlich der Feststellung der verantwortlichen Personen und deren Beteiligungs- und Verursachungsquoten,[46] aber nur aus technischer (nicht haftungsrechtlicher) Sicht,[47] wobei der Antragsteller nur die Schäden, nicht auch die – von ihm vermuteten – Ursachen benennen muss;[48] Ursache meint nach allgM Kausalität im Sinne der Äquivalenztheorie (conditio sine qua non) nach technischen und wissenschaftlichen Erkenntnissen, weil es bei der Adäquanz oder dem Schutzzweck einer Norm um Rechtsfragen geht.

Nr. 3 betrifft den Aufwand für die Beseitigung eines Personen-/Sachschadens oder Sachmangels, dh. die anfallenden Kosten für eine tatsächlich notwendige oder ratsame Leistung in Geld oder Zeit, auch durch einen Dritten, nicht aber die Verhältnismäßigkeit eines solchen Aufwandes[49] und auch nicht die Frage, welche konkreten Maßnahmen zur tatsächlichen Beseitigung des Mangels erforderlich sind.[50]

2. Rechtliches Interesse. Ein allgemeines Rechtsschutzbedürfnis (Rn. 7, 8), welches in der Benutzbarkeit des Beweismittels (§ 493) oder in der Herbeiführung materiell-rechtlicher Folgen (Rn. 4) liegt, genügt allein nicht. Erforderlich ist ein rechtliches Interesse, das nach gesetzlicher Fiktion anzunehmen ist, wenn die Feststellung der Vermeidung eines Rechtsstreites dienen kann. Letzteres wird in aller Regel kaum zu vernei- 13

---

38 Nein: MK/*Schreiber* Rn. 12 („Neuregelung in § 485 Abs. 2 ist abschließend"). Ja: *Zö/Herget* Rn. 5. Vermittelnd: *Weise* Rn. 209 (Feststellungen zu Art, Umfang u. Ursache eines Sachmangels, nicht zu Kosten).
39 *Zö/Herget* Rn. 7; *Weise* Rn. 212.
40 OLG Düsseldorf NJW-RR 2004, 527.
41 OLG Düsseldorf NJW-RR 1996, 510.
42 OLG Düsseldorf MDR 1992, 807.
43 LG Hamburg MDR 1999, 1344.
44 *Weise* Rn. 230.
45 LG Berlin NJW-RR 1997, 585; LG Köln NJWE-MietR 1996, 268. AA *Zö/Herget* Rn. 9.
46 OLG Frankfurt/M. NJW-RR 1995, 831; BauR 1995, 275; OLG Düsseldorf NJW-RR 1997, 1312 (Verantwortlichkeit Bauunternehmer/Statiker); OLG Jena OLG-NL 2000, 20 (Verantwortlichkeit Architekt/Bauunternehmer).
47 OLG München BauR 1998, 363.
48 BGH NJW-RR 1992, 913.
49 *Cuypers* NJW 1994, 1985, 1988; *Schreiber* NJW 1991, 2600, 2602.
50 *Weise* Rn. 223.

nen sein.[51] Es steht nicht entgegen, dass der Antragsgegner eine gütliche Einigung ablehnt.[52] Im Übrigen „kann" das selbständige Beweisverfahren auch dann einen Rechtsstreit vermeiden, wenn die vom Sachverständigen festgestellten Tatsachen – zB der Zustand des Gebrauchtwagens im Zeitpunkt des Gefahrenübergangs – keine ausreichende Grundlage für materiell-rechtliche Ansprüche geben, der Antragsteller folglich deshalb von einer Klageerhebung absieht.[53] Auch auf die Erheblichkeit der Beweisfragen oder die Erfolgsaussichten im späteren Prozess kommt es nicht an (Rn. 7).[54] Es genügt, dass die vom Sachverständigen zu treffende Tatsachenfeststellung Grundlage eines sachlich-rechtlichen Anspruchs bilden kann.[55]

14 **Kein rechtliches Interesse** besteht bei Schiedsgutachterabrede[56] oder **Schiedsvereinbarung** (Rn. 5; anders bei § 485 Abs. 1, vgl. Rn. 7), weil die Parteien gerade eine andere Abrede zur Tatsachenfeststellung und Streitbeilegung getroffen haben. Ein rechtliches Interesse lässt sich allerdings nicht von vornherein verneinen für **Arzthaftungssachen**[57] (Rn. 5; zu § 485 Abs. 1 vgl. Rn. 10), vielmehr kommt es auf die Umstände des Einzelfalls an. Allerdings kann im selbständigen Beweisverfahren nur die Ursache eines Gesundheitsschaden (Rn. 12) festgestellt werden, dem Sachverständigen ist dort aber die – für die Arzthaftung freilich meist grundlegende – Beurteilung verwehrt, ob die Ursache auf einem (groben) Behandlungsfehler beruhrt.[58] Im Übrigen wird bei einem selbständigen Beweisverfahren wegen der meist sehr schwierigen Materie eine Sachaufklärung ohne gleichzeitige prozessordnungsgemäße Feststellung der Anknüpfungstatsachen (§ 404a Rn. 4) sowie der Aufklärung/Dokumentation – was Zeugen- und Urkundenbeweis erfordert – in aller Regel keinen Erfolg versprechen; die bloße Vorlage der Dokumentation mit der Antragsschrift – falls der Antragsteller dazu überhaupt in der Lage ist – genügt aus den genannten prozessrechtlichen Gründen nicht.[59] Zudem ist eine gütliche Einigung schon vor der ärztlichen Schiedsstelle gescheitert; das unterscheidet diese Fälle von der bloß vom Antragsgegner selbst verweigerten gütlichen Einigung.[60] Die genannten Schwierigkeiten bestehen aber nicht, wenn die ärztliche Leistung unabhängig von Anknüpfungstatsachen beurteilt werden kann, zB bei zahnprothetischer Behandlung.[61]

Weitere Beispiele für fehlendes rechtliches Interesse sind, wenn sich der Gegner auf einen zwischen den Beteiligten zu Stande gekommenen gerichtlichen **Vergleich** beruft, durch den ihr Streit über die behaupteten und jetzt durch Sachverständigen festzustellenden Mängel beigelegt worden sei,[62] sofern nicht der Antragsteller die Unwirksamkeit des Vergleiches geltend macht,[63] oder wenn sonst bereits feststeht, dass ein Rechtsstreit nicht zu vermeiden ist,[64] zB weil sich der Gegner auf schon eingetretene Verjährung, Abgeltung, Verzicht oder Erlass (§ 397 BGB) beruft, was freilich anders ist bei einem sichernden Beweisverfahren (Rn. 7); wenn die beantragte Beweiserhebung unter keinem denkbaren Gesichtspunkt einem Rechtsstreit zugeordnet werden kann, etwa weil kein Rechtsverhältnis und kein möglicher Prozessgegner ersichtlich sind,[65] weshalb ein streitschlichtendes Beweisverfahren nicht gegen unbekannt geführt werden kann; wenn es allein um die Ausforschung bzw. Schaffung anspruchsbegründender Tatsachen geht[66] oder die Beteiligten nicht um einen Tatsachenbefund oder dessen Ursachen bzw. Folgen, sondern um Rechtsfragen streiten, zB ob und in welchem Umfang der Ersteller einer Wohnungseigentumsanlage zur Errichtung von Stellplätzen verpflichtet ist; wenn im Antrag nicht sachkundige Feststellungen, sondern reine Zählvorgänge gefordert werden, wie sie jedermann ohne Sachkunde möglich sind, zB wie viel Stellplätze in der Wohnungseigentumsanlage tatsächlich vorhanden sind.[67] Wer durch rechtskräftiges Urteil als nichtehelicher Vater festgestellt ist, kann nicht mittels selbständigen Beweisverfahrens die Mitwirkung des Kindes und der Kindesmutter an der Erstellung eines Gutachtens erzwingen, mit dessen Hilfe er ein Wiederaufnahmeverfahren gemäß § 641i betreiben will.[68] Unzulässig ist auch ein selbständiges Beweisverfahren über die Testierfähigkeit eines noch lebenden (künftigen) Erblassers.[69]

---

51 Näher dazu *Herget* Festg. Vollkommer, 2006, S. 97, 103ff.
52 OLG Zweibrücken MDR 1992, 1178; *Zö/Herget* Rn. 7a. AA LG Hannover JurBüro 1992, 496.
53 LG Passau NJW-RR 1992, 767.
54 OLG Düsseldorf NJW-RR 2001, 1725; BauR 1997, 358; OLG Köln NJW-RR 1996, 573.
55 LG Dortmund NJW-RR 2000, 516.
56 OLG Hamm NJW 1998, 689 (schon eingeleitetes, aber noch nicht beendetes Schiedsgutachterverfahren).
57 BGHZ 153, 302 = NJW 2003, 1741; dazu *Bockey* NJW 2003, 3453. Einzelheiten sehr str., vgl. Rspr.-Übersicht bei *Rehborn* MDR 1999, 1169, 1175.
58 *Gehrlein* ZMGR 2004, 187, 189.
59 Das verkennt OLG Düsseldorf (NJW 2000, 3438) bei seiner entsprechenden Empfehlung.
60 Dem messen aber keine Bedeutung bei OLG Koblenz MDR, 2003, 352; OLG Saarbrücken NJW 2000, 3439.
61 Zum rechtlichen Interesse bei Indikationsbewertungen für zahnprothetische Behandlung vgl. *Rinke/Balser* MedR 1999, 389.
62 LG Deggendorf NJW-RR 2000, 514.
63 OLG Nürnberg OLGR 2001, 273.
64 OLG Köln MDR 1998, 224.
65 OLG Bamberg NJW-RR 1995, 893.
66 OLG Jena OLG-NL 1998, 118; OLG Nürnberg (Fn. 60): Sachverständigenbeweis „zur Frage der Statik des gesamten Gebäudes".
67 OLG München BauR 1993, 117.
68 *Schuschke,* Festschr. f. Schneider, 1997, S. 179, 189f.
69 OLG Frankfurt/M NJW-RR 1997, 581.

V. Neue Begutachtung, Abs. 3

15 Die Vorschrift setzt eine gerichtlich bereits angeordnete Begutachtung zum nämlichen Beweisthema voraus, was sowohl im Rechtsstreit wie in einem früheren oder im jetzigen Verfahren nach § 485 Abs. 1 bzw. Abs. 2 erfolgt sein kann. Sie bestimmt für diese Fälle, dass eine neue Begutachtung nur unter den Voraussetzungen des § 412 erfolgen darf.[70] Zweck ist es, die Einholung mehrerer, unter Umständen sich widersprechender Gutachten zu verhindern. Zugleich wird klargestellt, dass die Möglichkeit eines selbständigen Beweisverfahrens nicht weiter gehen kann als die bei einem Beweisantritt nach §§ 402ff. vor dem Prozessgericht. Bei **Ablehnung** des Antrages auf neue Begutachtung findet – wie bei § 412 (dort Rn. 5) – keine Beschwerde statt (§ 567 Abs. 1), weil die Anfechtbarkeit im selbständigen Beweisverfahren nicht weiter reichen kann als im Hauptsacheprozess.[71]

VI. Gebühren und Kosten

16 **1. Rechtsanwaltsgebühren.** Für das selbstständige Beweisverfahren entstehen die Gebühren gemäß Nrn. 3100ff. VV RVG als volle Gebühren; die Terminsgebühr auch dann, wenn gemäß § 492 Abs. 3 ein Erörterungs- (kein Verhandlungs-)termin anberaumt wurde. Die Einigungsgebühr kann in voller Höhe von 1,5 anfallen (Nr. 1000 VV RVG). Ist neben dem selbstständigen Beweisverfahren auch die Hauptsache anhängig, reduziert sich die Einigungsgebühr auf 1,0 (Nr. 1003 VV RVG)

17 Die Gebühren für das selbstständige Beweisverfahren gehören nicht zum Rechtszug des Hauptsacheverfahrens. Für das selbstständige Beweisverfahren fällt die Verfahrensgebühr aus Nr. 3100 VV RVG an. Sie ist auf die Verfahrensgebühr eines gleichzeitig anhängigen oder nachfolgenden Hauptsacheprozess anzurechnen (Vorbem. 3 Abs. 5 VV RVG). Ist sie höher als ein Hauptsacheverfahren, bleibt sie erhalten. Zusätzlich kann im selbstständigen Beweisverfahren die Terminsgebühr (Nr. 3104 VV RVG) entstehen, zB für die Teilnahme am Ortstermin des Sachverständigen. Die Terminsgebühr kann im nachfolgenden Hauptsacheverfahren erneut anfallen. Eine Anrechnung erfolgt nicht. Bei mehreren Personen als Auftraggeber entsteht die zusätzliche Gebühr aus Nr. 1008 VV RVG. Da das Beweisverfahren nicht mehr zum Rechtszug gehört, verbleibt es bei den Gebühren aus Nr. 3100ff. VV RVG auch dann, wenn der Antrag gleichzeitig oder nach Einlegung der Berufung gestellt wird. Für die Höhe der Gebühren ist es ohne Bedeutung, wenn der Antrag gemäß § 486 Abs. 3 beim AG gestellt wird. Ist der **Anwalt nur im Beweisverfahren** tätig, erhält er nur die Gebühren des Beweisverfahrens, nicht die etwa höheren Gebühren des Hauptsacheverfahrens. Der Gegenstandswert bewertet sich nach dem objektiven Interesse des Antragstellers zur Zeit der Antragstellung. Ein prozentualer Abschlag wird nicht gemacht.[72]

18 Sind **mehrere Beweisverfahren** anhängig, die auf mehreren selbständigen Anträgen beruhen, zB wegen mehrerer Beweismittel, die zu sichern sind, fallen die Gebühren der Nrn. 3100ff. VV RVG mehrfach an. Dies gilt nicht, wenn zwar mehrere Gutachter tätig werden, aber nur ein Verfahren anhängig ist.[73]

19 **2. Gerichtskosten.** Für das selbstständige Beweisverfahren wird ein Gebührensatz von 1,0 erhoben (KV Nr. 1610). Dabei ist es gleichgültig, ob das Verfahren im anhängigen Rechtsstreit oder separat durchgeführt wird. In jedem Fall ist die Gebühr nach KV Nr. 1610 gesondert zu berechnen. Ist die Hauptsache nicht anhängig, fällt die **Vergleichsgebühr** nach KV Nr. 1900 gesondert an, wenn die Hauptsache im selbständigen Beweisverfahren verglichen wird. Die Entscheidung über den Antrag auf Durchführung des selbständigen Beweisverfahrens ist gebührenfrei; für das Beschwerdeverfahren gilt KV Nr. 1812.

486 *Zuständiges Gericht* **(1) Ist ein Rechtsstreit anhängig, so ist der Antrag bei dem Prozessgericht zu stellen.**

(2) [1]Ist ein Rechtsstreit noch nicht anhängig, so ist der Antrag bei dem Gericht zu stellen, das nach dem Vortrag des Antragstellers zur Entscheidung in der Hauptsache berufen wäre. [2]In dem nachfolgenden Streitverfahren kann sich der Antragsteller auf die Unzuständigkeit des Gerichts nicht berufen.

(3) In Fällen dringender Gefahr kann der Antrag auch bei dem Amtsgericht gestellt werden, in dessen Bezirk die zu vernehmende oder zu begutachtende Person sich aufhält oder die in Augenschein zu nehmende oder zu begutachtende Sache sich befindet.

(4) Der Antrag kann vor der Geschäftsstelle zu Protokoll erklärt werden.

I. Normzweck

1 Die Vorschrift unterscheidet zwar danach, ob der Rechtsstreit schon anhängig (§ 253 Rn. 11ff.) ist (**Abs. 1**) oder nicht (**Abs. 2**), begründet aber für beide Fälle die Zuständigkeit des (künftigen) Prozessgerichts; nur ausnahmsweise, nämlich bei dringender Gefahr ist daneben das Amtsgericht „der belegenen Person oder Sache" zuständig (**Abs. 3**). Auf diese Weise soll der Grundsatz der Beweisunmittelbarkeit (§ 355) soweit als möglich auch im selbständigen Beweisverfahren verwirklicht, die Beweiserhebung also

[70] OLG Düsseldorf NJW-RR 1997, 1086.
[71] OLG Hamm NVersZ 2001, 384; OLG Köln NJW-RR 2000, 729; OLG Düsseldorf NJW-RR 1998, 933; OLG Frankfurt/M. OLG-Report 1996, 82.
[72] *G/S/Müller-Rabe* Anhang III Rn. 31, 51.
[73] *G/S/Müller-Rabe* Anhang III Rn. 25.

grundsätzlich vom Hauptsachegericht (vgl. § 943) angeordnet und durchgeführt werden. Kommen dafür mehrere Gerichte in Betracht, so hat der Antragsteller gemäß § 35 die Wahl; sie wird mit der Einreichung der Antragsschrift ausgeübt, weshalb eine Weiterverweisung, auch auf Antrag hin, nicht gestattet ist. Dem beschriebenen Zweck dient auch die in Abs. 2 S. 2 festgelegte Bindungswirkung (Rn. 4). **Abs. 4** regelt die Form des Antrags auf Einleitung eines selbständigen Beweisverfahrens (Rn. 7).

II. Zuständigkeiten (Abs. 1, 2)

2 **1. Schon anhängiger Rechtsstreit** (Abs. 1). Bei Anhängigkeit ist grundsätzlich das **Prozessgericht** zuständig (Ausnahme Rn. 5, 6), wenn es dort auf die festzustellenden Tatsachen ankommt (sachlicher Zusammenhang) und Antragsteller sowie Antragsgegner mit den Parteien des Prozesses (ganz oder zum Teil) identisch sind; der Rechtsstreit muss die Hauptsache betreffen, Arrest oder einstweilige Verfügung genügen nicht.[1] Für selbständige Beweisverfahren in Wohnungseigentumssachen (§ 485 Rn. 5) ist die dafür zuständige Abteilung des Amtsgerichts das „Prozessgericht". Die Zuständigkeit besteht bis zur Beendigung der Instanz, beim Berufungsgericht aber auch noch während eines Revisionsverfahrens, falls die Beweistatsache nicht ausnahmsweise das Revisionsgericht selbst festzustellen hat (§ 559 Rn. 8 ff.);[2] erst nach Antragseingang in Kraft tretende Gesetzesänderungen, welche die Zuständigkeit des Prozessgerichtes verändern, berühren die einmal begründete Zuständigkeit für die Anordnung und Durchführung des selbständigen Beweisverfahrens nicht.[3]

Beim **Landgericht** entscheidet in den Fällen des § 348 Abs. 1 S. 1 der für die Hauptsache originär zuständige Einzelrichter, sofern nicht die Zuständigkeit der Kammer nach § 348 Abs. 1 S. 2 begründet ist; im zuletzt genannten Falle kommt aber eine Übertragung auf den Einzelrichter nach § 348 a Abs. 1 in Betracht, und zwar grundsätzlich ohne Anhörung des Gegners, weil die in Nr. 1, 2 dieser Vorschrift bezeichneten Umstände in aller Regel offensichtlich gegeben sein werden.[4]

Bei einem durch **Mahnbescheid** geltend gemachten Antrag lässt sich der sachliche Zusammenhang allerdings erst beurteilen, wenn die Anspruchsbegründung (§ 697 Abs. 1) eingereicht ist. Bis zu diesem Zeitpunkt greift folglich die Zuständigkeit nach Rn. 3, 4 ein; für den Antragsteller empfiehlt es sich – falls kein dringender Fall vorliegt – deshalb aus Vereinfachungsgründen meist, einen Antrag nach § 485 erst zusammen mit der Anspruchsbegründung bzw., wenn er Beklagter ist, erst danach zu stellen.

3 **2. Noch nicht anhängiger Rechtsstreit (Abs. 2). a) Grundsätze.**

- **Zuständig** ist nach S. 1 grundsätzlich das Gericht, das nach dem Vortrag des Antragstellers (vgl. § 487 Nr. 4) zur Entscheidung in der Hauptsache berufen wäre (zum Wahlrecht Rn. 1). Es kommt daher auf die örtliche und sachliche (Amtsgericht/Landgericht) Zuständigkeit an, also auf den allgemeinen Gerichtsstand nach §§ 12–18 bzw. einen besonderen (hauptsächlich § 29 im Bauprozess) oder ausschließlichen (hauptsächlich § 29 a und § 23 Nr. 2 a GVG in Mietsachen) und auf den Streitwert (§§ 23 Nr. 1, 71 Abs. 1 GVG; s. auch unten § 490 Rn. 4). Beim **Landgericht** gelten die früheren (Rn. 2) Erwägungen entsprechend. Auch die Kammer für Handelssachen kann gemäß § 95 GVG angerufen werden; dann empfiehlt sich stets ein Verfahren vor dem Vorsitzenden alleine gemäß § 349 Abs. 3. Für alle genannten Umstände kommt es auf den Zeitpunkt der Antragstellung an; spätere Veränderungen sind unerheblich,[5] § 506 ist nicht anwendbar.
- Eine **Abgabe** des beantragten selbständigen Beweisverfahrens an ein anderes Gericht ist auf (Hilfs-)Antrag des Antragstellers möglich; dafür gilt aber § 281 nicht entsprechend, weshalb auch keine Bindungswirkung eintritt.[6]
- Richtet sich das Gesuch gegen **mehrere Antragsgegner** als Streitgenossen (§ 60 entsprechend) und besteht keine gemeinsamer besonderer oder allgemeiner Gerichtsstand, so kommt eine Zuständigkeitsbestimmung nach § 36 Abs. 1 Nr. 3 in Betracht, die nach Gesichtspunkten der Zweckmäßigkeit zu treffen ist[7] (zum Problem bei Abs. 3 vgl. Rn. 6).
- Behauptet der Antragsteller eine **Gerichtsstandsvereinbarung** nach § 38, so muss er das glaubhaft machen (§ 487 Nr. 4), weil es eine Zuständigkeit kraft rügeloser Einlassung (§ 39) hier nicht gibt. Eine **Schiedsvereinbarung** (§ 1029) oder Schiedsgutachterabrede steht zwar nicht einem selbständigen Beweisverfahren nach § 485 Abs. 1, wohl aber einem nach Abs. 2 entgegen (§ 485 Rn. 7, 14).

4 **b) Inhaltliche Anforderungen/Bindungswirkung.** Alle diese Umstände erfordern es, die Hauptsache in der Antragsschrift ausreichend zu beschreiben. Betreibt der spätere Kläger das selbständige Beweisverfahren, so müssen folglich **Art und** (voraussichtlicher) **Umfang des Anspruchs** samt der ihn begründenden Tatsachen wie bei § 253 Abs. 2 dargelegt werden; hat der Antragsteller die Wahl zwischen mehreren Ansprüchen, zB bei behaupteter Lieferung einer mangelhaften Sache zwischen Nacherfüllung/Rücktritt/Minderung/Schadenersatz/Ersatz vergeblicher Aufwendungen (§ 437 BGB), so muss er sich nicht festlegen,[8] sofern bei allen Alternativen das angerufene Gericht zuständig ist, weil diese Wahl gerade (auch) vom Ergebnis des

---

[1] OLG Frankfurt NJW 1985, 811.
[2] BGHZ 17, 117 f. = NJW 1955, 908; *Zö/Herget* Rn. 3; *Weise* Rn. 77 f.
[3] OLG München OLGZ 1994, 229; OLG Frankfurt/M NJW-RR 1998, 1610.
[4] *Geffert* NJW 1995, 506 (zu § 348 Abs. 1 aF).
[5] OLG Frankfurt/M NJW-RR 1998, 1610; *Fischer* MDR 2001, 608, 610.
[6] BayObLG NJW-RR 1999, 1010; OLG Zweibrücken BauR 1997, 885; *Zö/Herget* Rn. 2; aA *Fischer* aaO S. 611.
[7] BayObLG aaO; OLG Zweibrücken NJW-RR 2000, 1084.
[8] AA *Fischer* MDR 2001, 608, 609.

selbständigen Beweisverfahrens abhängt. Entsprechendes gilt, wenn der Antragsteller wegen der von ihm befürchteten Inanspruchnahme als Schuldner vorgeht. Eine sorgfältige Prüfung der Zuständigkeit ist im Übrigen auch im Hinblick auf die weit reichenden Folgen für den Antragsteller geboten. Wegen der **Bindungswirkung nach Abs. 2 S. 2** kann sich dieser nämlich im nachfolgenden Streitverfahren vor dem im selbständigen Beweisverfahren angerufenen Gericht weder als Kläger noch als Beklagter auf die Unzuständigkeit dieses Gerichts berufen; als Kläger ist er aber nicht gehindert, vor einem anderen zuständigen Gericht zu klagen,[9] ein Wahlrecht nach § 35 ist nur für das selbständige Beweisverfahren verbraucht (Rn. 1), nicht aber für den Hauptsacheprozess.[10] Nur der Antragsgegner kann eine Zuständigkeitsrüge erheben, selbst wenn er sie vorher im selbständigen Beweisverfahren nicht vorgebracht hatte, weil § 39 nicht gilt (Rn. 3).

3. Dringende Gefahr (Abs. 3). a) Für die **Zuständigkeit** des Amtsgerichts nach dieser Vorschrift kommt es auf einen Streitwert oder eine Anhängigkeit nicht an (Rn. 2–4). Maßgeblich ist, wo sich die zu vernehmende oder zu begutachtende Person aufhält oder die in Augenschein zu nehmende oder zu begutachtende Sache sich befindet; der Aufenthaltsort des Sachverständigen hat nach allgM keine Bedeutung. Der Begriff der „dringenden Gefahr" muss wegen des Normzwecks (Rn. 1) eng ausgelegt werden. Allerdings darf nicht nur darauf abgestellt werden, ob die Anrufung des Prozessgerichtes zu zeitlichen Verzögerungen führen würde,[11] was sich durch moderne Kommunikationsmittel (Telefax; elektronisches Dokument, § 130a) leicht vermeiden lässt. Entscheidend ist vielmehr, ob die verlangte und sofort notwendige Beweiserhebung vor dem an sich zuständigen Hauptsachegericht nicht mehr rechtzeitig durchführbar wäre,[12] was der Antragsteller glaubhaft zu machen hat (§ 487 Nr. 4); eine solche Sachverhaltsgestaltung erscheint vorstellbar nur für ein sicherndes Beweisverfahren (§ 485 Abs. 1 Alt. 2), nicht aber im Rahmen des § 485 Abs. 2, weil dort ohnehin erst der Sachverständige tätig werden muss. Wird die Hauptsache nachträglich anhängig gemacht, so entfällt die Zuständigkeit des Amtsgerichts mit Beiziehung der Akten durch das Prozessgericht (§ 492 Rn. 3 aE; § 493 Rn. 1, 2), spätestens mit Beendigung der Beweisaufnahme.[13] Da es auf einen Streitwert bei § 486 Abs. 3 nicht ankommt (s. o.), kann der Antragsteller schon deshalb als Kläger vor dem sachlich zuständigen Landgericht klagen.[14] 5

b) Bei **mehrfachen Zuständigkeiten** (zum Problem bei § 486 Abs. 2 vgl. Rn. 3 aE), wenn also zB in verschiedenen Gerichtsbezirken wohnende Zeugen vernommen werden sollen, ist streitig, ob der Antragsteller das übergeordnete Landgericht zwecks Bestimmung des zuständigen Amtsgerichts gemäß § 36 Abs. 1 Nr. 3 anrufen[15] oder ob er nach seiner Wahl bei einem der Amtsgerichte ein umfassendes Beweisverfahren beantragen kann.[16] Keine dieser Auffassungen überzeugt. Der zuerst genannte Vorschlag führt notwendigerweise zu Verzögerungen, was in Widerspruch zur (angeblich) dringenden Gefahr steht; der andere Weg ist mit der Unsicherheit behaftet, das angegangene Amtsgericht werde eine umfassende Zuständigkeit verneinen. Folglich empfiehlt es sich, entweder mehrere selbständige Anträge bei den für die jeweiligen Beweismittel zuständigen Amtsgerichten zu stellen oder ein (einziges) selbständiges Beweisverfahren beim Hauptsachegericht einzuleiten. Eine Zuständigkeit des Amtsgerichts auch für Arbeits- und Verwaltungsgerichtssachen besteht nicht, weil § 486 den ordentlichen Rechtsweg voraussetzt (§ 485 Rn. 5).[17] 6

III. Antrag (Abs. 3)

Grundsätzlich besteht kein Anwaltszwang, weil nach Abs. 4 eine Erklärung zu Protokoll der Geschäftsstelle genügt (§ 78 Abs. 5; zum Gegner s. § 490 Rn. 1). Etwas anderes gilt bei Antragstellung in der mündlichen Verhandlung vor dem Prozessgericht im Fall des § 485 Abs. 1 oder bei – in der Praxis kaum vorkommender – mündlicher Verhandlung über den Antrag, falls dort nach allgemeinen Regeln Anwaltszwang herrscht (§ 78 Abs. 1, Abs. 2). Die Rechtshängigkeit der Streitsache (§ 261) wird nach allgM durch einen Antrag auf Einleitung eines selbständigen Beweisverfahrens nicht herbeigeführt.[18] Zu seinem Inhalt vgl. § 487, zu materiell-rechtlichen Wirkungen § 485 Rn. 4, zur Streitverkündung § 487 Rn. 2. Verfahren nach Antragseingang und Entscheidung s. § 490. 7

487 *Inhalt des Antrages* **Der Antrag muss enthalten:**

1. die Bezeichnung des Gegners;
2. die Bezeichnung der Tatsachen, über die Beweis erhoben werden soll;
3. die Benennung der Zeugen oder die Bezeichnung der übrigen nach § 485 zulässigen Beweismittel;
4. die Glaubhaftmachung der Tatsachen, die die Zulässigkeit des selbständigen Beweisverfahrens und die Zuständigkeit des Gerichts begründen sollen.

---

9 OLG Celle NJW-RR 2000, 1737.
10 *Fischer* aaO S. 611 f.
11 So aber zB *Zi* Rn. 4; *Weise* Rn. 100.
12 BayObLGZ 1991, 343; *T/P/Reichold* Rn. 6.
13 OLG München OLGZ 1982, 200 f.; *Zö/Herget* Rn. 7; *Sae/Pukall* Rn. 9. AA OLG Braunschweig NdsRpfl. 1983, 141 (Zuständigkeitswechsel schon mit Anhängigkeit).
14 OLG Celle NJW-RR 2000, 1737.
15 HM, vgl. nur BayObLGZ 1991, 343; BayObLG NJW-RR 1998, 209; OLG München NJW-RR 1986, 1189.
16 MK/*Schreiber* Rn. 5.
17 Str. Wie hier *Weise* Rn. 103; aA MK/*Schreiber* Rn. 7.
18 Abw. *Schilken* ZZP 92 (1979), 238, 251 ff.

I. Allgemeines

1 Die Vorschrift regelt den notwendigen Inhalt des Antrages (Form § 486 Rn. 7, materiell-rechtliche Wirkungen § 485 Rn. 4). Die in Nrn. 1–4 verlangten Angaben sind **Zulässigkeitsvoraussetzungen;** auf Mängel muss gemäß § 139 hingewiesen werden (Verfahren nach Antragseingang und Entscheidung vgl. § 490). Der Antrag kann nach allgemeinen Regeln mit einem **„Prozess"-Kostenhilfegesuch** verbunden werden (§ 114 Rn. 8).

II. Bezeichnung des Gegners (Nr. 1)

2 Der **Gegner** muss so genau bezeichnet werden, wie eine beklagte Partei in einer Klageschrift (§ 253 Abs. 2 Nr. 1; vgl. dort Rn. 17ff.); bei unbekanntem Gegner vgl. § 494. Die prozessualen und materiellrechtlichen Wirkungen des selbständigen Beweisverfahrens (§ 485 Rn. 3, 4) treten nur ein, wenn es gegen den oder die richtigen Antragsgegner eingeleitet wurde. Zur **Streitverkündung** gilt:

- Ihre Zulässigkeit, die zT abgelehnt[1] wird, hat der BGH[2] anerkannt. Danach kann dem Streitverkündeten das Ergebnis der Beweisaufnahme entsprechend § 68 in einem nachfolgenden Prozess entgegengehalten werden und kommt dem selbständigen Beweisverfahren entsprechend § 204 Abs. 1 Nr. 6 BGB verjährungshemmende Wirkung zu. Diesem Grundsatzurteil muss schon aus Gründen der Rechtssicherheit zugestimmt werden. Eine rechtliche Bindung besteht freilich nicht, weshalb sich ein Beteiligter auf die höchstrichterliche Rechtsprechung nur verlassen kann, wenn der Instanzenzug im nachfolgenden Prozess, in dem er sich auf die Interventionswirkung berufen möchte, bis zum BGH führt, die Revision also zuzulassen sein wird (§ 543 Abs. 2). Ist das nicht sicher zu beurteilen und der Standpunkt des jeweiligen Tatrichters zum Problem (Zulässigkeit der Streitverkündung) unklar, so empfiehlt sich für den Rechtsanwalt als sicherster Weg ein anderweites Vorgehen. Der Antragsteller kann nämlich selbstverständlich auch künftig Dritte als weitere Antragsgegner bezeichnen bzw. der Antragsgegner gegen sie ein selbständiges Beweisverfahren einleiten (§ 485 Rn. 6) und so die Verantwortlichkeit und Haftungsquote mehrerer ernsthaft in Frage kommender Beteiligter ermitteln lassen (§ 485 Rn. 12).[3]
- Möglich sind auch die **weitere Streitverkündung durch den Dritten** entsprechend § 72 Abs. 2[4] und die **Nebenintervention** entsprechend §§ 66ff.
- Der **Beitritt** als Streithelfer kann bis zur Beendigung des selbständigen Beweisverfahrens (§ 492 Rn. 3) erfolgen;[5] haben die Parteien innerhalb der ihnen gesetzten Frist keine Gutachtensergänzung beantragt, ist ein erst dann erfolgende Beitritt also nicht mehr möglich.[6]
- Es gibt **keine** Streitverkündung gegen den gerichtlich bestellten **Sachverständigen** wegen möglicher Regressansprüche (§ 402 Rn. 9ff.), denn er ist kein Dritter, sondern Gehilfe des Richters (§ 402 Rn. 1). Diese herrschende, wenn auch bestrittene Meinung[7] hat der Gesetzgeber[8] inzwischen durch eine Änderung des § 72 Abs. 2 S. 1 bestätigt und in S. 2 zugleich angeordnet, dass eine Streitverkündung nicht zuzustellen ist.[9]

III. Bezeichnung der Beweistatsachen (Nr. 2)

3 Hierfür gelten die allgemeinen Regeln (§§ 359 Nr. 1, 371, 373, 377 Abs. 2 Nr. 2, 403) und auch das Verbot des Ausforschungsbeweises (§ 284 Rn. 16ff.). Allerdings dürfen die Anforderungen nicht überspannt werden, weil die Beweiserhebung auf Kosten des Antragstellers stattfindet, der zudem meist keine oder nur eine unzureichende Vorstellung über eine Schadensursache haben wird, und weil keine streitige, der Rechtskraft fähige Sachentscheidung ergeht; der Vortrag muss so substantiiert sein, dass der Verfahrensgegenstand zweifelsfrei abgrenzbar ist und ein Sachverständiger Art und Umfang der übertragenen Tätigkeit erkennen kann.[10] Zu berücksichtigen ist außerdem, dass der Normzweck der Prozessvermeidung (§ 485 Rn. 2) auch dann verwirklicht wird, wenn der Antragsteller nach dem Ergebnis des selbständigen Beweisverfahrens von einem Rechtsstreit absieht (§ 485 Rn. 13). Deshalb reicht es im Leistungsstörungsrecht aus, wenn die Schadstellen und die aufgetretenen Mängel beschrieben werden (Symptomtheorie[11]); der Mangel wird dann Gegenstand des Verfahrens, ohne dass es darauf ankäme, was der Antragsteller als Ursache dafür ansieht. Auch die Behauptung, eine Leistung verstoße gegen die allgemein anerkannten Regeln der Technik, kann Beweisthema sein;[12] zur Verantwortlichkeit mehrerer Personen vgl. § 485 Rn. 12. Ausfüh-

---

[1] Vgl. nur *Cuypers* NJW 1994, 1985, 1991f. m. weit. Nachw. (krit. *ders.* auch weiterhin in MDR 2004, 314, 316f.). Abl. auch *Bohnen* BB 1995, 2333, der sich aber für eine Gesetzesänderung ausspricht.

[2] BGHZ 134, 190 = NJW 1997, 859. Dazu *Kunze* NJW 1997, 1290; *Deubner* JuS 1997, 546; *Eibner* BauR 1998, 497; krit. *Cuypers* ZfBR 1998, 163. Bestätigt durch BGH BauR 1998, 172.

[3] OLG Frankfurt/M NJW-RR 1995, 831.

[4] LG Karlsruhe BauR 2000, 441; dazu *Jagenburg/Reichelt* NJW 2001, 2439, 2445.

[5] OLG Düsseldorf BauR 2001, 675.

[6] OLG Karlsruhe BauR 1998, 589.

[7] Näher dazu, insbes. zu den taktischen Überlegungen der Gegenauffassung *Huber* JuS 2006, 236f.

[8] Art. 10 Nr. 2 Zweites JuMOG, in Kraft getreten am 31. 12. 2006 (BGBl. I S. 3416).

[9] So kurz zuvor auch BGH NJW 2006, 3214; vgl. auch BGH 2007, 919.

[10] KG NJW-RR 1999, 1369, 1370.

[11] BGH NJW-RR 1992, 913; OLG Celle BauR 1994, 800; *Ulrich* BauR 2007, 1634, 1635; *Weise* Rn. 161ff.

[12] OLG München BauR 1994, 275; *Sae/Pukall* Rn. 10.

rungen zur Beweiserheblichkeit sind nicht erforderlich (§ 485 Rn. 7), wohl aber eine Beschreibung des Anspruchs, damit die Statthaftigkeit des Verfahrens beurteilt werden kann (§ 485 Rn. 5; § 486 Rn. 3, 4).

IV. Beweismittel (Nr. 3)

4 Hierfür ist zu **unterscheiden:** Zeugen müssen benannt (§ 373 Rn. 10, 11), die übrigen zulässigen Beweismittel (§ 485 Rn. 5) nur bezeichnet werden, allerdings so genau, dass der Richter die Beweistauglichkeit prüfen kann. Die Auswahl der Sachverständigen erfolgt von Amts wegen nach §§ 492 Abs. 1, 404, weshalb der Antragsteller zu einer namentlichen Bezeichnung nicht verpflichtet und das Gericht daran nicht gebunden ist;[13] bei einer Einigung der Parteien gilt § 404 Rn. 6.

5 Die **Ablehnung des Sachverständigen** hält die hM[14] mit Recht für zulässig (Ausnahme: Beweissicherung in den Fällen des § 485 Rn. 10). Zweck des selbständigen Beweisverfahrens ist es, mit der Klärung des streitigen Tatsachenstoffes eine sichere Grundlage für die Beschleunigung des späteren Hauptprozesses zu schaffen (§ 485 Rn. 2). Das verbietet es, eine Ablehnung des Sachverständigen aus bis zum Ende des Beweisverfahrens (§ 492 Rn. 3) bekannt gewordenen Gründen auch noch vor dem Prozessgericht zuzulassen; hätte sie Erfolg, so wäre die Beweiserhebung infolge der Unverwertbarkeit des Gutachtens (§ 406 Rn. 18) überflüssig gewesen. Folglich muss auch im selbständigen Beweisverfahren ein Ablehnungsgesuch innerhalb der Frist des § 406 Abs. 2 (dort Rn. 13, 14) gestellt werden und ist das Prozessgericht an die dazu ergangene Entscheidung gebunden. Dort können also nur später bekannt gewordene Gründe vorgebracht werden; eine Partei kann deshalb nicht mehr geltend machen, der Sachverständige sei bereits als Privatgutachter für den Gegner tätig gewesen, wenn ihr das schon im selbständigen Beweisverfahren bekannt war.[15] Für Verfahren, Entscheidung und Rechtsmittel bei Ablehnung eines Sachverständigen gelten § 406 Rn. 17ff.; soweit danach sofortige Beschwerde statthaft ist, steht § 490 Abs. 2 S. 2 nicht entgegen, weil diese Vorschrift nur die Beweisanordnung betrifft.[16]

V. Glaubhaftmachung (Nr. 4)

6 Das ist erforderlich für alle Tatsachen, welche die Zulässigkeit des selbständigen Beweisverfahrens und die Zuständigkeit des Gerichts nach §§ 485, 486 begründen (zum Beweismaß s. § 294 Rn. 3); Beispiele: Zustimmung des Gegners (§ 485 Rn. 9), Besorgnis des Verlustes oder der erschwerten Benutzung (§ 485 Rn. 10), Anhängigkeit eines Rechtsstreits (§ 486 Rn. 2), dringende Gefahr (§ 486 Rn. 5), Gerichtsstandsvereinbarung (§ 486 Rn. 3). Mittel der Glaubhaftmachung (vgl. auch § 294 Rn. 4, 5) sind zB: ärztliches Attest über den Gesundheitszustand eines Zeugen, außergerichtliche Korrespondenz, Bauvertrag (für § 29), Mietvertrag (für § 29a) oder Polizeiprotokoll (für § 32), Klageschrift/richterliche Verfügung/Ladung (für § 486 Abs. 1), eidesstattliche Versicherung. Eine **schlüssige Behauptung** genügt für Streitwert und Anspruch bezüglich der sachlichen Zuständigkeit (§ 486 Rn. 3, 4) und beim streitschlichtenden Verfahren (§ 485 Rn. 2) – jedenfalls nach dem hier vertretenen Standpunkt (§ 485 Rn. 13) – für das rechtliche Interesse.[17] **Nicht** unter § 487 Nr. 4 fallen die Tatsachen, die durch das selbständige Beweisverfahren festgestellt werden sollen.

488 und 489 *(weggefallen)*

490

Entscheidung über den Antrag **(1) Über den Antrag entscheidet das Gericht durch Beschluss.**

(2) [1]In dem Beschluss, durch welchen dem Antrag stattgegeben wird, sind die Tatsachen, über die der Beweis zu erheben ist, und die Beweismittel unter Benennung der zu vernehmenden Zeugen und Sachverständigen zu bezeichnen. [2]Der Beschluss ist nicht anfechtbar.

I. Verfahren nach Antragseingang

1 Erforderlich ist – um die verjährungshemmende Wirkung herbeizuführen (§ 485 Rn. 4) – stets die **Zustellung** der Antragsschrift. Zugleich ist dem Gegner – sofern er nicht unbekannt ist (§ 494) – **rechtliches Gehör** zu gewähren (Art. 103 Abs. 1 GG, vgl. Einl. Rn. 28), und zwar unter Setzung einer Äußerungsfrist. Etwas anderes gilt nur, wenn der Verfahrenszweck eine sofortige Beweisanordnung erfordert, was bei einem sichernden Beweisverfahren (§ 485 Rn. 2, 10) und/oder bei dringender Gefahr (§ 486 Rn. 5) vorkommen kann; in solchen Fällen ist nachträglich zuzustellen und Gelegenheit zur Äußerung zu geben. Da für den Antrag kein Anwaltszwang besteht (§ 486 Rn. 7), muss es dem Gegner aus Gründen der Waffengleichheit erlaubt sein, eine Stellungnahme, auch im Verfahren vor dem Landgericht selbst einzureichen (§ 78 Rn. 32; vgl. auch § 571 Abs. 4 S. 2). Dem Gericht steht frei, ob es eine **mündliche Verhandlung** anberaumt, § 490 Abs. 1 iVm. § 128 Abs. 4. Für eine mündliche Verhandlung besteht Anwaltszwang nach allgemeinen

---

[13] OLG Düsseldorf OLGZ 1994, 85; OLG Köln NJW-RR 1993, 63. AllgM; aA aber *B/L/* Hartmann Rn. 6.

[14] KG NJW-RR 1998, 144; OLG Celle ZMR 1996, 211; NJW-RR 1995, 1404; OLG Köln VersR 1994, 1086; OLG Frankfurt/M OLGZ 1993, 330; OLG München BauR 1993, 636. Aus dem Schrifttum zB: *T/P/Reichold* Rn. 5; *Zö/Herget* Rn. 5; *Ro/S/Go/* § 120 Rn. 27. AA *B/L/H* Rn. 7, 8.

[15] OLG Köln VersR 1993, 1502.

[16] AA offenbar OLG Hamm BauR 1989, 366. Im Ergebnis wie hier OLG Frankfurt/M NJW-RR 1993, 1341.

[17] Ebenso *Weise* Rn. 180; *Zi* Rn. 4. AA (Glaubhaftmachung) MK/*Schreiber* Rn. 6; *Zö/Herget* Rn. 6.

Regeln (§ 78 Abs. 1, 2); ihr hat dann nach § 278 Abs. 2 S. 1 auch eine Güteverhandlung vorauszugehen. Ruhen des Verfahrens kann gemäß § 251 angeordnet werden.[1]

Die **Eröffnung eines Insolvenzverfahrens** über das Vermögen des Antragstellers oder Antragsgegners unterbricht nicht nach § 240.[2] Das Verfahren wird vom Insolvenzverwalter bzw gegen diesen fortgeführt (§ 80 InsO); bei Insolvenz des Antragsgegners empfiehlt sich eine gerichtliche Anfrage beim Antragsteller, ob dieser noch Interesse an der Weiterführung des Beweisverfahrens hat (vgl. auch § 494a Rn. 4 aE).

2 Es ist das **Recht des Antragsgegners,** sich nicht am Verfahren zu beteiligen. Jedoch treten auch dann die Wirkungen des § 493 ein. Schon deshalb sollte grundsätzlich eine Stellungnahme abgegeben werden. Sie bietet in Verfahren nach § 485 Abs. 2 außerdem die Möglichkeit, auf die Tätigkeit des Sachverständigen Einfluss zu nehmen, zB durch Hinweise auf andere vorstellbare Ursachen von Mängeln oder zum Umfang von Untersuchungen. Statthaft ist außerdem ein **Gegenantrag** oder die Einleitung eines eigenen selbständigen Beweisverfahrens (§ 485 Rn. 6); zur **Streitverkündung** und **Ablehnung eines Sachverständigen** s. § 487 Rn. 2, 5.

II. Entscheidung

3 Sie ergeht – auch nach mündlicher Verhandlung – durch **Beschluss** (gegebenenfalls zusammen mit der Entscheidung über einen Prozesskostenhilfeantrag bzw. die Übertragung auf den Einzelrichter; vgl. § 487 Rn. 1, § 486 Rn. 2, 3); bei Unzuständigkeit des angerufenen Gerichts kann auf (Hilfs-)Antrag abgegeben werden (§ 486 Rn. 3). Das Gericht ist verpflichtet, dem Antrag auf Durchführung eines selbständigen Beweisverfahrens entweder stattzugeben oder ihn zurückzuweisen, weshalb der Erlass eines Beweisbeschlusses nicht mit der Begründung abgelehnt werden darf, der Beweis sei schon durch ein zu anderen Beweisthemen erstattetes Gutachten erhoben.[3]

Es wird der **Antrag zurückgewiesen,** wenn eine Voraussetzung für das selbständige Beweisverfahren fehlt (§ 485 Rn. 6, 11) oder ein behebbarer Mangel trotz Aufforderung nicht beseitigt wurde (§ 487 Rn. 1); auf Beweisbedürftigkeit, Entscheidungserheblichkeit oder Erfolgsaussichten für den Hauptprozess kommt es nicht an (§ 485 Rn. 7). Die Entscheidung bedarf, weil anfechtbar (Rn. 6), der Begründung.

Wird dem **Antrag stattgegeben,** so handelt es sich nach Form und Inhalt um einen Beweisbeschluss iS des § 359; das zeigt auch § 490 Abs. 2 S. 1, der die einschlägigen Anforderungen nochmals nennt. Dabei kann auch die Verwertung eines in einem anderen gerichtlichen Verfahren eingeholten Sachverständigengutachtens beschlossen werden (§ 411a Rn. 4). Eine Begründung ist – wie auch sonst bei Beweisbeschlüssen – nicht erforderlich, zumal die Entscheidung nicht angefochten werden kann (Rn. 6). Etwas anderes gilt, wenn zu einem bestimmten Punkt, zB einer angeblich geschlossenen Gerichtsstandsvereinbarung, Streit herrschte oder erst der Beschluss Klarheit über die Art des eingeleiteten selbständigen Beweisverfahrens (§ 485 Rn. 2) bringt; dann sollten die maßgeblichen Umstände wenigstens kurz angeführt werden. Wurde die Beweisanordnung ohne vorherige Anhörung des Gegners getroffen (Rn. 1), so ist die Antragsschrift als Anlage zum Beschluss zu nehmen.

4 In beiden Fällen enthält der Beschluss eine **Streitwertfestsetzung** (zur Höhe § 3 Rn. 34 „selbständiges Beweisverfahren"). Der Richter darf die Streitwertfestsetzung nur ausnahmsweise – sofern es darauf nicht wegen der sachlichen Zuständigkeit ankommt (§ 486 Rn. 3) – zurückstellen, wenn er dazu vom Antragsteller billigerweise keine Angaben erwarten darf, wie zB bei nur mit technischem Wissen abschätzbaren Mangelfolgekosten, oder wenn er bei einem sichernden Beweisverfahren eine Äußerung des Sachverständigen erbeten hatte (§ 485 Rn. 10). Eine **Streitwertbeschwerde** kann entsprechend § 68 Abs. 1 S. 3 GKG nur binnen 6 Monaten nach Beendigung des selbständigen Beweisverfahrens (§ 492 Rn. 3) eingelegt werden.[4]

5 Eine **Kostengrundentscheidung** ergeht, wenn der Antrag als unzulässig (zB nach § 494 Abs. 1) zurückgewiesen wird,[5] nicht jedoch bei Anordnung der Beweisaufnahme; im zuletzt genannten Falle richtet sich die Kostenlast nach der Kostenentscheidung im schon anhängigen (§ 486 Rn. 2) oder noch folgenden (§ 486 Rn. 3) Rechtsstreit (§ 494a Rn. 1; zur Kostengrundentscheidung bei anderen Fallgruppen vgl. § 494a Rn. 4ff.). Außerhalb des Hauptsacheprozesses ist Kostenschuldner der Antragsteller (§ 49 S. 1 GKG) bzw. für einen Gegenantrag der Antragsgegner (§ 485 Rn. 6); ein Erstattungsanspruch kann dann nur nach materiellem Recht (zB aus Verzug gemäß §§ 280 Abs. 1, 2, 286 BGB oder als Schadenersatz nach § 634 Nr. 4 BGB/§ 4 Nr. 7 VOB/B) in einem eigenen Verfahren eingeklagt werden.

6 Für die **Bekanntgabe des Beschlusses** gilt: Ist er auf Grund mündlicher Verhandlung ergangen, so erfolgt Verkündung gemäß § 329 Abs. 1. Bei Anordnung des selbständigen Beweisverfahrens genügt an sich formlose Mitteilung (§ 329 Abs. 2 S. 1); ist gleichzeitig Termin zur Beweisaufnahme bestimmt worden (§ 491 Abs. 1), so muss die Entscheidung jedoch wegen § 329 Abs. 2 S. 1, 2 zugestellt werden. Letzteres ist auch notwendig, wenn im Beschluss der Sachverständige ernannt (§ 404 Rn. 3, § 487 Rn. 5) oder der Antragsgegner zum Antrag nicht gehört wurde (Rn. 1). Wird das Gesuch zurückgewiesen, ist nach § 329 Abs. 3 zuzustellen (Rn. 7).

---

[1] KG NJW-RR *1996*, 1086.
[2] BGH NJW 2004, 1388; näher zu den Auswirkungen einer Insolvenz *Meyer* NZI 2005, 9.
[3] BGH NJW 2000, 960f.
[4] OLG Nürnberg OLGR 2002, 112 = MDR 2002, 538; *Cuypers* MDR 2004, 244, 247; *Sae/Pukall* § 487 Rn. 14.
[5] OLG Brandenburg BauR 1996, 584; OLG Stuttgart BauR 1995, 278.

III. Rechtsmittel

Der ein selbständiges Beweisverfahren **anordnende** Beschluss ist nach § 490 Abs. 2 S. 2 unanfechtbar; frühere Entscheidungen zu Ausnahmen bei greifbarer Gesetzwidrigkeit[6] – wobei bloß Unzulässigkeit des Antrags nicht genügen sollte[7] – sind überholt, weil es seit der Neuregelung des Beschwerderechts durch das ZPO-RG keinen außerordentlichen Rechtsbehelf mehr gibt.[8] Die Entscheidung kann jedoch wegen der Stellungnahme des Gegners, der erst nachträglich rechtliches Gehör hatte (Rn. 1), oder sonst auf Gegenvorstellung hin geändert werden (§ 360). Wurde das Gesuch ganz oder zum Teil **zurückgewiesen,** findet sofortige Beschwerde gemäß § 567 Abs. 1 Nr. 2 statt; diese Entscheidung wird also formell und materiell rechtskräftig. Gegen die Entscheidungen der Landgerichte und Oberlandesgerichte als Beschwerdegerichte ist Rechtsbeschwerde statthaft, falls diese zugelassen wurde (§ 574 Abs. 2 Nr. 2, Abs. 3). Die vom Vorschlag der Partei abweichende Auswahl eines Sachverständigen ist unanfechtbar (§ 487 Rn. 5). 7

491

Ladung des Gegners **(1) Der Gegner ist, sofern es nach den Umständen des Falles geschehen kann, unter Zustellung des Beschlusses und einer Abschrift des Antrags zu dem für die Beweisaufnahme bestimmten Termin so zeitig zu laden, dass er in diesem Termin seine Rechte wahrzunehmen vermag.**

(2) Die Nichtbefolgung dieser Vorschrift steht der Beweisaufnahme nicht entgegen.

Nach **Abs. 1** muss der Gegner zu dem für die Beweisaufnahme bestimmten Termin so rechtzeitig geladen werden, dass er dort seine Rechte (§§ 357, 397, 402) wahrnehmen kann; ist er durch einen Rechtsanwalt vertreten, muss die Ladung gemäß § 172 Abs. 1 S. 1 an diesen gerichtet werden. Bei unbekanntem Gegner ist § 494 Abs. 2 zu beachten. Die Ladung wird von Amts wegen (§ 214) zusammen mit dem das selbständige Beweisverfahren anordnenden Beschluss förmlich zugestellt (§ 490 Rn. 6); dabei ist auch eine Abschrift des Antrages zu übermitteln, sofern dies nicht schon vorher geschehen ist (§ 490 Rn. 1). 1

Ein Verstoß gegen diese Regeln steht nach **Abs. 2** der Beweisaufnahme zwar nicht entgegen. Jedoch treten die in § 493 Abs. 2 bestimmten nachteiligen Folgen ein. Für die Ladung von Antragsteller, Zeugen oder Sachverständigen gelten die allgemeinen Bestimmungen. 2

492

Beweisaufnahme **(1) Die Beweisaufnahme erfolgt nach den für die Aufnahme des betreffenden Beweismittels überhaupt geltenden Vorschriften.**

(2) Das Protokoll über die Beweisaufnahme ist bei dem Gericht, das sie angeordnet hat, aufzubewahren.

(3) Das Gericht kann die Parteien zur mündlichen Erörterung laden, wenn eine Einigung zu erwarten ist; ein Vergleich ist zu gerichtlichem Protokoll zu nehmen.

I. Beweisaufnahme

1. Verfahren. Dazu verweist Abs. 1 auf die allgemeinen Bestimmungen der §§ 355ff., insbes. auch auf § 363 (Beweisaufnahme im Ausland) und § 1072 (dort Rn. 1: Beweisaufnahme in den Mitgliedsstaaten der EU); anwendbar ist auch § 367, weshalb die Beweisaufnahme durchgeführt wird, falls der Gegner trotz Ladung (§ 491 Abs. 1) nicht erscheint. Einzelheiten für Beweismittel: 1

- Die **Einnahme eines Augenscheins** richtet sich nach §§ 371–372a.
- **Zeugenbeweis** wird gemäß §§ 373–401 erhoben, gegebenenfalls auch in Form einer schriftlichen Beantwortung der Beweisfrage nach § 377 Abs. 3; die Übertragung der Beweisaufnahme auf einen beauftragten oder ersuchten Richter ist bei § 486 Abs. 1 (selbständiges Beweisverfahren vor dem Prozessgericht) nur unter den Voraussetzungen des § 375 erlaubt, in den Fällen des § 486 Abs. 2, 3 jedoch ohne diese Beschränkung,[1] soweit nicht ohnehin ein Einzelrichter originär (§ 348 Abs. 1 S. 1) oder infolge Übertragung (§ 348a Abs. 1) zuständig ist (§ 490 Rn. 3; § 486 Rn. 2, 3).
- Für den **Beweis durch Sachverständige** gelten §§ 402–414. Beim einvernehmlichen und beim sichernden Beweisverfahren (§ 485 Abs. 1) hat das Gericht die Wahl zwischen mündlichem (dann: § 491) oder schriftlichem Gutachten (§ 411 Rn. 2, 3), während § 485 Abs. 2 nur letzteres zulässt. Nach einer schriftlichen Begutachtung ist einem Antrag auf Erläuterung (§ 411 Abs. 3) stets stattzugeben;[2] das folgt schon aus dem Normzweck des selbständigen Beweisverfahrens (§ 485 Rn. 2), weil eine Einigung Klarheit in tatsächlicher Hinsicht voraussetzt, wozu wiederum die Vernehmung des Sachverständigen beitragen soll. Bei Einwendungen oder Ergänzungsfragen wird nach § 411 Abs. 4 verfahren.[3]

2. Das **Protokoll** über die Beweisaufnahme (§§ 159ff.) ist nach § 492 Abs. 2 bei dem Gericht, das sie angeordnet hat, bis zur Beiziehung nach § 493 Abs. 1 aufzubewahren. Dieses Gericht trifft auch alle zur Durchführung des Verfahrens erforderlichen **Entscheidungen,** so zur Zulässigkeit der Beweiserhebung, beim Ausbleiben eines Zeugen (§§ 380, 381) bzw. Sachverständigen (§ 409) oder über eine Ablehnung des 2

---

[6] LG Berlin NJW-RR 1997, 585.
[7] OLG Brandenburg NJW-RR 2001, 1727.
[8] BGHZ 150, 133 = NJW 2002, 1577 = LM H. 8/2002, ZPO §§ 574ff. (Nr. 1) m. Anm. *Braun.*
[1] MK/*Schreiber* Rn. 1; *B/L/H* Rn. 4. AA *T/P/Reichold* Rn. 1 (§ 375 gilt in keinem Falle).
[2] HM, vgl. nur BGHZ 164, 94 = NZBau 2006, 688 (auch für die Fälle des § 485 Abs. 2).
[3] OLG Köln BauR 1995, 885; OLG Frankfurt/M BauR 1994, 139.

Sachverständigen (§ 487 Rn. 5). Entsprechendes gilt für eine Beeidigung (§§ 391–393, 410); die Anordnung dazu obliegt jedoch in den Fällen des § 486 Abs. 3 dem Prozessgericht, wenn die Hauptsache dort schon anhängig ist. Ein Zwischenstreit über ein Zeugnis-/Gutachtenverweigerungsrecht (§§ 387ff., 408) muss stets vom Prozessgericht erledigt werden; ein Zwischenurteil (§ 387 Abs. 3) kann im selbständigen Beweisverfahren nicht ergehen.

3 **3. Beendigung des selbständigen Beweisverfahrens.** Sie erfolgt entweder durch Erledigung, Verzicht oder Rücknahme des Antrags (§ 485 Rn. 6, 11) bzw. dessen Ablehnung[4] (§ 490 Rn. 3) oder durch sachliche Erledigung,[5] also mit Abschluss eines Vergleichs (Rn. 4) oder mit Bekanntgabe der Beweisergebnisse. Letzteres geschieht durch Verlesung des Protokolls bzw. dessen Vorlage zur Durchsicht[6] bei Beweisaufnahme vor dem Richter (Augenschein, Zeugenvernehmung, mündliches Sachverständigengutachten) gemäß §§ 162, 160 Abs. 3 Nr. 4, 5 und bei einem schriftlichen Gutachten durch Übersendung eines Abdrucks an die Beteiligten,[7] sofern das Gericht weder eine Frist zur Stellungnahme gesetzt hat noch von den Parteien die Ergänzung des Gutachtens oder die Ladung des Sachverständigen zur mündlichen Erläuterung (§ 411 Abs. 3) verlangt wird (Rn. 1).[8] Ein solcher Antrag kann aber nur in engem zeitlichen Zusammenhang gestellt werden, was sich nach Umfang und Schwierigkeitsgrad des Gutachtens bemisst; die Rechtsprechung dazu ist sehr unübersichtlich.[9] Deshalb empfiehlt sich, hierfür eine angemessene Frist (mit Belehrung, § 411 Rn. 7, 8) zu setzen entsprechend § 411 Abs. 4 S. 2;[10] dann ist es jedem Beteiligten zumutbar, unter Angabe von Gründen – zB erforderliche Nachforschungen, Rückfragen, Einschaltung eines Privatgutachters – um eine Fristverlängerung nachzusuchen, andernfalls das Gericht von der Angemessenheit seiner Fristsetzung ausgehen darf. Bei Anordnung einer Gutachtensergänzung gelten sodann die vorstehenden Erörterungen entsprechend, aber nur, wenn gerade das Ergänzungsgutachten einen neuen (über das ursprüngliche Gutachten hinausgehenden) Klärungsbedarf bietet.[11] Wird der Sachverständige vernommen, so endet das Verfahren mit Erteilung der Protokollabschrift[12] (Ausnahme: neue Begutachtung nach § 485 Abs. 3). Sind wegen desselben Mangels mehrere Begutachtungen erfolgt, so kommt es auf den Zugang oder die Erläuterung des letzten Gutachtens an; entsprechendes gilt, wenn das selbständige Beweisverfahren wegen mehrerer Mängel betrieben wird.[13]

Mit der Beendigung des selbständigen Beweisverfahrens endet die **Hemmung der Verjährungsfrist** (§ 485 Rn. 4). Bei **Zuständigkeitsübergang an das Prozessgericht** wegen der zwischenzeitlich erhobenen Hauptsachklage endet das selbständige Beweisverfahren auch vor seiner Erledigung; maßgeblich hierfür ist der Zeitpunkt der Anordnung zur Beiziehung der Akten durch das Prozessgericht,[14] das dann die Beweisaufnahme selbst fortzusetzen hat (vgl. auch § 493 Rn. 1, 2, 2 a).

II. Vergleich

4 Findet eine mündliche Verhandlung (§ 490 Abs. 1) oder ein Termin zur Beweisaufnahme (§ 491) bzw. Anhörung des Sachverständigen (Rn. 1, 3) statt, so soll schon dort eine gütliche Einigung versucht werden, **§ 278 Abs. 1.** Unabhängig davon kann das Gericht die Parteien **nach § 492 Abs. 3 zur mündlichen Erörterung** laden, wenn eine Einigung zu erwarten ist. Diese Annahme erscheint bei einem einvernehmlichen Beweisverfahren (§ 485 Abs. 1 Alt. 1) stets als begründet (§ 485 Rn. 7) und sollte in den anderen Fällen (§ 485 Abs. 1 Alt. 2, Abs. 2) großzügig zu Grunde gelegt werden, um den Normzweck der Prozessvermeidung (§ 485 Rn. 2) zu verwirklichen, sofern wenigstens eine Partei ein Vorgehen nach § 492 Abs. 3 beantragt. Für den Erörterungstermin besteht nach allgemeinen Regeln Anwaltszwang (§ 78). Ein Vergleich ist zu gerichtlichem Protokoll zu nehmen (vgl. auch § 160 Abs. 3 Nr. 1). Er sollte auch eine umfassende Kostenvereinbarung enthalten, weil bereits feststeht, dass kein Hauptsacheprozess folgt; eine Vereinbarung über „die Kosten des Beweisverfahrens" meint in der Regel alle, Einschränkungen wegen unterschiedlicher Streitwerte bleiben dann außer Betracht.[15] Wird das übersehen, so gilt für die Kosten des Erörterungstermins § 98,[16] für die des selbständigen Beweisverfahrens haften der Antragsteller (§ 490 Rn. 5 aE). Der Vergleich ist Vollstreckungstitel nach § 794 Abs. 1 Nr. 1. Auch ein Vergleichsschluss nach schriftlichem Vergleichsvorschlag des Gerichts gem. **§ 278 Abs. 6** ist möglich.

---

[4] OLG Hamburg MDR 1978, 845.
[5] BGHZ 53, 43 = NJW 1970, 419.
[6] BGHZ 60, 212 = NJW 1973, 698.
[7] BGHZ 150, 55 = NJW 2002, 1640; 120, 329 = NJW 1993, 851; OLG Düsseldorf NZBau 2004, 555.
[8] OLG Hamm NJW-RR 2007, 600.
[9] OLG Frankfurt/M. NJW 2007, 852 (1–6 Monate); NJW-RR 2007, 17 (anderer Senat: nicht mehr als 3 Monate; OLG Düsseldorf NJW-RR 1997, 1220 (sechs Wochen bei umfangreichem Gutachten); LG Dortmund NZBau 2000, 342 (zwei Monate); OLG Düsseldorf NJW 2000, 3364 (weniger als drei Monate bei Überprüfung durch Privatgutachter); OLG Celle MDR 2001, 108 (drei Monate bei umfangreichen Gutachten mit Materialprüfungen); OLG München MDR 2001, 531 (vier Monate bei Überprüfung durch Privatgutachter).
[10] BGHZ 150, 55 = NJW 2002, 1640; OLG Celle NJW-RR 2001, 142.
[11] So im Ergebnis (trotz des missverständlichen Leitsatzes) zutreffend OLG Frankfurt/M. NJW-RR 2007, 17.
[12] OLG Düsseldorf NJW-RR 1996, 1527.
[13] BGHZ 120, 329 = NJW 1993, 851.
[14] BGH NZBau 2004, 550; vgl. auch *Fischer* MDR 2001, 608, 612.
[15] OLG München Rpfleger 1984, 227.
[16] Weitergehend OLG Koblenz NJW-RR 2004, 1728 (für alle Kosten).

493 *Benutzung im Prozess* **(1) Beruft sich eine Partei im Prozess auf Tatsachen, über die selbständig Beweis erhoben worden ist, so steht die selbständige Beweiserhebung einer Beweisaufnahme vor dem Prozessgericht gleich.**

(2) War der Gegner in einem Termin im selbständigen Beweisverfahren nicht erschienen, so kann das Ergebnis nur benutzt werden, wenn der Gegner rechtzeitig geladen war.

I. Normzweck

Nach **Abs. 1** kommt es nur darauf an, ob sich eine Partei im Prozess auf die vom selbständigen Beweisverfahren betroffenen Tatsachen beruft; dann werden diese Akten von Amts wegen beigezogen und verwertet,[1] die Beweisaufnahme dort steht derjenigen vor dem Prozessgericht gleich (Rn. 4). Die Vorschrift dient so der Verfahrensbeschleunigung (§ 485 Rn. 2). Eine Einschränkung enthält **Abs. 2**, der unter bestimmten Voraussetzungen zum Schutz des Gegners eine Benutzung im Prozess untersagt. Gegenüber § 411a ist § 493 im Hauptsacheprozess die **Sondervorschrift** (§ 411a Rn. 6). 1

II. Benutzung im Prozess

1. Voraussetzungen. a) Verwertbarkeit nach Abs. 1. Verwertbar sind die Ergebnisse eines inländischen – nicht aber die eines ausländischen[2] – selbständigen Beweisverfahrens, auch nach Beweisaufnahme im Ausland gemäß § 363, bei Identität der Parteien (§ 485 Rn. 3, 4), Gesetzmäßigkeit des Verfahrens und Einführung der Beweisergebnisse in den Prozess. Letzteres wird in der Praxis meist von der Partei ausdrücklich beantragt, der die selbständige Beweiserhebung günstig war. Notwendig ist das nicht, weil § 493 **Abs. 1** nur verlangt, dass sich eine Partei auf (jetzt noch streitige) Tatsachen beruft, über die selbständig Beweis erhoben worden war. Die Akten werden dann von Amts wegen beigezogen (Rn. 1; § 492 Rn. 3 aE) und die Ergebnisse durch Verhandlung nach § 285 in den Prozess eingeführt. Gesetzmäßigkeit des Verfahrens meint nicht Zulässigkeit der selbständigen Beweisanordnung (Argument: § 490 Abs. 2 S. 2), sondern gesetzmäßige Beweiserhebung nach den allgemeinen und den für das betreffende Beweismittel einschlägigen Vorschriften (§ 492 Rn. 1, 2). **Unzulässig** ist die Benutzung folglich stets, wenn das Beweisergebnis, wäre es so, wie geschehen, im Prozess gewonnen worden, unverwertbar wäre, zB bei grober Verletzung von Mitwirkungsrechten einer Partei[3] oder wegen eines mit Erfolg abgelehnten Sachverständigen (§ 487 Rn. 5; § 406 Rn. 18; § 412 Rn. 2), der dann aber als sachverständiger Zeuge vernommen werden kann (§ 414 Rn. 1). Letzteres ist auch möglich, wenn das Ergebnis des selbständigen Beweisverfahrens mangels Parteiidentität nicht benutzt werden kann.[4] Bei **Streitverkündung** (§ 487 Rn. 2) kann das Ergebnis des selbständigen Beweisverfahrens im Prozess des Streitverkünders gegen den Empfänger der Streitverkündung entsprechend §§ 66ff., 493 Abs. 1 benutzt werden.[5] 2

Die förmliche **Aussetzung** (§ 148) des (Hauptsache-)Prozesses bei noch nicht abgeschlossenem (anderweit anhängigen) selbständigen Beweisverfahren ist zwar zulässig, bei der Ermessensentscheidung darüber aber zu berücksichtigen, ob die gebotene Förderung und Beschleunigung des Prozesses auf andere Weise (insbes. durch Beziehung der Akten des selbständigen Beweisverfahrens zum Zwecke der eigenen Beweiserhebung) besser erreicht werden kann.[6] Auch eine teilweise Aussetzung kommt in Betracht, wenn die Voraussetzungen dafür nur für einen selbständigen Teil des Streitstoffs vorliegen.[7] Zieht das Prozessgericht umgekehrt die Akten des noch nicht abgeschlossenen selbständigen Beweisverfahrens bei, muss es die Beweisaufnahme selbst fortsetzen (§ 492 Rn. 3 aE). 2a

b) Einschränkung nach Abs. 2. Danach darf das Ergebnis eines selbständigen Beweisverfahrens nicht benutzt werden, wenn der Gegner – im Fall des § 494 Abs. 2 dessen Vertreter – zu einem Termin nicht rechtzeitig (§ 491 Rn. 1) geladen und auch nicht erschienen war; das muss allerdings gerügt werden, weil sonst Heilung nach § 295 eintritt. Unerheblich ist, ob es sich um einen Termin vor Gericht (§ 491 Abs. 1) oder um den Ortstermin eines Sachverständigen gehandelt hat (vgl. auch § 404a Rn. 6); der Nachweis der rechtzeitigen Ladung wird im Zweifelsfall nur gelingen, wenn sie zugestellt (§ 491 Rn. 1) bzw. vom Sachverständigen durch Einschreiben mit Rückschein bewirkt worden war. Ein Gutachten bleibt aber benutzbar, soweit der Sachverständige ohne Ortsbesichtigung frühere Feststellungen, auch in anderen Verfahren, verwertet hat, die jetzt unstreitig sind.[8] Ist eine Benutzung § 493 Abs. 2 untersagt, so kann das Beweisergebnis, zB eine Zeugenvernehmung, allerdings durch entsprechenden Beweisantritt im Wege des Urkundenbeweises eingeführt werden; der Gegner wird dadurch nicht benachteiligt, weil er sich auf das Beweismittel selbst berufen, also zB die Ladung des Zeugen beantragen kann (§ 373 Rn. 4). 3

2. Wirkungen. Aus der gesetzlichen Gleichstellung der Beweisaufnahme im selbständigen Beweisverfahren mit der vor dem Prozessgericht folgt: Die Benutzung geschieht nicht im Wege des Urkundenbeweises, vielmehr verwertet das Prozessgericht die Ergebnisse, wie wenn es selbst die Beweise erhoben hätte.[8a] Eine 4

---

[1] AllgM. Vgl. nur Münch/Komm/*Schreir* Rn. 1; Zö/*Herget* Rn. 1.
[2] OLG Köln NJW 1983, 2779; abl. *Meilicke* NJW 1984, 2017.
[3] OLG Celle NZM 1998, 158.
[4] BGH NJW-RR 1991, 254.
[5] BGH BauR 1998, 172.
[6] BGH NJW-RR 2007, 307; noch offen gelassen in NJW 2004, 2597.
[7] BGH NJW-RR 2007, 456.
[8] OLG Düsseldorf NJW-RR 1994, 283.
[8a] BGH ZIP 2008, 40 (Rn. 27).

Ergänzung oder Wiederholung der gesetzmäßigen (Rn. 2, 3) Beweisaufnahme findet nur unter den Voraussetzungen der §§ 398, 412 (Einzelheiten vgl. Kommentierung dort) statt;[9] heilbare Verfahrensmängel, zB die Verletzung des Fragerechts (§§ 397, 411) müssen gerügt werden (§ 295). Etwas anderes gilt nur bei einer erst jetzt eintretenden Unverwertbarkeit zB auf Grund einer ausnahmsweise noch vor dem Prozessgericht zulässigen und erfolgreichen Ablehnung eines Sachverständigen (§ 487 Rn. 5). Anwendung findet auch § 411 Abs. 4; haben die Parteien im selbständigen Beweisverfahren trotz Fristsetzung Einwendungen gegen das Gutachten nicht erhoben und Ergänzungsfragen nicht gestellt, sind sie damit im Prozess gemäß § 296 Abs. 1, 4 ausgeschlossen (§ 411 Rn. 8).

III. Rechtsanwaltsgebühren

5 Zu den Anwaltsgebühren vgl. § 485 Rn. 16 ff.

494 *Unbekannter Gegner* (1) **Wird von dem Beweisführer ein Gegner nicht bezeichnet, so ist der Antrag nur dann zulässig, wenn der Beweisführer glaubhaft macht, dass er ohne sein Verschulden außerstande sei, den Gegner zu bezeichnen.**

(2) Wird dem Antrag stattgegeben, so kann das Gericht dem unbekannten Gegner zur Wahrnehmung seiner Rechte bei der Beweisaufnahme einen Vertreter bestellen.

1 Die Vorschrift beinhaltet in **Abs. 1** eine Ausnahme zu § 487 Nr. 1 für denjenigen Antragsteller, dem bis zur Einleitung des selbständigen Beweisverfahrens die Ermittlung des Gegners, zB eines unbekannten Täters, ohne Verschulden nicht möglich war. Nach allgM sind hohe Anforderungen an die Zumutbarkeit von Nachforschungen zu stellen, um Missbrauch vorzubeugen. Was unternommen wurde, muss deshalb substantiiert dargelegt und glaubhaft gemacht werden (§ 487 Nr. 4); unterbleibt das, so wird der Antrag zurückgewiesen (§ 490 Rn. 3). Nach **Abs. 2** kann das Gericht dem unbekannten Gegner einen Vertreter (iSd § 51) bestellen, der zur Übernahme des Amtes jedoch nicht verpflichtet ist. Die Vergütung trägt gem. § 45 Abs. 3 RVG die Staatskasse, weshalb vom Antragsteller Vorschuss nach § 17 GKG angefordert werden kann;[1] der aufgewendete Betrag gehört zu den notwendigen Kosten nach § 91.

2 Die Tätigkeit des **Anwalts** bei der Vertreterbestellung gehört zum Rechtszug, wird also durch die Gebühren der Nrn. 3100 ff. abgegolten. Ist der Anwalt nicht **Prozessbevollmächtigter,** erhält er die Gebühr aus Nr. 3403 VV RVG.

494a *Frist zur Klageerhebung* (1) **Ist ein Rechtsstreit nicht anhängig, hat das Gericht nach Beendigung der Beweiserhebung auf Antrag ohne mündliche Verhandlung anzuordnen, dass der Antragsteller binnen einer zu bestimmenden Frist Klage zu erheben hat.**

(2) [1]Kommt der Antragsteller dieser Anordnung nicht nach, hat das Gericht auf Antrag durch Beschluss auszusprechen, dass er die dem Gegner entstandenen Kosten zu tragen hat. [2]Die Entscheidung unterliegt der sofortigen Beschwerde.

I. Normzweck

1 Die **Kosten des selbständigen Beweisverfahrens** sind grundsätzlich erst **Gegenstand des Hauptsachprozesses,** ohne dass über sie dort in der Kostengrundentscheidung zu befinden wäre, vielmehr ist ihre Erstattungsfähigkeit Gegenstand des dortigen Kostenfestsetzungsverfahrens[1] (§ 490 Rn. 5); Voraussetzung ist Identität der Parteien und der Streitgegenstände (Rn. 5) oder Teilidentität (Rn. 5 a); dort muss folglich der Gegner seinen prozessualen Kostenerstattungsanspruch verfolgen (§ 91 Rn. 65 ff.). Diese Möglichkeit ist aber verschlossen, wenn der Antragsteller, zB wegen der ihm ungünstigen Beweisaufnahme, den Rechtsstreit nicht anhängig macht. Der Gegner wäre dann gezwungen, die Erstattung seiner Kosten klageweise geltend zu machen, wenn dafür ein materieller Anspruch besteht (§ 490 Rn. 5); andernfalls müsste er sie selbst tragen. Solche Folgen will § 494 a vermeiden. Nach **Abs. 1** kann daher beantragt werden, dem Antragsteller eine Frist zur Klageerhebung zu setzen. Wird eine solche Anordnung nicht befolgt, so spricht das Gericht gemäß **Abs. 2** auf Antrag aus, dass der Antragsteller die dem Gegner entstandenen Kosten zu tragen hat.

II. Anordnung der Klageerhebung (Absatz 1)

2 **1. Voraussetzungen. a) Antragserfordernis.** Voraussetzung ist zunächst ein Antrag bei Gericht (Rn. 3) nach Beendigung eines selbständigen Beweisverfahrens (§ 492 Rn. 3; zum tatsächlich nicht durchgeführten Beweisverfahren Rn. 7 aE). Denn ohne erlassene (aber nicht befolgte, Rn. 4 ff.) Anordnung zur Klageerhebung gibt es keine Kostenentscheidung nach § 494 a Abs. 2; zu möglichen Ausnahmen Rn. 7.

2a **b) Antragsberechtigung.** Sie steht dem **Gegner** des selbständigen Beweisverfahrens zu; der Antrag nach Abs. 1 kann sich jedoch auch gegen ihn richten, sofern er einen Gegenantrag gestellt oder ein eigenes selbständiges Beweisverfahren eingeleitet hatte (§ 485 Rn. 6). Ein Antrag des **Streithelfers** (§ 487 Rn. 2) ist unbe-

---

[9] BGH NJW 1970, 1919.
[1] *Sae/Pukall* Rn. 3.
[1] BGHZ 132, 96, 104 = NJW 1996, 1749; BGH NJW 2007, 1279 (Rn 19).

achtlich, wenn der Antragsgegner mit der Fristsetzung zur Klageerhebung nicht einverstanden ist (arg. § 67);[2] Erhebung der Hauptsacheklage gegen sich kann der Streithelfer jedenfalls dann nicht verlangen, wenn der Antragsteller ihm gegenüber keine eigenen Ansprüche hat.[3]

c) **Form.** Anwaltszwang besteht nicht;[4] zwar fehlt eine § 486 Abs. 4 entsprechende Vorschrift, darf aber sogar ein selbständiges Beweisverfahren mit seinen Wirkungen (§ 485 Rn. 3, 4) zu Protokoll der Geschäftsstelle beantragt werden, so muss das erst recht bei § 494a Abs. 1 gelten, weil damit nur ein Kostenerstattungsanspruch, also eine Nebenentscheidung, vorbereitet wird. 2b

d) Der Antrag ist **unzulässig,** wenn 2c
- die ursprünglich angeordnete Beweisaufnahme tatsächlich nicht durchgeführt wurde (Rn. 7 aE) oder
- sich die Parteien gütlich geeinigt haben[5] oder
- der Gegner den zu Grunde liegenden Anspruch anerkannt oder erfüllt hat (zur Kostenentscheidung Rn. 7),[6] was auch gilt, wenn bei mehreren Antragsgegnern als Gesamtschuldner des materiellen Anspruchs nur einer von ihnen erfüllt hat[7] (vgl. § 422 BGB) oder
- zur Hauptsache (Rn. 5) bereits ein Rechtsstreit anhängig ist oder dort das Beweisergebnis für ein Zurückbehaltungsrecht oder eine Aufrechnung durch den Beklagten (= Antragsgegner des selbständigen Beweisverfahren) benutzt wird, zB im Werklohnprozess des Auftragnehmers (= Antragsteller iSd. § 486) ein Gewährleistungsanspruch des Auftraggebers (= Antragsgegner) zur Aufrechnung gestellt wird, der sich auf Mängel bezieht, die Gegenstand des selbständigen Beweisverfahrens waren.[8]

2. Entscheidung. a) Die **Anordnung** der Klageerhebung binnen einer genau zu bestimmenden Frist trifft der Richter (keine Zuständigkeit des Rechtspflegers), der die selbständige Beweiserhebung angeordnet hatte, ohne mündliche Verhandlung nach vorherigem rechtlichen Gehör der anderen Partei. Die Klagefrist hat angemessen auf Umfang und Dauer des selbständigen Beweisverfahrens Rücksicht zu nehmen; entsprechendes gilt für besondere Umstände, die in der Stellungnahme zum Antrag nachvollziehbar vorgetragen wurden und die eine Klageerhebung unverschuldet verzögern. Die Hauptsache muss nicht inhaltlich bezeichnet werden.[9] Vielmehr ist es Sache des Antragstellers eines selbständigen Beweisverfahrens, später den richtigen Klageanspruch geltend zu machen; dieses Risiko kann und darf ihm in der richterlichen Entscheidung zur Anordnung der Klageerhebung nicht abgenommen werden. Außerdem hat er oft mehrere Möglichkeiten, deren Wahl ihm obliegt, zB bei § 437 BGB (§ 486 Rn. 4). Entschieden wird durch **Beschluss,** der – weil nicht anfechtbar – keiner Begründung bedarf. Er wird mit einer Belehrung über die Folgen der Fristversäumung (§ 231 Abs. 1) derjenigen Partei zugestellt, welche die Klage zu erheben hat (§ 329 Abs. 2 S. 2), der anderen formlos mitgeteilt. Die Klagefrist kann nach § 224 Abs. 2 verlängert werden. 3

b) Bei **Zurückweisung** des Antrags muss die Entscheidung begründet werden, weil nach § 567 Abs. 1 Nr. 2 sofortige Beschwerde stattfindet, bei Zurückweisung durch das LG/OLG als Beschwerdegericht gelten die Erörterungen zu § 490 Rn. 7 entsprechend (dort auch zum bisherigen Recht und Übergangsrecht). 3a

III. Kostenentscheidung (Absatz 2)

1. Voraussetzungen. a) Notwendig ist ein **Antrag** (kein Anwaltszwang, Rn. 2a), der allerdings schon zusammen mit dem nach Abs. 1 gestellt werden kann, weil derselbe Richter (der des selbständigen Beweisverfahrens, Rn. 3) entscheidet; dann braucht nicht nochmals rechtliches Gehör gewährt zu werden. Eine Kostenentscheidung nach § 494a Abs. 2 darf bei mehreren Antragsgegnern nur für denjenigen ergehen, der auch den Antrag nach Abs. 1 (Rn. 2) gestellt hatte, nicht also zugleich für die weiteren Antragsgegner.[10] Antragsberechtigt ist auch der Streithelfer (§ 487 Rn. 2; § 101 Rn. 2). 4

b) Außerdem darf innerhalb der gesetzten Frist **keine Klage** (näher Rn. 5, 5a) vor einem inländischen oder ausländischen Gericht, dessen Urteil anerkannt wird, erhoben (§§ 261 Abs. 1, 253 Abs. 1, 167) worden sein; geschieht das nach Fristablauf, aber vor Entscheidung (Rn. 6), darf diese nicht mehr ergehen.[10a] Fristwahrung durch Antrag auf Prozesskostenhilfe mit Klageentwurf ist möglich. Unterbleibt die Klageerhebung wegen der **Insolvenz** des Antragsgegners, wird § 494a Abs. 2 angewendet, wenn sich der Antrag schon gegen den Insolvenzverwalter richtete[11] oder gegen diesen fortgeführt wird (vgl. § 490 Rn. 1 aE); hat der Antragsteller das Verfahren nach Insolvenzeröffnung über das Vermögen des Gegners nicht fortgeführt, ist das – nach Hinweis (§ 139) – wie ein Verzicht bzw. als Antragsrücknahme zu behandeln (Kostenentscheidung vgl. Rn. 7). Bei **Klagerücknahme** werden die Kosten des abgeschlossenen selbständigen Beweisverfahrens von der Kostengrundentscheidung nach § 269 Abs. 3 S. 2 erfasst; dass der Kläger die Klage 4a

---

[2] OLG Celle NJW-RR 2003, 1509; OLG Karlsruhe NJW-RR 2001, 214; aA *Kießling* NJW 2001, 3668.

[3] Weiter gehend OLG Nürnberg BauR 2006, 1362; Koblenz NJW-RR 2001, 1726 (überhaupt unzulässig).

[4] OLG Düsseldorf NJW-RR 1999, 509; OLG Jena OLG-NL 1999, 192; OLG Schleswig SchlHA 1996, 47; OLG Karlsruhe BauR 1995, 135; *B/L/H* Rn. 5; *Weise* Rn. 564. AA OLG Zweibrücken NJW-RR 1996, 573; MK/*Schreiber* Rn. 2; *T/P/Reichold* Rn. 1.

[5] OLG Dresden NJW-RR 1999, 1516.

[6] BGH NJW-RR 2003, 454; OLG Düsseldorf OLGZ 1994, 464, 465; OLG Hamm OLGZ 1994, 585.

[7] OLG Hamm MDR 1999, 1406.

[8] BGH NZBau 2005, 687; dazu *Weise* NJW-Spezial 2006, 24. Früher sehr str., aA auch Vorauflage Rn. 4 Fn. 9 m. weit. Nachw.

[9] AA OLG Düsseldorf BauR 1995, 279, 280; abl. *Jagenburg* NJW 1995, 1710, 1715. Wie hier *Sae/Pukall* Rn. 4.

[10] OLG Stuttgart NJW-RR 2001, 863.

[10a] BGH NJW 2007, 3357.

[11] OLG Dresden ZIP 1999, 1814 f.; LG Göttingen BauR 1998, 590. AA OLG Rostock BauR 1997, 169.

neu erheben kann und die Kosten des selbständigen Beweisverfahrens dort entsprechend der Entscheidung in der Hauptsache aufgeteilt werden können, steht nicht entgegen.[12] Entsprechendes gilt für Mahnbescheid und Einleitung eines vereinbarten Schiedsverfahrens.

5 c) **Fristwahrung** setzt **Identität** der Parteien und des Streitgegenstandes von selbständigen Beweisverfahren und Hauptprozess voraus, also dass derjenige Anspruch eingeklagt wird, zu dessen Vorbereitung oder Abwehr selbständig Beweis erhoben wurde;[13] hierfür gelten die Grundsätze zur Anordnung der Klageerhebung im einstweiligen Rechtsschutzverfahren entsprechend (§ 926 Rn. 14). Widerklage steht der Klage gleich.[14] Hatte sich das selbständige Beweisverfahren gegen *mehrere Antragsgegner* gerichtet, so ist die Frist nur gegenüber demjenigen gewahrt, der verklagt wird;[15] nur dieser muss seinen Kostenerstattungsanspruch im Rechtsstreit zur Hauptsache verfolgen, die übrigen nicht verklagten Antragsgegner können Kostenerstattung nach § 494a Abs. 2 begehren. Hat nach einem von mehreren Antragstellern durchgeführten selbständigen Beweisverfahren nach Fristsetzung an alle auch nur einer Hauptsachklage erhoben, kann eine Kostenentscheidung gegen keinen Antragsteller ergehen.[16] Die Klage des Antragstellers auf Erstattung der Kosten des selbständigen Beweisverfahrens (§ 490 Rn. 5) ist **keine Hauptsacheklage** und hindert daher die Anwendung von § 494a nicht.[17]

5a Auch **Teilidentität** wahrt die Klagefrist. Die Kosten des selbständigen Beweisverfahrens gehören auch dann zu den Kosten des Klageverfahrens, wenn nur Teile davon zum Gegenstand der anschließenden Klage gegen den Antragsgegner gemacht werden;[18] das gilt zB auch dann, wenn der Antragsteller von mehreren unabhängigen, im selbständigen Beweisverfahren geltend gemachten Eigentumsstörungen nur eine davon zum Gegenstand der anschließenden Klage macht.[19] Soweit der Antragsteller den Gegenstand des selbständigen Beweisverfahrens nicht mit der Klage aufgreift, diese also hinter dem Verfassungsgegenstand des selbständigen Beweisverfahrens zurückbleibt, können ihm dessen Kosten im Klageverfahren nach hM analog § 96 anteilig auferlegt werden, wenn er in der Hauptsache obsiegen sollte.[20] Zur Klageübernahme Rn. 4a.

6 **2. Entscheidung.** Sie ergeht nach § 128 Abs. 4 auf Grund freigestellter mündlicher Verhandlung (dafür Anwaltszwang nach allgemeinen Regeln, § 78) durch **Beschluss.** Dort wird der Antrag zurückgewiesen, wenn die Klagefrist gewahrt oder die Klage zwar nach Fristablauf, aber noch vor der Entscheidung erhoben wurde; im zuletzt genannten Fall darf auch ein schon gefasster Beschluss nicht mehr verkündet bzw. mitgeteilt werden. Andernfalls spricht das Gericht gemäß Abs. 2 S. 1 aus, dass der Antragsteller des selbständigen Beweisverfahrens die dem Gegner und gegebenenfalls dessen Streithelfer entstandenen Kosten zu tragen hat. Beide Entscheidungen sind gemäß § 329 Abs. 3 zuzustellen. Gegen sie findet nach § 567 Abs. 1 Nr. 2 bzw § 494a Abs. 2 S. 2 sofortige Beschwerde statt, im zuletzt genannten Fall aber nur, falls der Beschwerdewert (§ 567 Abs. 2 S. 1) erreicht ist; zur Rechtsbeschwerde vgl. § 490 Rn. 7 aE.

IV. Kostenentscheidung in anderen Fällen

7 Außer bei Zurückweisung des Antrags als unzulässig (§ 490 Rn. 5), Vergleich (§ 492 Rn. 4) und Entscheidung nach § 494a Abs. 2 (Rn. 4–6) trifft der Richter des selbständigen Beweisverfahrens eine Kostengrundentscheidung in folgenden Fällen:

- Bei **Antragsrücknahme** (§ 485 Rn. 6, 11) ist analog § 269 Abs. 3 zu verfahren(§ 269 Rn. 23), auch hinsichtlich der Kosten des Streithelfers des Antragsgegners.[21] Erfolgt die Antragsrücknahme aber ausschließlich deshalb, weil Klage erhoben wurde, ist über die Kosten des selbständigen Beweisverfahrens im anhängigen Hauptsacheprozess (§ 269 Abs. 3 S. 2) zu entscheiden.[22]
- § 494a Abs. 2 wird jedoch entsprechend angewendet bei **Verzicht** des Antragstellers (oder des Gegners bei einem Gegenantrag oder einem eigenen Verfahren, § 485 Rn. 6) auf den zu Grunde liegenden Anspruch und deshalb auf die weitere Durchführung des selbständigen Beweisverfahrens,[23] zB nach Erstattung des Sachverständigengutachtens, sowie bei **Anerkenntnis** des zu Grunde liegenden Anspruchs.
- Bei **Erfüllung durch den Gegner** ist zu unterscheiden: Hat er nach Beendigung des selbständigen Beweisverfahrens (Rn. 492 Rn. 3) erfüllt, so ist bereits sein Antrag nach § 494a Abs. 1 unzulässig (Rn. 2c), weshalb es schon deshalb zu keiner Entscheidung nach Abs. 2 der Vorschrift kommen kann. Bei Erfüllung erst nach Anordnung der Klageerhebung soll nach allgM[24] § 494a Abs. 2 nicht angewendet werden.
- Bei **übereinstimmender Erledigungserklärung** ist für eine Kostenentscheidung entsprechend § 91a kein Raum.[25]

---

[12] BGH NJW 2007, 1279 (Rn. 12ff., 25).
[13] BGH NJW 2007, 1279 (Rn. 19); BGHZ 132, 96, 104 = NJW 1996, 1749.
[14] BGH JurBüro 2003, 488; *B/L/H* Rn. 11 aE.
[15] *Herget* MDR 1991, 314.
[16] BGH NJW-Spezial 2007, 476.
[17] BGH NJW-RR 2004, 1580; OLG Nürnberg OLGZ 1994, 240.
[18] BGH NJW 2007, 1282 = NZBau 2007, 248; NJW 2004, 3121.
[19] BGH NJW-RR 2004, 1621 = NZBau 2004, 674.
[20] BGH NJW-RR 2006, 810; NJW 2005, 294.
[21] OLG München BauR 1998, 592.
[22] BGH NJW-RR 2005, 1015.
[23] OLG Karlsruhe NJW-RR 1996, 1343.
[24] Vgl. nur OLG Karlsruhe/Freiburg BauR 1998, 1278; OLG München BauR 1997, 167; *Zö/Herget* Rn. 5.
[25] BGH NJW 2007, 3721.

- Bei **tatsächlich nicht durchgeführter Beweisaufnahme** im selbständigen Beweisverfahren kommt weder eine Fristsetzung nach § 494a Abs. 1 noch eine Kostenentscheidung nach § 494a Abs. 2 in Betracht;[26] vielmehr wird gemäß den schon erörterten Regeln nach § 91a – zB bei Erfüllung durch den Gegner – oder wie bei Antragsrücknahme – zB bei Untätigkeit des Antragstellers[27] – verfahren.
- Eine **einseitige Erledigungserklärung** des Antragstellers ermöglicht keine Kostenentscheidung nach § 494a, sie ist vielmehr in der Regel wie eine Antragsrücknahme zu behandeln[28] (s. erster Spiegelstrich).
- Erklärt der Antragsteller bei seiner Anhörung zum Antrag nach Abs. 1 (Rn. 3) dem Gericht gegenüber, es sei keine Klage erhoben worden, wäre eine weitere Frist sinnlos (vgl. Rechtsgedanke § 323 Abs. 2 Nr. 1 BGB); dann kann sogleich eine Kostenentscheidung nach § 494a Abs. 2 ergehen.
- Hat in einer Bausache (§ 485 Rn. 5) ausnahmsweise der Auftragnehmer als Antragsteller im selbständigen Beweisverfahren die Freiheit des Bauwerks von den durch den Auftraggeber (Antragsgegner) behaupteten Mängeln mit Erfolg feststellen lassen, so ist fraglich, wie er Kostenerstattung erlangen kann. § 494a Abs. 2 betrifft diesen Fall nicht, weshalb eine analoge Anwendung vorgeschlagen wird.[29] Dessen bedarf es nicht. Steht – wie in der Regel – noch (wegen der angeblichen Mängel) zurückbehaltener Werklohn aus, kann ihn der Auftragnehmer (Antragsteller) einklagen und dort die Kosten des selbständigen Beweisverfahrens geltend machen (Rn. 1). Andernfalls ist er auf eine materiell-rechtliche Erstattungsklage zu verweisen; die Voraussetzungen für eine Analogie sind nicht gegeben, weil es an der Vergleichsbarkeit (Anknüpfung an ein bestimmtes formales Ereignis wie bei § 494a Abs. 1) fehlt.

V. Gebühren und Kosten

1. Rechtsanwaltsgebühren. Die Tätigkeit des **Anwalts** bei Anträgen gemäß Abs. 1 und Abs. 2 gehört zum Rechtszug, ist also durch die Gebühren der Nrn. 3100ff. VV RVG abgegolten. Wird im Fall des Abs. 2 mündliche Verhandlung angeordnet, entsteht die Terminsgebühr (Nr. 3104 VV RVG) aus dem Wert der Kosten, es sei denn, die Terminsgebühr aus dem vollen Gegenstandswert ist vorher schon angefallen, zB durch Teilnahme am Ortstermin des Sachverständigen oder durch Besprechungen mit dem Gegner zur Streitbeilegung. Ist der Anwalt **nicht Prozessbevollmächtigter,** erhält er die Gebühr der Nr. 3403 VV RVG. Zum **Beschwerdeverfahren** s. § 567 Rn. 29. 8

2. Gerichtskosten. Gerichtsgebühren werden nicht erhoben; für das Beschwerdeverfahren gilt KV Nr. 1812. 9

Abschnitt 2. Verfahren vor den Amtsgerichten

495 *Anzuwendende Vorschriften* **(1) Für das Verfahren vor den Amtsgerichten gelten die Vorschriften über das Verfahren vor den Landgerichten, soweit nicht aus den allgemeinen Vorschriften des Buches 1, aus den nachfolgenden besonderen Bestimmungen und aus der Verfassung der Amtsgerichte sich Abweichungen ergeben.**

I. Normzweck

§ 495 bestimmt, welche zivilprozessualen Vorschriften auf das **Verfahren vor den Amtsgerichten** Anwendung finden. Da in diesem Verfahren **grundsätzlich** (zur Ausnahme in Familiensachen s. § 78 Abs. 2) **kein Anwaltszwang** besteht, werden hier weiter gehende Anforderungen an die prozessuale Fürsorgepflicht des Gerichts gestellt als in dem Verfahren vor den Landgerichten. Die §§ 499, 504 und 510 **erweitern** daher – wenn auch nur geringfügig – die in § 139 normierte **richterliche Aufklärungs- und Hinweispflicht.** Außerdem gelten im Verfahren vor den Amtsgerichten **Erleichterungen** sowohl für das Gericht (§§ 495a, 497) wie auch für die Parteien (§ 496). Die Vorschriften der §§ 495–510b finden in Ehesachen (§ 608), bei güterrechtlichen Streitigkeiten (§ 621b) und in Folgesachen (§ 624 Abs. 3) **keine** Anwendung. 1

II. Vorschriften über das Verfahren vor den Amtsgerichten

Auf das Verfahren vor den Amtsgerichten sind grundsätzlich die Vorschriften über das **Verfahren vor den Landgerichten (§§ 253–494a)** anzuwenden. Es können sich jedoch **Abweichungen** ergeben: **1.** aus den **allgemeinen Vorschriften des ersten Buches,** nämlich aus **§ 45 Abs. 2** (Entscheidung über das Ablehnungsgesuch eines Richters beim Amtsgericht durch das übergeordnete Gericht), **§ 78 Abs. 2** (Anwaltszwang nur in Familiensachen), **§ 79** (Möglichkeit der Prozessführung durch die Partei selbst oder durch jede prozessfähige Person als Bevollmächtigter), **§ 83 Abs. 2** (Möglichkeit der Beschränkung der Prozessvollmacht auf einzelne Prozesshandlungen), **§ 87 Abs. 1** (rechtliche Wirksamkeit der Kündigung des Vollmachtvertrages gegenüber Gegner und Gericht durch Anzeige des Erlöschens der Vollmacht), **§ 88 Abs. 2** (Prüfung des Mangels der Prozessvollmacht von Amts wegen, wenn als Bevollmächtigter kein Rechtsanwalt auftritt), **§ 90** (Möglichkeit der Partei, mit jeder prozessfähigen Person als Beistand zu erscheinen), **§ 121 Abs. 2** (Beiordnung eines Rechtsanwaltes auf Antrag, wenn die Vertretung durch einen Rechtsanwalt 2

---

[26] OLG München NJW-RR 2001, 1580.
[27] OLG München MDR 2001, 768 = OLGR 2001, 157.
[28] BGH NZBau 2005, 42; NJW-RR 2004, 1005.
[29] *Lenzen* BauR 2005, 303

erforderlich erscheint oder der Gegner durch einen Rechtsanwalt vertreten ist), **§§ 129 Abs. 2, 129a** (Möglichkeit der Vorbereitung der mündlichen Verhandlung durch zu Protokoll der Geschäftsstelle abzugebende Erklärungen), **§ 163 Abs. 2 S. 1 Halbs. 2** (im Falle der Verhinderung des Amtsrichters Möglichkeit der Unterzeichnung des Sitzungsprotokolls allein durch den zur Protokollführung zugezogenen Urkundsbeamten der Geschäftsstelle), den **§§ 166 Abs. 2 S. 1, 168** (Möglichkeit der Beauftragung des Gerichtsvollziehers mit der Zustellung unter Vermittlung der Geschäftsstelle des Prozessgerichts) und **§ 217** (Mindestladungsfrist von 3 Tagen); **2.** aus den **besonderen Bestimmungen der §§ 495a–510b; 3.** aus der **Verfassung der Amtsgerichte,** da jeder Richter beim Amtsgericht gemäß § 22 GVG die Funktion des Prozessgerichts und des Vorsitzenden in sich vereinigt.

495a *Verfahren nach billigem Ermessen* **[1]Das Gericht kann sein Verfahren nach billigem Ermessen bestimmen, wenn der Streitwert 600 Euro nicht übersteigt. [2]Auf Antrag muss mündlich verhandelt werden.**

I. Normzweck

1 Die Vorschrift des § 495a dient sowohl der Beschleunigung und Vereinfachung des amtsgerichtlichen Verfahrens wie auch der Entlastung der Amtsgerichte. Gemäß § 495a S. 1, der verfassungsrechtlich nicht zu beanstanden ist[1], kann der Amtsrichter seine **Verfahren mit geringem Streitwert** (bis 600,– Euro) nach billigem Ermessen bestimmen. Die Bestimmung des § 495a gilt für **alle Verfahrensarten**[2] **(insbesondere auch für das Prozesskostenhilfeverfahren**[3]**, für das Arrest- und einstweilige Verfügungsverfahren**[4] **sowie im Urkunden-, Scheck- und Wechselprozess**[5], wobei jedoch die Besonderheiten spezieller Verfahren vom Amtsrichter zu beachten sind. **Keine** Anwendung findet § 495a im Verfahren vor den Landgerichten – auch nicht in Amtshaftungsprozessen mit einem Streitwert bis 600,– Euro, in Ehesachen (§ 608), in güterrechtlichen Streitigkeiten (§ 621b) und in Folgesachen (§ 624 Abs. 3).

II. Rechtstatsachen

2 Nach den Angaben des Statistischen Bundesamtes in Wiesbaden vom 29. März 2007[6] sind im Jahre **2005** von den Amtsgerichten im **gesamten Bundesgebiet** 1 449 260 Zivilsachen – ohne Familiensachen – erledigt worden, hiervon 94 303 (6,51 %) durch streitiges Urteil im vereinfachten Verfahren gemäß § 495a.

3 *unbesetzt*

III. Verfahren nach billigem Ermessen

4 **1. Streitwertgrenze.** Der Amtsrichter darf das vereinfachte Verfahren nur anwenden, wenn der Streitwert **600,– Euro** nicht übersteigt (§ 495a S. 1). Maßgeblich ist nach § 4 Abs. 1 der **Zuständigkeitsstreitwert** im Zeitpunkt der Einreichung der Klage (= Eingang bei Gericht).[7] Eine spätere Wertsteigerung bei unverändertem Streitgegenstand ist nach allgM unbeachtlich. Gleiches gilt im Falle der **Hilfsaufrechnung.**[8] **Erhöht** sich jedoch im Laufe des Verfahrens der Streitwert durch Klageänderung oder Klageerweiterung, so geht das vereinfachte Verfahren ins Normalverfahren über.[9] Wird zunächst eine Klage mit einem höherem Streitwert als 600,– Euro erhoben, und **sinkt** der Streitwert nachträglich – durch teilweise Klagerücknahme, teilweise übereinstimmende Erledigung der Hauptsache oder durch Erlass eines Teilurteils – auf 600,– Euro oder darunter, so wird das vereinfachte Verfahren anwendbar.[10] Wird **Widerklage** mit einem höheren Streitwert als 600,– Euro erhoben, so ist – auch wenn nach § 5 Halbs. 2 keine Wertaddition stattfindet – § 495a insgesamt unanwendbar.[11]

5 **2. Billiges Ermessen.** Gemäß § 495a S. 1 wird dem Gericht ein **doppeltes Ermessen** eingeräumt.[12] Zum einen entscheidet es nämlich im Rahmen des ihm zugebilligten Ermessens darüber, ob es überhaupt das vereinfachte Verfahren wählt. Zum anderen ist im Falle einer positiven Entscheidung über die Verfahrensart die Verfahrensgestaltung dem **billigen** bzw. **pflichtgemäßen,** nicht jedoch dem freien Ermessen des Amtsrichters überlassen. Das Gericht hat auch im vereinfachten Verfahren die Anforderungen an ein **rechts-**

---

[1] AllgM; für viele: *Stollmann* NJW 1991, 1719, 1720.

[2] AllgM, für viele: *Fischer* MDR 1994, 978, 979; MK/*Deubner* Rn. 5–6; *Zö/Herget* Rn. 4.

[3] *Fischer* MDR 1994, 978, 979; *Zö/Herget* Rn. 7; *B/L/H* Rn. 66; aA *Schneider* ZAP Fach 13, S. 199, 200; *Kunze,* Das amtsgerichtliche Bagatellverfahren nach § 495a ZPO, 1995, S. 78f.

[4] Widersprüchlich: *B/L/H* Rn. 7 und Rn. 36 (Arrest, einstweilige Verfügung); aA *Bergerfurth* NJW 1991, 961, 962; *Kunze* (Fn. 3) S. 74ff. und NJW 1995, 2750.

[5] AA *Bergerfurth* NJW 1991, 961, 962; *Kunze* (Fn. 3) S. 74ff. und NJW 1995, 2750.

[6] Fachserie 10 (Rechtspflege) Reihe 2.1 (Zivilgerichte) S. 36.

[7] MK/*Deubner* Rn. 8; *Zö/Herget* Rn. 3; *Schneider* ZAP Fach 13, S. 199, 200; aA *T/P/Reichold* Rn. 1; *B/L/H* Rn. 5; *Bergerfurth* NJW 1991, 961, 962; *Fischer* MDR 1994, 978, 979; *Kunze* (Fn. 3) S. 81f. und NJW 1995, 2750.

[8] *Schneider* ZAP Fach 13, S. 199, 201.

[9] *Schneider* ZAP Fach 13, S. 199, 200; *Kunze* (Fn. 3) S. 83; MK/*Deubner* Rn. 8; *T/P/Reichold* Rn. 1.

[10] *Bergerfurth* NJW 1991, 961, 962; *Fischer* MDR 1994, 978, 979; *Kunze* (Fn. 3) S. 83; MK/*Deubner* Rn. 8; *T/P/Reichold* Rn. 1; aA *Schneider* ZAP Fach 13, S. 199, 200f.

[11] *Bergerfurth* NJW 1991, 961, 962; *Schneider* ZAP Fach 13, S. 199, 201; *Kunze* (Fn. 3) S. 84; MK/*Deubner* Rn. 8; aA *Zimmermann* Rn. 2.

[12] So auch: LG Baden-Baden NJW-RR 1994, 1088.

staatliches Verfahren zu gewährleisten, insbesondere den Parteien rechtliches Gehör zu gewähren, die von den Parteien angebotenen entscheidungserheblichen Beweise zu erheben und Überraschungsentscheidungen zu vermeiden.[13] Aus Art. 103 Abs. 1 GG erwächst für das Gericht insbesondere die Pflicht, vor dem Erlass seiner Entscheidung zu prüfen, ob den Verfahrensbeteiligten das **rechtliche Gehör** auch tatsächlich gewährt worden ist; dies kann bei der Übersendung von Schriftsätzen und der Verfügung bzw. des Beschlusses, die diese Verfahrensweise anordnen, etwa durch den Rücklauf der Zustellungsurkunde oder des Empfangsbekenntnisses festgestellt werden.[14] Auch Urteile im Verfahren nach § 495a bedürfen einer Begründung, die erkennen lässt, dass sich das Gericht mit der für die Entscheidung des Rechtsstreits wesentlichen Gesichtspunkten auseinander gesetzt hat; formelhafte Bezugnahmen auf das Parteivorbringen und die Rechtsmeinung einer Partei widersprechen dem Anspruch der Parteien auf rechtliches Gehör.[15] Im vereinfachten Verfahren ist der Amtsrichter insbesondere an den Rechtsweg, die Zuständigkeit, das materielle Recht,[16] die Beweislastregeln[17] und die Parteianträge (§ 308 Abs. 1) gebunden. Schließlich ist das Gericht im vereinfachten Verfahren nicht befugt, die Einspruchsfrist gegen ein Versäumnisurteil bzw. einen Vollstreckungsbescheid frei zu bestimmen.[18] Und kraft ausdrücklicher gesetzlicher Bestimmung (§ 14 Abs. 2 S. 1 Halbs. 2 RVG) hat der Amtsrichter auch im Verfahren nach § 495a bei einem Rechtsstreit über die Höhe einer Rahmengebühr ein Gutachten des Vorstandes der Rechtsanwaltskammer einzuholen.[19]

Weitgehend zur **Disposition** des Amtsrichters stehen insbesondere die **§§ 355–455.**[20] Er hat den Parteien 6
jedoch eine vom Regelverfahren abweichende Verfahrensweise unter Wahrung rechtlichen Gehörs bekannt zu geben.[21] Das Gericht wird durch § 495a S. 1 zB ermächtigt, an Stelle der Vernehmung von Zeugen oder der Einholung eines Sachverständigengutachtens schriftliche oder telefonische Auskünfte einzuholen, beigezogene Akten zu verwerten und von den Parteien nicht benannte Auskunftspersonen oder die Parteien selber zu befragen.[22] Statt eines Versäumnisurteils kann das Gericht auch ein die Instanz beendendes Urteil erlassen, gegen das ein Einspruch nicht zulässig ist.[23] Schließlich darf das Urteil im vereinfachten Verfahren zugestellt und muss nicht verkündet werden.[24]

3. Mündliche Verhandlung. Eine mündliche Verhandlung ist nur **notwendig,** wenn sie – von einer Partei 7
– beantragt wird (§ 495a S. 2). Das Gericht muss den Parteien durch seine Fristgestaltung insbesondere die Gelegenheit geben, dieses Antragsrecht ordnungsgemäß ausüben zu können.[25] Der Antrag kann jederzeit zurückgenommen werden.[26] Entscheidet der Amtsrichter trotz eines Terminsantrages gemäß § 495a im schriftlichen Verfahren, so ist gegen dieses Urteil bei Verletzung des Anspruchs auf rechtliches Gehör das Rechtsmittel der Berufung in entsprechender Anwendung von § 514 Abs. 2 nicht statthaft (Rn. 11).[27]

IV. Inhalt des Urteils

1. Kein Tatbestand. Auch im vereinfachten Verfahren gemäß § 495a hat das Gericht grundsätzlich 8
durch **Urteil** zu entscheiden.[28] Gemäß § 313a Abs. 1 S. 1 wird ihm jedoch die Möglichkeit eingeräumt, bei der Absetzung des **streitigen Urteils** von der Darstellung des – an sich gemäß § 313 Abs. 1 Nr. 5 notwendigen – Tatbestandes (s. § 313 Rn. 8–9) abzusehen.

2. Keine Entscheidungsgründe. § 313a Abs. 1 S. 2 gestattet dem Amtsrichter sogar, auf die Darstellung 9
der – an sich gemäß § 313 Abs. 1 Nr. 6 notwendigen – Entscheidungsgründe (s. § 313 Rn. 10–11) zu verzichten, wenn ihr **wesentlicher Inhalt** in das Protokoll aufgenommen worden ist. Der Amtsrichter darf sich also im vereinfachten Verfahren auf den wesentlichen Inhalt einer sonst üblichen Begründung nach § 313 Abs. 3 (kurze Zusammenfassung der Erwägungen, auf denen die Entscheidung in tatsächlicher oder rechtlicher Hinsicht beruht) beschränken (s. § 313a Rn. 4–5).[29] Dem genügt er zB durch Bezugnahme gemäß § 160 Abs. 5 auf die Begründung eines bereits früher den Parteien schriftlich unterbreiteten gerichtlichen Vergleichsvorschlags oder auf eine frühere – rechtliche Hinweise enthaltene – richterliche Verfügung.[30]

3. Entsprechende Anwendung von § 313a Abs. 1. § 313a Abs. 1 ist, soweit der Hauptsachestreitwert 10
600,– Euro nicht übersteigt, auf verfahrensbeendende Beschlüsse gemäß § 91a und auf Verweisungsbe-

[13] Vgl. BayVerfGH NJW-RR 2001, 1647.
[14] BVerfG NJW 2006, 2248.
[15] LG München NJW-RR 2004, 353.
[16] LG Baden-Baden NJW-RR 1994, 1088; *Fischer* MDR 1994, 978, 979; MK/*Deubner* Rn. 14.
[17] *Fischer* MDR 1994, 978, 979; MK/*Deubner* Rn. 16.
[18] MK/*Deubner* Rn. 49; aA *B/L/H* Rn. 21.
[19] Zu „Fehler bei Einholung eines Gebührengutachtens des Kammervorstands" s. *Schneider* NJW 2004, 193 ff.
[20] LG Baden-Baden NJW-RR 1994, 1088; MK/*Deubner* Rn. 33; s. im Einzelnen *Städing* NJW 1996, 691, 694 f.
[21] *T/P/Reichold* Rn. 2; *Städing* NJW 1996, 691, 696.
[22] BT-Drucks. 11/4155 S. 11.
[23] BVerfG NJW 2007, 3486; LG Essen NJW-RR 1993, 576; AG Ahrensburg NJW 1996, 2516; *Städing* NJW 1996, 691, 693; *B/L/H* Rn. 21; einschränkend; *Zö/Herget* Rn. 12; aA Peglau NJW 1997, 2222 ff.
[24] *Fischer* MDR 1994, 978, 982.
[25] BVerfG NJW-RR 1994, 254, 255.
[26] *B/L/H* Rn. 18.
[27] AA zu dem Rechtszustand vor dem 1. 1. 2002; LG Hannover NJW-RR 1994, 1088.
[28] MK/*Deubner* Rn. 42.
[29] *Fischer* MDR 1994, 978, 982; *Kunze* NJW 1995, 2750, 2751.
[30] *T/P/Reichold* Rn. 3; *Fischer* MDR 1994, 978, 982.

schlüsse gemäß § 281 – nicht jedoch auf solche nach § 17a GVG – entsprechend anwendbar.[31] Bei Urteilen, die im Ausland vollstreckt werden sollen (§§ 313a Abs. 4 Nr. 5, Abs. 5, 313b Abs. 3), findet § 313a Abs. 1 keine Anwendung. Gleiches empfiehlt sich – aus Zeitgründen – für die Bestimmung des § 313a Abs. 1 S. 2, wenn der frühe erste Termin als sog. Durchlauftermin (§ 296 Rn. 20) konzipiert ist.

V. Rechtsmittel

11 Die im vereinfachten Verfahren ergangenen **streitigen Urteile** sind – abgesehen von den Fällen, in denen das Gericht des ersten Rechtszuges die Berufung im Urteil zugelassen hat (§ 511 Abs. 2 Nr. 2) – mangels Erreichens der Berufungssumme des § 511 Abs. 2 Nr. 1 grundsätzlich nicht mit Rechtsmitteln anfechtbar. Im Regelfall bleibt der belasteten Partei daher nur die Möglichkeit der **Verfassungsbeschwerde** (Art. 93 Abs. 1 Nr. 4b GG), die – da der frühere § 579 Abs. 3 im Jahre 1977 aufgehoben worden ist – nicht erst nach Durchführung eines Nichtigkeitsverfahrens nach den §§ 579ff. in Betracht kommt.[32] So hat denn auch das Bundesverfassungsgericht bisher im **zivilprozessualen Bereich**[33] noch keine Verfassungsbeschwerde gegen ein Urteil wegen Verletzung rechtlichen Gehörs unter Hinweis auf die Analogiefähigkeit des Wiederaufnahmerechts (§ 579 Abs. 1 Nr. 4) als unzulässig nicht zur Entscheidung angenommen.[34] Vor Erhebung einer Verfassungsbeschwerde, mit der die Verletzung des Anspruchs auf rechtliches Gehör in einem Zivilprozess gerügt werden soll, ist aber eine Entscheidung des Zivilgerichts mit dem Rechtsbehelf des § 321a einzuholen.[35] Da die ZPO seit dem 1. 1. 2002 diesen besonderen Rechtsbehelf gewährt, mit dem gegen ansonsten unanfechtbare Entscheidungen die Verletzung des rechtlichen Gehörs geltend gemacht werden kann, ist kein Raum mehr dafür, mit der bis zum 31. 12. 2001 ganz überwiegenden Meinung[36] in den Fällen **greifbarer Gesetzwidrigkeit** (insbesondere bei Verletzung des Anspruchs auf rechtliches Gehör) die **außerordentliche Berufung** in analoger Anwendung des bisherigen § 513 Abs. 2 (= § 514 Abs. 2 nF) für zulässig erachten zu müssen. Der neu eingeführte § 321a bietet den Gerichten nämlich nunmehr für diese Verfahren eine gesetzlich vorgesehene Abhilfemöglichkeit und macht daher die bisherige Rechtsprechung zur ausdehnenden Auslegung des bisherigen § 513 Abs. 2 insoweit künftig entbehrlich.[37] Die im Zusammenhang mit der Anordnung des Verfahrens nach § 495a erfolgte **Streitwertfestsetzung** ist **nicht** mit der **sofortigen Beschwerde** anfechtbar.[38]

VI. Schlichtungsverfahren

12 Seit dem 1. Januar 2000[39] können die Länder nach § 15a Abs. 1 S. 1 Nr. 1 EGZPO[40] – was verfassungsrechtlich nicht zu beanstanden ist[41] – durch Landesgesetz bestimmen, dass in vermögensrechtlichen Streitigkeiten vor dem Amtsgericht über Ansprüche, deren Gegenstand an Geld oder Geldeswert die Summe von 750,– Euro nicht übersteigt, die Erhebung einer **Klage** zu den Zivilgerichten **erst zulässig** ist, **nachdem** von einer durch die Landesjustizverwaltung eingerichteten oder anerkannten **Gütestelle** versucht worden ist, die Streitigkeit einvernehmlich beizulegen. Von der Möglichkeit der Einführung einer obligatorischen Schlichtung (s. insoweit auch Einl. Rn. 25 und vor § 253 Rn. 4) im Streitwertbereich bis 750,– Euro haben

[31] *Zö/Herget* Rn. 14.

[32] BVerfG NJW 1993, 51; BayVerfG NJW 1994, 2280; 1998, 1136 (beide für den Fall, dass ein Obsiegen im Verfahren nach § 579 Abs. 1 Nr. 4 von anderen, weiter gehenden Voraussetzungen abhängig ist als ein Erfolg in der Verfassungsbeschwerde); *Kunze* (Fn. 3) S. 116ff. mit Übersicht zum Meinungsstand; aA BVerfGE 34, 204 (zum früheren § 510c); BVerfG NJW 1992, 496 (für das verwaltungsgerichtliche Verfahren); 1992, 1030 (für das finanzgerichtliche Verfahren); *Schneider* ZAP Fach 13, S. 199, 206; *B/L/H* Rn. 33; vgl. auch BerlVerfGH NJW 1999, 275.

[33] Für viele: BVerfG NJW 1993, 1319; 1993, 2793; NJW-RR 1994, 254; anders im verwaltungsgerichtlichen (BVerfG NJW 1992, 496) und im finanzgerichtlichen Verfahren (BVerfG NJW 1992, 1030).

[34] *Kunze* (Fn. 3) S. 119.

[35] BVerfG NJW 2002, 3388; 2005, 3059; BbgVerfG NJW 2004, 1651; BayVerfGH NJW 2006, 283.

[36] BVerfG NJW 1997, 1301 mit Anm. Kunze NJW 1997, 2154f.; 1999, 1176; 2001, 746; BGH NJW 1990, 838 (der das nur für die Fälle des § 128 Abs. 2 bejaht hat und zu dem am 1. 4. 1991 in Kraft getretenen § 495a noch keine Stellung nehmen konnte).

[37] BT-Drucks. 14/4722, S. 94; einschränkend: *Bloching/Kettinger* NJW 2005, 860ff.; aA *B/L/H* Rn. 30; *Schneider* MDR 2006, 969, 974 m. weit. Nachw.

[38] LG Dortmund NJW-RR 2006, 1222; aA LG München NJW-RR 2002, 425.

[39] Eingefügt durch Gesetz vom 15. 12. 1999 (BGBl. I S. 2400); s. dazu im Einzelnen: Hartmann NJW 1999, 3745ff.; Rüssel NJW 2000, 2800ff.; zur Problematik „Alternative Streitbeilegung und Verjährung" s. Wagner NJW 2001, 182ff.; zur Frage der Anwaltsgebühren in Güteverfahren s. Enders JurBüro 2000, 113ff.

[40] Zu den Regelungen des vorprozessualen Güteverfahrens s. im Einzelnen *Zietsch/Röschmann*, Beilage zu Heft 51/2001 der NJW; zu „Aktuelle Entscheidungen zu § 15 EGZPO bzw. zum obligatorischen außergerichtlichen Schlichtungsverfahren" s. *Friedrich* NJW 2002, 3223ff. u. NJW 2003, 3534ff.; zu den Erfahrungen mit der außergerichtlichen Streitbeilegung s. *Lauer* NJW 2004, 1280ff.; zu zulässigen und unzulässigen Strategien zur Vermeidung eines Schlichtungsverfahrens s. Bitter NJW 2005, 1235ff.; zur Frage, ob das obligatorische Schlichtungsverfahren der Klageerhebung zwingend vorausgehen muss s. BGH NJW 2005, 437 mit Anm. Bitter NJW 2005, 1235ff. und Anm. Wesche BGHReport 2005, 389; zur Frage der Auswirkung des Wegfalls eines Schlichtungsgesetzes auf einen anhängigen Prozess s. BGH NJW 2007, 509; zur Frage der Rüge des fehlenden Schlichtungsverfahrens in der Berufungsinstanz s. LG Marburg NJW 2005, 2866; OLG Saarbrücken NJW 2007, 1292.

[41] BVerfG NJW-RR 2007, 1073.

zurzeit **Baden-Württemberg**[42] mit Wirkung vom 1. 10. 2000, **Sachsen-Anhalt**[43] mit Wirkung vom 1. 11. 2001 und **Schleswig-Holstein**[44] mit Wirkung vom 1. 3. 2002 Gebrauch gemacht. Das **Saarland**[45] hat die obligatorische außergerichtliche Streitschlichtung im Streitwertbereich bis 600,– Euro mit Wirkung vom 1. 7. 2001 eingeführt.

VII. Gebühren und Kosten

1. Rechtsanwaltsgebühren. Der Anwalt verdient die Gebühren gemäß Nr. 3100ff. VV RVG. Wird ohne mündliche Verhandlung entschieden, fällt gleichwohl die Terminsgebühr (Nr. 3104 VV RVG) an (Nr. 3104 Abs. 1 Nr. 1 VV RVG). 13

2. Gerichtskosten. Gerichtsgebühren werden nicht erhoben; im Prozessverfahren aller Instanzen ist die (frühere) Urteilsgebühr mit der erhöhten Verfahrensgebühr abgegolten. 14

496 *Einreichung von Schriftsätzen; Erklärungen zu Protokoll*

Die Klage, die Klageerwiderung sowie sonstige Anträge und Erklärungen einer Partei, die zugestellt werden sollen, sind bei dem Gericht schriftlich einzureichen oder mündlich zum Protokoll der Geschäftsstelle anzubringen.

I. Normzweck

Im Verfahren vor den Amtsgerichten gelten nicht nur Verfahrenserleichterungen für das Gericht (§§ 495 a, 497), sondern auch für die Parteien. Im Interesse der Verbesserung der Lage anwaltlich nicht vertretener Parteien[1] bestimmt daher § 496, dass die Klage, die Klageerwiderung sowie sonstige Anträge oder Erklärungen einer Partei entweder **schriftlich eingereicht** oder auch **mündlich zu Protokoll der Geschäftsstelle angebracht** werden können (für das Mahnverfahren s. § 702). In Ehesachen, bei güterrechtlichen Streitigkeiten und in Folgesachen findet § 496 gemäß den §§ 608, 621 b, 624 Abs. 3 **keine** Anwendung. 1

II. Erklärungen zu Protokoll

Zuständig zur Entgegennahme von Anträgen und Erklärungen ist die **Geschäftsstelle eines jeden Amtsgerichts** (§ 129 a Abs. 1). Die Aufnahme erfolgt in der Regel – ansonsten durch den Urkundsbeamten – durch den **Rechtspfleger**, der gemäß § 24 Abs. 2 Nr. 2 und 3 RPflG für die Entgegennahme von Klagen (auch Widerklagen) und Klageerwiderungen sowie anderen Anträgen und Erklärungen, die nach Schwierigkeit und Bedeutung den Klagen und Klageerwiderungen gleichstehen, zuständig ist. Die Erklärungen müssen in **Gegenwart** des Aufnehmenden bzw. in körperlicher **Anwesenheit** des Erklärenden abgegeben werden, so dass die telefonische Entgegennahme einer Erklärung unzulässig ist.[2] Der Aufnehmende muss die Partei **sachgerecht belehren** und darf wegen der §§ 270 Abs. 3, 129 a die Niederschrift nicht wegen Unzuständigkeit des Gerichts ablehnen. Das Wahlrecht zwischen schriftlicher Erklärung und der Erklärung zu Protokoll der Geschäftsstelle besteht unabhängig davon, ob die Partei anwaltlich vertreten ist, und insbesondere auch, soweit in Familiensachen (bezüglich Ehesachen s. Rn. 1) gemäß § 78 Abs. 2 vor dem Amtsgericht Anwaltszwang besteht.[3] 2

III. Gerichtskosten

Die Aufnahme des Protokolls durch die Geschäftsstelle ist gebührenfrei; doch wird damit die allgemeine Verfahrensgebühr nach KV Nr. 1210 fällig (§ 6 Abs. 1 Nr. 1 GKG). 3

---

[42] Das Baden-Württembergische Schlichtungsgesetz (BaWüSchlG) gilt nur, wenn alle Parteien ihren Wohnsitz, ihren Sitz oder ihre Niederlassung in Baden-Württemberg in demselben oder in benachbarten Landgerichtsbezirken haben (§ 1 Abs. 3 BaWüSchlG); zur Frage der Nachholung der Schlichtung während des Klageverfahrens s. LG Ellwangen NZM 2002, 408 = NJW 2002, 2479 (LS) = NJW-RR 2002, 936; zur Frage der Umgehung der obligatorischen Streitschlichtung durch Klageerweiterung s. LG Baden-Baden NJW-RR 2002, 935; zur Frage der Notwendigkeit des Schlichtungsverfahrens bei Klageerweiterung oder -änderung s. BGH NJW-RR 2005, 501 mit Anm. Bitter NJW 2005, 1235ff. und Anm. Kramer BGHReport 2005, 328f.

[43] Das Sachsen-anhaltische Schiedsstellen- und Schlichtungsgesetz (SchlStG) tritt mit Ablauf des 31. 12. 2008 außer kraft (Art. 5 Abs. 3 des Gesetzes zur Änderung des Schiedsstellengesetzes und anderer Vorschriften vom 17. 5. 2001 (GVBl. S. 172).

[44] Das Schleswig-Holsteinische Gesetz zur Ausführung von § 15 a EGZPO (Landesschlichtungsgesetz – LSchliG) vom 11. 12. 2001 (GVBl. S. 361) gilt nur, wenn die Parteien in demselben Landgerichtsbezirk wohnen oder ihren Sitz oder eine Niederlassung haben (§ 1 Abs. 2 S. 2) und tritt mit Ablauf des 31. 12. 2008 außer kraft (§ 11 S. 2); zur Durchführung des Schlichtungsverfahrens als Voraussetzung der Gewährung von Prozesskostenhilfe s. LG Itzehoe NJW-RR 2003, 352.

[45] Das Saarländische Landesschlichtungsgesetz (LSchlG) gilt nur für Parteien, die im Saarland wohnen oder dort ihren Sitz oder eine Niederlassung haben (§ 37a AGJusG) und tritt mit Ablauf des 31. 12. 2010 außer kraft (Art. 6 I S. 2 LSchlG).

[1] MK/*Deubner* Rn. 1; BT-Drucks. 7/2729, S. 56

[2] BGHSt 30, 64 = NJW 1981, 1627 m. weit. Nachw.

[3] *St/J/Leipold* Rn. 2.

497 *Ladungen* (1) [1]**Die Ladung des Klägers zu dem auf die Klage bestimmten Termin ist, sofern nicht das Gericht die Zustellung anordnet, ohne besondere Form mitzuteilen.** [2]**§ 270 Satz 2 gilt entsprechend.**

(2) [1]**Die Ladung einer Partei ist nicht erforderlich, wenn der Termin der Partei bei Einreichung oder Anbringung der Klage oder des Antrages, auf Grund dessen die Terminsbestimmung stattfindet, mitgeteilt worden ist.** [2]**Die Mitteilung ist zu den Akten zu vermerken.**

I. Normzweck

1 Aus Gründen der Kostenersparnis sowie im Interesse der Beschleunigung und Vereinfachung des Verfahrens gestattet die Vorschrift des § 497, die in Ehesachen[1], bei güterrechtlichen Streitigkeiten und in Folgesachen gemäß den §§ 608, 621b, 624 Abs. 3 keine Anwendung findet, in Abweichung von § 329 Abs. 2 S. 2 die **formlose Ladung** des Klägers zu dem auf die Klage bestimmten Termin (§ 497 Abs. 1).[2] Und § 497 Abs. 2 verzichtet sogar im Falle der **Terminsmitteilung** auf die Ladung einer Partei.

II. Formlose Ladung des Klägers (Absatz 1)

2 Sofern der Amtsrichter nicht die Zustellung ausdrücklich anordnet, ist gemäß § 497 Abs. 1 S. 1 die Ladung des Klägers zu dem auf die Klage bestimmten Termin formlos (mündlich oder schriftlich) mitzuteilen. Mit **„dem auf die Klage bestimmten Termin"** ist nach der Gesetzessystematik nur der frühe erste Termin iSd. §§ 272 Abs. 2, 275 gemeint[3], und zwar auch dann, wenn er verlegt wird.[4] Entsprechend § 270 S. 2 gilt die **formlose schriftliche** Ladung im Ortsbereich an dem folgenden, im Übrigen an dem zweiten Werktage nach der Aufgabe zur Post als bewirkt (§ 497 Abs. 1 S. 2). Dadurch wird jedoch **keine Zugangsvermutung** zu Lasten des Klägers begründet[5], weshalb es empfehlenswert ist, die nicht förmliche Zustellung durch Beifügung einer rückgabepflichtigen Empfangsbescheinigung zu überwachen.[6] Vor Erlass eines kontradiktorischen Endurteils ist das Gericht zur Wahrung des rechtlichen Gehörs verpflichtet, sich über den tatsächlichen Zugang einer formlosen Ladung zu vergewissern.[7]

III. Terminsmitteilung statt Ladung einer Partei (Absatz 2)

3 Gemäß § 497 Abs. 2 S. 1 ist die Ladung einer Partei – über den Ausnahmefall des § 218 hinaus – auch dann entbehrlich, wenn ihr der Termin bei Einreichung (**Übergabe**) oder Anbringung (**Protokollierung**) der Klage oder des terminauslösenden Antrages mitgeteilt worden ist. Einer Partei steht der **gesetzliche Vertreter** (§ 171) oder der **Prozessbevollmächtigte** (§ 176) gleich, wenn die Ladung ihm zugestellt werden müsste; ausgenommen ist jedoch der Fall der Anordnung des persönlichen Erscheinens gemäß § 141 Abs. 2 S. 2. Die Mitteilung ist zu den Akten zu vermerken (§ 497 Abs. 2 S. 2), dh. der mitteilende Richter oder Urkundsbeamte der Geschäftsstelle hat einen von ihm zu unterschreibenden Vermerk anzufertigen, aus dem sich Empfänger und Tag der Mitteilung ergeben. § 497 Abs. 2 gilt auch für den **Gegner**[8] **und den Streithelfer.**[9]

IV. Gerichtskosten

4 Grundsätzlich ist die Klage gemäß § 12 GKG erst zuzustellen, wenn die allgemeine Verfahrensgebühr (KV Nr. 1210) bezahlt ist; die Vorschrift enthält jedoch eine Reihe von **Ausnahmen,** §§ 12 Abs. 2, 14 GKG. Ist Gegenstand des Verfahrens nicht eine bestimmte Geldsumme in Euro, ist der Gebührenstreitwert vor Anforderung der Verfahrensgebühr gemäß § 63 Abs. 1 GKG vorläufig festzusetzen.

498 *Zustellung des Protokolls über die Klage* **Ist die Klage zum Protokoll der Geschäftsstelle angebracht worden, so wird an Stelle der Klageschrift das Protokoll zugestellt.**

I. Normzweck

1 Die Vorschrift des § 498 stellt eine – überflüssige – Ergänzung von § 253 Abs. 1 dar, wonach die Erhebung der Klage (s. § 253 Rn. 3ff.) durch Zustellung eines Schriftsatzes (Klageschrift) erfolgt. Darf nämlich in den Verfahren vor den Amtsgerichten die Klage nicht nur **schriftlich** – wie beim Landgericht – eingereicht, sondern auch gemäß § 496 **mündlich zum Protokoll der Geschäftsstelle** angebracht werden, so ist es eine Selbstverständlichkeit, dass dann an Stelle der Klageschrift das Protokoll zugestellt wird. In Ehesachen (§ 608), bei güterrechtlichen Streitigkeiten (§ 621b) und in Folgesachen (§ 624 Abs. 3) findet § 498 **keine** Anwendung.

---

[1] So auch: OLG Zweibrücken FamRZ 1982, 1097.
[2] *B/L/H* Rn. 1.
[3] *Zö/Herget* Rn. 2; MK/*Deubner* Rn. 2; aA *B/L/H* Rn. 5f.
[4] *Zö/Herget* Rn. 2; aA MK/*Deubner* Rn. 3.
[5] MK/*Deubner* Rn. 4; *St/J/Leipold* Rn. 4; vgl. auch BVerfGE 6, 85, 88f. = NJW 1974, 133; aA *B/L/H* Rn. 1.
[6] BVerfGE 6, 85, 88 = NJW 1974, 133; BayVerfGH NJW-RR 2001, 1647; MK/*Deubner* Rn. 4; *St/J/Leipold* Rn. 4.
[7] BayVerfGH NJW-R 2001, 1647.
[8] MK/*Deubner* Rn. 5; aA LG Tübingen MDR 1956, 431; *St/J/Leipold* Rn. 6.
[9] *Zö/Herget* Rn. 3; *B/L/H* Rn. 10; *St/J/Leipold* Rn. 8.

II. Zustellung des Protokolls über die Klage

Für die Zustellung des Protokolls über die Klage ist das **erkennende (Amts-)Gericht** verantwortlich. Wird die Klage gemäß § 129a Abs. 1 bei einem anderen Amtsgericht als dem Prozessgericht zu Protokoll angebracht, so veranlasst das **erkennende Gericht** nach Übersendung des Protokolls dessen Zustellung. Bezüglich der Zustellung des Protokolls über die Klage und der Heilung von Zustellungsmängeln sowie im Hinblick auf Mängel der Klageerhebung und ihre Heilung gelten die §§ 187, 253, 271 Abs. 1, 295. 2

499

Belehrungen (1) **Mit der Zustellung der Klageschrift oder des Protokolls über die Klage ist der Beklagte darüber zu belehren, dass eine Vertretung durch einen Rechtsanwalt nicht vorgeschrieben ist.**

(2) **Mit der Aufforderung nach § 276 ist der Beklagte auch über die Folgen eines schriftlich abgegebenen Anerkenntnisses zu belehren.**

I. Normzweck

Da im **landgerichtlichen Verfahren** ein wirksames Anerkenntnis nur durch einen beim Prozessgericht zugelassenen Rechtsanwalt abgegeben werden kann (§ 307 Rn. 11), ist in § 276 eine Belehrung über das schriftliche Anerkenntnis wegen Entbehrlichkeit nicht vorgesehen.[1] § 499, der eine **Schutzvorschrift zu Gunsten des Beklagten** im – grundsätzlich keinem Anwaltszwang unterliegenden – **Verfahren vor den Amtsgerichten** darstellt, bestimmt daher in Abs. 2, dass der Beklagte im Falle der Anordnung des schriftlichen Vorverfahrens (§ 276) **auch** über die Folgen eines schriftlich abgegebenen Anerkenntnisses nach § 307 Abs. 2 S. 1 zu belehren ist. Seit dem 21. 10. 2005 ist der Beklagte auch darüber zu belehren, dass eine Vertretung durch einen Rechtsanwalt nicht vorgeschrieben ist (Abs. 1). In Ehesachen (§ 608), bei güterrechtlichen Streitigkeiten (§ 621b) und in Folgesachen (§ 624 Abs. 3) findet die Vorschrift des § 499 **keine** Anwendung. 1

II. Belehrung über fehlenden Anwaltszwang (Absatz 1)

Mit der Zustellung der Klageschrift oder des Protokolls ist der Beklagte unabhängig von der Art der gerichtlichen Einleitung des Verfahrens (§§ 275, 276, 495a) darüber zu belehren, dass im amtsgerichtlichen Verfahren eine Vertretung durch Rechtsanwälte nicht vorgeschrieben ist (zu Ausnahmen s. Rn. 1). 1a

III. Belehrung über schriftliches Anerkenntnis (Absatz 2)

1. Belehrungspflicht. Zusammen mit der Aufforderung nach § 276 ist der Beklagte durch den **Richter** darüber zu belehren, dass er gemäß § 307 Abs. 2 auch ohne mündliche Verhandlung dem Anerkenntnis gemäß zu verurteilen ist, wenn er nach einer Aufforderung gemäß § 276 Abs. 1 S. 1 erklärt, dass er den Klageanspruch ganz oder zum Teil anerkennt. Die Belehrungspflicht besteht unabhängig davon, ob der Beklagte anwaltlich vertreten[2] ist. 2

2. Verfahrensfehler. Erfolgt die Belehrung nicht mit der Aufforderung nach § 276, sondern **später,** so ist dies unschädlich, da die Belehrung innerhalb des schriftlichen Vorverfahrens jederzeit nachgeholt werden kann.[3] Ist die Belehrung dagegen **vollständig unterblieben,** so darf im Falle der Abgabe eines Anerkenntnisses durch den Beklagten **kein schriftliches** Anerkenntnisurteil ergehen;[4] ein Anerkenntnisurteil gemäß § 307 Abs. 1 (auf Grund mündlicher Verhandlung) ist dagegen noch jederzeit möglich. 3

499a bis 503

(weggefallen)

504

Hinweis bei Unzuständigkeit des Amtsgerichts **Ist das Amtsgericht sachlich oder örtlich unzuständig, so hat es den Beklagten vor der Verhandlung zur Hauptsache darauf und auf die Folgen einer rügelosen Einlassung zur Hauptsache hinzuweisen.**

I. Normzweck

Im Interesse der Vermeidung einer Erschleichung der amtsgerichtlichen Zuständigkeit unter Ausnutzung der Rechtsunkenntnis des Beklagten erweitert § 504 die allgemeine richterliche Hinweispflicht des § 139 Abs. 1 dahingehend, dass der Beklagte **von Amts wegen** vor der Verhandlung zur Hauptsache **auch** über die Unzuständigkeit des Gerichts und die Folgen einer rügelosen Einlassung zu belehren ist[1] (zur Sonderregelung für das Mahnverfahren s. § 696). In Ehesachen, bei güterrechtlichen Streitigkeiten und in Folgesachen findet § 504 gemäß den §§ 608, 621b, 624 Abs. 3 **keine** Anwendung. 1

---

[1] Begründung des Entwurfs eines Gesetzes zur Vereinfachung und Beschleunigung gerichtlicher Verfahren (Vereinfachungsnovelle) vom 5. 11. 1974, BT-Drucks. 7/2729, S. 87.

[2] *Bischof* NJW 1977, 1897, 1899.

[3] MK/*Deubner* Rn. 2; *St/J/Leipold* Rn. 6.

[4] MK/*Deubner* Rn. 3; *St/J/Leipold* Rn. 7; *Zö/Herget* Rn. 2; aA *B/L/H* Rn. 4; *Bischof* NJW 1977, 1897, 1899.

[1] *Zö/Herget* Rn. 1; vgl. auch KG FamRZ 1989, 1105.

II. Belehrung bei Unzuständigkeit des Amtsgerichts

2 **1. Belehrungspflicht.** Der Amtsrichter ist grundsätzlich verpflichtet, den Beklagten **vor der Verhandlung zur Hauptsache** (§ 39 Rn. 3) auf die sachliche oder örtliche Unzuständigkeit des Gerichts und auf die Folgen einer rügelosen Einlassung zur Hauptsache gemäß § 39 S. 1 hinzuweisen. Die Hinweispflicht besteht insbesondere auch im Falle **nachträglicher sachlicher Unzuständigkeit** (**§ 506**)[2] **sowie beim Fehlen einer internationalen Zuständigkeit** deutscher Gerichte,[3] **nicht** jedoch für ein unzuständiges ausländisches Gericht gegenüber einem deutschen Beklagten.[4] Die Belehrungspflicht **entfällt** ausnahmsweise dann, wenn der Beklagte vor der Belehrung schon die Unzuständigkeit des Amtsgerichts gerügt hat.[5] Die Belehrung kann **schriftlich** oder in der **mündlichen Verhandlung** erfolgen. Im letzteren Fall ist ihre Protokollierung nicht nur ratsam[6], sondern gemäß § 160 Abs. 2 geboten.[7] Die Belehrungspflicht besteht unabhängig davon, ob der Beklagte anwaltlich vertreten ist oder in Familiensachen (bezüglich Ehesachen s. Rn. 1) gemäß § 78 Abs. 2 anwaltlich vertreten sein muss.[8] Eine zunächst unterbliebene Belehrung kann und muss bis zum Schluss der mündlichen Verhandlung **nachgeholt** werden.[9] Stellt sich die Unzuständigkeit erst nach Schluss der mündlichen Verhandlung heraus, so ist eine Wiedereröffnung gemäß § 156 geboten.[10]

3 **2. Verfahrensfehler. Unterbleibt** die **Belehrung** des Beklagten gemäß § 504, so wird die Zuständigkeit des Amtsgerichts infolge rügeloser Einlassung nicht begründet (§ 39 S. 2). Entgegen § 282 Abs. 3 S. 1 kann der Beklagte die Unzuständigkeit des Amtsgerichts auch noch **nach** seiner Verhandlung zur Hauptsache rügen, ohne dass die Möglichkeit der Zurückweisung verspäteten Vorbringens gemäß § 296 Abs. 3 besteht; eine anschließende Verweisung des Rechtsstreits auf Antrag des Klägers nach § 281 bleibt möglich.[11] § 281 Abs. 3 S. 2 (s. § 281 Rn. 18) ist jedoch nur bei ordnungsgemäßer Belehrung gemäß § 504 anwendbar. Die infolge verspäteter Belehrung entstandenen gerichtlichen Mehrkosten sind gemäß § 21 GKG niederzuschlagen. Ein Verweisungsbeschluss entfaltet insbesondere auch dann **Bindungswirkung,** wenn das Amtsgericht, statt nach § 504 den Beklagten zu belehren und seine Entscheidung, ob er rügelos zur Hauptssache verhandeln will, abzuwarten, nur den Kläger auf seine Unzuständigkeit hinweist und dem Beklagten lediglich Gelegenheit zur Stellungnahme zu dem Verweisungsantrag des Klägers gibt.[12]

505 *(weggefallen)*

506 *Nachträgliche sachliche Unzuständigkeit*

(1) Wird durch Widerklage oder durch Erweiterung des Klageantrages (§ 264 Nr. 2, 3) ein Anspruch erhoben, der zur Zuständigkeit der Landgerichte gehört, oder wird nach § 256 Abs. 2 die Feststellung eines Rechtsverhältnisses beantragt, für das die Landgerichte zuständig sind, so hat das Amtsgericht, sofern eine Partei vor weiterer Verhandlung zur Hauptsache darauf anträgt, durch Beschluss sich für unzuständig zu erklären und den Rechtsstreit an das Landgericht zu verweisen.

(2) Die Vorschriften des § 281 Abs. 2, Abs. 3 Satz 1 gelten entsprechend.

I. Normzweck

1 Die Vorschrift enthält für das Verfahren vor den Amtsgerichten in Abweichung von § 261 Abs. 3 Nr. 2 (sog. perpetuatio fori) eine Erweiterung der in § 281 normierten Verweisungsmöglichkeit vom Amtsgericht an das zuständige Landgericht, und zwar in den Fällen der **nachträglichen sachlichen Unzuständigkeit** infolge **Klageänderung**, Klageerweiterung mittels **Zwischenfeststellungsklage** oder Erhebung einer **Widerklage.** Im Gegensatz zu § 99 GVG ist nur die Verweisung auf Antrag (§ 506 Abs. 1), nicht jedoch diejenige von Amts wegen vorgesehen. Die Vorschrift des § 506 findet nach allgM **keine** Anwendung in den Fällen ursprünglicher sachlicher oder örtlicher Unzuständigkeit, in Ehesachen (§ 608), bei güterrechtlichen Streitigkeiten (§ 621b), in Folgesachen (§ 624 Abs. 3) und bei den nachträglich erhobenen Ansprüchen gemäß den §§ 302 Abs. 4 S. 4, 510b, 600 Abs. 2, 717 Abs. 2 S. 2 und Abs. 3, § 1042c Abs. 2 S. 2 sowie – mit Ausnahme von § 112 Abs. 2 GenG – bei der Verbindung mehrerer Teilklagen, selbst wenn sie bewusst zur Erschleichung der amtsgerichtlichen Zuständigkeit erhoben wurden.[1] Gleiches gilt, wenn erst im landgerichtlichen **Berufungsverfahren** gegen ein amtsgerichtliches Urteil ein Anspruch erhoben wird, der zur Zuständigkeit der Landgerichte gehört, so dass eine Verweisung des Rechtsstreits von der Berufungs-Zivil-

---

[2] LG Hannover MDR 1985, 772; *Müller* MDR 1981, 11ff. und JuS 1986, 135, 138; *T/P/Reichold* Rn. 1; *MK/Deubner* Rn. 3; *St/J/Leipold* Rn. 2; aA LG Hamburg MDR 1978, 940; *B/L/H* Rn. 3.

[3] *Schröder* NJW 1980, 473, 479; *MK/Deubner* Rn. 4; *St/J/Leipold* Rn. 4; s. auch BGH NJW 1979, 1104; aA OLG Frankfurt NJW 1979, 1787; *Katholnigg* BB 1974, 395, 397; *B/L/H* Rn. 4.

[4] OLG Frankfurt NJW 1979, 1787; *Schröder* NJW 1980, 473, 479; *Prütting* MDR 1980, 368; *T/P/Reichold* Rn. 1.

[5] *MK/Deubner* Rn. 2.

[6] So aber: *B/L/H* Rn. 6; *St/J/Leipold* Rn. 6.

[7] *MK/Deubner* Rn. 7; *Zö/Herget* Rn. 2.

[8] OLG Stuttgart FamRZ 1980, 384, 385.

[9] LG Hannover MDR 1985, 772; *Zö/Herget* Rn. 2.

[10] LG Hannover MDR 1985, 772; *MK/Deubner* Rn. 8.

[11] BGH NJW-RR 1992, 1091.

[12] *Vossler* NJW 2003, 1164ff.; aA BayObLG NJW 2003, 366.

[1] *MK/Deubner* Rn. 6; aA *B/L/H* Rn. 3; *St/J/Leipold* Rn. 17.

kammer an die erstinstanzliche Zivilkammer unzulässig ist.[2] Der Ausnahmetatbestand der Vorschrift verbietet auch eine erweiternde Auslegung des § 506 auf das Verhältnis von **Rechtsmittelgerichten,** weshalb die Verweisung des Rechtsstreits durch das Landgericht als Berufungsgericht an das Oberlandesgericht als Berufungsgericht wegen einer erst in der Berufungsinstanz eingetretenen Erweiterung des Klagebegehrens unzulässig ist (s. § 523 Rn. 9).[3]

II. Verweisung auf Antrag (Absatz 1)

1. Voraussetzungen. Der **Kläger** kann durch zulässige **Klageänderung** (§ 264 Nr. 2, 3) oder durch Klage- 2
erweiterung mittels **Zwischenfeststellungsklage** (§ 256 Abs. 2) und der **Beklagte** durch Erhebung einer **Widerklage** (§ 33) oder einer **Zwischenfeststellungswiderklage** (§ 256 Abs. 2), die einzeln oder als Gesamtanspruch nach § 71 GVG in die sachliche Zuständigkeit des Landgerichts fallen, die nachträgliche sachliche Unzuständigkeit des Amtsgerichts herbeiführen. In einem solchen Fall ist der Rechtsstreit gemäß § 506 Abs. 1 – im Gegensatz zu § 281 und § 99 GVG – auf **Antrag einer Partei** an das zuständige Landgericht zu verweisen. Der Verweisungsantrag muss grundsätzlich **vor der weiteren Verhandlung zur Hauptsache** (§ 39 Rn. 3 und § 97 GVG Rn. 3), dh. vor der Verhandlung über die Widerklage oder die erweiterte Klage, gestellt werden (zu den Einzelheiten des Verweisungsantrages s. § 281 Rn. 8 und § 101 GVG Rn. 2).

2. Entscheidung. a) Verweisung. Liegen die Voraussetzungen des § 506 Abs. 1 vor, so **hat** der Amtsrich- 3
ter sich durch **Beschluss,** der gemäß § 128 Abs. 4 ohne mündliche Verhandlung ergehen kann und keine Kostenentscheidung enthält (§ 91 Rn. 3), für unzuständig zu erklären und den **gesamten** Rechtsstreit an das zuständige Landgericht zu verweisen. Bei diesem muss es sich nicht notwendig um das im Instanzenzug übergeordnete Landgericht handeln (sog. Diagonalverweisung)[4], es sei denn, dass der an seinem Wohnsitzgericht in Anspruch genommene Beklagte mit der Erhebung der Widerklage den besonderen Gerichtsstand des § 33 ZPO wählt[5] (zur Bindungswirkung in diesem Fall s. Rn. 6).

b) Zurückweisung des Verweisungsantrages. Sind die tatbestandlichen Voraussetzungen des § 506 4
Abs. 1 nicht gegeben, so ist der Verweisungsantrag entweder durch Zwischenurteil (§§ 280, 303) oder in den Entscheidungsgründen des Endurteils (§ 300) zurückzuweisen.

c) Fehlen eines Verweisungsantrages. Da im Gegensatz zu § 99 GVG eine Verweisung von Amts wegen 5
unzulässig ist, kann die Zuständigkeit des Amtsgerichts bei Fehlen eines Verweisungsantrages infolge rügeloser Einlassung zur Hauptsache (§ 39) begründet werden. Dies gilt jedoch nicht, wenn die Belehrung nach § 504, die auch im Falle nachträglicher sachlicher Unzuständigkeit erforderlich ist,[6] (§ 504 Rn. 2), unterblieben ist. Andernfalls ist die gesamte erweiterte Klage, die Zwischenfeststellungsklage oder die Widerklage bei Verfahrensrüge durch Prozessurteil als unzulässig abzuweisen.

III. Folgen der Verweisung (Absatz 2)

Gemäß den §§ 506 Abs. 2, 281 Abs. 2 S. 2 und 4 ist die Verweisung **unanfechtbar** (§ 281 Rn. 11 und § 102 6
GVG Rn. 2–3) und **bindend** (§ 281 Rn. 14–17 und § 102 GVG Rn. 4–6). Die Bindungswirkung bezieht sich grundsätzlich nur auf die sachliche, **nicht** jedoch auf die **örtliche** Zuständigkeit.[7] Das Landgericht, an das der Rechtsstreit verwiesen wird, kann also die Sache zB an das Arbeitsgericht[8] oder nach Prüfung und Verneinung seiner örtlichen Zuständigkeit bei Erfüllung der entsprechenden Verfahrensvoraussetzungen (Unzuständigkeitsrüge, Verweisungsantrag) an das örtlich zuständige Landgericht weiterverweisen[9]. Letzteres scheidet jedoch aus, wenn das verweisende Amtsgericht eine Verweisung nach § 506 mit einer Verweisung gemäß § 281 an das örtlich zuständige Landgericht verbunden hatte[10] oder bereits selbst durch eine frühere örtliche Verweisung gebunden war.[11] Wählt der an seinem Wohnsitzgericht in Anspruch genommene Beklagte mit der Erhebung der Widerklage den besonderen Gerichtsstand des § 33 ZPO, so entfaltet der Verweisungsbeschluss keine Bindungswirkung, wenn das nunmehr sachlich unzuständige AG den Rechtsstreit wegen örtlicher Unzuständigkeit statt an das übergeordnete an das für den Wohnsitz des Klägers und Widerbeklagten zuständige auswärtige LG verweist.[12]

---

[2] RGZ 119, 379 ff.; KG NJW-RR 2000, 804; LG Zweibrücken NJW-RR 1994, 1087; TP/*Reichold* Rn. 5; Butzer NJW 1993, 2649 ff.; *Schneider* MDR 1997, 221 ff.; aA OLG Oldenburg NJW 1973, 810; LG Hannover MDR 1985, 329; LG Aachen NJW-RR 1990, 704; LG Stuttgart NJW-RR 1990, 704; LG Kassel NJW-RR 1996, 1340; LG Aachen NJW-RR 1999, 143; LG Hamburg NJW-RR 2001, 932.

[3] BGH NJW-RR 1996, 891 = NJW 1996, 2378 (LS) mit abl. Anm. *Deubner* JuS 1996, 821, 822 f.

[4] *T/P/Reichold* Rn. 2; MK/*Deubner* Rn. 11; aA *St/J/Leipold* Rn. 9, wonach die sog. Diagonalverweisung nur iVm. § 281 zulässig sein soll. S. aber im Fall des § 33 OLG Zweibrücken NJW-RR 2000, 590.

[5] OLG Zweibrücken NJW-RR 2000, 590.

[6] *T/P/Reichold* Rn. 9; MK/*Deubner* Rn. 8; *Zö/Herget* Rn. 3; *St/J/Leipold* Rn. 7.

[7] *Zö/Herget* Rn. 6; *St/J/Leipold* Rn. 13; aA *B/L/H* Rn. 5.

[8] *T/P/Reichold* Rn. 7; *Zö/Herget* Rn. 6.

[9] OLG München OLGZ 1965, 187, 189 = NJW 1965, 767 (LS); *Zö/Herget* Rn. 6.

[10] *Zö/Herget* Rn. 6.

[11] OLG München OLGZ 1965, 187 = NJW 1965, 767 (LS); *Zö/Herget* Rn. 6.

[12] OLG Zweibrücken NJW-RR 2000, 590.

IV. Gebühren und Kosten

7 **1. Rechtsanwaltsgebühren.** Die Verfahren vor dem AG und dem LG sind gebührenrechtlich ein Rechtszug. Die Gebühren fallen also nur einmal an (§ 20 S. 1 mit 15 Abs. 2 S. 1 RVG).

8 **2. Gerichtskosten.** Gerichtsgebühren werden weder für den Verweisungsbeschluss noch für ein Zwischenurteil oder das abweisende Prozessurteil erhoben. Die Verfahren vor dem Amts- und Landgericht gelten gebührenrechtlich als Verfahren einer einzigen Instanz, s. a. § 281 Rn. 22ff.

507 bis 509 *(weggefallen)*

510

Erklärung über Urkunden **Wegen unterbliebener Erklärung ist eine Urkunde nur dann als anerkannt anzusehen, wenn die Partei durch das Gericht zur Erklärung über die Echtheit der Urkunde aufgefordert ist.**

I. Normzweck

1 § 510 erweitert die richterliche Hinweispflicht gemäß § 139 Abs. 1 im Hinblick auf die **Geständnisfiktion** des § 439 Abs. 3 hinsichtlich der Echtheit von **privatrechtlichen Urkunden** iSv. § 416 (bezüglich der Echtheit öffentlicher Urkunden s. § 437). Die Vorschrift findet in Ehesachen (§ 608), bei güterrechtlichen Streitigkeiten (§ 621b) und in Folgesachen (§ 624 Abs. 3) **keine** Anwendung.

II. Aufforderung zur Erklärung über die Echtheit von Privaturkunden

2 **1. Aufforderungspflicht.** Der Amtsrichter ist verpflichtet, den Gegner des Beweisführers aufzufordern, zu erklären, ob er die Urkunde für echt oder unecht hält. Die Aufforderung kann **schriftlich** oder **in der mündlichen Verhandlung** erfolgen. Im letzteren Fall ist sie gemäß § 160 Abs. 2 in das **Protokoll aufzunehmen.**[1] Die Aufforderungspflicht besteht unabhängig davon, ob der Beweisgegner anwaltlich vertreten ist.

3 **2. Verfahrensfehler.** Hat das Gericht den Beweisgegner **nicht** zur Erklärung über die Echtheit einer Privaturkunde aufgefordert, so **entfällt** die **Geständnisfiktion** des § 439 Abs. 3. Das Bestreiten der Echtheit der Privaturkunde kann dann in der **Berufungsinstanz** vom Beweisgegner **nachgeholt** werden, ohne dass die Möglichkeit einer Zurückweisung verspäteten Vorbringens gemäß § 531 Abs. 2 besteht.[2]

510a

Inhalt des Protokolls **Andere Erklärungen einer Partei als Geständnisse und Erklärungen über einen Antrag auf Parteivernehmung sind im Protokoll festzustellen, soweit das Gericht es für erforderlich hält.**

I. Normzweck

1 Die Bestimmung des § 510a stellt eine – überflüssige – Erweiterung von § 160 Abs. 4 für amtsgerichtliche Verfahren dar, da hier auch **ohne besonderen Antrag** andere Erklärungen einer Partei als Geständnisse und Erklärungen über einen Antrag auf Parteivernehmung, nämlich **wesentliche „Vorgänge oder Äußerungen"** (s. § 160 Rn. 3) von Amts wegen in das Sitzungsprotokoll aufzunehmen sind, wenn der Richter dies für notwendig erachtet.[1] In Ehesachen (§ 608), bei güterrechtlichen Streitigkeiten (§ 621b) und in Folgesachen (§ 624 Abs. 3) findet § 510a **keine** Anwendung.

II. Inhalt des Sitzungsprotokolls

2 Für die Aufnahme und den Inhalt des Sitzungsprotokolls gelten auch im Verfahren vor den Amtsgerichten die §§ 159–165. § 510a lässt insbesondere § 160, der den Inhalt des Protokolls regelt, unberührt.[2] Gemäß § 160 Abs. 3 Nr. 3 sind Geständnis (§ 288) und Erklärung über einen Antrag auf Parteivernehmung (§§ 446, 447) sowie sonstige Erklärungen, wenn ihre Feststellung vorgeschrieben ist, im Protokoll festzustellen. Da außerdem nach § 160 Abs. 2 die wesentlichen Vorgänge der Verhandlung (s. § 160 Rn. 3) in das Protokoll aufzunehmen sind, hat § 510a kaum praktische Bedeutung.[3]

510b

Urteil auf Vornahme einer Handlung **Erfolgt die Verurteilung zur Vornahme einer Handlung, so kann der Beklagte zugleich auf Antrag des Klägers für den Fall, dass die Handlung nicht binnen einer zu bestimmenden Frist vorgenommen ist, zur Zahlung einer Entschädigung verurteilt werden; das Gericht hat die Entschädigung nach freiem Ermessen festzusetzen.**

---

[1] MK/*Deubner* Rn. 3; aA *T/P/Reichold* Rn. 1; *B/L/H* Rn. 1; *St/J/Leipold* Rn. 1 (lediglich Feststellung der Aufforderung im Tatbestand des Urteils); differenzierend: Zö/Herget Rn. 2.
[2] *Zö/Herget* Rn. 2; vgl. auch RGZ 97, 162, 164.
[1] *Zö/Herget* Rn. 1.
[2] MK/*Deubner* Rn. 1.
[3] *Zö/Herget* Rn. 1.

I. Normzweck

In den Fällen, in denen der Kläger nach materiellem Recht einen Erfüllungsanspruch hat, der nach Ablauf der Frist für die Erfüllung in einen Schadensersatzanspruch wegen Nichterfüllung übergehen kann (§ 255 Rn. 2), kann der Kläger im **landgerichtlichen Verfahren** neben der Erfüllung stets verlangen, dass die Frist im Urteil bestimmt wird (§ 255 Abs. 1). Die gleichzeitige Verurteilung zum Schadensersatz ist jedoch nur unter den engen Voraussetzungen des § 259 möglich.[1] Im Interesse der Beschleunigung und Vereinfachung des Verfahrens gestattet § 510b, im **amtsgerichtlichen** Verfahren – ohne dass die Voraussetzungen des § 259 vorliegen müssen – **dreierlei** gleichzeitig zu beantragen, nämlich die Verurteilung zur Vornahme einer Handlung, die Fristbestimmung im Urteil und die Verurteilung zur Zahlung einer Entschädigung nach fruchtlosem Fristablauf. Die Vorschrift des § 510b findet auch im landgerichtlichen Berufungsverfahren gegen amtsgerichtliche Urteile[2] und auf die Verurteilung zur Abgabe einer eidesstattlichen Versicherung (§ 889)[3] Anwendung, **nicht** jedoch auf Unterlassungs- (§ 890), Duldungs- (§ 890) und Herausgabeklagen (§§ 883–885)[4], auf Klagen zur Abgabe einer Willenserklärung[5], in Ehesachen (§ 608), bei güterrechtlichen Streitigkeiten (§ 621b), in Folgesachen (§ 624 Abs. 3) und nach einer Verweisung gemäß § 506.[6] 1

II. Verurteilung zur Zahlung einer Entschädigung

1. Voraussetzungen. a) Art des Hauptanspruchs. Die Klage muss in der Hauptsache auf die Verurteilung zur Vornahme einer vertretbaren oder unvertretbaren Handlung gerichtet sein (Rn. 1). Das ist dann der Fall, wenn die Handlung gemäß den §§ 887–889 zu vollstrecken wäre, auch wenn die Zwangsvollstreckung im Einzelfall gemäß § 888 Abs. 2 unzulässig ist. 2

b) Antrag. Der nicht zu begründende Antrag auf Verurteilung zur Zahlung einer Entschädigung nach fruchtlosem Fristablauf kann vom **Kläger** – mündlich oder schriftlich – bis zum Schluss der mündlichen Verhandlung in der Berufungsinstanz gestellt werden, jedoch nicht mehr nach einer Verweisung gemäß § 506.[7] Der Entschädigungsantrag ist kein Inzidentantrag, sondern bewirkt eine **objektive Klagenhäufung** iSv. § 260.[8] Er führt aber wegen wirtschaftlicher Identität weder zu einer Zusammenrechnung der Streitwerte gemäß § 5[9] noch – da nur der Hauptantrag und nicht der Wert des eventuell höheren Entschädigungsanspruchs den Streitwert bestimmt[10] – bei Überschreitung der sachlichen Zuständigkeitsgrenze des Amtsgerichts zu einer Verweisung gemäß § 506. 3

c) Entschädigungsanspruch. § 510b stellt **keine eigene Anspruchsgrundlage** für einen Entschädigungsanspruch dar, sondern setzt einen solchen Anspruch nach materiellem Recht voraus. Der Amtsrichter muss daher die Anspruchsvoraussetzungen einschließlich der vom Beklagten vorgebrachten Einwendungen eigenständig prüfen. Eine **Aufrechnung** des Beklagten gegenüber dem Entschädigungsanspruch ist jedoch **unzulässig,** da dieser Anspruch als künftiger Anspruch nicht aufrechnungsfähig ist. 4

2. Entscheidung. a) Entscheidungspflicht und Entscheidungsermessen. Der Amtsrichter ist **verpflichtet,** über den Entschädigungsantrag zu entscheiden, wenn und soweit die Voraussetzungen des § 259 vorliegen. Kommt dagegen nur § 510b zur Anwendung, so steht die Entscheidung über die Entschädigung **im Ermessen** des Gerichts.[11] Es darf zB von einer Entscheidung absehen, wenn die Verurteilung zur Vornahme der Handlung durch eine umfangreiche Beweisaufnahme über Grund und/oder Höhe der Entschädigung erheblich verzögert würde. 5

b) Negative Entscheidung. Der Entschädigungsanspruch **gilt als nicht erhoben,** wenn der Anspruch auf Vornahme der Handlung als unzulässig oder unbegründet abgewiesen wird.[12] Er ist als **unzulässig abzuweisen,** wenn der Hauptanspruch nicht iSv. § 510b auf Vornahme einer Handlung, sondern zB auf Unterlassung, Duldung oder Herausgabe gerichtet ist (Rn. 1). Der Anspruch auf Zahlung einer Entschädigung ist als **unbegründet abzuweisen,** wenn nach materiellem Recht die Nichtvornahme der Handlung keine Entschädigungspflicht auslöst oder das Gericht im Rahmen seines Ermessens (Rn. 5) von einer Entscheidung absieht. Als notwendige Konsequenz der nur zum Zwecke der Zwangsvollstreckung erfolgten objektiven Klagenhäufung (Rn. 3) bleibt der negative Ausspruch ohne jede Kostenfolge im Urteil.[13] Mit der **Berufung** kann insbesondere gerügt werden, dass das Amtsgericht gemäß § 259 zur Entscheidung verpflichtet 6

---

[1] AllgM, für viele: OLG Schleswig NJW 1966, 1929, 1930; OLG Köln OLGZ 1976, 477, 478; aA OLG München OLGZ 1965, 10, 11f.; einschränkend: OLG Koblenz AnwBl 1990, 107, 108.
[2] *Zö/Herget* Rn. 1.
[3] MK/*Deubner* Rn. 2.
[4] Für viele: BAGE 5, 75, 78 = AP ArbGG 1953 § 61 Nr. 22 (für den gleich lautenden § 61 Abs. 4 S. 1 – den heutigen § 61 Abs. 2 S. 1 – ArbGG); OLG Köln MDR 1950, 432; OLGZ 1976, 477, 478.
[5] MK/*Deubner* Rn. 2.
[6] *B/L/H* Rn. 4; *Zö/Herget* Rn. 3.
[7] *B/L/H* Rn. 4; *Zö/Herget* Rn. 3.
[8] MK/*Deubner* Rn. 7; *T/P/Reichold* Rn. 5; aA *Schneider* MDR 1984, 853; *B/L/H* Rn. 4; *St/J/Leipold* Rn. 5.
[9] Für viele: *Schneider* MDR 1984, 853.
[10] *Schneider* MDR 1984, 853f.; *Zö/Herget* Rn. 4 und 9; *St/J/Leipold* Rn. 6; aA LG Köln MDR 1984, 501; MK/*Deubner* Rn. 26.
[11] MK/Deubner Rn. 9; T/P/Reichold Rn. 6; Zö/Herget Rn. 4; St/J/Leipold Rn. 8; aA B/L/H Rn. 5.
[12] MK/*Deubner* Rn. 11.
[13] *Zö/Herget* Rn. 9.

war oder sein Ermessen aus § 510b unrichtig ausgeübt hat.[14] Nach allgM kann das Berufungsgericht nach eigenem Ermessen die Entschädigung selbst zusprechen, und zwar auch dann, wenn der Antrag auf Zahlung einer Entschädigung erstmals in der Berufungsinstanz gestellt wird (Rn. 1 und 3).

7 c) **Positive Entscheidung.** Liegen die Voraussetzungen des § 510b vor, so hat das Gericht den Beklagten zur Vornahme der Handlung zu verurteilen, eine Frist zur Vornahme der Handlung zu bestimmen und **zugleich** die Entschädigung nach **freiem Ermessen** (§ 510b Halbs. 2 iVm. § 287) in bestimmter Höhe[15] unter Beachtung von § 308 festzusetzen. Eine Entscheidung über den Hauptanspruch durch **Teilurteil** ist **unzulässig.** Das **gesamte** Urteil ist gemäß den §§ 708ff. für **vorläufig vollstreckbar** zu erklären, auch wenn § 888a die Zwangsvollstreckung hinsichtlich des Hauptanspruchs einschränkt.[16]

III. Zwangsvollstreckung

8 Die **Vollstreckungsklausel** (§ 725) ist sofort, dh. vor Fristablauf und ohne den Nachweis der Nichtvornahme der Handlung zu erteilen.[17] Ist im Falle des § 510b der Beklagte zur Zahlung einer Entschädigung nach fruchtlosem Fristablauf verurteilt worden, so ist die **Zwangsvollstreckung** auf Grund der Vorschriften der §§ 887, 888 **ausgeschlossen** (§ 888a). **Einwendungen des Beklagten** gegen den Entschädigungsanspruch sind im Wege der **Vollstreckungsgegenklage** gemäß § 767 geltend zu machen. Dies gilt insbesondere dann, wenn der Entschädigungsanspruch wegen rechtzeitiger Vornahme der Handlung nicht entstanden oder nach Entstehung infolge Aufrechnung erloschen ist. § 767 Abs. 2 steht einer Aufrechnung gegenüber dem Entschädigungsanspruch mit einem Gegenanspruch, der bereits vor dem Schluss der letzten mündlichen Verhandlung entstanden ist, nicht entgegen, da im Erstprozess nicht aufgerechnet werden konnte (Rn. 4).[18]

510c *(weggefallen)*

[14] MK/*Deubner* Rn. 22.
[15] KG HRR 1940 Nr. 902.
[16] *T/P/Reichold* Rn. 9; aA MK/*Deubner* Rn. 20f.
[17] OLG Hamburg MDR 1972, 1040; *Birmanns* DGVZ 1981, 147, 148; aA OLG Köln MDR 1950, 432.
[18] *St/J/Leipold* Rn. 21.

BUCH 3. RECHTSMITTEL

Abschnitt 1. Berufung

Vorbemerkung

I. Begriff der Rechtsmittel

Rechtsmittel sind die prozessualen Rechtsbehelfe, mit denen eine Partei die Überprüfung und Korrektur einer gerichtlichen Entscheidung durch das im Instanzenzug übergeordnete Gericht erreichen kann. Rechtsmittel im Sinne der ZPO sind **Berufung, Revision, Nichtzulassungsbeschwerde, sofortige Beschwerde** und **Rechtsbeschwerde.** Von anderen Rechtsbehelfen – Einspruch, Erinnerung, Gegenvorstellung – unterscheiden sich Rechtsmittel durch den **Devolutiveffekt,** dh. die Anfallwirkung in der höheren Instanz. Dieser Effekt tritt bei der sofortigen Beschwerde (§ 567) allerdings nur im Fall der Nichtabhilfe ein (§ 572 Abs. 1). Eine weitere typische Rechtsmittelwirkung ist der **Suspensiveffekt,** dh. die Hemmung des Eintritts der formellen Rechtskraft (§ 705 S. 2) und der unbedingten Vollstreckbarkeit (§ 704 Abs. 1, 1. Alt.). Rechtskrafthemmende Wirkung hat freilich auch der Rechtsbehelf des Einspruchs gegen Versäumnisurteil und Vollstreckungsbescheid (§ 705 S. 2). 1

Weder Rechtsmittel noch Rechtsbehelf sind der Antrag auf Wiedereinsetzung in den vorigen Stand (§ 233), Anträge auf Berichtigung oder Ergänzung des Urteils (§§ 319ff.), Nichtigkeits- und Restitutionsklage (§§ 578ff.) und Vollstreckungsabwehrklage (§ 767). Eine rechtmittelähnliche Funktion hat die Rüge der Verletzung des Anspruchs auf rechtliches Gehör (§ 321a), die eine Selbstkorrektur unanfechtbarer Urteile in der selben Instanz ermöglicht. 2

II. Instanzenzüge und Rechtmittelgerichte

Der zivilprozessuale Instanzenzug ist grundsätzlich dreistufig ausgestaltet. Prinzipiell ist für jedes zivilprozessuale Verfahren der Instanzenzug bis zum Revisions- bzw. Rechtsbeschwerdegericht eröffnet. Der Rechtsmittelzug kann für Neben- oder Vorabverfahren über den der Hauptsache hinausreichen.[1] 3

1. Die **Berufung** (§§ 511ff.) ist das Rechtsmittel gegen erstinstanzliche Urteile der Amts- und Landgerichte. Sie eröffnet eine auf Fehlerkontrolle und Fehlerbeseitigung ausgerichtete zweite Tatsacheninstanz. Berufungsgericht ist das Landgericht, sofern in erster Instanz das Amtsgericht in allgemeinen Zivilsachen entschieden hat (§ 72 GVG), das Oberlandesgericht, wenn in erster Instanz das Landgericht (§ 119 Abs. 1 Nr. 2 GVG) oder das Amtsgericht als Familiengericht (§ 119 Abs. 1 Nr. 1 lit. a) oder in Fällen mit Auslandsberührung (§ 119 Abs. 1 Nr. 1 lit. b, c GVG) entschieden hat. Der Landesgesetzgeber kann generell oder im beschränkten Umfang die Zuständigkeit der Oberlandesgerichte für Berufungen (und Beschwerden) gegen amtsgerichtliche Entscheidungen vorsehen (§ 119 Abs. 3 GVG). 4

2. Die **Revision** (§§ 542ff.) findet gegen Berufungsurteile der Landgerichte und der Oberlandesgerichte (§ 542), als Sprungrevision gegen erstinstanzliche Urteile der Amtsgerichte und der Landgerichte (§ 566) statt. Revisionsgericht ist der Bundesgerichtshof (§ 133 GVG). Mit der **Nichtzulassungsbeschwerde** (§ 544) kann beim Revisionsgericht um die vom Berufungsgericht verweigerte Zulassung der Revision nachgesucht werden. Hat sie Erfolg, so leitet sie unmittelbar ins Revisionsverfahren über (§ 544 Abs. 6) oder führt zur Zurückverweisung an das Berufungsgericht (§ 544 Abs. 7). 5

3. Die **sofortige Beschwerde** (§§ 567ff.) ist das Rechtsmittel gegen erstinstanzliche Beschlüsse, Verfügungen und bestimmte Zwischenurteile der Amts- und Landgerichte. Beschwerdegericht ist im Verhältnis zum Amtsgericht das Landgericht (§ 72 GVG), in Familiensachen und Sachen mit Auslandsberührung das Oberlandesgericht (§ 119 Abs. 1 Nr. 1 GVG), im Verhältnis zum Landgericht das Oberlandesgericht (§ 119 Abs. 1 Nr. 2 GVG). 6

4. Die **Rechtsbeschwerde** (§§ 574ff.) ist ein revisionsähnlich ausgestaltetes Rechtsmittel gegen Beschlüsse der Landgerichte im Berufungs- und Beschwerdeverfahren und gegen Beschlüsse der Oberlandesgerichte (§ 574 Abs. 1). Rechtsbeschwerdegericht ist der Bundesgerichtshof (§ 133 GVG). 7

III. Funktion der Rechtsmittel

1. Die **Berufung** hat durch das ZPO-RG einen tief greifenden Funktionswandel erfahren. Sie ist nicht mehr vollwertige zweite Tatsacheninstanz, in welcher der Rechtsstreit von neuem verhandelt wird (so §§ 525f. aF), sondern in erster Linie **Instrument der Fehlerkontrolle und Fehlerbeseitigung.** Ihre Funktion besteht in der Überprüfung des erstinstanzlichen Urteils auf die korrekte Anwendung des materiellen Rechts sowie auf Richtigkeit und Vollständigkeit der Tatsachenfeststellungen (§ 513) und in der Beseitigung etwaiger Fehler. An vollständige und richtige Tatsachenfeststellungen des Gerichts erster Instanz ist das Berufungsgericht gebunden (§ 529 Abs. 1 Nr. 1). Neues Vorbringen darf es nur berücksichtigen, soweit dieses in erster Instanz auf Grund fehlerhafter Prozessleitung oder sonst ohne Verschulden der Partei unterblieben ist (§ 529 Abs. 1 Nr. 2 iVm. § 531 Abs. 2). Neue Anträge, Aufrechnungen und Widerklagen sind nur noch in engen Grenzen zulässig (§ 533). Die Möglichkeit einer Aufhebung und Zurückverweisung (§ 538) ist gegenüber §§ 539ff. aF erheblich eingeschränkt worden. Die Anforderungen an den Inhalt des 8

---

[1] BGH NJW 1999, 3785.

Berufungsurteils sind deutlich gesenkt worden (§ 540). Aussichtslose Berufungen können einstimmig durch unanfechtbaren Beschluss zurückgewiesen werden (§ 522 Abs. 2, 3).

9 **2.** Die **sofortige Beschwerde** ist im Gegensatz zur Berufung wie bisher als vollwertige zweite Tatsacheninstanz ausgestaltet. In der **Revisionsinstanz** ist die angefochtene Entscheidung nur auf Rechtsfehler zu überprüfen. Der Unterschied zur Berufung besteht vor allem darin, dass in der Revisionsinstanz die Klärung grundsätzlicher Rechtsfragen sowie die Aufgaben der Rechtsfortbildung und der Wahrung der Einheitlichkeit der Rechtsprechung im Vordergrund stehen. Dasselbe gilt für die **Rechtsbeschwerde.** Das Beschwerderecht ist durch das ZPO-RG vereinheitlicht und stark vereinfacht worden. Die Erstbeschwerde ist nur noch als **sofortige Beschwerde** – mit Abhilfebefugnis – und allein noch gegen erstinstanzliche Entscheidungen der Amts- und Landgerichte zulässig (§ 567). Eine weitere Beschwerde als dritte Tatsacheninstanz sieht das Gesetz nicht mehr vor. Beschlüsse der Oberlandesgerichte sowie zweitinstanzliche Beschlüsse der Landgerichte unterliegen allein der revisionsähnlich ausgestalteten **Rechtsbeschwerde** zum Bundesgerichtshof (§§ 574ff.). Mit ihr kann, soweit sie zugelassen wird, auch der Bereich der Nebenentscheidungen einer höchstrichterlichen Klärung und Vereinheitlichung zugänglich gemacht werden.

IV. Zugang zur Rechtsmittelinstanz

10 Neben einer stärkeren Funktionsdifferenzierung zwischen den einzelnen Instanzen war es vor allem Ziel der Zivilprozessrechtsreform, den Zugang zur Berufungs- und zur Revisionsinstanz neu und gerechter zu gestalten. Die **Berufungssumme** (§ 511a aF) ist auf 600 Euro abgesenkt (§ 511 Abs. 2 Nr. 1), für hiernach nicht berufungsfähige Urteile ist die Möglichkeit einer **Zulassung der Berufung** eingeführt (§ 511 Abs. 2 Nr. 2, Abs. 4) worden. Für den Zugang zur Revision ist ausschliesslich deren **Zulassung** vorgesehen (§ 543 Abs. 1). Gegen die Nichtzulassung der Revision eröffnet § 544 die **Nichtzulassungsbeschwerde** zum Revisionsgericht. Damit besteht grundsätzlich die Möglichkeit, jeden Zivilprozess, der Rechtsfragen von einer über den Einzelfall hinausgehenden Bedeutung zum Gegenstand hat, unabhängig von der Höhe des Streitwerts oder der Beschwer[2] in die Revisionsinstanz zu bringen. Für die Statthaftigkeit der **sofortigen Beschwerde** gegen **Kostenentscheidungen** sieht § 567 Abs. 2 eine Bagatellgrenze vor. Im Übrigen gelten für die sofortige Beschwerde und für die **Rechtsbeschwerde** keine Wertgrenzen. Wegen der **Übergangsregelungen** s. § 26 EGZPO.

V. Besetzung des Rechtmittelgerichts

11 Das ZPO-RG sieht auch für die zweite Instanz einen verstärkten Einsatz von **Einzelrichtern** vor, für das Berufungsgericht als fakultativen (§ 526), für das Beschwerdegericht als originären entscheidenden Richter (§ 568). Revisions- und Rechtsbeschwerdegericht entscheiden dagegen stets als Kollegialspruchkörper (§ 555 Abs. 2).

VI. Zulässigkeit und Begründetheit

12 **1. Vorrang der Zulässigkeitsprüfung.** Die Nachprüfung der angefochtenen Entscheidung setzt grundsätzlich die Zulässigkeit des Rechtsmittels voraus.[3] Diese muss daher vorrangig geprüft und festgestellt werden, bevor das Rechtsmittelgericht auf die Begründetheit eingehen darf. Offen bleiben kann die Zulässigkeit des Rechtsmittels nur dort, wo zwischen seiner Verwerfung als unzulässig und seiner Zurückweisung als unbegründet weder hinsichtlich der Rechtskraftwirkung noch hinsichtlich der Anfechtbarkeit der Rechtsmittelentscheidung Unterschiede bestehen.

13 **2. Zulässigkeitsvoraussetzungen. a) Statthaftigkeit des Rechtsmittels.** Sie gibt an, welches Rechtsmittel seiner Art nach durch das Gesetz gegen Entscheidungen von der Art der angefochtenen vorgesehen ist (§§ 511, 514 Abs. 2, 542, 567, 574).

14 **b) Form und Frist.** Berufung, Revision, Nichtzulassungsbeschwerde, sofortige Beschwerde und Rechtsbeschwerde sind nur zulässig, wenn sie innerhalb bestimmter gesetzlich vorgeschriebener Rechtsmittelfristen (§§ 517, 544 Abs. 1, 548, 569, 575 Abs. 1) und unter Wahrung der gesetzlich vorgeschriebenen Form (§§ 519, 544 Abs. 1, 549, 569, 575 Abs. 1) eingelegt werden.

15 **c) Rechtsmittelbegründung.** Die Zulässigkeit der Berufung, der Revision, der Nichtzulassungsbeschwerde und der Rechtsbeschwerde hängt weiter davon ab, dass die Rechtsmittel form- und fristgerecht begründet werden (§§ 520, 551, 575 Abs. 2). Kein Begründungszwang besteht für die sofortige Beschwerde (§ 571 Abs. 1, § 572 Abs. 2).

16 **d) Beschwer.** Ungeschriebenes Zulässigkeitsmerkmal eines jeden Rechtsmittels ist die Beschwer des Rechtsmittelführers.[4] Sie besteht in dem Umfang, in dem die angefochtene Entscheidung hinter dem vom Rechtsmittelführer in der Vorinstanz verfolgten Rechtsschutzbegehren zurückbleibt (näher Rn. 20ff.). Zur Zulässigkeit eines Rechtsmittels ist weiter erforderlich, dass die Beschwer mit dem Rechtsmittel geltend gemacht wird; wegen der Einzelheiten vgl. Rn. 26ff.

---

[2] Für die Zeit bis zum 31. 12. 2011 ist die Nichtzulassungsbeschwerde gemäß § 26 Nr. 8 EGZPO nur zulässig, wenn der Wert der mit der Revision geltend zu machenden Beschwer 20 000 Euro übersteigt. Ausgenommen sind Urteile, durch die die Berufung als unzulässig verworfen wird.

[3] BGHZ 2, 278, 280 = NJW 1951, 802; *R/S/G* § 134 Rn. 2; *T/P/Reichold* vor § 511 Rn. 11.

[4] St. Rspr.; zB BGHZ 50, 261, 263 = NJW 1968, 2055.

e) **Rechtsmittelsumme.** Schliesslich macht das Gesetz die Zulässigkeit der Rechtsmittel teilweise davon abhängig, dass der Wert der Beschwer (§ 544 iVm. § 26 Nr. 8 EGZPO) oder des Beschwerdegegenstandes (§§ 511 Abs. 2 Nr. 1, 567 Abs. 2) bestimmte Wertgrenzen überschreitet. 17

f) Die **Prozessfähigkeit des Rechtsmittelführers** ist grundsätzlich Voraussetzung der Zulässigkeit des Rechtsmittels. Für den Streit um seine Prozessfähigkeit wird ein möglicherweise Prozessunfähiger als prozessfähig behandelt.[5] Bleibt der für ihn bestellte Prozesspfleger untätig, so kann er den Prozess selbst betreiben, zB Rechtsmittel einlegen, auch wenn er sich nicht gegen die Annahme seiner Prozessunfähigkeit wendet.[6] Ist in diesem Falle der Rechtsmittelzug eröffnet, so betrifft die Prüfung der Prozessfähigkeit nicht mehr die Zulässigkeit, sondern die Begründetheit des Rechtsmittels.[7] Ergibt sich im Rechtsmittelverfahren, dass der in der Vorinstanz unterlegene Kläger schon seit der Klageerhebung prozessunfähig ist, so ist nicht sein Rechtsmittel als unzulässig zu verwerfen, sondern die Klage als unzulässig abzuweisen.[8] 18

3. Entscheidung des Rechtsmittelgerichts. Die Zulässigkeit eines Rechtsmittels ist in jeder Lage des Verfahrens von Amts wegen zu prüfen, die Zulässigkeit der Berufung auch noch in der Revisionsinstanz.[9] Fehlt es an einer Zulässigkeitsvoraussetzung, so ist das Rechtsmittel ohne Sachprüfung als unzulässig zu verwerfen (§§ 522 Abs. 1, 552, 572 Abs. 2, 577 Abs. 1). Erst wenn die Zulässigkeit des Rechtsmittels feststeht, ist seine Begründetheit zu prüfen. Zu dieser zählen auch die prozessualen Voraussetzungen der angefochtenen Entscheidung wie die Zulässigkeit der Klage und die Einhaltung des vorgeschriebenen Verfahrens in der Vorinstanz. Erweist sich die angefochtene Entscheidung auf Berufung oder sofortige Beschwerde als fehlerhaft, so ist sie vom Rechtsmittelgericht grundsätzlich durch eigene Sachentscheidung zu korrigieren. Eine Zurückverweisung an das Gericht erster Instanz ist nur nach §§ 538, 572 Abs. 3 zulässig. In der Revisions- und Rechtsbeschwerdeinstanz ist dagegen die Aufhebung und Zurückverweisung an den Vorderrichter die Regel (§§ 562 Abs. 1 iVm § 563 Abs. 1, 577 Abs. 4 S. 1). 19

VII. Beschwer

1. Begriff. Beschwer ist dasjenige, womit der Rechtsmittelführer in der Vorinstanz unterlegen ist. Die Beschwer ergibt sich aus dem rechtskraftfähigen Inhalt des angefochtenen Urteils.[10] Für den Kläger besteht sie in der Differenz zwischen dem in der Vorinstanz beantragten und dem ihm zuerkannten Betrag oder Wert[11] (**formelle** Beschwer), für den Beklagten im Betrag oder Wert seiner Verurteilung (**materielle** Beschwer).[12] 20

2. Ermittlung der Beschwer. Die Beschwer entspricht regelmäßig dem Wert der Verurteilung bzw. der Klageabweisung. Die Abweisung der Klage als unzulässig oder als zur Zeit unbegründet beschwert den Kläger in Höhe der abgewiesenen Klageforderung, nicht dagegen den Beklagten, auch wenn er die endgültige Sachabweisung der Klage beantragt hat;[13] denn die Beschwer des Beklagten ist materiell zu bestimmen.[14] 21

Für die Beschwer ist grundsätzlich nur der **rechtskraftfähige Inhalt** der Entscheidung maßgebend.[15] Der Kläger ist daher nicht beschwert, wenn seiner Klage – sei es auch nur aus einem von mehreren Klagegründen – stattgegeben worden ist.[16] Ausnahmsweise kann auch ein der Klage stattgebendes Urteil den Kläger beschweren, wenn über einen Sachantrag entschieden wird, der nicht (mehr) Gegenstand des Rechtsstreits war, und die Rechtskraft der Entscheidung den Kläger hindern würde, das nunmehr verfolgte Rechtsschutzziel zu erreichen.[17] Die Rechtsprechung lässt darüber hinaus den Anschein einer Beschwer genügen.[18] 22

3. Maßgebender Zeitpunkt. Die Beschwer steht mit Erlass des erstinstanzlichen Urteils fest. Sie wird durch nachträgliche Veränderungen nicht berührt und hängt nicht davon ab, ob und mit welchen Anträgen das Urteil angefochten wird. 23

Für die Berechnung des Wertes des Beschwerdegegenstands ist grundsätzlich der Zeitpunkt der **Einlegung des Rechtsmittels** (§ 4 Abs. 1) maßgebend.[19] Sinkt er später durch Währungs- oder Aktienkursänderungen unter die Wertgrenze ab, bleibt die Berufung gleichwohl zulässig.[20] Da indessen der Beschwerdege- 24

---

[5] BGHZ 86, 184, 186 = NJW 1983, 996; BGHZ 110, 294, 295ff. = NJW 1990, 1734; BGH NJW 2000, 289.
[6] BGH NJW 1995, 404.
[7] BGH (Fn. 6).
[8] BGH NJW 2000, 289, 291.
[9] BGH NJW 1982, 1873; BGHZ 102, 37, 38 = NJW 1988, 268; BGH DtZ 1992, 184, 185.
[10] BGH NZM 2007, 499.
[11] BGHZ 140, 335, 338 = NJW 1999, 1339; BGH NJW 2004, 2019, 2020; NJW-RR 2007, 138, 139..
[12] BGH NJW-RR 2007, 765.
[13] AA BGHZ 28, 349f. = NJW 1959, 436; BGHZ 144, 242, 244 = NJW 2000, 2988; BAG NJW 1987, 514; *R/S/G* § 136 II 3a; MK/*Rimmelspacher* vor § 511 Rn. 50; *St/J/Grunsky* Allg. Einl. vor § 511 Rn. 97; *Zö/Gummer/Heßler* vor § 511 Rn. 20 für die Prozessabweisung; BGHZ 24, 279, 284; BGHZ 144, 242 = NJW 2000, 2988; BGH NJW 1997, 1003, 1005; *Walchshöfer,* Festschr. für Schwab, 1990, S. 521ff. für die Abweisung als zur Zeit unbegründet.
[14] AA *R/S/G* § 136 II 3 a, c; MK/*Rimmelspacher* vor § 511 Rn. 14; *St/J/Grunsky* Allg. Einl. vor § 511 Rn. 84.
[15] BGH NJW 1993, 2052, 2053; NZM 2007, 499.
[16] BGH NJW 1993, 2052, 2053.
[17] BGH NJW 2004, 2019, 2020f.
[18] BGH NJW 1993, 2052, 2053; NJW-RR 2007, 138, 139.
[19] BGH NJW 1983, 1063; NJW-RR 2001, 1571.
[20] *Zö/Gummer/Heßler* § 511 Rn. 19.

genstand von den Berufungsanträgen abhängt, diese aber erst mit der Berufungsbegründung gestellt werden müssen (§ 520 Abs. 3 S. 2 Nr. 1) und regelmäßig auch nicht früher angekündigt werden, ist bei Berufungseinlegung in der Regel offen, ob und in welchem Umfang der Berufungskläger die Beseitigung der Beschwer erstrebt. Maßgebend ist daher letztlich der bei **Schluss der mündlichen Verhandlung** gestellte Berufungsantrag, denn bis dahin können die Berufungsanträge in den Grenzen der rechtzeitig eingereichten Begründung noch geändert (§ 520 Rn. 24)[21], eine zunächst unzulässige Berufung noch zulässig werden (§ 520 Rn. 25). Eine zunächst unbeschränkt eingelegte Berufung ist (wird) unzulässig, wenn der Berufungsantrag auf einen Betrag unterhalb der Wertgrenze beschränkt ist (wird)[22] oder wenn der Wert des Beschwerdegegenstands durch Teilrücknahme, Teilverzicht, Teilverwerfung oder Teilerledigung unter die Wertgrenze absinkt.[23]

25 **Veränderungen** nach Einlegung der Berufung sind ohne Einfluss auf Beschwer und Beschwerdegegenstand.[24] Dagegen entfällt die Beschwer, wenn der Beklagte die Leistung, zu der er verurteilt worden ist, vor Einlegung des Rechtsmittels vorbehaltlos – nicht lediglich zur Abwendung der Zwangsvollstreckung – erbringt.[25] Die Berufung einer Partei ist aber regelmäßig nicht bereits deshalb unzulässig, weil ein mit ihr als Gesamtschuldner verurteilter weiterer Prozessbeteiligter zuvor die Urteilssumme bezahlt hat.[26] Die Erledigung der Hauptsache „zwischen den Instanzen" beseitigt nicht die Beschwer des unterlegenen Klägers;[27] er kann mit der Berufung die Hauptsache für erledigt erklären,[28] auch wenn die Kosten erster Instanz die Berufungssumme nicht erreichen.

26 **4. Geltendmachung der Beschwer.** a) Die Berufung ist nur zulässig, wenn mit ihr die Beseitigung einer in dem angefochtenen Urteil liegenden Beschwer verfolgt wird. Das in der Vorinstanz abgewiesene Begehren muss **zumindest teilweise weiterverfolgt** werden.[29] Eine Berufung, die die Richtigkeit der erstinstanzlichen Klageabweisung nicht in Frage stellt und von Anfang an ausschliesslich einen neuen, bisher nicht geltend gemachten Anspruch zum Gegenstand hat, ist unzulässig.[30] Ohne Weiterverfolgung wenigstens eines Teils des in erster Instanz erfolglos gebliebenen Klageanspruchs kommt auch eine Änderung, Erweiterung oder Beschränkung der Klage in der Berufungsinstanz nicht in Betracht, weil das eine wie das andere eine zulässige Berufung voraussetzt.[31] Die Berufung muss daher vor einer Klageänderung oder einem Parteiwechsel zumindest für einen Teil des in erster Instanz erfolglosen Rechtsschutzbegehrens begründet werden. Ist dies geschehen und die Berufung insoweit zulässig, können anschließend Streitgegenstand und Parteien – in den Grenzen des § 533 – wie in erster Instanz geändert werden.[32] Wird das in erster Instanz abgewiesene Begehren **hilfsweise** weiterverfolgt, so ist die Berufung nur insoweit,[33] nicht auch hinsichtlich eines neuen Hauptanspruchs zulässig.[34]

27 Die Berufung ist daher unzulässig, wenn der Kläger mit ihr von Anfang an von der abgewiesenen Widerrufs- zur Unterlassungsklage[35] oder von der Auskunfts- zur Zahlungsklage[36] übergeht; wenn er die in erster Instanz abgewiesene Klage gegen den Kfz.-Haftpflichtversicherer auf dessen Einstandspflicht für einen anderen Unfallbeteiligten stützt;[37] wenn er statt des abgewiesenen fremden nunmehr einen eigenen Anspruch geltend macht;[38] wenn der abgewiesene Anspruch mit der Berufung für oder gegen eine von den Parteien erster Instanz verschiedene Person weiterverfolgt wird.[39] Sie wird nicht dadurch zulässig, dass der Beklagte rügt, er hätte auf – pflichtwidrig unterlassenen – Hinweis nach § 139 die Klage schon in erster Instanz geändert.[40]

28 Zulässig ist die Berufung, wenn der Kläger von der in erster Instanz abgewiesenen Feststellungs- zu einer Leistungsklage,[41] von der Leistungs- zu einer Abänderungsklage[42] oder von der Freistellungs- zur Zah-

---

21 BGH NJW 2001, 146; NJW-RR 2005, 714, 715.
22 BGH NJW 2001, 146; OLG Hamburg NJW-RR 1998, 356.
23 BGH NJW 1965, 761.
24 *St/J/Grunsky* Allg. Einl. vor § 511 Rn. 24.
25 BGH NJW 1994, 942, 943; 2000, 1120; OLG Köln OLGR 2004, 181.
26 BGH NJW 1994, 942, 943; 2000, 1120.
27 BGH NJW-RR 1992, 1032, 1033.
28 *Zö/Gummer/Heßler* vor § 511 Rn. 23.
29 BGHZ 155, 21, 26 = NJW 2003, 2172.
30 St. Rspr., zB BGH NJW 2000, 1958 m. weit. Nachw.; BAG NJW 2005, 1884.
31 BGHZ 155, 21, 26 = NJW 2003, 2172; BGH NJW 2001, 226 m. Nachw.; BAG NJW 2005, 1884; für die Revision ebenso BGH NJW 1999, 1407f.; aA *Altmeppen* ZIP 1992, 449ff.; *St/J/Grunsky* Allg. Einl. vor § 511 Rn. 73; vermittelnd *Bub* MDR 1995, 1191ff.
32 Abw. BGH NJW-RR 2002, 1435, 1436; 2006, 442, 443; wie hier *Gaier* NJW 2001, 3289, 3290f.
33 Überholt BGH NJW 1999, 2118 = JZ 1999, 954 m. abl. Anm. *Greger,* s. BGH NJW 2001, 226, 227; dazu *Gaier* NJW 2001, 3289, 3292.
34 BGH NJW-RR 1994, 1404f.; 1996, 765; NJW 1999, 2118, 2119f. = ZIP 1999, 1068 m. abl. Anm. *Altmeppen;* BGH NJW 2001, 226, 227; dazu *Gaier* NJW 2001, 3289, 3292.
35 BGH NJW-RR 1994, 1404f.
36 AA BGHZ 52, 169 = NJW 1969, 1486.
37 BGH NJW 1988, 2540, 2541.
38 BGH NJW 1994, 3358, 3359; 1999, 1407f.
39 BGH NJW 1994, 3358, 3359; BGHZ 155, 21, 24ff. = NJW 2003, 2172 zu einem Sonderfall.
40 AA BGH NJW 1993, 597, 598.
41 BGH NJW 1994, 2098, 2099; 1994, 2896, 2897; NJW-RR 1996, 1020, 1021; aA *R/S/G* § 136 II 3d.
42 BGH NJW 2001, 2259, 2260.

lungsklage[43] übergeht und umgekehrt, weil damit die Beschwer lediglich in erweitertem oder eingeschränktem Umfang geltend gemacht wird. Dasselbe gilt, wenn der Kläger mit der Berufung statt des ursprünglich geforderten Gegenstands wegen einer später eingetretenen Veränderung gem. § 264 Nr. 3 einen anderen Gegenstand oder das Interesse fordert.[44] Ist die Klage erstinstanzlich als unbegründet abgewiesen worden, so kann der Kläger Berufung mit dem Ziel einer Prozessabweisung einlegen.[45] Der in erster Instanz siegreiche Kläger kann dagegen mangels Beschwer nicht Berufung einlegen, um das Feststellungsbegehren auf Leistung zu erweitern.[46] Der in erster Instanz unterlegene Beklagte und Widerkläger kann dagegen mit der Berufung sogleich neue Widerklageanträge verfolgen, sofern er daneben auch seine auf die Klage erfolgte Verurteilung mit der Berufung angreift; für die neue Widerklage gilt dann § 533.[47] Greift der Berufungskläger die erstinstanzlich zuerkannte Klageforderung allein mit der Aufrechnung an, so wird die Berufung unzulässig, wenn er die Aufrechnung fallen lässt und wegen der Gegenforderung Widerklage erhebt.[48]

b) Der Umfang der mit der Berufung geltend gemachten Beschwer muss die Berufungssumme (§ 511 Abs. 2 Nr. 1) erreichen; andernfalls ist die Berufung unzulässig, auch wenn der Berufungsantrag wegen einer zweitinstanzlichen Klageerweiterung über der Wertgrenze liegt. 29

VIII. Rechtsmittel gegen inkorrekte Entscheidungen

1. Zur Anfechtbarkeit von unwirksamen Urteilen und von Scheinentscheidungen siehe § 511 Rn. 7, 8. 30

2. Meistbegünstigungsprinzip. a) Entscheidungen, die in unrichtiger oder nicht eindeutiger Form erlassen worden sind, können nach dem **Meistbegünstigungsprinzip** sowohl mit dem Rechtsbehelf oder Rechtsmittel, das ihrer Form entspricht, als auch mit demjenigen angegriffen werden, das bei verfahrensrechtlich korrekter Entscheidung gegeben wäre.[49] Den Parteien soll durch die Wahl der inkorrekten oder nicht eindeutigen Entscheidungsform kein Nachteil entstehen. Das Meistbegünstigungsprinzip führt aber nicht zu einer **Erweiterung des Rechtsmittelzuges.**[50] Es eröffnet dort kein Rechtsmittel, wo ein solches auch gegen eine dem Gesetz entsprechende Entscheidung nicht gegeben wäre.[51] 31

Nach dem Meistbegünstigungsprinzip ist neben der Revision die Rechtsbeschwerde statthaft, wenn der Landwirtschaftssenat des Oberlandesgerichts fehlerhaft durch Beschluss statt durch Urteil entschieden hat.[52] Ist für den Rechtsmittelkläger nicht eindeutig erkennbar, ob das Amtsgericht als Familiengericht oder als allgemeines Prozessgericht[53] (s. § 72 GVG Rn. 5) entschieden hat, so kann er das Urteil sowohl beim Landgericht als auch beim Oberlandesgericht anfechten. Dagegen versagt das Meistbegünstigungsprinzip, wenn die Entscheidung zwar inhaltlich falsch, nach **Form** und **Inhalt** aber **eindeutig** ist (vgl. auch § 17a GVG Rn. 18). Ist ein Versäumnisurteil ergangen, weil das Gericht zu Unrecht einen Fall der Säumnis angenommen hat, so kann es nur mit dem Einspruch, nicht mit der Berufung angegriffen werden.[54] Dagegen greift das Meistbegünstigungsprinzip Platz, wenn ein „weiteres“ (erstes) Versäumnisurteil erlassen wird, obwohl richtigerweise ein zweites Versäumnisurteil (§ 345) hätte ergehen müssen[55], wenn ein solches Urteil irrig als „zweites“ Versäumnisurteil bezeichnet wird[56] oder wenn eine Entscheidung, die ihrem Inhalt nach ein kontradiktorisches Urteil ist, als Versäumnisurteil erlassen wird (sog. Verlautbarungsfehler).[57] 32

Das Meistbegünstigungsprinzip als Ausprägung der verfassungsrechtlichen Grundsätze der allgemeinen Gleichheit vor dem Gesetz und des Vertrauensschutzes[58] kommt darüber hinaus immer dann zur Anwendung, wenn für den Rechtsmittelführer eine Unsicherheit, das einzulegende Rechtsmittel betreffend, besteht, sofern diese auf einem Fehler oder einer Unklarheit der anzufechtenden Entscheidung beruht.[59] Es greift daher ein, wenn das Gericht an Stelle des gesetzlich vorgesehenen – nicht neben diesem –[60] ein anderes, nicht gegebenes Rechtsmittel zulässt[61] oder die Partei durch rechtlich unzutreffende Hinweise auf einen falschen Weg – zB Gehörsrüge statt Rechtsbeschwerde – führt.[62] 32a

b) Das Meistbegünstigungsprinzip überwindet allein den Mangel der **Statthaftigkeit.** Die weiteren Zulässigkeitsvoraussetzungen des Rechtsmittels, für das der Rechtsmittelführer sich entschieden hat, müssen wie auch sonst erfüllt sein. 33

---

43 BGH NJW 1994, 944, 945.
44 BGH NJW-RR 2005, 318, 322.
45 BGH NJW-RR 2001, 929, 930.
46 BGH NJW 1988, 827, 828; 1992, 2296f.
47 BGH NJW 1998, 2058, 2059 zu § 530 aF.
48 OLG Rostock OLGR 2004, 262, 263.
49 BGHZ 98, 362, 364f. = NJW 1987, 442; BGHZ 140, 208, 217f. = NJW 1999, 1113; BGH NJW 1999, 583, 584.
50 BGHZ 124, 192, 194 = DtZ 1994, 110; BGH NJW 1997, 1448.
51 BGHZ 124, 192, 194 = DtZ 1994, 110; BGH NJW 1997, 1448; NJW-RR 2006, 1184, 1185.
52 BGH NJW-RR 1993, 956, 957; OLG Zweibrücken OLGR 2004, 440.
53 BGH NJW-RR 1995, 379, 380; 1995, 380, 381.
54 BGH NJW 1994, 665f.; 1997, 1448; 1999, 583, 584.
55 BGH NJW 1997, 1448.
56 BGH VersR 1984, 287, 288; OLG Frankfurt/M NJW-RR 1992, 1468, 1469.
57 BGH NJW 1999, 291f.; 1999, 583, 584.
58 BGHZ 90, 1, 3 = NJW 1984, 1188; BGHZ 152, 213, 216 = NJW-RR 2003, 277.
59 BGHZ 152, 213, 216 = NJW-RR 2003, 277.
60 BGHZ 161, 343, 347f. = NJW 2005, 680.
61 BGHZ 152, 213, 216f. = NJW-RR 2003, 277.
62 BGH NJW 2004, 1598, 1599; 2004, 1049.

34 c) Das **Rechtsmittelverfahren** ist so durchzuführen, wie wenn die angefochtene Entscheidung in der korrekten Form ergangen und das hiergegen statthafte Rechtsmittel eingelegt worden wäre.[63] Eine Sachentscheidung kann der mit dem Rechtsmittel befasste Spruchkörper nur treffen, wenn er auch bei korrekter Entscheidung der Vorinstanz Rechtsmittelgericht wäre. Andernfalls ist die inkorrekte Entscheidung aufzuheben und die Sache an die Vorinstanz oder an das richtige Rechtsmittelgericht zu verweisen.[64] Einer Nachholung der Prozesshandlungen, von denen die Zulässigkeit des richtigen Rechtsmittels abhängt, bedarf es nicht.[65]

IX. Rechtsmittel gegen unanfechtbare Entscheidungen

35 Entscheidungen, gegen die nach dem Gesetz kein Rechtsmittel gegeben ist, können nicht allein deshalb angefochten werden, weil grundlegende Verfahrensvorschriften – etwa der Anspruch der Parteien auf **rechtliches Gehör** (s. zur Rüge der Verletzung des Anspruchs auf rechtliches Gehör in erster Instanz § 321 a) – verletzt worden sind.[66] Dessen ungeachtet hat die Rechtssprechung bislang in eng begrenzten Ausnahmefällen eine **ausserordentliche Beschwerde** wegen **„greifbarer Gesetzwidrigkeit"** zugelassen (näher § 567 Rn. 12 ff.).[67] Dafür genügt allerdings nicht jeder eindeutige Verstoß des Gerichts gegen die bei seiner Entscheidung anzuwendenden Rechtsvorschriften.[68] Eine „greifbare Gesetzwidrigkeit" ist vielmehr nur dann gegeben, wenn die angefochtene Entscheidung mit der geltenden Rechtsordnung schlechthin unvereinbar ist, weil sie jeder gesetzlichen Grundlage entbehrt und inhaltlich dem Gesetz fremd ist.[69] Der BGH hat sie bejaht bei einer dem Gesetzeszweck offensichtlich zuwiderlaufenden Auslegung des § 127 Abs. 3[70] und bei der Überbürdung der Prozesskosten auf den Prozessbevollmächtigten wegen fehlender Prozessfähigkeit der Partei.[71] Seit der Neuregelung des Beschwerderechts durch das ZPO-Reformgesetz ist ein außerordentliches Rechtsmittel zum BGH wegen Verletzung von Verfahrensgrundrechten oder „greifbarer Gesetzwidrigkeit" nicht mehr gegeben, Abhilfe vielmehr nur noch im Wege der befristeten Gegenvorstellung und der Verfassungsbeschwerde möglich.[72] Verletzungen des Grundrechts auf Gewährung rechtlichen Gehörs können nach § 321 a gerügt werden.

X. Rechtsmittelbelehrung

36 Trotz der Kompliziertheit des zivilprozessualen Rechtsmittelsystems sind Rechtsmittelbelehrungen auch an anwaltlich nicht vertretene Prozessparteien gesetzlich nicht vorgeschrieben (Ausnahme: § 119 Abs. 4 GVG) und in der Praxis nicht üblich.[73] Wird gleichwohl eine Rechtsmittelbelehrung erteilt, so darf auch eine anwaltlich vertretene Partei auf deren Richtigkeit vertrauen.[74]

511 *Statthaftigkeit der Berufung*

(1) Die Berufung findet gegen die im ersten Rechtszug erlassenen Endurteile statt.

(2) Die Berufung ist nur zulässig, wenn
1. der Wert des Beschwerdegegenstandes 600 Euro übersteigt oder
2. das Gericht des ersten Rechtszuges die Berufung im Urteil zugelassen hat.

(3) Der Berufungskläger hat den Wert nach Absatz 2 Nr. 1 glaubhaft zu machen; zur Versicherung an Eides statt darf er nicht zugelassen werden.

(4) [1]Das Gericht des ersten Rechtszuges lässt die Berufung zu, wenn
1. die Rechtssache grundsätzliche Bedeutung hat oder die Fortbildung des Rechts oder die Sicherung einer einheitlichen Rechtsprechung eine Entscheidung des Berufungsgerichts erfordert und
2. die Partei durch das Urteil mit nicht mehr als 600 Euro beschwert ist.
[2]Das Berufungsgericht ist an die Zulassung gebunden.

I. Normzweck

1 Die Bestimmung regelt mit der **Statthaftigkeit** eine der Zulässigkeitsvoraussetzungen der Berufung (vor § 511 Rn. 13). Sie grenzt damit zugleich den Anwendungsbereich der Berufung gegen den anderer Rechtsmittel ab. Entsprechende Regelungen finden sich in §§ 542 f. für die Revision, in § 567 für die sofortige Beschwerde und in § 574 für die Rechtsbeschwerde.

---

[63] BGH NJW-RR 1990, 1483; weiter gehend BGH NJW 1997, 1448; abw. OLG Köln NJW-RR 1997, 955, 956.
[64] Näher *St/J/Grunsky* Rn. 50 f., 62 f.
[65] AA MK/*Rimmelspacher* vor § 511 Rn. 87.
[66] BVerfG NJW 1982, 1454; BGHZ 136, 336, 338 ff. = NJW 1998, 459 krit. *Niemann/Herr* ZRP 2000, 278 ff.
[67] BGHZ 119, 372, 374 = NJW 1993, 135; NJW-RR 1994, 890; 1994, 1212, 1213; OLG Stuttgart NJW 1997, 64.
[68] BGH NJW 1992, 983, 984; 1994, 2363, 2364; bedenklich insoweit BGH NJW 2000, 960 f.
[69] BGHZ 119, 372, 374 = NJW 1993, 135; BGH NJW 1999, 1404.
[70] BGHZ 119, 372, 374 f. = NJW 1993, 135.
[71] BGH NJW 1993, 1865.
[72] *BGHZ 150, 133, 135 ff.* = NJW 2002, 1577; allg. zur fachgerichtlichen Korrektur der Verletzung von Verfahrensgrundrechten im Wege der Gegenvorstellung BVerfG NJW 2003, 1924, 1927 ff.; *Musielak* JuS 2002, 1203 ff.; *Lipp* NJW 2002, 1700, 1701 f.
[73] Zur Verfassungsmäßigkeit BVerfG NJW 1995, 3173 abwM *Kühling;* BGH NJW 1997, 1989.
[74] BGH NJW 1993, 3206; BGH Report 2004, 184, 185; NJW-RR 2004, 1714, 1715.

II. Berufungsfähige Urteile

1. Erstinstanzliche Urteile. Berufungsfähig sind ohne Ausnahme nur erstinstanzliche Urteile der Amts- und Landgerichte. Entscheidet das Berufungsgericht über einen durch Klageänderung/-erweiterung oder durch Widerklage in zweiter Instanz erstmals erhobenen Anspruch, so handelt es sich auch insoweit um eine zweitinstanzliche Entscheidung, die nicht berufungsfähig ist.[1] Keinen Unterschied macht es, ob der Amtsrichter als Zivil- oder als Familienrichter und ob das Landgericht durch die Zivilkammer, den Einzelrichter oder den Vorsitzenden der Kammer für Handelssachen entschieden hat.[2] Zur Anfechtbarkeit familiengerichtlicher Verbundurteile vgl. § 629a. 2

2. Endurteile. Berufungsfähig sind grundsätzlich nur Endurteile (zum Begriff § 300 Rn. 2, 11f.). Das sind ohne Rücksicht auf den Inhalt Urteile, die für den Gegenstand der Entscheidung die Instanz abschliessen.[3] Auch das Prozessurteil ist Endurteil, ebenso das Teilurteil, soweit es über den Streitgegenstand entscheidet, ferner das Anerkenntnisurteil (§ 307)[4] und das Verzichtsurteil (§ 306); das Urteil, durch das der Einspruch gegen ein Versäumnisurteil oder einen Vollstreckungsbescheid als unzulässig verworfen (§§ 341 Abs. 1, 700 Abs. 1) oder Wiedereinsetzung versagt (§ 238 Abs. 2) wird. Endurteil ist auch das so genannte unechte Versäumnisurteil (§ 331 Abs. 2), ferner das zweite Versäumnisurteil (§ 345), dessen Anfechtbarkeit in § 514 Abs. 2 gesondert geregelt ist. Endurteil ist ferner das Ergänzungsurteil (§ 321)[5], auch wenn die Ergänzung abgelehnt wird,[6] sowie eine als „Zwischenurteil" bezeichnete Entscheidung, die bei einem Streit über die Wirksamkeit eines Prozessvergleichs die Erledigung des Rechtsstreits durch den Vergleich feststellt[7] (vgl. ferner § 303 Rn. 7). 3

Nicht berufungsfähig sind das (erste) Versäumnisurteil (§ 514 Abs. 1), das Ausschlussurteil (§ 957 Abs. 1) und das Schlussurteil über die Kosten nach vorausgegangenem Anerkenntnisurteil (§ 99 Abs. 2), anders ist es bei gemischten Kostenentscheidungen (s. § 99 Rn. 10).[8] Zur Anfechtbarkeit der Kostenentscheidung nach vorausgegangenem Teilurteil siehe Rn. 27. 4

3. Zwischenurteile (§ 303) sind grundsätzlich nicht berufungsfähig (§ 303 Rn. 7); sie unterliegen der Nachprüfung durch die höhere Instanz nur im Rahmen des § 512. Das gilt auch dann, wenn ein Zwischenurteil nicht hätte ergehen dürfen.[9] Einem Endurteil gleichgestellt sind jedoch das Zwischenurteil über die Zulässigkeit der Klage (§ 280 Abs. 2 S. 1), das Grundurteil (§ 304 Abs. 2) sowie die Vorbehaltsurteile (§§ 302 Abs. 3, 599 Abs. 3). Selbständig anfechtbar ist ferner ein Zwischenurteil, das die Wiedereinsetzung versagt (§ 238 Abs. 2)[10], einen gewillkürten Parteiwechsel für zulässig erklärt[11] oder die Verfahrensunterbrechnung nach § 240 feststellt.[12] Ein „Zwischenurteil", das bei einem Streit über die Wirksamkeit eines Prozessvergleichs die Erledigung des Rechtsstreits durch den Vergleich feststellt, ist in Wahrheit ein Endurteil (Rn. 3). 5

4. Formell inkorrekte Entscheidungen unterliegen nach dem **Meistbegünstigungsprinzip** (näher vor § 511 Rn. 31ff.) der Berufung, wenn das Gericht erster Instanz fehlerhaft durch Endurteil (statt durch Beschluss oder Versäumnisurteil) entschieden hat oder richtigerweise durch Endurteil hätte entscheiden müssen. 6

5. Unwirksame Urteile, die unter Verstoß gegen § 249 trotz Unterbrechung oder Aussetzung des Verfahrens ergangen sind, können (und müssen zur Verhinderung des Eintritts der Rechtskraft) auch während der Aussetzung/Unterbrechung mit Rechtsmitteln angefochten werden.[13] Ein Urteil, das gegen eine nicht existente Partei ergangen ist, kann von dieser trotz seiner Unwirksamkeit mit Rechtsmitteln bekämpft werden.[14] Entsprechendes gilt für ein trotz fehlender Rechtshängigkeit ergangenes wirkungsloses Urteil.[15] 7

6. Scheinurteile. Ein nicht oder nicht wirksam verkündetes bzw. zugestelltes (§ 310 Abs. 3) Urteil ist ein blosser Urteilsentwurf, der die erste Instanz nicht beendet und dessen Zustellung die Berufungsfrist nicht in Gang setzt.[16] Gegen ein solches Scheinurteil (§ 300 Rn. 4 verwendet den Begriff nur für Akte nicht zur Rechtsprechung berufener Organe) kann gleichwohl Berufung eingelegt werden,[17] ohne dass deren Zulässigkeitsvoraussetzungen im Übrigen gegeben sein müssen.[18] Das Scheinurteil ist vom Berufungsgericht aufzuheben, seine Nichtexistenz klarzustellen und die Sache zur instanzbeendenden Entscheidung an das Erstgericht zurückzuverweisen.[19] Ein danach oder zwischenzeitlich erlassenes wirksames Urteil der ersten 8

---

1 BGH NJW-RR 1994, 61 Nr. 61; NJW 1999, 62; MK/*Rimmelspacher* Rn. 19.
2 MK/*Rimmelspacher* Rn. 19.
3 MK/*Musielak* vor § 300 Rn. 2.
4 BGH NJW 2004, 2019, 2020.
5 BGH NJW 2000, 3008.
6 BGH NJW-RR 2005, 326.
7 IE ebenso BGH NJW 1996, 3345, 3346.
8 BGHZ 17, 392, 397f. = NJW 1955, 1394; OLG Rostock OLGR 2003, 388.
9 BGH NJW 1994, 1651, 1652; 1996, 3345, 3346.
10 BGHZ 47, 289, 290f. = NJW 1967, 1566; OLG Zweibrücken MDR 1985, 771.
11 BGH NJW 1981, 989; MK/*Lüke* § 263 Rn. 91f.
12 BGH NJW 2005, 290, 291.
13 BGHZ 66, 59, 61f. = LM § 244 Nr. 9; BGH NJW 1995, 2563; 1997, 1445.
14 BGH DtZ 1994, 282, 283.
15 BGH NJW-RR 2006, 565, 566.
16 BGH VersR 1984, 1192, 1193; NJW 1999, 1192.
17 BGHZ 10, 346, 349 = NJW 1954, 34; BGH VersR 1984, 1192, 1193; NJW 1995, 404; 1999, 1192.
18 BGH NJW 1995, 404.
19 BGHZ 32, 370, 375 = NJW 1960, 1763; BGH NJW 1995, 404; vgl. aber BGH NJW 1996, 1969, 1970.

Instanz muss gesondert angefochten werden.[20] Berufungsfähig ist auch ein „wirkungsloses" Endurteil, durch das ein mangels Zustellung (§ 310 Abs. 3) noch nicht existentes Versäumnisurteil aufrechterhalten wird (§ 300 Rn. 7, § 310 Rn. 12).[21]

9 **7. Gemischte Entscheidungen.** Unterschiedliche Teile einer einheitlichen Entscheidung (zB Teilversäumnis- und Endurteil) können nicht mit einem einheitlichen Rechtsbehelf angefochten werden (vgl. § 514 Rn. 4); hieraus sich ergebende Unzuträglichkeiten müssen hingenommen werden.[22]

III. Parteien des Berufungsverfahrens

10 **1. Berufungskläger** kann sein:

a) Jede Partei erster Instanz, daneben jeder, gegen den sich das erstinstanzliche Urteil richtet.[23] Auf die Beteiligung an dem zu Grunde liegenden materiellen Rechtsverhältnis kommt es nicht an.[24] Bei unrichtiger äusserer Bezeichnung ist Partei grundsätzlich die Person, die erkennbar durch die Parteibezeichnung betroffen werden soll.[25] Wird im Rubrum des Urteils infolge einer Verwechslung ein Dritter als Partei genannt, so kann sowohl dieser als auch derjenige Berufung einlegen, gegen den sich das Urteil richtet, auch wenn er an dem Prozess nicht als Partei beteiligt war.[26] Eine nicht parteifähige Personenvereinigung, die als solche verurteilt worden ist, kann hiergegen Berufung einlegen.[27]

11 b) Der **Rechtsnachfolger** einer Partei, den das Gericht mangels Zustimmung des Gegners (§ 265 Abs. 2) aus dem Prozess weist, kann gegen diese Entscheidung Berufung einlegen, dies jedoch nur mit dem Ziel, die Übernahme des Prozesses durchzusetzen.[28]

12 c) **Streitgenossen** können als solche jeweils nur für sich Berufung einlegen; zu den Wirkungen im Falle notwendiger Streitgenossenschaft vgl. § 62 Rn. 20f. UU kann jedoch ein Streitgenosse einem anderen als Streithelfer beitreten und zugleich für diesen Berufung einlegen.[29] Ein Pfändungsgläubiger kann im Falle des § 856 Abs. 2 Berufung einlegen und dadurch dem Prozess gegen den Drittschuldner als Partei beitreten.[30] Ein Streitgenosse, gegen den – sei es auch verfahrenswidrig – ein Versäumnisurteil ergangen und rechtskräftig geworden ist, ist auch bei notwendiger Streitgenossenschaft nicht Partei des Berufungsverfahrens, das ein anderer Streitgenosse durch Anfechtung des gegen ihn ergangenen streitigen Urteils einleitet.[31]

13 d) Berufung einlegen kann auch der **Streithelfer**, auch wenn die Partei selbst untätig bleibt.[32] Berufungskläger wird dadurch aber allein die unterstützte Partei.[33] Für die Frage der Beschwer kommt es daher allein auf die Person der Hauptpartei, nicht auf ihren Sreithelfer an.[34] Die Einlegung der Berufung kann zugleich konkludent die hierzu erforderliche Beitrittserklärung[35] enthalten.[36] Zur Berufungseinlegung zugleich durch Partei und Streithelfer vgl. § 519 Rn. 25. Nach rechtskräftiger Ablehnung des Beitritts[37] oder gegen den Widerspruch der unterstützten Partei[38] ist die vom Streithelfer eingelegte Berufung unzulässig.[39] Dagegen kann der streitgenössische Nebenintervenient (§ 69) auch gegen den Widerspruch der Hauptpartei Rechtsmittel einlegen und durchführen.[40]

14 e) Anstelle des abgewiesenen Klägers kann nicht ein **Dritter** Berufung mit der Begründung einlegen, er sei Inhaber der abgewiesenen Forderung[41] oder zu deren gerichtlicher Geltendmachung ermächtigt.

15 **2. Berufungsbeklagter** kann nur der aus dem angefochtenen Urteil ersichtliche Prozessgegner sein. Gegen Streithelfer der Parteien oder gegen einen eigenen Streitgenossen kann sie nicht gerichtet werden.[42] Zu Parteiwechsel und Parteierweiterung in der Berufungsinstanz s. § 525 Rn. 6f.

IV. Wertberufung (Abs. 2 Nr. 1)

16 **1. Berufungssumme.** Die Bestimmung beschränkt im Interesse der Entlastung der Gerichte von Bagatellstreitigkeiten den Zugang zur Berufungsinstanz. Die Berufung ist erst zulässig bei einem Prozessverlust

---

[20] MK/*Rimmelspacher* Rn. 14; *St/J/Grunsky* Allg. Einl. vor § 511 Rn. 45; aA BGH NJW 1996, 1969, 1970.
[21] BGH NJW 1996, 1969f.
[22] BGH NJW 1994, 589, 590; vgl. auch BGH NJW 1995, 1033.
[23] BGHZ 4, 328, 332 = NJW 1952, 545; BGH LM Nr. 32 = MDR 1978, 307.
[24] BGH WM 2004, 1054.
[25] BGHZ 4, 328, 334; BGH NJW-RR 1995, 764, 765.
[26] BGHZ 4, 328, 334; BGH NJW 1983, 2448f.; NJW-RR 1995, 764, 765.
[27] BGH NJW 1993, 2943, 2944.
[28] BGH NJW 1988, 3209f.
[29] OLG Karlsruhe VersR 1998, 386.
[30] MK/*Rimmelspacher* Rn. 24; *St/J/Grunsky* Rn. 9.
[31] BGM MDR 2001, 1046.
[32] BGH NJW 1997, 2385f.; zur Berufung streitgenössischer Nebenintervenienten s. BGH NJW-RR 1997, 865.
[33] BGH NJW 1982, 2069; 1985, 2480f.; 1995, 198, 199.
[34] BGH NJW 1997, 2385f.; 1998, 613, 614.
[35] BGH NJW 1991, 229, 230; 1996, 2799.
[36] BGH NJW 1994, 1537f.
[37] BGH NJW 1982, 2070 Nr. 12.
[38] BGH NJW 1988, 712f.
[39] BGH VIZ 1999, 155; *St/J/Grunsky* Rn. 10.
[40] BGH VIZ 1999, 155.
[41] Vgl. BGH NJW 1994, 3358, 3359.
[42] *St/J/Grunsky* Rn. 12.

im Wert von mehr als 600 Euro. Die Berufungssumme deckt sich mit der Streitwertgrenze für das vereinfachte Verfahren nach § 495 a.

2. Anwendungsbereich. Die Berufungssumme gilt für vermögensrechtliche wie für nichtvermögensrechtliche Streitigkeiten. Sie muss auch bei Berufung gegen ein Prozessurteil,[43] gegen Urteile im Arrest- oder einstweiligen Verfügungsverfahren sowie gegen solche Urteile erreicht sein, die ausländische Urteile für vollstreckbar erklären (§ 723).[44] 17

V. Wert des Beschwerdegegenstandes

1. Beschwerdegegenstand. Für die Zulässigkeit der zulassungsfreien (Wert-)Berufung ist nicht die Beschwer, sondern der Wert des Beschwerdegegenstandes maßgeblich.[45] Er ist zu unterscheiden vom erstinstanzlichen Streitwert und von der Beschwer. Beschwerdegegenstand ist der Teil der Beschwer, dessen Beseitigung die Berufung erstrebt.[46] Sein Wert wird bestimmt durch den Umfang, in dem Beschwer und Berufungsantrag sich decken. Er kann daher nicht höher sein als die Beschwer, wohl aber hinter ihr zurückbleiben, andererseits den erstinstanzlichen Streitwert übersteigen[47] und auch vom Kostenstreitwert der Rechtsmittelinstanz abweichen.[48] Ein über das erstinstanzliche Unterliegen hinausgehender Berufungsantrag erhöht weder die Beschwer noch den Wert des Beschwerdegegenstandes. 18

2. Beschwer des Berufungsklägers. Zu Erforderlichkeit, Begriff und Ermittlung der Beschwer s. vor § 511 Rn. 16, 20 ff. Für die Berufungssumme zählt nur die eigene, nicht auch die Beschwer des Gegners.[49] Bei Streitgenossenschaft ist die Beschwer aller Streitgenossen einer Parteiseite zusammenzurechnen (§§ 2, 5), soweit es sich nicht um wirtschaftlich identische Streitgegenstände oder um Teile des Berufungsurteils handelt, die im Revisionsverfahren nicht überprüfbar sind.[50] Das gilt selbst dann, wenn das Rechtsmittel nur von einem oder von einzelnen Streitgenossen eingelegt wird.[51] Ansprüche, die gegen mehrere Gesamtschuldner verfolgt werden, sind wirtschaftlich identisch.[52] 19

3. Fallgruppen. a) Bei einem **Zahlungsurteil** richtet sich die Beschwer nach dem zu- oder aberkannten Betrag, beim Streit um eine hinterlegte Summe nach deren Höhe einschliesslich der aufgelaufenen Zinsen (Rn. 37), bei einer **Vollstreckungsabwehrklage** nach dem Wert des zu vollstreckenden Anspruchs.[53] Ein erfolglos geltend gemachtes Zurückbehaltungsrecht beschwert den unterlegenen Beklagten nicht über den Betrag der zuerkannten Klageforderung hinaus.[54] 20

b) Bei der Entscheidung über Ansprüche auf **Verschaffung von Eigentum** oder **Besitz** entscheidet gemäß § 6 der Wert der Sache. Für die Herausgabe einer Bürgschaftsurkunde[55] und anderer Urkunden[56] ist dagegen das nach § 3 zu schätzende Interesse am Besitz der Urkunde maßgebend. 21

c) Der Wert der Beschwer einer Verurteilung des Mieters/Pächters zur Räumung bestimmt sich nach § 8. Zur Bestimmung der „streitigen Zeit" ist auf den Zeitpunkt abzustellen, zu dem das Mietverhältnis jedenfalls geendet hätte. Lässt sich dieser Zeitpunkt nicht sicher feststellen, bemisst sich die Beschwer nach der dreieinhalbfachen Jahresmiete.[57] Ausserhalb von Miet- und Pachtverhältnissen bemisst sich die Beschwer des zur Beseitigung von Eigentumsstörungen verurteilten Beklagten nach dessen Interesse, die Kosten einer Ersatzvornahme abzuwenden.[58] 22

d) Bei Abweisung einer **Auskunftsklage** entspricht die Beschwer des Klägers seinem wirtschaftlichen Interesse an der Erteilung der Auskunft. Dieses ist in der Regel mit einem Bruchteil des Anspruchs zu bewerten, den der Kläger mit Hilfe der Auskunft realisieren möchte.[59] Die Beschwer des zur Auskunft verurteilten Beklagten ist nach seinem Interesse zu bewerten, die Auskunft nicht erteilen zu müssen. Sie bemisst sich nicht nach dem Wert des Auskunftsanspruchs, sondern nach dem Zeit- und Kostenaufwand, den die Erteilung der Auskunft erfordert.[60] Ein Geheimhaltungsinteresse ist zu berücksichtigen, soweit es gegenüber dem Auskunftsgläubiger besteht[61] und glaubhaft gemacht wird, dass im Falle der Erteilung der Auskunft ein konkreter Nachteil droht,[62] nicht dagegen das Interesse des Beklagten, die Durchsetzung des Hauptanspruchs zu erschweren.[63] Auch das Interesse des Beklagten an der Vermeidung einer ihm nachteiligen Kos- 23

---

[43] *St/J/Grunsky* § 511 a Rn. 4.
[44] *St/J/Grunsky* § 511 a Rn. 4.
[45] BGH NJW 2002, 2720, 2721; *Althammer* NJW 2003, 1079, 1080 ff.; aA *Jauernig* NJW 2003, 465, 467 f.
[46] MK/*Rimmelspacher* Rn. 46.
[47] BGHZ 124, 313, 315 ff. = NJW 1994, 735; BGHZ 128, 85, 89 = NJW 1995, 664.
[48] *Schulte* MDR 2000, 805 ff.
[49] BGHZ 23, 205, 206 f. = NJW 1957, 790; *Schumann* NJW 1982, 1257, 1260.
[50] BGH NJW 2001, 230, 231 für Kostenentscheidungen nach §§ 91 a, 93.
[51] BGH (Fn. 49); aA MK/*Rimmelspacher* (AB) vor § 511 Rn. 54; *Zö/Gummer/Heßler* Rn. 25.
[52] BGH NJW-RR 1991, 186; 2004, 638, 639.
[53] BGH NJW-RR 1995, 508.
[54] BGH NJW-RR 1996, 828, 829; 2005, 367, 368.
[55] BGH NJW-RR 1994, 758.
[56] BGH BGHR ZPO § 511 a Wertberechnung 11.
[57] BGH NZM 2007, 355 f.
[58] BGHZ 124, 313, 319, 320 = NJW 1994, 735.
[59] BGH FamRZ 1993, 1189; NJW-RR 1994, 1145, 1146; NJW 1997, 1016; BGHZ 128, 85, 89 = NJW 1995, 664.
[60] BGHZ 128, 85 = NJW 1995, 664; BGH NJW-RR 2005, 74, st. Rspr.
[61] BGHZ 164, 63, 66 f. = NJW 2005, 3349.
[62] BGH NJW-RR 1997, 1089; NJW 1999, 3049.
[63] BGHZ 128, 85, 87 = NJW 1995, 664; BGH NJW 1997, 3246; 1999, 3049; 1999, 3049, 3050.

tenentscheidung bleibt außer Betracht.[64] Diese Grundsätze gelten entsprechend für die Verurteilung zur **Rechnungslegung**, zur Abgabe einer **eidesstattlichen Versicherung,**[65] zur **Einsichtgewährung** in bestimmte Unterlagen[66] und zur Erteilung eines **Buchauszuges** nach § 87c HGB.[67] Kosten für den Einsatz von Hilfskräften[68] sowie Rechtsanwalts- oder Steuerberaterkosten,[69] die für Ermittlungen zur Vorbereitung der Auskunft erforderlich sind, sind zu berücksichtigen.

24 e) Bei der Entscheidung über eine **positive Feststellungsklage** beträgt die Beschwer 80 % des Wertes der Forderung oder des Rechtsverhältnisses, um deren Feststellung gestritten wird; bei der **negativen Feststellungsklage** ist der volle Wert anzusetzen.[70] Für den Antrag auf Feststellung des Annahmeverzuges kommt es auf das Interesse des Klägers an der Vollstreckungserleichterung nach §§ 756, 765 an.[71]

25 f) Das Urteil, das auf **einseitige Erledigungserklärung** des Klägers die Erledigung der Hauptsache feststellt, beschwert den Beklagten grundsätzlich nur in Höhe der Prozesskosten der ersten Instanz.[72] Dasselbe gilt bei Klageabweisung für die Beschwer des Klägers.[73] Wird auf einseitige Erklärung des Klägers eine **Teilerledigung** der Hauptsache festgestellt und der Beklagte hinsichtlich der restlichen Hauptsache verurteilt, so bemisst sich seine Beschwer nach dem Wert der restlichen Hauptsache zuzüglich der auf den erledigten Teil entfallenden Kosten.[74] Wird die restliche Hauptsacheklage dagegen abgewiesen, so entspricht die Beschwer des Beklagten dem vollen Betrag der ihm auferlegten Kosten (vgl. i. Ü. § 91a Rn. 55).[75] Bei **übereinstimmender Teilerledigungserklärung** bleiben die auf den erledigten Teil entfallenden Kosten außer Betracht.[76]

26 g) Ein **Anerkenntnisurteil** beschwert die beklagte Partei in Höhe der Urteilssumme.[77] Ein **Grundurteil** beschwert den Beklagten in Höhe der Klageforderung bzw. des Bruchteils derselben, zu dem der Klage dem Grunde nach stattgegeben worden ist,[78] den Kläger in Höhe des abgewiesenen Bruchteils[79] und insoweit, als es für ihn negative Bindungswirkung hat.[80] Bei einem **Vorbehaltsurteil** nach § 302 richtet sich die Beschwer des Beklagten nach der Urteilssumme. Die Verneinung der Konnexität seiner Gegenforderung begründet keine zusätzliche Beschwer. Der Kläger ist in Höhe der Aufrechnungsforderung beschwert, wenn das Gericht im Vorbehaltsurteil bereits die Zulässigkeit der Aufrechnung bejaht hat, denn hieran ist es für das Nachverfahren gebunden.[81] Gegen ein Vorbehaltsurteil nach § 599 soll auch der Kläger Berufung einlegen können und müssen, wenn er den Vorbehalt für unberechtigt hält.[82]

27 h) **Teil- und Schlussurteil** können und müssen gesondert angefochten werden. Die Beschwer ist jeweils gesondert zu ermitteln,[83] auch wenn gegen beide zur gleichen Zeit Berufung eingelegt wird.[84] Die Berufung gegen das Teilurteil erfasst nicht den hierauf entfallenden Teil der einheitlichen Kostenentscheidung des Schlussurteils (§ 99 Rn. 11).[85] Diese kann ungeachtet des § 99 Abs. 1 selbständig angefochten werden, wenn gegen das Teilurteil zulässigerweise Berufung eingelegt ist; Abs. 1 findet insoweit keine Anwendung (§ 99 Rn. 11).[86] Der Wert der Beschwer ist nicht deshalbhöher, weil ein Teilurteil nicht hätte ergehen dürfen.[87] Eine Zusammenrechnung ist nur möglich, wenn mehrere Teilentscheidungen über willkürlich getrennte Teile des Prozessstoffs in die Rechtsmittelinstanz gelangen.[88]

28 i) **Zug-um-Zug-Einschränkung.** Wird der uneingeschränkten Klage nur Zug um Zug stattgegeben, so entspricht die Beschwer des Klägers regelmäßig dem Wert des Gegenrechts, begrenzt durch den Wert des Klageanspruchs.[89] Ausnahmsweise ist der Wert des Klageanspruchs maßgebend, wenn das Urteil mangels Bestimmtheit der Zug um Zug zu erbringenden Gegenleistung insgesamt nicht vollstreckungsfähig ist.[90] Bekämpft der Beklagte seine Verurteilung zur Kaufpreiszahlung in zweiter Instanz allein mit der Einrede des nichterfüllten Vertrages (§ 320 BGB) wegen Unvollständigkeit der Leistung des Verkäufers, so erreicht

---

[64] BGHZ 128, 85, 91f. = NJW 1995, 664.
[65] BGH NJW 2000, 2113.
[66] BGHZ 128, 85, 87 = NJW 1995, 664; BGH NJW-RR 2001, 929.
[67] BGH NJW-RR 1989, 738, 739; NJW 1992, 2020.
[68] BGH NJW 1992, 2020, 2021; NJW-RR 1994, 660, 661; FamRZ 2007, 1090, 1091.
[69] BGH NJW-RR 1990, 1474f.; 1992, 450; 1993, 1154.
[70] BGH NJW 1997, 1787.
[71] Vgl. BGH NJW-RR 1989, 826.
[72] BGHZ 57, 301, 303 = NJW 1972, 257; BGH NJW-RR 1990, 1474; 1993, 765, 766.
[73] BGH NJW-RR 1993, 765, 766.
[74] BGH NJW-RR 1988, 1465; WM 1991, 2009.
[75] BGH (Fn. 74).
[76] BGH NJW-RR 1988, 693; 1991, 509, 510; BGHR ZPO § 3 Rechtsmittelinteresse 4.
[77] MK/*Musielak* § 307 Rn. 25; aA *St/J/Grunsky* § 511a Rn. 12.
[78] BGH NJW 1998, 686; MK/*Rimmelspacher* Rn. 39; *St/J/Grunsky* § 511a Rn. 12.
[79] AA *Schmitt* NJW 1968, 1127, 1128.
[80] BGH NJW-RR 2007, 138, 139.
[81] BGHZ 35, 248, 249f. = NJW 1961, 1721; BGH NJW 1979, 1046; MK/*Musielak* § 302 Rn. 11.
[82] BGH NJW-RR 1992, 254, 256; *T/P/Reichold* § 599 Rn. 8; *Zö/Greger* § 599 Rn. 14.
[83] BGH NJW 1987, 2997; 1989, 2757f.; 2000, 217, 218.
[84] MK/*Rimmelspacher* Rn. 55; *St/J/Grunsky* § 511a Rn. 11.
[85] BGHZ 20, 253, 254f. = NJW 1956, 912; MK/*Rimmelspacher* Rn. 55; *St/J/Grunsky* § 511a Rn. 11.
[86] BGH NJW 1984, 495, 496; 1993, 1063, 1066.
[87] BGH NJW 1998, 686, 687.
[88] BGH NJW 2000, 217, 218.
[89] BGH NJW 1999, 723; NJW-RR 1986, 419; 1991, 1083f.
[90] BGH NJW 1993, 3206, 3207.

der Wert des Beschwerdegegenstandes[91] den vollen Wert der Kaufpreisforderung, wenn die Kaufsache wegen des fehlenden Teils unbrauchbar ist.[92]

j) **Unbezifferter Antrag.** Bei unbezifferter Klage ist der Kläger beschwert, wenn der zuerkannte Betrag wesentlich von der Grössenordnung abweicht, die sich aus den Angaben des Klägers als seine eigene Vorstellung ergibt.[93] Hat der Kläger im Klageantrag oder ausserhalb desselben[94] einen Mindestbetrag angegeben, so ist er um dessen Unterschreitung beschwert.[95] 29

k) **Klagenhäufung, Widerklage.** Entscheidet das angefochtene Urteil über mehrere wirtschaftlich nicht identische Klageansprüche (zB auf Leistung und Feststellung des Annahmeverzuges), so sind ihre Werte zu addieren, § 5.[96] Das gilt auch für die Gegenstände von Klage und Widerklage; § 5 Halbs. 2 gilt nicht für die Rechtsmittelbeschwer.[97] Die Werte einer Teilleistungs- und einer negativen Feststellungswiderklage sind, soweit diese sich nicht decken, zusammenzurechnen. Wirtschaftliche Identität ist bei Klage und Widerklage auch dann gegeben, wenn die wechselseitig verfolgten Ansprüche einander in der Weise ausschliessen, dass die Bejahung des einen zwangsläufig die Abweisung des anderen nach sich zieht.[98] Stützt sich die Klage auf eine Mehrzahl hilfsweise gestaffelter Einzelpositionen, deren Summe die Klageforderung übersteigt, so ist der Kläger um den Wert abgewiesener vorrangiger Positionen beschwert, auch wenn ihm die Klageforderung auf der Grundlage nachrangiger Positionen voll zuerkannt wird.[99] 30

l) **Stufenklage.** Wird die Stufenklage insgesamt abgewiesen, so ist der Kläger mit dem zu schätzenden Wert des Zahlungsanspruchs beschwert. Beschränkt sich die erstinstanzliche Entscheidung auf die erste oder die zweite Stufe (Auskunft, Rechnungslegung, Einsicht in Unterlagen, Buchauszug; eidesstattliche Versicherung), so gilt das zu Rn. 23 Ausgeführte. 31

m) **Haupt- und Hilfsantrag.** Der Wert des Hilfsantrages bleibt unberücksichtigt, wenn dem Hauptantrag stattgegeben wird. Hat die Klage nur mit dem Hilfsantrag Erfolg, so ist der Kläger in Höhe des abgewiesenen Hauptantrages beschwert,[100] bei Abweisung beider Anträge mit deren Summe.[101] Bei wirtschaftlicher (Teil-) Identität ist der höhere Wert bzw. die Wertdifferenz maßgebend;[102] s. auch § 5 Rn. 12. 32

n) **Aufrechnung.** Der Wert der Gegenforderung ist zu berücksichtigen, soweit über sie mit Rechtskraftwirkung (§ 322 Abs. 2) entschieden worden ist.[103] Das ist nicht der Fall, wenn der Erstrichter die Aufrechnung für unzulässig gehalten oder ihre Zulässigkeit prozessordnungswidrig offen gelassen hat.[104] An einer rechtskraftfähigen Entscheidung über die Gegenforderung fehlt es ferner, wenn der Kläger als Gläubiger der prozessgegenständlichen Forderung aufgerechnet[105] oder der Beklagte sich auf eine vom Kläger ausserhalb des Prozesses erklärte Aufrechnung berufen hat.[106] 33

Wird im Falle der **Eventualaufrechnung** die Klage abgewiesen, weil schon die Klageforderung nicht besteht, so ist allein der Kläger (in Höhe der Klageforderung) beschwert. Wird die Klage wegen der Hilfsaufrechnung abgewiesen, so sind die Parteien zu gleichen Teilen beschwert. Wird der Beklagte mit der Begründung verurteilt, ihm stehe die Gegenforderung nicht zu, so ist er in Höhe der Urteilssumme zuzüglich seiner Gegenforderung (bis zur Höhe der Urteilssumme) beschwert.[107] 34

Verteidigt sich der Beklagte gegen die unstreitige Klageforderung allein mit dem Aufrechnungseinwand (**Prinzipal-** oder **Primäraufrechnung**), so soll ihn die Verurteilung nur mit dem einfachen Betrag der Urteilssumme beschweren.[108] Dem ist nicht zu folgen. Auch wenn zwischen den Parteien nur über eine der beiden Forderungen Streit besteht, entscheidet das Urteil über beide mit Rechtskraftwirkung zum Nachteil des Beklagten (§ 145 Rn. 26). Wäre der Standpunkt der hM richtig, so müsste bei einem Anerkenntnisurteil eine Beschwer verneint werden. 35

Bei erfolgloser **gestaffelter Hilfsaufrechnung** sind sämtliche Gegenforderungen – jeweils bis zur Höhe der Urteilssumme – rechtskraftfähig aberkannt und dieser daher hinzuzurechnen.[109] Richtet sich die gestaffelte Aufrechnung gegen eine unstreitige Klageforderung, so ist sie mit dem erstrangigen (Teil-)Betrag in Höhe der Klageforderung Prinzipal-, mit allen nachrangigen Eventualaufrechnung.[110] Eine unzulässige gestaffelte Hilfsaufrechnung mit unselbständigen Teilbeträgen derselben Forderung ist nur mit dem erstran- 36

---

[91] Nicht: der Beschwer, so aber BGH NJW-RR 1995, 1340.
[92] BGH (Fn. 91).
[93] BGHZ 140, 335, 340 = NJW 1999, 1339; BGH NJW 1993, 2875, 2876; NJW-RR 2004, 863.
[94] BGH NJW 1971, 40; 1992, 311, 312.
[95] BGHZ 140, 335, 340 = NJW 1999, 1339; BGH NJW 1992, 311, 312; 2002, 212, 213; NJW-RR 2004, 102f.
[96] *Schumann* NJW 1982, 2800.
[97] BGH NJW 1994, 3292.
[98] BGH NJW 1994, 3292.
[99] BGH NJW 1999, 3564.
[100] BGHZ 26, 295ff. = NJW 1958, 631; BGH LM BGB § 847 Nr. 69 = MDR 1985, 40, 41.
[101] BGH NJW 1984, 371.
[102] BGH NJW 1961, 1466, 1467; *Schumann* NJW 1982, 2800, 2802.
[103] BGH NJW 1992, 317, 318; 1994, 1538; 1998, 686f.
[104] BGH NJW 1984, 128, 129; 1988, 3210; NJW-RR 1991, 127; 1991, 971, 972.
[105] BGH NJW 1992, 982, 983; aA *Zeuner* NJW 1992, 2870; *Grunsky* LM § 322 Nr. 132; *Foerste* NJW 1993, 1183f.
[106] BGHZ 89, 349, 352f. = NJW 1984, 1356; aA *Zeuner* JuS 1987, 354ff.
[107] BGHZ 48, 212 = NJW 1967, 2162; BGHZ 48, 356ff. = NJW 1968, 156; BGH NJW 1994, 1538.
[108] BGHZ 57, 301 = NJW 1972, 257; BGH NJW-RR 1992, 314; 1995, 508.
[109] BGHZ 73, 248, 249 = NJW 1979, 927.
[110] BGH NJW-RR 1992, 316; 1995, 508.

gigen Teilbetrag wirksam und erhöht die Beschwer darüber hinaus nicht.[111] Nach den gleichen Grundsätzen errechnet sich die Beschwer des Klägers, der eine Vollstreckungsabwehrklage oder eine negative Feststellungsklage auf Aufrechnung stützt.[112]

37 o) **Zinsen** sind für die Rechtsmittelbeschwer nur zu berücksichtigen, soweit sie Hauptforderung (geworden) sind, § 4 Abs. 1. Das ist der Fall, soweit der Hauptanspruch oder ein Teil desselben nicht (mehr) Gegenstand des Rechtsstreits ist, auch wenn ein anderer Teil des Hauptanspruchs noch in derselben Instanz anhängig ist.[113] Anzusetzen sind sie mit dem nach § 3 zu schätzenden Betrag bis zum voraussichtlichen Erfüllungszeitpunkt.[114] Beim Streit um hinterlegtes Geld oder um ein verpfändetes Sparguthaben umfasst der Wert der Beschwer auch die aufgelaufenen Zinsen.[115]

38 p) **Kosten.** Vorprozessial aufgewendete Kosten und Prozesskosten der Vorinstanz bleiben bei der Ermittlung der Beschwer grundsätzlich (Ausnahme: Rn. 25) unberücksichtigt, solange die Hauptsache Gegenstand des Rechtsstreits ist[116], § 4 Abs. 1. Das Interesse der unterlegenen Partei an der Vermeidung einer ihr nachteiligen Kostenentscheidung ist auch nicht als Untergrenze für die Bewertung der Beschwer oder des Beschwerdegegenstandes anzuerkennen.[117] Anderes gilt im Verkehrsunfallhaftpflichtprozess für vorgerichtliche Gutachterkosten und die Unkostenpauschale.[118]

39 **4. Bewertung des Beschwerdegegenstandes.** Zu berücksichtigen ist nur der Teil der Berufungsanträge, der sich mit der Beschwer deckt (Rn. 18). Mehrere Anträge werden zusammengerechnet, bei Haupt- und Hilfsantrag zählt der höhere von beiden.[119] Auf die Erfolgsaussicht der Berufung kommt es nicht an.[120] Der Wert der Beschwer ist vom Berufungsgericht nach §§ 3 ff. zu bestimmen, § 2.[121] Es ist dabei nicht an die Streitwertfestsetzung der Vorinstanz gebunden.[122] Will es von dieser abweichen und die Beschwer mit nicht mehr als 600 € bewerten, so ist zuvor ein Hinweis erforderlich.[123] Soweit § 3 einschlägig ist, kann das Revisionsgericht die Wertfestsetzung nur auf Ermessensfehler überprüfen.[124]

VI. Zulassungsberufung (Abs. 2 Nr. 2, Abs. 4)

40 **1. Anwendungsbereich.** Für Fälle, in denen die Beschwer der unterlegenen Partei 600 Euro nicht übersteigt[125] und demzufolge die Berufung nicht nach Abs. 2 Nr. 1 statthaft ist, eröffnet Abs. 2 Nr. 2 dem erstinstanzlichen Richter die Möglichkeit, die Berufung zuzulassen, wenn dies wegen grundsätzlicher Bedeutung der Rechtssache oder zur Rechtsfortbildung oder Rechtsvereinheitlichung geboten erscheint. Die Regelung eröffnet damit zugleich mittelbar auch für Fälle von geringer wirtschaftlicher Bedeutung den Zugang zur Revisionsinstanz.

41 **2. Zulassungskriterien.** Abs. 4 S. 1 Nr. 1 und 2 nennt als Kriterien der Berufungszulassung die grundsätzliche Bedeutung der Rechtssache oder die Erforderlichkeit einer zweitinstanzlichen Entscheidung zur Rechtsfortbildung oder zur Sicherung einer einheitlichen Rechtsprechung. Die Zulassungskriterien entsprechen damit inhaltlich den Kriterien für die Zulassung der Revision (§ 543 Abs. 2) und der Rechtsbeschwerde (§ 574 Abs. 2). Wegen der Einzelheiten s. § 543 Rn. 4 ff.

42 **3. Verfahren und Wirkung der Zulassung.** Über die Zulassung entscheidet das Gericht des ersten Rechtszuges von Amts wegen in seinem Urteil. Ist der Ausspruch der Zulassung versehentlich unterblieben, kann er nach § 319 nachgeholt werden.[126] Die Entscheidung ist nicht anfechtbar. Das Berufungsgericht ist gemäß Abs. 4 S. 2 an die Zulassung gebunden.

512 *Vorentscheidungen im ersten Rechtszug* **Der Beurteilung des Berufungsgerichts unterliegen auch diejenigen Entscheidungen, die dem Endurteil vorausgegangen sind, sofern sie nicht nach den Vorschriften dieses Gesetzes unanfechtbar oder mit der sofortigen Beschwerde anfechtbar sind.**

I. Normzweck

1 Die Bestimmung entspricht der bisherigen Regelung des § 512 aF. Sie erstreckt einerseits die Nachprüfungskompetenz des Berufungsgerichts auf die dem angefochtenen Endurteil vorangegangenen Entscheidungen der ersten Instanz, nimmt davon aber andererseits diejenigen Vor- oder Zwischenentscheidungen

---

[111] BGH NJW-RR 1995, 508.
[112] BGH NJW-RR 1995, 508 für die Vollstreckungsabwehrklage.
[113] BGHZ 26, 174, 175 = NJW 1958, 342; BGH NJW 1990, 2754; 1994, 1869, 1870.
[114] BGH LM § 3 Nr. 57 = MDR 1982, 36.
[115] BGH NJW-RR 1995, 362.
[116] BGHZ 128, 85, 92 = NJW 1995, 664; BGH NJW-RR 1998, 934; BeckRS 2007 10888.
[117] BGHZ 128, 85, 91 f. = NJW 1995, 664; aA BGH NJW 1992, 1513 f.; 1994, 1740.
[118] BGH NJW 2007, 1752 f.
[119] MK/*Rimmelspacher* vor § 511 Rn. 41; aA *St/J/Grunsky* § 511 a Rn. 19.
[120] *St/J/Grunsky* § 511 a Rn. 21.
[121] Vgl. BGH NJW-RR 1998, 573.
[122] BGH NJW-RR 2005, 219.
[123] BGH (Fn. 122).
[124] BGH NJW 1982, 1765; 1992, 2020; NJW-RR 1998, 573.
[125] Klarstellung durch Neufassung des Abs. 4 S. 1 durch Art. 1 Nr. 16 1. JuMoG; s. dazu *H/M-S/Meyer-Seitz* Rn. 15.
[126] BGH, NJW 2004, 2389.

aus, die nicht oder aber selbständig angefochten werden können. Sie erstreckt damit im Ergebnis die Bindungswirkung nach § 318 für diejenigen Entscheidungen auf die zweite Instanz, die unangefochten geblieben oder unanfechtbar sind.[1] Entsprechende Regelungen treffen § 557 Abs. 2 für die Revision und § 583 für die Wiederaufnahme.

II. Nachprüfbare Vorentscheidungen

Ist gegen das Endurteil Berufung eingelegt, so unterliegen der Nachprüfung durch das Berufungsgericht auch die Zwischenurteile, Beschlüsse und Verfügungen der ersten Instanz. Einer besonderen Rüge bedarf es dazu nicht.[2] Für prozessleitende Anordnungen des Vorsitzenden in der mündlichen Verhandlung und für Entscheidungen des beauftragten oder ersuchten Richters oder des Urkundsbeamten der Geschäftsstelle, über deren Zulässigkeit das Gericht erster Instanz nach §§ 140, 573 Abs. 1 zu entscheiden hat, gilt § 512 nicht.[3] Der Überprüfung unterliegen nur solche Vor- und Zwischenentscheidungen, auf denen das angefochtene Endurteil beruht.[4] Ob sie selbständig erlassen oder in den Gründen des Endurteils getroffen worden sind, macht keinen Unterschied.[5] Nicht unter § 512 fallen Entscheidungen, die nach Erlass des Endurteils erster Instanz ergangen sind (§§ 319ff.). 2

III. Ausnahmen

1. Unanfechtbare Zwischenentscheidungen. Dem Endurteil erster Instanz vorangegangene unanfechtbare Zwischenentscheidungen sind auch nicht im Rahmen der Berufung gegen das Endurteil nachprüfbar; das Berufungsgericht ist vielmehr an sie gebunden. Hierher gehören alle nach der ZPO oder dem GVG[6] ausdrücklich für unanfechtbar erklärten Zwischenentscheidungen. Hervorzuheben sind die Fälle der §§ 46 Abs. 2, 127 Abs. 2 und 3, 225 Abs. 3, 227 Abs. 2, 238 Abs. 3, 268, 281 Abs. 2, 348 Abs. 4, 348a Abs. 3, 406 Abs. 5 und des § 17a Abs. 5 GVG. 3

2. Beschwerdefähige Zwischenentscheidungen. Sie sind der Nachprüfung im Rahmen der Berufung unabhängig davon entzogen, ob sie selbständig angefochten sind. Welche Entscheidungen mit der sofortigen Beschwerde anfechtbar sind, ergibt sich aus § 567. Ist der Partei die selbständige Anfechtungsmöglichkeit dadurch genommen worden, dass die beschwerdefähige Entscheidung erst zusammen mit dem Endurteil erlassen wird, so unterliegt sie der Nachprüfung im Rahmen der Berufung.[7] 4

3. Berufungsfähige Zwischenentscheidungen. § 512 schliesst über seinen Wortlaut hinaus die Nachprüfung auch solcher Zwischenentscheidungen aus, die selbständig mit der Berufung anfechtbar sind.[8] Es sind dies das Zwischenurteil nach § 280 Abs. 2, das Grundurteil (§ 304) und die Vorbehaltsurteile nach §§ 302, 599 (§ 511 Rn. 5). Auch ein die Wiedereinsetzung versagendes Zwischenurteil gehört hierher.[9] 5

513 *Berufungsgründe* **(1) Die Berufung kann nur darauf gestützt werden, dass die Entscheidung auf einer Rechtsverletzung (§ 546) beruht oder nach § 529 zugrunde zu legende Tatsachen eine andere Entscheidung rechtfertigen.**

(2) Die Berufung kann nicht darauf gestützt werden, dass das Gericht des ersten Rechtszuges seine Zuständigkeit zu Unrecht angenommen hat.

I. Normzweck

Abs. 1 ist Ausdruck der Funktionsdifferenzierung der Rechtsmittelinstanzen. Die Bestimmung gestaltet die Berufung zu einem Instrument vor allem der Fehlerkontrolle und Fehlerbeseitigung aus. 1

Abs. 2 beschränkt im Interesse der Prozessbeschleunigung und der Entlastung der Berufungsgerichte[1] den Streit über die von dem erstinstanzlichen Gericht angenommene Zuständigkeit auf die erste Instanz. Für die Revisionsinstanz gilt Abs. 2 entsprechend.[2] 2

II. Gegenstand der Nachprüfung

1. Funktion der Berufung. Der Rechtsstreit wird in der Berufungsinstanz nicht umfassend von neuem verhandelt. Das Berufungsgericht beschränkt sich vielmehr darauf, das erstinstanzliche Urteil auf Fehler zu untersuchen und diese zu korrigieren. Die Berufung steht nach ihrer Funktion zwischen dem rein tatrichterlichen Verfahren erster Instanz und der auf eine reine Rechtskontrolle beschränkten Revision und vereint Elemente beider Verfahrensebenen. 3

---

[1] Ähnlich MK/*Rimmelspacher* Rn. 1; *St/J/Grunsky* Rn. 4.
[2] BGHZ 4, 5, 7 = NJW 1952, 381.
[3] MK/*Rimmelspacher* Rn. 8.
[4] MK/*Rimmelspacher* Rn. 5; *St/J/Grunsky* Rn. 2.
[5] MK/*Rimmelspacher* Rn. 5.
[6] *St/J/Grunsky* Rn. 6.
[7] BGH FamRZ 2007, 274.
[8] MK/*Rimmelspacher* Rn. 16; *St/J/Grunsky* Rn. 5.
[9] BGHZ 47, 289, 291 = NJW 1967, 1566.
[1] BGHZ 44, 46, 48f. = NJW 1965, 1665.
[2] BGH NJW 2005, 1660, 1661f.

4 **2. Entscheidungskausale Rechtsverletzung. a) Rechtsverletzung.** Das Berufungsgericht prüft zum einen – ähnlich wie das Revisionsgericht – auf der Grundlage der in erster Instanz festgestellten Tatsachen (§ 529 Abs. 1 Nr. 1) nach, ob das angefochtene Urteil auf einer Verletzung des Rechts iSd. § 546 beruht, dh. ob eine Rechtsnorm nicht oder nicht richtig angewendet worden ist. Dadurch wird das Berufungsgericht von solchen – und nur von solchen – Tatsachenfeststellungen entlastet, die bereits die erste Instanz vollständig und fehlerfrei getroffen hat. Fehlt es daran, weil Beweisantritte oder sonst erhebliches Vorbringen übergangen oder weil Tatsachenfeststellungen unter Verletzung prozessualer Vorschriften zustandegekommen sind, so kann diese Rechtsverletzung, sofern das angefochtene Urteil darauf beruht, mit der Berufung geltend gemacht werden.

4a Die **Auslegung** von Willenserklärungen und Verträgen hat das Berufungsgericht gleichwohl nicht nur auf Rechtsfehler, dh darauf zu überprüfen, ob gesetzliche oder sonst allgemeine Auslegungsregeln, Denkgesetze oder Erfahrungssätze verletzt sind oder wesentlicher Auslegungsstoff außer Acht gelassen wurde.[3] Diese für das Revisionsgericht geltenden Beschränkungen (§ 546 Rn. 5) beruhen auf Besonderheiten des Revisionsrechts, die für die Berufungsinstanz keine Bedeutung haben. Für das Berufungsgericht ist daher allein die eigene Auslegung maßgeblich.[4] Entsprechendes gilt nach der Rspr. des BGH für **Ermessensentscheidungen** der ersten Instanz.[5]

5 **b) Ursächlichkeit der Rechtsverletzung.** Die Berufung kann nur darauf gestützt werden, dass die erstinstanzliche Entscheidung auf einer Rechtsverletzung beruht. Das ist bei Verletzung materiell-rechtlicher Vorschriften nur dann der Fall, wenn die Entscheidung ohne den Gesetzesverstoss im Ergebnis für den Berufungskläger günstiger ausgefallen wäre.[6] Bei Verletzung verfahrensrechtlicher Bestimmungen genügt die Möglichkeit, dass das Gericht ohne den Verfahrensfehler zu einem anderen Ergebnis gelangt wäre.[7] Ist ein Verfahrensfehler absoluter Revisionsgrund nach § 547, so wird seine Ursächlichkeit – ebenso wie nach § 545 Abs. 1 für die Revision – unwiderleglich vermutet (§§ 545 Rn. 11, 547 Rn. 1).

III. Beschränkung der Zuständigkeitsprüfung (Absatz 2)

6 **1. Prüfungsausschluss.** Nach Abs. 2 kann die Berufung nicht darauf gestützt werden, dass das Gericht erster Instanz sich zu Unrecht für zuständig gehalten habe. Mit dieser Regelung sollen im Interesse der Verfahrensbeschleunigung und der Entlastung der Berufungsgerichte Rechtsmittelstreitigkeiten, die allein auf die Frage der Zuständigkeit des erstinstanzlichen Gerichts gestützt werden, ausgeschlossen werden.[8] Zugleich soll vermieden werden, dass die von dem erstinstanzlichen Gericht geleistete Sacharbeit wegen fehlender Zuständigkeit hinfällig wird.[9] Auch dem Berufungsbeklagten ist daher ein entsprechender Einwand verwehrt.

7 **2. Zuständigkeiten.** Soweit das Gericht erster Instanz seine Zuständigkeit angenommen hat, ist die Nachprüfung durch das Berufungsgericht vollständig und umfassend[10] und selbst dann ausgeschlossen, wenn das Amtsgericht wegen der Frage der Zuständigkeit gemäß § 511 Abs. 4 die Berufung zugelassen hat.[11] Der Ausschluss gilt gleichermaßen für die **örtliche** wie für die **sachliche** Zuständigkeit. Auch die Prüfung der **funktionellen** Zuständigkeit[12] und der Zuständigkeitsverteilung zwischen Zivilkammer und Kammer für Handelssachen[13] schliesst Abs. 2 aus. Dasselbe gilt für die Zuständigkeitsabgrenzung zwischen Prozessgericht und Gericht der **freiwilligen Gerichtsbarkeit**[14] und für die Prüfung der Zuständigkeit in Binnenschifffahrtssachen.[15] Unerheblich ist, ob sich das Gericht erster Instanz kraft Gesetzes (§§ 12ff., §§ 23ff., 71 GVG), Gerichtsstandsvereinbarung (§ 38)[16] oder rügeloser Verhandlung (§ 39) für zuständig gehalten hat. Auch die ausschliessliche Zuständigkeit eines anderen Gerichts eröffnet keine Nachprüfungsmöglichkeit.[17] Nicht ausgeschlossen ist dagegen die Nachprüfung der **internationalen** Zuständigkeit durch das Berufungsgericht (s. a. § 545 Rn. 13).[18]

8 **3. Familiengericht, Arbeitsgericht.** Abs. 2 findet auch auf das Verhältnis der allgemeinen Zivilabteilung des Amtsgerichts zum **Familiengericht** (vgl. § 23b GVG Rn. 7) Anwendung. Die Zuständigkeitsabgrenzung zwischen der ordentlichen und der **Arbeitsgerichtsbarkeit** ist eine Frage der **Rechtswegzuständigkeit.** Für die Nachprüfung in der Berufungsinstanz gilt daher in erster Linie **§ 17a Abs. 5 GVG,** der § 513 Abs. 2 al-

---

[3] So aber OLG Oldenburg OLGR 2003, 423, 424; OLG Celle OLGR 2002, 238; OLG München OLGR 2003, 310, 311; 2003, 393.
[4] BGHZ 160, 83, 86ff. = NJW 2004, 2751 = BGH Report 2004, 1366 m. abl. Anm. *Burgermeister; Gaier* NJW 2004, 2041, 2042.
[5] BGH NJW 2006, 1589, 1591f.
[6] Abw. *St/J/Grunsky* §§ 549, 550 Rn. 47.
[7] BGH NJW 1995, 1841, 1842; *Ro/S/Go* § 143 VI 2.
[8] Amtl. Begr. des ZPO-RG, BT-Drucks. 14/4722, S. 94.
[9] Amtl. Begr. des ZPO-RG, BT-Drucks. 14/4722, S. 94; vgl. auch S. 106 zu § 545 Abs. 2.
[10] BGH NJW 1998, 988.
[11] Vgl. für den Fall der Zulassung der Revision BGH NJW-RR 2006, 930, 931.
[12] BGH NJW-RR 1992, 1152.
[13] OLG Zweibrücken JZ 1989, 103f.; *Gaul* JZ 1984, 563, 564; *St/J/Grunsky* § 512a Rn. 12.
[14] Überholt BGHZ 130, 159, 164 = NJW 1995, 2851 zu § 549 Abs. 2 aF.
[15] BGHZ 45, 237, 242 = NJW 1966, 1511; BGHZ 63, 228, 232 = NJW 1975, 218.
[16] BGH NJW 2000, 2822f.
[17] MK/*Rimmelspacher* Rn. 15; *St/J/Grunsky* § 512a Rn. 2.
[18] BGHZ 157, 244, 227f. = NJW 2004, 1456; aA *H/M-S/Meyer-Seitz* Rn. 17f.

lerdings nicht vollständig verdrängt. § 17a Abs. 5 GVG ist nicht anwendbar, wenn das erstinstanzliche Gericht entgegen § 17a Abs. 3 S. 2 GVG über die Zulässigkeit des Rechtsweges nicht vorweg durch Beschluss, sondern erst im Urteil entschieden hat.[19]

4. Gerichtseinteilung. Abs. 2 gilt über seinen Wortlaut hinaus auch für die so genannte Gerichtseinteilung. Die Vorschrift greift daher Platz, wenn ein unzuständiges Amts- oder Landgericht oder eine dafür nicht zuständige Kammer in einer Patentsache,[20] einer Kartellsache,[21] einer Baulandsache[22] oder einer Landwirtschaftssache[23] entschieden hat. 9

5. Bejahung der Zuständigkeit. Nur wenn das erstinstanzliche Gericht seine Zuständigkeit bejaht hat, ist seine Entscheidung insoweit der Nachprüfung durch das Berufungsgericht entzogen. Ob dies in einem End- oder einem Zwischenurteil, ausdrücklich oder stillschweigend geschehen ist, macht keinen Unterschied.[24] Unerheblich ist – anders als nach §§ 512a, 529 Abs. 2 aF – ferner, ob die Zuständigkeit für eine vermögensrechtliche oder eine nicht vermögensrechtliche Sreitigkeit bejaht worden ist. Soweit das Gericht erster Instanz seine Zuständigkeit verneint hat, ist die Entscheidung dagegen in der Berufungsinstanz voll nachprüfbar. Dasselbe gilt, wenn der Erstrichter die Frage seiner Zuständigkeit offen gelassen hat (vgl. § 545 Rn. 12). 10

6. Folgen für die Berufung. Die Bejahung der Zuständigkeit in dem angefochtenen Urteil kann mit der Berufung nicht angegriffen werden. Geschieht dies dennoch, so ist die Berufung insoweit unbegründet.[25] Das gilt auch dann, wenn sich der Berufungsangriff in der Zuständigkeitsrüge erschöpft.[26] Abs. 2 hindert das Berufungsgericht, den Rechststreit unter Aufhebung des angefochtenen Urteils gem. § 281 an ein anderes erstinstanzliches Gericht zu verweisen.[27] 11

514 *Versäumnisurteile*

(1) Ein Versäumnisurteil kann von der Partei, gegen die es erlassen ist, mit der Berufung oder Anschlussberufung nicht angefochten werden.

(2) [1]Ein Versäumnisurteil, gegen das der Einspruch an sich nicht statthaft ist, unterliegt der Berufung oder Anschlussberufung insoweit, als sie darauf gestützt wird, dass der Fall der schuldhaften Versäumung nicht vorgelegen habe. [2]§ 511 Abs. 2 ist nicht anzuwenden.

I. Normzweck

Abs. 1 regelt die Konkurrenz zwischen Einspruch und Berufung.[1] Wo ersterer gegeben ist, ist letztere ausgeschlossen und umgekehrt. Abs. 2 dient der Sicherung des rechtlichen Gehörs.[2] 1

II. Grundsatz (Absatz 1)

1. Unstatthaftigkeit der Berufung gegen Versäumnisurteile. Ein Versäumnisurteil kann von der säumigen Partei grundsätzlich nur mit dem Einspruch (§ 338), nicht mit der Berufung oder der Anschlussberufung angegriffen werden, Abs. 1. 2

a) **Versäumnisurteil** ist nur das wegen der Säumnis ergehende Urteil gegen die säumige Partei (näher vor § 330 Rn. 10ff.), nicht das Prozessurteil gegen den säumigen Kläger[3] und das so genannte unechte Versäumnisurteil (§ 331 Abs. 2, 2. Halbs.; vor § 330 Rn. 11). Als kontradiktorische Endurteile unterliegen diese der Berufung nach § 511. Die Einordnung als Versäumnisurteil oder kontradiktorisches Urteil hängt nicht von der Bezeichnung, sondern vom Inhalt des Urteils ab.[4] In Zweifelsfällen und bei inkorrekter Entscheidungsform hilft das Meistbegünstigungsprinzip (vor § 511 Rn. 31ff.; § 345 Rn. 7). Auch gegen ein zu Unrecht erlassenes Versäumnisurteil findet allein der Einspruch statt; es kann nicht deshalb mit der Berufung angefochten werden, weil das Gericht zu Unrecht einen Fall der Säumnis angenommen hat und richtigerweise durch kontradiktorisches Urteil hätte entscheiden müssen.[5] Der **Vollstreckungsbescheid** steht nach § 700 Abs. 1 einem (ersten) Versäumnisurteil gleich und unterliegt daher wie dieses allein dem Einspruch. 3

b) Bei **gemischten Entscheidungen** ist die Anfechtbarkeit für jeden Teil gesondert zu bestimmen. Ein Teilversäumnis- und Endurteil ist hinsichtlich des Versäumnisteils nur mit dem Einspruch, hinsichtlich des 4

---

[19] BGHZ 119, 246, 250 = NJW 1993, 470; BGHZ 121, 367, 370f. = NJW 1993, 1799.
[20] BGHZ 49, 99, 102ff. = NJW 1968, 596.
[21] BGHZ 36, 105, 108 = NJW 1962, 247; BGHZ 37, 194, 196f. = NJW 1962, 1955.
[22] BGHZ 40, 148, 155 = NJW 1964, 200.
[23] BGH NJW-RR 1992, 1152.
[24] BGH MDR 1998, 177, 178.
[25] AA – unzulässig – BGH NJW 2000, 2822f.
[26] BGH LM § 546 Nr. 94 = MDR 1980, 203 zu § 549 Abs. 2; *St/J/Grunsky* § 512a Rn. 5; *T/P/Reichold* Rn. 5; für Unzulässigkeit der Berufung BGH NJW 1998, 1230; 2000, 2822f.; MK/*Rimmelspacher* Rn. 18; *Zö/Gummer/Heßler* Rn. 15; *Waldner* ZZP 93 (1980), 332, 334.
[27] BGH NJW-RR 2005, 501, 504.
[1] MK/*Rimmelspacher* Rn. 1.
[2] *Braun* ZZP 93 (1980), 443, 445ff.; MK/*Rimmelspacher* Rn. 2; *St/J/Grunsky* § 513 Rn. 4, 20.
[3] MK/*Prütting* § 330 Rn. 19.
[4] BGH NJW 1994, 665.
[5] BGH FamRZ 1988, 945; NJW 1994, 665f.; 1997, 1448.

kontradiktorischen Teils nur mit der Berufung oder der Anschlussberufung anfechtbar. Einspruchs- und Berufungsfrist laufen unabhängig voneinander.[6]

5 **2. Verwerfung.** Eine nach Abs. 1 unstatthafte Berufung oder Anschlussberufung gegen ein Versäumnisurteil ist nach § 522 Abs. 1 zu verwerfen. Eine Umdeutung in einen Einspruch scheitert regelmäßig daran, dass dieser beim Gericht erster Instanz (§ 340 Abs. 1) und innerhalb der nur zweiwöchigen Einspruchsfrist (§ 339 Abs. 1) eingelegt werden muss.[7]

III. Ausnahmen (Absatz 2)

6 Versäumnisurteile, gegen die der Einspruch nicht statthaft ist, können nach Abs. 2 S. 1 mit der Berufung oder der Anschlussberufung angegriffen werden, dies allerdings allein mit der Begründung, es habe kein Fall der schuldhaften Versäumung vorgelegen. Die Zulässigkeit der Berufung hängt nicht vom Wert des Beschwerdegegenstandes (§ 511 Abs. 2 Nr. 1) oder von der Zulassung der Berufung (§ 511 Abs. 2 Nr. 2) ab, Abs. 2 S. 2.

7 **1. Berufungsfähige Versäumnisurteile.** Es handelt sich um das zweite Versäumnisurteil nach § 345 (§ 345 Rn. 1 ff.), das ein Wiedereinsetzungsgesuch zurückweisende Versäumnisurteil (§ 238 Abs. 2; § 238 Rn. 4, 7) und das praktisch bedeutungslose zweite Versäumniszwischenurteil (§§ 347 Abs. 2, 345; § 347 Rn. 1 f.). Für ein zu Unrecht als zweites Versäumnisurteil bezeichnetes kontradiktorisches Urteil („unechtes Versäumnisurteil") gilt Abs. 2 nicht.[8]

8 **2. Zulässigkeitsvoraussetzungen der Berufung.** a) Die Berufung oder Anschlussberufung nach Abs. 2 kann nur darauf gestützt werden, dass bei Erlass des angefochtenen Versäumnisurteils **kein Fall der schuldhaften**[9] **Versäumung** vorgelegen habe. Die Berufung oder Anschlussberufung gegen ein zweites Versäumnisurteil (§ 345) kann nicht darauf gestützt werden, dass bei Erlass des ersten Versäumnisurteils keine schuldhafte Säumnis vorgelegen habe.[10] Die Verschuldensfrage ist nach den gleichen Maßstäben zu beurteilen wie bei der Wiedereinsetzung in den vorigen Stand (§ 233 Rn. 3 ff.).[11] Eine schuldhafte Säumnis liegt auch dann vor, wenn der Prozessbevollmächtigte, der kurzfristig und nicht vorhersehbar an der Wahrnehmung des Termins gehindert ist, nicht das ihm Mögliche und Zumutbare unternimmt, um dem Gericht rechtzeitig seine Verhinderung mitzuteilen.[12]

9 b) Auf **prozessuale Mängel des ersten Versäumnisurteils** kann die Berufung oder Anschlussberufung nach Abs. 2 nicht gestützt werden (Rn. 8). Hierher gehört auch der Fall, dass der für den Erlass des ersten Versäumnisurteils erforderliche Antrag nicht gestellt war.[13] Mit der Berufung oder der Anschlussberufung nach Abs. 2 kann ferner nicht geltend gemacht werden, das erste Versäumnisurteil hätte nicht erlassen werden dürfen, weil die **Klage unzulässig** oder **unschlüssig** (gewesen) sei.[14]

10 c) Die Berufung oder Anschlussberufung gegen ein zweites Versäumnisurteil, das den zulässigen Einspruch gegen einen **Vollstreckungsbescheid** verwirft, kann demgegenüber auch darauf gestützt werden, dass der Vollstreckungsbescheid aus verfahrensrechtlichen Gründen[15] oder mangels Zulässigkeit oder Schlüssigkeit der Klage[16] nicht hätte erlassen werden dürfen.[17] Nach Abs. 2 S. 1 kann die Berufung oder Anschlussberufung auf die Punkte gestützt werden, die der erstinstanzliche Richter bei der Entscheidung über den Einspruch zu prüfen hatte.[18] Beim Einspruch gegen einen Vollstreckungsbescheid erstreckt sich diese Prüfung wegen der Sonderbestimmung des § 700 Abs. 6 – anders als bei einem Versäumnisurteil – auch auf die Zulässigkeit und die Schlüssigkeit der Klage.[19]

11 **3. Entscheidung.** Die Tatsachen, aus denen sich ergeben soll, dass kein Fall der schuldhaften Säumnis vorgelegen hat, muss der Berufungskläger schon in der (Anschluss-)Berufungsbegründung darlegen.[20] Dasselbe gilt für die darüber hinaus zugelassenen Berufungsgründe (Rn. 10). Von der Schlüssigkeit der Darle-

---

[6] BGH NJW-RR 1986, 1326, 1327.
[7] BGH NJW 1994, 665, 666.
[8] OLG Düsseldorf MDR 2001, 833.
[9] So schon für § 513 Abs. 2 aF BGHZ 141, 351, 355 = NJW 1999, 2599; BGH NJW 1999, 2120, 2121.
[10] BGHZ 97, 341 = NJW 1986, 2113; BGHZ 141, 351, 352 ff. = NJW 1999, 2599; BAG AP § 513 ZPO Nr. 6; *Braun* ZZP 93 (1980), 443, 456 ff., 467 ff., 472; MK/*Rimmelspacher* Rn. 17; *St/J/Grunsky* § 513 Rn. 14; *T/P/Reichold* Rn. 5; aA OLG Stuttgart MDR 1976, 51; *Vollkommer* Anm. zu BAG AP § 513 Nr. 6; *ders.* ZZP 94 (1981), 91 ff.; *Orlich* NJW 1973, 1350 und NJW 1980, 1782 f.; *Fuchs* NJW 1979, 1306; *E. Schneider* MDR 1985, 377 f.; *Hoyer*, Das technisch zweite Versäumnisurteil, 1980, S. 162 ff., 172 f.; *R/S/G* § 135 I 2.
[11] BGHZ 141, 351, 355 = NJW 1999, 2599; BGH NJW 2007, 2047.
[12] BGH NJW 2007, 2047, 2048.
[13] MK/*Rimmelspacher* Rn. 17; aA *St/J/Grunsky* § 513 Rn. 7.
[14] BGHZ 141, 351, 353 ff. = NJW 1999, 2599; *Prütting* JuS 1975, 150, 154; MK/*Rimmelspacher* Rn. 17; aA BAG NJW 1971, 1198, 1199; NJW 1974, 1103, 1104; *Braun* ZZP 93 (1980), 443, 461 ff.; *ders.* JZ 1999, 1157 ff.; *Vollkommer* ZZP 94 (1981), 91 ff.; *ders.* JZ 1991, 828 ff.; *Fuchs* NJW 1979, 1306; *Grunsky* Anm. in AP § 345 ZPO Nr. 4; *Hoyer* (Fn. 9) S. 124 ff., 162 ff.; *R/S/G* § 135 I 2; offen gelassen von BGHZ 97, 341, 349 = NJW 1986, 2113; BGH NJW 1999, 2120, 2122.
[15] BGHZ 73, 87 = NJW 1979, 658.
[16] BGHZ 112, 367 = NJW 1991, 43.
[17] AA OLG Hamm NJW 1991, 1067.
[18] BGHZ 112, 367, 371 f. = NJW 1991, 43; BGHZ 141, 351, 353 = NJW 1999, 2599.
[19] BGH (Fn. 18).
[20] BGH NJW 2007, 2047.

gung hängt schon die Zulässigkeit der Berufung oder Anschlussberufung ab.[21] Unbegründet ist die (Anschluss-)Berufung, wenn dem (Anschluss-)Berufungskläger der Nachweis der schlüssig dargelegten Tatsachen nicht gelingt.[22] Ist die Berufung oder Anschlussberufung begründet, so ist das angefochtene Versäumnisurteil aufzuheben. Unter den Voraussetzungen des § 538 Abs. 2 S. 1 darf das Berufungsgericht die Sache nach § 538 Abs. 2 S. 1 Nr. 6 an das Gericht des ersten Rechtszuges zurückverweisen.[23] Durch die Zurückverweisung wird der Rechtsstreit in die Lage vor der Entscheidung über den Einspruch zurückversetzt; bei Säumnis des Einspruchsführers in der neuen Berufungsverhandlung ist daher zweites Versäumnisurteil zu erlassen.[24]

4. Entsprechende Anwendung. Der von der Höhe der Beschwer unabhängige Zugang zur zweiten Instanz (Abs. 2 S. 2) soll sicherstellen, dass auch bei geringfügigen Streitwerten unterhalb der Berufungssumme eine Sachprüfung nicht unter Verletzung des Anspruchs auf rechtliches Gehör umgangen wird.[25] § 513 Abs. 2 aF ist daher analog auf den Fall angewandt worden, dass eine Partei im schriftlichen Verfahren nach § 128 Abs. 2 oder Abs. 3 aF den Zeitpunkt, bis zu dem Schriftsätze eingereicht werden konnten, ohne ihr Verschulden oder nur scheinbar versäumt hatte.[26] Eine Ausweitung der Analogie auf andere Fälle der Verletzung des rechtlichen Gehörs[27] (so § 495a Rn. 11 m. weit. Nachw.) lehnte die hM dagegen ab.[28] Dieser Meinungsstreit ist angesichts der mit dem neu eingeführten § 321a geschaffenen Abhilfemöglichkeit obsolet.[29] 12

IV. Gerichtskosten

Gerichtskosten. Die allgemeine Verfahrensgebühr nach KV Nr. 1220 wird erhoben, wenn gegen ein Versäumnisurteil (zulässig oder unzulässig) Berufung eingelegt wird. 13

515 *Verzicht auf Berufung* **Die Wirksamkeit eines Verzichts auf das Recht der Berufung ist nicht davon abhängig, dass der Gegner die Verzichtsleistung angenommen hat.**

I. Normzweck

Die Vorschrift ist – ebenso wie § 516 – Ausdruck der Parteidisposition über Einlegung und Durchführung eines Rechtsmittels. § 515 regelt nur den einseitigen Verzicht. Dieser ist auch schon vor Urteilserlass möglich. Die Parteien können auf die Berufung auch in vertraglicher Form (Rn. 7, 9, 17) verzichten. Ein Verzicht auf die Berufung ist auch in Ehe- und Kindschaftssachen zulässig. § 515 und die zu anderen Verzichtsformen entwickelten Grundsätze finden auf Revision (§ 565) und Beschwerde,[1] auf das Recht zur Anschliessung (§§ 524, 554, 567 Abs. 3, 574 Abs. 4) und auf andere Rechtsbehelfe entsprechende Anwendung.[2] 1

II. Verzicht auf die Berufung

1. Begriff. Der Verzicht auf die Berufung ist die Erklärung, sich des prozessualen Rechts auf Nachprüfung der erstinstanzlichen Entscheidung durch das Rechtsmittelgericht endgültig begeben zu wollen.[3] Der Verzicht muss nicht ausdrücklich, er kann auch durch schlüssiges Verhalten erklärt werden. Bei der Annahme eines konkludenten Verzichts ist allerdings wegen seiner einschneidenden Rechtsfolgen Zurückhaltung geboten.[4] Ein Verzicht ist nur dann anzunehmen, wenn klar und eindeutig der Wille zum Ausdruck gebracht wird, das Urteil endgültig hinzunehmen und es nicht anfechten zu wollen.[5] 2

2. Auslegung. Ob ein Verzicht in diesem Sinne erklärt ist, ist durch Auslegung nach dem objektiven Sinn der Erklärung zur ermitteln.[6] Als Prozesshandlung (Einl. Rn. 57ff.) unterliegt die Verzichtserklärung der unbeschränkten Auslegung durch das Revisionsgericht (§ 546 Rn. 7).[7] 3

3. Einzelfälle. Die Erklärung einer Partei, sie lege keine Berufung ein, ist im Allgemeinen als Verzicht zu werten.[8] Dasselbe kann anzunehmen sein, wenn sich die Parteien nach Erlass eines Teilurteils über den ge- 4

---

[21] BGH NJW 1991, 42, 43; 1999, 724.
[22] MK/*Rimmelspacher* Rn. 27; *St/J/Grunsky* § 513 Rn. 16.
[23] BGH NJW 1999, 724, 725.
[24] MK/*Rimmelspacher* (AB) Rn. 26; *St/J/Grunsky* § 513 Rn. 16.
[25] *St/J/Grunsky* § 513 Rn. 4.
[26] BVerfGE 60, 96, 98f. = NJW 1982, 1454; BVerfGE 64, 203, 206 = NJW 1983, 2492; BGH NJW 1990, 838, 839.
[27] Dafür OLG Schleswig NJW 1988, 67, 68; LG Berlin NJW-RR 1997, 842; LG Duiburg NJW-RR 1997, 1490; *Kahlke* NJW 1985, 2231, 2234; *R/S/G* § 137 I 3c; *E. Schneider* MDR 2001, 845ff.
[28] BGH NJW 1990, 838, 839f.; LG Duisburg NJW-RR 1997, 317; LG Paderborn MDR 2000, 472; *Seetzen* NJW 1982, 2337, 2342; *Niemann/Herr* ZRP 2000, 278, 281; MK/*Braun* § 579 Rn. 21; *B/L/H* § 513 Rn. 9; *St/J/Grunsky* § 513 Rn. 20; differenzierend *Kunze* NJW 1997, 2154.
[29] Amtl. Begr. des ZPO-RG, BT-Drucks. 14/4722, S. 94.
[1] OLG Schleswig SchlHA 1957, 75, 76; MK/*Rimmelspacher* Rn. 3.
[2] MK/*Rimmelspacher* Rn. 3.
[3] Vgl. RGZ 161, 350, 355; *Habscheid* NJW 1965, 2369, 2370.
[4] BGH NJW 2006, 3498.
[5] BGH (Fn. 4).
[6] BGH NJW-RR 1986, 1327, 1328; 1997, 1288; NJW 1990, 1118.
[7] BGH NJW 1985, 2335; NJW-RR 1991, 1213; 1997, 1288.
[8] BGH LM Nr. 6; NJW 1985, 2335; NJW-RR 1991, 1213.

samten Prozessgegenstand einschliesslich der Prozesskosten vergleichen.[9] Wird die Berufung ausdrücklich auf einen von mehreren Klageanträgen beschränkt, so liegt darin in der Regel ein Verzicht auf die weiter gehende Berufung.[10] In der Erklärung, die Berufung werde nur zur Widerklage durchgeführt, kann ein Berufungsverzicht hinsichtlich der Klage liegen.[11]

5 Noch **kein Verzicht** ist die bloße Absichtserklärung, kein Rechtsmittel einlegen zu wollen.[12] Die Ankündigung **beschränkter Rechtsmittelanträge** in der Berufungsbegründungsschrift enthält in der Regel noch keinen Verzicht hinsichtlich des vorerst nicht angefochtenen Teils.[13] Kein Rechtsmittelverzicht liegt in dem Verzicht auf die Begründung einer nach § 91a zu treffenden Kostenentscheidung,[14] in dem Antrag auf Kostenabrechnung für die erste Instanz[15] oder auf Erteilung eines Rechtskraftzeugnisses.[16] In der Zahlung der Urteilssumme durch den unterlegenen Beklagten liegt im Allgemeinen kein Rechtsmittelverzicht.[17]

III. Verzicht vor Erlass des Urteils

6 **1. Zulässigkeit.** Ein einseitiger Verzicht auf die Berufung ist auch schon vor Erlass des erstinstanzlichen Urteils wirksam. Ein solcher Verzicht ist auch in Ehe- und Kindschaftssachen zulässig.[18]

7 **2. Form.** Ein wirksamer Verzicht auf die Berufung vor Erlass des Urteils kann einseitig oder durch Vereinbarung der Parteien erklärt werden. Ein von den Parteien vor Urteilserlass vereinbarter Rechtsmittelverzicht ist ein zivilrechtlicher Vertrag.[19] Er unterliegt nicht dem Anwaltszwang.[20] Für Vertretung und Willensmängel gelten die Vorschriften des BGB. Ein einseitiger Widerruf ist – wie auch sonst bei Verträgen – ausgeschlossen.[21]

8 **3. Wirkung.** Bei allseitiger Verzichtserklärung dem Gericht gegenüber wird das Urteil mit seinem Erlass rechtskräftig, ein gleichwohl eingelegtes Rechtsmittel ist als unzulässig zu verwerfen.[22] Ein von den Parteien vereinbarter Rechtsmittelverzicht hat keine unmittelbaren Auswirkungen auf den Eintritt der Rechtskraft und die Zulässigkeit der Berufung. Er begründet lediglich eine prozessuale Einrede für den Berufungsbeklagten,[23] deren Erhebung zur Verwerfung der Berufung als unzulässig führt.[24]

IV. Verzicht nach Erlass des Urteils

9 **1. Zulässigkeit.** Die Zulässigkeit des Verzichts auf Rechtsmittel gegen ein bereits erlassenes Urteil ist, auch in Ehesachen,[25] unbestritten. Er kann einseitig gegenüber dem Gericht erklärt werden – nur diesen Fall regelt § 515 –, daneben auch einseitig gegenüber dem Prozessgegner oder durch Vereinbarung mit diesem.

10 **2. Verzicht gegenüber dem Gericht. a) Verzichtserklärung.** Der Verzicht kann schriftlich oder mündlich – im Anschluss an die Urteilsverkündung gegenüber dem erstinstanzlichen Gericht, bei der mündlichen Verhandlung vor dem Berufungsgericht – erklärt werden. Die Erklärung bedarf zu ihrer Wirksamkeit nicht der Protokollierung nach §§ 160, 162.[26] Als Prozesshandlung unterliegt die Verzichtserklärung dem Anwaltszwang;[27] davon macht § 78 Abs. 3 eine Ausnahme bei Abgabe gegenüber dem ersuchten oder beauftragten Richter.[28] Nur ein beim Adressatgericht postulationsfähiger Anwalt kann wirksam verzichten.[29] Ohne Bedeutung ist, ob der Anwalt allein für den Rechtsmittelverzicht mandatiert worden ist und ob er die verzichtende Partei zuvor ordnungsgemäß beraten hat.[30] Die Verzichtserklärung ist – auch in Ehesachen[31] – von der **Prozessvollmacht** gedeckt;[32] diese kann im Aussenverhältnis nicht wirksam beschränkt

---

9 BGH LM Nr. 16 = MDR 1969, 477.
10 BGH NJW 1990, 1118.
11 BGH NJW-RR 1989, 1344.
12 BGH LM GG Art. 19 Nr. 21 = FamRZ 1958, 180, 181.
13 BGHZ 89, 325, 327f. = NJW 1984, 1302; BGH NJW 2001, 146.
14 BGH NJW 2006, 3498f.
15 BGH (Fn. 12).
16 MK/*Rimmelspacher* Rn. 7.
17 BGH NJW 1994, 942; MK/*Rimmelspacher* Rn. 7; *St/J/Grunsky* § 514 Rn. 15.
18 BGHZ 28, 45 = NJW 1958, 1397; BGH NJW 1968, 794f.
19 BGH (Fn. 18); aA *St/J/Grunsky* § 514 Rn. 3.
20 BGH NJW 1968, 198; allgM.
21 Abw. *Zö/Gummer/Heßler* Rn. 11.
22 BGHZ 27, 60 = NJW 1958, 868; *Rimmelspacher* JuS 1988, 953, 956.
23 BGH NJW 1968, 794.
24 BGH (Fn. 23); NJW 1985, 2334; NJW-RR 1989, 1344; *Zö/Gummer/Heßler* Rn. 13 für den einseitigen Verzicht gegenüber dem Gegner; BGHZ 28, 45, 52 = NJW 1958, 1397; BGH WM 1973, 144; *T/P/Reichold* Rn. 5 für den vertraglichen Rechtsmittelverzicht; aA *St/J/Grunsky* § 514 Rn. 22; *Habscheid* NJW 1965, 2369, 2371.
25 BGH NJW 1968, 794; 1974, 1248, 1249; NJW-RR 1997, 1288.
26 BGH NJW 1984, 1465; NJW-RR 1986, 1327, 1328; 2007, 1451f.
27 BGHZ 2, 112, 114 = NJW 1952, 26.
28 *St/J/Grunsky* § 514 Rn. 7.
29 *St/J/Grunsky* § 514 Rn. 8.
30 OLG München OLGZ 1967, 23; MK/*Rimmelspacher* Rn. 19; aA OLG Zweibrücken OLGZ 1967, 26; *Ro/S/Go* § 136 II 5a; *St/J/Grunsky* § 514 Rn. 8.
31 *St/J/Grunsky* § 514 Rn. 8.
32 *St/J/Grunsky* § 514 Rn. 8.

werden, § 83 Abs. 1.[33] Ein unter offenkundigem Missbrauch der Vertretungsmacht erklärter Verzicht ist unwirksam.[34]

11 b) **Widerruf.** Ein dem Gericht gegenüber erklärter Rechtsmittelverzicht ist als Prozesshandlung (Einl. Rn. 57ff.) grundsätzlich unwiderruflich und nicht wegen Willensmängeln anfechtbar.[35] Die Einwilligung des Gegners verhilft dem Widerruf nicht zur Wirksamkeit.[36] Ausnahmsweise zulässig ist der Widerruf beim Vorliegen eines Restitutionsgrundes nach § 580.[37]

12 c) **Wirkungen.** Eine trotz wirksamen Verzichts eingelegte Berufung ist von Amts wegen als unzulässig zu verwerfen.[38] Der Verzicht aller Prozessbeteiligten führt zum vorzeitigen Eintritt der Rechtskraft.[39] Dasselbe gilt für den Fall, dass für die nichtverzichtenden Beteiligten die Rechtsmittelfrist abgelaufen ist.[40]

13 **3. Einseitiger Verzicht gegenüber dem Prozessgegner.** Ein einseitiger Rechtsmittelverzicht kann nach Urteilserlass auch dem Prozessgegner gegenüber erklärt werden.[41] Das gilt auch in Ehesachen.[42]

14 a) Nach hM ist auch die einseitige Verzichtserklärung gegenüber dem Gegner **Prozesshandlung.**[43] Gleichwohl unterliegt die Erklärung nicht dem Anwaltszwang.[44] Die in Anwesenheit des Prozessgegners dem Gericht gegenüber abgegebene Verzichtserklärung ist im Allgemeinen nicht für den Prozessgegner bestimmt und daher nicht vom Anwaltszwang ausgenommen.[45] Auch ein aussergerichtlicher Rechtsmittelverzicht ist von der Prozessvollmacht gedeckt.[46]

15 b) **Widerruf.** Für Widerruf und Anfechtung gilt grundsätzlich das Gleiche wie für den einseitigen Rechtsmittelverzicht gegenüber dem Gericht (Rn. 11).[47] Mit Zustimmung des Gegners kann der Verzicht allerdings widerrufen werden.[48]

16 c) **Wirkungen.** Der einseitige Rechtsmittelverzicht gegenüber dem Prozessgegner begründet für diesen lediglich eine prozessuale Einrede, deren Erhebung zur Verwerfung des Rechtsmittels als unzulässig führt.[49] Der Einrede kann der Verzichtende die Gegeneinrede der Arglist oder des Rechtsmissbrauchs entgegenhalten.[50]

17 **4. Verzichtsvereinbarung. a) Zulässigkeit.** Ein Rechtsmittelverzicht kann Gegenstand einer Vereinbarung mit dem Prozessgegner oder mit einem Dritten zu Gunsten des Prozessgegners sein. Für **Abschluss** und **Abschlussmängel** gilt das zum im Voraus vereinbarten Rechtsmittelverzicht Ausgeführte (Rn. 7) entsprechend.

18 b) **Wirkungen.** Der mit dem Prozessgegner vereinbarte Rechtsmittelverzicht hat die gleichen Wirkungen wie der ihm gegenüber einseitig erklärte. Die Berufung ist auch dann auf die Einrede des Gegners hin als unzulässig zu verwerfen, wenn die Vereinbarung der Parteien nur die Verpflichtung zum Rechtsmittelverzicht enthält.[51]

V. Verzicht auf die eingelegte Berufung

19 **1. Zulässigkeit.** Der Berufungskläger kann auch noch nach Einlegung der Berufung auf das Rechtsmittel verzichten.[52] Darin liegt keine Rücknahme der Berufung unter Verzicht auf deren erneute Einlegung.[53] Für Abgabe und Wirksamkeit des Verzichts gelten die Ausführungen zum Verzicht nach Erlass des Urteils (Rn. 10f.).

20 **2. Wirkungen.** Die Wirkungen sind die gleichen wie die eines nach Urteilserlass, aber vor Einlegung der Berufung erklärten Verzichts (Rn. 12).

VI. Teilverzicht

21 **1. Zulässigkeit.** Der Verzicht auf die Berufung kann ebenso wie das Rechtsmittel selbst (dazu § 520 Rn. 22) auf einzelne Ansprüche oder abtrennbare Anspruchsteile beschränkt werden.[54] Die Beschränkung

---

[33] BGH FamRZ 1988, 496.
[34] BGH LM § 515 aF Nr. 13 = MDR 1962, 374, 375; vgl auch BGH NJW-RR 1997, 1288.
[35] BGH NJW-RR 1986, 1327; FamRZ 1993, 694; aA *St/J/Grunsky* § 514 Rn. 28.
[36] BGH NJW 1985, 2334.
[37] BGH (Fn. 35).
[38] BGHZ 27, 60 = NJW 1958, 868; BGH NJW 1985, 2334, 2335.
[39] *Rimmelspacher* JuS 1988, 953, 954.
[40] *Rimmelspacher* JuS 1988, 953, 955.
[41] BGHZ 2, 112, 113 = NJW 1952, 26; BGH NJW-RR 1997, 1288; *St/J/Grunsky* § 514 Rn. 10.
[42] BGH NJW 1974, 1248, 1249; NJW-RR 1997, 1288.
[43] BGH NJW 1968, 794, 795; NJW-RR 1989, 1344; 1997, 1288.
[44] BGH (Fn. 41) S. 114; NJW 1985, 2335; aA R/S/G § 134 Rn. 47.
[45] BGHZ 2, 112, 116 = NJW 1952, 26.
[46] MK/*Rimmelspacher* Rn. 11; *St/J/Grunsky* § 514 Rn. 10.
[47] BGH NJW 1968, 794, 795; 1985, 2335.
[48] BGH NJW 1985, 2334; NJW-RR 1989, 1344.
[49] BGH NJW 1985, 2334; NJW-RR 1997, 1288; *Ro/S/Go* § 136 II 5a; aA *Rimmelspacher* JuS 1988, 953, 955; *St/J/Grunsky* § 514 Rn. 22.
[50] BGH NJW 1968, 794, 795; NJW 1985, 2335; NJW-RR 1989, 1344.
[51] MK/*Rimmelspacher* Rn. 35.
[52] BGHZ 124, 305, 308 = NJW 1994, 737; *Rimmelspacher* JuS 1988, 953, 957; MK/*Rimmelspacher* Rn. 24.
[53] BGHZ 27, 60, 61f. = NJW 1958, 868; BGHZ 124, 305, 309 = NJW 1994, 737; aA *St/J/Grunsky* § 514 Rn. 6.
[54] BGHZ 7, 143, 144f. = NJW 1952, 1295; BGH NJW-RR 1989, 1344.

ist auch dann wirksam, wenn über den von dem Verzicht betroffenen Teil nicht zulässigerweise[55] durch Teilurteil entschieden werden könnte;[56] erforderlich ist nur, dass es sich um einen quantitativ abgrenzbaren Teil des Streitgegenstandes handelt.

22 **2. Wirkung.** Soweit der Verzicht reicht, ist eine gleichwohl eingelegte Berufung unzulässig. Beschränkt sich die Berufung dagegen von vornherein auf den von dem Verzicht nicht betroffenen Teil der Beschwer, so ist im Umfang des Teilverzichts keine Berufung eingelegt, die als unzulässig verworfen werden könnte.[57] Greift die beschwerte Partei das Urteil nur teilweise an und verzichtet sie im Übrigen auf die Berufung, so tritt insoweit Teilrechtskraft ein.[58]

VII. Rechtsmittelverzicht bei Streitgenossenschaft

23 Der Verzicht eines einfachen Streitgenossen wirkt nach § 61 allein gegen ihn.[59] Entsprechendes gilt für den Rechtsmittelverzicht gegenüber einem von mehreren Streitgenossen.[60] Der Rechtsmittelverzicht eines **notwendigen Streitgenossen** hat für den Verzichtenden den Verlust der Rechtsmittelbefugnis zur Folge; die Zulässigkeit des Rechtsmittels der verbleibenden Streitgenossen wird von dem Verzicht nicht berührt (arg. § 62).[61]

VIII. Gebühren und Kosten

24 **1. Rechtsanwaltsgebühren.** Der Rechtsmittelverzicht des Prozessbevollmächtigten ist von der Verfahrensgebühr abgegolten (Nr. 3100 VV RVG). Wird ein **Anwalt**, der bisher **nicht Prozessbevollmächtigter** war, beauftragt, (nur) den Rechtsmittelverzicht abzugeben, erhält er eine Verfahrensgebühr von 0,8 entweder gemäß Nr. 3101 Nr. 1 VV RVG oder gemäß Nr. 3403 VV RVG.[62]

25 **2. Gerichtskosten.** Gerichtsgebühren werden nicht erhoben.

516 *Zurücknahme der Berufung*

(1) Der Berufungskläger kann die Berufung bis zur Verkündung des Berufungsurteils zurücknehmen.

(2) [1]Die Zurücknahme ist dem Gericht gegenüber zu erklären. [2]Sie erfolgt, wenn sie nicht bei der mündlichen Verhandlung erklärt wird, durch Einreichung eines Schriftsatzes.

(3) [1]Die Zurücknahme hat den Verlust des eingelegten Rechtsmittels und die Verpflichtung zur Folge, die durch das Rechtsmittel entstandenen Kosten zu tragen. [2]Diese Wirkungen sind durch Beschluss auszusprechen.

I. Normzweck

1 **1. Normzweck.** Die Berufungsrücknahme dient wie der Berufungsverzicht (§ 515) der Beschleunigung des Eintritts der Rechtskraft. Insofern ist die Bestimmung Ausdruck der Dispositionsfreiheit der Parteien. Die Rücknahme einer aussichtslosen Berufung entlastet zudem das Berufungsgericht von unnützer Schreibarbeit.

2 **2. Anwendungsbereich.** Die Bestimmung gilt auch in Ehesachen.[1] Sie ist kraft Gesetzes entsprechend anwendbar auf die Rücknahme der Revision (§ 565) und des Einspruchs gegen ein Versäumnisurteil (§ 346) oder einen Vollstreckungsbescheid (§ 700 Abs. 1 iVm. § 346). Sie gilt darüber hinaus für die Rücknahme der Anschlussberufung (§ 524),[2] der sofortigen Beschwerde (§ 567), der Rechtsbeschwerde (§ 574),[3] der Erinnerung (§ 573) und des Widerspruchs gegen Arrest und einstweilige Verfügung (§ 924).[4]

3 Die Rücknahme ist zu unterscheiden vom Rechtsmittelverzicht (§ 515), der zum endgültigen Verlust des Rechtsmittels führt (§ 515 Rn. 8, 12), von der Klagerücknahme, die die Anhängigkeit des Rechtsstreits beendet (§ 269 Abs. 3 S. 1), und vom Verzicht auf den prozessualen Anspruch (§ 306), der zu einem Sachurteil führt, ferner von der vertraglichen Verpflichtung zur Berufungsrücknahme (Rn. 5, 21).

II. Die Rücknahmeerklärung

4 **1. Inhalt.** Die Rücknahme muss nicht ausdrücklich, aber eindeutig erklärt sein.[5] Eine einseitige Erledigungserklärung kann im Allgemeinen nicht als Berufungsrücknahme ausgelegt werden; ausgeschlossen ist

---

[55] BGHZ 107, 236, 242 = NJW 1989, 2821; BGH NJW 1992, 1769, 1770.
[56] AA BGH NJW 1990, 1118; *Ro/S/Go* § 136 II 5.
[57] BGH NJW 1968, 2106.
[58] BGHZ 7, 143, 144f. = NJW 1952, 1295; BGH NJW 1989, 170; 1992, 2296.
[59] RGZ 161, 350, 351f.
[60] *St/J/Grunsky* § 514 Rn. 23.
[61] AA *St/J/Grunsky* § 514 Rn. 24.
[62] G/S/*Müller-Rabe* VV 3403 Rn. 20f.
[1] BGH NJW 1968, 794.
[2] BGHZ 4, 229, 240 = NJW 1952, 384.
[3] BGH NJW 1983, 578.
[4] OLG Celle NdsRPfl 1964, 111.
[5] BGH NJW-RR 1989, 195.

dies jedenfalls dann, wenn der Sachantrag hilfsweise aufrechterhalten[6] oder eine Kostenentscheidung zum Nachteil des Gegners beantragt[7] wird.

2. Adressat. Die Berufungsrücknahme kann nur dem Gericht gegenüber erklärt werden (Abs. 2 S. 1). 5
Eine dem Prozessgegner gegenüber erklärte Rücknahme kann – Eindeutigkeit vorausgesetzt – als Berufungsverzicht zu werten sein; sie kann auch zur Entstehung einer vertraglichen Rücknahmepflicht führen.[8] Eine Vereinbarung über die Rücknahme macht die verweigerte Rücknahmeerklärung nicht entbehrlich; zu den Folgen der Weigerung vgl. Rn. 21.

3. Form. Die Rücknahme ist entweder mündlich im Verhandlungstermin oder – vor oder nach demselben – schriftsätzlich zu erklären, Abs. 2. Die Erklärung unterliegt grundsätzlich dem Anwaltszwang.[9] Es entspricht indessen allgemeiner Auffassung, dass die von einem beim Berufungsgericht nicht zugelassenen Anwalt oder von der Partei selbst eingelegte unzulässige Berufung von denselben zurückgenommen werden kann.[10] Selbst die unerkannt gebliebene Prozessunfähigkeit des Berufungsklägers beeinträchtigt die Wirksamkeit der Rücknahmeerklärung nicht.[11] 6

4. Rechtsnatur. Die Rücknahmeerklärung ist Prozesshandlung (Einl. Rn. 57ff.), daher bedingungsfeindlich,[12] nicht anfechtbar[13] und grundsätzlich unwiderruflich.[14] Das gilt auch bei Einverständnis des Gegners.[15] Die Rechtsprechung lässt den Widerruf ausnahmsweise zu, wenn die Rücknahmeerklärung auf einem für Gericht und Gegner offenkundigen Irrtum beruht.[16] Ein Widerruf wird ferner beim Vorliegen von Wiederaufnahmegründen (§ 580) zugelassen, sofern die Voraussetzungen des § 581 erfüllt sind.[17] Der Widerruf muss binnen eines Monats nach Kenntniserlangung vom Widerrufs-(Restitutions-)grund erklärt werden;[18] auch die 5-Jahresfrist des § 586 Abs. 2 S. 2 gilt für den Widerruf.[19] 7

III. Wirksamkeit der Rücknahme

1. Zeitliche Grenzen. Die Berufung kann noch nach Schluss der Berufungsverhandlung zurückgenommen werden. Erst mit der Verkündung des instanzbeendenden[20] Berufungsurteils ist die Rücknahme ausgeschlossen. Gelangt der Rechtsstreit nach Zurückverweisung durch das Revisionsgericht erneut in die Berufungsinstanz, so ist die Rücknahmemöglichkeit wieder eröffnet. 8

2. Rücknahme bei Streitgenossenschaft und Streithilfe. a) Streitgenossenschaft. Bei einfacher Streitgenossenschaft wirkt die Rücknahme nur für den Streitgenossen, von dem oder dem gegenüber sie erklärt wird. In Bezug auf das einzelne eingelegte Rechtsmittel gilt das auch bei notwendiger Streitgenossenschaft[21] (s. dazu i. Ü. Rn. 10). Zur Beendigung der Berufungsinstanz muss die Rücknahme von bzw. gegenüber allen am Berufungsverfahren beteiligten Streitgenossen erklärt werden.[22] 9

b) Streithilfe. Die Berufung des Streithelfers ist – ausser bei streitgenössischer Nebenintervention[23] – stets Berufung der Partei, nicht des Streithelfers selbst (§ 67 Rn. 4; § 511 Rn. 13).[24] Ob auch die Partei ein Rechtsmittel eingelegt hat, spielt keine Rolle. Die Rücknahmeerklärung der Partei beseitigt daher, wenn sie nicht auf einzelne Einlegungsakte beschränkt wird,[25] die Berufung auch insoweit, als der Streithelfer sie eingelegt hat (§ 67 Rn. 9).[26] Keine Rücknahme ist der Widerspruch der Partei gegen die vom Streithelfer eingelegte Berufung; er führt aber zu deren Verwerfung als unzulässig.[27] Der Streithelfer kann die von ihm eingelegte Berufung zurücknehmen, solange die Partei untätig bleibt (§ 67 Rn. 9).[28] Bei notwendiger Streitgenossenschaft oder streitgenössischer Nebenintervention berührt die Rücknahme des Rechtsmittels durch die Hauptpartei oder durch einen Streitgenossen nicht die Befugnis weiterer Streitgenossen, das Rechtsmittel durchzuführen, soweit diese innerhalb der für sie laufenden Frist selbst Rechtsmittel eingelegt haben. Hat dagegen nur ein Streitgenosse Berufung eingelegt, nachdem die Frist für die Übrigen bereits abgelaufen war, so ist deren Stellung von der des Rechtsmittelführers abhängig. 10

---

6 BGH NJW 1967, 564, 565.
7 BGHZ 34, 200, 204 = NJW 1961, 775; BGH LM § 522 Nr. 4 = MDR 1964, 143.
8 RGZ 123, 84, 85.
9 BGH NJW 1978, 1262.
10 BGH NJW-RR 1994, 759; MK/*Rimmelspacher* Rn. 7; *Zö/Gummer/Heßler* Rn. 15.
11 BGH LM § 52 Nr. 3; LM § 586 Nr. 9 = FamRZ 1963, 131, 132; MK/*Rimmelspacher* Rn. 12.
12 BGH NJW-RR 1990, 67, 68.
13 BGHZ 12, 284, 285 = NJW 1954, 676; BGH NJW 1991, 2839.
14 BGHZ 20, 198, 205 = NJW 1956, 990.
15 BGH (Fn. 14); allgM.
16 BGH VersR 1977, 574; 1988, 526, 527; aA MK/*Rimmelspacher* Rn. 13f.
17 BGHZ 12, 284, 285 = NJW 1954, 676; BGH NJW 1991, 2839.
18 BGHZ 33, 73, 75 = NJW 1960, 1764.
19 BGH NJW 1958, 1352, 1353 (LS); BGHZ 33, 73, 75 = NJW 1960, 1764.
20 BGH NJW 2006, 2124f.
21 BGH NJW-RR 1991, 187.
22 Vgl. BGH NJW-RR 2006, 862, 863.
23 BGHZ 89, 121, 124 = NJW 1984, 353; BGH DtZ 1994, 29; NJW-RR 1999, 285, 286; VIZ 1999, 155.
24 BGH NJW 1993, 2944; 1995, 198, 199.
25 BGH NJW 1989, 1357.
26 MK/*Rimmelspacher* Rn. 20; aA BGH NJW 1993, 2944; *St/J/Grunsky* § 515 Rn. 17a.
27 BGHZ 92, 275, 279 = NJW 1985, 386; BGH NJW 1989, 1357, 1358; 1993, 2944.
28 BGH NJW-RR 1999, 285, 286.

Nimmt er die Berufung zurück, so entzieht er damit den übrigen Streitgenossen ihre Stellung als Partei des Berufungsverfahrens.[29]

11 3. Der **Zustimmung des Berufungsbeklagten** bedarf die Berufungsrücknahme anders als nach § 515 aF nicht mehr. Der Gesetzgeber hat das Zustimmungserfordernis, das dem Berufungsbeklagten das Recht zur unselbständigen Anschliessung (§ 524, § 521 aF) sichern sollte,[30] mit der Begründung gestrichen, es sei kein schützenswertes Interesse des Berufungsbeklagten erkennbar, eine unselbständige Anschlussberufung durchführen zu können.[31] Diese Erwägung vernachlässigt eine wesentliche Funktion der unselbständigen Anschlussberufung. Die Möglichkeit der unselbständigen Anschliessung dient auch der Vermeidung leichtfertiger Rechtsmittel, indem sie den Rechtsmittelführer dem Risiko aussetzt, dass sich das erstinstanzliche Prozessergebnis für ihn verschlechtert.[32] Dieses Risiko ist mit der Streichung des Zustimmungserfordernisses entfallen.

IV. Wirkungen der Berufungsrücknahme

12 **1. Rechtsmittelverlust.** Anders als der Rechtsmittelverzicht (§ 515 Rn. 8, 12) führt die Rücknahme nicht zum endgültigen Ausschluss, sondern nur zum Verlust des eingelegten Rechtsmittels. Die Berufung kann daher innerhalb der Berufungsfrist oder bei Gewährung von Wiedereinsetzung erneut eingelegt werden.[33] Ist mehrfach Berufung eingelegt, so bezieht sich die Rücknahme – vorbehaltlich einer Beschränkung – auf alle vorausgegangenen Einlegungsakte.[34] Dies gilt auch dann, wenn neben der Partei deren Streithelfer Berufung eingelegt hat (Rn. 10).[35]

13 **2. Wirkungsverlust.** Entsprechend § 269 Abs. 3 S. 1 werden noch nicht rechtskräftige Entscheidungen des Berufungsgerichts mit der Berufungsrücknahme wirkungslos.[36]

14 **3. Eintritt der Rechtskraft.** Mit der Rücknahme der Berufung wird das angefochtene Urteil rechtskräftig, wenn keine weitere (Anschluss-)Berufung eingelegt und die Berufungsfrist zwischenzeitlich für alle Beteiligten abgelaufen ist.[37] Diese Wirkung tritt mit der Rücknahme ex nunc und ohne Rücksicht darauf ein, ob ein Beschluss nach Abs. 3 S. 2 ergeht.[38]

15 **4. Kostentragungspflicht. a) Kosten der Berufung.** Der Berufungskläger, der die Berufung zurücknimmt, hat nach Abs. 3 S. 1 die Kosten der Berufung einschliesslich der notwendigen Kosten des Berufungsbeklagten (§ 91 Rn. 8, 13 ff.) zu tragen. Das gilt vorbehaltlich einer anderweitigen rechtskräftigen Entscheidung[39] oder vertraglich (vergleichsweise) getroffenen Kostenregelung der Parteien.[40] Bei Teilrücknahme oder beiderseitiger Berufungsrücknahme ist nach § 92 zu quoteln.[41] Verweigert der Berufungskläger die mit dem Gegner vereinbarte Rücknahme, so sind ihm die Kosten der Berufung, die auf Rüge des Gegners als unzulässig zu verwerfen ist (Rn. 21), nach § 97 Abs. 1 aufzuerlegen.[42] Zu den kostenrechtlichen Folgen der Berufungsrücknahme im familiengerichtlichen Verbundverfahren s. § 93 a Rn. 5, zum Verhältnis des Abs. 3 zu § 98 s. § 98 Rn. 6.

16 **b) Kosten der Anschlussberufung.** Der **Berufungskläger** trägt nach Abs. 3 auch die Kosten einer Anschlussberufung, sofern diese zulässig war und durch die Rücknahme oder Berufung nach § 524 Abs. 4 ihre Wirksamkeit verloren hat.[43] Das gilt auch für die Rücknahme der Berufung nach einem Hinweis gem. § 522 Abs. 2 Satz 2.[44]

17 Den **Berufungsbeklagten** treffen die Kosten der Anschlussberufung, wenn er sich einer – auch ohne sein Wissen – bereits zurückgenommenen[45] Berufung angeschlossen hat; ferner wenn die Anschlussberufung unzulässig ist,[46] zurückgenommen wird[47] oder trotz Unwirksamkeit (§ 524 Abs. 4) weiterverfolgt wird.[48]

18 *unbesetzt*

19 **c) Kostenschuldner.** Die Kosten der von einem Rechtsanwalt ohne Vertretungsmacht eingelegten und dann zurückgenommenen Berufung sind entsprechend § 89 Abs. 1 S. 3 dem Anwalt aufzuerlegen.[49]

---

29 BGH NJW-RR 1999, 285, 286; MK/*Rimmelspacher* Rn. 19; abw. *St/J/Grunsky* § 515 Rn. 17 (Abhängigkeit endet mit Antragstellung der zunächst untätigen Streitgenossen).
30 BGHZ 124, 305, 308 = NJW 1994, 737; *St/J/Grunsky* § 515 Rn. 5.
31 Amtl. Begr. des ZPO-RG, BT-Drucks. 14/4722, S. 94.
32 BGHZ 88, 360, 362 = NJW 1984, 437; BGH NJW 1984, 2951, 2952.
33 BGHZ 45, 380, 382 f. = NJW 1966, 1753; BGH NJW 1985, 2480; 1991, 1116; 1993, 269 allgM.
34 BGH NJW 2007, 3640, 3642.
35 AA BGH NJW 1993, 2944.
36 BGH BGHR ZPO § 515 Abs. 2 Berufungsverwerfung 1; OLG Düsseldorf MDR 1988, 681 allgM.
37 MK/*Rimmelspacher* Rn. 26; *St/J/Grunsky* § 515 Rn. 20.
38 *St/J/Grunsky* § 515 Rn. 20.
39 *St/J/Grunsky* § 515 Rn. 23.
40 BGH LM Nr. 20 = MDR 1972, 945; NJW 1989, 39 f.
41 MK/*Rimmelspacher* Rn. 23; *St/J/Grunsky* § 515 Rn. 24.
42 BGH NJW 1989, 39.
43 BGHZ 4, 229, 238 f. = NJW 1952, 384; BGH NJW-RR 2005, 727, 728; 2007, 786.
44 BGH NJW-RR 2006, 1147 f.
45 BGHZ 17, 398 = NJW 1955, 1187; BGHZ 80, 146, 149 = NJW 1981, 1790.
46 BGHZ 4, 229, 240 = NJW 1952, 384; BGHZ 86, 51, 52 = NJW 1983, 578.
47 *St/J/Grunsky* § 515 Rn. 25.
48 BGHZ 100, 383, 390 = NJW 1987, 3263; BGH NJW 2000, 3215, 3216.
49 *Zö/Gummer*/Heßler Rn. 20; St/J/*Grunsky* § 515 Rn. 26.

V. Beschluss des Berufungsgerichts

1. Bedeutung. Die in Abs. 3 S. 1 geregelten Folgen der Berufungsrücknahme sind gemäß Abs. 3 S. 2 durch Beschluss auszusprechen. Der Beschluss hat hinsichtlich der Wirkungen der Berufungsrücknahme lediglich deklaratorische Bedeutung. Rechtsmittelverlust und Kostentragungspflicht ergeben sich unmittelbar aus dem Gesetz. Die Rechtskraft der erstinstanzlichen (Rn. 14) und der Wirkungsverlust einer noch nicht rechtskräftigen zweitinstanzlichen Entscheidung (Rn. 13) treten unabhängig von einem Beschluss nach Abs. 3 S. 2 ein. Praktische Bedeutung hat der Beschluss allein für die Kostenfestsetzung (§ 103 Abs. 1). 20

2. Anwendungsbereich. a) Der Beschluss nach Abs. 3 S. 2 setzt eine **Berufungsrücknahme** voraus. Unterbleibt sie unter Missachtung einer vertraglichen Rücknahmepflicht, so ist nicht nach Abs. 3 zu verfahren,[50] sondern die Berufung auf Rüge des Gegners als unzulässig zu verwerfen.[51] 21

b) Rechtsmittelverlust und Kostentragungspflicht sind auch dann durch Beschluss nach Abs. 3 S. 2 auszusprechen, wenn die Parteien über die Wirksamkeit der Berufungsrücknahme **streiten.**[52] 22

c) Wird die Berufung von oder gegenüber einzelnen **Streitgenossen** zurückgenommen (Rn. 9), so ist der Beschluss regelmäßig auf die Verlustigkeit zu beschränken, über die Kosten der Berufung dagegen in der Schlussentscheidung einheitlich zu befinden. Ein vorgezogener Teilkostenausspruch ist nur bei einem besonderen schutzwürdigen Interesse der erstattungsberechtigten Partei zulässig.[53] Wird die Berufung nur teilweise zurückgenommen (Rn. 26), so ist Abs. 3 S. 2 unanwendbar. 23

3. Verfahren. Der Beschluss kann ohne mündliche Verhandlung ergegehen (§ 128 Abs. 4). Er setzt keinen Antrag des Berufungsbeklagten voraus. Das Gericht hat vielmehr – zur Vereinfachung des Verfahrens – unmittelbar nach Eingang der Berufungsrücknahme von Amts wegen die in Abs. 3 S. 1 festgelegten Folgen auszusprechen.[54] 24

4. Anfechtbarkeit. Die Beschluss nach Abs. 3 S. 2 ist mit der Rechtsbeschwerde anfechtbar, sofern das Berufunfsgericht diese nach § 574 Abs. 1 Nr. 2 zulässt. 25

VI. Besonderheiten bei Teilrücknahme der Berufung

1. Beschränkung der Rücknahme. Die Rücknahme der Berufung kann in gleicher Weise beschränkt werden wie der Rechtsmittelverzicht (dazu § 515 Rn. 21). Eine Teilrücknahme der Berufung liegt in der Beschränkung ursprünglich weiter gehender Berufungsanträge; anders ist es, wenn Berufung unbeschränkt eingelegt worden ist und die Berufungsanträge von vornherein hinter der Beschwer des Berufungsklägers zurückbleiben, denn erst die Anträge bestimmen den Umfang des eingelegten Rechtsmittels.[55] 26

2. Wirkungen der Teilrücknahme. Soweit die Rücknahme reicht, verliert der Berufungskläger das eingelegte Rechtsmittel mit der Kostenfolge des Abs. 3 S. 1. Die Teilrücknahme führt nicht zur Teilrechtskraft des angefochtenen Urteils, weil die Berufung bei noch offener Berufungsbegründungsfrist, nach deren Ablauf in den Grenzen der Berufungsbegründung bis zum Schluss der mündlichen Berufungsverhandlung wieder auf den ursprünglichen Umfang ausgedehnt werden kann (§ 520 Rn. 25 f.).[56] 27

VII. Gebühren und Kosten

Gerichtskosten. Der Satz der allgemeinen Gebühr für das Berufungsverfahren (KV Nr. 1220) ermäßigt sich gemäß KV Nr. 1221, 1222 unter den dort genannten Voraussetzungen. Erledigungserklärungen nach § 91 a sind nunmehr – durch das KostRMoG – in KV Nr. 1221 und 1222 Nr. 4 unter bestimmten Voraussetzungen erfasst. Für das Verfahren über eine Rechtsbeschwerde nach Abs. 3 fällt eine Festgebühr von 150 € an (KV Nr. 1823). 28

517 *Berufungsfrist* **Die Berufungsfrist beträgt einen Monat; sie ist eine Notfrist und beginnt mit der Zustellung des in vollständiger Form abgefassten Urteils, spätestens aber mit dem Ablauf von fünf Monaten nach der Verkündung.**

I. Normzweck

1. Normzweck. Die Befristung der Anfechtungsmöglichkeit dient der Herbeiführung der formellen Rechtskraft. Sie räumt den Parteien andererseits eine ausreichend lange Überlegungsfrist nach Zustellung des vollständigen Urteils zur Entscheidung der Frage ein, ob das Urteil hingenommen oder angefochten werden soll. 1

2. Anwendungsbereich. Unterliegt ein Urteil teils der Berufung, teils dem Einspruch, so läuft für den berufungsfähigen Teil die Frist des § 517 unabhängig davon, ob das Verfahren hinsichtlich des anderen Teils durch zulässigen Einspruch in die frühere Lage zurückversetzt wird.[1] Die 5-Monatsfrist gilt entsprechend 2

---

[50] AA *St/J/Grunsky* § 515 Rn. 30.
[51] BGH NJW 1984, 805; 1989, 39; NJW-RR 1989, 802; 1992, 567, 568.
[52] BGHZ 46, 112 = NJW 1967, 109; BGH NJW 1995, 2229; aA *Gaul* ZZP 81 (1968), 273, 276 f.
[53] BGH NJW-RR 1991, 187; NJW 1993, 2944, 2945.
[54] Amtl. Begr. des ZPO-RG, BT-Drucks. 14/4722, S. 94.
[55] BGH NJW 1968, 2106; 2001, 146.
[56] BGH NJW 1994, 2896, 2897.
[1] BGH NJW-RR 1986, 1326.

für den Einspruch gegen Versäumnisurteil und Vollstreckungsbescheid (§§ 339, 700 Abs. 1). Für den Einspruch wird die Frist nicht in Lauf gesetzt, wenn ein Versäumnisurteil gegen die beklagte Partei an eine für diese nicht vertretungsberechtigte Person zugestellt wird.[2] Entsprechende Bestimmungen für den Fristbeginn finden sich für die Revision in § 548 und für die sofortige Beschwerde in § 569 Abs. 1 S. 2.

II. Lauf der Berufungsfrist

3 Für die Berechnung der Frist gelten §§ 187 Abs. 1, 188 Abs. 2 und 3 BGB. Bei Urteilszustellung am 29., 30. oder 31. 1. endet die Frist am 28. (29.) 2., bei Zustellung am 28. 2. ist Fristablauf am 28. 3.[3] Als **Notfrist** kann die Berufungsfrist weder abgekürzt noch verlängert werden. Einlegung, Rücknahme oder Verwerfung der Berufung sind ohne Einfluss auf den Lauf der Frist. Eine nach Fristablauf eingelegte Berufung ist unzulässig (§ 522 Abs. 1). Dann bleibt nur die Wiedereinsetzung in den vorigen Stand (§§ 233ff.).

III. Beginn der Berufungsfrist

4 **1. Existenz des Urteils.** Die Berufungsfrist beginnt in keinem Fall, bevor das erstinstanzliche Urteil existent geworden, dh. im Regelfall verkündet (§ 310 Abs. 1), im Falle des § 307 Abs. 2 zugestellt (§ 310 Abs. 3) worden ist.[4] Gegen ein Scheinurteil (§ 511 Rn. 8) kann zwar Berufung eingelegt werden (§ 511 Rn. 8), seine Zustellung setzt aber keine Rechtsmittelfrist in Gang.

5 **2. Zustellung des Urteils.** Nur die wirksame Amtszustellung (§ 317) des vollständig abgefassten Urteils an den richtigen Zustellungsadressaten löst den Lauf der Berufungsfrist aus. Fehlt es an einer dieser Voraussetzungen, so beginnt die Frist 5 Monate nach der Verkündung, auch wenn das Urteil anschliessend noch wirksam zugestellt wird.[5] Die Urteilszustellung löst daher die Berufungsfrist nicht aus, wenn sie während der Dauer einer Verfahrensunterbrechung erfolgt und deshalb unwirksam ist[6] oder wenn im Falle einer öffentlichen Zustellung deren Voraussetzungen für das Gericht erkennbar nicht vorlagen.[7] Auch die Zustellung eines unechten Versäumnisurteils ohne Tatbestand und Entscheidungsgründe[8] oder der Ausfertigung eines Urteils, bei dem die Unterschrift eines Richters ohne Angabe des Verhinderungsgrundes ersetzt worden ist[9] oder der Verhinderungsvermerk (§ 315 Abs. 1) nicht unterschrieben ist,[10] setzt die Berufungsfrist nicht in Gang. Dasselbe gilt für die Zustellung einer Urteilsausfertigung, aus der sich ergibt, dass das Urteil vor seiner Verkündung ausgefertigt wurde[11], oder in der eine Seite fehlt.[12] Unschädlich ist dagegen eine falsche Rechtsmittelbelehrung, denn sie beeinträchtigt die Wirksamkeit einer sonst ordnungsgemäßen Zustellung nicht.[13] Auch eine unwesentliche Abweichung der zugestellten Ausfertigung von der Urschrift des Urteils hindert den Beginn des Fristlaufs nicht.[14]

6 Zustellungen an **Prozessunfähige** sind unwirksam (§ 170 Abs. 1 S. 2).[15] Gleichwohl soll die Urteilszustellung an eine unerkannt prozessunfähige Partei die Rechtsmittelfrist in Lauf setzen.[16]

7 **3. Fristauslösende Zustellung.** Im Regelfall der Zustellung eines verkündeten Urteils beginnt der Lauf der Rechtsmittelfrist für jede Partei/jeden Streitgenossen mit der wirksamen Zustellung an diese/diesen.[17] Die Berufungsfrist beginnt auch dann mit der Urteilszustellung, wenn Berufung schon zuvor eingelegt worden ist.[18] In den Fällen des § 310 Abs. 3 kommt es auf den Zeitpunkt der letzten Zustellung an.[19] Für den nicht streitgenössischen[20] **Streithelfer** gilt allein die für die Partei laufende Rechtsmittelfrist ohne Rücksicht darauf, ob und wann ihm selbst das Urteil zugestellt worden ist.[21] Dasselbe gilt für den erst in zweiter Instanz beitretenden streitgenössischen Nebenintervenienten.[22]

8 **4. Fristbeginn bei fehlender oder unwirksamer Zustellung.**

a) Wird das ordnungsgemäß verkündete (Rn. 4) Urteil nicht, nicht wirksam oder später als 5 Monate nach der Verkündung (Rn. 5) zugestellt, so beginnt die Berufungsfrist mit dem Ablauf von 5 Monaten

---

[2] BGH NJW 1963, 154.
[3] BGH NJW 1984, 1358.
[4] BGH VersR 1984, 1192, 1193; NJW 1995, 404.
[5] OLG Schleswig SchlHA 2005, 26, 27; OLG Bamberg VersR 1972, 445.
[6] BGHZ 111, 104, 107 = NJW 1990, 1854.
[7] BGH NJW 2007, 303.
[8] BGH NJW-RR 1991, 255.
[9] BGH NJW 1980, 1849, 1850.
[10] BGH NJW 1961, 782.
[11] BGH NJW-RR 1993, 956.
[12] BGH NJW 1998, 1959, 1960.
[13] BGH DtZ 1991, 409.
[14] BGH NJW-RR 2000, 1665, 1666; NJW 2001, 1653, 1654.
[15] BGH NJW-RR 1986, 1119.
[16] BGHZ 104, 109, 111f. = NJW 1988, 2049 zu § 171 aF; aA AG Hamburg-Harburg NJW-RR 1998, 791; MK/*Rimmelspacher* Rn. 6; *Zö/Vollkommer* § 52 Rn. 13.
[17] MK/*Rimmelspacher* Rn. 8f.
[18] AA *St/J/Grunsky* § 516 Rn. 16.
[19] BGHZ 32, 370, 371 = NJW 1960, 1763; BGH VersR 1961, 251; OLG Nürnberg NJW 1978, 832.
[20] Dazu BGH DtZ 1994, 29.
[21] BGH NJW 1990, 190; *St/J/Grunsky* § 516 Rn. 11.
[22] BGH NJW-RR 1997, 865.

nach der Verkündung.[23] Das gilt nicht, wenn die beschwerte Partei im letzten Verhandlungstermin nicht vertreten und zu diesem Termin auch nicht ordnungsgemäß geladen war.[24] Die 5-Monatsfrist läuft auch dann ab Verkündung, wenn die Partei den Termin vor der Verkündung verlässt[25] oder wenn der Verkündungstermin durch verkündeten Beschluss verlegt worden ist, auch wenn die Parteien hiervon nicht benachrichtigt worden sind.[26]

b) Die 5-Monatsfrist ist keine Notfrist. Ihr Ablauf berechnet sich nach § 188 Abs. 2 und 3 BGB. § 222 9
Abs. 2 findet keine Anwendung; die Berufungsfrist beginnt also auch dann mit dem Ablauf der 5-Monatsfrist, wenn diese an einem Sonnabend, Sonn- oder Feiertag endet.[27] Eine Verfahrensunterbrechung hindert nicht den Ablauf der 5-Monatsfrist, wohl aber nach § 249 Abs. 1 den Beginn der sich anschließenden einmonatigen Berufungsfrist.[28]

IV. Fristbeginn bei Urteilsberichtigung

Die **Berichtigung** eines Urteils nach § 319 hat grundsätzlich keinen Einfluss auf Beginn und Lauf von 10
Rechtsmittelfristen (ausführlich hierzu § 319 Rn. 16f.).[29] Etwas anderes gilt dann, wenn erst die berichtigte Fassung ergibt, dass die Entscheidung überhaupt einem Rechtsmittel zugänglich ist,[30] oder wenn erst sie die Beschwer[31] oder den Rechtsmittelgegner[32] eindeutig erkennen lässt. Erhöht sich infolge der Berichtigung die Beschwer nicht nur unwesentlich, so beginnt die Rechtsmittelfrist insoweit mit der Zustellung des Berichtigungsbeschlusses.[33] Keinen Einfluss auf Beginn und Lauf der Berufungsfrist hat eine **Tatbestandsberichtigung** nach § 320.[34] Für **Urteilsergänzungen** (§ 321) gilt § 518.

V. Wahrung der Berufungsfrist

1. Zeitliche Grenzen. Die Berufung muss spätestens bis zum Ablauf der Berufungsfrist, sie kann aber 11
schon vor deren Beginn – zwischen Verkündung und Zustellung –, nicht aber vor Verkündung des Urteils[35] wirksam eingelegt werden;[36] die nachträgliche Verkündung des Urteils ändert an der Unwirksamkeit der zuvor eingelegten Berufung nichts.[37] Die nachträgliche wirksame Zustellung des Urteils setzt die Berufungsfrist auch dann in Gang, wenn bereits zuvor Berufung eingelegt worden war.[38] Eine während des Stillstands der Berufungsfrist bei Verfahrensunterbrechung (§ 249 Abs. 1) eingelegte Berufung wird mit dem Ende der Unterbrechung wirksam und wahrt daher die Frist.[39] Zur Fristwahrung bei Prozesskostenhilfe s. § 519 Rn. 26.

2. Ausschöpfung der Frist. Rechtsmittelfristen dürfen von den Parteien voll ausgeschöpft werden. Die 12
Justizverwaltung muss deshalb durch Anbringung von Nachtbriefkästen Vorkehrungen dafür treffen, dass Rechtsmittelschriften noch am letzten Tag der Frist nach Dienstschluss fristwahrend eingereicht werden können.[40] Maßgeblich für die Feststellung, ob die Frist gewahrt ist, ist die gesetzliche Zeit iSv. §§ 1 und 2 des Gesetzes über die Zeitbestimmung vom 25. 7. 1978 (BGBl. I S. 1110).[41] Die Einsortierung in ein Postfach des Rechtsmittelgerichts am letzten Tag der Frist reicht aus.[42]

3. Auch die **telegrafische**[43] **oder fernschriftliche**[44] **Rechtsmitteleinlegung** wahrt die Frist. Dasselbe gilt 13
für die inzwischen verbreitete **Einlegung per Telefax.**[45] Unterhält das Berufungsgericht einen Fernschreib- oder Telefaxanschluss, so muss die Justizverwaltung dafür sorgen, dass das Gerät auch nach Dienstschluss funktionsfähig ist.[46] Zur Frage des fristgerechten Eingangs einer per Telefax übermittelten Rechtsmittelschrift s. § 519 Rn. 22. Noch weiter gehend sieht § 130a für die Übermittlung vorbereitender Schriftsätze die Form des elektronischen Dokuments vor.[47]

---

[23] Missverständlich BGH NJW 1999, 143, 144.
[24] BGH NJW 1989, 1432, 1433; NJW-RR 1994, 1022.
[25] BGH NJW-RR 1997, 770.
[26] BGH NJW 1999, 143, 144.
[27] OLG Frankfurt/M NJW 1972, 2313.
[28] BGHZ 111, 104, 108 = NJW 1990, 1854.
[29] BGHZ 89, 184, 186 = NJW 1984, 1041; BGHZ 113, 228 = NJW 1991, 1834; BGH NJW 2003, 2991, 2992.
[30] BGH FamRZ 1990, 988.
[31] BGHZ 17, 149 = NJW 1955, 989; BGH NJW-RR 1993, 1213, 1214; NJW 1995, 1033; 1999, 646.
[32] BGHZ 113, 228 = NJW 1991, 1834.
[33] BGH NJW 1986, 935, 936; 1995, 1033.
[34] BGH (Fn. 32) S. 231; *B/L/H* Rn. 2; aA *St/J/Grunsky* § 516 Rn. 8.
[35] Kritisch *St/J/Grunsky* § 516 Rn. 17.
[36] *T/P/Reichold* Rn. 1.
[37] AA *T/P/Reichold* Rn. 1.
[38] AA *St/J/Grunsky* § 516 Rn. 16.
[39] BGH VersR 1982, 1054.
[40] BAG NJW 1964, 369.
[41] BGH NJW 2003, 3487, auch zur Bedeutung von Telefonabrechnungen als Zeitnachweis.
[42] BGH NJW 1986, 2646.
[43] BGHZ 79, 314, 316 = NJW 1981, 1618.
[44] BGH NJW 1986, 1759.
[45] BGH NJW 1990, 188; 1993, 3141; 1994, 1879; 2003, 3487.
[46] BVerfGE 69, 381, 386 = NJW 1986, 244; BVerfG NJW 1996, 2857; BGHZ 105, 40, 44f. = NJW 1988, 2788.
[47] Näher *Dästner* NJW 2001, 3469.

14 **4. Nachweis der Fristwahrung.** Dem Berufungskläger obliegt der volle Beweis für die rechtzeitige Einreichung der Berufungsschrift[48] einschließlich des Nachweises der Unrichtigkeit des durch den gerichtlichen Eingangsstempel bewiesenen Zeitpunkts des Eingangs.[49] Gerichtsinterne Vorgänge, die dem Berufungskläger nicht bekannt sein können, hat das Gericht aufzuklären.[50] Lässt sich der Zeitpunkt der Zustellung des angefochtenen Urteils nicht feststellen, weil das anwaltliche Empfangsbekenntnis (§ 174 Abs. 1) verloren gegangen, unleserlich[51] oder widersprüchlich[52] ist, und stehen andere Beweismittel nicht zur Verfügung, so ist der Zulässigkeitsprüfung das vom Berufungskläger angegebene Zustellungsdatum zu Grunde zu legen.[53]

518 ***Berufungsfrist bei Urteilsergänzung*** **[1]Wird innerhalb der Berufungsfrist ein Urteil durch eine nachträgliche Entscheidung ergänzt (§ 321), so beginnt mit der Zustellung der nachträglichen Entscheidung der Lauf der Berufungsfrist auch für die Berufung gegen das zuerst ergangene Urteil von neuem. [2]Wird gegen beide Urteile von derselben Partei Berufung eingelegt, so sind beide Berufungen miteinander zu verbinden.**

I. Normzweck

1 **1. Normzweck.** Die Vorschrift verlängert die Frist für die Berufung gegen das später ergänzte Urteil, um den Parteien Gelegenheit zu geben, die Entscheidung über die Einlegung eines Rechtsmittels unter Einbeziehung der Ergänzungsentscheidung neu zu treffen. S. 2 will einem unerwünschten Nebeneinander zweier Rechtsmittelverfahren vorbeugen.

2 **2. Anwendungsbereich.** § 518 gilt für alle Fälle, in denen die zunächst ergangene Entscheidung nach § 321 oder in entsprechender Anwendung dieser Vorschrift (vgl. § 321 Rn. 2) ergänzt worden ist. Keine Anwendung findet § 518 auf Fälle der Urteilsberichtigung nach §§ 319, 320 (§ 517 Rn. 10) und bei Ablehnung der beantragten Ergänzung.[1] Für das Revisionsverfahren gilt § 518 entsprechend.[2]

II. Fristverlängerung (Satz 1)

3 Ist die Frist für die Berufung gegen das Hauptuteil bei Verkündung des Ergänzungsurteils noch nicht abgelaufen, so beginnt sie mit der Zustellung des Ergänzungsurteils von neuem zu laufen.[3] Ist sie abgelaufen, so ist das Hauptuteil rechtskräftig und Berufung nur noch gegen das Ergänzungsurteil möglich. Wird das Ergänzungsurteil nicht oder nicht wirksam zugestellt, so richtet sich der Beginn der Berufungsfrist und der Fristverlängerung nach § 517 Halbs. 2 Fall 2.[4] Die Zustellung des Ergänzungsurteils wirkt sich auf die Frist für die Berufung gegen das Hauptuteil nicht aus, wenn das Ergänzungsurteil vor deren Beginn (§ 517 Halbs. 2 Fall 2) zugestellt wird. Die später einsetzende Frist für die Berufung gegen das Hauptuteil verlängert die Berufungsfrist hinsichtlich des Ergänzungsurteils nicht.[5]

4 Für den Neubeginn der Berufungsfrist ist unerheblich, ob gegen das Ergänzungsurteil Berufung eingelegt wird oder werden kann.[6] Rücknahme und Verwerfung der Berufung gegen das Hauptuteil stehen dem Neubeginn der Berufungsfrist nicht entgegen, sofern diese bei Erlass des Ergänzungsurteils noch offen war.[7]

III. Verbindung (Satz 2)

5 S. 2 schreibt die Verbindung nur für den Fall vor, dass Haupt- und Ergänzungsurteil von derselben Partei angefochten werden. Im Übrigen gilt § 147. Eine gemeinsame Entscheidung über beide Rechtsmittel verlangt S. 2 nicht.[8]

519 ***Berufungsschrift*** **(1) Die Berufung wird durch Einreichung der Berufungsschrift bei dem Berufungsgericht eingelegt.**

(2) Die Berufungsschrift muss enthalten:

1. die Bezeichnung des Urteils, gegen das die Berufung gerichtet wird;

2. die Erklärung, dass gegen dieses Urteil Berufung eingelegt werde.

(3) Mit der Berufungsschrift soll eine Ausfertigung oder beglaubigte Abschrift des angefochtenen Urteils vorgelegt werden.

---

48 BGH NJW 2007, 2045, 2046.
49 BGH NJW 2007, 2045, 2046.
50 BGH NJW 1981, 1673, 1674; aA *St/J/Grunsky* § 516 Rn. 3.
51 BGH NJW-RR 1986, 1254.
52 BGH NJW-RR 1987, 1151.
53 BGH NJW 1981, 1673, 1674; VersR 1980, 90, 91; enger BGH NJW-RR 1987, 1151.
1 MK/*Rimmelspacher* Rn. 4; *St/J/Grunsky* § 517 Rn. 3; *T/P/Reichold* Rn. 2.
2 BGH LM Nr. 1; LM Nr. 2 = MDR 1962, 127.
3 BGH LM Nr. 2 = MDR 1962, 127.
4 MK/*Rimmelspacher* Rn. 3.
5 *St/J/Grunsky* Rn. 6.
6 MK/*Rimmelspacher* Rn. 3; *T/P/Reichold* Rn. 3; kritisch *St/J/Grunsky* § 517 Rn. 4.
7 MK/*Rimmelspacher* Rn. 3; *St/J/Grunsky* § 517 Rn. 5.
8 MK/*Rimmelspacher* Rn. 6.

(4) **Die allgemeinen Vorschriften über die vorbereitenden Schriftsätze sind auch auf die Berufungsschrift anzuwenden.**

I. Normzweck

1 Die Bestimmung regelt die Förmlichkeiten der Berufungseinlegung. Deren Zweck besteht darin, die Voraussetzungen für die Hemmung der Rechtskraft des erstinstanzlichen Urteils und den Gegenstand des Berufungsverfahrens eindeutig festzulegen und ihren Nachweis zu erleichtern. § 519 dient damit der Rechtssicherheit und Rechtsklarheit.

II. Inhalt der Berufungsschrift (Absatz 2)

2 Abs. 2 regelt den notwendigen Inhalt der Berufungsschrift, von dessen Vorhandensein die Zulässigkeit der Berufung abhängt (§ 522 Abs. 1). Abs. 3 ist dagegen bloße Ordnungsvorschrift.

3 **1. Bezeichnung des angefochtenen Urteils, Abs. 2 Nr. 1. a) Notwendige Angaben.** Das Urteil, gegen das sich die Berufung richtet, muss so bestimmt bezeichnet sein, dass sich das Berufungsgericht über dessen Identität noch innerhalb der Berufungsfrist Gewissheit verschaffen kann. Erforderlich ist daher ausser der Bezeichnung der Parteien (dazu Rn. 6ff.) die Angabe des erstinstanzlichen Gerichts, des Verkündungsdatums und des Aktenzeichens.[1]

4 b) **Mangelhafte** und **irrtümliche Angaben** sind unschädlich, wenn sich die Identität des Urteils für Gericht und Parteien vor Ablauf der Berufungsfrist aus den Prozessakten, einer beigefügten Urteilsabschrift (Abs. 3) oder aus den Umständen zweifelsfrei ergibt.[2] Mögliche Zweifel werden regelmäßig vermieden, wenn der Berufungsschrift eine Urteilsabschrift beigefügt wird (Abs. 3).[3] Geht der Berufungsführer ersichtlich davon aus, dass dies geschehen ist, befindet sich eine solche jedoch nicht bei den Akten, so muss ihn das Berufungsgericht hierauf hinweisen, wenn von der Beifügung des Urteils die Zulässigkeit der Berufung abhängen kann.[4]

5 **2. Erklärung der Berufungseinlegung, Abs. 2 Nr. 2.** Die Berufungsschrift muss eindeutig erkennen lassen, dass der Berufungskläger die Überprüfung und Abänderung des angefochtenen Urteils durch die nächsthöhere Instanz anstrebt. Die Formulierung von Berufungsanträgen ist dazu nicht erforderlich; sie sind der Berufungsbegründung vorzubehalten (§ 520 Abs. 3 S. 2 Nr. 1).

6 **3. Bezeichnung der Parteien. a) Notwendige Angaben.** Zum notwendigen Inhalt der Berufungsschrift gehört die in der Form des § 519 abgegebene[5] Erklärung, **für wen** und **gegen wen** das Rechtsmittel eingelegt wird.[6] Die namentliche Bezeichnung der Parteien des Berufungsverfahrens genügt; ihre erstinstanzliche Parteirolle muss nicht angegeben werden.[7] Ergibt sich aus der im Gerichtsbezirk üblichen Kurzbezeichnung des Rechtsstreits, welche Partei in erster Instanz die Klägerrolle eingenommen hat, so genügt die Erklärung, Berufung werde „für den Kläger (Beklagten)" eingelegt.[8] Fehlt es an einer derartigen allgemeinen Übung, so ist eine „namens des Beklagten" eingelegte Berufung unzulässig, wenn nicht vor Ablauf der Berufungsfrist erkennbar wird, welche der in der Berufungsschrift namentlich benannten Parteien der Beklagte ist.[9] Ladungsfähige Anschriften der Parteien oder ihrer Prozessbevollmächtigten müssen nicht angegeben werden.[10]

7 An die genaue Bezeichnung des **Rechtsmittelklägers** sind strenge Anforderungen zu stellen.[11] Unabdingbar ist die Angabe aller Streitgenossen, die Rechtsmittelführer sein sollen.[12] Versäumnisse sind nur dann unschädlich, wenn aus beigefügten Unterlagen zweifelsfrei hervorgeht, für wen das Rechtsmittel eingelegt ist[13] oder wenn trotz unrichtiger Parteibezeichnung beim Berufungsgericht und beim Berufungsbeklagten keine vernünftigen Zweifel über die Person des Rechtsmittelklägers aufkommen können.[14]

8 Weniger streng sind die Anforderungen an die Bezeichnung des (der) **Rechtsmittelbeklagten.**[15] Eine uneingeschränkt eingelegte Berufung richtet sich im Zweifel gegen alle in der Vorinstanz erfolgreichen Prozessgegner.[16] Dies gilt auch, wenn allein der im Urteilsrubrum an erster Stelle stehende Streitgenosse als Rechtsmittelgegner genannt ist[17] oder wenn nur ein Teil der (vollzählig) aufgeführten Prozessgegner auch als Berufungsbeklagte bezeichnet sind.[18] Sind in der Berufungsschrift bereits Rechtsmittelanträge angekün-

---

1 BGH VersR 1983, 250; 1984, 870; NJW 1991, 2081; 2001, 1070, 1071.
2 BVerfG NJW 1991, 3140; BGHZ 165, 371, 373 = NJW 2006, 1003; BGH NJW-RR 2007, 935, 936.
3 BGH NJW-RR 1989, 958.
4 BGH NJW 1991, 2081.
5 BGH NJW 1985, 2650; 1997, 3383; NJW-RR 1994, 1213, 1214.
6 BGHZ 65, 114, 115 = NJW 1976, 108; BGHZ 113, 228, 230 = NJW 1991, 1834; BGH NJW-RR 2006, 1569, 1570.
7 BAGE 16, 204, 205f. = NJW 1965, 171; BGH VersR 1999, 1170, 1171.
8 BVerfGE 71, 202, 204f. = NJW 1986, 2101; BGH VersR 1983, 778; NJW 1994, 387; NJW-RR 2001, 572f.
9 BGH NJW 1999, 3124; VersR 1999, 1170, 1171.
10 BGHZ 65, 114 = NJW 1976, 108; BGHZ 102, 332, 333f. = NJW 1988, 2114; BGH NJW 2005, 3773f.
11 BGH NJW 1996, 320; 1999, 291, 292; NJW-RR 2000, 1661, 1662; 2004, 572, 573.
12 BGH NJW 1992, 2413; 1993, 2943, 2944; 1999, 1554, 1555.
13 BGH NJW-RR 2000, 1661, 1662; 2004, 862, 863; 2007, 935, 936.
14 BGH NJW-RR 2000, 1661, 1662; 2004, 862f.; 2007, 413, 414.
15 BGH NJW 1988, 1204, 1205; 1994, 315.
16 BGH NJW 1988, 1204, 1205; 2002, 831; enger BGH NJW 2003, 3202, 3203.
17 BGH LM § 518 Abs. 2 Ziff. 1 Nr. 4 = WM 1969, 863; NJW 1996, 2100, 2101; enger BGH NJW 2003, 3202, 3203.
18 BGH NJW 1984, 58, 59; 1994, 315; 2002, 0831; aA *St/J/Grunsky* § 518 Rn. 19.

digt, so kann auch aus ihnen hervorgehen, gegen welche(n) von mehreren Prozessgegnern sich das Rechtsmittel richten soll.[19]

9 **b) Unrichtige Parteibezeichnung.** Bei unrichtiger Bezeichnung der Parteien in der Berufungsschrift ist die Berufung nur dann zulässig, wenn bei verständiger Würdigung des gesamten Vorgangs der Rechtsmitteleinlegung innerhalb der Rechtsmittelfrist in einer jeden Zweifel ausschliessenden Weise erkennbar ist, für wen das Rechtsmittel eingelegt wird.[20] **Mängel** und **Irrtümer** bei der Bezeichnung der Parteien sind nicht schon deshalb unschädlich, weil sie für den Rechtsmittelgegner erkennbar sind.[21] Andererseits kann auch eine eindeutig fehlerhafte Bezeichnung des Rechtsmittelführers unschädlich sein, wenn aus der beigefügten Urteilsabschrift zweifelsfrei hervorgeht, dass nicht die bezeichnete, sondern nur eine bestimmte andere Person gemeint sein kann.[22] Unterlagen, denen die nach Abs. 2 erforderlichen Angaben zu entnehmen sind, müssen vor Ablauf der Berufungsfrist dem Rechtsmittelgericht vorliegen.[23] Mündliche oder telefonische Äusserungen der Parteien zu den nach Abs. 2 erforderlichen Angaben darf das Berufungsgericht auch dann nicht berücksichtigen, wenn sie bei Gericht aktenkundig gemacht werden.[24] Nach Ablauf der Berufungsfrist ist eine Ergänzung oder Korrektur der nach Abs. 2 erforderlichen Angaben nicht mehr möglich. Hat der Berufungsanwalt versehentlich die gegnerische statt der eigenen Partei als Berufungskläger bezeichnet, so ist Berufung für die eigene Partei nicht, für den Prozessgegner unzulässigerweise eingelegt.[25]

III. Einlegung der Berufung (Absatz 1)

10 **1. Berufungsschrift. a) Unterschriftserfordernis.** Zur Einlegung der Berufung ist nach Abs. 1 eine Berufungsschrift erforderlich. Diese muss von einem beim Berufungsgericht zugelassenen Rechtsanwalt eigenhändig unterzeichnet sein.[26] Die Unterzeichnung mit einem Teil des Doppelnamens genügt.[27] Lesbarkeit der Unterschrift ist nicht erforderlich; es genügt ein Schriftzug, der die Identität des Unterzeichners ausreichend kennzeichnet.[28] Eine Paraphe[29] oder ein Faksimile[30] erfüllt das Unterschriftserfordernis nicht. Die **eigenhändige Unterzeichnung** der Berufungsschrift ist nicht deshalb entbehrlich, weil der Berufungsanwalt die Schrift persönlich in den Gerichtseinlauf bringt.[31]

11 Mit der Unterschrift übernimmt der Anwalt die **Verantwortung** für den Inhalt der Berufungsschrift.[32] Das Schriftformerfordernis bezweckt darüber hinaus den erleichterten Nachweis für die Übernahme dieser Verantwortung.[33] Die Einreichung einer vom Berufungsanwalt beglaubigten Abschrift der Berufungsschrift reicht nur dann aus, wenn bei Fristablauf kein Zweifel daran besteht, dass der Schriftsatz von dem Unterzeichner herrührt.[34] Auch ein unterschriebenes Begleitschreiben kann genügen, wenn es mit der nicht unterzeichneten Berufungsschrift fest verbunden ist.[35] Nicht ausreichend ist die Bezugnahme auf einen vom zweitinstanzlichen Prozessbevollmächtigten nicht unterzeichneten „Entwurf" einer Berufungsbegründung, der einem früheren PKH-Gesuch beigefügt war.[36]

12 Ausreichend ist die Unterzeichnung durch einen anderen postulationsfähigen Rechtsanwalt **„i. V."** oder **„für"** den Berufungsanwalt,[37] nicht dagegen die Unterzeichnung mit dem Zusatz **„i. A."**, denn damit tritt der Unterzeichnende dem Gericht gegenüber nur als Erklärungsbote auf, ohne die Verantwortung für den Inhalt der Rechtsmittelschrift zu übernehmen.[38] Anders verhält es sich, wenn der „i. A." unterzeichnende Rechtsanwalt als Sozietätsmitglied zum Kreis der Prozessbevollmächtigten des Berufungsklägers zählt und unmittelbar in Ausführung des ihm selbst erteilten Mandates tätig wird.[39] Die Unterschrift des selbst nicht postulationsfähigen amtlich bestellten Vertreters des Berufungsanwalts ohne einen seine Stellung kennzeichnenden Zusatz genügt, wenn das Handeln als Vertreter sich aus den Umständen, zB einem Sozietätsstempel, hinreichend deutlich ergibt.[40]

13 **b) Ausnahmen.** Das Unterschriftserfordernis gilt nicht für die **telegrafische** und die **fernschriftliche** Berufungseinlegung (Rn. 21 ff.).[41] Wird Berufung durch **Telefax** eingelegt (Rn. 21 ff.), so muss die Kopiervorlage

---

[19] BGH NJW 1991, 2775.
[20] BGH NJW 1999, 291; NJW-RR 2000, 1661, 1662.
[21] BGHZ 113, 228, 230 = NJW 1991, 1834; BGH NJW 1994, 1879.
[22] BGH NJW-RR 2000, 1661, 1662.
[23] BGHZ 113, 228, 230 = NJW 1991, 1834; BGH NJW 1993, 2943, 2944; NJW-RR 1994, 1213, 1214.
[24] BGH NJW 1985, 2650 f.; 1997, 3383; NJW-RR 1994, 1213, 1214.
[25] BGH NJW-RR 1988, 1528.
[26] BGHZ 101, 134, 137 = NJW 1987, 2588; BGH NJW 2006,3784, 3785.
[27] BGH NJW 1996, 997.
[28] BGH NJW-RR 1997, 760; NJW 1997, 3380, 3381; NJW 2005, 3773, 3774; 2005, 3775 f.
[29] BGH NJW 1990, 60, 61.
[30] BGH NJW 1998, 3649.
[31] BGH NJW 1980, 291.
[32] BGHZ 97, 251, 253 f. = NJW 1986, 1760; BGH NJW 2005, 2709.
[33] BGHZ 97, 251, 253 f. = NJW 1986, 1760; BGH NJW 2006, 3784, 3785.
[34] BGH NJW-RR 2004, 1364; NJW 2005, 2086, 2088.
[35] BGHZ 97, 251 = NJW 1986, 1760.
[36] BGH NJW 1998, 1647.
[37] BAG NJW 1990, 2706; BGH NJW 2003, 2028.
[38] BGH NJW 1988, 210.
[39] BGH NJW 1993, 2056, 2057.
[40] BGH NJW 1991, 1175, 1176; 1993, 1925; NJW-RR 1995, 950.
[41] BGHZ 101, 134, 138 = NJW 1987, 2588.

von einem postulationsfähigen Anwalt unterzeichnet und die Unterschrift auf der Fernkopie wiedergegeben sein.[42] Die Wiedergabe des Briefkopfs einer Rechtsanwaltskanzlei auf der Telekopie reicht ebenso wenig wie die Einreichung eines mit einem solchen Briefkopf versehenen, aber nicht unterzeichneten Schriftsatzes aus, um den Autor des Schriftsatzes hinreichend zu identifizieren.[43]

Bei einem sog. **Computer-Fax,** das als Textdatei elektronisch übermittelt und durch das Telefaxgerät oder den Computer des Empfängers ausgedruckt wird, fehlt es an der eigenhändigen Unterschrift des Prozessbevollmächtigten. Diese kann auch nicht durch eine **eingescannte Unterschrift** ersetzt werden,[44] denn dabei handelt es sich lediglich um ein „elektronisches Faksimile“, das keine Gewähr für die Authentizität bietet.[45] An dieser Gewähr fehlt es freilich auch bei der von der Rechtsprechung akzeptierten Form der Übermittlung von Schriftsätzen durch Telefax, denn die vom Empfangsgerät ausgedruckte Telekopie lässt nicht erkennen, ob die Kopiervorlage eigenhändig unterzeichnet oder mit einer faksimilierten oder eingescannten Unterschrift versehen worden ist.[46] Das Unterschriftserfordernis vermag seine Funktion nur dann zu erfüllen, wenn die unterzeichnete Originalurkunde dem Adressaten zugeht. Sofern die Unterschrift für elektronisch übermittelte Schriftsätze nicht durch hierfür geeignete Formen der Signatur ersetzt wird, lässt sich der Gefahr des Missbrauchs elektronischer Übermittlungsformen nur dadurch begegnen, dass die fristwahrende Wirkung eines elektronisch übermittelten Schriftsatzes von der – fristgebundenen – Nachreichung in Schriftform abhängig gemacht wird.[47] Dessen ungeachtet hat der **Gms-OGB** entschieden, dass auch in Prozessen mit Vertretungszwang bestimmende Schriftsätze formwirksam durch elektronische Übertragung einer Textdatei mit eingescannter Unterschrift oder einem sonstigen den Textabschluss markierenden Element auf ein Faxgerät des Gerichts übermittelt werden können.[48] Der damit verbundene Verzicht auf einen hinreichenden Beleg der Authentizität gilt nur für die Übermittlung von Textdateien durch Computer-Fax; die Rspr. zur Einreichung bestimmender Schriftsätze in Papierform oder durch Telekopie mittels eines normalen Faxgeräts (Rn. 13) bleibt davon unberührt.[49] Zur Einreichung bestimmender Schriftsätze durch elektronisches Dokument s. § 130a. 14

c) Die **Postulationsfähigkeit** (§ 78 Rn. 8ff.) des unterzeichnenden Anwalts muss in dem Zeitpunkt gegeben sein, in dem er die unterzeichnete Berufungsschrift „auf den Weg bringt“; sie muss nicht bis zum Eingang der Schrift bei Gericht fortdauern.[50] Die Unterzeichnung durch einen beim Berufungsgericht nicht zugelassenen Anwalt ist auch dann nicht ausreichend, wenn er von einem postulationsfähigen Anwalt bevollmächtigt ist und mit dessen Namen unterschreibt.[51] Die Genehmigung des postulationsfähigen Anwalts heilt den Mangel nicht rückwirkend.[52] Das Handeln eines nicht postulationsfähigen Anwalts als amtlich bestellter Vertreter eines postulationsfähigen Anwalts muss deutlich erkennbar sein.[53] 15

d) **Prozessvollmacht.** Der Mangel fehlender **Prozessvollmacht** des postulationsfähigen Berufungsanwalts wird dagegen durch Genehmigung des Berechtigten, die noch nach Ablauf der Rechtsmittelfrist erteilt werden kann,[54] von Anfang an geheilt.[55] Ausreichend ist daher auch die Unterzeichnung durch einen postulationsfähigen Anwalt in Untervollmacht des nicht postulationsfähigen Prozessbevollmächtigten.[56] Eine ohne Prozessvollmacht eingelegte Berufung ist als unzulässig zu verwerfen.[57] 16

2. Einreichung beim Berufungsgericht. Die Berufungsschrift muss beim Berufungsgericht (vor § 511 Rn. 4) eingereicht werden. Die Einreichung bei einem anderen Gericht wahrt die Berufungsfrist nicht.[58] Das unzuständige Gericht ist nicht verpflichtet, durch sofortige Weiterleitung an das Berufungsgericht oder sonst mit besonderem Aufwand zur Heilung des Mangels beizutragen (§ 233 Rn. 5, § 270 Rn. 11).[59] Eine gesteigerte Fürsorgepflicht trifft das vorinstanzliche Gericht. Es muss bei ihm eingehende fristgebundene Schriftsätze, die für das Rechtsmittelgericht bestimmt sind, an dieses weiterleiten.[60] Die Einreichung ist einseitige Handlung der Partei; einer Mitwirkung von Gerichtsbediensteten bedarf es nicht.[61] Zur rechtzeitigen Berufungseinlegung ist es nicht erforderlich, dass die Berufungsschrift noch vor Fristablauf eine zur Bearbeitung zuständige Person erreicht.[62] 17

---

42 BGH NJW 1990, 188; 1994, 2097; 1998, 762f.; 1998, 3649, 3650; aA BSG NJW 1997, 1254.
43 BGH NJW 2001, 1581, 1582.
44 BGH NJW 1999, 3649f.; 2006, 3784, 3785.
45 BGH NJW 1999, 3649f.; *Schwachheim* NJW 1999, 621, 622; *Volmer* BB 1999, 1449f.
46 Näher *Melullis* MDR 1994, 109ff.; *M. Schmidt* BB 1999, 1125ff.
47 Ähnlich *M. Schmidt* BB 1999, 1125, 1127; abl. *Volmer* BB 1999, 1449.
48 GmS-OGB BGHZ 144, 160 = NJW 2000, 2340; ebenso BGH GRUR 2003, 1068; aA BGH NJW 1998, 3649.
49 BGH NJW 2001, 1581, 1582; 2006, 3784, 3785.
50 BGH NJW 1990, 1305; 2005, 3773, 3774; DtZ 1995, 175, 176.
51 BGH NJW 1976, 1268 (LS).
52 BGHZ 111, 339, 343f. = NJW 1990, 3085.
53 BGH NJW 2005, 3415; OLG Zweibrücken OLGR 2005, 319.
54 GmS-OGB BGHZ 91, 111, 115 = NJW 1984, 2149; BGH NJW 1995, 1901, 1902.
55 BGH NJW 1995, 1901, 1902.
56 BAG NJW 1990, 2706; MK/*Rimmelspacher* Rn. 7; aA OLG Karlsruhe VersR 1988, 587.
57 BGH NJW 2001, 2095, 2096.
58 BGH NJW 1994, 589, 590; 2000, 1574, 1575; OLG Frankfurt/M. OLGR 2004, 270.
59 BGH NJW 2005, 3776, 3777; anders bei offensichtlicher eigener Unzuständigkeit, BVerfG NJW 2006, 1579.
60 BVerfGE 93, 99, 112ff. = NJW 1995, 3173; BVerfG NJW 2005, 2137, 2138; BGH NJW 1998, 908; VersR 1999, 1170, 1171.
61 BVerfGE 52, 203, 207ff. = NJW 1980, 580; überholt BGHZ 2, 31.
62 BVerfG NJW 1991, 2076.

18 **3. Verfügungsgewalt des Berufungsgerichts.** Die Berufungsschrift ist eingereicht, sobald sie in die Verfügungsgewalt des Gerichts gelangt ist.[63] Das ist der Fall, wenn die Schrift einer zur Postannahme zuständigen Person oder der Geschäftsstelle des Berufungsgerichts oder eines auswärtigen Spruchkörpers desselben[64] übergeben oder in ein dafür bestimmtes Gerichtsfach[65] eingelegt worden ist;[66] wenn die Schrift in den Tages- oder Nachtbriefkasten des Berufungsgerichts eingeworfen wird;[67] wenn die Schrift in ein Postfach des Berufungsgerichts eingelegt wird, auch wenn dessen Leerung vor Fristablauf nicht zu erwarten ist;[68] wenn die Schrift mit Einzahlung der Gerichtskosten der Gerichtskasse übergeben wird, an die das Berufungsgericht angeschlossen ist;[69] wenn die an das Berufungsgericht adressierte Schrift bei einer gemeinsamen Posteinlaufstelle eingeht, der das Berufungsgericht angeschlossen ist, auch wenn sie erst nach Fristablauf an dieses weitergeleitet wird.[70]

19 **4. Falsche Adressierung.** Gelangt die Berufungsschrift infolge falscher Adressierung zunächst zu einem unzuständigen Gericht, so hängt die Rechtzeitigkeit der Berufung davon ab, wann die Schrift nach Weiterleitung beim Berufungsgericht eingeht.[71] Werden beim vorinstanzlichen Gericht fristgebundene Schriftsätze für das Rechtsmittelverfahren eingereicht, so hat dieses sie an das Rechtsmittelgericht weiterzuleiten. Verzögerungen gehen nicht zu Lasten der Partei, wenn ein fristgerechter Eingang im ordentlichen Geschäftsgang erwartet werden konnte.[72] Gelangt die Berufungsschrift trotz falscher Adressierung in die Verfügungsgewalt des Berufungsgerichts, so ist die Berufung rechtzeitig eingelegt, wenn der Adressierungsfehler offensichtlich ist (Beispiel: Die dem OLG zugeleitete, gegen ein genau bezeichnetes Landgerichtsurteil gerichtete Berufung ist an das Landgericht adressiert).[73] Wird die Sendung dagegen ungeöffnet an den Adressaten weitergeleitet und gelangt die Berufungsschrift von dort erst nach Fristablauf an das Berufungsgericht zurück, so ist die Frist versäumt.[74]

20 Mit dem Eingang bei einer **gemeinsamen Posteinlaufstelle** gelangt die Berufungsschrift in die Verfügungsgewalt (allein) des Gerichts, an das sie adressiert ist.[75] Bei falscher Adressierung wird Verfügungsgewalt des Berufungsgerichts begründet, sobald der mit der Postverteilung betraute Bedienstete die Fehladressierung bemerkt und die Schrift an das Berufungsgericht weiterleitet.[76] Fehlt eine Adressierung, so wird Verfügungsgewalt desjenigen Gerichts begründet, an das die Schrift nach ihrem Inhalt gerichtet ist.[77]

21 **5. Berufungseinlegung durch Telegramm, Telex und Telefax.** Rechtsmittel können telegrafisch,[78] fernschriftlich[79] und per Telefax[80] eingelegt und begründet werden, wenn die Telekopie oder Textdatei (Rn. 13f.) ohne privaten Zwischenempfänger unmittelbar dem Gericht zugeleitet wird.[81] Zur Einreichung bestimmender Schriftsätze in der Form eines elektronischen Dokuments s. § 130a.

22 Von der Post zugestellte Telegramme und Telebriefe sind hinsichtlich ihres Eingangs wie eine Berufungsschrift zu behandeln. Für die Beurteilung der Rechtzeitigkeit des Eingangs einer per Telefax übermittelten Berufungs(begründungs)schrift kommt es darauf an, ob die gesendeten Signale vor Fristablauf vom Empfangsgerät des Gerichts vollständig empfangen (gespeichert) worden sind.[82] Insoweit etwa bestehende Unklarheiten muss das Berufungsgericht im Rahmen seiner Amtsprüfungspflicht (§ 522 Abs. 1) nach Möglichkeit aufklären.[83] Wird ein Schriftsatz am letzten Tag der Frist gegen 24.00 Uhr per Telefax übermittelt, so ist bei der Prüfung der Frage, ob die Frist gewahrt ist, nur der Teil des Schriftsatzes zu berücksichtigen, der bis 24.00 Uhr empfangen worden ist.[84] Bei bestimmenden Schriftsätzen wie der Berufungsschrift oder einem Prozesskostenhilfegesuch[85] ist entscheidend, ob das Abbild der auf der Kopiervorlage vorhandenen Unterschrift (Rn. 13) noch vor Fristablauf empfangen wird.[86] Maßgeblich ist die gesetzliche Zeit (§ 517 Rn. 12).

---

[63] BVerfGE 52, 203, 207ff. = NJW 1980, 580; BVerfGE 57, 117, 120 = NJW 1981, 1951; BGH NJW 1983, 123.
[64] BGH NJW 1967, 107; BAG NJW 1982, 1119 (LS); OLG Karlsruhe NJW 1984, 744.
[65] BGH NJW-RR 1989, 1214.
[66] BVerfGE 57, 117, 120 = NJW 1981, 1951; BGH NJW 1984, 1237; OLG Köln NJW 1986, 859.
[67] BGH NJW 1981, 1216f.
[68] BGH NJW 1986, 2646f.
[69] BGH NJW 1984, 1239.
[70] BGH NJW 1983, 123; 1992, 1047; NJW-RR 2005, 75, 76.
[71] BGH LM § 518 Abs. 1 Nr. 8 = MDR 1960, 1001; VersR 1987, 48, 49; NJW-RR 1997, 892, 893.
[72] BVerfG NJW 1995, 3173, 3175; BGH NJW 1998, 908.
[73] BGH NJW-RR 1995, 950.
[74] BGH NJW 1990, 2822, 2823; 1994, 1345, 1346.
[75] BGH NJW 1983, 123; 1990, 990; 1996, 997, 998.
[76] AA BGH NJW 1961, 361: bereits mit Einreichung.
[77] BGH NJW 1992, 1047.
[78] BGHZ 79, 314, 316 = NJW 1981, 1618.
[79] BGH (Fn. 78); BGH NJW 1986, 1759.
[80] BGH NJW 1990, 188; 1993, 3141; 1994, 1879; näher *Ebnet* NJW 1992, 1985ff.; *Pape/Notthoff* NJW 1996, 417ff.
[81] BGH NJW 1994, 1879; 1998, 762, 763.
[82] BGHZ 167, 214, 217ff. = NJW 2006, 2263; BGH NJW 2007, 2045, 2046.
[83] BGH NJW 2001, 1581, 1582.
[84] Vgl. BGH NJW 1994, 2097f.; 2006, 3500; 2007, 2045, 2046.
[85] BGH NJW 1994, 2097.
[86] BGH NJW 2003, 3487.

Für die Übermittlung an eine **gemeinsame Fernschreibstelle**[87] **oder Fernkopierstelle**[88] gilt Entsprechendes wie für die Einreichung der Berufungsschrift bei einer gemeinsamen Posteinlaufstelle (Rn. 18, 20). 23

IV. Mehrfache Berufungseinlegung

Die Berufung kann innerhalb der Berufungsfrist von derselben Partei mehrfach eingelegt werden.[89] Das kommt insbesondere dann in Betracht, wenn das erstinstanzliche Urteil nicht wirksam zugestellt worden ist und die Berufungsfrist daher erst 5 Monate nach seiner Verkündung beginnt (§ 517 Rn. 5). Eine verspätet, aber noch innerhalb der Berufungsfrist eingegangene Berufungsbegründung ist regelmäßig als Wiederholung des Rechtsmittels anzusehen.[90] Wird die Berufung per Telefax eingelegt (dazu Rn. 13f., 21ff.) und innerhalb der Berufungsfrist das Original der Berufungsschrift nachgereicht, so liegt darin eine Wiederholung des Rechtsmittels.[91] Die **rechtskräftige Verwerfung** der früheren Berufung steht der Wiederholung nur entgegen, wenn die neue Berufung an demselben Mangel leidet.[92] 24

Rechtlich handelt es sich bei mehrfacher Berufung um ein **einheitliches Rechtsmittel,** über das einheitlich zu entscheiden ist.[93] Das gilt auch dann, wenn Berufungsschriften bei verschiedenen Gerichten eingereicht wurden und nach Verweisung einem dieser Gerichte zur Entscheidung vorliegen[94] oder wenn sowohl die Partei als auch ihr Streithelfer Berufung eingelegt haben.[95] Anders ist es bei streitgenössischer Nebenintervention;[96] die Berufung des streitgenössischen Nebenintervenienten wirkt für die Hauptpartei und zugleich für ihn selbst.[97] Zur Rücknahme der mehrfach eingelegten Berufung s. § 516 Rn. 12. 25

V. Berufung und Prozesskostenhilfe

Die Berufung ist **bedingungsfeindlich.**[98] Die Berufungseinlegung kann daher nicht von der Bewilligung der beantragten Prozesskostenhilfe (dazu § 119 Rn. 20) abhängig gemacht werden.[99] Ob mit einem dem Prozesskostenhilfeantrag beigefügten Schriftsatz die Berufung nur angekündigt oder bereits Berufung eingelegt und ob dies unzulässigerweise bedingt geschehen ist, ist Auslegungsfrage.[100] Die mittellose Partei kann sich darauf beschränken, innerhalb der Berufungsfrist einen ordnungsgemäßen[101] Prozesskostenhilfeantrag (§ 117) ohne Begründung[102] einzureichen und die Berufungseinlegung bis zur Entscheidung über denselben aufzuschieben.[103] Ist die Berufungsfrist zwischenzeitlich abgelaufen, so muss Wiedereinsetzung sowohl in die versäumte Berufungsfrist als auch in die bereits abgelaufene Berufungsbegründungsfrist beantragt werden.[104] Denn nach der Änderung des § 234 Abs. 1 durch das 1. JuMoG (s. dazu auch § 520 Rn. 5) ist zweifelhaft, ob auf frühere Lösungsansätze der Rechtsprechung[105] noch zurückgegriffen werden kann. Dem Berufungskläger ist auf Antrag **Wiedereinsetzung** zu gewähren, falls Prozesskostenhilfe bewilligt wird oder – im Falle ihrer Versagung – der Berufungskläger vernünftigerweise nicht mit der Ablehnung seines Antrags wegen fehlender Bedürftigkeit rechnen musste.[106] 26

VI. Gebühren und Kosten

1. Rechtsanwaltsgebühren. Für das Berufungsverfahren sieht das RVG – anders als die BRAGO – keine generellen Erhöhungssätze mehr vor, sondern gesonderte Gebühren. Die **Verfahrensgebühr** (Nr. 3200 VV RVG) beträgt 1,6. Sie ermäßigt sich bei vorzeitiger Beendigung des Auftrags auf 1,1 (Nr. 3201 VV RVG). Die Gebühr von 1,1 fällt auch an, wenn im Berufungsverfahren eine Einigung über nicht oder in einem anderen Verfahren rechtshängige Ansprüche protokolliert wird oder zumindest vergebliche Verhandlungen zur Einigung über solche Verhandlungen geführt wurden (Nr. 3201 Nr. 2 VV RVG). Durch den Wortlaut ist nunmehr klargestellt, dass diese Gebühr auch anfällt, wenn die betreffenden Ansprüche in einem anderen Verfahren rechtshängig sind. Die Gebühr aus Nr. 3201 Nr. 2 VV RVG bleibt bestehen, wenn der Vergleich widerrufen wird. Die Gebühr aus Nr. 3201 Nr. 2 VV RVG ist ggf. nach § 15 Abs. 3 RVG zu kürzen. Außerdem ist die (ggf. gekürzte) Gebühr der Nr. 3201 Nr. 2 VV RVG auf eine Verfahrensgebühr anzurech- 27

---

87 BGHZ 101, 276, 280 = NJW 1987, 2586.
88 BGH NJW 1994, 1660.
89 BGH NJW 1985, 2480; 1991, 1116; 1993, 269.
90 BGH VersR 1978, 720, 721; NJW 1987, 2679.
91 BGH NJW 1993, 3141; BAG NJW 1999, 2989, 2990.
92 BGH NJW 1991, 1116, 1117; DtZ 1993, 54.
93 BGH NJW 1985, 2480; 1993, 269; 1996, 2659, 2660.
94 BGH NJW-RR 2005, 780.
95 BGH NJW 1993, 2944; NJW-RR 2006, 644.
96 BGHZ 89, 121, 124 = NJW 1984, 353; BGH DtZ 1994, 29.
97 BGH NJW 1999, 285, 286.
98 BGHZ 4, 54, 55 = NJW 1952, 102; BGH NJW 1988, 2046; 1999, 2823.
99 BGH (Fn. 98); NJW 1995, 2563, 2564; aA *St/J/Grunsky* Rn. 17.
100 BGH NJW 1988, 2046, 2047; 1995, 2563, 2564; NJW-RR 2006, 140, 141; 2007, 780.
101 BGH VersR 1992, 637; NJW 1994, 2097, 2098; NJW-RR 2006, 140, 141.
102 BGH NJW 1993, 732; aA OLG Celle MDR 2003, 470; OLG Dresden OLGR 2003, 456f.
103 BGH NJW 1993, 732, 733.
104 OLG Brandenburg NJW 2003, 2995; *Kramer* MDR 2003, 434, 436.
105 BGH NJW 2003, 3275, 3276ff.; 2003, 3782, 3783; *Deichfuß* BGHReport 2003, 1157, 1158; 2003, 1362.
106 BGH NJW 1993, 732, 733; 1994, 2097; NJW-RR 2006, 140, 141.

nen, die wegen desselben Gegenstands in anderweitig anhängigen Prozessverfahren entstanden ist (Nr. 3201 S. 2 VV RVG). Die **Terminsgebühr** (Nr. 3202 VV RVG) beträgt 1,2. Sie entsteht auch, wenn ein schriftlicher Vergleich gem. § 278 Abs. 6 geschlossen wird (s. Nr. 3202 Abs. 1 VV RVG).[107] Zur Terminsgebühr im Fall der Säumnis, vgl. Anm. zu § 539 Rn. 17. Die **Einigungsgebühr** beträgt in der Berufungsinstanz 1,3 (Nr. 1004 VV RVG).

28 **2. Gerichtskosten.** Mit dem Eingang der Rechtsmittelschrift wird gemäß § 6 Abs. 1 GKG die Gebühr für das Berufungsverfahren (KV Nr. 1220) fällig; Ausnahmen und Abweichungen enthalten die Abs. 2 bis 4.

520 ***Berufungsbegründung*** **(1) Der Berufungskläger muss die Berufung begründen.**

(2) [1]Die Frist für die Berufungsbegründung beträgt zwei Monate und beginnt mit der Zustellung des in vollständiger Form abgefassten Urteils, spätestens aber mit Ablauf von fünf Monaten nach der Verkündung. [2]Die Frist kann auf Antrag von dem Vorsitzenden verlängert werden, wenn der Gegner einwilligt. [3]Ohne Einwilligung kann die Frist um bis zu einem Monat verlängert werden, wenn nach freier Überzeugung des Vorsitzenden der Rechtsstreit durch die Verlängerung nicht verzögert wird oder wenn der Berufungskläger erhebliche Gründe darlegt.

(3) [1]Die Berufungsbegründung ist, sofern sie nicht bereits in der Berufungsschrift enthalten ist, in einem Schriftsatz bei dem Berufungsgericht einzureichen. [2]Die Berufungsbegründung muss enthalten:

1. die Erklärung, inwieweit das Urteil angefochten wird und welche Abänderungen des Urteils beantragt werden (Berufungsanträge);
2. die Bezeichnung der Umstände, aus denen sich die Rechtsverletzung und deren Erheblichkeit für die angefochtene Entscheidung ergibt;
3. die Bezeichnung konkreter Anhaltspunkte, die Zweifel an der Richtigkeit oder Vollständigkeit der Tatsachenfeststellungen im angefochtenen Urteil begründen und deshalb eine erneute Feststellung gebieten;
4. die Bezeichnung der neuen Angriffs- und Verteidigungsmittel sowie der Tatsachen, auf Grund derer die neuen Angriffs- und Verteidigungsmittel nach § 531 Abs. 2 zuzulassen sind.

(4) Die Berufungsbegründung soll ferner enthalten:

1. die Angabe des Wertes des nicht in einer bestimmten Geldsumme bestehenden Beschwerdegegenstandes, wenn von ihm die Zulässigkeit der Berufung abhängt;
2. eine Äußerung dazu, ob einer Entscheidung der Sache durch den Einzelrichter Gründe entgegenstehen.

(5) Die allgemeinen Vorschriften über die vorbereitenden Schriftsätze sind auch auf die Berufungsbegründung anzuwenden.

I. Normzweck

1 Die Vorschrift regelt die zeitlichen, förmlichen und inhaltlichen Anforderungen an die Berufungsbegründung, von deren Erfüllung die Zulässigkeit des Rechtsmittels abhängt (§ 522 Abs. 1). Die Bestimmung dient der Konzentration und Beschleunigung des Berufungsverfahrens, indem der Berufungskläger gezwungen wird, sich innerhalb der Begründungsfrist konkret dazu zu erklären, in welchem Umfang, mit welchem Ziel und mit welchen Gründen er das erstinstanzliche Urteil angreifen will.[1] Der Konzentrationseffekt geht bei zulässiger Berufung freilich dadurch wieder verloren, dass das Berufungsgericht sich – von nicht von Amts wegen zu berücksichtigenden Verfahrensfehlern abgesehen – auch nach der Neufassung der Vorschrift nicht auf die in der Berufungsbegründung angeführten Berufungsgründe beschränken kann (§ 529 Abs. 2).

II. Berufungsbegründungsfrist

2 **1. Dauer und Beginn.** Die Frist zur Begründung der Berufung beträgt zwei Monate und beginnt gemäß Abs. 2 S. 1 mit der Zustellung des erstinstanzlichen Urteils, spätestens 5 Monate nach dessen Verkündung, und damit gleichzeitig mit der Berufungsfrist (§ 517). Die Anknüpfung an den Zeitpunkt der Zustellung des erstinstanzlichen Urteils dient der Rechtssicherheit, weil der Zustellungszeitpunkt in aller Regel leicht und eindeutig feststellbar und der Partei (ihrem Anwalt) aus eigenem Wissen bekannt ist.

3 Für einen Nebenintervenienten, der erst während des Laufs der Berufungsfrist beitritt, beginnt die Frist mit der Zustellung des Urteils an die Prozesspartei (s. dazu näher § 66 Rn. 2, 14). Für Streitgenossen laufen jeweils gesonderte Begründungsfristen ab dem jeweiligen Zustellungsdatum.

4 Eine **verspätet** eingelegte Berufung ist ohne Einfluss auf den Lauf der Begründungsfrist. Dasselbe gilt für einen Wiedereinsetzungsantrag und für eine sofortige Beschwerde gegen die Verwerfung der Berufung als unzulässig.[2]

5 Auch ein **Prozesskostenhilfeantrag** beeinflusst den Lauf der Begründungsfrist nicht.[3] Bevor über den Antrag entschieden ist, darf die Berufung nicht mangels ordnungsgemäßer Begründung verworfen wer-

---

[107] BGH AnwBl. 2006, 71 ff.
[1] BGH VersR 1987, 101; *St/J/Grunsky* § 519 Rn. 1.
[2] Vgl. zum früheren Recht BGH NJW 1989, 1155; 1998, 1155.
[3] BGH NJW 2006, 2857, 2858.

den.[4] Kann die Berufung nach der Entscheidung über das Gesuch nicht mehr fristgerecht begründet werden oder stehen für einen Verlängerungsantrag nur noch zwei Werktage zur Verfügung[5], so kommt Wiedereinsetzung in Betracht (§ 519 Rn. 21). Sie darf nicht deshalb verweigert werden, weil das Prozesskostenhilfegesuch erst kurz vor Ablauf der Berufungsbegründungsfrist gestellt[6] oder weil deren Verlängerung nicht beantragt wurde.[7] In diesem Fall ist die Berufung gemäß § 234 Abs. 1 S. 2, Abs. 2 innerhalb eines Monats nach Zustellung der Wiedereinsetzungsentscheidung zu begründen.[8] Die durch das 1. JuMoG eingeführte Neuregelung erreicht das damit verfolgte Ziel, die bedürftige Partei hinsichtlich der Rechtsmittelbegründungsfristen nicht schlechter zu stellen als die vermögende Partei, nur zum Teil. Vorzugswürdig wäre eine Regelung, die der bedürftigen Partei nach der Prozesskostenhilfeentscheidung die volle Begründungsfrist einschließlich der Verlängerungsmöglichkeit gewährt.[9]

2. Fristablauf. Die Berufungsbegründungsfrist ist **keine Notfrist** (§ 224 Abs. 1 S. 2). Für ihre Berechnung gelten §§ 187 Abs. 1, 188 Abs. 2 und 3 BGB, § 222. Die Begründungsfrist läuft daher mit dem Ende des Tages ab, der durch seine Zahl dem der Zustellung bzw. Verkündung des erstinstanzlichen Urteils entspricht, im Falle einer Zustellung/Verkündung am 28. (29.) 2. am 28. (29.) 4./28. (29.) 9., für ein am 29., 30. oder 31. 12. zugestelltes bzw. am 29., 30. oder 31. 7. verkündetes und nicht (wirksam) zugestelltes Urteil am 28. (29.) 2. Aussetzung und Unterbrechung des Verfahrens (§§ 148, 239–248) hindern den Beginn bzw. beenden den Lauf der Begründungsfrist (§ 249 Rn. 2)[10], nicht dagegen den Lauf der ggfs. vorgeschalteten 5-Monatsfrist (vgl. § 517 Rn. 9). 6

3. Fristverlängerung, Abs. 2 S. 2, 3. a) Voraussetzungen. Die Verlängerung der Berufungsbegründungsfrist (s. auch § 224 Rn. 3) setzt einen vor Fristablauf gestellten **Antrag** voraus.[11] Er kann auch vom Streithelfer des Berufungsklägers gestellt werden,[12] bedarf der Schriftform und unterliegt dem Anwaltszwang.[13] Eine ohne ordnungsgemäßen Antrag bewilligte Fristverlängerung ist gleichwohl wirksam.[14] Der gewünschte Verlängerungszeitraum muss nicht angegeben werden. Der Antrag muss aber inhaltlich erkennen lassen, dass eine Verlängerung der Begründungsfrist erstrebt wird; daran fehlt es, wenn der Berufungskläger lediglich darum bittet, im Falle des Scheiterns von Vergleichsverhandlungen die Begründung später ergänzen zu dürfen.[15] Nicht erforderlich ist die Feststellung, dass die Berufung rechtzeitig eingelegt ist.[16] 7

Der Antrag bedarf keiner Begründung, wenn der Gegner in die Verlängerung **einwilligt** (Abs. 2 S. 2). Die Einwilligung bedarf nicht der Schriftform; sie kann vom Prozessbevollmächtigten des Berufungsklägers eingeholt und dem Gericht gegenüber anwaltlich versichert werden.[17] Für eine von der Einwilligung des Gegners unabhängige Verlängerung muss der Antragsteller **erhebliche Gründe** darlegen (Abs. 2 S. 3). Solche sind insbesondere Arbeitsüberlastung des Prozessbevollmächtigten;[18] Urlaub und Krankheit, auch der Partei selbst; Vergleichsverhandlungen;[19] die Notwendigkeit der Einholung eines Gutachtens.[20] Die Erforderlichkeit einer Rücksprache des Prozessbevollmächtigten mit der Partei ist jedenfalls dann erheblicher Grund, wenn sich der Anlass dafür erst aus der Gerichtsakte ergab.[21] Ein Verlängerungsgrund ist ferner regelmäßig gegeben, wenn die Entscheidung über ein Prozesskostenhilfegesuch des Berufungsklägers oder über die Beschwerde gegen die Verwerfung der Berufung als unzulässig noch aussteht.[22] 8

b) Entscheidung. Zuständig für die Entscheidung über den Verlängerungsantrag ist der Vorsitzende. Das gilt auch für die Ablehnung der Verlängerung.[23] Die Bewilligung für eine kürzere als die beantragte Spanne ist in der Regel zugleich die stillschweigende Ablehnung des weiter gehenden Antrages.[24] Der Vorsitzende entscheidet allein nach seinem freien, nicht nachprüfbaren Ermessen.[25] Er ist inhaltlich an den Verlängerungsantrag nicht gebunden, kann die Verlängerung also für eine kürzere wie auch für eine längere Frist gewähren.[26] Bei fehlender Einwilligung des Gegners ist die Dauer der Verlängerung im Interesse der Verfahrensbeschleunigung auf **einen Monat** begrenzt (Abs. 2 S. 3). Eine **wiederholte Verlängerung** ist, 9

---

[4] BGH NJW-RR 2004, 1218, 1219.
[5] BGH NJW 2004, 2902, 2903.
[6] BGH NJW-RR 2005, 926, 927.
[7] BGH NJW-RR 2005, 1586, 1587; WuM 2007, 396, 397.
[8] BGH NJW 2007, 3354, 3355.
[9] Dafür BGH NJW 2003, 3275, 3276f.; 2003, 3782, 3783; 2004, 2902, 2903; *Deichfuß* BGHReport 2003, 1157, 1158; 2003, 1362; *Greger* NJW-Sonderheft BayObLG S. 36ff.; *Schultz* NJW 2004, 2329ff.; ähnlich *Zö/Greger* § 236 Rn. 8a.
[10] Vgl. BVerfG NJW-RR 1997, 188.
[11] BGHZ 116, 377 = NJW 1992, 842; überholt BGHZ 102, 37 = NJW 1988, 268.
[12] BGH NJW 1982, 2069.
[13] BGHZ 93, 300, 303 = NJW 1985, 1558; BGH NJW 1998, 1155, 1156.
[14] BGH (Fn. 13); NJW-RR 1999, 286, 287; NJW 2004, 1460.
[15] BGH NJW 1990, 2628, 2629.
[16] BGH NJW-RR 2005, 792, 793.
[17] BGHZ 161, 86, 89 = NJW 2005, 72 = JZ 2005, 521 m. Anm. *Rimmelspacher;* BGH NJW 2006, 2192, 2193.
[18] BGH VersR 1985, 972, 973; NJW-RR 1989, 1280.
[19] BGH NJW 1999, 430.
[20] *St/J/Grunsky* § 519 Rn. 15.
[21] BGH NJW 1991, 1359.
[22] MK/*Rimmelspacher* Rn. 10.
[23] BGH NJW 1988, 211; *B/L/H* Rn. 11; MK/*Rimmelspacher* Rn. 12.
[24] BGH NJW-RR 1989, 1278, 1279.
[25] BGH NJW 1993, 134, 135; *St/J/Grunsky* § 519 Rn. 14.
[26] *St/J/Grunsky* § 519 Rn. 16.

auch wenn weiterhin erhebliche Gründe vorliegen, nur mit Einwilligung des Gegners zulässig;[27] ein Ermessensspielraum besteht nicht mehr.[28] Weder Anhörung noch Zustimmung des Gegners sind indessen Wirksamkeitsvoraussetzungen der Verlängerung.[29]

10 Über den Verlängerungsantrag kann, sofern er vor Fristablauf gestellt worden ist,[30] noch **nach Ablauf der Begründungsfrist,** auch der verlängerten, entschieden werden.[31] Bevor das geschehen ist, darf die Berufung nicht wegen Versäumung der Begründungsfrist als unzulässig verworfen werden.[32]

11 Die Verlängerung muss schriftlich[33] und ausdrücklich erfolgen; stillschweigend kann die Frist nicht verlängert werden.[34] Einer förmlichen Zustellung der Verfügung bedarf es nicht, weil mit der Fristverlängerung keine „Frist in Lauf gesetzt" wird (§ 329 Abs. 2 S. 2).[35] Die schriftliche Verlängerungsverfügung hat Vorrang vor einer inhaltlich weiter gehenden mündlichen Mitteilung oder Zusage an den Rechtsmittelkläger.[36] Im umgekehrten Fall soll der schriftlich mitgeteilte längere Zeitraum maßgeblich sein, soweit der Empfänger darauf vertrauen darf.[37] Vertrauensgesichtspunkte können aber schwerlich für die objektive Dauer der Verlängerung maßgeblich sein. Berechtigtes Vertrauen des Berufungsklägers auf eine weiter gehende Verlängerung kann vielmehr nur im Wege der Wiedereinsetzung berücksichtigt werden.

12 c) **Wirksamkeit.** Die Fristverlängerung ist auch dann wirksam, wenn sie verfahrensfehlerhaft zu Stande gekommen ist, etwa weil der Vorsitzende eines unzuständigen Spruchkörpers sie bewilligt hat[38] oder kein wirksamer Verlängerungsantrag gestellt war,[39] oder wenn die gesetzlichen Verlängerungsvoraussetzungen nicht erfüllt sind.[40] Unwirksam ist die Verlängerung dagegen, wenn der Verlängerungsantrag erst nach Ablauf der Berufungsbegründungsfrist gestellt worden ist.[41]

13 d) **Wiedereinsetzung.** Gegen die Entscheidung über den Verlängerungsantrag ist kein Rechtsmittel gegeben.[42] Sie kann auch nicht im Rahmen einer Rechtsbeschwerde gegen die Verwerfung der Berufung (§ 522 Abs. 1 S. 4), einer Revision[43] oder eines Wiedereinsetzungsverfahrens[44] überprüft werden. Dem Berufungskläger ist aber regelmäßig Wiedereinsetzung zu gewähren, wenn er **„mit großer Wahrscheinlichkeit"** die Bewilligung der beantragten Fristverlängerung erwarten konnte.[45] Das ist bei einem mit Einwilligung des Gegners gestellten Verlängerungsantrag stets und im Übrigen bei einem ersten Verlängerungsantrag regelmäßig der Fall, wenn einer der Gründe des Abs. 2 S. 3 dargelegt wird,[46] bei Beantragung einer von der Einwilligung des Gegners abhängigen Verlängerung dann, wenn der Antragsteller auf die Erteilung der Einwilligung vertrauen durfte.[47] Dieses Vertrauen ist nicht gerechtfertigt, wenn der Prozessbevollmächtigte des Berufungsklägers die ihm gegenüber erklärte Einwilligung des Gegners nicht erwähnt.[48] Aber auch bei erkennbarer Aussichtslosigkeit eines wiederholten Verlängerungsantrags wird regelmäßig Wiedereinsetzung zu gewähren sein, wenn der Berufungskläger durch länger als einen Monat andauernde erhebliche Gründe schuldlos an der Wahrung der Begründungsfrist gehindert war und eine weitere Verlängerung im Hinblick auf die fehlende Einwilligung des Gegners abgelehnt worden ist.

14 Wird bei **Ablehnung der Fristverlängerung** Wiedereinsetzung beantragt, so muss innerhalb eines Monats die **Berufungsbegründung** eingereicht werden (§§ 234 Abs. 1 S. 2, 236 Abs. 2 S. 2); ein **weiterer Verlängerungsantrag** kann die nachzuholende Prozesshandlung nicht ersetzen (§ 236 Rn. 6).[49] Das gilt auch dann, wenn die rechtzeitig beantragte Verlängerung mit der unzutreffenden Begründung abgelehnt worden ist, der Verlängerungsantrag sei erst nach Fristablauf eingegangen.[50]

15 e) **Ablauf der verlängerten Begründungsfrist.** Die für einen bestimmten Zeitraum bewilligte Verlängerung schließt sich an die vorgängige Frist an. Für diese wie für die verlängerte Frist gilt § 222 Abs. 2.[51]

---

[27] Amtl. Begr. des ZPO-RG, BT-Drucks. 14/4722, S. 95.
[28] OLG Zweibrücken NJW 2003, 3210, 3211.
[29] BGH NJW 1973, 2111, 2111; *St/J/Grunsky* § 519 Rn. 16.
[30] BGHZ 116, 377 = NJW 1992, 842.
[31] BGHZ 83, 217, 221 = NJW 1982, 1651; BGHZ 102, 37, 40 = NJW 1988, 268; BGH NJW 1999, 430.
[32] BGH NJW-RR 2001, 931.
[33] MK/*Rimmelspacher* Rn. 15; *St/J/Grunsky* § 519 Rn. 17; *Zö/Gummer/Heßler* Rn. 17a; offen gelassen von BGHZ 93, 300, 305 = NJW 1985, 1558; BGH NJW 1998, 1155, 1156.
[34] BGH NJW-RR 1990, 67, 68.
[35] BGHZ 93, 300, 305 = NJW 1985, 1558; BGH NJW 1990, 1797; überholt BGH NJW-RR 1989, 1404, 1405.
[36] *St/J/Grunsky* § 519 Rn. 16; aA für eine vom Vorsitzenden selbst telefonisch ausgesprochene Verlängerung BGH NJW 1998, 1155, 1156.
[37] BGH NJW 1999, 1036.
[38] BGHZ 37, 125 = NJW 1962, 1396.
[39] BGHZ 93, 300, 304 = NJW 1985, 1558; BGH NJW 1998, 1155, 1156.
[40] BGH NJW 2004, 1460, 1461.
[41] BGHZ 116, 377 = NJW 1992, 842; BGH NJW-RR 1996, 513, 514; überholt BGHZ 102, 37, 39 = NJW 1988, 268; aA MK/*Rimmelspacher* Rn. 19.
[42] BGHZ 102, 37, 39 = NJW 1988, 268.
[43] BGH (Fn. 42).
[44] BGH NJW 1993, 134, 135; 1999, 3271; NJW-RR 1998, 573, 574.
[45] BGH (Fn. 44); st. Rspr.
[46] BGH NJW-RR 1997, 400; s. auch BVerfG NJW 1998, 3703; 2001, 812, 813.
[47] OLG Zweibrücken NJW 2003, 3210, 3211; s. dazu BGH NJW 2004, 1742.
[48] BGH NJW-RR 2005, 865, 866.
[49] BGH NJW 1995, 60; 1999, 3051; OLG Bamberg MDR 1995, 1263; differenzierend *Ganter* NJW 1994, 164.
[50] BGH (Fn. 49).
[51] BGHZ 21, 43, 45 = NJW 1956, 1278; BGH NJW 2006, 700; aA OLG Rostock NJW 2003, 3141.

Wird dem Berufungskläger eine Ausfertigung der Verlängerungsverfügung übersandt, in der versehentlich der Endzeitpunkt der verlängerten Frist nicht angegeben ist, so ist die Frist bis zu dem in der Verfügung festgesetzten Termin verlängert (Rn. 11).[52] Die Berufungsbegründung muss dann vor Ablauf des Zeitraums, für den Fristverlängerung beantragt worden ist, eingereicht werden.[53] Letzteres gilt gleichermaßen, wenn über den Verlängerungsantrag bis zum Ablauf des beantragten Verlängerungszeitraums noch nicht entschieden ist.[54] 16

III. Berufungsbegründungsschrift (Absatz 3 Satz 1)

Für **Form** und **Einreichung** der Berufungsbegründung gilt das zu § 519 Ausgeführte entsprechend. Die Berufungsbegründungsschrift muss nicht von dem unterzeichnenden Anwalt verfasst sein.[55] Mit seiner Unterschrift übernimmt der postulationsfähige Rechtsanwalt die Verantwortung auch für den Inhalt einer nicht von ihm selbst verfassten Rechtsmittelbegründung[56], sofern er dies nicht gleichzeitig unmissverständlich ablehnt.[57] Das gilt auch dann, wenn er die Begründungsschrift vor der Unterzeichnung nicht[58] oder nur flüchtig[59] durchgelesen hat. 17

Eine wirksame Berufungsbegründung kann auch in einem Schriftsatz enthalten sein, den der Berufungsanwalt vor Fristablauf einreicht oder auf den er fristgerecht schriftsätzlich Bezug nimmt. Voraussetzung ist, dass der Schriftsatz zur Begründung der Berufung bestimmt ist.[60] Das ist bei einem Prozesskostenhilfegesuch regelmäßig der Fall, sofern nicht – etwa aus einem zugleich gestellten Antrag auf Verlängerung der Berufungsbegründungsfrist[61] – ein anderer Wille des Berufungsklägers erkennbar ist.[62] Die Berufung kann auch durch einen Streithelfer begründet werden, der dem Berufungskläger nach Einlegung der Berufung beigetreten ist.[63] 18

IV. Berufungsanträge (Absatz 3 Satz 2 Nr. 1)

1. Funktion. Mit der Einreichung der Berufungsanträge werden Umfang und Zielrichtung des Rechtsmittelangriffs festgelegt. Enthält die Berufungsschrift keine Einschränkung, so ergeben erst die Berufungsanträge, in welchem Umfang das Rechtsmittel eingelegt ist.[64] Nach den Berufungsanträgen ist – in den Grenzen der Beschwer – zu beurteilen, ob die Berufungssumme (§ 511 Abs. 2 Nr. 1) erreicht ist. Zur nachträglichen Berufungserweiterung s. Rn. 25f. 19

2. Inhalt. Die Berufungsanträge müssen auf eine sachliche Abänderung des angefochtenen Urteils zu Gunsten des Berufungsklägers abzielen. Dazu genügt im Allgemeinen auch der bloße Antrag auf Aufhebung des angefochtenen Urteils und Zurückverweisung, weil er in der Regel die Weiterverfolgung des bisherigen Sachbegehrens als Ziel des Rechtsmittels erkennen lässt.[65] Auch ohne förmlichen Antrag ist die Berufung zulässig, wenn der Inhalt der Berufungsbegründung eindeutig ergibt, dass der Berufungskläger sein erstinstanzliches Begehren in vollem Umfang weiterverfolgen will[66] und lediglich unklar bleibt, ob er darüber hinaus eine Klageerweiterung beabsichtigt.[67] Mit dem Berufungsantrag muss – zumindest auch – ein die Berufungssumme erreichender Teil der Beschwer geltend gemacht werden; eine Berufung, mit der ausschließlich im Wege der Klageänderung neue, in erster Instanz nicht zur Entscheidung gestellte Ansprüche verfolgt werden, ist unzulässig (näher vor § 511 Rn. 26ff.). 20

Die Berufungsanträge müssen **bestimmt** sein.[68] Daran fehlt es, wenn der zur Zahlung einer bestimmten Geldsumme verurteilte Beklagte lediglich die Herabsetzung der Urteilssumme auf einen vom Berufungsgericht als angemessen erachteten Betrag begehrt.[69] Ist ein bestimmter Mindestumfang des Rechtsmittelangriffs klar erkennbar, so ist die Berufung insoweit zulässig.[70] 21

3. Beschränkung. Die Berufungsanträge können auf einen quantitativ abgrenzbaren Teil des Prozessgegenstands, über den das erstinstanzliche Gericht entschieden hat, beschränkt werden. Die Zulässigkeit der Beschränkung hängt nicht davon ab, dass über den betreffenden Teil zulässigerweise durch Teilurteil entschieden werden könnte (vgl. § 515 Rn. 21).[71] Zulässig ist daher eine Beschränkung auf die Versagung 22

---

52 AA BGH NJW-RR 1987, 1277.
53 BGH NJW 1994, 55; MK/*Rimmelspacher* Rn. 22.
54 BGH VersR 1983, 248f.; NJW 1994, 55, 56; 1996, 1350; 1996, 2659.
55 BGHZ 97, 251, 253 = NJW 1986, 1760; BGH NJW 1989, 3022; 2005, 2709.
56 BGH NJW 2005, 2709.
57 BGH NJW 1989, 394, 395; NJW-RR 1998, 574.
58 MK/*Rimmelspacher* Rn. 23; *St/J/Grunsky* § 519 Rn. 5; aA BGH LM Nr. 16 = JR 1954, 463 m. Anm. *Lent;* NJW 1989, 394, 395.
59 BGH NJW 1989, 3022; NJW-RR 1998, 574, 575.
60 BGH VersR 1977, 570; 1986, 91; 1995, 1330; NJW 1998, 1647; NJW-RR 2005, 793.
61 OLG Bamberg MDR 1995, 1263f.; aA BGH NJW-RR 1998, 1362, 1363.
62 BGH NJW 1992, 556, 557; NJW-RR 2001, 789; NJW 2006, 693, 694f.
63 BGH NJW 1999, 2046, 2047 für die Revision.
64 BGH NJW 1968, 2106.
65 BGH NJW 2006, 2705f.
66 BGH NJW 1992, 698; 1999, 2372; VersR 1995, 1330; NJW-RR 1997, 866; OLG Düsseldorf NJW-RR 2003, 136f.
67 BGH NJW 1992, 698.
68 BGH NJW 1987, 1335, 1336; 1988, 827, 828.
69 BGH NJW 1987, 1335, 1336.
70 BGH NJW 1975, 2013, 2014.
71 *Müller-Rabe* NJW 1990, 283f.

eines Zurückbehaltungsrechts,[72] auf die Entscheidung zur Klage oder zur Widerklage, auf einzelne Ansprüche und auf jeden beliebigen abtrennbaren Teil eines einheitlichen Anspruchs.[73]

23 Hat eine Klage in erster Instanz zu einem **Grundurteil** gegen den einen und zur Klageabweisung gegen den anderen Beklagten geführt, so kann sich der Kläger in zweiter Instanz auf den Antrag beschränken, auch gegen den zweiten Beklagten ein Grundurteil zu erlassen.[74] Auf die Entscheidung über den **Aufrechnungseinwand**[75] kann die Berufung dagegen ebenso wenig beschränkt werden wie auf andere Urteilselemente.[76] Auch wenn der Beklagte nach erfolgloser Aufrechnung mit der Berufung allein den Aufrechnungseinwand weiterverfolgt, greift er seine Verurteilung und damit zwangsläufig auch den Urteilsausspruch zur Klageforderung an. Eine andere Frage ist es, inwieweit letzterer der Nachprüfung durch das Berufungsgericht unterliegt (s. dazu § 528 Rn. 8ff., 21ff.).

24 Werden in der Berufungsbegründungsschrift von vornherein **beschränkte Berufungsanträge** angekündigt, so ist Berufung nur in diesem Umfang eingelegt.[77] Zur nachträglich Erweiterung vgl. Rn. 25f. Die anfängliche Beschränkung der Berufung enthält grundsätzlich keinen Rechtsmittelverzicht (§ 515 Rn. 5) und keine Klagerücknahme[78] hinsichtlich des nicht angefochtenen Teils.[79] In der nachträglichen Beschränkung ursprünglich weiter gehender Berufungsanträge liegt dagegen eine Teilrücknahme der Berufung (§ 516 Rn. 26). Dadurch kann die Berufung nach § 511 Abs. 2 Nr. 1 unzulässig werden (vor § 511 Rn. 24).

25 **4. Erweiterung.** Die Berufungsanträge können bis zum Ablauf der Berufungsbegründungsfrist ohne weiteres, danach bis zum Schluss der mündlichen Verhandlung, auch noch nach Zurückverweisung durch das Revisionsgericht,[80] erweitert werden, soweit die erweiterten Anträge durch die fristgerecht eingereichten Berufungsgründe (Abs. 3 S. 2 Nr. 2 bis 4) gedeckt sind.[81] Auch eine nachträglich beschränkte Berufung (Rn. 22) kann in diesen Grenzen wieder erweitert werden.[82] Eine Erweiterung der Berufungsanträge ist ferner dann zulässig, wenn nach Ablauf der Berufungsbegründungsfrist Umstände eingetreten sind, die eine Abänderungsklage (§ 323) rechtfertigen würden,[83] ferner, soweit die Voraussetzungen einer Wiedereinsetzung[84] oder einer Wiederaufnahme des Verfahrens (§§ 580ff.) erfüllt sind.[85] Der Rechtsmittelkläger muss sich die künftige Erweiterung seiner Rechtsmittelanträge nicht vorbehalten.[86]

26 Durch die Erweiterung kann eine Berufung, die ursprünglich oder nach einer Teilrücknahme die **Berufungssumme** (§ 511 Abs. 2 Nr. 1) nicht erreichte, zulässig werden.[87] Falls durch Erweiterung die Berufungssumme erreichbar ist, darf das Rechtsmittel daher nicht vor Schluss der mündlichen Verhandlung verworfen werden.[88]

27 Für eine **Klageerweiterung** in zweiter Instanz gilt § 520 nicht.[89] Sie ist keine Anfechtung des erstinstanzlichen Urteils, setzt vielmehr eine zulässige Berufung voraus.[90] Die Berufungssumme ist mit Hilfe einer Klageerweiterung nicht zu erreichen (§ 511 Rn. 18). Dasselbe gilt für eine Klageänderung in zweiter Instanz (dazu vor § 511 Rn. 26ff., § 525 Rn. 4ff., § 533 Rn. 3).[91] Entsprechendes wie für die Klageerweiterung gilt für die Aufrechnungserweiterung durch die beklagte Partei als Berufungskläger.[92]

V. Berufungsgründe (Absatz 3 Satz 2 Nr. 2 bis 4)

28 **1. Funktion.** Nach Abs. 3 S. 2 Nr. 2 und 3 muss der Berufungskläger, sofern er sich nicht auf den Vortrag neuer Angriffs- und Verteidigungsmittel (Abs. 3 S. 2 Nr. 4) beschränkt (Rn. 36), konkret angeben, in **welchen Punkten** und aus **welchen Gründen** er das angefochtene Urteil für unrichtig hält.[93] Die bloße Wiederholung des erstinstanzlichen Vorbringens genügt nicht.[94] Mit dem Begründungszwang soll erreicht werden, dass der Rechtsstreit für die Berufungsinstanz ausreichend vorbereitet wird, indem der Berufungsführer angehalten wird, die Beurteilung des Streitfalls durch den Erstrichter zu überprüfen und sich darüber zu erklären, in welchen Punkten und aus welchen Gründen er das angefochtene Urteil für unrichtig hält. Dadurch sollen Gericht und Gegner möglichst schnell und sicher darüber unterrichtet werden, wie der Beru-

---

[72] BGH NJW 2000, 278.
[73] AA MK/*Rimmelspacher* Rn. 31; *St/J/Grunsky* § 519 Rn. 27.
[74] BGH NJW 1994, 2835, 2836.
[75] AA BGH NJW 1999, 2817, 2818; MK/*Rimmelspacher* Rn. 31.
[76] Insoweit auch MK/*Rimmelspacher* Rn. 32; aA *St/J/Grunsky* § 519 Rn. 27.
[77] Vgl. BGH NJW 1968, 2106.
[78] BGH NJW-RR 1989, 1276, 1277.
[79] BGH NJW 2001, 146; NJW-RR 1998, 572; aA *St/J/Grunsky* § 519 Rn. 49.
[80] BGH NJW 1963, 444; 1994, 2896, 2898; 2001, 146.
[81] BGH NJW 2001, 146; 2005, 3067; NJW-RR 2005, 714, 715.
[82] BGH NJW-RR 1988, 66; NJW 1994, 2896, 2897; 2001, 146.
[83] BGH NJW 1987, 1024, 1025; aA *St/J/Grunsky* § 519 Rn. 49.
[84] BGH NJW-RR 1989, 962, 963.
[85] MK/*Rimmelspacher* Rn. 36.
[86] BGH NJW-RR 1998, 572.
[87] BGH NJW 1961, 1115.
[88] BGH NJW 1983, 1063.
[89] BGH NJW-RR 1988, 1465, 1466; NJW 1994, 944, 945.
[90] BGH NJW 1992, 3243, 3244; 1994, 944, 945.
[91] BGH NJW 1988, 2540, 2541; 1992, 3243, 3244; 1994, 944, 945; 1994, 3358f.
[92] BGH NJW 1993, 1399; 1998, 3126.
[93] St. Rspr.; zB BGH NJW 1997, 3449; 1998, 3126; NJW-RR 1998, 354, 355.
[94] BAG NJW 2005, 1884.

fungsführer den Streitfall beurteilt wissen will, damit sie sich auf die Angriffe erschöpfend vorbereiten können.[95] Durch die zeitliche Begrenzung der Begründungsmöglichkeit soll zudem eine gewisse Konzentration und Beschleunigung des Berufungsverfahrens erreicht werden.[96] Ist die Berufung allerdings nach Abs. 3 S. 2 Nr. 2, 3 oder 4 ausreichend begründet und damit zulässig, so muss sich das Berufungsgericht mit dem Prozessstoff – ausgenommen nicht von Amts wegen zu berücksichtigende Verfahrensmängel (§ 529 Abs. 2 S. 1) – auch insoweit umfassend beschäftigen, als er von den Berufungsgründen nicht tangiert wird (Rn. 1, § 529 Abs. 2 S. 2, § 529 Rn. 25).

2. Inhaltliche Anforderungen. a) Die Berufungsbegründung soll aus sich heraus verständlich sein und erkennen lassen, aus welchen tatsächlichen und rechtlichen Gründen der Berufungskläger das angefochtene Urteil für unrichtig hält.[97] Dazu gehört die Angabe, welche bestimmten Punkte des angefochtenen Urteils der Berufungskläger bekämpft und welche Gründe er ihm entgegensetzt.[98] Formelhafte Wendungen[99] und allgemeine Redewendungen genügen dazu ebenso wenig wie die pauschale Rüge, die Auffassung des Erstrichters sei falsch oder die Anwendung einer bestimmten Vorschrift irrig.[100] Unzureichend ist in aller Regel die bloße Bezugnahme auf Sachvortrag und Beweisangebote erster Instanz.[101] Sie genügt ausnahmsweise, soweit das erstinstanzliche Gericht ein unter Beweis gestelltes Vorbringen für nicht beweisbedürftig gehalten hat. Insoweit wirken die Beweisantritte der Vorinstanz auch ohne ausdrückliche Bezugnahme in der Berufungsinstanz fort. Die Wiedergabe des Gesetzeswortlauts einer vom Erstrichter angeblich verletzten Norm reicht auch in einfach gelagerten Streitfällen nicht aus.[102] 29

b) Abs. 3 S. 2 Nr. 2 bis 4 konkretisiert gegenüber § 519 Abs. 3 Nr. 2 aF die inhaltlichen Anforderungen an die Berufungsgründe. Die Neufassung trägt der verstärkten Funktionsdifferenzierung zwischen erster und zweiter Instanz Rechnung. Da die Berufung in erster Linie ein Instrument zur Fehlerkontrolle und Fehlerbeseitigung sein soll,[103] muss sich sinnvollerweise auch der Inhalt der Berufungsbegründung an dieser Zielsetzung orientieren.[104] Nr. 2 und Nr. 3 sind auf das Prüfungsprogramm des § 513 Abs. 1 iVm. § 529 Abs. 1 Nr. 1 zugeschnitten, Nr. 4 auf das des § 513 Abs. 1 iVm. §§ 529 Abs. 1 Nr. 2, 531 Abs. 2. 30

aa) **Nr. 2** erfordert die Bezeichnung der Umstände, aus denen sich nach Auffassung des Berufungsklägers ergeben soll, dass das angefochtene Urteil auf einer Rechtsverletzung beruht (§ 513 Abs. 1 Alt. 1). Nr. 2 gilt gleichermaßen für die Darlegung entscheidungserheblicher Verletzungen des materiellen Rechts wie für die Geltendmachung von Verfahrensfehlern. Erforderlich und ausreichend ist die Mitteilung der Umstände, die aus der Sicht des Berufungsklägers den Bestand des angefochtenen Urteils gefährden.[105] Die Vorschrift stellt – auch an die Geltendmachung von Verfahrensfehlern – keine besonderen formalen Anforderungen.[106] Die Bezeichnung der verletzten Rechtsnorm ist daher entbehrlich, soweit aus den mitgeteilten Rechtsansichten deutlich wird, worin der Rechtfehler gesehen wird.[107] 31

Sind von der Berufung beanstandete **Verfahrensverstöße** nicht aus dem angefochtenen Urteil selbst ersichtlich, so bedarf es der Bezeichnung der Umstände, die den Verfahrensverstoß ergeben. Ist dem Berufungskläger mangels Kenntnis gerichtsinterner Vorgänge die Angabe konkreter Einzeltatsachen nicht möglich, so muss er zumindest darlegen, dass er sich um Aufklärung bemüht hat.[108] Rügt die Berufung die verfahrensfehlerhafte Übergehung von Sachvortrag oder von Beweisantritten, so ist es nach der Rspr. des BGH nicht erforderlich – wie in der Revisionsinstanz (§ 551 Rn. 11) – unter Angabe der Fundstelle in Schriftsätzen oder Protokollen der ersten Instanz genau zu bezeichnen.[109] Entsprechendes gilt für die Rüge, der Erstrichter habe Beweisergebnisse oder den Inhalt beigezogener Akten übergangen. Wird eine Verletzung der richterlichen Hinweispflicht (§ 139) beanstandet, muss dagegen im Einzelnen – wenn auch nicht notwendig im unmittelbaren Zusammenhang mit der Verfahrensrüge – ausgeführt werden, was der Berufungskläger auf den vermissten Hinweis hin in erster Instanz vorgetragen hätte.[110] 32

Zur Bezeichnung der Umstände, aus denen sich die **Entscheidungserheblichkeit** der Verletzung des materiellen Rechts ergibt, genügt regelmäßig die Darlegung einer entsprechenden Rechtsansicht.[111] Bei Verfahrensfehlern reicht es aus aufzuzeigen, dass der Erstrichter ohne den Verfahrensverstoß möglicherweise zu einem anderen Ergebnis gelangt wäre.[112] Das Begründungserfordernis ist rein **formaler Natur;** Schlüssigkeit oder auch nur rechtliche Vertretbarkeit der Berufungsgründe ist nicht erforderlich.[113] 33

---

[95] BGH NJW 1992, 3243, 3244; 1998, 3126; 1999, 3126; abw. *Oehlers* MDR 1996, 447.
[96] BGH NJW 1995, 1559; 1995, 1560; 1998, 3126.
[97] BGH NJW 1997, 1309; 1997, 3449; 1998, 3126; 2001, 228.
[98] BGH NJW 1994, 1481; 1997, 3449; 1998, 3126; NJW-RR 2002, 1499.
[99] BGH NJW 1999, 3126; NJW-RR 2002, 1499.
[100] BGH NJW 1995, 1559, 1560; 1998, 3126; 1999, 3126; NJW-RR 1998, 354, 355.
[101] BGH NJW 1990, 2628; 1994, 1481; 1995, 1559, 1560; 1999, 3126.
[102] BGH (Fn. 101).
[103] Amtl. Begr. des ZPO-RG, BT-Drucks. 14/4722, S. 61.
[104] BGH NJW 2003, 2531, 2532.
[105] Amtl. Begr. des ZPO-RG, BT-Drucks. 14/4722, S. 95; BGH NJW-RR 2003, 1580; NJW 2006, 142, 143.
[106] Amtl. Begr. des ZPO-RG, BT-Drucks. 14/4722, S. 95; BGH NJW-RR 2003, 1580.
[107] BGH NJW 2003, 2532, 2533; 3345, 3346.
[108] BGH NJW 1986, 2115; 1992, 512 für die Revision.
[109] BGHZ 158, 269, 277 = NJW 2004, 1876; *Gaier* NJW 2004, 2041, 2043.
[110] BGH NJW-RR 1988, 477, 478; BGHReport 2004, 333, 334; OLG Saarbrücken OLGR 2003, 399, 400.
[111] BGH NJW 2006, 142, 143.
[112] BGH 1995, 1841, 1842 für die Revision.
[113] BGH NJW 1999, 3126; 1999, 3784, 3785; 2003, 2532, 2533; 2003, 3345, 3346.

34 **bb) Nr. 3** umschreibt die Anforderungen an die Berufungsgründe, mit denen der Berufungskläger **Zweifel** an der **Richtigkeit** oder **Vollständigkeit** der erstinstanzlichen **Tatsachenfeststellung** wecken und auf eine weiter gehende oder abweichende Feststellung durch das Berufungsgericht (§ 529 Abs. Nr. 1 Halbs. 2) hinwirken will. Soweit die gerügte Unrichtigkeit oder Unvollständigkeit der Tatsachenfeststellung auf Verfahrensfehlern beruht, überschneidet sich Nr. 3 mit dem Berufungsgrund der Nr. 2. Eigenständige Bedeutung gewinnt Nr. 3 nur in den Fällen, in denen trotz ordnungsgemäßen Verfahrens Zweifel an der Vollständigkeit oder Richtigkeit der Tatsachengrundlage des angefochtenen Urteils geltend gemacht werden, etwa weil die angebotenen Beweise zwar vollständig erhoben, aber nicht richtig gewürdigt worden seien. Nach der Rspr. des BGH ist die Kontrolle der tatsächlichen Entscheidungsgrundlage des erstinstanzlichen Urteils dagegen nicht von einer entsprechenden Berufungsrüge abhängig.[114] Hierfür müssen nach § 529 Abs. 1 Nr. 1 Halbs. 2 „konkrete Anhaltspunkte" bestehen, die der Berufungskläger nach Nr. 3 zu bezeichnen hat.[115] Besondere formale Anforderungen werden auch hier nicht gestellt. Erwartet wird aber eine vertiefte inhaltliche Auseinandersetzung mit der Tatsachenfeststellung in dem angefochtenen Urteil.[116] Nach der Rspr. des BGH sind Abs. 3 Nrn. 2 und 3 für das Prüfungsprogramm des Berufungsgerichts ohne Bedeutung. Danach hat das Berufungsgericht vielmehr von Amts wegen den gesamten schriftsätzlichen Parteivortrag der ersten Instanz auf Anhaltspunkte für Zweifel an der Richtigkeit oder Vollständigkeit der Tatsachenfeststellung zu überprüfen.[117]

35 Nr. 3 stellt – anders als Nr. 2 – nicht auf die **Entscheidungserheblichkeit** der in Zweifel gezogenen Tatsachenfeststellungen ab. Es versteht sich indessen von selbst, dass die Berufung nur auf eine Unrichtigkeit oder Unvollständigkeit der Tatsachenfeststellungen, auf denen das angefochtene Urteil beruht, gestützt werden kann. Mittelbar folgt dies zudem aus dem letzten Halbsatz der Nr. 3; denn eine erneute Feststellung durch das Berufungsgericht ist nur hinsichtlich entscheidungserheblicher Tatsachen geboten.

36 cc) **Nr. 4** lässt es weiterhin zu, die Berufung – alternativ oder kumulativ – mit **neuen Angriffs- und Verteidigungsmitteln** zu begründen.[118] Dazu sind die Voraussetzungen des § 531 Abs. 2 (§ 531 Rn. 14) für die Zulassung der neuen Angriffs- und Verteidigungsmittel in der Berufungsbegründung darzulegen.

37 Soweit die Berufung **ausschließlich** mit **neuen Angriffs- oder Verteidigungsmitteln** begründet wird, bedarf es keiner Auseinandersetzung mit den Gründen des angefochtenen Urteils.[119] Die Berufungsbegründung muss aber auch in diesem Fall klar erkennen lassen, in welchen Punkten das Berufungsurteil nach Auffassung des Berufungsklägers im Ergebnis unrichtig ist. Eine Berufung, die die Richtigkeit des erstinstanzlichen Urteils nicht in Frage stellt und ausschließlich einen neuen, bisher nicht geltend gemachten Anspruch zum Gegenstand hat, ist unzulässig (näher vor § 511 Rn. 26ff.). **Klageänderung** und **Klageerweiterung, Parteiwechsel** und **Parteierweiterung** in zweiter Instanz (s. dazu § 525 Rn. 4ff.) setzen eine zulässige Berufung voraus.[120] Nr. 4 findet auf sie keine Anwendung.[121]

38 c) Bei einem **teilbaren Streitgegenstand** müssen die Berufungsgründe sich auf alle Teile des Urteils erstrecken, hinsichtlich derer eine Änderung beantragt ist; andernfalls ist das Rechtsmittel für den nicht begründeten Teil unzulässig.[122] Werden mehrere selbständige prozessuale Ansprüche zu- oder aberkannt, so muss das Rechtsmittel grundsätzlich hinsichtlich jedes Anspruchs, über den zu Lasten des Rechtsmittelführers entschieden worden ist, begründet werden.[123] Dasselbe gilt, wenn die Klage aus mehreren voneinander unabhängigen Erwägungen abgewiesen worden ist.[124] Beruht die Entscheidung über eine Mehrheit von Ansprüchen dagegen auf einem einheitlichen, allen Ansprüchen gemeinsamen Grund, so genügt es, wenn die Berufungsbegründung diesen einheitlichen Grund insgesamt angreift.[125] Auf Anspruchshindernisse, die vom Erstgericht nicht behandelt worden sind, braucht die Begründung nicht einzugehen.[126]

39 Wendet sich der Beklagte nach erfolgloser **Aufrechnung** mit der Berufung allein gegen die Verneinung seiner Gegenforderung, so ist das Rechtsmittel gleichwohl insgesamt zulässig, soweit sich Klageforderung und Gegenforderung decken (vgl. Rn. 22).[127] Hat der Beklagte den Klageanspruch in erster Instanz erfolglos dem Entstehungsgrund nach und mit der Einrede der **Verjährung** bekämpft, so ist die Berufung insgesamt zulässig, auch wenn zur Begründung Ausführungen allein zur Verjährung gemacht werden.[128] Dagegen muss die Berufungsbegründung des Klägers auf beide Erwägungen eingehen, wenn das Erstgericht die Klage mit der zweifachen Begründung abgewiesen hat, der Klageanspruch sei nicht entstanden, jedenfalls aber verjährt.[129] Hat das Erstgericht die Hauptforderung verneint und deswegen die Klage auch hin-

---

[114] BGHZ 158, 269, 278ff. = NJW 2004, 1876; *Gaier* NJW 2004, 2041, 2043.
[115] BGH NJW 2003, 2531, 2532.
[116] Amtl. Begr. des ZPO-RG, BT-Drucks. 14/4722, S. 96.
[117] BGHZ 158, 269, 278ff. = NJW 2004, 1876; *Gaier* NJW 2004, 2041, 2043.
[118] BGH NJW-RR 2007, 934, 935.
[119] BGH NJW-RR 2007, 934, 935.
[120] BGH NJW 1994, 3358, 3359.
[121] BGH NJW-RR 1988, 1465, 1466; NJW 1994, 944, 945.
[122] BGH NJW 1998, 1081, 1082; NJW-RR 2006, 1044, 1046.
[123] BGH NJW-RR 2007, 414, 415.
[124] BGH NJW-RR 2004, 641f.; 2007, 414, 415.
[125] *BGH NJW 1999, 3126*; 2007, 1534; NJW-RR 2001, 789, 790.
[126] BGH NJW 1994, 2289, 2290.
[127] AA BGH NJW 1999, 2817, 2818; *Müller-Rabe* NJW 1990, 283, 286.
[128] BGH NJW 1984, 177, 178; 1998, 3126.
[129] BGH NJW 1990, 1184; 1998, 3126.

sichtlich des mit eingeklagten **Verzugsschadens** abgewiesen, so genügt ein substantiierter Angriff gegen die Abweisung der Hauptforderung.[130] Ist der Zinsanspruch dagegen mit eigenständiger Begründung verneint worden, bedarf es insoweit eines gesonderten Berufungsangriffs.[131]

d) Nicht erforderlich ist, dass die Berufungsbegründung auf alle **Streitpunkte** eingeht, die das angefochtene Urteil abhandelt.[132] Enthält sie zu einem den gesamten Streitgegenstand betreffenden Punkt – zB zur Zulässigkeit der in erster Instanz erfolgreichen Klage – eine den Erfordernissen des Abs. 3 genügende Begründung, so ist die Berufung insgesamt zulässig.[133] Ist ein einheitlicher Anspruch unter Verneinung mehrerer Anspruchsgrundlagen abgewiesen, so genügen Berufungsgründe hinsichtlich einer derselben, denn schon damit ist das Urteil insgesamt in Frage gestellt und vom Berufungsgericht umfassend rechtlich zu würdigen.[134] Ist die Klage als unzulässig abgewiesen, so bedarf es keiner Ausführungen zu ihrer Begründetheit.[135] 40

e) § 520 erfordert keine Ausführungen des Berufungsklägers zu der Möglichkeit einer Zurückweisung der Berufung durch einstimmigen Beschluss nach § 522 Abs. 2. Die Zulässigkeit der Berufung hängt daher nicht davon ab, dass in der Berufungsbegründung Ausführungen zum Nichtvorliegen der Zurückweisungsgründe des § 522 Abs. 2 S. 1 Nr. 1 bis 3 gemacht werden.[136] 41

3. Bezugnahme. Eine Bezugnahme auf andere Schriftstücke genügt den Anforderungen an eine Berufungsbegründung im Allgemeinen nicht. Keine ordnungsgemäße Berufungsbegründung ist daher die bloße Bezugnahme auf erstinstanzlichen Parteivortrag[137] oder auf ein vom erstinstanzlichen Prozessbevollmächtigten oder der Partei selbst eingereichtes Prozesskostenhilfegesuch.[138] Dasselbe gilt für die Bezugnahme auf nicht vom Berufungsanwalt unterzeichnete Schriftstücke, selbst wenn sie inhaltlich den Anforderungen des Abs. 3 Nr. 2 entsprechen.[139] 42

Als zulässig ist dagegen angesehen worden die Bezugnahme auf die gleichlaufende Berufungsbegründung eines Streitgenossen,[140] auf die Berufungsbegründung in einem Parallelprozess[141] oder in einem einstweiligen Verfügungsverfahren,[142] sofern eine beglaubigte Abschrift eingereicht wird. Auf ein vom Berufungsanwalt selbst unterzeichnetes Prozesskostenhilfegesuch für die zweite Instanz, das inhaltlich den Voraussetzungen des § 520 entspricht, kann zur Begründung der Berufung ohne weiteres – auch konkludent[143] – Bezug genommen werden.[144] Ausreichend ist auch die Bezugnahme auf einen Prozesskostenhilfebeschluss des Berufungsgerichts, durch die sich der Berufungskläger die ihm günstigen Argumente des Bewilligungsbeschlusses zu Eigen macht.[145] Stützt sich die Berufung auf die Aufrechnung mit Gegenforderungen des Beklagten, so kann der Berufungsanwalt zur Darlegung der Gegenforderungen auch auf ein von der Partei selbst geordnetes Anlagenkonvolut Bezug nehmen.[146] 43

VI. Sonderfälle

Die Begründung einer Berufung gegen ein **zweites Versäumnisurteil** (§ 514 Abs. 2) erfordert die schlüssige Darlegung, dass ein Fall schuldhafter Säumnis nicht vorgelegen hat.[147] Fehlt es daran, so ist die Berufung unzulässig.[148] 44

Wird das verkündete Urteil nicht binnen fünf Monaten in vollständiger Fassung zugestellt (s. dazu § 517), genügt als Berufungsbegründung eine entsprechende Verfahrensrüge.[149] 45

VII. Sonstiger Inhalt der Berufungsbegründungsschrift (Absatz 4, 5)

Die **Wertangabe** nach Abs. 4 Nr. 1 kann nach Fristablauf nachgeholt werden oder unterbleiben; die Zulässigkeit der Berufung hängt von ihr nicht ab.[150] 46

Nach Abs. 4 Nr. 2 soll der Berufungskläger sich in der Berufungsbegründung dazu äußern, ob einer Entscheidung durch den **Einzelrichter** Gründe entgegenstehen, dh. ob es an mindestens einer der Voraussetzungen des § 526 Abs. 1 Nr. 1 bis 4 für die Übertragung der Sache auf den Einzelrichter fehlt. Die Bestim- 47

130 BGH NJW 1992, 1898f.
131 BGH NJW 1997, 314.
132 BGH NJW 1985, 2828; 1993, 2611, 2612.
133 BGH NJW 2001, 228; vgl. auch BGH NJW-RR 2001, 789, 790.
134 BGH NJW 1990, 1184; 1993, 2611, 2612; *St/J/Grunsky* § 519 Rn. 33.
135 *St/J/Grunsky* § 519 Rn. 33.
136 Amtl. Begr. des ZPO-RG, BT-Drucks. 14/4722, S. 96.
137 BGH NJW 1981, 1620; 1993, 3333, 3334; 1998, 602, 603; 1998, 3126.
138 BGH NJW 1998, 1647.
139 BGH LM Nr. 37; VersR 1963, 565f.; 1969, 617.
140 BGH NJW 1993, 3333, 3334.
141 BGH VersR 1977, 1004; 1985, 67.
142 BGHZ 13, 244, 247 = NJW 1954, 1566; BGH VersR 1985, 67; NJW 1993, 3333, 3334.
143 BGH NJW-RR 2001, 789.
144 BGH NJW 1989, 184; 1993, 3333, 3334; NJW-RR 2001, 789.
145 BGH NJW 1993, 3333, 3334.
146 BGH NJW 1993, 1866.
147 BGH NJW 1991, 42, 43; 1999, 724.
148 BGH NJW 1999, 724.
149 BGH NJW 1999, 794, 795; NJW-RR 2004, 361; 2005, 1086, 1087.
150 *St/J/Grunsky* § 519 Rn. 45.

mung entspricht derjenigen des § 253 Abs. 3 für die erste Instanz. Eine Äußerung ist dem Berufungskläger freigestellt; die Zulässigkeit der Berufung hängt von ihr nicht ab.

48 Abs. 5 verweist auf §§ 129ff.

VIII. Folgen versäumter oder unzureichender Begründung

49 Eine Berufung, die nicht oder nicht fristgerecht begründet worden ist oder deren Begründung nicht den Anforderungen des Abs. 3 genügt, ist **unzulässig** und nach § 522 Abs. 1 zu verwerfen. Fehlende Angaben können nicht nach Fristablauf nachgeholt,[151] Mängel nicht gemäß § 295 geheilt werden.[152] Auch eine Wiedereinsetzung in den vorigen Stand zur Ergänzung einer fristgerecht eingereichten, inhaltlich unzureichenden Berufungsbegründung kommt nicht in Betracht.[153] Dagegen kann Wiedereinsetzung gewährt werden, wenn die Berufungsbegründungsschrift auf Grund eines unverschuldeten Übermittlungsfehlers nicht vollständig vor Fristablauf bei Gericht eingeht.[154]

521 *Zustellung der Berufungsschrift und -begründung*

(1) Die Berufungsschrift und die Berufungsbegründung sind der Gegenpartei zuzustellen.

(2) [1]Der Vorsitzende oder das Berufungsgericht kann der Gegenpartei eine Frist zur schriftlichen Berufungserwiderung und dem Berufungskläger eine Frist zur schriftlichen Stellungnahme auf die Berufungserwiderung setzen. [2]§ 277 gilt entsprechend.

I. Normzweck

1 Die Zustellung dient der Unterrichtung des Berufungsbeklagten über Einleitung und Fortgang des Rechtsmittelverfahrens und über die Zielrichtung des Rechtsmittelangriffs. Er soll dadurch frühzeitig die Möglichkeit erhalten, die Zulässigkeit der Berufung zu überprüfen und seine Verteidigung vorzubereiten. Für die Revision enthalten §§ 550 Abs. 2, 551 Abs. 4 entsprechende Bestimmungen. Abs. 2 entspricht im Wesentlichen dem bisherigen § 520 Abs. 2 S. 1 aF. Die Vorschrift bezweckt die konzentrierte und zügige Erledigung des Berufungsverfahrens.

II. Zustellung der Berufungsschrift und der Berufungsbegründung (Absatz 1)

2 Berufungsschrift und Berufungsbegründung sind dem Berufungsbeklagten von Amts wegen (§ 166 Abs. 2) zuzustellen. Wirksamkeit und Zulässigkeit der Berufung hängen hiervon nicht ab.[1] Hat der Berufungsbeklagte bereits einen zweitinstanzlichen Prozessbevollmächtigten bestellt, so ist an diesen, andernfalls an den erstinstanzlichen Prozessbevollmächtigten, notfalls an den Berufungsbeklagten selbst zuzustellen (§ 210a). Zustellungsmängel können nach § 295 geheilt werden.[2] Zuzustellen ist allen Streitgenossen, gegen die sich die Berufung richtet oder gegen die das angefochtene Urteil ergangen ist,[3] ferner den auf beiden Seiten aufgetretenen Streithelfern.[4] Führt ein Streithelfer die Berufung, so ist auch der von ihm unterstützten Partei zuzustellen.[5]

3 *unbesetzt*

4 *unbesetzt*

III. Fristsetzung zur Berufungserwiderung und zur Replik (Absatz 2)

5 Abs. 2 gibt dem Berufungsgericht oder seinem Vorsitzenden die Möglichkeit, nach Eingang der Berufungsbegründung dem Berufungsbeklagten eine Frist zur **Berufungserwiderung** und – abweichend von § 275 Abs. 4 – zugleich dem Berufungskläger eine Frist zur **Replik** zu setzen. Eine **Mindestdauer** beider Fristen sieht das Gesetz nicht vor. Nach den entsprechend anzuwendenden Regelungen des § 277 (Abs. 2 S. 2) ist eine Mindestdauer von zwei Wochen nur für solche Fristen vorgeschrieben, die zur Vorbereitung eines frühen ersten Termins zur mündlichen Verhandlung gesetzt werden (§ 277 Abs. 3, 4 iVm. § 275 Abs. 1 S. 1, Abs. 3). Aus Gründen der Waffengleichheit und wegen der Maßgeblichkeit der Frist für Einlegung und Begründung der Anschlussberufung (§ 524 Abs. 2 S. 2) wird die Frist zur Berufungserwiderung in der Regel mindestens einen Monat betragen müssen. Beide Fristen können nach § 224 verlängert werden.

6 Der Berufungsbeklagte ist entsprechend § 277 Abs. 2 mit der Fristsetzung über die Notwendigkeit anwaltlicher Vertretung und über die Folgen einer Fristversäumung zu **belehren.** Entsprechend § 277 Abs. 1 S. 2 soll er sich in der Berufungserwiderung dazu äußern, ob einer Entscheidung der Sache durch den Einzelrichter Gründe entgegenstehen.

7 Allein aus der entsprechend anwendbaren Vorschrift des § 277 Abs. 1 S. 1 erschließt sich ferner der notwendige **Inhalt der Berufungserwiderung.** An diese sind indessen regelmäßig geringere Anforderungen zu

[151] BGH NJW 1997, 1309.
[152] *St/J/Grunsky* § 519 Rn. 47.
[153] BGH NJW 1997, 1309, 1310; 2000, 364f.
[154] BGH NJW 2000, 364, 365; OLG Celle NJW-RR 2003, 1439, 1440.
[1] BGHZ 65, 114, 116 = NJW 1976, 108; BGH NJW-RR 1991, 510, 511.
[2] BGHZ 50, 397, 400 = NJW 1969, 48; 65, 114, 116 = NJW 1976, 108.
[3] MK/*Rimmelspacher* Rn. 5; *St/J/Grunsky* § 519a Rn. 4.
[4] MK/*Rimmelspacher* Rn. 5; *St/J/Grunsky* § 519a Rn. 4; *Zö/Gummer/Heßler* Rn. 2.
[5] MK/*Rimmelspacher* Rn. 5; *St/J/Grunsky* § 519a Rn. 4.

stellen als an eine Klageerwiderung; die in erster Instanz siegreiche Partei kann sich in der Regel darauf beschränken, das ihr günstige Urteil zu verteidigen.

Die Fristsetzung nach Abs. 2 S. 1 steht im Ermessen des Berufungsgerichts bzw. des Vorsitzenden. Wird von einer Fristsetzung abgesehen, so ist der Berufungsbeklagte mit der Ladung zum Verhandlungstermin (§ 523) oder mit der Aufforderung zur Berufungserwiderung im schriftlichen Vorverfahren (§ 525 S. 1 iVm. §§ 272, 276) über die Notwendigkeit anwaltlicher Vertretung zu belehren (§ 525 S. 1 iVm. § 275 Abs. 1 S. 2 bzw. § 276 Abs. 2 S. 2). 8

522 *Zulässigkeitsprüfung; Zurückweisungsbeschluss* **(1) [1]Das Berufungsgericht hat von Amts wegen zu prüfen, ob die Berufung an sich statthaft und ob sie in der gesetzlichen Form und Frist eingelegt und begründet ist. [2]Mangelt es an einem dieser Erfordernisse, so ist die Berufung als unzulässig zu verwerfen. [3]Die Entscheidung kann durch Beschluss ergehen. [4]Gegen den Beschluss findet die Rechtsbeschwerde statt.**

(2) [1]Das Berufungsgericht weist die Berufung durch einstimmigen Beschluss unverzüglich zurück, wenn es davon überzeugt ist, dass
1. die Berufung keine Aussicht auf Erfolg hat,
2. die Rechtssache keine grundsätzliche Bedeutung hat und
3. die Fortbildung des Rechts oder die Sicherung einer einheitlichen Rechtsprechung eine Entscheidung des Berufungsgerichts nicht erfordert.

[2]Das Berufungsgericht oder der Vorsitzende hat zuvor die Parteien auf die beabsichtigte Zurückweisung der Berufung und die Gründe hierfür hinzuweisen und dem Berufungsführer binnen einer zu bestimmenden Frist Gelegenheit zur Stellungnahme zu geben. [3]Der Beschluss nach Satz 1 ist zu begründen, soweit die Gründe für die Zurückweisung nicht bereits in dem Hinweis nach Satz 2 enthalten sind.

(3) Der Beschluss nach Absatz 2 Satz 1 ist nicht anfechtbar.

I. Normzweck

Abs. 1 macht eine sachliche Entscheidung über das Rechtsmittelbegehren von dessen Zulässigkeit abhängig und schreibt deren Prüfung von Amts wegen vor. Die Vorschrift zwingt den Berufungskläger damit zur Wahrung der Förmlichkeiten der §§ 517 ff. Für den Fall der Verneinung der Zulässigkeit stellt Abs. 1 S. 3, 4 ein vereinfachtes und verkürztes Verfahren zur Verfügung. Zum Vorrang der Zulässigkeitsprüfung vgl. vor § 511 Rn. 12. Die Bestimmung gilt entsprechend für die Anschlussberufung (§ 524 Rn. 18). Für die Revision, die sofortige Beschwerde und die Rechtsbeschwerde enthalten §§ 552, 572 Abs. 2, 577 Abs. 1 entsprechende Bestimmungen. 1

Abs. 2 und 3 sollen zur beschleunigten und vereinfachten Erledigung solcher Berufungen Anwendung finden, die weder Aussicht auf Erfolg haben noch wegen grundsätzlicher Bedeutung oder aus Gründen der Rechtsfortbildung oder Rechtsvereinheitlichung eine Entscheidung durch Berufungsurteil erfordern. Das vereinfachte Verfahren soll bei den Berufungsgerichten Kapazitäten zur Bearbeitung der erfolgversprechenden oder aus den genannten anderen Gründen verhandlungsbedürftigen Berufungen freisetzen. Die Regelung ist nicht verfassungswidrig.[1] 2

II. Zulässigkeitsprüfung, Verwerfungsentscheidung

1. Gegenstand der Zulässigkeitsprüfung. Die Prüfung ist über den Wortlaut des Abs. 1 hinaus auf alle Zulässigkeitsvoraussetzungen der Berufung (vor § 511 Rn. 13 ff.) zu erstrecken.[2] Das gilt auch für die Prozessvollmacht und deren Nachweis in der prozessual gebotenen Form.[3] Ist wegen Versäumung der Berufungs- oder der Berufungsbegründungsfrist Wiedereinsetzung beantragt oder kommt eine solche von Amts wegen (§ 236 Abs. 2 S. 2) in Betracht, so ist mit Vorrang über die Wiedereinsetzung zu entscheiden[4], deren Ablehnung mit der Verwerfung der Berufung nach Abs. 1 zu verbinden.[5] Behauptet der Berufungskläger, die Frist sei gewahrt, so ist über die hilfsweise beantragte Wiedereinsetzung erst und nur dann zu entscheiden, wenn nicht festgestellt werden kann, dass die Frist gewahrt ist.[6] 3

2. Verfahren. a) Mündliche Verhandlung. Eine mündliche Verhandlung über die unzulässige Berufung steht dem Berufungsgericht frei, Abs. 1 S. 3. Steht – wie im Regelfall – die Unzulässigkeit der Berufung (spätestens) mit Ablauf der Berufungsbegründungsfrist fest, so wird regelmäßig ohne mündliche Verhandlung zu entscheiden sein. Auch in diesem Falle ist dem Berufungskläger zuvor rechtliches Gehör zu gewähren.[7] Eine mündliche Verhandlung ist dagegen erforderlich oder jedenfalls zweckmäßig, wenn ein Zulässigkeitshindernis noch behoben werden kann oder wenn Zweifel an der Zulässigkeit bestehen, die durch eine Erörterung mit den Parteien oder eine Beweisaufnahme geklärt werden müssen (Rn. 6). 4

---

[1] BVerfG NJW 2003, 281; OLG Frankfurt/M. NJW 2004, 165, 167; OLG Koblenz NJW 2003, 2100, 2101 ff.
[2] MK/*Rimmelspacher* Rn. 3; *St/J/Grunsky* § 519 b Rn. 4.
[3] BGH NJW 2001, 2095, 2096.
[4] BGH NJW-RR 2005, 792.
[5] BGH VersR 1985, 1143 (LS); MK/*Rimmelspacher* Rn. 18; *St/J/Grunsky* § 519 b Rn. 7, 8, 20.
[6] BGH NJW 2007, 1457, 1458.
[7] BGH Report 2005, 1470, 1471; NJW-RR 2006, 142, 143.

5 **b) Prüfung von Amts wegen.** Sie bedeutet nicht Amtsermittlung[8] der Tatsachen und Ausforschung der Wahrheit wie beim Untersuchungsgrundsatz (Einl. Rn. 38). Auch im Bereich der Prozessvoraussetzungen haben grundsätzlich die Parteien die Zulässigkeitsvoraussetzungen darzutun und die erforderlichen Nachweise zu beschaffen.[9] Geboten ist aber darüber hinaus eine umfassende Prüfung und Würdigung des aus dem Akteninhalt ersichtlichen oder offenkundigen Prozessstoffs.[10] Da die Zulässigkeitsvoraussetzungen vor allem dem öffentlichen Interesse dienen, ist das Gericht bei ihrer Prüfung an ein Nichtbestreiten oder ein Geständnis des Rechtsmittelgegners nicht gebunden.[11] Es muss sich vielmehr aus den ihm zugänglichen Quellen Gewissheit von den Tatsachen verschaffen, von deren Vorliegen die Zulässigkeit des Rechtsmittels abhängt.[12]

6 **c) Beweiserhebung.** Tatsachen, von deren Vorliegen die Zulässigkeit der Berufung abhängt, müssen zur vollen Überzeugung des Gerichts bewiesen werden; Glaubhaftmachung genügt nicht[13] (Ausnahme: § 511 Abs. 3). Für die Beweiserhebung lässt die Rechtsprechung den Freibeweis zu.[14]

7 **d) Beweislast.** Die Beweislast für die Tatsachen, von denen die Zulässigkeit der Berufung abhängt, trägt der Berufungskläger.[15] Das gilt nicht für gerichtsinterne Vorgänge, von denen der Berufungskläger keine Kenntnis haben kann.[16]

8 **3. Entscheidung. a) Zeitpunkt.** Die Berufung ist zu verwerfen, sobald ihre Unzulässigkeit endgültig feststeht. Je nach der Art des Zulässigkeitshindernisses kommt als Zeitpunkt dafür der Ablauf der Berufungs- oder der Berufungsbegründungsfrist oder erst der Schluss der mündlichen Verhandlung zweiter Instanz in Frage.[17] Eine unzulässige Berufung darf nicht verworfen werden, solange es noch möglich ist, sie als (unselbständige) Anschlussberufung (§ 524) zu behandeln oder eine solche noch zu erheben.[18] Ist Wiedereinsetzung beantragt oder kommt sie von Amts wegen in Betracht (§ 236 Abs. 2 S. 2), so darf die Berufung nur verworfen werden, wenn spätestens gleichzeitig die Wiedereinsetzung abgelehnt wird.[19] Wegen Versäumung der Berufungsbegründungsfrist darf die Berufung nicht verworfen werden, bevor über einen Antrag auf Fristverlängerung entschieden worden ist.[20] Ist zur Durchführung der Berufung Prozesskostenhilfe beantragt, so darf die Berufung nicht mangels rechtzeitiger Begründung verworfen werden, bevor über den Antrag entschieden worden ist.[21]

9 **b) Inhalt. aa)** Hält das Gericht die Berufung für **zulässig,** so ist eine gesonderte Zwischenentscheidung weder erforderlich noch zweckmäßig, zur Zulässigkeit vielmehr in den Entscheidungsgründen des Endurteils Stellung zu nehmen. Das gilt auch für den Fall, dass der Berufungskläger vorsorglich Wiedereinsetzung beantragt hat.

10 **bb)** Die **unzulässige** Berufung ist zu „verwerfen", Abs. 1 S. 2. Das gilt auch dann, wenn andere als die in Abs. 1 S. 1 aufgezählten Zulässigkeitsvoraussetzungen fehlen.[22] Ist vorab oder zugleich über eine Wiedereinsetzung zu entscheiden (Rn. 3), so ist deren Ablehnung mit der Verwerfung zu verbinden. Einstimmigkeit ist – anders als für die Zurückweisung der Berufung durch Beschluss nach Abs. 2 – nicht erforderlich. Die Kosten des Berufungsverfahrens (dazu § 91 Rn. 13ff.) sind gemäß § 97 Abs. 1 dem Berufungskläger aufzuerlegen.

11 **cc)** Betrifft der Zulässigkeitsmangel nur einen **Teil** der Berufung oder die Berufung eines oder gegen einen von mehreren Streitgenossen, so ist die Verwerfung entsprechend zu beschränken.[23] Die Berufung ist insgesamt zu verwerfen, wenn der verbleibende Teil die Berufungssumme (§ 511 Abs. 2 Nr. 1) nicht mehr erreicht.[24] Haben die **Partei** und ihr **Streithelfer** Berufung eingelegt, so kann nicht eine von beiden verworfen werden, weil es sich um ein einheitliches Rechtsmittel handelt (§ 518 Rn. 25).[25] Eine Teilverwerfung kommt ferner nicht in Betracht, wenn sich die Berufungsbegründung in **Aufrechnungsfällen** nur mit einer der beiden Forderungen befasst (§ 520 Rn. 23).[26]

12 **c) Form.** Ergeht die Entscheidung ohne mündliche Verhandlung, so ist durch Beschluss, andernfalls durch Urteil zu entscheiden. Eine Beschlussentscheidung ist auch dann noch zulässig, wenn zuvor eine mündliche Verhandlung allein zur Begründetheit der Berufung stattgefunden hat.[27] Ein **Versäumnisurteil**

---

8 BGH NJW-RR 2000, 1156f.
9 BGH NJW-RR 2000, 1156f.
10 BGH NJW 1994, 1881.
11 *St/J/Grunsky* § 519b Rn. 1.
12 BGH NJW 1987, 2875, 2876; 1996, 1059, 1060.
13 BGH NJW 2007, 1457.
14 BGH (Fn. 13); ablehnend MK/*Rimmelspacher* Rn. 7; *St/J/Grunsky* § 519b Rn. 2.
15 BGH NJW 1981, 1789, 1790; VersR 1984, 442, 443; 1991, 896.
16 BGH NJW 1981, 1673, 1674; aA *St/J/Grunsky* § 516 Rn. 3.
17 *St/J/Grunsky* § 519b Rn. 22ff.
18 BGH NJW 1996, 2659, 2660; NJW-RR 2004, 1502, 1503.
19 *St/J/Grunsky* § 519b Rn. 20.
20 BGH NJW-RR 2001, 931.
21 BGH BGH Report 2004, 623, 624.
22 MK/*Rimmelspacher* Rn. 11.
23 MK/*Rimmelspacher* Rn. 11; *St/J/Grunsky* § 519b Rn. 14.
24 MK/*Rimmelspacher* Rn. 11; *St/J/Grunsky* § 519b Rn. 14.
25 *St/J/Grunsky* § 519b Rn. 14.
26 AA *St/J/Grunsky* § 519b Rn. 14.
27 BGH NJW 1979, 1891, 1892.

kommt auch bei Säumnis des Berufungsklägers nicht in Betracht, denn es setzt die Zulässigkeit der Berufung voraus (§ 539 Rn. 2).[28]

d) Wirkungen. aa) Bindung des Berufungsgerichts. Die Entscheidung über die Zulässigkeit der Berufung bindet das Berufungsgericht.[29] Das gilt unabhängig davon, ob es durch Urteil (§ 318) oder durch Beschluss (§ 318 analog; s. hierzu § 329 Rn. 12 ff.)[30] entschieden und ob es die Zulässigkeit bejaht oder verneint hat.[31] Die Bindungswirkung endet, wenn die zunächst bejahte Zulässigkeit später entfällt.[32] 13

bb) Wiederholte Berufung. Die Verwerfung steht, auch wenn sie rechtskräftig geworden ist, der Zulässigkeit einer neuen Berufung nicht entgegen, die vor Ablauf der Berufungsfrist eingelegt wird und den Mangel der unzulässigen ersten Berufung vermeidet (§ 519 Rn. 24). Ist die erste Berufung mangels rechtzeitiger Begründung verworfen worden, so steht die Rechtskraft dieser Entscheidung einer vor Ablauf der Rechtsmittelfrist erneut eingelegten Berufung nicht entgegen.[33] In der verspätet eingegangenen Berufungsbegründung ist regelmäßig die Wiederholung des Rechtsmittels zu sehen (§ 519 Rn. 24). 14

cc) Eintritt der Rechtskraft. Das angefochtene Urteil. wird erst dann rechtskräftig, wenn die Verwerfungsentscheidung in Rechtskraft erwachsen und die Berufungsfrist abgelaufen ist, ohne dass das Rechtsmittel wiederholt worden ist.[34] 15

4. Rechtsmittel. a) Anfechtbarkeit. Grundsätzlich sind alle Verwerfungsentscheidungen der Landgerichte und der Oberlandesgerichte – mit Ausnahme von Verwerfungsurteilen in den in § 542 Abs. 2 aufgeführten Fällen[35] – anfechtbar. Die Anfechtungsmöglichkeit sichert den Parteien für den Fall der Zulässigkeit der Berufung die zweite Tatsacheninstanz.[36] Sie soll zudem dem BGH als Revisions- und Rechtsbeschwerdegericht die Möglichkeit erhalten, Einfluss auf die Anwendung und Auslegung der formalen Zulässigkeitsvoraussetzungen für die Berufung zu nehmen.[37] Eine die Zulässigkeit der Berufung bejahende Zwischenentscheidung ist dagegen nicht selbständig anfechtbar.[38] In jedem Falle ausgeschlossen ist nach § 238 Abs. 3 die Nachprüfung einer Wiedereinsetzung.[39] 16

b) Verwerfung durch Urteil. Gegen ein die Berufung verwerfendes Urteil findet nach Maßgabe der §§ 542 Abs. 1, 543 die Revision mit der Möglichkeit der Nichtzulassungsbeschwerde (§ 544) statt. Das gilt nicht in den Fällen des § 542 Abs. 2.[40] Die Nichtzulassungsbeschwerde ist nicht an die Wertgrenze des § 26 Nr. 8 EGZPO gebunden. Sie führt nur dann zu einer inhaltlichen Nachprüfung durch den BGH, wenn einer der Zulassungsgründe des § 543 Abs. 2 S. 1 gegeben ist. 17

c) Verwerfung durch Beschluss. Gegen Verwerfungsbeschlüsse des Landgerichts wie des OLG findet gemäß Abs. 1 S. 4 die Rechtsbeschwerde statt. Sie ist nur unter den mit § 543 Abs. 2 übereinstimmenden Voraussetzungen zulässig, dass die Rechtssache grundsätzliche Bedeutung hat oder dass die Fortbildung des Rechts oder die Sicherung einer einheitlichen Rechtsprechung eine Entscheidung des Rechtsbeschwerdegerichts erfordern (§ 574 Abs. 2).[41] Die Verwerfungsentscheidung unterliegt im Rechtsbeschwerdeverfahren ebenso wie im Revisionsverfahren (§ 545 Abs. 1) nur der Nachprüfung auf eine Verletzung revisiblen Rechts (§ 576 Abs. 1). Sie kann nicht auf Tatsachen gestützt werden, die in der Berufungsinstanz nicht vorgetragen worden sind; das gilt auch für Tatsachen, die belegen sollen, dass die Fristen der §§ 517, 520 Abs. 2 gewahrt sind.[42] 18

d) Wiedereinsetzungsgründe. Die Anfechtung der Verwerfungsentscheidung kann nicht auf Wiedereinsetzungsgründe gestützt werden.[43] Ist vor oder zugleich mit der Verwerfung die Wiedereinsetzung abgelehnt worden, so muss diese Entscheidung gleichfalls angefochten werden, da sie andernfalls in Rechtskraft erwächst und für die Entscheidung über die Verwerfung Bindungswirkung entfaltet.[44] Wird Wiedereinsetzung gewährt, so wird die Verwerfungsentscheidung gegenstandslos, auch wenn sie schon rechtskräftig ist.[45] Über einen nach der Verwerfungsentscheidung beim BGH gestellten Wiedereinsetzungsantrag hat grundsätzlich das OLG zu befinden, es sei denn, Wiedereinsetzung ist nach dem Aktenstand ohne weiteres zu gewähren.[46] Der Lauf der Berufungsbegründungsfrist wird von der Verwerfung oder deren Anfechtung sowie von einem Wiedereinsetzungsverfahren nicht berührt (§ 520 Rn. 4). 19

---

28 BGH NJW-RR 1986, 1041; MK/*Rimmelspacher* Rn. 12.
29 BGH NJW 1991, 1116.
30 BGH VersR 1974, 1110; *St/J/Grunsky* § 519 b Rn. 30; *T/P/Reichold* Rn. 3; aA *Bauer* NJW 1991, 1711, 1713 f.
31 BGH NJW 1974, 250; MK/*Rimmelspacher* Rn. 15; *St/J/Grunsky* § 519 b Rn. 31.
32 MK/*Rimmelspacher* Rn. 15; *St/J/Grunsky* § 519 b Rn. 29.
33 BGH NJW 1991, 1116, 1117.
34 GmS-OGB BGHZ 88, 353 = NJW 1984, 1027.
35 BGH NJW 1984, 2368.
36 BGH NJW 1982, 2071, 2072; 1991, 703; BGHZ 119, 216, 218 = NJW 1992, 3305.
37 Amtl. Begr. des ZPO-RG, BT-Drucks. 14/4722, S. 96.
38 BGHZ 102, 232, 233 = NJW 1988, 1733; BGH NJW 1994, 3288, 3289.
39 AA *St/J/Grunsky* § 519 b Rn. 34, 36.
40 BGH NJW 1984, 2368; BGHZ 113, 362, 364 f. = NJW 1991, 2020.
41 BGH NJW 2003, 2172; 2003, 2991.
42 BGH NJW 2004, 71 f.
43 BGH NJW 1968, 107; 1982, 887.
44 BGH NJW 1982, 887; BGHR ZPO § 519 b Abs. 2 Wiedereinsetzungsgrund 1.
45 BGHZ 98, 325, 328 = NJW 1987, 327; BGH NJW 2006, 2269.
46 BGH NJW 1982, 887; 1982, 1873.

III. Zurückweisung der Berufung durch Beschluss (Absatz 2, 3)[47]

20 **1. Voraussetzungen.** Nach Abs. 2 ist die Berufung durch Beschluss zurückzuweisen, wenn keine Erfolgsaussicht besteht und eine Entscheidung durch Urteil nach mündlicher Verhandlung auch nicht aus anderen Gründen geboten ist. Die Bestimmung räumt dem Berufungsgericht kein Auswahlermessen zwischen Urteils- und Beschlussverfahren ein; vielmehr muss das Berufungsgericht die Berufung durch Beschluss zurückweisen, wenn die gesetzlichen Voraussetzungen dafür erfüllt sind.[48] Die negativen Zurückweisungsvoraussetzungen des Abs. 2 S. 1 Nr. 1 bis 3 müssen kumulativ erfüllt sein. Weitere Voraussetzung einer Beschlusszurückweisung ist die Zulässigkeit der Berufung. Angesichts der unterschiedlichen Regelung der Anfechtbarkeit (einerseits Abs. 1 S. 4, andererseits Abs. 3)[49] darf das Berufungsgericht sich weder über den Vorrang der Zulässigkeitsprüfung (vor § 511 Rn. 12) hinwegsetzen noch offen lassen, ob eine jedenfalls unbegründete Berufung zulässig ist. Die Anwendbarkeit des Abs. 2 ist nicht auf einfach gelagerte Sachen[50] oder solche von geringer wirtschaftlicher Bedeutung[51] beschränkt. Die Berufung kann auch noch nach Bestimmung eines Verhandlungstermins durch Beschluss zurückgewiesen werden.[52]

21 **a) Fehlende Erfolgsaussicht (Abs. 2 S. 1 Nr. 1).** Der Berufung muss von vornherein jegliche Aussicht auf Erfolg fehlen. Das ist nur dann der Fall, wenn das Vorbringen des Berufungsklägers einschließlich etwaig geltend gemachter neuer Angriffs- und Verteidigungsmittel – ggf. unter Berücksichtigung der Berufungserwiderung und einer Replik – bei prognostischer Bewertung auch auf Grund einer mündlichen Verhandlung dem Rechtsmittel nicht zum Erfolg verhelfen kann,[53] dh. wenn die Berufung nach dem Akteninhalt unbegründet ist und weiteres Vorbringen des Berufungsklägers, das ihr zur Begründetheit verhelfen könnte, nicht zu erwarten ist. Nicht erforderlich ist, dass die Erfolgsaussicht „offensichtlich" fehlt.[54]

21a **Grundlage** der prognostischen Bewertung der Erfolgsaussicht der Berufung ist allein der nach § 529 maßgebliche Prozessstoff. Neue Angriffs- und Verteidigungsmittel sind demgemäß nur insoweit in die Prüfung einzubeziehen, als sie nach § 529 Abs. 1 Nr. 2, Abs. 2, § 531 Abs. 2 zu berücksichtigen sind. Entscheidend ist, ob das neue Vorbringen im Urteilsverfahren zu berücksichtigen wäre. Deshalb ist auch neues Vorbringen einzubeziehen, soweit es nach der Berufungserwiderung voraussichtlich unstreitig bleiben wird (s. dazu § 531 Rn. 16).[55] Bei der Prognose darf unterstellt werden, dass der Kläger, dem das Gericht erster Instanz unter Verstoß gegen § 308 mehr als beantragt zugesprochen hat, auch insoweit die Zurückweisung der Berufung des Beklagten beantragen und dass dadurch der Verfahrensfehler geheilt werden wird.[56] Lässt sich das unrichtige oder verfahrensfehlerhaft zu Stande gekommene Urteil erster Instanz mit anderer Begründung aufrechterhalten, darf die Berufung nur dann durch Beschluss zurückgewiesen werden, wenn das Berufungsvorbringen nach entsprechendem Hinweis (Abs. 2 S. 2) auch insoweit keinerlei Erfolgsaussicht bietet.[57]

22 **b) Keine grundsätzliche Bedeutung im weiteren Sinne (Abs. 2 S. 1 Nr. 2 und 3).** Trotz fehlender Erfolgsaussicht (Rn. 21) darf die Berufung nicht durch Beschluss zurückgewiesen werden, wenn die Rechtssache grundsätzliche Bedeutung (s. dazu § 543 Rn. 5 f.) hat oder wenn die Fortbildung des Rechts (s. dazu § 543 Rn. 7) oder die Sicherung einer einheitlichen Rechtsprechung (s. dazu § 543 Rn. 8) eine Entscheidung durch Berufungsurteil nach mündlicher Verhandlung erfordert. In diesen Fällen besteht ein öffentliches Interesse an einer Entscheidung in Urteilsform, die zudem Voraussetzung für den Zugang zur Revisionsinstanz ist.

23 Ob die Rechtssache grundsätzliche Bedeutung hat oder eine Entscheidung in Urteilsform zur Fortbildung des Rechts oder zur Sicherung einer einheitlichen Rechtsprechung geboten ist, entscheidet das Berufungsgericht ohne Bindung an eine vorausgegangene Zulassung der Berufung nach § 511 Abs. 2 Nr. 2, Abs. 4. Diese bindet das Berufungsgericht (§ 512 Abs. 4 S. 2) nur hinsichtlich der Zulässigkeit (Statthaftigkeit) der Berufung, indem sie die wertabhängige Zugangshürde des § 511 Abs. 2 Nr. 1 überwindet, hindert es aber nicht an einer abweichenden Beurteilung der mit den Zulassungskriterien des § 511 Abs. 4 S. 1 Nr. 1 und 2 reziprok übereinstimmenden Voraussetzungen einer Beschlusszurückweisung.[58]

24 **2. Verfahren. a) Kollegialentscheidung.** Die Zurückweisung der Berufung durch Beschluss erfordert eine Entscheidung des vollbesetzten Spruchkörpers. Eine Beschlusszurückweisung durch den Einzelrichter (§ 526) ist ausgeschlossen. Ein Richterwechsel zwischen Hinweis und Beschlussfassung ist unbedenklich.[59]

25 **b) Einstimmigkeit.** Nur wenn alle Mitglieder des Spruchkörpers davon überzeugt sind, dass die Zurückweisungsvoraussetzungen des Abs. 2 S. 1 Nr. 1 bis 3 erfüllt sind, darf die Berufung durch – einstimmigen – Beschluss zurückgewiesen werden. Durch das Erfordernis der Einstimmigkeit soll eine erhöhte Richtig-

---

[47] Dazu *Schellenberg* MDR 2005, 610 ff.; *Stockmann* JuS 2005, 342 ff.
[48] BVerfG NJW 2003, 281; OLG Rostock NJW 2003, 1676, 1677; OLG Köln OLGR 2003, 263; *H/M-S/Meyer-Seitz* Rn. 26; MK/*Rimmelspacher* Rn. 28; *T/P/Reichold* Rn. 13; *Zö/Gummer/Heßler* Rn. 31; aA OLG Koblenz NJW 2003, 2100, 2101 ff.; *B/L/H* Rn. 20.
[49] BGH NJW 2006, 2910; zur Verfassungsmäßigkeit s. BVerfG NJW 2005, 659 f.
[50] OLG Zweibrücken OLGR 2004, 523.
[51] OLG München OLGR 2004, 455.
[52] OLG Düsseldorf NJW 2005, 833 f.; aA OLG Zweibrücken OLGR 2004, 523.
[53] Amtl. Begr. des ZPO-RG, BT-Drucks. 14/4722, S. 97.
[54] BVerfG NJW 2003, 281; OLG Celle NJW 2002, 2800.
[55] AA OLG Oldenburg NJW 2002, 3556, 3557; dazu *Rimmelspacher,* Festschr. für Schlosser, 2005, S. 747, 756 ff.
[56] OLG Rostock OLGR 2003, 119, 120.
[57] OLG Rostock NJW 2003, 1676, 1677; OLG Frankfurt/M. NJW 2004, 165, 167; OLG Hamburg NJW 2006, 71.
[58] Amtl. Begr. des ZPO-RG, BT-Drucks. 14/4722, S. 97.
[59] BVerfG NJW 2004, 3696.

keitsgewähr erreicht werden, in der die Unanfechtbarkeit des Zurückweisungsbeschlusses (Abs. 3) ihre Legitimation finden soll.[60]

c) **Anhörung des Berufungsführers (Abs. 2 S. 2).** Vor einer Zurückweisung durch Beschluss muss der Berufungsführer durch das Berufungsgericht oder den Vorsitzenden auf die beabsichtigte Beschlusszurückweisung und die Gründe hierfür hingewiesen werden. Der Hinweis ist schriftlich zu erteilen und aktenkundig zu machen. Er muss die Gründe der beabsichtigten Zurückweisung so konkret bezeichnen, dass der Berufungskläger die Rechtsauffassung des Berufungsgerichts im Einzelnen erkennen und sein Vorbringen entsprechend nachbessern kann. Im Einzelnen gelten die gleichen Anforderungen wie nach § 139 Abs. 1 ZPO (s. dort Rn. 5ff., 8). Das gilt auch für die Frage, ob nach einer Stellungnahme des Berufungsklägers ein weiterer Hinweis erforderlich ist.[61] Wird mit der Berufung die Verletzung des rechtlichen Gehörs oder anderer Verfahrensgrundrechte gerügt, so sollte – auch zur Erleichterung einer späteren Überprüfung des Zurückweisungsbeschlusses durch das BVerfG – dargelegt werden, aus welchen Gründen der gerügte Verstoß nicht vorliegt oder nicht entscheidungskausal ist.[62] 26

Der Berufungsführer muss Gelegenheit erhalten, zu dem Hinweis binnen einer zu bestimmenden Frist, die verlängert werden kann,[63] Stellung zu nehmen. Erst nachdem dies geschehen ist, darf und soll der Zurückweisungsbeschluss unverzüglich (Abs. 2 S. 1) ergehen.[64] Der Berufungskläger erhält damit Gelegenheit, dem Berufungsgericht Gesichtspunkte zu unterbreiten, die nach seiner Auffassung eine Beschlusszurückweisung hindern. Das schließt die Möglichkeit ein, ein vom Berufungsgericht für unzureichend erachtetes Vorbringen zu ändern und durch weiteren Sachvortrag zu ergänzen oder auch neue Angriffs- und Verteidigungsmittel (§ 282 Abs. 1) geltend zu machen. Im Anschluss daran muss sich das Berufungsgericht erneut in Kollegialbesetzung (Rn. 24) mit der Sache befassen und sich davon überzeugen, ob die Zurückweisungsvoraussetzungen des Abs. 2 S. 1 Nr. 1 bis 3 auch auf der Grundlage des geänderten, ergänzten oder neuen Vorbringens, soweit dasselbe in der Berufungsinstanz zu berücksichtigen ist (§§ 529ff.), erfüllt sind. Nur wenn es dies wiederum einstimmig (Rn. 25) bejaht, darf es die Berufung durch Beschluss zurückweisen. Dem Berufungsbeklagten muss nicht zuvor Gelegenheit zur Berufungserwiderung gegeben werden.[65] 27

3. Entscheidung. Das Berufungsgericht entscheidet durch einstimmigen Beschluss, wenn es die Berufung zurückweist. Andernfalls ist sogleich über die Übertragung auf den Einzelrichter zu entscheiden (§ 523 Abs. 1 S. 1). Der Zurückweisungsbeschluss bedarf einer **Begründung** nur insoweit, als die Zurückweisung auf andere als die in dem Hinweis nach Abs. 2 S. 2 bezeichneten Gründe gestützt wird. Die Begründung muss folglich nur auf die Gesichtspunkte eingehen, die der Berufungskläger auf den Hinweis nach Abs. 2 S. 2 hin erfolglos vorgebracht hat. Nicht zulässig wäre es, einen Zurückweisungsgrund, auf den nach Abs. 2 S. 2 hinzuweisen ist, erst in der Begründung des Zurückweisungsbeschlusses zu bezeichnen. 28

Eine **Teilzurückweisung** nach Abs. 2 sieht das Gesetz nicht vor, es schließt sie aber auch nicht aus.[66] Sie ist unbedenklich, wenn die Zurückweisungsvoraussetzungen hinsichtlich eines Teils des Prozessstoffs, über den zulässigerweise durch Teilurteil entschieden werden könnte,[67] oder hinsichtlich eines Teils der eingelegten Rechtsmittel[68] erfüllt sind. Nicht um eine Teilzurückweisung handelt es sich, wenn die Berufung hinsichtlich des Streitgegenstands der ersten Instanz durch Beschluss zurückgewiesen wird, nachdem der Berufungskläger mit der Berufung die Klage erweitert oder Widerklage erhoben hat. In diesen Fällen werden **Klageerweiterung** und **Widerklage** entsprechend § 524 Abs. 4 mit der Beschlusszurückweisung wirkungslos.[69] 28a

4. Unanfechtbarkeit. Der Beschluss, durch den die Berufung zurückgewiesen wird, ist – ohne Einschränkung – unanfechtbar.[70] Er führt mit seinem Erlass die Rechtskraft des angefochtenen Urteils herbei, Abs. 3. Demgegenüber unterliegt ein – auch einstimmig gefasster und irrtümlich auf Abs. 2 gestützter – Verwerfungsbeschluss (Abs. 1 S. 3) nach Abs. 1 S. 4 der Rechtsbeschwerde (s. dazu und zu den Gründen für die unterschiedliche Regelung Rn. 18).[71] Zum zwingenden Vorrang der Zulässigkeitsprüfung s. Rn. 20. Ist der Zurückweisungsbeschluss unter entscheidungskausaler Verletzung des rechtlichen Gehörs zu Stande gekommen, unterliegt die Entscheidung der befristeten Gehörsrüge gem. § 321a. Eine Gegenvorstellung ist ausgeschlossen (§ 567 Rn. 27).[72] 29

---

[60] Amtl. Begr. des ZPO-RG, BT-Drucks. 14/4722, S. 97.
[61] BGH NJW 2005, 3067, 3068; aA OLG Koblenz OLGR 2004, 199, 200; OLG Oldenburg NdsRpfl. 2004, 214.
[62] Amtl. Begr. des ZPO-RG, BT-Drucks. 14/4722, S. 98.
[63] Dazu OLG Rostock OLGR 2004, 127ff.
[64] OLG Zweibrücken OLGR 2004, 523; OLG Celle OLGR 2003, 359, 360.
[65] OLG Celle OLGR 2003, 359, 360f.; aA OLG Koblenz NJW 2003, 2100ff.; *Sae/Wöstmann* Rn. 14.
[66] BGH NJW-RR 2007, 767; aA MK/*Rimmelspacher* Rn. 30.
[67] OLG Rostock NJW 2003, 2754, 2755; OLG Dresden NJ 2004, 37f.
[68] BGH Report 2007, 724 (zu § 552a); OLG Karlsruhe OLGR 2003, 144; *H/M-S/Meyer-Seitz* Rn. 17; *Zö/Gummer/Heßler* Rn. 41.
[69] OLG Rostock NJW 2003, 3211f.; OLG Frankfurt/M. NJW 2004, 165, 167f.; abw. OLG Koblenz OLGR 2004, 17, 18 (Erstreckung der Zurückweisung auf die erweiterte Klage).
[70] BGH NJW-RR 2007, 284.
[71] BGH NJW 2006, 2910; NJW-RR 2007, 779.
[72] OLG Köln NJW-RR 2005, 1227.

IV. Gebühren und Kosten

30 **1. Rechtsanwaltsgebühren.** Wird die Berufung durch Beschluss ohne mündliche Verhandlung verworfen, fällt keine Terminsgebühr an;[73] verhandeln die Parteien über die Erledigung des Rechtsstreits vor dem Erlass des Verwerfungsbeschlusses, fällt sie jedoch an. Die Terminsgebühr setzt entgegen der Ansicht des BGH nicht voraus, dass im gerichtlichen Verfahren eine mündliche Verhandlung vorgeschrieben ist.[74] Zur Rechtsbeschwerde vgl. § 574 Rn. 11.

31 **2. Gerichtskosten.** Für das Verfahren über eine Rechtsbeschwerde nach Abs. 1 S. 2 und 3 fällt eine doppelte Gebühr an (KV Nr. 1820 Nr. 1).

523 *Terminsbestimmung*

(1) [1]Wird die Berufung nicht nach § 522 durch Beschluss verworfen oder zurückgewiesen, so entscheidet das Berufungsgericht über die Übertragung des Rechtsstreits auf den Einzelrichter. [2]Sodann ist unverzüglich Termin zur mündlichen Verhandlung zu bestimmen.

(2) Auf die Frist, die zwischen dem Zeitpunkt der Bekanntmachung des Termins und der mündlichen Verhandlung liegen muss, ist § 274 Abs. 3 entsprechend anzuwenden.

I. Normzweck

1 Die Bestimmung regelt den Fortgang des Berufungsverfahrens für den Fall, dass die Berufung weder nach § 522 Abs. 1 als unzulässig verworfen noch nach § 522 Abs. 2 durch Beschluss zurückgewiesen wird. Die in Abs. 1 vorgesehenen Maßnahmen dienen der Vorbereitung der mündlichen Verhandlung. Abs. 2 sichert dem Berufungsbeklagten eine Mindestfrist für die Vorbereitung seiner Einlassung.

II. Übertragung auf den Einzelrichter

2 Ist die Berufung weder nach § 522 Abs. 1 als unzulässig verworfen noch nach § 522 Abs. 2 durch Beschluss zurückgewiesen worden, so ist über sie mündlich zu verhandeln und durch Urteil zu entscheiden. Diese Entscheidung kann das Berufungsgericht unter den Voraussetzungen des § 526 Abs. 1 durch Beschluss einem seiner Mitglieder als Einzelrichter übertragen. Im Interesse eines zügigen Fortgangs des Verfahrens soll hierüber befunden werden, sobald feststeht, dass die zulässige Berufung nicht durch einstimmigen Beschluss zurückzuweisen ist.

III. Terminsbestimmung

3 Sobald die Entscheidung über die Übertragung auf den Einzelrichter gefallen ist, hat der Vorsitzende, bei Übertragung auf den Einzelrichter dieser Termin zur mündlichen Verhandlung zu bestimmen. Ein schriftliches Vorverfahren, bei dem zunächst von der Bestimmung eines Verhandlungstermins abgesehen werden könnte, sieht § 523 nicht vor. Eine rudimentäre Regelung eines schriftlichen Vorverfahrens zweiter Instanz findet sich in § 521 Abs. 2. Die dort vorgesehenen Fristsetzungen können, soweit dies nicht bereits im Vorfeld der nach § 522 zu treffenden Entscheidungen geschehen ist, mit der Terminsbestimmung nach § 523 verbunden werden. Für terminsvorbereitende Maßnahmen gilt § 273. Die Anordnung der Ladung der in der Berufungsbegründung benannten Zeugen kann schon vor Eingang der Berufungserwiderung veranlasst sein.[1] Bei der Terminsanberaumung müssen Ladungs- und Einlassungsfrist gewahrt werden (Abs. 2).

524 *Anschlussberufung*

(1) [1]Der Berufungsbeklagte kann sich der Berufung anschließen. [2]Die Anschließung erfolgt durch Einreichung der Berufungsanschlussschrift bei dem Berufungsgericht.

(2) [1]Die Anschließung ist auch statthaft, wenn der Berufungsbeklagte auf die Berufung verzichtet hat oder die Berufungsfrist verstrichen ist. [2]Sie ist zulässig bis zum Ablauf der dem Berufungsbeklagten gesetzten Frist zur Berufungserwiderung. [3]Diese Frist gilt nicht, wenn die Anschließung eine Verurteilung zu künftig fällig werdenden wiederkehrenden Leistungen (§ 323) zum Gegenstand hat.

(3) [1]Die Anschlussberufung muss in der Anschlussschrift begründet werden. [2]Die Vorschriften des § 519 Abs. 2, 4 und des § 520 Abs. 3 sowie des § 521 gelten entsprechend.

(4) Die Anschließung verliert ihre Wirkung, wenn die Berufung zurückgenommen, verworfen oder durch Beschluss zurückgewiesen wird.

I. Normzweck

1 **1. Normzweck.** Die Bestimmung regelt Voraussetzungen, Form und Wirkung der Anschlussberufung. Das Gesetz sieht nur noch die unselbständige Anschließung vor; eine selbständige Anschlussberufung hält der Gesetzgeber für überflüssig.[1]

---

[73] G/S/*Müller-Rabe* VV 3202 Rn. 10.

[74] *Schneider* AGS 2007, 398 f.; *Schons* AnwBl. 2007, 632 f; aA BGH NJW 2007, 2644.

[1] BGH NJW 1991, 2759, 2760.

[1] Amtl. Begr. des ZPO-RG, BT-Drucks. 14/4722, S. 98.

2. Funktion der Anschlussberufung. Die Anschlussberufung dient unterschiedlichen Zwecken. Sie gibt der Partei, die bei geteiltem Prozesserfolg bereit war, das Urteil hinzunehmen, die Möglichkeit, auch dann noch eine Abänderung zu ihren Gunsten zu erreichen, wenn die Berufungsfrist für sie schon verstrichen war, als der Gegner Berufung einlegte.[2] Im Interesse der Prozesswirtschaftlichkeit soll vermieden werden, dass eine an sich „friedfertige“ Partei nur deshalb Rechtsmittel einlegt, weil sie mit einem solchen ihres Gegners rechnet.[3] Die Bestimmung schafft ferner Waffengleichheit, indem sie auch dem Berufungsbeklagten die Möglichkeit einräumt, im Berufungsverfahren den Prozessgegenstand gegenüber der ersten Instanz zu erweitern.[4] Schließlich dient die Anschließungsmöglichkeit der Vermeidung leichtfertiger Rechtsmittel, denn der Rechtsmittelkläger muss jederzeit mit einer Verschlechterung des erstinstanzlichen Prozessergebnisses rechnen.[5] Dieser Abschreckungseffekt wird freilich dadurch stark eingeschränkt, dass das Erfordernis der Einwilligung in die Rücknahme der Berufung (§ 515 Abs. 1 aF) gestrichen worden ist (§ 516 Abs. 1).[6] 2

3. Anwendungsbereich. § 524 gilt entsprechend im Erinnerungsverfahren.[7] Für das Revisionsverfahren ist die Anschließung in § 554, für das Verfahren der sofortigen Beschwerde in § 567 Abs. 3 und für das Rechtsbeschwerdeverfahren in § 574 Abs. 4 geregelt. 3

II. Voraussetzungen der Anschließung

1. Berufung des Prozessgegners. Die Anschlussberufung ist kein Rechtsmittel, sondern nur Antragstellung innerhalb der Berufung des Gegners.[8] Sie setzt deshalb eine (schon und noch) existierende Berufung des Gegners voraus. Eine Anschließung ist nicht mehr möglich, wenn die Berufung – auch ohne Wissen des Berufungsbeklagten – zuvor zurückgenommen, als unzulässig verworfen (§ 522 Abs. 1) oder durch Beschluss zurückgewiesen (§ 522 Abs. 2) worden ist.[9] Ist in einem solchen Falle die Anschließung innerhalb der für den Anschlussberufungskläger laufenden Berufungsfrist erfolgt, so ist sie als selbständige Berufung zu behandeln. 4

2. Gegenanschließung. Nach früherem Recht konnte sich der Berufungskläger seinerseits einer selbständigen (§ 522 Abs. 2 aF), nicht dagegen einer unselbständigen Anschlussberufung anschließen.[10] Nach Abschaffung der selbständigen Anschlussberufung kommt eine Gegenanschließung ieS mehr in Betracht. Nur soweit eine Anschließung als selbständige Berufung zu behandeln ist, kann die Gegenpartei sich dieser anschließen. 5

3. Parteien der Anschlussberufung. a) Die Möglichkeit der Anschließung besteht nur für den **Berufungsbeklagten,** bei einfacher Streitgenossenschaft nur für die Streitgenossen, gegen die sich die Berufung richtet.[11] Der **Streithelfer** des Berufungsbeklagten kann sich nur für diesen anschließen. 6

b) Die Anschlussberufung kann sich nur gegen den **Berufungskläger** richten,[12] nicht gegen einen am Berufungsverfahren nicht Beteiligten oder gegen den Streithelfer des Berufungsklägers.[13] Mit Hilfe der Anschlussberufung kann die Klage nicht auf einen Dritten erstreckt werden, der bisher nicht Partei war,[14] etwa auf den als Partei kraft Amtes beteiligten Insolvenzverwalter persönlich.[15] 7

4. Gegenstand der Anschlussberufung können Teile des Prozessgegenstandes sein, über die der Erstrichter zum Nachteil des Berufungsbeklagten entschieden hat, daneben oder stattdessen aber auch neue Ansprüche.[16] Ein bereits rechtskräftig abgewiesener[17] oder nach Erlass eines Teilurteils noch in erster Instanz anhängiger Teil des Streitgegenstandes[18] kann nicht Gegenstand einer Anschließung sein.[19] Ist der Erstrichter unter Verstoß gegen § 308 Abs. 1 über den Klageantrag hinausgegangen und legt der Beklagte Berufung ein, so bedarf die Erweiterung der Klage auf den zuerkannten Umfang keiner Anschlussberufung des Klägers, denn dieser begehrt nicht mehr als die Zurückweisung der gegnerischen Berufung (§ 308 Rn. 20). Die Klage kann ohne Anschließung auf Zahlung an den Zessionar geändert werden.[20] Zur Klarstellung oder 8

---

[2] BGHZ 88, 360, 362 = NJW 1984, 437; BGH NJW 1984, 2951, 2952.
[3] BGH (Fn. 2).
[4] BGH NJW 1984, 2951, 2952.
[5] BGH (Fn. 2); NJW 1984, 1240, 1241.
[6] *Doms* NJW 2004, 189 ff.
[7] OLG München NJW 1971, 763 f.
[8] BGHZ 80, 146, 149 = NJW 1981, 1790; BGHZ 109, 41, 45 = NJW 1990, 840; BGH NJW 1995, 198 f.; 1998, 2224, 2225; st. Rspr.; aA *Gilles* ZZP 92 (1979), 152, 163 ff.; *Klamaris,* Das Rechtsmittel der Anschlussberufung, 1975, S. 171 ff.
[9] BGHZ 80, 146, 149 = NJW 1981, 1790; BGHZ 100, 383, 388 = NJW 1987, 3263.
[10] BGHZ 88, 360, 361 = NJW 1984, 437; BGH NJW 1986, 1494.
[11] BGH NJW 1991, 2569.
[12] BGH NJW-RR 1989, 441; NJW 1991, 2569.
[13] BGH NJW 1995, 198, 199.
[14] BGH NJW-RR 1989, 441; 1991, 510.
[15] BGH NJW-RR 1991, 510.
[16] BGHZ 4, 229, 234 = NJW 1952, 384.
[17] BGH NJW 1961, 1813.
[18] BGHZ 30, 213, 216 ff. = NJW 1959, 1824 m. Anm. *Schwab;* BGH NJW 1983, 1311, 1313.
[19] MK/*Rimmelspacher* Rn. 17; *St/J/Grunsky* § 521 Rn. 10, 11.
[20] BGH LM Nr. 11 = MDR 1978, 398.

Konkretisierung des erstinstanzlichen Klageantrags ist eine Anschließung weder erforderlich noch zulässig.[21]

9 Einer Anschließung bedarf es nicht zur Korrektur der **Kostenentscheidung,**[22] da über die Kosten des Rechtsstreits ohne Rücksicht auf das Verschlechterungsverbot (§ 528 Rn. 14ff.) von Amts wegen zu entscheiden ist. Eine Ausnahme gilt nur für so genannte gemischte Kostenentscheidungen, soweit sie der Berufung unterliegen.[23] Anträge zur **vorläufigen Vollstreckbarkeit** können in zweiter Instanz ohne Anschließung gestellt werden.[24] Keiner Anschlussberufung bedarf es ferner zur Geltendmachung der Schadensersatzansprüche nach §§ 302 Abs. 4, 600 Abs. 2, 717 Abs. 2 und 3.[25]

10 **5. Beschwer.** Die Anschlussberufung setzt keine Beschwer voraus.[26] Die Partei, die in erster Instanz voll obsiegt hat, kann (und muss) sich daher anschließen, wenn sie in zweiter Instanz die Klage erweitern oder Widerklage erheben will.[27] Ist die Klage wegen einer (Hilfs-)Aufrechnung des Beklagten abgewiesen worden und legt allein der Kläger Berufung ein, so muss der Beklagte sich dieser anschließen, wenn er die Abweisung der Klage „an sich" erreichen will (näher § 528 Rn. 21ff.). **§ 511 Abs. 2** gilt für die Anschlussberufung nicht.[28] Gegenstand einer Anschlussberufung kann daher auch allein ein unselbständiges Zinsbegehren (vgl. § 511 Rn. 37) sein, mit dem höhere als die zuerkannten oder überhaupt erstmals Zinsen auf die Urteilssumme gefordert werden.

11 **6. Zeitpunkt der Anschließung.** Die Anschlussberufung muss – abweichend von der durch das ZPO-RG zunächst eingeführten Regelung, die zu Recht auf heftige Kritik gestoßen ist[29] –, nicht mehr bis zum Ablauf eines Monats nach Zustellung der Berufungsbegründungsschrift eingelegt und begründet werden (Abs. 2 S. 2, Abs. 3 S. 1). Nach der durch das 1. JuMoG geänderten Bestimmung unterliegt die Ausschließung vielmehr denselben zeitlichen Grenzen wie die Berufungserwiderung. Das gilt auch für die Verlängerung einer zur Berufungserwiderung gesetzten Frist.[30] Solange dem Berufungsbeklagten eine Frist zur Berufungserwiderung nicht gesetzt ist, ist die Anschließung noch möglich. Der Berufungsbeklagte kann daher zunächst abwarten, ob die Berufung nach § 522 Abs. 2 zurückgewiesen wird.[31] Ohne Fristsetzung zur Berufungserwiderung besteht auch wieder die Möglichkeit, Anschlussberufung noch nach Erlass eines zweitinstanzlichen Grund- (§ 304) oder Vorbehaltsurteils (§§ 302, 599) im Nachverfahren[32] oder nach Zurückverweisung aus der Revisionsinstanz einzulegen.[33] Nicht erforderlich ist, dass im Zeitpunkt der abschließenden Entscheidung über die Berufung auch schon über die Anschlussberufung mündlich verhandelt worden ist.[34] Die Ausnahmeregelung des Abs. 2 S. 3 schafft aus Gründen der Prozessökonomie die insbesondere für Unterhaltsprozesse bedeutsame Möglichkeit, Veränderungen in den Verhältnissen des Berufungsbeklagten bereits im Berufungsverfahren zu berücksichtigen und dadurch eine sonst erforderliche Abänderungsklage (§ 323) entbehrlich zu machen.[35] Insoweit ist die Anschließung bis zum Schluss der letzten mündlichen Verhandlung zulässig.[36]

12 **7. Bedingte Anschlussberufung.** Der Berufungsbeklagte kann sich der Berufung hilfsweise für den Fall anschließen, dass sein „Hauptantrag" auf Zurückweisung des Rechtsmittels erfolglos bleibt.[37] Darüber hinaus ist eine bedingte Anschlussberufung zulässig, wenn sie lediglich von einem innerprozessualen Vorgang abhängt.[38] Zulässige Bedingung ist die Beurteilung einer Rechtsfrage, auf der die Entscheidung über die Berufung beruht.[39] Unzulässig ist dagegen eine Hilfsanschlussberufung des Klägers für den Fall, dass der Klageanspruch eines einfachen Streitgenossen auf die Berufung abgewiesen wird.[40] Die Anschließung kann selbstverständlich nicht von der Beurteilung einer Rechtsfrage abhängig gemacht werden, über die das Berufungsgericht erst bei der Prüfung ihrer Begründetheit zu befinden hätte.[41] Hilfsanschlussberufung kann auch allein zum Zwecke einer Klageerweiterung eingelegt werden.[42]

---

21 BGH NJW 1991, 3029.
22 *Gilles* ZZP 92 (1979), 158f.; MK/*Rimmelspacher* Rn. 18.
23 BGHZ 17, 392, 396ff. = NJW 1955, 1394, 1395.
24 MK/*Rimmelspacher* Rn. 19; *St/J/Grunsky* § 521 Rn. 7.
25 MK/*Rimmelspacher* Rn. 20; *T/P/Reichold* Rn. 2.
26 BGH NJW 1994, 944, 945; *B/L/H* Rn. 9; MK/*Rimmelspacher* Rn. 13; aA *Gilles* ZZP 92 (1979), 152, 159f., 181ff.; *Klamaris* (Fn. 8) S. 235ff.; *St/J/Grunsky* § 521 Rn. 6.
27 BGHZ 4, 229, 234 = NJW 1952, 384; BGH LM Nr. 4; LM Nr. 11 = MDR 1978, 398.
28 BGH NJW 1968, 1476, 1477; allgM.
29 OLG Celle NJW 2002, 2651f.; *Gerken* NJW 2002, 1095; *Piekenbrock* MDR 2002, 675.
30 Dazu *Born* NJW 2004, 3038ff.
31 Beschlussempfehlung des Rechtsausschusses zum JuMoG, BT-Drucks. 15/3482, S. 49.
32 BGHZ 37, 131 = NJW 1962, 1249.
33 BGH NJW 1994, 586, 588; 1999, 139, 140; *Born* (Fn. 31).
34 BGH NJW 1984, 2951, 2952.
35 Beschlussempfehlung des Rechtsausschusses zum JuMoG, BT-Drucks. 15/3482, S. 50.
36 Beschlussempfehlung des Rechtsausschusses zum JuMoG, BT-Drucks. 15/3482, S. 50.
37 BGH NJW-RR 1986, 874, 875ff.; WM 1997, 1155, 1157.
38 BGH NJW 1984, 1240, 1241; NJW-RR 1989, 1099.
39 BGH NJW 1984, 1240, 1241.
40 BGH NJW-RR 1989, 1099.
41 MK/*Rimmelspacher* Rn. 28; *St/J/Grunsky* § 521 Rn. 14.
42 BGH NJW-RR 1986, 874, 875; WM 1997, 1155, 1157.

8. Verzicht. a) Verzicht auf die Berufung. Eine Partei kann sich der Berufung der Gegenpartei anschließen, auch wenn sie selbst auf die Berufung verzichtet (Abs. 2 S. 1, § 515) oder diese zurückgenommen (§ 516) hat.[43] 13

b) Verzicht auf die Anschlussberufung. Auf das Recht zur Anschließung kann unter den gleichen Voraussetzungen verzichtet werden wie nach § 515 auf die Berufung, auch bereits vor Einlegung des Hauptrechtsmittels.[44] Dass der Berufungsbeklagte den Umfang des gegnerischen Rechtsmittelangriffs erst nach Zustellung der Berufungsbegründungsschrift überblickt, ist kein Grund, einem im Voraus erklärten Verzicht die Wirksamkeit abzusprechen.[45] Für Erklärung und Wirkungen des Verzichts auf das Anschließungsrecht gelten die Ausführungen zum Verzicht auf die Berufung (§ 515) entsprechend. 14

9. Berufung und Anschließung. Innerhalb der Berufungsfrist hat der Berufungsbeklagte die Wahl, ob er sich der Berufung des Gegners anschließt oder selbständig Berufung einlegt.[46] Ob das eine oder das andere gewollt ist, ist durch Auslegung zu ermitteln.[47] Eine unzulässige Berufung ist, wenn auch der Berufungsbeklagte Berufung eingelegt hat, regelmäßig in eine Anschließung an diese umzudeuten,[48] sofern die Frist für die Einlegung und Begründung der Anschlussberufung (Abs. 2 S. 2, Abs. 3 S. 1) gewahrt ist. Der Berufungskläger kann sich dem Rechtsmittel des Gegners auch dann noch anschließen, wenn die eigene Berufung als unzulässig verworfen worden ist.[49] Anders verhält es sich, wenn die eigene Berufung als unbegründet zurückgewiesen worden ist.[50] Wegen der **Kosten** der Anschlussberufung s. § 97 Rn. 2, § 516 Rn. 16ff. 15

10. Anschlussberufung gegen zweites Versäumnisurteil. § 521 Abs. 2 aF regelte den äußerst seltenen Fall, dass sich eine Anschlussberufung gegen den Teil einer gemischten Entscheidung richtet, durch den der Einspruch gegen ein (erstes) Versäumnisurteil nach § 345 verworfen worden ist. Die Regelung ist ohne inhaltlich Änderung zur besseren Verständlichkeit in § 514 Abs. 2 eingestellt worden. 16

III. Einlegung der Anschlussberufung

1. Berufungsanschlussschrift. Sie muss nach Form und Inhalt im Wesentlichen der Berufungsschrift entsprechen (Abs. 1 S. 2, Abs. 3 S. 2 iVm. § 519 Abs. 2 und 4). An die **Anschließungserklärung** sind keine strengen Anforderungen zu stellen; sie kann auch stillschweigend abgegeben werden oder den Umständen zu entnehmen sein.[51] Es genügt zB die Stellung eines Antrages, der nur im Wege der Anschließung Erfolg haben kann.[52] Stets muss aber klar und eindeutig der Wille zum Ausdruck kommen, eine Änderung des vorinstanzlichen Urteils zu Gunsten des Rechtsmittelbeklagten zu erreichen.[53] Der Antrag muss erkennen lassen, dass mehr als nur die Zurückweisung der gegnerischen Berufung erstrebt wird.[54] 17

Ist die Klage in erster Instanz wegen der **Hilfsaufrechnung** des Beklagten abgewiesen worden und hat allein der Kläger Berufung eingelegt, so ist die Nachprüfung in der Berufungsinstanz auf die dem Kläger nachteilige Entscheidung über die zur Aufrechnung gestellte Gegenforderung des Beklagten beschränkt (§ 528 Rn. 8). Will demgegenüber der Beklagte erreichen, dass die Klageforderung unabhängig von der Aufrechnung als unbegründet abgewiesen wird, so muss er dies klar zum Ausdruck bringen.[55] Dazu reicht es nicht aus, wenn neben dem Antrag auf Zurückweisung der gegnerischen Berufung Einwendungen gegen die Begründetheit der Klageforderung erhoben werden.[56] 18

Ist ein Begehren sowohl als Berufung wie als Anschließung an die Berufung des Gegners zulässig, so ist durch **Auslegung** zu ermitteln, ob das eine oder das andere gewollt ist.[57] Dabei dürfen nachträgliche Erklärungen und mündliche Erläuterungen nicht berücksichtigt werden.[58] Ein als Anschlussberufung bezeichnetes Rechtsmittel ist als selbständige Berufung auszulegen, wenn dies vernünftig ist und der Interessenlage entspricht.[59] Kann eine unzulässige Berufung als unselbständige Anschlussberufung aufrechterhalten werden, so ist sie regelmäßig in eine solche **umzudeuten,** weil es dem mutmaßlichen Parteiwillen entspricht, das unzulässige Rechtsmittel auf diese Weise zu retten.[60] 19

2. Einreichung. Anschlussberufung kann grundsätzlich nur durch Einreichung eines vom Prozessbevollmächtigten des Berufungsbeklagten unterzeichneten **bestimmenden Schriftsatzes** eingelegt werden.[61] In der mündlichen Verhandlung abgegebene und protokollierte Erklärungen dürften schon im Hinblick auf die 20

---

[43] *B/L/H* § 521 Rn. 11; MK/*Rimmelspacher* Rn. 31; *St/J/Grunsky* § 521 Rn. 18.
[44] Vgl. BGH NJW 1984, 2829 m. Nachw. auch zur Gegenmeinung.
[45] MK/*Rimmelspacher* Rn. 30; aA *St/J/Grunsky* § 521 Rn. 21.
[46] BGH NJW 2003, 2388; NJW-RR 2004, 1502.
[47] BGH NJW 2003, 2388.
[48] BGHZ 100, 383, 387f. = NJW 1987, 3263.
[49] MK/*Rimmelspacher* Rn. 31; *St/J/Grunsky* § 521 Rn. 19.
[50] MK/*Rimmelspacher* Rn. 31; *St/J/Grunsky* § 521 Rn. 20.
[51] BGHZ 100, 383, 386 = NJW 1987, 3263.
[52] BGH NJW-RR 1990, 318.
[53] BGH (Fn. 51); BGHZ 109, 179, 187 = NJW 1990, 447, 449; BGH NJW 2001, 1272.
[54] BGHZ 109, 179, 187 = NJW 1990, 447.
[55] BGH (Fn. 54) S. 187f.
[56] BGH (Fn. 54) S. 188.
[57] BGH (Fn. 51); NJW 2000, 3215f.; 2003, 2388; NJW-RR 2004, 1502f.
[58] BGH NJW 2000, 3215, 3216.
[59] BGH NJW 2003, 2388f. gegen OLG Frankfurt/M. OLGR 2003, 35f.
[60] BGHZ 100, 383, 388 = NJW 1987, 3266; BGH NJW-RR 2004, 1502, 1503.
[61] BGH NJW-RR 1989, 441; NJW 1998, 3414.

zeitlichen Grenzen des Anschließungsrechts (Abs. 2 S. 2) nicht mehr in Betracht kommen und reichen im Übrigen nicht aus.[62] Eine Heilung nach § 295 ist ausgeschlossen.[63] Durch die zeitliche Begrenzung des Anschließungsrechts (Abs. 2 S. 2) ist auch die Möglichkeit entfallen, die in einem zuvor eingereichten Schriftsatz, der den Anforderungen einer Berufungsanschlussschrift genügt, vorbehaltene Anschlussberufung durch **Erklärung in der mündlichen Verhandlung** einzulegen.[64] Eingelegt ist die Anschlussberufung mit Einreichung der Berufungsanschlussschrift beim Berufungsgericht, Abs. 1 S. 2. Für die Zustellung der Berufungsanschlussschrift gilt gemäß Abs. 3 S. 2 § 521 entsprechend.

IV. Begründung der Anschlussberufung

21 **1. Form und Inhalt.** Es bestehen grundsätzlich die gleichen Anforderungen wie an die Berufungsbegründung (Abs. 3 S. 2 iVm. § 520 Abs. 3). Die Begründung muss schriftlich erfolgen, die Begründungsschrift von einem postulationsfähigen Anwalt unterschrieben sein. Eine Begründung in der Anschlussschrift selbst (Abs. 3 S. 1) ist nicht erforderlich,[65] eine fristgerechte nachgereichte Begründung jedenfalls als wiederholte Anschließung zu behandeln.[66] Der notwendige Inhalt der Anschlussberufungsbegründung richtet sich gemäß Abs. 3 S. 2 nach § 520 Abs. 3. Erforderlich sind **Anschlussberufungsanträge,** aus denen klar hervorgeht, in welchem Umfang der zweitinstanzliche Streitstoff über den der gegnerischen Berufung hinaus erweitert werden soll. Für den notwendigen Inhalt der **Anschlussberufungsgründe** gilt § 520 Abs. 3 Nr. 2 bis 4, soweit der Anschlussberufungskläger eine von dem Ersturteil ausgehende Beschwer bekämpft. Für neue Ansprüche, die mit Hilfe der Anschlussberufung im Wege der Klageänderung, Klageerweiterung oder Widerklage in den Prozess eingeführt werden sollen, muss die Begründung darüber hinaus den Anforderungen des § 253 Abs. 2 Nr. 2 genügen.[67]

22 **2. Frist.** Die Anschlussberufung muss nach der durch das 1. JuMoG geänderten Bestimmung des Abs. 2 S. 2 innerhalb der dem Berufungsbeklagten gesetzten Frist zur Berufungserwiderung (§ 521 Abs. 2) eingelegt (Rn. 11) und begründet werden.

23 Nach der ursprünglichen, durch das ZPO-RG eingeführten Regelung konnte die Frist zur Anschließung und deren Begründung (Abs. 2 S. 2, Abs. 3 S. 1) nicht verlängert werden; § 520 Abs. 2 ist von der Verweisung in Abs. 3 S. 2 ausgenommen. Eine **Verlängerung** der **Frist zur Begründung der Hauptberufung** kam allerdings nach Abs. 3 S. 1, Abs. 2 S. 2 mittelbar auch dem Anschlussberufungskläger zugute.[68] Eine Verlängerung der Berufungsbegründungsfrist konnte (und kann) der Anschlussberufungskläger aber nicht beantragen.[69] Eine **eigene Begründungsfrist,** die verlängert werden konnte, lief für den Berufungsbeklagten nur, wenn er selbst Berufung eingelegt hatte (§ 520 Abs. 2 S. 2, 3). Auch die (bisher: selbständige) Anschließung vor Ablauf der Berufungsfrist setzte keine eigene Berufungsbegründungsfrist nach § 520 Abs. 2 in Gang. Das Problem ist nunmehr dadurch entschärft, dass die auch für Einlegung und Begründung der Anschlussberufung maßgebliche Frist zur Berufungserwiderung verlängert werden kann (§ 521 Rn. 5).

24 **3.** Die **Rechtshängigkeit neuer Ansprüche** tritt mit Zustellung der Berufungsanschlussschrift ein (§ 261 Abs. 2), sofern diese den Erfordernissen des § 253 Abs. 2 Nr. 2 entspricht,[70] andernfalls mit Zustellung der Anschlussberufungsbegründung. In den Grenzen der schriftlichen Anschlussberufungsbegründung kann die Anschlussberufung bis zum Schluss der mündlichen Verhandlung über die Hauptberufung[71] **erweitert** werden.[72] Eine entsprechende Erweiterung kann auch mündlich zu Protokoll erklärt werden.[73] Für die **Rücknahme** der Anschlussberufung gilt § 516 entsprechend.

V. Entscheidung über die Zulässigkeit

25 **1. Verwerfung.** Die Zulässigkeit der Anschlussberufung ist von Amts wegen zu prüfen, eine unzulässige Anschlussberufung – ungeachtet der insoweit fehlenden Verweisung in Abs. 3 S. 2 – nach § 522 Abs. 1 zu verwerfen. Dies darf wegen der Abhängigkeit der Anschlussberufung von der Hauptberufung (Abs. 4) nicht vorab durch Teilurteil oder Teilbeschluss geschehen.[74] Das gilt auch bei unheilbaren Zulässigkeitsmängeln.[75] Eine **unzulässige** Anschlussberufung ist zu verwerfen, auch wenn sie nicht zugestellt worden ist und der Anschlussberufungskläger in der mündlichen Verhandlung keinen Antrag stellt, die Anschlussberufung aber auch nicht zurücknimmt.[76]

---

[62] BGHZ 33, 169, 172 f. = NJW 1961, 28; BGH NJW-RR 1989, 441; NJW 1998, 3414.
[63] BGH (Fn. 62).
[64] BGHZ 33, 169, 173 ff. = NJW 1961, 28 zum früheren Recht.
[65] AA BGH NJW 2003, 2388, 2389; OLG Köln NJW 2003, 1879 f.; MK/*Rimmelspacher* Rn. 38; wie hier *B/L/H* Rn. 17.
[66] Ebenso MK/*Rimmelspacher* Rn. 38.
[67] MK/*Rimmelspacher* Rn. 41.
[68] BGHZ 100, 383, 386 = NJW 1987, 3263.
[69] *R/S/G* § 138 VI; *St/J/Grunsky* § 522 a Rn. 17; aA *Rimmelspacher* JR 1988, 93, 96 Fn. 20.
[70] *St/J/Grunsky* § 522 a Rn. 13.
[71] BGH NJW 1984, 2951, 2952; *St/J/Grunsky* § 522 a Rn. 26.
[72] BGH NJW 2005, 3067 f.
[73] BGH NJW 1993, 269, 270; 2005, 3067, 3068.
[74] BGH NJW 1994, 2235.
[75] BGH NJW 1994, 2235.
[76] BGH NJW-RR 1991, 510 f.

2. Rechtsmittel. Die **Verwerfung** der Anschlussberufung kann mit den gleichen Rechtsmitteln angegriffen werden wie die Verwerfung der Hauptberufung (§§ 522 Abs. 1 S. 4, 574, § 542). In gleicher Weise anfechtbar ist die **Feststellung der Wirkungslosigkeit** der Anschlussberufung (Abs. 4), wenn sie in ihrer Wirkung einer Verwerfung als unzulässig gleichkommt.[77] Das ist dann der Fall, wenn das Berufungsgericht die Rechtsfolge des Abs. 4 angenommen hat, ohne dass die gesetzlichen Voraussetzungen dieser Bestimmung erfüllt sind, so dass seine Entscheidung **konstitutiver Natur** ist.[78] Dasselbe gilt, wenn die nach Abs. 4 wirkungslos gewordene Anschlussberufung weiterverfolgt wird, so dass das Berufungsgericht sie richtigerweise als unzulässig hätte verwerfen müssen (Rn. 31).[79] Das Rechtsmittel kann nicht darauf gestützt werden, die Berufung der Gegenpartei sei zulässig gewesen.[80] Keinem Rechtsmittel unterliegt dagegen die **deklaratorische Feststellung** der Wirkungslosigkeit der Anschlussberufung, wenn die Voraussetzungen des Abs. 4 erfüllt sind (Rn. 30).[81] 26

VI. Abhängigkeit der Anschlussberufung (Absatz 4)

1. Unselbständigkeit. Die Anschlussberufung ist prozessual von der Hauptberufung abhängig, Abs. 4. Die Partei, die auf Rechtsmittel verzichtet hat oder die Berufungsfrist hat verstreichen lassen, soll nur solange die Möglichkeit haben, eine Änderung des Ersturteils zu ihren Gunsten zu erreichen, als sie eine Änderung zu ihrem Nachteil befürchten muss. Ist das nicht mehr der Fall, weil die Berufung der Gegenpartei zurückgenommen, verworfen oder durch Beschluss zurückgewiesen worden ist, so besteht kein Grund, sie nicht wieder an dem schon eingetretenen Rechtsmittelverlust festzuhalten. Auch eine vor Ablauf der Berufungsfrist erklärte Anschließung ist nach Abs. 4 von der Berufung der Gegenpartei abhängig (Rn. 4); anders ist dies nur dann, wenn sie als selbständige Berufung zu deuten ist (Rn. 4). 27

2. Wirkungsverlust. Die Anschließung verliert nach Abs. 4 ihre Wirkung, wenn die Berufung insgesamt **zurückgenommen** (§ 516) wird. Dem steht es gleich, wenn auf die bereits eingelegte Berufung in vollem Umfang **verzichtet** (§ 515) wird.[82] Teilrücknahme und Teilverzicht berühren die Wirksamkeit der Anschließung dagegen nicht. Die Anschließung verliert ihre Wirkung ferner mit vollständiger **Verwerfung** der Berufung als unzulässig (§ 522 Abs. 1), sobald diese Entscheidung rechtskräftig wird,[83] und schließlich mit **Zurückweisung** der Berufung **durch Beschluss** nach § 522 Abs. 2. Die Zurückweisung der Berufung durch Urteil – auch durch Versäumnisurteil[84] – berührt die Wirksamkeit der Anschließung dagegen nicht.[85] 28

Abs. 4 gilt entsprechend, wenn aus anderen Gründen eine **Sachentscheidung** über den Gegenstand der Hauptberufung zum Nachteil des Berufungsbeklagten **ausgeschlossen** ist, wie im Falle der **Klagerücknahme**[86] oder eines **Prozessvergleichs** über den gesamten Gegenstand der Berufung.[87] Ohne Einfluss auf die Wirksamkeit der Anschlussberufung sind Anerkenntnis (§ 307) und Verzicht (§ 306) in Bezug auf den Klageanspruch[88] und einseitige Erledigungserklärung,[89] weil sie zum Erlass eines Sachurteils führen. Eine Sachentscheidung über den Streitgegenstand ist auch im Falle einer **übereinstimmenden Erledigungserklärung** der Parteien ausgeschlossen (§ 91 a). Gleichwohl soll sie die Wirksamkeit der Anschließung nicht berühren, weil die nach § 91 a zu treffende Kostenentscheidung zu einer den Berufungsbeklagten benachteiligenden Änderung der Kostenentscheidung erster Instanz führen kann.[90] 29

Der Wirkungsverlust nach Abs. 4 tritt **kraft Gesetzes** ein.[91] Das Berufungsgericht kann diese Folge in den Gründen der Entscheidung zur Hauptberufung oder entsprechend § 516 Abs. 3 S. 2 durch Beschluss aussprechen.[92] Gegen einen solchen deklaratorischen Ausspruch ist kein Rechtsmittel gegeben (Rn. 26).[93] 30

Wird die wirkungslos gewordene Anschlussberufung **weiterverfolgt,** so ist sie auf Kosten des Anschlussberufungsklägers als unzulässig zu **verwerfen.**[94] Diese Entscheidung unterliegt der Anfechtung nach § 522 Abs. 1 S. 4, § 574, § 542.[95] Dasselbe gilt für einen Beschluss, mit dem das Berufungsgericht eine Anschlussberufung für wirkungslos erklärt, ohne dass die Voraussetzungen des Abs. 4 gegeben sind.[96] Das Rechts- 31

---

[77] BGH NJW 1986, 852.
[78] BGHZ 109, 41, 46 = NJW 1990, 840; BGHZ 139, 12, 15 = NJW 1998, 2224.
[79] BGHZ 100, 363, 390 = NJW 1987, 3263; BGH NJW 2000, 3215.
[80] BGHZ 139, 12, 13 f. = NJW 1998, 2224.
[81] BGHZ 109, 41, 46 = NJW 1990, 840; BGHZ 139, 12, 15 = NJW 1998, 2224; aA MK/*Rimmelspacher* Rn. 58; *St/J/Grunsky* § 522 a Rn. 25.
[82] BGHZ 124, 305, 308 = NJW 1994, 737.
[83] MK/*Rimmelspacher* Rn. 54; *St/J/Grunsky* § 522 Rn. 4.
[84] BGH NJW 1984, 2951, 2952.
[85] BGH NJW 1984, 2951, 2952; allgM.
[86] *Gilles* ZZP 92 (1979), 152, 169; MK/*Rimmelspacher* Rn. 54; *T/P/Reichold* Rn. 21.
[87] BAG NJW 1976, 2143; MK/*Rimmelspacher* Rn. 54; *T/P/Reichold* Rn. 21.
[88] *Gilles* ZZP 92 (1979), 152, 170; *Zö/Gummer/Heßler* Rn. 28.
[89] *Gilles* ZZP 92 (1979), 152, 170; MK/*Rimmelspacher* Rn. 55; *St/J/Grunsky* § 522 Rn. 5.
[90] BGH NJW 1964, 108; 1986, 852; aA *Gilles* ZZP 92 (1979), 152, 169; *St/J/Grunsky* § 522 Rn. 5.
[91] MK/*Rimmelspacher* Rn. 56; *St/J/Grunsky* § 522 Rn. 8.
[92] MK/*Rimmelspacher* Rn. 56; *St/J/Grunsky* § 522 Rn. 8.
[93] BGH NJW 1986, 852; BGHZ 109, 41, 46 = NJW 1990, 840; BGHZ 139, 12, 15 = NJW 1998, 2224; aA *R/S/G* § 138 II 1 a; *Gilles* ZZP 92 (1979), 152, 169; MK/*Rimmelspacher* Rn. 58; *St/J/Grunsky* § 522 a Rn. 25.
[94] BGHZ 100, 383, 390 = NJW 1987, 3263; BGH NJW 1995, 2362, 2363; 2000, 3215, 3216.
[95] BGHZ 139, 12, 14 f. = NJW 1998, 2224; BGH NJW-RR 1987, 1534, 1535; vgl. auch BGH NJW 1986, 852.
[96] BGH NJW 1986, 852; BGHZ 109, 41, 46 = NJW 1990, 840; *St/J/Grunsky* § 522 a Rn. 25.

mittel kann nicht darauf gestützt werden, die Berufung der Gegenpartei hätte nicht als unzulässig verworfen[97] oder durch Beschluss zurückgewiesen werden dürfen.

31a **3. Kosten.** Die Kosten einer zulässigen Anschlussberufung, die nach Abs. 4 wirkungslos wird, hat grundsätzlich der Berufungskläger zu tragen.[98] Das gilt auch für die Rücknahme der Berufung nach einem Hinweis gem. § 522 Abs. 2[99] und für die Kosten einer Anschlussberufung, die nur wegen verspäteter Begründung der rechtzeitig eingelegten Berufung des Gegners als Anschlussberufung zu behandeln war.[100] Eine Ausnahme ist mit der hM für den Fall zu machen, dass die Anschlussberufung ihre Wirkung wegen Zurückweisung der Berufung nach § 522 Abs. 2 verliert.[101] Den Anschlussberufungskläger treffen die Kosten ferner, wenn er sich einer von vornherein unzulässigen[102], einer bereits zurückgenommenen[103] oder durch Beschluss zurückgewiesenen (§ 522 Abs. 2) Berufung angeschlossen hat, wenn die Anschlussberufung unzulässig ist[104] oder zurückgenommen wird[105] oder wenn die wirkungslose Anschlussberufung weiterverfolgt wird.[106]

32 **4. Fortführung als selbständige Berufung.** Nach dem Fortfall der selbständigen Anschlussberufung (Rn. 1) kann eine vor Ablauf der Berufungsfrist erklärte Anschließung nur unter den für eine selbständige Berufung geltenden Zulässigkeitsvoraussetzungen als eigenständige Berufung fortgeführt werden.[107] Sie wird daher unzulässig, wenn es an der **Beschwer** fehlt[108] oder die **Berufungssumme** nicht erreicht ist,[109] ferner wenn mit der Anschließung ausschließlich **neue Ansprüche** verfolgt werden.[110] Ein vor der Anschließung erklärter, bislang gemäß Abs. 2 S. 1 unschädlicher **Rechtsmittelverzicht** erlangt mit Wegfall der Hauptberufung Bedeutung und macht die (Gegen-)Berufung unzulässig.[111]

VII. Begründetheit der Anschlussberufung

33 Über die Begründetheit der Anschlussberufung darf nicht vor der Entscheidung über die (Haupt-)Berufung entschieden werden, weil die Anschließung durch Verwerfung oder Beschlusszurückweisung der Berufung oder durch die noch bis zur Verkündung des Berufungsurteils mögliche Rücknahme der Berufung (§ 516 Abs. 1) ihre Wirksamkeit verlieren kann (Abs. 4).

VIII. Gebühren und Kosten

34 **1. Rechtsanwaltsgebühren.** Werden gegen das gleiche Urteil Berufungen beider Parteien eingelegt, fallen Gebühren der Nrn. 3200ff. VV RVG nur einmal an, jedoch aus dem nach §§ 22 Abs. 1 RVG, 45 Abs. 2 GKG ermittelten Streitwert.

35 **2. Gerichtskosten.** Die Verfahrensgebühr nach KV Nr. 1220 entsteht nur einmal, wobei § 45 Abs. 1, 2 GKG für die Berechnung des Gebührenstreitwerts maßgeblich sind. Wird die Anschlussberufung zurückgenommen, ergibt sich eine Gebührenermäßigung nach KV Nr. 1221 nur, wenn die Rechtsmittel verschiedene Gegenstände iSd. § 45 GKG betreffen oder die Anschlussberufung im Streitwert die Berufung übersteigt, § 45 Abs. 1 S. 3, Abs. 2 GKG.

525 *Allgemeine Verfahrensgrundsätze*

[1]Auf das weitere Verfahren sind die im ersten Rechtszuge für das Verfahren vor den Landgerichten geltenden Vorschriften entsprechend anzuwenden, soweit sich nicht Abweichungen aus den Vorschriften dieses Abschnitts ergeben. [2]Einer Güteverhandlung bedarf es nicht.

I. Normzweck

1 Da auch die zweite Instanz – ungeachtet ihrer stärkeren Betonung als Instrument zur Fehlerkontrolle und Fehlerbeseitigung (vor § 511 Rn. 8) – Tatsacheninstanz ist, unterwirft § 525 das Verfahren des Berufungsgerichts im Wesentlichen den Regeln für das erstinstanzliche Verfahren vor den Landgerichten (§§ 253 bis 494). Daneben gelten unmittelbar die Vorschriften des Ersten Buches (§§ 1 bis 252).

---

[97] BGHZ 139, 12, 13f. = NJW 1998, 2224.
[98] BGHZ 4, 229, 238f. = NJW 1052, 384; BGH NJW-RR 2005, 727, 728.
[99] BGH NJW-RR 2005, 1147f.
[100] BGH NJW-RR 2007, 786f.; *Katzenstein* NJW 2007, 737ff.
[101] OLG Dresden OLGR 2004, 309, 310f.; OLG Braunschweig OLGR 2003, 457, 458; OLG München OLGR 2004, 456; OLG Koblenz OLGR 2005, 419; OLG Celle OLGR 2005, 119; OLG Frankfurt/M. NJW-RR 2005, 80; OLG Zweibrücken NJW-RR 2005, 507; aA OLG Köln OLGR 2004, 397f.; OLG Celle OLGR 2004, 318; NdsRPfl. 2004, 105f.; wieder anders OLG Karlsruhe OLGR 2004, 335, 336; s. auch OLG Zweibrücken NJW-RR 2005, 507f.
[102] BGHZ 4, 229, 240 = NJW 1952, 384; BGHZ 80, 146, 149 = NJW 1981, 1790.
[103] BGHZ 80, 146, 149 = NJW 1981, 1790.
[104] BGHZ 4, 229, 240 = NJW 1952, 384; BGHZ 86, 51, 52 = NJW 1983, 578; BGH NJW-RR 2005, 727, 728.
[105] *Wiecz/Sch/Gerken* Rn. 55.
[106] BGHZ 100, 383, 390 = NJW 1987, 3263; BGH NJW 2000, 3215, 3216; NJW-RR 2005, 727, 728.
[107] IE ebenso *St/J/Grunsky* § 522 Rn. 10.
[108] RGZ 156, 240, 243.
[109] RG RGZ 156, 240, 243; aA *Gilles* ZZP 92 (1979), 152, 161f.
[110] RG RGZ 156, 240, 243.
[111] *St/J/Grunsky* § 522 Rn. 12.

II. Sonderregelungen für das zweitinstanzliche Verfahren

2 Für das Berufungsverfahren besonders und zT abweichend geregelt sind Stellung und Befugnisse des Einzelrichters (§§ 526f.), die Präklusion neuer Angriffs- und Verteidigungsmittel sowie neuer Zulässigkeitsrügen (§§ 530 bis 532), die Zulässigkeit der Klageänderung, der Aufrechnung und der Widerklage (§ 533) und das Versäumnisverfahren (§ 539).

III. Anwendbarkeit erstinstanzlicher Verfahrensnormen

3 **1. Verspätetes Berufungsvorbringen,** das nicht in den Anwendungsbereich des § 530 fällt (vgl. § 530 Rn. 2, 13f.), kann nach § 296 Abs. 2 iVm. § 282, die über § 525 anwendbar sind, präkludiert werden[1] (näher § 530 Rn. 5f., 14f.).

4 **2. Klageänderung und -erweiterung** sind in der Berufungsinstanz nicht ausgeschlossen, unterliegen aber den Beschränkungen des § 533. Daneben sind sie nach §§ 263 bis 267 zu beurteilen (§ 263 Rn. 8).[2] Sie setzen eine zulässige Berufung voraus (vor § 511 Rn. 26ff.).

5 Die **Sachdienlichkeit** einer zweitinstanzlichen Klageänderung (§ 263) ist objektiv unter dem Gesichtspunkt der Prozesswirtschaftlichkeit zu beurteilen.[3] Entscheidend ist, ob eine Zulassung der Klageänderung den Streitstoff im Rahmen des anhängigen Rechtsstreits ausräumt und einem weiteren Prozess vorbeugt (§ 263 Rn. 7).[4] Der Sachdienlichkeit steht regelmäßig nicht entgegen, dass der Beklagte durch die Zulassung der Klageänderung oder -erweiterung eine Tatsacheninstanz verliert.[5] Auf neuen Tatsachenvortrag kann eine Klageänderung oder -erweiterung nach § 533 Nr. 2 nur dann gestützt werden, wenn das Berufungsgericht diesen seiner Entscheidung über die Berufung ohnehin nach § 529 Abs. 1 Nr. 2, § 531 zu Grunde zu legen hat. Darauf, ob dessen Berücksichtigung die Erledigung des Rechtsstreits verzögert, kommt es nicht an. Unerheblich ist ferner, ob die Klage schon in erster Instanz hätte geändert werden können.[6] Zu **verneinen** ist die Sachdienlichkeit im Allgemeinen, wenn im Falle der Zulassung der Klageänderung eine sonst nicht gebotene Zurückverweisung notwendig wäre.[7]

6 **3.** Wie eine Klageänderung zu behandeln sind die nachträgliche (Eventual-)**Klagenhäufung**[8] (aA § 263 Rn. 4) sowie **Parteiwechsel** und **Parteierweiterung** in zweiter Instanz (krit. § 263 Rn. 24).[9] Auch sie setzen eine zulässige Berufung voraus (vor § 511 Rn. 27).[10] Die Einbeziehung eines weiteren Beklagten erst in der Berufungsinstanz oder ein zweitinstanzlicher Parteiwechsel auf der Beklagtenseite ist grundsätzlich nur mit Zustimmung aller Beteiligten zulässig, sofern dieselbe nicht rechtsmissbräuchlich verweigert wird.[11] Letzteres ist der Fall, wenn ein schutzwürdiges Interesse des neuen Beklagten an der Weigerung nicht anzuerkennen und ihm nach der gesamten Sachlage zuzumuten ist, in den bereits in der Berufungsinstanz schwebenden Rechtsstreit einzutreten (§ 263 Rn. 15).[12]

7 **4.** Die **Übernahme** des Prozesses durch den Einzelrechtsnachfolger einer Prozesspartei ist auch in zweiter Instanz nur mit Zustimmung des Gegners möglich (§ 265 Abs. 2 S. 2).[13] Diese kann nicht dadurch ersetzt werden, dass das Berufungsgericht die Übernahme für sachdienlich hält.[14] Zur Zulässigkeit eines Parteiwechsels auf der Klägerseite in anderen Fällen s. § 263 Rn. 19.

8 **5. § 506** ist im Berufungsverfahren **nicht** – auch nicht analog – **anwendbar.** Die Berufungskammer des Landgerichts kann daher im Falle einer zweitinstanzlichen Klageerweiterung oder Widerklage weder an die erstinstanzliche Zivilkammer (§ 506 Rn. 1)[15] noch an das OLG als Berufungsgericht[16] verweisen.

9 **6. Erledigung der Berufung.** Ob ein Rechtsmittel – übereinstimmend oder einseitig – für erledigt erklärt werden kann, ist umstritten (s. dazu § 91a Rn. 11ff., 28ff.). Der BGH hat die Frage mit der hM[17] für den Fall bejaht, dass einer Berufung durch eine nachträgliche Entscheidung über die bestrittene Wirksamkeit einer Klagerücknahme (§ 269 Abs. 3) die Grundlage entzogen worden ist.[18]

---

1 BGH NJW 1999, 2446.
2 BGH NJW 1985, 1784; 1985, 1841, 1842; NJW-RR 1990, 505.
3 BGH NJW 1985, 1841, 1842; NJW-RR 1987, 58; 1990, 505, 506.
4 BGH (Fn. 3); NJW-RR 1994, 1143.
5 BGH NJW 1984, 1552, 1555; 1985, 1784; 1985, 1841, 1842.
6 BGH NJW-RR 1990, 505, 506; 1994, 1143.
7 BGH NJW 1984, 1552, 1555; OLG Bamberg NJW-RR 1994, 454, 456.
8 BGH NJW 1985, 1841, 1842.
9 BGH NJW 1994, 3358, 3359; 1996, 2799.
10 BGH DtZ 1994, 282, 283; NJW 1994, 3358, 3359.
11 BGH NJW 1987, 1946, 1947; 1997, 2885, 2886; DtZ 1994, 282, 283.
12 BGH NJW-RR 1986, 356; NJW 1987, 1946, 1947; DtZ 1994, 282, 283.
13 BGH NJW 1988, 3209; 1994, 3358, 3359; 1996, 2799.
14 BGH (Fn. 13).
15 LG Zweibrücken NJW-RR 1994, 1087; *Zö/Gummer/Heßler* Rn. 2; *T/P/Reichold* § 506 Rn. 5; aA OLG Oldenburg NJW 1973, 810; LG Aachen NJW-RR 1990, 704; LG Stuttgart NJW-RR 1990, 704.
16 BGH NJW-RR 1996, 891; *Zö/Gummer/Heßler* Rn. 2.
17 Vgl. die Nachweise bei BGH NJW 1998, 2453, 2454.
18 BGH NJW 1998, 2453, 2454.

IV. Güteverhandlung

10 Im Berufungsverfahren bedarf es nach S. 2 keiner Güteverhandlung iSd. § 278 Abs. 2 bis 5. Davon unberührt bleibt die nach S. 1 iVm. § 278 Abs. 1 bestehende Verpflichtung des Berufungsgerichts, in jeder Lage des Verfahrens auf eine gütliche Beilegung des Rechtsstreits oder einzelner Streitpunkte hinzuwirken.[19]

526 *Entscheidender Richter* **(1) Das Berufungsgericht kann durch Beschluss den Rechtsstreit einem seiner Mitglieder als Einzelrichter zur Entscheidung übertragen, wenn**
1. die angefochtene Entscheidung von einem Einzelrichter erlassen wurde,
2. die Sache keine besonderen Schwierigkeiten tatsächlicher oder rechtlicher Art aufweist,
3. die Rechtssache keine grundsätzliche Bedeutung hat und
4. nicht bereits im Haupttermin zur Hauptsache verhandelt worden ist, es sei denn, dass inzwischen ein Vorbehalts-, Teil- oder Zwischenurteil ergangen ist.

(2) [1]Der Einzelrichter legt den Rechtsstreit dem Berufungsgericht zur Entscheidung über eine Übernahme vor, wenn
1. sich aus einer wesentlichen Änderung der Prozesslage besondere tatsächliche oder rechtliche Schwierigkeiten der Sache oder die grundsätzliche Bedeutung der Rechtssache ergeben oder
2. die Parteien dies übereinstimmend beantragen.

[2]Das Berufungsgericht übernimmt den Rechtsstreit, wenn die Voraussetzungen nach Satz 1 Nr. 1 vorliegen. [3]Es entscheidet hierüber nach Anhörung der Parteien durch Beschluss. [4]Eine erneute Übertragung auf den Einzelrichter ist ausgeschlossen.

(3) Auf eine erfolgte oder unterlassene Übertragung, Vorlage oder Übernahme kann ein Rechtsmittel nicht gestützt werden.

(4) In Sachen der Kammer für Handelssachen kann Einzelrichter nur der Vorsitzende sein.

I. Normzweck

1 Die Vorschrift eröffnet dem Berufungsgericht die Möglichkeit, unter bestimmten Voraussetzungen (Abs. 1) einem seiner Mitglieder als Einzelrichter den Rechtsstreit zur Entscheidung zu übertragen. Sie sieht allerdings davon ab, für die zweite Instanz den obligatorischen (§ 348 a) oder originären (§ 348) Einzelrichter einzuführen. Die stattdessen gewählte flexible Lösung trägt einerseits dem Gesichtspunkt der Entlastung und Verfahrensbeschleunigung, andererseits dem Faktum gesteigerter Autorität und Akzeptanz von Kollegialentscheidungen Rechnung.

II. Übertragung auf den Einzelrichter (Absatz 1)

2 **1. Originäre Zuständigkeit des Kollegialspruchkörpers.** Für das Berufungsverfahren ist – anders als nach § 348 für die erste Instanz – keine originäre Zuständigkeit des Einzelrichters vorgesehen. Zuständig ist vielmehr in jedem Fall zunächst das Kollegium, das darüber zu befinden hat, ob die jeweilige Sache sich nach den Kriterien des Abs. 1 zur Übertragung auf den Einzelrichter (bei der Kammer für Handelssachen: den Vorsitzenden, Abs. 4) eignet. Die Entscheidung hierüber ist durch Beschluss zu treffen, sobald feststeht, dass die Berufung (zulässig und) nicht durch Beschluss zurückzuweisen (§ 522 Abs. 2) ist (§ 523 Abs. 1 S. 1).

3 **2. Voraussetzungen der Übertragung.** Abs. 1 nennt vier Voraussetzungen für die Übertragung auf den Einzelrichter, die kumulativ erfüllt sein müssen. Die negativen Übertragungsvoraussetzungen des Abs. 1 Nr. 2 bis 4 stimmen inhaltlich mit denjenigen des § 348 a Abs. 1 Nr. 1 bis 3 (s. dazu § 348 Rn. 7) überein.

4 **a) Erstinstanzliche Einzelrichterentscheidung (Abs. 1 Nr. 1).** Die Übertragung auf den Einzelrichter kommt nur in Betracht, wenn das angefochtene Urteil von einem erstinstanzlichen Einzelrichter erlassen worden ist. Die erstinstanzliche Entscheidung durch einen Einzelrichter der Zivilkammer indiziert zudem, dass die Sache keine besonderen Schwierigkeiten tatsächlicher oder rechtlicher Art aufweist (arg. § 348 Abs. 1 S. 2 Nr. 2, Abs. 3 S. 1 Nr. 1, § 348 a Abs. 1 Nr. 1) und daher auch in zweiter Instanz sachgerecht durch den Einzelrichter entschieden werden kann.[1] Der Vorsitzende der Kammer für Handelssachen, der erstinstanzlich allein entschieden hat (§ 349 Abs. 2, 3), ist nicht Einzelrichter iSd. Abs. 1 Nr. 1.[2]

5 **b) Keine besondere Schwierigkeit (Abs. 1 Nr. 2).** Nur ein besonderer, deutlich über das übliche Maß hinausgehender Schwierigkeitsgrad steht der Übertragung entgegen. Wegen der Einzelheiten s. § 348 a Rn. 8.

6 **c) Keine grundsätzliche Bedeutung (Abs. 1 Nr. 3).** Entscheidungen von grundsätzlicher, über den Einzelfall hinausreichender Bedeutung (s. zum Begriff § 348 a Rn. 9) sollen dem Kollegialspruchkörper vorbehalten bleiben. **Grundsätzliche Bedeutung** ist hier im weitesten Sinne zu verstehen. Erfasst werden insbesondere auch die in § 511 Abs. 4 Nr. 2, § 522 Abs. 2 S. 1 Nr. 3 und § 543 Abs. 2 S. 1 Nr. 2 hervorgehobenen Fälle: Ist zur Fortbildung des Rechts oder zur Sicherung einer einheitlichen Rechtsprechung eine Entscheidung des Rechtsmittelgerichts geboten, so soll nicht der Einzelrichter, sondern der Kollegialspruchkörper entscheiden.[3]

---

[19] Amtl. Begr. des ZPO-RG, BT-Drucks. 14/4722, S. 99.
[1] Amtl. Begr. des ZPO-RG, BT-Drucks. 14/4722, S. 99.
[2] BGHZ 156, 320, 325 ff. = NJW 2004, 856.
[3] Vgl. Amtl. Begr. des ZPO-RG, BT-Drucks. 14/4722, S. 99 zu Abs. 2 in der zunächst vorgesehenen Fassung.

d) Keine vorausgegangene Verhandlung im Haupttermin (Abs. 1 Nr. 4). Die Regelung entspricht derjenigen des § 348a Abs. 1 Nr. 3 (§ 348 Abs. 3 aF) für die erste Instanz (s. dazu § 348a Rn. 11f.). 7

III. Übernahme durch das Berufungsgericht (Absatz 2)

Eine Rückübertragung des Rechtsstreits auf den Kollegialspruchkörper durch Beschluss des Einzelrichters sieht das Gesetz weder für die erste noch für die zweite Instanz vor. Nach Abs. 2 entscheidet vielmehr – ebenso wie nach §§ 348 Abs. 3, 348a Abs. 2 in erster Instanz – der Kollegialspruchkörper auf Vorlage des Einzelrichters über eine Übernahme des Rechtsstreits. Die Regelung ermöglicht es, einer geänderten Prozesssituation Rechnung zu tragen und eine Prognoseentscheidung bei der Übertragung auf den Einzelrichter, die sich im Nachhinein als unzutreffend erweist, zu korrigieren. Voraussetzungen und Verfahren nach Abs. 2 decken sich mit denjenigen des § 348a Abs. 2. Grundsätzliche Bedeutung als Grund zur Übernahme durch den Kollegialspruchkörper ist hier – ebenso wie in Abs. 1 Nr. 3 – im weitesten Sinne zu verstehen (Rn. 6). Sie ist ferner dann gegeben, wenn der Einzelrichter von einer gefestigten Rechtsprechung des Spruchkörpers, dem er angehört, abweichen will (sog. Innendivergenz).[4] Wegen der Regelung im Einzelnen wird auf § 348a Rn. 17 bis 19 verwiesen. 8

IV. Unanfechtbarkeit (Absatz 3)

Abs. 3 entzieht – ebenso wie §§ 348 Abs. 4, 348a Abs. 3 für die erste Instanz (dazu § 348a Rn. 21ff.) – Entscheidungen in Bezug auf die Übertragung einer Sache auf den Einzelrichter jeglicher Überprüfung durch das Rechtsmittelgericht. Weder eine erfolgte noch eine unterlassene Übertragung, Vorlage oder Übernahme kann – außer bei Willkür –[5] zum Gegenstand eines Rechtsmittelangriffs gemacht werden. Davon zu unterscheiden ist die Frage, ob eine Sache dem Einzelrichter wirksam zur Entscheidung übertragen worden ist und ob demzufolge das Berufungsgericht in der vorgeschriebenen Besetzung entschieden hat (§ 547 Nr. 1; aA § 348a Rn. 23).[6] 9

V. Gebühren und Kosten

1. Rechtsanwaltsgebühren. Die Wahrnehmung eines Termins zur mündlichen Verhandlung im Berufungsverfahren lässt auch dann die volle Terminsgebühr von 1,2 gem. Nr. 3202 VV RVG anfallen, wenn nur Anträge gestellt werden, den Rechtsstreit an den Einzelrichter zu geben oder an die Kammer zurückzugeben. Auf die Unterscheidung zwischen streitiger und nicht streitiger Verhandlung kommt es nach dem RVG nicht mehr an.[7] 10

2. Gerichtskosten. Gebühren werden nicht erhoben. 11

527

Vorbereitender Einzelrichter **(1) [1]Wird der Rechtsstreit nicht nach § 526 dem Einzelrichter übertragen, kann das Berufungsgericht die Sache einem seiner Mitglieder als Einzelrichter zur Vorbereitung der Entscheidung zuweisen. [2]In der Kammer für Handelssachen ist Einzelrichter der Vorsitzende; außerhalb der mündlichen Verhandlung bedarf es einer Zuweisung nicht.**

(2) [1]Der Einzelrichter hat die Sache so weit zu fördern, dass sie in einer mündlichen Verhandlung vor dem Berufungsgericht erledigt werden kann. [2]Er kann zu diesem Zweck einzelne Beweise erheben, soweit dies zur Vereinfachung der Verhandlung vor dem Berufungsgericht wünschenswert und von vornherein anzunehmen ist, dass das Berufungsgericht das Beweisergebnis auch ohne unmittelbaren Eindruck von dem Verlauf der Beweisaufnahme sachgemäß zu würdigen vermag.

(3) Der Einzelrichter entscheidet

1. über die Verweisung nach § 100 in Verbindung mit den §§ 97 bis 99 des Gerichtsverfassungsgesetzes;
2. bei Zurücknahme der Klage oder der Berufung, Verzicht auf den geltend gemachten Anspruch oder Anerkenntnis des Anspruchs;
3. bei Säumnis einer Partei oder beider Parteien;
4. über die Verpflichtung, die Prozesskosten zu tragen, sofern nicht das Berufungsgericht gleichzeitig mit der Hauptsache hierüber entscheidet;
5. über den Wert des Streitgegenstandes;
6. über Kosten, Gebühren und Auslagen.

(4) Im Einverständnis der Parteien kann der Einzelrichter auch im Übrigen entscheiden.

I. Normzweck

1. Normzweck. Die Vorschrift dient der Entlastung des Berufungsgerichts in den der Entscheidung durch den Kollegialspruchkörper vorbehaltenen Fällen (s. dazu § 526 Rn. 2). Die Förderung des Prozesses bis zur Entscheidungsreife kann – in Grenzen – einem Mitglied des Kollegiums als vorbereitendem Einzel- 1

---

[4] Vgl. Amtl. Begr. des ZPO-RG, BT-Drucks. 14/4722, S. 99 zu Abs. 2 in der zunächst vorgesehenen Fassung.
[5] BGH NJW 2007, 1466, 1467.
[6] BGH NJW 2001, 2479.
[7] *Hartung/Römermann* VV Teil 3 Rn. 9.

richter übertragen werden. Ist dies geschehen, so ist der Einzelrichter zugleich für die in Abs. 3 aufgeführten Entscheidungen, mit Zustimmung der Parteien auch zur abschließenden Sachentscheidung berufen.

2 **2. Anwendungsbereich.** § 527 gilt für Berufungsverfahren mit Ausnahme der Baulandsachen.[1] Für das Beschwerdeverfahren sieht § 568 die Entscheidung durch den originären Einzelrichter vor. Keinen Einzelrichter gibt es im Revisionsverfahren (§ 555 Abs. 2) und im Rechtsbeschwerdeverfahren.

II. Zuweisung an den Einzelrichter

3 Die Zuweisung ist der **Übertragungsakt,** von dem die Befugnis des Einzelrichters abhängt, an Stelle des Kollegialspruchkörpers tätig zuwerden.[2] ihr Fehlen ist nach § 547 Nr. 1 absoluter Revisionsgrund.[3] Die Zuweisung erfolgt durch **Beschluss des Kollegiums.** Sie kann jederzeit widerrufen, nach Rückgabe an das Kollegium oder Zurückverweisung durch das Revisionsgericht auch wiederholt werden. Die Entscheidung über die Zuweisung ist Ermessensentscheidung. Sie kann von den Parteien weder erzwungen noch verhindert werden und ist unanfechtbar.

4 Einzelrichter kann der Vorsitzende oder ein anderes Mitglied des Spruchkörpers sein. Bei der Kammer für Handelssachen kommt dafür allein der Vorsitzende in Betracht. (Abs. 1 S. 2 Halbs. 1); er ist außerhalb der mündlichen Verhandlung – ebenso wie in erster Instanz (§ 349) – kraft Gesetzes vorbereitender Einzelrichter (Abs. 1 S. 2 Halbs. 2).

III. Befugnisse des Einzelrichters

5 **1. Vorbereitung der Kollegialentscheidung.** Anders als der streitentscheidende Einzelrichter (§ 526) tritt der vorbereitende Einzelrichter nicht vollständig an die Stelle des Kollegiums. Seine Befugnis beschränkt sich vielmehr grundsätzlich auf Maßnahmen zur Vorbereitung der Kollegialentscheidung (Abs. 2) und auf Nebenentscheidungen (Abs. 3 Nr. 2, 4 bis 6). In der Sache selbst entscheiden darf er nur in Säumnisfällen (Abs. 3 Nr. 3) oder mit Zustimmung der Parteien (Abs. 4). Andererseits hat der vorbereitende Einzelrichter zweiter Instanz weiter gehende Befugnisse als der beauftragte Richter (§ 361), denn er tritt für die Dauer der Erfüllung seiner prozessfördernden Aufgabe nach Abs. 2 an die Stelle des Kollegialspruchkörpers.[4] Das Verfahren vor dem Einzelrichter unterliegt daher dem Anwaltszwang.[5] Über Art und Umfang prozessfördernder Maßnahmen hat er eigenverantwortlich zu entscheiden.[6] Die Wirkung von Prozesshandlungen ist die gleiche, wie wenn sie vor dem Kollegialspruchkörper vorgenommen worden wären.[7]

6 **2. Beweisaufnahme.** a) Es ist grundsätzlich nicht Aufgabe des Einzelrichters, die gesamte Beweisaufnahme an Stelle des Kollegialspruchkörpers durchzuführen.[8] Abs. 2 S. 2 beschränkt seine Befugnis zweifach: Er darf nur **einzelne Beweise** erheben und auch dies nur insoweit, als von vornherein anzunehmen ist, dass dem Kollegium eine Beweiswürdigung (ausnahmsweise) **ohne unmittelbaren Eindruck** vom Verlauf der Beweisaufnahme möglich ist.[9] Eine Beweiserhebung durch den Einzelrichter scheidet daher in der Regel aus, wenn Anhaltspunkte dafür bestehen, dass der **Beurteilung der Glaubwürdigkeit** vernommener Zeugen oder Parteien bei der Beweiswürdigung entscheidendes Gewicht zukommen wird. Die Protokollierung des Eindrucks, den der Einzelrichter von der Glaubwürdigkeit der von ihm vernommenen Zeugen gewonnen hat, ohne die dem Kollegium eine Glaubwürdigkeitsbeurteilung schlechthin verwehrt ist,[10] befreit nicht von den Beschränkungen des Abs. 2 S. 2. Hängt die Entscheidung des Berufungsgerichts im Wesentlichen von **sachverständiger Beratung** ab, so darf es nicht die gesamte umfangreiche Beweisaufnahme dem Einzelrichter übertragen.[11]

7 **b) Verstöße** gegen Abs. 2 S. 2 werden nach § 295 **geheilt,** wenn sie nicht in der ersten mündlichen Verhandlung vor dem Kollegialspruchkörper gerügt werden.[12] Nicht geheilt wird dagegen der zusätzliche Verstoß gegen § 286, falls das Kollegium ohne ausreichende Grundlage die Glaubwürdigkeit der vom Einzelrichter vernommenen Zeugen beurteilt.[13]

8 **3. Entscheidungsbefugnisse.** a) In den Fällen des **Abs. 3** kann und muss der Einzelrichter entscheiden, ohne an die Zustimmung der Parteien gebunden zu sein.[14] **Nr. 1** ermöglicht die Verweisung durch den Einzelrichter an die KfH und durch den Vorsitzenden der KfH als Einzelrichter an die Zivilkammer. **Nr. 2** entspricht § 349 Abs. 2 Nr. 4, erweitert um den Fall der Berufungsrücknahme (§ 516 Abs. 3). **Nr. 3** umfasst alle in Fällen ein- oder zweiseitiger Säumnis in Betracht kommenden Entscheidungen, auch so genannte unechte Versäumnisurteile[15] und Entscheidungen nach Lage der Akten (§§ 251 a, 331 a), ferner Entscheidun-

---

[1] BGHZ 86, 104, 112 f. = NJW 1983, 1793 zu § 524 aF.
[2] BGH NJW 1993, 600 f.
[3] BGHZ 105, 270, 276 = NJW 1989, 229; BGH NJW 1993, 600; 2001, 1357.
[4] MK/*Rimmelspacher* Rn. 8; *St/J/Grunsky* § 524 Rn. 8.
[5] MK/*Rimmelspacher* Rn. 9.
[6] MK/*Rimmelspacher* Rn. 8.
[7] *St/J/Grunsky* § 524 Rn. 8.
[8] AA MK/*Rimmelspacher* Rn. 11; *St/J/Grunsky* § 524 Rn. 9.
[9] *B/L/H* Rn. 7.
[10] BGH NJW 1992, 1966.
[11] BGH NJW 1994, 801, 802 für Arzthaftungsprozesse.
[12] BGH NJW 1994, 801, 802.
[13] BGH NJW 1992, 1966, 1967.
[14] MK/*Rimmelspacher* Rn. 12; *St/J/Grunsky* § 524 Rn. 16.
[15] *T/P/Reichold* Rn. 7, § 349 Rn. 10; aA MK/*Rimmelspacher* Rn. 13.

gen über den Einspruch und Anträge auf Wiedereinsetzung in die versäumte Einspruchsfrist.[16] **Nr. 4** erweitert gegenüber § 349 Abs. 2 Nr. 6 und dem gleich lautenden Abs. 3 Nr. 4 aF die Entscheidungsbefugnis des Einzelrichters auf alle isolierten Entscheidungen über die Verpflichtung, die Prozesskosten zu tragen. **Nr. 5 und 6** stimmen mit § 349 Abs. 2 Nr. 11 und 12 überein; vgl. dazu § 349 Rn. 16 und 17.

b) Zur **Endentscheidung** ist der vorbereitende Einzelrichter außer in Säumnisfällen (Rn. 8) nur im Einverständnis beider Parteien befugt, **Abs. 4.** Die Regelung entspricht § 349 Abs. 3. Die Ermächtigung der Parteien verpflichtet den Einzelrichter nicht zur Endentscheidung.[17] Die einmal erteilte Zustimmung kann entsprechend § 128 Abs. 2 S. 1 nur bei einer wesentlichen Änderung der Prozesslage widerrufen werden.[18] Das Einverständnis der Parteien nach Abs. 4 kann die **fehlende Zuweisung** an den Einzelrichter nicht ersetzen; auch eine Heilung nach § 295 ist ausgeschlossen.[19] 9

c) Soweit der vorbereitende Einzelrichter nach Abs. 3 oder 4 zur Entscheidung berufen ist, wird allgemein eine **Entscheidungsbefugnis kraft Sachzusammenhangs** bejaht.[20] Ist er nach Abs. 4 zur Endentscheidung ermächtigt, so sind von der Einwilligung der Parteien im Zweifel auch alle damit zusammenhängenden Entscheidungen gedeckt. Im Rahmen der gesetzlichen Entscheidungsbefugnis nach Abs. 3 ist die Aufgabenverteilung zwischen Einzelrichter und Kollegium entscheidend. 10

IV. Rückgabe an das Kollegium

Hält der Einzelrichter den Prozess für entscheidungsreif oder die ihm obliegende Vorbereitungsaufgabe im Rahmen des Abs. 2 S. 2 für erfüllt, so gibt er die Sache durch Verfügung oder Beschluss an den Kollegialspruchkörper zurück. Die Entscheidung ist unanfechtbar und beendet die Wirkung der Zuweisung. Hält das Kollegium weitere Beweisaufnahmen durch den Einzelrichter für geboten, so bedarf es einer erneuten Zuweisung. 11

528 *Bindung an die Berufungsanträge* [1]**Der Prüfung und Entscheidung des Berufungsgerichts unterliegen nur die Berufungsanträge.** [2]**Das Urteil des ersten Rechtszuges darf nur insoweit abgeändert werden, als eine Abänderung beantragt ist.**

I. Normzweck

Die Vorschrift bestimmt die Grenzen, in denen der Rechtsstreit in der Berufungsinstanz anfällt, und legt damit in quantitativer Hinsicht den Streitstoff der zweiten Instanz fest (**Anfallwirkung**). Die korrespondierende inhaltliche Bestimmung der Grundlagen und des Gegenstands der zweitinstanzlichen Prüfung findet sich in § 529. Die Bestimmung ist zugleich Ausprägung der Dispositionsmaxime. Darüber hinaus begrenzt sie die Entscheidungskompetenz des Berufungsgerichts nach zwei Seiten: Einerseits darf dem Berufungskläger nicht mehr und nicht anderes zugesprochen werden, als er in zweiter Instanz beantragt hat (**Verbesserungsverbot**). Andererseits darf ihm ohne (Anschluss-) Berufung seines Gegners nichts aberkannt werden, was ihm das Erstgericht – sei es auch zu Unrecht – zugesprochen hat (**Verschlechterungsverbot**). 1

II. Anfall des Streitgegenstands in zweiter Instanz

1. Grundsatz. Gegenstand des Berufungsverfahrens ist der Streitgegenstand (prozessuale Anspruch; näher Einl. Rn. 68ff.) nur insoweit, als die erste Instanz über ihn entschieden hat und in zweiter Instanz eine Abänderung dieser Entscheidung beantragt ist. Grundsätzlich kann daher ein neuer Streitgegenstand nicht erstmals in der Berufungsinstanz geltend gemacht werden. Zur Änderung und Erweiterung der Klage sowie zu Aufrechnung und Wiederklage in zweiter Instanz s. § 533 Rn. 3ff. 2

2. Einzelheiten. a) Teilerfolg, Teil- und Vorbehaltsurteil. Ist die **Klage teils zuerkannt, teils abgewiesen,** so beschränkt sich die Entscheidungsbefugnis des Berufungsgerichts auf den dem jeweiligen Rechtsmittelführer ungünstigen Teil des Urteils. Die Berufung allein des Beklagten kann also nicht zum Wegfall einer Zug-um-Zug-Einschränkung seiner Verurteilung führen.[1] Auf die Berufung gegen ein **Teilurteil** darf grundsätzlich (vgl. Rn. 12) nicht über den in erster Instanz verbliebenen **Prozessrest** mitentschieden werden, selbst wenn er auf demselben Rechtsgrund beruht und die noch ausstehende erstinstanzliche Entscheidung durch das Berufungsurteil präjudiziert wird.[2] Entsprechendes gilt im Falle der Berufung gegen ein **Vorbehaltsurteil** nach **§ 302** für die Entscheidung über die Gegenforderung.[3] In beiden Fällen können die Parteien die Entscheidungsbefugnis des Berufungsgerichts **einvernehmlich** auf den in erster Instanz verbliebenen Prozessrest erstrecken.[4] 3

b) Vom Erstrichter **übergangene Ansprüche** sind weder zu- noch aberkannt; sie können nur einvernehmlich, nach Erlöschen der Rechtshängigkeit (§ 321 Abs. 2) unter den Voraussetzungen des § 533 auch 4

---

16 MK/*Deubner* § 349 Rn. 13.
17 *St/J/Grunsky* § 524 Rn. 20.
18 BGHZ 105, 270, 274f. = NJW 1989, 229.
19 BGH NJW 1993, 600, 601; *St/J/Grunsky* § 524 Rn. 20.
20 MK/*Rimmelspacher* Rn. 15ff.; *St/J/Grunsky* § 524 Rn. 21.
1 *Kapsa,* Das Verbot der reformatio in peius im Zivilprozess, 1976, S. 145; *St/J/Grunsky* § 537 Rn. 14.
2 BGHZ 30, 213 = NJW 1959, 1824; BGH NJW 1983, 1311, 1312f.
3 *St/J/Grunsky* § 537 Rn. 7.
4 BGHZ 97, 280, 281f. = NJW 1986, 2108; BGH NJW 1995, 1350, 1351.

durch zweitinstanzliche Klageerweiterung,[5] in die Berufungsinstanz „heraufgezogen" werden.[6] Hat das Landgericht nach dem Hilfsantrag verurteilt, ohne versehentlich im Tenor den Hauptantrag abzuweisen, so fällt auf die Berufung des Beklagten allein der Hilfsantrag in zweiter Instanz an;[7] der Tenor ist gemäß § 319 zu berichtigen.[8]

5 c) Sind **Haupt- und Hilfsantrag abgewiesen** worden und wendet sich der Kläger nur gegen die Abweisung eines der beiden Ansprüche, so fällt der jeweils andere in der Berufungsinstanz nicht an. Hat die hinsichtlich des Hauptantrags eingelegte Berufung Erfolg, so ist die Abweisung des Hilfsantrags gegenstandslos; ihre Aufhebung kommt auch nicht zur Klarstellung in Betracht.[9]

6 Ist der **Hauptantrag abgewiesen** und dem **Hilfsantrag stattgegeben** worden, so fällt auf die Berufung des Klägers allein der Haupt-, auf die des Beklagten allein der Hilfsantrag in der Berufungsinstanz an.[10] Gleichwohl ist die Entscheidung über den Hilfsantrag auch ohne dahingehende Parteianträge aufzuheben, wenn dem Kläger auf seine Berufung der Hauptantrag zuerkannt wird.[11] Über eine Anschlussberufung, mit der sich der Beklagte gegen seine Verurteilung nach dem Hilfsantrag wendet, ist dann nicht mehr zu entscheiden.[12] Führt seine Berufung dagegen lediglich zur Aufhebung und Zurückverweisung, so hängt der Fortbestand der Entscheidung über den Hilfsantrag davon ab, wie das erstinstanzliche Gericht nunmehr über den Hauptantrag entscheidet. Gibt es ihm statt, so muss es seine frühere Entscheidung über den Hilfsantrag aufheben.[13]

7 Legt der Beklagte gegen seine **Verurteilung nach dem Hauptantrag** Berufung ein, so fällt der höheren Instanz auch der **Hilfsantrag** an, ohne dass es einer Anschlussberufung bedarf.[14] Entsprechendes gilt bei Berufung des Klägers gegen die Klageabweisung für eine in erster Instanz erhobene Eventualwiderklage.[15]

8 d) In Fällen **erfolgreicher Aufrechnung** fällt bei einseitiger Berufung nur die jeweils gegnerische Forderung der Nachprüfung durch die Rechtsmittelinstanz an. Hat der Erstrichter die **Klage wegen der Aufrechnung abgewiesen,** so ist auf Berufung des Klägers die Bejahung der Klageforderung, auf Berufung des Beklagten die Bejahung der Gegenforderung der Nachprüfung durch das Berufungsgericht entzogen, soweit nicht auch der jeweilige Gegner (Anschluss-)Berufung einlegt.[16]

9 Bekämpft allein der **Kläger** das klageabweisende Urteil, so ist die Berufung zurückzuweisen, wenn auch das Berufungsgericht die Gegenforderung für ursprünglich begründet hält; andernfalls ist der Klage ohne Prüfung der Begründetheit der Klageforderung stattzugeben.

10 Legt allein der **Beklagte** Berufung ein und verneint das Berufungsgericht die Entstehung der Klageforderung, so ist die Klageabweisung mit der Maßgabe aufrechtzuerhalten, dass die Klage ohne Rücksicht auf die Aufrechnung abgewiesen wird.[17] Andernfalls ist die Berufung zurückzuweisen; die Frage nach der Begründetheit der Gegenforderung stellt sich nicht.

11 Ist der **Klage unter Verneinung der** zur Aufrechnung gestellten **Gegenforderung stattgegeben** worden, so führt die Berufung des Beklagten zur Nachprüfung beider Forderungen. Das gilt auch dann, wenn der Beklagte sich allein gegen die Verneinung seiner Gegenforderung wendet (arg. § 529 Abs. 2 S. 2).[18] Ist die **Klage** ohne Rücksicht auf die Aufrechnung schon **wegen Nichtbestehens der Klageforderung abgewiesen** worden, so fällt dem Berufungsgericht, wenn es die Klageforderung für ursprünglich begründet erachtet, auch die Gegenforderung an.

12 **3. Ausnahmen.** Auf die Berufung gegen ein **unzulässiges Teil-** oder **Vorbehaltsurteil** darf das Berufungsgericht über die Gegenforderung bzw. den in erster Instanz verbliebenen Rest des Streitgegenstandes mitentscheiden.[19] Hat die erste Instanz im Rahmen einer **Stufenklage** zur Auskunft verurteilt, so soll das Berufungsgericht auf die Berufung des Beklagten die Stufenklage insgesamt abweisen dürfen, wenn es den Zahlungsanspruch verneint.[20]

III. Verbesserungsverbot

13 Das angefochtene Urteil darf zu Gunsten des Berufungsklägers nur insoweit abgeändert werden, als dieser eine Abänderung (zuletzt noch) beantragt hat. Dem Kläger darf also **nicht mehr** und **nichts anderes** zu-

---

[5] BGH WRP 2001, 2004.
[6] BGH NJW 1991, 1683, 1684.
[7] BGH WRP 2001, 2004.
[8] BGH NJW 1994, 2765, 2766.
[9] AA MK/*Rimmelspacher* Rn. 42.
[10] BGHZ 41, 38 = NJW 1964, 772; BGH NJW 1994, 2765, 2766.
[11] BGHZ 112, 229, 232 = NJW 1991, 169; BGHZ 146, 298, 309 = NJW 2201, 1277.
[12] BGHZ 146, 298, 310 = NJW 2001, 1277; BGH NJW 2001, 1127, 1130f.
[13] BGH WRP 2004, 1182, 1186; vgl. BGHZ 106, 219, 221 = NJW 1989, 1486.
[14] BGH NJW 2005, 2550, 2552; NJW-RR 2005, 220; *Kapsa* (Fn. 1) S. 147; *R/S/G* § 139 III 3b; aA MK/*Rimmelspacher* Rn. 46.
[15] BGH ZIP 1999, 1843, 1844f.
[16] BGH NJW 1998, 1786, 1789; NZBau 2005, 509, 510; iE ebenso BGHZ 109, 179, 189f. = NJW 1990, 447.
[17] MK/*Rimmelspacher* Rn. 36.
[18] AA BGH NJW-RR 2001, 1572.
[19] BGH LM § 302 Nr. 4; OLG Karlsruhe NJW-RR 1987, 254; zustimmend *Kapsa* (Fn. 1) S. 145f.; *St/J/Grunsky* Rn. 7 für das Vorbehaltsurteil; BGH NJW 1992, 511, 512; 1999, 1035, 1036; NJW-RR 1994, 379, 381; zustimmend *Kapsa* aaO; *Zö/Gummer/Heßler* Rn. 18; aA *St/J/Grunsky* § 537 Rn. 3 sowie § 540 Rn. 7 für das Teilurteil.
[20] BGHZ 94, 268, 275 = NJW 1985, 2405; BGH NJW-RR 1992, 1021.

gesprochen werden, als was er nach seinem **Berufungsantrag** begehrt. Insoweit entspricht die Regelung der des § 308. Die Verurteilung des Beklagten darf auf dessen Berufung nicht weiter eingeschränkt werden, als er es beantragt hat. Das gilt entgegen einer in Rechtsprechung und Schrifttum verbreiteten Auffassung[21] auch für den Fall, dass das erstinstanzliche Verfahren an einem von Amts wegen zu beachtenden **unheilbaren Mangel** leidet oder der Klage eine **zwingende Prozessvoraussetzung fehlt.**[22] Entsprechendes gilt auch für das Verschlechterungsverbot (Rn. 17). Maßgebend für den Umfang der Anfechtung sind die vom Berufungskläger zuletzt zulässigerweise gestellten Anträge.[23] Entscheidend ist der mit dem Rechtsmittelantrag verfolgte **Gesamtbetrag;** innerhalb seiner Grenzen können unselbständige Rechnungsposten ausgetauscht und verändert werden.[24]

IV. Verschlechterungsverbot

1. Grundsatz. Das Verbot der reformatio in peius soll den Rechtsmittelführer davor bewahren, durch die Anfechtung des ihm teilweise ungünstigen Urteils zu verlieren, was ihm die Vorinstanz zuerkannt hat; es bezweckt die Wahrung des „Besitzstandes".[25] Will der Rechtsmittelgegner eine Schmälerung dieses Besitzstandes erreichen, so muss er sich dem Rechtsmittel anschließen (§ 524) oder seinerseits Rechtsmittel einlegen. 14

2. „Besitzstand" ist der Teil des Prozessgegenstandes, über den das erstinstanzliche Urteil wirksam[26] und mit **materieller Rechtskraftwirkung** zu Gunsten des Rechtsmittelführers entschieden hat. In einer bloßen Änderung der Entscheidungsgründe liegt daher kein Verstoß gegen das Verschlechterungsverbot,[27] denn sie nehmen an der materiellen Rechtskraftwirkung nicht teil (§ 322 Rn. 16ff.). Die Veränderung unselbständiger Rechnungsposten innerhalb eines Anspruchs unter Beibehaltung der Endsumme ist keine verbotene Verschlechterung.[28] Entsprechendes gilt für eine Erhöhung des Zinssatzes, sofern nur der zuerkannte Gesamtbetrag der Zinsen nicht überschritten wird.[29] An einem „Besitzstand" fehlt es, wenn eine nicht angefochtene teilweise Klageabweisung inhaltlich unbestimmt ist.[30] Auch die Aufhebung und Zurückverweisung (§ 538 Abs. 2) begründet keinen „Besitzstand"; die Klage kann daher vom Revisionsgericht auch auf alleinige Revision des Klägers gegen ein kassatorisches Urteil abgewiesen werden.[31] 15

3. Verschlechterungsverbot und Anfallwirkung. Die Frage des Verschlechterungsverbots stellt sich nur in den Fällen, in denen ein dem Berufungskläger günstiger Teil der erstinstanzlichen Entscheidung ohne (Anschluss-)Rechtsmittel des Gegners in der Berufungsinstanz anfällt (näher Rn. 2). 16

Legt allein der Kläger Berufung ein, so ist das Urteil, soweit es der Klage stattgegeben hat, einer Abänderung zum Nachteil des Klägers auch dann entzogen, wenn die **Klage** oder das **erstinstanzliche Verfahren** insgesamt an einem von Amts wegen zu beachtenden, **nicht behebbaren Mangel** leiden.[32] Eine Ausnahme gilt nur für solche prozessuale Mängel, die die Unwirksamkeit des teilweise angefochtenen Urteils zur Folge haben oder geeignet sind, den Eintritt seiner materiellen Rechtskraft zu hindern.[33] Für eine Abwägung, ob der fehlenden Prozessvoraussetzung oder aber dem Verschlechterungsverbot im Einzelfall Vorrang gebührt,[34] ist kein Raum.[35] Auch für den Fall, dass ein Wiederaufnahmegrund vorliegt, gelten insoweit keine Besonderheiten;[36] zu erwägen ist allenfalls, ob der Berufungsbeklagte ihn schon im Berufungsverfahren geltend machen und ob dies dazu führen kann, die Klage insgesamt als unzulässig abzuweisen.[37] 17

4. Einzelfälle. a) Prozessabweisung. Trotz der unterschiedlichen Rechtskraftwirkung (vgl. § 322 Rn. 44) kann eine in erster Instanz als unzulässig abgewiesene Klage auf Berufung des Klägers als **unbegründet** abgewiesen werden[38] und umgekehrt.[39] Durch die erstinstanzliche Prozessabweisung ist dem Kläger nichts zugesprochen worden, so dass es an einem in zweiter Instanz zu wahrenden „Besitzstand" fehlt.[40] Die Frage, ob auf alleinige Berufung des Beklagten gegen ein Prozessurteil der Klage stattgegeben werden darf,[41] stellt sich 18

---

[21] Nachw. bei BGH NJW 1986, 1494, 1495.
[22] MK/*Rimmelspacher* Rn. 25; *St/J/Grunsky* § 536 Rn. 3.
[23] BGH NJW 1983, 1063.
[24] BGH NJW-RR 2004, 95, 96; ZInsO 2005, 806.
[25] *Kapsa* (Fn. 1) S. 116; BGH NJW-RR 1994, 1272, 1273; 1996, 659.
[26] BGH NJW-RR 1996, 659.
[27] *Kapsa* (Fn. 1) S. 153f.; MK/*Rimmelspacher* Rn. 33; aA *St/J/Grunsky* § 536 Rn. 9, 10.
[28] BGH NJW-RR 2004, 95, 96.
[29] BGH DtZ 1993, 278, 280; *St/J/Grunsky* § 536 Rn. 11.
[30] BGH (Fn. 26).
[31] BGH WM 1997, 1713, 1716.
[32] *Gilles* ZZP 91 (1978), 128, 148f.; *Kapsa* (Fn. 1) S. 131f.; MK/*Rimmelspacher* Rn. 58; *St/J/Grunsky* § 536 Rn. 7; aA BGHZ 18, 98, 106 = NJW 1955, 1513; BGH NJW 1999, 1113, 1114; *Bötticher* ZZP 65 (1952), 464, 467f.; zweifelnd BGH NJW 1970, 1683, 1684; 1986, 1494, 1495f.
[33] *St/J/Grunsky* § 536 Rn. 7; MK/*Rimmelspacher* Rn. 58; vgl. auch BGH NJW 1986, 1494, 1495.
[34] So BGH NJW 1986, 1494, 1496; *T/P/Reichold* Rn. 6.
[35] *St/J/Grunsky* § 536 Rn. 7.
[36] AA BGH (Fn. 34).
[37] So *St/J/Grunsky* § 536 Rn. 7.
[38] BGHZ 23, 36, 50 = NJW 1957, 539; BGH NJW 1989, 393, 394; DtZ 1995, 50, 51; ganz hM.
[39] BGH WM 1997, 1713, 1716; NJW 1999, 1113, 1114; BGHZ 145, 316, 331 = NJW-RR 2001, 447.
[40] BGH NJW 1989, 393, 394.
[41] So BGH LM Nr. 8 = MDR 1962, 976; *R/S/G* § 140 II 2d; *B/L/H* Rn. 13; MK/*Rimmelspacher* Rn. 55; *St/J/Grunsky* § 536 Rn. 6.

nicht, weil ein die Klage als unzulässig abweisendes Urteil vom Beklagten mangels Beschwer nicht angefochten werden kann (vor § 511 Rn. 21).

19 b) Für die **Klageabweisung als zur Zeit unbegründet** gilt das zur Prozessabweisung (Rn. 18) Ausgeführte entsprechend.[42]

20 c) **Stufenklage.** Hat der Erstrichter eine Stufenklage unter Verneinung des Zahlungsanspruchs insgesamt abgewiesen und der Kläger hiergegen uneingeschränkt Berufung eingelegt, in der Berufungsverhandlung aber nur den Auskunftsantrag gestellt, so ist, wenn dieser begründet ist, zugleich die Klageabweisung im Übrigen aufzuheben und die Sache entsprechend § 538 Abs. 2 Nr. 4 (näher § 538 Rn. 30) zurückzuverweisen.[43]

21 d) **Aufrechnung.** In Fällen erfolgreicher **Aufrechnung** des Beklagten unterliegt bei einseitiger Berufung jeweils nur die positive Entscheidung über die Forderung der Gegenpartei der Nachprüfung durch das Berufungsgericht (Rn. 8). Eine Verschlechterung in Bezug auf die positive Entscheidung über die eigene Forderung des jeweiligen Berufungsführers ist daher ausgeschlossen.

22 e) **Unzulässiger Feststellungsantrag.** Ist einem unzulässigen Feststellungsantrag stattgegeben worden, so kann auf Berufung allein des Beklagten die Sache an die Vorinstanz zurückverwiesen werden, damit dort der zulässige Leistungsantrag gestellt wird.[44]

23 **5. Erneute Entscheidung.** Das Verschlechterungsverbot gilt auch für die **Vorinstanz,** wenn die Sache vom Berufungsgericht **zurückverwiesen** wird.[45] Die Frage stellt sich allerdings nur dann, wenn man entgegen der hier vertretenen Auffassung (Rn. 13, 17) die vollständige Aufhebung eines nur teilweise angefochtenen Urteils für zulässig hält.[46] Wird die Aufhebung richtigerweise auf den angefochtenen Teil beschränkt, so bleibt das vorinstanzliche Urteil im Übrigen bestehen und bindet für das weitere Verfahren nach § 318. Ist eine solche Beschränkung ausnahmsweise nicht möglich,[47] so darf die Vorinstanz bei der erneuten Entscheidung nicht zum Nachteil des Rechtsmittelklägers hinter der aufgehobenen Erstentscheidung zurückbleiben, sofern nicht auch der Gegner (Anschluss-)Rechtsmittel eingelegt hat.[48]

529 *Prüfungsumfang des Berufungsgerichts* **(1) Das Berufungsgericht hat seiner Verhandlung und Entscheidung zugrunde zu legen:**

1. die vom Gericht des ersten Rechtszuges festgestellten Tatsachen, soweit nicht konkrete Anhaltspunkte Zweifel an der Richtigkeit oder Vollständigkeit der entscheidungserheblichen Feststellungen begründen und deshalb eine erneute Feststellung gebieten;

2. neue Tatsachen, soweit deren Berücksichtigung zulässig ist.

(2) [1]Auf einen Mangel des Verfahrens, der nicht von Amts wegen zu berücksichtigen ist, wird das angefochtene Urteil nur geprüft, wenn dieser nach § 520 Abs. 3 geltend gemacht worden ist. [2]Im Übrigen ist das Berufungsgericht an die geltend gemachten Berufungsgründe nicht gebunden.

I. Normzweck

1 Die Vorschrift bestimmt Grundlagen und Gegenstand der Überprüfung des erstinstanzlichen Urteils durch das Berufungsgericht und damit in qualitativer Hinsicht den Prüfungsumfang in der Berufungsinstanz. Sie bildet zusammen mit § 513 Abs. 1 das Herzstück des neuen Rechts der Berufung als eines Instruments zur Fehlerkontrolle und Fehlerbeseitigung (vor § 511 Rn. 8). Die grundsätzliche Bindung des Berufungsgerichts an die Tatsachenfeststellungen der ersten Instanz (Abs. 1) harmonisiert den Prüfungsumfang des Berufungsgerichts mit der Beschränkung der Berufungsgründe auf die Geltendmachung von Rechtsfehlern (§ 513 Abs. 1). Sie stärkt zugleich die erste Instanz, deren tatsächliche Feststellungen auch in den höheren Rechtszügen Verbindlichkeit behalten.[1] Abs. 2 nähert den Prüfungsumfang der Berufungsinstanz an den der Revisionsinstanz (§ 557 Abs. 3) an und betont damit gleichfalls die gewandelte Funktion der Berufung. Der BGH betont demgegenüber die Unterschiede zwischen Berufung und Revision und folgert daraus sowie aus Äußerungen im Gesetzgebungsverfahren und in den Materialien zum ZPO-RG, das Berufungsgericht habe den Akteninhalt von Amts wegen umfassend auf Anhaltspunkte für Zweifel an der Vollständigkeit oder Richtigkeit der erstinstanzlich festgestellten Tatsachen zu untersuchen[2] und sei an erstinstanzliche Tatsachenfeststellungen nicht gebunden, soweit diese einer materiell gerechten Entscheidung des Einzelfalls im Wege stünden.[3]

---

[42] BGHZ 104, 212, 214f. = NJW 1988, 1982; BGHZ 116, 278, 292 = NJW 1992, 683; *Kapsa* (Fn. 1) S. 146.
[43] BGH NJW 1985, 862.
[44] BGH NJW-RR 1994, 1272, 1273.
[45] BGH NJW 1986, 1494, 1495; NJW-RR 1989, 1404; *Kapsa* (Fn. 1) S. 136 m. weit. Nachw.; *R/S/G* § 140 II 2g.
[46] Vgl. BGH NJW-RR 1989, 1404.
[47] Beispiel: BGH NJW 1994, 586.
[48] BGH NJW-RR 1989, 1404; NJW 1994, 586, 588; *Kapsa* (Fn. 1) S. 136; *St/J/Grunsky* § 539 Rn. 20.
[1] Amtl. Begr. des ZPO-RG, BT-Drucks. 14/4722, S. 100.
[2] BGHZ 158, 269, 278ff. = NJW 2004, 1876; BGHZ 162, 313, 318 = NJW 2005, 1583; ebenso *Gaier* NJW 2004, 2041, 2043; abl. *Lechner* NJW 2004, 3593ff.
[3] BGHZ 160, 83, 92 = NJW 2004, 2751; BGHZ 162, 313, 316f. = NJW 2005, 1583.

II. Tatsachengrundlage der Berufungsinstanz (Absatz 1)

1. Tatsachenfeststellungen der ersten Instanz (Abs. 1 Nr. 1). Nach Abs. 1 Nr. 1 Halbs. 1 hat das Berufungsgericht seiner Verhandlung und Entscheidung grundsätzlich die vom Erstrichter festgestellten entscheidungserheblichen Tatsachen zu Grunde zu legen. Dazu zählen neben den Tatsachen, die in Würdigung erhobener Beweise oder etwa auf Grund eines Geständnisses als wahr oder unwahr festgestellt worden sind, auch die sog. tatbestandlichen Feststellungen,[4] dh. die Wiedergabe des tatsächlichen mündlichen Vorbringens der Parteien in Gestalt eines Sach- und Streitstandes, der für die Rechtsmittelgerichte den streitigen und den unstreitigen Tatsachenvortrag und etwaige unerledigte Beweisantritte kenntlich macht. Damit gewinnt der Tatbestand des Urteils erster Instanz eine neue zentrale Bedeutung für die Berufungs- und zugleich für die Revisionsinstanz (näher § 540 Rn. 2ff., § 559 Rn. 2ff., 13ff.). 2

Die Einbeziehung des **Sach- und Streitstands** in den Begriff der „festgestellten Tatsachen" erschließt sich zwar nicht zwingend aus dem Wortlaut des Abs. 1 Nr. 1, der – anders als § 559 für die Revision – nicht neben den festgestellten Tatsachen auch das Parteivorbringen erwähnt, wohl aber aus dem Sinnzusammenhang der Nr. 1 und 2 des Abs. 1 iVm. § 531 Abs. 2. Grundlage der Verhandlung und Entscheidung des Berufungsgerichts sind hiernach nämlich neben den vom Gericht des ersten Rechtszuges vollständig und fehlerfrei festgestellten Tatsachen (Nr. 1) nur neue, dh. in erster Instanz noch nicht vorgetragene Tatsachen (Nr. 2), soweit diese nach § 531 Abs. 2 zu berücksichtigen sind. Es liegt indessen auf der Hand, dass daneben – und erst recht – auch die „alten" Tatsachen Berücksichtigung finden müssen, die bereits in erster Instanz vorgetragen worden sind, aber nicht zu einer Feststellung als wahr oder unwahr geführt haben, etwa weil sie unstreitig oder nicht unter tauglichen Beweis gestellt worden waren.[5] Von dieser Überlegung abgesehen wäre es auch in aller Regel unzureichend, das Urteil allein auf der Grundlage der als wahr oder unwahr festgestellten Tatsachen überprüfen zu wollen, da eine solche Feststellung regelmäßig nur für einen Teil der vorgetragenen Tatsachen erfolgt und im Übrigen auf der Grundlage des streitigen und des unstreitigen Tatsachenvortrags entschieden wird. Nach der Rspr. des BGH hat das Berufungsgericht seiner Entscheidung außer den vom erstinstanzlichen Gericht als wahr oder unwahr festgestellten Tatsachen auch solche Tatsachen zu Grunde zu legen, die auch das erstinstanzliche Gericht seiner Entscheidung ohne Prüfung der Wahrheit zu Grunde gelegt hat, weil sie offenkundig oder gerichtsbekannt, ausdrücklich zugestanden oder unstreitig waren, oder weil sie sich aus gesetzlichen Vermutungen oder Beweis- und Auslegungsregeln ergeben haben.[6] Darüber hinaus gelangt nach der Rspr. des BGH mit der zulässigen Berufung der gesamte aus den Akten ersichtliche Prozessstoff erster Instanz ohne Weiteres in die Berufungsinstanz, so dass das Berufungsgericht auch schriftsätzlich angekündigtes Parteivorbringen zu berücksichtigen hat, das der Erstrichter für unerheblich gehalten und im Urteilstatbestand nicht erwähnt hat.[7] 3

2. Erneute Tatsachenfeststellung durch das Berufungsgericht. Die Tatsachenfeststellungen des Erstrichters binden das Berufungsgericht nach Abs. 1 Nr. 1 Halbs. 2 nicht, soweit an deren Vollständigkeit oder Richtigkeit auf Grund konkreter Anhaltspunkte Zweifel bestehen und deshalb eine erneute Feststellung geboten ist. 4

a) **Zweifel an der Vollständigkeit oder Richtigkeit** der festgestellten Tatsachen (zum Begriff iSd Abs. 1 Nr. 1 s. Rn. 2) sind begründet, wenn der Erstrichter ein tatsächliches mündliches Vorbringen einer Partei übergangen oder nicht vorgetragene Tatsachen verwertet, unstreitige oder zugestandene Tatsachenbehauptungen als streitig oder streitiges Vorbringen als unstreitig behandelt, angebotene Beweise verfahrensfehlerhaft nicht oder unter Verletzung von Verfahrensnormen erhoben, erhobene Beweise nicht oder fehlerhaft gewürdigt oder Erfahrungs-, offenkundige oder gerichtsbekannte Tatsachen nicht berücksichtigt hat. Zweifel an der Vollständigkeit der erstinstanzlichen Tatsachenfeststellungen bestehen ferner schon dann, wenn der Erstrichter zu einem nach seiner Auffassung unerheblichem Parteivorbringen, das aus der allein maßgeblichen Sicht des Berufungsgerichts entscheidungserheblich ist, keine Feststellungen getroffen hat.[8] Zweifel an der Richtigkeit oder Vollständigkeit der vom erstinstanzlichen Gericht auf Grund erhobener Beweise getroffenen Feststellungen sind begründet, wenn aus der Sicht des Berufungsgerichts eine gewisse, nicht notwendig überwiegende Wahrscheinlichkeit dafür besteht, dass eine (wiederholte) Beweisaufnahme in zweiter Instanz zu abweichenden Feststellungen führen wird.[9] Sie können sich aus der Möglichkeit unterschiedlicher Wertung ergeben.[10] 5

Dafür, welche Tatsachen in erster Instanz vorgetragen, welche bestritten worden und welche unbestritten geblieben sind, erbringt der **Tatbestand** des erstinstanzlichen Urteils, zu welchem auch die Wiedergabe von Tatsachenvortrag in den Entscheidungsgründen gehört, gemäß **§ 314 Beweis,**[11] der nur durch das Sitzungsprotokoll, soweit dieses Tatsachenvortrag konkret wiedergibt, entkräftet werden kann. Das gilt auch 6

---

[4] AA OLG Saarbrücken NJW-RR 2003, 573, 574f.; MK/*Rimmelspacher* Rn. 6; *Gehrlein* MDR 2003, 421, 427; *Gaier* NJW 2004, 2041, 2043; wie hier *Hinz* SchlHA 2003, 149, 151.

[5] *Grunsky* NJW 2002, 800; *Hinz* SchlHA 2003, 149, 151; i. E. ebenso MK/*Rimmelspacher* Rn. 6; *Barth* NJW 2002, 1702, 1703; *Gaier* NJW 2004, 110ff.; *ders.* NJW 2004, 2041, 2043; *Greger* NJW 2002, 3049, 3051.

[6] BGHZ 158, 295, 300 = NJW 2004, 2152; *Gaier* NJW 2004, 2041, 2043.

[7] BGH NJW 2007, 2414, 2416.

[8] BGH NJW 2007, 2414, 2416.

[9] BGHZ 159, 254, 259f. = NJW 2004, 2828; BGHZ 159, 245, 249 = NJW 2004, 2825; BGH NJW 2003, 3480, 3481; 2006, 152, 153; OLG Rostock OLGR 2004, 60, 61; enger OLG Saarbrücken OLGR 2004, 18, 20.

[10] BGH 162, 313, 317 = NJW 2005, 1583.

[11] Das übersieht OLG Saarbrücken NJW-RR 2003, 573, 575.

für unrichtig wiedergegebenen Tatsachenvortrag. Die **Unrichtigkeit** des Tatbestands (zur Unvollständigkeit s. Rn. 7) einschließlich der Wiedergabe von Tatsachenvortrag in den Entscheidungsgründen kann nur mit Hilfe eines beim Gericht des ersten Rechtszuges anzubringenden Antrags nach **§ 320** auf **Berichtigung des Tatbestands** geltend gemacht werden (§ 314 Rn. 6, § 559 Rn. 16).[12] Ist dies versäumt worden, so muss das Berufungsgericht wegen der Beweiskraft des Tatbestands von dem dort wiedergegebenen Tatsachenvortrag als richtig ausgehen (§ 320 Rn. 1).[13] Daraus folgt für § 529 Abs. 1 Nr. 1, dass eine Partei im Berufungsverfahren nicht mit Erfolg unter Hinweis auf erstinstanzliche Schriftsätze geltend machen kann, der Tatbestand des angefochtenen Urteils gebe den Sachvortrag unrichtig wieder und begründe deshalb Zweifel an der Tatsachenfeststellung des Erstrichters.[14] Das gilt nicht, wenn eine Berichtigung des Tatbestands in der Vorinstanz wegen Verhinderung der dort tätig gewesenen Richter nicht mehr erreicht werden kann.[15]

7 Demgegenüber kann die **Unvollständigkeit** des Tatbestands neben der Möglichkeit der Berichtigung nach § 320 auch in der Rechtsmittelinstanz als Verfahrensfehler (Verstoß gegen § 286) gerügt werden (näher § 559 Rn. 17). Die gegenteilige Auffassung, die dem Tatbestand auch eine negative Beweiskraft dafür beilegen will, dass schriftsätzlich angekündigtes, im Tatbestand aber nicht wiedergegebenes Vorbringen nicht mündlich vorgetragen worden sei, ist mit § 313 Abs. 2 nicht zu vereinbaren und daher abzulehnen (näher § 559 Rn. 17).[16] Die Übergehung eines in einem erstinstanzlichen Schriftsatz angekündigten, im Tatbestand des angefochtenen Urteils nicht wiedergegebenen Tatsachenvortrags oder Beweisantritts kann mithin nach § 529 Abs. 1 Nr. 1 als konkreter Umstand angeführt werden, der Zweifel an der Vollständigkeit oder Richtigkeit der in erster Instanz festgestellten Tatsachen begründet.[17]

8 Zweifel an der Vollständigkeit oder Richtigkeit der festgestellten Tatsachen können sich auch darauf gründen, dass die **Beweisaufnahme** oder die **Beweiswürdigung** des Erstrichters in Bezug auf entscheidungserhebliche Tatsachen unvollständig oder unrichtig ist. Dafür genügt eine gewisse, nicht notwendig überwiegende Wahrscheinlichkeit dafür, dass eine (erneute) Beweiserhebung die Unrichtigkeit oder Unvollständigkeit der erstinstanzlichen Tatsachenfeststellung ergeben wird.[18] Insoweit ist das Berufungsgericht an das dem angefochtenen Urteil zu Grunde gelegte Beweisergebnis nicht gebunden.[19] Zur Erforderlichkeit einer wiederholten Beweisaufnahme s. Rn. 13ff. Die **Auslegung** von Willenserklärungen durch den Erstrichter bindet das Berufungsgericht nicht. Sie ist nicht nur auf Rechtsfehler zu überprüfen, sondern vom Berufungsgericht selbst vorzunehmen.[20]

9 **b) Konkrete Anhaltspunkte**[21] müssen die Zweifel an der Vollständigkeit oder Richtigkeit der Tatsachenfeststellung begründen. Ausreichend ist jeder objektivierbare rechtliche oder tatsächliche Einwand gegen die erstinstanzlichen Feststellungen.[22] Sie können sich auch aus Umständen ergeben, die allein dem Berufungsgericht aus anderen Prozessen bekannt sind. Sie können sich insbesondere aus Verfahrensfehlern ergeben, die dem Erstgericht bei der Feststellung des Sachverhalts unterlaufen sind.[23] Nach der Rspr. des BGH ist dagegen für die „tatsächliche Inhaltskontrolle" des erstinstanzlichen Urteils durch das Berufungsgericht allein Abs. 1 einschlägig. Danach ist das Berufungsgericht an verfahrensfehlerhaft zu Stande gekommene Tatsachenfeststellungen der ersten Instanz auch dann nicht gebunden, wenn der Verfahrensfehler nicht gerügt wird.[24] Auch an verfahrensfehlerfrei getroffenen Feststellungen ist das Berufungsgericht nicht gebunden, wenn konkrete Anhaltspunkte dafür bestehen, dass die Feststellungen unvollständig oder unrichtig sind.[25] Neues Vorbringen kann Zweifel an den erstinstanzlichen Tatsachenfeststellungen nur begründen, soweit es nach Abs. 1 Nr. 2 zu berücksichtigen ist (Rn. 19).[26]

10 Soweit der Tatbestand des Ersturteils schriftsätzlich angekündigten Sachvortrag nicht wiedergibt (s. dazu Rn. 7), ist die betreffende Schriftsatzstelle konkreter Anhaltspunkt für die Unvollständigkeit der Wiedergabe des Tatsachenvortrags.[27] Zum Problem der Unrichtigkeit wiedergegebenen Vorbringens s. Rn. 6. Die Übergehung eines laut Tatbestand oder Sitzungsprotokoll vorgetragenen entscheidungserheblichen Angriffs- oder Verteidigungsmittels ist stets konkreter Anhaltspunkt für Zweifel an Vollständigkeit oder Richtigkeit der Tatsachengrundlage des angefochtenen Urteils. Sonstige Verfahrensfehler bei der Tatsachenfeststellung erster Instanz können, müssen aber nicht Anlass zu Zweifeln daran begründen, dass die Feststellung im Ergebnis richtig ist. Bedenken gegen die Glaubwürdigkeit von Zeugen oder die Glaubhaf-

---

12 OLG Karlsruhe NJW-RR 2003, 778, 779; OLG Rostock OLGR 2004, 61 (LS).
13 Vgl. BGH NJW 2001, 448, 449.
14 AA *Fellner* MDR 2003, 721; *Gehrlein* MDR 2003, 421, 427; *Rixecker* NJW 2004, 705, 708; wie hier *Crückeberg* MDR 2003, 199; *Hinz* SchlHA 2003, 149, 151f.; *Stöber* MDR 2006, 5ff.
15 BVerfG NJW 2005, 657, 658f.
16 BGHZ 158, 269, 280ff. = NJW 2004, 1876; BGHZ 158, 295, 309 = NJW 2004, 2152; BGH NJW-RR 2007, 342, 344; *Gaier* NJW 2004, 2041, 2043; *Wiecz/Sch/Gerken* Rn. 8.
17 *Gaier* NJW 2004, 110, 111f.; *Hinz* SchlHA 2003, 149, 152.
18 BGHZ 159, 245, 249 = NJW 2004, 2825; BGH NJW 2006, 152, 153.
19 BGHZ 162, 313, 317 = NJW 2005, 1583.
20 BGHZ 160, 83, 86ff. = NJW 2004, 2751 = BGH Report 2004, 1366 m. abl. Anm. *Burgermeister.*
21 Näher *Heiderhoff* JZ 2003, 490, 493f.; *H/M-S/Meyer-Seitz* Rn. 20ff.; *Rimmelspacher* NJW 2002, 1987, 1900ff.; *Rixecker* NJW 2004, 705, 708ff.
22 BGHZ 159, 254, 258 = NJW 2004, 2828; BGH NJW 2006, 152, 153.
23 BGHZ 158, 269, 272 = NJW 2004, 1876; BGHZ 159, 254, 258f. = NJW 2004, 2828; BGH NJW 2006, 152, 153.
24 BGHZ 158, 269, 278f. = NJW 2004, 1876; *Gaier* NJW 2004, 2041, 2043.
25 BGHZ 162, 313, 317 = NJW 2005, 1583 = JZ 2005, 1059 m. abl. Anm. *Rimmelspacher.*
26 BGHZ 159, 295, 301 = NJW 2004, 2152; BGH NJW 2006, 152, 153; MK/*Rimmelspacher* Rn. 21.
27 Wie hier *Crückeberg* MDR 2003, 199, 200f.; *Gaier* NJW 2004, 110, 111f.; *ders.* NJW 2004, 2041, 2044.

tigkeit ihrer Aussagen oder gegen die Sachkunde oder Zuverlässigkeit von Sachverständigen sind nur beachtlich, wenn sie konkret begründbar sind.

c) **Erforderlichkeit einer erneuten Tatsachenfeststellung.** Eine erneute Feststellung ist geboten, wenn wegen konkreter Zweifel an der Vollständigkeit oder Richtigkeit der festgestellten Tatsachen das angefochtene Urteil möglicherweise im Ergebnis unrichtig ist. Das ist bei entscheidungserheblichen Tatsachen – allein auf solche bezieht sich Abs. 1 Nr. 1 – stets der Fall. 11

Die **erneute Feststellung** entscheidungserheblicher Tatsachen kann in Gestalt einer – wiederholten oder erstmaligen – **Beweisaufnahme** erforderlich sein (Rn. 13ff.). „Erneute Feststellung" iSd. Abs. 1 Nr. 1 ist aber auch die vom Ersturteil abweichende **Bewertung von Tatsachen** als vorgetragen oder nicht vorgetragen, als streitig oder unstreitig oder als zugestanden oder nicht zugestanden. Daraus kann sich ferner die Notwendigkeit ergeben, in zweiter Instanz **erstmals Beweise zu erheben,** die in erster Instanz angetreten (zur Berücksichtigung neuer Beweisantritte s. Abs. 1 Nr. 2), aber nicht erhoben worden waren, weil der Erstrichter das unter Beweis gestellte Vorbringen für nicht beweisbedürftig hielt. Soweit das Gericht erster Instanz entscheidungserhebliches Vorbringen zu Unrecht für unerheblich gehalten und deshalb von einer Beweisaufnahme abgesehen hat, ist seine Tatsachenfeststellung aus der allein maßgeblichen Sicht des Berufungsgerichts unvollständig, die fehlende Beweisaufnahme daher in zweiter Instanz nachzuholen. 12

d) **Wiederholung einer erstinstanzlichen Beweisaufnahme.** Die Wiederholung einer in erster Instanz durchgeführten Beweisaufnahme steht nach bisheriger Rechtsprechung im pflichtgemäßen Ermessen des Berufungsgerichts. Für den Zeugenbeweis folgt dies aus § 398 Abs. 1 (s. dort Rn. 5). Für die Parteivernehmung gilt § 398 entsprechend, für den Sachverständigenbeweis stellt § 412 Abs. 1 die wiederholte Begutachtung in das Ermessen des Gerichts. § 529 Abs. 1 Nr. 1 bringt insoweit keine wesentliche Änderung mit sich.[28] In den Fällen, in denen die Rechtsprechung bisher eine Reduzierung des dem Berufungsgericht eingeräumten Ermessens und eine Pflicht zur Wiederholung der erstinstanzlichen Beweisaufnahme angenommen hat, bestehen in aller Regel konkrete Anhaltspunkte für Zweifel an der Vollständigkeit oder Richtigkeit der auf Grund der Beweisaufnahme festgestellten Tatsachen (s. dazu i. e. Rn. 5ff.). Ist das Ergebnis einer erstinstanzlichen Beweisaufnahme – zB wegen Verstoßes gegen das Gebot der Unmittelbarkeit der Beweisaufnahme (§ 355) – für das Berufungsgericht nicht verwertbar, so muss das Berufungsgericht, sofern die Sache nicht zurückverwiesen wird (§ 538 Abs. 2 S. 1 Nr. 1), sämtliche entscheidungs-erheblichen Beweise erneut erheben.[29] 13

Eine erneute Tatsachenfeststellung durch Wiederholung der erstinstanzlichen Beweisaufnahme ist danach geboten, wenn das Berufungsgericht der protokollierten Aussage eines in erster Instanz vernommenen Zeugen einen **anderen,** von dem protokollierten Wortlaut **abweichenden Sinn**[30] oder ein **anderes Gewicht**[31] als der Erstrichter beilegen will. Eine „informatorische Anhörung" kann die gebotene wiederholte Vernehmung nicht ersetzen.[32] Dasselbe gilt, wenn das Berufungsgericht die protokollierte Aussage für **ergänzungs- oder präzisierungsbedürftig** hält[33] oder an ihrer Vollständigkeit und Richtigkeit zweifelt.[34] 14

Eine wiederholte Zeugenvernehmung ist auch dann erforderlich, wenn das Berufungsgericht die **Glaubwürdigkeit** eines Zeugen **anders beurteilen** will als die Vorinstanz.[35] Sie ist allenfalls dann entbehrlich, wenn das Berufungsgericht seine abweichende Würdigung auf solche Umstände stützt, die weder die Urteilsfähigkeit, das Erinnerungsvermögen oder die Wahrheitsliebe des Zeugen noch die Vollständigkeit und Widerspruchsfreiheit seiner Aussage betreffen.[36] Hegt das Berufungsgericht Zweifel an der Glaubwürdigkeit eines in erster Instanz vernommenen Zeugen, den der Erstrichter für glaubwürdig gehalten hat, so ist es an die auf die Aussage des Zeugen gestützte Tatsachenfeststellung des Erstrichters nicht deshalb gebunden, weil die wiederholte Vernehmung des Zeugen durch das Berufungsgericht daran scheitert, dass der Zeuge in zweiter Instanz von einem Zeugnisverweigerungsrecht Gebrauch macht.[37] 15

Eine Wiederholung der Beweisaufnahme ist ferner dann geboten, wenn die **Beweiserhebung** oder die **Beweiswürdigung** des erstinstanzlichen Gerichts **verfahrensfehlerhaft** sind, etwa weil es die zwingend vorgeschriebene Beeidigung des Dolmetschers (§ 189 GVG) unterlassen[38] oder die Glaubwürdigkeit eines Zeugen beurteilt hat, der nicht in der Spruchbesetzung des Erstgerichts[39] oder nur durch den Rechtshilferichter[40] vernommen worden ist. Auch bei völlig ungenügender Beweiswürdigung des erstinstanzlichen Urteils muss das Berufungsgericht die Beweisaufnahme wiederholen.[41] 16

Das Berufungsgericht darf zwar von einer wiederholten Vernehmung absehen, wenn der Erstrichter eine Zeugenaussage nicht gewürdigt hat, weil er sie für unerheblich hielt.[42] Es darf daher auch die Glaubwürdig- 17

---

28 BGHZ 158, 269, 275 = NJW 2004, 1876; BGH NJW 2007, 372, 374.
29 BGH NJW 2000, 2024, 2026.
30 BGH NJW 1996, 663, 664; 2007, 372, 374.
31 BGH NJW 1993, 668, 669; 1996, 919, 920; 1998, 1303, 1305; 1999, 2972, 2973; 2000, 1199, 1200.
32 BGH NJW-RR 1998, 1601, 1602; 2000, 1199, 1200.
33 BGH NJW-RR 1991, 829, 830; 1993, 510.
34 BGH NJW 2000, 217, 220.
35 BGH NJW 1991, 3285, 3286; 2007, 372, 374.
36 BGH NJW 1991, 3285, 3286; 2007, 372, 374.
37 BGH NZM 2007, 562, 563; vgl. auch BGH NJW 2007, 372, 374f.
38 BGH NJW 1994, 941, 942.
39 BGH NJW 1995, 1292, 1293; NJW-RR 1995, 307, 308.
40 BGH NJW 1990, 3088, 3089.
41 BGH NJW-RR 2000, 432, 433.
42 BGH NJW 1994, 1341, 1343f.

keit eines Zeugen erstmals beurteilen.[43] Hat der Erstrichter aber **einander widersprechende Zeugenaussagen** nicht gewürdigt, weil er sie – anders als das Berufungsgericht – nicht für entscheidungserheblich hielt, und kommt es wie im Regelfall mangels objektiver Anhaltspunkte für die Beweiswürdigung auf die Glaubwürdigkeit der Zeugen an, so ist die Tatsachenfeststellung des Erstrichters unvollständig. Dies gebietet die nochmalige Vernehmung der Zeugen, ohne die das Berufungsgericht auch kein **non liquet** annehmen darf.[44]

18 Die **wiederholte Begutachtung** durch Sachverständige ist geboten, wenn das erstinstanzliche Gutachten **unvollständig, unklar** oder im Ergebnis **zweifelhaft** ist.[45] Zweifel an der Richtigkeit oder Vollständigkeit eines Gutachtens können sich auch daraus ergeben, dass das Gutachten in sich widersprüchlich oder lückenhaft ist, dass dem Gutachter die erforderliche Sachkunde fehlt, dass sich die Tatsachengrundlage geändert hat oder dass es neue wissenschaftliche Erkenntnismöglichkeiten zur Beantwortung der Sachverständigenfrage gibt.[46] Ohne erneute Anhörung des Sachverständigen darf das Berufungsgericht aus dessen schriftlichen oder protokollierten Ausführungen keine anderen Schlüsse ziehen als der Erstrichter.[47] Hat dieser einem rechtzeitig gestellten Antrag auf Ladung des Sachverständigen zur **mündlichen Erläuterung** eines schriftlichen Gutachtens nicht entsprochen, so muss das Berufungsgericht dem in zweiter Instanz wiederholten Antrag stattgeben.[48] Ist die Anhörung des Sachverständigen zur Ergänzung oder Erläuterung eines in erster Instanz erstatteten Gutachtens von Amts wegen geboten, so darf sie nicht deswegen abgelehnt werden, weil sie von der Partei verspätet beantragt worden ist.[49]

19 **3. Neue Angriffs- und Verteidigungsmittel (Abs. 1 Nr. 2).** Nach Abs. 1 Nr. 2 hat das Berufungsgericht seiner Verhandlung und Entscheidung „neue Tatsachen" zu Grunde zu legen, soweit deren Berücksichtigung zulässig ist. Der Begriff Tatsachen ist nicht wörtlich zu nehmen; gemeint sind neue Angriffs- und Verteidigungsmittel, soweit diese nach § 531 Abs. 2 zuzulassen sind (s. dazu § 531 Rn. 16ff.).[50] Neue Angriffs- und Verteidigungsmittel können zu einer Ergänzung, aber auch zu einer Änderung der Tatsachengrundlage des angefochtenen Urteils führen. Für die Berufungsinstanz ist allein der durch zuzulassende neue Angriffs- und Verteidigungsmittel ergänzte oder geänderte Sach- und Streitstand maßgeblich. Abweichende Tatsachenfeststellungen in dem angefochtenen Urteil binden das Berufungsgericht nicht, weil durch neue Angriffs- und Verteidigungsmittel in Bezug auf entscheidungserhebliche Tatsachen stets Zweifel an ihrer Vollständigkeit oder Richtigkeit begründet werden (Abs. 1 Nr. 1). Soweit zu berücksichtigende neue Angriffs- und Verteidigungsmittel unerledigte Beweisangebote erster Instanz erheblich werden lassen, hat das Berufungsgericht gemäß Abs. 1 Nr. 1 Halbs. 2 die Beweise zu erheben.

III. Prüfungsumfang in der Berufungsinstanz (Absatz 2)

20 **1. Berücksichtigung von Verfahrensmängeln (Abs. 2 S. 1). a) Prüfungsbeschränkung.** Die Bestimmung des Abs. 2 S. 1, die den Regelungsgehalt der bislang nur für die Revision geltenden Vorschrift des § 557 Abs. 3 S. 2 (§ 559 Abs. 2 S. 2 aF) für das Berufungsverfahren übernimmt, soll es dem Berufungsgericht ersparen, die Akten von Amts wegen auf mögliche Verfahrensfehler zu untersuchen, die weder von Amts wegen zu berücksichtigen noch vom Berufungskläger oder Anschlussberufungskläger in der Berufungsbegründung (§ 520 Abs. 3) bzw. Anschlussberufungsbegründung (§ 524 Abs. 3 S. 2 iVm. § 530 Abs. 3) gerügt worden sind. Zu den Folgen der Prüfungsbeschränkung für Abs. 1 Nr. 1 s. Rn. 3.

21 **b) Von Amts wegen zu berücksichtigende Verfahrensmängel.** Zu ihnen zählen das Fehlen der deutschen Gerichtsbarkeit[51] oder der internationalen Zuständigkeit der deutschen Gerichte,[52] mangelnde gesetzliche Vertretung,[53] Partei-[54] oder Prozessfähigkeit,[55] fehlende Prozessführungsbefugnis[56] oder Prozessstandschaft,[57] die Unbestimmtheit des Klageantrags,[58] fehlendes Rechtsschutzinteresse[59] sowie die Unzulässigkeit einer (Zwischen-) Feststellungsklage.[60] Von Amts wegen zu prüfen sind ferner die Zulässigkeit eines Einspruchs gegen ein Versäumnisurteil,[61] Verstöße gegen § 308[62] und gegen das Verschlechterungsverbot,[63] die anderweitige Rechtshängigkeit[64] oder die Rechtskraft einer Entscheidung über den Streitgegen-

---

43 BGH NJW 1994, 1341, 1343f.
44 BGH NJW-RR 1986, 285, 286.
45 BGHZ 159, 254, 259f. = NJW 2004, 2828; BGHZ 159, 245, 249 = NJW 2004, 2025.
46 BGH NJW 2003, 3480, 3481.
47 BGH NJW-RR 1988, 1235; NJW 1993, 2380f.; 1994, 803, 804.
48 BGH NJW 1996, 788, 789; 1997, 802, 803; NZV 2005, 463, 464.
49 BGH NJW-RR 1989, 1275; NJW 1992, 1459.
50 Amtl. Begr. des ZPO-RG, BT-Drucks. 14/4722, S. 101; MK/*Rimmelspacher* Rn. 32.
51 BGHZ 34, 372, 373 = NJW 1961, 1116.
52 BGHZ 119, 392, 393 = NJW 1993, 385; BGH NJW 1992, 3106; 1993, 3135; 1996, 2096; 1997, 870, 871.
53 BGHZ 5, 240, 242.
54 Vgl. BGH NJW 1995, 196; DtZ 1995, 50.
55 BGHZ 86, 184, 188 = NJW 1983, 996; BGH NJW-RR 1986, 157.
56 BGH DtZ 1997, 64, 65.
57 BGHZ 100, 217, 219 = NJW 1987, 2018; BGHZ 125, 196, 200f. = NJW 1994, 2549; BGH NJW 1994, 652, 653.
58 BGHZ 125, 41, 44 = NJW 1994, 3221; BGHZ 135, 1, 6 = NJW 1997, 3440.
59 BGH VIZ 1998, 519.
60 *BGHZ 125, 251, 255* = NJW 1994, 1353.
61 BGH NJW 1976, 1940; 1981, 1673, 1674.
62 BGH NJW-RR 1989, 1087; 1990, 1095, 1096; 1999, 381, 383.
63 BGHZ 36, 316, 319 = NJW 1962, 907.
64 BGH NJW-RR 1990, 45, 47.

stand[65] oder über ein vorgreifliches Rechtsverhältnis,[66] schließlich die Unzulässigkeit eines Teil- oder Grundurteils (s. dazu näher § 557 Rn. 16) sowie das Fehlen des Tatbestandes.[67]

22 Auf die in Rn. 21 genannten Mängel sind das Verfahren der ersten Instanz und das angefochtene Urteil unabhängig von Verfahrensrügen der Parteien zu überprüfen. Rügen in Bezug auf die genannten Mängel sind lediglich Anregungen zur Prüfung von Amts wegen und können daher jederzeit, auch nach Ablauf der (Anschluss-)Berufungsbegründungsfrist vorgebracht werden.

23 c) **Rügeerfordernis.** Andere als die in Rn. 21 genannten Verfahrensmängel sind vom Berufungsgericht nur dann zu berücksichtigen, wenn sie in der Berufungsbegründung bzw. Anschlussberufungsbegründung unter Angabe der Umstände, aus denen sich die Rechtsverletzung und deren Entscheidungsrelevanz ergibt (§ 520 Abs. 3 Nr. 2), gerügt worden sind. Nach der Rspr. des BGH gilt das nicht für Verfahrensfehler bei der Tatsachenfeststellung; derartige Fehler lassen die Bindung nach Abs. 1 auch ohne Berufungsrüge entfallen.[68] Zu den Rügeerfordernissen i. e. s. § 520 Rn. 31 ff. Die zeitliche Begrenzung des Rügerechts nach § 520 Abs. 3 Nr. 2 gilt nur für Verfahrensrügen des Berufungs- oder des Anschlussberufungsklägers. Verfahrensrügen, die der Berufungsbeklagte für den Fall erhebt, dass die Berufung Erfolg hat, – sog. Gegenrügen – sind demgegenüber jederzeit zulässig.[69] Entsprechendes gilt für Verfahrensrügen des Anschlussberufungsbeklagten/Berufungsklägers, die sich allein auf den Gegenstand der Anschlussberufung beziehen.

24 **2. Prüfungsumfang im Übrigen (Abs. 2 S. 2).** Von den in Abs. 2 S. 1 bezeichneten Mängeln abgesehen unterliegt das angefochtene Urteil der inhaltlich unbeschränkten Überprüfung auf Fehler bei der Anwendung formellen und materiellen Rechts. Zu den quantitativen Schranken der Nachprüfung s. § 528 Rn. 2 ff. Die Nachprüfung erfolgt ohne Bindung an die geltend gemachten Berufungsgründe (§ 520 Abs. 3). Das Berufungsgericht hat den Prozessstoff **selbständig nach allen Richtungen von neuem zu prüfen,** ohne an die rechtlichen Gesichtspunkte der Parteien oder des ersten Richters gebunden zu sein.[70] Die Prüfung ist auch auf solche Anspruchsgrundlagen und Einwendungen zu erstrecken, die weder die Parteien noch der Erstrichter erwogen haben.[71]

25 **Einreden,** die der Beklagte in erster Instanz erhoben hat, sind auch ohne ausdrückliche Wiederholung zu berücksichtigen.[72] Auch wenn sich die Berufung des Beklagten allein auf eine in erster Instanz erfolglos gebliebene **Einwendung** stützt und die Parteien in zweiter Instanz allein hierüber streiten, ist der **Klagegrund** erneut zu prüfen.[73] Das gilt – unter Berücksichtigung der Anfallwirkung (§ 528 Rn. 8 ff., 21) – auch für den **Aufrechnungseinwand.** Eine unschlüssige Klage ist daher auch dann abzuweisen, wenn der Beklagte nach erfolgloser Aufrechnung in erster Instanz mit der Berufung allein die Verneinung seiner Gegenforderung bekämpft. Soweit nicht §§ 530, 531 Abs. 2 entgegenstehen, kann der Beklagte in zweiter Instanz auch nach Ablauf der Berufungsbegründungsfrist klagebegründende Tatsachen bestreiten, selbst wenn er die Berufung zunächst alleine auf den Aufrechnungseinwand gestützt hat; darin liegt keine Beschränkung der Berufung auf die Aufrechnung,[74] die ohnedies unwirksam wäre (§ 520 Rn. 23).

IV. Entscheidung, Rechtsmittel

26 Soweit das Berufungsgericht eine Bindung an erstinstanzliche Tatsachenfeststellungen für gegeben hält, unterliegt seine Entscheidung der Nachprüfung durch das Revisionsgericht.[75] Dagegen ist im Revisionsverfahren nicht zu überprüfen, ob das Berufungsgericht im Falle einer eigenen (erneuten) Tatsachenfeststellung die Voraussetzungen des Abs. 1 Nr. 1 beachtet hat.[76]

530 *Verspätet vorgebrachte Angriffs- und Verteidigungsmittel* **Werden Angriffs- oder Verteidigungsmittel entgegen den §§ 520 und 521 Abs. 2 nicht rechtzeitig vorgebracht, so gilt § 296 Abs. 1 und 4 entsprechend.**

I. Normzweck

1 §§ 530, 531 dienen der Prozessbeschleunigung. Die drohende Präklusion verspäteten Berufungsvorbringens soll die Parteien – ebenso wie § 296 im erstinstanzlichen Verfahren – dazu anhalten, ihre Angriffs- und Verteidigungsmittel frühzeitig und konzentriert vorzubringen (dazu allg. § 296 Rn. 1 ff.). Unentschuldigte Verstöße gegen diese Prozessförderungspflicht haben grundsätzlich die gleichen Folgen wie nach § 296 in erster Instanz.

---

65 BGHZ 36, 365, 367 = NJW 1962, 1109; BGH NJW 1993, 3204, 3205.
66 BGH NJW 1991, 2014, 2015.
67 BGH NJW-RR 1993, 27, 28.
68 BGH NJW 2004, 1876, 1878; ebenso *Gaier* NJW 2004, 2041, 2043.
69 BGHZ 121, 65, 69 = NJW 1993, 933; BGH NJW 1988, 1321, 1322; 1994, 253, 254; 1996, 1337, 1339.
70 BGH NJW 1992, 899, 900; 1993, 2318, 2319.
71 BGH NJW 1992, 899, 900.
72 BGH NJW 1990, 326, 327 zur Verjährung; BGH NJW-RR 1986, 991, 992 zum Zurückbehaltungsrecht.
73 MK/*Rimmelspacher* Rn. 42.
74 AA BGH NJW 1999, 2817, 2818.
75 BGHZ 159, 245, 248 ff. = NJW 2004, 2825; BGHZ 159, 254, 256 ff. = NJW 2004, 2828.
76 BGHZ 162, 313, 319 = NJW 2005, 1583; aA *Wiecz/Sch/Gerken* Rn. 38; *Rimmelspacher* JZ 2005, 1061, 1063.

2 § 530 regelt einen Teilbereich des zweitinstanzlichen Präklusionsrechts. Er schließt Angriffs- und Verteidigungsmittel aus, die unentschuldigt erst nach Ablauf bestimmter berufungsspezifischer Fristen vorgebracht werden, sofern ihre Zulassung die Erledigung des Rechtsstreits verzögern würde.

II. Überblick über die Behandlung verspäteten und die Zulassung neuen Vorbringens in der Berufungsinstanz

3 Die gesetzliche Regelung unterscheidet zwischen **alten,** dh. schon in erster Instanz vorgebrachten, und **neuen,** erstmals in zweiter Instanz geltend gemachten **Angriffs- und Verteidigungsmitteln.** Sonderregelungen gelten für Klageänderung, Aufrechnung und Widerklage (§ 533) sowie für bestimmte Zulässigkeitsrügen (§ 532).

4 **1. Die zweitinstanzliche Prozessförderungspflicht** (§ 525 iVm. § 282) gilt gleichermaßen für alte und neue Angriffs- und Verteidigungsmittel.

a) Werden sie von der jeweiligen Partei unentschuldigt erst nach Ablauf der Berufungsbegründungsfrist (§ 520 Abs. 2), der Berufungserwiderungsfrist (§ 521 Abs. 2) oder einer dem Berufungskläger gesetzten Frist zur Stellungnahme auf die Berufungserwiderung (§ 521 Abs. 2) vorgebracht, so sind sie bei drohender Verzögerung nach **§ 530** iVm. **§ 296 Abs. 1 und 4** präkludiert.

5 b) Dasselbe gilt gemäß **§ 525** iVm. **§ 296 Abs. 1 und 4** für Angriffs- und Verteidigungsmittel, die unter Missachtung einer vom Berufungsgericht nach § 273 Abs. 2 Nr. 1 gesetzten Frist vorgebracht werden.

6 c) Angriffs- und Verteidigungsmittel, die im Berufungsverfahren unter Verletzung der allgemeinen Prozessförderungspflicht (§ 525 iVm. § 282) verspätet vorgebracht werden, ohne dass gesetzliche oder richterliche Fristen missachtet worden sind, unterliegen der Zurückweisung nach **§ 525 iVm. §§ 296 Abs. 2, 282.**

7 2. Angriffs- und Verteidigungsmittel, die **in erster Instanz zu Recht zurückgewiesen worden** sind, bleiben auch in der Berufungsinstanz ausgeschlossen (**§ 531 Abs. 1**). Keine Anwendung findet § 531 Abs. 1 auf Angriffs- und Verteidigungsmittel, die in erster Instanz **zu Unrecht** zurückgewiesen (nicht zugelassen) oder zu Unrecht zugelassen worden sind.

8 **3. Neue Angriffs- und Verteidigungsmittel** unterliegen nach **§ 531 Abs. 2** zusätzlichen Beschränkungen. Sie sind, auch wenn ihre Zulassung die Erledigung des Rechtsstreits nicht verzögern würde, nur dann zuzulassen, wenn ihre Geltendmachung in erster Instanz auf Grund eines vom Gericht zu vertretenden Umstandes oder sonst ohne Verschulden der Partei unterblieben ist.

9 **4. Verzichtbare Zulässigkeitsrügen,** die im Berufungsrechtszug nach Ablauf der in §§ 520, 521 Abs. 2 genannten Fristen vorgebracht werden oder schon in erster Instanz hätten vorgebracht werden können, sind nach **§ 532** nur bei genügender Entschuldigung der Verspätung zuzulassen.

10 5. Die Zulässigkeit einer im Berufungsrechtszug **neuen Klageänderung, Aufrechnung** oder **Widerklage** setzt nach **§ 533** neben ihrer Sachdienlichkeit oder der Einwilligung des Gegners voraus, dass die Tatsachen, auf die sie sich stützt, nach § 529 schon der Entscheidung über die Berufung zu Grunde zu legen sind.

III. Präklusionsvoraussetzungen nach § 530

11 **1. Angriffs- und Verteidigungsmittel.** a) Der **Begriff** hat die gleiche Bedeutung wie im erstinstanzlichen Verfahren (§ 282 Rn. 2, § 296 Rn. 4). Er umfasst nach § 282 Abs. 1 den Tatsachenvortrag der Parteien (Behauptungen und Bestreiten), Einwendungen und Einreden, Beweismittel und Beweiseinreden. Hierzu zählen auch Angriffe gegen ein im selbständigen Beweisverfahren eingeholtes Sachverständigengutachten[1] und Tatsachenvortrag zu Anspruchsgrundlagen, deren Tatbestandsvoraussetzungen bereits anderweit dargetan sind.[2] Eine in der Berufungsinstanz nachgeholte notwendige Aufgliederung eines Klageantrages ist kein neues Angriffs- oder Verteidigungsmittel.[3] **Kein Angriffsmittel** ist der **Angriff** selbst, auch in Gestalt einer Änderung oder Erweiterung der Klage oder der Widerklage[4] (s. dazu aber § 533) oder der Berufungsanträge (§ 296 Rn. 6).

12 Die **Aufrechnung** ist dagegen **Verteidigungsmittel** des Beklagten[5] bzw. – im Rahmen derVollstreckungsabwehrklage (§ 767) oder der negativen Feststellungsklage – Angriffsmittel des Klägers und kann daher nach § 530 präkludiert sein. Eine im Berufungsrechtszug erstmals erklärte Aufrechnung unterliegt ferner den Beschränkungen des § 533.

13 b) Kein Angriffs- oder Verteidigungsmittel ist die **Anschlussberufung.** Sie kann regelmäßig (Ausnahme: § 524 Abs. 2 S. 3) nur innerhalb der dem Berufungsbeklagten gesetzten Frist zur Berufungserwiderung eingelegt (§ 524 Abs. 2 S. 2) und muss binnen gleicher Frist begründet werden (§ 524 Abs. 3 S. 1). Nach Ablauf dieser Frist vorgebrachte Angriffs- und Verteidigungsmittel zur **Begründung der Anschlussberufung** unterliegen indessen nicht der Präklusion nach § 530, weil die Begründungsfrist des § 524 in § 530 nicht genannt ist und Präklusionsnormen einer ausdehnenden entsprechenden Anwendung generell nicht zugänglich sind.[6] Aus den gleichen Gründen kommt auch keine Präklusion nach § 525 iVm. § 296 Abs. 1, sondern al-

---

[1] OLG Saarbrücken NJW-RR 2003, 139, 140.
[2] Abw. BGH NJW 2003, 1321, 1322.
[3] BGH NJW 1993, 1393; 1997, 870.
[4] BGH NJW 1986, 2257, 2258; 2001, 1210, 1211.
[5] BGHZ 91, 293, 303 = NJW 1984, 1964; *Weth,* Die Zurückweisung verspäteten Vorbringens im Zivilprozess, 1988, S. 71 ff. m. weit. Nachw.
[6] BGH NJW 1981, 1217 für § 528 Abs. 1 aF; NJW 1979, 2109, 2110; 1981, 1218 für § 528 Abs. 3 aF.

lenfalls eine solche nach § 525 iVm. §§ 296 Abs. 2, 282 in Betracht. Neues Vorbringen zur Begründung einer Anschlussberufung unterliegt aber darüber hinaus den Beschränkungen des § 531 Abs. 2. Soweit die Anschlussberufung eine Klageänderung oder -erweiterung zum Gegenstand hat, kann sie nur unter den zusätzlichen Voraussetzungen des § 533 Nr. 2 mit neuem Vorbringen begründet werden.

2. Fristversäumung. § 530 ist nur einschlägig bei Versäumung der enumerativ aufgeführten **berufungsspezifischen Fristen** nach §§ 520, 521 Abs. 2. Andere Fälle der Fristversäumung (§ 525 iVm. § 273 Abs. 2 Nr. 1) beurteilen sich nach §§ 525, 296 Abs. 1. Verspätetes Vorbringen, für das keine Frist oder keine der in §§ 296, 530 genannten Fristen gesetzt war, kann nur nach § 525 iVm. §§ 296 Abs. 2, 282 präkludiert werden. 14

a) Dem **Berufungskläger** droht nach § 530 die Präklusion solcher Angriffs- und Verteidigungsmittel, die er nicht innerhalb der **Berufungsbegründungsfrist** (§ 520 Abs. 2) oder einer ihm vom Berufungsgericht gesetzten **Frist zur schriftlichen Stellungnahme auf die Berufungserwiderung** (§ 521 Abs. 2) vorbringt. Entsprechend § 296 Abs. 1 („hierfür") erfasst § 530 nur solche Angriffs- und Verteidigungsmittel, für deren Vortrag die Frist gesetzt war. Für die Berufungsbegründungsfrist ergibt sich diese Zweckbestimmung aus § 520 Abs. 3 Nr. 2 bis 4. Für **Vorbringen** zu einer zweitinstanzlichen **Klageänderung** oder **Klageerweiterung** gilt § 520 Abs. 3 Nr. 2 bis 4 nicht (§ 520 Rn. 37); auf sie ist § 530 mithin nicht anwendbar. Für insoweit neues Vorbringen gelten aber die Beschränkungen der §§ 531 Abs. 2, 533 Nr. 2. 15

§ 530 kommt nicht zur Anwendung, wenn die **Berufung mangels ausreichender Begründung unzulässig** ist (vgl. § 520 Rn. 31ff.). Zur Zulässigkeit der Berufung reicht es indessen aus, dass die Berufungsgründe sich mit einem einzelnen, den ganzen Streitgegenstand betreffenden Streitpunkt befassen (näher § 520 Rn. 40). Soweit die Berufung hiernach zulässig ist, richtet sich die Berücksichtigung später vorgetragener weiterer Berufungsgründe nach § 530. Erstrecken sich die fristgerecht vorgebrachten Berufungsgründe dagegen nur auf einen Teil des angefochtenen Urteils, so wird die weiter gehende Berufung mit Ablauf der Berufungsbegründungsfrist unzulässig. Nach Fristablauf vorgebrachte weitere Berufungsgründe können dann nicht nach § 530 zugelassen werden. 16

b) Dem **Berufungsbeklagten** droht der Ausschluss verspäteten Vorbringens nach § 530 nur unter der Voraussetzung, dass ihm nach § 521 Abs. 2 eine **Frist zur Berufungserwiderung** gesetzt worden ist. Was er innerhalb derselben vorzubringen hat, ergibt sich aus § 521 Abs. 2 S. 2 iVm. § 277 Abs. 1 S. 1. Der Berufungsbeklagte muss sich sorgfältig und umfassend mit der Berufungsbegründung auseinander setzen und alle Angriffs- und Verteidigungsmittel hierzu vorbringen. Das gilt auch in Bezug auf neues Vorbringen des Berufungsklägers und eine etwa schon mit der Berufungsbegründung verbundene Klageänderung oder -erweiterung. Soweit das angefochtene Urteil auf erstinstanzliche Angriffs- und Verteidigungsmittel des Berufungsbeklagten nicht eingeht, darf dieser sich auf eine Bezugnahme beschränken.[7] 17

c) Auf Vorbringen der Parteien zur Begründung einer **Anschlussberufung** und zur Erwiderung auf dieselbe findet § 530 keine Anwendung (Rn. 13). 18

3. Verzögerung. a) Voraussetzung der Präklusion nach § 530 ist wie in erster Instanz nach § 296 Abs. 1, dass die Zulassung des verspäteten Vorbringens die Erledigung des Rechtsstreits verzögern würde. Für die Annahme einer Verzögerung gelten dieselben Kriterien wie nach § 296 für den ersten Rechtszug (§ 296 Rn. 13ff.). Nach hM (§ 296 Rn. 13)[8] und st. Rspr. des BGH[9] ist entscheidend, ob der Rechtsstreit in zweiter Instanz bei Zulassung des verspäteten Vorbringens länger dauern würde als bei dessen Ausschluss (**„absoluter Verzögerungsbegriff"**). Das BVerfG,[10] ein Teil des Schrifttums und die Instanzgerichte[11] favorisieren demgegenüber mit Recht den **„relativen Verzögerungsbegriff"**, nach dem eine Verzögerung dann nicht vorliegt, wenn auch bei rechtzeitigem Vorbringen ein weiterer (Beweis-) Termin erforderlich gewesen wäre (insoweit ebenso § 296 Rn. 18). 19

Das Berufungsgericht muss im Rahmen des Zumutbaren nach Möglichkeit versuchen, eine drohende Verzögerung durch **vorbereitende Maßnahmen** nach § 273 abzuwenden (§ 296 Rn. 15).[12] Welche Maßnahmen ihm im Rahmen des Geschäftsgangs zumutbar sind, hängt einerseits von deren erforderlichem Umfang, andererseits von Geschäftslage und Terminierungssituation ab.[13] **Zumutbar** ist eine Klärung einfacher und klar abgegrenzter Streitpunkte, wenn sie keinen unangemessenen Zeitaufwand erfordert.[14] Auch eine Vernehmung mehrerer Zeugen ist nicht stets unzumutbar.[15] Die Ladung von in der Berufungsbegründungsschrift benannten Zeugen zum Verhandlungstermin kann schon vor Eingang der Berufungserwiderung veranlasst sein, wenn der Berufungsbeklagte das unter Beweis gestellte Vorbringen bereits in erster Instanz bestritten oder abweichend vorgetragen hat.[16] 20

Bleiben vorbereitende Maßnahmen des Berufungsgerichts zur Abwendung der drohenden Verzögerung ohne Erfolg, so ist das verspätete Vorbringen nicht zuzulassen, wenn der **Misserfolg** der vorbereitenden Maßnahme **typische Folge** des verspäteten Vorbringens ist (Beispiel: Die Ladung erreicht den verspätet be- 21

---

[7] BGH NJW 1993, 194.
[8] *B/L/H* § 296 Rn. 40ff.; MK/*Prütting* § 296 Rn. 75, 77 je m. weit. Nachw.
[9] BGHZ 75, 138, 141 = NJW 1979, 1988; BGHZ 86, 31, 34 = NJW 1983, 575.
[10] NJW 1995, 1417f.
[11] ZB OLG Hamm NJW-RR 1995, 126, 127.
[12] BGH NJW 1991, 2759, 2760; 1996, 528, 529; 2001, 151.
[13] Ausführlich hierzu *Zö/Gummer/Heßler* Rn. 19.
[14] BGH NJW 1991, 1181, 1182; 1999, 3272, 3273.
[15] BVerfG NJW-RR 1999, 1079; BGH NJW 1991, 2759ff.; 1996, 528, 529; 1999, 3272, 3273.
[16] BGH NJW 1991, 2759, 2760; 1996, 528, 529.

nannten Zeugen nicht mehr rechtzeitig).[17] Dagegen ist § 530 nicht anzuwenden, wenn der Misserfolg der vorbereitenden Maßnahme nicht dem säumigen Verhalten der Partei zuzurechnen ist, sondern darauf beruht, dass sich das jedem Prozess innewohnende **Verzögerungsrisiko** verwirklicht hat (Beispiel: Der trotz verspäteter Benennung noch rechtzeitig geladene Zeuge kann den Termin wegen Erkrankung oder anderweitiger Verhinderung nicht wahrnehmen oder bleibt ihm unentschuldigt fern).[18]

22 b) Verspätetes Vorbringen ist geeignet, die Erledigung des Rechtsstreits in der Berufungsinstanz zu verzögern, wenn es eine Beweisaufnahme erforderlich macht, die auch unter Ausnutzung der Möglichkeiten des § 273 nicht in dem ohnedies erforderlichen Verhandlungstermin durchgeführt werden kann. Eine Verzögerung ist auch dann anzunehmen, wenn bei Berücksichtigung des verspäteten Vorbringens nicht dieses selbst, sondern ein **anderes,** von der Partei oder vom Prozessgegner rechtzeitig vorgetragenes **beweisbedürftiges Vorbringen erheblich wird.**[19] Ob in diesem Falle über das verspätete Vorbringen ohne Verzögerung Beweis erhoben werden könnte oder ob dies entbehrlich ist, weil der Gegner es nicht bestreitet oder gar zugesteht, macht keinen Unterschied.[20]

23 c) Ebenso wie in erster Instanz setzt die Annahme einer Verzögerung voraus, dass bei einem Ausschluss des verspäteten Vorbringens der Rechtsstreit in der Berufungsinstanz **insgesamt entscheidungsreif** ist (§ 296 Rn. 21).[21] Angriffs- und Verteidigungsmittel dürfen nicht durch **Teilurteil** als verspätet zurückgewiesen werden.[22]

24 **4. Genügende Entschuldigung.** Der nicht fristgerechte Berufungsvortrag ist trotz drohender Verzögerung (Rn. 19ff.) zuzulassen, wenn die Partei die Verspätung genügend entschuldigt (§ 296 Abs. 1). Dazu muss sie Tatsachen vortragen, aus denen sich ergibt, dass die Versäumung der Frist weder auf eigenem noch auf einem ihr zuzurechnenden Verschulden ihres Prozessbevollmächtigten (§ 85 Abs. 2) beruht. Es gilt der gleiche Sorgfaltsmaßstab wie bei der Wiedereinsetzung (§ 296 Rn. 25, § 233 Rn. 3ff.); schon leichte Fahrlässigkeit schadet. Auf Verlangen des Gerichts sind die vorgetragenen Umstände glaubhaft zu machen (§ 296 Abs. 4). Erachtet das Gericht das zur Entschuldigung Beigebrachte für nicht ausreichend, so muss es hierauf hinweisen und der Partei Gelegenheit zur Ergänzung geben, wenn diese erkennbar davon ausgeht, die Verspätung sei genügend entschuldigt (§ 296 Rn. 24).

IV. Entscheidung über die Zulassung verspäteten Berufungsvorbringens

25 Die Entscheidung über die Zulassung oder deren Ablehnung trifft das Berufungsgericht in den Entscheidungsgründen des Endurteils. Die Zulassung steht nicht in seinem Ermessen. Es hat **von Amts wegen** zu prüfen, ob verspätetes Berufungsvorbringen die Erledigung des Rechtsstreits verzögert und ob die Verspätung genügend entschuldigt ist. Sind danach die Voraussetzungen für die Zulassung gegeben, so muss das verspätete Vorbringen berücksichtigt werden; andernfalls ist es kraft Gesetzes ausgeschlossen und darf nicht zugelassen werden. Ein **Beurteilungsspielraum** ist dem Gericht nur bei der Bewertung der Entschuldigungsgründe und bei der Prüfung eingeräumt, ob die Zulassung eine Verzögerung zur Folge hätte (§ 296 Abs. 1).

26 In gleicher Weise hat das Berufungsgericht bei der Anwendung der §§ 525, 296 Abs. 1 zu verfahren, wenn Vorbringen in zweiter Instanz unter Missachtung einer nach § 273 gesetzten Frist verspätet vorgebracht worden ist. Ein **Ermessensspielraum** besteht dagegen nach §§ 525, 296 Abs. 2, 282 bei der Entscheidung über die Zurückweisung nicht fristgebundenen Vorbringens, das unter Verletzung der allgemeinen Prozessförderungspflicht in zweiter Instanz verspätet vorgebracht worden ist. Allenfalls im Rahmen dieser Entscheidung kann zu berücksichtigen sein, ob der Gegner der Zulassung des verspäteten Vorbringens zustimmt.[23]

V. Anfechtung

27 Die **Nichtzulassung** verspäteten Berufungsvorbringens kann mit der Revision angegriffen werden, sofern das Berufungsurteil der Revision unterliegt (vgl. § 542 Abs. 1, 2). Die Rüge kann auf die Verkennung der Rechtsbegriffe Verspätung, Verzögerung, genügende Entschuldigung oder auf das Fehlen einer Begründung für die Nichtzulassung in den Entscheidungsgründen des Berufungsurteils gestützt werden. Unterliegt das Berufungsurteil nicht derRevision oder ist diese nicht zugelassen worden (§ 543f.) oder erfolglos geblieben, so kann die Zurückweisung verspäteten Berufungsvorbringens mit der Verfassungsbeschwerde angegriffen werden. In der gesetzwidrigen Nichtzulassung erheblicher Angriffs- oder Verteidigungsmittel liegt in aller Regel eine Verletzung des rechtlichen Gehörs (Art. 103 Abs. 1 GG) oder des Gleichheitssatzes (Art. 3 Abs. 1 GG). Das Revisionsgericht ist auf die Prüfung beschränkt, ob die vom Berufungsgericht für einschlägig gehaltene Präklusionsnorm richtig angewandt worden ist; auf eine andere als die angewandte Vorschrift darf es die Zurückweisung nicht stützen.[24]

---

[17] BGH NJW 1989, 719.
[18] BGH NJW 1982, 2559, 2561; 1986, 2319, 2320; 1987, 502f.; 1987, 1949, 1950; NJW-RR 1986, 1317f.
[19] BGHZ 86, 198 = NJW 1983, 1495.
[20] AA *St/J/Grunsky* § 527 Rn. 22.
[21] BGH NJW 1991, 1181, 1182; NJW-RR 1999, 787; OLG Brandenburg NJW-RR 1998, 498, 499.
[22] BGHZ 77, 306 = NJW 1980, 2355; BGHZ 107, 236, 246f. = NJW 1989, 2821; BGH DtZ 1993, 211.
[23] Weitergehend *St/J/Grunsky* § 527 Rn. 25f.
[24] BGH NJW 1999, 2269, 2270.

Die **Zulassung** verspäteten Vorbringens durch das Berufungsgericht nach § 530 (zu § 531 vgl. dort Rn. 25) ist stets unanfechtbar, weil die infolge einer gesetzwidrigen Zulassung eingetretene Verzögerung nicht mehr rückgängig gemacht werden kann.[25] Einen darüber hinausgehenden Sanktionszweck verfolgt § 530 nicht. Das Revisionsgericht darf daher eine zu Unrecht unterbliebene Zurückweisung nach § 530 nicht nachholen.[26] 28

531 ***Zurückgewiesene und neue Angriffs- und Verteidigungsmittel*** **(1) Angriffs- und Verteidigungsmittel, die im ersten Rechtszuge zu Recht zurückgewiesen worden sind, bleiben ausgeschlossen.**

(2) [1]Neue Angriffs- und Verteidigungsmittel sind nur zuzulassen, wenn sie
1. einen Gesichtspunkt betreffen, der vom Gericht des ersten Rechtszuges erkennbar übersehen oder für unerheblich gehalten worden ist,
2. infolge eines Verfahrensmangels im ersten Rechtszug nicht geltend gemacht wurden oder
3. im ersten Rechtszug nicht geltend gemacht worden sind, ohne dass dies auf einer Nachlässigkeit der Partei beruht.

[2]Das Berufungsgericht kann die Glaubhaftmachung der Tatsachen verlangen, aus denen sich die Zulässigkeit der neuen Angriffs- und Verteidigungsmittel ergibt.

I. Normzweck

1. Normzweck. Abs. 1 regelt die zweitinstanzliche Präklusion von Angriffs- und Verteidigungsvorbringen, das in erster Instanz zu Recht wegen Verspätung zurückgewiesen worden ist. Mit dieser Präklusionsdrohung sollen die Parteien zur Erfüllung der erstinstanzlichen Prozessförderungspflicht angehalten werden. 1

Abs. 2 regelt die Voraussetzungen, unter denen neues Vorbringen in zweiter Instanz ausnahmsweise zuzulassen ist. Die Bestimmung soll zugleich verhindern, dass die für die erste Instanz angedrohte Präklusion (§ 296) dadurch ausgehöhlt wird, dass die Parteien Angriffs- und Verteidigungsmittel, deren Ausschluss im ersten Rechtszug droht, für die zweite Instanz aufsparen, um sie dort rechtzeitig vorzutragen und so der Präklusion zu entgehen („Flucht in die Berufung"). 2

II. Präklusion zurückgewiesener Angriffs- und Verteidigungsmittel (Absatz 1)

Nach Abs. 1 bleiben Angriffs- und Verteidigungsmittel, die in erster Instanz zu Recht präkludiert worden sind, auch für die Berufungsinstanz ausgeschlossen und damit für die Entscheidung des Rechtsstreits endgültig unberücksichtigt. Eine Zulassung durch das Berufungsgericht sieht das Gesetz auch für den Fall nicht vor, dass sie die Erledigung des Rechtsstreits in der Berufungsinstanz nicht verzögern würde. Die Regelung ist verfassungsrechtlich unbedenklich.[1] Eine Zulassungsmöglichkeit kann der Bestimmung daher auch nicht im Wege verfassungskonformer Auslegung entnommen werden.[2] 3

1. Zurückgewiesene Angriffs- und Verteidigungsmittel. Zum Begriff der Angriffs- und Verteidigungsmittel s. § 530 Rn. 11. 4

a) Abs. 1 ist nur anwendbar auf Angriffs- und Verteidigungsmittel, die in erster Instanz **nach § 296 Abs. 1 oder 2** oder nach **§ 340 Abs. 3 S. 3** iVm. **§ 296 Abs. 1** zurückgewiesen oder nicht zugelassen worden sind. Ist erstinstanzliches Vorbringen unberücksichtigt geblieben, ohne nach den genannten Bestimmungen präkludiert worden zu sein, so ist Abs. 1 nicht einschlägig. Dasselbe gilt für verspäteten Vortrag, den der Erstrichter mangels Schlüssigkeit für unbeachtlich gehalten und deshalb von einer Zurückweisung abgesehen hat.[3] Ist er hilfsweise als verspätet zurückgewiesen worden, so ist Abs. 1 anwendbar, falls das Berufungsgericht die Entscheidungserheblichkeit bejaht.[4] Eine Zurückweisung iSd. Abs. 1 liegt nicht darin, dass das Gericht erster Instanz mangels Vorschusszahlung nach § 379 die Ladung von Zeugen unterlässt.[5]

b) Unanwendbar ist Abs. 1 auf Angriffs- und Verteidigungsmittel, die unter Missachtung gesetzter Fristen oder der allgemeinen Prozessförderungspflicht in erster Instanz **nicht vorgetragen** worden sind. Damit steht eine Partei, die zwar pflichtwidrig verspätet, aber immer noch in erster Instanz vorgetragen hat, uU schlechter als eine andere, die unter noch gröberer Verletzung ihrer Prozessförderungspflicht von einem präklusionsgefährdeten erstinstanzlichen Vorbringen ganz abgesehen und die „Flucht in die Berufung" (Rn. 2) angetreten hat. Diese Ungleichbehandlung ist zwar nicht verfassungswidrig,[6] aber wenig einleuchtend.[7] Sie wird allerdings dadurch entschärft, dass neues Vorbringen im Berufungsrechtszug nur unter den Voraussetzungen des Abs. 2 zuzulassen ist. Keine Anwendung findet Abs. 1 auf Angriffs- oder Verteidigungsvorbringen, das in erster Instanz **zu Unrecht zugelassen** worden ist.[8] 5

---

[25] BGH NJW 1981, 928; 1985, 743f.
[26] BGH NJW 1999, 2269, 2270.
[1] BVerfGE 55, 72, 88ff. = NJW 1981, 271; BGHZ 76, 133, 138ff. = NJW 1980, 945, zu § 528 Abs. 3 aF.
[2] BGHZ 76, 133, 141 = NJW 1980, 945; BGH NJW 1980, 1102, 1104, zu § 528 Abs. 3 aF.
[3] BGHZ 94, 195, 212 = NJW 1985, 1539.
[4] BGH (Fn. 3).
[5] BGH NJW 1980, 343.
[6] BVerfG (Fn. 1).
[7] *St/J/Grunsky* § 528 Rn. 17.
[8] BGH NJW 1981, 928.

6 **2. Zu Recht zurückgewiesenes Vorbringen.** a) Hat das erstinstanzliche Gericht Angriffs- oder Verteidigungsmittel nach § 296 Abs. 1 oder 2 zurückgewiesen oder nicht zugelassen, so hat das Berufungsgericht lediglich zu überprüfen, ob die **Zurückweisung bzw. Nichtzulassung zu Recht erfolgt** ist. Das ist dann der Fall, wenn nach dem Erkenntnisstand des Berufungsgerichts und nach seiner freien Überzeugung die Voraussetzungen der vom Erstgericht angewendeten Präklusionsnorm im Zeitpunkt der letzten mündlichen Verhandlung erster Instanz erfüllt waren. Fehlt es daran, so ist Abs. 1 auch dann nicht anwendbar, wenn das Gericht des ersten Rechtszuges nach seinem Erkenntnisstand den Präklusionstatbestand für erfüllt halten durfte.[9]

7 Bei seiner Entscheidung hat das Berufungsgericht auch **neuen Tatsachenvortrag** zur genügenden Entschuldigung (§ 296 Abs. 1) und zum Fehlen grober Nachlässigkeit (§ 296 Abs. 2) zu berücksichtigen, soweit er in erster Instanz **schuldlos** unterblieben ist.[10] Eine unbeschränkte Zulassung der Nachholung einer in erster Instanz schuldhaft versäumten Entschuldigung[11] würde Abs. 1 und damit die erstinstanzliche Präklusion aushöhlen.

8 b) Nach Abs. 1 hat das Berufungsgericht nur zu prüfen, ob die erstinstanzliche Zurückweisung bzw. Nichtzulassung rechtmäßig ist. Es darf eine **fehlerhafte Begründung** der Entscheidung nicht durch eine andere **ersetzen**[12] und die Zurückweisung nicht auf eine **andere** als die von der Vorinstanz angewendete **Vorschrift** stützen.[13]

9 c) Führt die Berufung zur **Zurückverweisung** nach § 538, so ist die Zurückweisung nie zu Recht erfolgt. Da der Rechtsstreit in erster Instanz aus den zur Zurückverweisung führenden Gründen nicht zur Endentscheidung reif war (näher § 538 Rn. 4), kann das Tatbestandsmerkmal der Verzögerung nicht zu Recht bejaht worden sein (vgl. § 530 Rn. 23).

10 **3. Rechtsfolge.** a) In erster Instanz zu Recht zurückgewiesenes Vorbringen bleibt ohne weiteres **ausgeschlossen,** auch wenn seine Zulassung die Erledigung des Rechtsstreits im Berufungsverfahren nicht verzögern würde. Eine **Ausnahme** gilt lediglich für solche Tatsachenbehauptungen, die in zweiter Instanz **unstreitig geworden** sind.[14]

11 Zu einem in erster Instanz zu Recht zurückgewiesenen Vorbringen sind Zeugen auch dann nicht zu vernehmen, wenn das Berufungsgericht sie zu einem **anderen Beweisthema** hören muss.[15] Die Präklusion eines erstinstanzlichen Beweisantritts steht dagegen der Benennung eines **anderen Zeugen** für dasselbe Beweisthema im Berufungsrechtszug nicht entgegen.[16]

12 b) Die Präklusion nach Abs. 1 hat grundsätzlich zur Folge, dass das betreffende Angriffs- oder Verteidigungsmittel bei der abschließenden Entscheidung des Rechtsstreits durch das Berufungsgericht endgültig unberücksichtigt bleibt. Führt die Berufung zur **Zurückverweisung** (§ 538), so ist erstinstanzlich präkludiertes Vorbringen nunmehr in erster Instanz zu berücksichtigen (Rn. 9).

13 c) In erster Instanz **zu Unrecht zurückgewiesene** Angriffs- und Verteidigungsmittel sind im Berufungsrechtszug nicht nach Abs. 1 ausgeschlossen und daher ohne weiteres zu berücksichtigen, sofern nicht § 530 entgegensteht. Dasselbe gilt für in erster Instanz **zu Unrecht zugelassenes** Vorbringen.[17] Das im Rechtszug übergeordnete Gericht darf weder eine Zurückweisung auf eine andere als die von der Vorinstanz angeordnete Vorschrift stützen noch eine in der Vorinstanz zu Unrecht unterbliebene Präklusion nachholen.[18]

III. Zulassung neuer Angriffs- und Verteidigungsmittel (Absatz 2)

14 **1. Neue Angriffs- und Verteidigungsmittel.** Zum Begriff der Angriffs- und Verteidigungsmittel s. § 530 Rn. 11.

a) **Neu** ist, was in erster Instanz nicht in der **letzten mündlichen Verhandlung** vorgetragen worden ist. Dazu zählt neben den Fällen des § 296a[19] auch Vorbringen in einem nachgelassenen, nach Schluss der mündlichen Verhandlung eingereichten Schriftsatz, das nicht noch nach § 283 berücksichtigt worden ist.[20] Neu im Berufungsverfahren sind ferner Angriffs- und Verteidigungsmittel, die in erster Instanz zwar bereits mündlich vorgetragen waren, bis zur entscheidenden letzten mündlichen Verhandlung aber – zB mit Rücksicht auf die Rechtsauffassung des Erstrichters oder wegen eines gerichtlichen Hinweises auf die beabsichtigte Zurückweisung – **fallen gelassen** wurden und in zweiter Instanz wieder aufgegriffen werden.[21] Neu sind schließlich alle Tatsachen, die erst nach Schluss der letzten mündlichen Verhandlung erster Instanz entstanden oder (schriftsätzlich) vorgetragen worden sind.

15 b) Ob ein in zweiter Instanz **konkretisiertes Vorbringen** neu ist, hängt davon ab, wie allgemein es in erster Instanz gehalten war.[22] Die Bezeichnung eines **Zeugen** mit **„NN"** ist kein wirksamer Beweisantritt, die

---

[9] MK/*Rimmelspacher* Rn. 6.
[10] BVerfGE 75, 183, 191 = NJW 1987, 2003; BGH NJW 1986, 134, 135; *R/S/G* § 139 IV 2c; *T/P/Reichold* Rn. 8.
[11] Dafür MK/*Rimmelspacher* Rn. 12; *St/J/Grunsky* § 528 Rn. 12.
[12] BGH NJW 1990, 1302; 1992, 1965; 2006, 1741.
[13] BGH (Fn. 12).
[14] BGHZ 76, 133, 141 = NJW 1980, 945; MK/*Rimmelspacher* Rn. 14; *Zö/Gummer/Heßler* Rn. 10.
[15] BGH NJW 1980, 1102.
[16] BGH NJW 1989, 716 m. Anm. *Deubner.*
[17] BGH NJW 1981, 928; MK/*Rimmelspacher* Rn. 5, *St/J/Grunsky* § 528 Rn. 16.
[18] BGH NJW 1981, 2255; 1990, 1302, 1304; 1999, 2269, 2270.
[19] BGH NJW 2006, 1589, 1591.
[20] BGH NJW 1983, 2030, 2031.
[21] BGH NJW 1998, 2977; NJW-RR 2007, 774, 775.
[22] BGHZ 159, 245, 251 = NJW 2004, 2025; BGHZ 164, 330, 333 = NJW 2006, 152; BGH NJW 2007, 1531, 1532.

erstmalige Benennung des Zeugen in zweiter Instanz daher neu. Wird ein Zeuge in der Berufungsinstanz zu mehreren Beweisthemen benannt, so ist für jedes Einzelne von ihnen zu prüfen, ob der Beweisantritt alt, neu oder nach Abs. 1 ausgeschlossen ist.

16 **2. Zulassung nach Abs. 2.** Abs. 2 **schließt neue Angriffs- und Verteidigungsmittel** für den Berufungsrechtszug **generell aus,** soweit nicht einer der **Zulassungsgründe** des Abs. 2 S. 1 Nr. 1 bis 3 gegeben ist. Die Bestimmung, gegen deren Verfassungsmäßigkeit keine Bedenken bestehen,[23] trägt damit der Funktion der Berufung als Instrument der Fehlerkontrolle und Fehlerbeseitigung und der daraus folgenden grundsätzlichen Bindung des Berufungsgerichts an die Tatsachenfeststellung der ersten Instanz (näher § 529 Rn. 2 ff.) Rechnung: Für die Überprüfung des Ersturteils soll dessen Tatsachengrundlage nur insoweit nicht verbindlich sein, als Zweifel an ihrer Vollständigkeit oder Richtigkeit bestehen (§ 529 Abs. 1 Nr. 1) oder als der Vortrag von Angriffs- und Verteidigungsmitteln aus Gründen unterblieben ist, die der Partei nicht anzulasten sind (§ 529 Abs. 1 Nr. 2 iVm. § 531 Abs. 2). Eine Ausnahme ist lediglich – ebenso wie zu Abs. 1 (Rn. 10) – für **unstreitiges neues Vorbringen** zu machen.[24]

17 a) Nach **Abs. 2 S. 1 Nr. 1** sind neue Angriffs- und Verteidigungsmittel zuzulassen, wenn sie einen vom Erstrichter erkennbar übersehenen oder für unerheblich gehaltenen Gesichtspunkt betreffen und aus diesem Grund – Mitursächlichkeit genügt –[25] in erster Instanz nicht vorgetragen worden sind.[26] Diese Fallgruppe ist immer dann einschlägig, wenn das Berufungsgericht die Rechtslage abweichend vom Erstrichter beurteilt und es für die Beurteilung des Rechtsstreits auf der Grundlage seiner Rechtsauffassung an ausreichendem erstinstanzlichem Parteivorbringen fehlt. In einem solchen Fall muss das Berufungsgericht auf seine abweichende Rechtsauffassung hinweisen und den Parteien Gelegenheit zur Stellungnahme geben (§ 139 Abs. 2).[27] Was als Reaktion auf einen derartigen Hinweis vorgetragen wird, muss berücksichtigt werden, wenn nicht die Hinweispflicht leer laufen soll. Die Zulassungsvoraussetzungen der Nr. 1 sind aber auch dann erfüllt, wenn die Partei von sich aus zu rechtlichen Gesichtspunkten neu vorträgt, die der Erstrichter übersehen oder für unerheblich gehalten hat. Ob sie die im Berufungsverfahren neuen Angriffs- und Verteidigungsmittel schon in erster Instanz hätte vortragen können, ist für die Zulassung nach Nr. 1 unerheblich.[28] Die Parteien sollen nicht gezwungen sein, in erster Instanz vorsorglich auch solche Angriffs- und Verteidigungsmittel vorzutragen, die vom Standpunkt des erstinstanzlichen Gerichts aus unerheblich sind.[29] Die Zulassung neuer Angriffs- und Verteidigungsmittel kann schließlich nicht mit der Begründung abgelehnt werden, die Partei hätte den Erstrichter auf erkennbar übersehene Gesichtspunkte oder eine abweichende Rechtsauffassung aufmerksam machen und hierzu vortragen müssen.

18 b) Nach **Abs. 2 S. 1 Nr. 2** sind neue Angriffs- und Verteidigungsmittel zuzulassen, wenn sie in erster Instanz infolge eines Verfahrensmangels nicht geltend gemacht wurden. Damit sind die Fälle angesprochen, dass die Partei sich durch fehlerhafte Prozessleitung des Erstrichters veranlasst sah, von einem bestimmten Vorbringen abzusehen, oder dass nach § 139 gebotene Hinweise unterblieben sind, die zu entsprechendem Vortrag in erster Instanz Anlass gegeben hätten.[30] Unterbliebene Hinweise stellen allerdings nur dann einen Verfahrensfehler dar, wenn sie vom Standpunkt des Erstrichters geboten gewesen wären. Sind Hinweise nicht gegeben worden, weil das Gericht erster Instanz die Rechtslage fehlerhaft beurteilt hat, so ist nicht Nr. 2, sondern Nr. 1 oder Nr. 3 einschlägig.

19 c) Nach **Abs. 2 S. 1 Nr. 3** sind neue Angriffs- und Verteidigungsmittel zuzulassen, wenn ihre Geltendmachung in erster Instanz nicht aus Nachlässigkeit der Partei unterblieben ist. Ausgeschlossen ist demnach die Berücksichtigung solcher tatsächlicher Umstände, die in erster Instanz nicht vorgebracht wurden, obwohl sie und ihre Bedeutung für den Ausgang des Rechtsstreits der Partei vor Schluss der mündlichen Verhandlung vor dem erstinstanzlichen Gericht bekannt waren oder hätten bekannt sein müssen.[31] Zu berücksichtigen sind danach alle Tatsachen, die erst nach der letzten mündlichen Verhandlung erster Instanz entstanden[32] oder der Partei erst nach diesem Zeitpunkt bekannt geworden sind, ohne dass ihre Unkenntnis auf Nachlässigkeit beruht.[33] Abs. 2 S. 1 Nr. 3 sanktioniert nur die Verletzung prozessualer Pflichten; der Umstand, dass eine Partei materiell-rechtliche Voraussetzungen eines neu vorgebrachten Angriffs- oder Verteidigungsmittels schon in erster Instanz hätte schaffen können, steht deren Zulassung nicht entgegen.[34] Soweit die Partei ihr bekannte oder für sie erkennbare Tatsachen nicht vorgetragen oder sonst Angriffs- und Verteidigungsmittel nicht geltend gemacht hat, obwohl ihr dies objektiv möglich gewesen wäre, hängt die Zulassung entsprechenden neuen Vorbringens in zweiter Instanz davon ab, ob die Partei bei Aufwendung der gebotenen Sorgfalt die Entscheidungsrelevanz des betreffenden Vorbringens hätte erkennen können.

---

23 BVerfG NJW 2005, 1768, 1769.
24 BGHZ 161, 138, 141 ff. = NJW 2005, 291; BGH NJW-RR 2005, 437.
25 BGH NJW-RR 2007, 774, 775.
26 BGHZ 158, 295, 302 = NJW 2004, 2152; BGH NJW-RR 2005, 167, 168; 2006, 1292, 1293.
27 Amtl. Begr. des ZPO-RG, BT-Drucks. 14/4722, S. 101.
28 BGH NJW-RR 2006, 1292, 1293.
29 Amtl. Begr. des ZPO-RG, BT-Drucks. 14/4722, S. 101; BGH NJW-RR 2006, 1292, 1293.
30 BGHZ 158, 295, 302 = NJW 2004, 2152; BGH NJW-RR 2005, 213; NJW 2005, 2624.
31 BGHZ 158, 295, 303 = NJW 2004, 2152.
32 BGH NJW-RR 2005, 1687 f.
33 Vgl. KG OLGR 2003, 13; BGH NJW 2006, 152, 154.
34 BGH NJW-RR 2005, 1687 f.; *Meller/Hannich* NJW 2006, 3385 ff.; aA BGH GRUR 2006, 401, 404 (Verjährungseinrede).

Einfache Fahrlässigkeit schadet.[35] An eine anwaltlich nicht vertretene Partei sind regelmäßig geringere Anforderungen zu stellen.[36]

20 **3. Glaubhaftmachung (Abs. 2 S. 2).** Nach Abs. 2 S. 2 kann das Berufungsgericht die Glaubhaftmachung (§ 294) der für die Zulassung neuer Angriffs- und Verteidigungsmittel angeführten Tatsachen verlangen. Derartige Tatsachen sind, soweit die Berufung mit neuen Angriffs- und Verteidigungsmitteln begründet wird, schon in der Berufungsbegründung zu bezeichnen (§ 520 Abs. 3 Nr. 4). Ihre Glaubhaftmachung kann schon vor der Entscheidung über eine Zurückweisung der Berufung durch Beschluss nach § 522 Abs. 2 verlangt werden.[37]

IV. Entscheidung, Rechtsmittel

21 **1. Entscheidung.** a) Angriffs- und Verteidigungsmittel, die in erster Instanz zu Recht präkludiert worden sind, sind gemäß Abs. 1 bei der Entscheidung des Berufungsgerichts unberücksichtigt zu lassen. Ein Entscheidungsspielraum des Berufungsgerichts besteht insoweit nicht.

22 b) Über die Zulassung neuer Angriffs- und Verteidigungsmittel ist, sofern die Berufung nicht schon nach § 522 Abs. 2 durch Beschluss zurückgewiesen wird, im Berufungsurteil zu entscheiden. Die **Zulassung** ist ebenso wie die **Nichtzulassung** im Einzelnen zu **begründen,** um dem Revisions- bzw. dem Verfassungsgericht die Überprüfung der Entscheidung (Rn. 23) zu ermöglichen.

23 **2. Rechtsmittel.** a) Lässt das Berufungsgericht erstinstanzlich **zu Unrecht präkludiertes Vorbringen unberücksichtigt,** so kann der darin liegende Verstoß gegen Abs. 1 im Rahmen der Revision geltend gemacht werden. Unterliegt die Entscheidung des Berufungsgerichts nicht der Nachprüfung durch das Revisionsgericht (§§ 522 Abs. 3, 542 Abs. 2), wird die Revision nicht zugelassen (§ 543) oder bleibt sie erfolglos, so kann der zugleich gegebene Verstoß gegen Art. 103 Abs. 1 GG zum Gegenstand einer Verfassungsbeschwerde gemacht werden (vgl. § 530 Rn. 27).

24 Für den umgekehrten Fall, dass in erster Instanz **zu Recht präkludiertes Vorbringen** vom Berufungsgericht unter Verstoß gegen Abs. 1 (§ 528 Abs. 3 aF) **zugelassen** wird, ist eine Rügemöglichkeit in der Revisionsinstanz bislang überwiegend verneint worden.[38] Daran ist – entgegen der hM – nicht festzuhalten.[39] Das Argument, die infolge einer gesetzwidrigen Zulassung eingetretene Verzögerung könne nicht mehr rückgängig gemacht werden[40] und einen darüber hinausgehenden Sanktionszweck verfolgten die Präklusionsvorschriften nicht (§ 530 Rn. 28), trifft auf Abs. 1 (§ 528 Abs. 3 aF) nicht zu, weil die Vorschrift – anders als § 528 Abs. 1 und 2 aF – nicht der Vermeidung einer in zweiter Instanz drohenden Verzögerung dient.[41] Abs. 1 muss zudem im Kontext des neu konzipierten zweitinstanzlichen Novenrechts des Abs. 2 gesehen werden, das nicht mehr auf die Vermeidung von Verzögerungen, sondern auf die Stärkung der ersten Instanz und die Festschreibung der dort geschaffenen Tatsachengrundlage auch für die Rechtsmittelzüge abzielt.[42] Die Tatsachengrundlage der Rechtmittelinstanz wird aber durch die gesetzwidrige Berücksichtigung ausgeschlossener Angriffs- und Verteidigungsmittel ebenso verfälscht wie durch die gesetzwidrige Zurückweisung zulässigen Vorbringens. Es fehlt daher an einem Grund für eine unterschiedliche Behandlung beider Fälle im Hinblick auf ihre Überprüfbarkeit durch das Revisionsgericht.[43]

25 b) Für die Anfechtung der **Zulassung** oder der **Nichtzulassung neuer Angriffs- und Verteidigungsmittel** nach Abs. 2 gilt das zu a) Ausgeführte entsprechend.[44] Die hM hält dem gegenüber die gesetzwidrige Zulassung neuen Vorbringens, das nach Abs. 2 ausgeschlossen ist, für unanfechtbar.[45] Feststellungen, die das Berufungsgericht auf der Grundlage eines verfahrensfehlerhaft zugelassenen neuen Vorbringens getroffen hat, sind nach der Rspr. des BGH nach einer Zurückverweisung (§ 563 Abs. 1) weiter verwertbar, dürfen aber nicht im Hinblick auf die Schlüssigkeit ergänzt werden.[46]

532 *Rügen der Unzulässigkeit der Klage*

[1]Verzichtbare Rügen, die die Zulässigkeit der Klage betreffen und die entgegen den §§ 520 und 521 Abs. 2 nicht rechtzeitig vorgebracht werden, sind nur zuzulassen, wenn die Partei die Verspätung genügend entschuldigt. [2]Dasselbe gilt für verzichtbare neue Rügen, die die Zulässigkeit der Klage betreffen, wenn die Partei sie im ersten Rechtszug hätte vorbringen können. [3]Der Entschuldigungsgrund ist auf Verlangen des Gerichts glaubhaft zu machen.

---

35 BGHZ 159, 245, 253 = NJW 2004, 2025.
36 Amtl. Begr. des ZPO-RG, BT-Drucks. 14/4722, S. 102.
37 Vgl. Amtl. Begr. des ZPO-RG, BT-Drucks. 14/4722, S. 102.
38 Vgl. 2. Aufl., § 528 Rn. 28 m. Nachw.
39 *H/M-S/Meyer-Seitz* Rn. 24; *Wiecz/Schütze/Gerken* Rn. 38; aA BGH NJW 2004, 1458, 1459; NJW-RR 2006, 760, 761; MK/*Rimmelspacher* Rn. 33; *Zö/Gummer/Heßler* Rn. 40; *Sae/Wöstmann* Rn. 11.
40 BGH NJW 1981, 928; 1985, 743f.
41 Abw. BGH NJW 2004, 1458, 1459.
42 Amtl. Begr. des ZPO-RG, BT-Drucks. 14/4722, S. 64; *H/M-S/Meyer-Seitz* Rn. 25.
43 *H/M-S/Meyer-Seitz* Rn. 24; aA BGH NJW 2004, 1458, 1459.
44 BGHZ 159, 245, 252 = NJW 2004, 2025; BGHZ 159, 254, 260 = NJW 2004, 2028.
45 BGH NJW 2004, 1458, 1459; 2004, 2382, 2383; NJW-RR 2006, 760, 761; ZIP 2007, 718, 720; MK/*Rimmelspacher* Rn. 33; *Zö/Gummer/Heßler* Rn. 40; wie hier *H/M-S/Meyer-Seitz* Rn. 25.
46 BGH NJW 2004, 2382, 2384.

I. Normzweck

Die Bestimmung bezweckt eine frühzeitige und endgültige Klärung der Zulässigkeit der Klage in Bezug auf bestimmte Zulässigkeitshindernisse.[1] Zweck der Vorschrift ist nicht die beschleunigte Erledigung des Rechtsstreits.[2] Sie unterwirft verzichtbare Zulässigkeiten einer über § 530 hinaus gehenden, verzögerungsunabhängigen Präklusion und schließt verspätete Zulässigkeitsrügen selbst dann aus, wenn deren Berücksichtigung die Verfahrensdauer verkürzen würde.[3] 1

II. Ausschluss verzichtbarer Zulässigkeitsrügen

1. Verzichtbare Zulässigkeitsrügen. § 532 gilt nur für die Zulässigkeitshindernisse, auf deren Berücksichtigung der Beklagte verzichten kann. Es sind dies die Einrede der mangelnden **Prozesskostensicherheit** des ausländischen Klägers (§ 113 iVm. §§ 110ff.), der mangelnden **Prozesskostenerstattung** nach Klagerücknahme (§ 269 Abs. 6) und der **Schiedsvereinbarung** (§ 1032).[4] Keine Anwendung findet die Vorschrift auf andere Zulässigkeitsvoraussetzungen oder -hindernisse; Vorbringen hierzu ist bis zur letzten mündlichen Berufungsverhandlung möglich und vom Berufungsgericht von Amts wegen zu berücksichtigen. 2

2. Rechtzeitigkeit der Rüge in zweiter Instanz (S. 1). Verzichtbare Zulässigkeitsrügen sind vom Berufungsgericht nur dann zu berücksichtigen, wenn sie vom Berufungskläger innerhalb der **Berufungsbegründungsfrist** (§ 520 Abs. 2), vom Berufungsbeklagten innerhalb der **Frist zur Berufungserwiderung,** sofern ihm eine solche gesetzt worden ist (§ 521 Abs. 2), vorgebracht worden sind oder die **Nichteinhaltung** der Frist **genügend entschuldigt** wird. War dem Berufungsbeklagten keine Frist zur Berufungserwiderung gesetzt, so muss er die Rügen in der mündlichen Verhandlung zweiter Instanz **vor der Verhandlung zur Hauptsache** vorbringen; andernfalls sind sie nach § 525 iVm. §§ 282 Abs. 3 S. 1, 296 Abs. 3 ausgeschlossen, sofern der Beklagte die Verspätung nicht genügend entschuldigt. In beiden Fällen schadet schon einfache Fahrlässigkeit.[5] Entschuldigungsgründe sind gemäß S. 3 auf Verlangen des Gerichts glaubhaft zu machen. 3

S. 1 gilt gleichermaßen für die Wiederholung in erster Instanz erhobener („alter") wie für die erstmalige Geltendmachung neuer Zulässigkeitsrügen in der Berufungsinstanz. Alte Rügen müssen grundsätzlich innerhalb der Berufungsbegründungs- bzw. Berufungserwiderungsfrist wiederholt werden. Hierfür genügt der Antrag auf Zurückweisung der Berufung, soweit eine Zulässigkeitsrüge in erster Instanz Erfolg hatte. Zulässigkeitsrügen, die im ersten Rechtszug **nach § 296 Abs. 3 zurückgewiesen** worden sind, bleiben im Berufungsrechtszug ausgeschlossen, wenn die Zurückweisung zu Recht erfolgt ist; andernfalls sind sie jetzt zuzulassen, sofern sie in zweiter Instanz rechtzeitig wiederholt oder die Verspätung ihrer Wiederholung genügend entschuldigt ist.[6] 4

3. Präklusion neuer Zulässigkeitsrügen (S. 2). a) Verzichtbare Rügen zur Zulässigkeit der Klage (Rn. 2) sind neu, wenn sie erstmals in der Berufungsinstanz erhoben werden. Voraussetzung ihrer Zulassung ist zunächst ihre fristgerechte Geltendmachung in **zweiter Instanz,** S. 1 (Rn. 3). Sie sind ferner dann präkludiert, wenn der Beklagte sie schon in **erster Instanz** hätte vorbringen können und nicht genügend zu entschuldigen vermag, warum dies nicht geschehen ist. Schon leichte Fahrlässigkeit schadet. Entschuldigungsgründe sind gemäß S. 3 auf Verlangen des Gerichts glaubhaft zu machen. 5

b) Bei der Prüfung, ob der Beklagte eine Zulässigkeitsrüge schon in erster Instanz hätte vorbringen können und dies schuldlos unterlassen hat, sind **prozesstaktische Erwägungen** außer Betracht zu lassen. Das Unterlassen einer Rüge ist nicht dadurch genügend entschuldigt, dass der Beklagte mit einer Sachabweisung der Klage rechnen durfte.[7] Der Beklagte kann sich eine in erster Instanz mögliche Zulässigkeitsrüge auch nicht stillschweigend für die höhere Instanz vorbehalten.[8] 6

c) Zulässigkeitshindernisse, die erst **nach Abschluss der ersten Instanz entstanden** sind, hat das Berufungsgericht auf rechtzeitige Rüge nach S. 1 zu berücksichtigen. Hier kommen insbesondere die in §§ 111, 112 Abs. 3 geregelten Sachverhalte in Betracht.[9] Der **Anstieg der Prozesskosten** durch die Anrufung der zweiten Instanz und eine daraus etwa folgende Unzulänglichkeit der geleisteten Sicherheit kann im Berufungsverfahren nicht mehr geltend gemacht werden.[10] 7

4. Verzögerung. Ob die Zulassung der Rüge die Erledigung des Rechtsstreits **verzögern** würde, ist unerheblich. Eine Rüge ist bei unentschuldigter Verspätung sogar dann ausgeschlossen, wenn ihre Berücksichtigung – da zur Prozessabweisung führend – die Verfahrensdauer verkürzen würde.[11] 8

5. Entscheidung. Ist eine Zulässigkeitsrüge unentschuldigt verspätet, so hat das Berufungsgericht sie **von Amts wegen zurückzuweisen.** Es kann sie weder auf Grund einer Ermessensentscheidung noch mit Rücksicht auf eine etwaige Zustimmung des Klägers zulassen.[12] Die Zurückweisung verspäteter Rügen 9

---

1 BGH NJW 1985, 743, 744.
2 MK/*Rimmelspacher* Rn. 2.
3 *St/J/Grunsky* § 529 Rn. 3.
4 MK/*Prütting* § 296 Rn. 151 m. weit. Nachw.
5 BGH NJW 1985, 743, 744.
6 MK/*Rimmelspacher* Rn. 6.
7 BGH (Fn. 5); OLG Frankfurt MDR 1982, 329; MK/*Rimmelspacher* Rn. 14; aA *St/J/Grunsky* § 529 Rn. 4.
8 OLG Frankfurt NJW 1969, 380ff.; *St/J/Grunsky* § 529 Rn. 5.
9 MK/*Rimmelspacher* Rn. 12; *St/J/Grunsky* § 529 Rn. 7.
10 BGH NJW 1970, 1791; 1981, 2646; *St/J/Grunsky* § 529 Rn. 7.
11 *St/J/Grunsky* § 529 Rn. 3.
12 MK/*Rimmelspacher* Rn. 16; *St/J/Grunsky* § 529 Rn. 5; aA BGHZ 37, 265, 267 = NJW 1962, 345 zu § 528 aF.

kann durch Zwischenurteil (§ 280) oder in den Gründen des Endurteils des Berufungsgerichts erfolgen. Zum Verfahren bei Zulassung der Rügen fehlender Prozesskostensicherheit und mangelnder Kostenerstattung s. § 113 Rn. 2, § 269 Rn. 36. Ist die Einrede der Schiedsvereinbarung zulässig und begründet, so ist die Klage als unzulässig abzuweisen (§ 1032).

10 **6. Rechtsmittel.** Die **Nichtzulassung** einer Zulässigkeitsrüge ist in der Revisionsinstanz stets nachprüfbar. Anders als in den Fällen des § 530 (dazu § 530 Rn. 28) kann die Revision auch darauf gestützt werden, dass das Berufungsgericht eine nach § 532 ausgeschlossene Zulässigkeitsrüge **zu Unrecht zugelassen** hat.[13]

533 *Klageänderung; Aufrechnungserklärung; Widerklage* **Klageänderung, Aufrechnungserklärung und Widerklage sind nur zulässig, wenn**

1. der Gegner einwilligt oder das Gericht dies für sachdienlich hält und

2. diese auf Tatsachen gestützt werden können, die das Berufungsgericht seiner Verhandlung und Entscheidung über die Berufung ohnehin nach § 529 zugrunde zu legen hat.

I. Normzweck

1 Die Vorschrift regelt die Voraussetzungen, unter denen im Rahmen einer zulässigen Berufung durch Klageänderung und -erweiterung oder durch Widerklage und Aufrechnung neue Ansprüche in den Prozess eingeführt werden können. Sie stellt im Hinblick auf die Zulässigkeit einer zweitinstanzlichen Ausweitung des Prozessstoffs durch die Aufstellung gleicher Zulassungskriterien „Waffengleichheit" zwischen den Parteien her[1] und bindet die Entscheidung des Berufungsgerichts über die Zulassung neuer Ansprüche an einen einheitlichen Maßstab.

2 Mit der Zielrichtung der Präklusionsvorschriften (§§ 530, 531 Abs. 1) hat die Vorschrift nichts gemein. Ihrer Nr. 1 liegt vielmehr der Gedanke der Prozessökonomie zu Grunde. Ergibt sich im zweiten Rechtszug, dass der Streit der Parteien über den Umfang des erstinstanzlichen Prozessgegenstandes hinausgeht, so kann es prozessökonomischer sein, die Erweiterung im anhängigen Rechtsstreit selbst um den Preis seiner Verzögerung zuzulassen, als Parteien und Gericht der Belastung eines zu erwartenden weiteren Prozesses auszusetzen. Die Zulassungsschranke der Nr. 2 drängt diesen Aspekt freilich zurück. Sie trägt dem Umstand Rechnung, dass die Berufung vornehmlich der Fehlerkontrolle und Fehlerbeseitigung dient. Durch Nr. 2 räumt der Gesetzgeber der Betonung dieser Funktion, der eine Ausweitung des Prozessstoffs in zweiter Instanz im Grundsatz zuwiderläuft, Vorrang vor dem Gesichtspunkt der Prozessökonomie ein.

II. Neue Klageänderung, Aufrechnung und Widerklage

3 **1. Neue Klageänderung. a)** Ungeachtet der Funktion der Berufung, das Ersturteil auf Fehler zu kontrollieren und solche zu beseitigen (vor § 511 Rn. 8), sind die **Änderung** und die **Erweiterung** der Klage in der Berufungsinstanz nicht schlechthin ausgeschlossen. Ihre Zulässigkeit wird sich jedoch angesichts der Zulassungsschranke nach Nr. 2 auf Ausnahmefälle beschränken. Klageänderung und Klageerweiterung setzen eine zulässige Berufung voraus (vor § 511 Rn. 13 ff.). § 533 gilt auch für die Änderung und die Erweiterung einer erstinstanzlichen Widerklage im Berufungsrechtszug, denn es ist kein Grund ersichtlich, Klage und Widerklage insoweit unterschiedlich zu behandeln. Auf Änderungen des Klageantrags nach § 264 Nr. 2 und 3 findet § 533 keine Anwendung.[2]

4 **b)** Die **Einwilligung des Gegners** kann stillschweigend erteilt werden und wird entsprechend § 267 unwiderleglich vermutet, wenn der Gegner sich rügelos auf die geänderte oder erweiterte Klage einlässt.[3]

5 **c)** Die **Sachdienlichkeit** einer zweitinstanzlichen Klageänderung oder Klageerweiterung ist objektiv unter dem Gesichtspunkt der Prozesswirtschaftlichkeit zu beurteilen.[4] Entscheidend ist, ob eine Zulassung der Klageänderung den Streitstoff im Rahmen des anhängigen Rechtsstreits ausräumt und einem weiteren Prozess vorbeugt (vgl. für die erste Instanz § 263 Rn. 7).[5] Der Sachdienlichkeit steht regelmäßig nicht entgegen, dass der Beklagte durch die Zulassung der Klageänderung oder -erweiterung eine Tatsacheninstanz verliert.[6] Unerheblich ist, ob die Klage schon in erster Instanz hätte geändert werden können.[7] Zu **verneinen** ist die Sachdienlichkeit im Allgemeinen, wenn im Falle der Zulassung der Klageänderung eine Zurückverweisung (§ 538) notwendig wäre.[8]

6 **d)** Wie eine Klageänderung zu behandeln sind die nachträgliche (Eventual-)**Klagenhäufung**[9] (aA § 263 Rn. 4) sowie **Parteiwechsel** und **Parteierweiterung** in zweiter Instanz (krit. § 263 Rn. 24).[10] Auch sie setzen eine zulässige Berufung voraus (vor § 511 Rn. 13 ff.).[11] Die Einbeziehung eines weiteren Beklagten erst in

---

[13] BGH NJW 1985, 743; MK/*Rimmelspacher* Rn. 19.
[1] BGH NJW 2000, 143, 145.
[2] BGHZ 158, 295, 305 ff. = NJW 2004, 2152; BGH ZIP 2007, 718, 721.
[3] Vgl. BGHZ 21, 13, 18.
[4] BGH NJW 2007, 2414, 2415.
[5] BGH (Fn. 4).
[6] BGH NJW 1984, 1552, 1555; 1985, 1784; 1985, 1841, 1842.
[7] BGH NJW-RR 1990, 505, 506; 1994, 1143.
[8] BGH NJW 1984, 1552, 1555; OLG Bamberg NJW-RR 1994, 454, 456.
[9] BGH NJW 1985, 1841, 1842.
[10] BGH NJW 1994, 3358, 3359; 1996, 2799; OLG Rostock MDR 2005, 1011.
[11] BGH DtZ 1994, 282, 283; NJW 1994, 3358, 3359.

der Berufungsinstanz oder ein zweitinstanzlicher Parteiwechsel auf der Beklagtenseite ist grundsätzlich nur mit Zustimmung aller Beteiligten zulässig, sofern dieselbe nicht rechtsmissbräuchlich verweigert wird.[12] Letzteres ist der Fall, wenn ein schutzwürdiges Interesse des neuen Beklagten an der Weigerung nicht anzuerkennen und ihm nach der gesamten Sachlage zuzumuten ist, in den bereits in der Berufungsinstanz schwebenden Rechtsstreit einzutreten (§ 263 Rn. 15).[13]

d) Die **Übernahme** des Prozesses durch den Einzelrechtsnachfolger einer Prozesspartei ist auch in zweiter Instanz nur mit Zustimmung des Gegners möglich (§ 265 Abs. 2 S. 2).[14] Diese kann nicht dadurch ersetzt werden, dass das Berufungsgericht die Übernahme für sachdienlich hält.[15] Zur Zulässigkeit eines Parteiwechsels auf der Klägerseite in anderen Fällen s. § 263 Rn. 19. 7

2. Neue Aufrechnung. a) § 533 gilt nur für die **Aufrechnung.** Die Bestimmung ist nicht anwendbar auf die Geltendmachung unselbständiger Rechnungsposten im Rahmen einer Abrechnung[16] und auf die auf eine Verrechnungsabrede gestützte Einwendung.[17] Auf die Ausübung eines Zurückbehaltungsrechts findet § 533 nur dann Anwendung, wenn das Recht wegen einer Geldforderung gegenüber einer solchen geltend gemacht wird, denn in diesem Falle handelt es sich in Wahrheit um eine Aufrechnung.[18] 8

b) § 533 gilt nur für den **neuen,** dh. erstmals im Berufungsrechtszug erhobenen Aufrechnungseinwand. Entscheidend ist, wann die auf die Aufrechnung gestützte anspruchsvernichtende **Einwendung** erhoben wird. Geschieht dies erstmals im Berufungsverfahren, so ist der Einwand neu, auch wenn die materiellrechtliche Aufrechnungserklärung schon vor Beendigung der ersten Instanz abgegeben wurde[19] oder von der Gegenforderung schon in erster Instanz die Rede war.[20] Neu ist der Einwand auch dann, wenn der Beklagte im ersten Rechtszug mit einer **anderen** oder einer **nicht individualisierbaren Forderung** aufgerechnet hat.[21] Anders verhält es sich, wenn es in erster Instanz lediglich an der notwendigen **Substantiierung** der Gegenforderung fehlte.[22] Neu ist der Aufrechnungseinwand auch dann, wenn der Beklagte ihn in erster Instanz vor Schluss der mündlichen Verhandlung hat **fallen lassen.**[23] 9

Nicht neu ist eine in erster Instanz hilfsweise erklärte Aufrechnung, auf die das Erstgericht nicht eingegangen ist, weil die Klage schon aus anderen Gründen abzuweisen war.[24] Dasselbe gilt, wenn der Aufrechnungseinwand im ersten Rechtszug nach § 296 **zurückgewiesen** worden ist.[25] 10

c) § 533 gilt nur für den erstmals im Berufungsrechtszug erhobenen Aufrechnungseinwand des **Beklagten.**[26] Beklagter ist auch der Widerbeklagte.[27] Die Bestimmung erfasst nicht die vom Kläger im Wege der Replik erklärte Aufrechnung.[28] Sie findet ferner keine Anwendung, wenn der Beklagte die Aufrechnung eines Dritten geltend macht.[29] Anders als für die Frage der Rechtskraftwirkung (§ 322 Abs. 2) kommt es nach § 533 nicht auf die materiellrechtliche Schuldnereigenschaft des Aufrechnenden, sondern auf seine erstinstanzliche Parteistellung an.[30] Die Bestimmung ist daher nicht entsprechend anzuwenden, wenn der **Kläger** eine Vollstreckungsabwehrklage (§ 767) oder eine negative Feststellungsklage auf die Aufrechnung stützt oder sich auf eine vom Beklagten außerhalb des anhängigen Rechtsstreits erklärte Aufrechnung beruft. 11

d) Die **Einwilligung des Gegners** kann stillschweigend erteilt werden. Das ist anzunehmen, wenn der Gegner sich rügelos auf die Aufrechnung einlässt.[31] 12

e) **Sachdienlich** ist die Aufrechnung, wenn ihre Zulassung zur umfassenden Beilegung des Streits der Parteien beiträgt und einem andernfalls zu gewärtigenden Folgeprozess vorbeugt. Entscheidend ist auch hier der Gesichtspunkt der **Prozesswirtschaftlichkeit** (vgl. Rn. 20).[32] 13

Bei einer hilfsweise gestaffelten Aufrechnung mit mehreren Gegenforderungen ist die Sachdienlichkeit für jede Aufrechnungsforderung gesondert zu prüfen.[33] Ein rechtlicher Zusammenhang zwischen Klageforderung und Aufrechnungsforderung ist zur Bejahung der Sachdienlichkeit weder erforderlich noch ausreichend.[34] Sachdienlichkeit ist nicht schon deswegen zu verneinen, weil die Aufrechnung schon in erster In- 14

---

12 BGH NJW 1987, 1946, 1947; 1997, 2885, 2886; 2000, 1950, 1951; 2001, 2253.
13 BGH NJW-RR 1986, 356; NJW 1987, 1946, 1947; 2001, 2253.
14 BGH NJW 1988, 3209; 1994, 3358, 3359; 1996, 2799.
15 BGH (Fn. 13).
16 AA MK/*Rimmelspacher* Rn. 21.
17 AA MK/*Rimmelspacher* Rn. 21.
18 BGH WM 1974, 1244, 1245; *St/J/Grunsky* § 523 Rn. 13.
19 BGH LM § 529 aF Nr. 1; *St/J/Grunsky* § 530 Rn. 9.
20 BGH WM 1965, 1062, 1064; 1976, 583, 585.
21 *E. Schneider* MDR 1990, 1122, 1123.
22 OLG Düsseldorf NJW-RR 1998, 1288; MK/*Rimmelspacher* Rn. 25; *Zö/Gummer/Heßler* Rn. 25.
23 BGH LM § 529 aF Nr. 23 = MDR 1975, 1008; *St/J/Grunsky* § 530 Rn. 17; *Zö/Gummer/Heßler* Rn. 25.
24 BGH NJW 1983, 931; *St/J/Grunsky* § 530 Rn. 18.
25 OLG Celle NJW 1965, 1338; MK/*Rimmelspacher* Rn. 25; aA OLG Frankfurt/M NJW 1971, 148.
26 BGH NJW-RR 1990, 1470; NJW 1992, 2575, 2576; ZIP 2007, 43, 46f.
27 BGH FamRZ 1990, 975, 979.
28 BGH NJW-RR 1990, 1470.
29 BGH NJW 1992, 2575, 2576; aA MK/*Rimmelspacher* Rn. 20.
30 AA *St/J/Grunsky* § 530 Rn. 14.
31 Vgl. BGHZ 21, 13, 18.
32 BGH NJW 1977, 49.
33 BGH NJW 2000, 143, 144.
34 BGH NJW 1966, 1029; 1977, 49; NJW-RR 2004, 1076.

stanz hätte erklärt werden können.[35] Die Zulassung der Aufrechnung ist im Allgemeinen sachdienlich, wenn der Kläger erst in zweiter Instanz vom Urkundenprozess Abstand nimmt[36] oder die Aufrechnungsmöglichkeit aus anderen Gründen erst nach Abschluss der ersten Instanz entstanden ist[37] oder wenn die Gegenforderung zugleich entscheidungsreif ist.[38] Dagegen fehlt es regelmäßig an der Sachdienlichkeit, wenn die Aufrechnungsforderung anderweit rechtshängig ist.[39]

15 f) § 533 geht für seinen Anwendungsbereich als **Sonderbestimmung** den allgemeinen **Präklusionsnormen** (§ 530, § 525 iVm. § 296) vor.[40] Diese gelten aber für die von der Vorschrift nicht erfassten Aufrechnungsfälle (Rn. 10f.).[41] Dagegen gebührt **§ 531 Abs. 2 S. 1 Nr. 1 und 2 Vorrang,** sofern der Aufrechnungseinwand nach den dort genannten Kriterien zuzulassen ist. Hat sich die Partei in erster Instanz auf Grund einer unrichtigen Rechtsauffassung oder durch fehlerhafte Prozessleitung des Gerichts veranlasst gesehen, von der Erhebung des Aufrechnungseinwands abzusehen oder die Aufrechnung fallen zu lassen, so muss diese im Berufungsrechtszug ohne Rücksicht auf die Zulässigkeitskriterien des § 533 zugelassen werden, um eine Perpetuierung des erstinstanzlichen Fehlers zu vermeiden. Die Zulässigkeit der Aufrechnung kann dann auch nicht davon abhängen, ob sie aus der Sicht des Berufungsgerichts in erster Instanz sachdienlich gewesen wäre. Für § 531 Abs. 2 S. 1 **Nr. 3** gelten diese Überlegungen nicht. Auch wenn die Aufrechnung im ersten Rechtszug nicht geltend gemacht werden konnte, weil die Gegenforderung noch nicht entstanden oder nicht fällig war oder weil die Partei die Aufrechnungslage nicht kannte und nicht kennen konnte, erscheint es nicht unbillig, ihre Zulassung im Interesse einer sachgerechten Begrenzung des zweitinstanzlichen Prozessstoffs von den in § 533 genannten Kriterien abhängig zu machen.

16 **3. Neue Widerklage.** a) Ungeachtet der Funktion der Berufung, das Ersturteil auf Fehler zu kontrollieren und solche zu beseitigen (vor § 511 Rn. 8), ist die Erhebung einer Widerklage in der Berufungsinstanz nicht schlechthin ausgeschlossen. Ihre Zulässigkeit wird sich jedoch angesichts der Zulassungsschranke nach Nr. 2 auf die Fälle beschränken, dass Klage und Widerklage denselben Streitgegenstand betreffen.

17 b) § 533 gilt für nur eine **neue,** dh. erstmals im Berufungsrechtszug erhobene Widerklage. War sie bereits in erster Instanz erhoben und nicht wirksam zurückgenommen, so ist sie in zweiter Instanz nicht neu, gleichviel, ob und wie das Erstgericht über sie entschieden hat.[42] Neu ist sie dagegen, wenn sie in erster Instanz erst nach Schluss der mündlichen Verhandlung eingereicht und als unzulässig abgewiesen wurde.[43] Die zweitinstanzliche Änderung oder Erweiterung einer im ersten Rechtszug erhobenen Widerklage ist dagegen nach § 533 zu beurteilen (Rn. 3).[44] Neu und nur unter den Voraussetzungen des § 533 zulässig ist die Widerklage ferner, wenn der Beklagte mit der Berufung gegen das der Klage stattgebende Urteil die in erster Instanz abgewiesene Widerklage von Anfang an mit geänderten Anträgen weiterverfolgt.[45] Neu ist auch eine auf Abänderung (§ 323) eines rechtskräftigen Teilurteils gerichtete Widerklage.[46] Eine Eventualwiderklage, über die in erster Instanz mangels Bedingungseintritt nicht entschieden worden ist, ist im Berufungsrechtszug nicht neu.[47] Keiner Zulassung nach § 533 bedarf eine in zweiter Instanz erhobene Zwischenfeststellungswiderklage.[48]

18 c) Die Erhebung einer Widerklage in zweiter Instanz setzt eine **zulässige Berufung** oder **Anschlussberufung** des Beklagten voraus.[49] Dazu reicht es aus, dass der Beklagte seine auf die Klage erfolgte Verurteilung angreift, die Abweisung der ursprünglichen Widerklage hinnimmt und mit der Widerklage neue (geänderte) Anträge weiterverfolgt.[50] Bei der Ermittlung des Wertes des Beschwerdegegenstandes (§ 511 Abs. 2 Nr. 1) bleibt die neue Widerklage außer Betracht.

19 d) Die **Einwilligung des Klägers** kann stillschweigend erteilt werden und wird entsprechend § 267 unwiderleglich vermutet, wenn der Kläger sich rügelos auf die Widerklage einlässt.[51]

20 e) Die **Sachdienlichkeit** der Widerklage ist ohne weiteres gegeben in allen Fällen des § 264. Im Übrigen entscheidet – bei Anlegung eines gleichen Maßstabes wie bei der Entscheidung über die Zulässigkeit einer Klageänderung (Rn. 5) – vor allem der Gesichtspunkt der **Prozessökonomie.**[52] Es kommt also entscheidend darauf an, ob und inwieweit die Zulassung der Widerklage zu einer **sachgemäßen** und **endgültigen Erledigung** des Streitstoffs im Rahmen des anhängigen Rechtsstreits führt und einem andernfalls zu erwartenden weiteren Prozess vorbeugt.[53] Die Sachdienlichkeit wird regelmäßig zu bejahen sein, wenn für die Entschei-

---

[35] BGH NJW 1977, 49.
[36] BGHZ 29, 337, 342f. = NJW 1959, 886; BGH NJW 2000, 143, 144.
[37] *St/J/Grunsky* § 530 Rn. 20; *Zö/Gummer/Heßler* Rn. 30; aA MK/*Rimmelspacher* Rn. 30.
[38] *St/J/Grunsky* § 530 Rn. 20.
[39] BGH FamRZ 1990, 975, 979; *St/J/Grunsky* § 530 Rn. 21.
[40] So für § 530 aF BGHZ 83, 371, 377 = NJW 1982, 1708; BGH NJW-RR 1987, 1196; NJW 1992, 2575, 2576.
[41] BGH NJW-RR 1990, 1470; NJW 1992, 2575, 2576.
[42] Teilweise aA MK/*Rimmelspacher* Rn. 35.
[43] OLG Stuttgart OLGR 2003, 395, 396.
[44] Anders für § 530 aF BGH WM 1976, 1278, 1280.
[45] BGH NJW 1998, 2058, 2059.
[46] BGH NJW 1993, 1795.
[47] MK/*Rimmelspacher* Rn. 36.
[48] BGHZ 53, 92 = NJW 1970, 425.
[49] MK/*Rimmelspacher* Rn. 37.
[50] BGH NJW 1998, 2058, 2059.
[51] BGHZ 21, 13, 18.
[52] BGH NJW-RR 1992, 733, 736.
[53] BGHZ 33, 398, 400 = NJW 1961, 362; BGH NJW-RR 1992, 733, 736.

dung über Klage und Widerklage (teilweise) derselbe Streitstoff erheblich ist.[54] Unerheblich ist im Rahmen der Sachdienlichkeitsprüfung, dass die Zulassung der Widerklage für den Kläger den **Verlust einer Tatsacheninstanz** zur Folge hat.[55] Keine Rolle spielt ferner, ob die Widerklage schon in erster Instanz hätte erhoben werden können.[56]

III. Kongruente Tatsachengrundlage (Nr. 2)

§ 533 Nr. 2 macht die Zulässigkeit einer zweitinstanzlichen Klageänderung, Aufrechnung oder Widerklage weiter davon abhängig, dass sie auf Tatsachen gestützt werden kann, die das Berufungsgericht seiner Verhandlung und Entscheidung über die Berufung ohnehin nach § 529 zu Grunde zu legen hat.[57] Das Berufungsgericht soll auch nicht über eine „Flucht in die Klageänderung/Widerklage/Prozessaufrechnung" mit Tatsachenstoff konfrontiert werden können, der hinsichtlich der Berufung nach § 529 iVm. § 531 ausgeschlossen ist. Vor allem diesem Zweck dient die Zulassungsschranke der Nr. 2. Zudem bewahrt sie die Partei, die eine Klageänderung, Aufrechnung oder Widerklage anbringt, davor, dass das Berufungsgericht diese zwar wegen Einwilligung des Gegners oder als sachdienlich zulassen müsste, auf Grund der Beschränkung des Tatsachenstoffs (§§ 529, 531) aber möglicherweise an einer der materiellen Rechtslage entsprechenden Entscheidung über die geänderte Klage oder die Gegenforderung gehindert wäre.[58] 21

Die Zulässigkeit einer zweitinstanzlichen Klageänderung, Aufrechnung oder Widerklage ist somit auf der Grundlage des nach § 529 iVm. § 531 Abs. 2 maßgeblichen Sach- und Streitstands (§ 529 Rn. 2f.) zu prüfen. Neue Angriffs- und Verteidigungsmittel, auf die sich die Klageänderung, Aufrechnung oder Widerklage stützt, sind nur zu berücksichtigen, soweit sie für die Entscheidung über die Berufung erheblich und nach § 531 Abs. 2 zuzulassen sind (§ 531 Rn. 16ff.). Eine Änderung oder Erweiterung des nach Nr. 2 maßgeblichen Sach- und Streitstands durch neue, für die Berufung nicht entscheidungserhebliche Angriffs- und Verteidigungsmittel lässt sich auch nicht über § 531 Abs. 2 erreichen. Für die Zulassung nach Nr. 2 ist es daher unerheblich, ob ein Angriffs- oder Verteidigungsmittel, das für die Klageänderung, Aufrechnung oder Widerklage, nicht aber für die Berufung relevant ist, auf Grund einer fehlerhaften Rechtsauffassung oder Prozessleitung in erster Instanz nicht vorgetragen worden ist. Auf erstinstanzlich vorgetragene Tatsachen kann die Klageänderung auch dann gestützt werden, wenn der Erstrichter diese für die Entscheidung über die ursprüngliche Klage zu Unrecht für unerheblich gehalten und deswegen dazu keine Feststellungen getroffen hat.[59] Ist in zweiter Instanz über einen gemäß § 264 Nr. 2 oder 3 geänderten Antrag zu entscheiden (s. Rn. 3), so hat das Berufungsgericht die dazu erforderlichen Feststellungen auf der Grundlage des gesamten erstinstanzlichen Prozessstoffs selbst zu treffen;[60] ob neues Vorbringen insoweit zu berücksichtigen ist, richtet sich nach § 531 Abs. 2.[61] 22

IV. Entscheidung, Rechtsmittel

1. Die **Entscheidung über die Zulassung** einer neuen Klageänderung, Aufrechnung oder Widerklage erfolgt im Endurteil des Berufungsgerichts. Die Zulassung ist in allen Fällen analog § 268 unanfechtbar und bedarf daher keiner Begründung.[62] 23

2. Lässt das Berufungsgericht die **Klageänderung** oder **Klageerweiterung** oder die **Widerklage** nicht zu, so sind diese als unzulässig abzuweisen,[63] eine damit verbundene Anschlussberufung des Beklagten gegebenenfalls als unbegründet zurückzuweisen. Wird der **Aufrechnungseinwand** nicht zugelassen, so bleiben Aufrechnung und Gegenforderung bei der Entscheidung des Berufungsgerichts unberücksichtigt. Ausführungen zur Begründetheit der geänderten oder erweiterten Klage oder der Gegenforderung im Berufungsurteil gelten als nicht geschrieben.[64] 24

3. Das **Revisionsgericht** kann die Verneinung der Sachdienlichkeit nur darauf überprüfen, ob das Berufungsgericht den Begriff der Sachdienlichkeit verkannt oder die Grenzen seines Ermessens überschritten hat.[65] Hat das Berufungsgericht die Sachdienlichkeit nicht geprüft, so kann das Revisionsgericht dies nachholen.[66] 25

4. Die Nichtzulassung des Aufrechnungseinwands nach § 533 äußert – anders als seine Präklusion nach §§ 296, 530, § 553 iVm. § 296 – **keine materielle Rechtskraftwirkung** im Hinblick auf die zur Aufrechnung 26

---

[54] MK/*Rimmelspacher* Rn. 13.
[55] BGH NJW 1977, 49; 2000, 143, 144; NJW-RR 1992, 733, 736.
[56] BGH NJW 1977, 49; 2000, 143, 144; BGH NJW-RR 1990, 505, 506 zu § 263; *St/J/Grunsky* § 530 Rn. 9.
[57] Abw. OLG Nürnberg OLGR 2004, 62.
[58] Amtl. Begr. des ZPO-RG, BT-Drucks. 14/4722, S. 102.
[59] BGH NJW 2007, 2414, 2415.
[60] BGHZ 158, 295, 310 = NJW 2004, 2152.
[61] BGH NJW-RR 2006, 390, 391.
[62] BGH NJW 1985, 3079, 3080; MK/*Rimmelspacher* Rn. 16; *St/J/Grunsky* § 530 Rn. 21; iE ebenso BGH NJW 2004, 2382, 2383.
[63] BGHZ 33, 398, 401 = NJW 1961, 362.
[64] BGH NJW 1984, 128; *St/J/Grunsky* § 530 Rn. 22; *Zö/Gummer/Heßler* Rn. 32.
[65] BGHZ 123, 132, 137 = NJW 1993, 3072; BGH NJW 2000, 143, 144.
[66] BGHZ 123, 132, 137 = NJW 1993, 3072.

gestellte Gegenforderung.[67] Diese kann daher in einem neuen Prozess eingeklagt oder aufgerechnet, nicht aber zum Gegenstand einer Vollstreckungsabwehrklage (§ 767) gemacht werden.[68]

V. Rechtsanwaltsgebühren

27 Zu den Anwaltsgebühren vgl. § 33 Rn. 30.

534

Verlust des Rügerechts **Die Verletzung einer das Verfahren des ersten Rechtszuges betreffenden Vorschrift kann in der Berufungsinstanz nicht mehr gerügt werden, wenn die Partei das Rügerecht bereits im ersten Rechtszuge nach der Vorschrift des § 295 verloren hat.**

1 Die Bestimmung erstreckt den in erster Instanz eingetretenen Rügeverlust nach § 295 auf das Berufungsverfahren und macht ihn erst dadurch effizient. § 534 gilt für alle heilbaren Verfahrensmängel, die bis zum Schluss der mündlichen Verhandlung erster Instanz bereits eingetreten waren. Liegt der Verfahrensfehler – bei fehlender Entscheidungsreife – im Erlass des Urteils, greift § 534 nicht ein. Die Bestimmung gilt ferner nicht für verzichtbare Rügen zur Zulässigkeit der Klage (§§ 296 Abs. 3, 532).

2 Für zweitinstanzliche Verfahrensfehler gilt § 295 über § 525. Für die Revisionsinstanz trifft § 556 eine mit § 534 übereinstimmende Regelung.

535

Gerichtliches Geständnis **Das im ersten Rechtszuge abgelegte gerichtliche Geständnis behält seine Wirksamkeit auch für die Berufungsinstanz.**

1 Die Bestimmung erstreckt die Bindung an ein erstinstanzliches gerichtliches Geständnis (§§ 288, 290) auf die zweite Instanz. Maßgebend ist, was das Berufungsgericht als in erster Instanz zugestanden ansieht. Der Widerruf eines erstinstanzlichen Geständnisses ist daher auch in zweiter Instanz nur unter den Voraussetzungen des § 290 beachtlich. Für Tatsachen, die nach § 138 Abs. 3 „als zugestanden anzusehen sind“, gilt § 535 nicht. Ein in erster Instanz unterbliebenes Bestreiten kann in zweiter Instanz in den Grenzen der Präklusionsnormen (§ 530, § 525 iVm. § 296, § 531 Abs. 2) nachgeholt werden.

2 Im Falle der Säumnis des Berufungsbeklagten bindet ein früheres Geständnis den Berufungskläger nicht[1] (näher § 539 Rn. 8).

536

Parteivernehmung **(1) Das Berufungsgericht darf die Vernehmung oder Beeidigung einer Partei, die im ersten Rechtszuge die Vernehmung abgelehnt oder die Aussage oder den Eid verweigert hatte, nur anordnen, wenn es der Überzeugung ist, dass die Partei zu der Ablehnung oder Weigerung genügende Gründe hatte und diese Gründe seitdem weggefallen sind.**

(2) War eine Partei im ersten Rechtszuge vernommen und auf ihre Aussage beeidigt, so darf das Berufungsgericht die eidliche Vernehmung des Gegners nur anordnen, wenn die Vernehmung oder Beeidigung im ersten Rechtszuge unzulässig war.

I. Normzweck

1 Abs. 1 will verhindern, dass eine Partei ihre (eidliche) Vernehmung ohne ausreichenden Grund als Beweismittel für die zweite Instanz aufspart, denn hierdurch würde die in §§ 446, 453 Abs. 2, 454 angedrohte Sanktion ihre Wirkung weitgehend verfehlen. Abs. 2 erstreckt das Beeidigungsverbot des § 452 Abs. 1 S. 2 auf die zweite Instanz.

II. Parteivernehmung (Absatz 1)

2 Die Beschränkung nach Abs. 1 gilt für alle Fälle der Ablehnung oder Verweigerung einer Parteivernehmung oder eines Parteieides in erster Instanz. Ob Aussage oder Eid verweigert worden sind oder als verweigert anzusehen sind (§§ 446, 453 Abs. 2, 454), hat das Berufungsgericht zu beurteilen. Dasselbe gilt für die Frage, ob die Partei für die Ablehnung oder Weigerung „genügende Gründe“ hatte. Ist das der Fall, so ist – bei Vorliegen der Voraussetzungen im Übrigen – die (eidliche) Parteivernehmung auch dann anzuordnen, wenn die Weigerungsgründe fortbestehen, die Partei nunmehr aber gleichwohl zur (eidlichen) Aussage bereit ist.[1] Abs. 1 gilt entsprechend für die Parteivernehmung über den Verbleib einer Urkunde nach § 426.[2]

III. Beeidigung des Gegners (Absatz 2)

3 Nach § 452 Abs. 1 S. 2 darf, wenn beide Parteien über dieselbe Tatsache vernommen worden sind, nur eine von ihnen beeidigt werden. Damit soll vermieden werden, dass bei kontroversen Parteiaussagen Eid gegen Eid steht, denn damit werden ohne Gewinn für den Zivilprozess unnötigerweise Strafverfahren provoziert. Abs. 2 will vermeiden, dass ein solches Ergebnis durch Parteibeeidigung in unterschiedlichen In-

---

[67] BGH NJW-RR 1987, 1196.
[68] BGHZ 125, 351 = NJW 1994, 2769.
[1] *St/J/Grunsky* § 542 Rn. 10; aA *R/S/G* § 141 III 1; offen gelassen von BGH MDR 1979, 930.
[1] AA *St/J/Grunsky* § 533 Rn. 4.
[2] MK/*Rimmelspacher* Rn. 8; *St/J/Grunsky* § 533 Rn. 8.

stanzen eintritt. Diese Gefahr besteht auch dann, wenn die Vernehmung oder die Beeidigung einer Partei in erster Instanz unzulässig war; gleichwohl nimmt Abs. 2 diesen Fall vom Beeidigungsverbot aus.

537 ***Vorläufige Vollstreckbarkeit*** **(1) [1]Ein nicht oder nicht unbedingt für vorläufig vollstreckbar erklärtes Urteil des ersten Rechtszuges ist, soweit es durch die Berufungsanträge nicht angefochten wird, auf Antrag von dem Berufungsgericht durch Beschluss für vorläufig vollstreckbar zu erklären. [2]Die Entscheidung ist erst nach Ablauf der Berufungsbegründungsfrist zulässig.**

(2) Eine Anfechtung des Beschlusses findet nicht statt.

I. Normzweck

Die Bestimmung dient vor allem dem Interesse des Berufungsbeklagten, indem sie ihm die unbedingte Vollstreckung aus dem angefochtenen Urteil ermöglicht, soweit dieses vom Berufungskläger nicht angefochten ist. Dazu bedarf es eines gesonderten Ausspruchs, denn auch eine beschränkte Berufung hemmt den Eintritt der Rechtskraft des gesamten Urteils.[1] 1

II. Voraussetzungen

1. Keine unbedingte Vollstreckbarkeit. § 537 betrifft den Regelfall, dass das mit der Berufung angefochtene Urteil nur gegen Sicherheitsleistung vorläufig vollstreckbar ist (§ 709) oder dass die Vollstreckung durch Sicherheitsleistung abgewendet werden kann (§ 711). Die Bestimmung ist aber auch auf alle anderen Fälle anwendbar, in denen ein erstinstanzliches Urteil zu Recht oder zu Unrecht nicht oder nicht unbedingt für vorläufig vollstreckbar erklärt ist.[2] Ausgenommen sind Entscheidungen, die nach § 704 Abs. 2 nicht für vorläufig vollstreckbar erklärt werden dürfen, sowie Entscheidungen in Familiensachen, die im Verfahren der freiwilligen Gerichtsbarkeit ergangen sind.[3] Keiner Entscheidung nach § 537 bedarf es bei der Teilanfechtung von Arresten und einstweiligen Verfügungen, die in Urteilsform ergangen sind, da sie ohne weiteres vollstreckbar sind.[4] 2

2. Teilanfechtung. Nach den Berufungsanträgen muss ein abtrennbarer Teil des erstinstanzlichen Urteils unangefochten geblieben sein. Das ist auch dann der Fall, wenn bei gespaltenem Erfolg in erster Instanz nur eine der Parteien Berufung einlegt; § 537 greift dann zu Gunsten des Berufungsklägers ein.[5] Ausgeschlossen ist eine Entscheidung nach § 537, wenn der nicht angefochtene Teil des Urteils erster Instanz in **Teilrechtskraft** erwachsen ist. Das ist in Fällen der Teilanfechtung durch Berufung grundsätzlich nur dann der Fall, wenn hinsichtlich des nicht angefochtenen Teils auf Berufung bzw. Anschlussberufung verzichtet worden ist (§ 515 Rn. 22, § 524 Rn. 14). 3

3. Antrag. Er kann auch vom Berufungskläger für den ihm günstigen, vom Gegner nicht angefochtenen Teil des Urteils gestellt werden.[6] Der Antrag kann schriftsätzlich gestellt werden und bedarf keiner Begründung.[7] Außerhalb der mündlichen Verhandlung kann ihn der erstinstanzliche Anwalt für den Berufungsbeklagten stellen, solange für diesen noch kein Berufungsanwalt bestellt ist.[8] 4

III. Verfahren, Entscheidung

Die Entscheidung ergeht ohne Prüfung der Zulässigkeit und der Erfolgsaussichten der Berufung auf freigestellte mündliche Verhandlung nach Anhörung des Gegners.[9] Der Erfüllungseinwand des Antragsgegners ist grundsätzlich unbeachtlich; ist aber unstreitig erfüllt, so ist der Antrag mangels Rechtsschutzbedürfnis zurückzuweisen.[10] Wird der zunächst nicht angefochtene Teil der Entscheidung nach Antragstellung durch Erweiterung der Berufungsanträge oder durch Anschlussberufung angefochten, so muss der Antrag zur Vermeidung von Kostennachteilen für erledigt erklärt werden.[11] 5

Die Entscheidung ergeht durch Beschluss. Sie ist dahin zu fassen, dass das angefochtene Urteil in dem beantragten Umfang (unbedingt und ohne Abwendungsbefugnis) vorläufig vollstreckbar ist. Über die Kosten des Verfahrens ist nach § 91 zu entscheiden.[12] 6

Die Entscheidung ist unanfechtbar, Abs. 2. Sie kann auch dann nicht abgeändert werden, wenn der für unbedingt vollstreckbar erklärte Teil des Urteils später durch Erweiterung der Berufung oder mit Anschlussberufung angefochten wird. Vollstreckungsschutz für den Antragsgegner kommt nur entsprechend §§ 719, 707 in Betracht.[13] 7

---

[1] BGH NJW 1994, 657, 659.
[2] MK/*Rimmelspacher* Rn. 2.
[3] MK/*Rimmelspacher* Rn. 4.
[4] MK/*Rimmelspacher* Rn. 4.
[5] KG MDR 1988, 240; OLG Hamm NJW-RR 1990, 1470.
[6] *St/J/Grunsky* § 534 Rn. 4.
[7] MK/*Rimmelspacher* Rn. 11; *St/J/Grunsky* § 534 Rn. 4.
[8] OLG Frankfurt FamRZ 1979, 538 f.; MK/*Rimmelspacher* Rn. 10; *Zö/Gummer/Heßler* Rn. 2.
[9] MK/*Rimmelspacher* Rn. 13; *St/J/Grunsky* § 534 Rn. 5; *Zö/Gummer/Heßler* Rn. 3.
[10] MK/*Rimmelspacher* Rn. 15; *Zö/Gummer/Heßler* Rn. 3.
[11] MK/*Rimmelspacher* Rn. 8.
[12] MK/*Rimmelspacher* Rn. 17; *St/J/Grunsky* § 534 Rn. 18; *Zö/Gummer/Heßler* Rn. 14.
[13] MK/*Rimmelspacher* Rn. 18; *Zö/Gummer/Heßler* Rn. 9.

IV. Gebühren und Kosten

8 **1. Rechtsanwaltsgebühren.** Der Antrag auf Vollstreckbarerklärung des nicht angefochtenen Teils des Ersturteils wird durch die 0,5 Verfahrensgebühr der Nr. 3329 VV RVG abgegolten. Wenn aber die Verfahrensgebühr aus dem vollen Wert auch dieses Teils des Streitwertes anfällt (zB durch spätere Erweiterung der Berufung), ist die Gebühr aus Nr. 3329 VV RVG auf die Verfahrensgebühr anzurechnen (§ 19 Abs. 1 Nr. 9 RVG).[14] Auch eine Terminsgebühr von 0,5 kann für den Antrag nach § 537 entstehen (Nr. 3332 VV RVG).

9 **2. Gerichtskosten.** Gerichtsgebühren werden nicht erhoben.

538 *Zurückverweisung* (1) **Das Berufungsgericht hat die notwendigen Beweise zu erheben und in der Sache selbst zu entscheiden.**

(2) [1]**Das Berufungsgericht darf die Sache, soweit ihre weitere Verhandlung erforderlich ist, unter Aufhebung des Urteils und des Verfahrens an das Gericht des ersten Rechtszuges nur zurückverweisen,**

1. soweit das Verfahren im ersten Rechtszuge an einem wesentlichen Mangel leidet und auf Grund dieses Mangels eine umfangreiche oder aufwändige Beweisaufnahme notwendig ist,
2. wenn durch das angefochtene Urteil ein Einspruch als unzulässig verworfen ist,
3. wenn durch das angefochtene Urteil nur über die Zulässigkeit der Klage entschieden ist,
4. wenn im Falle eines nach Grund und Betrag streitigen Anspruchs durch das angefochtene Urteil über den Grund des Anspruchs vorab entschieden oder die Klage abgewiesen ist, es sei denn, dass der Streit über den Betrag des Anspruchs zur Entscheidung reif ist,
5. wenn das angefochtene Urteil im Urkunden- oder Wechselprozess unter Vorbehalt der Rechte erlassen ist,
6. wenn das angefochtene Urteil ein Versäumnisurteil ist oder
7. wenn das angefochtene Urteil ein entgegen den Voraussetzungen des § 301 erlassenes Teilurteil ist

und eine Partei die Zurückverweisung beantragt. [2]Im Fall der Nummer 3 hat das Berufungsgericht sämtliche Rügen zu erledigen. [3]Im Fall der Nummer 7 bedarf es eines Antrags nicht.

I. Normzweck

1 Nach Abs. 1 gilt im Grundsatz, dass das Berufungsgericht selbst in der Sache zu entscheiden und die dazu erforderlichen Beweise zu erheben hat. Abs. 2 erschwert die Zurückverweisung an das Erstgericht, indem diese weitgehend (Ausnahme: Abs. 2 S. 1 Nr. 7) von einem Antrag mindestens einer Partei abhängig gemacht wird. Dadurch soll eine Verfahrensbeschleunigung erreicht werden.[1] Die Durchbrechung des in Abs. 1 statuierten Grundsatzes für die Fallgruppen des Abs. 2 S. 2 Nr. 2 bis 6 hat ihren Grund darin, dass der Rechtsstreit in diesen Fällen in die Berufungsinstanz gelangt ist, ohne dass der Erstrichter die gebotene abschließende Entscheidung in der Sache getroffen hat. Der Aufhebungsgrund des Abs. 2 S. 1 Nr. 7, S. 3 soll verhindern, dass ein einheitlich zu führender Rechtsstreit gleichzeitig in zwei Instanzen geführt wird.[2] Außerhalb des Anwendungsbereichs des § 538 ist eine Zurückverweisung auch dann nicht zulässig, wenn sie zweckmäßig erscheint[3] oder wenn die Parteien ihr zustimmen.[4]

II. Eigene Sachentscheidung des Berufungsgerichts (Absatz 1)

2 Im Interesse der Verfahrensbeschleunigung hat das Berufungsgericht grundsätzlich selbst abschließend in der Sache zu entscheiden und die dazu erforderlichen Beweise zu erheben. Eine Zurückverweisung an das Gericht des ersten Rechtszuges ist nur ausnahmsweise unter den Voraussetzungen des Abs. 2 zulässig.[5] Selbst wenn ein Zurückverweisungsgrund nach Abs. 2 gegeben ist, steht die Zurückverweisung nicht im Ermessen des Berufungsgerichts.[6] Kann der Rechtsstreit – im Falle des Abs. 2 S. 1 Nr. 1 in den dort genannten Grenzen – in zweiter Instanz zur Entscheidungsreife geführt werden, so hat das Berufungsgericht grundsätzlich die dazu erforderlichen Beweise zu erheben und selbst abschließend zu entscheiden (Rn. 15); in den Fällen des Abs. 2 S. 1 Nr. 1 bis 6 ist es dazu gezwungen, falls keine der Parteien eine Zurückverweisung beantragt.

III. Zurückverweisung an das Gericht des ersten Rechtszuges (Absatz 2)

3 **1. Zulässigkeit im Allgemeinen.** Eine Zurückverweisung durch das Berufungsgericht an das Erstgericht ist nur zulässig, wenn ein **Zurückverweisungsgrund** nach Abs. 2 S. 1 Nr. 1 bis 7 gegeben ist. Sie kommt nur in Betracht, wenn das erstinstanzliche Urteil einer prozessordnungsgemäßen Grundlage entbehrt (Nr. 1) oder prozessual unzulässig ist (Nr. 7), wenn es inhaltlich nicht auf den Streit der Parteien eingeht (Nr. 2, 3,

---

[14] G/S/*Müller-Rabe* VV 3329 Rn. 3.
[1] Amtl. Begr. des ZPO-RG, BT-Drucks. 14/4722, S. 102.
[2] Amtl. Begr. des ZPO-RG, BT-Drucks. 14/4722, S. 102.
[3] BGH NJW 1985, 2945, 2946; 1988, 1984; 1991, 1893.
[4] BGH NJW 1979, 925, 926.
[5] BGH NZBau 2005, 224, 225; NJW-RR 2006, 1677, 1678.
[6] AA BGH NJW-RR 2005, 928.

6) oder wenn das erstinstanzliche Gericht die Streitsache noch nicht in vollem Umfang entschieden, sondern sich gewissermaßen einen Teil des Prozessstoffs vorbehalten hat (Nr. 4, 5).[7] Eine Zurückverweisung ist daher ausgeschlossen, wenn weiterer Aufklärungs- und Entscheidungsbedarf erst dadurch entsteht, dass in zweiter Instanz die Klage erweitert oder geändert,[8] Widerklage erhoben oder die Aufrechnung erklärt wird (s. dazu § 533).

Die Zurückverweisung setzt ferner voraus, dass die **weitere Verhandlung** der Sache vor dem Gericht des ersten Rechtszuges **erforderlich** ist.[9] Daran fehlt es, wenn der Rechtsstreit zur Endentscheidung reif ist oder – im Falle des Abs. 2 S. 1 Nr. 1 in den dort genannten Grenzen – in zweiter Instanz zur Entscheidungsreife geführt werden kann. Betrifft der Zurückverweisungsgrund nur einen abtrennbaren Teil des Rechtsstreits oder ist nur hinsichtlich eines solchen Teils eine erneute oder weitere Verhandlung in der ersten Instanz erforderlich, so ist die Zurückverweisung, soweit nach § 301 zulässig (s. dort Rn. 23), entsprechend zu beschränken (Abs. 2 S. 1 „soweit"). 4

2. Antragserfordernis. Nach Abs. 2 S. 1 letzter Halbs. ist eine Zurückverweisung in den Fällen des Abs. 2 S. 1 Nr. 1 bis 6 nur zulässig, wenn mindestens eine Prozesspartei die Zurückverweisung **beantragt.** Der Antrag kann hilfsweise[10] und bis zum Schluss der mündlichen Berufungsverhandlung gestellt werden.[11] Eine Ausnahme von dem Antragserfordernis gilt allein für Abs. 2 S. 1 Nr. 7 (Abs. 2 S. 3, dazu Rn. 36). Diese zusätzliche Erschwerung der Zurückverweisung soll dem Interesse der Parteien an einer zügigen Erledigung des Rechtsstreits Rechnung tragen und die erste Instanz entlasten. Sofern die Parteien dies übereinstimmend wünschen, muss das Berufungsgericht daher zB auch bei wesentlichen Mängeln des erstinstanzlichen Verfahrens (Abs. 2 S. 1 Nr. 1) und nach einem erstinstanzlichen Urteil zum Grund des Anspruchs über dessen Höhe[12] abschließend entscheiden und die dazu erforderlichen Beweise erheben, selbst wenn dies eine umfangreiche und aufwändige Beweisaufnahme notwendig macht. 5

3. Aufhebung des Urteils und des Verfahrens erster Instanz. Die Zurückverweisung kann, muss aber nicht in allen Fällen des Abs. 2 mit einer Aufhebung des angefochtenen Urteils oder des erstinstanzlichen Verfahrens einhergehen. In den Fällen des Abs. 2 S. 1 Nr. 4 und 5 darf auch dann zurückverwiesen werden, wenn das Berufungsgericht das angefochtene Grund- oder Vorbehaltsurteil bestätigt (näher Rn. 28). In den Fällen des Abs. 2 S. 1 Nr. 1 bis 3, 6 und 7 kommt eine Zurückverweisung dagegen nur in Verbindung mit einer Aufhebung zumindest des erstinstanzlichen Urteils in Betracht; soweit ein mangelhaftes Verfahren oder ein mangelhafter Teil des Verfahrens, auf dem das Urteil beruht, ist mit aufzuheben, wenn eine Neuvornahme im ersten Rechtszug unter Vermeidung des Verfahrensfehlers geboten ist. 6

IV. Aufhebung und Zurückverweisung wegen erstinstanzlicher Verfahrensmängel (Absatz 2 Satz 1 Nr. 1)

1. Verfahrensmangel. a) Anwendungsbereich. Nur ein Verstoß gegen eine **Verfahrensnorm** (error in procedendo) eröffnet die Möglichkeit der Zurückverweisung nach Abs. 2 S. 1 Nr. 1. **Materiellrechtliche** Fehler in der Entscheidungsfindung (error in iudicando) können nicht zur Zurückverweisung führen, selbst wenn es sich um grobe Fehler handelt und die erstinstanzlich gebotene Sachaufklärung vollständig unterblieben ist. 7

b) Beurteilungsgrundlage. Ob ein Verfahrensfehler vorliegt, ist vom materiellrechtlichen **Standpunkt des Erstrichters** aus zu beurteilen, selbst wenn dieser verfehlt ist.[13] Ein materiellrechtlicher Irrtum des Erstrichters wird auch nicht dadurch zu einem Verfahrensfehler, dass das Gericht einen materiellrechtlich unzutreffenden Hinweis (§ 139) erteilt oder auf Grund seiner unzutreffenden Beurteilung der materiellen Rechtslage von einem objektiv gebotenen Hinweis absieht.[14] 8

2. Wesentlich ist ein Verfahrensmangel, wenn er so erheblich ist, dass das Verfahren keine ordnungsgemäße Grundlage für die Entscheidung darstellt.[15] Auf ein Verschulden des Erstrichters kommt es nicht an.[16] Auch ein heilbarer Mangel kann wesentlich sein, sofern keine Heilung nach § 295 eingetreten ist.[17] 9

3. Entscheidungskausalität und Entscheidungsrelevanz. Die Zurückverweisung setzt weiter voraus, dass die angefochtene Entscheidung auf dem Verfahrensfehler **beruht.**[18] Auch dies ist vom materiellrechtlichen Standpunkt des Erstrichters aus zu beurteilen.[19] Die Anwendung des Abs. 2 S. 1 Nr. 1 ist aber rechtsfehlerhaft, wenn das Berufungsgericht wegen eines Verfahrensfehlers zurückverweist, auf den es nach seiner Rechtsauffassung für das Ergebnis der Entscheidung nicht ankommt.[20] 10

4. Einzelfälle. a) Verfahrensmängel iSd. Abs. 2 S. 1 Nr. 1 sind alle in § 547 aufgeführten **absoluten Revisionsgründe** (§ 547 Rn. 3 ff.).[21] Ferner gehören hierher alle Fälle der Verletzung von Verfahrensnormen, die 11

---

[7] BGHZ 71, 226, 232 ff. = NJW 1978, 1430; BGH NJW 1988, 1984; 1994, 1791, 1792.
[8] BGH NJW 1984, 1552, 1555.
[9] BGH DStR 2005, 1151, 1152.
[10] OLG Frankfurt/M OLGR 2003, 388, 390.
[11] OLG Saarbrücken NJW-RR 2003, 573, 574.
[12] BGH NJW-RR 2004, 1637, 1639.
[13] BGHZ 86, 218, 221 = NJW 1983, 822; BGH NJW 2001, 1500, 1501; aA MK/*Rimmelspacher* Rn. 22.
[14] BGH NJW 1991, 704; 1993, 2318, 2319; 1997, 1447, 1448; 2001, 833; NJW-RR 1999, 1289, 1290.
[15] BGH NJW 1993, 2318, 2319; 2001, 1500, 1501; NJW-RR 1994, 377, 378; 2003, 131.
[16] *St/J/Grunsky* § 539 Rn. 3.
[17] *St/J/Grunsky* § 539 Rn. 4.
[18] *R/S/G* § 140 IV 2 b.
[19] BGH NJW 1986, 2436, 2438; 1994, 941, 942.
[20] BGH NJW-RR 1990, 480, 481; BGH NJW 1993, 538, 539; 1996, 2155; WM 1997, 1713, 1716.
[21] BGH NJW 1992, 2099, 2100; *B/L/H* Rn. 5; *St/J/Grunsky* § 539 Rn. 6; aA MK/*Rimmelspacher* Rn. 25.

das **rechtliche Gehör** der Parteien und eine umfassende und sachgerechte **Aufklärung des streitigen Sachverhalts** gewährleisten sollen.[22] Hierzu zählen vor allem die Vorschriften über die Vorbereitung und Gestaltung der Verhandlungstermine, die Präklusionsvorschriften[23] und die Vorschriften über die Beweisaufnahme. Wesentlicher Verfahrensmangel kann auch die Verletzung der richterlichen Hinweispflicht nach § 139 sein.[24] Ein Verfahrensfehler kann ferner in der Wahl einer **unzulässigen Urteilsform** – zB eines unzulässigen Grund- oder Vorbehaltsurteils[25] (zum unzulässigen Teilurteil s. Abs. 2 S. 1 Nr. 7) – liegen.[26]

12 b) **Keinen Verfahrensfehler** stellt es dar, wenn der erstinstanzliche Richter das Parteivorbringen lediglich unter einem **sachlichrechtlich** fehlerhaften Gesichtspunkt gewürdigt oder es deshalb nicht weiter erörtert hat, weil es hierauf nach seinem materiellrechtlichen Standpunkt nicht ankam.[27] Dasselbe gilt, wenn er einen Vertrag fehlerhaft ausgelegt[28] oder Tatsachen materiellrechtlich unzutreffend bewertet und infolgedessen eine mögliche Anspruchsgrundlage übersehen oder von einer Beweisaufnahme abgesehen hat.[29]

13 Ein wesentlicher Verfahrensfehler in Gestalt einer Verletzung des Anspruchs auf rechtliches Gehör liegt dagegen vor, wenn der Erstrichter den **Kern des Parteivorbringens verkannt** und daher eine entscheidungserhebliche Frage verfehlt oder einen wesentlichen Teil des Klagevortrags übergangen hat[30] oder wenn er eine Vertragsbestimmung nicht nur inhaltlich unzutreffend gewürdigt, sondern vertragliche Regelungen überhaupt nicht zur Kenntnis genommen oder sprachlich falsch verstanden und dadurch den **Prozessstoff verkannt** hat.[31]

14 Hat das erstinstanzliche Gericht von einer Beweisaufnahme mit der Begründung abgesehen, das unter Beweis gestellte Vorbringen sei nicht hinreichend substantiiert, so liegt darin kein Verfahrensfehler.[32] Dasselbe gilt, wenn die Beweisaufnahme deswegen unterblieben ist, weil der Erstrichter die **Beweislast verkannt** hat, wenn die Frage der Beweislast – wie regelmäßig – dem materiellen Recht zuzuordnen ist.[33]

15 **5. Notwendigkeit einer umfangreichen oder aufwändigen Beweisaufnahme.** Verfahrensfehler der ersten Instanz können nach Abs. 2 S. 1 Nr. 1 nur dann zur Aufhebung und Zurückverweisung führen, wenn zur Herbeiführung der Entscheidungsreife noch eine umfangreiche oder aufwändige Beweisaufnahme notwendig ist. Dies ist vom Berufungsgericht nachprüfbar darzulegen.[34] Die Notwendigkeit der Beweisaufnahme muss sich **aus dem Verfahrensmangel** ergeben. Das ist immer dann der Fall, wenn ohne den Verfahrensfehler die Beweisaufnahme in erster Instanz durchzuführen gewesen wäre. Der Verfahrensfehler kann daher auch einen anderen (zB Verjährung) als den beweisbedürftigen Teil (zB Grund oder Höhe des verfahrenswidrig als verjährt behandelten Anspruchs) des Streitstoffs betreffen. Ein **Ermessen** ist dem Berufungsgericht nur insoweit eingeräumt, als es trotz Vorliegens der Voraussetzungen von einer Aufhebung und Zurückverweisung absehen uns selbst abschließend entscheiden kann.

16 **6. Rügeerfordernis.** Die Überprüfung des erstinstanzlichen Verfahrens auf wesentliche Mängel, die nicht von Amts wegen zu berücksichtigen sind, bedarf gemäß § 529 Abs. 2 S. 1 ebenso wie im Revisionsverfahren (§§ 557 Abs. 3 S. 2) einer rechtzeitig erhobenen und ordnungsgemäß ausgeführten **Verfahrensrüge** (näher § 529 Rn. 23). Dagegen prüft das Berufungsgericht von Amts wegen, ob die angefochtene Entscheidung auf dem gerügten oder einem von Amts wegen zu berücksichtigenden wesentlichen Verfahrensmangel beruht und ob dieser geheilt worden ist.[35] Soweit der Verfahrensmangel in erster oder zweiter Instanz geheilt worden ist, ist eine Zurückverweisung ausgeschlossen.[36] Zum **Antragserfordernis** s. Rn. 5.

17 **7. Teilanfechtung, erstinstanzliche Prozessreste.** Ist die auf einem wesentlichen Verfahrensfehler beruhende Entscheidung erster Instanz nur teilweise angefochten, so unterliegt grundsätzlich nur der angefochtene Teil der Aufhebung und Zurückverweisung durch das Berufungsgericht (näher § 528 Rn. 13, 17). Hat der Erstrichter unzulässigerweise durch Teil-, Grund- oder Vorbehaltsurteil entschieden, so kann das Berufungsgericht den in der ersten Instanz verbliebenen Prozessrest an sich ziehen und über den gesamten Streitstoff entscheiden.[37]

18 **8. Aufhebung des Verfahrens.** Soweit es von dem Mangel beeinflusst ist, ist auch das erstinstanzliche Verfahren – gegebenenfalls ein abgrenzbarer Teil desselben – aufzuheben. Damit entfallen im Umfang der Aufhebung alle Wirkungen der früheren mündlichen Verhandlung.

---

22 BGH NJW 1993, 538; *R/S/G* § 140 IV 2b m. weit. Nachw.; ausführlich *B/L/H* Rn. 5.
23 Vgl. BGHZ 86, 218, 221 = NJW 1983, 822; OLG Köln NJW 1984, 618.
24 BGH NJW-RR 1988, 477, 478; 1991, 256; NJW 1993, 1991, 1992.
25 BGH NJW 1990, 1366, 1368.
26 *R/S/G* § 140 IV 2b; *St/J/Grunsky* § 539 Rn. 10.
27 BGH NJW 1993, 538, 539; 1998, 2053; 2001, 1500, 1501.
28 BGH NJW-RR 1995, 123, 125.
29 BGH (Fn. 28).
30 BGH NJW-RR 1990, 1500, 1501; NJW 1993, 538f.; 1998, 2053.
31 BGH NJW 1993, 538, 539; 1998, 2053, 2054.
32 BGH NJW-RR 1988, 831; NJW 1993, 2318, 2319; 1997, 1447.
33 BGH NJW 1983, 2032, 2033; NJW-RR 1988, 831.
34 BGH NZBau 2005, 224, 225.
35 *St/J/Grunsky* § 539 Rn. 14.
36 BGH NJW 1999, 61, 62.
37 BGH LM § 302 Nr. 4; zustimmend *Kapsa*, Das Verbot der reformatio im Zivilprozess, 1976, S. 145f.; *St/J/Grunsky* § 537 Rn. 7 für das Vorbehaltsurteil; BGH NJW 1992, 511, 512; 1999, 1035, 1036; zustimmend *Kapsa* aaO; aA *St/J/Grunsky* § 537 Rn. 3 sowie § 540 Rn. 7 für das Teilurteil.

V. Zurückverweisung nach Absatz 2 Satz 1 Nr. 2 bis 7

1. Einspruchsverwerfung (Abs. 2 S. 1 Nr. 2). Die Bestimmung regelt den Fall, dass der Erstrichter den **Einspruch** gegen ein **erstes Versäumnisurteil** oder einen Vollstreckungsbescheid (§ 700 Abs. 1) nach § 341 Abs. 1 durch Endurteil zu Unrecht **als unzulässig verworfen** hat. Die Verwerfung des Einspruchs durch zweites Versäumnisurteil nach § 345 ist in Abs. 2 S. 1 Nr. 6 geregelt. Entsprechend anwendbar ist Abs. 2 S. 1 Nr. 2 auf den Fall, dass die Wiedereinsetzung in die versäumte Frist für den Einspruch gegen ein erstes Versäumnisurteil durch Endurteil zu Unrecht abgelehnt worden ist.[38] 19

2. Prozessurteil (Abs. 2 S. 1 Nr. 3). a) Abweisung der Klage als unzulässig. Abs. 2 S. 1 Nr. 3 regelt allein den Fall, dass die Klage in erster Instanz zu Unrecht als unzulässig abgewiesen worden ist. Ein die Zulässigkeit bejahendes Zwischenurteil ist zwar gleichfalls mit der Berufung anfechtbar (§ 280 Abs. 2), bietet aber für eine Zurückverweisung keinen Raum, weil nur der Zwischenstreit in die höhere Instanz gelangt, der Rechtsstreit im Übrigen im ersten Rechtszug anhängig geblieben ist.[39] Unerheblich ist, ob das Prozessurteil auf abgesonderte Verhandlung nach § 280 Abs. 1 ergangen ist.[40] 20

Keine Anwendung findet Abs. 2 S. 1 Nr. 3 auf die Berufung gegen eine **Sachentscheidung,** die wegen Unzulässigkeit der Klage nicht hätte ergehen dürfen.[41] Das gilt auch dann, wenn das Erstgericht (unzulässigerweise) in einer **Hilfsbegründung** auf die Begründetheit der Klage eingegangen ist.[42] Dagegen ist zurückzuverweisen, wenn die Klage aus einem Grund als „unbegründet" abgewiesen worden ist, der richtigerweise zur Prozessabweisung hätte führen müssen.[43] 21

b) Entsprechende Anwendung. Abs. 2 S. 1 Nr. 3 ist entsprechend anwendbar, wenn die erste Instanz die Klage zwar für zulässig gehalten, sich aber aus anderen Gründen – etwa wegen vermeintlicher Beendigung des Rechtsstreits durch Prozessvergleich,[44] wegen eines vermeintlichen Anerkenntnisses nach § 307[45] oder wegen vermeintlicher Unzulässigkeit einer Klageänderung[46] – zu Unrecht an einer Prüfung der materiellen Rechtslage gehindert gesehen hat.[47] 22

c) Sachabweisung. Unanwendbar ist Abs. 2 S. 1 Nr. 3, falls der Erstrichter die Klage aus einem vom Berufungsgericht nicht gebilligten **sachlichen Grund** abgewiesen hat, etwa wegen fehlender Aktiv- oder Passivlegitimation,[48] wegen eines Haftungsausschlusses[49] oder wegen Verjährung.[50] Hierher gehört auch die Klageabweisung mangels Fälligkeit als zur Zeit unbegründet.[51] Dass sich hierdurch unter Umständen die gesamte Sachaufklärung in die zweite Instanz verlagert, vermag eine Zurückverweisung praeter legem nicht zu rechtfertigen. 23

d) Erledigung sämtlicher Rügen, Abs. 2 S. 2. Auf die Berufung gegen ein Prozessurteil ist über die Zulässigkeit der Klage in zweiter Instanz abschließend zu entscheiden. Zu prüfen sind also sämtliche Zulässigkeitsvoraussetzungen, unabhängig davon, ob sie vom Erstrichter verneint und vom Beklagten gerügt worden sind. Für die Berufung gegen ein auf abgesonderte Verhandlung ergangenes Zwischenurteil (§ 280 Abs. 2) findet Abs. 2 S. 2 keine Anwendung (Rn. 20). Hier beschränkt sich die Entscheidungskompetenz des Berufungsgerichts vielmehr auf die Zulässigkeitsfragen, die Gegenstand des Zwischenstreits sind.[52] 24

e) Entscheidung des Berufungsgerichts. Ist die Klage in erster Instanz zu Recht als unzulässig abgewiesen worden, so ist die Berufung zurückzuweisen; für eine Zurückverweisung ist dann kein Raum. Ebenso ist zu entscheiden, wenn die Klage aus anderen als den vom Erstrichter angenommenen Gründen (Abs. 2 S. 2) unzulässig ist. Ist sie dagegen zulässig, so ist zurückzuverweisen, auch wenn das Zulässigkeitshindernis erst während des Berufungsverfahrens behoben worden ist.[53] Ist die Sache entscheidungsreif, so hat das Berufungsgericht nach Abs. 1, Abs. 2 S. 1 Halbs. 1 von einer Zurückverweisung abzusehen und selbst in der Sache zu entscheiden. Gleiches hat – mangels Erforderlichkeit einer weiteren Verhandlung und Sachaufklärung in erster Instanz – zu gelten, wenn im Berufungsrechtszug die Entscheidungsreife in der Sache mit zumutbarem Aufwand (vgl. Abs. 2 S. 1 Nr. 1) herbeigeführt werden kann. Die Sachabweisung auf Berufung des Klägers gegen ein Prozessurteil verstößt nicht gegen das Verschlechterungsverbot (§ 528 Rn. 18). 25

3. Entscheidung über den Grund des Anspruchs (Abs. 2 S. 1 Nr. 4). a) Anwendungsbereich. Die Bestimmung will den Parteien die zweite Tatsacheninstanz für den Streit über den Betrag der Klageforderung si- 26

---

[38] MK/*Rimmelspacher* Rn. 46; *St/J/Grunsky* Rn. 7.
[39] BGH NJW-RR 1986, 61, 62; *R/S/G* § 140 IV 1 b; *T/P*/Reichold Rn. 15; St/*J/Grunsky* Rn. 9; aA MK/*Rimmelspacher* Rn. 47.
[40] BGHZ 27, 15, 26 ff. = NJW 1958, 747; *R/S/G* § 140 IV 1 b; *B/L/H* Rn. 11; *St/J/Grunsky* Rn. 8; *Zö/Gummer/Heßler* Rn. 36; aA MK/*Rimmelspacher* Rn. 47, 49.
[41] BGH WM 1983, 658, 660; *St/J/Grunsky* Rn. 8.
[42] *St/J/Grunsky* Rn. 15; iE ebenso MK/*Rimmelspacher* Rn. 50; aA *R/S/G* § 140 IV 1 b.
[43] BGH NJW 1984, 126, 128; *St/J/Grunsky* Rn. 10.
[44] *St/J/Grunsky* Rn. 12.
[45] *St/J/Grunsky* Rn. 12; *T/P/Reichold* Rn. 16.
[46] OLG Koblenz OLGR 2004, 355, 357.
[47] OLG Düsseldorf NJW-RR 1990, 1040; *R/S/G* § 140 IV 1 f.; *B/L/H* Rn. 11.
[48] BGH NJW 1975, 1785, 1786.
[49] BGHZ 71, 226, 231 = NJW 1978, 1430.
[50] BGHZ 50, 25, 26 ff. = NJW 1968, 1234; BGH NJW 1985, 2945, 2946; 1999, 3125 f.
[51] *St/J/Grunsky* Rn. 13; aA *Walchshöfer,* Festschr. für Schwab, 1990, S. 521, 530 f.; *R/S/G* § 140 IV 1 b.
[52] BGH NJW-RR 1986, 61, 62; *St/J/Grunsky* Rn. 17.
[53] *St/J/Grunsky* Rn. 14.

chern, falls der Erstrichter den **Grund des Anspruchs** zu Recht durch **Zwischenurteil** nach § 304 **bejaht** oder die Klage zu Unrecht unter **Verneinung** schon des **Anspruchsgrundes** abgewiesen hat, ohne auf den Betrag einzugehen. Sie setzt voraus, dass bei einem **nach Grund und Betrag streitigen Anspruch** die Fragen zu dessen Höhe in erster Instanz ungeprüft geblieben sind.[54] In Fällen der Klagenhäufung ist dies für jeden Anspruch gesondert festzustellen.[55] Wegen eines mit der Zahlungsklage verbundenen Feststellungsantrags kann nicht zurückverwiesen werden.[56] Unanwendbar ist Abs. 2 S. 1 Nr. 4, wenn der Erstrichter über Grund und Betrag entschieden hat;[57] dies ist auch dann der Fall, wenn er den Anspruch dem Grunde nach als gegeben angesehen, die Klage aber mangels Schlüssigkeit zur Höhe des Anspruchs abgewiesen hat.[58]

27 Wegen eines erst **in zweiter Instanz erhobenen** Anspruchs kommt eine Zurückverweisung nicht in Betracht, auch wenn das Berufungsgericht ihn dem Grunde nach bejaht und er zur Höhe weiterer Aufklärung bedarf.[59] Das gilt auch dann, wenn der Kläger erst in zweiter Instanz von der Feststellungs- zur Leistungsklage übergeht.[60] Anders verhält es sich bei einer bloß betragsmäßigen Erweiterung des Leistungsanspruchs in zweiter Instanz.[61]

28 **b) Entscheidung des Berufungsgerichts.** Ist die Berufung gegen ein Grundurteil (§ 304; dazu § 304 Rn. 13ff.) begründet, so ist die Klage abzuweisen. Richtet sich die Berufung gegen ein klageabweisendes Urteil, so ist sie zurückzuweisen, wenn der Erstrichter den Anspruchsgrund zu Recht verneint hat oder wenn die Klage der Höhe nach abweisungsreif ist. Andernfalls muss das Berufungsgericht über den Grund des Anspruchs durch **Zwischenurteil nach § 304** entscheiden; eine Zurückverweisung ohne Grundurteil ist unzulässig.[62] Das Berufungsgericht muss daher über alle in Betracht kommenden Klagegründe, Einwendungen und Einreden entscheiden, die den Grund des Anspruchs betreffen. Eine Zurückverweisung zur anderweiten Entscheidung über den **Anspruchsgrund** ist ihm verwehrt.[63] Dies gilt nicht, wenn die erste Instanz verfahrensfehlerhaft durch Grundurteil entschieden hat.[64] Hat der Erstrichter trotz einer vom Beklagten erklärten Aufrechnung ein Grundurteil erlassen oder die Klage wegen der Aufrechnung abgewiesen, so muss das Berufungsgericht über Grund und Höhe beider Forderungen entscheiden, sofern nicht ausnahmsweise ein Grundurteil unter Vorbehalt der Aufrechnung zulässig ist. Zur Entscheidung über den Einwand des **Mitverschuldens** darf nicht zurückverwiesen werden, wenn er zum völligen Wegfall des Anspruchs führen kann[65] oder wenn er gleichermaßen für weitere beim Berufungsgericht anhängige Ansprüche von Bedeutung ist.[66]

29 Ist der Rechtsstreit bei Schluss der mündlichen Berufungsverhandlung **auch zur Höhe entscheidungsreif** oder lässt sich die Entscheidungsreife im Berufungsrechtszug mit zumutbarem Aufwand (vgl. Abs. 2 S. 1 Nr. 1) herbeiführen, so ist über die in erster Instanz abgewiesene Klage abschließend zu entscheiden.[67] Rspr. und hM lassen eine abschließende Entscheidung des Berufungsgerichts über den Betrag des Anspruchs auch bei **unbegründeter Berufung** gegen ein Grundurteil zu.[68] Dem ist nur unter der Voraussetzung zuzustimmen, dass die Parteien mit dem „Heraufholen" des in erster Instanz verbliebenen Streits zur Höhe einverstanden sind und vor dem Berufungsgericht mit den erstinstanzlichen Anträgen verhandeln.[69]

30 **c) Entsprechende Anwendung** findet Abs. 2 S. 1 Nr. 4 auf den Fall, dass eine **Stufenklage** in erster Instanz vollständig **abgewiesen** worden ist, das Berufungsgericht dagegen den mit der ersten Stufe geltend gemachten Auskunftsanspruch bejaht. Es kann dann zugleich mit der Verurteilung zur Auskunft die weiter gehende Klageabweisung erster Instanz aufheben und die Sache zur Entscheidung über die weiteren Stufen zurückverweisen.[70] Eine Entscheidung des Berufungsgerichts zum Grund des Zahlungsanspruchs (§ 304, vgl. Rn. 28) ist hier regelmäßig ausgeschlossen, weil erst die Auskunft ergibt, ob überhaupt ein Zahlungsanspruch besteht.[71] Erklären die Parteien den Auskunftsstreit im zweiten Rechtszug für erledigt, so ist eine Zurückverweisung nur zulässig, wenn das Berufungsgericht über den Grund des Zahlungsanspruchs vorab selbst entscheidet.[72]

31 **4. Vorbehaltsurteil (Abs. 2 S. 1 Nr. 5). a) Unmittelbare Anwendung** findet Abs. 2 S. 1 Nr. 5 nur auf den Fall, dass ein erstinstanzliches Vorbehaltsurteil nach § 599 vom Berufungsgericht bestätigt wird. Erweist sich die Klage dagegen in zweiter Instanz als unzulässig, als in der gewählten Prozessart unstatthaft (§ 597

---

[54] BGHZ 71, 226, 232ff. = NJW 1978, 1430; BGH NJW 1988, 1984; 1994, 1791, 1792; 1998, 613, 614.
[55] BGH NJW 1988, 1984.
[56] BGH NJW 2000, 1498, 1499.
[57] *St/J/Grunsky* Rn. 22.
[58] BGH NJW 1998, 613, 614.
[59] BGH NJW 1994, 1791, 1792.
[60] *St/J/Grunsky* Rn. 19; aA OLG Frankfurt/M NJW-RR 1987, 1536; OLG Hamm OLGZ 1988, 468, 469; *R/S/G* § 140 IV 1c; *B/L/H* Rn. 14; MK/*Rimmelspacher* Rn. 57; *T/P/Reichold* Rn. 20; *Zö/Gummer/Heßler* Rn. 47.
[61] *St/J/Grunsky* Rn. 19.
[62] BGHZ 71, 226, 232 = NJW 1978, 1430; BGH NJW 2000, 2276, 2277.
[63] BGH NJW 1988, 1984; 1991, 1893.
[64] OLG Koblenz OLGR 2004, 601, 602.
[65] BGHZ 110, 196, 202 = NJW 1990, 1106; BGH NJW 1997, 3176, 3177.
[66] BGH NJW 1997, 3176, 3177.
[67] MK/*Rimmelspacher* Rn. 60; *St/J/Grunsky* Rn. 24ff.; *Sae/Wöstmann* Rn. 16.
[68] BGH NJW 1986, 182; OLG Koblenz MDR 1992, 805; aA OLG Stuttgart OLGR 2004, 26, 27.
[69] AA *St/J/Grunsky* Rn. 25.
[70] BGH NJW 1995, 2229, 2230; 2006, 2626, 2627.
[71] BGHZ 141, 79, 89f. = NJW 1999, 1706.
[72] BGH NJW 1991, 1893, 1894.

Abs. 2) oder als unbegründet, so kommt eine Zurückverweisung nicht in Betracht.[73] Sie ist ferner dann ausgeschlossen, wenn der Kläger im zweiten Rechtszug vom Urkundenprozess Abstand nimmt.[74]

b) **Entsprechend anwendbar** ist Abs. 2 S. 1 Nr. 5, wenn die Klage in erster Instanz abgewiesen worden ist, das Berufungsgericht dagegen die Voraussetzungen einer Verurteilung unter Vorbehalt für gegeben hält. Die Sache ist dann unter Erlass eines Vorbehaltsurteils zurückzuverweisen.[75] 32

Abs. 2 S. 1 Nr. 5 gilt ferner entsprechend für das **Vorbehaltsurteil nach § 302** (zur Anfechtbarkeit s. § 302 Rn. 11f.).[76] Zurückzuverweisen ist, wenn das Berufungsgericht ein erstinstanzliches Vorbehaltsurteil nach § 302 bestätigt oder auf die Berufung des Klägers ein solches erlässt, falls die Klage ohne Rücksicht auf die Aufrechnung abgewiesen worden ist.[77] Dagegen kommt eine Zurückverweisung nicht in Betracht, wenn die Klage wegen der Aufrechnung abgewiesen oder der Beklagte trotz der Aufrechnung verurteilt worden ist.[78] Eine erst in zweiter Instanz erklärte Aufrechnung ist kein Zurückverweisungsgrund.[79] 33

c) **Entscheidung des Berufungsgerichts.** Erweist sich die Berufung gegen ein Vorbehaltsurteil als unbegründet, so ist sie zurückzuweisen und die Sache unter den Voraussetzungen der Rn. 3ff. an das Erstgericht zurückzuverweisen. Auf die Berufung gegen ein **Vorbehaltsurteil** nach **§ 302** darf das Berufungsgericht mit Zustimmung der Parteien stattdessen auch über die Gegenforderung entscheiden. Bei Anfechtung eines Vorbehaltsurteils nach § 599 fällt ohnedies der ganze Streitgegenstand in der Berufungsinstanz an. 34

5. Zweites Versäumnisurteil (Abs. 2 S. 1 Nr. 6). Die Bestimmung betrifft den Fall der erfolgreichen Berufung gegen ein **zweites Versäumnisurteil** (§§ 514 Abs. 2, 345). Entsprechend anzuwenden ist die Bestimmung auf die Berufung gegen ein **Anerkenntnisurteil** (§ 307), dem kein wirksames Anerkenntnis zu Grunde liegt.[80] 35

6. Teilurteil (Abs. 2 S. 1 Nr. 7). Der in Abs. 2 S. 1 Nr. 7 geregelte Fall wird bereits von Abs. 2 S. 1 Nr. 1 erfasst, denn die Entscheidung durch unzulässiges Teilurteil ist in der Regel ein wesentlicher Verfahrensmangel. Die gesonderte Erwähnung in Abs. 2 S. 1 Nr. 7 dient allein dem Zweck, die Zurückverweisung speziell für diese Fallgruppe von den weiteren Zurückverweisungsvoraussetzungen der Notwendigkeit einer umfangreichen oder aufwändigen Beweisaufnahme (Abs. 2. S. 1 Nr. 1) und eines Zurückverweisungsantrags einer Partei (Abs. 2 S. 1 letzter Halbs.) zu befreien (Abs. 2 S. 3).[81] Statt zurückzuverweisen kann das Berufungsgericht den in der ersten Instanz verbliebenen Prozessrest an sich ziehen und über den gesamten Streitstoff entscheiden.[82] Werden Teil- und Schlussurteil angefochten und die Verfahren zu gemeinsamer Verhandlung und Entscheidung verbunden, so ist der Verfahrensfehler geheilt, eine Zurückverweisung folglich ausgeschlossen.[83] 36

VI. Rechtsmittel

Die Zurückverweisung ist durch Endurteil auszusprechen, das nach den Regeln der §§ 542ff. der Revision unterliegt. Die (Aufhebung und) Zurückverweisung **beschwert** beide Parteien, soweit sie hinter der jeweils angestrebten Sachentscheidung zurückbleibt, in der Regel also in Höhe der Hauptsache.[84] Hat das Berufungsgericht aufgehoben und zurückverwiesen, so kann mit der **Revision** nur geltend gemacht werden, die Aufhebung und Zurückverweisung sei gesetzwidrig.[85] Erforderlich ist in jedem Fall eine Verfahrensrüge nach § 551 Abs. 3 S. 1 Nr. 2 lit. b.[86] Diese kann auch dahin lauten, das Berufungsgericht hätte bei richtiger Anwendung des materiellen Rechts nicht zurückverweisen dürfen.[87] Im Falle einer Aufhebung und Zurückverweisung wegen eines wesentlichen Verfahrensmangels (Abs. 2 S. 1 Nr. 1) ist eine **Sachentscheidung** des Revisionsgerichts grundsätzlich ausgeschlossen (§ 563 Rn. 26).[88] Materiellrechtliche Ausführungen des Berufungsgerichts hierzu sind nur insoweit nachprüfbar, als sie die Grundlage für die Entscheidung nach Abs. 2 S. 1 Nr. 1 bilden.[89] Hat das Berufungsgericht die gebotene Zurückverweisung an die erste Instanz unterlassen, so kann das Revisionsgericht dies gemäß § 563 Abs. 3 **nachholen** und die Sache – ggfs. unter Aufhebung der vorinstanzlichen Entscheidungen – an das Erstgericht zurückverweisen (§ 563 Rn. 26). 37

---

73 *St/J/Grunsky* Rn. 28.
74 BGHZ 29, 337, 339 = NJW 1959, 886.
75 BGH NJW-RR 1988, 61, 63; *R/S/G* § 140 IV 1d; MK/*Rimmelspacher* Rn. 61; *St/J/Grunsky* Rn. 28.
76 BGHZ 94, 1, 11 = NJW 1985, 1394, 1397; MK/*Rimmelspacher* Rn. 62; *St/J/Grunsky* Rn. 29.
77 *St/J/Grunsky* Rn. 29; aA MK/*Rimmelspacher* Rn. 62.
78 *St/J/Grunsky* Rn. 29.
79 *St/J/Grunsky* Rn. 29.
80 OLG München MDR 1991, 795; *B/L/H* Rn. 9; *St/J/Grunsky* Rn. 30.
81 Amtl. Begr. des ZPO-RG, BT-Drucks. 14/4722, S. 103.
82 BGH NJW 1999, 1035, 1036; *Kapsa* (Fn. 37) S. 145f.; aA *St/J/Grunsky* § 537 Rn. 3.
83 BGH NJW 2001, 1650.
84 BGH NJW-RR 1995, 123, 124; NJW 1997, 1447; 1997, 1710; 1998, 613, 614.
85 BGH NJW 1984, 495; 1997, 1710; NJW-RR 1993, 442, 443; 2003, 1572.
86 BGH NJW 1997, 1710.
87 BGH (Fn. 86).
88 BGH NJW-RR 1993, 442, 443; 1994, 377, 379; aA BGH NJW-RR 1991, 1312, 1313.
89 BGH NJW 1984, 495; NJW-RR 1993, 442, 443.

VII. Verfahren nach Zurückverweisung

38 Durch die Zurückverweisung wird das Berufungsverfahren beendet, das erstinstanzliche Verfahren fortgesetzt. Mit der Zurückverweisung verbundene zweitinstanzliche Grund- und Vorbehaltsurteile (Rn. 28, 33) sind für den Erstrichter verbindlich. Er ist ferner nach § 318 an seine eigenen vorausgegangenen Entscheidungen gebunden, soweit diese nicht vom Berufungsgericht aufgehoben worden sind. Entsprechend § 563 Abs. 2 entfaltet die rechtliche Beurteilung des Berufungsgerichts **Bindungswirkung,** soweit die Aufhebung oder Abänderung des Urteils erster Instanz auf ihr beruht.[90] Gelangt die Sache danach erneut in die Rechtsmittelinstanzen, so ist auch das Berufungsgericht selbst (und das Revisionsgericht) an seine der Aufhebung zu Grunde liegende Rechtsauffassung gebunden (§ 318 Rn. 6).[91] Keine Bindung besteht an die vom Berufungsgericht gebilligte Rechtsauffassung der Vorinstanz.[92] Soweit auch das Verfahren aufgehoben ist, muss es wiederholt, in jedem Falle erneut mündlich verhandelt werden. An die aufgehobene Entscheidung ist der Erstrichter nicht gebunden. Dem Verschlechterungsverbot (§ 528) ist regelmäßig schon bei der Bestimmung des Umfangs der Aufhebung Rechnung zu tragen (näher § 528 Rn. 23).

VIII. Gebühren und Kosten

39 **1. Rechtsanwaltsgebühren.** Wird zurückverwiesen, fallen gemäß § 21 Abs. 1 RVG alle Gebühren erneut an, die Verfahrensgebühr aber nur, wenn an ein Gericht verwiesen wird, das mit der Sache bisher noch nicht befasst war (Vorbem. 3 Abs. 6 VV RVG). Zurückverweisung iSd. § 21 Abs. 1 RVG liegt auch dann vor, wenn ein Grundurteil bestätigt wird und nun vor dem unteren Gericht zur Höhe des Anspruchs verhandelt werden muss. Auch in einem vor dem Rechtsmittelgericht zum Grund des Anspruchs abgeschlossenen Vergleich liegt eine Zurückverweisung iSd. § 21 Abs. 1 RVG. § 21 Abs. 1 RVG ist auch dann anzuwenden, wenn bei der Stufenklage das Berufungsgericht die Stufe 1 oder 2 zuspricht und gilt auch für die Gebühr des Verkehrsanwalts.

40 **2. Gerichtskosten.** Für das Endurteil wird keine Urteilsgebühr mehr erhoben. Dafür beträgt die Verfahrensgebühr seit dem KostRMoG 4,0.

539

Versäumnisverfahren (1) **Erscheint der Berufungskläger im Termin zur mündlichen Verhandlung nicht, so ist seine Berufung auf Antrag durch Versäumnisurteil zurückzuweisen.**

(2) **[1]Erscheint der Berufungsbeklagte nicht und beantragt der Berufungskläger gegen ihn das Versäumnisurteil, so ist das zulässige tatsächliche Vorbringen des Berufungsklägers als zugestanden anzunehmen. [2]Soweit es den Berufungsantrag rechtfertigt, ist nach dem Antrag zu erkennen; soweit dies nicht der Fall ist, ist die Berufung zurückzuweisen.**

(3) **Im Übrigen gelten die Vorschriften über das Versäumnisverfahren im ersten Rechtszug sinngemäß.**

I. Normzweck

1 Die Bestimmung gleicht das Versäumnisverfahren des zweiten Rechtszuges an das der ersten Instanz an. An die Stelle der Parteirollen der ersten treten die der zweiten Instanz. Inhaltlich entspricht Abs. 1 § 330, Abs. 2 im Wesentlichen der Regelung des § 331 Abs. 1 und 2. Wegen der prozessualen Voraussetzungen eines zweitinstanzlichen Versäumnisurteils und wegen dessen Anfechtung verweist Abs. 3 auf die erstinstanzlichen Bestimmungen.

II. Zulässigkeit der Berufung

2 Voraussetzung jedweder Versäumnisentscheidung ist die Zulässigkeit der Berufung.[1] Ist die Berufung unzulässig, so ist sie auch bei Säumnis einer Partei durch **kontradiktorisches Urteil**[2] (oder durch Beschluss, § 522 Abs. 1) zu verwerfen.[3]

III. Versäumnisurteil gegen den Berufungskläger (Absatz 1)

3 **1. Voraussetzungen. a)** Zum Begriff der Säumnis s. vor § 330 Rn. 5 ff. Ein **Antrag des Berufungsbeklagten** ist ebenso wie in erster Instanz (§ 330) erforderlich. Wird er nicht gestellt, so kommt nur eine Entscheidung nach Lage der Akten oder die Anordnung des Ruhens des Verfahrens in Betracht (§ 251 a).

4 **b) Zulässigkeit der Klage.** Sie ist – ebenso wie in erster Instanz (s. vor § 330 Rn. 9) bei Säumnis des Klägers – von Amts wegen zu prüfende Voraussetzung für den Erlass eines Versäumnisurteils gegen den Berufungskläger.[4] Fehlt es an ihr, so ist die Klage, soweit sie Gegenstand des Berufungsverfahrens ist (§ 528 Rn. 2 ff.), trotz Säumnis des Berufungsklägers durch kontradiktorisches Urteil als unzulässig abzuweisen.

---

[90] BGHZ 25, 200, 203 = NJW 1958, 59; BGHZ 163, 223, 233 = NJW 2005, 3071.
[91] BGH NJW 1992, 2831, 2832.
[92] BGH FamRZ 2005, 1667, 1669.
[1] BGH NJW 1961, 829; 1969, 845, 846; NJW-RR 1986, 1041.
[2] BGH NJW 1961, 829; 1969, 845, 846; 1999, 291; NJW-RR 1986, 1041.
[3] Vgl. BGH NJW 2001, 2095.
[4] BGH NJW 1961, 2207; NJW-RR 1986, 1041.

2. Versäumnisurteil. Sind die Voraussetzungen für den Erlass eines Versäumnisurteils gegen den Berufungskläger erfüllt, so wird seine Berufung ohne Sachprüfung als unbegründet zurückgewiesen. Die Wirksamkeit einer Anschlussberufung wird hiervon nicht berührt (§ 524 Abs. 4). 5

IV. Versäumnisurteil gegen den Berufungsbeklagten (Absatz 2)

1. Voraussetzungen. a) Zulässigkeit der Klage. Sie ist – ebenso wie in erster Instanz bei Säumnis des Beklagten (s. vor § 330 Rn. 9) – von Amts wegen zu prüfende Voraussetzung für den Erlass eines Versäumnisurteils gegen den Berufungsbeklagten.[5] Ist die Klage unzulässig, so ist die Berufung des Klägers gegen ein klageabweisendes Sachurteil erster Instanz durch kontradiktorisches Urteil mit der Maßgabe zurückzuweisen, dass die Klage unzulässig ist. Ist der Beklagte Berufungskläger, so ist das erstinstanzliche Sachurteil zu ändern und die Klage als unzulässig abzuweisen. Auch diese Entscheidung ist kein Versäumnisurteil, sondern kontradiktorisches Urteil.[6] 6

b) Schlüssigkeit der Berufung. Grundlage der Säumnisentscheidung nach Abs. 2 ist allein das **tatsächliche Vorbringen** des **Berufungsklägers,** soweit es nach § 531 zulässig (nicht präkludiert) ist. Grundlage der zweitinstanzlichen Schlüssigkeitsprüfung ist der – in den Berufungsschriftsätzen enthaltene,[7] ggf. in der Berufungsverhandlung mündlich ergänzte oder modifizierte – einseitige Tatsachenvortrag des Berufungsklägers. Schriftsätzliches Vorbringen des Berufungsbeklagten bleibt ebenso unberücksichtigt wie sein mündlicher Vortrag in einer vorausgegangenen Berufungsverhandlung. Der Entscheidung ist auch schriftsätzliches oder mündliches **neues Vorbringen** des Berufungsklägers zugrundezulegen, soweit es nach § 531 zuzulassen und dem Berufungsbeklagten rechtzeitig mitgeteilt worden ist (Abs. 3 iVm. § 335 Abs. 1 Nr. 3). Auf eine Verspätung, die nach § 530 oder § 525 iVm. § 296 zur Präklusion führen könnte, kommt es nicht an, weil infolge der Geständnisfiktion nach Abs. 2 S. 1 eine Verzögerung nicht eintreten kann. Ausgeschlossen bleiben dagegen nach § 531 Abs. 1 Angriffs- und Verteidigungsmittel des Berufungsklägers, die in erster Instanz zu Recht zurückgewiesen worden sind.[8] 7

Einem Versäumnisurteil gegen den Berufungsbeklagten sind – **abweichend von § 529** Abs. 1 Nr. 1 – nicht die vom Gericht des ersten Rechtszuges **festgestellten,** sondern die vom Berufungskläger **vorgetragenen** Tatsachen zu Grunde zu legen. Unerheblich ist daher, ob und wie die Vorinstanz diesen Tatsachenvortrag gewürdigt und was eine hierüber durchgeführte Beweisaufnahme erster oder zweiter Instanz ergeben hat. Auch vom Berufungskläger erstinstanzlich zugestandene gegnerische Behauptungen bleiben unberücksichtigt.[9] Der Akteninhalt ist im Rahmen der Schlüssigkeitsprüfung nur insoweit zu berücksichtigen, als der Berufungskläger ihn ausdrücklich oder durch wirksame Bezugnahme[10] zum Bestandteil seines schriftsätzlichen oder mündlichen Berufungsvorbringens gemacht hat. 8

2. Entscheidung. Soweit die Voraussetzungen nach Rn. 6ff. erfüllt sind, ist durch Versäumnisurteil nach Maßgabe der Berufungsanträge unter Abänderung des erstinstanzlichen Urteils über die Klage zu entscheiden, Abs. 2 S. 2 Halbs. 1. Soweit es hieran fehlt, ist die Berufung durch kontradiktorisches Urteil („unechtes Versäumnisurteil")[11] zurückzuweisen, Abs. 2 S. 2 Halbs. 2. Die Regelung entspricht § 331 Abs. 2. 9

a) Ist der **Kläger** Berufungskläger, so ist durch Versäumnisurteil nach seinem Berufungsantrag zu erkennen, soweit die Klage schlüssig ist. Über neue oder geänderte Klageansprüche oder eine in zweiter Instanz neue Aufrechnung des Berufungsklägers darf nur dann durch Versäumnisurteil entschieden werden, wenn das Berufungsgericht die Sachdienlichkeit bejaht (§ 533 Nr. 1). Weitere Voraussetzung ist die rechtzeitige Mitteilung an den Gegner (Abs. 3 iVm. § 335 Abs. 1 Nr. 3); dessen Säumnis kann nicht als Einwilligung gewertet werden.[12] Die weitere Zulässigkeitsschranke des § 533 Nr. 2 greift dagegen in Säumnisfällen jedenfalls nicht unmittelbar ein, weil das Berufungsgericht seiner Entscheidung hier nicht den nach § 529 zu berücksichtigenden, sondern den vom Berufungskläger in den Grenzen des § 531 zweitinstanzlich vorgetragenen Tatsachenstoff zu Grunde zu legen hat (Rn. 8). Nach der ratio legis des § 533 Nr. 2 dürfte die Vorschrift aber analog in dem Sinne anwendbar sein, dass neue Klageanträge, Aufrechnungen oder Widerklagen nur insoweit zuzulassen sind, als sie sich auf Tatsachenvortrag stützen, den das Berufungsgericht seiner Entscheidung über die Berufung ohnehin nach § 539 Abs. 2 zu Grunde zu legen hat. 10

b) Ist der **Beklagte** Berufungskläger, so ist – anders als nach § 330 in erster Instanz – die Klage bei Säumnis des Klägers nicht ohne weiteres, sondern nur abzuweisen, wenn und soweit sie nach dem tatsächlichen mündlichen Vorbringen des Beklagten unbegründet ist. Das ist freilich immer schon dann der Fall, wenn die Klage, wie regelmäßig, nach dem Tatsachenvortrag des Beklagten nicht schlüssig ist. Dasselbe gilt, wenn der Beklagte als Berufungskläger Tatsachen behauptet, die eine den Klageanspruch hindernde, vernichtende oder hemmende Einwendung oder Einrede ausfüllen. Für eine in zweiter Instanz neue Widerklage oder Aufrechnung des Beklagten gilt das zu a) Ausgeführte (Rn. 10) entsprechend. 11

---

[5] *B/L/H* Rn. 1; *St/J/Grunsky* § 542 Rn. 8.
[6] *B/L/H* § 542 Rn. 3; *St/J/Grunsky* § 542 Rn. 8; *Zö/Gummer/Heßler* Rn. 8, 10.
[7] Amtl. Begr. des ZPO-RG, BT-Drucks. 14/4722, S. 103.
[8] *St/J/Grunsky* § 542 Rn. 11: aA MK/*Rimmelspacher* Rn. 12.
[9] MK/*Rimmelspacher* Rn. 15; *St/J/Grunsky* § 542 Rn. 10; aA *R/S/G* § 141 III 1; *B/L/H* Rn. 4; *Zö/Gummer/Heßler* Rn. 16; offen gelassen von BGH MDR 1979, 930.
[10] BGH NJW 1994, 3295, 3296.
[11] OLG Frankfurt/M OLGR 2003, 484.
[12] MK/*Rimmelspacher* Rn. 16; *St/J/Grunsky* § 542 Rn. 13.

12 **3. Rechtsbehelfe.** Soweit das Berufungsgericht durch **Versäumnisurteil** entschieden hat, ist wie in erster Instanz der **Einspruch** statthaft (Abs. 3 iVm. §§ 338ff.) Ein zweites Versäumnisurteil (§ 345) und kontradiktorische Urteile des Berufungsgerichts, mit denen die Berufung als unzulässig verworfen, die Klage als unzulässig abgewiesen oder die Berufung zurückgewiesen worden ist, unterliegen nach Maßgabe der §§ 542ff. der Revision.[13] Ob die Entscheidung des Berufungsgerichts Versäumnisurteil oder kontradiktorisches Urteil („unechtes Versäumnisurteil") ist, richtet sich nach ihrem Inhalt,[14] nicht nach der vom Berufungsgericht gewählten Bezeichnung oder Form. In wirklichen Zweifelsfällen hilft das Meistbegünstigungsprinzip (vor § 511 Rn. 31ff.).

13 Hat das Berufungsgericht dem Antrag auf Erlass eines Versäumnisurteils teilweise stattgegeben und die Berufung im Übrigen zurückgewiesen (Abs. 2 S. 2), so unterliegt die einheitliche Entscheidung teils dem Einspruch, teils der Revision. Ist die Berufung durch „unechtes Versäumnisurteil" zurückgewiesen worden, obwohl die Voraussetzungen für den Erlass eines Versäumnisurteils gegen den Berufungsbeklagten erfüllt waren, so ist die Sache zur Wahrung der prozessualen Rechte des Berufungsbeklagten vom Revisionsgericht zurückzuverweisen.[15] Das Revisionsgericht kann das Berufungsurteil nicht durch ein Versäumnisurteil zweiter Instanz ersetzen.[16]

V. Entsprechende Anwendbarkeit der §§ 330ff. (Absatz 3)

14 Soweit nicht Abs. 1 und 2 für den zweiten Rechtszug Sonderregelungen treffen, gelten gemäß Abs. 3 die Vorschriften des erstinstanzlichen Versäumnisverfahrens entsprechend. Nach ihnen richten sich die prozessuale Zulässigkeit des Versäumnisurteils (§§ 332 bis 337), Zulässigkeit und Wirkungen des Einspruchs (§§ 338 bis 340, 342) sowie das Verfahren nach Einspruch (§§ 340a bis 346).

15 Nach § 341 Abs. 2 kann die Entscheidung über die **Verwerfung** des gegen ein **erstes Versäumnisurteil** eingelegten **Einspruchs** als unzulässig (§ 341 Abs. 1 S. 2) nur durch **Urteil** getroffen werden, das zur Verfahrensvereinfachung ohne mündliche Verhandlung ergehen kann. Ein Berufungsurteil dieses Inhalts unterliegt nach allgemeinen Regeln (§§ 542ff.) der Revision.

16 Auf die Anfechtung eines **zweiten Versäumnisurteils** (§ 345) des Berufungsgerichts sind gemäß § 565 die für die Berufung geltenden Vorschriften über die Anfechtbarkeit der Versäumnisurteile (§ 514) entsprechend anzuwenden. Danach ist die Revision unbeschränkt statthaft (§ 514 Abs. 2 S. 2 iVm § 511 Abs. 2 entsprechend, näher § 565 Rn. 2). Sie kann allerdings entsprechend § 514 Abs. 2 S. 1 nur darauf gestützt werden, dass kein Fall schuldhafter Säumnis vorgelegen habe (vgl. § 514 Rn. 8).

VI. Gebühren und Kosten

17 **Rechtsanwaltsgebühren.** Eine dem bisherigen § 38 BRAGO entsprechende Regelung findet sich im RVG nicht mehr. Es gelten somit die allgemeinen Grundsätze. Vor der reduzierten Terminsgebühr auf 0,5 nach Nr. 3203 VV RVG wird nur der Fall erfasst, dass eine Partei zum Termin nicht erscheint und sodann entweder ein Versäumnisurteil beantragt wird oder Entscheidungen zur Prozessleitung beantragt oder vom Gericht von Amts wegen getroffen werden. Ist die Partei anwesend bzw. vertreten, verhandelt aber nicht, fällt die volle Terminsgebühr von 1,2 an (Nr. 3203 iVm. Nr. 3105 Abs. 3 VV RVG). Vgl. auch § 538 Rn. 21.

540 *Inhalt des Berufungsurteils*

(1) ¹Anstelle von Tatbestand und Entscheidungsgründen enthält das Urteil

1. die Bezugnahme auf die tatsächlichen Feststellungen im angefochtenen Urteil mit Darstellung etwaiger Änderungen oder Ergänzungen,

2. eine kurze Begründung für die Abänderung, Aufhebung oder Bestätigung der angefochtenen Entscheidung.

²Wird das Urteil in dem Termin, in dem die mündliche Verhandlung geschlossen worden ist, verkündet, so können die nach Satz 1 erforderlichen Darlegungen auch in das Protokoll aufgenommen werden.

(2) Die §§ 313a, 313b gelten entsprechend.

I. Normzweck

1 Die Bestimmung regelt die Anforderungen an den Inhalt des Berufungsurteils. Sie bezweckt eine inhaltliche Abstimmung des Berufungsurteils mit der Funktion der Berufung als Fehlerkontroll- und -beseitigungsinstrument sowie eine möglichst weit gehende Entlastung der Berufungsgerichte bei der Urteilsabfassung, indem sie den notwendigen Inhalt des Berufungsurteils auf die Darstellung und Begründung dessen beschränkt, was sich in der zweiten gegenüber der ersten Instanz geändert hat.

---

[13] BGH NJW 2001, 2095.
[14] BGH NJW 1994, 665; 2001, 2095.
[15] BGH NJW 1986, 3085; 1990, 253, 255; 1995, 2563, 2564.
[16] BGH NJW 1986, 3085; 1995, 2263, 2264.

II. Tatsächliche Feststellungen im Berufungsurteil (Absatz 1 Satz 1 Nr. 1)

1. Bezugnahme auf erstinstanzliche Feststellungen. Soweit das angefochtene Urteil tatsächliche Feststellungen (zum Begriff s. § 529 Rn. 2) enthält, kann das Berufungsgericht hierauf Bezug nehmen und von einer eigenen Darstellung des Sach- und Streitstands absehen. Das gilt unabhängig davon, ob und inwieweit es seiner Entscheidung den im Ersturteil wiedergegebenen Sach- und Streitstand zu Grunde legen will. 2

2. Änderungen und Ergänzungen des in dem angefochtenen Urteil wiedergegebenen Sach- und Streitstands durch zweitinstanzliches Vorbringen der Parteien sind im Berufungsurteil darzustellen. Sie müssen erkennen lassen, welchen Sachvortrag und welche Beweisergebnisse das Berufungsgericht seinem bestätigenden, aufhebenden oder abändernden Urteil zu Grunde legt.[1] Bezugnahme und abändernde oder ergänzende Darstellung des Parteivorbringens müssen in ihrer Zusammenschau den Sach- und Streitstand vollständig und widerspruchsfrei wiedergeben, denn diese Kombination tritt auch in ihrer Bedeutung für die Revisionsinstanz (§ 559 Abs. 1 S. 1) an die Stelle des zweitinstanzlichen Tatbestands.[2] Wiederzugeben sind in jedem Fall die Berufungsanträge, da diese nicht von einer Bezugnahme auf das erstinstanzliche Urteil erfasst werden.[3] Soweit sie nicht wörtlich wiedergegeben werden, muss erkennbar sein, was der Berufungskläger mit seinem Rechtsmittel erstrebt hat.[4] Die Wiedergabe der Anträge im Sitzungsprotokoll genügt nur im Fall des Abs. 1 S. 2 (Rn. 8).[5] 3

Das Berufungsgericht kann zur Darstellung geänderten oder ergänzten Parteivorbringens auf **Schriftsätze, Anlagen, Protokolle** und **Beiakten** Bezug nehmen, soweit dadurch die Funktion der Darstellung für das Revisionsverfahren (§ 559 Abs. 1 S. 1) nicht beeinträchtigt wird. Pauschale Bezugnahmen auf Schriftsätze und Unterlagen, die von den Parteien eingereicht worden sind, oder gar auf den gesamten Akteninhalt sind unwirksam, da sie den Sach- und Streitstand bei Schluss der mündlichen Berufungsverhandlung nicht erkennen lassen;[6] zu den Folgen für das Revisionsverfahren vgl. § 559 Rn. 12ff. 4

Werden entscheidungserhebliche **Unterlagen,** auf die das Berufungsurteil Bezug nimmt, an die Parteien **zurückgegeben,** so ist die Rechtsanwendung des Berufungsgerichts für das Revisionsgericht nicht nachprüfbar. Dies macht regelmäßig die Zurückverweisung durch das Revisionsgericht erforderlich.[7] Der Mangel kann geheilt werden, wenn die zurückgegebenen Unterlagen im Revisionsverfahren wieder eingereicht werden, sofern ihre Vollständigkeit und Identität unbestritten ist.[8] 5

3. Beweiskraft. Auch wenn das Berufungsurteil nach Abs. 1 S. 1 keinen Tatbestand enthält, liefert die Darstellung geänderten oder ergänzten Parteivorbringens im Berufungsurteil entsprechend § 314 Beweis für das in zweiter Instanz ergänzend oder abweichend Vorgetragene. Die Darstellung ist daher für das Revisionsgericht bindend, soweit nicht nach § 320 Berichtigung beantragt worden ist (vgl. § 529 Rn. 6, § 559 Rn. 15). 6

4. Folgen für die Revisionsinstanz. Den zu 1. bis 3. aufgeführten Anforderungen muss das Berufungsurteil auch dann genügen, wenn das Berufungsgericht die Revision nicht zulässt, sein Urteil aber der Nichtzulassungsbeschwerde (§ 544) unterliegt.[9] Im Revisionsverfahren führt das Fehlen ausreichender tatbestandlicher Feststellungen im Berufungsurteil zur Aufhebung des Berufungsurteils von Amts wegen.[10] 6a

III. Begründung der Berufungsentscheidung (Absatz 1 Satz 1 Nr. 2)

An Stelle der Entscheidungsgründe des Berufungsurteils ist nur eine kurze Begründung für die getroffene Entscheidung erforderlich. In ihr hat sich das Berufungsgericht mit den Berufungsgründen auseinander zu setzen, soweit dies zur Begründung der getroffenen Entscheidung erforderlich ist. Soweit das Berufungsgericht dem Erstrichter in der Begründung folgt, kann es auf die Entscheidungsgründe des angefochtenen Urteils Bezug nehmen. Darin liegt kein Begründungsmangel iSd. § 547 Nr. 6.[11] Zur Begründung von Nebenentscheidungen (Kosten, vorläufige Vollstreckbarkeit) genügt ein Hinweis auf die angewandten Bestimmungen. 7

IV. Protokollierung des Urteilsinhalts (Absatz 1 Satz 2)

Verkündet das Berufungsgericht sein Urteil im Verhandlungstermin, so genügt die Aufnahme des nach Abs. 1 S. 1 notwendigen Inhalts des Berufungsurteils in das Sitzungsprotokoll. Das gilt auch dann, wenn die Verkündung nicht unmittelbar im Anschluss an die mündliche Verhandlung, sondern erst am Schluss der Sitzung erfolgt.[12] Die dort zu protokollierenden Angaben haben dieselbe Funktion wie Bezugnahmen 8

---

1 BGHZ 156, 97, 101f. = NJW 2003, 3352; BGHZ 156, 216, 218f. = NJW 2004, 293; BGH NJW-RR 2007, 781.
2 BGH (Fn. 1).
3 BGHZ 154, 99, 100 = NJW 2003, 1743; BGH NJW 2004, 1159; NJW-RR 2005, 716, 717.
4 BGHZ 154, 99, 101 = NJW 2003, 1743; BGHZ 156, 216, 218 = NJW 2004, 293.
5 BGH NJW-RR 2005, 716, 717; GRUR 2007, 631, 632.
6 *Schwöbbermeyer* NJW 1990, 1451, 1453.
7 BGHZ 80, 64 = NJW 1981, 1621; BGH WM 1992, 1392, 1394f.; 1997, 1028.
8 BGH NJW 1982, 2071.
9 BGHZ 156, 97, 100 = NJW 2003, 3352; BGHZ 156, 216, 218f. = NJW 2004, 293; BGH NJW-RR 2004, 493; NJW 2005, 2858, 2859.
10 BGHZ 154, 99, 100f. = NJW 2003, 1743; BGHZ 156, 97, 99 = NJW 2003, 3352; BGHZ 156, 216, 219 = NJW 2004, 293; BGH NJW 2007, 2334, 2335.
11 BGH NJW 1985, 1784, 1785; NJW-RR 1987, 1403; 1991, 1312, 1315.
12 BGHZ 158, 37, 39f. = NJW 2004, 1666; *Gaier* NJW 2004, 2041, 2042.

und Darlegungen nach Abs. 1 S. 1 im Berufungsurteil.[13] An sie sind daher inhaltlich keine geringeren Anforderungen zu stellen.[14] Das Protokollurteil ist von allen Richtern, die bei der Entscheidung mitgewirkt haben, zu unterschreiben.[15] Fehlende Unterschriften beisitzender Richter können rechtswirksam nur vor Ablauf von 5 Monaten seit der Verkündung (§ 548) nachgeholt werden.[16] Fehlt es daran, so ist ein absoluter Revisionsgrund nach § 547 Nr. 6 gegeben.[17]

V. Erleichterungen entsprechend §§ 313a, 313b (Absatz 2)

9 Soweit nach §§ 313a, 313b der Tatbestand oder Tatbestand und Entscheidungsgründe des Berufungsurteils entbehrlich wären, gilt dasselbe für die nach Abs. 1 S. 1 an deren Stelle tretenden Bezugnahmen und Darstellungen im Berufungsurteil.

VI. Gebühren und Kosten

10 **1. Rechtsanwaltsgebühren.** Die Tätigkeit des **Anwalts** (Verzicht auf Darstellung von Tatbestand und Entscheidungsgründen) gehört zum Rechtszug, wird also durch die Gebühren der Nrn. 3200ff. VV RVG abgegolten. Ist der Anwalt **nicht Prozessbevollmächtigter,** erhält er eine Verfahrensgebühr von 0,8 gem. Nr. 3403 VV RVG. Vgl. auch § 313a Rn. 9.

11 **2. Gerichtskosten.** Nach KV Nr. 1222 Nr. 2 tritt unter den dort genannten Voraussetzungen eine Ermäßigung ein.

541

Prozessakten **(1) [1]Die Geschäftsstelle des Berufungsgerichts hat, nachdem die Berufungsschrift eingereicht ist, unverzüglich von der Geschäftsstelle des Gerichts des ersten Rechtszuges die Prozessakten einzufordern. [2]Die Akten sind unverzüglich an das Berufungsgericht zu übersenden.**

(2) Nach Erledigung der Berufung sind die Akten der Geschäftsstelle des Gerichts des ersten Rechtszuges nebst einer beglaubigten Abschrift der in der Berufungsinstanz ergangenen Entscheidung zurückzusenden.

1 **1. Abs. 1** soll sicherstellen, dass die Prozessakten der ersten Instanz dem Berufungsgericht so früh wie möglich übersandt werden. Sie sind daher auch dann unverzüglich an das Berufungsgericht abzugeben, wenn der Rechtsstreit nur teilweise in die zweite Instanz gelangt ist. Gegebenenfalls sind sie für den Fortgang des Verfahrens in erster Instanz zu kopieren.

2 **2.** Sobald das Berufungsverfahren vollständig abgeschlossen ist, sind die Prozessakten mit Ausnahme der beim Berufungsgericht verbleibenden Schriftstücke (§ 4 Abs. 6 und 7 AktO) an die Geschäftsstelle des erstinstanzlichen Gerichts zurückzugeben, **Abs. 2.** Eine beglaubigte Abschrift der Entscheidung des Berufungsgerichts ist beizufügen. Eine das Original ersetzende beglaubigte Abschrift des Berufungsurteils muss den Verkündungsvermerk (§ 316) sowie etwaige Berichtigungen (§§ 319, 320) und Ergänzungen (§ 321) enthalten.

Abschnitt 2. Revision

542

Statthaftigkeit der Revision **(1) Die Revision findet gegen die in der Berufungsinstanz erlassenen Endurteile nach Maßgabe der folgenden Vorschriften statt.**

(2) [1]Gegen Urteile, durch die über die Anordnung, Abänderung oder Aufhebung eines Arrestes oder einer einstweiligen Verfügung entschieden worden ist, findet die Revision nicht statt. [2]Dasselbe gilt für Urteile über die vorzeitige Besitzeinweisung im Enteignungsverfahren oder im Umlegungsverfahren.

I. Normzweck

1 Die Bestimmung regelt mit der Statthaftigkeit eine der Zulässigkeitsvoraussetzungen der Revision (vor § 511 Rn. 13) und grenzt damit zugleich den Anwendungsbereich der Revision gegen den anderer Rechtsmittel ab. Entsprechende Vorschriften finden sich in § 511 für die Berufung, in § 567 für die sofortige Beschwerde und in § 574 für die Rechtsbeschwerde.

II. Revisionsfähige Urteile (Absatz 1)

2 **1. Berufungsurteile.** Nach Abs. 1 findet die Revision gegen Berufungsurteile der Oberlandesgerichte und der Landgerichte statt. Auch soweit das Berufungsgericht über neue Ansprüche entschieden hat, die

---

[13] BGHZ 158, 37, 42 = NJW 2004, 1666.

[14] BGHZ 158, 60, 62 = NJW 2004, 1389; BGHZ 158, 37, 42 = NJW 2004, 1666; BGH NJW 2005, 830, 831; GRUR 2007, 631f.; *Gaier* NJW 2004, 2041, 2046.

[15] BGH NJW-RR 2007, 141, 142.

[16] BGH (Fn. 15).

[17] BGH (Fn. 15).

durch Klageänderung, Klageerweiterung oder Widerklage in zweiter Instanz erstmals erhoben worden sind, unterliegt seine Entscheidung allein der Revision.[1] Gegen berufungsfähige erstinstanzliche Urteile der Amts- und Landgerichte kann unter den Voraussetzungen des § 566 Sprungrevision eingelegt werden.

2. Endurteile. Revisionsfähig sind grundsätzlich nur Endurteile (zum Begriff § 511 Rn. 3) zweiter Instanz. Das zweitinstanzliche Endurteil ist dadurch gekennzeichnet, dass es für seinen Entscheidungsgegenstand das Berufungsverfahren abschließt.[2] Das ist auch dann der Fall, wenn die Berufung als unzulässig verworfen wird (§ 522 Abs. 1), wenn die Berufung nach § 538 zur (Aufhebung und) Zurückverweisung an das Gericht erster Instanz führt[3] oder wenn das Berufungsgericht die Sache an ein Gericht der freiwilligen Gerichtsbarkeit abgibt[4] oder an eine andere Gerichtsbarkeit verweist.[5] 3

3. Zwischenurteile (§ 303) zweiter Instanz sind grundsätzlich nicht selbständig mit der Revision angreifbar (§ 557 Abs. 2). Hat das Berufungsgericht über die Berufung gegen ein nicht berufungsfähiges Zwischenurteil sachlich entschieden, so ist die Revision nicht statthaft.[6] Eine Ausnahme gilt für das Zwischenurteil über die Zulässigkeit der Klage (§ 280) und für die Vorabentscheidung über den Grund des Anspruchs (§ 304 Abs. 1), denn diese sind hinsichtlich ihrer Rechtsmittelfähigkeit Endurteilen gleichgestellt (§§ 280 Abs. 2 S. 1, 304 Abs. 2 Halbs. 1). Revisionsfähig ist ferner ein Zwischenurteil, das gegen den Willen der Beklagten einen Parteiwechsel auf der Beklagtenseite in zweiter Instanz zulässt.[7] Die Entscheidung, mit der das Berufungsgericht den übernahmebereiten Rechtsnachfolger mangels Zustimmung des Gegners (§ 265 Abs. 2) „aus dem Prozess weist", wird als Endurteil angesehen und unterliegt daher nach Abs. 1 der Revision.[8] Der Revision unterliegt auch ein Zwischenurteil über die Fortdauer der Verfahrensunterbrechung gem. § 240.[9] Ein Zwischenurteil des Berufungsgerichts, mit dem die wegen Versäumung der Berufungs- oder der Berufungsbegründungsfrist beantragte Wiedereinsetzung abgelehnt wird, kann (und muss) wegen seiner Bindungswirkung für die nachfolgende Verwerfungsentscheidung (§ 522 Abs. 1) mit der Revision angefochten werden.[10] **Vorbehaltsurteile** sind hinsichtlich ihrer Rechtsmittelfähigkeit Endurteilen gleichgestellt (§§ 302 Abs. 3, 599 Abs. 3) und daher revisionsfähig. **Versäumnisurteile** zweiter Instanz sind gemäß § 565 nur unter den Voraussetzungen des § 514 Abs. 2 mit der Revision anfechtbar (§ 565 Rn. 2). Ein als Versäumnisurteil bezeichnetes Urteil, das die Berufung als unzulässig verwirft, ist kein Versäumnisurteil und deshalb mit der Revision anzufechten.[11] 4

III. Nicht revisionsfähige Urteile (Absatz 2)

Urteile, mit denen das Berufungsgericht einen Arrest oder eine einstweilige Verfügung anordnet, ablehnt, aufhebt oder abändert, unterliegen in keinem Fall der Revision (Abs. 2 S. 1), auch wenn die Revision irrtümlich zugelassen (§ 543 Abs. 1 Nr. 1) worden ist.[12] Dasselbe gilt gemäß § 574 Abs. 1 S. 2 für die Rechtsbeschwerde gegen Beschlüsse entsprechenden Inhalts[13] und gegen eine Kostenentscheidung nach Rücknahme eines Antrags auf Erlass einer einstweiligen Verfügung[14] oder nach dessen Erledigung.[15] Auch die Verwerfung der Berufung als unzulässig im Verfahren des einstweiligen Rechtsschutzes ist weder mit der Revision noch mit der Rechtsbeschwerde anfechtbar.[16] Der Ausschluss gilt nur für das Verfahren selbst, nicht für Folgesachen wie Schadensersatzansprüche nach § 945,[17] ferner nicht für die Entscheidung über den Rechtsweg (§ 17a GVG)[18] und über Anerkennung und Vollstreckung eines ausländischen Arrestbefehls.[19] Nicht revisionsfähig sind wegen ihres nur vorläufigen Charakters ferner Entscheidungen über die vorzeitige Besitzeinweisung im Enteignungs- und im Umlegungsverfahren, Abs. 2 S. 2. 5

IV. Isolierte Kostenentscheidungen

Unstatthaft ist die Revision gegen isolierte Kostenentscheidungen des Berufungsgerichts (§ 99) und ebenso gegen ein Urteil, das die Berufung gegen eine isolierte Kostenentscheidung erster Instanz verwirft.[20] Eine Teilentscheidung nach § 91a unterliegt bei unbeschränkt zugelassener Revision nur der Überprüfung 6

---

[1] BGH NJW-RR 1994, 61; MK/*Wenzel* Rn. 2.
[2] MK/*Wenzel* Rn. 3; *St/J/Grunsky* § 545 Rn. 2.
[3] BGHZ 97, 287, 290 = NJW 1986, 1994; allgM.
[4] BGH (Fn. 3).
[5] BGH (Fn. 3); MK/*Wenzel* (AB) Rn. 3.
[6] BGHZ 102, 232, 233 = NJW 1988, 1733; MK/*Wenzel* Rn. 6.
[7] BGH NJW 1981, 989.
[8] BGH NJW 1988, 3209; MK/*Wenzel* Rn. 10.
[9] BGH NJW 2004, 2983f.
[10] BGHZ 47, 289, 290f. = NJW 1967, 1566; BGH VersR 1979, 619; 1979, 960.
[11] BGH NJW 2001, 2095.
[12] BGHZ 154, 102, 103ff. = NJW 2003, 1531; BGH NJW 2002, 3554; 2003, 70.
[13] So bereits BGHZ 154, 102, 103ff. = NJW 2003, 1531.
[14] BGH NJW 2003, 3565.
[15] BGH NJW-RR 2003, 1075.
[16] BGHZ 152, 195, 196f. = NJW 2003, 69.
[17] *St/J/Grunsky* § 545 Rn. 7.
[18] BGH NJW 2003, 1194.
[19] BGHZ 74, 278, 280 = NJW 1980, 528; *B/L/H* § 545 Rn. 4.
[20] BGH NJW 1968, 2243; MK/*Wenzel* Rn. 18.

auf § 91a selbst, nicht auf das zugrunde liegende materielle Recht.[21] Bei zulässiger Revision gegen ein Teilurteil kann auch die hierauf bezogene Kostenentscheidung des Schlussurteils mit der Revision angegriffen werden.[22]

V. Gebühren und Kosten

7 **1. Rechtsanwaltsgebühren.** Der Anwalt verdient die Gebühren gemäß Nrn. 3206ff. VV RVG. Soweit sich die Parteien nur durch einen beim BGH zugelassenen Rechtsanwalt vertreten lassen können, erhöht sich die Verfahrensgebühr von 1,6 auf 2,3 (Nr. 3208 VV RVG).

8 **2. Gerichtskosten.** Für die Revisionsinstanz wird als **Verfahrensgebühr** ein Satz von 5,0 erhoben (KV Nr. 1230). Ermäßigungen können sich nach KV Nr. 1231, 1232 auf einen Satz von 1,0 oder 3,0 nach den dort genannten Voraussetzungen ergeben. Erledigungserklärungen nach § 91a stehen der Zurücknahme nach KV Nr. 1231 u. Nr. 1232 Nr. 4 mit den dort genannten Einschränkungen gleich. Die Verfahrensgebühr wird mit der Einreichung der Revisionsschrift grundsätzlich fällig, § 6 GKG.

543 *Zulassungsrevision*

(1) Die Revision findet nur statt, wenn sie
1. das Berufungsgericht in dem Urteil oder
2. das Revisionsgericht auf Beschwerde gegen die Nichtzulassung
zugelassen hat.

(2) [1]Die Revision ist zuzulassen, wenn
1. die Rechtssache grundsätzliche Bedeutung hat oder
2. die Fortbildung des Rechts oder die Sicherung einer einheitlichen Rechtsprechung eine Entscheidung des Revisionsgerichts erfordert.

[2]Das Revisionsgericht ist an die Zulassung durch das Berufungsgericht gebunden.

Übersicht

I. Normzweck

1 Die Bestimmung regelt neben § 542 die Statthaftigkeit der Revision. §§ 542, 543 eröffnen in allen berufungsfähigen Sachen einen grundsätzlich[1] von Wertgrenzen unabhängigen Zugang zur Revisionsinstanz. Die Revision ist allerdings nur im Falle ihrer Zulassung statthaft. Damit soll erreicht werden, dass das Revisionsgericht sich seiner spezifischen Aufgabe widmen kann, Rechtsfragen von grundsätzlicher Bedeutung zu entscheiden und zur Rechtsfortbildung sowie zur Wahrung der Einheitlichkeit der Rechtsprechung beizutragen.[2] Abs. 2 S. 1 legt die Kriterien für die Zulassung der Revision fest. Abs. 2 S. 2 schützt das Vertrauen der Parteien auf die Statthaftigkeit einer vom Berufungsgericht zugelassenen Revision.

II. Statthaftigkeit der Revision (Absatz 1)

2 **1. Zulassungsbedürftigkeit der Revision.** Nach Abs. 1 hängt die Statthaftigkeit der Revision stets von ihrer Zulassung ab. Das gilt auch für den Fall, dass die Berufung als unzulässig verworfen worden ist. Einzig gegen ein zweites Versäumnisurteil (§ 345) des Berufungsgerichts ist die Revision ohne Zulassung statthaft (§ 565 iVm. § 514 Abs. 2 S. 2, § 511 Abs. 2).

3 **2. Zulassungskompetenz.** Abs. 1 weist die Zulassungskompetenz grundsätzlich dem Berufungsgericht zu. Zuständig ist der Einzelrichter, wenn ihm die Sache zur Entscheidung übertragen worden ist (§ 526

---

[21] BGH NJW 2007, 1591, 1593.
[22] BGH NJW-RR 1997, 892; NJW 2000, 217, 218.
[1] S. aber § 26 Nr. 8 EGZPO.
[2] Amtl. Begr. des ZPO-RG, BT-Drucks. 14/4722, S. 66f.

Abs. 1).[3] Eine Übertragung auf den Kollegialspruchkörper kommt hier – anders als im Beschwerdeverfahren (§ 568 S. 2, s. dort) – nur dann in Betracht, wenn sich die grundsätzliche Bedeutung (Abs. 2 S. 1 Nr. 1 und 2) aus einer wesentlichen Änderung der Prozesslage ergibt (§ 526 Abs. 2 Nr. 1).[4] Gegen die Nichtzulassung der Revision durch das Berufungsgericht findet nach § 544 die Nichtzulassungsbeschwerde statt, über die das Revisionsgericht entscheidet.

III. Zulassungsvoraussetzungen (Absatz 2 Satz 1)

1. Zulassungsformel. Abs. 2 definiert die Voraussetzungen der Zulassung der Revision. Sie gelten gleichermaßen für die Entscheidung des Berufungsgerichts über die Zulassung der Revision wie für die Entscheidung des Revisionsgerichts über die Nichtzulassungsbeschwerde (§ 544). Die Zulassungsgründe sind ausgerichtet auf die Aufgaben des Revisionsgerichts, durch seine Rechtsprechung zur Fortbildung des Rechts und zur Wahrung der Rechtseinheit beizutragen. Neben den beiden hierauf abstellenden Zulassungskriterien (Abs. 2 S. 1 Nr. 2) nennt die Zulassungsformel, die sich an den Zugangsregelungen der § 74 Abs. 2 GWB, § 83 MarkenG, § 100 PatG, § 219 BEG und § 80 OwiG zur Revisions- bzw. Rechtsbeschwerdeinstanz orientiert, in Abs. 2 S. 1 Nr. 1 die grundsätzliche Bedeutung der Rechtssache als eigenständigen Zulassungsgrund. Dadurch soll deutlich gemacht werden, dass die Zulassungsvoraussetzungen der Fortbildung des Rechts und der Sicherung der Einheitlichkeit der Rechtsprechung den Zulassungsgrund der grundsätzlichen Bedeutung einer Rechtssache konkretisieren, ohne ihn hierauf zu beschränken.[5] Maßgebliches Kriterium für die Entscheidung eines Rechtsstreits durch das Revisionsgericht ist nicht das **Interesse der Prozessparteien** an der Ergebniskorrektur einer unrichtigen Entscheidung, sondern das **Interesse der Allgemeinheit** an der Klärung grundsätzlicher Rechtsfragen, der Rechtsfortbildung und der Rechtsvereinheitlichung durch die höchstrichterliche Rechtsprechung. Die Unrichtigkeit eines Berufungsurteils, dessen Korrektur weder zur Klärung grundsätzlicher Rechtsfragen noch zur Fortbildung des Rechts oder zur Vereinheitlichung der Rechtsprechung beiträgt, kann die Zulassung der Revision mithin nur dann rechtfertigen, wenn nicht nur die unterlegene Prozesspartei, sondern auch die Allgemeinheit ein Interesse an einer solchen Korrektur hat (s. dazu Rn. 6). 4

2. Grundsätzliche Bedeutung der Rechtssache (Abs. 2 S. 1 Nr. 1).. Grundsätzliche Bedeutung hat eine Rechtssache dann, wenn sie eine **klärungsbedürftige** und **klärungsfähige Rechtsfrage** aufwirft, die sich in einer unbestimmten **Vielzahl** weiterer Fälle stellen kann.[6] Auch das tatsächliche oder wirtschaftliche Gewicht einer Sache für den beteiligten Rechtsverkehr kann ein besonderes Interesse der Allgemeinheit an einer Entscheidung des Revisionsgerichts begründen.[7] 5

Die **Klärungsfähigkeit** der Rechtsfrage setzt die Revisibilität des anzuwendenden Rechts (§ 545 Abs. 1) voraus. **Klärungsbedürftig** ist eine Rechtsfrage, wenn ihre Beantwortung zweifelhaft ist oder wenn zu ihr unterschiedliche Auffassungen vertreten werden und die Frage höchstrichterlich noch nicht geklärt ist.[8] Auch eine Rechtsfrage, die in den Vorinstanzen nicht gesehen wurde und die nicht Gegenstand eines Meinungsstreits ist, kann klärungsbedürftig sein. Nachdem der BGH eine Rechtsfrage geklärt hat, kann sich weiterer Klärungsbedarf ergeben, wenn nicht nur einzelne Instanzgerichte oder Literaturstimmen der Auffassung des BGH weiterhin widersprechen oder wenn neue Argumente ins Feld geführt werden, die den BGH zu einer Überprüfung seiner Auffassung veranlassen können.[9] Die Klärungsbedürftigkeit entfällt, wenn die Rechtsfrage wegen einer Rechtsänderung für die Zukunft keine Bedeutung mehr hat. 5 a

Nr. 1 erfasst zunächst Modell- oder Musterprozesse sowie solche Verfahren, in denen es um die Auslegung oder die Wirksamkeit typischer Vertragsbestimmungen, Tarife, Formularverträge oder sonstiger allgemeiner Geschäftsbedingungen geht.[10] Grundsätzliche Bedeutung ist darüber hinaus gegeben, wenn Rechtsfragen aufgeworfen werden, deren Beantwortung von **allgemeiner**, über den zu entscheidenden Einzelfall hinausgehender **Bedeutung** ist.[11] Das ist schon dann der Fall, wenn Fehler des angefochtenen Urteils es erfordern, der Praxis für die Auslegung oder Anwendung revisiblen Rechts in künftigen Fällen durch Leitsätze sachverhaltsbezogene Orientierung zu geben.[12] Nach Abs. 2 S. 1 Nr. 1 sind mithin auch Revisionen zuzulassen, denen eine Grundsatzbedeutung im herkömmlichen Sinne nicht zukommt, die aber gleichwohl eine **Leitentscheidung** der höchstrichterlichen Rechtsprechung erfordern[13] (**Leitbildfunktion** des Revisionsgerichts). 6

3. Fortbildung des Rechts (Abs. 2 S. 1 Nr. 2 Alt. 1). Zur Fortbildung des Rechts ist die Revision zuzulassen, wenn der Einzelfall Veranlassung gibt, Leitsätze für die Auslegung von Gesetzesbestimmungen des materiellen oder des Verfahrensrechts aufzustellen oder Gesetzeslücken auszufüllen.[14] Dazu soll nur dann An- 7

---

[3] BGH NJW 2003, 2900f.; 2004, 2301; 2006, 150, 151.
[4] BGH NJW 2003, 2900, 2901.
[5] Amtl. Begr. des ZPO-RG, BT-Drucks. 14/4722, S. 67.
[6] Amtl. Begr. des ZPO-RG, BT-Drucks. 14/4722, S. 104; BGHZ 151, 221, 223 = NJW 2002, 3029 zu § 574; BGHZ 152, 182, 191 = NJW 2003, 65 = JZ 2003, 263 m. Anm. *Schlosser;* BGHZ 159, 135, 137 = NJW 2004, 2222.
[7] Amtl. Begr. des ZPO-RG, BT-Drucks. 14/4722, S. 105; BGHZ 159, 135, 138 = NJW 2004, 2222.
[8] MK/*Wenzel* Rn. 7; *St/J/Grunsky* § 546 Rn. 6.
[9] MK/*Wenzel* Rn. 7; *St/J/Grunsky* § 546 Rn. 6.
[10] Amtl. Begr. des ZPO-RG, BT-Drucks. 14/4722, S. 104.
[11] MK/*Wenzel* Rn. 8; *St/J/Grunsky* § 546 Rn. 5ff.
[12] Amtl. Begr. des ZPO-RG, BT-Drucks. 14/4722, S. 67, 104; MK/*Wenzel* Rn. 8.
[13] Amtl. Begr. des ZPO-RG, BT-Drucks. 14/4722, S. 67, 104.
[14] Amtl. Begr. des ZPO-RG, BT-Drucks. 14/4722, S. 104; BGH NJW 2003, 437; 2003, 3352.

lass bestehen, wenn es für die Beurteilung typischer oder „verallgemeinerungsfähiger“ Lebenssachverhalte an einer richtungweisenden Orientierung ganz oder teilweise fehlt.[15] Den Gesetzesmaterialien ist für diese Einschränkung nichts zu entnehmen. Zur Fortbildung des Rechts ist die Zulassung der Revision ferner geboten, wenn eine Vorlage an den EuGH nach Art. 68, 234 EG in Betracht kommt.[16]

8 **4. Sicherung einer einheitlichen Rechtsprechung (Abs. 2 S. 1 Nr. 2 Alt. 2).** Hierher gehören zunächst die Fälle der **Divergenz** im strengen Sinne,[17] die nur dann gegeben ist, wenn in der angefochtenen Entscheidung ein die Entscheidung tragender abstrakter Rechtssatz aufgestellt wird, der von einem tragenden abstrakten Rechtssatz in der Entscheidung eines höherrangigen oder gleichrangigen anderen Gerichts oder eines anderen Spruchkörpers desselben Gerichts abweicht.[18] Eine bewusste Abweichung ist dazu nicht erforderlich; auch ein Rechtssatz, der in Unkenntnis entgegenstehender höchstrichterlicher Rechtsprechung aufgestellt wird, kann die Einheitlichkeit der Rechtsprechung gefährden. Diese ist ferner auch dann beeinträchtigt, wenn sich unter den Berufungsgerichten eine unterschiedliche Rechtsprechung zu Rechtsfragen entwickelt (hat), die einheitlich entschieden werden sollten. Es kann deshalb auch nicht entscheidend sein, ob die Vergleichsentscheidung dem Berufungsgericht bei seiner objektiv divergierenden Entscheidung bereits bekannt war.[19]

8a Auch unterhalb der Schwelle einer Divergenz im strengen Sinne ist die Zulassung der Revision zur Sicherung einer einheitlichen Rechtsprechung geboten, wenn vermieden werden soll, dass **„schwer erträgliche Unterschiede in der Rechtsprechung** entstehen oder fortbestehen“, wobei es darauf ankommt, welche **Bedeutung** die angefochtene Entscheidung für die **Rechtsprechung im Ganzen** hat.[20] Das ist nach den Gesetzesmaterialien nicht schon dann anzunehmen, wenn ein Gericht in einem Einzelfall eine Fehlentscheidung getroffen hat, selbst wenn der Fehler offensichtlich ist, wohl aber dann, wenn es von der höchstrichterlichen Rechtsprechung abweicht, diese also nicht berücksichtigt und die Gefahr einer Wiederholung besteht.[21] Dass ein Gericht einen identischen Sachverhalt anders beurteilt als ein anderes gleich- oder höherrangiges Gericht, begründet für sich allein noch nicht die Notwendigkeit, die Revision zur Sicherung einer einheitlichen Rechtsprechung zuzulassen.[22]

8b **Rechtsanwendungsfehler** erfordern danach die Zulassung der Revision zur Sicherung einer einheitlichen Rechtsprechung nur dann, wenn sie über den Einzelfall hinaus die Interessen der Allgemeinheit nachhaltig berühren.[23] Diese Voraussetzung sieht der BGH zum einen dann als gegeben an, wenn konkrete Anhaltspunkte dafür bestehen, dass ohne eine Korrektur durch das Revisions- bzw. das Rechtsbeschwerdegericht eine **Wiederholung** oder **Nachahmung** des Fehlers droht.[24] Bei der zweiten Fallgruppe geht es um das Interesse der Allgemeinheit an der Wahrung des **Vertrauens in die Rechtsprechung,** das namentlich dann Schaden nehmen kann, wenn das Berufungsurteil auf einem Verstoß gegen das Willkürverbot oder auf einer Verletzung von Verfahrensgrundrechten beruht.[25] Rechtsanwendungsfehler ohne verfassungsrechtliche Relevanz sollen dagegen generell nicht geeignet sein, das Vertrauen in die Rechtsprechung zu gefährden, und deshalb die Zulassung der Revision nur dann rechtfertigen, wenn ihnen wegen konkreter Anhaltspunkte für eine **Wiederholungsgefahr** – etwa einer ständigen Fehlerpraxis des Berufungsgerichts – „symptomatische Bedeutung“ zukommt oder wenn **Nachahmungsgefahr** besteht.[26] Eine Fehlentscheidung „in einem Einzelfall“ ist nach dieser Rechtsprechung auch dann kein Zulassungsgrund, wenn der Fehler offensichtlich und/oder von Gewicht ist.[27]

8c Für eine Wiederholungs- oder Nachahmungsgefahr fordert die Rechtsprechung **konkrete Anhaltspunkte.**[28] Für Wiederholungsgefahr sind sie gegeben, wenn ein Gericht in ständiger Praxis von einer beste-

---

[15] BGHZ 151, 221, 225 = NJW 2002, 3029 zu § 574; BGHZ 154, 288, 292 = NJW 2003, 1943; BGH NJW 2003, 437; NJW-RR 2003, 1074; NJW 2004, 289, 290; *Wenzel* NJW 2002, 3353, 3355.

[16] *Wenzel* NJW 2002, 3353, 3355.

[17] Amtl. Begr. des ZPO-RG, BT-Drucks. 14/4722, S. 67; BGHZ 151, 221, 225 = NJW 2002, 3029 zu § 574.

[18] BGHZ 151, 42, 45 = NJW 2002, 2473 zu § 574; BGHZ 152, 182, 186 = NJW 2003, 65 = JZ 2003, 263 m. Anm. *Schlosser;* BGH NJW 2003, 437; 2004, 367, 368; NJW-RR 2003, 1366, 1367; MK/*Wenzel* Rn. 13ff.; abw. BGH NJW 2002, 3783, 3784; *v. Gierke/Seiler* JZ 2003, 403, 408.

[19] So aber BGH NJW 2003, 2319, 2320; 2003, 3781, 3782.

[20] Amtl. Begr. des ZPO-RG, BT-Drucks. 14/4722, S. 104.

[21] Amtl. Begr. des ZPO-RG, BT-Drucks. 14/4722, S. 104 unter Hinweis auf BGHSt 24, 15, 21f. zu § 80 OWiG.

[22] BGH NJW 2004, 1167.

[23] Amtl. Begr. des ZPO-RG, BT-Drucks. 14/4722, S. 104; BGHZ 151, 42, 46 = NJW 2002, 2473; BGHZ 151, 221, 226 = NJW 2002, 3029, jeweils zu § 574; BGHZ 154, 288, 294 =NJW 2003, 1943 = JZ 2003, 794 m. Anm. *Rimmelspacher; Wenzel* NJW 2002, 3353, 3355.

[24] BGHZ 154, 288, 294 = NJW 2003, 1943; BGH NJW 2003, 754, 755; 2003, 3781, 3782; abl. *Scheuch/Lindner* NJW 2003, 728, 729.

[25] BGHZ 151, 221, 226f. = NJW 2002, 3029 zu § 574; BGHZ 154, 288, 295f. = NJW 2003, 1943; BGH NJW 2002, 2957; MK/*Wenzel* Rn. 17; abw. BGHZ 152, 182, 188ff. = NJW 2003, 65.

[26] BGHZ 151, 42, 46 = NJW 2002, 2437 zu § 574; BGHZ 152, 182, 187 = NJW 2003, 65 = JZ 2003, 263 m. Anm. *Schlosser;* 154, 288, 294 = NJW 2003, 1943 = JZ 2003, 794 m. Anm. *Rimmelspacher;* BGH NJW 2003, 437; 2003, 754, 755; 2003, 2319, 2320; NJW-RR 2003, 995, 996; WM 2003, 2278; MK/*Wenzel* Rn. 17; abl. *Büttner* BRAK-Mitt. 2003, 202, 208; *Schultz* MDR 2003, 1392, 1397ff.; krit. auch Zö/*Gummer* Rn. 14.

[27] BGHZ 154, 288, 294f. = NJW 2003, 1943; BGH NJW 2003, 754, 755; 2003, 831; 2005, 153, 154; NJW-RR 2003, 995, 996; MK/*Wenzel* Rn. 17.

[28] BGHZ 152, 182, 187 = NJW 2003, 65 = JZ 2003, 263 m. Anm. *Schlosser;* BGHZ 154, 288, 294 = NJW 2003, 1943; BGH NJW 2003, 754, 755; krit. *Büttner* BRAK-Mitt. 2003, 202, 208; *Scheuch/Lindner* NJW 2003, 728, 729; *Vollkommer* WuB 2003, 481, 482ff.

henden, insbesondere einer höchstrichterlichen Rechtsprechung abweicht,[29] und für Wiederholungs- und Nachahmungsgefahr, wenn die fehlerhafte Begründung einer Entscheidung auf einem grundlegenden Missverständnis der höchstrichterlichen Rspr. beruht[30] oder wenn sie sich verallgemeinern lässt und eine größere Zahl künftiger Fälle zu erwarten ist, auf die sie anwendbar wäre,[31] oder wenn das Berufungsgericht bei seiner Begründung erkennbar von einem – nicht formulierten – unrichtigen Obersatz ausgegangen ist (sog. strukturelle Wiederholungsgefahr).[32] Dass das Berufungsgericht seine Entscheidung für richtig hält und folglich den nächsten einschlägigen Fall ebenso entscheiden wird, reicht nicht aus, denn diese Wiederholungsgefahr ist stets gegeben und deshalb kein brauchbares Eingrenzungskriterium.[33] Eine die Wiederholungsgefahr indizierende Abweichung von höchstrichterlicher Rechtsprechung setzt voraus, dass das Berufungsgericht diese „in vorwerfbarer Weise" missachtet hat, was nicht der Fall ist, wenn es die entgegenstehende höchstrichterliche Rechtsprechung noch nicht kennen konnte.[34]

Nach der Rechtsprechung des BGH gefährdet ein Rechtsanwendungsfehler die Einheitlichkeit der Rechtsprechung, wenn auf Grund der „Publizitätswirkung" das **Vertrauen in die Rechtsprechung als Ganzes erschüttert** ist.[35] Auch dafür soll die Offensichtlichkeit des Rechtsfehlers nicht genügen, vielmehr entscheidend sein, ob der Rechtsfehler durch die Verletzung von **Verfahrensgrundrechten** oder einen Verstoß gegen das **Willkürverbot** erhebliches Gewicht erlangt.[36] Ein schwerer, das Vertrauen der Allgemeinheit in eine funktionierende Rechtsprechung gefährdender Rechtsfehler ist danach gegeben, wenn das Berufungsgericht bei der Auslegung oder Anwendung von Vorschriften des materiellen Rechts oder des Verfahrensrechts gegen grundlegende, verfassungsrechtlich abgesicherte Gerechtigkeitsanforderungen verstoßen hat und die Entscheidung deshalb von Verfassungs wegen einer Korrektur bedarf.[37] Zuzulassen ist die Revision in derartigen Fällen, wenn die Berufungsentscheidung auf einem Verstoß gegen das Willkürverbot oder auf einer Verletzung von Verfahrensgrundrechten beruht und nicht zweifelhaft ist, dass sie auf eine Verfassungsbeschwerde hin vom BVerfG aufgehoben würde.[38] Dadurch soll die Revision auch der ihr vom Gesetzgeber zugedachten Funktion gerecht werden, zur Entlastung des BVerfG präsumtiv erfolgreiche Verfassungsbeschwerden vermeidbar zu machen.[39] Die Orientierung der Zulassungsentscheidung an der Rechtsprechungspraxis des BVerfG zu den Voraussetzungen einer erfolgreichen Verfassungsbeschwerde soll den Parteien eine ausreichend sichere Beurteilung der Zulassungschancen ermöglichen, so dass dem rechtsstaatlichen Gebot einer möglichst klaren und bestimmten Regelung des Zugangs zu den Rechtsmittelgerichten Genüge getan sei.[40] 8d

5. Verfahrensmängel. Eine Zulassung der Revision (auf Nichtzulassungsbeschwerde durch das Revisionsgericht, § 544) wegen eines wesentlichen Verfahrensmangels sieht Abs. 2 – anders als § 132 Abs. 2 Nr. 3 VwGO, § 115 Abs. 2 Nr. 3 FGO, § 160 Abs. 2 Nr. 3 SGG – **nicht** vor. Das BVerfG sieht darin einen aus rechtsstaatlicher Sicht auf Dauer schwer hinzunehmenden Zustand.[41] Der Gesetzgeber hat demgegenüber keinen Grund gesehen, die Revision im Hinblick auf Verfahrensmängel unter geringeren Voraussetzungen zuzulassen als bei der Geltendmachung materiell-rechtlicher Rechtsfehler.[42] Auch bei Verfahrensmängeln ist der Zugang zur Revisionsinstanz daher nur dann eröffnet, wenn die Zulassungsvoraussetzungen nach Abs. 2 Nr. 1 oder 2 erfüllt sind.[43] Das gilt auch für die Nichtzulassungs- bzw. die Rechtsbeschwerde gegen die Verwerfung der Berufung als unzulässig.[44] Ein Verstoß gegen das einfache Verfahrensrecht rechtfertigt die Zulassung der Revision danach nur bei Wiederholungs- oder Nachahmungsgefahr[45] oder wenn zugleich dargelegt wird, dass die Voraussetzungen einer erfolgreichen Verfassungsbeschwerde wegen Verletzung eines Verfahrensgrundrechts erfüllt sind.[46] Nach der Rspr. des BGH ist die Revision dagegen ohne Weiteres zuzulassen, wenn ein absoluter Revisionsgrund nach § 547 Nr. 1–4 geltend gemacht wird und vorliegt.[47] 9

---

29 BGHZ 151, 42, 46 = NJW 2002, 2473 zu § 574; BGHZ 154, 288, 294 f. = NJW 2003, 1943.

30 BGH NJW 2005, 154, 155.

31 BGH NJW 2003, 754, 755; 2004, 1960, 1961; BGHZ 159, 135, 139 = NJW 2004, 2222.

32 BGH NJW 2004, 1960, 1961.

33 AA offenbar BGH NJW 2002, 3783, 3784 = MDR 2002, 1446 m. Anm. *Schütt;* NJW-RR 2003, 229; 2003, 277; 2003, 1366, wo bei einer Abweichung von höchstrichterlicher Rechtsprechung ohne weiteres Wiederholungsgefahr angenommen wird; ähnlich *v. Gierke/Seiler* JZ 2003, 403, 409; *Schultz* BGHReport 2002, 111; *Gehrlein* MDR 2003, 547, 549.

34 BGH NJW 2003, 1609; 2003, 2319; 2003, 3781, 3782.

35 BGH NJW 2002, 2975; 2003, 754, 755; NJW-RR 2003, 132, 133; ebenso *Wenzel* NJW 2002, 3353, 3356.

36 BGHZ 154, 288, 295 f. = NJW 2003, 1943; BGH NJW 2005, 153.

37 BGHZ 154, 288, 296 = NJW 2003, 1943; BGH NJW 2002, 2975; iE ebenso BGHZ 152, 182, 192 f.= NJW 2003, 65 = JZ 2003, 263 m. Anm. *Schlosser* für den Zulassungsgrund der grundsätzlichen Bedeutung.

38 BGHZ 154, 288, 296 = NJW 2003, 1943; BGHZ 152, 182, 192 f.= NJW 2003, 65; MK/*Wenzel* Rn. 19.

39 BGHZ 154, 288, 296 f. = NJW 2003, 1943.

40 BGHZ 154, 288, 297 = NJW 2003, 1943.

41 BVerfG NJW 2001, 2161, 2163 zu §§ 72, 72 a ArbGG für den absoluten Revisionsgrund des § 547 Nr. 6; aA MK/*Wenzel* Rn. 18.

42 Amtl. Begr. des ZPO-RG, BT-Drucks. 14/4722, S. 105.

43 Amtl. Begr. des ZPO-RG, BT-Drucks. 14/4722, S. 105; BGHZ 151, 42, 46 = NJW 2002, 2473 zu § 574; BGH NJW 2002, 2957; 2002, 3180, 3181; NJW-RR 2003, 995, 996; MK/*Wenzel* Rn. 18; abl. *Piekenbrock/Schulze* JZ 2002, 911, 919 ff.

44 BGH NJW 2003, 2172; 2003, 3781.

45 BGH NJW 2002, 3180, 3181; MK/*Wenzel* Rn. 18.

46 BGH NJW 2002, 3180, 3181; MK/*Wenzel* Rn. 18; Zö/*Gummer* Rn. 15 a; abw. BGH NJW-RR 2002, 1571.

47 BGH NJW 2007, 2702 f.; ebenso allg. für absolute Revisionsgründe *Zö/Gummer* Rn. 15 b; aA MK/*Wenzel* Rn. 18; *T/P/Reichold* Rn. 5; Voraufl. Rn. 9.

Kein ausreichender Grund für die Zulassung der Revision ist das Fehlen tatbestandlicher Darstellungen im Berufungsurteil[48] oder der Umstand, dass das Berufungsurteil von einem Richter mitunterzeichnet ist, der nicht an der mündlichen Verhandlung und der Urteilsfällung beteiligt war.[49] Gibt das Berufungsurteil entgegen § 540[50] den Sach- und Streitstand nicht wieder, so muss der Beschwerdeführer diesen vortragen und auf dieser Grundlage die zulassungsbegründenden Rechtsfragen und Rechtsanwendungsfehler darlegen.[51] Diese Angaben sind der Zulassungsprüfung zu Grunde zu legen.

9a **6. Verletzung von Verfahrensgrundrechten. a) Allgemeines.** Verfahrensverstöße von verfassungsrechtlicher Relevanz gebieten die Zulassung der Revision unabhängig davon, ob Wiederholungs- oder Nachahmungsgefahr anzunehmen ist.[52] Uneinigkeit bestand darüber, welche Anforderungen an die Darlegung der Verletzung eines Verfahrensgrundrechts zu stellen sind. Der V. Zivilsenat, der die Zulassung zunächst davon abhängig gemacht hatte, dass nach der Darlegung des Rechtsmittelführers der Verstoß gegen das Grundrecht „klar zu Tage tritt, also offenkundig ist“,[53] hat inzwischen klargestellt, dass damit nur die vom BVerfG aufgestellten Voraussetzungen einer erfolgreichen Verfassungsbeschwerde gemeint sind.[54] Die darüber weit hinausgehende Auffassung, die Grundrechtsverletzung müsse sich geradezu aufdrängen und „in wenigen Sätzen zweifelsfrei aufgezeigt werden können“,[55] hat der XI. Zivilsenat zwischenzeitlich aufgegeben.[56]

9b **b) Fallgruppen.** Die Revision ist danach insbesondere dann zuzulassen, wenn das Berufungsurteil unter Verstoß gegen das Verfassungsgebot des gesetzlichen Richters (Art. 101 Abs. 1 S. 2 GG) ergangen ist oder auf der Verletzung der Grundrechte auf Gewährung rechtlichen Gehörs (Art. 103 Abs. 1 GG), auf wirkungsvollen Rechtsschutz (Art. 2 Abs. 1 GG iVm. dem Rechtsstaatsprinzip) oder auf ein objektiv willkürfreies Verfahren (Art. 3 Abs. 1 GG iVm. dem Rechtsstaatsprinzip) beruht.[57] Ob ein Rechtsfehler des Berufungsgerichts den Beschwerdeführer in einem der genannten Grundrechte verletzt, ist nach denselben Kriterien zu beurteilen, die nach der Rechtsprechung des BVerfG einer Verfassungsbeschwerde zum Erfolg verhelfen würden.[58]

9c **aa)** Für die Annahme eines Verstoßes gegen die in Art. 101 Abs. 1 Satz 2 GG grundrechtsähnlich verbriefte **Garantie des gesetzlichen Richters** reicht nicht jede irrtümliche Überschreitung der den Fachgerichten gezogenen Grenzen aus. Die Grenze zur Verfassungswidrigkeit ist erst überschritten, wenn das Gericht sich willkürlich über Zuständigkeitsregeln oder über die Verpflichtung zur Vorlage an ein anderes Gericht hinwegsetzt. Eine verfassungswidrige Entziehung des gesetzlichen Richters durch eine richterliche Zuständigkeitsentscheidung liegt darüber hinaus vor, wenn das Gericht Bedeutung und Tragweite von Art. 101 Abs. 1 Satz 2 GG grundlegend verkennt.[59]

9d **bb)** Das Grundrecht auf **Gewährung rechtlichen Gehörs** kann verletzt sein, wenn Vorbringen als unschlüssig oder unsubstantiiert abgetan[60] oder wenn es vom Berufungsgericht nicht zur Kenntnis genommen oder nicht gewürdigt wird (vgl. Einl. Rn. 28). Der Anspruch auf rechtliches Gehör ist ferner verletzt, wenn ein Gericht ohne vorherigen Hinweis auf einen rechtlichen Gesichtspunkt abstellt, mit dem auch ein gewissenhafter und kundiger Prozessbeteiligter nach dem bisherigen Prozessverlauf selbst unter Berücksichtigung der Vielfalt vertretbarer Rechtsauffassungen nicht zu rechnen brauchte[61], oder wenn das Berufungsgericht irrtümlich annimmt, es wäre nach einer Aufhebung und Zurückverweisung (§ 538) an die dort gebilligte Rechtsauffassung der Vorinstanz gebunden, und sich deshalb weiteren Ausführungen hierzu verschließt.[62]

9e Da das BVerfG grundsätzlich davon ausgeht, dass die Gerichte das von ihnen entgegengenommene Parteivorbringen auch zur Kenntnis genommen und in Erwägung gezogen haben, und die Gerichte nicht verpflichtet sind, sich mit jedem Vorbringen in den Entscheidungsgründen ausdrücklich zu befassen, müssen, wenn das BVerfG einen Verstoß gegen Art 103 Abs 1 GG feststellen soll, im Einzelfall **besondere Umstände deutlich ergeben,** dass tatsächliches Vorbringen eines Beteiligten entweder überhaupt nicht zur Kenntnis genommen oder doch bei der Entscheidung ersichtlich nicht erwogen worden ist.[63] Dem entsprechend ist auf Nichtzulassungsbeschwerde (§ 544) die Revision zuzulassen, wenn eindeutig dargelegt wird, dass das Berufungsgericht entscheidungserhebliches Vorbringen ersichtlich nicht zur Kenntnis genommen oder

---

[48] BGH NJW 2003, 3208; NJW-RR 2004, 712, 713; MK/*Wenzel* Rn. 18; *ders.* NJW 2002, 3353, 3358; offen gelassen in BGH NJW 2003, 3057, 3058; 2003, 3352, 3354; aA wohl BGH NJW 2004, 293, 294 = BGHReport 2004, 272 f. m. Anm. *Schultz;* BGHReport 2003, 896 m. Anm. *Seiler;* 2004, 51; *Lindner* NJW 2003, 3320, 3321 f.

[49] BGH NJW 2003, 3057.

[50] BGH NJW 2003, 3352, 3353; 2004, 293, 294.

[51] BGH NJW 2003, 3208; *Wenzel* NJW 2002, 3353, 3358.

[52] BGHZ 154, 288, 296 f. = NJW 2003, 1943; MK/*Wenzel* Rn. 19; *Ullmann* WRP 2002, 593, 598.

[53] BGHZ 151, 221, 227 = NJW 2002, 3029 zu § 574; BGH NJW 2002, 3180, 3181; dem folgend BGH NJW 2003, 831, 832; BGHReport 2004, 125, 126; 2004, 263; 2004, 270, 271; ebenso noch *Wenzel* NJW 2002, 3353, 3356.

[54] BGHZ 154, 288, 297 = NJW 2003, 1943.

[55] BGHZ 152, 182, 194 = NJW 2003, 65 = JZ 2003, 263 m. Anm. *Schlosser.*

[56] BGHZ 159, 135, 140 = NJW 2004, 2222.

[57] BGHZ 151, 221, 226 = NJW 2003, 3029 zu § 574; BGHZ 154, 288, 296 = NJW 2003, 1943 = JZ 2003, 794 m. Anm. *Rimmelspacher;* BGH NJW 2003, 2388; 2003, 3205 f.; MK/*Wenzel* Rn. 19.

[58] BGHZ 154, 288, 297 = NJW 2003, 1943 = JZ 2003, 794 m. Anm. *Rimmelspacher.*

[59] BVerfGE 82, 286, 299 = NJW 1991, 217.

[60] BGH NJW 2003, 831, 832.

[61] BVerfG NJW 2003, 3687 m. weit. Nachw.

[62] BGH FamRZ 2005, 1667, 1668.

[63] BVerfGE 86, 133, 145 f. = NJ 1992, 406; dazu *Zuck* NJW 2005, 3753 ff.

nicht in Erwägung gezogen hat.[64] Hierauf ist zu schließen, wenn das Berufungsgericht auf den wesentlichen Kern des Tatsachenvortrags einer Partei zu einer Frage, die für das Verfahren von zentraler Bedeutung ist, in den Entscheidungsgründen nicht eingeht, sofern der Vortrag nicht nach seinem Rechtsstandpunkt unerheblich oder offensichtlich unsubstantiiert war.[65]

Das Berufungsurteil muss auf der Verletzung des rechtlichen Gehörs **beruhen.**[66] Das ist der Fall, wenn nicht ausgeschlossen werden kann, dass das Berufungsgericht bei Berücksichtigung des übergangenen Vorbringens aus seiner rechtlichen Sicht anders entschieden hätte.[67] Macht der Beschwerdeführer geltend, das Berufungsgericht habe ihm unter Verletzung der richterlichen Hinweispflicht (§ 139) das rechtliche Gehör verweigert, so muss er darlegen, was er auf den vermissten Hinweis hin vorgetragen hätte.[68] 9f

cc) Das **Verfahrensgrundrecht auf wirkungsvollen Rechtsschutz** (Art. 2 Abs. 1 GG iVm. dem Rechtsstaatsprinzip) ist verletzt, wenn einer Prozesspartei der Zugang zu dem von der ZPO eingeräumten Instanzenzug in unzumutbarer, aus Sachgründen nicht zu rechtfertigender Weise erschwert wird.[69] Das ist etwa dann der Fall, wenn das Berufungsgericht dem Berufungskläger die Wiedereinsetzung in die versäumte Berufungs- oder Berufungsbegründungsfrist auf Grund von Anforderungen an die Sorgfaltspflicht seines Prozessbevollmächtigten versagt, die nach höchstrichterlicher Rechtsprechung nicht verlangt werden und mit denen er auch unter Berücksichtigung der Entscheidungspraxis des angerufenen Gerichts nicht rechnen musste.[70] Daraus folgt, dass die Revision zuzulassen bzw. die Rechtsbeschwerde zulässig (§ 574 Abs. 2) ist, wenn das Berufungsgericht die Anforderungen an die Wiedereinsetzung überspannt hat.[71] 9g

dd) Das **Grundrecht auf ein objektiv willkürfreies Verfahren** (Art. 3 Abs. 1 GG iVm. dem Rechtsstaatsprinzip) ist verletzt, wenn die Entscheidung des Berufungsgerichts unter keinem denkbaren Aspekt rechtlich vertretbar ist und daher auf sachfremden Erwägungen beruht[72] oder wenn zu strenge Anforderungen an die Erfolgsaussicht eines Vorbringens zu einer sachwidrigen Ungleichbehandlung führen.[73] Die fehlerhafte Auslegung eines Gesetzes macht für sich allein eine Gerichtsentscheidung noch nicht willkürlich. Willkür liegt vielmehr erst vor, wenn eine offensichtlich einschlägige Norm nicht berücksichtigt oder der Inhalt einer Norm in krasser Weise missdeutet wird.[74] Von willkürlicher Missdeutung kann jedoch nicht gesprochen werden, wenn das Gericht sich mit der Rechtslage eingehend auseinander setzt und seine Auffassung nicht jedes sachlichen Grundes entbehrt.[75] Hierher zählen auch, aber nicht nur die Fälle „greifbarer Gesetzwidrigkeit“.[76] 9h

ee) Schließlich kann die **grundrechtlich geschützte allgemeine Handlungsfreiheit** (Art. 2 Abs. 1 GG) einer Prozesspartei verletzt sein, wenn das Berufungsgericht gegen die Bindung des Richters an Recht und Gesetz (Art. 20 Abs. 3 GG) verstoßen hat.[77] Das ist der Fall, wenn die vom Gericht zur Begründung seiner Entscheidung angestellten Erwägungen eindeutig erkennen lassen, dass es sich aus der Rolle des Normanwenders in die einer normsetzenden Instanz begeben hat, also objektiv nicht bereit war, sich Recht und Gesetz zu unterwerfen. So verhält es sich beispielsweise im Fall der unzulässigen Rechtsfortbildung.[78] 9i

7. Grobe Fehlerhaftigkeit des Berufungsurteils. Nach der veröffentlichten, verfassungsrechtlich nicht zu beanstandenden[79] Rspr. des BGH ist die offensichtliche Unrichtigkeit des Berufungsurteils allein kein Grund für die Zulassung der Revision.[80] Auch das Gewicht eines Rechtsfehlers ist danach – von den per se als gravierend eingestuften Grundrechtsverletzungen (Rn. 9a – i) und absoluten Revisionsgründen nach § 547 Nr. 1–4 (Rn. 9) abgesehen – für sich allein kein hinreichender Zulassungsgrund.[81] Nach dieser Auffassung rechtfertigten Rechtsanwendungsfehler „im Einzelfall“ die Zulassung der Revision nur bei Wiederholungs- oder Nachahmungsgefahr oder bei verfassungsrechtlicher Relevanz.[82] Damit wird der Zugang zur Revisionsinstanz über das vom Gesetzgeber gewollte Maß hinaus eingeengt. Denn Wiederholungs- und Nachahmungsgefahr sind umso geringer, je schwerer und offensichtlicher ein Rechtsanwendungsfeh- 9j

---

64 BGHZ 154, 288, 300 = NJW 2003, 1943.
65 BVerfGE 86, 133, 146 = NJ 1992, 406.
66 BGH NJW 2003, 3205; NJW-RR 2003, 1003, 1004.
67 BGH NJW 2003, 3205 f.
68 BGH NJW-RR 2003, 1003, 1004.
69 BVerfG NJW 2003, 281; 2003, 2388; BGH NJW 2003, 437; 2004, 367, 368.
70 BVerfGE 79, 372, 376 f.; BVerfG NJW-RR 2002, 1004, 1005; BGH NJW 2003, 437; 2004, 367, 368.
71 BGHZ 151, 221, 227 f. = NJW 2002, 3029; BGH NJW 2004, 367, 368; NJW-RR 2003, 861, 862; 2003, 935, 936; 2003, 1366, 1367, jeweils zu § 574.
72 BVerfGE 87, 273, 278 ff. = NJW 1993, 996; BVerfG NJW 1996, 1336; NJW-RR 2005, 1577; BGHZ 151, 221, 229 = NJW 2002, 3029 zu § 574; BGH NJW 2003, 831, 832.
73 BGHZ 151, 221, 229 = NJW 2002, 3029 zu § 574; BGH NJW 1998, 82.
74 BVerfGE 87, 273, 279 = NJW 1993, 996.
75 BVerfGE 87, 273, 279 = NJW 1993, 996.
76 BGHZ 154, 288, 300 = NJW 2003, 1943; Zö/*Gummer* Rn. 15c.
77 BVerfGE 87, 273, 279 = NJW 1993, 996.
78 BVerfGE 87, 273, 280 = NJW 1993, 996 m. weit. Nachw.
79 BVerfG NJW 2005, 3345, 3346.
80 BGHZ 154, 288, 294 f. = NJW 2003, 1943 = JZ 2003, 794 m. Anm. *Rimmelspacher;* BGH NJW 2003, 754, 755; 2003, 831; 2005, 153; zustimmend MK/*Wenzel* Rn. 17; *ders.* NJW 2002, 3353, 3356.
81 BGHZ 152, 182, 188 f. = NJW 2003, 65 = JZ 2003, 263 m. Anm. *Schlosser;* BGHZ 154, 288, 294 f. = NJW 2003, 1943 = JZ 2003, 794 m. Anm. *Rimmelspacher;* BGH NJW 2002, 2957; 2003, 754; 2005, 153; zustimmend MK/*Wenzel* Rn. 17.
82 BGHZ 152, 182, 188 f. = NJW 2003, 65 = JZ 2003, 263 m. Anm. *Schlosser;* BGHZ 154, 288, 294, 296 = NJW 2003, 1943 = JZ 2003, 794 m. Anm. *Rimmelspacher;* BGH NJW 2002, 2957; 2003, 754.

ler ist,[83] so dass gerade grobe und evidente Fehlurteile einer Korrektur durch das Revisionsgericht entzogen würden. Auch ist nicht zu erkennen, weshalb nur Grundrechtsverletzungen, nicht aber schwerwiegende Verstöße gegen das einfache Recht das Vertrauen der Allgemeinheit in die Rechtsprechung gefährden und deshalb schon im Allgemeininteresse ein korrigierendes Eingreifen des Revisionsgerichts erfordern sollten. Und schließlich wird auch die vollständige Ausklammerung des Individualinteresses der Prozessparteien an einer Ergebniskorrektur dem aus den Gesetzesmaterialien hervorgehenden Willen des Reformgesetzgebers nicht gerecht. Denn danach soll das Allgemeininteresse an der Rechtsfortbildung und der Wahrung der Rechtseinheit zwar Vorrang vor dem Individualinteresse an einer Ergebniskorrektur haben,[84] dieses aber auch bei der Zugangskontrolle zur Revisionsinstanz nicht völlig verdrängen.[85] Vielmehr sollen nach der Begründung zum RegE des ZPO-RG „mit der Erweiterung der Zulassungsgründe und dem damit verbundenen erweiterten Verständnis der ‚grundsätzlichen Bedeutung einer Rechtssache'… künftig auch Revisionen zuzulassen sein,… die „zwar eine Leitentscheidung nicht erfordern, gleichwohl aber eine *Ergebniskorrektur wegen offensichtlicher Unrichtigkeit* oder wegen der Verletzung eines Verfahrensgrundrechts geboten erscheinen lassen."[86] Dass damit allein die Extremfälle der Willkür gemeint sein könnten, bei denen sich die Auslegung oder die Anwendung des Rechts durch das Berufungsgericht so weit von den gesetzlichen Grundlagen entfernt, dass sie unter keinem denkbaren Aspekt mehr vertretbar und in diesem Sinne evident fehlerhaft ist,[87] lässt sich den Gesetzesmaterialien nicht entnehmen. Das Problem ist dadurch entschärft, dass die Grenze zur objektiven Willkür eher niedrig angesetzt wird.[88]

9k **8. Entscheidungserheblichkeit.** Die Zulassung der Revision setzt nach der Rechtsprechung allgemein voraus, dass die zu klärende Rechtsfrage bzw. der korrekturbedürftige Rechtsfehler im Revisionsverfahren entscheidungserheblich ist.[89] Daran fehlt es, wenn das Berufungsgericht seine Entscheidung vor- oder gleichrangig und nicht nur hilfsweise auf eine zweite Begründung stützt, die sein Ergebnis trägt.[90] Dasselbe gilt, wenn die angegriffene Entscheidung aus anderen Gründen – unter Aussparung der als klärungsbedürftig angesehenen Rechtsfrage oder trotz des gerügten Rechtsfehlers – im Ergebnis richtig ist.[91] Im Verfahren einer Nichtzulassungsbeschwerde, die auf die Verletzung des rechtlichen Gehörs gestützt wird, prüft das Revisionsgericht daher umfassend und unter Einbeziehung des einfachen Rechts, ob sich das Berufungsurteil trotz der Gehörsverletzung im Ergebnis als richtig darstellt, weil bei fehlerfreier Anwendung des formellen und des materiellen Rechts auch unter Berücksichtigung des übergangenen Vorbringens kein anderes Urteil hätte ergehen können.[92]

9l Für den umgekehrten Fall soll das nicht gelten. Hat das Berufungsgericht die Klage aus zwei Gründen abgewiesen, von denen der erste eine Frage von grundsätzlicher Bedeutung zum Gegenstand hat, während hinsichtlich des zweiten kein Zulassungsgrund dargelegt werden kann, so soll es an der Entscheidungserheblichkeit der Grundsatzfrage fehlen, weil die – von der Nichtzulassungsbeschwerde als unrichtig angegriffene – Entscheidung des Berufungsgericht zum zweiten Abweisungsgrund im Verfahren der Nichtzulassungsbeschwerde nicht überprüfbar, das Revisionsgericht mithin insoweit an die Auffassung des Berufungsgericht gebunden sei.[93] Nach einer noch weiter gehenden Auffassung soll der Zugang zur Revision selbst dann verschlossen sein, wenn einer vom Berufungsgericht unrichtig entschiedenen Rechtsfrage zwar grundsätzliche Bedeutung zukommt, die Entscheidung des Berufungsgerichts aber alternativ auf weiteren Rechtsfehlern beruht und sich darunter einer befindet, an dessen Bereinigung kein öffentliches Interesse im Sinne der Zulassungsgründe dargelegt wird,[94] oder wenn mehrere Rechtsfehler des Berufungsgerichts zu einer im Ergebnis richtigen Entscheidung führen.[95]

9m Diese Auffassung ist abzulehnen. Wenn es im Verfahren der Nichtzulassungsbeschwerde erlaubt und geboten ist, die Entscheidung des Berufungsgericht darauf zu überprüfen, ob sie sich bei richtiger Rechtsanwendung aus anderen Gründen im Ergebnis als richtig erweist und die Revision im Falle ihrer Zulassung aus diesem Grund keinen Erfolg haben könnte, kann für den umgekehrten Fall nichts anderes gelten.[96] Auch hier ist daher umfassend zu prüfen, ob eine klärungsfähige und an sich klärungsbedürftige Frage bei richtiger Anwendung des materiellen Rechts und des Verfahrensrechts *im Revisionsverfahren* entscheidungserheblich ist. Das ist schon deswegen geboten, weil das Berufungsgericht in diesem Fall die Revision hätte zulassen müssen und der Zweck der Nichtzulassungsbeschwerde gerade darin besteht, fehlerhafte Nichtzulassungsentscheidungen zu korrigieren. Die Zulassung kann deshalb nicht davon abhängen, dass auch bezüglich der vom Berufungsgericht alternativ oder kumulativ angeführten weiteren Gründe, auf die

---

[83] BGHZ 152, 182, 188 = NJW 2003, 65 = JZ 2003, 263 m. Anm. *Schlosser;* BGHZ 154, 288, 295 = NJW 2003, 1943 = JZ 2003, 794 m. Anm. *Rimmelspacher.*
[84] Amtl. Begr. des ZPO-RG, BT-Drucks. 14/4722 S. 66.
[85] Näher *Ball,* Festschr. für Musielak, 2004, S. 27ff.
[86] Amtl. Begr. des ZPO-RG, BT-Drucks. 14/4722 S. 67 (Hervorhebung nicht im Original).
[87] So BGHZ 154, 288, 296 = NJW 2003, 1943; ähnlich Zö/*Gummer* Rn. 15c.
[88] BGH NJW 2005, 153, 154 („Unverständlichkeit" wegen unterlassener Vertragsauslegung).
[89] BGH NJW 2003, 831; anders bei Wiederholungsgefahr BGH ZIP 2003, 1050.
[90] MK/*Wenzel* Rn. 15 für die Divergenz; abl. *v. Gierke/Seiler* JZ 2003, 403, 406.
[91] BGH NJW 2003, 3205, 3206; FamRZ 2005, 1667, 1668.
[92] BGH NJW 2003, 3205, 3206.
[93] BGHZ 153, 254, 255f. = NJW 2003, 1125.
[94] BGH NJW 2004, 72, 73; s. dazu – erläuternd – BGH NJW 2004, 1167, 1168.
[95] BGH NJW 2004, 1167, 1168.
[96] Wie hier *Lindner* NJW 2003, 1097, 1098.

sich seine Entscheidung stützt, jeweils ein Zulassungsgrund dargetan werden kann. Ausschlaggebend muss vielmehr sein, ob die weiteren Begründungselemente im Revisionsverfahren der rechtlichen Nachprüfung standhalten werden und es aus diesem Grund für die Entscheidung über die Revision auf die Grundsatzfrage oder den gerügten Rechtsfehler nicht ankommt.

Die Entscheidungserheblichkeit muss auf der Grundlage des Sachverhalts gegeben sein, der dem Berufungsurteil zu entnehmen ist.[97] Entscheidungserheblichkeit für einen abweichenden, nach Auffassung des Beschwerdeführers vom Berufungsgericht verfahrenswidrig nicht festgestellten Sachverhalt genügt nur unter der Voraussetzung, dass eine entsprechende Verfahrensrüge erhoben ist.[98] 9n

9. Maßgeblicher Zeitpunkt. Grundsätzlich muss der Zulassungsgrund (noch) im Zeitpunkt der Entscheidung über die Nichtzulassungsbeschwerde gegeben sein.[99] Ein ursprünglich gegebener Zulassungsgrund entfällt danach, wenn sich die für den Zulassungsgrund erheblichen tatsächlichen Verhältnisse nach Einlegung der Nichtzulassungsbeschwerde ändern und die Änderung im Revisionsverfahren zu berücksichtigen wäre,[100] wenn eine ursprünglich bestehende Divergenz zwischenzeitlich bereinigt ist[101] oder wenn der BGH die bei Einlegung der Nichtzulassungsbeschwerde noch ungeklärte Grundsatzfrage zwischenzeitlich in einem anderen Verfahren geklärt hat.[102] Die Revision ist in diesen Fällen gleichwohl zuzulassen, wenn die Nichtzulassungsbeschwerde im Zeitpunkt ihrer Einlegung begründet war und die Revision Aussicht auf Erfolgt hat.[103] Anfänglich abweichende Auffassungen einzelner BGH-Senate sind inzwischen aufgegeben worden.[104] 9o

IV. Beschränkung der Zulassung

1. Zulässigkeit. Das Gesetz sieht eine Beschränkung der Revisionszulassung nicht vor. Ihre grundsätzliche Zulässigkeit ist gleichwohl allgemein anerkannt.[105] Sie wird daraus hergeleitet, dass auch der Revisionskläger selbst durch Teilanfechtung des Berufungsurteils die Revision beschränken kann.[106] 10

2. Selbständige Teile des Streitstoffs. Die Zulassung der Revision kann wirksam auf einen rechtlich und tatsächlich selbständigen Teil des Gesamtstreitstoffs beschränkt werden, über den zulässigerweise durch Teil- oder Grundurteil hätte entschieden werden können[107] oder auf den der Revisionskläger selbst die Revision beschränken könnte.[108] Eine Beschränkung ist daher zulässig auf einen von mehreren selbständigen Ansprüchen,[109] auf einen abtrennbaren Teil des prozessualen Anspruchs,[110] auf einzelne einfache Streitgenossen,[111] auf den Grund oder den Betrag des Anspruchs,[112] auf die Entscheidung über die Klage oder die Widerklage.[113] Die Zulassung der Revision kann ferner wirksam beschränkt werden auf die Zulässigkeit der Klage.[114] Auf die Zulässigkeit der Berufung soll die Zulassung dagegen nicht beschränkt werden können, weil diese – anders als die Zulässigkeit der Klage – nicht Gegenstand eines selbständig anfechtbaren Zwischenurteils (§ 280) sein kann.[115] Die Zulassung der Revision in einem Teilurteil erstreckt sich auf die zugehörige Kostenentscheidung im Schlussurteil, auch wenn für dieses die Revision nicht zugelassen wird.[116] 11

3. Einzelne Angriffs- und Verteidigungsmittel. Andererseits lässt die hM eine Beschränkung auf einzelne Angriffs- oder Verteidigungsmittel zu, sofern es sich bei dem von der Zulassung erfassten Teil um einen abtrennbaren, rechtlich selbständigen Teil des Gesamtstreitstoffs handelt.[117] Danach soll die Revision beschränkt werden können auf einzelne Prozessvoraussetzungen,[118] auf die Entscheidung über eine zur Aufrechnung gestellte Gegenforderung[119] oder die Teilerledigung durch Aufrechnung[120] und auf die Verjährungseinrede.[121] Selbst auf die Frage der ordnungsgemäßen Besetzung des Gerichts soll die Zulassung 12

---

[97] BGH NJW 2003, 831f.
[98] BGH NJW 2003, 831, 832.
[99] BGH NJW 2003, 1609; 2003, 2319, 2320; 2003, 3352, 3354; 2003, 3781, 3782; 2005, 154, 155.
[100] BGH NJW 2003, 1609.
[101] BGH NJW 2003, 2319, 2320.
[102] BGH NJW 2003, 3781, 3782; NJW-RR 2003, 352.
[103] BVerfG WM 2005, 2014f.; BGH NJW 2004, 3188; 2005, 154, 155f.; NJW-RR 2005, 438.
[104] S. BGH NJW 2005, 154, 156; dazu *Scheuch/Lindner* NJW 2005, 112ff.; BGH-NJW-RR 2005, 438.
[105] Kritisch allerdings *Tiedtke* WM 1977, 666, 678ff.
[106] BGH NJW 1979, 767.
[107] BGHZ 76, 397, 399 = NJW 1980, 1579; BGH NJW 2005, 664; st. Rspr.
[108] BGHZ 101, 276, 278 = NJW 1987, 2586; 111; 2005, 664; st. Rspr.
[109] BGHZ 111, 158, 166 = NJW 1990, 1910; BGH NJW 1995, 1955, 1956.
[110] BGHZ 153, 358, 362 = NJW 2003, 1518; BGH NJW 1995, 2034, 2036; 2003, 3703.
[111] BGHZ 48, 134, 136 = NJW 1967, 2312; BGH NJW 1984, 615; BGHReport 2004, 262.
[112] BGHZ 76, 397, 399 = NJW 1980, 1579; BGH NJW 1982, 2380; 1984, 615; 1999, 500; 2004, 3176, 3177.
[113] BGH NJW-RR 2003, 1192, 1193; MK/*Wenzel* Rn. 37.
[114] BGH NJW 1987, 3264, 3265; 1990, 1795, 1796; 2001, 2176, 2177.
[115] BGH NJW 2007, 1466f.; MK/*Wenzel* Rn. 42; aA *St/J/Grunsky* § 546 Rn. 28.
[116] BGH NJW 2004, 3045, 3047.
[117] BGHZ 53, 152, 155 = NJW 1970, 609; BGH NJW 1984, 615; 1987, 3264f.; MK/*Wenzel* Rn. 40; weiter gehend *St/J/Grunsky* § 546 Rn. 29.
[118] BGH NJW 1990, 1795, 1797; 1995, 3186; aA BGH NJW-RR 1988, 172f.
[119] BGHZ 53, 152, 155 = NJW 1970, 609; BGH NJW 1982, 2380; 1996, 527.
[120] BGH NJW 1995, 3186.
[121] MK/*Wenzel* Rn. 41; aA BGH NJW-RR 2007, 182, 183.

beschränkt werden können.[122] Unwirksam soll dagegen die Beschränkung auf einzelne konkurrierende Anspruchsgrundlagen,[123] auf bestimmte Rechtsfragen oder einzelne Urteilselemente[124] sein. Auf den Einwand des Mitverschuldens soll die Revision nur beschränkt werden können, wenn das Berufungsgericht zulässigerweise zunächst ein Grundurteil (§ 304) hätte erlassen und den Einwand des Mitverschuldens dem Betragsverfahren hätte vorbehalten dürfen.[125]

13 **4. Stellungnahme.** Die hM ist abzulehnen (aA § 621d Rn. 4). Das Postulat, der von der beschränkten Zulassung erfasste Teil des Streitstoffs müsse tatsächlich und rechtlich selbständig sein, ist sachlich nicht geboten,[126] bei einer Beschränkung auf einzelne Angriffs- oder Verteidigungsmittel regelmäßig auch nicht erfüllt. Die Zulassung der Revision muss vielmehr in gleicher Weise beschränkbar sein wie deren Einlegung durch den Revisionskläger.[127] Die Zulässigkeit einer Beschränkung der Revision hängt aber nicht davon ab, dass über den betreffenden Teil zulässigerweise durch Teil-, Grund- oder Zwischenurteil entschieden werden könnte (vgl. § 551 Rn. 6, § 520 Rn. 22f.).

V. Entscheidung über die Zulassung

14 **1. Zulassung im Urteil.** Das Berufungsgericht entscheidet über die Zulassung der Revision von Amts wegen.[128] Eines ausdrücklichen Ausspruchs im Berufungsurteil (im Tenor oder in den Entscheidungsgründen) bedarf nur die Zulassung der Revision; Schweigen bedeutet Nichtzulassung.[129] Die Zulassung bedarf keiner Begründung. Dasselbe wurde auch für die – nicht anfechtbare – Nichtzulassung nach § 546 aF angenommen.[130] Daran ist ungeachtet der nunmehr eröffneten Nichtzulassungsbeschwerde festzuhalten.[131]

15 **2. Ergänzung, Berichtigung.** Da Schweigen Nichtzulassung bedeutet (Rn. 14), ist eine nachträgliche Zulassung durch Ergänzung des Berufungsurteils nach § 321 nicht möglich.[132] Zulässig ist dagegen eine Berichtigung des Berufungsurteils nach § 319, sofern die Zulassung der Revision vom Berufungsgericht beschlossen und nur versehentlich nicht im Berufungsurteil ausgesprochen worden ist.[133] Dies muss aus dem Zusammenhang des Urteils oder aus den Umständen seines Zustandekommens als „offenbare Unrichtigkeit", dh. auch für Dritte ohne weiteres erkennbar nach außen hervorgetreten sein.[134] Dies ist etwa der Fall, wenn die in der schriftlichen Urteilsfassung fehlende Revisionszulassung mitverkündet worden ist,[135] wenn das Berufungsgericht die Revision ersichtlich aus Versehen für die falsche Partei zugelassen hat[136] oder wenn in gleichzeitig verkündeten gleich gelagerten Entscheidungen die Revision jeweils zugelassen worden ist.[137]

16 **3. Eindeutigkeit der Beschränkung.** Eine Beschränkung der Zulassung muss dem Berufungsurteil klar und eindeutig zu entnehmen sein.[138] Sie muss nicht in der Urteilsformel ausgesprochen werden, kann sich vielmehr auch aus den Entscheidungsgründen und insbesondere aus einer Begründung der Zulassungsentscheidung ergeben.[139] Stets muss aber zweifelsfrei zum Ausdruck kommen, dass das Berufungsgericht nicht nur den Anlass der Revisionszulassung mitteilen, sondern die revisionsrechtliche Nachprüfung auf eine bestimmte Frage beschränken will.[140] Eine eindeutige Beschränkung der Zulassung ist etwa darin gesehen worden, dass die als grundsätzlich bezeichnete Frage nur einen selbständigen Teil des Streitstoffs[141] oder allein die Zulässigkeit der Klage[142] betraf. Begründet das Berufungsgericht die Zulassung mit der Klärungsbedürftigkeit einer bestimmten Rechtsfrage, so wirkt die Zulassung nur für die Partei, zu deren Ungunsten die Rechtsfrage entschieden worden ist.[143] Fehlt es an einer wirksamen oder eindeutigen Beschränkung der

---

[122] BGH NJW-RR 2007, 932, 933.
[123] BGH NJW 2005, 664; st. Rspr.; MK/*Wenzel* Rn. 41; aA BGH NJW-RR 2007, 182, 183.
[124] BGHZ 90, 318, 320 = NJW 1984, 2945; BGHZ 101, 276, 278 = NJW 1987, 2586; BGH NJW 1982, 1535; 1987, 3264, 3265; 1994, 1344, 1345; 1998, 3498; NJW-RR 2003, 1358.
[125] BGHZ 76, 397, 399ff. = NJW 1980, 1579; BGH NJW 1981, 287f.; 1997, 2234, 2235.
[126] *St/J/Grunsky* § 546 Rn. 29; vgl. auch BGHZ 153, 358, 362f. = NJW 2003, 1518.
[127] So auch BGHZ 111, 158, 166 = NJW 1990, 1910; BGH NJW-RR 1995, 449 m. weit. Nachw.; 2003, 1192, 1193.
[128] BGHZ 44, 395, 396 = NJW 1966, 931; allgM.
[129] BGHZ 44, 395, 397 = NJW 1966, 931; BGH NJW 1980, 344.
[130] *St/J/Grunsky* § 546 Rn. 18.
[131] Wie hier *Eyermann/P. Schmidt* § 132 Rn. 24 zu § 132 VwGO m. Nachw. z. Gegenmeinung; vgl. auch Amtl. Begr. des ZPO-RG, BT-Drucks. 14/4722, S. 105f.
[132] BGHZ 44, 395 = NJW 1966, 931; BGH NJW 1981, 2755f.; NJW-RR 2002, 1621f.; NJW 2004, 779 zu § 574; MK/*Wenzel* Rn. 32; *Zö/Gummer* Rn. 18; s. aber BGH NJW 2004, 2529f.
[133] BGHZ 20, 188, 191 = NJW 1956, 830; BGHZ 78, 22 = NJW 1980, 2813; BGH NJW-RR 2001, 61; NJW 2005, 156 zu § 574; s. auch BGH NJW 2004, 2529f. zur Nachholung der Zulassung gem. § 321a; *Althammer/Löhnig* NJW 2004, 1567, 1569.
[134] BGH NJW 2004, 2389; MK/*Wenzel* Rn. 33; *St/J/Grunsky* § 546 Rn. 20.
[135] MK/*Wenzel* Rn. 33; *St/J/Grunsky* § 546 Rn. 20.
[136] BGH VersR 1981, 548, 549.
[137] BGHZ 78, 22, 23 = NJW 1980, 2813.
[138] BGHZ 141, 232, 233f. = NJW 1999, 2115; BGH NJW-RR 2003, 1192, 1193.
[139] *BGHZ 153, 358, 360* = NJW 2003, 1518; BGH NJW 2003, 2529; NJW-RR 2004, 1365, 1366; st. Rspr.
[140] BGH NJW 1998, 3498; NJW-RR 2001, 485, 486.
[141] BGH NJW 1996, 926, 927; 2003, 3703; NJW-RR 2003, 1192, 1194; 2004, 1365, 1366; 2005, 715.
[142] BGH NJW 1990, 1795, 1796; 1993, 1799; 2001, 2176, 2177.
[143] BGH NJW-RR 2004, 426, 427.

Zulassung, so ist allein die Beschränkung, nicht die Zulassung unwirksam, die Revision daher unbeschränkt zugelassen.[144]

VI. Wirkung der Zulassung

1. Zulässigkeit der Revision. Die Zulassung führt lediglich zur Statthaftigkeit der Revision. Zu deren Zulässigkeit müssen daneben alle weiteren Zulässigkeitsvoraussetzungen erfüllt sein.[145] Die Zulassung eröffnet keinen Instanzenzug, den das Gesetz nicht vorsieht. Eine nicht revisionsfähige Entscheidung (§ 542 Rn. 2ff., 5f.) unterliegt daher auch bei irrtümlicher Zulassung nicht der Revision.[146] Soweit die Revision nicht zugelassen ist, ist sie unstatthaft, auch wenn die Zulassungsvoraussetzungen erfüllt sind. Gegen die Nichtzulassung durch das Berufungsgericht hilft allein die Nichtzulassungsbeschwerde (§ 544). 17

2. Bindung des Revisionsgerichts. a) Das Revisionsgericht ist grundsätzlich an die Zulassung der Revision durch das Berufungsgericht gebunden, Abs. 2 S. 2. Auf den Wert der Beschwer oder des Beschwerdegegenstandes kommt es nicht an. § 511 Abs. 2 Nr. 1 findet auf die Zulassungsrevision keine entsprechende Anwendung.[147] Die Zulassung bindet das Revisionsgericht auch dann, wenn das Berufungsgericht die Zulassungsvoraussetzungen zu Unrecht angenommen hat und die Zulassung aus diesem Grunde gesetzwidrig ist.[148] 18

b) Keine Bindung besteht, wenn das Urteil des Berufungsgerichts nicht revisionsfähig ist (Rn. 17), wenn die Zulassung nicht in der vorgeschriebenen Form, sondern durch Ergänzungsurteil (Rn. 15) oder durch Beschluss[149] ausgesprochen worden ist oder wenn das Berufungsgericht die Revision aus einem gesetzlich nicht vorgesehenen Grund zugelassen hat.[150] 19

3. Beschränkte Zulassung. Bei wirksamer Beschränkung der Zulassung auf einen Teil des Streitstoffs ist die Revision nur hinsichtlich dieses Teils statthaft. Nach früherer Rspr. konnte der Teil des Berufungsurteils, für den die Revision nicht zugelassen war, auch nicht durch unselbständige Anschlussrevision angegriffen werden.[151] Hiervon rückt § 554 Abs. 2 S. 1 ausdrücklich ab[152] (näher § 554 Rn. 4). Soweit der Prozessstoff von der beschränkten Zulassung der Revision nicht erfasst und auch nicht Gegenstand einer Anschlussrevision ist, hat das Revisionsgericht seiner Entscheidung das Berufungsurteil ungeprüft zu Grunde zu legen.[153] Auch wenn die Revisionszulassung auf eine sachlich-rechtliche Frage beschränkt ist, hat das Revisionsgericht hinsichtlich des Teils, für den die Revision zugelassen ist, stets auch die Zulässigkeit der Berufung zu prüfen.[154] 20

544 *Nichtzulassungsbeschwerde* **(1) [1]Die Nichtzulassung der Revision durch das Berufungsgericht unterliegt der Beschwerde (Nichtzulassungsbeschwerde). [2]Die Beschwerde ist innerhalb einer Notfrist von einem Monat nach Zustellung des in vollständiger Form abgefassten Urteils, spätestens aber bis zum Ablauf von sechs Monaten nach der Verkündung des Urteils bei dem Revisionsgericht einzulegen. [3]Mit der Beschwerdeschrift soll eine Ausfertigung oder beglaubigte Abschrift des Urteils, gegen das die Revision eingelegt werden soll, vorgelegt werden.**

(2) [1]Die Beschwerde ist innerhalb von zwei Monaten nach Zustellung des in vollständiger Form abgefassten Urteils, spätestens aber bis zum Ablauf von sieben Monaten nach der Verkündung des Urteils zu begründen. [2]§ 551 Abs. 2 Satz 5 und 6 gilt entsprechend. [3]In der Begründung müssen die Zulassungsgründe (§ 543 Abs. 2) dargelegt werden.

(3) Das Revisionsgericht gibt dem Gegner des Beschwerdeführers Gelegenheit zur Stellungnahme.

(4) [1]Das Revisionsgericht entscheidet über die Beschwerde durch Beschluss. [2]Der Beschluss soll kurz begründet werden; von einer Begründung kann abgesehen werden, wenn sie nicht geeignet wäre, zur Klärung der Voraussetzungen beizutragen, unter denen eine Revision zuzulassen ist, oder wenn der Beschwerde stattgegeben wird. [3]Die Entscheidung über die Beschwerde ist den Parteien zuzustellen.

(5) [1]Die Einlegung der Beschwerde hemmt die Rechtskraft des Urteils. [2]§ 719 Abs. 2 und 3 ist entsprechend anzuwenden. [3]Mit der Ablehnung der Beschwerde durch das Revisionsgericht wird das Urteil rechtskräftig.

(6) [1]Wird der Beschwerde gegen die Nichtzulassung der Revision stattgegeben, so wird das Beschwerdeverfahren als Revisionsverfahren fortgesetzt. [2]In diesem Fall gilt die form- und fristgerechte Einlegung der Nichtzulassungsbeschwerde als Einlegung der Revision. [3]Mit der Zustellung der Entscheidung beginnt die Revisionsbegründungsfrist.

---

[144] BGH NJW 2005, 664; st. Rspr.
[145] BGH NJW 1993, 2052; DtZ 1992, 216, 217.
[146] BGH DtZ 1992, 216, 217; 1993, 243; NJW 2003, 70.
[147] BGHZ 109, 163, 165 = NJW 1990, 836 zu § 511 a aF.
[148] BGH LM Nr. 94 = MDR 1980, 203; *St/J/Grunsky* § 546 Rn. 21.
[149] *St/J/Grunsky* § 546 Rn. 22.
[150] BGH NJW 1970, 1549, 1550; *St/J/Grunsky* § 546 Rn. 22.
[151] BGHZ 111, 158, 166f. = NJW 1990, 1910; BGHZ 130, 50, 59 = NJW 1995, 2034; BGH NJW 2001, 3543.
[152] Amtl. Begr. des ZPO-RG, BT-Drucks. 14/4722, S. 108.
[153] BGH NJW 1996, 527 mit freilich unzutreffender Begründung; ähnlich BGHZ 109, 179, 189f. = NJW 1990, 447.
[154] AA offenbar BGH NJW 1996, 527.

(7) Hat das Berufungsgericht den Anspruch des Beschwerdeführers auf rechtliches Gehör in entscheidungserheblicher Weise verletzt, so kann das Revisionsgericht abweichend von Absatz 6 in dem der Beschwerde stattgebenden Beschluss das angefochtene Urteil aufheben und den Rechtsstreit zur neuen Verhandlung und Entscheidung an das Berufungsgericht zurückverweisen.

Übersicht

I. Normzweck

1 Die Bestimmung regelt Voraussetzungen und Verfahren der Nichtzulassungsbeschwerde. Mit ihrer Hilfe kann die Nichtzulassung der Revision durch das Berufungsgericht einer Überprüfung durch das Revisionsgericht unterzogen werden. Damit soll auch eine Vereinheitlichung der Zulassungspraxis der Berufungsgerichte und deren Kontrolle durch das Revisionsgericht erreicht werden.[1] Die Regelung lehnt sich an die Bestimmungen der übrigen Verfahrensordnungen über Beschwerden gegen die Nichtzulassung der Revision (§ 72a ArbGG, § 133 VwGO, § 116 FGO, § 160a SGG) an.

II. Funktion der Nichtzulassungsbeschwerde

2 Die Nichtzulassungsbeschwerde ist ein spezieller Rechtsbehelf, der in erster Linie dem Zweck dient, die Nichtzulassung der Revision durch das Berufungsgericht einer Überprüfung durch das Revisionsgericht zuzuführen und dort die Zulassung der Revision zu erreichen. Unter dem in der Zulassungspraxis des BGH weit überwiegenden Gesichtspunkt der Sicherung einer einheitlichen Rspr. eröffnet sie daneben die Möglichkeit der Korrektur von Berufungsurteilen, die auf der Verletzung von Verfahrensgrundrechten beruhen (§ 543 Rn. 9a ff.) oder wegen anderer schwerwiegender Rechtsverletzungen das Vertrauen in die Rspr. gefährden können (§ 543 Rn. 9j). Die Nichtzulassungsbeschwerde ist kein Rechtsmittel in Bezug auf die Hauptsache. Ihre Einlegung hemmt zwar gemäß Abs. 5 S. 1 den Eintritt der Rechtskraft des Berufungsurteils, ihr fehlt jedoch hinsichtlich der Hauptsache der Devolutiveffekt (vor § 511 Rn. 1). Diese fällt in der Revisionsinstanz erst an, wenn das Revisionsgericht der Nichtzulassungsbeschwerde stattgibt und die Revision zulässt (Abs. 6). Beschwerdeberechtigt sind die Parteien des Berufungsverfahrens, soweit sie durch das Berufungsurteil beschwert sind.

III. Wertgrenze

3 **1. Funktion.** Bis zum 31. 12. 2011 ist die Beschwerde gegen die Nichtzulassung der Revision nur zulässig, wenn der Wert der mit der Revision geltend zu machenden Beschwer 20 000 Euro übersteigt (§ 26 Nr. 8 EGZPO). Ausgenommen sind Nichtzulassungsbeschwerden gegen Urteile, mit denen die Berufung als unzulässig verworfen wird.[2] Mit dieser Wertgrenze soll für eine Übergangszeit einer nicht auszuschließenden Überlastung des BGH infolge der Verbreiterung des Zugangs zur Revisionsinstanz vorgebeugt werden.[3] Während der Übergangszeit besteht Gelegenheit, Grundsätze zur Zulassung der Revision zu entwickeln. Längerfristig rechnet der Gesetzgeber mit einem Rückgang der Nichtzulassungsbeschwerden und einer spürbaren Entlastung des BGH, die es erlauben werden, die Wertgrenze zu abzusenken oder sie aufzuheben.[4]

---

[1] Amtl. Begr. des ZPO-RG, BT-Drucks. 14/4722, S. 67.
[2] § 26 Nr. 8 EGZPO idF des 1. JuMoG; überholt BGH NJW-RR 2003, 1221 f.
[3] Amtl. Begr. des ZPO-RG, BT-Drucks. 14/4722, S. 68, 126.
[4] Amtl. Begr. des ZPO-RG, BT-Drucks. 14/4722, S. 68.

2. Wert der Beschwer. a) Begriff. Zum Begriff der Beschwer vgl. vor § 511 Rn. 16, 20ff. Die Beschwer des Klägers ist formell zu bestimmen (vor § 511 Rn. 20). Sie entspricht dem Betrag oder Wert, um den die Berufungsentscheidung hinter dem in zweiter Instanz verfolgten Klagebegehren zurückbleibt. Die für den Beklagten maßgebliche materielle Beschwer entspricht dem Betrag oder Wert seiner Verurteilung, wie sie durch das Berufungsurteil ausgesprochen oder aufrecht erhalten worden ist. 4

b) Beschwer und Streitwert. Die Beschwer stimmt häufig, aber nicht notwendig mit dem Streitwert oder dem Wert des Beschwerdegegenstandes überein. Der Streitwert erster Instanz wird bestimmt von dem Interesse des Klägers am Erfolg der Klage. Er deckt sich mit der Beschwer des Klägers, falls das Berufungsgericht die Klage abgewiesen oder die Abweisung bestätigt hat. Der Streitwert des Berufungsverfahrens richtet sich nach dem Interesse des Berufungsklägers an der beantragten Abänderung der erstinstanzlichen Entscheidung. Er kann gleich hoch, höher (Beispiel: Berufung gegen die Verurteilung zur Beseitigung eines Überbaus) oder niedriger (Beispiel: Berufung gegen die Verurteilung zur Auskunft, § 511 Rn. 23) sein als der Streitwert erster Instanz. Der Streitwert des Revisionsverfahrens richtet sich nach dem Interesse des Revisionsklägers an der Abänderung der Berufungsentscheidung. 5

c) Beschwer und Beschwerdegegenstand. Für die Zulässigkeit der Nichtzulassungsbeschwerde ist nach § 26 Nr. 8 EGZPO der Wert der Beschwer des Beschwerdeführers maßgebend, soweit die Beschwer mit der Revision geltend gemacht werden soll. Maßgebend ist damit der **Wert des Beschwerdegegenstandes** (§ 511 Rn. 18).[5] Das Rechtsmittel ist daher unzulässig, wenn das Berufungsurteil den Beschwerdeführer zwar mit mehr als 20 000 € beschwert, dieser sein Rechtsschutzbegehren mit der Revision aber nur zu einem geringeren, unter der Wertgrenze bleibenden Teil weiterverfolgen will.[6] Ansprüche von oder gegen Streitgenossen werden bei wirtschaftlicher Identätit nicht addiert.[7] Selbständige, abtrennbare Teile des Prozessstoffs, die durch Beschränkung von der Zulassung ausgenommen werden können, werden nur berücksichtigt, soweit jeweils ein Zulassungsgrund dargetan wird.[8] Zur Darlegung der Zulässigkeit der Nichtzulassungsbeschwerde reicht es daher nicht aus, dass der Beschwerdeführer ankündigt, das Berufungsurteil, das ihn mit mehr als 20 000 € beschwert, insgesamt angreifen zu wollen, einen Zulassungsgrund aber nur für einen abtrennbaren Teil des Prozessstoffs mit einem Wert von nicht mehr als 20 000 € darlegt und im Übrigen nur die Unrichtigkeit des Urteils beanstandet. Vielmehr muss der Beschwerdeführer einen Zulassungsgrund für jeden abtrennbaren Teil des Prozessstoffs darlegen, von dessen Einbeziehung es anhängt, ob in der Summe[9] die Wertgrenze überschritten ist.[10] Dagegen ist es für das Erreichen der Wertgrenze, die nur für die Zulässigkeit der Nichtzulassungsbeschwerde Bedeutung hat, unerheblich, ob die dargelegten Zulassungsgründe auch tatsächlich gegeben sind.[11] Die Wertgrenze wirkt als Zugangsbeschränkung allein für die Nichtzulassungsbeschwerde. Wird diese bei einer Beschwer von mehr als 20 000 € unbeschränkt eingelegt, so kann die Revision, nachdem sie zugelassen worden ist, auf einen Betrag auch unterhalb der Wertgrenze beschränkt werden.[12] Ebenso kann das Revisionsgericht die Zulassung der Revision auf einen Teil des Prozessstoffs beschränken, der die Wertgrenze nicht erreicht.[13] 6

3. Ermittlung des Wertes der Beschwer. a) Allgemeines. Vgl. hierzu zunächst vor § 511 Rn. 21ff., § 511 Rn. 18ff. Eine Festsetzung des Wertes der Beschwer durch das Berufungsgericht sieht § 26 Nr. 8 EGZPO nicht vor; an eine gleichwohl erfolgte Festsetzung ist das Revisionsgericht nicht gebunden.[14] Er ist daher vom Revisionsgericht im Rahmen der Entscheidung über die Nichtzulassungsbeschwerde zu bestimmen.[15] Maßgebender Zeitpunkt für die Bewertung der Beschwer ist der Schluss der mündlichen Berufungsverhandlung.[16] Hat eine Partei eine vom Berufungsgericht beschränkt zugelassene Revision (§ 543 Rn. 10ff.) eingelegt und im Übrigen gegen die Nichtzulassung der Revision Beschwerde erhoben, sind die jeweiligen Werte zusammenzurechnen.[17] 7

b) Einzelfälle. Die (Aufhebung und) **Zurückverweisung** nach § 538 beschwert beide Parteien im Umfang der in zweiter Instanz jeweils erstrebten Sachentscheidung (vgl. § 538 Rn. 37), im Regelfall also mit dem Wert der Hauptsache.[18] In **Aufrechnungsfällen** ist bei der Ermittlung der Beschwer des Beklagten der Wert der Gegenforderung (bis zur Höhe der Klageforderung) zu berücksichtigen, soweit über die Gegenforderung mit Rechtskraftwirkung (§ 322 Abs. 2) entschieden worden ist. Daran fehlt es, wenn das Berufungsgericht die Aufrechnung nach § 533 nicht zugelassen oder prozessordnungswidrig die Zulässigkeit einer Hilfsaufrechnung mit der Begründung offen gelassen hat, die Gegenforderung sei jedenfalls unbegründet.[19] Anders verhält es sich bei der Präklusion des Aufrechnungseinwands nach §§ 296, 530. Hat das Berufungs- 8

---

[5] BGH NJW 2002, 2720, 2721.
[6] MK/*Wenzel* Rn. 5.
[7] BGH NJW-RR 2004, 638, 639.
[8] BGH NJW 2002, 2720, 2721; NJW-RR 2006, 1097, 1098.
[9] BGHZ 166, 327, 328f. = NJW-RR 2006, 717; BGH NJW 2006, 1142; NJW-RR 2006, 1097.
[10] BGHZ 166, 327, 328f. = NJW-RR 2006, 717; BGH NJW 2002, 2720, 2721.
[11] BGH NJW 2002, 2720, 2721.
[12] BGH NJW 2002, 2720, 2721.
[13] BGHZ 166, 327, 328 = NJW-RR 2006, 717.
[14] BGH NJW-RR 2005, 224.
[15] BGH NJW 2002, 2720, 2721; NJW-RR 2005, 1011.
[16] BGH NJW 1989, 2755; 2000, 1343.
[17] BGH GRUR 2007, 83.
[18] *St/J/Grunsky* § 546 Rn. 41.
[19] Vgl. BGH NJW 1988, 3210.

gericht über in erster Instanz verbliebene **Prozessreste** mitentschieden (vgl. § 528 Rn. 3, 12, § 538 Rn. 17), so erhöht sich die Beschwer um deren Wert.[20] Für mit der Revision selbständig anfechtbare **Zwischen-, Teil- und Vorbehaltsurteile** (§ 557 Rn. 11) ist die Beschwer jeweils gesondert zu ermitteln. Das gilt auch dann, wenn das Teilurteil unzulässig ist und infolge der Aufspaltung die Wertgrenze nicht erreicht wird.[21] Eine Zusammenrechnung ist nur möglich, soweit gegen mehrere Teilentscheidungen über willkürlich getrennte Teile des Prozessstoffs Nichtzulassungsbeschwerde eingelegt wird.[22] Zur Zusammenrechnung bei **Teil- und Schlussurteil** vgl. § 511 Rn. 27. Teile des Berufungsurteils, die im Revisionsverfahren nicht nachprüfbar sind, bleiben bei der Ermittlung des Wertes der Beschwer außer Betracht.[23] Bei einer **Stufenklage** ist allein der Wert des Auskunftsanspruchs (s. dazu § 511 Rn. 31) maßgebend, wenn das Berufungsurteil nur über diesen entscheidet und die Sache wegen des Zahlungsanspruchs an die Vorinstanz zurückverweist.[24]

IV. Einlegung der Nichtzulassungsbeschwerde (Absatz 1)

9 **1. Zuständiges Gericht.** Die Nichtzulassungsbeschwerde ist beim BGH einzulegen, Abs. 1 S. 2. Bei dem Berufungsgericht kann die Nichtzulassungsbeschwerde nicht wirksam eingelegt werden. Es kann ihr auch nicht durch nachträgliche Zulassung der Revision abhelfen.

10 **2. Beschwerdefrist (Abs. 1 S. 2).** Die Frist zur Einlegung der Nichtzulassungsbeschwerde deckt sich mit der Frist zur Einlegung der Revision (§ 548). Sie ist wie diese eine Notfrist (s. dazu § 224 Abs. 1 S. 2) von einmonatiger Dauer, die mit der Zustellung des vollständig abgefassten Berufungsurteils beginnt. Wird das Berufungsurteil nicht, nicht wirksam oder später als 5 Monate nach seiner Verkündung zugestellt, so endet die Frist mit Ablauf von 6 Monaten nach der Verkündung. Ein Tatbhestandsberichtigungsantrag hat auf Beginn und Lauf der Frist keinen Einfluss.[25] Die Beschwerdefrist kann weder abgekürzt noch verlängert werden. Gegen ihre Versäumung ist Wiedereinsetzung möglich (§ 233). Zur Wahrung der Frist durch eine prozesskostenhilfebedürftige Partei s. § 117 Rn. 10 ff.; § 233 Rn. 30 ff.; § 234 Rn. 5.

11 **3. Beschwerdeschrift (Abs. 1 S. 2).** Die Nichtzulassungsbeschwerde ist durch Einreichung einer Beschwerdeschrift einzulegen. Diese muss von einem beim BGH als dem zuständigem Gericht (Rn. 9) zugelassenen Rechtsanwalt unterzeichnet sein (§ 78 Abs. 1). Für ihren notwendigen Inhalt gilt § 549 Abs. 1 S. 2 entsprechend. Erforderlich sind hiernach die Bezeichnung des Berufungsurteils, durch welches die Revision nicht zugelassen worden ist, und der Parteien des Beschwerdeverfahrens sowie die Erklärung, dass gegen die Nichtzulassung der Revision Beschwerde eingelegt werde.

12 **4. Beifügung des Berufungsurteils (Abs. 1 S. 3).** Die Beifügung einer Ausfertigung oder Abschrift des Urteils, gegen das Revision eingelegt werden soll, dient dazu, dem BGH die Ermittlung des für die Entscheidung über die Nichtzulassungsbeschwerde zuständigen Zivilsenats zu erleichtern.[26]

13 **5. Hemmung der Rechtskraft (Abs. 5).** Die Einlegung der Nichtzulassungsbeschwerde hemmt den Eintritt der Rechtskraft des Berufungsurteils (Abs. 5 S. 1). Die Hemmung dauert an bis zur Ablehnung der Beschwerde durch das Revisionsgericht (Abs. 5 S. 3), bei Zulassung der Revision bis zur abschließenden Entscheidung des Rechtsstreits. Die Zwangsvollstreckung aus dem Urteil, das mit der Revision angegriffen werden soll, kann bereits ab Einlegung der Nichtzulassungsbeschwerde vom Revisionsgericht entsprechend § 719 Abs. 2, 3 einstweilen eingestellt werden (Abs. 5 S. 2). Der Einstellungsantrag kann nur von einem beim BGH zugelassenen Rechtsanwalt gestellt werden.[27]

V. Begründung der Nichtzulassungsbeschwerde (Absatz 2)

14 **1. Begründungserfordernis (Abs. 2 S. 1).** Die Nichtzulassungsbeschwerde bedarf einer Begründung. Von ihrer frist- und formgerechten Einreichung hängt die Zulässigkeit des Rechtsmittels ab. Das Begründungserfordernis ist rein formaler Natur. Ihm ist genügt, wenn der Beschwerdeführer im Einzelnen darlegt, worin er die grundsätzliche Bedeutung der Sache erblickt oder inwiefern er eine Entscheidung des Revisionsgerichts zur Fortbildung des Rechts oder zur Wahrung der Einheitlichkeit der Rspr. für geboten hält. Ob die Sicht des Beschwerdeführers richtig oder auch nur vertretbar ist, ist für die Zulässigkeit der Nichtzulassungsbeschwerde unerheblich (vgl. zur Berufungsbegründung § 520 Rn. 28, zur Revisionsbegründung § 551 Rn. 2). Unzulässig ist die Nichtzulassungsbeschwerde, wenn die Begründung lediglich Rechtsfehler des Berufungsurteils rügt, ohne Zulassungsgründe darzutun (Rn. 17).

15 **2. Begründungsfrist (Abs. 2 S. 1, 2).** Die Frist zur Begründung der Nichtzulassungsbeschwerde deckt sich mit der Frist zur Begründung der Revision (§ 551 Abs. 2 S. 2, 3). Sie beginnt wie diese mit der Zustellung des vollständig abgefassten Berufungsurteils und dauert 2 Monate. Wird das Berufungsurteil nicht, nicht wirksam oder später als 5 Monate nach seiner Verkündung zugestellt, so endet die Frist mit Ablauf von 7 Monaten nach der Verkündung. Die Frist zur Begründung der Nichtzulassungsbeschwerde kann nach Abs. 2 S. 2 iVm. § 551 Abs. 2 S. 5 und 6 unter den gleichen Voraussetzungen und im gleichen Maße wie die Revisionsbegründungsfrist verlängert werden (s. dazu § 551 Rn. 4). Gegen die Versäumung der

[20] BGH NJW-RR 1992, 1021; NJW 1995, 2229, 2230.
[21] BGH NJW 1996, 3216; 1998, 686, 687.
[22] BGH NJW 1995, 3120; 1996, 3216, 3217; 2000, 217, 218.
[23] BGH NJW 2001, 230, 231.
[24] BGH NJW 2000, 1724, 1725.
[25] BGH NJW-RR 2004, 712, 713.
[26] Amtl. Begr. des ZPO-RG, BT-Drucks. 14/4722, S. 105.
[27] BGH NJW-RR 2004, 936.

Frist kann Wiedereinsetzung gewährt werden (§ 233). Die Begründungsfrist läuft ohne Rücksicht auf ein zweitinstanzliches Tatbestandsberichtigungsverfahren[28] und unabhängig davon, ob die Frist zur Einlegung der Nichtzulassungsbeschwerde gewahrt und ob ggfs. gegen deren Versäumung Wiedereinsetzung beantragt worden ist. Zur Wahrung der Begründungsfrist durch eine prozesskostenhilfebedürftige Partei s. § 117 Rn. 10ff.; § 233 Rn. 30ff.; § 234 Rn. 5.

3. Begründungsschrift (Abs. 2 S. 1). Die Nichtzulassungsbeschwerde ist durch Einreichung einer Begründungsschrift beim Revisionsgericht zu begründen. Die Begründungsschrift muss von einem postulationsfähigen (Rn. 11) Rechtsanwalt unterzeichnet sein. 16

4. Inhalt der Beschwerdebegründung (Abs. 2 S. 3). a) Darlegung der Zulassungsgründe. In der Beschwerdebegründung sind die Gründe darzulegen, die nach Ansicht des Beschwerdeführers gemäß § 543 Abs. 2 die Zulassung der Revision gebieten. Die bloße Behauptung eines Zulassungsgrundes reicht dazu nicht aus.[29] Vielmehr muss der Beschwerdeführer die Zulassungsgründe, auf die er seine Beschwerde stützt, benennen und zu deren Voraussetzungen so substantiiert vortragen, dass das Revisionsgericht in die Lage versetzt wird, allein anhand der Beschwerdebegründung – unter Einbeziehung der dort in Bezug genommenen Aktenstellen – und des Berufungsurteils die Zulassungsvoraussetzungen zu prüfen.[30] Auch die Entscheidungserheblichkeit der für die Zulassungsgründe relevanten Rechtsfragen und Rechtsanwendungsfehler ist in der Beschwerdebegründung darzulegen.[31] Ist sie nur für einen Sachverhalt gegeben, den das Berufungsgericht verfahrensfehlerhaft nicht festgestellt hat, ist zudem eine entsprechende Verfahrensrüge (§ 551 Abs. 3 S. 1 Nr. 2b) erforderlich.[32] Beruht das Berufungsurteil auf zwei selbständig tragenden Gründen, so muss für beide Begründungen ein Zulassungsgrund dargelegt werden.[33] 17

Die unrichtige Benennung des Zulassungsgrundes ist unschädlich, wenn der maßgebliche Zulassungsgrund gleichwohl in der Begründung der Nichtzulassungsbeschwerde schlüssig und substantiiert dargelegt wird.[34] Einer besonderen Darlegung der Zulassungskriterien bedarf es nicht, soweit diese sich unmittelbar aus dem Prozessrechtsverhältnis ergeben.[35] Gibt das Berufungsurteil entgegen § 540[36] den Sach- und Streitstand nicht wieder, so muss der Beschwerdeführer diesen vortragen und auf dieser Grundlage die zulassungsbegründenden Rechtsfragen und Rechtsanwendungsfehler darlegen.[37] 17a

aa) Für den Zulassungsgrund der **Grundsatzbedeutung** muss die durch das Berufungsurteil aufgeworfene Rechtsfrage benannt und im Einzelnen aufgezeigt werden, dass sie für eine Vielzahl von Fällen Bedeutung hat, dass sie entscheidungserheblich ist und dass und inwiefern sie der Klärung bedarf.[38] Dazu ist gegebenenfalls auszuführen, aus welchen Gründen, in welchem Umfang und von welcher Seite die Rechtsfrage umstritten ist.[39] Das schließt selbstverständlich nicht aus, dass auch neue Rechtsfragen, an denen sich noch kein Meinungsstreit entzündet hat, oder Rechtsfragen, zu denen im Schrifttum eine einhellige Auffassung vertreten wird, die Zulassung der Revision wegen grundsätzlicher Bedeutung erfordern können.[40] Betrifft die Rechtsfrage außer Kraft getretenes oder auslaufendes Recht, so muss in der Begründung der Nichtzulassungsbeschwerde auch dargelegt werden, dass eine höchstrichterliche Entscheidung gleichwohl für die Zukunft richtungsweisend sein kann, weil entweder noch über eine erhebliche Anzahl von Fällen nach altem Recht zu entscheiden oder die Frage für das neue Recht weiterhin von Bedeutung ist.[41] 17b

bb) Wird das Zulassungsbegehren mit einer **Divergenz** begründet, so muss der Beschwerdeführer die Vorentscheidung konkret benennen und einen für die anzufechtende Entscheidung erheblichen abstrakten Rechtssatz aufzeigen, der von einem abstrakten Rechtssatz abweicht, auf dem die Vorentscheidung beruht.[42] Unterhalb der Schwelle einer Divergenz im strengen Sinne ist für den Zulassungsgrund der Sicherung einer einheitlichen Rechtsprechung darzulegen, dass die angefochtene Entscheidung von höher- oder gleichrangiger Rechtsprechung abweicht und die als fehlerhaft gerügte Rechtsanwendung entscheidungserheblich ist. Ferner müssen nach der veröffentlichten Rechtsprechung des BGH konkrete Anhaltspunkte dafür vorgetragen werden, dass dem Rechtsfehler „symptomatische Bedeutung" zukommt oder dass und warum die Gefahr seiner Wiederholung oder Nachahmung konkret zu besorgen ist.[43] 17c

cc) Für den Zulassungsgrund der Verletzung des **Willkürverbots** oder eines **Verfahrensgrundrechts** ist das verletzte Recht und die Entscheidungskausalität der Verletzung in gleicher Weise wie zur Begründung einer Verfassungsbeschwerde darzulegen (§ 543 Rn. 9a, 9e).[44] Das zusätzliche Erfordernis, dass die Grund- 17d

---

[28] BGH NJW-RR 2004, 712, 713.
[29] BGHZ 152, 182, 185 = NJW 2003, 65; BGHZ 154, 288, 291 = NJW 2003, 1943.
[30] BGHZ 152, 182, 185 = NJW 2003, 65.
[31] BGH NJW 2003, 831.
[32] BGH NJW 2003, 831f.
[33] BGH NJW-RR 2006, 142 zu § 575.
[34] BGH NJW 2003, 754f.
[35] BGH NJW 2003, 3765.
[36] BGH NJW 2003, 3352, 3353; 2004, 293, 294.
[37] BGH NJW 2003, 3208; NJW-RR 2004, 712, 713; *Wenzel* NJW 2002, 3353, 3358.
[38] BGHZ 154, 288, 291 = NJW 2003, 1943; *Wenzel* NJW 2002, 3353, 3358.
[39] BGHZ 152, 182, 191 = NJW 2003, 65; BGHZ 154, 288, 291 = NJW 2003, 1943, *Wenzel* NJW 2002, 3353, 3358.
[40] BGH NJW 2003, 3765; NZI 2004, 444; MK/*Wenzel* § 543 Rn. 7.
[41] BGH NJW 2003, 1943, 1944; 2004, 289f.; BGHReport 2004, 59, 60.
[42] BGHZ 154, 288, 293 = NJW 2003, 1943; *Wenzel* NJW 2002, 3353, 3358, je m. weit. Nachw.
[43] BGHZ 152, 182, 187 = NJW 2003, 65; BGHZ 154, 288, 294 = NJW 2003, 1943; BGH NJW 2003, 754, 755.
[44] BGHZ 154, 288, 296f. = NJW 2003, 1943.

rechtsverletzung offenkundig ist,[45] hat der BGH aufgegeben.[46] Macht der Beschwerdeführer geltend, das Berufungsgericht habe ihm unter Verletzung der richterlichen Hinweispflicht (§ 139) das rechtliche Gehör verweigert, so muss er darlegen, was er auf den vermissten Hinweis hin vorgetragen hätte.[47]

17e **dd)** Für **Fehler** bei der Auslegung oder der Anwendung des **einfachen Rechts** fordert der BGH konkrete Angaben zur „symptomatischen Bedeutung" des Fehlers oder zu seiner Nachahmungsanfälligkeit. Dazu muss der Beschwerdeführer darlegen und belegen, dass es sich bereits um eine ständige Fehlerpraxis des Berufungsgerichts handelt, oder Anhaltspunkte für eine konkrete Wiederholungs- oder Nachahmungsgefahr dartun.[48] Damit sind die Parteien in aller Regel überfordert. Selbst für Standardfälle, im Zivilrecht ohnedies seltene Ausnahmen, lässt sich nur spekulieren, ob eine fehlerhafte Urteilsbegründung zur Wiederholung oder Nachahmung einlädt. Dass eine fehlerhafte Begründung sich auf andere gleich gelagerte Fälle übertragen lässt,[49] belegt ihre Reproduzierbarkeit, aber noch keine konkrete Nachahmungsgefahr. Wiederholungs- und Nachahmungsgefahr können daher nur abstrakt aus der Sicht des Revisionsgerichts beurteilt werden. Allein dies ist auch systemgerecht; denn das Interesse der Allgemeinheit, der Wiederholung und Nachahmung „ansteckungsgefährlicher"[50] Rechtsanwendungsfehlern vorzubeugen, besteht unabhängig davon, ob in der Begründung einer Nichtzulassungsbeschwerde eine konkrete „Ansteckungsgefahr" hinreichend dargetan ist. Darlegungen zur Wiederholungs- oder Nachahmungsgefahr sind entbehrlich, wenn die rechtliche Begründung des Berufungsgerichts auf einem grundlegenden Missverständnis der höchstrichterlichen Rspr. beruht[51] oder sich verallgemeinern und auf eine nicht unerhebliche Zahl künftiger Sachverhalte übertragen lässt[52] oder wenn das Berufungsgericht bei seiner Begründung von einem – nicht formulierten – unrichtigen Obersatz ausgegangen ist.[53]

17f **b) Beschwerde- und Revisionsbegründung.** Die Begründung kann sich auf eine Auseinandersetzung mit den **Zulassungsgründen** des § 543 Abs. 2 beschränken. Eine Vorwegnahme der **Revisionsrügen,** mit denen der Beschwerdeführer das Berufungsurteil nach Zulassung der Revision anzugreifen beabsichtigt, ist grundsätzlich nicht geboten. Die Nichtzulassungsbeschwerde leitet zwar im Falle ihres Erfolgs unmittelbar in das Revisionsverfahren über (Abs. 6 S. 1, 2), die Revision muss dann aber anschließend selbständig begründet werden (Abs. 6 S. 3). Die Trennung im Hinblick auf das Begründungserfordernis trägt der unterschiedlichen Funktion von Nichtzulassungsbeschwerde und Revision Rechnung. Sie soll ferner den Begründungsaufwand der Parteien und den Prüfungsumfang des Revisionsgerichts im Verfahren der Nichtzulassungsbeschwerde sachgerecht begrenzen. Soweit die Begründungen sich decken, kann zur Begründung der Revision auf die Begründung der Nichtzulassungsbeschwerde Bezug genommen werden (§ 551 Abs. 3 S. 2).

18 Eine **inhaltliche Trennung** der Begründungen einerseits der Nichtzulassungsbeschwerde, andererseits der Revision lässt sich freilich nur erreichen, soweit die **Zulassungsgründe** nicht aus **Rechtsfehlern** des Berufungsgerichts hergeleitet werden. Kommt einer Sache grundsätzliche Bedeutung iSd. § 543 Abs. 2 Nr. 1 deshalb zu, weil Fehler des angefochtenen Urteils es erfordern, der Praxis für die Auslegung oder Anwendung revisiblen Rechts in künftigen Fällen durch Leitsätze sachverhaltsbezogene Orientierung zu geben (Leitbildfunktion, s. § 543 Rn. 6), so wird es in der Regel erforderlich sein, schon zur Begründung der Nichtzulassungsbeschwerde die beabsichtigten Revisionsrügen vorzutragen, damit das Revisionsgericht im Rahmen einer prognostischen Bewertung prüfen kann, ob im Falle der Zulassung der Revision Rechtsfragen zu entscheiden sein werden, an deren Beantwortung durch das Revisionsgericht ein über den Einzelfall hinausgehendes allgemeines Interesse besteht.

19 **c) Unzureichende Begründung.** Keine ausreichende Begründung einer Nichtzulassungsbeschwerde stellt es dar, wenn der Beschwerdeführer lediglich **Rechtsfehler** des Berufungsurteils rügt, ohne einen Zulassungsgrund darzulegen. Die Nichtzulassungsbeschwerde kann auch nicht allein damit begründet werden, dass das Berufungsurteil nicht innerhalb der Fünfmonatsfrist des § 548 zugestellt worden ist und deshalb als nicht mit Gründen versehen (§ 547 Nr. 6) gilt (§ 547 Rn. 13). Der darin liegende schwerwiegende Verfahrensmangel kann – anders als in anderen Verfahrensordnungen (§ 132 Abs. 2 Nr. 3 VwGO, § 115 Abs. 2 Nr. 3 FGO, § 160 Abs. 2 Nr. 3 SGG) – für sich allein die Zulassung der Revision nicht rechtfertigen. Solange dieser vom BVerfG[54] als aus rechtsstaatlicher Sicht auf Dauer schwer hinzunehmend bezeichnete Zustand besteht, kann ein Berufungsurteil, das die Revision nicht zulässt und nicht innerhalb der Fünfmonatsfrist des § 548 zugestellt worden ist, nicht mit der Nichtzulassungsbeschwerde, sondern allein mit der Verfassungsbeschwerde angegriffen werden.[55]

20 **d) Tatsachenvortrag zu Zulassungsgründen.** Zur Darlegung der Zulassungsgründe können auch **neue Tatsachen** vorgebracht werden, soweit sie nicht in Widerspruch zu den tatbestandlichen Feststellungen des Berufungsurteils (§ 540; s. dazu § 559 Rn. 13ff.) und zu sonstigen Feststellungen des Berufungsgerichts stehen, an die das Revisionsgericht bei der Entscheidung über die zugelassene Revision gebunden ist

45 BGHZ 152, 182, 192ff. = NJW 2003, 65.
46 BGHZ 159, 135, 140 = NJW 2004, 2222.
47 BGH NJW-RR 2003, 1003, 1004.
48 BGHZ 152, 182, 187 = NJW 2003, 65.
49 BGH NJW 2003, 754, 755.
50 *Wenzel* NJW 2002, 3353, 3356.
51 BGH NJW 2005, 154, 155.
52 BGH NJW 2003, 754, 755; 2004, 1960, 1961; BGHZ 159, 135, 139 = NJW 2004, 2222.
53 BGH NJW 2004, 1960, 1961.
54 BVerfG NJW 2001, 2161, 2163 zu §§ 72, 72a ArbGG.
55 BVerfG (Fn. 54).

(§ 559). Das gilt vor allem für Tatsachenvortrag zu Verfahrensfehlern des Berufungsgerichts (vgl. § 551 Abs. 3 S. 1 Nr. 2 lit. b), aus denen sich die Zulassungsvoraussetzungen ergeben sollen.

e) **Wert des Beschwerdegegenstands.** Schließlich muss der Beschwerdeführer in der Beschwerdebegründung, jedenfalls aber vor Ablauf der Begründungsfrist, darlegen, dass er mit der beabsichtigten Revision die Abänderung des Berufungsurteils in einem Umfang erstrebt, der die Wertgrenze von 20 000 € (§ 26 Nr. 8 EGZPO) übersteigt (näher Rn. 6).[56] Bei einem unbezifferten Begehren ist der Wert glaubhaft zu machen.[57] 20a

VI. Verfahren und Entscheidung des Revisionsgerichts (Absatz 3 bis 7)

1. Zulässigkeitsprüfung. Das Revisionsgericht prüft zunächst, ob die Nichtzulassungsbeschwerde zulässig ist, dh. ob sie form- und fristgerecht eingelegt und begründet worden ist und ob der Wert des Beschwerdegegenstandes die Wertgrenze von 20 000 Euro übersteigt (Rn. 3). Fehlt es an einem dieser Erfordernisse, so ist die Nichtzulassungsbeschwerde als unzulässig zu verwerfen (vgl. § 552 Abs. 1, § 572 Abs. 2). 21

2. Begründetheitsprüfung. Das Revisionsgericht prüft auf der Grundlage des Beschwerdevorbringens unter Berücksichtigung des § 559[58] von Amts wegen, ob die Voraussetzungen der Zulassung der Revision nach § 543 Abs. 2 erfüllt sind. Dabei sollen nur die Zulassungsgründe zu prüfen sein, die in der Beschwerdebegründung schlüssig und substantiiert dargelegt sind[59] und auf die der Beschwerdeführer sich berufen oder die er der Sache nach geltend gemacht hat.[60] Rechtsfragen von grundsätzlicher Bedeutung sollen nur dann zur Zulassung nötigen, wenn der Rechtsmittelführer sich zu ihnen geäußert hat,[61] eine Divergenz nur dann beachtlich sein, wenn der Beschwerdeführer sie geltend macht.[62] 22

Diese Auffassung ist abzulehnen. Die Beschränkung der Prüfung auf die mit der Beschwerdebegründung geltend gemachten Zulassungsgründe ist systemwidrig. Mit dem Interesse der Allgemeinheit ist es nicht zu vereinbaren, dass eine Rechtsfrage von grundsätzlicher Bedeutung ungeklärt bleiben oder eine Divergenz oder andere schwer erträgliche Unterschiede in der Rechtsprechung entstehen oder fortbestehen sollen, nur weil der Beschwerdeführer, dem es allein um die Korrektur des Berufungsurteils geht, das Zulassungsbegehren auf einen anderen Zulassungsgrund stützt.[63] Ebenso kann ein vom Beschwerdeführer übersehener Rechtsanwendungsfehler die Zulassung der Revision gebieten, um im Interesse der Allgemeinheit seiner Wiederholung oder Nachahmung vorzubeugen. Das Revisionsgericht kann seine im öffentlichen Interesse liegende Aufgabe nur dann optimal erfüllen, wenn es an die vom Beschwerdeführer geltend gemachten Zulassungsgründe ebenso wenig gebunden ist wie im Revisionsverfahren an die geltend gemachten Revisionsgründe (§ 557 Abs. 3 S. 1). 22a

Wegen eines Verfahrensmangels, der nicht von Amts wegen zu berücksichtigen ist, darf die Revision nur dann zugelassen werden, wenn nach der Begründung der Nichtzulassungsbeschwerde zu erwarten ist, dass der Mangel mit der Revisionsbegründung gerügt werden wird (arg. § 557 Abs. 3 S. 2).[64] Ist kein Zulassungsgrund gegeben oder richtet sich die Nichtzulassungsbeschwerde gegen ein Berufungsurteil, das nicht revisionsfähig ist (§ 542 Rn. 5), so ist die Nichtzulassungsbeschwerde zurückzuweisen. 22b

3. Anhörung der Gegenpartei (Abs. 3). Sofern das Revisionsgericht die Nichtzulassungsbeschwerde als unzulässig verwirft oder als unbegründet zurückweist, bedarf es der Anhörung des Gegners nicht. Andernfalls ist ihm vor der Entscheidung rechtliches Gehör zu gewähren. Eine (unselbständige) Anschließung (vgl. § 524, § 554, § 567 Abs. 3, § 574 Abs. 4) an eine Nichtzulassungsbeschwerde sieht das Gesetz nicht vor; sie ist entbehrlich, weil die Partei, die im Vertrauen darauf, dass auch der Gegner das Berufungsurteil akzeptieren werde, von einer eigenen Nichtzulassungsbeschwerde (oder Revision) abgesehen hat, sich der Revision des Gegners auch dann anschließen kann, wenn für sie die Revision nicht zugelassen worden ist (§ 554 Abs. 2 S. 1). 23

4. Entscheidung (Abs. 4). Über die Nichtzulassungsbeschwerde entscheidet das Revisionsgericht. Eine Abhilfe durch das Berufungsgericht in Gestalt einer Änderung der Nichtzulassungsentscheidung ist ausgeschlossen (§ 318). Das Revisionsgericht entscheidet durch Beschluss (Abs. 4 S. 1), der regelmäßig kurz zu begründen ist (Abs. 4 S. 2 Halbs. 1). Eine formelhafte Kurzbegründung genügt.[65] Eine Begründung ist entbehrlich, wenn sie nicht geeignet wäre, zur Klärung der Zulassungsvoraussetzungen des § 543 Abs. 2 beizutragen (Abs. 4 S. 2 Halbs. 2 Alt. 1). Nach Abs. 4 S. 2 Halbs. 2 Alt. 2 kann von einer Begründung auch dann abgesehen werden, wenn der Beschwerde stattgegeben wird. Das ist allerdings dann nicht sinnvoll, wenn die Erwägungen des Revisionsgerichts zum Vorliegen eines Zulassungsgrundes sich dazu eignen, den Berufungsgerichten Hinweise für die Zulassungspraxis zu geben. Zur Entscheidung über die Kosten im Falle eines Teilerfolgs der Nichtzulassungsbeschwerde s. BGH NJW 2004, 1048. 24

5. Rechtsfolgen der Entscheidung (Abs. 5–7). a) Wird die Nichtzulassungsbeschwerde vom Revisionsgericht **verworfen** oder **zurückgewiesen,** so erwächst das Berufungsurteil mit der Zustellung des Beschlus- 25

---

[56] BGH NJW 2002, 2720, 2721; 2002, 3180.
[57] BGH NJW 2002, 3180.
[58] BGH NJW-RR 2004, 712, 713.
[59] BGHZ 152, 7, 8f. = NJW 2002, 3334; BGHZ 153, 254, 255 = NJW 2003, 1125; NJW-RR 2006, 142.
[60] BGH NJW 2003, 754f.; RdL 2004, 50.
[61] BGH NJW 2004, 71, 72.
[62] BGH NJW 2003, 2319, 2320.
[63] Wie hier *Büttner* BRAK-Mitt. 2003, 202, 206; ähnlich MK/*Wenzel* Rn. 19.
[64] MK/*Wenzel* Rn. 19.
[65] BGH NJW 2004, 1531.

ses[66] in Rechtskraft (Abs. 5 S. 3). Das gilt nicht, wenn die Nichtzulassungsbeschwerde oder die Beschwerdeentscheidung sich auf einen Teil des Prozessgegenstandes beschränkt und der Gegner wegen eines anderen Teils Revision oder Nichtzulassungsbeschwerde eingelegt hat oder noch einlegen kann. Denn dieser kann sich die Partei, deren Nichtzulassungsbeschwerde erfolglos geblieben ist, nach § 554 anschließen (§ 554 Rn. 2).

25a b) Gibt das Revisionsgericht der Beschwerde statt, so wird das Beschwerdeverfahren als Revisionsverfahren fortgesetzt (Abs. 6 S. 1). Die Revision gilt als durch die Nichtzulassungsbeschwerde eingelegt (Abs. 6 S. 2). Die Revisionsbegründungsfrist (§ 551 Abs. 2) beginnt mit der Zustellung des der Beschwerde stattgebenden Beschlusses (Abs. 6 S. 3). Die Revision kann auch bereits vorab, zB in dem Schriftsatz zur Begründung der Nichtzulassungsbeschwerde, begründet werden.[67]

25b c) Ist die Nichtzulassungsbeschwerde allein wegen **Verletzung des rechtlichen Gehörs** begründet (§ 543 Rn. 9a, 9d–f), so kann das Revisionsgericht der Beschwerde dadurch stattgeben, dass es abweichend von Abs. 6 den Rechtsstreit unter Aufhebung des Berufungsurteils an das Berufungsgericht – auch einen anderen Spruchkörper desselben –[68] zurückverweist (Abs. 7). Der Zulassung der Revision (für eine „logische Sekunde“) bedarf es dazu nicht.[69]

VII. Gebühren und Kosten

26 **1. Rechtsanwaltsgebühren.** Im Verfahren der Nichtzulassungsbeschwerde erhält der Anwalt eine 1,6 Verfahrensgebühr, der BGH-Anwalt eine solche von 2,3 (Nrn. 3506, 3508 VV RVG). Die Gebühr wird auf die Verfahrensgebühr für ein nachfolgendes Revisionsverfahren angerechnet.

27 **2. Gerichtskosten.** Für die Beschwerde wird eine Gebühr zum Satz von 2,0 berechnet, soweit die Beschwerde verworfen oder zurückgewiesen wird (KV Nr. 1242). Eine Ermäßigung kann gemäß KV Nr. 1243 auf eine Gebühr eintreten. Wird der Beschwerde stattgegeben, entsteht die Gebühr insoweit nicht. Für eine Entscheidung nach Abs. 7 fallen mangels einer entsprechenden Vorschrift keine Gebühren an.[70]

545 *Revisionsgründe* **(1) Die Revision kann nur darauf gestützt werden, dass die Entscheidung auf der Verletzung des Bundesrechts oder einer Vorschrift beruht, deren Geltungsbereich sich über den Bezirk eines Oberlandesgerichts hinaus erstreckt.**

(2) Die Revision kann nicht darauf gestützt werden, dass das Gericht des ersten Rechtszuges seine Zuständigkeit zu Unrecht angenommen oder verneint hat.

I. Normzweck

1 Die Bestimmung grenzt den Umfang der revisionsrechtlichen Nachprüfung ein und legt damit zugleich fest, unter welchen Voraussetzungen die Revision Erfolg haben kann. Mit der Revision kann nur gerügt werden, dass die tragenden Erwägungen der Berufungsentscheidung revisible Rechtsnormen verletzen (Abs. 1). Die Vorschrift regelt die Begründetheit, nicht die Zulässigkeit der Revision.[1] Im Beschwerdeverfahren nach § 17a Abs. 4 GVG ist Abs. 1 entsprechend anwendbar.[2] Abs. 2 bezweckt durch eine Beschränkung der Zuständigkeitsprüfung in der Revisionsinstanz die Beschleunigung des Verfahrens und die Entlastung des Revisionsgerichts.[3]

II. Revisibles Recht

2 **1. Rechtsnormqualität.** Unter Rechtsvorschriften iSd. § 545 sind Gesetze im materiellen Sinne zu verstehen, neben förmlichen Bundes- und Landesgesetzen also auch Rechtsverordnungen,[4] Verwaltungsanordnungen mit Außenwirkung,[5] ratifizierte Staatsverträge,[6] Völkerrecht (Art. 25 GG)[7] und (Bundes-) Gewohnheitsrecht.[8] Keine Rechtsnormen sind Satzungen juristischer Personen des Privatrechts[9] (Ausnahme: Dienstordnungen der Träger der sozialen Krankenversicherung),[10] interne Dienstanweisungen und Verwaltungsvorschriften,[11] die Verkehrssitte,[12] Handelsbräuche[13] und Erfahrungssätze.[14] Keine Rechtsnormen

---

[66] BGHZ 164, 347, 350ff. = NJW 2005, 3724.
[67] BGH NJW 2004, 2981; krit. *Büttner* NJW 2004, 3524ff.
[68] BGH Report 2007, 524.
[69] BGH NJW 2005, 1950, 1951; NJW-RR 2007, 1148; aA BGH NJW 2005, 2710, 2711.
[70] BGH NJW-RR 2007, 1148.
[1] MK/*Wenzel* Rn. 1; aA BGH NJW 2000, 2822f.
[2] BGH NJW 1996, 3012.
[3] Amtl. Begr. des ZPO-RG, BT-Drucks. 14/4722, S. 106; s. auch BGH NJW 1988, 3267, 3268 zu § 549 Abs. 2 aF.
[4] MK/*Wenzel* Rn. 6.
[5] BGH LM Nr. 46 = MDR 1958, 669; Nr. 81 = MDR 1970, 210; MK/*Wenzel* Rn. 7.
[6] *St/J/Grunsky* §§ 549, 550 Rn. 3.
[7] MK/*Wenzel* Rn. 5; *St/J/Grunsky* §§ 549, 550 Rn. 3.
[8] BGH NJW 1965, 1862, 1864; MK/*Wenzel* Rn. 6; *St/J/Grunsky* §§ 549, 550 Rn. 3.
[9] MK/*Wenzel* Rn. 8; *St/J/Grunsky* §§ 549, 550 Rn. 4, 40.
[10] BGHZ 94, 18, 23 = NJW 1985, 2194; BGH MDR 1975, 831; NJW-RR 1988, 1021.
[11] MK/*Wenzel* Rn. 7.
[12] MK/*Wenzel* Rn. 8; *St/J/Grunsky* §§ 549, 550 Rn. 4.
[13] BGH LM BGB § 284 Nr. 1; MK/*Wenzel* Rn. 8; *St/J/Grunsky* §§ 549, 550 Rn. 4.
[14] MK/*Wenzel* Rn. 8; *St/J/Grunsky* §§ 549, 550 Rn. 4.

sind Allgemeine Geschäftsbedingungen, auch soweit sie (wie zB in der Versicherungswirtschaft) in der Praxis wie Rechtsnormen gehandhabt werden.

2. Bundesrecht. Nur die Verletzung revisiblen Rechts kann der Revision zum Erfolg verhelfen. Revisibel sind nach Abs. 1 Bundesrecht sowie Vorschriften, deren Geltungsbereich sich über den Bezirk eines OLG[15] – nicht notwendig den des Berufungsgerichts – hinaus erstreckt. Bundesrecht sind alle Gesetze im materiellen Sinne, die von den dafür zuständigen Organen der Bundesrepublik Deutschland erlassen worden sind.[16] Altes Recht aus der Zeit vor dem Inkrafttreten des GG gilt als Bundesrecht fort, wenn es entweder Gegenstände der ausschließlichen Gesetzgebung des Bundes betrifft (Art. 124 GG) oder sich auf Gegenstände der konkurrierenden Gesetzgebung des Bundes bezieht und innerhalb einer oder mehrerer früherer Besatzungszonen einheitlich galt oder nach dem 8. Mai 1945 früheres Reichsrecht abgeändert hat (Art. 125 GG). Besatzungsrecht ist revisibel, wenn es als von einer deutschen Stelle erlassenes Recht Bundesrecht wäre.[17] Bundesrecht ist auch Recht der früheren DDR, das gemäß Art. 9 EinigsV als Bundesrecht fortgilt.[18] 3

3. Landesrecht ist revisibel, soweit sich sein Geltungsbereich über den Bezirk eines OLG – nicht notwendig den des Berufungsgerichts – hinaus erstreckt. Das trifft auf das Recht aller Bundesländer mit mehr als einem OLG zu.[19] Dasselbe gilt für ausländisches Recht, das als Partikularrecht über die Grenzen eines OLG-Bezirks hinaus anwendbar war.[20] Ein Landesgesetz, dessen Geltungsbereich sich auf den Bezirk eines OLG beschränkt, ist nicht deshalb revisibel, weil in anderen Bundesländern gleich lautende Vorschriften gelten.[21] Das soll selbst dann gelten, wenn der Landesgesetzgeber Regelungen aus der Gesetzgebung eines anderen Landes übernommen hat.[22] Revisibel ist gleich lautendes Landesrecht, wenn die Übereinstimmung zum Zwecke der Vereinheitlichung gewollt herbeigeführt ist.[23] Rechtsvorschriften, die in der gesamten ehemaligen DDR galten, sind revisibel, denn ihr Geltungsbereich erstreckt sich auf die Bezirke aller Oberlandesgerichte in den neuen Bundesländern.[24] Das gilt auch für von der DDR geschlossene zwischenstaatliche Vereinbarungen, die den Regelungsgehalt revisibler DDR-Gesetze näher bestimmen.[25] 4

4. Europäisches Gemeinschaftsrecht. Die Revision kann auch auf die Verletzung von Bestimmungen des europäischen Gemeinschaftsrechts gestützt werden.[26] Über dessen Auslegung hat allerdings der Gerichtshof der Europäischen Gemeinschaft zu entscheiden (Art. 234 EG). Auslegungsfragen hat ihm das Revisionsgericht nach Art. 234 Abs. 3 EG vorzulegen. Entbehrlich ist die Vorlage, wenn die richtige Anwendung des Gemeinschaftsrechts so offenkundig ist, dass für vernünftige Zweifel kein Raum bleibt.[27] Entsprechendes gilt für die Vorlage nach Art. 2 und 3 des Protokolls betreffend die Auslegung des EuGVÜ[28] und der EuGVO (Art. 68 EuGVO; näher EG-Verordnungen, Vorb. Rn. 8). 5

5. Aktuelles Recht. Maßstab für die Überprüfung des Berufungsurteils auf Rechtsfehler ist die Rechtslage im Zeitpunkt der Revisionsentscheidung. Zu berücksichtigen ist daher auch ein nach Erlass des Berufungsurteils ergangenes neues Gesetz, sofern es nach seinem zeitlichen Geltungswillen das streitige Rechtsverhältnis erfasst.[29] Zwischenzeitlich außer Kraft getretene Rechtsvorschriften sind revisibel, sofern sie auf Grund von Übergangsregelungen oder nach allgemeinen Grundsätzen auf den zu beurteilenden Sachverhalt noch anzuwenden sind.[30] 6

III. Nicht revisibles Recht

1. Deutsches Recht. Landes- oder Ortsrecht, dessen Geltungsbereich nicht über den Bezirk eines OLG hinausreicht, ist nicht revisibel. Eine Ausnahme gilt für den Fall, dass mehrere Länder zum Zwecke der Rechtsvereinheitlichung gleich lautende Vorschriften erlassen haben (Rn. 4). Eine nur tatsächliche Übereinstimmung der in mehreren OLG-Bezirken geltenden Gesetze soll dagegen nicht ausreichen, selbst wenn ein Land die Regelung eines Bundesgesetzes oder eines anderen Landes übernommen hat (Rn. 4). 7

2. Ausländisches Recht ist nicht revisibel.[31] Das gilt auch dann, wenn das ausländische Recht nach deutschem Internationalem Privatrecht für anwendbar erklärt[32] oder seine Geltung von den Parteien vereinbart ist[33] oder wenn es mit dem entsprechenden deutschen Recht übereinstimmt.[34] Ausländisches Recht 8

---

15 Abw. *Ambrosius* ZRP 2007, 143ff.
16 MK/*Wenzel* Rn. 2; *St/J/Grunsky* §§ 549, 550 Rn. 7.
17 BVerwG NJW 1989, 3168; MK/*Wenzel* Rn. 3; *St/J/Grunsky* §§ 549, 550 Rn. 6.
18 BGH DtZ 1997, 56; NJW 1996, 3012, 3013; MK/*Wenzel* Rn. 2; St/J/*Grunsky* §§ 549, 550 Rn. 9.
19 Vgl. BGHZ 122, 93, 98 = NVwZ-RR 1994, 1; 124, 394, 400 = NJW 1994, 1006; abw. *Ambrosius* ZRP 2007, 143ff.
20 BGHZ 92, 326, 329 = NJW 1985, 1289; BGH NJW 1989, 107, 108.
21 BGHZ 118, 295, 297f. = NJW 1992, 2769; BGH NJW 1998, 3058, 3059.
22 BGHZ 118, 295, 298 = NJW 1992, 2769.
23 BGH (Fn. 21); NJW 2007, 519; NJW-RR 2007, 823, 824.
24 BGHZ 120, 10, 15 = NJW 1993, 259; 121, 378, 387 = NJW 1993, 1856; BGH NJW 1995, 960.
25 BGH DtZ 1997, 56.
26 MK/*Wenzel* Rn. 5.
27 EuGHE 1982, 3415, 3430f. = NJW 1983, 1257; BVerfG NJW 1988, 1456; BGHZ 109, 29, 35 = NJW 1990, 317.
28 BGH NJW 1993, 2753, 2755.
29 BGHZ 60, 68, 71f. = NJW 1973, 417; BGH NJW 2005, 1508, 1509.
30 BGHZ 119, 283, 294f. = NJW 1993, 64; BGHZ 120, 10, 16f. = NJW 1993, 259.
31 BGHZ 48, 214, 216; BGH NJW 1988, 647; 1988, 3090, 3091; 1992, 438, 439; NJW-RR 1996, 732.
32 *St/J/Grunsky* §§ 549, 550 Rn. 11.
33 MK/*Wenzel* Rn. 12; *St/J/Grunsky* §§ 549, 550 Rn. 11.
34 BGH NJW 1959, 1873; NJW-RR 1996, 732.

ist auch insoweit irrevisibel, als im Revisionsverfahren von Amts wegen zu berücksichtigende Prozessvoraussetzungen sich nach diesem Recht richten.[35] Nachprüfbar ist die Frage, ob das irrevisible Recht oder dessen Anwendung gegen revisibles Recht verstößt.[36] Ist für die Entscheidung über einen auf irrevisibles Recht gestützten Anspruch eine nach revisiblem Recht zu beurteilende Frage vorgreiflich, so unterliegt das Berufungsurteil insoweit der Nachprüfung durch das Revisionsgericht.[37] Ist irrevisibles Recht vom Berufungsgericht übersehen worden oder erst nach Schluss der Berufungsverhandlung in Kraft getreten, so ist es vom Revisionsgericht wie revisibles Recht auszulegen und anzuwenden.[38] Dasselbe gilt, wenn das Berufungsgericht sich bei der Anwendung irrevisiblen Rechts irrtümlich als an die Auslegung eines anderen Gerichts gebunden angesehen und deshalb die eigene freie Auslegung unterlassen hat.[39]

9 **3. Behandlung irrevisiblen Rechts in der Revisionsinstanz. a) Bindung des Revisionsgerichts.** Die Feststellungen des Berufungsgerichts über Existenz und Inhalt irrevisiblen Rechts sowie die Auslegung und die Anwendung dieses Rechts sind nach § 560 für das Revisionsgericht bindend (näher § 560 Rn. 2ff.). Das Revisionsgericht kann nicht nachprüfen, ob das vom Berufungsgericht angewendete ausländische Recht existiert, ob sein Inhalt richtig und vollständig festgestellt[40] und ob es zutreffend ausgelegt[41] und angewendet[42] worden ist. Irrevisibel sind auch die Grundsätze des ausländischen Rechts für die Auslegung ausländischer Willenserklärungen und die Auslegung ausländischer Allgemeiner Geschäftsbedingungen.[43] Mit der Revision kann ferner nicht gerügt werden, die Ausführungen des Berufungsgerichts über das ausländische Recht seien nicht erschöpfend.[44] Durch Nichterwähnung einer irrevisiblen Rechtsnorm bringt das Berufungsgericht regelmäßig – für das Revisionsgericht bindend – zum Ausdruck, dass es die Norm für nicht einschlägig hält.[45] Dass es sie übersehen habe, kann nur mit Hilfe einer Verfahrensrüge (§ 293) geltend gemacht werden.[46]

10 **b) Prüfungsumfang im Revisionsverfahren.** Dagegen hat das Revisionsgericht zu prüfen, ob deutsches oder ausländisches Recht Anwendung findet[47] und ob es sich bei AGB um ausländische oder inländische handelt.[48] Soweit sich dies nach ausländischem Recht richtet, ist dieses revisibel.[49] Überprüfbar ist in diesem Zusammenhang auch, ob das ausländische Recht gegen den deutschen ordre public verstößt.[50] Nachprüfbar ist auf entsprechende Revisionsrüge (§ 551 Abs. 3 S. 1 Nr. 2 lit. b) ferner, ob das Berufungsgericht seiner Verpflichtung nachgekommen ist, das ausländische Recht unter Ausnutzung aller ihm zugänglichen Erkenntnisquellen zu ermitteln (§ 293).[51] Fehlt es an Feststellungen des Berufungsgerichts zum Inhalt des anzuwendenden ausländischen Rechts, so kann das Revisionsgericht diesen selbst feststellen.[52] Zu prüfen hat das Revisionsgericht schließlich, ob dem Berufungsgericht bei der Ermittlung[53] oder bei der Anwendung des ausländischen Rechts Verfahrensfehler unterlaufen sind.[54]

IV. Ursächlichkeit der Rechtsverletzung

11 Die Revision kann nur Erfolg haben, wenn die Entscheidung des Berufungsgerichts auf der Verletzung revisiblen Rechts beruht. Das ist im Falle der Verletzung materiell-rechtlicher Vorschriften nur dann der Fall, wenn die Entscheidung ohne den Gesetzesverstoß im Ergebnis für den Revisionskläger günstiger ausgefallen wäre.[55] Bei Verletzung verfahrensrechtlicher Bestimmungen genügt die Möglichkeit, dass das Berufungsgericht ohne den Verfahrensfehler zu einem anderen Ergebnis gelangt wäre.[56] Ist ein Verfahrensfehler absoluter Revisionsgrund nach § 547, so wird seine Ursächlichkeit unwiderleglich vermutet (§ 547 Rn. 1).

V. Beschränkung der Zuständigkeitsprüfung (Absatz 2)

12 **1. Prüfungsausschluss.** Nach Abs. 2 kann die Revision nicht darauf gestützt werden, dass das Gericht erster Instanz sich zu Unrecht für zuständig oder für unzuständig gehalten habe (zur Nachprüfbarkeit der

---

[35] BGHZ 27, 47, 50f. = NJW 1958, 830; BGHZ 40, 197, 200 = NJW 1964, 203; BGH NJW 1992, 438, 439.
[36] MK/*Wenzel* Rn. 11.
[37] BGHZ 118, 295, 299f. = NJW 1992, 2769.
[38] BGHZ 24, 159, 164 = NJW 1957, 1192; BGHZ 36, 348, 350ff. = NJW 1962, 961.
[39] BGH NJW 1997, 2115, 2117.
[40] BGH NJW 1961, 410, 411; 1963, 252f.; 1976, 1581, 1583.
[41] BGH NJW 1959, 1873; 1988, 647f.; 1992, 438, 439.
[42] BGHZ 104, 178, 181 = NJW 1988, 3090; BGH NJW-RR 1996, 732.
[43] BGH (Fn. 42); BGHZ 112, 204, 210 = NJW 1991, 36; BGH NJW 1994, 1408, 1409.
[44] BGH NJW 1963, 252, 253; 1988, 647, 648.
[45] BGH NJW-RR 1996, 732, 733.
[46] BGH (Fn. 45).
[47] BGH NJW 1995, 2097; 1998, 1321.
[48] BGHZ 112, 204, 210 = NJW 1991, 36.
[49] BGHZ 45, 351, 354f. = NJW 1966, 2270; *St/J/Grunsky* §§ 549, 550 Rn. 13.
[50] BGHZ 120, 29 = NJW 1993, 848; *St/J/Grunsky* §§ 549, 550 Rn. 11; *Zi* § 549 Rn. 4.
[51] BGHZ 118, 151, 162 = NJW 1992, 2026; BGH NJW 1995, 1032; 2003, 2685, 2686.
[52] BGH NJW 1997, 2233, 2234.
[53] BGH NJW 1994, 2959, 2960.
[54] BGH NJW 1988, 636, 637; *Fastrich* ZZP 97 (1984), 423, 438ff.; *R/S/G* § 143 II 3.
[55] MK/*Wenzel* Rn. 14; *T/P/Reichold* Rn. 12; abw. *St/J/Grunsky* §§ 549, 550 Rn. 47.
[56] BGH NJW 1995, 1841, 1842; *R/S/G* § 143 VI 2.

Zuständigkeit des Berufungsgerichts s. § 565 Rn. 4). Das gilt selbst dann, wenn das Berufungsgericht die Revision zur Klärung der Zuständigkeitsfrage zugelassen hat.[57] Mit dieser Regelung sollen im Interesse der Verfahrensbeschleunigung und der Entlastung des Revisionsgerichts Rechtsmittelstreitigkeiten, die allein auf die Frage der Zuständigkeit des Gerichts gestützt werden, ausgeschlossen werden.[58] Zugleich soll vermieden werden, dass die von den Vorinstanzen geleistete Sacharbeit wegen fehlender Zuständigkeit hinfällig wird.[59] Diese Ziele werden mit der insoweit hinter § 549 Abs. 2 aF zurückbleibenden Fassung des Abs. 2 freilich nur unvollkommen erreicht.[60] **Nicht erfasst** wird der Fall, dass das **Berufungsgericht** die – vom Erstrichter zutreffend beurteilte – Zuständigkeit des erstinstanzlichen Gerichts **zu Unrecht bejaht oder verneint** hat. Ausgeschlossen ist die Nachprüfung der Zuständigkeit des Erstgerichts mithin nur insoweit, als eine Verletzung des Bundesrechts (Abs. 1) durch das Berufungsurteil daraus hergeleitet werden soll, dass das Berufungsgericht die fehlerhafte Beurteilung der Zuständigkeitsfrage durch den Erstrichter bestätigt hat.

2. Zuständigkeiten. Soweit Abs. 2 eingreift (Rn. 12), ist die Prüfung vollständig, umfassend[61] und selbst dann ausgeschlossen, wenn das Berufungsgericht wegen der Frage der Zuständigkeit die Revision zugelassen hat.[62] Das gilt für die **örtliche** wie für die **sachliche,** nach der Rechtsprechung des BGH dagegen – ebenso wie nach § 549 Abs. 2 aF[63] – nicht für die **internationale**[64] Zuständigkeit der deutschen Gerichte. Abs. 2 gilt für die gesetzliche, auch die ausschließliche, und ebenso für die vereinbarte (§ 38)[65] Zuständigkeit. Auch die Prüfung der **funktionellen** Zuständigkeit[66] und der Zuständigkeitsverteilung zwischen Zivilkammer und Kammer für Handelssachen schließt Abs. 2 aus. Dasselbe gilt für die Zuständigkeitsabgrenzung zwischen Prozessgericht und Gericht der **freiwilligen Gerichtsbarkeit.** Dagegen prüft das Revisionsgericht weiterhin, ob der Rechtsweg zu den staatlichen Gerichten eröffnet ist.[67] 13

3. Zuständigkeit des Arbeitsgerichts. Abs. 2 schließt auch die Prüfung der erstinstanzlichen Zuständigkeit des Arbeitsgerichts aus. Da es sich hierbei um eine Frage der Rechtswegzuständigkeit handelt, wird die Regelung weitgehend durch § 17a Abs. 5 GVG verdrängt. Hat das Berufungsgericht die Frage der Zuständigkeit des Arbeitsgerichts anders als der Erstrichter entschieden oder offen gelassen, so prüft das Revisionsgericht die Zuständigkeit und verweist die Sache gegebenenfalls an das zuständige Arbeitsgericht. 14

4. Zuständigkeit des Familiengerichts. Hat das Berufungsgericht das Vorliegen einer Familiensache in Übereinstimmung mit dem Gericht erster Instanz bejaht oder verneint, so schließt Abs. 2 die Nachprüfung dieser Entscheidung durch das Revisionsgericht aus. Hat das Berufungsgericht die Zuständigkeitsfrage abweichend entschieden oder offen gelassen, so ist das Revisionsgericht an einer eigenen Prüfung nicht gehindert.[68] 15

5. Gerichtseinteilung. Abs. 2 gilt – ebenso wie § 513 Abs. 2 – über seinen Wortlaut hinaus auch für die so genannte Gerichtseinteilung. Die Vorschrift greift daher Platz, wenn ein unzuständiges Amts- oder Landgericht oder eine dafür nicht zuständige Kammer in einer Patentsache,[69] einer Kartellsache,[70] einer Baulandsache[71] oder einer Landwirtschaftssache[72] entschieden oder wenn ein derartiger Spruchkörper sich zu Unrecht für zuständig gehalten hat. 16

546 *Begriff der Rechtsverletzung* Das Recht ist verletzt, wenn eine Rechtsnorm nicht oder nicht richtig angewendet worden ist.

I. Normzweck

Die Vorschrift legt gemeinsam mit §§ 545, 559 die inhaltlichen Schranken der Nachprüfung des Berufungsurteils durch das Revisionsgericht fest. Auf ihr beruht die Unterscheidung zwischen Tat- und Rechtsfrage, die für die Arbeit des Revisionsgerichts und für die Erfolgsaussichten einer Revision von entscheidender Bedeutung ist. 1

II. Revisionsrechtliche Überprüfung des Berufungsurteils

1. Grundsätzliches. Das Revisionsgericht überprüft die Entscheidung des Berufungsgerichts nur auf Rechtsfehler. Es hat dieser Überprüfung den vom Berufungsgericht festgestellten Sach- und Streitstand zu 2

---

57 BGH NJW-RR 2006, 930, 931.
58 Amtl. Begr. des ZPO-RG, BT-Drucks. 14/4722, S. 106.
59 Amtl. Begr. des ZPO-RG, BT-Drucks. 14/4722, S. 106; vgl. auch S. 94 zu § 513 Abs. 2.
60 BGH NJW 2003, 2917 korrigiert dies durch Auslegung iSd § 549 Abs. 2 aF.
61 BGH BeckRS 2007, 11988.
62 BGH NJW 1988, 3267, 3268; BeckRS 2007, 11384.
63 BGHZ 115, 90, 91= NJW 1991, 3092; BGHZ 134, 127, 129 f. = NJW 1997, 397; BGH NJW 1999, 1395 f.
64 BGHZ 153, 82, 84 ff. = NJW 2003, 426; BGH NJW 2003, 2916; *Staudinger* JZ 2003, 852 ff.
65 BGH NJW 2000, 2822, 2823.
66 BGH NJW-RR 1992, 1152.
67 BGH NJW 2000, 1555; BGHZ 154, 306, 308 f. = NJW 2003, 2097.
68 BGH NJW 1988, 2380, 2381, zu § 549 Abs. 2 aF.
69 BGHZ 49, 99, 102 ff. = NJW 1968, 596.
70 BGHZ 36, 105, 108 = NJW 1962, 247; BGHZ 37, 194, 196 f. = NJW 1962, 1955.
71 BGHZ 40, 148, 155 = NJW 1964, 200.
72 BGH NJW-RR 1992, 1152.

Grunde zu legen (§ 559). Neues tatsächliches Vorbringen der Parteien in der Revisionsinstanz kann grundsätzlich nicht berücksichtigt werden (§ 559 Abs. 1). Tatsachenfeststellungen des Berufungsgerichts sind für das Revisionsgericht bindend, sofern nicht die Tatsachenfeststellung ihrerseits auf einer Verletzung materiellen Rechts – zB Auslegungsregeln – beruht oder von einem Verfahrensfehler beeinflusst (§ 559 Abs. 2) und wegen dieses Verfahrensfehlers eine ordnungsgemäße Revisionsrüge erhoben ist (§ 551 Abs. 3 S. 1 Nr. 2 lit. b). Soweit das Berufungsgericht von einer Sachaufklärung abgesehen hat – etwa weil es nach seiner Auffassung auf die betreffenden Tatsachen nicht ankam –, ist der zweitinstanzliche Tatsachenvortrag des Revisionsklägers als wahr zu unterstellen und der revisionsrechtlichen Überprüfung des Berufungsurteils zu Grunde zu legen. Auf der Grundlage dieses Tatsachenstoffs überprüft das Revisionsgericht die Entscheidung des Berufungsgerichts (nicht die des Gerichts erster Instanz) auf Fehler bei der Rechtsanwendung. Hierbei hat es das in Betracht kommende revisible Recht (§ 545 Abs. 1) selbständig zu ermitteln, auszulegen und anzuwenden, ohne Rücksicht darauf, ob und in welchem Umfang dies in der Vorinstanz geschehen ist und Verletzungen des materiellen Rechts von den Parteien im Revisionsverfahren gerügt worden sind. Ergibt diese Überprüfung, dass dem Berufungsgericht bei der Tatsachenfeststellung oder bei der Anwendung des Rechts auf den festgestellten Sachverhalt Gesetzesverstöße unterlaufen sind, die sich im Ergebnis zum Nachteil des Revisionsklägers ausgewirkt haben (können), so ist die Revision begründet (zu den Folgen s. §§ 561 bis 563).

3 **2. Tatfrage und Rechtsfrage.** Da das Revisionsgericht auf die Überprüfung der Rechtsanwendung beschränkt ist, muss theoretisch jede einzelne Erwägung des Berufungsgerichts, auf der die angefochtene Entscheidung beruht, vom Revisionsgericht darauf untersucht werden, ob sie Tatfrage oder Rechtsfrage ist. An einer überzeugenden und allgemein gültigen Abgrenzungsformel fehlt es bislang.[1] Eine scharfe Trennung ist vielfach auch nicht möglich, weil Tatsachenfeststellung und Rechtsanwendung ineinander greifen.[2] Für die Arbeit des Revisionsrichters ist weniger die Unterscheidung von Tat- und Rechtsfrage als vielmehr die Frage von Bedeutung, ob dem Tatrichter bei der Tatsachenfeststellung oder bei der Subsumtion des festgestellten Sachverhalts ein Beurteilungsspielraum eingeräumt ist und wo dessen – vom Revisionsgericht zu respektierende – Grenzen verlaufen. Für die in der Praxis bedeutsamen Fallgruppen (unten Rn. 4ff.) haben sich dafür in der Rechtsprechung des BGH Regeln herausgebildet, mit deren Hilfe sich der Bereich der tatrichterlichen Beurteilung im Allgemeinen sachgerecht von dem der revisiblen Rechtsanwendung abgrenzen lässt. Uneinheitlich ist die Rechtsprechung zur Nachprüfbarkeit der Anwendung unbestimmter Rechtsbegriffe (Rn. 12), ohne dass dafür Gründe erkennbar wären.

III. Tatrichterliche Beurteilung und revisionsrechtliche Nachprüfbarkeit

4 **1. Auslegung. a) Rechtsnormen.** Keinen Beschränkungen unterliegt das Revisionsgericht, soweit es um das Bestehen, den Inhalt und die Auslegung des revisiblen Rechts geht. Die Auslegung des Gesetzes ist in jedem Falle Rechtsfrage und gehört zum Kernbereich der revisionsrechtlichen Überprüfung. Dies gilt auch für ungeschriebenes Recht.[3]

5 **b) Willenserklärungen, Verträge.** Die Ermittlung des Inhalts und der Bedeutung von Willenserklärungen und Individualvereinbarungen ist grundsätzlich dem Tatrichter vorbehalten. Dessen Auslegung ist für das Revisionsgericht bindend, wenn sie rechtsfehlerfrei vorgenommen worden ist und zu einem vertretbaren Auslegungsergebnis führt, auch wenn ein anderes Auslegungsergebnis möglich erscheint oder sogar näher liegt. Die Auslegung durch den Tatrichter kann deshalb vom Revisionsgericht grundsätzlich nur darauf überprüft werden, ob der Auslegungsstoff vollständig berücksichtigt worden ist, ob gesetzliche oder allgemein anerkannte Auslegungsregeln, die Denkgesetze oder allgemeine Erfahrungssätze verletzt sind oder ob die Auslegung auf im Revisionsverfahren gerügten Verfahrensfehlern beruht.[4] Ist dem Tatrichter ein revisionsrechtlich beachtlicher Auslegungsfehler unterlaufen oder hat er die gebotene Auslegung rechtsfehlerhaft unterlassen, etwa weil er eine Erklärung wegen ihrer Eindeutigkeit für nicht auslegungsfähig hielt,[5] so ist das Revisionsgericht an das Auslegungsergebnis nicht gebunden. Es kann die gebotene Auslegung selbst vornehmen, wenn keine weiteren tatsächlichen Feststellungen zu erwarten sind.[6] Dies gilt auch für eine ergänzende Vertragsauslegung, wenn der Tatrichter diese rechtsfehlerhaft nicht vorgenommen hat.[7] Entsprechendes gilt, wenn das Berufungsgericht nicht alle für seine Auslegung maßgeblichen Erwägungen im Berufungsurteil – ggfs. durch (ergänzende) Bezugnahme auf die Entscheidungsgründe des erstinstanzlichen Urteils – nachvollziehbar dargelegt hat.[8] Die Auslegung individualvertraglicher Erklärungen unterliegt ausnahmsweise der unbeschränkten revisionsrechtlichen Nachprüfung, wenn es sich um typische, über die Grenzen des Bezirks des Berufungsgerichts hinaus verwendete Erklärungen handelt[9] oder wenn dies im Hinblick auf den personellen und räumlichen Geltungsbereich der Vereinbarung geboten erscheint.[10] Un-

---

[1] Näher MK/*Wenzel* Rn. 2f.
[2] MK/*Wenzel* Rn. 2.
[3] BGH NJW 1965, 1862, 1864.
[4] BGH NJW 1992, 1967, 1968; 1995, 959; 1996, 248; 1999, 1022, 1023; 2003, 2235, 2236; st. Rspr.
[5] BGH NJW-RR 1991, 51, 52; 1993, 945, 946.
[6] BGHZ 124, 39, 45 = NJW 1994, 188; BGH NJW 1995, 959, 960; 1999, 1022, 1023; st. Rspr.
[7] BGHZ 127, 138, 142 = NJW 1994, 3287; BGH NJW 1995, 1551; 1997, 652; 1998, 1219; 1999, 1966, 1967.
[8] BGH NJW 1999, 1022, 1023; NJW-RR 1993, 562.
[9] BGHZ 122, 256, 260 = NJW 1993, 1854; BGHZ 128, 307, 309 = NJW 1995, 955.
[10] BGH NJW-RR 1990, 35, 36.

beschränkt nachprüfbar ist ferner die Auslegung gesellschaftsvertraglicher Regelungen mit körperschaftsrechtlichem Charakter.[11]

6 c) **Allgemeine Geschäftsbedingungen.** Den in Rn. 5 dargestellten Beschränkungen unterliegt grundsätzlich auch die revisionsrechtliche Nachprüfung der Auslegung Allgemeiner Geschäftsbedingungen. Unbeschränkt nachprüfbar ist die Auslegung dagegen, soweit Klauseln in Allgemeinen Geschäftsbedingungen, Formularverträgen oder vorformulierten Bedingungen zum Abschluss von Gesellschaftsverträgen im Geschäftsverkehr üblich sind oder über den Bezirk eines Landgerichts[12] hinaus in gleicher oder ähnlicher Fassung verwendet werden. Da bei derartigen Regelwerken ein Bedürfnis nach einheitlicher Handhabung besteht, kann das Revisionsgericht sie frei auslegen.[13] Dies gilt auch für ein bundesweit praktiziertes Bankenabkommen zum Überweisungsverkehr,[14] nicht dagegen für ausländische AGB; deren Auslegung ist nach §§ 545 Abs. 1, 560 der Nachprüfung durch das Revisionsgericht entzogen (§ 545 Rn. 9).

7 d) **Prozesshandlungen, Prozesserklärungen** und **Parteivorbringen** hat das Revisionsgericht unbeschränkt auszulegen und frei zu würdigen, soweit deren prozessuale Bedeutung in Rede steht.[15] Es kann selbst und erstmalig prüfen, ob ein Parteivorbringen als Geständnis (§ 288) zu werten ist.[16] Für den materiell-rechtlichen Inhalt einer Prozesserklärung oder eines Prozessvergleichs ist dagegen die nur beschränkt nachprüfbare Auslegung durch den Tatrichter (Rn. 5) maßgebend;[17] die Frage ist vom BGH uneinheitlich entschieden[18] und in jüngerer Zeit offen gelassen worden.[19]

8 e) **Gerichtsentscheidungen, Verwaltungsakte.** In der Auslegung und rechtlichen Einordnung gerichtlicher und behördlicher Entscheidungen ist das Revisionsgericht frei.[20] Dasselbe gilt für die Auslegung von Grundbucheintragungen.[21]

9 **2. Beweiswürdigung. a) Grenzen der Nachprüfbarkeit.** Die Beweiswürdigung dient der Tatsachenfeststellung und ist daher Sache des Tatrichters. Vom Revisionsgericht kann sie nur darauf überprüft werden, ob der Tatrichter sich mit dem Prozessstoff und den Beweisergebnissen umfassend und widerspruchsfrei auseinander gesetzt hat, die Würdigung also vollständig und rechtlich möglich ist und nicht gegen Denkgesetze oder Erfahrungssätze verstößt.[22] Die wesentlichen Grundlagen der Beweiswürdigung müssen dazu im Berufungsurteil – ggfs. durch (ergänzende) Bezugnahme auf die Entscheidungsgründe des erstinstanzlichen Urteils – nachvollziehbar dargelegt werden.[23] Der revisionsrechtlichen Überprüfung unterliegt auch das Beweismaß.[24] Die Beweiswürdigung verletzt das Gesetz (§ 286), wenn der Tatrichter unerfüllbare Beweisanforderungen stellt[25] oder die Beweisanforderungen überspannt.[26] Auch die Würdigung eines Indizienbeweises unterliegt nur eingeschränkter revisionsrechtlicher Nachprüfung. Der Tatrichter ist grundsätzlich darin frei, welche Beweiskraft er den Indizien im Einzelnen und in einer Gesamtschau für seine Überzeugungsbildung beimisst.[27] Ein revisionsrechtlich beachtlicher Verstoß gegen die Denkgesetze liegt vor, wenn der Tatrichter die Ambivalenz der Indiztatsachen nicht erkennt oder diesen Indizwirkungen beimisst, die sie nicht haben können.[28]

10 b) **Rechtsfehlerhafte Beweiswürdigung.** Eine revisionsrechtlich beachtliche Rechtsverletzung liegt vor, wenn der Tatrichter gesetzliche Beweisregeln unbeachtet lässt oder die Beweiswürdigung umgekehrt auf eine abstrakte Beweisregel gründet, die das Gesetz nicht kennt.[29] Revisionsrechtlicher Nachprüfung unterliegt ferner, ob der Tatrichter seiner Verpflichtung nachgekommen ist, Widersprüche innerhalb eines Sachverständigengutachtens oder zwischen den Äußerungen mehrerer Gutachter kritisch zu prüfen und nach Möglichkeit aufzuklären.[30] Dasselbe gilt für die Frage, ob der Tatrichter, der eine Sachverständigenfrage aus eigener Sachkunde oder allein mit Hilfe der Fachliteratur beantwortet hat, die dafür erforderliche Sachkunde besitzt, diese den Parteien eröffnet[31] und im Berufungsurteil hinreichend dargelegt hat.[32] Unbeschränkter revisionsrechtlicher Nachprüfung unterliegt schließlich, ob der Tatrichter die Beweislast ver-

---

[11] BGHZ 116, 359, 364 = NJW 1992, 892; BGH NJW 1999, 3263, 3264.
[12] BGH NJW 2005, 2919, 2921.
[13] BGHZ 94, 105, 111 = NJW 1985, 1836; 98, 303, 313f. = NJW 1987, 487; 105, 24, 27 = NJW 1988, 2536.
[14] BGHZ 144, 245, 248 = NJW 2000, 2503.
[15] BGH NJW 1991, 2630, 2631; 1992, 2346, 2347; 1995, 2563, 2564; 1998, 3350, 3352.
[16] BGHZ 140, 156, 157 = NJW 1999, 579; BGH NJW 1992, 2346, 2347; 1994, 3109.
[17] MK/*Wenzel* Rn. 12; aA BAG MDR 1983, 1053; *B/L/H* Rn. 5.
[18] Vgl. BGH LM BGB § 133 (D) Nr. 4 = MDR 1968, 576; WM 1971, 1513, 1514.
[19] BGH NJW 1995, 652, 654; 1996, 838, 839; NJW-RR 1995, 1201, 1202.
[20] BGHZ 86, 104, 110 = NJW 1983, 1793 (Verwaltungsakt); BGH ZIP 1998, 822, 823 (Gemeinderatsbeschluss); NJW 1983, 2773, 2774; 2000, 1268, 1269 (Pfändungsbeschluss); 1994, 49, 50; NJW-RR 1994, 1251 (Urteil).
[21] BGHZ 13, 133, 134; BGH LM BGB § 1018 Nr. 5 = MDR 1961, 672; kritisch zum Ganzen *St/J/Grunsky* §§ 549, 550 Rn. 46.
[22] BGH NJW 1993, 935, 937; 1997, 796, 797; 1999, 3481, 3482.
[23] BGH NJW 1998, 2969, 2971; 1999, 1022, 1023.
[24] BGH NJW 1993, 935, 937; 1999, 486, 488.
[25] BGH NJW 1998, 2969, 2971; 1999, 486, 488.
[26] BGH NJW 1994, 801, 802; 1999, 486, 488.
[27] BGH NJW 1994, 586, 588; 1997, 2757, 2759.
[28] BGH NJW 1991, 1894, 1895; 1993, 935, 938; 1997, 2757, 2759.
[29] BGH NJW 1988, 566, 567 m. Anm. *Walter;* 1995, 955, 956; 1999, 486, 488.
[30] BGH NJW 1994, 1596, 1597; 1994, 2419, 2420f.; 1995, 779, 780; 1997, 794, 795.
[31] BGH NJW 1995, 1677, 1678.
[32] BGH NJW 1994, 2419, 2421.

kannt hat[33] und ob Beweiserleichterungen, eine Beweislastumkehr[34] oder die Regeln des Anscheinsbeweises[35] eingreifen.

11 **3. Allgemeine Erfahrungssätze.** Stützt sich der Tatrichter bei der Feststellung von Tatsachen auf einen allgemeinen Erfahrungssatz, so unterliegt dessen Existenz und Inhalt der vollen Nachprüfung durch das Revisionsgericht.[36] Verwertet das Berufungsgericht eine Tatsache als gerichtsbekannt, so handelt es sich dagegen um eine tatrichterliche Feststellung, hinsichtlich derer nur die Verletzung der Rechtssätze über die Gerichtskundigkeit oder das unzulässige Abschneiden des Gegenbeweises gerügt werden können.[37]

12 **4. Unbestimmte Rechtsbegriffe, Generalklauseln.** Bei der Subsumtion des festgestellten Sachverhalts unter unbestimmte Rechtsbegriffe oder Generalklauseln hat das Revisionsgericht den tatrichterlichen Beurteilungsspielraum zu respektieren.[38] Es kann regelmäßig nur überprüfen, ob das Berufungsgericht den Rechtsbegriff verkannt hat und ob ihm von der Revision gerügte Verfahrensverstöße unterlaufen sind, es etwa wesentliche Tatumstände übersehen oder nicht vollständig gewürdigt oder Erfahrungssätze verletzt hat.[39] Innerhalb dieses Rahmens ist die tatrichterliche Wertung – zB als grobe Fahrlässigkeit[40], als grober Behandlungsfehler[41], als unzulässige Rechtsausübung,[42] als Verwirkung[43] oder als wichtiger Grund zur Kündigung[44] – für das Revisionsgericht bindend. Entsprechendes gilt bei der Berücksichtigung einer Mitverursachung oder eines Mitverschuldens für die Gewichtung der Verursachungsbeiträge.[45] Unbeschränkt nachprüfbar ist demgegenüber nach der Rechtsprechung des BGH, ob ein festgestellter Sachverhalt gegen die guten Sitten[46] oder gegen Treu und Glauben[47] verstößt oder ob eine Klausel in Allgemeinen Geschäftsbedingungen den Gegner des Klauselverwenders unangemessen benachteiligt.[48]

13 **5. Ermessen.** Wo das Gesetz dem Tatrichter Ermessen einräumt (zB §§ 315, 847 BGB; §§ 3, 287, 398, 411 Abs. 3, 448), hat das Revisionsgericht nur zu prüfen, ob der Tatrichter sein Ermessen unsachgemäß ausgeübt, die Grenzen des Ermessens überschritten oder von dem ihm eingeräumten Ermessen keinen Gebrauch gemacht hat.[49] Dasselbe gilt für die Beurteilung der Sachdienlichkeit einer zweitinstanzlichen Klageänderung, Aufrechnung oder Widerklage durch das Berufungsgericht.[50] Um dem Revisionsgericht die Nachprüfung zu ermöglichen, muss das Berufungsgericht die die Ermessensausübung tragenden Erwägungen im Berufungsurteil nachvollziehbar darlegen.[51] Eine **Schadensschätzung** nach § 287 ist vom Revisionsgericht nur darauf nachzuprüfen, ob der Tatrichter die Rechtsgrundsätze der Schadensberechnung verkannt, wesentliche Bemessungsfaktoren außer Betracht gelassen oder seiner Schätzung unrichtige Maßstäbe oder offenbar unsachliche Erwägungen zu Grunde gelegt hat.[52] Nachprüfbar ist ferner, ob an die Darlegung der für die Schadensermittlung wesentlichen Umstände überhöhte Anforderungen gestellt worden sind.[53]

IV. Eigene Beurteilung durch das Revisionsgericht

14 Das Revisionsgericht kann ausnahmsweise selbst beurteilen, ob der festgestellte Sachverhalt einen unbestimmten Rechtsbegriff oder eine Generalklausel ausfüllt, wenn das Berufungsgericht dies, weil es ihm entbehrlich erschien, nicht abschließend geprüft hat.[54] Unter denselben Voraussetzungen kann das Revisionsgericht eine an sich dem Tatrichter vorbehaltene Ermessensentscheidung treffen[55] oder das Mitverschulden gewichten.[56]

547 *Absolute Revisionsgründe* **Eine Entscheidung ist stets als auf einer Verletzung des Rechts beruhend anzusehen,**

1. wenn das erkennende Gericht nicht vorschriftsmäßig besetzt war;

---

33 Vgl. zB BGHZ 119, 387, 391 f. = NJW 1993, 267; BGH NJW 1993, 1716, 1717.
34 ZB BGHZ 126, 217, 222 ff. = NJW 1994, 3295; BGH NJW 1984, 801, 803.
35 ZB BGHZ 123, 311, 313 ff. = NJW 1993, 3259; 126, 217, 224 = NJW 1994, 3295.
36 BGH NJW-RR 1993, 653; ZOV 2000, 105.
37 BGH NJW 1993, 2674, 2675.
38 AK-ZPO/*Ankermann* § 550 Rn. 7, 8.
39 BGH NJW 1990, 2889, 2890; 1993, 1066, 1067; 1993, 1583, 1584; 1994, 443, 444; 1994, 2093, 2094.
40 BGH NJW 1994, 2022, 2023; NJW-RR 1994, 603, 604.
41 BGH NJW 1997, 798.
42 BGH NJW-RR 1996, 949, 950.
43 BGHZ 122, 308, 314 = NJW 1993, 2178; BGH NJW-RR 1195, 106, 109.
44 BGH NJW 1993, 1972, 1973; 1994, 443, 444.
45 BGH NJW 1992, 3235, 3237; 1995, 395, 396; 1995, 1150, 1151; 1999, 1031, 1032; 2000, 217, 219.
46 BGH NJW 1991, 353, 354; 1997, 192; 2003, 2825, 2826.
47 BGHZ 45, 258, 266; MK/*Wenzel* Rn. 13; aA BGH NJW 2003, 2448, 2449.
48 BGH NJW 1997, 3022, 3023.
49 BGHZ 110, 363, 366 = NJW 1990, 1721; BGHZ 115, 311, 321 = NJW 1992, 171; BGH NJW 1998, 2741, 2742.
50 BGHZ 123, 132, 137 = NJW 1993, 3072; BGH NJW 1985, 1841, 1842; 1996, 2869, 2870; 2000, 143, 144.
51 BGH NJW-RR 1994, 1143, 1144.
52 BGH NJW 1995, 2227, 2228; NJW-RR 1992, 1050, 1051.
53 BGH NJW 1993, 2673; 1995, 2227, 2228.
54 BGHZ 122, 308, 316 = NJW 1993, 2178; BGHZ 130, 101, 108 = NJW 1995, 2635; BGH NJW 1997, 192, 193.
55 BGHZ 123, 132, 137 = NJW 1993, 3072; BGH NJW 1996, 3338, 3341; 2001, 1210, 1211 (Sachdienlichkeit einer Klageänderung); NJW-RR 1994, 379, 381 (Zurückverweisung nach § 539 aF).
56 BGH WM 1999, 2255, 2256.

2. wenn bei der Entscheidung ein Richter mitgewirkt hat, der von der Ausübung des Richteramts kraft Gesetzes ausgeschlossen war, sofern nicht dieses Hindernis mittels eines Ablehnungsgesuchs ohne Erfolg geltend gemacht ist;
3. wenn bei der Entscheidung ein Richter mitgewirkt hat, obgleich er wegen Besorgnis der Befangenheit abgelehnt und das Ablehnungsgesuch für begründet erklärt war;
4. wenn eine Partei in dem Verfahren nicht nach Vorschrift der Gesetze vertreten war, sofern sie nicht die Prozessführung ausdrücklich oder stillschweigend genehmigt hat;
5. wenn die Entscheidung auf Grund einer mündlichen Verhandlung ergangen ist, bei der die Vorschriften über die Öffentlichkeit des Verfahrens verletzt sind;
6. wenn die Entscheidung entgegen den Bestimmungen dieses Gesetzes nicht mit Gründen versehen ist.

I. Normzweck

Die Bestimmung stellt für eine Reihe besonders schwer wiegender Verfahrensverstöße die unwiderlegbare Vermutung für die Ursächlichkeit der Gesetzesverletzung (§ 545 Abs. 1) auf.[1] 1

II. Funktion und Wirkung absoluter Revisionsgründe

Nach der Systematik der ZPO können auch absolute Revisionsgründe nur im Rahmen einer statthaften und auch im Übrigen zulässigen Revision geltend gemacht werden.[2] Für die Zulassung der Revision (§ 543) sind sie als solche ohne Bedeutung. Das Vorliegen eines absoluten Revisionsgrundes indiziert auch nicht etwa das Bestehen eines Zulassungsgrundes iSd. § 543. Dagegen ist nach der Rspr. des BGH die Revision zuzulassen, wenn ein absoluter Revisionsgrund nach Nr. 1–4 geltend gemacht wird und vorliegt (§ 543 Rn. 9). Die Funktion der absoluten Revisionsgründe besteht allein darin, dass die Ursächlichkeit des als absoluter Revisionsgrund gekennzeichneten Verfahrensverstoßes für das angefochtene Urteil (§ 545 Abs. 1) unwiderlegbar vermutet wird.[3] Das Revisionsgericht prüft auch absolute Revisionsgründe – mit Ausnahme unverzichtbarer Prozessvoraussetzungen – nicht von Amts wegen, sondern nur auf ordnungsgemäße Verfahrensrüge (§ 551 Abs. 3 S. 1 Nr. 2 lit. b).[4] Ein absoluter Revisionsgrund zwingt zur Aufhebung und Zurückverweisung und schließt die Anwendung des § 561 aus.[5] Ausnahmen gelten allein für Nr. 6.[6] 2

III. Die absoluten Revisionsgründe

1. Nicht vorschriftsmäßige Besetzung, Nr. 1. a) Verstöße gegen Gesetz und Geschäftsverteilungsplan. 3
Nr. 1 betrifft nur die Besetzung des Berufungsgerichts (nicht die des Gerichts erster Instanz) bei der letzten mündlichen Verhandlung (nicht bei einer Beweisaufnahme)[7], im schriftlichen Verfahren im Zeitpunkt der Entscheidung,[8] nicht im Zeitpunkt der Entscheidungsverkündung.[9] Die Besetzung ist fehlerhaft, wenn ein Richter mitwirkt, dem die Befähigung zum Richteramt (§§ 5ff. DRiG) fehlt oder der nicht ordnungsgemäß ernannt ist (§§ 8ff. DRiG).[10] Ferner gehören hierher die Fälle der Besetzung des Berufungsgerichts mit mehr als der gesetzlich zulässigen Zahl von Proberichtern (§ 29 S. 1 DRiG)[11], die Über- oder Unterbesetzung des Spruchkörpers,[12] die unzulässige Besetzung von OLG-Senaten mit Hilfsrichtern,[13] die fehlerhafte Besetzung von Vorsitzendenstellen, eine § 21e GVG widersprechende Vertretung im Falle dauernder Verhinderung des Vorsitzenden[14] oder der Einsatz von Proberichtern beim Familiengericht (§ 23b GVG Rn. 30).[15] Die Besetzungsrüge kann ferner darauf gestützt werden, dass das Berufungsgericht durch den hierzu nicht befugten Einzelrichter (vgl. §§ 526, 527 Abs. 4)[16] oder ohne Hinzuziehung der ehrenamtlichen Richter[17] entschieden hat.

b) Fehlerhafte Geschäftsverteilung. An einer ordnungsgemäßen Besetzung des Gerichts fehlt es auch dann, wenn der Geschäftsverteilungsplan nicht ordnungsgemäß zu Stande gekommen oder unzulässiger- 4

---

1 BGH RdL 1993, 179, 180; *B/L/H* Rn. 2; MK/*Wenzel* Rn. 1; *St/J/Grunsky* Rn. 1; *T/P/Reichold* Rn. 1.
2 BGHZ 2, 278, 280 = NJW 1951, 802; BGHZ 39, 333, 335 = NJW 1963, 2272; BAG ZIP 2001, 1476.
3 Fn. 1.
4 BGHZ 41, 249, 253; BGH NJW 2007, 909, 911.
5 BGH (Fn. 1); MK/*Wenzel* Rn. 23; *St/J/Grunsky* § 551 Rn. 1.
6 BGH VersR 1979, 348, 349; vgl. auch BGH NJW 1995, 2551, 2552; MK/*Wenzel* Rn. 23; offen gelassen von BGH (Fn. 1).
7 *B/L/H* Rn. 3; MK/*Wenzel* Rn. 5; *T/P/Reichold* Rn. 3.
8 BSG MDR 1992, 592, 593; *B/L/H* Rn. 3.
9 BGHZ 61, 369, 370 = NJW 1974, 143.
10 MK/*Wenzel* Rn. 6; *St/J/Grunsky* § 551 Rn. 3; *T/P/Reichold* Rn. 2.
11 Vgl. BGHZ 130, 304, 307ff. = NJW 1995, 2791; BGH DtZ 1997, 66, 67.
12 BGH NJW 1965, 1715; 1965, 1715, 1716; 1970, 901.
13 BGHZ 95, 22 = NJW 1985, 2336; BGH NJW 1986, 2115.
14 BGH NJW 2006, 154ff.
15 BGHZ 95, 246 = NJW 1985, 2337.
16 BGHZ 105, 270, 276 = NJW 1989, 229; BGH NJW 1993, 600; 2001, 1357.
17 BGH (Fn. 1).

weise geändert worden ist[18] oder wenn er inhaltlich nicht mit dem Gesetz in Einklang steht.[19] Entsprechendes gilt für die nach § 21g GVG aufzustellenden Grundsätze für die Mitwirkung in überbesetzten Spruchkörpern.[20] Eine vom Geschäftsverteilungsplan oder von den Mitwirkungsgrundsätzen abweichende Zusammensetzung des Spruchkörpers rechtfertigt die Besetzungsrüge nur bei objektiv willkürlicher, nicht dagegen bei bloß irrtümlicher Abweichung.[21]

5 **c) Mangelnde Wahrnehmung der Vorgänge in der mündlichen Verhandlung.** Fehlerhaft besetzt ist ein Spruchkörper, wenn bei der Entscheidung ein Richter mitwirkt, der nicht an der dem Urteil zu Grunde liegenden mündlichen Verhandlung beteiligt war (§ 309).[22] Auch die Mitwirkung eines Richters, der wegen körperlicher oder geistiger Gebrechen an der Wahrnehmung oder der Beurteilung der Vorgänge in der mündlichen Verhandlung gehindert ist, begründet die Rüge vorschriftswidriger Besetzung.[23] Gleiches gilt für die Fälle, dass ein Mitglied des Spruchkörpers während der Verhandlung einschläft,[24] die Verhandlung vorübergehend verlässt[25] oder ihr wegen der Beschäftigung mit anderen Dingen nicht folgen kann.[26]

6 **d) Rügeerfordernis.** Das Revisionsgericht berücksichtigt die fehlerhafte Besetzung des Berufungsgerichts – ausgenommen den Fall willkürlich fehlerhafter Besetzung[27] – nur auf eine entsprechende Verfahrensrüge.[28] Die Rüge ist nur dann prozessordnungsgemäß erhoben, wenn die Partei konkrete Einzeltatsachen für die fehlerhafte Besetzung anführt oder dartut, dass sie sich vergeblich um Aufklärung justizinterner Vorgänge bemüht hat.[29] Die Rüge ist unverzichtbar, da die Einhaltung der Besetzungsvorschriften im öffentlichen Interesse liegt.[30] Die Rüge ist deshalb nicht dadurch ausgeschlossen, dass die Partei in der Berufungsinstanz mit der Entscheidung durch den nicht vorschriftsmäßig besetzten Spruchkörper einverstanden war.[31] Bei beiderseitiger Revision führt die ordnungsgemäße Besetzungsrüge einer der Parteien zur Aufhebung des Berufungsurteils in vollem Umfang.[32]

7 **2. Mitwirkung eines ausgeschlossenen Richters, Nr. 2.** Die Mitwirkung eines nach § 41 ausgeschlossenen Richters bei der Entscheidung des Berufungsgerichts ist absoluter Revisionsgrund. Unschädlich ist die Mitwirkung bei einer Beweisaufnahme[33] oder bei der Urteilsverkündung. Ein Ausschlussgrund kann nicht mehr geltend gemacht werden, wenn er bereits Gegenstand eines rechtskräftig zurückgewiesenen Ablehnungsgesuchs war.

8 **3. Mitwirkung eines abgelehnten Richters, Nr. 3.** Absoluter Revisionsgrund ist nach dem eindeutigen Gesetzeswortlaut nur die Mitwirkung eines mit Erfolg abgelehnten Richters an der Entscheidung des Berufungsgerichts.[34] Daran fehlt es, wenn der Ablehnungsgrund erst entsteht und das Ablehnungsgesuch erst angebracht wird, nachdem das Urteil gefällt (§ 309) und unterzeichnet (§ 315), wenn auch noch nicht verkündet (§ 311) ist.[35] Dagegen ist der absolute Revisionsgrund der Nr. 3 gegeben, wenn eine sofortige Beschwerde gegen die Zurückweisung des Ablehnungsgesuchs nachträglich Erfolg hat.[36] Keinen absoluten Revisionsgrund stellt es dar, wenn das Berufungsgericht unter Mitwirkung des abgelehnten Richters oder seines Vertreters in der Sache entscheidet, ohne über das Ablehnungsgesuch oder eine Anzeige nach § 48 („Selbstablehnung") zuvor entschieden oder den Parteien vor der Entscheidung über letztere rechtliches Gehör gewährt zu haben.[37] Nr. 3 erfasst auch nicht die Fälle, dass ein Richter im Berufungsrechtszug die gebotene Anzeige nach § 48 pflichtwidrig unterlassen hat oder aus Gründen, die erst aus dem Berufungsurteil ersichtlich sind, mit Erfolg hätte abgelehnt werden können.[38] Verstöße gegen die Anzeigepflicht (§ 48) oder gegen die Vorschriften über die Behandlung von Ablehnungsgesuchen (§§ 45 ff.) können aber mit der Revision als Verfahrensfehler gerügt werden.[39]

9 **4. Nicht ordnungsgemäße Vertretung, Nr. 4. a) Fallgruppen.** Nr. 4 betrifft den Fall, dass ein Prozessunfähiger ohne gesetzlichen Vertreter auftritt oder im Prozess durch eine Person vertreten wird, die weder

---

18 BVerwG NJW 1987, 2031.

19 BVerwG NJW 1988, 1339; MK/*Wenzel* Rn. 9; *St/J/Grunsky* § 551 Rn. 6.

20 BGH NJW 1993, 1596; BGHZ 126, 63 = NJW 1994, 1735; BVerfG ZIP 1997, 758.

21 BGHZ 126, 63, 71 = NJW 1994, 1735; NJW-RR 2001, 329; BVerwG NJW 1988, 1339; aA BGH NJW 1993, 1596, 1598.

22 MK/*Wenzel* Rn. 8; *St/J/Grunsky* § 551 Rn. 5.

23 BGHZ 38, 347, 348 f. = NJW 1963, 1010; BGHSt 18, 51 = NJW 1962, 2361; BGHSt 35, 164 = NJW 1988, 1333 (blinder Richter); BGHSt 4, 191 = NJW 1953, 1115 (tauber Richter).

24 BVerwG NJW 1966, 467 (LS); 1986, 2721; *B/L/H* Rn. 6.

25 BAGE 5, 170 = NJW 1958, 924; MK/*Wenzel* Rn. 7; *St/J/Grunsky* § 551 Rn. 8.

26 BGH NJW 1962, 2212; MK/*Wenzel* Rn. 7; *St/J/Grunsky* § 551 Rn. 8.

27 BGH NJW-RR 2004, 1294.

28 BGH NJW 1986, 2115; 1992, 512; NJW-RR 1993, 1339; 2004, 1294.

29 BGH NJW 1986, 2115; 1992, 512; NJW-RR 1995, 700, 701.

30 BGH (Fn. 1).

31 BGH (Fn. 1).

32 BGH NJW 1966, 933 (LS); BGHZ 105, 270, 276 = NJW 1989, 229.

33 *B/L/H* Rn. 9; *St/J/Grunsky* § 551 Rn. 11; aA MK/*Wenzel* Rn. 11.

34 BGHZ 120, 141, 144 = NJW 1993, 400.

35 BGH NJW 2001, 1502, 1503.

36 OLG Braunschweig NJW 1976, 2024 f.; OLG Koblenz NJW-RR 1992, 1464; *Kollnig* NJW 1967, 2045 f.; *Teplitzky* JuS 1969, 318, 325; *Kahlke* ZZP 95 (1982), 288, 295 ff.; *St/J/Grunsky* § 574 aF Rn. 2; aA BayObLG NJW 1968, 802 f.; FamRZ 1994, 1269, 1270; OLG Frankfurt/M NJW 1986, 1000.

37 Dazu BVerfGE 89, 28, 35 ff. = NJW 1993, 2229; BGH NJW 1995, 403.

38 BGH (Fn. 34).

39 BGH NJW 1995, 1677, 1678 f.; aA BGHZ 120, 141, 144 f. = NJW 1993, 400.

selbst gesetzlicher Vertreter noch von diesem wirksam bevollmächtigt ist.[40] Sie greift ferner ein, wenn ein Dritter sich als die Partei ausgegeben hat oder wenn der Partei die Klage nicht ordnungsgemäß zugestellt,[41] sie zur mündlichen Verhandlung nicht ordnungsgemäß geladen[42] oder entgegen zwingenden Vorschriften am Verfahren nicht beteiligt worden war.[43] Die hM wendet Nr. 4 auch auf den Fall an, dass trotz Eröffnung des Insolvenzverfahrens über das Vermögen einer Partei der Prozess mit dieser fortgesetzt und entschieden wird.[44]

b) Genehmigung der Prozessführung. Die Genehmigung der Prozessführung durch die nicht ordnungsgemäß vertretene Partei heilt den Mangel rückwirkend.[45] Die Genehmigung kann noch in der Revisionsinstanz erteilt werden.[46] 10

c) Berücksichtigung von Amts wegen. Der Mangel der Vertretung ist vom Revisionsgericht von Amts wegen zu berücksichtigen und kann daher auch vom Prozessgegner geltend gemacht werden.[47] Revision einlegen kann freilich auch hier nur die Partei, die durch das Berufungsurteil beschwert ist.[48] Dafür genügt es nicht, dass der in zweiter Instanz siegreichen Partei eine Nichtigkeitsklage (§ 579 Abs. 1 Nr. 4) droht.[49] 11

5. Verletzung der Vorschriften über die Öffentlichkeit, Nr. 5. Die Bestimmung betrifft sowohl den gesetzwidrigen Ausschluss als auch die gesetzwidrige Zulassung der Öffentlichkeit.[50] Maßgebend sind die §§ 169ff. GVG. Ausgenommen sind die Fälle, in denen der Ausschluss der Öffentlichkeit im Ermessen des Gerichts steht (§§ 171b Abs. 1 S. 1, 172 GVG).[51] Die Vorschriften über die Öffentlichkeit sind auch dann verletzt, wenn bei der Entscheidung über den Ausschluss der Öffentlichkeit § 174 Abs. 1 GVG nicht beachtet, insbesondere die Gründe für den Ausschluss nicht angegeben worden sind (§ 174 Abs. 1 S. 3 GVG),[52] oder wenn in der Verhandlung verbotswidrig Ton-, Fernseh- oder Filmaufnahmen gemacht werden (§ 169 S. 2 GVG).[53] 12

6. Fehlende Entscheidungsgründe, Nr. 6. a) Fehlende und verspätete Begründung. Nr. 6 betrifft zunächst den Fall, dass das Berufungsurteil überhaupt keine Begründung enthält oder diese – in Gestalt des vollständig abgefassten Urteils – der Partei erst so spät zugeht, dass ihr nicht mehr die gesetzlich garantierte einmonatige Mindestfrist für die Überlegung bleibt, ob Revision eingelegt werden soll.[54] Ein absoluter Revisionsgrund nach Nr. 6 ist daher stets dann gegeben, wenn das vollständig abgefasste Berufungsurteil nicht spätestens am letzten Tag der Fünfmonatsfrist des § 548 zugestellt worden ist.[55] 13

b) Lückenhafte Begründung. Nicht mit Gründen versehen ist eine Entscheidung, wenn sie die tragenden Erwägungen des Berufungsgerichts zu einzelnen wesentlichen Streitpunkten nicht erkennen lässt.[56] Das ist nicht schon dann der Fall, wenn die gegebene Begründung fehlerhaft, unklar oder rechtlich unvollständig ist,[57] wenn die Begründung sehr knapp gefasst ist[58] oder das Berufungsgericht zur Begründung seiner Rechtsauffassung lediglich auf veröffentlichte Rechtsprechung und Literatur verweist.[59] Auf die Richtigkeit oder Vertretbarkeit der Begründung kommt es nicht an.[60] 14

Das Berufungsurteil leidet an einem Begründungsmangel, wenn es auf einen von mehreren Klageanträgen oder Ansprüchen[61] oder auf selbständige Angriffs- oder Verteidigungsmittel iSd. § 146 (Klagegründe, Einwendungen, Einreden) nicht eingeht.[62] Hierzu zählen die Fälle, dass das Berufungsgericht einen Anspruch ohne Begründung abweist,[63] sich bei der Abweisung der Klage allein mit deren Hilfsbegründung auseinander setzt[64] oder zur Höhe des Schmerzensgeldes,[65] zur Verjährung oder zum Mitverschulden nicht Stellung nimmt.[66] In Fällen mit Auslandsberührung liegt ein Begründungsmangel vor, wenn das Berufungs- 15

---

[40] BGH NJW-RR 1991, 926; MK/*Wenzel* Rn. 14; *St/J/Grunsky* § 551 Rn. 16; *T/P/Reichold* Rn. 8.
[41] BGH NJW 1992, 2099f.
[42] MK/*Wenzel* Rn. 14; *St/J/Grunsky* § 551 Rn. 16.
[43] BGH NJW 1984, 494, 495; 1992, 2636, 2637; MK/*Wenzel* Rn. 14; *St/J/Grunsky* § 551 Rn. 16.
[44] BGH NJW 1995, 2563; WM 1984, 1170; ZIP 1988, 446; *R/S/G* § 143 VII 5.
[45] BGH NJW-RR 1993, 669, 670.
[46] BGHZ 51, 27, 29 = NJW 1969, 188; BGH LM § 249 Nr. 9 = MDR 1967, 565; *St/J/Grunsky* § 551 Rn. 18.
[47] BGH NJW 1995, 2563; MK/*Wenzel* Rn. 14; *St/J/Grunsky* § 551 Rn. 20.
[48] *St/J/Grunsky* § 551 Rn. 20.
[49] Vgl. BGHZ 63, 78, 79 = NJW 1974, 2283; *St/J/Grunsky* § 551 Rn. 20.
[50] *B/L/H* Rn. 12; MK/*Wenzel* Rn. 15; *St/J/Grunsky* § 551 Rn. 22.
[51] *St/J/Grunsky* § 551 Rn. 23.
[52] MK/*Wenzel* Rn. 15; *St/J/Grunsky* § 551 Rn. 23.
[53] *Schilken* GVR Rn. 179; *St/J/Grunsky* § 551 Rn. 22.
[54] BGH NJW 1987, 2446, 2447; 1991, 1547.
[55] GmS-OGB BVerwGE 92, 367 = NJW 1993, 2603; BGH NJW 1991, 1547; 1999, 794, 795; NJW-RR 2004, 1439.
[56] BGHZ 39, 333, 337 = NJW 1963, 2272.
[57] BGH NJW 1981, 1045, 1046; MK/*Wenzel* Rn. 19; *St/J/Grunsky* § 551 Rn. 27f.
[58] BGHZ 48, 222, 223; MK/*Wenzel* Rn. 19; *St/J/Grunsky* § 551 Rn. 27.
[59] BGH NJW 1991, 2761, 2762; MK/*Wenzel* Rn. 17; *St/J/Grunsky* § 551 Rn. 27.
[60] BGH NJW 1981, 1045, 1046; *B/L/H* § 551 Rn. 14; MK/*Wenzel* Rn. 19; *St/J/Grunsky* § 551 Rn. 28.
[61] BGH NJW-RR 1993, 706.
[62] BGHZ 39, 333, 337 = NJW 1963, 2272; BGH NJW 1999, 1110, 1113; NJW-RR 1988, 1146, 1147; 1995, 700, 701.
[63] BGH NJW 1993, 269, 270; ZIP 2004, 862, 864.
[64] BGH NJW 1995, 2551, 2552.
[65] BGH NJW 1989, 773f.
[66] BGH NJW 1983, 2318, 2319f.; BGH VersR 1979, 348, 349; *R/S/G* § 143 VII 7; MK/*Wenzel* Rn. 17.

urteil nicht erkennen lässt, welche Rechtsordnung ihm zu Grunde liegt.[67] Ein Mangel nach Nr. 6 ist ferner das völlige Fehlen einer Beweiswürdigung.[68]

16 Nichts sagende Redensarten und inhaltsleere Floskeln sind keine ausreichende Begründung.[69] Erforderlich, aber auch ausreichend ist eine Begründung, die erkennen lässt, welche tatsächlichen Feststellungen und welche rechtlichen Erwägungen für die getroffene Entscheidung maßgebend waren. Dies erfordert nicht eine ausdrückliche Auseinandersetzung mit allen denkbaren Gesichtspunkten, wenn sich nur ergibt, dass eine sachentsprechende Beurteilung überhaupt stattgefunden hat.[70] Es ist deshalb kein Begründungsmangel, wenn das Berufungsgericht ein Argument, das zur Begründung eines selbständigen Angriffs- oder Verteidigungsmittels vorgetragen wurde oder vorgetragen werden konnte, nicht erörtert.[71] Auf Angriffs- oder Verteidigungsmittel, die zur Begründung oder zur Abwehr der Klage ungeeignet sind, braucht das Berufungsgericht nicht einzugehen.[72] Beschlüsse, die der Rechtsbeschwerde unterliegen, sind nicht mit gesetzmäßigen Gründen versehen, wenn sie den maßgeblichen Sachverhalt, über den entschieden wird, nicht wiedergeben.[73]

17 c) **Bezugnahme.** Das Berufungsgericht kann zur Begründung seiner Entscheidung auf eine gleichzeitig ergehende oder auf eine frühere, den Parteien bekannte andere Entscheidung Bezug nehmen, sofern diese in einem Verfahren ergangen ist, an dem beide Parteien beteiligt sind oder waren.[74] Die Bezugnahme auf die Entscheidungsgründe des erstinstanzlichen Urteils (§ 540) kann als Begründung des Berufungsurteils iSd. Nr. 6 genügen.[75] Das gilt selbstverständlich nicht, soweit in zweiter Instanz neue Ansprüche erhoben oder neue Angriffs- und Verteidigungsmittel vorgebracht worden sind, auf die das erstinstanzliche Urteil nicht eingegangen sein kann,[76] und nicht für die Berufungsanträge.[77]

18 d) **Ausnahmen.** Nr. 6 ist aus Gründen der Prozessökonomie nicht heranzuziehen, wenn das nicht erörterte Angriffs- oder Verteidigungsmittel zur Begründung bzw. Abwehr der Klage ungeeignet ist[78] oder die Revision aus anderen Gründen Erfolg hat.[79]

IV. Abschließende Regelung

19 § 547 regelt die absoluten Revisionsgründe abschließend.[80] Bei anderen Verfahrensverstößen, etwa der Verletzung des rechtlichen Gehörs, hängt der Erfolg der Revision von der Ursächlichkeit der Gesetzesverletzung (§ 545 Rn. 11) ab.[81] Diese wird freilich regelmäßig gegeben sein, da bei der Verletzung von Verfahrensvorschriften schon die Möglichkeit ausreicht, dass die Entscheidung ohne den Verfahrensverstoß anders ausgefallen wäre (§ 545 Rn. 11).

548

Revisionsfrist **Die Frist für die Einlegung der Revision (Revisionsfrist) beträgt einen Monat; sie ist eine Notfrist und beginnt mit der Zustellung des in vollständiger Form abgefassten Berufungsurteils, spätestens aber mit dem Ablauf von fünf Monaten nach der Verkündung.**

1 Die Vorschrift entspricht der für das Berufungsverfahren geltenden Regelung des § 517; auf die dortigen Ausführungen wird verwiesen. Im Falle der Ergänzung des Berufungsurteils nach § 321 findet § 518 entsprechende Anwendung.[1] Die Zustellung eines Berufungsurteils, das unzulässigerweise zur Begründung auf eine andere Entscheidung Bezug nimmt, an der nicht beide Parteien beteiligt waren (§ 547 Rn. 17), setzt die Revisionsfrist für die Partei, die an dem der anderen Entscheidung zu Grunde liegenden Verfahren nicht beteiligt war, nicht in Lauf.[2]

549

Revisionseinlegung **(1) [1]Die Revision wird durch Einreichung der Revisionsschrift bei dem Revisionsgericht eingelegt. [2]Die Revisionsschrift muss enthalten:**

1. die Bezeichnung des Urteils, gegen das die Revision gerichtet wird;

2. die Erklärung, dass gegen dieses Urteil Revision eingelegt werde.

[3]§ 544 Abs. 6 Satz 2 bleibt unberührt.

(2) Die allgemeinen Vorschriften über die vorbereitenden Schriftsätze sind auch auf die Revisionsschrift anzuwenden.

---

[67] BGH NJW 1988, 3097.
[68] BGHZ 39, 333, 337 = NJW 1963, 2272.
[69] BGH (Fn. 68) S. 337; *St/J/Grunsky* § 551 Rn. 30.
[70] BGH NJW 1999, 1110, 1113; NJW-RR 1995, 700, 701.
[71] BGH (Fn. 70).
[72] BGH (Fn. 68) S. 339; NJW 1983, 2318, 2320; NJW-RR 1989, 856.
[73] BGH NJW 2002, 2648, 2649.
[74] BGH (Fn. 68) S. 346; NJW 1994, 803, 804; NJW-RR 1991, 830; 1991, 1406.
[75] BGH NJW-RR 1991, 1312, 1315; NJW 1996, 2577, 2579.
[76] *St/J/Grunsky* § 551 Rn. 32.
[77] BGHZ 154, 99, 100 = NJW 2003, 1743.
[78] BGH NJW 2000, 3421; NJW-RR 2001, 329.
[79] BGH NJW 2000, 3421.
[80] *B/L/H* Rn. 17.
[81] AK-ZPO/*Ankermann* § 551 Rn. 13.
[1] BGH LM § 517 Nr. 1, 2.
[2] BGH NJW-RR 1991, 830, 831.

I. Normzweck

Die Vorschrift entspricht der für das Berufungsverfahren geltenden Regelung des § 519 Abs. 1, 2 und 4; auf die Erläuterungen hierzu wird verwiesen. 1

II. Einlegung der Revision

Die Revisionsschrift muss durch einen beim BGH zugelassenen Rechtsanwalt unterzeichnet sein. 2

III. Gerichtskosten

Mit der Einreichung der Revisionsschrift wird die Verfahrensgebühr zum Satz von 5,0 nach KV Nr. 1230 fällig (§ 6 GKG). Die Gebühr ermäßigt sich nach KV Nrn. 1231, 1232 auf 1,0 bzw. 3,0 unter den dort genannten Voraussetzungen. Erledigungserklärungen nach § 91a stehen der Zurücknahme nach näherer Maßgabe gleich. 3

550 ***Zustellung der Revisionsschrift*** **(1) Mit der Revisionsschrift soll eine Ausfertigung oder beglaubigte Abschrift des angefochtenen Urteils vorgelegt werden, soweit dies nicht bereits nach § 544 Abs. 1 Satz 4 geschehen ist.**

(2) Die Revisionsschrift ist der Gegenpartei zuzustellen.

Die Vorschrift entspricht der für das Berufungsverfahren geltenden Regelung oder §§ 519 Abs. 3, 521 Abs. 1; auf die Erläuterungen hierzu wird verwiesen. 1

551 ***Revisionsbegründung*** **(1) Der Revisionskläger muss die Revision begründen.**

(2) [1]Die Revisionsbegründung ist, sofern sie nicht bereits in der Revisionsschrift enthalten ist, in einem Schriftsatz bei dem Revisionsgericht einzureichen. [2]Die Frist für die Revisionsbegründung beträgt zwei Monate. [3]Sie beginnt mit der Zustellung des in vollständiger Form abgefassten Urteils, spätestens aber mit Ablauf von fünf Monaten nach der Verkündung. [4]§ 544 Abs. 6 Satz 3 bleibt unberührt. [5]Die Frist kann auf Antrag von dem Vorsitzenden verlängert werden, wenn der Gegner einwilligt. [6]Ohne Einwilligung kann die Frist um bis zu zwei Monate verlängert werden, wenn nach freier Überzeugung des Vorsitzenden der Rechtsstreit durch die Verlängerung nicht verzögert wird oder wenn der Revisionskläger erhebliche Gründe darlegt; kann dem Revisionskläger innerhalb dieser Frist Einsicht in die Prozessakten nicht für einen angemessenen Zeitraum gewährt werden, kann der Vorsitzende auf Antrag die Frist um bis zu zwei Monate nach Übersendung der Prozessakten verlängern.

(3) [1]Die Revisionsbegründung muss enthalten:
1. die Erklärung, inwieweit das Urteil angefochten und dessen Aufhebung beantragt werde (Revisionsanträge);
2. die Angabe der Revisionsgründe, und zwar:
   a) die bestimmte Bezeichnung der Umstände, aus denen sich die Rechtsverletzung ergibt;
   b) soweit die Revision darauf gestützt wird, dass das Gesetz in Bezug auf das Verfahren verletzt sei, die Bezeichnung der Tatsachen, die den Mangel ergeben.

[2]Ist die Revision auf Grund einer Nichtzulassungsbeschwerde zugelassen worden, kann zur Begründung der Revision auf die Begründung der Nichtzulassungsbeschwerde Bezug genommen werden.

(4) § 549 Abs. 2 und § 550 Abs. 2 sind auf die Revisionsbegründung entsprechend anzuwenden.

I. Normzweck

Die Vorschrift konstituiert parallel zu entsprechenden Bestimmungen für die Berufung (§ 520) und die Rechtsbeschwerde (§ 575 Abs. 2 ff.) ein formalisiertes Begründungserfordernis und regelt Form, Frist und notwendigen Inhalt der Revisionsbegründung. Der Zweck des Begründungszwangs ist für die Revision im Wesentlichen der gleiche wie für die Berufung (vgl. § 520 Rn. 1). 1

II. Begründungserfordernis (Absatz 1)

Die Revision muss schriftlich begründet werden, Abs. 1. Die form- und fristgerechte Einreichung einer Revisionsbegründung mit dem nach Abs. 3 notwendigen Inhalt ist Zulässigkeitsvoraussetzung der Revision. Insoweit bestehende Mängel führen gemäß § 552 zur Verwerfung der Revision als unzulässig. 2

III. Begründungsschrift (Absatz 2 Satz 1)

Für Form und Einreichung der Revisionsbegründungsschrift gilt das zu § 519, § 520 Rn. 2f. Ausgeführte entsprechend. Die Revisionsbegründungsschrift muss von einem beim BGH zugelassenen Rechtsanwalt unterschrieben sein. 3

IV. Begründungsfrist (Absatz 2 Satz 2 bis 6)

Für Beginn und Ablauf der Revisionsbegründungsfrist gilt das zu § 520 Rn. 2 bis 16 Ausgeführte entsprechend. Die Revision kann bereits vor der Entscheidung über die Nichtzulassungsbeschwerde – zB zu- 4 gleich mit dieser – begründet werden.[1] Wird die Revision auf eine Nichtzulassungsbeschwerde hin vom Revisionsgericht zugelassen (§ 544 Abs. 6), so beginnt die Revisionsbegründungsfrist mit der Zustellung der Beschwerdeentscheidung (Abs. 2 S. 4 iVm. § 544 Abs. 6 S. 3). Abweichend geregelt ist der Zeitraum, um den die Revisionsbegründungsfrist ohne Zustimmung der Gegenpartei verlängert werden darf (Abs. 2 S. 6). Die gegenüber § 520 Abs. 2 S. 3 flexiblere Verlängerungsmöglichkeit trägt der Besonderheit Rechnung, dass das zivilprozessuale Revisionsverfahren – Gleiches gilt für die Nichtzulassungsbeschwerde nach § 544 – anders als das Berufungsverfahren einen Anwaltswechsel erzwingt und die Rechtsmittelbegründung deshalb sinnvoll und vollständig erst abgefasst werden kann, nachdem der BGH-Anwalt des Revisionsklägers ausreichend Gelegenheit hatte, die vorinstanziellen Verfahrensakten einzusehen.[2]

V. Revisionsanträge (Absatz 3 Satz 1 Nr. 1)

5 **1. Funktion und Inhalt.** Für Funktion und Inhalt der Revisionsanträge gilt das zu § 520 Rn. 19 bis 21 Ausgeführte entsprechend. Sie sind von Bedeutung vor allem für die Frage, ob das Berufungsurteil in vollem oder nur in beschränktem Umfang angefochten wird.[3] Ein lediglich auf Aufhebung und Zurückverweisung gerichteter Antrag ist unbedenklich,[4] da die erfolgreiche Revision – anders als die Berufung – regelmäßig zur Aufhebung und Zurückverweisung führt (§§ 562, 563 Abs. 1). Ein fehlender Sachantrag des Revisionsklägers hindert das Revisionsgericht nicht an einer eigenen Sachentscheidung nach § 563 Abs. 3.

6 **2. Beschränkung.** Die Revision kann in gleicher Weise beschränkt werden wie die Berufung (dazu § 520 Rn. 22f.) und wie die Zulassung der Revision (§ 543 Rn. 10ff., 13). Bleiben die Revisionsanträge von Anfang an hinter der Beschwer des Revisionsklägers zurück, so ist die Revision nur in diesem Umfang eingelegt (vgl. § 520 Rn. 24). Darin liegt grundsätzlich kein Rechtsmittelverzicht für den nicht angefochtenen Teil (§ 520 Rn. 24). Eine nachträgliche Beschränkung der Revisionsanträge ist auch nach Ablauf der Revisionsbegründungsfrist ohne weiteres zulässig. Die anfängliche oder nachträgliche Beschränkung der Revision führt nicht zur Teilrechtskraft des Berufungsurteils, denn die Revision kann bis zum Schluss der mündlichen Verhandlung im Rahmen der fristgerecht eingereichten Revisionsbegründung (wieder) erweitert werden (Rn. 7).

7 **3. Änderung und Erweiterung.** Die Revisionsanträge können bis zum Schluss der mündlichen Revisionsverhandlung geändert oder (wieder) bis zur Höhe der Beschwer erweitert werden, sofern die Änderung oder Erweiterung durch die fristgerecht eingereichte Revisionsbegründung gedeckt ist.[5] Eine Änderung oder Erweiterung der Klage ist dagegen in der Revisionsinstanz grundsätzlich ausgeschlossen (näher § 559 Rn. 3ff.).

VI. Revisionsgründe (Absatz 3 Satz 1 Nr. 2)

8 **1. Inhaltliche Anforderungen.** Der Revisionskläger muss vor Ablauf der Revisionsbegründungsfrist im Einzelnen darlegen, in welchen Punkten und aus welchen Gründen die angefochtene Entscheidung auf einer Rechtsverletzung (§ 546) beruht. Hierzu muss er sich mit dem Berufungsurteil im Einzelnen auseinander setzen.[6] Dessen bedarf es nicht, wenn die Revision ausschließlich auf neue Tatsachen gestützt wird, die – ausnahmsweise – im Revisionsverfahren zu berücksichtigen sind (s. dazu § 559 Rn. 8ff.).[7] Die Begründung muss sich auf alle Teile des angefochtenen Urteils erstrecken, deren Aufhebung der Revisionskläger nach den angekündigten Revisionsanträgen erstrebt; soweit es daran fehlt, ist die Revision unzulässig.[8] Insofern gilt das für die Berufungsgründe Ausgeführte (§ 520 Rn. 38ff.) entsprechend. Nach Abs. 3 S. 2 kann auf die Begründung einer Nichtzulassungsbeschwerde, die zur Zulassung der Revision geführt hat, Bezug genommen werden. Eine Bezugnahme auf sonstige frühere Schriftsätze oder auf die Begründung des Berufungsurteils für die Zulassung der Revision genügt dagegen nicht.[9]

9 **2. Darlegung der Rechtsverletzung.** Dem Zweck der Revision entsprechend verlangt Abs. 3 S. 1 Nr. 2 lit. a die bestimmte Bezeichnung der Umstände, aus denen sich die Rechtsverletzung ergibt. Erforderlich ist die Darlegung der Gründe, die aus der Sicht des Revisionsklägers den materiell-rechtlichen oder verfahrensrechtlichen Rechtsfehler ausmachen. Eine Paragraphenangabe ist nicht erforderlich[10] und eine Falschbezeichnung unschädlich, wenn die Begründung im Übrigen erkennen lässt, die Verletzung welcher Norm gemeint ist.[11]

10 **3. Sachrügen.** Erhebt die Revision Beanstandungen hinsichtlich der Anwendung des materiellen Rechts (sog. Sachrügen), so muss der Revisionskläger in der Revisionsbegründung darlegen, in welchen Punkten und aus welchen Gründen die tragenden Erwägungen des Berufungsgerichts rechtsfehlerhaft sind. Fehlt es hieran völlig und ist auch keine zulässige Verfahrensrüge (Rn. 12) erhoben, so ist die Revision unzulässig.

---

1 BGH NJW 2004, 2981; krit. *Büttner* NJW 2004, 3524ff.
2 Amtl. Begr. zum 1. JuMoG, BT-Drucks. 15/1508, S. 21f.
3 MK/*Wenzel* Rn. 17.
4 MK/*Wenzel* Rn. 17; *St/J/Grunsky* § 554 Rn. 5.
5 BGHZ 12, 52, 67f. = NJW 1954, 554; 91, 154, 159 = NJW 1984, 2831; BGH NJW 1985, 3079f.
6 BAG NJW 1998, 2470; BGH NJW 2000, 364.
7 BGH NJW 2002, *1130, 1131.*
8 BGH NJW 1990, 1184; 1991, 1683, 1684; 1997, 1309; 2000, 947.
9 MK/*Wenzel* Rn. 20.
10 BGH NJW-RR 1990, 480, 481.
11 BGH NJW 1992, 1768, 1769; 1994, 1286, 1287.

Andererseits ist im Rahmen einer zulässigen Revision die materiell-rechtliche Überprüfung des Berufungsurteils nicht von Revisionsrügen abhängig (§ 557 Abs. 3 S. 1). Sachrügen können daher jederzeit bis zum Schluss der mündlichen Revisionsverhandlung nachgeschoben werden.[12]

4. Verfahrensrügen. a) **Tatsachenangabe.** Anders als materiell-rechtliche Fehler sind Verfahrensfehler des Berufungsgerichts vielfach aus dem Berufungsurteil selbst nicht ersichtlich. Abs. 3 S. 1 Nr. 2 lit. b verlangt deshalb bei der Rüge von Verfahrensverstößen die Angabe der Tatsachen, aus denen sich der gerügte Verfahrensverstoß ergibt. Ist dem Berufungskläger mangels Kenntnis gerichtsinterner Vorgänge die Angabe konkreter Einzeltatsachen nicht möglich, so muss er zumindest darlegen, dass er sich um Aufklärung bemüht hat.[13] Rügt die Revision die Übergehung von Sachvortrag oder von Beweisantritten, so müssen diese unter Angabe der Fundstelle in den Schriftsätzen der Tatsacheninstanzen genau bezeichnet werden.[14] Entsprechendes gilt für die Rüge, das Berufungsgericht habe Beweisergebnisse oder den Inhalt beigezogener Akten übergangen. Wird eine Verletzung der richterlichen Hinweispflicht (§ 139) beanstandet, so muss im Einzelnen ausgeführt werden, was der Revisionskläger auf den vermissten Hinweis hin vorgetragen hätte.[15] Hat das Berufungsgericht eine Beweisvereitelung angenommen, so muss der Revisionskläger darlegen, dass er in Falle einer Beweisanordnung bei deren Ausführung mitgewirkt hätte.[16] Rügt der Revisionskläger die Aufhebung und Zurückverweisung nach § 538, so muss er die Tatsachen darlegen, aus denen sich ergibt, dass der vom Berufungsgericht angenommene Aufhebungsgrund nicht vorliegt[17] oder dass es an einer der weiteren Zurückverweisungsvoraussetzungen des § 538 fehlt. 11

b) Rügeerfordernis. Verfahrensfehler, die das Revisionsgericht nicht von Amts wegen zu berücksichtigen hat (dazu näher § 557 Rn. 13ff.), sind nur beachtlich, soweit sie bis zum Ablauf der Revisionsbegründungsfrist gerügt worden sind und die Rüge gemäß Abs. 3 S. 1 Nr. 3 lit. b ordnungsgemäß ausgeführt ist. Das gilt auch für die absoluten Revisionsgründe des § 547 (§ 547 Rn. 2). Eine im Schrifttum vertretene Auffassung will zur Nachholung von Verfahrensrügen die Wiedereinsetzung in den vorigen Stand zulassen;[18] diese Auffassung ist abzulehnen (vgl. § 520 Rn. 49). Die zeitliche Begrenzung gilt nicht für sog. Gegenrügen des Revisionsbeklagten; diese sind bis zum Schluss der mündlichen Revisionsverhandlung zulässig.[19] Das Rügeerfordernis nach Abs. 3 S. 1 Nr. 2 gilt grundsätzlich auch für den Anschlussrevisionskläger[20] (näher § 554 Rn. 9). 12

c) **Revisionsgründe und Prüfungsumfang.** Die Erfordernisse des Abs. 3 S. 1 Nr. 2 sind rein formaler Natur. Ob die erhobenen Rügen berechtigt sind, ist unerheblich.[21] Für die Zulässigkeit der Revision reicht die Erhebung einer einzigen beachtlichen Sach- oder Verfahrensrüge aus, mit der die Richtigkeit des Berufungsurteils im Umfang der Anfechtung in Frage gestellt wird.[22] Ist dem formalen Begründungserfordernis – etwa durch Erhebung einer einzigen ordnungsgemäßen Verfahrensrüge – genügt, so ist die Revision zulässig mit der Folge, dass das Berufungsurteil in materiell-rechtlicher Hinsicht und auf von Amts wegen zu berücksichtigende Verfahrensmängel umfassend überprüft wird (§ 557 Abs. 3 S. 1).[23] 13

d) **Sonderfälle.** Die Revision gegen ein kassatorisches Berufungsurteil (§ 538 Abs. 2 S. 1 Nr. 1) kann nur auf die Verfahrensrüge gestützt werden, das Berufungsgericht habe § 538 fehlerhaft angewendet (§ 538 Rn. 37). Der Revisionskläger muss im Einzelnen darlegen, aus welchen Gründen das erstinstanzliche Verfahren nicht mit dem vom Berufungsgericht angenommenen schweren Mangel behaftet oder die Aufhebung und Zurückverweisung gleichwohl verfahrensfehlerhaft ist (vgl. § 538 Rn. 10, 37).[24] Hat das Berufungsgericht die Berufung als unzulässig verworfen, so kann die hiergegen gerichtete Revision nicht auf Sachrügen gestützt werden; denn eine ausschließlich mit Sachrügen begründete Revision stellt die Richtigkeit des Berufungsurteils nicht in Frage. Mit der Revision gegen ein zweites Versäumnisurteil (§ 345) des Berufungsgerichts (§§ 565, 514 Abs. 2) kann nur gerügt werden, die Annahme der zweiten Säumnis sei gesetzwidrig (§ 565 Rn. 2). 14

e) **Entbehrlichkeit von Verfahrensrügen.** Entbehrlich sind Verfahrensrügen und Tatsachenangaben hierzu, soweit das Revisionsgericht Verfahrens- oder Urteilsmängel von Amts wegen zu berücksichtigen hat (§ 557 Rn. 13ff.).[25] 15

552 *Zulässigkeitsprüfung*

(1) [1]Das Revisionsgericht hat von Amts wegen zu prüfen, ob die Revision an sich statthaft und ob sie in der gesetzlichen Form und Frist eingelegt und begründet ist. [2]Mangelt es an einem dieser Erfordernisse, so ist die Revision als unzulässig zu verwerfen.

(2) Die Entscheidung kann durch Beschluss ergehen.

---

12 BGH NJW 2000, 364; MK/*Wenzel* Rn. 20; *T/P/Reichold* Rn. 15.
13 BGH NJW 1986, 2115; 1992, 512.
14 BGHZ 14, 205, 209f.; MK/*Wenzel* Rn. 22; *St/J/Grunsky* § 554 Rn. 13.
15 BGH NJW 1999, 2113, 2114; NJW-RR 1996, 949, 950.
16 BGH NJW 1986, 2371, 2372f.
17 BGH NJW 1984, 495; 1997, 1710; MK/*Wenzel* Rn. 23; *St/J/Grunsky* § 554 Rn. 13.
18 *St/J/Grunsky* § 554 Rn. 22; abl. BGH NJW 1997, 1309, 1310; 2000, 364f.; MK/*Wenzel* Rn. 20; *Zö/Gummer* Rn. 15.
19 BGHZ 121, 65, 69 = NJW 1993, 933; BGH NJW 1988, 1321, 1322; 1994, 253, 254; 1996, 1337, 1339.
20 BGH NJW 1994, 801, 803.
21 BGH NJW 1981, 1453; *St/J/Grunsky* § 554 Rn. 8.
22 BGH NJW 1984, 177, 178; 1990, 1184.
23 BGH NJW 1999, 2817f.
24 BGH NJW 1984, 495; 1997, 1710; NJW-RR 1993, 442, 443; 2003, 1042, 1043; 2003, 1572.
25 BGHZ 16, 71, 74 = NJW 1955, 337; BGH NJW 1975, 1968; 1982, 1757, 1759; 1992, 2487.

I. Normzweck

1 Die Vorschrift übernimmt die bisherige Regelung des § 554a aF. Sie entspricht derjenigen für die Berufung in § 522 Abs. 1 S. 1 bis 3 und trägt wie diese dem Grundsatz Rechnung, dass die Zulässigkeit vor der Begründetheit des Rechtsmittels zu prüfen ist (vor § 511 Rn. 12).

II. Prüfungsumfang

2 Das Revisionsgericht prüft von Amts wegen die Statthaftigkeit der Revision (§§ 542, 543), ihre form- und fristgerechte Einlegung (§§ 548, 549) und Begründung (§ 551), ferner, ob Umstände gegeben sind, die der Zulässigkeit des Rechtsmittels entgegenstehen könnten, wie etwa ein Rechtsmittelverzicht[1] oder eine übereinstimmende Erledigungserklärung vor Einlegung der Revision.[2] Nicht hierher gehört die Prüfung der Zulässigkeit der Berufung oder eines Einspruchs gegen ein erst- oder zweitinstanzliches Versäumnisurteil, denn hierbei handelt es sich um Fragen der Begründetheit der Revision.[3]

III. Entscheidung

3 Soweit die Revision nicht alle Zulässigkeitsvoraussetzungen erfüllt, ist sie – gegebenenfalls teilweise – als unzulässig zu verwerfen. Die Entscheidung kann durch Beschluss oder nach mündlicher Verhandlung durch Urteil ergehen. Sie ist in beiden Fällen unanfechtbar und für das Revisionsgericht bindend (§ 318). Da sie im Umfang der Verwerfung zum Eintritt der materiellen Rechtskraft des angefochtenen Urteils führt, ist sie auch auf Gegenvorstellung nicht abänderbar (vgl. § 567 Rn. 27).[4] Zur Rüge der Verletzung des rechtlichen Gehörs s. § 321a. Die Entscheidung über erfolglose Anträge auf Wiedereinsetzung in die versäumte Revisions- oder Revisionsbegründungsfrist kann mit der Verwerfung der Revision verbunden werden.

IV. Gerichtskosten

4 Gebührenfrei ist der Beschluss, mit welchem die Revision als unzulässig verworfen wird, ebenso der Beschluss oder das Zwischenurteil, in welchem die Zulässigkeit des Rechtsmittels bejaht wird. Für die Rechtsbeschwerde nach § 522 Abs. 1 S. 4 ist KV Nr. 1820 Nr. 1 einschlägig.

552a

Zurückweisungsbeschluss **[1]Das Revisionsgericht weist die von dem Berufungsgericht zugelassene Revision durch einstimmigen Beschluss zurück, wenn es davon überzeugt ist, dass die Voraussetzungen für die Zulassung der Revision nicht vorliegen und die Revision keine Aussicht auf Erfolg hat. [2]§ 522 Abs. 2 Satz 2 und 3 gilt entsprechend.**

I. Normzweck

1 Die durch das 1. JuMoG eingefügte Bestimmung[1] trägt dem Umstand Rechnung, dass nach den ersten Erfahrungen mit der neuen Zulassungsrevision nicht wenige Revisionsverfahren, in denen die Revision vom Berufungsgericht zugelassen worden war, vom BGH wegen der Bindung an die Zulassung (§ 543 Abs. 2 S. 2) aufwändig durch Urteil nach mündlicher Verhandlung entschieden werden mussten, obwohl ein Zulassungsgrund nicht oder im Zeitpunkt der Entscheidung nicht mehr gegeben war. Sie will außerdem Vorsorge dafür treffen, dass nach Klärung einer Rechtsfrage, die zu mehrfachen Revisionszulassungen verschiedener Berufungsgerichte geführt hat, aussichtslose Revisionen, deren Durchführung keinen Ertrag für die Fortentwicklung des Rechts mehr verspricht, ohne den Aufwand einer mündlichen Verhandlung zurückgewiesen werden können. § 552a reduziert für derartige Fälle den Erledigungsaufwand nach dem Vorbild des § 522 Abs. 2.

II. Voraussetzungen der Beschlusszurückweisung

2 Es gilt Entsprechendes wie für § 522 Abs. 2 S. 1; auf die dortigen Ausführungen wird verwiesen. Maßgeblich für die Beurteilung ist der Zeitpunkt der Beschlussfassung des Revisionsgerichts.[2] Durch Beschluss zurückzuweisen ist die Revision daher auch dann, wenn der Zulassungsgrund oder die Erfolgsaussicht nach der Entscheidung des Berufungsgerichts oder nach Einlegung der Nichtzulassungsbeschwerde – etwa infolge einer Gesetzesänderung (§ 559 Rn. 10) oder höchstrichterlicher Klärung der Rechtsfrage in einem Parallelverfahren – entfallen ist.

III. Kosten

3 **Gerichtskosten.** Gebühren werden nicht erhoben. Es tritt aber auch keine Ermäßigung ein.

---

[1] BGH NJW 1994, 942, 943; WM 1984, 484, 485.
[2] BGH LM § 91a Nr. 4.
[3] BGH NJW 1976, 1940; MK/*Wenzel* Rn. 4; *St/J/Grunsky* § 554a Rn. 3.
[4] *St/J/Grunsky* § 554a Rn. 7.
[1] Zur Verfassungsmäßigkeit s. BVerfG NJW 2005, 1485, 1486.
[2] BGH NJW-RR 2005, 650f.

553 *Terminsbestimmung; Einlassungsfrist* **(1) Wird die Revision nicht durch Beschluss als unzulässig verworfen oder gemäß § 552a zurückgewiesen, so ist Termin zur mündlichen Verhandlung zu bestimmen und den Parteien bekannt zu machen.**

(2) Auf die Frist, die zwischen dem Zeitpunkt der Bekanntmachung des Termins und der mündlichen Verhandlung liegen muss, ist § 274 Abs. 3 entsprechend anzuwenden.

Die Vorschrift ist der für das Berufungsverfahren geltenden Bestimmung des § 523 nachgebildet. Eine Übertragung auf den Einzelrichter sieht sie – abweichend von § 523 – nicht vor. Der Verhandlungstermin ist den Parteien durch Zustellung an ihre Prozessbevollmächtigten – dem Revisionsbeklagten gegebenenfalls durch Zustellung an den Prozessbevollmächtigten zweiter Instanz – bekannt zumachen. 1

554 *Anschlussrevision* **(1) [1]Der Revisionsbeklagte kann sich der Revision anschließen. [2]Die Anschließung erfolgt durch Einreichung der Revisionsanschlussschrift bei dem Revisionsgericht.**

(2) [1]Die Anschließung ist auch statthaft, wenn der Revisionsbeklagte auf die Revision verzichtet hat, die Revisionsfrist verstrichen oder die Revision nicht zugelassen worden ist. [2]Die Anschließung ist bis zum Ablauf eines Monats nach der Zustellung der Revisionsbegründung zu erklären.

(3) [1]Die Anschlussrevision muss in der Anschlussschrift begründet werden. [2]§ 549 Abs. 1 Satz 2 und Abs. 2 und die §§ 550 und 551 Abs. 3 gelten entsprechend.

(4) Die Anschließung verliert ihre Wirkung, wenn die Revision zurückgenommen, verworfen oder durch Beschluss zurückgewiesen wird.

I. Normzweck

Die Bestimmung regelt Voraussetzungen und Verfahren der Anschlussrevision. Die Anschlussrevision dient dem gleichen Zweck wie die Anschlussberufung (dazu § 524 Rn. 2). Ihre Regelung entspricht im Wesentlichen der der Anschlussberufung in § 524. Ein Unterschied besteht insoweit, als die Anschlussrevision eine Beschwer voraussetzt (Rn. 5). Ebenso wie die Anschlussberufung (§ 524 Rn. 1) ist auch die Anschlussrevision nur noch in der Erscheinungsform der unselbständigen Anschlussrevision gesetzlich geregelt.[1] 1

II. Zulässigkeit der Anschließung

1. Revision des Prozessgegners. Die Anschlussrevision ist kein Rechtsmittel, sondern Antragstellung innerhalb eines Rechtsmittels der Gegenpartei.[2] Sie setzt eine (schon und noch) existierende Revision des Gegners voraus. Solange über eine Nichtzulassungsbeschwerde der Gegenpartei nicht (positiv) entschieden ist (s. § 544 Abs. 6), besteht noch keine Anschließungsmöglichkeit (s. auch § 544 Rn. 25). Eine Anschließung ist nicht mehr möglich, wenn die Revision der Gegenpartei – auch ohne Wissen des Revisionsbeklagten – zurückgenommen[3], als unzulässig verworfen (§ 552) oder durch Beschluss zurückgewiesen (§ 552a) worden ist. 2

2. Gegenstand der Anschließung. Ebenso wie im Berufungsverfahren (§ 524 Abs. 2 S. 1) kann sich der Revisionsbeklagte dem Rechtsmittel des Gegners anschließen, auch wenn die Frist zur Einlegung der Revision (§ 548) oder der Nichtzulassungsbeschwerde (§ 544 Abs. 1 S. 2) für ihn abgelaufen ist oder er auf Rechtsmittel verzichtet hat, Abs. 2 S. 1 Alt. 1 und 2. Eine verspätet eingelegte oder begründete Revision ist regelmäßig in eine Anschließung an die Revision der Gegenpartei umzudeuten.[4] 3

3. Anschließung ohne Zulassung. Abweichend von § 556 Abs. 1 aF kann der Revisionsbeklagte nach Abs. 2 S. 1 Alt. 3 Anschlussrevision auch insoweit einlegen, als die Revision für ihn weder vom Berufungsgericht noch vom Revisionsgericht im Verfahren der Nichtzulassungsbeschwerde zugelassen worden ist.[5] Dem Revisionsbeklagten soll damit aus Billigkeitsgründen die Möglichkeit eröffnet werden, eine Abänderung des Berufungsurteils zu seinen Gunsten zu erreichen, wenn das Revisionsverfahren ohnehin durchgeführt werden muss.[6] Ungeachtet der vom Gesetzgeber intendierten Ausweitung des Anschließungsrechts hält der BGH an der restriktiven Rspr. [7] fest, die bei beschränkter Zulassung der Revision eine Anschließung nur bei einem rechtlichen oder wirtschaftlichen Zusammenhang mit dem Teil des Streitgegenstandes zulässt, für den zu Gunsten des Gegners die Revision zugelassen ist (§ 543 Rn. 18).[8] Gegenstand der Anschlussrevision kann vielmehr alles sein, was der Revisionsbeklagte zum Gegenstand einer eigenen Revision oder Nichtzulassungsbeschwerde (unabhängig von der Wertgrenze des § 26 Nr. 8 EGZPO) hätte machen können. Einer Revision, mit der die eine Partei die durch Teilurteil getroffene Sachentscheidung und als deren Annex die Kostenentscheidung des Schlussurteils angreift, kann sich die andere allerdings nicht wegen einer ihr nachteiligen Sachentscheidung im Schlussurteil anschließen.[9] 4

---

1 Amtl. Begr. des ZPO-RG, BT-Drucks. 14/4722, S. 107f.
2 BGHZ 36, 162, 166 = NJW 1962, 797; BGHZ 131, 95, 97 = NJW 1996, 321.
3 BGHZ 17, 398 = NJW 1955, 1187.
4 MK/*Wenzel* Rn. 8.
5 Amtl. Begr. des ZPO-RG, BT-Drucks. 14/4722, S. 108; BGH NJW-RR 2005, 651.
6 Amtl. Begr. des ZPO-RG, BT-Drucks. 14/4722, S. 108.
7 ZB BGH NJW-RR 2001, 485, 486; NJW 2001, 3543.
8 BGH, B. v. 22. 11. 2007 – I ZR 74/05.
9 BGH NJW 1987, 2997.

5 **4. Beschwer.** Der Revisionsbeklagte kann sich dem Rechtsmittel des Gegners nur anschließen, wenn und soweit das Berufungsurteil (auch) ihn beschwert.[10] Die Beschwer muss von der Berufungsentscheidung ausgehen. Teile des Streitstoffs, die in erster Instanz beschieden und nicht mit der Berufung angegriffen worden sind, können nicht zum Gegenstand einer Anschlussrevision gemacht werden.[11] Nicht erforderlich ist, dass der Wert der Beschwer 20 000 Euro (s. § 26 Nr. 8 EGZPO) übersteigt.[12]

III. Einlegung der Anschlussrevision

6 **1. Anschlussschrift.** Die Anschließung erfordert die Einreichung einer Revisionsanschlussschrift beim Revisionsgericht, Abs. 1 S. 2. Sie muss eindeutig erkennen lassen, dass der Revisionsbeklagte eine Abänderung der Berufungsentscheidung zu seinen Gunsten und damit mehr als die Zurückweisung der gegnerischen Revision erstrebt.[13]

7 **2. Anschließungsfrist.** Die Anschlussrevision ist nach Abs. 2 S. 2 binnen eines Monats nach Zustellung der Revisionsbegründung an den Revisionsbeklagten einzulegen. Eine Verlängerung der Anschließungsfrist ist nicht möglich.

8 **3. Hilfsanschlussrevision.** Der Revisionsbeklagte kann sich der Revision hilfsweise für den Fall anschließen, dass das ihm günstige Berufungsurteil auf die Revision aufgehoben wird.[14] Eine **„Gegenanschließung"**, die nach früherem Recht in Bezug auf eine selbständige Anschlussrevision, nicht dagegen hinsichtlich einer unselbständigen Anschlussrevision für zulässig gehalten wurde,[15] kommt nach Wegfall der selbständigen Anschlussrevision (Rn. 1) nicht mehr in Betracht.

IV. Begründung der Anschlussrevision

9 Die Anschlussrevision muss innerhalb der Monatsfrist des Abs. 2 S. 2 – nicht notwendig in der Anschlussschrift[16] – begründet werden, Abs. 3 S. 1. In einer vor Fristablauf nachgereichten Begründung liegt zugleich eine wiederholte Anschließung. Ist die Revision bereits vor der Entscheidung über die Nichtzulassungsbeschwerde (§ 544) – zB zugleich mit dieser – begründet worden, so beginnt die Frist für die Anschlussrevision bereits mit der Zustellung des Zulassungsbeschlusses.[17] Die Monatsfrist des Abs. 2 S. 2 kann auch nicht zur Begründung einer fristgerecht eingelegten Anschlussrevision verlängert werden.[18] Bei schuldlos verspäteter Einlegung oder Begründung der Anschlussrevision kann Wiedereinsetzung in den vorigen Stand gewährt werden.[19] Inhaltlich muss die Anschlussrevisionsbegründung den Anforderungen des § 551 Abs. 3 entsprechen, Abs. 3 S. 2. Die Berücksichtigung von Verfahrensmängeln setzt grundsätzlich (Ausnahme: Besetzungsrüge, vgl. § 547 Rn. 6) eine form- und fristgerechte Rüge (§ 551 Abs. 3 S. 1 Nr. 2 lit. b) des Anschlussrevisionsklägers voraus, auch wenn der Revisionskläger einen Mangel gerügt hat und das Berufungsurteil insgesamt auf diesem Mangel beruht.[20]

V. Abhängigkeit der Anschlussrevision (Absatz 4)

10 **1. Wirkungsverlust.** Die Anschlussrevision verliert ihre Wirkung, wenn die Revision zurückgenommen, als unzulässig verworfen oder gemäß § 552 a durch Beschluss zurückgewiesen wird (Abs. 4). Wird die Revision teilweise zurückgenommen oder verworfen, so beschränkt sich der Wirkungsverlust nach Abs. 4 auf die davon betroffenen Teile des Streitstoffs. Zu weiteren Fällen eines Wirkungsverlusts entsprechend Abs. 4 vgl. § 524 Rn. 28. Die Zurückweisung der Revision durch Urteil berührt die Wirksamkeit der Anschlussrevision nicht (vgl. § 524 Rn. 28).

11 **2. Fortführung als selbständige Revision.** Nach dem Fortfall der selbständigen Anschlussrevision (Rn. 1) kann eine vom Revisionsbeklagten vor Ablauf der für ihn laufenden Revisionsfrist erklärte Anschließung nur unter den für eine selbständige Revision geltenden Zulässigkeitsvoraussetzungen als eigenständige Revision fortgeführt werden. Sie wird daher mit der Rücknahme, Verwerfung oder Beschlusszurückweisung (§ 552 a) der gegnerischen Revision unzulässig, wenn es an der nach § 543 erforderlichen Zulassung fehlt. Ein vor der Anschließung erklärter, bislang gemäß Abs. 2 S. 1 unschädlicher **Rechtsmittelverzicht** erlangt mit Wegfall der Hauptrevision Bedeutung und macht die (Gegen-)Revision unzulässig.

VI. Entscheidung

12 Ist die Anschlussrevision unzulässig und der Mangel nicht (mehr) behebbar, so ist sie als unzulässig zu verwerfen. Dasselbe gilt, wenn eine gemäß Abs. 4 wirkungslos gewordene Anschlussrevision weiterverfolgt wird. Ist die Anschlussrevision zulässig, so entscheidet das Revisionsgericht durch Urteil über ihre Begrün-

---

[10] BGH LM Nr. 4 = JZ 1955, 218; NJW 1983, 1858; 1995, 2563, 2565.
[11] BGH NJW 1983, 1858; *St/J/Grunsky* § 556 Rn. 3.
[12] MK/*Wenzel* Rn. 5; *T/P/Reichold* Rn. 2.
[13] BGHZ 109, 179, 187 = NJW 1990, 447; *St/J/Grunsky* § 556 Rn. 11.
[14] BGHZ 67, 305, 310 = NJW 1977, 435 (LS); BGH NJW 1995, 2563, 2565.
[15] Vgl. BGHZ 88, 360, 362 = NJW 1984, 437; BGH NJW 1986, 1494.
[16] *BGH NJW 1961*, 1816; aA MK/*Wenzel* Rn. 12.
[17] BGH NJW 2004, 2981; krit. *Büttner* NJW 2004, 3524, 3526.
[18] MK/*Wenzel* Rn. 11; St/*J/Grunsky* § 556 Rn. 9.
[19] BGH LM § 233 Nr. 15 = NJW 1952, 425 (LS); VersR 1977, 152, 153; *B/L/H* Rn. 7; MK/*Wenzel* Rn. 11.
[20] BGH NJW 1994, 801, 803.

detheit. Einer Zulassung durch das Revisionsgericht (§ 543) bedarf die Anschlussrevision nicht. Sie muss daher in der Sache beschieden werden, auch wenn sie keine Rechtsfragen von grundsätzlicher Bedeutung aufwirft und eine Entscheidung über die Anschlussrevision weder zur Rechtsfortbildung noch zur Vereinheitlichung der Rspr. beiträgt.

VII. Kosten der erfolglosen Anschlussrevision

Wird die Anschlussrevision als unzulässig verworfen oder als unbegründet zurückgewiesen, so sind die anteiligen, aus dem addierten Wert von Haupt- und Anschlussrevision berechneten Kosten des Revisionsverfahrens dem Anschlussrevisionskläger aufzuerlegen (§ 97 Rn. 2).[21] Nimmt der Revisionskläger die zulässige Revision zurück, so sind ihm gem. §§ 565, 516 Abs. 3 auch die Kosten einer zulässigen Anschlussrevision aufzuerlegen.[22] Verliert die Anschlussrevision ihre Wirkung dadurch, dass die Hauptrevision als unzulässig verworfen oder gem. § 552a durch Beschluss zurückgewiesen wird, so sind die Kosten des Revisionsverfahrens verhältnismäßig zu teilen.[23] Das gilt auch für eine Hilfsanschlussrevision.[24] Anteilige Kosten treffen den Anschlussrevisionskläger auch dann, wenn er sich einer bereits zurückgenommenen, als unzulässig verworfenen oder durch Beschluss zurückgewiesenen Revision anschließt; auf seine Kenntnis kommt es nicht an.[25] Eine Kostenteilung kommt nicht in Betracht, wenn die Anschlussrevision keinen eigenen Wert hat.[26] 13

VIII. Gebühren und Kosten

1. Rechtsanwaltsgebühren. Vgl. § 524 Rn. 34. 14

2. Gerichtskosten. Die Verfahrensgebühr nach KV Nr. 1230 fällt insgesamt (für Haupt- und Anschlussrechtsmittel) nur einmal an (§ 45 GKG). 15

555 *Allgemeine Verfahrensgrundsätze* (1) **[1]Auf das weitere Verfahren sind, soweit sich nicht Abweichungen aus den Vorschriften dieses Abschnitts ergeben, die im ersten Rechtszuge für das Verfahren vor den Landgerichten geltenden Vorschriften entsprechend anzuwenden. [2]Einer Güteverhandlung bedarf es nicht.**

(2) Die Vorschriften der §§ 348 bis 350 sind nicht anzuwenden.

I. Normzweck

Die Vorschrift unterstellt das Revisionsverfahren – ebenso wie § 525 das Berufungsverfahren – grundsätzlich den Bestimmungen für das erstinstanzliche Verfahren vor den Landgerichten (§§ 253 bis 494). Die Vorschriften des ersten Buches (§§ 1 bis 252) gelten unmittelbar auch für das Revisionsverfahren. Daneben kommen gemäß § 565 einzelne rechtsmitteltypische Regelungen des Berufungsverfahrens zur Anwendung. 1

II. Das Revisionsverfahren (Absatz 1)

1. Allgemeines, Abs. 1 S. 1. Soweit das Revisionsgericht die Revision nicht durch Beschluss als unzulässig verwirft (§ 552) oder gem. § 552a zurückweist, entscheidet es auf Grund mündlicher Verhandlung durch Urteil. Gegenstand der Verhandlung und Entscheidung ist der Rechtsstreit in den Grenzen des Berufungsurteils und der Revisionsanträge (§ 557 Abs. 1, § 559 Abs. 1). Wegen der Beschränkung auf den Tatsachenstoff der zweiten Instanz (§ 559) sind Klageänderung und Klageerweiterung, Widerklage und Aufrechnung in der Revisionsinstanz grundsätzlich ausgeschlossen (näher § 559 Rn. 3ff.). Zulässig sind dagegen Beschränkung und Rücknahme der Klage, Anerkenntnis und Verzicht. Auch in der Revisionsinstanz kann der Rechtsstreit noch durch Prozessvergleich beendet werden. Eine übereinstimmende Erledigungserklärung ist vom Revisionsgericht zu beachten.[1] Dasselbe gilt für eine einseitige Erledigungserklärung des Klägers, sofern das erledigende Ereignis außer Streit ist (§ 559 Rn. 6). Zur Erledigung der Revision vgl. § 525 Rn. 9. 2

2. Güteverhandlung, Abs. 1 S. 2. Einer gesonderten Güteverhandlung (§ 278 Abs. 2 bis 5) bedarf es in der Revisionsinstanz ebenso wenig wie im Berufungsverfahren (§ 525 S. 2). Davon unberührt bleibt die nach Abs. 1 S. 1 iVm. § 278 Abs. 1 bestehende Verpflichtung auch des Revisionsgerichts[2], in jeder Lage des Verfahrens auf eine gütliche Beilegung des Rechtsstreits oder einzelner Streitpunkte bedacht zu sein. 3

3. Verfahren bei Säumnis. Soweit über die Revision durch Urteil zu entscheiden ist, richtet sich das Verfahren bei Säumnis einer Partei nach §§ 330ff.[3] Voraussetzung jedweder Versäumnisentscheidung ist die Zulässigkeit der Revision (vgl. § 539 Rn. 2).[4] Ist die Revision unzulässig, so ist sie auch bei Säumnis einer 4

---

21 MK/*Wenzel* Rn. 17; *St/J/Grunsky* § 556 Rn. 21.
22 BGH NJW-RR 2005, 651.
23 BGHZ 80, 146 = NJW 1981, 1790; *R/S/G* § 144 II 6; MK/*Wenzel* Rn. 17; aA *Waldner* JZ 1982, 632f.
24 BGH NJW-RR 1989, 1276; MK/*Wenzel* Rn. 17.
25 BGHZ 80, 146, 149 = NJW 1981, 1790.
26 BGH NJW 1984, 2952.
1 BGHZ 106, 359, 368 = NJW 1989, 2885; BGHZ 123, 264, 265 = NJW 1994, 256.
2 Amtl. Begr. des ZPO-RG, BT-Drucks. 14/4722, S. 108.
3 MK/*Wenzel* Rn. 13; *St/J/Grunsky* § 566 Rn. 11.
4 BGH NJW 1961, 829; MK/*Wenzel* Rn. 14; *St/J/Grunsky* § 566 Rn. 12.

Partei durch kontradiktorisches Urteil[5] zu verwerfen. Eine Sachentscheidung im Versäumnisverfahren setzt ferner die Zulässigkeit der Klage und der Berufung voraus[6] (vgl. § 539 Rn. 4, 6).

5 **a) Säumnis des Revisionsklägers.** Bei Säumnis des Revisionsklägers ist auf Antrag des Revisionsbeklagten die Revision ohne Sachprüfung durch Versäumnisurteil zurückzuweisen (§ 330).

6 **b) Säumnis des Revisionsbeklagten.** Bei Säumnis des Revisionsbeklagten entscheidet das Revisionsgericht abweichend von § 331 auf der Grundlage des vom Berufungsgericht festgestellten Sachverhalts unter Berücksichtigung des gesamten Sach- und Streitstands.[7] Die Geständnisfiktion des § 331 Abs. 1 gewinnt nur insoweit Bedeutung, als ausnahmsweise (§ 559 Abs. 1 S. 2, § 551 Abs. 3 S. 1 Nr. 2 lit. b) neuer Tatsachenvortrag im Revisionsverfahren zu berücksichtigen ist.[8] Soweit die Revision hiernach begründet ist, trifft das Revisionsgericht die nach §§ 562, 563 gebotene Entscheidung durch (echtes) Versäumnisurteil. Soweit die Revision unbegründet ist, ist sie durch kontradiktorisches Urteil („unechtes Versäumnisurteil") zurückzuweisen.[9]

7 **c) Entscheidung.** Von der Möglichkeit des § 313b Abs. 1 und 2 macht der BGH bei Versäumnisurteilen gegen den Revisionsbeklagten wegen der gebotenen umfassenden Nachprüfung des Berufungsurteils (Rn. 6) keinen Gebrauch.[10] Versäumnisurteile des Revisionsgerichts sind nach § 708 Nr. 2 für vorläufig vollstreckbar zu erklären. Für den Einspruch und das weitere Verfahren gelten §§ 338 ff.[11] Ein technisch zweites Versäumnisurteil (§ 345) des Revisionsgerichts ist unanfechtbar.

III. Kein Einzelrichter (Absatz 2)

8 Eine Entscheidung durch den Einzelrichter ist nach Abs. 2 in der Revisionsinstanz schlechthin ausgeschlossen.[12] Das gilt auch für rechtlich einfach gelagerte Revisionen und für Nichtzulassungsbeschwerden. Auch für eine die Senatsentscheidung vorbereitende Einzelrichtertätigkeit (vgl. § 527) ist im Revisionsverfahren kein Raum.[13] Die Durchführung eines Erörterungstermins mit dem Ziel einer gütlichen Einigung der Parteien (s. Rn. 3) kann allerdings einem Mitglied des Revisionssenats übertragen werden.[14]

IV. Rechtsanwaltsgebühren

9 **Rechtsanwaltsgebühren.** Vgl. § 539 Rn. 17 und § 341 Rn. 5.

556

Verlust des Rügerechts **Die Verletzung einer das Verfahren der Berufungsinstanz betreffenden Vorschrift kann in der Revisionsinstanz nicht mehr gerügt werden, wenn die Partei das Rügerecht bereits in der Berufungsinstanz nach der Vorschrift des § 295 verloren hat.**

1 Die Bestimmung entspricht der für das Berufungsverfahren geltenden Vorschrift des § 534; das dort Ausgeführte gilt hier entsprechend. Auf nicht geheilte Mängel des erstinstanzlichen Verfahrens kann die Revision nur gestützt werden, wenn sie vor Schluss der mündlichen Verhandlung vor dem Berufungsgericht beanstandet worden sind.[1] § 556 gilt nicht für Fehler des Berufungsgerichts bei der Urteilsfällung, da diese nicht durch die vorangegangene mündliche Verhandlung geheilt worden sein können.[2]

557

Umfang der Revisionsprüfung **(1) Der Prüfung des Revisionsgerichts unterliegen nur die von den Parteien gestellten Anträge.**

(2) Der Beurteilung des Revisionsgerichts unterliegen auch diejenigen Entscheidungen, die dem Endurteil vorausgegangen sind, sofern sie nicht nach den Vorschriften dieses Gesetzes unanfechtbar sind.

(3) [1]Das Revisionsgericht ist an die geltend gemachten Revisionsgründe nicht gebunden. [2]Auf Verfahrensmängel, die nicht von Amts wegen zu berücksichtigen sind, darf das angefochtene Urteil nur geprüft werden, wenn die Mängel nach den §§ 551 und 554 Abs. 3 gerügt worden sind.

I. Normzweck

1 Abs. 1 regelt die Anfallwirkung der Revision und legt damit die quantitativen Grenzen der revisionsrechtlichen Überprüfung des Berufungsurteils fest. Abs. 3 bestimmt die inhaltlichen Schranken der revisionsrechtlichen Nachprüfung. Die Bestimmung ist daher vor allem Ausprägung der Dispositionsmaxime, die ungeachtet seiner besonderen Funktion auch das Revisionsverfahren beherrscht. Abs. 2 bezieht entspre-

---

[5] BGH (Fn. 4); MK/*Wenzel* Rn. 14; *St/J/Grunsky* § 566 Rn. 12; anders BGH NJW 1957, 1840.
[6] *R/S/G* § 146 IV 2; MK/*Wenzel* Rn. 14.
[7] BGHZ 37, 79, 82 = NJW 1962, 1149; BGH NJW 1995, 1162; 1998, 156, 157; 1999, 647 f.
[8] BGH NJW 1967, 2162; MK/*Wenzel* Rn. 16.
[9] BGH (Fn. 8); NJW 1993, 1788; 1998, 156, 157.
[10] ZB BGH NJW 1995, 1162.
[11] MK/*Wenzel* Rn. 17.
[12] BGH NJW-RR 2005, 584.
[13] *St/J/Grunsky* § 557a Rn. 1.
[14] MK/*Wenzel* Rn. 5.
[1] BGHZ 133, 36, 39 = NJW 1996, 2734; BGHZ 165, 223, 227 = NJW 2006, 695.
[2] BGH NJW 1992, 1966, 1967.

chend der für das Berufungsverfahren geltenden Bestimmung des § 512 in die Nachprüfung des Revisionsgerichts solche Entscheidungen des Berufungsgerichts ein, die dem Endurteil vorausgegangen sind und im Berufungsverfahren nicht gesondert angefochten werden konnten.

II. Umfang der revisionsrechtlichen Nachprüfung (Absatz 1)

Abs. 1 nennt als quantitative Schranke der revisionsrechtlichen Nachprüfung allein die Parteianträge. 2
Indessen versteht es sich von selbst, dass der Streitgegenstand auch im Revisionsrechtszug grundsätzlich nur insoweit anfällt, als die Vorinstanz über ihn entschieden hat[1] (vgl. § 528 Rn. 2).

1. Anfall des Streitgegenstands in der Revisionsinstanz. Hier gilt zunächst das zum Anfall in der Beru- 3
fungsinstanz Ausgeführte (§ 528 Rn. 2 ff.) entsprechend.

a) Haupt- und Hilfsantrag. Wendet sich in Fällen der Eventualklagenhäufung die Revision des Beklag- 4
ten gegen die Verurteilung nach dem Hauptantrag, so fällt auch der vom Berufungsgericht nicht beschiedene Hilfsantrag in der Revisionsinstanz an, ohne dass es einer Anschlussrevision des Klägers bedarf.[2] Hat das Berufungsgericht den Hauptantrag abgewiesen und dem Hilfsantrag Zug um Zug gegen eine bestimmte Gegenleistung stattgegeben, so ist bei unbeschränkter Revision des Klägers auch dann über die Revision hinsichtlich der Zug-um-Zug-Einschränkung des Hilfsantrages zu entscheiden, wenn die Revision bezüglich des Hauptantrages zur Aufhebung und Zurückverweisung führt.[3]

Ist der Hauptantrag abgewiesen und dem Hilfsantrag stattgegeben worden, so fällt auf die Revision des 5
Klägers allein die Entscheidung über den Hauptantrag in der Revisionsinstanz an.[4] Gleichwohl hebt das Revisionsgericht die Entscheidung über den Hilfsantrag von Amts wegen auf, wenn es dem Hauptantrag stattgibt.[5] Führt die Revision des Klägers dagegen hinsichtlich des Hauptantrages zur Aufhebung und Zurückverweisung, so bleibt das Schicksal der Berufungsentscheidung über den Hilfsantrag in der Schwebe, bis das Berufungsgericht erneut über den Hauptantrag entschieden hat; gibt es ihm statt, so hat es zugleich seine frühere Entscheidung über den Hilfsantrag aufzuheben.[6] Entsprechendes gilt für die Entscheidung des Berufungsgerichts über eine **Eventualwiderklage** des Berufungsbeklagten, wenn dessen Revision hinsichtlich des in zweiter Instanz verfolgten Hauptbegehrens erfolgreich ist. Steht auf Grund der Revisionsentscheidung über die Klage mit Bindungswirkung für das Berufungsgericht (§ 563 Abs. 2) fest, dass die Bedingung, unter der die Eventualwiderklage erhoben ist, nicht eingetreten ist, so unterbleibt hinsichtlich der Widerklage eine Zurückverweisung an das Berufungsgericht.[7]

b) Aufrechnung. Für die Revision in Fällen einer auf eine zweitinstanzliche (Hilfs-)Aufrechnung gestüt- 6
zten Klageabweisung gilt das zu § 528 Rn. 8 ff. Ausgeführte entsprechend. Ist die Klage bereits in erster Instanz wegen der Hilfsaufrechnung des Beklagten abgewiesen worden und hat hiergegen allein der Kläger Berufung eingelegt, so kann der Beklagte das ursprüngliche Bestehen der Klageforderung auch in der Revisionsinstanz nicht mehr zur Überprüfung stellen.[8]

2. Beschränkung auf die Revisionsanträge. In den Grenzen der Anfallwirkung (Rn. 3 ff.) bestimmen die 7
Revisionsanträge der Parteien, in welchem quantitativen Umfang das Berufungsurteil der revisionsrechtlichen Nachprüfung unterliegt. Maßgeblich sind die in der mündlichen Revisionsverhandlung zuletzt gestellten Anträge.[9] Ist die Revision wirksam auf einen Teil des Berufungsurteils beschränkt (§ 551 Rn. 6), so ist der nicht angegriffene Teil einschließlich der auf ihn entfallenden zweitinstanzlichen Kostenentscheidung der Nachprüfung und Abänderung durch das Revisionsgericht entzogen.[10] **Verbesserungs- und Verschlechterungsverbot** (näher § 528 Rn. 13 ff.) gelten für das Revisionsgericht ebenso wie für das Berufungsgericht. Hat das dieses eine Berufung zu Unrecht als unzulässig verworfen, so kann das Revisionsgericht bei Entscheidungsreife (§ 563 Abs. 3) in der Sache zum Nachteil des Revisionsklägers entscheiden, ohne das Verbot der Schlechterstellung zu verletzen.[11]

III. Nachprüfung von Vorentscheidungen (Absatz 2)

1. Nachprüfbare Vorentscheidungen. Nachprüfbar sind nur solche Vorentscheidungen des Berufungsge- 8
richts, die nach dem Gesetz weder unanfechtbar noch – über den Wortlaut des Abs. 2 hinaus – selbständig anfechtbar (Rn. 11) sind.[12] Es sind dies Zwischenurteile nach § 303 (vgl. § 542 Rn. 4), Beweisbeschlüsse[13] und prozessleitende Anordnungen des Berufungsgerichts[14] (vgl. aber Rn. 9). Ein die Zulässigkeit der Beru-

---

[1] BGH NJW 1986, 2765, 2766 f.; MK/*Wenzel* Rn. 2; *St/J/Grunsky* § 559 Rn. 2.
[2] BGH NJW 1992, 112, 113; 1992, 117; NJW-RR 1990, 518, 519.
[3] BGHZ 120, 96, 102 f. = NJW 1993, 1005.
[4] BGHZ 106, 219, 221 = NJW 1989, 1486.
[5] BGHZ 112, 229, 232 = NJW 1991, 169; BGH NJW 1996, 3147, 3150; NJW-RR 2001, 620, 622.
[6] BGH (Fn. 4); BGHZ 120, 96, 103 = NJW 1993, 1005; BGH WM 1997, 1713, 1716.
[7] BGH NJW 1996, 2165, 2167.
[8] BGH NJW-RR 1995, 240, 242.
[9] BGH NJW-RR 1988, 66; MK/*Wenzel* Rn. 7.
[10] BGHZ 106, 219, 220 = NJW 1989, 1486.
[11] BGHZ 102, 332, 337 = NJW 1988, 2114.
[12] BGH NJW-RR 2004, 851.
[13] *St/J/Grunsky* § 548 Rn. 2.
[14] *St/J/Grunsky* § 548 Rn. 2.

fung bejahendes Zwischenurteil ist zusammen mit dem durch die Revision angefochtenen Endurteil des Berufungsgerichts zu überprüfen.[15]

9 **2. Nicht nachprüfbare Vorentscheidungen. a) Unanfechtbare Zwischenentscheidungen.** Dem Endurteil vorangegangene Entscheidungen des Berufungsgerichts, die durch Vorschriften der ZPO oder des GVG ausdrücklich für unanfechtbar erklärt sind (vgl. § 512 Rn. 3), können auch nicht im Rahmen der Revision gegen das Endurteil nachgeprüft werden. Nach früherem Recht waren davon Beschlüsse der Landgerichte im Berufungsverfahren (§ 567 Abs. 3 aF) und Beschlüsse der Oberlandesgerichte (§§ 567 Abs. 4, 568, 568a aF) in der Regel betroffen. Die Vorschrift hat infolge der Neugestaltung des Beschwerderechts (§§ 567ff., 574ff.) erheblich an Bedeutung verloren, weil **zweitinstanzliche Beschlüsse** abweichend von der früheren Regelung **nicht mehr grundsätzlich unanfechtbar** sind. Berufungs- und Beschwerdegerichte können vielmehr gemäß § 574 Abs. 1 Nr. 2 gegen Beschlüsse – nach dem Wortlaut der Vorschrift unbeschränkt, mithin auch gegen Zwischenentscheidungen – die Rechtsbeschwerde zulassen. Beschlüsse des Berufungsgerichts sind daher nur in den Fällen unanfechtbar, in denen dies im Gesetz ausdrücklich bestimmt ist.

10 b) **Unanfechtbar** sind dagegen **zweitinstanzliche Zwischenurteile,** die nach dem Gesetz mit der sofortigen Beschwerde angefochten werden können (§§ 71, 135, 387). Zweitinstanzliche Entscheidungen der Landgerichte und Entscheidungen der Oberlandesgerichte unterliegen gemäß § 567 Abs. 1 nicht der sofortigen Beschwerde, Urteile gemäß § 574 Abs. 1 nicht der Rechtsbeschwerde. Auch eine analoge Anwendung des § 574 kommt in diesen Fällen nicht in Betracht. Die an die Stelle der weiteren Beschwerde als drittinstanzliches Rechtsmittel tretende Rechtsbeschwerde ist nicht der passende Rechtsbehelf für die Nachprüfung der Maßnahmen, die durch die genannten Zwischenurteile gegen Dritte verhängt werden können.

11 **3. Selbständig anfechtbare Vorentscheidungen.** Über den Wortlaut des Abs. 2 hinaus sind – ebenso wie nach § 512 in der Berufungsinstanz – auch selbständig mit der Revision anfechtbare Vorentscheidungen des Berufungsgerichts der Nachprüfung durch das Revisionsgericht entzogen.[16] Dies sind die revisionsfähigen Zwischen- und Vorbehaltsurteile nach §§ 280, 302, 304, 599, ferner ein die Wiederseinsetzung ablehnendes Zwischenurteil (§ 542 Rn. 4). Auch eine Inzidentprüfung der Entscheidung des Berufungsgerichts über ein Ablehnungsgesuch ist nach Abs. 2 in der Revisionsinstanz ausgeschlossen.[17]

12 **4. Entscheidung des Revisionsgerichts.** Eine Vorentscheidung des Berufungsgerichts kann nur im Rahmen einer zulässigen Revision und nur auf Revisionsrüge hin nachgeprüft werden.[18] Zum Erfolg kann dies der Revision nur verhelfen, wenn die Vorentscheidung das Gesetz verletzt und das Endurteil des Berufungsgerichts auf dieser Gesetzesverletzung beruht.[19] An nicht nachprüfbare Vorentscheidungen des Berufungsgerichts ist das Revisionsgericht gebunden.[20] Dies gilt nicht für unwirksame Vorentscheidungen wie etwa eine Verlängerung der Berufungsbegründungsfrist auf einen erst nach Eintritt der formellen Rechtskraft eingegangenen Antrag (vgl. § 520 Rn. 12).

IV. Inhaltliche Schranken der revisionsrechtlichen Nachprüfung (Absatz 3)

13 **1. Grundsatz, Abs. 3 S. 1.** Das Revisionsgericht überprüft das Berufungsurteil grundsätzlich von Amts wegen in vollem Umfang auf Fehler bei der Anwendung formellen und materiellen Rechts.[21] Auch die richtige Anwendung des deutschen internationalen Privatrechts hat es von Amts wegen zu prüfen.[22] An Revisionsrügen ist es hierbei nur in den in Abs. 3 S. 2 genannten Fällen gebunden.

14 **a) Von Amts wegen zu berücksichtigende Verfahrensfehler.** Zu den Verfahrensvorschriften, deren Verletzung das Revisionsgericht von Amts wegen prüft,[23] zählen die Vorschriften über die deutsche Gerichtsbarkeit,[24] die internationale Zuständigkeit der deutschen Gerichte[25], soweit nicht die Prüfung der Zuständigkeit des Gerichts erster Instanz gemäß § 545 Abs. 2 ausgeschlossen ist (§ 545 Rn. 12), und die gesetzliche Vertretung.[26] Einen von Amts wegen zu berücksichtigenden Verfahrensmangel stellt es dar, wenn das Berufungsgericht eine am Rechtsstreit nicht beteiligte Person als Partei behandelt.[27] Von Amts wegen prüft das Revisionsgericht ferner **Sachurteilsvoraussetzungen**[28] wie Partei-[29] und Prozessfähigkeit,[30] Prozessführungs-

---

[15] BGHZ 102, 232, 233 = NJW 1988, 1733; BGH NJW 1994, 3288, 3289; NJW-RR 2004, 851.
[16] MK/*Wenzel* Rn. 19; *St/J/Grunsky* § 548 Rn. 4; *Zö/Gummer* § 548 Rn. 2.
[17] BGH NJW-RR 2007, 775, 776.
[18] *St/J/Grunsky* § 548 Rn. 1.
[19] *St/J/Grunsky* § 548 Rn. 1.
[20] BGH LM Nr. 6 = NJW 1966, 1755 (LS) = MDR 1966, 915; NJW 1993, 1391, 1392.
[21] BGH NJW 1999, 2817f.
[22] BGHZ 136, 380, 386 = NJW 1998, 1395.
[23] Zusammenstellung bei MK/*Wenzel* Rn. 23ff.
[24] BGHZ 34, 372, 373 = NJW 1961, 1116.
[25] BGHZ 119, 392, 393 = NJW 1993, 385; BGH NJW 1992, 3106; 1993, 3135; 1996, 2096; 1997, 870, 871.
[26] BGHZ 5, 240, 242.
[27] BGH NJW 1993, 3067.
[28] BGH NJW-RR 2000, 1156.
[29] Vgl. BGH NJW 1995, 196; DtZ 1995, 50.
[30] BGHZ 86, 184, 188 = NJW 1983, 996; BGH NJW-RR 1986, 157.

befugnis[31] und Prozessstandschaft,[32] die Bestimmtheit des Klageantrags,[33] das Rechtsschutzinteresse[34] sowie die Zulässigkeit einer (Zwischen-) Feststellungsklage.[35]

b) Zulässigkeit der Berufung, des **zweitinstanzlichen Verfahrens** und des **Berufungsurteils.** Das Revisionsgericht prüft unter selbständiger Würdigung der zu Grunde liegenden Tatsachen von Amts wegen, ob die Berufung zulässig ist.[36] Von Amts wegen zu prüfen sind ferner die Zulässigkeit der Anschlussberufung[37] und eines Einspruchs gegen ein erst- oder zweitinstanzliches Versäumnisurteil,[38] die inhaltliche Bestimmtheit des Berufungsurteils,[39] die Vollstreckungsfähigkeit des Tenors[40] und die inhaltliche Bestimmtheit einer Zug-um-Zug-Einschränkung,[41] ferner das Fehlen ausreichender tatsächlicher Feststellung im Berufungsurteil.[42] Unabhängig von einer Verfahrensrüge zu berücksichtigen sind ferner Verstöße gegen § 308[43] und gegen das Verschlechterungsverbot (§ 528 Rn. 14ff.).[44] Das Revisionsgericht prüft von Amts wegen, ob dem Erlass des Berufungsurteils die anderweitige Rechtshängigkeit[45] oder die Rechtskraft einer Entscheidung über den Streitgegenstand[46] entgegensteht und ob das Berufungsgericht sich über die rechtskräftige Entscheidung eines vorgreiflichen Rechtsverhältnisses[47] oder über die Bindungswirkung nach § 563 Abs. 2[48] hinweggesetzt hat. 15

c) Teil- und Grundurteil. Die Zulässigkeit eines Grundurteils (§ 304) prüft das Revisionsgericht von Amts wegen.[49] Die Unzulässigkeit eines Teilurteils,[50] jedenfalls eines solchen der ersten Instanz,[51] soll dagegen nur auf eine Verfahrensrüge hin zu berücksichtigen sein.[52] Für diese Differenzierung besteht kein Grund.[53] Die Unzulässigkeit eines Teil- oder Grundurteils zweiter Instanz ist von Amts wegen zu berücksichtigen. Dasselbe gilt für den Verfahrensfehler des Berufungsgerichts, wenn dieses ein unzulässiges erstinstanzliches Teil- oder Grundurteil bestätigt, anstatt den Mangel des erstinstanzlichen Verfahrens (vgl. § 538 Rn. 11) nach § 538 zu korrigieren (vgl. § 538 Rn. 3ff.).[54] Denn diese Entscheidung wirkt sich im Ergebnis ebenso aus wie ein unzulässiges Teil- oder Grundurteil zweiter Instanz. 16

d) Auslegungsfehler. Rechtsfehler bei der Auslegung berücksichtigt das Revisionsgericht von Amts wegen.[55] Ohne Verfahrensrüge nachzuprüfen ist daher, ob der Tatrichter die gesetzlichen Auslegungsregeln (§§ 133, 157 BGB) und die zu ihnen entwickelten, allgemein anerkannten Auslegungsgrundsätze beachtet, alle für die Auslegung erheblichen Umstände umfassend gewürdigt und seine Erwägungen hierzu im Berufungsurteil nachvollziehbar dargelegt hat.[56] Dasselbe gilt für die Frage, ob das Berufungsgericht aus unzutreffender rechtlicher Sicht Auslegungsstoff unberücksichtigt gelassen hat.[57] Verfahrensfehler bei der Feststellung der für die Auslegung erheblichen Tatsachen prüft das Revisionsgericht dagegen nur auf Verfahrensrüge.[58] 17

e) Darlegung, Bestreiten, Beweis. Das Revisionsgericht prüft von Amts wegen, ob das Berufungsgericht die Verteilung der Darlegungs- und Beweislast zutreffend beurteilt hat,[59] ob Erleichterungen der Darlegungslast[60] oder die Regeln über den Anscheinsbeweis[61] eingreifen und ob der Tatrichter die Anforderungen an eine schlüssige und substantiierte Darlegung nicht überspannt hat.[62] Unabhängig von Revisions- 18

---

31 BGH DtZ 1997, 64, 65.
32 BGHZ 100, 217, 219 = NJW 1987, 2018; BGHZ 125, 196, 200f. = NJW 1994, 2549; BGH NJW 1994, 652, 653.
33 BGHZ 125, 41, 44 = NJW 1994, 3221; BGHZ 135, 1, 6 = NJW 1997, 3440.
34 BGH VIZ 1998, 519.
35 BGHZ 125, 251, 255 = NJW 1994, 1353.
36 BGHZ 102, 37, 38 = NJW 1988, 268; BGH 2000, 2722; NJW-RR 2006, 1044, 1046.
37 BGH LM § 521 Nr. 4.
38 BGH NJW 1976, 1940; 1981, 1673, 1674.
39 BGH WM 1988, 1500, 1502.
40 BGH NJW 1993, 324, 325.
41 BGH NJW 2001, 1486, 1488.
42 BGH NJW 2004, 293; NJW-RR 2004, 494.
43 BGH NJW-RR 1989, 1087; 1990, 1095, 1096; 1999, 381, 383.
44 BGHZ 36, 316, 319 = NJW 1962, 907.
45 BGH NJW-RR 1990, 45, 47.
46 BGHZ 36, 365, 367 = NJW 1962, 1109; BGH NJW 1993, 3204, 3205; MDR 2001, 1046.
47 BGH NJW 1991, 2014, 2015.
48 BGH NJW 1992, 2831, 2832.
49 BGH NJW 2000, 1498, 1499; 2000, 1572.
50 BGHZ 16, 71, 74.
51 BGH NJW 1991, 2082, 2083; 1996, 2165, 2167.
52 BGH NJW 2000, 3007 m. weit. Nachw.; zweifelnd BGH NJW-RR 1994, 379, 381; NJW 2003, 2380, 2381; aA MK/*Wenzel* Rn. 26; *St/J/Grunsky* § 559 Rn. 17.
53 BGH NJW 2003, 2380, 2381; MK/*Wenzel* Rn. 26.
54 BGH NJW 1996, 848, 850; NJW-RR 1994, 379, 381 = LM § 565 Abs. 3 Nr. 18 m. Anm. *Wax*.
55 BGH NJW 1995, 45, 46; 1996, 838, 839; NJW-RR 1993, 562f.
56 BGH (Fn. 55).
57 BGH NJW 1998, 3268, 3270.
58 BGH NJW 1995, 45, 46; 1996, 838, 839.
59 BGH NJW 1999, 860, 861; *St/J/Grunsky* § 559 Rn. 8.
60 Vgl. BGH NJW-RR 1992, 792; 1992, 800, 801.
61 BGHZ 100, 31, 33 = NJW 1987, 2876.
62 BGH NJW 1992, 3106; NJW-RR 2001, 1204.

rügen ist die Nachprüfung, ob ein Bestreiten ausreichend und wirksam war[63] oder ob eine Erklärung als Geständnis (§ 288) zu werten ist.[64]

19 **2. Rügeerfordernis, Abs. 3 S. 2.** Verfahrensmängel, die nicht von Amts wegen zu berücksichtigen sind (s. Rn. 14), können der Revision nur dann zum Erfolg verhelfen, wenn sie in der Revisionsbegründungsschrift oder jedenfalls vor Ablauf der Revisionsbegründungsfrist (§ 551 Abs. 2 S. 2ff.) ordnungsgemäß gerügt (§ 551 Abs. 3 S. 1 Nr. 2 lit. b) worden sind. Das gilt auch für solche Verfahrensfehler, die nach § 547 absolute Revisionsgründe sind (§ 547 Rn. 2). Das Rügeerfordernis gilt gleichermaßen für die Anschlussrevision (§ 554 Rn. 6). Der Revisionsbeklagte kann Verfahrensrügen vorsorglich für den Fall erheben, dass die Revision Erfolg hat. Diese sog. Gegenrügen können bis zum Schluss der mündlichen Revisionsverhandlung erhoben werden.[65]

558 *Vorläufige Vollstreckbarkeit*

[1]Ein nicht oder nicht unbedingt für vorläufig vollstreckbar erklärtes Urteil des Berufungsgerichts ist, soweit es durch die Revisionsanträge nicht angefochten wird, auf Antrag von dem Revisionsgericht durch Beschluss für vorläufig vollstreckbar zu erklären. [2]Die Entscheidung ist erst nach Ablauf der Revisionsbegründungsfrist zulässig.

1 Die Vorschrift entspricht der für das Berufungsverfahren geltenden Regelung des § 537 Abs. 1; das dort Ausgeführte gilt hier entsprechend.

2 **Rechtsanwaltsgebühren.** Zu den Rechtsanwaltsgebühren vgl. § 537 Rn. 8.

559 *Beschränkte Nachprüfung tatsächlicher Feststellungen*

(1) [1]Der Beurteilung des Revisionsgerichts unterliegt nur dasjenige Parteivorbringen, das aus dem Berufungsurteil oder dem Sitzungsprotokoll ersichtlich ist. [2]Außerdem können nur die in § 551 Abs. 3 Nr. 2 Buchstabe b erwähnten Tatsachen berücksichtigt werden.

(2) Hat das Berufungsgericht festgestellt, dass eine tatsächliche Behauptung wahr oder nicht wahr sei, so ist diese Feststellung für das Revisionsgericht bindend, es sei denn, dass in Bezug auf die Feststellung ein zulässiger und begründeter Revisionsangriff erhoben ist.

I. Normzweck

1 Die Bestimmung übernimmt im Wesentlichen die bisherige Regelung des § 561 aF. Sie legt den für das Revisionsverfahren maßgeblichen Prozessstoff fest. Grundlage der revisionsrechtlichen Überprüfung der vorinstanzlichen Entscheidungen sind grundsätzlich nur der Parteivortrag und die Tatsachenfeststellungen, die das Berufungsgericht seiner Entscheidung zu Grunde zu legen hatte (Abs. 1 S. 1, Abs. 2). Diese Beschränkung trägt dem Umstand Rechnung, dass die Revision nur auf eine Gesetzesverletzung gestützt werden kann (§§ 545 Abs. 1, 546).

II. Das für das Revisionsverfahren maßgebliche Parteivorbringen

2 **1. Grundsatz, Abs. 1 S. 1. a) Ausschluss neuen Parteivortrags.** Das Revisionsgericht überprüft die Rechtsanwendung durch das Berufungsgericht grundsätzlich allein auf der Grundlage des zweitinstanzlichen (näher Rn. 12) Parteivorbringens. Neuer Tatsachenvortrag in der Revisionsinstanz ist – außer nach Abs. 1 S. 2 – unbeachtlich. Ob Tatsachenbehauptungen in der Revisionsinstanz neu sind oder bereits Gegenstand des zweitinstanzlichen Parteivorbringens waren, ist nach dem nach dem Inhalt des Berufungsurteils und des Protokolls der letzten mündlichen Berufungsverhandlung zu beurteilen (näher Rn. 12ff.). Gleichgestellt ist Parteivorbringen, das in einer nach § 557 Abs. 2 überprüfbaren zweitinstanzlichen Vorentscheidung wiedergegeben ist.[1]

3 **b) Ausschluss neuer Sachanträge.** Auch die Erhebung neuer Ansprüche ist in der Revisionsinstanz grundsätzlich ausgeschlossen, weil sie regelmäßig neuen Tatsachenvortrag voraussetzt.[2] Unzulässig ist daher eine Änderung oder Erweiterung der Klage,[3] zB der Übergang von einer Feststellungs- zu einer Leistungsklage[4] oder die Erweiterung um einen neuen Hilfsantrag.[5] Dasselbe gilt für eine Parteiänderung oder Parteierweiterung.[6] Auch die Erhebung einer Widerklage ist in der Revisionsinstanz nicht mehr möglich.[7]

4 **Zulässig** ist eine Klageänderung, wenn sie nicht mit einer Änderung des Klagegrundes verbunden ist[8] oder wenn sich die geänderte Klage auf einen Sachverhalt stützt, den der Tatrichter bereits gewürdigt hat.[9]

---

[63] BGH NJW 1995, 130, 131.
[64] BGH NJW 1992, 2346, 2347; 1992, 3106, 3107; 1994, 3109; 1999, 2889, 2890.
[65] BGHZ 121, 65, 69 = NJW 1993, 933; BGH NJW 1988, 1321, 1322.
[1] MK/*Wenzel* Rn. 5; *St/J/Grunsky* § 561 Rn. 2.
[2] BGHZ 26, 31, 37 = NJW 1958, 98; BGHZ 120, 349, 350 = NJW 1993, 1207; BGH NJW 1998, 2969, 2970.
[3] BGHZ 28, 131, 136f. = NJW 1958, 1867; BGHZ 105, 34, 35f. = NJW 1989, 170; BGH NJW 1999, 3115, 3117.
[4] BGHZ 105, 34, 35f. = NJW 1989, 170.
[5] BGH NJW *1998, 1857*, 1860.
[6] BGH WM 1982, 1170; NJW 1997, 1855.
[7] BGHZ 24, 279, 285; MK/*Wenzel* Rn. 22; *St/J/Grunsky* § 561 Rn. 5.
[8] BGH NJW 1991, 1683, 1684; NJW-RR 1991, 1136; VIZ 1998, 519.
[9] BGHZ 26, 31, 37f. = NJW 1958, 98; BGH NJW 1993, 2045, 2046f.; 1998, 2969, 2970; VIZ 1998, 519.

Regelmäßig zulässig ist daher eine Einschränkung des Klagebegehrens.[10] Um eine solche Beschränkung handelt es sich, wenn der Kläger von einer Leistungsklage zu einer Feststellungsklage übergeht[11] oder einen früheren Hauptantrag nur noch als Hilfsantrag weiterverfolgt.[12] Umgekehrt kann ein Hilfsantrag nicht zum Hauptantrag erhoben werden,[13] es sei denn, das Berufungsgericht hat über ihn entschieden.[14] Stets zulässig sind die bloße Klarstellung oder Berichtigung des Klageantrages[15] sowie die Aufteilung der Klageforderung auf einzelne Ansprüche.[16]

Aus Gründen der Prozesswirtschaftlichkeit lässt die Rechtsprechung eine **Anpassung des Klageantrages** 5
an veränderte Umstände zu. Hierzu zählen die Umstellung auf Leistung an die Erben nach dem Tod des Klägers[17] und ein Antrag auf Haftungsbeschränkung nach dem Tod des Beklagten,[18] der Übergang von der Zahlungsklage zu einer Klage auf Feststellung zur Insolvenztabelle,[19] die Anpassung des Klageantrags nach Insolvenzeröffnung[20] und die Änderung des Klageantrages auf Leistung an den Zessionar, sofern die Abtretung vom Berufungsgericht festgestellt ist.[21] Dasselbe gilt für eine Änderung der Klage auf Leistung an einen Dritten, wenn die Leistung kraft Gesetzes nicht an den Kläger, sondern an diesen zu erbringen ist.[22]

c) **Prozessuale Erklärungen,** die den Streit der Parteien ganz oder teilweise erledigen, sind auch im Revi- 6
sionsverfahren beachtlich. Das gilt für Anerkenntnis und Verzicht, für die Klagerücknahme,[23] einen Prozessvergleich und eine übereinstimmende Erledigungserklärung.[24] Eine einseitige Erledigungserklärung des Klägers ist zu berücksichtigen, wenn das erledigende Ereignis außer Streit ist.[25]

2. Tatsachenvortrag zu Verfahrensrügen, Abs. 1 S. 2. Tatsachen, die nicht Gegenstand des zweitinstanz- 7
lichen Parteivorbringens waren (Abs. 1 S. 1), sind nach Abs. 1 S. 2 nur zu berücksichtigen, soweit sie zur Begründung einer Verfahrensrüge nach § 551 Abs. 3 S. 1 Nr. 2 lit. b vorgetragen werden. Abs. 1 S. 2 gilt auch für sog. Gegenrügen des Revisionsbeklagten (s. § 557 Rn. 19).[26] Die Unrichtigkeit des Tatbestands des erstinstanzlichen Urteils oder der tatbestandlichen Feststellungen des Berufungsurteils kann auf diesem Wege nicht mit Erfolg gerügt werden (näher Rn. 16).

3. Ausnahmen von Abs. 1. a) Prozessual bedeutsame Tatsachen. Abweichend von Abs. 1 sind neu vor- 8
getragene Umstände vom Revisionsgericht zu berücksichtigen, wenn von ihnen die Zulässigkeit der Revision abhängt.[27] Dasselbe gilt für neu vorgetragene Tatsachen, soweit sie die vom Revisionsgericht von Amts wegen zu prüfenden Voraussetzungen der Zulässigkeit der Klage, der Berufung oder des Verfahrens betreffen.[28] Zu berücksichtigen ist hiernach der nachträgliche Vortrag von Tatsachen, die bereits bei Schluss der mündlichen Berufungsverhandlung vorgelegen haben,[29] in Bezug auf die Partei- und Prozessfähigkeit,[30] die Zulässigkeit der Berufung und des Einspruchs gegen ein erst- oder zweitinstanzliches Versäumnisurteil,[31] des Feststellungsinteresses,[32] der Prozessvollmacht,[33] der Genehmigung vollmachtloser Prozessführung[34] und der Prozessführungsbefugnis.[35] Eine gewillkürte Prozessstandschaft muss allerdings bereits in der Tatsacheninstanz offen gelegt worden sein.[36]

Zu berücksichtigen sind ferner neu vorgetragene Umstände, die die **prozessuale Rechtslage** nach Schluss 9
der mündlichen Berufungsverhandlung **verändert** haben.[37] Hierher zählen Tatsachen, die zum Wegfall[38] oder zum Eintritt von Sachurteilsvoraussetzungen[39] führen. Entsprechendes gilt für Tatsachen, die eine

---

10 BGHZ 104, 374, 383 = NJW 1988, 3149; BGH NJW-RR 1990, 122; 1991, 1136.
11 BGH VIZ 1999, 519; MK/*Wenzel* Rn. 20.
12 BGH NJW-RR 1990, 122; 1991, 1136, 1137.
13 BGHZ 28, 131, 136 f. = NJW 1958, 1867.
14 AA BGH NJW 2007, 913, 914.
15 BGH NJW 1962, 1441 f.; NJW-RR 1990, 122.
16 BGHZ 11, 192, 195.
17 BGH WM 1965, 359.
18 BGHZ 17, 69, 72 = NJW 1955, 788; BGH NJW 1970, 1742; *St/J/Grunsky* § 561 Rn. 8.
19 BGH LM KO § 146 Nr. 5 = ZZP 67 (1954), 301; MK/*Wenzel* Rn. 20; zum umgekehrten Fall s. BGHZ 105, 34, 35 f. = NJW 1989, 170.
20 BGH NJW 2004, 947.
21 BGHZ 26, 31, 37 f. = NJW 1958, 98; MK/*Wenzel* Rn. 20; *St/J/Grunsky* § 561 Rn. 7.
22 BGH NJW 1998, 2969, 2970.
23 *St/J/Grunsky* § 561 Rn. 20.
24 BGHZ 123, 264, 265 = NJW 1994, 256.
25 BGHZ 106, 359, 368 = NJW 1989, 2885; BGH NJW 1999, 2520, 2522.
26 MK/*Wenzel* Rn. 29; *St/J/Grunsky* § 561 Rn. 12.
27 BGHZ 22, 370, 372 = NJW 1957, 543.
28 BGHZ 125, 196, 201 = NJW 1994, 2549; BGH NJW 1992, 627; NJW-RR 2000, 1156.
29 AK-ZPO/*Ankermann* § 561 Rn. 7.
30 BGH NJW-RR 1986, 157.
31 BGH NJW 1976, 1940; MK/*Wenzel* Rn. 28.
32 BGH NJW 1984, 1556.
33 BGH NJW 1992, 627; ZIP 1997, 1474.
34 GmS-OGB BGHZ 91, 111, 115 = NJW 1984, 2149.
35 BGHZ 100, 217, 219 = NJW 1987, 2018; BGH DtZ 1997, 64, 65; WM 1999, 2363, 2365.
36 BGHZ 125, 196, 201 = NJW 1994, 2549; BGH NJW 1994, 652, 653.
37 BGH DtZ 1995, 402; NJW 2001, 1730 f.
38 BGHZ 104, 215, 218 = NJW 1988, 3092; BGH DtZ 1995, 402; VIZ 1998, 519.
39 BGH NJW 1984, 1556; DtZ 1995, 402.

Aussetzung des Verfahrens erforderlich machen oder – wie die Eröffnung des Insolvenzverfahrens[40] – den Prozess unterbrechen (§ 240), sowie für die Aufhebung und die Einstellung des Insolvenzverfahrens.[41] Auch Änderungen der Staatsangehörigkeit[42] und des Personenstands[43] sind zu berücksichtigen.

9a Das Vorbringen eines **Restitutionsgrundes** ist aus Gründen der Prozessökonomie zulässig, auch wenn es sich dabei um Tatsachen handelt, die noch nicht Gegenstand des Berufungsurteils sein konnten.[44]

10 **b) Materiell-rechtlich bedeutsame Tatsachen.** Materiell-rechtliche Folgen von Umständen, die nach Schluss der mündlichen Berufungsverhandlung eingetreten sind, sind aus Gründen der Prozessökonomie zu berücksichtigen, sofern die Tatsachen unstreitig sind und nicht schützenswerte Belange einer Partei entgegenstehen.[45] Der BGH berücksichtigt unter diesen Voraussetzungen die Rechtsnachfolge beim Tod des Klägers,[46] die Geltendmachung beschränkter Erbenhaftung nach dem Tod des Beklagten,[47] den Wegfall eines vertraglichen Aufrechnungsverbots infolge Insolvenzeröffnung[48] oder die rechtskräftige Scheidung der Parteien[49] und die im Anschluss daran erklärte Aufrechnung.[50] Zu berücksichtigen sind ferner die Erteilung einer behördlichen Genehmigung[51] und der Erlass einer gerichtlichen Entscheidung, wenn die Parteien das Ergebnis des anderen Prozesses für und gegen sich gelten lassen müssen,[52] sowie eine während des Revisionsverfahrens eingetretene Gesetzesänderung.[53] Berücksichtigt werden können im Revisionsverfahren schließlich das Fortschreiten des Zeitablaufs,[54] der Eintritt der Fälligkeit, sofern der Fälligkeitszeitpunkt unstreitig oder vom Berufungsgericht festgestellt ist,[55] und der Eintritt der Verjährung, sofern die Einrede der Verjährung in der Tatsacheninstanz erhoben worden war.[56]

11 **4. Tatsachenfeststellung im Revisionsverfahren.** Soweit im Revisionsverfahren zu berücksichtigende neue Tatsachen beweisbedürftig sind, kann das Revisionsgericht die Sache zur Beweisaufnahme an das Berufungsgericht zurückverweisen (§ 563 Abs. 1) oder selbst Beweis erheben.[57] Für die Beweisaufnahme gelten die Vorschriften der §§ 355ff.[58] Nach den Grundsätzen des Freibeweises[59] darf das Revisionsgericht nur verfahren, soweit Sachurteilsvoraussetzungen zu klären sind.[60]

III. Das aus Berufungsurteil und Sitzungsprotokoll ersichtliche Parteivorbringen (Absatz 1 Satz 1)

12 *unbesetzt*

13 **1. Grundsatz.** Gem. § 529 Abs. 1, § 531 Abs. 2 ist das Berufungsgericht im Grundsatz an die vom Gericht erster Instanz „festgestellten Tatsachen", dh. an den im Tatbestand des erstinstanzlichen Urteils wiedergegebenen Sach- und Streitstand (näher § 529 Rn. 2ff.) gebunden. Selbst trifft es tatbestandliche Feststellungen[61] nur insoweit, als Zweifel an der Richtigkeit oder Vollständigkeit des im Urteil erster Instanz wiedergegebenen Sach- und Streitstands bestehen (§ 529 Abs. 1 Nr. 1) oder als im Berufungsverfahren ausnahmsweise neue Angriffs- und Verteidigungsmittel vorgebracht werden können (§ 529 Abs. 1 Nr. 2 iVm § 531 Abs. 2). Daraus folgt, dass die Tatsachengrundlage des Berufungsurteils regelmäßig im Wesentlichen aus einer Bezugnahme auf den Tatbestand des erstinstanzlichen Urteils besteht, der gegebenenfalls durch die Wiedergabe zweitinstanzlichen Parteivortrags ergänzt oder korrigiert wird. Diese Kombination aus erstinstanzlichen Sach- und Streitstand und zweitinstanzlicher Ergänzung oder Korrektur hat das Berufungsgericht seiner Entscheidung zu Grunde zu legen. Sie ist damit zugleich die Grundlage auch der revisionsrechtlichen Nachprüfung des Berufungsurteils.

14 **2. Das aus Berufungsurteil oder Sitzungsprotokoll ersichtliche Parteivorbringen.** Der erst- und zweitinstanzliche Tatsachenvortrag der Parteien kann nur insoweit berücksichtigt werden, als er im Berufungsurteil (Rn. 13) oder als mündlicher Parteivortrag konkret in einem Sitzungsprotokoll wiedergegeben ist.[62] Zu deren Inhalt gehören auch wirksam, dh. konkret in Bezug genommene Teile (schriftsätzliche Ausführun-

---

[40] BGH NJW 1975, 442, 443.
[41] BGHZ 28, 13, 15f.; BGH LM KO § 3 Nr. 2 = MDR 1981, 1012, 1013.
[42] BGHZ 53, 128, 131 = NJW 1970, 1007; BGH NJW 1977, 498, 499.
[43] BGHZ 53, 128, 131 = NJW 1970, 1007; BGH NJW 1983, 451, 452f.; BGH NJW 2002, 1130, 1131.
[44] BGH NJW-RR 2007, 767f.
[45] BGHZ 139, 214, 221 = NJW 1998, 2972; BGH NJW 2001, 1272, 1273; 2002, 1130, 1131.
[46] BGH NJW-RR 1987, 139, 140.
[47] BGHZ 17, 69, 73 = NJW 1955, 788; BGH NJW-RR 1987, 139, 140f.
[48] BGH NJW 1975, 442, 443.
[49] BGH NJW 2002, 1130, 1131.
[50] BGH NJW 1984, 357, 358; 2002, 1130, 1131.
[51] BGH LM Nr. 55 = MDR 1985, 394; NJW-RR 1998, 1284.
[52] BGH NJW 1993, 1594, 1595; 2001, 1730, 1731; NJW-RR 1989, 173, 174f.; 1994, 90f.
[53] BGHZ 121, 347, 350f. = NJW 1993, 1706; BGH NJW 1995, 2170, 2171; DtZ 1995, 169, 171.
[54] *R/S/G* § 145 II 3h.
[55] BGH LM BGB § 240 Nr. 1; NJW-RR 1992, 948, 950.
[56] BGH NJW 1990, 2754, 2755; 1998, 1395, 1398; vgl. auch BGHZ 139, 214, 221 = NJW 1998, 2972.
[57] BGHZ 104, 215, 222 = NJW 1988, 3092; BGH NJW 1976, 1940, 1941.
[58] MK/*Wenzel* Rn. 33; *St/J/Grunsky* Rn. 36; *T/P/Reichold* Rn. 14; *Zö/Gummer* Rn. 9.
[59] Dazu BGH NJW-RR 1992, 1338, 1339.
[60] BGH NJW 1992, 627, 628; MK/*Wenzel* Rn. 33; *St/J/Grunsky* Rn. 36; *Zö/Gummer* Rn. 9.
[61] S. dazu *Ball*, Festschr. f. Geiß, 2000, S. 1ff., 5.
[62] MK/*Wenzel* Rn. 6.

gen, Anlagen, Urkunden, Protokolle) der Prozessakten oder beigezogener Akten.[63] Die in der oberlandesgerichtlichen Praxis verbreitete pauschale Bezugnahme auf die von den Parteien eingereichten Schriftsätze und Anlagen ist dagegen unbeachtlich.[64] Der Inhalt der Schriftsätze ist in der Revisionsinstanz auch nicht mit Rücksicht darauf ohne weiteres verwertbar, dass die Parteien ihn mit der Antragstellung in der Berufungsverhandlung durch konkludente Bezugnahme mündlich vortragen,[65] denn dies liefe dem Normzweck des § 559 Abs. 1 zuwider.[66] Die im Berufungsverfahren gestellten Anträge gehören nicht zu dem aus dem Sitzungsprotokoll ersichtlichen Parteivorbringen.[67]

3. Beweiskraft des Tatbestands. Ebenso wie der Tatbestand des erstinstanzlichen Urteils liefert das aus dem Berufungsurteil ersichtliche Parteivorbringen (Rn. 13f.) nach § 314 Beweis für das mündliche Parteivorbringen in der Berufungsinstanz.[68] Dasselbe gilt für die Wiedergabe von Parteivortrag in den Entscheidungsgründen.[69] Gegenstand der Beweiskraft des Tatbestands (§ 314) und der Bindung des Revisionsgerichts (Abs. 1 S. 1) sind neben dem Tatsachenvortrag auch einfache Rechtsbegriffe.[70] Für das Parteivorbringen **erster Instanz** erbringt der Tatbestand des erstinstanzlichen Urteils, der kraft Bezugnahme regelmäßig Bestandteil des Berufungsurteils ist (Rn. 13), Beweis.[71] Soweit das Berufungsurteil **zweitinstanzlichen** Parteivortrag zur Änderung oder Ergänzung des erstinstanzlichen Sach- und Streitstands wiedergibt (Rn. 14), kommt dieser Darstellung die gleiche Beweiskraft nach § 314 zu. Dasselbe gilt für die Wiedergabe von Parteivortrag in den Teilen des Berufungsurteils, die gemäß § 540 Abs. 1 Nr. 2 an die Stelle der Entscheidungsgründe (§ 313 Abs. 3) treten. 15

4. Fehlerhafte Wiedergabe des Sach- und Streitstands. a) Unrichtigkeit. Gibt das Berufungsurteil Parteivorbringen unrichtig wieder, so steht den Parteien nur das – fristgebundene – **Tatbestandsberichtigungsverfahren** nach **§ 320** offen; mit einer Verfahrensrüge kann nicht geltend gemacht werden, der Tatbestand gebe den Inhalt der Schriftsätze unrichtig wieder und sei daher „aktenwidrig".[72] Das gilt auch für Tatsachenvortrag, der in den Entscheidungsgründen des Urteils erster Instanz oder in den Ausführungen des Berufungsgerichts zur Begründung seiner Entscheidung (§ 540 Abs. 1 S. 1 Nr. 2) wiedergegeben ist.[73] Die Unrichtigkeit des Tatbestands des **erstinstanzlichen Urteils** kann nur mit Hilfe eines beim **Gericht des ersten Rechtszuges** anzubringenden Antrags nach § 320 auf Berichtigung des Tatbestands geltend gemacht werden (§ 314 Rn. 6, § 529 Rn. 6). Ist dies versäumt worden, so muss das Berufungsgericht wegen der Beweiskraft des Tatbestands (§ 314) von dem dort wiedergegebenen Tatsachenvortrag als richtig ausgehen (§ 320 Rn. 1). Daraus folgt für § 529 Abs. 1 Nr. 1, dass eine Partei im Berufungsverfahren nicht mit Erfolg unter Hinweis auf erstinstanzliche Schriftsätze geltend machen kann, der Tatbestand des angefochtenen Urteils gebe den Sachvortrag unrichtig wieder und begründe deshalb Zweifel an der Tatsachenfeststellung des Erstrichters (§ 529 Rn. 5). Das Berufungsurteil beruht folglich nicht auf einem revisionsrechtlich beachtlichen Rechtsfehler, wenn das Berufungsgericht seiner Entscheidung den durch den Tatbestand des erstinstanzlichen Urteils bewiesenen Sach- und Streitstand ungeachtet seiner behaupteten Unrichtigkeit zu Grunde legt. 16

b) Unvollständigkeit. Eine Unvollständigkeit des „Tatbestands des Berufungsurteils" (Rn. 13) kann im Revisionsverfahren stattdessen auch mit einer Verfahrensrüge nach § 551 Abs. 3 S. 1 Nr. 2 lit. b geltend gemacht werden.[74] Die verfahrenswidrige Übergehung schriftsätzlichen Parteivorbringens, das ausweislich des Sitzungsprotokolls Gegenstand der mündlichen Verhandlung erster oder zweiter Instanz war, kann im Revisionsverfahren auch dann gerügt werden, wenn der „Tatbestand des Berufungsurteils", dh. das Urteil erster Instanz oder die Darstellung zweitinstanzlichen Vorbringens zur Änderung oder Ergänzung des Sach- und Streitstands durch das Berufungsgericht, keine ergänzende Bezugnahme auf die Schriftsätze enthält.[75] Eine **negative Beweiskraft** dafür, dass schriftsätzlich angekündigtes, im Tatbestand aber nicht wiedergegebenes Vorbringen nicht mündlich vorgetragen worden sei, ist dem Tatbestand **nicht** beizulegen (§ 314 Rn. 4).[76] Dies folgt schon daraus, dass der Tatbestand nach § 313 Abs. 2 – für die Darstellung zweitinstanzlichen Vorbringens nach § 540 Abs. 1 Nr. 1 kann nichts anderes gelten – nur eine gedrängte Darstellung des Sach- und Streitstands enthalten soll. Ist ein gesetzmäßiger Tatbestand aber das Ergebnis einer Selektion,[77] so kann er denknotwendig keinen Beweis für die Vollständigkeit des wiedergegebenen Parteivortrags erbringen. 17

---

63 BGH NJW 1994, 3295, 3296; *Fischer* DRiZ 1994, 461, 463f.; überzogen BGHZ 154, 171, 177 = NJW 2003, 2158.

64 *Schwöbbermeyer* NJW 1990, 1451, 1453; *Schumann* NJW 1993, 2786, 2787f.; *Fischer* DRiZ 1994, 461, 463f.; MK/*Wenzel* Rn. 3; aA BGH NJW 1983, 885, 886; 1990, 2755.

65 BGH WM 1981, 798, 799; NJW 1994, 3295, 3296; 1999, 2120, 2123; NJW-RR 1996, 379.

66 Näher *Ball* (Fn. 61), S. 11ff.; aA BGH NJW-RR 1976, 379; *Oehlers* NJW 1994, 712, 713; nicht eindeutig BGH NJW 1992, 2148, 2149.

67 BGH NJW-RR 2005, 716, 717.

68 BGH NZG 2007, 428.

69 BGH NJW 1997, 1931; 1999, 641, 642 für das Berufungsurteil nach früherem Recht.

70 BGHZ 135, 92, 95 = NVwZ 1997, 932; s. auch BGH NJW-RR 2004, 284f.

71 BGH NZG 2007, 428.

72 BGH NJW 1997, 1931; DtZ 1995, 245; NZG 2007, 428, 429.

73 BGH NJW 1994, 517, 519; 1997, 1931.

74 BGH NJW 1992, 2148, 2149; *Fischer* (Fn. 64) S. 463f.; MK/*Wenzel* Rn. 3.

75 BGH NJW 1992, 2148, 2149; NJW-RR 1996, 379; *Fischer* (Fn. 64) S. 463f.; *Ball* (Fn. 61) S. 18ff.; aA BGH NJW 1990, 2755; *Schumann* (Fn. 64) S. 2787f.

76 BGH NJW-RR 2007, 342, 344; MK/*Wenzel* Rn. 7; *Ball* (Fn. 61) S. 20ff.; *Fischer* (Fn. 64) S. 462f.; aA BGH NJW 1981, 1848; 1983, 885, 886; NJW-RR 1990, 1269; *Schumann* (Fn. 64) S. 2787.

77 So zutreffend *Fischer* (Fn. 62) S. 462f.

18 **c) Lücken, Unklarheiten, Widersprüche.** Ist der Tatbestand lückenhaft, unklar oder widersprüchlich, so kommt ihm insoweit weder Beweiskraft (§ 314) noch Bindungswirkung für die Revisionsinstanz zu.[78] In diesen Fällen ist dem Revisionsgericht die rechtliche Nachprüfung der Berufungsentscheidung regelmäßig unmöglich und das Berufungsurteil – auch ohne Verfahrensrüge[79] – bereits wegen dieses Mangels aufzuheben,[80] sofern sich nicht der wirkliche Sach- und Streitstand zweifelsfrei aus wirksam (Rn. 12) in Bezug genommenen Schriftsätzen ergibt.[81] Der im Berufungsurteil wiedergegebene Sach- und Streitstand ist auch dann als Grundlage für die revisionsrechtliche Überprüfung des Berufungsurteils ungeeignet, wenn er den übereinstimmenden Tatsachenvortrag der Parteien zwar zutreffend wiedergibt, dieser aber in sich widersprüchlich ist.[82]

19 **d) Widersprüche zwischen Tatbestand und in Bezug genommenen Schriftstücken.** Bei einem Widerspruch zwischen Tatbestand und Sitzungsprotokoll geht letzteres vor.[83] Widerspricht die Darstellung im Tatbestand dem Inhalt eines konkret in Bezug genommenen Schriftstücks, so genießt der Tatbestand Vorrang.[84] Dem Tatbestand widersprechendes Parteivorbringen in Schriftsätzen oder Anlagen, auf die das Berufungsurteil nur allgemein Bezug nimmt, führt schon deswegen nicht zur Widersprüchlichkeit des Tatbestands, weil eine solche pauschale Bezugnahme unwirksam ist (Rn. 12). Nach der Rechtsprechung des BGH geht auch in diesem Falle der Tatbestand vor.[85]

IV. Bindung des Revisionsgerichts an Tatsachenfeststellungen (Absatz 2)

20 **1. Grundsatz.** Abs. 2 bindet das Revisionsgericht an die tatsächlichen Feststellungen des Berufungsgerichts. Das gilt über den Wortlaut der Vorschrift hinaus nicht nur für die Feststellung der Wahrheit oder Unwahrheit einer Tatsachenbehauptung, sondern gleichermaßen für die Feststellung als offenkundig oder gerichtsbekannt.[86] Auch Feststellungen auf Grund gesetzlicher Vermutungen und Auslegungsregeln binden das Revisionsgericht.[87] Ob es sich um das Berufungsurteil tragende Feststellungen handelt, ist unerheblich.[88]

21 **2. Bindung an Beweisergebnisse.** Hat das Berufungsgericht Beweis erhoben oder eine erstinstanzliche Beweisaufnahme verwertet (vgl. § 529 Rn. 2ff.), so muss das Revisionsgericht seiner Beurteilung das Ergebnis der Beweiswürdigung zu Grunde legen. Voraussetzung ist, dass der Tatrichter sich mit dem Prozessstoff und den Beweisergebnissen umfassend und widerspruchsfrei auseinander gesetzt hat, seine Würdigung also vollständig und rechtlich möglich ist und nicht gegen Denkgesetze oder Erfahrungssätze verstößt.[89] Die Bindung gilt nur für die Tatsachenfeststellung als solche, nicht für die dem Berufungsurteil zu Grunde gelegte Beweislastverteilung.[90]

22 **3. Ausnahmen. a) Verfahrensfehler bei der Tatsachenfeststellung.** Die Parteien können die Tatsachenfeststellungen des Berufungsgerichts in der Revisionsinstanz nur mit Verfahrensrügen angreifen. Soweit diese Erfolg haben, ist das Revisionsgericht an die Feststellungen nicht gebunden. Tatsachenfeststellungen können mit Erfolg angegriffen werden, wenn das Berufungsgericht Tatsachenbehauptungen und Beweisanträge verfahrensfehlerhaft übergangen[91] oder Tatsachen, die von keiner Partei vorgetragen worden sind, verwertet[92] hat oder wenn ihm bei der Beweisaufnahme oder bei der Beweiswürdigung Fehler unterlaufen sind[93] (vgl. dazu i. e. § 546 Rn. 9f.). Das Ergebnis einer Beweisaufnahme bindet das Revisionsgericht nicht, wenn das Berufungsgericht unter Verstoß gegen § 398 von der Wiederholung einer erstinstanzlichen Zeugenvernehmung abgesehen (näher § 529 Rn. 13ff.) oder wenn das Kollegium ohne ausreichende Grundlage die Glaubwürdigkeit eines nur vom Einzelrichter vernommenen Zeugen beurteilt hat.[94] Stehen Tatsachenfeststellungen des Berufungsgerichts in Widerspruch zu anderen Tatsachenfeststellungen oder zu dem Tatbestand entsprechenden Teilen des Berufungsurteils (Rn. 13), so entfällt zum einen die Beweiskraft des Tatbestands (Rn. 12), zum andern die Bindung des Revisionsgerichts nach Abs. 2 (Rn. 20).[95] Dies hat das Revisionsgericht auch ohne Revisionsrüge zu beachten.[96] Ein Urteil, das auf tatbestandswidrigen Feststellungen beruht, ist regelmäßig aufzuheben.[97]

---

78 BGH NJW 1993, 2530, 2531; 1999, 641, 642; NJW-RR 2005, 962, 963.
79 BGH NJW-RR 1989, 306, 307.
80 BGHZ 80, 64, 67 = NJW 1981, 1621; BGH NJW 1992, 1107, 1108; 1993, 2530, 2531; 2000, 3007.
81 BGH NJW 1999, 641, 642; NJW-RR 2005, 962, 963.
82 BGH NJW 2000, 3133, 3135.
83 BGH NJW 1992, 311, 312; 1993, 3067.
84 BGH NJW 2003, 1390, 1391; MK/*Musielak* § 314 Rn. 3.
85 BGH NJW 2003, 1390, 1391; NZG 2007, 428, 429.
86 BGH NJW 1993, 2674, 2675; *T/P/Reichold* Rn. 15.
87 MK/*Wenzel* Rn. 8; *T/P/Reichold* § 561 Rn. 15.
88 MK/*Wenzel* Rn. 9; aA BGH NJW 1984, 2353, 2354.
89 BGH NJW 1993, 935, 937; 1999, 3481, 3482.
90 BGH NJW 1983, 2032, 1986, 2508, 2509.
91 BGH NJW 1993, 1649, 1650; 1993, 1926, 1927f.; 1995, 130, 131f.
92 BGH NJW-RR 1993, 464, 465.
93 *BGH NJW* 1994, 801, 802; 1994, 2899.
94 BGH NJW 1991, 3284; 1992, 1966; 1993, 1470, 1472; 1995, 1292, 1293.
95 BGH NJW 1996, 2306; 1997, 1917; 2000, 658, 660.
96 BGH NJW 1997, 1917.
97 BGH NJW 1996, 2235, 2236.

b) Rechtsbegriffe, Erfahrungssätze. Das Revisionsgericht ist ferner nicht gebunden, soweit das Berufungsgericht in Bezug auf die Tatsachenfeststellung Rechtsbegriffe (offenkundig, gerichtsbekannt) verkannt[98] oder eine nach § 287 gebotene Schadensschätzung gesetzwidrig vorgenommen oder rechtsfehlerhaft unterlassen hat.[99] Auch Feststellungen des Berufungsgerichts zu Existenz und Inhalt eines allgemeinen Erfahrungssatzes sind für das Revisionsgericht nicht bindend.[100] 23

560 *Nicht revisible Gesetze* **Die Entscheidung des Berufungsgerichts über das Bestehen und den Inhalt von Gesetzen, auf deren Verletzung die Revision nach § 545 nicht gestützt werden kann, ist für die auf die Revision ergehende Entscheidung maßgebend.**

I. Normzweck

Die Vorschrift ergänzt die Bestimmung des § 545 Abs. 1, nach der die Revision nicht auf die Verletzung irrevisiblen Rechts gestützt werden kann. Sie regelt, wie irrevisibles Recht und die hierzu getroffenen Feststellungen des Berufungsgerichts vom Revisionsgericht zu behandeln sind. 1

II. Bindung des Revisionsgerichts

1. Umfang der Bindung. Soweit das Berufungsgericht über die Existenz und den Inhalt irrevisiblen Rechts entschieden hat, ist das Revisionsgericht hieran wie an tatsächliche Feststellungen (§ 559 Abs. 2) gebunden.[1] Es kann nicht nachprüfen, ob das irrevisible Recht richtig ausgelegt[2] und ob es richtig und vollständig angewendet worden ist.[3] Das gilt auch dann, wenn das Berufungsgericht ohne weitere Auseinandersetzung von der Anwendbarkeit einer irrevisiblen Vorschrift ausgegangen ist und deren Inhalt als selbstverständlich angesehen hat.[4] Irrevisibles Recht ist der Nachprüfung auch entzogen, soweit es eine Vorfrage revisibler Rechtssätze betrifft.[5] Umgekehrt ist eine auf irrevisibler Grundlage beruhende Entscheidung insoweit nachprüfbar, als es auf eine nach revisiblem Recht zu beurteilende Vorfrage ankommt.[6] 2

2. Ausschluss von Revisionsrügen. Soweit das Revisionsgericht gebunden ist, schließt § 560 auch auf § 286 gestützte Revisionsrügen aus.[7] Die Nachprüfung irrevisiblen Rechts kann daher auch nicht mit Hilfe der Rügen erreicht werden, die Auslegung des Berufungsgerichts widerspreche allgemeinen Auslegungsregeln, Erfahrungssätzen oder den Denkgesetzen,[8] das Berufungsgericht habe bei der Anwendung irrevisiblen Rechts die Beweislastverteilung verkannt oder Verfahrensvorschriften verletzt.[9] Diese Beschränkungen gelten auch, soweit von Amts wegen zu prüfende Prozessvoraussetzungen nach irrevisiblem, zB ausländischem Recht zu beurteilen sind.[10] 3

III. Revisionsrechtliche Nachprüfbarkeit

Vgl. zunächst § 545 Rn. 9f. Das Revisionsgericht kann nachprüfen, ob das Berufungsgericht bei der Ermittlung oder bei der Anwendung irrevisiblen Rechts revisible Vorschriften verletzt hat[11] und ob das angewendete irrevisible Recht höherrangigem revisiblem Recht widerspricht.[12] Nachprüfbar ist, ob statt des vom Berufungsgericht angewendeten irrevisiblen (ausländischen) Rechts revisibles (deutsches) Recht anzuwenden ist oder umgekehrt.[13] Als Verfahrensfehler können ferner Verstöße gegen revisibles Prozessrecht bei der Ermittlung oder der Anwendung irrevisiblen Rechts gerügt werden. Das gilt insbesondere für die Rüge, das Berufungsgericht sei seiner Verpflichtung zur Ermittlung des ausländischen Rechts (§ 293) nicht in dem gebotenen Umfang nachgekommen.[14] Die Rüge hat aber keinen Erfolg, wenn mit ihr in Wirklichkeit die Nachprüfung irrevisiblen (ausländischen) Rechts bezweckt wird[15] oder wenn die auf ausländisches Recht gestützte Parteibehauptung in der Berufungsinstanz objektiv nicht geeignet war, eine Pflicht des Tatrichters zur Ermittlung des ausländischen Rechts auszulösen.[16] Soweit es zur Entscheidung über die Verfahrensrüge erforderlich ist, darf das Revisionsgericht auch das ausländische Recht nachprüfen und anwenden.[17] Erfolg 4

---

98 BGH NJW 1993, 2674, 2675.
99 BGHZ 102, 322, 330 = NJW 1988, 1835; BGH NJW 1994, 663, 664.
100 BGH NJW-RR 1993, 653.
1 MK/*Wenzel* Rn. 1.
2 BGH NJW 1992, 438, 439.
3 BGHZ 32, 256, 258; MK/*Wenzel* Rn. 2; *St/J/Grunsky* § 562 Rn. 1.
4 BGHZ 21, 214, 216f.
5 BGHZ 118, 295, 299 = NJW 1992, 2769.
6 BGH (Fn. 5) S. 300.
7 BGH NJW 1988, 636, 637; 1992, 438, 440.
8 BGH NJW 1994, 1408, 1409; NJW-RR 1987, 43, 45.
9 MK/*Wenzel* Rn. 5.
10 BGHZ 21, 214, 217; BGH NJW 1975, 2142, 2143; 1992, 438, 439.
11 *Gottwald* IPRax 1988, 210; *St/J/Grunsky* § 562 Rn. 3.
12 *St/J/Grunsky* § 562 Rn. 3.
13 BGH NJW 1995, 2097.
14 BGHZ 118, 151, 162 = NJW 1992, 2026; BGH NJW 1992, 3106f.; eingehend *Fastrich* ZZP 97 (1984), 423ff.
15 BGHZ 118, 151, 162 = NJW 1992, 2026.
16 BGHZ 118, 312, 319 = NJW 1992, 3096.
17 BGH (Fn. 16) S. 319f.; BGHZ 122, 373, 378 = NJW 1993, 2312.

hat die Verfahrensrüge schon dann, wenn das Berufungsurteil nicht erkennen lässt, dass der Tatrichter seiner Pflicht zur Ermittlung des ausländischen Rechts in dem gebotenen Umfang nachgekommen ist.[18] Gerügt werden können ferner Verfahrensfehler bei der Anwendung irrevisiblen Rechts wie etwa als Verletzung des § 286 die Übergehung von Sachvortrag, Beweisantritten oder Beweisergebnissen, die von dem Rechtsstandpunkt aus, den das Berufungsgericht unter Anwendung des irrevisiblen Rechts eingenommen hat, beachtlich sind.[19] Keinen Beschränkungen unterliegt das Revisionsgericht bei der Anwendung irrevisiblen Rechts, das erst nach Schluss der Berufungsverhandlung in Kraft getreten oder vom Berufungsgericht übersehen worden ist.[20]

561 *Revisionszurückweisung* **Ergibt die Begründung des Berufungsurteils zwar eine Rechtsverletzung, stellt die Entscheidung selbst aber aus anderen Gründen sich als richtig dar, so ist die Revision zurückzuweisen.**

I. Normzweck

1 Die Vorschrift regelt einen speziellen Fall der Unbegründetheit der Revision. Diese ist als unbegründet zurückzuweisen, wenn die angefochtene Entscheidung revisibles Recht nicht verletzt oder nicht auf der Gesetzesverletzung beruht (§ 545 Abs. 1, § 546) oder wenn mit einer zulässigen Revision rügebedürftige Verfahrensmängel (§ 557 Abs. 3 S. 2) nicht oder nicht ordnungsgemäß gerügt worden sind (§ 551 Abs. 3 S. 1 Nr. 2 lit. b). § 561 stellt darüber hinaus klar, dass die Revision auch dann unbegründet ist, wenn das Berufungsurteil zwar auf einer Gesetzesverletzung beruht (§ 545 Rn. 11), sich aber im Ergebnis aus anderen als den vom Berufungsgericht angenommenen Gründen als richtig erweist.

II. Zurückweisung der Revision

2 Hat das Berufungsgericht die Klage abgewiesen oder deren Abweisung bestätigt, so ist die Revision trotz fehlerhafter Anwendung materiellen Rechts zurückzuweisen, wenn die Klage aus anderen Gründen unschlüssig oder die Verteidigung des Beklagten aus anderen als den vom Berufungsgericht angenommenen Gründen erheblich ist. Ist der Klage unter Verletzung materiellen Rechts stattgegeben worden, so bleibt die Revision gleichwohl ohne Erfolg, wenn sich der Klageanspruch aus einer anderen Anspruchsgrundlage ergibt oder die Verteidigung des Beklagten sich aus Gründen, die das Berufungsgericht nicht erörtert oder anders beurteilt hat, als unerheblich erweist. Beruht die angefochtene Entscheidung auf Verfahrensmängeln, bleibt die Revision gleichwohl ohne Erfolg, wenn im Ergebnis auch unter Einbeziehung verfahrensfehlerhaft übergangenen Parteivorbringens oder unter Ausklammerung verfahrensfehlerhaft festgestellter Tatsachen im Ergebnis ebenso zu entscheiden ist. Eine Ausnahme hiervon macht der BGH für die revisionsrechtliche Überprüfung der Präklusion verspäteten Vorbringens.[1]

3 § 561 findet auch dann Anwendung, wenn ein Verfahrensmangel, auf dem das Berufungsurteil beruht, in der Revisionsinstanz behoben werden kann[2] oder wenn das Ergebnis fehlerfreier Rechtsanwendung dem Revisionskläger ungünstiger wäre als die allein von ihm angefochtene Entscheidung des Berufungsgerichts.[3] Von einer Aufhebung und Zurückverweisung wegen eines Verfahrensfehlers ist aus Gründen der Prozessökonomie ferner dann abzusehen, wenn feststeht, dass das Berufungsgericht nach Zurückverweisung zu keinem anderen Ergebnis gelangen könnte (vgl. auch § 563 Rn. 26).[4]

4 § 561 setzt voraus, dass das Berufungsurteil im Ergebnis richtig ist. Daran fehlt es, wenn eine unzulässige Klage als unbegründet (oder umgekehrt) abgewiesen worden ist. Die Revision kann deshalb nicht „mit der Maßgabe" zurückgewiesen werden, dass die Sachabweisung durch eine Prozessabweisung (oder umgekehrt) ersetzt wird[5] (weiter hierzu § 563 Rn. 23 f.).

III. Aufhebung des Berufungsurteils

5 Leidet das Berufungsurteil an einem Mangel, der einen absoluten Revisionsgrund nach § 547 darstellt, und ist dieser ordnungsgemäß gerügt (§ 551 Rn. 11 f.), so ist es ohne Rücksicht auf die Richtigkeit des Ergebnisses aufzuheben. § 561 ist in diesen Fällen unanwendbar (§ 547 Rn. 2).

562 *Aufhebung des angefochtenen Urteils* **(1) Insoweit die Revision für begründet erachtet wird, ist das angefochtene Urteil aufzuheben.**

(2) Wird das Urteil wegen eines Mangels des Verfahrens aufgehoben, so ist zugleich das Verfahren insoweit aufzuheben, als es durch den Mangel betroffen wird.

---

18 BGH NJW 1992, 3106, 3107; 1997, 324, 325.
19 BGHZ 24, 159, 164 = NJW 1957, 1192; BGH NJW 1988, 636, 637; 1992, 438, 440.
20 BGHZ 40, 197, 201 = NJW 1964, 203; BGH NJW 1996, 3151.
1 BGHZ 83, 371, 378 = NJW 1982, 1708 m. abl. Anm. *Deubner;* BGH NJW 1981, 2255.
2 Vgl. BGH NJW 1991, 3036.
3 *B/L/H* Rn. 4; *St/J/Grunsky* § 563 Rn. 7; *Zö/Gummer* Rn. 3.
4 BGHZ 132, 245, 248 f. = NJW 1996, 1890.
5 *St/J/Grunsky* § 563 Rn. 2; MK/*Wenzel* Rn. 7; aA BGH NJW 1990, 990, 992.

I. Normzweck

Die Vorschrift regelt gemeinsam mit § 563, in welcher Weise das Revisionsgericht über eine begründete Revision zu entscheiden hat. Anders als im Berufungsverfahren (§ 538 Abs. 1) führt die erfolgreiche Revision nach Abs. 1 zur Aufhebung des angefochtenen Urteils. 1

II. Aufhebung des Berufungsurteils (Absatz 1)

1. Notwendigkeit der Aufhebung. Soweit die Entscheidung des Berufungsgerichts auf einer Verletzung des Gesetzes beruht (§§ 545ff.) und nicht aus anderen Gründen im Ergebnis richtig ist (§ 561), muss sie aufgehoben werden, um den Weg für eine neue Entscheidung des Berufungsgerichts (§ 563 Abs. 1, 4) oder eine ersetzende Entscheidung des Revisionsgerichts selbst (§ 563 Abs. 3) freizumachen.[1] Die Aufhebung setzt voraus, dass über die Begründetheit der Revision abschließend entschieden werden kann. Vorlagen an den GSZ oder die VGS (§ 132 GVG), an den GmS-OGB (§ 11 RsprEinhG), das BVerfG (Art. 100, 126 GG) oder den EuGH (Art. 234 EG; Art. 2, 3 des Protokolls vom 3. 6. 1971 zur Auslegung des EuGVÜ und der EuGVO; vgl. § 545 Rn. 5) sind vorab zu erledigen. 2

2. Umfang der Aufhebung. Das Berufungsurteil darf nur insoweit aufgehoben werden, als es mit der Revision angefochten ist. Nicht angegriffene Teile der Berufungsentscheidung erwachsen in Teilrechtskraft, sobald die Möglichkeit entfallen ist, sie durch Erweiterung der Revisionsanträge (§ 551 Rn. 7) oder durch Anschlussrevision (§ 554) nachträglich in die revisionsrechtliche Überprüfung einzubeziehen.[2] Innerhalb dieses Rahmens ist die Aufhebung auf den Teil des Berufungsurteils zu beschränken, hinsichtlich dessen die Revision begründet ist.[3] Für die Zulässigkeit einer solchen Beschränkung gilt das zur Beschränkung der Revision (§ 551 Rn. 6) und ihrer Zulassung (§ 543 Rn. 10ff., 13) Ausgeführte entsprechend. Die Aufhebung kann demnach beschränkt werden auf die Entscheidung über einen von mehreren Klageansprüchen,[4] auf einen Teil des zu- oder aberkannten Klageanspruchs, auf die Entscheidung über die Klage oder die Widerklage,[5] auf eine Zug-um-Zug-Einschränkung der Verurteilung,[6] auf den Betrag eines nach Grund und Höhe streitigen Anspruchs[7] und bei Abweisung von Haupt- und Hilfsantrag auf die Entscheidung über den letzteren.[8] Dagegen kann in Aufrechnungsfällen die Aufhebung nicht auf die Entscheidung über die Gegenforderung beschränkt werden,[9] denn damit würde die Entscheidung über die Hauptforderung in Rechtskraft erwachsen, obgleich ihr Bestand von der noch offenen Entscheidung über die Gegenforderung abhängt. In diesen Fällen ist dem Verschlechterungsverbot[10] (§ 528 Rn. 14ff.) vielmehr dadurch Rechnung zu tragen, dass bei der ersetzenden Entscheidung nach § 563 das, was das Berufungsgericht zu Gunsten des Revisionsklägers entschieden hat, ungeprüft zu Grunde gelegt wird (näher § 528 Rn. 21ff.). Zur Aufhebung zweitinstanzlicher Entscheidungen über Hilfsanträge und Eventualwiderklagen bei erfolgreicher Revision hinsichtlich des Hauptbegehrens s. § 557 Rn. 5. 3

3. Gegenstand der Aufhebung. Das Revisionsgericht kann nach Abs. 1 nur das Berufungsurteil und diesem vorausgegangene Entscheidungen des Berufungsgerichts (§ 557 Abs. 2) aufheben. Die Aufhebung des erstinstanzlichen Urteils kommt nur als ersetzende Entscheidung nach § 563 Abs. 3 in Betracht (§ 563 Rn. 21, 26). 4

III. Aufhebung des Verfahrens (Absatz 2)

Ebenso wie in zweiter Instanz (§ 538 Abs. 2 S. 1) kann neben dem Urteil auch das mangelhafte Verfahren der Vorinstanz aufgehoben werden; das zu § 538 Rn. 18, 38 Ausgeführte gilt hier entsprechend. 5

IV. Rechtsanwaltsgebühren

Vgl. § 538 Rn. 39. 6

563 *Zurückverweisung; eigene Sachentscheidung*

(1) [1]Im Falle der Aufhebung des Urteils ist die Sache zur neuen Verhandlung und Entscheidung an das Berufungsgericht zurückzuverweisen. [2]Die Zurückverweisung kann an einen anderen Spruchkörper des Berufungsgerichts erfolgen.

(2) Das Berufungsgericht hat die rechtliche Beurteilung, die der Aufhebung zugrunde gelegt ist, auch seiner Entscheidung zugrunde zu legen.

(3) Das Revisionsgericht hat jedoch in der Sache selbst zu entscheiden, wenn die Aufhebung des Urteils nur wegen Rechtsverletzung bei Anwendung des Gesetzes auf das festgestellte Sachverhältnis erfolgt und nach letzterem die Sache zur Endentscheidung reif ist.

---

1 *St/J/Grunsky* § 564 Rn. 1.
2 BGH NJW 1994, 657, 659.
3 MK/*Wenzel* Rn. 3.
4 MK/*Wenzel* Rn. 3; *St/J/Grunsky* § 564 Rn. 3.
5 MK/*Wenzel* Rn. 3; *St/J/Grunsky* § 564 Rn. 3; *Zö/Gummer* Rn. 1.
6 BGHZ 45, 287, 289 = NJW 1966, 1755; MK/*Wenzel* Rn. 3; vgl. aber auch BGH NJW 1994, 586, 587f.
7 MK/*Wenzel* Rn. 3; *St/J/Grunsky* § 564 Rn. 3; *Zö/Gummer* Rn. 1.
8 BGH NJW 1956, 1154; MK/*Wenzel* Rn. 3; *St/J/Grunsky* § 564 Rn. 3; *Zö/Gummer* Rn. 1.
9 AA MK/*Wenzel* Rn. 3; *St/J/Grunsky* § 564 Rn. 3; *Zö/Gummer* Rn. 1.
10 Dazu BGH NJW-RR 1989, 1404.

(4) Kommt im Fall des Absatzes 3 für die in der Sache selbst zu erlassende Entscheidung die Anwendbarkeit von Gesetzen, auf deren Verletzung die Revision nach § 545 nicht gestützt werden kann, in Frage, so kann die Sache zur Verhandlung und Entscheidung an das Berufungsgericht zurückverwiesen werden.

I. Normzweck

1 Die Vorschrift gemeinsam mit § 562, welche Entscheidung das Revisionsgericht bei begründeter Revision zu treffen hat. Grundsätzlich macht das Revisionsgericht durch Aufhebung des angefochtenen Urteils (§ 562) und Zurückverweisung an das Berufungsgericht (Abs. 1) nur den Weg für eine neue Berufungsentscheidung auf der Grundlage seiner rechtlichen Beurteilung (Abs. 2) frei. Im Falle des Abs. 3 hat das Revisionsgericht die ersetzende Entscheidung selbst zu treffen, im Falle des Abs. 4 ist ihm dies freigestellt.[1]

II. Zurückverweisung an das Berufungsgericht (Absatz 1)

2 **1. Voraussetzungen.** Anders als im Berufungsverfahren ist die Zurückverweisung im Revisionsverfahren die Regel. Sie ist daher – anders als in zweiter Instanz (§ 538) – nicht an positive Voraussetzungen gebunden. Zurückzuverweisen ist vielmehr in allen Fällen begründeter Revision, in denen das Revisionsgericht die ersetzende Entscheidung mangels Entscheidungsreife nicht selbst treffen kann.

3 **2. Adressat. a) Gericht.** Nur das Berufungsgericht – bei Sprungrevision (§ 566) das Gericht erster Instanz – kann Adressat der Zurückverweisung nach Abs. 1 sein. Eine Zurückverweisung an das erstinstanzliche Gericht kommt – außer im Falle des § 566 – nur als ersetzende Entscheidung (§ 538) nach Abs. 3 in Betracht (Rn. 21, 23, 25 f.).[2] Dazu bedarf es eines Antrags nach § 538 Abs. 2 S. 1.[3]

4 **b) Spruchkörper.** Nach Abs. 1 S. 2 kann das Revisionsgericht an einen bestimmten oder allgemein an einen anderen Spruchkörper des Berufungsgerichts zurückverweisen. Die Regelung ist verfassungsrechtlich (Art. 101 GG) unbedenklich.[4] Der BGH macht von dieser Möglichkeit nur in Ausnahmefällen Gebrauch. Die Zurückverweisung an ein anderes Berufungsgericht sieht das Gesetz nicht vor.

5 **c) Zuständigkeit nach Zurückverweisung.** Außer in den Fällen des Abs. 1 S. 2 (Rn. 4) erfolgt die Zurückverweisung nicht an einen bestimmten Senat des Berufungsgerichts. Die Zuständigkeit für eine zurückverwiesene Sache richtet sich nach dem Geschäftsverteilungsplan des Berufungsgerichts.[5] Der hiernach zuständige Spruchkörper ist auch zur Entscheidung über Prozessreste berufen, die – wie zB bei Revision gegen ein Teilurteil – in zweiter Instanz verblieben waren.[6]

6 **3. Verbindung mit einer Sachentscheidung.** Ist der Rechtsstreit dem Grunde nach zur Entscheidung reif, so kann das Revisionsgericht unter Aufhebung des Berufungsurteils über den Grund des Anspruchs vorab durch Zwischenurteil nach § 304 entscheiden und die Sache wegen des Betrages an das Berufungsgericht zurückverweisen, wenn der Rechtsstreit insoweit (weiterer) tatrichterlicher Aufklärung bedarf.[7] Entsprechendes gilt für den Erlass eines drittinstanzlichen Vorbehaltsurteils. Eine Zurückverweisung an das Gericht erster Instanz ist in beiden Fällen nur als ersetzende Entscheidung (Abs. 3) in Verbindung mit der Ersetzung des klageabweisenden Berufungsurteils durch ein Grund- oder Vorbehaltsurteil möglich.[8]

III. Verfahren nach Zurückverweisung

7 **1. Verfahren des Berufungsgerichts.** Das Verfahren in der Berufungsinstanz nach Zurückverweisung setzt das frühere Berufungsverfahren fort und bildet mit diesem eine Einheit. Das Verfahren wird in die Lage zurückversetzt, in der es sich bei Schluss der Berufungsverhandlung befand, auf die das aufgehobene Urteil ergangen ist.[9] Die Parteien können auf ihre früheren Anträge und ihr früheres Vorbringen zurückkommen, daneben oder stattdessen aber auch in den Grenzen der §§ 529 ff. neue Anträge stellen und neue Angriffs- und Verteidigungsmittel vorbringen.[10] Soweit nicht bereits Teilrechtskraft eingetreten ist,[11] kann die Berufung noch erweitert[12] und Anschlussberufung eingelegt werden.[13]

8 Die **Tatsachenfeststellungen** und **Beweisergebnisse** des früheren Verfahrens sind weiterhin verwertbar, soweit nicht auch das Verfahren des Berufungsgerichts aufgehoben (§ 562 Abs. 2) oder in den Gründen des Revisionsurteils beanstandet worden ist.[14] Die Bindung an ein früheres Geständnis (§§ 290, 535) bleibt erhalten.[15] Dagegen können Tatsachen, die im ersten Berufungsverfahren gemäß § 138 Abs. 3 „als zuge-

---

[1] BGHZ 118, 151, 168 = NJW 1992, 2026.
[2] BGH NJW 1992, 2099, 2100; NJW-RR 1994, 379, 381; anders BGH NJW 1995, 1225, 1227.
[3] BGH NZM 2003, 375.
[4] BVerfGE 20, 336, 344 = NJW 1967, 99.
[5] MK/*Wenzel* Rn. 3; *St/J/Grunsky* § 565 Rn. 2.
[6] BGH LM BGB § 765 Nr. 1; MK/*Wenzel* Rn. 8; *St/J/Grunsky* § 565 Rn. 4.
[7] BGH NJW 1995, 1093, 1095.
[8] BGH NJW-RR 1988, 61, 63; NJW-RR 1990, 109, 110; 1994, 1171, 1173; *St/J/Grunsky* § 565 Rn. 26.
[9] BGH NJW 2001, 146.
[10] BGH NJW 1963, 444; NJW-RR 2005, 1727.
[11] BGH NJW 1994, 657, 659.
[12] BGH NJW 1963, 444; 2001, 146.
[13] BGH NJW 1994, 586, 588; 1999, 139, 140.
[14] MK/*Wenzel* Rn. 6.
[15] MK/*Wenzel* Rn. 6.

standen galten", nunmehr bestritten werden.[16] In jedem Falle erforderlich ist eine neue mündliche Verhandlung vor dem Berufungsgericht (arg. Abs. 1 S. 1).

2. Bindungswirkung, Abs. 2. a) Bindung des Berufungsgerichts. Abs. 2 bindet das Berufungsgericht bei der erneuten Verhandlung und Entscheidung an die der Aufhebung zu Grunde liegende Rechtsauffassung des Revisionsgerichts, auch wenn es diese für unrichtig oder gar für verfassungswidrig hält.[17] Eine vergleichbare Regelung findet sich in § 629b Abs. 1 S. 2. 9

aa) Nur die **rechtliche Beurteilung** des Revisionsgerichts entfaltet Bindungswirkung. Hierzu zählen alle Ausführungen zu Geltung und Inhalt von Rechtsnormen des materiellen und des Prozessrechts,[18] zur Schlüssigkeit und Erheblichkeit des Parteivorbringens[19] sowie zur Auslegung, soweit diese vom Revisionsgericht selbst vorzunehmen ist[20] (§ 546 Rn. 4ff.). Nicht gebunden ist das Berufungsgericht an Erfahrungssätze oder technische Regeln, auf denen das Revisionsurteil beruht.[21] Keine Bindung besteht an die der Revisionsentscheidung zugrundegelegten Tatsachen, soweit diese nicht ausnahmsweise vom Revisionsgericht selbst festzustellen waren (s. § 559 Rn. 11).[22] 10

bb) Die rechtliche Beurteilung des Revisionsgerichts entfaltet nur insoweit Bindungswirkung nach Abs. 2, als sie **unmittelbar zur Aufhebung** des Berufungsurteils **geführt** hat.[23] Das Berufungsgericht ist daher nicht gebunden, soweit seine Rechtsauffassung vom Revisionsgericht gebilligt wird.[24] Das gilt auch für die (stillschweigende) Bejahung von Sachurteilsvoraussetzungen[25] und erst recht für die materiell-rechtliche Beurteilung doppelrelevanter Tatsachen.[26] Keine Bindung besteht mangels Entscheidungskausalität an Rechtsauffassungen des Revisionsgerichts in obiter dicta[27] oder in Hinweisen des Revisionsgerichts für das weitere Verfahren.[28] 11

b) Grenzen der Bindung. aa) Eine Bindung nach Abs. 2 besteht nur hinsichtlich solcher Ansprüche oder Anspruchsteile, die **Gegenstand der Revisionsentscheidung** waren. Sie gilt mithin nicht für neue Ansprüche[29] und für in den Vorinstanzen verbliebene Prozessreste.[30] Das Revisionsurteil entfaltet ferner keine Bindungswirkung für weitere Prozesse, selbst wenn sie von denselben Parteien geführt werden und dasselbe Rechtsverhältnis betreffen.[31] 12

bb) Die **Bindungswirkung** nach Abs. 2 **entfällt,** wenn das Berufungsgericht neue Tatsachen feststellt und der zweiten Berufungsentscheidung einen anderen Sachverhalt zu Grunde legt als das Revisionsgericht.[32] Die Bindungswirkung entfällt ferner, wenn sich die Rechtslage nachträglich ändert[33] oder ein anzuwendendes Gesetz zwischenzeitlich vom BVerfG verbindlich in einem von der ersten Revisionsentscheidung abweichenden Sinne interpretiert worden ist.[34] Dasselbe gilt, wenn das Revisionsgericht seine der Aufhebung zu Grunde liegende Rechtsauffassung später ändert.[35] 13

c) Bindung des Revisionsgerichts. Gelangt eine nach Abs. 1 zurückverwiesene Sache erneut vor das Revisionsgericht, so ist dieses in gleicher Weise wie nach Abs. 2 das Berufungsgericht gebunden.[36] Die Bindung entfällt, wenn das Revisionsgericht zwischenzeitlich seine Rechtsprechung geändert und die Änderung verlautbart hat.[37] Entsprechendes gilt für die Bindung des Berufungsgerichts, wenn der Prozess nach rechtskräftiger Aufhebung und Zurückverweisung nach § 538 erneut in die Berufungsinstanz gelangt (§ 318 Rn. 6).[38] Wird gegen das zweite Berufungsurteil Revision eingelegt, so muss auch das Revisionsgericht diese Bindung beachten.[39] 14

3. Neue Entscheidung des Berufungsgerichts. a) Keine Bindung an die frühere Beurteilung. Das Berufungsgericht entscheidet auf Grund neuer mündlicher Verhandlung unter Berücksichtigung der Bindungswirkung nach Abs. 2. Darüber hinaus ist das Berufungsgericht gemäß § 318 an seine eigenen früheren Entscheidungen gebunden, soweit diese nicht gleichfalls aufgehoben worden sind (vgl. § 538 Rn. 38).[40] Dasselbe gilt für ein vom Revisionsgericht erlassenes Grund- oder Vorbehaltsurteil (vgl. Rn. 6). Im Übrigen 15

---

16 Vgl. BGH NJW 1995, 3115, 3116.
17 BGH NJW 2007, 1127, 1129.
18 MK/*Wenzel* Rn. 9.
19 MK/*Wenzel* Rn. 9.
20 BGH NJW 1963, 956; MK/*Wenzel* Rn. 9.
21 BGH NJW 1982, 1049, 1050; *B/L/H* Rn. 4; MK/*Wenzel* Rn. 12; *St/J/Grunsky* § 565 Rn. 9.
22 BGH NJW 1995, 3115, 3116.
23 BGHZ 132, 6, 10 = NJW 1996, 924; 145, 316, 319 = NJW-RR 2001, 447; 163, 223, 233 = NJW 2005, 3071.
24 BGH NJW 1993, 2103, 2104; 1995, 1673.
25 MK/*Wenzel* Rn. 12; aA AK-ZPO/*Ankermann* § 565 Rn. 8; *St/J/Grunsky* § 565 Rn. 12.
26 AA BGHZ 22, 370, 374 = NJW 1957, 543 m. Anm. *Johannsen* LM § 565 Abs. 2 Nr. 6
27 *R/S/G* § 146 III 3a; MK/*Wenzel* Rn. 12; *St/J/Grunsky* § 565 Rn. 11; *Zö/Gummer* § 565 Rn. 3.
28 BGH FamRZ 1990, 282, 283.
29 *St/J/Grunsky* § 565 Rn. 15.
30 *St/J/Grunsky* § 565 Rn. 15; *T/P/Reichold* Rn. 6.
31 *St/J/Grunsky* § 565 Rn. 15.
32 BGHZ 145, 316, 319 = NJW-RR 2001, 447; BGHZ 159, 122, 127 = NJW-RR 2004, 1422.
33 *R/S/G* § 146 III 3c; *T/P/Reichold* Rn. 6; *Zö/Gummer* Rn. 5.
34 BGH NJW 1995, 1609, 1610.
35 GmS-OGB BGHZ 60, 392, 397ff. = NJW 1973, 1273; BGH NJW 1996, 924, 925.
36 GmS-OGB (Fn. 35) S. 395ff.; BGH NJW 1992, 2831, 2832; 1996, 924, 925.
37 GmS-OGB (Fn. 35); BGH NJW 1996, 924, 925; WM 1997, 1045, 1048.
38 BGH NJW 1992, 2831, 2832.
39 BGHZ 25, 200, 203f. = NJW 1958, 59; BGH NJW 1992, 2831, 2832.
40 *B/L/H* Rn. 4; MK/*Wenzel* Rn. 10; *St/J/Grunsky* § 565 Rn. 16; *T/P/Reichold* § 565 Rn. 10.

ist das Berufungsgericht in der Beurteilung des Sachverhalts frei. Es ist an frühere Tatsachenfeststellungen oder Rechtsansichten ebenso wenig gebunden wie an eine frühere Beweiswürdigung.[41] Rechtsansichten, die es im ersten Berufungsurteil vertreten hat, binden das Berufungsgericht selbst dann nicht, wenn sie vom Revisionsgericht gebilligt worden sind.[42]

16 b) **Verschlechterungsverbot.** Die Frage des Verbots der Schlechterstellung bei der erneuten Entscheidung in der Berufungsinstanz stellt sich nur in dem Ausnahmefall, dass das erste Berufungsurteil in weiterem Umfang aufgehoben wird, als es angefochten worden ist (vgl. § 528 Rn. 2, 23). Ohne zulässige Anschlussberufung (§ 524)[43] darf das erstinstanzliche Urteil auch bei der neuerlichen Entscheidung des Berufungsgerichts nicht zum Nachteil des Berufungsklägers abgeändert werden. Hat allein der Berufungskläger Revision eingelegt und der Berufungsbeklagte sich dieser nicht angeschlossen (§ 554), so darf nach Aufhebung und Zurückverweisung das Berufungsgericht den Berufungskläger auch nicht schlechter stellen als im ersten Berufungsurteil.[44]

17 c) **Rechtsmittel.** Die neue Entscheidung des Berufungsgerichts unterliegt der Revision nach den allgemeinen Regeln. Die Nichtbeachtung der Bindungswirkung nach Abs. 2 ist ein von Amts wegen zu berücksichtigender Revisionsgrund.[45]

IV. Ersetzende Entscheidung des Revisionsgerichts (Absatz 3)

18 Ist die Sache in der Revisionsinstanz entscheidungsreif (Rn. 19ff., 21), so ist die ersetzende Entscheidung im Interesse der Prozessökonomie vom Revisionsgericht selbst zu treffen. Unter einer Entscheidung „in der Sache selbst" ist jede ersetzende – im Gegensatz zur zurückverweisenden – Entscheidung zu verstehen; der Begriff umfasst daher neben Sachurteilen auch Prozessurteile.[46]

19 **1. Entscheidungsreife.** Eine eigene ersetzende Entscheidung des Revisionsgerichts setzt voraus, dass der Rechtsstreit, soweit er Gegenstand des Revisionsverfahrens ist, auf der Grundlage des festgestellten Sachverhalts entscheidungsreif ist. Daran fehlt es, soweit das Berufungsgericht auf Mängel des Parteivorbringens hätte hinweisen und den Parteien zu deren Behebung hätte Gelegenheit geben müssen.[47]

20 **2. Festgestellter Sachverhalt.** Festgestellt ist der entscheidungserhebliche Sachverhalt, wenn er nach dem Inhalt des Berufungsurteils unstreitig, offenkundig, gerichtsbekannt, zugestanden oder bewiesen ist und nicht in Bezug auf die Tatsachenfeststellung berechtigte Verfahrensrügen erhoben sind (§ 559 Abs. 2, § 551 Abs. 3 S. 1 Nr. 2 lit. b). Soweit zur Tatsachenfeststellung eine dem Tatrichter vorbehaltene Auslegung versäumt oder fehlerhaft vorgenommen worden ist, kann das Revisionsgericht, wenn weitere tatsächliche Feststellungen nicht zu erwarten sind, die gebotene Auslegung selbst vornehmen (§ 546 Rn. 5) und auf diese Weise die Feststellung des Sachverhalts vervollständigen.[48] Entsprechendes gilt für die Subsumtion unter unbestimmte Rechtsbegriffe und Generalklauseln (dazu § 546 Rn. 14).[49]

21 **3. Endentscheidungsreife.** Zur „Endentscheidung" reif ist die Sache im Revisionsverfahren schon dann, wenn das Revisionsgericht, ohne dass es weiterer tatsächlicher Feststellungen bedarf, die instanzbeendende Entscheidung treffen kann, die das Berufungsgericht bei fehlerfreier Rechtsanwendung hätte treffen müssen.[50] Eine ersetzende Entscheidung ist daher stets geboten, wenn die Berufung oder die Klage unzulässig oder letztere unschlüssig ist und der Mangel auch durch weiteres Parteivorbringen nicht behoben werden kann.[51] Entscheidungsreif im Sinne des Abs. 3 ist die Sache auch dann, wenn in zweiter Instanz eine (Aufhebung und) Zurückverweisung nach § 538 geboten oder sachdienlich gewesen wäre (s. Rn. 23, 25f.).[52]

22 **4. Inhalt der ersetzenden Entscheidung.** a) Das Revisionsgericht kann eine vom Berufungsgericht irrig als zulässig behandelte **Berufung** als unzulässig **verwerfen**[53] und umgekehrt dem Berufungskläger unter Aufhebung der Verwerfungsentscheidung des Berufungsgerichts Wiedereinsetzung gewähren.[54] Auf die Revision gegen eine Verwerfungsentscheidung darf das Revisionsgericht ohne Verstoß gegen das Verschlechterungsverbot auch sachlich über die Klage entscheiden.[55] Dies setzt allerdings voraus, dass das Berufungsurteil einen Sachverhalt feststellt, der für eine Sachentscheidung eine verwertbare Grundlage bietet, und dass im Falle einer Zurückverweisung der Sache ein abweichendes Ergebnis ausgeschlossen erscheint.[56] Dasselbe gilt für den Fall, dass das Berufungsurteil für einen abgewiesenen Teil der Klage nicht mit Gründen versehen ist (§ 547 Nr. 6).[57]

---

[41] BGH NJW 1993, 2103; 1995, 1673.
[42] BGH NJW 1995, 1673 = JZ 1995, 1015, 1016 m. Anm. *Braun.*
[43] Vgl. dazu BGH NJW 1994, 586, 588.
[44] BGHZ 159, 122, 124f. = NJW-RR 2004, 1422; *Zi* § 565 Rn. 4.
[45] BGH NJW 1992, 2831, 2832.
[46] MK/*Wenzel* Rn. 19f.; *St/J/Grunsky* § 565 Rn. 22; *Zö/Gummer* Rn. 8.
[47] BGHZ 135, 1, 8 = NJW 1997, 3440.
[48] BGH NJW 1991, 1180, 1181; *St/J/Grunsky* § 565 Rn. 22.
[49] BGHZ 122, 308, 316 = NJW 1993, 2178; BGH NJW 1992, 183, 184; *St/J/Grunsky* § 565 Rn. 22.
[50] *St/J/Grunsky* § 565 Rn. 26.
[51] BGH NJW 1992, 436, 438; NJW-RR 1994, 175, 176; *St/J/Grunsky* § 565 Rn. 27.
[52] BGH NJW 1992, 2099, 2100; NJW-RR 1994, 175, 176.
[53] MK/*Wenzel* Rn. 20; *St/J/Grunsky* § 565 Rn. 27; *T/P/Reichold* Rn. 14.
[54] BGH NJW 1982, 1873, 1874; 1985, 2650, 2651.
[55] BGHZ 102, 332, 337f. = NJW 1988, 2114; BGH NJW 1996, 2100, 2101; 1998, 2058, 2059.
[56] BGH NJW 1999, 724, 725; 1999, 794, 795.
[57] BGH ZIP 2004, 862, 864.

b) Eine zu Unrecht als zulässig behandelte Klage ist durch **Prozessurteil** abzuweisen.[58] Ist die Klage in der Vorinstanz zu Unrecht als unzulässig abgewiesen worden, so kann das Revisionsgericht in der Sache entscheiden, sofern das Berufungsurteil einen Sachverhalt ergibt, der eine verwertbare tatsächliche Grundlage für eine rechtliche Beurteilung bietet, und wenn im Falle einer Zurückverweisung der Sache ein anderes Ergebnis nicht möglich erscheint.[59] Hilfsausführungen des Berufungsgerichts zur Begründetheit der Klage gelten hierbei als nicht geschrieben und sind vom Revisionsgericht nicht zu beachten.[60] Eine Sachabweisung ist gleichwohl zulässig, wenn der Klagevortrag in jeder Hinsicht unschlüssig ist und auch durch weiteres Parteivorbringen nicht schlüssig gemacht werden kann.[61] In der Sachabweisung liegt kein Verstoß gegen das Verbot der Schlechterstellung (vgl. § 528 Rn. 18).[62] Haben beide Vorinstanzen die Klage zu Unrecht als unzulässig behandelt, so kann das Revisionsgericht die Sache unter Ersetzung der Entscheidung des Berufungsgerichts nach § 538 Abs. 2 S. 1 Nr. 3 an das Gericht erster Instanz zurückverweisen, sofern eine Partei dies beantragt.[63] 23

c) Das Revisionsgericht kann einer zu Unrecht sachlich abgewiesenen **Klage stattgeben** und umgekehrt, über eine vom Berufungsgericht zu Unrecht nicht zugelassene **Widerklage** (§ 533) entscheiden[64] und eine als zurzeit unbegründet abgewiesene Klage endgültig abweisen;[65] darin liegt kein Verstoß gegen das Verbot der Schlechterstellung (vgl. § 528 Rn. 19). 24

d) Erlaubt der vom Berufungsgericht festgestellte Sachverhalt nur eine Entscheidung über den Grund des auch der Höhe nach streitigen Anspruchs, so kann das Revisionsgericht ein **Grundurteil** (§ 304 Abs. 1) erlassen und die Sache zur Entscheidung über den Betrag an das Berufungsgericht zurückverweisen[66] oder das aufgehobene Berufungsurteil durch ein Grundurteil, verbunden mit einer Zurückverweisung nach § 538 Abs. 2 S. 1 Nr. 4 an das Gericht erster Instanz, ersetzen, sofern eine Partei dies beantragt.[67] Entsprechendes gilt für den Fall, dass der Rechtsstreit auf Grund des festgestellten Sachverhalts für den Erlass eines **Vorbehaltsurteils** reif ist. Ist eine Stufenklage zu Unrecht insgesamt abgewiesen worden, kann das Revisionsgericht über den Auskunftsanspruch durch Teilurteil entscheiden und wegen der weiteren Stufen an das Berufungsgericht zurückverweisen; ein Grundurteil über den Zahlungsanspruch darf nur ergehen, wenn schon unabhängig von der Auskunft feststeht, dass dieser in irgendeiner Höhe besteht.[68] Ist Gegenstand der Revision ein vom Berufungsgericht zu Unrecht bestätigtes unzulässiges Teilurteil erster Instanz, so kann das Revisionsgericht nicht über erstinstanzliche Prozessreste mit entscheiden, sondern hierzu nur an das Berufungsgericht zurückverweisen.[69] 25

e) Hat das Berufungsgericht die wegen eines wesentlichen Verfahrensmangels erster Instanz gebotene Aufhebung und **Zurückverweisung** (§ 538 Abs. 2 S. 1 Nr. 1) unterlassen, so kann das Revisionsgericht gemäß Abs. 3 die Entscheidung nachholen und die Sache unter Aufhebung der Urteile beider Vorinstanzen an das Gericht erster Instanz zurückverweisen, sofern eine Partei dies beantragt.[70] Dasselbe gilt für eine gebotene, in zweiter Instanz aber unterbliebene Zurückverweisung nach § 538 Abs. 2 S. 1 Nr. 2 bis 7.[71] Hat das Berufungsgericht ein **unzulässiges Teilurteil** erster Instanz bestätigt, so kann das Revisionsgericht von einer ersetzenden Zurückverweisung nach § 538 Abs. 2 S. 1 Nr. 7 absehen und stattdessen nach Abs. 1 an das Berufungsgericht zurückverweisen, wenn es sachdienlich erscheint, dass dieses den in erster Instanz verbliebenen Prozessrest an sich zieht und über den gesamten Streitstoff entscheidet.[72] Hat das Berufungsgericht zu Unrecht nach § 538 Abs. 2 Nr. 1 aufgehoben und zurückverwiesen, so ist eine Sachentscheidung des Revisionsgerichts grundsätzlich ausgeschlossen[73] (§ 538 Rn. 37). Sie ist ausnahmsweise zulässig, wenn im Falle einer Zurückverweisung auch das Berufungsgericht nicht zu einem anderen Ergebnis gelangen könnte.[74] 26

f) Ein vom Berufungsgericht zu Unrecht nicht erlassenes **Versäumnisurteil** kann vom Revisionsgericht nicht nachgeholt werden.[75] Auch durch kontradiktorisches Urteil darf das Revisionsgericht nicht in der Sache entscheiden, weil damit die prozessualen Rechte der in der Vorinstanz säumigen Partei in unzulässiger Weise verkürzt würden.[76] 27

unbesetzt 28

---

[58] BGHZ 18, 98, 106 = NJW 1955, 1513; MK/*Wenzel* Rn. 19; *T/P/Reichold* Rn. 14.
[59] BGHZ 123, 137, 141 f. = NJW 1993, 2684; BGH NJW-RR 2003, 931, 933.
[60] BGH NJW 1990, 2125, 2126; NJW-RR 1994, 175, 176.
[61] BGH NJW 1992, 436, 438; NJW-RR 1994, 175, 176.
[62] MK/*Wenzel* Rn. 22.
[63] BGH NJW 1996, 3008, 3009; 1999, 647, 648; iE ebenso BGH NJW 1995, 1225, 1227; LM GesO Nr. 18.
[64] BGHZ 33, 398, 401 = BGH NJW 1961, 362; MK/*Wenzel* Rn. 25.
[65] BGHZ 104, 212, 213 ff. = NJW 1988, 1982.
[66] BGH NJW 1995, 1093, 1095; 1998, 1486; 1998, 3567, 3569.
[67] BGH NJW-RR 1997, 50, 53; iE ebenso BGH NJW-RR 1994, 1171, 1173; *St/J/Grunsky* § 565 Rn. 26.
[68] BGHZ 141, 79, 80, 89 f. = NJW 1999, 1706.
[69] BGH NJW 2001, 78, 79.
[70] BGHZ 139, 325, 333 = NJW 1999, 55; BGH NJW 1996, 848, 850; 1996, 2869, 2870; 2001, 155, 156.
[71] BGH NJW 1998, 3125, 3126; 1999, 724, 725; 1999, 2520, 2522.
[72] BGH NJW 2001, 78, 79.
[73] AA *R/S/G* § 146 II 2 b.
[74] BGH NJW-RR 1996, 753, 754; WM 1997, 1713, 1716.
[75] BGH NJW 1995, 2563, 2564.
[76] BGH NJW 1986, 3085, 3086; 1995, 2563, 2564.

V. Fakultative Zurückverweisung (Absatz 4)

29 Erfordert die ersetzende Entscheidung nach Abs. 3 die Anwendung nicht revisiblen Rechts (§ 545 Rn. 7 ff.), so kann das Revisionsgericht nach seiner Wahl zurückverweisen oder selbst entscheiden.[77] Entscheidet es selbst, so ist es an die Feststellungen des Berufungsgerichts zum nicht revisiblen Recht gebunden (§ 560).[78] Fehlt es hierzu an Feststellungen, so kann das Revisionsgericht die Anwendung des nicht revisiblen Rechts frei nachprüfen.[79]

VI. Rechtsanwaltsgebühren

30 Vgl. § 538 Rn. 39.

564

Keine Begründung der Entscheidung bei Rügen von Verfahrensmängeln **[1]Die Entscheidung braucht nicht begründet zu werden, soweit das Revisionsgericht Rügen von Verfahrensmängeln nicht für durchgreifend erachtet. [2]Dies gilt nicht für Rügen nach § 547.**

I. Normzweck

1 S. 1 dient der Entlastung des Revisionsgerichts von überflüssiger Schreibarbeit.[1] S. 2 trägt der besonderen Bedeutung der absoluten Revisionsgründe (§ 547) Rechnung.

II. Entbehrlichkeit der Begründung

2 Eine Begründung der Revisionsentscheidung ist insoweit entbehrlich, als Verfahrensrügen – mit Ausnahme solcher nach § 547 – ohne Erfolg bleiben. Gleiches gilt für eine im Revisionsverfahren erhobene Gehörsrüge (§ 321 a).[2] Ob die Rüge daran scheitert, dass sie nicht ordnungsgemäß erhoben ist (§ 551 Abs. 3 S. 1 Nr. 2 lit. b), oder ob sie nicht durchgreift, weil das gerügte Verfahren nicht zu beanstanden ist, macht keinen Unterschied.[3]

565

Anzuwendende Vorschriften des Berufungsverfahrens **Die für die Berufung geltenden Vorschriften über die Anfechtbarkeit der Versäumnisurteile, über die Verzichtsleistung auf das Rechtsmittel und seine Zurücknahme, über die Rügen der Unzulässigkeit der Klage und über die Einforderung, Übersendung und Zurücksendung der Prozessakten sind auf die Revision entsprechend anzuwenden.**

I. Normzweck

1 Die Vorschrift überträgt – in Ergänzung zu § 555 – einzelne rechtsmitteltypische Regelungen des zweitinstanzlichen Verfahrens auf die Revisionsinstanz.

II. Anzuwendende Vorschriften

2 **1. Anfechtbarkeit von Versäumnisurteilen.** Bei der Vorschrift, auf die § 565 insoweit verweist, handelt es sich um § 514. Mit der Revision oder der Anschlussrevision anfechtbar sind entsprechend § 514 Abs. 2 S. 1 nur im Berufungsrechtszug erlassene zweite Versäumnisurteile im technischen Sinne (§ 345). Gegen ein erstes Versäumnisurteil des Berufungsgerichts ist die Revision nicht statthaft (§ 565 iVm. § 514 Abs. 1). Zum Versäumnisverfahren in der Revisionsinstanz s. § 555 Rn. 4 ff. Einem zweiten Versäumnisurteil gleichgestellt ist ein erstes Versäumnisurteil des Berufungsgerichts, mit dem ein Wiedereinsetzungsantrag der säumigen Partei zurückgewiesen wird (§ 238 Abs. 2 S. 2). Die Revision kann entsprechend § 514 Abs. 2 S. 1 nur darauf gestützt werden, dass das Berufungsgericht bei Erlass der angefochtenen Versäumnisentscheidung unter Verletzung des Gesetzes einen Fall schuldhafter Säumnis angenommen habe.[1] Im Übrigen ist die Revision unbeschränkt statthaft. Sie bedarf entsprechend § 514 Abs. 2 S. 2 iVm. § 511 Abs. 2 Nr. 2 nicht der Zulassung nach § 543 Abs. 1.[2] Entsprechend § 514 Abs. 2 S. 2 muss auch die Berufungssumme (§ 511 Abs. 2 Nr. 1) nicht erreicht sein.

3 **2. Verzicht, Zurücknahme.** Für den Verzicht auf die Revision und für deren Zurücknahme gelten §§ 515, 516 entsprechend. Die Revision kann daher bis zur Verkündung des Urteils und ohne Zustimmung des Revisionsbeklagten zurückgenommen werden.[3] Sie kann nur von einem bei dem Revisionsgericht zugelassenen Rechtsanwalt wirksam zurückgenommen werden.[4] Der Beschluss entsprechend § 516 Abs. 3, der

---

[77] BGHZ 118, 151, 168 = NJW 1992, 2026.
[78] BGHZ 24, 159, 164.
[79] BGHZ 118, 312, 319 = NJW 1992, 3096; BGH NJW 1997, 2233, 2234.
[1] MK/*Wenzel* Rn. 1; *St/J/Grunsky* § 565 a Rn. 1.
[2] BGH NJW 2005, 1432, 1433.
[3] *St/J/Grunsky* § 565 a Rn. 1.
[1] Vgl. BGHZ 97, 341, 343 ff. = NJW 1986, 2113.
[2] MK/*Wenzel* Rn. 3; *B/L/H* Rn. 2; *T/P/Reichold* Rn. 2.
[3] *Zö/Gummer* Rn. 2; krit. *Rinkler* NJW 2002, 2449.
[4] BGH NJW 1984, 805; MK/*Wenzel* Rn. 7; *St/J/Grunsky* § 566 Rn. 5.

den Rechtsmittelverlust und die Kostentragungspflicht des Revisionsklägers ausspricht, setzt keinen Antrag voraus (§ 516 Rn. 24).

3. Rügen der Unzulässigkeit der Klage. Die Verweisung auf § 532 ist von geringer praktischer Bedeutung. Neue verzichtbare Zulässigkeitsrügen (§ 532 Rn. 2) können in der Revisionsinstanz schon nach § 559 Abs. 1 grundsätzlich nicht mehr vorgebracht werden.[5] Eine Ausnahme gilt für die Einrede mangelnder Prozesskostensicherheit (§§ 110ff.), soweit deren Voraussetzungen erst nach Abschluss des Berufungsverfahrens entstanden sind[6] oder die Verspätung genügend entschuldigt wird.[7] Nach dem Regelungskonzept des ZPO-RG verweist § 565 auch auf § 513 Abs. 2. Die Revision kann daher nicht darauf gestützt werden, dass das Berufungsgericht seine Zuständigkeit zu Unrecht angenommen habe.[8] 4

4. Prozessakten. Für die Einforderung, Übersendung und Zurücksendung der Prozessakten verweist § 565 auf § 541. 5

III. Gebühren und Kosten

1. Rechtsanwaltsgebühren. Zum Säumnisverfahren vgl. § 539 Rn. 17 und § 341 Rn. 5. 6

2. Gerichtskosten. Durch Zurücknahme der Revision kann sich die allgemeine Verfahrensgebühr (KV Nr. 1230) nach KV Nrn. 1231, 1232 ermäßigen. Erledigungserklärungen nach § 91a stehen der Zurücknahme nach dortiger Maßgabe gleich. 7

566

Sprungrevision **(1) [1]Gegen die im ersten Rechtszug erlassenen Endurteile, die ohne Zulassung der Berufung unterliegen, findet auf Antrag unter Übergehung der Berufungsinstanz unmittelbar die Revision (Sprungrevision) statt, wenn**

1. der Gegner in die Übergehung der Berufungsinstanz einwilligt und

2. das Revisionsgericht die Sprungrevision zulässt.

[2]Der Antrag auf Zulassung der Sprungrevision sowie die Erklärung der Einwilligung gelten als Verzicht auf das Rechtsmittel der Berufung.

(2) [1]Die Zulassung ist durch Einreichung eines Schriftsatzes (Zulassungsschrift) bei dem Revisionsgericht zu beantragen. [2]Die §§ 548 bis 550 gelten entsprechend. [3]In dem Antrag müssen die Voraussetzungen für die Zulassung der Sprungrevision (Absatz 4) dargelegt werden. [4]Die schriftliche Erklärung der Einwilligung des Antragsgegners ist dem Zulassungsantrag beizufügen; sie kann auch von dem Prozessbevollmächtigten des ersten Rechtszuges oder, wenn der Rechtsstreit im ersten Rechtszug nicht als Anwaltsprozess zu führen gewesen ist, zu Protokoll der Geschäftsstelle abgegeben werden.

(3) [1]Der Antrag auf Zulassung der Sprungrevision hemmt die Rechtskraft des Urteils. [2]§ 719 Abs. 2 und 3 ist entsprechend anzuwenden. [3]Die Geschäftsstelle des Revisionsgerichts hat, nachdem der Antrag eingereicht ist, unverzüglich von der Geschäftsstelle des Gerichts des ersten Rechtszuges die Prozessakten einzufordern.

(4) [1]Die Sprungrevision ist nur zuzulassen, wenn

1. die Rechtssache grundsätzliche Bedeutung hat oder

2. die Fortbildung des Rechts oder die Sicherung einer einheitlichen Rechtsprechung eine Entscheidung des Revisionsgerichts erfordert.

[2]Die Sprungrevision kann nicht auf einen Mangel des Verfahrens gestützt werden.

(5) [1]Das Revisionsgericht entscheidet über den Antrag auf Zulassung der Sprungrevision durch Beschluss. [2]Der Beschluss ist den Parteien zuzustellen.

(6) Wird der Antrag auf Zulassung der Revision abgelehnt, so wird das Urteil rechtskräftig.

(7) [1]Wird die Revision zugelassen, so wird das Verfahren als Revisionsverfahren fortgesetzt. [2]In diesem Fall gilt der form- und fristgerechte Antrag auf Zulassung als Einlegung der Revision. [3]Mit der Zustellung der Entscheidung beginnt die Revisionsbegründungsfrist.

(8) [1]Das weitere Verfahren bestimmt sich nach den für die Revision geltenden Bestimmungen. [2]§ 563 ist mit der Maßgabe anzuwenden, dass die Zurückverweisung an das erstinstanzliche Gericht erfolgt. [3]Wird gegen die nachfolgende Entscheidung des erstinstanzlichen Gerichts Berufung eingelegt, so hat das Berufungsgericht die rechtliche Beurteilung, die der Aufhebung durch das Revisionsgericht zugrunde gelegt ist, auch seiner Entscheidung zugrunde zu legen.

I. Normzweck

Die Sprungrevision eröffnet den Parteien die Möglichkeit, einen allein um Rechtsfragen geführten Streit schnell und mit möglichst geringem Kostenaufwand dem Revisionsgericht zu unterbreiten. 1

---

[5] MK/*Wenzel* Rn. 9; *St/J/Grunsky* § 566 Rn. 8.
[6] BGHZ 37, 264, 266 = NJW 1962, 345; BGH NJW 1981, 2646.
[7] BGH NJW 1981, 2646, 2647; NJW-RR 1990, 378f.
[8] BGH NJW 2005, 1660, 1661f.

II. Zulässigkeit der Sprungrevision

2 **1. Statthaftigkeit, Abs. 1 S. 1.** Sprungrevision kann gegen erstinstanzliche Endurteile (§ 511 Rn. 3) und berufungsfähige Zwischenurteile (§ 511 Rn. 5) der Amts- und Landgerichte eingelegt werden, soweit diese ohne Zulassung (§ 511 Abs. 2 Nr. 2) der Berufung unterliegen, dh. soweit die Berufungssumme (§ 511 Abs. 2 Nr. 1) erreicht oder nicht erforderlich (§ 514 Abs. 2 für das zweite Versäumnisurteil) ist.

3 **2. Einwilligung des Gegners, Abs. 1 S. 1 Nr. 1, Abs. 2 S. 4.** Die Berufungsinstanz kann nur mit schriftlicher Einwilligung des Gegners übersprungen werden. Die Einwilligungserklärung muss handschriftlich unterzeichnet sein und vor Ablauf der Revisionsfrist dem Revisionsgericht vorliegen.[1] Gegen die Versäumung der Frist kann Wiedereinsetzung in den vorigen Stand gewährt werden.[2] Sofern die Einwilligung nicht telegrafisch,[3] per Telefax, Computerfax (vgl. § 519 Rn. 13, 21f.) oder elektronisch erklärt wird, muss die handschriftlich unterzeichnete Einwilligungserklärung im Original eingereicht werden; eine vom Anwalt des Revisionsklägers beglaubigte Fotokopie genügt nicht.[4] Die Einwilligung ist Prozesshandlung, unterliegt im Anwaltsprozess (§ 78) dem Anwaltszwang[5] und ist unwiderruflich.[6] Wirksam einwilligen kann auch der erstinstanzliche Prozessbevollmächtigte, Abs. 2 S. 4 Halbs. 2 Alt. 1. Die Einwilligung des Gegners selbst oder eine außergerichtliche Vereinbarung der Parteien reicht aus, wenn – wie im amtsgerichtlichen Zivilprozess – in der ersten Instanz kein Anwaltszwang bestand, Abs. 2 S. 4 Halbs. 2 Alt. 2 iVm. § 78 Abs. 3.

4 **3. Zulassungsbedürftigkeit, Abs. 1 S. 1 Nr. 2.** Die Sprungrevision bedarf ausnahmslos der Zulassung durch das Revisionsgericht. Der Zulassungsantrag ist dorthin zu richten. Es ist statthaft, wenn der Wert des Beschwerdegegenstandes insoweit, als Zulassungsgründe (Abs. 4 Satz 1) dargetan werden, 600 € übersteigt.[7] Die Wertgrenze des § 26 Nr. 8 EGZPO gilt hier nicht.[8] Die Zulassung kann noch nach Einlegung der Berufung oder nach deren Zurücknahme beantragt werden, solange die Berufungsfrist nicht abgelaufen ist.[9] Das Gericht erster Instanz kann die Sprungrevision nicht wirksam zulassen.

5 **4. Verzicht auf die Berufung Abs. 1 S. 2.** Der Antrag auf Zulassung der Sprungrevision und die Erklärung der Einwilligung gelten als endgültiger (Rn. 9, 10) Verzicht der Parteien auf die Berufung. Die Einwilligung wirkt erst dann als Berufungsverzicht, wenn der Gegner die Zulassung der Sprungrevision beantragt.[10] Dieselbe Wirkung hat eine außergerichtliche, auch schon vor Beginn des Rechtsstreits getroffene Vereinbarung der Parteien, dass gegen das Urteil erster Instanz nur Sprungrevision eingelegt werden dürfe.[11] Ob schon die bloße wechselseitige Zustimmung zur Sprungrevision eine Verzichtsvereinbarung darstellt, ist eine Frage der Auslegung.[12] Eine vereinbarungswidrig eingelegte Berufung ist als unzulässig zu verwerfen.[13] Verweigert der Revisionsbeklagte vereinbarungswidrig die formgerechte Erklärung der Zustimmung zur Sprungrevision, so kann er wegen arglistigen Verhaltens den Berufungsverzicht des Revisionsklägers nicht geltend machen.[14]

III. Zulassungsantrag (Absatz 2, 3)

6 Die Zulassung der Sprungrevision ist durch Einreichung eines Schriftsatzes bei dem Revisionsgericht zu beantragen. Die Antragsschrift unterliegt den gleichen Form- und Fristerfordernissen wie eine Revisionsschrift (Abs. 2 S. 2 iVm. §§ 548 bis 550). Darüber hinaus müssen in der Antragsschrift die Voraussetzungen der Zulassung der Sprungrevision (Abs. 4 S. 1) dargelegt werden, Abs. 2 S. 3. Notwendiges Formalerfordernis des Zulassungsantrags ist ferner die Beifügung der Einwilligungserklärung des Gegners, Abs. 2 S. 4 Halbs. 1. Der Zulassungsantrag hemmt gemäß Abs. 3 S. 1 den Eintritt der Rechtskraft des angefochtenen Urteils, das ohne diese Regelung während des Zulassungsverfahrens rechtskräftig würde. Die Zwangsvollstreckung aus dem angefochtenen Urteil kann schon während des Zulassungsverfahrens einstweilen eingestellt werden, Abs. 3 S. 2 iVm. § 719 Abs. 2, 3. Die unverzügliche Anforderung der Gerichtsakten bei der Geschäftsstelle des erstinstanzlichen Gerichts soll – wie § 566a Abs. 7 aF – sicherstellen, dass die Erteilung unrichtiger Rechtskraftzeugnisse unterbleibt.

IV. Entscheidung über die Zulassung (Absatz 4 bis 7)

7 **1. Zulassungsvoraussetzungen, Abs. 4 S. 1.** Über die Zulassung der Sprungrevision ist gemäß Abs. 4 S. 1 grundsätzlich nach den gleichen Kriterien zu entscheiden wie über die Zulassung der Revision (§ 543 Abs. 2; s. dazu § 543 Rn. 4ff.). Eine Abweichung besteht insoweit, als die Sprungrevision nicht auf Verfahrensmängel gestützt werden kann (Abs. 4 S. 2). Daraus folgt, dass – anders als nach § 543 Abs. 2 (s. dort Rn. 9) – aus einem Verfahrensfehler kein Zulassungsgrund hergeleitet werden kann.

---

1 BGHZ 16, 192, 195; 92, 76, 77 = NJW 1984, 2890.
2 BGH NJW-RR 2007, 1075, 1076.
3 BGH LM VVG § 33 Nr. 1.
4 BGHZ 92, 76, 77ff. = NJW 1984, 2890; BGH NJW-RR 2007, 1075, 1076.
5 BGH NJW 1986, 198.
6 BGH (Fn. 4) S. 78; MK/*Wenzel* Rn. 6; Zö/*Gummer* Rn. 4; aA *St/J/Grunsky* § 566a Rn. 5.
7 BGH NZI 2003, 33.
8 BGH NZI 2003, 33.
9 MK/*Wenzel* Rn. 12.
10 BGH NJW 1997, 2387; MK/*Wenzel* Rn. 12.
11 BGH (Fn. 5); MK/*Wenzel* Rn. 13; differenzierend *St/J/Grunsky* § 566a Rn. 7.
12 BGH (Fn. 5).
13 BGH (Fn. 5); *St/J/Grunsky* § 566a Rn. 5.
14 BGH (Fn. 5).

2. Entscheidung, Abs. 5. a) Form. Das Revisionsgericht entscheidet über die Zulassung durch Beschluss, der den Parteien zuzustellen ist. Einer mündlichen Verhandlung bedarf es nicht (§ 128 Abs. 4). 8

b) Wirkung, Abs. 6, 7. Lehnt das Revisionsgericht die Zulassung der Sprungrevision ab, so erwächst damit das Urteil erster Instanz in Rechtskraft, Abs. 6. Ein Übergang in das Berufungsverfahren ist nicht mehr möglich. Die Zulassung der Sprungrevision leitet unmittelbar in das Revisionsverfahren über. Der Zulassungsantrag ersetzt die Einlegung der Revision, Abs. 7 S. 1. Die Frist zu deren Begründung beginnt mit der Zustellung des Zulassungsbeschlusses, Abs. 7 S. 2. 9

V. Weiteres Verfahren (Absatz 8)

1. Zulässigkeit der Sprungrevision. Die Zulassung führt nur zur Statthaftigkeit der Sprungrevision und zur Fiktion ihrer (form- und fristgerechten) Einlegung. Das weitere Verfahren richtet sich – mit einigen Abweichungen – nach den Vorschriften über die Revision, Abs. 8. Fehlt es an einer Zulässigkeitsvoraussetzung, so ist die Sprungrevision gemäß § 552 als unzulässig zu verwerfen. Das ist nicht schon dann der Fall, wenn sich die Revisionsbegründung in Verfahrensrügen erschöpft, auf die die Sprungrevision nach Abs. 4 S. 2 nicht gestützt werden kann (s. Rn. 12). Wird die Sprungrevision als unzulässig verworfen, so erwächst das Urteil erster Instanz in Rechtskraft; ein Rückgriff auf die Berufung ist ausgeschlossen.[15] 10

2. Begründetheit der Sprungrevision. Über die zulässige Sprungrevision entscheidet das Revisionsgericht durch Urteil. Für dessen Inhalt gelten §§ 561 ff. Zurückverweisen kann das Revisionsgericht nur an das erstinstanzliche Gericht, auch an einen anderen Spruchkörper oder Einzelrichter desselben (§ 563 Abs. 1 S. 2 analog), nicht an das für eine Berufung zuständige Gericht. Die der Aufhebung zu Grunde liegende Rechtsauffassung des Revisionsgerichts bindet analog § 563 Abs. 2 das Gericht erster Instanz und gemäß Abs. 8 S. 3 das anschließend mit der Sache befasste Berufungsgericht. 11

3. Prüfungsumfang. Eine wesentliche Abweichung vom gewöhnlichen Revisionsverfahren besteht darin, dass Verfahrensverstöße des erstinstanzlichen Gerichts unbeachtlich sind (Abs. 4 S. 2). Ausnahmen gelten für Verfahrensmängel, die das Revisionsgericht von Amts wegen zu prüfen hat[16] (dazu § 557 Rn. 14 ff.), und für solche Verfahrensrügen, mit denen zugleich eine Verletzung des materiellen Rechts gerügt wird.[17] Auf sachlich-rechtliche Fehler ist das Urteil erster Instanz auch dann zu überprüfen, wenn die (aus anderen Gründen zugelassene) Sprungrevision ausschließlich mit nicht nachprüfbaren Verfahrensrügen begründet worden ist.[18] 12

VI. Gebühren und Kosten

1. Rechtsanwaltsgebühren. Für das Verfahren über die Zulassung der Sprungrevision fallen die Gebühren der Nrn. 3206 ff. VV RVG (Vorbem. 3.2 Abs. 1 VV RVG). Das Zulassungsverfahren und das nachfolgende Revisionsverfahren sind dieselbe Angelegenheit, so dass die Gebühren nur einmal anfallen (§§ 16 Nr. 13, 15 Abs. 2 S. 1 RVG). Die Einholung und Abgabe der Zustimmung ist von der Verfahrensgebühr abgegolten (§ 19 Abs. 1 Nr. 9 RVG). Ist ein Rechtsanwalt insoweit tätig, der nicht Prozessbevollmächtigter ist oder war, gilt Nr. 3403 VV RVG. 13

2. Gerichtskosten. Soweit der Antrag auf Zulassung als Sprungrevision **abgelehnt** wird, fällt eine Gebühr zum Satz von 1,5 an (KV Nr. 1240); soweit der Antrag zurückgenommen oder das Verfahren durch anderweitige Erledigung beendet wird, fällt lediglich eine einfache Gebühr an (KV Nr. 1241). Die Gebühr entsteht nicht, soweit die Sprungrevision zugelassen wird. 14

Abschnitt 3. Beschwerde

Titel 1. Sofortige Beschwerde

567 ***Sofortige Beschwerde; Anschlussbeschwerde*** **(1) Die sofortige Beschwerde findet statt gegen die im ersten Rechtszug ergangenen Entscheidungen der Amtsgerichte und Landgerichte, wenn**

1. dies im Gesetz ausdrücklich bestimmt ist oder

2. es sich um solche eine mündliche Verhandlung nicht erfordernde Entscheidungen handelt, durch die ein das Verfahren betreffendes Gesuch zurückgewiesen worden ist.

(2) Gegen Entscheidungen über Kosten ist die Beschwerde nur zulässig, wenn der Wert des Beschwerdegegenstands 200 Euro übersteigt.

(3) [1]Der Beschwerdegegner kann sich der Beschwerde anschließen, selbst wenn er auf die Beschwerde verzichtet hat oder die Beschwerdefrist verstrichen ist. [2]Die Anschließung verliert ihre Wirkung, wenn die Beschwerde zurückgenommen oder als unzulässig verworfen wird.

---

[15] MK/*Wenzel* Rn. 16.
[16] BGH NJW 1991, 2014, 2015.
[17] MK/*Wenzel* Rn. 18.
[18] *St/J/Grunsky* § 566 a Rn. 11.

I. Normzweck

1 Die Vorschrift regelt in Abs. 1 die Statthaftigkeit der sofortigen Beschwerde und grenzt diese gegen andere Rechtsbehelfe ab. Abs. 2 bezweckt den Ausschluss von Bagatellbeschwerden gegen Kostenentscheidungen. Abs. 3 eröffnet dem Beschwerdegegner eine Anschließungsmöglichkeit nach dem Muster der Anschlussberufung (§ 524).

II. Die Beschwerde

2 **1. Begriff.** Die Beschwerde ist neben der Berufung und der Revision das dritte Rechtsmittel im Sinne der ZPO (vor § 511 Rn. 6). Sie findet darüber hinaus in vielen Fällen Anwendung, in denen andere Bundesgesetze das Rechtsmittel der Beschwerde vorsehen.[1] Im Geltungsbereich der ZPO ist sie als Rechtsmittel gegen solche Entscheidungen vorgesehen, die das Verfahren bis zur Hauptsacheentscheidung betreffen oder dieser nachfolgen.

3 **2. Funktion.** Das ZPO-RG hat auch für das Beschwerdeverfahren eine generelle Funktionsdifferenzierung eingeführt. Die Erstbeschwerde als zweite Tatsacheninstanz ist nur noch in Gestalt der sofortigen Beschwerde gegen erstinstanzliche Entscheidungen der Amts- und der Landgerichte vorgesehen (Abs. 1, § 573 Abs. 2). Gegen Beschlüsse im Berufungs- und im Beschwerdeverfahren sowie gegen erstinstanzliche Beschlüsse des OLG ist allein die revisionsähnlich ausgestaltete Rechtsbeschwerde eröffnet (§ 574).

4 **3. Instanzenzug.** Beschwerdegericht ist im Verhältnis zum Amtsgericht das Landgericht (§ 72 GVG), in Familiensachen und Sachen mit Auslandsberührung das OLG (§ 119 Abs. 1 Nr. 1 GVG), im Verhältnis zum Landgericht das OLG (§ 119 Abs. 1 Nr. 2 GVG).

5 **4. Verfahrensgrundzüge.** Das Beschwerdeverfahren ist durch das ZPO-RG stärker als bisher reglementiert und inhaltlich – mit gewissen Vereinfachungen – dem Berufungs- bzw. Revisionsverfahren angeglichen worden. Im Erstbeschwerdeverfahren ist generell eine Abhilfebefugnis des iudex a quo vorgesehen (§ 572 Abs. 1). Die Entscheidung über die Beschwerde ergeht regelmäßig ohne mündliche Verhandlung (§ 128 Abs. 4) durch Beschluss (§ 572 Abs. 4, § 577 Abs. 6).

6 **5. Abgrenzung zu verwandten Rechtsbehelfen. a) Erinnerung.** Die Erinnerung ist bloßer Rechtsbehelf. Sie führt, anders als die Beschwerde, nicht zur Nachprüfung der angegriffenen Maßnahme oder Entscheidung durch das übergeordnete Gericht, hat also keinen Devolutiveffekt. Die Erinnerung dient der Nachprüfung von Entscheidungen des beauftragten oder ersuchten Richters durch das Prozessgericht und der Überprüfung nichtrichterlicher Entscheidungen oder Maßnahmen durch den Richter derselben Instanz (§ 573 Abs. 1). Erst dessen Entscheidung ist beschwerdefähig (§ 573 Abs. 2). Eine Sonderregelung findet sich in § 11 RPflG für die Erinnerung gegen Entscheidungen des Rechtspflegers, die keinem Rechtsmittel unterliegen (s. § 573 Rn. 14ff.).

7 **b) Gegenvorstellung.** Die Gegenvorstellung ist ein ungeschriebener Rechtsbehelf, der grundsätzlich nur dort in Betracht kommt, wo das Gesetz gegen gerichtliche Entscheidungen keinen Rechtsbehelf vorsieht (näher Rn. 26ff.). Sie hat zum Ziel, dass das Gericht seine eigene, nicht (mehr) anfechtbare Entscheidung abändert. Ihr fehlt daher der Devolutiveffekt. Auch die Entscheidung über die Gegenvorstellung unterliegt grundsätzlich nicht der Nachprüfung durch das übergeordnete Gericht; hierdurch unterscheidet sie sich von der Erinnerung.

8 **c) Dienstaufsichtsbeschwerde.** Sie ist kein Rechtsmittel im Sinne der ZPO, sondern eine dem Bereich der Justizverwaltung zuzuordnende Anregung an den Dienstvorgesetzten, das beanstandete Verhalten des Richters unter dienstordnungsrechtlichen Gesichtspunkten zu überprüfen.[2] Die Abänderung einer gerichtlichen Entscheidung kann auf diesem Wege nicht erreicht werden.[3]

III. Statthaftigkeit der sofortigen Beschwerde (Absatz 1)

9 **1. Beschwerdefähige Entscheidungen.** Die Beschwerde ist das Rechtsmittel gegen Entscheidungen, die nicht als Urteil ergehen, insbesondere gegen Beschlüsse. In einigen Ausnahmefällen sind Urteile mit der sofortigen Beschwerde anfechtbar (§ 71, § 89 Abs. 1 S. 3, § 99 Abs. 2, § 135 Abs. 3, § 387 Abs. 3). Der sofortigen Beschwerde unterliegen nur **erstinstanzliche Entscheidungen** der **Amts-** und der **Landgerichte.**

10 Beschlüsse der Land- und der Oberlandesgerichte, die diese im Berufungs- oder Beschwerdeverfahren erlassen, können nur mit der Rechtsbeschwerde (§ 574) angefochten werden, sofern diese kraft Gesetztes statthaft (zB § 522 Abs. 1 S. 4) ist (§ 574 Abs. 1 Nr. 1, Abs. 2) oder vom Berufungs- oder Beschwerdegericht zugelassen wird (§ 574 Abs. 1 Nr. 2). Beschwerdefähige Urteile (Rn. 9), die im Berufungs- oder Beschwerdeverfahren ergehen, sind unanfechtbar. Entscheidungen in Nebenverfahren (zB Prozesskostenhilfe) unterliegen nicht der sofortigen Beschwerde, wenn die Entscheidung in der Hauptsache nicht anfechtbar ist.[4]

11 **2. Enumerative Zulassung (Abs. 1 Nr. 1).** Das Gesetz regelt die Statthaftigkeit der sofortigen Beschwerde mittels einer eigentümlichen Kombination von Enumerationsprinzip (Abs. 1 Nr. 1) und Generalklausel (Abs. 1 Nr. 2). Ist die sofortige Beschwerde vom Gesetz ausdrücklich zugelassen, so ist sie ohne Rücksicht darauf statthaft, ob durch die beschwerdefähige Entscheidung ein das Verfahren betreffendes Gesuch zurückgewiesen worden ist. In allen übrigen Fällen hängt ihre Statthaftigkeit davon ab, dass die

---

[1] Zusammenstellung bei *St/J/Grunsky* vor § 567 Rn. 13ff.
[2] *St/J/Grunsky* vor § 567 Rn. 18.
[3] *St/J/Grunsky* vor § 567 Rn. 18.
[4] BGH NJW 2005, 1659f.

Voraussetzungen der Generalklausel erfüllt sind. In einigen Fällen macht das Gesetz die Statthaftigkeit der sofortigen Beschwerde vom Inhalt der Entscheidung abhängig (zB § 46 Abs. 2, § 127 Abs. 2, 3).

3. Generalklausel (Abs. 1 Nr. 2). Wo das Gesetz eine Beschwerdemöglichkeit nicht vorsieht, ist das Rechtsmittel statthaft, soweit durch eine Entscheidung, für die keine mündliche Verhandlung vorgeschrieben ist, ein das Verfahren betreffendes Gesuch zurückgewiesen worden ist. Ist einem solchen Gesuch dagegen stattgegeben worden, so ist die Entscheidung – vorbehaltlich einer enumerativen Zulassung der Beschwerde – unanfechtbar. Schließt das Gesetz die Anfechtbarkeit einer Entscheidung ausdrücklich aus, so ist die Beschwerde auch dann nicht statthaft, wenn ein das Verfahren betreffendes Gesuch zurückgewiesen worden ist. 12

a) Nur Entscheidungen, für die die ZPO **keine mündliche Verhandlung vorschreibt,** sind nach der Generalklausel beschwerdefähig. Es sind dies Beschlüsse und Verfügungen (s. § 128 Abs. 4). In den betreffenden Fällen ist die Beschwerde unabhängig davon statthaft, ob eine mündliche Verhandlung stattgefunden hat.[5] Abs. 1 Nr. 2 erfasst nicht die Fälle des § 128 Abs. 2[6] und 3. Urteile können daher, auch soweit ausnahmsweise ohne mündliche Verhandlung ergehen können (§ 128 Abs. 3, § 341 Abs. 2), nicht Gegenstand einer nach der Generalklausel statthaften (wohl aber einer enumerativ zugelassenen, zB § 99 Abs. 2) sofortigen Beschwerde sein. 13

b) Ein **das Verfahren betreffendes Gesuch** muss zurückgewiesen worden sein. Mit „Verfahren" ist der Prozess schlechthin gemeint.[7] Kein Gesuch ist der bloße Widerspruch gegen einen Antrag des Gegners.[8] Nur die **Zurückweisung** des Gesuchs eröffnet die Beschwerdemöglichkeit. Ist einem Gesuch stattgegeben worden, so kann der Gegner nicht deshalb Beschwerde einlegen, weil sein Widerspruch gegen das Gesuch erfolglos geblieben ist.[9] Die Beschwerde ist nicht statthaft, wenn die angefochtene Entscheidung des Gerichts von Amts wegen zu treffen war, mag mit ihr auch zugleich ein „Gesuch" der Partei ablehnend beschieden worden sein.[10] Keinen Unterschied macht es für die Statthaftigkeit der Beschwerde, ob die Entscheidung, mit der ein das Verfahren betreffendes Gesuch zurückgewiesen wird, im Ermessen des Gerichts steht.[11] Nicht das dem Gericht eingeräumte Ermessen, sondern die Abhängigkeit der getroffenen Entscheidung von einem Antrag der Partei ist für die Statthaftigkeit der Beschwerde entscheidend.[12] Die bloße **Untätigkeit** des Gerichts oder die unangemessene **Verzögerung** der Entscheidung über ein das Verfahren betreffendes Gesuch eröffnen keine Beschwerdemöglichkeit.[13] Hier hilft nur die Dienstaufsichtsbeschwerde[14], uU auch die Verfassungsbeschwerde.[15] Beschwerdefähig ist dagegen die willkürliche Rechtsverweigerung[16] oder die ausdrückliche Ablehnung des Gerichts, überhaupt eine Entscheidung zu treffen.[17] In der Abgabe an ein anderes Gericht liegt nicht zugleich die Zurückweisung eines Verfahrensgesuchs des Klägers auf Entscheidung durch das angerufene Gericht.[18] 14

4. Außerordentliche Beschwerde. Die **Rechtsprechung** ließ in der Vergangenheit – in mehr oder weniger engen Grenzen – gegen Entscheidungen, die nach dem Gesetz unanfechtbar sind, in Ausnahmefällen eine außerordentliche Beschwerde wegen „greifbarer Gesetzwidrigkeit" zu. 15

Nach der Neuregelung des Beschwerderechts durch das Zivilprozessreformgesetz kann der BGH gegen Beschlüsse der Beschwerdegerichte ausschließlich im Wege der Rechtsbeschwerde nach § 574 Abs. 1 angerufen werden. Ein außerordentliches Rechtsmittel zum BGH ist auch dann nicht mehr statthaft, wenn die Entscheidung ein Verfahrensgrundrecht des Beschwerdeführers verletzt oder aus sonstigen Gründen „greifbar gesetzwidrig" ist. In einem solchen Fall ist die angefochtene Entscheidung durch das Gericht, das sie erlassen hat, auf (fristgebundene) Gegenvorstellung, in Fällen der Verletzung des rechtlichen Gehörs gem. § 321a zu korrigieren. Wird ein Verfassungsverstoß nicht beseitigt, kommt allein eine Verfassungsbeschwerde zum BVerfG in Betracht.[19]

unbesetzt 16

unbesetzt 17

unbesetzt 18

---

[5] *R/S/G* § 147 III 4a; MK/*Lipp* Rn. 7; *St/J/Grunsky* Rn. 14.

[6] *St/J/Grunsky* Rn. 14.

[7] *B/L/H* Rn. 4; MK/*Lipp* Rn. 7; *St/J/Grunsky* Rn. 13.

[8] OLG Köln NJW 1967, 1473; OLG Karlsruhe MDR 1983, 943; *B/L/H* Rn. 4; MK/*Lipp* Rn. 8.

[9] OLG Karlsruhe MDR 1983, 943; *B/L/H* Rn. 4; MK/*Lipp* Rn. 8; *St/J/Grunsky* Rn. 15.

[10] OLG Koblenz FamRZ 1991, 209; *R/S/G* § 148 III 3a; *B/L/H* Rn. 4; MK/*Lipp* Rn. 10; aA *Zö/Gummer* Rn. 31.

[11] *B/L/H* Rn. 4; *St/J/Grunsky* Rn. 16; enger MK/*Lipp* Rn. 11; aA *T/P/Reichold* Rn. 14.

[12] *B/L/H* Rn. 4; *St/J/Grunsky* Rn. 16.

[13] OLG Karlsruhe FamRZ 1989, 769; KG MDR 1998, 64, 65; *B/L/H* Rn. 5; aA OLG Zweibrücken NJW-RR 2003, 1653, 1654; OLG Frankfurt/M NJW 2007, 852; *Zö/Gummer* Rn. 21, für Fälle eines der Rechtsverweigerung gleichkommenden Verfahrensstillstands; KG NJW-RR 2005, 374 für Kindschaftsverfahren.

[14] *B/L/H* Rn. 5; zum Entwurf des BMJ für ein Untätigkeitsbeschwerdegesetz *Steinbeiß-Winkelmann* ZRP 2007, 177 ff.

[15] BVerfG NJW 2005, 3488 f.

[16] OLG Rostock OLGR 2004, 365 f.

[17] *Zö/Gummer* Rn. 33.

[18] BGHZ 97, 287, 289 f. = NJW 1986, 1194.

[19] BGHZ 150, 133 = NJW 2002, 1577 = LM ZPO § 574 Nr. 1 m. Anm. *Braun;* BGH NJW 2003, 3137, 3138; 2004, 90; NJW-RR 2004, 1654, 1655; für eine zulassungsfreie „Grundrechtsbeschwerde" in erweiterter Auslegung des § 574 Abs. 2 dagegen *Vollkommer* NJW-Sonderheft BayOBLG, S. 64, 69 f.

IV. Beschwer

19 Die sofortige Beschwerde ist nur zulässig, soweit die angefochtene Entscheidung den Beschwerdeführer beschwert[20] und dieser mit dem Rechtsmittel die Beseitigung der Beschwer erstrebt (vgl. vor § 511 Rn. 20ff.). Die Beschwer muss noch im Zeitpunkt der Entscheidung über die Beschwerde gegeben sein.[21] Entfällt sie vor der Beschwerdeentscheidung durch Zeitablauf oder durch prozessuale Überholung,[22] so muss die Beschwerde für erledigt erklärt werden, wenn ihre Verwerfung als unzulässig vermieden werden soll.[23] Entsprechendes gilt für den Wegfall des Rechtsschutzinteresses für eine sofortige Beschwerde gegen die Zurückweisung eines Ablehnungsgesuchs, wenn der abgelehnte Richter in der Hauptsache entscheidet und hiergegen die Berufung statthaft ist.[24]

V. Beschwerde gegen Kostenentscheidungen (Absatz 2)

20 **1. Beschwerdesumme.** Abs. 2 stellt für Beschwerden gegen Kostenentscheidungen eine zusätzliche Zulässigkeitsvoraussetzung in Gestalt einer Beschwerdesumme auf. Danach muss der Wert des Beschwerdegegenstandes (§ 511 Rn. 18ff.) 200 Euro übersteigen. Die Versagung der Prozesskostenhilfe ist keine Entscheidung über Kosten iSd. Abs. 2. Die Wertgrenze gilt für alle Entscheidungen über Gebühren und Auslagen, die im Verfahren der ZPO ergehen. Nicht erfasst werden Beschwerden gegen Entscheidungen auf Grund von Kostengesetzen außerhalb der ZPO (zB §§ 5, 6, 25, 34, 72 GKG, §§ 10, 128, 130 BRAGO, § 16 ZSEG, §§ 9, § 12 EhrRiEG), die das Beschwerderecht gesondert regeln und eigene Wertgrenzen festsetzen.[25] Abs. 2 gilt entsprechend für die Beschwerde gegen die Weigerung des Gerichtsvollziehers, Kosten der Zwangsvollstreckung mit beizutreiben.[26] Abs. 2 gilt nicht für die (unselbständige) Anschlussbeschwerde (Abs. 3) und für die Rechtsbeschwerde (§ 574).[27]

21 **2. Wert des Beschwerdegegenstandes** ist der Differenzbetrag, um den der Beschwerdeführer sich gegenüber der angefochtenen Entscheidung verbessern will. Unberücksichtigt bleiben Kosten, die erst mit der Beschwerde nachgeschoben werden.[28] Maßgeblich ist grundsätzlich der Wert bei Einlegung der Beschwerde.[29] Wird der Beschwerde teilweise abgeholfen, so kommt es auf den verbleibenden Betrag an.[30] Die Mehrwertsteuer auf Rechtsanwaltsgebühren ist mit zu berücksichtigen.[31]

22 **3. Berufungsfähigkeit der Hauptsache.** Die Zulässigkeit der sofortigen Beschwerde gegen eine **Kostengrundentscheidung** (§ 91a, § 99 Abs. 2, § 269 Abs. 3) setzt weiter voraus, dass der **Streitwert** der Hauptsache 600 Euro übersteigt (§ 91a Abs. 2 S. 2, § 99 Abs. 2 S. 2; § 269 Abs. 5 S. 1). Für die Beschwerdefähigkeit einer Kostenentscheidung nach § 91a stellt der BGH nicht auf den Streitwert, sondern auf den Betrag ab, mit dem der Beschwerdeführer angesichts der Kostenquote voraussichtlich unterlegen wäre.[32]

VI. Die Anschlussbeschwerde (Absatz 3)

23 **1. Überblick.** Abs. 3 stimmt inhaltlich mit den entsprechenden Vorschriften über die Anschlussberufung (§ 524 Abs. 1 S. 1, Abs. 2 S. 1, Abs. 4) und die Anschlussrevision (§ 554 Abs. 1 S. 1, Abs. 2 S. 1, Abs. 4) überein und dient dem gleichen Zweck wie diese. Das dort Ausgeführte gilt hier entsprechend.

24 **2. Einlegung und Verfahren.** Die Anschlussbeschwerde wird in gleicher Weise eingelegt wie die Beschwerde (§ 569 Abs. 2, 3). Das Untergericht kann der Anschlussbeschwerde abhelfen, solange es die Hauptbeschwerde nicht nach § 572 Abs. 1 Halbs. 2 dem Obergericht vorgelegt hat.[33] Die Anschlussbeschwerde setzt keine Beschwer voraus; auch die Beschwerdesumme nach Abs. 2 muss nicht erreicht sein.[34] Wegen der Kosten der Anschlussbeschwerde s. § 97 Rn. 2, § 516 Rn. 16ff.

25 **3. Gegenanschließung.** Ob eine Anschließung an eine (unselbständige) Anschlussbeschwerde zulässig ist, ist umstritten. Die Frage stellt sich insbesondere im familiengerichtlichen Verbundverfahren, wenn mit der unselbständigen Anschließung ein vom Rechtsmittelführer nicht angefochtener selbständiger Teil des Verbundurteils angegriffen wird (näher § 629a Rn. 19ff.).[35] Wo das Gesetz dem Rechtsmittelgegner insoweit die unselbständige Anschließung erlaubt (§ 629a Abs. 3), muss aus den zu § 524 Rn. 1 dargelegten Gründen auch eine Gegenanschließung zulässig sein (s. auch § 629a Rn. 24).[36]

---

[20] MK/*Lipp* Rn. 26; *St/J/Grunsky* Rn. 18; *Zö/Gummer* Rn. 5.
[21] BGH NJW-RR 2004, 1365.
[22] Beispiele bei *Zö/Gummer* Rn. 12.
[23] BGH NJW 1982, 2505, 2506; *Zö/Gummer* Rn. 12.
[24] BGH FamRZ 2007, 274.
[25] Amtl. Begr. des ZPO-RG, BT-Drucks. 14/4722, S. 110.
[26] MK/*Lipp* Rn. 32; *St/J/Grunsky* Rn. 31.
[27] BGH NJW-RR 2005, 939.
[28] OLG Hamm Rpfleger 1973, 32; *St/J/Grunsky* Rn. 32; *Zö/Gummer* Rn. 41.
[29] OLG Hamm MDR 1971, 1019; *B/L/H* Rn. 19; *St/J/Grunsky* Rn. 31, 32; *Zö/Gummer* Rn. 41.
[30] OLG Nürnberg FamRZ 1988, 1079, 1080; BayObLGZ 94, 374, 375f.; *B/L/H* Rn. 19; *Zö/Gummer* Rn. 46, je m. weit. Nachw.; aA KG NJW 1958, 2023, 2024; Rpfleger 1991, 409; *St/J/Grunsky* Rn. 31.
[31] OLG Koblenz MDR 1992, 196; *B/L/H* Rn. 19; *St/J/Grunsky* Rn. 32.
[32] BGH NJW-RR 2003, 1504, 1505.
[33] *St/J/Grunsky* § 577a Rn. 7.
[34] OLG Köln NJW 1970, 336; NJW-RR 1994, 767; KG NJW-RR 1987, 134; allgM.
[35] Vgl. BGH NJW 1986, 1494.
[36] Ebenso *B/L/H* Rn. 20; MK/*Lipp* Rn. 37.

VII. Anhang: Die Gegenvorstellung

1. Begriff. Die Gegenvorstellung ist ein gesetzlich nicht geregelter Rechtsbehelf, mit dessen Hilfe eine Korrektur unanfechtbarer Entscheidungen in derselben Instanz erreicht werden soll.[37] Ihre Berechtigung ist im Prinzip allgemein anerkannt.[38] Sie findet vorwiegend in den Fällen Anwendung, in denen sich nachträglich herausstellt, dass eine nicht oder nicht mehr anfechtbare Entscheidung auf einer Verletzung fundamentaler Verfahrensgrundsätze beruht.[39] Die Korrektur solcher Verstöße innerhalb der ordentlichen Gerichtsbarkeit macht eine sonst allein in Betracht kommende Verfassungsbeschwerde überflüssig und entlastet damit das BVerfG. Der frühere Hauptanwendungsfall, die Verletzung des rechtlichen Gehörs, wird nunmehr von § 321a erfasst. 26

2. Statthaftigkeit. Die Gegenvorstellung ist **statthaft** gegenüber Beschlüssen, soweit kein spezieller Rechtsbehelf gegeben ist und das Gericht seine Entscheidung noch abändern kann.[40] Dies ist grundsätzlich der Fall bei unanfechtbaren Erstentscheidungen gleich welcher Instanz und bei letztinstanzlichen Entscheidungen. Die auf dem früheren Beschwerderecht (§ 577 Abs. 3 aF) fußende Auffassung, die Gegenvorstellung sei grundsätzlich[41] ausgeschlossen gegenüber Beschlüssen, die mit der sofortigen Beschwerde (§ 577 aF) angefochten werden konnten oder hätten angefochten werden können oder die auf sofortige (weitere) Beschwerde letztinstanzlich ergangen sind,[42] ist angesichts der Abschaffung des Abhilfeverbots durch § 572 Abs. 1 überholt. Auch die Bindungswirkung nach § 318 hindert die Abänderung einer formell rechtskräftigen Entscheidung nicht, wenn diese unter Verletzung von Verfahrensgrundrechten zu Stande gekommen ist.[43] **Unstatthaft** ist die Gegenvorstellung (Ausnahme: § 321a) gegenüber Urteilen[44] und gegenüber Beschlüssen, die in materielle Rechtskraft erwachsen sind oder diese herbeigeführt haben (zB Verwerfung oder Zurückweisung der Berufung, § 522, der Nichtzulassungsbeschwerde, § 544 Abs. 5 S. 3, und der Revision, §§ 552, 552a).[45] Sie ist ferner dort ausgeschlossen, wo ein Wiederaufnahmegesuch zulässig ist.[46] 27

3. Verfahren, Entscheidung. Die Gegenvorstellung unterliegt nicht dem Anwaltszwang.[47] Soweit sie sich gegen die Versagung der für ein fristgebundenes Rechtsmittel beantragten Prozesskostenhilfe richtet, muss die Wiedereinsetzungsfrist des § 234 eingehalten werden.[48] Die Gegenvorstellung kann auf neue Tatsachen gestützt werden (§ 571 Abs. 2 S. 1 analog). Die Entscheidung ergeht ohne mündliche Verhandlung (§ 128 Abs. 4) durch Beschluss (§ 572 Abs. 4 analog). Sofern das Gericht beabsichtigt, seine Entscheidung auf die Gegenvorstellung hin abzuändern, muss es dem Gegner zuvor rechtliches Gehör gewähren.[49] Soweit die Gegenvorstellung ohne Erfolg bleibt, ist die Entscheidung unanfechtbar. Ob bei erfolgreicher Gegenvorstellung dem Gegner ein Rechtsmittel zusteht, hängt davon ab, ob eine ihm ungünstige Ausgangsentscheidung gemäß §§ 567ff. beschwerdefähig gewesen wäre.[50] 28

VIII. Gebühren und Kosten

1. Rechtsanwaltsgebühren. Nr. 3500 VV RVG gilt für **Beschwerden** und **Erinnerungen** jeglicher Art mit Ausnahme der in Vor. 3.5 aufgezählten Verfahren, soweit nicht Ausnahmen im RVG vorgesehen sind. Neben der Verfahrensgebühr von 0,5 kann auch eine Terminsgebühr von 0,5 entstehen (Nr. 3513 VV RVG). Nr. 3500 VV RVG ist nicht auf Gegenvorstellungen anwendbar. Diese werden von der Verfahrensgebühr (bei Einzelauftrag Nr. 3403 VV RVG) mit abgegolten. Bei mehreren Auftraggebern ist Nr. 1008 VV RVG anwendbar. Nach hM verdient der Anwalt des Beschwerdegegners die Gebühr auch dann, wenn er am Verfahren beteiligt ist, aber nach Sachprüfung keinen Schriftsatz einreicht.[51] Wird gegen verschiedene Entscheidungen Beschwerde eingelegt, ist jede Beschwerde eine eigene Angelegenheit. 29

2. Gerichtskosten.. Mit KV Nrn. 1811, 1812 ist den Beschwerdeverfahren ein eigener Abschnitt gewidmet; vgl. im Einzelnen dort. Für **Auslagen** ist KV Teil 9 Vorbemerkung 9.1 anzuwenden: Sie werden nicht erhoben, soweit sie durch eine für begründet befundene Beschwerde entstanden sind und das Beschwerdeverfahren gebührenfrei ist; dies gilt indessen nicht, soweit das Beschwerdegericht die Kosten dem Gegner auferlegt hat. 30

[37] *Schumann*, Festschr. f. Baumgärtel, 1990, S. 491, 492; *R/S/G* § 147 IV 2; MK/*Lipp* vor § 567 Rn. 8.

[38] ZB BVerfGE 55, 1, 5 = NJW 1980, 2698; BVerfGE 63, 77, 79 = NJW 1983, 1900; BVerfGE 73, 322, 327ff. = NJW 1987, 1319; BGH NJW 1995, 403, 2497; *R/S/G* § 147 IV 2 *Zö/Gummer* Rn. 22ff.

[39] BGHZ 130, 97, 98ff. = NJW 1995, 2497; BGHZ 150, 133, 135ff. = NJW 2002, 1577; BGH NJW 1995, 403.

[40] Dazu i. e. MK/*Lipp* vor § 567 Rn. 8f.

[41] S. zu den bisher befürworteten Ausnahmen BVerfGE 73, 322, 329 = NJW 1987, 1319; BGH NJW 1995, 403, 2497; KG MDR 2000, 169, 170; *R/S/G* § 147 IV 2c.

[42] *R/S/G* § 147 IV 2b; *St/J/Grunsky* Rn. 26; aA *Bauer* NJW 1991, 1711, 1713ff.

[43] BGHZ 130, 97ff. = NJW 1995, 2497; BGH JZ 2000, 526, 527.

[44] *R/S/G* § 147 IV 2c; *B/L/H* vor § 567 Rn. 4; *St/J/Grunsky* Rn. 26.

[45] *B/L/H* vor § 567 Rn. 4; *St/J/Grunsky* Rn. 26; aA *Bauer* NJW 1991, 1711, 1713ff.

[46] *R/S/G* § 147 IV 2b.

[47] *B/L/H* vor § 567 Rn. 8.

[48] BGH NJW 2001, 2262f.

[49] *R/S/G* § 147 IV 2d; *B/L/H* vor § 567 Rn. 8; *St/J/Grunsky* Rn. 30; *T/P/Reichold* vor § 567 Rn. 16.

[50] *B/L/H* vor § 567 Rn. 9.

[51] G/S/*Müller-Rabe* VV 3500 Rn. 9.

568 ***Originärer Einzelrichter*** **[1]Das Beschwerdegericht entscheidet durch eines seiner Mitglieder als Einzelrichter, wenn die angefochtene Entscheidung von einem Einzelrichter oder einem Rechtspfleger erlassen wurde. [2]Der Einzelrichter überträgt das Verfahren dem Beschwerdegericht zur Entscheidung in der im Gerichtsverfassungsgesetz vorgeschriebenen Besetzung, wenn**
1. die Sache besondere Schwierigkeiten tatsächlicher oder rechtlicher Art aufweist oder
2. die Rechtssache grundsätzliche Bedeutung hat.
[3]Auf eine erfolgte oder unterlassene Übertragung kann ein Rechtsmittel nicht gestützt werden.

I. Normzweck

1 Die Bestimmung setzt im Interesse der Vereinfachung und Beschleunigung des Beschwerdeverfahrens[1] grundsätzlich den Einzelrichter an die Stelle des Kollegialorgans. Dieses entscheidet nur noch in Fällen von besonderer Schwierigkeit oder grundsätzlicher Bedeutung und zur Vermeidung von Akzeptanzverlusten[2] über Beschwerden gegen erstinstanzliche Kollegialentscheidungen.

II. Originäre Zuständigkeit des Einzelrichters (Satz 1)

2 Satz 1 sieht für das Beschwerdeverfahren – ebenso wie § 348 für die erste Instanz – eine originäre Zuständigkeit des Einzelrichters vor, sofern die angefochtene Entscheidung von einem Amtsrichter, einem Einzelrichter des Landgerichts oder einem Rechtspfleger erlassen worden ist. Das gilt auch dann, wenn über die Nichtabhilfe die Kammer in voller Besetzung entschieden hat,[3] unabhängig davon, ob die Sache grundsätzliche Bedeutung hat. Zur Begründung der Zuständigkeit des Kollegialspruchkörpers ist bei originärer Einzelrichterzuständigkeit stets die Übertragung durch den Einzelrichter erforderlich.[4] Die Bestimmung gilt nicht für die sofortige Beschwerde gegen Entscheidungen des Vorsitzenden der Kammer für Handelssachen.[5] Die Vorschrift des § 348 Abs. 1 S. 2 Nr. 1, die den Einsatz von Proberichtern beschränkt, findet im Beschwerdeverfahren keine Anwendung.[6] Einer Übertragung auf den Einzelrichter durch den Kollegialspruchkörper bedarf es – anders als nach § 526 im Berufungsverfahren – nicht. Dieser ist in Gestalt des OLG-Senats originär nur noch zuständig, wenn die Beschwerde sich gegen eine vom Landgericht in Kammerbesetzung oder eine vom Vorsitzenden der Kammer für Handelssachen erlassene Entscheidung richtet.

III. Übertragung auf den Kollegialspruchkörper (Satz 2)

3 **1. Obligatorische Übertragung.** Sachen von besonderer Schwierigkeit oder von grundsätzlicher Bedeutung hat der Einzelrichter auf den Kollegialspruchkörper zu übertragen. Ein Übertragungsermessen räumt ihm das Gesetz nicht ein.[7] Über die Übertragung entscheidet allein der Einzelrichter. Das Kollegium kann eine Übertragung weder erzwingen noch verhindern. Die Entscheidung trifft der Einzelrichter von Amts wegen. Eine Mitwirkung der Parteien oder deren Anhörung sieht das Gesetz nicht vor. Eine Rückübertragung auf den Einzelrichter ist ausgeschlossen. Der OLG-Senat kann ein Beschwerdeverfahren, für das er originär zuständig ist (Rn. 2), dem Einzelrichter weder zur Entscheidung (vgl. für die Berufungsinstanz § 526) noch zur Vorbereitung derselben (vgl. für die Berufungsinstanz § 527) übertragen.

3a Allein dem Kollegialspruchkörper ist auch die Entscheidung über die **Zulassung der Rechtsbeschwerde** (§ 574) vorbehalten.[8] Entscheidet der Einzelrichter, obwohl er der Sache grundsätzliche Bedeutung beimisst, in der Sache und über die Zulassung der Rechtsbeschwerde, so liegt darin ein objektiv willkürlicher Verstoß gegen das Verfassungsgebot des gesetzlichen Richters (Art. 101 Abs. 1 S. 2 GG).[9] Das trifft auch dann zu, wenn der Einzelrichter der Rechtsprechung des Kollegiums folgt, nachdem er bei diesem angefragt hat, ob es an seiner Rechtsprechung festhält.[10] Der Verstoß gegen Art. 101 Abs. 1 S. 2 GG hat zwar nicht die Unwirksamkeit der Zulassung zur Folge, führt aber unabhängig von einer Besetzungsrüge[11] zur Aufhebung und Zurückverweisung durch das Rechtsbeschwerdegericht.[12] Um einen rügebedürftigen einfachen Verfahrensfehler handelt es sich demgegenüber, wenn das Kollegium, weil es Grundsatzbedeutung annimmt, über eine sofortige Beschwerde gegen eine Entscheidung des Rechtspflegers entscheidet, ohne dass der Einzelrichter die Sache dem Kollegium übertragen hat.[13]

4 **2. Voraussetzungen der Übertragung. a) Besondere Schwierigkeit (S. 2 Nr. 1).** Nur ein besonderer, deutlich über das übliche Maß hinausgehender Schwierigkeitsgrad erlaubt die Übertragung auf die Kammer oder den Senat. Wegen der Einzelheiten vgl. § 348 a Rn. 8.

---

[1] Amtl. Begr. des ZPO-RG, BT-Drucks. 14/4722, S. 111.
[2] Amtl. Begr. des ZPO-RG, BT-Drucks. 14/4722, S. 111.
[3] OLG Frankfurt/M OLGR 2004, 115; *Zö/Gummer* Rn. 2; aA OLG Schleswig SchlHA 2005, 123, 124.
[4] BGH NJW-RR 2004, 1294.
[5] BGHZ 156, 320, 325 ff. = NJW 2004, 856.
[6] BGH NJW 2003, 1875, 1876.
[7] BGHZ 154, 200, 202, 203 = NJW 2003, 1254; BGH NJW 2004, 448, 449.
[8] BGHZ 154, 200, 202 f. = NJW 2003, 1254; BGH NJW 2004, 448, 449.
[9] BGH (Fn. 8).
[10] BGH NJW 2004, 223.
[11] BGHZ 154, 200, 203 = NJW 2003, 1254.
[12] BGH (Fn. 8).
[13] BGH NJW-RR 2004, 1294.

b) **Grundsätzliche Bedeutung (S. 2 Nr. 2).** Entscheidungen von grundsätzlicher, über den Einzelfall hinausreichender Bedeutung (s. zum Begriff § 348a Rn. 9) sind dem Kollegialspruchkörper vorbehalten (Rn. 3a). Grundsätzliche Bedeutung ist hier im weitesten Sinne zu verstehen. Erfasst werden insbesondere auch die in § 511 Abs. 4 Nr. 2, § 522 Abs. 2 S. 1 Nr. 3, § 543 Abs. 2 S. 1 Nr. 2 und § 574 Abs. 2 hervorgehobenen Fälle, in denen zur Fortbildung des Rechts oder zur Sicherung einer einheitlichen Rechtsprechung eine Entscheidung des Rechtsmittelgerichts geboten ist.[14] 5

IV. Unanfechtbarkeit (Satz 3)

Satz 3 entzieht – ebenso wie §§ 348 Abs. 4, 348a Abs. 3 für die erste Instanz (dazu § 348a Rn. 21 ff.) und § 526 Abs. 3 für das Berufungsverfahren – Entscheidungen in Bezug auf die Übertragung einer Sache auf den Kollegialspruchkörper jeglicher Überprüfung durch das Rechtsmittelgericht. Weder eine erfolgte noch eine unterlassene Übertragung kann zum Gegenstand eines Rechtsmittelangriffs gemacht werden. Unanfechtbar sind nur die Übertragung oder deren Unterbleiben als solche. Die Entscheidung des Kollegialspruchkörpers, dem der Einzelrichter die Sache übertragen hat, kann also nicht mit der Begründung angegriffen werden, die Voraussetzungen der Übertragung hätten nicht vorgelegen. Sieht der Einzelrichter von einer Übertragung ab, weil er der Sache weder einen besonderen Schwierigkeitsgrad noch grundsätzliche Bedeutung beimisst, so kann gegen seine Entscheidung nicht eingewandt werden, die Sache habe grundsätzliche Bedeutung und hätte deshalb richtigerweise übertragen werden müssen.[15] Sieht der Einzelrichter dagegen von der Übertragung ab, obwohl er grundsätzliche Bedeutung für gegeben hält (und deswegen die Rechtsbeschwerde zulässt), so ist der darin liegende objektiv willkürliche Verstoß gegen des Verfassungsgebot des gesetzlichen Richters (Rn. 3a) nicht durch S. 3 der Nachprüfung entzogen.[16] S. 3 greift auch dann nicht ein, wenn der Kollegialspruchkörper von vornherein in einer Sache entscheidet, für die nach S. 1 der Einzelrichter zuständig ist.[17] 6

569

Frist und Form **(1) [1]Die sofortige Beschwerde ist, soweit keine andere Frist bestimmt ist, binnen einer Notfrist von zwei Wochen bei dem Gericht, dessen Entscheidung angefochten wird, oder bei dem Beschwerdegericht einzulegen. [2]Die Notfrist beginnt, soweit nichts anderes bestimmt ist, mit der Zustellung der Entscheidung, spätestens mit dem Ablauf von fünf Monaten nach der Verkündung des Beschlusses. [3]Liegen die Erfordernisse der Nichtigkeits- oder der Restitutionsklage vor, so kann die Beschwerde auch nach Ablauf der Notfrist innerhalb der für diese Klagen geltenden Notfristen erhoben werden.**

(2) [1]Die Beschwerde wird durch Einreichung einer Beschwerdeschrift eingelegt. [2]Die Beschwerdeschrift muss die Bezeichnung der angefochtenen Entscheidung sowie die Erklärung enthalten, dass Beschwerde gegen diese Entscheidung eingelegt werde.

(3) Die Beschwerde kann auch durch Erklärung zu Protokoll der Geschäftsstelle eingelegt werden, wenn
1. der Rechtsstreit im ersten Rechtszug nicht als Anwaltsprozess zu führen ist oder war,
2. die Beschwerde die Prozesskostenhilfe betrifft oder
3. sie von einem Zeugen, Sachverständigen oder Dritten im Sinne der §§ 142, 144 erhoben wird.

I. Normzweck

Die Bestimmung regelt die Förmlichkeiten der Einlegung der Beschwerde. Die Befristung dient wie alle Rechtsmittelfristen der Herbeiführung der formellen Rechtskraft (vgl. § 517 Rn. 1). Abs. 3 lockert den Anwaltszwang für die Einlegung der Beschwerde. 1

II. Beschwerdefrist (Absatz 1)

1. **Notfrist.** Die sofortige Beschwerde muss innerhalb einer Notfrist von in der Regel zwei Wochen eingelegt werden, Abs. 1 S. 1. Die Einschränkung verweist auf die Sonderregelung des § 127 Abs. 2 S. 3 und Abs. 3 S. 3, wonach für sofortige Beschwerden im Prozesskostenhilfeverfahren die Notfrist des Abs. 1 S. 1 auf jeweils einen Monat ausgedehnt wird. Die sofortige Beschwerde kann schon vor Beginn der Notfrist, aber nicht vor dem Wirksamwerden der angefochtenen Entscheidung eingelegt werden.[1] Für die Berechnung der Frist gelten § 222 und §§ 187 Abs. 1, 188 Abs. 2 BGB. Eine Verlängerung der Frist ist ausgeschlossen; gegen ihre Versäumung kann Wiedereinsetzung in den vorigen Stand beantragt werden (§ 233). Mit dem Ablauf der Frist erwächst die angefochtene Entscheidung in formelle Rechtskraft und wird die sofortige Beschwerde unzulässig. 2

2. **Fristbeginn. a) Zustellung.** Die Beschwerdefrist beginnt regelmäßig mit der Amtszustellung (§§ 329 Abs. 3, 166 Abs. 2) der Entscheidung, auch wenn diese verkündet worden ist. Die Frist läuft für jede Partei getrennt. Die Einschränkung in Abs. 1 S. 2 verweist auf eine Sonderregelung für das Prozesskostenhilfever- 3

---

[14] BGHZ 154, 200, 203 = NJW 2003, 1254; BGH NJW 2003, 3712; 2004, 448, 449.
[15] BGHZ 154, 200, 204 = NJW 2003, 1254.
[16] BGH (Fn. 15).
[17] BGH NJW 2003, 1875, 1876; NJW-RR 2004, 1294.
[1] MK/*Lipp* Rn. 4; *St/J/Grunsky* § 577 Rn. 5.

fahren, wonach die Beschwerdefrist für die Staatskasse mit der Bekanntgabe des Bewilligungsbeschlusses beginnt (§ 127 Abs. 3 S. 3).[2]

4 b) Eine **formlose Übermittlung** setzt die Frist nicht in Lauf.[3] Ist die Zustellung unterblieben, nicht nachweisbar oder unwirksam, so beginnt die Notfrist gemäß Abs. 1 S. 2 Halbs. 2 mit dem Ablauf von 5 Monaten nach der Verkündung.[4] Für nicht verkündete Beschlüsse soll die Frist bei fehlender, mangelhafter oder nicht nachweisbarer Zustellung 5 Monate nach Erlass oder Bekanntgabe beginnen.[5] Dies kann nur dort gelten, wo der Zugang der Entscheidung feststeht und es nur an der Wahrung oder am Nachweis der Zustellungsförmlichkeiten fehlt.

5 **3. Beschwerdefrist bei Wiederaufnahmegründen.** Nach Abs. 1 S. 3 kann die sofortige Beschwerde unabhängig vom Lauf der zweiwöchigen Notfrist innerhalb der für eine Wiederaufnahmeklage laufenden Notfrist (§ 586) eingelegt werden, wenn ein Nichtigkeits- oder ein Restitutionsgrund (§§ 579, 580) besteht. In dieser Verlängerung oder Wiedereröffnung der Beschwerdefrist erschöpft sich der Regelungsgehalt des Abs. 1 S. 3.[6] Betroffen sind also nur die Fälle, in denen nach dem Gesetz eine sofortige Beschwerde statthaft ist.[7] Abs. 1 S. 3 betrifft vor allem den Fall, dass eine Partei, gegen die eine der sofortigen Beschwerde unterliegende Entscheidung ergangen ist, erst nach Ablauf der regulären Beschwerdefrist von einem Nichtigkeits- oder Restitutionsgrund Kenntnis erlangt. Ihr eröffnet Abs. 1 S. 3 die erneute Beschwerdemöglichkeit in den zeitlichen Grenzen des § 586. Hat die Partei dagegen sofortige Beschwerde eingelegt und ist diese (letztinstanzlich) zurückgewiesen worden, so bleibt nur eine echte Wiederaufnahmebeschwerde analog §§ 578ff.[8] Soweit die zeitlich erweiterte Beschwerdemöglichkeit nach Abs. 1 S. 3 besteht, geht sie einer Wiederaufnahmebeschwerde vor.[9]

III. Einlegung der sofortigen Beschwerde

6 **1. Einlegungsgericht.** Die sofortige Beschwerde kann nach Abs. 1 S. 1 wahlweise[10] entweder bei dem Gericht, dessen Entscheidung angefochten wird, oder bei dem Beschwerdegericht eingelegt werden. Bei dem Beschwerdegericht eingelegte sofortige Beschwerden sind ohne Rücksicht auf ihre Zulässigkeit (§ 572 Rn. 9) unverzüglich dem Untergericht zuzuleiten, damit dieses über die Abhilfe (§ 572 Abs. 1) entscheiden kann.

7 **2. Beschwerdeschrift (Abs. 2).** Abs. 2 S. 1 sieht als Regelform der Beschwerdeeinlegung die Einreichung einer Beschwerdeschrift vor. Abs. 2 S. 2 legt deren Mindestinhalt nach dem Muster des § 519 fest. Wegen der geringeren Formstrenge reicht es aus, wenn die Schrift bei großzügiger Auslegung[11] den Beschwerdeführer, die angefochtene Entscheidung und das Anliegen einer Überprüfung derselben durch die höhere Instanz hinreichend klar erkennen lässt.[12] Die Bezeichnung als „Beschwerde" ist entbehrlich,[13] ein bestimmter Antrag nicht erforderlich.[14] Zweifel sind durch Rückfragen zu klären. Bis zur Entscheidung des Beschwerdegerichts kann der Antrag jederzeit geändert, erweitert oder beschränkt werden.[15] Zum Erfordernis einer Begründung der Beschwerde s. § 571 Abs. 1. Soweit für die Einlegung der Beschwerde **Anwaltszwang** besteht (dazu Rn. 9ff.), muss die Beschwerdeschrift von einem bei dem Einlegungsgericht (Rn. 6) oder bei einem Amts- oder Landgericht (§ 571 Abs. 4)[16] zugelassenen Rechtsanwalt unterzeichnet sein.

8 **3. Erklärung zu Protokoll der Geschäftsstelle (Abs. 3).** In den in Abs. 3 aufgeführten Fällen kann die Beschwerde statt durch Einreichung einer Beschwerdeschrift (Abs. 2) auch zu Protokoll der Geschäftsstelle des Einlegungsgerichts (Rn. 6) eingelegt werden. Erst recht genügt eine in ein richterliches Sitzungsprotokoll aufgenommene Erklärung.[17] Ausreichend ist nach § 129a die **Erklärung** zu Protokoll der Geschäftsstelle eines beliebigen Amtsgerichts;[18] **eingelegt** ist die Beschwerde dann freilich erst mit Eingang des Protokolls beim Einlegungsgericht (§ 129a Abs. 2 S. 2). Da Abs. 3 für die dort aufgeführten Fälle zugleich vom Anwaltszwang befreit (§ 78 Abs. 3), kann die Beschwerde insoweit statt zu Protokoll der Geschäftsstelle auch privatschriftlich von der Partei selbst oder schriftlich durch einen weder beim Einlegungsgericht noch bei einem Amts- oder Landgericht zugelassenen Rechtsanwalt (s. Rn. 9) eingelegt werden.[19]

---

2 Amtl. Begr. des ZPO-RG, BT-Drucks. 14/4722, S. 112.
3 BGHR § 577 Abs. 2 S. 1 Zustellung 1.
4 BayObLG NJW-RR 1992, 597; OLG Zweibrücken FamRZ 1986, 377, 378.
5 BAG NJW 1994, 604, 605; BayObLG NJW-RR 1992, 597.
6 OLG Düsseldorf FamRZ 1986, 86.
7 *B/L/H* Rn. 5; *St/J/Grunsky* § 577 Rn. 10.
8 MK/*Lipp* Rn. 9; *St/J/Grunsky* § 577 Rn. 10.
9 *St/J/Grunsky* § 577 Rn. 10; aA *Braun* NJW 1977, 27, 28.
10 Amtl. Begr. des ZPO-RG, BT-Drucks. 14/4722, S. 111.
11 *St/J/Grunsky* Rn. 4.
12 BGH NJW 1992, 243; WM 2004, 198.
13 BGH (Fn. 12); *St/J/Grunsky* Rn. 4.
14 BGHZ 91, 154, 160 = NJW 1984, 2831; *B/L/H* Rn. 9; *St/J/Grunsky* Rn. 6; allgM.
15 BGH (Fn. 14); *B/L/H* Rn. 9; *St/J/Grunsky* Rn. 6.
16 Überholt daher BGH NJW 2000, 3356.
17 OLG Hamm MDR 1976, 763; *B/L/H* Rn. 13; MK/*Lipp* Rn. 12; *St/J/Grunsky* Rn. 9; *Zö/Gummer* Rn. 9.
18 *B/L/H* Rn. 14.
19 MK/*Lipp* Rn. 14; *St/J/Grunsky* Rn. 9.

IV. Anwaltszwang

1. Grundsatz. Für das Beschwerdeverfahren herrscht grundsätzlich Anwaltszwang gemäß § 78. Anwaltszwang besteht daher vor dem Landgericht und den Gerichten des höheren Rechtszuges (§ 78 Abs. 1), vor dem Familiengericht nach Maßgabe des § 78 Abs. 2. § 571 Abs. 4 lockert den Anwaltszwang insofern, als die Parteien sich im Beschwerdeverfahren in jeder Hinsicht auch durch einen Rechtsanwalt vertreten lassen können, der weder bei dem Gericht, dessen Entscheidung mit der sofortigen Beschwerde angefochten wird, noch bei dem Beschwerdegericht zugelassen ist, wenn er nur bei irgend einem Amts- oder Landgericht zugelassen ist. 9

2. Ausnahmen für die Einlegung der sofortigen Beschwerde (Abs. 3). Soweit die sofortige Beschwerde nach Abs. 3 zu Protokoll der Geschäftsstelle eingelegt werden kann, ist die Einlegung – nicht zugleich auch das weitere Beschwerdeverfahren (s. dazu § 571 Abs. 4) – gemäß § 78 Abs. 3 vom Anwaltszwang befreit. Das gilt für jede Form der Einlegung (Rn. 8). Die sofortige Beschwerde kann in den betreffenden Fällen daher auch privatschriftlich von der Partei selbst oder von einem Bevollmächtigten eingelegt werden, der nicht Rechtsanwalt oder als Rechtsanwalt nicht bei dem Einlegungsgericht (Rn. 6) oder bei einem Amts- oder Landgericht zugelassen ist. 10

a) Kein Anwaltszwang in erster Instanz (Abs. 3 Nr. 1). Die sofortige Beschwerde kann ohne Anwalt eingelegt werden, wenn der Rechtsstreit in erster Instanz nicht als Anwaltsprozess zu führen ist oder war. Das ist in allen Amtsgerichtssachen der Fall, soweit nicht § 78 Abs. 2 für Familiensachen Anwaltszwang vorschreibt. Dasselbe gilt gemäß § 13 RPflG, soweit sich die Beschwerde gegen eine Entscheidung des Rechtspflegers richtet[20] (§ 11 Abs. 1 RPflG; s. dazu § 573 Rn. 11ff.). „Rechtsstreit" iSd. Abs. 3 Nr. 1 ist das Verfahren, auf das sich die Beschwerde bezieht, bei der Anfechtung von Kostenfestsetzungsbeschlüssen also das Kostenfestsetzungsverfahren (§ 104 Rn. 27). Die Ausnahme gilt daher auch für Beschwerden gegen Entscheidungen des Amtsgerichts als Vollstreckungsgericht oder als ersuchtes Gericht, wenn der Prozess in der Hauptsache erstinstanzlich beim Landgericht anhängig ist oder war.[21] Ist der Prozess vom Amtsgericht an das Landgericht verwiesen oder im Mahnverfahren abgegeben worden, so ist der Rechtsstreit von der Verweisung/Abgabe an erstinstanzlich als Anwaltsprozess zu führen; für eine danach eingelegte Beschwerde gilt Abs. 3 Nr. 1 mithin nicht.[22] Für die Einlegung der Beschwerde gegen die Zurückweisung eines Antrags auf Anordnung eines Arrests oder auf Erlass einer einstweiligen Verfügung durch das Landgericht als Gericht der Hauptsache oder durch das Familiengericht besteht gemäß Abs. 3 Nr. 1 iVm. §§ 78 Abs. 3, 920 Abs. 3, 936 kein Anwaltszwang.[23] 11

b) Prozesskostenhilfeverfahren (Abs. 3 Nr. 2). Für sofortige Beschwerden im Prozesskostenhilfeverfahren besteht auch dann kein Anwaltszwang, wenn der Rechtsstreit vor dem Landgericht als Anwaltsprozess zu führen ist. Dies gilt auch für Beschwerden gegen die Entscheidung über eine Richterablehnung im Prozesskostenhilfeverfahren[24] und gegen die Ablehnung der Beiordnung eines Anwalts.[25] 12

c) Zeugen, Sachverständige, Dritte (Abs. 3 Nr. 3). Beschwerden von Zeugen und Sachverständigen unterliegen nicht dem Anwaltszwang. Als außenstehende Dritte sollen sie nicht gezwungen sein, allein für die Verfolgung verfahrensmäßiger Rechte einen Anwalt zu beauftragen.[26] Dasselbe gilt für die Beschwerde eines Dritten, der sich gegen Vorlageanordnungen nach §§ 142, 144, gegen die Verpflichtung zur Duldung von Maßnahmen zur Feststellung der Abstammung nach § 372a oder gegen die Verhängung von Ordnungs- und Zwangsmitteln wegen Nichtbefolgung derartiger Anordnungen wendet.[27] Vom Anwaltszwang ausgenommen sind nach hM ferner sofortige Beschwerden der Prozessparteien gegen **Ordnungsstrafen** (§ 141 Abs. 3, § 273 Abs. 4, § 613 Abs. 2, § 640 Abs. 1 iVm § 380).[28] 13

570 *Aufschiebende Wirkung; einstweilige Anordnungen* **(1) Die Beschwerde hat nur dann aufschiebende Wirkung, wenn sie die Festsetzung eines Ordnungs- oder Zwangsmittels zum Gegenstand hat.**

(2) Das Gericht oder der Vorsitzende, dessen Entscheidung angefochten wird, kann die Vollziehung der Entscheidung aussetzen.

(3) Das Beschwerdegericht kann vor der Entscheidung eine einstweilige Anordnung erlassen; es kann insbesondere die Vollziehung der angefochtenen Entscheidung aussetzen.

---

20 BGHZ 166, 117, 121 = NJW 2006, 2260.

21 *St/J/Grunsky* Rn. 10; *Zö/Gummer* Rn. 15.

22 BGH VersR 1983, 785; NJW 1999, 365.

23 OLG München NJW 1984, 2414; OLG Köln NJW-RR 1988, 254f.; KG NJW-RR 1992, 576; OLG Karlsruhe NJW-RR 1993, 1470f.; *Zö/Vollkommer* § 922 Rn. 17; aA OLG Hamm NJW 1982, 1711; NJW-RR 1997, 763; MDR 1996, 1182; OLG Düsseldorf OLGZ 1983, 358f.; OLG Frankfurt/M MDR 1983, 233; *Bergerfurth* NJW 1981, 353; *ders.* Anwaltzw. Rn. 267.

24 *St/J/Grunsky* Rn. 11; MK/*Lipp* Rn. 18.

25 OLG Düsseldorf OLGZ 1967, 31, 32f.; MK/*Lipp* Rn. 18; *St/J/Grunsky* Rn. 11; *Zö/Gummer* Rn. 13.

26 MK/*Lipp* Rn. 19; *St/J/Grunsky* Rn. 12.

27 *B/L/H* Rn. 12; MK/*Lipp* Rn. 19.

28 *B/L/H* Rn. 12; MK/*Lipp* Rn. 19; *St/J/Grunsky* Rn. 12.

I. Normzweck

1 Abs. 1 legt fest, in welchen Fällen die sofortige Beschwerde ausnahmsweise aufschiebende Wirkung hat. Für den im Übrigen gegebenen Normalfall eröffnet Abs. 2 dem Untergericht, Abs. 3 dem Beschwerdegericht die Möglichkeit, für die Dauer des Beschwerdeverfahrens einstweilige Anordnungen in Bezug auf die Vollziehung der angefochtenen Entscheidung zu treffen.

II. Aufschiebende Wirkung (Absatz 1)

2 **1. Grundsatz.** Wie sich aus dem als Ausnahmevorschrift gefassten Abs. 1 ergibt, hat die sofortige Beschwerde im Regelfall **keine aufschiebende Wirkung.** Die Einlegung der Beschwerde hat daher auf den Fortgang des Rechtsstreits regelmäßig keinen Einfluss, auch wenn die Beschwerde durch den Verfahrensfortgang prozessual überholt wird.[1] Soweit sie ausnahmsweise aufschiebende Wirkung hat, tritt diese mit der Einlegung der Beschwerde ein und mit der Entscheidung über dieselbe außer Kraft.[2] Die Einstellung einer bereits begonnenen Zwangsvollstreckung kann nur nach § 775 Nr. 2 erreicht werden.[3] Die **Vollstreckbarkeit** der angefochtenen Entscheidung (§ 794 Abs. 1 Nr. 3) wird von der Einlegung der Beschwerde gleichfalls nicht berührt.

3 **2. Ausnahmen.** Nach Abs. 1 hat die sofortige Beschwerde ausnahmsweise aufschiebende Wirkung, wenn sie sich gegen die Festsetzung eines Zwangs- oder Ordnungsmittels nach den Bestimmungen der ZPO[4] richtet. Dabei erstreckt sich die aufschiebende Wirkung auch auf die gleichzeitig ergehenden Kostenbeschlüsse (zB § 380 Abs. 1 S. 1, § 390 Abs. 1 S. 1, 409 Abs. 1 S. 1).[5] Aufschiebende Wirkung hat ferner die sofortige Beschwerde gegen ein Zwischenurteil über die Rechtmäßigkeit einer Zeugnisverweigerung nach § 387 Abs. 3.[6] Dasselbe gilt gemäß § 900 Abs. 5 S. 2 für die Anfechtung des Beschlusses über den Widerspruch gegen die Verpflichtung zur Abgabe der eidesstattlichen Offenbarungsversicherung.

III. Einstweilige Anordnung und Aussetzung der Vollziehung (Absatz 2 und 3)

4 Von der Einlegung der Beschwerde an kann die Vollziehung der angefochtenen Entscheidung durch gerichtlichen Beschluss ausgesetzt werden. Das Beschwerdegericht kann darüber hinaus einstweilige Anordnungen anderen Inhalts in Bezug auf die Wirkungen der angefochtenen Entscheidung[7] treffen, zB die Vollziehung der angefochtenen Entscheidung oder deren Aussetzung von einer Sicherheitsleistung abhängig machen.[8] Zuständig ist das Untergericht oder dessen Vorsitzender, wenn die Beschwerde dort eingelegt worden ist (§ 569 Abs. 1 S. 1), nach der Vorlage (§ 572 Abs. 1 S. 1 Halbs. 2) und in den Fällen der Einlegung beim iudex ad quem (§§ 569 Abs. 1 S. 1) das Beschwerdegericht (Abs. 3 Halbs. 2). Die Entscheidung ergeht auf Antrag oder von Amts wegen.[9] Das Gericht entscheidet nach pflichtgemäßem Ermessen.[10] Dabei sind die Erfolgsaussicht des Rechtsmittels und die dem Gegner drohenden Nachteile gegeneinander abzuwägen.[11] Die Entscheidung ist unanfechtbar.[12] Sie kann jederzeit von Amts wegen geändert oder aufgehoben werden, die Entscheidung des Untergerichts auch durch das Beschwerdegericht.[13] Mit der Entscheidung über die Beschwerde tritt sie außer Kraft.[14]

IV. Gebühren und Kosten

5 **1. Rechtsanwaltsgebühren.** Die Tätigkeit des Anwalts (Antrag auf Aussetzung der Vollziehung) gehört zum Rechtszug, wird also durch die Gebühr der Nr. 3500 VV RVG abgegolten.[15] Ist der Anwalt nicht Prozessbevollmächtigter, erhält er die Gebühr der Nr. 3328 VV RVG analog, auch wenn keine mündliche Verhandlung stattfindet.[16]

6 **2. Gerichtskosten.** Für Entscheidungen nach Abs. 2 und 3 werden keine Gebühren erhoben.

571 *Begründung, Präklusion, Ausnahmen vom Anwaltszwang* **(1) Die Beschwerde soll begründet werden.**

(2) [1]Die Beschwerde kann auf neue Angriffs- und Verteidigungsmittel gestützt werden. [2]Sie kann nicht darauf gestützt werden, dass das Gericht des ersten Rechtszuges seine Zuständigkeit zu Unrecht angenommen hat.

---

1 *St/J/Grunsky* § 572 Rn. 1.
2 *St/J/Grunsky* § 572 Rn. 3.
3 MK/*Lipp* Rn. 3; *St/J/Grunsky* § 572 Rn. 3; *T/P/Reichold* Rn. 1.
4 Amtl. Begr. des ZPO-RG, BT-Drucks. 14/4722, S. 112.
5 Amtl. Begr. des ZPO-RG, BT-Drucks. 14/4722, S. 112.
6 *B/L/H* Rn. 2; *St/J/Grunsky* § 572 Rn. 2.
7 BGH NJW-RR 2006, 332, 333.
8 MK/*Lipp* Rn. 5 f.; *St/J/Grunsky* § 572 Rn. 5; *Zö/Gummer* Rn. 4 f.
9 *St/J/Grunsky* § 572 Rn. 4; *T/P/Reichold* Rn. 2.
10 BGH FamRZ 2005, 1064, 1065.
11 BGH FamRZ 2005, 1064, 1065.
12 OLG Köln ZMR 1990, 419; *T/P/Reichold* Rn. 2; *Ro/S/Go* § 148 IV 2.
13 *B/L/H* Rn. 7; MK/*Lipp* Rn. 8; *St/J/Grunsky* § 572 Rn. 6; *T/P/Reichold* Rn. 2.
14 BGH FamRZ 1987, 154, 155; *B/L/H* Rn. 6; MK/*Lipp* Rn. 8; *T/P/Reichold* Rn. 2; *Zö/Gummer* Rn. 5.
15 *G/S/Müller-Rabe* VV 3328 Rn. 10.
16 *G/S/Müller-Rabe* VV 3328 Rn. 9.

(3) [1]Der Vorsitzende oder das Beschwerdegericht kann für das Vorbringen von Angriffs- und Verteidigungsmitteln eine Frist setzen. [2]Werden Angriffs- und Verteidigungsmittel nicht innerhalb der Frist vorgebracht, so sind sie nur zuzulassen, wenn nach der freien Überzeugung des Gerichts ihre Zulassung die Erledigung des Verfahrens nicht verzögern würde oder wenn die Partei die Verspätung genügend entschuldigt. [3]Der Entschuldigungsgrund ist auf Verlangen des Gerichts glaubhaft zu machen.

(4) Ordnet das Gericht eine schriftliche Erklärung an, so kann diese zu Protokoll der Geschäftsstelle abgegeben werden, wenn die Beschwerde zu Protokoll der Geschäftsstelle eingelegt werden darf (§ 569 Abs. 3).

I. Normzweck

Die Vorschrift strukturiert in Abs. 1 und 3 das Beschwerdeverfahren. Abs. 2 S. 1 charakterisiert die Beschwerdeinstanz als vollwertige Tatsacheninstanz. Abs. 2 S. 2 beschränkt im Interesse der Verfahrensbeschleunigung und der Entlastung der Beschwerdegerichte die Prüfung der Zuständigkeit des Erstrichters. Abs. 4 lockert den Anwaltszwang für das Beschwerdeverfahren. 1

II. Begründung der Beschwerde (Absatz 1)

Gemäß Abs. 1 soll die Beschwerde begründet werden. Die Begründung ist nicht zwingend vorgeschrieben und – anders als bei anderen Rechtsmitteln – auch nicht Zulässigkeitsvoraussetzung der Beschwerde. Eine bestimmte Form oder einen Mindestinhalt der Begründung sieht das Gesetz ebenso wenig vor wie eine Begründungsfrist. Auch einen bestimmten Antrag muss die Beschwerdebegründung nicht enthalten. 2

III. Neue Angriffs- und Verteidigungsmittel (Absatz 2 Satz 1)

1. Grundsatz. Die Beschwerde kann auf neue Tatsachen gestützt werden, gleichviel, ob diese vor oder nach Erlass der angefochtenen Entscheidung entstanden sind und früher hätten vorgebracht werden können.[1] Die Beschwerdeinstanz ist somit eine vollwertige zweite Tatsacheninstanz.[2] Der Unterschied zur Berufung (s. vor § 511 Rn. 9) findet seine Rechtfertigung darin, dass den mit der sofortigen Beschwerde anfechtbaren Entscheidungen in der Regel kein mit dem erstinstanzlichen Urteilsverfahren vergleichbares förmliches Verfahren mit eingehender Tatsachenfeststellung und ausführlich begründeter Abschlussentscheidung zu Grunde liegt. Das Beschwerdegericht muss daher die Möglichkeit haben, neue Angriffs- und Verteidigungsmittel uneingeschränkt zu berücksichtigen.[3] 3

2. Ausnahmen. Die Zuschlagsbeschwerde (§ 95 ZVG) kann nicht auf neue Tatsachen gestützt werden.[4] Nur eingeschränkt anwendbar ist Abs. 2 S. 1 bei der sofortigen Beschwerde gegen die Kostenentscheidung nach § 91a (näher § 91a Rn. 25). Eine Beschwerde gegen die Ablehnung eines Wiedereinsetzungsantrags (§ 238 Abs. 2) kann nicht auf Tatsachen gestützt werden, die erst nach Ablauf der zweiwöchigen Antragsfrist (§ 234 Abs. 1, § 236 Abs. 2) vorgebracht worden sind; neue Tatsachen sind daher auch im Beschwerdeverfahren nur insoweit beachtlich, als sie der Ergänzung oder der Klarstellung fristgemäßen Vorbringens dienen (§ 238 Rn. 6).[5] 4

3. Neue Anträge. Abs. 2 S. 1 besagt nichts über die Zulässigkeit einer **Antragsänderung** im Beschwerdeverfahren. Sie ist unter den Voraussetzungen der entsprechend anwendbaren §§ 263, 264 zulässig.[6] Für die Zulässigkeit der Änderung und Erweiterung erstinstanzlicher Anträge im Beschwerdeverfahren gelten die Ausführungen vor § 511 Rn. 26ff. entsprechend. Die Einführung neuer Ablehnungsgründe im Beschwerdeverfahren (§ 46 Abs. 2) wird als Änderung des Verfahrensgegenstandes angesehen und deshalb für unzulässig gehalten.[7] 5

IV. Beschränkung der Zuständigkeitsprüfung (Absatz 2 Satz 2)

Mit der Beschränkung der Zuständigkeitsprüfung nach Abs. 2 S. 2 sollen im Interesse der Verfahrensbeschleunigung und der Entlastung der Beschwerdegerichte Beschwerden, die allein auf die Frage der Zuständigkeit des erstinstanzlichen Gerichts gestützt werden, ausgeschlossen werden.[8] Zugleich soll vermieden werden, dass die von dem erstinstanzlichen Gericht geleistete Sacharbeit wegen fehlender Zuständigkeit hinfällig wird.[9] Die Regelung stimmt inhaltlich mit derjenigen für das Berufungsverfahren in § 513 Abs. 2 überein; das dort Ausgeführte (§ 513 Rn. 6ff.) gilt hier entsprechend. 6

---

[1] *B/L/H* Rn. 4; MK/*Lipp* Rn. 11; *St/J/Grunsky* § 570 Rn. 1; *T/P/Reichold* Rn. 2; *Zö/Gummer* Rn. 3.
[2] BGH NZI 2007, 166, 167.
[3] Amtl. Begr. des ZPO-RG, BT-Drucks. 14/4722, S. 113.
[4] BGHZ 44, 138, 143f. = NJW 1965, 2107.
[5] BGH NJW 1997, 2120, 2121; 1998, 907, 908; 1998, 2678, 2679; 1999, 2284; 2001, 576, 577.
[6] BGHZ 91, 154, 159f. = NJW 1984, 2831; BGH NZI 2007, 166, 167.
[7] BayObLG MDR 1986, 60; MK/*Feiber* § 46 Rn. 4.
[8] Amtl. Begr. des ZPO-RG, BT-Drucks. 14/4722, S. 113.
[9] Amtl. Begr. des ZPO-RG, BT-Drucks. 14/4722, S. 113.

V. Fristsetzung für Beschwerdevorbringen (Absatz 3 Satz 1)

7 Die Bestimmung gibt dem Beschwerdegericht die Möglichkeit, den Parteien des Beschwerdeverfahrens für das Vorbringen von Angriffs- und Verteidigungsmitteln Fristen zu setzten, und schafft damit die Grundlage für eine Präklusion verspäteten Vorbringens nach Abs. 3 S. 2 und 3. Fristen können zur Begründung der Beschwerde, zur Stellungnahme durch den Beschwerdegegner und zur Erwiderung hierauf gesetzt werden. Die Regelung verzichtet bewusst auf die Festlegung bestimmter Fristen, um dem Beschwerdegericht eine flexible Reaktion auf die Vielgestaltigkeit der Beschwerden zu ermöglichen.[10] Mit der Fristsetzung (zu deren Förmlichkeiten s. § 296 Rn. 11) ist der jeweilige Adressat über die Folgen der Fristversäumung (Abs. 3 S. 2, 3) zu belehren.

VI. Präklusion verspäteten Vorbringens (Absatz 3 Satz 2 und 3)

8 Die Bestimmungen des Abs. 3 S. 2 und 3 sind dem Muster des § 296 Abs. 1 nachgebildet. Die für das Berufungsverfahren geltenden Präklusionsvorschriften der §§ 530 bis 532 sind im Beschwerdeverfahren nicht entsprechend anwendbar. Angriffs- und Verteidigungsmittel, die nach Ablauf einer gemäß Abs. 3 S. 1 gesetzten Frist vorgebracht werden, sind kraft Gesetzes ausgeschlossen und nur unter den in Abs. 3 S. 2 und 3 genannten, mit § 296 Abs. 1 und 4 übereinstimmenden Voraussetzungen zuzulassen sind. Wegen der Einzelheiten wird auf die Ausführungen zu § 296 Rn. 3 ff., § 530 Rn. 18 ff., wegen des Präklusionsverfahrens auf § 296 Rn. 35 ff. verwiesen.

VII. Lockerung des Anwaltszwangs (Absatz 4)

9 *unbesetzt*

10 Abs. 4 befreit schriftliche Erklärungen in den Fällen vom Anwaltszwang, in denen nach § 569 Abs. 3 die Beschwerde ohne Anwalt eingelegt werden kann (§ 569 Rn. 10 f.). Die Befreiung besteht nur für das schriftliche Verfahren; in der mündlichen Verhandlung müssen die Parteien sich auch in den Fällen des § 569 Abs. 3 anwaltlich vertreten lassen.

572 *Gang des Beschwerdeverfahrens*

(1) [1]Erachtet das Gericht oder der Vorsitzende, dessen Entscheidung angefochten wird, die Beschwerde für begründet, so haben sie ihr abzuhelfen; andernfalls ist die Beschwerde unverzüglich dem Beschwerdegericht vorzulegen. [2]§ 318 bleibt unberührt.

(2) [1]Das Beschwerdegericht hat von Amts wegen zu prüfen, ob die Beschwerde an sich statthaft und ob sie in der gesetzlichen Form und Frist eingelegt ist. [2]Mangelt es an einem dieser Erfordernisse, so ist die Beschwerde als unzulässig zu verwerfen.

(3) Erachtet das Beschwerdegericht die Beschwerde für begründet, so kann es dem Gericht oder Vorsitzenden, von dem die beschwerende Entscheidung erlassen war, die erforderliche Anordnung übertragen.

(4) Die Entscheidung über die Beschwerde ergeht durch Beschluss.

I. Normzweck

1 Die Vorschrift regelt den Gang des Beschwerdeverfahrens. Die generelle Abhilfebefugnis des iudex a quo (Abs. 1 S. 1 Halbs. 1) dient der Selbstkontrolle des erstinstanzlichen Gerichts und damit zugleich der Verkürzung des Verfahrens und der Entlastung der Beschwerdegerichte. Abs. 1 S. 1 Halbs. 1 erfüllt darüber hinaus eine Filterfunktion. Das Beschwerdegericht soll nur mit solchen Entscheidungen befasst werden, an denen das untere Gericht auch unter Berücksichtigung der mit der Beschwerde vorgebrachten neuen Argumente, Tatsachen und Beweismittel (§ 571 Abs. 1, Abs. 2 S. 1) festhält. Abs. 1 S. 1 Halbs. 2 bezweckt für den Fall der Nichtabhilfe die zügige Erledigung des Beschwerdeverfahrens. Abs. 2 entspricht der für das Berufungsverfahren geltenden Regelung des § 522 Abs. 1; auf das dort zu Rn. 1 Ausgeführte wird verwiesen. Abs. 3 regelt eine nur für das Beschwerdeverfahren geltende besondere Weisungsbefugnis für den Fall, dass das Obergericht die Beschwerde für begründet hält, aber nicht selbst abschließend entscheiden kann. Abs. 4 dient der Vereinfachung und Beschleunigung des Beschwerdeverfahrens.

II. Abhilfe (Absatz 1 Satz 1 Halbsatz 1)

2 **1. Voraussetzungen.** Gemäß Abs. 1 S. 1 Halbs. 1 hat der iudex a quo bzw. der Rechtspfleger in einem ersten Schritt zu prüfen, ob er die Beschwerde für begründet hält, und ihr gegebenenfalls abzuhelfen.

3 **Zuständig** für die Abhilfe ist der Richter bzw. Spruchkörper oder der Vorsitzende, gegen dessen Entscheidung sich die Beschwerde richtet, bei Beschwerde gegen eine Entscheidung des Einzelrichters oder des Rechtspflegers (§ 11 Abs. 1 RPflG; s. dazu § 573 Rn. 11) jeweils dieser.[1]

4 Die Abhilfe hängt allein davon ab, dass das untere Gericht die Beschwerde für **begründet** hält. Deren Zulässigkeit spielt daher im Abhilfeverfahren keine Rolle.[2] Auch wo die Beschwerde unstatthaft ist, darf

[10] Amtl. Begr. des ZPO-RG, BT-Drucks. 14/4722, S. 113.
[1] *B/L/H* Rn. 2; *St/J/Grunsky* § 571 Rn. 2.
[2] *Ro/S/Go* § 148 IV 1; zweifelnd OLG Schleswig SchlHA 2004, 315.

das Untergericht der in ihr enthaltenen Gegenvorstellung[3] abhelfen.[4] Soweit es seine Entscheidung auf Beschwerde oder Gegenvorstellung abändern darf, ist es hierzu bei begründeter Beschwerde – unabhängig von deren Zulässigkeit – auch verpflichtet.[5]

2. Verfahren. Bei der Entscheidung über die Abhilfe sind neue Tatsachen und Beweise zu berücksichtigen (§ 571 Abs. 2 S. 1),[6] gegebenenfalls ist vor der Entscheidung über die Abhilfe Beweis zu erheben.[7] Will das Gericht abhelfen, so hat es in jedem Falle zuvor dem Gegner rechtliches Gehör zu gewähren.[8] Zu diesem Zweck kann auch eine mündliche Verhandlung anberaumt werden.[9] Die Pflicht zur unverzüglichen Vorlage an das Beschwerdegericht (Abs. 1 S. 1 Halbs. 2) kann davon nicht entbinden. Sie besagt nicht mehr, als dass das untere Gericht sich ohne schuldhaftes Zögern (§ 121 Abs. 1 BGB) darüber klar werden muss, ob es der Beschwerde abhilft oder nicht. 5

3. Entscheidung. Soweit das Untergericht die Beschwerde für begründet hält, hilft es ihr durch Beschluss ab. Bei vollständiger Abhilfe ist die Beschwerde damit erledigt. Wird nur teilweise abgeholfen, so ist die Beschwerde im Übrigen dem Beschwerdegericht vorzulegen.[10] Der Abhilfebeschluss ist zu verkünden oder den Parteien nach § 329 Abs. 3 zuzustellen. Er muss begründet werden, wenn er – wie im Regelfall – den Gegner beschwert.[11] Ob dieser seinerseits die Abhilfeentscheidung mit der Beschwerde anfechten kann, richtet sich nach § 567.[12] Gegen unanfechtbare Abhilfeentscheidungen des Rechtspflegers kann der Gegner Erinnerung nach § 11 Abs. 2 RPflG einlegen (s. § 573 Rn. 11, 14). 6

III. Vorlage (Absatz 1 Satz 1 Halbsatz 2)

1. Vorlagepflicht. Soweit das Untergericht der Beschwerde nicht abhilft, hat es sie dem Beschwerdegericht vorzulegen. Das gilt auch dann, wenn die Beschwerde nicht statthaft oder aus einem anderen Grund unzulässig ist.[13] Über die Zulässigkeit einschließlich der Statthaftigkeit der Beschwerde hat allein das Beschwerdegericht zu entscheiden.[14] Eine Verwerfung durch das Untergericht ist in keinem Fall zulässig.[15] Hält das Untergericht die angefochtene Entscheidung mit anderer Begründung für **im Ergebnis richtig,** so ist unter Darlegung der abweichenden Begründung in der Nichtabhilfeentscheidung dem Beschwerdegericht vorzulegen.[16] Denn die Ersetzung der angefochtenen durch eine im Ergebnis gleich lautende, lediglich anders begründete Entscheidung ist keine Abhilfe. Überzeugt die neue Begründung den Beschwerdeführer, so mag er das Rechtsmittel zurücknehmen.[17] 7

2. Unverzügliche Vorlage. Eine Beschwerde, der das untere Gericht nicht abhilft, hat es unverzüglich, dh. ohne schuldhaftes Zögern (§ 121 Abs. 1 BGB), dem Beschwerdegericht vorzulegen. Mit der Verwendung des Begriffs „unverzüglich" wird dem Gericht eine angemessene Überprüfungsfrist eingeräumt, deren Dauer von den Umständen des Einzelfalls, zB einer eventuell erforderlichen Beweisaufnahme, bestimmt wird.[18] 8

3. Nichtabhilfe- und Vorlagebeschluss. Über Nichtabhilfe und Vorlage ist durch Beschluss zu entscheiden;[19] eine Vorlageverfügung des Vorsitzenden genügt nicht. Die Nichtabhilfe ist zu begründen, soweit sich die Beschwerde auf neue Tatsachen stützt[20] oder die angefochtene Entscheidung keine Begründung enthält.[21] Der Nichtabhilfebeschluss ist den Parteien nach § 329 Abs. 2 S. 1 formlos mitzuteilen.[22] Mit der Abgabe fällt die Sache beim Beschwerdegericht an (Devolutiveffekt; s. vor § 511 Rn. 1).[23] Eine nachträgliche Abänderung der angefochtenen Entscheidung durch das Untergericht ist nicht mehr zulässig.[24] Die Überschreitung der Vorlagefrist des Halbs. 2 bleibt prozessual ohne Folgen.[25] 9

---

3 MK/*Lipp* Rn. 6; *St/J/Grunsky* § 571 Rn. 1.
4 *St/J/Grunsky* § 571 Rn. 3; MK/*Lipp* Rn. 6; aA *B/L/H* Rn. 3; *T/P/Reichold* Rn. 2.
5 *St/J/Grunsky* § 571 Rn. 3.
6 MK/*Lipp* Rn. 7; *Zö/Gummer* Rn. 7.
7 OLG Frankfurt/M NJW 1968, 57.
8 OLG Hamm FamRZ 1986, 1127, 1128; MK/*Lipp* Rn. 7; *St/J/Grunsky* § 571 Rn. 2; *Zö/Gummer* § 571 Rn. 9.
9 *St/J/Grunsky* § 571 Rn. 2.
10 *St/J/Grunsky* § 571 Rn. 4; *Zö/Gummer* Rn. 11.
11 MK/*Lipp* Rn. 8; *St/J/Grunsky* § 571 Rn. 5.
12 *B/L/H* Rn. 5; MK/*Lipp* Rn. 8; *St/J/Grunsky* § 571 Rn. 4; *T/P/Reichold* Rn. 5.
13 *St/J/Grunsky* § 571 Rn. 5; MK/*Lipp* Rn. 10; aA *Ro/S/Go* § 148 IV 1; *T/P/Reichold* Rn. 7.
14 *St/J/Grunsky* § 571 Rn. 5; MK/*Lipp* Rn. 10.
15 AA OLG Zweibrücken JurBüro 1980, 304; FamRZ 1984, 1031.
16 OLG Köln FamRZ 1986, 487; *B/L/H* Rn. 4; MK/*Lipp* Rn. 9; *T/P/Reichold* Rn. 3.
17 MK/*Lipp* Rn. 9; *St/J/Grunsky* § 571 Rn. 8.
18 Amtl. Begr. des ZPO-RG, BT-Drucks. 14/4722, S. 115.
19 *B/L/H* Rn. 8; *St/J/Grunsky* § 571 Rn. 6; *T/P/Reichold* Rn. 3; *Zö/Gummer* Rn. 10.
20 OLG Frankfurt/M OLGR 2004, 116; OLG Jena OLGR 2005, 203; allgM.
21 KG NJW 1974, 2010; OLG Frankfurt/M Rpfleger 1984, 477; OLG Schleswig SchlHA 1977, 14; 1982, 43.
22 MK/*Lipp* Rn. 12; *St/J/Grunsky* § 571 Rn. 6.
23 *St/J/Grunsky* § 571 Rn. 6.
24 *St/J/Grunsky* § 571 Rn. 6; *B/L/H* Rn. 9; *Zö/Gummer* Rn. 9.
25 MK/*Lipp* Rn. 11.

IV. Nicht abhilfefähige Entscheidungen (Absatz 1 Satz 2)

10 Eine Abhilfe ist ausgeschlossen, soweit das untere Gericht gemäß § 318 an seine Entscheidungen gebunden ist (näher § 318 Rn. 2ff.). Die Einschränkung betrifft sofortige Beschwerden gegen ein Zwischenurteil (zB § 387 Abs. 3) oder gegen Nebenentscheidungen, zB über die Kosten, von Endurteilen (§ 99 Abs. 2).

V. Zulässigkeit der Beschwerde (Absatz 2)

11 **1. Vorrang der Zulässigkeitsprüfung.** Auch bei der Beschwerde ist die Zulässigkeit vom Beschwerdegericht (anders vom unteren Gericht im Abhilfeverfahren, Rn. 4) grundsätzlich vorrangig zu prüfen (vgl. vor § 511 Rn. 12).[26] Da es indessen für die Anfechtbarkeit der Beschwerdeentscheidung ebenso wie für die materielle Rechtskraftwirkung der Ausgangsentscheidung, so ihr eine solche überhaupt zukommt, keinen Unterschied macht, ob die Beschwerde als unzulässig verworfen oder als unbegründet zurückgewiesen wird, kann gerade im Beschwerdeverfahren die Zulässigkeit häufig offen bleiben, wenn die Beschwerde jedenfalls unbegründet ist.[27]

12 **2. Maßgeblicher Zeitpunkt.** Ebenso wie nach § 522 Abs. 1 ist die Prüfung nach Abs. 2 über den Wortlaut hinaus auf alle Zulässigkeitsvoraussetzungen der Beschwerde zu erstrecken (vgl. § 522 Rn. 3).[28] Diese müssen im Zeitpunkt der Beschwerdeentscheidung gegeben sein.[29] Eine zunächst zulässige Beschwerde kann infolge **prozessualer Überholung** unzulässig werden (Beispiele: Ablauf der Frist, deren Abkürzung abgelehnt worden war;[30] Beendigung der angefochtenen Zwangsvollstreckungsmaßnahme;[31] instanzbeendende Entscheidung zu Gunsten des Beschwerdeführers nach Verweigerung der Prozesskostenhilfe;[32] Wiedereinsetzung durch das Untergericht nach Anfechtung der Verwerfungsentscheidung.[33] In diesen Fällen muss der Beschwerdeführer das Rechtsmittel für erledigt erklären, wenn er die Verwerfung als unzulässig vermeiden will.[34] Nicht hierher gehört der Fall, dass vor der Beschwerdeentscheidung im **Ablehnungsverfahren** eine instanzbeendende Entscheidung unter Mitwirkung des abgelehnten Richters ergeht.[35] Denn auch die nachträglich erfolgreiche Beschwerde gibt der Partei einen Revisionsgrund nach § 551 Nr. 3 bzw. einen Wiederaufnahmegrund nach § 579 Abs. 1 Nr. 3.[36]

13 **3. Entscheidung.** Ist die Beschwerde unzulässig, so ist sie auf Kosten des Beschwerdeführers (§ 97 Abs. 1) durch Beschluss (Abs. 4) zu verwerfen. Die Verwerfungskompetenz liegt – auch für unstatthafte Beschwerden – ausnahmslos beim Obergericht (Rn. 7). Die Verwerfungsentscheidung unterliegt nur dann der Rechtsbeschwerde (§ 574), wenn das Erstbeschwerdegericht diese zulässt.[37]

VI. Begründetheit der Beschwerde (Absatz 3)

14 **1. Unbegründete Beschwerde.** Ist die Beschwerde zulässig, aber unbegründet, so ist sie zurückzuweisen. Dasselbe gilt, wenn die Zulässigkeit der Beschwerde wegen deren Unbegründetheit offen bleiben kann (vgl. Rn. 11). Zurückzuweisen ist die Beschwerde auch dann, wenn das Beschwerdegericht dem Untergericht mit anderer Begründung nur im Ergebnis folgt, zB den vom Untergericht als unzulässig zurückgewiesenen Antrag für unbegründet hält oder umgekehrt. Darin liegt in keinem Falle ein Verstoß gegen das Verbot der **reformatio in peius** (vgl. § 528 Rn. 18);[38] dieses gilt auch für das Beschwerdeverfahren,[39] soweit nicht die angefochtene Entscheidung von Amts wegen zu Ungunsten des Beschwerdeführers geändert werden kann (zB § 25 Abs. 1 S. 3 GKG).[40]

15 **2. Begründete Beschwerde.** Ist die Beschwerde begründet, so ist die Entscheidung des Untergerichts, soweit sie angefochten ist, aufzuheben. Betrifft die Beschwerde nur einen (dh. den dem Beschwerdeführer ungünstigen) **Teil** der Ausgangsentscheidung und hat der Gegner nicht seinerseits Beschwerde eingelegt oder sich der Beschwerde angeschlossen (§ 567 Abs. 3), so ist die Aufhebung auf den angefochtenen Teil zu beschränken. Dies gilt ohne Ausnahme auch dann, wenn das Verfahren an einem von Amts wegen zu beachtenden, nicht behebbaren Mangel leidet (vgl. § 528 Rn. 13, 17). Entsprechend ist zu verfahren, wenn die Beschwerde nur zum Teil begründet ist.[41]

16 **3. Eigene Sachentscheidung oder Zurückverweisung.** Soweit die angefochtene Entscheidung aufzuheben ist, kann das Beschwerdegericht nach seinem Ermessen wählen, ob es der Beschwerde durch eigene

---

[26] MK/*Lipp* Rn. 19; aA *St/J/Grunsky* § 575 Rn. 1.
[27] BGH NJW-RR 2006, 1346, 1347.
[28] MK/*Lipp* Rn. 18; *St/J/Grunsky* § 574 Rn. 1; *T/P/Reichold* Rn. 13.
[29] MK/*Lipp* Rn. 20.
[30] MK/*Lipp* Rn. 22; *St/J/Grunsky* § 575 Rn. 2.
[31] MK/*Lipp* Rn. 22.
[32] KG NJW 1967, 2061 f.; OLG Düsseldorf NJW 1968, 405 f.; *St/J/Grunsky* § 575 Rn. 2.
[33] BGH NJW-RR 2004, 1365.
[34] BGH NJW 1982, 2505, 2506; *St/J/Grunsky* § 574 Rn. 4.
[35] OLG Braunschweig NJW 1976, 2024 f.; OLG Koblenz NJW-RR 1992, 1464; aA BayObLG NJW 1968, 802 f.; FamRZ 1994, 1269, 1270; OLG Frankfurt/M NJW 1986, 1000.
[36] OLG Braunschweig (Fn. 35) S. 2025.
[37] BGH NJW-RR 2005, 214; 2006, 1346, 1347.
[38] MK/*Lipp* Rn. 32; *St/J/Grunsky* § 575 Rn. 6; *Zö/Gummer* Rn. 41.
[39] BGHZ 159, 122, 124 = NJW-RR 2004, 1422.
[40] *St/J/Grunsky* § 575 Rn. 6; *Zö/Gummer* Rn. 42.
[41] OLG Köln ZIP 1980, 578, 579.

Sachentscheidung abhilft oder die Sache an das Untergericht zurückverweist. An Aufhebungsgründe wie die des § 538 ist das Beschwerdegericht dabei nicht gebunden; allein die Zweckmäßigkeit entscheidet. Das Beschwerdegericht muss zurückverweisen, wenn an Stelle des funktionell zuständigen Richters der Rechtspfleger entschieden hat.[42] Eine eigene Sachentscheidung wird regelmäßig zu treffen sein, wenn die Sache entscheidungsreif ist[43] oder Entscheidungsreife mit geringem Aufwand herbeigeführt werden kann.[44] Auch bei einem wesentlichen Verfahrensmangel muss daher nicht zurückverwiesen werden.[45] Gesetzlich ausgeschlossen ist eine Zurückverweisung im Falle des § 101 Abs. 1 ZVG.

4. Übertragung der erforderlichen Anordnungen. Anders als das Berufungs- und das Revisionsgericht ist das Beschwerdegericht im Falle der Aufhebung und Zurückverweisung nicht auf unverbindliche Hinweise zur weiteren Sachbehandlung in der unteren Instanz (vgl. § 563 Rn. 9ff.) beschränkt. Nach Abs. 3 kann es vielmehr dem Untergericht „die erforderlichen Anordnungen übertragen", dh. ihm Weisungen in Bezug auf die weitere Sachbehandlung erteilen oder es anweisen, eine bestimmte Maßnahme – zB Erlass eines Pfändungsbeschlusses[46] – zu treffen. 17

5. Bindung des Untergerichts. Beschränkt sich das Obergericht auf eine bloße Aufhebung und Zurückverweisung, so ist das Untergericht entsprechend § 563 Abs. 2 an die der Aufhebung zu Grunde liegende Rechtsauffassung des Obergerichts gebunden.[47] Eine Bindung besteht – über § 563 Abs. 2 hinaus – auch insoweit, als das Obergericht bereits teilweise oder dem Grunde nach in der Hauptsache entschieden hat.[48] Verbindet das Beschwerdegericht die Zurückverweisung mit der Übertragung der erforderlichen Anordnungen, so ist auch dies für das Untergericht gemäß Abs. 3 bindend,[49] soweit nicht inzwischen eine Veränderung der Sach- oder Rechtslage eingetreten ist.[50] Für die Bindungswirkung und das Verschlechterungsverbot in Fällen der Zurückverweisung gelten ferner die Ausführungen zu § 563 Rn. 14ff. entsprechend. 18

VII. Entscheidung des Beschwerdegerichts (Absatz 4)

1. Entscheidung durch Beschluss. Über die Beschwerde ist gemäß Abs. 4 durch Beschluss zu entscheiden, auch wenn das Beschwerdegericht auf Grund mündlicher Verhandlung, die ihm freigestellt ist (§ 128 Abs. 4), entscheidet oder die Beschwerde sich ausnahmsweise gegen ein Urteil richtet (zB § 387 Abs. 3).[51] Entscheidet das Beschwerdegericht ohne mündliche Verhandlung, so ist schriftsätzliches Vorbringen, das bis zur Hinausgabe des Beschlusses eingeht, vorbehaltlich einer etwaigen Präklusion (§ 571 Abs. 3) zu berücksichtigen;[52] gegebenenfalls muss erneut beraten und beschlossen werden.[53] Die Entscheidung ist regelmäßig zu begründen.[54] Entbehrlich ist eine **Begründung** allenfalls dort, wo die Beschwerde Erfolg hat, ohne den Gegner zu belasten.[55] Eine Begründung ist stets erforderlich, wenn die Beschwerdeentscheidung der Rechtsbeschwerde (§ 574) unterliegt;[56] sie muss den Sachverhalt wiedergeben, über den entschieden wird. Folgt das Beschwerdegericht dem Untergericht im Ergebnis und in der Begründung, so reicht es aus, die Beschwerde „aus den zutreffenden Gründen der angefochtenen Entscheidung" zurückzuweisen.[57] Die Beschwerdeentscheidung ist zu verkünden, wenn sie auf mündliche Verhandlung ergangen ist (§ 329 Abs. 1 S. 1). Sofern sie der Rechtsbeschwerde unterliegt (§ 574 Abs. 1) sowie in den Fällen des § 329 Abs. 3 ist sie den Parteien förmlich zuzustellen, andernfalls den am Beschwerdeverfahren Beteiligten formlos mitzuteilen. 19

2. Rechtliches Gehör. a) Beschwerdegegner. Entscheidet das Beschwerdegericht ohne mündliche Verhandlung, so muss dem Beschwerdegegner zuvor Gelegenheit zur Stellungnahme gegeben werden. Dies ist nur dann nicht erforderlich, wenn die Beschwerde als unzulässig verworfen oder als unbegründet zurückgewiesen wird.[58] Wo die Anhörung nicht eigens vorgeschrieben ist (§§ 91a Abs. 2 S. 2, 99 Abs. 2 S. 2), folgt die Anhörungspflicht unmittelbar aus Art. 103 Abs. 1 GG.[59] Dies gilt unabhängig davon, ob in der Beschwerdeinstanz neue Tatsachen vorgetragen worden sind.[60] Zur Gewährung rechtlichen Gehörs genügt die Übermittlung einer Abschrift der Beschwerdeschrift an den Gegner. Das BVerfG fordert, das Beschwerdegericht müsse sich generell vergewissern, ob ein formlos übersandter Schriftsatz zugegangen ist.[61] Dies 20

---

[42] BGH NJW-RR 2005, 1299.
[43] BGHZ 95, 246, 249; MK/*Lipp* Rn. 22; *T/P/Reichold* Rn. 19; *Zö/Gummer* Rn. 27.
[44] MK/*Lipp* Rn. 28.
[45] MK/*Lipp* Rn. 28; *St/J/Grunsky* § 575 Rn. 7; *Zö/Gummer* Rn. 27; aA OLG Celle OLGR 2003, 8, 9.
[46] BGHZ 51, 131, 137 = NJW 1969, 1253; *T/P/Reichold* Rn. 23.
[47] OLG Hamm NJW-RR 1987, 187, 188; MK/*Lipp* (AB) Rn. 28; *Zö/Gummer* Rn. 34.
[48] BGH (Fn. 46) S. 137ff.
[49] BGH (Fn. 46) S. 136.
[50] BGH (Fn. 46) S. 136f.
[51] *B/L/H* Rn. 17; *St/J/Grunsky* § 573 Rn. 9; *T/P/Reichold* Rn. 25.
[52] BVerfG NJW 1983, 2187; BGH NJW 1997, 2524, 2525.
[53] *St/J/Grunsky* § 573 Rn. 9.
[54] MK/*Lipp* Rn. 35.
[55] *St/J/Grunsky* § 573 Rn. 10.
[56] BGH NJW 2002, 2648; 2006, 1068.
[57] IE ebenso *St/J/Grunsky* § 573 Rn. 10.
[58] BVerfGE 7, 95, 98 = NJW 1957, 1395; allgM.
[59] BVerfG (Fn. 58); BGH NJW 1994, 392; *St/J/Grunsky* § 573 Rn. 3; allgM.
[60] MK/*Lipp* Rn. 16; *St/J/Grunsky* § 573 Rn. 3.
[61] BVerfGE 36, 85, 88 = NJW 1974, 133.

geht zu weit.[62] Eine **Frist zur Äußerung** muss dem Gegner nicht gesetzt werden.[63] Setzt das Beschwerdegericht allerdings eine Frist, so darf es vor deren Ablauf nicht entscheiden.[64]

21 **b) Beschwerdeführer.** Auch dem Beschwerdeführer muss zur Einreichung einer angekündigten Begründung keine Frist gesetzt werden.[65] Das Beschwerdegericht darf nach Ablauf einer angemessenen Frist, in der Regel 2 bis 3 Wochen, entscheiden.[66] Das gilt auch dann, wenn der Beschwerdeführer eine schriftliche Beschwerdebegründung innerhalb einer bestimmten Frist angekündigt hat, die offensichtlich unangemessen lang ist. In anderen Fällen muss der Beschwerdeführer darauf hingewiesen werden, dass eine Entscheidung vor Ablauf der eigenmächtig in Anspruch genommenen Frist beabsichtigt ist.[67]

22 **3. Zurücknahme der Beschwerde.** Die Beschwerde kann jederzeit, auch nach mündlicher Verhandlung, ohne Zustimmung des Gegners zurückgenommen werden,[68] solange nicht über sie entschieden ist.[69] Anwaltszwang (§ 571 Abs. 4) besteht für die Rücknahme, wenn sie in der mündlichen Verhandlung erklärt wird oder wenn die Beschwerdeeinlegung dem Anwaltszwang unterlag (§ 569 Rn. 9).[70] Die Kostenfolge richtet sich nach § 516 Abs. 3.[71]

VIII. Kostenentscheidung

23 **1. Grundsatz.** Die Kostenentscheidung im Beschwerdeverfahren richtet sich nach §§ 91 ff., im Fall der Rücknahme nach § 516 Abs. 3.[72] Die Kosten einer erfolglosen Beschwerde sind regelmäßig nach § 97 Abs. 1 dem Beschwerdeführer aufzuerlegen. Hat die Beschwerde ganz oder teilweise Erfolg, so ist unter Einschluss der vorinstanzlichen Kosten nach §§ 91, 92, 97 Abs. 2 zu entscheiden.[73] Wird der Beschwerde abgeholfen oder wird diese zurückgenommen, bevor sie dem Beschwerdegericht vorgelegt worden ist, so hat das Untergericht die Kostenentscheidung zu treffen.[74]

24 **2. Ausnahmen.** Eine Kostenentscheidung unterbleibt, wo außergerichtliche Kosten nach dem Gesetz nicht zu erstatten sind (zB § 127 Abs. 4 für Beschwerden im Prozesskostenhilfeverfahren, § 68 Abs. 3 S. 2 GKG für die Streitwertbeschwerde). Wer in diesen Fällen anfallende Gerichtskosten zu tragen hat, ergibt sich unmittelbar aus dem GKG. Eine Kostenentscheidung unterbleibt ferner, wenn die Ausgangsentscheidung keine Kostenentscheidung enthalten durfte.[75] In diesen Fällen sind auch die Kosten des Beschwerdeverfahrens Teil der Kosten des Rechtsstreits, die nach §§ 91 ff. der in der Hauptsache unterlegenen Partei aufzuerlegen sind, mag diese auch im Beschwerdeverfahren obsiegt haben.[76] Verweist das Beschwerdegericht die Sache zurück, so ist dem Untergericht die Entscheidung auch über die Kosten des Beschwerdeverfahrens vorzubehalten.[77]

573 *Erinnerung*

(1) [1]Gegen die Entscheidungen des beauftragten oder ersuchten Richters oder des Urkundsbeamten der Geschäftsstelle kann binnen einer Notfrist von zwei Wochen die Entscheidung des Gerichts beantragt werden (Erinnerung). [2]Die Erinnerung ist schriftlich oder zu Protokoll der Geschäftsstelle einzulegen. [3]§ 569 Abs. 1 Satz 1 und 2, Abs. 2 und die §§ 570 und 572 gelten entsprechend.

(2) Gegen die im ersten Rechtszug ergangene Entscheidung des Gerichts über die Erinnerung findet die sofortige Beschwerde statt.

(3) Die Vorschrift des Absatzes 1 gilt auch für die Oberlandesgerichte und den Bundesgerichtshof.

I. Normzweck

1 Die Vorschrift schließt die Beschwerde gegen solche Maßnahmen aus, die nicht vom Prozessgericht, sondern in dessen Auftrag von einem kommissarischen Richter oder die vom Urkundsbeamten der Geschäftsstelle vorgenommen worden sind. Diese sollen nicht vom Rechtsmittelgericht, sondern zunächst in derselben Instanz gerichtlich überprüft und korrigiert werden. Erst die Entscheidung über die Erinnerung unterliegt, sofern sie in erster Instanz ergeht, nach Abs. 2 der sofortigen Beschwerde. Parallel zur Beschwerde unterwirft Abs. 1 auch die Erinnerung einer generellen Befristung. Zur Anfechtbarkeit von Entscheidungen des Rechtspflegers s. Rn. 11 ff.

---

[62] *Scheld* Rpfleger 1974, 212 ff.; MK/*Lipp* Rn. 16.
[63] BGH NJW 1997, 2524, 2525.
[64] BVerfG NJW 1988, 1773, 1774; *E. Schneider* MDR 1986, 641, 642; *St/J/Grunsky* § 573 Rn. 3.
[65] BayObLG NJW-RR 1986, 1446, 1447; OLG Zweibrücken NJW-RR 1987, 576; *E. Schneider* (Fn. 64).
[66] BGH (Fn. 63); BayObLG NJW 1974, 2322; NJW-RR 1986, 1446, 1447; OLG Köln Rpfleger 1984, 424.
[67] OLG Köln Rpfleger 1984, 424; MK/*Lipp* Rn. 17.
[68] *B/L/H* Rn. 21; *St/J/Grunsky* § 573 Rn. 7.
[69] OLG Frankfurt/M MDR 1995, 744.
[70] *St/J/Grunsky* § 573 Rn. 7; *Zö/Gummer* § 573 Rn. 19.
[71] BGH LM § 515 Nr. 1; MK/*Lipp* Rn. 39; *B/L/H* Rn. 21.
[72] BGH LM § 515 Nr. 1.
[73] MK/*Lipp* Rn. 36 f.; *St/J/Grunsky* § 575 Rn. 11 f.; *T/P/Reichold* Rn. 24.
[74] BGH LM § 567 Nr. 2 = NJW 1953, 1263 (LS); MK/*Lipp* Rn. 39; *St/J/Grunsky* § 575 Rn. 10.
[75] MK/*Lipp* Rn. 36; *St/J/Grunsky* § 575 Rn. 11; *T/P/Reichold* Rn. 24.
[76] MK/*Lipp* Rn. 36; *St/J/Grunsky* § 575 Rn. 11; *T/P/Reichold* Rn. 6.
[77] MK/*Lipp* Rn. 37; *St/J/Grunsky* § 575 Rn. 12.

II. Erinnerung an das Gericht

1. Anwendungsbereich. Gegen die Entscheidungen des kommissarischen Richters oder des Urkundsbeamten ist stets die Erinnerung gegeben, unabhängig davon, ob das Gesetz gegen Entscheidungen des betreffenden Inhalts die Beschwerde vorsieht.[1] Die Erinnerung ist ein Rechtsbehelf (vor § 511 Rn. 1), der zu einer Überprüfung einer nicht vom Prozessgericht getroffenen Entscheidung in demselben Rechtszug führt. Dies gilt gemäß Abs. 3 auch für die Oberlandesgerichte und den BGH. Unanwendbar ist § 573 auf Beschwerden im Rechtshilfeverfahren (§ 159 GVG) und gegen sitzungspolizeiliche Maßnahmen (§ 181 GVG), ferner im Festsetzungsverfahren nach § 16 Abs. 2 ZSEG.[2] 2

2. Einlegung. Die Erinnerung kann bei dem beauftragten oder ersuchten Richter und bei dem Urkundsbeamten der Geschäftsstelle, gegen dessen Entscheidung sie sich richtet, oder bei dem Gericht eingelegt werden, von dem das Ersuchen ausging oder dem der beauftragte Richter oder der Urkundsbeamte angehört.[3] 3

3. Frist. Ebenso wie die Beschwerde (§ 569 Abs. 1) ist die Erinnerung binnen einer Notfrist von 2 Wochen einzulegen. Der Fristbeginn richtet sich gemäß Abs. 1 S. 3 nach § 569 Abs. 1 S. 2. 4

4. Form. Gemäß Abs. 1 S. 2 ist die Erinnerung schriftlich oder zu Protokoll der Geschäftsstelle einzulegen. Gemäß § 78 Abs. 3 unterliegt sie nicht dem Anwaltszwang (vgl. § 569 Rn. 10). Für den Inhalt der Erinnerungsschrift gelten die Minimalanforderungen des § 569 Abs. 2 entsprechend (Abs. 1 S. 3). 5

5. Aufschiebende Wirkung. Die Erinnerung hat (nur) in den Fällen des § 570 Abs. 1 aufschiebende Wirkung (Abs. 1 S. 3 iVm. § 570 Abs. 1). In anderen Fällen kann gemäß Abs. 1 S. 3 die Vollziehung der angefochtenen Entscheidung entsprechend § 570 Abs. 2 und 3 ausgesetzt werden. 6

6. Begründung, Präklusion. Die Erinnerung soll gemäß Abs. 1 S. 3 entsprechend § 571 Abs. 1 begründet werden (vgl. § 571 Rn. 2). Sie kann auf neues Vorbringen gestützt werden (Abs. 1 S. 3 iVm. § 571 Abs. 2 S. 1). Für Fristsetzungen und Präklusion verspäteten Vorbringens gilt gemäß Abs. 1 S. 3 § 571 Abs. 3 entsprechend. 7

7. Abhilfe. Der kommissarische Richter und der Urkundsbeamte können der Erinnerung gemäß Abs. 1 S. 3 iVm. § 572 Abs. 1 abhelfen (s. dazu i. e. § 572 Rn. 2ff.). Bei Nichtabhilfe ist die Erinnerung dem Gericht vorzulegen, von dem das Ersuchen ausging oder dem der beauftragte Richter oder der Urkundsbeamte angehört. 8

8. Entscheidung. Das Gericht, dem die Erinnerung mit der Nichtabhilfeentscheidung vorgelegt wird, prüft Zulässigkeit und Begründetheit der Erinnerung entsprechend § 572 Abs. 2 und 3. Es entscheidet über die Erinnerung durch Beschluss (Abs. 1 S. 3 iVm. § 572 Abs. 4). Das zu § 572 Abs. 2 bis 4 Ausgeführte (§ 572 Rn. 11ff.) gilt hier entsprechend. 9

III. Beschwerde gegen die Entscheidung des Gerichts (Absatz 2)

Erst die Entscheidung des Gerichts über die Erinnerung (Rn. 9) ist beschwerdefähig. Soweit sie erstinstanzlich ergangen ist, unterliegt sie gemäß Abs. 2 der sofortigen Beschwerde (§ 567), in zweiter Instanz der Rechtsbeschwerde (§ 574).[4] Ob die Entscheidung über die Erinnerung im Einzelfall mit der sofortigen Beschwerde bzw. mit der Rechtsbeschwerde angegriffen werden kann, richtet sich nach § 567 bzw. § 574; die dort gezogenen Grenzen der Statthaftigkeit werden durch Abs. 2 nicht erweitert.[5] Das Gericht, das erstinstanzlich über die Erinnerung entschieden hat, kann der sofortigen Beschwerde in jedem Falle abhelfen. 10

IV. Anhang: Rechtsbehelfe gegen Entscheidungen des Rechtspflegers

11 RPflG ***Rechtsbehelfe*** **(1) Gegen die Entscheidungen des Rechtspflegers ist das Rechtsmittel gegeben, das nach den allgemeinen verfahrensrechtlichen Vorschriften zulässig ist.**

(2) Ist gegen die Entscheidung nach den allgemeinen verfahrensrechtlichen Vorschriften ein Rechtsmittel nicht gegeben, so findet binnen der für die sofortige Beschwerde geltenden Frist die Erinnerung statt. Der Rechtspfleger kann der Erinnerung abhelfen. Erinnerungen, denen er nicht abhilft, legt er dem Richter zur Entscheidung vor. Auf die Erinnerung sind im Übrigen die Vorschriften über die Beschwerde sinngemäß anzuwenden.

(3) Gerichtliche Verfügungen, die nach den Vorschriften der Grundbuchordnung, der Schiffsregisterordnung, des Gesetzes über die Angelegenheiten der freiwilligen Gerichtsbarkeit und den für den Erbschein geltenden Bestimmungen wirksam geworden sind und nicht mehr geändert werden können, sind mit der Erinnerung nicht anfechtbar. Die Erinnerung ist ferner in den Fällen der §§ 694, 700 der Zivilprozessordnung und gegen Entscheidungen über die Gewährung eines Stimmrechts (§§ 77, 237, 238 der Insolvenzordnung), über die Änderung eines Vergleichsvorschlages in den Fällen des § 76 Satz 2 der Vergleichsordnung sowie gegen die Anordnung oder Ablehnung einer Vertagung des Vergleichstermins nach § 77 der Vergleichsordnung ausgeschlossen.

(4) Das Erinnerungsverfahren ist gerichtsgebührenfrei.

1. Grundsatz. §§ 20, 21 RPflG übertragen eine Reihe von Aufgaben, die nach der ZPO dem Richter oder dem Urkundsbeamten der Geschäftsstelle obliegen, auf den Rechtspfleger. Da die ZPO (ausgenom- 11

---

[1] *St/J/Grunsky* § 576 Rn. 1.
[2] MK/*Lipp* Rn. 2; *St/J/Grunsky* § 576 Rn. 2.
[3] Amtl. Begr. des ZPO-RG, BT-Drucks. 14/4722, S. 115.
[4] Amtl. Begr. des ZPO-RG, BT-Drucks. 14/4722, S. 116.
[5] OLG Hamm FamRZ 1993, 82; KG FamRZ 1993, 1221; *St/J/Grunsky* § 576 Rn. 1; *Zö/Gummer* Rn. 5.

men § 568 Abs. 1 S. 1) den Rechtspfleger nicht kennt, bestimmt **§ 11 RPflG,** dass Entscheidungen des Rechtspflegers mit dem Rechtsmittel angefochten werden können, das nach den allgemeinen verfahrensrechtlichen Vorschriften (ZPO, ZVG, FGG, GBO, InsO usw.) statthaft wäre, falls an Stelle des Rechtspflegers der Richter entschieden hätte. Eine Überprüfung der Entscheidungen des Rechtspflegers durch den Richter derselben Instanz sieht § 11 Abs. 2 RPflG nur für den Fall vor, dass die Entscheidung nach den allgemeinen verfahrensrechtlichen Vorschriften unanfechtbar ist (Rn. 14). Ausgeschlossen ist die Rechtspflegererinnerung für den Bereich der ZPO nach § 11 Abs. 3 S. 2 RPflG, soweit im Mahnverfahren mit Widerspruch (§ 694) und Einspruch (§ 700) spezielle Rechtsbehelfe zur Verfügung stehen.

12 **2. Abgrenzung zu verwandten Rechtsbehelfen. a) Erinnerung nach § 766.** § 11 RPflG regelt nur die Anfechtung von **Entscheidungen** des Rechtspflegers. Ist der Rechtspfleger als Vollstreckungsgericht tätig geworden, so ist zu unterscheiden: Ist die Maßnahme des Rechtspflegers eine **Entscheidung,** so ist gemäß § 11 Abs. 1 RPflG die sofortige Beschwerde nach § 793 oder vorrangigen Spezialvorschriften (§ 793 Rn. 1) gegeben. Handelt es sich dagegen um eine **Vollstreckungsmaßnahme,** so ist Rechtsbehelf die Vollstreckungserinnerung nach § 766 (näher § 766 Rn. 10 ff.). Für die Abgrenzung zwischen Entscheidung und Vollstreckungsmaßnahme ist weniger der Inhalt als die Art des Zustandekommens maßgebend: Lehnt der Rechtspfleger eine beantragte Vollstreckungsmaßnahme ab oder erlässt er sie nach Anhörung des Gegners, so handelt es sich um eine Entscheidung; gibt er dem Antrag ohne Anhörung des Gegners statt, handelt es sich um eine Vollstreckungsmaßnahme (näher § 766 Rn. 11 f.). In diesem Fall geht § 766 als speziellere Regelung dem § 11 RPflG vor (§ 766 Rn. 11).

13 **b) Erinnerung nach § 732.** Für die Abgrenzung zur Klauselerinnerung nach § 732 gilt das in Bezug auf § 766 Ausgeführte (Rn. 12) entsprechend. Gegen die Erteilung einer vollstreckbaren Ausfertigung kann der Schuldner regelmäßig mit der Erinnerung nach § 732 vorgehen (§ 732 Rn. 2). Hat der Rechtspfleger des Gerichts erster Instanz die Klauselerteilung abgelehnt oder einer Erinnerung des Schuldners nach § 732 abgeholfen, so kann der Gläubiger diese Entscheidung mit der sofortigen Beschwerde nach § 567 angreifen. Entsprechende Entscheidungen des Rechtspflegers des Berufungsgerichts unterliegen gemäß § 574 der Rechtsbeschwerde, sofern der Rechtspfleger diese zulässt. Andernfalls steht dem Gläubiger (allein) die Erinnerung nach § 11 Abs. 2 S. 1 RPflG offen.

14 **3. Erinnerung nach § 11 Abs. 2 RPflG. a) Statthaftigkeit.** Entscheidungen, die nach den allgemeinen verfahrensrechtlichen Vorschriften anfechtbar sind, können nach § 11 Abs. 1 RPflG, auch wenn der Rechtspfleger sie erlassen hat, nur mit dem vorgesehenen Rechtsmittel angegriffen werden. Insoweit ist die Erinnerung nach § 11 RPflG ausgeschlossen. Eine Erinnerung gegen Entscheidungen des Rechtspflegers sieht § 11 Abs. 2 S. 1 RPflG nur für den Fall vor, dass die Entscheidung nach den allgemeinen verfahrensrechtlichen Vorschriften unanfechtbar ist (Rn. 11). Insoweit ist die Nachprüfung der Entscheidung des Rechtspflegers durch den Richter derselben Instanz verfassungsrechtlich unverzichtbar.[6] Die Erinnerung ist auch dann statthaft, wenn ein gesetzlich vorgesehenes Rechtsmittel im Einzelfall unstatthaft ist, weil der Beschwerdewert (§ 567 Abs. 2) nicht erreicht wird.[7]

15 **b) Einlegung.** Die Erinnerung muss binnen der für die sofortige Beschwerde geltenden Frist (§ 569 Abs. 1 S. 1: zwei Wochen; § 181 Abs. 1 GVG: eine Woche) bei dem Gericht, dem der Rechtspfleger angehört, eingelegt werden (§ 11 Abs. 2 S. 1 RPflG). Die Erinnerung kann schriftlich oder zu Protokoll der Geschäftsstelle eingelegt werden. Für die Einlegung besteht auch beim Kollegialgericht **kein Anwaltszwang,** § 13 RPflG.[8] Ein solcher entsteht auch nicht dadurch, dass die Erinnerung beim Kollegialgericht gemäß § 11 Abs. 2 S. 3 RPflG nach Nichtabhilfe durch den Rechtspfleger dem Richter zur Entscheidung vorgelegt wird.[9]

16 **c) Abhilfe.** Der Rechtspfleger kann der Erinnerung in allen Fällen abhelfen. § 11 Abs. 2 S. 2 RPflG stellt die Abhilfe nicht in sein Ermessen; soweit die Erinnerung zulässig und begründet ist, hat er ihr abzuhelfen. Ist die Erinnerung nur zum Teil zulässig und begründet, ist insoweit abzuhelfen, im Übrigen vorzulegen. Die Abhilfeentscheidung steht für den Gegner hinsichtlich ihrer Anfechtbarkeit einer Erstentscheidung des Rechtspflegers gleich. Ihre Anfechtbarkeit richtet sich gemäß § 11 Abs. 1 RPflG nach den allgemeinen verfahrensrechtlichen Vorschriften. Ist sie danach unanfechtbar, steht dem Gegner die Erinnerung nach § 11 Abs. 2 S. 1 RPflG offen.[10]

17 **d) Entscheidung des Richters.** Eine Erinnerung, welcher der Rechtspfleger ganz oder teilweise nicht abhilft, legt er dem zuständigen (§ 28 RPflG) Richter zur Entscheidung vor (§ 11 Abs. 2 S. 3 RPflG). Der Richter entscheidet abschließend über die Erinnerung. Soweit sie zulässig und begründet ist, hat er ihr abzuhelfen. Ob die Abhilfeentscheidung für den Gegner anfechtbar ist, richtet sich nach §§ 567, 574 bzw. sonstigen allgemeinen verfahrensrechtlichen Vorschriften.[11] Soweit der Richter die Erinnerung als unzulässig verwirft oder als unbegründet zurückweist, ist seine Entscheidung unanfechtbar.

18 **e) Kosten.** Das Erinnerungsverfahren ist nach § 11 Abs. 4 RPflG gerichtsgebührenfrei, auch wenn der Richter im Falle des § 11 Abs. 2 S. 3 RPflG die Erinnerung verwirft oder zurückweist.[12]

---

[6] BVerfG NJW-RR 2001, 1077, 1078.
[7] AllgM, vgl. BVerfG NJW-RR 2001, 1077, 1078; OLG Nürnberg OLGR 2005, 173.
[8] NJW Oldenburg NJW-RR 2000, 211.
[9] MK/*Lipp* Rn. 11; *St/J/Grunsky* Anhang zu § 567 Rn. 10; *Zö/Stöber* § 766 Rn. 3.
[10] MK/*Lipp* Rn. 12.
[11] MK/*Lipp* Rn. 14.
[12] MK/*Lipp* Rn. 15.

V. Gebühren und Kosten

1. Rechtsanwaltsgebühren. Ist der Rechtsanwalt Prozessbevollmächtigter, gehört die Tätigkeit zum Rechtszug (§ 19 Abs. 1 Nr. 5 RVG), sonst gilt Nr. 3500 VV RVG, die für alle Arten der Erinnerung gilt. 19

2. Gerichtskosten. Für das Verfahren nach Abs. 1 werden keine Gebühren erhoben; für das Beschwerdeverfahren nach Abs. 2 und 3 gilt KV Nr. 1812. 20

Titel 2. Rechtsbeschwerde

574 ***Rechtsbeschwerde; Anschlussrechtsbeschwerde*** **(1) [1]Gegen einen Beschluss ist die Rechtsbeschwerde statthaft, wenn**

1. dies im Gesetz ausdrücklich bestimmt ist oder

2. das Beschwerdegericht, das Berufungsgericht oder das Oberlandesgericht im ersten Rechtszug sie in dem Beschluss zugelassen hat.

[2]§ 542 Abs. 2 gilt entsprechend.

(2) In den Fällen des Absatzes 1 Nr. 1 ist die Rechtsbeschwerde nur zulässig, wenn

1. die Rechtssache grundsätzliche Bedeutung hat oder

2. die Fortbildung des Rechts oder die Sicherung einer einheitlichen Rechtsprechung eine Entscheidung des Rechtsbeschwerdegerichts erfordert.

(3) [1]In den Fällen des Absatzes 1 Nr. 2 ist die Rechtsbeschwerde zuzulassen, wenn die Voraussetzungen des Absatzes 2 vorliegen. [2]Das Rechtsbeschwerdegericht ist an die Zulassung gebunden.

(4) [1]Der Rechtsbeschwerdegegner kann sich bis zum Ablauf einer Notfrist von einem Monat nach der Zustellung der Begründungsschrift der Rechtsbeschwerde durch Einreichen der Rechtsbeschwerdeanschlussschrift beim Rechtsbeschwerdegericht anschließen, auch wenn er auf die Rechtsbeschwerde verzichtet hat, die Rechtsbeschwerdefrist verstrichen oder die Rechtsbeschwerde nicht zugelassen worden ist. [2]Die Anschlussbeschwerde ist in der Anschlussschrift zu begründen. [3]Die Anschließung verliert ihre Wirkung, wenn die Rechtsbeschwerde zurückgenommen oder als unzulässig verworfen wird.

I. Normzweck

Die Bestimmung regelt in Abs. 1 bis 3 die Statthaftigkeit der Rechtsbeschwerde. Sie passt den Instanzenzug in Beschwerdesachen dem des Urteilsverfahrens an. Ebenso wie im Revisionsverfahren soll die dritte Instanz im Grundsatz ausschließlich mit Fällen befasst werden, an deren Entscheidung ein allgemeines, über der Einzelfall hinausgehendes Interesse besteht. Abs. 4 eröffnet dem Rechtsbeschwerdegegner eine unselbständige Anschließungsmöglichkeit nach dem Vorbild der Anschlussrevision (§ 554, s. dort Rn. 1). 1

II. Statthaftigkeit der Rechtsbeschwerde (Absatz 1 bis 3)

1. Gegenstand der Rechtsbeschwerde (Abs. 1). Mit der Rechtsbeschwerde – und nur mit ihr[1] – können **Beschlüsse** angefochten werden, die vom Landgericht oder vom OLG im Berufungs- und im Beschwerdeverfahren erlassen worden sind, ferner erstinstanzliche Beschlüsse des OLG (zB nach § 1062). Eine Rechtsbeschwerde oder jedenfalls wie eine solche zu behandeln ist seit dem 1. 1. 2002 auch die zum BGH erhobene Beschwerde nach § 17a Abs. 4 S. 4 GVG.[2] Sie kann folglich trotz des unveränderten Wortlauts auch vom Landgericht als Beschwerdegericht zugelassen werden.[3] 2

Für **Urteile**, die ausnahmsweise der Beschwerde unterliegen (§ 71 Abs. 2, § 89 Abs. 1, S. 3, § 99 Abs. 2, § 135 Abs. 3, § 387 Abs. 3), gilt § 574 nicht. Sie sind, soweit sie in der Berufungs- oder Beschwerdeinstanz ergehen, auch nicht mit der sofortigen Beschwerde (§ 567) angreifbar, sondern unanfechtbar. 2a

Die Rechtsbeschwerde kann – vorbehaltlich ihrer Zulassung durch Gesetz oder Beschluss (Abs. 1 S. 1 Nr. 1 und 2) – gegen jedweden Beschluss eingelegt werden, den ein OLG oder ein Landgericht als Berufungs- oder Beschwerdegericht erlassen hat. Ausgenommen sind nach Abs. 1 S. 2 wegen der Begrenzung des Instanzenzuges durch § 542 Abs. 2 Entscheidungen im Verfahren des einstweiligen Rechtsschutzes (s. dazu § 542 Rn. 5). Dasselbe gilt wegen der entsprechenden Beschränkung durch § 66 Abs. 3 S. 3 GKG für den Kostenansatz[4] und die Streitwertfestsetzung[5], ferner für Entscheidungen, die kraft ausdrücklicher gesetzlicher Bestimmung unanfechtbar sind (zB § 99 Abs. 1; § 127 Abs. 2, § 238 Abs. 3; § 321a; § 769 Abs. 1)[6]. Ein Mindestbeschwerdewert wie für die sofortige Beschwerde (§ 567 Abs. 2) ist für die Rechtsbeschwerde in Kostensachen nicht erforderlich.[7] 3

unbesetzt 4

---

[1] BGH NJW 2002, 3178; NJW-RR 2002, 1621.
[2] BGHZ 152, 213, 214ff. = NJW-RR 2003, 277; BGHZ 155, 365, 366ff. = NJW 2003, 2917.
[3] BGHZ 155, 365, 366ff. = NJW 2003, 2917.
[4] BGH NJW 2003, 70.
[5] BGH BGHReport 2004, 268.
[6] BGHZ 159, 14, 15 = NJW 2004, 2224; BGH NJW-RR 2005, 214; 2005, 1009; NJW 2005, 73, 74; 2006, 2924.
[7] BGH NJW-RR 2005, 939.

5 **2. Statthaftigkeit kraft Gesetzes (Abs. 1 S. 1 Nr. 1, Abs. 2).** Die Rechtsbeschwerde ist zum einen statthaft, soweit dies im Gesetz ausdrücklich bestimmt ist (Abs. 1 S. 1 Nr. 1). Es sind dies im Wesentlichen die Fälle der § 522 Abs. 1 S. 4, § 1065 Abs. 1 S. 1, § 15 Abs. 1 AVAG und § 7 InsO. Eine Sonderregelung für Familiensachen findet sich in § 621e Abs. 2. Auch die Verwerfung der Berufung als unzulässig kann somit nur unter den Voraussetzungen des Abs. 2 angefochten werden.[8] Die Zulässigkeit der Rechtsbeschwerde gegen einen die Berufung als unzulässig verwerfenden Beschluss hängt nicht davon ab, dass die Wertgrenze des § 26 Nr. 8 EGZPO erreicht ist.[9]

6 Soweit die Rechtsbeschwerde im Gesetz ausdrücklich vorgesehen ist (Rn. 5), hängt ihre Zulässigkeit gemäß Abs. 2 weiter davon ab, dass die Rechtssache grundsätzliche Bedeutung hat (Abs. 2 Nr. 1) oder dass die Fortbildung des Rechts oder die Sicherung einer einheitlichen Rechtsprechung eine Entscheidung des Rechtsbeschwerdegerichts erfordert (Abs. 2 Nr. 2). Hierüber hat das Rechtsbeschwerdegericht zu befinden.[10] Die Kriterien, nach denen es über die Zulässigkeit der Rechtsbeschwerde zu entscheiden hat, sind identisch mit den Kriterien für die Zulassung der Revision (§ 543 Abs. 2, § 566 Abs. 4 S. 1). Das zu § 543 Rn. 4ff. Ausgeführte gilt hier entsprechend. Entfällt die Grundsatzbedeutung der Rechtssache nach Einlegung der Rechtsbeschwerde oder Stellung eines PKH-Antrags, so ist die Entscheidung der Vorinstanz (gleichwohl) aufzuheben, wenn sie der BGH-Rspr. widerspricht.[11]

7 **3. Statthaftigkeit kraft Zulassung (Abs. 1 S. 1 Nr. 2, Abs. 3).** Soweit die Rechtsbeschwerde im Gesetz nicht ausdrücklich vorgesehen ist (Rn. 5), hängt ihre Statthaftigkeit gemäß Abs. 1 S. 1 Nr. 2 ausnahmslos davon ab, dass sie vom OLG oder vom Landgericht als Berufungs- oder Beschwerdegericht zugelassen worden ist.[12] Das gilt auch für die Zurückweisung eines Ablehnungsgesuchs durch das Berufungs- oder Beschwerdegericht.[13] Die Zulassungskriterien (Abs. 3 S. 1) sind identisch mit denen, die das Rechtsbeschwerdegericht nach Abs. 1 S. 1 Nr. 1 iVm. Abs. 2 zu prüfen hat (Rn. 6). Die Regelung entspricht derjenigen für die Zulassung der Revision in § 543 Abs. 1 Nr. 1; das dort Ausgeführte gilt hier entsprechend. Im Prozesskostenhilfeverfahren kann die Rechtsbeschwerde nur wegen solcher Fragen zugelassen werden, die das Bewilligungsverfahren oder die persönlichen Bewilligungsvoraussetzungen betreffen.[14] Die Rechtsbeschwerde gegen eine Kostenentscheidung des Berufungsgerichts nach § 91a ist nicht geeignet, grundsätzliche Fragen des materiellen Rechts zu klären.[15]

7a Die Zulassung kann ebenso wie die Zulassung der Revision beschränkt werden.[16] Sie muss in dem Beschluss ausgesprochen werden, gegen den die Rechtsbeschwerde zugelassen werden soll; sie kann nicht in einem Ergänzungsbeschluss entsprechend § 321 nachgeholt werden.[17] Ist die Zulassung versehentlich unterblieben und das Versehen evident, kann sie im Wege eines Berichtigungsbeschlusses nachgeholt werden.[18] Unterbleibt die Zulassung willkürlich, ist das Verfassungsgebot des gesetzlichen Richters verletzt; in diesem Fall kann die Zulassung auf befristete Gegenvorstellung entspr. § 321a nachgeholt werden.[19]

7b Die Zulassung ist auch dann wirksam, wenn sie nicht vom Kollegialspruchkörper des Beschwerdegerichts, sondern gesetzwidrig (§ 568 S. 2 Nr. 2; s. dazu § 568 Rn. 3a) vom Einzelrichter ausgesprochen worden ist.[20] Die Entscheidung des Einzelrichters ist in diesem Fall jedoch wegen objektiv willkürlicher Verletzung des Verfassungsgebots des gesetzlichen Richters (Art. 101 Abs. 1 S. 2 GG) aufzuheben und die Sache an den Einzelrichter zurückzuverweisen.[21]

8 Das Rechtsbeschwerdegericht – ist zum Schutz des Vertrauens auf die Statthaftigkeit eines zugelassenen Rechtsmittels (vgl. § 543 Abs. 2 S. 2) – gemäß Abs. 3 S. 2 grundsätzlich an die Zulassung gebunden. Keine Bindung besteht, wenn ein Instanzenzug nicht eröffnet oder die Entscheidung der Vorinstanz kraft gesetzlicher Bestimmung unanfechtbar ist (Rn. 3)[22] oder wenn die Zulassungsentscheidung unzulässigerweise nachgeholt worden ist (Rn. 7a)[23]. Auch an die Zulassung einer kraft Gesetzes statthaften Rechtsbeschwerde ist das Rechtsbeschwerdegericht nicht gebunden.[24]

9 Weder die Zulassung noch die Nichtzulassung der Rechtsbeschwerde sind angreifbar.[25] Das gilt auch dann, wenn das Beschwerdegericht auf Grund eines Rechtsirrtums die Prüfung der Frage versäumt hat, ob

---

8 BGHZ 155, 21, 22 = NJW 2003, 2172; BGH NJW 2003, 2991; 2003, 3781; *Wenzel* NJW 2002, 3353, 3357.
9 BGH NJW 2002, 3783f.; NJW-RR 2003, 132.
10 Amtl. Begr. des ZPO-RG, BT-Drucks. 14/4722, S. 116.
11 BGH NZI 2006, 608.
12 BGH BGHReport 2004, 323; NJW-RR 2007, 285.
13 BGH NJW-RR 2005, 294.
14 BGH NJW 2003, 1126, 1127; 2004, 2022; NJW-RR 2003, 1001f.; 2007, 908.
15 BGH NJW-RR 2004, 1219, 1220; NJW 2007, 1591, 1593.
16 BGH NJW-RR 2007, 932, 933.
17 BGH NJW-RR 2002, 1621f.; NJW 2004, 779.
18 BGH NJW 2005, 156; BGH NJW 2004, 2529f. hält auch die Nachholung in einem Beschluss nach § 321a für möglich; dazu *Althammer/Löhnig* NJW 2004, 1567, 1569.
19 BGH NJW 2004, 2529; NJW-RR 2007, 1654.
20 BGHZ 154, 200, 202ff. = NJW 2003, 1254; BGH NJW 2003, 3712; 2004, 223; 2004, 448, 449.
21 BGH (Fn. 20).
22 BGHZ 154, 102 = NJW 2003, 1531; BGHZ 159, 14, 15 = NJW 2004, 2224; BGH NJW-RR 2005, 1009; 2006, 286; NZI 2007, 243.
23 BGH NJW 2004, 779; 2005, 156.
24 BGH NJW-RR 2003, 784, 785; NZI 2004, 444.
25 BGH NJW 2004, 1107; NJW-RR 2005, 294f.

die Rechtsbeschwerde zuzulassen ist.[26] Eine Nichtzulassungsbeschwerde ist – anders als nach § 544 für die Revision – nicht vorgesehen. Bei den in der Regel weniger bedeutsamen Nebenentscheidungen, die Gegenstand von Beschwerden sind, verzichtet das Gesetz – auch zur Entlastung des BGH – auf eine Prüfung der Voraussetzungen für die Zulassung der Rechtsbeschwerde durch mehrere Gerichte.[27] In den rechtlich bedeutsameren Fällen liegt die Zulassungsentscheidung nach Abs. 1 S. 1 Nr. 1 iVm. Abs. 2 in den Händen des Rechtsbeschwerdegerichts.

III. Anschlussrechtsbeschwerde (Absatz 4)

10 Der Rechtsbeschwerdegegner kann sich der Rechtsbeschwerde nach Maßgabe des Abs. 4 anschließen. Die Regelung entspricht derjenigen des § 554 für die Anschlussrevision. Das dort zu Rn. 6 ff. Ausgeführte gilt hier entsprechend.

IV. Gebühren und Kosten

11 **1. Rechtsanwaltsgebühren.** Der Anwalt erhält eine Verfahrensgebühr von 1,0 für die Vertretung im Rechtsbeschwerdeverfahren (Nr. 3502 VV RVG). Die Gebühr erhöht sich für jeden weiteren Auftraggeber um 0,3 gemäß Nr. 1008 VV RVG bis zur dort vorgesehenen Obergrenze. Bei vorzeitiger Beendigung des Auftrags reduziert sich die Gebühr auf 0,5 (Nr. 3503 VV RVG).

12 **2. Gerichtskosten.** Rechtsbeschwerden sind ua. aufgeführt in KV Nrn. 1230 ff., 1242 f., 1255 f., 1330 ff., 1628 f., 1820 ff., 2122 ff., 2242 f., 2362 ff. und 2441; vgl. im Einzelnen dort.

575 *Frist, Form und Begründung der Rechtsbeschwerde*

(1) [1]Die Rechtsbeschwerde ist binnen einer Notfrist von einem Monat nach Zustellung des Beschlusses durch Einreichen einer Beschwerdeschrift bei dem Rechtsbeschwerdegericht einzulegen. [2]Die Rechtsbeschwerdeschrift muss enthalten:
1. die Bezeichnung der Entscheidung, gegen die die Rechtsbeschwerde gerichtet wird und
2. die Erklärung, dass gegen diese Entscheidung Rechtsbeschwerde eingelegt werde.
[3]Mit der Rechtsbeschwerdeschrift soll eine Ausfertigung oder beglaubigte Abschrift der angefochtenen Entscheidung vorgelegt werden.

(2) [1]Die Rechtsbeschwerde ist, sofern die Beschwerdeschrift keine Begründung enthält, binnen einer Frist von einem Monat zu begründen. [2]Die Frist beginnt mit der Zustellung der angefochtenen Entscheidung. [3]§ 551 Abs. 2 Satz 5 und 6 gilt entsprechend.

(3) Die Begründung der Rechtsbeschwerde muss enthalten:
1. die Erklärung, inwieweit die Entscheidung des Beschwerdegerichts oder des Berufungsgerichts angefochten und deren Aufhebung beantragt werde (Rechtsbeschwerdeanträge),
2. in den Fällen des § 574 Abs. 1 Nr. 1 eine Darlegung zu den Zulässigkeitsvoraussetzungen des § 574 Abs. 2,
3. die Angabe der Rechtsbeschwerdegründe, und zwar
   a) die bestimmte Bezeichnung der Umstände, aus denen sich die Rechtsverletzung ergibt;
   b) soweit die Rechtsbeschwerde darauf gestützt wird, dass das Gesetz in Bezug auf das Verfahren verletzt sei, die Bezeichnung der Tatsachen, die den Mangel ergeben.

(4) [1]Die allgemeinen Vorschriften über die vorbereitenden Schriftsätze sind auch auf die Beschwerde- und die Begründungsschrift anzuwenden. [2]Die Beschwerde- und die Begründungsschrift sind der Gegenpartei zuzustellen.

(5) Die §§ 541 und 570 Abs. 1, 3 gelten entsprechend.

I. Normzweck

1 Die Bestimmung regelt Form und Frist der Einlegung und der Begründung der Rechtsbeschwerde. Die Regelung ist derjenigen für die Revision (§§ 548 bis 551) nachgebildet; das dort jeweils zu Rn. 1 Ausgeführte gilt hier entsprechend.

II. Einlegung der Rechtsbeschwerde (Absatz 1)

2 Abs. 1 überträgt im Wesentlichen die für die Einlegung der Revision geltenden Regelungen der §§ 548, 549 Abs. 1, 550 Abs. 1 auf die Rechtsbeschwerde. Das dort Ausgeführte gilt hier entsprechend. Eine Abweichung besteht insofern, als nach Abs. 1 S. 1 die Frist für die Einlegung der Rechtsbeschwerde nicht in Gang gesetzt wird, falls die Zustellung des angefochtenen Beschlusses unterbleibt oder unwirksam ist (vgl. § 548 letzter Halbs.). Ein Grund für diese unterschiedliche Regelung ist nicht ersichtlich. Das spricht dafür, § 548 im Hinblick auf die Fünfmonatsfrist entsprechend anzuwenden.

3 Die Rechtsbeschwerde ist stets bei dem Rechtsbeschwerdegericht (BGH, § 574 Rn. 1) einzulegen. Sie kann nur durch einen dort zugelassenen Rechtsanwalt eingelegt und begründet werden;[1] eine Ausnahme

---

26 BGH NJW 2003, 2910, 2911.
27 Amtl. Begr. des ZPO-RG, BT-Drucks. 14/4722, S. 116.
1 BGH NJW 2002, 2793; 2002, 2181 f.; 2003, 70; 2006, 1068, 1069.

gilt für den Bezirksrevisor für Rechtsbeschwerden nach §§ 574, 127 Abs. 3.[2] Eine Abhilfe durch das Gericht, gegen dessen Entscheidung sich die Rechtsbeschwerde richtet, ist ausgeschlossen.

III. Begründung der Rechtsbeschwerde (Absatz 2 und 3)

4 **1. Begründungserfordernis.** Ebenso wie für Berufung (§ 520) und Revision (§ 551) und anders als für die sofortige Beschwerde (§ 567, § 571 Abs. 1) statuiert § 575 für die Rechtsbeschwerde ein formalisiertes Begründungserfordernis, von dessen form- und fristgerechter Erfüllung die Zulässigkeit der Rechtsbeschwerde abhängt (§ 577 Abs. 1).

5 **2. Begründungsfrist (Abs. 2).** Abweichend von § 551 Abs. 2 S. 2 beträgt die Frist für die Begründung der Rechtsbeschwerde gemäß Abs. 2 S. 1 nur einen Monat. Sie beginnt mit der Zustellung der angefochtenen Entscheidung (Abs. 2 S. 2), läuft daher gleichzeitig mit der Frist zur Einlegung der Rechtsbeschwerde (Abs. 1 S. 1), kann aber anders als diese auf Antrag verlängert werden (Abs. 2 S. 3 iVm. § 551 Abs. 2 S. 5 und 6). Hinsichtlich der Fünfmonatsfrist ist auch hier eine entsprechende Anwendung der für die Revisionsbegründungsfrist geltenden Bestimmung (§ 551 Abs. 2 S. 3 Halbs. 2) geboten. Im Übrigen gilt das zu § 551 Rn. 4, § 520 Rn. 2 Ausgeführte hier entsprechend.

6 **3. Inhalt der Rechtsbeschwerdebegründung (Abs. 3).** Abs. 3 legt den notwendigen Inhalt der Rechtsbeschwerdebegründung im Wesentlichen übereinstimmend mit der für die Revisionsbegründung geltenden Vorschrift des § 551 Abs. 3 fest. Das dort zu Rn. 8 ff. Ausgeführte gilt hier entsprechend. Für die Fälle der gesetzlich vorgesehenen Rechtsbeschwerde (§ 574 Abs. 1 Nr. 1; s. dazu § 574 Rn. 5) verlangt Abs. 3 Nr. 2 darüber hinaus die Darlegung der Zulässigkeitsvoraussetzungen des § 574 Abs. 2, die das Rechtsbeschwerdegericht zu prüfen hat (§ 574 Rn. 6); hierfür gelten die gleichen Anforderungen wie für die Nichtzulassungsbeschwerde (§ 544 Rn. 17 ff.). Hat das Beschwerdegericht eine sofortige Beschwerde als unzulässig verworfen und zugleich deren Begründetheit verneint, müssen hinsichtlich beider Begründungen die Zulässigkeitsvoraussetzungen des Abs. 2 dargelegt werden.[3]

IV. Aufschiebende Wirkung (Absatz 5)

7 Die Rechtsbeschwerde hat ebenso wie sofortige Beschwerde (§ 567) nur dann aufschiebende Wirkung, wenn sie sich gegen die Festsetzung eines Zwangs- oder Ordnungsmittels richtet (Abs. 5 iVm. § 570 Abs. 1). In anderen Fällen kann das Rechtsbeschwerdegericht die Vollziehung der angefochtenen Entscheidung durch einstweilige Anordnung aussetzen (Abs. 5 iVm. § 570 Abs. 3).[4]

576 *Gründe der Rechtsbeschwerde*

(1) Die Rechtsbeschwerde kann nur darauf gestützt werden, dass die Entscheidung auf der Verletzung des Bundesrechts oder einer Vorschrift beruht, deren Geltungsbereich sich über den Bezirk eines Oberlandesgerichts hinaus erstreckt.

(2) Die Rechtsbeschwerde kann nicht darauf gestützt werden, dass das Gericht des ersten Rechtszuges seine Zuständigkeit zu Unrecht angenommen oder verneint hat.

(3) Die §§ 546, 547, 556 und 560 gelten entsprechend.

I. Normzweck

1 Die Bestimmung überträgt die für die Revision geltende Regelung des § 545 auf die Rechtsbeschwerde und gestaltet diese damit sowie durch die Verweisung in Abs. 3 revisionsähnlich aus. Abs. 1 beschränkt das Rechtsbeschwerdegericht auf eine Überprüfung der angefochtenen Entscheidung auf die Verletzung revisiblen Rechts (§ 545 Abs. 1). Eine erweiternde Auslegung des Abs. 1 kommt auch nicht deswegen in Betracht, weil in Fällen der Verletzung irrevisiblen Landesrechts eine Rechtsbeschwerde auch nicht zum OLG eingelegt werden kann (§§ 119, 133 GVG).[1] Abs. 1 schließt neues Vorbringen und neue Anträge im Rechtsbeschwerdeverfahren aus. Der Ausschluss der Zuständigkeitsprüfung (Abs. 2) bezweckt die Beschleunigung des Verfahrens und die Entlastung des Rechtsbeschwerdegerichts.

II. Prüfungsgegenstand der Rechtsbeschwerde (Absatz 1)

2 Abs. 1 beschränkt die Nachprüfung in der Rechtsbeschwerdeinstanz auf eine Verletzung revisiblen Rechts, die für die angefochtene Entscheidung ursächlich ist. Die Vorschrift stimmt inhaltlich mit der für die Revision geltenden Bestimmung des § 545 Abs. 1 überein. Das dort zu Rn. 2 ff. Ausgeführte gilt hier entsprechend.

III. Beschränkung der Zuständigkeitsprüfung (Absatz 2)

3 Ebenso wie in der Revisionsinstanz (§ 545 Abs. 2) soll die Frage der Zuständigkeit des Gerichts erster Instanz der Nachprüfung durch das Rechtsbeschwerdegericht entzogen sein. Abs. 2 stimmt inhaltlich mit § 545 Abs. 2 überein; das dort zu Rn. 12 ff. Ausgeführte gilt hier entsprechend.

---

[2] BGH NJW-RR 2005, 1237.
[3] BGH NJW-RR 2006, 1346.
[4] BGH NJW 2002, 1658; 2006, 3553, 3556; NJW-RR 2006, 332, 333.
[1] BGH NJW-RR 2004, 643.

IV. Ergänzende revisionsrechtliche Bestimmungen (Absatz 3)

Abs. 3 verweist auf weitere Vorschriften des Revisionsrechts, die die Nachprüfung der angefochtenen Entscheidung in der Revisionsinstanz regeln. Hiernach ist für den Begriff der Rechtsverletzung § 546 entsprechend anwendbar. Die absoluten Revisionsgründe des § 547 begründen auch für die Rechtsbeschwerde eine unwiderlegliche Vermutung der Entscheidungskausalität. Der Verlust des Rügerechts hinsichtlich zweitinstanzlicher Verfahrensfehler richtet sich nach § 556. An Feststellungen der Vorinstanz zum Bestehen und zum Inhalt irrevisiblen Rechts ist das Rechtsbeschwerdegericht entsprechend § 560 gebunden. 4

577 ***Prüfung und Entscheidung der Rechtsbeschwerde*** **(1) [1]Das Rechtsbeschwerdegericht hat von Amts wegen zu prüfen, ob die Rechtsbeschwerde an sich statthaft und ob sie in der gesetzlichen Form und Frist eingelegt und begründet ist. [2]Mangelt es an einem dieser Erfordernisse, so ist die Rechtsbeschwerde als unzulässig zu verwerfen.**

(2) [1]Der Prüfung des Rechtsbeschwerdegerichts unterliegen nur die von den Parteien gestellten Anträge. [2]Das Rechtsbeschwerdegericht ist an die geltend gemachten Rechtsbeschwerdegründe nicht gebunden. [3]Auf Verfahrensmängel, die nicht von Amts wegen zu berücksichtigen sind, darf die angefochtene Entscheidung nur geprüft werden, wenn die Mängel nach § 575 Abs. 3 und § 574 Abs. 4 Satz 2 gerügt worden sind. [4]§ 559 gilt entsprechend.

(3) Ergibt die Begründung der angefochtenen Entscheidung zwar eine Rechtsverletzung, stellt die Entscheidung selbst aber aus anderen Gründen sich als richtig dar, so ist die Rechtsbeschwerde zurückzuweisen.

(4) [1]Wird die Rechtsbeschwerde für begründet erachtet, ist die angefochtene Entscheidung aufzuheben und die Sache zur erneuten Entscheidung zurückzuverweisen. [2]§ 562 Abs. 2 gilt entsprechend. [3]Die Zurückverweisung kann an einen anderen Spruchkörper des Gerichts erfolgen, das die angefochtene Entscheidung erlassen hat. [4]Das Gericht, an das die Sache zurückverwiesen ist, hat die rechtliche Beurteilung, die der Aufhebung zugrunde liegt, auch seiner Entscheidung zugrunde zu legen.

(5) [1]Das Rechtsbeschwerdegericht hat in der Sache selbst zu entscheiden, wenn die Aufhebung der Entscheidung nur wegen Rechtsverletzung bei Anwendung des Rechts auf das festgestellte Sachverhältnis erfolgt und nach letzterem die Sache zur Endentscheidung reif ist. [2]§ 563 Abs. 4 gilt entsprechend.

(6) [1]Die Entscheidung über die Rechtsbeschwerde ergeht durch Beschluss. [2]§ 564 gilt entsprechend. [3]Im Übrigen kann von einer Begründung abgesehen werden, wenn sie nicht geeignet wäre, zur Klärung von Rechtsfragen grundsätzlicher Bedeutung, zur Fortbildung des Rechts oder zur Sicherung einer einheitlichen Rechtsprechung beizutragen.

I. Normzweck

Die Bestimmung überträgt in Abs. 1 bis 5 und Abs. 6 S. 2 die für die Revision geltenden Regelungen über die Prüfung und Entscheidung des Revisionsgerichts (§§ 552, 557, 559, 561 bis 564) auf die Rechtsbeschwerde. Die Regelung trägt dem revisionsähnlichen Charakter der Rechtsbeschwerde (§ 576) Rechnung. Für die Entscheidungsform knüpft Abs. 6 S. 1 dagegen an das Beschwerderecht (§ 572 Abs. 4) an. 1

II. Zulässigkeitsprüfung (Absatz 1)

Abs. 1 gestaltet die Prüfung der Zulässigkeit und die Entscheidung bei Unzulässigkeit der Rechtsbeschwerde in Übereinstimmung mit § 552 Abs. 1 aus. Das dort Ausgeführte gilt hier entsprechend. Ist mangels Sachverhaltsdarstellung in der Beschwerdeentscheidung nicht festellbar, ob die sofortige Beschwerde statthaft ist, so ist die Beschwerdeentscheidung von Amts wegen aufzuheben.[1] 2

III. Grenzen der Nachprüfung in der Rechtbeschwerdeinstanz (Absatz 2)

Abs. 2 S. 1 bis 3 begrenzt die Nachprüfung in der Rechtsbeschwerdeinstanz quantitativ und inhaltlich nach dem Vorbild der für Revisionsprüfung geltenden Bestimmung des § 557. Abs. 2 S. 4 schließt durch die Verweisung auf § 559 neuen Tatsachenvortrag grundsätzlich aus (§ 559 Abs. 1) und bindet das Rechtsbeschwerdegericht an die tatsächlichen Feststellungen der Vorinstanz (§ 559 Abs. 2).[2] Die Rechtsbeschwerde gegen einen Verwerfungsbeschluss kann daher nicht auf neue Tatsachen gestützt werden, die belegen sollen, dass die Berufungsbegründungsfrist gewahrt ist.[3] Das Rechtsbeschwerdegericht prüft in diesem Verfahren die Zulässigkeit der Berufung auch nicht von Amts wegen.[4] Das zu §§ 557, 559 Ausgeführte gilt hier entsprechend. 3

---

[1] BGH NJW-RR 2005, 916.
[2] BGHZ 156, 165, 167 = NJW 2004, 71; BGH NJW 2004, 367, 369; 2004, 3490, 3491.
[3] BGHZ 156, 165, 167 = NJW 2004, 71.
[4] BGH (Fn. 3).

IV. Zurückweisung der Rechtsbeschwerde (Absatz 3)

4 Die Vorschrift regelt durch Übernahme der für die Revision geltenden Bestimmung des § 561 einen speziellen Fall der Unbegründetheit der Rechtsbeschwerde. Diese ist als unbegründet zurückzuweisen, wenn die angefochtene Entscheidung revisibles Recht nicht verletzt oder nicht auf der Gesetzesverletzung beruht (§ 576 Abs. 1, Abs. 4 iVm. § 546) oder wenn rügebedürftige Verfahrensmängel (Abs. 2 S. 2, 3) nicht oder nicht ordnungsgemäß gerügt worden sind (§ 575 Abs. 3 Nr. 3 lit. b). Abs. 3 stellt darüber hinaus klar, dass die Rechtsbeschwerde auch dann unbegründet ist, wenn die angefochtene Entscheidung zwar auf einer Gesetzesverletzung beruht (§ 545 Rn. 11), sich aber im Ergebnis aus anderen als den in der angefochtenen Entscheidung angeführten Gründen als richtig erweist. Vgl. i. Ü. § 561 Rn. 2ff.

V. Aufhebung und Zurückverweisung (Absatz 4)

5 Abs. 4 überträgt die für die Revision geltende Regelung der §§ 562, 563 Abs. 1[5] und 2 auf die Rechtsbeschwerde. Das zu § 562 Rn. 2ff., § 563 Rn. 2 bis 17 gelten hier entsprechend.

VI. Ersetzende Entscheidung des Rechtsbeschwerdegerichts (Absatz 5)

6 Gemäß Abs. 5 hat das Rechtsbeschwerdegericht bei Endentscheidungsreife von einer Zurückverweisung (Abs. 4) abzusehen und stattdessen die nach Abs. 4 aufzuhebende Entscheidung der Vorinstanz durch eine eigene Entscheidung in der Sache zu ersetzen. Die Bestimmung entspricht der für die Revision geltenden Regelung in § 563 Abs. 3. In den Fällen des § 563 Abs. 4 steht es dem Rechtsbeschwerdegericht gemäß Abs. 5 S. 2 frei, ob es zurückverweisen oder selbst in der Sache entscheiden will. Vgl. i. Ü. § 563 Rn. 18ff.

VII. Entscheidung durch Beschluss (Absatz 6)

7 Gemäß Abs. 6 S. 1 entscheidet das Rechtsbeschwerdegericht durch zu begründenden Beschluss. Entbehrlich ist eine Begründung insoweit, als Verfahrensrügen, die keine absoluten Revisionsgründe (§ 547) zum Gegenstand haben, erfolglos bleiben (vgl. § 564 Rn. 2).

[5] AA BGHZ 160, 176, 185 = NJW 2004, 2976, 2979.

BUCH 4. WIEDERAUFNAHME DES VERFAHRENS

578 *Arten der Wiederaufnahme* **(1) Die Wiederaufnahme eines durch rechtskräftiges Endurteil geschlossenen Verfahrens kann durch Nichtigkeitsklage und durch Restitutionsklage erfolgen.**

(2) Werden beide Klagen von derselben Partei oder von verschiedenen Parteien erhoben, so ist die Verhandlung und Entscheidung über die Restitutionsklage bis zur rechtskräftigen Entscheidung über die Nichtigkeitsklage auszusetzen.

I. Normzweck

Mit der Wiederaufnahme des Verfahrens hat der Gesetzgeber ein Mittel geschaffen, um eine **Durchbrechung der Rechtskraft** in Fällen zu ermöglichen, in denen schwere Mängel des Verfahrens oder gravierende inhaltliche Fehler gegen den Bestand des Urteils sprechen. Die durch die Rechtskraft des Urteils bewirkte Rechtssicherheit und das dadurch geschaffene Vertrauen der durch das Urteil begünstigten Partei an den Bestand des rechtskräftigen Richterspruchs stellen schützenswerte, wichtige Rechtsgüter in unserer Rechtsordnung dar (§ 322 Rn. 1). Einschränkungen aus Gründen der Gerechtigkeit müssen deshalb auf sorgfältig ausgewählte und wohlfundierte **Ausnahmeregelungen** beschränkt werden. Der Gesetzgeber hat in den §§ 578ff. eine Reihe von Voraussetzungen aufgestellt, von deren Erfüllung es abhängt, ob im Rahmen der Wiederaufnahme des Verfahrens ein bereits rechtskräftig abgeschlossener Rechtsstreit erneut zur gerichtlichen Verhandlung und Entscheidung zugelassen wird. Manche der dadurch geschaffenen Hürden für eine Wiederaufnahme können durchaus rechtspolitische Bedenken hervorrufen. Der Rechtsanwender muss indes die Entscheidung des Gesetzgebers berücksichtigen, weil eine Überwindung der Diskrepanz zwischen Rechtssicherheit und Gerechtigkeit grundsätzlich dem Gesetzgeber vorbehalten bleiben muss. Diese Erkenntnis darf nicht unbeachtet bleiben, wenn im Einzelfall die Frage zu entscheiden ist, ob im Wege einer extensiven Auslegung oder Fortbildung des Rechts über die ausdrücklich geregelten Tatbestände hinaus eine rechtskräftige Entscheidung korrigiert werden darf. 1

II. Allgemeines

1. Inhalt und Funktion des Wiederaufnahmeverfahrens. Die Wiederaufnahme eines durch rechtskräftiges Endurteil abgeschlossenen Verfahrens kann durch zwei Klagen geschehen: durch die Nichtigkeitsklage und durch die Restitutionsklage (§ 578 Abs. 1). Während sich die **Nichtigkeitsklage** auf die Verletzung wichtiger Prozessvorschriften bezieht (vgl. § 579), betrifft die **Restitutionsklage** vor allem Fälle, in denen das Urteil und seine Grundlagen durch strafbare Handlungen verfälscht worden sind (vgl. § 580). Wenn auch das Ziel beider Klagen mit dem eines Rechtsmittels gegen das Urteil übereinstimmt, so handelt es sich doch bei ihnen nicht um **Rechtsmittel** im eigentlichen Sinn, weil sie weder Suspensiveffekt noch Devolutiveffekt aufweisen (s. dazu vor § 511 Rn. 1). Da die Wiederaufnahmeklagen die Durchbrechung der Rechtskraft des Urteils bezwecken, sind sie nicht statthaft, solange das Urteil noch nicht formelle Rechtskraft erlangt hat und noch mit Rechtsmitteln angefochten werden kann. 2

Im **Wiederaufnahmeverfahren** sind **drei Abschnitte** zu unterscheiden: Im ersten Abschnitt wird die Zulässigkeit der Wiederaufnahmeklage geprüft (vgl. Rn. 17, § 590 Rn. 1), und zwar kommt es nur darauf an, ob die formalen Voraussetzungen für eine Wiederaufnahme erfüllt werden (vgl. Rn. 15). Ob die Behauptungen des Klägers in Bezug auf den Wiederaufnahmegrund zutreffen, ist in einem zweiten Abschnitt, dem sog. **iudicium rescindens,** zu prüfen,[1] der sich bei Zulässigkeit der Klage anschließt und in dem über ihre Begründetheit zu befinden ist; insoweit ist darauf zu sehen, wie der erste Prozess vom Rechtsstandpunkt des früheren Richters bei Kenntnis des Wiederaufnahmegrundes zu entscheiden gewesen wäre[2]. Gelangt das Gericht auf dieser Grundlage zu dem Ergebnis, dass die Klage begründet ist, dann ist das angegriffene Urteil aufzuheben (vgl. Rn. 17). In diesem Fall wird in einem dritten Abschnitt, **iudicium rescissorium** genannt, über den durch das angefochtene Urteil entschiedenen Rechtsstreit neu befunden. Das Gericht kann das iudicium rescindens und das iudicium rescissorium zusammenfassen. 3

Ziel der Wiederaufnahmeklagen ist also die **rückwirkende**[3] Beseitigung des früheren Urteils. Auf Grund dieser rückwirkenden Aufhebung des (alten) Urteils bleibt der (alte) Rechtsstreit unerledigt, so dass er erneut verhandelt und durch Urteil abgeschlossen werden muss (§ 590 Rn. 4f.).[4] Der **Streitgegenstand** des (alten) Prozesses wird also rückwirkend wieder rechtshängig.[5] Ob neben diesen (alten) Streitgegenstand ein weiterer hinzutritt, der sich auf die Aufhebung des angegriffenen (alten) Urteils bezieht, wie dies von der hM angenommen wird,[6] stellt eine theoretische Frage dar, die hier keiner Entscheidung bedarf. Gelangt das Gericht zu dem Ergebnis, dass die Wiederaufnahmeklage zulässig ist und ein Wiederaufnahmegrund 4

---

[1] BGH NJW 2003, 3708, 3710

[2] BGH (Fn. 1).

[3] BGHZ 1, 153, 156 = NJW 1951, 361 (LS); BGHZ 18, 350, 357f. = NJW 1955, 1919; BGH NJW 1976, 1590, 1591; *Gilles* ZZP 78 (1965), 466, 467, 469; *St/J/Grunsky* Vorb. Rn. 28.

[4] *Zö/Greger* Vorb. Rn. 23.

[5] *Gilles* (Fn. 3) S. 469.

[6] *Gilles* (Fn. 3) S. 470; *Gaul,* Grundlagen des Wiederaufnahmerechts und die Ausdehnung der Wiederaufnahmegründe, 1956, S. 109; aA *Behre,* Der Streitgegenstand des Wiederaufnahmeverfahrens, 1968, S. 81ff.

besteht, dann kann es durch **Zwischenurteil** entscheiden, mit dem das durch die Wiederaufnahmeklage angegriffene rechtskräftige Urteil aufgehoben wird (Rn. 17);[7] die hM bejaht in entsprechender Anwendung des § 280 Abs. 2 die selbständige Anfechtbarkeit dieses Zwischenurteils (§ 590 Rn. 2). Zulässigkeit und Begründetheit der Wiederaufnahmeklage können aber auch **in den Gründen des Endurteils** ausgesprochen werden, das **zur Hauptsache,** also zur Entscheidung des (alten) Rechtsstreits ergeht (§ 590 Rn. 2).

5 **2. Geltendmachen von Wiederaufnahmegründen außerhalb des Wiederaufnahmeverfahrens.** In Ausnahme von dem durch § 559 Abs. 1 aufgestellten Grundsatz, dass der Beurteilung des Revisionsgerichts nur dasjenige Parteivorbringen unterliegt, das aus dem Tatbestand des Berufungsurteils oder dem Sitzungsprotokoll ersichtlich ist, lässt die Rechtsprechung die **Berücksichtigung neuer Tatsachen in der Revisionsinstanz** dann zu, wenn ihre Nichtbeachtung zu einem unrichtigen Urteil führen würde, das auf Grund einer Restitutionsklage aufzuheben wäre (§ 559 Rn. 8ff.).[8] Der **Widerruf von Bewirkungshandlungen** (zum Begriff Einl. Rn. 61), die grundsätzlich unwiderruflich sind, soweit der prozessuale Erfolg eingetreten ist, auf den sie zielen,[9] wird zugelassen, wenn die Prozesshandlung von einem Restitutionsgrund iSv. § 580 betroffen ist, auf Grund dessen das Urteil, das auf der Prozesshandlung beruht, mit der Wiederaufnahmeklage beseitigt werden könnte (Einl. Rn. 63).[10] Ob nach Rechtskraft des Urteils weiterhin der Widerruf in Betracht kommt[11] oder der Restitutionsgrund durch Klage geltend gemacht werden muss,[12] ist streitig.

6 **3. Verwandte Rechtsinstitute.** In der ZPO geregelte Rechtsinstitute, die in gleicher Weise wie die Wiederaufnahmeklagen zu einer Durchbrechung der Rechtskraft führen, stellen die **Wiedereinsetzung in den vorigen Stand** gegen die Versäumung von Rechtsmittelfristen gemäß §§ 233ff. (§ 233 Rn. 1), die **Anhörungsrüge** nach § 321 a (§ 321 a Rn. 2)und die **Abänderungsklage nach § 323** (§ 323 Rn. 3) dar. Durch richterrechtliche Ergänzung des in der ZPO enthaltenen Wiederaufnahmerechts ist in Fällen der Urteilserschleichung und der sittenwidrigen Urteilsausnutzung eine **Klage auf Grund** des **§ 826 BGB** zugelassen worden, die ebenfalls zu einer Rechtskraftdurchbrechung führt (§ 322 Rn. 91ff.).

7 Wird eine Partei durch eine gerichtliche Entscheidung in ihren Grundrechten oder in einem der in Artikel 20 Abs. 4, 33, 38, 101, 103 und 104 GG enthaltenen Rechte verletzt, dann kann sie **Verfassungsbeschwerde** zum Bundesverfassungsgericht erheben (Art. 93 Abs. 1 Nr. 4 a GG, §§ 13 Nr. 8 a, 90ff. BVerfGG). Insbesondere kann auf diese Weise die Verletzung des Anspruchs auf rechtliches Gehör (Art. 103 Abs. 1 GG; vgl. Einl. Rn. 28) und des Rechts auf den gesetzlichen Richter (Art. 101 Abs. 1 GG) gerügt werden. Nach § 90 Abs. 2 S. 1 BVerfGG kann die Verfassungsbeschwerde erst nach Erschöpfung des Rechtswegs erhoben werden (vgl. insbes. § 321 a). Dies fordert, dass der Beschwerdeführer **vor Anrufung des Bundesverfassungsgerichts** über die Erschöpfung des Rechtswegs im engeren Sinn hinaus alle sonstigen prozessualen Möglichkeiten ergreift, um eine Korrektur der geltend gemachten Verfassungsverletzung zu erwirken oder diese von vornherein zu verhindern.[13] Dazu zählt auch die Erhebung einer (statthaften) **Wiederaufnahmeklage.**[14] Die Verfassungsbeschwerde ist fristgebunden (vgl. § 93 Abs. 1 BVerfGG); eine Wiedereinsetzung in den vorigen Stand kann nach § 93 Abs. 2 BVerfGG gewährt werden.[15]

8 Durch die EMRK werden Garantien für ein rechtsstaatliches Gerichtsverfahren geschaffen, bei deren Verletzung der Europäische Gerichtshof für Menschenrechte mit der sog. **Menschenrechtsbeschwerde** angerufen werden kann. So ergibt sich aus der Menschenrechtskonvention der Grundsatz der Öffentlichkeit (Einl. Rn. 49ff.) und Mündlichkeit des Verfahrens (Einl. Rn. 45f.), der Beschleunigungsgrundsatz (Einl. Rn. 52) sowie der Justizgewährungsanspruch (Einl. Rn. 6ff.).[16] Die betroffene Partei muss sich mit ihrer Beschwerde, die erst nach Ausschöpfung des innerstaatlichen Instanzenzuges zulässig ist, an den Europäischen Gerichtshof für Menschenrechte wenden, der über die Annahme der Beschwerde zu befinden hat (vgl. auch § 580 Rn. 24).[17]

III. Verfahren

9 **1. Das Verhältnis der Wiederaufnahmeklagen zueinander.** Das Gesetz unterscheidet zwischen der Nichtigkeitsklage und der Restitutionsklage. Auch wenn der Gesetzgeber bei dieser Unterscheidung von überholten historischen Vorbildern geleitet worden ist[18] und deshalb die im Gesetz vollzogene Differenzierung

---

[7] BGH NJW 1979, 427, 428; 1993, 1928, 1930.

[8] BGH NJW 2003, 2088, 2089; MDR 2007, 600, 601; BAG NJW 2003, 308, 309; *Zö/Greger* Vorb. Rn. 16; aA MK/*Braun* Rn. 37; *ders.,* Rechtskraft und Restitution, 2. Teil, 1985, S. 423ff.

[9] *Musielak,* GK ZPO, Rn. 161.

[10] BGHZ 80, 389, 394 = NJW 1981, 2193; *St/J/Leipold* vor § 128 Rn. 226 m. weit. Nachw.

[11] So *Zö/Greger* Vorb. Rn. 15; *Ro/S/Go* § 65 Rn. 45 m. weit. Nachw.

[12] So MK/*Braun* Rn. 38ff.

[13] BVerfGE 81, 22, 27 = NVwZ 1990, 551 m. weit. Nachw.

[14] BVerfGE 34, 204; BVerfG NJW 1992, 496; 1992, 1030; 1993, 3256, 3257; *St/J/Grunsky* Vorb. Rn. 46; einschr. (keine Wiederaufnahmeklage, wenn ihre Voraussetzungen weiter gehen als die einer Verfassungsbeschwerde) BayVerfGH NJW 1994, 2280, 2281; vgl. auch BayVerfGH NJW 1998, 1136: Das Wiederaufnahmeverfahren ist nicht Teil des Rechtswegs iSv. Art. 51 Abs. 2 BayVfGHG. Vgl. zum Ganzen *Gaul* Festschr. f. Schumann, 2001, S. 89.

[15] Zum Verfahren im Einzelnen *Pestalozza,* Verfassungsprozessrecht, 3. Aufl. 1991; *Zuck,* Das Recht der Verfassungsbeschwerde, 2. Aufl. 1988; *Schumann,* Verfassungs- und Menschenrechtsbeschwerde gegen richterliche Entscheidungen, 1963.

[16] Dazu und zu weiteren prozessualen Rechten *Schumann,* Festschr. f. K. H. Schwab, 1990, S. 449, 451ff.

[17] Zum weiteren Verfahren vgl. *Meyer-Ladewig* NJW 1995, 2813, 2815f.; *St/J/Grunsky* Vorb. Rn. 57f.

[18] MK/*Braun* Rn. 1ff.

der Sache nach als nicht gerechtfertigt erscheint, muss doch die gesetzliche Entscheidung beachtet und jeder dieser Klagen ein eigenständiger Charakter zuerkannt werden.[19] Daraus folgt, dass der **Übergang von einer zur anderen Wiederaufnahmeklage** eine Klageänderung darstellt,[20] dass die **rechtskräftige Abweisung einer Wiederaufnahmeklage** der einen Art der Erhebung einer Wiederaufnahmeklage der anderen Art nicht entgegensteht[21] und dass die **in § 578 Abs. 2 getroffene Anordnung,** bei Erhebung beider Klagen die Restitutionsklage bis zur rechtskräftigen Entscheidung der Nichtigkeitsklage auszusetzen, zwingend zu beachten ist und nicht dem Ermessen des Gerichts überlassen bleibt.[22]

2. Anfechtbare Entscheidungen. Die Wiederaufnahmeklagen können gegen formell **rechtskräftige Endurteile jeder Instanz** gerichtet werden, ohne dass es auf die Art des Endurteils ankommt. Wiederaufnahmeklagen sind somit gegen **Prozessurteile,**[23] **Verzichts- und Anerkenntnisurteile** und Versäumnisurteile[24] statthaft. Auch gegen ein Scheidungsurteil ist zu Lebzeiten beider Ehegatten[25] die Wiederaufnahme zulässig;[26] dies gilt grundsätzlich auch nach Wiederheirat eines der Ehegatten.[27] Die Wiederaufnahme kann in entsprechender Anwendung des § 629a Abs. 2 auf Folgesachen beschränkt werden,[28] während die Wiederaufnahmeklage gegen das Scheidungsurteil (ohne die Möglichkeit der Beschränkung) stets auch die Folgesachen erfasst.[29] 10

Bei **Vorbehalts- und Zwischenurteilen,** die hinsichtlich der Rechtsmittel Endurteilen gleichgestellt sind (§§ 280 Abs. 2, 302 Abs. 3, 304 Abs. 2, 599 Abs. 3), ist zu unterscheiden: Ist das Nachverfahren noch nicht abgeschlossen, dann ist der Wiederaufnahmegrund im anhängigen Verfahren geltend zu machen.[30] Ist das **Nachverfahren** bereits **beendet** worden, ist das Wiederaufnahmeverfahren nach § 583 gegen das Urteil zu richten, das das Nachverfahren rechtskräftig beendet hat.[31] Eine Ausnahme gilt nur dann, wenn das Nachverfahren noch in einer niedrigeren Instanz anhängig ist als das Vorbehalts- oder Zwischenverfahren oder das Verfahren über den Grund. In diesen Fällen muss die Wiederaufnahmeklage gegen das Vorbehalts- oder Zwischenurteil zugelassen werden, um zu vermeiden, dass im Widerspruch zum Instanzenzug das untere Gericht über das vom Obergericht erlassene Urteil entscheidet.[32] 11

Die Wiederaufnahmeklage kann auch gegen einen **Vollstreckungsbescheid** (vgl. § 584 Abs. 2) und gegen die **Eintragung in die Tabelle** (vgl. § 178 Abs. 3 InsO)[33] erhoben werden. Entsprechend dem Rechtsgedanken des § 99 Abs. 1 ist ein auf die **Kostenentscheidung** beschränktes Wiederaufnahmeverfahren unzulässig.[34] Für Schiedssprüche ist die Regelung des § 1059 zu beachten. 12

Gegen formell rechtskräftige (unanfechtbare) **Beschlüsse** (§ 329 Rn. 17), die das Verfahren beenden, eröffnet zu Recht die hM[35] in analoger Anwendung der §§ 578ff. das Wiederaufnahmeverfahren (vgl. Rn. 18), so zB gegen Beschlüsse, durch die nach § 522 Abs. 1[36] oder § 552[37] ein Rechtsmittel als unzulässig verworfen wird oder die einen Schiedsspruch gemäß §§ 1060f. für vollstreckbar erklären.[38] Ferner ist die Wiederaufnahme statthaft gegen rechtskräftige Beschlüsse in streiterledigenden Verfahren der freiwilligen Gerichtsbarkeit, so zB gegen den Beschluss über einen öffentlich-rechtlichen oder schuldrechtlichen Versorgungsausgleich.[39] Ob auch gegen einen **im Zwangsversteigerungsverfahren ergangenen Zuschlagsbeschluss** die Wiederaufnahme des Verfahrens zugelassen werden kann, ist streitig. Die ablehnende Auffassung beruft sich auf ein besonderes Bedürfnis nach Rechtssicherheit[40] und die Notwendigkeit eines besonderen Vertrauensschutzes.[41] Jedoch werden Rechtssicherheit und Vertrauensschutz, die durch die 13

[19] *Zö/Greger* Rn. 1; aA MK/*Braun* Rn. 32.
[20] *Zö/Greger* Rn. 2; *Ro/S/Go* § 160 Rn. 26; *Behre* (Fn. 6) S. 38; aA MK/*Braun* Rn. 33; *St/J/Grunsky* Rn. 12, § 588 Rn. 3.
[21] *Behre* (Fn. 6) S. 37f., 43.
[22] So ganz hM, aA MK/*Braun* Rn. 32.
[23] *Zö/Greger* Vorb. Rn. 9; *St/J/Grunsky* Rn. 1 mit dem Hinweis darauf, dass jedoch das Rechtsschutzbedürfnis fehlen kann, wenn bei einem erstinstanzlichen Prozessurteil die Klage unter Vermeidung des Zulässigkeitsmangels ohne weiteres wiederholt werden kann.
[24] KG NJW-RR 1987, 1215; OLG Oldenburg NJW-RR 1989, 446.
[25] BGHZ 43, 239, 241ff. = NJW 1965, 1274 (Die Wiederaufnahme des Verfahrens in Ehesachen ist nach dem Tode eines Ehegatten nicht zulässig).
[26] BGHZ 84, 24 = NJW 1982, 2449; *St/J/Grunsky* Rn. 4.
[27] MK/*Braun* Rn. 16; einschränkend OLG Frankfurt FamRZ 1978, 922, 923.
[28] *Zö/Greger* Vorb. Rn..10.
[29] *St/J/Grunsky* Rn. 6.
[30] BGH LM Nr. 6 = NJW 1963, 587 (LS); *Gilles* (Fn. 3) S. 483ff.; *Ro/S/Go* § 158 Rn. 12; *T/P/Reichold* Rn. 1; vgl. auch BGH LM § 304 Nr. 12 (Bl. 57 R).
[31] *Gilles* (Fn. 3) S. 487; *Pohle* MDR 1960, 129, 130; *St/J/Grunsky* Rn. 8.
[32] *Gilles* (Fn. 3) S. 488; *Wilts* NJW 1963, 1532, 1533; *St/J/Grunsky* Rn. 7.
[33] *St/J/Grunsky* Vorb. Rn. 37 zu der vergleichbaren Regelung des früheren Rechts. Zur Geltung der Vorschriften der §§ 578ff. für das Insolvenzverfahren: BGH FamRZ 2006, 552 (LS).
[34] BGH (Fn. 25) S. 244f.
[35] BVerfG NJW 1993, 3256, 3257; BGH MDR 2006, 1422; BFH NJW 1992, 1062, 1063; BAG NJW 1991, 1252, 1253; 1995, 2125; *St/J/Grunsky* Vorb. Rn. 40.
[36] BGH WM 1980, 1350, 1351 (zu 519b aF); MDR 2007, 600, 601.
[37] BGH NJW 1983, 883 (zu § 554a aF).
[38] *Ro/S/Go* § 158 Rn. 17.
[39] BGH NJW 1984, 438, 439; 1984, 2364, 2365; vgl. auch OLG Düsseldorf ZEV 2001, 285 (Nachlasssachen).
[40] OLG Stuttgart NJW 1976, 1324; OLG Köln Rpfleger 1997, 34, 35.
[41] OLG Köln Rpfleger 1975, 406.

Rechtskraft geschützt werden, in jedem Wiederaufnahmeverfahren in Frage gestellt (Rn. 1). Insoweit kann deshalb für einen Zuschlagsbeschluss im Zwangsversteigerungsverfahren nichts anderes gelten als für andere rechtskräftige Entscheidungen. Deshalb werden die §§ 578ff. von der überwiegenden Auffassung zu Recht auch analog auf Zuschlagsbeschlüsse in Zwangsversteigerungsverfahren angewendet.[42] Die Vorschriften über die Wiederaufnahme des Verfahrens sind entsprechend in Verfahren über Anträge auf gerichtliche Entscheidung in Zulassungssachen nach **§§ 37ff. BRAO** heranzuziehen, und deshalb ist ein Wiederaufnahmeantrag statthaft, der sich gegen einen in diesem Verfahren ergangenen Beschluss richtet.[43]

14 **3. Zulässigkeitsvoraussetzungen.** Die Zulässigkeit der Wiederaufnahmeklagen hängt von der Erfüllung der **allgemeinen** (vor § 253 Rn. 4f.) und der besonderen (Rn. 15) **Prozessvoraussetzungen** ab; das Gericht hat **von Amts wegen zu prüfen,** ob diesen Anforderungen genügt wird (§ 589 Rn. 1). Die ausschließliche sachliche und örtliche **Zuständigkeit** ist in § 584 geregelt. Nach allgemeiner Auffassung bildet auch die **Beschwer des Klägers** durch das angegriffene Urteil eine Zulässigkeitsvoraussetzung.[44] Um dieses Erfordernis zu begründen, muss nicht auf eine angebliche Ähnlichkeit der Wiederaufnahmeklagen mit einem Rechtsmittel verwiesen werden; vielmehr fehlt regelmäßig dem Kläger das Rechtsschutzbedürfnis für eine Wiederaufnahmeklage, wenn ihm durch das Urteil das zugesprochen worden ist, was er begehrt hat. In Ausnahmefällen kann sich die Rechtslage jedoch auch anders darstellen,[45] so zB bei der Restitutionsklage gegen ein rechtskräftiges Urteil über die Vaterschaft (vgl. § 641i Abs. 2).

15 **Besondere Zulässigkeitsvoraussetzungen** für die Wiederaufnahme des Verfahrens bilden
- die Rechtskraft des angegriffenen Urteils (Rn. 2),
- die schlüssige Behauptung eines Wiederaufnahmegrundes iSv. §§ 579, 580 (§ 579 Rn. 9; § 580 Rn. 26), wobei nach § 581 die strafrechtliche Verurteilung in den Fällen des § 580 Nr. 1 bis 5 eine zusätzliche Zulässigkeitsvoraussetzung darstellt,
- die Unmöglichkeit, den Nichtigkeitsgrund in den Fällen des § 579 Abs. 1 Nr. 1 und 3 (§ 579 Rn. 11) oder den Restitutionsgrund im früheren Verfahren durch ein Rechtsmittel geltend zu machen (§ 582 Rn. 2ff.),
- die Beachtung der Klagefristen nach § 586 und
- der ordnungsgemäße Inhalt der Klageschrift (§ 587 Rn. 1).

Schließlich ist die Wiederaufnahmeklage als unzulässig abzuweisen, wenn der Wiederaufnahmekläger den **Verzicht** auf die Nichtigkeits- oder Restitutionsklage erklärt hat. Dieser Verzicht kann schon vor Urteilserlass ausgesprochen werden.[46] Allerdings ist zu verlangen, dass die verzichtende Partei den Wiederaufnahmegrund kennt und durch ihren Verzicht zum Ausdruck bringt, dass sie trotzdem den Bestand des Urteils hinnehmen will.

16 **4. Parteien.** Die Parteien des Wiederaufnahmeverfahrens sind regelmäßig die Parteien des Vorprozesses. Dies gilt grundsätzlich auch im Fall einer **Sonderrechtsnachfolge.** Nach dem Rechtsgedanken des § 265 Abs. 2 ist die Wiederaufnahmeklage sowohl durch den Rechtsvorgänger wie auch gegen ihn zu erheben.[47] Etwas anderes gilt nur in den Fällen des § 266 und wenn beide Parteien des Vorprozesses der Klageerhebung des Rechtsnachfolgers zustimmen oder bei einer Klage gegen den Rechtsnachfolger dieser und sein Rechtsvorgänger einwilligen.[48] Bei einer notwendigen **Streitgenossenschaft** im Vorprozess muss die Wiederaufnahmeklage nach dem Rechtsgedanken des § 62 Abs. 2 von allen und gegen alle Streitgenossen erhoben werden.[49] Bei einer einfachen Streitgenossenschaft im Vorprozess sind dagegen nur die Streitgenossen aktiv und passiv legitimiert, bei denen der Wiederaufnahmegrund besteht.[50] Auch der **Nebenintervenient** kann eine Wiederaufnahmeklage erheben, und zwar auch dann, wenn er erst mit Erhebung der Wiederaufnahmeklage beitritt.[51] Bei einer **Gesamtrechtsnachfolge** tritt der Rechtsnachfolger an die Stelle der Partei im Vorprozess.[52] In Ehesachen ist jedoch nach dem Tode eines Ehegatten die Wiederaufnahme unzulässig (Rn. 10, § 579 Rn. 6).

17 **5. Urteil im Wiederaufnahmeverfahren.** Wird die **Zulässigkeit** der Wiederaufnahmeklage **verneint,** dann wird sie durch Endurteil als unzulässig verworfen (§ 589 Abs. 1 S. 2). Gelangt das Gericht zu dem Ergebnis, dass die Wiederaufnahmeklage zulässig ist und dass der **Wiederaufnahmegrund besteht,** dann kann das angegriffene Urteil durch Zwischenurteil nach § 303 aufgehoben werden.[53] Die Zulässigkeit und Begründetheit der Wiederaufnahmeklage kann jedoch auch in dem Urteil ausgesprochen werden, durch das über den alten Rechtsstreit entschieden wird (Rn. 4,). Bejaht das Gericht zwar die Zulässigkeit der Wiederaufnahmeklage, **verneint** es aber den geltend gemachten **Wiederaufnahmegrund,** dann ist die Wiederaufnahmeklage durch Endurteil als unbegründet abzuweisen. Die Verwerfung der Wiederaufnahmeklage als

---

[42] OLG Hamm Rpfleger 1978, 422 m. zust. Anm. v. *Kirberger;* OLG Oldenburg NJW-RR 1991, 61, 62; *Braun* NJW 1976, 1923. Vgl. auch OLG Braunschweig OLGZ 1974, 51, 52 (zur Wiederaufnahme des Verfahrens bei einem die Zuschlagsbeschwerde zurückweisenden Beschluss).

[43] BGHZ 125, 288 = NJW 1994, 2751; BGH BRAKMitt. 1997, 254.

[44] BGHZ 39, 179, 180f. = NJW 1963, 1353; *Zö/Greger* Vorb. Rn. 3.

[45] BGH (Fn. 44).

[46] *St/J/Grunsky* Vorb. Rn. 41; *Zö/Greger* Vorb. Rn. 2; aA *B/L/H* Vorb. Rn. 19.

[47] *Zö/Greger* Vorb. Rn. 5; *Ro/S/Go* § 160 Rn. 22; vgl. auch BGHZ 29, 329, 330f. = NJW 1959, 939.

[48] MK/*Braun* Rn. 27; *Ro/S/Go* (Fn. 47).

[49] OLG Hamm FamRZ 1996, 558.

[50] *Zö/Greger* Vorb. Rn. 4.

[51] MK/*Braun* Rn. 28; *Zö/Greger* Vorb. Rn. 6; *St/J/Grunsky* Rn. 10; aA *Windel* ZZP 104 (1991), 321, 344f.

[52] *St/J/Grunsky* Rn. 10.

[53] BGH NJW 1993, 1928, 1929.

unzulässig steht einer **neuen Klage** nicht entgegen, die den (bisherigen) Unzulässigkeitsgrund vermeidet und innerhalb der Fristen des § 586 erhoben wird. Wird die Wiederaufnahmeklage als unbegründet abgewiesen, dann kann der Kläger eine neue Wiederaufnahmeklage nur auf einen anderen Anfechtungsgrund stützen, wobei es auf den konkret geltend gemachten Grund als solchen, nicht auf den abstrakten Anfechtungsstatbestand ankommt.[54]

6. Entscheidung durch Beschluss. Wird die Wiederaufnahme des Verfahrens gegen einen Beschluss (Rn. 13) betrieben, dann tritt an Stelle der Klage ein Antrag, über dessen Zulässigkeit und Begründetheit durch Beschluss entschieden wird.[55] Ob auch bei sog. **urteilsersetzenden Beschlüssen** (§§ 91a Abs. 1, 522 Abs. 1, 2, 552) ein Beschlussverfahren durchzuführen ist oder ob in einem regulären Urteilsverfahren entschieden werden muss, ist streitig.[56] Der BGH misst dieser Frage offensichtlich keine Bedeutung zu und entscheidet über urteilsersetzende Beschlüsse im Wiederaufnahmeverfahren bald durch Beschluss,[57] bald durch Urteil.[58] Es kann jedoch nicht dem Ermessen des Richters überlassen bleiben, welches Verfahren und welche Entscheidungsform er wählt. Vielmehr ist eine einheitliche Regelung im Interesse der Rechtssicherheit geboten. Dabei sind Differenzierungen im Verfahren nur dann zuzulassen, wenn sie aus zwingenden Gründen vorgenommen werden müssen. Als ein solcher Grund kann nicht allein die Möglichkeit angesehen werden, die in Beschlussform erlassene Entscheidung gegebenenfalls auch durch Urteil zu treffen. Es ist deshalb der hM zuzustimmen, die Wiederaufnahme bei Beschlüssen stets im Beschlussverfahren mit fakultativer mündlicher Verhandlung zu betreiben (§ 128 Abs. 4). 18

IV. Gebühren und Kosten

1. Rechtsanwaltsgebühren. Der Anwalt erhält die Gebühren gemäß der Nrn. 3100ff. VV RVG. Bei Verfahren vor dem Rechtsmittelgericht sind Nrn. 3200ff. und 3206ff. VV RVG anwendbar.[59] 19

2. Gerichtskosten. Es gelten die allgemeinen Bestimmungen für das Prozessverfahren in KV Teil 1, Hauptabschnitt 2. Die Vorschriften über das erstinstanzliche Prozessverfahren, das Berufungs- oder Revisionsverfahren sind einschlägig, je nachdem, vor welchem Gericht das Wiederaufnahmeverfahren durchgeführt wird, § 584. Solange die Wiederaufnahmeklagen beider Parteien nicht zu einem Verfahren verbunden werden, liegen auch gebührenrechtlich zwei Verfahren vor. 20

579 *Nichtigkeitsklage* (1) Die Nichtigkeitsklage findet statt:

1. wenn das erkennende Gericht nicht vorschriftsmäßig besetzt war;
2. wenn ein Richter bei der Entscheidung mitgewirkt hat, der von der Ausübung des Richteramts kraft Gesetzes ausgeschlossen war, sofern nicht dieses Hindernis mittels eines Ablehnungsgesuchs oder eines Rechtsmittels ohne Erfolg geltend gemacht ist;
3. wenn bei der Entscheidung ein Richter mitgewirkt hat, obgleich er wegen Besorgnis der Befangenheit abgelehnt und das Ablehnungsgesuch für begründet erklärt war;
4. wenn eine Partei in dem Verfahren nicht nach Vorschrift der Gesetze vertreten war, sofern sie nicht die Prozessführung ausdrücklich oder stillschweigend genehmigt hat.

(2) In den Fällen der Nummern 1, 3 findet die Klage nicht statt, wenn die Nichtigkeit mittels eines Rechtsmittels geltend gemacht werden konnte.

I. Normzweck

Mit der Nichtigkeitsklage kann die Verletzung wichtiger Verfahrensvorschriften geltend gemacht werden. Ein Urteil, bei dessen Erlass die in § 579 Abs. 1 beschriebenen Verfahrensfehler begangen worden sind, soll auf Betreiben der betroffenen Partei aufgehoben werden, ohne dass es auf die fast durchweg nicht sicher zu beantwortende Frage ankommt, ob sich die Verfahrensmängel auf den Inhalt des Urteils ausgewirkt haben. Insoweit gelten gleiche Erwägungen wie für die Vorschrift des § 547, deren Nr. 1 bis 4 fast wörtlich mit den Nichtigkeitsgründen des § 579 übereinstimmen (s. a. § 547 Rn. 3–9). 1

II. Nichtigkeitsgründe

1. Nummer 1. Entsprechen die nach § 21g Abs. 2 GVG aufgestellten Mitwirkungsgrundsätze nicht den aus dieser Vorschrift abzuleitenden Anforderungen,[1] bei deren Interpretation der verfassungsrechtlich fundierte Anspruch auf den gesetzlichen Richter (Art. 101 Abs. 1 S. 2 GG) zu beachten ist,[2] dann kann dies zu einer nicht vorschriftsmäßigen Besetzung des Gerichts führen und eine Nichtigkeitsklage nach § 579 Abs. 1 Nr. 1 begründen. Jedoch genügt insoweit nicht jeder Fehler bei der Bestimmung der mitwirkenden Gerichtspersonen, sondern ein Nichtigkeitsgrund ist erst dann zu bejahen, wenn es sich um eine **offensichtlich** 2

---

[54] *Zö/Greger* Vorb. Rn. 25.
[55] BFH BB 1979, 1705; BAG (Fn. 35); *St/J/Grunsky* Vorb. Rn. 38; *Ro/S/Go* § 160 Rn. 1.
[56] Für ein Beschlussverfahren auch in diesen Fällen die hM; vgl. die in Fn. 55 Zitierten; OLG Köln VersR 1997, 341; aA *Zö/Greger* § 585 Rn. 15.
[57] BGH NJW 1995, 335 (obwohl Klage erhoben worden war).
[58] BGH NJW 1995, 332; ebenso BGH (Fn. 37).
[59] *G/S-Madert* VV Vor. 3.2.1 Rn. 95.
[1] Vgl. MK/*Wolf* § 21g GVG Rn. 3ff. m. Nachw.
[2] BVerfGE 95, 322, 328ff. = NJW 1997, 1497; vgl. auch BGHVGS NJW 1994, 1735; BGH NJW 1999, 796.

schwere Gesetzesverletzung handelt, die auf einer **nicht mehr hinnehmbaren Rechtsansicht** und damit letztlich auf objektiver Willkür **beruht.**[3] § 579 Abs. 1 Nr. 1 ist in seinem Wortlaut identisch mit § 547 Nr. 1. Es kann deshalb zum weiteren Verständnis dieses Nichtigkeitsgrundes auf die Ausführungen zu § 547 Nr. 1 verwiesen werden (§ 547 Rn. 3–6). Zum Vorrang eines Rechtsmittels gegenüber einer Nichtigkeitsklage vgl. Rn. 11.

3 **2. Nummer 2.** Diese Vorschrift stimmt inhaltlich mit § 547 Nr. 2 überein, so dass auf die Kommentierung des § 547 verwiesen werden kann (§ 547 Rn. 7). Sie ist entsprechend auf den Rechtspfleger (vgl. § 10 S. 1 RPflG) beim Erlass eines Vollstreckungsbescheides (§ 699) anwendbar.[4] Die Nichtigkeitsklage kann nicht auf § 579 Abs. 1 Nr. 2 gestützt werden, wenn der Verstoß gegen § 41 bereits erfolglos durch ein Ablehnungsgesuch oder durch ein Rechtsmittel geltend gemacht worden ist. Zu der streitigen Frage, ob die Partei die Wahl hat, vor Rechtskraft des Urteils ein Rechtsmittel einzulegen oder nach Eintritt der Rechtskraft die Nichtigkeitsklage zu erheben, vgl. Rn. 11.

4 **3. Nummer 3.** Es kommt darauf an, dass ein Ablehnungsgesuch gestellt und für begründet erklärt worden ist. Ein erfolglos gebliebenes Ablehnungsgesuch kann ebenso wenig einen Nichtigkeitsgrund ergeben wie ein zwar vorhandener Ablehnungsgrund, ohne dass ein Ablehnungsgesuch gestellt worden ist.[5] Die Nichtigkeitsklage ist ausgeschlossen, wenn die Mitwirkung des erfolgreich abgelehnten Richters durch ein Rechtsmittel hätte geltend gemacht werden können (§ 579 Abs. 2). Wegen weiterer Einzelheiten wird auf die Kommentierung der wortgleichen Vorschrift des § 547 Nr. 3 verwiesen (§ 547 Rn. 8).

5 **4. Nummer 4.** Der Nichtigkeitsgrund nicht ordnungsgemäßer Vertretung im Verfahren stimmt wortgleich mit dem absoluten Revisionsgrund des § 547 Nr. 4 überein, auf dessen Kommentierung verwiesen wird (§ 547 Rn. 9–11). Die Vertretung der Partei ist nicht ordnungsgemäß, wenn eine prozessunfähige Partei überhaupt nicht oder nicht durch ihren gesetzlichen Vertreter vertreten wird.[6] Erklärt eine prozessunfähige Partei, die in einem Rechtsstreit für prozessfähig gehalten wurde, einen Rechtsmittelverzicht oder nimmt sie ein Rechtsmittel zurück, dann wird das Urteil rechtskräftig und kann nur mit der Nichtigkeitsklage beseitigt werden.[7] Fällt die **Prozessfähigkeit** erst im Laufe des Verfahrens weg, dann bildet dies keinen Nichtigkeitsgrund, wenn die Partei durch einen Prozessbevollmächtigten vertreten wird, dem sie Vollmacht erteilt hatte, als sie noch prozessfähig gewesen ist.[8] Gleiches gilt, wenn eine im Prozess durch einen Bevollmächtigten wirksam vertretene Partei stirbt; in diesem Fall sind die schutzwürdigen Interessen der Erben hinreichend gewahrt.[9] Das Fehlen einer gültigen **Prozessvollmacht** führt dagegen zu einer nicht ordnungsgemäßen Vertretung.[10] Ein Mangel der Prozessvollmacht ist jedoch nicht gegeben, wenn der ordnungsgemäß bevollmächtigte Rechtsanwalt der ersten Instanz im Rahmen der ihm erteilten Vollmacht (vgl. § 81) einem Rechtsanwalt für die Rechtsmittelinstanz Vollmacht erteilt.[11] Wird während eines Prozesses das **Insolvenzverfahren** über das Vermögen einer Partei eröffnet und trotz der dadurch bewirkten Unterbrechung des Verfahrens (§ 240) der Prozess gegen den Gemeinschuldner fortgesetzt, dann ist wegen fehlender Mitwirkung des allein prozessführungsbefugten Insolvenzverwalters ein Fall nicht vorschriftsmäßiger Vertretung gegeben.[12] Wird jedoch die Klageforderung vom Insolvenzverwalter freigegeben und damit der Gemeinschuldner wieder prozessführungsbefugt, dann kann in der Fortsetzung des Prozesses durch den Gemeinschuldner die stillschweigende Genehmigung der fehlerhaften Prozessführung liegen.[13] Auch in anderen Fällen fehlender **Prozessführungsbefugnis** etwa bei unzulässiger Prozessstandschaft ist § 579 Abs. 1 Nr. 4 anwendbar.[14]

6 Ergeht ein **Urteil gegen** eine **nicht existierende Partei,** dann ist dieses Urteil wirkungslos (§ 300 Rn. 5), so dass eine Nichtigkeitsklage nicht in Betracht kommt.[15] Dagegen ist ein Urteil, das gegen einen **Parteiunfähigen** ergeht, nicht nichtig. Sofern ein Rechtsschutzinteresse zu bejahen ist, kann die fehlende Parteifähigkeit mit der Nichtigkeitsklage geltend gemacht werden, weil der nicht Parteifähige regelmäßig „nicht nach Vorschrift der Gesetze vertreten war".[16] Ist dagegen im Vorprozess die Parteifähigkeit ausdrücklich bejaht worden, dann kommt eine Nichtigkeitsklage nicht in Betracht (Rn. 10).[17] Eine Wiederaufnahme des Verfahrens in Ehesachen ist nach dem Tod eines Ehegatten ausgeschlossen (§ 578 Rn. 16 aE).[18]

---

[3] BGH NJW 1995, 332, 335; vgl. auch BFH NJW 1992, 1062, 1063; MDR 1992, 830 m. Anm. v. *Felix;* aA *Sangmeister* NJW 1998, 721, 727f.

[4] *St/J/Grunsky* Rn. 4; *Zö/Greger* Rn. 3.

[5] BGH NJW 1981, 1273, 1274.

[6] VGH Mannheim NVwZ-RR 1996, 539.

[7] BGH FamRZ 1958, 58.

[8] *St/J/Grunsky* Rn. 6; MK/*Braun* Rn. 11.

[9] OLG Schleswig MDR 1986, 154.

[10] BVerfG NJW 1998, 745; OLG Oldenburg NJW-RR 1989, 446, 447; OLG Köln VersR 1997, 341, 342; *Zö/Greger* Rn. 6; *St/J/Grunsky* Rn. 6; differenzierend MK/*Braun* Rn. 11; aA *Henckel,* Prozessrecht und materielles Recht, 1969, S. 79; ausf. *Abel,* Zur Nichtigkeitsklage wegen Mängeln der Vertretung im Zivilprozess, 1995, S. 64ff.

[11] OLG Schleswig SchlHA 1949, 130.

[12] BGH MDR 1967, 565; *Zi* Rn. 2.

[13] BGH (Fn. 7).

[14] *Berger,* Die subjektiven Grenzen der Rechtskraft bei der Prozessstandschaft, 1992, S. 180ff.; *St/J/Grunsky* Rn. 6.

[15] *Zö/Greger* Rn. 6.

[16] So auch MK/*Braun* Rn. 16; *Zö/Greger* Rn. 6; nach aA soll bei fehlender Parteifähigkeit die Klage auf eine analoge Anwendung des § 579 Abs. 1 Nr. 4 gestützt werden; vgl. BGH JZ 1959, 127; *Ro/S/Go* § 43 Rn. 48; abl. demgegenüber *Lindacher* JZ 1989, 377.

[17] BGH (Fn. 16).

[18] OLG Zweibrücken MDR 2005, 96

Bei Beantwortung der Frage, ob ein **Verstoß gegen Zustellungsvorschriften** eine Nichtigkeitsklage zu rechtfertigen vermag, ist zu unterscheiden: Ist die Klageschrift **nicht ordnungsgemäß** zugestellt worden und deshalb die Rechtshängigkeit nicht eingetreten, dann ist ein dennoch ergehendes Urteil wirksam und erwächst in Rechtskraft (§ 300 Rn. 5). Die betroffene Partei ist in einem solchen Verfahren nicht gesetzmäßig vertreten, so dass eine Nichtigkeitsklage auf § 579 Abs. 1 Nr. 4 gestützt werden kann.[19] Ist die Klageschrift **öffentlich zugestellt** worden, obwohl die Voraussetzungen dafür nicht erfüllt worden sind, dann kann das diese Klage zusprechende (wirksame) Urteil nicht mit der Nichtigkeitsklage angegriffen werden.[20] Dies gilt selbst dann, wenn der Gegner der öffentliche Zustellung durch falsche Angaben arglistig erschlichen hat.[21] Dabei ist zu berücksichtigen, dass eine unter Verstoß gegen § 185 angeordnete öffentliche Zustellung nach der Rechtsprechung des BGH[22] die Zustellungsfiktion des § 188 nicht auslöst und damit keine Frist in Lauf setzt, wenn die öffentliche Zustellung bei sorgfältiger Prüfung der Unterlagen nicht hätte angeordnet werden dürfen, somit deren Fehlerhaftigkeit also erkennbar war. Weil in einem solchen Fall das Verfahren nicht zu einem Abschluss kommt und deshalb bei Entdeckung des Fehlers fortgesetzt werden muss, ohne dass es insoweit einer Wiedereinsetzung bedarf, fehlt bereits die Grundlage für eine Nichtigkeitsklage. In anderen Fällen bleibt nur, einen Antrag auf Wiedereinsetzung in den vorigen Stand zu stellen, um einen Einspruch bei Erlass eines Versäumnisurteils[23] oder ein Rechtsmittel gegen ein ergangenes kontradiktorisches Urteil einlegen zu können, wobei allerdings die Frist des § 234 Abs. 3 beachtet werden muss, oder bei Erfüllung der Voraussetzungen eine Restitutionsklage nach § 580 Nr. 4 oder eine Klage nach § 826 BGB (vgl. § 322 Rn. 91. ff.)[24], als letztes Mittel die Verfassungsbeschwerde (Art. 93 Abs. 1 Nr. 4a GG, §§ 13 Nr. 8a, 90ff. BVerfGG). Die streitige Frage, ob bei **Verletzung des rechtlichen Gehörs** eine Nichtigkeitsklage in Analogie zu § 579 Abs. 1 Nr. 4 statthaft ist[25], hat wesentlich an praktischer Bedeutung durch die Neufassung des § 321a verloren. Die **fehlende Postulationsfähigkeit** ist nicht geeignet, eine Nichtigkeitsklage auf § 579 Abs. 1 Nr. 4 zu stützen.[26] 7

Die Nichtigkeitsklage nach § 579 Abs. 1 Nr. 4 kann nur von der Partei erhoben werden, die in dem vorangegangenen Verfahren nicht ordnungsgemäß vertreten war.[27] Nach dem Normzweck der Vorschrift (Rn. 1) darf es nicht zugelassen werden, dass eine Partei nur deshalb den Bestand des Urteils in Frage stellen kann, weil die **Gegenpartei nicht gesetzmäßig vertreten** war und deshalb der Prozess Mängel aufwies, die nicht sie, sondern den Gegner betrafen. 8

III. Verfahren

1. Zulässigkeit. Der Kläger muss schlüssig Tatsachen behaupten, die geeignet erscheinen, einen Verfahrensmangel iSv. § 579 darzutun (§ 578 Rn. 15).[28] Werden solche Tatsachen nicht vorgetragen, dann ist die Klage als unzulässig zu verwerfen (§ 589 Abs. 1 S. 2).[29] Das Gericht hat **von Amts wegen zu prüfen,** ob die Behauptungen des Klägers zutreffen (§ 585 Rn. 3).[30] Dabei ist das Gericht an ein Geständnis (§ 288) oder ein Nichtbestreiten durch den Beklagten (s. dazu § 138 Rn. 12ff.) nicht gebunden; ebenso ist ein Anerkenntnis (§ 307) ausgeschlossen.[31] Vielmehr sind Geständnis und Anerkenntnis vom Gericht frei zu würdigen (§ 585 Rn. 3).[32] Misslingt die Feststellung eines Nichtigkeitsgrundes durch das Gericht, dann ist die Klage als unbegründet abzuweisen. 9

Dass eine Nichtigkeitsklage **nicht** dazu dienen kann, die **ausdrückliche Entscheidung des Gerichts** im Vorprozess zu **korrigieren,** ergibt sich aus dem Gesetz nur für die Fälle der Mitwirkung eines ausgeschlossenen und eines abgelehnten Richters (§ 579 Abs. 1 Nr. 2 und 3). Denn ist das Ablehnungsgesuch oder ein Rechtsmittel gegen die Mitwirkung eines ausgeschlossenen Richters erfolglos geblieben oder wurde das Ablehnungsgesuch wegen Besorgnis der Befangenheit für nicht begründet erklärt, dann kann die Partei nicht mit der Nichtigkeitsklage ihre gegensätzliche Auffassung durchsetzen. Aber auch für die beiden weiteren Nichtigkeitsgründe der nicht vorschriftsmäßigen Besetzung des Gerichts und der nicht ordnungsgemäßen Vertretung der Partei muss Gleiches gelten und der allgemeine Grundsatz aufgestellt werden, dass 10

---

[19] KG NJW-RR 1987, 1215, 1216.

[20] BGH NJW 2007, 303; OLG Frankfurt NJW 1957, 307; *St/J/Grunsky* Rn. 6; *Zö/Greger* Rn. 6; aA OLG Hamm MDR 1979, 766; MK/*Braun* Rn. 19; *Fischer* ZZP 107 (1994), 163, 179; *Waldner,* Aktuelle Probleme des rechtlichen Gehörs, Erlanger Diss. 1983, S. 54.

[21] BGHZ 153, 189, 194 = NJW 2003, 1326 = JZ 2003, 903 m. krit Anm. v. *Braun.*. Das Gericht weist zutreffend darauf hin, dass jedoch eine Restitutionsklage gemäß § 580 Nr. 4 in Betracht kommen kann, wenn im Erschleichen der Zustellung ein Prozessbetrug zu finden ist; vgl auch. *Gaul* JZ 2003, 1088, 1089ff.

[22] BGHZ 149, 312, 321 = NJW 2002, 827; BGH (Fn. 20) m. weit. Nachw.

[23] LG Konstanz NJW-RR 1990, 320.

[24] BGHZ (Fn. 21) S. 198.

[25] Dafür *Braun* NJW 1984, 348; *Abel* (Fn. 10) S. 83ff., 119; abl. BGHZ (Fn. 21); BAGE 73, 378, 382ff. = NZA 1994, 957.

[26] BAG NJW 1991, 1252, 1253; OLG Frankfurt/M OLGR 1994, 211, 212.

[27] BGHZ 63, 78 = NJW 1974, 2283; BGH FamRZ 1988, 1158, 1159; OVG Münster NVwZ 1995, 95; *St/J/Grunsky* Rn. 7, jeweils m. weit. Nachw.; aA OLG Schleswig NJW 1959, 200; *Henckel* (Fn. 10) S. 105 Fn. 176.

[28] BGH NJW 1993, 1596; BFH (Fn. 3).

[29] AK-ZPO/*Gräulich* Rn. 4.

[30] MK/*Braun* Rn. 2; *St/J/Grunsky* Rn. 13.

[31] *St/J/Grunsky* Rn. 13.

[32] *T/P/Reichold* Rn. 4.

eine **Nichtigkeitsklage nicht statthaft** ist, wenn der **Nichtigkeitsgrund in dem Vorprozess** ausdrücklich durch Zwischenurteil oder in den Gründen des Endurteils **verneint** worden ist.[33] Die Gegenauffassung muss das unhaltbare Ergebnis hinnehmen, dass über manche Nichtigkeitsgründe nie eine endgültige Entscheidung ergeht, weil auch das im Wiederaufnahmeverfahren ergangene Urteil erneut mit der Nichtigkeitsklage angegriffen werden könnte.[34]

11 **2. Subsidiarität (Abs. 2).** In den Fällen des § 579 Abs. 1 Nr. 1 und 3 ist die Nichtigkeitsklage nicht statthaft, wenn der Kläger den Mangel mittels eines Rechtsmittels hätte geltend machen können. Über den Wortlaut der Vorschrift hinaus wird nach allgemeiner Meinung zu Recht verlangt, dass dieses Unterlassen auf einem **Verschulden des Klägers** beruht.[35] Wenn auch der Einspruch gegen ein Versäumnisurteil nicht zu den Rechtsmitteln zu zählen ist (§ 338 Rn. 1), muss doch nach dem Sinn der Regelung auch die schuldhafte Versäumung des Einspruchs gegen ein Versäumnisurteil als Hinderungsgrund für eine Nichtigkeitsklage angesehen werden.[36] Das Gleiche gilt für die Anhörungsrüge nach § 321 a.[37] Nicht zu folgen ist der Auffassung, dass eine Nichtigkeitsklage zulässig sei, obwohl der Kläger einen Antrag auf **Wiedereinsetzung in den vorigen Stand** wegen Versäumung der Frist nach §§ 339, 517 oder 548 stellen kann oder gestellt hat, und erst bei Erfolg des Antrags die Nichtigkeitsklage unzulässig werde.[38] In gleicher Weise wie bei der Restitutionsklage (§ 582) wirkt sich die durch § 579 Abs. 2 angeordnete Subsidiarität der Nichtigkeitsklage dahingehend aus, dass der Kläger im früheren Verfahren alle ihm zur Verfügung stehenden prozessualen Möglichkeiten ausschöpfen muss, ehe er eine Wiederaufnahmeklage erheben darf (vgl. auch § 582 Rn. 2). Hat der Kläger erfolglos ein Rechtsmittel, einen Einspruch oder eine Anhörungsrüge eingelegt, dann kann er nicht mit der Nichtigkeitsklage die ablehnende Entscheidung korrigieren (Rn. 10).[39] Für die Fälle des **§ 579 Abs. 1 Nr. 2 und 4 wird keine Subsidiarität der Nichtigkeitsklage** durch § 579 Abs. 2 angeordnet. Diese Entscheidung des Gesetzgebers muss auch für die Fälle des Abs. 1 Nr. 2 akzeptiert und eine analoge Anwendung des Abs. 2 abgelehnt werden.[40] Die Partei hat folglich bei Nichtigkeitsgründen nach § 579 Abs. 1 Nr. 2 und 4 die Wahl, ob sie vor Rechtskraft des Urteils das zulässige Rechtsmittel einlegen oder nach Eintritt der Rechtskraft Nichtigkeitsklage erheben will;[41] auch in diesen Fällen ist der Einspruch einem Rechtsmittel gleichzustellen.[42]

IV. Gebühren und Kosten

12 Vgl. § 578 Rn. 19 f.

580 *Restitutionsklage* Die Restitutionsklage findet statt:

1. wenn der Gegner durch Beeidigung einer Aussage, auf die das Urteil gegründet ist, sich einer vorsätzlichen oder fahrlässigen Verletzung der Eidespflicht schuldig gemacht hat;
2. wenn eine Urkunde, auf die das Urteil gegründet ist, fälschlich angefertigt oder verfälscht war;
3. wenn bei einem Zeugnis oder Gutachten, auf welches das Urteil gegründet ist, der Zeuge oder Sachverständige sich einer strafbaren Verletzung der Wahrheitspflicht schuldig gemacht hat;
4. wenn das Urteil von dem Vertreter der Partei oder von dem Gegner oder dessen Vertreter durch eine in Beziehung auf den Rechtsstreit verübte Straftat erwirkt ist;
5. wenn ein Richter bei dem Urteil mitgewirkt hat, der sich in Beziehung auf den Rechtsstreit einer strafbaren Verletzung seiner Amtspflichten gegen die Partei schuldig gemacht hat;
6. wenn das Urteil eines ordentlichen Gerichts, eines früheren Sondergerichts oder eines Verwaltungsgerichts, auf welches das Urteil gegründet ist, durch ein anderes rechtskräftiges Urteil aufgehoben ist;
7. wenn die Partei
a) ein in derselben Sache erlassenes, früher rechtskräftig gewordenes Urteil oder
b) eine andere Urkunde auffindet oder zu benutzen in den Stand gesetzt wird, die eine ihr günstigere Entscheidung herbeigeführt haben würde.
8. wenn der Europäische Gerichtshof für Menschenrechte eine Verletzung der Europäischen Konvention zum Schutz der Menschenrechte und Grundfreiheiten oder ihrer Protokolle festgestellt hat und das Urteil auf dieser Verletzung beruht.

---

[33] BFH NJW 1999, 2391, 2392; BSG MDR 1965, 518; *Gaul*, Festschr. f. Kralik, 1986, S. 157, 158 f., 165; MK/*Braun* Rn. 14; *St/J/Grunsky* Rn. 2, 10; AK-ZPO/*Gräulich* Rn. 3; *Zö/Greger* Rn. 5; *Ro/S/Go* § 159 Rn. 8; aA BGHZ 84, 24, 27 ff. = NJW 1982, 2449 (für den Fall des § 579 Abs. 1 Nr. 4); VGH Mannheim (Fn. 6); *T/P/Reichold* Rn. 2; *Zi* Rn. 2.
[34] *St/J/Grunsky* Rn. 2, 10.
[35] MK/*Braun* Rn. 5; *Zö/Greger* Rn. 11.
[36] *St/J/Grunsky* Rn. 11; *Zö/Greger* Rn. 11; *T/P/Reichold* Rn. 3; *Zi* Rn. 4; *Ro/S/Go* § 159 Rn. 7; aA LG Konstanz MDR 1989, 827; *B/L/H* Rn. 22.
[37] *T/P/Reichold* Rn. 3.
[38] OLG Oldenburg NJW-RR 1989, 446, 447.
[39] *Zö/Greger* Rn. 11; *St/J/Grunsky* Rn. 11.
[40] *Gaul* (Fn. 33) S. 167; *Zö/Greger* Rn. 12; aA MK/*Braun* Rn. 7; *St/J/Grunsky* Rn. 12.
[41] BGH ZIP 2007, 144, 145; KG (Fn. 19); OLG Oldenburg (Fn. 38), jeweils zu § 579 Abs. 1 Nr. 4; AK-ZPO/*Gräulich* Rn. 28.
[42] AA LG Konstanz NJW-RR 1990, 320.

I. Normzweck

Die Fälle, in denen die Restitutionsklage zugelassen wird, stimmen darin überein, dass bei ihnen die **Urteilsgrundlagen** in einer Weise **erschüttert** worden sind, dass es nicht gerechtfertigt werden kann, die betroffene Partei zu zwingen, an dem Urteil festzuhalten.[1] Die durch die Rechtskraft geschützte Rechtssicherheit und damit auch das Vertrauen der durch die Entscheidung begünstigten Partei an den Bestand (§ 322 Rn. 1) muss in diesen Fällen hinter der Gerechtigkeit und Billigkeit zurücktreten (§ 578 Rn. 1). In der amtlichen Begründung[2] ist die Restitutionsklage auf Grund des § 580 Nr. 1 bis 5 als notwendige Folge der strafbaren Handlung bezeichnet worden, auf der das Urteil beruht. Die Urteilsgrundlagen werden ebenfalls erschüttert, wenn sie sich auf ein anderes Urteil stützen, das aufgehoben wird (Nr. 6), oder wenn eine Urkunde verfügbar wird, die eine der betroffenen Partei günstige Entscheidung herbeigeführt haben würde (Nr. 7b). Ist in derselben Sache bereits ein rechtskräftiges Urteil ergangen, dann steht das zweite Urteil im Widerspruch zu der materiellen Rechtskraft des ersten (§ 322 Rn. 15); wird das zweite Urteil wieder beseitigt, so dient dies dem Schutz der Rechtskraft des ersten. Nr. 8 ist mit Wirkung vom 31. 12. 2006 durch das 2. JuMoG eingefügt worden, um auf diese Weise der Verpflichtung eines Konventionstaates nachzukommen, die Verletzung abzustellen und für die Folgen Ersatz zu leisten (vgl. dazu Rn. 24). 1

Die Frage, ob alle in § 580 genannten Restitutionsgründe auf einer **einheitlichen Grundlage** beruhen, ist Gegenstand eines Meinungsstreits. Überwiegend wird angenommen, das übereinstimmende Charakteristikum aller Restitutionsgründe bilde ihre Fundierung auf Beweismittel, die angesichts ihrer besonderen tatsächlichen oder gesetzlichen Beweiskraft zu einer Evidenz der Erschütterung der Urteilsgrundlagen führten.[3] Nach anderer Auffassung soll dagegen bei diesen Gründen zwischen einer Verfahrensfehler- und einer Ergebnisfehlerrestitution differenziert werden.[4] Aus dieser unterschiedlichen Sicht der Restitutionsgründe ergeben sich durchaus Folgen für ihre Interpretation und insbesondere für ihre Analogiefähigkeit; hierauf wird noch eingegangen werden. 2

II. Kausalität der Restitutionsgründe

1. Die Fälle des § 586 Nr. 1 bis 5. Das gemeinsame Kriterium bildet die strafbare Handlung, die auf die Urteilsgrundlagen einwirkt. Aus diesem Zusammenhang ergibt sich das **Erfordernis der Kausalität** zwischen der strafbaren Handlung und dem Urteil; dies gilt ebenso für Nr. 5, auch wenn es dort – anders als bei den übrigen Restitutionsgründen – nicht ausdrücklich bestimmt wird.[5] Die Kausalität zwischen dem aufzuhebenden Urteil und der Straftat ist bereits zu bejahen, wenn nicht auszuschließen ist, dass ohne den Restitutionsgrund das Urteil einen anderen Inhalt aufweisen würde.[6] Die Frage, wie ohne den Mangel tatsächlich zu entscheiden ist, lässt sich erst nach Aufhebung des Urteils bei Neuentscheidung (§ 578 Rn. 3) beantworten.[7] Für diese Auffassung spricht, dass es sich bei den Restitutionsgründen der Nummern 1 bis 5 schon ihrem Wortlaut nach um Verfahrensmängel handelt, die in gleicher Weise wie bei der Nichtigkeitsklage unabhängig von einem erkennbaren Einfluss auf den Inhalt des Urteils zu dessen Aufhebung führen (§ 579 Rn. 1).[8] Die erforderliche Kausalität besteht lediglich dann nicht, wenn das verfälschte Beweismittel offensichtlich für die Entscheidung keine Rolle gespielt hat, zB wenn der Richter in den Entscheidungsgründen dargelegt hat, dass er dem verfälschten Beweismittel nicht folgen werde oder dass er seine Überzeugung auf andere Beweismittel stütze.[9] Bezieht sich die Kausalität nur auf abgrenzbare Teile des Urteils (vgl. dazu § 301 Rn. 3ff.), dann kann die Restitutionsklage auch nur gegen diesen Teil gerichtet werden.[10] 3

2. Die Fälle des § 580 Nr. 6 und 7. Das Kausalitätserfordernis bei **Nr. 6** ergibt sich bereits aus dem Gesetzeswortlaut. Durch die rechtskräftige Aufhebung der früheren Entscheidung muss das mit der Restitutionsklage angegriffene Urteil seine Stütze verlieren (Rn. 12);[11] davon ist auszugehen, wenn die **Tatsachenfeststellung** oder die **rechtliche Bewertung** im angegriffenen Urteil durch die aufgehobene Entscheidung beeinflusst worden ist.[12] Dagegen ist es nicht erforderlich, dass sich bindende Wirkungen zB auf Grund der materiellen Rechtskraft aus der aufgehobenen Entscheidung für das angegriffene Urteil ergeben haben.[13] Vielmehr genügt, dass sich die Beweiswürdigung des angegriffenen Urteils auf das aufgehobene stützt.[14] Der erforderliche Ursachenzusammenhang besteht nicht, wenn nicht das präjudizielle Urteil, sondern eine in anderer Sache ergangene Entscheidung aufgehoben wird, in der sich eine gleich lautende Begründung wie in dem 4

---

[1] Vgl. BGHZ 38, 333, 336f. = NJW 1963, 715; BGHZ 103, 121, 125f. = NJW 1988, 1914.
[2] Mat. II 1 S. 380 (zu § 519).
[3] *Gaul,* Die Grundlagen des Wiederaufnahmerechts und die Ausdehnung der Wiederaufnahmegründe, 1956, S. 83ff.
[4] *Braun,* Rechtskraft und Restitution, 2. Teil, 1985, S. 30ff., 250ff.
[5] So bereits klarstellend die amtliche Begründung (Fn. 2).
[6] *St/J/Grunsky* Rn. 3; *Ro/S/Go* § 159 Rn. 10.
[7] MK/*Braun* Rn. 13.
[8] Vgl. MK/*Braun* Rn. 8ff.; *St/J/Grunsky* Rn. 3.
[9] MK/*Braun* Rn. 14.
[10] KG NJW 1976, 1356, 1357 (das Gericht vertritt die Auffassung, dass im Falle des § 580 Nr. 5 stets das gesamte Urteil vom Restitutionsgrund erfasst und deshalb aufgehoben werden müsse); *St/J/Grunsky* Rn. 3.
[11] BGH VersR 1984, 453, 455; BGHZ 103 (Fn. 1); BGH NJW-RR 1994, 894. BAG NJW 2003, 2849, 2852.
[12] *St/J/Grunsky* Rn. 21; *T/P/Reichold* Rn. 10.
[13] AllgM; vgl. nur KG OLGZ 1969, 114, 121.
[14] BGH VersR 1984, 453, 455; BGH NJW-RR 1994, 894, 895.

präjudiziellen Urteil findet.[15] Ebenso fehlt es an dem Ursachenzusammenhang, wenn die Parteien wechselseitige Ansprüche in selbständigen Parallelverfahren verfolgen und eines von ihnen in der Revision aufgehoben wird, während das andere in Rechtskraft erwächst.[16]

5 Auch in den Fällen der **Nr.** 7 wird bereits durch den Wortlaut des Gesetzes die Notwendigkeit eines Ursachenzusammenhangs zwischen dem Restitutionsgrund und dem Inhalt des Urteils betont. Denn es wird verlangt, dass das **früher rechtskräftig gewordene Urteil** oder die **benutzbar gewordene Urkunde** eine der Partei **günstigere Entscheidung herbeigeführt haben würde.** Allerdings darf man diese Forderung nicht wörtlich nehmen, weil die Frage, ob tatsächlich eine andere Entscheidung im früheren Prozess gefällt worden wäre, regelmäßig im Nachhinein nicht mehr sicher beantwortet werden kann und deshalb die endgültige Antwort der Neuverhandlung im Wiederaufnahmeverfahren nach Aufhebung des angegriffenen Urteils vorbehalten bleiben muss (vgl. dazu § 578 Rn. 3). Deshalb muss es genügen, dass die durch die Urkunde bewiesene **Tatsache im früheren Verfahren entscheidungserheblich** gewesen wäre.[17] Auf das Kausalitätserfordernis kann es nicht entscheidend ankommen, wenn das mit der Restitutionsklage angegriffene Urteil denselben Streitgegenstand des früher rechtskräftig gewordenen Urteils betrifft und deshalb im Widerspruch zur materiellen Rechtskraft dieses Urteils erlassen worden ist (§ 322 Rn. 15). In diesem Fall kann es nur um die Bereinigung eines rechtswidrigen Zustandes gehen (Rn. 13).

III. Restitutionsgründe

6 **1. Nummer 1.** Dieser Restitutionsgrund betrifft die vorsätzliche oder fahrlässige **Verletzung der Eidespflicht,** wie sie nach §§ 154, 163 StGB unter Strafe gestellt wird. Die **eidesgleiche Bekräftigung iSv. § 484** ist dem Eid gleichgestellt (vgl. § 484 Abs. 1 S. 2, und § 155 Nr. 1 StGB). Es genügt, dass das mit der Restitutionsklage angegriffene Urteil auf der eidlichen Aussage beruht; nicht erforderlich ist es, dass die Beeidigung auch in dem Verfahren vorgenommen wurde, in dem dieses Urteil ergangen ist.[18] Für § 580 Nr. 1 ist es ausreichend, dass sich die Verletzung der Eidespflicht auf Teile oder Nebenpunkte der Aussage bezieht.[19] Eine **falsche Versicherung an Eides statt** (§ 156 StGB) fällt nicht unter Nr. 1, sondern unter Nr. 4.

7 **2. Nummer 2.** Es handelt sich hier um die Fälle der **Urkundenfälschung** iSv. §§ 267 ff. StGB unter Einbeziehung der **Urkundenunterdrückung** nach § 274 StGB.[20] Unerheblich ist es, wer die Fälschung vorgenommen hat und ob die Partei, die die Urkunde vorlegte, die Fälschung kannte.[21] Auf die Urkunde ist das Urteil auch dann „gegründet", wenn die Urkunde lediglich im Rahmen eines Indizienbeweises Bedeutung erlangte[22] oder wenn lediglich Teile von ihr verfälscht wurden.[23] Auf die **inhaltliche Richtigkeit** kommt es für die Zulässigkeit und Begründetheit der Restitutionsklage nicht an; sie spielt lediglich bei der Neuverhandlung nach Beseitigung des Urteils eine Rolle (s. Rn. 3).[24]

8 **3. Nummer 3.** Die strafbare **Verletzung der Eidespflicht durch Zeugen oder Sachverständige** (§§ 153 bis 156, 163 StGB) wird von § 580 Nr. 3 erfasst, also auch die vorsätzlich oder fahrlässig falsche **Versicherung an Eides statt.**[25] Dagegen genügt nicht die fahrlässig gemachte, unbeeidigt gebliebene Falschaussage, da sie nicht strafbar ist. Gleiches gilt für ein lediglich objektiv unrichtiges Sachverständigengutachten.[26] Da auch der **Dolmetscher** als Sachverständiger anzusehen ist (§ 191 GVG), ergibt auch die unter den Dolmetschereid (§ 189 GVG) fallende falsche Übersetzung einen Wiederaufnahmegrund.[27] In gleicher Weise wie in den Fällen der Nr. 1 kommt es nicht darauf an, ob die Wahrheitspflicht in dem Verfahren verletzt worden ist, in dem das angegriffene Urteil erging.[28] Ebenfalls ist nicht zwischen wesentlichen und unwesentlichen Punkten der Aussage oder des Gutachtens zu unterscheiden. Erforderlich ist nur, dass das Urteil auf das Zeugnis oder Gutachten „gegründet" ist. Diesem Kausalitätserfordernis wird genügt, wenn Zeugnis oder Gutachten gegebenenfalls auch erst im Zusammenhang mit anderen Beweisen oder auf Grund des Inhalts der Verhandlung für die Überzeugungsbildung des Richters (§ 286) Bedeutung hat.[29] Auf die inhaltliche Unrichtigkeit kommt es dagegen nicht an (Rn. 3).[30] § 580 Nr. 3 kann nicht ausdehnend auf **Falschaussagen anderer Personen** als Zeugen oder Sachverständige angewendet werden.[31]

9 **4. Nummer 4.** Als Straftat, durch die das angegriffene Urteil erwirkt ist, kommt **jedes nach dem StGB unter Strafe gestellte Verhalten** der Gegenpartei oder ihres Vertreters sowie des Vertreters der Partei selbst

---

[15] BFH/NV 1986, 164 (mit dem Hinweis, dass dies auch dann gilt, wenn das BVerfG mit Gesetzeskraft gemäß § 31 Abs. 2 BVerfGG in der anderen Sache entschieden hat).
[16] BGH NJW-RR 1994, 894.
[17] VGH Mannheim NVwZ 1995, 1006, 1007; vgl. auch KG (Fn. 13).
[18] *St/J/Grunsky* Rn. 8.
[19] AK-ZPO/*Gräulich* Rn. 13.
[20] Entsprechende Anwendung: MK/*Braun* Rn. 18; *St/J/Grunsky* Rn. 9; aA Zö/*Greger* Rn. 9.
[21] Zö/*Greger* Rn. 9; AK-ZPO/*Gräulich* Rn. 14.
[22] *St/J/Grunsky* Rn. 9.
[23] *St/J/Grunsky* Rn. 9.
[24] MK/*Braun* Rn. 17.
[25] Zö/*Greger* Rn. 10.
[26] BVerwG NJW 1961, 235 f.
[27] *St/J/Grunsky* Rn. 10.
[28] RGZ 143, 46, 47; vgl. auch OLG Hamm NJW-RR 1999, 1298 (LS).
[29] AK-ZPO/*Gräulich* Rn. 17.
[30] OGH NJW 1950, 105, 106.
[31] OVG Koblenz RdL 1974, 333, 334.

in Betracht. Straftaten eines Dritten fallen dagegen nicht unter § 580 Nr. 4. Der Betrug durch **Täuschung des Gerichts** steht dem Betrug durch Täuschung des Gegners gleich. Wird zB die Partei infolge einer Täuschungshandlung dazu bestimmt, dass sie ein Versäumnisurteil gegen sich ergehen lässt, dass sie den gegen sie geltend gemachten Anspruch anerkennt (§ 307) oder auf ihren Anspruch verzichtet (§ 306), dann ist eine Restitutionsklage nur statthaft, wenn sie nicht durch Einspruch, durch Einlegung eines Rechtsmittels oder durch Antrag auf Wiedereinsetzung in den vorigen Stand eine Korrektur des Urteils erreichen kann (§ 582 Rn. 2).[32] **Weitere unter § 580 Nr. 4 fallende Fälle** sind die falsche Versicherung an Eides statt (Rn. 6) und das Erschleichen der öffentlichen Zustellung, wenn dadurch § 263 StGB verwirklicht wird.[33] In nicht vermögensrechtlichen Streitigkeiten kann dies nicht der Fall sein, da § 263 StGB einen Vermögensschaden voraussetzt und die Verfahrenskosten, die die unterliegende Partei zu tragen hat, einen solchen Schaden nicht darstellen.[34]

Da **Vollstreckungsbescheide** einem Versäumnisurteil gleichstehen (§ 700 Abs. 1; vgl. auch § 584 Abs. 2), 10
können auch sie Gegenstand eines Wiederaufnahmeverfahrens sein (§ 578 Rn. 12) und demgemäß nach Eintritt ihrer Rechtskraft mit der Restitutionsklage auf Grund des § 580 Nr. 4 angegriffen werden, wenn sie durch eine Straftat erwirkt worden sind. Allerdings muss berücksichtigt werden, dass der Rechtspfleger im Mahnverfahren nicht die Schlüssigkeit des Parteivorbringens zu prüfen hat und deshalb regelmäßig falsche Angaben des Antragstellers einen im Sinne des § 263 StGB relevanten Irrtum nicht erregen können.[35] Ein Betrug kann aber vom Antragsteller dann begangen werden, wenn er bewusst wahrheitswidrig die Erfüllung von Voraussetzungen für den Erlass eines Mahnbescheides im Mahnantrag nennt, zB einen Anspruch behauptet, von dem er weiß, dass er ihm nicht zusteht,[36] oder fälschlicherweise die Unanwendbarkeit der Vorschriften über Verbraucherdarlehen (§§ 491 bis 504 BGB) bejaht.[37]

5. Nummer 5. Nur eine strafbare Verletzung der richterlichen Amtspflichten (vgl. §§ 331 ff. StGB), nicht 11
auch Verstöße, die im Rahmen des Disziplinarrechts zu ahnden sind, kommen in Betracht.[38] Auch wenn die strafbare Amtspflichtverletzung lediglich einen abgrenzbaren Teil des Urteils betrifft, ist das gesamte Urteil aufzuheben, weil dann die Vertrauensgrundlage für das gesamte Urteil zerstört ist.[39] Im Mahnverfahren steht der Rechtspfleger dem Richter gleich (§ 20 Nr. 1 RPflG).[40]

6. Nummer 6. Die Restitutionsklage wegen Fortfalls der Urteilsgrundlage setzt drei staatliche Akte vo- 12
raus: das mit der Restitutionsklage angegriffene Urteil, die für dieses Urteil präjudiziell wirkende Entscheidung und schließlich das Urteil, das diese Entscheidung aufhebt. Zwischen dem angegriffenen und dem aufgehobenen Urteil muss ein **Ursachenzusammenhang** bestehen (vgl. dazu Rn. 4). Nach dem Sinn der Regelung können **Urteile aller Gerichtszweige**, also auch die nicht ausdrücklich genannten Urteile der Arbeitsgerichte, Sozialgerichte und Finanzgerichte einen Restitutionsgrund bilden.[41] Urteilen sind der Rechtskraft fähige **Beschlüsse** (§ 578 Rn. 13), **Schiedssprüche** (§ 1055)[42] und **abschließende Verwaltungsakte**[43] gleichgestellt. Demgemäß ist eine (entsprechende) Anwendung des § 560 Nr. 6 auf die rückwirkende Aufhebung einer Patenterteilung[44] und auf die Feststellung der Unwirksamkeit eines Gebrauchsmusters[45] befürwortet worden. Dagegen bildet die Aufhebung eines Beschlusses, der in einer Versammlung der Wohnungseigentümer gefasst worden ist (§ 23 WEG) keinen Restitutionsgrund, weil es sich dabei nicht um einen Hoheitsakt handelt.[46] Eine Restsituationsklage kann nicht darauf gestützt werden, dass die Entscheidung eines anderen Gerichts, die das erkennende Gericht in dem angegriffenen Urteil zur Stütze der von ihm vertretenen Rechtsauffassung zitiert, vom BVerfG für verfassungswidrig erklärt und aufgehoben wird.[47] Abgesehen davon, dass sich in einem solchen Fall das Urteil nicht auf die aufgehobene Entscheidung „gründet", hat der Gesetzgeber durch § 79 Abs. 2 BVerfGG bestimmt, dass die Rechtsfolgen von Entscheidungen des BVerfG im Interesse des Rechtsfriedens und der Rechtssicherheit begrenzt werden und keine Rückwirkung für andere unanfechtbar gewordene Akte der öffentlichen Gewalt haben können.[48] Auch ein gegen das Europäische Gemeinschaftsrecht verstoßenes rechtskräftiges Urteil kann nicht deshalb

---

[32] BGH MDR 1958, 670; *Zö/Greger* Rn. 11 (zur Rechtsmittelrücknahme infolge eines Betruges).

[33] AG Detmold FamRZ 2000, 241, 242; *Jauernig* ZZP 101 (1988), 361, 366 ff.; *St/J/Grunsky* Rn. 15; *Ro/S/Go* § 159 Rn. 18; aA *Zö/Greger* Rn. 11 (Wiederaufnahme nach § 579 Abs. 1 Nr. 4; vgl. dazu § 579 Rn. 7).

[34] *St/J/Grunsky* Rn. 14 f.; aA *Braun* (Fn. 4) S. 162 ff., der einen Verzicht auf das Erfordernis des Vermögensschadens für geboten hält.

[35] *Deneke-Stoll* JuS 1989, 796, 801; *Mühlhausen* MDR 1995, 770, 771.

[36] *Prütting/Weth,* Rechtskraftdurchbrechung bei unrichtigen Titeln, 2. Aufl. 1994, Rn. 105; aA *Mühlhausen* (Fn. 35).

[37] *Prütting/Weth* (Fn. 36) Rn. 105, 110.

[38] *Zö/Greger* Rn. 12.

[39] KG (Fn. 10).

[40] MK/*Braun* Rn. 21.

[41] BGHZ 89, 114, 116 = NJW 1984, 438.

[42] *Ro/S/Go* § 159 Rn. 24.

[43] BGHZ 89, 117 (Fn. 41); BGHZ 103, 125 (Fn. 1) (das Gericht verneint den Kausalzusammenhang, wenn der Kläger durch Antragsrücknahme oder Verzicht den Verwaltungsakt selbst beseitigt, aaO S. 128); BayObLG WoM 1992, 284, 285.

[44] LG Düsseldorf GRUR 1987, 628, 629 m. weit. Nachw.

[45] BPatG GRUR 1980, 852.

[46] BayObLG (Fn. 43); KG WoM 1996, 179.

[47] Vgl. BGH NJW 2006, 2856 = ZEV 2006, 509 m. zust. Anm v. *Musielak.*

[48] BVerfG NJW 2007, 1802, 1803.

mit der Restitutionsklage angegriffen werden, weil durch eine Entscheidung des EuGH die Gemeinschaftsrechtswidrigkeit des Urteils feststellt wird.[49]

13 **7. Nummer 7. a) Auffinden eines Urteils.** Ergehen in der „derselben Sache", dh. **zum selben Streitgegenstand, zwei Urteile,** dann ist das zweite, das unter Missachtung der materiellen Rechtskraft des ersten erlassen worden ist, als wirkungslos anzusehen (§ 322 Rn. 15). Die Restitutionsklage kann in diesem Fall nur dem Zweck dienen, diese Wirkungslosigkeit des zweiten Urteils formell festzustellen.[50] Hierfür kommt es nicht darauf an, dass die beiden Urteile einander widersprechen; auch wenn das zweite Urteil gleich lautend ist, ist es nach der ne-bis-in-idem-Lehre nicht zulässig (§ 322 Rn. 5).[51] Wegen dieser besonderen Zweckrichtung der Restitutionsklage ist der Auffassung zuzustimmen, dass in diesem Fall die zeitlichen Grenzen des § 586 nicht gelten können.[52] Anders stellt sich die Rechtslage dar, wenn das zweite Urteil (lediglich) im **Widerspruch zu präjudiziell wirkenden Feststellungen** des ersten Urteils steht (§ 322 Rn. 10ff.). Nach hM ist § 580 Nr. 7a auf diesen Fall anwendbar.[53] Dann kann es nicht wie bei einer doppelten Entscheidung über denselben Streitgegenstand um die (deklaratorische) Feststellung der Wirkungslosigkeit des zweiten Urteils gehen, weil die Missachtung der materiellen Rechtskraft des ersten durch den Richter des zweiten Verfahrens dem zweiten Urteil nicht seine Wirkungen nimmt. Vielmehr muss der begangene Verfahrensfehler durch die Klage nach § 580 Nr. 7a korrigiert werden, die in den Fristen des § 586 erhoben werden muss.[54]

14 **Urteile ausländischer Gerichte,** die nach deutschem Recht anerkannt werden (§ 328 Rn. 5f., 35f.), stehen im Rahmen des § 580 Nr. 7a deutschen gleich.[55] Dies gilt auch für ausländische Schiedssprüche (§ 1061).[56] Nicht zu verlangen ist, dass das mit der Restitutionsklage angegriffene Urteil gegenüber den Parteien des Wiederaufnahmeverfahrens ergangen ist; vielmehr reicht eine **Rechtskrafterstreckung nach §§ 325ff.** aus.[57] Das Gesetz verlangt, dass der Kläger das früher rechtskräftig gewordene Urteil auffindet oder zu benutzen in den Stand gesetzt wird. Damit wird der Fall ausgeschlossen, dass der **Kläger** das **zweite Urteil** in Kenntnis des ersten **bewusst herbeigeführt** hat. Diese Einschränkung kann indes nicht gelten, wenn das zweite Urteil zum selben Streitgegenstand ergangen ist und deshalb als wirkungslos behandelt werden muss (s. Rn. 13).[58] In diesem Fall wird die Restitutionsklage nur ausgeschlossen, wenn sich die Erhebung der zweiten Klage als arglistiges Verhalten darstellt.

15 **b) Auffinden einer Urkunde. aa) Rechtspolitische Bedenken.** Die gesetzgeberische Entscheidung, einem Beweismittel, das bereits während des Vorprozesses vorhanden war, die Eignung zuzuerkennen, die Rechtskraft eines Urteils zu beseitigen, erscheint rechtspolitisch bedenklich. Der Gesetzgeber hat diese Entscheidung mit der „hervorragenden Bedeutung" von Urkunden für die Ermittlung der zu beweisenden Tatsachen begründet und diese Bedeutung anderen Beweismitteln, insbesondere dem Zeugenbeweis, abgesprochen.[59] Dass eine solche problematische Regelung dazu herausfordert, sie durch ein stimmiges Konzept zu ersetzen, kann nicht verwundern.[60] De lege lata müssen jedoch die gesetzlich angeordneten Einschränkungen beachtet werden. Als Restitutionsgrund kommt deshalb nur eine Urkunde in Betracht, die nach ihrem Inhalt geeignet erscheint, eine dem Kläger günstige Entscheidung herbeizuführen.

16 **bb) Begriff der Urkunde.** Der ZPO liegt ein einheitlicher Begriff der Urkunde zu Grunde; sie versteht darunter die Verkörperung eines Gedankens durch übliche oder vereinbarte Schriftzeichen.[61] Dementsprechend kommt auch für § 580 Nr. 7b nur eine schriftliche Gedankenerklärung in Betracht.[62] Deshalb sind alle nicht schriftlichen Verkörperungen von Gedanken wie EDV-Datenträger,[63] Fotografien[64] und Tonaufnahmen (Tonbänder, Schallplatten)[65] sowie Videobänder[66] keine Urkunden im Sinne des Zivilprozessrechts (§ 415 Rn. 5);[67] auf sie kann folglich eine Restitutionsklage nicht gestützt werden.

17 **cc) Anforderungen an den Inhalt der Urkunde.** Aus der Urkunde müssen sich Tatsachen ergeben, die den Streitgegenstand des Vorprozesses betreffen und sich auf den Tatsachenstoff beziehen, auf den der Kläger in diesem Verfahren seine Klage gestützt hat. Dies ergibt sich bereits daraus, dass die Rechtskraft des

---

49 Eingehend dazu *Poelzig* JZ 2007,858; vgl. auch OLG Köln BB 2004, 1134: keine analoger Anwendung des § 579 Nr. 7b.

50 Zu einem gleichen Befund gelangt *Braun* (Fn. 4) S. 330, der jedoch zu der Frage des Verhältnisses beider Urteile zueinander eine gegenteilige Auffassung vertritt und deshalb konsequent den hier vertretenen Standpunkt ablehnt.

51 *Gaul,* Festschr. f. F. Weber (1975), S. 155, 168f.; MK/*Braun* Rn. 42; *St/J/Grunsky* Rn. 25.

52 *Braun* (Fn. 4) S. 403f.; *Gaul* (Fn. 3) S. 97f.

53 *Zö/Greger* Rn. 14; MK/*Braun* Rn. 40; *St/J/Grunsky* Rn. 24; *Ro/S/Go* § 159 Rn. 25.

54 AA die in Fn. 52 Zitierten.

55 *St/J/Grunsky* Rn. 24; *Zö/Greger* Rn. 14.

56 *Sae/Kemper* Rn. 9.

57 *St/J/Grunsky* 24.

58 AA *Braun* (Fn. 4) S. 402.

59 Mat. II 1 S. 381.

60 MK/*Braun* Rn. 54ff.

61 *Ro/S/Go* § 118 Rn. 1.

62 BGHZ 65, 300, 301 = NJW 1976, 294.

63 MK/*Schreiber* § 415 Rn. 6, 8 (zur Urkundeneigenschaft von Ausdrucken der auf EDV-Datenträgern gespeicherten Daten).

64 BGH (Fn. 62).

65 *St/J/Leipold* vor § 415 Rn. 5.

66 MK/*Schreiber* § 415 Rn. 2.

67 Vgl. *Zoller* NJW 1993, 429. Zur Eignung einer Fotokopie als Urkunde iSd. § 580 Nr. 7b: FG Berlin NJW 1977, 2232; abl. KG NJW-RR 1997, 123, 124.

Urteils durch den **Streitgegenstand** begrenzt wird (§ 322 Rn. 16ff.) und dass deshalb ein neues, nicht vom Streitgegenstand des Vorprozesses gedecktes Vorbringen ohne Rücksicht auf die Rechtskraft des früheren Urteils durch eine neue Klage geltend gemacht werden kann.[68] Bei den Anforderungen, die an den Inhalt einer Urkunde zu stellen sind, ist das in der Vorschrift ausdrücklich genannte **Kausalitätserfordernis** zu beachten, nach dem die Urkunde eine dem Restitutionskläger günstigere Entscheidung im Vorprozess herbeigeführt haben müsste (vgl. dazu Rn. 5). Dementsprechend können nur das tatsächliche Vorbringen im Vorprozess und der mit der Urkunde im Zusammenhang stehende Prozessstoff und als Beweismittel außer der Urkunde nur die im Vorprozess erhobenen und angetretenen Beweise berücksichtigt werden.[69] **Neue** im Vorprozess nicht vorgetragene **Tatsachen** sind nur insoweit zugelassen, als sie sich durch die vorgelegte Urkunde selbst beweisen lassen.[70] Dabei ergibt sich allerdings keine Beschränkung auf den Bereich der formellen Beweiskraft gemäß §§ 415ff., sondern es kommt darauf an, ob sich aus der Urkunde eine zu beweisende Tatsache ergibt, der ein frei zu würdigender Beweiswert zukommt.[71] Lässt sich ein solcher Beweiswert nur durch andere zusätzliche Beweismittel wie zB Zeugenaussagen gewinnen, dann genügt die Urkunde nicht den zu stellenden Anforderungen.[72]

Die Restitutionsklage kann nicht auf eine Privaturkunde gestützt werden, mit der durch die **schriftliche Erklärung eines Zeugen** der Beweis für die Richtigkeit der in der Erklärung bekundeten Tatsachen geführt werden soll; denn wenn eine neue Zeugenaussage für die Restitutionsklage nicht ausreicht, kann nicht etwas anderes gelten, wenn der Zeuge die Beweisfrage schriftlich beantwortet.[73] Dies gilt auch, wenn der Zeuge oder Sachverständige schriftlich eine im früheren Verfahren gemachte Aussage widerruft, denn im Bereich des Zeugen- und Sachverständigenbeweises rechtfertigt nur die strafbare Verletzung der Wahrheitspflicht die Wiederaufnahme, nicht schon das Auffinden der Urkunde, in der die neuen Angaben niedergelegt sind.[74] 18

Streitig ist die Frage, ob der erforderliche Bezug der Urkunde auf den Prozessstoff des früheren Verfahrens es ausschließt, dass durch die Urkunde neue Tatsachen vorgetragen werden, durch die ein seinerzeit **nicht bestrittener Vortrag** widerlegt werden soll. Dies wird mit der Begründung verneint, dass nicht bestrittene Tatsachen als zugestanden gelten (§ 138 Abs. 3) und vom Richter seiner Entscheidung zu Grunde zu legen sind und für einen nachträglichen Gegenbeweis im Wiederaufnahmeverfahren deshalb kein Raum sei.[75] Der BGH[76] hat jedoch in einer neueren Entscheidung einen gegenteiligen Standpunkt eingenommen und darauf verwiesen, dass der Restitutionsgrund nicht danach unterscheide, ob eine Tatsache im Vorprozess streitig oder unstreitig gewesen sei. Hat der Richter **im Erstverfahren** eine **Tatsache** in seinem Urteil für **unerheblich** erklärt, dann kann durch Vorlage einer Urkunde im Wiederaufnahmeverfahren diese Feststellung nicht korrigiert werden.[77] Denn auch wenn die Urkunde im damaligen Prozess vorgelegt worden wäre, hätte sie wegen der vom Richter angenommenen Unerheblichkeit der sich aus ihr ergebenden Tatsache eine günstigere Entscheidung für den Restitutionskläger nicht herbeiführen können. 19

Als Restitutionsgrund kommen **folgende Urkunden nicht in Betracht:** eine Einkommensbestätigung des Arbeitgebers;[78] amtliche Auskünfte zB über die Grundlage einer Versorgungsanwartschaft oder über die Höhe einer Rente;[79] wissenschaftliche Veröffentlichungen;[80] Gutachten;[81] Protokolle über Zeugenaussagen;[82] ein öffentlich bekannt gemachter Flächennutzungsplan.[83] Dagegen werden Strafbefehle und Strafurteile als geeignete Urkunden iSv. § 580 Nr. 7b anerkannt.[84] 20

dd) Zeitpunkt der Errichtung der Urkunde. Die Urkunde muss grundsätzlich bereits in dem Zeitpunkt errichtet worden sein, in dem sie die Partei im Vorprozess noch hätte benutzen können.[85] Dies ist bei nicht berufungsfähigen Urteilen der Schluss der mündlichen Verhandlung, die dem Urteil zu Grunde liegt (§ 309 Rn. 2, § 322 Rn. 28), bei berufungsfähigen Urteilen der Ablauf der Berufungsfrist, bei Einlegung der Berufung die letzte mündliche Verhandlung vor dem Berufungsgericht.[86] Handelt es sich um die Anfechtung 21

---

68 *Gilles* ZZP 80 (1967), 391, 407; *St/J/Grunsky* Rn. 35.

69 BGHZ 6, 354, 356 = NJW 1952, 1095; BGHZ 31, 351, 356 = NJW 1960, 818; BGHZ 38, 333, 335 = NJW 1963, 715; BGH NJW 2003, 2088, 2089; BGH NJW-RR 1991, 580, 581; 2007, 1448, 1449 (mit Einschränkungen für den Negativkreis).

70 BGH NJW 1953, 1263; AK-ZPO/*Gräulich* Rn. 37; *St/J/Grunsky* Rn. 33.

71 BGH NJW 1980, 1000, 1001; NJW-RR 1991, 380, 381; *Fleischer* MDR 1999, 74, 76.

72 BGHZ 31 (Fn. 69); BGHZ 38 (Fn. 69); BAG NJW 1968, 862, 863; OLG Oldenburg NJW-RR 1999, 1443, 1444; *St/J/Grunsky* Rn. 34.

73 BGHZ 80, 389, 395f. = NJW 1981, 2193.

74 BGHZ 89, 114, 119 = NJW 1984, 438.

75 OLG Celle NJW 1962, 1401; *St/J/Grunsky* Rn. 32; AK-ZPO/*Gräulich* Rn. 37.

76 BGHZ 161, 1, 3ff. = NJW 2005, 222, 223.

77 OLG Frankfurt/M MDR 1982, 60, 61; *St/J/Grunsky* Rn. 35.

78 BGHZ (Fn. 73).

79 BGH NJW 1984, 438, 439; 1984, 1543, 1544.

80 OLG Karlsruhe NJW 1965, 1023, 1024; *Würthwein* ZZP 112 (1999), 447, 456 Fn. 44.

81 OLG München FamRZ 1968, 599 (Rechtsgutachten über ausländisches Recht); OLG Koblenz NJW-RR 1995, 1278, 1279; OVG Bremen NJW 1990, 2337 (fachärztliches Gutachten).

82 BGH MDR 1965, 816, 817; BSG NJW 1969, 1079.

83 VGH Mannheim NJW 1995, 210.

84 BGH (Fn. 71); kritisch MK/*Braun* Rn. 47.

85 BGH VersR 1975, 260; 1984, 453, 455; NJW 1980, 1000, 1001; BVerwG NVwZ 1999, 1135; OLG Frankfurt/M HessJMBl. 1996, 329, 332; NJW-RR 1996, 1200.

86 *T/P/Reichold* Rn. 20.

von Versäumnisurteilen oder Vollstreckungsbescheiden, dann muss die Urkunde vor Ablauf der Einspruchsfrist (§ 339, § 700) errichtet worden sein.[87] Von diesem Grundsatz wird eine Ausnahme für solche Urkunden zugelassen, die ihrer Natur nach Tatsachen beweisen, die sich auf einen zurückliegenden Zeitraum beziehen. Diese **Voraussetzung wird erfüllt:** durch eine nachträglich errichtete Geburtsurkunde für den Beweis der Empfängniszeit;[88] durch einen Beischreibungsvermerk zu der Geburtsurkunde über die Legitimation des Kindes durch nachfolgende Eheschließung seiner Eltern;[89] durch einen nach Rechtskraft eines klageabweisenden Kündigungsschutzurteils erlassenen Feststellungsbescheid des Versorgungsamtes, in dem eine zum Zeitpunkt der Kündigung bereits bestandene Schwerbehinderteneigenschaft festgestellt wird;[90] durch eine Einbürgerungsurkunde, aus der sich die Einbürgerung während des Revisionsverfahrens des Vorprozesses ergibt.[91] Dagegen **genügt den** insoweit zu stellenden **Anforderungen nicht** ein später erlassenes Strafurteil,[92] ein nach Eintritt der Rechtskraft des angefochtenen Urteils errichtetes Vaterschaftsanerkenntnis[93] oder ein nachträglich erteilter Erbschein.[94]

22 ee) **Zeitpunkt des Auffindens der Urkunde.** Der Restitutionskläger muss die Urkunde zu einem Zeitpunkt aufgefunden, dh. von ihrer Existenz erfahren haben, in dem ihre Benutzung im Vorprozess nicht mehr zulässig war (vgl. dazu Rn. 21), und seine frühere Unkenntnis darf nicht auf einem Verschulden beruhen (§ 582 Rn. 3),[95] wobei das Verschulden des gesetzlichen Vertreters (§ 51 Abs. 2) und des Prozessbevollmächtigten (§ 85 Abs. 2) dem der Partei gleichsteht.[96] Dieser Voraussetzung wird gleichgestellt, dass der Kläger zwar die Urkunde kannte, ihm es aber unmöglich war, sie im Vorprozess zu benutzen, dh. einen Urkundenbeweis anzutreten (vgl. §§ 420ff.). Wurde eine Urkunde im Vorprozess vorgelegt, dann kann nicht mit der Restitutionsklage eine andere Würdigung der Urkunde deshalb erreicht werden, weil nachträglich eine falsche Datumsangabe auf dieser Urkunde festgestellt wird.[97]

23 ff) **Beweisführung.** Sind Echtheit und Inhalt der Urkunde unstreitig, dann muss im Wiederaufnahmeverfahren die Urkunde nicht vorgelegt werden.[98] Sonst ist der Beweis nach den Regeln der §§ 420ff. anzutreten, insbesondere durch Vorlage der Urkunde, wenn sich der Restitutionskläger in ihrem Besitz befindet (§ 420 Rn. 1). Nicht ausreichend ist ein Zeugenbeweis, dass eine Urkunde des behaupteten Inhalts vorhanden gewesen sei.[99] Für die **Zulässigkeit** der Restitutionsklage kommt es nur darauf an, dass der Inhalt der Urkunde die Behauptung des Restitutionsklägers stützt, das angegriffene Urteil sei sachlich falsch und auf Grund der Urkunde müsse eine für ihn günstigere Entscheidung herbeigeführt werden.[100] Ob diese Behauptungen zutreffen und die Urkunde geeignet ist, eine entsprechende richterliche Überzeugung herbeizuführen ist erst im **zweiten Verfahrensabschnitt** (§ 578 Rn. 3) zu prüfen.[101] In diesem Verfahrensabschnitt ist lediglich der im Vorprozess vorgetragene Prozessstoff, die sich aus der Urkunde ergebenden neuen Tatsachen, soweit sie beachtlich sind (Rn. 17ff.), und die im Vorprozess geführten Beweise sowie die Urkunde selbst maßgebend (Rn. 17).[102] Ist die Restitutionsklage begründet und ist nach Aufhebung des angegriffenen Urteils der Rechtsstreit des Vorprozesses zu entscheiden (§ 578 Rn. 3, 17), dann können die dann zu führenden Beweise auf alle Beweismittel gestützt werden.

24 **8. Nummer 8.** Stellt der Europäische Gerichtshof für Menschenrechte eine durch ein Urteil verursachte Verletzung der Rechte aus der Konvention fest,[103] dann bewirkt diese Feststellung nicht die Nichtigkeit des Urteils. Ein Konventionstaat ist jedoch verpflichtet, die Verletzung abzustellen und für die Folgen Ersatz zu leisten (Art. 46 EMRK). Um dieser Pflicht nachzukommen, kann es erforderlich werden, rechtskräftige Urteile aufzuheben und sie durch eine neue Entscheidung zu ersetzen. Die durch das 2. JuMoG (vgl. Rn. 1) eingefügte Vorschrift,[104] die eine wortgleiche Entsprechung in § 359 Nr. 6 StPO findet, schafft die dafür er-

---

[87] *St/J/Grunsky* Rn. 29.

[88] BGHZ 46, 300, 303 = NJW 1967, 630; OLG Köln FamRZ 1973, 543, 544; OLG Nürnberg NJW 1975, 2024 (zur Frist des § 586); KG (Fn. 13).

[89] BGHZ 5, 157, 162ff. = NJW 1952, 666; anders dagegen BGHZ 34, 77, 80 = NJW 1961, 877 für den Beischreibungsvermerk, mit dem auf Grund eines Statusurteils die Nichtehelichkeit eines Kindes bezeugt wird (§ 30 Abs. 1 S. 1 PStG), weil eine derartige Urkunde leicht an Stelle eines keinen Restitutionsgrund bildenden Beweismittels verwendet werden könne; aA BSG NJW 1963, 971; KG NJW 1976, 245; *St/J/Grunsky* Rn. 30 m. weit. Nachw.

[90] BAG NJW 1985, 1485 = AP SchwbG § 12 Nr. 13 m. zust. Anm. von *Gaul;* aA *Ro/S/Go* § 159 Rn. 31.

[91] BGH NJW 1977, 498, 499.

[92] BGH NJW 1980, 1000, 1001 (zum Haftbefehl); VersR 1984, 453, 455.

[93] OLG Neustadt NJW 1954, 1372; *Ro/S/Go* (Fn. 90).

[94] BVerwG NJW 1965, 1292.

[95] *Ro/S/Go* § 159 Rn. 33 m. Nachw.

[96] OLG Köln NJW-RR 1999, 363.

[97] BVerwG Buchholz 303 Nr. 3.

[98] AK-ZPO/*Gräulich* Rn. 43.

[99] BVerwG MDR 1966, 619.

[100] BGHZ (Fn. 68); BGHZ 46, 33 (Fn. 83). Das Gericht verlangt, dass die Urkunde die Unrichtigkeit des Urteils „augenfällig" offenbart. Einschränkender BGH NJW 1980, 1000 (Für die Zulässigkeit genügt, dass mit der Urkunde Tatsachen bewiesen werden sollen, die zu einer günstigeren Entscheidung geführt hätten, und dass die Urkunde ihrem Inhalt nach dazu geeignet ist). Das BVerwG (Informationsdienst zum Lastenausgleich – IFLA – 1990, 132) meint, die Urkunde müsse so beschaffen sein, dass es die Richtigkeit der tatsächlichen Entscheidungsgrundlage erschüttere.

[101] BGHZ 57, 211, 212; BGH NJW 1980, 1000.

[102] BGHZ 6 (Fn. 69). Zu den Besonderheiten, die für einen vom Kläger zu führenden Negativkreis gelten, vgl. BGH NJW-RR 2007, 1448, 1449.

[103] Zu den insoweit in Betracht kommenden Normen der EMRK vgl. MK/*Braun* Rn. 74f.

[104] Krit dazu *Braun* NJW 2007, 1620.

forderliche Rechtsgrundlage. Die Vorschrift ist nur auf Verfahren vor dem Europäischen Gerichtshof für Menschenrechte anzuwenden, die seit dem 1. Januar 2007 abgeschlossen worden sind (§ 35 EGZPO). Für die erforderliche Kausalität zwischen der Verletzung der EMRK und ihrer Protokolle gelten gleiche Regeln wie in den Fällen des § 586 Nr. 1 bis 5 (Rn. 3). Dies bedeutet, dass die Feststellung ausreicht, die aufzuhebende Entscheidung wäre ohne die Verletzung möglicherweise anders ausgefallen.

IV. Verfahren

Bei Erhebung der Restitutionsklage (zum Inhalt der Klageschrift vgl. §§ 587, 588) müssen die Fristen des § 586 beachtet werden. Die Zuständigkeit des Gerichts ist in § 584 bestimmt. Zu den Zulässigkeitsvoraussetzungen der Restitutionsklage (§ 578 Rn. 14f.) gehört die schlüssige Darlegung eines Restitutionsgrundes (§ 578 Rn. 15).[105] In den Fällen des § 580 Nr. 1 bis 5 ist die Restitutionsklage nur statthaft, wenn eine rechtskräftige Verurteilung wegen der Straftat ergangen ist oder wenn die Einleitung oder Durchführung des Strafverfahrens aus anderen Gründen als wegen Mangels an Beweis unterblieb (§ 581 Abs. 1). Das Gericht ist bei der Entscheidung über die Zulässigkeit der Restitutionsklage an das Strafurteil gebunden (§ 581 Rn. 5). Führt die von Amts wegen vorzunehmende Prüfung des Restitutionsgrundes (§ 585 Rn. 3) zu einem **non liquet**, dann ist die Klage abzuweisen; die Feststellungslast (objektive Beweislast) für den Restitutionsgrund obliegt folglich dem Restitutionskläger.[106] 25

V. Gebühren und Kosten

Vgl. § 578 Rn. 19f. 26

581 *Besondere Voraussetzungen der Restitutionsklage*

(1) In den Fällen des vorhergehenden Paragraphen Nummern 1 bis 5 findet die Restitutionsklage nur statt, wenn wegen der Straftat eine rechtskräftige Verurteilung ergangen ist oder wenn die Einleitung oder Durchführung eines Strafverfahrens aus anderen Gründen als wegen Mangels an Beweis nicht erfolgen kann.

(2) Der Beweis der Tatsachen, welche die Restitutionsklage begründen, kann durch den Antrag auf Parteivernehmung nicht geführt werden.

I. Normzweck

Der Gesetzgeber hat es als einen „unerwünschten Zustand" bezeichnet, dass im Zivilverfahren über eine strafbare Handlung gestritten wird, zu deren Feststellung das zunächst dafür bestimmte Strafverfahren nicht ausreiche.[1] Durch die Vorschrift des § 581 sollte jedoch nicht nur verhindert werden, dass der Zivilrichter ein Verhalten als Restitutionsgrund anerkennt, das der Strafrichter als nicht ausreichend für eine Verurteilung bewertet hatte; vielmehr sollte weiter gehend jeder Widerspruch zwischen Zivil- und Strafurteil nach Möglichkeit vermieden werden.[2] Zwar erkannte der Gesetzgeber durchaus, dass der Zivilrichter im Rahmen seiner freien Beweiswürdigung einer verurteilenden Entscheidung des Strafrichters nicht folgen müsse (Rn. 5), bewertete jedoch diese Freiheit als „eine mehr prinzipielle als tatsächliche", und meinte, „ein Auseinandergehen der Urteile kann nur unter besonderen Umständen erwartet werden".[3] Dass diese Einschätzung nicht zutrifft, lehrt die gerichtliche Praxis.[4] Es kann deshalb nicht verwundern, dass die Halbherzigkeit der gesetzgeberischen Entscheidung kritisiert und ihr rechtspolitischer Wert in Frage gestellt wird.[5] Allerdings muss eine Korrektur dem Gesetzgeber überlassen bleiben und die in § 581 geforderte Verurteilung als Zulässigkeitsvoraussetzung für eine Restitutionsklage berücksichtigt werden.[6] 1

II. Zulässigkeit der Restitutionsklage

1. Strafurteil. Wird die Restitutionsklage auf einen der in Nr. 1 bis 5 des § 580 genannten Restitutionsgründe gestützt, dann bildet die rechtskräftige Verurteilung des Täters eine **Zulässigkeitsvoraussetzung,**[7] es sei denn, dass die Einleitung oder Durchführung eines Strafverfahrens aus anderen Gründen als wegen Mangels an Beweis nicht erfolgen kann (Rn. 3f.). Es genügt also für die Zulässigkeit der Klage nicht allein die schlüssige Behauptung einer entsprechenden Straftat (§ 580 Rn. 25).[8] Auf die **Form der strafrechtlichen Verurteilung** kommt es nicht an; auch ein Strafbefehl genügt.[9] Ebenso ist die Verurteilung durch ein auslän- 2

---

[105] KG WoM 1996, 179.
[106] BGHZ 85, 32, 39 = NJW 1983, 230.
[1] Mat. II 1 S. 381 (zu § 520).
[2] *Braun,* Rechtskraft und Restitution, 2. Teil, 1985, S. 122ff.
[3] Mat. (Fn. 1). *Braun* (Fn. 2) S. 125 macht darauf aufmerksam, dass diese Inkonsequenz in der gesetzlichen Regelung durchaus bei der Beratung des Gesetzes erkannt und kritisiert wurde.
[4] Vgl. nur den von BGHZ 85, 32 = NJW 1983, 230 entschiedenen Fall.
[5] MK/*Braun* Rn. 1ff.; *ders.* (Fn. 2) S. 122ff.
[6] AA MK/*Braun* Rn. 11ff.; *Braun* (Fn. 2) S. 130f., der im Wege einer berichtigenden Auslegung des Gesetzes auf das Erfordernis einer vorherigen strafgerichtlichen Verurteilung verzichten will. Abl. demgegenüber BGH NJW 2003, 1326, 1328; OLG Frankfurt/M NJW-RR 1996, 1200.
[7] BGH (Fn. 4) S. 34.
[8] Zö/*Greger* Rn. 1.
[9] *St/J/Grunsky* Rn. 3.

disches Gericht ausreichend.[10] Ob in entsprechender Anwendung des **§ 149** das **Restitutionsverfahren auszusetzen** ist, wenn die Klage bereits vor Rechtskraft des Strafurteils erhoben worden ist, wird nicht einheitlich beurteilt (vgl. auch § 149 Rn. 3). Während die hM[11] eine solche Aussetzung ablehnt, kann die Gegenauffassung[12] mit Recht auf unbillige Folgen verweisen, die sich insbesondere aus der Ausschlussfrist des § 586 Abs. 2 S. 2 ergeben können (vgl. auch Rn. 3).

3 **2. Unmöglichkeit einer Strafverfolgung.** Eine rechtskräftige strafrechtliche Verurteilung bildet nur dann keine Zulässigkeitsvoraussetzung, wenn die Einleitung oder Durchführung des Strafverfahrens aus Gründen scheitert, die nicht auf einer fehlenden Beweisbarkeit des Tatvorwurfs beruhen. Dies ist der Fall bei Tod[13] oder Abwesenheit (Auslandsaufenthalt) des Täters.[14] Ferner kommen als solche Gründe Verjährung der Straftat oder Amnestie[15] sowie **Einstellung des Verfahrens** wegen Geringfügigkeit (§§ 153ff. StPO)[16] in Betracht. Dies gilt auch, wenn das Verfahren nach § 154 StPO eingestellt wird, weil es sich bei der Tat um eine unwesentliche Nebenstraftat handelt.[17] Wird ein **Strafverfahren,** das nach § 154 StPO eingestellt worden war, nach Abs. 4 dieser Vorschrift **wieder aufgenommen,** dann ist ein inzwischen begonnenes Wiederaufnahmeverfahren in analoger Anwendung des § 149 bis zum Abschluss des Strafverfahrens auszusetzen (Rn. 2). Kommt es zu einem Freispruch, dann ist die Restitutionsklage als unzulässig abzuweisen. Ist bereits rechtskräftig der Restitutionsklage stattgegeben worden, dann bildet das freisprechende Strafurteil einen Restitutionsgrund nach § 580 Nr. 6.[18]

4 Unzulässig ist die Restitutionsklage, wenn die Einstellung vorgenommen wird, weil der Verdacht einer strafbaren Handlung nicht zu begründen sei[19] oder wenn bei der Einstellung nach § 153 StPO die Straftat lediglich unterstellt worden ist.[20] Wird die Einstellung unter Auflagen ausgesprochen, ist die Restitutionsklage erst zulässig, wenn die Auflagen erfüllt worden sind (§ 153a Abs. 1 S. 4 StPO).[21] Wird von der Einleitung oder Durchführung des Strafverfahrens wegen **Schuldunfähigkeit des Täters** abgesehen, dann ergibt sich daraus ebenso wenig ein Hinderungsgrund für die Restitutionsklage wie in dem Fall, dass der Täter wegen fehlender Schuld freigesprochen wird, jedoch das Strafurteil die übrigen Voraussetzungen der strafbaren Handlung bejaht.[22] Die hM,[23] die eine Restitutionsklage für unzulässig hält, wenn der Freispruch wegen Unzurechnungsfähigkeit erfolgte, der äußere Tatbestand der Straftat jedoch als erwiesen angesehen wird, kann sich weder auf den Wortlaut des § 581 noch auf den Zweck dieser Regelung (Rn. 1) berufen; das Ergebnis, der Ausschluss der Restitutionsklage in diesem Fall, spricht eindeutig gegen sie.

III. Verfahren

5 **1. Bedeutung des Strafurteils.** Die strafrechtliche Verurteilung oder die Unmöglichkeit der Strafverfolgung (Rn. 3f.) bildet eine Zulässigkeitsvoraussetzung für die Restitutionsklage in den Fällen des § 578 Nr. 1 bis 5 (Rn. 2). Ob eine Verurteilung ausgesprochen worden ist, muss der Zivilrichter auf Grund des Urteilstenors und der Begründung des Strafurteils feststellen. Insoweit besteht eine **Bindung des Zivilrichters** an die strafgerichtliche Entscheidung.[24] Gleiches gilt für den Grund, aus dem die Einleitung oder Durchführung eines Strafverfahrens unterblieben ist. Der Zivilrichter hat lediglich festzustellen, dass von einer Strafverfolgung abgesehen wurde und dass dies nicht „wegen Mangels an Beweis" geschehen ist. Ist die Zulässigkeit der Restitutionsklage zu bejahen, dann kommt es für ihre Begründetheit darauf an, ob der behauptete Restitutionsgrund festgestellt werden kann. Dieser **Restitutionsgrund** besteht nicht in der Verurteilung, sondern in der **strafbaren Handlung,** die nach § 580 Nr. 1 bis 5 den Restitutionsgrund bildet. Bei Beantwortung der Frage, ob diese strafbare Handlung begangen wurde, ist der **Zivilrichter nicht** an die Erkenntnisse des Strafgerichts **gebunden** (§ 14 Abs. 2 Nr. 1 EGZPO).[25]

6 **2. Beweisführung (Abs. 2).** Durch § 581 Abs. 2 wird der Beweis durch eine beantragte Parteivernehmung über die den Restitutionsgrund bildenden Tatsachen ausgeschlossen. Dadurch soll nach heutigem Verständnis der Vorschrift verhindert werden, dass die Parteien einverständlich eine rechtskräftige Entscheidung beseitigen können.[26] Die **Vernehmung einer Partei von Amts wegen** (§ 448) ist danach zwar **zu-**

---

[10] *Zö/Greger* Rn. 5.

[11] BGHZ 50, 115, 122 = NJW 1968, 1275; OLG Köln FamRZ 1991, 584, 586; BFH/NV 1994, 875, 876 (offen gelassen für den Fall des unmittelbar bevorstehenden rechtskräftigen Abschlusses des Strafverfahrens); *T/P/Reichold* § 149 Rn. 3.

[12] *St/J/Grunsky* Rn. 2; *St/J/Roth* § 149 Rn. 8; MK/*Peters* § 149 Rn. 7; vgl. auch BGHZ 33, 73, 76 = NJW 1960, 1764.

[13] OLG Düsseldorf MDR 1969, 1017.

[14] BGH VersR 1962, 175, 177.

[15] BGH (Fn. 14).

[16] OLG Hamm FamRZ 1997, 759 m. weit. Nachw.

[17] OLG Hamburg MDR 1978, 851; OLG Hamm NJW-RR 1999, 1298 (LS); *St/J/Grunsky* Rn. 4; AK-ZPO/*Gräulich* Rn. 7; *Zi* Rn. 2; *T/P/Reichold* Rn. 3; *Ro/S/Go* § 159 Rn. 21; aA OLG Hamm MDR 1986, 679, 680.

[18] *Zö/Greger* Rn. 8.

[19] BGH (Fn. 14).

[20] OLG Koblenz MDR 1979, 410; *St/J/Grunsky* Rn. 4.

[21] *St/J/Grunsky* Rn. 4; zurückhaltender OLG Köln (Fn. 11) S. 585 (allenfalls, wenn der Beschuldigte alle Auflagen und Weisungen erfüllt); vgl. auch OLG Hamm (Fn. 16); OLG Köln JMBlNRW 1991, 76, 77.

[22] *Baumgärtel/Scherf* JZ 1970, 316, 317; *St/J/Grunsky* Rn. 1; *Zi* Rn. 2; *Ro/S/Go* (Fn. 17).

[23] BGH (Fn. 11) S. 119; OLG Celle NJW 1958, 467, 468; *Zö/Greger* Rn. 5; *B/L/H* Rn. 5.

[24] BGH (Fn. 11).

[25] BGHZ 85, 32, 36ff. = NJW 1983, 230; BVerwG AgrarR 1987, 79, 80; *St/J/Grunsky* Rn. 5.

[26] BGHZ 30, 60, 62f. = NJW 1959, 1369.

lässig, jedoch wird auf Grund des Rechtsgedankens der Regelung verlangt, dass einige Anhaltspunkte für die Richtigkeit der die Restitutionsklage begründenden Tatsachen gegeben sind, um eine Parteivernehmung von Amts wegen zuzulassen. Nur dann sei der Gefahr des Zusammenwirkens der Parteien zur Beseitigung der Rechtskraft von Urteilen in ausreichendem Maß vorgebeugt.[27] Nicht nur die **Zulässigkeitsvoraussetzungen** der Klage, sondern auch das **Bestehen eines Restitutionsgrundes ist von Amts wegen zu prüfen.**[28] Die aus **§ 581 Abs. 2** abgeleiteten Einschränkungen für den Beweis werden über den Wortlaut der Vorschrift hinaus **auf sämtliche Restitutionsgründe** (auch § 580 Nr. 6 und 7) **übertragen.**[29]

582 *Hilfsnatur der Restitutionsklage* **Die Restitutionsklage ist nur zulässig, wenn die Partei ohne ihr Verschulden außerstande war, den Restitutionsgrund in dem früheren Verfahren, insbesondere durch Einspruch oder Berufung oder mittels Anschließung an eine Berufung, geltend zu machen.**

I. Normzweck

Durch diese Vorschrift, die nur für die Restitutionsklage gilt (zur Nichtigkeitsklage vgl. § 579 Abs. 1 Nr. 2, Abs. 2), wird die Hilfsnatur der Restitutionsklage festgelegt. Der Gesetzgeber hat es als eine Voraussetzung für diese Klage bezeichnet, „dass der zu beseitigende Nachteil ohne Schuld der Partei entstanden ist".[1] Dieser Hinweis und der Wortlaut des Gesetzes („nur zulässig") sprechen dafür, in der unverschuldeten Unmöglichkeit, den Restitutionsgrund im früheren Verfahren geltend zu machen, eine Zulässigkeitsvoraussetzung für die Restitutionsklage zu sehen.[2] Nach anderer Auffassung soll das Fehlen eines solchen Verschuldens zum Restitutionsgrund selbst gehören und davon die Begründetheit der Klage abhängen.[3] Aus diesem Meinungsstreit ergeben sich keine Unterschiede im Prüfungsverfahren. Auch bei Zuordnung des Verschuldensmerkmals zum Restitutionsgrund und damit zur Begründetheit der Klage muss das Gericht eine Prüfung von Amts wegen vornehmen (§ 585 Rn. 3), wie sie in gleicher Weise für Zulässigkeitsvoraussetzungen (Prozessvoraussetzungen) geboten ist (vor § 253 Rn. 12). Die praktische Bedeutung dieser Meinungsverschiedenheit entfällt vollends, wenn man sich der Auffassung anschließt, das Verschuldensmerkmal könne auch als Zulässigkeitsvoraussetzung dann offen gelassen werden, wenn das Fehlen eines Restitutionsgrundes iSv. § 580 feststeht.[4] 1

II. Unmöglichkeit früheren Geltendmachens

1. Prozessrechtliche Hindernisse. Die Vorschrift des § 582 verlangt, dass der Restitutionsgrund erst in einem Zeitpunkt festgestellt wird, in dem nach der prozessualen Lage im früheren Verfahren der Vortrag von Tatsachen zur Begründung des Restitutionsgrundes ausgeschlossen ist. Dem Kläger dürfen also im früheren Verfahren keine prozessualen Möglichkeiten zur Verfügung gestanden haben, den Restitutionsgrund geltend zu machen. Dies ist nicht der Fall, wenn durch einen Antrag auf **Wiedereinsetzung in den vorigen Stand (§§ 233 ff.)** oder durch **Einlegung eines Rechtsmittels**[5] die Möglichkeit hätte geschaffen werden können, dem Gericht des früheren Verfahrens den Restitutionsgrund vorzutragen. So ist vom Restitutionskläger zu erwarten, dass er die im früheren Verfahren bestehende Gelegenheit zum Widerruf eines Anerkenntnisses nutzt (§ 307 Rn. 14) und diesen Widerruf erforderlichenfalls auch im Wege der Berufung geltend macht.[6] Restitutionsgründe, die Vorbehalts- und Zwischenurteile betreffen, müssen im Nachverfahren geltend gemacht werden, solange es noch nicht rechtskräftig abgeschlossen ist (§ 578 Rn. 11). Bei strafbaren Handlungen iSv. § 580 Nr. 1 bis 5 darf nicht die **strafgerichtliche Verurteilung** abgewartet werden, da die Berücksichtigung des Restitutionsgrundes im anhängigen Verfahren nicht von einer solchen Verurteilung abhängt (§ 581 Rn. 5 aE).[7] 2

2. Frage des Verschuldens. Hatte der Restitutionskläger im früheren Verfahren **keine Kenntnis vom Restitutionsgrund,** dann kommt es darauf an, ob diese Unkenntnis auf mangelnder Sorgfalt beruht. Ein Sorgfaltsverstoß ist zu bejahen, wenn es die Partei unterlassen hat, sich durch zumutbare Anstrengungen die erforderlichen Informationen zu verschaffen, zB durch Einsicht in öffentliche Register[8] oder zugängliche Urkunden[9] sowie durch Verfolgung eines Auskunftsanspruchs nach § 1580 BGB.[10] Ebenso begründet ist ein Schuldvorwurf, wenn die Partei infolge mangelhafter Organisation oder Unordnung in ihren Ge- 3

---

[27] BGH (Fn. 26) S. 63; kritisch dazu MK/*Braun* Rn. 15.
[28] *St/J/Grunsky* Rn. 7; AK-ZPO/*Gräulich* Rn. 9; *T/P/Reichold* Rn. 4.
[29] BGH (Fn. 26); *St/J/Grunsky* Rn. 7.
[1] Mat. II 1 S. 382 (zu § 521).
[2] So auch BGH LM Nr. 1; BGH WM 1975, 736; OLG Oldenburg NJW-RR 1999, 1443.
[3] OGH-BrZ NJW 1950, 65; OLG Köln NJW-RR 1999, 363; Zö/*Greger* Rn. 2.
[4] OLG Koblenz NJW-RR 1989, 827; MK/*Braun* Rn. 2; *St/J/Grunsky* Rn. 1; vgl. auch BAG AP § 580 Ziff. 7b Nr. 4.
[5] BGH NJW 1997, 1309, 1310; OLG Stuttgart NJW-RR 1995, 892.
[6] OLG Stuttgart (Fn. 5).
[7] Zö/*Greger* Rn. 4; MK/*Braun* Rn. 5; aA BGH (Fn. 5); *St/J/Leipold* vor § 128 Rn. 226.
[8] *St/J/Grunsky* Rn. 5 m. Nachw.
[9] *T/P/Reichold* Rn. 5.
[10] BGH NJW 1993, 1717, 1718.

schäftsunterlagen eine Urkunde nicht rechtzeitig auffindet.[11] Ausnahmsweise kann jedoch auch bei Kenntnis des Restitutionsgrundes das Unterlassen seines Geltendmachens entschuldigt sein, wenn sich die Partei in einem entschuldbaren Irrtum über die Bedeutung der ihr bekannten Tatsachen für den laufenden Prozess befunden hat.[12] Allerdings ist zu berücksichtigen, dass regelmäßig erwartet werden kann, dass sich die Partei mit ihrem Prozessbevollmächtigten bespricht und dass dessen Verschulden ihr zuzurechnen ist (§ 85 Abs. 2). Das Geltendmachen eines Restitutionsgrundes im früheren Verfahren kann von der Partei nur erwartet werden, wenn nach den konkreten Verhältnissen des Einzelfalles eine begründete Aussicht auf Erfolg besteht.[13] Deshalb ist die Partei nicht verpflichtet, einen ihr bekannten Restitutionsgrund vorzutragen, wenn wegen fehlender Beweise von seiner Erfolglosigkeit ausgegangen werden muss.[14] Kein Verschuldensvorwurf iSv. § 582 ist einer Partei zu machen, die solche Tatsachen in der Revisionsinstanz nicht vorträgt, die in ihr hätten berücksichtigt werden können (vgl. dazu § 559 Rn. 8ff.).[15]

4 **3. Erfolglose Geltendmachung im früheren Verfahren.** Der Auffassung, dass immer dann, wenn der Kläger bereits im früheren Verfahren erfolglos den Restitutionsgrund geltend gemacht hat, er damit im Wiederaufnahmeverfahren ausgeschlossen ist,[16] kann zumindest in dieser Allgemeinheit nicht gefolgt werden. Vielmehr ist zu differenzieren: Ausgeschlossen ist es, dass der Restitutionskläger auf dieselben Tatsachen und Beweismittel wie bereits im Vorprozess seine Klage stützt.[17] Erlangt jedoch die Partei neue Beweismittel und Informationen, über die sie im ersten Prozess nicht verfügt hat, und ist der Mangel im Vorprozess nicht auf eine Sorgfaltswidrigkeit zurückzuführen, dann ist die Partei nicht gehindert, eine Restitutionsklage zu erheben.[18] Denn es erscheint inkonsequent, wenn man zwar eine Restitutionsklage dann zulassen will, wenn die Partei unverschuldet die Erfolgsaussichten eines Restitutionsgrundes im früheren Verfahren falsch eingeschätzt hat (Rn. 3), dagegen eine solche Klage ausschließt, weil sie irrtümlich glaubte, die von ihr vorgelegten Beweise reichten zur Begründung dieses Restitutionsgrundes aus. In beiden Fällen kann ihr kein sorgfaltswidriges Verhalten vorgeworfen werden.

5 **4. Non liquet.** Lässt sich im Restitutionsverfahren nicht klären, ob die Voraussetzungen des § 582 erfüllt werden, ob also die Partei ohne ihr Verschulden außerstande war, den Restitutionsgrund im früheren Verfahren geltend zu machen, dann geht diese Unaufklärbarkeit zu Lasten des Restitutionsklägers; er trägt die Feststellungslast.[19] Ob die Klage dann als unzulässig oder als unbegründet abzuweisen ist, hängt von der oben (Rn. 1) erörterten Frage ab, ob durch § 582 eine Zulässigkeitsvoraussetzung aufgestellt wird.

583 *Vorentscheidungen* **Mit den Klagen können Anfechtungsgründe, durch die eine dem angefochtenen Urteil vorausgegangene Entscheidung derselben oder einer unteren Instanz betroffen wird, geltend gemacht werden, sofern das angefochtene Urteil auf dieser Entscheidung beruht.**

I. Normzweck

1 Die Vorschrift entspricht den in §§ 512, 557 Abs. 2 getroffenen Regelungen, allerdings mit dem Unterschied, dass es nicht darauf ankommt, ob die Vorentscheidungen unanfechtbar sind oder mit der Beschwerde angefochten werden können; außerdem erfasst sie auch Vorentscheidungen der unteren Instanz, nicht jedoch der höheren (Rn. 3). § 583 gilt sowohl für die Nichtigkeitsklage als auch für die Restitutionsklage.

II. Vorausgegangene Entscheidung

2 **1. Begriff.** Als „vorausgegangene Entscheidung" iSv. § 583 sind alle im Verfahren erlassenen Beschlüsse und Verfügungen sowie die nicht selbständig anfechtbaren **Zwischenurteile** (§ 303) zu begreifen.[1] Des Weiteren zählt die hM auch die anfechtbaren Zwischenurteile (§§ 280 Abs. 2, 304 Abs. 2) und die Vorbehaltsurteile (§§ 302 Abs. 3, 599 Abs. 3) zu den von § 583 erfassten Entscheidungen.[2] Diese Auffassung kann sich einmal auf den Wortlaut der Vorschrift berufen, der sich gerade von dem der §§ 512, 557 Abs. 2 darin unterscheidet, dass nicht auf die selbständige Anfechtbarkeit der Vorentscheidung abgestellt wird (Rn. 1); zum anderen spricht für sie auch, dass triftige Gründe für eine unterschiedliche Behandlung von selbständig anfechtbaren und unanfechtbaren Vorentscheidungen im Wiederaufnahmeverfahren nicht bestehen.[3]

---

[11] Vgl. BGH LM Nr. 3 = NJW 1974, 557 (Das Gericht ließ offen, ob dies einen Verschuldensvorwurf entkräften kann); vgl. auch AG Tempelhof-Kreuzberg NJWE-FER 1997, 211 (kein Verschulden bei Vergessen lange zurückliegender Vorgänge und deshalb unterlassener Nachforschungen).
[12] Vgl. BGH VersR 1962, 175, 176.
[13] *St/J/Grunsky* Rn. 4, *T/P/Reichold* Rn. 4.
[14] MK/*Braun* Rn. 8.
[15] BGH NJW 1977, 498, 499; 1998, 2972, 2975.
[16] *St/J/Grunsky* Rn. 2; *T/P/Reichold* Rn. 3; *Zö/Greger* Rn. 8.
[17] MK/*Braun* Rn. 10.
[18] LAG Frankfurt NJW 1962, 1886; *Leipold* ZZP 81 (1968), 69, 71f.; MK/*Braun* Rn. 10.
[19] OLG Oldenburg (Fn. 2); AK-ZPO/*Gräulich* Rn. 7 m. Nachw.
[1] *Zö/Greger* Rn. 1; *Zi* Rn. 1; AK-ZPO/*Gräulich* Rn. 2.
[2] *Gilles* ZZP 78 (1965), 466, 489f.; *St/J/Grunsky* Rn. 1.
[3] Vgl. *Gilles* (Fn. 2) S. 481ff.; *Wilts* NJW 1963, 1532.

Eine **Ausnahme** muss jedoch für **Vorentscheidungen der höheren Instanz** zugelassen werden. Hat ein Rechtsmittelgericht eine Vorentscheidung getroffen und die Sache im Übrigen an die untere Instanz zurückverwiesen, dann ist die Anfechtung im Wiederaufnahmeverfahren unmittelbar gegen die Vorentscheidung und nicht gegen das spätere Endurteil der unteren Instanz zu richten, wenn der Wiederaufnahmegrund das Urteil der höheren Instanz betrifft. Mit Aufhebung dieses Urteils entfällt dann auch die Entscheidung des unteren Gerichts.[4] Dass § 583 für Vorentscheidungen einer höheren Instanz nicht anzuwenden ist, wird ausdrücklich in den Gesetzesmaterialien betont.[5] Diese Ausnahme ist geboten, weil anderenfalls im Widerspruch zum Instanzenzug ein unteres Gericht über Entscheidungen des höheren zu befinden hätte.[6] 3

2. Gegenstand der Wiederaufnahmeklage. In Fällen des § 583 ist die **Wiederaufnahmeklage** stets unmittelbar **gegen** das **Endurteil** zu richten und nicht gegen die Vorentscheidung (§ 578 Rn. 11). Die Vorentscheidung ist dann zusammen mit dem Endurteil zu überprüfen, das notwendigerweise von der Vorentscheidung betroffen sein muss, weil § 583 ausdrücklich verlangt, dass das Endurteil auf der Vorentscheidung beruhen muss. Dies bedeutet indes nicht, dass der bei der Vorentscheidung begangene Fehler auch den Inhalt des Endurteils beeinflusst hat. Vielmehr ist es nur erforderlich, dass die Vorentscheidung eine sachliche oder prozessuale Grundlage des Endurteils bildet, wie dies zB bei einem Zwischenurteil nach § 280 für das Endurteil der Fall ist.[7] Die Selbständigkeit von **Teilurteilen** (§ 301 Rn. 3ff.) hat zur Folge, dass jedes Teilurteil selbständig mit der Wiederaufnahmeklage angegriffen werden muss.[8] 4

3. Wirkungen der Aufhebung der angegriffenen Entscheidung. Wird das Endurteil im Wiederaufnahmeverfahren aufgehoben, dann sind durch das über den Wiederaufnahmegrund entscheidende Urteil, bei dem es sich auch um ein Zwischenurteil handeln kann (§ 578 Rn. 4, 17), die vorausgegangenen Urteile (Zwischen- und Vorbehaltsurteile) förmlich aufzuheben.[9] Andere Entscheidungen (Beschlüsse und Verfügungen) verlieren dadurch automatisch ihre Bedeutung für die im dritten Verfahrensabschnitt (§ 578 Rn. 3) zu treffende Entscheidung.[10] 5

584 ***Ausschließliche Zuständigkeit für Nichtigkeits- und Restitutionsklagen*** **(1) Für die Klagen ist ausschließlich zuständig: das Gericht, das im ersten Rechtszug erkannt hat; wenn das angefochtene Urteil oder auch nur eines von mehreren angefochtenen Urteilen von dem Berufungsgericht erlassen wurde oder wenn ein in der Revisionsinstanz erlassenes Urteil auf Grund des § 580 Nr. 1 bis 3, 6, 7 angefochten wird, das Berufungsgericht; wenn ein in der Revisionsinstanz erlassenes Urteil auf Grund der §§ 579, 580 Nr. 4, 5 angefochten wird, das Revisionsgericht.**

(2) Sind die Klagen gegen einen Vollstreckungsbescheid gerichtet, so gehören sie ausschließlich vor das Gericht, das für eine Entscheidung im Streitverfahren zuständig gewesen wäre.

I. Normzweck

Durch die Vorschrift wird der Grundsatz aufgestellt, dass die Wiederaufnahmeklage bei dem Gericht zu erheben ist, von dem das aufzuhebende Urteil erlassen wurde. Zwar handelt es sich bei der Nichtigkeits- und der Restitutionsklage um selbständige Klagen, jedoch hat der Gesetzgeber davon abgesehen, das Wiederaufnahmeverfahren stets in erster Instanz beginnen zu lassen, weil dann der Wiederaufnahmekläger besser gestellt wäre, als wenn er von dem Wiederaufnahmegrund während des Berufungsverfahrens erfahren hätte.[1] Wird durch das **Berufungsurteil** die Berufung aus prozessualen Gründen verworfen, dann können die Urteile der ersten und der zweiten Instanz als für sich selbständige Entscheidungen über verschiedene Gegenstände der selbständigen Anfechtung im Wiederaufnahmeverfahren unterliegen. Der Gesetzgeber wollte jedoch die gleichzeitige Verhandlung der Wiederaufnahme in zwei Instanzen ausschließen und hat deshalb vorgeschrieben, dass im Falle der Anfechtung beider Urteile die Berufungsinstanz beide Klagen an sich zu ziehen habe.[2] 1

Neben einem **Revisionsurteil** gibt es regelmäßig noch das Urteil der zweiten Instanz, dem selbständige Bedeutung zukommt. Dies gilt nicht nur in dem Fall, dass die Revision aus sachlichen Gründen zurückgewiesen wird, sondern auch, wenn das Revisionsgericht eine anderweitige Entscheidung in der Sache trifft, weil dadurch das zweitinstanzliche Urteil nicht völlig beseitigt, sondern dessen Entscheidung über die rein tatsächlichen Fragen des Rechtsstreits unberührt bleiben. Deshalb müssen die Restitutionsgründe, die lediglich eine bestimmte Ergänzung oder Berichtigung des Sachverhalts bezwecken, auch dann in der Berufungsinstanz angebracht werden, wenn das Revisionsurteil formal allein anfechtbar ist. Folgerichtig sind in der Revisionsinstanz nur solche Wiederaufnahmegründe geltend zu machen, die nicht auf eine Korrektur des Sachverhalts gerichtet sind. Dies kommt allerdings im Wortlaut des Gesetzes nicht mit der notwendigen Klarheit zum Ausdruck.[3] Deshalb ist insoweit eine berichtigende Auslegung geboten (Rn. 6). 2

---

[4] *St/J/Grunsky* Rn. 4; AK-ZPO/*Gräulich* Rn. 6.
[5] Mat. II 1 S. 382 (zu § 522).
[6] *Gilles* (Fn. 2) S. 488f.; *Wilts* (Fn. 3) S. 1533.
[7] *Gilles* (Fn. 2) S. 479f.; *St/J/Grunsky* Rn. 2.
[8] BGH NJW 1959, 1918, 1919.
[9] *Zö/Greger* Rn. 5; AK-ZPO/*Gräulich* Rn. 7.
[10] *Zö/Greger* Rn. 5, § 590 Rn. 5.
[1] Mat. II 1 S. 382 (zu § 523).
[2] Mat. (Fn. 1) S. 383.
[3] MK/*Braun* Rn. 1.

II. Die Zuständigkeitsregelung des Abs. 1

3 **1. Allgemeines.** § 584 Abs. 1 regelt verbindlich die sachliche und örtliche Zuständigkeit für Wiederaufnahmeklagen und begründet einen **ausschließlichen Gerichtsstand,** der durch Parteivereinbarung nicht abbedungen werden kann (§ 40 Abs. 2).[4] Eine **Sonderregelung** gilt allerdings auf Grund **des § 641i Abs. 3** für Restitutionsklagen gegen ein rechtskräftiges Urteil, in dem über die Vaterschaft entschieden ist. Wird eine Wiederaufnahmeklage vor einem unzuständigen Gericht erhoben, dann ist in entsprechender Anwendung des § 281 Abs. 1 auf Antrag des Klägers die Sache an das zuständige Gericht zu verweisen.[5] Gegen ein **ausländisches Urteil** kann vor einem deutschen Gericht keine Wiederaufnahmeklage erhoben werden; jedoch kann ein Wiederaufnahmegrund bewirken, dass die Anerkennung des Urteils wegen Verstoßes gegen den ordre public (§ 328 Abs. 1 Nr. 4) ausgeschlossen ist.[6]

4 **2. Zuständigkeit des erstinstanzlichen Gerichts.** Richtet sich die Wiederaufnahmeklage gegen ein Urteil der ersten Instanz, dann ist dieses Gericht auch dann zuständig, wenn das Urteil nach Zurückverweisung durch das Berufungsgericht (§§ 538 Abs. 2) ergangen ist. Eine Ausnahme gilt nur, wenn neben dem erstinstanzlichen Urteil auch das des Berufungsgerichts angefochten wird (Rn. 1). Eine Wiederaufnahmeklage gegen ein Ehescheidungsurteil ist als Ehesache iSv. § 606 Abs. 1 anzusehen.[7].

5 **3. Zuständigkeit des Berufungsgerichts.** Entscheidet das Berufungsgericht in der Sache selbst, dann ist es auch für die Wiederaufnahmeklage gegen dieses Urteil zuständig. Gegen das Urteil des erstinstanzlichen Gerichts kann bei diesem nur Klage erhoben werden, soweit es sich um Ansprüche handelt, über die das Berufungsgericht deshalb nicht entschieden hat, weil dagegen keine Berufung eingelegt worden ist. Wird in einem solchen Fall **wegen desselben Wiederaufnahmegrundes gegen beide Urteile** Klage erhoben, dann ist dafür allein das Berufungsgericht zuständig.[8] Denn die Erwägung des Gesetzgebers, eine gleichzeitige Verhandlung der Wiederaufnahme in zwei Instanzen zu vermeiden (Rn. 1), muss auch bei dieser Konstellation maßgebend sein. Aus diesem Grunde ist das Berufungsgericht auch zuständig, wenn es die Berufung als unzulässig verworfen hat und sowohl dieses Urteil als auch das in der Sache ergangene Urteil der ersten Instanz angefochten werden.[9] Gleiches gilt bei Verwerfung der Berufung durch Beschluss nach § 522 Abs. 1.[10] Bei einer **Zurückverweisung an die erste Instanz nach § 538 Abs. 2** stehen ebenfalls die Entscheidungen beider Instanzen als selbständige Urteile nebeneinander, so dass sich die Zuständigkeit für das Wiederaufnahmeverfahren danach richtet, welches dieser Urteile angefochten wird (Rn. 4). Wird die Wiederaufnahmklage gegen beide Urteile erhoben, dann ist allein das Berufungsgericht zuständig, wobei es nicht darauf ankommt, ob dieselben Wiederaufnahmegründe gegen beide Urteile geltend gemacht werden.[11]

6 Die Zuständigkeit des Berufungsgerichts ist durch § 584 Abs. 1 für Restitutionsklagen gegen **Revisionsurteile** bestimmt worden, wenn es sich um Restitutionsgründe gem. § 580 Nr. 1 bis 3, 6 und 7 handelt. Auf Grund einer berichtigenden Auslegung der Vorschrift wird jedoch eine Ausnahme von dieser Bestimmung gemacht, wenn vom Revisionsgericht getroffene tatsächliche Feststellungen durch die Restitutionsklage angegriffen werden.[12] Umgekehrt ist die Zuständigkeit des Berufungsgerichts entgegen dem Wortlaut des § 584 Abs. 1 auch in den Fällen der §§ 579, 580 Nr. 4, 5 zu bejahen, wenn mit der Wiederaufnahmeklage nur tatsächliche Feststellungen des Berufungsgerichts angegriffen werden und deshalb in erster Linie dieses Urteil von dem geltend gemachten Anfechtungsgrund betroffen ist.[13] Es ist also auf Grund einer berichtigenden Auslegung des § 584 bei der Zuständigkeitsverteilung zwischen Berufungs- und Revisionsgericht von der Regel auszugehen, dass stets das Gericht zuständig ist, dessen tatsächliche Feststellungen im Urteil durch die Wiederaufnahmeklage in erster Linie angegriffen werden (vgl. aber auch Rn. 7).[14]

7 Enthält die Klage **verschiedene Wiederaufnahmegründe, die** nach der in § 584 getroffenen Regelung teils **in den Zuständigkeitsbereich des Berufungsgerichts,** teils **in den des Revisionsgerichts fallen,** dann ist zur Vermeidung einer gleichzeitigen Verhandlung in zwei Instanzen einem Gericht die Gesamtzuständigkeit zuzuweisen; zuständig ist dann das Berufungsgericht, weil bei einer Gesamtzuständigkeit des Revisionsgerichts dieses über tatsächliche Feststellungen der Vorinstanz entscheiden müsste.[15] Hat das Revisionsgericht durch Urteil oder durch Beschluss (§ 552 Abs. 2) die Revision als unzulässig verworfen oder unter Aufhebung des Berufungsurteils die Sache zurückverwiesen, dann ist für die Wiederaufnahmeklage gegen die Sachentscheidung des Berufungsgerichts dieses zuständig (vgl. auch Rn. 8 aE).[16]

---

[4] KG FamRZ 1979, 526; AK-ZPO/*Gräulich* Rn. 1.
[5] BayObLG WuM 1991, 133.
[6] *St/J/Grunsky* Rn. 1.
[7] *Zö/Philippi* § 621 Rn. 86; mit deutlicher Tendenz zur aA OLG Karlsruhe FamRZ 1996, 301.
[8] *St/J/Grunsky* Rn. 3; aA MK/*Braun* Rn. 8.
[9] MK/*Braun* Rn. 4; *Zö/Greger* Rn. 4.
[10] *St/J/Grunsky* Rn. 4 (zu § 519b aF).
[11] *St/J/Grunsky* Rn. 5; *Zö/Greger* Rn. 5.
[12] BGHZ 62, 18, 19f.; VGH Mannheim NVwZ 1995, 1006; ebenso BayObLG WuM 1995, 453 (für die Zuständigkeit des Rechtsbeschwerdegerichts in Wohnungseigentumssachen).
[13] BGHZ 61, 95, 96ff. = NJW 1973, 1701; *Zi* Rn. 3; *T/P/Reichold* Rn. 3 (jeweils zu § 580 Nr. 4); *Ro/S/Go* § 160 Rn. 10.
[14] Weiter gehend will MK/*Braun* Rn. 6 danach unterscheiden, ob Mängel des Berufungsverfahrens oder Revisionsverfahrens durch die Wiederaufnahmeklage geltend gemacht werden, um danach die Zuständigkeit beider Gerichte zu bestimmen; abl. *St/J/Grunsky* Rn. 6
[15] *Zö/Greger* Rn. 10; *St/J/Grunsky* Rn. 8; aA MK/*Braun* Rn. 8.
[16] BGHZ 14, 251, 257 = NJW 1954, 1523.

4. Zuständigkeit des Revisionsgerichts. Entscheidet das Revisionsgericht in der Sache selbst, dann ist nach § 584 die Zuständigkeit nach einzelnen Wiederaufnahmegründen zwischen Revisionsgericht und Berufungsgericht aufgeteilt, wobei allerdings die von der Rechtsprechung vollzogene berichtigende Auslegung der Vorschrift (Rn. 6) zu beachten ist. Bei dieser Zuständigkeitsverteilung muss es auch bleiben, wenn mit der Wiederaufnahmeklage **lediglich** die **Rechtsauffassung des Revisionsgerichts angegriffen** wird.[17] Die Zuständigkeit des Revisionsgerichts ändert sich nicht dadurch, dass von dem **Nichtigkeitsgrund** nicht nur die Revisionsentscheidung, sondern **auch** die ihr **vorangegangenen Urteile** der Vorinstanzen betroffen sind.[18] Wird eine Nichtigkeitsklage wegen unvorschriftsmäßiger Besetzung der Tatsacheninstanzen erhoben, dann kommt es darauf an, ob das Revisionsgericht in der Sache entschieden hat. Ist dies der Fall, dann ist das Revisionsgericht auch für eine solche Nichtigkeitsklage zuständig.[19] Hat dagegen das Revisionsgericht lediglich die Revision als unzulässig verworfen, dann hat das Berufungsgericht über die auf § 579 Abs. 1 Nr. 1 gestützte Nichtigkeitsklage zu befinden.[20] 8

III. Vollstreckungsbescheid (Abs. 2)

Gemäß § 700 Abs. 1 steht der Vollstreckungsbescheid einem für vorläufig vollstreckbar erklärten Versäumnisurteil gleich. Dementsprechend kann er nach Eintritt der Rechtskraft durch eine Wiederaufnahmeklage angegriffen werden (§ 578 Rn. 12). Für eine solche Klage ist nach § 584 Abs. 2 nicht das den Vollstreckungsbescheid erlassende Amtsgericht (§ 699 Rn. 4) sachlich zuständig, sondern das Gericht, das für die Entscheidung im Streitverfahren zuständig gewesen wäre. Dies ist abhängig vom Streitwert das Amtsgericht oder das Landgericht; bei späteren Zuständigkeitsveränderungen gilt die im Zeitpunkt des Erlasses des angegriffenen Vollstreckungsbescheides geltende Regelung.[21] 9

585 *Allgemeine Verfahrensgrundsätze* **Für die Erhebung der Klagen und das weitere Verfahren gelten die allgemeinen Vorschriften entsprechend, sofern nicht aus den Vorschriften dieses Gesetzes sich eine Abweichung ergibt.**

I. Normzweck

Die Vorschrift bestätigt die Besonderheiten der Wiederaufnahmeklagen. Einerseits handelt es sich dabei nicht um Rechtsmittel (§ 578 Rn. 2), sondern um Klagen, die aber andererseits in ihrem Ziel Rechtsmitteln gleichen. Deshalb werden die allgemeinen Vorschriften für anwendbar erklärt, allerdings nicht unmittelbar, sondern entsprechend. Abweichungen ergeben sich insbesondere aus der Tendenz der Klagen, ein Urteil anzufechten.[1] 1

II. Die Regelung des Verfahrens

Die §§ 253ff. sind entsprechend anwendbar. Dies gilt auch dann, wenn die Wiederaufnahmeklage vor einem OLG oder dem BGH erhoben wird (vgl. §§ 525, 555).[2] Wird das Wiederaufnahmeverfahren vor einem **Amtsgericht** durchgeführt, sind zusätzlich die §§ 495ff. zu beachten. Die Anwendbarkeit der Regeln über das **Versäumnisverfahren** hat der Gesetzgeber für selbstverständlich erachtet und deshalb nicht ausdrücklich bestimmt.[3] Die Klage ist dem **Prozessbevollmächtigten** des Vorprozesses zuzustellen (§ 172 Abs. 1). Die Prozessvollmacht für den Vorprozess gilt auch regelmäßig für die Wiederaufnahme des Verfahrens (§ 81); nur in Ehesachen müssen die Parteien für eine Wiederaufnahme des Verfahrens eine spezielle Vollmacht erteilen (§ 609).[4] Die **Rücknahme der Wiederaufnahmeklage** ist ohne Einwilligung des Beklagten bis zur mündlichen Verhandlung über den Wiederaufnahmegrund als „Hauptsache" iSv. § 269 zulässig.[5] 2

Für das **Beweisverfahren** gelten die allgemeinen Regeln mit der Besonderheit, dass die **Prüfung des Wiederaufnahmegrundes** durch das Gericht **von Amts wegen** vorzunehmen ist und dass deshalb Anerkenntnisse (§ 307) und Geständnisse (§ 288) insoweit nicht binden können, sondern frei gewürdigt werden müssen (§ 579 Rn. 9, vgl. auch § 580 Rn. 26). Die Prüfung von Amts wegen wird durch das öffentliche Interesse an dem Bestand rechtskräftiger Entscheidungen der Gerichte gerechtfertigt.[6] Die für die Zulässigkeit und Begründetheit der Wiederaufnahmeklage erheblichen Tatsachen sind auch vom Revisionsgericht selbst festzustellen (§ 590 Abs. 3). Ist nach Aufhebung des angefochtenen Urteils über den (alten) Rechtsstreit neu zu befinden, dann kann das Revisionsgericht keine tatsächlichen Feststellungen treffen, sondern hat die Sache nach § 565 Abs. 1 zurückzuverweisen (§ 590 Rn. 3). 3

---

[17] VGH Mannheim (Fn. 12); aA BFH/NV 1986, 164 (für den Fall, dass die Nichtbeachtung einer BVerfG-Entscheidung gerügt wird).
[18] BGH WM 1980, 1350, 1351.
[19] BVerwG NJW 1974, 2328.
[20] BVerwG Buchholz VwGO § 153 Nr. 20.
[21] *St/J/Grunsky* Rn. 9.
[1] Mat. II 1 S. 384 (zu § 524).
[2] *St/J/Grunsky* Rn. 2; AK-ZPO/*Gräulich* Rn. 3.
[3] Mat. (Fn. 1). Vgl. aber auch MK/*Braun* Rn. 4 mit dem zutreffenden Hinweis, dass die Geständnisfiktion des § 331 Abs. 1 S. 1 hinsichtlich der Wiederaufnahmegründe (vgl. dazu Rn. 3) nicht gelten kann.
[4] *St/J/Schlosser* § 609 Rn. 6.
[5] *Zö/Greger* Rn. 10; *St/J/Grunsky* Rn. 3.
[6] *St/J/Grunsky* § 579 Rn. 13, § 580 Rn. 6.

4 Wird eine Wiederaufnahmeklage gegen ein Urteil erhoben, das in einer **besonderen Prozessart** zB im Urkunden- und Wechselprozess ergangen ist, dann sind die für diese Prozessart geltenden besonderen Verfahrensvorschriften erst im dritten Verfahrensabschnitt und nicht schon in der Verhandlung über die Zulässigkeit und den Grund der Wiederaufnahme (§ 578 Rn. 3) anzuwenden.[7] Allerdings gelten die Besonderheiten des Verfahrens in Familiensachen in allen drei Abschnitten des Wiederaufnahmeverfahrens.[8]

5 Die Tatsache, dass ein **Richter**, der an dem Urteil mitgewirkt hat, das den Gegenstand der Wiederaufnahmeklage bildet, auch am Wiederaufnahmeverfahren beteiligt ist, schafft weder einen gesetzlichen **Ausschließungsgrund**[9] noch begründet dies für sich allein die Besorgnis der Befangenheit.[10] Misstrauen gegen die Unparteilichkeit eines Richters kann jedoch gerechtfertigt sein, wenn die Wiederaufnahmeklage gerade auf einen Grund gestützt wird, der einen Vorwurf gegen die Amtsführung des Richters im früheren Verfahren bildet.[11]

III. Gerichtskosten

Es gilt die Vorschusspflicht des § 12 GKG.

586

Klagefrist **(1) Die Klagen sind vor Ablauf der Notfrist eines Monats zu erheben.**

(2) [1]Die Frist beginnt mit dem Tag, an dem die Partei von dem Anfechtungsgrund Kenntnis erhalten hat, jedoch nicht vor eingetretener Rechtskraft des Urteils. [2]Nach Ablauf von fünf Jahren, von dem Tag der Rechtskraft des Urteils an gerechnet, sind die Klagen unstatthaft.

(3) Die Vorschriften des vorstehenden Absatzes sind auf die Nichtigkeitsklage wegen mangelnder Vertretung nicht anzuwenden; die Frist für die Erhebung der Klage läuft von dem Tag, an dem der Partei und bei mangelnder Prozessfähigkeit ihrem gesetzlichen Vertreter das Urteil zugestellt ist.

I. Normzweck

1 Die für die Wiederaufnahmeklagen geltenden Fristen dienen dazu, die Korrektur rechtskräftiger Entscheidungen einzuschränken. Im Interesse der Rechtssicherheit und der Wahrung des Rechtsfriedens muss es der Betroffene nach Ablauf dieser Fristen hinnehmen, dass Entscheidungen auch dann bestehen bleiben, wenn ihre Unrichtigkeit feststeht. Dies ist für die Rechtsgemeinschaft leichter zu ertragen als die Möglichkeit, rechtkräftig erledigte Streitigkeiten noch nach vielen Jahren erneut aufzugreifen.[1] Dennoch wird die fünfjährige **Ausschlussfrist des § 586 Abs. 2 S. 2** insbesondere in Fällen, in denen der Betroffene ohne Verschulden außerstande ist, früher eine Wiederaufnahmeklage zu erheben, als zu kurz und deshalb rechtspolitisch als unbefriedigend angesehen.[2] Nicht zuletzt war dies der Grund für die Zulassung einer Klage auf Grund des § 826 BGB gegen rechtkräftige Urteile (§ 322 Rn. 91ff.). Der Gesetzgeber, der zunächst eine zehnjährige Frist vorgesehen hatte, meinte, dass danach „der Zeitablauf alle einschlägigen Verhältnisse bereits verdunkelt hat".[3] Im Gesetzgebungsverfahren wurde später die Frist auf fünf Jahre reduziert, weil die fünfjährige Frist in der Mehrzahl der Fälle mit der Verjährung der betreffenden Strafen harmoniere und weil vermieden werden müsse, das Urteil zu lange in der Schwebe zu halten.[4]

II. Monatsfrist des Abs. 1

2 **1. Abweichende Regelungen.** Die Monatsfrist des Abs. 1 ist bei Anwendung besonderer Verfahrensordnungen, die **längere Rechtsmittelfristen** als die ZPO vorsehen, durch diese Fristen zu ersetzen.[5] Denn die nach der Regelung der ZPO bestehende Übereinstimmung zwischen der Länge der Rechtsmittelfristen und der in § 586 Abs. 1 genannten Frist ist bei Anwendung anderer Verfahrensordnungen zu wahren, wenn sie eine entsprechende Anwendung der §§ 578ff. vorsehen und längere Rechtsmittelfristen bestimmen.[6] In jedem Fall handelt es sich jedoch um eine Notfrist, die weder durch Parteivereinbarung (§ 224 Abs. 1) noch durch das Gericht (§ 224 Abs. 2) verändert werden kann. Auf Restitutionsklagen, die auf **§ 641i** gestützt werden, ist § 586 nicht anwendbar (§ 641i Abs. 4);[7] diese Ausnahme gilt jedoch nicht, wenn eine Restitutionsklage gegen ein rechtskräftiges Urteil, in dem über die Vaterschaft entschieden ist, auf einen anderen Restitutionsgrund gestützt wird[8] oder wenn eine Nichtigkeitsklage gegen ein solches Urteil erhoben wird (§ 641i Rn. 6).[9]

---

[7] AK-ZPO/*Gräulich* Rn. 10.
[8] BGH NJW 1955, 1879; OLG Hamm FamRZ 1997, 502 (Kindschaftssachen); *St/J/Grunsky* Rn. 5, m. weit. Nachw.
[9] BGH NJW 1981, 1273; BFH/NV 1994, 875, 876.
[10] OLG Karlruhe OLGZ 1975, 242.
[11] OLG Zweibrücken NJW 1974, 955, 956; vgl. auch OLG Celle MDR 1955, 425.
[1] BGHZ 19, 20, 22 = NJW 1956, 60; OLG Düsseldorf NJW-RR 1993, 447, 448.
[2] Vgl. die Nachw. von MK/*Braun* Rn. 2 Fn. 7.
[3] Mat. II 1 S. 385 (zu § 525).
[4] Mat. (Fn. 3) S. 746.
[5] BGH MDR 1963, 119; KG OLGZ 1969, 114, 118.
[6] BGH (Fn. 5); BGHZ 57, 211, 213 (jeweils zum BEG).
[7] Dies gilt nicht nur für Urteile, durch die die Vaterschaft festgestellt wird, sondern auf für solche, durch die eine Feststellungsklage abgewiesen oder die Berufung hiergegen zurückgewiesen wird; BGH NJW 2003, 3708, 3709.
[8] *Zö/Greger* Rn. 1; offen gelassen vom BGH NJW 1994, 589, 591; aA MK/*Braun* § 641i Rn. 19.
[9] BGH (Fn. 8); *St/J/Grunsky* Rn. 2; *Zö/Greger* Rn. 1; *T/P/Reichold* Rn. 7; aA *Braun* (Fn. 8).

2. Fristbeginn. a) Kenntnis vom Anfechtungsgrund. Die Frist des Abs. 1 beginnt mit dem Tage, an dem die Partei von dem Anfechtungsgrund Kenntnis erhalten hat (§ 586 Abs. 2 S. 1). Die Partei erlangt diese Kenntnis, wenn ihr sämtliche Tatsachen bekannt sind, die vorhanden sein müssen, um erfolgreich Klage erheben zu können.[10] Erforderlich ist, dass die Partei oder ihr Prozessbevollmächtigter (§ 85 Rn. 1, 3f.) über alle den Anfechtungsgrund bildenden Tatsachen ein **auf sicherer Grundlage beruhendes Wissen** hat. Allerdings kommt es nicht darauf an, dass der Partei auch die zutreffende rechtliche Einordnung dieser Tatsachen gelingt, dass sie also weiß, dass die bekannt gewordenen Tatsachen einen Wiederaufnahmegrund bilden.[11] Verschließt sich die Partei oder ihr Prozessbevollmächtigter bewusst der Kenntnisnahme bestimmter Tatsachen, dann muss sie sich so behandeln lassen, als habe sie davon ein positives Wissen.[12] Ein bloßes Kennenmüssen oder lediglich ein Verdacht ist dagegen nicht ausreichend.[13] Für die Frage, ob die **Kenntnis des Prozessbevollmächtigten** der Partei zuzurechnen ist, kommt es entscheidend darauf an, ob der Prozessbevollmächtigte in dem Zeitpunkt, in dem er die Kenntnis von dem Bestehen des Anfechtungsgrundes erhielt, von der Partei noch beauftragt war, diese im Rechtsstreit zu vertreten. Grundsätzlich endet der Auftrag des Anwalts, der die Partei im ersten Rechtszug vertreten hat, in dem Augenblick, in dem er seiner Partei das Urteil übersandt und eröffnet hat, wann das Urteil zugestellt ist und wann damit die Rechtsmittelfrist endet.[14] 3

In den Fällen des **§ 580 Nr. 1 bis 5** beginnt die Frist mit dem Tag, an dem die Partei Kenntnis erhält, dass eine rechtskräftige Verurteilung ergangen ist oder dass die Einleitung oder Durchführung des Strafverfahrens aus anderen Gründen als wegen Mangels an Beweis nicht erfolgen kann, weil davon nach § 581 die Erhebung der Restitutionsklage in diesen Fällen abhängig ist (vgl. § 581 Rn. 2ff. auch zu den Fällen einer Einstellung des Verfahrens nach §§ 153ff. StPO). Soll die Restitutionsklage auf eine strafbare Verletzung der Wahrheitspflicht durch einen inzwischen verstorbenen Zeugen gestützt werden (§ 580 Nr. 3), dann beginnt die Frist mit dem Tage, an dem die Partei von der Verletzung der Wahrheitspflicht und von dem Tode des Zeugen Kenntnis erlangt. Eines Einstellungsbescheides der Staatsanwaltschaft bedarf es in einem solchen Fall zur Auslösung des Fristablaufes auch dann nicht, wenn zur Zeit des Todes des Zeugen ein Ermittlungsverfahren gegen ihn anhängig war.[15] Bei dem Restitutionsgrund des **§ 580 Nr. 7 b** genügt nicht allein die Kenntnis vom Inhalt der Urkunde, sondern es muss noch das Wissen hinzukommen, die Urkunde auch im Wiederaufnahmeverfahren als Beweismittel benutzen zu können.[16] Werden mehrere Urkunden nacheinander aufgefunden, die sich auf denselben Restitutionsgrund beziehen, dann beginnt die Klagefrist bei jeder Urkunde jeweils von neuem.[17] Soll die Restitutionsklage auf eine Geburtsurkunde zum Nachweis eines Ehebruchs gestützt werden, dann läuft die Frist erst von dem Zeitpunkt an, in dem die Nichtehelichkeit des Kindes rechtskräftig festgestellt wird.[18] Im Rahmen eines Wiederaufnahmeverfahrens können nur weitere Restitutionsgründe nachträglich geltend gemacht werden, wenn für sie die Monatsfrist des § 586 Abs. 1 im Zeitpunkt der Klageerhebung noch nicht abgelaufen war.[19] Wird diese Voraussetzung erfüllt, dann ist ein **Nachschieben von Gründen** auch dann zulässig, wenn sie nach Ablauf der in § 586 Abs. 1 und Abs. 2 S. 2 genannten Fristen dem Gericht vorgetragen werden.[20] 4

b) Fristwahrung. Trotz Kenntnis des Anfechtungsgrundes beginnt die Frist nach der ausdrücklichen Regelung des § 586 Abs. 2 S. 1 nicht vor Eintritt der formellen Rechtskraft (s. § 705). Bei Kenntnis des Anfechtungsgrundes vor Eintritt der Rechtskraft ist jedoch zu prüfen, ob nicht die Wiederaufnahmeklage deshalb unzulässig ist, weil die Partei den Restitutionsgrund durch Einlegung eines Rechtsmittels hätte geltend machen können (§§ 579 Abs. 2, 582). Die Klagefrist wird auch durch Erhebung der **Klage vor** einem örtlich oder sachlich **unzuständigen Gericht** gewahrt;[21] in entsprechender Anwendung des § 281 Abs. 1 ist auf Antrag des Klägers der Rechtsstreit an das zuständige Gericht zu verweisen.[22] Dagegen reicht ein **Antrag auf Prozesskostenhilfe** zur Wahrung der Frist nicht aus.[23] Jedoch kann in diesem Fall wie auch sonst bei unverschuldeter Versäumung der Frist Wiedereinsetzung in den vorigen Stand beantragt werden (§ 233 Rn. 3).[24] 5

III. Fünfjahresfrist des Abs. 2 S. 2

1. Rechtskraft der Entscheidung. Die Frist des § 586 Abs. 2 S. 2 beginnt mit Eintritt der formellen Rechtskraft der Entscheidung (§ 705 Rn. 1). Wird ein statthaftes und rechtzeitig eingelegtes Rechtsmittel gegen ein Urteil nach Ablauf der Rechtsmittelfrist als unzulässig verworfen, dann tritt die Rechtskraft des 6

---

10 BGH NJW 1993, 1596; 1995, 332, 333; BAG DB 2003, 836..
11 BGH (Fn. 10); BGH VersR 1962, 175, 176; KG OLGZ 1969, 114, 118f.
12 BGH (Fn. 10); BAG (Fn. 10).
13 *Jauernig* NVwZ 1996, 31, 32.
14 BAG NZA 1998, 1301, 1302; BGHZ 31, 351, 354 = NJW 1960, 818.
15 OLG Düsseldorf MDR 1969, 1017.
16 BGH VersR 1962, 175, 176; *St/J/Grunsky* Rn. 4.
17 BGHZ (Fn. 6) S. 214.
18 OLG Nürnberg NJW 1975, 2024.
19 BGH (Fn. 16).
20 MK/*Braun* Rn. 13; *Zö/Greger* Rn. 6.
21 BSG NJW 1970, 966; BayObLG WuM 1991, 133f.; 1995, 453; vgl. auch BGHZ 97, 155, 161 = NJW 1986, 2255 (zu parallelen Fragen bei § 30 PrEnteignG).
22 BayObLG (Fn. 21); *Zeihe* NJW 1971, 2292; *St/J/Grunsky* Rn. 7; MK/*Braun* Rn. 15.
23 BGH (Fn. 1) S. 22f.; *Zö/Greger* Rn. 3; AK-ZPO/*Gräulich* Rn. 13.
24 BVerfG NJW 1993, 3256, 3257; MK/*Braun* Rn. 14; *St/J/Grunsky* Rn. 6.

Urteils erst mit der Rechtskraft der Verwerfungsentscheidung ein.[25] Kann ein von der Partei behaupteter Zeitpunkt des Eintritts der Rechtskraft wegen mangelhafter Aktenführung durch das Gericht nicht ausgeschlossen werden, dann muss von diesem Zeitpunkt ausgegangen werden.[26]

7 **2. Folgen der Versäumung.** Bei der Frist des § 586 Abs. 2 S. 2 handelt es sich um eine **Ausschlussfrist,** die weder abgekürzt noch verlängert werden kann und bei der auch grundsätzlich eine Wiedereinsetzung in den vorigen Stand ausgeschlossen ist.[27] Eine Ausnahme ist nur zu Gunsten der Partei zu machen, die vor Ablauf der Fünfjahresfrist einen **Antrag auf Prozesskostenhilfe** stellt. Die gebotene Gleichbehandlung von Bemittelten und Unbemittelten im Zivilprozess[28] lässt es erforderlich sein, den Antrag auf Prozesskostenhilfe als fristwahrend zu behandeln.[29] Eine Hemmung der Frist in entsprechender Anwendung des Rechtsgedankens des § 206 BGB, wenn die Partei durch **unabwendbare Ereignisse** an der Klageerhebung gehindert wird, ist ausgeschlossen.[30] Zur Vermeidung grober Unbilligkeiten bleibt nur der Weg der richterrechtlich sanktionierten Klage gegen das rechtskräftige Urteil auf Grund des § 826 BGB (§ 322 Rn. 91ff.).[31]

IV. Nichtigkeitsklage wegen mangelnder Vertretung (Abs. 3)

8 **1. Inhalt der Regelung.** Die Vorschrift betrifft Fälle der **mangelnden Vertretung iSv. § 579 Abs. 1 Nr. 4,** also wenn eine nicht prozessfähige Partei überhaupt nicht oder nicht durch ihren gesetzlichen Vertreter vertreten worden war (§ 579 Rn. 5ff.). Dagegen wird durch diese Regelung nicht die fehlende **Postulationsfähigkeit** erfasst.[32] Im Anwendungsbereich des Abs. 3 gilt die fünfjährige Ausschlussfrist des Abs. 2 S. 2 nicht, die Monatsfrist des Abs. 1 läuft von dem Tage, an dem der Partei oder bei mangelnder Prozessfähigkeit ihrem gesetzlichen Vertreter das Urteil zugestellt ist.

9 **2. Klagefrist.** In § 586 Abs. 3 wird der Beginn der Klagefrist lediglich von der Zustellung des Urteils abhängig gemacht. Hinzu kommt aber notwendigerweise der **Eintritt der Rechtskraft,** weil Nichtigkeitsklagen gegen nicht rechtskräftige Urteile unzulässig sind (§ 578 Rn. 2, 10). Hat eine prozessunfähige Partei in einem Rechtsstreit zu Unrecht die Stellung eines Prozessfähigen eingenommen, dann erlangt das für oder gegen sie ergangene Urteil in gleicher Weise Rechtskraft wie bei prozessfähigen Parteien.[33] Nach Rechtskraft des Urteils kann eine auf § 579 Abs. 1 Nr. 4 gestützte Nichtigkeitsklage auch dann erhoben werden, wenn das Urteil noch nicht gemäß § 586 Abs. 3 zugestellt worden ist und deshalb die Klagefrist noch nicht läuft.[34] Wird umgekehrt wirksam zugestellt, bevor das Urteil Rechtskraft erlangt hat, dann beginnt der Lauf der Klagefrist mit dem Eintritt der Rechtskraft, ohne dass eine erneute Zustellung des Urteils dafür erforderlich ist.[35] Da die Fünfjahresfrist des § 586 Abs. 2 S. 2 nicht gilt (Rn. 8), ist die Nichtigkeitsklage ohne Rücksicht auf die Länge der seit Erlass des angefochtenen Urteils verstrichenen Zeit zulässig. Die Voraussetzungen für eine **Verwirkung** des Klagerechts werden regelmäßig nicht erfüllt sein.[36] Wird das Urteil wirksam zugestellt, ohne dass die mangelnde Vertretung aus ihm erkennbar ist und hat die betroffene Partei oder ihr Prozessbevollmächtigter keine **Kenntnis von** diesem **Mangel,** dann soll die Klagefrist erst im Zeitpunkt der Kenntniserlangung beginnen; diese Auffassung wird auf eine Analogie zu § 586 Abs. 2 S. 1 gestützt.[37] Eine Kenntniserlangung vor Zustellung setzt dagegen die Klagefrist nicht in Lauf.[38]

587 *Klageschrift* **In der Klage muss die Bezeichnung des Urteils, gegen das die Nichtigkeits- oder Restitutionsklage gerichtet wird, und die Erklärung, welche dieser Klagen erhoben wird, enthalten sein.**

I. Inhalt der Klageschrift

1 § 587 beschreibt zusammen mit § 588 den erforderlichen Inhalt der Klageschrift bei einer Wiederaufnahmeklage. Während jedoch § 588 lediglich eine Sollvorschrift enthält, handelt es sich bei § 587 um eine Vorschrift, die beachtet werden muss, wenn nicht die Klage als unzulässig verworfen werden soll (§ 589 Abs. 1).[1] Die durch die Regelung des § 587 aufgestellten Anforderungen entsprechen denen, die durch § 519 Abs. 2 an eine Berufungsschrift und durch § 549 Abs. 1 S. 2 an eine Revisionsschrift gestellt werden, und ersetzen die Angaben, die bei sonstigen Klagen durch § 253 Abs. 2 Nr. 2 verlangt werden. Ein be-

---

[25] GmS-OGB BGHZ 88, 353 = NJW 1984, 1027.
[26] BVerwGE 95, 69f. = NVwZ 1994, 1206; *Zö/Greger* Rn. 15.
[27] BGH (Fn. 1) S. 21.
[28] BVerfGE 22, 83, 86 = NJW 1967, 1267.
[29] Für Wiedereinsetzung in den vorherigen Stand in diesem Fall MK/*Braun* Rn. 2; *St/J/Grunsky* Rn. 10; aA *Zi* Rn. 5.
[30] BGH (Fn. 1) S. 21f.; OLG Düsseldorf NJW-RR 1993, 447, 448.
[31] Dagegen will MK/*Braun* Rn. 4ff. bei sog. Vorausentscheidungen (§ 580 Rn. 24) und bei Urteilen, aus denen noch vollstreckt werden kann, auf Grund einer teleologischen Reduktion die Fristen des § 586 nicht anwenden; zust. *Smid* WuB VII A § 586 1. 93.
[32] BFHE 145, 500, 501f. = DB 1986, 1002.
[33] BGH FamRZ 1963, 131f.; vgl. auch § 300 Fn. 6.
[34] KG NJW-RR 1990, 8.
[35] OLG Köln OLGZ 1977, 118, 120; *Zö/Greger* Rn. 22; *Ro/S/Go* § 160 Rn. 16; aA *St/J/Grunsky* Rn. 14; MK/*Braun* Rn. 20.
[36] BGH (Fn. 33) S. 132; *Zö/Greger* Rn. 24.
[37] KG FamRZ 1979, 526, 527; *St/J/Grunsky* Rn. 15; *Zö/Greger* Rn. 23; *B/L/H* Rn. 10.
[38] KG NJW 1970, 817, 818; KG (Fn. 37).
[1] *Zö/Greger* Rn. 2.

stimmter **Antrag** ist nicht zwingend vorgeschrieben (§ 588 Rn. 4); sein Fehlen führt nicht zur Unzulässigkeit der Klage.[2] Das Gleiche gilt für die **Begründung** der Wiederaufnahmeklage; sie kann noch in der mündlichen Verhandlung nachgeholt werden, wobei allerdings § 296 beachtet werden muss.[3] Erforderlich ist jedoch nach § 253 Abs. 2 Nr. 1 iVm. § 585 die **Bezeichnung der Parteien** und **des Gerichts** in der Klageschrift.[4]

II. Mängel

Fehler in der **Bezeichnung der Wiederaufnahmeklage** sind unschädlich, wenn sich durch Auslegung der Klageschrift feststellen lässt, welche Klage erhoben werden soll.[5] Ebenso führt die **falsche Bezeichnung des angegriffenen Urteils** nicht zur Unzulässigkeit der Klage, wenn erkennbar ist, gegen welches Urteil die Klage gerichtet werden soll (zB irrtümliche Angabe des erstinstanzlichen Urteils statt des anzugreifenden Berufungsurteils).[6] **Genügt die Klageschrift nicht** den Anforderungen des **§ 587**, dann ist dem Kläger zunächst Gelegenheit zu geben, innerhalb der Fristen des § 586 den Mangel zu beheben, bevor die Klage als unzulässig gemäß § 589 verworfen wird. Ein Wechsel von der Restitutionsklage zur Nichtigkeitsklage oder umgekehrt stellt eine **Klageänderung** dar (§ 263; vgl. § 578 Rn. 9).[7] 2

588 *Inhalt der Klageschrift* **(1) Als vorbereitender Schriftsatz soll die Klage enthalten:**

1. die Bezeichnung des Anfechtungsgrundes;

2. die Angabe der Beweismittel für die Tatsachen, die den Grund und die Einhaltung der Notfrist ergeben;

3. die Erklärung, inwieweit die Beseitigung des angefochtenen Urteils und welche andere Entscheidung in der Hauptsache beantragt werde.

(2) [1]Dem Schriftsatz, durch den eine Restitutionsklage erhoben wird, sind die Urkunden, auf die sie gestützt wird, in Urschrift oder in Abschrift beizufügen. [2]Befinden sich die Urkunden nicht in den Händen des Klägers, so hat er zu erklären, welchen Antrag er wegen ihrer Herbeischaffung zu stellen beabsichtigt.

I. Allgemeines

Anders als § 587 stellt § 588 für den Inhalt der Klageschrift nur **Sollvorschriften** auf (§ 587 Rn. 1). Die notwendigen Angaben, um die Klage schlüssig sein zu lassen, können also noch in der mündlichen Verhandlung nachgeholt werden, wobei allerdings eine Zurückweisung nach § 296 in Betracht kommen kann (§ 587 Rn. 1). 1

II. Inhalt der Klage als vorbereitender Schriftsatz

1. Anfechtungsgrund. Der Anfechtungsgrund wird dadurch „bezeichnet" iSv. § 588 Abs. 1 Nr. 1, dass die Tatsachen vorgetragen werden, die zur **Begründung** einer Nichtigkeitsklage nach § 579 oder einer Restitutionsklage nach § 580 erforderlich sind. Eine solche Begründung muss nicht notwendigerweise in der Klageschrift enthalten sein, sondern kann noch im Laufe des Verfahrens nachgeholt werden (Rn. 1). Die Fristen des § 586 sind jeweils auf die einzelnen Nichtigkeits- und Restitutionsgründe bezogen (§ 586 Rn. 4), so dass der einzelne Anfechtungsgrund innerhalb dieser Fristen geltend gemacht werden muss, eine (zusätzliche) Begründung jedoch auch noch nach Ablauf dieser Fristen vorgetragen werden kann. Nur wenn neue Anfechtungsgründe eingeführt werden sollen, muss dies innerhalb der Fristen des § 586 geschehen.[1] Das **Nachschieben von Anfechtungsgründen** innerhalb derselben Klageart stellt anders als der Übergang von einer Klageart auf die andere (§ 578 Rn. 9, § 587 Rn. 2) keine Klageänderung dar. 2

2. Beweismittel. Mit Ausnahme der beantragten Parteivernehmung (vgl. § 581 Rn. 6), durch die der Beweis für Tatsachen, welche die Restitutionsklage begründen, nicht geführt werden kann (§ 581 Abs. 2), ist jedes Beweismittel zugelassen. Tatsachen, durch die die Einhaltung der Notfrist des § 586 Abs. 1 bewiesen werden soll, müssen lediglich glaubhaft gemacht werden (§ 589 Abs. 2). Im Übrigen gilt das allgemeine Beweisrecht. 3

3. Anträge. Hinsichtlich der zu stellenden Anträge ist zwischen dem Aufhebungsantrag und dem Antrag in der Hauptsache zu unterscheiden. Der Aufhebungsantrag kann sich auch ohne eine entsprechende ausdrückliche Formulierung aus dem Vorbringen des Klägers ergeben insbesondere in dem Fall, in dem die Partei die Aufhebung des gesamten angefochtenen Urteils wünscht.[2] Das Gericht hat den Aufhebungsantrag zu beachten (§ 308 Abs. 1) und darf auch dann das Urteil nicht im weiteren Umfang als beantragt aufheben, wenn der Wiederaufnahmegrund weiter reicht.[3] Da die neue Verhandlung in der Hauptsache die 4

---

[2] *St/J/Grunsky* Rn. 1.
[3] MK/*Braun* Rn. 3.
[4] *Sae/Kemper* Rn. 2.
[5] *St/J/Grunsky* Rn. 2; *Zö/Greger* Rn. 2; weiter gehend (Angabe der Klageart entbehrlich) MK/*Braun* Rn. 2.
[6] BAG AP § 580 Nr. 4.
[7] AK-ZPO/*Gräulich* Rn. 3; *Zö/Greger* § 578 Rn. 2; aA MK/*Braun* § 588 Rn. 2; *St/J/Grunsky* § 588 Rn. 3.
[1] BGH VersR 1962, 175, 176; vgl. auch Mat. II 1 S. 385 (zu § 527).
[2] MK/*Braun* Rn. 4; *St/J/Grunsky* Rn. 6.
[3] LAG Köln DB 2000, 1084.

Fortsetzung der früheren darstellt (§ 590 Rn. 4), gelten die in der früheren Verhandlung gestellten Anträge fort, wenn sie nicht durch neue ersetzt werden.[4]

5 **4. Beifügung von Urkunden (Abs. 2).** Entgegen seines Wortlauts wird § 588 Abs. 2 allgemein als **Sollvorschrift** aufgefasst.[5] Für den Beweis durch Urkunden gelten die §§ 420ff. Dies bedeutet, dass der Beweis durch Urkunden, die sich in Händen des Klägers befinden, durch Vorlage dieser Urkunden angetreten wird (§ 420) und dass der Beweis durch Urkunden, die sich in den Händen des Beklagten oder Dritter befinden, gemäß §§ 421, 428 und 432 anzutreten ist.[6]

589 *Zulässigkeitsprüfung*

(1) [1]Das Gericht hat von Amts wegen zu prüfen, ob die Klage an sich statthaft und ob sie in der gesetzlichen Form und Frist erhoben sei. [2]Mangelt es an einem dieser Erfordernisse, so ist die Klage als unzulässig zu verwerfen.

(2) Die Tatsachen, die ergeben, dass die Klage vor Ablauf der Notfrist erhoben ist, sind glaubhaft zu machen.

I. Prüfung von Amts wegen

1 Die Prüfung der Zulässigkeit ist regelmäßig auf Grund einer mündlichen Verhandlung vorzunehmen (Ausnahmen: §§ 128 Abs. 2, 251 a). Dabei sind nicht nur von Amts wegen Statthaftigkeit der Klage sowie die Einhaltung der gesetzlichen Form und Frist festzustellen, wie dies durch § 589 Abs. 1 vorgeschrieben wird, sondern auch die Erfüllung aller sonstigen Zulässigkeitsvoraussetzungen (§ 578 Rn. 14f.).[1]

2 Die Prüfung der einzelnen Zulässigkeitsvoraussetzungen ist auch in der Revisionsinstanz ohne Bindung an Feststellungen des Berufungsgerichts vorzunehmen.[2] Bejaht das Gericht die Zulässigkeit der Wiederaufnahmeklage, dann ist in die nächste Stufe des Wiederaufnahmeverfahrens überzugehen und über die Begründetheit der Klage zu entscheiden (§ 578 Rn. 3; § 590 Rn. 2f.), bei einem negativen Ergebnis ist dagegen die Klage als unzulässig zu verwerfen.

II. Glaubhaftmachung (Abs. 2)

3 Nach § 589 Abs. 2 hat der Kläger die Tatsachen, aus denen sich die Einhaltung der Notfrist des § 586 Abs. 1 ergibt, glaubhaft zu machen. Dies hat durch präsente Beweismittel zu geschehen (§ 294 Abs. 2). Die Regelung des § 589 Abs. 2 gilt auch für Gegenbeweise des Beklagten, der folglich die Beweismittel bereitzuhalten hat, mit denen er die Behauptung des Restitutionsklägers zur Einhaltung der Frist des § 586 Abs. 1 erschüttern will.[3] Die Tatsachen, aus denen der Kläger den Wiederaufnahmegrund ableitet, müssen dagegen nicht glaubhaft gemacht werden,[4] sondern sind nur schlüssig vorzutragen (§ 578 Rn. 15).

590 *Neue Verhandlung*

(1) Die Hauptsache wird, insoweit sie von dem Anfechtungsgrunde betroffen ist, von neuem verhandelt.

(2) [1]Das Gericht kann anordnen, dass die Verhandlung und Entscheidung über Grund und Zulässigkeit der Wiederaufnahme des Verfahrens vor der Verhandlung über die Hauptsache erfolge. [2]In diesem Fall ist die Verhandlung über die Hauptsache als Fortsetzung der Verhandlung über Grund und Zulässigkeit der Wiederaufnahme des Verfahrens anzusehen.

(3) Das für die Klagen zuständige Revisionsgericht hat die Verhandlung über Grund und Zulässigkeit der Wiederaufnahme des Verfahrens zu erledigen, auch wenn diese Erledigung von der Feststellung und Würdigung bestrittener Tatsachen abhängig ist.

I. Ablauf des Verfahrens

1 Das Wiederaufnahmeverfahren gliedert sich in **drei Abschnitte** (§ 578 Rn. 3), und zwar in die Prüfung der Zulässigkeit der Wiederaufnahmeklage, in die Entscheidung über ihre Begründetheit und schließlich in die erneute Verhandlung der Hauptsache, wobei es jedoch zu dem folgenden Verfahrensabschnitt immer nur dann kommt, wenn in dem vorangegangenen positiv im Sinne des Klägers entschieden worden ist (vgl. aber § 582 Rn. 1 aE). Wenn deshalb auch das Gericht diese Prüfungsreihenfolge einhalten muss,[1] ist eine formale Zäsur zwischen den einzelnen Abschnitten nicht geboten, sondern die Zusammenfassung in einem einheitlichen Verfahren die Regel.[2] Es steht jedoch im Ermessen des Gerichts, gesondert über Zulässigkeit und Begründetheit der Wiederaufnahmeklage sowie über die Hauptsache zu verhandeln.[3]

---

[4] *Gilles* ZZP 78 (1965), 466, 472; *B/L/H* Rn. 4.
[5] MK/*Braun* Rn. 5; *Zö/Greger* Rn. 5.
[6] MK/*Braun* Rn. 5; AK-ZPO/*Gräulich* Rn. 7.
[1] MK/*Braun* Rn. 1; *St/J/Grunsky* Rn. 1.
[2] BGH NJW 1994, 589, 591.
[3] BGHZ *31, 351, 355* = NJW 1960, 818.
[4] BAG AP Nr. 1.
[1] MK/*Braun* Rn. 5; *Zö/Greger* Rn. 1.
[2] BGH NJW 1993, 3140; BFH/NV 1994, 821, 822.
[3] BGH NJW 1979, 427, 428.

II. Verhandlung und Entscheidung über die Wiederaufnahmeklage

Gelangt das Gericht nach mündlicher Verhandlung (§ 589 Rn. 1) zu dem Ergebnis, dass die **Wiederaufnahmeklage** als **unzulässig** angesehen werden muss, dann ist sie durch Urteil als unzulässig zu verwerfen (§ 589 Abs. 1 S. 2). Ist die Wiederaufnahmeklage zwar zulässig, aber **nicht begründet,** dann ist dies ebenfalls durch Urteil auszusprechen. Die Entscheidung, dass die Wiederaufnahmeklage sowohl zulässig als auch begründet ist, kann sowohl durch Zwischenurteil[4] als auch in Gründen des Urteils zur Hauptsache (§ 578 Rn. 4) getroffen werden.[5] Bei diesem **Zwischenurteil,** durch das bei Bejahung des Wiederaufnahmegrundes auch das angefochtene Urteil aufzuheben ist,[6] handelt es sich nicht um ein solches nach § 303, sondern um ein Zwischenurteil iSv. § 280, das nach § 280 Abs. 2 selbständig angefochten werden kann. Dabei ist diese Anfechtung nicht auf die Entscheidung über die Zulässigkeit der Wiederaufnahmeklage beschränkt, sondern mit ihr kann auch die Bejahung des Wiederaufnahmegrundes angegriffen werden.[7] 2

Bei **Zulässigkeit und Begründetheit der Wiederaufnahmeklage** ist das angegriffene Urteil aufzuheben. Sind lediglich Teile dieses Urteils vom Wiederaufnahmegrund betroffen, dann ist die **Aufhebung auf** diesen **Teil** zu **beschränken,** sofern insoweit die Voraussetzungen für den Erlass eines Teilurteils erfüllt sind (§ 301 Rn. 3 ff.). Wird der Wiederaufnahmegrund vom erstinstanzlichen Gericht verneint, dann hat das Berufungsgericht, das den Wiederaufnahmegrund annimmt, gemäß § 538 Abs. 1 selbst zu entscheiden, sofern es nicht in entsprechender Anwendung des § 538 Abs. 2 die Sache zur Entscheidung zurückverweist.[8] Wird die **Wiederaufnahmeklage beim Revisionsgericht erhoben** (§ 584 Rn. 8), so muss sich dieses auf die Entscheidung über die Zulässigkeit und Begründetheit der Wiederaufnahmeklage beschränken und bei einem positiven Ergebnis durch Zwischenurteil die Sache zur Neuverhandlung zurückverweisen, weil das Revisionsgericht zwar die erforderlichen tatsächlichen Feststellungen hinsichtlich der Wiederaufnahmeklage treffen kann (§ 590 Abs. 3), nicht aber hinsichtlich der Entscheidung zur Hauptsache.[9] Nur soweit der Anfechtungsgrund das Verfahren in der Revisionsinstanz betrifft, hat die Neuverhandlung in der Hauptsache auch vor dem Revisionsgericht stattzufinden.[10] 3

III. Verhandlung der Hauptsache

Wird das angegriffene Urteil auf Grund der zulässigen und begründeten Wiederaufnahmeklage aufgehoben, dann muss der **frühere Rechtsstreit** wieder aufgenommen und **fortgesetzt** werden, um ihn durch eine Entscheidung abzuschließen. Soweit nur Teile der früheren Entscheidung aufgehoben worden sind (Rn. 3), kann sich die Neuverhandlung selbstverständlich auch nur auf den aufgehobenen Teil beziehen.[11] Das frühere Verfahren wird in die Lage vor Schluss der mündlichen Verhandlung zurückversetzt,[12] und es bleibt deswegen die **Rechtslage des früheren Prozesses unverändert** bestehen, sofern sie nicht von dem Anfechtungsgrund betroffen ist.[13] Dies bedeutet zB, dass ein Geständnis, das unabhängig von dem Wiederaufnahmegrund abgegeben worden ist, weiterhin die Partei bindet.[14] 4

Die **Grundlage für das** in der Hauptsache **zu erlassende Urteil** bilden also die im früheren Rechtsstreit gewonnenen Ergebnisse, soweit sie nicht vom Wiederaufnahmegrund betroffen sind und deshalb Bestand haben, und die Ergebnisse der Neuverhandlung im Rahmen des Wiederaufnahmeverfahrens. Hat sich seit Erlass des angefochtenen Urteils die **Rechtslage** zB durch ein neues Gesetz **geändert,** dann ist dies bei der Neuverhandlung zu berücksichtigen, soweit dies auch sonst in einem anhängigen, noch nicht abgeschlossenen Verfahren zulässig ist.[15] Bei der Neuverhandlung sind die allgemeinen Vorschriften anzuwenden, die für das Verfahren der Instanz gelten, in der die Neuverhandlung stattfindet. Betrifft die Wiederaufnahmeklage ein Urteil, das in einer **besonderen Prozessart** ergangen ist, dann müssen bei der Neuverhandlung die für diese Prozessart geltenden Verfahrensregeln beachtet werden, also bei einer Wiederaufnahmeklage gegen ein im Urkundenprozess ergangenes Urteil die §§ 592 ff. (§ 585 Rn. 4). 5

IV. Versäumnisverfahren

Bei der Säumnis einer Partei ist danach zu unterscheiden, in welchem Stadium sich das Verfahren befindet. Bleibt eine Partei aus, bevor **eine Entscheidung über die Zulässigkeit der Klage** ergangen ist, dann hat das Gericht unabhängig von der Säumnis über die Zulässigkeit der Klage von Amts wegen zu befinden (§ 589 Rn. 1). Gelangt das Gericht dabei zu dem Ergebnis, dass die Klage nicht zulässig ist, dann ist sie als unzulässig zu verwerfen (§ 589 Abs. 1 S. 2); bei dieser Entscheidung handelt es sich nicht um ein Versäumnisurteil.[16] 6

---

4 BGH (Fn. 3); BGH NJW 1982, 2449; *St/J/Grunsky* Rn. 3.
5 *Zö/Greger* Rn. 4.
6 BGH NJW 1982, 2449; aA *Zeuner* MDR 1960, 85, 88.
7 BGH (Fn. 3); BGH NJW 1993, 1928, 1929.
8 KG NJW-RR 1990, 8; *T/P/Reichold* Rn. 2; vgl. auch OLG Hamburg FamRZ 1981, 960, 961.
9 *Sae/Kemper* Rn. 2; *Zi* Rn. 3.
10 *St/J/Grunsky* Rn. 9.
11 *Gilles* ZZP 80 (1967), 391, 392.
12 OLG Hamm FamRZ 1996, 558.
13 Vgl. dazu *Gilles* (Fn. 11) S. 394 ff.
14 *Zö/Greger* Rn. 9.
15 BVerwG NVwZ 1989, 68; *St/J/Grunsky* Rn. 8.
16 BGH NJW 1959, 1780; *Zö/Greger* § 589 Rn. 4; aA (echtes Versäumnisurteil bei Säumnis des Klägers) *B/L/H* Rn. 10.

7 Unterschiedliche Antworten werden auf die Frage gegeben, ob ein Versäumnisurteil zu erlassen ist, wenn eine Partei säumig ist und das Gericht bei Zulässigkeit der Klage das **Bestehen eines Wiederaufnahmegrundes verneint.**[17] Die Auffassung, die in diesem Fall eine Entscheidung durch kontradiktorisches Urteil verlangt, verweist zur Begründung darauf, dass das Gericht von Amts wegen das Bestehen eines Wiederaufnahmegrundes zu prüfen habe (§ 585 Rn. 3). Die von Amts wegen vorzunehmende Prüfung schließt jedoch nur die Geständnisfiktion des § 331 Abs. 1 S. 1 bei Säumnis des Beklagten aus.[18] Nicht entschieden wird jedoch dadurch, ob diese Prüfung von Amts wegen vom Gericht auch durchzuführen ist, wenn der Kläger ausbleibt. Müsste diese Frage bejaht werden und gelangte das Gericht dann zu dem Ergebnis, dass ein Wiederaufnahmegrund nicht gegeben ist, dann erschiene der Erlass eines Versäumnisurteils als sinnwidrig. Das Gericht aber abweichend von § 330 zu verpflichten, bei Ausbleiben des Klägers zu klären, ob der behauptete Wiederaufnahmegrund auch besteht, lässt sich nicht durch die Erwägungen rechtfertigen, die für eine Prüfung des Wiederaufnahmegrundes von Amts wegen sprechen. Eine solche Prüfung wird nur deshalb verlangt, weil der Bestand eines Urteils nicht allein der Disposition der Parteien überlassen bleiben soll (§ 585 Rn. 3). Dem widerspricht es keineswegs, wenn bei Säumnis des Klägers von einer Klärung des Wiederaufnahmegrundes abgesehen und die Wiederaufnahmeklage durch Versäumnisurteil als unbegründet abgewiesen wird.

8 Bei **Säumnis einer Partei in der Neuverhandlung** der Hauptsache sind die §§ 330ff. anzuwenden, wobei sich die Parteirolle nach dem früheren, im Wiederaufnahmeverfahren weiter zu verhandelnden Rechtsstreit beurteilt und nicht danach, welche Partei die Wiederaufnahmeklage erhoben hat.[19] Soweit die Verhandlung vor dem Berufungs- oder Revisionsgericht stattfindet, müssen die für diese Instanz geltenden Regeln über das Versäumnisverfahren beachtet werden (§ 539 Rn. 3ff., § 555 Rn. 4ff.).

V. Entscheidung in der Hauptsache

9 Ist die Wiederaufnahmeklage zulässig und begründet, dann muss in jedem Fall das angefochtene Urteil aufgehoben und durch ein neues ersetzt werden, soweit der Wiederaufnahmegrund reicht (zur Aufhebung von Teilen des angefochtenen Urteils vgl. Rn. 3). Dies gilt auch, wenn das Gericht nach Verhandlung der **Hauptsache zum selben Ergebnis** wie das frühere (aufgehobene) Urteil gelangt. Wegen des Wiederaufnahmegrundes muss der (frühere) Rechtsstreit neu verhandelt und entschieden werden. Abweichend von dieser Auffassung wird es für zulässig gehalten, statt der Aufhebung des alten Urteils und Erlass eines gleich lautenden neuen die Aufrechterhaltung des früheren Urteils in Analogie zu § 343 auszusprechen.[20] Dieser Meinung kann schon deshalb nicht zugestimmt werden, weil die Voraussetzungen für eine Analogie, die Ähnlichkeit zwischen dem in § 343 geregelten Fall und der das angefochtene Urteil ersetzenden Entscheidung im Wiederaufnahmeverfahren, nicht besteht.[21] Durch die Aufhebung des früheren Urteils tritt eine Rechtslage mit rückwirkender Kraft ein, wie sie auch bestände, wenn das angefochtene Urteil nie erlassen worden wäre.[22] Hieraus folgt insbesondere, dass **Leistungen,** die **auf Grund des aufgehobenen Urteils** zwangsweise oder zur Abwendung der Zwangsvollstreckung freiwillig **erbracht** worden sind, in analoger Anwendung des § 717 Abs. 3 zurückerstattet werden müssen.[23] Der entsprechende Anspruch kann auch im anhängigen Wiederaufnahmeverfahren geltend gemacht werden.[24] Schadensersatzansprüche, die regelmäßig nur auf der Grundlage der §§ 823ff. BGB in Betracht kommen, können lediglich durch eine besondere Klage verfolgt werden, die jedoch mit der Wiederaufnahmeklage verbunden werden kann.[25] Zur **Wiederaufnahme des Verfahrens gegen Beschlüsse** vgl. § 578 Rn. 18.

VI. Gebühren und Kosten

10 **1. Allgemeines.** Bleibt die **Wiederaufnahmeklage erfolglos,** weil sie entweder unzulässig oder unbegründet ist, dann sind dem Kläger die Kosten des Wiederaufnahmeverfahrens aufzuerlegen (§ 91). Wird dagegen das **frühere Urteil** auf Grund der Wiederaufnahmeklage **aufgehoben,** dann entfällt damit auch die darin getroffene Kostenentscheidung, und es muss einheitlich über die Kosten des früheren Verfahrens und des Wiederaufnahmeverfahrens entschieden werden.[26] Werden nur Teile des früheren Urteils aufgehoben (Rn. 3), dann muss die gesamte Kostenentscheidung des früheren Urteils revidiert werden, wenn die neue Entscheidung von der alten abweicht und deshalb die frühere Kostenentscheidung nicht bestehen bleiben kann. Bei einer erfolglosen Wiederaufnahmeklage bemisst sich der Streitwert nach dem Wert der Ver-

---

[17] Für Erlass eines Versäumnisurteil: BGH MDR 1966, 40; *Zö/Greger* § 579 Rn. 4; AK-ZPO/*Gräulich* Rn. 8; aA *T/P/Reichold* Rn. 6; *Zi* Rn. 7; *Ro/S/Go* § 160 Rn. 41.

[18] MK/*Braun* § 585 Rn. 4; *St/J/Grunsky* Rn. 18.

[19] *Zi* Rn. 7; *St/J/Grunsky* Rn. 18.

[20] *St/J/Grunsky* Rn. 11; *T/P/Reichold* Rn. 5; *Zi* Rn. 6; *Behre,* Der Streitgegenstand des Wiederaufnahmeverfahrens, 1968, S. 69ff. m. weit. Nachw.

[21] Abl. auch *Gilles* ZZP 78 (1965), 466, 467f.; 80 (1967), 391, 419f.; MK/*Braun* Rn. 8; Ak-ZPO/*Gräulich* § 578 Rn. 23; *Ro/S/Go* § 160 Rn. 37.

[22] BGHZ 1, 153, 156 = NJW 1951, 161 (LS); BGHZ 18, 350, 357f. = NJW 1955, 1919; BGH NJW 1976, 1590, 1591.

[23] *Zö/Greger* Rn. 15; MK/*Braun* Rn. 9.

[24] *St/J/Grunsky* Rn. 15; *T/P/Reichold* Rn. 5.

[25] *Ro/S/Go* § 160 Rn. 38.

[26] OLG Hamburg FamRZ 1981, 960, 963; MK/*Braun* Rn. 10.

urteilung, deren Aufhebung begehrt wird.[27] Bei Nichtigkeitsklagen sowie bei Restitutionsklagen, die auf § 580 Nr. 5 gestützt werden, ist eine Nichterhebung der Gerichtskosten gemäß **§ 21 GKG** in Betracht zu ziehen.[28] Wird für eine Wiederaufnahmeklage **Prozesskostenhilfe** beantragt, dann ist die nach § 114 vorzunehmende Prüfung der **Erfolgsaussicht** auch auf die Hauptsache zu erstrecken und die Erfolgsaussicht zu verneinen, wenn in der Hauptsache eine Entscheidung desselben Inhalts wie die angefochtene zu erlassen wäre.[29]

2. Rechtsanwaltsgebühren und Gerichtskosten. Vgl. dazu im Übrigen § 578 Rn. 19 und 20. 11

591 *Rechtsmittel* Rechtsmittel sind insoweit zulässig, als sie gegen die Entscheidungen der mit den Klagen befassten Gerichte überhaupt stattfinden.

I. Statthaftigkeit eines Rechtsmittels

Das ein **Wiederaufnahmeverfahren abschließende Urteil,** gleichgültig ob dadurch die Wiederaufnahme- 1
klage als unzulässig verworfen oder als unbegründet abgewiesen wird oder ob dadurch eine Entscheidung in der Hauptsache getroffen wird, ist hinsichtlich der Zulässigkeitsvoraussetzungen für ein Rechtsmittel **nicht** als ein **erstinstanzliches Urteil,** sondern als ein Urteil der Instanz zu behandeln, in der es erlassen wird.[1] Dementsprechend ist ein Rechtsmittel nicht statthaft, wenn das Revisionsgericht über die Wiederaufnahmeklage entscheidet.[2] Wird ein **Zwischenurteil** über die Zulässigkeit und Begründetheit der Wiederaufnahmeklage erlassen, dann ist es in analoger Anwendung des § 280 Abs. 2 hinsichtlich der Rechtsmittel als Endurteil zu behandeln (§ 590 Rn. 2).

II. Wiederholung der Wiederaufnahmeklage

Die Rechtskraft einer die Wiederaufnahmeklage als unbegründet abweisenden Entscheidung steht einer 2
erneuten Wiederaufnahmeklage nur insoweit entgegen, als die zweite Klage auf denselben Anfechtungsgrund, dh. auf den konkret geltend gemachten Grund, gestützt wird wie die erste; dagegen ist es dem Kläger nicht verwehrt, die zweite Klage auf denselben (abstrakten) Anfechtungstatbestand zu beziehen, zB bei Auffinden einer neuen Urkunde die zweite Restitutionsklage erneut auf § 580 Nr. 7b zu stützen.[3] Allerdings müssen die **Fristen des § 586** beachtet werden (§ 586 Rn. 4). **Nimmt der Kläger** eine **Wiederaufnahmeklage zurück,** dann kann nicht sein Rechtsschutzinteresse an einer erneuten Klageerhebung innerhalb der Fristen des § 586 mit der Begründung verneint werden, der Regelung des Wiederaufnahmeverfahrens sei das Gebot zu entnehmen, so schnell wie möglich die Frage einer Rechtskraftdurchbrechung zu klären, und gegen dieses Gebot werde verstoßen, wenn die in einem früheren Zeitpunkt mögliche Klärung durch Klagerücknahme verhindert werde.[4] Das im Wiederaufnahmeverfahren erlassene Urteil kann ebenfalls mit einer Wiederaufnahmeklage angefochten werden.[5]

---

27 BGH AnwBl. 1978, 260.
28 MK/*Braun* Rn. 10 (zu § 8 GKG aF).
29 BGH NJW 1993, 3140.
1 BGH ZIP 1981, 209; NJW 1982, 2071.
2 KG JR 1963, 387; *St/J/Grunsky* Rn. 1.
3 *Zö/Greger* vor § 578 Rn. 25; abw. MK/*Braun* Rn. 2.
4 So aber BVerwGE 95, 64, 72 =NVwZ 1994, 1206; krit. und abl. dagegen *Jauernig* NVwZ 1996, 31.
5 AK-ZPO/*Gräulich* Rn. 4; *B/L/H* Rn. 6.

BUCH 5. URKUNDEN- UND WECHSELPROZESS

592 *Zulässigkeit* **[1]Ein Anspruch, welcher die Zahlung einer bestimmten Geldsumme oder die Leistung einer bestimmten Menge anderer vertretbarer Sachen oder Wertpapiere zum Gegenstand hat, kann im Urkundenprozess geltend gemacht werden, wenn die sämtlichen zur Begründung des Anspruchs erforderlichen Tatsachen durch Urkunden bewiesen werden können. [2]Als ein Anspruch, welcher die Zahlung einer Geldsumme zum Gegenstand hat, gilt auch der Anspruch aus einer Hypothek, einer Grundschuld, einer Rentenschuld oder einer Schiffshypothek.**

I. Normzweck

1 Der Urkundenprozess erlaubt dem Kläger eine **schnellere Durchsetzung** seines Anspruchs, so dass sein Anwalt im Einzelfall zur Vermeidung von Schadensersatzansprüchen gehalten sein kann, diese Verfahrensart zu wählen.[1] Der Kläger beschränkt damit den Beklagten vorläufig in seiner Beweisführung (§ 598) und kann vereinfacht einen vollstreckbaren Titel erlangen. Dies ist grundsätzlich nicht als rechtsmissbräuchlich einzustufen.[2] **Vorteile des Urkundenprozesses** für den Kläger liegen in der Entbehrlichkeit eines Einigungsversuchs vor einer Gütestelle (§ 15a Abs. 2 S. 1 Nr. 4 EGZPO), im Ausschluss der Widerklage (§ 595 Abs. 1) und der Möglichkeit, ohne Sicherheitsleistung vollstrecken zu können (§§ 708 Nr. 4, 711; zur Einstellung im Nachverfahren vgl. § 599 Rn. 13). Wegen der Möglichkeit des Nachverfahrens sind die Vorteile des Urkundenprozesses für den Kläger nicht endgültig, ermöglicht wird aber ein schnellerer erster Zugriff. **Weitere Beschleunigung** erlaubt der **Wechsel- und Scheckprozess** als besondere Form des Urkundenprozesses durch Verkürzung der Ladungsfrist (§ 604 Abs. 2) und die Einschränkung der Vertagungsmöglichkeit auch in der Zeit zwischen dem 1. 7. und dem 31. 8., § 227 Abs. 3 S. 2 Nr. 4. Die hM[3] hält die Einschränkung der Verteidigungsmöglichkeiten des Beklagten für **verfassungsrechtlich unbedenklich,** weil sie nur vorläufig ist.[4] Dem ist im Grundsatz zuzustimmen. Zu berücksichtigen ist aber, dass nach heute hM der Beklagte an der Errichtung der Urkunde nicht beteiligt zu sein braucht (dazu näher bei Rn. 12).[5] Die mit dem Urkundenprozess verbundenen Beeinträchtigungen sollten dem Beklagten aber nur dann zugemutet werden, wenn er selbst die Möglichkeit des Urkundenprozesses geschaffen hat.[6] Diese Bedenken richten sich nicht gegen die Verfassungsmäßigkeit des Urkundenprozesses insgesamt,[7] sondern nur gegen seine Zulassung auf der Grundlage einer Urkunde, an deren Errichtung der Schuldner nicht beteiligt war.

2 Die **praktische Bedeutung** des Urkundenprozesses ist – vor allem in der Form des Wechsel- und Scheckprozesses – nicht unerheblich. 2003 wurden 1,5 % aller von den Landgerichten und 0,3 % der von den Amtsgerichten erledigten Sachen als Urkundenprozess geführt,[8] davon der Großteil als Wechselprozess. Im **arbeitsgerichtlichen** Verfahren sind die Regeln des Urkundenprozesses und auch die des Urkundenmahnverfahrens nach § 703a wegen § 46 Abs. 2 S. 2 ArbGG nicht anwendbar (zu Schecks über Forderungen aus dem Arbeitsverhältnis vgl. § 603 Rn. 2, § 605a Rn. 2; zu Vergütungsansprüchen von Geschäftsführern vgl. Rn. 5). Schiedssprüche und ausländische Urteile, soweit sie nicht dem AVAG[9] unterfallen, sollen an Stelle des Vollstreckbarerklärungsverfahrens auch im Wege des Urkundenprozesses durchgesetzt werden können.[10]

II. Voraussetzungen des Urkundenprozesses

3 **1. Leistungsansprüche.** Der geltend gemachte Anspruch muss auf Zahlung bzw. auf Leistung vertretbarer Sachen (dazu näher Rn. 6) gerichtet sein. Feststellungs- und Gestaltungsklagen können nicht im Urkundenprozess erhoben werden.[11] Die Klage auf **Feststellung zur Insolvenztabelle** nach §§ 179f. InsO dient zwar der Durchsetzung einer Forderung, so dass ihre Einkleidung als Feststellungsklage lediglich den Besonderheiten des Insolvenzrechts Rechnung trägt,[12] für ihre Zulassung zum Urkundenprozess besteht aber kein Be-

---

[1] BGH NJW 1994, 3295, 3297 (rasche Durchsetzung eines Zahlungsanspruchs geboten, um Zwangsversteigerung eines Grundstücks abzuwenden; insoweit nicht abgedruckt in BGHZ 126, 217) = JZ 1995, 467 m. Anm. *Teske.* Zur Beschleunigungsfunktion vgl. *Peters,* Rechtsnatur und Beschleunigungsfunktion des Urkundenprozesses – unter besonderer Berücksichtigung der Beweisbeschränkungen der §§ 592 S. 1, 595 Abs. 2 ZPO, 1996; zu Gebührenfragen vgl. *Enders* JurBüro 2003, 113ff.

[2] Vgl. auch OLG Hamm 2. 10. 2002 13 U 53/02 (rechtsmissbräuchliche Wahl des Urkundenprozesses, wenn Einschränkungen des Urkundenprozesses zu verfahrensfremden Zwecken gebraucht werden; Verdrängung vom Markt).

[3] MK/*Braun* vor § 592 Rn. 3; vgl. auch *Habscheid* ZZP 96 (1983), 306, 313f.

[4] Zu den Bedenken vgl. *Hertel,* Der Urkundenprozess, Freiburg 1992; die Wahl des Urkundenprozesses ist deshalb auch dann nicht rechtsmissbräuchlich, wenn der Beklagte durch die Besonderheiten dieses Verfahrens beeinträchtigt wird, vgl. *Lang* WM 1999, 2329, 2330 (zur Bürgschaft auf erstes Anfordern); vgl. aber auch BGH NJW 2001, 3549, 3551; näher dazu in Rn. 15.

[5] Anders im Exekutivprozess, vgl. *Hertel,* Der Urkundenprozess, Freiburg 1992, S. 113f.

[6] Ähnlich MK/*Braun* vor § 592 Rn. 3 (gesetzliche Regelung hinterlasse ein ungutes Gefühl).

[7] So auch *Zö/Greger* vor § 592 Rn. 1.

[8] Statistisches Bundesamt, Fachserie 10 (Rechtspflege), Reihe 2.1, S. 20, 44.

[9] BGBl. I 2001 S. 288ff. idF vom 26. 1. 2005, BGBl. I S. 162.

[10] *Schlosser,* Festschr. für Schwab, 1990, S. 435ff. (zum AVAG vgl. S. 444); *St/J/Schlosser* vor § 592 Rn. 7; aA (Rechtsschutzbedürfnis fehlt) *Zö/Geimer* § 1061 Rn. 60; krit. auch *Wiecz/Sch/Olzen* Rn. 44.

[11] BGH WM 1979, 614; vgl. auch BGHZ 16, 207, 213 = NJW 1955, 631; *Wiecz/Sch/Olzen* Rn. 4.

[12] *Teske* ZZP 99 (1986), 185, 196f.; *St/J/Schlosser* Rn. 2a; *Zö/Greger* Rn. 3; *Ro/S/Go* § 162 Rn. 7; *Uhlenbruck* InsO § 180 Rn. 5.

dürfnis, da die Beschleunigung der Rechtsdurchsetzung, der der Urkundenprozess dient, im Falle der Insolvenz nicht erreicht werden kann. Wegen § 189 Abs. 2 InsO kann der Kläger auf Grund eines Vorbehaltsurteils keine frühere Auszahlung als bei einer Klage im ordentlichen Verfahren erhalten, denn das Nachverfahren bleibt anhängig. Der Hinweis auf § 179 Abs. 2 InsO[13] ändert daran nichts. Diese Privilegierung knüpft an das Bestehen des Titels im Zeitpunkt der Eröffnung des Insolvenzverfahrens an, so dass sie nur eingreift, wenn ein Vorbehaltsurteil bereits ergangen ist.[14] Auch das Argument, § 180 Abs. 1 InsO eröffne den Weg in alle Verfahrensarten der ordentlichen Gerichtsbarkeit,[15] überzeugt nicht, denn diese insolvenzrechtliche Vorschrift kann die Voraussetzungen des § 592 nicht verändern. Wenn die **Feststellungsklage nach Eröffnung des Insolvenzverfahrens** erhoben wird, ist sie deshalb im Urkundenprozess unstatthaft.[16] Wird das Insolvenzverfahren eröffnet, **während der Urkundenprozess** anhängig ist, ist nach richtiger Ansicht die Fortführung des Urkundenprozesses auf der Grundlage eines Feststellungsanspruchs ausgeschlossen.[17] Nach hM geht das Verfahren in ein ordentliches über, ohne dass es der Erklärung der Abstandnahme vom Urkundenprozess (§ 596) bedarf.[18] Dies ist aus Sicht der hM sachgerecht, da der Kläger in zweiter Instanz nur eingeschränkt vom Urkundenprozess Abstand nehmen können soll. Um damit in der Insolvenz den Übergang zum ordentlichen Verfahren nicht zu behindern, wird ein Übergang kraft Gesetzes unabhängig von der Abstandnahme angenommen. Da nach hier vertretener Ansicht die Abstandnahme auch in zweiter Instanz uneingeschränkt zulässig ist (§ 596 Rn. 7),[19] besteht kein Anlass, im Fall der Insolvenz von der Regelung des § 596 abzuweichen. Der Kläger muss deshalb auch bei Eröffnung des Insolvenzverfahrens über das Vermögen des Beklagten die Abstandnahme erklären, andernfalls ist die Klage nach § 597 Abs. 2 als im Urkundenprozess unstatthaft abzuweisen.

Klagen auf bedingte und künftige Leistung sind im Urkundenprozess unter den Voraussetzungen der 4
§§ 257–259 zulässig;[20] Verurteilung Zug um Zug kann begehrt werden.[21] Die Klage kann auf **Leistung an Dritte**[22] oder auf **Hinterlegung** einer Kaution gerichtet sein.[23] Die Klage auf Einwilligung zur Herausgabe einer hinterlegten vertretbaren Sache ist im Urkundenprozess unstatthaft,[24] da sie die Einwilligung und nicht die Leistung der Sache selbst zum Gegenstand hat. Eine Stufenklage ist wegen der auf Auskunft gerichteten ersten Stufe ausgeschlossen.[25]

2. Auf Zahlung gerichtete Ansprüche. Die Klage auf Geldleistung ist der Regelfall des Urkundenprozes- 5
ses. Eine Teilklage kann im Urkundenprozess erhoben werden, obwohl der Beklagte wegen § 595 Abs. 1 nicht mit einer negativen Feststellungswiderklage antworten kann.[26] Richtet sich die Klage auf Befreiung von einer Schuld, so wird die Vornahme einer Handlung begehrt, es handelt sich damit nicht um eine Zahlungsklage;[27] unzulässig ist auch die Klage auf Abgabe einer Willenserklärung.[28] Eine Klage auf **Abnahme des Werkes** und anschließende Zahlung des Werklohns kann nicht im Urkundenprozess erhoben werden.[29] Wird dagegen lediglich auf **Zahlung des Werklohns** geklagt, so ist dies im Urkundsprozess zulässig, auch wenn die Abnahme oder ein gleichgestellter Tatbestand im Bestreitensfall als Vorfrage für die Fälligkeit vom Kläger durch Urkunden nachgewiesen werden muss. Das gilt auch für die Abnahme nach Kündigung eines Werkvertrags.[30] Auch der Anspruch auf Abschlagszahlung nach § 632a BGB[31] und der Anspruch auf

---

13 *St/J/Schlosser* Rn. 2a.

14 *Uhlenbruck* InsO § 179 Rn. 13, 14; RGZ 50, 411, 414f. (§ 146 Abs. 6 KO bei Einspruch gegen Versäumnisurteil).

15 *Uhlenbruck* InsO § 180 Rn. 5; *Zö/Greger* Rn. 3.

16 BGH WM 1979, 614 (für die Vergleichstabelle); OLG München ZIP 1985, 297, 298; *Wiecz/Sch/Olzen* Rn. 9; *Kübler/Prütting/Pape* InsO § 180 Rn. 2; im Ergebnis auch (aber unter Hinweis auf unbillige Vorteile für den Kläger) *Tetzlaff* ZInsO 2007, 652f.; offen: *Kilger/Schmidt* KO § 146 Rn. 2a; aA *St/J/Schlosser* Rn. 2a; *Zö/Greger* Rn. 3; *Smid* InsO § 180 Rn. 7.

17 OLG München ZIP 1985, 297f. = NJW 1985, 983 (LS); *B/L/H* Rn. 4; *T/P/Reichold* Rn. 4; aA *Uhlenbruck* InsO § 180 Rn. 5; *St/J/Schlosser* Rn. 2a; *Zö/Greger* Rn. 3.

18 OLG Hamm MDR 1967, 929; *B/L/H* Rn. 4; *T/P/Reichold* Rn. 4; aA *Teske* ZZP 99 (1986), 185, S. 195; *Zö/Greger* Rn. 3 (Fortsetzung als Feststellungsklage im Urkundenprozess).

19 Damit entfallen die Bedenken von *Teske* ZZP 99 (1986), 185, 192–195.

20 OGH-BrZ NJW 1950, 821; *St/J/Schlosser* Rn. 2; *Bussmann* MDR 2004, 674, 675.

21 RGZ 56, 301, 303.

22 *St/J/Schlosser* Rn. 3.

23 BGH NJW 1953, 1707f.

24 Krit. dazu *Wiecz/Wieczorek*, 2. Aufl. 1988, Anm. B Ib 1.

25 MK/*Braun* Rn. 7.

26 MK/*Braun* § 595 Rn. 1a; *Zö/Greger* Rn. 20; aA *Beinert*, Der Umfang der Rechtskraft bei Teilklagen, Diss. Passau 1999, S. 32.

27 RG WarnR 1917, 236, 238; MK/*Braun* Rn. 3; *Zö/Greger* Rn. 4.

28 OLG Köln MDR 1959, 1017 = ZZP 73 (1960), 307.

29 *Wiecz/Sch/Olzen* Rn. 13; OLG Celle 7. 12. 2006 14 U 61/06 (Abnahme oder gleichgestellter Tatbestand ist durch Urkunden nachzuweisen); anders nach Abgabe eines deklaratorischen Schuldanerkenntnisses nach Prüfung der Schlussrechnung, vgl. LG Schwerin BauR 2002, 346; LG Bochum BauR 2002, 344; vgl. dazu auch *Lenkeit* Festschr. f. Kraus, 2003, S. 329, 334; zu der umstrittenen Möglichkeit, trotz Fehlens der Abnahme die Vergütung zu beanspruchen, vgl. BGHZ 50, 175, 177f. = NJW 1968, 1873; BGH NJW 1990, 3008f.; NJW 1996, 1280, 1281; zum Meinungsstand *Bamberger/Roth/Voit* § 641 Rn. 5ff.; *Staudinger/Peters* § 641 BGB Rn. 6ff.; bei Anwendbarkeit der VOB/B fingiert § 12 Nr. 5 Abs. 1 VOB/B die Abnahme, so dass im Urkundenprozess nur der Fristablauf, nicht die Abnahme selbst, vom Kläger durch Urkunden zu beweisen ist, vgl. OLG Stuttgart NJW-RR 1986, 898.

30 Im Ergebnis ebenso OLG Köln, 10. 11. 2006 20 U 18/06.

31 OLG Köln NZBau 2006, 45, 46f. (auch wenn Schlussrechnung während des Verfahrens erteilt wird).

Zahlung des Werklohns auf der Grundlage einer Fertigstellungsbescheinigung nach § 641a BGB kann im Urkundenprozess geltend gemacht werden.[32] Im Urkundenprozess statthaft ist auch die **Klage des Bestellers** auf Rückzahlung überzahlter Abschläge.[33] Soweit altes Schuldrecht anzuwenden ist, kann trotz § 465 aF BGB der Anspruch auf Rückzahlung des Werklohns wegen Wandelung oder Minderung im Urkundenprozess verfolgt werden,[34] nach §§ 437, 440, 441 BGB stellt sich die Frage nicht, da Rücktritt und Minderung als einseitig auszuübende Gestaltungsrechte ausgestaltet sind. Auch wegen **Mietforderungen** ist der Urkundenprozess möglich, und zwar trotz der den Mieterschutz betonenden Bestimmungen der § 536 Abs. 4 und § 556b Abs. 2 BGB auch bei Wohnraummietverträgen, obwohl damit dem Mieter bei Mängeln der Mietsache der Nachweis des Minderungsrechts durch die Besonderheiten des Urkundenprozesses erschwert wird (dazu vgl. Rn. 9).[35] Soweit die Miete nach § 556b Abs. 1, 579 Abs. 2 BGB im Vorhinein zu begleichen ist, braucht die Gebrauchsüberlassung nicht mit den Mitteln des Urkundsprozesses bewiesen zu werden.[36] **Vergütungsansprüche von Geschäftsführern** gegen ihre Dienstherren können im Urkundenprozess geltend gemacht werden; eine analoge Anwendung des § 46 Abs. 2 S. 2 ArbGG kommt mangels einer besonderen Schutzbedürftigkeit im Verhältnis zwischen Geschäftsführer und Dienstherr nicht in Betracht.[37] Es steht dem Urkundenprozess nicht entgegen, wenn der auszuzahlende Betrag sich erst nach Abzug von Steuern oder Abgaben ermitteln lässt,[38] denn es ist Sache des Schuldners, derartige Einwendungen gegen den urkundlich belegten Anspruch zu erheben. Soweit streitig und deshalb beweisbedürftig, ist die Vorleistung der Dienste vom Dienstverpflichteten durch Urkunden nachzuweisen.[39] Auch **Abfindungsansprüche** von Geschäftsführern können im Urkundenprozess geltend gemacht werden.[40] Auch **Unterhaltsansprüche,** die in einer privatschriftlichen Urkunde vereinbart wurden, können im Urkundenprozess geltend gemacht werden.[41] Zur Geltendmachung von Rückforderungsansprüchen aus einer **Bürgschaft auf erstes Anfordern** vgl. Rn. 15. Ansprüche nach dem WEG werden nach der Neuregelung des § 43 WEG der ordentlichen streitigen Gerichtsbarkeit zugewiesen und können deshalb auch im Wege des Urkundenprozesses durchgesetzt werden.

6 **3. Andere Anspruchsinhalte.** Die Klage kann weiter die Leistung **vertretbarer Sachen** (§ 91 BGB) zum Gegenstand haben.[42] Auch bei Wertpapieren ist Vertretbarkeit erforderlich, so dass die Klage auf Leistung eines bestimmten Wertpapiers im Urkundenprozess unzulässig ist.[43] Ebenso unzulässig ist die Klage auf **Aussonderung** eines bestimmten Gegenstandes aus der Insolvenzmasse, mag dieser auch grundsätzlich vertretbar sein.[44] Den Zahlungsansprüchen werden Ansprüche auf Duldung der Zwangsvollstreckung gleichgestellt. Für Hypothek (§§ 1113, 1147 BGB), Grundschuld (§ 1191 BGB), Rentenschuld (§ 1199 BGB) und Schiffshypothek[45] ergibt sich das unmittelbar aus § 592, für die Reallast aus § 1107 BGB, für Luftfahrzeuge folgt es aus § 99 Abs. 1 LuftRG.[46] Nach allgA[47] gilt die Gleichstellung auch für alle anderen Ansprüche auf Duldung der Zwangsvollstreckung, beispielsweise für solche, die durchgesetzt werden sollen, um die Vollstreckung in Vermögensgegenstände zu ermöglichen, die einem Nießbrauch (§ 737) oder der Verwaltung eines Testamentsvollstreckers (§ 748 Abs. 2) unterliegen. Gleiches gilt bei Ansprüchen auf Duldung der Vollstreckung in das Gesamtgut bei Gütergemeinschaft (§§ 743, 745 Abs. 2) und in Gegenstände, die wegen eines Zurückbehaltungsrechts nach § 371 Abs. 3, 4 HGB verwertet werden sollen.

7 **4. Bestimmtheit.** Es muss eine bestimmte Geldsumme oder eine bestimmte Menge vertretbarer Sachen verlangt werden. Dabei reicht es aus, wenn sich die maßgebenden Faktoren aus der Klage oder allgemein zugänglichen Quellen ergeben.[48]

---

32 *Van den Hövel* NZBau 2006, 6, 7f.

33 LG Halle NZBau 2005, 521f.

34 Vgl. nur BGHZ 29, 148 = NJW 1959, 620; RGZ 58, 423, 425.

35 BGH NJW 2005, 2701 (für Wohnraummiete) = JR 2006, 118 m. zust. Anm. *Hinz;* BGH NJW 2007, 1061 (Wohnraummiete, jedenfalls dann, wenn die Übergabe an den Mieter in mängelfreiem Zustand unstreitig ist); *Keller* Jura 2006, 443, 446f.; Horst ZMR 2006, 172ff. (zu den Vorteilen dieser Prozessart für den Vermieter); MK/*Braun* vor § 592 Rn. 3a; BGH NJW 1999, 1408 (für Gewerbemiete) zustimmend EWiR 1/99, S. 479 *(Eckert); Malitz* MDR 1997, 899f.; *Heim* ZMR 1999, 372, 374; *Börstinghaus* NZM 1998, 89, 90ff.; *Sturhahn* NZM 2004, 441ff.; *Ro/S/Go* § 162 Rn. 11; kritisch *Greiner* NJW 2000, 1314, 1315 (Synallagma werde gestört); aA (für Wohnraum) LG Göttingen NZM 2000, 1053, 1954f. (Die Vorlage an das OLG Braunschweig wurde von diesem als unzulässig angesehen, NZM 2001, 371ff.); differenzierend (Urkundenprozess bei Wohnraummiete unstatthaft, wenn nach erhobener Mängelrüge der Differenzbetrag zur geminderten Miete geltend gemacht wird) *Blank* NZM 2000, 1083, 1086f.; *Eisenhardt* MDR 1999, 901, 903.

36 *Both* NZM 2007, 156, 158f.; aA OLG Düsseldorf NJW-RR 2005, 97, 98; offen lassend BGH NJW 2007, 1061.

37 *Pröpper* BB 2003, 202ff.; vgl. auch *Fischer* NJW 2003, 333f.; *Pesch* NZA 2003, 957ff.; *Seidel/Schönhöft* GmbHR 2005, 1113 (keine Aussetzung zur Klärung der Wirksamkeit der Kündigung).

38 AA OLG Düsseldorf GmbHR 2005, 991, 992 m. abl. Anm. *Lelley.*

39 OLG Schleswig MDR 2007, 292.

40 LG München GmbHR 2007, 45f.

41 AG Kerpen FamRZ 2002, 831, 832; *Herr* FuR 2006, 153ff.

42 OLG Celle OLGR 1996, 32 (Herausgabe eines bestimmten Gegenstandes unstatthaft).

43 RGZ 10, 340f.; OLG Köln DB 1994, 1078 (Anspruch auf Übertragung eines in Anteilsscheinen verbrieften GmbH-Anteils mangels Wertpapiercharakter im Urkundenprozess unstatthaft).

44 OLG Düsseldorf ZIP 2003, 542, 543, zustimmend *Stickelbrock* EWiR 1/03, 665f.

45 Gesetz über Rechte an eingetragenen Schiffen und Schiffsbauwerken vom 15. 10. 1940, RGBl. I S. 1499.

46 Gesetz über Rechte an Luftfahrzeugen vom 26. 2. 1959, BGBl. I S. 57, 68.

47 Statt aller MK/*Braun* Rn. 4; vgl. auch RGZ 50, 51, 53.

48 *St/J/Schlosser* Rn. 5; zum Parallelproblem bei § 794 Abs. 1 Nr. 5 aF vgl. BGHZ 22, 54, 57ff. = NJW 1957, 23; BayObLG DNotZ 1976, 367.

5. Nachweis der Tatsachen durch Urkunden. Der Urkundenprozess ist nur statthaft, wenn der Kläger sämtliche zur Begründung des Anspruchs erforderlichen Tatsachen durch Urkunden beweist (näher zum Urkundsbegriff vgl. Rn. 12 und § 595 Rn. 9). Wird der Beweis nicht angetreten oder nicht erfolgreich geführt, so ist die Klage nach § 597 Abs. 2 als im Urkundenprozess unstatthaft abzuweisen. 8

a) **Anspruchsbegründende Tatsachen.** Der Kläger muss nach § 592 die anspruchsbegründenden Tatsachen, hinsichtlich derer er die Beweislast trägt (vgl. § 286 Rn. 32ff.),[49] durch Urkunden beweisen. Das gilt auch für Nebenforderungen (zu Ausnahmen beim Wechsel- und Scheckprozess vgl. § 605 Rn. 3).[50] Hängt die Fälligkeit des Anspruchs von einer **Kündigung** ab, so muss der Kläger deren Erklärung[51] und im Grundsatz auch (vgl. aber Rn. 11ff.) ihren Zugang durch Urkunden nachweisen. Bei Abschlagszahlung nach § 632a BGB muss der Unternehmer die Vertragsmäßigkeit der erbrachten Teilleistungen und den Eigentumsübergang bzw. die Sicherheitsleistung nach § 632a S. 3 BGB nachweisen. Für den Anspruch auf Werklohn reicht wegen § 641a BGB die Vorlage einer Fertigstellungsbescheinigung aus, ohne dass die Abnahmereife des Werkes als solche nachgewiesen zu werden braucht (vgl. auch § 595 Rn. 9). Bei **bedingten Ansprüchen** muss der Bedingungseintritt urkundlich bewiesen werden,[52] bei abgetretenen Ansprüchen die Abtretung.[53] Ist ein **Vertreter** aufgetreten, so muss der Kläger die Vertretungsmacht urkundlich nachweisen;[54] geht der Kläger gegen den vollmachtlosen Vertreter vor, so ist das Fehlen der Vollmacht nicht vom Kläger zu beweisen.[55] Wer den **Bürgen** in Anspruch nimmt, muss neben dem Bürgschaftsvertrag die Entstehung der Hauptforderung und ihre Fälligkeit urkundlich beweisen.[56] Nimmt der Bürge beim Hauptschuldner Rückgriff, dann reicht der Nachweis aus, dass er als Bürge wegen einer Bürgschaftsschuld in Anspruch genommen wurde. Für das Fortbestehen der Hauptforderung im Zahlungszeitpunkt ist der Bürge nicht beweisführungsbelastet.[57] Bei Bürgschaft auf erstes Anfordern braucht der Bürgschaftsgläubiger die Hauptforderung weder schlüssig darzulegen noch zu beweisen.[58] Der Vermieter ist für das Nichtvorhandensein eines **Minderungsgrundes** nicht beweispflichtig (vgl. auch Rn. 5).[59] Bei einem Vergütungsanspruch aus einem Dienstverhältnis reicht es aus, wenn der Abschluss eines Dienstvertrages und das wörtliche Angebot der Dienstleistung nachgewiesen wird.[60] **Anfechtung** oder **Kündigung** sind ggf. vom Beklagten darzulegen und zu beweisen. Richtet sich der Anspruch auf **Auszahlung eines Saldos,** so kann sich der Kläger nicht auf die Darlegung der Aktivposten beschränken, sondern muss auf der Grundlage seiner prozessualen Wahrheitspflicht auch zu Abzugsposten Stellung nehmen.[61] Dies ändert nichts daran, dass der Beklagte für die Abzugsposten darlegungs- und beweisbelastet bleibt, so dass die Vorlage von Urkunden über die Abzugsposten seitens des Klägers nicht geboten ist. Kann der Beklagte die Abzugsposten nicht mit den Mitteln des Urkundsprozesses beweisen, so ist er auf das Nachverfahren zu verweisen. 9

Tatsachen, durch die der Kläger **Einwendungen des Beklagten** entkräften will, brauchen nicht urkundlich nachgewiesen zu werden, so zB die Erfüllung der eigenen Verpflichtung, mit Ausnahme des Falles, dass der Kläger vorleistungspflichtig ist.[62] Für diese Tatsachen gilt § 595 Abs. 2, der zum Beweis auch den Antrag auf Parteivernehmung zulässt. Keinen Einschränkungen unterliegt der Beweis von Tatsachen, die **Sachurteilsvoraussetzungen** betreffen (vgl. § 595 Rn. 7).[63] Nicht den Einschränkungen des Urkundenprozesses unterliegt auch der Nachweis einer Schiedsvereinbarung[64] (vgl. Rn. 15; zur Erstreckung der Schiedsabrede bei Begebung eines Wechsels vgl. § 602 Rn. 9) oder die Feststellung des Inhalts ausländischen Rechts (vgl. § 293 Rn. 6).[65] 10

b) **Beweisbedürftigkeit.** Entgegen dem Wortlaut des § 592 verlangt die Rechtsprechung nur für die beweisbedürftigen Tatsachen einen urkundlichen Nachweis, nicht aber für Tatsachen, die unstreitig,[66] offen- 11

---

[49] Zum Zusammenhang zwischen den anspruchsbegründenden Tatsachen und der Beweislast vgl. *Musielak* S. 292–300; *Heinrich,* Die Beweislast bei Rechtsgeschäften, S. 79ff., 257f.

[50] *Zö/Greger* Rn. 12.

[51] RGZ 88, 373, 375f.; anders bei Kündigung mit rechtsvernichtender Wirkung, so bei Forderung aus Mietverhältnis, das angeblich gekündigt wurde, LG Bonn NJW 1986, 264f.

[52] OLG Stuttgart NJW-RR 1986, 898 (Beweis der fiktiven Abnahme nach § 12 Nr. 5 Abs. 1 VOB/B nicht erforderlich).

[53] *Ro/S/Go* § 162 Rn. 11.

[54] RGZ 115, 311, 316f.; OLG Karlsruhe BB 1971, 1384.

[55] OLG Köln WM 1984, 1050f. (zu Art. 8 WG); vgl. zur Beweislastverteilung BGHZ 99, 50, 52ff. = NJW 1987, 649; *Heinrich,* Die Beweislast bei Rechtsgeschäften, S. 248ff.

[56] RGZ 97, 162.

[57] BGH JR 1988, 463, 464 m. zust. Anm. *Schneider* 465f.

[58] BGH NJW 1994, 380f.; vgl. auch *Lang* WM 1999, 2329, 2334.

[59] LG Düsseldorf MDR 1997, 928; *Malitz* MDR 1997, 899f.; aA (§ 320 BGB gebietet, dass Vermieter nur bei Nachweis der Überlassung einer mangelfreien Sache Mietzins fordern könne) *Greiner* NJW 2000, 1314, 1315.

[60] KG NJW-RR 1997, 1059 (tatsächliches Angebot war nicht erforderlich).

[61] BGH NJW 2007, 3425, 3428 Tz. 24f.

[62] RG JW 1914, 101 Nr. 30.

[63] RGZ 160, 338, 346; BAG NJW 1972, 1216 (jedenfalls bezüglich der von Amts wegen zu beachtenden Prozessvoraussetzungen); *St/J/Schlosser* § 595 Rn. 5.

[64] BGH NJW 1986, 2765; *Wiecz/Sch/Olzen* Rn. 34; aA *St/J/Schlosser* § 595 Rn. 5 (Anwendung des § 595).

[65] BGH NJW-RR 1997, 1154 = MDR 1997, 879 = KTS 1997, 642, 643.

[66] Weiter gehend auch bei nicht ernstlich bestrittenen Tatsachen RG JW 1934, 1347f. Nr. 8 = SeuffA 88 Nr. 149 (Problem des missbräuchlichen Bestreitens); gegen eine solche Einschränkung OLG Hamburg 19. 2. 2003 13 U 21/02 juris = OLGR 2003, 445ff.

kundig oder gerichtsbekannt sind.[67] Die Gegenauffassung[68] kann sich auf den Willen des historischen Gesetzgebers stützen.[69] Außerdem verweist sie auf § 597 Abs. 2: Im Fall der Säumnis des Beklagten ist die Klage abzuweisen, wenn der Kläger die Beweise nicht in der erforderlichen Form angetreten und geführt hat. Die Fiktion des Zugestehens nach § 331 Abs. 1 gilt hier also nicht; der Tatsachenvortrag des Klägers bleibt beweisbedürftig. Weil damit der Beweis durch Urkunden erforderlich ist, soll dasselbe gelten, wenn der Beklagte erscheint und verhandelt. Der BGH weist zu Recht auf die Zirkularität hin:[70] Auch im Fall der Säumnis ist wegen § 597 Abs. 2 nur zu beweisen, was beweisbedürftig ist. Nur werden die nicht offenkundigen oder bislang noch nicht zugestandenen Tatsachen wegen § 597 Abs. 2 nicht allein wegen der Säumnis als zugestanden angesehen; dagegen steht § 597 Abs. 2 einem Urteil im Urkundenprozess nicht im Wege, wenn die Tatsachen bereits zuvor unstreitig gestellt wurden. Das weitere Gegenargument, derjenige Beklagte werde benachteiligt, der Tatsachen zugesteht und so den Weg zum Urkundenprozess freimacht, überzeugt nicht, denn es ist nicht einzusehen, warum es dem Beklagten zugute kommen soll, wenn der Kläger Tatsachen nicht urkundlich beweisen kann, die der Beklagte selbst nicht bestreitet. Hält man den Urkundenprozess insgesamt für sachgerecht, weil die Beweisaufnahme schnell durchzuführen ist und weil urkundlich Belegtes häufig der Wahrheit entspricht, dann rechtfertigen diese Überlegungen den Urkundenprozess auch dann, wenn **allein die beweisbedürftigen Tatsachen** in entsprechender Form nachgewiesen sind. Dies hat zur Folge, dass auf der Grundlage eines schriftlichen (deklaratorischen) Schuldanerkenntnisses der Urkundenprozess geführt werden kann, ohne weitere Tatsachen durch Urkunden nachweisen zu müssen.[71] Der prozessuale Lohn[72] dafür, dass man sich Urkunden bedient, ist schon dann verdient, wenn die Urkunden die im konkreten Fall strittigen Punkte belegen. Entscheidend für die Ansicht der Rechtsprechung spricht, dass die Regelungen über den Urkundenprozess praktisch leer liefen, wenn man für alle anspruchsbegründenden Tatsachen urkundlichen Nachweis verlangt. So müsste bei einer Bürgschaftserklärung die Annahme durch den Gläubiger urkundlich nachgewiesen werden. Wenn aber der Kläger die Bürgschaftsurkunde vorlegt und so zu erkennen gibt, dass er sie erhalten und dem Bürgschaftsvertrag zugestimmt hat, wäre es sinnlos, einen urkundlichen Beweis über die Annahme zu verlangen.[73] Der Rechtsprechungsansicht ist deshalb zuzustimmen. Dabei dürfen die nicht urkundlich bewiesenen Tatsachen nur der **Ausfüllung von Lücken** in der Beweisführung dienen,[74] eine Klage im Urkundenprozess ohne Vorlegung von Urkunden wäre deshalb nicht statthaft.

12 **6. Inhaltliche Anforderungen an die Urkunde.** Der Anspruch braucht sich nicht aus der Urkunde selbst zu ergeben, sie braucht also nicht konstitutiv zu sein.[75] Es kann deshalb jedes schriftliche Beweisstück (§ 415 Rn. 4f.) vorgelegt werden (zur Vorlegung eines Schiedsspruchs vgl. Rn. 2).[76] Bei seiner **Würdigung** können auch Sätze der Lebenserfahrung berücksichtigt werden, beispielsweise der, dass ein deklaratorisches Schuldanerkenntnis nicht abgegeben wird, wenn die Schuld nicht besteht.[77] Es reicht auch aus, dass die Urkunde erst im Zusammenhang mit anderen Indizien den Beweis erbringt.[78] Auch Auszüge einer Urkunde können deshalb ausreichen.[79] **Ausgenommen** sind jedoch solche Schriftstücke, die lediglich eine **Zeugen- oder Sachverständigenaussage ersetzen** sollen.[80] Andernfalls wäre die Beschränkung der Beweis-

---

[67] BGHZ 62, 286 = NJW 1974, 1199; BGH WM 1985, 738; RGZ 109, 70, 71 (Offenkundiges); 142, 303, 306 (Unstreitiges); OLG München NJOZ 2007, 2520, 2524; OLG Köln ZIP 1982, 1424, 1426; *St/J/Schlosser* Rn. 11 und § 597 Rn. 4; *Ro/S/Go* § 162 Rn. 12; *Sae/Eichele* Rn. 4; so auch OLG Köln OLGZ 1994, 466, 468 (mit irreführendem Leitsatz) = VersR 1995, 901; OLG Jena MDR 1997, 975.

[68] *Stürner* NJW 1972, 1257; *ders.* JZ 1974, 681; *Bull* NJW 1974, 1513, 1514; *Gloede* MDR 1966, 103; *ders.* MDR 1974, 895; *Hertel,* Der Urkundenprozess, Freiburg 1992, S. 129ff.; *MK/Braun* Rn. 14 (anders für offenkundige Tatsachen und für Anerkenntnis, Rn. 12); *Wiecz/Sch/Olzen* Rn. 30f. (soweit Tatsachen nicht offenkundig oder der Beklagte anerkennt).

[69] *Hahn,* S. 388, 391 und 392.

[70] BGHZ 62, 286, 290 = NJW 1974, 1199; vgl. auch *Beckmann,* Die Bindungswirkung des Vorbehaltsurteils im Urkunden-, Wechsel- und Scheckprozess, Diss. Hamburg 1989, S. 107f.

[71] Vgl. BGH NJW 2003, 2386, 2388.

[72] *Stürner* NJW 1972, 1257, 1258.

[73] RGZ 97, 162, 163.

[74] BGHZ 62, 286, 292; OLG Köln OLGZ 1994, 466, 468 = VersR 1993, 901; OLG München MDR 1998, 1180, 1181; weiter gehend OLG Jena MDR 1997, 975; *Bassenge* JR 1974, 428; restriktiv *Zö/Greger* Rn. 11.

[75] BGH WM 2006, 691, 692; NJW 2002, 2777, 2778; WM 1967, 367, 368; 1983, 22 (beide zum Schuldanerkenntnis); 1985, 1244f. (zu § 595); RGZ 8, 42, 45; OLG Köln ZIP 1982, 1424, 1426f. (Schriftwechsel); OLG Dresden WM 1997, 1983, 1984 (Vertragsurkunde bei Geltendmachung eines Bereicherungsanspruchs wegen Nichtigkeit des Vertrages, welche sich gerade aus dem Inhalt des Vertrages selbst ergibt) zustimmend WuB IV A BGB § 812 1.98 (*Müller/Christmann*); strenger OLG Frankfurt ZIP 1981, 1192, 1193 (Scheckprozess unstatthaft, wenn Scheck nicht vorgelegt werden kann).

[76] OLG Köln MDR 1991, 900, 901 (Telefax).

[77] BGH WM 1967, 367, 369; 1983, 22.

[78] BGH NJW 1985, 2953; 1995, 1683 = JR 1996, 333f. m. zust. Anm. *Olzen/Kuzaj; Zö/Greger* Rn. 15.

[79] *Zö/Greger* Rn. 17.

[80] BGH 18. 9. 2007 XI ZR 211/06 Tz. 16ff. (Sachverständigengutachten aus einem selbständigen Beweisverfahren). BGHZ 1, 218, 220f. = NJW 1951, 361 (LS); RGZ 97, 162; OLG München NJW 1953, 1835; OLG Frankfurt WM 1975, 87, 88; OLG Köln ZZP 73 (1960), 307, 308; KG JW 1922, 498 Nr. 5 (aus Beweissicherungsverfahren); OLG Köln GRUR 1995, 263, 264 (kein Beweis durch nichtrechtskräftiges Urteil); OLG München MDR 1998, 1180, 1181; *Wiecz/Sch/Olzen* Rn. 42 (auch Protokolle über Zeugenvernehmungen oder aus selbständiger Beweisaufnahme unzulässig); *T/P/Reichhold* Rn. 7 (Verwendung unzulässig, soweit dadurch die unmittelbare Beweiserhebung ersetzt werden soll); ähnlich *Sae/Eichele* Rn. 4; *Zö/Greger* Rn. 15f. (Ersetzung von Zeugenaussagen durch Urkunden unzulässig, zulässig

mittel auf Urkunden wegen der problemlosen Umgehung sinnlos. Hinzu kommt folgendes: Ist die durch Zeugenaussage oder Gutachten schriftlich bekundete Tatsache unstreitig, dann kommt es auf den Urkundenbeweis nicht mehr an (dazu Rn. 11). Wird die Richtigkeit aber in Zweifel gezogen, dann wird die Urkunde für sich allein zur Überzeugungsbildung nicht ausreichen, sondern das Gericht kommt nicht umhin, den Zeugen oder Sachverständigen anzuhören. Das wäre aber im Urkundenprozess nach allen Ansichten ausgeschlossen. Eine **Unterschrift** ist nicht erforderlich, so dass auch eine Kopie und ein Telefax vorgelegt werden können (vgl. auch § 593 Rn. 4).[81] Auch Abschriften mikroverfilmter Urkunden sind deshalb zulässige Beweismittel.[82] Wird die Echtheit oder Übereinstimmung mit dem Original bestritten und kann der Kläger diese nicht mit den Mitteln des Urkundenprozesses beweisen, so ist er nach § 597 Abs. 2 abzuweisen.[83] Nach hM ist auch nicht erforderlich, dass der Schuldner an der Errichtung der Urkunden mitgewirkt hat.[84] Das wird mit Recht bezweifelt:[85] Die Beeinträchtigung, der der Schuldner durch den Urkundenprozess und insbesondere durch die Vollstreckung des Vorbehaltsurteils ohne Sicherheitsleistung ausgesetzt ist, lässt sich nur rechtfertigen, wenn der Schuldner an der Errichtung zumindest einer der maßgebenden Urkunden mitgewirkt und deshalb selbst das Risiko der Rechtsdurchsetzung im Urkundenprozess geschaffen hat. Auch die Begründung zum Entwurf der CPO ging davon aus, dass der notwendige Beweis nicht auf der Grundlage anderer Urkunden als solcher geführt werden kann, die vom Verpflichteten ausgestellt wurden.[86] Es ist deshalb zu verlangen, dass der Schuldner an zumindest einer der maßgebenden vorgelegten Urkunden mitgewirkt hat. **Urteile** aus Vor- oder Parallelprozessen sind im Grundsatz Urkunden. Soweit sie präjudiziell sind, entfalten sie Bindungswirkung, so dass die Beweisbedürftigkeit entfällt. Im Übrigen erbringen sie keinen Beweis für die zu Grunde liegenden Tatsachen, sondern können nur im Rahmen richterlicher Beweiswürdigung einbezogen werden.[87]

Elektronische Dokumente sind keine Urkunden, sondern Augenscheinsobjekte, wie sich aus § 371 Abs. 1 S. 2 und insbesondere § 371a ergibt.[88] Der Ausdruck eines solchen Dokuments kann zwar als eine Urkunde im Sinne des § 592 angesehen werden,[89] fraglich ist aber, ob er lediglich das im Urkundenprozess unzulässige Beweismittel der Inaugenscheinnahme ersetzt[90] und deshalb die Vorlage eines Ausdrucks einer E-Mail ebenso wenig ein zulässiges Beweismittel ist wie eine schriftliche Zeugenaussage (dazu vgl. oben in dieser Randnummer). Dies ist zu verneinen. Der Ausdruck elektronischer Dokumente, etwa der per Mail übersandte Kontoauszug, ist als Beweismittel im Urkundenprozess anerkannt.[91] Das hohe Fälschungsrisiko derartiger Dokumente ist bei der Beweiswürdigung zu berücksichtigen. Wird die Echtheit des Ausdrucks bestritten und kommt es auf die Vorlage der elektronischen Fassung an, kann dieser Augenscheinsbeweis im Urkundenprozess – ähnlich wie der der Schriftvergleichung – nicht angetreten werden und die Klage ist nach § 597 Abs. 2 abzuweisen.[92]

III. Anwendbarkeit allgemeiner Vorschriften

Soweit keine Sonderregelungen bestehen, bleiben die allgemeinen Vorschriften anwendbar. Das gilt für 13
das Tätigwerden des originären oder obligatorischen Einzelrichters,[93] für die Prozessleitung sowie für die Wahl zwischen schriftlichem Vorverfahren oder frühem ersten Termin. Ausnahmen gelten für Vorschriften, deren Inhalt mit dem Ziel des Urkundenprozesses unvereinbar ist, so in der Regel für die **Aussetzung** des

---

dagegen die Vorlage von Protokollen über Vernehmung in anderem Prozess); ähnlich OLG München AG 2007, 361, 362 (Vernehmungsprotokolle aus Strafverfahren, da diese ersichtlich nicht mit dem Ziel der Umgehung einer Zeugenaussage errichtet wurden); OLG Rostock OLGR 2003, 171 = NZM 2003, 317 (LS) (Niederschrift über richterliche Zeugenvernehmung als Urkunde über rechtsvernichtende Einwendung des Beklagten); aA (Zulassung auch von Urkunden, die an die Stelle von Zeugenaussagen treten) *Becht* NJW 1991, 1993, 1994f.; *St/J/Schlosser* Rn. 17, vgl. dort aber auch § 595 Rn. 2a (Ausschluss eidesstattlicher Versicherungen) und § 595 Rn. 3 (Berufung auf beizuziehende Akten eines auswärtigen Gerichts unzulässig; dazu hier bei § 595 Rn. 11).

[81] OLG Köln VersR 1991, 1430, 1431 = NJW 1992, 1774; LG Frankfurt/M BauR 2004, 1309 (nicht unterschriebene Aufmaßlisten des Auftraggebers als Nachweis erbrachter Leistungen); *Bütter/Aigner* WM 2005, 1729, 1731; *Zoller* NJW 1993, 429, 432; *Laghzaoui/Wirges* MDR 1996, 230; missverständlich BGH NJW 1992, 829, 830 (bezieht sich auf Beweiswert der Urkunde, nicht auf Zulässigkeit des Urkundenbeweises); einschränkend (bei Kopie anwaltliche Beglaubigung erforderlich) *Wiecz/Sch/Olzen* Rn. 36.

[82] *Bütter/Aigner* WM 2005, 1729, 1732ff.; anders wohl *Roßnagel/Wilke* NJW 2006, 2145, 2148 (gescannte Dokumente nur nach § 371a in den Prozess einzuführen).

[83] OLG Koblenz MDR 2006, 888f.

[84] RGZ 142, 303, 306 (obiter dictum); MK/*Braun* Rn. 16 und vor § 592 Rn. 3; *St/J/Schlosser* Rn. 17; *T/P/Reichold* Rn. 6.

[85] *Hertel*, Der Urkundenprozess, Freiburg 1992, S. 92ff., 183; Sympathien bei *Zö/Greger* vor § 592 Rn. 1; anders aber § 592 Rn. 15.

[86] *Hahn*, S. 388.

[87] OLG Sachsen-Anhalt 14. 5. 2002 9 U 231/01 juris; aA *Deubner* JuS 2003, 270, 271 (Unstatthaftigkeit des Urkundenprozesses mangels zulässigen Beweisantritts); offen gelassen vom OLG München JurBüro 2003, 154 (Aussetzung des Verfahrens bis zur Rechtskraft des Urteils; dazu vgl. Rn. 13).

[88] Begründung zum Gesetzesentwurf BR-Drucks. 609/04 S. 79; *Roßnagel/Wilke* NJW 2006, 2145, 2148.

[89] *Zö/Greger* Rn. 15; aA *Roßnagel/Wilke* NJW 2006, 2145, 2148.

[90] Weitergehend: Ausdruck sei keine Urkunde, *Nöcker*, CR 2000, 176, 178; *Roßnagel/Wilke* NJW 2006, 2145, 2148; *Zö/Geimer* vor § 415 Rn. 2; für die Anerkennung im Urkundenprozess aber *ders.* § 592 Rn. 15.

[91] Vgl. *B/L/H* Rn. 11 und Übers v § 415 Rn. 7.

[92] Vgl. OLG Koblenz MDR 2006, 888f. (Kopie, deren Übereinstimmung mit dem Original bestritten wird).

[93] *St/J/Schlosser* § 595 Rn. 6 (zur Rechtslage vor dem Inkrafttreten des ZPO-RG).

Verfahrens.[94] Sie ist jedoch zulässig, wenn im Urkundenprozess mit einer Forderung aufgerechnet wird, mit der bereits zuvor in einem anderen Verfahren aufgerechnet wurde.[95] Ist in einem solchen Fall die zur Aufrechnung gestellte Gegenforderung unstreitig oder mit den Mitteln des Urkundenprozesses bewiesen, wird von einer Gegenansicht die Abweisung nach § 597 Abs. 2 einer Aussetzung vorgezogen, sofern nicht das Fortbestehen der Gegenforderung trotz der Aufrechnung im anderen Prozess mit den Mitteln des Urkundsprozesses nachgewiesen ist.[96] Gerade zur Klärung des Fortbestehens dient jedoch die Aussetzung. Trotz der Verzögerung des Urkundsprozesses trägt sie den Interessen des Klägers an einer Beschleunigung der Rechtsdurchsetzung eher Rechnung als ein Übergang zum ordentlichen Verfahren, der wegen drohender Abweisung nach § 597 Abs. 2 erforderlich wäre. Rechnet der Kläger mit der im Urkundenprozess eingeklagten Forderung in einem zweiten Verfahren auf, so kann der Urkundsprozess ebenfalls ausgesetzt werden.[97] Die Verbindung von Urkundenprozess und ordentlichem Verfahren ist wegen der Unterschiedlichkeit der Prozessarten ausgeschlossen (vgl. § 147 Rn. 2).

IV. Möglichkeiten der gerichtlichen Entscheidung

14 Ist die Klage zulässig, im Urkundenprozess statthaft und ist der Anspruch durch Urkunden nachgewiesen, so ergeht ein Endurteil zu Gunsten des Klägers, wenn der Beklagte keine oder unbegründete Einwendungen oder nur solche erhoben hat, die nach § 598 als unstatthaft zurückzuweisen sind. Hat der Beklagte dem geltend gemachten Anspruch widersprochen, ergeht nach § 599 ein Vorbehaltsurteil, andernfalls ein vorbehaltloses Endurteil. Hat der Kläger den Beweis **nicht** in den im Urkundenprozess statthaften Formen erbringen können, so ist die Klage nach § 597 Abs. 2 als im Urkundenprozess unstatthaft zurückzuweisen. Der Kläger kann dem durch Abstandnahme nach § 596 entgehen. Ist das Gericht zu der Überzeugung gelangt, dass die Klage unzulässig oder unbegründet ist, dass der Kläger also nicht nur an den Beschränkungen des Urkundenprozesses scheitert, wird die Klage als unzulässig bzw. als unbegründet abgewiesen (vgl. § 597 Rn. 2 ff.).

V. Vereinbarungen über den Ausschluss des Urkundenprozesses

15 Ob der Kläger den Urkundenprozess zur Rechtsdurchsetzung wählt, steht in seinem Ermessen (zur Frage des Rechtsmissbrauchs vgl. Rn. 1). Eine **Vereinbarung über den Ausschluss des Urkundenprozesses** ist deshalb ohne weiteres möglich[98] und führt bei entsprechender Rüge des Beklagten zur Abweisung der Klage als im Urkundenprozess unstatthaft.[99] Als negative Zulässigkeitsvoraussetzung kann die Vereinbarung ohne die Beschränkungen des Urkundenprozesses – also auch ohne die des § 595 Abs. 2 – nachgewiesen werden.[100] Ist die Klagbarkeit eines Anspruchs insgesamt ausgeschlossen, so kann dieser auch nicht im Urkundenprozess geltend gemacht werden.[101] Ob die Einrede der **Schiedsvereinbarung,** § 1032 Abs. 1, dem Urkundenprozess entgegengesetzt werden kann, ist zweifelhaft. Für den Wechselprozess wird angenommen, dass der Kläger durch die Schiedsvereinbarung nicht auf die Durchsetzung seines Anspruchs im Wege des Wechselprozesses verzichten wolle (dazu näher bei § 602 Rn. 9). Dies ist auf den Urkundenprozess nicht übertragbar. Während bei der Hingabe eines Wechsels oder eines Schecks die schleunige Durchsetzbarkeit des Rechts eine zentrale Rolle spielt und deshalb der Gedanke nicht fern liegt, Wechsel- bzw. Scheckprozess seien von der Schiedsabrede regelmäßig nicht betroffen, kann man bei anderen Urkunden im Regelfall nicht davon ausgehen, dass trotz Vereinbarung der Entscheidung durch Schiedsgerichte ein Urkundenprozess vor der staatlichen Gerichtsbarkeit zulässig ist. Die **Schiedsabrede** steht deshalb einem **Urkundenprozess** regelmäßig **entgegen.**[102] Wenn allerdings eine Wechselforderung nicht im Wechselprozess, sondern im Urkundenprozess geltend gemacht wird, so wird man dem Beklagten die Einrede der Schiedsvereinbarung versagen müssen, denn auch insoweit greift der Gedanke, dass Wechsel und Scheck zum Zweck der schleunigen Rechtsdurchsetzung begeben werden. Ein Ausschluss des Urkundenprozesses für den **Rückforderungsanspruch** bei einer **Bürgschaft auf erstes Anfordern** ist entgegen der hL nur bei ausdrücklicher Vereinbarung anzunehmen.[103]

---

[94] OLG München JurBüro 2003, 154; OLG Karlsruhe GRUR 1995, 263, 264 f.; OLG Hamm NJW 1976, 246 f.; *Seidel/Schönhöft* GmbHR 2005, 1113 ff. (keine Aussetzung des Vergütungsprozesses wegen Verfahrens über die Wirksamkeit einer Kündigung); *Bloching* JurBüro 2003, 121 ff.; *St/J/Schlosser* § 595 Rn. 6.

[95] BGH NJW-RR 2004, 1000, 1001.

[96] *Althammer* ZZP 117 (2004), 500, 506 f.; unter Hinweis auf BGH NJW 1986, 2767.

[97] *Zö/Greger* § 593 Rn. 5; *Althammer* ZZP 117 (2004), 500, 508 f.

[98] BGH NJW 2001, 3549, 3550 f.; BGHZ 38, 254, 258 = NJW 1963, 243; BGH WM 1973, 144 (obiter dictum); RGZ 160, 241, 242 ff.; 71, 14; MK/*Braun* Rn. 8; dagegen sind Vereinbarungen über den Verfahrensgang oder die Voraussetzungen des Urkundenprozesses unzulässig, vgl. *Zö/Greger* vor § 592 Rn. 5.

[99] *T/P/Reichold* § 593 Rn. 2.

[100] BGH NJW 1986, 2765 (obiter dictum); *Wiecz/Sch/Olzen* Rn. 34; aA *St/J/Schlosser* § 595 Rn. 5.

[101] OLG Düsseldorf NJW 1990, 1424 (zu Devisengeschäften nach dem Bretton-Woods-Abkommen).

[102] BGH NJW 2006, 779 f. = JR 2007, 69 m. zust. Anm. *Elsing;* EWiR § 1032 ZPO (2006) S. 607 f. (*Korte*); BGH SchiedsVZ 2007, 215, 216; OLG Celle BauR 2005, 1821 (LS); *Wolf* DB 1999, 1101, 1104; *Zö/Greger* vor § 592 Rn. 3; aA OLG Düsseldorf WM 1995, 1488, 1490 f.

[103] Vgl. *Lang* WM 1999, 2329, 2335; aA (der eigentliche Streitpunkt werde in das Nachverfahren verlagert und dem Bürgschaftsgläubiger bis dahin der Liquiditätsgewinn genommen) BGH NJW 2001, 3549, 3550 f. m. abl. Anm. *Voit* LM Nr. 10; zustimmend *Vogel* BauR 2002, 131, 133 f.; *Zö/Greger* Rn. 2; *T/P/Reichold* Rn. 4; *Sae/Eichele* Rn. 3; ablehnend auch *Lenkeit* Festschr. f. Kraus, 2003, S. 329, 348 f.; *Schmitz* EWiR § 765 BGB 10/01, 1133.

VI. Gebühren und Kosten

1. Rechtsanwaltsgebühren. Im Urkundenprozess erhält der Anwalt die Gebühren der Nrn. 3100ff. VV RVG. Die Verfahrensgebühr aus dem Urkundenprozess wird auf diejenige im ordentlichen Verfahren angerechnet, wenn dieses nach Abstandsnahme vom Urkundenprozess oder nach einem Vorbehaltsurteil anhängig bleibt (Nr. 3100 Abs. 2 VV RVG). Zu den Gebühren im ordentlichen Verfahren s. § 600 Rn. 15. 16

2. Gerichtsgebühren. Es gelten die allgemeinen Bestimmungen (KV Nr. 1210ff.). Hinsichtlich der **Verfahrensgebühr** stellt das Nachverfahren zusammen mit dem Verfahren bis zum Vorbehaltsurteil eine Instanz dar. Wurde erst gegen das Vorbehaltsurteil und in derselben Sache nach Erlass des Endurteils Rechtsmittel gegen dieses eingelegt, handelt es sich um gesonderte Rechtsmittelverfahren. **Urteilsgebühren** fallen wegen der erhöhten Gebühr für das Verfahren im Allgemeinen nicht mehr an. 17

593 *Klageinhalt; Urkunden* (1) **Die Klage muss die Erklärung enthalten, dass im Urkundenprozess geklagt werde.**

(2) [1]**Die Urkunden müssen in Urschrift oder in Abschrift der Klage oder einem vorbereitenden Schriftsatz beigefügt werden.** [2]**Im letzteren Fall muss zwischen der Zustellung des Schriftsatzes und dem Termin zur mündlichen Verhandlung ein der Einlassungsfrist gleicher Zeitraum liegen.**

I. Normzweck

1 Der Kläger muss in der Klageschrift klarstellen, ob er sein Recht unter den einschränkenden Voraussetzungen des Urkundenprozesses durchsetzen will. Das ermöglicht dem Beklagten, sich bei der Vorbereitung seiner Verteidigung auf die Einwendungen zu konzentrieren, die er in der nach § 595 Abs. 2 erforderlichen Form nachweisen kann, und sich im Übrigen auf ein Nachverfahren einzurichten. Die Urkunden müssen nach Abs. 2 der Klage oder einem vorbereitenden Schriftsatz beigefügt werden, damit der Beklagte sie auf ihre Echtheit und Beweiserheblichkeit prüfen kann.[1] Wird die Klage in **elektronischer Form** übermittelt (§ 130a), kann die Urkunde als Anlage ebenfalls in elektronischer Form beigefügt werden.

II. Anforderungen an die Erklärung

2 **1. Eindeutigkeit.** Es braucht nicht ausdrücklich erklärt zu werden, im Urkundenprozess zu klagen,[2] sofern nur der entsprechende Wille eindeutig zum Ausdruck kommt.[3] Zur Frage, ob primär im Wechselprozess und **hilfsweise** im Urkundenprozess geklagt werden kann, vgl. § 602 Rn. 3; zur Frage, ob im Wege der Widerklage ein Urkundenprozess geführt werden kann, vgl. § 595 Rn. 2; zur Aufrechnung im Urkundenprozess vgl. § 595 Rn. 2; zum Urkundenmahnverfahren vgl. § 703a.

3 **2. Zeitpunkt der Erklärung..** Nach hM kann die Erklärung, im Urkundenprozess zu klagen, nach den Regeln der Klageänderung (§ 263) **nachgeholt** werden. Der Übergang vom ordentlichen Verfahren in den Urkundenprozess wäre also nach Einlassung zur Hauptsache zulässig, wenn der Beklagte einwilligt oder das Gericht ihn für sachdienlich hält.[4] Dieser dogmatische Ansatz ist verfehlt, denn der Streitgegenstand der Klage wird durch den Übergang in den Urkundenprozess nicht geändert (dazu bei § 596 Rn. 7). Es gilt vielmehr folgendes: Der Übergang in den Urkundenprozess ist mit Einwilligung des Beklagten zulässig, denn es liegt allein in seinem Interesse, dass die Erklärung an sich bereits in der Klageschrift hätte abgegeben werden müssen. Die Zulassung wegen **Sachdienlichkeit** ist dagegen ausgeschlossen, weil es sich nicht um einen Fall des § 263 handelt.[5] Die Zulassung ist mit den Interessen des Beklagten nicht vereinbar, der seine Verteidigung ohne Rücksicht auf die Beschränkungen des § 595 aufgebaut hat. In krassen Ausnahmefällen kann die Verweigerung der Einwilligung rechtsmissbräuchlich sein. Der Unterschied zur hM wirkt sich selten aus, denn diese lässt zwar eine Sachdienlichkeitsentscheidung des Gerichts zu, entwertet sie aber zugleich mit dem Bemerken, Sachdienlichkeit sei selten zu bejahen (vgl. § 263 Rn. 5).[6]

III. Vorlage der Urkunden

4 **1. Abschriften.** Der Kläger muss die Urkunden in Urschrift oder Abschrift vorlegen. Abweichend von § 131 reicht es nicht aus, den Urkundeninhalt wiederzugeben oder Urkundeneinsicht anzubieten. Zur Beweisführung ist gemäß § 595 Abs. 3 das Original und nicht nur eine Abschrift der Urkunde vorzulegen. Dabei kann „Original" in diesem Sinne auch eine Kopie sein, wenn der Kläger mit Hilfe dieser Kopie die anspruchsbegründenden Tatsachen beweisen will (vgl. § 592 Rn. 12). § 595 Abs. 3 verlangt nur, das Original derjenigen Urkunde zur Beweisführung zu verwenden, auf die die Klage gestützt wird, und das kann auch eine Kopie

---

1 RGZ 114, 365, 371.

2 RGZ 96, 100f.

3 BGHZ 69, 66, 70 = NJW 1977, 1883; RGZ 96, 100ff.

4 BGHZ 69, 66, 70 = NJW 1977, 1883 = LM Nr. 1 m. zust. Anm. *Krohn;* LG Flensburg NJW 2003, 3425; MK/*Braun* Rn. 2; *St/J/Schlosser* Rn. 1; *Wiecz/Sch/Olzen* Rn. 4; *Ro/S/Go* § 162 Rn. 19; offen lassend *Sae/Eichele* Rn. 2; verneinend RGZ 79, 69, 71.

5 So zutreffend *Wiecz/Wieczorek,* 2. Aufl. 1988, Anm. A Ia; aA *Behringer,* Streitgegenstand und Bindungswirkung im Urkundenprozess, 2007, S. 97f.

6 BGHZ 69, 66, 70 = NJW 1977, 1883; *T/P/Reichold* Rn. 1; *St/J/Schlosser* Rn. 1; *Wiecz/Sch/Olzen* Rn. 4 (Sachdienlichkeit nur in frühem Prozessstadium gegeben); *Zö/Greger* Rn. 3.

sein.[7] Die Vorlage des wirklichen „Originals" kann später bei der Durchsetzung des titulierten Anspruchs erforderlich werden, wenn der Schuldner nur gegen Aushändigung der (Original-) Urkunde zur Leistung verpflichtet ist (vgl. Art. 39 Abs. 1, Art. 50 WG; Art. 34 Abs. 1, Art. 47 ScheckG). Die Übersetzung einer **fremdsprachigen Urkunde** ist nicht vorgeschrieben, kann aber nach § 142 Abs. 3 vom Gericht verlangt werden. Wird ihre Richtigkeit bestritten und fehlt es dem Gericht an der notwendigen eigenen Sachkunde, ist ein Beweis durch Sachverständige wegen § 595 Abs. 2 ausgeschlossen. Eine **Beglaubigung** der Abschrift – auch eine anwaltliche, vgl. § 169 Abs. 2 S. 2 – ist **nicht erforderlich.**[8] Da die Vorlage einer Kopie für die Statthaftigkeit des Urkundenprozesses ausreicht (§ 592 Rn. 12), kann die Zulässigkeit der Klage nicht am Fehlen der Beglaubigung scheitern. Das Argument, es bestünden Zweifel daran, dass zu der Kopie eine Urschrift existiert, stellt nicht die Zulässigkeit des Urkundenprozesses, sondern nur die Beweiskraft der Kopie in Frage. Von dieser Frage zu unterscheiden ist, ob die Klageschrift mit allen Anlagen – also auch den Urkunden – in beglaubigter Form dem Beklagten zuzustellen ist. Das ist wegen § 170 zu bejahen;[9] fehlt es daran, so begründet dies einen nach § 189 heilbaren Zustellungsmangel,[10] rechtfertigt aber nicht die Abweisung der Klage.

5 **2. Nachreichen von Urkunden.** Urkunden können in einem späteren Schriftsatz nachgereicht werden,[11] in der Berufungsinstanz jedoch nur nach Maßgabe der §§ 529, 531 ZPO. Die Urkunde kann noch in der mündlichen Verhandlung vorgelegt werden. In Betracht kommt dabei jeder Termin zur mündlichen Verhandlung, nicht aber der letzte vor dem Urteil.[12] Dem Zweck des § 593 Abs. 2 ist ausreichend Rechnung getragen, wenn zwischen Termin und letzter – nicht notwendigerweise der nächsten[13] – mündlichen Verhandlung ein Zeitraum liegt, der den Anforderungen des Abs. 2 S. 2 genügt.[14]

6 **3. Verspätetes Nachreichen.** Auf die Vorlage von Urkunden kommt es nur an, wenn sie beweiserheblich sind (str., vgl. § 592 Rn. 11). Ist der Beklagte säumig, so steht § 335 Abs. 1 Nr. 2 einem Versäumnisurteil entgegen; ein Nachreichen in der mündlichen Verhandlung reicht nicht aus, da die Urkundenmitteilung Teil der ordnungsgemäßen Ladung ist. Bestreitet der Beklagte und legt der Kläger die Urkunde unter Verletzung der Frist des § 593 Abs. 2 dem Gericht vor, so kann dieser Mangel nach § 295 **geheilt** werden.[15] Rügt der Beklagte den Mangel, so wird das Gericht in der Regel auf Antrag des Klägers vertagen,[16] andernfalls ist die Klage nach § 597 Abs. 2 als im Urkundenprozess unstatthaft abzuweisen (zur Möglichkeit der Abstandnahme vom Urkundenprozess vgl. § 596). Wenn der Beklagte den Urkundeninhalt kennt und sogar in einem Schriftsatz zum Inhalt der Urkunde bereits Stellung genommen hat, kann die Einhaltung der Frist des Abs. 2 S. 2 **entbehrlich sein.**[17] Das RG hat das mit einer Reduktion des § 593 begründet;[18] richtiger erscheint es, die Rüge als rechtsmissbräuchlich zurückzuweisen und den Mangel als geheilt anzusehen.

7 **4. Veränderungen der Urkunde während des Verfahrens.** Bei Veränderungen der Urkunde in der mündlichen Verhandlung – beispielsweise durch Streichung von Indossamenten – beginnt die Frist des Abs. 2 S. 2 neu, denn der Beklagte muss sich auf den veränderten Inhalt der Urkunde einstellen können.[19] Wenn die Frist des Abs. 2 nicht eingehalten und der Beklagte in mündlicher Verhandlung säumig ist, so kann wegen § 335 Abs. 1 Nr. 2 kein Versäumnisurteil ergehen, sondern es muss in der Regel vertagt werden. Andernfalls droht auch hier Klageabweisung nach § 597 Abs. 2, wenn nicht der Kläger vom Urkundenprozess Abstand nimmt (vgl. § 596).

IV. Rechtsanwaltsgebühren

8 Vgl. § 592 Rn. 16.

594 *(weggefallen)*

595 *Keine Widerklage; Beweismittel*

(1) Widerklagen sind nicht statthaft.

(2) Als Beweismittel sind bezüglich der Echtheit oder Unechtheit einer Urkunde sowie bezüglich anderer als der im § 592 erwähnten Tatsachen nur Urkunden und Antrag auf Parteivernehmung zulässig.

(3) Der Urkundenbeweis kann nur durch Vorlegung der Urkunden angetreten werden.

---

7 AG Saarbrücken DGVZ 1990, 43f.; *Zö/Greger* § 592 Rn. 15; aA OLG Frankfurt/M OLGR 1995, 235; vgl. auch OLG Frankfurt ZIP 1981, 1192, 1193f. = MDR 1982, 153 (Scheckprozess ist unstatthaft, wenn Kläger Kopie vorlegt, weil der Scheck abhanden gekommen ist); so zum Wechsel- und Scheckprozess auch *Wiecz/Sch/Olzen* § 597 Rn. 13.

8 MK/*Braun* Rn. 4; *B/L/H* Rn. 4; *Zö/Greger* Rn. 7; *Sae/Eichele* Rn. 3; aA OLG Düsseldorf JZ 1988, 572 = AnwBl. 1988, 41; *T/P/Reichold* Rn. 3; *Wiecz/Sch/Olzen* § 592 Rn. 36; *Zi* Rn. 2.

9 *Wiecz/Sch/Olzen* Rn. 8.

10 BGH NJW 1965, 104 = BGH LM § 170 Nr. 12; *Zö/Stöber* § 189 Rn. 6.

11 Förmliche Zustellung ist nicht erforderlich, *Wiecz/Sch/Olzen* Rn. 11; *Zö/Greger* Rn. 9.

12 Missverständlich *St/J/Schlosser* Rn. 3.

13 So wohl MK/*Braun* Rn. 5.

14 RGZ 97, 162, 165; 104, 34, 37.

15 RGZ 114, 365, 371; 97, 162, 165; MK/*Braun* Rn. 6; *Zö/Greger* Rn. 11; *St/J/Schlosser* Rn. 5; *T/P/Reichold* Rn. 4; *Wiecz/Sch/Olzen* Rn. 15; aA RGZ 142, 303, 304; OLG Karlsruhe Justiz 1968, 260, 261.

16 RGZ 114, 365, 371; *St/J/Schlosser* Rn. 5.

17 RG HRR 1934, 1242; RGZ 114, 365, 371 (obiter dictum); krit. MK/*Braun* Rn. 6; *St/J/Schlosser* Rn. 5.

18 Vgl. RGZ 114, 365, 371.

19 MK/*Braun* Rn. 6; *St/J/Schlosser* Rn. 5; aA RGZ 114, 365, 371 (obiter dictum).

I. Normzweck

Die Vorschrift enthält neben dem Verbot der Widerklage Regelungen über Einschränkungen in der Beweisführung. Die Beschleunigung des Verfahrens besteht – anders als im Verfahren des vorläufigen Rechtsschutzes – nicht in einer nur überschlägigen Prüfung, sondern in einer **vollständigen Prüfung bei eingeschränkter Beweismöglichkeit.** Sach- und Rechtsfragen, die sich auf der Grundlage zulässiger Beweise stellen, sind vom Gericht vollständig zu erörtern und abschließend zu entscheiden. Daraus erklärt sich auch die Bindungswirkung des im Urkundenprozess ergehenden Vorbehaltsurteils für das Nachverfahren (vgl. § 600 Rn. 8 ff.), die dem Verfahren des vorläufigen Rechtsschutzes fremd ist. 1

II. Verbot der Widerklage

1. Anwendungsbereich. Das Verbot der Widerklage gilt allein im Urkundenprozess, nicht im **anschließenden Nachverfahren.** Es erfasst zunächst Widerklagen, die in einem Hauptprozess geführt werden, der als Urkundenprozess geführt wird. Eine entsprechende Anwendung dieses Verbots auf Fälle, in denen der Hauptprozess ein ordentlicher ist und die Widerklage im Urkundenprozess erhoben wird, hat der BGH[1] abgelehnt, da der Beklagte in einem solchen Fall auf die Vorteile eines separaten Urkundenprozesses verzichte. Damit sind jedoch die Probleme, die sich aus den unterschiedlichen Beweismöglichkeiten im Urkundenprozess einerseits und im ordentlichen Prozess andererseits ergeben, nicht ausgeräumt, so dass die Frage zumindest zweifelhaft bleibt.[2] Wird in einem Urkundenprozess die Widerklage als Urkundsklage erhoben, so greift das Verbot des § 595 Abs. 1 schon seinem Wortlaut nach, ohne dass es einer analogen Anwendung bedarf. Eine teleologische Reduktion verbietet sich auch auf der Grundlage der Auffassung des BGH, weil durch die Zulassung der Urkundswiderklage im Urkundsprozess die Entscheidung über die Hauptklage verzögert wird, ohne dass der Kläger auf die Vorteile eines Urkundsprozesses verzichtet hat.[3] Aus Art. 6 Nr. 3 EuGVO und Art. 6 Nr. 3 EuGVÜ (zur Fortgeltung vgl. Art. 68 EuGVO) lässt sich nichts Gegenteiliges ableiten, denn diese Regelung betrifft die internationale Zuständigkeit, nicht die Zulässigkeit nach dem nationalen Recht.[4] Durchkreuzt werden kann das Verbot der Widerklage durch Aufrechnung, die dem Beklagten im Urkundenprozess nicht verwehrt ist. Der Beweis der Gegenforderung unterliegt dabei der Einschränkung durch §§ 595 Abs. 2, 598. Zur Entscheidung des Gerichts vgl. § 598 Rn. 4. Lässt man bei Aufrechnung auch im Urkundenprozess ein **Vorbehaltsurteil** nach § 302 zu (dazu vgl. § 598 Rn. 4),[5] so kann der Schadensersatzanspruch im schon anhängigen Urkundenprozess geltend gemacht werden (§ 302 Abs. 4 S. 3, 4). Das Verbot der Widerklage steht dem nicht entgegen, da es sich bei diesem Inzidentantrag nicht um eine Widerklage handelt.[6] Dies rechtfertigt sich aus der besonderen Verknüpfung des Schadensersatzanspruchs mit dem anhängigen Rechtsstreit, aus dem der vollstreckbare Titel und damit letztlich auch der Schaden entstanden ist. Dasselbe gilt, wenn das **Vorbehaltsurteil aufgehoben** und in der Rechtsmittelinstanz Schadensersatz nach § 717 Abs. 2 begehrt wird.[7] **Streitverkündung** oder Nebenintervention sind auch im Urkundenprozess **zulässig.**[8] 2

2. Behandlung unstatthafter Widerklagen. Wird entgegen Abs. 1 Widerklage erhoben, so sind die Verfahren nach § 145 Abs. 2 zu **trennen.**[9] Der besondere Gerichtsstand des § 33 gilt dann nicht,[10] ggf. ist auf Antrag zu verweisen.[11] Wird im Urkundenprozess eine Widerklage als Klage im Urkundenprozess erhoben (vgl. Rn. 2), soll die Trennung erst nach Abstandnahme (§ 596) möglich sein, andernfalls sei die Widerklage als im Urkundenprozess unstatthaft abzuweisen.[12] Es ist aber nicht einzusehen, warum man auf diesem Wege den Widerkläger zur Abstandnahme zwingen sollte. Die beiden Verfahren können vielmehr getrennt und dann jeweils im Urkundenprozess geführt werden. 3

III. Einschränkung der Beweismittel

Abs. 2 **erweitert** den Kreis der Beweismittel im Vergleich zu § 592 um den Antrag auf Parteivernehmung und schließt zugleich alle weiteren Beweismittel aus. Innerhalb des eingeschränkten Umfangs der Beweisführung muss eine vollständige und nicht eine nur überschlägige Prüfung erfolgen (vgl. Rn. 1; zur Beweis- 4

---

1 BGH NJW 2002, 751, 752 f.; zust. *Remmerbach* MDR 2002, 408 ff.; *Vollkommer* EWiR 1/02, 409; *Zö/Greger* Rn. 2; *T/P/Reichold* Rn. 1; *Sae/Eichele* Rn. 3; *St/J/Schlosser* § 593 Rn. 6.

2 *Voit* LM § 260 Nr. 21.

3 Vgl. dazu bereits die Begründung zum Entwurf der CPO abgedruckt bei *Hahn*, S. 391; MK/*Braun* Rn. 1; *Zö/Greger* Rn. 2; *B/L/H* Rn. 2; aA *St/J/Schlosser* Rn. 1; *Wiecz/Sch/Olzen* Rn. 2 f.

4 MK/*Braun* Rn. 1; aA *Wiecz/Sch/Olzen* Rn. 3.

5 OLG Celle NJW 1974, 1473, 1474; *St/J/Schlosser* § 598 Rn. 3; aA MK/*Braun* § 598 Rn. 3; *B/L/H* § 598 Rn. 2.

6 *Zö/Greger* Rn. 3; vgl. *B/L/H* Rn. 2 (zum Antrag nach § 600 Abs. 2); aA *St/J/Schlosser* § 600 Rn. 25, der aber die Widerklage im Urkundenprozess zulässt, § 595 Rn. 1.

7 OLG Köln OLGRspr. 5, 50, 51 f.

8 *Zö/Greger* Rn. 4.

9 MK/*Braun* Rn. 1; iE auch (Klageabweisung, aber Trennung möglich) *B/L/H* Rn. 2; *Sae/Eichele* Rn. 4; zur parallelen Frage der Trennung bei subjektiver Klagehäufung im ordentlichen und zugleich im Urkundenprozess vgl. *Zö/Greger* § 145 Rn. 3.

10 *Wiecz/Sch/Olzen* Rn. 6; *St/J/Schlosser* Rn. 1.

11 *Wiecz/Sch/Olzen* Rn. 6.

12 *St/J/Schlosser* Rn. 1; Zö/*Greger* Rn. 1.

würdigung vgl. § 592 Rn. 12). Dabei muss der Beweis auch dann erhoben werden, wenn dies mit einer Verzögerung der Entscheidung verbunden ist.[13]

5 **1. Anwendungsbereich. a) Echtheit der Urkunde.** Der Beweis der Echtheit einer Privaturkunde ist entgegen §§ 439, 440 nicht schon dann zu führen, wenn der Gegner die Urkunde nicht anerkennt, sondern erst dann, wenn er die Echtheit **substantiiert bestreitet.**[14] Diese Einschränkung ist erforderlich, da die Echtheit meist nur mittels Schriftvergleich oder Sachverständigenbeweis nachgewiesen werden kann und diese Beweismittel nach hL im Urkundenprozess ausgeschlossen sind (vgl. Rn. 9). Die nicht anerkannte Privaturkunde kann deshalb vom Gericht bei nicht substantiiertem Bestreiten als echt angesehen werden.

6 **b) Andere materiellrechtlich bedeutsame Tatsachen.** Neben der Echtheit der Urkunde betrifft Abs. 2 den Beweis von Tatsachen, soweit sie **nicht anspruchsbegründend** sind (zum Beweis anspruchsbegründender Tatsachen vgl. § 592 Rn. 8 ff.).[15] Dies sind sowohl Tatsachen, auf die der Beklagte seine Einwendungen stützt, als auch solche bezüglich des entsprechenden Gegenvortrags des Klägers. Unstreitige oder offenkundige Tatsachen sind nicht beweisbedürftig und deshalb auch dann zu berücksichtigen, wenn ihr Beweis nicht mit den in Abs. 2 genannten Mitteln angetreten wird.[16] Auch die **Erwiderung des Klägers** unterliegt der Beschränkung des Abs. 2. Das gilt auch für den Beweis, dass eine unstreitige oder mit den Mitteln des Urkundenprozesses nachgewiesene Gegenforderung des Beklagten durch Aufrechnung mit einer anderen als der jetzt geltend gemachten Forderung erloschen ist.[17]

7 **c) Verfahrensrechtlich bedeutsame Tatsachen.** § 595 Abs. 2 betrifft **nicht** die **Sachurteilsvoraussetzungen** (auch nicht die Einrede der Schiedsvereinbarung[18]) und nicht die Ermittlung des Inhalts ausländischen Rechts (vgl. § 592 Rn. 10).[19] Hinsichtlich Tatsachen, die zwar nicht dem Nachweis der Prozessvoraussetzungen dienen, aber allein in prozessualer Hinsicht relevant sind, ist zu differenzieren: Beim **Widerruf eines Geständnisses** sind die Einschränkungen des Abs. 2 zu beachten,[20] andernfalls ließen sich über Widerruf des zunächst Zugestandenen Tatsachen in den Urkundenprozess einführen, die mit statthaften Beweismitteln nicht hätten nachgewiesen werden können. Dagegen ist Abs. 2 auf Beweise, die zur Entscheidung über die **Kosten bei Anerkenntnis** nach § 93 erforderlich werden, nicht anwendbar.[21] Die mit Abs. 2 verbundenen Einschränkungen sind nur hinzunehmen, wenn ein Nachverfahren folgt. Daran fehlt es nach § 599 aber, wenn der Beklagte dem Anspruch nicht widerspricht (vgl. § 599 Rn. 1), und an einem solchen Widerspruch fehlt es, wenn der Beklagte sich lediglich gegen die Kosten verwahrt.[22] Das Interesse des Klägers an einer raschen Entscheidung steht dem nicht entgegen,[23] denn dieses bezieht sich allein darauf, in der Sache selbst eine wegen der Beschränkung der Beweismittel rasche, wenn auch vorläufige Entscheidung zu erhalten. Dass sich die Entscheidung wegen einer zur Kostenentscheidung erforderlichen Beweisaufnahme ohne Beschränkung der Beweismittel verzögert, berührt die Interessen des Klägers nicht stärker als die Verzögerung wegen einer Beweisaufnahme, die wegen einer Sachurteilsvoraussetzung erforderlich ist. Zur Frage, ob in einem solchen Fall über die Hauptforderung durch Teilanerkenntnisurteil unter Zurückstellung der Entscheidung über die Kosten entschieden werden kann, vgl. § 599 Rn. 7. Daraus folgt für die **Erledigung der Hauptsache** folgendes: Erklären die Parteien **übereinstimmend** die Hauptsache für erledigt, so ist allein über die Kosten zu entscheiden. Soweit man eine Beweisaufnahme überhaupt für zulässig hält, ist § 595 Abs. 2 unanwendbar,[24] denn der Beklagte widerspricht dem Anspruch nicht, und deshalb kann kein Vorbehaltsurteil mehr ergehen (zur Frage des Widerspruchs allein gegen die Kosten, nicht aber in der Hauptsache vgl. § 599 Rn. 7). Deshalb wird über die Kosten endgültig und nicht durch einen Vorbehaltsbeschluss entschieden.[25] Bei der **einseitigen** Erledigungserklärung wird die Klage – jedenfalls nach Auffassung der Rechtsprechung – in eine Feststellungsklage geändert (vgl. § 91 a Rn. 29). Wegen § 592 ist diese Klage im Urkun-

---

[13] *St/J/Schlosser* Rn. 2 a. Zur Abweisung nicht entscheidungserheblicher Beweisanträge LG Hamburg MDR 1974, 49.

[14] RGZ 72, 290, 292; LG Koblenz ZIP 1982, 166, 167; *St/J/Schlosser* Rn. 3; *Wiecz/Sch/Olzen* Rn. 25; vgl. auch OLG Köln ZIP 1982, 1424, 1427 f. (von der Echtheit der Urkunde trotz Bestreitens überzeugt, § 286, vgl. auch Rn. 9); aA OLG Hamburg 19. 2. 2003 13 U 21/02 juris = OLGR 2003, 445 ff.; LG Bonn ZIP 1982, 166 f. (auch bei unsubstantiiertem Bestreiten Überzeugung von der Echtheit ohne weitere Beweismittel nicht zu bilden); zweifelnd MK/*Braun* Rn. 5.

[15] Bei einem Verstoß (Parteivernehmung über anspruchsbegründende Tatsache) bleibt das Ergebnis des unzulässig erhobenen Beweises für die Frage, ob der Kläger die anspruchsbegründenden Tatsachen durch Urkunden bewiesen hat, in der Berufungsinstanz außer Betracht; auf das Protokoll aus der Verhandlung erster Instanz kann sich der Kläger nicht berufen, OLG Karlsruhe BB 1971, 1384.

[16] OLG München MDR 2004, 531, 532 (Mietminderung wegen offenkundiger Beeinträchtigung durch Einrichtung einer Schule mit 450 Schülern im selben Gebäude).

[17] BGH NJW 1986, 2767.

[18] BGH NJW 1986, 2765; aA *St/J/Schlosser* Rn. 5.

[19] BGH MDR 1997, 879 = NJW-RR 1997, 1154.

[20] RG Recht 1932 Nr. 659; MK/*Braun* Rn. 6; *Wiecz/Sch/Olzen* Rn. 16; aA *St/J/Schlosser* Rn. 5.

[21] OLG Karlsruhe OLGZ 1986, 124, 125; *Göppinger* ZZP 70 (1957), 221, 227; *Schwarz* ZZP 110 (1997), 181, 186; *B/L/H* Rn. 4; *Wiecz/Sch/Olzen* Rn. 17; *Zö/Greger* § 599 Rn. 7.

[22] Vgl. *Schwarz* ZZP 110 (1997), 181, 186.

[23] So aber *St/J/Schlosser* Rn. 5.

[24] *Göppinger* ZZP 70 (1957), 221, 229 f., soweit es bei der Kostenentscheidung um die Wertung des § 93 geht; aA *St/J/Schlosser* § 596 Rn. 4 (Entscheidung nach § 91 a durch Vorbehaltsurteil); *Wiecz/Sch/Olzen* § 596 Rn. 24; *Zö/Greger* § 596 Rn. 12 (Vorbehaltskostenbeschluss); gegen eine solche Vorbehaltsentscheidung OLG Hamm 1963, 317; *Karstendiek* MDR 1974, 980 f., 983.

[25] OLG München 27. 4. 2007 20 U 1522/07.

denprozess unstatthaft,[26] so dass der Kläger Abstand nehmen muss, andernfalls ist seine Klage nach § 597 Abs. 2 abzuweisen.

2. Statthafte Beweismittel. a) Sinn der Beschränkung. Der Grundgedanke des Abs. 2 wird mit der Formulierung, es gehe um die Zulassung leicht zu verwendender und regelmäßig präsenter Beweismittel,[27] nur unzureichend erfasst, denn auch die Vernehmung eines mitgebrachten Zeugen oder das Anhören eines Tonbands würden nicht zu einer Verzögerung führen. Auch die These, dass nur besonders zuverlässige Beweismittel zugelassen seien, mag für Urkunden zutreffen, durch die Kombination mit der Parteivernehmung wird diese These aber erheblich entwertet.[28] Erklären lässt sich die Beschränkung nur mit Beweisregeln der CPO, bei der an der Stelle der Parteivernehmung die Eideszuschiebung stand. Wurde der Eid geleistet, so erbrachte er den vollen Beweis der beschworenen Tatsache, § 428 CPO. Im Gegensatz zu anderen Beweismitteln konnte die Eideszuschiebung deshalb nicht dazu führen, dass eine weitere Beweisaufnahme erforderlich wurde. Das war nach der Begründung der wesentliche Unterschied zur Vernehmung eines mitgebrachten Zeugen.[29] Durch die Novelle 1933 wurde die Parteivernehmung mit freier Würdigung des Ergebnisses Gesetz, so dass § 595 Abs. 2 in sich unstimmig wurde. Das stellt aber nicht in Frage, dass die Konzeption auf dem **Beweiswert** der Beweismittel und **nicht** auf ihrer **sofortigen Verfügbarkeit** beruht. Eine Ausweitung der Beweismittel auf schriftliche Gutachten oder auf Schriftvergleichung mit der Begründung, es trete keine Verzögerung ein, ist deshalb systemfremd. 8

b) Nicht statthafte Beweismittel. Durch Abs. 2 ausgeschlossen sind Beweisanträge, die sich auf Augenscheins-, Zeugen- und Sachverständigenbeweis[30] richten (zu Urkunden, die an die Stelle von Zeugenaussagen treten, vgl. § 592 Rn. 12; dort auch zu den Anforderungen an die Urkunde). Elektronische Dokumente sind Gegenstand des Augenscheins- und nicht des Urkundenbeweises (§ 371 S. 2) und sind damit im Urkundenprozess ausgeschlossen. Dies gilt jedoch nur, wenn das elektronische Dokument als solches vorgelegt werden muss; dagegen kann der Ausdruck des elektronischen Dokuments **als Urkunde** vorgelegt werden (vgl. § 592 Rn. 12). Eidesstattliche Versicherungen sind unstatthaft, denn sie würden nur die gerade ausgeschlossene Zeugenvernehmung ersetzen (vgl. § 592 Rn. 12). Dolmetscher sind keine Beweismittel, gegen ihre Beteiligung im Urkundenprozess bestehen keine Bedenken. Zur Übersetzung fremdsprachiger Urkunden vgl. § 593 Rn. 4. Die **Fertigstellungsbescheinigung nach § 641 a BGB** ist zwar der Sache nach ein Sachverständigengutachten über die Mangelfreiheit des Werkes, ist aber vom Gesetzgeber bewusst als Urkunde ausgestaltet worden, die dem Unternehmer ein Vorgehen im Urkundenprozess erlauben soll. Dabei ist nicht zu verkennen, dass durch diese systemfremde Zulassung einer Bescheinigung über die im Wesentlichen mangelfreie Fertigstellung der Besteller, der die Abnahmereife und die Ordnungsmäßigkeit des Verfahrens zur Bescheinigung der Fertigstellung bestreitet, in seinen Rechten erheblich beeinträchtigt wird, denn ihm versagt der Gesetzgeber den Nachweis seiner Behauptung durch ein Sachverständigengutachten. Zur Wahrung der prozessualen Waffengleichheit sollte deshalb in Abweichung von den allgemeinen Regeln auch dem Besteller zugestanden werden, der Fertigstellungsbescheinigung durch eine Bescheinigung eines vereidigten Sachverständigen über die fehlende Fertigstellung im Urkundenprozess entgegentreten zu können.[31] Zweifelhaft ist die Frage, ob der Beweis durch **Schriftvergleichung** nach §§ 441 f. zuzulassen ist. Die **hM**[32] verneint dies und folgt damit dem Willen des Gesetzgebers.[33] Bestreitet der Beklagte substantiiert (vgl. Rn. 5), dass die Unterschrift von ihm stammt, so muss der Richter im Rahmen der freien Beweiswürdigung entscheiden, ob die Urkunde den Beweis trotz des Bestreitens der Urheberschaft erbringt.[34] Dabei können auch Sätze der Lebenserfahrung berücksichtigt werden – beispielsweise der, dass eine Bank nicht auf der Grundlage eines Kreditauftrags gegen einen Kunden vorgehen wird, wenn sie selbst die Unterschrift gefälscht hat.[35] Die **Gegenauffassung** lässt den Beweis durch Schriftvergleichung zu, sei es im Wege des Augenscheins durch den Richter, sei es durch ein Sachverständigengutachten. Die Schriftvergleichung sei Teil der Regelungen des Urkundenbeweises, so dass sie auch im Urkundenprozess statthaft sei, sofern der Beschleunigungsgedanke nicht entgegenstehe.[36] Dieser letzte Gesichtspunkt ist systemfremd, denn der Urkundenprozess ist kein beschleunigtes Verfahren, in dem nicht präsente Beweismittel ausgeschlossen sind, sondern ein Verfahren auf eingeschränkter Beweisgrundlage. In den Grenzen dieser Beschränkung sind alle statthaften Beweise zu erheben, auch wenn dies eine Entscheidung verzögert (vgl. Rn. 4). Im Übrigen wird, wenn man die Schriftver- 9

[26] AA *Göppinger* ZZP 70 (1957), 221, 225 f., 230 (Ausspruch der Erledigung im Vorbehaltsurteil nach § 599 analog mit entsprechender Kostenentscheidung); *St/J/Schlosser* § 596 Rn. 4; *Wiecz/Sch/Olzen* § 596 Rn. 25.

[27] *Becht* NJW 1991, 1993, 1995.

[28] So zutreffend *Becht* NJW 1991, 1993, 1995.

[29] *Hahn,* S. 53, 392; zu diesem Zusammenhang vgl. auch *Wiecz/Wieczorek,* 2. Aufl. 1988, Anm. C Ib 2.

[30] Einschränkend für Sachverständigengutachten über Echtheit der Urkunde *Becht* NJW 1991, 1993, 1995; MK/*Braun* Rn. 5; *Wiecz/Sch/Olzen* Rn. 24.

[31] *Bamberger/Roth/Voit* § 641 a Rn. 34; *Kniffka* ZfBR 2000, 229, 236 (für die Vorlage von Gutachten aus selbständigem Beweisverfahren); die Einordnung der Fertigstellungsbescheinigung als Urkunde ablehnend *Kirberger* BauR 2001, 492, 500 f.

[32] RG Recht 1932 Nr. 659; OLG Hamburg 19. 2. 2003 13 U 21/02 juris = OLGR 2003, 445 ff.; LG Bonn ZIP 1982, 166; *St/J/Schlosser* Rn. 2 a; *B/L/H* Rn. 3; *T/P/Reichold* Rn. 3; *Zö/Greger* Rn. 7.

[33] *Hahn,* S. 392.

[34] RGZ 72, 290, 292; LG Nürnberg-Fürth ZIP 1982, 164; *St/J/Schlosser* Rn. 3.

[35] LG Nürnberg-Fürth ZIP 1982, 164, 165; aA LG Bonn ZIP 1982, 166 f.; vgl. auch LG Koblenz ZIP 1982, 166 (Bestreiten unsubstantiiert, vgl. dazu Rn. 5). Alle drei Entscheidungen ergingen zu einem im Wesentlichen identischen Sachverhalt.

[36] *Becht* NJW 1991, 1993, 1995; *Wiecz/Sch/Olzen* Rn. 24; MK/*Braun* Rn. 5.

gleichung zulässt, trotz § 442 in der Regel ein Sachverständigengutachten erforderlich sein.[37] Die Zulassung der Schriftvergleichung würde auf einen Sachverständigenbeweis hinsichtlich der Echtheit der Urkunde hinauslaufen, und gerade das ist durch § 595 Abs. 2 ausgeschlossen. Der Beweis durch Schriftvergleichung ist deshalb im Urkundenprozess unstatthaft.

10 c) **Sonderfragen im Berufungsverfahren.** Wird in erster Instanz das Nachverfahren und in zweiter Instanz das Urkundenverfahren betrieben (vgl. § 600 Rn. 7), sollen **Akten des Nachverfahrens** über die dortige Beweisaufnahme als Urkunden für den Urkundenprozess verwendet werden können.[38] Diese Ansicht unterläuft die Beschränkungen des Abs. 2 und führt zu nicht mehr kalkulierbaren Prozessrisiken. Denn die Möglichkeiten der Beweisführung hängen dann von den Zufälligkeiten der zeitlichen Reihenfolge der Zeugenvernehmung im Nachverfahren ab. Die hM lehnt deshalb zu Recht den Beweis durch Protokolle ab, soweit diese dazu geeignet sind, die Beweisbeschränkungen des Abs. 2 zu umgehen.[39] Die Gefahr, dass der Kläger deshalb aus einem sachlich nicht berechtigten Vorbehaltsurteil vollstrecken kann, ist nicht allzu hoch, denn das Vorbehaltsurteil verliert seine Vollstreckbarkeit, wenn im erstinstanzlichen Nachverfahren die Klage abgewiesen wird (vgl. § 599 Rn. 13). Hat das Berufungsgericht ein **nicht statthaftes Beweismittel zugelassen,** so kann dies mit der Revision nicht gerügt werden.[40] Vor Nachteilen durch die Berücksichtigung der unzulässig erhobenen Beweise wird der Kläger durch die Möglichkeit der Abstandnahme, der Beklagte durch das Nachverfahren ausreichend geschützt. Aus denselben Gründen kann auch die Berufung nicht auf §§ 513 Abs. 1, 546 gestützt werden, wenn das erstinstanzliche Gericht ein nicht statthaftes Beweismittel zugelassen hat.

11 d) **Vorlage der Urkunden.** Abs. 3 verlangt den Beweisantritt durch Vorlegung der Urkunde (zur Vorlage von Kopien vgl. § 593 Rn. 4). Es kann also weder nach §§ 421 ff. dem Gegner die Vorlage aufgegeben werden, noch kann eine Anordnung nach § 142 Abs. 1 ergehen.[41] Ausgeschlossen sind ebenfalls Fristsetzung zur Beschaffung der Urkunde nach § 428 und Auskunftsersuchen an Behörden nach § 432.[42] Die Vorlagepflicht beschränkt sich in der Regel auf die einmalige Vorlage.[43] Die Berufung auf Gerichtsakten ist ausgeschlossen, wenn diese einem anderen Gericht vorliegen.[44] Befinden sich die Akten dagegen in den Händen des mit dem Urkundenprozess befassten Gerichts, dann ist der Beweis ordnungsgemäß angetreten (vgl. auch § 592 Rn. 12); das gilt auch, wenn sich die Akten bei einem anderen Spruchkörper – beispielsweise einer Strafkammer – desselben Gerichts befinden.[45] Dagegen ist der Beweisantritt durch Antrag auf Beiziehung von Ermittlungsakten der Staatsanwaltschaft unstatthaft, da es sich um eine vom Prozessgericht zu unterscheidende Behörde handelt. Das gilt auch dann, wenn die betreffende Staatsanwaltschaft ihren Sitz am Ort des Prozessgerichts hat.[46]

12 e) **Antrag auf Parteivernehmung.** Neben dem Urkundenbeweis ist auch der Antrag auf Parteivernehmung statthaft. Verweigert der Gegner die Vernehmung, so kann das im Rahmen der Beweiswürdigung des Gerichts berücksichtigt werden.[47]

596 *Abstehen vom Urkundenprozess* **Der Kläger kann, ohne dass es der Einwilligung des Beklagten bedarf, bis zum Schluss der mündlichen Verhandlung von dem Urkundenprozess in der Weise abstehen, dass der Rechtsstreit im ordentlichen Verfahren anhängig bleibt.**

I. Normzweck

1 Der Kläger hat die Wahl, ob er das Verfahren als ordentliches oder als Urkundenprozess führt. Entscheidet er sich für den Urkundenprozess, so gibt § 596 ihm die Möglichkeit des Übergangs in das ordentliche Verfahren bis zum Schluss der mündlichen Verhandlung, und zwar auch noch in der Berufungsinstanz (dazu und zu den Einschränkungen seitens der hM vgl. Rn. 7 ff.). Damit wird dem Kläger erlaubt, eine für ihn ungünstige Verfahrenssituation zu seinen Gunsten zu verändern, indem er durch einseitige Erklärung die Beschränkungen des Urkundenprozesses entfallen lässt. Der Kläger soll die Möglichkeit des Urkundenprozesses **risikolos und kostenneutral** (zu den Anwaltsgebühren vgl. aber § 600 Rn. 15) wahrnehmen können. Die Interessen des Beklagten werden dabei insofern zurückgesetzt, als er sich nach Abstandnahme einem Verfahren ausgesetzt sieht, in dem alle Beweismittel zugelassen sind, ohne dass ihm eine Einlassungsfrist zur Vorbereitung seiner Verteidigung zur Verfügung steht (vgl. aber Rn. 9). Der Beklagte kann sich deshalb nicht darauf verlassen, dass der Kläger wegen der Besonderheiten des Urkundenprozesses mit seiner Klage nicht durchdringen wird.

---

[37] *St/J/Leipold* § 442 Rn. 1.

[38] *St/J/Schlosser* Rn. 3; wie hier *Zö/Greger* § 592 Rn. 15.

[39] BGHZ 1, 218, 220 (obiter dictum) = NJW 1951, 361 (LS); RGZ 49, 374, 375 (für Privaturkunden über Zeugenaussage); OLG München NJW 1953, 1835; MK/*Braun* § 592 Rn. 16; *Ro/S/Go* § 162 Rn. 13.

[40] BGH ZZP 73 (1960), 291, 293; aA *St/J/Schlosser* Rn. 4.

[41] *Sae/Eichele* Rn. 6.

[42] BGH NJW 1994, 3295, 3296 = JZ 1995, 467 (insoweit nicht abgedruckt in BGHZ 126, 217).

[43] *St/J/Schlosser* Rn. 3.

[44] OLG München NJW 1953, 1835; *St/J/Schlosser* Rn. 3.

[45] *BGH 18. 9. 2007 XI ZR 211/06* Tz. 14; BGH MDR 1998, 759, 760 = NJW 1998, 2280, 2281; RGZ 8, 42, 45; OLG Karlsruhe Justiz 1968, 260; *Teske* JZ 1995, 472, 473.

[46] BGH NJW 1994, 3295, 3296.

[47] *St/J/Schlosser* § 599 Rn. 1; zurückhaltend OLG Düsseldorf WM 1981, 369, 370; LG Düsseldorf DB 1973, 967 = WM 1973, 657, 658.

II. Erklärung der Abstandnahme

1. Abgabe. Der Kläger kann in mündlicher Verhandlung oder auch **durch Schriftsatz** vom Urkundenprozess Abstand nehmen.[1] Letzteres sollte zugelassen werden, um dem Gericht schon im Vorfeld Maßnahmen zur Vorbereitung der mündlichen Verhandlung im ordentlichen Verfahren zu ermöglichen. Auch bei **Säumnis** des Beklagten ist Abstandnahme möglich. Ein Versäumnisurteil im ordentlichen Verfahren setzt dann aber nach § 335 Abs. 1 Nr. 3 voraus, dass dem Beklagten die Abstandnahme rechtzeitig schriftsätzlich mitgeteilt wurde,[2] wobei nach § 270 förmliche Zustellung erforderlich ist. Ob die Klage im Urkundenprozess statthaft war, ist für die Abstandnahme ohne Bedeutung.[3] 2

2. Eindeutigkeit der Erklärung. Eine ausdrückliche Erklärung ist nicht erforderlich, jedoch ist wegen ihrer Irreversibilität[4] Zurückhaltung bei der Annahme einer **konkludenten Abstandnahme** geboten.[5] So kann ein im Urkundenprozess **nicht statthafter Beweisantrag** des Klägers ebenso wenig als konkludente Abstandnahme verstanden werden[6] wie die widerspruchslose Hinnahme einer Beweisaufnahme mit im Urkundenprozess nicht statthaften Beweismitteln auf Antrag des Beklagten.[7] Ggf. ist durch Hinweis nach § 139 Abs. 1 die Frage der Abstandnahme zu klären. Erklärt der Kläger die **Hauptsache einseitig für erledigt,** so verlangt er Feststellung (vgl. § 91a Rn. 29), was im Urkundenprozess nicht statthaft ist.[8] Das Gericht muss nach § 139 Abs. 1 klären, ob der Kläger Abstand nehmen will.[9] Zur Anwendung des § 595 Abs. 2 auf die Kostenentscheidung nach Erledigungserklärung vgl. § 595 Rn. 7. 3

3. Teilabstandnahme. Die Abstandnahme kann auf einen selbständigen Teil des Anspruchs **beschränkt** werden,[10] wodurch die Trennung der Verfahren entsprechend § 145 erforderlich wird.[11] Die Gegenauffassung verlangt unter Berufung auf § 260 zunächst die Trennung des Verfahrens nach § 145 und lässt erst dann die Abstandnahme zu.[12] Damit hängt die Möglichkeit der Abstandnahme von der Entscheidung des Gerichts über die Trennung ab, was dem Sinn des § 596 (vgl. Rn. 1) widerspricht. 4

4. Hilfsweise Abstandnahme. Eine hilfsweise Abstandnahme ist ebenso wie die hilfsweise Geltendmachung desselben Anspruchs im Urkundenprozess (vgl. dazu § 602 Rn. 6, 7) **ausgeschlossen,**[13] da für die Verfahren unterschiedliche Fristen gelten, die miteinander nicht vereinbar sind. Der Kläger kann auch nicht hilfsweise für den Fall Abstand nehmen, dass die Klage als im Urkundenprozess unstatthaft abzuweisen ist,[14] weil damit § 597 Abs. 2 umgangen würde. 5

III. Besonderheiten nach Erlass eines Versäumnisurteils

Der Kläger kann auch dann Abstand nehmen, wenn bereits ein Versäumnisurteil ergangen ist, gegen das Einspruch eingelegt wurde.[15] Die Vollstreckungsmöglichkeit ist Sanktion für die Säumnis des Beklagten, und dessen Interesse an einer Beseitigung des Urteils noch im Urkundenprozess ist ebenso wenig geschützt, wie das an einer Abweisung der Klage im Urkundenprozess (vgl. Rn. 1). Vor Abschluss der Vollstreckung können §§ 719, 707 helfen.[16] 6

---

[1] OLG Naumburg NZM 1999, 1007, 1008; MK/*Braun* Rn. 2; *St/J/Schlosser* Rn. 3; *Wiecz/Sch/Olzen* Rn. 4; *Zö/Greger* Rn. 1.

[2] MK/*Braun* Rn. 6; *St/J/Schlosser* Rn. 8.

[3] *T/P/Reichold* Rn. 1; *Zö/Greger* Rn. 7; vgl. auch OLG Naumburg NZM 1999, 1007, 1008 (Abstandnahme bei Urkundenprozess, der sich auf Räumung eines Gewerberaums richtet; wird nach Abstandnahme einseitig die Erledigung erklärt, so bleibt Unstatthaftigkeit der Rechtsdurchsetzung im Urkundenprozess außer Betracht).

[4] Vgl. *Zö/Greger* Rn. 7; für eine Widerruflichkeit bis zum Beginn der mündlichen Verhandlung *T/P/Reichold* Rn. 1; damit werden jedoch die Verteidigungsinteressen des Beklagten verletzt, der nach Erklärung der Abstandnahme sich auf eine Prozessführung einstellen darf, die nicht den Beschränkungen des Urkundsprozesses unterliegt (zB hinsichtlich der Beweismittel oder der Möglichkeit einer Widerklage).

[5] BGH NJW 1982, 2258; vgl. auch VersR 1988, 941, 942 (deutliche Erklärung erforderlich, um Wechselprozess durch Übergang in das ordentliche Verfahren in eine Nichtferiensache zu verwandeln, so dass Gerichtsferien Berufungsbegründungsfrist hemmen).

[6] BGH WM 1979, 803.

[7] MK/*Braun* Rn. 2; *Wiecz/Sch/Olzen* Rn. 3; *Zö/Greger* Rn. 1; aA *St/J/Schlosser* Rn. 2.

[8] Vgl. § 595 Rn. 7; aA *St/J/Schlosser* Rn. 4; *Zö/Greger* Rn. 12.

[9] Insoweit zutreffend *Göppinger* ZZP 70 (1957), 221, 223f. (Erledigungserklärung nicht ohne weiteres als Abstandnahme zu verstehen).

[10] BGH NJW 2003, 2386; *B/L/H* Rn. 3; MK/*Braun* Rn. 5; *St/J/Schlosser* Rn. 6; *Sae/Eichele* Rn. 2.

[11] BGH NJW 2003, 2386f.; *St/J/Schlosser* Rn. 6; *Ro/S/Go* § 162 Rn. 16; *Sae/Eichele* Rn. 2; aA MK/*Braun* Rn. 5 (automatische Trennung).

[12] OLG Karlsruhe OLGR 1998, 94, 95; *Zö/Greger* Rn. 2.

[13] BGHZ 82, 200, 207f. = NJW 1982, 523; OLG Frankfurt 10. 2. 2006 10 U 265/04; aA *Klunzinger* NJW 1970, 659f.

[14] *Zö/Greger* Rn. 1.

[15] *St/J/Schlosser* Rn. 4; *Zö/Greger* Rn. 3; aA MK/*Braun* Rn. 3.

[16] *St/J/Schlosser* Rn. 4.

IV. Besonderheiten in der Rechtsmittelinstanz

7 In der **Berufungsinstanz** kann der Kläger nach hM[17] (so auch § 263 Rn. 5) nur Abstand nehmen, wenn die **Voraussetzungen einer Klageänderung** (§ 263 mit Anwendung des § 268[18]) gegeben sind, weil dem Beklagten wegen der durch § 595 eingeschränkten Beweisführung die erste Instanz nicht in vollem Umfang zur Verfügung stand. Dabei wird von einigen die Abstandnahme ohne die Einschränkung des § 263 zugelassen, wenn die Klage in erster Instanz abgewiesen wurde und deshalb ein Vorbehaltsurteil nicht ergangen ist;[19] andere meinen, nach Erlass eines solchen Urteils sei die Abstandnahme ausgeschlossen, wenn das Nachverfahren bereits betrieben wird.[20] Weiter lässt der BGH[21] eine Ausnahme zu, wenn der Kläger in der Berufungsinstanz vom Wechselprozess in den Urkundenprozess übergeht. Dies soll unabhängig von § 263 möglich sein. Dem ist nicht zu folgen. Im Unterschied zur Klageänderung bleibt bei der Abstandnahme derselbe Streitgegenstand rechtshängig, so dass die Interessen des Beklagten, die durch § 263 geschützt werden sollen, nicht berührt werden. Die Situation ist deshalb mit der bei einer Klageänderung nicht vergleichbar.[22] Seit dem Inkrafttreten des ZPO-RG stößt die analoge Anwendung des § 263 auf die Abstandnahme in der Berufungsinstanz auf weitere Bedenken, denn § 533 Nr. 2 lässt die Klageänderung nur noch dann zu, wenn diese auf Tatsachen gestützt werden kann, die das Berufungsgericht seiner Verhandlung und Entscheidung über die Berufung ohnehin nach § 529 zu Grunde zu legen hat. Damit wäre Abstandnahme in zweiter Instanz ausgeschlossen, wenn der Kläger noch Beweismittel einführen möchte, die wegen der Einschränkung des Urkundenprozesses in erster Instanz nicht vorgebracht werden konnten.[23] Dies widerspricht der Konzeption des Urkundenprozesses, der dem Kläger einen einfachen und durch die Abstandnahme zugleich risikolosen Weg der Rechtsdurchsetzung ermöglichen soll.[24] Die Abstandnahme ist daher in der Berufungsinstanz möglich, ohne den Einschränkungen des § 533 Nr. 2 zu unterliegen (vgl. Rn. 9).[25] Das Berufungsgericht hat richtiger Ansicht nach die Möglichkeit der Zurückverweisung nach § 538 Abs. 2 Nr. 5.[26] In der **Revisionsinstanz** ist die Abstandnahme ausgeschlossen,[27] denn andernfalls könnte wegen § 559 Abs. 1 ein vorbehaltloses Endurteil ergehen, ohne dass der Beklagte mit den im Urkundenprozess nicht statthaften Beweismitteln gehört wurde.

V. Besonderheiten im Wechsel- und Scheckprozess

8 § 596 ist im **Wechsel- und Scheckprozess** anwendbar, und zwar auch in der Weise, dass das Verfahren als Urkundenprozess fortgeführt wird.[28] Dabei ist zu beachten, dass nach hL der Gerichtsstand des § 603 zwar beim Übergang vom Wechselprozess zum ordentlichen Verfahren fortgilt,[29] dies aber beim Übergang zum Urkundenprozess nicht unbestritten ist (vgl. dazu § 603 Rn. 4).[30] Selbst wenn man die Fortdauer der Zuständigkeit ablehnt, muss der Kläger Abstand nehmen können;[31] der Rechtsstreit ist dann zu verweisen. Der Kläger kann bei Zweifeln an der Formgültigkeit des Wechsels den Anspruch nicht im Wechselprozess und hilfsweise im Urkundenprozess auf der Grundlage einer Umdeutung des Wechsels in ein abstraktes Schuldversprechen führen (vgl. § 597 Rn. 6, § 602 Rn. 6f.). Er muss vielmehr das Verfahren als ordentliches oder als Urkundenprozess betreiben.[32]

---

[17] BGHZ 29, 337, 339 = NJW 1959, 886; 69, 66, 69 = NJW 1977, 1883; BGH BB 1977, 1175, 1176; OLG Celle OLGR 1996, 32; OLG Frankfurt/M NZG 2000, 603, 604; OLG Hamburg WM 1985, 1506 m. zust. Anm. *Pflug,* WuB VII A. 1.86; *B/L/H* Rn. 4; *T/P/Reichold* Rn. 2; im Ergebnis auch *Behringer,* Streitgegenstand und Bindungswirkung im Urkundenprozess, 2007, S. 100, 105 (der Urkundenprozess bilde einen eigenen Streitgegenstand; angesichts des Nachverfahrens setzt diese Auffassung voraus, die vorläufige Vollstreckungsmöglichkeit als eigenes Rechtsschutzziel zu begreifen. Das überzeugt nicht, wie die Parallele zum rechtsmittelfähigen, vorläufig vollstreckbaren Urteil zeigt); restriktiver (nur bei Einwilligung des Beklagten) *Wiecz/Sch/Olzen* Rn. 9; gänzlich gegen die Abstandnahme in zweiter Instanz *Zö/Greger* Rn. 4 (wegen Funktionswandel der Berufungsinstanz).

[18] BGH NJW 1965, 1599.

[19] *St/J/Schlosser* Rn. 5; *Ro/S/Go* § 162 Rn. 17; aA OLG Frankfurt MDR 1988, 326f.; *B/L/H* Rn. 4.

[20] MK/*Braun* Rn. 3.

[21] BGH NJW 1993, 3135f.

[22] LG Gießen 18. 3. 2005 1 S 351/04; *Vollkommer* NJW 2000, 1682, 1685; i. Erg. auch *Sae/Eichele* Rn. 4; vgl. auch *St/J/Schlosser* Rn. 1, anders aber Rn. 5.

[23] So OLG Düsseldorf 22. 11. 2002 17 U 49/02 (keine Abstandnahme vom Scheckprozess in zweiter Instanz); OLG Celle 20. 6. 2005 3 U 65/05 juris = IBR 2005, 456 (red. LS); OLG Celle MDR 2006, 111; *Stickelbrock* EWiR § 592 1/03, 665, 666 (Abstandnahme in der Berufungsinstanz ausgeschlossen); *Zö/Greger* Rn. 4; ausdrücklich offen lassend BGH NJW 2004, 1456, 1458 (Übergang vom Scheckprozess zur Geltendmachung der Kaufpreisforderung in Berufungsinstanz wegen der darin liegenden Klageänderung nur unter den Voraussetzungen des § 533 zulässig).

[24] So im Ergebnis auch LG Gießen 18. 3. 2005 1 S 351/04 juris.

[25] *Sae/Eichele* Rn. 4.

[26] *Ro/S/Go* § 162 Rn. 17 (stets Zurückverweisung); *T/P/Reichold* Rn. 4; so zu dem vor dem ZPO-RG geltenden Recht: KG JW 1931, 2039, 2040; *Vollkommer* NJW 2000, 1682, 1685 (der stets eine solche Zurückverweisung befürwortet); *ders.* WuB VII A § 530 ZPO 1.00; aA BGHZ 29, 337, 339 = NJW 1959, 886; *Wiecz/Sch/Olzen* Rn. 10.

[27] MK/*Braun* Rn. 3; *T/P/Reichold* Rn. 3; *Sae/Eichele* Rn. 4; aA *St/J/Schlosser* Rn. 5; *Wiecz/Sch/Olzen* Rn. 13.

[28] BGHZ 53, 11, 17 = NJW 1970, 324; BGHZ 82, 200, 207 = NJW 1982, 523; BGH NJW 1982, 2258.

[29] *St/J/Schlosser* Rn. 9; *Zö/Greger* § 603 Rn. 1.

[30] Dagegen *St/J/Schlosser* Rn. 12.

[31] AA *St/J/Schlosser* Rn. 12.

[32] BGHZ 53, 11, 17 = NJW 1970, 324; BGH NJW 1980, 523, 524; BGH NJW 1982, 2258; aA *Steckler/Künzl* WM 1984, 861, 862.

VI. Folgen der Abstandnahme

Nach Abstandnahme wird der Rechtsstreit im **ordentlichen Verfahren** fortgesetzt. Verfahrensergebnisse (insbes. Ergebnisse einer Beweisaufnahme[33]) und die prozessuale Situation (Zuständigkeitsbegründung, auch im Fall des § 603,[34] Zulässigkeitsrügen nach § 282 Abs. 3;[35] Heilung nach § 295; Zurückweisung von Vorbringen) einschließlich der Rechtshängigkeit bleiben erhalten. Soweit der Beklagte durch die Besonderheiten des Urkundenprozesses bisher an einem bestimmten Vorbringen gehindert war, darf dieses jetzt nicht als verspätet zurückgewiesen werden.[36] Widerklage und Aufrechnung sind in der Berufungsinstanz in aller Regel als sachdienlich iSd. § 533 Nr. 1 zuzulassen.[37] Die Einschränkung des § 533 Nr. 2 sollte im Wege einer teleologischen Reduktion nicht angewendet werden, denn im Urkundenprozess ist die Widerklage ausgeschlossen (§ 595 Rn. 2) und die Aufrechnung durch die Einschränkungen der Beweismöglichkeiten häufig nicht sinnvoll (vgl. § 595 Rn. 6). Um zu verhindern, dass dem Beklagten diese Möglichkeiten endgültig abgeschnitten werden, muss deshalb der den Fall der Abstandnahme nicht ausreichend bedenkende § 533 Nr. 2 reduziert werden (zur Möglichkeit der Zurückverweisung vgl. Rn. 7). Weil der Beklagte mit der Abstandnahme rechnen muss, wird der Prozess regelmäßig **ohne Vertagung** fortgesetzt;[38] der Beklagte muss jedoch – notfalls durch Schriftsatz nach § 283[39] – Gelegenheit erhalten, sich zu neuem Vorbringen und zu solchen Beweisen zu äußern, die vom Kläger mit erst jetzt statthaften Mitteln geführt werden. Ist bei Säumnis des Beklagten wegen § 335 Abs. 1 Nr. 3 ein Versäumnisurteil ausgeschlossen (vgl. Rn. 2), so muss auf Antrag des Klägers vertagt werden. Der Beklagte ist unter Beachtung der Frist des § 217, nicht der des § 274 Abs. 3, zum nächsten Termin zu laden,[40] es sei denn, im Urkundenprozess wurden Einlassungsfristen nicht beachtet;[41] § 218 ist wegen § 335 Abs. 2 nicht anwendbar. Soweit noch nicht geschehen, ist dem Beklagten die Abstandnahme mitzuteilen. Es ist dann Zustellung erforderlich, § 270, vgl. dazu Rn. 2. 9

VII. Gebühren und Kosten

1. Rechtsanwaltsgebühren. Zu den Anwaltsgebühren im ordentlichen Verfahren vgl. § 600 Rn. 15. 10

2. Gerichtskosten. Die Abstandnahme hat keine Auswirkungen auf die Gerichtsgebühren; das Verfahren vor und nach der Erklärung bildet eine einzige Instanz, vgl. § 592 Rn. 17. 11

597 *Klageabweisung* **(1) Insoweit der in der Klage geltend gemachte Anspruch an sich oder infolge einer Einrede des Beklagten als unbegründet sich darstellt, ist der Kläger mit dem Anspruch abzuweisen.**

(2) Ist der Urkundenprozess unstatthaft, ist insbesondere ein dem Kläger obliegender Beweis nicht mit den im Urkundenprozess zulässigen Beweismitteln angetreten oder mit solchen Beweismitteln nicht vollständig geführt, so wird die Klage als in der gewählten Prozessart unstatthaft abgewiesen, selbst wenn in dem Termin zur mündlichen Verhandlung der Beklagte nicht erschienen ist oder der Klage nur auf Grund von Einwendungen widersprochen hat, die rechtlich unbegründet oder im Urkundenprozess unstatthaft sind.

I. Normzweck

Durch die Abweisung als in der **gewählten Prozessart unstatthaft** wird die rechtskräftige Abweisung einer Klage als unbegründet vermieden, deren Begründetheit vom Kläger möglicherweise nur wegen der mit dem Urkundenprozess verbundenen Beschränkungen nicht nachgewiesen werden konnte. Eine weitere Klage im ordentlichen Verfahren bleibt zulässig. 1

II. Abweisung als unbegründet nach Absatz 1

1. Unschlüssige Klagen. Erachtet das Gericht den Anspruch für unbegründet – nicht nur für nicht bewiesen –, dann haben sich die Einschränkungen des Urkundenprozesses nicht ausgewirkt, so dass die Klage als unbegründet abzuweisen ist. Das ist zunächst bei unschlüssigen Klagen der Fall, und zwar auch dann, wenn die Klage darüber hinaus an den besonderen Voraussetzungen des Urkundenprozesses scheitern müsste.[1] 2

2. Einreden des Beklagten bei schlüssiger Klage. Hat der Beklagte Einreden gegen die Forderung mit den Mitteln des Urkundenprozesses bewiesen und bietet der **Kläger** zur Entkräftung einen Beweis an, der im Urkundenprozess nicht statthaft ist, so darf die Klage nicht als unbegründet abgewiesen werden, denn 3

---

[33] RGZ 13, 399f.
[34] *St/J/Schlosser* Rn. 9; vgl. oben Rn. 8.
[35] *St/J/Schlosser* § 595 Rn. 5.
[36] VerfGH Sachsen NJW 1998, 3266, 3267 (andernfalls Verstoß gegen Anspruch auf Gewährung rechtlichen Gehörs).
[37] BGHZ 29, 337, 342f. (Aufrechnung) = LM Nr. 1 m. Anm. *Johannsen* (auch zur Widerklage); BGH NJW 2000, 143, 144 = MDR 1999, 1519, 1520 (Aufrechnung, wenn überhaupt, dann nur in besonders gelagerten Ausnahmefällen nicht sachdienlich); *Sae/Eichele* Rn. 6; im Fall der Zurückverweisung nach § 538 Abs. 2 Nr. 5 (vgl. Rn. 7) stellt sich das Problem nicht, vgl. *Vollkommer* NJW 2000, 1682, 1685; *ders.* WuB VII A § 530 ZPO 1.00.
[38] Zur Vereinbarkeit mit dem Anspruch auf Gewährung rechtlichen Gehörs VerfGH Sachsen NJW 1998, 3266, 3267.
[39] OLG Hamm NJW 1974, 1515.
[40] *B/L/H* Rn. 9; *Zö/Greger* Rn. 9
[41] *B/L/H* Rn. 9.
[1] BGH MDR 1976, 561 = JR 1976, 376 m. zust. Anm. *Bassenge.*

ihre Erfolglosigkeit beruht möglicherweise gerade auf den Einschränkungen des Urkundenprozesses. Die Klage ist dann nach Abs. 2 als in der gewählten Prozessart unstatthaft abzuweisen.[2] Unter Heranziehung der Wertung des § 599 Abs. 1 reicht der **Widerspruch** des Klägers aus, ein Beweisantrag ist also nicht erforderlich.[3] Widerspricht der Kläger der Einrede des Beklagten nicht, so ist die Klage als unbegründet nach Abs. 1 abzuweisen.

4 **3. Besonderheiten der Hilfsaufrechnung.** Erklärt der Beklagte **hilfsweise** die Aufrechnung mit einer unstreitigen oder im Urkundenprozess bewiesenen Forderung, so kann die Klage nicht als unbegründet nach Abs. 1 abgewiesen werden, weil damit Unsicherheit über den Umfang der Rechtskraft hinsichtlich der zur Aufrechnung gestellten Gegenforderung entsteht (§ 322 Abs. 2). Andererseits verhindert die Hilfsaufrechnung, dass der Klage stattgegeben wird. Die Klage muss deshalb als **im Urkundenprozess unstatthaft** abgewiesen werden (zur Entscheidung bei unbedingt erklärter Aufrechnung vgl. § 598 Rn. 4).[4]

5 **4. Folgen der Abweisung als unbegründet.** Dem Kläger wird der Anspruch **aberkannt,** eine erneute Klage ist auch im ordentlichen Verfahren ausgeschlossen. Die Abweisung eines Teils der Klage nach Abs. 1[5] oder die Abweisung der auf die uneingeschränkte Verurteilung gerichteten Klage unter gleichzeitiger Verurteilung zur Leistung Zug um Zug[6] ist im Urkundenprozess möglich.

6 **5. Besonderheiten des Wechsel- und Scheckprozesses.** Nach hM bilden die Forderung aus dem Papier und die aus dem Grundgeschäft unterschiedliche Streitgegenstände (Einl. Rn. 75 f.). Bei Abweisung der Wechselklage kann der Kläger deshalb aus dem **Grundgeschäft erneut klagen.** Daraus folgt: Fehlt es an einer Voraussetzung für das Entstehen der Verbindlichkeit aus dem Papier, so ist die Wechselklage als unbegründet und nicht nur als im Wechselprozess unstatthaft abzuweisen (vgl. auch § 602 Rn. 3).[7] Das gilt auch dann, wenn der Wechsel in einen Schuldschein **umgedeutet** werden kann, der die aus dem Grundgeschäft stammende Schuld beweist,[8] denn diese Forderung ist durch die Wechselklage nicht geltend gemacht. Auch bei Abweisung der Wechselklage als unbegründet steht dem Kläger dann die Klage aus dem Grundgeschäft offen.[9] Kommt die **Umdeutung** des Wechsels in eine Urkunde in Betracht, die nicht die Forderung aus dem Grundgeschäft beweist, sondern die **selbst eine Forderung verbrieft** (zB konstitutives Schuldanerkenntnis), so ist die Klage **aus dem Wechsel** ebenfalls als unbegründet abzuweisen (vgl. auch § 602 Rn. 3).[10] Da sich die Rechtskraft des abweisenden Urteils wegen der Besonderheiten des Wechselprozesses (vgl. § 602 Rn. 6) auf die Wechselansprüche beschränkt, kann der Kläger nicht nur aus dem Grundgeschäft, sondern auch aus der davon zu unterscheidenden wertpapierrechtlich begründeten Forderung in einem weiteren Verfahren vorgehen.

III. Abweisung als unzulässig entsprechend Absatz 1

7 Fehlt es der Klage an den allgemeinen Zulässigkeitsvoraussetzungen, so ist sie als unzulässig und nicht nur als in der gewählten Prozessart unstatthaft abzuweisen.[11] Nach Behebung des Mangels kann der Kläger die Klage erneut erheben, und zwar auch im Urkundenprozess.[12] Zum Ausschluss des Urkundenprozesses durch Parteivereinbarung vgl. § 592 Rn. 15.

IV. Abweisung als unstatthaft nach Absatz 2

8 **1. Anwendungsbereich.** Die Klage wird als im Urkundenprozess unstatthaft abgewiesen, wenn sie möglicherweise an den Einschränkungen des Urkundenprozesses gescheitert ist (vgl. Rn. 1). Das ist der Fall, wenn nach § 592 der Anspruch nicht im Urkundenprozess geltend gemacht werden kann (vgl. § 592 Rn. 3 ff.), wenn die beweisbedürftigen anspruchsbegründenden Tatsachen (vgl. § 592 Rn. 9 ff.) nicht durch Urkunden bewiesen sind oder wenn der Beklagte eine beweisbedürftige Einrede mit den im Urkundenprozess statthaften Mitteln beweist und der Kläger widerspricht, er aber wegen der Besonderheiten des Urkundenprozesses den vom Beklagten geführten Beweis nicht entkräften kann[13] (zu den Einreden, die lediglich

---

[2] BGHZ 50, 112, 115 = NJW 1968, 1379; MK/*Braun* Rn. 4.

[3] MK/*Braun* Rn. 4; *St/J/Schlosser* Rn. 2.

[4] BGHZ 80, 97, 99 = WM 1981, 385 = JR 1981, 332 m. zust. Anm. *Zeiss;* MK/*Braun* Rn. 5; *St/J/Schlosser* Rn. 2; *Wiecz/Sch/Olzen* Rn. 12; *Zö/Greger* § 598 Rn. 6; *Staudinger/Gursky* vor § 387 BGB Rn. 55; aA *Grunsky* ZZP 77 (1964), 464, 468 f.

[5] *St/J/Schlosser* Rn. 2.

[6] OLG Hamburg 19. 2. 2003 13 U 21/02 = OLGR 2003, 445 ff.; *St/J/Schlosser* Rn. 3; *Wiecz/Sch/Olzen* Rn. 28; vgl. auch LG Koblenz NJW 1956, 1285 (Vorbehaltsurteil, wenn Beklagter die zur Zug um Zug Leistung führende Einrede nicht nach § 595 beweisen kann); vgl. auch RG Gruchot 41, 1181, 1183, und *Wiecz/Wieczorek,* 2. Aufl. 1988, Anm. B IIe (keine Verurteilung Zug um Zug, wenn Kläger auf uneingeschränkte Verurteilung besteht und die vom Beklagten bewiesene Einrede nicht mit den Mitteln des Urkundenprozesses widerlegen kann); auch insoweit für eine Verurteilung Zug um Zug *St/J/Schlosser* Rn. 3; *Wiecz/Sch/Olzen* Rn. 29.

[7] *Wiecz/Sch/Olzen* Rn. 25.

[8] Ohne diese Differenzierung: *St/J/Schlosser* Rn. 2; MK/*Braun* Rn. 9 (Abweisung als im Wechselprozess unstatthaft).

[9] *Wiecz/Sch/Olzen* Rn. 25.

[10] BGHZ 82, 200, 208 = NJW 1982, 523; OLG Saarbrücken WM 1998, 38, 39; MK/*Braun* Rn. 9; aA *St/J/Schlosser* Rn. 2 (Abweisung als im Wechselprozess unstatthaft).

[11] *St/J/Schlosser* Rn. 1, 7.

[12] *Wiecz/Sch/Olzen* Rn. 4.

[13] BGHZ 50, 112, 115; dagegen Klageabweisung als unbegründet, wenn ein Obsiegen des Klägers im Nachverfahren ausgeschlossen ist, OLG Rostock NZM 2003, 317.

eine Zug-um-Zug-Verurteilung rechtfertigen vgl. Rn. 5; zur Möglichkeit der Abstandnahme vgl. § 596). Dazu zählt auch der Fall, dass der Beklagte mit einer unstreitigen Forderung aufrechnet und der Kläger sich darauf beruft, dass die Forderung bereits durch Aufrechnung gegen eine andere Forderung verbraucht sei. Kann der Kläger diese zweite Forderung nicht mit den im Urkundenprozess zugelassenen Mitteln beweisen, so ist die Klage nach Abs. 2 abzuweisen.[14] Zur Hilfsaufrechnung vgl. Rn. 4.

2. Folgen der Abweisung als unstatthaft. Wenn die Klage als im Urkundenprozess unstatthaft abgewiesen wird, so steht dies einer Klage im ordentlichen Verfahren nicht im Wege.[15] Ob ein zweites Verfahren im Urkundenprozess geführt werden kann, hängt vom Grund der Abweisung ab. Wurde abgewiesen, weil der Anspruch selbst die Voraussetzungen des § 592 nicht erfüllt, so schließt die Rechtskraft einen zweiten Urkundenprozess aus. Scheitert der Kläger mit seinen Beweisen, so soll bei neuer Beweislage eine zweite Klage auch im Urkundenprozess erhoben werden können.[16] Dies ist jedoch mit der Rechtskraft des abweisenden Urteils nicht vereinbar, denn dieses präkludiert Beweismittel ohne Rücksicht darauf, ob diese im ersten Verfahren tatsächlich vorgebracht wurden. Anders ist nur dann zu entscheiden, wenn die Beweismittel erst nach dem nach § 767 Abs. 2 maßgebenden Zeitpunkt entstanden sind, wenn also beispielsweise erst dann eine Urkunde über die bereits vorher bestehende Schuld errichtet wurde. Ist ein Vorbehaltsurteil unter **Abweisung eines Teils der Klage** nach Abs. 2 ergangen, so kann der Kläger im Nachverfahren die Klage um den abgewiesenen Teil **erweitern.**[17] Ein Schriftsatz des Klägers im Nachverfahren kann gegebenenfalls in eine solche Klageerweiterung umgedeutet werden.[18] Bei Abweisung als im Urkundenprozess **unstatthaft** kann auf Berufung des Klägers hin die Klage wegen des **Verbots der reformatio in peius** nur dann als unbegründet abgewiesen werden, wenn auch der Beklagte das Rechtsmittel eingelegt hat.[19] 9

V. Besonderheiten bei Säumnis

1. Säumnis des Klägers. Es ergeht auf Antrag des Beklagten Versäumnisurteil nach § 330, durch das die zulässige Klage in der Sache abgewiesen wird. Ob die Klage im Urkundenprozess statthaft war, ist gleichgültig,[20] denn die Einschränkungen des Urkundenprozesses haben sich bei Säumnis des Klägers nicht ausgewirkt. Bei Unzulässigkeit der Klage weist die hM durch Prozessurteil ab („unechtes Versäumnisurteil", vgl. vor § 330 Rn. 11 f.).[21] 10

2. Säumnis des Beklagten. a) Voraussetzungen für den Erlass eines Versäumnisurteils. Die Klage muss im Urkundenprozess statthaft sein (vgl. § 592 Rn. 3 ff.). Wegen Abs. 2 gilt der Vortrag des Klägers in Abweichung von § 331 Abs. 1 S. 1 nicht als zugestanden, so dass der Kläger seinen Anspruch unter Einhaltung der Voraussetzungen der §§ 592, 595 Abs. 2 beweisen muss (zur Abstandnahme bei Säumnis vgl. § 596 Rn. 2). Die Klage ist nach Abs. 1 abzuweisen, wenn das Gericht zu der Überzeugung kommt, dass der Anspruch nicht besteht. Nach Abs. 2 wird abgewiesen, wenn der Anspruch im Urkundenprozess nicht erhoben oder der Beweis für den Anspruch im Urkundenprozess nicht geführt werden kann. 11

b) Beweisbedürftige Tatsachen. Die zentrale Frage des Versäumnisverfahrens gegen den Beklagten ist die der Beweisbedürftigkeit der Tatsachen. Dabei ist zu beachten, dass die **Echtheit einer nicht anerkannten Privaturkunde** entgegen § 440 nicht bewiesen zu werden braucht, solange nicht der Beklagte die Echtheit substantiiert bestritten hat (vgl. § 595 Rn. 5). Ist der Beklagte säumig und fehlt es so am substantiierten Bestreiten der Echtheit, so kann die Urkunde wegen Abs. 2 nicht ohne weiteres als echt angesehen werden.[22] Hat das Gericht Zweifel an der Echtheit, die der Kläger im Urkundenprozess nicht ausräumen kann, so muss die Klage nach Abs. 2 als unstatthaft abgewiesen werden. **Gerichtsbekannte, offenkundige** oder in früheren mündlichen Verhandlungen bereits **zugestandene Tatsachen** sind nicht beweisbedürftig (vgl. § 592 Rn. 11). Dasselbe gilt für anspruchsbegründende Tatsachen, die mit einer vorgelegten Urkunde eng zusammenhängen und für die ein gesonderter urkundlicher Beweis vernünftigerweise nicht verlangt werden kann, so zB für die Übergabe der Urkunde oder für den Entäußerungswillen.[23] 12

c) Vorbehaltsurteil bei Säumnis. Ein der Klage stattgebendes Urteil kann nur unter dem Vorbehalt des Nachverfahrens (§ 599 Abs. 1) stehen, wenn der Beklagte dem Anspruch in mündlicher Verhandlung widersprochen hat.[24] Daran wird es in aller Regel fehlen, denn der Widerspruch in einer früheren mündlichen Verhandlung soll wegen § 332 nicht ausreichen.[25] Diese Auslegung des § 332 ist aus prozessökonomischen Gründen abzulehnen, denn der Beklagte müsste – obwohl er bereits widersprochen hat – Einspruch gegen das Versäumnisurteil einlegen, auch wenn er lediglich die Durchführung eines Nachverfahrens erreichen will (näher dazu § 599 Rn. 4). 13

---

14 BGH NJW 1986, 2767; MK/*Braun* Rn. 5.
15 AllgM vgl. nur RGZ 148, 199, 201; MK/*Braun* Rn. 8.
16 *St/J/Schlosser* Rn. 8 b; MK/*Braun* Rn. 8.
17 RGZ 148, 199, 201 f.; *Wiecz/Sch/Olzen* Rn. 20.
18 *St/J/Schlosser* Rn. 1 Fn. 2.
19 RGZ 57, 42, 44; *St/J/Schlosser* Rn. 8 d.
20 MK/*Braun* Rn. 10; *St/J/Schlosser* Rn. 2 a; aA (Abweisung durch Prozessurteil) *B/L/H* Rn. 5.
21 *St/J/Schlosser* Rn. 7; aA MK/*Braun* Rn. 10 (Versäumnisurteil, wegen der Einspruchsmöglichkeit an Stelle der möglicherweise unzulässigen Berufung).
22 So iE auch (Echtheit der Urkunde gelte als zugestanden, soweit Gericht keine Zweifel habe) *Wiecz/Sch/Olzen* Rn. 13; weiter gehend (Echtheit sei zugestanden) *B/L/H* Rn. 10; MK/*Braun* Rn. 6; *St/J/Schlosser* Rn. 5; *Zö/Greger* Rn. 9.
23 *St/J/Schlosser* Rn. 5.
24 *Furtner* MDR 1966, 551, 553; *Künkel* NJW 1963, 1041, 1044; *Zö/Greger* § 599 Rn. 6; *Ro/S/Go* § 162 Rn. 31.
25 *T/P/Reichold* § 599 Rn. 2; *Zö/Greger* § 599 Rn. 6.

VI. Konkurrenzfragen

14 **1. Mehrere Abweisungsgründe.** Zulässigkeitsfragen sind vorrangig zu prüfen (vgl. vor § 253 Rn. 12), so dass die unzulässige Klage als unzulässig abzuweisen ist, auch wenn sie darüber hinaus unbegründet oder im Urkundenprozess unstatthaft ist. Ist die Klage im Urkundenprozess unstatthaft und zugleich unbegründet, so ist sie ohne Beschränkung auf die gewählte Prozessart abzuweisen.[26] Dies gilt auch dann, wenn die Beurteilung der Schlüssigkeit der Klage schwierig ist, während die Abweisung als im Urkundenprozess unstatthaft unproblematisch wäre.[27]

15 **2. Paralleles Nachverfahren.** Wenn in höherer Instanz über den Urkundenprozess rechtskräftig entschieden wird, hat dies Auswirkungen auf ein parallel betriebenes Nachverfahren (dazu vgl. § 600 Rn. 12): Bei Abweisung der Klage nach Abs. 1 endet das Nachverfahren nach hM ohne weiteres, denn der Streitgegenstand beider Verfahren ist identisch, und der Bestand des Nachverfahrens hängt nach § 600 von der Existenz des Vorbehaltsurteils ab. Wird die Klage in höherer Instanz nach Abs. 2 als im Urkundenprozess unstatthaft abgewiesen, kann das Nachverfahren als ordentliches Verfahren fortgesetzt werden,[28] denn die Abweisung als im Urkundenprozess unstatthaft hindert ein solches Verfahren nicht. Überdies wäre es aus prozessökonomischer Sicht sinnlos, das Nachverfahren zu beenden, um dann ein inhaltsgleiches ordentliches Verfahren zuzulassen.

598 *Zurückweisung von Einwendungen* **Einwendungen des Beklagten sind, wenn der dem Beklagten obliegende Beweis nicht mit den im Urkundenprozess zulässigen Beweismitteln angetreten oder mit solchen Beweismitteln nicht vollständig geführt ist, als im Urkundenprozess unstatthaft zurückzuweisen.**

I. Normzweck

1 Die Vorschrift zieht die Konsequenz aus der Beschränkung der Beweismittel durch § 595 Abs. 2 und der Möglichkeit, im Nachverfahren den Beweis vollständig führen zu können. Die **Einschränkung der Beweismittel** darf nicht dazu führen, dass diese dem Beklagten endgültig verloren gehen. Das entspricht der für den Kläger geltenden Regelung des § 597 Abs. 2. Die Parallele zu dieser Vorschrift zeigt, dass allein die Einwendungen erhalten bleiben, die wegen der Besonderheiten des Urkundenprozesses nicht bewiesen werden konnten. Kommt dagegen das Gericht zu der Überzeugung, dass die Einwendung des Beklagten nicht besteht, so wird über diese nach zutreffender Ansicht der Rechtsprechung ebenso endgültig entschieden wie der Kläger mit einer unbegründeten Klage nach § 597 Abs. 1 endgültig abgewiesen wird (zur Bindungswirkung des Vorbehaltsurteils für das Nachverfahren vgl. § 600 Rn. 8 ff.).[1]

II. Zurückweisung von Einwendungen als unstatthaft

2 **1. Einwendungen.** Zu den Einwendungen gehört das gesamte Vorbringen des Beklagten zur Sache, also auch das Bestreiten der **Anspruchsvoraussetzungen,**[2] beispielsweise der Echtheit der Urkunde.[3] Nicht erfasst wird das Vorbringen zu den **Sachurteilsvoraussetzungen,** denn insoweit gelten die Beweisbeschränkungen des Urkundenprozesses nicht (vgl. § 595 Rn. 7). Als unstatthaft und deshalb allein für den Urkundenprozess zurückzuweisen sind Einwendungen des Beklagten, von deren Berechtigung sich das Gericht wegen der eingeschränkten Beweisführung im Urkundenprozess nicht überzeugen kann. Da der Beklagte mit der Einwendung zugleich dem Anspruch widerspricht, ist ein Vorbehaltsurteil nach § 599 Abs. 1 zu erlassen.

3 **2. Zurückweisung.** Die Zurückweisung der Einwendung geschieht in den Gründen des Vorbehaltsurteils. Auch wenn sie dort nicht ausdrücklich als unstatthaft zurückgewiesen wird, kann die Einwendung im Nachverfahren erhoben werden, sofern sich nicht durch Auslegung der Entscheidung ihre endgültige Zurückweisung als unbegründet ergibt.[4] Eine solche endgültige Zurückweisung kann auf Berufung des Beklagten aufgehoben werden.[5]

4 **3. Konsequenzen für die Aufrechnung.** Bei unbegründeter oder mit statthaften Beweismitteln nicht zu beweisender Klageforderung ist nach § 597 Abs. 1 bzw. Abs. 2 ohne Rücksicht auf die Aufrechnung abzuweisen. Ist die Klageforderung unstreitig[6] oder bewiesen, kommt es bei unbedingter primärer Aufrechnung auf die Gegenforderung an: Ist diese bewiesen, wird die Klage nach § 597 Abs. 1 abgewiesen.[7] Ist die Ge-

---

[26] BGH MDR 1976, 561 = JR 1976, 376 m. zust. Anm. *Bassenge;* BGHZ 82, 200, 208 = NJW 1982, 523 (Wechselklage); MK/*Braun* Rn. 14; *St/J/Schlosser* Rn. 10; *Wiecz/Sch/Olzen* Rn. 36; aA *Steckler/Künzl* WM 1984, 861, 862 (Abweisung als im Wechselprozess unstatthaft).

[27] MK/*Braun* Rn. 14.

[28] *Stürner* ZZP 87 (1974), 87, 93 f.

[1] RGZ 62, 93, 95 f.; BGH NJW 1960, 576, 577; 1968, 2244 (LS); 1973, 467, 468; anders, wenn im Urkundenprozess die Einwendung nicht erhoben wurde, BGH NJW 1960, 100 f.

[2] *Wiecz/Sch/Olzen* Rn. 1.

[3] *St/J/Schlosser* Rn. 1.

[4] MK/*Braun* Rn. 2; *St/J/Schlosser* Rn. 1.

[5] KG MDR 2005, 1010.

[6] Durch die unbedingt erklärte Aufrechnung werden die die Hauptforderung begründenden Tatsachen regelmäßig zugestanden, vgl. BGH NJW-RR 1996, 699 f. = VersR 1996, 1296.

[7] *Zö/Greger* Rn. 5.

genforderung unbegründet, wird der Klage stattgegeben, zugleich wird die Gegenforderung nach § 322 Abs. 2 aberkannt.[8] Ist die Gegenforderung wegen der Einschränkungen des Urkundenprozesses nicht bewiesen, ist die Aufrechnung nach § 598 unstatthaft,[9] und der Beklagte kann im Nachverfahren auf die Aufrechnung zurückkommen. Wird die Aufrechnung von der ersten Instanz als im Urkundenprozess unstatthaft zurückgewiesen, liegt in der Entscheidung des Berufungsgerichts, die Aufrechnung als unbegründet anzusehen, trotz der Aberkennung der Forderung auch für das Nachverfahren (vgl. § 600 Rn. 9f.) kein Verstoß gegen das Verbot der reformatio in peius.[10] Erhebt der Kläger Einwendungen gegen die Gegenforderung[11] oder beruft er sich darauf, dass sie durch anderweitige Aufrechnung bereits erloschen ist, muss dies unter Beachtung der Einschränkungen des § 595 Abs. 2 bewiesen werden, andernfalls ist nach § 597 Abs. 2 abzuweisen (zur Frage der Aussetzung, wenn die Gegenforderung in einem anderen Prozess zur Aufrechnung gestellt wurde, vgl. § 592 Rn. 13).[12] Bei der **Hilfsaufrechnung** gilt Entsprechendes, wenn das Gericht die Einreden des Beklagten gegen die bewiesene Klageforderung für unbegründet hält und deshalb die Aufrechnung zum Zuge kommt. Hält das Gericht die Einreden des Beklagten für nicht mit im Urkundenprozess statthaften Mitteln bewiesen, muss die Klage nach § 597 Abs. 2 als unstatthaft – nicht als unbegründet – abgewiesen werden, wenn die Gegenforderung unstreitig oder bewiesen ist (vgl. § 597 Rn. 4).[13] Das gilt auch dann, wenn die **Klageforderung nicht bewiesen** ist,[14] denn andernfalls würde wegen § 322 Abs. 2 Unklarheit über den Umfang der Rechtskraft bestehen. Wenn die Gegenforderung mit den Mitteln des Urkundenprozesses nachgewiesen werden soll, der Streit in Bezug auf diese aber noch **nicht entscheidungsreif** ist, kann nach richtiger Ansicht **Vorbehaltsurteil** nach § 302 Abs. 1 ergehen.[15] Da das Gericht vorbehaltlich der Statthaftigkeit des Beweismittels umfassend Beweis erheben muss, kann sich in einem solchen Fall die Vorlage von Urkunden über die Gegenforderung verzögern, ohne dass damit der Beweisantrag unzulässig wird.[16] Dem Interesse des Klägers an einer raschen Entscheidung wird dann durch § 302 Abs. 1 der Vorrang vor dem Interesse des Beklagten eingeräumt, durch Aufrechnung mit einer noch zu beweisenden Gegenforderung den (vorläufigen) Erfolg der Klage zu verhindern. Der Vorbehalt des Nachverfahrens (§ 599) ist nicht im Vorbehaltsurteil nach § 302, sondern erst in der Entscheidung über die zur Aufrechnung gestellte Gegenforderung auszusprechen.[17]

III. Zurückweisung von Einwendungen als unbegründet

Hält das Gericht die Einwendungen des Beklagten nicht nur für nicht nachgewiesen, sondern für unbegründet, so wird über diese nach zutreffender Auffassung der Rechtsprechung[18] mit Wirkung auch für das Nachverfahren und damit endgültig entschieden (str., näher § 600 Rn. 8ff.). Dafür spricht nicht zuletzt die Symmetrie zu § 597 Abs. 1 (vgl. Rn. 1). 5

599 *Vorbehaltsurteil* (1) Dem Beklagten, welcher dem geltend gemachten Anspruch widersprochen hat, ist in allen Fällen, in denen er verurteilt wird, die Ausführung seiner Rechte vorzubehalten.

(2) Enthält das Urteil keinen Vorbehalt, so kann die Ergänzung des Urteils nach der Vorschrift des § 321 beantragt werden.

(3) Das Urteil, das unter Vorbehalt der Rechte ergeht, ist für die Rechtsmittel und die Zwangsvollstreckung als Endurteil anzusehen.

I. Normzweck

§ 598 ermöglicht die Zurückweisung von Einwendungen des Beklagten, ohne dass er diese endgültig verliert. Deshalb eröffnet § 599 den Weg in einen zweiten Verfahrensabschnitt, wenn der verurteilte Beklagte dem geltend gemachten Anspruch widersprochen hat, um dort über die Einwendungen und ihre Auswirkungen auf das Vorbehaltsurteil zu entscheiden. 1

II. Widerspruch des Beklagten

1. Verurteilung des Beklagten. Der Widerspruch des Beklagten wird nur im Fall seiner Verurteilung relevant, wenn also die allgemeinen und besonderen Sachurteilsvoraussetzungen gegeben sind und das Gericht die Klage für begründet hält. 2

---

[8] Vgl. BGH NJW-RR 2004, 1000 (Aberkennung auch für das Nachverfahren).
[9] BGH NJW 1971, 2226 (LS); *Wiecz/Sch/Olzen* Rn. 4.
[10] BGH NJW-RR 2004, 1000 (Parallele zur Abweisung als unzulässig und Abweisung als unbegründet durch Berufungsurteil), *Sae/Eichele* Rn. 8.
[11] BGHZ 50, 112, 115 = NJW 1968, 1379; BGHZ 80, 97f. = NJW 1982, 1536.
[12] BGH NJW 1986, 2767; *Althammer* ZZP 117 (2004), 500, 507; *Zö/Greger* Rn. 5, 6.
[13] BGHZ 80, 97, 99 = NJW 1982, 1536; *Zö/Greger* Rn. 6; aA *Grunsky* ZZP 77 (1964), 464, 468 (Klageabweisung mit Vorbehalt zu Gunsten des Klägers entsprechend § 599).
[14] *Dunz* MDR 1955, 721f.; *St/J/Schlosser* Rn. 4; iE auch *Zö/Greger* Rn. 6.
[15] OLG Celle NJW 1974, 1473f.; *St/J/Schlosser* Rn. 3; *T/P/Reichold* Rn. 4; *Zö/Greger* Rn. 5; aA *MK/Braun* Rn. 3; *B/L/H* Rn. 2; *Ro/S/Go* § 162 Rn. 26; *Wiecz/Sch/Olzen* Rn. 5.
[16] Das übersieht *Bartels* JW 1934, 1347, 1348 und ihm folgend *Joch* NJW 1974, 1956, 1957.
[17] OLG Celle NJW 1974, 1473f.; das verkennt *Joch* NJW 1974, 1956, 1957.
[18] BGH NJW 1960, 576, 577; 1968, 2244 (LS); 1973, 467, 468.

3 **2. Erklärung des Widerspruchs.** An die Erklärung des Widerspruchs sind keine hohen Anforderungen zu stellen; er braucht nicht ausdrücklich zu erfolgen. Regelmäßig wird der Beklagte in mündlicher Verhandlung widersprechen; dazu reicht der Antrag auf Klageabweisung aus.[1] Eine **Begründung** verlangt § 599 nicht,[2] so dass unzutreffende Begründungen unschädlich sind.[3] Unter Vorbehalt ist auch dann zu verurteilen, wenn erhobene Einwendungen als unbegründet endgültig zurückgewiesen und deshalb im Nachverfahren ausgeschlossen sind (vgl. § 598 Rn. 5).[4] Widerspruch durch Schriftsatz reicht aus, wenn schriftliches Verfahren (§ 128) angeordnet ist oder nach Aktenlage (§§ 251 a, 331 a) entschieden wird; im Übrigen muss – vorbehaltlich der Besonderheiten bei Säumnis des Beklagten – in mündlicher Verhandlung widersprochen werden.

4 **3. Besonderheiten bei Säumnis des Beklagten.** Bei Säumnis des Beklagten hält ein Teil der Lehre ein Vorbehaltsurteil stets für ausgeschlossen, da es an einem Widerspruch in der mündlichen Verhandlung fehle.[5] Andere halten dagegen den Widerspruch des Beklagten in einer früheren mündlichen Verhandlung für ausreichend.[6] Unabhängig vom Widerspruch des Beklagten wird erwogen, der Kläger könne statt eines vorbehaltlosen Versäumnisurteils auch ein Vorbehaltsversäumnisurteil beantragen,[7] während andere ein Vorbehaltsversäumnisurteil auf Antrag des Klägers nur zulassen wollen, wenn der Beklagte dem Anspruch zumindest schriftsätzlich widersprochen hat.[8] Richtigerweise gilt folgendes: **Fehlt** es an einem **Widerspruch** durch den Beklagten, kann nicht allein auf der Grundlage des klägerischen Antrages ein Vorbehaltsversäumnisurteil ergehen,[9] denn § 599 regelt nicht nur, dass bei Widerspruch des Beklagten ein Vorbehaltsurteil ergehen muss, sondern legt umgekehrt auch das Erfordernis eines Widerspruchs für diese Urteilsform fest. Dafür spricht auch, dass das Vorbehaltsversäumnisurteil für den Beklagten belastender sein kann als ein vorbehaltloses Versäumnisurteil, weil das Nachverfahren nach § 600 anhängig bleibt und daher weitere Gebühren entstehen können. Wegen des Mündlichkeitsprinzips (§ 128 Abs. 1) muss der Widerspruch des Beklagten in mündlicher Verhandlung erhoben werden.[10] Dazu muss aber ein **Widerspruch in einer früheren mündlichen Verhandlung** ausreichen. § 332 steht nicht entgegen. Für diese prozessökonomisch allein akzeptable Auffassung spricht auch, dass Verfahrensmängel, die in früheren Verhandlungen geheilt wurden (§§ 39, 295), im Fall der Säumnis geheilt bleiben.[11] Die durch den Widerspruch geschaffene Lage besteht deshalb fort, so dass kein vorbehaltloses Versäumnisurteil ergehen darf.[12] Wegen § 335 Nr. 3 kann nach Erlass eines Versäumnisvorbehaltsurteils nicht unmittelbar das Nachverfahren betrieben und darin ein Versäumnisurteil im ordentlichen Verfahren erlassen werden.

5 **4. Teilwiderspruch.** Der Widerspruch kann auf einen **selbständigen Teil des Anspruchs** beschränkt werden. Es ergeht dann Teilvorbehaltsurteil und vorbehaltloses Endurteil hinsichtlich des unwidersprochen gebliebenen Teils. Als Widerspruch und nicht als Teilwiderspruch ist es anzusehen, wenn der Beklagte dem Anspruch zwar nicht als solchem widerspricht, aber Verurteilung zur Leistung nur **Zug um Zug**[13] oder unter Vorbehalt der beschränkten Erbenhaftung begehrt.[14] In diesen Fällen widerspricht aber der Beklagte nur der uneingeschränkten Verurteilung. Wenn das Urteil die vom Beklagten allein begehrte Einschränkung enthält, fehlt es im Übrigen an einem Widerspruch, so dass ein vorbehaltloses Urteil ergeht.[15]

6 **5. Anerkenntnis und Widerspruch.** Wenn der Beklagte den Anspruch im Urkundenprozess anerkennt, ihm aber im ordentlichen Verfahren noch widersprechen will, ergeht **Vorbehaltsanerkenntnisurteil** (vgl. § 307 Rn. 8).[16] Diesem Anerkenntnis wird teilweise die Wirksamkeit versagt,[17] weil der Beklagte den Anspruch noch weiter bestreitet und ihn gerade nicht zu erfüllen beabsichtigt. Diese Ansicht verkennt die Funktion des prozessualen Anerkenntnisses, die darin liegt, das Gericht zu legitimieren, der Klage ohne sachliche Prüfung stattzugeben. Dieses Ziel wird in Bezug auf den Urkundenprozess erreicht, auch wenn

---

[1] OLG Hamm MDR 1982, 415.

[2] BGHZ 82, 115, 119 = NJW 1982, 183; BGH NJW 1988, 1468.

[3] *St/J/Schlosser* Rn. 3; *Zö/Greger* Rn. 5.

[4] *St/J/Schlosser* Rn. 4.

[5] *Furtner* MDR 1966, 551, 553; *B/L/H* Rn. 5; *Wiecz/Sch/Olzen* Rn. 11; *Zö/Greger* Rn. 6; *Ro/S/Go* § 162 Rn. 31.

[6] So MK/*Braun* Rn. 3; *Sae/Eichele* Rn. 3; *St/J/Schlosser* Rn. 3.

[7] LG Freiburg NJW 1955, 68, 69; *Moller* NJW 1963, 2013 f.; *St/J/Schlosser* Rn. 3; Sympathien bei *Wiecz/Sch/Olzen* Rn. 12.

[8] So *Künkel* NJW 1963, 1041, 1044.

[9] Vgl. (iE jedoch ein Versäumnisurteil stets ablehnend) *Lent* NJW 1955, 68 f.; *Furtner,* MDR 1966, 551, 553.

[10] *St/J/Schlosser* Rn. 3.

[11] MK/*Prütting* § 332 Rn. 3.

[12] OLG Naumburg NJW-RR 1995, 1087 f.; MK/*Braun,* Rn. 3; *St/J/Schlosser* Rn. 3; aA *T/P/Reichold* Rn. 2; *Wiecz/Sch/Olzen* Rn. 11; *Zö/Greger* Rn. 6.

[13] *B/L/H* Rn. 4; MK/*Braun* Rn. 2; *T/P/Reichold* Rn. 4.

[14] *B/L/H* Rn. 4; *St/J/Schlosser* Rn. 3; aA *T/P/Reichold* Rn. 4 (Vorbehalt betrifft nicht den Anspruch, sondern die Haftungsmasse).

[15] Vgl. MK/*Braun* Rn. 2.

[16] OLG Brandenburg NJW-RR 2002, 1294; OLG Koblenz MDR 1956, 560 f.; OLG München MDR 1963, 603; LG Aachen NJW-RR 1986, 359, 360; *Hall,* Vorbehaltsanerkenntnis und Anerkenntnisvorbehaltsurteil im Urkundenprozess, Diss. Bonn 1991, S. 51 ff., 81 ff.; *Schriever* MDR 1979, 24 (mit Argument aus § 703 a Abs. 2 Ziff. 4); *Schwarz* JR 1995, 1, 5 f.; MK/*Braun* Rn. 4; MK/*Musielak* § 307 Rn. 7; *Sae/Eichele* Rn. 4; *St/J/Schlosser* Rn. 3; *Wiecz/Sch/Olzen* Rn. 10; *Zö/Greger* Rn. 8.

[17] LG Hannover NJW-RR 1987, 384; *Kleinwächter* NJW 1957, 737 f.; *Häsemeyer* ZZP 85 (1972), 207, 226; offen lassend BGH NJW-RR 1992, 254, 256 = WM 1992, 159, 161; *T/P/Reichold* Rn. 5; vgl. auch *Mummenhoff* ZZP 86 (1973), 293, 296 f.

sein Streitgegenstand mit dem des Nachverfahrens identisch ist. Eine Kostenentscheidung nach § 93 ist ausgeschlossen, da der Anspruch im ordentlichen Verfahren nicht anerkannt wird.[18]

6. Anerkenntnis unter Verwahrung gegen die Kosten. Wenn der Beklagte uneingeschränkt anerkennt, sich aber wegen § 93 gegen die Kosten verwahrt, so ergeht kein Anerkenntnisurteil unter dem Vorbehalt eines Nachverfahrens über die Kosten, sondern über die Kosten wird im Urkundenprozess, jedoch ohne die Beschränkungen der §§ 592, 595 Abs. 2, entschieden[19] (vgl. § 595 Rn. 7). Für den Erlass eines Teilanerkenntnisurteils über die anerkannte Hauptforderung unter Zurückstellung der Entscheidung über die Kosten[20] besteht kein Raum, da mit der Anerkennung der Hauptforderung der Anspruch im Ganzen anerkannt ist. Ein im Schriftsatz angekündigtes Anerkenntnis bindet nicht, da ein Anerkenntnis in mündlicher Verhandlung noch als sofortiges anzusehen ist und deshalb der Ankündigung der Anerkenntniswille nicht entnommen werden kann.[21] 7

7. Zeitpunkt. Der Beklagte kann bis zum Schluss der letzten mündlichen Verhandlung dem Anspruch widersprechen. Deshalb liegt in der Einlegung eines (auch unbegründeten[22]) **Rechtsmittels** mit dem Ziel der Klageabweisung oder auch nur mit dem Ziel, ein Vorbehaltsurteil zu erreichen, ein Widerspruch nach § 599, so dass in der Rechtsmittelinstanz ein Vorbehaltsurteil zu ergehen hat.[23] Zur Zurückverweisung bei erstmaligem Widerspruch in der Rechtsmittelinstanz vgl. § 600 Rn. 5. 8

8. Rücknahme des Widerspruchs. Der Beklagte kann den Widerspruch jederzeit fallen lassen;[24] es ergeht dann ein vorbehaltloses Urteil. Nach Erlass des Vorbehaltsurteils kann der Beklagte nicht den Widerspruch zurücknehmen und so auf die Durchführung des Nachverfahrens verzichten.[25] Zur Entscheidung bei Erledigungserklärung vgl. § 595 Rn. 7. 9

III. Entscheidung des Gerichts

1. Urteilsformel. Hat der Beklagte dem Anspruch widersprochen, so ist die stattgebende – niemals die klageabweisende[26] – Entscheidung ohne besonderen Antrag[27] als Vorbehaltsurteil zu erlassen. Der Vorbehalt ist in die Urteilsformel aufzunehmen.[28] Ergibt sich der Vorbehalt lediglich aus den **Gründen des Urteils,** so wird teils Urteilsergänzung (§§ 599 Abs. 2, 321) verlangt,[29] während andere einen Vorbehalt in den Gründen ausreichen lassen.[30] Sinnvoller erscheint es, die Berichtigung der Urteilsformel nach § 319 zuzulassen,[31] wie dies auch bei § 302 geschieht.[32] Damit erledigt sich das Fristproblem des § 321 Abs. 2, und der Rechtsklarheit ist Genüge getan. **Fehlt der Vorbehalt auch in den Gründen,** so dass eine Berichtigung der Urteilsformel ausscheidet, kann der Beklagte gemäß Abs. 2 innerhalb der Zweiwochenfrist des § 321 Abs. 2 Ergänzung des Urteils verlangen. Nach Fristablauf oder an Stelle der Ergänzung des Urteils kann der Beklagte auch im Rechtsmittelweg die Verurteilung unter Vorbehalt erreichen.[33] Dieser Weg steht auch offen, wenn der Beklagte bisher dem Anspruch nicht widersprochen hat (vgl. Rn. 8). Mit Ablauf der Rechtsmittelfrist wird das vorbehaltlose Urteil formell und materiell rechtskräftig, selbst wenn der Vorbehalt nur versehentlich unterblieben ist.[34] Wird ein Vorbehaltsurteil erlassen, obwohl der Beklagte dem Anspruch **nicht widersprochen hat,** so kann der Vorbehalt nur im Rechtsmittelweg beseitigt werden;[35] für das Nachverfahren ist der Vorbehalt bindend festgestellt.[36] Wird in der **Berufungsinstanz** ein Vorbehaltsurteil erlassen, nachdem die Klage in erster Instanz als unbegründet abgewiesen wurde, so kann die Sache auf Antrag zur Durchführung des Nachverfahrens in entsprechender Anwendung des § 538 Abs. 2 Nr. 5 in die erste Instanz zurückzuverweisen werden (vgl. § 600 Rn. 5; § 538 Rn. 32). 10

2. Rechtsbehelfe. Das Vorbehaltsurteil ist nach Abs. 3 in Bezug auf Rechtsmittel als Endurteil anzusehen, so dass ggf. Berufung und Revision statthaft sind. Ergeht ein Versäumnisvorbehaltsurteil (dazu Rn. 4), so hat der Beklagte die Wahl zwischen dem Einspruch (§ 338), der zur Fortsetzung des Verfahrens im Urkundenprozess führt, und dem Betreiben des Nachverfahrens (zum Antragserfordernis vgl. § 600 Rn. 2f.). 11

---

18 *Schwarz* JR 1995, 1, 6; *Zö/Greger* Rn. 9; *Ro/S/Go* § 162 Rn. 31.

19 OLG Karlsruhe OLGZ 1986, 124f.; *Schwab* JZ 1955, 154; *Göppinger* ZZP 70 (1957), 221, 227; *Schwarz* ZZP 110 (1997), 181, 187; *B/L/H* Rn. 6; *Wiecz/Sch/Olzen* Rn. 15; *Zö/Greger* Rn. 7; aA (Vorbehalt hins. des Kostenausspruchs) *Schröer* JZ 1955, 153, 154; MK/*Braun* Rn. 4; *St/J/Schlosser* Rn. 2.

20 Vgl. OLG München NJW 1965, 447; *Schwarz* ZZP 110 (1997), 181, 183f.; vgl. auch *T/P/Reichold* § 307 Rn. 12.

21 AA OLG Stuttgart 29. 9. 2005 13 U 99/05.

22 *Wiecz/Sch/Olzen* Rn. 6, 8.

23 OLG Hamm MDR 1982, 415.

24 MK/*Braun* Rn. 3.

25 OLG Frankfurt 1. 9. 2006 23 U 266/05.

26 BGHZ 80, 97, 99 = NJW 1982, 1536; *B/L/H* Rn. 7; MK/*Braun* Rn. 5; aA *Grunsky* ZZP 77 (1964), 464, 468f.

27 Ein gegenteiliger Antrag des Klägers auf vorbehaltlose Verurteilung ist unbeachtlich, *Zö/Greger* Rn. 3.

28 BGH NJW 1981, 393, 394 (obiter dictum).

29 *St/J/Schlosser* Rn. 4.

30 MK/*Braun* Rn. 6; *Sae/Eichele* Rn. 6; *Wiecz/Sch/Olzen* Rn. 17; *Zö/Greger* Rn. 2.

31 *Sae/Eichele* Rn. 6; *Wiecz/Wieczorek,* 2. Aufl. 1988, Anm. B.

32 MK/*Musielak* § 302 Rn. 8.

33 RGZ 10, 347, 348f.; OLG Hamm MDR 1982, 415; BB 1992, 236; MK/*Braun* Rn. 6; *St/J/Schlosser* Rn. 4; *Zö/Greger* Rn. 13.

34 OLG Karlsruhe NJW-RR 1991, 1151.

35 BGH NJW-RR 1992, 254, 255 = WM 1992, 159.

36 BGH NJW 1962, 446, 447; MK/*Braun* Rn. 6; *St/J/Schlosser* Rn. 4.

12 **3. Rechtskraft des Vorbehaltsurteils.** Das Vorbehaltsurteil erwächst **nicht in materielle Rechtskraft,** es sei denn, die Parteien verzichten auf die Durchführung eines Nachverfahrens.[37] Deshalb kann das Vorbehaltsurteil für Verfahren, in denen die entschiedene Frage **präjudiziell** ist, nur insoweit Bindungswirkung entfalten, wie es auch für das Nachverfahren bindend ist[38] (dazu vgl. § 598 Rn. 5; § 600 Rn. 8ff.). Damit besteht hinsichtlich des Urteilsausspruchs selbst keine Bindung, da dem Beklagten die Ausführung seiner Rechte im Nachverfahren vorbehalten bleibt.[39] Der durch das rechtskräftige Vorbehaltsurteil festgestellte Anspruch unterliegt der 30-jährigen Verjährungsfrist nach § 197 Abs. 1 Nr. 3 BGB.[40] Wegen der Möglichkeit des Nachverfahrens stellt das Urteil den Anspruch selbst aber nicht rechtskräftig fest, so dass ein durch formell rechtskräftiges Vorbehaltsurteil verurteilter Bürge, der zur Abwendung der Zwangsvollstreckung zahlt, den Gläubiger damit nicht befriedigt und deshalb noch keinen Rückgriffsanspruch nach § 774 BGB gegen den Hauptschuldner erwirbt.[41]

IV. Zwangsvollstreckung

13 Einer der wesentlichen Vorzüge des Urkundenprozesses liegt darin, dass das Urteil nach § 708 Nr. 4 **ohne Sicherheitsleistung vorläufig vollstreckbar** ist, wobei der Schuldner die Vollstreckung nach § 711 abwenden kann. Diese Möglichkeit entfällt bei Anerkenntnisurteilen, auch wenn es sich um Anerkenntnisvorbehaltsurteile handelt, und bei Versäumnisurteilen sowie bei Versäumnisvorbehaltsurteilen, denn diese sind nach § 708 Nr. 1 bzw. 2 ohne Sicherheitsleistung vollstreckbar, ohne dass die Abwendungsbefugnis nach § 711 besteht. Diese für den Kläger günstigere Regelung verdrängt § 708 Nr. 4.[42] Weiter entfällt gemäß § 705 die an die nur vorläufige Vollstreckbarkeit anknüpfende Abwendungsbefugnis nach § 711, wenn das Vorbehaltsurteil formell rechtskräftig wird.[43] Der Kläger kann dann, auch wenn das Nachverfahren noch anhängig ist, auf die zur Abwendung geleisteten Sicherheiten oder die hinterlegten Gegenstände zugreifen.[44] Wird gegen das Vorbehaltsurteil Berufung eingelegt, so kann das Berufungsgericht die Zwangsvollstreckung einstweilen nach §§ 707, 719 einstellen, wobei an deren Voraussetzungen strenge Anforderungen zu stellen sind.[45] Wird im **Nachverfahren** das Vorbehaltsurteil (teilweise) **aufgehoben,** so endet mit Verkündung des aufhebenden oder ändernden Urteils nach § 717 Abs. 1 die vorläufige Vollstreckbarkeit; Vollstreckungsmaßnahmen sind dann widerrechtlich, die Zwangsvollstreckung ist nach § 775 Nr. 1 einzustellen. Ist das Vorbehaltsurteil bereits **rechtskräftig,** so ist die Zwangsvollstreckung nach § 775 Nr. 1 erst mit Vollstreckbarkeit des Urteils aus dem Nachverfahren – also ggf. erst nach Sicherheitsleistung[46] – einzustellen.[47] Zur Schadensersatzpflicht vgl. § 600 Rn. 13. Bis zur Entscheidung im Nachverfahren kann das Gericht die Zwangsvollstreckung aus dem Vorbehaltsurteil nach § 707 Abs. 1 **einstweilen einstellen.** Um den Sinn des Urkundenprozesses nicht zu unterlaufen, ist bei der Einstellung auch gegen Sicherheitsleistung Zurückhaltung geboten;[48] sie ist nur zulässig, wenn der Schuldner im Nachverfahren wahrscheinlich obsiegen wird.[49] Die Vollstreckung des (rechtskräftigen) Vorbehaltsurteils **im Ausland** kann während der Anhängigkeit des Nachverfahrens trotz Art. 38 EuGVO bzw. Art. 31 EuGVÜ/LugÜ (zur Fortgeltung vgl. Art. 68 Abs. 1 EuGVO) auf Schwierigkeiten stoßen.[50] Erbringt der Beklagte im Hinblick auf das Vorbehaltsurteil Leistungen, führen diese wegen des Vorbehalts nicht zur Erfüllung der geltendgemachten Forderung. Ein Forderungsübergang, den das materielle Recht an die Erfüllung knüpft, tritt deshalb erst mit dem Abschluss des Nachverfahrens ein, wenn der Vorbehalt nicht anderweit aufgehoben wird.[51]

V. Gerichtskosten

14 Vgl. § 592 Rn. 17.

600 *Nachverfahren* **(1) Wird dem Beklagten die Ausführung seiner Rechte vorbehalten, so bleibt der Rechtsstreit im ordentlichen Verfahren anhängig.**

(2) Soweit sich in diesem Verfahren ergibt, dass der Anspruch des Klägers unbegründet war, gelten die Vorschriften des § 302 Abs. 4 Satz 2 bis 4.

(3) Erscheint in diesem Verfahren eine Partei nicht, so sind die Vorschriften über das Versäumnisurteil entsprechend anzuwenden.

---

37 MK/*Braun* § 600 Rn. 5.
38 *B/L/H* Rn. 11.
39 BGH NJW 1977, 1687; RGZ 159, 173, 175.
40 Zur Anwendbarkeit des § 197 Abs. 1 Nr. 3 auf Vorbehaltsurteile vgl. BT-Drucks. 14/6040 S. 106.
41 BGHZ 86, 267, 270f. = NJW 1983, 1111.
42 OLG Koblenz NJW-RR 1991, 512; MK/*Krüger* § 708 Rn. 11; *Zö/Herget* § 711 Rn. 3; aA LG Aachen NJW-RR 1986, 359, 360; *Schuschke/Walker* § 708 Rn. 5.
43 BGHZ 69, 270, 273 = NJW 1978, 43.
44 BGHZ 69, 270, 273 = NJW 1978, 43; MK/*Krüger* § 711 Rn. 5; *Sae/Eichele* Rn. 7.
45 OLG Saarbrücken MDR 1997, 1157.
46 LG Bonn MDR 1983, 850; MK/*Krüger* § 775 Rn. 11; *Zö/Stöber* § 775 Rn. 4.
47 *St/J/Schlosser* Rn. 6.
48 *St/J/Schlosser* Rn. 6.
49 MK/*Krüger* § 707 Rn. 13; *B/L/H* Rn. 10.
50 Vgl. öOGH ZfRV 2003, 34 (keine Vollstreckung in Österreich).
51 Vgl. (Übergang der Hauptforderung auf selbstschuldnerisch haftenden Bürgen erst mit Abschluss des Nachverfahrens) BGH BB 1983, 401f.

I. Normzweck

Urkundenprozess und Nachverfahren sind nach Abs. 1 zwei Teile eines **einheitlichen Verfahrens,** das denselben Streitgegenstand betrifft.[1] In Abs. 2 wird dem Beklagten ein Schadensersatzanspruch für den Fall gewährt, dass im Nachverfahren das Vorbehaltsurteil keinen Bestand hat. Abs. 3 erklärt sich daraus, dass der Gesetzgeber im Fall der Säumnis des Beklagten im Urkundenprozess ein vorbehaltloses Urteil für zwingend hielt (dazu vgl. § 599 Rn. 4). War der Beklagte nur im Nachverfahren säumig, soll Abs. 3 klarstellen, dass die allgemeinen Regeln des Versäumnisurteils in vollem Umfang Anwendung finden.[2] 1

II. Einheit von Urkundenprozess und Nachverfahren

1. Einleitung des Nachverfahrens. Das Nachverfahren beginnt ohne weiteres mit Erlass des Vorbehaltsurteils. Es kann im selben Termin weiterverhandelt werden,[3] es sei denn, dass es sich um ein Versäumnisvorbehaltsurteil handelt (vgl. § 599 Rn. 4). Wird nicht sogleich weiterverhandelt, so wird ein neuer Termin **nur auf Antrag** bestimmt.[4] Für die Gegenansicht,[5] derzufolge ein Termin von Amts wegen zu bestimmen ist, sofern nicht der Beklagte auf die Durchführung des Nachverfahrens verzichtet, spricht zwar der Wortlaut des § 216 Abs. 1, nicht aber sein Sinn. Während im ordentlichen Verfahren die Terminbestimmung von Amts wegen zur Beschleunigung und Vereinfachung führt, liegt es beim Urkundenprozess im allseitigen Interesse, wenn die Parteien es bei dem Vorbehaltsurteil bewenden lassen möchten und deshalb keinen Terminantrag stellen. 2

a) **Anforderungen an den Antrag auf Terminbestimmung.** Der Antrag muss lediglich erkennen lassen, dass der Antragsteller das Nachverfahren betreiben will. Eine Begründung ist nicht erforderlich.[6] Der Antrag ist ohne Rücksicht auf eine Frist zulässig,[7] das Antragsrecht kann aber verwirkt werden.[8] 3

b) **Anträge im Nachverfahren.** Der Kläger begehrt im Nachverfahren, dass das Urteil für vorbehaltlos erklärt wird. Der Beklagte wird demgegenüber die Klageabweisung beantragen. Wenn die Klage im Nachverfahren abgewiesen wird, ist aus Gründen der Rechtsklarheit zugleich das Vorbehaltsurteil aufzuheben (Abs. 2 iVm. § 302 Abs. 4 S. 2). Ein solcher Ausspruch ist aber lediglich deklaratorisch, da die materielle Rechtskraft des Vorbehaltsurteils ohnehin durch die Abweisung der Klage im Nachverfahren auflösend bedingt ist. 4

c) **Besonderheiten der Rechtsmittelinstanz.** Ergeht das Vorbehaltsurteil erst in der Berufungsinstanz, wird das Nachverfahren dort anhängig.[9] Das Berufungsgericht hat auf Antrag einer Partei in entsprechender Anwendung des § 538 Abs. 2 Nr. 5 die Möglichkeit der Zurückverweisung des Nachverfahrens an das erstinstanzliche Gericht (vgl. § 538 Rn. 32).[10] Ergeht das Vorbehaltsurteil in der Revisionsinstanz, so kommt auch eine Zurückverweisung entweder an das Berufungsgericht oder unmittelbar an das erstinstanzliche Gericht in Betracht (vgl. § 563 Rn. 25).[11] 5

2. Fortbestand der Verfahrenslage. Wie Abs. 1 zeigt, bilden Urkundenprozess und Nachverfahren eine Einheit, so dass die im Urkundenprozess geschaffene Verfahrenslage im Nachverfahren fortwirkt. Das gilt für die Begründung des Rechtswegs (§§ 17 Abs. 1, 17a Abs. 1 GVG) und der örtlichen und sachlichen Zuständigkeit (§ 39), für ein Geständnis[12] (nicht aber für das Anerkenntnis unter Vorbehalt des Nachverfahrens) und das Anerkenntnis der Echtheit einer Urkunde[13] sowie für die **Heilung** von Verfahrensmängeln nach § 295[14] und die Präklusion nach § 296 Abs. 3[15] (anders bei § 296 Abs. 1 und 2, dazu sogleich) und 6

---

1 AA *Behringer,* Streitgegenstand und Bindungswirkung im Urkundenprozess, 2007, S. 155f. (der Urkundenprozess bilde gegenüber dem Nachverfahren einen eigenen Streitgegenstand, der sich auf die schnellere Vollstreckungsmöglichkeit richte; dies überzeugt nicht, weil allein die schnellere Vollstreckungsmöglichkeit kein eigenes, von der Hauptsache zu unterscheidendes Begehren darstellt. Sähe man dies anders, so müsste wohl auch der Antrag auf Erlass eines Versäumnisurteils als Klageänderung qualifiziert werden).

2 *Hahn,* S. 390 (Begründung zu §§ 531–543).

3 BGH NJW 1973, 467.

4 BGHZ 86, 267, 270 = NJW 1983, 1111 (obiter dictum); *St/J/Schlosser* Rn. 9; *T/P/Reichold* Rn. 1; vgl. auch OLG Frankfurt NJW-RR 1990, 574.

5 OLG Celle NJW-RR 1993, 559; *B/L/H* Rn. 1; MK/*Braun* Rn. 4; *Wiecz/Sch/Olzen* Rn. 5; *Zö/Greger* Rn. 8; *Ro/S/Go* § 59 Rn. 81.

6 Vgl. *St/J/Schlosser* Rn. 9 (Parallele zum Einspruch gegen Versäumnisurteil); aA *Schrader,* Das prozessuale Verhältnis von Vor- und Nachverfahren im Urkunden- und Wechselprozess, Diss. Frankfurt 1970, S. 59ff. (in Analogie zur Berufungsbegründung).

7 AA *St/J/Schlosser* Rn. 9 (Zweiwochenfrist nach Rechtskraft des Vorbehaltsurteils in Analogie zu § 339 Abs. 1).

8 OLG Frankfurt NJW-RR 1990, 574 (5 Jahre, während dieser Zeit Zahlung einiger Raten auf die Forderung); *Ro/S/Go* § 59 Rn. 81.

9 RGZ 29, 368f.; 57, 184, 186; *St/J/Schlosser* Rn. 14; *T/P/Reichold* Rn. 3; vgl. auch MK/*Musielak* § 302 Rn. 12; aA (Zuständigkeit des Gerichts erster Instanz mit zwingender – wohl nur klarstellender – Zurückverweisung nach § 538 Abs. 2 Nr. 5) OLG Frankfurt MDR 1977, 236; MK/*Braun* Rn. 6; vgl. auch OLG Düsseldorf MDR 1973, 856 (zu § 302).

10 BGH NJW 2005, 2701, 2703; vgl. (zu § 538 Abs. 1 Nr. 4 aF) BGH NJW-RR 1988, 61, 63; MK/*Braun* Rn. 6; *Zö/Greger* Rn. 9.

11 Vgl. (zur Rechtslage vor dem Inkrafttreten des ZPO-RG) BGH NJW-RR 1988, 61, 63; aA *Schneider* JR 1988, 465, 466f.; offen lassend BGH NJW 2005, 2701, 2703.

12 OLG Saarbrücken MDR 2002, 109; *Bilda* NJW 1983, 142, 146; *Wiecz/Sch/Olzen* Rn. 20.

13 *B/L/H* Rn. 5; *St/J/Schlosser* Rn. 11; *Zö/Greger* Rn. 4.

14 *B/L/H* Rn. 7; MK/*Braun* Rn. 9; *St/J/Schlosser* Rn. 11; *Zö/Greger* Rn. 4.

15 MK/*Braun* Rn. 9.

den Ausschluss der Rüge nach § 1032[16] (zu den Besonderheiten der Schiedsabrede im Wechselprozess vgl. § 602 Rn. 9). Die Bewilligung von Prozesskostenhilfe für den Urkundenprozess gilt auch für das Nachverfahren.[17] Auf Beklagtenseite besteht die für die Prozesskostenhilfe erforderliche Erfolgsaussicht auch dann, wenn die Verteidigung erst im Nachverfahren aussichtsreich ist.[18] Bei verfahrensrechtlichen **Sanktionen für Untätigkeit** des Beklagten muss § 599 Abs. 1 beachtet werden. Da sich der Beklagte auf schlichtes Widersprechen beschränken kann, darf ein Vorbringen im Nachverfahren nicht mit der Begründung zurückgewiesen werden, der Beklagte habe es schon im Urkundenprozess geltend machen und beweisen können.[19] Deshalb kann auch ein Vorbringen, das **im Urkundenprozess als verspätet zurückgewiesen** wurde, im Nachverfahren noch vorgebracht werden[20] (anders bei § 296 Abs. 3). Wird das Nachverfahren sogleich in der Berufungsinstanz anhängig, ist neues Tatsachenvorbringen nach § 529 Abs. 1 Nr. 2 iVm. § 531 Abs. 2 S. 1 Nr. 3 zu berücksichtigen. Zur Frage, ob bereits Vorgebrachtes und im Urkundenprozess Behandeltes für das Nachverfahren mit bindender Wirkung feststeht, vgl. Rn. 8ff.

7 **3. Rückwirkungen des Nachverfahrens.** Wurde gegen das Vorbehaltsurteil Rechtsmittel eingelegt, so können nebeneinander der Urkundenprozess in der Rechtsmittelinstanz und das Nachverfahren in erster Instanz geführt werden. Damit stellt sich die Frage, ob **Beweisaufnahmen** im Nachverfahren auch im Urkundenprozess zu verwerten sind. Wegen der Einheit des Verfahrens wird vertreten, derartige Beweisaufnahmen seien unmittelbar zu berücksichtigen;[21] andere wollen die Einführung der **Protokolle** aus dem Nachverfahren als Urkundenbeweis für den Urkundenprozess zulassen.[22] Beides ist aus den in § 595 Rn. 10 dargelegten Gründen abzulehnen.

8 **4. Bindungswirkung des Vorbehaltsurteils..** Ein Vorbehaltsurteil darf nach § 597 nur ergehen, wenn das Gericht die **Sachurteilsvoraussetzungen** für erfüllt hält. Nach hM[23] steht damit für das Nachverfahren die **Zulässigkeit der Klage fest** und zwar unabhängig davon, ob das Gericht sie im Urkundenverfahren tatsächlich geprüft hat. Zu Unrecht wird dem entgegengehalten, Sachurteilsvoraussetzungen seien in jedem Verfahrensstadium zu prüfen,[24] denn hier gleicht die Situation der bei einem Zwischenurteil nach § 280 oder einem Vorbehaltsurteil nach § 302, wo ebenfalls die Bindung bejaht wird; lediglich beim Grundurteil wird anders entschieden.[25] Für eine Bindungswirkung hinsichtlich der Sachurteilsvoraussetzungen spricht vor allem, dass diese im Urkundenprozess ohne die Einschränkungen der §§ 592, 595 Abs. 2 behandelt werden (vgl. § 595 Rn. 7), es besteht also insoweit kein sachlicher Grund für ein Nachverfahren. Die Parteien sind deshalb bereits im Urkundenprozess gehalten, zu den Sachurteilsvoraussetzungen vollständig vorzutragen.[26] Im Übrigen wäre es wegen der umfassenden Prüfung dieser Fragen – insbesondere bei formeller Rechtskraft des Vorbehaltsurteils – schwer einzusehen, warum sich der Kläger und das Gericht mit Zulässigkeitsfragen bei gleichem Streitgegenstand und gleichen Parteien ein zweites Mal auseinander setzen sollten.[27] Anderes gilt nach allgemeinen Regeln dann, wenn nach dem nach § 767 Abs. 2 maßgebenden Zeitpunkt Veränderungen eingetreten sind.

9 Nach Ansicht der Rechtsprechung ist das Gericht im Nachverfahren auch an die Beurteilung der **Schlüssigkeit** der Klage und der Einwendungen des Beklagten im Vorbehaltsurteil gebunden.[28] Dem wird entgegengehalten, dass wegen des Vorbehalts über das Bestehen des Anspruchs gerade noch nicht abschließend entschieden worden sei. Im Gegensatz zum Grund- oder Zwischenurteil werde nicht über eine bestimmte Frage abschließend geurteilt (vertikale Teilung), sondern der gesamte Urteilsspruch stehe unter Vorbehalt (horizontale Teilung). Da aber die Rechtskraft nur den Urteilsausspruch – nicht die Vorfragen – betreffe, könne es keine Bindungswirkung geben.[29] Daran ist richtig, dass der Urteilsspruch noch keine endgültige Aussage über das Bestehen des Anspruchs trifft. Trotzdem kann man ihm die Aussage entnehmen, dass der Anspruch vorbehaltlich im Urkundenprozess nicht zu prüfender Einwendungen besteht, denn unter Beachtung der Einschränkungen des Urkundenprozesses wird umfassend – nicht etwa nur summarisch – geprüft

---

[16] OLG Köln OLGR 2001, 227f.

[17] *Zö/Greger* Rn. 6.

[18] OLG Saarbrücken NJW-RR 2002, 1584.

[19] BGH NJW 1960, 100f.; NJW-RR 1992, 254, 256; vgl. auch OLG Celle NJW-RR 1993, 559 (keine Verwirkung der Verjährungseinrede, wenn diese im Wechselprozess nicht erhoben wurde).

[20] LG Berlin MDR 1983, 235; MK/*Braun* Rn. 8.

[21] *Wiecz/Wieczorek*, 2. Aufl. 1988, Anm. C Ib.

[22] *St/J/Schlosser* § 592 Rn. 17.

[23] BGH NJW 1993, 668 (Prozessvoraussetzung des Art. VIII Abschn. 2 (b) S. 1 IWF-Abkommen); 1973, 467, 468; 1976, 330 (Verhältnis zu Arbeitsgerichten); RGZ 159, 173, 176 (Rechtsweg); OLG Düsseldorf NJW 1983, 2149, 2150 (Schiedsvertrag); BAG NJW 1972, 1216 (Verhältnis zu Arbeitsgerichten); OLG Köln BB 1972, 1207 = MDR 1972, 957 (Parteifähigkeit); *Bilda* NJW 1983, 142, 145; *Ro/S/Go* § 162 Rn. 34; aA *Hall*, Vorbehaltsanerkenntnis und Anerkenntnisvorbehaltsurteil im Urkundenprozess, Diss. Bonn 1991, S. 134–137; *Behringer*, Streitgegenstand und Bindungswirkung im Urkundenprozess, 2007, S. 156f. (Nachverfahren betreffe – wie das Hauptsacheverfahren gegenüber dem einstweiligen Rechtsschutz – einen eigenen Streitgegenstand; keinerlei Bindungswirkung); MK/*Braun* Rn. 19; *Sae/Eichele* § 598 Rn. 5; *St/J/Schlosser* Rn. 13; *Zö/Greger* Rn. 19f.

[24] MK/*Braun* Rn. 19; *Zö/Greger* Rn. 20.

[25] MK/*Musielak* § 304 Rn. 12; *St/J/Leipold* § 304 Rn. 49.

[26] Das übersieht *Hall*, Vorbehaltsanerkenntnis und Anerkenntnisvorbehaltsurteil im Urkundenprozess, Diss. Bonn 1991, S. 134.

[27] *Bilda* NJW 1983, 142, 144.

[28] Vgl. nur BGH NJW 1993, 668f., weit. Nachw. bei Rn. 10.

[29] *Stürner* ZZP 85 (1972), 424, 429ff.

und entschieden (vgl. § 595 Rn. 1).[30] Man kann deshalb die §§ 318, 322 mit den Einschränkungen der §§ 598, 599 auch auf das Vorbehaltsurteil anwenden. § 598 hat dann die Aufgabe klarzustellen, dass bestimmte Einwendungen nicht von der Bindungswirkung erfasst werden, obwohl sich das Gericht im Urkundenprozess mit ihnen bereits beschäftigt hat. Hierfür spricht neben dem Willen des Gesetzgebers[31] der Sinn der Bindungswirkung der materiellen Rechtskraft. Die Autorität des Gerichts und das Vertrauen der Bürger in die Rechtspflege sollen nicht dadurch in Frage gestellt werden, dass über denselben Punkt unter denselben Beteiligten unterschiedliche Entscheidungen ergehen. Von dieser Zielsetzung ausgehend muss die Bindungswirkung des Vorbehaltsurteils im Nachverfahren bejaht werden, denn die genannten Fragen sind gerade Gegenstand des Verfahrens im Urkundenprozess.[32] Weiter lässt sich der **Symmetriegedanke** anführen:[33] Ebenso wie die unzulässige oder unbegründete Klage nach § 597 Abs. 1 im Urkundenprozess endgültig abgewiesen wird, muss auch umgekehrt ihre Schlüssigkeit feststehen, wenn ein Vorbehaltsurteil ergeht. Für die Einwendungen des Beklagten setzt § 598 den Symmetriegedanken konsequent um, indem diese Norm nur diejenigen Einwendungen dem Nachverfahren vorbehält, mit denen der Beklagte auf Grund der Einschränkungen des Urkundenprozesses gescheitert ist. Unbegründete Einwendungen werden dagegen von § 598 nicht erfasst. Der Beklagte trägt das Risiko, mit unbegründeten Einwendungen im Urkundenprozess endgültig abgewiesen zu werden, wie der Kläger nach § 597 Abs. 1 dieses Risiko hinsichtlich der unbegründeten Klage trägt. Die Bindungswirkung führt also zur angemessenen Verteilung des Prozessrisikos.

Daraus folgt: Die **Sachurteilsvoraussetzungen** einschließlich der Voraussetzungen des Urkundenprozesses sind abschließend und bindend festgestellt, denn insoweit war der Erkenntnisrahmen im Urkundenprozess nicht eingeschränkt; das gilt auch für die Beurteilung der **Schlüssigkeit** der Klage[34] und der Unbegründetheit von Einwendungen, soweit dies trotz der Einschränkungen des Urkundenprozesses abschließend möglich war.[35] Die **Beweiswürdigung** ist innerhalb des Erkenntnisrahmens des Urkundenprozesses bindend.[36] Neuer Tatsachenvortrag und neue Beweisantritte sind wegen § 599 Abs. 1 uneingeschränkt zulässig (zum Nachverfahren in der Berufungsinstanz vgl. Rn. 6), das gilt auch für das bloße Bestreiten einer im Urkundenprozess nicht bestrittenen Tatsache.[37] Bei neuem Vortrag entfällt die Bindung des Gerichts an die Beweiswürdigung im Urkundenprozess. Weiterhin entfällt die Bindung, wenn dadurch ein Wiederaufnahmeverfahren vermieden werden kann.[38] Eine selbständige Nichtigkeits- oder Restitutionsklage gegen das Vorbehaltsurteil scheidet angesichts der Möglichkeit, die Einwände im Nachverfahren geltend zu machen, aus.[39] 10

III. Auswirkungen gerichtlicher Entscheidungen

1. Entscheidungen im Nachverfahren. Wenn Vor- und Nachverfahren gleichzeitig[40] betrieben werden – die Aussetzung des Nachverfahrens bis zur Entscheidung im Urkundenprozess ist unzulässig[41] –, bleibt die Entscheidung in einem der Verfahren auf das andere nicht ohne Einfluss. Hält das Gericht die Klage im **Nachverfahren für begründet,** wird das Vorbehaltsurteil für vorbehaltlos erklärt. Ist der Urkundenprozess 11

---

[30] Anders *Stürner* ZZP 85 (1972), 424, 431, und ZZP 87 (1974), 87, 90, 92, der meint, der Urteilsausspruch gelte der Wahrscheinlichkeit, dass der Anspruch bestehe.

[31] *Hahn,* S. 395.

[32] So im Ansatz richtig *Hall,* Vorbehaltsanerkenntnis und Anerkenntnisvorbehaltsurteil im Urkundenprozess, Diss. Bonn 1991, S. 112–116, der aber iE nur eine analoge Anwendung des § 318 befürwortet.

[33] AA *Behringer,* Streitgegenstand und Bindungswirkung im Urkundenprozess, 2007, S. 51f.

[34] BGH WM 1957, 66, 67 (Fälligkeit); 1969, 1279, 1280 (Formgültigkeit eines Wechsels); NJW 1960, 576; NJW 1968, 2244 (LS); NJW 2004, 1159, 1160 (Zugang eines Schuldanerkenntnisses) = JR 2004, 499 m. krit. Anm. *Probst;* OLG Brandenburg 21. 1. 2004 13 U 65/03 (Aktivlegitimation, Prozessführungsbefugnis); OLG Frankfurt NJW 1968, 2385 (Passivlegitimation); OLG Düsseldorf NJW-RR 1999, 68, 69f. (Vorbehaltsanerkenntnisurteil); LG Berlin NJW 2005, 993 (Auslegung als Schuldanerkenntnis); sehr weitgehend OLG Köln MDR 1972, 957 (Wechselfähigkeit wegen Prüfung der Prozessfähigkeit bindend festgestellt).

[35] BGH NJW 1960, 576; 1973, 467, 468; 1991, 1117 (Verstoß gegen AGB-Gesetz); NJW 2004, 1159, 1160 (keine Bindungswirkung, wenn Bestreiten im Vorbehaltsverfahren als nicht ausreichend angesehen und Echtheit der Urkunde deshalb nicht geprüft wurde); RGZ 63, 367, 370; OLG Köln MDR 1959, 133; vgl. aber auch BGH NJW 2004, 1159f.; *Gehrlein* MDR 2004, 541, 545 (keine Verwirkung der Verjährungseinrede, wenn diese im Wechselprozess nicht erhoben wurde).

[36] *Bilda* NJW 1983, 142, 146.

[37] BGH NJW 1993, 668; NJW-RR 1992, 254, 256; 1989, 802 = WM 1989, 868; JR 1988, 330, 331 = NJW 1988, 1468; BGHZ 104, 145, 149 = NJW 1988, 1979; BGHZ 82, 115, 118f. = NJW 1982, 183; BGH NJW 1960, 100; BGH NJW 2004, 1159f. (keine Bindung an Beurteilung der Urkunde als echt, wenn Bestreiten der Echtheit im Urkundenprozess als nicht ausreichend angesehen und die Urkunde deshalb nicht auf ihre Echtheit hin untersucht wurde); *Gehrlein* MDR 2004, 541, 545 (anders bei Zugestehen der Echtheit); OLG Neustadt MDR 1959, 668; *Bilda* JR 1988, 332f.; *ders.* NJW 1983, 142, 146; *Hall,* Vorbehaltsanerkenntnis und Anerkenntnisvorbehaltsurteil im Urkundenprozess, Diss. Bonn 1991, S. 125; OLG Brandenburg NJW-RR 2002, 1294 (Bestreiten der Echtheit der Unterschrift trotz Vorbehaltsanerkenntnisurteil); insoweit unrichtig OLG Düsseldorf NJW-RR 1999, 68, 70f. (nach Vorbehaltsanerkenntnisurteil könne nicht mehr bestritten werden, dass der Beklagte Schuldner der Wechselschuld sei; aber gerade diese Frage konnte der Beklagte möglicherweise nicht mit den im Urkundenprozess zulässigen Beweismitteln klären lassen).

[38] *Bilda* NJW 1983, 142 147; *Wiecz/Sch/Olzen* Rn. 43.

[39] *Zö/Greger* Rn. 17.

[40] MK/*Braun* Rn. 2; gegen diese Möglichkeit *St/J/Schlosser* Rn. 8.

[41] BGH NJW 1973, 467f.

zur gleichen Zeit aber in der Rechtsmittelinstanz anhängig, wird das stattgebende Urteil im Nachverfahren nur unter der **auflösenden Bedingung** der Aufhebung des Vorbehaltsurteils rechtskräftig,[42] was darauf beruht, dass der Beklagte im Nachverfahren die Bindungswirkung des Vorbehaltsurteils hinnehmen musste. Da der gerichtliche Prüfungsumfang durch das noch nicht rechtskräftige Vorbehaltsurteil eingeschränkt war, muss der Beklagte trotz des Urteils im Nachverfahren die Möglichkeit haben, sein Rechtsmittel gegen das Vorbehaltsurteil fortzuführen.[43] Wird im **Nachverfahren** die Klage nach § 600 Abs. 2 iVm. § 304 Abs. 4 S. 2 unter Aufhebung des Vorbehaltsurteils rechtskräftig **abgewiesen,** wird der Urkundenprozess in der Rechtsmittelinstanz gegenstandslos.[44] Das Verfahren endet ohne weitere Entscheidung, die Kosten trägt auch ohne besonderen Ausspruch im Urteil des Nachverfahrens der Kläger.[45]

12 **2. Entscheidungen im Urkundenprozess.** Wird die Klage im Urkundenprozess nach **§ 597 Abs. 1 abgewiesen,** endet mit Rechtskraft dieser Entscheidung auch das Nachverfahren,[46] während der Zeit zwischen Erlass der aufhebenden Entscheidung und dem Eintritt der Rechtskraft ruht das Nachverfahren.[47] Mit Eintritt der Rechtskraft werden Urteile im Nachverfahren gegenstandslos (bei stattgebenden rechtskräftigen Urteilen im Nachverfahren str., vgl. Rn. 11); die Kosten auch des Nachverfahrens trägt der Kläger.[48] Entsprechendes gilt (mit Ausnahme der Kostentragungspflicht), wenn der Beklagte vom Rechtsmittelgericht des Urkundenprozesses **vorbehaltlos verurteilt** wird. Weist das Rechtsmittelgericht die Klage dagegen als in der gewählten Prozessart **unstatthaft** ab, entfällt an sich das bereits begonnene Nachverfahren.[49] Aus prozessökonomischen Gründen ist es aber zulässig, dieses als ordentliches Verfahren weiterzuführen.[50] Dabei ist zu beachten, dass die Bindungswirkung des Vorbehaltsurteils erst jetzt endet, so dass ein neuer Vortrag zu Fragen, über die bisher bindend entschieden war, nicht verspätet ist. Erklärt der Kläger in der **Berufungsinstanz** die **Abstandnahme** vom Urkundenprozess (zu den Voraussetzungen vgl. § 596 Rn. 7), wird das Verfahren ohne Rücksicht auf Urteile, die im Nachverfahren bereits ergangen sind, als ordentliches weitergeführt. Ist in der unteren Instanz das Nachverfahren noch anhängig, kann das Rechtsmittelgericht entgegen der herrschenden Auffassung[51] nach Abstandnahme auf Antrag einer Partei das Verfahren gemäß § 538 Abs. 2 Nr. 5 in das Nachverfahren **zurückverweisen,** so dass die dort zwischenzeitlich gewonnenen Erkenntnisse verwertet werden können. Nur wenn dies nicht geschieht, wird das in erster Instanz anhängige Nachverfahren gegenstandslos. Wird das Vorbehaltsurteil unter Wegfall des Vorbehalts **aufrechterhalten,** trägt der Beklagte die Kosten des gesamten Rechtsstreits; die Kostenentscheidung im Vorbehaltsurteil wird damit vorbehaltlos. Hinsichtlich der weiteren Kosten wird die Kostentragungspflicht meist im Nachverfahren noch einmal klargestellt; erforderlich ist dieser Ausspruch aber nicht.[52] War die Klage im Nachverfahren nur deshalb erfolgreich, weil der Kläger eine im Urkundenprozess nicht vorgebrachte Begründung eingeführt hat, ist **§ 97 Abs. 2 nicht entsprechend anwendbar,** denn es fehlt an der Vergleichbarkeit der Fälle: Im Urkundenprozess ist auch der Kläger durch § 595 Abs. 2 eingeschränkt, so dass ihm kein Nachteil aus dem Vorbringen erst im Nachverfahren entstehen darf.[53] Bei **Obsiegen des Beklagten** im Nachverfahren fallen die Kosten auch des Urkundenprozesses dem Kläger zur Last;[54] die Kostenentscheidung im Vorbehaltsurteil steht insoweit unter Vorbehalt. Auch wenn der Beklagte schon im Urkundenprozess Klageabweisung hätte erreichen können, besteht kein Anlass zur Anwendung des § 97 Abs. 2. Dieser knüpft an die schuldhafte Verletzung einer Prozessförderungspflicht an.[55] Da § 599 dem Beklagten freistellt, sich im Urkundenprozess nicht zur Wehr zu setzen und sich seine Rechte vorzubehalten, dürfen ihm aus einem solchen Verhalten auch keine Kostennachteile entstehen.[56] Das gilt insbesondere dann, wenn man eine Bindungswirkung des Vorbehaltsurteils bejaht (vgl. Rn. 8 ff.) und der Beklagte möglicherweise gut daran tut, die Einwendung zur Vermeidung einer bindenden Entscheidung im Vorbehaltsverfahren nicht vorzubringen.

IV. Schadensersatzpflicht nach Absatz 2

13 Wird das Vorbehaltsurteil aufgehoben, ist der Kläger nach § 600 Abs. 2 iVm. § 302 Abs. 4 S. 3 zum Schadensersatz verpflichtet. Der Eintritt der Rechtskraft des aufhebenden Urteils wird dabei nicht voraus-

---

[42] BGH NJW 1973, 467 f.; *Wiecz/Sch/Olzen* Rn. 54; aA (durch Rechtskraft des Urteils im Nachverfahren wird Vorbehaltsverfahren gegenstandslos) diejenigen, die eine Bindungswirkung verneinen, *Stürner* ZZP 87 (1974), 87, 93; MK/*Braun* Rn. 23; *Zö/Greger* Rn. 25.

[43] OLG Düsseldorf 17. 3. 2004 I 15 U 16/03 juris.

[44] BGH NJW 1973, 467 f.; RGZ 77, 95; OLG Braunschweig NJW-RR 2000, 1094; *Wiecz/Sch/Olzen* Rn. 52.

[45] OLG Braunschweig OLGR 1999, 347 f. = NJW-RR 2000, 1094; OLG Koblenz JurBüro 1985, 1886 f.; aA (wegen § 97 bleibe das Berufungsverfahren hins. der Kosten anhängig) *Deubner* JuS 2000, 583.

[46] Vgl. BGH NJW 1973, 467 f.; MK/*Braun* Rn. 23; *Zö/Greger* Rn. 25.

[47] *Wiecz/Wieczorek*, 2. Aufl. 1988, Anm. B IIa.

[48] *Wiecz/Sch/Olzen* Rn. 48.

[49] KG 13. 7. 2006 8 W 38/06.

[50] *Stürner* ZZP 87 (1974), 87, 93 f.

[51] BGH 29, 337, 338 = NJW 1959, 886; MK/*Rimmelspacher* § 538 Rn. 60.

[52] MK/*Braun* Rn. 25; *St/J/Schlosser* Rn. 31; aA *B/L/H* Rn. 13 (Ausspruch über weitere Kosten erforderlich).

[53] Vgl. MK/*Braun* Rn. 25; aA *Wiecz/Sch/Olzen* Rn. 63.

[54] Besonderer Ausspruch im Urteil nicht erforderlich, OLG Koblenz JurBüro 1985, 1886 f.; MK/*Braun* Rn. 26; *Zö/Greger* Rn. 23.

[55] MK/*Belz* § 97 Rn. 15, 19.

[56] *Wiecz/Sch/Olzen* Rn. 64; aA *B/L/H* Rn. 14; MK/*Braun* Rn. 26; *St/J/Schlosser* Rn. 31; *Zö/Greger* Rn. 23.

gesetzt.[57] Der Anspruch kann nach der ausdrücklichen Regelung des § 600 Abs. 2 iVm. § 302 Abs. 4 S. 4 im anhängigen Verfahren geltend gemacht werden. Das kann durch einfachen Antrag geschehen,[58] der ohne jede weitere Prüfung stets – auch in der Revisionsinstanz[59] – zulässig ist. Möglich ist auch die Erhebung einer Widerklage,[60] die im Unterschied zum Inzidentantrag[61] ggf. die Verweisung des Rechtsstreits nach § 506 zur Folge haben kann. Ergeht während des Verfahrens über den Schadensersatzanspruch eine positive Entscheidung über den vollstreckten Anspruch, fehlt es von Anfang an an einem Vollstreckungsschaden.[62] Die Kostenentscheidung nach Erledigungserklärung geht daher in einem solchen Fall zu Lasten desjenigen, der den Ersatzanspruch wegen des Vollstreckungsschadens geltend gemacht hat.

V. Versäumnisverfahren nach Absatz 3

Bei Säumnis einer Partei im Nachverfahren gelten die allgemeinen Regeln. Dabei ist zu beachten, dass nach Erlass eines Vorbehaltsversäumnisurteils **nicht im selben Termin** ein Versäumnisurteil im Nachverfahren ergehen kann (vgl. § 599 Rn. 4). Bei **Säumnis des Klägers** ergeht nach § 330 Klageabweisung unter Aufhebung des Vorbehaltsurteils. Da das Nachverfahren nur auf Antrag eingeleitet wird (vgl. Rn. 2), setzt ein Versäumnisurteil gegen den Kläger nach § 335 Abs. 1 Nr. 3 voraus, dass ihm ein Antrag, der vom Beklagten gestellt wurde,[63] rechtzeitig mitgeteilt wird.[64] Bei **Säumnis des Beklagten** muss durch Versäumnisurteil das Vorbehaltsurteil stets für vorbehaltlos erklärt werden, denn Zulässigkeit und Schlüssigkeit der Klage stehen durch das Vorbehaltsurteil bereits bindend fest (vgl. Rn. 8ff.). In die **Entscheidung nach Aktenlage** (§§ 331a, 251a) wird wegen der Einheit des Verfahrens auch Vorbringen einbezogen, das im Urkundenprozess als unstatthaft zurückgewiesen oder nicht berücksichtigt wurde, auch wenn die Partei es im Nachverfahren nicht wiederholt hat.[65] Die Entscheidung nach § 251a ist bereits dann zulässig, wenn im Urkundenprozess mündlich verhandelt wurde,[66] denn die Verhandlung hat in derselben Instanz stattgefunden und wirkt fort. 14

VI. Gebühren und Kosten

1. Rechtsanwaltsgebühren. § 17 Nr. 5 RVG ist eine teilweise Ausnahme von § 15 Abs. 2 S. 1 RVG. Das ordentliche Verfahren, das nach Abstandnahme vom Urkunden-/Wechselprozess oder nach einem Vorbehaltsurteil anhängig bleibt, gilt als **besondere Angelegenheit,** so dass alle Gebühren ein zweites Mal anfallen können. Anrechnungspflichtig ist nur die Verfahrensgebühr (Nr. 3100 Abs. 2 VV RVG). 15

2. Gerichtskosten. Vgl. § 592 Rn. 17. 16

601 *(weggefallen)*

602 *Wechselprozess* **Werden im Urkundenprozess Ansprüche aus Wechseln im Sinne des Wechselgesetzes geltend gemacht (Wechselprozess), so sind die nachfolgenden besonderen Vorschriften anzuwenden.**

I. Normzweck

Der Wechselprozess ist eine besondere, noch stärker beschleunigte Form des Urkundenprozesses. Die Ladungsfristen sind erheblich verkürzt (§ 604), für einige Fragen gibt es Beweiserleichterungen (§ 605) und der besondere Gerichtsstand des § 603 erlaubt die Klage auch am Zahlungsort und schafft eine gemeinsame örtliche Zuständigkeit für ein Vorgehen gegen mehrere Beklagte. Die damit verbundene Beeinträchtigung des Beklagten rechtfertigt sich daraus, dass aus einem Papier vorgegangen wird, das gerade seiner schnellen Durchsetzbarkeit wegen im Rechtsverkehr verwendet wird. In der **Zwangsvollstreckung** bietet der Wechselprozess Vorteile, weil die Aussetzung der Verwertung gepfändeter Sachen auf Antrag des Schuldners wegen § 813b Abs. 6 ausscheidet. Die Verjährung des Anspruchs aus dem Grundgeschäft wird auch durch die Wechselklage gehemmt.[1] Da die Vorlegung des Originalwechsels bei Klageerhebung richtiger Ansicht nach nicht Zulässigkeitsvoraussetzung ist (vgl. Rn. 2), kann die Klage auch nach § 130a in **elektronischer Form** erhoben werden. 1

---

[57] OLG Koblenz OLGR 1998, 178, 179.

[58] Für ein solches Wahlrecht auch *Wiecz/Sch/Olzen* Rn. 61; zu Unterschieden zur Widerklage vgl. RGZ 63, 367, 369; 91, 197; *Nieder* NJW 1975, 1000, 1001, der iE aber eine privilegierte Widerklage annimmt; in diesem Sinn auch *St/J/Schlosser* Rn. 25; *Wiecz/Wieczorek,* 2. Aufl. 1988, Anm. G I; *Ro/S/Go* § 95 Rn. 8.

[59] RGZ 27, 41, 44; 34, 384, 385; MK/*Musielak* § 302 Rn. 17.

[60] RGZ 63, 367, 369; MK/*Musielak* § 302 Rn. 17; *Zö/Vollkommer* § 302 Rn. 14.

[61] MK/*Deubner* § 506 Rn. 5.

[62] BGH NJW-RR 2005, 1135.

[63] Als bedingter Antrag vor Erlass des Versäumnisurteils möglich, vgl. *St/J/Schlosser* Rn. 28.

[64] *St/J/Schlosser* Rn. 28; *Zö/Greger* Rn. 30.

[65] *St/J/Schlosser* Rn. 30; *Wiecz/Sch/Olzen* Rn. 58; *Zö/Greger* Rn. 33.

[66] *St/J/Schlosser* Rn. 30; *Wiecz/Sch/Olzen* Rn. 58; aA *Zö/Greger* Rn. 33.

[1] OLG Köln VersR 2002, 627 (zur Unterbrechung nach § 209 BGB aF); einschränkend *Bamberger/Roth/Henrich* § 213 Rn. 5 (Hemmung nur, wenn bei der Wechselklage zum Grundgeschäft vorgetragen wurde).

II. Ansprüche aus Wechsel

2 **1. Wechsel.** Zu den besonderen Sachurteilsvoraussetzungen des Wechselprozesses zählt, dass der Kläger gerade aus einem Wechsel vorgeht. Das sind auch ausländische Wechsel, vgl. Art. 91 ff. WG, und Wechsel in einer fremden Sprache.[2] Für die Statthaftigkeit des Wechselprozesses ist es nicht erforderlich, dass der Wechsel im Original vorgelegt wird (str., vgl. § 593 Rn. 4). Zu Wechseln wegen Forderungen aus Arbeitsverhältnissen vgl. § 603 Rn. 2.

3 **2. Formunwirksame Wechsel.** Fehlt es an einem formgültigen Wechsel iSd. Art. 1 WG, so fehlt es zugleich an einer Sachurteilsvoraussetzung des Wechselprozesses und an einer Wechselforderung. Die Klage wird in einem solchen Fall nicht als im Wechselprozess unstatthaft, sondern nach § 597 Abs. 1 als unbegründet abgewiesen.[3] Dies gilt auch, wenn der Wechsel in ein Schuldversprechen umgedeutet werden kann,[4] da durch die Abweisung im Wechselprozess allein wechselrechtliche Ansprüche aberkannt werden, so dass aus der Urkunde weiterhin vorgegangen werden kann (vgl. § 597 Rn. 6). Die Gegenansicht will die Klage in diesem Fall nach § 597 Abs. 2 als im Wechselprozess unstatthaft abweisen.[5] Der Anspruch aus der umgedeuteten Urkunde kann weder im Wechselprozess selbst (da es sich nicht um einen Wechsel handelt), noch daneben hilfsweise im Urkundenprozess geltend gemacht werden;[6] ein solcher Hilfsantrag ist als im Wechselprozess unstatthaft zurückzuweisen.[7] Der Kläger kann das durch Übergang in den Urkundenprozess vermeiden (dazu Rn. 7).

4 **3. Ansprüche aus dem Wechsel.** Ansprüche aus dem Wechsel sind solche gegen Aussteller, Indossanten, Wechselbürgen (nicht jedoch andere Bürgen bezüglich der Wechselsumme[8]), Ehrenannehmer sowie Personen, die nach Art. 8 WG haften, weil sie ohne Vollmacht einen Wechsel gezeichnet haben.[9] Dies gilt auch für die Geltendmachung von Ansprüchen nach einem Ausschlussurteil, § 1018. Entgegen der hL eignen sich wegen der durch die Worte „im Urkundenprozess" in § 602 in Bezug genommenen Voraussetzungen des § 592 die nicht auf Zahlung gerichteten Ansprüche auf Ausstellung einer weiteren Ausfertigung des Wechsels nach Art. 64 Abs. 3 WG und auf Herausgabe der Wechselurschrift nach Art. 68 Abs. 1 WG nicht für den Wechselprozess (vgl. § 592 Rn. 5 f.).[10] Der Wechselbereicherungsanspruch gemäß Art. 89 WG knüpft an die wechselrechtliche Verpflichtung an und kann deshalb im Wechselprozess geltend gemacht werden.[11] Anders verhält es sich bei einem Schadensersatzanspruch wegen Verletzung einer Benachrichtigungspflicht gemäß Art. 45 Abs. 6, Art. 55 Abs. 4 WG.[12] Der Anspruch aus Wechsel verliert seine Eigenart nicht durch den Eintritt einer **Rechtsnachfolge** oder durch eine Mitverpflichtung kraft Gesetzes. Deshalb kann auch gegen Erben, Vermögensübernehmer, OHG-Gesellschafter[13], Komplementäre und Kommanditisten (soweit sie haften) im Wechselprozess vorgegangen werden.[14] Der Kläger braucht nicht wechselmäßig legitimiert zu sein. Es kann daher auch der Erbe, der Abtretungsempfänger oder der Pfändungspfandgläubiger im Wechselprozess klagen.[15]

III. Nachweis anderer anspruchsbegründender Tatsachen

5 Die anspruchsbegründenden Tatsachen außerhalb des Wechsels sind – mit der Erleichterung des § 605 – nach § 592 nachzuweisen. Das gilt insbesondere für die Aktiv- und Passivlegitimation, soweit sich diese nicht schon aus dem Wechsel ergibt. Dabei unterliegt der Beweiswert des Wechsels – auch des zerrissenen oder durchgestrichenen Wechsels[16] – der freien Beweiswürdigung.[17] Repliktatsachen sind – ebenso wie Einwendungen des Schuldners[18] – nach § 595 Abs. 2 zu beweisen.[19] Zur Aufrechnung und zur Hilfsaufrechnung vgl. § 597 Rn. 4, § 598 Rn. 4.

---

[2] BGHZ 21, 155, 158 = NJW 1956, 1597; 82, 200, 208 = NJW 1982, 523 (gemischtsprachiger Wechsel).

[3] MK/*Braun* § 597 Rn. 9; *St/J/Schlosser* § 597 Rn. 2; *Zö/Greger* § 597 Rn. 6; *Ro/S/Go* § 162 Rn. 42; aA *Steckler/Künzl* WM 1984, 861, 862 f.

[4] BGHZ 82, 200, 208 = NJW 1982, 523; vgl. auch OLG Saarbrücken WM 1998, 38, 39.

[5] *St/J/Schlosser* § 597 Rn. 2.

[6] BGHZ 53, 10, 17 = NJW 1970, 324; 82, 200, 208 = NJW 1982, 523; BGH NJW 1982, 2258, 2259; *Hadding* JZ 1970, 552, 553; zweifelnd MK/*Braun* Rn. 6; *St/J/Schlosser* § 593 Rn. 1; aA *Klunzinger* NJW 1970, 659, 660.

[7] BGHZ 82, 200, 208 = NJW 1982, 523.

[8] *T/P/Reichold* Rn. 4.

[9] RGZ 64, 164 f.

[10] *Wiecz/Wieczorek*, 2. Aufl. 1988, Anm. A Ia und B IIb 1; aA *B/L/H* Rn. 2; MK/*Braun* Rn. 3; *St/J/Schlosser* Rn. 2; *T/P/Reichold* Rn. 3; *Wiecz/Sch/Olzen* Rn. 4.

[11] *St/J/Schlosser* Rn. 2; *B/L/H* Rn. 2; *T/P/Reichold* Rn. 3; *Wiecz/Sch/Olzen* Rn. 4; *Zö/Greger* Rn. 2; aA AK-ZPO/*Klein* Rn. 3; *Ro/S/Go* § 162 Rn. 35; offen lassend (da Bereicherung mit Beweismitteln des Wechselprozesses kaum nachweisbar) MK/*Braun* Rn. 4.

[12] *B/L/H* Rn. 2; MK/*Braun* Rn. 4; *Zö/Greger* Rn. 5.

[13] BGH MDR 1960, 379 = LM Nr. 1.

[14] MK/*Braun* Rn. 5; *St/J/Schlosser* Rn. 3.

[15] MK/*Braun* Rn. 5; *St/J/Schlosser* Rn. 3.

[16] *St/J/Schlosser* Rn. 6.

[17] RGZ 104, 269, 270 f. (Legitimation des Protestierenden bei gestrichenem Indossament, Art. 50 Abs. 2 WG).

[18] BGH NJW-RR 1994, 114 (unzulässige Rechtsausübung wegen Mängeln des Grundgeschäfts); *Zö/Greger* Rn. 11.

[19] RGZ 9, 21, 26 (Benachrichtigungsfrist nach Art. 45 WG); *St/J/Schlosser* Rn. 6.

IV. Änderung der Verfahrensart

1. Besonderheiten bei der Bestimmung des Streitgegenstands. Im Wechselprozess wird allein über den wechselrechtlichen Anspruch entschieden. Sein Streitgegenstand ist also nicht nur von dem eines Prozesses über die Forderung aus dem Grundgeschäft verschieden, sondern auch von dem Anspruch aus der Urkunde wird im Wechselprozess nur ein **Teil** – der wechselrechtliche Anspruch – beschieden. Trotz dieser Beschränkung ist Streitgegenstand der Anspruch aus der Urkunde, so dass neben einer Klage im Wechselprozess nicht hilfsweise im Urkundenprozess geklagt werden kann. Möglich ist es, den Anspruch aus dem Grundgeschäft im Urkundenprozess zu verfolgen, auch wenn zugleich ein Wechselprozess anhängig ist.[20] 6

2. Übergang vom und zum Urkundenprozess. Der Übergang vom Wechsel- in den Urkundenprozess ändert den Streitgegenstand nicht, solange nicht Ansprüche aus dem Grundgeschäft geltend gemacht werden. Der BGH hat diesen Übergang deshalb auch in der Berufungsinstanz bislang uneingeschränkt zugelassen[21] (vgl. auch § 596 Rn. 7; zum Fortbestehen der Zuständigkeit vgl. § 603 Rn. 4). Der Kläger kann aber nicht hilfsweise in den Urkundenprozess übergehen (vgl. Rn. 6 und § 596 Rn. 8). Zugelassen wird auch der Übergang vom Urkunden- in den Wechselprozess,[22] der für den Kläger im Hinblick auf die Erleichterungen des § 605 von Interesse sein kann. Ein Übergang vom Wechsel- oder Scheckprozess auf die Geltendmachung der Forderung aus dem Grundgeschäft ist wegen der damit verbundenen Änderung des Streitgegenstands in der Berufungsinstanz nur unter den Voraussetzungen des § 533 zulässig.[23] Bei Eröffnung des Insolvenzverfahrens über das Vermögen des Beklagten kann der Anspruch auf Feststellung zur Tabelle weder im Wechsel- noch im Urkundenprozess verfolgt werden (str., vgl. § 592 Rn. 3).[24] 7

V. Urteil

Das Urteil ergeht unter dem Vorbehalt der **Verpflichtung Zug um Zug** (Art. 39 Abs. 1 WG), auch wenn der Beklagte sich nicht auf ein Zurückbehaltungsrecht berufen hat.[25] Das gilt selbst dann, wenn die Einschränkung regelwidrig in den Tenor nicht aufgenommen ist.[26] Die Vollstreckung des Urteils setzt voraus, dass der Gerichtsvollzieher den Wechsel bei Zahlung dem Schuldner aushändigen kann.[27] 8

VI. Weitere Vorschriften zum Verfahren

Ansprüche aus Wechseln sind **Handelssachen** nach § 95 Abs. 1 Nr. 2 GVG. Termine in Wechsel- und Scheckprozessen werden auch während der Zeit vom 1. 7. bis zum 31. 8. nicht ohne weiteres verlegt, § 227 Abs. 3 S. 2 Nr. 4. Das gilt jedoch nicht für das Nachverfahren.[28] Wird der Wechselprozess vor der **Kammer für Handelssachen** geführt, entscheidet im Wechselprozess, jedoch nicht im Nachverfahren,[29] der Vorsitzende allein, § 349 Abs. 2 Nr. 8. Wurde eine **Schiedsabrede** getroffen, die auch die Verbindlichkeit aus dem Wechsel erfasst, hindert diese die Klage im Wechselprozess nicht (anders im Urkundenprozess, vgl. § 592 Rn. 15). Es kann regelmäßig nicht angenommen werden, dass der Wechselgläubiger sich durch die Schiedsabrede der Möglichkeit der einfachen Rechtsdurchsetzung im Wege des Wechselprozesses begeben will.[30] Eine solche Schiedsabrede kann erst im Nachverfahren geltend gemacht werden; das Vorbehaltsurteil hat insoweit keine Bindungswirkung.[31] Das Schiedsgericht ist im Nachverfahren an die Feststellungen im Vorbehaltsurteil allenfalls eingeschränkt gebunden. Jedenfalls hinsichtlich der Einwendungen, die sich nicht auf den Wechselanspruch beziehen, ist eine Bindung zu verneinen, denn die Parteien wollten die Beurteilung des Rechtsstreits dem Schiedsgericht und gerade nicht dem staatlichen Gericht überlassen.[32] Den Parteien bleibt es aber unbenommen, durch entsprechende Klarstellung auch den Wechselprozess vor den staatlichen Gerichten auszuschließen.[33] 9

603

Gerichtsstand **(1) Wechselklagen können sowohl bei dem Gericht des Zahlungsortes als bei dem Gericht angestellt werden, bei dem der Beklagte seinen allgemeinen Gerichtsstand hat.**

(2) Wenn mehrere Wechselverpflichtete gemeinschaftlich verklagt werden, so ist außer dem Gericht des Zahlungsortes jedes Gericht zuständig, bei dem einer der Beklagten seinen allgemeinen Gerichtsstand hat.

---

[20] *St/J/Schlosser* Rn. 1 *Wiecz/Sch/Olzen* Rn. 9.

[21] BGH NJW 1993, 3135, 3136; EWiR § 596 1/93, S. 1137f. (*Braun*); *Nobbe* WM 2000 Sonderbeilage Nr. 5, S. 4.

[22] MK/*Braun* Rn. 6; *Wiecz/Sch/Olzen* Rn. 10.

[23] BGH NJW 2004, 1456, 1458.

[24] *B/L/H* Rn. 4; aA *St/J/Schlosser* Rn. 7.

[25] *Liesecke* DRiZ 1970, 314, 318; OLG Celle WM 1965, 984; aA OLG Nürnberg BB 1965, 1293.

[26] RGZ 37, 1, 5; *Zö/Greger* Rn. 12.

[27] LG Aachen DGVZ 1983, 75f.

[28] MK/*Braun* Rn. 1; anders nach altem Recht, vgl. BGHZ 18, 173, 174f. = NJW 1955, 1678; BGH MDR 1977, 649 (Nachverfahren im Scheckprozess).

[29] *B/L/H* Rn. 5.

[30] BGH NJW 1994, 136 = LM Nr. 4; NJW 2006, 779, 780; *Schütze* JZ 1994, 371; *Smid* EWiR 1994, 309; *Wolf* DB 1999, 1101, 1104; *B/L/H* Rn. 4; MK/*Braun* Rn. 1a; *K. Schmidt* RIW 1993, 639; *Wiecz/Sch/Olzen* Rn. 1; aA RGZ 71, 14, 15; OLG Hamburg VersR 1979, 818; *Zö/Geimer* § 1032 Rn. 10.

[31] AA OLG Düsseldorf NJW 1983, 2149f.

[32] *Annen/Schmidt* SchiedsVZ 2007, 304, 308f.

[33] Vgl. MK/*Braun* Rn. 1a; *Smid* EWiR 1994, 309.

I. Normzweck

1 Die Vorschrift erleichtert dem Kläger das Vorgehen, indem sie zusätzliche örtliche Zuständigkeiten begründet. Diese gelten nicht ausschließlich, so dass dem Kläger außerdem weitere Gerichtsstände (zB §§ 20–23, 28, 30, 31, 38 f.) offen stehen.[1] Die Bestimmung ist auch anwendbar, wenn ein Wechselmahnverfahren vorausgeht.

II. Gerichtsstand des Zahlungsorts

2 **1. Zuständigkeitsbegründende Wirkung.** § 603 begründet die **örtliche** und die **internationale**[2] Zuständigkeit. Die Zuständigkeit der Kammer für Handelssachen nach § 95 Abs. 1 Nr. 2 und 3, §§ 96, 98 GVG bleibt unberührt. Im Verhältnis zu den **Arbeitsgerichten** wird überwiegend vertreten, dass der Wechsel bzw. Scheck eine vom Arbeitsverhältnis losgelöste Verpflichtung begründet, für die eine Zuständigkeit des Arbeitsgerichts nicht begründet sei.[3] Diese Auffassung ist abzulehnen.[4] Wenn § 46 Abs. 2 S. 2 ArbGG auch die Anwendung der Regeln des Wechselprozesses im arbeitsgerichtlichen Verfahren ausschließt, so zeigt dies, dass Wechselforderungen trotz ihrer Selbständigkeit gegenüber dem Arbeitsverhältnis vom Gesetz als Forderung aus dem Arbeitsverhältnis angesehen werden. Dass damit den Arbeitnehmern, die ihren Lohn durch Scheck oder Wechsel erhalten, der Weg in den Urkundenprozess versagt wird, ist als gesetzgeberische Entscheidung hinzunehmen.

3 **2. Zahlungsort.** Der Zahlungsort ist im Wechsel anzugeben (Art. 1 Nr. 5, 75 Nr. 4 WG). Fehlt die Angabe, so ist Art. 2 Abs. 3, 76 Abs. 3 WG zu beachten. Entsprechendes gilt für den Scheck (Art. 1 Nr. 4, 2 Abs. 2 ScheckG). Teilt sich der angegebene Ort in mehrere Gerichtsbezirke und ist der genaue Ortsteil im Wechsel nicht bezeichnet, sind die Gerichte aller dieser Bezirke zuständig.[5] Ist der Wechsel „an allen Orten" zahlbar, begründet das keine beliebige Zuständigkeit; ist zusätzlich ein Ort konkret genannt, kann an diesem Ort Klage erhoben werden.[6]

4 **3. Beschränkung auf Wechselklagen.** Der Gerichtsstand bezieht sich allein auf Ansprüche aus dem Wechsel (vgl. § 602 Rn. 2 ff.), er gilt deshalb weder für Ansprüche aus dem Grundgeschäft noch für solche, die sich aus der Umdeutung des Wechsels in eine andere schuldbegründende Urkunde ergeben. Weiterhin setzt § 603 die Geltendmachung im Wechselprozess voraus, so dass durch **Übergang in das ordentliche Verfahren** die Zuständigkeit an sich entfällt.[7] Es wird aber ganz überwiegend ein Fortbestehen der einmal begründeten Zuständigkeit angenommen.[8] Dem ist zuzustimmen, um dem Kläger die Abstandnahme nicht zu erschweren. Das sollte auch bei Übergang vom Wechselprozess **in den Urkundenprozess** (vgl. § 596 Rn. 8) angenommen werden.[9] Für das Nachverfahren steht die Zuständigkeit mit bindender Wirkung fest (vgl. § 600 Rn. 8 ff.).[10]

III. Mehrere Beklagte

5 Richtet sich die Klage gegen mehrere Beklagte, kann die Klage nach Abs. 2 vor dem Gericht erhoben werden, bei dem einer der Beklagten seinen allgemeinen Gerichtsstand hat. Ob die Klage gegen diese Person zulässig ist, ist ohne Bedeutung, solange sich die Klageerhebung nicht als Erschleichung des Gerichtsstands darstellt, so dass die Einrede der prozessualen Arglist entgegensteht.[11] Abs. 2 begründet nicht die Zuständigkeit für alle Beklagten, wenn diese nur mit einem von ihnen vereinbart wurde.[12]

IV. Rechtsanwaltsgebühren

6 Zu Anwaltsgebühren bei Streitgenossen vgl. die Erhöhung gemäß Nr. 1008 VV RVG.

---

[1] MK/*Braun* Rn. 1.

[2] OLG Düsseldorf NJW 1969, 380; MK/*Braun* Rn. 1; der Erfüllungsort der Forderung aus dem Grundgeschäft ist unerheblich, vgl. BGH NJW 2004, 1456, 1458 (zur internationalen Zuständigkeit).

[3] OLG Hamm NJW 1980, 1399; AG Essen MDR 1988, 327; *Großelanghorst/Kahler* WM 1985, 1025, 1026 f.; *B/L/H* Rn. 2; *St/J/Schlosser* vor § 592 Rn. 6; *Wiecz/Sch/Olzen* Rn. 2; iE auch *Liesecke* DRiZ 1970, 314, 318, und wohl inzidenter auch BGH NJW 1976, 330 (Zuständigkeit für das Nachverfahren).

[4] OLG München NJW 1966, 1418 f.; MK/*Braun* Rn. 3; so auch BAG NJW 1997, 758 f. = JZ 1997, 483 m. Anm. *Ahrens* (für einen Fall von § 2 Abs. 1 Nr. 4 Buchst. a ArbGG, offen gelassen für § 2 Abs. 1 Nr. 3 Buchst. a ArbGG); *Zö/Greger* § 605 a Rn. 2.

[5] *St/J/Schlosser* Rn. 2.

[6] *St/J/Schlosser* Rn. 2; *Baumbach/Hefermehl* WG Art. 1 Rn. 10 iVm. Einl Rn. 79.

[7] *Ro/S/Go* § 162 Rn. 36.

[8] *B/L/H* Rn. 2; *St/J/Schlosser* § 596 Rn. 9; *Zö/Greger* Rn. 1.

[9] *Wiecz/Wieczorek,* 2. Aufl. 1988, § 602 Anm. A II; aA *St/J/Schlosser* § 596 Rn. 12 (Übergang in den Urkundenprozess sei dann ausgeschlossen; vgl. dazu § 596 Rn. 9).

[10] BGH NJW 1976, 330.

[11] RGZ 51, 175, 176 f.; *B/L/H* Rn. 4; MK/*Braun* Rn. 2; *St/J/Schlosser* Rn. 3; *Zö/Greger* Rn. 7; auch dann die Zuständigkeit bejahend RG JW 1908, 750; *Wiecz/Sch/Olzen* Rn. 8.

[12] *B/L/H* Rn. 4; *Zö/Greger* Rn. 6.

604 *Klageinhalt; Ladungsfrist* **(1) Die Klage muss die Erklärung enthalten, dass im Wechselprozess geklagt werde.**

(2) [1]Die Ladungsfrist beträgt mindestens 24 Stunden, wenn die Ladung an dem Ort, der Sitz des Prozessgerichts ist, zugestellt wird. [2]In Anwaltsprozessen beträgt sie mindestens drei Tage, wenn die Ladung an einem anderen Ort zugestellt wird, der im Bezirk des Prozessgerichts liegt oder von dem ein Teil zu dessen Bezirk gehört.

(3) In den höheren Instanzen beträgt die Ladungsfrist mindestens 24 Stunden, wenn die Zustellung der Berufungs- oder Revisionsschrift oder der Ladung an dem Ort erfolgt, der Sitz des höheren Gerichts ist; mindestens drei Tage, wenn die Zustellung an einem anderen Ort erfolgt, der ganz oder zum Teil in dem Landgerichtsbezirk liegt, in dem das höhere Gericht seinen Sitz hat; mindestens eine Woche, wenn die Zustellung sonst im Inland erfolgt.

I. Normzweck

Der Wechselprozess führt zu einer weiteren Beschleunigung des Verfahrens (vgl. § 602 Rn. 1), so dass eine entsprechende Bezeichnung der Klage erforderlich ist. 1

II. Bezeichnung der Klage

1. Anforderungen an die Erklärung. Eine ausdrückliche Bezeichnung als Klage im Wechselprozess ist nicht erforderlich (vgl. zur entsprechenden Frage im Urkundenprozess § 593 Rn. 2). Es reicht aus, wenn der Wille des Klägers hinreichend klar zum Ausdruck kommt, nicht nur im Urkundenprozess, sondern im Wechselprozess Klage erheben zu wollen. So genügt es für die Annahme, dass im Wechselprozess Klage erhoben werden soll, wenn eine Klage zwar als Scheckklage bezeichnet wird, ihr aber ein Wechsel beigefügt ist.[1] Allein durch die Tatsache, dass ein Wechsel oder ein Scheck der Klage beiliegt, kommt aber nicht zum Ausdruck, dass eine Klage im Wechsel- bzw. Scheckprozess erhoben werden soll, denn die Wechsel- oder Scheckforderung kann auch im ordentlichen Verfahren oder im Urkundenverfahren geltend gemacht werden. 2

2. Nachholung der Erklärung. Die Bezeichnung muss in der Klage selbst enthalten sein, die spätere Nachholung ist ausgeschlossen.[2] Wurde die Klage im Urkundenprozess erhoben, kann aus diesem in den Wechselprozess übergegangen werden (§ 602 Rn. 7). Vom ordentlichen Verfahren kann dagegen nur mit Einwilligung des Beklagten in den Wechselprozess übergegangen werden. Zur hM,[3] die die Klageänderungsvorschriften in diesem Fall entsprechend anwendet, vgl. § 593 Rn. 3. 3

III. Ladungsfrist

Die Fristverkürzung betrifft allein die Ladungsfrist,[4] nicht die Einlassungsfrist des § 274 Abs. 3. Die Verkürzung dieser Fristen nach § 226 wird selten angebracht sein. Aus dem Zusammenspiel mit § 217 ergeben sich folgende Ladungsfristen: **Vierundzwanzig Stunden:** Alle Verfahren, in denen die Ladung am Ort des Prozessgerichts zugestellt wird.[5] **Drei Tage** (statt einer Woche): Alle sonstigen amtsgerichtlichen Verfahren; Ladung im Anwaltsprozess (§ 78 Abs. 1) an anderen Ort im Bezirk des Prozessgerichts. **Eine Woche:** Zustellung der Ladung im Anwaltsprozess außerhalb des Bezirks des Prozessgerichts (§ 217). Im weiteren Instanzenzug gelten die Fristen des Abs. 3; im Inland muss also längstens mit Wochenfrist geladen werden, das gilt auch für Ladung mittels öffentlicher Zustellung.[6] 4

605 *Beweisvorschriften* **(1) Soweit es zur Erhaltung des wechselmäßigen Anspruchs der rechtzeitigen Protesterhebung nicht bedarf, ist als Beweismittel bezüglich der Vorlegung des Wechsels der Antrag auf Parteivernehmung zulässig.**

(2) Zur Berücksichtigung einer Nebenforderung genügt, dass sie glaubhaft gemacht ist.

I. Normzweck

Die Vorschrift erleichtert dem Kläger die Beweisführung: Der Beweis der Vorlegung des Wechsels kann durch Parteivernehmung geführt werden, und für Nebenforderungen reicht Glaubhaftmachung aus. 1

II. Beweis der Vorlegung des Wechsels

Abs. 1 bezieht sich auf Fälle, in denen es der **Protesterhebung nicht bedarf.** Dabei ist zu beachten, dass diese Regelung die Beweislastverteilung nicht verändert. Ist der Protest nach § 46 Abs. 1 WG erlassen, trägt der Beklagte nach Art. 46 Abs. 2 S. 2 WG die Beweislast dafür, dass der Wechsel nicht rechtzeitig vorgelegt wurde; Abs. 1 bringt gegenüber § 595 Abs. 2 dann keine Besonderheiten. Die Erleichterung in der Beweis- 2

---

[1] So für den umgekehrten Fall einer Klage aus Scheck, bei der die Klage im „Wechselprozess" erhoben wurde, RGZ 96, 100, 101 f.
[2] RGZ 79, 69, 71; MK/*Braun* Rn. 1; *Zö/Greger* Rn. 1.
[3] Vgl. BGHZ 69, 66, 70 = NJW 1977, 1883.
[4] Seit Gesetz vom 3. 12. 1976 BGBl. I S. 3281.
[5] BGBl. 1996 I S. 1546.
[6] MK/*Braun* Rn. 4.

führung wirkt deshalb nur, wenn und soweit der Kläger die Beweislast trägt, insbesondere also beim Anspruch auf Verzugszinsen.[1] Weil der Kläger in diesem Umfang von der Notwendigkeit des Nachweises durch Urkunden entbunden wird, greift bei Säumnis des Beklagten trotz § 597 Abs. 2 die Regelung des § 331 Abs. 1.[2] Werden Verzugszinsen als Nebenforderungen geltend gemacht, erleichtert Abs. 2 die Beweisführung zusätzlich.

III. Nebenforderungen

3 Bei Nebenforderungen wie Zinsen, Spesen, Porti, Provisionen sowie Protest- und Benachrichtigungskosten (vgl. Art. 48 f., 52 WG) lässt Abs. 2 neben dem Beweis durch Urkunden auch die Glaubhaftmachung zu. Der Kläger kann aber auch den Vollbeweis erbringen. Das ist von Interesse, wenn der Anspruch von der Vorlegung des Wechsels abhängt und deren Glaubhaftmachung an § 294 Abs. 2 scheitert. Der Kläger kann den Beweis für die Vorlegung dann nach Abs. 1 durch Parteivernehmung des Beklagten führen,[3] bei Säumnis des Beklagten gilt in diesem Fall § 331 Abs. 1 (vgl. Rn. 2).

605a *Scheckprozess* **Werden im Urkundenprozess Ansprüche aus Schecks im Sinne des Scheckgesetzes geltend gemacht (Scheckprozess), so sind die §§ 602 bis 605 entsprechend anzuwenden.**

1 Der Scheckprozess hat an Bedeutung verloren, weil die Banken Schecks bis zu einem Wert von 3000 € nicht präsentieren, sondern nach Abschnitt II des Abkommens über den Einzug von Schecks[1] nur die im Scheck enthaltenen Daten mitteilen und die Schecks nach einer Mikroverfilmung nur noch zwei Monate aufzubewahren brauchen. Wird der Scheck von der bezogenen Bank nicht eingelöst, ist die Frist zur Vorlegung (Art. 29 Abs. 1 und 2 ScheckG) in der Regel abgelaufen. Auch Rückgriffsansprüche nach Art. 40 ScheckG scheiden mangels Vorlegung des Schecks aus, so dass der Einreicher des Schecks nur noch im ordentlichen Verfahren vorgehen kann.[2]

2 Schecks aus **Arbeitsverhältnissen** können entgegen der hM nur vor den Arbeitsgerichten und damit wegen § 46 Abs. 2 S. 2 ArbGG nicht im Scheckprozess geltend gemacht werden (vgl. § 603 Rn. 2). Zur Geltung einer **Schiedsabrede** vgl. § 602 Rn. 9. Zu den Verfahrensregeln des Scheckprozesses kann auf die Kommentierung der §§ 602–605 verwiesen werden. Dies betrifft auch die Frage nach den **Einwendungen,** die der Schuldner geltend machen kann. Soweit derartige Einwendungen dem Anspruchsteller, der aus dem Scheck vorgeht, entgegengehalten werden können, müssen sie im Scheckprozess vom Schuldner in der Form des § 595 Abs. 2 nachgewiesen werden (vgl. § 602 Rn. 5). Die Auffassung, der Schuldner einer Scheckforderung sei angesichts der Zahlungsfunktion des Schecks bei solchen Einreden, die nicht den Begebungsvertrag betreffen, sondern sich allein aus dem **Grundgeschäft** ergeben, auf die Widerklage zu verweisen, so dass diese Einreden wegen § 595 Abs. 1 erst im Nachverfahren geltend gemacht werden können,[3] ist abzulehnen, denn der Einwand des Rechtsmissbrauchs wegen der Geltendmachung der Scheckforderung trotz einer Einrede im Grundgeschäft richtet sich gegen die Scheckforderung selbst, so dass für eine Widerklage kein Raum bleibt.

---

[1] *St/J/Schlosser* Rn. 1; zum Zinsanspruch vgl. *Kruse* ZIP 1993, 1143 ff.
[2] KG OLGRspr. 20, 330 f.; *B/L/H* Rn. 2; *St/J/Schlosser* Rn. 1, 2; *Zö/Greger* Rn. 1.
[3] *St/J/Schlosser* Rn. 2; vgl. auch OLG Frankfurt OLGRspr 10, 361, 362.

[1] In Kraft seit dem 7. 9. 1998, abgedruckt in *Baumbach/Hefermehl,* WG Bankbedingungen Nr. 11; aktuelle Version (03/2002) abrufbar unter: http://www.bankenverband.de/pic/artikelpic/102003/Scheckabkommen.pdf.
[2] Vgl. AG Königswinter WM 1990, 1416, 1417; *Schlie* WM 1990, 617, 618, 620 f.
[3] *Peters* ZIP 1997, 1581 ff.; aA BGHZ 85, 346, 348 f.; BGH NJW-RR 1994, 114.

BUCH 6. VERFAHREN IN FAMILIENSACHEN

Abschnitt 1. Allgemeine Vorschriften für Verfahren in Ehesachen

I. Vorbemerkung

Das Sechste Buch beinhaltet unterschiedliche Verfahrensarten. Zum einen sind in ihm die Statusverfahren (Ehesachen und Kindschaftssachen) geregelt, in denen wegen des besonderen Interesses der Allgemeinheit an dem durch diese geregelten Status teilweise der Beibringungsgrundsatz und die Verhandlungsmaxime durch den Untersuchungsgrundsatz verdrängt wird, soweit eine Regelung in Interesse der Allgemeinheit geboten ist. Ferner enthält es hinsichtlich der Familiensachen Bestimmungen zum Verbundverfahren und besondere Verfahrensregelungen über den Unterhalt Minderjähriger. Ferner sind dem Sechsten Buch die Verfahren in Lebenspartnerschaftssachen zugeordnet. 1

II. Überblick über die Verfahren in Familiensachen

In § 23b Abs. 1 GVG wird abschließend aufgezählt, welche Verfahren Familiensachen sind. Zuständig für die Familiensachen sind in erster Instanz die bei den Amtsgerichten eingerichteten Familiengerichte (§ 23a GVG), in zweiter Instanz die Oberlandesgerichte (§ 119 GVG), bei denen regelmäßig besondere Familiensenate eingerichtet sind. Die Revision nach §§ 542ff. und die Rechtsbeschwerde (in den Verfahren nach dem FGG iSd. § 621e Abs. 2) gehen an den BGH. Die Gliederung in sieben Abschnitte beruht auf der Ausweitung der familiengerichtlichen Zuständigkeit durch das KindRG[1] und das LPartG[2]; sie enthalten Verfahrenbestimmungen für die verschiedenen Familiensachen. 2

III. Verhältnis zum allgemeinen Verfahrensrecht

Das 1. EheRG hat bei der Kodifizierung des Verfahrensrechts für alle seinem Regelungsbereich unterliegenden Verfahren keine eigenständige Verfahrensordnung entwickelt, sondern die nach dem früheren Rechtszustand bestehenden Zuordnungen der Regelungsbereiche zur ZPO (in § 621 Abs. 1 Nr. 4, 5, 8) und zum FGG (§ 621 Abs. 1 Nr. 1–3, 6, 7, 9) übernommen, wobei der durch das 1. EheRG eingeführte Versorgungsausgleich dem FGG-Verfahren zugewiesen wurde. In den zivilprozessualen Familiensachen sind deshalb die allgemeinen Grundsätze des Zivilprozessrechts und in den Familiensachen der freiwilligen Gerichtsbarkeit dessen allgemeine Verfahrensgrundsätze heranzuziehen, in Verfahren nach der HausratsVO ferner die dort enthaltenen Verfahrensregelungen. Eine Zusammenführung beider Bereiche zu einer einheitlichen Regelung erfolgte (in § 621a) nur in geringem Umfang. Es handelt sich insoweit lediglich um modifizierte Verfahren nach der ZPO oder dem FGG, nicht jedoch um eine **besondere Prozessrechtsordnung.** Die durch das KindRG und KindUG zugewiesenen Verfahren wurden in die mit dem 1. EheRG eingeführte und in der Praxis bewährte Verfahrensstruktur übernommen[3] (zur Einführung eines einheitlichen Familienverfahrensrechts s. Rn. 17 sowie § 621a Rn. 1). Auch das ZPO-RG hat diese Struktur bewusst unverändert gelassen und eine grundlegende Reform einem gesonderten Gesetzgebungsverfahren vorbehalten.[4] Dieses hat die BReg. mit dem Entwurf eine Gesetzes zur Reform des Verfahrens in Familiensachen und in den Angelegenheiten der freiwilligen Gerichtsbarkeit (FGG-Reformgesetz) vom 10. 5. 2007 eingeleitet.[5] 3

Weitere, mit Familiensachen zusammenhängende Bestimmungen sind in den §§ 78 (Anwaltsprozess), 93a (Kosten in Ehesachen), 97 Abs. 3 (Rechtsmittelkosten), 127a (Prozesskostenvorschuss in Unterhaltssachen), 794 Abs. 1 Nr. 3a (einstwAnO als Vollstreckungstitel) sowie in § 45 Abs. 1 FGG (örtliche Zuständigkeit), § 49a FGG (Anhörung des Jugendamtes durch das FamG), § 50 FGG (Bestellung eines Verfahrenspflegers für das Kind), § 50a–d FGG (persönliche Anhörungen und einstwAnO zur Herausgabe von Gegenständen des Kindes), 53b–g FGG (Verfahrensbestimmungen zum Versorgungsausgleich, 64 FGG (Zuständigkeit des Amtsgerichts für Familiensachen nach dem FGG) und § 64b FGG (Verfahren nach dem GewSchG) enthalten. § 64a FGG, der die Vollstreckung europäischer Entscheidungen regelt, ist mit Wirkung ab 1. 3. 2005 durch das Internationale Familienrechtsverfahrensgesetz aufgehoben worden.[6] 4

IV. Änderungen auf Grund des KindRG

Anlass der Änderung der Überschrift des Sechsten Buches ist das Anliegen des Gesetzgebers, mit dem **Gesetz zur Reform des Kindschaftsrechts** (Kindschaftsreformgesetz – KindRG) vom 16. 12. 1997[7] die Rechte der Kinder zu verbessern und das Kindeswohl auf bestmögliche Art und Weise zu fördern, die Rechtsposition der Eltern, soweit dies mit dem Kindeswohl zu vereinbaren ist, zu stärken und die rechtlichen Unterschiede zwischen ehelichen und Kindern nicht verheirateter Eltern (nach § 1626a Abs. 1 BGB), die in Teilbereichen noch bestehen, so weit wie möglich abzubauen.[8] Das **Verfahrensrecht** wurde vom Ge- 5

[1] Gesetz vom 16. 12. 1997, BGBl. I S. 2942.
[2] Gesetz vom 16. 2. 2001, BGBl. I S. 266.
[3] So BT-Drucks. 13/4899 S. 74.
[4] BT-Drucks. 14/4722 S. 69.
[5] BR-Drucks. 309/07.
[6] Gesetz vom 26. 1. 2005, BGBl. I S. 162.
[7] BGBl. I S. 2942.
[8] Eingehend hierzu BT-Drucks. 13/4899 S. 29ff.

setz weitgehend für Kinder betreffende familienrechtliche Angelegenheiten vereinheitlicht, um hierdurch auch auf diesem Gebiet die Gleichbehandlung ehelicher und nichtehelicher Kinder zu verwirklichen.

6 Die **Zuständigkeit der Familiengerichte** wurde in mehreren Bereichen ausgedehnt; sie sind danach für die die elterliche Sorge für eheliche und nichteheliche Kinder betreffenden Verfahren, sämtliche auf Ehe und Verwandtschaft beruhende Unterhaltsklagen (also auch Unterhaltsansprüche von Eltern gegen ihre Kinder), die Abstammungsverfahren, die Rechtsstreitigkeiten über Ansprüche nach den §§ 1615l, 1615m BGB sowie die den Unterhalt betreffenden Verfahren der §§ 642 bis 660 zuständig.[9] Schließlich wurden die Verfahren nach dem GewSchG den Familiengerichten zugewiesen (§ 621 Abs. 1 Nr. 13).

7 *unbesetzt*

8 *unbesetzt*

9 *unbesetzt*

10 Der mit dem 1. EheRG bei Scheidungsverfahren eingeführte **Entscheidungsverbund** wird im Grundsatz beibehalten; er erfährt jedoch, bedingt durch die Änderung des materiellen Rechts zur elterliche Sorge, in Sorgeverfahren eine Abweichung. Die nach dem bisherigen Rechtszustand notwendige Regelung der elterlichen Sorge mit Rechtskraft der Scheidung entfällt unabhängig davon, ob während der Trennungszeit bereits eine Sorgerechtsentscheidung für ein gemeinschaftliches Kind ergangen ist, weil die Eltern bei Scheidung ihrer Ehe im Grundsatz die gemeinschaftliche elterliche Sorge beibehalten und nur auf Antrag die elterliche Sorge einem Elternteil allein übertragen wird, § 1671 Abs. 1 BGB. Eine Entscheidung zur elterliche Sorge für den Fall der Scheidung der Ehe erfolgt nur auf Antrag.[10]

11 Für **Abstammungsverfahren** nach der ZPO und Abstammungsverfahren nach dem FGG ist einheitlich das Familiengericht zuständig; die Zuständigkeit der Zivilprozessabteilung und des Vormundschaftsgerichts entfallen.

12 Neu eingeführt wurden Regelungen zur **Förderung von eigenverantwortlichen Konfliktlösungen** in Sorge- und Umgangsrechtsverfahren. Hierzu soll das Familiengericht so früh wie möglich und in jedem Verfahrensstadium auf eine einvernehmliche Regelung der Eltern hinwirken sowie möglichst frühzeitig auf die Möglichkeiten einer außergerichtlichen Beratung durch die Beratungsstellen und -dienste der öffentlichen und freien Träger der Jugendhilfe hinweisen. Verfahrensmäßig hat dieser Hinweis bei der Anhörung der Ehegatten im Rahmen des § 613 zu erfolgen (s. § 613 Rn. 8f.).

13 *unbesetzt*

V. Änderungen auf Grund des KindUG

14 Mit dem Gesetz zur Vereinheitlichung des Unterhaltsrechts minderjähriger Kinder vom 6. 4. 1998 (Kindesunterhaltsgesetz – KindUG)[11] wurde der mit dem KindRG eingeschlagene Weg weitergeführt. In diesem Gesetz werden die allgemeinen materiellen und prozessualen Regelungen zum Kindesunterhalt und die Sonderregelungen zum Unterhalt für eheliche und Kinder nicht verheirateter Eltern weitgehend vereinheitlicht (eingehend vor § 642 Rn. 1ff.). Kernstück der Reform ist, dass alle minderjährigen Kinder einen regelmäßig zu **dynamisierenden Regelbetrag** mit altersmäßig gestaffelten Sätzen erlangen können.[12] Der Gesetzesentwurf der Bundesregierung zur Reform des Unterhaltsrechts[13] behält das in §§ 645ff. geregelte vereinfachte Verfahren bei, ersetzt aber die Regelbetragverordnung durch eine an das steuerliche Existenzminimum angeknüpfte Dynamisierung (§ 1612a Abs. 1 BGB-E).

15 Neu geregelt wurde ein **Auskunfts- und Beleganspruch des Gerichts** zur Ermittlung des unterhaltspflichtigen Einkommens der Parteien, § 643 Abs. 1 bis 4. Diese Bestimmung ist vergleichbar mit § 53b Abs. 2 S. 2, 3 FGG sowie § 11 Abs. 2 VAHRG. Der Anspruch geht über die prozessualen Möglichkeiten der §§ 139, 273 hinaus, verdrängt diese Bestimmungen aber nicht (eingehend § 643 Rn. 1ff.). Ferner wurden die Regelungen zum **Erlass einer einstwAnO** in Unterhaltssachen durch § 644 S. 1 ausgedehnt, so dass es möglich ist, in allen Unterhaltsverfahren nach § 621 Abs. 1 Nr. 4, 5 oder 11 oder einem entsprechenden Prozesskostenhilfeverfahren eine einstweilige Regelung zum Unterhalt auch außerhalb einer Ehesache im Wege einer einstwAnO zu erlangen.

VI. Neuordnung des Eheschließungsrechts

16 Durch das Gesetz zur **Neuordnung des Eheschließungsrechts** vom 4. 5. 1998 (Eheschließungsrechtsgesetz – EheschlRG)[14] wurden den FamG weitere Zuständigkeiten zugewiesen, so insbesondere nach § 1303 Abs. 2 BGB die Befreiung von dem Erfordernis der Volljährigkeit bei einer Eheschließung, da diese Verfahren einen engen Bezug zu Ehesachen aufweisen, ferner nach § 1308 Abs. 2 BGB die Befreiung von dem Verbot der Eheschließung bei bestehender Verwandtschaft durch Annahme als Kind sowie die Ersetzung der Zustimmung zur Bestätigung der Ehe in den Fällen des § 1315 Abs. 1 S. 3 BGB.

---

[9] Nach dem KindRG noch die §§ 641l ff. und §§ 642a ff. (s. BT-Drucks. 13/8511 S. 78), geändert durch das KindUG.

[10] Zu den Einzelheiten § 623 Rn. 22ff.

[11] BGBl. I S. 666.

[12] An den Begriffen Regelunterhalt und Regelbedarf wurde nicht festgehalten, da der in § 1615f Abs. 1 BGB aF enthaltene Regelunterhalt bei einfachen Lebensverhältnissen nicht als bedarfsdeckend angesehen werden kann (BT-Drucks. 13/9596 S. 39).

[13] BR-Drucks. 253/06; s. FamRZ 2006, 670.

[14] BGBl. I S. 833.

VII. Bewertung der neu eingeführten Regelungen

Insoweit wird auf die Ausführungen der 4. Auflage verwiesen. 17

VIII. Änderungen durch das ZPO-RG und das JuMoG

Insoweit wird auf die Ausführungen der Vorauflage verwiesen. 18

606 ***Zuständigkeit*** **(1) [1]Für Verfahren auf Scheidung oder Aufhebung einer Ehe, auf Feststellung des Bestehens oder Nichtbestehens einer Ehe zwischen den Parteien oder auf Herstellung des ehelichen Lebens (Ehesachen) ist das Familiengericht ausschließlich zuständig, in dessen Bezirk die Ehegatten ihren gemeinsamen gewöhnlichen Aufenthalt haben. [2]Fehlt es bei Eintritt der Rechtshängigkeit an einem solchen Aufenthalt im Inland, so ist das Familiengericht ausschließlich zuständig, in dessen Bezirk einer der Ehegatten mit den gemeinsamen minderjährigen Kindern den gewöhnlichen Aufenthalt hat.**

(2) [1]Ist eine Zuständigkeit nach Absatz 1 nicht gegeben, so ist das Familiengericht ausschließlich zuständig, in dessen Bezirk die Ehegatten ihren gemeinsamen gewöhnlichen Aufenthalt zuletzt gehabt haben, wenn einer der Ehegatten bei Eintritt der Rechtshängigkeit im Bezirk dieses Gerichts seinen gewöhnlichen Aufenthalt hat. [2]Fehlt ein solcher Gerichtsstand, so ist das Familiengericht ausschließlich zuständig, in dessen Bezirk der gewöhnliche Aufenthaltsort des Beklagten oder, falls ein solcher im Inland fehlt, der gewöhnliche Aufenthaltsort des Klägers gelegen ist. [3]Haben beide Ehegatten das Verfahren rechtshängig gemacht, so ist von den Gerichten, die nach Satz 2 zuständig wären, das Gericht ausschließlich zuständig, bei dem das Verfahren zuerst rechtshängig geworden ist; dies gilt auch, wenn die Verfahren nicht miteinander verbunden werden können. [4]Sind die Verfahren am selben Tag rechtshängig geworden, so ist § 36 entsprechend anzuwenden.

(3) Ist die Zuständigkeit eines Gerichts nach diesen Vorschriften nicht begründet, so ist das Familiengericht beim Amtsgericht Schöneberg in Berlin ausschließlich zuständig.

Übersicht

I. Normzweck

Die Vorschrift bestimmt die ausschließliche Zuständigkeit der Familiengerichte für Ehesachen und ergänzt insoweit die Regelung der §§ 23a, 23b GVG, in denen die sachliche Zuständigkeit des Amtsgerichts und der Familiengerichte (als Spruchkörper) festgelegt ist. Ferner legt § 606 die örtliche Zuständigkeit des Familiengerichts gestaffelt in Form eines zwingenden Rangsystems mit ausschließlicher Wirkung fest, so dass eine Prorogation nach § 40 Abs. 2 ausscheidet. Weiter wird in Abs. 1 der Begriff der Ehesache in die dort genannten Verfahrensbereiche aufgeteilt. Soweit § 606 die Begriffe Kläger und Beklagter enthält, sind diese in Scheidungssachen und Folgesachen nach § 622 Abs. 3 als Antragsteller und Antragsgegner zu verwenden. Zur internationalen Zuständigkeit siehe § 606a Rn. 1ff., 33ff. 1

II. Begriff der Ehesache

1. Allgemeines. Ehesachen sind die in Abs. 1 S. 1 bezeichneten Verfahren, also Verfahren auf Scheidung (§§ 1564ff. BGB, 606–620g, 622–630), Aufhebung der Ehe (§ 631, 606–620g), Feststellung des Bestehens oder Nichtbestehens einer Ehe (§§ 632, 606–620g) sowie die Herstellung des ehelichen Lebens, die 2 als positive Herstellungsklage und als negative Herstellungsklage im Sinne einer Klage auf Feststellung des Rechts zum Getrenntleben (§ 1353 BGB) erhoben werden kann. Parteien der Ehesache sind grds. nur die Ehegatten selbst, bei Anträgen auf Aufhebung der Ehe (§ 1316 Abs. 1 BGB) und teilweise bei der Feststellungsklage auch die Verwaltungsbehörde (§ 632 Rn. 3), bei bigamischer Ehe ferner der frühere Ehegatte (eingehend § 631 Rn. 5, 8, 9). Urteile in Ehesachen sind hinsichtlich der Entscheidung zur Hauptsache nicht vollstreckbar, was sich aus dem rechtsgestaltenden oder feststellenden Charakter der Entscheidung ergibt; nach § 888 Abs. 2 ist i. Ü. für die Herstellungsklage eine Vollstreckung ausdrücklich ausgeschlossen. Ebenso scheidet nach § 704 Abs. 2 eine vorläufige Vollstreckbarkeit aus. Aus § 610 ergibt sich ein systematischer Zusammenhang zwischen Verfahren auf Scheidung, Herstellung des ehelichen Lebens und auf Aufhebung nach § 631 und der Klage auf Feststellung des Bestehens oder Nichtbestehens einer Ehe (zu den Verbindungsmöglichkeiten s. § 610 Rn. 1 ff.; § 631 Rn. 13).

3 **2. Scheidungssachen.** Die Scheidungssachen stützen sich materiell-rechtlich auf §§ 1564–1568 BGB. Das Verfahren wird durch einen Antrag (§§ 1564 BGB iVm. 622 Abs. 1) eingeleitet. Da materiell-rechtlich die Scheidung auf dem Zerrüttungsprinzip beruht, hat der Gesetzgeber die herkömmliche Rollenverteilung Kläger/Beklagter bei Einführung des 1. EheRG aufgegeben. Damit können grds. beide Ehegatten das Verfahren einleiten. Der Scheidungsanspruch stellt ein Gestaltungsurteil dar.

4 **3. Antrag auf Aufhebung der Ehe.** Materiell-rechtliche Grundlage der Verfahren auf Aufhebung der Ehe sind die §§ 1303 ff. BGB,[1] die durch Gestaltungsurteil mit Wirkung ex nunc ausgesprochen werden kann. Nach § 610 Abs. 1 kann dieses Verfahren mit einem Antrag auf Scheidung der Ehe und auf Herstellung des ehelichen Lebens verbunden werden (eingehend § 631 Rn. 13; s. a. § 610 Rn. 5 f.).

5 **4. Klage auf Nichtigerklärung der Ehe.** Diese Klage ist in den Antrag auf Aufhebung der Ehe aufgegangen, da die materiell-rechtlichen Regelungen nach §§ 1303 ff. BGB zusammengefasst wurden (eingehend vor § 606 Rn. 16; vor § 631 Rn. 1 ff.). Diese Klageform ist danach nach deutschem Recht entfallen. Soweit eine **ausländische Rechtsordnung** diese Klageform vorsieht, gelten die §§ 606, 606 a entsprechend, weil diese – wie die in § 606 Abs. 1 ausdrücklich genannten Verfahren – sich ebenfalls auf den Bestand der Ehe beziehen. Der BGH[2] hat zutreffend darauf hingewiesen, dass das nach Art. 13 Abs. 1 EGBGB anzuwendende Recht nicht nur die Voraussetzungen einer fehlerhaften Ehe bestimmt, sondern auch die Rechtsfolgen zur fehlerhaften Ehe festlegt.[3] Die Neufassung der Bestimmungen in den §§ 1314 Abs. 1 iVm. 1306 BGB steht deshalb der Nichtigerklärung einer Ehe nicht entgegen.

6 **5. Klage auf Feststellen des Bestehens oder Nichtbestehens einer Ehe.** Die Klage auf Feststellung des Bestehens oder Nichtbestehens einer Ehe ist in § 632 besonders geregelt und stellt einen Sonderfall der Feststellungsklage des § 256 Abs. 1 dar. Klagebefugt sind lediglich die Ehegatten. Sie kommt nur in Frage, wenn Zweifel über die Wirksamkeit der Eheschließung oder die Auflösung der Ehe bestehen, wenn es also um den Bestand der Ehe als Institution geht.[4] Praktische Bedeutung hat diese Klageart kaum, sie kommt vor allem bei ausländischen Ehescheidungen (soweit nicht Art. 7 § 1 FamRÄndG gilt) in Betracht, kann aber auch auf die Feststellung gerichtet sein, ob die Ehe in früherer Zeit bestanden hat.

7 **6. Klage auf Herstellung des ehelichen Lebens. a) Regelungsbereich.** Diese Klage ist in ihrer Zielsetzung nicht fest umrissen. Materiell-rechtlich hat sie ihre Grundlage in den §§ 1353 ff. BGB, erfasst hiervon aber lediglich **allgemeine Ehepflichten mit höchstpersönlichem Charakter,** die in Form der Leistungsklage geltend gemacht werden, nicht dagegen Pflichten aus dem vermögensrechtlichen Bereich, für die die allgemeinen Zivilgerichte zuständig sind (zur Abgrenzung s. u. Rn. 10).[5] Dies folgt auch aus dem Vollstreckungsverbot des § 888 Abs. 2. Zu weiteren Einzelheiten siehe 4. Auflage Rn. 7.

8 **b) Positive Herstellungsklage.** Diese Klage kann sowohl auf die Wiederherstellung der ehelichen Lebensgemeinschaft insgesamt als auch auf die Erfüllung einzelner aus § 1353 Abs. 1 BGB abzuleitender Pflichten gerichtet sein. Da eine Vollstreckung nach § 888 Abs. 2 ausscheidet, soll mit ihr der andere Ehegatte zur Einhaltung seiner ehelichen Pflichten angehalten werden, damit die eheliche Lebensgemeinschaft wiederhergestellt oder aufrechterhalten werden kann.[6] Hierzu sind die einzelnen Pflichten konkret zu umschreiben, so zB das Verlangen, eine gemeinsame neu angemietete Wohnung zu beziehen, die (Wieder-) Einräumung der Benutzungsmöglichkeit der ehelichen Wohnung und des Hausrats, soweit dies mit dem Ziel der Wiederherstellung der ehelichen Lebensgemeinschaft begehrt wird[7], die Vornahme einer Heilbehandlung mit dem Ziel der Wiederherstellung der ehelichen Lebensgemeinschaft[8], die Unterlassung eines Ehebruches und ehewidriger Handlungen[9] (Verleumdung des Ehegatten, Geldverschwendung, Nichterbringen des geschuldeten Familienunterhalts), Unterrichtung über den Stand des Vermögens[10] (bedenklich, da es sich eher um eine güterrechtliche Folge des § 1353 Abs. 1 BGB, nicht aber um den höchstpersönlichen Bereich der Ehegatten handelt), Führung des gemeinsamen Ehenamens sowie die Verpflichtung zur Betreuung minderjähriger Kinder und der Mitarbeit im ehelichen Haushalt.

---

[1] Zur Neuordnung durch das Eheschließungsrechtgesetz s. vor § 606 Rn. 16; vor § 631 Rn. 1 ff.
[2] FamRZ 2001, 991, 992; s. a. 3. Aufl. Rn. 5; zum früheren Rechtszustand s. NJW 2001, 2394 = FamRZ 2001, 685.
[3] Im konkreten Fall nach Art. 145, 146 türkisches ZGB.
[4] S. § 154 zur Verfahrensaussetzung bei einem Streit über das Bestehen einer Ehe.
[5] S. a. OLG Hamm FamRZ 1988, 518.
[6] So auch *Johannsen/Henrich/Sedemund-Treiber* Rn. 9 m. weit. Nachw.
[7] BGH FamRZ 1981, 633, 634; OLG Düsseldorf FamRZ 1980, 1138; OLG Hamm FamRZ 1983, 937, 938.
[8] OLG Frankfurt/M FamRZ 1982, 484.
[9] OLG Celle FamRZ 1964, 300; *Johannsen/Henrich/Sedemund-Treiber* § 23 b GVG Rn. 25 m. weit. Nachw.
[10] BGH FamRZ 1978, 677; OLG Stuttgart FamRZ 1979, 809 f.; aA etwa *Zö/Philippi* Rn. 5.

c) Negative Feststellungsklage. Aus dem Recht zum Getrenntleben nach § 1353 Abs. 2 BGB leitet sich die negative Feststellungsklage ab. Auch in ihr geht es um den Bestand der ehelichen Lebensgemeinschaft, jedoch mit dem Ziel, das Recht zum Getrenntleben feststellen zu lassen. Zur Zulässigkeit dieser Klage ist ein **aktuelles rechtliches Interesse an der Feststellung** dieses Rechts erforderlich[11], das besonders dargelegt werden muss und nur dann vorliegt, wenn sich die Ehegatten nicht über die Trennung einigen können.[12] Dieses fehlt jedenfalls dann, wenn der andere Ehegatte das Recht zum Getrenntleben nicht bestreitet und dieser selbst nicht die Herstellung der ehelichen Lebensgemeinschaft verlangt.[13] Zu den weiteren Einzelheiten siehe 4. Auflage Rn. 9. 9

d) Allgemeine Streitigkeiten, die keine Herstellungsklage darstellen. Hierzu gehören zunächst Streitigkeiten aus den **vermögensrechtlichen Beziehungen** der Ehegatten, die sich zwar ebenfalls aus § 1353 Abs. 1 BGB ableiten, die aber gewöhnliche zivilrechtliche Streitigkeiten darstellen und für die auch nicht das Vollstreckungsverbot des § 888 Abs. 2 passt. Neben den bereits oben (Rn. 8) erwähnten Informationspflichten über den Stand des Vermögens und der Pflicht zur Überlassung von Wirtschaftsgeld (§§ 1360, 1360 a BGB) als Ausfluss der Pflicht zur Leistung des Familienunterhalts gehören hierzu insbesondere Mitwirkungspflichten aus der gemeinsamen **Veranlagung zur Einkommenssteuer,** so zB die Zustimmung zur Zusammenveranlagung nach § 26 EStG[14], die Klage auf Zahlung eines Anteils am Lohnsteuerjahresausgleich[15], Klage auf Zustimmung zum begrenzten Realsplitting nach § 10 Abs. 1 Nr. 1 EStG[16], Freistellungsverpflichtung des Unterhaltsverpflichteten aus dem Realsplitting[17] sowie Schadensersatzansprüche wegen Nichtmitwirkung an der gemeinsamen Veranlagung zur Einkommenssteuer.[18] Ferner sind nach hM **Ehestörungsklagen** zum Schutz des räumlich-gegenständlichen Bereichs der Ehe keine Ehesachen, unabhängig davon, ob sie lediglich gegen den anderen Ehegatten und/oder den störenden Dritten gerichtet sind.[19] Zwar handelt es sich bei diesen Fällen um allgemeine nichtvermögensrechtliche Streitigkeiten. Bei einer Zuordnung als Ehesache könnte aber ein der Klage stattgebendes Urteil wegen des Vollstreckungsverbots des § 888 Abs. 2 nicht vollstreckt werden, so dass der Rechtsschutz in diesen Fällen faktisch ins Leere liefe.[20] Dies widerspräche auch dem sich aus Art. 6 GG ergebenden Schutzzweck.[21] Soweit in den dargelegten Fällen keine Ehesache vorliegt, sind regelmäßig für diese Streitigkeiten die allgemeinen Zivilgerichte zuständig; leitet sich die materiell-rechtliche Grundlage aus einem der in § 23 b Abs. 1 S. 2 GVG genannten Verfahren ab (insbesondere aus Unterhaltspflichten), besteht eine familiengerichtliche Zuständigkeit. 10

e) Weitere Verfahren in Ehesachen. Soweit nach §§ 610 Abs. 2, 632 Abs. 2 Verfahren mit Ehesachen verbunden werden können, sind **Widerklagen** in Ehesachen zulässig, so dass eine Widerklage in einem nach § 606 für eine Ehesache bestehenden Gerichtsstand erhoben werden kann. In Scheidungssachen kann ein **eigener Antrag** des Antragsgegners (iS einer verfahrenstechnischen Widerklage) erhoben werden, obwohl ein einheitlicher Streitgegenstand hinsichtlich des Scheidungsbegehrens vorliegt. Auch **Wiederaufnahmeverfahren** nach §§ 579, 580 sind Ehesachen, wenn es sich auch bei dem Ausgangsverfahren um eine Ehesache handelte.[22] 11

f) Entsprechende Verfahren nach ausländischem Recht. Eine Ehesache nach § 606 ist auch gegeben, wenn ein Antrag vorliegt, dessen materiell-rechtliche Grundlage auf einem mit den in § 606 Abs. 1 aufgeführten Verfahren vergleichbaren Tatbestand beruht. Es handelt sich hierbei vor allem um **Trennungsverfahren** nach ausländischem Recht.[23] Hierbei ist es auch zulässig, auf eine dem deutschen Recht nicht bekannte Rechtsfolge zu erkennen.[24] Ferner fallen hierunter Anträge auf Nichtigerklärung der Ehe, soweit dies eine ausländische Rechtsordnung vorsieht (s. Rn. 5). 12

g) Folgesachen, andere Familiensachen. Ein Rechtsstreit bzw. ein Verfahren, das im Zusammenhang mit der Auflösung der Ehe steht (elterliche Sorge, güterrechtliche Auseinandersetzung, Unterhalt) ist auch dann keine Ehesache, wenn diese im Verbund nach § 623 Abs. 1–3 geführt werden.[25] 13

---

[11] HM; s. *St/J/Schlosser* vor § 606 Rn. 14.

[12] OLG Bamberg FamRZ 1979, 804, 805; ferner KG FamRZ 1988, 81 f. m. weit. Nachw.; OLG Saarbrücken FamRZ 2007, 402.

[13] OLG Karlsruhe NJW-RR 1989, 1414, 1415.

[14] S. OLG Düsseldorf FamRZ 1990, 160, 161; OLG Hamm FamRZ 1991, 1070; OLG Stuttgart FamRZ 1992, 1447; s. eingehend *Schwab/Borth* Teil IV Rn. 821 ff.

[15] OLG Düsseldorf FamRZ 1985, 82; OLG Hamm FamRZ 1988, 518.

[16] OLG Düsseldorf FamRZ 1990, 160 (Familiensachen nach § 23 b Abs. 1 S. 2 Nr. 6 GVG).

[17] OLG Zweibrücken FamRZ 1987, 1275.

[18] OLG Hamm FamRZ 1991, 1070; OLG Stuttgart FamRZ 1992, 1447.

[19] OLG Zweibrücken NJW 1989, 1614 = FamRZ 1989, 55; OLG Karlsruhe FamRZ 1989, 77; *Johannsen/Henrich/Sedemund-Treiber* Rn. 12 m. weit. Nachw.; aA OLG Celle NJW 1980, 711 = FamRZ 1980, 242; *Schwab/Maurer/Borth* Teil I Rn. 46.

[20] So auch *Johannsen/Henrich/Sedemund-Treiber* Rn. 12.

[21] S. BGHZ 34, 80, 85 f.; LM BGB § 823 Nr. 1 b und 2.

[22] BGH FamRZ 1982, 789, 790; OLG Hamm FamRZ 1986, 1026.

[23] S. *Jayme* FamRZ 1978, 520; zum italienischen Recht BGH NJW 1988, 636 f. = FamRZ 1987, 793; OLG Karlsruhe FamRZ 1991, 1398; OLG Frankfurt/M NJW 1984, 572 (Art. 150 ff. codice civile; nach Schweizer Recht Art. 143 ZGB).

[24] ZB Schuldausspruch bei der Scheidung nach ausländischem Recht BGH NJW 1988, 636 f. = FamRZ 1987, 793, 795; OLG Celle FamRZ 1989, 623, 624; OLG Hamm FamRZ 1989, 625 f.

[25] BGH NJW 1980, 188 = FamRZ 1980, 48.

III. Sachliche und örtliche Zuständigkeit

14 **1. Sachurteilsvoraussetzung, Verweisung, perpetuatio fori.** § 606 ergänzt die in §§ 23a Nr. 4, 23b Abs. 1 S. 2 Nr. 1 GVG enthaltenen Zuständigkeitsregelungen um die sachliche und örtliche Zuständigkeit. Da diese **ausschließlich** sind, scheidet eine Prorogation nach § 40 Abs. 2 aus. Im Verfahren sind diese Voraussetzungen in jedem Verfahrensstand **von Amts wegen** zu prüfen, nach § 513 Abs. 2 dagegen nicht mehr in der Berufungsinstanz.[26] Der BGH überprüft nicht die örtliche Zuständigkeit erster Instanz, § 557 Abs. 3 iVm. § 545 Abs. 2. Die die Zuständigkeit eines Gerichts begründenden Tatsachen sind **Sachurteilsvoraussetzungen;** es reicht aus, wenn sie in der letzten mündlichen Verhandlung oder einem nach § 128 Abs. 2 gleichzustellenden Zeitpunkt vorgelegen haben, so dass deren anfängliches Fehlen unschädlich ist.[27] Ändern sich während des laufenden Verfahrens die Voraussetzungen (idR durch Wechsel des gewöhnlichen Aufenthalts), dann reicht es nach den Grundsätzen der perpetuatio fori (§ 261 Abs. 3 Nr. 2) aus, dass diese zu irgend einem Zeitpunkt zwischen Rechtshängigkeit und letzter mündlicher Verhandlung vorgelegen haben.[28] Stellt ein Gericht seine **Unzuständigkeit** nach Rechtshängigkeit fest, kann das Verfahren nach § 281 auf Antrag (bindend) durch Beschluss verwiesen[29] oder, falls ein solcher Antrag (trotz Hinweises nach § 139 Abs. 3) nicht gestellt wird, die Klage oder der Antrag als unzulässig abgewiesen werden. Die Verweisung nach § 281 hat an das zum Zeitpunkt der Verweisungsentscheidung örtlich zuständige Gericht zu erfolgen, auch wenn ein Ehegatte den maßgeblichen gewöhnlichen Aufenthalt gewechselt hat und nunmehr sich die Zuständigkeit nach § 606 Abs. 1 S. 2 richtet.[30] Das Rechtsmittelgericht verweist durch Urteil; die von dem erstinstanzlichen Gericht getroffene Entscheidung ist aufzuheben.[31]

15 Vor **Zustellung der Ehesache** kann bei Fehlen einer Sachurteilsvoraussetzung das Verfahren an das zuständige Gericht formlos abgegeben werden, woraus sich aber keine bindende Wirkung ergibt. Da die Zustellung im **Verfahren der Prozesskostenhilfe** noch keine Rechtshängigkeit in der Ehesache herbeiführt[32], kann ein Wechsel der Zuständigkeit eintreten, wenn sich die maßgeblichen Voraussetzungen ändern, so etwa, wenn im Scheidungsverfahren ein Ehegatte gemäß den Voraussetzungen des § 606 Abs. 1 S. 2 seinen gewöhnlichen Aufenthalt ändert. In der Praxis wird dem teilweise durch einen Antrag auf Zustellung der (nicht von der Bewilligung der Prozesskostenhilfe abhängigen) Ehesache ohne Vorauszahlung der Prozessgebühr (§ 14 Nr. 3a, b RVG) begegnet.

16 **2. Örtliche Zuständigkeit. a) Hierarchischer Aufbau der Gerichtsstände.** Die in § 606 geregelten Gerichtsstände sind hierarchisch aufgebaut; der jeweils folgende greift nur dann ein, wenn der vorangehende nicht vorliegt. Angeknüpft wird an den Begriff des **gewöhnlichen Aufenthalts** der Familie bzw. der Restfamilie im Inland. Das Fehlen eines Aufenthalts im Inland wird in Ehesachen wie ein unbekannter Aufenthalt des Antragsgegners/Beklagten behandelt.[33] Ist zB der Aufenthalt des Antragsgegners unbekannt, richtet sich die örtliche Zuständigkeit nach § 606 Abs. 1 S. 2, wenn der Antragsteller mit den gemeinsamen minderjährigen Kindern nicht mehr im Bezirk des letzten gemeinsamen gewöhnlichen Aufenthalts der Ehegatten lebt. Der gewöhnliche Aufenthalt und der Wohnsitz decken sich in der Regel. Dies ist jedoch nicht zwingend. Der Begriff des Wohnsitzes stellt einen Rechtsbegriff dar (§§ 7ff. BGB), während der gewöhnliche Aufenthalt sich aus den tatsächlichen Verhältnissen ableitet.

17 **b) Begriff des gewöhnlichen Aufenthalts eines Ehegatten.** Der gewöhnliche Aufenthalt einer Person ist der tatsächliche Mittelpunkt des Lebens, an dem sich die Person überwiegend aufhält[34]; er unterscheidet sich zum einen vom schlichten Aufenthaltsort und zum anderen vom (gemeldeten) Wohnsitz iSd. §§ 7ff. BGB. Der Begriff des gewöhnlichen Aufenthalts wird ferner in § 606a Abs. 1 Nr. 3 und 4, Art. 5 Abs. 2, 14 Abs. 1 Nr. 2, 18 Abs. 1 EGBGB, Art. 5 Nr. 2 EuGVO; Art. 5 EuGVÜ, Art. 2 Abs. 1 lit. a, Art. 3 Abs. 1 EheVO I (Nr. 1347) und Art. 3 Abs. 1 lit. a, Art. 8 Abs. 1 EheVO II Nr. 2201/2003 vom 27. 11. 2003 (Brüssel II a) sowie in Art. 1 MSA verwendet und ist jeweils inhaltlich gleich auszulegen. Da es sich bei der Begründung des gewöhnlichen Aufenthalts um einen rein **tatsächlichen Vorgang** handelt, ist eine Wohnsitzbegründung mit rechtsgeschäftlichem Willen nicht erforderlich. Der (gemeldete) Wohnsitz und der gewöhnliche Aufenthalt können deshalb auseinander fallen; die Anmeldung eines Wohnsitzes ist ein Indiz, reicht aber nicht aus, um am Meldeort auch den gewöhnlichen Aufenthalt anzunehmen.[35] Richtet sich die Zuständigkeit nach EU-Recht oder Staatsverträgen (v. a. EheVO I, II, EuGVO), ist der gewöhnliche Aufenthalt autonom zu qualifizieren und nicht nach dem nationalen Recht des Gerichtsstaates.[36] Voraussetzung für die Annahme eines gewöhnlichen Aufenthalts ist deshalb regelmäßig eine gewisse **Dauer** der Anwesenheit und die **Einbindung** in das soziale Umfeld[37], was durch familiäre, berufliche oder gesellschaftliche Bindungen eintreten kann. Ferner ist der **Aufenthaltswille** beachtlich. Im Hinblick hierauf kann bereits nach kurzer Zeit ein (neuer) ge-

---

26 Zum bisherigen Rechtszustand s. OLG Frankfurt/M FamRZ 1991, 1073.
27 OLG Stuttgart FamRZ 1982, 84.
28 S. zB BGH DtZ 1991, 439; BezG Gera FamRZ 1991, 1071 m. Anm. v. *Gottwald* FamRZ 1991, 1072.
29 S. hierzu BGH NJW 1983, 285; zur fehlenden Bindungswirkung bei offensichtlich fehlerhafter Verweisung OLG Naumburg FamRZ 2006, 1280.
30 S. zB BayObLG FamRZ 1993, 346.
31 BGH NJW 1986, 1994, 1995.
32 BGH FamRZ 1980, 131.
33 BGH FamRZ 1982, *1199*; OLG Zweibrücken FamRZ 1985, 81, 82.
34 BGH NJW 1975, 1068 = FamRZ 1975, 272f.; FamRZ 2002, 1182f.
35 BGH FamRZ 1995, 1135.
36 *Hau* FamRZ 2000, 1333, 1335; *Kohler* NJW 2001, 10ff.
37 S. a. *B/L/H* Rn. 10.

wöhnlicher Aufenthalt angenommen werden. Dies gilt insbesondere bei einem vollständigen Umzug an einem anderen Wohnort, bei dem der Wechsel des gewöhnlichen Aufenthalts sofort eintritt. Die Annahme, dass ein solcher erst nach sechs Monaten (als Faustregel) vorliege[38], ist deshalb zu starr. Die EheVO I in Art. 2 Abs. 1 lit. a (6. Spiegelstrich) und die EheVO II in Art. 3 Abs. 1 lit. a (6. Spiegelstrich) begründen allerdings eine Zuständigkeit, wenn der Antragsteller seinen gewöhnlichen Aufenthalt besitzt und er sich mindestens sechs Monate unmittelbar vor der Antragstellung aufgehalten hat. Andererseits hebt eine zeitlich befristete (auch wiederholte) Abwesenheit den gewöhnlichen Aufenthalt nicht auf, sofern eine Rückkehrabsicht besteht. Der Aufenthalt im **Frauenhaus** begründet deshalb idR keinen gewöhnlichen Aufenthalt[39], es sei denn, dass infolge eines längeren Aufenthalts eine Einbindung in die neue Umwelt eintritt[40] und gleichzeitig der bisherige gewöhnliche Aufenthalt aufgegeben wurde. Entsprechendes gilt auch bei der Verbüßung einer Freiheitsstrafe in einer **Vollzugsanstalt** oder dem Aufenthalt in einer **Heilanstalt,** da der längere Aufenthalt an einem Ort nicht vom Willen Dritter abhängig sein darf. Auch ein längerer Klinikaufenthalt bewirkt keinen neuen gewöhnlichen Aufenthalt,[41] wenn dieser nicht an die Stelle des bisherigen Daseinsmittelpunktes tritt. Die Aufgabe der früheren Wohnung (durch Auflösung des Haushalts) kann jedoch ein Indiz für den Wegfall des bisherigen gewöhnlichen Aufenthalts sein,[42] so dass auch im Falle eines **unfreiwilligen Aufenthaltswechsels** auch in einer solchen Einrichtung ein gewöhnlicher Aufenthalt begründet werden kann, soweit der Aufenthalt auf längere Zeit angelegt ist.

Auch ein **Asylsuchender** kann in der Bundesrepublik einen gewöhnlichen Aufenthalt iSd. § 606 begrün- 18
den. Zwar wird in anderen rechtlichen Bereichen (§ 30 SGB I) bei einem Asylsuchenden kein gewöhnlicher Aufenthalt angenommen[43], da der Aufenthalt im Inland nur vorübergehend ist. Hält sich ein Asylsuchender aber schon mehrere Jahre in der Bundesrepublik auf und ist unabhängig vom Ausgang des Asylverfahrens mit einer Abschiebung (wegen Duldung des Aufenthalts) nicht zu rechnen, ist ein solcher anzunehmen[44], weil es für das Vorliegen eines gewöhnlichen Aufenthalts auf ein faktisches Verhalten ankommt und nicht auf die Rechtmäßigkeit des Aufenthalts und die Erfolgsaussichten des Asylantrages.[45] Maßgebend ist in erster Linie die (begonnene) Einbindung in das soziale Umfeld, wobei die Aufrechterhaltung von Bindungen zum Heimatland nicht zwingend einer solchen Einbindung entgegensteht. I. Ü. hat ein Ausländer im Inland seinen gewöhnlichen Aufenthalt, wenn sein Aufenthalt auf Dauer angelegt (Indiz berufliche Tätigkeit, Wohnsitzanmeldung) und der Verbleib in der Bundesrepublik gesichert ist.[46]

Eine **vorübergehende Abwesenheit** (vor allem aus beruflichen Gründen) beendet nicht den gewöhnli- 19
chen Aufenthalt.[47] Fraglich ist, ob unter besonderen Umständen auch ein mehrfacher gewöhnlicher Aufenthalt begründet werden kann, so zB wenn sich eine Person sowohl am Ort der beruflichen Tätigkeit als auch an dem Ort des Zusammenlebens mit dem anderen Ehegatten eine feste Wohnung eingerichtet hat und auch jeweils in das soziale Umfeld eingebunden ist.[48] Nach der Definition des Begriffes „gewöhnlicher Aufenthalt" ist dies möglich; regelmäßig wird man aber davon ausgehen können, dass der Lebensmittelpunkt am Ort der Familie besteht und deshalb auch dort der gewöhnliche Aufenthalt iSd. § 606 Abs. 1 anzunehmen ist. Ein **Student** hat seinen gewöhnlichen Aufenthalt am Studienort, wenn er diesen als seinen Lebensmittelpunkt ansieht;[49] hierbei verbleibt es auch bei einem vorübergehenden Wechsel des Studienortes. Der **wehrpflichtige Soldat** behält seinen bisherigen gewöhnlichen Aufenthalt, wenn er seine Wohnung beibehält. Im Übrigen kann ein **ausländischer Soldat** im Inland einen gewöhnlichen Aufenthalt (iSd. § 606 a Abs. 1 Nr. 4) begründen.[50] Kann ein gewöhnlicher Aufenthaltsort nicht bestimmt werden, so gilt ein gewöhnlicher Aufenthalt im Inland als nicht vorhanden.[51]

c) Gemeinsamer gewöhnlicher Aufenthalt, § 606 Abs. 1 S. 1. Der gemeinsame gewöhnliche Aufenthalt 20
von Ehegatten besteht am Ort des gemeinsamen Ehelebens. Die ständige berufsbedingte Abwesenheit eines Ehegatten hebt regelmäßig nicht den gemeinsamen gewöhnlichen Aufenthalt auf, auch dann nicht, wenn die Rückkehr zum gemeinsamen Aufenthaltsort nicht regelmäßig am Wochenende stattfindet, so zB bei einem längeren Montageaufenthalt an einem räumlich weit entfernten Ort. Hat jeder Ehegatte einen berufsbedingten Aufenthaltsort und findet das eheliche Leben abwechslungsweise an einem dieser Orte statt, liegen grds. zwei gemeinsame gewöhnliche Aufenthaltsorte vor, so dass auch eine Doppelzuständigkeit ge-

---

38 S. OLG Hamm NJW 1990, 651; ferner *B/L/H* Rn. 10 (s. a. § 9 S. 2 AO).

39 AA wohl OLG Hamburg FamRZ 1982, 85; FamRZ 1983, 612.

40 BGH NJW-RR 1993, 4 = FamRZ 1993, 47; FamRZ 1995, 728 – Aufenthalt von drei Wochen nicht ausreichend; OLG Saarbrücken FamRZ 1990, 1119 m. weit. Nachw.

41 BGHZ 78, 293, 295 = FamRZ 1981, 536; FamRZ 1984, 993; BayObLG FamRZ 1993, 89.

42 S. aber BGH NJW 1978, 1858 – zweimonatige Freiheitsstrafe; OLG Düsseldorf MDR 1969, 143; OLG Koblenz FamRZ 1998, 756 – Strafhaft eines Ausländers; *Johannsen/Henrich/Sedemund-Treiber* Rn. 18.

43 BSGE 53, 294, 295 f. = NVwZ 1983, 246.

44 S. a. OLG Hamm NJW 1990, 651; OLG Koblenz FamRZ 1990, 536; *Gottwald* FamRZ 2002, 1343; aA wohl OLG Nürnberg FamRZ 1989, 1304; OLG Bremen FamRZ 1992, 962 bei abgelehntem Asylantrag und befristeter Duldung des Aufenthalts.

45 Problematisch deshalb OLG Karlsruhe FamRZ 1992, 316, das wegen noch nicht gesicherter Duldung einen gewöhnlichen Aufenthalt ablehnt.

46 OLG Karlsruhe FamRZ 1990, 1351, 1352; NJW-RR 1992, 1094 = FamRZ 1992, 316.

47 Zum Sonderfall einer Zeugenschutzmaßnahme OLG Köln FamRZ 2003, 1124.

48 Bejahend *Johannsen/Henrich/Sedemund-Treiber* Rn. 18; MK/*Bernreuther* Rn. 17; *Zö/Philippi* Rn. 19.

49 KG NJW 1988, 649 f. = FamRZ 1987, 603, 605.

50 OLG Zweibrücken FamRZ 1999, 940 – dort auch zur Frage des „domicile".

51 BGH NJW 1983, 285 = FamRZ 1982, 1199 m. weit. Nachw.

geben sein kann,[52] falls nicht die Ehegatten den gemeinsamen gewöhnlichen Aufenthalt einvernehmlich bestimmen,[53] was regelmäßig gegeben sein wird (vor allem bei der Meldung des Wohnsitzes an einem Ort).[54]

21 d) **Gewöhnlicher Aufenthalt eines der Ehegatten mit den gemeinsamen minderjährigen Kindern, § 606 Abs. 1 S. 2.** Fehlt bei Eintritt der Rechtshängigkeit ein gemeinsamer gewöhnlicher Aufenthalt der Ehegatten, greift der **erste Hilfsgerichtsstand** des Abs. 1 S. 2 ein; danach ist das FamG zuständig, in dessen Bezirk einer der Ehegatten den gewöhnlichen Aufenthalt zusammen mit den gemeinsamen minderjährigen Kindern hat.[55] Dieser Gerichtsstand gibt dem FamG den Vorzug, in dessen Bezirk sich die Restfamilie aufhält, weil dort der Schwerpunkt des Verfahrens liegt. Diese Erwägung liegt auch § 621 Abs. 2 zu Grunde. Der gewöhnliche Aufenthalt eines **Kindes** richtet sich nach seinem **Lebensmittelpunkt,** also seinem tatsächlichen Aufenthalt und seiner Einbindung in sein soziales Umfeld (insbesondere Schule, bei größeren minderjährigen Kindern auch der Freundeskreis oder Verein; s. o. Rn. 17). Nicht maßgebend ist dagegen der sich nach § 11 BGB ergebende Wohnsitz. Demgemäß ist auch nicht beachtlich, dass mit der Trennung der Eltern die gemeinsamen Kinder nach §§ 7 Abs. 2, 11 BGB einen **Doppelwohnsitz** haben.[56] Auch muss der gewöhnliche Aufenthalt des Kindes nicht in jedem Fall mit demjenigen des Sorgeberechtigten übereinstimmen, sondern ist in der Person des Kindes selbständig festzustellen.[57] Bei Kleinkindern wird maßgebender Anknüpfungspunkt dagegen sein, in welcher Obhut sie sich befinden[58], also in einer Wohngemeinschaft mit einem Elternteil wohnen. Hält sich ein minderjähriges Kind ausbildungsbedingt an einem anderen Ort auf, wird es demjenigen Elternteil zuzuordnen sein, bei dem es sich vollständig oder überwiegend in seiner Freizeit aufhält[59] und von dem es weiterhin betreut und versorgt wird (§ 1606 Abs. 3 S. 2 BGB). Kein gemeinsamer gewöhnlicher Aufenthalt ist dagegen gegeben, wenn sich das minderjährige Kind in einer **Pflegefamilie** aufhält, also dort seinen Lebensmittelpunkt hat und nur sporadische Beziehungen zu einem Elternteil bestehen.[60] Entsprechend dem Regelungszweck des § 606 Abs. 1 S. 2 ist die örtliche Zuständigkeit nach dieser Regelung auch dann zu bestimmen, wenn die minderjährigen Kinder im selben Gerichtsbezirk wie ein Elternteil leben, ohne mit diesem eine Wohngemeinschaft zu bilden[61], weil hierdurch die Zusammenarbeit mit dem örtlich zuständigen Jugendamt erleichtert wird[62] (§§ 87b Abs. 2, 88 SGB VIII).

22 Nimmt ein Elternteil ein minderjähriges Kind gegen den Willen des anderen Elternteils an sich (sog. **legale Entführungsfälle**), so kann hierdurch ein gewöhnlicher Aufenthalt des Kindes begründet werden, weil es auf die faktischen Verhältnisse ankommt. Nicht maßgeblich ist die Rechtmäßigkeit des Aufenthaltswechsels[63], sondern die dauerhafte soziale Eingliederung des Kindes (s. a. o. Rn. 21).[64] Liegt die Entführung nur kurze Zeit zurück, ist regelmäßig noch keine Eingliederung in den neuen Lebensbereich anzunehmen.[65] I. Ü. ist bei der Frage der sozialen Eingliederung auch der beachtliche Wille des Kindes zu berücksichtigen,[66] ferner der Wille des Elternteils, bei dem sich das Kind befindet, dieses dauerhaft behalten zu wollen. Liegt ein Entführungsfall vor, gilt letzteres nicht, solange der andere (bisher betreuende) Elternteil die Möglichkeit hat, das Kind vor dessen sozialer Eingliederung zurückzuführen.[67] Die Regelung des § 606 Abs. 1 S. 2 greift nach ihrem Wortlaut nur ein, wenn **alle gemeinsamen Kinder** ihren gewöhnlichen Aufenthalt bei einem der Ehegatten haben. Sind die minderjährigen Kinder **zwischen den Elternteilen** aufgeteilt, entfällt der Zweck der Regelung, die notwendige Beteiligung des örtlich zuständigen Jugendamtes zu erleichtern[68] und zwar unabhängig davon, ob sich bei einem Elternteil nur ein minderjähriges Kind, beim anderen dagegen mehrere minderjährige Kinder aufhalten oder bei welchem Elternteil sich das älteste gemeinsame Kind aufhält; die örtliche Zuständigkeit richtet sich dann nach § 606 Abs. 2 S. 1. Gleiches gilt, wenn ein minderjähriges Kind an einem dritten Ort lebt (nicht bei einem Elternteil).[69] Andererseits ist der **Zweck dieser Regelung** wieder maßgebend, wenn sich die gemeinsamen Kinder teilweise bei einem Elternteil und teilweise bei einem **Dritten,** der im selben Gerichtsbezirk lebt, aufhalten, wenn dadurch vermieden wird, dass das Verfahren an ein FamG gelangt, in dessen Bezirk sich keines der minderjährigen Kinder aufhält.[70] Haben alle gemeinsamen Kinder bei Eintritt der Rechtshängigkeit des Ehesache bei einem Elternteil gelebt und begründet eines oder mehrere Kinder im Verlaufe des Verfahrens beim anderen Elternteil seinen

52 So auch MK/*Walter* Rn. 24, 1. Aufl.; KG NJW 1988, 649, 650 = FamRZ 1987, 603, 605.
53 BGH FamRZ 1987, 572, 574.
54 Zum Sonderfall des Umzugs bei Rückkehrabsicht eines Ehegatten s. BGH FamRZ 1993, 798, 800.
55 Kenntnis des anderen Ehegatten ist nicht erforderlich – OLG Karlsruhe FamRZ 1999, 1085.
56 BGH NJW-RR 1990, 1282; NJW-RR 1992, 578 = FamRZ 1992, 664; FamRZ 1993, 48f.; OLG Stuttgart Die Justiz 2003, 83.
57 BGH FamRZ 1997, 1070 – Aufenthalt bei Tante.
58 So auch MK/*Bernreuther* Rn. 20.
59 BGH NJW 1975, 1068 = FamRZ 1975, 272 (Internat).
60 Zum Sonderfall bei einem Aufenthalt bei Verwandten s. OLG Frankfurt/M FamRZ 1984, 806.
61 S. OLG Hamm NJW-RR 1989, 1486 = FamRZ 1989, 641.
62 BGH NJW-RR 1987, 1348.
63 OLG Hamm NJW 1992, 636 = FamRZ 1991, 1466; *Henrich* FamRZ 1989, 1325.
64 BayObLG FamRZ 1993, 349; OLG Düsseldorf NJW-RR 1994, 5 = FamRZ 1994, 107f.; FamRZ 1994, 644; dies gilt auch in Art. 10 der EheVO II – fortgesetzte Zuständigkeit bei Kindesentführung.
65 BGH NJW 1981, 520 = FamRZ 1981, 135, 136f.
66 OLG Hamm FamRZ 1991, 1466f.; NJW 1992, 636.
67 BGH (Fn. 65) S. 521; OLG Hamm FamRZ 1989, 1109; IPRax 1993, 104f.
68 BGH NJW-RR 1987, 1348 = FamRZ 1987, 1020; FamRZ 1997, 416 LS.
69 BGH NJW-RR 1992, 902f.
70 BGH FamRZ 1984, 370.

gewöhnlichen Aufenthalt, so bleibt es nach dem **Grundsatz der perpetuatio fori** bei der anfänglich begründeten Zuständigkeit. Anders als bei § 46 Abs. 1 S. 2 FGG kommt es bei § 606 Abs. 1 S. 2 nicht darauf an, bei welchem Ehegatten das jüngste minderjährige Kind lebt. Liegen die Voraussetzungen nach § 606 Abs. 1 S. 2 nicht vor, weil die minderjährigen Kinder nicht bei einem Elternteil allein leben, richtet sich die Zuständigkeit nach § 606 Abs. 2. Auch **scheineheliche Kinder** gelten nach § 606 Abs. 1 S. 2 als gemeinsame Kinder, auch wenn sie eindeutig nicht vom Ehemann abstammen (§ 1599 Abs. 1 BGB). Erst nach rechtskräftiger Feststellung der Nichtehelichkeit wirkt die Zuständigkeitsregelung des § 606 Abs. 1 S. 2 nicht mehr. Wird erst nach Rechtshängigkeit die Nichtehelichkeit eines Kindes rechtskräftig festgestellt, verbleibt es nach dem Grundsatz der perpetuatio fori bei der anfänglich bestehenden Zuständigkeit.[71]

e) **Ehemaliger gemeinsamer gewöhnlicher Aufenthalt, § 606 Abs. 2 S. 1. Dritte Hilfsanknüpfung** ist die Regelung des § 606 Abs. 2 S. 1; danach richtet sich der Gerichtsstand nach dem **letzten gemeinsamen gewöhnlichen Aufenthalt der Ehegatten,** wenn ein Ehegatte seinen gewöhnlichen Aufenthalt im Bezirk dieses Familiengerichts hat. Nach dem Wortlaut kommt es nicht darauf an, ob dieser Ehegatte zwischenzeitlich seinen Wohnsitz in einem anderen Bezirk hatte;[72] es muss also kein durchgehender Aufenthalt gegeben sein. Bei dieser Regelung liegt eine vollständige Trennung der Ehegatten vor. 23

f) **Gewöhnlicher Aufenthalt des Beklagten, § 606 Abs. 2 S. 2 Alt. 1.** Fällt auch der Gerichtsstand nach § 606 Abs. 2 S. 1 aus, ist als **vierte Hilfsanknüpfung** das Gericht zuständig, in dessen Bezirk sich der gewöhnliche Aufenthalt des Beklagten (Antragsgegners) befindet. Ist der Aufenthalt des Beklagten unbekannt und ungewiss, ob sich dieser im Inland aufhält, kann nach dieser Vorschrift kein Gerichtsstand abgeleitet werden. Diese Sachlage ist so zu behandeln, als ob ein gewöhnlicher Aufenthalt im Inland nicht vorläge.[73] Die örtliche Zuständigkeit richtet sich dann gem. § 606 Abs. 2 S. 2 Alt. 2 nach dem gewöhnlichen Aufenthalt des Klägers (Antragstellers). 24

g) **Gewöhnlicher Aufenthalt des Klägers, § 606 Abs. 2 S. 2 Alt. 2.** Als **fünfte Hilfsanknüpfung** greift diese Vorschrift ein, bei der sich der Gerichtsstand nach dem **gewöhnlichen Aufenthalt des Klägers** (Antragstellers) richtet. Ist der Aufenthalt des Klägers (Antragstellers) unbekannt, gilt diese Regelung nicht, so dass zur Zuständigkeitsbestimmung § 606 Abs. 3 heranzuziehen ist. Diese Regelung ist nur dann anzuwenden, wenn mindestens ein Ehegatte die deutsche Staatsangehörigkeit besitzt und der Beklagte (Antragsgegner) im Ausland lebt. 25

h) **Zuständigkeit des Amtsgerichts Berlin-Schöneberg, § 606 Abs. 3.** Haben die Ehegatten nie im Inland zusammengelebt und hat keiner der Ehegatten im Zeitpunkt des Eintritts der Rechtshängigkeit im Inland seinen gewöhnlichen Aufenthalt, ist das FamG beim Amtsgericht Berlin-Schöneberg ausschließlich zuständig. Dies gilt beispielsweise, wenn ein Deutscher in Österreich lebt und von seinem in Frankreich lebenden (deutschen) Ehegatten geschieden werden will; hierfür kann nach Art. 3 Abs. 1 lit. b EheVO II die deutsche Gerichtsbarkeit in Anspruch genommen werden. 26

i) **Konkurrierende Gerichtsstände, § 606 Abs. 2 S. 3 und 4.** Während bei den ersten drei Gerichtsständen die Zuständigkeit nicht davon abhängig ist, welcher Ehegatte die Klage (Antrag) erhoben hat, richten sich der vierte und fünfte Gerichtsstand nach dem gewöhnlichen Aufenthalt des Beklagten (Antragsgegners) oder Klägers (Antragstellers). Bei unterschiedlichem gewöhnlichen Aufenthalt der Ehegatten kann deshalb eine Konkurrenz der Gerichtsstände eintreten, wenn jeder Ehegatte Klage erhebt bzw. einen Antrag stellt. Diese Konkurrenz wird in S. 3 und 4 nach dem Grundsatz der Priorität geregelt. Zuständig ist das Gericht, bei dem zuerst eine Klage (Antrag) rechtshängig iSd. § 261 geworden ist. Dies gilt zunächst für Verfahren mit **gleichem Streitgegenstand,** also wenn beide Ehegatten die Scheidung ihrer Ehe begehren; in diesem Fall kann der Antragsgegner wegen § 261 Abs. 3 Nr. 1 nicht die Scheidung bei einem anderen Gericht verlangen.[74] Werden beide Scheidungsanträge am selben Tag zugestellt, ist nach § 36 das zuständige Gericht zu bestimmen, § 606 Abs. 2 S. 4. Wird keine Verweisung beantragt (§ 281), ist die später rechtshängig gewordene Klage (Antrag) als unzulässig abzuweisen. § 606 Abs. 2 S. 3 ist ferner auf Klagen mit **verschiedenen Streitgegenständen** anzuwenden, so wenn Scheidung und Aufhebung der Ehe verlangt wird, aber auch wenn die Scheidung der Ehe und Nichtigkeit der Ehe (nach ausländischem Recht; s. Rn. 5) verlangt werden und nach § 610 insoweit eine Verbindung nicht möglich ist.[75] 27

j) **Verhältnis der inländischen zur ausländischen Ehesache.** Sind Ehesachen im Ausland rechtshängig, so kann, wenn nicht ein einheitlicher Streitgegenstand vorliegt, im Inland eine andere Ehesache rechtshängig gemacht werden.[76] Dagegen steht die **Rechtshängigkeit eines Scheidungsverfahrens** im **Ausland** einem (späteren) Scheidungsantrag im Inland entgegen, wenn das Urteil des ausländischen Gerichts voraussichtlich anerkannt wird.[77] Die **Beweislast** für das Vorliegen einer anderweitigen ausländischen Rechtshängigkeit trägt der Antragsgegner, da er die von ihm vorgebrachte Einwendung zu beweisen hat.[78] Die EheVO II begründet allerdings in Art. 3 Abs. 1 lit. a (6. Spiegelstrich) eine Zuständigkeit, wenn der Antragsteller seinen gewöhn- 28

---

[71] OLG Koblenz IPRax 1990, 53; s. a. BGH IPRax 1985, 162f.

[72] BGH NJW-RR 1992, 902; *Zö/Philippi* Rn. 26.

[73] BGH NJW 1983, 285 = FamRZ 1982, 1199.

[74] BGH NJW 1983, 1269, 1270 = FamRZ 1983, 366f. m. weit. Nachw.

[75] S. a. *Zö/Philippi* Rn. 37.

[76] OLG Karlsruhe FamRZ 1994, 47 (Nichtigkeitsklage nach dem Recht der USA; Scheidungsantrag in der Bundesrepublik Deutschland).

[77] BGH FamRZ 1987, 580, 581; NJW-RR 1992, 642 = FamRZ 1992, 1058; FamRZ 1994, 434; KG FamRZ 1995, 1074f. (Nichtberücksichtigung wegen Unzumutbarkeit); aA. *Zö/Philippi* Rn. 17a; MK/*Bernreuther* Rn. 17a.

[78] *Gottwald* in Anm. zu OLG Zweibrücken FamRZ 2005, 380.

lichen Aufenthalt in einem Mitgliedstaat besitzt und er sich in diesem mindestens sechs Monate unmittelbar vor der Antragstellung aufgehalten hat. Allerdings muss die Rechtshängigkeit des Verfahrens beim ausländischen Gericht früher als beim inländischen eingetreten sein, weil auch insoweit der Prioritätsgrundsatz gilt. Ob und wann ein Verfahren im Ausland rechtshängig geworden ist, bestimmt sich nach der **lex fori** des ausländischen Gerichts.[79] Die Verweisung eines bei einem deutschen Gericht später rechtshängig gewordenen Verfahrens an das ausländische Gericht ist nicht möglich, so dass dieses Verfahren entweder zurückgenommen oder als unzulässig abgewiesen werden muss. Innerhalb der EG gilt für bis zum 28. 2. 2005 anhängig gemachte Verfahren Art. 11 Abs. 1, 2 EheVO I und ab 1. 3. 2005 Art. 19 Abs. 1 EheVO II (Ausnahme Dänemark – Erwägung Nr. 3). Diese Bestimmungen regeln die Konkurrenz mehrerer Eheauflösungs- sowie Trennungsverfahren mit identischen und verschiedenen Streitgegenständen, die dieselben Ehegatten bei Gerichten verschiedener Mitgliedstaaten anhängig machen. Das später angerufene Gericht setzt das Verfahren von Amts wegen aus, bis die Zuständigkeit der zuerst angerufenen Gerichts geklärt ist (s. auch § 606a Rn. 32).

IV. Gebühren und Kosten

29 **1. Rechtsanwaltsgebühren.** Der Anwalt erhält Gebühren der Nrn. 3100ff. VV RVG. Die Verfahrensgebühr umfasst den Bereich der bisherigen Prozessgebühr. Umfasst sind weiter alle innerprozessualen Handlungen, die keinen eigenen Gebührentatbestand haben, zB Beweisaufnahme, Rechtsmittelverzicht des Prozessbevollmächtigten. Die Gebühren einer vorangegangenen Beratung sind gemäß § 34 Abs. 2 RVG voll anzurechnen, wenn nicht anderen vereinbart ist; die Geschäftsgebühr gemäß Vorbem. 3 Abs. 4 zur Hälfte, höchstens aber zu 0,75. Die Gebühr der Nr. 3101 Abs. 2 VV RVG ist auf die in einem anderen Verfahren entstandene Verfahrensgebühr anzurechnen, auch wenn das andere Verfahren nur ein Prozesskostenhilfeverfahren ist (Nr. 3334 VV RVG). Die Terminsgebühr fällt auch an, wenn über die rechtshängige Sache außerhalb der gerichtlichen Verhandlung Besprechungen geführt werden oder wenn verhandelt wird mit dem Ziel, eine nicht anhängige Sache durch eine Vereinbarung zu erledigen. Im letzteren Fall fällt die Gebühr aber nur an, wenn ein Prozessauftrag vorliegt (andernfalls Geschäftsgebühr gemäß Nr. 2300 VV RVG). Eine Besprechung mit dem Mandanten löst die Terminsgebühr wie bisher nicht aus. Über die Ehesache selbst kann kein Vergleich geschlossen werden, die Aussöhnungsgebühr (Nr. 1001 VV RVG) ersetzt die Vergleichsgebühr in der Ehesache. Bei beiderseits eingereichten Scheidungsanträgen fallen die Gebühren bis zu einer Verbindung doppelt an.[80]

30 **2. Gerichtskosten. Für Ehe- und Scheidungsfolgesachen** sowie Lebenspartnerschaftssachen nach § 661 Abs. 1 Nr. 1 bis 3 und Folgesachen eines Verfahrens über die Aufhebung der Lebenspartnerschaft gelten die besonderen Bestimmungen in KV Nr. 1310 bis 1332. Auch wenn beide Parteien wechselseitig vor demselben Gericht Scheidungsanträge stellen, wird die Verfahrensgebühr nur einmal erhoben, weil der Streitgegenstand identisch ist. Das gilt auch dann, wenn die Anträge zunächst getrennt behandelt worden sind.[81]

606a

Internationale Zuständigkeit **(1) [1]Für Ehesachen sind die deutschen Gerichte zuständig,**

1. wenn ein Ehegatte Deutscher ist oder bei der Eheschließung war,
2. wenn beide Ehegatten ihren gewöhnlichen Aufenthalt im Inland haben,
3. wenn ein Ehegatte Staatenloser mit gewöhnlichem Aufenthalt im Inland ist oder
4. wenn ein Ehegatte seinen gewöhnlichen Aufenthalt im Inland hat, es sei denn, dass die zu fällende Entscheidung offensichtlich nach dem Recht keines der Staaten anerkannt würde, denen einer der Ehegatten angehört.

[2]Diese Zuständigkeit ist nicht ausschließlich.

(2) [1]Der Anerkennung einer ausländischen Entscheidung steht Absatz 1 Satz 1 Nr. 4 nicht entgegen, wenn ein Ehegatte seinen gewöhnlichen Aufenthalt in dem Staat hatte, dessen Gerichte entschieden haben. [2]Wird eine ausländische Entscheidung von den Staaten anerkannt, denen die Ehegatten angehören, so steht Absatz 1 der Anerkennung der Entscheidung nicht entgegen.

Übersicht

[79] BGH NJW 1986, 662f. = IPRax 1987, 314; NJW 1987, 3083 = FamRZ 1987, 580 m. zust. Anm. v. *Gottwald;* krit. *Geimer* NJW 1987, 3085 m. weit. Nachw.; Anm. v. *Gottwald* zu OLG Zweibrücken FamRZ 2005, 380.
[80] Str., vgl. G/S/*Müller-Rabe* VV 3100 Rn. 78ff.
[81] KG MDR 1978, 678f.

I. Normzweck, Entstehungsgeschichte, Vorrang der EheVO II

§ 606a Abs. 1 bestimmt den Rahmen der von der Bundesrepublik Deutschland beanspruchten internationalen Zuständigkeit in Ehesachen und überlässt damit der Regelung des § 606 – anders als nach dem früheren Rechtszustand – nur noch den Bereich der örtlichen Zuständigkeit. Er räumt zunächst jedem deutschen Staatsbürger die Möglichkeit ein, eine ihn betreffende Ehesache vor die deutschen Familiengerichte zu bringen. Ferner wird die internationale Zuständigkeit der deutschen Gerichte durch den gewöhnlichen Aufenthalt beider Ehegatten in der Bundesrepublik Deutschland oder den gewöhnlichen Aufenthalt eines Ehegatten, der staatenlos ist, im Inland begründet. Hat nur einer von beiden ausländischen Ehegatten seinen gewöhnlichen Aufenthalt im Inland, ist eine Prognose anzustellen, ob die Entscheidung des deutschen Gerichts anerkannt wird, wobei hierzu das Heimatrecht beider Ehegatten heranzuziehen ist und geprüft werden muss, ob die Anerkennung offensichtlich in beiden Herkunftsstaaten versagt werden würde. Klargestellt wird ferner in dieser Bestimmung, dass die **deutsche internationale Zuständigkeit** keine ausschließliche ist, Abs. 1 S. 2. Zusammen mit der Regelung des § 606a Abs. 2 bedeutet dies eine erhebliche Erleichterung der Anerkennungsvoraussetzungen für ausländische Entscheidungen in Ehesachen (s. a. § 328 Abs. 1 Nr. 1). Insgesamt ist der Umfang der internationalen Zuständigkeit der deutschen Gerichte in Ehesachen sehr stark erweitert worden. Der Gesetzgeber nimmt es damit als Folge der geringen Anforderungen der Anerkennung der Entscheidungen der deutschen Gerichte in Kauf, dass vermehrt sog. hinkende Scheidungen auftreten. Ist die internationale Zuständigkeit gegeben, so erfasst diese auch Folgesachen (s. Rn. 22), andere Familiensachen (Rn. 22) sowie einstwAnO (§ 620 Rn. 9). Die in § 606a enthaltenen Regelungen werden durch die Verordnung (EG) Nr. 2201/2003 des Rates über die Zuständigkeit und die Anerkennung und Vollstreckung von Entscheidungen in Ehesachen und in Verfahren betreffend die elterliche Verantwortung und zur Aufhebung der Verordnung (EG) Nr. 1347/2000 (**EheVO II**) abgelöst. Diese Verordnung übernimmt für den Bereich der Ehesachen die Regelungen der EheVO I (Art 3 bis 7), die vom 1. 3. 2000 bis 28. 2. 2005 galt.[1] § 606a hat durch das EG-Recht danach weitgehend an Bedeutung verloren. 1

§ 606a wurde durch das IPRG gänzlich neu gefasst. Zu den Gründen der Neufassung wird auf Rn. 2 der 4. Auflage verwiesen. 2

II. Verfahrensrechtliche Grundlagen

1. Internationale Zuständigkeit als Prozessvoraussetzung. Die internationale Zuständigkeit der deutschen Gerichte ist in jeder Lage des Verfahrens – auch in der Revisionsinstanz[2] – **von Amts wegen** zu prüfen, weil weder § 513 Abs. 2 noch § 545 Abs. 2 hierfür gelten.[3] Sie erfolgt nach Prüfung der örtlichen Zuständigkeit gem. § 606. Werden die Voraussetzungen der deutschen internationalen Zuständigkeit feh- 3

[1] Verordnung (EG) Nr. 1347/2000 des Rates v. 29. 5. 2000 über die Zuständigkeit und die Anerkennung und Vollstreckung von Entscheidungen in Ehesachen und in Verfahren betreffend die elterliche Verantwortung für die gemeinsamen Kinder der Ehegatten; s. hierzu OLG Saarbrücken FamRZ 2006, 1043.

[2] BGH FamRZ 1987, 580; FamRZ 1987, 793.

[3] BGH FamRZ 2003, 370; FamRZ 2003, 1381 LS; zum bisherigen Rechtszustand s. BGH NJW 1984, 1305 = IPRax 1985, 162.

lerhaft angenommen, so erwächst das deutsche Urteil dennoch in Rechtskraft und entfaltet Gestaltungswirkung.[4] Die Frage nach der Anerkennung der deutschen Entscheidung nach dem Heimatrecht des Ehegatten gem. § 606a Abs. 1 Nr. 4 ist auch noch in der Revisionsinstanz überprüfbar, um eine einheitliche Beurteilung sicherzustellen.[5] Die Prüfung der internationalen Zuständigkeit der deutschen Gerichte erfolgt nach **deutschem Zivilprozessrecht** (lex fori-Prinzip). Welches **materielle Recht** zur Anwendung kommt, ist bei der Prüfung der internationalen Zuständigkeit ohne Bedeutung; maßgebend hierfür sind die Bestimmungen des deutschen IPR. Außer Acht gelassen werden kann auch die Frage, ob die internationale Zuständigkeit von einem Heimatstaat einer der Ehegatten für sich ausschließlich in Anspruch genommen wird; dies kann jedoch mittelbar bei der Vornahme der Anerkennungsprognose nach § 606a Abs. 1 Nr. 4 erheblich sein, wenn bei Missachtung der ausschließlichen Zuständigkeit die Anerkennung der deutschen Entscheidung versagt wird. Wird die internationale Zuständigkeit bejaht, so erfasst diese auch einen zulässigen Gegenantrag (§ 610).[6]

4 **2. Einordnung als Ehesache.** Die deutsche lex fori bestimmt auch, ob eine Klage (ein Antrag) sich nach §§ 606, 606a richtet, ob also eine Ehesache oder eine allgemeine Zivilsache vorliegt.[7] Gleiches gilt im Verhältnis zu Verfahren, die der freiwilligen Gerichtsbarkeit unterliegen. In der gerichtlichen Praxis betrifft dies vor allem die nach anderen Rechtsordnungen möglichen **Ehetrennungsverfahren,** die mit dem Verfahrensgegenstand einer Ehesache nach § 606 Abs. 1 vergleichbar sind (s. § 606 Rn. 6, 12),[8] also auch für Nichtigkeitsklagen nach ausländischem Recht, die es nach deutschem Recht seit 1. 7. 1998 nicht mehr gibt.

5 **3. Anwendung ausländischen Verfahrensrechts zur Wahrung des internationalen Entscheidungseinklangs.** In ausländischen Rechtsordnungen sind materielles Recht und Verfahrensrecht häufig sehr stark miteinander verflochten, so dass eine sachgerechte Anwendung die Einbeziehung des ausländischen Verfahrensrechts notwendig macht, um dem Auftrag des Gesetzgebers zu einer sachgetreuen Anwendung gerecht zu werden. Ferner kennt das deutsche Verfahrensrecht teilweise keine passenden Regelungen, die entsprechend angewendet werden könnten. Der Grundsatz, dass das Verfahren vor dem deutschen Gericht nur nach der deutschen lex fori zu führen ist, kann deshalb nicht generell gelten; allerdings handelt es sich hierbei um Einzelfälle, so dass ausländische Verfahrensregelungen nur dann anzuwenden sind, wenn entsprechende deutsche Bestimmungen fehlen. Ob man solche Bestimmungen mit Verfahrenscharakter (aus deutscher Sicht) auch materiell-rechtlich qualifizieren kann, was teilweise in Bezug auf das Erfordernis der Anerkennungsfähigkeit einer Entscheidung durch Heranziehung des ausländischen Scheidungsstatuts angenommen wird,[9] kann somit dahinstehen. Hierzu gehört beispielsweise die Prüfung, inwieweit ein **Staatsanwalt am Verfahren** oder eine Behörde mit vergleichbarer Funktion des deutschen Gerichts zu beteiligen ist, wenn dies das ausländische Recht vorsieht. Eine solche Beteiligung ist soweit wie möglich zu verwirklichen.[10] Soweit das ausländische Verfahrensrecht eine dem deutschen Recht fremde Maßnahme vorsieht, bedeutet dies deshalb nicht, dass diese von dem deutschen Gericht abzulehnen ist. Im Übrigen ist zu prüfen, ob das dem ausländischen Recht zu Grunde liegende Rechtsschutzziel durch die deutschen Verfahrensnormen gleichermaßen gewahrt werden kann.

6 Für das **Trennungs- und Scheidungsverfahren** nach italienischem Recht ist geklärt, dass die Beteiligung des deutschen Staatsanwalts nicht Voraussetzung für die Anerkennung in Italien ist, weil der italienische ordre public nicht verletzt wird;[11] diese Frage ist zudem durch die Anerkennungsbestimmungen der EheVO II (Art. 22) obsolet geworden. Eine Übernahme ausländischen Verfahrensrechts ist bei der **gerichtlichen Bestätigung der Trennung** nach Art. 158 des italienischen codice civile erforderlich. Auch die Wahrung einer Versöhnungsfrist, eine über die Anhörungsbestimmung des § 613 hinausgehende Einvernahme der Parteien im Scheidungsverfahren,[12] die Nichtbeachtung eines Geständnisses, wenn dies nach dem Scheidungsstatut unzulässig ist[13] sowie die Feststellung der Schuld an der Trennung oder Scheidung, die das maßgebende Scheidungsstatut erfordert (s. § 606 Rn. 12)[14], gehören zu diesem Bereich, weil hiervon nach dem ausländischen Statut materiell-rechtliche Folgeansprüche (Unterhalt) abhängen können. Liegt dagegen eine dem deutschen Verfahrensrechtssystem völlig **wesensfremde** und nicht zu bewältigende Tätigkeit vor, so fehlt es nach hM an der deutschen internationalen Zuständigkeit,[15] selbst wenn die Voraussetzungen des § 606a Abs. 1 gegeben sind. Dies hat das KG für eine Scheidung von Juden israelischer Staatsangehörigkeit in der Bundesrepublik angenommen,[16] da die Gerichte eine Eheauflösung unter der erforderlichen Mitwirkung

---

[4] *Zö/Geimer* Rn. 9.
[5] *St/J/Schlosser* Rn. 19 aE.
[6] S. hierzu *Henrich,* Anm. zu AG Wiesbaden IPRax 1986, 247; aA *Staudinger/Spellenberg* Rn. 488 – selbständige Prüfung.
[7] BGH LM GVG § 23b Nr. 39 = FamRZ 1983, 155; OLG Düsseldorf IPRax 1983, 129.
[8] BGH NJW 1988, 636 = FamRZ 1988, 793.
[9] So *Grundmann* NJW 1986, 2165, 2167.
[10] *Zö/Geimer* Rn. 15 m. weit. Nachw.
[11] OLG Frankfurt/M NJW 1984, 572; OLG Celle FamRZ 1984, 280; OLG Karlsruhe FamRZ 1984, 184.
[12] S. a. *Staudinger/Spellenberg* §§ 606ff. ZPO Rn. 491; zum nichtrichterlichen Versöhnungsversuch OLG Hamburg FamRZ 2000, 1007; OLG Frankfurt/M FamRZ 2000, 293.
[13] *Jayme* FamRZ 1971, 226; FamRZ 1972, 302.
[14] OLG Hamm FamRZ 1989, 625; OLG Zweibrücken FamRZ 1997, 430.
[15] Nachweise bei *Zö/Geimer* Rn. 12 (dort auch Gegenmeinungen); *Gamillscheg,* Festschrift für Dölle, 1963, S. 289; *Staudinger/Spellenberg* §§ 606ff. ZPO Rn. 406 – wesenseigene Zuständigkeit.
[16] KG FamRZ 1994, 839; kritisch hierzu *Zö/Geimer* Rn. 14.

des Rabbinatsgerichts nicht herbeiführen können. Bei **Privatscheidungen,** die außerhalb eines gerichtlichen Verfahrens nach dem maßgebenden Scheidungsstatut ausgesprochen bzw. vereinbart werden und somit gegen Art. 17 Abs. 2 EGBGB verstoßen, kann eine Anpassung an das deutsche Verfahrensrecht dadurch erfolgen, dass diese im Rahmen eines Verfahrens vor dem FamG vorgenommen werden und hierauf die Ehe durch das FamG geschieden wird.[17]

4. Exterritorialität einer Partei. Diplomaten sind der Gerichtsbarkeit des Empfangsstaates in Familiensachen entzogen, § 18 GVG iVm. Art. 31 Abs. 1 S. 2 des Wiener Abkommens über diplomatische Beziehungen[18], während Konsularbeamte hinsichtlich Familiensachen der deutschen Gerichtsbarkeit unterliegen, § 19 GVG iVm. Art. 43 des Wiener Übereinkommens über konsularische Beziehungen.[19] Diese Regelungen sind auch bei § 606a zu beachten, weil dieser nicht die Frage regelt, ob eine Ehesache der deutschen Gerichtsbarkeit unterliegt. 7

III. Voraussetzungen der internationalen Zuständigkeit

1. Deutsche Staatsangehörigkeit eines Ehegatten, § 606a Abs. 1 S. 1 Nr. 1. Die deutschen Gerichte sind immer dann zuständig, wenn ein Ehegatte **Deutscher** ist oder dies zumindest **bei der Eheschließung** war. § 606a wird aber regelmäßig durch die **EheVO II (ab 1. 3. 2005) verdrängt** (Rn. 33ff.) und greift nur noch ein, wenn der Antragsteller mit deutscher Staatsangehörigkeit im Ausland seinen gewöhnlichen Aufenthalt hat oder weniger als sechs Monate im Inland lebt und der Antragsgegner weder seinen gewöhnlichen Aufenthalt in einem Mitgliedstaat der EU hat, noch Staatsangehöriger eines Mitgliedstaates ist. 8

a) **Ein Ehegatte ist Deutscher.** Entscheidend hierfür ist, dass ein Ehegatte unabhängig von der Parteienstellung im Zeitpunkt der letzten mündlichen Verhandlung deutscher Staatsangehöriger ist, so dass es für die Zuständigkeit ausreichend ist, wenn die deutsche Staatsangehörigkeit erst während der Ehe erworben wurde.[20] Eine erst während des laufenden Verfahrens erworbene deutsche Staatsangehörigkeit kann auch noch in der Revisionsinstanz berücksichtigt werden, wenn durch sie die deutsche internationale Zuständigkeit begründet wird und es hierfür keiner Beweiserhebung bedarf.[21] Ist die Einbürgerung beantragt, aber noch nicht ausgesprochen, ist das Verfahren auszusetzen.[22] Fraglich ist, ob die bei Rechtshängigkeit der Ehesache bestehende internationale Zuständigkeit nach den Grundsätzen der perpetuatio fori (§ 261 Abs. 3 S. 2) bestehen bleibt, wenn ein Ehegatte die **deutsche Staatsangehörigkeit** im Laufe des Verfahrens **verliert.** Soweit in einem solchen Fall idR von der Anerkennung der Entscheidung durch den Heimatstaat ausgegangen werden kann, wird man dies bejahen können (s. Rn. 12). War der Ehegatte i. Ü. bereits vor der Eheschließung Deutscher, gilt für die internationale Zuständigkeit die 2. Alt. des Satzes. I. Ü. ist Deutschen die Heimatzuständigkeit auch dann zu gewähren, wenn sie eine weitere Staatsangehörigkeit besitzen. Nach hM gilt das auch dann, wenn die effektive Staatsangehörigkeit nicht die deutsche ist (zum Vorrang der deutschen Staatsangehörigkeit s. auch § 328 Rn. 42 Fn. 185).[23]

Dem Regelungsbereich des § 606a unterliegen auch **Deutsche iSd. Art. 116 Abs. 1 GG** (Art. 9 Abs. 2 Nr. 5 FamRÄndG). Auch verschleppte Personen und Flüchtlinge (Ausländer, die als Kriegsgefangene nach Deutschland gekommen und hier verblieben sind) werden Deutschen gleichgestellt, soweit sie unter das Gesetz Nr. 23 der Alliierten Hohen Kommission vom 17. 3. 1950 fallen, ebenso **heimatlose Ausländer**[24], **sowie Aussiedler,** die gem. § 1 Abs. 2 Nr. 3 BVFG den Vertriebenen gleichgestellt werden.[25] Deutschen gleichzustellen sind ferner, was den Zugang zu den deutschen Gerichten angeht, **Flüchtlinge** nach Art. 16 Abs. 2 des Genfer Abkommens über die Rechtsstellung der Flüchtlinge[26], wenn sie ihren gewöhnlichen Aufenthalt in der Bundesrepublik haben. Hieraus wird entnommen, dass sie die internationale Zuständigkeit der deutschen Gerichte in Anspruch nehmen können.[27] Teilweise wird hierzu auch die Ansicht vertreten, dass für Personen, die der Genfer Flüchtlingskonvention unterliegen, nicht die Zuständigkeit nach § 606a Abs. 1 S. 1 Nr. 1, sondern die **Aufenthaltszuständigkeit** des § 606a Abs. 1 S. 1 Nr. 2–4 heranzuziehen sei.[28] Für die Praxis ergibt sich hieraus kein wesentlicher Unterschied, weil Art. 16 Abs. 2 der Genfer Flüchtlingskonvention die Gleichheit im Zugang zu den Gerichten nur für Flüchtlinge vorsieht, die ihren gewöhnlichen Aufenthalt in einem Vertragsstaat haben.[29] Entsprechendes gilt für **Asylpersonen,** die vom Bundesamt für die Anerkennung ausländischer Flüchtlinge als **Asylberechtigte** anerkannt und nach § 2 Abs. 1 AsylVfG Personen gleichgestellt sind, die der Genfer Flüchtlingskonvention unterliegen. 9

---

[17] S. OLG München IPRax 1989, 238 mit Anm. von *Jayme* IPRax 1989, 223; ferner *Bolz* NJW 1990, 620.
[18] Vom 18. 4. 1961 (BGBl. 1964 II S. 957).
[19] Vom 24. 4. 1963 (BGBl. 1969 II S. 1585).
[20] BGH NJW 1982, 1940.
[21] BGHZ 53, 128, 132 = NJW 1970, 1007; NJW 1977, 498, 499.
[22] *Zö/Geimer* Rn. 40 m. Nachw. zur Gegenauffassung.
[23] *Zö/Geimer* Rn. 44 m. weit. Nachw.; *Johannsen/Henrich* Rn. 13.
[24] § 11 HAuslG; s. a. *Kilian* IPRax 1995, 9.
[25] S. hierzu *Alexy* NJW 1989, 2850.
[26] Genfer Flüchtlingskonvention vom 28. 7. 1951 (BGBl. 1953 II S. 559 sowie BGBl. 1970 II S. 194); in Kraft seit dem 24. 12. 1953; zu dem zuvor geltenden Gesetz Nr. 23 der Alliierten Hohen Kommission vom 17. 3. 1950 m. Nachw. BGH NJW 1985, 1283; s. a. *Kilian* IPRax 1995, 9.
[27] BGH NJW 1982, 2732 = FamRZ 1982, 996 = IPRax 1984, 33; FamRZ 1985, 280; OLG Celle FamRZ 1989, 623, 624.
[28] So vor allem *Zö/Geimer* Rn. 44.
[29] Streitfrage von BGH FamRZ 1990, 32, 33 deshalb auch offen gelassen.

10 **b) Ein Ehegatte war bei Eheschließung Deutscher.** Erfasst werden sollen von dieser Regelung vor allem Frauen, die infolge der Eheschließung ihre deutsche Staatsangehörigkeit verloren haben, weil sie diejenige des Ehemannes beantragten. Auf Grund dieser Regelung besteht die deutsche internationale Zuständigkeit auch in solchen Fällen, wobei es für die internationale Antrittszuständigkeit ohne Bedeutung ist, ob die deutsche Staatsangehörigkeit die effektive ist.[30] Hiervon zu unterscheiden ist der Fall, dass ein Ehegatte erst in Folge der Eheschließung die deutsche Staatsangehörigkeit erwirbt. In diesem Fall greift nach dem Gesetzeszweck diese Alternative nicht ein. Fällt die deutsche Staatsangehörigkeit vor Rechtshängigkeit einer Ehesache wieder weg, kann die deutsche internationale Zuständigkeit nach § 606a Abs. 1 S. 1 Nr. 1 nicht angenommen werden, allenfalls nach § 606a Abs. 1 S. 1 Nr. 2 oder 3. Fällt die deutsche Staatsangehörigkeit erst nach Rechtshängigkeit der Ehesache weg, wendet die hM § 261 Abs. 3 Nr. 2 analog an (s. a. Rn. 9 u. Rn. 12).[31]

11 **2. Gewöhnlicher Aufenthalt im Inland, § 606a Abs. 1 S. 1 Nr. 2.** Auch wenn keiner der Ehegatten gemäß der Regelung der § 606a Abs. 1 S. 1 Nr. 1 deutscher Staatsangehöriger war oder ist, besteht die deutsche internationale Zuständigkeit, wenn **beide Ehegatten** ihren gewöhnlichen Aufenthalt im Inland haben. Betroffen von dieser Regelung und der EheVO II sind Ausländerehen mit gleicher und gemischter Staatsangehörigkeit, ferner staatenlose Ehegatten, die beide im Inland ihren gewöhnlichen Aufenthalt haben. Diese Regelung wird durch Art. 2 Abs. 1 lit. a, 1. Spiegelstrich EheVO II (Art. 3 lit. a, 1. Spiegelstrich) ersetzt, der – wie Abs. 1 Nr. 2 lediglich den gewöhnlichen Aufenthalt beider Ehegatten bei Rechtshängigkeit voraussetzt. Zur Bestimmung des Begriffs „gewöhnlicher Aufenthalt" ist das deutsche Recht als lex fori heranzuziehen (nur im Rahmen des Abs. 1 Nr. 2).[32] Hierzu gelten die zu § 606 entwickelten Grundsätze, auf die verwiesen wird (s. § 606 Rn. 20). Da der gewöhnliche Aufenthalt als **Anknüpfungsmerkmal** für die Begründung der deutschen internationalen Zuständigkeit herangezogen wird, kann eine solche erst angenommen werden, wenn Anhaltspunkte vorliegen, aus denen sich jedenfalls die Absicht zur Bildung des Lebensmittelpunkts in des Bundesrepublik Deutschland ergibt. Dies ist bei einem **Gastarbeiter,** der sich auf eine längere berufliche Tätigkeit einrichtet, auch dann anzunehmen, wenn er seine Familie in seinem Heimatland zurücklässt, nicht dagegen bei **Saisonarbeitern,** die idR nur eine befristete Arbeitserlaubnis haben, und auch nicht bei Grenzpendlern, die nach Beendigung ihrer berufliche Tätigkeit (täglich oder wöchentlich) zur Familie zurückkehren (zu Asylbewerbern s. § 606 Rn. 18). Auch bei einem nur befristet geduldeten Aufenthalt kann ein gewöhnlicher Aufenthalt bestehen, wenn sich hieraus die Absicht zur Bildung eines Lebensmittelpunktes ableiten lässt (wenn etwa ein Antrag auf Verlängerung der Aufenthaltsgenehmigung gestellt wurde). Bei einer kurzen Genehmigungsdauer ist dies aber regelmäßig nicht anzunehmen.[33]

12 Nicht erforderlich ist, dass die Ehegatten im Inland einen **gemeinsamen Aufenthalt** haben; es genügt, dass bei beiden der gewöhnliche Aufenthalt im Inland liegt. Kein ausreichendes Anknüpfungsmerkmal ist, dass der letzte gemeinsame Aufenthalt im Inland gelegen ist. Der gewöhnliche Aufenthalt muss jedenfalls im Zeitpunkt der **letzten mündlichen Verhandlung** (oder einem nach § 128 Abs. 2 gleichgestellten Zeitpunkt) vorliegen und auch noch in der Revisionsinstanz, wenn hierüber kein Beweis zu erheben ist.[34] Wie bei dem Anknüpfungsmerkmal der Staatsangehörigkeit (Rn. 8) wird man vorliegend nach dem sich aus § 261 Abs. 3 Nr. 2 ergebenden Grundsatz der perpetuatio fori das Fortbestehen der internationalen Zuständigkeit auch dann annehmen können, wenn nach Rechtshängigkeit einer oder beide Ehegatten ihren gewöhnlichen Aufenthalt in der Bundesrepublik Deutschland aufgeben.[35] Dies gilt aber nur dann, wenn die Anerkennung des deutschen Urteils gesichert ist, da § 606a in Abs. 1 S. 1 Nr. 4 weiterhin eine Prüfung der Anerkennungsfähigkeit einer deutschen Entscheidung vorsieht, also nicht anerkennungsfähige Entscheidungen vermeiden will.

13 **3. Staatenloser Ehegatte mit gewöhnlichem Aufenthalt im Inland, § 606a Abs. 1 S. 1 Nr. 3.** Ist ein Ehegatte Staatenloser mit gewöhnlichem Aufenthalt im Inland, so besteht die deutsche internationale Zuständigkeit der deutschen Familiengerichte. Hat der (staatenlose) Antragsgegner seinen gewöhnlichen Aufenthalt im Inland, wird diese Regelung durch Art. 3 Abs. 1 lit. a, 3. Spiegelstrich EheVO II verdrängt; generell geht die in Art. 3 Abs. 1 EheVO II geregelte Zuständigkeitsregelung, die durchgehend an den gewöhnlichen Aufenthalt anknüpft, § 606a Abs. 1 Nr. 3 vor. Hat der Staatenlose den gewöhnlichen Aufenthalt im Ausland, dessen ausländischer Ehegatte dagegen im Inland, ergibt sich die deutsche internationale Zuständigkeit nach § 606a Abs. 1 S. 1 Nr. 4 (zum Begriff des gewöhnlichen Aufenthalts s. § 606 Rn. 17, 20).[36] Zur Frage der Einordnung von **Flüchtlingen** iSd. der Genfer Flüchtlingskonvention, heimatlosen Ausländern und Asylberechtigten wird auf die obigen Ausführungen unter Rn. 9 verwiesen.

14 **4. Gewöhnlicher Aufenthalt nur eines Ehegatten im Inland, § 606a Abs. 1 S. 1 Nr. 4. a) Regelungsbereich.** Für die Annahme der deutschen internationalen Zuständigkeit ist es auch ausreichend, dass nur einer der Ehegatten (unabhängig von der Parteienstellung) seinen gewöhnlichen Aufenthalt im Inland hat, wobei es unerheblich ist, ob der letzte gemeinsame gewöhnliche Aufenthalt im Ausland oder Inland lag, die Ehe

[30] S. Beispiel OLG Zweibrücken FamRZ 1988, 623 (Deutsch-Brasilianerin heiratet US-Bürger und verliert deutsche Staatsangehörigkeit); s. a. OLG Stuttgart FamRZ 1997, 882.

[31] Für den Fall der Aufenthaltszuständigkeit BGH NJW 1984, 1305 = FamRZ 1983, 1215, 1216; s. aber *Staudinger/Spellenberg* §§ 606 ff. ZPO Rn. 399 sowie MK/*Bernreuther* Rn. 21, 26.

[32] BGHZ 27, 47 = NJW 1958, 830; OLG Zweibrücken FamRZ 1985, 81.

[33] OLG Bremen FamRZ 1992, 962; OLG Köln FamRZ 1996, 946; *Beitzke* IPRax 1993, 232.

[34] BGH NJW 1977, 498, 499.

[35] BGH NJW 1984, 1305 = FamRZ 1983, 1215, 1216 (beide Ehegatten verzogen während des Verfahrens nach Griechenland).

[36] S. a. *Kilian* IPRax 1995, 9, 10.

im Ausland geschlossen wurde und welches materielle Recht zur Anwendung kommt. Von dieser Regelung sind betroffen ausländische Staatsangehörige mit gleicher sowie unterschiedlicher Staatsangehörigkeit. Ist der im Ausland lebende Ehegatte staatenlos und besitzt der im Inland lebende Ehegatte eine ausländische Staatsangehörigkeit, greift die vorliegende Bestimmung ein (falls eine positive Anerkennungsprognose getroffen werden kann). Die in Art. 3 Abs. 1 lit. a, 2. Spiegelstrich EheVO II enthaltenen Regelungen sind enger als das deutsche autonome Recht (s. a. Rn. 31). Eine Zuständigkeit besteht danach (bei gewöhnlichem Aufenthalt nur einer Partei) nur dann, wenn die Ehegatten zuletzt beide ihren gewöhnlichen Aufenthalt in Deutschland hatten oder der Antragsgegner in Deutschland seinen gewöhnlichen Aufenthalt hat. Der gewöhnliche Aufenthalt des Antragstellers führt nur dann zur Zuständigkeit, wenn er sich seit mindestens einem Jahr vor Antragstellung in Deutschland gewöhnlich aufgehalten hat; bei deutscher Staatsangehörigkeit gilt dies bereits nach sechs Monaten ein, nicht dagegen bei einer kürzeren Frist.

b) **Negative Anerkennungsprognose.** Jedoch entfällt die deutsche internationale Zuständigkeit bei gewöhnlichem Aufenthalt nur eines Ehegatten im Inland, wenn **offensichtlich keiner der Heimatstaaten** die deutsche Entscheidung anerkennt. Diese Regelung war im Gesetzgebungsverfahren sehr umstritten.[37] Während bei einem gewöhnlichen Aufenthalt beider ausländischer Ehegatten im Inland auf die Prüfung einer Anerkennung durch den Heimatstaat verzichtet wurde, sollte nach Nr. 4 zur **Vermeidung hinkender Entscheidungen** und damit neuer hinkender Ehen die internationale Zuständigkeit nur dann verneint werden können, „wenn schon ohne intensive Nachforschungen davon ausgegangen werden könne, dass keiner der Heimatstaaten der Ehegatten die Entscheidung der deutschen Gerichte anerkennen würde" (Wortlaut der Begründung im Rechtsausschuss). Die deutsche internationale Zuständigkeit besteht nach den gesetzlichen Regelung nur dann nicht, wenn „die zu fällende Entscheidung offensichtlich nach dem Recht keines der Staaten anerkannt würde, denen einer der Ehegatten angehört". 15

c) **Restriktive Handhabung.** Nicht eindeutig ist die Auslegung des Wortes „offensichtlich". Nach der Begründung des Rechtsausschusses[38] (ohne intensive Nachforschungen) ist Nr. 4 restriktiv auszulegen, so dass eine negative Anerkennungsprognose nur in seltenen Fällen in Betracht kommen wird. Regelmäßig wird sich die Frage der Anerkennung aus gesetzlichen Bestimmungen, bilateralen oder multilateralen Abkommen und durch jederzeit für das Gericht zugängliche Lit. über die Anerkennungspraxis des ausländischen Staates bzw. ausländischer Gerichte ergeben. Auch aus der Tatsache, dass manche Staaten eine Scheidung generell ablehnen, kann noch nicht ohne weiteres auf eine Nichtanerkennung geschlossen werden. Dies galt (bis 1995) für Irland, das eine Scheidung anerkennt, wenn die Eheleute ihr Domizil im Scheidungsstaat haben.[39] Problematisch ist die Beurteilung der „Offensichtlichkeit", wenn sich erst auf Grund einer Auswertung ausländischer Entscheidungen eine Klärung ergäbe, so etwa, wenn der Heimatstaat ein (aus seiner Sicht) ausländisches Urteil nur dann anerkennt, wenn sein Heimatrecht angewandt wurde oder bei einer Ehescheidung die ausländischen Scheidungsgründe mit denjenigen des Heimatstaates vergleichbar sein müssen. Nach der Gesetzesbegründung soll eine eingehende Prüfung nicht erfolgen, also nicht durch Einholung von Gutachten, so dass **im Zweifel** die Zuständigkeit nach Nr. 4 zu bejahen ist.[40] 16

d) **Umfang der Ermittlungspflicht.** Unklar bleibt demnach, bei welchem „Maß an Zweifel" das Gericht eine weitere Prüfung anzustellen hat. In jedem Fall muss das FamG die maßgebende gesetzliche Regelung, bilaterale oder multilaterale Verträge prüfen und in der Lit. sowie in Fachzeitschriften nach entsprechenden Entscheidungen zur Frage der Anerkennung einer deutschen Entscheidung nachforschen, weil nur auf Grund dieser Prüfung der Begriff des Gesetzes „offensichtlich nach dem Recht keines der Staaten anerkannt würde" beurteilt werden kann; ferner muss die **Evidenzprüfung** in den Gründen der Entscheidung dargelegt werden, und zwar unabhängig davon, ob die Entscheidung revisibel ist.[41] Für eine Überprüfung durch die Revision spricht, dass die Grenzen des Begriffs der Offensichtlichkeit (als Rechtsbegriff) überprüfbar sein müssen, weil es hierbei um die Auslegung eines Begriffs, dh. die Grenzen der deutschen internationalen Zuständigkeit geht. 17

e) **Anhaltspunkte für Nichtanerkennung.** In der gerichtlichen Praxis kann deshalb trotz des Wortlauts nicht auf eine sorgfältige Prüfung verzichtet werden.[42] Ergeben sich aus den maßgebenden gesetzlichen und vertraglichen Bestimmungen erkennbare Anhaltspunkte für die Nichtanerkennung der deutschen Entscheidung, ist diesen nachzugehen. Dies ist anzunehmen, wenn ausländische Scheidungen nur durch geistliche oder religiöse Gerichte ausgesprochen werden können, das ausländische Recht grds. eine Scheidung ablehnt oder das ausländische (Prozess-) Recht die ausschließliche internationale Zuständigkeit in Ehesachen für seine Staatsangehörigen beansprucht.[43] Die gerichtlichen Ermittlungen können hierbei durch die Einholung einer Auskunft nach dem Europäischen Übereinkommen betreffend Auskünfte über ausländisches Recht vom 7. 6. 1968 unterstützt werden.[44] 18

---

[37] Zum Gang des Gesetzgebungsverfahrens s. *Gottwald* IPRax 1984, 57, 58f.; BT-Drucks. 10/504 S. 16; Stellungnahme Bundesrat BT-Drucks. 10/504 S. 101; Stellungnahme Rechtsausschuss BT-Drucks. 10/5632 S. 47.

[38] BT-Drucks. 10/5632 S. 47.

[39] Vgl. *Coester-Waltjen* IPRax 1989, 282.

[40] S. a. *Zö/Geimer* Rn. 60; aA *Staudinger/Spellenberg* §§ 606ff. ZPO Rn. 239.

[41] Bejahend *Zö/Geimer* Rn. 67f. (so dass sich insoweit § 293 nicht auswirkt); anders wohl BGH IPRax 1984, 208 m. weit. Nachw.

[42] S. aber OLG Hamm IPRax 1987, 250.

[43] S. a. MK/*Walter* Rn. 37, 1. Aufl.

[44] BGBl. 1974 II S. 938 mit Ausführungsgesetz BGBl. 1974 I S. 1433 idF des Gesetzes vom 21. 1. 1987 (BGBl. II S. 58); Übersicht über Vertragsstaaten bei *Rahm/Künkel/Breuer* VIII Rn. 119; Ersuchen erfolgt nach § 48 ZRHO.

19 f) **Staaten, bei denen offensichtlich keine Anerkennung erfolgt.** Auf Grund der gerichtlichen Praxis bestehen für zahlreiche Staaten Erkenntnisse darüber, inwieweit deutsche Scheidungsurteile grds. nicht oder bei bestimmten Fallgruppen nicht anerkannt werden (aufgeführt werden nur die wichtigsten Staaten).[45] **Ägypten:** keine Anerkennung, wenn der Antragsgegner Ägypter oder Muslime ist.[46] **Afghanistan:** keine Anerkennung, wenn Antragsgegner Afghane ist und die Scheidung nicht nach afghanischem Recht erfolgt.[47] **Albanien:** keine Anerkennung.[48] **Jugoslawien (Serbien und Montenegro):** keine Anerkennung, wenn der Antragsgegner jugoslawischer Staatsangehöriger ist und seinen Wohnsitz in Jugoslawien hat.[49] **Pakistan:** keine Anerkennung, wenn Ehegatten ihren gewöhnlichen Aufenthalt nicht in der Bundesrepublik Deutschland haben und auch der Domizilstaat das deutsche Scheidungsurteil nicht anerkennt.[50] **Peru:** keine Anerkennung, wenn nur der Antragsteller seinen gewöhnlichen Aufenthalt in Deutschland hat, falls nicht der letzte gemeinsame Aufenthalt in Deutschland war.[51] **Schweiz:** eine Anerkennung wird nur dann versagt, wenn der Beklagte (Antragsgegner) in der Schweiz wohnt und die Staatsangehörigkeit der Schweiz besitzt.[52] Hinsichtlich der Mitgliedstaaten der EG gilt Art. 21 ff. EheVO II, wonach die in einem Mitgliedstaat ergangenen Entscheidungen grundsätzlich anerkannt werden;[53] in Art. 23 EheVO II sind die Gründe der Nichtanerkennung geregelt.

20 g) **Staaten, bei denen eine Anerkennung erfolgt.** Bei folgenden Staaten werden regelmäßig deutsche Scheidungsurteile anerkannt, wenn ein Ehegatte im Inland seinen gewöhnlichen Aufenthalt hat (nicht vollständig): Australien, Brasilien, China (Volksrepublik), China (Republik), Dänemark, Finnland, Großbritannien, Kanada, Norwegen, Polen, Schweden, Tschechien, Türkei[54], USA.

21 h) **Vereinbarungen zur internationalen Zuständigkeit.** Vereinbarungen zur deutschen internationalen Zuständigkeit sind nicht möglich. Hiergegen spricht zunächst, dass bereits zur örtlichen Zuständigkeit nach § 606 eine Vereinbarung wegen des ausschließlichen Gerichtsstandes unzulässig ist (§ 40 Abs. 2 S. 1). Hinzu kommt, dass der Regelung des § 606a der Grundsatz des internationalen Entscheidungseinklangs zu Grunde liegt, über den die Parteien nicht verfügen können. Entsprechend wird dies in Art. 6 EheVO II ausdrücklich geregelt.

22 5. **Anerkennung anderer Familiensachen.** Die internationale Zuständigkeit anderer Familiensachen nach § 621 Abs. 1 ist im Regelfall an die örtliche Zuständigkeit geknüpft (s. § 621 Rn. 72 ff.). Ist im Inland eine Ehesache anhängig, so folgt hieraus die internationale Zuständigkeit nach § 621 Abs. 2 für **Folgesachen** nach § 623 Abs. 1 und **andere Familiensachen** derselben Familie (§ 621 Rn. 73; s. ferner § 623 Rn. 6). Für den Regelungsbereich der EheVO II sieht Art. 21 Abs. 1 für die in einem Mitgliedstaat ergangenen Entscheidungen eine Anerkennung ohne ein besonderes Verfahren vor.

IV. Internationale Anerkennungszuständigkeit, § 606a Abs. 2

23 1. **Normzweck.** Der durch das IPRG eingeführte § 606a Abs. 2 regelt die Anforderungen, die nach deutschem Recht an die internationale Zuständigkeit eines ausländischen Gerichts zur Anerkennung dessen Entscheidung zu stellen sind. Die bestehende Fassung erhielt Abs. 2 durch das Gesetz zum internationalen Privatrecht für außervertragliche Schuldverhältnisse und für Sachen vom 21. 5. 1999;[55] sie gilt seit 1. 6. 1999. Die Anerkennung ausländischer Entscheidungen in Ehesachen richtet sich nach Art. 7 FamRÄndG, nach dem eine Anerkennung zu versagen ist, wenn die Gerichte des entsprechenden Staates bei Anwendung deutschen Rechts unzuständig sind (§ 328 Abs. 1 Nr. 1 oder entsprechende zwischenstaatliche Anerkennungsabkommen). Aus deutscher Sicht sind ausländische Gerichte grds. nicht zuständig, wenn die deutschen Gerichte die ausschließliche Zuständigkeit für sich beanspruchen. Dieser Grundsatz wird in § 606a Abs. 1 S. 2 im Hinblick auf den Katalog des § 606a Abs. 1 S. 1 Nr. 1–4 durchbrochen, indem ausdrücklich bestimmt wird, dass die dort geregelte internationale Zuständigkeit keine ausschließliche ist. Daraus folgt, dass ausländische Gerichte auch dann international zuständig iSd. § 328 Abs. 1 Nr. 1 sind, wenn sich aus § 606a Abs. 1 S. 1 eine deutsche internationale Zuständigkeit ergibt.[56] Die seit 1. 6. 1999 bestehende Fassung beinhaltet keine inhaltliche Änderung, sondern soll den bisher gewollten Inhalt deutlicher ausdrücken. Hierbei ist § 606a Abs. 1 Nr. 4 im Rahmen der Prüfung der Anerkennung der Entscheidung eines ausländischen Gerichts ohne den zweiten Satzteil zu lesen (… es sei denn …). § 606a Abs. 1 steht im Übrigen der Anerkennung einer ausländischen Entscheidung (weiterhin) nicht entgegen, wenn auch das Heimatrecht die Entscheidung anerkennt (s. Rn. 24 aE).

---

[45] Eine umfangreiche Darstellung über die jeweilige Anerkennungslage enthält *Bergmann/Ferid.*

[46] OLG Braunschweig FamRZ 1985, 1145.

[47] *Krüger* IPRax 1985, 151; AG Bonn IPRax 1985, 165.

[48] *Bergmann/Ferid,* Albanien S. 14.

[49] *Varady* IPRax 1984, 249.

[50] OLG Hamm FamRZ 1985, 1145.

[51] *Samtleben* IPRax 1987, 86.

[52] S. Art. 3 des deutsch-schweizerischen Abkommens über gegenseitige Anerkennung und Vollstreckung von gerichtlichen Entscheidungen und Schiedssprüchen vom 2. 11. 1929, (RGBl. 1930 III S. 1066 f.).

[53] Ausnahme Dänemark, s. Art. 2 Nr. 3 EheVO II.

[54] S. Schreiben des türkischen Justizministeriums in IPRax 1988, 259.

[55] BGBl. I S. 1026; s. a. *Wagner* IPRax 1998, 429 ff.

[56] Damit wird die nach dem bis zum 1. 9. 1986 geltenden Rechtszustand aus § 606 abgeleitete ausschließliche internationale Zuständigkeit, die nach § 606a aF lediglich abgeschwächt war, aufgegeben.

2. Spiegelbildliche Prüfung. Nach § 328 Abs. 1 Nr. 1 (oder einem entsprechenden zwischenstaatlichen Anerkennungsabkommen) ist die internationale Zuständigkeit des Staates, in dem die Entscheidung erlassen wurde, auf der Grundlage der deutschen internationalen Zuständigkeit festzustellen. Für Ehesachen bestimmt § 606a Abs. 2, dass ausländische Gerichte jedenfalls dann international als zuständig iS von § 328 Abs. 1 Nr. 1 gelten, wenn – spiegelbildlich gesehen – die deutschen Gerichte ihre internationale Zuständigkeit als gegeben ansehen werden. Konkret bedeutet dies, dass ein ausländisches Urteil jedenfalls dann anzuerkennen ist, wenn 24

- ein Ehegatte Staatsangehöriger des Staates ist, dessen Gericht die Entscheidung getroffen hat oder bei Eheschließung diesem Staat angehörte (entsprechend § 606a Abs. 1 S. 1 Nr. 1);
- beide Ehegatten im Zeitpunkt der Scheidung ihren gewöhnlichen Aufenthalt in dem Urteilsstaat hatten (entsprechend § 606a Abs. 1 S. 1 Nr. 2);
- ein Ehegatte Staatenloser mit gewöhnlichem Aufenthalt im Urteilsstaat war (entsprechend § 606a Abs. 1 S. 1 Nr. 3).

Dagegen wird nach § 606a Abs. 2 Halbs. 1 die Regelung des § 606a Abs. 1 S. 1 Nr. 4 hinsichtlich der spiegelbildlichen Prüfung ausdrücklich ausgenommen, was bedeutet, dass es nicht darauf ankommt, ob sich ein Nichtangehöriger des Urteilsstaates auf einen gewöhnlichen Aufenthalt sowie eine positive Anerkennungsprognose hinsichtlich der zu treffenden Entscheidung berufen kann. Anders ausgedrückt scheitert die Anerkennung eines ausländischen Urteils in der Bundesrepublik nicht daran, dass ein Nichtangehöriger des Urteilsstaates sich auf eine andere als in § 606a Abs. 1 S. 1 Nr. 4 geregelte internationale Zuständigkeit berufen kann. Nach § 606a Abs. 2 S. 2 wird die Anerkennungsfähigkeit hinsichtlich einer ausländischen Entscheidung erweitert, wenn die internationale Zuständigkeit bei entsprechender Anwendung des § 606a Abs. 1 S. 1 Nr. 1–3 nicht gegeben wäre. Die Anerkennung einer ausländischen Entscheidung ist danach möglich, wenn die ausländische Entscheidung von den Heimatstaaten der Ehegatten anerkannt wird (zu den weiteren Einzelheiten s. § 328 Rn. 40 ff.).

3. Weitere Fragen zur Anerkennung von Entscheidungen in Ehesachen. Zu den in §§ 328 Abs. 1 Nr. 1–4, 606a Abs. 2 abschließend geregelten Versagensgründen zur Anerkennung einer ausländischen Entscheidung in Ehesachen gehört nach Art. 7 § 1 Abs. 1 S. 2 FamRÄndG **nicht die Verbürgung der Gegenseitigkeit** (iSd. § 328 Abs. 1 Nr. 5). Das Anerkennungsverfahren nach Art. 7 § 1 FamRÄndG ist auch im Falle einer im Ausland unter Mitwirkung einer ausländischen Behörde ausgesprochenen **Privatscheidung** heranzuziehen.[57] Die Anerkennungsfähigkeit einer solchen Scheidung richtet sich nach Art. 17 EGBGB. Die Anerkennung ist dann zu versagen, wenn deutsches Recht anwendbar ist, weil dieses nur eine gerichtliche Ehescheidung kennt. 25

V. Die Zuständigkeit nach der Verordnung (EG) Nr. 1347/2000 des Rates über die Zuständigkeit und die Anerkennung und Vollstreckung von Entscheidungen in Ehesachen und in Verfahren betreffend die elterliche Verantwortung für die gemeinsamen Kinder der Ehegatten

1. Normzweck. Die EheVO I[58] schafft für Ehesachen und damit eng verbundene Sorgerechtsfragen ein einheitliches europäisches Zuständigkeits- und Anerkennungsrecht, das jedem EU-Bürger einen einheitlichen Personenstand sichern will. Nicht enthalten ist in dieser Verordnung die Anerkennung von Drittstaatenentscheidungen[59] und die auf alternativen Formen zwischenmenschlichen Zusammenlebens beruhenden registrierten Partnerschaften.[60] 26

2. Anwendungsbereich. a) Allgemeine Bestimmungen. Die EheVO I ist zwingendes Recht und unterliegt nicht der Dispositionsbefugnis der Verfahrensbeteiligten. Sie ist unmittelbar geltendes Recht und bedarf in ihrem räumlichen Anwendungsbereich keiner Ratifizierung durch einen nationalen Rechtssetzungsakt. Inhaltlich lehnt sich die EheVO I sehr eng an das EU-Übereinkommen über die Zuständigkeit und die Anerkennung von Entscheidungen in Ehesachen (sog. Brüssel-II-Abkommen) an[61], das aber nicht von allen fünfzehn Mitgliedstaaten ratifiziert wurde, so dass zeitlich zuvor die EheVO I in Kraft trat und seit 1. 3. 2001 anzuwenden ist. Ihr zeitlicher Anwendungsbereich wurde mit Wirkung ab 1. 3. 2005 durch die EheVO II (sog. Brüssel-IIa-Verordnung) beendet; dies folgt aus Art. 64, 71 EheVO II. Sie bleibt jedoch für Verfahren, die **vor dem 1. 3. 2005 eingeleitet** wurden, aber noch nicht abgeschlossen sind, weiterhin wirksam. Dies folgt aus Art. 64 EheVO II. 27

Zu den Einzelheiten wird auf die Vorauflage Rn. 28 verwiesen. 28

Zu den Einzelheiten wird auf die Vorauflage Rn. 29 verwiesen. 29

Zu den Einzelheiten wird auf die Vorauflage Rn. 30 verwiesen. 30

Zu den Einzelheiten wird auf die Vorauflage Rn. 31 verwiesen. 31

Zu den Einzelheiten wird auf die Vorauflage Rn. 32 verwiesen. 32

---

[57] BayObLG IPRax 1995, 324 (syrische Privatscheidung).

[58] Vom 29. 5. 2000; s. ABlEG L 160 vom 30. 6. 2000 S. 19 = FamRZ 2000, 1141 ff.

[59] *Helms* FamRZ 2001, 257, 258 m. weit. Nachw.

[60] ZB nach dem Lebenspartnerschaftsgesetz vom 16. 2. 2001, BGBl. I S. 266.

[61] ABlEG 1998 C 221 S. 27 ff.; s. FamRZ 1998, 1415; s. a. *Jayme/Kohler* IPRax 1999, 401; *Hau* FamRZ 1999, 484; *Finger* FuR 1998, 346 f.; *Pirrung* ZEuP 1999, 834, 841 f.

VI. Die Zuständigkeit nach der Verordnung (EG) Nr. 2201/2003 des Rates über die Zuständigkeit und Anerkennung und Vollstreckung von Entscheidungen in Ehesachen und in Verfahren betreffend die elterliche Verantwortung und zur Aufhebung der Verordnung (Ehegatten) Nr. 1347/2000

33 **1. Normzweck.** Die EheVO II (Nr. 2201/2003) vom 27. 11. 2003[62] ersetzt die bis 28. 2. 2005 geltende Brüssel-II-Verordnung (s. Vorauflage Rn. 26ff.) und erweitert deren Anwendungsbereich. Sie übernimmt zunächst die Ehesachen unverändert aus der EheVO I. Ferner erfasst sie auch diejenigen **Verfahren zur elterlichen Verantwortung,** die – anders als in der EheVO I – **nicht im Zusammenhang mit einer Ehesache** stehen. Sie ist damit nicht nur auf gemeinsame Kinder von Ehegatten, sondern auf alle Kinder anzuwenden. Hierdurch soll die **Gleichbehandlung aller Kinder** sichergestellt werden einschließlich der Maßnahmen zum Schutz des Kindes. Da die Bestimmungen zur elterlichen Verantwortung häufig in Ehesachen herangezogen werden, wurden die Ehesachen und die elterliche Verantwortung in einem Rechtsakt geregelt.

34 **2. Anwendungsbereich. a) Grundlagen.** Wie die EheVO I ist auch die EheVO II vom 27. 11. 2003 zwingendes und in ihrem räumlichen Geltungsbereich unmittelbar geltendes Recht. Die Verordnung trat am 1. 7. 2004 in Kraft und gilt seit 1. 3. 2005 (Art. 72); sie gilt in allen Mitgliedstaaten mit Ausnahme von Dänemark.[63] In **Ehesachen** bezieht sich der **sachliche Anwendungsbereich** auf alle Verfahren, die den ehelichen Status betreffen, also die Ehescheidung, Trennung oder Auflösung des Ehebandes und Ungültigerklärung einer Ehe (Art. 1, 3), die Aufhebung der Ehe im Sinne des § 1314 BGB iVm. § 632 oder Nichtigerklärung der Ehe nach ausländischen Recht (eing. Rn. 5). Strittig ist, ob Anträge zur Feststellung des Bestehens oder Nichtbestehens einer Ehe unter die EheVO II fallen, da diese weder in Art. 1 Abs. 1 noch in Art. 3 Abs. 1 EheVO II erwähnt werden.[64] Zwar erfasst Art. 1 Abs. 1 lit. a EheVO II nur Gestaltungsanträge; bei diesen Anträgen geht es um den Bestand der Ehe als Statussache, so dass eine Ausdehnung auf Feststellungsanträge vertretbar ist.[65] Eindeutig nicht der EheVO II unterliegen Klagen auf Herstellung des ehelichen Lebens.[66] Ausgeschlossen vom sachlichen Anwendungsbereich sind Verfahren von Religionsgemeinschaften sowie sonstige Privatscheidungen, die von Drittstaatenangehörigen ohne Beteiligung von Gerichten oder Behörden durchgeführt werden.[67] Nicht der EheVO II unterliegen ferner Scheidungsfolgesachen zum Unterhalt, Güterrecht, Versorgungsausgleich, Hausrat und Ehewohnung sowie Namensführung; dies gilt selbst dann, wenn diese mit der Ehesache im Verbund geltend gemacht werden.[68]

Der Begriff der **elterlichen Verantwortung** bezieht sich auf die Verfahren zum Sorgerecht, Umgang, Unterbringung eines Kindes in einem Heim oder bei Pflegeeltern, zum Schutz des Vermögens, dagegen nicht auf Verfahren zur Feststellung oder Anfechtung eines Eltern-Kind-Verhältnisses, Adoptionsentscheidungen, Namensbestimmung und Unterhaltspflichten (zum vollständigen Katalog s. Art. 1 Abs. 2).[69] Besonders geregelt wird in Art. 10, 11 die Zuständigkeit im Falle einer Kindesentführung; diese Bestimmungen ergänzen das **Haager Kindesentführungsübereinkommen,**[70] das noch schneller und effektiver ausgestaltet wird. Ansonsten verdrängt die Verordnung in ihrem Anwendungsbereich (Bestimmung der internationalen Zuständigkeit, Anerkennung und Vollstreckung von Entscheidungen) die in Art. 60 EheVO II aufgeführten Verträge (vor allem das Haager MSA und das Europäische Übereinkommen vom 20. 5. 1980 über die Anerkennung und Vollstreckung von Entscheidungen über das Sorgerecht für Kinder.

35 **b) Vollstreckungsregelungen.** Die EheVO II schafft das Vollstreckbarerklärungsverfahren für Entscheidungen über das Umgangsrecht und bestimmte Entscheidungen, die eine Rückgabeanordnung des Kindes enthalten, ab. Diese Entscheidungen werden künftig ohne vorherige Vollstreckbarerklärung vollstreckt (Art. 40ff.). Ansonsten verbleibt es für Entscheidungen über die elterliche Verantwortung für deren Vollstreckbarkeit in einem anderen Mitgliedstaat, dass sie **auf Antrag** für vollstreckbar erklärt werden (Art. 28ff.).

36 **3. Regelung der gerichtlichen Zuständigkeit.** Für Ehesachen knüpft Art. 3 der EheVO II an den gewöhnlichen Aufenthalt an (Rn. 11ff.); aus diesen Bestimmungen folgt die internationale Zuständigkeit des angerufenen Gerichts (eingehend Rn. 31). Für den Bereich der elterlichen Verantwortung gelten die Art. 8ff.; Art. 10, 11 enthalten hierbei besondere Bestimmungen zur besseren Durchsetzung von Entscheidungen bei einer **Kindesentführung.**

37 **4. Mehrfache Ehesachen in verschiedenen Mitgliedstaaten.** Wurde bei Gerichten verschiedenen Mitgliedstaaten ein Antrag auf Ehescheidung, Trennung oder Auflösung des Ehebandes oder Ungültigerklärung einer Ehe zwischen denselben Parteien gestellt, so hat das später angerufene Gericht das Verfahren von Amts wegen auszusetzen, bis die Zuständigkeit des zuerst angerufenen Gerichts geklärt ist, Art. 19 Abs. 1. Diese Regelung übernimmt nicht die in Art. 11 Abs. 2 EheVO I enthaltene Regelung „... die nicht denselben Anspruch betreffen ...". Hierdurch wird die **Kernpunkttheorie**[71] gesetzlich verankert, so dass für

---

[62] ABl. EU Nr. L 338 S. 1 – sog. Brüssel-IIa-Verordnung.
[63] Erwägungsgrund Nr. 31 der Verordnung; ferner Rn. 29.
[64] Bejahend *T/P/Hüßtege,* Eu EheVO Art. 1 Rn. 2; *Vogel* MDR 2000, 1045, 1046; *Gruber* FamRZ 2000, 1129, 1130; *Hau* FamRZ 2000, 1333; aA *Helms* FamRZ 2001, 257, 259.
[65] So a. *Pirrung* ZEuP 1999, 834, 843f.
[66] S. § 606 Rn. 7ff.
[67] So Formulierung des neunten Erwägungsgrundes, ABlEG 2000 L 160 S. 20; s. a. *Gruber* FamRZ 2000, 1130.
[68] Vgl. zehnter Erwägungsgrund, ABlEG 2000 L 160 S. 20.
[69] Eingehend *Solomon* FamRZ 2004, 1409ff.
[70] Vom 25. 10. 1980 – BGBl. 1990 II S. 206.
[71] S. hierzu *Kohler* NJW 2001, 10, 12; *Hau* FamRZ 2000, 1333, 1339; Rn. 31; aA *Schlosser* Art. 11 Rn. 2.

die in Art. 19 Abs. 1 aufgeführten Verfahren keine Antragsidentität vorliegen muss. Entscheidend ist, dass die Verfahren in ihren Rechtswirkungen voneinander abhängig sind; so zB bei einem Scheidungsantrag in Deutschland und einem Antrag auf Trennung der Ehe ohne Auflösung des Ehebandes.[72] Ein früher rechtshängig gewordenes Trennungsverfahren blockiert deshalb ein später eingereichtes Scheidungsverfahren in einem anderen Mitgliedstaat. Entsprechend greift nicht der Streitgegenstandsbegriff der ZPO ein. Steht die Zuständigkeit des zuerst angerufenen Gerichts (noch) nicht fest, ist das spätere Verfahren gemäß § 19 Abs. 1 EheVO II **auszusetzen,** bis das erstbefasste Gericht seine Unzuständigkeit festgestellt, den Antrag als unbegründet abgewiesen oder über ihn nicht im Umfang des zuerst gestellten Antrags entschieden hat.[73]

5. Einführung des Internationalen Familienrechtsverfahrensgesetzes (IntFamRVG). Obwohl beide Verordnungen in allen Mitgliedstaaten unmittelbar gelten,[74] sind für deren Regelungen Ergänzungen durch innerstaatliches Verfahrensrecht notwendig, um die in der Verordnung geregelten Verfahren in das innerstaatliche Prozessrecht einzufügen (Zuständigkeitskonzentration, Regelung einstweiliger Anordnungen, Zulässigkeit der Zwangsvollstreckung, Verfahren der Beschwerde und Rechtsbeschwerde). Während die EheVO I im AVAG[75] durch Durchführungsbestimmungen ergänzt wurde, ist wegen der steigenden Zahl an familienrechtlichen Besonderheiten die EheVO II nicht mehr in das AVAG, sondern in das neu geschaffene IntFamRVG einbezogen worden. In das Gesetz wurden die Bestimmungen des Sorgerechtsübereinkommens-Ausführungsgesetzes[76] und die Ausführungsbestimmungen des Haager Kindesentführungsübereinkommens überführt. Hierzu sieht das IntFamRVG effektivere Maßnahmen zur zwangsweisen Durchsetzung von Entscheidungen vor, die den Sanktionsbereich des § 33 FGG übersteigen und zur Durchsetzung von Entscheidungen eine reaktiv-repressive Sanktion enthalten (§ 46 IntFamRVG). 38

606b *(weggefallen)*

607 *Prozessfähigkeit; gesetzliche Vertretung*

(1) In Ehesachen ist ein in der Geschäftsfähigkeit beschränkter Ehegatte prozessfähig.

(2) [1]Für einen geschäftsunfähigen Ehegatten wird das Verfahren durch den gesetzlichen Vertreter geführt. [2]Der gesetzliche Vertreter ist jedoch zur Erhebung der Klage auf Herstellung des ehelichen Lebens nicht befugt; für den Antrag auf Scheidung oder Aufhebung der Ehe bedarf er der Genehmigung des Vormundschaftsgerichts.

I. Normzweck

1 **1. Allgemeines.** Nach § 52 ist nur prozessfähig (im Sinne einer prozessualen Geschäftsfähigkeit), wer sich durch Verträge verpflichten kann. § 607 trifft hierzu in Bezug auf einen nach § 106 BGB in der Geschäftsfähigkeit beschränkten Ehegatten eine Ausnahme und erklärt diesen in Ehesachen aktiv und passiv für prozessfähig. Hierdurch soll dem höchstpersönlichen Charakter der Verfahren in Ehesachen Rechnung getragen werden, dh. der Schutz des nicht voll Geschäftsfähigen vor unsachgemäßen Maßnahmen in der Prozessführung soll hinter der Achtung vor der Entscheidungsfreiheit in persönlichen Angelegenheiten zurücktreten. Der Sache nach handelt es sich um eine (auf den Bereich der Ehesachen) sachlich beschränkte Prozessfähigkeit.[1]

2 **2. Beschränkung auf Ehesachen.** Anzuwenden ist § 607 Abs. 1 nur auf Ehesachen iSd. § 606 Abs. 1 S. 1; sein Regelungsbereich erstreckt sich auch auf einstwAnO nach §§ 620ff., weil diese Teil des Verfahrens in Ehesachen sind.[2] Dagegen werden nicht erfasst die Folgesachen nach § 623 Abs. 1 bis 3, auch wenn sie im Verbund entschieden werden; insoweit gelten zur Prozess- und Verfahrensfähigkeit die allgemeinen Vorschriften.[3] Soweit es bei Einführung einer Folgesache in den Verbund eines Antrages bedarf (alle ZPO-Verfahren), kann dieser in den Fällen des § 607 Abs. 1 nur durch den gesetzlichen Vertreter des (beschränkt geschäftsfähigen) Ehegatten erfolgen (§ 1633 BGB). Gleiches gilt für die Vornahme wirksamer Prozesshandlungen und für die Abgabe wirksamer Prozesserklärungen zu Folgesachen (Rücknahme eines Antrags, Anerkennung eines Anspruchs).[4] Soweit Folgesachen vorliegen, die (als FG-Verfahren) **vom Amts wegen** eingeleitet werden, kann der minderjährige Ehegatte jederzeit Anregungen zur Einleitung eines Verfahrens, aber auch zur Regelung der elterlichen Sorge nach § 1671 BGB vorbringen. Strittig ist, ob ein beschränkt geschäftsfähiger Ehegatte nach § 607 Abs. 1 auch berechtigt ist, einer Übertragung der **elterlichen Sorge** auf den anderen Elternteil nach § 1671 Abs. 2 Nr. 1 BGB wirksam zustimmen zu können.[5] Hiergegen

---

[72] S. auch § 610 Rn. 8ff.; OLG Zweibrücken FamRZ 2006, 1043, 1044.
[73] S. a. KG FamRZ 2005, 1685.
[74] Ohne Dänemark.
[75] Anerkennungs- und Vollstreckungsausführungsgesetz vom 19. 2. 2001 (BGBl. I S. 288) idF des Gesetzes vom 30. 1. 2002 (BGBl. I S. 564).
[76] Vom 5. 4. 1990 – BGBl. I S. 701 – zu den Altfällen s. § 56 S. 1 IntFamRVG.
[1] *R/S/Go* § 44 II 3b.
[2] S. a. *Schwab/Maurer/Borth* Teil I Rn. 109.
[3] HM MK/*Bernreuther* Rn. 1.
[4] Der minderjährige Ehegatte kann aber durch Rücknahme des von ihm eingeleiteten Scheidungsverfahrens mittelbar die Rücknahme der Folgeanträge bewirken, § 626 Abs. 1 S. 1; s. a. § 624 Rn. 2.
[5] Bejahend *Palandt/Diederichsen* § 1671 Rn. 23 (56. Aufl.).

spricht der eindeutige Wortlaut des § 607 Abs. 1, aber auch der Umstand, dass ein solcher Vorschlag zur elterlichen Sorge sich nicht nur auf das (höchstpersönliche) Elternverhältnis, sondern auch auf die Lebensstellung des Kindes bezieht, so dass solche Erklärungen vom Normzweck des § 607 Abs. 1 nicht erfasst werden.[6] Eine **Ausnahme** hiervon sieht § 1316 Abs. 2 S. 1 BGB bei einem **Antrag auf Aufhebung der Ehe** vor. Dieser Antrag kann, wenn der Ehegatte geschäftsunfähig ist, nur von seinem gesetzlichen Vertreter gestellt werden; entsprechendes gilt, wenn die Ehe unter Verstoß gegen § 1305 Abs. 1 BGB geschlossen wurde (keine Einwilligung des gesetzlichen Vertreters bei Eheschließung eines Minderjährigen). Tritt im Verlauf des Aufhebungsverfahrens die volle Geschäftsfähigkeit und damit Prozessfähigkeit des Ehegatten ein, entfällt die Vertretungsmacht des gesetzlichen Vertreters. Ansonsten bedarf es nach § 1316 Abs. 2 S. 2 BGB bei einem **beschränkt Geschäftsfähigen** nicht der Zustimmung des gesetzlichen Vertreters. Ferner unterliegen § 607 auch nicht Zwangsvollstreckungsverfahren.[7]

II. Beschränkt geschäftsfähige Ehegatten

3 **1. Regelungsbereich.** Minderjährige Kinder sind ab Vollendung des siebten Lebensjahres beschränkt geschäftsfähig (§ 106 BGB); sie können nach § 1303 Abs. 2 BGB eine Ehe schließen.[8] Das Vormundschaftsgericht kann bei Vorliegen der Voraussetzungen des § 1896 Abs. 1 BGB nach § 1903 Abs. 1 S. 2 BGB eine Betreuung mit Einwilligungsvorbehalt in Bezug auf eine zu führende Ehesache anordnen; damit hat der Betreute die Stellung eines beschränkt Geschäftsfähigen (§§ 1903 iVm. 108 bis 113, 131 Abs. 2 BGB). Wenn ein Betroffener seine Angelegenheit iSd. § 1896 BGB ganz oder teilweise nicht besorgen kann, wird regelmäßig die Betreuung sich auf die Führung der Ehesache erstrecken (§ 1902 BGB). Zwar verliert der Betreute nach dem Betreuungsgesetz nicht die Geschäftsfähigkeit, so dass er die Ehesache an sich selbst führen kann, falls nicht § 104 Nr. 2 BGB vorliegt. Wird jedoch zur Führung des Verfahrens der Ehesache eine Betreuung angeordnet, gilt § 53, der zum Zwecke der sachgemäßen Verfahrensführung § 607 verdrängt.[9] Damit entfällt in diesen Fällen eine Prozessfähigkeit iSd. § 607 Abs. 1, so dass Abs. 2 eingreift. Gleiches gilt für vor dem 1. 1. 1992 angeordneten Entmündigungen oder Pflegschaften nach § 1910 BGB aF, die nach Art. 9 § 1 Abs. 1 BtG in eine Betreuung überführt wurden und bei denen der Vormund bzw. Pfleger zu einem Betreuer mit umfassendem Einwilligungsvorbehalt nach § 1903 BGB (Art. 9 § 1 Abs. 2 BtG) wird.

4 **2. Umfang der Prozessfähigkeit nach Abs. 1.** Im Rahmen der Prozessfähigkeit des § 607 Abs. 1 kann der minderjährige Ehegatte alle sachdienlichen verfahrensleitenden Maßnahmen zur Einleitung und Führung der Ehesache veranlassen. Hierzu gehört die Begründung eines Mandatsverhältnisses mit einer Prozessbevollmächtigung, der Auftrag zur Einreichung einer Ehesache, die wirksame Entgegennahme einer Zustellung (als Antragsgegner) mit der Folge, dass bei Urteilszustellung die Rechtsmittelfristen wirksam in Gang gesetzt werden, der Antrag auf Ruhen des Verfahrens bzw. die Rücknahme der Ehesache, ferner die Befugnis, auf den Antrag des anderen Ehegatten seinerseits einen Gegenantrag (Widerklage im Rahmen der §§ 610, 632 Abs. 2) zu stellen. Liegt eine Scheidungssache vor, ist von Abs. 1 auch die (materiell-rechtlich wirkende) Zustimmung nach § 1566 Abs. 1 BGB und deren Widerruf, die Geltendmachung des besonderen Härtefalles nach § 1568 BGB iVm. § 616 Abs. 3 gedeckt, nicht dagegen der Abschluss einer Vereinbarung nach § 630, weil die dort aufgeführten Verfahrensgegenstände nicht die Ehe selbst betreffen.[10]

III. Geschäftsunfähige Ehegatten

5 **1. Wirkung der Geschäftsunfähigkeit.** Das Betreuungsgesetz hat die Regelungen zur Geschäftsunfähigkeit nach § 104 Nr. 2 BGB nicht geändert[11], so dass ein davon betroffener Ehegatte geschäftsunfähig und damit nach §§ 607 Abs. 2, 52 prozessunfähig ist. Liegen entsprechende Anhaltspunkte vor, sind diese in jeder Phase des Verfahrens nach § 56 von Amts wegen zu prüfen; bei Vorliegen der Voraussetzungen des § 104 Nr. 2 BGB ist zur Führung der Ehesache ein gesetzlicher Vertreter notwendig. Im familiengerichtlichen Verfahren muss sich deshalb der Richter an das zuständige Vormundschaftsgericht wenden, damit für den Betroffenen ein Betreuer zur Führung der Ehesache unabhängig von der Parteistellung bestellt werden kann, der die Stellung eines gesetzlichen Vertreters erlangt, § 1902 BGB.[12] Dieser kann sämtliche Ehesachen auf der Aktiv- und Passivseite führen; ausgenommen hiervon ist nach Abs. 2 S. 2 lediglich die Erhebung der **Klage auf Herstellung des ehelichen Lebens,** da diese den engen persönlichen Bereich betrifft und deshalb nicht durchgeführt werden kann, solange die Geschäftsunfähigkeit besteht.

6 **2. Erfordernis der vormundschaftlichen Genehmigung bei Aktivverfahren.** Für einen **Scheidungsantrag** oder einen Antrag auf **Aufhebung** der Ehe sowie entsprechende Gegenanträge ist die Genehmigung des Vormundschaftsgerichts einzuholen (§§ 607 Abs. 2 S. 2, 45 FGG), die vom Vormundschaftsgericht bei der Aussichtslosigkeit des Begehrens nicht erteilt wird. Funktionell zuständig ist der Richter, § 14 Abs. 1 Nr. 14 RPflG. Unterbleibt im Aktivprozess die Genehmigung des Vormundschaftsgerichts, sind sämtliche Prozess-

---

6 So iE auch *Schwab/Maurer/Borth* Teil I Rn. 110; s. ferner OLG Zweibrücken NJW-RR 1986, 1330.
7 *Zö/Philippi* Rn. 2.
8 Zur Einschränkung der Personensorge s. § 1633 BGB.
9 BGHZ 41, 303, 306f. = NJW 1964, 1855 = FamRZ 1964, 126 bzgl. Gebrechlichkeitspfleger nach § 1909 BGB; *Zö/Philippi* Rn. 4.
10 So auch *Johannsen/Henrich/Sedemund-Treiber* Rn. 4.
11 Die auch partiell bezogen auf die Ehesache bestehen kann, BGH FamRZ 1971, 243, 244.
12 S. BT-Drucks. 11/4528 S. 135 zum Betreuungsgesetz.

handlungen wirkungslos,[13] mit der Folge, dass die Voraussetzungen einer Nichtigkeitsklage nach § 579 Abs. 1 Nr. 4 erfüllt werden. Möglich ist die Einholung einer nachträglichen Genehmigung; hierzu ist das Verfahren nach § 148 auszusetzen.[14] Hat der Ehegatte den Antrag vor Eintritt der Geschäftsunfähigkeit gestellt, bedarf es lediglich der Bestellung eines gesetzlichen Vertreters; eine vormundschaftliche Genehmigung ist dagegen nicht notwendig, falls nicht zwischenzeitlich genehmigungsbedürftige Prozesshandlungen erfolgt sind. Hat das Vormundschaftsgericht einen Betreuer für den Wirkungskreis einer Ehesache bestellt, ist in der Bestellung zugleich auch die Genehmigung für den Antrag auf Scheidung oder Aufhebung der Ehe zu sehen. Keiner vormundschaftsgerichtlicher Genehmigung bedarf es für Bestandsfeststellungsklagen nach § 632.

3. Eintritt der Geschäftsfähigkeit während des Verfahrens; unerkannte Geschäftsunfähigkeit. In diesem 7
Fall kann der gesetzliche Vertreter nach §§ 241, 246 das Verfahren aufnehmen; hierdurch werden frühere Mängel geheilt.[15] Wird die Geschäftsunfähigkeit während des Verfahrens nicht erkannt, tritt dessen Rechtskraft ein,[16] jedoch mit der Möglichkeit einer Aufhebung des Verfahrens nach § 579 Abs. 1 Nr. 4.[17]

608 *Anzuwendende Vorschriften* Für Ehesachen gelten im ersten Rechtszug die Vorschriften über das Verfahren vor den Landgerichten entsprechend.

I. Normzweck

Die Familiengerichte hätten als Abteilung der Amtsgerichte die für die Amtsgerichte – über die Regelung 1
des § 495 hinaus – geltenden Sondervorschriften der §§ 496 bis 510b über die amtsgerichtlichen Verfahren anzuwenden. Da insbesondere für Ehesachen, aber auch für wichtige andere Verfahren nach § 78 Abs. 2 **Anwaltszwang** besteht und die Sonderbestimmungen für die Amtsgerichte nicht auf den Anwaltsprozess abgestellt sind, ordnet § 608 für Ehesachen an, dass im ersten Rechtszug die Vorschriften über die Verfahren vor den Landgerichten entsprechend gelten. Allerdings haben die Sonderregelungen der §§ 607ff. Vorrang vor den §§ 253 bis 494a. Für Folgesachen bestimmt § 624 Abs. 3 ebenfalls eine Verweisung auf die §§ 253 bis 494a, soweit in §§ 622 bis 630 nichts anderes bestimmt wird; die Anhörung des Antragsgegners nach § 613 Abs. 1 S. 1 ist kein Verhandeln im Sinne des § 269 Abs. 1. Ferner sind nach § 621b die Vorschriften über das Verfahren vor den Landgerichten bei güterrechtlichen Streitigkeiten anzuwenden. I. Ü. gilt § 608 nur für Verfahren, die der ZPO unterliegen, nicht dagegen für FGG-Verfahren.

II. Einzelfragen

Die in den §§ 253 bis 494a enthaltenen Regelungen werden durch die Bestimmungen der §§ 607ff. teil- 2
weise modifiziert, so zB § 253 durch § 622, § 260 durch § 610, §§ 278, 279 durch § 613; § 612 Abs. 4 schließt ein Versäumnisurteil gegen den Beklagten nach §§ 331ff. aus. Die Einzelheiten werden in den Kommentierungen der jeweiligen Bestimmung abgehandelt. Für die **öffentliche Zustellung** eines Scheidungsantrags bestehen keine besonderen Regelungen; insoweit gilt § 185.[1] Die Rücknahme einer Ehesache richtet sich nach § 269; sie kann nur mit Zustimmung des Antragsgegners erfolgen, wenn dessen Prozessbevollmächtigter zumindest in der Weise verhandelt hat, dass der Standpunkt des Antragsgegners zur Ehesache bekannt gegeben wird.[2] Ist der Antragsgegner nicht anwaltlich vertreten, kann die Ehesache jederzeit zurückgenommen werden; dessen Anhörung ist kein Verhandeln iS des § 269 Abs. 1.

609 *Besondere Prozessvollmacht* Der Bevollmächtigte bedarf einer besonderen, auf das Verfahren gerichteten Vollmacht.

I. Normzweck

Die Erteilung einer besonderen, auf das konkrete Verfahren einer Ehesache bezogenen Vollmacht an den 1
Bevollmächtigten soll dem Ehegatten den Schritt und die Folgen eines gerichtlichen Verfahrens ausdrücklich bewusst machen. Jede andere Form der Bevollmächtigung, insbesondere mit einer Generalvollmacht, wäre demnach unwirksam. Die Regelung gilt für den Kläger (Antragsteller) wie den Beklagten (Antragsgegner) gleichermaßen. Entsprechend der Zwecksetzung, das Verfahrensziel exakt anzugeben, muss eine Bevollmächtigung auch dann erteilt werden, wenn ein Ehegatte von einem Aufhebungs- in ein Scheidungsverfahren übergeht. Überwiegend wird in der Lit. die Ansicht vertreten, es reiche aus, wenn etwa das allgemeine Verfahrensziel der Auflösung der Ehe angegeben werde.[1] Dem steht entgegen, dass Aufhebung der Ehe und Scheidung zu unterschiedlichen Rechtsfolgen führen (s. § 1318 BGB). Auch spricht § 609 seinem Wortlaut nach („auf das Verfahren gerichtete Vollmacht") von einem konkreten Verfahren, so dass das Erfordernis der Bestimmtheit aufrechterhalten bleiben muss.

---

[13] *St/J/Leipold* § 56 Rn. 1.
[14] OLG Hamm FamRZ 1990, 166.
[15] BGHZ 41, 104, 106; OLG Hamm FamRZ 1990, 166, 167.
[16] BGH FamRZ 1958, 58, 59; FamRZ 1970, 545; *Zö/Philippi* Rn. 6.
[17] BGHZ 84, 24, 27 = NJW 1982, 2449.
[1] OLG Celle FamRZ 2005, 1492.
[2] BGH NJW-RR 2004, 1297 = FamRZ 2004, 1364; FamRZ 2006, 260; OLG Stuttgart FamRZ 2004, 957; FamRZ 2005, 286.
[1] S. zB MK/*Bernreuther* Rn. 2 m. weit. Nachw.; aA *B/L/H* Rn. 1.

II. Umfang

2 Für den Umfang der Vollmacht gilt grds. § 81; entsprechend dem Regelungszweck sind Widerklagen, Gegenanträge, ein Wechsel der Ehesache (iS einer Klageänderung) sowie ein Wiederaufnahmeantrag hiervon auszunehmen,[2] weil mit letzterem der durch die vorangegangene Entscheidung festgelegte Status geändert werden soll. Sonstige Tätigkeiten wie Rücknahme des Antrags, Ruhen des Verfahrens, Einlegung von Rechtsmitteln, Erteilung einer Untervollmacht sind in der erteilten Vollmacht enthalten. I. Ü. erstreckt sich die erteilte Vollmacht auch auf Anträge auf Erlass einer einstwAnO nach §§ 620ff., da diese Verfahren Teil des Hauptsacheverfahrens sind (s. a. § 82), ferner auf Grund ausdrücklicher gesetzlicher Regelung auf die Folgesachen, § 624 Abs. 1.

3 Streitig, aber ohne praktische Bedeutung, ist in der Lit.[3] die Frage, ob ein Ehegatte die gesetzliche Erstreckung der **Vollmacht** auf **Folgesachen** einschränken kann. Gegen eine Beschränkung der Vollmacht auf Folgesachen spricht der **Verbundgedanke,** mit dem eine zwischen der Scheidung und den einzelnen Scheidungsfolgesachen abgestimmte Regelung im Sinne einer Gesamtauseinandersetzung erreicht werden soll, so dass zur sachgerechten Beratung und Vertretung eine Gesamtbevollmächtigung geboten erscheint.[4] Diese ist allerdings nicht zwingend, weil es jedem Ehegatten freisteht, einen nachehelichen Anspruch im Verbund geltend zu machen. I. Ü. kann ein Ehegatte, der in der Ehesache (als Antragsgegner) keine Vertretung durch einen Rechtsanwalt beansprucht, für einzelne Folgeverfahren jeweils einen Rechtsanwalt bevollmächtigen[5] wie er auch in einer Folgesache mehrere Bevollmächtigte bestellen kann. Ferner ist es nach überwiegender Meinung[6] unzulässig, die Vollmacht auf **einzelne Prozesshandlungen** wie etwa die Erklärung eines Rechtsmittelverzichts gegen den Scheidungsausspruch oder den Abschluss eines Prozessvergleichs über Folgesachen zu beschränken (s. a. § 83). Wird dennoch in beschränktem Umfang eine Vollmacht erteilt, ist diese jedoch nicht nichtig, sondern als Vollmacht mit vollem Umfang anzusehen (§ 624 Rn. 4; s. a. § 83 Abs. 1, 2).[7]

III. Überprüfung der Vollmacht

4 Eine Überprüfung der Vollmacht erfolgt nicht von Amts wegen, wenn ein Rechtsanwalt als Bevollmächtigter auftritt (§ 88 Abs. 2),[8] da im Anwaltsprozess hierfür keine Notwendigkeit besteht.[9] Auch aus dem Untersuchungsgrundsatz des § 616 folgt keine zwingende Prüfungspflicht. Nach § 80 ist eine Vollmacht nachzuweisen, wenn deren Fehlen gerügt wird.

610

Verbindung von Verfahren; Widerklage (1) **Die Verfahren auf Herstellung des ehelichen Lebens, auf Scheidung und auf Aufhebung können miteinander verbunden werden.**

(2) **[1]Die Verbindung eines anderen Verfahrens mit den erwähnten Verfahren, insbesondere durch die Erhebung einer Widerklage anderer Art, ist unstatthaft. [2]§ 623 bleibt unberührt.**

I. Normzweck

1 **1. Überblick.** Die grundlegende Regelung des § 260 lässt es für den gewöhnlichen Zivilprozess zu, dass der Kläger mehrere Verfahren durch Klagehäufung verbindet. Auch der Beklagte kann durch Erhebung einer Widerklage nach § 33 und das Gericht bei bestehendem rechtlichem Zusammenhang durch Beschluss nach § 147 eine Verbindung mehrerer Verfahren zueinander herstellen. In Ehesachen ist eine solche Verbindung nur eingeschränkt möglich. Die Regelung des § 610 und die damit im Zusammenhang zu sehenden §§ 631, 632 machen eine Verbindung der Verfahren vom Umfang des Amtsermittlungsgrundsatzes, dh. insbesondere von unterschiedlichen Mitwirkungsrechten der zuständigen Verwaltungsbehörde abhängig. Das Gesetz teilt hierzu die Ehesachen in Bezug auf eine Verbindung untereinander in zwei Gruppen auf und zwar einerseits in Scheidungs-, Aufhebungs- und Herstellungsverfahren (s. a. § 616 Abs. 2) und andererseits in Feststellungsverfahren. Für Feststellungsklagen gilt das strenge Amtsermittlungsprinzip (§ 616 Abs. 1). In Scheidungs- Aufhebungs- und Herstellungsverfahren gilt der eingeschränkte Amtsermittlungsgrundsatz, so dass diese Verfahren ebenfalls untereinander verbunden werden können, wenn sie sich auf dieselbe Ehe beziehen (eingehend § 631 Rn. 6, 13). Nicht zulässig ist es dagegen, nach § 610 Abs. 1 die beiden aufgeführten Gruppen untereinander zu verbinden, § 610 Abs. 2 S. 1. Dies gilt auch für die Form der Widerklage. Auch andere Zivilprozesse können nach § 610 Abs. 2 S. 1 nicht mit Ehesachen verbunden werden.

2 **2. Ausnahme Verbundverfahren.** Eine Ausnahme hiervon stellt die Regelung des § 610 Abs. 2 S. 2 dar, die auf § 623 verweist, wonach eine Scheidungssache mit Folgesachen, die für den Fall der Scheidung zu

---

[2] *Zö/Philippi* Rn. 1.

[3] S. etwa MK/*Finger* § 624 Rn. 2; *Rolland/Roth* § 624 Rn. 4; *Schwab/Maurer/Borth* Teil I Rn. 112f.; aA *B/L/H* § 609 Rn. 1.

[4] S. zB *Rolland/Roth* Rn. 5.

[5] Ansonsten könnte der Antragsgegner in einer ZPO-Folgesache auch kein Versäumnisurteil verhindern, s. § 629 Abs. 2.

[6] *Zö/Philippi* Rn. 4; *Schwab/Maurer/Borth* Teil I Rn. 113.

[7] *Zö/Philippi* Rn. 4.

[8] § 613 aF sah eine Prüfung von Amts wegen vor; aufgehoben durch 1. EheRG.

[9] OLG Frankfurt/M FamRZ 1979, 323 m. weit. Nachw.; aA *Bergerfurth* Eheverf. Rn. 42 m. weit. Nachw.

regeln sind, zusammen verhandelt und entschieden werden können, § 623 Abs. 1 S. 1. Ihrer Art nach ist diese Zusammenfassung keine Prozessverbindung im herkömmlichen Sinn, weil – anders als bei §§ 33, 147 möglich – verschiedene Verfahrensarten (aus der ZPO und dem FGG) mit inhaltlich gänzlich unterschiedlichen (materiellen) Regelungsbereichen zusammengefasst werden können und der Anlass ihrer Zusammenfassung nicht der rechtliche Zusammenhang iSd. § 147, sondern die Auflösung der Ehe und der sich daraus ergebenden Folgeregelungen ist. Insoweit kann hinsichtlich einer Folgesache auch eine Zwischenfeststellungsklage erhoben werden.[1] Nicht zulässig ist es dagegen, mit einer anderen Ehesache als der Scheidungssache ein Folgeverfahren zu verbinden; § 610 Abs. 2 S. 2 bezieht sich ausdrücklich nur auf den Verbund von Scheidungs- und Folgesachen.[2] Gleiches gilt für die Verbindung von Scheidungssachen sowie anderen Ehesachen mit selbständigen Familiensachen.

3. Klageänderung, Hilfsanträge. Erhebt der Kläger zunächst eine Feststellungsklage, ändert er aber im Verlauf des Verfahrens diesen Antrag ab und begehrt er die Scheidung der Ehe, so liegt hierin eine Antragsänderung, die nicht dem Verbot des § 610 unterliegt, weil hierdurch der ursprüngliche Verfahrensgegenstand aufgegeben wird (s. a. § 611 Rn. 2). Unzulässig ist es dagegen, ein dem Verbindungsverbot des § 610 unterliegendes Verfahren mit einem hilfsweise gestellten Antrag zu verbinden, also neben der Klage auf Feststellung des Nichtbestehens der Ehe hilfsweise einen Scheidungsantrag zu stellen, weil hierin ebenfalls eine unzulässige Zusammenfassung nicht zu verbindender Verfahren liegt. 3

4. Trennung unzulässiger Verfahrensverbindungen. Liegt eine unzulässige Antragshäufung vor, sind die Verfahren nach § 145 Abs. 1 zu trennen. Ist eine dem Verbindungsverbot unterliegende Ehesache hilfsweise erhoben worden, so scheidet eine Abtrennung aus, weil Hilfsanträge nicht Gegenstand eines selbständigen Verfahrens sein können.[3] Sie ist damit als unzulässig abzuweisen.[4] Wurde dagegen ein an sich dem Verbindungsverbot unterliegendes Verfahren (durch Teilurteil) rechtskräftig abgewiesen, kann das andere Verfahren weiter betrieben werden.[5] 4

II. Zulässige Häufung von Ehesachen

1. Rangfolge der Anträge. Nach § 610 Abs. 1 ist es möglich, dass ein Ehegatte Scheidung und Aufhebung der Ehe sowie die Herstellung des ehelichen Lebens oder die Feststellung des Rechts zum Getrenntleben verlangen kann.[6] Gleichermaßen sind entsprechende Gegenanträge/Widerklagen des anderen Ehegatten möglich. Stellt ein Ehegatte den Antrag auf Herstellung des ehelichen Lebens und einen Antrag auf Auflösung der Ehe (in Form des Scheidungsantrags oder der Aufhebungsklage), muss er die Reihenfolge seines Begehrens darlegen, indem sie im Eventualverhältnis geltend zu machen sind, weil hiermit gegensätzliche Rechtsschutzziele angestrebt werden. Verlangt der Ehegatte **Scheidung** und **Aufhebung der Ehe,** kann er die **Reihenfolge der Anträge** bestimmen und auch während des Verfahrens abändern.[7] Dies ist auch noch im Rechtsmittelzug möglich.[8] Dass hierbei im Aufhebungsverfahren nach § 1318 BGB andere Rechtsfolgen als bei Scheidung der Ehe eintreten, ändert an der Dispositionsbefugnis des Ehegatten nichts.[9] Unterlässt es ein Ehegatte, das Scheidungs- oder Aufhebungsbegehren im Eventualverhältnis geltend zu machen oder verlangt ein Ehegatte die Scheidung der Ehe, der andere dagegen in demselben Rechtsstreit die Aufhebung, so ist nach § 631 Abs. 2 S. 1 nur auf Aufhebung der Ehe zu erkennen, wenn beide Anträge begründet sind (s. auch § 631 Rn. 6, 13).[10] Andererseits ist es zulässig, dass ein Ehegatte in erster Linie die Scheidung und lediglich hilfsweise die Aufhebung der Ehe begehrt. 5

2. Besonderheiten des Aufhebungsverfahrens. Innerhalb eines Aufhebungsverfahrens kann ein Ehegatte mehrere Aufhebungsgründe geltend machen, über die insgesamt entschieden werden muss, falls diese nicht zulässigerweise in einem Eventualverhältnis verlangt werden. Dies folgt aus § 1314 BGB sowie § 1318 BGB, weil an die Gründe unterschiedliche Rechtsfolgen in Bezug auf den **Ausschluss vermögensrechtlicher Ansprüche** aus der Auflösung der Ehe geknüpft werden können. Die erfolgreiche Aufhebung der Ehe führt zu deren Auflösung mit Rechtskraft des Aufhebungsurteils (§ 1313 BGB) mit Wirkung ex nunc. Damit hat das Urteil dieselbe **rechtsgestaltende Wirkung** wie ein Scheidungsurteil, § 1564 S. 2 BGB. Hieraus folgt, dass eine bereits durch rechtskräftige Scheidung aufgelöste Ehe nicht nochmals (auf eine zeitlich später eingereichte Aufhebungsklage) durch ein Aufhebungsurteil aufzulösen ist. Dementsprechend fehlt es am Rechtsschutzinteresse für ein erneutes Begehren auf nochmalige Aufhebung der Ehe, auch wenn im Hinblick auf das Ansehen in der Gesellschaft oder persönlichen Gründen ein Interesse an der Aufhebung der Ehe besteht.[11] Auch der Umstand, dass eine Partei ein anerkennenswertes, schutzwürdiges Interesse an der Herbeiführung (der in § 1318 BGB geregelten) vermögensrechtlicher Folgen bzw. Fortwirkungen der Aufhebung der Ehe haben kann, rechtfertigt es nach BGH nicht, die bereits durch rechtskräftige Scheidung 6

1 BGH NJW 2005, 1370 = FamRZ 2005, 690.
2 S. zB OLG Hamm FamRZ 2004, 551; KG FamRZ 2005, 1685.
3 BGHZ 34, 134, 153 = NJW 1961, 874 = FamRZ 1961, 203; OLG Düsseldorf FamRZ 1989, 648f.
4 HM; s. etwa *Zö/Philippi* Rn. 4 m. weit. Nachw.
5 OLG Düsseldorf FamRZ 1989, 648f.
6 Zu mehrfachen Ehesachen in verschiedenen Mitgliedstaaten der EU s. § 606a Rn. 37.
7 *Zö/Philippi* Rn. 12; *Johannsen/Henrich/Sedemund-Treiber* Rn. 8.
8 S. auch OLG Köln NJW-RR 1999, 1595 = FamRZ 2000, 819, 820 – Scheidungsantrag als Hilfsantrag.
9 Anders wohl *B/L/H* Vorb. Rn. 5.
10 § 18 der 1. DVO zum EheG wurde durch Art. 13 Nr. 2 EheschlRG aufgehoben.
11 BGH FamRZ 1958, 58.

aufgelöste Ehe nochmals durch Aufhebungsurteil aufzuheben, da das **Ausschlussrecht** nach § 1318 Abs. 2 bis 4 BGB der Form nach durch ein prozessuales Gestaltungsurteil oder durch Gestaltung in Form eines Feststellungsurteils erreicht und die rechtliche Tragweite der Eheauflösung in dem Scheidungsurteil nachträglich um die Rechte aus § 1318 BGB erweitert werden kann.[12] Mit Rechtskraft eines solchen Urteils kann danach der betroffene Ehegatte die Erklärungen abgeben, um die für den Fall der rechtskräftigen Scheidung eintretenden vermögensrechtlichen Folgen für die Zukunft auszuschließen.

7 **3. Verhältnis Scheidungsantrag/Aufhebungsantrag zur Wiederherstellungsklage.** Mit dem Scheidungsantrag bzw. der Aufhebung wird die Auflösung der Ehe begehrt, während die Herstellungsklage auf deren Erhaltung gerichtet ist. Sie verfolgen unterschiedliche Rechtsschutzziele und können deshalb von einem Ehegatten nur im Eventualverhältnis verlangt werden.

III. Grundsatz der Einheitlichkeit der Entscheidung

8 **1. Grundlagen.** Überwiegend wird in Lit.[13] und Rspr.[14] vertreten, dass über die Scheidungs- und Aufhebungsverfahren nur einheitlich entschieden werden darf. Zwar unterscheidet sich der **Streitgegenstand** eines Aufhebungsverfahrens von demjenigen einer Scheidungssache; auch steht die Rechtshängigkeit des einen Verfahrens dem anderen nicht entgegen. Dennoch können beide Gegenstände nicht in verschiedenen Verfahren verlangt werden, weil beide Ehesachen auf die Auflösung der Ehe gerichtet sind. Die Gefahr sich **widersprechender Gestaltungsurteile** ist deshalb im Interesse der Rechtssicherheit durch eine einheitliche Verhandlung und Entscheidung zu vermeiden. Wird dagegen ein Verfahren im Ausland anhängig gemacht, kann eine solche einheitliche Verhandlung und Entscheidung nicht bewirkt werden, so dass dieser Grundsatz insoweit nicht gilt.[15] Hieraus folgt, dass in getrennten Verfahren gestellte Anträge auf Scheidung und Aufhebung der Ehe, unabhängig davon, ob sie von einem Ehegatten oder eines dieser Verfahren vom anderen Ehegatten im Wege des Gegenantrags (der Widerklage) geltend gemacht werden, zu einem Verfahren verbunden und in einem Urteil entschieden werden müssen. Da § 606 für beide Verfahren die örtliche Zuständigkeit einheitlich bestimmt, besteht die Zuständigkeit zwei verschiedener Familiengerichte nur dann, wenn vor Zustellung des zweiten Antrags eine Änderung nach § 606 eintritt; in diesem Fall ist die Verbindung mit dem zuerst rechtshängig gewordenen Verfahren vorzunehmen. Wird der Aufhebungsantrag abgelehnt und dem Scheidungsantrag stattgegeben, in der **Berufungsinstanz** jedoch die Aufhebung der Ehe ausgesprochen, so wird der Scheidungsausspruch wegen des gesetzlichen Vorrangs der Eheaufhebung gegenstandlos. Werden beide Anträge in erster Instanz abgewiesen und auch dem Berufungsantrag des Ehegatten nicht stattgegeben, der Aufhebung der Ehe beantragt hat, ist die Abweisung des Scheidungsantrags mit Verstreichen der Frist des § 524 Abs. 2 S. 1 rechtskräftig.

9 **2. Mehrere Scheidungsanträge. a) Einheitliche Verhandlung und Entscheidung.** Mit der Einreichung eines Scheidungsantrags wird ebenfalls die Aufhebung der Ehe verlangt, so dass einem zeitlich später eingereichten Scheidungsantrag das zuerst rechtshängig gewordene Verfahren entgegensteht. Dies folgt einerseits aus § 261 Abs. 3 Nr. 1, aber auch aus der Notwendigkeit einer einheitlichen Entscheidung über die Auflösung der Ehe.[16] Scheidungsantrag und Gegenantrag (nicht Widerklage, § 622 Abs. 1, 3) sind deshalb in einem Verfahren gleichzeitig zu verhandeln und entscheiden. Damit kann über einen Antrag weder ein **Teilurteil** (auch nicht Form eines abweisenden Versäumnisurteils) ergehen noch darf ein Antrag abgetrennt und an ein anderes Gericht verwiesen werden.[17] Auch eine Aussetzung des Verfahrens nach § 614 hat einheitlich zu erfolgen und ist abzulehnen, wenn die Voraussetzungen nur hinsichtlich eines Antrages vorliegen. Hält das Gericht das **Verbot der Verfahrensaufspaltung** nicht ein und ergeht ein Teilurteil, ist gegen dieses Urteil das Rechtsmittel der Berufung oder Revision möglich[18]; die Einheitlichkeit der Entscheidung kann hierbei durch Aufhebung und Zurückverweisung an den vorangehenden Rechtszug wieder hergestellt werden.

10 Wird ein Antrag im Wege des **Teilversäumnisurteils**, der andere im Wege des streitigen (Teil-) Urteils abgewiesen, und wird hiergegen Einspruch sowie Berufung eingelegt, so lässt sich der Grundsatz der Einheitlichkeit der Entscheidung dadurch aufrechterhalten, dass die Rechtsmittelinstanz beide Entscheidungen aufhebt und zur einheitlichen Verhandlung und Entscheidung zurückverweist. Wird dagegen einem Antrag durch rechtskräftiges Teilurteil stattgegeben, kann über den anderen Antrag nicht mehr entschieden werden.[19] Übergeht das Gericht einen Scheidungsantrag, kann das Urteil nicht nach § 321 ergänzt werden, weil ansonsten ein selbständiges Teilurteil vorläge, das selbständig anfechtbar wäre.

11 **b) Rechtsmittelverfahren.** Der Grundsatz der Einheitlichkeit der Entscheidung gilt auch im Rechtsmittelverfahren. Wird das Urteil der Vorinstanz beispielsweise nur hinsichtlich des Gegenantrags angefochten, ist die **Rechtskraft** der angefochtenen Entscheidung in vollem Umfang gehemmt, so dass das Rechtsmittelgericht eine einheitliche Entscheidung treffen kann. Wird die Entscheidung aufgehoben und das Verfahren

[12] BGH FamRZ 1996, 1209, 1210f.; s. a. *Bosch* NJW 1998, 2004, 2011; krit. *Lüke* JuS 1997, 397.

[13] *Johannsen/Henrich/Sedemund-Treiber* Rn. 9; *Rolland/Roth* Rn. 7; aA *Zö/Philippi* Rn. 5; MK/*Bernreuther* Rn. 8.

[14] BGH NJW 1983, 1269 = FamRZ 1983, 366; NJW-RR 1989, 72f. = FamRZ 1989, 153, 155; OLG Stuttgart FamRZ 1995, 618.

[15] Zu den Rechtsfolgen mehrerer Ehesachen in verschiedenen Mitgliedstaaten s. § 606a Rn. 37.

[16] BGH NJW 1983, 1269 = FamRZ 1983, 366; NJW-RR 1989, 72f. = FamRZ 1989, 153, 155.

[17] OLG Bamberg FamRZ 1984, 302.

[18] S. a. BGH NJW 1991, 570.

[19] RGZ 58, 136, 139; OLG Bamberg FamRZ 1984, 302.

zurückverwiesen, muss die gesamte Vorentscheidung aufgehoben werden; nicht angefochtene Teile der Entscheidung können nach §§ 529, 528 S. 2 nicht mehr überprüft werden.[20]

3. Herstellungsklage und Aufhebungsklage (Scheidungsantrag). Für die Herstellungsklage gilt der Grundsatz einer einheitlichen Entscheidung im Verhältnis zu einer Aufhebungsklage (Scheidungsantrag) nicht,[21] so dass ein Teilurteil nach dem Eintritt der Teilrechtskraft möglich ist. Werden Scheidungsantrag und der im Wege der Widerklage erhobene Herstellungsantrag abgewiesen und legt nur der Antragsteller Rechtsmittel ein, ist die Abweisung der Widerklage rechtskräftig. Wurde dagegen nur das abweisende Urteil auf Scheidung angegriffen, können sich der in der Rechtsmittelinstanz mögliche Scheidungsanspruch und die rechtskräftige Herstellungsklage widersprechen. Aus diesem Grunde wird eine Hemmung des Eintritts der Rechtskraft des Herstellungsurteils angenommen. Wird die Ehe in der Rechtsmittelinstanz geschieden, wird das Herstellungsurteil gegenstandslos. 12

611 ***Neues Vorbringen; Ausschluss des schriftlichen Vorverfahrens*** **(1) Bis zum Schluss der mündlichen Verhandlung, auf die das Urteil ergeht, können andere Gründe, als in dem das Verfahren einleitenden Schriftsatz vorgebracht worden sind, geltend gemacht werden.**

(2) Die Vorschriften des § 275 Abs. 1 Satz 1, Abs. 3, 4 und des § 276 sind nicht anzuwenden.

I. Normzweck

Die Bestimmung, die für alle Ehesachen des § 606 Abs. 1 gilt, ermöglicht nach Abs. 1 das Vorbringen neuer Tatsachen, Klageänderungen und Widerklagen/Gegenanträge bis zum Schluss der mündlichen Verhandlung über die in den §§ 263, 264, 533 gezogenen Grenzen hinaus. Im Hinblick auf § 559 ist diese Bestimmung in der Revision nicht anwendbar. Ein neuer Tatsachenvortrag kann jedoch unter den in § 615 genannten Voraussetzungen zurückgewiesen werden. Abs. 2 schließt verschiedene Beschleunigungsbestimmungen des allgemeinen Prozessrechts aus, da diese mit den in Ehesachen geltenden Grundsätzen (§ 616 Abs. 2) nicht zu vereinbaren sind. 1

II. Klageänderung

1. Umfang. § 611 Abs. 1 lässt ohne die Beschränkungen des § 263, dh. ohne Zustimmung des Gegners und ohne Beachtung der Sachdienlichkeit, die Änderung einer erhobenen Klage zu. Zunächst gilt dies innerhalb eines Antrags auf Aufhebung der Ehe nach § 631 in Bezug auf die geltend gemachten Gründe nach §§ 1303 bis 1307, 1311 BGB sowie § 1314 Abs. 2 BGB. § 611 lässt dies unabhängig davon zu, ob hierin eine Antragsänderung liegt.[1] Aber auch ein Wechsel von einem Scheidungs- zu einem Aufhebungsverfahren (und umgekehrt)[2] oder der Übergang von einer Klage auf Feststellung des Rechts zum Getrenntleben zu einem Scheidungsantrag stellt eine zulässige Klageänderung dar, schließlich sogar der Wechsel von einer Feststellungsklage in einen Antrag auf Scheidung der Ehe oder Aufhebung der Ehe, weil das Verbot der Verfahrensverbindung gemäß § 610 im Falle der Klageänderung nicht betroffen ist (s. hierzu eingehend § 610 Rn. 3). Dies gilt allerdings nicht, wenn vor Änderung der Verfahrensart der Gegner eine **Widerklage** bzw. einen **Gegenantrag** gestellt hat, also der Antragsteller vom Scheidungsantrag in eine Feststellungsklage wechseln will, der andere Ehegatte aber vor Änderung seinerseits einen Gegenantrag auf Scheidung gestellt hat.[3] In diesem Fall greift § 610 ein. Weiter folgt daraus die Befugnis zur Klageänderung, die Reihenfolge verbundener Ehesachen zu ändern oder Haupt- und Hilfsanträge umzustellen.[4] Dieselben Befugnisse stehen auch dem Widerkläger (Antragsgegner) zu. 2

2. Klageänderung in der Berufungsinstanz. Auch in der Berufungsinstanz kann im gleichen Umfang wie in erster Instanz eine Klage geändert oder erweitert bzw. eine Widerklage/ein Gegenantrag (§ 622 Abs. 1, 3) erhoben werden.[5] Hierbei wird die Anwendung des § 531 durch § 615 Abs. 2 ausgeschlossen. Die Einlegung einer Berufung mit dem Ziel, in zweiter Instanz eine Klageänderung anzubringen, setzt allerdings das **Vorliegen einer Beschwer** voraus, so dass der in erster Instanz obsiegende Antragsteller/Kläger nicht nur deshalb eine Berufung einlegen kann, um in zweiter Instanz eine Änderung seines Begehrens zu erreichen. Ein solcher Fall liegt vor, wenn nach abgewiesenem Scheidungsantrag Berufung mit dem Ziel eingelegt wird, nunmehr die Aufhebung zu beantragen, weil verschiedene Streitgegenstände vorliegen. Scheidung und Aufhebung der Ehe bewirken in ihren Rechtsfolgen zwar jeweils die Auflösung des Ehebandes; sie sind aber in ihren Voraussetzungen zu verschieden (einerseits Scheitern der Ehe, andererseits Unwirksamkeitsgründe, die die Aufhebbarkeit von Anfang an zulassen), so dass kein identischer Streitgegenstand vorliegt.[6] Eine Ausnahme von diesem Grundsatz besteht, wenn der Berufungsführer das Rechtsmittel einlegt, um den Scheidungsantrag zurückzunehmen oder – einschränkend – zur Klage auf Feststellung des 3

---

[20] *Zö/Philippi* Rn. 9; *Johannsen/Henrich/Sedemund-Treiber* Rn. 10; idR wird es aber in diesen Fällen bereits an einer Beschwer des Berufungsführers fehlen.
[21] BGH NJW 1965, 2059 = FamRZ 1965, 498.
[1] BGH NJW-RR 1989, 72f. = FamRZ 1989, 153, 155.
[2] BGH (Fn. 1).
[3] S. a. *Johannsen/Henrich/Sedemund-Treiber* Rn. 3.
[4] BGH NJW-RR 1989, 72f. = FamRZ 1989, 153, 155; *Zö/Philippi* Rn. 3.
[5] S. zB OLG Köln NJW-RR 1999, 1595 = FamRZ 2000, 820.
[6] Grundsätzlich hierzu BGH NJW 1999, 2118f.; s. a. *Johannsen/Henrich/Sedemund-Treiber* Rn. 11.

Rechts zum Getrenntleben überzugehen.[7] Wechselt der Kläger in zweiter Instanz von dem Antrag auf Aufhebung der Ehe in einen Scheidungsantrag,[8] so stellt sich im Hinblick auf den **Mindestverbund** nach § 623 Abs. 1 S. 3, Abs. 3 (Fälle der Gefährdung des Kindeswohls), der von Amts wegen herzustellen ist, die Frage, ob nunmehr in zweiter Instanz das Verfahren zur Durchführung des Versorgungsausgleichs und zur Regelung der elterlichen Sorge in den Fällen des § 623 Abs. 3 S. 1 aufgenommen wird[9] oder das Verfahren entsprechend § 629b Abs. 1 S. 1 an das FamG zurückzuverweisen ist, um in erster Instanz die Folgesachen durchzuführen.[10] Zutreffend ist die letztere Ansicht, weil ansonsten den Parteien in diesen Folgesachen eine Instanz genommen würde und insbesondere der Regelungszweck des § 629b, der den Anfall der Folgeverfahren in dem dort geregelten vergleichbaren Fall beim Gericht der ersten Instanz ausdrücklich vorschreibt, für eine Rückverweisung spricht.[11] Nicht zulässig ist in einem solchen Fall der Antragsverbund nach § 623 Abs. 2. Insoweit gelten die selben Erwägungen wie beim Mindestverbund; auch steht dem § 623 Abs. 4 entgegen (s. § 623 Rn. 27). In der Revisionsinstanz scheidet dagegen eine Klageänderung bzw. -erweiterung aus.[12]

III. Neuer Tatsachenvortrag

4 § 611 Abs. 1 lässt einen neuen Tatsachenvortrag ohne Beschränkung zu; er wird nur durch § 615 eingeschränkt. Die im Tatsachenvortrag enthaltenen Angriffs- und Verteidigungsmittel stellen keine Klageänderung dar, auch soweit es sich um ein rechtlich qualifiziertes Vorbringen von Tatsachen handelt.[13]

IV. Widerklage/Gegenantrag

5 **1. Regelungsbereich.** Die **Widerklage** stellt auch in Ehesachen eine selbständige Rechtsverfolgung iS eines Gegenangriffs dar und ist kein Verteidigungsmittel. Sie muss eine Ehesache zum Gegenstand haben, erfolgt in Form der Klage, bei einer Scheidungssache in Form des Gegenantrages (§ 622 Abs. 1, 3) und muss die in §§ 610, 632 Abs. 2 gezogenen Grenzen einhalten (s. § 610 Rn. 1ff.; § 632 Rn. 4). Ferner muss sie sich auf dieselbe Ehe beziehen und gegen den anderen Ehegatten richten. Die Widerklage weist einen selbständigen Streitgegenstand auf (zum Fall des Gegenantrags auf Scheidung Rn. 8), sie kann bedingt erhoben und der Antrag auch in der mündlichen Verhandlung nach §§ 261 Abs. 2, 297 Abs. 1 gestellt werden.

6 **2. Verfahrensfragen.** Auch für die Widerklage (den Gegenantrag) gilt der in § 606 geregelte Gerichtsstand. Sie ist jederzeit zulässig, soweit sie nicht dem Verbindungsverbot der §§ 610, 632 Abs. 2 unterliegt; ansonsten ist sie als unzulässig abzuweisen. Klage und Widerklage bzw. Gegenanträge sind nach dem Grundsatz der Einheitlichkeit der Entscheidung (§ 610 Rn. 8ff.) gemeinsam zu verhandeln und entscheiden; eine Prozesstrennung nach § 145 Abs. 2 scheidet danach aus. In der Berufungsinstanz ist, abweichend von § 533, nach § 611 Abs. 1 eine Widerklage/ein Gegenantrag zulässig; sie setzt allerdings eine zulässige Berufung voraus (s. a. Rn. 3).[14] Wird mit einem Gegenantrag in der Berufungsinstanz erstmals ein Antrag auf Scheidung der Ehe gestellt, nachdem im ersten Rechtszug lediglich über den Antrag entschieden wurde, das Getrenntleben der Ehegatten (nach ausländischem Recht) auszusprechen, so kann dem an sich zulässigen Gegenantrag entgegenstehen, dass nach § 623 Abs. 1 S. 3, Abs. 3 der Mindestverbund durchzuführen ist (s. a. Rn. 3).[15] In der Revisionsinstanz ist eine Widerklage nicht mehr möglich.[16]

7 **3. Gegenantrag in Scheidungssachen. a) Einheitlicher Streitgegenstand.** Mit der Einführung des Zerrüttungsprinzips als Voraussetzung der Scheidung der Ehe durch das 1. EheRG besteht nur (noch) ein einziger Grund für die Scheidung, nämlich das Scheitern der Ehe.[17] Hieraus leitet die hM ab, dass im Scheidungsverfahren **ein einheitlicher Streitgegenstand** gegeben ist,[18] unabhängig davon, ob die Scheidung auf eine Scheiternsvermutung nach § 1566 Abs. 1, 2 BGB, den Grundtatbestand des § 1565 Abs. 1 BGB oder die Härteklausel nach § 1565 Abs. 2 BGB gestützt wird. Hieraus folgt, dass das Gericht ohne besonderen Antrag auf einen anderen Tatbestand übergehen kann,[19] allerdings wegen § 616 Abs. 2 nicht neue, bisher nicht in das Verfahren eingeführte Tatsachen ermitteln darf.

8 **b) Zulässigkeit des Gegenantrages.** Dennoch ist nach hM ein Gegenantrag des Antragsgegners im Scheidungsverfahren zulässig.[20] Dies rechtfertigt sich in erster Linie aus dem Zerrüttungsprinzip, das jedem Ehe-

---

[7] BGHZ 24, 369 = NJW 1957, 1401 = FamRZ 1957, 316; NJW 1964, 298 = FamRZ 1964, 38.
[8] Denkbar bei Abweisung oder bei Berufung des Gegners.
[9] *Rolland/Roth* Rn. 11; *Zö/Philippi* Rn. 6.
[10] So OLG Hamburg FamRZ 1982, 1211, 1212; *Johannsen/Henrich/Sedemund-Treiber* § 629b Rn. 1; MK/*Finger* § 629b Rn. 2; aA. *Zö/Philippi* Rn. 6.
[11] Ähnlich *Schwab/Maurer/Borth* Teil I Rn. 304 (für den hilfsweise gestellten Scheidungsantrag).
[12] BGH NJW 1961, 1467.
[13] *T/P/Hüßtege* Rn. 3.
[14] BGHZ 24, 369 = NJW 1957, 1401 = FamRZ 1957, 316; s. a. Rn. 3.
[15] OLG Karlsruhe FamRZ 1999, 454; möglich wäre auch eine Rückverweisung analog § 629b Abs. 1; s. Rn. 3.
[16] BGHZ 24, 279, 285; *St/J/Schlosser* § 611 Rn. 11.
[17] *Schwab/Schwab* Teil II Rn. 3f.
[18] S. *Johannsen/Henrich/Sedemund-Treiber* Rn. 9; MK/*Bernreuther* Rn. 4; aA etwa *Damrau* NJW 1977, 1169, 1171; *Jauernig* ZPR § 91 II 12.
[19] S. *Schlosser* FamRZ 1978, 319, 322f.
[20] S. etwa BGH FamRZ 1983, 38, 40; NJW 1990, 2490 = FamRZ 1991, 1042.

gatten die Befugnis zur Aufgabe der Ehe unabhängig vom prozessualen Vorgehen des anderen Ehegatten einräumt (§ 1564 S. 1 BGB) und demgemäß auch die prozessuale Bezeichnung Kläger/Beklagter zu Gunsten Antragsteller/Antragsgegner (§ 622 Abs. 3) aufgibt. Ferner kann die Einreichung eines Gegenantrags materiell-rechtlich Auswirkungen auf die güter- und versorgungsausgleichsrechtlichen Folgen haben (§§ 1384, 1587 Abs. 2 BGB), falls der Antragsteller den von ihm eingereichten Antrag vor der mündlichen Verhandlung über die Anträge einseitig (wirksam) zurücknimmt.

c) **Abweisung des Scheidungsantrages.** Da mit dem Scheidungsantrag sämtliche Tatbestände anhängig gemacht werden, soll bei Abweisung eines Scheidungsantrags die Rechtskraft des Urteils sämtliche Scheidungsgründe erfassen.[21] Dies ist insoweit missverständlich, als es nur *einen Scheidungsgrund* gibt (s. Rn. 7). Richtigerweise erfasst die Rechtskraft des abweisenden Urteils nur diejenigen Tatbestände nach §§ 1565 Abs. 1, 2, 1566 Abs. 1, 2 BGB, die der konkreten Entscheidung zu Grunde lagen. Hat etwa der Antragsteller die Scheidung nach dem Härtetatbestand begehrt und wurde dieser Antrag abgewiesen, so kann er nach Ablauf der einjährigen Trennungszeit nach § 1565 Abs. 1 BGB, jedenfalls nach Ablauf der dreijährigen Trennungszeit des § 1566 Abs. 2 BGB erneut einen Antrag auf Scheidung der Ehe stellen. 9

V. Ausschluss von Bestimmungen zur Beschleunigung des Verfahrens, Abs. 2

Das allgemeine Prozessrecht sieht in §§ 275 Abs. 1 S. 1, Abs. 3, 4, 276 Beschleunigungsmöglichkeiten (früher erster Termin, schriftliches Vorverfahren) vor, die nach § 611 Abs. 2 **ausdrücklich ausgeschlossen** werden. Damit ist es nicht möglich, dem Beklagten/Antragsgegner eine Frist zur schriftlichen Klagerwiderung gem. § 275 Abs. 1 S. 1, 3 und dem Kläger/Antragsteller eine Frist zur Stellungnahme auf die Klagerwiderung nach § 275 Abs. 4 zu setzen. Entsprechendes gilt für das schriftliche Vorverfahren. Der Gesetzgeber hält eine Beschleunigung von Ehesachen nicht für geboten[22], weil dies der Struktur dieses Verfahrens (Amtsermittlungsgrundsatz) nicht entspreche. Dieser Grundsatz wurde auch im ZPO-RG beibehalten; die hierin enthaltenen Beschleunigungsbestimmungen (§§ 272 Abs. 2, 273 Abs. 2, 3, 275 Abs. 4) wurden nicht auf das Verfahren in Ehesachen übertragen. I. Ü. gilt für Ehesachen § 615 hinsichtlich der Zurückweisung neuer Angriffs- und Verteidigungsmittel, der § 296 Abs. 1, 2 verdrängt. Die in der gerichtlichen Praxis häufig anzutreffende Fristsetzung, die der straffen Durchführung der Ehesache dienen soll, stellt so lange keinen Verstoß gegen § 611 Abs. 2 dar, als hieraus keine von dieser Bestimmung nicht gewollte Folgen bewirkt werden. 10

612 *Termine; Ladungen; Versäumnisurteil* (1) **Die Vorschrift des § 272 Abs. 3 ist nicht anzuwenden.**

(2) **Der Beklagte ist zu jedem Termin, der nicht in seiner Gegenwart anberaumt wurde, zu laden.**

(3) **Die Vorschrift des Absatzes 2 ist nicht anzuwenden, wenn der Beklagte durch öffentliche Zustellung geladen, aber nicht erschienen ist.**

(4) **Ein Versäumnisurteil gegen den Beklagten ist unzulässig.**

(5) **Die Vorschriften der Absätze 2 bis 4 sind auf den Widerbeklagten entsprechend anzuwenden.**

I. Normzweck

Die Vorschrift trifft für alle Ehesachen des § 606 Abs. 1 abweichende Sonderregelungen ggü. den allgemeinen prozessualen Bestimmungen für Termine, Ladungen und Versäumnisurteile. § 612 Abs. 4 wird für Verfahren auf Feststellung des Bestehens oder Nichtbestehens einer Ehe durch § 632 Abs. 4 ergänzt, nach denen gegen den im Termin nicht erschienenen Kläger ein Versäumnisurteil mit der Wirkung erlassen werden kann, dass die Klage als zurückgenommen gilt (eingehend § 632 Rn. 6). Die in § 612 enthaltene Bezeichnung Kläger/Beklagter betrifft nach § 622 Abs. 3 auch den Antragsteller und Antragsgegner. 1

II. Terminbestimmung

Ehesachen unterliegen nicht dem allgemeinen Beschleunigungsgebot; Abs. 1 ordnet deshalb an, dass § 272 Abs. 3 nicht anzuwenden ist, nach dem Güteverhandlung und mündliche Verhandlung so früh wie möglich stattfinden sollen. Dennoch wird mit dieser Anordnung nicht §§ 624 Abs. 3, 216 Abs. 2 außer Kraft gesetzt, wonach Termine unverzüglich zu bestimmen sind. Im Bereich des Verbundverfahrens nach § 623 Abs. 1 bis 3 hängt es allerdings je nach Sachlage davon ab, alsbald einen Termin anzuberaumen oder zunächst die Einholung von Auskünften und Stellungnahmen (zum Versorgungsausgleich bei der Versorgungsträgern, zur Regelung der elterlichen Sorge bei den Jugendämtern) abzuwarten und erst nach deren Vorliegen einen Termin zu bestimmen. So kann es geboten sein, zur Vorbereitung sachdienlicher Auskunftsersuchen bei den Versorgungsträgern gemäß § 53b Abs. 2 S. 2 FGG oder zur Ermittlung der für die Sorgerechtsentscheidung nach § 1671 BGB[1] maßgebenden Grundlagen, nach §§ 12, 50a FGG alsbald einen Termin zu bestimmen. Auch wenn ein verfrühter und damit **abweisungsreifer Scheidungsantrag** eingereicht wird (weil zB das Trennungsjahr nach § 1565 Abs. 1, 2 BGB noch nicht abgelaufen ist) oder der Antragsteller unter Beweisantritt die Voraussetzungen der Scheidung der Ehe zwar schlüssig dargelegt hat, 2

[21] *Johannsen/Henrich/Sedemund-Treiber* Rn. 10; *Rolland/Roth* Rn. 6.
[22] BT-Drucks. 7/650 S. 198; s. a. OLG Hamm FamRZ 2003, 616, 617.
[1] Bei Antrag eines Elternteils nach § 1671 Abs. 1 BGB, ihm die alleinige Sorge zu übertragen.

der Antragsgegner diese aber bestreitet, kann eine sofortige Terminierung geboten sein.[2] Die bei den Gerichten sehr häufig anzutreffende Praxis, das Verfahren bis zum (zeitlichen) Eintritt der Scheidungsvoraussetzungen (Ablauf des Trennungsjahrs bzw. Eintritt der Scheiternsvermutung nach § 1566 Abs. 2 BGB) nicht zu betreiben, verstößt gegen § 251, der übereinstimmende Anträge der Parteien verlangt und gegen § 614 Abs. 2, der nur angewandt werden kann, wenn konkrete Anhaltspunkte für eine Versöhnung der Ehegatten vorliegen; sie greift auch in die Rechtsstellung des Antragsgegners im Bereich des Zugewinn- und Versorgungsausgleichs ein, weil von der Zustellung des Scheidungsantrags regelmäßig auch das maßgebende Ehezeitende abhängt (§§ 1384, 1587 Abs. 2 BGB). Lehnt das Gericht auf Antrag einer Partei eine Terminierung ab, so ist entsprechend § 252 hiergegen die sofortige Beschwerde gegeben.[3]

III. Ladung

3 Abs. 2 stellt eine Sonderregelung zu § 218 dar. Er soll durch eine ausdrückliche Ladung sicherstellen, dass der Beklagte/Antragsgegner (erneut) die mündliche Verhandlung wahrnimmt, auch wenn der Termin in einer Entscheidung verkündet wurde. Die Regelung gilt **nur** für **Verhandlungen, nicht** für **Verkündungstermine** und bezieht sich nicht auf den Kläger, für den § 218 weiterhin gilt. Entsprechendes gilt bei einer Widerklage (Gegenantrag) für den Widerbeklagten (Anschlussantragsgegner); Abs. 2, 5 ist jedoch nicht anzuwenden, wenn der neue Termin in Gegenwart des Beklagten (Antragsgegners) oder seines Prozessbevollmächtigten verkündet wird oder der Beklagte (Antragsgegner) durch **öffentliche Zustellung** geladen war, aber nicht erschienen ist. In diesem Fall bedarf es keiner Zustellung der neuen Ladung, Abs. 3. Ist jedoch inzwischen der Aufenthalt des Beklagten (Antragsgegners) bekannt, erfolgt die Ladung gemäß Abs. 2. Nicht zulässig ist in Ehesachen nach § 178 Abs. 1 Nr. 1 eine **Ersatzzustellung** der Ladung an den Gegner; dies ist auf der Zustellungsurkunde zu vermerken. I. Ü. werden nach § 214 der Beklagte (Antragsgegner) und sein Prozessbevollmächtigter von Amts wegen geladen. Im **Rechtsmittelverfahren** gelten Abs. 2 und 3 entsprechend; da sich die Parteirollen nicht ändern, gelten diese Bestimmungen nicht für den Rechtsmittelgegner, also wenn der Antragsteller in zweiter Instanz Rechtsmittelgegner ist. I. Ü. gilt Abs. 5 auch im zweiten Rechtszug, so zB, wenn der Antragsgegner im zweiten Rechtszug einen Gegenantrag stellt.[4]

IV. Versäumnisverfahren

4 **1. Regelungszweck.** Abs. 4 stellt eine Sonderregelung zu §§ 331, 539 Abs. 2 dar; er gilt lediglich für Ehesachen, nicht für **Folgesachen im Verbundverfahren** (s. hierzu § 629 Abs. 2). Der Ausschluss eines Versäumnisurteils gegen den Beklagten ergibt sich aus der Notwendigkeit, dass Statusverfahren im Interesse der Allgemeinheit nicht der Disposition der Parteien überlassen werden können und demgemäß auch der Untersuchungsgrundsatz nach § 616 gilt.

5 **2. Säumnis in erster Instanz. a) Säumnis des Klägers.** Erscheint der Kläger nicht zum Termin, kann gegen ihn nach § 330 ein abweisendes Versäumnisurteil oder eine Entscheidung nach § 331 a ergehen.[5] Im Falle des § 632 (Feststellung des Bestehens oder Nichtbestehens einer Ehe) lautet das Versäumnisurteil, dass die Klage als zurückgenommen gilt, § 632 Abs. 4. Im Übrigen greift diese Regelung bei Anträgen auf Aufhebung der Ehe nach § 631 ein.[6] Wurde in einer Scheidungssache auch vom Antragsgegner ein Scheidungsantrag gestellt, so kann gegen den Antragsteller in seiner Stellung als Anschlussantragsgegner wegen der Schutzwirkung des Abs. 4 und 5 kein Versäumnisurteil ergehen, sondern es ist über beide einheitlich zu entscheiden (s. § 610 Rn. 8 – Grundsatz der Einheitlichkeit der Entscheidung).

6 **b) Säumnis des Beklagten.** Gegen den zum Termin ordnungsgemäß geladenen, aber nicht erschienenen Beklagten (Antragsgegner) kann kein Versäumnisurteil und auch keine Entscheidung nach Aktenlage gem. § 331 a ergehen, also die Entscheidung nur auf den Sachvortrag des Klägers (Antragstellers) gestützt werden. Da das Gericht nach § 616 von Amts wegen den Sachverhalt zu klären hat, muss es mit dem Kläger (Antragsteller) einseitig streitig verhandeln und ggf. auch von Amts wegen Beweis erheben.[7] Die Entscheidung ergeht als kontradiktorisches Urteil. Erscheint der Beklagte (Antragsgegner) im Termin ohne Prozessbevollmächtigten, gilt entsprechendes; er kann nach § 613 persönlich angehört, aber auch vernommen werden.

7 Liegt eine **einverständliche Scheidung** nach § 1566 Abs. 1 BGB iVm. § 630 vor und haben beide Ehegatten den Scheidungsantrag gestellt, gelten bei **Säumnis einer Partei** ebenfalls die dargelegten Grundsätze (Rn. 5). In diesem Fall kann nur eine einseitige streitige Entscheidung ergehen, wobei die Parteien auf die neue Prozesslage hinzuweisen sind (§ 139 Abs. 2 S. 1), weil durch den Übergang in ein streitiges Verfahren Gelegenheit zu einem neuen Vortrag gegeben werden muss.[8] Hat nur ein Ehegatte den Scheidungsantrag gestellt und der andere nach § 1566 Abs. 1 BGB zugestimmt, so gilt bei Säumnis des Antragsgegners das zuvor Gesagte. Ist der Antragsteller säumig, so kann gegen ihn erst ein Versäumnisurteil ergehen, wenn

---

[2] OLG Dresden FamRZ 2002, 891; zur Korrektur des Stichtages nach § 242 BGB s. BGH NJW 1997, 1007 = FamRZ 1997, 347 f.; *Borth* FamRZ 1997, 1041.

[3] OLG Frankfurt/M NJW 1986, 389 = FamRZ 1986, 79; aA OLG München NJW 1979, 1050 (LS); OLG Karlsruhe FamRZ 1994, 1399.

[4] *Johannsen/Henrich/Sedemund-Treiber* Rn. 4.

[5] OLG Hamm NJW 1986, 2061 = FamRZ 1986, 705.

[6] S. § 631 Rn. 12.

[7] S. zB OLG Hamm FamRZ 1987, 521.

[8] Übergang von § 1566 Abs. 1 BGB in § 1565 Abs. 1 BGB.

die Zustimmung zur Scheidung widerrufen (§ 630 Abs. 2 S. 1) und dem Antragsteller diese neue Prozesslage mitgeteilt wurde.

c) **Säumnis beider Parteien.** Sind beide Parteien säumig, kann eine Entscheidung nach Aktenlage gemäß § 251 a ergehen. Da das Ausbleiben der Ehegatten auf einer Versöhnung beruhen kann, sollte das Ruhen des Verfahrens nach § 251 a Abs. 3 angeordnet werden. Dies gilt nach §§ 525, 555 auch im höheren Rechtszug. 8

3. Säumnis in der Rechtsmittelinstanz. a) Säumnis des Berufungsklägers/-führers. Bei Säumnis des Klägers (Antragstellers erster Instanz) als Berufungskläger ergeht nach § 539 Abs. 1 **auf Antrag** ein Versäumnisurteil, mit dem das Rechtsmittel ohne sachliche Prüfung zurückgewiesen wird. Möglich ist ferner eine Entscheidung nach Aktenlage, §§ 539 Abs. 1, 3, 331 a, 555. Entsprechendes gilt, wenn der Beklagte (Antragsgegner) erster Instanz als Rechtsmittelkläger säumig ist, weil dieser durch Säumnis in gleicher Weise wie durch eine Rücknahme seines Rechtsmittels das Urteil erster Instanz rechtskräftig werden lassen kann;[9] insoweit verdrängt § 539 die Regelung des § 612 Abs. 4. Hat der Kläger seine Klage in zweiter Instanz geändert, ist dagegen ein Versäumnisurteil nicht zulässig (zu den Folgen bei gleichzeitigem Rechtsmittel gegen eine FGG-Folgesache s. § 629 a Rn. 4).[10] Strittig ist, ob der Rechtsmittelbeklagte bei Säumnis des Berufungsklägers anstatt eines das Rechtsmittel abweisenden Versäumnisurteils eine Sachentscheidung verlangen kann.[11] Die Begründung, dass der Kläger in erster Instanz kein Versäumnisurteil beanspruchen und es ihm deshalb auch nicht in zweiter Instanz verwehrt sein könne, ein streitentscheidendes Urteil zu erwirken, überzeugt nicht, weil das Gesetz für die Säumnis des Berufungsklägers ausdrücklich des Erlass eines Versäumnisurteils vorsieht; damit besteht kein Grund für ein streitentscheidendes Urteil in zweiter Instanz.[12] Eine Ausnahme besteht, wenn bereits streitig verhandelt wurde, so dass nach § 539 Abs. 3 iVm. § 331 a nach Lage der Akten entscheiden werden kann. 9

b) Säumnis des Berufungsbeklagten (Berufungsgegners) oder Revisionsbeklagten. Soweit der Berufungsbeklagte (-gegner) in erster Instanz Beklagter (Widerbeklagter) war, ist nach Abs. 4, 5 ein Versäumnisurteil untersagt. Entsprechendes gilt für das Revisionsverfahren. War er in erster Instanz Kläger (Antragsteller) oder Widerkläger (Gegenantragsteller), so ist an sich nach §§ 539 Abs. 2, 555 iVm. § 331 das tatsächliche mündliche Vorbringen des Rechtsmittelführers als zugestanden anzunehmen. Nach § 617 greift diese Geständniswirkung in Ehesachen jedoch nicht ein, so dass auch kein Versäumnisurteil ergehen kann. 10

c) Säumnis bei beiderseitigen Berufungen. Haben beide Parteien Berufung eingelegt und ist eine Partei säumig, so kann nach dem Grundsatz der Einheitlichkeit der Entscheidung nur ein einheitliches streitiges Urteil ergehen (s. Rn. 5). 11

V. Gebühren und Kosten

1. Rechtsanwaltsgebühren. Der **Antragstellervertreter** erhält die volle Terminsgebühr der Nr. 3104 VV RVG. Der **Antragsgegnervertreter** erhält die volle Terminsgebühr, für den Antrag auf Versäumnisurteil eine verminderte Terminsgebühr von 0,5 (Nr. 3105 VV RVG). Diese Gebühr entsteht aber nicht, wenn schon vorher eine gleich hohe oder höhere Terminsgebühr entstanden war, § 15 Abs. 2 S. 1 RVG. Beantragt der Rechtsmittelführer ein Versäumnisurteil, fällt die Gebühr an gemäß Nrn. 3203, 3211 VV RVG. 12

2. Gerichtskosten. Weder für ein Versäumnisurteil noch für ein anderes Urteil fällt in der ersten oder in den Rechtsmittelinstanzen eine Gebühr an. Dafür sind – mit bestimmten Ermäßigungstatbeständen – die Gebühren für das Verfahren im Allgemeinen erhöht. 13

613 *Persönliches Erscheinen der Ehegatten; Parteivernehmung*

(1) [1]Das Gericht soll das persönliche Erscheinen der Ehegatten anordnen und sie anhören; es kann sie als Parteien vernehmen. [2]Sind gemeinschaftliche minderjährige Kinder vorhanden, hört das Gericht die Ehegatten auch zur elterlichen Sorge an und weist auf bestehende Möglichkeiten der Beratung durch die Beratungsstellen und Dienste der Träger der Jugendhilfe hin. [3]Ist ein Ehegatte am Erscheinen vor dem Prozessgericht verhindert oder hält er sich in so großer Entfernung von dessen Sitz auf, dass ihm das Erscheinen nicht zugemutet werden kann, so kann er durch einen ersuchten Richter angehört oder vernommen werden.

(2) Gegen einen zur Anhörung oder zur Vernehmung nicht erschienenen Ehegatten ist wie gegen einen im Vernehmungstermin nicht erschienenen Zeugen zu verfahren; auf Ordnungshaft darf nicht erkannt werden.

I. Normzweck

Zweck dieser Bestimmung ist es, durch die Anordnung des persönlichen Erscheinens der Parteien zum Termin und deren Anhörung bzw. Vernehmung als Partei eine bessere Aufklärung von Amts wegen zu erreichen als im normalen Zivilprozess; sie rechtfertigt sich somit aus dem Untersuchungsgrundsatz des 1

---

[9] HM; *Johannsen/Henrich/Sedemund-Treiber* Rn. 7 m. weit. Nachw.; *Zö/Philippi* Rn. 8; OLG München FamRZ 1995, 378 f.

[10] OLG Saarbrücken NJW 1966, 2123, 2124.

[11] So OLG Hamm FamRZ 1982, 295 (Nr. 163) m. weit. Nachw.; OLG Koblenz FamRZ 1983, 759.

[12] OLG Hamm FamRZ 1982, 295 (Nr. 164); OLG Karlsruhe FamRZ 1985, 505; *Zö/Philippi* Rn. 8.

§ 616. Das Gericht hat die Möglichkeit, die Parteien auf Grund mündlicher Verhandlung anzuhören oder sie als Partei zu vernehmen. Die Anhörung nach § 613 Abs. 1 geht hierbei weiter als bei § 141, weil sie über dessen Zweck hinaus dem Gericht vor allem einen persönlichen Eindruck über die Ehegatten verschafft und insgesamt eine bessere Aufklärung des Sachverhalts ermöglicht. Die Parteivernehmung ist als originäres Beweismittel ausgestaltet und geht damit über den subsidiären Charakter des § 448 hinaus. Beide sollen sicherstellen, dass sich die Ehegatten über die zu entscheidende Ehesache als höchstpersönliche Angelegenheit äußern können, ehe hierüber entschieden wird. Ferner kann der nicht durch einen Prozessbevollmächtigten vertretene Antragsgegner in Ehesachen auf die weit reichenden Folgen der Scheidung hingewiesen und ggf. ihm nach § 625 ein Rechtsanwalt als Bevollmächtigter beigeordnet werden. Die Regelung gilt für alle Ehesachen in beiden Rechtszügen, nicht dagegen in Folgesachen[1], anderen Familiensachen oder in Verfahren auf Erlass einer einstwAnO. Für diese sind die allgemeinen Bestimmungen der jeweiligen Verfahrensart nach der ZPO (§§ 141, 445ff.) oder dem FGG (§§ 12, 50a – 50b FGG) bzw. Sondervorschriften[2] heranzuziehen.

2 **Inhaltlich** richtet sich die Anhörung bzw. Vernehmung der Parteien nach § 616. Nach § 616 Abs. 1 kann der Richter bei Feststellung des Bestehens oder Nichtbestehens einer Ehe sowie bei Verfahren auf Nichtigerklärung nach ausländischem Recht alle für die Sachaufklärung notwendigen Fragen stellen; bei § 616 Abs. 2, also vor allem in Scheidungssachen, können eheerhaltende Tatsachen ohne Beschränkung, ehefeindliche Tatsachen dagegen nur, soweit sie vorgetragen worden sind, ermittelt werden.

II. Pflicht zur Anhörung oder Vernehmung

3 **1. Anhörung.** Dem Wortlaut nach ist § 613 Abs. 1 S. 1 Alt. 1 eine Sollvorschrift. Aus dem Untersuchungsgrundsatz folgt jedoch für das Gericht die **Pflicht,** beide Ehegatten **persönlich** anzuhören, weil nur hierdurch der zuvor beschriebene Zweck erreicht werden kann. Hierbei kann das FamG verlangen, dass beide Ehegatten gleichzeitig zum Anhörungstermin erscheinen, wenn es dies zur Sachaufklärung für dienlich hält und im Rahmen einer Gegenüberstellung eine Aufklärung erreicht werden kann.[3] Auch zur Herbeiführung einer gütlichen Streitbeilegung (zu einzelnen Punkten) gemäß § 278 kann dies geboten sein. Allerdings gilt diese Pflicht nicht ausnahmslos. Ist der Aufenthalt des Antragsgegners unbekannt, kann auch ohne dessen Anhörung ein Urteil ergehen[4], ebenso, wenn sich der Antragsgegner im Ausland aufhält und von dem ausländischen Staat keine Rechtshilfe (nach der ZRHO) erlangt werden kann. An der grundsätzlichen **Pflicht zur Anhörung** einer im Ausland lebenden Partei ändert sich aber nichts.[5] Im Hinblick auf den Grundsatz des rechtlichen Gehörs nach Art. 103 Abs. 1 GG ist ein Verzicht auf die Anhörung nur in eng umgrenzten Fällen zulässig und sollte, falls eine persönliche Anhörung aus beachtlichen Gründen nicht möglich ist, jedenfalls schriftlich erfolgen, falls nicht eine Anhörung durch den ersuchten Richter erfolgen kann (Abs. 1 S. 3). In jedem Fall ist aber vorrangig eine Anhörung im Wege der Rechtshilfe zu versuchen.[6] Demgemäß erscheint es zweifelhaft, auf die Anhörung zu verzichten, wenn die Voraussetzungen einer Scheidung (wegen mehr als dreijähriger Trennung) unzweifelhaft vorliegen[7] oder eine weitere Sachaufklärung weder geboten noch zu erwarten ist[8], da dies dem Grunde nach eine Vorwegnahme der Beweiswürdigung bedeutet. Zudem kann im Hinblick auf die höchstpersönliche Angelegenheit (s. Rn. 1) nicht ohne weiteres angenommen werden, auf Grund der Nichtwahrnehmung des Anhörungstermins verliere der Antragsgegner seine besondere Schutzwürdigkeit. Das Nichterscheinen kann auf unterschiedlichen Motiven beruhen, u. a. auch, dass der Antragsgegner an der Ehe festhalten will, so dass zur Ermittlung der Gründe grundsätzlich eine Anhörung geboten ist, um festzustellen, ob und in welcher Weise der Antragsgegner schutzbedürftig ist. Hierfür spricht auch die Regelung des § 625. Eine Ausnahme von dem allgemeinen Grundsatz ist nur dann gerechtfertigt, wenn der Antragsgegner unbekannten Aufenthalts ist und der Antrag zur Ehesache **öffentlich zugestellt** wurde. In diesem Fall kann auf Grund der öffentlichen Zustellung des Antrags davon ausgegangen werden, dass der Antragsgegner nicht erreichbar ist, so dass auch dessen Anhörung bzw. Vernehmung als Partei ausscheidet.[9]

4 Erscheint eine ordnungsgemäß geladene Partei zum Anhörungstermin nicht, so rechtfertigt dies nicht, eine Entscheidung ohne Anhörung zu treffen; vielmehr sind zunächst die **zulässigen Ordnungsmittel** zu verhängen (gemäß § 380 Abs. 1 S. 2)[10], was sich aus Abs. 2 ergibt. Die Verhängung eines Ordnungsgeldes (zu dessen Höhe s. Art. 6 Abs. 1 EGStGB) ist hierbei zwingend vorgeschrieben, während die Anordnung der zwangsweisen Vorführung eines Ehegatten durch den Gerichtsvollzieher im Ermessen des Gerichts steht, § 380 Abs. 2 Halbs. 2. Zulässig sind Zwangsmittel nur, wenn sie in der Ladung angedroht worden sind, §§ 141 Abs. 3 S. 3, 377 Abs. 2 Nr. 3. Allerdings besteht keine Pflicht, Angaben zur Sache zu machen, so

---

1 OLG Schleswig FamRZ 1992, 839.
2 Für § 620 Nr. 1, 2 und 3 gilt § 620a Abs. 3.
3 S. a. OLG Brandenburg FamRZ 2000, 897.
4 BGH LM EGBGB Art. 17 Nr. 6 = NJW-RR 1994, 642, 643f. = FamRZ 1994, 434, 436.
5 OLG Hamm NJW 1989, 2203; FamRZ 1999, 1090.
6 S. a. OLG Hamm FamRZ 2000, 898.
7 So aber *Johannsen/Henrich/Sedemund-Treiber* Rn. 4; *Zö/Philippi* Rn. 4.
8 So AG Lüdenscheid FamRZ 2004, 1976.
9 Zu weitgehend OLG Hamm FamRZ 1999, 1090f.; OLG Koblenz FamRZ 2001, 1159 – bereits bei mehrfachem Fernbleiben.
10 S. a. OLG Düsseldorf FamRZ 1986, 1117, 1118; OLG Köln FamRZ 1990, 761, 762; OLG Hamm FamRZ 1996, 1156.

dass ggü. einer Partei auch keine Zwangsmittel angewandt werden dürfen, die ausdrücklich erklärt hat, nicht aussagen zu wollen.[11] I. Ü. ist auch der ersuchte Richter befugt, Zwangsmaßnahmen anzuordnen. Einer Partei können auch die durch ihr Ausbleiben verursachten Kosten auferlegt werden, § 380 Abs. 1. Nicht zulässig ist die Verhängung einer Ordnungshaft, Abs. 2 letzter Halbs. Gegen erlassene Zwangsmaßnahmen besteht der Rechtsbehelf der sofortigen Beschwerde nach §§ 381, 380 Abs. 3. **Unterbleibt** die persönliche **Anhörung** durch das Gericht ohne sachlichen Grund, kann das Verfahren wegen eines wesentlichen Verfahrensmangels aufgehoben und das Verfahren an die Vorinstanz zurückverwiesen werden (§ 538 Abs. 2 S. 1 Nr. 1).[12] Das Berufungsgericht kann diesen Mangel jedoch durch die Anhörung der Partei beheben.[13] Ist eine Partei längerfristig erkrankt oder gebrechlich und zur Wahrnehmung der mündlichen Verhandlung außerstande, muss die Anhörung in den Räumen der Partei erfolgen. Mittellosen Parteien sind die Reisekosten durch Gewährung von Prozesskostenhilfe sicherzustellen.

2. Parteivernehmung. Das Ergebnis der persönlichen Anhörung kann das Gericht nach dem Grundsatz der freien Beweiswürdigung gemäß § 286 verwerten; es kann aber auch eine **Parteivernehmung** durchführen, wenn die für eine Entscheidung maßgeblichen Umstände streitig geblieben sind. Dies gilt vor allem bei Vorgängen, über die nur die Ehegatten selbst Aussage machen können oder wenn das Gericht nach Anhörung gemäß § 616 Abs. 1 von Amts wegen weitere Fragen zu klären hat. Anders als bei §§ 445, 448 ist die Parteivernehmung **nicht nur ein subsidiäres Beweismittel,** sondern eine Beweisaufnahme, so dass bei deren Anordnung nach Abs. 1 auch nicht die in §§ 445 ff. genannten Voraussetzungen vorliegen müssen, so zB ob alle anderen Beweismittel ausgeschöpft sind, § 450 Abs. 3. Ob beide Ehegatten oder nur einer von ihnen zu vernehmen ist, wird von den zu beweisenden Tatsachen abhängen. 5

III. Verfahren

1. Anordnung des persönlichen Erscheinens. Die Anordnung des **persönlichen Erscheinens der Parteien** zum Termin erfolgt nach § 273 Abs. 2 Nr. 3. Die Parteien sind nach Abs. 2 iVm. §§ 141 Abs. 3 S. 3, 377 Abs. 2 Nr. 3, 380 Abs. 1 auf die Folgen ihres Ausbleibens hinzuweisen; ferner ist in der Ladung der Gegenstand der Anhörung anzugeben, der in einer Scheidungssache aber weit gefasst sein kann. Ohne dessen Angabe kann kein Ordnungsmittel verhängt werden.[14] 6

2. Durchführung der Anhörung und Beweisaufnahme. Werden die Parteien angehört, sind sie darauf hinzuweisen, dass es ihnen freisteht, Angaben zur Sache zu machen. Die Anhörung selbst ist kein Verhandeln iSd. § 269 Abs. 1, da sie lediglich der Ermittlung der Voraussetzungen des Scheiterns der Ehe dient, so dass der Antrag auch ohne Zustimmung der anderen Partei zurückgenommen werden kann.[15] Die Parteien sind gemeinsam anzuhören, um eine schnelle und bessere Ermittlung des Sachverhalts zu erlangen. Eine getrennte Anhörung ist aber grundsätzlich zulässig; jedoch hat der andere Ehegatte das Recht auf Anwesenheit (§ 357).[16] Sollen die Parteien im Wege der **Beweisaufnahme** vernommen werden, ist hierzu nach § 450 Abs. 1 S. 1 ein **Beweisbeschluss** erforderlich, der nach Anordnung des persönlichen Erscheinens gemäß § 273 Abs. 2 Nr. 3 auch noch in der mündlichen Verhandlung ergehen kann. Erfolgt die Vernehmung durch den **ersuchten Richter** (Abs. 1 S. 3), ist in dem hierfür erforderlichen Beweisbeschluss der Vernehmungsgegenstand anzugeben,[17] damit die für den erkennenden Richter maßgebenden Beweisthemen auch zum Gegenstand der Beweisaufnahme gemacht werden. Wird die **Parteivernehmung durchgeführt,** ist die Partei wie ein Zeuge zu belehren und insbesondere auf die Pflicht zur Abgabe wahrheitsgetreuer Angaben und die Eidespflicht (§§ 451, 395 Abs. 1) hinzuweisen, ferner, dass er nicht verpflichtet ist, Angaben zu machen. 7

IV. Anhörung zur elterlichen Sorge nach Abs. 1 S. 2

1. Regelungszweck des Abs. 1 Satz 2. Nach § 1671 BGB und § 623 (Vorb. vor § 606 Rn. 6, 10, § 623 Rn. 2) ist eine Regelung zur elterliche Sorge nur auf Antrag eines Elternteils zu treffen, hierdurch sollen die Eltern im Hinblick auf ihre gewachsene Verantwortung für das Wohl eines gemeinschaftlichen Kindes sich dieser bewusst werden und in Kenntnis der rechtlichen Gestaltungsmöglichkeiten entscheiden, ob sie einen Antrag auf Regelung der elterliche Sorge stellen oder hiervon absehen. Dies soll dadurch gewährleistet werden, dass die Eltern bei ihrer Anhörung zur Scheidung nach § 613 Abs. 1 S. 1 vom Familiengericht auch zur elterliche Sorge für ihre gemeinschaftlichen Kinder angehört und ferner auf bestehende Möglichkeiten der Beratung durch die Beratungsstellen und Dienste der Träger der Jugendhilfe (§ 17 Abs. 3 SGB VIII) unabhängig darauf hingewiesen werden, dass ein Sorgeverfahren von Amts wegen nur in den Fällen der §§ 1666 f. BGB einzuleiten ist. Diese Hinweise können auch in **schriftlicher Form** erfolgen; wegen ihrer Bedeutung für das Kindeswohl sollten sie aber bei der (persönlichen) Anhörung der Ehegatten nach Abs. 1 S. 1 erteilt werden. Zur Erfüllung dieses Zieles hat das Familiengericht die **Wirkungen einer fortwährenden gemeinschaftlichen Sorge** (insbesondere § 1687 BGB) für die Zeit nach Scheidung der Ehe sowie die rechtlichen Folgen einer alleinigen elterliche Sorge eines Elternteils zu erläutern, damit die Eltern in die Lage ver- 8

---

[11] Zum Fernbleiben des Anwalts des Antragsgegners OLG Naumburg FamRZ 2007, 909.
[12] OLG Hamm FamRZ 1990, 166 f.; FamRZ 2000, 898; aA wohl *Johannsen/Henrich/Sedemund-Treiber* Rn. 4 aE.
[13] OLG Schleswig FamRZ 1991, 96, 97.
[14] OLG Celle NJW 1977, 540 m. weit. Nachw.
[15] OLG Köln FamRZ 1985, 1060, 1061; BGH NJW-RR 2004, 1297 = FamRZ 2004, 1364, 1365.
[16] S. OLG Frankfurt/M FamRZ 1994, 1400; OLG Brandenburg FamRZ 2000, 897, 898.
[17] OLG Koblenz FamRZ 1976, 97 m. weit. Nachw.; aA wohl KG NJW-RR 1990, 586.

setzt werden, eine bewusste Entscheidung zum Fortbestand der gemeinschaftlichen Verantwortung für das minderjährige Kind zu treffen. Dies hat unabhängig davon zu erfolgen, ob die Eltern oder ein Elternteil einen Sorgeantrag nach § 1671 Abs. 1 BGB stellen. Entsprechend der Zwecksetzung dieser Regelung hat der Hinweis auch dann zu erfolgen, wenn ein Ehegatte mit der Scheidung gleichzeitig einen Sorgeantrag nach § 1671 Abs. 1 BGB gestellt hat. Eine besondere Mitwirkungspflicht der Ehegatten besteht nicht; insbesondere ist von ihnen nicht die **Vorlage eines Sorgeplanes** zu verlangen.[18] Unterbleibt die Unterrichtung, hat dies auf das Verfahren keine Auswirkungen. Die Regelung des § 613 Abs. 1 Satz 2 gilt in **jeder Phase des Scheidungsverfahrens.** Wird ein früher erster Termin iSd. § 275 Abs. 1 durchgeführt, so muss in diesem nicht zwingend die Anhörung nach Abs. 1 S. 2 durchgeführt werden. Sie ist jedoch im Hinblick auf die Inanspruchnahme des Leistungsangebots der Jugendhilfe nach § 17 Abs. 3 SGB VIII jedenfalls dann geboten, wenn sich die Eltern noch nicht mit den Fragen zur Regelung der elterlichen Sorge befasst haben oder sich nicht einigen können; hierfür spricht auch § 52 Abs. 1 FGG, der ein Handeln „so früh wie möglich" durch das Gericht bestimmt. Wird zunächst das schriftliche Vorverfahren nach § 276 Abs. 1 angeordnet, so soll das Gericht auf § 17 SGB VIII hinweisen, um den Eltern die Möglichkeit zur rechtzeitigen Inanspruchnahme vor dem Termin zur mündlichen Verhandlung zu ermöglichen. Liegt im Zeitpunkt der Anhörung bereits eine rechtskräftige Regelung zur elterlichen Sorge nach § 1671 Abs. 1 BGB vor, so wird sich die Anhörung nach Abs. 1 S. 2 bei einer zeitnahen Regelung meist in der Feststellung einer bereits bestehenden Regelung erschöpfen, es sei denn, dass diese (bei einem langen Getrenntleben der Ehegatten) schon längere Zeit zurückliegt. Allerdings muss das Gericht im Hinblick auf die Informationsbeschaffung zur Wahrung des Kindeswohls sich vergewissern, ob die Voraussetzungen zur Einleitung eines Verfahrens von Amts wegen gegeben sind (Rn. 10).

9 Die Regelung gilt auch in der **Berufungsinstanz.** Wurde der **Scheidungsantrag** durch das Familiengericht **abgewiesen** und eine Anhörung zur elterliche Sorge nicht vorgenommen, so wird das Berufungsgericht bei begründetem Scheidungsantrag unter Aufhebung des Urteils erster Instanz das Verfahren an das Familiengericht zurückverweisen und in den Gründen gegebenenfalls auf § 613 Abs. 1 Satz 2 hinweisen. Wurde dem **Scheidungsantrag** in erster Instanz **stattgegeben,** die Anhörung nach Abs. 1 Satz 2 aber nicht vorgenommen, so führt diese das Berufungsgericht bei begründetem Scheidungsantrag vor Zurückweisung der Berufung selbst durch. Stellt ein Elternteil während des Berufungsverfahrens einen Antrag nach § 1671 Abs. 1 BGB, so ist eine Anhörung nicht zwingend geboten, weil ein Verbundantrag nach § 623 Abs. 4 nicht mehr zulässig ist und das Sorgeverfahren als isoliertes Verfahren geführt wird. Wird ein Kind geboren (auch wenn der Erzeuger des Kindes nicht der Ehemann der Mutter ist; § 1592 Nr. 1 BGB), während das Scheidungsverfahren in zweiter Instanz rechtshängig ist, hat das Berufungsgericht den Hinweis nach Abs. 1 Satz 2 ebenfalls vorzunehmen.

10 **2. Informationsbeschaffung zur Wahrung des Kindeswohls.** Ein weiteres Ziel der Anhörung der Ehegatten zur elterliche Sorge besteht darin, dem Familiengericht die notwendigen Informationen zu verschaffen, ob im konkreten Fall zur Wahrung des Kindeswohls die Notwendigkeit der **Einleitung eines Sorgeverfahrens von Amts wegen** besteht (§ 623 Abs. 3 Satz 1). Hierbei handelt es sich vor allem um die Fälle der §§ 1666, 1666a BGB (bisher § 1671 Abs. 5 BGB aF), in denen eine Gefährdung des Kindeswohls zu befürchten ist.[19]

11 *unbesetzt*

12 **3. Rechtsanwaltsgebühren, Streitwert.** Die Erweiterung der richterlichen Anhörung um die elterliche Sorge begründet über die Terminsgebühr (s. Anlage 1 Teil 3 Vorbemerkung 3 Nr. 3) hinaus keine weiteren anwaltlichen Gebührenansprüche und erhöht auch nicht den Streitwert des Verfahrens.[20]

V. Kosten

13 **Gerichtskosten.** Anordnungen und Anhörungen sind gebührenfrei.

614 *Aussetzung des Verfahrens*

(1) Das Gericht soll das Verfahren auf Herstellung des ehelichen Lebens von Amts wegen aussetzen, wenn es zur gütlichen Beilegung des Verfahrens zweckmäßig ist.

(2) [1]Das Verfahren auf Scheidung soll das Gericht von Amts wegen aussetzen, wenn nach seiner freien Überzeugung Aussicht auf Fortsetzung der Ehe besteht. [2]Leben die Ehegatten länger als ein Jahr getrennt, so darf das Verfahren nicht gegen den Widerspruch beider Ehegatten ausgesetzt werden.

(3) Hat der Kläger die Aussetzung des Verfahrens beantragt, so darf das Gericht über die Herstellungsklage nicht entscheiden oder auf Scheidung nicht erkennen, bevor das Verfahren ausgesetzt war.

(4) [1]Die Aussetzung darf nur einmal wiederholt werden. [2]Sie darf insgesamt die Dauer von einem Jahr, bei einer mehr als dreijährigen Trennung die Dauer von sechs Monaten nicht überschreiten.

(5) Mit der Aussetzung soll das Gericht in der Regel den Ehegatten nahe legen, eine Eheberatungsstelle in Anspruch zu nehmen.

---

[18] So Stellungnahme des Rechtsausschusses des Deutschen Bundestags in BT-Drucks. 13/8511 S. 78.
[19] S. zB OLG Düsseldorf FamRZ 2000, 1519.
[20] BT-Drucks. 13/4899 S. 161; BT-Drucks. 13/8511 S. 78.

I. Normzweck

1. Erhaltung von Versöhnungschancen. Die Regelung ermöglicht die Aussetzung eines Verfahrens auf Scheidung der Ehe oder der Herstellung des ehelichen Lebens, wenn eine Versöhnung der Ehegatten bei einer noch nicht endgültig gescheiterten Ehe möglich erscheint. In der gerichtlichen Praxis hat diese Bestimmung kaum Wirkungen in Bezug auf die Erhaltung von Versöhnungschancen gezeigt, was wohl in erster Linie daran liegt, dass die Ehegatten regelmäßig erst nach Ablauf der einjährigen Trennungszeit den Scheidungsantrag einreichen können und sie sich durch den Zeitablauf faktisch auf die Auflösung der ehelichen Lebensgemeinschaft eingestellt haben. 1

2. Begrenzung auf Scheidungs- und Herstellungsverfahren. Abs. 1 und 2 begrenzen den Anwendungsbereich auf Scheidungsverfahren und auf Verfahren auf Herstellung des ehelichen Lebens, zu der auch die Klage auf Feststellen des Getrenntlebens gehört (negative Herstellungsklage), nicht aber die Anträge auf Aufhebung der Ehe nach § 631 sowie die Klagen auf Feststellung des Bestehens oder Nichtbestehens einer Ehe. Bei (faktisch kaum vorkommenden) entgegengesetzten Anträgen kommt eine Aussetzung in Betracht, wenn ein Ehegatte auf Herstellung der Ehe klagt und der andere die Scheidung beantragt. Verlangt ein Ehegatte die Aufhebung der Ehe, der andere dagegen im Gegenantrag die Scheidung, so schlägt die Unzulässigkeit der Aussetzung des Aufhebungsverfahrens wegen des Grundsatzes der einheitlichen Entscheidung (s. § 610 Rn. 8) auch auf das Scheidungsverfahren durch.[1] 2

3. Einbeziehung der Folgesachen. § 614 ist in jeder Lage des Verfahrens, also in allen Rechtszügen anwendbar. Die Aussetzung erstreckt sich bei Scheidungssachen auch auf **Folgesachen,** da nach § 623 Abs. 1 S. 1 über diese zusammen mit der Scheidung zu verhandeln und entscheiden ist. Die isolierte Aussetzung einer Folgesache ist nicht nach § 614, sondern den allgemeinen zivilprozessualen Bestimmungen (s. Rn. 5) möglich, setzt aber regelmäßig eine Abtrennung dieser Folgesache nach § 628 Nr. 1–4 voraus. Die Aussetzung kann jedoch nicht verhindern, dass eine Partei nach § 623 Abs. 1 auch während der Zeit der Aussetzung einen Folgeantrag einreicht, der aber gleichermaßen von der Aussetzung erfasst wird. Die Regelung des § 249 Abs. 2, nach der Prozesshandlungen während der Aussetzung ohne rechtliche Wirkung sind, gilt lediglich in Bezug auf Prozesshandlungen ggü. der anderen Partei. Die Klage ist jedoch beim Gericht einzureichen und nicht ggü. dem Gegner.[2] 3

4. Einstweilige Anordnung. Nicht berührt werden dagegen Anträge auf Erlass einer einstwAnO, weil dies dem Regelungsbedürfnis einer einstwAnO entgegenstehen würde. Danach können Anträge nach § 620 trotz der Aussetzung der Ehesache beschieden werden. Unbenommen ist es einem Ehegatten, in einem isolierten Verfahren Getrenntlebensunterhalt gerichtlich geltend zu machen. 4

5. Verhältnis zu allgemeinen Bestimmungen. Neben der Aussetzung bleiben die allgemeinen zivilprozessualen Bestimmungen über die Aussetzung des Verfahrens nach §§ 148, 246ff. sowie über das Ruhen des Verfahrens nach §§ 251, 251a Abs. 2 anwendbar.[3] 5

II. Scheidungsverfahren

1. Aussetzung von Amts wegen. Abs. 2 ermöglicht dem Gericht die Aussetzung des Verfahrens, wenn nach seiner freien Überzeugung Aussicht auf Wiederaufnahme der ehelichen Lebensgemeinschaft besteht. Diese Beurteilung wird regelmäßig nur auf Grund einer persönlichen Anhörung der Ehegatten getroffen werden können, wobei **konkrete Anhaltspunkte**[4] dafür vorhanden sein müssen, dass mindestens ein Ehegatte sich an die Ehe gebunden fühlt und die persönlichen Beziehungen noch nicht so zerstört sind, dass von vornherein eine Versöhnung ausscheidet. Unerheblich ist danach, auf welche Tatbestände der §§ 1564ff. BGB der Scheidungsantrag gestützt wurde, so dass auch bei Vorliegen einer dreijährigen Trennungszeit, bei der das Gericht unwiderlegbar vom Scheitern auszugehen hat, nicht von vornherein eine Versöhnungsmöglichkeit ausscheidet. Stellt der Richter fest, dass Aussicht auf eine Versöhnung besteht, liegt es nicht in seinem Ermessen, ob er das Verfahren aussetzt, sondern es liegt eine Tatbestandsbindung an die Norm vor, so dass der Richter in diesem Fall aussetzen muss.[5] Ist der Scheidungsantrag nicht begründet, ist der Antrag abzuweisen, dagegen nicht das Verfahren auszusetzen. Bei § 1565 Abs. 1 und 2 BGB ist allerdings zu berücksichtigen, dass diese eine Bejahung des endgültigen Scheiterns der Ehe voraussetzen, so dass regelmäßig auch eine Versöhnung ausscheidet. 6

Leben die Ehegatten mehr als ein Jahr getrennt, so kann eine Aussetzung nicht gegen den **Widerspruch beider Ehegatten** angeordnet werden, weil in einem solchen Fall keine echte Chance auf eine Versöhnung angenommen werden kann, Abs. 2 S. 2. Widerspricht nur ein Ehegatte, kann eine Aussetzung auch bei längeren Getrenntleben erfolgen, also auch, wenn nach dreijähriger Trennungsdauer die Scheiternsvermutung des § 1566 Abs. 2 BGB eingreift, Abs. 4 S. 1, 2. Jedoch darf die Dauer der Aussetzung des Verfahrens sechs Monate nicht überschreiten, Abs. 4 S. 2. Der Widerspruch ist eine **Prozesshandlung,** die ausdrücklich erklärt werden muss und auch dem Anwaltszwang unterliegt, § 78 Abs. 2 S. 1 Nr. 1. 7

2. Aussetzung auf Antrag. Anders als die Aussetzung von Amts wegen ist die Aussetzung auf Antrag nach Abs. 3 nicht davon abhängig, ob Aussicht auf Fortsetzung der Ehe besteht. Der Antrag ist vom Kläger 8

---

[1] *Schwab/Maurer/Borth* Teil I Rn. 284; *Zö/Philippi* Rn. 1.
[2] BGHZ 50, 397, 400 = NJW 1969, 48; BGH NJW 1977, 717.
[3] OLG Karlsruhe NJW 1978, 1388 = FamRZ 1978, 527, 528; OLG Frankfurt/M FamRZ 1978, 919.
[4] OLG Düsseldorf FamRZ 1978, 609.
[5] OLG Düsseldorf (Fn. 4); *St/J/Schlosser* Rn. 3.

(Antragsteller) zu stellen und unterliegt als Prozesshandlung dem Anwaltszwang. Beantragt der Beklagte (Antragsgegner) die Aussetzung, kann nach Abs. 3 ein Anordnungsbeschluss nicht erfolgen, jedoch Anlass zur Prüfung geben, ob die Voraussetzungen der Aussetzung von Amts wegen nach Abs. 2 gegeben oder die Ehegatten bereit sind, gemeinsam das Ruhen des Verfahrens nach § 251 zu beantragen. Haben beide Ehegatten die Scheidung beantragt, so ist von jedem Ehegatten der Antrag nach Abs. 3 zu stellen; dagegen löst die **Zustimmung des Antragsgegners** zur Scheidung nach § 1566 Abs. 1 BGB nicht ein Antragserfordernis aus.[6] Beantragt der Kläger die Aussetzung des Verfahrens, muss das Gericht diesem Antrag entsprechen, bevor es die Scheidung ausspricht oder über die Herstellungsklage entscheidet. Ist dagegen der Scheidungsantrag unbegründet, so ist er abzuweisen; eine Aussetzung ist nicht zulässig, es sei denn, das Verfahren ist noch nicht entscheidungsreif. Nach BGH[7] ist die Fortsetzung des Verfahrens eher geeignet, eine Versöhnung zu **erschweren.** In der Praxis wird sehr häufig bei vor Ablauf des Trennungsjahres eingereichten Scheidungsanträgen zur „Rettung" des Scheidungsantrags der Antrag auf Aussetzung gestellt, wenn die Voraussetzungen für die Härteklausel nach § 1565 Abs. 2 BGB nicht nachgewiesen werden können. Ein solcher Antrag ist **rechtsmissbräuchlich,** wenn der Scheidungsantrag abweisungsreif und der Antragsteller nicht zu einer Versöhnung bereit ist.[8] Der Scheidungsantrag ist sonach abzuweisen, wenn der Antragsgegner auf Abweisung besteht, dagegen nicht das Verfahren nach § 614 bis zum Ablauf des Trennungsjahres auszusetzen, es sei denn, beide Parteien beantragen das Ruhen des Verfahrens nach § 251.

III. Herstellungsverfahren

9 Die Aussetzung ist bei der positiven wie negativen Herstellungsklage möglich. Beantragt der Kläger die Aussetzung (Abs. 3), gilt das zuvor unter Rn. 7 und 8 Gesagte. Die Aussetzung von Amts wegen soll nach Abs. 1 angeordnet werden, wenn dies zur gütlichen Beilegung des Verfahrens zweckmäßig erscheint. Auch insoweit ist es erforderlich, dass konkrete Aussichten auf eine Versöhnung bestehen und der Beklagte ohne richterliche Maßnahmen die eheliche Lebensgemeinschaft wieder aufnimmt.

IV. Verfahren

10 **1. Zuständigkeit, Entscheidungsform.** Der Aussetzungsantrag ist von dem Gericht zu entscheiden, bei dem das Scheidungsverfahren bzw. die Herstellungsklage anhängig ist. Die Anordnungsbefugnis endet nicht mit Verkündung des Urteils, sondern erst mit der Einlegung eines Rechtsmittels.[9] Die **Anordnung der Aussetzung** erfolgt durch Beschluss. Ergeht die Entscheidung auf Grund mündlicher Verhandlung, ist sie nach § 329 Abs. 1 zu verkünden; ansonsten genügt eine formlose Mitteilung, § 329 Abs. 2 S. 1, da die Aussetzungsfrist keine echte Frist ist.

11 **2. Inhalt des Beschlusses.** Nach Abs. 5 soll das Gericht den Ehegatten nahe legen, eine **Eheberatungsstelle** in Anspruch zu nehmen. Dies ist jedoch nur sinnvoll, wenn beide Ehegatten den echten Willen zu einer Versöhnung haben. Lehnt ein Ehegatte den Besuch einer Eheberatungsstelle ab, kann ein Zwang durch das Gericht nicht ausgeübt werden. Ebenso wenig sind Sanktionen zulässig. Ferner ist die Dauer der Aussetzung festzulegen; sie darf insgesamt die Dauer von einem Jahr, bei einer mehr als dreijährigen Trennungszeit höchstens sechs Monate betragen, Abs. 4. Solange die höchste Frist noch nicht erreicht ist, kann mehrfach eine Aussetzung angeordnet werden.

12 **3. Wirkungen der Aussetzung.** Die Wirkungen der Aussetzung ergeben sich bei der Aussetzung auf Antrag und von Amts wegen jeweils aus § 249. Sie beendet den Lauf von Fristen, § 249 Abs. 1; nach § 249 Abs. 2 sind Prozesshandlungen unwirksam, soweit sie ggü. dem Gegner vorzunehmen sind. Hierzu gehört nach BGH[10] nicht die Einlegung eines Rechtsmittels, da dieses ggü. dem Gericht einzulegen ist; jedoch beginnt nicht der Lauf einer Rechtsmittelfrist. Die Wirkungen enden mit Ablauf der im Beschluss festgelegten Frist der Aussetzung. Danach setzt der Lauf einer Frist selbständig ein. Das Verfahren wird nicht von Amts wegen, sondern auf (formlosen) Antrag der Ehegatten wieder aufgenommen. Eine Terminbestimmung von Amts wegen ist ebenfalls nicht erforderlich. Solange die Aussetzung angeordnet ist, steht einem neuen Antrag auf Scheidung der Einwand der anderweitigen Rechtshängigkeit entgegen.

13 **4. Rechtsbehelfe.** Bei einer Änderung der Sachlage kann im Falle einer Aussetzung von Amts wegen der Aussetzungsbeschluss aufgehoben werden. Erfolgte die Aussetzung auf Grund eines Antrags des Klägers (Antragstellers), ist dessen Antrag auf Aufhebung der Aussetzung erforderlich. Nach § 252 ist die **Aussetzung** bzw. ihre Ablehnung mit der **sofortigen Beschwerde** anfechtbar.[11] Nicht beschwert ist der keinen Scheidungsantrag stellende Beklagte (Antragsgegner), dessen Anregung auf Aussetzung das FamG nicht nachkommt.[12] Ferner ist der Antragsgegner, der keinen Scheidungsantrag gestellt hat, im Fall der Aussetzung nicht beschwert.[13] Lehnt das Gericht eine Aufhebung ab, ist die sofortige Beschwerde nach

---

[6] *Johannsen/Henrich/Sedemund-Treiber* Rn. 2.
[7] BGH NJW 1977, 717.
[8] S. OLG Bamberg FamRZ 1984, 897; OLG Hamburg FamRZ 1985, 711, 712 (hins. Kostenfolge); zur Bestimmung des Endes der Ehezeit nach § 1587 Abs. 2 BGB s. BGH NJW 1997, 1007 = FamRZ 1997, 347f.
[9] BGH NJW 1977, 717.
[10] BGH NJW 1977, 717, 718.
[11] Zweifelhaft OLG Karlsruhe FamRZ 1998, 1606 – keine Beschwer, wenn led. Zustimmung zum Scheidungsantrag; zur Abweisung des Aussetzungs- und Scheidungsantrags durch Urteil s. OLG Köln FamRZ 1995, 888 – nur Berufung.
[12] OLG Düsseldorf NJW 1973, 2032.
[13] OLG Hamm FamRZ 1998, 1607.

§ 252 gegeben, weil diese Ablehnung in ihren Wirkungen einer Festsetzung der Aussetzung gleichkommt.[14]

V. Gebühren und Kosten

1. Rechtsanwaltsgebühren. Für den Antrag auf Aussetzung fällt die volle Terminsgebühr gemäß Nr. 3104 VV RVG an, sofern nicht schon eine gleich hohe oder höhere Terminsgebühr vorher entstanden war (§ 15 Abs. 2 RVG). Da es auf ein Verhandeln im Termin nicht mehr ankommt, verdient der Gegner des Antragstellers die Terminsgebühr auch, wenn er sich nicht dazu äußert. Bei mehreren Anträgen fällt die Gebühr nur einmal an (§ 15 Abs. 2 S. 1 RVG). Zum **Beschwerdeverfahren** s. § 567 Rn. 29. 14

2. Gerichtskosten. Der die Aussetzung anordnende oder ablehnende Beschluss ergeht gebührenfrei; im **Beschwerdeverfahren** gilt KV Nr. 1812. 15

615 *Zurückweisung von Angriffs- und Verteidigungsmitteln*

(1) Angriffs- und Verteidigungsmittel, die nicht rechtzeitig vorgebracht werden, können zurückgewiesen werden, wenn ihre Zulassung nach der freien Überzeugung des Gerichts die Erledigung des Rechtsstreits verzögern würde und die Verspätung auf grober Nachlässigkeit beruht.

(2) Im Übrigen sind die Angriffs- und Verteidigungsmittel abweichend von den allgemeinen Vorschriften zuzulassen.

I. Normzweck

Ehesachen unterliegen nicht dem Beschleunigungsgebot des allgemeinen Zivilprozesses (s. § 611 Rn. 12). Die Regelung des § 615, die für alle Ehesachen gilt, lässt deshalb eine Zurückweisung verspäteten Vorbringens nur unter engeren Voraussetzungen als im allgemeinen zivilprozessualen Verfahren zu; insbesondere sind die in § 296 Abs. 1 und 2 enthaltenen Bestimmungen in Ehesachen nicht anwendbar. Soweit Tatsachen von Amts wegen zu ermitteln sind, kann generell keine Präklusion stattfinden. Dem verspätet eingegangenen Vortrag einer Partei ist deshalb immer nachzugehen, wenn er für die Sachentscheidung erheblich ist; insoweit stellt er lediglich eine Anregung dar. An diesen Grundsätzen hat sich auch **nichts durch das ZPO-RG** geändert. Ehesachen werden damit hinsichtlich einer Präklusion von den übrigen allgemeinen Präklusionsbestimmungen ausgenommen, so dass auch die §§ 530, 531 nicht anzuwenden sind.[1] Für die Zurückweisung verspäteten Vorbringens greift damit nur Abs. 1 ein. **Folgesachen** unterstehen nicht § 615, sondern den allgemeinen Verfahrensvorschriften, so dass in den ZPO-Folgesachen die §§ 296 Abs. 1, 2, 296a herangezogen werden können. Für das Berufungsverfahren gilt der durch das ZPO-RG neu gefasste § 621d; dieser schließt für ZPO-Verfahren die allgemeinen Regelungen der §§ 530, 531 aus und trifft für die dort erfassten Verfahren eine auf die familienrechtlichen Rechtsverhältnisse zugeschnittene Präklusionsregelung. In den Folgesachen des FGG scheidet eine Zurückweisung verspäteten Vorbringens wegen des dort geltenden Amtsermittlungsgrundsatzes (§ 12 FGG) aus. Auch gilt § 615 nicht für andere Familiensachen nach § 621 Abs. 1. 1

II. Verhältnis zu anderen Präklusionsbestimmungen

1. Verfahren in erster Instanz. Für die Verfahren in Ehesachen in erster Instanz ersetzt § 615 die in § 296 Abs. 1 und 2 enthaltenen Bestimmungen zur Zurückweisung **verspäteter Angriffs- und Verteidigungsmittel.**[2] Nicht außer Kraft gesetzt werden die weiteren Bestimmungen des § 273 Abs. 2 Nr. 1 (Frist zum ergänzenden Vortrag), § 282 (Prozessförderungsgebot) und § 296 Abs. 3 (verspätetes Rügen zur Zulässigkeit einer Klage) bleiben anwendbar; sie sind auch nicht nach § 611 Abs. 2 ausgeschlossen (§ 611 Rn. 12). Anwendungsmaßstab für diese Bestimmungen bei einer Zurückweisung verspäteten Vorbringens dürfte aber § 615 Abs. 1 sein, der entsprechend seiner Zwecksetzung für Ehesachen einen allgemeinen Grundsatz aufstellt[3] und dessen Inhalt § 296 Abs. 2 entspricht. 2

2. Berufungs- und Revisionsinstanz. Nach Abs. 2 sind die strengen Zurückweisungsbestimmungen der §§ 530, 531 nicht anzuwenden; vielmehr gilt auch in der zweiten Instanz § 615 Abs. 1. Damit wird auch § 530 Abs. 1 erfasst, so dass in erster Instanz zutreffend zurückgewiesene Angriffs- und Verteidigungsmittel im Berufungsrechtsweg erneut vorgebracht werden können; sie unterliegen jedoch der Prüfung des § 615 Abs. 1. Der im Berufungsverfahren geltende § 532 S. 1, 2 (verzichtbare Rüge zur Zulässigkeit) ist dagegen nicht ausgeschlossen und bleibt somit anwendbar. Nach § 608 iVm. § 555 Abs. 1 ist § 615 auch im **Revisionsverfahren** heranzuziehen, soweit dies im Rahmen des § 559 (tatsächliche Grundlagen der Nachprüfung) möglich ist. 3

III. Voraussetzungen der Zurückweisung

1. Angriffs- und Verteidigungsmittel. Hierzu gehört jeder sachliche und prozessuale Vortrag, der der Durchsetzung oder Verteidigung einer aus der Ehesache sich ergebenden Rechtsposition dient, also Be- 4

---

[14] *Schwab/Maurer/Borth* Teil I Rn. 266.
[1] BT-Drucks. 14/4722 S. 119.
[2] HM; *Johannsen/Henrich/Sedemund-Treiber* Rn. 2 (Sonderregelung ggü. § 296 Abs. 1, 2); *Rolland/Roth* Rn. 3.
[3] Ähnlich *Rolland/Roth* Rn. 3.

hauptungen, Bestreiten, Einwendungen, Einreden, Beweismittel, Beweiseinreden iSd. § 282 Abs. 1; ferner zählt hierzu eine neue **Klagebegründung,** die sich auf ein bereits geltend gemachtes Begehren bezieht. Hiervon zu trennen sind **selbständige Angriffe** in Form einer Klageänderung, einer Widerklage oder eines Gegenantrages, die nicht von Abs. 1 erfasst werden und deshalb auch nicht als verspätet zurückgewiesen werden können; deren Zulässigkeit richtet sich nach § 611 Abs. 1.

5 **2. Verspätetes Vorbringen.** Die Beurteilung, ob ein verspätetes Vorbringen vorliegt, ergibt sich aus dem Maßstab des § 282 Abs. 1; danach ist ein Vorbringen nicht rechtzeitig, wenn es bei sorgfältiger und die Förderung des Verfahrens beachtender Prozessführung früher hätte vorgebracht werden können. Im Rahmen von Ehesachen ist diese allgemeine Prozessförderungspflicht zu modifizieren, weil es aus der Sicht eines weiterhin zur Fortsetzung der Ehe bereiten Ehegatten oder zur Beruhigung der ehelichen Streitigkeit durchaus gerechtfertigt sein kann, nicht den gesamten bekannten Sachverhalt vorzubringen, sondern in Stufen.[4]

6 Eine Zurückweisung verspäteten Vorbringens ist möglich, wenn die Verspätung zu einer **Verzögerung des Verfahrens** führt (zum Verzögerungsbegriff s. § 296 Rn. 13f.). Ob eine solche vorliegt, richtet sich nach den sich aus § 296 Abs. 2 ergebenden Grundsätzen, die § 615 gleichen. Eine Verzögerung in diesem Sinne ist anzunehmen, wenn der Rechtsstreit durch eine Entscheidung abgeschlossen werden könnte und bei Berücksichtigung des verspäteten Vorbringens eine Vertagung erforderlich wird. Ein verspätetes Vorbringen darf jedoch nicht ausgeschlossen werden, wenn offenkundig ist, dass dieselbe Verzögerung auch bei rechtzeitigem Vortrag eingetreten wäre.[5] Im **Verbundverfahren** nach § 623 Abs. 1 tritt regelmäßig wegen der in den Folgesachen einzuholenden Auskünften und Beweiserhebungen eine erhebliche zeitliche Verzögerung ein. Da nach § 629 Abs. 1 eine einheitliche Entscheidung ergeht, kann eine Verzögerung iSv. Abs. 1 bei Vorbringen von Angriffs- und Verteidigungsmitteln in der Ehesache nicht eintreten, bis sämtliche Folgesachen entscheidungsreif sind. Wenn sich durch diese das Verbundverfahren nicht verzögert, kann auch kein Fall des § 615 Abs. 1 angenommen werden. Ob eine Verzögerung vorliegt, stellt das Gericht nach seiner **freien Überzeugung** fest (Ermessen). Hierbei ist abzuwägen, welcher Nachteil durch die Verzögerung des Verfahrens bei Berücksichtigung des verspäteten Vorbringens für die betroffene Partei eintritt, mit dem Nachteil, der der Partei, die verspätet vorgetragen hat, bei einer Nichtberücksichtigung des verspäteten Vortrags entstehen kann.

7 **3. Grobe Nachlässigkeit.** Der Maßstab der groben Nachlässigkeit ist durch einen Vergleich einer einfachen Fahrlässigkeit mit einem absichtlichen Handeln, das die Verzögerung des Verfahrens bezweckt, festzulegen. Sie dürfte gegeben sein, wenn eine offensichtliche, jedermann einleuchtende Maßnahme, die der Förderung des Verfahrens dient, unterlassen wird. Diese Pflichtenverletzung muss i. Ü. **kausal** für die eingetretene Verspätung sein. Ein Fehlverhalten des Prozessbevollmächtigten muss sich die Partei nach § 85 Abs. 2 anrechnen lassen.

616

Untersuchungsgrundsatz **(1) Das Gericht kann auch von Amts wegen die Aufnahme von Beweisen anordnen und nach Anhörung der Ehegatten auch solche Tatsachen berücksichtigen, die von ihnen nicht vorgebracht sind.**

(2) Im Verfahren auf Scheidung oder Aufhebung der Ehe oder auf Herstellung des ehelichen Lebens kann das Gericht gegen den Widerspruch des die Auflösung der Ehe begehrenden oder ihre Herstellung verweigernden Ehegatten Tatsachen, die nicht vorgebracht sind, nur insoweit berücksichtigen, als sie geeignet sind, der Aufrechterhaltung der Ehe zu dienen.

(3) Im Verfahren auf Scheidung kann das Gericht außergewöhnliche Umstände nach § 1568 des Bürgerlichen Gesetzbuchs nur berücksichtigen, wenn sie von dem Ehegatten, der die Scheidung ablehnt, vorgebracht sind.

I. Normzweck

1 Für Ehesachen (§ 606 Abs. 1 S. 1) legt § 616 den Untersuchungsgrundsatz als grundlegende Prozessmaxime fest, lockert diesen aber je nach Art der Ehesache. Ohne Einschränkung gilt der Untersuchungsgrundsatz für Klagen auf Feststellung zum Bestand der Ehe, Abs. 1. In Abs. 2 wird in Scheidungsverfahren, Anträgen auf Aufhebung der Ehe nach § 631 und Herstellungsklagen dessen Anwendung eingeschränkt, soweit es um ehefeindliche Tatsachen geht und der die Ehe aufgebende Ehegatte hiergegen widerspricht. Schließlich ermöglicht Abs. 3 die Berücksichtigung eheerhaltender Tatsachen nach § 1568 BGB(außergewöhnliche Umstände) nur dann, wenn diese von dem die Scheidung ablehnenden Ehegatten vorgebracht werden.

II. Untersuchungsgrundsatz

2 **1. Grundlagen.** Zweck dieses Grundsatzes ist es, in Statussachen den für die Entscheidung maßgebenden Sachverhalt so objektiv wie möglich festzustellen und nicht der Dispositionsmaxime der Parteien zu überlassen. Das Gericht hat danach die entscheidungserheblichen Tatsachen von Amts wegen zu beschaffen und ist nicht an den Vortrag und die angebotenen Beweise der Parteien gebunden. Es kann deshalb auch gegen den Willen der Parteien Tatsachen ermitteln und in das Verfahren einführen.

---

[4] *Johannsen/Henrich/Sedemund-Treiber* Rn. 3.
[5] Zur notwendigen Kausalität der Verzögerung s. BVerfG NJW 1987, 2733.

2. Umfang der Ermittlungen. In Scheidungssachen gehört zu den von Amts wegen zu ermittelnden Tatsachen zunächst, ob und wann die Ehe geschlossen wurde. Dieser Nachweis ist regelmäßig durch einen Auszug aus dem Familienstammbuch neuesten Datums zu führen; zulässig sind aber auch andere Nachweise.[1] Ferner ist die Dauer der Trennung im Hinblick auf §§ 1565 Abs. 1, 1566 Abs. 2 BGB zu klären; bei einer Trennung innerhalb der ehelichen Wohnung (§ 1567 Abs. 1 S. 2 BGB) auch die Einzelheiten des Vollzugs der Trennung. Keine Ermittlungen sind hinsichtlich **ehevernichtender Tatsachen,** die unter § 616 Abs. 2 fallen, anzustellen, sondern nur solche Tatsachen aufzuklären, die von den Parteien vorgetragen werden,[2] obwohl Abs. 2 nach hM wohl nur ein **Verwertungsverbot** enthält.[3] I. Ü. gebietet der Amtsermittlungsgrundsatz nicht, unschlüssige Anträge durch Ermittlungen von Amts wegen schlüssig zu machen; es genügt, wenn der Kläger (Antragsgegner) einen entsprechenden Hinweis nach § 139 erhält. Die Ermittlungen des Gerichts müssen alle Beweismöglichkeiten erschöpfen und enden, wenn sich das Gericht eine hinreichende Überzeugung gebildet hat und weitere Ermittlungen keine besseren Erkenntnisse erbringen. Wird hiergegen verstoßen, liegt ein revisionsfähiger Verfahrensverstoß vor (s. u. Rn. 5). 3

3. Gewährung rechtlichen Gehörs, Beweislast. Die Gewährung des **rechtlichen Gehörs** ist in gleicher Weise wie im allgemeinen Zivilprozess sicherzustellen; ferner gilt die Pflicht des Gerichts nach § 139 Abs. 1, so insbesondere, auf **sachdienliche Anträge** hinzuwirken, sowie nach § 139 Abs. 2 S. 1 zu einem rechtlichen Gesichtspunkt, den eine Partei erkennbar übersehen oder für unerheblich gehalten hat, Gelegenheit zur Stellungnahme zu geben. Nicht verändert werden durch den Untersuchungsgrundsatz die Grundsätze zur **Beweislastverteilung.** 4

4. Berufungs- und Revisionsinstanz. In der **Berufungsinstanz** wird die Pflicht zur Amtsermittlung durch § 528 (Ermittlung innerhalb der Grenzen des Berufungsantrages; Abänderung nur, soweit eine solche beantragt ist) begrenzt; in der **Revisionsinstanz** durch § 559. Wurde der Amtsermittlungsgrundsatz verletzt, indem nicht vollständig ermittelt wurde, liegt ein erheblicher Verfahrensfehler vor, der nach § 563 Abs. 1 zur Zurückverweisung führt.[4] Keine Einschränkung erfährt der in § 616 enthaltene Untersuchungsgrundsatz im Berufungsverfahren durch die Regelung des § 529. Entsprechend der **Neukonzeption des Berufungsrechts,** das vornehmlich der Fehlerkontrolle und -beseitigung dienen soll, ist der Prüfungsumfang gegenüber den bisherigen Regelungen eingeschränkt. Nach § 529 Abs. 1 Nr. 1 Halbs. 1 ist das Berufungsgericht grds. an die Tatsachenfeststellung im erstinstanzlichen Urteil gebunden. Ergeben sich im Rahmen des Untersuchungsgrundsatzes, der auch im Berufungsverfahren (in Ehesachen) gilt, Zweifel an der Richtigkeit oder Vollständigkeit der entscheidungserheblichen Feststellung, können diese nach § 529 Abs. 1 Nr. 1 berücksichtigt werden. I. Ü. lässt die Regelung des § 615 Abs. 1, 2 neue Tatsachen in jeder Phase des Verfahrens zu, § 529 Abs. 1 Nr. 2. Im Hinblick auf den Untersuchungsgrundsatz ist die Regelung des § 529 Abs. 2 nach Sinn und Zweck des § 616 Abs. 1 nicht anwendbar, weil ansonsten dieser im Berufungsverfahren ausgeschlossen wäre. 5

5. Durchführung der Beweiserhebung. Die Beweise hat das Gericht nach pflichtgemäßem Ermessen und unabhängig von den Beweisangeboten der Parteien zu erheben. Bei **förmlichen Beweisanträgen** (zum Begriff s. § 284 Rn. 10) lässt der BGH[5] eine entsprechende Anwendung der Bestimmungen des § 244 Abs. 3 bis 5 StPO zu (s. auch § 284 Rn. 21; zu Verwertungsverboten s. § 286 Rn. 6 ff.). 6

6. Begrenzung des Untersuchungsgrundsatzes auf den anhängigen Verfahrensgegenstand bei Scheidungstatbeständen. Der Umfang der Ermittlungen hat sich an dem durch (Klage-) Antrag und Begründung anhängig gemachten Verfahrensgegenstand zu halten. In Scheidungssachen wird darüber hinaus teilweise angenommen, das Gericht sei an den in der Antragsschrift geltend gemachten Scheidungstatbestand gebunden;[6] dies wird vor allem aus dem Gesichtspunkt der Eheerhaltung für gerechtfertigt gehalten.[7] Diese Ansicht hat zur Folge, dass ein Antrag nach § 1566 Abs. 1 BGB iVm. § 630 abzuweisen wäre, auch wenn die Voraussetzungen des Grundtatbestandes des § 1565 Abs. 1 BGB gegeben wären. Dem steht entgegen, dass das Scheidungsrecht des 1. EheRG nur **einen Scheidungsgrund** kennt, nämlich das Scheitern der Ehe, wobei die unwiderlegbaren Zerrüttungsvermutungen des § 1566 Abs. 1 und 2 BGB einen Teil der Beweisführung vermeiden, um nicht zu stark in die Intimsphäre der Ehe einzudringen.[8] Ergibt sich auf Grund der getroffenen Ermittlungen, dass die Ehe nach einem der in §§ 1565, 1566 BGB enthaltenen Tatbestände zu scheiden ist, kann die Scheidung unabhängig von dem vorgetragenen Tatbestand ausgesprochen werden. 7

III. Sonderregelungen bei Scheidungsanträgen sowie Anträgen auf Aufhebung der Ehe und Herstellungsklagen, Abs. 2

Die in Abs. 2 enthaltene Beschränkung des Amtsermittlungsgrundsatzes soll der Aufrechterhaltung der Ehe dienen. Nach dieser Bestimmung kann das Gericht **eheerhaltende Tatsachen** von Amts wegen uneingeschränkt ermitteln. Solche Tatsachen ergeben sich aus dem materiellen Recht; dabei handelt es sich um die 8

---

[1] OLG Karlsruhe NJW-RR 1991, 966 = FamRZ 1991, 83 f.; OLG Düsseldorf FamRZ 1992, 1078 f. (kein zwingendes Antragserfordernis).

[2] *Johannsen/Henrich/Sedemund-Treiber* Rn. 9.

[3] *St/J/Schlosser* Rn. 1.

[4] S. OLG Hamm FamRZ 1990, 166, 167 (unterlassene Parteianhörung zu ehefreundlichen Tatsachen).

[5] BGH LM BGB § 1600n Nr. 3 = NJW 1991, 2961 = FamRZ 1991, 426, 428 (zu § 640 iVm. § 616); *Johannsen/Henrich/Sedemund-Treiber* Rn. 11.

[6] *Schlosser* FamRZ 1978, 319, 323 f.

[7] *Johannsen/Henrich/Sedemund-Treiber* Rn. 12; *Rolland/Roth* Rn. 7.

[8] *Schwab/Schwab* Teil II Rn. 3, 9.

Frage, ob die Trennungszeiten nach § 1565 Abs. 1 oder § 1566 Abs. 3 BGB noch nicht eingetreten sind, konkrete Anhaltspunkte für eine Wiederaufnahme der ehelichen Lebensgemeinschaft bestehen oder die Belange der Kinder für die Aufrechterhaltung der Ehe nach § 1568 BGB sprechen, die von Abs. 3 nicht erfasst werden und deshalb von Amts wegen zu berücksichtigen sind. Eheerhaltende Sachverhalte können auch von einer nicht vertretenen Partei in das Verfahren eingeführt werden, was sich aus dem Schutzzweck des Abs. 2 ergibt.[9] Im Aufhebungsverfahren kann eine **Bestätigung der aufzuhebenden Ehe** nach § 1315 BGB als ehefreundliche Tatsache gewertet werden (zum Anwaltszwang s. Rn. 10).

9 **Ehevernichtende Tatsachen** dürfen im Scheidungsverfahren nur berücksichtigt werden, wenn der die Ehe aufgebende Ehegatte nicht **widerspricht**, Abs. 2. Entsprechendes gilt, wenn der die Herstellung der Ehe verweigernde Ehegatte der Einbeziehung nicht vorgetragener Tatsachen nicht widerspricht, die seine Rechtsposition stützen könnte.[10] Der Widerspruch ist nach hM **Prozesshandlung** und muss ausdrücklich erklärt werden.[11] Für die Annahme eines Widerspruchs reicht es aus, wenn die von einem Ehegatten vorgetragenen Tatsachen mit den vom FamG eingeführten unvereinbar sind.[12] Liegt kein Widerspruch vor, ist das Gericht in seiner Ermittlung nicht beschränkt; dennoch sollte es sich an die in Abs. 2 enthaltenen Grundregelung halten und bei der Ermittlung ehevernichtender Tatsachen zurückhaltend sein (vgl. auch die Parallelvorschrift des § 640d).[13]

IV. Berücksichtigung außergewöhnlicher Umstände gemäß § 1568 BGB nach Abs. 3

10 Nach § 1568 Abs. 1 BGB soll eine Ehe nicht geschieden werden, obwohl sie gescheitert ist, wenn und solange in der Person des Antragsgegners außergewöhnliche Umstände vorliegen. Das Gericht kann solche Umstände nach Abs. 3 nur dann berücksichtigen, wenn sie vom Antragsgegner ins Verfahren eingeführt wurden, obwohl es sich um eine eheerhaltende Tatsache handelt. Es soll dem Antragsgegner freigestellt bleiben, solche außergewöhnlichen, regelmäßig in seiner Persönlichkeitssphäre liegenden Tatsachen in das Verfahren einzuführen und ob er an der gescheiterten Ehe festhalten will. Der Antragsgegner kann sich hierauf nach hM auch ohne anwaltliche Vertretung berufen.[14] Es wäre mit der Zwecksetzung dieser Bestimmung nicht zu vereinbaren, die **Vertretung durch einen Rechtsanwalt** zu verlangen, weil ein außergewöhnlicher Umstand nach § 1568 BGB ein von Amts wegen zu berücksichtigendes Scheidungshindernis darstellt. Gleiches gilt auch für den Widerspruch nach Abs. 2 (Rn. 8).[15] Bringt eine nicht vertretene Partei einen Sachverhalt iSd. § 1568 BGB vor und lehnt sie gleichzeitig die Scheidung der Ehe ab, ist von einer entsprechenden Einrede iSd. Abs. 3 auszugehen. Abs. 3 gilt i. Ü. nicht, wenn die gescheiterte Ehe im Interesse der gemeinsamen Kinder aufrechtzuerhalten ist (§ 1568 Abs. 1 Alt. 1 BGB); diese Umstände sind von Amts wegen zu ermitteln (Rn. 7 aE).

617 *Einschränkung der Parteiherrschaft* **Die Vorschriften über die Wirkung eines Anerkenntnisses, über die Folgen der unterbliebenen oder verweigerten Erklärung über Tatsachen oder über die Echtheit von Urkunden, die Vorschriften über den Verzicht der Partei auf die Beeidigung der Gegenpartei oder von Zeugen und Sachverständigen und die Vorschriften über die Wirkung eines gerichtlichen Geständnisses sind nicht anzuwenden.**

I. Normzweck

1 Die Regelung schränkt die im allgemeinen Zivilprozess bestehende Befugnis der Parteien, über den Streitgegenstand weitgehend frei verfügen zu können, für Ehesachen ein. Es soll den Ehegatten in allen Ehesachen nicht unbeschränkt ermöglicht werden, über den Bestand der Ehe prozessual zu verfügen.

II. Einschränkung des Verhandlungsgrundsatzes

2 **1. Anerkenntnis.** In Ehesachen hat ein Anerkenntnis nicht die Wirkung des § 307. Das Gericht hat deshalb unabhängig vom prozessualen Verhalten des Beklagten/Antragsgegners (§ 622 Abs. 3) die Begründetheit des Verfahrensbegehrens zu überprüfen. Im Rahmen des § 286 muss ein Anerkenntnis jedoch entsprechend gewürdigt werden. Erkennt der Beklagte im positiven Herstellungsverfahren das Klagebegehren an, so wird hierin ausnahmsweise aus der Zwecksetzung des § 617 eine Anerkenntniswirkung angenommen,[1] weil die Ehegatten an die Aufrechterhaltung ihrer Ehe nicht gebunden sind. Bei Klagen auf Feststellung des Getrenntlebens scheidet dagegen ein Anerkenntnis aus.[2]

---

9 *Schwab* FamRZ 1976, 491, 506; *Bergerfurth* FamRZ 1976, 581, 584.

10 *Zö/Philippi* Rn. 4.

11 *Johannsen/Henrich/Sedemund-Treiber* Rn. 7; *Rolland/Roth* Rn. 8; aA *Schwab/Maurer/Borth* Teil I Rn. 245; Bedeutung hat diese Frage nur im Herstellungsverfahren, weil der die Scheidung begehrende Ehegatte vertreten sein muss.

12 BGH NJW 1980, 1335, 1337 = FamRZ 1979, 1007, 1009 (zu § 640d); *Johannsen/Henrich/Sedemund-Treiber* Rn. 7.

13 *Johannsen/Henrich/Sedemund-Treiber* Rn. 9.

14 *Schwab* FamRZ 1976, 506; *Johannsen/Henrich/Sedemund-Treiber* Rn. 6; *Zö/Philippi* Rn. 6.

15 Ansonsten müsste bei entsprechenden Vortrag nach § 1568 BGB in der Anhörung hierauf nach § 139 hingewiesen werden.

1 *St/J/Schlosser* Rn. 3; *Johannsen/Henrich/Sedemund-Treiber* Rn. 2.

2 OLG Karlsruhe FamRZ 1991, 1456.

2. Geständnisfiktion, gerichtlichen Geständnis. Eine Geständnisfiktion über Tatsachen nach § 138 Abs. 3 (zugestandene Tatsachen) und über die Echtheit von Urkunden nach § 439 Abs. 3 besteht in Ehesachen nicht. Ebenso wenig greifen die Wirkungen eines **gerichtlichen Geständnisses** nach § 288 ein, das i. Ü. nach § 290 frei widerrufen werden könnte. In allen Fällen ist das Geständnis einer Partei nach § 286 frei zu würdigen. 3

3. Verzicht auf Vereidigung. Das Gericht ist an den Verzicht auf eine Vereidigung von Zeugen, Sachverständigen und der Gegenpartei gemäß §§ 391, 410, 452 Abs. 3 nicht gebunden, weil dies auf eine Beschränkung des Untersuchungsgrundsatzes gemäß § 616 hinausliefe. Die Vereidigung liegt ausschließlich in pflichtgemäßem Ermessen des Gerichts. 4

III. Nicht gebundene Verfahrenshandlungen

1. Klage-/Antragsrücknahme, Erledigterklärung. Die Rücknahme der Klage oder des Antrages (§ 622 Abs. 3) richtet sich nach den allgemeinen Grundsätzen des § 269.[3] Erklärungen des nicht vertretenen Beklagten (Antragsgegners), dessen Anhörung nach § 613 sowie die (materiell-rechtlich wirkende) Zustimmung zur Scheidung nach § 1566 Abs. 1 BGB stellen kein Verhandeln iSd. § 269 dar, weil sie lediglich materiellrechtlichen Charakter haben, so dass die Klage in jeder Phase des Rechtsstreits vom Kläger (Antragsteller) zurückgenommen werden kann.[4] **Kein Verhandeln** iSd. § 269 liegt auch vor, wenn der in Scheidungssachen durch einen Prozessbevollmächtigten vertretene Antragsgegner zu dem gestellten Antrag auf Scheidung der Ehe in der mündlichen Verhandlung keinen Antrag stellt, jedoch dann, wenn er dem Scheidungsantrag nicht entgegentritt, auch in der Weise, dass der Prozessbevollmächtigte eine Stellungnahme zu dem Scheidungsantrag abgibt, oder nach § 1566 Abs. 1 BGB zustimmt (zum Begriff des Verhandelns allgemein § 137 Rn. 1f., § 334 Rn. 2). Auch die einseitige oder beiderseitige Erledigterklärung der Hauptsache ist zulässig.[5] 5

2. Vergleiche, Vereinbarungen, Verzicht. Ein **Vergleich** kommt in Ehesachen nur insoweit in Betracht, als die Ehegatten über diese verfügen können. Anzunehmen ist dies für den Fall der Klagerücknahme, der beiderseitigen Erledigterklärung bei Versöhnung und des Rechtsmittelverzichts. Problematisch ist dies in Bezug auf die Zustimmung zur Scheidung,[6] soweit hierin ein **„Abkaufen der Scheidungsbereitschaft"** liegt; **Vereinbarungen** sind insoweit nur im Rahmen der unterhaltsrechtlichen oder vermögensrechtlichen Absicherung eines Ehegatten zulässig, ansonsten sind sie sittenwidrig.[7] Zulässig ist es dagegen, dass Ehegatten prozessual übereinkommen, einen einzelnen Scheidungstatbestand oder einen Widerspruch nach § 1568 BGB fallen zu lassen,[8] um eheliche Streitigkeiten nicht vor Gericht austragen zu müssen, weil es sich insoweit um das Nichtgeltendmachen ehefeindlicher Tatsachen handelt. Bei einer Vereinbarung zu den Kosten gilt § 93a Abs. 1 S. 3. 6

Möglich ist auch ein **Klage-/Antragsverzicht** iSd. § 306 in Scheidungs-, Aufhebungs- und Herstellungsverfahren, da diese Bestimmung in § 617 nicht genannt wird. Er bewirkt nach allgemeinen Grundsätzen eine Abweisung der Klage bzw. des Antrags[9] auch ohne Einwilligung des Gegners.[10] Bei Anträgen auf Aufhebung der Ehe und Feststellungsverfahren hat der Verzicht in entsprechender Anwendung des § 632 Abs. 4 die Wirkung einer Klagerücknahme; hierin kann jedoch eine Bestätigung der Ehe nach § 1315 Abs. 1 BGB enthalten sein, so dass ein Verzichtsurteil mit der Wirkung des § 306 ergehen kann. 7

IV. Rechtsanwaltsgebühren

Die **volle Terminsgebühr** fällt für beide Parteivertreter auch dann an, wenn der Antragsgegnervertreter sich auf den Antrag nach Sachlage zu entscheiden beschränkt oder zustimmt (Vorbem. 3 Abs. 3 VV RVG). Auf ein streitiges Verhandeln oder die Stellung eines Antrags kommt es nicht mehr an. 8

618 *Zustellung von Urteilen* **§ 317 Abs. 1 Satz 3 gilt nicht für Urteile in Ehesachen.**

I. Normzweck

Die Regelung enthält keine besonderen Bestimmungen zur Zustellung von Entscheidungen in Ehesachen. Nach § 317 Abs. 1 S. 1 werden auch Urteile in Ehesachen von Amts wegen zugestellt (§ 166 Abs. 2). Ausgenommen von der Regelung des § 317 Abs. 1 ist lediglich S. 3, der den Parteien auf deren Antrag zur Vornahme von Vergleichsverhandlungen die Möglichkeit gibt, die Zustellung der Urteile hinauszuschieben. In Ehesachen soll aber wegen deren Wirkung über den Bereich der Parteien hinaus ein Einfluss auf den Eintritt der Rechtskraft von Urteilen verwehrt sein. Eine entsprechende Regelung enthält § 621c für Endentscheidungen in Familiensachen. 1

---

[3] OLG Frankfurt/M FamRZ 1982, 809, 812.

[4] BGH NJW-RR 2004, 1297 = FamRZ 2004, 1364, 1365; s. a. § 608 Rn. 2; § 613 Rn. 7; aA OLG Karlsruhe OLGZ 1977, 478 f.

[5] Vor allem bei Versöhnung der Ehegatten.

[6] So *Johannsen/Henrich/Sedemund-Treiber* Rn. 6.

[7] BGH NJW 1990, 703 f. = FamRZ 1990, 372; eingehend *Schwab/Borth* Teil IV Rn. 1332.

[8] ZB Härteklausel nach § 1565 Abs. 2 BGB, zu Gunsten § 1565 Abs. 1 BGB.

[9] BGH FamRZ 1986, 656; *Johannsen/Henrich/Sedemund-Treiber* Rn. 4 m. weit. Nachw.

[10] OLG Karlsruhe FamRZ 1980, 1121, 1123.

II. Zustellung in Ehesachen

2 Ehesachen werden nach § 317 Abs. 1 S. 1 von Amts wegen in vollständiger Form zugestellt; bei Scheidungssachen kann nach § 313a Abs. 4 Nr. 1 auf Tatbestand und Entscheidungsgründe verzichtet werden; dies gilt nicht im Falle eines Auslandsbezuges, § 313a Abs. 5. Die Zustellung erfolgt gemäß § 172 an den Prozessbevollmächtigten und an die nicht vertretene Partei nach § 317 Abs. 1 S. 1. Wurde nach § 625 ein Prozessbevollmächtigter beigeordnet, ohne von der Partei Vollmacht erhalten zu haben, ist ebenfalls an die Partei selbst zuzustellen. Ist die Verwaltungsbehörde (§ 1316 Abs. 1 Nr. 1 BGB) am Verfahren beteiligt oder ist sie Partei (§ 631 Abs. 4 S. 2), ist an diese zuzustellen. Wurde ein Versäumnisurteil gegen den Kläger erlassen (§ 612 Abs. 4), ist dieses nur an ihn zuzustellen. Bei öffentlichen Zustellungen wird zum Schutz der persönlichen Sphäre der Ehegatten nur eine Benachrichtigung an der Gerichtstafel angebracht, § 186 Abs. 2 S. 2 Nr. 3.

III. Eintritt der Rechtskraft

3 Urteile in isolierten Ehesachen[1] werden wie andere nichtvermögensrechtliche Streitigkeiten rechtskräftig. Danach tritt Rechtskraft ein bei einem wirksam **beiderseitig erklärten Rechtsmittelverzicht** (s. § 629a Rn. 32), nach Ablauf der Rechtsmittelfristen oder nach Erschöpfung des Instanzenzuges (s. § 705 Rn. 2ff.). Soweit **Urteile der Oberlandesgerichte** in Ehesachen die Revision nicht zulassen, tritt Rechtskraft nicht sofort mit Verkündung der Entscheidung ein, sondern erst dann, wenn die Frist zur Einlegung der Revision abgelaufen ist. Die insbesondere in der Rspr.[2] lange umstrittene Frage hat der BGH[3] zutreffend in der Weise gelöst, dass die Unstatthaftigkeit eines Rechtsmittels iSd. § 705 die generelle Unanfechtbarkeit einer Entscheidung kraft Gesetzes bedeutet, ohne dass es einer weiteren richterlichen Entscheidung bedürfe, wie das bei einer Revisionsentscheidung gegeben sei. Dies liegt aber in diesem Falle nicht vor, da Urteile der Oberlandesgerichte in Ehesachen an sich der Revision unterliegen. Wird Revision eingelegt, obwohl diese nicht zugelassen wurde, tritt die Rechtskraft erst mit der Verwerfungsentscheidung ein. **Urteile des BGH** werden mit ihrer Verkündung rechtskräftig. An dieser Rechtslage wird sich im Hinblick auf die in §§ 543 Abs. 1 Nr. 2, 544 geregelte Nichtzulassungsbeschwerde zum BGH bis zum Ablauf der in Art. 3 Nr. 9 ZPO-RG **bestimmten Übergangsfrist** (für Entscheidungen, die vor dem 1. 1. 2007 verkündet oder einem Beteiligten zugestellt oder sonst bekannt gemacht worden sind) nichts ändern, weil zunächst bis zum 31. 12. 2006 die bisher bestehende Regelungen zur Zulassungsrevision nach § 546 Abs. 1 S. 2 Nr. 1, 2 (aF) fortgelten und die in § 544 neu geregelte Nichtzulassungsbeschwerde nicht zulässig ist. Dies gilt für Familiensachen mit zivilprozessualen Streitgegenständen und mit Verfahrensgegenständen der freiwilligen Gerichtsbarkeit; diese Bestimmung wurde durch das 2. JuMoG bis zum 31. 12. 2010 erweitert.[4]

619 *Tod eines Ehegatten* **Stirbt einer der Ehegatten, bevor das Urteil rechtskräftig ist, so ist das Verfahren in der Hauptsache als erledigt anzusehen.**

I. Normzweck

1 Stirbt eine Partei während des Verfahrens, so wird das Verfahren nach einer möglichen Unterbrechung (§ 239) nach allgemeinem Prozessrecht mit dem **Rechtsnachfolger** fortgesetzt. Dieser Grundsatz gilt in Ehesachen beim Tod einer Partei nicht, da es sich bei diesem Verfahren um höchstpersönliche Rechtsbeziehungen der Ehegatten handelt. Die Ehe endet durch Tod eines Ehegatten; damit bedarf es keiner Auflösung der Ehe durch Scheidung oder Aufhebung, auch eine negative bzw. positive Herstellungsklage verliert hierdurch ihren Sinn. § 619 bestimmt hierzu, dass das Verfahren in der Hauptsache als erledigt anzusehen ist, so dass das Verfahren ohne entsprechende Parteierklärungen von selbst endet.[1] Die Regelung gilt für alle Ehesachen sowie in Wiederaufnahmeverfahren.

II. Tod eines Ehegatten während des Verfahrens

2 **1. Erledigung der Hauptsache.** Voraussetzung für die Anwendung des § 619 ist der Tod eines Ehegatten während des Verfahrens. Dies bedeutet, dass das Verfahren bereits **rechtshängig** sein muss. Tritt der Tod des Beklagten (Antragsgegners) **vor Rechtshängigkeit** ein (zB im Prozesskostenhilfeprüfverfahren), ist die Klage unzulässig, weil es an einer Partei fehlt.[2] Die Klage (der Antrag) kann jedoch zurückgenommen werden. Verstirbt der Kläger (Antragsteller), ist die Klage (der Antrag) nicht mehr zuzustellen; eine Kostenentscheidung ist entbehrlich, weil eine Kostenerstattungspflicht vor Zustellung nicht besteht. Bereits **verkündete, aber noch nicht rechtskräftige Urteile** in Ehesachen werden ohne weitere gerichtliche Entscheidung (auch nicht durch einen besonderen Beschluss) wirkungslos. Hierbei kann sich der Eintritt der Rechtskraft auf Grund der Regelung des § 629a Abs. 3 verzögern, so auch, wenn ein weiterer Verfahrensbeteiligter ein

---

[1] Zur Rechtskraft von Scheidungssachen im Verbundverfahren s. § 629d Rn. 2ff.
[2] OLG Stuttgart FamRZ 1983, 84; OLG Düsseldorf FamRZ 1985, 620.
[3] BGH LM § 546 Nr. 129; BGHZ 109, 211, 213 = NJW-RR 1990, 323 = FamRZ 1990, 283, 286f.; s. a. GmS-OGB FamRZ 1984, 975f.
[4] Zu den Erwägungen des Gesetzgebers s. BT-Drucks. 14/4722 S. 126.
[1] Zu den Folgen bei einem Antrag auf Aufhebung der Ehe s. § 631 Rn. 2.
[2] *St/J/Schlosser* Rn. 16.

Rechtsmittel gegen den ihn betreffenden Entscheidungsteil einlegt.[3] Tritt dagegen der Tod erst **nach Rechtskraft** der Entscheidung ein, ist dies für das Verfahren selbst wirkungslos. Die Erledigung tritt **kraft Gesetzes** ein, bedarf also keiner gesonderten Erklärung der überlebenden Partei oder des Prozessbevollmächtigten der verstorbenen Partei.[4] Der Richter ist an einer Sachentscheidung gehindert; eine prozessuale Abweisung der Klage oder des Antrages (§ 622 Abs. 3) oder die Verwerfung eines Rechtsmittels als unzulässig bleibt dagegen möglich.[5]

2. Wirkungen. War der verstorbene Ehegatte durch einen Rechtsanwalt vertreten, so tritt keine Verfahrensunterbrechung nach § 239, der durch § 619 nicht aufgehoben ist, ein.[6] Nach § 246 Abs. 1 ist das Verfahren jedoch auf Antrag des Prozessbevollmächtigten des Verstorbenen oder des Gegners **auszusetzen.** Unterbrechung und Aussetzung bewirken nach § 249 Abs. 2, dass Prozesshandlungen einer Partei ggü. der anderen ohne rechtliche Wirkung sind. I. Ü. können die Erben das Verfahren mit dem Ziel aufnehmen, die Klage bzw. den Antrag als unzulässig abweisen zu lassen. Möglich ist auch die **Rücknahme der Klage bzw. des Antrages,**[7] nicht dagegen die Rücknahme der Berufung gegen ein Scheidungsurteil nach dem Tod eines Ehegatten, weil ansonsten nachträglich die Auflösung der Ehe bewirkt würde, was dem Zweck des § 619 entgegensteht.[8] Tritt der Tod eines Ehegatten nach verkündetem Urteil, aber vor dessen Rechtskraft ein, wird das **Urteil wirkungslos** (§ 269 Abs. 3 S. 1).[9] 3

3. Entscheidung zu den Kosten. Liegt im Zeitpunkt des Todes der Ehegatten noch kein Urteil vor, so ist entsprechend § 93a Abs. 1 über die Kosten durch **Beschluss** zu entscheiden[10], der nach mündlicher Verhandlung zwischen dem Ehegatten und den Erben des Verstorbenen ergeht. In der Lit.[11] wird teilweise eine entsprechende Anwendung des § 91a Abs. 1 angenommen. Hierdurch treten jedoch praktische Unterschiede kaum auf, weil auch bei entsprechender Anwendung des § 91a Abs. 1 in der Regel auf § 93a Abs. 1 zurückzugreifen ist; danach ist zu fragen, wie der Rechtsstreit in der Hauptsache entschieden worden wäre. Gegen § 91a spricht jedoch, dass dieser beiderseitig prozessuale Erklärungen über die Erledigung erfordert; zudem verändert sich der Regelungszweck des § 93a Abs. 1 nicht durch den Wegfall einer Partei, der einerseits den wirtschaftlich Schwächeren nicht davon abhalten soll, einen Scheidungsantrag zu stellen; insbesondere kommt es auf die Ursachen des Scheiterns der Ehe nicht an, was grundsätzlich für eine Kostenaufhebung spricht. Soweit eine unzulässige Klage bzw. Antrag vorliegt, kann nach § 93a Abs. 2 über die Kosten zu Lasten des Klägers bzw. Antragstellers entschieden werden. Eine Kostenentscheidung erübrigt sich, wenn der überlebende Ehegatte Alleinerbe ist.[12] Wird ein Rechtsmittel zurückgewiesen, gilt § 97. 4

4. Auswirkungen auf andere Verfahren. Soweit in einer Scheidungssache Folgesachen iSd. § 623 Abs. 1–3 anhängig sind, werden diese entsprechend § 629 Abs. 3 von der Regelung des § 619 erfasst; damit tritt auch bezüglich dieser Verfahren eine Erledigung von Gesetzes wegen ein.[13] Diese Folgesachen können aber nach Erklärung eines Vorbehalts nach §§ 626 Abs. 2, 629 Abs. 3 als **selbständige Folgesache** gegen die Rechtsnachfolger des verstorbenen Ehegatten fortgeführt werden, soweit ein materiell-rechtlicher Anspruch besteht.[14] Allerdings scheidet überwiegend eine Fortführung aus, so insbesondere bei der **Regelung der elterlichen Sorge,** weil nach § 1680 Abs. 1 BGB dem überlebenden Elternteil die elterliche Sorge alleine zusteht. Der Anspruch auf **Versorgungsausgleich** kann nicht entstehen, weil dessen Wirkung erst mit der Rechtskraft der Scheidung eintritt (§ 1587 Abs. 1 BGB); der überlebende Ehegatte erlangt deshalb eine Witwen- bzw. Witwerversorgung, weil die Ehe nicht rechtskräftig geschieden wurde. Unterhaltsansprüche können nach § 1361 Abs. 1 BGB oder § 1933 S. 3 BGB iVm. §§ 1569ff. BGB verlangt werden, weil die Ehe nicht rechtskräftig geschieden wurde, nicht aber, wenn der Berechtigte stirbt, weil dann jeglicher Anspruch erlischt. Da die Entscheidung zu den Kosten das Verfahren beendet, muss dessen Vorbehalt vor dessen Abschluss erklärt werden.[15] **EinstwAnO** nach §§ 620ff. treten nach § 620f Abs. 1 S. 1 von selbst außer Kraft. Dies ist auf Antrag nach § 620f Abs. 1 S. 2 durch Beschluss auszusprechen. Entsprechend erledigen sich auch Rechtsmittelverfahren gegen solche einstwAnO (insbesondere zur elterlichen Sorge). 5

5. Wiederaufnahme des Verfahrens, Wiedereinsetzung. Die Wiederaufnahme würde zu einer Fortsetzung des Verfahrens führen und ist deshalb nach dem Zweck des § 619 auszuschließen.[16] Bei Anträgen auf Aufhebung der Ehe entfällt dies (eingehend § 631 Rn. 2; s. § 1317 Abs. 3 BGB). Auch dem überlebenden Ehegatte ist danach eine Wiederaufnahme nicht gestattet. Entsprechendes gilt für die **Wiedereinsetzung in den vorigen Stand,** die nicht zu einer Entscheidung in der Hauptsache führen kann, ggf. jedoch – trotz der Regelung des § 99 Abs. 1 – zur Einlegung eines Rechtsmittels gegen die Kostenentscheidung. Besonderhei- 6

[3] ZB ein Rentenversicherungsträger; s. hierzu OLG Zweibrücken FamRZ 1998, 678.
[4] OLG Frankfurt/M FamRZ 1981, 192f. (auch kein Beschluss des Gerichts).
[5] BGH NJW 1974, 368 = FamRZ 1974, 129, 130 (zB fehlende Zuständigkeit, Prozessunfähigkeit einer Partei).
[6] BGH NJW 1981, 686 = FamRZ 1981, 245 m. weit. Nachw.
[7] HM; *Johannsen/Henrich/Sedemund-Treiber* Rn. 3; *Rolland/Roth* Rn. 3.
[8] OLG Koblenz FamRZ 1980, 717, 718.
[9] BGH NJW 1981, 686f. = FamRZ 1981, 245, 246.
[10] BGH FamRZ 1983, 683; FamRZ 1986, 253; *Johannsen/Henrich/Sedemund-Treiber* Rn. 3.
[11] *Zö/Philippi* Rn. 6; s. ferner OLG Karlsruhe FamRZ 1996, 880; OLG Nürnberg FamRZ 1997, 763.
[12] S. aber §§ 1933 S. 1, 2077 Abs. 1 BGB.
[13] BGH NJW 1981, 686, 687 = FamRZ 1981, 245.
[14] Der durch den Tod des Ehegatten ausgelöst worden sein kann, sofern nicht Erbfolge besteht, insbesondere bei Auseinandersetzung des Zugewinns; s. § 621 Abs. 1 Nr. 8.
[15] *Zö/Philippi* Rn. 12.
[16] BGHZ 43, 239, 241ff. = FamRZ 1965, 316.

ten ergeben sich, wenn in einer Ehesache innerhalb der Berufungsfrist die Anfechtung des erstinstanzlichen Urteils durch die Stellung eines Prozesskostenhilfeantrags angestrebt wurde, vor Bewilligung der Prozesskostenhilfe und der Wiedereinsetzung in den vorigen Stand aber ein Ehegatte verstirbt. In diesem Fall muss die bedürftige Partei einer „reichen Partei", die innerhalb der Rechtsmittelfrist Berufung hätte einlegen können, gleichgestellt werden, Art. 3 Abs. 2 S. 1 GG.[17]

III. Tod nach Rechtskraft der Scheidungssache, aber vor Abschluss einer Folgesache

7 Verstirbt ein Ehegatte nach Eintritt der Rechtskraft des Scheidungsurteils, aber vor Abschluss (abgetrennter) Folgesachen, gilt § 619 nicht.[18] Hinsichtlich der Regelung der elterlichen Sorge erwirkt der überlebende Ehegatte die alleinige elterliche Sorge nach § 1680 Abs. 1 BGB; auch die Umgangsbefugnis und die Herausgabe des Kindes an den anderen Ehegatten erledigen sich. Im Versorgungsausgleich erlischt der materiell-rechtliche Anspruch bei Tod des Berechtigten nach § 1587e Abs. 2 BGB.[19] Bei Tod des Verpflichteten kann der Wertausgleich nach § 1587e Abs. 4 BGB noch durchgeführt werden; der Ausgleichsanspruch ist gegen die **Erben** geltend zu machen. Gleiches gilt für den Zugewinnausgleich. Hinsichtlich des Unterhalts müssen bei Tod des Verpflichteten die Erben für einen nachehelichen Unterhalt zwischen Rechtskraft der Scheidung und Tod eintreten; zum künftigen Unterhalt gilt § 1586b BGB. Stirbt der Berechtigte, so können dessen Erben den bis zum Tod entstandenen Unterhalt geltend machen.

620 *Einstweilige Anordnungen* **Das Gericht kann im Wege der einstweiligen Anordnung auf Antrag regeln:**

1. die elterliche Sorge für ein gemeinschaftliches Kind;
2. den Umgang eines Elternteils mit dem Kind;
3. die Herausgabe des Kindes an den anderen Elternteil;
4. die Unterhaltspflicht gegenüber einem minderjährigen Kind;
5. das Getrenntleben der Ehegatten;
6. den Unterhalt eines Ehegatten;
7. die Benutzung der Ehewohnung und des Hausrats;
8. die Herausgabe oder Benutzung der zum persönlichen Gebrauch eines Ehegatten oder eines Kindes bestimmten Sachen;
9. die Maßnahmen nach den §§ 1 und 2 des Gewaltschutzgesetzes, wenn die Beteiligten einen auf Dauer angelegten gemeinsamen Haushalt führen oder innerhalb von sechs Monaten vor Antragstellung geführt haben;
10. die Verpflichtung zur Leistung eines Kostenvorschusses für die Ehesache und Folgesachen.

Übersicht

[17] OLG Stuttgart FamRZ 2000, 1029.
[18] BGH FamRZ 1985, 1240f.; FamRZ 1989, 35f.
[19] S. a. OLG Nürnberg FamRZ 2006, 959.

I. Normzweck

EinstwAnO ermöglichen während der Dauer einer anhängigen Ehesache eine vorläufige Regelung streitiger Rechtspositionen von Ehegatten in personaler und vermögensrechtlicher Hinsicht. Auf Grund einer summarischen Anspruchsprüfung, geringer Anforderungen an die Beweisführung (Glaubhaftmachung nach § 620a Abs. 2 S. 3), einer einfachen Form der Entscheidung (Beschluss ohne Kostenentscheidung) und sehr beschränkter Rechtsmittelmöglichkeiten (§ 620c) kann in kurzer Zeit ein Rechtsverhältnis geregelt und ein Vollstreckungstitel geschaffen werden. Sie stellt damit ein eigenständiges Rechtsinstitut dar, das den Ehegatten eine schnelle Hilfe in einer streitigen Auseinandersetzung und eine vorläufige Sicherung einer Rechtsposition gewährt.[1] 1

II. Systematische Stellung innerhalb des einstweiligen Rechtsschutzes

Die Notwendigkeit zu einer schnellen gerichtlichen Regelung ergibt sich vor allem bei Ehegatten, deren Ehe sich in Auflösung befindet und demgemäß sich Auseinandersetzungen häufen. Der Gesetzgeber hat dies früh erkannt und aus dem Institut der einstwVfg. die einstwAnO für Ehesachen entwickelt,[2] die ihre heutige Form durch das 1938 eingeführte EheG erhielt (§ 627 idF des § 39 der 1. DVO zum EheG von 1938). Das 1. EheRG hat die Form der einstwAnO im Wesentlichen übernommen, jedoch um einige Regelungsbereiche erweitert. Die einstwAnO nach §§ 620ff. verdrängt in ihrem Regelungsbereich **andere Formen des summarischen Rechtsschutzes,** insbesondere die einstwVfg. und die vorläufige Anordnung nach dem FGG, stellt also ein eigenständiges verfahrensrechtliches Instrument dar (zum Verhältnis zur einstwAnO nach § 644 S. 1 s. dort Rn. 1ff., 5). Der Anwendungsbereich der einstwAnO wurde durch § 621g erweitert,[3] der auch im selbständigen Verfahren zur elterlichen Sorge, zum Umgang mit einem Kind, zur Herausgabe eines Kindes und in Verfahren nach der HausratsVO nach den Grundsätzen der §§ 620a ff. vorläufige Regelungen zulässt. Außerhalb des Regelungsbereiches der einstwAnO greift der vorläufige Rechtsschutz nach allgemeinen Grundsätzen ein. In Familiensachen handelt es sich hierbei um die einstwVfg. nach §§ 935, 940 (als Leistungsverfügung),[4] die zur Geltendmachung des Getrenntlebens-, nachehelichen und Kindesunterhaltes heranzuziehen ist (zur Zulässigkeit der einstwVfg. neben der einstwAnO nach § 644 S. 1 s. dort Rn. 1, 5), den dinglichen Arrest nach §§ 916ff. iVm. § 1378 Abs. 1 BGB zur Sicherung einer Zugewinnausgleichsforderung (s. Rn. 4), die vorläufige Anordnung nach FGG, die jedoch mit Einführung des § 621g faktisch bedeutungslos geworden sind. 2

[1] BGH FamRZ 1980, 131.
[2] BGH FamRZ 1984, 767, 769.
[3] Eingeführt durch Art. 4 Nr. 7 GewSchG zum 1. 1. 2002.
[4] Zum Verhältnis der einstwAnO zur einstwVfg. krit. *Gaul* FamRZ 2003, 1137, 1152f.

III. Allgemeine Voraussetzungen

3 **1. Ehesache als Hauptsacheverfahren.** EinstwAnO nach § 620 können nur im Zusammenhang mit einer Ehesache geltend gemacht werden; sie sind also ein **Annexverfahren** zu einer Ehesache im Sinne des § 606 Abs. 1 und können deshalb – anders als die einstwVfg. nach §§ 935, 940 – nie als selbständiges Verfahren geführt werden (zu den Folgen der Nichtbeachtung Rn. 33). Dieser Grundsatz ist in § 620a Abs. 2 S. 1 ausdrücklich geregelt; danach können einstwAnO ab **Anhängigkeit** (s. dazu § 620a Rn. 2) einer Ehesache oder mit Einreichung eines **Antrages** auf Bewilligung der Prozesskostenhilfe beantragt werden. Wird dem Hauptsacheantrag stattgegeben, das sind regelmäßig Scheidungsverfahren oder Trennungsverfahren nach ausländischem Recht, so bleibt die einstwAnO auch über dem Eintritt der Rechtskraft der Ehesache wirksam, bis zu dem Hauptsacheverfahren des Regelungsbereiches der einstwAnO eine anderweitige Regelung wirksam wird. Bei Abweisung oder Rücknahme des Scheidungsantrages tritt die einstwAnO ebenfalls außer Kraft, § 620f Abs. 1. Nicht erforderlich ist es, dass das Hauptsacheverfahren des Regelungsbereiches der einstwAnO anhängig ist. Entsprechendes gilt in den Fällen des § 644 S. 1, der wie § 620 ein **anhängiges anderes** (isoliertes) **Unterhaltsverfahren** oder einen entsprechenden Prozesskostenhilfeantrag verlangt, das keine Verbundsache ist. Auch § 621g S. 1 folgt diesem Grundsatz für die Verfahren zur elterlichen Sorge, Umgang und Herausgabe eines Kindes sowie den Verfahren nach der HausratsVO.

4 **2. Abschließender Regelungskatalog; Abgrenzung zum sonstigen einstweiligen Rechtsschutz.** § 620 Nr. 1–10 beinhaltet eine **abschließende Aufzählung** der Regelungsbereiche der einstwAnO. Eine analoge Anwendung auf andere Regelungsbereiche scheidet aus (s. aber Rn. 41). Soweit bei Auseinandersetzungen der Ehegatten ein einstweiliger Rechtsschutz in Anspruch zu nehmen ist, gelten die allgemeinen Bestimmungen. Dies betrifft die Sicherung des Zugewinnausgleichsanspruchs nach Rechtskraft der Scheidung (§ 1378 Abs. 1, 3 BGB), die im Wege des Arrestes erfolgt.[5] Zum Anspruch auf Sicherung des Zugewinnausgleichsanspruchs nach § 1389 BGB, der vor Rechtskraft der Scheidung eingreift, wird einerseits vertreten, dass diese durch einstwVfg. erfolgt.[6] Andererseits ist die Ansicht im Vordringen, dass die Sicherung durch dinglichen Arrest erfolgen kann.[7] In systematischer Hinsicht ist die einstwVfg. der zutreffende Rechtsbehelf, weil der Anspruch nach § 1378 Abs. 1 BGB erst mit Rechtskraft der Scheidung entsteht und deshalb der besondere Sicherungsanspruch nach § 1389 BGB eingeführt wurde; der dingliche Arrest entspricht eher einem praktischen Bedürfnis. Allerdings kann aus § 1389 BGB nicht entnommen werden, dass eine künftige Forderung nur nach § 1389 BGB gesichert werden kann, so dass beide Lösungen vertretbar sind.

5 **3. Regelungsbedürfnis.** Die Einleitung des Verfahrens erfordert den **Antrag einer Partei.** Danach hat das Gericht über den Antrag zu entscheiden, wenn die Voraussetzungen für einen Erlass vorliegen. Der Wortlaut „kann" bedeutet **kein Ermessen** des Gerichts, sondern bezieht sich auf die Frage des Rechtsschutzbedürfnisses (s. Rn. 12). Zum Erlass der Entscheidung ist ein **Regelungsbedürfnis** für das geltend gemachte Begehren erforderlich. Danach ist die Notwendigkeit eines sofortigen Einschreitens zu verlangen, das ein Zuwarten bis zur Entscheidung zur Hauptsache nicht zulässt, was zB gegeben ist, wenn der Unterhaltspflichtige nicht den (vollen) geschuldeten Unterhalt nach § 1361 oder §§ 1601 ff. BGB zahlt, ebenso wenn Eltern sich über die Regelung zur elterlichen Sorge oder Teilen davon (Aufenthalt) nicht einig sind (wobei allerdings ein Antrag nach § 1671 Abs. 1 BGB vorauszusetzen ist). Sind die Voraussetzungen eines Regelungsbedürfnisses gegeben, ist die beantragte einstwAnO zu erlassen; ein Handlungsermessen besteht für das FamG nicht.[8] Kein Regelungsbedürfnis besteht dagegen, wenn zB der Unterhalt regelmäßig bezahlt oder Unterhalt für die Vergangenheit verlangt wird. Gleiches gilt, wenn das Begehren vom Gegner anerkannt ist oder zweifelsfrei feststeht, dass die Durchsetzung des Zahlungsanspruchs in absehbarer Zeit nicht möglich ist.[9] Bei Zahlungsansprüchen entfällt das Regelungsbedürfnis erst, wenn auf das Anerkenntnis auch geleistet wird. Nicht zu prüfen ist idR im Rahmen des Regelungsbedürfnisses, ob die **Ehesache Aussicht auf Erfolg** hat. Eine Ausnahme wird in der Rspr. angenommen, wenn ein offensichtlich unbegründeter oder unzulässiger Antrag in einer Ehesache gestellt wird; in diesem Fall wird ein Regelungsbedürfnis verneint.[10] Dies wird man aber nur annehmen können, wenn die Anträge offensichtlich nur gestellt wurden, um einen Antrag auf Erlass einer einstwAnO zu ermöglichen, weil das Regelungsbedürfnis der einstwAnO mit der Hauptsache keine Verbindung aufzuweisen braucht.[11] Entsprechendes gilt für einen **Prozesskostenhilfeantrag,** ab dessen Einreichung ebenfalls eine einstwAnO beantragt werden kann (§ 620a Abs. 2 S. 1).

6 Nicht erforderlich ist ein **Sicherungsbedürfnis** wie bei §§ 935, 940 oder eine **Notlage**[12], ferner keine **besondere Eilbedürftigkeit** (s. § 127a Rn. 13).[13] Eine Verweisung auf das Hauptverfahren ist deshalb nicht zulässig. Ein Regelungsbedürfnis kann auch noch unmittelbar vor der Entscheidung zur Ehesache bestehen,

---

[5] OLG Frankfurt/M FamRZ 1996, 747.

[6] OLG Stuttgart FamRZ 1995, 1427; OLG Koblenz FamRZ 1999, 97; OLG Karlsruhe FamRZ 2007, 410 (18. ZS); *Johannsen/Henrich* § 1389 Rn. 1a; *Schwab/Schwab* Teil VII Rn. 225.

[7] OLG Düsseldorf FamRZ 1994, 114; OLG Hamburg FamRZ 2003, 238; OLG Karlsruhe FamRZ 2007, 408 (5. ZS); OLG München FamRZ 2007, 1101; *Gießler/Soyka* Rn. 936; MK-BGB/*Koch* § 1389 BGB Rn. 4.

[8] S. auch OLG Stuttgart FamRZ 2000, 965; OLG Hamm FamRZ 1999, 936.

[9] OLG Hamm FamRZ 1986, 919.

[10] OLG Bamberg FamRZ 1983, 82, 83; OLG Karlsruhe FamRZ 1989, 79, 80; s. a. *Johannsen/Henrich/Sedemund-Treiber* Rn. 4.

[11] Die praktische Bedeutung dieser Frage ist gering, weil idR solche Anträge sofort abgewiesen werden und eine erlassene einstwAnO damit erlischt.

[12] S. OLG Frankfurt/M FamRZ 2002, 401; OLG Naumburg FamRZ 2004, 478.

[13] OLG Zweibrücken FamRZ 1986, 1229, 1230.

weil die einstwAnO über den Eintritt der Rechtskraft der Entscheidung hinaus wirkt; Gleiches gilt für das Hauptsacheverfahren des Regelungsbereichs der einstwAnO, weil nicht auszuschließen ist, dass gegen dieses ein Rechtsmittel eingelegt wird und deshalb eine vollstreckbare Entscheidung noch längere Zeit nicht vorliegt. Ein **Regelungsbedürfnis** ist ferner im Berufungsverfahren zu verneinen, wenn erstinstanzlich kein Antrag nach § 714 iVm. §§ 711, 710 zur vorläufigen Vollstreckbarkeit ohne Abwendungsbefugnis gestellt wurde.[14]

4. Materielle Rechtsgrundlage. Die §§ 620–620g sind **reine Verfahrensvorschriften** ohne materiell-rechtlichen Gehalt.[15] Zwar ergeben sich aus dem Gesetz keine Anhaltspunkte dafür, ob allein auf der Grundlage des § 620 Nr. 1–10 eine Regelung ergehen darf. Da die einstwVfg. nach §§ 935, 940 einen Verfügungsanspruch für eine Sicherungsmaßnahme verlangt, ist eine materielle Rechtsgrundlage jedenfalls auch für die einstwAnO zu fordern, weil mit dieser in den Rechtswirkungen eine weiter gehende Regelung erlangt werden kann. I. Ü. steht der Annahme einer reinen Verfahrensvorschrift entgegen, dass nicht etwas zugesprochen werden kann, was materiell-rechtlich nicht besteht und im Erkenntnisverfahren auch nicht zugesprochen würde. 7

Teilweise wird den §§ 620ff. auch eine über die reine verfahrensrechtliche Regelung hinausgehende Funktion zugesprochen, so, wenn eine einstweilige Regelung getroffen werden kann, die über den Regelungsbereich des materiellen Rechts hinausgeht. Dies wird vor allem für den Bereich der Herausgabe persönlicher Gegenstände und bei Hausratsgegenständen angenommen, aber auch bei Teilregelungen zur elterlichen Sorge.[16] Dies erscheint nicht zwingend, weil auch in diesen Fällen regelmäßig auf die (weit gefassten) Tatbestände des § 1361a BGB bzw. § 1671 BGB zurückgegriffen werden kann (s. hierzu unten Rn. 86ff. zur Herausgabe von persönlichen Gegenständen; dort auch zu §§ 861, 1004 BGB; zur elterlichen Sorge s. Rn. 39ff.). I. Ü. ist ohne eine materiell-rechtliche Grundlage unklar, in welchem Umfang in die Rechte des anderen Ehegatten (ohne eine ermächtigende Bestimmung) eingegriffen werden kann. Auch dies spricht gegen diese Ansicht. Jedenfalls ist auf eine materiell-rechtliche Grundlage immer dann zurückzugreifen, wenn eine entsprechende Regelung besteht; nach dieser ist auch der Anspruchsinhalt zu bestimmen. 8

5. Materiell-rechtliche Grundlagen zum ausländischen Recht. Die internationale Zuständigkeit für Ehesachen nach der EheVO II sowie § 606a umfasst auch den Erlass einstwAnO[17] (als unselbständiges Annexverfahren, s. § 606a Rn. 2). Unterliegt der Regelungsbereich ausländischem Recht, ist dieses als Grundlage für die Prüfung nach § 620 heranzuziehen (s. § 127a Rn. 9).[18] Hierbei hat der Richter auch im Rahmen des vorläufigen Rechtsschutzes das anwendbare ausländische Recht zu ermitteln. Die Parteien können den Inhalt des ausländischen Rechts glaubhaft machen (durch Vorlage übersetzter ausländischer Entscheidungen, Auszüge aus der Lit., Rechtsgutachten, die in vergleichbaren Fällen erstellt wurden; §§ 294 Abs. 1 iVm. 293 S. 1).[19] Lässt sich aus dem ausländischen Recht eine materiell-rechtliche Grundlage nicht ableiten, so wird teilweise bei **besonderer Eilbedürftigkeit** auf deutsches Recht zurückgegriffen (§ 127a Rn. 9 m. weit. Nachw.), so insbesondere, wenn wegen der Eilbedürftigkeit der Maßnahme die Ermittlung des ausländischen Rechts nicht möglich ist.[20] Die Übernahme deutschen Rechts ist jedenfalls dann problematisch, wenn das ausländische Recht mit dem deutschen (vergleichbaren) Regelungsbereich nicht verglichen werden kann und deshalb möglicherweise fehlerhaft zur Annahme eines materiell-rechtlichen Anspruchs gelangt, den das ausländische Recht nicht kennt. Vielmehr hat sich das Gericht an dem materiell-rechtlichen Regelungsbereich des ausländischen Rechts zu orientieren und zu prüfen, ob ein solcher Anspruch bestehen könnte, wenn nicht hinreichend Zeit für eine Ermittlung des ausländischen Rechts zur Verfügung steht.[21] Steht fest, dass das ausländische Recht einen Anspruch nicht vorsieht, kann auch eine einstwAnO nicht erlassen werden, weil diese im Erkenntnisverfahren wieder aufgehoben würde. Auf diese Rechtslage hat der Gesetzgeber durch die Einführung des Art. 17a EGBGB durch das GewSchG[22] reagiert und bestimmt, dass die **Nutzungsbefugnis für die im Inland belegene Ehewohnung** und dem im Inland befindlichen Hausrat sowie damit zusammenhängende **Betretungs-, Näherungs- und Kontaktverbote** den deutschen Sachvorschriften unterliegen.[23] 9

In jedem Fall ist **deutsches Verfahrensrecht** nach §§ 620ff. anzuwenden, auch wenn das ausländische Recht einen solchen vorläufigen Rechtsschutz nicht vorsieht, weil sich das Verfahren stets nach der lex fori richtet. 10

IV. Konkurrierende Verfahren

1. Überblick. Die systematische Abgrenzung des Verfahrens der einstwAnO nach § 620 Nr. 1–10 zu anderen Verfahren ist in mehrfacher Hinsicht vorzunehmen. Zum einen ist das Verhältnis der einstwAnO zu 11

---

[14] S. a. OLG Frankfurt/M FamRZ 2007, 650 [LS] – fehlendes Rechtsschutzbedürfnis.
[15] BGH NJW 1984, 2095, 2096 = FamRZ 1984, 767, 768 = LM BGB § 818 Abs. 3 Nr. 30; differenzierend *Johannsen/Henrich/Sedemund-Treiber* Rn. 2f.; *Zö/Philippi* Rn. 8.
[16] *Zö/Philippi* Rn. 8; MK/*Finger* Rn. 10; *Peschel-Gutzeit* MDR 1984, 892.
[17] OLG Karlsruhe FamRZ 1984, 184.
[18] OLG Hamm IPRax 1990, 114.
[19] S. a. *Sommerlad/Schrey* NJW 1991, 1377, 1381f.
[20] OLG Karlsruhe IPRax 1985, 106; BGH NJW 1978, 496 = FamRZ 1978, 179.
[21] Ähnlich *Gießler/Soyka* Rn. 86; differenzierend auch *Kreuzer* NJW 1983, 1943ff., 1948.
[22] S. Art. 10 des G vom 11. 12. 2001, BGBl. I S. 3513.
[23] Eingehend Rn. 89a; § 621 Rn. 88a – 88g.

den anderen Bestimmungen des vorläufigen Rechtsschutzes nach der ZPO sowie dem FGG bzw. der HausratsVO zu bestimmen und zum anderen zu klären, in welchem Verhältnis die den Regelungsbereichen des § 620 Nr. 1–10 zugeordneten Hauptsacheverfahren (nach § 621 Abs. 1) zu der erlassenen einstwAnO stehen. Kein Konkurrenzverhältnis besteht zu Folgesachen iSd. § 623 Abs. 1–3, auch wenn diese im Verbund geltend gemacht werden, weil sich die Regelungsbereiche in zeitlicher Hinsicht nicht überschneiden können. Wird eine Folgesache wirksam (bei Verbundentscheidungen nach § 629d mit Rechtskraft des Scheidungsausspruches), tritt eine zum selben Regelungsbereich (zB Unterhalt) erlassene einstwAnO nach § 620f Abs. 1 S. 1 außer Kraft.

12 **2. Verhältnis zu Verfahren in isolierten Familiensachen. a) Keine anderweitige Rechtshängigkeit.** Auf Grund des summarischen Verfahrenscharakters der einstwAnO nach §§ 620ff. tritt mit Stellung eines Antrags nach § 620 Nr. 1–10 kein Fall der anderweitigen Rechtshängigkeit dieses Verfahrens nach § 261 Abs. 1, 3 ein, mit der Folge, dass wegen des wesentlich umfassenderen Rechtsschutzes ein gleichzeitig geltend gemachtes Hauptsacheverfahren desselben Regelungsbereiches grds. möglich ist.[24] Ebenso wenig fehlt es an einem **Rechtsschutzbedürfnis** für die einstwAnO, für deren prozessuale Voraussetzungen ein Regelungsbedürfnis genügt (Rn. 5). So kann Trennungsunterhalt gemäß § 1361 Abs. 1 BGB sowohl nach § 620 Nr. 6 im Verfahren der einstwAnO als auch im Erkenntnisverfahren als Familiensache nach § 621 Abs. 1 Nr. 5 geltend gemacht werden. Erlangt der Berechtigte zunächst nach § 620 Nr. 6 einen Vollstreckungstitel und vollstreckt er hieraus, so erlischt insoweit wegen Erfüllung der materiell-rechtliche Anspruch auf Unterhalt; ein Antrag im Erkenntnisverfahren nach § 621 Abs. 1 Nr. 5 ist dementsprechend in der Hauptsache für erledigt zu erklären. Dies gilt aber nicht, wenn der Schuldner erkennbar nur zur Abwehr der Vollstreckung aus der einstwAnO Unterhalt leistet, da es insoweit an einer Erfüllungswirkung gemäß § 362 BGB fehlt. Ferner stellt die einstwAnO keinen Rechtsgrund zum Behaltendürfen des Unterhalts im Sinne der §§ 812ff. BGB dar.[25] Vergleichbar ist die Sachlage bei der Sorgerechtsregelung nach § 1671 Abs. 1 BGB, die in der Zeit des Getrenntlebens ergeht. Diese kann als einstwAnO nach § 620 Nr. 1 oder als andere Familiensache nach § 621 Abs. 1 Nr. 1 geltend gemacht werden (zur notwendigen Abtrennung des Sorgeverfahrens in diesem Fall s. § 623 Rn. 10, 22). Zwar sind bei einer einstwAnO nach § 620a Abs. 3 das Jugendamt und das Kind zu hören. Eine Abänderung ist aber bei einer isolierten Sorgerechtsregelung nur nach § 1696 BGB möglich, während bei einer einstwAnO eine solche bereits im Rahmen des § 620b in Betracht kommt, also eine geringere Bestandskraft aufweist (s. auch Rn. 29).

13 **b) Alternative Geltendmachung.** Dem Berechtigten ist es unbenommen, lediglich das Verfahren der einstwAnO oder das Erkenntnisverfahren nach § 621 Abs. 1 zu wählen und zwar unabhängig davon, ob es sich um einen Regelungsbereich aus der ZPO oder dem FGG bzw. der HausratsVO handelt. Zulässig ist es auch, beide Verfahren gleichzeitig nebeneinander oder zunächst nur das Erkenntnisverfahren nach § 621 Abs. 1 zu betreiben und (bei dessen schleppenden Verlauf) später einen Antrag auf Erlass einer einstwAnO in der Scheidungssache zu stellen. Soweit es um Unterhalt nach §§ 1361 Abs. 1, 1601ff. BGB geht, kann auch im isolierten Verfahren nach § 621 Abs. 1 Nr. 4, 5 eine einstwAnO nach § 644 S. 1 beantragt werden. Lediglich dann, wenn das Erkenntnisverfahren (zum Anspruch nach § 1361 Abs. 1 BGB) nach § 621 Abs. 1 bereits rechtskräftig abgeschlossen ist,[26] gilt dieses Verfahren als anderweitige Regelung, so dass eine einstwAnO nicht mehr möglich ist (zur Abänderung nach § 323 s. u. Rn. 23ff. und § 323 Rn. 9). Denkbar wäre es allerdings nach der Ablehnung des Trennungsunterhalts gemäß § 1361 Abs. 1 BGB im isolierten Verfahren nach § 621 Abs. 1 Nr. 5, im laufenden Scheidungsverfahren nach § 620 Nr. 6 einen nachehelichen Unterhaltsanspruch nach §§ 1569ff. BGB geltend zu machen. Dies wird teilweise bejaht.[27] Gegen die Zulässigkeit einer solchen Anordnung spricht allerdings, dass es um einen zukünftigen Unterhalt geht, der im Erkenntnisverfahren nur **für den Fall der rechtskräftigen Scheidung der Ehe** zugesprochen werden kann (§§ 623 Abs. 1 S. 1, 629d), so dass es demgemäß regelmäßig an einem Regelungsbedürfnis fehlt, weil kein **aktueller Unterhaltsbedarf** gegeben ist. Ferner kann der nacheheliche Unterhalt im Verbund geltend gemacht werden.[28] Soweit für die einstwAnO und die Hauptsache jeweils Prozesskostenhilfe geltend gemacht wird, kann diese in Bezug auf eines der beiden Verfahren nicht als **mutwillig** iSd. § 114 abgelehnt werden[29], jedoch dann, wenn im Falle eines vollstreckbaren einstwAnO für denselben Zeitraum Unterhalt verlangt wird.

14 **c) Verhältnis zu FGG-, Familien- und Vormundschaftssachen.** EinstwAnO sind neben FGG- und Familiensachen nach § 621 Abs. 1 Nr. 1 bis 3, 7, 8 gemäß dem oben Gesagten (Rn. 11ff.) zulässig. Gleiches gilt für das Verhältnis zu Vormundschaftssachen, was aber keine praktische Bedeutung hat, nachdem die in Betracht kommenden Verfahren seit 1. 7. 1998 weitgehend in die Zuständigkeit der FamG fallen.

15 **d) Verfahrensmäßige Wirkung.** Das Verfahren nach §§ 620ff. ist auf Grund seines summarischen Charakters mit einer wesentlich **geringeren Bestandskraft** als das Erkenntnisverfahren nach § 621 Abs. 1 ausgestattet, was sich aus der geringeren Gewähr der Richtigkeit der Entscheidung rechtfertigt.[30] Zwar kann mit

[24] BGH NJW 1980, 454 = FamRZ 1980, 131 – Sorgerecht; NJW 1983, 1330 = FamRZ 1983, 355 – Trennungsunterhalt; einschränkend *Johannsen/Henrich/Sedemund-Treiber* § 620b Rn. 14; ebenso OLG Hamm FamRZ 1997, 183 zum Verhältnis isoliertes Sorgerechtsverfahren zur einstwAnO.

[25] S. a. OLG Bamberg FamRZ 2006, 965.

[26] BGH NJW 1991, 705 verlangt den rechtskräftigen Abschluss des Erkenntnisverfahrens.

[27] S. etwa *Rolland/Roth* Rn. 80.

[28] So auch *Zö/Philippi* Rn. 58; *van Els* FamRZ 1990, 581, 583.

[29] S. zB OLG Stuttgart FamRZ 1992, 1195 – selbständige Klage auf Unterhalt; OLG Hamburg FamRZ 2000, 1583f.

[30] OLG Stuttgart FamRZ 1992, 1195f.

Ausnahme der Fälle des § 620c kein Rechtsmittel gegen die einstwAnO eingelegt werden. Jedoch erwächst das Verfahren nicht in materielle Rechtskraft und kann auch nach § 620b vereinfacht abgeändert werden (zur Überprüfung im Wege der negativen Feststellungsklage s. § 620b Rn. 10), ferner erlischt die einstwAnO nach § 620f Abs. 1 bei Inkrafttreten einer anderweitigen Regelung. Verfahren nach § 621 Abs. 1 Nr. 4, 5 erwachsen dagegen in materielle Rechtskraft und sind nur nach § 323 Abs. 1–3 abänderbar.

3. Verhältnis zum sonstigen vorläufigen Rechtsschutz. a) Einstweiliger Rechtsschutz nach ZPO-Grundsätzen. Neben den in § 620 Nr. 4, 6 und 8 (s. Rn. 86ff.) enthaltenen zivilprozessualen Regelungsbereichen kann außerhalb des Anwendungsbereichs der §§ 127a, 621f ein Prozesskostenvorschuss im Wege einer einstwAnO verlangt werden, wobei § 621f Prozesskostenvorschuss für FGG-Hauptsacheverfahren vorsieht. Ferner kommt für den Bereich des Ehegatten- und Kindesunterhalts bis zur Anhängigkeit einer Ehesache oder dem Antrag zur Bewilligung von Prozesskostenhilfe für eine Ehesache und nach Eintritt der Rechtskraft der Ehesache eine einstwAnO nach § 644 S. 1 unter den dort genannten Voraussetzungen in Betracht (s. auch Rn. 2). Die Regelung im Wege einer **einstwVfg.** (als Leistungsverfügung, §§ 935, 940) ist neben der einstwAnO nach § 644 S. 1 nicht zulässig (s. § 644 Rn. 5; dort auch zur generellen Zulässigkeit einer einstwVfg.), ist aber dann möglich, wenn ein Hauptsacheverfahren im Sinne des § 644 S. 1 nicht eingeleitet wird. Sobald eine Ehesache anhängig oder ein Antrag auf Bewilligung von Prozesskostenhilfe für einen Ehegatten eingereicht ist, sind diese Verfahrensarten – mit Ausnahme der einstwAnO nach § 644 S. 1 (zum Verhältnis der einstwAnO nach § 620 zu § 644 S. 1 s. § 644 Rn. 5f.; Rn. 17f.) – nicht mehr zulässig, weil die Regelungen des § 620 Nr. 4, 6 und 10 diese verdrängen. Der vorläufige Rechtsschutz durch einstwVfg. oder einstwAnO nach §§ 127a, 621f ist deshalb subsidiär (s. a. § 127a Rn. 6). Dies gilt auch dann, wenn eine Folgesache anhängig ist, bei der ein entsprechender vorläufiger Rechtsschutz möglich wäre.[31] Denn das Verfahren nach § 620 ist grds. das einfachere und billigere Verfahren (kein Rechtsmittel, einfacher Verfahrensgang). Keine **Überschneidungen** mit dem Regelungsbereich des § 620 ergeben sich jedoch bei einem dinglichen Arrest und einstwVfg. nach §§ 935, 940 als Sicherungsverfügung (zu § 1389 BGB oder zur Sicherung des Zugewinnausgleichsanspruchs nach § 1378 Abs. 1 BGB), weil diese lediglich der Sicherung eines Anspruchs dienen (s. Rn. 4), während § 620 Nr. 4, 6, 10 jeweils einen (vorläufigen) Leistungsanspruch gewähren. Entsprechendes gilt zur Sicherung des Unterhalts nach §§ 1361, 1569ff. BGB sowie nach § 1601ff. BGB im Wege des Arrestes nach §§ 916, 919; insoweit ist – auch neben § 1585a BGB – die Sicherung eines künftigen Anspruchs zuzulassen, wenn diese als künftige Ansprüche klagbar sind.[32] 16

Mit der Einführung der einstwAnO nach § 644 S. 1 in **selbständigen** (isolierten) **Unterhaltsverfahren,** die die einstwVfg. insoweit verdrängt (Rn. 2; § 644 Rn. 5), wird die Frage, ob das Verfahren nach § 620 in einer Ehesache als lex specialis anderen Verfahren des vorläufigen Rechtsschutzes vorgeht, entschärft, aber nicht gänzlich hinfällig, weil § 644 S. 2 eine entsprechende Anwendung der §§ 620a – 620g vorsieht und damit auch in selbständigen Verfahren ein inhaltlich gleichwertiges Verfahren zur Verfügung steht. Die Frage nach dem **Vorrang** der in der **Ehesache ergangenen einstwAnO** vor der in § 644 S. 1 lässt sich nicht generell entscheiden, sondern hängt von der jeweiligen Fallgestaltung ab. Wurde in einer selbständigen Unterhaltssache zum Getrenntlebensunterhalt nach § 1361 Abs. 1 BGB eine einstwAnO erlassen und ist in diesem Verfahren keine anderweitige Regelung iSd. § 620f Abs. 1 ergangen, die die einstwAnO außer Kraft setzt, so fehlt einer entsprechenden einstwAnO zur Regelung des Unterhalts nach § 1361 Abs. 1 BGB nach § 620 Nr. 6 in der Ehesache das Regelungsbedürfnis (Rn. 5). Da die in einem solchen Fall nach § 644 S. 1 ergangene einstwAnO aber ihre Wirksamkeit mit Eintritt der Rechtskraft des Scheidungsausspruchs verliert, weil eine vorläufige Regelung in ihrem Wirkungsbereich nicht weiterreichen kann als das Hauptsacheverfahren selbst (s. § 644 Rn. 3), ist es zulässig, für die Zeit nach Rechtskraft der Scheidung in der Ehesache gemäß § 620 Nr. 6 eine Unterhaltsregelung zum nachehelichen Unterhalt nach §§ 1569ff. BGB zu beantragen und zu erlassen, sofern ein Regelungsbedürfnis besteht. Dem steht nicht entgegen, dass nach § 644 S. 1 eine einstwAnO auch in einem selbständigen Verfahren zum nachehelichen Unterhalt gemäß §§ 1569ff. BGB möglich ist, weil hierdurch der Zweck der Weitergeltung der einstwAnO nach § 620 Nr. 6 über die Rechtskraft der Scheidung hinaus nicht entfällt und insbesondere nicht ersichtlich ist, dass der Gesetzgeber mit Einführung des § 644 den Regelungsgehalt des § 620 hat einschränken wollen (insbesondere hinsichtlich § 620f). Wird nach Erlass der einstwAnO gemäß § 620 Nr. 6 die Ehesache abgewiesen, erlischt zwar die einstwAnO nach § 620f Abs. 1 S. 1; der Unterhaltsberechtigte kann jedoch in diesem Fall in einem parallel anhängigen bzw. noch einzuleitenden Verfahren zu § 1361 Abs. 1 BGB eine einstwAnO nach § 644 S. 1 beantragen. Ergeht vorab in der Ehesache nach § 620 Nr. 4 zum Kindesunterhalt eine einstwAnO, so fehlt danach einer einstwAnO nach § 644 S. 1 im selbständigen Verfahren das Regelungsbedürfnis. Wurde in einem **selbständigen Verfahren** zum Unterhalt eines minderjährigen Kindes eine einstwAnO nach § 644 S. 1 erlassen, so steht ebenfalls das fehlende Regelungsbedürfnis einer Anordnung nach § 620 Nr. 4 entgegen. Da durch den Eintritt der Rechtskraft des Scheidungsurteils der Unterhalt nach §§ 1601ff. BGB nicht erlischt, bleibt auch eine im isolierten Verfahren ergangene Anordnung auch nach rechtskräftiger Scheidung so lange wirksam, bis eine anderweitige Regelung iSd. § 620f Abs. 1 an deren Stelle tritt. Für die Gleichwertigkeit der einstwAnO nach § 644 S. 1 sprechen auch prozessökonomische Gründe, weil in dem 17

---

[31] S. zB in den Fällen der §§ 127a, 621f; s. a. BGH NJW 1979, 1508 = FamRZ 1979, 472, 473; OLG Karlsruhe FamRZ 1989, 523; ferner etwa *Zö/Philippi* Rn. 23.

[32] OLG Düsseldorf NJW-RR 1994, 450 = FamRZ 1994, 111, 113; FamRZ 1994, 114; s. a. *Menne* FamRZ 2004, 6, 7; *Löhning* FamRZ 2004, 503, 506.

Hauptsacheverfahren und der einstwAnO derselbe materiell-rechtliche Anspruch zu Grunde liegt und deshalb das Vorbringen und die Feststellungen in den Entscheidungen inhaltsgleich sind. Zusammenfassend ist deshalb festzuhalten, dass ein genereller Vorrang der einstwAnO der Ehesache nach § 620 Nr. 4, 6 nicht besteht, so dass dem Unterhaltsberechtigten grds. ein **Wahlrecht** zwischen beiden Regelungen zusteht.

18 **b) Gegenseitige Abänderbarkeit der einstweiligen Anordnung nach § 620 Nr. 4, 6 und § 644 S. 1.** Ist in einer selbständigen Unterhaltssache nach § 644 S. 1 eine einstwAnO ergangen, so kann diese, solange diese Unterhaltssache noch nicht rechtskräftig abgeschlossen oder anderweitig erledigt ist, nach § 620b Abs. 1, 2 jederzeit abgeändert werden, auch wenn zwischenzeitlich eine Ehesache anhängig geworden ist, weil kein grundsätzlicher Vorrang der einstwAnO nach § 620 Nr. 4, 6 besteht (Rn. 17). Ist in dem selbständigen Hauptsacheverfahren eine Sachentscheidung ergangen (Abweisung der Klage oder stattgebendes Urteil), liegt nach § 644 S. 2 iVm. § 620f Abs. 1 eine anderweitige Regelung vor, so dass eine Abänderung der einstwAnO ausscheidet (zur Abänderung einer Hauptsacheentscheidung durch eine einstwAnO s. Rn. 23ff.). Ruht das selbständige Unterhaltsverfahren, kann eine in diesem Verfahren ergangene einstwAnO nach § 644 S. 1 auch durch Antrag nach § 620 Nr. 4, 6 in der Ehesache abgeändert werden, weil inhaltsgleiche Verfahrensarten vorliegen. Die Abänderungsentscheidung nach § 620b Abs. 1, 2 wirkt – anders als die einstwAnO nach § 644 S. 1 (§ 644 Rn. 3) – über die Rechtskraft der Scheidung hinaus. Wird dagegen das Scheidungsurteil rechtskräftig, ehe das selbständige Verfahren zum Trennungsunterhalt abgeschlossen wird, ist eine nach § 644 in diesem Verfahren ergangene einstwAnO ab Rechtskraft der Scheidung nach § 620b aufzuheben, weil diese lediglich den mit Rechtskraft der Scheidung erlöschenden Unterhalts regelt.[33] Gleiches gilt in dem (seltenen) Fall, dass eine Unterhaltsklage durch Prozessurteil abgewiesen wurde, so dass die in diesem Verfahren ergangene einstwAnO wegen einer fehlenden Sachentscheidung weiter wirkt. Im Übrigen können aus den zuvor genannten Erwägungen auch nach § 620 Nr. 4 in der Ehesache ergangene einstwAnO in einem folgenden isolierten Unterhaltsverfahren abgeändert werden.

19 **c) Übergang vom Verfügungs- ins Anordnungsverfahren.** Strittig ist die Frage[34], ob ein vor Anhängigwerden einer Ehesache eingeleitetes (zulässiges) Verfügungsverfahren nach §§ 935, 940, mit dem Getrenntlebensunterhalt verlangt wird, auch nach deren Anhängigkeit zu Ende geführt werden kann oder in ein Anordnungsverfahren übergeleitet werden muss (durch die Möglichkeit nach § 644 S. 1, eine einstwAnO zu erlassen, werden einstwVfg. weitgehend zurückgedrängt, sofern man deren generelle Zulässigkeit überhaupt noch bejaht; eing. § 644 Rn. 5; Rn. 2, 17). Im Hinblick auf die mit Einführung des § 644 in der Praxis kaum noch auftretende Frage des Zusammentreffens von einstwVfg. und einstwAnO wird auf die Ausführungen in der 4. Auflage Bezug genommen (Rn. 19ff.).

20 Liegt eine bereits **vor Einreichung einer Ehesache erlassene** einstwVfg. vor, bleibt diese auch während der laufenden Ehesache wirksam; aus ihr kann deshalb auch weiterhin vollstreckt werden.[35] Im Umfang einer erlassenen einstwVfg. ist eine einstwAnO nach § 620 unzulässig, weil es an einem Regelungsbedürfnis fehlt. Da einstwVfg. (als Leistungsverfügung) jedoch lediglich zeitlich befristet und nur in Höhe des notwendigen Unterhalts erlassen werden, kann mit der einstwAnO nach § 620 Nr. 4, 6, die die Geltendmachung des vollen Unterhalts iSd. §§ 1578 Abs. 1 S. 1, 1610 Abs. 1 BGB ermöglicht, der über die einstwVfg. hinausgehende Unterhaltsbetrag verlangt werden, weil die einstwVfg. lediglich in formelle Rechtskraft erwächst.

21 **d) Umdeutung eines Antrags zum einstweiligen Rechtsschutz.** Wird in einem Verfahren nach dem FGG ein (unzulässiger) Antrag auf Erlass einer einstwVfG. gestellt, kann diese in einen Antrag auf Erlass einer einstwAnO umgedeutet werden;[36] jedenfalls ist nach § 139 auf einen sachdienlichen Antrag hinzuwirken. Eine Umdeutung im Sinne des § 140 BGB ist geboten, wenn die Umstellung in den prozessual zutreffenden Antrag dem (mutmaßlichen) Willen des Antragsstellers entspricht, keine schutzwürdigen Interessen des Antragsgegners verletzt und der fehlerhafte Antrag inhaltlich die Voraussetzungen des zutreffenden Antrags beinhaltet. Zu beachten ist allerdings, dass im Fall der Umdeutung in eine einstwAnO die maßgebliche Regelung des § 621g S. 1 ein Hauptsacheverfahren voraussetzt.

22 **e) Ersetzung der vorläufigen Anordnung durch § 621g.** In Verfahren nach dem FGG – das sind die Regelung der elterlichen Sorge (Nr. 1), der Umgangsbefugnis des Elternteils mit einem Kind (Nr. 2) und die Herausgabe eines Kindes an den anderen Elternteil (Nr. 3) – konnten vorläufige Anordnungen[37] im Rechtsmittelverfahren nach § 24 FGG erlassen werden.[38] Für die sich aus den §§ 1361a, 1361b BGB ergebenden Verfahren, die sich nach der HausratsVO richten (§ 18a), sahen §§ 13 Abs. 4, 19 HausratsVO aF den Erlass einer einstwAnO vor. Auch hinsichtlich dieses Verfahrens wurde teilweise der Vorrang des Verfahrens nach § 620 angenommen.[39] Der durch Art. 4 Nr. 7 GewSchG eingeführte § 621g S. 1 übernimmt die bisher in der Rspr. zu den Verfahren nach § 621 Abs. 1 Nr. 1, 2, 3 oder 7 anerkannten Grundsätze zum Erlass einer vorläufigen Anordnung in Form der einstwAnO (s. hierzu § 621g Rn. 1). Zum Verhältnis der §§ 620ff. zu § 621g wird auf die Ausführungen in Rn. 17 entsprechend verwiesen. Allerdings enthält § 621g für **Angelegenheiten der Rechtsfürsorge** (§§ 1666, 1667 BGB) eine **Regelungslücke**, weil einstwAnO nur „auf Antrag"

---

[33] S. a. OLG Frankfurt/M FamRZ 2006, 1687 – auch Klage nach § 767 Abs. 1 ist möglich.

[34] Zum Streitstand s. OLG Düsseldorf FamRZ 1987, 497.

[35] S. a. OLG Düsseldorf FamRZ 1987, 497, 498.

[36] BGH FamRZ 1982, 1200; OLG Düsseldorf FamRZ 1994, 390; OLG Frankfurt/M FamRZ 1994, 177; aA OLG Köln FamRZ 1999, 661; OLG Karlsruhe FamRZ 2005, 1187 m. Anm. v. *van Els* FamRZ 2005, 2076.

[37] Teilweise auch einstwAnO genannt.

[38] Keine ausdrückliche gesetzliche Regelung, allgemeine Grundsätze des FGG.

[39] OLG Bremen FamRZ 1982, 633; *Maurer* FamRZ 1991, 887, 888 m. weit. Nachw.; s. a. *Zö/Philippi* Rn. 35.

erlassen werden können. Ist ein richterliches Eingreifen notwendig, ohne dass ein Verfahrensantrag gestellt wird, könnte zwar auf das durch die Rechtsprechung entwickelte Rechtsinstitut der vorläufigen Anordnung zurückgegriffen werden. Dies würde aber vor allem in Bezug auf die Rechtsmittel zu einer Zersplitterung führen. Im Interesse eines Verfahrenseinklanges ist deshalb der entsprechenden Anwendung des § 621g in solchen Fällen der Vorrang einzuräumen.[40] Hierfür spricht auch § 15 S. 1, 2 IntFamRVG, der in den dort geregelten Fällen dem FamG die Möglichkeit einräumt, eine einstwAnO von Amts wegen zu erlassen, und dessen Verfahren sich nach § 621g richtet (S. 2).

V. Abänderung von Titeln zur Hauptsache durch einstweilige Anordnung

1. Grundlagen. Die einstwAnO (nach § 620 Nr. 4, 6) schaffen auf Grund der summarischen Feststellung der Anspruchsvoraussetzungen lediglich einen vollstreckbaren Titel hinsichtlich eines als bestehend angenommenen (Unterhalts-) Anspruchs und erwachsen deshalb nicht in Rechtskraft. Das in einem Hauptsacheverfahren ergangene Urteil erwächst dagegen in Rechtskraft; vergleichbare Bestandskraft weist auch ein Vergleich iSd. § 794 Abs. 1 Nr. 1 auf. Beide Titel sind in ihrem Bestand nach § 323 geschützt. Hieraus folgt, dass ein der Abänderung des § 323 unterliegender Titel nicht durch eine einstwAnO abgeändert werden kann.[41] Auf diesen Erwägungen beruht auch § 620f Abs. 1, wonach eine einstwAnO außer Kraft tritt, sobald die Hauptsacheentscheidung wirksam wird. Soll eine (endgültige) Hauptsacheentscheidung abgeändert werden, so kann dies nur über den Rechtsbehelf des § 323 erfolgen, nicht dagegen durch die einstwAnO, die ihrem Charakter nach wesentlich schwächere Verfahrensgarantien vorsieht (zu den Einzelheiten Rn. 25). Auch Hauptsacheregelungen nach § 621 Abs. 1 Nr. 1–3, 7 können im Grundsatz nicht durch eine vorläufige Anordnung abgeändert werden. 23

Zu unterscheiden hiervon ist die einstwAnO nach § 769 zur **Einstellung der Zwangsvollstreckung,** die bei Abänderungsverfahren § 323 analog anzuwenden ist, und mit der lediglich eine Sicherungsmaßnahme bis zum Abschluss des Abänderungsverfahrens getroffen wird, weil der Fortbestand des Titels unsicher ist (s. Rn. 26). 24

2. Unterhaltstitel. a) Einstweilige Anordnung bei Abänderung von Urteilen. Wie oben (Rn. 23) dargelegt, ermöglicht der summarische Charakter der einstwAnO nicht die Abänderung eines Unterhaltstitels. Dies gilt gleichermaßen für eine Erhöhung wie auch eine Herabsetzung des Titels.[42] Eine Ausnahme von diesem Grundsatz ist zuzulassen, wenn eine **Abänderungsklage** erhoben wurde; eine (Erhöhungs-) Abänderung kann danach im Rahmen des Abänderungsantrages durch einstwAnO ab dem Zeitpunkt erfolgen, zu dem eine Abänderung nach § 323 möglich ist;[43] Insoweit kommt der Abänderungsklage in deren Umfang eine die Rechtskraft des Urteils lockernde Wirkung zu. Diese einstwAnO tritt ggf. durch die folgende Abänderungsentscheidung außer Kraft. Wird die **Herabsetzung des Unterhaltstitels** im Abänderungsverfahren nach § 323 begehrt, ist ein hinreichender Rechtsschutz durch die einstweilige Einstellung der Zwangsvollstreckung entsprechend § 769 gewährleistet (s. Rn. 24). Für eine einstwAnO nach § 620 fehlt es deshalb am Rechtsschutzbedürfnis. 25

Anders zu beurteilen ist die Sachlage, wenn in einer Unterhaltssache nach § 621 Abs. 1 Nr. 5 ein Trennungsunterhalt nach § 1361 Abs. 1 BGB zunächst **vollständig abgewiesen** wurde und nunmehr der Unterhaltsberechtigte auf Grund veränderter Umstände (zB Wegfall der mangelnden Leistungsfähigkeit des Verpflichteten) erneut Unterhalt begehrt. In diesem Fall ist zur Geltendmachung von Unterhalt nach § 620 Nr. 4, 6 nicht gleichzeitig eine Abänderungsklage gegen das (isoliert ergangene) Urteil zum Trennungsunterhalt nötig, weil bei Abweisung wegen mangelnder Bedürftigkeit des Unterhalt Begehrenden oder fehlender Leistungsfähigkeit des Unterhaltsverpflichteten erneut Unterhalt nicht im Wege der Abänderungsklage zu erheben ist (s. § 323 Rn. 20f.).[44] Entsprechendes gilt, wenn im Verbund nach § 623 Abs. 1 S. 1 die Abänderung einer Entscheidung zum Kindesunterhalt begehrt wird. Diese wirkt (erst) für den Fall der rechtskräftigen Entscheidung, also zeitlich später. Die Abänderungsklage erstreckt sich damit nicht auf den Unterhalt von Einreichung des Scheidungsantrags bis zur rechtskräftigen Scheidung, so dass eine Abänderung durch die einstwAnO nicht erfolgen kann.[45] 26

b) Unterhaltsvergleiche. Auch bei Unterhaltsvergleichen iSd. § 794 Abs. 1 Nr. 1 gilt, dass eine im summarischen Verfahren ergehende einstwAnO diesen nicht abändern kann, da auch dieser in seiner Bestandswirkung durch § 323 geschützt ist (s. dazu § 323 Rn. 47).[46] Entsprechendes ist auch für **vollstreckbare Urkunden** iSd. § 794 Abs. 1 Nr. 5 anzunehmen, dagegen nicht für Unterhaltsvereinbarungen zum gesetzlich geregelten Unterhalt, die keinen vollstreckbaren Titel darstellen. Insoweit kann der sich aus der Vereinbarung ergebende materielle Unterhaltsanspruch durch die einstwAnO verlangt werden, ferner ein weiter 27

---

[40] S. a. *Johannsen/Henrich/Sedemund-Treiber* § 621g Rn. 1, 4; *Gießler* FamRZ 2004, 419; aA OLG Hamm FamRZ 2004, 1046.

[41] Allgemein hM; *Johannsen/Henrich/Sedemund-Treiber* Rn. 24; *Zö/Philippi* Rn. 18; *Schwab/Maurer/Borth* Teil I Rn. 909.

[42] OLG Hamm FamRZ 1982, 409.

[43] So *Johannsen/Henrich/Sedemund-Treiber* Rn. 24; *Zö/Philippi* Rn. 20; s. a. Rn. 28 zum Prozessvergleich.

[44] BGH FamRZ 1982, 259; FamRZ 1984, 1001; dagegen erforderlich, wenn nach § 323 Abänderungsklage erhoben werden muss.

[45] So auch *Zö/Philippi* Rn. 20.

[46] OLG Hamm FamRZ 1980, 608; OLG Brandenburg FamRZ 2000, 1377, 1378.

gehender Unterhalt, wenn eine wesentliche Veränderung der der Vereinbarung zu Grunde liegenden Verhältnisse eingetreten ist (§ 313 BGB).

28 Wurde der Vergleich im Rahmen eines Verfahrens nach § 620 geschlossen und in seinem Wirkungsbereich nicht auf eine dauerhaft wirkende Unterhaltsvereinbarung ausgedehnt, ist dieser nach § 620 b jederzeit abänderbar. Will der Unterhaltsverpflichtete den **Vergleich abändern,** reicht es neben der Einreichung der Abänderungsklage aus, einen Antrag entsprechend § 769 zu stellen (s. Rn. 22, 26). Will der Unterhaltsberechtigte mit der einstwAnO nach § 620 einen höheren Unterhalt, als im Vergleich festgelegt, kann im Umfang der gegen den Vergleich erhobenen Abänderungsklage nach § 323 eine einstwAnO beantragt und erlassen werden;[47] insoweit kommt der Abänderungsklage eine die Bindungswirkung des Prozessvergleichs auflösende Wirkung zu.

29 **3. Entscheidungen zum Sorgerecht und der Umgangsbefugnis.** Soweit nach § 623 Abs. 2 S. 1 Nr. 1 mit der Scheidungssache auch die Sorgerechtsentscheidung zu treffen ist, bezieht sich diese gemäß § 1671 BGB auf die Zeit nach Scheidung der Ehe; im Rahmen dieses Verfahrens kann nach Nr. 1 eine einstwAnO beantragt und erlassen werden. Liegt jedoch eine nach § 621 Abs. 1 Nr. 1 ergangene **selbständige Sorgerechtsentscheidung** vor, die nach § 1671 Abs. 1 BGB bereits in der Zeit des dauerhaften Getrenntlebens der Eltern zulässig ist und damit grds. auch über den Zeitpunkt der Rechtskraft der Scheidung hinaus wirkt, so dass der Scheidungsausspruch keine neue Sorgerechtsentscheidung nach § 1671 Abs. 1 BGB erfordert, kann diese nicht durch eine einstwAnO nach § 620 Nr. 1 abgeändert werden.[48] Auch insoweit gelten die oben dargelegten Grundsätze (Rn. 23). In diesem Fall ist deshalb lediglich nach § 1696 Abs. 1 BGB eine Abänderung möglich. Bei einen entsprechenden Regelungsbedürfnis kann innerhalb dieses Abänderungsverfahrens nach § 1696 BGB[49] eine einstwAnO nach § 621 g S. 1 erlassen getroffen werden, die die Regelung des § 620 Nr. 1 verdrängt. Liegt ein Fall der **Gefährdung des Kindeswohls** nach § 1666 Abs. 1 BGB vor, kann das FamG nach § 623 Abs. 3 S. 1 von Amts wegen ein Sorgeverfahren einleiten; auch eine einstwAnO nach § 620 S. 1 kann es von Amts wegen erlassen, obwohl diese Regelung einen Antrag voraussetzt (Rn. 22, 33). Soll die Hauptsacheentscheidung nach § 1666 Abs. 1 BGB schon während der Trennungszeit ergehen, liegt keine Entscheidung für den Fall der rechtskräftigen Scheidung vor; das FamG trennt in diesem Fall das Verfahren nach § 623 Abs. 3 S. 2 ab (eingehend § 623 Rn. 6, 10, 30; ferner Rn. 33). Im Rahmen des **selbständigen Verfahrens** kann entsprechend § 621 g eine einstwAnO hierzu ergehen (Rn. 22). Grundsätzlich kann auch in entsprechender Anwendung des § 620 Nr. 1 von Amts wegen eine einstwAnO ergehen, wenn die Voraussetzungen der §§ 1666, 1667 BGB vorliegen.[50] Dieser Weg ist jedoch nur dann zulässig, wenn nach § 623 Abs. 2 Nr. 1 von einem Elternteil eine Sorgeregelung im Verbund begehrt wird, um zu vermeiden, dass die erlassene einstwAnO über die Rechtskraft der Verbundentscheidung hinaus als summarische Regelung fortwirkt (§ 620 f Abs. 1).

30 Liegt nach § 621 Abs. 1 Nr. 2 eine selbständige Entscheidung zur **Umgangsbefugnis** vor, so wäre eine einstwAnO nach § 620 Nr. 2 zulässig, wenn gleichzeitig im Verbund eine Abänderungsregelung begehrt wird. In diesem Fall kann auch die bestehende Regelung vorläufig geändert werden. Liegt aber ein Abänderungsantrag nicht vor, hätte die Zulassung der Abänderung nach § 620 Nr. 1 zur Folge, dass diese vorläufige Regelung ggf. sehr lange bestehen könnte, da im Verbund keine anderweitige Regelung iSd. § 620 f Abs. 1 getroffen wird. Dies widerspräche jedoch dem Übergangscharakter der einstwAnO sowie der Bestandskraft der Hauptsacheentscheidung.[51]

VI. Besonderheiten der einstweiligen Anordnung bei Verbundentscheidungen

31 Generell gilt § 620 Nr. 1–10 während der gesamten Dauer des Verbundverfahrens, also auch in der **zweiten Instanz** (s. a. § 620 a Abs. 3 S. 1). Wird die Scheidungssache durch Berufung in die zweite Instanz gebracht, können auch dort noch einstwAnO ergehen. Wird bei einer Verbundentscheidung dagegen lediglich die Sorgerechtsentscheidung angefochten, kann auch das OLG eine einstwAnO nach § 620 Nr. 1 erlassen, solange der Scheidungsausspruch nach § 629 a Abs. 3 noch nicht rechtskräftig geworden ist. Nach rechtskräftiger Scheidung kann dagegen auf § 620 Nr. 1 nicht mehr zurückgegriffen werden; will in diesem Fall das OLG eine Maßnahme im vorläufigen Rechtsschutz für den Bereich der elterlichen Sorge erlassen, greift § 621 g S. 1, 2 iVm. § 620 a Abs. 4 ein.[52]

32 Wird nach Rechtskraft der Scheidung eine Abänderung erforderlich, so kann diese nur nach § 1696 Abs. 1 BGB erfolgen; in diesem Verfahren ist auch eine einstwAnO nach § 621 g S. 1 möglich.

VII. Weitere Verfahrensfragen, Vollstreckung, Rechtsbehelfe

33 **1. Einleitung des Verfahrens, Zeitpunkt.** Das Verfahren wird durch **Antrag** einer Partei eingeleitet (s. auch § 127 a Rn. 16 ff.). Zulässig ist der Antrag nach § 620 a Abs. 2, sobald die Ehesache anhängig ist oder ein Antrag auf Bewilligung der Prozesskostenhilfe eingereicht wurde. Wird der Antrag ohne ein Haupt-

---

[47] OLG Hamm (Fn. 41).

[48] S. a. OLG Hamburg FamRZ 1988, 635; OLG Karlsruhe FamRZ 1990, 435, 436; OLG Hamm FamRZ 1990, 896; OLG Karlsruhe FamRZ 2004, 1044.

[49] Das ein selbständiges Verfahren darstellt, BGH FamRZ 1990, 1224.

[50] Durch das KindRG wurde allerdings § 620 S. 2 aufgehoben, der eine einstwAnO von Amts wegen zuließ.

[51] S. a. *Zö/Philippi* Rn. 18; OLG Hamm FamRZ 1988, 411.

[52] Bis 31. 12. 2001 § 24 Abs. 3 FGG.

sacheverfahren eingereicht (s. Rn. 3), so ist der Antrag als unselbständiger Rechtsbehelf als **unzulässig abzuweisen;** eine Überleitung in ein (zulässiges) Hauptsacheverfahren ist wegen der unterschiedlichen Verfahrensart nicht möglich.[53] **Nach Eintritt der Rechtskraft** der Ehesache ist eine einstwAnO nach § 620 Nr. 1–10 idR ebenfalls nicht mehr zulässig (zu den Ausnahmen s. § 620a Rn. 4), nach wohl überwiegender Meinung[54] auch unabhängig davon, ob hinsichtlich des Regelungsbereichs der einstwAnO noch eine Folgesache anhängig ist (zur Frage, wenn die einstwAnO bei Eintritt der Rechtskraft der Ehesache noch nicht entschieden ist s. § 620a Rn. 5). Ein vor rechtskräftiger Scheidung eingereichter Antrag ist auch noch nach Rechtskraft zu entscheiden (§ 261 Abs. 3 Nr. 2), da Verfahrensverzögerungen nicht zu Lasten der Parteien gehen dürfen, es sei denn, dass wegen einer anderweitigen Regelung iSd. § 620f Abs. 1 die einstwAnO alsbald wieder außer Kraft träte.[55] Praktische Bedeutung hat diese Rechtslage durch die Einführung der §§ 621g, 644 nicht mehr. Sämtliche Regelungsbereiche des § 620 Nr. 1–10 können nur **auf Antrag** erlassen werden, wie auch die dem FGG unterliegenden Verfahren (vor allem elterliche Sorge, Umgang mit einem Kind). Entsprechendes gilt in der Berufungsinstanz. In den Fällen des § 623 Abs. 3 S. 1 **(Gefährdung des Kindeswohls** nach § 1666 Abs. 1 BGB) kann das FamG in Eilfällen von Amts wegen ein selbständiges Verfahren einleiten und innerhalb dieses Verfahrens eine einstwAnO entsprechend § 621g S. 1 erlassen (Rn. 22; s. a. Rn. 29). Dies kommt vor allem in Betracht, wenn das Familiengericht im Zusammenhang mit der Anhörung nach § 613 Abs. 1 Satz 2 (§ 613 Rn. 8ff.; § 623 Rn. 10; Rn. 39, 40) oder während der Anhängigkeit einer Scheidungssache Kenntnis über Umstände erlangt, die das Kindeswohl eines gemeinschaftlichen Kindes der Ehegatten gefährden. Der Einleitung eines selbständigen Sorgerechtsverfahrens außerhalb der Ehesache steht nicht § 623 Abs. 5 S. 1 entgegen (eing. § 623 Rn. 6, 10, 30; s. auch Rn. 29 sowie § 620a Rn. 17).

2. Anspruch auf Erlass einer Entscheidung. Liegen die Voraussetzungen des § 620 vor, besteht trotz des Wortes „kann" ein Anspruch auf eine Entscheidung. Die Bedeutung dieses Wortes beschränkt sich auf eine zuständigkeitsbegründende Wirkung.[56] 34

3. Kostenentscheidung. Für die entstandenen Kosten gilt § 620g. Die in Form des Beschlusses ergehenden Entscheidungen enthalten deshalb keinen Kostenausspruch, da insoweit die Entscheidung in der Hauptsache (Ehesache) maßgebend ist. Eine Ausnahme ergibt sich, wenn über die einstwAnO erst nach Rechtskraft der Scheidung entschieden wird (s. Rn. 33). Gleiches gilt, wenn wegen der Ablehnung von Prozesskostenhilfe für das Hauptsacheverfahren mit einer alsbaldigen Kostenentscheidung nicht zu rechnen ist.[57] 35

4. Vollstreckung. Hinsichtlich der zivilprozessualen Sachbereiche nach § 620 Nr. 4–6, 8, 9 und 10 richtet sich die Vollstreckung nach Zivilprozessrecht, § 794 Abs. 1 Nr. 3a; dies gilt auch im Verfahren nach Nr. 7, was in § 16 Abs. 3 HausratsVO bestimmt wird (zu Nr. 8 teilweise strittig; s. Rn. 89 sowie § 620a Rn. 18). Auch in den Verfahren nach § 620 Nr. 9 iVm. §§ 1 und 2 GewSchG erfolgt die Vollstreckung nach den Bestimmungen der ZPO (s. § 621 Rn. 88f.). EinstwAnO über Verfahrensgegenstände des FGG nach Nr. 1–3 werden nach § 33 FGG vollstreckt.[58] Sollen Zwangsmaßnahmen (Zwangsgeld) angedroht werden, so sind die Vorteile einer **sofortigen Vollziehung** mit Nachteilen, die bei einer Ablehnung auftreten, gegeneinander abzuwägen.[59] 36

5. Rechtsbehelfe. Innerhalb des Regelungsbereichs der einstwAnO kann eine **Beschwerde** im Rahmen des § 620c erhoben werden. Ferner ist eine **Abänderung** nach § 620b und eine **Aussetzung der Vollziehung** nach § 620e möglich (zur negativen Feststellungsklage gegen einstwAnO § 620b Rn. 10; s. ferner § 323 Rn. 9). 37

VIII. Regelungsgegenstände

§ 620 zählt die durch einstwAnO zu regelnden Bereiche abschließend auf (s. Rn. 4). Dies bedeutet, dass andere als in Nr. 1–10 genannte Gegenstände nicht geregelt werden dürfen, also zB die Sicherung der güterrechtlichen Auseinandersetzung (s. Rn. 4), das Verbot, ein Grundstück zu veräußern.[60] Dagegen ist es anerkannt, dass einzelne Bestimmungen entsprechend angewandt werden können. Ferner verweisen verschiedene Regelungen auf die §§ 620ff., so §§ 127a Abs. 2 S. 2, 621f Abs. 2 S. 2, 621g S. 2, 644 S. 2, die Regelungen zum verlängerten schuldrechtlichen Ausgleich nach § 3a Abs. 9 S. 4 VAHRG sowie § 6 Abs. 2 S. 3 des SorgeRÜbkAG.[61] Andererseits ist es möglich, dass aus den einzelnen Gegenständen nur **Teilbereiche** geregelt werden (insbesondere bei elterlicher Sorge). 38

1. Elterliche Sorge, § 620 Nr. 1. a) Materiell-rechtliche Grundlage. Der Regelungsbereich nach § 620 Nr. 1 ergibt sich materiell-rechtlich aus § 1671 BGB. Die Scheidung hat keine Auswirkungen auf die gemeinsame elterliche Sorge, so dass eine gerichtliche Entscheidung nur auf Antrag erfolgt. Eine zwangsweise 39

---

[53] OLG Frankfurt/M FamRZ 1979, 156; aA *Rolland/Roth* Rn. 45.

[54] Überwiegende Meinung; *Zö/Philippi* § 620a Rn. 3; *Kemnade* FamRZ 1986, 625, 626f.; *Gießler/Soyka* Rn. 98, 114; aA *Johannsen/Henrich/Sedemund-Treiber* § 620a Rn. 16.

[55] OLG Hamm FamRZ 1982, 721, 722.

[56] HM, s. etwa MK/*Finger* Rn. 8; s. a. Rn. 5.

[57] OLG Köln FamRZ 2007, 650.

[58] § 794 Abs. 1 Nr. 3a wurde durch das UÄndG entsprechend geändert; zu § 33 FGG s. a. Rn. 48.

[59] BVerfG FamRZ 2002, 534 mit Anm. von *Spangenberg* FamRZ 2002, 877.

[60] OLG München FamRZ 1969, 151.

[61] S. a. § 15 FamRAG – E; hierzu § 606a Rn. 28.

Entscheidung zur Sorge kommt nur nach § 1666 BGB in Betracht (bei Gefährdung des körperlichen, geistigen oder seelischen Wohls oder des Vermögens des Kindes; s. hierzu Rn. 22, 29). Die elterliche Sorge dauert damit kraft Gesetzes über den Zeitpunkt der Scheidung hinaus fort. Für Kinder mit **ausländischer Staatsangehörigkeit** gilt nach Art. 1, 2 MSA regelmäßig ebenfalls deutsches materielles Recht, wenn diese ihren gewöhnlichen Aufenthalt im Inland haben. Obwohl Nr. 1 von der Regelung der elterlichen Sorge spricht, die die Personensorge, die Vermögenssorge und die gesetzliche Vertretungsmacht umfasst, besteht Einigkeit darüber, dass im Verfahren der einstwAnO auch **Teilregelungen** aus dem Bereich der Personen- oder Vermögenssorge möglich sind,[62] also der Grundsatz der Unteilbarkeit der Personensorge insoweit nicht gilt. Dies rechtfertigt sich aus dem vorübergehenden Charakter des Verfahrens und der summarischen Prüfung, die nach dem Grundsatz der Verhältnismäßigkeit einen möglichst schonenden Eingriff gebietet. § 1671 Abs. 1 BGB sieht dies auch materiell-rechtlich generell vor. Danach ist anerkannt, dass das **Aufenthaltsbestimmungsrecht** auf ein Elternteil übertragen werden[63] oder bei einem Streit zwischen den Eltern über einen Ferienaufenthalt oder einen Ausbildungsgang eine (schlichtende) Regelung getroffen werden kann. Möglich ist es ferner, einem Elternteil die Personen- und dem anderen die Vermögenssorge zu übertragen. Unter die Regelung des Nr. 1 fallen auch **Meinungsverschiedenheiten der Eltern** bei bestehender gemeinsamer elterlichen Sorge nach § 1687 Abs. 2 BGB iVm. § 1687 Abs. 1 S. 2 BGB; dies gilt insbesondere in Bezug auf die Abgrenzung von Angelegenheiten, die für das Kind von erheblicher Bedeutung sind und Angelegenheiten des täglichen Lebens. Für die Einschränkung oder den Ausschluss zur alleinigen elterlichen Sorge in Angelegenheiten des täglichen Lebens besteht regelmäßig ein Regelungsbedürfnis (s. Rn. 5, ferner Rn. 44), wenn durch die auftretenden Meinungsverschiedenheiten das Wohl des Kindes beeinträchtigt werden kann.[64]

40 Stellt das FamG in einem Verfahren nach § 620 Nr. 1, das durch den Antrag eines Elternteils zur Regelung der Sorge nach § 1671 Abs. 1 BGB eingeleitet wurde, fest, dass das körperliche oder seelische Wohl des Kindes oder sein Vermögen gefährdet sind, so kann es abweichend von dem Antrag des Elternteils im Rahmen dieses Verfahrens nach §§ 1671 Abs. 3 BGB iVm. § 1666 Abs. 1, 2 BGB entsprechende Schutzmaßnahmen für das Kind anordnen. Hierzu gehört auch die Anordnung einer **Pflegschaft** oder **Vormundschaft,** wenn die Eltern zur Wahrnehmung der elterlichen Sorge ausscheiden und ein sofortiges Handeln geboten ist. Der durch das KindRG eingeführte § 1697 BGB regelt dies ausdrücklich und weitet die Befugnis des FamG auch auf die **Auswahl des Vormunds oder Pflegers** aus.[65] Die Bestellung, Beratung und Beaufsichtigung bleibt dagegen dem Vormundschaftsgericht überlassen; §§ 1789, 1837, 1915 Abs. 1 BGB. Gestützt wird dies durch die Regelung des § 613 Abs. 1 S. 2, der eine Informationsbeschaffung zur Wahrung des Kindeswohls vorsieht (eingehend § 613 Rn. 8ff.; § 623 Rn. 10) sowie § 620b Abs. 1 S. 2, der eine Abänderung einer einstwAnO von Amts wegen ermöglicht. Im Übrigen kann das FamG in diesen Fällen auch außerhalb der Ehesache nach allgemeinen FGG – Grundsätzen von Amts wegen ein Verfahren nach § 1666 Abs. 1 BGB einleiten und in diesem eine vorläufige Anordnung erlassen (s. auch Rn. 22, 29, 33; dort auch zu Maßnahmen bei fehlendem Antrag). Dies gilt insbesondere, wenn der Antrag auf Erlass einer einstwAnO vom Antragsteller zurückgenommen wird (s. auch § 620a Rn. 17).

41 Mit der Ausdehnung der familiengerichtlichen Zuständigkeit auf nahezu sämtliche Regelungsbereiche zur elterlichen Sorge (eingehend vor § 606 Rn. 7ff.) erübrigt sich die Streitfrage, ob von Nr. 1 auch Regelungsbereiche erfasst werden, die in die (bisherige) **Zuständigkeit** des **Vormundschaftsgerichts** fielen,[66] was nach dem Zweck des Verfahrens der einstwAnO zu bejahen ist. Da nunmehr die FamG auch für die Verfahren nach § 1666 Abs. 1 BGB zuständig sind, umfasst die Regelungsbefugnis des Nr. 1 auch die sich hieraus ergebende Maßnahmen (eingehend Rn. 22, 29, 33, 39, 40).

42 Soweit Eltern noch in **häuslicher Gemeinschaft** leben, greift § 1671 BGB nicht ein; gegebenenfalls sind Maßnahmen durch das FamG zu ergreifen (zB bei §§ 1628;[67] 1631 Abs. 2, 3, 1666 Abs. 1 BGB). Besteht Streit zwischen den Eltern über die Regelung der elterlichen Sorge, kann jedoch insoweit gemäß dem Zweck des Anordnungsverfahrens eine Regelung getroffen werden, weil ansonsten die Voraussetzungen nach § 1671 BGB nur durch eine eigenmächtige Wegnahme vom anderen Elternteil herbeigeführt werden könnten.

43 **Regelfall** der Regelung nach Nr. 1 ist aber die (vorläufige) Zuweisung der elterlichen Sorge oder eines Teils davon an einen Elternteil, wenn sich die Eltern während der Trennung um die elterliche Sorge streiten, da in der vorläufigen Regelung nach Nr. 1 meist eine **prägende Wirkung** für das Hauptsacheverfahren gesehen wird. Die Wahrung der Belange des Kindes (Kontinuität der Erziehung; Geeignetheit eines Elternteils zur Erziehung, Bindungen des Kindes, auch nach der Neuregelung des § 1671 BGB ist gemäß Abs. 2 Nr. 2 das Kindeswohl maßgebend) erfordert deshalb auch im Anordnungsverfahren eine **sorgfältige Prüfung** der Entscheidungsgrundlagen; entsprechend sieht auch § 620a Abs. 3 S. 1 die Anhörung des Kindes und des Jugendamtes vor, die bei einer Eilentscheidung unverzüglich nachzuholen sind.

44 **b) Regelungsbedürfnis.** Anders als bei der materiell-rechtlichen Regelung, bei der es für eine Anordnung ausreicht, dass die Eltern nicht nur vorübergehend getrennt leben, ist bei Nr. 1 ein **Regelungsbedürfnis** zu

---

[62] S. etwa MK/*Finger* Rn. 15; Zö/*Philippi* Rn. 41ff.; *Gießler/Soyka* Rn. 993 und 998.
[63] OLG Hamm FamRZ 1988, 864, 866.
[64] Zur Beschwerdebefugnis s. § 620c Rn. 3.
[65] Zum früheren Rechtszustand s. OLG Karlsruhe FamRZ 1988, 1186, 1187 (Bestellung des Jugendamtes als Pfleger).
[66] Bejahend MK/*Klauser* Rn. 15, 1. Aufl.; aA AG Hamburg FamRZ 1983, 1043.
[67] S. hierzu OLG Karlsruhe FamRZ 2005, 1187.

fordern. Dies ist nur dann zu bejahen, wenn zwischen den Eltern keine Einigkeit über die Regelung der elterlichen Sorge nach § 1671 BGB besteht und jeder die Erziehungszuständigkeit beansprucht. Geringfügige Meinungsverschiedenheiten[68] begründen ebenso wenig wie ein denkbarer, aber nicht konkret anstehender Regelungsbedarf ein Anordnungsbedürfnis. Nicht verwiesen werden dürfen die Parteien auf ein selbständiges Sorgerechtsverfahren; ferner ist anerkannt, dass neben der Regelung nach Nr. 1 auch ein selbständiges Verfahren nach § 621 Abs. 1 Nr. 1 beantragt werden kann (s. Rn. 11ff.; zur Frage der Einbringung eines solchen Verfahrens in den Verbund wegen § 623 Abs. 5 s. Rn. 29, 33; § 620a Rn. 17 sowie § 623 Rn. 6, 10, 30). Der Erlass einer einstwAnO erfolgt regelmäßig auf Grund eines Antrags (s. Wortlaut des Einleitungssatzes: „auf Antrag regeln").

2. Befugnis zum Umgang eines Elternteils mit dem Kinde, § 620 Nr. 2. Materiell-rechtliche Grundlage ist § 1684 BGB unabhängig davon, ob bereits eine Regelung zur elterlichen Sorge nach § 1671 BGB getroffen wurde oder die Eltern (nur) dauernd getrennt leben. Nach der Regelung des § 1684 BGB setzt der Anspruch des Kindes gleichzeitig die Pflicht der Eltern voraus, den Umgang zu gestatten und selbst wahrzunehmen. Ein **Regelungsbedürfnis** nach Nr. 2 ist immer dann gegeben, wenn sich die Eltern nicht über Umfang und Ausgestaltung der Umgangsbefugnis einigen können. Hieraus ergibt sich, dass die Regelungsbefugnis grds. alle Maßnahmen erfasst, die auch in der Hauptsacheentscheidung angeordnet werden können. Das gilt auch für den Ausschluss oder die Beschränkung der Umgangsbefugnis nach § 1684 Abs. 2 BGB. Da eine solche Maßnahme nur bei einer **Gefährdung des Kindeswohls** zulässig und die Feststellung dieser Voraussetzung regelmäßig nur durch Einholung eines psychologischen Sachverständigengutachtens möglich ist, die Anhörung des Kindes und des Jugendamtes nach § 620a Abs. 2 S. 1 also nicht vollständig Aufschluss über diese Voraussetzungen gibt, kann die Ungewissheit über die Auswirkungen der Anordnung einer Umgangsbefugnis auf das Wohl des Kindes im Rahmen des Anordnungsverfahrens zu einer **zeitlich befristeten Aussetzung** führen, bis im Hauptsacheverfahren diese Voraussetzungen geklärt sind. Generell gilt, dass ein Regelungsbedürfnis stets dann zu verneinen ist, wenn die zu einer Anordnung nach § 1584 BGB gebotenen Feststellungen (§ 12 FGG) im Rahmen des Verfahrens der einstwAnO nicht mit hinreichender Sicherheit festgestellt werden können und der Erlass der Anordnung einen Zustand dauerhaft festlegt.[69] Ferner kann der Regelungsbereich die Erteilung einer **Auskunft über die persönlichen Verhältnisse** des Kindes beinhalten. Dies sieht § 1686 BGB idF des KindRG ausdrücklich vor. 45

Zum Verhältnis der einstwAnO zum Hauptsacheverfahren und der vorläufigen Regelung wird auf die Ausführungen zu Rn. 11ff., 39ff. verwiesen. 46

Möglich sind im Rahmen des Nr. 2 auch **Vereinbarungen zur Umgangsbefugnis,** die im Interesse des Kindes generell angestrebt werden sollten. Sie können aber nicht als Grundlage für eine Vollstreckungsmaßnahme herangezogen werden[70], so dass sie entweder in einen Beschluss inhaltlich übernommen oder als Grundlage für eine Vollstrekkungsmaßnahme nach § 33 FGG herangezogen werden (s. a. Rn. 23 und § 620a Rn. 17).[71] Die **Vollstreckung** ergibt sich aus § 33 FGG (Rn. 36). Nach § 33 Abs. 2 S. 2 FGG ist eine Gewaltanwendung gegen ein Kind nicht zulässig, wenn dieses herausgegeben werden soll, um das Umgangsrecht auszuüben. 47

3. Herausgabe des Kindes an den anderen Elternteil, § 620 Nr. 3. § 620 Nr. 3 erfasst lediglich das Herausgabeverlangen eines Elternteils gegen den anderen, dagegen nicht von einem oder an einen Dritten. Rechtsgrundlage ist § 1632 BGB, der in Abs. 3 Halbs. 2 die Zuständigkeit des Familiengerichts bestimmt. Regelmäßig wird Herausgabe zusammen mit einer Anordnung zur elterlichen Sorge nach Nr. 1 verlangt werden, während die Herausgabe zur Ausübung der Umgangsbefugnis nach Nr. 2 festzusetzen ist. Ein **Regelungsbedürfnis** besteht nur dann, wenn eine freiwillige Herausgabe nicht anzunehmen ist. Wegen des schwerwiegenden Eingriffs kann gegen eine Herausgabeanordnung nach § 620c S. 1 **sofortige Beschwerde** erhoben werden. Die Vollstreckung ergibt sich aus § 33 FGG (Rn. 36). Bei der Durchsetzung einer Herausgabeanordnung ist im Falle der **gewaltsamen Öffnung einer Wohnung,** um dem Inhaber das Kind durch Vollstreckungsorgane wegnehmen zu lassen, im Hinblick auf den Richtervorbehalt nach Art. 13 Abs. 2 GG konkret durch das FamG anzuordnen, dass eine Durchsuchung der Wohnung zur Vollziehung der Herausgabeanordnung zulässig ist.[72] Hierzu muss auch eine konkrete Bestimmung zu den Befugnissen der Vollstreckungsorgane erfolgen (zB gewaltsame Öffnung einer Wohnungstüre, auch bei Dritten – Großeltern, Freunden). 48

4. Unterhaltspflicht gegenüber einem minderjährigen Kind, § 620 Nr. 4. a) Regelungsbereich. Das UÄndG hat die Regelung der Vertretungsbefugnis und der Prozessstandschaft nach § 1629 Abs. 2 S. 2, Abs. 3 BGB auf die Trennungszeit erweitert, so dass diese Regelungen auch bei § 620 Nr. 4 gelten. Nach der Neufassung des § 1629 Abs. 2 S. 2 BGB durch das KindRG steht bei gemeinsamer elterlicher Sorge die **Vertretungsbefugnis** dem Elternteil zu, in dessen **Obhut** sich das Kind befindet. Gegenstand der Unterhaltsfestsetzung ist deshalb der Anspruch des Kindes selbst, so dass eine Entscheidung bzw. ein Vergleich nach Nr. 4 unmittelbar für und gegen das Kind wirkt, § 1629 Abs. 3 S. 2 BGB. Damit entfällt auch die Möglichkeit, dass ein **volljähriges Kind** seinen Unterhalt nach § 620 Nr. 4 verlangen kann; dieses kann einen vor- 49

---

[68] OLG Karlsruhe FamRZ 1987, 78.

[69] ZB Anreise aus Deutschland; s. a. OLG Hamburg FamRZ 2003, 946.

[70] S. BGH NJW-RR 1989, 195, 196 = FamRZ 1988, 277 (ausdrückliche Billigung durch das Gericht); OLG Karlsruhe FamRZ 1988, 1196.

[71] OLG Düsseldorf FamRZ 1983, 90; OLG Karlsruhe FamRZ 1988, 1196.

[72] S. BVerfG NJW 2000, 943 = FamRZ 2000, 411.

läufigen Rechtsschutz nur im Wege der einstwAnO nach § 644 S. 1 oder durch eine einstwVfg. geltend machen (zum Verhältnis der einstwAnO zur einstwVfg. s. Rn. 16f. sowie § 644 Rn. 5).

50 **b) Rechtsgrundlage.** Rechtsgrundlage sind bei getrennt lebenden Eltern die §§ 1601ff. BGB; bei noch nicht getrennt lebenden Eltern ist der Kindesunterhalt Teil des Familienunterhalts nach §§ 1360, 1360a BGB und wird von einem Elternteil gegen den anderen geltend gemacht (s. a. Rn. 67).

51 **c) Regelungsumfang.** Im Umfang kann nach § 1610 Abs. 1 BGB der **volle Unterhalt** verlangt werden; insoweit unterscheidet sich diese Regelung von der einstwVfg., mit der nach hM nur für eine befristete Dauer der **notwendige Selbstbehalt**[73] (Regelbetrag nach § 1612a Abs. 1 BGB) geltend gemacht werden kann. Für die Gewährung des vollen Unterhalts spricht vor allem der Zweck der einstwAnO, eine Sicherstellung des Bedarfs des Unterhaltsberechtigten zu erreichen und eine weitere Auseinandersetzung zu vermeiden. Dies wäre bei Gewährung eines Teilunterhalts nicht gegeben und würde auch nicht zu einer Befriedung des Rechtsverhältnisses führen. Zum Wegfall der einstwVfg. wird auf Rn. 2, 17ff. verwiesen (s. ferner § 644 Rn. 5). Der volle Unterhalt umfasst neben den laufenden Geldbeträgen auch einen (noch nicht entstandenen) **Sonderbedarf** iSd. § 1613 Abs. 2 Nr. 1 BGB, der in einem gesonderten Antrag geltend gemacht werden kann. Ferner können (**Bedarfs-) Mehraufwendungen** für eine **Krankenversicherung** verlangt werden, wenn nicht die Voraussetzungen der Familienversicherung nach § 10 Abs. 4 SGB V gegeben sind (Kinder von Selbständigen und Beamten nach § 1610 Abs. 2 BGB), weil dieser Aufwand ebenfalls zu den elementaren Bedürfnissen eines Unterhaltsberechtigten gehört und deshalb einer sofortigen Entscheidung bedarf, so dass ein Abwarten bis zur Hauptsacheentscheidung der notwendigen Eilentscheidung nicht möglich ist. Eine **Befristung** der einstwAnO erfolgt regelmäßig ebenfalls nicht, auch wenn das Erreichen des 18. Lebensjahres unmittelbar bevorsteht, weil der materiell-rechtliche Anspruch auch bei Erreichen der Volljährigkeit identisch bleibt.[74] Die Beendigung der Dauer der Anordnung ergibt sich aus § 620f Abs. 1. Eine zeitliche Befristung ist jedoch möglich, wenn die Dauer der Unterhaltspflicht sicher abzusehen ist.[75] Eine Befristung „bis zum Eintritt der Rechtskraft des Scheidungsausspruchs" steht dem Normzweck des § 620f Abs. 1 entgegen.[76] Sie ist aber dann anzuordnen, wenn lediglich bis zu diesem Zeitpunkt Unterhalt beantragt wird (entsprechend § 308 Abs. 1; zum Ehegattenunterhalt s. Rn. 69).

52 Die Geltendmachung **rückständigen Unterhalts** aus der Zeit vor Antragstellung wird nicht von dem Regelungszweck der einstwAnO gedeckt.[77] Dies kann im Einzelfall unpraktikabel sein, weil der Unterhaltsberechtigte wegen nur weniger Monate den rückständigen Unterhalt durch isolierte Klage nach § 621 Abs. 1 Nr. 4 einreichen muss. **Klauser**[78] schlägt deshalb vor, entsprechend § 708 Nr. 8 Rückstände aus dem letzten Vierteljahr vor Antragstellung einzubeziehen. Teilweise werden von dem Grundsatz, dass Unterhalt erst ab Einreichung des Anordnungsantrags zugesprochen werden kann, **Ausnahmen** zugelassen, so etwa, wenn der Unterhalt zur Rückzahlung rückständiger Miete oder eines Kredits verwendet werden soll, mit dem der Berechtigte in der Vergangenheit seinen Unterhalt bestritten hat.[79] Dem ist jedoch nur dann zuzustimmen, wenn ein eiliges Regelungsbedürfnis nachgewiesen ist (zB Kündigung der Wohnung bei Nichtzahlung der Miete). Teilweise wird auch eine Anordnung lediglich für die Zeit nach Rechtskraft der Scheidung zugelassen, um keine Unterhaltslücke entstehen zu lassen.[80] Zu viel gezahlter Unterhalt kann dagegen nicht nach Nr. 4 zurückverlangt werden; dieser ist im Wege der Leistungsklage geltend zu machen.

53 **d) Auskunftsbegehren.** Die wohl überwiegende Meinung lehnt die Annahme eines Regelungsbedürfnisses für einen **Auskunfts- und Beleganspruch** nach § 1605 Abs. 1 BGB ab.[81] Ein solches Regelungsbedürfnis kann etwa dann fehlen, wenn der Unterhaltspflichtige seine mangelnde Leistungsfähigkeit geltend macht. Regelmäßig benötigt aber der Berechtigte zur Bezifferung seines Anspruchs die Höhe der maßgebenden Einkünfte. Würde eine Anordnung insoweit versagt, liefe § 620 Nr. 4, 6 idR ins Leere, weil dem Berechtigten eine exakte Bezifferung des vollen Unterhalts nicht möglich wäre. I. Ü. ist der Regelung des § 620 Nr. 4, 6 kein Anhaltspunkt für eine Begrenzung auf einen reinen Zahlungsanspruch zu entnehmen.[82] Das Auskunftsbegehren im Anordnungsverfahren kann aber lediglich der Bezifferung nach § 620 Nr. 4, 6 dienen, dagegen nicht für die Bezifferung in der entsprechenden Folgesache oder einem isolierten Verfahren nach § 621 Abs. 1 Nr. 4, 5. Die durch das KindUG neu eingeführte Regelung des § 643 Abs. 1, die einen **Auskunftsanspruch des FamG** gegen eine Partei in den Verfahren des § 621 Abs. 1 Nr. 4, 5, 11 vorsieht, ist nach deren Regelungszweck bei einer einstwAnO nach § 620 Nr. 4, 6 nicht von vornherein ausgeschlossen. Nach § 620a Abs. 2 S. 2 ist es aber Sache des Antragstellers, die für eine Entscheidung nach § 620 Nr. 4, 6 maßgebenden Voraussetzungen darzulegen und gegebenenfalls glaubhaft zu machen. Auch soll die einstwAnO alsbald entschieden werden, so dass idR das Verlangen des FamG zu einer Auskunftserteilung aus-

---

[73] S. zB OLG Hamm FamRZ 2001, 357 mit zutreffender krit. Anm. v. *Luthin;* für Notunterhalt AG Tempelhof-Kreuzberg FamRZ 2002, 606 mit Anm. von *van Els.*

[74] *Schwab/Borth* Teil V Rn. 10; BGH NJW 1984, 1613 = FamRZ 1984, 682.

[75] ZB bei sicherer Übernahme in ein Arbeitsverhältnis nach Beendigung der Ausbildung.

[76] S. a. BT-Drucks. 7/650 S. 201f.

[77] HM; *Johannsen/Henrich/Sedemund-Treiber* Rn. 16; MK/*Finger* Rn. 38; OLG Hamm FamRZ 1980, 816, 817.

[78] MK/*Klauser,* 1. Aufl. Rn. 38.

[79] So OLG Düsseldorf FamRZ 1987, 611; ferner *Johannsen/Henrich/Sedemund-Treiber* Rn. 21.

[80] MK/*Finger* Rn. 38; *Zö/Philippi* Rn. 58.

[81] *Johannsen/Henrich/Sedemund-Treiber* Rn. 21; OLG Stuttgart FamRZ 1980, 1138; OLG Düsseldorf FamRZ 1983, 514.

[82] So iE auch MK/*Finger* Rn. 39; *Gießler/Soyka* Rn. 582; *Schwab/Maurer/Borth* Teil I Rn. 885; *van Els* FamRZ 1995, 650ff.

scheidet. Entsprechend kann das Gericht nach § 643 Abs. 2 auch nicht selbst Auskünfte sowie Belege einholen.

e) **Regelungsbedürfnis.** Zahlt der Unterhaltspflichtige regelmäßig und rechtzeitig den geschuldeten Unterhalt, fehlt es an einem entsprechenden Regelungsbedürfnis (s. a. Rn. 6). Es reicht deshalb nicht aus, dass der Unterhaltspflichtige (außergerichtlich) den geforderten Unterhaltsbetrag zwar anerkennt, tatsächlich aber keine Unterhaltsleistungen erbringt. Ansonsten ist keine akute Notlage des Bedürftigen erforderlich; vielmehr reicht es aus, dass zur Höhe des Unterhalts zwischen den Ehegatten Streit besteht. Wird vom Unterhaltspflichtigen ein Teil des geforderten Betrages freiwillig erbracht, kann auch der restliche Betrag im Anordnungsverfahren gefordert werden. Zur eindeutigen Bestimmung ist aber anzuraten, den vollen Unterhalt zu titulieren. 54

Hiervon zu trennen ist die Frage, in welchem Umfang Unterhalt festzusetzen ist, wenn nach den im summarischen Verfahren ermittelbaren Einkommensverhältnissen eines oder beider Ehegatten der Umfang des vollen Anspruchs nicht festgestellt werden kann (etwa bei berücksichtigungsfähigen Verbindlichkeiten des Unterhaltspflichtigen, deren tatsächliche Höhe nicht klar ist oder bei Selbständigen, bei denen ein Sachverständigengutachten zur Ermittlung des Einkommens einzuholen ist). In diesen Fällen kann nur auf der **Grundlage der gesicherten Einkünfte** eine Unterhaltsfestsetzung erfolgen[83], dessen unterste Grenze aber regelmäßig der Regelbetrag nach § 1612a Abs. 1 BGB sein wird. Dass § 1610 Abs. 3 BGB aF aufgehoben wurde, steht dem nicht entgegen, weil § 1612a Abs. 1 BGB an dessen Stelle getreten ist, der für eheliche wie nichteheliche Kinder gleichermaßen gilt und die Regelbeträge als Basiswert der Unterhaltstabellen vorsieht.[84] 55

f) **Verfahren.** Das Anordnungsverfahren nach S. 1 Nr. 4 verlangt einen **bezifferten Antrag** entsprechend § 253 Abs. 2 Nr. 2; ferner hat der Antragsteller sämtliche Voraussetzungen des Anspruchs darzulegen und zu beweisen; eine Ermittlung von Amts wegen scheidet aus. Zulässig ist es, von den Parteien die Vorlage von Einkommensunterlagen u. ä. zu verlangen (entsprechend §§ 142, 643 Abs. 1). 56

Soweit die Parteien im Anordnungsverfahren einen **Vergleich** schließen, hat dieser keine weiter gehende Wirkung als eine Entscheidung selbst; allerdings können die Parteien im Anordnungsverfahren bei entsprechender Klarstellung eine Regelung zur Hauptsache treffen, wobei auch beim Kindesunterhalt klarzustellen ist, ob diese auch für den Fall der rechtskräftigen Scheidung gelten soll. Im Zweifel kommt dem Vergleich keine weiter gehende Wirkung als dem Anordnungsverfahren zu.[85] Je nach Art der Vereinbarung kommt eine Abänderung des Vergleichs nach § 620b oder bei einer gewollten dauerhaften Regelung eine Abänderungsklage nach § 323 (s. dort Rn. 47) in Betracht. Begehrt der Unterhaltspflichtige die Feststellung, dass kein Unterhalt geschuldet wird, so bedarf es hierzu einer **negativen Feststellungsklage,** die er in jeder Phase nach Ergehen der Unterhaltsanordnung erheben kann (s. dazu § 620b Rn. 10 u. 12). Nicht zulässig ist dagegen ein Antrag nach § 620 Nr. 4, weil hierfür kein Regelungsbedürfnis besteht (s. § 620b Rn. 3ff.). 57

g) **Vollstreckung.** Die Vollstreckung richtet sich nach allgemeinen ZPO-Bestimmungen, §§ 794 Abs. 1 Nr. 3a, 795. Überwiegend wird angenommen, dass die Entscheidung mit einer **Vollstreckungsklausel** zu versehen ist.[86] Gegen diese Ansicht spricht der Charakter des Anordnungsverfahrens, der auf eine schnelle Verschaffung einer Regelung gerichtet ist; dies rechtfertigt es, die Bestimmung des § 929 Abs. 1 zu Arrest und einstwVfg. entsprechend heranzuziehen.[87] 58

Die Vollstreckung einer Anordnung nach Nr. 4 wird durch den nach § 1629 Abs. 3 BGB in **Prozessstandschaft** handelnden Elternteil vorgenommen. Diese Befugnis endet grundsätzlich mit der Volljährigkeit des Kindes, also der Beendigung der Prozessstandschaft. Jedoch kann der in Prozessstandschaft handelnde Elternteil selbst vollstrecken, solange nicht die (zu erteilende) Klausel auf das Kind als Anspruchsinhaber umgeschrieben worden ist, also auch über die Volljährigkeit des Kindes hinaus.[88] Entsprechend kann das Kind ab **Volljährigkeit** nach § 1629 Abs. 3 S. 2 BGB **in eigenem Namen** vollstrecken und hierzu auch eine Titelumschreibung verlangen. I. Ü. erlischt die Prozessstandschaft des die Anordnung erwirkenden Elternteils nach § 1629 Abs. 3 S. 1 mit rechtskräftigem Abschluss der Ehesache.[89] 59

5. Regelung des Getrenntlebens, § 620 Nr. 5. a) Regelungsbereich. Nach § 1353 Abs. 2 BGB besteht die Pflicht zur ehelichen Lebensgemeinschaft nicht, wenn sich das Verlangen eines Ehegatten nach Herstellung der ehelichen Lebensgemeinschaft als Missbrauch seines Rechts darstellt oder die Ehe gescheitert ist. Da es auf den Grund des Scheiterns der Ehe nicht ankommt, kann ein Ehegatte, der die eheliche Lebensgemeinschaft nicht mehr fortsetzen will, weil er sie für gescheitert hält, durch faktisches Handeln die Trennung durch Aufgabe der ehelichen Lebensgemeinschaft herbeiführen. Für die Feststellung des Rechts zum Getrenntleben fehlt deshalb idR das **Rechtsschutzbedürfnis** unabhängig davon, ob der andere Ehegatte dieses 60

---

[83] Ähnlich MK/*Finger* Rn. 42.

[84] BGH FamRZ 2002, 536; NJW 2003, 3122 = FamRZ 2003, 1471; der RegE der Bundesregierung sieht ab 1. 4. 2007 das steuerliche Existenzminimum nach § 32 Abs. 6 EStG vor.

[85] OLG Hamburg FamRZ 1982, 412; OLG Frankfurt/M FamRZ 1983, 202.

[86] OLG Zweibrücken FamRZ 1984, 716; *Gießler* Rn. 250; AG Maulbronn FamRZ 1991, 355, 356.

[87] So auch MK/*Finger* Rn. 44.

[88] BGH NJW 1991, 839, 840 = FamRZ 1991, 295, 296; zuständig für die Klauselerteilung ist der Rechtspfleger nach § 20 Nr. 12 RPflG.

[89] Zu den Auswirkungen für die Klauselerteilung s. *Gießler/Soyka* Rn. 614f.; OLG Köln FamRZ 1985, 626; OLG Hamburg FamRZ 1985, 624 sowie OLG Nürnberg FamRZ 1987, 1172; OLG Schleswig FamRZ 1990, 189; OLG München FamRZ 1990, 653; OLG Hamm FamRZ 1992, 843.

Recht bestreitet;[90] ferner ist dies für die Voraussetzung der Scheidung der Ehe nach §§ 1564ff. BGB ohne Bedeutung. Auch wenn die Parteien getrennt leben, bedarf es im Hinblick auf die dargelegte Rechtslage keiner Anordnung zum Recht des Getrenntlebens. In der gerichtlichen Praxis hat deshalb die Anordnung des Gestattens des Getrenntlebens kaum praktische Bedeutung. Dagegen kann bei Anwendung **ausländischen Rechts,** in dem die Gründe der Trennung sich auf die Scheidungsvoraussetzungen und Scheidungsfolgen auswirken, ein Regelungsbedürfnis gegeben sein.

61 Größere praktische Bedeutung als die Gestattung des Getrenntlebens insgesamt haben dagegen **weniger weit reichende Anordnungen,** die die Art und Weise des Getrenntlebens regeln oder zur Vermeidung von Störungen des Getrenntlebens erforderlich sind, worauf auch der Wortlaut der Nr. 5 hinweist. Die Notwendigkeit solcher Anordnungen kann sich vor allem bei einem Getrenntleben innerhalb der ehelichen Wohnung (§ 1567 Abs. 1 S. 2 BGB) ergeben, wenn ein Ehegatte die Trennung herbeigeführt hat, der andere Ehegatte aber die Wiederherstellung der ehelichen Lebensgemeinschaft betreibt,[91] wobei allerdings in solchen Fällen eine Überschneidung mit dem Regelungsbereich des § 620 Nr. 7 eintreten kann, soweit es um die Benutzung der ehelichen Wohnung und des gemeinsamen Hausrates geht. Ferner können **Belästigungsverbote** ausgesprochen werden,[92] wenn der nicht trennungsbereite Ehegatte in den persönlichen Bereich des trennungswilligen Ehegatten eindringt, also den in einer angemieteten Wohnung lebenden Ehegatten gegen dessen Willen ständig aufsucht[93] oder diesen mit Telefonanrufen belästigt oder ihn sonst beleidigt oder bedroht; Gleiches gilt, wenn die eheliche Wohnung einem Ehegatten zur alleinigen Nutzung zugewiesen wurde. Auch kann es einem in der ehelichen Wohnung getrennt lebenden Ehegatten nach Nr. 5 untersagt werden, an den anderen Ehegatten gerichtete Briefe zu öffnen,[94] nicht dagegen, einen neuen Lebensgefährten in die eheliche Wohnung aufzunehmen,[95] weil es insoweit um den räumlich-gegenständlichen Bereich der Ehe geht, der nicht mehr mit der Anordnung zur Regelung des Getrenntlebens geschützt werden kann. Zur Regelung des Getrenntlebens kann es aber gehören, dass ein Ehegatte einen Dritten zu dessen Unterstützung im Haushalt oder zur Pflege aufnimmt.[96] Dieser Regelungsbereich wird seit 1. 1. 2002 teilweise durch die nach § 620 Nr. 9 iVm. §§ 1 und 2 GewSchG möglichen Anordnungen überlagert (s. Rn. 89a, b).

62 Nicht unter die Nr. 5 fallen dagegen Angelegenheiten, die nicht mehr zu der umfassenden Regelung des Getrenntlebens gehören, so insbesondere **Regelungen aus dem vermögensrechtlichen Bereich** wie die Pflicht zur Abgabe einer gemeinsamen Steuererklärung, die Verwaltung gemeinsamer Bankguthaben oder allgemeine vermögensrechtliche Auskunftspflichten,[97] aber auch das Verbot, mit einem Dritten zusammenzuleben oder das Gebot, im Betrieb des anderen Ehegatten mitzuwirken.[98]

63 b) **Rechtsgrundlage.** § 620 ist eine reine Verfahrensvorschrift (Rn. 7), so dass auch nicht aus Nr. 5 eine selbständige Gestaltungsbefugnis abgeleitet werden kann.[99] Rechtsgrundlage ist idR § 1353 BGB, ferner §§ 823, 1004 BGB bei Verletzung von Persönlichkeitsrechten sowie der körperlichen Unversehrtheit.

64 c) **Regelungsbedürfnis.** Ein solches ist immer dann gegeben, wenn auf Grund eines unerträglich gewordenen Zusammenlebens der Ehegatten durch eine Anordnung eine **Befriedung der Verhältnisse** erreicht werden kann.[100] Es fehlt, wenn die Ehegatten bereits getrennt leben oder die Trennung vereinbart haben. Weitere Voraussetzung für den Erlass einer Anordnung ist die **Glaubhaftmachung** nach § 620a Abs. 2 S. 3, dass das Verlangen nach Herstellung der ehelichen Gemeinschaft missbräuchlich oder die Ehe gescheitert ist, § 1353 Abs. 2 BGB.

65 d) **Hauptsacheverfahren, Verhältnis zu anderen Verfahren.** Als Hauptsacheverfahren kommen die Herstellungsklage, ein Scheidungsantrag oder ein Trennungsbegehren nach ausländischem Recht in Betracht. In Bezug auf die negative Herstellungsklage nach § 606 Abs. 1 iVm. § 1353 Abs. 2 BGB können sich die Regelungsbereiche mit Nr. 5 überschneiden. Wird in einem Urteil das Recht zum Getrenntleben festgestellt, fehlt einer Anordnung nach Nr. 5 das Rechtsschutzbedürfnis. Andererseits steht es einem Ehegatten frei, lediglich eine Anordnung nach Nr. 5 zum Getrenntleben herbeizuführen, ohne die negative Herstellungsklage erheben zu müssen, die nach § 888 Abs. 2 nicht vollstreckt werden kann, während eine Anordnung nach Nr. 5 diesen Beschränkungen nicht unterliegt (Rn. 66).

66 e) **Vollstreckung.** Die Vollstreckung richtet sich nach den Bestimmungen der ZPO, §§ 794 Abs. 1 Nr. 3a, 795.

67 **6. Unterhalt eines Ehegatten, § 620 Nr. 6. a) Rechtsgrundlage.** Materiell-rechtliche Grundlagen sind der Familien- und Getrenntlebensunterhalt nach §§ 1360, 1360a, 1361 BGB und, soweit die Anordnung nach § 620f Abs. 1 über den Zeitpunkt des Eintritts der Rechtskraft der Ehesache hinaus wirkt, auch die

---

[90] Wohl hM; KG FamRZ 1988, 81; OLG Karlsruhe NJW-RR 1989, 1414 = FamRZ 1989, 79; MK/*Finger* Rn. 67; einschränkend *Gießler/Soyka* Rn. 969.

[91] ZB durch ungefragte Teilnahme am Essen eines Ehegatten mit den gemeinsamen Kindern, s. etwa OLG Karlsruhe FamRZ 1991, 1440, 1441.

[92] S. etwa OLG Karlsruhe FamRZ 1984, 184, 185.

[93] So auch *Johannsen/Henrich/Sedemund-Treiber* Rn. 18.

[94] S. etwa BGH NJW-RR 1990, 764 = FamRZ 1990, 846.

[95] OLG Köln FamRZ 1995, 1424; anders noch in der Vorauflage Rn. 61; aA OLG Koblenz FamRZ 1979, 938; MK/*Finger* Rn. 68.

[96] S. a. OLG Celle NJW 1980, 711; OLG Schleswig FamRZ 1989, 979.

[97] MK/*Finger* Rn. 68.

[98] *Johannsen/Henrich/Sedemund-Treiber* Rn. 18.

[99] So aber *Johannsen/Henrich/Sedemund-Treiber* Rn. 19; wie hier MK/*Finger* Rn. 69.

[100] KG NJW 1974, 1338, 1339.

§§ 1569ff. BGB.[101] Greift ein ausländisches Unterhaltsstatut ein (nach Art. 18 Abs. 4 S. 1, 2 EGBGB ist ein Wechsel von deutschem zu ausländischem Unterhaltsrecht möglich), ist dieses als Grundlage heranzuziehen. Soweit die Voraussetzungen des Familienunterhalts nach §§ 1360, 1360a BGB vorliegen, ist in diesem auch der Unterhalt für gemeinsame Kinder enthalten, so dass insoweit Nr. 4 nicht heranzuziehen ist (s. Rn. 50). Grds. ist es auch möglich, im Rahmen des Familienunterhalts **Naturalunterhaltsleistungen** festzusetzen; regelmäßig wird jedoch eine Regelung zum (zweckgebundenen) Wirtschaftsgeld in Betracht kommen.

b) Umfang des Anspruchs. Der Höhe nach richtet sich der (in der Praxis nahezu ausschließlich vorkommende) Getrenntlebensunterhalt gemäß § 1361 Abs. 1 BGB nach den maßgebenden ehelichen Lebensverhältnissen. Anders als bei der einstwVfg. nach §§ 935, 940 ist daher der volle Unterhalt zeitlich unbefristet zuzusprechen (zu den Einzelheiten s. Rn. 51f., dort auch zur Geltendmachung rückständigen Unterhalts; zur Zulässigkeit der einstwVfg. generell Rn. 16). Eine aus der Verfahrensart der einstwAnO abzuleitende **Sättigungsgrenze** besteht nicht, so dass Unterhalt auch auf Grund einer konkreten Bedarfsbestimmung festgesetzt werden kann. Allerdings ist im Rahmen der summarischen Prüfung nicht jede Bedarfsposition konkret zu bestimmen, so dass diese entsprechend § 287 geschätzt werden kann. Neben dem laufenden Unterhalt in Form einer Geldrente (Elementarunterhalt) kann auch ein Sonderbedarf im Rahmen der einstwAnO festgesetzt werden (s. auch Rn. 51), nicht dagegen der **Vorsorgeunterhalt** nach § 1361 Abs. 1 S. 2 BGB, da für diesen kein aktueller Regelungsbedarf besteht und die summarische Feststellung des Elementarunterhalts keine sichere Grundlage zur Bestimmung des Vorsorgeunterhalts darstellt; dieser ist vielmehr im isolierten Verfahren nach § 621 Abs. 1 Nr. 5 geltend zu machen.[102] Dagegen ist hinsichtlich der Regelungsbedürftigkeit dem Elementarunterhalt gleichgestellt der Unterhalt für eine **angemessene Krankenversicherung** nach § 1578 Abs. 2 BGB, soweit nicht die Voraussetzungen der Familienversicherung nach § 10 SGB V gegeben sind (bei Unterhaltsberechtigung gegen Selbständige oder Beamte, für die keine Pflichtversicherung besteht). Allerdings ist für die Zeit ab Rechtskraft der Scheidung das Regelungsbedürfnis zu verneinen, wenn der Anspruch nach § 1578 Abs. 2 BGB im Verbund verlangt werden kann. Möglich ist auch die **Anordnung einer Auskunftspflicht** nach §§ 1361 Abs. 4 S. 4, 1360a Abs. 3, 1605 Abs. 1 BGB (s. Rn. 53), wenn mit dem Auskunftsbegehren die Bezifferung des Antrags auf Erlass einer einstwAnO bezweckt wird. Zur Möglichkeit des FamG, nach § 643 Abs. 1, 2 im Rahmen des Nr. 6 eine Auskunft von einer Partei oder einer auskunftspflichtigen Stelle einzuholen, wird auf Rn. 53, 56 verwiesen. 68

c) Zeitliche Dauer. Die einstwAnO ist zeitlich nicht befristet, wirkt also auch über den Zeitpunkt der Rechtskraft der Ehesache hinaus, § 620f Abs. 1. Eine **Befristung** ist möglich, wenn die befristete Dauer der Unterhaltspflicht feststeht, so zB wenn die Ehegatten nach § 1585c BGB wirksam auf nachehelichen Unterhalt verzichtet haben, so dass die Anordnung bis zum Eintritt der Rechtskraft zu befristen ist. Entsprechendes gilt, wenn der Unterhaltsberechtigte mit Eintritt der Scheidung weitere Rentenleistungen aus dem Versorgungsausgleich bezieht, die seinen Unterhaltsbedarf voll decken. Auch der Eintritt einer Erwerbsobliegenheit im Zusammenhang mit der Scheidung (§§ 1573 Abs. 1, 1574 Abs. 1 BGB) oder das Bestehen eines Härtegrundes nach § 1579 BGB, den allerdings der Antragsgegner darzulegen und glaubhaft zu machen hat, kann zu einer Befristung führen. I. Ü. steht einer Befristung „bis zum Eintritt der Rechtskraft der Scheidung" der Normzweck des § 620f Abs. 1 entgegen (Rn. 51). Regelmäßig wird es für eine **unbefristete Anordnung** ausreichen, dass der Antragsteller seine Unterhaltsbedürftigkeit auch über den Eintritt der Rechtskraft der Ehesache hinaus darlegt und glaubhaft macht. Eine zeitliche Begrenzung ist nicht schon dann vorzunehmen, wenn nach rechtskräftiger Scheidung mit einer Vermögensauseinandersetzung der Ehegatten zu rechnen ist und der Berechtigte mit den Erträgen (teilweise) seinen Bedarf decken kann, da der Zeitpunkt des Wegfalls der Bedürftigkeit ungewiss ist.[103] 69

d) Regelungsbedürfnis, Verfahren, Vollstreckung. Hierzu wird auf die Ausführungen zu § 620 Nr. 4 verwiesen (Rn. 54 bis 59). 70

e) Verhältnis zu anderen Verfahren. Hierzu wird auf die Ausführungen der Rn. 12ff. verwiesen. 71

7. Ehewohnung undHausrat, § 620 Nr. 7. a) Ehewohnung. aa) Rechtsgrundlage. Materielle Rechtsgrundlage für eine Anordnung zur ehelichen Wohnung ist § 1361b Abs. 1 BGB. § 1361b Abs. 1 BGB bestimmt den Rahmen, innerhalb dessen Anordnungen getroffen werden können.[104] Nach welchem Sachrecht sich die Benutzung der Wohnung bei **Ausländern** richtet, war sehr strittig. Teilweise wurde das **Unterhaltsstatut** nach Art. 18 EGBGB angewandt,[105] teilweise auch das **Ehewirkungsstatut** nach Art. 14 EGBGB.[106] Diese Streitfrage hat der Gesetzgeber mit Einführung des Art. 17a EGBGB behoben; die Nutzungsbefugnis für die im Inland gelegene Ehewohnung und den im Inland befindlichen Hausrat unterliegt den deutschen Sachvorschriften (Rn. 9). 72

---

[101] So auch *Zö/Philippi* Rn. 59; aA *Johannsen/Henrich/Sedemund-Treiber* Rn. 22; *Rolland/Roth* Rn. 76.

[102] So auch *Johannsen/Henrich/Sedemund-Treiber* Rn. 21; aA *Zö/Philippi* Rn. 62; *MK/Finger* Rn. 37; *Gießler/Soyka* Rn. 550; wegen der zweistufigen Berechnung ergeben sich bei § 1361 Abs. 1 S. 2 BGB aber Berechnungsprobleme.

[103] S. aber *Gießler/Soyka* Rn. 598; *Zö/Philippi* Rn. 62; *van Els* FamRZ 1990, 581, 582f.

[104] So *Maurer* FamRZ 1991, 887; vgl. auch OLG Karlsruhe FamRZ 1991, 1440f.; OLG Hamburg FamRZ 1993, 190f.; weiter gehend KG FamRZ 1991, 467 – ferner Prüfung des billigen Ermessens nach § 2 HausratsVO.

[105] So zB OLG Frankfurt/M FamRZ 1991, 1190 m. weit. Nachw.; OLG Hamm NJW-RR 1993, 964 = FamRZ 1993, 191 m. weit. Nachw.; OLG Karlsruhe FamRZ 1993, 1464 m. weit. Nachw.; *Zö/Philippi* Rn. 68.

[106] OLG Stuttgart FamRZ 1990, 1354; KG FamRZ 1991, 1190 m. weit. Nachw.; OLG Frankfurt/M FamRZ 1994, 633; FamRZ 1994, 714, 716; *Palandt/Heldrich* Art. 14 EGBGB Rn. 18.

73 **bb) Umfang der Anordnungsbefugnis.** § 1361b Abs. 1 S. 1 BGB bestimmt, dass die eheliche Wohnung (unabhängig von den Eigentumsverhältnissen und auch bei Mietwohnungen) einem Ehegatten zur alleinigen Benutzung zugewiesen werden kann, um eine unbillige Härte zu vermeiden. Da die (eheliche) Wohnung regelmäßig den Lebensmittelpunkt jedes Ehegatten darstellt, darf nach dem **Grundsatz der Verhältnismäßigkeit** die Verweisung eines Ehegatten aus der ehelichen Wohnung nur dann erfolgen, wenn auf andere Weise eine Befriedung der ehelichen Streitigkeiten nicht herbeigeführt werden kann. Deshalb kann die **Aufteilung der ehelichen Wohnung** zwischen den Ehegatten (als minus zur alleinigen Zuweisung) ebenfalls auf § 1361b Abs. 1 BGB gestützt werden. Regelmäßig liegt eine die Aufteilung der ehelichen Wohnung rechtfertigende unbillige Härte vor, wenn ein Ehegatte auf Grund übermäßigen Alkoholgenusses, wegen schwerer körperlicher Misshandlung, ständiger schwerer Beleidigungen und Bedrohungen das Zusammenleben dem anderen Ehegatten unzumutbar macht.[107] Ob lediglich eine **Aufteilung der ehelichen Wohnung** oder eine **alleinige Zuweisung** an einen Ehegatten in Betracht kommt, hängt einerseits von den räumlichen Verhältnissen, aber auch davon ab, wer die unzuträgliche Situation verursacht hat, ferner, ob finanzielle oder sonstige Möglichkeiten zur Beschaffung einer anderen Wohnung bestehen und welcher Ehegatte die Aufgabe der ehelichen Wohnung persönlich besser bewältigen kann. Nach § 1361b Abs. 2 BGB ist als Regelfall die gesamte Wohnung zu überlassen, wenn der Antragsgegner den anderen Ehegatten widerrechtlich und vorsätzlich am Körper, der Gesundheit oder der Freiheit verletzt oder mit einer solchen Verletzung oder der Verletzung des Lebens gedroht hat.

74 Wird die eheliche Wohnung eines Ehegatten zur **alleinigen Nutzung** zugewiesen, so ist gleichzeitig die **Räumung der Wohnung** durch den weichenden Ehegatten anzuordnen, wobei hierbei je nach Sachlage eine Räumungsfrist gewährt werden kann;[108] dies leitet sich aus § 15 FGG ab, der als lex specialis die §§ 721, 765a verdrängt (s. auch § 885 Rn. 3). Ferner kann die Herausgabe der zurückbehaltenen Schlüssel und sonstiger für die Nutzung der Wohnung erforderlichen Gegenstände angeordnet werden. Sofern die räumlichen Verhältnisse eine **sinnvolle Aufteilung** der ehelichen Wohnung ermöglichen, kann eine solche in der Weise angeordnet werden, dass bestimmte Räume einem Ehegatten zur alleinigen Nutzung zustehen (vor allem wenn eine Einliegerwohnung besteht), aber auch, dass Räume wie Küche, Bad u. ä. jeweils zu bestimmten Zeiten von einem Ehegatten genutzt werden können (was aber häufig zu weiteren Auseinandersetzungen führt).[109] Zur Befriedung der Auseinandersetzung kann angeordnet werden, dass ein Ehegatte bestimmte Räume nicht betreten darf oder den Mitbesitz an einem von ihm beanspruchten Raum einräumt. Ebenso können Maßnahmen zur Nutzung von Telefon und sonstiger gemeinsamer Gegenstände angeordnet werden. Soweit Anordnungen Verbote oder Gebote aussprechen, können diese auch unter § 620 Nr. 5 fallen (s. Rn. 60ff.). Dies gilt vor allem für Verbote wegen Belästigung, Bedrohung oder Misshandlung, da diese über die reine Wohnungsnutzungsregelung hinausgehen und ihre Grundlage in §§ 823, 1004 BGB haben. Auch eine ständig genutzte Zweitwohnung fällt unter den Regelungsbereich des § 1361b Abs. 1 BGB,[110] ebenso ein gemeinsam genutztes Wochenendhaus, wenn dieses nicht lediglich Freizeitzwecken dient.[111] Dieser Regelungsbereich wird teilweise durch die nach § 620 Nr. 9 iVm. §§ 1 und 2 GewSchG möglichen Anordnungen überlagert (s. Rn. 89a, 89b).

75 **cc) Keine Drittbeteiligung.** Die einstwAnO regelt lediglich die Rechtsbeziehungen zwischen den Ehegatten im Hinblick auf die Nutzung der ehelichen Wohnung, so dass eine Beteiligung Dritter (zB des Vermieters nach § 7 HausratsVO) ausscheidet. Die Anordnung kann damit auch nicht in das Rechtsverhältnis der Ehegatten zum Vermieter eingreifen. Hieraus folgt auch, dass die Entscheidung Dritten nicht zugestellt wird (auch nicht einem Kind, das das 14. Lebensjahr vollendet hat; zur Beschwerdebefugnis s. § 620c Rn. 7). Durch das GewSchG wurde jedoch die **Beteiligung des Jugendamtes** in diesen Verfahren eingeführt, wenn ein Kind in einer Wohnung lebt. Nach § 13 Abs. 4 HausratsVO teilt der Richter dem Jugendamt, in dessen Bereich sich die Wohnung befindet, die Entscheidung mit, die Gegenstand über die Zuweisung ist. Diese Bestimmung ist aber nicht auf die einstwAnO nach Nr. 7 zu übertragen.

76 **dd) Zahlung eines Nutzungsentgelts nach § 1361b Abs. 3 S. 2 BGB.** Teilweise wird angenommen, nach Nr. 7 könne auch die in § 1361b Abs. 3 S. 2 BGB vorgesehene Zahlung eines Nutzungsentgelts geregelt werden.[112] Dies erscheint zweifelhaft, da ein **Regelungsbedürfnis** für einen finanziellen Ausgleich im Rahmen des summarischen Verfahren nicht sichtbar ist. Auch ist dieses Verfahren weniger zu Ermittlungen für die Festsetzung einer Vergütung geeignet, da regelmäßig die Einholung eines Sachverständigengutachtens zur Bewertung des Nutzungswertes erforderlich ist.

77 **ee) Verhältnis zu anderen Verfahren.** Ein Ehegatte kann grds. zwischen den Verfahren nach § 620 Nr. 7 und einem Hauptsacheverfahren nach § 18a HausratsVO iVm. § 1361b Abs. 1 BGB wählen (s. Rn. 12ff.).[113] Hat ein Ehegatte in einem selbständigen Verfahren nach § 621 Abs. 1 Nr. 7 eine einstwAnO nach § 621g S. 1 beantragt, so kann der andere Ehegatte nach Einleitung der Ehesache keinen Antrag nach § 620 Nr. 7 stellen, weil für dieses Verfahren im Hinblick auf das gleichrangige Verfahren nach § 621g S. 1 das Rechtsschutzbedürfnis unabhängig davon fehlt, ob eine Gesamtregelung zur ehelichen

---

107 So zB OLG Celle FamRZ 1992, 676.
108 S. zB KG FamRZ 1987, 1290f.
109 Einschränkend insoweit *Zö/Philippi* Rn. 69.
110 OLG Zweibrücken FamRZ 1980, 569; aA OLG München FamRZ 1994, 1331.
111 BGH NJW-RR 1990, 1026 = FamRZ 1990, 987; s. a. OLG Naumburg FamRZ 1994, 389.
112 *Brudermüller* FamRZ 1989, 11; *Zö/Philippi* Rn. 75; s. a. OLG Brandenburg FamRZ 2003, 1305.
113 KG FamRZ 1990, 183.

Wohnung oder zum Hausrat oder nur eine Einzelregelung zu bestimmten Gegenständen begehrt wird.[114] Vor Anhängigsein einer Ehesache oder eines Prozesskostenhilfeantrags ist ein Antrag nach Nr. 7 unzulässig; wird eine einstweilige Regelung erforderlich, so kann innerhalb des selbständigen Verfahrens nach § 18a HausratsVO iVm. § 1361b Abs. 1 BGB eine einstwAnO nach § 621g S. 1 ergehen. Dies ist auch während des Anhängigseins einer Ehesache möglich (s. Rn. 12ff.).[115] Eine einstwVfg. ist im Anwendungsbereich der HausratsVO nicht zulässig.

Liegt eine Anordnung nach § 620 Nr. 7 vor, steht diese einem nachfolgenden selbständigen Verfahren nach § 621 Abs. 1 Nr. 7 nicht entgegen, zumal mit diesem eine Korrektur der getroffenen summarischen Regelung erreicht werden kann.[116] Deckt sich jedoch das Begehren im selbständigen Verfahren mit der erfolgten Anordnung, wird teilweise – anders als bei den ZPO-Verfahren – ein Rechtsschutzinteresse verneint.[117] Dies ist zu bejahen, wenn die geforderte Regelung bereits vollzogen ist. 78

b) Rechtsgrundlagen. aa) Hausrat. Materielle Rechtsgrundlage für die Regelung der Benutzungsverhältnisse am ehelichem Hausrat ist § 1361a Abs. 1, 2 BGB. Danach kann zunächst jeder Ehegatte die in seinem Eigentum stehenden Hausratsgegenstände herausverlangen, aber auch eine Nutzungsregelung für solche im Eigentum des anderen Ehegatten stehenden Hausratsgegenstände erreichen, auf die er zur Führung seines Haushalts angewiesen ist. Im gemeinsamen Eigentum stehender Hausrat ist nach **Billigkeitsgrundsätzen** aufzuteilen. Anders als nach § 8 Abs. 2 HausratsVO erfolgt eine Eigentumszuweisung nicht[118], sondern lediglich eine **Benutzungsregelung** für Gegenstände, die von beiden Ehegatten beansprucht werden. 79

Der **Begriff des Hausrats** wird in der Rspr. weit gezogen: danach gehören zum Hausrat Gegenstände, die für die Wohnung, die Hauswirtschaft und das Zusammenleben der Familie bestimmt sind.[119] Hierbei kommt es insbesondere auf die tatsächliche Benutzung an. Gegenstände, die der Vermögensbildung dienen sowie Hausratsgegenstände, die nach der Trennung von einem Ehegatten erworben wurden, sind kein Hausrat.[120] Kein Hausrat sind ferner Gegenstände des persönlichen Gebrauchs.[121] 80

bb) Regelungsmöglichkeiten. Neben der Herausgabe von Hausratsgegenständen, die im Alleineigentum eines Ehegatten stehen (§ 1361a Abs. 1 S. 1 BGB), kann die Zuweisung zur Alleinbenutzung und Regelung der Mitbenutzung[122], aber auch das Verbot, Gegenstände aus der Wohnung zu entfernen, angeordnet werden, ebenso das Gebot, bereits entfernte Hausratsgegenstände in die eheliche Wohnung zurückzuschaffen.[123] Bei der nach § 1361a Abs. 1 S. 2 und Abs. 2 BGB zu treffenden Billigkeitsabwägung sind auch die Belange gemeinsamer Kinder sowie die jeweiligen wirtschaftlichen Verhältnisse wegen der Fähigkeit zur Ersatzbeschaffung von Hausratsgegenständen zu berücksichtigen. Ferner sollte bei der Nutzungsregelung bereits eine **endgültige Eigentumszuweisung** nach § 8 Abs. 2 HausratsVO im Auge behalten werden, die erst nach Rechtskraft der Scheidung möglich ist, falls nicht nach § 1361a Abs. 4 BGB zuvor eine Einigung erreicht wird. 81

cc) Ansprüche aus Besitz und Eigentum. Ansprüche nach § 858ff., 985ff. BGB scheiden nicht von vornherein als Grundlage für eine Anordnung nach § 620 Nr. 7 aus. Vorrangiger Zweck dieser Regelung ist es, Streitigkeiten zwischen den Ehegatten im Zusammenhang mit einer Ehesache schnell und ohne großen Verfahrensaufwand zu erledigen. Als materiell-rechtliche Grundlage kommt zwar in erster Linie die Regelung des § 1361a BGB in Frage, die in ihrem Regelungsbereich andere Anspruchsgrundlagen verdrängt (s. § 621 Rn. 75). Entsprechendes hat der BGH[124] zur Regelung des § 18a HausratsVO iVm. § 1361a BGB ausgesprochen und ausgeführt, Streitigkeiten über die Benutzung des ehelichen Hausrats bei demjenigen Gericht zu konzentrieren, das diesen mit der Ehesache aufs Engste verknüpften Angelegenheiten örtlich und sachlich am Nächsten stehe. Es ist deshalb für die Anordnung nach Nr. 7 unerheblich, ob das Begehren auf § 861 BGB (Rückschaffung von Gegenständen) oder § 1361a BGB gestützt wird. Insgesamt ist dieser Bereich sehr strittig,[125] hat aber geringere praktische Bedeutung als die Anzahl der vertretenen Meinungen vermuten lässt, weil regelmäßig die Regelung des § 1361a BGB einen wesentlich größeren Gestaltungsspielraum für eine Anordnung nach § 620 Nr. 7 lässt als die Regelungen zum Besitz- oder Eigentumsschutz. 82

dd) Regelungsbedürfnis, Antrag, Verfahren. Ein solches ist gegeben, wenn sich die Ehegatten über die Nutzungsregelung zum gesamten Hausrat oder auch nur einzelnen Teilen nicht einig sind. Nicht ausreichend ist die **reine Eigentumsverschaffung;** hierzu ist das selbständige Verfahren nach § 621 Abs. 1 Nr. 7 83

---

114 Zur Frage der Beschwerdefähigkeit im Rahmen des § 620c s. OLG Celle FamRZ 1990, 545; OLG Schleswig FamRZ 1990, 546; *Dörr* NJW 1989, 810, 812 – diese Rspr. ist durch die Neufassung des § 620c S. 1 teilweise überholt.

115 S. a. *Maurer* FamRZ 1991, 886, 887, der insoweit einen Vorrang annimmt; Beschwerde nach § 19 FGG.

116 Bedeutsam vor allem in Fällen, in denen nach § 620c kein Rechtsmittel möglich ist.

117 MK/*Finger* Rn. 80.

118 Was auch dem summarischen Charakter des Anordnungsverfahrens widersprechen würde; s. § 1361a Abs. 4 BGB.

119 BGH FamRZ 1984, 144, 146; NJW 1984, 1758 = FamRZ 1984, 575.

120 PKW ist Hausrat bei Benutzung durch Eheleute für familiäres Zusammenleben, BGH FamRZ 1991, 43, 49; FamRZ 1992, 538; OLG Frankfurt/M FamRZ 2004, 1105; Einbauküche, BGH NJW-RR 1990, 586f.; OLG Stuttgart FamRZ 1999, 855 – Einbauküche Bestandteil des Grundstücks.

121 OLG Hamm FamRZ 1993, 211f. m. weit. Nachw.

122 ZB bei Trennung innerhalb ehelicher Wohnung gemeinsame Nutzung der Waschmaschine u. ä.

123 OLG Frankfurt/M FamRZ 1978, 53.

124 BGH NJW 1983, 47 = LM GVG § 23b Nr. 37 = FamRZ 1982, 1200.

125 S. *Johannsen/Henrich/Sedemund-Treiber* Rn. 31 und MK/*Finger* Rn. 76; OLG Hamm FamRZ 1991, 81; OLG Karlsruhe FamRZ 2007, 59 – Vorrang des § 1361a BGB vor § 861 BGB bei verbotener Eigenmacht.

heranzuziehen. Ein **bestimmter Sachantrag** ist nicht zu stellen, es sei denn, es geht um die Regelung der Benutzungsverhältnisse einzelner Gegenstände. Hieran ist aber das Gericht nicht gebunden, sollte diesen aber im Rahmen der Billigkeitsabwägung nach § 1361a Abs. 1 S. 2, Abs. 2 BGB berücksichtigen. Das Anordnungsverfahren unterliegt wie das Hauptsacheverfahren nach § 13 Abs. 1 HausratsVO dem Amtsermittlungsgrundsatz nach § 12 FGG.

84 ee) **Verhältnis zu anderen Verfahren.** Insoweit wird auf die Ausführungen in Rn. 12ff., 23, 77 verwiesen.

85 ff) **Vollstreckung.** Die Vollstreckung richtet sich nach den Bestimmungen der ZPO (§§ 794 Abs. 1 Nr. 3a, 795), soweit die Herausgabe eines Gegenstandes angeordnet wurde. Die Nutzungszuweisung von Hausratsgegenständen ist kein zur Vollstreckung geeigneter Titel; erforderlich ist deshalb neben der Zuweisung eine Anordnung, dass die zugeteilten Gegenstände von dem Antragsteller herauszugeben sind (nach § 885, jedoch eingeschränkt, wenn Gegenstände in der Wohnung verbleiben).

86 **8. Herausgabe oder Benutzung persönlicher Gegenstände, § 620 Nr. 8. a) Regelungsbereich.** Die Regelung soll bei einer Auseinandersetzung sicherstellen, dass ein Ehegatten die persönlichen Gegenstände des täglichen Gebrauchs umgehend herausverlangen kann. Betroffen hiervon sind vor allem persönliche Unterlagen wie Ausweise[126], Rentenversicherungsunterlagen, Verträge, Kleidung, Schmuck, Werkzeug[127], Gegenstände der Berufsausübung und der Freizeitgestaltung (Sportgeräte), aber auch Gegenstände für ein in der ehelichen Lebensgemeinschaft lebendes Kind (Kleidungsstücke, Schulunterlagen, Spielzeug). Insoweit wird lediglich zwischen den Ehegatten eine Anordnung getroffen, wobei die Volljährigkeit eines Kindes insoweit unerheblich ist. Somit wird das Kind weder berechtigt noch verpflichtet. Nicht erfasst werden dagegen Wertpapiere, Sparbücher u. ä.[128]

87 b) **Rechtsgrundlage.** Materielle Rechtsgrundlage ist bei persönlichen Gegenständen regelmäßig § 985 BGB. Denkbar sind aber auch aus § 1353 BGB abgeleitete Überlassungsansprüche[129] (soweit nicht ein Herausgabeanspruch nach § 1361a BGB besteht, der nach Nr. 7 geltend zu machen ist). Hinsichtlich der Überlassung von Gegenständen eines Kindes kann ebenfalls § 985 BGB eingreifen, aber auch aus dem Unterhaltsrecht ist ein Überlassungsanspruch ableitbar.[130]

88 c) **Verhältnis zu anderen Verfahren.** Die Hauptsacheverfahren sind regelmäßig allgemeine Zivilverfahren, weil kein Anspruch nach § 23b Abs. 1 GVG zu Grunde liegt, es sei denn, der Herausgabeanspruch wird aus der Naturalunterhaltsverpflichtung nach §§ 1360, 1360a BGB abgeleitet.

89 d) **Verfahren, Vollstreckung.** Nicht eindeutig ist die Frage zu beantworten, ob es sich bei Nr. 8 um ein ZPO- oder FGG-Verfahren handelt. Orientiert man sich am Charakter des Hauptsacheverfahrens, so liegt ein ZPO-Verfahren vor[131]; teilweise wird aber wegen der Nähe zum FGG-Verfahren auch der Amtsermittlungsgrundsatz nach § 12 FGG angenommen.[132] Praktische Bedeutung hat diese Frage jedoch kaum. Die Vollstreckung richtet sich nach §§ 794 Abs. 1 Nr. 3a, 795, so dass die herauszugebenden Gegenstände genau zu bezeichnen sind.

89a **9. Maßnahmen nach §§ 1 und 2 GewSchG, § 620 Nr. 9.** Die durch das GewSchG eingeführte Regelung ergänzt die in § 64b Abs. 3 FGG bei selbständigen Verfahren bestehende Möglichkeit zum Erlass einer einstwAnO im Rahmen einer Ehesache, wenn eine Maßnahme nach §§ 1 und 2 GewSchG geboten ist. Zu den Voraussetzungen der Maßnahmen nach dem GewSchG wird auf die Ausführungen zu § 621 Abs. 1 Nr. 13 (§ 621 Rn. 88a – 88g) verwiesen, ferner auf Rn. 9, 22, 36, 61, 73f. § 620 Nr. 9 ist eine reine Verfahrensvorschrift (Rn. 7); **Rechtsgrundlage** von Maßnahmen sind die §§ 12, 823, 1004 BGB, ferner § 2 GewSchG, sofern nicht § 1361b BGB eingreift (s. Rn. 63, § 621 Rn. 88g). **Hauptsacheverfahren** sind die Verfahren nach § 621 Abs. 1 Nr. 13. Der Maßnahmenkatalog ergibt sich v. a. aus § 1 Abs. 1 S. 3 GewSchG. Danach kann ein Betretungsverbot der Wohnung, ein Annäherungsverbot in einem bestimmten Umkreis, ein Belästigungs- und Kontaktaufnahmeverbot ausgesprochen werden. Der in § 1 Abs. 1 S. 3 Nr. 1–5 aufgeführte Katalog ist nach dem Wortlaut des Gesetzes nicht abschließend gefasst und vom Gesetz auch nicht gewollt.[133] Damit die Maßnahmen wirksam vollstreckt werden können, sind die anzuordnenden Gebote und Verbote eindeutig in der einstwAnO zu beschreiben (zur Vollstreckung s. Rn. 36 sowie § 621 Rn. 88f.). Dem entspricht auch § 4 S. 1 GewSchG, der als Strafbarkeitsvoraussetzung eine **bestimmte vollstreckbare Anordnung** voraussetzt.

89b Die **Zuweisung der gemeinsam genutzten Wohnung** von Ehegatten nach § 2 GewSchG wird regelmäßig durch die Regelung des § 1361b BGB überlagert, der eine unbefristete Zuweisung ermöglicht, wenn eine Verletzungshandlung iSd. § 1 Abs. 1 S. 1 GewSchG vorliegt. In diesem Fall wirkt die Anordnung jedenfalls bis zur rechtskräftigen Scheidung der Ehe (s. a. § 621 Rn. 88g). Wird eine Anordnung zur Wohnung getroffen und lebt ein minderjähriges Kind in dieser Wohnung, ist nach § 13 Abs. 4 HausratsVO das hierfür **zuständige Jugendamt zu benachrichtigen.** Wird die einstwAnO auf § 2 Abs. 1 GewSchG gestützt, ist im Hinblick auf § 620f Abs. 1 die im materiellen Recht vorgesehene Begrenzung der Überlassung der Wohnung

126 OLG Düsseldorf FamRZ 1992, 1198.
127 OLG Hamm FamRZ 1980, 708.
128 OLG Düsseldorf FamRZ 1986, 1134.
129 S. a. MK/*Finger* Rn. 85.
130 S. a. *Gießler/Soyka* Rn. 869f. iVm. 868.
131 So MK/*Finger* Rn. 89.
132 *Zö/Philippi* § 620a Rn. 29; *Johannsen/Henrich/Sedemund-Treiber* § 620a Rn. 14.
133 BR-Drucks. 11/01 S. 62; BT-Drucks. 14/5429 S. 19; zur ausdehnenden Anwendung über sechs Monate hinaus AG Biedenkopf FamRZ 2003, 546; einschränkend OLG Hamm FamRZ 2006, 1767.

nach § 2 Abs. 2 S. 2, 3 GewSchG auch im Rahmen der einstwAnO zu berücksichtigen, weil die einstwAnO eine reine Verfahrensregelung darstellt und nicht weiter gehen kann als das materielle Recht (s. Rn. 7, 8). Für den in § 2 Abs. 5 GewSchG geregelten **Vergütungsanspruch** fehlt es an einem Regelungsbedürfnis (s. Rn. 76).

10. Kostenvorschuss, § 620 Nr. 10. Gegenstand einer Anordnung nach Nr. 10 ist der Kostenvorschuss für eine Ehesache sowie für eine Folgesache.[134] Ferner kann für Anordnungsverfahren nach §§ 620, 620b ein Vorschuss verlangt werden. **Materielle Rechtsgrundlage** sind die §§ 1360a Abs. 4, 1361 Abs. 4 S. 4 BGB; für Kinder ist § 1360a Abs. 4 BGB entsprechend anzuwenden; dies gilt auch für volljährige nicht privilegierte Kinder, soweit diese noch keine eigene Lebensstellung erreicht haben (Student).[135] Für die Zeit nach rechtskräftiger Auflösung der Ehe besteht kein Anspruch auf Kostenvorschuss zwischen Ehegatten.[136] Zu den weiteren Einzelheiten hierzu (auch bei Anwendung ausländischen Rechts) wird auf die Ausführungen zu § 127a Rn. 7ff. verwiesen. Ein **Regelungsbedürfnis** besteht unabhängig von der Parteienstellung in der Ehesache und in den Folgesachen bzw. Anordnungsverfahren. Wird eine Folgesache anhängig gemacht, kann für diese auch dann Prozesskostenvorschuss verlangt werden, wenn sie nach § 628 S. 1 abgetrennt wurde, solange die Ehe noch nicht rechtskräftig geschieden worden ist. Wird eine Folgesache mit einem Rechtsmittel angefochten, so kann für diese nach Eintritt der Rechtskraft des Scheidungsausspruchs im Hinblick auf eine fehlende Rechtsgrundlage kein Prozesskostenvorschuss zugebilligt werden[137], jedoch jederzeit bis zum Eintritt der Rechtskraft des Scheidungsausspruchs. Nach Nr. 10 kann ein Kostenvorschuss für die Ehesachen auch noch in der Berufungs- und Revisionsinstanz verlangt werden. 90

Ist im Wege der Anordnung nach Nr. 10 ein **Kostenvorschuss zugesprochen,** dieser aber noch nicht geleistet worden, kann der Verpflichtete diese Anordnung mit der negativen Feststellungsklage überprüfen. Wird der Erlass einer einstwAnO **abgelehnt,** kann der Vorschussberechtigte im Wege der Leistungsklage nach § 621 Abs. 1 Nr. 5 vorgehen. Zu den weiteren Fragen zum Verhältnis zu anderen Regelungen, der Höhe des Anspruchs und Verfahrensfragen wird auf die Ausführungen zu § 127a verwiesen (dort Rn. 6, 10ff.). 91

IX. Kostenentscheidung

Das Anordnungsverfahren ist gebührenrechtlich eine besondere Angelegenheit. Die anfallenden Kosten gelten für die Kostenentscheidung nach § 620g jedoch als Teil der Kosten der Hauptsache. Zur Bestimmung der Streitwerte wird auf § 620g verwiesen. 92

X. Gebühren und Kosten

1. Rechtsanwaltsgebühren. Vergütungspflichtig sind wie bisher die einstweiligen Anordnungen gemäß § 18 Nr. 1a bis g RVG. Neu hinzugekommen (§ 18 Nr. 2 RVG) sind die in Nr. 1 nicht genannten einstweiligen oder vorläufigen Anordnungen im Verfahren nach dem FGG (zB Anordnungen gem. § 50d FGG, § 52 Abs. 3 FGG, § 53a Abs. 3 S. 1 FGG). Diese Verfahren bildeten alle bisher zusammen mit dem Hauptsacheverfahren eine gebührenrechtliche Angelegenheit und sind nunmehr eigene gebührenrechtliche Angelegenheiten geworden. Mehrere unter demselben Buchstabe n in § 18 Nr. 1 RVG aufgelistete Verfahren bilden untereinander eine Angelegenheit, deren Gegenstandswerte zusammenzurechnen sind (§ 18 Nr. 1 RVG). Gleiches gilt für die Verfahren des § 18 Nr. 2 RVG. 93

In den **einstweiligen und vorläufigen Anordnungen** fallen die gleichen Gebühren an wie bei Arrest und einstweiliger Verfügung, nämlich die **Verfahrensgebühr** (1,3) und die **Terminsgebühr** (1,2), Nrn. 3100 und 3104 VV RVG. Die Aussetzung der Vollziehung (§ 620e ZPO) und der Antrag auf Feststellung des Außer-Kraft-Tretens der einstweiligen Anordnung (§ 620f ZPO) sind von der Verfahrensgebühr mitabgegolten. Wird ein Anordnungsverfahren von Amts wegen eingeleitet (§ 52 Abs. 3 FGG), fällt die volle Verfahrensgebühr bereits bei Einreichung eines Schriftsatzes mit Sachvortrag an (Nr. 3101 VV RVG). Die Terminsgebühr fällt bereits an, wenn anlässlich eines Termins in der Hauptsache auch über die einstweilige Anordnung bzw. über Arrest oder einstweilige Verfügung verhandelt wird (Nr. 3104 Abs. 2 VV RVG); zur Anrechnung in diesem Fall vgl. Nr. 3104 Abs. 2, Vorbem. 3 Abs. 4 VV RVG. Zum Verfahren gehören alle Abschnitte vom Antrag über die mündliche Verhandlung bis zu allen Abänderungs- und Aufhebungsanträgen (§ 16 Nr. 6 RVG). Abänderungs- und Aufhebungsverfahren bilden also im Verhältnis zum Anordnungsverfahren dieselbe Angelegenheit. Sie bilden aber einen weiteren gebührenrechtlichen Gegenstand, der mit dem Wert des Anordnungsverfahrens gem. § 18 Nr. 1, 2 RVG zusammenzurechnen ist. Insoweit liegt eine Änderung der Rechtslage gegenüber der BRAGO vor. Denn bisher ergab sich ein weiteres Gebührenaufkommen über das Erstverfahren hinaus nur dann, wenn die gleichen Gebühren aus einem höheren Wert anfielen oder bisher nicht angefallene Gebühren neu hinzukamen. Wird über die einstweilige Anordnung zunächst schriftlich entschieden und dann Antrag auf mündliche Verhandlung (§§ 620a, b ZPO) gestellt, bleibt es ein gebührenrechtlicher Gegenstand. Das Anordnungsverfahren mit Abänderungsverfahren ist gegenüber dem Hauptsacheverfahren eine eigene Angelegenheit (§ 17 Nr. 4a, b und d RVG, § 18 Nr. 1 RVG). Der Anwalt des Antragsgegners verdient die Verfahrensgebühr, wenn er auftragsgemäß zur Abwehr 94

---

[134] Geändert im UÄndG.
[135] BGH FamRZ 2004, 1633; NJW 2005, 1722 = FamRZ 2005, 883.
[136] BGHZ 89, 33, 34ff. = NJW 1984, 291 = FamRZ 1984, 148; FamRZ 1990, 380.
[137] AA MK/*Finger* Rn. 92.; OLG Nürnberg FamRZ 1990, 421.

der Anordnung tätig wird. Werden einstweilige Anordnungen und Hauptsache in einem Vergleich erledigt, werden die Werte zusammengerechnet. Dabei ist es gleichgültig, ob der Vergleich im Hauptsacheverfahren oder im einstweiligen Anordnungsverfahren geschlossen wurde.[138] Wird eine einstweilige Anordnung in der 1. Instanz und später eine weitere in der 2. Instanz beantragt, liegen zwei Angelegenheiten vor (§ 15 Abs. 2 S. 2 RVG). Für die Gebühren in 2. Instanz gelten die Nrn. 3200ff. VV RVG. Unter den Voraussetzungen des § 779 BGB fällt die Einigungsgebühr an (Nr. 1000 VV RVG). Sofern kein Prozessauftrag vorlag, sind zusätzlich die Gebühren gemäß Nr. 2300 VV RVG, anrechnungspflichtig entspr. Vorbem. 3 Abs. 4 VV RVG, angefallen.

95 Die **Fälligkeit** der Anwaltsgebühren tritt mit Entscheidung des Gerichts über den Anordnungsantrag oder mit Vergleichsabschluss ein. § 620b schiebt die Fälligkeit nicht hinaus.[139] Die **Gegenstandswerte** ergeben sich aus §§ 53, 48 Abs. 2 GKG, 23 Abs. 1 RVG und § 24 RVG. Neu hinzugekommen sind ein Festwert von 2000,– € für die Verfahren zur Nutzung der Ehewohnung und von 1200,– € für Hausratsverfahren. In familienrechtlichen Gewaltschutzverfahren gelten dieselben Werte, soweit es sich um Ehewohnung und Hausrat handelt. §§ 46 Abs. 1 S. 2 GKG, 23 Abs. 1 S. 1 RVG ist entsprechend anzuwenden, wenn mehrere Kinder beteiligt sind. Gebührenrechtlich ist dies als ein Gegenstand abzurechnen.

96 **2. Gerichtskosten.** Vgl. § 620a Rn. 25.

620 a *Verfahren bei einstweiliger Anordnung* **(1) Das Gericht entscheidet durch Beschluss.**
(2) [1]Der Antrag ist zulässig, sobald die Ehesache anhängig oder ein Antrag auf Bewilligung der Prozesskostenhilfe eingereicht ist. [2]Der Antrag kann zu Protokoll der Geschäftsstelle erklärt werden. [3]Der Antragsteller soll die Voraussetzungen für die Anordnung glaubhaft machen.

(3) [1]Vor einer Anordnung nach § 620 Satz 1 Nr. 1, 2 oder 3 sollen das Kind und das Jugendamt angehört werden. [2]Ist dies wegen der besonderen Eilbedürftigkeit nicht möglich, so soll die Anhörung unverzüglich nachgeholt werden.

(4) [1]Zuständig ist das Gericht des ersten Rechtszuges, wenn die Ehesache in der Berufungsinstanz anhängig ist, das Berufungsgericht. [2]Ist eine Folgesache im zweiten oder dritten Rechtszug anhängig, deren Gegenstand dem des Anordnungsverfahrens entspricht, so ist das Berufungs- oder Beschwerdegericht der Folgesache zuständig. [3]Satz 2 gilt entsprechend, wenn ein Kostenvorschuss für eine Ehesache oder Folgesache begehrt wird, die im zweiten oder dritten Rechtszug anhängig ist oder dort anhängig gemacht werden soll.

I. Normzweck

1 § 620a regelt die Zuständigkeit und das Verfahren der einstwAnO bis zu ihrem Erlass. Entsprechend dem Regelungskatalog des § 620 Nr. 1–10 liegen dem Gegenstand nach sowohl ZPO-Verfahren als auch FGG-Verfahren vor, deren unterschiedlicher Charakter zu beachten ist. EinstwAnO sind in den §§ 620–620g als eigenständiges Verfahren ausgestaltet; sie sind aber dennoch Teil der Ehesache. Verfahren zu Anträgen nach § 620 Nr. 1 bis 10 können auch in der Zeit vom 1. Juli bis 31. August beschleunigt bearbeitet und entschieden werden. Der in § 227 Abs. 3 S. 1 geregelte Anspruch auf Verlegung eines für die Zeit vom 1. Juli bis 31. August bestimmten Termins gilt nach S. 2 Nr. 1 dieser Bestimmung nicht für Arrestsachen oder die eine einstwVfg. oder eine einstwAnO betreffenden Sachen.

II. Zulässigkeit des Antrags

2 **1. Voraussetzungen und zeitlicher Rahmen. a) Anhängigkeit der Ehesache.** Nach Abs. 2 S. 1 kann eine einstwAnO ab Anhängigkeit einer Ehesache beantragt werden; Rechtshängigkeit ist dagegen nicht erforderlich. Die Erfolgsaussichten des Hauptsacheverfahrens sind nach hM nicht zu prüfen (s. eingehend § 620 Rn. 5). Dem Antrag steht nicht entgegen, dass die Ehesache nach § 614 ausgesetzt oder nach § 251 deren Ruhen angeordnet ist, da angesichts des Regelungszwecks der einstwAnO auch in dieser Zeit eine Anordnung geboten sein kann. Wird eine Ehesache ausgesetzt, ist jedoch zu klären, inwieweit für die einstwAnO ein Regelungsbedürfnis besteht (s. § 620 Rn. 5); entsprechendes gilt bei Anordnung des Ruhens des Verfahrens (§ 251).

3 **b) Prozesskostenhilfeantrag zur Ehesache.** Ferner ist ein Antrag ab Einreichung eines Prozesskostenhilfeantrags in einer Ehesache zulässig, Abs. 2 S. 1 Alt. 2. Bei offensichtlich fehlender Erfolgsaussicht oder dem Fehlen sonstiger subjektiver Voraussetzungen ist gleichzeitig das Regelungsbedürfnis für eine einstwAnO zu verneinen (s. § 620 Rn. 5).[1] Wurde der Antrag offensichtlich nur dazu eingereicht, um eine einstwAnO zu beantragen, ist dieser als rechtsmissbräuchlich abzuweisen.

4 **c) Einstweilige Anordnungen nach Rechtskraft der Scheidung oder sonstiger Erledigung des Verfahrens.** Nach Eintritt der **Rechtskraft der Ehesache**, bei sonst fehlender Anhängigkeit oder nach Abweisung oder Rücknahme eines Prozesskostenhilfeantrags kann eine einstwAnO nicht mehr beantragt werden (s. hierzu eingehend § 620 Rn. 33). Dies gilt jedoch hinsichtlich des Eintritts der Rechtskraft der Scheidung dann nicht, wenn die Folgesache, die dem Gegenstand der einstwAnO entspricht, (wegen Abtrennung nach

---

[138] OLG Düsseldorf AGS 2006, 37; OLG Koblenz AGS 2005, 561; *Groß*, Anwaltsgebühren in Ehe- und Familiensachen Rn. 572.

[139] KG JurBüro 1986, 724.

[1] OLG Hamm FamRZ 1982, 721, 722.

§ 628 oder Anfechtung) noch anhängig geblieben ist (s. a. § 620 Rn. 33).[2] Aus der mit dem UÄndG eingeführten Zuständigkeitserweiterung des § 620 a Abs. 4 S. 2, 3 für einstwAnO ist zu entnehmen, dass der Regelungsbereich der §§ 620 ff. auch auf die **Folgesachen ausgedehnt** wurde und sich nicht auf die Ehesache beschränkt. Dies rechtfertigt sich auch daraus, dass die Folgeverfahren einen Restbestand des Verbunds darstellen.[3] Lässt man eine einstwAnO nach Rechtskraft der Ehesache nicht zu, so muss bei einem einstweiligen Rechtsschutz in Unterhaltssachen auf die einstwAnO nach § 644 S. 1 und in FGG-Sachen auf § 621 g zurückgegriffen werden.

Wird die einstwAnO **vor Eintritt der Rechtskraft** beantragt, kann über diese (entsprechend dem Rechtsgedanken des § 261 Abs. 3 Nr. 2) auch noch **nach Rechtskraft** der Ehesache entschieden werden, da die Verzögerung nicht zu Lasten einer Partei gehen darf. Bei einer **Abweisung der Ehesache** tritt die einstwAnO aber nach § 620 f Abs. 1 außer Kraft, so dass entsprechend auch für eine Entscheidung nach Abweisung kein Regelungsbedürfnis gegeben ist. Bei einer Anfechtung der abweisenden Entscheidung kann nach Abs. 4 S. 1 in der zweiten Instanz erneut ein Antrag gestellt werden. 5

2. Form des Antrags, Anwaltszwang. Da das Anordnungsverfahren Teil der Ehesache ist, gilt nach § 78 Abs. 2 grds. **Anwaltszwang,** wobei die **Vollmacht** zur Ehesache auch das Anordnungsverfahren umfasst. Nach § 620 a Abs. 2 S. 2 kann der Antrag auf Erlass einer einstwAnO zu **Protokoll der Geschäftsstelle** erklärt werden; dies gilt auch bei einer Zuständigkeit des OLG.[4] Danach kann der Antrag auch schriftlich ohne Anwaltszwang durch die Partei selbst eingereicht werden; entsprechendes gilt für Abänderungsanträge nach § 620 b und Antragserweiterungen.[5] Insgesamt dient diese Regelung der Beschleunigung des Anordnungsverfahrens, hebt aber nach § 78 Abs. 5 nicht den Anwaltszwang für die weiteren Verfahrenshandlungen auf[6] (zB für mündliche Verhandlung, Einlegung eines Rechtsmittels nach § 620 c; s. § 620 c Rn. 8).[7] Wurde für die Ehesache lediglich ein Prozesskostenhilfeantrag gestellt, für den kein Anwaltszwang gilt, entfällt auch für das Anordnungsverfahren insgesamt der Anwaltszwang.[8] 6

3. Inhalt des Antrags. In den Anordnungsverfahren zum Unterhalt nach § 620 Nr. 4, 6 ist eine **bezifferter Antrag** gemäß § 253 Abs. 2 Nr. 2 erforderlich; entsprechendes gilt bei einem Herausgabeverlangen nach § 620 Nr. 7, 8, und 9, bei dem die Gegenstände zur Vollstreckbarkeit konkret zu bezeichnen sind. Ansonsten reicht bei FGG-Verfahren der Verfahrensantrag (neben der Glaubhaftmachung eines Regelungsbedürfnisses) aus. I. Ü. können die Parteien den Regelungsumfang mit entsprechenden Anträgen einschränken; dies gilt insbesondere auch in Bezug auf eine Sorgeregelung nach § 1671 Abs. 1, 2 BGB (Regelung des Aufenthaltsbestimmungsrechts). 7

4. Antragsberechtigte. Antragsberechtigt sind unabhängig von der Parteirolle nur die Ehegatten (die in § 620 S. 2 aF enthaltene Regelung, die von Amts wegen eine einstwAnO zuließ, wurde durch das KindRG aufgehoben; s. § 620 Rn. 33). Die **Beteiligung Dritter** scheidet im Anordnungsverfahren aus, so dass weder das Jugendamt (bei § 620 Nr. 1–3) noch der Vermieter einer Wohnung (bei § 620 Nr. 7) zu beteiligen sind (s. § 620 Rn. 75). Eine Ausnahme gilt in den Fällen der Zuweisung einer Wohnung, in der ein minderjähriges Kind lebt, § 13 Abs. 4 HausratsVO. 8

5. Prozesskostenhilfe für einstweilige Anordnungen. Trotz des Annexcharakters ist für das Anordnungsverfahren nach § 620 Prozesskostenhilfe gesondert zu beantragen und zu bewilligen.[9] Die Regelung des § 624 Abs. 2 gilt insoweit nicht, da das Anordnungsverfahren ein eigenständiges Verfahren darstellt und deshalb eine **gesonderte Prüfung** der Prozesskostenhilfevoraussetzungen verlangt. Soweit für ein Verfahren nach § 620 Prozesskostenhilfe bewilligt wurde, erstreckt sich diese auch auf ein Abänderungsverfahren nach § 620 b, da für die Feststellung der Erfolgsaussichten das Verfahren nach § 620 maßgebend ist (s. dazu § 620 Rn. 5). Da grds. Anwaltszwang besteht (Rn. 6), ist ein Rechtsanwalt beizuordnen. 9

III. Bestimmung des zuständigen Gerichts (Abs. 4)

1. Gericht der Ehesache (Abs. 4 S. 1). a) Überblick. Die Zuständigkeitsregelung des Abs. 4 S. 1 orientiert sich am jeweiligen **Verfahrensstand** in der Ehesache und unterteilt sich in drei Stufen. Zunächst ist zuständig das Gericht der Ehesache erster Instanz, also das FamG; ist die Ehesache in der Berufungsinstanz anhängig, das Berufungsgericht. Ist die Ehesache in der Revision beim BGH anhängig, geht die Zuständigkeit wieder in die erste Instanz zurück. 10

b) Ehesache in erster Instanz. Die Zuständigkeit des Gerichts der ersten Instanz beginnt mit der Anhängigkeit des Antrags nach Abs. 2 S. 1 und besteht bis zur Einlegung einer Berufung in der Ehesache. Ist gegen ein **abgelehntes Prozesskostenhilfegesuch** zur Ehesache Beschwerde zum OLG eingelegt, verbleibt es auch während des Beschwerdeverfahrens bei der Zuständigkeit des Familiengerichts, weil der Sache nach die Ehesache in der ersten Instanz noch nicht abgeschlossen ist. Ist über einen Antrag nach § 620 vor Einlegung 11

---

[2] Wohl überwiegende Meinung; *Johannsen/Henrich/Sedemund-Treiber* Rn. 16; MK/*Finger* Rn. 5 f.; aA *Zö/Philippi* Rn. 3 a; *Kemnade* FamRZ 1986, 625, 626 f.; OLG Karlsruhe FamRZ 1992, 1454, 1455 m. weit. Nachw.

[3] So iE *Johannsen/Henrich/Sedemund-Treiber* Rn. 16; MK/*Finger* Rn. 5.

[4] Nach § 129 a bei jedem beliebigen Amtsgericht.

[5] S. OLG Frankfurt/M NJW 1978, 172 = FamRZ 1977, 799.

[6] OLG Düsseldorf FamRZ 1992, 1198, 1199.

[7] S. BGH NJW 1982, 2561 = LM § 620 Nr. 7 = FamRZ 1982, 788; aA MK/*Finger* Rn. 10 f., der diese Differenzierung für unpraktikabel hält.

[8] HM; *Zö/Philippi* Rn. 9 a.

[9] OLG Bamberg FamRZ 1986, 701; *Johannsen/Henrich/Sedemund-Treiber* Rn. 12; aA *St/J/Schlosser* § 620 g Rn. 4.

eines Rechtsmittels gegen die Verbundentscheidung noch **nicht entschieden,** bleibt es entsprechend dem Grundsatz des § 261 Abs. 3 Nr. 2 bei der Zuständigkeit des Familiengerichts.[10]

12 c) **Ehesache in zweiter Instanz.** Mit der Einlegung der Berufung beginnt die Zuständigkeit des **Berufungsgerichts.** Diese tritt nicht schon dann ein, wenn das Verbundurteil in einer Scheidungssache zunächst **umfassend angegriffen** wurde, also noch nicht ersichtlich ist, ob die Ehesache oder lediglich eine Folgesache in die zweite Instanz gebracht wird. Wird das Rechtsmittel in der Begründungsschrift präzisiert, ist hierin ein von vornherein beschränkt eingelegtes Rechtsmittel zu sehen.[11] Im Hinblick hierauf kann die Zuständigkeit des Gerichts erster Instanz über die Verkündung des Verbundurteils hinausgehen.[12] Das Berufungsgericht ist aber sofort zuständig, wenn in der Berufungsschrift bereits der Berufungsantrag enthalten ist und entweder die Ehesache oder aber die dem Anordnungsverfahren entsprechende Folgesache angegriffen wird. Wird ein **Prozesskostenhilfeantrag** zur Durchführung des Berufungsverfahrens beim Rechtsmittelgericht gestellt, bleibt es einstweilen bei der Zuständigkeit des Familiengerichts, weil § 620 a Abs. 2 S. 1 keine Zuständigkeitsregelung beinhaltet.[13] Das Berufungsgericht bleibt zuständig bis zur Einlegung der Revision in der Ehesache, ansonsten bis zum Eintritt der Rechtskraft des Urteils zur Ehesache.[14]

13 d) **Ehesache in dritter Instanz.** Mit Einlegung der Revision in der Ehesache wird wieder das **Gericht erster Instanz** zuständig. Für in zweiter Instanz vor Revisionseinlegung nicht erledigte Anordnungsanträge verbleibt es nach § 261 Abs. 3 Nr. 2 bei der einmal begründeten Zuständigkeit (s. Rn. 11 aE).

14 **2. Zuständigkeit nach dem Verfahrensstand der Folgesache (Abs. 4 S. 2).** Die Zuständigkeitsregelung des S. 2 beruht auf dem Gesichtspunkt des **Sachzusammenhangs** zwischen Folgesache und beantragtem Anordnungsverfahren. Nach ihr richtet sich die Zuständigkeit des Anordnungsverfahrens, wenn eine Folgesache im zweiten oder dritten Rechtszug anhängig ist und der Gegenstand der Folgesache demjenigen des Anordnungsverfahrens entspricht. Sie greift deshalb nur ein, wenn die in § 621 Abs. 1 aufgeführten Verfahren mit denjenigen in § 620 deckungsgleich sind. Das ist der Fall, wenn gegen die Entscheidung des Familiengerichts zum nachehelichen Unterhalt Berufung eingelegt wurde und im Verlauf des Berufungsverfahrens eine einstwAnO zum (nachehelichen) Unterhalt zu treffen ist, dagegen nicht, wenn eine einstwAnO zum Kindesunterhalt beantragt werden soll.[15] Ein Sachzusammenhang ist dagegen anzunehmen, wenn das Sorgerechtsverfahren in zweiter Instanz anhängig ist und im Anordnungsverfahren ein Minus zur elterlichen Sorge (zB das Aufenthaltsbestimmungsrecht) geregelt werden soll. Ferner wird zutreffend ein Sachzusammenhang zwischen der Regelung der elterlichen Sorge als Folgesache und dem Antrag zur Regelung der Umgangsbefugnis nach § 620 Nr. 2 sowie der Kindesherausgabe nach § 620 Nr. 3 angenommen,[16] nicht dagegen umgekehrt. **Zeitlich** greift die Zuständigkeit des Rechtsmittelgericht entsprechend den in Rn. 12 dargelegten Grundsätzen ein. Ist eine Folgesache in der Revision beim BGH anhängig, so ist die Zuständigkeit der zweiten Instanz entsprechend der größeren Sachnähe gemäß S. 2 gegeben. Nicht eindeutig ist die Zuständigkeit, wenn bei **Abtrennung einer Folgesache** nach § 628 S. 1 Nr. 1–4 das Scheidungsverfahren in der zweiten Instanz anhängig ist, die Folgesache aber noch in erster Instanz und zum selben Regelungsbereich eine einstwAnO beantragt wird. Der Gesichtspunkt des Sachzusammenhangs spräche für die Zuständigkeit der ersten Instanz; dies widerspricht aber der Regelung des Abs. 4 S. 1. Da letztere Regelung abschließend ist, scheidet eine entsprechende Anwendung des Abs. 4 S. 2 aus.[17]

15 **3. Zuständigkeit bei Anordnung eines Kostenvorschusses (Abs. 4 S. 3).** Diese Bestimmung beinhaltet eine besondere Regelung für die Leistung eines Kostenvorschusses (§ 620 Nr. 10) in der Ehesache oder einer Folgesache. Danach ist das Gericht zweiter Instanz zuständig, wenn ein Kostenvorschuss für eine Ehesache oder Folgesache im Berufungs- oder Revisionsrechtszug begehrt wird. Folgesachen im Sinne dieser Bestimmung sind alle Verfahren des § 621 Abs. 1 Nr. 1–9, ferner Nr. 13 in Verfahren zwischen Ehegatten, also nicht nur Unterhaltssachen iSd. § 127 a. Die zweite Instanz ist nur zur Entscheidung für solche Folgesachen zuständig, die in die Rechtsmittelinstanz gelangen sollen,[18] ansonsten verbleibt es bei der Regelung des Abs. 4 S. 1.

16 **4. Internationale Zuständigkeit.** Die internationale Zuständigkeit für einstwAnO richtet sich nach der Regelung des § 606 a für Ehesachen. Allerdings kann für Anordnungen nach § 620 Nr. 1–10 eine vorrangige Zuständigkeitsbestimmung auf Grund **internationaler Regelungen** vor der Zuständigkeitsregelung für Ehesachen nach § 606 a bestehen.[19] Art. 20 der EheVO II[20] regelt hierzu die Voraussetzungen, unter de-

---

[10] BGH FamRZ 1980, 670 f.

[11] So dass keine teilweise Rechtsmittelrücknahme vorliegt, BGH NJW 1983, 1561 = FamRZ 1983, 685; NJW-RR 1989, 962 = FamRZ 1989, 1064.

[12] S. a. OLG Frankfurt/M FamRZ 1992, 579, 580.

[13] MK/*Finger* Rn. 19.

[14] BGH NJW 1980, 1392 = FamRZ 1980, 444 f.

[15] Nach Eintritt der Rechtskraft der Scheidung ist dann eine einstwVfg. zu beantragen, falls nicht im Rahmen eines selbständigen Verfahrens eine einstwAnO nach § 644 beantragt wird.

[16] S. MK/*Finger* Rn. 18; aA *Zö/Philippi* Rn. 14; OLG Zweibrücken FamRZ 1989, 1108 (bei isoliertem Sorgerechtsverfahren); OLG Frankfurt/M FamRZ 1992, 579, 580 (bei Folgesache Sorgerecht); OLG Rostock FamRZ 2004, 476.

[17] So auch *Johannsen/Henrich/Sedemund-Treiber* Rn. 6; *Rolland/Roth* Rn. 8; aA *Gießler/Soyka* Rn. 116 a; OLG Karlsruhe FamRZ 1998, 1380.

[18] OLG Köln FamRZ 1990, 768 f.

[19] ZB Art. 1, 13 Abs. 1 MSA; BGH NJW 1984, 1302, 1304 = FamRZ 1984, 350, 353; OLG Stuttgart NJW 1983, 1981; OLG Celle FamRZ 1990, 656.

[20] Eingehend § 606 a Rn. 33 ff. – wirksam seit 1. 3. 2005.

nen das Gericht eines Mitgliedstaates nach dem Recht dieses Staates einstweilige Maßnahmen (einschließlich Sicherungsmaßnahmen) in Bezug auf die in diesem Staat befindlichen Personen oder Güter erlassen kann, auch wenn für die Entscheidung der Hauptsache das Gericht eines anderen Mitgliedstaates zuständig ist.[21] Wird von dem nach Art. 3 bis 7 EheVO II zuständigen Gericht eine Hauptsacheentscheidung erlassen, erlischt die Anordnung nach Art. 20 Abs. 2 EheVO II. Hinsichtlich des Zeitpunktes ist auf die nationalen Bestimmungen zurückzugreifen (s. § 620f Abs. 1). Wechselt ein Kind während des Verfahrens zur Ehesache seinen gewöhnlichen Aufenthalt in einen anderen Vertragsstaat, werden dessen Gerichte international zuständig; bei einem Wechsel in einen Nichtvertragsstaat bleibt sie dagegen bestehen.[22]

IV. Gerichtliches Verfahren

1. Geltung allgemeiner Verfahrensgrundsätze. Da die Parteien das Anordnungsverfahren durch einen Antrag einleiten, sind sie grds. befugt, diesen wieder zurückzunehmen, für erledigt zu erklären oder entsprechend § 251 das Ruhen des Verfahrens zu beantragen. Nimmt der Antragsteller seinen Antrag bei einer vom FamG ins Auge gefassten Maßnahme nach § 1671 Abs. 3 BGB iVm. § 1666 Abs. 1 BGB zurück, (s. § 620 Rn. 29, 33, 40, 44; dort auch zur Zulässigkeit eines isolierten Verfahrens neben dem Verbundverfahren), kann das FamG auch außerhalb der Ehesache nach allgemeinen FGG-Grundsätzen von Amts wegen ein Verfahren einleiten und innerhalb diesem eine vorläufige Anordnung zur Wahrung des Kindeswohls erlassen (s. § 623 Rn. 6, 10, 30). In den ZPO-Verfahren ist das Gericht nach § 308 an den **gestellten Antrag gebunden;** das FamG kann nach § 139 auf sachdienliche Anträge hinweisen; ferner gilt § 307. Besonderheiten bestehen in den Verfahren gemäß Nr. 1–3. § 1671 Abs. 1, 2 BGB enthält ein (materielles) Antragsrecht zur Regelung der elterlichen Sorge, an den das FamG gebunden ist; hiervon kann es nach § 1671 Abs. 3 BGB nur unter den Voraussetzungen des § 1666 BGB abweichen (s. § 620 Rn. 22, 29, 33). Dies gilt auch im Rahmen eines Verfahrens der einstwAnO. In § 620 Nr. 2 besteht keine Bindung; das FamG kann das Umgangsrecht nach § 1684 Abs. 3 S. 1 BGB anders als beantragt gestalten und es gemäß § 1684 Abs. 4 S. 1 BGB auch einschränken, soweit dies zum Wohl des Kindes erforderlich ist. Es kann auch anordnen, dass der Umgang nur stattfindet, wenn ein **mitwirkungsbereiter Dritter** anwesend ist, § 1684 Abs. 4 S. 3 BGB. Da jeweils nur in Beschlussform entschieden wird, scheidet für alle Bereiche der Nr. 1–10 eine **Versäumnisentscheidung** aus. Zulässig ist in allen ZPO-Verfahren der Abschluss eines **vollstreckbaren Vergleiches** nach § 794 Abs. 1 Nr. 3a, nach § 13 Abs. 2, 3 HausratsVO auch bei § 620 Nr. 7. In den Angelegenheiten des § 620 Nr. 1–3 haben Vereinbarungen der Ehegatten keine verfahrensabschließende Wirkung, sind aber sachlich möglich (s. § 1671 Abs. 2 Nr. 1 BGB). Das Gericht kann eine entsprechende Einigung der Parteien zur Grundlage seiner Entscheidung machen (s. a. § 620 Rn. 47). EinstwAnO sind grundsätzlich unverzüglich zu bearbeiten und zu entscheiden. Bei einer unangemessenen Verzögerung ist die Untätigkeitsbeschwerde zulässig.[23] 17

2. Verhandlungs- und Untersuchungsgrundsatz. In den **ZPO-Verfahren** des § 620 Nr. 4, 6, 10 gilt der Verhandlungsgrundsatz[24], da im einstweiligen Rechtsschutz die Pflichten des Gerichts nicht weiter gehen als im entsprechenden Hauptsacheverfahren nach § 621 Abs. 1. Hinsichtlich der Beweiswürdigung gilt § 294 Abs. 1. Die Verfahren nach § 620 Nr. 8 werden teilweise als ZPO-Verfahren, teilweise aber auch als FGG-Verfahren angesehen (zur Abgrenzung s. § 620 Rn. 89). Liegen keine **präsenten Beweismittel** vor (§ 294 Abs. 2), entscheidet das Gericht nach pflichtgemäßem Ermessen, ob diese berücksichtigt werden (s. a. Rn. 22). In **Angelegenheiten des FGG** nach § 620 Nr. 1–3, 7 und 9 gilt dagegen der Untersuchungsgrundsatz gemäß § 12 FGG. An die Glaubhaftmachung (§ 620a Abs. 2 S. 3) ist das Gericht in diesen Fällen nicht gebunden, sondern kann eigene Ermittlungen anstellen. 18

3. Mündliche Verhandlung. In § 620a Abs. 1 iVm. § 128 Abs. 4 wird die Durchführung einer mündlichen Verhandlung freigestellt. Nicht zulässig ist eine Vermischung von schriftlichem und mündlichem Verfahren.[25] Das Gericht ist in der Gestaltung des Verfahrensweges frei. Es kann 19

- die einstwAnO in Eilfällen sofort ohne Anhörung des Gegners erlassen, muss diese aber zur Wahrung des rechtlichen Gehörs in jedem Fall nachholen und ggf. erneut entscheiden, § 620a Abs. 3; der Beschluss kann hierzu zeitlich befristet werden;
- sofort nach Eingang des Antrags einen Termin zur mündlichen Verhandlung anberaumen;
- dem Antragsgegner im Rahmen des schriftlichen Verfahrens eine Frist zur Stellungnahme einräumen und danach ohne mündliche Verhandlung entscheiden;
- zunächst den Antragsgegner anhören und (bei unklarer Sachlage) einen Termin anberaumen.

In allen Fällen ist aber das Verfahren zügig voranzutreiben und alsbald in der Sache zu entscheiden. Wird zunächst mündlich verhandelt und danach auf der Grundlage eines schriftlichen Vorbringens (mit Glaubhaftmachung) entschieden, liegt eine Entscheidung im schriftlichen Verfahren vor, so dass ein Antrag nach § 620b Abs. 2 möglich ist. Wird die mündliche Verhandlung anberaumt, gilt die Ladungsfrist nach § 217; dagegen ist im einstweiligen Rechtsschutz die **Wahrung der Einlassungsfrist** nach § 274 Abs. 3 nicht zwingend, wenn eine sofortige Entscheidung geboten ist. Erscheint der Antragsgegner nicht zur mündlichen Verhandlung, ist streitig (einseitig) zu verhandeln; erscheint der Antragsteller nicht, kann auf Antrag des Antragsgegners eine abweisende Entscheidung ergehen.

---

[21] Zur entsprechenden Regelung im EuGVÜ s. dort Art. 24, die aber nur bei selbständigen Unterhaltsverfahren gilt.
[22] OLG Düsseldorf FamRZ 1981, 1005.
[23] BVerfG NJW 2005, 1105 = FamRZ 2005, 173.
[24] OLG Frankfurt/M FamRZ 1985, 409, 410.
[25] OLG Hamburg FamRZ 1986, 183, 184.

20 **4. Wahrung des rechtlichen Gehörs.** Auch im Anordnungsverfahren gilt der Grundsatz des rechtlichen Gehörs nach Art. 103 Abs. 1 GG. Ist in eiligen Sachen eine sofortige Entscheidung geboten[26], ist die **Anhörung unverzüglich nachzuholen** (§ 620a Abs. 3 S. 2). Dieser Grundsatz gilt in allen Phasen des Verfahrens, so dass auch § 139 Abs. 2 S. 1 zu beachten ist.

21 **5. Anhörung des Kindes und des Jugendamts, Abs. 3 S. 1.** In den Verfahren nach § 620 Nr. 1–3 sollen das Kind[27] und das Jugendamt[28] angehört werden. Danach verlangt das Gesetz vergleichbare Aufklärungspflichten auch in den jeweiligen Hauptsacheverfahren, die zur Wahrung des Kindeswohls, insbesondere im Hinblick auf die Kontinuität der Entscheidung vorzunehmen sind. Ferner erfordert regelmäßig der **Amtsermittlungsgrundsatz** nach § 12 FGG auch die Anhörung der Eltern sowie von Pflegepersonen (§ 50c FGG). Unterbleibt die Anhörung, weil eine sofortige Entscheidung (zur Wahrung des Kindeswohls) geboten ist, muss die Anhörung nachgeholt werden, § 620a Abs. 3 S. 2. Hieraus kann sich die Notwendigkeit einer Abänderung der Entscheidung nach § 620b Abs. 1 S. 1 ergeben, die immer zulässig ist, aber im Hinblick auf die (möglichen) negativen Auswirkungen auf das Wohl des Kindes im Falle eines mehrfachen Aufenthaltswechsels möglichst vermieden werden sollte. Hieraus ergibt sich auch, dass nur in Fällen, in denen eine **unmittelbare Gefahr für das Kindeswohl** besteht, ohne Anhörung des Kindes, der Eltern und des Jugendamtes eine einstwAnO zu erlassen ist. In den Verfahren nach § 620 Nr. 1–3 sollte deshalb eine Entscheidung nur auf Grund einer mündlichen Verhandlung erfolgen. Zur Einholung eines **jugendpsychologischen Sachverständigengutachtens** ist das Anordnungsverfahrens wegen seines summarischen Charakters nicht geeignet, deshalb sollte dies dem Hauptsacheverfahren vorbehalten bleiben.[29]

22 **6. Glaubhaftmachung, Beweislast.** Der Antragsteller soll nach § 620a Abs. 2 S. 3 die Voraussetzungen für die Anordnung glaubhaft machen (§ 294). Hieraus ergibt sich grds. eine geringerer Maßstab für die Beweisanforderungen. Nach § 620 Abs. 2 S. 3 kann sich das Gericht hinsichtlich die Entscheidung nur auf die Glaubhaftmachung stützen; da das Verfahren seinem Charakter nach ein Eilverfahren ist, liegt der **Umfang der Ermittlungen** auch in den FGG-Verfahren im pflichtgemäßen Ermessen des Gerichts (s. a. Rn. 21). Deshalb haben regelmäßig zeitraubende Ermittlungen zu unterbleiben, weil ansonsten der einstweilige Rechtsschutz nicht mehr gewährt würde (und i. Ü. dem für den Erlass einer einstwAnO bejahten Regelungsbedürfnis entgegenstünde). In ZPO-Verfahren kann sich die Situation ergeben, dass den vom Antragsteller glaubhaft gemachten Anordnungsvoraussetzungen (zB in Unterhaltssachen zum Bedarf bzw. Leistungsfähigkeit oder zu § 1579 Nr. 1–7 BGB) eine „Gegenglaubhaftmachung" des Antragsgegners entgegensteht. In diesem Fall gelten die **allgemeinen Beweislastregeln,** die auf der Grundlage der jeweiligen Glaubhaftmachung anzuwenden sind.[30] **Präsente Beweismittel** iSd. § 294 Abs. 2 können in das Verfahren eingebracht werden, so im Termin anwesende Zeugen, schriftliche Erklärungen und Auskünfte von Behörden (s. § 294 Rn. 5; s. a. Rn. 18). In den Verfahren des § 620 Nr. 1–3 ist wegen des Amtsermittlungsgrundsatzes eine **Beweislastentscheidung** nicht zulässig.

23 **7. Entscheidung.** Die Entscheidung ergeht in Form des **Beschlusses,** unabhängig davon, ob eine mündliche Verhandlung stattgefunden hat; dies wird in Abs. 1 ausdrücklich bestimmt, der auf der Regelung des § 128 Abs. 4 beruht (s. Rn. 1 aE). Eine Versäumnisentscheidung ist auch im ZPO-Verfahren nicht zulässig. Beim OLG (§ 119 Abs. 1 Nr. 1 lit. a GVG) kann weder der **vorbereitende Einzelrichter** noch der **Vorsitzende** in Eilsachen allein entscheiden, falls nicht die Zustimmung der Parteien nach § 527 Abs. 4 vorliegt oder der Familiensenat nach § 526 Abs. 1 das Verfahren nach § 620 Nr. 1–10 auf den Einzelrichter übertragen hat.[31] In FGG-Verfahren ist eine Einzelrichterentscheidung nicht vorgesehen. Der auf Grund mündlicher Verhandlung ergangene Beschluss ist zu **begründen,** § 620d. Die im schriftlichen Verfahren ergehende Entscheidung bedarf zwar keiner Begründung, sollte jedoch in jedem Fall die maßgebenden Erwägungen darlegen, zumal die einstwAnO eine Hauptsacheentscheidung vermeiden soll. Ergeht die Entscheidung auf Grund mündlicher Verhandlung, ist sie nach § 329 Abs. 1 zu **verkünden;** ansonsten kann sie nach § 329 Abs. 2 S. 1 formlos mitgeteilt werden. Sie ist **von Amts wegen zuzustellen,** wenn gegen die Entscheidung sofortige Beschwerde nach § 620c eingelegt werden kann oder einen vollstreckbaren Inhalt besitzt, § 329 Abs. 3. Entscheidet das Gericht durch **Urteil** statt durch Beschluss, ist entgegen §§ 620b, 620c auch in Fällen, in denen nach § 620c kein Rechtsmittel besteht, unter dem Gesichtspunkt der greifbaren Gesetzeswidrigkeit die Berufung statthaft.[32] Die im Anordnungsverfahren entstehenden **Kosten** gelten für die Kostenentscheidung als Teil der Kosten der Hauptsache, § 620g. Hinsichtlich der Vollstreckung wird auf die Darlegung zu § 620 bei den einzelnen Verfahrensgegenständen verwiesen.

V. Gebühren und Kosten

24 **1. Rechtsanwaltsgebühren.** Wird der Antrag beim Berufungsgericht gestellt (§ 620a Abs. 4 S. 1), fallen die Gebühren der Nrn. 3200ff. VV RVG an.[33] Vorbem. 3.2 Abs. 2 S. 2 VV RVG betrifft nicht die einstwei-

---

[26] ZB bei drohender Gefährdung eines Kindes.
[27] Nach § 50b FGG (persönliche Anhörung).
[28] Nach § 50 Abs. 1 SGB VIII; § 49a Abs. 1 Nr. 6–9 FGG; s. a. OLG Celle FamRZ 1990, 1026.
[29] S. a. OLG Düsseldorf FamRZ 1995, 182f.; für weiter gehende Aufklärungspflicht MK/*Finger* Rn. 25, 27.
[30] OLG Hamm FamRZ 1983, 1150.
[31] Ob dies auch bei Zustimmung für die entsprechenden Folgesachen gilt, ist nicht eindeutig, s. MK/*Finger* Rn. 32 m. weit. Nachw.
[32] S. hierzu § 620c Rn. 11, 12; OLG Brandenburg FamRZ 2000, 1421.
[33] Groß Rn. 572.

ligen Anordnungen in Familiensachen.[34] Wird zunächst in erster Instanz und später in Berufungs- bzw. Beschwerdeverfahren eine einstweilige Anordnung nach denselben Buchstabe n des § 18 RVG beantragt, liegen zwei verschiedene Angelegenheiten vor, § 15 Abs. 2 S. 1 RVG.[35] Vgl. i. Ü. § 620 Rn. 93ff.

2. Gerichtskosten. Für die **Entscheidung** über einen Antrag auf Erlass einer einstweiligen Anordnung wird eine **halbe Gebühr** nach KV Nr. 1421 erhoben, wenn es sich um eine Angelegenheit nach § 620 Nr. 4, 6–10 handelt. **Mehrere** Entscheidungen in diesen Angelegenheiten innerhalb eines Rechtszuges gelten als eine Entscheidung, s. KV Vorbem. 1.4.2.1; das gilt auch für Entscheidungen über Abänderungsanträge. Die Erhöhung des Streitwertes durch mehrere Anträge oder Abänderungsanträge führt allerdings zur nachträglichen Erhebung der Gebührendifferenz. Die Gebühr fällt nur an, wenn es tatsächlich zu einer Entscheidung über den Antrag kommt; vergleichen sich die Parteien vorher oder wird der Antrag vor Entscheidung zurückgenommen, fällt keine Gebühr an. **Gebührenfrei** ist die Entscheidung nach KV Nr. 1421 in Verfahren nach § 620 Nr. 1, 2, 3 oder 5. Für das **Verfahren** werden keine Gerichtsgebühren, wohl aber etwaige Auslagen erhoben; die Erklärung des Antrags zu Protokoll der Geschäftsstelle löst keine Kostenpflicht aus. 25

620b

Aufhebung und Änderung des Beschlusses (1) **[1]Das Gericht kann auf Antrag den Beschluss aufheben oder ändern. [2]Das Gericht kann von Amts wegen entscheiden, wenn die Anordnung die elterliche Sorge für ein gemeinschaftliches Kind betrifft oder wenn eine Anordnung nach § 620 Nr. 2 oder 3 ohne vorherige Anhörung des Jugendamts erlassen worden ist.**

(2) **Ist der Beschluss oder die Entscheidung nach Absatz 1 ohne mündliche Verhandlung ergangen, so ist auf Antrag auf Grund mündlicher Verhandlung erneut zu beschließen.**

(3) **[1]Für die Zuständigkeit gilt § 620a Abs. 4 entsprechend. [2]Das Rechtsmittelgericht ist auch zuständig, wenn das Gericht des ersten Rechtszuges die Anordnung oder die Entscheidung nach Absatz 1 erlassen hat.**

I. Normzweck

Den im einstweiligen Rechtsschutz ergangenen Entscheidungen kann auf Grund der summarischen Prüfung der tatbestandlichen Voraussetzungen nicht dieselbe Bestandskraft wie einer im Erkenntnisverfahren ergangenen Entscheidung zukommen; die in Anordnungsverfahren ergehenden Entscheidungen erwachsen deshalb auch nicht in Rechtskraft. Das Gesetz lässt vielmehr – ähnlich wie in § 924 – eine erleichterte Abänderung der ergangenen Entscheidung auf Grund eines Antrags oder von Amts werden zu, Abs. 1. Wurde in einem Anordnungsverfahren ohne mündliche Verhandlung entschieden, wird nach Abs. 2 ferner eine erneute Beschlussfassung über den das Verfahren einleitenden Antrag eröffnet, um einer unterlegenen Partei das mündliche Vorbringen ihrer Rechtsposition (vor demselben Spruchkörper) zu ermöglichen. Schließlich stellt die Regelung des § 620b einen Ausgleich für die nach § 620c eingeschränkte Anfechtbarkeit von Entscheidungen nach § 620 Nr. 1–10 dar. 1

II. Zulässigkeit, Zuständigkeit

Die in § 620b geregelten Abänderungsverfahren sind im selben (zeitlichen) Rahmen wie ein Verfahren nach § 620 Nr. 1–10 zulässig, solange noch die Ehesache oder die entsprechende zuständigkeitsbegründende Folgesache anhängig ist (s. § 620a Rn. 14ff.).[1] Fehlt es hieran, scheidet ein Abänderungsantrag – wie ein Erstantrag – aus.[2] § 620b Abs. 3 übernimmt die **Zuständigkeitsbestimmung** des § 620a Abs. 4 (s. § 620a Rn. 10ff.) für die Bereiche des Abänderungsverfahrens und ergänzt diese Regelungen dahin, dass das Rechtsmittelgericht auch dann für die Abänderungsentscheidung zuständig ist, wenn das Gericht des ersten Rechtszuges die Entscheidung erlassen hat. Ferner wird die Regelung des § 620a Abs. 4 durch § 620b Abs. 3 modifiziert, wenn die Ehesache in der Revisionsinstanz anhängig ist; in diesem Fall ist das OLG auch zuständig, wenn es die zu überprüfende Entscheidung erlassen hat.[3] Hat das Berufungsgericht eine Anordnung erlassen und danach die Ehesache oder Folgesache an das Gericht erster Instanz zurückverwiesen, ist dieses nunmehr für den Abänderungsantrag zuständig,[4] das die Entscheidung des OLG aufheben oder abändern kann. 2

III. Aufhebung oder Abänderung, Abs. 1

1. Regelungsbereich. Nach Nr. 1 können nur einstwAnO und zur Erledigung von Anordnungsverfahren geschlossene Vergleiche abgeändert werden (s. Rn. 6), dagegen nicht sonstige Titel des einstweiligen Rechtsschutzes anderer Verfahren (diese müssen vorab zur Ehesache übergeleitet werden, § 620 Rn. 18ff.).[5] Ohne Bedeutung ist hierbei, ob es sich um stattgebende oder ablehnende Entscheidungen handelt, ebenso, dass die abzuändernde Entscheidung bereits nach § 620b ergangen ist. Soweit es um die Ab- 3

---

[34] AA wohl *Hartung/Römermann* VV Teil 3 Rn. 81.

[35] *G/S/Müller-Rabe* § 18 RVG Rn. 15.

[1] Ferner BGH NJW 1983, 1330, 1331 = LM § 323 Nr. 33 = FamRZ 1983, 355, 356.

[2] So dass nur noch eine Änderungsmöglichkeit über die negative Feststellungsklage oder die Vollstreckungsgegenklage bleibt.

[3] HM; s. *Schwab/Maurer/Borth* Teil I Rn. 944 m. weit. Nachw.; aA *Zö/Philippi* Rn. 10.

[4] OLG Köln FamRZ 1979, 529.

[5] *Zö/Philippi* Rn. 2b; aA *Gießler* Rn. 164; *Schwab/Maurer/Borth* Teil I Rn. 946.

änderung von **Prozessvergleichen** geht, ist im Zweifel anzunehmen, dass diese nur zur Erledigung des Antrags auf Erlass einer einstwAnO geschlossen wurden und deshalb nur **vorläufigen Charakter** aufweisen.[6] Soweit mit dem Vergleich nichts anderes erreicht werden soll, als eine der beantragten einstwAnO entsprechende Regelung, kann ihm im Regelfall keine weiter gehende Wirkung beigemessen werden, als sie die einstwAnO gehabt hätte.[7] EinstwAnO können deshalb nach § 620b grundsätzlich abgeändert werden (zu den Voraussetzungen der Abänderung eines Vergleiches s. unten Rn. 6). Wurde in dem Vergleich eine endgültige Regelung zum Unterhalt getroffen (was ausdrücklich festgelegt oder durch Auslegung des Vergleichs eindeutig sein muss), kommt eine Abänderung nur nach § 323 Abs. 4 in Betracht.

4 **2. Rückwirkende Abänderung.** Eine rückwirkende Abänderung ist grds. bis zum Zeitpunkt des Geltungsbereichs der Erstentscheidung zulässig, unabhängig davon, ob die Erstentscheidung auf Grund mündlicher Verhandlung oder im schriftlichen Verfahren ergangen ist. Dies zeigt sich vor allem in Unterhaltsregelungen, in denen die Einkommensunterlagen nicht vollständig bei der Erstentscheidung vorgelegen haben.[8] Würde man die **rückwirkende Erhöhung** einer einstwAnO bis zur Höhe des Erstantrages nicht zulassen, könnte das Anordnungsverfahren seinem Zweck einer schnellen Titelverschaffung nicht gerecht werden, weil Folge hiervon eine gründliche Ermittlung des Sachverhalts sein müsste. Stets möglich ist die **rückwirkende Herabsetzung** einer Unterhaltsanordnung, wenn der zunächst titulierte Betrag noch nicht geleistet wurde. I. Ü. bedeutet die „Aufhebung" einer Entscheidung deren **Unwirksamkeit ex tunc.** Es ist deshalb nicht ersichtlich, dass auch eine rückwirkende Abänderung ausgeschlossen sein soll. Lediglich dann, wenn der zu (Unterhalts-) Leistungen Verpflichtete den titulierten Betrag in vollem Umgang einige Zeit freiwillig erfüllte, ist aus Gründen des Vertrauensschutzes nur eine zukünftige Abänderung möglich. **Nicht geeignet** ist das Abänderungsverfahren nach § 620b zur **Rückforderung zu viel gezahlten Unterhalts,** da es hierfür am Rechtsschutzbedürfnis fehlt. Diese ist im normalen Erkenntnisverfahren (mit der Leistungsklage) zu verlangen.

5 **3. Verfahren.** Das Verfahren nach Abs. 1 verlangt grds. einen **Antrag** (S. 1), der nach § 620d S. 1 zu begründen ist. Erforderlich für die Zulässigkeit eines Abänderungsantrags ist eine **Beschwer;** der Antragsteller muss danach in seinen Rechten betroffen sein.[9] Hat der Antragsteller mit seinem Erstantrag voll obsiegt hat, will er nunmehr aber auf Grund geänderter Umstände einen höheren Unterhalt geltend machen, so reicht hierzu ein Erstantrag aus. Zur Form des Antrages, insbesondere zum Anwaltszwang wird auf § 620a Rn. 6 verwiesen. In den Fällen des § 620b Abs. 1 S. 2 (elterliche Sorge, Umgangsregelung, Herausgabe eines Kindes an den anderen Elternteil) kann das Gericht **von Amts wegen eine abändernde Entscheidung** treffen, wenn diese ohne Anhörung des Jugendamtes erlassen worden ist, um hierdurch bisher noch nicht berücksichtigte Entscheidungskriterien erfassen zu können. Dies gilt auch für Entscheidungen zur elterlichen Sorge, die auf Antrag eines Elternteils erlassen wurde (eing. Rn. 22, 33) und rechtfertigt sich aus dem § 620b Abs. 1 S. 2 innewohnenden Grundsatz, dass auf Grund der vorläufigen Regelung bei neuen Tatsachen auf deren Grundlage eine erneute Entscheidung getroffen werden kann, um im Rahmen der summarischen Entscheidung so weit als möglich eine der tatsächlichen Rechtslage entsprechende Regelung zu finden. Ferner kann das Gericht unter den genannten Voraussetzungen von Amts wegen seine Entscheidung zur Herausgabe eines Kindes oder eine Umgangsbefugnis ändern. Wurden die Anträge nach § 620 Nr. 1–3 abgewiesen, greift § 620b Abs. 1 S. 2 nicht ein; in diesem Fall kann nur auf Antrag eine abändernde Entscheidung ergehen.

6 **4. Aufhebungs- und Abänderungsgründe.** Die Aufhebung oder Abänderung einer einstwAnO ist nicht erst dann möglich, wenn eine **Änderung der Sach- oder Rechtslage** eingetreten ist. Auf Grund des summarischen Charakters des Verfahrens kann im Abänderungsverfahren eine **allumfassende Überprüfung** der Erstentscheidung vorgenommen und können die tatsächlichen sowie rechtlichen Grundlagen neu gewürdigt werden.[10] Dass gegen die abzuändernde Entscheidung auch eine Beschwerde nach § 620c möglich gewesen wäre, ist insoweit unerheblich. Dies darf aber nicht dazu führen, dass abgelehnte Änderungsanträge durch neue Anträge nach § 620b ständigen Änderungsanträgen ausgesetzt sind. Erging eine einstwAnO auf Grund mündlicher Verhandlung mit ausführlicher Erörterung und wurde in dem neuen Antrag kein **neu zu würdigender Sachverhalt** vorgebracht, fehlt es am **Rechtsschutzbedürfnis** für einen erneuten Antrag.[11] Wurde das Anordnungsverfahren durch Vergleich erledigt, fällt der Gesichtspunkt der umfassenden Überprüfung regelmäßig aus; in diesem Fall kann eine Abänderung nach § 620b nur bei Vorbringen neuer Tatsachen erfolgen[12], weil sich die Parteien mit dem Vergleich in tatsächlicher und rechtlicher Hinsicht gebunden haben. Wird etwa auf der Grundlage noch nicht vollständig ermittelter Einkommensverhältnisse oder (hinsichtlich des Unterhalts nach § 1361 Abs. 1 BGB) bei unsicherer Beurteilung, ob für den getrennt lebenden Ehegatten (bereits) eine Erwerbsobliegenheit nach § 1361 Abs. 2 BGB besteht, ein Prozessvergleich zur Erledigung einer einstwAnO geschlossen, sollte zur Vermeidung späterer Streitigkeiten dies in der Vereinbarung festgehalten werden. Wird nach § 620c S. 1 **sofortige Beschwerde** (elterliche Sorge, Kindesherausgabe, vollständige Wohnungszuweisung an einen Ehegatten) eingelegt, ist das FamG zu einer Abänderung nach Abs. 1 nicht mehr befugt, da die sofortige Beschwerde das Verfahren in die nächste Instanz

[6] AA *Johannsen/Henrich/Sedemund-Treiber* Rn. 3; zum Streit hierüber s. OLG Hamm FamRZ 1991, 582.
[7] BGH NJW-RR 1991, 1021f. = FamRZ 1991, 1175, 1176; s. a. FamRZ 1983, 892, 893.
[8] Strittig, wie hier MK/*Finger* Rn. 10; aA *Schwab/Maurer* 4. Aufl. Rn. 951 (bei mündlicher Verhandlung).
[9] *Gießler* Rn. 165; *Zö/Philippi* Rn. 7; aA *B/L/H* Rn. 5.
[10] So schon *Klauser* MDR 1981, 711, 717.
[11] *Klauser* (Fn. 10); OLG Zweibrücken FamRZ 1986, 1229, 1230; OLG Karlsruhe FamRZ 1989, 642.
[12] OLG Hamm FamRZ 1982, 409, 410.

bringt. Das Abänderungsverfahren tritt dahinter zurück. Allerdings kann das FamG der sofortigen Beschwerde nach § 571 Abs. 1 S. 1 abhelfen (s. § 620c Rn. 9).

5. Entscheidung. Die Entscheidung im Verfahren nach § 620b Abs. 1 ergeht nach § 620d S. 2 durch **begründeten Beschluss,** mit dem die frühere Entscheidung abgeändert, aber auch ganz oder teilweise aufgehoben werden kann, ggf. auch erst ab einem bestimmten Zeitpunkt. Es ist auch eine nachträgliche Verwerfung des Antrages wegen Unzulässigkeit möglich. Zur Entscheidung stehen nur die im Abänderungsverfahren gestellten Anträge, nicht dagegen Anträge aus früheren Verfahren nach § 620 Nr. 1–10. Auch in den Fällen des § 620b Abs. 1 richtet sich die **Kostenentscheidung** nach § 620g. 7

6. Rechtsbehelfe. Der Abänderungsantrag bzw. Aufhebungsantrag nach Abs. 1 ist unter der Voraussetzung unbegrenzt wiederholbar, dass das Rechtsschutzbedürfnis auf Grund neuer Tatsachen gegeben ist. Eine sofortige Beschwerde nach § 620c S. 1 ist i. Ü. erst möglich, wenn eine Entscheidung auf Grund mündlicher Verhandlung ergangen ist. 8

IV. Antrag auf mündliche Verhandlung, Abs. 2

Die Regelung des Abs. 2 beruht darauf, dass das Gericht ohne mündliche Verhandlung im schriftlichen Verfahren entscheiden kann. Eine Partei kann hierauf beantragen, dass das Gericht erneut auf Grund mündlicher Verhandlung entscheidet und zwar auch dann, wenn das Gericht mehrfach ohne mündliche Verhandlung entschieden hat.[13] Hat das Gericht zunächst mündlich verhandelt, danach aber auf zeitlich späteren Sachvortrag im schriftlichen Verfahren entschieden, kann ebenfalls der Antrag nach Abs. 2 gestellt werden.[14] Hat das Gericht bereits auf Grund mündlicher Verhandlung entschieden, besteht keine Verpflichtung, erneut nach Abs. 2 eine mündliche Verhandlung anzuberaumen.[15] Der Antrag nach Abs. 2 ist auch dann erforderlich, wenn das Gericht von Amts wegen ein Abänderungsverfahren (gemäß Abs. 1 S. 2) einleiten kann. Es kann aber auch die Einleitung des Verfahrens nach Abs. 1 beantragt werden (s. ferner § 620c Rn. 6). Für das Verfahren nach Abs. 2 gelten dieselben Grundsätze wie zu Abs. 1 (s. Rn. 5). Inhaltlich kann die Entscheidung die frühere Anordnung vollständig oder teilweise aufheben wie auch umgekehrt eine zunächst abgelehnte Anordnung erstmals erlassen werden kann.[16] Im Falle einer Unterhaltsfestsetzung kann in der Abänderungsentscheidung auch rückwirkend ab Antragstellung Unterhalt zugesprochen werden (zum allgemeinen Grundsatz § 620 Rn. 52). Ein in der Abänderungsentscheidung zunächst bewilligter Unterhalt kann auch herabgesetzt werden; dies gilt auch dann, wenn der festgesetzte Unterhalt bereits bezahlt wurde, weil auch insoweit ein Regelungsbedürfnis zur Klärung der Unterhaltspflicht im Rahmen des Verfahrens der einstweiligen Anordnung bestand.[17] Die Entscheidung ist ebenfalls nach § 620d S. 1 zu **begründen.** Die **Anfechtbarkeit** richtet sich nach § 620c Abs. 1; ansonsten sind Entscheidungen nach § 620b Abs. 2 nicht anfechtbar (s. i. Ü. Rn. 3). 9

V. Korrektur von Anordnungsentscheidungen

1. Problemstellung. EinstwAnO bieten auf Grund ihrer vorläufigen Rechtsgewährung keine Sicherheit für das Behaltendürfen der Leistung (beim Unterhalt) bzw. Regelung des Rechtsverhältnisses (zB zur elterlichen Sorge), weil sie nicht in Rechtskraft erwachsen (s. § 620 Rn. 15). Diese wird auch nicht durch die Möglichkeit einer Abänderung nach § 620b erhöht, weil dieses Verfahren dieselbe Verfahrensart vorsieht und auch keinen besseren Rechtsschutz (als nach § 620c) bietet. Der **Antragsteller,** dessen Anspruch auf Zahlung von Unterhalt nach § 620 Nr. 5 und auch im Abänderungsverfahren nach § 620b Abs. 1 S. 1, Abs. 2 abgelehnt wird, hat keine Beschwerdemöglichkeit nach § 620c. Wegen der summarischen Prüfung der Anspruchsvoraussetzungen steht dem Antragsteller jedoch die Möglichkeit zu, durch das eine wesentlich qualifiziertere Rechtsfindung gewährende Klageverfahren nach § 621 Abs. 1 Nr. 5 den Anspruch durchzusetzen (s. u. Rn. 11). Umgekehrt hat der in einer Unterhaltsregelung unterliegende **Antragsgegner** zwar die Möglichkeit, nach § 620b auf eine Abänderung zu drängen. Gelingt ihm dies nicht oder nur teilweise, kann er nicht nach § 620c die Entscheidung zu Fall bringen, sondern ist auf die Rechtsfindung im Klageverfahren in Form der **negativen Feststellungsklage** angewiesen (s. u. Rn. 12). Soll nur die Vollstreckbarkeit einer Anordnung (s. § 794 Abs. 1 Nr. 3a) beseitigt werden, besteht die Möglichkeit einer **Vollstreckungsgegenklage** nach § 767. 10

2. Unterhaltsregelungen. a) Positive Leistungsklage. Erreicht der Unterhaltsberechtigte mit einer einstwAnO nach § 620 Nr. 4, 6 und auch dem Abänderungsverfahren nach § 620b nicht sein Rechtsschutzziel, kann er im Wege der **Leistungsklage** vorgehen und zwar unabhängig davon, ob sein Begehren ganz oder nur teilweise im einstweiligen Rechtsschutz abgelehnt wurde. Wurde mit der einstwAnO teilweise der Anspruch zugesprochen, kann diese nicht im Wege der Abänderungsklage erhöht werden, weil einstwAnO nicht in Rechtskraft erwachsen (§ 620 Rn. 15).[18] Auf Grund der **unterschiedlichen Bestandskraft** ist neben 11

---

[13] BT-Drucks. 7/650 S. 201.

[14] OLG Hamburg FamRZ 1986, 182, 183; OLG Stuttgart Justiz 1981, 55; anders *Zö/Philippi* Rn. 15.

[15] OLG Karlsruhe FamRZ 1989, 642; s. a. OLG Oldenburg FamRZ 2000, 759, das zutreffend das Verfahren nach § 620b Abs. 2 ablehnt und auf § 620b Abs. 1 verweist, wenn entgegen § 620g der Beschluss eine Kostenentscheidung enthält.

[16] Zum Antrag auf mündliche Verhandlung bei langer Verfahrensdauer der Hauptsache s. OLG Köln FamRZ 2007, 1402.

[17] Anders *Klauser* DAVorm 1982, 137.

[18] BGH NJW 1983, 1330 = FamRZ 1983, 355, 356; FamRZ 1985, 802, 803; FamRZ 1991, 1175, 1176.

einer einstwAnO auch gleichzeitig die Leistungsklage zuzulassen (§ 620 Rn. 12f.). Der Ansicht, der Leistungsklage fehle das Rechtsschutzbedürfnis, solange ein Abänderungsverfahren nach § 620b durchgeführt werden könne[19], steht entgegen, dass einstwAnO grds. auch rückwirkend abgeändert werden können, weil sie nicht in Rechtskraft erwachsen und der Unterhaltsberechtigte nicht die Gewähr hat, den nach §§ 620, 620b titulierten Anspruch auch behalten zu dürfen. Nur im Erkenntnisverfahren wird der Unterhaltsanspruch materiell rechtskräftig festgestellt.

12 **b) Negative Feststellungsklage.** Wird der Antragsgegner im Wege der einstwAnO zu einer Leistung verurteilt, so erwächst diese Anordnung nicht in materielle Rechtskraft. Wenn der Antragsgegner mit dem Abänderungsantrag nach § 620b nicht durchdringt, kann er im Wege der **negativen Feststellungsklage** (dazu allgemein § 256 Rn. 16) die Aufhebung der Unterhaltsfestsetzung des Anordnungsverfahrens erreichen und zwar auch rückwirkend ab dem Beginn der Unterhaltsverpflichtung gemäß der einstwAnO. Hat der Antragsgegner mit dieser Klage die Feststellung erreicht, dass er keinen oder nur einen geringeren Unterhalt schuldet, als in der Anordnung festgesetzt, so stellt diese Entscheidung eine anderweitige Regelung nach § 620f Abs. 1 dar.[20] Anders als nach § 323 Abs. 3 besteht bei der negativen Feststellungsklage nicht die Beschränkung, dass erst ab deren Zustellung oder Verzug des Gläubigers der Verzicht der Rechte aus der Anordnung oder deren Aufhebung verlangt werden kann. Der **Schutz des Vertrauens** auf das **Behaltendürfen** der Leistung nach §§ 620 Nr. 4, 6, 620b wird nach BGH[21] ausreichend durch den **Entreicherungseinwand** nach § 818 Abs. 3 BGB bei einer Rückzahlungsforderung sichergestellt, weil auch entsprechend § 945 kein Schadensersatz zu zahlen ist (s. a. § 620f Rn. 15). Da erst die Zustellung der **Bereicherungsklage die verschärfte Haftung** nach § 818 Abs. 4 BGB auslöst, nicht dagegen bereits die Klage auf Feststellung, dass die Unterhaltspflicht nicht besteht[22], kann der Antragsgegner sofort die Bereicherungsklage erheben[23], während hinsichtlich des zukünftigen Unterhalts die negative Feststellungsklage zu erheben ist, um den Titel nach §§ 620 Nr. 4, 6, 620b aus der Welt zu schaffen.[24] Die Feststellung über das Bestehen oder Nichtbestehen eines Anspruchs wird erst mit **Rechtskraft der Entscheidung** im Sinne des § 620f Abs. 1 S. 1 wirksam.[25]

13 Die negative Feststellungsklage ist auch dann der zutreffende Rechtsbehelf, wenn eine vor rechtskräftiger Scheidung ergangene einstwAnO nach § 620 Nr. 6 zum **Getrenntlebensunterhalt** gemäß § 1361 Abs. 1 BGB über die Rechtskraft hinaus wirksam bleibt, weil keine anderweitige Regelung iSd. § 620f Abs. 1 S. 1 vorliegt. Nach BGH tritt an Stelle des Unterhaltsanspruchs des § 1361 Abs. 1 BGB mit Rechtskraft der Scheidung der nacheheliche Unterhalt gemäß §§ 1569ff. BGB[26], so dass der Antragsgegner den Anordnungstitel nur auf diesem Wege beseitigen kann. Dagegen kann eine einstwAnO nicht mit der negativen Feststellungsklage angegriffen werden, wenn bereits eine Leistungsklage (zu § 1361 Abs. 1 BGB) rechtshängig ist (s. Rn. 11), weil ein rechtliches Interesse an der Feststellung des Nichtbestehens eines Anspruchs fehlt, wenn die Leistungsklage auf die Durchsetzung des selben Anspruchs gerichtet ist und nicht mehr zurückgenommen werden kann.[27]

14 Teilweise wird die Ansicht vertreten, der negativen Feststellungsklage fehle das **Rechtsschutzbedürfnis,** wenn der nach § 620b mögliche Rechtsweg nicht in zumutbarer Weise ausgeschöpft wurde.[28] Dem ist nur für den Fall einer Entscheidung im **schriftlichen Verfahren** zuzustimmen, nicht aber, wenn der Antragsgegner alle ihm möglichen Einwendungen vorgebracht hat, diese aber nicht berücksichtigt wurden, weil ansonsten die Gefahr besteht, dass erneut eine belastende Entscheidung gegen ihn ergeht. Entsprechendes gilt, wenn vergeblich ein Antrag nach § 620e gestellt wurde. In diesen Fällen ist das Interesse an einer endgültigen Klärung der Unterhaltspflicht vorrangig. Das Rechtsschutzbedürfnis **entfällt** jedenfalls dann, wenn der Unterhaltsberechtigte eine (positive) Leistungsklage erhoben hat, weil in dieser Grund und Höhe des geschuldeten Unterhalt rechtskräftig bestimmt werden. In dem durch die negative Feststellungsklage eingeleiteten Verfahren kann der Unterhaltsberechtigte jederzeit die Leistungsklage (als Widerklage) erheben.[29] Ferner entfällt das Rechtsschutzbedürfnis, wenn der Unterhaltsberechtigte die Stufenklage im Sinne einer Leistungswiderklage erhebt.[30] Bei Erhebung der Feststellungsklage kann gleichzeitig die **einstweilige Einstellung der Zwangsvollstreckung** aus einer durch die einstwAnO getroffenen Unterhaltsregelung verlangt werden (s. a. § 620f Rn. 12). Da das Gesetz hierzu keine Regelung vorsieht, besteht jedoch

---

[19] So *Johannsen/Henrich/Sedemund-Treiber* Rn. 14.

[20] BGH NJW 1983, 1330, 1331 = FamRZ 1983, 355, 356; NJW 1991, 705 = FamRZ 1991, 180, 182.

[21] BGH NJW-RR 1989, 709 = FamRZ 1989, 850.

[22] BGHZ 93, 183 = NJW 1985, 1074 = FamRZ 1985, 368; BGH NJW 1992, 2415, 2416 = FamRZ 1992, 1152, 1154; BGH FamRZ 1998, 951; NJW 2000, 740, 742; zur Gegenansicht s. *Zö/Philippi* § 620f Rn. 26, der aus § 820 Abs. 1 S. 2 BGB eine Rückzahlungsverpflichtung nach § 818 Abs. 4 BGB ableitet; ferner *M. Schwab* FamRZ 1994, 1567f., der auf die Rechtshängigkeit der Abänderungsklage nach § 323 abstellt.

[23] BGH NJW-RR 1989, 709 = FamRZ 1989, 850; BGH FamRZ 1998, 951, 952.

[24] Nach OLG Frankfurt/M FamRZ 1991, 1210, 1211 fehlt das Rechtsschutzbedürfnis, um sofort Bereicherungsklage erheben zu können; s. a. OLG Hamburg FamRZ 1998, 294.

[25] BGH NJW 1991, 705 = FamRZ 1991, 180, 182.

[26] Der Getrenntlebensunterhalt ist nicht mit dem nachehelichen Unterhalt identisch, BGH NJW 1983, 1330, 1331 = FamRZ 1983, 355; NJW 1991, 705 = FamRZ 1991, 180, 182.

[27] BGHZ 99, 340 = NJW 1987, 2680; NJW 1994, 3107; dort auch zu der Ausnahme, wenn die negative Feststellungsklage entscheidungsreif ist, die Leistungsklage aber nicht; s. a. OLG Köln FamRZ 2004, 39.

[28] So *Johannsen/Henrich/Sedemund-Treiber* Rn. 18; es kann deshalb auch nicht nach § 114 Prozesskostenhilfe wegen mutwilliger Rechtsverfolgung versagt werden, s. hierzu a. OLG Koblenz FamRZ 2001, 229.

[29] S. a. OLG Karlsruhe FamRZ 2004, 470.

[30] Zum Sonderfall der nicht fortgeführten Stufenklage s. OLG Koblenz FamRZ 2004, 1732.

Streit darüber, ob der vorläufige Rechtsschutz entsprechend §§ 707, 719 oder § 769 zu gewährleisten ist.[31] Für die Anwendung des § 769 spricht vor allem, dass – wie in den Fällen des § 769 selbst – auch bei der negativen Feststellungsklage ein neues Verfahren eingeleitet wird und auch der Beschluss über die Einstellung der Vollstreckung angefochten werden kann, während eine Anfechtung nach § 707 Abs. 2 S. 2 nicht möglich ist. Ferner ist umstritten, ob eine einstweilige Einstellung der Zwangsvollstreckung angeordnet werden kann, wenn die **Ehesache noch anhängig** ist.[32] Zwar kann vor rechtskräftigem Abschluss der Ehesache eine Änderung nach § 620b bzw. die Aussetzung der Vollziehung nach § 620e beantragt werden. Diese Bestimmungen sind jedoch speziell auf das Verfahren nach den §§ 620ff. abgestellt; sie verdrängen deshalb nicht den vorläufigen Vollstreckungsschutz in einem Hauptsacheverfahren, in dem i. Ü. umfassender als in einem Verfahren nach den §§ 620ff. vorgetragen wird, so dass auch eine bessere Beurteilung der Erfolgsaussichten möglich ist.[33]

c) **Vollstreckungsabwehrklage.** Gegen eine einstwAnO ist auch die Erhebung der Vollstreckungsabwehrklage[34] nach § 767 statthaft.[35] Hierbei wird auch bei Vorliegen einer einstwAnO die Präklusionsbestimmung des § 767 Abs. 2 iVm. § 795 herangezogen; daneben ist ein Vorbringen ausgeschlossen, das vor Erlass der einstwAnO und bei einer mündlichen Verhandlung in dieser hätte vorgebracht werden können.[36] Das Rechtsschutzbedürfnis für diese Klage ist stets dann zu bejahen, wenn wegen **Erfüllung, Stundung, Verzicht** lediglich die Vollstreckbarkeit der einstwAnO beseitigt werden, ansonsten aber die Anordnung fortbestehen soll. Soll die **zukünftige Unterhaltspflicht** beseitigt werden, ist zutreffender Rechtsbehelf dagegen die negative Feststellungsklage. Dem § 767 Abs. 1 unterliegen grds. rechtsvernichtende und rechtshemmende Einwendungen, während (als Anhalt) bei fehlender Anspruchsgrundlage sowie Wegfall der Bedürftigkeit bzw. Leistungsfähigkeit die negative Feststellungsklage den zutreffenden Rechtsbehelf darstellt. 15

Da einstwAnO **über den Zeitpunkt der Rechtskraft der Ehesache hinaus** wirken (§ 620f Abs. 1) und nach BGH[37] auch den nachehelichen Unterhalt umfassen, obwohl die einstwAnO regelmäßig zum Zeitpunkt des Bestehens des Trennungsunterhalts ergeht, der damit auch die materielle Rechtsgrundlage darstellt, kann die Vollstreckungsabwehrklage gegen die einstwAnO nicht mit der Begründung erhoben werden, der Anspruch nach § 1361 BGB sei mit Rechtskraft der Ehesache weggefallen. 16

VI. Gebühren und Kosten

Vgl. § 620a Rn. 24f. 17

620c

Sofortige Beschwerde; Unanfechtbarkeit **[1]Hat das Gericht des ersten Rechtszuges auf Grund mündlicher Verhandlung die elterliche Sorge für ein gemeinschaftliches Kind geregelt, die Herausgabe des Kindes an den anderen Elternteil angeordnet, über einen Antrag nach den §§ 1 und 2 des Gewaltschutzgesetzes oder über einen Antrag auf Zuweisung der Ehewohnung entschieden, so findet die sofortige Beschwerde statt. [2]Im Übrigen sind die Entscheidungen nach den §§ 620, 620b unanfechtbar.**

I. Normzweck

Die Bestimmung schließt die Anfechtbarkeit einstwAnO nahezu aus und lässt ein Rechtsmittel nur in wenigen, in § 620c abschließend bestimmten Fällen zu. Soweit ein Anordnungsantrag abgewiesen wurde, ist ein Rechtsmittel generell ausgeschlossen, falls es nicht um ein Verfahren zum GewSchG und die Zuweisung der Ehewohnung geht. Ansonsten können einstwAnO angefochten werden, wenn ein besonders schwerwiegender Eingriff in die Rechtsstellung einer Partei vorliegt und aus der vorläufigen Anordnung ein dauerhafter Rechtszustand entstehen kann.[1] Dies gilt insbesondere für die in S. 1 genannten Fälle. Zweck dieser sehr eingeschränkten Anfechtbarkeit ist es, den Fortgang der Hauptsache nicht dadurch zu behindern, dass wegen einstwAnO die Akten zwischen den Instanzen hin- und hergesandt werden, ferner sollen die Rechtsmittelgerichte entlastet werden.[2] Diese gesetzliche Bestimmung ist nicht verfassungswidrig[3] (zu Korrekturen in sonstiger Weise s. § 620b Rn. 10ff.). I. Ü. ist eine **sofortige Beschwerde** erst dann statthaft, wenn eine **Entscheidung auf Grund mündlicher Verhandlung** ergangen ist. Abzulehnen ist eine entsprechende Anwendung dieser Bestimmung auf vorläufige Anordnungen in selbständigen Sorgerechts- 1

---

[31] S. hierzu OLG Stuttgart FamRZ 1992, 203; offen gelassen in BGH NJW 1983, 1330, 1331 = FamRZ 1983, 355; zum Streitstand eingehend auch *Zö/Philippi* § 620f Rn. 15f.; zur Anfechtbarkeit einer Entscheidung nach § 769 MK/*Schmidt* § 769 Rn. 33; OLG Köln FamRZ 1995, 1003 m. weit. Nachw.; abl. OLG Karlsruhe FamRZ 2003, 1675; FamRZ 2003, 1676.

[32] Zum Streitstand OLG Stuttgart (Fn. 30) m. weit. Nachw.

[33] S. a. *Zö/Philippi* § 620f Rn. 15b.

[34] Auch Vollstreckungsgegenklage genannt.

[35] BGH FamRZ 1985, 51, 52; FamRZ 1985, 802.

[36] BGH NJW 1983, 1330, 1331 = FamRZ 1983, 355, 356; FamRZ 1985, 51, 52 (Erfüllung, Stundung, Verwirkung, sonstiger Wegfall des Anspruchs).

[37] BGH NJW 1981, 978 = FamRZ 1981, 242.

[1] So BT-Drucks. 7/650 S. 201; OLG Bamberg FamRZ 1993, 1338, 1339.

[2] S. BT-Drucks. 7/650 S. 200.

[3] BVerfG NJW 1980, 386 (LS) = FamRZ 1980, 232 (die Verfassungsbeschwerde wurde nicht angenommen); BGH NJW 2005, 1659 = FamRZ 2005, 790.

verfahren, weil der zuvor dargelegte Regelungszweck dort nicht gilt und die Verfahrensart der §§ 620 Nr. 1, 620b auf den dort maßgebenden § 19 FGG nicht übertragen werden kann.[4] Mit der Einführung des § 621g erfolgt der einstweilige Rechtsschutz in den Verfahren des § 621 Abs. 1 Nr. 1, 2, 3 oder 7 in Form der einstwAnO, so dass nach § 621g S. 2 § 620c entsprechend gilt.

II. Rechtsmittelfähige Entscheidung

2 **1. Abschließende Regelung.** Ein Rechtsmittel nach S. 1 ist nur in den dort genannten vier Ausnahmefällen als sofortige Beschwerde statthaft; es handelt sich hierbei um eine **abschließende Regelung,** die eine analoge Anwendung auf andere Regelungsbereiche nicht zulässt. Ist eine Entscheidung zur elterlichen Sorge oder zur Herausgabe eines Kindes getroffen worden, ist diese nur anfechtbar, wenn dem Antrag stattgegeben wurde und der Inhalt der Anordnung die Übertragung der elterlichen Sorge oder eines Teils hiervon (s. Rn. 3) oder die Herausgabe des Kindes an den anderen Elternteil allein betrifft. Wird der Antrag in diesen beiden Fällen abgelehnt, scheidet eine sofortige Beschwerde aus. Dies gilt unabhängig davon, ob es sich um eine nach § 620 Nr. 1, 3 ergangene Entscheidung oder eine Abänderungsentscheidung nach § 620b handelt, mit der eine zunächst erlassene, einen Ehegatten belastende Anordnung iSd. § 620c S. 1 wieder aufgehoben oder nach einem Abänderungsantrag gemäß § 620b erneut der Erlass einer Anordnung abgelehnt wurde. Der Antragsteller kann dann nur im Hauptsacheverfahren eine entsprechende Regelung erreichen. Hinsichtlich der Entscheidungen über einen Antrag nach den §§ 1 oder 2 GewSchG oder über einen Antrag auf Zuweisung der ehelichen Wohnung nach § 1361b Abs. 1, 2 BGB ist die **Beschwerdebefugnis** auch dann gegeben, wenn ein **Antrag** insoweit **abgewiesen oder diesem nur teilweise stattgegeben** wurde, die Beschwerdebefugnis also auf alle Verfahrensgegenstände des § 620 Nr. 9 und die Verfahren auf Zuweisung der Ehewohnung erweitert worden,[5] weil es sich insoweit um besonders sensible Bereiche handelt, die eine Beschwerde erfordern.[6] In allen Fällen des § 620c S. 1 setzt die sofortige Beschwerde aber voraus, dass die Entscheidung des FamG auf Grund **mündlicher Verhandlung** ergangen ist.

3 **2. Regelung der elterlichen Sorge.** Nach hM[7] kann gegen eine positive Entscheidung nicht nur sofortige Beschwerde eingelegt werden, wenn über die elterliche Sorge insgesamt entschieden wurde, sondern bereits dann, wenn eine Regelung zu einem **Teilbereich** der elterlichen Sorge vorliegt. Dies folgt aus dem Wortlaut des § 620c S. 1, der nur von einer Regelung spricht, und ergibt sich auch aus deren Zweck, dass ein Eingriff in das Elternrecht überprüfbar sein soll. In der Rspr.[8] wird dies zutreffend auf den **Kernbereich** der elterlichen Sorge begrenzt, zu dem insbesondere auch eine Entscheidung zum Aufenthaltsbestimmungsrecht gehört, zumal durch Teilregelungen die elterliche Sorge schrittweise ausgehöhlt werden kann und das Gesetz keine Einschränkung wie etwa bei der Wohnungszuweisung vorsieht. Bestätigt wird dies durch die Fassung des § 1671 Abs. 1 BGB, der eine **Teilregelung zur elterlichen Sorge** ausdrücklich vorsieht. Ferner greift § 620 S. 1 ein, wenn das FamG auf den Antrag eines Elternteils gemäß § 1671 Abs. 1, 2 BGB nach § 1671 Abs. 3 BGB iVm. § 1666 Abs. 1 BGB eine (vorläufige) Pflegschaft oder Vormundschaft anordnet. Die sofortige Beschwerde ist auch gegeben, wenn das FamG auf Antrag eines Ehegatten nach § 620 Nr. 1 diesem die alleinige elterliche Sorge zugesprochen hatte, später aber auf Antrag des anderen Ehegatten nach § 620b Abs. 1 die gemeinsame Sorge oder alleinige Sorge des anderen Elternteil anordnet, weil hierin ebenfalls eine Regelung iSd. § 620c S. 1 liegt. Entsprechend dem Zweck der Regelung gilt dies dagegen nicht für **Randbereiche der elterlichen Sorge,**[9] so, wenn getrennt lebende Eltern darüber streiten, ob einem minderjährigen Kind für einen Ferienaufenthalt im Ausland ein Reisepass ausgestellt werden soll.[10] Generell sind Auseinandersetzungen der Eltern nach § 1687 Abs. 1 S. 2 und 4 BGB nicht dem Kernbereich zuzuordnen, so dass Entscheidungen hierzu nicht nach § 620c S. 1 angefochten werden können. Streiten die Eltern um das Aufenthaltsbestimmungsrecht, bedarf es hierzu eines Antrags nach § 1671 Abs. 1 BGB iVm. § 620 Nr. 1 oder § 620b Abs. 1 S. 1. Zum Kernbereich gehört ferner nicht die **Regelung der Umgangsbefugnis** eines Elternteils[11], zumal es sich hierbei um einen eigens geregelten Bereich nach § 620 Nr. 2 handelt und damit die Tatsache, dass die Umgangsbefugnis nach § 1684 BGB einen Restbestand der elterlichen Sorge darstellt, für die verfahrensmäßige Betrachtung außer Betracht bleibt. **Lehnt** das FamG eine **Entscheidung** zur elterlichen Sorge **ab,** so greift § 620c S. 1 auch dann nicht ein, wenn die Zurückweisung faktisch einer positiven Entscheidung gleichkommt, weil hierdurch das minderjährige Kind in der Obhut des anderen Elternteils verbleibt und damit eine Verfestigung der Verhältnisse eintritt. Gleiches gilt, wenn ein Elternteil nach § 1671 Abs. 1 BGB die alleinige Sorge begehrt, dieser Antrag aber mit der Begründung abgelehnt wird, die gemeinsame Sorge entspreche am besten dem Kindeswohl, weil dieser Entscheidung keine Regelung iS. dieser Vorschrift zu Grunde liegt, sondern lediglich die gesetzliche Regelung des § 1671 Abs. 1 BGB

---

[4] S. a. OLG Hamm FamRZ 1992, 337, 340; aA OLG Bamberg FamRZ 1990, 645, 646.

[5] S. Art. 4 Nr. 3 GewSchG.

[6] S. BR-Drucks. 11/01 S. 76; BT-Drucks. 14/5429 S. 6.

[7] *Johannsen/Henrich/Sedemund-Treiber* Rn. 2; *Zö/Philippi* Rn. 4; MK/*Finger* Rn. 3.

[8] OLG Hamm NJW 1979, 49 = FamRZ 1979, 320; OLG Düsseldorf FamRZ 1985, 300; OLG Karlsruhe FamRZ 1998, 501 – Vermögenssorge.

[9] Anders *Zö/Philippi* Rn. 4; MK/*Finger* Rn. 3.

[10] Nicht im Sinne einer Umgangsregelung mit einem Elternteil; zum Sonderfall bei Verbringung ins Ausland s. OLG Köln FamRZ 2002, 404.

[11] OLG Dresden FamRZ 2003, 1305; BVerfG NJW 2005, 1105 = FamRZ 2005, 173; KG FamRZ 2007, 1259; zur abweichenden Entscheidung des OLG Naumburg FamRZ 2004, 1510 abl. *Gießler* FamRZ 2005, 815.

bestätigt wird. Soweit das FamG im Rahmen einer einstwAnO nach § 620 Nr. 1 (s. § 620 Rn. 39) bei bestehender gemeinsamer Sorge nach § 1687 Abs. 2 iVm. Abs. 1 S. 2 BGB die Befugnis zur alleinigen Entscheidung in Angelegenheiten des täglichen Lebens einschränkt oder ausschließt, liegen nach der Definition des § 1687 Abs. 1 S. 3 BGB keine die Entwicklung des Kindes schwer abzuändernden Auswirkungen vor; solche Anordnungen sind dem Randbereich der elterlichen Sorge zuzuordnen und deshalb nicht mit der sofortigen Beschwerde nach § 620c anfechtbar.

3. Herausgabe des Kindes an den anderen Elternteil. Auch insoweit kann nach dem eindeutigen Wortlaut lediglich eine **positive Anordnung** auf Herausgabe des Kindes angefochten werden, dagegen nicht die Ablehnung eines Antrags.[12] Wird mit der Herausgabe die Ausübung der Umgangsbefugnis bezweckt, liegt keine Regelung nach § 620 Nr. 2 vor.[13] Die bestehende Beschwerdeberechtigung entfällt nicht durch den erfolgten Vollzug; in diesem Fall ist die Rückführung zu beantragen. 4

4. Uneingeschränkte Beschwerdebefugnis in den Fällen des § 620 Nr. 9 und bei Anträgen auf Zuweisung der ehelichen Wohnung. Durch Art. 4 Nr. 3 GewSchG wurde die Beschwerdebefugnis in Fällen der §§ 1 und 2 GewSchG und bei Anträgen auf Zuweisung der ehelichen Wohnung unabhängig davon zugelassen, ob dem Antrag stattgegeben oder dieser ganz bzw. teilweise abgewiesen wurde (s. Rn. 2). Nach Sinn und Zweck dieser Regelung gilt die Erweiterung auch in Bezug auf Nebenentscheidungen wie die **Bewilligung oder Versagung einer Räumungsfrist,** angesichts des eindeutigen Wortlauts dagegen nicht bei der Nutzungsregelung in Form der Zuweisung einzelner Räume.[14] Wird (unzulässigerweise) in einer einstweiligen Anordnung nach § 1361b Abs. 3 S. 2 BGB ein **Nutzungsentgelt** zugesprochen (s. § 620 Rn. 76), kann diese Anordnung nach dem eindeutigen Wortlaut nicht angefochten werden.[15] 5

5. Entscheidung auf Grund mündlicher Verhandlung. Eine Anordnung ist nur dann beschwerdefähig, wenn die Entscheidung auf Grund einer mündlichen Verhandlung ergangen ist. Eine solche ist auch anzunehmen, wenn an dieser nur eine Partei teilgenommen hat und einseitig streitig verhandelt wurde oder trotz bestehendem Anwaltszwang (s. § 620a Rn. 6) mit den Parteien ohne deren Anwälte verhandelt wurde,[16] weil eine mündliche Verhandlung auch bei einem verfahrensfehlerhaften Vorgehen des FamG vorliegt. Fehlt es an einer mündlichen Verhandlung, ist die Beschwerde **nicht statthaft** und als unzulässig zu verwerfen; eine sofortige Beschwerde gegen eine Entscheidung ohne mündliche Verhandlung ist in einen Antrag nach § 620b Abs. 2 umzudeuten.[17] Wird in einem Verfahren zunächst verhandelt, danach aber nicht sofort entschieden, sondern erst auf der Grundlage eines neuen Sachvortrages, über den nicht verhandelt wurde, eine Entscheidung getroffen, liegt keine mündliche Verhandlung iSd. § 620c S. 1 vor (s. a. § 620b Rn. 9), so dass auch eine sofortige Beschwerde nicht zulässig ist.[18] Entsprechendes gilt, wenn nach mündlicher Verhandlung weitere Ermittlungen eingeholt werden, die bei der Entscheidung herangezogen worden sind. Maßgebend für das Vorliegen einer Entscheidung auf Grund mündlicher Verhandlung ist, dass der in der Entscheidung herangezogene Sachverhalt und die eingeholten Ermittlungen Gegenstand der mündlichen Verhandlung waren,[19] weil nur dieser auf Grund der Möglichkeit zur Anhörung der Parteien (rechtliches Gehör) eine instanzabschließende Wirkung zukommt. Der von der Gegenansicht (Fn. 18) vorgebrachte Gesichtspunkt der weiteren Verzögerung der Entscheidung überzeugt nicht, weil bereits auf Grund einer weiteren mündlichen Verhandlung eine Änderung der vorangegangenen Entscheidung ergehen kann, was auch dem Zweck der Regelung des § 620c entspricht, erst nach mündlicher Verhandlung eine sofortige Beschwerde zuzulassen. 6

III. Beschwerdeverfahren

1. Beschwerdeberechtigte, Beschwer. Zur Beschwerde berechtigt sind nach hM nur die Ehegatten, nicht dagegen das Jugendamt oder das Kind (nach § 59 FGG).[20] Dies ergibt sich aus dem summarischen Charakter der Verfahren nach §§ 620ff., die generell keine Drittbeteiligung vorsehen (s. § 620 Rn. 75; § 620a Rn. 8); auch verweist § 64 Abs. 3 S. 1 FGG zur Beschwerdeberechtigung des Jugendamtes nicht auf die §§ 620ff. Soweit aus diesen Gründen die Beschwerdebefugnis des Kindes (ab vollendetem 14. Lebensjahr, § 59 FGG) verneint wird, spricht die Schwere des Eingriffs unabhängig vom Charakter des summarischen Verfahrens dafür, auch diesem die Beschwerdebefugnis nach § 59 FGG zu gewähren, zumal dieses regelmäßig nach § 50b FGG persönlich zu hören ist. Ansonsten sind auch sonstige Dritte von einer Beschwerdebefugnis ausgeschlossen (Pfleger oder Vormund des Kindes, Vermieter).[21] Der Beschwerdeführer muss durch die Anordnung des Familiengerichts beschwert sein, was hinsichtlich des Antragstellers auch bei einer teil- 7

---

[12] S. a. OLG Hamm FamRZ 2005, 814 – Pflegeeltern.

[13] OLG Saarbrücken (Fn. 11); OLG Hamburg (Fn. 11).

[14] S. a. OLG Naumburg FamRZ 2005, 2074.

[15] S. a. OLG Brandenburg FamRZ 2003, 1305.

[16] AA OLG Düsseldorf FamRZ 1992, 1198.

[17] OLG Stuttgart NJW 1978, 279; OLG Hamm FamRZ 1979, 61; FamRZ 1980, 67.

[18] Sog. gemischt mündlich-schriftliches Verfahren; s. OLG Zweibrücken FamRZ 1984, 916; OLG Karlsruhe FamRZ 1989, 521; FamRZ 1994, 1186; aA *Zö/Philippi* Rn. 8 m. weit. Nachw., der in diesen Fällen die sofortige Beschwerde nach § 620c zulässt.

[19] Anders wohl MK/*Finger* Rn. 7, der bei Zustimmung der Parteien die Beschwerde auch bei nachträglich eingeholten Ermittlungen zulässt; eine § 128 Abs. 2 entsprechende Regelung sieht das Gesetz aber gerade nicht vor.

[20] KG NJW 1979, 2251 = FamRZ 1979, 740; OLG Karlsruhe FamRZ 1991, 969, 970; *Johannsen/Henrich/Sedemund-Treiber* Rn. 4 m. weit. Nachw.; weiter gehend *Schwab/Maurer/Borth* Teil I Rn. 963 (auch Kind und Jugendamt).

[21] OLG Hamm FamRZ 1987, 1277; OLG Karlsruhe FamRZ 1991, 969.

weisen Ablehnung des Antrags anzunehmen ist. Der Antragsgegner ist bei einer Anordnung stets beschwert.

8 **2. Beschwerdeeinlegung.** Beschwerdegericht ist das OLG (§ 119 Abs. 1 Nr. 1 lit. a GVG). Die Beschwerde kann beim FamG oder beim OLG eingelegt werden, § 569 Abs. 1 S. 1. Die **Frist** zur Beschwerdeeinlegung beträgt **zwei Wochen** ab Zustellung der Entscheidung; spätestens beginnt sie mit dem Ablauf von fünf Monaten nach der Verkündung des Beschlusses, § 569 Abs. 1 S. 1, 2. Nach § 620d S. 1 muss die Beschwerde innerhalb der Frist durch eine Beschwerdeschrift begründet werden.[22] Nicht begrenzt wird diese Frist durch den Eintritt der Rechtskraft der Ehesache. Ergeht die Entscheidung nach Rechtskraft der Ehesache (s. § 620a Rn. 14), kann bei zulässiger Beschwerde auch noch eine Beschwerdeentscheidung ergehen. Für das Beschwerdeverfahren gilt **Anwaltszwang** (s. § 620a Rn. 6); eine Erklärung zu Protokoll ist nicht möglich (§ 569 Abs. 3), weil das Verfahren in erster Instanz dem Anwaltszwang unterliegt.[23] Dies gilt auch für das in erster Instanz anwaltsfreie Prozesskostenhilfeverfahren (s. § 620a Rn. 6). Wird die Beschwerde beim falschen Gericht eingelegt, reicht es aus, dass sie rechtzeitig beim zuständigen Gericht eingeht. Der **Beschwerdegegner** kann sich, wenn er (schriftlich) zu der Beschwerde Stellung nehmen will, durch einen beim FamG, dem übergeordneten Landgericht oder dem OLG zugelassenen Rechtsanwalt vertreten lassen (§ 571 Abs. 4 S. 1). Eine **Anschlussbeschwerde** nach Fristablauf ist in den Fällen zulässig, in denen das Verbot der Schlechterstellung gilt (s. hierzu § 621e Rn. 21 bis 25); ansonsten besteht für diese kein Rechtsschutzbedürfnis.

9 **3. Entscheidung.** Die Entscheidung ergeht durch zu **begründenden Beschluss,** § 620d S. 2. Vor der Entscheidung kann das Beschwerdegericht die Vollziehung nach § 620e aussetzen. Das FamG hat der Entscheidung abzuhelfen, wenn die Beschwerde bei ihm eingegangen ist und diese für begründet hält, § 572 Abs. 1 S. 1.[24] Der Nichtabhilfebeschluss ist bei neuem Sachvortrag zu begründen. Im Beschwerdeverfahren können neue Tatsachen und Beweise herangezogen und in der Entscheidung berücksichtigt werden, da der Amtsermittlungsgrundsatz gilt. Das Beschwerdegericht ist ferner nicht an Sachanträge gebunden, soweit es sich um Verfahren nach dem FGG handelt, und kann auch die angefochtene Entscheidung zum **Nachteil** des Beschwerdeführers **ändern;**[25] insoweit gilt das Verbot der Schlechterstellung nicht. Die Beschwerdeentscheidung muss nicht zwingend auf Grund mündlicher Verhandlung ergehen (§ 128 Abs. 4); im Einzelfall kann erneut die Anhörung eines Kindes nach § 12 FGG geboten sein. Eine Zurückverweisung an das FamG ist möglich, widerspricht aber dem Grundsatz einer beschleunigten Erledigung. Anordnungen des OLG können mit der **Rechtsbeschwerde** gemäß § 574 Abs. 1 Nr. 2, Abs. 3 angegriffen werden, wenn diese zugelassen wurde.[26] Zwar wurde durch das ZPO-RG § 620c S. 1 nicht entsprechend geändert. Jedoch folgt aus dem Regelungszweck des § 574, der der Rechtsvereinheitlichung dient, die generelle Zulässigkeit der Rechtsbeschwerde, die § 574 für den gesamten Bereich der ZPO einheitlich regelt. Dem steht auch nicht entgegen, dass wegen des nach § 542 Abs. 2 begrenzten Instanzenzuges in Verfahren auf Erlass eines Arrestes oder einer einstwVfg eine Rechtsbeschwerde nicht zulässig ist.[27]

Nach § 568 S. 1 entscheidet der Familiensenat beim OLG durch eines seiner Mitglieder als **originärer Einzelrichter;** nach S. 2 kann das Verfahren an den Senat übertragen werden.

IV. Unanfechtbarkeit nach § 620c S. 2

10 **1. Grundsatz.** Nach S. 2 sind Entscheidungen im Anordnungsverfahren **grds. nicht anfechtbar,** soweit sich nicht aus S. 1 eine Anfechtbarkeit ergibt. Unerheblich ist hierbei, ob diese nach § 620 Nr. 1–10 oder nach § 620b im Abänderungsverfahren ergangen sind. Dieser Grundsatz bezieht sich auch auf **Nebenentscheidungen** wie die Verweigerung von Prozesskostenhilfe wegen mangelnder Erfolgsaussicht,[28] selbständige Kostenentscheidungen,[29] Aussetzungsbeschlüsse nach § 620e, weil die rechtsmittelbeschränkende Regelung des § 620c entsprechend ihrer Zwecksetzung, im Rahmen des summarischen Verfahrens alsbald eine abschließende Regelung herbeizuführen, was sowohl bei stattgebenden als auch abweisenden Entscheidungen gilt, die allgemeine Beschwerdemöglichkeit nach § 567 verdrängt; so etwa, wenn das FamG einen Antrag auf mündliche Verhandlung als Änderungsantrag nach § 620b Abs. 1 behandelt und diesen ohne mündliche Verhandlung abweist.[30] Auch sollen einander widersprechende Entscheidungen vermieden werden. Dies gilt entsprechend für § 127 (auch wenn die Prozesskostenhilfe lediglich wegen fehlender Hilfebedürftigkeit versagt wird), weil der Zweck der Begrenzung des Rechtsmittels darin besteht, den Fortgang des Verfahrens nicht zu behindern (s. Rn. 1). Sie greift dagegen nicht ein bei Streitwertfestsetzungen,[31] der Androhung eines Zwangsgeldes nach § 33 Abs. 3 S. 1 FGG[32] und dem Kostenfestsetzungsverfahren[33],

---

[22] Wiedereinsetzung nach §§ 233 ff. ist möglich.

[23] OLG Frankfurt/M FamRZ 1983, 516; aA OLG Hamm FamRZ 1985, 1146 f.; MK/*Finger* Rn. 20.

[24] Anders noch in der Vorauflage Rn. 9 mit dem Hinweis, dass § 620c nicht an § 572 Abs. 1 S. 1 angepasst wurde; s. a. OLG Brandenburg FamRZ 2004, 653. Zum Verhältnis zu § 620b s. dort Rn. 6.

[25] OLG Karlsruhe NJW-RR 1992, 709.

[26] BGH NJW 2005, 1659 = FamRZ 2005, 790.

[27] S. BGH FamRZ 2003, 1006 LS.

[28] BGH NJW 2005, 1659 = FamRZ 2005, 790; OLG Düsseldorf FamRZ 1991, 1325, 1326; OLG Frankfurt/M FamRZ 1996, 746 m. weit. Nachw.; aA *Zö/Philippi* Rn. 13.

[29] OLG Düsseldorf FamRZ 1995, 1187.

[30] AA OLG Koblenz FamRZ 1993, 100.

[31] KG FamRZ 1980, 1142; aA OLG Hamburg FamRZ 1980, 906.

[32] S. a. MK/*Finger* Rn. 15; OLG Stuttgart FamRZ 1999, 1095; aA OLG Karlsruhe FamRZ 1999, 242.

[33] OLG Düsseldorf JurBüro 1981, 727; FamRZ 1994, 1187.

weil es sich hierbei um einen anderen Entscheidungsgegenstand handelt (Zwangsgeldandrohung ist Teil des Zwangsmittels nach § 33 FGG und nicht des § 620) und eine eigenständige Beschwer beinhaltet. Die Anfechtung solcher Beschlüsse richtet sich nach § 19 FGG. Bei der Unanfechtbarkeit verbleibt es, wenn eine nach dem Gesetz unanfechtbare Entscheidung durch die Zulassung der (Rechts-)Beschwerde zur Überprüfung gestellt wird. Hiervon zu unterscheiden ist die **Untätigkeitsbeschwerde** (s. § 620a Rn. 17).[34]

2. Greifbare Gesetzeswidrigkeit kein Anfechtungsgrund, Selbstkontrolle. Der von der Rechtsprechung über die Grenzen des § 620c ZPO zugelassene Anfechtungsgrund wegen greifbarer Gesetzeswidrigkeit, wenn die Entscheidung mit der geltenden Rechtsordnung schlechterdings nicht vereinbar war,[35] ist mit Geltung der ZPO-Reform als außerordentlichen Rechtsmittel nicht mehr statthaft.[36] Das BVerfG[37] hat diese Rechtsprechung nicht beanstandet, aber klarstellend ausgeführt, dass die bisher als zulässig angesehenen außerordentlichen Rechtsbehelfe den rechtsstaatlichen Anforderungen an die Rechtsmittelklarheit nicht genügen, aber das **Rechtsstaatsprinzip** iVm. Art. 103 Abs. 1 GG gewahrt wird, wenn eine eigenständige gerichtliche Abhilfemöglichkeit besteht. 11

Bis zur Neufassung des § 321a[38] musste das Gericht im Falle einer Gehörsrüge den Vorgaben des BVerfG durch eine Selbstkorrektur seiner Entscheidung nachkommen. Die Neuregelung des § 321a verdrängt generell das Rechtsinstitut der greifbaren Gesetzeswidrigkeit. § 321a ermöglicht die Überprüfung unanfechtbarer Entscheidungen im Falle einer Gehörsrüge. Hierunter fallen nicht nur die Fälle der Verletzung des rechtlichen Gehörs und der Hinweispflicht, sondern auch einer offenkundig fehlerhaften Rechtsanwendung (Willkürverbot, unter keinem Aspekt rechtlich vertretbare Entscheidung).[39] 12

V. Gebühren und Kosten

1. Rechtsanwaltsgebühren. Zum Beschwerdeverfahren vgl. zunächst § 567 Rn. 29. Die Gebühren für das Beschwerdeverfahren entstehen aus Nrn. 3200ff. VV RVG. Das Verfahren der einstweiligen Anordnung ist gebührenrechtlich eine eigene Angelegenheit. Die gerichtliche Entscheidung hierzu ist nicht nur eine Zwischenentscheidung, sondern beendet insoweit die Instanz iSd. Vor. 3.2.1 Abs. 1 Nr. 2 VV RVG.[40] Die aA wendet Nr. 3500 VV RVG an.[41] Mehrere Beschwerden gegen verschiedene einstweiligen Anordnungen werden gebührenrechtlich nicht zu einer Beschwerde zusammengefasst. Die Gebühren fallen vielmehr für jedes Beschwerdeverfahren an (§ 15 Abs. 2 S. 2 RVG). 13

2. Gerichtskosten. Für das Verfahren der sofortigen Beschwerde wird unabhängig von der Entscheidung nach KV Nr. 1425 eine einfache Gebühr erhoben; sie fällt auch dann an, wenn das Beschwerdegericht nicht zu entscheiden braucht. 14

620d

Begründung der Anträge und Entscheidungen **[1]In den Fällen der §§ 620 b, 620 c sind die Anträge und die Beschwerde zu begründen; die Beschwerde muss innerhalb der Beschwerdefrist begründet werden. [2]Das Gericht entscheidet durch begründeten Beschluss.**

I. Normzweck

§ 620d S. 1 schreibt für den Rechtsbehelf nach § 620b und das nach § 620c zulässige Rechtsmittel einen Begründungszwang vor, dem bei der sofortigen Beschwerde nach § 620c innerhalb der Frist von zwei Wochen nachzukommen ist.[1] Zweck dieser Bestimmung ist das Beschleunigungsgebot bei einstwAnO.[2] Die Regelung des § 620d S. 2 korrespondiert mit dem Begründungszwang der Parteien. 1

II. Begründungspflicht der Parteien

Die Begründungspflicht ist zunächst normiert für die **Abänderungsverfahren** nach § 620b Abs. 1 und 2. Für diese wird eine Frist nicht angegeben, so dass sie auch noch nachgereicht werden kann. Inhaltlich ist es ausreichend, wenn die Gründe der Überprüfung der vorangegangenen Entscheidung dargelegt werden.[3] Wird trotz Fristsetzung eine Begründung nicht nachgereicht, ist der Antrag unzulässig. Die **sofortige Beschwerde** muss spätestens bis Ablauf der Beschwerdefrist von zwei Wochen begründet werden. Als Notfrist (§ 569 Abs. 1 S. 1) kann die Begründungsfrist nach § 224 Abs. 1, 2 nicht verlängert werden (§ 520 Abs. 2 S. 3 gilt nicht analog); möglich ist jedoch eine Wiedereinsetzung nach §§ 233ff. Bei Nichteinhaltung der Frist ist die Beschwerde als unzulässig zu verwerfen. Fehlt eine Begründung der angefochtenen Entschei- 2

---

[34] BGH FamRZ 2004, 1191, 1192; FamRZ 2005, 1240.

[35] S. *Schwab/Maurer* 4. Aufl. I Rn. 958ff.; Vorauflage § 620c ZPO Rn. 11.

[36] BGHZ 150, 133 = NJW 2002, 1577; BGH FamRZ 2003, 1551; BFH FamRZ 2003, 677.

[37] FamRZ 2003, 995; NJW 2003, 3687 = FamRZ 2004, 85.

[38] Durch Art. 1 Nr. 1 AnhörungsrügenG vom 9. 12. 2004, BGBl. I S. 3220; s. ferner § 29a FGG.

[39] S. KG FamRZ 2005, 918; OLG Köln FamRZ 2005, 2075; s. a. BGH NJW 2005, 680 = FamRZ 2004, 606 – Berufungsurteil.

[40] Wie hier *Groß* Rn. 627; AnwK-RVG/*Mack/Schneider/Wahlen/Wolf* Vorbem. 3.2.1. Rn. 25f.; *Schneider* FPR 2005, 381, 385f.; *Riedel/Sußbauer-Keller* VV Vorb. Teil 3 Abschnitt 2 Rn. 15.

[41] *G/S/Müller-Rabe* Anhang II Rn. 43 und Vorbem. 3.2.1. Rn. 18.

[1] Eingeführt durch das UÄndG.

[2] So BT-Drucks. 10/2888 S. 27.

[3] BGH NJW 1979, 1989 = LM § 621e Nr. 13 = FamRZ 1979, 909.

dung, bleibt für den Beschwerdeführer nur die Möglichkeit, auf die Begründung des gestellten Antrags zu verweisen. Ein **besonderer Beschwerdeantrag** ist bei FGG-Verfahren nicht erforderlich.

III. Begründungspflicht bei Entscheidungen des Gerichts

3 Während bei Erstentscheidungen nach § 620 Nr. 1–10 keine Begründungspflicht besteht, aber regelmäßig eine Begründung erfolgen sollte, um den Parteien die Möglichkeit zu geben, die Erfolgsaussichten eines Rechtsbehelfs nach § 620b abschätzen zu können, verlangt § 620d S. 2 ausdrücklich für **Abänderungsentscheidungen** nach § 620b und die **Beschwerdeentscheidung** eine Begründung. Ergeht die Erstentscheidung auf Grund mündlicher Verhandlung und kann gegen diese sofortige Beschwerde nach § 620c S. 1 eingelegt werden, ist in jedem Fall eine Begründung nach § 620d S. 2 erforderlich, damit das Beschwerdegericht die tragenden Gründe nachvollziehen kann.[4] Eine fehlende Begründung kann zur Aufhebung und Zurückverweisung wegen eines wesentlichen Verfahrensmangels führen.

620e

Aussetzung der Vollziehung **Das Gericht kann in den Fällen der §§ 620b, 620c vor seiner Entscheidung die Vollziehung einer einstweiligen Anordnung aussetzen.**

I. Normzweck

1 Wird gegen eine einstwAnO ein Rechtsbehelf nach § 620b Abs. 1, 2 (Abänderungsverfahren) oder nach § 620c das Rechtsmittel der sofortigen Beschwerde eingelegt, so wird hierdurch die Vollziehung einer ergangenen Anordnung nicht beseitigt. § 620e ermöglicht in diesen Fällen, die Vollziehung einer Anordnung auszusetzen, bis über den Rechtsbehelf oder das Rechtsmittel entschieden wird. Nicht möglich ist es dagegen, mit dieser Regelung die Vollstreckbarkeit der einstwAnO zu beseitigen oder einzuschränken; hierzu bedarf es der Vollstreckungsgegenklage nach § 767 (s. § 620b Rn. 13). In seinem Anwendungsbereich verdrängt § 620e den § 570 Abs. 1 und ähnelt der Regelung der §§ 570 Abs. 3, 924 Abs. 3 S. 2.

II. Voraussetzungen

2 Die Aussetzung ist bei Vorliegen eines Rechtsbehelfs nach § 620b Abs. 1, 2 und eines Rechtsmittels nach § 620c möglich; sie kann auf Antrag oder von Amts wegen ergehen und auch von der Beibringung einer Sicherheitsleistung und der Erfüllung von Auflagen abhängig gemacht werden (§ 570 Abs. 3, § 24 Abs. 3 FGG).[1] Die Aussetzung ist auch bei einstwAnO möglich, die keinen vollstreckbaren Inhalt aufweisen (vor allem bei Sorgerechtsentscheidungen, um dem Kind nicht einen mehrfachen Wechsel zwischen zerstrittenen Eltern zuzumuten). **Zuständig** ist das Gericht, das die Entscheidung nach §§ 620b Abs. 1, 2, 620c erlassen hat; ist die Ehesache bzw. die der Anordnung entsprechende Folgesache in der zweiten Instanz, erfolgt die Aussetzung nach § 620e durch das OLG, § 620a Abs. 4 S. 2. Wurde eine sofortige Beschwerde nach § 620c eingelegt, ist ausschließlich das OLG für die Aussetzung zuständig. Die Entscheidung zur Aussetzung ergeht nach **pflichtgemäßem Ermessen des Gerichts,** das insbesondere die Erfolgsaussichten des Abänderungsantrages nach § 620b oder des Rechtsmittels nach § 620c einbezieht. Die Bekanntmachung des Aussetzungsbeschlusses erfolgt nach § 329 Abs. 1 oder Abs. 2. Soweit die Vollziehung ausgesetzt wurde, ist nach § 775 Nr. 2 eine Zwangsvollstreckung nicht (mehr) zulässig.

III. Rechtsbehelfe

3 Gegen den Aussetzungsbeschluss besteht kein Rechtsmittel; er unterliegt insbesondere nicht der sofortigen Beschwerde nach § 793, da sich diese Bestimmung nur auf Zwangsvollstreckungsverfahren bezieht; hierzu gehört das Verfahren nach § 620e nicht. Auch die eine Aussetzung ablehnende Entscheidung ist nicht anfechtbar,[2] weil kein das Verfahren betreffendes Gesuch iSd. § 567 Abs. 1 Nr. 2 zurückgewiesen wird. Eine nach § 620e ergangene Entscheidung wird mit der Entscheidung nach §§ 620b, 620c gegenstandslos.

IV. Gebühren und Kosten

4 **1. Rechtsanwaltsgebühren.** Die Tätigkeit des Anwalts gehört zum Rechtszug, wird also durch die Gebühren der Nrn. 3100ff. VV RVG abgegolten (§ 19 Abs. 1 Nr. 11 RVG). Ist der Anwalt **nicht Prozessbevollmächtigter,** erhält er die Gebühr der Nr. 3403 VV RVG.

5 **2. Gerichtskosten.** Gerichtsgebühren werden nicht erhoben.

620f

Außerkrafttreten der einstweiligen Anordnung (1) **[1]Die einstweilige Anordnung tritt beim Wirksamwerden einer anderweitigen Regelung sowie dann außer Kraft, wenn der Antrag auf Scheidung oder Aufhebung der Ehe oder die Klage zurückgenommen wird oder rechtskräftig abgewiesen ist oder wenn das Eheverfahren nach § 619 in der Hauptsache als erledigt anzusehen ist. [2]Auf Antrag ist dies durch Beschluss auszusprechen. [3]Gegen die Entscheidung findet die sofortige Beschwerde statt.**

---

[4] BGH NJW 1983, 123; OLG Köln NJW-RR 1991, 1280.

[1] Einschränkend *Johannsen/Henrich/Sedemund-Treiber* Rn. 3.

[2] OLG Hamburg FamRZ 1990, 423 (Anregung zu einer Ermessensentscheidung).

(2) **Zuständig für die Entscheidung nach Absatz 1 Satz 2 ist das Gericht, das die einstweilige Anordnung erlassen hat.**

I. Normzweck

Die Bestimmung regelt die Geltungsdauer von einstwAnO. Anders als nach dem bis zum 30. 6. 1977 geltenden Rechtszustand verlieren einstwAnO ihre Wirksamkeit nicht automatisch mit Rechtskraft des Urteils in der Ehesache, sondern erst, wenn eine anderweitige Regelung zum Gegenstand der einstwAnO wirksam wird. Diese Regelung hat den Vorteil, dass einstwAnO einen regelungslosen Zustand nach Eintritt der Rechtskraft einer Ehesache in einer Folgesache verhindern, was vor allem für Regelungen zum Unterhalt des Kindes und nachehelichen Ehegattenunterhalt, aber auch für die Regelung der elterlichen Sorge Bedeutung hat. Ein Unterhaltsberechtigter braucht deshalb, wenn er eine einstwAnO erlangt hat, nicht in jedem Fall eine Folgesache im Verbund zu beantragen, sondern kann dies ohne Unterhaltsverlust auch noch zu einem späteren Zeitpunkt tun. Die Bindung an die Ehesache bleibt aber insoweit bestehen, als die einstwAnO außer Kraft tritt, wenn der Scheidungsantrag oder die Klage zur Ehesache zurückgenommen oder rechtskräftig abgewiesen wird. Eine § 926 entsprechende Regelung besteht nicht. Gleichwohl ist die belastete Partei nicht wehrlos; der Berechtigte kann in Unterhaltssachen bei Teilabweisung eines Antrags mit der Leistungsklage, der Verpflichtete bei Inanspruchnahme zu einer Unterhaltsleistung mit der negativen Feststellungsklage vorgehen (s. § 620b Rn. 10ff.). Die Regelung gilt nach § 127a S. 2, 621f Abs. 2 S. 2, 621g S. 2 und § 644 S. 2 sowie § 15 IntFamRVG iVm. § 621g in den dort genannten Fällen des Erlasses einer einstwAnO. 1

II. Außerkrafttreten der einstweiligen Anordnung

1. Überblick. EinstwAnO sind grundsätzlich unbefristet zu erlassen und treten sowohl in der Form der Erstentscheidung als auch der Abänderungsentscheidung in den in Abs. 1 S. 1 genannten Fällen von Gesetzes wegen außer Kraft. Der nach S. 3 mögliche Beschluss, mit dem das Außerkrafttreten ausgesprochen wird, hat lediglich feststellenden Charakter und dient der Abwehr einer drohenden oder laufenden Vollstreckungsmaßnahme. Lediglich bei einer von vornherein befristet erlassenen einstwAnO tritt diese mit Ablauf des Fristendes von selbst außer Kraft. Entsprechendes gilt bei Vergleichen, mit denen lediglich ein Anordnungsverfahren abgeschlossen, aber keine dauerhafte und bestandskräftige Regelung getroffen wurde (§ 620 Rn. 27f. u. § 620a Rn. 17). 2

2. Außerkrafttreten einstweiliger Anordnungen ohne anderweitige Regelung. Wenn der Scheidungsantrag oder die Klage wegen einer Ehesache abgewiesen oder zurückgenommen wird bzw. durch den Tod eines Ehegatten das Verfahren sich nach § 619 erledigt, endet die Geltungskraft der einstwAnO. Diese erlischt nicht rückwirkend, sondern erst für die Zukunft, so dass bis dahin angefallene (und durch die einstwAnO titulierte) Ansprüche auch danach noch vollstreckt werden können. 3

Bei Zurücknahme des Antrags auf Scheidung bzw. Aufhebung der Ehe oder der Eheklage iSd. § 632 Abs. 1 tritt die einstwAnO mit deren Wirksamwerden außer Kraft, wenn mündlich verhandelt wurde, also mit Zustimmung des Gegners ggü. dem Gericht, § 269 Abs. 1. Ist die Klage noch nicht zugestellt, gilt entsprechendes bei Rücknahme ggü. dem Gericht (§ 269 Abs. 2). Wird einem Ehegatten die Fortführung einer Folgesache nach § 626 Abs. 2 vorbehalten, entfällt gleichermaßen die Wirksamkeit der einstwAnO.[1] Diese Grundsätze gelten entsprechend bei **Rücknahme eines Prozesskostenhilfegesuches,** weil auch insoweit eine vergleichbare negative Verfahrensbeendigung vorliegt,[2] es sei denn, an Stelle des Prozesskostenhilfengesuches wird nunmehr ein unbedingter Antrag gestellt oder es lag bereits ein unbedingter Antrag vor, der aber erst nach Entscheidung über die Prozesskostenhilfe weiterbetrieben werden sollte. Wird dagegen das **Prozesskostenhilfegesuch** in erster Instanz **zurückgewiesen,** so wird die Prozesskostenhilfeentscheidung wegen der Beschwerdemöglichkeit (§ 127) nicht formell rechtskräftig; deshalb gilt auch die einstwAnO fort, unabhängig davon, ob die sofortige Beschwerde eingelegt wird.[3] Der Verfahrensgegner der einstwAnO kann bei Nichteinlegung der sofortigen Beschwerde nach § 127 jedoch einen Abänderungsantrag nach § 620b Abs. 1 mit der Begründung einlegen, es liege wegen Nichtbetreiben der Scheidungssache ein Verfahrensmissbrauch vor.[4] Die einstwAnO tritt aber **außer Kraft,** wenn auf die sofortige Beschwerde nach § 127 die erstinstanzliche Ablehnung des Prozesskostenhilfegesuches bestätigt wird, weil die Entscheidung zur Prozesskostenhilfe mit ihrem Erlass formell rechtskräftig wird und das Verfahren beendet ist.[5] Dies gilt unabhängig davon, dass gegen diese Entscheidung die Anhörungsrüge nach § 321a möglich ist. Wird diese eingelegt, lebt die einstwAnO nicht wieder auf, weil § 620f (aus Gründen der Rechtsklarheit) eine abschließende Regelung darstellt.

Bei **rechtskräftiger Abweisung** des Antrags auf Scheidung bzw. Aufhebung der Ehe oder der Klage zur Ehesache tritt die Wirksamkeit der einstwAnO erst bei Eintritt der Rechtskraft des Urteils außer Kraft, § 705. Urteile des OLG in Ehesachen, in denen nicht die Revision zugelassen wird, werden nicht mit ihrer Verkündung formell rechtskräftig, sondern erst, wenn die Frist für die Revision verstrichen ist (s. a. § 618 4

---

[1] OLG Karlsruhe FamRZ 1986, 1120; *Johannsen/Henrich/Sedemund-Treiber* Rn. 3.
[2] *Gießler* Rn. 202; *Zö/Philippi* Rn. 9a; aA wohl OLG Düsseldorf FamRZ 1985, 1271.
[3] AA OLG Stuttgart FamRZ 1984, 720; MK/*Finger* Rn. 7.
[4] S. a. *Gießler/Soyka* Rn. 204.
[5] S. a. OLG Stuttgart FamRZ 2005, 1187 – zu § 644; aA OLG Düsseldorf FamRZ 1985, 127.

Rn. 3).[6] Bei einer Wiedereinsetzung in den vorigen Stand wegen Versäumnis der Rechtsmittel- oder Begründungsfrist entfällt die Rechtskraft und die einstwAnO wird wieder wirksam.[7] Auch im Falle der **Erledigung** der Ehesache durch Tod eines Ehegatten nach § 619 wird die einstwAnO unwirksam.[8] Verfahrensbeendende Wirkung haben auch die übereinstimmende Erledigungserklärung der Parteien sowie die gerichtliche Feststellung auf Antrag eines Ehegatten, dass der Rechtsstreit in der Hauptsache erledigt ist; auch in diesen Fällen tritt die einstwAnO entsprechend § 620f Abs. 1 außer Kraft.[9]

5 Wird das Verfahren zur Ehesache **nicht weiterbetrieben** oder **ruht das Verfahren,** liegt keine verfahrensbeendende Wirkung vor, so dass auch die einstwAnO wirksam bleibt und § 620f Abs. 1 nicht gilt. Entsprechendes gilt bei einer Aussetzung des Verfahrens nach § 614. Dem Antragsgegner bleibt bei einem langen Nichtbetreiben der Ehesache nur die Möglichkeit, auf die verfahrensmäßige Abweisung der Hauptsache zu drängen oder nach § 620b Abänderung mit der Begründung zu beantragen, ein Regelungsbedürfnis sei wegen des Stillstandes des Verfahrens nicht mehr gegeben.

6 **3. Außerkrafttreten durch anderweitige Regelung. a) Überblick.** Eine anderweitige Regelung des Gegenstandes der einstwAnO bewirkt ebenfalls deren Außerkrafttreten, Abs. 1 S. 1. Da das Gesetz nur von einer „Regelung" spricht, reicht hierfür **jede andere Regelung** des Anordnungsgegenstandes aus, unabhängig davon, ob es sich um ein gerichtliches Urteil zur Hauptsache des Regelungsgegenstandes (die Abweisung der Klage durch Prozessurteil reicht also nicht aus), einen entsprechenden gerichtlichen Vergleich iSd. § 794 Abs. 1 Nr. 1 (s. a. Rn. 2 aE), eine außergerichtliche Vereinbarung,[10] die Regelung in einer Urkunde iSd. § 794 Abs. 1 Nr. 5 oder eine andere einstwAnO nach §§ 620, 620b handelt. In der Praxis sind vor allem die Hauptsacheentscheidung in Folgesachen und die (erfolgreiche) negative Feststellungsklage (s. § 620b Rn. 12ff.) von Bedeutung. Stets erforderlich ist, dass die Regelungsbereiche identisch sind,[11] worauf insbesondere bei Vergleichen zu achten ist. Keine anderweitige Regelung iSd. § 620f Abs. 1 stellt dagegen das Urteil auf eine **Vollstreckungsgegenklage** (s. a. § 620b Rn. 15f.) nach § 767 dar, weil diese nur die Vollstreckbarkeit der Anordnung beseitigt.[12] Keine anderweitige Regelung ist schließlich das rechtskräftige (dem Antrag stattgebende) Urteil der Ehesache. Die vorgenannten Grundsätze gelten entsprechend in **Sorge- und Umgangsverfahren** nach §§ 1671 Abs. 1, 2, 1684 BGB. Eine einstwAnO, mit der einem Elternteil die alleinige Sorge zugesprochen wurde, tritt insgesamt mit dem Erlass der Hauptsachenentscheidung außer Kraft, auch wenn mit dieser lediglich ein Teil der elterlichen Sorge allein auf einen Elternteil übertragen wurde, weil die **Gestaltungswirkung der Hauptsacheentscheidung** in Bezug auf den beiden Elternteilen verbleibenden Teil der elterlichen Sorge die summarische Regelung außer Kraft setzt.

7 **b) Anderweitige Regelung in Unterhaltssachen.** Liegt eine einstwAnO nach § 620 Nr. 4, 6 zum Unterhalt vor, so kann diese während der laufenden Ehesache mit der **negativen Feststellungsklage** mit dem Ziel angegriffen werden, dass kein oder weniger Unterhalt geschuldet wird, als in der einstwAnO festgesetzt. Hat die Klage in vollem Umfang Erfolg, stellt das Urteil eine anderweitige Regelung dar, die die einstwAnO außer Kraft setzt (s. § 620b Rn. 12ff.).[13] Ist der Regelungszeitraum der Klage beschränkt, tritt diese Wirkung lediglich auf diesen Zeitraum beschränkt ein. Hat die Klage nur teilweise Erfolg, tritt die einstwAnO nur in diesem Umfang außer Kraft, so dass zB bei einer **Herabsetzung** des Trennungsunterhalts nach § 1361 Abs. 1 BGB von 1200,– Euro auf 600,– Euro die einstwAnO in Höhe von 600,– Euro auch noch über den Eintritt der Rechtskraft der Ehesache hinaus wirkt. Auch wenn die negative Klage sich lediglich auf den Trennungsunterhalt nach § 1361 BGB bezogen hat, tritt die Anordnung nach Eintritt der Rechtskraft der Ehesache nicht wieder in vollem Umfang in Kraft.[14] Zwar sind danach als materiell-rechtliche Grundlagen die §§ 1569ff. BGB maßgebend; die „anderweitige Regelung" iSd. § 620f Abs. 1 hebt aber den Bestand der einstwAnO insgesamt auf. Dies folgt auch aus dem Sinn und Zweck der Regelung des § 620f, der die schwächere Bestandskraft der einstwAnO ggü. endgültigen Regelungen statuiert; i. Ü. kann der Unterhalt Begehrende in diesem Fall jederzeit den nachehelichen Unterhalt als Folgesache geltend machen, ist also nicht schutzlos. Folgt man der Gegenmeinung, müsste bei einem Urteil, das Getrenntlebensunterhalt nach § 1361 BGB zuspricht, negative Feststellungsklage bezüglich des zukünftigen geschuldeten nachehelichen Unterhalts erhoben werden. Keine anderweitige Regelung ist die **Abweisung der Klage als unzulässig,** weil hierin keine Sachentscheidung liegt.

8 Entsprechendes gilt, wenn der Unterhaltsberechtigte zunächst im Wege der einstwAnO höheren Unterhalt erlangt als in dem später im Erkenntnisverfahren ergehenden Urteil zum Trennungsunterhalt. Ergeht erst eine Unterhaltsregelung als **Folgesache,** so betrifft diese lediglich den nachehelichen Unterhalt, so dass die einstwAnO bis zum Eintritt der Rechtskraft des Urteils in dieser Sache oder dem Abschluss eines Vergleichs wirksam und damit vollstreckbar bleibt. Dies gilt auch, wenn der Folgeantrag zum Unterhalt in vol-

---

[6] GmS-OGB BGHZ 88, 353, 357 = NJW 1984, 1027 = FamRZ 1984, 975f.; BGHZ 109, 211, 213 = NJW-RR 1990, 323 = FamRZ 1990, 283.

[7] *Zö/Philippi* Rn. 6.

[8] Was bei einer Regelung zur elterlichen Sorge den materiell-rechtlichen Folgen entspricht, s. hierzu § 1681 Abs. 1 S. 1 BGB.

[9] S. a. OLG Hamm FamRZ 2003, 1307.

[10] S. BT-Drucks. 7/650 S. 202.

[11] OLG Karlsruhe FamRZ 1988, 855.

[12] OLG Stuttgart Justiz 1981, 287; OLG Frankfurt/M FamRZ 1982, 719, 720; OLG Bamberg FamRZ 1983, 84.

[13] BGH NJW 1983, 1330 = FamRZ 1983, 355, 356; FamRZ 1983, 892f.; FamRZ 1987, 682.

[14] So aber *Rolland/Roth* Rn. 9 aE; *Schwab/Maurer,* 4. Aufl. Teil I Rn. 974; OLG Karlsruhe FamRZ 1988, 855; wie hier MK/*Finger* Rn. 20.

lem Umfang abgewiesen wurde. Will der Antragsgegner die Unterhaltslast bis zum Eintritt der Rechtskraft der Folgesache beseitigen, kann er dies lediglich durch eine negative Feststellungsklage erreichen.

III. Zeitpunkt des Außerkrafttretens

1. Überblick. Der Begriff des Wirksamwerdens ist je nach dem Regelungsbereich der anderweitigen Regelung zu bestimmen. Grds. werden Folgesachen unabhängig davon, ob sie dem ZPO-Verfahren oder dem FGG-Verfahren zuzuordnen sind, erst mit Eintritt der Rechtskraft der Ehesache wirksam, § 629d. Ansonsten richtet sich die Wirksamkeit nach allgemeinen Grundsätzen. Soweit die anderweitige Regelung den Gegenstand der einstwAnO nicht ausschöpft, bleibt diese in Kraft.[15] 9

2. Anderweitige Regelung in FGG-Verfahren. Entscheidungen zur elterlichen Sorge, zur Umgangsbefugnis und zur Herausgabe eines Kindes werden, wenn sie als Folgesache ergehen, nach § 629d frühestens mit Eintritt der Rechtskraft der Scheidungssache und, wenn sie in selbständigen Verfahren ergehen (nach §§ 1671, 1684, 1632 Abs. 3 BGB, nachdem das Verfahren nach § 623 Abs. 2 S. 2 abgetrennt wurde und nicht mehr als Folgesache fortgeführt wird, weil eine Entscheidung bereits während der Zeit des Getrenntlebens begehrt wird), mit ihrer Bekanntgabe an die Beteiligten wirksam, §§ 621a Abs. 1, 16 Abs. 1 FGG, also nicht erst mit Eintritt der Rechtskraft.[16] Entscheidungen in Hausrats- und Wohnungszuweisungssachen werden erst mit ihrer Rechtskraft wirksam, §§ 621a Abs. 1 S. 1, 16 Abs. 1 HausratsVO. 10

3. Wirksamkeit in ZPO-Verfahren. Es entspricht dem Regelungszweck des § 620f, einen regelungslosen Zeitraum zu vermeiden, der insbesondere dann auftreten kann, wenn in einem vorläufig vollstreckbaren Unterhaltstitel eine „anderweitige Regelung" gesehen, gegen das Urteil aber Rechtsmittel eingelegt wird, und deshalb erst später ein (endgültiger) Vollstreckungstitel vorliegt.[17] Entsprechend hat der BGH[18] gegen die bis dahin überwiegende Rspr.[19] bei Urteilen, die einer **negativen Feststellungsklage des Unterhaltsschuldners** stattgeben, entschieden, dass auf den Eintritt der Rechtskraft des Hauptsacheurteils abzustellen ist. Würde nämlich in der Berufung die negative Feststellungsklage abgewiesen, wäre dem Unterhaltsgläubiger der Titel aus der einstwAnO entzogen; damit droht auch der Verlust des **Ranges in der Vollstreckung.** Gleiches gilt, wenn eine Leistungsklage in erster Instanz abgewiesen und ihr erst in zweiter Instanz stattgegeben wird. Der Unterhaltsschuldner ist durch die bestehende Möglichkeit der einstweiligen Einstellung (s. a. Rn. 12)[20] ausreichend vor ungerechtfertigter Vollstreckung geschützt. 11

Bei **positiven Leistungsurteilen** stellt die hM[21] nur dann auf dessen Rechtskraft ab, wenn das stattgebende Urteil nicht uneingeschränkt vorläufig vollstreckbar ist, also insbesondere eine Abwendungsbefugnis nach § 711 vorliegt. Aber auch bei unbeschränkter vorläufiger Vollstreckbarkeit ist zu bedenken, dass in der Berufungsinstanz nach §§ 707, 719 oder § 718 die vorläufige Vollstreckbarkeit wieder beseitigt werden kann, also nicht ohne weiteres eine endgültige Regelung vorliegt.[22] Da der Schuldner durch die Möglichkeit der **einstweiligen Einstellung der Zwangsvollstreckung** gegen eine nicht berechtigte Vollstreckung geschützt werden kann, ist im Interesse einer klar abgrenzbaren Regelung und einer einheitlichen Handhabung auf den Eintritt der Rechtskraft der Entscheidung abzustellen (s. a. § 620b Rn. 14).[23] Hat der Unterhaltsschuldner auf Grund der einstwAnO einen höheren Unterhalt zu zahlen als nach dem (noch nicht rechtskräftigen) Leistungsurteil, wird regelmäßig mit dem Antrag auf vorläufige Einstellung der Zwangsvollstreckung eine Angleichung beider Titel erreicht werden können. 12

IV. Feststellung des Außerkrafttretens

In § 620f Abs. 1 S. 2 ist ein **vereinfachtes Verfahren** zur Feststellung des Außerkrafttretens der einstwAnO geregelt. Da das Außerkrafttreten der einstwAnO auf Grund der gesetzlichen Bestimmung erfolgt, hat der danach zu erlassende Beschluss lediglich feststellenden Charakter.[24] Der Zweck dieser Regelung liegt deshalb in der Klarstellung der Vollstreckungsfähigkeit einer einstwAnO für die Vollstreckungsorgane, die hierzu keine Prüfung zur Anwendung des § 775 Nr. 1 anstellen können. Der Beschluss nach Abs. 1 S. 2 macht auch eine Vollstreckungsgegenklage nach § 767 entbehrlich, da er den einfacheren prozessualen Weg darstellt, so dass der Klage nach § 767 das Rechtsschutzbedürfnis fehlt.[25] Wird aus einer zeitlich befristeten einstwAnO für die Zeit nach Fristablauf vollstreckt, so soll der Rechtsbehelf nach § 766 den Beschluss nach Abs. 1 S. 2 verdrängen.[26] 13

---

[15] OLG Karlsruhe FamRZ 1988, 855.

[16] Bei Anfechtung kann das Beschwerdegericht nach § 24 Abs. 3 FGG vorgehen.

[17] S. BT-Drucks. 7/650 S. 202.

[18] BGH NJW 1991, 705 = FamRZ 1991, 180; s. a. *Gießler/Soyka* Rn. 557; *Klauser* MDR 1981, 711, 717.

[19] OLG Karlsruhe FamRZ 1982, 1221; FamRZ 1987, 608.

[20] Nach § 620e oder entsprechend § 769; s. hierzu eingehend § 620b Rn. 14.

[21] *Johannsen/Henrich/Sedemund-Treiber* Rn. 7; *Gießler/Soyka* Rn. 557; OLG Frankfurt/M FamRZ 1982, 410; OLG Karlsruhe FamRZ 1982, 1221; OLG Hamm FamRZ 1999, 29; OLG Zweibrücken FamRZ 2001, 359 m. Anm. v. *van Els* FamRZ 2001, 500.

[22] So auch MK/*Finger* Rn. 17.

[23] Offen gelassen von BGH NJW 1991, 705 = FamRZ 1991, 180; jetzt bejaht, NJW 2000, 740, 741 = FamRZ 2000, 750, 752; wie hier MK/*Finger* Rn. 17; *Rolland/Roth* Rn. 24; *Zö/Philippi* Rn. 22; OLG Köln FamRZ 2003, 320.

[24] S. a. OLG Köln FamRZ 1987, 957.

[25] OLG Koblenz FamRZ 1985, 819; OLG Düsseldorf FamRZ 1991, 721; *Johannsen/Henrich/Sedemund-Treiber* Rn. 12.

[26] OLG Bamberg FamRZ 1982, 86.

14 Nach § 620f Abs. 2 ist das Gericht **zuständig,** das die einstwAnO erlassen hat, unabhängig davon, ob die Entscheidung nach §§ 620, 620b oder § 620c ergangen ist.[27] Der Beschluss ergeht nur **auf Antrag einer Partei,** unabhängig davon, ob die einstwAnO auf Antrag oder von Amts wegen erging. Die Entscheidung kann mit oder ohne mündliche Verhandlung ergehen; **rechtliches Gehör** ist in jedem Fall zu gewähren. Nach § 620d ist eine Begründung nicht vorgesehen; da jedoch nach § 620f Abs. 1 S. 3 die sofortige Beschwerde gegen den Beschluss möglich ist, bedarf es einer Begründung. Die **Beschlussformel** hat die betroffene einstwAnO, den Zeitpunkt und den Umfang des Außerkrafttretens zu benennen. Nicht einzugehen ist hinsichtlich der Wirkungen des Außerkrafttretens auf bestehende Vollstreckungsmaßnahmen.[28] Die Kosten richten sich nach § 620g. Die Entscheidung ist mit der **sofortigen Beschwerde** anfechtbar, § 620f Abs. 1 S. 3. Dies gilt aber lediglich bei einer Entscheidung des Familiengerichts, § 567 Abs. 1 Nr. 1. Auch bei einer den Antrag abweisenden Entscheidung ist das Rechtsmittel der sofortigen Beschwerde gegeben, weil auch in diesem Fall der Regelungszweck dieser Bestimmung betroffen ist, eine alsbaldige Klärung der weiteren Wirksamkeit der einstwAnO herbeizuführen. Unklar ist, ob gegen die Entscheidung des OLG als Beschwerdegericht nach § 574 Abs. 1 Nr. 2, Abs. 3 die **Rechtsbeschwerde** unter den Voraussetzungen des § 574 Abs. 2 zuzulassen ist. Gegen deren Zulässigkeit spricht, dass der Gesetzgeber § 620f Abs. 1 S. 3 nicht mit dem ZPO-RG geändert hat. Jedoch folgt aus dem Regelungszweck des § 574, der der Rechtsvereinheitlichung dient, die generelle Zulässigkeit der Rechtsbeschwerde, die das Gesetz in § 574 für den gesamten Bereich der ZPO einheitlich regelt.

V. Wirkungen der Entscheidung

15 Eine rechtskräftige Entscheidung nach Abs. 1 S. 2 stellt eine Entscheidung nach § 775 Nr. 1 dar und führt im Umfang der Entscheidung zur **Aufhebung von Maßnahmen der Vollstreckung,** § 776 S. 1. Allerdings kann bei einer nur teilweise stattgebenden negativen Feststellungsklage zu einer Unterhaltsanordnung die einstwAnO teilweise fortbestehen und wird damit auch nicht von dem Beschluss nach Abs. 1 S. 2 erfasst.[29] Hat der Unterhaltspflichtige auf Grund der einstwAnO **zu viel Unterhalt** bezahlt, besteht ein Anspruch aus ungerechtfertigter Bereicherung (s. eingehend § 620b Rn. 12); eine Schadensersatzpflicht aus der einstwAnO analog §§ 641g, 945, 717 Abs. 2 besteht danach nicht.[30]

VI. Gebühren und Kosten

16 **1. Rechtsanwaltsgebühren.** Die Tätigkeit des Anwalts gehört zum Rechtszug, wird also durch die Gebühren der Nrn. 3100ff. VV RVG abgegolten (§ 19 Abs. 1 RVG), s. § 620 Rn. 93ff. Wird im Verfahren über diesen Antrag erstmals mündlich verhandelt, fällt die Terminsgebühr (Nr. 3104 VV RVG) an. Ist der Anwalt nicht Prozessbevollmächtigter, erhält er die Gebühr der Nr. 3403 VV RVG. Zum **Beschwerdeverfahren** vgl. § 567 Rn. 29.

17 **2. Gerichtskosten.** Gerichtsgebühren werden für die Entscheidung über das Außerkrafttreten nicht erhoben; für das Beschwerdeverfahren gilt KV Nr. 1811.

620g *Kosten einstweiliger Anordnungen* **Die im Verfahren der einstweiligen Anordnung entstehenden Kosten gelten für die Kostenentscheidung als Teil der Kosten der Hauptsache; § 96 gilt entsprechend.**

I. Normzweck

1 Das Verfahren nach §§ 620ff. wird als unselbständiges Nebenverfahren der Ehesache angesehen und auch in Bezug auf die Kosten nicht als selbständiges Verfahren neben der Hauptsache behandelt. Die nach GKG und RVG entstehenden Kosten gelten deshalb als Teil der Kosten der Hauptsache, obwohl das Anordnungsverfahren besondere Gebührentatbestände auslöst. Diese Grundsätze gelten auch für die einstwAnO, bei denen § 620g entsprechend anzuwenden ist, also bei §§ 127a, 621f, 621g, 644 S. 1, § 3a Abs. 9 S. 3 VAHRG und § 15 IntFamRVG. In einstwAnO ergeht deshalb grds. keine Kostenentscheidung, so dass auch in der Kostenentscheidung zur Hauptsache über die Kosten des Anordnungsverfahrens mitentschieden wird (s. auch § 91 Rn. 3). Wenn bei der Kostenentscheidung nach § 620g Halbs. 2 nicht § 96 angewandt wird, können die Kosten der Hauptsache und des Anordnungsverfahrens nicht voneinander getrennt werden.

II. Kosten des Anordnungsverfahrens

2 **1. Kosten als Teil der Hauptsache.** Dieser Bestimmung ist zunächst zu entnehmen, dass in der Entscheidung zur einstwAnO keine Kostenentscheidung zu treffen ist. Ferner folgt aus ihr, dass wegen des Verbots

---

[27] Die Regelung wurde durch das UÄndG eingeführt.

[28] Insbesondere den Rang der Vollstreckung, s. OLG Frankfurt/M FamRZ 1989, 766; OLG Düsseldorf FamRZ 1991, 721, 722.

[29] Entsprechendes gilt bei Vergleichen.

[30] BGH NJW 1984, 2095 = FamRZ 1984, 767, 769; NJW-RR 1989, 709 = FamRZ 1989, 850; s.a. BGH FamRZ 1998, 951ff.; NJW 2000, 740, 742; aA *Olzen* FamRZ 1986, 1169; *Ditzen* FamRZ 1988, 349; *Zö/Philippi* Rn. 25.

der Kostentrennung die Kosten in gleicher Weise wie in der Hauptsache zu verteilen sind, unabhängig davon, ob und in welchem Umfang der Antrag auf Erlass einer einstwAnO erfolgreich war. Regelmäßig ist deshalb bei der Entscheidung über die Kosten der Hauptsache nach § 93a kein besonderer Ausspruch zu den Kosten vorzunehmen. Dies gilt auch, wenn nach § 620a Abs. 4 das Oberlandesgericht die Anordnung erlässt sowie im Verfahren nach § 620f Abs. 1 S. 2. Wird nach § 93a Abs. 1 S. 2 von der Grundregel der gegenseitigen Kostenaufhebung abgewichen und werden die Kosten nach einem anderen Verhältnis verteilt,[1] müssen die Kosten zur einstwAnO nach dem Grundsatz zur Scheidungssache selbst gegeneinander aufgehoben werden, falls nicht insoweit § 96 herangezogen wird.[2] Erfolgt eine **abweichende Kostenentscheidung** nach § 93a Abs. 1 Nr. 1, Abs. 3 S. 2 wegen unterschiedlicher wirtschaftlicher Verhältnisse, ergreift diese auch das Anordnungsverfahren.[3] Im Übrigen verdrängt § 620g in seinem Regelungsbereich § 98 (s. auch § 98 Rn. 5, 7).

2. Abweichung nach § 96. § 620g Halbs. 2 ermöglicht bei unzulässigen oder ganz bzw. teilweise unbegründeten Anordnungsanträgen eine **Abweichung von dem Grundsatz der Kostenaufhebung.** Dies hat das Gericht nach billigem Ermessen zu beurteilen; hierbei ist jeweils zu berücksichtigen, ob es dem **Antragsteller** möglich war, die Abweisung vorherzusehen oder diese erst auf Grund des Vorbringens des Antragsgegners im Anordnungsverfahren ausgelöst wurde.[4] Ist dagegen der **Antragsgegner** mit seinem Abweisungsantrag voll oder teilweise unterlegen, kann diese Regelung nicht dazu herangezogen werden, ihm die Kosten aufzuerlegen, weil § 96 eine Ausnahmeregelung darstellt.[5] Wird § 96 angewandt, ist über die Kosten der Ehesache und des Anordnungsverfahrens getrennt zu entscheiden. 3

3. Ausnahmen vom Verbot der selbständigen Kostenentscheidung. Die Entscheidung zur einstwAnO hat immer dann eine Kostenentscheidung zu enthalten, wenn in der Hauptsache eine solche nicht ergeht. Das kommt in Betracht, wenn ein **Prozesskostenhilfeverfahren** anhängig war, dem **kein Hauptsacheverfahren** folgt, oder die Hauptsache zur Ehesache nicht rechtshängig geworden ist. Auch in diesen Fällen hat sich die im Anordnungsverfahren erforderliche Kostenentscheidung an den §§ 93a, 96 zu orientieren, während der Ausgang des Anordnungsverfahrens bedeutungslos ist, falls nicht § 96 herangezogen wird. Wurde das **Prozesskostenhilfegesuch zurückgewiesen,** so entspricht dies der Abweisung des Antrags zur Ehesache, so dass der Antragsteller bzw. Kläger die Kosten des Verfahrens zu tragen hat, unabhängig davon, wer den Antrag nach §§ 620ff. gestellt hat. Entsprechendes gilt bei einer **Rücknahme** des Scheidungsantrages oder einer Klage vor ihrer Zustellung. Aber auch insoweit kann die Regelung des § 96 herangezogen werden. Eine weitere Ausnahme vom Verbot der selbständigen Kostenentscheidung ergibt sich, wenn die Kostenentscheidung zur Hauptsache **vor Abschluss des Anordnungsverfahrens** ergeht (s. a. § 620 Rn. 35). Auch insoweit muss nach den zuvor dargelegten Grundsätzen eine Kostenentscheidung im Anordnungsverfahren ergehen.[6] Wird das Hauptsacheverfahren durch einen Prozessvergleich iSd. § 794 Abs. 1 S. 1 abgeschlossen, ist regelmäßig davon auszugehen, dass auch die Kosten einer einstwAnO erfasst sind; hierfür spricht auch § 98 S. 1, 2. Wurde diese offenkundig übersehen, muss nachträglich über die Kosten entschieden werden. 4

4. Sonderfälle des Anordnungsverfahrens. Wird ein Antrag auf Erlass einer einstwAnO **zurückgenommen** oder **in der Hauptsache für erledigt erklärt,** gilt § 620g als lex specialis zu § 269 Abs. 3 S. 2, um einen einsichtigen Antragsteller nicht schlechter zu stellen als einen Antragsteller, der eine Abweisung seines Antrags hinnimmt.[7] Entsprechendes gilt auch bei einem das Anordnungsverfahren abschließenden **Vergleich;** haben die Parteien eine besondere Kostenregelung getroffen, kann diese nach § 93a Abs. 1 S. 3 übernommen werden. 5

5. Kostenentscheidung im Anordnungsverfahren. Ergeht entgegen des allgemeinen Grundsatzes im Anordnungsverfahren eine Kostenentscheidung, ist diese nicht anfechtbar, § 620c.[8] Ergeht die Entscheidung zur einstwAnO erst nach der Kostenentscheidung zu Hauptsache, ist diese für die einstwAnO nicht bindend. 6

6. Kosten des Beschwerdeverfahrens. Unterliegt der Beschwerdeführer mit der Beschwerde gegen eine einstwAnO, so sind ihm die Kosten des Beschwerdeverfahrens nach § 97 aufzuerlegen; diese Bestimmung geht § 620g vor.[9] Entsprechendes gilt, wenn die Beschwerde nur auf Grund **verspäteten Vorbringens** Erfolg hatte, das bereits im ersten Rechtszug hätte geltend gemacht werden können.[10] Hinsichtlich der Kosten des ersten Rechtszuges bleibt es bei dem allgemeinen Grundsatz des § 93a Abs. 1 (s. Rn. 2). Wird die **Beschwerde zurückgenommen,** gilt § 516 Abs. 3 entsprechend, um zu vermeiden, dass durch die Rücknahme § 97 umgangen wird.[11] Bei **Erklärung der Erledigung der Hauptsache** in der Beschwerdeinstanz wird teil- 7

[1] Wenn zB ein Ehegatte in einer Folgesache voll unterlegen ist.

[2] Indem ausdrücklich in der Kostenentscheidung zur Hauptsache bestimmt wird, dass die Kosten des Anordnungsverfahrens gegeneinander aufgehoben werden.

[3] So auch MK/*Finger* Rn. 3.

[4] ZB bei nicht rechtzeitigem Vorbringen von Verbindlichkeiten bei der Unterhaltsfestsetzung.

[5] *Johannsen/Henrich/Sedemund-Treiber* Rn. 4.

[6] OLG Frankfurt/M FamRZ 1990, 539, 540.

[7] MK/*Finger* Rn. 8; s. a. OLG Frankfurt/M FamRZ 1984, 720; aA OLG Düsseldorf FamRZ 1978, 910; OLG Karlsruhe Justiz 1981, 480.

[8] S. a. OLG Brandenburg FamRZ 2002, 964; OLG Karlsruhe FamRZ 2003, 965.

[9] OLG Karlsruhe FamRZ 1988, 855; Zö/Philippi Rn. 8.

[10] Zum FGG-Verfahren gilt nach § 13a Abs. 1 S. 2 FGG dies entsprechend.

[11] OLG Frankfurt/M FamRZ 1984, 720, 721; BayObLG FamRZ 1995, 184; MK/*Finger* Rn. 9.

weise § 91a herangezogen,[12] innerhalb dessen zu prüfen ist, ob § 97 entsprechend gilt oder der allgemeine Grundsatz des § 93a Abs. 1; teilweise wird auch § 620g angewandt.[13] Für die erstere Ansicht spricht, dass die Beschwerdeinstanz über die Kosten zu entscheiden hat und nicht das FamG, das ansonsten auch über die Kosten des Beschwerdeverfahrens zu entscheiden hätte. Hat die **Beschwerde Erfolg,** gelten nach § 620g die Beschwerdekosten als Teil der Kosten der Hauptsache. Die Beschwerdeentscheidung benötigt keinen Kostenausspruch, sondern allenfalls den Hinweis, dass die Beschwerdekosten als Teil der Kosten der Hauptsache gelten.

8 **7. Rechtsbehelf gegen Kostenentscheidung.** Wird in dem Hauptsacheverfahren über die Kosten der Ehesache und der einstwAnO entschieden, so kann die Kostenentscheidung nur angegriffen werden, wenn gegen die Hauptsache ein Rechtsmittel eingelegt wird, § 99. Dies gilt auch, wenn im Anordnungsverfahren selbst eine Kostenentscheidung ergangen ist. Besagt das Urteil zur Hauptsache nichts über die Kosten des Anordnungsverfahrens, kann nach § 321 ein **Urteilsergänzungsverfahren** beantragt werden; entsprechendes gilt, wenn im Anordnungsverfahren eine Kostenentscheidung hätte ergehen müssen (s. Rn. 4).

III. Streitwert, Kosten und Gebühren

9 **1. Überblick.** Die vereinfachte Form des Anordnungsverfahrens schlägt sich auf die Höhe der Gebühren (durch niedrige Gegenstandswerte) nieder; ferner wird das Anordnungsverfahren auch dann als ein einheitliches Verfahren behandelt, wenn mehrere getrennte Verfahren über unterschiedliche Regelungsgegenstände geführt werden oder über mehrere Abänderungsanträge zu entscheiden ist.

10 **2. Gegenstandswerte.** Für Anordnungsverfahren enthalten lediglich § 53 Abs. 2 GKG und § 24 RVG Wertbestimmungen. Ansonsten gelten die allgemeinen Bestimmungen nach § 48 GKG:

- **Sorgerechtsangelegenheiten nach § 620 Nr. 1–3:** Das GKG enthält keine Wertbestimmung, weil im ersten Rechtszug keine Gebühren anfallen. Für Anwaltsgebühren gilt § 24 RVG; Mindestwert 500,– €.
- **Unterhaltsregelungen nach § 620 Nr. 4, 6:** Nach § 53 Abs. 2 GKG als Wert der sechsmonatige Bezug; diese Regelung gilt auch für Anwaltsgebühren, § 24 RVG.
- **Regelungen des Getrenntlebens, § 620 Nr. 5:** IdR Gegenstandswert mit mindestens 500,– €.[14]
- **Anordnungen nach § 620 Nr. 7:** Bei Benutzung der **Ehewohnung** nach § 53 Abs. 2 S. 2 GKG; 2000,– €; bei **Hausratsgegenständen** gemäß § 53 Abs. 2 S. 2 GKG 1200,– €; entsprechendes gilt bei **Herausgabe und Benutzung von persönlichen Sachen** nach **§ 620 Nr. 8.**
- Anordnungen zum Prozesskostenvorschuss nach § 620 Nr. 9: IdR ist beantragte Wert maßgeblich.

11 **3. Gerichtskosten.** S. § 620a Rn. 25 und § 620c Rn. 14.

12 **4. Rechtsanwaltsgebühren.** S. § 620 Rn. 93ff.

Abschnitt 2. Allgemeine Vorschriften für Verfahren in anderen Familiensachen

Vorbemerkung

1 Regelungsgegenstand der Vorschriften des Zweiten Abschnitts sind die in § 621 Abs. 1 aufgeführten Verfahren. Die Vorschriften dieses Abschnitts (§§ 621 bis 621f) enthalten Sonderregelungen zu den allgemeinen Verfahrensbestimmungen. Insoweit entsprechen diese Bestimmungen den Regelungen des Ersten Abschnitts für Ehesachen nach §§ 606ff.

2 Das 1. EheRG hat die Zuordnung der in § 621 Abs. 1 aufgeführten Verfahren zur ZPO und zum FGG aufrechterhalten, so dass für die Verfahren nach § 621 Abs. 1 Nr. 4, 5, 8, 10 und 11 die ZPO und die Verfahren nach § 621 Abs. 1 Nr. 1–3, 6, 7, 9, 12 und 13 das FGG und die HausratsVO gelten (eing. vor § 606 Rn. 3). Die in diesem Abschnitt enthaltenen Verfahrensbestimmungen bezwecken neben der Vereinheitlichung des Rechtszuges auch eine Harmonisierung der Verfahrensregelungen auf niedrigem Niveau. Das geschieht für die FGG-Verfahren hinsichtlich des Rechtsmittelzuges durch § 621e und der Verfahrensregelungen durch § 621a Abs. 1 S. 2.

3 Der Regelungsbereich des Zweiten Abschnitts entspricht dem Katalog des § 23b Abs. 1 S. 2 Nr. 2–14 GVG, jedoch ohne Nr. 11.[1] Die hierin aufgeführten Verfahren nach §§ 10–12, 47 IntFamRVG betreffen vor allem die Verfahren des HaagKindEÜbk (§ 11)[2] und die Vollstreckung von Entscheidungen zur elterlichen Verantwortung gemäß Art. 21 Abs. 3, 28 Abs. 1 EheVO II, die Kinder verheirateter und nicht verheirateter Eltern erfasst. Das Verfahren ergibt sich aus § 14 Nr. 2 IntFamRVG und folgt den Regeln bei selbständigen FGG-Verfahren nach §§ 621a Abs. 1, 621c, 621f.

4 Der in § 621 Abs. 1 enthaltene Katalog der familiengerichtlichen Verfahren wurde auf Grund der Zielsetzung des KindRG, die Unterscheidung zwischen ehelichen und Kindern nicht verheirateter Eltern weitgehend zu beseitigen (eingehend vor § 606 Rn. 5), um wesentliche Bereiche erweitert. Wegen der Einzelheiten wird auf die Vorauflage verwiesen.

---

[12] So MK/*Finger* Rn. 10; OLG Brandenburg NJW-RR 1996, 771; OLG Jena FamRZ 1996, 880.
[13] Zö/*Philippi* Rn. 9 m. weit. Nachw.
[14] OLG Frankfurt/M Rpfleger 1980, 240.
[1] Eingeführt durch das SorgeRÜbkAG.
[2] Zur Zulassung der Rechtsbeschwerde BGH FamRZ 1998, 1507; FamRZ 2001, 1706; Rn. 46; § 621e Rn. 27.

In dem KindUG werden die allgemeinen materiellen und prozessualen Regelungen zum Kindesunterhalt und die Sonderregelungen zum Unterhalt für Kinder nicht verheirateter Eltern weitgehend vereinheitlicht (eingehend Vorb. vor § 606 Rn. 14). 5

621 *Zuständigkeit des Familiengerichts; Verweisung oder Abgabe an Gericht der Ehesache*

(1) Für Familiensachen, die
1. die elterliche Sorge für ein Kind, soweit nach den Vorschriften des Bürgerlichen Gesetzbuchs hierfür das Familiengericht zuständig ist,
2. die Regelung des Umgangs mit einem Kind, soweit nach den Vorschriften des Bürgerlichen Gesetzbuchs hierfür das Familiengericht zuständig ist,
3. die Herausgabe eines Kindes, für das die elterliche Sorge besteht,
4. die durch Verwandtschaft begründete gesetzliche Unterhaltspflicht,
5. die durch Ehe begründete gesetzliche Unterhaltspflicht,
6. den Versorgungsausgleich,
7. Regelungen nach der Verordnung über die Behandlung der Ehewohnung und des Hausrats,
8. Ansprüche aus dem ehelichen Güterrecht, auch wenn Dritte am Verfahren beteiligt sind,
9. Verfahren nach den §§ 1382 und 1383 des Bürgerlichen Gesetzbuchs,
10. Kindschaftssachen,
11. Ansprüche nach den §§ 1615 l, 1615 m des Bürgerlichen Gesetzbuchs,
12. Verfahren nach § 1303 Abs. 2 bis 4, § 1308 Abs. 2 und § 1315 Abs. 1 Satz 1 Nr. 1, Satz 3 des Bürgerlichen Gesetzbuchs,
13. Maßnahmen nach den §§ 1 und 2 des Gewaltschutzgesetzes, wenn die Beteiligten einen auf Dauer angelegten gemeinsamen Haushalt führen oder innerhalb von sechs Monaten vor Antragstellung geführt haben,

betreffen, ist das Familiengericht ausschließlich zuständig.

(2) [1]Während der Anhängigkeit einer Ehesache ist unter den deutschen Gerichten das Gericht, bei dem die Ehesache im ersten Rechtszug anhängig ist oder war, ausschließlich zuständig für Familiensachen nach Absatz 1 Nr. 5 bis 9; für Familiensachen nach Absatz 1 Nr. 1 bis 4 und 13 gilt dies nur, soweit sie betreffen
1. in den Fällen der Nummer 1 die elterliche Sorge für ein gemeinschaftliches Kind einschließlich der Übertragung der elterlichen Sorge oder eines Teils der elterlichen Sorge wegen Gefährdung des Kindeswohls auf einen Elternteil, Vormund oder Pfleger,
2. in den Fällen der Nummer 2 die Regelung des Umgangs mit einem gemeinschaftlichen Kind der Ehegatten nach den §§ 1684 und 1685 des Bürgerlichen Gesetzbuchs oder des Umgangs eines Ehegatten mit einem Kind des anderen Ehegatten nach § 1685 Abs. 2 des Bürgerlichen Gesetzbuchs,
3. in den Fällen der Nummer 3 die Herausgabe eines Kindes an den anderen Elternteil,
4. in den Fällen der Nummer 4 die Unterhaltspflicht gegenüber einem gemeinschaftlichen Kind mit Ausnahme von Vereinfachten Verfahren zur Abänderung von Unterhaltstiteln,
5. in den Fällen der Nummer 13 Anordnungen gegenüber dem anderen Ehegatten.

[2]Ist eine Ehesache nicht anhängig, so richtet sich die örtliche Zuständigkeit nach den allgemeinen Vorschriften.

(3) [1]Wird eine Ehesache rechtshängig, während eine Familiensache der in Absatz 2 Satz 1 genannten Art bei einem anderen Gericht im ersten Rechtszug anhängig ist, so ist diese von Amts wegen an das Gericht der Ehesache zu verweisen oder abzugeben. [2]§ 281 Abs. 2, 3 Satz 1 gilt entsprechend.

Übersicht

I. Normzweck

1 Das 1. EheRG hat den Familiengerichten nicht durchgängig alle Verfahrensarten, die zwischen Ehegatten oder einem Elternteil und einem ehelichen Kind auftreten können, zugewiesen, sondern neben den in den §§ 606ff. geregelten Ehesachen die **anderen Familiensachen** nach dem numerisch aufgezählten Katalog des § 621 Abs. 1 Nr. 1–9. Maßgebend für die Annahme einer anderen Familiensache nach dem bis 30. 6. 1998 bestehenden Rechtszustand war in erster Linie das materielle Rechtsverhältnis zwischen (geschiedenen) Ehegatten oder Eltern und ihren ehelichen Kindern, dagegen nicht in jedem Fall der Personenkreis der (ehelichen) Familie. Dies zeigt sich bei kraft Gesetzes übergegangenen Unterhaltsansprüchen sowie bei güterrechtlichen Ansprüchen. Der in Abs. 1 enthaltene **Katalog** wurde durch das KindRG sowie KindUG um

die **Kindschaftssachen** (Nr. 10) sowie die Rechtsstreitigkeiten über Ansprüche nach **§§ 1615l, 1615m BGB erweitert.** Ferner wurden die Verfahren für nichteheliche Kinder sowie sämtliche auf **Verwandtschaft** beruhende **Unterhaltsklagen** dem Regelungsbereich des § 621 Abs. 1 zugewiesen sowie durch das BtÄndG die Befreiungszuständigkeit im Eheschließungsrecht vom Vormundschaftsgericht auf das FamG verlagert. Ergänzt wurde dieser Katalog durch die Verfahren nach dem Gewaltschutzgesetz (Nr. 13; s. Rn. 88a). Nicht vollständig verwirklicht wurden die seit Einführung des 1. EheRG immer wieder diskutierten Pläne eines **großen Familiengerichts,** was im Hinblick auf die vermögensrechtlichen Ansprüche zwischen Ehegatten außerhalb des ehelichen Güterrechts dringend geboten wäre, immerhin aber durch die Übernahme zahlreicher bisher den Vormundschaftsgerichten zugewiesener Verfahren in den Katalog des § 621 Abs. 1 teilweise verwirklicht wurde. Diese Pläne sollen durch den Entwurf eines Gesetzes zur Reform des Verfahrens in Familiensachen und in den Angelegenheiten der freiwilligen Gerichtsbarkeit vom 10. 5. 2007 (§§ 266ff. FamFG – E) realisiert werden.[1]

II. Die Bestimmung des Rechtsstreits als Familiensache

1. Abgrenzungskriterien. Die Zuordnung eines Verfahrens, das sich auf den Personenkreis von Ehegatten und ihren ehelichen Kindern, nichtehelichen Kindern und ihren Eltern sowie der Verwandtschaft (bei Unterhaltsklagen) bezieht[2], richtet sich in ZPO-Familiensachen nach der **Begründung des geltend gemachten Anspruchs.**[3] Entsprechendes gilt für Verfahren nach der HausratsVO.[4] In Fällen einer Auslandsbeziehung beurteilt sich die Einordnung als Familiensache nach deutschem Recht als der lex fori.[5] Ohne Bedeutung für die Zuordnung ist dagegen, auf welche (materiell-rechtliche) Grundlage der Prozessgegner seine Einwendung stützt, also zB einen güterrechtlichen Anspruch gegen einen allgemeinen schuldrechtlichen Anspruch nach § 426 BGB zur **Aufrechnung** stellt (s. § 145 Rn. 10ff.).[6] Umgekehrt kann in einem güterrechtlichen oder unterhaltsrechtlichen Verfahren mit einer nichtfamilienrechtlichen Forderung aufgerechnet werden, ohne dass das Verfahren seinen Charakter als Familiensache verliert. In diesem Fall ist das Prozessgericht befugt, über diese Gegenforderung zu entscheiden; es kann aber auch das Verfahren nach § 148 aussetzen und dem Beklagten eine Frist setzen, innerhalb derer er die zur Aufrechnung gestellte Forderung vor dem zuständigen Gericht geltend zu machen hat.[7] Daneben ist ein Antrag nach §§ 145 Abs. 3, 302 möglich, um ein Vorbehaltsurteil zu erlangen.[8] 2

Nicht zulässig ist eine **objektive Klagehäufung** nach § 260, indem eine Familiensache und eine Nichtfamiliensache in einem Verfahren zur Entscheidung gestellt werden, also zB ein güterrechtlicher Anspruch und ein Anspruch nach § 426 Abs. 1 BGB oder eine Nutzungsentschädigung für die eheliche Wohnung nach §§ 741, 745 BGB. In einem solchen Fall ist die Nichtfamiliensache abzutrennen und an das zuständige Gericht zu verweisen oder abzugeben.[9] Gleiches gilt für eine Widerklage, die auf einen nichtfamilienrechtlichen Anspruch gestützt wird.[10] Hiervon zu unterscheiden ist der Fall, dass die Klage nur auf verschiedene Anspruchsgrundlagen gestützt wird, aber ein **einheitlicher Sachverhalt** vorliegt. Ist für eine Anspruchsgrundlage das FamG zuständig, so hat es wegen des **Sachzusammenhangs** auch über die andere nichtfamilienrechtliche Anspruchsgrundlage zu entscheiden.[11] 3

2. Im Zusammenhang mit dem Familienrecht stehende Ansprüche. Für die Einordnung als Familiensache iSd. § 621 Abs. 1 ist nicht erforderlich, dass die Anspruchsgrundlage unmittelbar aus dem Familienrecht abgeleitet werden kann. Es reicht für die Annahme einer Familiensache aus, wenn der **Schwerpunkt des Begehrens** in den in § 621 Abs. 1 aufgeführten Rechtsbereichen liegt.[12] Der vom BGH zu § 621 Abs. 1 Nr. 5 geprägte Rechtssatz,[13] wonach grds. alle Ansprüche unter diese Bestimmung fallen, deren „Zuweisung in den Zuständigkeitsbereich des Familienrechts nach Sinn und Zweck der genannten Norm geboten erscheint", führt dazu, dass auch Ansprüche im „Gewand" eines Befreiungs-, Bereicherungs- oder Schadensersatzanspruches von § 621 Abs. 1 erfasst werden, wenn sie ihre **Wurzel im unterhaltsrechtlichen Verhältnis** der Ehegatten zueinander haben. Hieraus ergibt sich, dass ein rechtsgrundlos gezahlter Unterhalt, der nach § 812 BGB zurückgefordert wird,[14] ebenso eine Familiensache nach § 621 Abs. 1 Nr. 5 darstellt wie etwa Ansprüche auf Befreiung von Krankenkosten und Zahlung von Krankentagesgeldern, die im Rahmen einer Fa- 4

---

[1] BR-Drucks. 309/07.
[2] Zu den Ausnahmen nach § 621 Abs. 1 Nr. 8 und dem SorgeRÜbkAG s. o. Vorb.
[3] Ständige Rspr. BGH NJW 1980, 2476 = FamRZ 1980, 988; FamRZ 1984, 35, 36; FamRZ 1992, 538.
[4] S. zB OLG Hamm FamRZ 1990, 54f.; BGH FamRZ 1992, 538 (Vollstreckungsgegenklage nach § 767 gegen den Kostenfestsetzungsbeschluss in einer Hausratssache, der deren Rechtscharakter teilt); s. ferner FamRZ 1978, 585; zur Abgrenzung zu allgemeinen zivilrechtlichen Verfahren s. Rn. 75.
[5] BGH NJW 1983, 1913 = FamRZ 1983, 155, 156; OLG Hamm FamRZ 1993, 211f.
[6] BGH NJW-RR 1989, 173, 174 = FamRZ 1989, 166.
[7] BGH (Fn. 5).
[8] BayObLG FamRZ 1985, 1057, 1059; FamRZ 2003, 1569.
[9] Möglich ist auch die Abgabe einer Vormundschaftssache an das Vormundschaftsgericht.
[10] BGH NJW 1979, 426 = FamRZ 1979, 215, 217; zum hilfsweise gestellten Antrag s. BGH NJW 1981, 2417 = FamRZ 1981, 1047.
[11] BGH FamRZ 1983, 155 m. Anm. v. *Walter* S. 363.
[12] BGH NJW 1994, 1416 = LM Nr. 20 = FamRZ 1994, 626.
[13] BGHZ 71, 264, 273ff. = NJW 1978, 1531 = FamRZ 1978, 582.
[14] BGH NJW 1978, 1531 = FamRZ 1978, 582; NJW 1994, 1416 = FamRZ 1994, 626.

milienversicherung für den begünstigten Ehegatten angefallen sind.[15] Gleiches gilt für übergeleitete Unterhaltsansprüche auf einen Sozialhilfeträger gemäß § 33 SGB II, § 94 SGB XII, § 7 Abs. 1 UntVorschG (s. Rn. 62, 64). Ein **sachlicher Zusammenhang** besteht bei **Auskunftsansprüchen** aus § 242 BGB, die der Durchsetzung eines familienrechtlichen Anspruchs dienen,[16] wozu auch die Auskunftsklage des Scheinvaters gegen die Kindsmutter zur Geltendmachung eines Regressanspruchs gemäß § 1607 Abs. 3 BGB gehört,[17] Ansprüchen aus **Verzugs- oder Prozesszinsen** aus einem Unterhalts- oder güterrechtlichen Anspruch, Ansprüchen aus **Verträgen,** durch die der gesetzliche Unterhaltsanspruch konkretisiert sowie **Vergleichen und Vereinbarungen,** durch die ein familienrechtliches Verhältnis inhaltlich ausgestaltet wurde (s. auch Rn. 61),[18] dem **familienrechtlichen Ausgleichsanspruch** aus Unterhalt eines Ehegatten gegen den anderen,[19] **Schadensersatzansprüchen** wegen Verweigerung der Zustimmung der Geltendmachung des Realsplittings nach § 10 Abs. 1 Nr. 1 EStG[20] und der entsprechenden Freistellungsverpflichtung des Unterhaltspflichtigen,[21] Anspruch des Unterhaltsberechtigten auf Erstattung der Steuernachteile aus § 10 Abs. 1 Nr. 1 EStG,[22] sowie aus **Verträgen** und Vereinbarungen wegen Schlecht- oder Nichterfüllung, in denen ein familienrechtlicher Anspruch näher ausgestaltet wird.[23] Entsprechendes gilt für sonstige Ansprüche aus einem familienrechtlichen Rechtsverhältnis (insbesondere aus Güterrecht); dies betrifft auch Ansprüche gegen Dritte nach §§ 1365, 1368 BGB sowie § 1390 BGB. Auch für **Verfahren nach dem FGG** ist ein sachlicher Zusammenhang anzunehmen, so bei dem Antrag des Vormunds auf Herausgabe eines minderjährigen Kindes gegen die Eltern, weil sämtliche Sorgerechtsverfahren dem FamG zugewiesen sind.[24] Die **Klammerwirkung des Sachzusammenhangs** eines Anspruches mit dem Familienrecht greift aber nur dann durch, wenn eines der in § 23b Abs. 1 S. 2 GVG aufgeführten Rechtsverhältnisse betroffen ist. Sie wird dann nicht wirksam, wenn der Rechtsgrund des Anspruchs sich aus § 1353 BGB ableitet, so die **Teilhabe** an der **Einkommensteuer,**[25] auch wenn diese zum unterhaltspflichtigen Einkommen zählt, die Klage auf Übertragung des **KfZ-Schadenfreiheitsrabatts** auf einen anderen Ehegatten,[26] der Ausgleich der **Steuerrückerstattung**[27] sowie sonstige **vermögensrechtliche Ausgleichsansprüche** unter Ehegatten;[28] hierzu gehört vor allem der Anspruch auf Nutzungsentschädigung nach § 745 Abs. 2 BGB[29] sowie ein Schadensersatzanspruch wegen der Verfügung eines Ehegatten über das Vermögen des anderen nach §§ 823 ff. BGB[30] oder nach § 826 BGB[31] wegen der Übertragung des Betriebes des Unterhaltspflichtigen auf einen Dritten ohne Gegenleistung, da der Rechtsgrund in der sittenwidrigen Schädigung liegt. Nicht eindeutig ist die Zuordnung einer Klage auf Schadensersatz wegen **Vereitelung der Umgangsbefugnis** eines Elternteils gegen den anderen.[32] Der Grundsatz des Sachzusammenhangs spricht für eine Qualifizierung als andere Familiensache im Sinne des § 621 Abs. 1; dass dieser im zivilprozessualen Verfahren geltend zu machen ist, steht dem nicht entgegen, weil die Verfahrensart durch § 621 Abs. 1 bestimmt wird. Ein weiterer Abgrenzungsbereich zwischen Familiensachen und allgemeinen zivilprozessualen Verfahren ergibt sich aus dem **GewSchG** (zum Normzweck s. Rn. 88a). Die nach §§ 23a Nr. 7, 23b Nr. 8a GVG dem FamG zugewiesenen Verfahren, die gemäß § 64b Abs. 1 FGG als FGG-Verfahren zu führen sind, werden dadurch von allgemeinen Zivilsachen abgegrenzt, dass die Beteiligten einen **auf Dauer angelegten Haushalt** führen oder innerhalb der letzten sechs Monate vor Antragstellung geführt haben; sie sind dann Familiensache, wenn die zeitlichen Voraussetzungen vorliegen. Das GewSchG regelt damit nur einen Ausschnitt aus dem Bereich der Unterlassungsansprüche nach §§ 823, 1004 BGB. Soweit solche Ansprüche bestehen, ohne dass die in § 23b Abs. 1 Nr. 8a GVG genannten Voraussetzungen vorliegen, bleiben die **allgemeinen Zivilgerichte zuständig.** Zudem bestimmt § 3 Abs. 2 GewSchG, dass weiter gehende Ansprüche des Verletzten auf Grund der Tat gegen den Täter durch dieses Gesetz nicht ausgeschlossen werden; hierbei handelt es sich v. a. um Abwehransprüche aus der Verletzung des allgemeinen Persönlichkeitsrechts, insbesondere aber Schadenersatz- und Schmerzensgeldansprüche, die weiterhin bei den allgemeinen Zivilgerichten einzuklagen sind.

---

[15] S. a. Beispiel in BGH FamRZ 1981, 1045.

[16] OLG Hamm NJW-RR 1991, 1349; s. dagegen auch BGH NJW 1984, 2040 = FamRZ 1984, 465 (kein familienrechtlicher Anspruch).

[17] OLG Hamm FamRZ 2005, 1844.

[18] BGH NJW 1979, 2046 = FamRZ 1979, 907, 910; BayObLG FamRZ 1983, 1246 (Sicherung des Unterhalts durch Lebensversicherung); OLG Zweibrücken FamRZ 1997, 32 (Kosten der Vollziehung einer Vereinbarung zur Umgangsbefugnis eines Elternteils).

[19] S. OLG Rostock FamRZ 2003, 933.

[20] OLG Köln FamRZ 1986, 1111; OLG Düsseldorf FamRZ 1990, 160.

[21] OLG Hamm FamRZ 1987, 489; dagegen nicht die Klage auf Zustimmung zur gemeinsamen Veranlagung zur Einkommenssteuer, OLG Hamm FamRZ 1991, 1070; s. a. OLG Naumburg FamRZ 2000, 165.

[22] S. BGH FamRZ 2008, 40 zum EuGVVO.

[23] BGH NJW 1994, 1416 = FamRZ 1994, 626 (gesetzliche Unterhaltspflicht); OLG Köln FamRZ 1993, 713 (güterrechtlicher Anspruch); OLG Köln FamRZ 1986, 1111 (Verweigerung der Zustimmung zum Realsplitting nach § 10 Abs. 1 Nr. 1 EStG), OLG Hamm NJW-RR 1991, 1349 (sittenwidrige Schädigung bei Geltendmachung familienrechtlicher Ansprüche).

[24] OLG Hamm FamRZ 2005, 1845.

[25] BGH FamRZ 1980, 545.

[26] OLG Köln FamRZ 2003, 622.

[27] LG Hannover FamRZ 2002, 29.

[28] *OLG* Koblenz FamRZ 2002, 1344 – Ausgleich nach Art. 187 türkisches ZGB – Gesamtschuldnerausgleich.

[29] OLG Brandenburg FamRZ 2001, 427; Rn. 80.

[30] OLG Brandenburg FamRZ 2007, 293.

[31] BGH FamRZ 2001, 86.

[32] S. BGH FamRZ 2002, 1099; *Bernau* FamRZ 2007, 248, 250; FamRZ 2007, 953; *Weychardt* FamRZ 2007, 952.

3. Zuordnung auf Grund verfahrensrechtlichen Zusammenhangs. Abänderungsklagen nach § 323 in Unterhaltssachen sind Familiensachen, wenn der titulierte Anspruch auf einem gesetzlichen Unterhaltsanspruch beruht, also Familiensache ist.[33] Entsprechendes gilt für **Vollstreckungsgegenklagen** nach § 767, wenn der titulierte Anspruch Familiensache ist[34] und für eine Klage aus § 826 BGB, mit der der Schuldner sich gegen die Vollstreckung einer Familiensache wehrt[35] sowie die **negative Feststellungsklage** des Unterhaltsschuldners, dass der Vollstreckungstitel keinen vollstreckbaren Inhalt hat,[36] ebenso, dass ein Ehevertrag nach § 138 BGB unwirksam ist.[37] Keine Familiensachen sind dagegen solche Verfahren, die dem Vollstreckungsgericht und nicht dem Prozessgericht zugewiesen werden, also Erinnerungen nach § 766 oder Rechtsmittel gegen einen Pfändungs- und Überweisungsbeschluss in einer Unterhaltssache, die Auskunftsklage gegen einen Drittschuldner.[38] Die Drittwiderspruchsklage nach § 771 ist dann Familiensache, wenn das die Veräußerung hindernde Recht seinen Ursprung im Familienrecht hat.[39] **Arreste** und **einstwVfg.** sind Familiensachen, wenn mit ihnen ein familienrechtlicher Anspruch gesichert werden soll. 5

Zwischen- und Nebenverfahren sind dann Familiensachen, wenn auch das Ausgangsverfahren eine Familiensache ist, so das Verfahren zur Bewilligung von **Prozesskostenhilfe** und das **Beweissicherungsverfahren,** soweit es sich auf eine anhängige Familiensache bezieht (ansonsten das allgemeine Zivilgericht, § 486 Abs. 3), dagegen nicht die Vergütung für Beratungshilfe, auch wenn diese sich auf eine Familiensache bezog,[40] Ablehnungsgesuche gegen Richter und Sachverständige, ferner Verfahren über den Streitwert und die Kostenfestsetzung.[41] Macht ein Rechtsanwalt sein **Honorar** aus einer **Familiensache** geltend, liegt eine allgemeine Zivilsache vor, da deren Rechtsgrundlage in dem Mandatsverhältnis liegt.[42] 6

Die Verfahren zur **Vollziehung von FGG-Familiensachen** sind ebenfalls Familiensachen, so bei einer **Entscheidung zum Versorgungsausgleich** im Falle der Anordnung einer Beitragszahlung zur gesetzlichen Rentenversicherung nach § 3b Abs. 1 Nr. 2 VAHRG oder eines Abfindungsbetrages nach § 1587l Abs. 1, 3 BGB, was nach § 53g Abs. 3 FGG erfolgt. Ferner gehört hierzu die Vollziehung der Verpflichtung zur Erteilung einer Auskunft über die Versorgungsanrechte nach §§ 1587e Abs. 1, 1587k Abs. 1 BGB, die nach § 888 und bei einer gerichtlichen Anordnung zur Auskunftserteilung gemäß § 11 VAHRG nach § 33 FGG erfolgt. Entscheidungen zur **Herausgabe eines Kindes** oder zur **Umgangsbefugnis** eines Elternteils werden ebenfalls nach § 33 FGG vollzogen, indem ein Zwangsgeld angedroht und eingezogen wird.[43] **Vereinbarungen zur Umgangsbefugnis** können ohne deren Übernahme in eine Entscheidung des FamG nicht vollzogen werden, es sei denn, das Gericht macht sich diese im Rahmen des Verfahrens nach § 33 FGG zu Eigen.[44] 7

4. Vollstreckung ausländischer Titel. Die Vollstreckung eines ausländischen Titels in einer Unterhalts- oder Güterrechtssache ist nach Auffassung des BGH[45] Familiensache, weil in dem Verfahren zur Erklärung der Vollstreckbarkeit dieselben Einwendungen wie bei einer Vollstreckungsgegenklage, die Familiensache ist (s. Rn. 5), erhoben werden können und i. Ü. sich der Schuldner auf einen Verstoß gegen den deutschen ordre public berufen kann.[46] Besondere Regelungen gelten für das **Auslandsunterhaltsgesetz** (AUG), mit dem gerichtliche Unterhaltsentscheidungen entsprechend §§ 722 Abs. 1, 723 Abs. 1 für vollstreckbar erklärt werden können. Im Rahmen des § 10 Abs. 3 AUG sind die Familiengerichte zuständig. Dies gilt auch für die Vollstreckbarkeitserklärung einer ausländischen Entscheidung **zur Herausgabe eines Kindes** an den anderen Elternteil.[47] Besonderheiten gelten für das HUVÜ 1958, das im Verhältnis zu Belgien, Dänemark, Liechtenstein, Surinam, Slowakei, Tschechien, Österreich und Ungarn noch in Kraft ist und für das das Ausführungsgesetz zum Haager Vollstreckungsabkommen gilt. Hierfür ist das FamG zuständig.[48] An dessen Stelle ist ab 1. 4. 1987 das HUVÜ 1973 getreten; für die Vollstreckbarkeitserklärung in dessen Geltungsbereich ist das **Landgericht ausschließlich zuständig,** in dessen Bezirk der Schuldner seinen Wohnsitz hat.[49] 8

Das EuGVÜ, das die internationale Zuständigkeit insbesondere für Unterhaltssachen regelte (Art. 5 Abs. 2), wurde mit Wirkung ab 1. 3. 2002 durch die weitgehend inhaltsgleiche Verordnung (EG) Nr. 44/2000 des Rates vom 22. 12. 2000 über die gerichtliche Zuständigkeit und die Anerkennung und Vollstreckung von Entscheidungen in Zivil- und Handelssachen (EuGVO) abgelöst (s. Rn. 93). Diese verdrängt 9

---

33 BGH NJW 1982, 941 = FamRZ 1982, 262 (Unterhaltsrente zur Abgeltung eines güterrechtlichen Anspruchs).
34 Ständige Rspr. BGH NJW 1978, 1811 = FamRZ 1978, 672; zu Titeln vor dem 1. 7. 1977 BGH NJW 1980, 188 = FamRZ 1980, 47; s. a. BGH FamRZ 1992, 538 (Vollstreckungsgegenklage gegen Kostenfestsetzungsbeschluss aus einer Hausratssache).
35 OLG Karlsruhe FamRZ 1982, 400.
36 OLG Karlsruhe FamRZ 2005, 377.
37 BGH NJW 2005, 1370 = FamRZ 2005, 691; OLG Düsseldorf FamRZ 2005, 282; s. a. § 256 Rn. 12.
38 OLG Nürnberg FamRZ 1979, 524.
39 BGH NJW 1985, 3066 = FamRZ 1985, 903 m. weit. Nachw. (zu § 1477 BGB); s. aber OLG Stuttgart FamRZ 1982, 401 (zu § 1365 BGB).
40 BGH NJW 1985, 2537 = FamRZ 1984, 774.
41 BGH FamRZ 1981, 19, 21; FamRZ 1992, 527 Nr. 278.
42 BGH NJW 1986, 1178 = FamRZ 1986, 347.
43 BGH FamRZ 1986, 789; FamRZ 1990, 35 f.; s. a. Rn. 42.
44 BGH NJW-RR 1989, 195 = FamRZ 1988, 277 m. weit. Nachw.; s. a. Rn. 40.
45 BGHZ 88, 113 = NJW 1983, 2775 = FamRZ 1983, 1008; BGH NJW 1986, 1440 = FamRZ 1986, 45; aA *Schütze* NJW 1983, 154 (allgemeine Prozessabteilung des Amtsgerichts).
46 BGHZ 88, 113 = NJW 1983, 2775 = FamRZ 1983, 1008; FamRZ 1986, 45; 1988, 491; 1990, 868.
47 BGHZ 88, 113 = NJW 1983, 2775 = FamRZ 1983, 1008; OLG München FamRZ 1993, 349.
48 BGH FamRZ 1985, 1018; OLG Hamm FamRZ 1989, 1199; s. a. *Henrich* IPRax 1985, 207.
49 KG FamRZ 1990, 1376; OLG Köln FamRZ 1996, 115 f.; *Gottwald* FamRZ 1990, 179.

§ 23a. Nach Art. 33 EuGVO werden die in einem anderen Mitgliedstaat ergangenen Entscheidungen **unmittelbar anerkannt,** ohne dass es hierfür eines besonderen Verfahrens bedarf (zur Vollstreckbarerklärung s. Art. 38 EuGVO). Zur Zuständigkeit von Verfahren zur elterlichen Verantwortung und deren Vollstreckung wird auf Vorb. Rn. 3 sowie Rn. 90 verwiesen.

III. Ausschließliche sachliche Zuständigkeit, Abs. 1

10 § 621 Abs. 1 bestimmt für die aufgeführten Verfahren die **ausschließliche** sachliche Zuständigkeit der Amtsgerichte – Familiengerichte. § 23a Nr. 2 und 5 GVG legen bereits für die ZPO-Verfahren die sachliche Zuständigkeit für Amtsgerichte fest; Gleiches gilt nach § 64 Abs. 1 FGG und § 11 Abs. 1 HausratsVO für die restlichen Verfahren des Abs. 1. § 23b Abs. 1 S. 2 GVG bedeutet danach eine ausschließliche gerichtsinterne Regelung der Zuständigkeit (s. a. Rn. 32);[50] diese Zuordnung zum FamG stellt eine **gesetzliche Geschäftsverteilung** innerhalb des Amtsgerichts dar, dagegen nicht eine sachliche Zuständigkeit und bindet deshalb auch das Präsidium des Amtsgerichts (zu Verstößen s. Rn. 26ff.).

IV. Örtliche Zuständigkeit nach Abs. 2

11 **1. Örtliche Zuständigkeit bei Anhängigkeit einer Ehesache, Abs. 2 S. 1. a) Grundgedanke.** In § 621 Abs. 2, 3 ist die örtliche Zuständigkeit des Familiengerichts geregelt; sie wird in Abs. 2 S. 1 hinsichtlich der dort aufgeführten Verfahren als **ausschließliche** angeordnet, so dass ein anderes Gericht nicht durch Prorogation oder rügelose Einlassung zuständig werden kann, § 40 Abs. 2. **Zweck** dieser Regelung ist es, alle Verfahren einer Familie bei einem Gericht zusammenzufassen, damit diese mit besonderer Sachkenntnis und geringem verfahrensmäßigen Aufwand bearbeitet werden können. Gleichzeitig wird hierin der Verbundgedanke des § 623 Abs. 1–3 gestärkt, da den Ehegatten durch eine Verfahrenskonzentration einerseits die Folgen der Auflösung der Ehe vor Augen geführt und andererseits sie durch eine Zersplitterung des Verfahrens insbesondere seelisch, aber auch wirtschaftlich nicht zu stark belastet werden sollen. Abs. 2 S. 1 bestimmt, für welche Familiensachen nach Abs. 1 Nr. 1 bis 9, 13 der **ausschließliche örtliche Gerichtsstand der Ehesache** gilt. S. 1 Halbs. 1 weist sämtliche Familiensachen des Abs. 1 Nr. 5 bis 9 (**ZPO-Familiensachen**) dem Gericht der Ehesache zu. Ist nach Anhängigkeit eines Scheidungsantrages der Unterhalt für ein gemeinschaftliches Kind (verheirateter Eltern) gerichtlich geltend zu machen, ist hierfür unabhängig vom Gerichtsstand des Beklagten das Gericht der Ehesache ausschließlich zuständig. Entsprechendes gilt, wenn ein Anspruch auf vorzeitigen Zugewinn nach §§ 1385, 1386 BGB sowie ein Sicherungsanspruch nach § 1389 BGB geltend gemacht wird. Lediglich Nr. 2 erweitert die ausschließliche Zuständigkeit auf die Umgangsbefugnis mit einem Kind des anderen Ehegatten (§ 1685 Abs. 2 BGB – Stiefkind). Für die Familiensachen nach Abs. 1 Nr. 1 bis 4 erfolgt dagegen nur teilweise eine Zuweisung an das Gericht der Ehesache, nämlich nur soweit ein gemeinschaftliches Kind betroffen ist. Diese Regelung ist in Nr. 5 durch die in Abs. 1 Nr. 13 genannten Verfahren nach dem GewSchG, soweit Ehegatten beteiligt sind, erweitert worden (s. Rn. 88a). Zu beachten ist ferner § 13 IntFamRVG, der ebenfalls eine Zuständigkeitskonzentration zur internationalen Zuständigkeit enthält (s. Rn. 18).

12 **b) Konzentrationswirkung der Ehesache; beschränkte Zuweisung in FGG – Familiensachen und beim Kindesunterhalt.** Nach Abs. 2 bestimmt sich die örtliche Zuständigkeit danach, ob eine Ehesache anhängig ist oder nicht. Eine anhängige Ehesache (iSd. § 606 Abs. 1 S. 1) zieht während ihrer Anhängigkeit alle anderen Verfahren des Regelungsbereichs des Abs. 1 unabhängig von den allgemeinen Zuständigkeitsbestimmungen an sich. Nach Abs. 2 Halbs. 2 Nr. 1 bis 5, werden die in Abs. 1 Nr. 1 bis 4, 13 bezeichneten Verfahren der ausschließlichen Zuständigkeit des FamG nur für diejenigen Familiensachen zugewiesen, die mit der Ehesache in **innerem Zusammenhang** stehen oder weil aus sonstigen Gründen ein **Sachzusammenhang** besteht, der eine einheitliche Zuständigkeit sinnvoll macht. Diese Abgrenzung ist erforderlich, weil Abs. 1 Nr. 1 nicht nur eheliche Kinder erfasst. **Nummer 1** begründet hierzu die ausschließliche Zuständigkeit des Gerichts der Ehesache bei dem Antrag eines Elternteils auf Übertragung der **alleinigen elterliche Sorge** nach § 1671 Abs. 1 BGB sowie bei Verfahren, die auf die Übertragung der elterliche Sorge oder eines Teils davon für ein gemeinschaftliches Kind auf einen Vormund oder Pfleger wegen Gefährdung des Kindeswohls gerichtet sind. **Nummer 2** erfasst neben den Fällen des § 1684 BGB ferner die Fälle des § 1685 Abs. 1 BGB (Umgangsbefugnis der Großeltern und Geschwister) sowie des § 1685 Abs. 2 BGB (Umgang eines Ehegatten mit einem [Stief-]Kind des anderen Ehegatten). Nicht in Nummer 2 aufgeführt wurden dagegen die Fälle des § 1686 S. 1 BGB (Auskunft über die persönlichen Verhältnisse des Kindes), was wenig sinnvoll erscheint, da für diese Regelungsbereiche ebenfalls ein Sachzusammenhang bestehen kann. Diese Regelung ist deshalb auf die Fälle des § 1686 BGB auszudehnen. **Nummer 3** weist diejenigen Klagen auf Herausgabe eines Kindes dem Gericht der Ehesache zu, die von einem Elternteil gegen den anderen auf Herausgabe des gemeinschaftlichen Kindes gerichtet sind. Die Regelung gilt dagegen nicht, wenn ein Elternteil von dem anderen Ehegatten ein Kind heraus verlangt, das nicht aus dieser Verbindung stammt. Eine **Sonderregelung zum Kindesunterhalt** enthält **Nummer 4.** Hierin wird hervorgehoben, dass die ausschließliche Zuständigkeit des Gerichts der Ehesache nur für Klagen auf Unterhalt für gemeinschaftliche Kinder gilt. Die Herausnahme der **Vereinfachten Verfahren** aus dieser Regelung stützt sich auf die Erwägung, dass wegen der besonderen Zuständigkeitsregelung der §§ 645ff. diese Verfahren nicht in den Verbund fallen sollen. Sobald eine Überleitung in das streitige Verfahren nach § 651 erfolgt, ist § 621 Abs. 2, 3 anwendbar, was auch aus

---

[50] BGHZ 71, 264, 267ff. = NJW 1978, 1531 = FamRZ 1978, 582.

§ 642 Abs. 2 folgt. Ergänzt wird dieser Katalog durch Verfahren zwischen Ehegatten nach dem GewSchG (s. Rn. 88a–g).

Die **Anhängigkeit der Ehesache** richtet sich nach allgemeinen Grundsätzen und beginnt mit Einreichung der Klage zu einer Ehesache oder eines Scheidungsantrags (§ 622 Abs. 1) und endet mit rechtskräftigem Verfahrensabschluss (s. a. § 629d Rn. 2),[51] der Rücknahme eines solchen Verfahrens (§ 269) bzw. der übereinstimmenden Erledigungserklärung der Parteien (§ 91a Rn. 17ff.) oder im Fall des § 619. Wird ein Verfahren längere Zeit nicht betrieben (§ 7 AktO), ist es nach § 614 ausgesetzt oder das Ruhen angeordnet,[52] verbleibt es bei dem Anhängigsein des Verfahrens, so dass auch weiterhin die Konzentrationswirkung der Ehesache erhalten bleibt. Keine zuständigkeitsbegründende Wirkung besitzt – anders als § 620a Abs. 2 – die Einreichung eines **Prozesskostenhilfegesuchs.**[53]

Endet die Ehesache, ehe eine andere (nicht dem Verbund unterliegende) Familiensache erledigt ist, verbleibt es bei der nach Abs. 2 begründeten Zuständigkeit nach dem Gesichtspunkt der perpetuatio fori, §§ 253 Abs. 1, 261 Abs. 3 Nr. 2.[54] Die Konzentrationswirkung der Scheidungssache endet auch dann mit deren Rechtskraft (§ 629a Abs. 3), wenn diese vor Abschluss einer nach § 628 S. 1 Nr. 1–4 abgetrennten Folgesache eintritt, dh. der Folgesache kommt keine zuständigkeitsbegründende Wirkung zu.[55] Die Zuständigkeit richtet sich dann gemäß Abs. 2 S. 2 nach den allgemeinen Vorschriften. Endet die Anhängigkeit einer Ehesache **zwischen Einreichung und Zustellung** der Klage zu einer anderen ZPO-Familiensache, so entfällt die Zuständigkeit des Familiengerichts der Ehesache für die anderen Familiensachen.[56] Denn die Fortdauer der Zuständigkeit ist bei einer Veränderung der sie begründenden Umstände (erst) an die Rechtshängigkeit geknüpft (§ 261 Abs. 3 Nr. 2), die durch die Zustellung der Klageschrift begründet wird. Abweichend hiervon gilt der Grundsatz der perpetuatio fori in **FGG-Verfahren** bereits ab **Anhängigkeit** der Sache, so dass die Zuständigkeit des Gerichts der Ehesache nicht dadurch entfällt, dass vor Zustellung des FGG-Verfahrens die Ehesache rechtskräftig wird.[57] 13

c) **Verhältnis zu anderen ausschließlichen Zuständigkeiten.** Ein Zusammentreffen ausschließlicher Zuständigkeiten nach Abs. 2 S. 1 tritt vor allem zu der eine Familiensache betreffenden **Vollstreckungsgegenklage** nach § 767 Abs. 1 auf, für die § 802 die ausschließliche Zuständigkeit des erstinstanzlichen Prozessgerichts bestimmt. Diese Regelung verdrängt § 621 Abs. 2 S. 1, weil letztere lediglich eine Sondervorschrift zur allgemeinen örtlichen Zuständigkeit nach §§ 12ff. darstellt; außerdem besteht ein wesentlich stärkerer Bezug des Prozessgerichts zur Vollstreckungsgegenklage[58], so dass der Gesichtspunkt der Zusammenfassung der Familiensache bei einem Gericht zurücktritt. Der Gesichtspunkt des wesentlich stärkeren Sachbezugs bei konkurrierenden ausschließlichen Zuständigkeiten greift darüber hinaus auch bei **Wiederaufnahmeverfahren** in Bezug auf § 584 und auch im **Arrestverfahren** nach §§ 919, 802 ein, weil hinsichtlich der Wahlzuständigkeit des Gerichts der belegenen Sache dem Zweck, dem Gläubiger einen schnellen Zugriff am Ort des Schuldners oder dessen Vermögen zu ermöglichen, ein Vorrang vor Abs. 2 S. 1 zukommt.[59] Der **Vorrang** der ausschließlichen Zuständigkeit **nach § 802** tritt jedoch **zurück,** wenn ein früheres Verfahren nicht fortgesetzt werden kann. Dies gilt, wenn sich die Vollstreckungsgegenklage gegen einen vor dem 1. 7. 1977 protokollierten Vergleich in einer Scheidungssache vor dem Landgericht richtet, für die das FamG zuständig ist, das nach dem Aufenthalt der Parteien zur Zeit des früheren Scheidungsverfahrens zuständig gewesen wäre.[60] Entsprechendes gilt bei Vollstreckungsgegenklagen gegen außergerichtliche Unterhaltstitel (Urkunden nach § 794 Abs. 1 Nr. 5, Jugendamtsurkunden nach § 60 SGB VIII), bei dem sich die Zuständigkeit vorrangig nach Abs. 2 S. 1 richtet,[61] weil die Anknüpfung an ein früheres Verfahren nicht möglich ist (entsprechendes gilt bei § 44 FGG). 14

d) **Einleitung der Ehesache bei örtlich unzuständigem Gericht.** Wird die Ehesache bei dem örtlich unzuständigen Gericht geltend gemacht, so verbleibt es nach dem eindeutigen Wortlaut, aber auch dem Zweck des Abs. 2 S. 1 bei der hierin festgelegten Konzentrationswirkung für die anderen Familiensachen. Wird die Ehesache in einem solchen Fall an das örtlich zuständige Gericht nach §§ 281 Abs. 1, 621 Abs. 3 verwiesen, gehen die anderen Familiensachen mit.[62] 15

2. Örtliche Zuständigkeit ohne Anhängigkeit einer Ehesache, Abs. 2 S. 2. a) Überblick. Ist keine Ehesache anhängig, richtet sich die örtliche Zuständigkeit des Familiengerichts nach den allgemeinen Bestimmungen. Damit können mit verschiedenen anderen Familiensachen unterschiedliche Gerichte befasst sein, so zB wenn die elterliche Sorge für ein minderjähriges Kind und gleichzeitig dessen Unterhalt nach §§ 1601ff. BGB zu regeln ist, der barunterhaltspflichtige Elternteil aber in einem anderen Gerichtsbezirk lebt als in dem für das Kind maßgebenden Wohnsitz des betreuenden Elternteils. In diesen Fällen besteht 16

---

[51] BGH NJW 1986, 3141 = FamRZ 1986, 454; FamRZ 1998, 609, 610.
[52] BGH NJW-RR 1993, 898.
[53] OLG Köln FamRZ 1999, 29; s. a. BGH NJW-RR 1994, 706.
[54] BGH NJW 1986, 3131 = FamRZ 1986, 454; FamRZ 1988, 1257.
[55] BGH NJW 1982, 1000 = FamRZ 1982, 43.
[56] BGH NJW 1981, 126 = LM Nr. 8 = FamRZ 1981, 23.
[57] BGH NJW 1986, 3141 = FamRZ 1986, 454.
[58] BGH NJW 1980, 1393 = FamRZ 1980, 346; FamRZ 1998, 609, 610; FamRZ 2001, 1705; OLG Hamm FamRZ 2003, 696; s. a. § 642 Rn. 3.
[59] OLG Frankfurt/M NJW-RR 1988, 1350, 1351 = FamRZ 1988, 184.
[60] BGH NJW 1980, 188 = FamRZ 1980, 47.
[61] OLG Hamburg FamRZ 1984, 68f.
[62] S. a. OLG Karlsruhe FamRZ 2007, 750; zu der Missbrauchsmöglichkeit s. KG FamRZ 1989, 1105.

also **keine Verfahrenskonzentration.** In zivilprozessualen Familiensachen können deshalb die Verfahrensbeteiligten durch eine rügelose Einlassung oder durch Vereinbarung die gesetzliche Zuständigkeit ändern, §§ 38 Abs. 2, 3, 39, 40 Abs. 2. Die in Abs. 1 bestimmte ausschließliche Zuständigkeit steht dem nicht entgegen, weil sich diese Regelung auf die sachliche Zuständigkeit bezieht;[63] vorrangig ist jedoch eine **andere ausschließliche Zuständigkeit** wie etwa nach § 802.[64]

17 **b) Zuständigkeit in ZPO-Familiensachen.** Für die zivilprozessualen Familiensachen nach § 621 Abs. 1 Nr. 4, 5, 8 und 11 richtet sich die örtliche Zuständigkeit nach den §§ 12ff., 20, 23, ferner nach §§ 23a, 35a für Unterhaltssachen.[65] Für Verfahren, die die gesetzliche Unterhaltspflicht eines Elternteils oder beider Elternteile gegenüber einem **minderjährigen Kind** (ehelich oder nichtehelich) betreffen, gilt allerdings die Sonderregelung des § 642 Abs. 1, die in ihrem Anwendungsbereich die allgemeinen Bestimmungen verdrängt. Wegen der Einzelheiten wird auf § 642 Rn. 3f. verwiesen. Nach § 642 Abs. 3 besteht auch ein **temporärer Wahlgerichtsstand** in Bezug auf Verfahren nach Abs. 1 Nr. 5, 11; hierzu wird auf § 642 Rn. 2, 8 verwiesen. Ferner bleibt in den Fällen des § 642 Abs. 1 der Vorrang der Verbundzuständigkeit erhalten, § 642 Abs. 2 S. 1 (s. § 642 Rn. 7). Hinsichtlich der **Kindschaftssachen** nach Nr. 10 gilt die Sonderregelung des § 640a. Beide Bestimmungen enthalten jeweils eine ausschließliche Zuständigkeit.

18 **c) Zuständigkeit in FGG-Verfahren.** In Sorgerechts-, Umgangsrechts- und Herausgabeverfahren für ein minderjähriges Kind bestimmt sich die örtliche Zuständigkeit nach § 621a Abs. 1 S. 1, §§ 64 Abs. 3 S. 2, 43 Abs. 1, 36 FGG sowie § 64b Abs. 1 FGG für die Verfahren nach dem GewSchG (s. Rn. 88d).[66] Für **Abänderungsverfahren** nach § 1696 BGB gelten diese Bestimmungen ebenfalls, da es sich insoweit um selbständige Verfahren handelt.[67] Auch das **Zwangsverfahren** nach § 33 FGG ist ein selbständiges Verfahren und nicht ein Annex des Verfahrens zur Regelung der Umgangsbefugnis oder der Herausgabe des Kindes; dessen Zuständigkeit bestimmt sich deshalb unabhängig vom Ausgangsverfahren.[68] Nach den §§ 43 Abs. 1, 36 FGG ist das FamG **örtlich** zuständig, in dessen Bezirk der Minderjährige zu dem Zeitpunkt, in dem die Sache anhängig wird, seinen **Wohnsitz** hat.[69] Der Wohnsitz eines minderjährigen Kindes richtet sich nach demjenigen seiner Eltern, § 11 S. 1 BGB, jedoch nicht dem Wohnsitz eines Elternteils, dem die Personensorge nicht zusteht. Ist Vormundschaft für ein minderjähriges Kind angeordnet, ist der Wohnsitz maßgebend, an dem es mit Zustimmung des Vormunds lebt.[70] Wird in einer einstwAnO nach § 620 Nr. 1 nur über das Aufenthaltsbestimmungsrecht entschieden, nicht aber über die gesamte elterliche Sorge, verändert sich der Wohnsitz des Kindes wegen der Vorläufigkeit dieser Regelung nicht.[71] Leben die Eltern getrennt und steht ihnen beiden die elterliche Sorge zu, so hat das Kind bei jedem einen (von ihnen abgeleiteten) Wohnsitz.[72] Wo sich das Kind aufhält, ist unerheblich. Allerdings kann eine einvernehmliche Regelung des Wohnsitzes der Eltern erfolgt und derjenige Wohnsitz des Kindes aufgehoben sein, der sich vom getrennt lebenden Elternteil ableitet.[73] Bestehen **zwei Wohnsitze des Kindes,** kann der antragstellende Elternteil zwischen den Gerichten beider Wohnsitze wählen. Liegt ein Wohnsitz im Ausland, der andere dagegen in Deutschland, so ist das FamG zuständig, in dessen Bezirk das Kind seinen Wohnsitz im Inland hat.[74] Wechselt ein Kind während eines laufenden FGG-Verfahrens in einen Mitgliedsstaat iSd. EheVO II, ist Art. 8–10 EheVO II zu beachten; ansonsten greift das MSA ein.[75] Die dargelegten Grundsätze gelten auch hinsichtlich der örtlichen Zuständigkeit der Verfahren zur **Befreiung vom Erfordernis der Volljährigkeit** nach § 1303 Abs. 2 BGB, der Verfahren nach § 1308 Abs. 2 BGB sowie der Ersetzung der Zustimmung zur Bestätigung der Ehe nach § 1315 Abs. 1 S. 3 Halbs. 2 BGB, die von Nr. 12 erfasst werden. Dies folgt aus der Eingliederung dieser Verfahren in den Regelungsbereich der Familiengerichte, woraus sich die sachliche Zuständigkeit der Amtsgerichte – Familiengerichte (s. Rn. 10) ergibt, aber auch die Bestimmungen zur örtlichen Zuständigkeit eingreifen (eing. § 621a Rn. 7). Damit gelten zur Bestimmung der örtlichen Zuständigkeit die §§ 43, 36 FGG, nicht dagegen die Regelungen des PStG (§ 50 Abs. 2 PStG). Für die von Nr. 10 erfassten FGG-Verfahren nach § 1600e Abs. 2 BGB (**Abstammungsverfahren**) greift zur Bestimmung der örtlichen Zuständigkeit § 640a ein, weil von §§ 640ff. sämtliche die Abstammung betreffenden Verfahren erfasst werden (eing. § 640 Rn. 3); zu den Einzelheiten wird auf § 640 Rn. 11, § 640a Rn. 2ff. verwiesen. Ergänzend zu § 621 Abs. 2 enthält § 13 IntFamRVG eine **Zuständigkeitskonzentration,** das alle dasselbe Kind betreffende Familiensachen nach § 621 Abs. 1 Nr. 1–3, § 33 FGG und § 44 IntFamRVG dem FamG zuweist, bei dem das erste Verfahren anhängig wurde. Diese Regelung ersetzt § 64a FGG.

---

[63] BGHZ 71, 264, 267 = NJW 1978, 1531 = FamRZ 1978, 582.
[64] BGH NJW 1980, 1393 = FamRZ 1980, 346.
[65] BGH NJW 1989, 1356 = FamRZ 1989, 603.
[66] BGH FamRZ 1994, 299; NJW-RR 1994, 322 Nr. 1; zum doppelten Wohnsitz bei Übertragung des Aufenthaltsbestimmungsrechts auf einen Elternteil s. OLG Stuttgart Die Justiz 2003, 83.
[67] BGH FamRZ 1992, 170; FamRZ 1993, 49; FamRZ 1990, 1101, 1102.
[68] BGH FamRZ 1990, 35, 36.
[69] BGH FamRZ 1994, 299.
[70] BGH FamRZ 1992, 170.
[71] BGH NJW-RR 1992, 1154 = FamRZ 1993, 49.
[72] BGH NJW 1984, 971 = FamRZ 1984, 162; FamRZ 1990, 1224f.; NJW-RR 1993, 130 = FamRZ 1993, 47f.
[73] BGH NJW-RR 1992, 578 = FamRZ 1992, 664.
[74] BGH (Fn. 70).
[75] S. Rn. 92 – dort auch zur Anwendung der perpetuatio fori.

Für das **Versorgungsausgleichsverfahren** nach Nr. 6 (einschl. nach dem VAHRG) gilt § 45 FGG,[76] der auch bei Abänderungsverfahren nach § 10a VAHRG zwischen Hinterbliebenen eingreift. Verfahren zur Regelung der Rechtsverhältnisse an dem **Hausrat und der ehelichen Wohnung** richten sich nach §§ 11 Abs. 2 der HausratsVO. Für die Familiensachen nach Nr. 9 (Antragsverfahren nach §§ 1382, 1383 BGB) greift wieder § 45 FGG ein. In den FGG-Verfahren ist die **örtliche Zuständigkeit stets von Amts wegen** zu prüfen. Nicht zulässig sind Vereinbarungen zur Zuständigkeit. In Betracht kommt eine Abgabe nach § 46 FGG. 19

V. Örtliche Zuständigkeit bei nachträglicher Rechtshängigkeit einer Ehesache, § 621 Abs. 3

1. Grundgedanke. Wie bei § 621 Abs. 2 S. 1 tritt auch nach Abs. 3 S. 1 eine **nachträgliche Konzentration** der Verfahren ein, wenn eine Familiensache nach Abs. 1 bereits bei einem Gericht im ersten Rechtszug anhängig ist (§§ 621 Abs. 3 S. 1; 64 Abs. 2 S. 1 FGG, 11 Abs. 3 S. 1 HausratsVO) und nachträglich die Ehesache bei einem anderen Gericht rechtshängig wird. Dies gilt auch für Verfahren nach dem GewSchG (Abs. 1 Nr. 13), obwohl § 64b FGG eine entsprechende Regelung wie § 64 Abs. 2 S. 1 FGG nicht enthält, da Abs. 3 durch das GewSchG nicht verändert wurde und generell auf Abs. 2 S. 1 verweist. Unerheblich ist hierbei in diesem Stadium des Verfahrens, ob das Gericht der Ehesache überhaupt zuständig ist. Ferner verbleibt es bei der Konzentrationszuständigkeit, wenn eine frühere Verweisung hinsichtlich des abzugebenden Verfahrens vorliegt.[77] Der Vorrang der örtlichen Zuständigkeit des Gerichts der Ehesache stellt insoweit eine Durchbrechung des Grundsatzes der perpetuatio fori (§ 261 Abs. 3 Nr. 2)[78] dar und führt zur Überleitung der anderen Familiensache an das Gericht der Ehesache. Sinn und Zweck dieser Regelung ist es, andere Familiensachen mit der Ehesache, soweit zulässig, zusammenzuführen, um eine gemeinsame Erledigung mit der Ehesache zu erreichen. Unerheblich ist, ob die überzuleitenden Verfahren verbundfähig sind (Rn. 24). Die **Beschränkung** auf die in Abs. 2 S. 1 genannten Verfahren bezieht sich auf die **Konzentrationswirkung der Ehesache** (Rn. 12.) und erfasst deshalb in Bezug auf die Verfahren nach Abs. 1 Nr. 1–4 nur diejenigen ehelicher Kinder (Rn. 12.), im Übrigen die in Abs. 1 Nr. 5–9 aufgeführten Verfahren (Abs. 2 S. 1 Halbs. 1), das sind der nacheheliche Unterhalt zwischen geschiedenen Ehegatten, der Versorgungsausgleich, Ansprüche nach der Hausratsverordnung und güterrechtliche Ansprüche, ferner die in Abs. 1 Nr. 13 genannten Verfahren nach dem GewSchG. 20

2. Voraussetzungen der Verweisung oder Abgabe. Die Abgabe einer anderen Familiensache kommt nur in Betracht, wenn die **Antragsschrift der Ehesache** nach §§ 261 Abs. 1, 253 Abs. 1 zugestellt, dh. rechtshängig geworden ist. Eine Verweisung oder Abgabe ist also (noch) nicht möglich, wenn im Rahmen eines Prozesskostenhilfeverfahrens lediglich ein Entwurf für einen Antrag zu einer Ehesache zum FamG eingereicht wurde, weil hierdurch ein Antrag nicht rechtshängig wird. Für die überzuleitende **andere Familiensache** reicht es dagegen aus, wenn diese **anhängig** (s. dazu § 253 Rn. 11, § 261 Rn. 3) ist. Von der Überleitung erfasst werden auch **selbständige Verfahren des einstweiligen Rechtsschutzes,** also der Arrest und die einstwVfg (vor allem bei güterrechtlichen Streitigkeiten). 21

Die Verweisung oder Abgabe bezieht sich nur auf andere Familiensachen, die in **erster Instanz** anhängig sind. Möglich ist dies bei den zivilprozessualen Familiensachen des § 621 Abs. 1 Nr. 4, 5, 8 bis zum Erlass der verfahrensabschließenden Entscheidung,[79] also auch nach Erlass eines Teilurteils[80] oder eines mit Einspruch angegriffenen Versäumnisurteils. Unerheblich ist dagegen, ob die Instanz – durch Eintritt der Rechtskraft oder Einlegung eines Rechtsmittels – formell beendet ist, weil nach der verfahrensabschließenden Entscheidung der Zweck des Abs. 3 S. 1 nicht mehr erreicht werden kann. Entsprechendes gilt für FGG-Verfahren.[81] Ist eine andere **Familiensache in der Rechtsmittelinstanz** anhängig, scheidet eine Verweisung bzw. Abgabe aus. Lediglich bei einer Rückverweisung des Verfahrens an das FamG hat das Berufungsgericht das Verfahren gleichzeitig zu dem Gericht der Ehesache überzuleiten.[82] 22

3. Überleitung von Amts wegen. Abs. 3 S. 1 ordnet an, dass die Überleitung an das Gericht der Ehesache von Amts wegen zu erfolgen hat. In ZPO-Familiensachen (Unterhalt und Güterrecht) erfolgt dies durch **Verweisung** (§ 128 Abs. 4), in FGG-Verfahren durch **Abgabe** (§§ 64 Abs. 2 S. 2 FGG, 11 Abs. 3 S. 2 HausratsVO); sie gilt auch in den Verfahren nach Abs. 2 S. 1 Nr. 5 (s. Rn. 20). Die Überleitung kann in beiden Verfahrensarten ohne mündliche Verhandlung erfolgen, jedoch ist den Parteien zuvor **rechtliches Gehör** zu gewähren. Die Entscheidung ist nach Abs. 3 S. 2 unanfechtbar und für das Gericht der Ehesache bindend. Die Bindungswirkung bezieht sich allerdings nicht auf die Familiengerichtsabteilung innerhalb des Amtsgerichts[83], so dass das Verfahren, falls es keine Familiensache iSd. § 621 Abs. 1 ist, an die Zivilabteilung oder das Vormundschaftsgericht des Amtsgerichts abgegeben werden kann. Hinsichtlich der bis zur Überleitung angefallenen **Kosten** gilt § 281 Abs. 3 S. 1; danach gelten die bis dahin angefallenen Kosten als Teil der Kosten des Gerichts der Ehesache. Nicht heranzuziehen ist dagegen § 281 Abs. 3 S. 2, weil das mit der anderen Familiensache zuerst befasste Gericht bei Verfahrenseinleitung nicht unzuständig war. 23

---

[76] BGH FamRZ 1988, 1160; NJW 1991, 1744f. = FamRZ 1991, 927 (Verfahren auf verlängerten schuldrechtlichen Versorgungsausgleich gegen den Versorgungsträger – gewöhnlicher Aufenthalt des Antragstellers).

[77] S. a. OLG Hamm FamRZ 2000, 841.

[78] Der auch in FGG-Familiensachen gilt.

[79] BGH NJW 1986, 2058 = FamRZ 1985, 800 m. weit. Nachw.

[80] So zB bei einer Stufenklage nach Erlass eines Urteils zur Auskunftserteilung.

[81] BGH NJW 1998, 231 m. weit. Nachw.; aA *B/L/H* Rn. 34.

[82] BGH NJW 1980, 1392 = FamRZ 1980, 444; OLG Hamburg NJW-RR 1993, 1286f.

[83] BGH FamRZ 1980, 557, 558.

24 Mit der Überleitung werden die Verfahren **nicht** ohne weiteres **Folgesache** iSd. § 623 Abs. 1, sondern nur insoweit, als es sich um eine Folgesache handelt,[84] also eine Entscheidung für den Fall der Scheidung zu treffen ist (Versorgungsausgleich, güterrechtliche Ansprüche, nachehelicher Unterhalt) und der Antragsteller eine Entscheidung nur für den Fall der Scheidung begehrt. Ansonsten bleibt das verwiesene Verfahren eine **selbständige Familiensache** beim Gericht der Ehesache. Dies folgt aus § 623 Abs. 5 S. 2 iVm. § 623 Abs. 1. Für die Verfahren nach § 623 Abs. 2 S. 1, Abs. 3 (elterliche Sorge, Umgangsregelung, Herausgabe eines minderjährigen Kindes, Übertragung der elterlichen Sorge wegen Gefährdung des Kindeswohls) sieht § 623 Abs. 5 S. 1 allerdings die Aufnahme in den Verbund vor, der jedoch voraussetzungslos nach § 623 Abs. 2 S. 2, Abs. 3 S. 2 hinsichtlich dieser Verfahren aufgehoben werden kann (eing. hierzu § 623 Rn. 6, 10, 30). Wird eine andere Familiensache als Verbundverfahren nach § 623 Abs. 1–3 einbezogen, ist eine Änderung des Antrags erforderlich, worauf das Gericht ggf. nach § 139 hinzuweisen hat. Verweist das Gericht der Ehesache eine Familiensache (entgegen Abs. 3 S. 1) an ein anderes Gericht, so ist dieses an die **Verweisung** nach § 281 Abs. 2 S. 4 **gebunden** und darf die Sache nicht nach § 621 Abs. 3 an das verweisende Gericht zurückgeben.[85] Verweist das Gericht der Ehesache diese nach § 281 Abs. 1 an ein anderes FamG, weil es sich örtlich für unzuständig hält, hat es auch die andere Familiensache weiterzuleiten.

VI. Verhältnis des Familiengerichts zu anderen Abteilungen des Amtsgerichts, zum Landgericht und zu anderen Amtsgerichten

25 **1. Verhältnis des Familiengerichts zur allgemeinen Zivilprozessabteilung und FG-Abteilung. a) Grundsatz.** Die ganz überwiegende Meinung sieht in der Zuständigkeit des Familiengerichts nach § 23 b GVG im Verhältnis zu den sonstigen amtsgerichtlichen Geschäften eine **gesetzliche Geschäftsverteilung innerhalb des Amtsgerichts,** an die das Präsidium gebunden ist.[86] Nicht geregelt ist dagegen in § 23 b GVG und § 621 Abs. 1 die **funktionelle Zuständigkeit,** aus der sich ergibt, welches Organ der Rechtspflege in einer Sache tätig zu werden hat.[87] Da der Katalog des § 621 Abs. 1 ZPO-Familiensachen und FGG-Familiensachen enthält, kann bei Eingang einer Nichtfamiliensache beim FamG eine Weitergabe des Verfahrens an die allgemeine Zivilprozessabteilung oder seltener an das Vormundschaftsgericht erforderlich werden.

26 **b) Verhältnis des Familiengerichts zur allgemeinen Zivilprozessabteilung.** Wird beim FamG eine zivilprozessuale Klage eingereicht, die keine Familiensache ist, so kann der Familienrichter sich in diesem Verfahren nach § 281 nicht für sachlich unzuständig erklären und an die allgemeine Zivilprozessabteilung seines Gerichts verweisen, sondern muss das Verfahren, da es sich hinsichtlich der Zuständigkeit (nur) um eine Frage der **gerichtsinternen Aufgabenverteilung** handelt, an die nach dem Geschäftsverteilungsplan zuständige Abteilung abgeben.[88] Der Familienrichter nimmt keine Prüfung der örtlichen und sachlichen Zuständigkeit vor; diese erfolgt durch den zuständigen Richter der allgemeinen Prozessabteilung (zur Unterscheidung zwischen sachlicher, örtlicher und funktioneller Zuständigkeit s. § 1 Rn. 8). Das FamG wird i. Ü. bei Vorliegen einer Nichtfamiliensache auch nicht dadurch zuständig, dass der Beklagte bei Durchführung einer mündlichen Verhandlung dessen Unzuständigkeit nicht rügt, da es **nicht** um die **sachliche Zuständigkeit** geht, also § 39 nicht eingreift. Rügt der Beklagte die **örtliche Zuständigkeit** in einem solchen Fall, kann der Familienrichter den Rechtsstreit an das örtlich zuständige Gericht unmittelbar nach § 281 verweisen; nicht erforderlich ist zuvor die Abgabe an die allgemeine Zivilprozessabteilung.[89] Zur Abweisung mangels eines Verweisungsantrages wegen Unzulässigkeit ist dagegen nur der Richter der allgemeinen Zivilprozessabteilung berufen. Mit der **Abgabe** des Verfahrens durch das FamG entsteht keine Bindung der allgemeinen Zivilprozessabteilung desselben Gerichts.[90] Ansonsten würde die gerichtsinterne Zuständigkeitsregelung außer Kraft gesetzt werden. Entsprechendes gilt, wenn das Landgericht eine Nichtfamiliensache an das Amtsgericht verweist; auch in diesem Fall wird die Sache nicht zur Familiensache[91]; die sich aus § 281 ergebende Bindung bezieht sich nur auf das Amtsgericht, dagegen nicht dessen FamG (vgl. i. Ü. zu antragsloser Verweisung und willkürlichen Beschlüssen Rn. 34; § 281 Rn. 17).

27 **c) Verhältnis des Familiengerichts zum FG-Gericht.** Will das FamG ein Verfahren an das Vormundschaftsgericht abgeben, was durch die Zuständigkeitserweiterung der FamG (Rn. 1) kaum noch eintreten wird, so **scheidet** eine **bindende Verweisung** (entsprechend § 281) aus (s. u. Rn. 32).[92] Die Familiengerichte sind im Rahmen ihrer Zuständigkeit in FG-Verfahren ebenfalls als Abteilungen für Angelegenheiten der freiwilligen Gerichtsbarkeit anzusehen.[93] Eine **Abgabe** zwischen den Familiengerichten und dem Vormundschaftsgericht desselben Gerichts ist deshalb nicht bindend. Das FamG kann jedoch eine FGG-Familiensache an ein anderes FamG wegen **örtlicher Unzuständigkeit** bindend verweisen.[94]

---

[84] ZB nicht beim Trennungsunterhalt oder einer Entscheidung zur elterlichen Sorge nach § 1672 BGB.

[85] So auch *Zö/Philippi* Rn. 99; aA OLG Frankfurt/M NJW-RR 1988, 1350 = FamRZ 1988, 184.

[86] BGHZ 71, 264, 266 ff. = NJW 1978, 1531 = FamRZ 1978, 582; OLG Hamm NJW-RR 1993, 1349 = FamRZ 1993, 211 f.; aA *Jauernig* FamRZ 1977, 762; FamRZ 1989, 7.

[87] Dies können sein der Spruchkörper, Einzelrichter, Rechtspfleger, Urkundsbeamter, Prozessgericht, Vollstreckungsgericht.

[88] BGH (Fn. 83).

[89] S. aber *Johannsen/Henrich/Sedemund-Treiber* Rn. 14.

[90] *BGH* (Fn. 83); NJW 1980, 1283 = FamRZ 1980, 554; NJW-RR 1993, 1282 = FamRZ 1994, 25 f.

[91] BGH NJW 1980, 1282 = FamRZ 1980, 557; NJW-RR 1989, 195 = FamRZ 1988, 155.

[92] BGH NJW-RR 1990, 707 = FamRZ 1990, 865; BayObLG FamRZ 1994, 1597.

[93] *Kissel* NJW 1977, 1034, 1036.

[94] BGH FamRZ 1978, 331.

d) **Sonderfall HausratsVO.** Eine Ausnahme von den zuvor dargelegten Grundsätzen ergibt sich in Hausrats- und Ehewohnungssachen, bei denen die **Abgabe** eines Verfahrens der allgemeinen Prozessabteilung an das FamG nach § 18 Abs. 1 S. 3 HausratsVO auch bei einer fehlerhafter Abgabeentscheidung bindend ist,[95] dagegen nicht, wenn eine gesetzliche Grundlage fehlt.[96] Nimmt das FamG kein Verfahren nach der HausratsVO an, ist es hinsichtlich der Verfahrensart nicht gebunden, sondern lediglich hinsichtlich seiner Zuständigkeit und kann ggf. nach den Grundsätzen der ZPO das Verfahren durchführen.[97] Diese Regelung gilt nicht für Verfahren nach Abs. 2 S. 1 Nr. 5, da § 64b Abs. 2 FGG hierauf nicht verweist. 28

e) **Kompetenzkonflikt.** Besteht zwischen dem **FamG** und der allgemeinen **Zivilprozessabteilung** eines Amtsgerichts Streit über die Zuständigkeit, entscheidet entsprechend § 36 Abs. 1 Nr. 6 das im Rechtszug zunächst höhere Gericht, also das OLG (s. auch § 36 Rn. 4, 25 ff.),[98] dagegen nicht das Präsidium des Amtsgerichts, da es um eine Frage der gesetzlichen Geschäftsverteilung und nicht der Auslegung des Geschäftsverteilungsplans des Amtsgerichts geht.[99] Nicht erforderlich ist hierbei eine rechtskräftige Erklärung der Unzuständigkeit nach § 36 Abs. 1 Nr. 6 sowie der Antrag einer Partei,[100] jedoch eine formlose Mitteilung des Verweisungsbeschlusses an die Parteien nach § 329 Abs. 2 S. 1.[101] Dies gilt auch, wenn das **Landgericht** eine Sache an das **FamG** mit der Begründung verweist, es handele sich um eine Familiensache. Liegt nach Ansicht des Familiengerichts eine allgemeine Zivilprozesssache vor, muss das OLG bei einem Zuständigkeitsstreit entsprechend § 36 Abs. 1 Nr. 6 entscheiden. Hiervon zu trennen ist der Fall, dass das FamG auch seine sachliche und/oder örtliche Zuständigkeit verneint, es also noch gar nicht zu einem Kompetenzkonflikt mit der allgemeinen Zivilprozessabteilung gekommen ist. Liegt in einem solchen Fall keine Familiensache vor, besteht aber ein nach § 281 Abs. 2 **bindender Verweisungsbeschluss,** hat das höhere Gericht zu bestimmen, dass das Amtsgericht zuständig ist. Dass die allgemeine Zivilprozessabteilung sich nicht für unzuständig erklärt hat, ist nicht erforderlich.[102] Nicht bindend ist die Verweisung in Bezug auf das FamG, da es sich um eine Frage der gesetzlichen Geschäftsverteilung nach § 23b GVG handelt (s. auch § 281 Rn. 15 aE). 29

I. Ü. kann bei einem **negativen Kompetenzkonflikt** die Zuständigkeit durch den BGH nur bestimmt werden, wenn eines der beteiligten Gerichte nach den getroffenen Feststellungen zuständig ist.[103] Hierbei sind die maßgebenden Tatsachen nicht vom BGH zu ermitteln.[104] Sind die Voraussetzungen zur Bestimmung der Zuständigkeit geklärt, kann der BGH auch ein bisher nicht befasstes Gericht als zuständig bestimmen (s. dazu § 36 Rn. 4, 25 ff.).[105] Ferner setzt die Zuständigkeitsbestimmung nach § 36 Abs. 1 Nr. 6 in **FGG-Familiensachen** voraus, dass die das Verfahren einleitende Antragsschrift allen materiell Beteiligten mitgeteilt wird[106], weil ohne eine solche in FGG-Angelegenheiten ausreichende formlose Mitteilung der Antragsschrift auch keine bindende Verweisung nach § 281 an das zuständige Gericht erfolgen kann;[107] bei **ZPO-Familiensachen** ist für eine bindende Verweisung die Zustellung der einleitenden Klage erforderlich. 30

2. **Verhältnis des Familiengerichts zum Landgericht.** Liegt dem Landgericht ein Zivilprozess vor, den es als zivilprozessuale Familiensache beurteilt, so verweist es das Verfahren nach § 281. Da es um die sachliche Zuständigkeit geht, erfolgt die Verweisung insgesamt an das Amtsgericht; das FamG wird nur auf Grund der gesetzlichen Geschäftsverteilung nach § 23b GVG zuständig, weil es keine eigene sachliche Zuständigkeit aufweist. Wird eine **FGG-Familiensache** als Zivilprozess beim Landgericht anhängig gemacht, so ist diese entsprechend § 17a Abs. 2 GVG zu verweisen, falls eine echte Streitsache oder ein Antragsverfahren vorliegt, da es um die Abgrenzung zwischen der ordentlichen (streitigen) und freiwilligen Gerichtsbarkeit geht.[108] Liegt ein Verfahren nach der HausratsVO vor, so gibt das Landgericht das Verfahren nach § 18 Abs. 1 S. 3 HausratsVO an das FamG bindend ab (s. Rn. 28). Will das FamG ein Verfahren als **Nichtfamiliensache an das Landgericht** wegen sachlicher Unzuständigkeit weiterleiten, erfolgt dies ebenfalls nach § 281, wobei § 17a Abs. 2 GVG entsprechend anzuwenden ist, wenn gleichzeitig die Zuordnung als allgemeine Zivilprozesssache in Frage steht.[109] Im Falle eines **Kompetenzkonflikts** zwischen Landgericht und Amtsgericht entscheidet das im Rechtszug zunächst höhere Gericht, also das OLG bzw. das BayObLG[110] oder der BGH.[111] Nach § 36 Abs. 2 ist das zuständige Gericht durch dasjenige OLG zu bestimmen, zu dessen Bezirk das zuerst mit der Sache befasste Gericht gehört (eing. § 36 Rn. 7, 8). Zum Kompetenzkonflikt zwischen Gerichten **verschiedener Gerichtszweige** wird auf § 36 Rn. 9 verwiesen. 31

---

95 *Ewers* FamRZ 1990, 1373; *Zö/Philippi* Rn. 49; OLG Karlsruhe FamRZ 1992, 1 082 m. weit. Nachw.; aA OLG Bamberg FamRZ 1990, 179.
96 OLG Stuttgart FamRZ 1996, 172; s. a. Rn. 34.
97 OLG Hamburg FamRZ 1982, 941 AG Dinslaken FamRZ 1994, 521 f.
98 BGH FamRZ 1988, 1035; FamRZ 1989, 165; NJW-RR 1993, 1282 f. = FamRZ 1994, 25 f.
99 BGHZ 71, 264, 270 = NJW 1978, 1531 = FamRZ 1978, 582.
100 S. a. OLG Karlsruhe FamRZ 1991, 90.
101 BGH FamRZ 1995, 551.
102 BayObLG NJW-RR 1993, 10 = FamRZ 1992, 333; anders OLG Frankfurt/M FamRZ 1989, 75, 76.
103 BGH FamRZ 1995, 1135.
104 BGH NJW 1995, 534.
105 BGH FamRZ 1995, 32.
106 BGH FamRZ 1995, 415; FamRZ 1995, 728; NJW 1995, 534.
107 BGH FamRZ 1995, 415.
108 S. *Zö/Gummer* vor § 17 GVG Rn. 11; BGH NJW 2001, 2181; BayObLG NJW-RR 1992, 597; NJW-RR 1994, 856.
109 Zur Notwendigkeit der Abgabe an die allgemeine Zivilprozessabteilung s. Rn. 26 aE.
110 BayObLG NJW-RR 1990, 1431; 1991, 977.
111 S. hierzu Beispielsfall in BGHZ 102, 338, 339 f. = NJW 1988, 1794 = LM § 281 Nr. 18 (Zuständigkeitsstreit zwischen Amtsgericht München und Amtsgericht Peine); s. ferner Rn. 29.

32 **3. Bindende Verweisung bei einer sachlichen oder örtlichen Unzuständigkeit.** Bei einer **sachlichen Unzuständigkeit** erfolgt die Verweisung nach § 281, § 18 Abs. 1 HausratsVO oder analog § 17a GVG (s. Rn. 31). In den Fällen des § 281 und § 18 Abs. 1 HausratsVO ist die Verweisung jeweils bindend, § 281 Abs. 2, § 18 Abs. 1 S. 3 HausratsVO; die Verweisung analog § 17a Abs. 2 GVG ist dagegen anfechtbar (§ 17a Abs. 4 S. 3 GVG).[112] Die Bindungswirkung nach § 281 besteht auch dann, wenn die ausschließliche Zuständigkeit des Familiengerichts nicht beachtet wird,[113] die sich jedoch nur auf die sachliche Zuständigkeit des Landgerichts oder Amtsgerichts auswirkt, nicht jedoch auf die Art des Verfahrens als Familiensache oder Nichtfamiliensache.[114] Entsprechendes gilt bei § 18 Abs. 1 S. 3 HausratsVO. Verlegt eine Partei nach bindender Verweisung ihren Wohnsitz in den Bezirk des Ausgangsgerichts zurück, bleibt das Gericht zuständig, an das das Verfahren verwiesen wurde[115], da eine später begründete Zuständigkeit nach § 261 Abs. 3 Nr. 2 unbeachtlich ist (§ 281 Rn. 14).

33 Hält ein FamG ein anderes FamG für **örtlich zuständig,** kann die Sache unmittelbar verwiesen werden. Die Weiterleitung erfolgt auch dann nach § 281, wenn es sich um eine FGG-Sache handelt.[116] Streiten zwei Familiengerichte über die örtliche Zuständigkeit, gilt in allen Fällen §§ 621 Abs. 1, 36 Abs. 1 Nr. 6, da § 621a Abs. 1 S. 2 die Regelung des § 5 FGG verdrängt.[117] Will ein FamG eine Sache an ein anderes Amtsgericht als allgemeines Prozessgericht wegen dessen örtlicher Zuständigkeit weiterleiten, erfolgt die Verweisung ebenfalls nach § 281 (zur Frage der Abgabe an die allgemeine Zivilprozessabteilung s. Rn. 26 aE); im Konfliktfall gilt § 36 Abs. 1 Nr. 6 entsprechend (s. Rn. 29; ferner § 36 Rn. 4, 25 ff.).[118] Will das FamG eine Sache an ein Vormundschaftsgericht eines anderen Amtsgerichts abgeben, so ist das Verfahren an dieses abzugeben; die Abgabe ist mangels gesetzlicher Grundlage nicht bindend (s. Rn. 27).[119] Im Konfliktfall gilt § 36 Abs. 1 Nr. 6 entsprechend, wenn zugleich streitig ist, ob eine Familiensache vorliegt.[120] Sind beide Gerichte der Ansicht, dass eine Vormundschaftssache vorliegt, gilt § 5 FGG, so dass der Streit von dem nach dieser Bestimmung berufenen OLG[121] zu entscheiden ist.

34 **4. Fehlende Bindung an den Verweisungsbeschluss.** Erfolgt eine Verweisung ohne den erforderlichen Antrag, so bewirkt dieser Verfahrensverstoß nicht den Wegfall der Bindung (s. dazu Rn. 32 f.) der Verweisung.[122] Erfolgt dagegen die Verweisung, ohne dass einer oder beiden Parteien **rechtliches Gehör** gewährt wurde, ist der Verweisungsbeschluss wegen dieses Verfahrensverstoßes weder ggü. den Parteien noch dem Gericht, an das verwiesen worden ist, bindend.[123] Dies gilt auch bei **willkürlichen Verweisungsbeschlüssen,** die nicht auf einer Rechtsgrundlage beruhen.[124] Andere Verfahrensfehler heben dagegen nicht die Bindungswirkung auf (s. dazu § 281 Rn. 14 ff.; auch zu den Rechtsmitteln). Die Verweisung eines **Prozesskostenhilfeverfahrens** zur Bewilligung von Prozesskostenhilfe hat keine Bindungswirkung für den nachfolgenden Zivilprozess (s. auch § 114 Rn. 25, dort Fn. 184 und § 281 Rn. 16 aE).[125] Für FGG-Familiensachen gilt dies regelmäßig schon deshalb nicht, weil kein Prozesskostenhilfeverfahren vorgeschaltet wird; i. Ü. wird in diesen Verfahren nicht zwischen Anhängigkeit und Rechtshängigkeit unterschieden.

VII. Regelungsbereich des § 621 Abs. 1

35 **1. Überblick über die Verfahrensgrundsätze der Familiensachen des FGG. a) Einleitung des Verfahrens.** Die in § 621 Abs. 1 Nr. 1–3, 6, 7, 9 und 10 in Verfahren nach § 1600e Abs. 2 BGB sowie die in Nr. 12 aufgeführten Verfahren sind Angelegenheiten der freiwilligen Gerichtsbarkeit. Die Verfahrensgrundsätze richten sich deshalb nach dem FGG, auf das auch § 13 Abs. 1 HausratsVO verweist. Durch das GewSchG wird dieser Katalog ergänzt um die Verfahren nach §§ 1 und 2 GewSchG, soweit diese den Familiengerichten zugewiesen sind (s. Rn. 4, 88a–g). Diese Regelungen werden nach § 621a an die ZPO-Verfahren teilweise angepasst. **Eingeleitet** werden die Verfahren teils **von Amts wegen,** teils aber auch **auf Antrag.** Von den Abs. 1 Nr. 1 unterliegenden Verfahren zur Regelung der elterlichen Sorge werden nur diejenigen Verfahren von Amts wegen eingeleitet, in denen die Voraussetzungen des § 1671 Abs. 3 BGB iVm. § 1666 Abs. 1 BGB vorliegen (s. § 620 Rn. 40). Dies gilt auch in Bezug auf ein Abänderungsverfahren nach § 1696 Abs. 1 BGB. Ansonsten werden auch im Falle der Scheidung Sorgeverfahren nur (noch) auf Antrag eingeleitet (eingehend vor § 606 Rn. 7, 10). Nicht möglich ist es, auf den Antrag eines Ehegatten, ihm die alleinige Sorge zu übertragen, diese dem anderen Elternteil zuzusprechen; dies folgt aus dem eindeutigen Wortlaut des § 1671

[112] *S. a. Johannsen/Henrich/Sedemund-Treiber* Rn. 15; zur erforderlichen Zustellung des verfahrenseinleitenden Antrags s. BGH FamRZ 1995, 415.
[113] BGH FamRZ 1990, 147.
[114] BGH NJW-RR 1993, 1282 f. = FamRZ 1994, 25 f. m. weit. Nachw.
[115] BGH FamRZ 1995, 729.
[116] BGHZ 71, 15 = NJW 1978, 888 = FamRZ 1978, 331 f.; FamRZ 1987, 155.
[117] BGH NJW-RR 1989, 195 = FamRZ 1988, 155, 156; FamRZ 1992, 664.
[118] BGH FamRZ 1990, 987 f.
[119] BGH FamRZ 1990, 865; i. Ü. sollte das FamG das Verfahren zur Weiterleitung dem Vormundschaftsgericht seines Amtsgerichts abgeben.
[120] BGH FamRZ 1991, 50.
[121] BayObLG (Fn. 99).
[122] Ständige Rspr.; BGH NJW 1964, 1416, 1418; FamRZ 1984, 774.
[123] BGHZ 71, 69, 72 f. = NJW 1978, 1163 = FamRZ 1978, 402 f.; zuletzt BGH FamRZ 1994, 299; FamRZ 1995, 1135.
[124] BGHZ (Fn. 120); BGH NJW-RR 1994, 126 = FamRZ 1994, 437; OLG Stuttgart FamRZ 1996, 172.
[125] BGH NJW-RR 1992, 59; aA BAG NJW 1982, 960.

Abs. 2 BGB. Will das FamG dem antragstellenden Elternteil nicht die alleinige Sorge zusprechen, weist es den Antrag ab; somit verbleibt es bei der gemeinsamen elterlichen Sorge (zu den materiell-rechtlichen Fragen zu § 1671 BGB s. auch § 620 Rn. 39f.). Nach § 623 Abs. 2 S. 1, Abs. 3 S. 1 können die Verfahren nach § 621 Abs. 1 Nr. 1–3 auch als Verbundsache geführt werden. **Reine Antragsverfahren** sind die Verfahren des Abs. 1 Nr. 3 gemäß § 1632 BGB sowie die Verfahren nach der HausratsVO gemäß Abs. 1 Nr. 7 (§ 1 HausratsVO) und die güterrechtlichen Nebenverfahren des Abs. 1 Nr. 9 nach §§ 1382, 1383 BGB. Verfahren nach Abs. 1 Nr. 6 zum **Versorgungsausgleich** sind teils von Amts wegen aufzunehmen, teilweise auch nur auf Antrag wie die Abänderungsverfahren nach § 10a VAHRG oder der schuldrechtliche Versorgungsausgleich nach § 1587g BGB.

b) **Aufnahme von Amts wegen.** Die Aufnahme eines Verfahrens von Amts wegen erfolgt, wenn das Ge- 36
richt Kenntnis von den Voraussetzungen für ein Einschreiten erlangt hat. Die Stellung des Antrags von Beteiligten bedeutet lediglich eine Anregung. Soweit ein Antrag erforderlich ist, bedarf es, anders als bei § 253 Abs. 2 Nr. 2, keines bestimmten Sachantrages; dies gilt im **Abänderungsverfahren** nach § 10a VAHRG, beim **schuldrechtlichen Versorgungsausgleich** und auch im **Hausratsverfahren.** Das begehrte Rechtsschutzziel muss jedoch erkennbar sein.[126]

c) **Anwaltszwang.** Bei Familiensachen des FGG gilt kein Anwaltszwang. Eine Ausnahme hiervon be- 37
steht lediglich in den dem Anwaltszwang nach § 78 Abs. 2 unterliegenden **Folgeverfahren,** und zwar auch dann, wenn diese nach § 628 abgetrennt wurden. Für Verfahren nach § 621 Abs. 2 S. 1 Nr. 1–3 gilt dies aber nicht, wenn sie als nach § 623 Abs. 2 S. 4, Abs. 3 S. 3 als selbständige Verfahren nach Abtrennung gemäß § 623 Abs. 2 S. 2, Abs. 3 S. 2 weitergeführt werden (s. auch § 626 Rn. 8). Im dritten Rechtszug vor dem BGH besteht nach § 78 Abs. 2, 3 in allen FGG – Verfahren nach § 621 Abs. 1 Nr. 1–3, 6, 10 in Verfahren nach § 1600e Abs. 2 BGB sowie Nr. 12 Anwaltszwang (Ausnahme nach § 78 Abs. 4 vor allem für Jugendämter, Träger der gesetzlichen Rentenversicherung und sonstige Körperschaften, Anstalten und Stiftungen des öffentlichen Rechts).

d) **Rechtsschutzbedürfnis.** Für die von Amts wegen einzuleitenden Verfahren liegt das Rechtsschutzbe- 38
dürfnis regelmäßig vor, wenn bei der Ermittlung zur Einleitung des Verfahrens ein **Regelungsbedürfnis** gesehen wird. Bei dem Antragsverfahren ergibt sich das Rechtsschutzbedürfnis idR aus dem Antrag selbst.[127] Bei § 1671 Abs. 3 BGB iVm. § 1666 Abs. 1 BGB reicht es aus, wenn sich aus der Anhörung der Eltern nach § 613 Abs. 1 S. 2 oder aus sonstigen Umständen eine Regelungsnotwendigkeit zu Gunsten eines Kindes ergibt. Es kann im Versorgungsausgleich fehlen, wenn die Voraussetzungen des schuldrechtlichen Versorgungsausgleichs nach § 1587g BGB (noch) nicht vorliegen und ungewiss ist, in welcher Höhe der später zu leistende Ausgleich besteht.[128]

e) **Amtsermittlungsgrundsatz, mündliche Verhandlung.** In allen Verfahren gilt der Amtsermittlungs- 39
grundsatz des § 12 FGG. Der Umfang der anzustellenden Ermittlungen richtet sich nach dem pflichtgemäßen Ermessen des Gerichts; eine bestimmte Form der Beweiserhebung ist nicht vorgegeben. Der **Strengbeweis** nach § 15 FGG ist immer dann erforderlich, wenn eine formlose Ermittlung keine ausreichende Klärung des Sachverhalts ermöglicht. Eine **mündliche Verhandlung** ist nicht zwingend, soweit sie nicht ausdrücklich festgelegt ist, §§ 53a Abs. 1, 53b Abs. 1 FGG, 13 Abs. 2 HausratsVO; sie kann aber im Rahmen des Amtsermittlungsgrundsatzes aus Gründen einer besseren Sachaufklärung geboten sein. Ferner kann sich hieraus die Verpflichtung eines Verrfahrensbeteiligten zum persönlichen Erscheinen in der mündlichen Verhandlung des FamG ergeben.[129] In Folgeverfahren nach § 623 Abs. 1 ist die mündliche Verhandlung aber zwingend vorgeschrieben. Die **Anhörung der Beteiligten** richtet sich ebenfalls nach § 12 FGG, in Sorgerechtsverfahren sind die Eltern und die Kinder nach §§ 50a, 50b FGG persönlich anzuhören; auf diese Anhörung kann bei besonderen Sachlagen (schwere psychische Belastung des Kindes; Vorliegen eines Sachverständigengutachtens, in das das Kind einbezogen wurde) verzichtet werden. Die Anordnung des persönlichen Erscheinenes kann nach § 33 FGG erzwungen werden; die Verhängung eines Ordnungsgeldes im Sinne des § 141 scheidet aus, da diese Bestimmung in den Verfahren des Abs. 1 Nr. 1–3 nicht eingreift.[130] Die Anordnung der Anhörung des Kindes ist als verfahrensleitende Anordnung nicht anfechtbar.[131] Der Amtsermittlungsgrundsatz kann es in Sorge- und Umgangsverfahren erforderlich machen, ein **jugendpsychologisches Sachverständigengutachten** einzuholen. Hiervon ist aber nicht die **zwangsweise Durchführung von Umgangskontakten** im Beisein eines Sachverständigen gedeckt, wenn dies als Grundlage einer Begutachtung des Kindes dienen soll, weil eine eindeutige gesetzliche Grundlage nicht vorliegt und weder § 1684 BGB noch §§ 12, 33 FGG einen solchen Eingriff zulassen.[132]

f) **Form der Entscheidung.** Regelmäßig ergeht die Entscheidung zur Hauptsache in Form des Beschlus- 40
ses. Ist im Verbund nach § 623 Abs. 1–3 zu entscheiden, erfolgt dies nach §§ 629 Abs. 1, 621a Abs. 2 einheitlich in der Form des Urteils. Ergeht die Entscheidung als **Teil** eines **Verbundurteils,** ist nach § 313 Abs. 1 Nr. 5, 6 eine **Begründung** zwingend vorgeschrieben; ein Verzicht ist nach § 313a nicht möglich.[133] Ergeht eine isolierte Entscheidung, ist eine Begründung nach allgemeinen Grundsätzen des FGG zwar nicht zwin-

---

126 OLG Zweibrücken FamRZ 1987, 508.
127 OLG Hamm FamRZ 1986, 1039.
128 BGH NJW 1984, 610, 612 = FamRZ 1984, 251, 254.
129 S. a. KG FamRZ 2007, 227.
130 S. a. OLG Nürnberg FamRZ 2007, 1574.
131 S. a. OLG Karlsruhe FamRZ 2004, 712 mit Anm. von *Brehm.*
132 BVerfG FamRZ 2004, 523.
133 BGH FamRZ 1981, 947, 948; OLG Stuttgart FamRZ 1983, 81f.

gend vorgeschrieben; sie ist aber jedenfalls dann erforderlich, wenn sie in die Rechte eines Beteiligten eingreift,[134] insbesondere aber, wenn ein Antrag zurückgewiesen wird. Nach § 25 FGG sind Entscheidungen des Beschwerdegerichts stets zu begründen. Ergeht die Entscheidung in Urteilsform, sind der Tenor, der Tatbestand und die Entscheidungsgründe nach § 313 Abs. 1 getrennt darzulegen. Die **Abänderung einer Entscheidung** auf Grund verfahrensrechtlicher Grundsätze ist nicht möglich, wenn die Entscheidung einem befristeten Rechtsmittel unterliegt, § 18 Abs. 2 FGG. Dies gilt für alle **Endentscheidungen,** § 621e Abs. 3. Soweit keine Endentscheidungen in diesem Sinn vorliegt, ist nach § 18 Abs. 1 FGG eine Abänderung nach FGG-Grundsätzen möglich.[135] Wird ein streitiges Verfahren in der Hauptsache übereinstimmend für erledigt erklärt, ist über die Kosten nach § 13a FGG zu entscheiden; danach kann in Ausnahmefällen auch eine Kostenerstattung angeordnet werden.[136] Zur Vollstreckbarkeit einer Vereinbarung zum Umgang s. Rn. 7.[137]

41 g) **Bekanntmachung von Entscheidungen, Wirksamkeit der Entscheidungen.** Soweit eine FGG-Familiensache als Teil eines Verbundurteils ergeht, richtet sich die Bekanntmachung nach §§ 317, 621c; insoweit gilt das zu § 618 Gesagte. In isolierten Verfahren gilt § 621a Abs. 1 S. 2 iVm. § 329. Soweit neben den Ehegatten **weitere Verfahrensbeteiligte** vorhanden sind, muss die Bekanntmachung an diese erfolgen. In den selbständigen FGG-Familiensachen des Abs. 1 Nr. 1–3 tritt **Wirksamkeit** der erstinstanzlichen Entscheidung nach § 16 Abs. 1 FGG mit deren Bekanntmachung ein, so dass sie danach vollzogen werden können. Dies gilt nach § 51 FGG auch in den Fällen des § 1678 BGB (Ausübung der elterlichen Sorge bei Verhinderung und Ruhen). Die selbständigen Verfahren des Abs. 1 Nr. 6, 7, 9 werden dagegen nach §§ 53a Abs. 2, 53g Abs. 1 FGG, § 16 Abs. 1 S. 1 HausratsVO erst mit Eintritt der **formellen Rechtskraft wirksam.** Gleiches gilt nach § 56c Abs. 1 FGG für Entscheidungen in Verfahren nach § 1600e Abs. 2 BGB (FGG-**Abstammungsverfahren** nach § 621 Abs. 1 Nr. 10) wegen ihrer statusbegründenden Wirkung (eing. § 640 Rn. 1) sowie entsprechend § 53 Abs. 1 S. 2 FGG für Entscheidungen der Verfahren gemäß Nr. 12, weil auch in diesen Fällen von der Endgültigkeit der Entscheidung die Wirksamkeit der Eheschließung abhängt (vgl. § 1314 Abs. 1 BGB iVm. § 1303 Abs. 1 BGB). Entscheidungen der Berufungs- und Revisionsinstanz werden erst mit ihrer Rechtskraft wirksam. Für Entscheidungen in Folgesachen gilt § 629d; deren Wirksamkeit tritt erst mit Rechtskraft des Scheidungsurteils ein (zu den Rechtsmittelmöglichkeiten s. § 621e).

42 h) **Vollstreckung.** Für die Vollstreckung der FGG-Familiensachen gilt grds. § 33 FGG. Abweichend hiervon greifen nach §§ 53a Abs. 4, 53g Abs. 3 FGG, § 16 Abs. 3 HausratsVO die maßgebenden zivilprozessualen Bestimmungen ein; Entsprechendes gilt nach § 64b Abs. 4 FGG für Verfahren nach §§ 1 und 2 GewSchG (s. Rn. 88f.). Die Vollstreckung nach § 33 FGG ist von Amts wegen vorzunehmen und liegt im pflichtgemäßen Ermessen des Gerichts, das aber in aller Regel erst eingreift, wenn ein Berechtigter dies verlangt.[138] Der Antrag zur Anordnung einer Maßnahme nach § 33 FGG muss hinreichend bestimmt sein und sich auf eine bestimmte Verpflichtung beziehen.[139] Gemäß § 33 Abs. 3 S. 1 FGG muss ein Zwangsgeld vor dessen Festsetzung angedroht werden; diese setzt nach hM nicht voraus, dass bereits ein Fall der Zuwiderhandlung vorliegt oder konkret droht.[140] Es ist jedoch ermessensfehlerhaft, die Androhung und den Vollzug ohne Prüfung der Auswirkungen auf das Kindeswohl auszusprechen, weil dieses auch im Vollstreckungsverfahren zu beachten ist.[141] Die Vorschaltung des Vermittlungsverfahrens nach § 52a FGG ist für dessen Zulässigkeit nicht erforderlich.[142] Die Festsetzung eines Zwangsgeldes ist nicht mehr zulässig, wenn der zu erzwingenden Handlung Folge geleistet wurde[143] oder die zu erzwingende Maßnahme wegen Zeitablaufs (festgelegtes Datum zum Umgang) nicht mehr vollzogen werden kann, weil dies den Charakter einer Bestrafung hätte. Ein verhängtes Beugemittel ist deshalb aufzuheben. Die **Zuständigkeit für das Vollstreckungsverfahren** bestimmt sich eigenständig nach § 621 Abs. 2.[144] Liegt eine Herausgabeanordnung gegen einen Elternteil vor und befindet sich das Kind in der Obhut Dritter (Großeltern), so ist zu prüfen, ob ein Scheinobhutsverhältnis vorliegt (vergleichbar mit § 855 BGB); in diesem Fall kann dennoch vollstreckt werden.[145] Zulässig ist der Durchgriff aber nur dann, wenn sich die Obhut vom Herausgabeverpflichteten ableitet. Nach § 33 Abs. 2 S. 2 FGG darf eine **Gewaltanwendung gegen ein Kind** nicht zugelassen werden, wenn das Kind herausgegeben werden soll, um das Umgangsrecht auszuüben. Nicht aufgehoben wurde dagegen die Möglichkeit, gegen einen Elternteil Zwangsmaßnahmen zu verhängen, der gerichtliche Maßnahmen nicht befolgt, obwohl im Gesetzgebungsverfahren entsprechende Forderungen erhoben wurden.[146] Die Notwendigkeit der Beibehaltung solcher Zwangsmaßnahmen ist zur Durchset-

---

[134] OLG Nürnberg FamRZ 1986, 1247.
[135] Zu trennen hiervon sind die Abänderungsmöglichkeiten auf Grund materiellen Rechts, §§ 1382 Abs. 6, 1587g Abs. 3, 1696 BGB, § 10a VAHRG, § 17 HausratsVO.
[136] S. a. OLG Hamm FamRZ 1983, 1264.
[137] S. a. OLG Nürnberg FamRZ 2005, 920; OLG Köln FamRZ 2005, 2080.
[138] S. a. *Keidel/Kuntze/Winkler* § 33 FGG Rn. 48; zur Wiederholung der Androhung bzw. Festsetzung eines Zwangsmittels OLG Celle FamRZ 2005, 1575.
[139] OLG Brandenburg FamRZ 2006, 1620; FamRZ 2006, 1776 – Fehlzeiten in der Rentenversicherung nicht geklärt.
[140] OLG Stuttgart FamRZ 2000, 50; OLG Brandenburg FamRZ 2007, 745.
[141] BGH NJW – RR 1986, 1264; OLG Karlsruhe FamRZ 2007, 1180.
[142] S. Rn. 56; OLG Karlsruhe FamRZ 2005, 1698.
[143] OLG Brandenburg FamRZ 2005, 2079.
[144] BGH FamRZ 1986, 789; selbständiges Verfahren, s. Rn. 18.
[145] S. a. OLG Zweibrücken FamRZ 2004, 1592.
[146] S. Beschluss des 59. Juristentages, Abteilung Familienrecht E IV, FamRZ 1992, 1275, 1277.

zung des verfassungsrechtlich abgesicherten Rechts des Kindes zum Umgang mit beiden Elternteilen und dem Umgang eines Elternteils mit dem Kind geboten. Ist die Entscheidung zur elterlichen Verantwortung eines Mitgliedstaates der EG zu vollstrecken, so kann nach § 44 Abs. 1–3 IntFamRVG zur Durchsetzung einer Entscheidung zur elterlichen Verantwortung (elterliche Sorge, persönlicher Umgang, Herausgabe eines Kindes) gemäß Kapitel III der EheVO II (Art. 21 ff.) ein **Ordnungsgeld oder Ordnungshaft** angeordnet, nach Abs. 3 sogar Gewalt gebraucht werden. Ob diese Bestimmung im Verhältnis zu § 33 FGG wegen Verstoßes gegen Art. 3 Abs. 1 GG verfassungsgemäß ist, erscheint zweifelhaft.

2. Elterliche Sorge, Umgangsbefugnis, Herausgabe des Kindes, Abs. 1 Nr. 1, 2, 3. a) Elterliche Sorge. 43
Die in **Nummer 1** enthaltene Erweiterung der Zuständigkeit bezieht sich auf sämtliche die elterliche Sorge betreffenden Verfahren, soweit diese nach den Bestimmungen des BGB dem FamG zugewiesen sind (zB §§ 1618, 1626c, 1628, 1629, 1630 Abs. 3, 1631b,[147] 1632 Abs. 3, 4,[148] 1666, 1667, 1674 Abs. 2, 1678, 1680, 1682, 1684, 1685, 1686 bis 1688, 1697 BGB). Insbesondere werden alle Verfahren zur elterlichen Sorge verheirateter und nicht verheirateter Eltern nach §§ 1671, 1672, 1696 BGB erfasst, aber auch die **Namenserteilung** nach § 1618 BGB (Einbenennung), die Ausfluss der elterlichen Sorge ist und nur von einem Elternteil beantragt werden kann,[149] sowie Verfahren über Meinungsverschiedenheiten der Eltern nach § 1628 BGB. Soweit die Überprüfung und Abänderung einer Sorgeentscheidung nach § 1696 BGB beantragt bzw. zu veranlassen ist, ist die Zuständigkeit für das neue Verfahren unabhängig vom Erstverfahren zu bestimmen, da es sich insoweit um einen selbständigen Verfahrensgegenstand handelt.[150] Aus Gründen des Sachzusammenhangs sieht das Gesetz in einzelnen Fällen die Zuständigkeit des FamG vor (§ 1643 Abs. 1 iVm. § 1822 Nr. 1, 3, 5, 8–11 BGB). Nicht in den Zuständigkeitskatalog des FamG wurde das **Gesetz über die religiöse Kindererziehung** eingefügt, für das weiterhin das Vormundschaftsgericht (§ 7) zuständig ist, obwohl dieser Bereich der elterlichen Sorge zuzuordnen ist.[151] Sehr strittig ist die Frage der Zuständigkeit des FamG im Falle der Anordnung einer **Ergänzungspflegschaft nach § 1909 BGB.** Trotz der Regelung der §§ 1693, 1697 BGB, die durch das KindRG eingeführt wurden, verbleibt es insoweit bei der Zuständigkeit des Vormundschaftsgerichts, §§ 1909 Abs. 2, 1915 Abs. 1, 1774 S. 1 BGB iVm. § 35 FGG. Die §§ 1693, 1697 BGB, die dem FamG ebenfalls die Anordnungsbefugnis einräumen, stellen lediglich eine Sonderregelung in dringlichen Fällen dar und heben die grundsätzliche Zuständigkeit des Vormundschaftsgerichts nicht auf.[152] Entsprechend ist für die Entlassung eines Vormunds das Vormundschafts- und nicht das FamG zuständig.[153]

b) **Umgangsbefugnis.** Nach Abs. 1 Nr. 2 kann das FamG den Umgang des nichtsorgeberechtigten El- 44
ternteils einem ehelichen Kind oder Kind nicht verheirateter Eltern nach § 1684 BGB regeln. Ein rechtlicher Unterschied in der Behandlung ehelicher und nichtehelicher Kinder besteht nicht; dementsprechend steht auch dem nicht verheirateten Vater ein von der Zustimmung der Mutter unabhängiges Umgangsrecht zu. Das materielle Recht sieht in § 1684 BGB vor, dass das Umgangsrecht bei ehelichen und nichtehelichen Kindern von gleichen Voraussetzungen abhängt, wobei § 1684 BGB lediglich vom Umgang spricht, womit auch der Umgang in Form von Telefonaten und Briefen erfasst werden soll. Hierbei ist es ohne Bedeutung, wer Inhaber der elterlichen Sorge ist, so dass ein Umgang von einem Elternteil auch dann verlangt werden kann, wenn beide Inhaber der elterliche Sorge sind. Auch der allein sorgeberechtigte Elternteil hat gegenüber dem anderen Elternteil ein Umgangsrecht, wenn sich das Kind dort mit Zustimmung des anderen Elternteils aufhält (§ 1684 Abs. 1 BGB). Auch gegenüber Dritten (Pflegeeltern), in deren Obhut sich das Kind befindet, wird dem Elternteil, der Inhaber der elterliche Sorge ist, ein Umgangsrecht eingeräumt.[154] Gleiches gilt, wenn den Eltern das Sorgerecht entzogen wurde und ein Vormund bestellt ist.[155] Ferner haben andere Personen als die Eltern ein Umgangsrecht; in § 1685 Abs. 1 BGB werden hierzu die **Großeltern und Geschwister** ausdrücklich benannt. Wollen minderjährige Geschwister ein solches Umgangsrecht prozessual geltend machen, erfolgt dies durch den gesetzlichen Vertreter. Ist der Antrag gegen einen anderen Elternteil zu richten, der (ebenfalls) Inhaber der elterliche Sorge ist (bei gemeinschaftlicher elterliche Sorge), gilt § 1629 Abs. 2 S. 1 BGB iVm. § 1795 Abs. 1 Nr. 3 BGB, so dass nach § 1909 Abs. 1 BGB ein Pfleger zu bestellen ist. Ausdrücklich geregelt ist in § 1686 BGB, dass jeder Elternteil vom anderen bei berechtigtem Interesse **Auskunft über die persönlichen Verhältnisse** des Kindes verlangen kann, soweit dies dem Wohl des Kindes nicht widerspricht (zB schulische Verhältnisse, Gesundheitszustand). Die Zuständigkeitsbestimmung nach § 1684 Abs. 3 BGB umfasst außerdem die **Abänderungsverfahren** zum Umgang mit dem Kind nach § 1696 Abs. 1 BGB.[156] Gleiches gilt für **Nebenansprüche** aus einer einvernehmlichen Regelung der El-

---

[147] OLG Brandenburg FamRZ 2003, 175.
[148] OLG Hamm FamRZ 2005, 814; OLG Brandenburg FamRZ 2007, 851; s. a. BVerfG FamRZ 2005, 783.
[149] BT-Drucks. 13/8511 S. 71; BGH FamRZ 1999, 1648.
[150] BGHZ 21, 306, 315; BayObLG FamRZ 2000, 1233.
[151] S. a. AG Weilburg FamRZ 2003, 1308.
[152] S. a. BT-Drucks. 13/4899 S. 109; wie hier OLG Stuttgart FamRZ 2001, 364, 365; OLG Karlsruhe FamRZ 2001, 42; OLG Jena FamRZ 2003, 1311; BayObLG NJW 2004, 2264; aA zB OLG Hamm FamRZ 2001, 717 m. Anm. v. *Bestelmeyer* sowie m. weit. Nachw.; s. a. *Zorn* FamRZ 2000, 719; OLG Hamm NJW-RR 2001, 437; OLG Schleswig FamRZ 2006, 1554; offen gelassen in BGH NJW 2005, 415 = FamRZ 2005, 358; s. a. *Servatius* NJW 2006, 334 ff.
[153] OLG Köln FamRZ 2007, 743.
[154] Zum Beschwerderecht eines Elternteils s. KG FamRZ 2000, 1520; Pflegeeltern – BGH FamRZ 2000, 219; FamRZ 2001, 1449 – dort auch zum Problem doppelt relevanter Tatsachen.
[155] KG FamRZ 2006, 1773.
[156] S. a. BayObLG FamRZ 2000, 1233 – Erstentscheidung durch Vormundschaftsgericht.

tern zur Umgangsbefugnis (Kosten der Durchführung des Umgangs). Dieser Anspruch besteht auch bei gemeinsamer elterliche Sorge. Ferner kann das FamG nach § 1684 Abs. 4 S. 3 BGB anordnen, dass der Umgang nur stattfinden darf, wenn ein **mitwirkungsbereiter Dritter** anwesend ist (auch Träger der Jugendhilfe, der bestimmen kann, welche Einzelperson die Aufgabe wahrnimmt, § 1684 Abs. 4 S. 4 BGB). Diese Regelung deckt sich mit § 18 Abs. 3 S. 3 SGB VIII. Eine verbindliche Anordnung der Teilnahme eines Mitarbeiters des Jugendamtes kann das FamG aber nicht treffen.[157] Wird ein Sachverständigengutachten eingeholt, so muss das FamG wegen der besonderen Bedeutung des Umgangs für das Kind (Gefahr der Entfremdung) auf eine schnelle Erledigung des Gutachtens drängen.[158]

45 Sämtliche Verfahren der zuvor genannten Art werden ausschließlich in die Zuständigkeit des FamG verwiesen. Hierzu zählt im Übrigen auch die Regelung des § 1632 Abs. 2, 3 BGB in der es um das Recht der Eltern geht, den Umgang des **Kindes für und gegen Dritte** zu bestimmen. Betroffen sind hiervon unter anderem die Fälle, in denen Eltern (intime) Beziehungen ihres minderjährigen Kindes zu einem minderjährigen oder erwachsenen Dritten unterbinden wollen. Zu den Fragen der besonderen streitschlichtenden Funktion des FamG wird auf Rn. 56ff. verwiesen.[159]

46 c) **Herausgabe des Kindes.** Die Neuregelung des § 1632 Abs. 3 BGB[160] weist sämtliche Herausgabeverfahren dem FamG zu, soweit es um die Herausgabe von Kindern geht, die unter elterlicher Sorge stehen. Erfasst wird damit ein Herausgabeverlangen der verheirateten und nicht verheirateten **Eltern untereinander,** aber auch das Herausgabeverlangen eines Elternteils gegen einen **Dritten** (Großeltern, Pflegeeltern). Ferner unterliegt nach Sinn und Zweck des § 1632 Abs. 1 BGB auch das Herausgabeverlangen des Vormunds gegen einen Elternteil (§ 1800 BGB) der Zuständigkeit des FamG, weil es auch in diesem Fall um die Rechtsbeziehungen der Eltern bzw. eines Elternteils zu dem Kind geht (Eltern sind allerdings im Verhältnis zum Kind nicht Dritte iSd. § 1632 Abs. 2 BGB); hierfür spricht auch die weiter gehende Regelung des § 1632 Abs. 4 BGB. Außerdem sind dem Regelungsbereich des Abs. 1 Nr. 3 die in § 1632 Abs. 4 BGB aufgeführten Verfahren zuzuordnen, nach dem das FamG den Verbleib eines (ehelichen oder nichtehelichen) Kindes bei der Pflegeperson von Amts wegen oder auf Antrag der Pflegeperson anordnen kann, wenn und solange das Kindeswohl durch eine Wegnahme des Kindes durch die Eltern oder einen Elternteil gefährdet würde. Für die Verfahren nach dem Gesetz zur Ausführung von **Sorgerechtsübereinkommen** (vor allem HKiEntÜ) ist das FamG unabhängig davon zuständig, ob es sich um die Angelegenheit eines ehelichen oder Kindes nicht verheirateter Eltern handelt (§§ 5f. SorgeRÜbkAG; s. a. Vorb. Rn. 3; § 621e Rn. 2, 27).

47 d) **Mitwirkung des Jugendamtes.** Das Jugendamt ist in den Verfahren des § 621 Abs. 1 Nr. 1–3 im Rahmen des Amtsermittlungsgrundsatzes nach § 12 FGG (s. Rn. 39) vom FamG anzuhören, § 49a Abs. 1 Nr. 3–12 FGG; dem entspricht dessen Anhörungsrecht nach § 50 SGB VIII (KJHG). § 49a Abs. 1 FGG wurde damit dem erweiterten Zuständigkeitskatalog des FamG angepasst. In den Fällen der Namenserteilung nach § 1618 BGB ergibt sich die Anhörungspflicht unmittelbar aus § 12 FGG. Wird die zwingend vorgeschriebene Anhörung unterlassen, kann dieser **Verfahrensfehler** zur Aufhebung und Zurückverweisung führen.[161] Das FamG muss deshalb darauf hinwirken, dass das Jugendamt eine gutachterliche Stellungnahme selbst dann abgibt, wenn die Eltern sich über die Regelung zur elterlichen Sorge iSd. § 1671 Abs. 2 Nr. 1 BGB einig sind, um festzustellen, ob die sachlichen Angaben der Parteien zutreffend sind. Das Jugendamt ist am **Verfahren formell beteiligt;**[162] die Beschwerdeberechtigung des Jugendamtes ergibt sich aus § 64 Abs. 3 S. 3 iVm. § 57 Abs. 1 Nr. 9 FGG, das mit der Beschwerde geltend machen kann, die Entscheidung widerspreche dem Kindeswohl. Die **Zuständigkeit** des Jugendamts ergibt sich aus §§ 85, 86 Abs. 3 SGB VIII (KJHG), an das die Entscheidung zuzustellen ist. Eine **Sonderregelung** enthält § 49a Abs. 2 FGG, wenn in Verfahren über die Unterlassung der Ehewohnung nach § 1361b BGB oder nach § 2 GewSchG minderjährige Kinder im Haushalt leben; in diesem Fall muss das FamG das Jugendamt anhören, wenn eine den Antrag ablehnende Entscheidung ergehen soll (s. Rn. 88b).

48 e) **Verfahrensstellung des Kindes in den Fällen Nr. 1 bis 3. aa) Grundsatz.** Das Kind ist durch eine Entscheidung nach Abs. 1 Nr. 1–3 stets materiell betroffen und deshalb am Verfahren zu beteiligen. Hierzu sieht § 50b Abs. 2 FGG zwingend die **Anhörung eines Kindes ab der Vollendung des 14. Lebensjahres** vor, mit der dem Kind auch rechtliches Gehör gewährt wird. Die persönliche Anhörung folgt aus der Pflicht zur Amtsermittlung (§ 12 FGG); unterbleibt diese, liegt ein wesentlicher Verfahrensmangel vor, der zur Aufhebung der Entscheidung führt.[163] Vor Vollendung des 14. Lebensjahres fehlt es an der **Verfahrensfähigkeit** eines Kindes, so dass zwar unter den Voraussetzungen des § 50b Abs. 1 FGG eine Anhörung stattzufinden hat, aber das rechtliche Gehör nicht zwingend zu gewähren ist. Ferner ist ein Kind ab dem 14. Lebensjahr zur Einlegung einer Beschwerde nach § 59 Abs. 1, 3 FGG verfahrensfähig; hieraus ergibt sich auch die Be-

---

[157] BT-Drucks. 13/4899 S. 106.

[158] BVerfG NJW 2001, 961 = FamRZ 2001, 753; NJW 2004, 835 = FamRZ 2004, 689; zur Untätigkeitsbeschwerde s. auch OLG Karlsruhe FamRZ 2004, 53; OLG Frankfurt/M FamRZ 2007, 1030.

[159] Zur Zuständigkeit des FamG bei Entzug der elterlichen Sorge durch Vormundschaftsgericht s. BGH FamRZ 1990, 865.

[160] § 1632 Abs. 3 BGB wurde neu gefasst durch das Gesetz zur Neuregelung der elterlichen Sorge vom 18. 7. 1979 (BGBl. I S. 1061).

[161] OLG Zweibrücken FamRZ 1986, 714, 715; KG FamRZ 1979, 69.

[162] AA MK/*Klauser,* 1. Aufl. § 623 Rn. 10 (materiell Beteiligter).

[163] S. a. OLG Hamm FamRZ 2004, 1797; zur Anhörung des Kindes bei gemeinsamen Vorschlag der Eltern OLG Celle FamRZ 2007, 750 [LS].

fugnis zur Bestellung eines Verfahrensbevollmächtigten.[164] Die Rechte für das Kind vor Vollendung des 14. Lebensjahres werden durch den sorgeberechtigten Elternteil wahrgenommen; bei einem Interessengegensatz mit den Belangen des Elternteils ist ein **Ergänzungspfleger** gemäß §§ 1693, 1909 BGB iVm § 3 Nr. 2a RPflG zu bestellen;[165] dies ist bei bestehender gemeinsamer elterlicher Sorge für jede Verfahrensmaßnahme notwendig. Die **Entscheidung** ist dem Kind **bekannt zu machen,** wenn es am Tage der Verkündung das 14. Lebensjahr vollendet hat, bei nicht verkündeter Entscheidung ist die Übergabe an die Geschäftsstelle maßgebend, § 59 Abs. 1, 3 FGG. Es ist diesbezüglich nicht prozessunfähig iSd. § 170.

bb) Voraussetzungen zur Bestellung eines Verfahrenspflegers. Zur Stärkung der subjektiven Rechte des Kindes ist in § 50 FGG die Bestellung eines Verfahrenspflegers für ein seine Person betreffendes Verfahren vorgesehen.[166] Von dieser Regelung sind in erster Linie die in Nr. 1 bis 3 genannten Verfahren betroffen. Aber auch sonstige Verfahren wie nach §§ 1618, 1628, 1696 BGB sind Verfahren, die die Person des Kindes betreffen. Unerheblich ist, ob den Eltern die elterliche Sorge zusteht oder Pflegschaft bzw. Vormundschaft für ein Kind angeordnet ist. Die Regelung des § 50 FGG ermöglicht es, dass das FamG dem Kind immer dann einen Verfahrenspfleger zur Seite stellt, ohne dass die Vertretungsbefugnis ausdrücklich entzogen wird, wenn bei einem **schwerwiegenden Interessenkonflikt** in einer für das Kind in seiner Lebensstellung und -gestaltung sowie Persönlichkeitsentwicklung bedeutsamen Angelegenheit die selbständige Wahrnehmung seiner Interessen erforderlich ist. Unterblieb in erster Instanz die Bestellung eines Verfahrenspflegers, so kann in der **zweiten Instanz** eine solche nachgeholt werden. Ferner können die Voraussetzungen für eine Bestellung in zweiter Instanz erst im Verlaufe des dortigen Verfahrens eintreten. Eine ausnahmslose Bestellung von Verfahrenspflegern in jedem Verfahren nach Nr. 1 bis 3 sieht das Gesetz nicht vor; sie kommt vielmehr nur in Betracht, wenn auf Grund der konkreten Umstände im Einzelfall die Wahrung der Belange des minderjährigen Kindes ohne eine solche Bestellung nicht gewährleistet ist. Entsprechend ist § 50 FGG als „Kann-Bestimmung" gefasst. Wegen des damit verbundenen Eingriffs in die Elternrecht kann deshalb nur in dem beschriebenen engen Rahmen ein Verfahrenspfleger bestellt werden. Soweit die Bestellung eines Verfahrenspflegers aber erforderlich ist, muss das FamG einen solchen bestellen; insoweit besteht für den Familienrichter kein Ermessen. Das BVerfG[167] hat zur Frage einer Beteiligung minderjähriger Kinder an den Verfahren nach § 621 Abs. 1 Nr. 1–3 festgestellt, dass der Gesetzgeber seiner grundgesetzlichen Pflicht zum Schutz vor einem Elternkonflikt durch die Einführung des Verfahrenspflegers nachgekommen sei. 49

§ 50 Abs. 1 FGG enthält eine **allgemeine Regelung,** in welchen Fällen einem minderjährigen Kind ein Verfahrenspfleger zu bestellen ist. Danach kommt dies für alle die **Person des Kindes** betreffenden Verfahren in Betracht, soweit sie sich nicht ausschließlich auf das Vermögen beziehen (in diesen Fällen wird bei einem erheblichen Interessengegensatz nach § 1629 Abs. 2 S. 3 BGB iVm. § 1796 Abs. 2 BGB ein Ergänzungspfleger nach § 1909 BGB bestellt). Ob und wann das FamG einen Verfahrenspfleger bestellt, ist auf Grund aller Umstände des Einzelfalls zu entscheiden. Entscheidend für die Bestellung einer eigenen Interessenvertretung für das Kind ist die aus der konkreten Situation des Kindes abzuleitenden Gefahr, dass dessen Eltern auch bei Anhörung des Kindes und der Beteiligung des Jugendamtes außerstande sind, die berechtigten Belange des Kindes hinreichend sicherzustellen, soweit es um **wesentliche Belange des Kindes** geht. Die Bestellung eines Verfahrenspflegers ist danach vor allem geboten, wenn die Eltern (bewusst oder unbewusst) im Streit um die elterliche Sorge oder den Umgang das Kind psychisch so schwer belasten, dass dieses in einen schweren seelischen Loyalitätskonflikt zu beiden Elternteilen gerät, so dass die Belange des Kindes im Widerstreit zu den jeweiligen Interessen beider Eltern stehen. Aus dem sich daraus ergebenden Schutzzweck folgt, dass die Bestellung des Verfahrenspflegers nicht erst erfolgen darf, wenn der Interessenkonflikt offenbar ist oder eine Maßnahme nach § 1666 Abs. 1 BGB sicher feststeht; es reicht aus, wenn eine solche Sachlage möglich erscheint. 50

Ferner sollen in Fällen, in denen sich die Eltern eines Kindes als Antragsteller und Antragsgegner mit **unterschiedlichen Auffassungen** gegenüberstehen, ohne dass geklärt ist, zu welchem der beiden Elternteile das Kind in einem Interessengegensatz steht oder gar zu beiden Elternteilen ein Interessenkonflikt besteht, die Voraussetzungen des § 50 Abs. 1 FGG vorliegen.[168] Entsprechendes soll gelten, wenn zu Verfahrensbeginn nicht feststeht, ob ein solcher Interessenkonflikt zwischen dem Kind und einem Elternteil besteht, der die alleinige elterliche Sorge innehat. Neben der gegensätzlichen Interessenlage zwischen einem oder beiden Elternteilen und dem Kind ist für die Bestellung eines Verfahrenspflegers von wesentlicher Bedeutung, welche **Auswirkungen** die zu treffende Regelung auf die **Lebensstellung und zukünftige Gestaltung und Entwicklung der Lebensverhältnisse** des Kindes nimmt. Gegebenenfalls wird sich erst im Laufe des Verfahrens nach Nr. 1 bis 3 (auch in zweiter Instanz) die Notwendigkeit zur Bestellung eines Verfahrenspflegers ergeben, so vor allem, wenn sich die Beziehungen der Eltern zueinander verhärten und deren Fähigkeit zur Bewältigung dieser Situation – trotz entsprechender Beratung der Eltern – sinkt. 51

§ 50 Abs. 2 FGG enthält Fallgruppen, in denen das Gericht idR ein Verfahrenspfleger zu bestellen hat. 52
Nummer 1 betrifft hierzu eine allgemeine Regelung, die eingreift, wenn das Gericht nach Prüfung feststellt,

---

[164] BayObLG FamRZ 1984, 1259, 1260.

[165] BVerfG NJW 1986, 3129, 3130 = FamRZ 1986, 871, 873; FamRZ 1999, 85, 87; FamRZ 2005, 429; zur Beschwerde nach § 621e Abs. 1 s. OLG Bamberg FamRZ 2005, 1500.

[166] Zu den Erwägungen zur Einführung einer solchen Regelung s. BT-Drucks. 13/4899 S. 129 f.; vor § 606 Rn. 13.

[167] BVerfG NJW 2003, 3544 = FamRZ 2004, 86.

[168] So Begründung des Gesetzesentwurfs der Bundesregierung, BT-Drucks. 13/4899 S. 131.

dass ein erheblicher Interessengegensatz zwischen dem Kind und seinem gesetzlichen Vertreter besteht, so dass der gesetzliche Vertreter nicht mehr geeignet ist, die Belange des Kindes in dem betreffenden Verfahren zu wahren (entsprechend §§ 1629 Abs. 2 S. 3, 1796 Abs. 2 BGB). Dies wird vor allem gegeben sein, wenn die Mutter, die mit dem Vater ihres Kindes nicht verheiratet ist, als alleinige Inhaberin der elterliche Sorge (§ 1626a Abs. 2 BGB) trotz guter Beziehungen des minderjährigen Kindes zu seinem Vater einen Umgang ohne triftigen Grund unterbinden will. **Nummer 2** benennt einzelne Fälle (§§ 1666, 1666a BGB), in denen **schwerwiegende Eingriffe** in das Elternrecht erfolgen können und die deshalb für das Kind von erheblicher Bedeutung sind. Da die Voraussetzungen für einen solchen Eingriff nicht selten auf einem Fehlverhalten der Eltern beruhen (Misshandlungen, Verwahrlosung der Kinder wegen Gleichgültigkeit der Eltern), ergibt sich hieraus idR zwischen den Eltern und dem Kind ein erheblicher Interessengegensatz.[169] **Nummer 3** bestimmt die Bestellung eines Verfahrenspflegers in dem Fall des § 1632 Abs. 4 BGB, der eingreift, wenn das Kind aus seiner **Pflegefamilie herausgenommen** und in die Herkunftsfamilie zurückgebracht werden soll. Entsprechendes gilt in den Fällen des § 1682 BGB, wenn das Kind in einem Konflikt zwischen seinen leiblichen Eltern und einem Stiefelternteil oder einem umgangsberechtigten nahen Angehörigen steht (Großeltern, Geschwister). § 50 Abs. 2 FGG ist als Regel-Ausnahme-Bestimmung ausgestaltet, so dass in den genannten Verfahren im Einzelfall die Bestellung eines Verfahrenspflegers entfallen kann. Nach Abs. 2 S. 2 hat das FamG in diesem Fall die Gründe für ein Absehen in seiner Entscheidung darzulegen. Dies wird vor allem dann in Betracht kommen, wenn der zu regelnde Verfahrensgegenstand keine weit reichende Bedeutung für das Kind hat, oder **andere Verfahrensgarantien** gegeben sind. Letzteres ist gegeben, wenn die Anhörung des Kindes und des Jugendamtes sowie die Einholung eines Sachverständigengutachtens ausreichend sind und hierdurch die Belange des Kindes im Verfahren hinreichend gewahrt werden.

53 **cc) Verfahrensrechtliche Fragen der Pflegerbestellung; Tätigkeit des Verfahrenspflegers.** Für die Durchführung des gerichtlichen Verfahrens tritt der Verfahrenspfleger an die Stelle des gesetzlichen Vertreters; er nimmt an dessen Stelle die Interessen des Kindes im Verfahren wahr. Zur Bestellung eines Verfahrenspflegers durch das FamG (oder das Beschwerdegericht nach § 621e) bedarf es keines besonderen Bestellungsakts (in Form eines Beschlusses); insoweit gleicht § 50 FGG der entsprechenden Regelung im Betreuungs- und Unterbringungsrecht (§§ 67, 70b FGG). Zuvor sind die Eltern zur Notwendigkeit der Bestellung anzuhören. Die verfahrensleitende Verfügung zur Bestellung eines Verfahrenspflegers ist jedoch den Verfahrensbeteiligten bekannt zu geben; wegen der Regelung des § 59 FGG auch an ein Kind, das das 14. Lebensjahr vollendet hat (Rn. 55). Mit der Bestellung eines Verfahrenspflegers hat das Gericht diesen an allen bis dahin bereits getroffenen und zukünftigen verfahrensleitenden Maßnahmen zu beteiligen (Zuleitung der Antragsschrift, Stellungnahmen des Jugendamtes, eingeholte Sachverständigengutachten, Anhörungsprotokolle), da der Verfahrenspfleger für die Durchführung des gerichtlichen Verfahrens an die Stelle des gesetzlichen Vertreters tritt und an dessen Stelle im Verfahren die Belange des Kindes geltend zu machen hat. Dementsprechend sind auch alle **gerichtlichen Entscheidungen** dem Verfahrenspfleger **zuzustellen.** Der Verfahrenspfleger kann ferner die getroffenen Entscheidungen des FamG **anfechten,** wenn er durch diese die Belange des Kindes nicht gewahrt sieht. Die **Auswahl des Verfahrenspflegers** steht im pflichtgemäßen Ermessen des FamG; sie hat sich jedoch daran zu orientieren, dass der Verfahrenspfleger außerhalb der Konfliktsituation des Kindes und der Eltern steht, so dass Verwandte und Bekannte, die besondere Beziehungen zu einem oder beiden Elternteilen haben, idR ausscheiden. Bestellt werden kann jedoch eine Person, die das Vertrauen beider Elternteile genießt. Ferner ist auf eine **besondere Sachkunde** zu achten, die sich sowohl auf den jugendpsychologischen Bereich als auch auf besondere Kenntnisse des materiellen und formellen Rechts beziehen kann. Entsprechend kann die Bestellung eines Sozialpädagogen oder Kinderpsychologen sowie eines Rechtsanwalts, gegebenenfalls auch beides zu dem jeweiligen Sachbereich in Betracht kommen. Erweist sich ein Verfahrenspfleger als nicht geeignet, kann das FamG diesen abbestellen und eine andere Person berufen, weil die Bestellung allein im pflichtgemäßen Ermessen des FamG liegt (zur Anfechtbarkeit der Bestellung s. Rn. 55). **Zu welchem Zeitpunkt** im Verfahren die Bestellung eines Verfahrenspflegers vorzunehmen ist, lässt das Gesetz offen. Dies ermöglicht es dem FamG, erst nach Abschluss von Anfangsermittlungen (zB nach Anhörung der Eltern, des Kindes und des Jugendamtes) eine Bestellung vorzunehmen. Nicht umschrieben sind in § 50 FGG die **Aufgaben des Verfahrenspflegers.**[170] Sie ergeben sich aus dessen Funktion zur Wahrnehmung der subjektiven Rechte des Kindes in der jeweiligen Verfahrenslage; sie entspricht einer Parteivertretung. So kann der Verfahrenspfleger die nach seiner Ansicht notwendigen Ermittlungen iSd. § 12 FGG vornehmen, um die Notwendigkeit der Wahrnehmung der Kindesinteressen zu prüfen, also Einsicht in die Verfahrensakten nehmen, mit dem Kind, den Eltern und dem Jugendamt in Verbindung treten,[171] der richterlichen Anhörung des Kindes beiwohnen, falls der Richter nicht die alleinige Anhörung anordnet, wozu dieser im Rahmen der freien Gestaltung der Ermittlungen befugt ist, auf Rechts- und Sachfragen im Verfahren hinweisen, Anträge stellen (auch einstwAnO) und Rechtsmittel gegen eine Entscheidung gemäß § 621e Abs. 1, 2 einlegen. Ferner kann er Vereinbarungen zwischen den Eltern zustimmen oder eine solche ablehnen, wenn sie aus seiner Sicht für das Kind schädlich ist.[172] Dagegen ist es nicht Aufgabe des Verfahrenspflegers, für das FamG Tatsachen festzustellen, so dass er auch

[169] S. a. OLG Köln FamRZ 2001, 845.
[170] S. hierzu *Menne* FamRZ 2005, 1035, 1038.
[171] S. a. OLG Stuttgart FamRZ 2003, 934.
[172] S. a. OLG Frankfurt/M FamRZ 1999, 1293; eingehend *Borth* Kind-Prax 2000, 48.

nicht zur Erstellung eines jugendpsychologischen Gutachtens eingesetzt werden kann.[173] Entsprechend kann der Verfahrenspfleger eine jugendpsychologische Untersuchung nicht vornehmen, da eine solche durch einen vom FamG zu bestellenden Sachverständigen zu erstellen ist.[174]

Nach **§ 50 Abs. 3 FGG** soll eine Pflegerbestellung **unterbleiben** oder **aufgehoben** werden, wenn die Interessen des Kindes von einem Rechtsanwalt oder einer anderen geeigneten Verfahrensbevollmächtigten angemessen vertreten werden. Dies wird vor allem gegeben sein, wenn sich das minderjährige Kind nach § 59 FGG als Beschwerdeführer am Verfahren beteiligt und hierfür einen Rechtsanwalt oder sonstigen geeigneten Vertreter bevollmächtigt hat. Ferner liegen diese Voraussetzungen vor, wenn ein Elternteil, der alleiniger Inhaber der elterliche Sorge ist, für das Kind einen Rechtsanwalt oder sonstigen Bevollmächtigten bestellt hat.[175] Hierbei ist aber zu beachten, dass in solchen Fällen einem Verfahrensbevollmächtigten der Auftrag zur Durchsetzung bestimmter Interessen erteilt sein kann, so dass die Zielrichtung der Bestellung eines Verfahrenspflegers unterlaufen würde. 54

dd) Beendigung, Rechtsmittel, sonstige Fragen, Übergangsbestimmungen. Die Bestellung des Verfahrenspflegers endet nach **§ 50 Abs. 4 FGG** mit Rechtskraft der das Verfahren abschließenden Entscheidung oder mit dem sonstigen Abschluss des Verfahrens (Rücknahme des Antrags, Erreichen der Volljährigkeit). Die die Instanz beendende Entscheidung führt damit nicht schon zur Aufhebung, so dass der Verfahrenspfleger grundsätzlich berechtigt ist, Rechtsmittel zu Gunsten des minderjährigen Kindes einzulegen und diese auch durchzuführen (Rn. 53); eine § 67 Abs. 2 FGG entsprechende Regelung enthält § 50 FGG nicht. Ob die **Bestellung eines Verfahrenspflegers** oder die Ablehnung bzw. Aufhebung einer Bestellung mit dem Rechtsmittel der einfachen Beschwerde nach § 19 FGG angefochten werden kann, ist streitig.[176] Da es sich um eine Zwischenentscheidung und **keine Endentscheidung** iSd. § 621 e Abs. 1 ZPO handelt, kann diese nur ausnahmsweise mit der Beschwerde nach § 19 FGG angefochten werden, wenn sie in so einschneidender Weise in die Rechte des Betroffenen eingreift, dass ihre selbständige Anfechtung unbedingt geboten ist.[177] Das kann im Falle einer ablehnenden Entscheidung nicht angenommen werden. Sieht man im Falle der Anordnung einen Eingriff in das Sorge- bzw. Umgangsrecht der Eltern, so liegen diese Voraussetzungen vor.[178] Unzulässig ist die Rechtsbeschwerde nach § 621 e ZPO, weil die Entscheidung des OLG keine Endentscheidung iSd. § 621 e Abs. 1 ZPO darstellt.[179] In jedem Fall kann die Ablehnung der Bestellung eines Verfahrenspflegers in der Rechtsmittelinstanz als Verfahrensfehler gerügt werden. Dem Verfahrenspfleger steht im **Falle der Aufhebung** in Bezug auf seine Person kein Rechtsmittel zu; er kann jedoch gegen die Endentscheidung vorgehen, wenn hierdurch die Rechte des Kindes beeinträchtigt werden. **§ 50 Abs. 5 FGG** enthält Regelungen für die Vergütung und den Aufwendungsersatz des bestellten Verfahrenspflegers. Ein Beschwerderecht des betroffenen Kindes(ab dem 14. Lebensjahr) besteht nicht, da dessen Rechtsstellung nicht beeinträchtigt wird, sondern in dessen Interesse erfolgt. 55

f) Besondere streitschlichtende Funktion des Familiengerichts in den Fällen der Nummern 1 bis 3. aa) Regelungszweck des § 52 FGG. Die neue Regelung des § 52 FGG begründet für die die Person eines Kindes betreffenden Verfahren eine besondere, die allgemeine Pflicht zur gütlichen Einigung von rechtlichen Auseinandersetzungen übersteigende Pflicht des Gerichts, im Interesse des minderjährigen Kindes auf ein Einvernehmen der Verfahrensbeteiligten hinzuwirken (s. auch vor § 606 Rn. 12).[180] Das FamG soll hierbei die Beteiligten so früh wie möglich persönlich anhören und auf bestehende Möglichkeiten der Beratung durch die Beratungsstellen und Dienste der Träger der Jugendhilfe hinweisen und hierbei auch die Möglichkeit zur Entwicklung eines einvernehmlichen Konzeptes für die Wahrnehmung der elterliche Sorge und der elterlichen Verantwortung hervorheben.[181] Insgesamt soll durch diese Regelung der Gesichtspunkt einer **selbständigen Konfliktlösung** der Eltern gefördert werden, um von dem Kind die durch die gerichtliche Verfahren auftretende Belastung, die sich durch die Anhörung des Jugendamtes und des Richters sowie gegebenenfalls eines Sachverständigen ergeben, so weit wie möglich zu vermeiden. Sind die Beteiligten bereit, außergerichtliche Beratung in Anspruch zu nehmen oder besteht nach freier Überzeugung des Gerichts Aussicht auf ein Einvernehmen der Beteiligten, die auf Hinweis des Gerichts eine außergerichtliche Beratung in Anspruch nehmen sollen, so kann ein solches Verfahren nach **§ 52 Abs. 2 FGG** ausgesetzt werden. Wegen der durch eine **Aussetzung** eintretenden Verfahrensverzögerung, die sich nachteilig auf das Kindeswohl auswirken kann, besteht für das FamG die Möglichkeit, nach **§ 52 Abs. 3 FGG** eine einstwAnO zu dem jeweiligen Verfahrensgegenstand zu erlassen, um möglichen Beeinträchtigungen des Kindeswohls zu begegnen. Entsprechendes gilt für das Beschwerdeverfahren in der zweiten Instanz. 56

---

[173] S. a. OLG Brandenburg FamRZ 2001, 692; OLG Frankfurt/M FamRZ 2004, 1751.

[174] BGH FamRZ 2007, 1548, 1549.

[175] Begründung des Entwurfs der Bundesregierung, BT-Drucks. 13/4899 S. 132.

[176] Bejahend 3. Aufl. Rn. 55; OLG Hamm FamRZ 1999, 41; OLG Frankfurt/M FamRZ 1999, 1293; OLG München FamRZ 1999, 667; KG FamRZ 2003, 1478 (18. ZS); § 621 e Abs. 1 greift nicht ein, weil keine Endentscheidung vorliegt.

[177] BayObLG FamRZ 1995, 301.

[178] Ablehnend BGH FamRZ 2003, 1275 zu § 67 FGG; OLG München FamRZ 2005, 635 f.; KG FamRZ 2004, 1591 (17. ZS); OLG Zweibrücken FamRZ 2004, 1591; FamRZ 2004, 1980; OLG Hamburg FamRZ 2005, 221.

[179] BGH FamRZ 2002, 1556.

[180] S. aber § 44 Abs. 1 S. 4 IntFamRVG, der zur Beschleunigung der Vollstreckung § 52 a FGG ausklammert; eingehend zum IntFamRVG s. § 606 a Rn. 33 f., 38.

[181] Kein Anspruch auf Beiordnung eines Rechtsanwalts s. OLG Köln FamRZ 2004, 289; OLG Thüringen FamRZ 2005, 1578; bejahend OLG Dresden FamRZ 2004, 122 m. weit. Nachw.

57 **bb) Gerichtliche Vermittlung bei Auseinandersetzungen zur Umgangsregelung mit dem gemeinsamen Kind.** Mit § 52a FGG ist bei auftretenden Auseinandersetzungen zum Umgang mit einem gemeinschaftlichen Kind die gerichtliche Vermittlung als neue Regelung eingeführt worden. Zweck dieser Regelung ist es, vor Einleitung von Zwangsmaßnahmen (nach § 33 FGG) zur Durchsetzung der gerichtlichen Umgangsregelung oder von Verfahren zur Änderung von Umgangs- und Sorgeregelungen mit Hilfe des Gerichts eine einverständliche Konfliktlösung zu ermöglichen, ohne dass es sofort zu gegensätzlichen Anträgen der Eltern kommt.[182] Das in § 52a FGG geregelte **Vermittlungsverfahren soll** eine Entspannung der häufig emotionsbeladenen Beziehungen der Eltern bewirken.[183] Das Verfahren nach § 52a FGG ist lediglich auf umgangsberechtigte Eltern begrenzt.

58 **§ 52a Abs. 1 FGG** verlangt zur **Einleitung des Vermittlungsverfahrens** lediglich, dass ein Elternteil die Durchführung eines Vermittlungsverfahrens beantragt und dies damit begründet, dass der andere Elternteil die Durchführung der gerichtlichen Verfügung zum Umgang erschwert oder vereitelt. Um wiederholte Vermittlungsverfahren, die keinen Erfolg erwarten lassen, zu vermeiden, kann das FamG nach § 52a Abs. 1 S. 2 FGG nach eigenem Ermessen ein Vermittlungsverfahren ablehnen, wenn ein solches oder eine dem Vermittlungsverfahren folgende außergerichtliche Beratung erfolglos geblieben ist. Leitet das Gericht ein Vermittlungsverfahren ein, ist nach **§ 52a Abs. 2 S. 1 FGG** alsbald ein Termin zu bestimmen; hierzu soll das persönliche Erscheinen der Parteien angeordnet werden. In der Terminsladung ist nach S. 3 auf die Rechtsfolgen eines erfolglosen Vermittlungsverfahrens hinzuweisen, insbesondere dass bei Nichterscheinen eines Elternteils oder Erfolglosigkeit der Ermittlung von Amts wegen zu prüfen ist, ob Zwangsmittel getroffen werden (§ 52a Abs. 5 FGG). Außerdem kann das Gericht nach S. 4 in geeigneten Fällen das Jugendamt um Terminsteilnahme bitten (vor allem bei der Aussicht auf eine außergerichtliche Konfliktlösung). **§ 52a Abs. 3 FGG** regelt das **Verfahren im Gerichtstermin.** Hierbei hat das Gericht den Eltern die Folgen der Nichtdurchführung des Umgangs für das Kindeswohl vor Augen zu halten. Ferner soll das Gericht zur Verbesserung der Chancen zu einer einvernehmlichen Regelung nochmals auf die Rechtsfolgen hinweisen, die sich aus einer Vereitelung oder Erschwerung des Umgangsrechts ergeben können. Gemeint sind hiermit Zwangsmaßnahmen nach § 33 FGG oder nach §§ 1666, 1671, 1696 BGB, also auch die Einschränkung oder Entziehung der elterliche Sorge. Unzulässig ist es, einen Elternteil zu verpflichten, sich einer **psychologisch-pädagogischen Beratung und Behandlung** zu unterziehen.[184] Im Übrigen wird von dem „unwilligen" Elternteil nicht selten die starke psychische Belastung des Kindes bei weiterer Durchführung des Umgangs vorgeschoben, die von diesem (ohne gerichtliche Kontrollmöglichkeit) verstärkt werden kann. Es erscheint deshalb zweifelhaft, ob die vom Gesetzgeber gut gemeinten Maßnahmen tatsächlich zu einer Verbesserung der Durchführung des Umgangs bei schwer belasteten Beziehungen der Eltern führen. Die Wiederaufnahme einer mehrfach gescheiterten Umgangsregelung kann nur durch eine lang angelegte Beratung der Eltern und des Kindes erreicht werden, die aber ein gewisses Maß an Bereitschaft der Eltern zur Mitarbeit voraussetzt und durch gerichtliche Maßnahmen nur bedingt gefördert werden können. § 52a Abs. 3 S. 3 FGG verpflichtet im Übrigen das Gericht, auf die Möglichkeit der außergerichtlichen Beratung durch die Träger der Jugendhilfe hinzuweisen. Kommen die Eltern überein, eine solche Beratung in Anspruch zu nehmen, ist das gerichtliche Vermittlungsverfahren nicht als erfolglos anzusehen (§ 52a Abs. 5 S. 1 FGG), aber dennoch beendet.

59 In **§ 52a Abs. 4 FGG** wird hervorgehoben, dass das gerichtliche Vermittlungsverfahren darauf ausgerichtet ist, zwischen den Eltern eine **gütliche Einigung** herbeizuführen, um die Belastung des Kindes bei Ausübung des Umgangs möglichst gering zu halten. Das Ergebnis der Vermittlung ist im Protokoll festzuhalten (Abs. 4 S. 2); hierbei ist aufzunehmen, ob eine Einigung erzielt worden ist, ob eine Verständigung für eine weitere außergerichtliche Beratung durch das Jugendamt oder überhaupt keine Einigung hat erreicht werden können. Haben sich die Eltern über die Gestaltung des Umgangs geeinigt, ist diese Einigung als Vergleich zu protokollieren, sofern sie nicht dem Kindeswohl widerspricht. Zwar bewirkt in Verfahren des FGG ein Vergleich keinen Verfahrensabschluss, weil diese nicht der Dispositionsbefugnis der Eltern unterliegen. Eine **Vollziehung nach § 33 FGG** ist grundsätzlich möglich, wenn das Gericht die Einigung der Eltern als seine Entscheidung übernimmt (zu den Einzelheiten s. Rn. 42); allerdings ist nach § 33 Abs. 3 FGG das **Zwangsmittel anzudrohen.** Da das Gericht das Kindeswohl zu prüfen hat, soll ein solcher Vergleich an die Stelle der bisherigen gerichtlichen Entscheidung zum Umgang treten, wenn dieser einen von der gerichtlichen Regelung abweichenden Inhalt aufweist.[185]

60 **§ 52a Abs. 5 FGG** regelt die **Folgen eines gescheiterten Vermittlungsverfahrens.** S. 1 bestimmt hierzu, dass ein erfolgloses Vermittlungsverfahren vorliegt, wenn weder eine einvernehmliche Regelung zum Umgang noch ein Einvernehmen über die (folgende) Inanspruchnahme einer außergerichtlichen Beratung erreicht wurde oder zumindest ein Elternteil nicht zum Vermittlungstermin erschienen ist. Führt die anschließende außergerichtliche Beratung nicht zu einer Einigung der Eltern, wirkt sich dies auf künftige Vermittlungsverfahren lediglich insoweit aus, als das Gericht nach § 52a Abs. 1 S. 2 FGG die Vermittlung ablehnen kann (Rn. 58). Bleibt das gerichtliche Vermittlungsverfahren erfolglos, wird dies durch nicht an-

[182] S. aber OLG Bamberg FamRZ 2001, 169.

[183] So Begründung des Gesetzesentwurfs der Bundesregierung, BT-Drucks. 13/4899 S. 133; zur Eigenständigkeit des Vollstreckungsverfahrens s. Rn. 42; dort auch zur Anwendung von Zwangsmitteln.

[184] BGH FamRZ 1994, 158, 160 zur Familientherapie; OLG Karlsruhe FamRZ 2004, 56; s. a. BVerfG FamRZ 2004, 523, Rn. 39.

[185] So Begründung des Entwurfs der Bundesregierung, BT-Drucks. 13/4899 S. 134.

fechtbaren Beschluss ausdrücklich festgestellt.[186] Hieraus folgt, dass das Gericht ein weiteres Vermittlungsverfahren ablehnen kann. Ferner hat danach das Gericht nach § 52a Abs. 5 S. 2 FGG zu prüfen, ob Zwangsmittel eingesetzt, Änderungen der Umgangsregelung vorgenommen oder Maßnahmen in Bezug auf die elterliche Sorge ergriffen werden sollen. Wird **innerhalb eines Monats** ein entsprechendes Verfahren von Amts wegen durch das Gericht oder auf Antrag eines Elternteils aufgenommen, gelten nach S. 3 die **Kosten des Vermittlungsverfahrens** als Kosten des anschließenden Verfahrens. Die Kostenentscheidung dieses Verfahrens umfasst damit auch die Kosten des Vermittlungsverfahrens. Gerichtsgebühren werden zur Förderung einer einvernehmlichen Lösung nicht erhoben.

3. Gesetzliche Unterhaltspflicht aus Verwandtschaft und Ehe. a) Regelungsbereich des § 621 Abs. 1 Nr. 4, 5. aa) Grundlagen. Durch die Neufassung des § 621 Abs. 1 Nr. 4 ist – zusammen mit Nr. 5 – eine einheitliche Zuständigkeit für alle Rechtsstreitigkeiten geschaffen worden, die eine durch Verwandtschaft und Ehe begründete gesetzliche Unterhaltspflicht betreffen. Für alle den Amtsgerichten in § 23a Nr. 2 GVG zugewiesenen Unterhaltsklagen besteht danach eine einheitliche Zuständigkeit. Folge hieraus ist, dass die FamG nicht nur für die Unterhaltsklagen ehelicher und nichtehelicher Kinder entsprechend der Forderung des BVerfG in dem Beschluss vom 5. 11. 1991[187] zuständig sind, sondern auch für die sonstigen Unterhaltsklagen aus Verwandtschaft. Dies gilt vor allem für Klagen der Kinder gegen ihre Großeltern (Ersatzhaftung nach § 1607 BGB) sowie für Klagen auf Erstattung geleisteter Unterhaltsbeträge nach § 1607 Abs. 2 S. 2, 3 BGB und für Klagen der (betagten) Eltern gegen ihre (erwachsenen) Kinder bei einer Unterhaltsbedürftigkeit im Alter. Damit gilt für diese Verfahren ebenfalls der **Rechtsmittelzug für Familiensachen** mit der Folge, dass insbesondere nach § 33 SGB II, § 94 SGB XII auf die Sozialhilfeträger übergeleitete Unterhaltsansprüche der Eltern gegen ihre Kinder in die Rechtsmittelzuständigkeit der Oberlandesgerichte und des BGH fallen (s. hierzu Rn. 64f.). Die in Abs. 1 Nr. 5 enthaltene Regelung „durch die Ehe begründete gesetzliche Unterhaltspflicht" umfasst sowohl Unterhaltsansprüche bis zur rechtskräftigen Scheidung nach §§ 1360, 1360a, 1361 Abs. 1 BGB als auch Unterhaltsansprüche **nach Auflösung der Ehe** gemäß §§ 1569ff. BGB sowie §§ 58ff. EheG, ferner die davon abgeleiteten Ansprüche auf eine **Abfindung** nach § 1585 Abs. 2 BGB, auf **Sicherheitsleistung** nach § 1585a BGB sowie auf **Schadensersatz wegen Nichterfüllung** der Unterhaltspflicht nach § 1585b Abs. 2, 3 BGB, ebenso Unterhaltsansprüche nach §§ 58ff. EheG (s. o. Rn. 4). 61

bb) Aus gesetzlicher Unterhaltspflicht abgeleitete Zuständigkeit. Die aus der gesetzlichen Unterhaltspflicht abgeleiteten Ansprüche erschöpfen sich nicht in den Ansprüchen auf Leistung eines (Bar-) Unterhalts nach §§ 1601, 1610 BGB sowie §§ 1360, 1360a, 1361 Abs. 1, 1569ff. BGB, sondern erfassen auch den Anspruch auf Leistung eines **Prozesskostenvorschusses** nach §§ 1360a Abs. 4, 1361 Abs. 4 S. 4 BGB (zur kostenmäßigen Abwicklung s. § 104 Rn. 10), den unterhaltsrechtlichen **Auskunfts- und Beleganspruch** nach §§ 1361 Abs. 4 S. 4, 1605, 1580 BGB sowie Ansprüche, die in **sachlichem Zusammenhang** mit der gesetzlichen Unterhaltspflicht stehen (s. eingehend Rn. 4). Zu den gesetzlichen Unterhaltspflichten gehören ferner nach §§ 1584 S. 3, 1607 Abs. 2 S. 2 BGB oder nach §§ 37 BAFöG, § 33 SGB II, 203 SGB III (AFG), 94 SGB XII, 7 UntVorschG (kraft Gesetzes) **übergegangene Unterhaltsansprüche** (Rn. 65, 69), wozu auch der übergegangene Auskunftsanspruch gehört (seit 1. 8. 2006[188] auch bei § 33 SGB II), ferner der **familienrechtliche Ausgleichsspruch,** der vorliegt, wenn der (sorgeberechtigte) Elternteil für den Barunterhalt selbst aufkommt und später auf den anderen Elternteil nach den Grundsätzen der Geschäftsführung ohne Auftrag oder der ungerechtfertigten Bereicherung zurückgreift.[189] Ebenso gehört hierzu ein aus dem staatlichen Kindergeld folgender Ausgleichsanspruch. Für die Bestimmung des Elternteils, dem das Kindergeld ausbezahlt wird, ist nach § 64 Abs. 2 S. 3 EStG jedoch das Vormundschaftsgericht zuständig.[190] Auch bei Ansprüchen auf **Freistellung** von der Unterhaltsverpflichtung für gemeinsame Kinder auf Grund einer Vereinbarung geschiedener Eltern nimmt der BGH[191] eine Familiensache an. Gleiches gilt, wenn ein Dritter (Großeltern) für den Lebensunterhalt des Kindes aufkommt, da der Regressanspruch nach § 1607 Abs. 2 S. 2 BGB unterhaltsrechtlich zu qualifizieren ist.[192] Unter § 621 Abs. 1 Nr. 4 fällt auch der Anspruch des **Scheinvaters** gegen den Erzeuger des Kindes auf **Rückzahlung** des an das Kind **geleisteten Unterhalts;** dem in § 1607 Abs. 3 iVm. Abs. 2 BGB geregelten Anspruch kommt ein unterhaltsrechtlicher Charakter zu. Ferner spricht der Sachzusammenhang solcher Verfahren für eine Zuordnung zu den FamG. Zu dem familienrechtlichen Ausgleichsanspruch sind auch die Kosten des Vaterschaftsanfechtungsverfahrens zuzuordnen.[193] Gleiches gilt für die Klage auf **Aufwendungsersatz** für einen Unterhaltsberechtigten gegen den Unterhaltspflichtigen.[194] Zu den die gesetzliche Unterhaltspflicht betreffenden Streitigkeiten gehören ferner **Unterhaltsvereinbarungen,** die einen gesetzlichen Unterhaltsanspruch konkretisieren oder modifizieren,[195] 62

---

[186] OLG Naumburg FamRZ 2005, 1577.

[187] BVerfGE 85, 80, 87 = NJW 1992, 177 = FamRZ 1992, 157.

[188] Gesetz zur Grundsicherung für Arbeitssuchende v. 20. 7. 2006, BGBl. I 1706.

[189] Zur Zulässigkeit eines Parteiwechsels OLG Rostock FamRZ 2003, 933 – nicht zwingend; OLG Frankfurt/M FamRZ 2007, 909.

[190] Zur Unterhaltsbestimmung nach § 1612 Abs. 2 BGB s. Rn. 70.

[191] BGH FamRZ 1979, 217; FamRZ 1979, 217, 218.

[192] Anders noch BGH FamRZ 1979, 218; OLG München FamRZ 1978, 348 vor Regelung des Regresses nach § 1607 Abs. 2 S. 2 BGB.

[193] BGHZ 57, 229 = NJW 1971, 199 = FamRZ 1972, 33; BGH FamRZ 1988, 387; LG Lüneburg FamRZ 1991, 1095; anders noch BGH FamRZ 1979, 218; OLG Thüringen FamRZ 2003, 1125.

[194] OLG Frankfurt/M FamRZ 2003, 1300.

[195] BGH NJW 1978, 1924 = FamRZ 1978, 674; NJW 1979, 2046 = FamRZ 1979, 910; FamRZ 1985, 161ff.

dagegen nicht solche Vereinbarungen, in denen ein **Unterhaltsanspruch vertraglich** geschaffen wurde.[196] Hinsichtlich der weiteren Familiensachen auf Grund eines verfahrensrechtlichen Zusammenhangs wird auf Rn. 5ff. verwiesen, ferner auf Rn. 69.

63 **b) Rechtsschutzbedürfnis, Kosten der Titulierung eines Unterhaltsanspruchs.** Für eine Klage auf künftige wiederkehrende Leistungen (§ 258) besteht immer dann ein **Rechtsschutzbedürfnis,** wenn noch kein Vollstreckungstitel vorliegt und ein solcher nicht auf einfachere Art beschafft werden kann.[197] Nach wohl hM besteht ein solches Rechtsschutzbedürfnis auch dann, wenn der Verpflichtete den geschuldeten Unterhalt regelmäßig, ohne Vorbehalt und in vollem Umfang erbringt.[198] Hieraus folgt ein (prozessualer) **Anspruch des Berechtigten auf Titulierung** des ihm zustehenden Unterhalts, um die Unsicherheiten einer fortlaufenden pünktlichen Zahlung zu beseitigen.[199] Für eine Klage besteht auch dann ein Rechtsschutzbedürfnis, wenn der Unterhaltspflichtige trotz Aufforderung zur **Dynamisierung des Kindesunterhalts** nach § 1612a Abs. 1 BGB lediglich einen statischen Titel schafft, weil hierdurch der materiell-rechtliche Anspruch auf Dynamisierung nicht erfüllt wurde; entsprechend hat der Unterhaltspflichtige auch Anlass zur Klageerbhebung iSd. § 93 gegeben (s. a. vor § 642 Rn. 3). Hiervon zu trennen ist, wer die **Kosten der Titulierung** zu tragen hat. Soweit der Unterhaltsschuldner **Anlass zur Klageerhebung** gegeben hat, trägt er nach § 93 die Kosten des Rechtsstreits, auch wenn er sofort den Anspruch anerkennt; dies ist auch anzunehmen, wenn trotz eines außergerichtlichen Anerkenntnisses des Anspruchs nicht unverzüglich eine Unterhaltsleistung erfolgt, weil der Unterhaltsgläubiger bei Nichtzahlung damit rechnen muss, seinen Anspruch nur zwangsweise durchsetzen zu können. Ansonsten hat der Unterhaltsgläubiger den Unterhaltsschuldner aufzufordern, einen Titel zu beschaffen, wobei die Aufforderung zur Titulierung nur dann zur Klageveranlassung durch den Unterhaltsschuldner führt, wenn der Unterhaltsgläubiger auch angibt, die Kosten der Titulierung zu übernehmen.[200] Denn eine generelle gesetzliche Verpflichtung zur Übernahme der Titulierungskosten durch den Unterhaltspflichtigen besteht nicht. Nicht zutreffend ist die Ansicht, die Titulierungskosten aus §§ 1610, 1360a Abs. 4 BGB abzuleiten,[201] weil einerseits die Pflicht zur Leistung eines Prozesskostenvorschusses als lex specialis nicht zu einer weiter gehenden Pflicht herangezogen werden kann und andererseits die Barunterhaltspflicht nicht die Pflicht zur Übernahme von Titulierungskosten beinhaltet.

64 **c) Überleitung des Unterhalts nach § 33 SGB II, § 94 SGB XII und § 7 UntVorschG.** Bezieht der Unterhaltsgläubiger **Sozialhilfeleistungen,** wird der **Anspruchsübergang** nicht durch Überleitungsanzeige des Sozialhilfeträgers bewirkt, sondern es tritt kraft Gesetzes ein Forderungsübergang wie bei § 412 BGB ein. Da der Übergang des Anspruchs mit dem Zeitpunkt der bürgerlich-rechtlichen Bedürftigkeit des Hilfeempfängers eintritt,[202] sind Unterhalt und Sozialhilfe im Grundsatz deckungsgleich. Die Zivilgerichte müssen eine zweigleisige Prüfung vornehmen, ob der zivilrechtliche Unterhaltsanspruch besteht und die Sozialhilfe nach den öffentlich-rechtlichen Bestimmungen richtig berechnet wurde. Trotz des kraft Gesetzes eintretenden Forderungsübergangs ab Leistung der Sozialhilfe kann der Unterhaltsgläubiger den **zukünftigen Unterhalt** weiterhin in eigenem Namen geltend machen, muss aber im Zeitpunkt der letzten mündlichen Verhandlung § 265 Abs. 2 S. 1 berücksichtigen, weil jeweils mit einer laufenden monatlichen Sozialhilfeleistung während des Unterhaltsverfahrens der Anspruch auf den Sozialhilfeträger übergegangen ist, dh. also insoweit Leistung des übergegangenen Anspruchs an den Sozialhilfeträger beantragen.[203] Wird **rückständiger Unterhalt** verlangt, kann diesen nur der Sozialhilfeträger verlangen, weil mit dem Anspruchsübergang auch die Prozessführungsbefugnis des Unterhaltsgläubigers entfällt. Macht der Sozialhilfeträger den übergegangenen Unterhalt auch für die Zukunft geltend, so ist eine Abänderungsklage des Unterhaltsschuldners gegen diesen zu richten; ferner kann der Sozialhilfeträger selbst eine Abänderungsklage erheben (s. auch § 323 Rn. 25).

65 § 33 Abs. 4 S. 1 SGB II, § 94 Abs. 5 iVm. § 12 SGB XII lassen privatrechtliche Vereinbarungen zwischen Hilfeempfänger und Sozialhilfeträger ausdrücklich zu und bestimmen, dass der Träger der Sozialhilfe den auf ihn übergegangenen Unterhaltsanspruch im Einvernehmen mit dem Hilfeempfänger auf diesen zur gerichtlichen Geltendmachung rückübertragen und sich den geltend gemachten Unterhaltsanspruch abtreten lassen kann, um sicherzustellen, dass die dem Träger der Sozialhilfe zustehenden Beträge auch diesem wieder zurückfließen. Mehrkosten, die durch die Verfolgung des rückabgetretenen Anspruchs entstehen, sind danach vom Träger der Sozialhilfe zu übernehmen.[204] Nachdem der Gesetzgeber eine Rückabtretung über-

---

196 Zur Abgrenzung s. *Schwab/Borth* Teil IV Rn. 1268, 1282ff.

197 Nach § 60 SGB VIII (KJHG) oder § 794 Abs. 1 Nr. 5.

198 BGH FamRZ 1998, 1165 m. weit. Nachw.; *Künkel* NJW 1985, 2665; aA OLG Saarbrücken FamRZ 1985, 1280; OLG Köln FamRZ 1997, 823.

199 Strittig, s. OLG Hamm FamRZ 1985, 506; OLG Düsseldorf FamRZ 1988, 519; FamRZ 1994, 117; zurecht krit. *Köhler* FamRZ 1991, 645, weil der Unterhaltsgläubiger bei Einstellung der Zahlung einen Titel sofort beschaffen kann; OLG Karlsruhe FamRZ 2005, 378 – Titel für monatliche Vorauszahlung.

200 ZB in Form des § 794 Abs. 1 Nr. 5 (der Titel durch Jugendamtsurkunde nach § 60 KJHG ist kostenlos); OLG Köln FamRZ 1997, 823; s. i. Ü. OLG Düsseldorf FamRZ 1994, 117.

201 So OLG Karlsruhe FamRZ 1984, 584, 585; OLG Frankfurt/M FamRZ 1984, 1230; abl. KG FamRZ 1988, 518, 519.

202 „... für die Zeit, für die Hilfe gewährt wird".

203 S. a. BGH FamRZ 1995, 1131, 1133.

204 S. BT-Drucks. 13/3904 S. 46 (ausdrücklich erklärter Zweck dieser Bestimmung ist es, die Mehrbelastung der Verwaltungsbehörden durch die Geltendmachung übergegangener Unterhaltsansprüche abzubauen).

gegangener Unterhaltsansprüche zugelassen hat, können auch gegen eine **Einziehungsermächtigung** keine Einwendungen mehr erhoben werden, weil auch diese von dem Zweck der Neuregelung der § 33 Abs. 4 S. 1 SGB II, § 94 Abs. 5 SGB XII erfasst werden, Mehrbelastungen vom Sozialhilfeträger fern zu halten. § 7 Abs. 1, 4 S. 2 UntVorschG ermöglicht ebenfalls bei der Durchsetzung von Rückgriffsansprüchen, den Unterhaltsschuldner in Anspruch zu nehmen, sobald der Unterhaltsanspruch auf die den Unterhalt leistende Stelle übergegangen ist.[205] Damit können die Träger der Hilfeleistungen den Unterhalt im Wege der Stufenklage nach § 254 geltend machen, somit die Leistungsfähigkeit des Unterhaltsschuldners bereits in der Auskunftsstufe klären. Ferner können nach § 7 Abs. 4 UntVorschG **übergegangene Unterhaltsansprüche** auf den Hilfeempfänger zur zivilrechtlichen Geltendmachung rückübertragen werden.[206] Insoweit kann auf die vorstehenden Ausführungen verwiesen werden.[207] Nicht geändert hat der Gesetzgeber § 37 BAföG. Wegen der vergleichbaren Sachlage ist auch in diesen Fällen eine Rückübertragung sowie eine Einziehungsermächtigung zuzulassen, zumal § 12 SGB XII solche Vereinbarungen generell zulässt. Umstritten bleibt die Gewährung von **Prozesskostenhilfe** im Falle einer Rückübertragung rückständiger Unterhaltsbeträge an den Unterhaltsberechtigten oder einer vereinbarten Einziehungsermächtigung. Da der Träger der Sozialhilfe mit Kosten nicht belastet werden darf, müssen die Kosten von diesem übernommen werden, falls man nicht generell auch dann Prozesskostenhilfe bewilligt, wenn keine erheblichen Mehrkosten durch die Geltendmachung übertragener Unterhaltsansprüche entstehen,[208] oder wenn rückständiger und laufender Unterhalt vom Unterhaltsberechtigten geltend gemacht werden.[209] Erbringt der Sozialhilfeträger auf Grund eines Bewilligungsbescheides Sozialhilfeleistungen, kann er – neben dem Unterhaltsgläubiger – auch selbst den zukünftigen Unterhalt in eigenem Namen einklagen, wenn die Hilfe voraussichtlich für längere Zeit gewährt werden muss; dies sieht § 94 Abs. 3 S. 2 SGB XII ausdrücklich vor. Zuständig ist auch in diesem Fall wegen der Rechtsnachfolge das FamG (s. Rn. 62).

Die sich aus § 94 SGB XII ergebenden prozessualen Fragen verlieren durch das SGB II[210] (Grundsicherung für Arbeitssuchende) weitgehend an Bedeutung, weil alle erwerbsfähige Hilfsbedürftige zwischen dem 15. und 64. Lebensjahr nach diesem Gesetz Leistungen beziehen (Arbeitslosengeld II). Maßgeblich ist allein die Erwerbsfähigkeit. Leistungen nach SGB XII erhalten damit nur noch Kinder und Erwachsene ab 65 Jahren, falls sie nicht zeitweise voll erwerbsgemindert sind. Bis zum 31. 7. 2006 erfolgte der **Anspruchsübergang** bei Leistungen nach SGB II durch Überleitungsanzeige nach § 33 Abs. 2 SGB II. Dies führte bei Gewährung von Leistungen für Unterhaltskosten (durch den kommunalen Träger) und von Regelleistungen (durch die Agentur für Arbeit) zu zwei Verwaltungsakten. Seit dem 1. 8. 2006 sieht § 33 SGB II eine cessio legis wie § 94 SGB XII vor.[211] 66

d) Verfahrensfragen zum Kindesunterhalt. Unterhaltsansprüche minderjähriger Kinder **verheirateter Eltern** werden prozessual in zwei Formen geltend gemacht, nämlich während der Trennung oder der Anhängigkeit einer Ehesache durch einen Elternteil im **Wege der Prozessstandschaft** nach § 1629 Abs. 3 S. 1 BGB (dazu allgemein § 51 Rn. 19) und, wenn diese Regelung nicht mehr eingreift, durch einen Elternteil als **gesetzlicher Vertreter** des Kindes. In diesem Fall macht regelmäßig der gesetzliche Vertreter den Unterhalt im Namen des Kindes geltend, so dass das Kind selbst Partei dieses Prozesses ist. Die Vertretungsbefugnis ergibt sich aus § 1629 Abs. 1 BGB, der Übertragung der Sorge nach § 1671, 1672 BGB auf einen Elternteil oder auf Grund von § 1629 Abs. 2 S. 2 BGB. Nach der Fassung des § 1629 Abs. 2 S. 2 BGB[212] steht einem Elternteil, der die gemeinsame elterliche Sorge mit dem anderen Elternteil innehat und in dessen Obhut sich das minderjährige Kind befindet, das **Alleinvertretungsrecht** zur Geltendmachung von Unterhaltsansprüchen zu, unabhängig davon, ob während bestehender Ehe oder nach Auflösung der Ehe ein Unterhaltsanspruch für das minderjährige Kind von dem anderen sorgeberechtigten Elternteil verlangt wird. Ferner gilt die Regelung des § 1629 Abs. 2 S. 2 bei **nicht verheirateten Eltern,** denen die gemeinsame elterliche Sorge zusteht (dagegen nicht die Prozessstandschaft nach § 1629 Abs. 3 S. 1 BGB, die nur bei getrennt lebenden Ehegatten gilt). Durch die Fassung des § 1629 Abs. 2 S. 2 BGB entfällt zwar die Notwendigkeit einer Änderung der gemeinsamen elterliche Sorge bei einem Streit über den Kindesunterhalt. Es bleibt aber die Frage, ob bei einer regelmäßigen wechselnden Obhut zwischen beiden Elternteilen eine Klagebefugnis allein demjenigen Elternteil zusteht, bei dem sich das Kind bei Klageerhebung zufällig aufhält. Dies ist bei einem sog. **Wechselmodell** bei gleich langen Betreuungszeiträumen stets gegeben,[213] nicht dagegen bei einem Wechselmodell mit deutlichem Schwerpunkt bei einem Elternteil.[214] In solchen Fällen ist deshalb auch weiterhin die Bestellung eines **Ergänzungspflegers** nach § 1909 BGB oder § 1628 BGB notwendig.[215] Hält sich das minderjährige Kind längere Zeit bei einem Elternteil auf und hat es dort auch seinen Lebensmittelpunkt (Schulbesuch, wesentliche persönlichen Gegenstände nur bei diesem Elternteil), legt § 1629 Abs. 2 S. 2 BGB das 67

---

205 Dies gilt nicht im Passivprozess, s. OLG Karlsruhe FamRZ 2000, 1287.
206 Zur gesetzlichen Prozessstandschaft s. OLG Karlsruhe FamRZ 2004, 1796.
207 Zur Berücksichtigung nach früherem Recht BGH FamRZ 2000, 221.
208 So OLG Celle FamRZ 1996, 616; s. a. OLG Hamm FamRZ 1994, 1530, 1531.
209 OLG Stuttgart FamRZ 1996, 1019, 1020; OLG Celle FamRZ 1998, 1444.
210 Gesetz vom 24. 12. 2003, BGBl. I S. 2954.
211 Gesetz zur Grundsicherung für Arbeitssuchende vom 20. 7. 2006, BGBl. I 1706.
212 Geändert durch das KindRG.
213 BGH NJW 2006, 3649 = FamRZ 2006, 1015, 1016; FamRZ 2007, 707, 708.
214 BGH FamRZ 2007, 707, 708 m. Anm. *Luthin* (1/3 zu 2/3).
215 Zur Frage der Obhut in solchen Fällen s. OLG Zweibrücken FamRZ 2001, 290.

Alleinvertretungsrecht des Elternteils fest, in dessen Obhut sich das Kind befindet. § 1629 Abs. 3 S. 1. BGB sieht eine **Prozessstandschaft** zwischen verheirateten Eltern während der Trennung oder der Anhängigkeit einer Ehesache vor; sie ergänzt damit § 1629 Abs. 2 S. 2 BGB. In den anderen Fällen der gemeinsamen elterliche Sorge, also nach Scheidung der Ehe bzw. bei nicht miteinander verheirateten Eltern besteht dagegen keine Prozessstandschaft, da § 1629 Abs. 3 S. 1 BGB nur dem Zweck dient, das minderjährige Kind aus dem Streit der Eltern während der Trennung sowie bei einer anhängigen Ehesache herauszuhalten. Ferner kann auf Antrag eines Elternteils nach §§ 55, 56 SGB VIII das **Jugendamt als Beistand** beigeordnet werden (§§ 1712 ff. BGB), ohne dass die elterliche Sorge ansonsten eingeschränkt wird. Dies gilt für den Aktiv- und Passivprozess des Kindes.

68 Liegt der Fall der gesetzlichen Prozessstandschaft (dazu allgemein § 51 Rn. 19) nach § 1629 Abs. 3 BGB vor, ist der **prozessführungsbefugte Elternteil selbst Partei des Verfahrens** (s. a. § 620 Rn. 49);[216] dies gilt auch für den Passivprozess, also im Abänderungsverfahren nach § 323, einem Verfahren der negativen Feststellungsklage (s. § 620b Rn. 12 ff.) sowie der Vollstreckungsabwehrklage nach § 767 (s. § 620b Rn. 15). Nach § 1629 Abs. 3 S. 2 BGB erstreckt sich eine Entscheidung oder ein Vergleich in seinen Wirkungen auch auf das Kind. Die Prozessstandschaft besteht unabhängig davon, ob Unterhalt innerhalb oder außerhalb des Verbunds geltend gemacht wird.[217] Sie **endet**, wenn die Eltern die eheliche Lebensgemeinschaft wieder aufnehmen oder mit rechtskräftigem Abschluss der Ehesache. Soweit Verfahren zu diesem Zeitpunkt noch nicht abgeschlossen sind, können sie unter Beibehaltung der Prozessstandschaft abgeschlossen werden,[218] wenn die elterliche Sorge für das Kind keinem anderen als dem bisher prozessführenden Elternteil übertragen wurde; hierfür spricht insbesondere auch ein praktisches Bedürfnis. Faktisch tritt diese Sachlage ein, wenn gegen ein Unterhaltsverfahren im Verbund Rechtsmittel eingelegt wurde und der Scheidungsausspruch nach § 629a Abs. 3 vor der Unterhaltssache rechtskräftig wird. Allerdings endet die Prozessstandschaft mit **Eintritt der Volljährigkeit des Kindes.**[219] Gleiches gilt, wenn die elterliche Sorge auf den anderen Elternteil oder einen Vormund übergeht.[220] In diesen Fällen tritt ohne eine Parteihandlung ein Parteiwechsel kraft Gesetzes ein;[221] der bis zum Obhutswechsel nach § 1629 Abs. 2 S. 2 BGB prozessführungsbefugte Elternteil kann das Verfahren namens des Kindes für erledigt erklären.[222] Liegt ein **Verbundverfahren** vor, ist der Unterhaltsprozess nach § 623 Abs. 1 S. 2 aus dem Verbund herauszulösen. In den Fällen einer späteren Abänderungsklage oder Vollstreckungsgegenklage (nach rechtskräftigem Abschluss der Ehesache) ist das Kind selbst Partei des Prozesses.[223] Im Rahmen ihres Wirkungsbereiches ermöglicht die Prozessstandschaft auch die Vollstreckung (s. a. § 620 Rn. 59).

69 e) **Weitere Unterhaltsverfahren aus Verwandtschaft.** Die Zuständigkeit nach Abs. 1 Nr. 4 betrifft auch die Verfahren zur Regelung des Unterhalts nichtehelicher Kinder, wozu auch Abänderungsklagen des Unterhaltspflichtigen nach § 323 gehören, falls ein vor dem 1. 7. 1998 geschaffener Titel vorliegt. Ferner fallen unter Nr. 4 die Verfahren nach § 651 Abs. 1, wenn auf Antrag einer Partei vom **vereinfachten Verfahren** in das **streitige Verfahren** zu wechseln ist, außerdem die Verfahren nach § 656 Abs. 1, wonach eine Abänderung eines im vereinfachten Verfahren ergangenen Beschlusses verlangt werden kann, wenn eine wesentliche Abweichung von dem Betrag behauptet wird, der der Entwicklung der besonderen Verhältnisse der Parteien Rechnung trägt. Diese Klageart steht dem Unterhaltsberechtigten und Unterhaltspflichtigen zu. Eine Abänderungsklage nach § 323 gegen Titel des vereinfachten Verfahrens kommt außerdem in Betracht, wenn die Leistungsfähigkeit des Unterhaltspflichtigen sinkt[224] (bei Wegfall bzw. Minderung des Einkommens oder dem Hinzutreten weiterer Unterhaltsberechtigter). Ferner ist das FamG für die Ansprüche der Kinder gegen fernere Verwandte in gerader Linie (Großeltern, § 1607 Abs. 1 BGB), ebenso wenn Eltern oder Großeltern Unterhaltsansprüche gegen Kinder bzw. Enkelkinder geltend machen (s. auch Rn. 62). Bei dieser Zuständigkeit bleibt es auch, wenn die Unterhaltsansprüche auf den Träger der Sozialhilfe übergegangen sind (s. Rn. 62, 65).

70 f) **Unterhaltsbestimmung beim Kindesunterhalt nach § 1612 Abs. 2 BGB.** In sachlich engem Zusammenhang zum Kindesunterhalt, aber nicht unmittelbar zu Abs. 1 Nr. 4 steht die Unterhaltsbestimmung nach § 1612 Abs. 2 BGB, die dem FamG zugeordnet ist. Überwiegend betrifft dieses Verfahren den Unterhalt volljähriger Kinder. Das Recht der Eltern auf eine Unterhaltsbestimmung ist deshalb Ausfluss der Unterhaltspflicht und nicht des Erziehungsrechts,[225] so dass auch keine Zuordnung des Verfahrens zu Abs. 1 Nr. 1 zu erfolgen hat. Das Verfahren nach § 1612 Abs. 2 S. 2 BGB richtet sich trotz der Zuordnung zum Familiengericht nach dem FGG, da es nicht um einen **Leistungsantrag auf Unterhalt** geht.[226] Zwar führt

---

216 Die Bewilligung von Prozesskostenhilfe erfolgt nach den Verhältnissen des Elternteils, BGH NJW-RR 2005, 1237 = FamRZ 2005, 1164; FamRZ 2006, 32.

217 BGH FamRZ 1983, 474.

218 In entsprechender Anwendung des § 265 Abs. 2 S. 1; s. a. BGH NJW-RR 1990, 323, 324 = FamRZ 1990, 283, 284; zum Fall der Abtrennung und Eintritt der Rechtskraft der Scheidung zutreffend OLG Köln FamRZ 2005, 1259.

219 BGH FamRZ 1985, 471, 473.

220 OLG Hamm FamRZ 1990, 890 f.

221 BGH (Fn. 205).

222 OLG Köln FamRZ 2005, 1999; Norpoth FamRZ 2007, 514.

223 Ggf. gesetzlich vertreten durch den Inhaber der elterlichen Sorge nach § 1671 BGB.

224 S. BGH FamRZ 2003, 304.

225 *Buchholz* FamRZ 1995, 705 ff.

226 So auch *Zö/Philippi* § 621 ZPO Rn. 44; eingehend *Schwab/Borth* Teil V Rn. 224; aA *Göppinger/Kodal* Rn. 84 ff.; OLG Köln FamRZ 2005, 116; OLG Hamm FamRZ 2005, 1258.

§ 621a Abs. 1 die Verfahren nach § 1612 Abs. 2 S. 2 BGB nicht auf, so dass nach dem Wortlaut des § 621 Abs. 1 Nr. 4 dieses Verfahren nach der ZPO zu führen wäre. Dass der Gesetzgeber mit der Änderung der Zuständigkeit auch die Verfahrensart hat ändern wollen, ist nicht ersichtlich, zumal diese Verfahren nach dem FGG sachgerechter zu führen sind und zudem der in § 14 RPflG enthaltene Richtervorbehalt nicht geändert wurde. Die Zuständigkeit des Familiengerichts ergibt sich aus §§ 36, 43 FGG; nach § 3 Nr. 2 lit. a RPflG entscheidet der Rechtspfleger, da in § 14 RPflG ein entsprechender Richtervorbehalt fehlt. Sieht man dagegen das Verfahren als ZPO – Verfahren an, könnte eine Entscheidung durch den Rechtspfleger nicht ergehen, weil das nur zulässig wäre, wenn § 20 RPflG dessen Zuständigkeit ausdrücklich bestimmt hätte.[227] Der Antrag nach § 1612 Abs. 2 S. 2 BGB ist vom Kind selbst zu stellen; die Bestellung eines Pflegers ist nicht erforderlich, auch nicht zur Einlegung der – unbefristeten – Beschwerde (§ 59 FGG). Die Entscheidung wirkt auf den Zeitpunkt der Antragstellung zurück.[228] In dringenden Fällen ist der Erlass einer einstwAnO möglich, an die das Prozessgericht gebunden ist.[229] Mit Wirkung ab 1. 1. 2008 gilt für laufende und künftige Verfahren die durch das Gesetz zur Änderung des Unterhaltsrechts vom 21. 12. 2007 (BGBl. I 3189) der neu gefasste § 1612 Abs. 2 BGB. Durch die Aufhebung des Abs. 2 S. 2 wird das **gesonderte Abänderungsverfahren** zur elterlichen Unterhaltsbestimmung abgeschafft. Das zweistufige Verfahren entfällt damit. Danach wird eine Unterhaltsbestimmung im Leistungsprozess nach Abs. 1 Nr. 4 berücksichtigt, soweit sie nach § 1612 Abs. 2 BGB wirksam ist. Das gesonderte FGG-Verfahren entfällt.[230]

g) Auskunftsverfahren. Auskunft zu Kindesunterhalt nach § 1605 Abs. 1 BGB oder zum nachehelichen 71
Unterhalt nach § 1580 BGB kann im Verbund nach § 623 Abs. 1 im Rahmen eines **Stufenantrages** nach § 254 oder im Wege einer isolierten Familiensache verlangt werden. Mit Zustellung der Klageschrift wird zugleich auch der unbezifferte Leistungsantrag nach § 254 rechtshängig; entsprechend erfasst die Bewilligung von Prozesskostenhilfe auch den unbezifferten Antrag.[231] Zulässig ist hierbei, mit Erhebung der Stufenklage den Leistungsantrag von vornherein zu beziffern (als Mindestbetrag).[232] Über den Leistungsantrag kann aber erst nach Erledigung der Auskunftsstufe und der eidesstattlichen Versicherung (idR in Form eines rechtskräftigen Teilurteils der jeweiligen Stufen) entschieden werden.[233] Wird über einen Stufenantrag und den Leistungsantrag gleichzeitig entschieden, sind deshalb analog § 538 Abs. 2 Nr. 4 auf ein Rechtsmittel die den Auskunftsanspruch übersteigenden Stufen aufzuheben und die Sache insoweit zurückzuverweisen.[234] Eine in der obergerichtlichen Praxis vertretene Verpflichtung, die Auskunftsstufe im Verbund zur Verminderung der Gerichtskosten bei der Bewilligung von Prozesskostenhilfe geltend zu machen,[235] besteht nicht;[236] die Geltendmachung außerhalb des Verbunds ist nicht mutwillig. Wird Auskunft als Stufenantrag im Verbund verlangt, ergeht hinsichtlich dieses Antrags ein Teilurteil, das keine Kostenentscheidung enthält.[237] Wird im Verbund lediglich die Auskunft verlangt, liegt keine Folgesache vor.[238] Ergibt bei einer Stufenklage die erteilte Auskunft, dass ein **Leistungsanspruch nicht besteht,** so tritt insoweit nicht die Erledigung der Hauptsache ein. Bei einseitiger Erledigterklärung kommt ein Kostenanspruch zu Gunsten des Antragstellers (Klägers) weder nach § 91a noch entsprechend § 93 in Frage, sondern besteht nach BGH ein materiell-rechtlicher Kostenerstattungsanspruch, der im anhängigen Rechtsstreit verlangt werden kann (s. i. e. § 254 Rn. 6). Dessen Bedeutung ist aber durch die Regelung des § 93d weggefallen, da bei Verzug dem Auskunftspflichtigen die Kosten voll oder teilweise auferlegt werden können. Wird Auskunft zwischen Einreichung der Klage und deren Zustellung erteilt, kann über die Kosten des Rechtsstreits nach § 269 Abs. 3 S. 3 nach billigem Ermessen entschieden werden.[239] Nach § 643 Abs. 1 hat das **Gericht** gegenüber den Parteien einen **unmittelbaren Auskunftsanspruch** zum unterhaltspflichtigen Einkommen (eingehend § 643 Rn. 1 ff.). Die **Vollstreckung** einer Auskunftspflicht nach § 888 erfolgt durch das Prozessgericht, also das FamG.[240]

4. Versorgungsausgleich, Abs. 1 Nr. 6. a) Öffentlich-rechtlicher Versorgungsausgleich. Der Versor- 72
gungsausgleich ist überwiegend im Scheidungsverfahren nach § 623 Abs. 1 S. 3 im Rahmen des Zwangsverbundes (auch Mindestverbund) von Amts wegen vorzunehmen. Er erfasst hierbei den **öffentlich-rechtlichen Wertausgleich** nach § 1587b Abs. 1, 2 BGB und nach §§ 1 Abs. 2, 3; 3b Abs. 1 VAHRG. Für andere Ehesachen, also die Anträge auf Aufhebung der Ehe nach § 631 Abs. 1, für die nicht die Bestimmungen des Verbundes gelten, ist der öffentlich-rechtliche Versorgungsausgleich nach deren rechtskräftigem Abschluss im **selbständigen Verfahren** nach § 621 Abs. 1 Nr. 6 vorzunehmen (zu den Folgen der Aufhebung der Ehe s.

227 In diesem Sinne OLG Düsseldorf FamRZ 2001, 1306; KG FamRZ 2003, 619.

228 OLG Hamburg FamRZ 1983, 643; FamRZ 1986, 833; BayObLG FamRZ 1985, 515; OLG Düsseldorf FamRZ 1987, 194 (Rückwirkung nach Lage des Einzelfalls).

229 OLG Düsseldorf FamRZ 1981, 703; OLG Hamm FamRZ 1986, 387.

230 S. a. OLG Dresden FamRZ 2004, 209; OLG Celle FamRZ 2007, 763 m. weit. Nachw.; zum neuen Rechtszustand s. *Borth*, Unterhaltsrechtsänderungsgesetz, Rn. 306 ff.

231 OLG Hamm FamRZ 2007, 152.

232 BGH FamRZ 2003, 31 – bezifferte Teilklage verbunden mit Stufenklage; zur Beschwer s. BGH FamRZ 2003, 87.

233 BGHZ 107, 236, 239 = NJW 1989, 2821 = FamRZ 1989, 954; FamRZ 1996, 1070.

234 BGH NJW 1995, 2229, 2230.

235 So etwa OLG Düsseldorf FamRZ 1991, 94; OLG Zweibrücken FamRZ 2003, 1759.

236 BGH NJW 2005, 1497 = FamRZ 2005, 786 – Zugewinn.

237 OLG Hamburg FamRZ 1981, 179; s. a. § 623 Rn. 20.

238 OLG Zweibrücken FamRZ 1980, 1142 f.

239 BGH NJW 1986, 588; NJW 1994, 2895 = FamRZ 1995, 348.

240 Zur Aussetzung der Vollziehung bei sofortiger Beschwerde nach § 793 s. OLG Köln FamRZ 2005, 223.

§ 1318 Abs. 3 BGB). Ferner kommt ein selbständiges Verfahren zum öffentlich-rechtlichen Versorgungsausgleich in Frage, wenn die **Ehe im Ausland** geschieden wurde und sich das Scheidungsstatut (Art. 17 Abs. 1 EGBGB) nach deutschem Recht richtet[241] bzw. deutsches Recht anzuwenden gewesen wäre. Zum öffentlich-rechtlichen Versorgungsausgleich gehören schließlich die **Abänderungsverfahren** nach § 10a VAHRG, mit dem eine Entscheidung zum öffentlich-rechtlichen Versorgungsausgleich in Bezug auf die Höhe des Ausgleichs einer Totalrevision unterworfen werden kann.[242] Wurde in einem Verbundurteil festgestellt, dass im Hinblick auf den Ausschluss des Versorgungsausgleichs durch Ehevertrag (§ 1408 Abs. 2 BGB) ein Versorgungsausgleich nicht stattfindet, hat diese **Feststellung keine Rechtskraftwirkung,** da insoweit lediglich der Inhalt des Ehevertrages wiedergegeben, nicht aber materiell-rechtlich der Versorgungsausgleich (wie nach § 1587c Nr. 1–3 BGB) ausgeschlossen wurde. Im Falle einer wirksamen Anfechtung des Ehevertrages oder dessen Unwirksamkeit nach § 138 BGB (Inhaltskontrolle) kann deshalb noch nachträglich im selbständigen Verfahren der Versorgungsausgleich auf (unbezifferten) Antrag durchgeführt werden.[243] Soweit Verfahren zum öffentlich-rechtlichen Versorgungsausgleich im **Verbund** durchzuführen sind, gilt der **Anwaltszwang** für die Ehegatten, § 78 Abs. 2.[244] Für die am Verfahren nach § 53b Abs. 2 FGG beteiligten Träger einer Versorgung gilt der Anwaltszwang weder für die Beschwerdeinstanz (§ 78 Abs. 3) noch für die Rechtsbeschwerde und die Nichtzulassungsbeschwerde nach § 621e Abs. 2 vor dem BGH (§ 78 Abs. 4). Liegt ein **selbständiges Versorgungsausgleichsverfahren** außerhalb des Verbundes vor, besteht der Anwaltszwang für die Ehegatten und die sonstigen Beteiligten nur im Verfahren der Rechtsbeschwerde und Nichtzulassungsbeschwerde vor dem BGH (§ 78 Abs. 3, 4). Das FamG kann nach § 11 Abs. 2 VAHRG **von Amts wegen Auskünfte** bei den Versorgungsträgern und Arbeitgebern gemäß § 53b Abs. 2 FGG einholen.[245] Diese Möglichkeit besteht neben dem gegenseitigen Auskunftsanspruch der Ehegatten nach § 1587e iVm. § 1580 BGB. Die Vollstreckung erfolgt nach § 33 FGG.[246]

73 b) **Schuldrechtlicher und verlängerter schuldrechtlicher Versorgungsausgleich.** Soweit für Versorgungsanrechte ein öffentlich-rechtlicher Versorgungsausgleich nicht stattfinden kann, ist der schuldrechtliche Versorgungsausgleich vorzunehmen, §§ 1587f, 1587g BGB; § 2 VAHRG. Dieser sieht eine **unmittelbare Zahlung** des Ausgleichspflichtigen an den Ausgleichsberechtigten vor, § 1587g Abs. 1 BGB. Solange der schuldrechtliche Ausgleichsanspruch nach § 1587g BGB noch nicht entstanden ist, fehlt es regelmäßig an einem **Feststellungsinteresse**[247] zur Bestimmung des künftigen Anspruchs, da ein subjektives Recht wegen des möglichen Wegfalls des Anspruchs durch Tod noch nicht besteht. Nach dem Tod des Ausgleichspflichtigen kann nach § 3a VAHRG ein verlängerter schuldrechtlicher Versorgungsausgleich bestehen, mit dem der ausgleichsberechtigte Ehegatte vom Träger der auszugleichenden Versorgung einen Zahlungsanspruch entsprechend § 1587g BGB erhält. Für diese Verfahren gilt § 621 Abs. 1 Nr. 6 ebenfalls; § 3a Abs. 9 S. 1 VAHRG weist Streitigkeiten zwischen dem ausgleichsberechtigten Ehegatten und dem Träger der auszugleichenden Versorgung oder der Witwe des ausgleichspflichtigen Ehegatten dem FamG zu. Die **örtliche Zuständigkeit** in dem Verfahren nach § 3a Abs. 9 VAHRG richtet sich nach § 11 Abs. 1 VAHRG iVm. §§ 621 Abs. 2 S. 2, 45 FGG. Für alle Verfahren des schuldrechtlichen und verlängerten schuldrechtlichen Versorgungsausgleichs ist ein **Antrag** erforderlich.

74 c) **Genehmigung von Vereinbarungen.** Schließen die Parteien zum Versorgungsausgleich nach § 1587o BGB Vereinbarungen, sind diese nach § 1587o Abs. 2 S. 2 BGB zu genehmigen. Zuständig hierfür ist das FamG, wenn die Vereinbarungen während des Berufungsverfahrens geschlossen werden, das OLG.[248] Die genehmigte Vereinbarung nach § 1587o BGB hat **verfahrensbeendende Wirkung,** § 53d S. 1 FGG. Wird die Vereinbarung wirksam angefochten oder unterliegt sie einer Inhaltskontrolle,[249] die zur Durchführung des Versorgungsausgleichs führt, ist das Verfahren zur Durchführung des öffentlich-rechtlichen Versorgungsausgleichs wieder aufzunehmen. Wird eine Vereinbarung als Grundlage einer gerichtlichen Entscheidung herangezogen, kann mit Rechtskraft dieser Entscheidung das Verfahren auch bei einem Korrekturbedürfnis nicht wieder aufgenommen werden,[250] weil eine abschließende Sachentscheidung vorliegt.

75 **5. Hausrat und Ehewohnung, Abs. 1 Nr. 7. a) Regelungszweck.** Nach § 621 Abs. 1 Nr. 7 ist das FamG für die in der HausratsVO geregelten Verfahren zuständig, § 11 Abs. 1 HausratsVO. Nach §§ 1, 18a HausratsVO handelt es sich hierbei um die Regelung der Rechtsverhältnisse am ehelichen Hausrat (zum Begriff § 620 Rn. 74 u. 80) und der ehelichen Wohnung für die **Zeit nach Scheidung der Ehe** gemäß § 1 HausratsVO und die Verfahren zur Regelung der Nutzung des ehelichen Hausrats sowie der ehelichen Wohnung

---

241 BGH IPRax 1994, 131 = FamRZ 1993, 798.

242 Zur Korrektur eines fehlerhaft bestimmten Ehezeitendes BGH NJW-RR 2004, 795 = FamRZ 2004, 786; FamRZ 2005, 2055 – Antragsrecht des Versorgungsträgers.

243 S. BGH FamRZ 1991, 681; OLG Nürnberg FamRZ 2005, 454; OLG Düsseldorf NJW 2006, 235; zur Reichweite der Rechtskraft eines unzulässigen Supersplittings BGH FamRZ 2007, 536.

244 Auch im Falle der Abtrennung nach § 628 S. 1 Nr. 1–4.

245 Zum persönlichen Erscheinen eines Ehegatten s. OLG Karlsruhe FamRZ 2005, 1572.

246 S. a. OLG Zweibrücken FamRZ 2004, 1794; zu weiteren Verfahrensfragen s. *Borth* FamRZ 2005, 397, 405f.

247 BGH FamRZ 1995, 1481; NJW-RR 2004, 865 = FamRZ 2004, 1024; FamRZ 2007, 707 [LS]

248 BGH NJW 1994, 580 = FamRZ 1994, 234f.; zu weiteren Einzelheiten s. ferner *Johannsen/Henrich/Hahne* § 1587o BGB Rn. 21ff.; *Borth*, Versorgungsausgleich in anwaltschaftlicher und familiengerichtlicher Praxis, 3. Aufl. 1998, 8. Kap. Rn. 796ff.

249 BVerfG FamRZ 2001, 343; FamRZ 2001, 985; BGH NJW 2004, 860 = FamRZ 2004, 560; BGH FamRZ 2004, 601.

250 BGH FamRZ 2002, 1553.

für die **Zeit des Getrenntlebens** gemäß § 1361a Abs. 1 BGB und § 1361b Abs. 1 BGB, für die nach § 18a HausratsVO die Bestimmungen der HausratsVO sinngemäß gelten. Die §§ 1361a, 1361b Abs. 1 BGB sowie §§ 1ff. HausratsVO stellen ggü. den **Ansprüchen aus Besitz** nach § 861 BGB und **aus Eigentum** nach § 985 BGB eine Sonderregelung dar[251] und verdrängen deshalb diese (s. § 620 Rn. 82). Soweit während der Trennungszeit der Ehegatten ein Ehegatte Hausratsgegenstände durch **verbotene Eigenmacht** an sich nimmt, werden in der obergerichtlichen Rspr. demnach in familiengerichtlichen Verfahren die Besitzschutzbestimmungen als nachrangige Regelungen ggü. § 1361a BGB nicht angewandt.[252] Dennoch entspricht es dem Regelungszweck der §§ 1361a BGB, 18a HausratsVO, dass die Fälle einer **eigenmächtigen Hausratsteilung** in die Zuständigkeit des Familiengerichts fallen, da dieses auch mit den sonstigen Streitigkeiten der Parteien befasst ist.[253] Als Anspruchsgrundlage der danach zu treffenden Regelung dienen aber nicht die Besitzschutzansprüche nach §§ 858ff. BGB, sondern lediglich § 1361a BGB, der dem Gericht im Rahmen der Regelung der Benutzungsverhältnisse auch die **Rückschaffung solchen Hausrats** ermöglicht, der sich nicht mehr in der Wohnung befindet.[254] Befindet sich der eheliche Hausrat im Besitz eines Dritten, muss gegen diesen ein Herausgabetitel geschaffen werden; der „Durchgriff" auf den Dritten in Form der Duldung der Zwangsvollstreckung ist von § 1361a BGB nicht gedeckt;[255] dies kann im Rahmen des Verfahrens nach der HausratsVO erfolgen, da § 7 HausratsVO eine Beteiligung Dritter vorsieht. Wird nach § 985 BGB das Eigentum von einem Dritten herausverlangt, ist das FamG nicht zuständig; bei gemeinsamen Eigentum muss die Herausgabe an beide Ehegatten erfolgen. Die Zuständigkeit des FamG ist auch dann gegeben, wenn für die begehrte Hausratsteilung **ausländisches Recht** heranzuziehen ist, das eine der HausratsVO entsprechende Regelung nicht kennt, weil die Frage, welches Recht anzuwenden ist, nicht eine Frage der Zuständigkeit ist. Maßgebend ist aber, ob der Antrag entweder auf die HausratsVO oder eine entsprechende ausländische (ggf. auch güterrechtliche) Regelung gestützt wird.[256] Allerdings weist Art. 17a EGBGB die Regelung der Nutzungsbefugnis von Ehewohnung und Hausrat dem deutschen Sachrecht zu, soweit sich diese im Inland befinden.

b) Regelung der Rechtsverhältnisse am ehelichen Hausrat und der Ehewohnung für die Zeit nach der Scheidung. § 1 HausratsVO sieht ein Tätigwerden des Gerichts nur dann vor, wenn sich die Ehegatten nicht darüber einigen können, wie der eheliche Hausrat aufgeteilt wird und welcher Ehegatte die eheliche Wohnung erhalten soll. Zur Einleitung des Verfahrens zur Aufteilung des ehelichen Hausrats bedarf es keines konkreten Sachantrages im Sinne des § 253 Abs. 2 S. 1; der Antragsteller muss jedoch die Wertverhältnisse des gesamten Hausrats darlegen und beweisen.[257] Die richterliche Entscheidung sowie eine Vereinbarung sind jedoch konkret zu fassen, um eine Vollstreckung vornehmen zu können. Liegt eine (außergerichtliche) Einigung hierzu vor und klagt ein Ehegatte auf Erfüllung dieser Vereinbarung, so liegt nach BGH keine Familiensache vor, sondern eine Angelegenheit der allgemeinen Zivilgerichte.[258] Behauptet ein Ehegatte im Hausratsverfahren, es liege bereits eine Einigung vor, ist dies vorab zu klären und ggf. das Verfahren an das allgemeine Prozessgericht abzugeben. Liegt eine **Teileinigung** vor, kann eine richterliche Entscheidung nur noch über den restlichen Hausrat ergehen;[259] regelmäßig wird aber bei einer Teileinigung § 154 Abs. 1 S. 1 BGB gelten, so dass insgesamt eine Neuregelung vorzunehmen ist.[260] Werden in einem Zivilrechtsstreit Ansprüche hinsichtlich der Ehewohnung oder des Hausrats geltend gemacht, so hat das Prozessgericht die Sache insoweit an das zuständige FamG anzugeben, § 18 Abs. 1 S. 1 HausratsVO. Der Abgabebeschluss ist bindend (§ 18 Abs. 1 S. 3 HausratsVO). 76

Die **Regelungsbefugnis** des Richters bezieht sich nur auf ein **künftiges Rechtsverhältnis.** Hat ein Ehegatte die eheliche Wohnung bereits aufgegeben und verlangt er deshalb eine Nutzungsentschädigung, aber nicht Mitbesitz an der ehelichen Wohnung, so liegt keine Hausratssache vor.[261] Entsprechendes gilt, wenn ein Ehegatte keine Aufteilung des Hausrats, sondern eine Ausgleichszahlung begehrt (nach § 8 Abs. 3 S. 2 HausratsVO).[262] Eine Hausratssache liegt nur dann vor, wenn sich die Parteien mangels Einigung über die Ausgleichszahlung tatsächlich über die gesamte Teilung des ehelichen Hausrats noch nicht geeinigt haben. Hat ein Ehegatte den ehelichen Hausrat veräußert und will der andere die **Herausgabe des Erlöses** (nach §§ 816 Abs. 1, 185 Abs. 2 S. 1 BGB) oder **Schadensersatz,** betrifft dieser Anspruch ebenfalls keine Angele- 77

---

251 BGHZ 67, 217, 219 = NJW 1977, 43; BGH NJW 1983, 47 = FamRZ 1982, 1200; NJW 1984, 1758 = FamRZ 1984, 575; OLG Düsseldorf FamRZ 1994, 390; OLG Frankfurt/M FamRZ 2003, 47.

252 So OLG Frankfurt/M FamRZ 1988, 399; FamRZ 1989, 75; OLG Karlsruhe FamRZ 2007, 59; s. a. OLG Bamberg FamRZ 1993, 335f., das die Besitzschutzansprüche den allgemeinen Prozessabteilungen zuweist; anders im einstweiligen Rechtsschutz s. Rn. 82 sowie OLG Hamm FamRZ 1991, 81.

253 BGH NJW 1983, 47 = FamRZ 1982, 1200; s. a. OLG Köln FamRZ 2001, 174.

254 OLG Frankfurt/M FamRZ 2003, 47; OLG Karlsruhe FamRZ 2001, 760.

255 S. aber OLG Frankfurt/M FamRZ 1984, 1118; so auch *Zö/Philippi* Rn. 48a.

256 S. hierzu OLG Stuttgart FamRZ 1997, 1085; OLG Frankfurt/M FamRZ 2001, 367; *Zö/Philippi* Rn. 48b.

257 Einschränkend OLG Naumburg FamRZ 2007, 565.

258 BGH NJW 1979, 2156 = FamRZ 1979, 789; FamRZ 1980, 46f.; OLG Dresden FamRZ 2001, 173; offen in FamRZ 1990, 987, 988; OLG Karlsruhe FamRZ 2003, 621; OLG Karlsruhe FamRZ 2007, 407; aA zutreffend *Zö/Philippi* Rn. 53; *Johannsen/Henrich/Brudermüller* § 1361b Rn. 54.

259 OLG Frankfurt/M FamRZ 1983, 730.

260 Zur Nichtzustimmung des Vermieters zu einer Einigung s. OLG Köln FamRZ 1989, 640; OLG Hamm FamRZ 1993, 574; FamRZ 1994, 388.

261 BGH NJW 1982, 1758 = FamRZ 1982, 355.

262 BGH FamRZ 1986, 454, 455 m. weit. Nachw.; OLG Naumburg FamRZ 1994, 390 m. weit. Nachw.

genheit nach § 621 Abs. 1 Nr. 7.[263] **Gegenstand des Hausratsverfahren** ist der gesamte eheliche Hausrat (s. § 620 Rn. 74 u. Rn. 80); jedoch können die Ehegatten sich über die Verteilung einzelner Gegenstände einigen, an die der Richter regelmäßig bei der Gesamtverteilung des Hausrats gebunden ist. Hinsichtlich einzelner Gegenstände wird jeweils Alleineigentum durch die richterliche Entscheidung begründet, § 8 Abs. 3 S. 1 HausratsVO. Der Richter kann neben der Aufteilung des Hausrats eine **Ausgleichszahlung** nach § 8 Abs. 3 S. 2 HausratsVO hinsichtlich der in gemeinsamen Eigentum stehenden Hausratsgegenstände anordnen, wenn wegen der unterschiedlichen Werte einzelner Hausratsgegenstände auf andere Art kein gerechter Ausgleich vorgenommen werden kann (bei Alleineigentum eines Ehegatten s. § 9 Abs. 2 S. 2 HausratsVO); nicht zulässig ist die alleinige Geltendmachung eines Zahlungsanspruchs.[264] Ferner kann bei bestehenden Verbindlichkeiten für Hausratsgegenstände nach § 10 Abs. 1 HausratsVO eine Anordnung zur Schuldentilgung im Innenverhältnis getroffen werden, für die das FamG zuständig ist.[265] Nach § 17 Abs. 1, 2 HausratsVO kann bei einer wesentlichen Veränderung der Verhältnisse durch das FamG eine Änderung einer Entscheidung oder eines Vergleiches vorgenommen werden.

78 Nach § 5 HausratsVO kann der Richter nur ein **schuldrechtliches Mietverhältnis** gestalten, wenn das bestehende Mietverhältnis an der ehelichen Wohnung von einem Ehegatten allein fortgeführt werden soll. Hierbei ist nach § 7 HausratsVO der **Vermieter am gerichtlichen Verfahren zu beteiligen.** Der Antrag kann nur darauf gerichtet werden, dass der beantragende Ehegatte das Mietverhältnis selbst fortsetzt, nicht dagegen, dass dieses vom anderen Ehegatten weitergeführt wird.[266] Möglich ist auch, für einen Ehegatten auf Antrag ein Mietverhältnis an einer Wohnung zu begründen, die im Eigentum des anderen Ehegatten steht; nicht zulässig ist es dagegen, in Eigentumsrechte an der ehelichen Wohnung einzugreifen.[267]

79 **c) Nutzungsregelung am ehelichen Hausrat bei Getrenntleben.** Nach § 1361a Abs. 1 BGB werden im Verfahren jedem Ehegatten die in seinem Alleineigentum stehenden Gegenstände zugewiesen, falls nicht ein Gegenstand aus besonderen Gründen vom anderen Ehegatten benötigt wird.[268] Liegt gemeinsames Eigentum vor, so ordnet der Richter nach § 1361a Abs. 2 BGB lediglich eine **Nutzungsbefugnis** hinsichtlich der einzelnen Gegenstände an, er regelt dagegen keine Eigentumsverhältnisse, § 1361a Abs. 4 BGB. Es kann auch nach § 1361a Abs. 3 S. 2 BGB eine **angemessene Vergütung** für die Benutzung angeordnet werden.

80 **d) Nutzung der ehelichen Wohnung bei Getrenntleben.** Nach § 1361b Abs. 1 BGB kann die eheliche Wohnung zur alleinigen Nutzung nur zugewiesen werden, um eine unbillige Härte zu vermeiden (zu dessen Anwendung s. a. § 620 Rn. 72ff.; Rn. 88g). In diesen Verfahren ist ein Eingriff in ein bestehendes Mietverhältnis nicht vorgesehen, ebenso wenig die Beteiligung des Vermieters nach § 7 HausratsVO (s. § 620 Rn. 75). Wenn ein Ehegatte die **eheliche Wohnung endgültig verlassen** hat, fehlt es an einem Rechtsschutzbedürfnis für die Zuweisung der ehelichen Wohnung an den anderen Ehegatten, falls nicht der Ehegatte, der die eheliche Wohnung aufgegeben hatte, wieder in die eheliche Wohnung zurückkehren will. Geht es nur um die Störung des Besitzes an der ehelichen Wohnung, liegt keine Familiensache nach § 621 Abs. 1 Nr. 7 vor.[269] Nach § 1361b Abs. 3 S. 2 BGB kann der die eheliche Wohnung allein nutzende Ehegatte zur **Zahlung einer Vergütung** verpflichtet werden; diese Vergütung kann auch ohne gleichzeitiges Zuweisungsverfahren nach § 1361b Abs. 1 BGB durchgeführt werden.[270] Wird eine **Nutzungsentschädigung auf Grund Miteigentums** auf §§ 741, 745 Abs. 2 BGB gestützt, liegt eine allgemeine Zivilsache und keine Familiensache vor[271], dagegen, wenn der Anspruch aus §§ 3ff. HausratsVO abgeleitet wird.

81 **6. Ansprüche aus dem ehelichen Güterrecht, Abs. 1 Nr. 8. a) Regelungsbereich.** Von § 621 Abs. 1 Nr. 8 werden alle güterrechtlichen Ansprüche aus dem Bereich des gesetzlichen Güterstandes nach § 1378 BGB erfasst, ferner Ansprüche aus dem Recht der Gütergemeinschaft nach §§ 1415ff. BGB, die Ansprüche aus der Auseinandersetzung der Eigentums- und Vermögensgemeinschaft nach §§ 39, 40 FGB der ehemaligen DDR[272] sowie Ansprüche nach einem ausländischen Güterrechtsstatut.[273] Da der Ausgleichsanspruch nach § 40 FGB als Anfangsvermögen (zum 3. 10. 1990) im Zugewinn zu berücksichtigen ist (gleichzeitig als Verbindlichkeit des anderen Ehegatten beim Anfangsvermögen), kann zu § 40 FGB **kein Teilurteil** erlassen werden, wenn gleichzeitig auch der Zugewinn verlangt wird.[274] Ferner gehört zum ehelichen Güterrecht

---

[263] BGH NJW 1980, 2476 = FamRZ 1980, 988; FamRZ 1988, 155; problematisch deshalb OLG Karlsruhe FamRZ 2000, 1168, das eine auf das Interesse anstelle der in einem Hausratsbeschluss titulierten Herausgabeanordnung gestützte Leistungsklage als Familiensache ansieht.

[264] OLG Karlsruhe FamRZ 2004, 891; OLG Naumburg FamRZ 2007, 920.

[265] Unklar OLG Koblenz FamRZ 2000, 304; zur Durchführung des Hausratsverfahrens bei Insolvenz OLG Naumburg FamRZ 2004, 1800.

[266] OLG Karlsruhe FamRZ 1993, 820f.

[267] BGHZ 68, 299, 304 = NJW 1977, 1234 = FamRZ 1977, 458f. hält Ausnahmefälle auf Grund der Grundsätze des Wegfalls der Geschäftsgrundlage für möglich.

[268] ZB Küche wegen Betreuung mehrerer Kinder.

[269] OLG Düsseldorf FamRZ 1985, 1061; der Besitzschutz stellt aber idR keinen dauerhaften Schutz vor Störungen dar; zum Verhältnis zum GewSchG s. Rn. 88g.

[270] OLG Frankfurt/M FamRZ 1992, 677, 678; aA OLG Bamberg FamRZ 1990, 179.

[271] S. a. KG FamRZ 2000, 304; FamRZ 2007, 920; Rn. 4.

[272] BGH FamRZ 1991, 794; FamRZ 1991, 1174; BGHZ 117, 61, 68 = FamRZ 1992, 421; FamRZ 1994, 504.

[273] OLG Hamm FamRZ 1992, 963, 965 (4. FamS; Rückgabe einer Mitgift); aA dagegen FamRZ 1993, 211f. (8. FamS; Herausgabe persönlichen Vermögens nach türkischem Recht); Morgengabe – BGH NJW 1987, 2161 = FamRZ 1987, 463 (strittig, ob güterrechtlich oder unterhaltsrechtlich zu qualifizieren); OLG Hamburg FamRZ 2004, 459; keine Verbundsache – KG FamRZ 2005, 1685.

[274] BGH FamRZ 2002, 1097; FamRZ 2002, 1468.

der Anspruch eines Ehegatten gegen den anderen auf Unterlassung einer Verfügung über das Vermögen im Ganzen nach § 1365 BGB[275] sowie die auf §§ 1365, 1368 BGB gestützte Drittwiderspruchsklage nach § 771.[276] Soweit Ehegatten in einem **Ehevertrag nach § 1408 BGB** den gesetzlichen Güterstand modifiziert haben, sind die hieraus entstehenden Streitigkeiten ebenfalls Familiensachen iSd. Abs. 1 Nr. 8, da die Ehegatten in der Gestaltung ihrer güterrechtlichen Beziehungen frei sind.[277] Im Rahmen dieser Gestaltungsbefugnis kann Gegenstand einer güterrechtlichen Regelung auch die Überlassung eines einzelnen Gegenstandes sein, so dass Ansprüche hieraus güterrechtlicher Art sind.[278] Ansonsten haben schuldrechtliche oder sachenrechtliche Rechtsgeschäfte keinen güterrechtlichen Charakter.

Das Gesetz sieht in Abs. 1 Nr. 8 ausdrücklich auch vor, dass **Dritte** an diesen **Verfahren beteiligt** sind; 82
hierbei handelt es sich vor allem um die Fälle, dass der Zugewinnausgleich gegen die Erben des nach rechtskräftiger Scheidung oder Auflösung des gesetzlichen Güterstandes verstorbenen Ausgleichspflichtigen geltend gemacht wird, der Ausgleichsanspruch nach § 1390 BGB gegen einen beschenkten Dritten gerichtet ist oder Streit zwischen dem überlebenden Ehegatten und einem Abkömmling bei fortgesetzter Gütergemeinschaft auftritt.[279] Dritte sind schließlich bei der **Rückforderungsklage** nach §§ 1368, 1369 Abs. 3 BGB im Falle der Verfügung eines Ehegatten über das Vermögen als Ganzes beteiligt, da diese Verfahren ebenfalls Abs. 1 Nr. 8 unterliegen (s. Rn. 81).

Nicht zu den güterrechtlichen Ansprüchen gehören Ansprüche aus der **Rückabwicklung von Zuwendungen** zwischen Ehegatten, wenn der Zugewinnausgleich nicht zu einem angemessenen Ausgleich führt,[280] ebenso wenig entsprechende Rückabwicklungsansprüche bei bestehender Gütertrennung,[281] da es sich um Ausgleichsansprüche außerhalb des ehelichen Güterrechts handelt, die ihren Ursprung im **allgemeinen Schuldrecht** haben. Gleiches gilt für Auseinandersetzungsansprüche so genannter Ehegatteninnengesellschaften.[282] Bestehen solche Ansprüche neben güterrechtlichen Ansprüchen, ist jedoch aus dem Gesichtspunkt des Sachzusammenhangs eine Familiensache anzunehmen (s. Rn. 3, 4). 83

b) Ansprüche aus dem gesetzlichen Güterstand der Zugewinngemeinschaft. Der Anspruch auf Ausgleich des Zugewinns entsteht auf Grund der Auflösung des Güterstandes durch Scheidung nach §§ 1372, 1384 BGB, durch vorzeitigen Zugewinn nach §§ 1385, 1386 iVm. § 1388 BGB[283] oder auf Grund eines Ehevertrages, mit dem der bestehende gesetzliche Güterstand aufgehoben wird, §§ 1408 Abs. 1, 1414 BGB. Hieraus folgt, dass nur in den Fällen der **Auflösung der Ehe durch Scheidung** auch hinsichtlich des Güterrechts der **Entscheidungsverbund** nach § 623 Abs. 1 herbeigeführt werden kann.[284] Ansonsten richten sich bei Aufhebung der Ehe die güterrechtlichen Folgen nach § 1318 Abs. 3 BGB, für die der Scheidungsverbund nach § 623 Abs. 1 nicht gilt. Der Regelung des Abs. 1 Nr. 8 unterliegen auch solche Auseinandersetzungen, die sich aus **Vereinbarungen** über die **Auseinandersetzung des Zugewinns** bei Auflösung der Ehe ergeben, so etwa, wenn anstatt eines Zahlungsanspruchs einem Ehegatten nach § 1378 Abs. 1 BGB ein anderer Vermögenswert überlassen wird,[285] ferner bei Ausschluss des Zugewinns und Überlassung eines anderen Vermögenswertes.[286] Maßgebend ist, dass der **Rechtsgrund der begehrten Leistung** im Güterrecht liegt; unerheblich ist die Art der begehrten Leistung.[287] Liegt ein Vertrag mit güterrechtlichen und allgemein-vermögensrechtlichen Elementen vor, die sich nicht auseinander halten lassen, ist das FamG zuständig.[288] Zu den güterrechtlichen Ansprüchen nach Abs. 1 Nr. 8 gehören auch **Annexansprüche** aus dem Zugewinn, so der **Auskunfts- und Wertermittlungsanspruch** nach § 1379 Abs. 1 S. 1, 2 BGB sowie der Anspruch auf Erstellung eines Verzeichnisses nach Abs. 1 S. 3, die nach § 1379 Abs. 2 BGB im Wege der Stufenklage nach § 254 auch im Verbund vor Eintritt der Rechtskraft des Scheidungsausspruches geltend gemacht werden können. Gleiches gilt für den Anspruch auf Auskunft nach § 242 BGB zur illoyalen Vermögensverminderung nach § 1375 Abs. 2 BGB.[289] Die Verfahren zum **vorzeitigen Zugewinn** nach §§ 1385, 1386 BGB sind keine Verbundverfahren. Die Klage nach § 1388 BGB, dass auf **vorzeitigen Zugewinn** erkannt wird, kann nicht im Stufenverhältnis nach § 254 erhoben werden, weil erst mit Rechtskraft des Urteils aus § 1388 BGB der gesetzliche Güterstand beendet und danach das Betragsverfahren eingeleitet wird. **Teilurteile zum Zugewinn** sind grds. zulässig, wenn sich die Richtung des Ausgleichs nicht mehr ver- 84

---

[275] OLG Frankfurt/M NJW-RR 1986, 1332 = FamRZ 1986, 275; s. a. BGH FamRZ 1985, 903.
[276] OLG Hamburg FamRZ 2000, 1290; OLG München FamRZ 2000, 365.
[277] BGH FamRZ 1983, 364; zur negativen Feststellungsklage bei Unwirksamkeit nach § 138 BGB s. Rn. 5.
[278] S. a. BayObLG FamRZ 1983, 1248.
[279] S. hierzu BGHZ 76, 305 = NJW 1980, 1626 = FamRZ 1980, 551.
[280] BGHZ 115, 132, 135 f. = NJW 1991, 2553 = FamRZ 1991, 1169.
[281] BGH NJW 1989, 1986 = FamRZ 1989, 599; FamRZ 1990, 855; OLG Frankfurt/M FamRZ 1996, 949 (Ansprüche aus einer Vereinbarung über Vermögensausgleich bei Gütertrennung).
[282] BGHZ 47, 157, 161 f. = NJW 1967, 1275; FamRZ 1975, 35; FamRZ 1999, 1580; OLG Zweibrücken FamRZ 2001, 1011.
[283] Zum Rechtsschutzinteresse bei gleichzeitigem Scheidungsverfahren s. OLG Karlsruhe FamRZ 2004, 466.
[284] S. § 623 Rn. 18
[285] BGH FamRZ 1980, 1106; FamRZ 1984, 35.
[286] BGH NJW 1982, 941 = FamRZ 1982, 262.
[287] BGH NJW 1983, 928 = FamRZ 1983, 156.
[288] BGH NJW 1980, 2529 = FamRZ 1980, 878; zur Trennungsmöglichkeit s. BGH NJW 1981, 346 = FamRZ 1981, 19, 21.
[289] BGHZ 82, 132 = NJW 1982, 176 = FamRZ 1982, 27.

ändern kann.[290] Bei Bewilligung von **Prozesskostenhilfe** ist es nicht mutwillig iSd. § 114, den Zugewinn außerhalb des Verbunds zu verlangen.[291]

85 **7. Verfahren nach den §§ 1382, 1383 BGB, Abs. 1 Nr. 9.** Nach § 621 Abs. 1 Nr. 9 sind die Anträge auf Stundung des Zugewinns gemäß § 1382 BGB und der Übertragung bestimmter Gegenstände gemäß § 1383 BGB eine familiengerichtliche Angelegenheit, da es sich um Streitigkeiten aus dem ehelichen Güterrecht handelt (nicht um Ansprüche). Da es sich um ein FGG-Verfahren handelt, besteht kein Anwaltszwang, nach § 78 Abs. 3 auch nicht beim OLG.

86 **8. Kindschaftssachen, Abs. 1 Nr. 10.** Da Kindschaftssachen nach § 640 Abs. 1, 2 im engem sachlichen Zusammenhang mit den Unterhaltsverfahren nichtehelicher Kinder stehen, sind diese § 621 Abs. 1 zugeordnet. Ferner werden bei den FamG die zivilprozessualen und die nach dem FGG zu erledigenden **Abstammungsverfahren** nach Tod des Mannes oder Tod des Kindes zusammengefasst (§ 1600e Abs. 2 BGB). Zur örtlichen Zuständigkeit wird auf Rn. 18 sowie § 640 Rn. 11, § 640a Rn. 2ff. verwiesen. Hinsichtlich der zivilprozessualen Kindschaftssachen ist zum Oberlandesgericht (§ 119 Abs. 1 Nr. 1 lit. a GVG) das Rechtsmittel der Berufung und zum BGH (§ 133 GVG) die Revision einzulegen. Für die Abstammungsverfahren des FGG (§ 1600e Abs. 2 BGB) sind dagegen – wie in anderen Familiensachen – für die Beschwerde die Oberlandesgerichte zuständig (§ 119 Abs. 1 Nr. 1 lit. a GVG) und der BGH für die Rechtsbeschwerde (§ 133 GVG).

87 **9. Unterhaltsansprüche einer Mutter infolge Geburt, Abs. 1 Nr. 11.** Nach Nummer 11 werden dem FamG die Rechtsstreitigkeiten über Ansprüche nach den §§ 1615l, 1615m BGB zugewiesen. Hierbei handelt es sich um Unterhaltsansprüche eines Elternteils gegen den anderen Elternteil wegen der Geburt eines gemeinschaftlichen nichtehelichen Kindes, die auf Grund des **engen Sachzusammenhangs** der auf der Betreuung und der Geburt des gemeinschaftlichen nichtehelichen Kindes beruhenden Ansprüche der Mutter mit dem Unterhalt dieses Kindes ebenfalls dem FamG zugeordnet wurden. Betroffen hiervon ist in erster Linie die Klage einer nichtehelichen Mutter auf Betreuungsunterhalt nach § 1615l BGB, nach § 1615l Abs. 5 BGB auch des nichtehelichen Vaters gegen die Mutter, wenn dieser das Kind betreut. Die ausschließliche Zuständigkeit des FamG führt zur Rechtsmittelzuständigkeit der Oberlandesgerichte (§ 119 Abs. 1 Nr. 1 lit. a GVG) und des BGH (§ 133 GVG). Ferner fallen hierunter die Ansprüche der Mutter auf Sonderbedarf gemäß § 1615l Abs. 1 S. 2 BGB (Entbindungsaufwand),[292] ebenso § 1615m BGB (Beerdigungskosten für die Mutter) und § 1615n BGB (Vorversterben des Vaters, Tod und Fehlgeburt).

88 **10. Befreiung von Eheverboten, Abs. 1 Nr. 12.** Durch das Gesetz zur **Neuordnung des Eheschließungsrechts** vom 4. 5. 1998 (Eheschließungsrechtsgesetz – EheschlRG)[293] wurden den FamG weitere Zuständigkeiten zugewiesen, so insbesondere nach § 1303 Abs. 2 BGB die Befreiung von dem Erfordernis der Volljährigkeit bei einer Eheschließung, da diese Verfahren einen engen Bezug zu Ehesachen aufweisen, ferner nach § 1308 Abs. 2 BGB die Befreiung von dem Verbot der Eheschließung bei bestehender Verwandtschaft durch Annahme als Kind sowie die Ersetzung der Zustimmung zur Bestätigung der Ehe in den Fällen des § 1315 Abs. 1 S. 3 BGB. Diese Verfahren richten sich nach dem FGG. Zur örtlichen Zuständigkeit wird auf Rn. 18, zur Frage des Wirksamwerdens einer Verfügung auf Rn. 41 verwiesen. Nach § 14 Nr. 18 RPflG ist die Entscheidung dem Richter vorbehalten.

88a **11. Maßnahmen nach dem Gewaltschutzgesetz, Abs. 1 Nr. 13. a) Normzweck, Grundlagen.** Das GewSchG vom 11. 12. 2001[294] bezweckt eine Verbesserung des zivilrechtlichen Schutzes bei häuslicher Gewalt; es versteht sich als **verfahrensrechtliche Regelung zur Durchsetzung der materiell-rechtlichen Unterlassungsansprüche.**[295] Das Gesetz soll zum einen eine klare Rechtsgrundlage für Schutzanordnungen der Zivilgerichte schaffen, sofern eine widerrechtliche und vorsätzliche Verletzung von Körper, Gesundheit oder Freiheit einer Person einschließlich der Drohung mit einer solchen Verletzung vorliegt. Auch werden Schutzmaßnahmen bei bestimmten unzumutbaren Belästigungen zugelassen. Hierzu umschreibt § 1 GewSchG lediglich die vom Gericht anzuwendenden Schutzmaßnahmen, belässt es aber bei der im allgemeinen Zivilrecht angesiedelten deliktsrechtlichen Anspruchsgrundlage nach §§ 823, 1004 BGB. Zum anderen beinhaltet § 2 GewSchG eine Anspruchsgrundlage für die – jedenfalls zeitweise – Überlassung einer gemeinsam genutzten Wohnung, wenn die verletzte Person mit dem Täter einen auf Dauer angelegten gemeinsamen Haushalt führt, § 23b Abs. 1 Nr. 8a GVG. Ausgeweitet wird auch der Schutzbereich des § 1361b BGB, in dem eine Wohnungszuweisung bereits bei **Vorliegen einer unbilligen Härte** (bisher: schwere Härte) möglich ist. Dem wurde die in § 14 LPartG entsprechende Regelung angepasst (s. § 661 Rn. 2).[296] Diese Bestimmung geht in ihrer Zielsetzung über das Kernstück des GewSchG hinaus, indem sie unabhängig von einer in § 1 GewSchG genannten Verletzungshandlung eine erweiterte Zuweisungsmöglichkeit der ehelichen Wohnung zulässt. Die jeweiligen Verfahrensbestimmungen sollen dem betroffenen Opfer schnell und einfach zu ihrem Recht verhelfen. Verändert wird auch das **Vollstreckungsrecht** (§§ 885, 892a, 940a), in dem im Falle der Räumung von Wohnraum rechtlich eindeutige Maßnahmen geschaffen und ferner die **Anwendung unmittelbaren Zwangs** zur Vollstreckung von Unterlassungspflichten zugelassen wird. Das GewSchG ist danach

---

290 BGHZ 107, 236, 242 = FamRZ 1989, 954; OLG Hamm FamRZ 2003, 1393.
291 BGH NJW 2005, 1497 = FamRZ 2005, 786.
292 Geändert durch Art. 1 Nr. 13 KindUG; die entsprechende Regelung des § 1615k BGB wurde aufgehoben.
293 BGBl. I S. 833.
294 BGBl. I S. 3513.
295 BT-Drucks. 14/5429 S. 17, 41.
296 Zum Gesetzesentwurf *Schumacher* FamRZ 2001, 953ff.

kein besonderes familienrechtliches Gesetz; es dient allgemein der Gewaltprävention und erfasst sowohl den Familienbereich (Ehe und nichteheliche Partnerschaften), die eingetragenen Lebenspartnerschaften sowie sonstige Gemeinschaften mit einem auf Dauer angelegten gemeinsamen Haushalt.[297] Der dem Gesetz zu Grunde liegende Begriff eines auf Dauer angelegten Haushalts ist den zur eheähnlichen Gemeinschaft entwickelten Kriterien entlehnt; er gilt aber sowohl für hetero- oder homosexuelle Partnerschaften als auch bei einem Zusammenleben alter Menschen (als Alternative zum Alters-Pflegeheim), das über eine reine Wohn – und Wirtschaftsgemeinschaft hinaus geht.[298] Der Zuständigkeitsbereich des § 621 wird somit über den klassischen Rahmen der Familiensachen in engerem Sinn auf weitere Lebensbereiche ausgedehnt, so dass der Begriff Familiensache um Haushaltssachen ausgeweitet wird.

b) **Verfahrensrechtliche Grundlagen.** §§ 23a Nr. 7, 23b Abs. 1 Nr. 8a GVG iVm. § 621 Abs. 1 Nr. 13 88b
weisen Verfahren des vorbeugenden Rechtsschutzes nach dem GewSchG dem Amtsgericht-Familiengericht zu, wenn die Beteiligten **einen auf Dauer angelegten gemeinsamen Haushalt führen** oder innerhalb von sechs Monaten vor Antragstellung geführt haben[299] (zum Begriff Rn. 88a). Ist die zeitliche Grenze von sechs Monaten überschritten, sind die Zivilgerichte zuständig, falls nicht ein sonstiger Zusammenhang mit einem familiengerichtlichen Verfahren besteht. Ein solcher liegt nicht vor, wenn durch ein Kontaktverbot die Umgangsbefugnis erschwert wird, weil der Schwerpunkt der Regelung in dem Kontaktverbot liegt.[300] Die Zuweisung dieser Verfahren zur familienrichterlichen Zuständigkeit wird mit deren Ähnlichkeit mit den Fällen des § 1361b BGB begründet.[301] Die anderen Verfahren nach dem GewSchG, das sind vor allem Klagen auf Unterlassung bei erheblich in die Privatsphäre eingreifenden Belästigungen (Nachstellen, Telefonterror), bei denen zwischen Opfer und Täter kein sozialer Nahbereich iSd. § 621 Abs. 1 Nr. 13 vorliegt und die Rechtsverletzung außerhalb des häuslichen Bereiches stattfindet, verbleiben in der **Zuständigkeit der allgemeinen Zivilgerichte** (s. a. Rn. 4).[302] Die Verfahren nach dem GewSchG vor den FamG werden nach den **Grundsätzen des FGG** geführt. Dies findet in den Regelungen des § 64b Abs. 1, 2 FGG ihren besonderen Ausdruck.[303] Auch ist das FGG-Verfahren einfacher und elastischer, so dass – anders als bei den starren Regelungen der ZPO – für das FamG ein größerer Gestaltungsspielraum verbleibt. **Anwaltszwang** besteht für die dem FamG zugewiesenen Verfahren nach dem GewSchG nicht, da es sich um FGG-Verfahren handelt (s. Rn. 37).

Die Zuweisung dieser Verfahren nach dem FGG wird auf **Antrag des Opfers** eingeleitet. Die verfahrens- 88c
mäßige Ausgestaltung richtet sich nach FGG-Grundsätzen, so dass insbesondere §§ 12, 15 FGG in Bezug auf die **von Amts wegen zu führenden Ermittlungen** anzuwenden sind, ferner besteht keine Bindung an Anträge wie bei § 308 Abs. 1. Im Hinblick auf die Pflicht zur Sachaufklärung nach § 12 FGG ist in der Regel auf Grund **mündlicher Verhandlung** zu entscheiden (s. § 621e Rn. 20). Auch das Erfordernis eines bestimmten Antrags (§ 253 Abs. 2 Nr. 2) entfällt (Rn. 39); dem entspricht die Regelung des § 1 Abs. 1 S. 3 GewSchG, die dem Gericht – anders als nach § 308 Abs. 1 – verschiedene Maßnahmen auf eine Rechtsverletzung ermöglicht. Zur Wirksamkeit der Vollstreckung ist aber bei der Tenorierung auf die Anordnung einer bestimmten Maßnahme zu achten. Die **Entscheidungen** ergehen in Form des **Beschlusses** (Rn. 40). Soweit die **Rechte Dritter** betroffen sind (s. § 2 Abs. 2 S. 2 GewSchG), sieht das Gesetz deren Beteiligung entsprechend § 7 HausratsVO nicht vor. Dies rechtfertigt sich aus dem vorläufigen Charakter der Maßnahmen des § 2 Abs. 1, 2 GewSchG. Insoweit gilt Entsprechendes wie bei § 1361b BGB (s. Rn. 80). Leben minderjährige Kinder im Haushalt der Beteiligten, so soll das FamG das **zuständige Jugendamt** in den Verfahren auf Zuweisung der Wohnung nach § 1361b BGB oder nach § 2 GewSchG gemäss § 49a Abs. 2 FGG **anhören,** falls eine ablehnende Entscheidung ergeht (Rn. 47). Ferner ist dem zuständigen Jugendamt die **Entscheidung des FamG** über den Antrag auf Wohnungszuweisung gemäss § 13 Abs. 4 HausratsVO **mitzuteilen;** das Jugendamt ist insoweit am Verfahren beteiligt und soll Kenntnis über den Aufenthalt des Kindes erhalten, um Beratung nach § 18 Abs. 3 SGB VIII insbesondere bei der Ausübung des Umgangs mit dem Kind nach § 1684 BGB anbieten zu können. Aus diesem Zweck ergibt sich auch, dass dem Jugendamt ein eigenes Beschwerderecht nach § 621e Abs. 1 nicht zusteht. Hinsichtlich der Kosten des Verfahrens gilt die KostO.[304] Nach § 100a Abs. 3 KostO bestimmt das FamG nach billigem Ermessen, welchem Beteiligten die **Kosten des Verfahrens** (Gebühren und Auslagen) aufzuerlegen sind. Im Rahmen der Ermessensentscheidung sind vor allem diejenigen Umstände zu berücksichtigen, die für die Rechtsverletzung und den sich daran anschließenden Schutzmaßnahmen ausschlaggebend waren, so dass regelmäßig dem Täter die Kosten aufzuerlegen sind. Auch wirtschaftliche Verhältnisse sind zu berücksichtigen. Nach § 100a Abs. 3 Halbs. 2 KostO kann von der Erhebung der Kosten abgesehen werden, so vor allem bei zu bewilligender Prozess-

---

[297] S. Definition nach dem Mietrechtsreformgesetz; BR-Drucks. 439/00 S. 92f.; BT-Drucks. 14/5429 S. 30; BR-Drucks. 11/01 S. 67; § 621 Rn. 4 – dort zur Abgrenzung von allgemeinen Zivilsachen.

[298] S. BT-Drucks. 14/5429 S. 20, 30; BR-Drucks. 11/01 S. 39, 67; gegenseitige Versorgungs-Pflegeleistungen, Erteilung von Vollmachten.

[299] S. hierzu OLG Rostock FamRZ 2007, 742.

[300] OLG Hamm FamRZ 2006, 1767.

[301] BT-Drucks. 14/5429 S. 34f.; BR-Drucks. 11/01 S. 75f.

[302] Zur Wahrnehmung berechtigter Interessen im Falle einer in die Privatsphäre eindringender Berichterstattung s. § 1 Abs. 2 S. 3 GewSchG.

[303] BT-Drucks. 14/5429 S. 22; BR-Drucks. 11/01 S. 45; zum fehlenden Rechtsschutzinteresse für einen Unterlassungsanspruch bei einem Vergleich LG Kassel FamRZ 2006, 11244.

[304] § 94 KostO wurde durch das GewSchG (Art. 7 Nr. 2) in der Weise geändert, dass sowohl von der Erhebung der Gebühren als auch von Auslagen abgesehen werden kann; zur Streitfrage s. OLG Zweibrücken JurBüro 1992, 108.

kostenhilfe. Hinsichtlich der **außergerichtlichen Kosten** gilt § 13a Abs. 1 FGG (s. § 621a Rn. 4). Auch insoweit werden im Regelfall die Kosten dem Täter aufzuerlegen sein, weil dies im Hinblick auf die Verursachung des Verfahrens der Billigkeit entspricht. Auch ist grobes Verschulden iSd. § 13a Abs. S. 2 FGG zu prüfen. Wird eine vom FamG erlassene **Entscheidung angefochten,** ist nach § 119 Abs. 1 Nr. 1 lit. a GVG das OLG zuständig (s. a. § 621e Rn. 1; zur Beschwer s. § 621e Rn. 12).

88d c) **Verfahrensbestimmungen nach dem FGG.** In § 64b Abs. 1 FGG wird die **örtliche Zuständigkeit** in Verfahren nach den §§ 1 und 2 GewSchG geregelt. Das Gesetz knüpft hierbei an die Gerichtsstände für streitige bürgerlichrechtliche Verfahren an; es gelten die §§ 12 bis 16, 32 und 35. Ferner ist das FamG zuständig, in dessen Bezirk sich die gemeinsame Wohnung der Beteiligten befindet. Liegen mehrere Gerichtsstände vor, hat der Antragsteller ein **Wahlrecht** (zum Verbund s. § 623 Rn. 4ff.). Dieses dient dem Ziel des GewSchG, den Opferschutz zu verbessern. Nicht geändert hat sich die Regelung zur örtlichen Zuständigkeit in den Verfahren nach § 1361b Abs. 1 BGB zur Wohnungszuweisung; insoweit verbleibt es bei § 11 Abs. 2 HausratsVO (s. Rn. 19). Die **Wirksamkeit von Entscheidungen** tritt nach § 64b Abs. 2 S. 1 FGG – wie bei § 16 Abs. 1 HausratsVO und abweichend von § 16 FGG – mit Rechtskraft der Entscheidung ein. Soweit die Notwendigkeit einer vorher geltenden durchsetzbaren Regelung besteht, kann das FamG nach S. 2 die sofortige Wirksamkeit und die Zulässigkeit der Vollstreckung anordnen, auch vor Zustellung der Entscheidung. Wird die befristete Beschwerde nach § 621e Abs. 1 eingelegt, kann das OLG nach § 24 Abs. 3 Halbs. 2 FGG anordnen, dass die **Vollziehung der angefochtenen Verfügung auszusetzen** ist. Zur Sicherstellung des Zeitpunktes der Wirksamkeit in den Fällen des S. 2 ist eine Übergabe der Entscheidung an die Geschäftsstelle des FamG und die Dokumentation dieses Vorganges notwendig, S. 3. Nach S. 4 sind die § 13 Abs. 1, 3 und 4 sowie §§ 15, 17 Abs. 1 S. 1, Abs. 2 HausratsVO entsprechend anzuwenden. Auf die in § 13 Abs. 2 HausratsVO geregelte Pflicht des Richters, auf eine gütliche Einigung hinzuwirken, wird ausdrücklich nicht hingewiesen; sie gilt somit nicht.

88e d) **Einstweilige Anordnungen.** Nach § 64b Abs. 3 FGG kann das FamG auf Antrag im Wege der einstwAnO vorläufige Regelungen erlassen, so bald ein Verfahren nach den §§ 1 und 2 GewSchG anhängig ist oder ein Antrag auf Bewilligung von Prozesskostenhilfe für ein solches Verfahren eingereicht wurde. Hinsichtlich des Verfahrens gelten die §§ 620a bis 620g entsprechend. Im Rahmen des § 12 FGG kann das FamG über die Regelung des § 620a Abs. 2 S. 3 hinaus selbst Ermittlungen anstellen, so vor allem bei Polizeibehörden telefonisch Auskünfte einholen, Ermittlungsakten beiziehen und die Vorlage ärztlicher Bescheinigungen verlangen. Nach S. 3 kann das FamG die Vollziehung der einstwAnO vor deren Zustellung anordnen. Wird ohne mündliche Verhandlung entschieden, wird die Entscheidung mit Übergabe an die Geschäftsstelle wirksam; dort ist der Zeitpunkt der Übergabe auf der Entscheidung festzuhalten, S. 5. S. 6 ordnet für den Fall der Entscheidung ohne mündliche Verhandlung an, dass der Antrag auf Erlass einer einstwAnO zugleich als **Auftrag zur Zustellung** durch den Gerichtsvollzieher unter Vermittlung der Geschäftsstelle und zur Vollziehung anzusehen ist, um eine unverzügliche Vollziehung zu gewährleisten. Ferner kann die Bewirkung der Zustellung auf Antrag verzögert werden.

88f e) **Vollstreckung.** In § 64b Abs. 4 FGG wird hinsichtlich der Vollstreckung auf die Bestimmungen der ZPO verwiesen, ausdrücklich werden die §§ 885, 890, 892a genannt. Diese Regelung deckt sich insoweit mit § 16 Abs. 3 HausratsVO. Wegen der besonderen konfliktträchtigen Situation soll es einem Betroffenen selbst überlassen bleiben, ob und zu welchem Zeitpunkt die Vollstreckung durchgeführt wird. Wurde gegen einen Ehegatten durch eine familiengerichtliche Entscheidung eine Maßnahme nach § 1 GewSchG verhängt und **versöhnen sich danach die Ehegatten** wieder, was zur **einvernehmlichen Aufnahme** des aus der Wohnung verwiesenen Ehegatten führt er, so kann aus diesem Titel nicht erneut vollstreckt werden, wenn eine weitere Maßnahme gegen diesen Ehegatten nach dem GewSchG erforderlich wird, weil der dem Titel zu Grunde liegende Anspruch nach §§ 823, 1004 BGB nicht mehr besteht. Gegen den früheren Titel kann nach § 767 ZPO vorgegangen werden.

88g f) **Regelungsbereich, Verhältnis der Verfahren nach §§ 1 und 2 GewSchG zu § 1361b BGB.** Kernstück des GewSchG sind die in Art. 1 GewSchG enthaltenen zwei Instrumente: **Erstens** die in § 1 GewSchG geregelten **Maßnahmen zur Abwendung drohender vorsätzlicher Verletzungen** des Körpers, der Gesundheit, der Freiheit sowie weiterer persönlichkeitsrechtlicher Interessen, deren Rechtsgrundlage sich nach der amtlichen Begründung aus den §§ 12, 823, 1004 BGB ergibt,[305] **zweitens** der in § 2 GewSchG geregelte Anspruch auf Überlassung einer bisher gemeinsam genutzten Wohnung. Zu den materiell-rechtlichen Voraussetzungen wird auf die Vorauflage verwiesen. Ansonsten greifen die §§ 1 und 2 GewSchG nicht ein, wenn eine unter elterlicher Sorge, Vormundschaft oder Pflegschaft stehende Person von den Eltern oder von einer auf Grund ihrer Eigenschaft als Vormund oder Pfleger sorgeberechtigten Person verletzt wird; in diesen Fällen greift der Schutz des § 1666 BGB bzw. des Vormundschafts – sowie Pflegschaftsrechts ein.[306] Zu den von Abs. 1 Nr. 13 erfassten Verfahren gehört ferner der Anspruch auf eine **Nutzungsentschädigung** nach § 2 Abs. 5 GewSchG. Die Regelungen des GewSchG und § 1361b BGB schließen sich danach nicht gegenseitig aus.

89 **12. Verhältnis der Verfahren des § 621 Abs. 1 Nr. 1–8, 10, 11 zueinander. Klagehäufung** und **Widerklage** sind unter den ZPO-Verfahren des Abs. 1 Nr. 4, 5, 8 und 11 im Rahmen der §§ 260, 33 zulässig; eine Ausnahme besteht lediglich bei Kindschaftssachen gemäß Nr. 10. In der Praxis betrifft dies in erster Linie die Geltendmachung des Ehegatten- und Kindesunterhalts, da diese, was die Höhe dieser Ansprüche

---

[305] BT-Drucks. 14/5429 S. 17.
[306] BT-Drucks. 14/5429 S. 32; BR-Drucks. 11/01 S. 71; s. a. § 620 Rn. 89b.

angeht, idR voneinander abhängig sind und deshalb eine Verbindung nach § 147 geboten erscheint. **Nicht zulässig** ist dagegen im Grundsatz eine Verbindung von ZPO-Verfahren und FGG-Verfahren nach Abs. 1 Nr. 1–12, da die Verfahrensordnungen zu unterschiedliche Regelungen insbesondere hinsichtlich Antragstellung, Ermittlung des Sachverhalts, Beweiserhebung, Form und Inhalt der Entscheidung sowie hinsichtlich der Kosten und vorläufigen Vollstreckbarkeit bzw. Wirksamkeit vorsehen. Das Gesetz sieht hierzu lediglich im **Verbundverfahren** nach § 623 Abs. 1–3 eine Ausnahme vor, ferner nach § 621 a Abs. 2 bei güterrechtlichen Streitigkeiten nach Abs. 1 Nr. 8, 9. Werden eine ZPO-Familiensache und eine FGG-Familiensache in einem Antrag geltend gemacht, sind diese zu trennen und jeweils nach ihrer Verfahrensordnung als gesonderte Verfahren zu führen. Ferner ist es nicht zulässig, eine ZPO-Familiensache und eine Nichtfamiliensache in einer Klage zu häufen oder durch Widerklage zu verbinden,[307] da insbesondere der **Rechtsmittelweg** unterschiedlich ist. Gehen die verbundenen Verfahren beim FamG ein, ist die Nichtfamiliensache abzutrennen und an die allgemeine Zivilprozessabteilung **abzugeben.** Werden diese Anträge in ein Haupt- und Hilfsverhältnis gestellt, ist das Gericht zuständig, das über den Hauptantrag zu entscheiden hat. Erst nach rechtskräftiger Abweisung des Hauptantrages kann der Hilfsantrag an das sachlich zuständige Gericht verwiesen werden.[308] Von der Klagehäufung bzw. Widerklage ist die **Anspruchshäufung** zu unterscheiden, wenn ein Begehren auf eine familienrechtliche und nichtfamilienrechtliche (materielle) Rechtsgrundlage gestützt wird oder der Gegner mit einem nichtfamilienrechtlichen Anspruch aufrechnet. Hierzu wird auf die Rn. 2ff. verwiesen.

VIII. Internationale Zuständigkeit

1. Grundlagen. Die internationale Zuständigkeit der deutschen Gerichte ist in jeder Lage des Verfahrens 90
von Amts wegen zu prüfen[309]; dies gilt auch in FGG-Familiensachen.[310] Sie ist im Regelfall an die örtliche Zuständigkeit geknüpft, liegt also vor, wenn ein deutsches Gericht seine örtliche Zuständigkeit bejaht.[311] Für die Fälle des § 621 Abs. 2 S. 1 ist dies im Rahmen der Neufassung des Internationalen Privatrechts zum 1. 9. 1986 durch die neu eingeführten Worte „unter den deutschen Gerichten" verdeutlicht, die i. Ü. hervorheben wollen, dass aus dieser Regelung **keine ausschließliche internationale Zuständigkeit** folgt. Auch wenn eine Familiensache materiell einem **ausländischen Statut** unterliegt, wird hiervon nicht die internationale Zuständigkeit deutscher Gerichte beeinflusst. Die seit 1. 3. 2005 geltende EheVO II hebt hinsichtlich des Begriffs der elterlichen Verantwortung (Art. 1 Abs. 1 lit. b) die **Begrenzung auf eheliche Kinder auf** und bezieht alle Verfahren (Sorgerecht, Umgangsrecht,[312] Herausgabe,[313] Vormundschaft, Pflegschaft,[314] Schutz des Vermögens und Unterhaltspflichten, dagegen nicht Eltern-Kind-Verhältnis) unabhängig davon ein, ob die Eltern des Kindes verheiratet und die Verfahren als selbständige Verfahren zu führen sind oder in Beziehung zu einem Verfahren in Ehesachen stehen, belässt aber ansonsten die Abgrenzung der nicht erfassten Verfahren.[315] Diese werden in Art. 1 Abs. 3 EheVO II ausdrücklich aufgeführt (Feststellung und Anfechtung eines Eltern-Kind-Verhältnisses, Adoptionsentscheidungen, Namensgebung, Unterhaltspflichten, Trusts und Erbschaften, Maßnahmen infolge von Straftaten). In § 10 EheVO II wird die in Art. 8 bestimmte Zuständigkeit nach dem gewöhnlichen Aufenthalt in Fällen von Kindesentführung verlängert, bis das Kind in einem anderen Mitgliedstaat einen gewöhnlichen Aufenthalt hat. In Art. 11 enthält diese Verordnung besondere Regelungen zur Beschleunigung der Rückführung von Kindern im Falle einer Kindesentziehung (nach dem HaagKindEÜbk), lässt aber dieses Übereinkommen als Rechtsgrundlage bestehen.[316]

2. Zuständigkeit bei anhängigen Ehesachen. a) Grundsatz. Ist eine Ehesache im Inland anhängig, so ist 91
das FamG der Ehesache nach Abs. 2 S. 1 auch international zuständig für Folgesachen nach § 623 Abs. 1–3 und andere Familiensachen derselben Familie (s. § 606 a Rn. 22; § 623 Rn. 7).[317] Diese Abs. 2 S. 1 folgende Zuständigkeit (hinsichtlich der Folgesachen nach § 623 Abs. 1 auch **Verbundszuständigkeit** genannt) wird durch bestehende internationale Verträge durchbrochen, die auch ggü. einem Verbund vorrangig sind.[318] Ist im Ausland eine Ehesache anhängig, können daneben im Inland jederzeit andere Familiensachen betrieben werden. In diesem Zusammenhang ist die **Annexzuständigkeit** in den in Art. 12 Abs. 1 EheVO II genannten Ehesachen (Ehescheidung, Trennung ohne Auflösung des Ehebandes) mit Verfahren zur elterlichen Verantwortung zu beachten (zur internationalen Verbundzuständigkeit s. § 623 Rn. 7). Sie greift nur ein, wenn mit der Ehesache ein Antrag zur elterlichen Verantwortung dieses Ehegatten gestellt wird und die Zuständigkeit von beiden Ehegatten ausdrücklich oder stillschweigend anerkannt wurde und dies mit dem Kindeswohl zu vereinbaren ist. Abs. 2 definiert die Beendigung der Zuständigkeit (vor allem bei Rück-

---

307 BGH NJW 1979, 426 = FamRZ 1979, 215; NJW 1979, 659 = FamRZ 1979, 217; FamRZ 1981, 1047.
308 BGH NJW 1980, 1283 = FamRZ 1980, 554; NJW 1981, 2417 = FamRZ 1981, 1047.
309 BGH NJW 1991, 3087, 3088; FamRZ 1993, 316.
310 BGH FamRZ 1993, 1053; FamRZ 1993, 798.
311 BGH FamRZ 1983, 806; *Jayme* IPRax 1984, 121; BGHZ 132, 105 = FamRZ 1996, 601.
312 Hierzu zählen auch adoptierte Kinder.
313 S. a. *Wagner* IPRax 2001, 73, 76f.
314 S. hierzu EuGH FamRZ 2008, 125.
315 Zur weiteren Rechtsentwicklung nach der EheVO II vom 27. 11. 2003 s. § 606 a Rn. 33ff.
316 Nach Art. 2 Nr. 3 EheVO II gilt die Verordnung nicht für Dänemark
317 Ständige Rspr. BGHZ 75, 241, 244f. = NJW 1980, 47 = FamRZ 1980, 29; NJW 1992, 3293 = FamRZ 1993, 176.
318 BGHZ 89, 325, 336 = NJW 1984, 1302 = FamRZ 1984, 350, 353; *Jayme* FamRZ 1979, 21; eingehend § 623 Rn. 7.

nahme und rechtskräftigem Abschluss der Ehesache). Danach gelten die Grundsätze zu perpetuatio fori nicht im Rahmen der EheVO II.[319]

92 b) **Minderjährigenschutzabkommen.** Die Regelung des § 621 Abs. 2 S. 1 wird verdrängt durch das **Haager Minderjährigenschutzabkommen;** dies gilt auch für **Verbundverfahren.**[320] Das MSA gilt für alle Minderjährigen, die ihren gewöhnlichen Aufenthalt (zum Begriff § 606 Rn. 17ff.) in einem Vertragsstaat haben, Art. 13 Abs. 1 MSA.[321] Es ist bei **gewöhnlichem Aufenthalt** in der **Bundesrepublik Deutschland** auch auf Minderjährige anzuwenden, die keinem Vertragsstaat angehören, weil die Bundesrepublik Deutschland nicht den Vorbehalt nach Art. 13 Abs. 3 MSA erklärt hat.[322] Da das MSA (Art. 1 iVm. Art. 5) den Grundsatz der perpetuatio fori nicht kennt, kann bei einem Wechsel des gewöhnlichen Aufenthalts in einen anderen Vertragsstaat während des laufenden Verfahrens die internationale Zuständigkeit entfallen; sie kann andererseits bei einem Wechsel in die Bundesrepublik Deutschland während des laufenden Verfahrens begründet werden.[323] Bei einem zwangsweise **durch Entführung herbeigeführten Aufenthaltswechsel** verbleibt es bei der internationalen Zuständigkeit.[324] Ein Wechsel der internationalen Zuständigkeit gemäß Art. 3 MSA kann aber dann eintreten, wenn es zu einer sozialen Einbindung des Minderjährigen in die Lebensverhältnisse am neuen Aufenthaltsort, also zur Verlegung des Daseinsmittelpunktes kommt.[325] Hierbei ist aber ein strenger Maßstab anzulegen, um Entführungsfälle nicht zu begünstigen. Inhaltlich deckt sich der Anwendungsbereich des MSA (Art. 1 – Schutzmaßnahmen) mit § 621 Abs. 1 Nr. 1–3. Das MSA wird seit 1. 3. 2001 durch die **EheVO I** (Art. 37) und seit 1. 3. 2005 durch die **EheVO II** (Art. 60 lit. a) verdrängt. Bedeutsam wird dies in Bezug auf die internationale Zuständigkeit in Fällen des widerrechtlichen Verbringens oder Zurückhaltens eines Kindes; nach Art. 10 EheVO II bleiben die Gerichte des Mitgliedstaates, in dem das Kind zuvor seinen gewöhnlichen Aufenthalt hatte, solange zuständig, bis das Kind in einem anderen Mitgliedstaat einen gewöhnlichen Aufenthalt erlangt hat.[326] Nach den in Art. 10 EheVO II bestimmten Voraussetzungen tritt ein Wechsel ein, wenn sich das Kind mindestens ein Jahr in dem anderen Mitgliedstaat aufgehalten hat (vor allem Kenntnis des Aufenthalts, kein Antrag auf Rückführung).

Liegt ein Verfahren für einen **ausländischen Minderjährigen** vor, besteht die internationale Zuständigkeit nach dem MSA nur bei gewöhnlichem Aufenthalt im Inland, Art. 1 MSA. Besteht ein **besonderes Gewaltverhältnis** iSd. Art. 3 MSA, entfällt hierdurch nicht die internationale Zuständigkeit; eine Maßnahme kann aber nur innerhalb des Regelungsbereichs des Heimatstaats des Kindes angeordnet werden. Auch bei einem Kind aus einem Nichtvertragsstaat ist ein besonderes Gewaltverhältnis zu beachten, da die Bundesrepublik Deutschland keinen Vorbehalt iSd. Art. 13 Abs. 3 MSA erklärt hat.[327] Greift das MSA nicht ein, sind die deutschen Gerichte international zuständig, ohne dass eine Ehesache anhängig ist und damit die Verbundzuständigkeit nicht besteht (Rn. 91), wenn das Kind seinen gewöhnlichen Aufenthalt im Inland hat, § 35b Abs. 1 Nr. 2 iVm. §§ 43, 64 Abs. 3 S. 2 FGG. Handelt es sich um ein Verfahren für einen **deutschen Minderjährigen,** besteht die internationale Zuständigkeit, wenn das Kind in einem **anderen Vertragsstaat** des MSA seinen gewöhnlichen Aufenthalt hat. Schutzmaßnahmen können nach Art. 4 MSA aber erst nach Verständigung der ausländischen Behörden getroffen werden, falls das Kindeswohl dies erfordert; nach Art. 4 MSA ist eine konkrete Gefährdung erforderlich.[328] Liegt der gewöhnliche Aufenthalt des deutschen Minderjährigen in einem **Nichtvertragsstaat** des MSA, gilt die Grundregel des § 621 Abs. 2 S. 1, 2 (s. Rn. 11, 16). Die internationale Zuständigkeit des FamG folgt aus § 35b Abs. 1 Nr. 1 iVm. §§ 43, 64 Abs. 3 S. 2 FGG.[329]

93 c) **Unterhaltsverfahren nach § 621 Abs. 1 Nr. 4, 5.** In den Unterhaltsverfahren des Abs. 1 Nr. 4, 5 bestimmt Art. 5 Nr. 2 der Verordnung (EG) Nr. 44/2000 des Rates vom 22. 12. 2000 über die gerichtliche Zuständigkeit und die Anerkennung und Vollstreckung von Entscheidungen in Zivil- und Handelssachen (EuGVO – Brüssel I) vorrangig die internationale Zuständigkeit. Das EuGVÜ gilt lediglich noch im Verhältnis zu Dänemark.[330] Danach kann der Unterhaltsberechtigte an seinem Wohnsitz des Unterhalt verlangen; diese Zuständigkeit ist nicht ausschließlich, so dass der Unterhalt nach Art. 2 Abs. 1 EuGVVO auch im Heimatstaat des Unterhaltspflichtigen eingeklagt werden kann; auf dessen Staatsangehörigkeit kommt es dagegen nicht an.[331] Dies wurde auch in der Regelung des § 642 Abs. 1 S. 2 zur ausschließlichen örtlichen Zuständigkeit für Verfahren über die gesetzliche Unterhaltspflicht für minderjährige Kinder berück-

---

319 S. a. Anhang Art. 12 Verordnung (EG) Nr. 2201, 2003 des Rates vom 23. 11. 2003; BGH NJW 2005, 3424 = FamRZ 2005, 1543.

320 BGHZ 89, 325, 336 = NJW 1984, 1302 = FamRZ 1984, 350; FamRZ 2002, 1182; zur Reform des MSA s. *Oberloskamp* FamRZ 1996, 918.

321 Das sind Frankreich, Luxemburg, die Niederlande, Österreich, Portugal, die Schweiz, Spanien, Türkei und die Bundesrepublik Deutschland.

322 Zu deutsch-iranischen Fällen s. OLG Frankfurt/M FamRZ 1991, 730.

323 BGHZ 151, 63, 65 = NJW 2002, 2955 = FamRZ 2002, 1182; NJW 2005, 3424 = FamRZ 2005, 1540, 1543.

324 OLG Karlsruhe FamRZ 1994, 642f. m. weit. Nachw.

325 BGH NJW 1981, 520 = FamRZ 1981, 135; FamRZ 2002, 1182 – dort auch zur Frage der perpetuatio fori; OLG Hamm NJW-RR 1997, 5.

326 Zum Zeitpunkt der Begründung des neuen gewöhnlichen Aufenthalts s. § 606 Rn. 17ff.; BGHZ 151, 63, 65 = FamRZ 2002, 1182, 1183; NJW 2005, 3424 = FamRZ 2005, 1540, 1543.

327 Bei Mehrstaatlern ist die engere Beziehung zu einem Land maßgebend, OLG Hamm FamRZ 1989, 1188, 1189.

328 *Jayme* IPRax 1984, 121, 122f.; *Henrich* FamRZ 2002, 1184f.

329 OLG Düsseldorf FamRZ 1999, 669.

330 S. Art. 1 Abs. 3 der Verordnung.

331 S. a. OLG Brandenburg FamRZ 2006, 1766.

sichtigt (s. § 642 Rn. 6). Die EuGVVO greift auch dann ein, wenn der Rechtsstreit eine Anknüpfung zu einem Mitgliedstaat hat, so dass die Zuständigkeitsbestimmungen auch dann anzuwenden sind, wenn der Beklagte seinen Wohnsitz in einem Mitgliedstaat hat; ob auch der Kläger seinen Wohnsitz in einem Mitgliedstaat hat, ist dagegen unerheblich.[332] Für den Unterhaltspflichtigen besteht dieses **Wahlrecht nicht.**[333] Zu beachten ist i. Ü. die Rechtshängigkeit eines Unterhaltsverfahrens in einem dieser Staaten, Art. 21 EuGVÜ. Für Verfahren zum **Versorgungsausgleich,**[334] **Güterrechtssachen** und Hausrats- bzw. Ehewohnungssachen greifen die EuGVO bzw. das EuGVÜ nicht ein (Art. 1 Abs. 2 Nr. 1, 3). In diesen Verfahren gilt die Grundnorm des § 621 Abs. 2 S. 1 (s. auch § 623 Rn. 7).

3. Zuständigkeit in sonstigen Fällen. In sonstigen Fällen ist die internationale Zuständigkeit an die örtliche geknüpft; hierfür sind die allgemeinen Bestimmungen maßgebend, also für die Familiensachen des § 621 Abs. 1 Nr. 1–3 die §§ 64 Abs. 3 S. 2, 43 Abs. 1, 35 b FGG, für die Verfahren nach § 621 Abs. 1 Nr. 4, 5 die §§ 13, 23, 23 a (zum Verhältnis der Regelung des § 642 Abs. 1, der eine ausschließliche örtliche Zuständigkeit für Verfahren über die gesetzliche Unterhaltspflicht minderjähriger Kinder bestimmt, zu den allgemeinen Bestimmungen, wird auf Rn. 93 sowie § 642 Rn. 2, 6 verwiesen) und für die Hausrats- und Ehewohnungssachen § 11 Abs. 2 der HausratsVO. I. Ü. greifen in diesen Verfahren die EheVO II, die EuGVO bzw. das EuGVÜ und das MSA sowie in ihrem jeweiligen Regelungsbereich ein (s. Rn. 92, 93).[335] 94

4. Verfahrensfragen. Die Voraussetzungen zur Bestimmung der Zuständigkeit richten sich nach dem **deutschen Recht als lex fori,** sofern nach deutschem Recht die internationale Zuständigkeit eines deutschen Gerichts gegeben ist. Fehlt die internationale Zuständigkeit, kann das Verfahren nicht an ein ausländisches Gericht verwiesen werden, so dass der Antrag entweder zurückgenommen oder als unzulässig abgewiesen werden muss. Wird die fehlende internationale Zuständigkeit übergangen, bleibt das Urteil im Inland dennoch wirksam. In den Fällen der ZPO-Familiensache kann die internationale Zuständigkeit nach §§ 39, 40 durch eine rügelose Einlassung begründet werden. 95

IX. Übergangsbestimmungen

Fortsetzung der erstinstanzlichen Verfahren. *Unbesetzt* Rn. 96–101[336] 96

X. Gebühren und Kosten

1. Rechtsanwaltsgebühren. Bisher unterlagen die familienrechtlichen Verfahren nach der BRAGO einem unterschiedlichen Kostenrecht, je nachdem, ob es sich um Verfahren handelte, die der ZPO unterfielen oder dem FGG. Diese Unterscheidung ist im RVG entfallen. Sämtliche familienrechtliche Verfahren (isolierte Verfahren nach ZPO oder FGG, Verbundverfahren) werden nach Teil 3 VV RVG abgerechnet. Es entsteht also im Verfahren erster Instanz eine Verfahrensgebühr von 1,3 (Nr. 3100 VV RVG) und eine Terminsgebühr von 1,2 (Nr. 3104 VV RVG); ggf. kann die Einigungsgebühr (Nr. 1003 VV RVG) entstehen. Eine entstandene Geschäftsgebühr ist zur Hälfte, jedoch höchstens mit einem Gebührensatz von 0,75 auf die Verfahrensgebühr anzurechnen (Vorbem. 3 Abs. 4 VV RVG). Die Anrechnung der Beratungskosten folgt aus § 34 Abs. 2 RVG. Eine wesentliche Änderung zur bisherigen Vergütung ergibt sich in den Verfahren über Ehewohnung und Hausrat (§ 621 Abs. 1 Nr. 7). Konnten nach BRAGO nur halbe Gebühren abgerechnet werden, fallen nunmehr die vollen Gebühren aus den Nrn. 3100, 3104 VV RVG an. Gleiches gilt für Verfahren nach dem Gewaltschutzgesetz, wenn das Familiengericht zuständig ist (§ 621 Abs. 1 Nr. 13). Der **Gegenstandswert** bei Unterhaltsklagen ergibt sich aus § 42 Abs. 1 S. 1, Abs. 5 S. 1 GKG. 102

2. Gerichtskosten. Welcher Gebührentatbestand erfüllt wird, hängt entscheidend davon ab, ob die selbständige Familiensache der streitigen (Abs. 1 Nr. 4, 5, 8, 10 mit Ausnahme der Verfahren nach § 1600 e Abs. 2 BGB und Nr. 11) oder der freiwilligen Gerichtsbarkeit (Abs. 1 Nr. 1 bis 3, 6, 7, 9, 10 in Verfahren nach § 1600 e Abs. 2, Nr. 12 und 13) unterliegt. Im ersten Fall ist das Gerichtskostengesetz einschlägig (§ 1 GKG), im Übrigen die Kostenordnung (§ 1 KostO; §§ 99 f. KostO). In den **ZPO-Verfahren** wird erstinstanzlich eine dreifache Verfahrensgebühr erhoben (KV Nr. 1210), für das Berufungs- und Revisionsverfahren sind KV Nr. 1220 ff. bzw. 1230 ff. einschlägig. Bei den Verfahren der **freiwilligen Gerichtsbarkeit** ist zu differenzieren: Für Entscheidungen nach **§ 621 Abs. 1 Nr. 1 bis 3** wird nach § 94 Abs. 1 Nr. 4 bzw. 6, Abs. 2 S. 2 KostO eine volle Gebühr erhoben; bei der Kostenentscheidung hat das Gericht nach zutreffender Auffassung nicht nur über die Kostentragung der Gebühr, sondern in entsprechender Anwendung von § 94 Abs. 3 S. 2 KostO auch darüber zu entscheiden, wer die Auslagen (zuweilen fallen erhebliche Sachverständigenauslagen an) zu tragen hat.[337] Für das Verfahren nach **§ 621 Abs. 1 Nr. 6** ist § 99 KostO einschlägig. Die Vorschrift sieht für Entscheidungen nach § 1587 b BGB oder nach § 1587 g Abs. 1 BGB eine volle Gebühr für das Verfahren und deren Erhöhung auf das Dreifache vor, sofern es zur richterlichen Entscheidung kommt. Im Falle des § 1587 g Abs. 1 BGB ermäßigt sich die Gebühr auf die Hälfte der vollen Gebühr, wenn der Antrag zurückgenommen wird, bevor es zu einer Entscheidung oder einer vom Gericht vermittel- 103

[332] EuGH IPrax 2005, 244; s. a. *Gottwald* FamRZ 2006, 1394.
[333] S. a. OLG Nürnberg FamRZ 2005, 1691, 1692.
[334] BGH FamRZ 1993, 798; zur autonomen Auslegung des Begriffs der Unterhaltssache nach Art. 5 Nr. 2 EuGVO s. BGH FamRZ 2008, 40.
[335] S. a. OLG Karlsruhe FamRZ 2001, 1012 – güterrechtlicher Anspruch gegen den nach Bosnien-Herzegowina verzogenen Beklagten.
[336] Eingehend 3. Aufl Rn. 96–101
[337] OLG Nürnberg NJW-RR 1994, 709 f.; aA BayObLG München Rpfleger 1994, 386 f.

ten Einigung gekommen ist (§ 99 Abs. 1 S. 3 KostO). Für weitere Entscheidungen zum Versorgungsausgleich enthält § 99 Abs. 2 KostO Bestimmungen; § 99 Abs. 3 KostO regelt den Geschäftswert in Versorgungsausgleichsverfahren. Für Verfahren nach **§ 621 Abs. 1 Nr. 7** wird nach § 100 Abs. 1 KostO die volle Gebühr für das gerichtliche Verfahren erhoben, die sich auf das Dreifache erhöht, wenn es zur richterlichen Entscheidung kommt; bei Rücknahme des Antrags, bevor es zu einer Entscheidung oder einer vom Gericht vermittelten Einigung gekommen ist, ermäßigt sich die Gebühr auf die Hälfte der vollen Gebühr. Für Verfahren nach **§ 621 Abs. 1 Nr. 9** wird eine volle Gebühr gemäß § 97 Abs. 1 Nr. 1 KostO angesetzt; sie ist nur zu erheben, wenn eine positive Vornahmeentscheidung ergeht.[338] Für Verfahren nach **§ 621 Abs. 1 Nr. 10** (soweit sie der freiwilligen Gerichtsbarkeit unterliegen, weil das Familiengericht nach § 1600 Abs. 2 BGB zu entscheiden hat) wird eine volle Gebühr nach § 94 Abs. 1 Nr. 7 KostO erhoben. Für **Entscheidungen** nach **§ 621 Nr. 13** gilt § 100a KostO. Für Verfahren nach **§ 621 Abs. 1 Nr. 12** wird im Rahmen der §§ 94 Abs. 1 Nr. 8, 97a KostO eine Gebühr erhoben. In Verfahren der **Festsetzung von Zwangsgeld** gilt § 119 KostO. Zum **Verbundverfahren** s. § 623 Rn. 45. Werden Familiensachen **nach § 621 Abs. 3 S. 1 übergeleitet,** gelten nunmehr die Kostenvorschriften für das Verbundverfahren.

621 a *Anzuwendende Verfahrensvorschriften* (1) [1]**Für die Familiensachen des § 621 Abs. 1 Nr. 1 bis 3, 6, 7, 9, 10 in Verfahren nach § 1598 a Abs. 2 und § 1600 e Abs. 2 des Bürgerlichen Gesetzbuchs, Nr. 12 sowie 13 bestimmt sich, soweit sich aus diesem Gesetz oder dem Gerichtsverfassungsgesetz nichts Besonderes ergibt, das Verfahren nach den Vorschriften des Gesetzes über die Angelegenheiten der freiwilligen Gerichtsbarkeit und nach den Vorschriften der Verordnung über die Behandlung der Ehewohnung und des Hausrats.** [2]**An die Stelle der §§ 2 bis 6, 8 bis 11, 13, 16 Abs. 2, 3 und des § 17 des Gesetzes über die Angelegenheiten der freiwilligen Gerichtsbarkeit treten die für das zivilprozessuale Verfahren maßgeblichen Vorschriften.**

(2) [1]**Wird in einem Rechtsstreit über eine güterrechtliche Ausgleichsforderung ein Antrag nach § 1382 Abs. 5 oder nach § 1383 Abs. 3 des Bürgerlichen Gesetzbuchs gestellt, so ergeht die Entscheidung einheitlich durch Urteil.** [2]**§ 629 a Abs. 2 gilt entsprechend.**

I. Normzweck

1 Das 1. EheRG hat mit der Einführung der Familiengerichte keine eigens für die Familiensachen errichtete Verfahrensordnung vorgesehen, sondern es im Grundsatz hinsichtlich der einzelnen Regelungsbereiche bei der Zuordnung zur jeweiligen Verfahrensordnung belassen und diese selbst in Verbundverfahren nach § 623 Abs. 1–3 beibehalten. § 621a legt für die dem FGG zuzuordnenden Verfahren des § 621 Abs. 1 Nr. 1–3, 6, 7, 9, 10, 12 und 13 die Anwendung dieser Verfahrensordnung für Familiensachen fest. Eine entsprechende Regelung enthält § 64 Abs. 3 S. 1, 2 FGG sowie § 13 Abs. 1 HausratsVO, die auf § 621a verweisen, dagegen nicht § 64b FGG, der teilweise abweichende Regelungen enthält. Lediglich in § 621a Abs. 1 S. 2 werden einzelne Bestimmungen des FGG durch entsprechende Regelungen der ZPO ersetzt. § 621a Abs. 2 enthält eine Sonderregelung zu den güterrechtlichen Streitigkeiten nach § 621 Abs. 1 Nr. 9 (s. § 621 Rn. 85). Die Ergänzung des § 621a Abs. 1 um die Familiensachen des § 621 Abs. 1 Nr. 10, soweit sie die **Abstammungsverfahren** aus dem Bereich der freiwilligen Gerichtsbarkeit nach § 1600e Abs. 2 BGB betreffen, bewirkt, dass diese Verfahren wie die anderen Familiensachen der freiwilligen Gerichtsbarkeit im familiengerichtlichen Verfahren nach den Grundsätzen des FGG zu behandeln sind, soweit sich aus der ZPO oder dem GVG nichts anderes ergibt.[1]

1a Der durch das **Gesetz zur Klärung der Abstammung unabhängig vom Anfechtungsverfahren**[2] in Abs. 1 eingefügte § 1598a BGB beruht auf der Forderung des BVerfG in der Entscheidung vom 13. 2. 2007,[3] zur Verwirklichung des Rechts des rechtlichen Vaters auf Kenntnis seiner Nachkommen ein von der Vaterschaftsanfechtung unabhängiges Verfahren zur Klärung der Abstammung zu schaffen. Durch die Einfügung des § 1598a BGB in § 621a Abs. 1 wird dieser Anspruch dem FGG – Verfahren zugewiesen. Damit nimmt dieses Gesetz die generelle Regelung des FamFG vorweg, das in den §§ 169ff FamFG – E die in § 640 enthaltenen Verfahren als Abstammungssachen regelt.[4]

II. Anwendbarkeit des Rechts der freiwilligen Gerichtsbarkeit

2 **1. Grundlagen.** Neben der ausdrücklichen Festlegung des Verfahrensrechts des FGG für die Verfahren vor dem FamG bestimmt Abs. 1 S. 1, dass daneben auch die ZPO und das GVG anwendbar bleiben, soweit dies in beiden Bereichen vorgesehen ist. Die hiervon betroffenen Ausnahmen vom FGG sind nicht ausdrücklich erwähnt. Aus dem Bereich der ZPO handelt es sich um den **Anwaltszwang** nach § 78 Abs. 2, die Regelungen der Kostenentscheidung nach §§ 93a Abs. 1, 2, 97 Abs. 3, die Sonderbestimmungen zu den **Rechtsmitteln** nach § 621e und zum **Verbund** nach §§ 623 bis 630. Bedeutsam ist ferner der in § 227 Abs. 3 S. 1 geregelte Anspruch auf Verlegung eines für die Zeit **vom 1. Juli bis 31. August bestimmten Termins (mit Ausnahme eines Termins zur Verkündung einer Entscheidung)**, der in S. 2 Nr. 3 bestimmt, dass

[338] LG Münster Rpfleger 1990, 21.

[1] Unzutreffend deshalb OLG Brandenburg FamRZ 2001, 1010, 1011 m. Anm. v. *Gottwald.*

[2] Die Kommentierung gibt den Stand des Gesetzgebungsverfahrens auf der Grundlage des RegE vom 8. 11. 2006 wieder; s. BT-Drucks. 16/3291.

[3] NJW 2007, 753 = FamRZ 2007, 441.

[4] S. a. BR-Drucks. 309/07; zu den Einzelheiten s. § 640 Rn 5 a.

dieser Anspruch für Familiensachen iSd. § 23b Abs. 1 Nr. 1–15 GVG (auch Ehe- und Kindschaftssachen) nicht besteht. Bei den GVG-Regelungen besteht ein Vorrang insbesondere hinsichtlich der **Zuständigkeit des OLG** nach § 119 Abs. 1 Nr. 1 lit. a GVG als Beschwerdeinstanz und des BGH nach § 133 GVG als Rechtsbeschwerdeinstanz. Die Anpassung der entsprechenden FGG-Normen an die aufgeführten Regelungen wird durch die Vereinheitlichung des Familienverfahrens in bestimmten Bereichen bedingt. Die zuvor dargelegten Ausnahmen sind jedoch **nicht vollständig.** Das FGG stellt keine lückenlose Verfahrensordnung dar und sieht selbst vor, vorhandene Lücken durch Bestimmungen der ZPO zu schließen. Dies gilt in erster Linie für die **echten Streitverfahren der freiwilligen Gerichtsbarkeit,** zu denen insbesondere der Versorgungsausgleich[5], die Verfahren nach §§ 1 und 2 GewSchG und die Regelung der Rechtsverhältnisse am ehelichen Hausrat und der Ehewohnung gehören.[6] Praktische Bedeutung hat dies vor allem bei der Stufenklage nach § 254 in Form des Stufenantrags zum Versorgungsausgleich[7] und der Teilentscheidung nach § 301, die für Versorgungsausgleichsverfahren entsprechend anwendbar sind.[8]

2. Anwendbarkeit der allgemeinen Vorschriften des FGG. Abs. 2 S. 2 ersetzt verschiedene dort ausdrücklich genannte Bestimmungen des FGG durch ZPO-Regelungen. Diese Bestimmungen führen zu einer gewissen Vereinheitlichung der jeweiligen Verfahrensregelungen. Unverkennbar ist hierbei die **Dominanz der ZPO-Regelungen,** die vor allem durch eine konkretere Ausgestaltung der einzelnen Bestimmungen gegenüber denjenigen des FGG bedingt wird. 3

Der Katalog des Abs. 1 im Einzelnen: 4

Nach **§ 2 FGG** haben die Gerichte einander **Rechtshilfe** zu leisten; an dessen Stelle treten die §§ 156 bis 168 GVG. An Stelle **§ 3 Abs. 1 FGG** – Gerichtsstand für exterritoriale Deutsche – gilt § 15. In § 3 Abs. 2 FGG ist der Gerichtsstand für Soldaten geregelt; diese Regelung wird durch § 13 sowie § 9 BGB ersetzt.

- **§ 4 FGG** ordnet bei mehreren zuständigen Gerichten die Zuständigkeit desjenigen Gerichts an, das in der Sache zuerst tätig geworden ist. Die entsprechende Regelung ergibt sich aus § 261 Abs. 3 Nr. 1, so dass die Einleitung eines Verfahrens bei anderweitiger Anhängigkeit derselben nicht zulässig ist. § 35 greift dagegen nicht ein[9], weil diese Vorschrift bei von Amts wegen einzuleitenden Verfahren nicht passt.[10]
- **§ 5 FGG** entspricht § 36 und regelt den Streit zweier Gerichte zur Zuständigkeit. Er wird durch §§ 36ff. ersetzt (s. a. § 621 Rn. 25ff.).[11] Anwendbar bleibt § 5 FGG, wenn ein FamG und ein Gericht der allgemeinen freiwilligen Gerichtsbarkeit nur über die örtliche Zuständigkeit streiten.[12]
- **§ 6 FGG.** Für die Ausschließung oder Ablehnung eines Richters gelten die §§ 41 bis 48.
- **§§ 8, 9 FGG** werden durch die §§ 176 bis 183 GVG (sitzungspolizeiliche Maßnahmen), §§ 184 bis 191 GVG (Gerichtssprache) und §§ 192 bis 197 GVG (Beratung und Abstimmung) ersetzt.
- **§ 10 FGG.** Diese Bestimmung wurde durch das Gesetz zur Abschaffung der Gerichtsferien vom 28. 10. 1996 (BGBl. I S. 1546) mit Wirkung ab 1. 1. 1997 ersatzlos aufgehoben. Sie wurde bisher durch die §§ 199 bis 202 GVG ersetzt, die auf Grund des zuvor genannten Gesetzes aber seit dem 1. 1. 1997 aufgehoben sind (s. oben Rn. 2).
- **§ 11 FGG.** Diese Bestimmung zur Abgabe von Anträgen und **Erklärungen zu Protokoll der Geschäftsstelle** wird durch §§ 496, 129a ersetzt, allerdings nur, soweit kein Anwaltszwang herrscht.
- **§ 12 FGG.** Insoweit wird auf § 621 Rn. 39 verwiesen.
- **§ 13 FGG.** Die Beiziehung eines Beistands oder die Vertretung durch einen Bevollmächtigten wird an Stelle von § 13 FGG nach den §§ 78 bis 90 geregelt; bei Anwaltszwang greifen sie nicht ein.
- **§ 13a FGG.** Diese Regelung zur **Erstattung der Kosten** ist überwiegend anwendbar und wird nur in den Fällen des §§ 93a Abs. 1, 2; 97 Abs. 3 ersetzt (s. auch § 93a Rn. 5). Im Rahmen ihres Geltungsbereiches verdrängt § 13a FGG die §§ 91ff. Jedoch bindet bei **echten Streitverfahren** der freiwilligen Gerichtsbarkeit (s. Rn. 2 aE) eine übereinstimmende Erledigterklärung der Parteien das FamG, das nicht nachprüft, ob der Rechtsstreit tatsächlich erledigt ist.[13] Wird ein Antrag oder eine Beschwerde zurückgenommen, gilt § 13a FGG dennoch (zur Rücknahme im Verbundverfahren s. § 629a Rn. 13). § 13a FGG gilt auch in Zwangsmittelverfahren nach § 33 FGG.[14]
- **§ 14 FGG.** An dessen Stelle treten auf Grund der dort enthaltenen Verweisung die Bestimmungen zur **Prozesskostenhilfe** nach §§ 114 bis 127. Die Verfahrensbeteiligten entsprechen dem Antragsteller und Antragsgegner, so dass auch die Regelungen zur Beiordnung eines Rechtsanwalts sinngemäß gelten. Für eine Beiordnung ist aber eine **echte Gegnerstellung** zu verlangen, die bei einvernehmlichen Anträgen nicht vorliegt.
- **§ 15 FGG.** Für die Beweisaufnahme und Glaubhaftmachung gelten die Bestimmungen der ZPO entsprechend; ausgenommen sind hiervon die Bestimmungen zur Abfassung der Sitzungsniederschrift,[15] für die

---

5 BGH NJW 1980, 2418 = FamRZ 1980, 989; NJW-RR 1993, 194 = FamRZ 1993, 292f. (zu § 256).
6 S. zB BGH NJW 1982, 387 = FamRZ 1982, 42.
7 BGH NJW 1981, 1508 = FamRZ 1981, 533.
8 BGH FamRZ 1978, 873, 876; NJW 1984, 120 = FamRZ 1983, 890.
9 So aber OLG Koblenz FamRZ 1983, 201.
10 *Johannsen/Henrich/Sedemund-Treiber* Rn. 3.
11 S. zB BGH NJW-RR 1994, 322; FamRZ 1994, 299.
12 BGH NJW-RR 1991, 253 = FamRZ 1991, 50f.
13 BayObLG FamRZ 1989, 886.
14 S. OLG Brandenburg FamRZ 2007, 57.
15 BayObLG FamRZ 1994, 913.

eine bestimmte Form nicht vorgesehen ist. Die Feststellungen des Gerichts können in der Sitzungsniederschrift, einem Aktenvermerk oder in der Entscheidung selbst festgehalten werden.

5 – **§ 16 FGG.** Nach dieser Bestimmung werden **gerichtliche Verfügungen mit Bekanntgabe an die Verfahrensbeteiligten wirksam.** Dies tritt bereits mit formloser Mitteilung an die Beteiligten (zB durch telefonische Übermittlung) ein, so dass die Entscheidung ab diesem Zeitpunkt bindend ist und nicht mehr geändert werden kann, auch wenn diese noch nicht zur Post gegeben wurde.[16] Ausgenommen hiervon sind FGG-Folgesachen, deren Wirksamkeit nach § 629d erst mit Rechtskraft des Scheidungsausspruches eintritt. Ferner bestimmen die §§ 53a Abs. 2 S. 1, 53g Abs. 1 S. 1 FGG und § 16 Abs. 1 HausratsVO, dass Endentscheidungen des § 621 Abs. 1 Nr. 9 (Stundung des Zugewinns, Übertragung von Gegenständen), zum Versorgungsausgleich und nach der HausratsVO erst mit Rechtskraft wirksam werden; Gleiches gilt nach § 56c Abs. 1 FGG für Verfügungen, durch die das FamG über die Anfechtung der Vaterschaft (nach § 1600e Abs. 2 BGB) entscheidet sowie für Entscheidungen zu §§ 1303 Abs. 2, 1308 Abs. 2, 1315 Abs. 1 S. 3 BGB (s. hierzu auch § 621 Rn. 41) und nach § 64b Abs. 2 S. 1 FGG für Verfahren nach dem GewSchG (s. a. § 621 Rn. 88d). Die nicht anzuwendenden § 16 Abs. 2 und 3 FGG werden ersetzt durch § 329.[17] Danach sind **Endentscheidungen** zuzustellen, die nach § 621e der befristeten Beschwerde unterliegen, § 329 Abs. 2. In den Familiensachen des § 621 Abs. 1 Nr. 1–3 erfolgt die **Zustellung** auch an das **Kind,** das im Zeitpunkt der Entscheidung das 14. Lebensjahr vollendet hat (s. eingehend § 621 Rn. 48), den Verfahrenspfleger (soweit bestellt, s. § 621 Rn. 49ff.) und an das zuständige **Jugendamt** (s. eingehend § 621 Rn. 47). **Entscheidungen zu Versorgungsausgleich** sind allen Verfahrensbeteiligten zuzustellen. Im **öffentlich-rechtlichen Versorgungsausgleich** (s. hierzu § 621 Rn. 72ff.) sind die Ehegatten und je nach Art des Ausgleichs gemäß § 1587b Abs. 1, 2 BGB, §§ 1 Abs. 2; 3, 3b Abs. 1 VAHRG die Träger der gesetzlichen Rentenversicherung oder einer Beamtenversorgung und ein sonstiger öffentlich-rechtlicher Träger einer Versorgung[18] zu beteiligen, bei einer Realteilung auch der Träger einer real zu teilenden Versorgung. **Nicht zu beteiligen** im öffentlich-rechtlichen Versorgungsausgleich sind die Träger einer privaten betrieblichen Altersversorgung, soweit sie keine Realteilung vorsehen, weil sie durch diese Entscheidung in ihren subjektiven Rechten nicht betroffen werden (§ 621e Rn. 11).[19] Die vorstehenden Grundsätze gelten auch im Abänderungsverfahren nach § 10a VAHRG, der eine erneute Vornahme des öffentlich-rechtlichen Versorgungsausgleichs darstellt. An diesen können auch Hinterbliebene des Ehegatten beteiligt sein, § 10a Abs. 4 VAHRG. Im **schuldrechtlichen** Versorgungsausgleich wird nur den geschiedenen Ehegatten die Entscheidung zugestellt. Im **verlängerten schuldrechtlichen** Versorgungsausgleich nach § 3a VAHRG ist die Entscheidung dem (antragstellenden) ausgleichsberechtigten Ehegatten, dem Träger der auszugleichenden Versorgung, das ist regelmäßig ein privatrechtlich organisierter Träger einer betrieblichen Altersversorgung, und der Witwe/dem Witwer des verstorbenen Ausgleichspflichtigen zuzustellen, § 3a Abs. 9 S. 2 VAHRG.

– **§ 16a FGG.** Diese Bestimmung regelt die Anerkennung ausländischer Entscheidungen aus dem Bereich des FGG (vgl. § 328). Sie geht von deren grundsätzlicher Anerkennung aus und regelt nur die Fälle der Nichtanerkennung. § 16a FGG wird im Anwendungsbereich der EheVO II durch Art. 21–27 (s. § 606a Rn. 26ff.; § 621 Rn. 90ff.) verdrängt. Insoweit wird auf die Ausführungen zur EheVO II (EG-Verordnungen) verwiesen.

6 – **§ 17 FGG.** Für die Fristberechnung gelten die §§ 221ff.

– **§ 19 FGG.** Nach dieser Bestimmung findet gegen Verfügungen der ersten Instanz die Beschwerde statt; an deren Stelle tritt § 621e. Da § 621e aber nur **Endentscheidungen** betrifft, kann gegen eine **vorläufige Anordnung** in einem isolierten Verfahren nach § 621 Abs. 1 Nr. 1–3[20] weiterhin Beschwerde nach § 19 FGG eingelegt werden (§ 621e Rn. 2f.),[21] ferner gegen Verfahrensverfügungen, soweit gegen diese eine Beschwerde zulässig ist. Verfahrensleitende Verfügungen sind regelmäßig nicht anfechtbar.[22] Allerdings wird diese Regelung durch den zum 1. 1. 2002 eingeführten § 621g weitgehend ersetzt. Maßnahmen nach § 33 FGG fallen hierunter nicht, da sie ein selbständiges Verfahren darstellen.[23] I. Ü. gilt an Stelle von § 19 Abs. 2 FGG § 119 Abs. 1 Nr. 1 lit. a GVG.

– **§ 20 FGG.** Diese Bestimmung regelt die Beschwerdebefugnis für die Beschwerde nach § 19 FGG und § 621e. Zur Beschwerde berechtigt ist jedermann, der durch eine gerichtliche Verfügung oder Entscheidung in seinen Rechten beeinträchtigt ist.[24] Hinsichtlich der Einzelheiten des jeweiligen Verfahrens wird auf die Ausführungen zu § 621e (Rn. 8ff.) verwiesen.

---

[16] BGH FamRZ 2000, 813.

[17] S. OLG Bamberg FamRZ 1999, 938.

[18] Das sind insbesondere die Zusatzversorgung des öffentlichen Dienstes und so genannten kammerfähigen Versorgungen der Ärzte, Architekten, Rechtsanwälte, Apotheker u. ä.

[19] BGH NJW 1989, 1858 = FamRZ 1989, 370; NJW 1991, 258 = FamRZ 1991, 175; FamRZ 1991, 678.

[20] ZB vorläufige Regelung der Personensorge oder im Hausratsverfahren nach § 13 Abs. 4 HausratsVO aF, s. OLG Naumburg FamRZ 1994, 389.

[21] BGH NJW 1979, 39 = FamRZ 1978, 886; FamRZ 1989, 1066; FamRZ 2003, 232; OLG Frankfurt/M FamRZ 1994, 177.

[22] S. KG FamRZ 2007, 227; zur Aussetzung eines Versorgungsausgleichsverfahrens OLG Naumburg FamRZ 2007, 918.

[23] BGH FamRZ 1986, 789; FamRZ 1988, 1256.

[24] Grundlegend BGH FamRZ 2000, 219 – Pflegeeltern; FamRZ 2001, 1449; s. a. KG FamRZ 2000, 1520; FamRZ 2004, 102 – abgelehnt bei elterlicher Sorge für Pflegeeltern sowie FamRZ 2005, 975 bei Regelung des Umgangs

- **§ 20a Abs. 1 FGG.** Nach dieser Bestimmung ist die Anfechtung einer Kostenentscheidung unzulässig, wenn nicht die Entscheidung in der Hauptsache anfechtbar ist.[25] Im Bereich der Folgesachen wird diese Regelung durch § 99 Abs. 1 ersetzt. § 20a Abs. 1 FGG ist jedoch heranzuziehen, wenn die Kostenentscheidung auf § 13a FGG beruht; in diesem Fall kann nach § 20a Abs. 2 FGG sofortige Beschwerde eingelegt werden, wenn eine Entscheidung in der Hauptsache nicht ergangen ist.
- **§ 21 FGG.** Nach dieser Bestimmung kann die **Beschwerde** beim Gericht, dessen Entscheidung angefochten ist oder beim Beschwerdegericht eingelegt werden. Sie bleibt anwendbar, soweit nach § 19 FGG eine Beschwerde eingelegt werden kann; ansonsten können befristete Beschwerden nur beim Beschwerdegericht eingelegt werden, § 621e Abs. 3, § 119 Abs. 1 Nr. 1 lit. a GVG.
- **§ 22 FGG.** Abs. 1 regelt die **sofortige Beschwerde,** die nur möglich ist, soweit nicht § 621e eingreift. Zur Anwendung kommt diese Bestimmung deshalb vor allem bei Kostenentscheidungen. Abs. 2 betrifft die **Wiedereinsetzung in den vorigen Stand;** an Stelle dieser Regelung gelten zur Vereinheitlichung aller Familiensachen die §§ 233ff., 567ff.
- **§ 24 FGG.** Die Bestimmung, die die **aufschiebende Wirkung der Beschwerde** regelt, gilt auch für Beschwerden nach § 621e. Die Regelung, dass eine Beschwerde keine aufschiebende Wirkung hat, gilt nur für solche Entscheidungen, die mit ihrer Bekanntmachung wirksam werden, also insbesondere die Entscheidung zur elterlichen Sorge, zur Umgangsbefugnis und zur Herausgabe eines Kindes im isolierten Verfahren (s. § 621 Rn. 41); sie gilt nicht, wenn die Entscheidungen erst mit Eintritt der Rechtskraft wirksam werden (vor allem nach § 16 HausratsVO, den Verfahren nach dem GewSchG, soweit die FamG zuständig sind, § 64b Abs. 2 S. 1 FGG, und beim Versorgungsausgleich nach § 53g Abs. 1 FGG, ferner bei Verfahren nach § 621 Abs. 1 Nr. 10 in Fällen des § 1600e Abs. 2 BGB und § 621 Abs. 1 Nr. 12; s. § 621 Rn. 41). Die Aussetzung der Vollziehung nach § 24 Abs. 2 FGG gilt bei Beschwerden nach § 19 FGG, nicht bei § 621e, weil die Beschwerde nach § 621e Abs. 1 wie das Berufungsverfahren ausgestaltet und somit wegen der Anfallwirkung der Berufung das Familiengericht nicht zu einer Aussetzung der Vollziehung befugt ist (s. auch § 621e Rn. 13). Gestützt wird dies durch die Verweisung in § 621e Abs. 3 S. 2 auf § 318, der § 577 Abs. 3 aF ersetzt. § 24 Abs. 3 S. 1 FGG, der die einstwAnO ermöglicht, gilt nur in isolierten Verfahren; § 24 Abs. 3 S. 1 FGG wird durch § 621g S. 2 iVm. §§ 620a Abs. 4, 620e ersetzt, in Folgesachen greifen die §§ 620ff. ein.
- **§ 25 FGG.** Nach dieser Bestimmung sind Beschwerdeentscheidungen zu begründen; sie wird nur im Falle einer Verbundentscheidung durch § 313 verdrängt.
- **§ 26 FGG.** Diese Bestimmung regelt das **Wirksamwerden einer Beschwerdeentscheidung.** Da die Regelung voraussetzt, dass eine weitere Beschwerde stattfindet, greift sie nur bei Beschwerdeentscheidungen nach § 621e iVm. § 621 Abs. 1 Nr. 1–3; in Verbundverfahren gilt § 629d.
- **§§ 27 bis 30 FGG.** Diese Bestimmungen zur weiteren Beschwerde werden durch § 621e verdrängt. Bei einer einfachen Beschwerde nach § 19 FGG greifen die §§ 133 GVG, 28 FGG ein, wonach eine weitere Beschwerde zum BGH nicht möglich ist.[26] Hierbei verbleibt es auch nach Streichung des § 568 Abs. 3 aF, so dass die §§ 27ff FGG eine abschließende Regelung darstellen.[27]
- **§ 32 FGG** hat in Familiensachen keinen Anwendungsbereich. 7
- **§ 33 FGG;** siehe hierzu § 621 Rn. 42.
- **§ 35 FGG** wird durch § 64 Abs. 1 FGG ersetzt.
- **§ 35b FGG** regelt die **internationale Zuständigkeit** des FamG; diese Bestimmung wird durch Zuständigkeitsregelungen der EheVO I und II (§ 606a Rn. 26ff.; § 621 Rn. 90ff.) und des MSA (§ 621 Rn. 92ff.) verdrängt.[28]
- **§ 36 FGG.** Diese Bestimmung regelt die örtliche Zuständigkeit; sie wird durch § 621 Abs. 2 S. 1 ersetzt, soweit dieser eine Regelung trifft (s. hierzu eingehend § 621 Rn. 11ff., 18).
- **§ 45 FGG.** Diese Bestimmung regelt die **örtliche Zuständigkeit des FamG** zum Versorgungsausgleich und den Streitigkeiten zum ehelichen Güterrecht iSd. § 621 Abs. 1 Nr. 9. Zum Versorgungsausgleich gilt sie nur, soweit dieser im selbständigen Verfahren durchzuführen ist (s. hierzu § 621 Rn. 72ff.); im Verbund nach § 623 Abs. 1 S. 3 richtet sich die Zuständigkeit nach der Scheidungssache. Wird das Versorgungsausgleichsverfahren abgetrennt, so verbleibt es bei der Zuständigkeit der Gerichts der Ehesache (entsprechend § 261 Abs. 3 Nr. 2).[29]
- **§ 46 FGG.** Diese Regelung gilt für Verfahren zur elterlichen Sorge, der Umgangsbefugnis und Herausgabe eines Kindes; danach kann ein **Verfahren aus wichtigem Grund** an ein **anderes FamG abgegeben werden,** wenn die Konzentrationswirkung der Ehesache nach § 621 Abs. 2 nicht eingreift. Im Konfliktfall entscheidet das in § 46 Abs. 2 bestimmte OLG.
- **§ 49a FGG** regelt die Anhörung des Jugendamtes durch das FamG.
- **§ 50a bis 50c FGG.** Diese Bestimmungen schreiben die Anhörung des Kindes, der Eltern sowie Pflegeeltern in Sorgerechtsverfahren unter den dort genannten Voraussetzungen zwingend vor; sie stellen eine

---

mit Eltern; FamRZ 2004, 1024 – Beteiligter bzgl. Feststellungsantrag zum Versorgungsausgleich; FamRZ 2004, 1240 – Versorgungsausgleich; OLG Thüringen FamRZ 2004, 1389 – Stiefvater; § 621e Rn. 8.

25 S. OLG Koblenz FamRZ 2005, 633.

26 Zur Unzulässigkeit der außerordentlichen Beschwerde KG FamRZ 2005, 918.

27 BGH FamRZ 2007, 136.

28 OLG Karlsruhe FamRZ 1994, 642f.

29 BGH NJW-RR 1993, 1091.

Ausprägung des Amtsermittlungsgrundsatzes nach § 12 FGG dar (s. § 621 Rn. 48). Sie gelten auch in Beschwerdeverfahren.[30]

- **§§ 52, 52a FGG** enthalten Regelungen für ein gerichtliches Vermittlungsverfahren (s. § 621 Rn. 56ff.)
- **§§ 53b bis 53g FGG** beziehen sich auf das Versorgungsausgleichsverfahren (s. § 621 Rn. 72ff.).
- **§ 56 FGG**[31] enthält verschiedene Verfahrensbestimmungen zur Entscheidung über die Ersetzung der Einwilligung in eine genetische Abstammungsuntersuchung und die Anordnung der Duldung der Probeentnahme gemäß § 1598a Abs. 2 BGB. Abs. 1 regelt die Anhörung beider Elternteile und des Kindes, Abs. 2 bestimmt, dass Entscheidungen nach § 1598a Abs. 2 BGB erst mit Rechtskraft wirksam werden. Abs. 3 regelt die Beschwerdebefugnis (§ 621e Abs. 1, 2) der in § 1598a Abs. 1 BGB benannten Personen. Abs. 4 regelt die Voraussetzungen der Vollstreckung einer rechtskräftigen Entscheidung oder eines Vergleiches.
- **§ 56c FGG** regelt die postmortale Vaterschaftsanfechtung nach § 1600e Abs. 2 BGB. Dem als Erzeuger des Kindes in Betracht kommenden Mann ist es verwehrt, sich als **Nebenintervenient** mit dem Ziel der Abweisung des Antrags zu beteiligen und Beschwerde einzulegen.[32]
- **§ 57 Abs. 1 Nr. 1 FGG** regelt die Beschwerdebefugnis der Eltern und des Jugendamtes bei einer ablehnenden oder aufhebenden Entscheidung zur Vormundschaft bzw. Pflegschaft, § 64 Abs. 3 S. 4 FGG (s. Rn. 5).
- **§ 64 FGG** stellt die Verbindung zu den Verfahrensvorschriften der ZPO her und enthält Regelungen über die Abgabe von FGG-Familiensachen an das Gericht der Ehesache. Abs. 3, 4 regeln die Beschwerdeberechtigung des Jugendamtes und der Eltern in Sorgerechtsverfahren.
- **§ 64a FGG** wurde mit Wirkung ab 1. 3. 2005 durch das IntFamRVG aufgehoben (zur Zuständigkeitskonzentration s. §§ 12, 13).
- **§ 64b FGG** enthält besondere Verfahrensbestimmungen zu Verfahren nach dem GewSchG (s. § 621 Rn. 88a–g).

III. Verfahren in Familiensachen des § 621 Abs. 1 Nr. 9

8 Hinsichtlich der sich aus den §§ 1382, 1383 BGB ergebenden Verfahren ist danach zu unterscheiden, ob ein **Rechtsstreit zum Zugewinnausgleich** anhängig ist oder nicht. Ist ein Verfahren anhängig, können die Ansprüche nach §§ 1383, 1383 BGB in dem Hauptsacheverfahren geltend gemacht werden, § 1382 Abs. 5, 1383 Abs. 3 BGB (s. § 621 Rn. 85). Die Entscheidung ergeht zusammen mit dem Urteil in der Hauptsache. Entsprechendes gilt, wenn der Zugewinn als Folgesache geltend gemacht wird. Ist **kein Rechtsstreit** zur Ausgleichsforderung **anhängig,** sind die Ansprüche im Verbund nach § 623 Abs. 1 geltend zu machen, wenn die Scheidungssache anhängig ist. Ansonsten sind diese Verfahren selbständige Familiensachen, für die nach § 14 Nr. 2 RPflG der Rechtspfleger funktionell zuständig ist.

621b *Güterrechtliche Streitigkeiten* **In Familiensachen des § 621 Abs. 1 Nr. 8 gelten die Vorschriften über das Verfahren vor den Landgerichten entsprechend.**

1 § 621b bestimmt für **isolierte Güterrechtsprozesse** des § 621 Abs. 1 Nr. 8, dass die Vorschriften über das Verfahren vor den Landgerichten entsprechend gelten. Diese Regelung trägt der Tatsache Rechnung, dass Güterrechtsverfahren regelmäßig nach ihrer wirtschaftlichen Bedeutung ein besonderes Gewicht aufweisen und deshalb die Regelungen der §§ 253 bis 494 eher passen als die §§ 496 bis 510b, auch wenn der Streitwert unter 5000,– Euro liegt (§ 23 Nr. 1 GVG). Entsprechend ist in § 78 Abs. 2 Nr. 1 für diese Verfahren der Anwaltszwang festgelegt.

621c *Zustellung von Endentscheidungen* **§ 317 Abs. 1 Satz 3 ist auf Endentscheidungen in Familiensachen nicht anzuwenden.**

1 Der Zweck dieser Regelung deckt sich mit demjenigen des § 618; beide wollen verhindern, dass die Ehegatten auf den **Eintritt der Rechtskraft einer Entscheidung** in der Weise Einfluss nehmen können, dass sie beantragen, die Zustellung einer verkündeten (End-) Entscheidung bis zum Ablauf von fünf Monaten nach der Verkündung hinauszuschieben. Betroffen von § 621b sind nur Urteile des § 621 Abs. 1, also nur in ZPO-Familiensachen, dagegen nicht Beschlüsse, für die § 329 keine mit § 317 Abs. 1 S. 3 vergleichbare Regelung enthält. Ergeht eine Entscheidung im **schriftlichen Verfahren,** gilt für die die Verkündung ersetzende Zustellung entsprechendes.

621d *Zurückweisung von Angriffs- und Verteidigungsmitteln* **[1]In Familiensachen des § 621 Abs. 1 Nr. 4, 5, 8 und 11 können Angriffs- und Verteidigungsmittel, die nicht rechtzeitig vorgebracht werden, zurückgewiesen werden, wenn ihre Zulassung nach der freien Überzeugung des Gerichts die Erledigung des Rechtsstreits verzögern würde und die Verspätung auf gro-**

---

[30] BGH *FamRZ 1989, 1115.*

[31] Eingefügt durch das Gesetz zur Klärung der Vaterschaft unabhängig vom Anfechtungsverfahren; die Kommentierung gibt den Stand des Gesetzgebungsverfahrens auf der Grundlage des RegE v. 8. 11. 2006 wieder; s. BT-Drucks. 16/3291; s. § 640 Rn. 5a.

[32] S. a. § 640h Rn 2; BGH NJW 2007, 3065 = FamRZ 2007, 1729.

ber Nachlässigkeit beruht. [2]Im Übrigen sind die Angriffs- und Verteidigungsmittel abweichend von den allgemeinen Vorschriften zuzulassen.

I. Normzweck

§ 621 d.[1] berücksichtigt Besonderheiten des familiengerichtlichen Verfahrens, das einerseits davon geprägt ist, dass die zu beurteilenden Sachverhalte im Verfahren erster Instanz in den wirtschaftlichen und persönlichen Bezügen einem ständigen Wandel unterworfen sind und sie deshalb von den Parteien im Verfahren nicht vor Abschluss der mündlichen Verhandlung erster Instanz vorgebracht werden.[2] Auch haben die Verfahren für die Parteien oft eine hohe wirtschaftliche Bedeutung. In Abweichung von den strengen allgemeinen Regelungen zur Zurückweisung verspäteten Vorbringens können nicht rechtzeitig vorgebrachte Angriffs- und Verteidigungsmittel nur dann zurückgewiesen werden, wenn die Verspätung auf grober Nachlässigkeit beruht und ihre Zulassung nach der freien Überzeugung des Gerichts den Rechtsstreit verzögern würde. Die §§ 530, 531 greifen damit in familiengerichtlichen Berufungsverfahren nicht ein. Ferner wird in Bezug auf das familiengerichtliche Berufungsverfahren gemäß § 26 Nr. 9 EGZPO[3] festgelegt, dass die **Bestimmungen über die Nichtzulassungsbeschwerde** nach §§ 543 Abs. 1 Nr. 2, 544, 621 e Abs. 2 S. 1 Nr. 2 nicht anzuwenden sind, soweit die anzufechtende Entscheidung vor dem 1. 1. 2010[4] verkündet oder einem Beteiligten zugestellt oder sonst bekannt gemacht worden ist. Danach ist bis zum Ablauf dieser Frist die Revision nur zulässig, wenn sie vom OLG zugelassen wird. 1

II. Zurückweisung von Angriffs- und Verteidigungsmitteln

Die Neufassung des § 621 d deckt sich mit der entsprechenden Vorschrift des § 615 Abs. 1, die die Zulassung von Angriffs- und Verteidigungsmitteln in Ehesachen iSd. § 606 regelt. Zur Auslegung der Regelung in Bezug auf den Begriff des Verzögerns und der groben Nachlässigkeit kann deshalb auf die Ausführungen in § 615 verwiesen werden. Wie dort gilt § 621 d für das Verfahren in allen Instanzen.[5] Ferner greift sie in Verbund mit den Folgesachen nach § 623 Abs. 1 ein. 2

III. Revision nach ZPO-Reformgesetz

Gegen die in erster Instanz ergehenden Urteile der ZPO-Familiensachen (§ 621 Abs. 1 Nr. 4, 5, 8, 10, 11) kann gemäß § 511 Berufung zum OLG (§ 119 Abs. 1 Nr. 1 lit. a GVG) und gegen dessen Urteile gemäß § 542 Abs. 1 Revision zum BGH (§ 133 GVG) erhoben werden. Die Regelung des § 621 d Abs. 1 aF sah abweichend von den allgemeinen Bestimmungen zur Revision in Familiensachen die Revision nur vor, wenn diese von dem Berufungsgericht (OLG) zugelassen wurde. An diesem Prinzip hält das ZPO-RG fest, § 543 Abs. 1 Nr. 1. Die **weitere Möglichkeit** der Zulassung einer Revision gemäß § 543 Abs. 1 Nr. 2, wenn sie nach Ablehnung der Zulassung durch das Berufungsgericht (OLG) auf Grund der **Nichtzulassungsbeschwerde** gemäß § 544 Abs. 1 vom Revisionsgericht (BGH) zugelassen wird, gilt nach § 26 Nr. 9 EGZPO erst ab 1. 1. 2010 (eing. Rn 1 aE). Bis zu diesem Zeitpunkt erfolgt die Zulassung der Revision ausschließlich nach § 543 Abs. 1 Nr. 1. Nach § 542 Abs. 1 ist diese gegen Endurteile der Berufungsinstanz zulässig. Für Rechtsmittel gegen eine im Verbund entschiedene Folgesache sind die Sonderregelungen der §§ 629 a ff. heranzuziehen. 3

IV. Zulassungsrevision

1. Voraussetzungen, Teilzulassung. Gegen Endurteile zu ZPO-Familiensachen des § 621 Abs. 1 ist die Revision nur statthaft, wenn sie zugelassen ist. Über die **Zulassung** entscheidet das OLG in der Berufungsentscheidung; sie ist regelmäßig im Tenor der Entscheidung auszusprechen, kann aber auch ausnahmsweise in den Gründen ergehen.[6] Unterbleibt ein Ausspruch der Zulassung, so kann durch Urteilsergänzung nach § 321 nur eine versehentlich im Tenor nicht ausgesprochene Zulassung nachgeholt werden, dagegen nicht eine bewusst oder rechtsirrtümlich unterbliebene Zulassung.[7] Die **Voraussetzungen der Zulassung** ergeben sich aus dem allgemeinen Zivilprozessrecht (s. auch § 543 Rn. 4 ff.). Danach ist es grds. möglich, die Zulassung auf einen **rechtlich und tatsächlich selbständigen Teil des Streitgegenstandes,** der auch einem Teilurteil zugänglich wäre, zu beschränken,[8] nicht dagegen auf einzelne rechtliche Gesichtspunkte;[9] in diesem Fall ist die Beschränkung wirkungslos und das gesamte Urteil in vollem Umfang zu überprüfen. 4

2. Qualifikation als Familiensache. Die Qualifikation als Familiensache iSd. § 621 Abs. 1 Nr. 4, 5, 8, 10 und 11 ist nicht nur im Hinblick auf die unterschiedliche Regelung der Nichtzulassungsbeschwerde in den Übergangsbestimmungen[10], sondern auch im Hinblick auf die Regelung des § 621 d geboten. Zudem ist die 5

---

[1] Zur Änderung durch das ZPO-RG s. BT-Drucks. 14/4722 S. 65 f.
[2] S. BT-Drucks. 14/4722 S. 119.
[3] Art. 3 Nr. 3 ZPO-RG; s. BGH FamRZ 2005, 1902 – Regelung ist nicht verfassungswidrig.
[4] Verlängert vom 1. 1. 2007 auf 1. 1. 2010 durch 2. JuMoG v. 30. 12. 2006, BGBl. I 3420.
[5] S. § 615 Rn. 2, 3.
[6] BGH FamRZ 1989, 376; FamRZ 1991, 175, 176.
[7] BGH FamRZ 1981, 445, 446; § 321 a Rn. 7 a.
[8] BGH NJW 1979, 767 = FamRZ 1979, 233; FamRZ 1988, 601, 602; FamRZ 1998, 286; aA *Ball,* 2. Aufl. § 546 Rn. 21, der die hM ablehnt und einen rechtlich und tatsächlich selbständigen Teil nicht für erforderlich hält.
[9] BGH NJW 1982, 1216 = FamRZ 1982, 466; FamRZ 1991, 931.
[10] Eingehend Rn. 1 aE).

Regelung des § 26 Nr. 8 EGZPO zu berücksichtigen[11], die die Nichtzulassungsbeschwerde nur zulässt, wenn der Wert der mit der Revision geltend zu machenden Beschwerde 20 000,– Euro übersteigt.[12] Im Hinblick hierauf ist die Prüfung, ob eine Familiensache vorliegt, weiterhin notwendig. Der Gesetzgeber ist mit dem UÄndG von dem Grundsatz der **materiellen Anknüpfung** zu demjenigen der **formellen Anknüpfung** gewechselt; nach § 119 GVG ist damit das OLG als Berufungsgericht für die von den Familiengerichten entschiedenen Sachen auch dann zuständig, wenn dieses irrtümlich eine Nichtfamiliensache als Familiensache behandelt hat. Für die Zulassung der Revision ist auch nach den Änderungen des UÄndG zur formellen Anknüpfung ausschlaggebend, ob eine Familiensache oder Nichtfamiliensache vorliegt.[13] Nicht ersichtlich ist hierbei, dass der Gesetzgeber versehentlich eine Anpassung dieser Regelung an den allgemeinen Grundsatz der formellen Anknüpfung unterlassen hat[14], so dass die Oberlandesgerichte bei der Zulassungsentscheidung eine entsprechende Prüfung vorzunehmen haben.[15]

6 Liegt eine **fehlerhafte Qualifikation** des Berufungsgerichts vor, indem eine **allgemeine zivilprozessuale Sache** mit einem Wert von weniger als 20 000 Euro als Familiensache angesehen und die Revision ausdrücklich nicht zugelassen wird, so ist nach § 26 Nr. 9 EGZPO bis 31. 12. 2010 eine Nichtzulassungsbeschwerde nicht statthaft. Nach § 545 Abs. 2, der generell ein Rechtsmittelverfahren, das allein auf die Frage der Zuständigkeit (auch funktionell) gestützt wird, nicht zulässt[16], kann der BGH nicht prüfen, ob eine Familiensache vorliegt, sondern muss sich an die Qualifizierung des OLG halten;[17] demgemäß greift auch nicht die Einwendung hinsichtlich der Zulässigkeit der Revision ein, es liege keine Familiensache vor (§ 545 Abs. 2). Hat das OLG (ein allgemeiner Zivilsenat) verkannt, dass **eine ZPO-Familiensache** vorliegt, so kann bei Nichtzulassung der Revision die Nichtzulassungsbeschwerde nach § 544 Abs. 1 eingelegt werden, falls nicht § 26 Nr. 8 EGZPO eingreift (s. Rn. 5). Auch hieran ist der BGH nach § 543 Abs. 2 S. 2 gebunden. Bleibt dagegen im Urteil des OLG offen, ob eine Familiensache vorliegt und wird die Revision nicht zugelassen, gilt das zuvor Gesagte.

7 **3. Bindung an Zulassung.** Hat das OLG die Revision zugelassen, ist der BGH hieran gebunden, § 543 Abs. 2 S. 2; dies gilt auch dann, wenn die Zulassung fehlerhaft erfolgte.[18]

8 *unbesetzt*

9 **4. Keine unbeschränkte Revision.** Die in § 621d Abs. 2 aF iVm. § 547 aF enthaltene Bestimmung, dass die Revision auch ohne Zulassung stets stattfindet, soweit das Berufungsgericht die **Berufung als unzulässig verworfen** hat, entfällt ersatzlos. Nach der Zwecksetzung des ZPO-RG sollen Entscheidungen des Berufungsgerichts, in denen die Revision im Falle der Unzulässigkeit der Berufung nicht zugelassen wurde, generell nicht der Revision unterliegen, da in den Regelfällen die Revision nur unter den besonderen Voraussetzungen des § 543 Abs. 2 zulässig ist.[19] Jedoch kann ein Beschluss nach § 522 Abs. 1, mit dem eine Berufung nach § 524 Abs. 1 S. 4 iVm. § 574 Abs. 2 Nr. 1, 2 als unzulässig verworfen wurde,[20] mit der **Rechtsbeschwerde** angegriffen werden,[21] da durch das ZPO-RG fehlerhafte Entscheidungen des Berufungsgerichts zur Zulässigkeit der Berufung fehlerhaften Sachentscheidungen gleichgestellt werden.[22]

V. Berufung

10 **1. Berufungssumme in Unterhaltssachen.** Die § 621ff. enthalten **keine Regelungen zur Berufung,** so dass für dieses Rechtsmittel die allgemeinen Bestimmungen gelten. In Unterhaltsprozessen wird die Berufungssumme gemäß § 511 Abs. 2 Nr. 1 (600 Euro) nach § 9 ZPO (nicht nach § 17 GKG) ermittelt (s. § 9 Rn. 2, 4). Verlangt eine Partei **Auskunft** nach §§ 1379, 1361 Abs. 4 S. 1, 1580, 1605 BGB, wird das Interesse an der Auskunft mit 1/3 bis 1/5 des Wertes des Hauptanspruchs bewertet,[23] der auch für den zweiten Rechtszug bei Abweisung des Auskunftsbegehrens gilt. Gleiches ist anzunehmen, wenn der Leistungspflichtige Auskunft zur Bestimmung seiner güterrechtlichen oder unterhaltsrechtlichen Leistungspflicht verlangt. Dagegen wird das **Abwehrinteresse des Gegners,** die Auskunft nicht erteilen zu müssen, nur nach dem **tatsächlichen Aufwand** beurteilt[24], der damit geringer sein kann als die Berufungssumme nach § 511

[11] Durch 2. JuMoG v. 30. 12. 2006 (BGBl. I 3420) verlängert bis 31. 12. 2011; zur gesetzgeberischen Motivation s. BT-Drucks. 14/4722 S. 126.

[12] Die Rechtsbeschwerde gegen einen die Berufung nach § 522 Abs. 1 S. 4 als unzulässig verwerfenden Beschluss ist auch dann zulässig, wenn die Wertgrenze nach Nr. 8 nicht erreicht wird, BGH FamRZ 2003, 371; s. a. FamRZ 2004, 701; FamRZ 2004, 1961.

[13] MK/*Finger* Rn. 9.

[14] So auch BGH NJW 1988, 2380 = FamRZ 1988, 1036.

[15] AA *Jauernig* FamRZ 1988, 1258; *Walter* ZZP 97 (1984), 487, die über § 549 Abs. 2 aF eine korrigierende Auslegung iS einer formellen Anknüpfung vornehmen wollen; s. ferner *St/J/Schlosser* Rn. 2.

[16] S. BT-Drucks. 14/4722 S. 106.

[17] BGH NJW-RR 1993, 1154f. = FamRZ 1994, 693f. zu § 549 aF.

[18] Zu den Ausnahmen § 543 Rn. 19.

[19] BT-Drucks. 14/4722 S. 106.

[20] Zur Wertgrenze bei einer Nichtzulassungsbeschwerde s. BGH FamRZ 2003, 1178.

[21] BGH FamRZ 2003, 1093 (Nr. 687 und Nr. 688) – dort auch zu den Voraussetzungen eines gewillkürten Parteiwechsels in zweiter Instanz (bei Kindesunterhalt).

[22] Vgl. *Wenzel* NJW 2002, 3353, 3357 m. weit. Nachw.

[23] BGH FamRZ 1993, 1189.

[24] BGH NJW-RR 1993, 1026f.; FamRZ 1993, 1423f.; NJW 1994, 1222; BGHZ GSZ 128, 85ff. = FamRZ 1995, 349; FamRZ 2002, 666; FamRZ 2003, 1922, 1923; FamRZ 2005, 1986 – dort auch zur Berücksichtigung des Geheimhaltungsinteresses.

Abs. 2 Nr. 1. Verwirft das OLG die Berufung als unstatthaft durch Urteil, ist die Revision gemäß § 543 Abs. 1 gegeben, wenn durch Beschluss entschieden wird, die Rechtsbeschwerde nach § 522 Abs. 1 S. 4 iVm. § 574 Abs. 1 Nr. 1.[25] Zu beachten ist im Unterhaltsprozess die **Präklusionsbestimmung** des § 323 Abs. 2, die eine an einem Abänderungsprozess beteiligte Partei zwingen kann, eine nach dem Urteil in erster Instanz eingetretene erhebliche Tatsache im Wege der Anschlussberufung in den Prozess einzubringen (vgl. dazu § 323 Rn. 34 ff.).[26] Insoweit ist § 524 Abs. 2 S. 3 zu beachten; die in Abs. 2 S. 2 bestimmte Frist gilt nicht bei Unterhaltssachen.

2. Fehlerhafte Qualifikation. Im Falle einer fehlerhaften Qualifikation einer Familiensache, die von der **allgemeinen Prozessabteilung des Amtsgerichts als Nichtfamiliensache** behandelt wurde, ist nach dem Grundsatz der formellen Anknüpfung (s. Rn. 4) der §§ 72, 119 Abs. 1 Nr. 1 lit. a GVG die Berufung bei dem übergeordneten Landgericht einzulegen, weil nicht ein FamG, sondern das allgemeine Prozessgericht entschieden hat. Nur hierdurch wird auch die Rechtsmittelfrist gewahrt. Wird in einem solchen Fall Berufung zum OLG eingelegt, ist deshalb eine Verweisung an das Landgericht nicht möglich.[27] Im umgekehrten Fall der **Entscheidung einer Nichtfamiliensache durch das FamG** ist nach der formellen Anknüpfung nach § 119 Abs. 1 Nr. 1 lit. a GVG beim OLG die Berufung einzulegen.[28] Da nach § 513 Abs. 2 die Berufung nicht (mehr) darauf gestützt werden kann, dass das Gericht des ersten Rechtszuges seine Unzuständigkeit zu Unrecht angenommen hat, greift insoweit auch nicht § 532 ein.[29] 11

3. Wahlmöglichkeit bei fehlerhafter Qualifikation nach dem Meistbegünstigungsgrundsatz. Nach der Fassung der §§ 72, 119 Abs. 1 Nr. 1 lit. a GVG durch das UÄndG richtet sich die Rechtsmittelzuständigkeit nicht mehr nach dem materiell-rechtlichen Charakter des Rechtsstreits als Familiensache, sondern entsprechend dem Grundsatz der so genannten **formellen Anknüpfung** ausschließlich danach, welcher Spruchkörper tatsächlich entschieden hat (s. Rn. 5 f.). Diese Anknüpfung soll es der beschwerten Partei ersparen, eine materiell-rechtliche Qualifikation vorzunehmen; sie soll sich vielmehr nach der äußeren Erscheinungsform der Entscheidung richten können.[30] Die formelle Anknüpfung lässt jedoch nicht in jedem Fall eine sichere Bestimmung des erkennenden Spruchkörpers und damit des zuständigen Rechtsmittelgerichts zu. Ergeben sich auf Grund wechselnder Kennzeichnung des (sachlich) zuständigen Gerichts und des Verfahrensgegenstandes Zweifel darüber, ob das Amtsgericht als allgemeines Prozessgericht oder als FamG entschieden hat, kann die beschwerte Partei das Urteil nach dem **Grundsatz der Meistbegünstigung** sowohl beim Landgericht als auch beim Oberlandesgericht anfechten.[31] Hierbei greift der BGH auf den allgemeinen Grundsatz zurück, dass der **Mangel der Bestimmbarkeit** des Rechtsmittelgerichts auf Grund der fehlerhaften Bearbeitung des erstinstanzlichen Gerichts nicht zu Lasten und zum Nachteil einer betroffenen Partei gehen darf.[32] Diesen zum früheren Rechtszustand der materiellen Anknüpfung entwickelte Grundsatz wendet der BGH auch in den vorliegenden Sachlagen an. I. Ü. scheidet in diesen Fällen auch eine **Berichtigung des Urteils** nach § 319 im Interesse der Rechtssicherheit für die Parteien grds. aus.[33] 12

4. Zulassungsberufung. Soweit die Beschwerdesumme des § 511 Abs. 2 Nr. 1 iHv. 600 Euro nicht erreicht wird, kann dennoch das Berufungsverfahren durchgeführt werden, wenn die Berufung durch das Gericht des ersten Rechtszuges zugelassen wurde, § 511 Abs. 2 Nr. 2. Die Voraussetzungen zur Zulassung ergeben sich aus § 511 Abs. 4 S. 1; das Berufungsgericht ist an die Zulassung gebunden. 13

5. Fortsetzung des Verfahrens bei Verletzung des Anspruchs auf rechtliches Gehör. Nach dem durch das ZPO-RG eingeführten § 321 a kann der Prozess vor dem FamG fortgeführt werden, wenn eine Berufung nicht zulässig ist und das FamG den Anspruch auf rechtliches Gehör in entscheidungserheblicher Weise verletzt hat.[34] Insoweit gelten im familiengerichtlichen Verfahren dieselben Grundsätze wie in allgemeinen zivilgerichtlichen Verfahren. 14

6. Prüfungsumfang des Berufungsgerichts. § 529 schränkt den Prüfungsumfang des Berufungsgerichts ein. § 621 d enthält insoweit – anders als zu den Angriffs- und Verteidigungsmitteln – keine Sonderregelung für Familiensachen. Die in § 529 Abs. 1 Nr. 1 enthaltene Regelung ist flexibel genug, um in Fällen einer nicht vollständigen Sachverhaltsermittlung in der Berufungsinstanz insoweit in eine Sachprüfung einzusteigen. I. Ü. wird § 529 Abs. 1 Nr. 2 in Familiensachen sehr häufig eingreifen, weil sich persönliche und wirtschaftliche Umstände (Änderung der Steuerklasse, Hinzukommen bzw. Wegfall weiterer Unterhaltsberechtigter) in familienrechtlichen Verhältnissen häufig ändern. Einer ausdehnenden Auslegung des § 529 Abs. 1 für Familiensachen im Hinblick auf den Normzweck des § 621 d bedarf es deshalb nicht. 15

[25] § 522 Abs. 1 entspricht § 519 b aF; s. BT-Drucks. 14/4722 S. 96; der BGH kann deshalb weiterhin die Anwendung und Auslegung der formalen Zulässigkeit prüfen und damit beeinflussen.
[26] BGHZ 96, 205, 209 = NJW 1986, 383 = FamRZ 1986, 43; NJW 1988, 1734 = FamRZ 1988, 601.
[27] BGH NJW 1991, 231, 232 = FamRZ 1991, 682; FamRZ 1992, 665.
[28] S. BGH FamRZ 1993, 690 (keine Berichtigung).
[29] BT-Drucks. 14/4722 S. 106.
[30] BGH NJW 1991, 231, 232 = FamRZ 1991, 682; FamRZ 1992, 665; FamRZ 1993, 690 m. weit. Nachw.
[31] BGHZ 72, 182, 192 = NJW 1979, 43 = FamRZ 1978, 873; BGH FamRZ 1993, 690; FamRZ 1995, 219; FamRZ 1995, 351.
[32] BGHZ 98, 362, 364 f. = NJW 1987, 442.
[33] BGH FamRZ 1993, 690; FamRZ 1994, 1520.
[34] Hierzu wird auf die dortige Kommentierung verwiesen.

621e *Befristete Beschwerde; Rechtsbeschwerde* **(1) Gegen die im ersten Rechtszug ergangenen Endentscheidungen über Familiensachen des § 621 Abs. 1 Nr. 1 bis 3, 6, 7, 9, 10 in Verfahren nach § 1598a Abs. 2 und § 1600e Abs. 2 des Bürgerlichen Gesetzbuchs, Nr. 12 sowie 13 findet die Beschwerde statt.**

(2) [1]In den Familiensachen des § 621 Abs. 1 Nr. 1 bis 3, 6 und 10 in Verfahren nach § 1598a Abs. 2 und § 1600e Abs. 2 des Bürgerlichen Gesetzbuchs sowie Nr. 12 findet die Rechtsbeschwerde statt, wenn sie

1. das Beschwerdegericht in dem Beschluss oder

2. auf Beschwerde gegen die Nichtzulassung durch das Beschwerdegericht das Rechtsbeschwerdegericht

zugelassen hat; § 543 Abs. 2 und § 544 gelten entsprechend. [2]Die Rechtsbeschwerde kann nur darauf gestützt werden, dass die Entscheidung auf einer Verletzung des Rechts beruht.

(3) [1]Die Beschwerde wird durch Einreichung der Beschwerdeschrift bei dem Beschwerdegericht eingelegt. [2]Die §§ 318, 517, 518, 520 Abs. 1, 2 und 3 Satz 1, Abs. 4, §§ 521, 522 Abs. 1, §§ 526, 527, 548 und 551 Abs. 1, 2 und 4 gelten entsprechend.

(4) [1]Die Beschwerde kann nicht darauf gestützt werden, dass das Gericht des ersten Rechtszuges seine Zuständigkeit zu Unrecht angenommen hat. [2]Die Rechtsbeschwerde kann nicht darauf gestützt werden, dass das Gericht des ersten Rechtszuges seine Zuständigkeit zu Unrecht angenommen oder verneint hat.

Übersicht

I. Normzweck

1 § 621e regelt die Rechtsmittel gegen **Endentscheidungen in isolierten FGG-Familiensachen** des § 621 Abs. 1 Nr. 1–3, 6, 7, 9, 10 in Verfahren nach § 1600e Abs. 2 BGB, Nr. 12 sowie 13; bei dem Verfahren nach Nr. 13 handelt es sich um Streitigkeiten nach dem GewSchG, soweit über diese von den Familiengerichten entschieden wird (s. § 621 Rn. 88a – g). Diese ergehen in Beschlussform; die Rechtsmittel hiergegen sind die (befristete) Beschwerde und die Rechtsbeschwerde. Die Vorschrift ergänzt damit die allgemeinen prozessualen Regelungen zur Berufung und Revision.[1] Die Rechtsmittel der Beschwerde und Rechtsbeschwerde sind Rechtsmittel der freiwilligen Gerichtsbarkeit, die aber an die berufungs- und revisionsrechtlichen Bestimmungen angepasst sind. Dies gilt einmal für den **einheitlichen Rechtszug** in Ehesachen und den anderen Familiensachen des § 621 Abs. 1 nach §§ 119 Abs. 1 Nr. 1 lit. a, 133 GVG zum OLG und BGH; ferner sind die Beschwerde und Rechtsbeschwerde innerhalb eines Monats beim Rechtsmittelgericht einzulegen und innerhalb von zwei Monaten ab Zustellung des in vollständiger Form abgefassten Urteils zu begründen, §§ 621e Abs. 3 S. 2, 517, 520 Abs. 2. Die in §§ 19 bis 30 FGG enthaltenen Rechtsmittelbestimmungen werden damit weitgehend ersetzt (s. § 621a Rn. 6 – Erläuterungen zu §§ 19 bis 30 FGG). § 621e ist entsprechend anzuwenden, wenn eine **Verbundentscheidung** nur hinsichtlich einer FGG-Folgesache angegriffen wird, § 629a Abs. 2 S. 1. Werden in einer Verbundentscheidung neben der FGG-Folgesache auch eine ZPO-Folgesache angegriffen, verdrängt das Rechtsmittel der Berufung oder Revision der

[1] S. hierzu § 621d Rn. 4ff.

Form nach das Rechtsmittel der Beschwerde oder Rechtsbeschwerde, § 629a Abs. 2 S. 2 (s. hierzu § 629a Rn. 8). § 1598a BGB wurde durch das Gesetz zur Klärung der Abstammung unabhängig vom Anfechtungsverfahren in Abs. 1 und 2 eingefügt.[2]

II. Befristete Erstbeschwerde, § 621e Abs. 1

2 **1. Begriff der Endentscheidung. a) Abgrenzung.** Die innerhalb der Monatsfrist des § 517 einzulegende Beschwerde ist nur statthaft, wenn eine **Endentscheidung** zu einer FGG-Familiensache ergeht. Dieser Begriff ist identisch mit dem zivilprozessualen Endurteil (§ 300 Abs. 1), bedeutet also eine die Instanz abschließende Entscheidung oder, soweit eine **Teilentscheidung** zulässig ist, den Abschluss eines selbständigen Verfahrensabschnitts iSd. § 301.[3] Soweit eine FGG-Familiensache vorliegt, die **keine Endentscheidung** ist, findet kein Rechtsmittel zum BGH statt.[4] § 621a verweist auf § 19 FGG und sieht nur die einfache Erstbeschwerde zum OLG vor. Entsprechendes gilt in einem Verbundverfahren. Neben den in § 621 Abs. 1 Nr. 1–3, 6, 7, 9, 10 in Verfahren nach § 1600e Abs. 2 BGB, 12 sowie 13 instanzbeendenden Entscheidungen sind die Vollstreckbarkeitserklärung eines ausländischen Verfahrens nach § 722[5], Abänderungsverfahren nach §§ 1382 Abs. 6, 1696 BGB, § 17 HausratsVO[6], § 10a VAHRG, die im Versorgungsausgleich zum schuldrechtlichen Versorgungsausgleich ergehenden Abänderungsentscheidungen nach §§ 1587d, 1587g Abs. 3, 1587i Abs. 3, 1587l Abs. 3 S. 3 BGB Endentscheidungen iSd. § 621e Abs. 1. Angelegenheiten, die minderjährige Kinder betreffen sind mit der befristeten Beschwerde anzufechten, so u. a. die Fälle der **Einbenennung der Kinder** (§ 1618 BGB), da es sich um eine die elterliche Sorge betreffende Endentscheidung handelt,[7] die Übertragung der Entscheidung auf einen Elternteil gemäß § 1628 Abs. 1 BGB, wenn sich die Eltern in einer Sorgeangelegenheit nicht einigen können, die Anordnung einer **Ergänzungspflegschaft,**[8] die Genehmigung der Unterbringung eines Kindes gemäß § 1631b BGB, bei Maßnahmen nach § 1666 BGB, die Übertragung der elterlichen Sorge in den Fällen der §§ 1678 Abs. 2, 1680f. BGB, bei einer Verbleibensanordnung nach § 1632 Abs. 3, 4 BGB,[9] bei der auch die Pflegeeltern beschwerdebefugt sind. Auch die Entscheidung des FamG über den Antrag auf **Bewilligung einer Räumungsfrist** hinsichtlich der Ehewohnung ist eine Endentscheidung[10], weil sich die Rechtsgrundlage aus §§ 15, 17, 18a HausratsVO ergibt.[11] Gleiches gilt für Entscheidungen zur **Unterhaltsbestimmung** nach § 1612 Abs. 2 BGB, weil diese verfahrensabschließende Wirkung hat.[12] In Verfahren nach § 23b Abs. 1 S. 1 Nr. 11 GVG (Rechtshilfe bei Kindesentführung) sind Entscheidungen des FamG nach § 8 Abs. 2 SorgeÜbKAG mit der sofortigen Beschwerde gemäß § 22 FGG zum OLG (Rn. 27) anzufechten, nicht dagegen Entscheidungen über die Erteilung einer Widerrechtlichkeitsbescheinigung nach Art. 15 HKiEntÜ, weil insoweit eine Zwischenentscheidung vorliegt (s. Rn. 3).[13] Ferner gehören hierzu Beschlüsse, mit denen auf Grund streitigen Antrags die **einseitige Erledigungserklärung** festgestellt und über die Kosten nach § 13a FGG entschieden wird[14] sowie Beschlüsse, dass ein Versorgungsausgleichsverfahren trotz Anfechtung oder Widerrufs einer Vereinbarung erledigt ist.[15] Als **Teilendentscheidungen** wurden in der **Rspr.** anerkannt die Vorwegentscheidung über die elterliche Sorge nach § 627[16], der Auskunftsanspruch zum Versorgungsausgleich[17] und der zeitlich trennbare Teil der Umgangsbefugnis.[18] Hierzu zählen auch **Zwischenentscheidungen** über den Grund, die ihrer Art nach mit §§ 280, 304 vergleichbar sind.[19]

3 **b) Neben- und Zwischenentscheidungen.** Hiervon zu trennen sind Neben- und Zwischenentscheidungen, die keine **instanzbeendende Wirkung** haben und für die § 621e nicht gilt. Hierbei handelt es sich um einstwAnO gemäß § 621g S. 1 in selbständigen Verfahren nach § 621 Abs. 1 Nr. 1–3, also insbesondere vorläufige Sorgerechtsentscheidungen[20]. Eine Nebenentscheidung ist auch die **Androhung und Festsetzung von Zwangsgeld** nach § 33 FGG[21], auch wenn dieses Verfahren als eigenständige Rechtssache geführt

---

[2] Zu den Einzelheiten s. § 621a Rn. 1a, 6 (zu§ 56 FGG); § 640 Rn. 5a; Kommentierung auf der Grundlage des RegE v. 8. 11. 2006; BT-Drucks. 16/3291.

[3] ZB Stufenauskunftsverfahren in einem isolierten Versorgungsausgleichsverfahren; zum Verbund s. BGH NJW 1982, 1646 = FamRZ 1982, 687.

[4] BGH FamRZ 2003, 232 – auch nicht als außerordentliches Rechtsmittel – NJW 2002, 1577ff.; FamRZ 2005, 1240; s. a. § 620c Rn. 10.

[5] BGH FamRZ 1983, 1008, 1009.

[6] Auch bei Verfahren zur Gewährung einer Frist zur Räumung der Ehewohnung; bejahend auch OLG München FamRZ 1978, 196; *Brudermüller* FamRZ 1987, 109, 123; aA *Johannsen/Henrich/Sedemund-Treiber* Rn. 4.

[7] BGH FamRZ 1999, 1648; FamRZ 2002, 94; s. a. OLG Naumburg FamRZ 2005, 732 – Untätigkeitsbeschwerde.

[8] OLG Bamberg FamRZ 2005, 1500.

[9] S. OLG Hamm FamRZ 2005, 814; BVerfG FamRZ 2005, 783.

[10] OLG Bamberg FamRZ 2001, 691.

[11] S. OLG Köln FamRZ 2005, 639.

[12] OLG Frankfurt/M FamRZ 2000, 1424; OLG Karlsruhe FamRZ 2004, 655; s. § 621 Rn. 70.

[13] BGH FamRZ 2001, 1706, zum einstweiligen Rechtsschutz des BVerfG s. FamRZ 1999, 642; zur Vollstreckung s. BVerfG FamRZ 1999, 643.

[14] OLG Köln FamRZ 1983, 1262.

[15] BGH NJW 1982, 2386 = FamRZ 1982, 586.

[16] KG FamRZ 1979, 340.

[17] OLG Hamm FamRZ 1979, 46.

[18] OLG Stuttgart FamRZ 1978, 443, 444.

[19] OLG Stuttgart FamRZ 1978, 442; OLG Hamburg FamRZ 1980, 1133.

[20] OLG Hamm NJW-RR 1994, 389; BGH FamRZ 2005, 1240.

[21] BGH FamRZ 1992, 538; zur sofortigen Beschwerde gegen einen Beweisbeschluss über die Anordnung eines DNA-Gutachtens s. BGH FamRZ 2007, 549.

wird; entsprechendes gilt für die Anordnung zur Auskunftserteilung im Versorgungsausgleich durch das Gericht gemäß § 11 Abs. 2 VAHRG und den Beschluss zur Aussetzung des Versorgungsausgleichsverfahren nach § 2 VAÜG[22] (so dass auch keine Rechtsbeschwerde zulässig ist), ferner die Aussetzung des Versorgungsausgleichsverfahrens nach § 2 Abs. 1 VAÜG.[23] Diese Verfahren unterliegen nur der **einfachen Beschwerde** nach § 19 FGG.[24] Ebenso wenig unterliegen § 621e **selbständige Kostenentscheidungen** und **verfahrensleitende Verfügungen** wie etwa die Abtrennung, Verbindung oder Aussetzung eines Verfahrens. Solche Zwischenentscheidungen sind von den Beteiligten nur dann nach § 19 FGG anfechtbar, wenn mit ihnen unmittelbar in Rechte der Beteiligten eingegriffen wird.[25] Zu den Rechtsmittelmöglichkeiten bei Bestellung eines Verfahrenspflegers wird auf § 621 Rn. 55 verwiesen.

4 c) **Entscheidungen des Rechtspflegers.** Entscheidungen des Rechtspflegers sind nach der Neufassung des § 11 Abs. 1 RPflG[26] nicht mehr mit der Durchgriffserinnerung anzufechten; gegen sie ist das Rechtsmittel einzulegen, das nach den allgemeinen Bestimmungen zulässig ist. Soweit also die Entscheidung des Rechtspflegers **verfahrensabschließende Wirkung** besitzt, ist das Rechtsmittel der befristeten Beschwerde gegeben.[27] Nach § 14 Abs. 1 Nr. 2, 2a RPflG gilt dies in den Fällen der Übertragung von Vermögensgegenständen nach § 1383 BGB, bei einer Stundung der Zugewinnausgleichsschuld nach § 1382 BGB, der Neufestsetzung von Beiträgen zur Begründung von Rentenanwartschaften nach § 53e Abs. 2 FGG und der Anpassung von rechtskräftigen Entscheidungen des schuldrechtlichen Versorgungsausgleichs nach § 1587g Abs. 3 BGB. Durch das KindRG wurden dem Rechtspfleger weitere Verfahren zugeordnet, so im Falle von Meinungsverschiedenheiten zwischen einem Kind und seinen Eltern über die Art der Unterhaltsbestimmung nach § 1612 Abs. 2 S. 2 BGB (§ 621 Rn. 70), bei Streitigkeiten der Eltern über den Nachnamen des Kindes gemäß § 1617 BGB und der Einbenennung gemäß § 1618 BGB sowie in Fällen der § 1629 Abs. 2 BGB (Entscheidung der Vertretungsmacht), §§ 1643ff. BGB,[28] §§ 1666, 1667 BGB (Vermögensgefährdung) und § 1674 BGB (Ruhen, Wiederaufleben der elterlichen Sorge).

5 **2. Sonderfall der Genehmigung einer Vereinbarung zum Versorgungsausgleich.** Wird eine von den Ehegatten nach § 1587o BGB geschlossene Vereinbarung zum Versorgungsausgleich genehmigt, so wird durch diese Genehmigung das Verfahren zum Versorgungsausgleich beendet. Eine Entscheidung zum öffentlichrechtlichen Wertausgleich entfällt damit, § 53d S. 1 FGG. Über die Genehmigung kann nur innerhalb eines **rechtshängigen Scheidungsverfahrens** entschieden werden; zuständig ist der Familienrichter, § 14 Nr. 2a RPflG, bei dem das Versorgungsausgleichsverfahren anhängig ist. Befindet sich das Versorgungsausgleichsverfahren in der Beschwerdeinstanz, hat der Familiensenat des OLG über die Genehmigung zu entscheiden; dies gilt auch dann, wenn die Vereinbarung von einem Notar beurkundet wird.[29] Befindet sich das Versorgungsausgleichsverfahren in der Rechtsbeschwerde beim BGH, ist für die Erteilung der Genehmigung das FamG zuständig.[30] I. Ü. kann der BGH selbst entscheiden, wenn keine weiteren Feststellungen mehr erforderlich sind. Die Genehmigung ist in **Beschlussform auszusprechen und förmlich zuzustellen,** §§ 621a Abs. 1, 329 Abs. 3, 208ff. Sie ist jedenfalls dann zu **begründen,** wenn Zweifel an ihrer Genehmigungsfähigkeit bestehen oder sie versagt wird. Wird eine Vereinbarung vorgelegt, ist zunächst über diese zu entscheiden, ehe das von Amts wegen durchzuführende Versorgungsausgleichsverfahren eingeleitet wird.[31] Wird die Genehmigung versagt, kann dies durch einen selbständigen Beschluss oder in der Endentscheidung zum Versorgungsausgleich erfolgen. Der isolierte Beschluss wird nach § 16 Abs. 1 FGG bekannt gemacht; eine Rechtsmittelfrist wird nicht in Lauf gesetzt, § 53d S. 2 FGG.

6 **Versagt das FamG eine beantragte Genehmigung** und führt es den Versorgungsausgleich von Amts wegen durch, so hat das OLG im Falle einer Beschwerde erneut zu prüfen, ob die Vereinbarung genehmigungsfähig ist und diese ggf. zu erteilen.[32] Mit diesem Rechtsmittel kann vorgebracht werden, dass die Genehmigung zu Unrecht versagt wurde. Ferner kann mit der befristeten Beschwerde geltend gemacht werden, dass auf den Versorgungsausgleich nach § 1587o BGB verzichtet werden soll.[33] Die Verweigerung der Genehmigung ist nach § 53d S. 2 FGG **nicht selbständig anfechtbar,** um ein langwieriges Zwischenverfahren zu vermeiden. Dies gilt allerdings nicht, wenn mit der Versagung der Genehmigung zugleich eine **prozessuale Beschwer** enthalten ist, die im Falle der Ablehnung eines gestellten Antrags eintritt.[34] Die Zuständigkeit des OLG ist auch dann gegeben, wenn die Vereinbarung erst nach der Entscheidung des Familiengerichts abgeschlossen wurde. Dies rechtfertigt sich insbesondere aus dem Gesichtspunkt der

---

22 BGH FamRZ 2003, 1005.
23 OLG Naumburg FamRZ 2007, 918.
24 BGH FamRZ 1981, 520.
25 Eine Beschwerdeentscheidung ist dagegen mit der weiteren Beschwerde (jetzt Rechtsbeschwerde) nicht anfechtbar, BGH FamRZ 1989, 1106.
26 BGBl. 1998 I S. 2030; zum früheren Rechtszustand s. 3. Aufl. Rn. 4.
27 Zur Abhilfebefugnis des Rechtspflegers BT-Drucks. 13/10244 S. 7; OLG Stuttgart MDR 1999, 322; OLG Brandenburg FamRZ 2003, 1476.
28 OLG Frankfurt/M FamRZ 2004, 713; OLG Brandenburg FamRZ 2004, 1049; aA OLG München FamRZ 2003, 392 – Beschwerde nach § 19 FGG.
29 BGH NJW 1983, 1317 = FamRZ 1983, 459.
30 BGH NJW 1982, 1464 = FamRZ 1982, 688.
31 BGH (Fn. 30).
32 BGH NJW 1982, 1463 m. weit. Nachw. = FamRZ 1982, 471; NJW 1987, 1768 = FamRZ 1987, 467.
33 S. a. OLG Brandenburg FamRZ 2007, 738; zum entschädigungslosen Verzicht OLG Brandenburg FamRZ 2007, 737.
34 BGH FamRZ 1999, 576; s. a. FamRZ 1982, 1198 – prozessuale Beschwer.

Sachnähe. Wird die Genehmigung erteilt, ist das Rechtsmittel der befristeten Beschwerde nach § 621e statthaft.[35]

7 Für die **Beschwerde** reicht die schlüssige Darlegung aus, dass die Genehmigung nicht hätte erteilt werden dürfen.[36] Beschwerdeberechtigt sind auch **Versorgungsträger,** wenn durch eine Vereinbarung in deren Rechte eingegriffen wird (§ 1587o Abs. 1 S. 2 BGB), so dass eine Genehmigung nicht hätte erteilt werden dürfen. Wurde der Versorgungsausgleich durch das FamG abgetrennt und ist beim OLG die Ehesache und eine weitere Folgesache anhängig, ist die Zuständigkeit unklar, wenn eine Vereinbarung zum Versorgungsausgleich vor dem OLG im Zusammenhang mit dem Unterhalt und der Zugewinnauseinandersetzung protokolliert wurde. Denn im Hinblick auf die in der Vereinbarung enthaltenen Bestimmungen zum Unterhalt und Zugewinn spricht für die Zuständigkeit des OLG dessen Sachnähe, § 1587o Abs. 2 S. 4 BGB. Haben die Ehegatten dagegen die Vereinbarung vor einem Notar getroffen, bleibt das FamG zuständig. Wird die **Genehmigung verweigert,** können die Ehegatten erneut eine Vereinbarung zur Genehmigung vorlegen, in der die Ablehnungsgründe behoben wurden.

8 **3. Beschwerdeberechtigung, Beschwer. a) Grundlagen.** Die Berechtigung zur Einlegung einer Beschwerde folgt nicht aus § 621e, sondern ist in § 621a iVm. §§ 20, 57, 59 FGG geregelt. Vorliegen muss nach § 20 FGG eine unmittelbare **Rechtsbeeinträchtigung,** die auch ohne eine förmliche Beteiligung am Verfahren eintreten kann[37], dagegen nicht bereits aus der Verfahrensstellung des Antragstellers.[38] Eine Beschwerdebefugnis liegt vor, wenn eine Entscheidung in eine geschützte Rechtsposition im Sinne eines im Zeitpunkt der Entscheidung bestehenden subjektiven Rechts eingreift.[39] Hierbei reicht es aus, wenn die Beeinträchtigung in einer ungünstigen Beeinflussung oder Gefährdung liegt, die sich aus einer unzutreffenden Zuordnung eines Anrechts bei Durchführung des Versorgungsausgleichs in Bezug auf künftige Leistungen ergeben kann.[40] Zur Zulässigkeit reicht es aus, wenn geltend gemacht wird, durch eine Regelung werde in rechtswidriger Weise in die Rechtsstellung eingegriffen. Fehlt eine Rechtsbeeinträchtigung, ist die Beschwerde unbegründet. Soweit Dritten wie dem Jugendamt in der Familiensache des § 621 Abs. 1 Nr. 1–3 ein Beschwerderecht eingeräumt wird, muss ein **rechtliches Interesse** vorliegen[41]; dieses ergibt sich aus § 57 Abs. 1 Nr. 9 FGG. In diesen Verfahren können somit das Jugendamt, das **über 14 Jahre alte Kind,** dem nach § 59 Abs. 1, 3 FGG ein ausdrücklich geregeltes Beschwerderecht zusteht, dessen Ehegatte und die Eltern beschwerdeberechtigt sein, nicht aber **Pflegeeltern,** weil ein (einfaches) berechtigtes Interesse an der Änderung oder Aufhebung einer Entscheidung nicht genügt; dies ist bei Pflegeeltern trotz ihrer aus der faktischen Elternschaft folgenden besonderen Stellung (s. § 1632 Abs. 4 BGB) nicht gegeben, weil die Entscheidung, wem die elterliche Sorge zustehen soll, keinen unmittelbaren Eingriff in deren Rechte darstellt.[42] Entsprechendes gilt bezüglich der Beschwerde gegen das Umgangsrecht der Eltern.[43] Pflegeeltern sind dagegen in ihrer Rechtsstellung nach § 1632 Abs. 4 BGB im Falle einer notwendigen Verbleibensanordnung betroffen.[44] Auch der nach § 50 FGG eingesetzte **Verfahrenspfleger** kann die befristete Beschwerde einlegen (s. § 621 Rn. 49ff.). Im Hinblick auf die Ausdehnung der Umgangsregelung auf weitere Personen nach § 1685 Abs. 1, 2 BGB kann ferner eine Beschwer auch für Großeltern, Geschwister und ein Stiefelternteil gegeben sein. Außerdem kann bei Verwandten und Verschwägerten des Kindes (Großeltern, volljährige Geschwister) nach § 57 Abs. 1 Nr. 8 FGG durch Verfügungen nach §§ 1640 Abs. 4, 1666, 1666a, 1696 BGB ein rechtliches Interesse verletzt sein, das zu einer Beschwerde berechtigt. Nicht beschwert sind Eltern, denen die Vermögenssorge entzogen war, wenn ihr Antrag zur Entlassung des bisherigen Pflegers und die Bestellung eines neuen Pflegers abgewiesen wird, da die Auswahl von Amts wegen erfolgt.[45] Die **Beschwerdeberechtigung entfällt,** wenn sich eine Entscheidung in einer Sorgerechts- oder Umgangsrechtssache erübrigt. Dies gilt insbesondere, wenn ein Kind während der Dauer eines Beschwerdeverfahrens volljährig wird. In diesem Fall muss das Rechtsmittel auf die Entscheidung zu den Kosten beschränkt werden.

9 Weitere Voraussetzung für die Zulässigkeit der Beschwerde ist, dass der Beschwerdeführer eine **günstigere Entscheidung** begehrt, also die ihn belastende Entscheidung mit dem Rechtsmittel bekämpft. Dies ist insbesondere im **Versorgungsausgleich** bedeutsam, wenn ein Ehegatte eine andere Ausgleichsform nach § 1587b Abs. 1, 2, 4 BGB, §§ 1 Abs. 2, 3; 3b Abs. 1 VAHRG begehrt, ohne einen anderen Ausgleichsbetrag nach § 1587a Abs. 1 BGB anzustreben. Der Ausgleichsberechtigte kann hierbei dadurch beschwert sein, dass der Ausgleich durch Anordnung einer Beitragszahlung zur Begründung einer Rentenanwartschaft nach § 3b Abs. 1 Nr. 2 VAHRG erfolgen soll und nicht im Wege des erweiterten Splittings nach § 3b Abs. 1 Nr. 1 VAHRG, wenn die Zahlung des Beitrags durch den Ausgleichspflichtigen nicht gesichert ist. Gleiches

---

35 HM OLG Frankfurt/M FamRZ 1983, 610; FamRZ 1985, 613; ferner BGH NJW 1987, 1770 = FamRZ 1987, 578; MK-BGB/*Strobel* § 1587o BGB Rn. 46.

36 OLG Frankfurt/M FamRZ 1985, 613.

37 BGH FamRZ 1980, 989, 990.

38 BGH FamRZ 1991, 678, 679.

39 BGH FamRZ 1991, 549, 550; FamRZ 2005, 1240 – Versorgungsausgleich.

40 BGH FamRZ 2007, 889, 890.

41 Bei Gefährdung des Kindeswohls, nicht bei Vermögensgefährdung.

42 BGH FamRZ 2000, 219; FamRZ 2001, 1449; FamRZ 2004, 102 – elterliche Sorge; s. a. § 621a Rn. 6.

43 BGH FamRZ 2005, 975.

44 S. BVerfGE 79, 51, 59 = FamRZ 1989, 31 – faktische Elternschaft; BGH FamRZ 2005, 975, 976; zum Beschwerderecht des Stiefvaters OLG Thüringen FamRZ 2004, 1389; OLG Hamm FamRZ 2005, 887 – Verwandte des Kindes bei §§ 1666a, 1667 BGB.

45 OLG Koblenz FamRZ 2007, 919.

gilt, wenn in einer Entscheidung zum öffentlich-rechtlichen Versorgungsausgleich der nicht ausgeglichene Anteil einer Betriebsrente nach § 2 VAHRG in einer bestimmten Höhe dem schuldrechtlichen Versorgungsausgleich nach § 2 VAHRG vorbehalten wird, weil vor Bestehen des Anspruchs nach § 1587g BGB eine bindende Bestimmung nicht erfolgen kann[46] und zudem nicht sicher ist, ob der Anspruch wegen des vorzeitigen Todes eines Ehegatten überhaupt entsteht. Das **Rechtsschutzbedürfnis** für eine Beschwerde kann jedoch fehlen, wenn die Entscheidung zum Versorgungsausgleich eine offensichtliche Unrichtigkeit (iSd. § 319 Abs. 1) enthält, die durch eine Berichtigung behoben werden kann. Ferner ist in einem Abänderungsverfahren nach § 10a VAHRG die Witwe des ausgleichspflichtigen Ehegatten zu beteiligen und beschwerdeberechtigt, weil sie durch die Kürzung der Versorgungsanrechte in ihren Rechten auf die Witwenrente betroffen ist. Auch die Aussetzung des Versorgungsausgleichs nach § 2 VAÜG kann nicht nach § 621a angefochten werden, da eine **Zwischenentscheidung** vorliegt.[47]

10 **b) Weitere Besonderheiten des Versorgungsausgleichsverfahrens.** Im Versorgungsausgleich kann eine unmittelbare Rechtsbeeinträchtigung eintreten, wenn der ausgleichspflichtige Ehegatte einen höheren Betrag seiner Anwartschaft abgeben muss als gesetzlich geschuldet oder der ausgleichsberechtigte Ehegatte weniger erhält als ihm zusteht. Auch eine ungünstigere Form des Ausgleichs kann für den Berechtigten wie Verpflichteten einen Eingriff im dargestellten Sinne bedeuten.[48] Die am Verfahren beteiligten **Rentenversicherungsträger** und **Träger der Versorgungslast** sind beschwerdeberechtigt, wenn der Versorgungsausgleich in einer mit der Gesetzeslage nicht übereinstimmenden Weise durchgeführt wird. Dabei spielt es keine Rolle, ob Versorgungsanrechte auf einen Versorgungsträger übertragen, begründet oder abgezogen werden, weil diese neben den eigenen finanziellen Belangen auch die **Gesetzmäßigkeit der Festlegung der zukünftigen Versorgungsleistungen** zu wahren haben.[49] Dies gilt unabhängig davon, ob sich der Versorgungsausgleich im konkreten Fall überhaupt für den Versorgungsträger belastend auswirkt.[50] Mit dem eingelegten Rechtsmittel muss allerdings die Beschwer (dh. eine Gesetzesverletzung) geltend gemacht und bekämpft werden.[51] Wird eine solche behauptet[52], ist nicht bereits die Zulässigkeit der Beschwerde zu vereinen, sondern erst in der Begründung die Rechtsbeeinträchtigung zu bestimmen.

11 **Kein Eingriff** in die **Rechtsposition eines Versorgungsträgers** ist dagegen gegeben, wenn der Versorgungsausgleich wegen der Anwendung der Härteklausel des § 1587c BGB ganz oder teilweise ausgeschlossen wird,[53] ein ehevertraglicher Ausschluss nach § 1408 Abs. 2 BGB vorliegt oder der öffentlich-rechtliche Versorgungsausgleich in anderer Form nach § 1587b Abs. 4 BGB (vor allem den schuldrechtlichen Versorgungsausgleich) oder auf Grund einer Vereinbarung nach § 1587o BGB durchgeführt wird, ohne dass Belange des Versorgungsträgers betroffen sind.[54] Ein **privatrechtlich organisierter Träger** eines nach § 3b VAHRG auszugleichenden Anrechts, der zu einem späteren Zeitpunkt möglicherweise über den verlängerten schuldrechtlichen Versorgungsausgleich nach § 3a VAHRG in Anspruch genommen werden kann, ist am Verfahren über den öffentlich-rechtlichen Versorgungsausgleich **nicht materiell beteiligt,** da die Beeinträchtigung eines subjektiven Rechts iSd. § 20 Abs. 1 FGG nicht vorliegt. Er kann deshalb auch nicht mit der Beschwerde geltend machen, das bei ihm bestehende Anrecht sei zu Unrecht nicht nach § 3b VAHRG ausgeglichen worden.[55] Wegen des Ermessens, das den Parteien im Rahmen des Ausgleichs nach § 3b Abs. 1 Nr. 1, 2 VAHRG zusteht, fehlt auch einem öffentlich-rechtlichen Versorgungsträger die Beschwerdeberechtigung, sofern sich die Parteien für den schuldrechtlichen Versorgungsausgleich entscheiden[56], weil er insoweit in seinen Rechten nicht betroffen ist. Macht ein privatrechtlich organisierter Versorgungsträger im Rahmen eines Abänderungsverfahrens nach § 10a VAHRG hinsichtlich eines bei der Erstentscheidung dem schuldrechtlichen Versorgungsausgleich überlassenen Anrechts geltend, er habe hinsichtlich dieses Anrechts nachträglich die Realteilung nach § 1 Abs. 2 VAHRG eingeführt (die einen öffentlich-rechtlichen Ausgleich darstellt), so liegt eine Beschwer iSd. § 20 FGG vor, weil der Versorgungsträger geltend machen kann, dass eine unrichtige Ausgleichsform vorliegt.[57] Ob sich im konkreten Fall der Versorgungsausgleich zu Lasten des Versorgungsträgers auswirkt, ist unerheblich.

12 **4. Einschränkung nach dem Wert der Beschwerde.** Während im Versorgungsausgleich das Gesetz einen Mindestwert der Beschwer nicht vorsieht, verlangt § 14 HausratsVO einen Mindestbeschwerdegegenstand, der 600,– Euro übersteigt. Bei endgültiger Zuweisung des Hausrats ist der Wert der zugewiesenen Gegenstände maßgebend, bei einer Nutzungszuweisung dagegen nur das Interesse an der zu treffenden Regelung, § 21 Abs. 3 HausratsVO. Entsprechendes gilt für Verfahren nach §§ 1 und 2 GewSchG.

---

[46] BGH FamRZ 2004, 1024.
[47] BGH FamRZ 2003, 1005.
[48] Schuldrechtlicher Ausgleich an Stelle des öffentlich-rechtlichen Ausgleichs; BGHZ 85, 180, 185 = NJW 1983, 173 = FamRZ 1983, 44; FamRZ 2005, 1240.
[49] BGH NJW 1982, 448 = FamRZ 1982, 155; FamRZ 1984, 671; NJW-RR 1990, 1156f. = FamRZ 1990, 1099.
[50] S. zB OLG Hamm FamRZ 2001, 31; OLG Köln FamRZ 2001, 31 – Prüfung der Frage, ob eine steuerfinanzierte Versorgung dem Wertausgleich nach § 1587a Abs. 1 BGB unterliegt; aA wohl OLG Karlsruhe FamRZ 2001, 32.
[51] BGH NJW 1983, 179 = FamRZ 1983, 1196, 1197.
[52] ZB, dass eine Versorgung in den Wertausgleich einzubeziehen ist; s. hierzu OLG Hamm FamRZ 2001, 31.
[53] BGH FamRZ 1981, 132, 134.
[54] Durch Übertragung von Vermögenswerten oder den schuldrechtlichen Versorgungsausgleich.
[55] BGH NJW 1989, 1858, 1859 = FamRZ 1989, 369, 371; FamRZ 1991, 175; FamRZ 1991, 678; FamRZ 1993, 172f.
[56] S. BGH NJW 1992, 3234 = FamRZ 1993, 172, der ein Wahlrecht zubilligt.
[57] BGH NJW 2003, 3772 = FamRZ 2003, 1738, 1740.

5. Beschwerdeverfahren. a) Einlegung, Begründung. Nach § 621e Abs. 3 S. 1 kann die befristete Beschwerde nur beim **Beschwerdegericht eingelegt** werden, also nach § 119 Abs. 1 Nr. 1 lit. a GVG beim OLG.[58] Damit wird § 21 Abs. 1 FGG verdrängt, der auch eine Einlegung bei dem Gericht zulässt, dessen Entscheidung angefochten wird. Leitet das FamG eine fehlerhaft bei ihm eingegangene Beschwerde zum OLG weiter und geht sie dort vor Fristablauf ein, ist sie zulässig;[59] geht sie dort verspätet ein, ist eine **Wiedereinsetzung in den vorigen Stand** zu gewähren, wenn sie im Falle eines ordentlichen Geschäftsganges rechtzeitig beim OLG hätte eingehen können, da der Beschwerdeführer darauf vertrauen kann, dass die Beschwerde vom FamG fristgerecht weitergeleitet wird. Ein Verschulden im Sinne des § 233 wirkt sich in diesen Fällen nicht aus.[60] Die Falschbezeichnung bei einer gemeinsamen Annahmestelle von OLG und LG ist keine rechtzeitige Beschwerde.[61] Eingelegt wird die Beschwerde durch eine **Beschwerdeschrift,** § 621e Abs. 3 S. 1; eine Einlegung der Beschwerde durch **Erklärung zu Protokoll der Geschäftsstelle** ist nicht vorgesehen, aber möglich. Rechtsanwaltszwang besteht nicht, es sei denn, dass es sich um eine Folgesache im Verbund handelt. Obwohl § 621e Abs. 3 S. 2 auf § 519 nicht verweist, ist die **Unterzeichnung** der Beschwerdeschrift erforderlich. Dies folgt aus dem allgemeinen gesetzgeberischen Ziel der weitestmöglichen Anpassung der Beschwerde des § 621e an die Berufung und Revision (s. Rn. 1).[62] Die §§ 520 Abs. 5, 549 Abs. 2 iVm. § 130 Nr. 6 verdrängen deshalb den § 21 Abs. 2 FGG, der keine Unterzeichnung der Beschwerdeschrift verlangt. Hierfür spricht auch, dass es nicht gerechtfertigt wäre, innerhalb des Verbunds die Beschwerde nach § 621e geringeren Anforderungen als die Berufung und die Revision zu unterwerfen.[63] 13

b) Frist. Wie die Berufung ist auch die Beschwerde nach § 621e Abs. 3 S. 2 iVm. §§ 517, 518 innerhalb einer **Notfrist von einem Monat** einzulegen. Die Frist beginnt mit der Zustellung der Entscheidung und läuft für jeden **Beteiligten gesondert.** Entsprechend beginnt die Rechtsmittelfrist für einen nicht verkündeten Beschluss mit dessen Zustellung an den Rechtsmittelführer und nicht erst mit der letzten Zustellung an einen der Beteiligten.[64] Unterbleibt eine Zustellung oder ist sie fehlerhaft erfolgt, beginnt die Frist **fünf Monate nach der Verkündung** der Entscheidung, § 621e Abs. 3 S. 2 iVm. § 517 Halbs. 2. Ob die absolute Rechtsmittelfrist auch gegenüber einem Dritten gilt, der am Verfahren nicht beteiligt ist und dem deshalb auch nicht die Entscheidung zugestellt wurde, ist strittig.[65] Regelmäßig betrifft dies Versorgungsträger, die am Versorgungsausgleichsverfahren nicht beteiligt werden, in deren **Rechtsposition** aber durch die Entscheidung zum Versorgungsausgleich nach § 1587b BGB, §§ 1 Abs. 2, 3; 3b Abs. 1 VAHRG **eingegriffen** wird. Für die Geltung der absoluten Rechtsmittelfrist nach §§ 517, 548 in diesen Fällen spricht, dass mit deren Einführung durch das PKHG gerade auch solchen Sachlagen Rechnung getragen werden sollte. Folgt man dieser Ansicht, bleibt einem **betroffenen Versorgungsträger** lediglich die Nichtigkeitsklage nach § 579 Abs. 1 Nr. 4.[66] Der BGH[67] lässt aber zutreffend zum Beginn der absoluten Rechtsmittelfrist nach § 517 eine Ausnahme zu, wenn eine Partei mit dem **Erlass einer Entscheidung nicht zu rechnen brauchte** und deshalb auch keine Pflicht zu einer Erkundigung über den Verfahrensstand bestand. In einem solchen Fall kann ausnahmsweise die Fünfmonatsfrist nicht zu laufen beginnen. Diese Erwägungen sind auch bei **verkündeten Entscheidungen** zu den FGG-Verfahren nach § 621 Abs. 1 heranzuziehen, da das Gesetz in den §§ 621ff. eine weit gehende Gleichstellung mit den ZPO-Verfahren bezweckt.[68] Kann wegen des (rechtzeitigen) Antrags zur Bewilligung von Prozesskostenhilfe die Berufungsbegründungsfrist nicht eingehalten werden, ist wegen eines unverschuldeten Hindernisses **Wiedereinsetzung in den vorigen Stand** zu bewilligen. Die Frist des § 236 Abs. 2 S. 2 beträgt in verfassungskonformer Auslegung einen Monat (und nicht lediglich zwei Wochen).[69] 14

Hiervon zu trennen ist der Fall, dass **eine FGG-Entscheidung** des § 621 Abs. 1 **nicht verkündet** wurde. Erfolgt eine förmliche Zustellung nach § 329 Abs. 2, wird die Beschwerdefrist in Lauf gesetzt. Wird die Entscheidung ohne förmliche Zustellung bekannt gegeben (§ 16 Abs. 1 FGG) oder erfolgt die **Zustellung fehlerhaft,** beginnt ab Bekanntmachung die Fünfmonatsfrist des § 517. Unterbleibt beides, ist § 517 nicht anzuwenden,[70] weil auch insoweit der Betroffene mit einer Entscheidung nicht zu rechnen brauchte und deshalb auch keine Pflicht zur Erkundigung über den Verfahrensstand bestand. Wird eine Entscheidung an einen nicht formell beteiligten Träger einer Versorgung zugestellt, wird hierdurch die Frist des § 621e in Gang gesetzt.[71] Keine formelle Beteiligung des Trägers einer Versorgung ist die Einholung einer Auskunft 15

---

[58] Zur Entscheidung durch den Einzelrichter bei § 19 FGG s. *Philippi* FamRZ 2004, 592.

[59] BGH NJW 1978, 1165 = FamRZ 1978, 232; NJW 1979, 108 = FamRZ 1979, 30.

[60] BGH FamRZ 1998, 285; FamRZ 1998, 359; FamRZ 1999, 1498; zum Sonderfall der Nichtweiterleitung s. BGH FamRZ 1988, 829.

[61] BGH FamRZ 1990, 866 m. weit. Nachw.

[62] S. BT-Drucks. 7/650 S. 206

[63] wie hier auch *Johannsen/Henrich/Sedemund-Treiber* Rn. 14; MK/*Finger* Rn. 24; OLG Hamm FamRZ 1989, 307; aA *Zö/Philippi* Rn. 37; KG FamRZ 1979, 966, 967.

[64] BGH FamRZ 2002, 952.

[65] Bejahend *Johannsen/Henrich/Sedemund-Treiber* Rn. 13; MK/*Finger* Rn. 23; OLG Frankfurt/M FamRZ 1985, 613; aA OLG München FamRZ 1991, 1460 unter Bezug auf BGH FamRZ 1988, 827.

[66] Die auch nicht durch die Befristung von fünf Jahren ausgeschlossen wird, § 586 Abs. 1 S. 2.

[67] BGH FamRZ 1988, 827f.; FamRZ 1997, 999; OLG München FamRZ 2007, 491.

[68] S. a. OLG Frankfurt/M FamRZ 1985, 613; OLG München FamRZ 1997, 760; OLG Stuttgart FamRZ 2001, 549; *Borth* FamRZ 2001, 877, 890.

[69] BGH FamRZ 2003, 1462; FamRZ 2003, 1923 – Rechtsbeschwerde.

[70] OLG Celle FamRZ 1989, 881 (Versorgungsträger wurde nicht am Verfahren beteiligt).

[71] BGH NJW 1980, 2418.

zum Versorgungsausgleich nach § 53b Abs. 2 S. 2 FGG. I. Ü. wirkt die **Beschwerde eines Beteiligten nicht fristwahrend für die anderen,** da § 62 in FGG-Verfahren nicht gilt.[72] Ferner wird die Frist nicht durch die Zustellung eines Beschlusses in Lauf gesetzt, der **ohne Begründung** ist, weil der Betroffene nicht die Aussichten eines Rechtsmittels beurteilen kann.[73]

16 c) **Begründung der Beschwerde, Antrag.** Die Beschwerde bedarf einer Begründung innerhalb eines Monats nach ihrer Einlegung wie bei der Berufung, § 621e Abs. 3 S. 2 iVm. § 520 Abs. 1, 2. Da in § 621e Abs. 3 S. 2 nicht auf die Formbestimmungen zur Berufung verwiesen wird, soweit diese in § 520 Abs. 3 S. 2 geregelt sind, muss die befristete Beschwerde nicht alle Voraussetzungen nach § 520 Abs. 3 erfüllen. Es ist deshalb auch nicht zwingend erforderlich, dass ein **bestimmter Antrag** zur **Beschwerde** gestellt wird.[74] Es reicht aus, wenn nach § 520 Abs. 3 S. 1 die Begründung in einem Schriftsatz beim Beschwerdegericht eingereicht wird und das **Rechtsschutzziel erkennbar** ist, dh. was an der angefochtenen Entscheidung gerügt, warum er sich beschwert fühlt und welche Änderung angestrebt wird. Hierzu genügt es allerdings nicht, dass mit allgemeinen Wendungen angegriffen wird,[75] die angefochtene Entscheidung sei nicht nachvollziehbar und unklar; in einem solchen Fall ist die Beschwerde als unzulässig zu verwerfen.

17 Zulässig ist es, die Beschwerde auf **neue Tatsachen** zu stützen, § 621a Abs. 1 iVm. § 23 FGG; das **Novenverbot** der §§ 529, 530, 531 gilt nicht; § 621e Abs. 3 S. 2 verweist auf diese Bestimmungen nicht. Dies gilt etwa im Versorgungsausgleich, wenn in der Beschwerdeinstanz erstmals der Ausschluss nach § 1587c BGB verlangt wird, da ein solcher von Amts wegen bereits in erster Instanz hätte geprüft werden müssen; Gleiches gilt für den Antrag nach § 1587b Abs. 4 BGB zur Unwirtschaftlichkeit der Durchführung des Versorgungsausgleichs.[76] Ferner ist es möglich, bei zulässig eingelegter Beschwerde nach Fristablauf weitere Gründe nachzuschieben. Hiervon zu trennen ist der Fall, dass erstmals im Beschwerdeverfahren ein **neuer Antrag** gestellt wird; dies ist nach hM nicht zulässig.[77] War in erster Instanz allein der öffentlich-rechtliche Versorgungsausgleich Verfahrensgegenstand, kann in zweiter Instanz nicht erstmals der schuldrechtliche Versorgungsausgleich beantragt werden, da dieser grundlegend anderen Voraussetzungen unterliegt (Antragsverfahren, sofortiger Zahlungsanspruch). Entsprechendes gilt, wenn in erster Instanz nur eine Regelung zur elterlichen Sorge getroffen wurde, im Beschwerdeverfahren dagegen eine Umgangsregelung begehrt wird,[78] weil auch insoweit ggf. **unterschiedliche Ermittlungen nach § 12 FGG** getroffen werden müssen. Zulässig ist dagegen im Beschwerdeverfahren zur elterlichen Sorge eine Vereinbarung zur Umgangsbefugnis eines Elternteils.[79] War Verfahrensgegenstand in erster Instanz die Zuweisung der ehelichen Wohnung, kann in zweiter Instanz nicht erstmals eine Hausratszuweisung verlangt werden; entsprechendes gilt im umgekehrten Fall. Möglich ist dagegen die Forderung weiterer Hausratsgegenstände in zweiter Instanz, weil dem Verfahren zur Verteilung des ehelichen Hausrats stets der gesamte Hausrat unterliegt.

18 d) **Teilanfechtung.** Zulässig ist auch eine Teilanfechtung, sofern der Verfahrensgegenstand teilbar ist, dh. in erster Instanz eine **Teilentscheidung** hätte getroffen werden können.[80] Dies gilt insbesondere für den **Versorgungsausgleich,** wenn lediglich der Ausgleich eines Anrechts der betrieblichen Alterversorgung nach § 3b Abs. 1 VAHRG angegriffen werden soll, dagegen nicht der Ausgleich der gesetzlichen Rentenversicherung nach § 1587b Abs. 1 BGB. Ferner ist eine Teilanfechtung bei Teilung des **Hausrats** möglich. Wie im Zivilprozess reicht es aus, wenn der **Umfang der Anfechtung** erst in der Rechtsmittelschrift dargelegt wird.[81] Ist dagegen der Verfahrensgegenstand nicht teilbar, weil dieser nicht aussonderbar ist, sondern untrennbar mit der nicht angefochtenen Entscheidung zusammenhängt, hat das Rechtsmittelgericht die angefochtene Entscheidung insgesamt zu überprüfen, auch wenn das Rechtsmittel beschränkt wurde.[82] Ein solcher Fall liegt vor, wenn im Versorgungsausgleich auf Seiten des Ausgleichsberechtigten eine betriebliche Altersversorgung mit Anrechten des Ausgleichspflichtigen aus der gesetzlichen Rentenversicherung zu verrechnen ist; insoweit scheidet eine isolierte Anfechtung der Entscheidung zur betrieblichen Altersversorgung aus, weil sich nach §§ 1587a Abs. 1, 1587b Abs. 1 BGB der Ausgleichsbetrag vermindert. Die **Bindung** des Rechtsmittelgerichts **an** die **Teilanfechtung** entfällt in einem solchen Fall. Das Beschwerdegericht kann damit über das gesamte Verfahren entscheiden,[83] falls nicht der nicht angegriffene Teil bereits rechtskräftig abgeschlossen ist.

19 e) **Zustellung der Beschwerde und Beschwerdebegründung.** Beschwerdeschrift und Beschwerdebegründung sind allen anderen Verfahrensbeteiligten (§ 624 Rn. 8, 9) zuzustellen, § 621e Abs. 3 S. 2, 521 Abs. 1. Diese Regelung steht im Zusammenhang mit § 629a Abs. 3, wonach innerhalb eines Monats nach Zustellung der Beschwerdebegründung weitere Teile einer Verbundentscheidung angegriffen werden kön-

---

[72] BGH FamRZ 1980, 773; FamRZ 1981, 657, 658.

[73] Zum allgemeinen Grundsatz s. etwa BGH NJW-RR 1991, 255.

[74] BGH NJW 1979, 766 = FamRZ 1979, 232; FamRZ 1979, 909; FamRZ 1984, 990, 991; FamRZ 1992, 538; FamRZ 1994, 158f.; OLG Köln FamRZ 1998, 762.

[75] S. zB BGH NJW-RR 1992, 386 = FamRZ 1992, 538.

[76] BGH FamRZ 1983, 263f.

[77] BGH NJW 1990, 1847 = FamRZ 1990, 606, 607 m. weit. Nachw.

[78] OLG Hamm FamRZ 1980, 488; MK/*Finger* Rn. 33.

[79] So auch OLG Stuttgart FamRZ 1981, 1105; weitergehend OLG Karlsruhe FamRZ 2007, 742 LS – Entscheidung durch Familiensenat.

[80] BGH NJW 1984, 120 = FamRZ 1983, 890, 891; BGHZ 92, 5, 10 = NJW 1984, 2879 = FamRZ 1984, 990, 991.

[81] BGH FamRZ 1981, 946f.

[82] BGH FamRZ 1984, 1214, 1215 (Beachtung des Verbots der reformatio in peius).

[83] BGH FamRZ 1983, 459, 460.

nen.[84] Sie gilt aber auch bei Beschwerden gegen FGG-Endentscheidungen der § 621 Abs. 1 Nr. 1–3 und soll hier den anderen Verfahrensbeteiligten eine Rechtsmittelanschließung ermöglichen (s. hierzu Rn. 29f.).

f) Weitere Verfahrensfragen. In isolierten FGG-Verfahren besteht **kein Anwaltszwang;** dies gilt auch für die Beschwerdeverfahren (eing. § 621 Rn. 37; zum Verbundverfahren s. § 629a Rn. 15). Wird eine **mündliche Verhandlung** durchgeführt, sind die Grundsätze des FGG heranzuziehen (s. § 621 Rn. 39). In den Verfahren des § 621 Abs. 1 Nr. 1–3, 10 in Verfahren nach § 1600e Abs. 2 BGB, 12 sowie 13 ist regelmäßig wegen § 12 FGG eine mündliche Verhandlung geboten; in isolierten Versorgungsausgleichsverfahren, Ehewohnungs- und Hausratssachen soll nach §§ 53b Abs. 1 FGG, 12 Abs. 2 HausratsVO mündlich verhandelt werden.[85] Die Beschwerde hat grds. keine **aufschiebende Wirkung,** § 24 Abs. 1 FGG (s. § 621a Rn. 6 – Erläuterungen zu § 24 FGG; dort auch zu den Ausnahmen im Hausratsverfahren und Versorgungsausgleich sowie den Verfahren des § 621 Abs. 1 Nr. 10 in Fällen des § 1600e Abs. 2 BGB und 12; zu Verfahren nach §§ 1 und 2 GewSchG s. § 621 Rn. 88a – g). Das FamG kann seine **Entscheidung nicht ändern und der Beschwerde abhelfen,** § 621e Abs. 3 S. 2, 318. Jedoch kann das OLG die Vollziehung der angefochtenen Entscheidung **aussetzen,** § 24 Abs. 3 FGG, so insbesondere bei Sorgerechtsverfahren, wenn die Vollziehung einer Anordnung des Familiengerichts droht, die mit ihrer Bekanntgabe wirksam wird und das OLG einen möglichen erneuten Wechsel des Kindes zwischen den Elternteilen vermeiden will. Die **Rücknahme der Beschwerde** ist bis zum Abschluss des Verfahrens möglich; einer Zustimmung der Beteiligten hierzu bedarf es nicht. Die Entscheidung zu den außergerichtlichen **Kosten** richtet sich nach § 13a FGG, 20 HausratsVO (s. hierzu § 621a Rn. 4 – Erläuterungen zu § 13a FGG;[86] zu den Verfahren nach dem GewSchG s. § 621 Rn. 88c). 20

g) Bindung an die Anträge im Beschwerdeverfahren; Verbot der Schlechterstellung. aa) Keine Bindung an Anträge. Das Beschwerdegericht ist an einen Antrag des Beschwerdeführers nicht gebunden.[87] Dies ergibt sich aus der Art des von Amts wegen durchzuführenden Verfahrens; entsprechend verweist auch § 621e Abs. 3 nicht auf § 528. Dem steht auch nicht die **Dispositionsbefugnis des Betroffenen** entgegen, ob überhaupt ein Beschwerdeverfahren eingeleitet wird, weil aus der Herrschaft zur Einleitung und Beendigung des Beschwerdeverfahrens nicht notwendigerweise das Recht folgt, den Umfang der Prüfung und Entscheidung des Rechtsmittelgerichts zu modifizieren.[88] Begehrt ein Elternteil im Beschwerdeverfahren die Abänderung der erstinstanzlichen Entscheidung zur **elterlichen Sorge,** kann das OLG nach § 1671 Abs. 3 BGB iVm. § 1666 BGB eine Vormundschaft oder Pflegschaft anordnen, wenn es beide Elternteile für ungeeignet hält. Nicht möglich ist es dagegen, die elterliche Sorge dem anderen Elternteil zu übertragen, der weder einen Antrag nach § 1671 Abs. 1 BGB gestellt noch eine Beschwerde gegen die Entscheidung des FamG mit dem Ziel eingelegt hat, ihm die elterliche Sorge zuzusprechen, weil dem der eindeutige Wortlaut des § 1671 Abs. 2 BGB entgegensteht, der lediglich die materielle Antragsberechtigung regelt. Gelangt das Beschwerdegericht zur Ansicht, dass die Voraussetzungen des § 1671 Abs. 2 Nr. 2 BGB nicht vorliegen, muss es den Antrag nach § 1671 Abs. 1 BGB und die Beschwerde zurückweisen; es verbleibt dann bei der gemeinsamen Sorge. Im **Versorgungsausgleich** rechtfertigt sich die Nichtbindung an Anträge vor allem aus dem Umstand, dass im öffentlich-rechtlichen Versorgungsausgleich neben den Interessen der Ehegatten auch das Interesse der Solidargemeinschaft der Versicherten betroffen ist. 21

bb) Verbot der Schlechterstellung (reformatio in peius). Der Grundsatz, dass das Gericht die dem Gesetz entsprechende Entscheidung zu treffen hat, wird jedoch – neben einer wirksamen Rechtsmittelbeschränkung (s. Rn. 18) – durch das **Verbot der Schlechterstellung des Beschwerdeführers** durchbrochen (s. aber auch Anschlussrechtsmittel Rn. 29ff.). Im Rahmen des Schlechterstellungsverbots ist das Beschwerdegericht daran gehindert, eine an sich nach der Gesetzeslage gebotene Entscheidung zu treffen, wenn hierdurch eine Verschlechterung der Rechtsposition einträte, die dem Beschwerdeführer ohne ein Rechtsmittel erhalten geblieben wäre (s. auch § 528 Rn. 14ff.). Dies gilt bei allen streitentscheidenden FGG-Sachen,[89] insbesondere aber im Versorgungsausgleichsverfahren, das ebenfalls eine **echte Streitsache** des FGG darstellt und in dem die Interessen der Ehegatten dem Interesse der Allgemeinheit an einer dem Gesetz entsprechenden Entscheidung vorrangig sind.[90] Dieses Verbot bezieht sich auf die **Bewertung eines Anrechts** nach § 1587a Abs. 2 BGB und die **Form des Wertausgleichs** nach § 1587b Abs. 1, 2 BGB, §§ 1 Abs. 2, 3; 3b Abs. 1 VAHRG. Hat lediglich ein Ehegatte die Entscheidung angefochten, darf diese deshalb nicht zu dessen Nachteil geändert werden. Gleichermaßen gilt dieser allgemeine Grundsatz in den Verfahren des § 621 Abs. 1 Nr. 10 in Fällen des § 1600e Abs. 2 BGB, 12 sowie 13. 22

Hierbei ist allerdings jeweils im Einzelfall zu prüfen, ob das Verbot der Schlechterstellung eingreift. Verlangt ein Ehegatte zum Ausgleich einer betrieblichen Altersversorgung einen höheren Ausgleichsbetrag als vom FamG festgesetzt, liegt aber entgegen dessen Entscheidung keine **Volldynamik** iSd. § 1587a Abs. 3, 4 BGB, sondern lediglich eine Teildynamik vor, die zu einem geringeren Ausgleichsbetrag führt, als vom FamG angenommen, so verbleibt es wegen des Verbots der Schlechterstellung bei dem Ausgleichsbetrag des 23

---

[84] S. a. BT-Drucks. 10/2880 S. 28.

[85] BGH FamRZ 1983, 267.

[86] Zur zugelassenen Rechtsbeschwerde s. BGH FamRZ 2004, 440.

[87] BGHZ 18, 143, 145f. = FamRZ 1956, 107 (LS); BGH NJW-RR 1992, 194 = FamRZ 1992, 165 (Versorgungsausgleich); FamRZ 1992, 414, 419.

[88] BGHZ 92, 5, 10 = NJW 1984, 2879 = FamRZ 1984, 990.

[89] Hausratsverfahren, güterrechtliche Nebenverfahren nach §§ 1382, 1383 BGB.

[90] BGHZ 85, 180, 185 = NJW 1983, 173 = FamRZ 1983, 44; BGHZ 92, 207, 211f. = NJW 1985, 968 = FamRZ 1985, 59; BGH NJW 1986, 1494 = FamRZ 1986, 455.

Familiengerichts.[91] Hat das FamG den Ausgleich einer **Betriebsrente** durch Entrichtung eines Beitrags nach § 3b Abs. 1 Nr. 2 VAHRG angeordnet, kann aber der Verpflichtete wegen seiner wirtschaftlichen Verhältnisse einen Beitrag nicht erbringen, so kann bei einem Erhöhungsverlangen des Berechtigten zugleich auch in der Änderung der Ausgleichsform zum erweiterten Splitting nach § 3b Abs. 1 Nr. 1 VAHRG eine Abänderung erfolgen, ohne dass das Verbot der reformatio in peius berührt wird, weil die sichere Ausgleichsform sich zu Gunsten des Berechtigten auswirkt. Ist sowohl die Höhe des Ausgleichs als auch die Form fehlerhaft, eine Abänderung im Beschwerdeverfahren für den Beschwerdeführer jedoch nur in einer Hinsicht günstig, verbietet das Verbot der Verschlechterung hinsichtlich der ungünstigen Regelung eine Anpassung an die Gesetzeslage. Ergibt sich eine Erhöhung des Ausgleichsbetrages nach § 1587a Abs. 1 BGB, ist hinsichtlich dieser die gesetzlich gebotene Ausgleichsform heranzuziehen, wenn das FamG eine fehlerhafte Ausgleichsform herangezogen hat, die sich günstiger für den Berechtigten auswirkt.

24 **cc) Verbot der Schlechterstellung bei Versorgungsträgern.** Ferner gilt das Verbot der Schlechterstellung im Grundsatz auch zu Gunsten des Trägers einer Versorgung, sofern sich eine Abänderung der Entscheidung zu dessen Nachteil auswirken würde.[92] Allerdings ist dieses bei Versorgungsträgern deshalb nicht anzuwenden, weil im Zeitpunkt der Versorgungsausgleichsentscheidung regelmäßig nicht mit Sicherheit bestimmt werden kann, ob sich die **Abänderung günstig oder ungünstig auswirkt;**[93] auch liegt eine dem Gesetz entsprechende Entscheidung im öffentlichen Interesse. Das Verbot der Schlechterstellung gilt danach selbst dann nicht, wenn die Beschwerdeentscheidung dem mit dem Rechtsmittel verfolgten Ziel widerspricht. Es besteht aber gegenüber dem Versorgungsträger dann, wenn der ausgleichspflichtige Ehegatte während des (abgetrennten) Versorgungsausgleichsverfahrens verstirbt und eine an sich gebotene Erhöhung des Ausgleichs zu Gunsten des Berechtigten sich nur noch zu Lasten des beschwerdeführenden Versorgungsträgers auswirken kann.[94] Hebt das Rechtsmittelgericht eine Entscheidung des Familiengerichts auf und **verweist** es das Verfahren an dieses **zurück,** so bindet das Verbot der Schlechterstellung auch das FamG;[95] entsprechendes gilt im Verhältnis BGH zum OLG.

25 **dd) Keine Geltung des Verbots der Schlechterstellung in anderen FGG-Verfahren.** Allgemein anerkannt ist, dass das Verbot der Schlechterstellung in den Verfahren des § 621 Abs. 1 Nr. 1–3 nicht gilt (s. a. Rn. 21 sowie Rn. 22 aE),[96] da es in diesen Verfahren **nicht um subjektive Rechte der Eltern,** sondern vorrangig um das Wohl des Kindes geht. Das Beschwerdegericht kann deshalb den Beschwerdeführer in diesen Verfahren schlechter stellen, als er ohne sein Rechtsmittel stehen würde.[97] Allerdings ist in diesen Fällen ein **richterlicher Hinweis** nach § 139 geboten, so dass der Beschwerdeführer sein Rechtsmittel zurücknehmen kann.

26 **h) Form und Inhalt der Beschwerdeentscheidung; Zurückverweisung.** In **isolierten FGG-Familiensachen** ergeht die Entscheidung des Beschwerdegerichts durch Beschluss. Die Entscheidung ist zu begründen, § 25 FGG. Soweit eine Rechtsbeschwerde zum BGH zugelassen wird, muss diese Feststellungen zum zu Grunde liegenden Sachverhalt beinhalten, weil der BGH nur die vom OLG festgestellten Tatsachen berücksichtigen kann und an diese gebunden ist. Das Beschwerdegericht kann die Beschwerde **zurückweisen,** die angefochtene Entscheidung **ändern** und eine **neue Sachentscheidung** treffen oder die Entscheidung **aufheben** und die Sache an das FamG zu erneuten Ermittlung und Entscheidung **zurückverweisen;** § 621e Abs. 3 S. 2 verweist insoweit nicht auf § 538 Abs. 2.[98] Eine Zurückverweisung kann jedoch nur aus besonderen Gründen erfolgen. Solche sind insbesondere bei Vorliegen **wesentlicher Verfahrensmängel**[99] (s. § 538 Rn. 7ff.) wie die **ungenügende Sachaufklärung** gegeben, aber auch bei fehlerhafter Zurückweisung eines Antrags ohne eine Sachprüfung, weil ansonsten dem Antragsteller eine Instanz verloren ginge.[100] Ansonsten liegt es im Ermessen des Beschwerdegerichts, ob es von einer Zurückverweisung absieht und die Verfahrensfehler selbst behebt wie die (fehlende) Gewährung des rechtlichen Gehörs oder die Nachholung der Anhörung des Kindes oder der Eltern nach §§ 50a, 50b FGG in einem Sorgerechtsverfahren. Da § 621e Abs. 3 S. 2 nicht auf die strikte Regelung des § 538 Abs. 2 verweist, liegt es im Ermessen des Beschwerdegerichts, ob es die Sache selbst entscheidet, was idR wegen des auch in der Beschwerdeinstanz geltenden Amtsermittlungsgrundsatzes sinnvoll ist.[101] Eine Verweisung an ein anderes Beschwerdegericht (Landgericht) scheidet aus.[102] Eine **Verkündung** der Entscheidung ist nur auf Grund mündlicher Verhandlung erforderlich. Bei einer Entscheidung ohne mündliche Verhandlung erfolgt die Bekanntmachung durch Zustellung, die die absolute Rechtsmittelfrist des § 548 auslöst.[103] Die **Wirksamkeit** der Beschwerdeentscheidung tritt in isolierten Familien-

---

91 Was ein Abänderungsverfahren nach § 10a VAHRG durch den Ausgleichspflichtigen auslösen kann.

92 BGH NJW 1986, 185 = FamRZ 1985, 1240.

93 BGH NJW 1985, 2266 = FamRZ 1985, 267 (wegen der Ungewissheit, welcher der Ehegatten länger Versicherungsleistungen in Anspruch nimmt).

94 BGH NJW 1986, 185, 186f. = FamRZ 1985, 1240, 1252; FamRZ 1990, 1339, 1341 (höhere Erstattungsleistung der VBL an gesetzliche Rentenversicherung).

95 BGH FamRZ 1986, 254f.; NJW-RR 1989, 1404 = FamRZ 1989, 957 m. weit. Nachw.

96 BGHZ 85, 180, 185 = NJW 1983, 173 = FamRZ 1983, 44; BGH FamRZ 1985, 44, 46.

97 ZB weiter gehende Kürzung der Umgangsbefugnis als in der Entscheidung in erster Instanz.

98 Allgemeiner Grundsatz s. BGH NJW 1982, 520 = FamRZ 1982, 152.

99 OLG Hamm FamRZ 1987, 1288; OLG Karlsruhe FamRZ 2007, 741; enger OLG Brandenburg FamRZ 2003, 624; FamRZ 2003, 625.

100 So BGH NJW 1979, 43, 46 = FamRZ 1978, 873, 877.

101 Zur Änderung des ZPO-RG eingehend § 621d Rn. 6.

102 BGH NJW 1991, 231 = FamRZ 1991, 682.

103 AA *Johannsen/Henrich/Sedemund-Treiber* Rn. 24; MK/*Finger* Rn. 23; offen OLG Celle FamRZ 1989, 881, 882.

sachen mit Rechtskraft der Entscheidung ein, §§ 26 S. 1, 53a Abs. 2 S. 1, 53g Abs. 1 FGG, 16 Abs. 1 HausratsVO. Zur Kostenentscheidung s. Rn. 28 aE. Nach § 97 Abs. 3 gelten § 97 Abs. 1, 2 auch in den Verfahren, die der Beschwerde nach § 621e Abs. 1 unterliegen (s. auch § 97 Rn. 12).

III. Rechtsbeschwerde

1. Statthaftigkeit. Die Rechtsbeschwerde ist nach § 621e Abs. 2 S. 1 nur in den Verfahren nach § 621 Abs. 1 Nr. 1–3, 6, 10 in Verfahren nach § 1600e Abs. 2 BGB sowie 12 möglich, dagegen nicht in den sonstigen Verfahren des § 621 Abs. 1, also Verfahren zur Regelung der Rechtsverhältnisse an der ehelichen Wohnung und dem Hausrat, in Verfahren nach dem GewSchG, soweit diese Familiensachen sind, und in den Fällen der §§ 1382, 1383 BGB zum Zugewinn.[104] Gleiches gilt hinsichtlich eines erlassenen dinglichen Arrestes oder einstwVfg. (wegen § 542 Abs. 2 S. 1).[105] Auch nach § 8 Abs. 2 SorgeÜbKAG (s. hierzu vor § 621 Rn. 3) findet eine Rechtsbeschwerde zum BGH nicht statt (led. sofortige Beschwerde zum OLG gemäß § 22 FGG, s. a. Rn. 2).[106] Nach § 53g Abs. 2 FGG gilt dies auch bei Entscheidungen des Familienrichters zur Abfindung des schuldrechtlichen Versorgungsausgleichs und zu den dort aufgeführten Abänderungsverfahren. Wird gegen einen in diesen Verfahren ergangenen Beschluss die Vollstreckungsabwehrklage erhoben, so soll nach BGH[107] auch für dieses Verfahren das Rechtsmittel der Rechtsbeschwerde nicht zulässig sein. Dies ist insoweit bedenklich, als sich der Prüfungsbereich in diesen Verfahren nicht nur auf die von § 53g Abs. 2 FGG erfassten materiell-rechtlichen Regelungsbereiche beschränkt.[108] Die **Versagung der Rechtsbeschwerde** hinsichtlich der Verfahren des § 621 Abs. 1 Nr. 7, 9 und 13 gilt auch für **Folgeverfahren im Verbund** sowie bei einer **Verwerfung der (befristeten) Beschwerde als unzulässig.**[109] Ansonsten findet die Rechtsbeschwerde nur statt, wenn sie das OLG zugelassen hat oder vom Rechtsbeschwerdegericht auf Beschwerde gegen die Nichtzulassung zugelassen wurde. Dies wird in § 621e Abs. 2 S. 1 Nr. 1, 2 ausdrücklich bestimmt. Nach § 26 Nr. 9 EGZPO[110] sind die §§ 543 Abs. 2, 544 erst für Entscheidungen anzuwenden, die nach dem 31. 12. 2010 ergehen. Bis zu diesem Zeitpunkt kann im Falle der Nichtzulassung der Rechtsbeschwerde entsprechend § 544 Abs. 1 keine Nichtzulassungsbeschwerde erhoben werden. Der BGH ist an die Zulassung durch das OLG gebunden, § 621e Abs. 2 S. 1 iVm. § 543 Abs. 2 S. 2. Lässt das Beschwerdegericht die Rechtsbeschwerde fehlerhaft bei einer Neben- oder Zwischenentscheidung zu, ist der BGH zwar hieran nach § 574 Abs. 1 Nr. 2, Abs. 3 S. 2 gebunden; der Beschluss ist dennoch aufzuheben, weil er gegen den Grundsatz der Rechtsschutzgleichheit verstößt (Art. 3 Abs. 1, 20 Abs. 3 GG).[111] Hat das Beschwerdegericht die Beschwerde als unzulässig verworfen (in den Verfahren des § 621 Abs. 1 Nr. 1–3, 6), besteht die Rechtsbeschwerde entsprechend § 547 aF nicht (mehr), da dieser Revisionszulassungsgrund ersatzlos weggefallen ist.[112] Ferner kann nach § 621e Abs. 4 S. 2 die Rechtsbeschwerde nicht darauf gestützt werden, dass das Gericht der ersten Instanz seine **Zuständigkeit zu Unrecht** angenommen oder verneint hat.[113] Auch besteht kein Recht zur Rechtsbeschwerde, wenn die Entscheidung des Familiengerichts nicht angefochten wurde oder die Entscheidung des OLG **keine neue Beschwer** (s. o. Rn. 8ff.) enthält.[114] 27

2. Beschwerdeverfahren. Die Rechtsbeschwerde ist nach § 621e Abs. 3 durch Einreichung einer Beschwerdeschrift beim BGH einzulegen, § 133 GVG.[115] Zur Beschwerde- und Begründungsfrist gelten dieselben Grundsätze wie bei der befristeten Beschwerde (s. Rn. 13ff.). Das Verfahren unterliegt in selbständigen Familiensachen grds. dem Anwaltszwang, § 78 Abs. 2; jedoch gelten für die in § 78 Abs. 4 **aufgeführten Behörden und Organisationen Ausnahmen;** diese müssen sich beim BGH nicht durch einen Rechtsanwalt vertreten lassen. Die Rechtsbeschwerde kann nur darauf gestützt werden, dass die Entscheidung auf einer **Verletzung des Rechts** beruht, § 621e Abs. 2 S. 2. Auf neue Tatsachen kann dieses Rechtsmittel dagegen nicht gestützt werden, auch wenn diese nach der letzten tatrichterlichen Entscheidung eingetreten sind.[116] Eine Ausnahme hiervon lässt der BGH[117] im Versorgungsausgleich zu, wenn die zu Grunde liegende Tatsache als feststehend angesehen werden kann, ohne dass eine weitere tatrichterliche Beurteilung notwendig ist (v. a. bei Gesetzesänderungen, vorzeitiger Zurruhesetzung während des Verfahrens der Rechtsbeschwerde).[118] Die **Kostenentscheidung** richtet sich wie in der zweiten Instanz in selbständigen FGG-Familiensachen nach §§ 13a FGG, 20 HausratsVO; diese Bestimmungen sind auch bei Rücknahme der Beschwerde heranzuziehen,[119] es sei denn, die Beschwerde war offensichtlich unbegründet. 28

---

[104] BGH NJW 1980, 402 = FamRZ 1980, 234; FamRZ 1980, 670; FamRZ 1992, 538.
[105] BGH FamRZ 2003, 1006 LS.
[106] BGH FamRZ 1998, 1507; FamRZ 2004, 948; aber Divergenzvorlage nach § 28 FGG möglich; s. a. Rn. 2.
[107] BGH FamRZ 1992, 538.
[108] Krit. auch *Zö/Philippi* Rn. 84.
[109] BGH NJW 1980, 402 = FamRZ 1980, 234; FamRZ 1980, 670; FamRZ 1992, 538.
[110] Durch 2. JuMoG v. 30. 12. 2006, BGBl. I 3420, verlängert bis 31. 12. 2010 s. eingehend § 621d Rn. 1ff.
[111] BGH FamRZ 2004, 867; anders noch in BGH NJW 1984, 2364 = FamRZ 1984, 669; zur Zulassung der Rechtsbeschwerde bei unzulässiger Erstbeschwerde BGH FamRZ 2005, 1481 – § 769.
[112] Eingehend § 621d Rn. 9.
[113] Eingehend § 621d Rn. 11.
[114] BGH FamRZ 1989, 376, 377.
[115] Zu den Besonderheiten des BayObLG s. BGH FamRZ 1981, 28; FamRZ 1982, 473f.
[116] BGH NJW 1983, 1908 = FamRZ 1983, 682; Ausnahme bei Verwerfung wegen Unzulässigkeit der Beschwerde, BGH FamRZ 1979, 223.
[117] NJW 2002, 220 = FamRZ 2002, 93.
[118] S. a. BGH FamRZ 2003, 435, FamRZ 2003, 437.
[119] BGH FamRZ 1982, 156f. aE; OLG Karlsruhe FamRZ 1988, 1303.

IV. Anschlussrechtsmittel, Rechtsmittelerweiterung

29 **1. Allgemeines.** Die hM bejaht die Statthaftigkeit von Anschlussrechtsmitteln für **echte Streitsachen** des FGG (s. allgemein § 629a Rn. 19ff.). Obwohl das nach § 621a Abs. 1 heranzuziehende FGG eine Anschließung von Rechtsmitteln nicht vorsieht, besteht wegen der Geltung des Verbots der Schlechterstellung (s. Rn. 21ff.) in diesen Fällen für den Beschwerdegegner eine vergleichbare Interessenlage wie die des Berufungs- oder Revisionsbeklagten, der sein Verfahrensziel nicht vollständig erreicht hat. Um zu verhindern, dass eine Partei den ihr ungünstigen Teil einer Entscheidung nicht vorsorglich anficht, solange der ihr günstige Teil nicht angegriffen wird, lässt der BGH aus Gründen der Waffengleichheit und der Verfahrensökonomie eine **selbständige Beschwerde und Anschlussbeschwerde** (s. allg. § 524 Rn. 1ff.) nach Ablauf der Rechtsmittelfrist auch in echten FGG-Streitsachen zu.[120] Dem steht nicht entgegen, dass § 621e Abs. 3 S. 2 nicht auf §§ 524, 554 verweist, weil die Zwecksetzung dieser Bestimmungen entsprechend auf FGG-Streitsachen anzuwenden ist. Unklar ist, ob die in den §§ 524 Abs. 2 S. 2, 554 Abs. 2 S. 2 enthaltenen **Fristenregelungen** auch in FGG-Streitsachen gelten. Dies ist im Hinblick auf die weit gehende Angleichung der Beschwerde und Rechtsbeschwerde an Berufung und Revision zu bejahen; dies entspricht auch § 629a Abs. 3. Die Ausnahmeregelung nach § 524 Abs. 2 S. 3 greift nicht ein, weil diese auf die Sonderregelung des § 323 Abs. 3 abgestellt ist;[121] dies gilt auch in Bezug auf den schuldrechtlichenVersorgungsausgleich, weil § 524 Abs. 2 S. 3 als Ausnahmeregelung eng auszulegen ist und in Bezug auf die in Unterhaltssachen ständig eintretenden Einkommensveränderungen eingeführt wurde; diese Zwecksetzung trifft nicht auf den schuldrechtlichen Versorgungsausgleich zu, für den andere Abänderungsbestimmungen gelten (§ 1587g Abs. 3 BGB).[122] Anschlussrechtsmittel sind deshalb statthaft in Hausratssachen[123], in Versorgungsausgleichsverfahren[124] und in den güterrechtlichen Nebenverfahren der §§ 1382, 1383 BGB. Die Gründe für eine Anschließung können auch bei einem Hauptrechtsmittel eines Drittbeteiligten gegeben sein wie auch einem Drittbeteiligten ein Anschlussrechtsmittel zustehen kann.[125] Zulässigkeitsvoraussetzung für eine Anschließung ist eine **Gegnerstellung,** die zwischen Ehegatten regelmäßig vorliegt, bei dem Rechtsmittel eines Drittbeteiligten (zB Versorgungsträger) aber dann fehlt, wenn mit der Anschließung dasselbe Rechtsschutzziel verfolgt wird wie mit dem Hauptrechtsmittel des Drittbeteiligten.[126] Das Rechtsschutzbedürfnis ist deshalb jeweils im Einzelfall festzustellen. Regelmäßig fehlt das **Rechtsschutzbedürfnis** für eine Anschließung, wenn das Verbot der Schlechterstellung nicht eingreift und das Rechtsmittelgericht eine Entscheidung zu Gunsten (oder zu Ungunsten) eines Ehegatten abändern kann (s. Rn. 25). Dies gilt in erster Linie in den FGG-Familiensachen des § 621 Abs. 1 Nr. 1–3. Auch beim Versorgungsausgleich kann das Rechtsschutzbedürfnis fehlen, wenn das Hauptrechtsmittel ein Versorgungsträger eingelegt hat.[127] Nicht anerkannt wird eine **Gegenanschließung** an ein Anschlussrechtsmittel für selbständige Verfahren.[128]

30 **2. Anschlussrechtsmittel im Versorgungsausgleich.** Ein Anschlussrechtsmittel eines Ehegatten ist nicht zulässig, wenn der Träger einer Versorgung ein Hauptrechtsmittel eingelegt hat.[129] Gleiches gilt, wenn sich ein weiterer Versorgungsträger dem Hauptrechtsmittel anschließt. Das Beschwerdegericht ist in solchen Sachlagen im Prüfungsumfang nicht gebunden und kann die Entscheidung umfassend überprüfen (s. Rn. 24). Der Anschlussbeschwerde eines Ehegatten kommt deshalb ein **eigener Zweck** auch dann **nicht** zu, wenn das Hauptrechtsmittel des Versorgungsträgers eine Erhöhung des Ausgleichs anstrebt, der andere Ehegatte aber eine Herabsetzung begehrt. Den Ehegatten ist es aber unbenommen, im Rahmen der Ermittlungen nach § 12 FGG Sachverhalte vorzutragen, die ihr Rechtsschutzziel stützen, so vor allem bei Vorliegen der Voraussetzungen der Härteklausel des § 1587c BGB. Ist das Hauptrechtsmittel des Versorgungsträgers auf einen **abgrenzbaren Teil** der Entscheidung gerichtet, kann mit der unselbständigen Anschlussbeschwerde der nicht angegriffene Teil angefochten werden, sofern sich das Hauptrechtsmittel zu dessen Lasten auswirkt.[130]

31 **3. Durchführung der Anschlussbeschwerde.** Die Durchführung der Anschlussbeschwerde richtet sich nach den Bestimmungen der ZPO, um eine einheitliche Gestaltung der Rechtsmittel in Familiensachen sicherzustellen.[131] Demgemäß sind die §§ 524, 554 entsprechend anzuwenden. Die **Anschließung** erfolgt entsprechend § 524 Abs. 1 S. 2 in **Schriftform** und ist schriftlich zu begründen. Dieser Form ist Genüge getan, wenn der Beschwerdegegner in einem Schriftsatz deutlich macht, dass er eine Änderung der Entscheidung zu Lasten des Beschwerdeführers begehrt.[132] Die Einlegung der Anschlussbeschwerde ist befristet (s.

---

[120] BGHZ 92, 207, 210 = NJW 1985, 968 = FamRZ 1985, 59 m. weit. Nachw. zur Rechtslage vor Einführung des § 524 Abs. 1 S. 1 durch das ZPO-RG, der nur noch die Anschlussberufung regelt; s. § 629a Rn. 19.

[121] S. § 323 Rn. 12; OLG Düsseldorf FamRZ 2007, 1572; aA *Zö/Philippi,* § 621e Rn. 54.

[122] OLG Düsseldorf FamRZ 2007, 1572; s. a. BT-Drucks. 15/3482 S. 18; *Born* NJW 2005, 3038, 3040.

[123] BGH FamRZ 1979, 230, 231.

[124] BGHZ 92, 207, 210 = NJW 1985, 968 = FamRZ 1985, 59 m. weit. Nachw.; s. a. *Zö/Philippi* Rn. 54ff.

[125] *Johannsen/Henrich/Sedemund-Treiber* Rn. 29.

[126] BGH NJW 1982, 224, 226 = FamRZ 1982, 36, 38.

[127] BGHZ 92, 207, 210 = NJW 1985, 968 = FamRZ 1985, 59 m. weit. Nachw.

[128] BGHZ 88, 360 = NJW 1984, 437; NJW 1986, 1494 = FamRZ 1986, 455; *Johannsen/Henrich/Sedemund-Treiber* Rn. 29 aE.

[129] BGHZ 92, 207, 210 = NJW 1985, 968 = FamRZ 1985, 59 m. weit. Nachw.; NJW 1985, 2266, 2267 = FamRZ 1985, 267, 269.

[130] OLG Frankfurt/M FamRZ 1987, 954.

[131] BGH FamRZ 1983, 154f.

[132] BGH NJW-RR 1990, 259f. = FamRZ 1990, 276f.

Rn. 29). Im Falle der Zurückweisung der Sache vom BGH an das OLG ist eine erneute Anschließung möglich.[133] I. Ü. ist auch im **dritten Rechtszug eine Anschließung** zulässig. Eine Anschließung ist jedoch dann nicht zulässig, wenn der Rechtsmittelführer des Anschlussrechtsmittels keine Erstbeschwerde erhoben hat und durch das Anschlussrechtsmittel der Gegenstand der Rechtsbeschwerde erweitert wurde.[134]

4. Erweiterung der Anträge. Nach allgemeinen Grundsätzen ist in zivilprozessualen Familiensachen bis zum Schluss der mündlichen Verhandlung eine **Erweiterung der Anträge** des Rechtsmittelführers zulässig, wenn der Antrag von der (rechtzeitig eingereichten) Rechtsmittelbegründung gedeckt wird.[135] Soweit das Verfahrensrecht nach den §§ 323, 767 in Unterhaltssachen die Berücksichtigung neuer Tatsachen zulässt, wird auch in Bezug auf neue Gründe eine Erweiterung zugelassen.[136] Diese Grundsätze gelten auch in isolierten FGG-Familiensachen.[137] Regelmäßig kommt eine Erweiterung des Rechtsmittels bei einer Teilanfechtung in Betracht (Rn. 18). Ergeben sich in einer Sorgerechtssache nach Ablauf der Begründungsfrist neue Gründe, mit denen eine Abänderung nach § 1696 BGB erreicht werden kann, können diese für eine Erweiterung herangezogen werden.[138] 32

V. Gebühren und Kosten

1. Rechtsanwaltsgebühren. Es besteht gebührenrechtlich nun keine Unterscheidung mehr zwischen ZPO-Verfahren und FGG-Verfahren. In angefochtenen isolierten Verfahren fallen regelmäßig eine 1,6 Verfahrens- und 1,2 Terminsgebühr gem. Nrn. 3200, 3202 VV RVG an. 33

2. Gerichtskosten. § 621e regelt in erster Linie die Rechtsmittel gegen Entscheidungen des Familiengerichts in **isolierten** Familiensachen der **freiwilligen Gerichtsbarkeit.** Deshalb ist nicht das GKG, sondern die KostO anwendbar. Im Einzelnen: In **Versorgungsausgleichssachen** (§ 621 Abs. 1 Nr. 6) werden für die Beschwerde und Rechtsbeschwerde nach § 131a KostO jeweils die gleichen Gebühren wie im ersten Rechtszug erhoben; damit ist § 99 KostO auch in den Rechtsmittelinstanzen einschlägig. Vergleichbar ist die Regelung in Verfahren, welche die Rechtsverhältnisse an der **Ehewohnung und am Hausrat** (§ 621 Abs. 1 Nr. 7) betreffen, mit der Maßgabe, dass eine Rechtsbeschwerde nicht statthaft ist. Es werden nach § 131a Nr. 2 KostO die gleichen Gebühren wie im ersten Rechtszug erhoben, mithin eine volle Gebühr für das Verfahren, die sich auf das Dreifache erhöht, wenn es zur richterlichen Entscheidung kommt (§ 100 Abs. 1 KostO). In den **übrigen selbständigen Familiensachen** (§ 621 Abs. 1 Nr. 1 bis 3, 9, 10 in Verfahren nach § 1600e Abs. 2 BGB und Nr. 12) gilt: das Beschwerdeverfahren ist ebenso wie das Verfahren der weiteren Beschwerde gebühren- und auslagenfrei, wenn das Rechtsmittel erfolgreich ist (§ 131 Abs. 1 und 5 KostO). Wird die Beschwerde zurückgewiesen, ist die Hälfte der vollen Gebühr (§ 32 KostO) nach § 131 Abs. 1 S. 1 Nr. 1 KostO anzusetzen. Nur ein Viertel der vollen Gebühr fällt an, sofern die Beschwerde zurückgenommen wird (§ 131 Abs. 1 S. 1 Nr. 2 KostO); die nur teilweise Rücknahme wird durch die Vorschrift ebenfalls geregelt. Wurde gegen eine Entscheidung des Familiengerichts das erfolglose Rechtsmittel von dem minderjährigen Kind eingelegt (dieses ist nach § 59 FGG beschwerdebefugt, wenn es bei Verkündung der angefochtenen Entscheidung das vierzehnte Lebensjahr beendet hatte), ist das Verfahren gebührenfrei (§ 131 Abs. 3 KostO); gleich gilt, wenn das Rechtsmittel im Interesse des Kindes eingelegt ist. Ungeachtet der Gebührenfreiheit werden indessen Auslagen erhoben. § 131 Abs. 5 KostO ist nicht einschlägig. Der Beschwerdeführer schuldet deshalb nach § 2 Nr. 1 KostO die Auslagen. 34

Soweit § 621e nach § 629a Abs. 2 für Rechtsmittel gegen Entscheidungen über **Folgesachen** gemäß § 621 Abs. 1 Nr. 1 bis 3, 6, 7, 9 **innerhalb eines Verbundurteils** anzuwenden ist, gelten die Vorschriften des GKG und zwar auch dann, wenn diese Folgesachen nach §§ 627, 628 abgetrennt wurden. Danach wird gemäß KV Nr. 1320 für das Verfahren im Allgemeinen ein Gebührensatz von 3,0 erhoben. 35

621f

Kostenvorschuss **(1) In einer Familiensache des § 621 Abs. 1 Nr. 1 bis 3, 6 bis 9 sowie 13 kann das Gericht auf Antrag durch einstweilige Anordnung die Verpflichtung zur Leistung eines Kostenvorschusses für dieses Verfahren regeln.**

(2) [1]Die Entscheidung nach Absatz 1 ist unanfechtbar. [2]Im Übrigen gelten die §§ 620a bis 620g entsprechend.

I. Normzweck

§ 621f ermöglicht in gleicher Weise wie § 127a und § 620 Nr. 10 die Durchsetzung eines Anspruchs auf Prozesskostenvorschuss im **Wege des vorläufigen Rechtsschutzes.** Während § 127a als entsprechende Regelung für die isolierten ZPO-Familiensachen nach § 621 Abs. 1 Nr. 4, 5 gilt, bewirkt § 621f denselben Zweck für die FGG-Familiensachen des § 621 Abs. 1 Nr. 1–3, 6, 7, 9 sowie 13, ferner für § 621 Abs. 1 Nr. 8. In sämtlichen Regelungen soll eine schnelle Entscheidung zur Prozesskostenvorschusspflicht herbeigeführt werden, um die Durchführung des Hauptprozesses zu beschleunigen. 1

---

[133] BGH NJW 1984, 2351, 2353 = FamRZ 1984, 680; FamRZ 1986, 447, 448f.
[134] BGH FamRZ 1983, 461; FamRZ 1983, 683, 684.
[135] BGH FamRZ 1986, 254, 255; FamRZ 1988, 37.
[136] OLG Düsseldorf FamRZ 1987, 295, 296.
[137] BGH FamRZ 1982, 1198f.; *Johannsen/Henrich/Sedemund-Treiber* Rn. 32.
[138] BGH FamRZ 1986, 895f. (bei Zusammenhang zwischen Unterhaltsanspruch nach § 1570 BGB und der Sorgerechtsentscheidung nach § 1671 BGB).

II. Regelungsbereich

2 § 621f setzt wie §§ 127a, 620 Nr. 10 einen materiell-rechtlichen Anspruch voraus, der sich aus den §§ 1360a Abs. 4 S. 1, 1361 Abs. 4 S. 4, 1601 ff. ergeben kann (s. § 127a Rn. 11). Nicht einander vorschusspflichtig sind geschiedene Ehegatten.[1] Die Vorschusspflicht erstreckt sich auf die Verfahren nach § 621 Abs. 1 Nr. 1–3, unabhängig davon, ob es sich um eheliche oder nichteheliche Kinder handelt, und 6–9 sowie 13, so dass zB in einer Sorgerechtssache im Wege der einstwAnO für dieses Verfahren ein Kostenvorschuss festgesetzt werden kann. I. Ü. umfasst die Vorschusspflicht auch die Kosten des Anordnungsverfahrens nach § 621f.[2] Nicht aufgenommen wurden in den Katalog die Verfahren nach § 621 Abs. 1 Nr. 10 in Fällen des § 1600e Abs. 2 BGB sowie 11 und 12.

III. Verfahren

3 § 621f Abs. 2 S. 2 bestimmt, dass die §§ 620a – 620g zur einstwAnO in Ehesachen entsprechend anwendbar sind. Hieraus wird deutlich, dass das Verfahren nach § 621f ein **Nebenverfahren** zu einer isolierten Familiensache darstellt, das die vorläufige Anordnung nach allgemeinen FGG-Grundsätzen und die einstwVfg. in dem Fall des § 621 Abs. 1 Nr. 8 verdrängt. Hinsichtlich der weiteren Fragen, insbesondere zum Verfahrensverlauf und den Konkurrenzen wird auf die Ausführungen zu § 127a sowie § 620c zur Frage der Anfechtbarkeit (wegen sonstiger Korrekturen s. § 620b Rn. 10 ff.) und § 620g zur Frage der Kostenentscheidung verwiesen.

IV. Gebühren und Kosten

4 **1. Rechtsanwaltsgebühren.** Die einstweilige Anordnung ist eine eigene Angelegenheit (§ 18 Nr. 1e RVG). Es gelten die Nrn. 3100 ff. VV RVG, im Einzelnen vgl. § 620 Rn. 93 ff.

5 **2. Gerichtskosten.** Es gilt KV Nr. 1422. Danach fällt eine halbe Gebühr an, wenn es zur richterlichen Entscheidung über den Antrag kommt. Endet das Verfahren über den Antrag mit dessen Rücknahme oder durch Vergleich, werden keine Gebühren erhoben. Mehrere Entscheidungen innerhalb einer Instanz, das gilt auch für abändernde Entscheidungen, gelten als eine Entscheidung, s. KV vor Nr. 1420.

621g

Einstweilige Anordnungen **[1]Ist ein Verfahren nach § 621 Abs. 1 Nr. 1, 2, 3 oder 7 anhängig oder ist ein Antrag auf Bewilligung von Prozesskostenhilfe für ein solches Verfahren eingereicht, kann das Gericht auf Antrag Regelungen im Wege der einstweiligen Anordnung treffen. [2]Die §§ 620a bis 620g gelten entsprechend.**

I. Normzweck

1 Die durch Art. 4 Nr. 7 GewSchG eingeführte Regelung übernimmt die bisher in der Rspr. zu den Verfahren Nr. 1, 2 und 3 anerkannten Grundsätze zum Erlass einer vorläufigen Anordnung in Form der einstwAnO. Ferner wird § 13 Abs. 4 HausratsVO aF für die Verfahren nach der Verordnung über die Behandlung der Ehewohnung und des Hausrats in die ZPO übernommen und an die allgemeinen Grundsätze zur einstwAnO angepasst. § 621g verdrängt damit in seinem Anwendungsbereich die vorläufige Anordnung nach FGG-Grundsätzen.

II. Regelungsbereich, Verfahren

2 Materiell-rechtliche Grundlagen dieser Verfahren sind die §§ 1671, 1684, 1632, 1361b BGB. Ein Antrag kann mit Anhängigsein eines Verfahrens nach § 621 Abs. 1 Nr. 1, 2, 3 oder 7 oder Einreichung eines Prozesskostenhilfegesuches für ein solches Verfahren gestellt werden. Eine einstwAnO ist in Bezug auf denselben Verfahrensgegenstand wie das Hauptsacheverfahren zulässig, da sie die voraussichtlich zulässige Regelung vorwegnimmt.[1] Die Tatsachen müssen nach § 621g S. 2 iVm. § 620a Abs. 2 glaubhaft gemacht werden. EinstwAnO erfordern einen **Verfahrensantrag.** Sie können vom Amts wegen erlassen werden, wenn das Hauptsacheverfahren nach § 623 Abs. 3 S. 1 ZPO iVm. § 1666 BGB von Amts wegen betrieben wird. Insoweit ist § 621g S. 1 allerdings analog anzuwenden (eingehend § 620 Rn. 22, 29), weil einstwAnO nach § 620, auf den S. 2 verweist, **nur auf Antrag** erlassen werden können. Anwaltszwang besteht in selbständigen Verfahren nach § 621 Abs. 1 Nr. 1–3 nicht; dies gilt auch für einstwAnO, ebenso in der Beschwerdeinstanz, jedoch in der Rechtsbeschwerde. Zum Verhältnis des § 621g zu den §§ 620 ff. wird auf § 620 Rn. 17, 22 verwiesen. Nach S. 2 gelten die §§ 620a – 620g entsprechend. Auf die Ausführungen zu den jeweiligen Bestimmungen wird verwiesen. Eine **mündliche Verhandlung** ist nicht vorgeschrieben (§ 128 Abs. 4), im Hinblick auf den im Verfahren geltenden § 12 FGG (Amtsermittlungsgrundsatz) idR. aber geboten, falls nicht eine Kindeswohlgefährdung eine sofortige Entscheidung notwendig macht. Auch wird im Falle der mündlichen Verhandlung vermieden, dass nach § 620b Abs. 2 erneut entschieden werden muss. Die Vollstreckung in Hausratssachen richtet sich nach § 16 Abs. 3 HausratsVO iVm. § 784 Abs. 1 Nr. 3a nach den Bestimmungen der ZPO. Ansonsten gilt § 33 FGG, soweit die Entscheidung nicht rechtsgestal-

---

[1] BGHZ 89, 33, 35 f. = NJW 1984, 291 = FamRZ 1984, 148.
[2] OLG Frankfurt/M FamRZ 1979, 732 f.
[1] OLG Köln FamRZ 2003, 319; *Gießler/Soyka* Rn. 301.

tend ist (Sorgerecht). Soweit Verfahren zur elterlichen Verantwortung nach Art. 8ff. EheVO II vorliegen, ist § 15 IntFamRVG zu beachten, der auf § 621g verweist.

III. Rechtsanwaltsgebühren

Auch einstweilige Anordnungen in den genannten Verfahren lösen nunmehr Anwaltsgebühren aus, vgl. § 18 Nr. 1d) RVG. Das gilt auch für die einstweilige Anordnung gemäß § 64b FGG in Verfahren nach dem Gewaltschutzgesetz, vgl. § 18 Nr. 1g) RVG. Mehrere Verfahren, die unter demselben Buchstabe n des § 18 Nr. 1 RVG genannt sind, bilden eine Angelegenheit, die Gegenstandswerte sind zusammenzurechnen. Zum Verfahren gehören alle Abschnitte vom Antrag über die mündliche Verhandlung bis zu allen Abänderungs- und Aufhebungsanträgen (§ 16 Nr. 6 RVG). Neu gegenüber der BRAGO ist, dass auch bei mehreren Verfahren desselben Gegenstandes die Werte zu addieren sind (§ 18 Nr. 1 aE RVG). Die Gegenstandswerte des Anordnungsverfahrens und eines späteren Abänderungsverfahrens sind also zusammenzuzählen. Die Gebühren berechnen sich für alle der in § 621g genannten Verfahren aus Teil 3 des VV RVG; auch die Einigungsgebühr nach Nr. 1003 VV RVG kann entstehen. Zu den Gegenstandswerten vgl. §§ 24 RVG, 53 GKG; s. im Übrigen § 620 Rn. 93f. 3

Abschnitt 3. Verfahren in Scheidungs- und Folgesachen

622 *Scheidungsantrag* **(1) Das Verfahren auf Scheidung wird durch Einreichung einer Antragsschrift anhängig.**

(2) [1]Die Antragsschrift muss vorbehaltlich des § 630 Angaben darüber enthalten, ob
1. gemeinschaftliche minderjährige Kinder vorhanden sind,
2. Familiensachen der in § 621 Abs. 2 Satz 1 bezeichneten Art anderweitig anhängig sind.
[2]Im Übrigen gelten die Vorschriften über die Klageschrift entsprechend.

(3) Bei der Anwendung der allgemeinen Vorschriften treten an die Stelle der Bezeichnungen Kläger und Beklagter die Bezeichnungen Antragsteller und Antragsgegner.

I. Normzweck

Ziel des 1. EheRG war es unter anderem, die zwischen den Ehegatten im Zusammenhang mit der **Scheidung auftretende Frontenstellung** nicht durch Verfahrensregelungen des allgemeinen Zivilprozesses zu belasten. Ferner wurde im materiellen Scheidungsrecht die einvernehmliche Scheidung verankert (§ 1566 Abs. 1 BGB iVm. § 630), so dass es oft zufällig ist, welcher der Ehegatten den Scheidungsantrag einreicht. Das Gesetz sieht deshalb in Abs. 1 bei einer Scheidungssache nicht mehr die Begriffe Kläger/Beklagter vor, sondern knüpft an die Regelung des § 1564 BGB an, die die Einleitung des Scheidungsverfahrens durch einen Antrag bestimmt. Demgemäß treten an die Stelle des Klägers/Beklagten die Begriffe Antragsteller/Antragsgegner, § 622 Abs. 3. Ferner regelt § 622 Inhalt und Form der Antragsschrift. Die anderen Ehesachen sind dagegen von § 622 nicht betroffen (s. §§ 612 Abs. 2 bis 4, 624 Abs. 3). 1

§ 622 Abs. 2 S. 1 beruht auf dem Umstand, dass der in § 621 Abs. 1 enthaltene Katalog der Familiensachen nicht nur Verfahren enthält, die verheiratete Elternteile bzw. Ehegatten sowie eine Regelung ehelicher Kinder betreffen, sondern sich auf den Bereich Kinder nicht verheirateter Eltern (insbesondere Sorgerecht, Umgang, Unterhalt, Abstammung) erstreckt. Zur Wahrung der in § 621 Abs. 3 enthaltenen **Konzentrationswirkung** hat deshalb eine Antragsschrift die dieser Konzentrationswirkung unterliegenden Verfahren zu bezeichnen, die in § 621 Abs. 2 S. 1 im Einzelnen aufgeführt werden (eingehend § 621 Rn. 11, 12ff.). Lediglich für diese Familiensachen gilt der Gerichtsstand der Ehesachen. Auf Grund dieser Angaben kann das FamG der Scheidungssache ein mit den anderen (in § 621 Abs. 2 S. 1 bezeichneten) Familiensachen befasstes Gericht zu einer Verweisung oder Abgabe dieser Verfahren nach § 621 Abs. 3 veranlassen. 2

Die Beibehaltung der **Mitteilungspflicht,** ob gemeinschaftliche minderjährige Kinder vorhanden sind, beruht auf § 613 Abs. 1 S. 2 und folgt aus dem Umstand, dass nach §§ 1671 BGB, 623 über die Regelung zur elterlichen Sorge in Scheidungssachen nur noch auf **Antrag eines Elternteils** zu entscheiden ist. Unterbleibt ein solcher Antrag, behalten beide Elternteile die elterliche Sorge für gemeinschaftliche Kinder. Die sich hieraus für die Eltern ergebende gewachsene Verantwortung verlangt aber, dass sich diese hierüber bewusst werden und in Kenntnis der rechtlichen Gestaltungsmöglichkeiten zur elterlichen Sorge entscheiden, ob die gemeinsame elterliche Sorge beibehalten oder ein Antrag auf alleinige elterliche Sorge gestellt werden soll. Unabhängig davon, ob nach §§ 1666, 1666a BGB ein Sorgeverfahren von Amts wegen einzuleiten ist, hat deshalb das FamG zu einem möglichst frühen Zeitpunkt der mündlichen Verhandlung die Frage des Sorgerechts mit den Eltern im Rahmen der Anhörung des § 613 Abs. 1 zu erörtern (eingehend § 613 Rn. 8f.) und insbesondere die Eltern über die rechtlichen Folgen einer möglichen Entscheidung zu unterrichten sowie auf weitere Beratungsmöglichkeiten durch öffentliche oder freie Träger der Jugendhilfe hinzuweisen (§ 17 SGB VIII). Zugleich kann das FamG notwendige Informationen dazu erlangen, ob Anhaltspunkte für eine **erhebliche Gefährdung des Kindeswohls** bestehen, die die Einleitung eines Verfahrens von Amts wegen notwendig machen. Aus diesen Gründen hat die Antragsschrift Angaben darüber zu enthalten, ob gemeinschaftliche minderjährige Kinder vorhanden sind, damit das Familiengericht seiner Anhörungs- und Hinweispflicht nachkommen kann. 3

II. Einreichung einer Antragsschrift

4 Das Scheidungsverfahren wird mit Einreichung der Antragsschrift anhängig und mit dessen Zustellung rechtshängig, § 261 Abs. 1. Die Antragsschrift hat dieselbe Funktion wie eine Klage und dieselben Wirkungen in Bezug auf die Antragstellung in der mündlichen Verhandlung (§ 137 Abs. 1 und Bindung an den Antrag gemäß § 308 Abs. 1 S. 1). Ein Antrag in der mündlichen Verhandlung reicht nach dem Wortlaut des Abs. 1 nicht aus, sondern bedarf der Schriftform. Ein mangelhafter Antrag kann bis zum Schluss der mündlichen Verhandlung korrigiert werden; ansonsten ist er als unzulässig abzuweisen. § 139 ist hierbei zu beachten. Stellt der andere ebenfalls einen Antrag auf Scheidung der Ehe innerhalb eines bereits eingeleiteten Verfahrens, so hat dieser Antrag die Funktion eines Widerklageantrages, der in Scheidungssachen zulässig ist (§ 606 Rn. 3; § 610 Rn. 9; § 611 Rn. 7f.), obwohl er denselben Streitgegenstand aufweist; er ist jedoch als **Gegenantrag** zu bezeichnen. Dieser Antrag muss nicht in schriftlicher Form eingereicht, sondern kann auch in der mündlichen Verhandlung gestellt werden,[1] § 297 Abs. 1 S. 3. Nimmt der Antragsteller seinen Antrag wirksam zurück, ehe der bereits anhängige Gegenantrag zugestellt wird, ist letzterer als Erstantrag zu behandeln.[2] Nach § 78 Abs. 2 gilt für den Scheidungsantrag **Anwaltszwang;** zur Regelung des § 78 Abs. 2 wird auf § 620a Rn. 6 verwiesen.[3] Der Antragsgegner muss nicht durch einen Rechtsanwalt vertreten sein. Reicht er jedoch selbst einen Gegenantrag ein, gilt für diesen ebenfalls der Anwaltszwang.

III. Inhalt der Antragsschrift

5 Die Antragsschrift hat dieselbe Funktion wie die Klageschrift, deren Vorschriften entsprechend gelten, § 622 Abs. 2 S. 2. Sie muss deshalb in der Form des § 253 Abs. 2 eingereicht werden. Für das **Bestimmtheitserfordernis** ist es ausreichend, dass die Scheidung der Ehe beantragt wird; es empfiehlt sich jedoch, das Heiratsdatum zu benennen; dies gilt vor allem, wenn die Ehegatten nach Scheidung erneut einander geheiratet haben. Bei unklaren Verhältnissen sollte ein Auszug aus dem Familienstammbuch neuesten Datums verlangt werden; die Vorlage der Heiratsurkunde ist ungeeignet, weil sich seit der Eheschließung Veränderungen ergeben können (insbesondere werden keine Kinder aufgeführt). Ferner sind nach § 253 Abs. 2 Nr. 2 die **Voraussetzungen des Scheiterns der Ehe** nach dem Grundtatbestand des § 1565 Abs. 1 BGB, der Härteklausel nach §§ 1565 Abs. 1, 2 BGB, der Scheiternsvermutungen nach § 1566 Abs. 1, 2 BGB darzulegen.[4] Nicht den Formbestimmungen des § 253 Abs. 2 Nr. 2 entspricht ein an bestimmten Textteilen angekreuztes Formular,[5] die aber geheilt werden können. Zusätzliche Angaben sind nach Abs. 2 Nr. 1, 2 über **gemeinschaftliche minderjährige Kinder** (nach der Eheschließung geborene, gemeinsam adoptierte, §§ 1592 Nr. 1, 1754 Abs. 1 BGB) zu machen, eventuell auch eine übereinstimmende Erklärung der Ehegatten zur elterlichen Sorge nach § 630 Abs. 1 Nr. 2; außerdem ist dies für die örtliche Zuständigkeit nach § 606 Abs. 1 von Bedeutung. Ferner ist mitzuteilen, ob **Familiensachen** iSd. § 621 Abs. 1 **anderweitig anhängig** sind, da diese an das Gericht der Ehesache nach § 621 Abs. 3 übergeleitet werden. Bei einer **einverständlichen Scheidung** nach § 630 sind weitere Angaben erforderlich (s. § 630 Rn. 3ff.).

IV. Zustellung, Verbindung

6 Die Antragsschrift ist dem Antragsgegner zuzustellen, bei einem Scheidungsantrag des Antragsgegners dessen Antrag dem Antragsteller (Anschlussantragsgegner). Der **Zeitpunkt der Zustellung** des Scheidungsantrags ist vor allem für die Berechnung des Zugewinns (§ 1384 BGB) und des Versorgungsausgleichs (§ 1587 Abs. 2 BGB) bedeutsam. Die **Heilung eines mangelhaften Antrags** ist nach § 295 durch rügeloses Einlassen möglich.[6] Dies gilt auch für eine nicht vertretene Partei. In Bezug auf den Versorgungsausgleich tritt eine rückwirkende Rechtshängigkeit nicht ein, § 295 Abs. 2. Kann das Datum der Zustellung nicht festgestellt werden, trägt diejenige Partei, die aus einer längeren Ehedauer einen höheren Anspruch ableiten will, die Darlegungs- und Beweislast.[7] Wird ein vorbehaltloser Antrag gleichzeitig mit einem Prozesskostenhilfegesuch zugestellt, ohne Klarstellung, dass lediglich das Prozesskostenhilfegesuch zugestellt werden soll, ist der Antrag rechtshängig.[8] Geht der Scheidungsantrag dem Antragsgegner nie zu, tritt Rechtshängigkeit erstmals mit Stellung des Antrags in der mündlichen Verhandlung ein.[9] Scheidungsanträge können auch öffentlich zugestellt werden (§§ 185ff.). Eine Verfahrensverbindung mit anderen Ehesachen ist nach Maßgabe des § 610 möglich (s. dort Rn. 1ff.). Die Verbundanträge nach § 623 Abs. 1–3 sind wegen der **Beteiligung Dritter** in selbständigen Schriftsätzen einzureichen, zumal für Folgeverfahren (insbesondere im Versorgungsausgleich) Sonderakten angelegt werden. Da in der Verbundentscheidung nur solche Verfahren aufgenommen werden können, deren materiell-rechtlicher Regelungsbereich sich aus einem familien-

---

[1] OLG Frankfurt/M FamRZ 1982, 809, 811; *Zö/Philippi* Rn. 9.

[2] BGH FamRZ 1979, 905; FamRZ 1983, 38, 40.

[3] Zur Berufungseinlegung eines nicht beim OLG zugelassenen Anwalts beim unzuständigen Gericht s. BGH FamRZ 1999, 1497.

[4] Einschränkend *Zö/Philippi* Rn. 5f.

[5] OLG Celle FamRZ 1978, 257, 258.

[6] ZB formlose Zusendung eines Antrags; s. BGH NJW 1984, 926 = FamRZ 1984, 368; OLG Brandenburg FamRZ 1998, 1439f.

[7] BGH NJW 1989, 2811 = FamRZ 1989, 1058.

[8] BGH NJW-RR 1987, 324 = FamRZ 1987, 362, 364.

[9] OLG Celle FamRZ 1995, 1172; OLG Brandenburg FamRZ 1998, 1439; FamRZ 2001, 1220 – dort auch bei prozessunfähigem Antragsgegner; s. a. OLG Zweibrücken FamRZ 1999, 27, 28.

rechtlichen Anspruch für den Fall der Scheidung ergibt (§§ 1372ff., 1569ff. BGB), können der Getrenntlebensunterhalt nach § 1361 Abs. 1 BGB, die Nutzungszuweisung am ehelichen Hausrat und der ehelichen Wohnung nach §§ 1361a, 1361b BGB während der Zeit des Getrenntlebens sowie der Anspruch auf Sicherheitsleistung wegen Gefährdung eines zukünftigen Zugewinnausgleichs nach § 1389 BGB nicht im Verbund nach § 623 Abs. 1 geltend gemacht werden. Zu den Folgesachen nach §§ 1671, 1684, 1632 Abs. 3 BGB nach § 623 Abs. 2 S. 1 Nr. 1–3 wird auf die Ausführungen zu § 623 Rn. 6, 10, 30 verwiesen.

623 *Verbund von Scheidungs- und Folgesachen* **(1) [1]Soweit in Familiensachen des § 621 Abs. 1 Nr. 5 bis 9 und Abs. 2 Satz 1 Nr. 4 eine Entscheidung für den Fall der Scheidung zu treffen ist und von einem Ehegatten rechtzeitig begehrt wird, ist hierüber gleichzeitig und zusammen mit der Scheidungssache zu verhandeln und, sofern dem Scheidungsantrag stattgegeben wird, zu entscheiden (Folgesachen). [2]Wird bei einer Familiensache des § 621 Abs. 1 Nr. 5 und 8 und Abs. 2 Satz 1 Nr. 4 ein Dritter Verfahrensbeteiligter, so wird diese Familiensache abgetrennt. [3]Für die Durchführung des Versorgungsausgleichs in den Fällen des § 1587b des Bürgerlichen Gesetzbuchs bedarf es keines Antrags.**

(2) [1]Folgesachen sind auch rechtzeitig von einem Ehegatten anhängig gemachte Familiensachen nach

1. § 621 Abs. 2 Satz 1 Nr. 1 im Fall eines Antrags nach § 1671 Abs. 1 des Bürgerlichen Gesetzbuchs,
2. § 621 Abs. 2 Satz 1 Nr. 2, soweit deren Gegenstand der Umgang eines Ehegatten mit einem gemeinschaftlichen Kind oder einem Kind des anderen Ehegatten ist, und
3. § 621 Abs. 2 Satz 1 Nr. 3.

[2]Auf Antrag eines Ehegatten trennt das Gericht eine Folgesache nach den Nummern 1 bis 3 von der Scheidungssache ab. [3]Ein Antrag auf Abtrennung einer Folgesache nach Nummer 1 kann mit einem Antrag auf Abtrennung einer Folgesache nach § 621 Abs. 1 Nr. 5 und Abs. 2 Satz 1 Nr. 4 verbunden werden. [4]Im Fall der Abtrennung wird die Folgesache als selbständige Familiensache fortgeführt; § 626 Abs. 2 Satz 2 gilt entsprechend.

(3) [1]Folgesachen sind auch rechtzeitig eingeleitete Verfahren betreffend die Übertragung der elterlichen Sorge oder eines Teils der elterlichen Sorge wegen Gefährdung des Kindeswohls auf einen Elternteil, einen Vormund oder einen Pfleger. [2]Das Gericht kann anordnen, dass ein Verfahren nach Satz 1 von der Scheidungssache abgetrennt wird. [3]Absatz 2 Satz 3 gilt entsprechend.

(4) [1]Das Verfahren muss bis zum Schluss der mündlichen Verhandlung erster Instanz in der Scheidungssache anhängig gemacht oder eingeleitet sein. [2]Satz 1 gilt entsprechend, wenn die Scheidungssache nach § 629b an das Gericht des ersten Rechtszuges zurückverwiesen ist.

(5) [1]Die vorstehenden Vorschriften gelten auch für Verfahren der in den Absätzen 1 bis 3 genannten Art, die nach § 621 Abs. 3 an das Gericht der Ehesache übergeleitet worden sind. [2]In den Fällen des Absatzes 1 gilt dies nur, soweit eine Entscheidung für den Fall der Scheidung zu treffen ist.

Übersicht

I. Normzweck

1 Der Gedanke des **Verfahrensverbundes** aller im Zusammenhang mit einer Scheidung stehenden Folgeregelungen, mit dem den Ehegatten einerseits die Folgen der Auflösung ihrer Ehe vor Augen geführt, aber auch der Antragsgegner vor einer Vielzahl parallel nebeneinander laufender Verfahren geschützt werden soll, ist eines der Kernpunkte des 1. EheRG. Für **andere Ehesachen** gelten die Verbundbestimmungen nicht, was sich eindeutig aus dem Wortlaut des § 623 Abs. 1 ergibt. Ebenso wenig ist nach § 610 eine Verfahrensverbindung möglich. Das Verbundverfahren ermöglicht die verfahrensmäßige **Verbindung der Scheidungssache** mit den sich aus der (rechtskräftigen) Auflösung der Ehe ergebenden **Folgesachen.** In der Anordnung des **Mindestverbundes** (oder Zwangsverbundes) mit dem Versorgungsausgleich nach § 623 Abs. 1 S. 3 wird der im Verbund liegende **Schutzgedanke** zu Gunsten des sozial schwächeren Ehegatten offenbar; dementsprechend wird auch dem wirtschaftlich schwächeren Ehegatten, der sich durch den Übergang vom Verschuldens- zum reinen Zerrüttungsprinzip der Ehescheidung nicht widersetzen kann, nach § 623 Abs. 1 insbesondere die Klärung der vermögensrechtlichen und unterhaltsrechtlichen Folgen ermöglicht. Der Verbund stärkt in seiner Zielrichtung die materiell-rechtlichen Absicherungen eines Ehegatten im Falle einer Scheidung der Ehe.[1] Zugleich ergibt sich aus dem Verbund eine **Warnfunktion** für beide Ehegatten, da ihnen durch die Zusammenfassung aller mit der Scheidung zusammenhängenden Regelungsbereiche die persönlichen, wirtschaftlichen und rechtlichen Folgen der Auflösung der Ehe vor Augen geführt werden. Schließlich können durch eine Bereinigung aller Folgeverfahren in einem Verfahren deren **gegenseitige Abhängigkeiten** wie etwa die güterrechtliche Auseinandersetzung und die Bemessung des nachehelichen Unterhaltsanspruchs nach § 1578 Abs. 1 iVm. § 1577 Abs. 1, 3 BGB oder die Regelung der elterlichen Sorge nach § 1671 BGB und des Betreuungsunterhalts nach § 1570 BGB erfasst werden.

II. Kein Zwangsverbund bei elterlicher Sorge

2 Nach § 1671 Abs. 1 BGB ist nur auf **Antrag eines Elternteils** über die Übertragung der elterlichen Sorge zu entscheiden ist, weil die Eltern nach der Grundkonzeption des KindRG unabhängig von ihrer Trennung oder Scheidung weiterhin die elterliche Sorge für ihre gemeinschaftlichen Kinder behalten. Damit entfällt die Notwendigkeit, mit rechtskräftiger Scheidung eine Entscheidung zur elterlichen Sorge zu treffen. Entsprechend ist es, abgesehen von dem Fall der Gefährdung des Kindeswohls, den Eltern überlassen, ob sie mit rechtskräftiger Scheidung gleichzeitig eine Übertragung der elterlichen Sorge auf ein Elternteil herbeiführen (Antragsverbund) oder an dem Regelfall der gemeinsamen elterlichen Sorge auch nach Scheidung der Ehe festhalten wollen. Ferner ist es ihnen jeweils unbenommen, ob sie bereits bei Trennung oder erst einige Zeit nach Scheidung ihrer Ehe eine Sorgeregelung herbeiführen wollen. Auf Grund dieser Gestaltungsbefugnis der Eltern ermöglicht das Gesetz, auch die **Abtrennung des Sorgeverfahrens,** das infolge des zeitlichen Zusammenhangs mit der Scheidungssache Folgesache ist, nach § 623 Abs. 2 S. 2 zu verlangen. Hierdurch können die Eltern bereits während der Trennungszeit eine Sorgeregelung herbeiführen. Im Übrigen soll die Aufhebung des Zwangsverbunds eine mögliche Verschärfung der Auseinandersetzung zwischen den Eltern zu sonstigen Folgesachen verhindern und ihnen die Möglichkeit einer Einigung in eigener Verantwortung belassen.[2]

III. Allgemeine Grundlagen

3 Das Verbundverfahren besteht nur im **Fall der Scheidung** der Ehe, nicht dagegen bei den anderen Ehesachen iSd. § 606 Abs. 1. Mit dem Antrag auf Scheidung der Ehe werden alle Folgesachen zusammengefasst, die materiell-rechtlich mit Eintritt der Rechtskraft der Scheidung der Ehe ausgelöst werden, also im Bereich des Unterhalts lediglich die Unterhaltsansprüche nach §§ 1569ff. BGB, nicht dagegen diejenigen hinsichtlich des Getrenntlebensunterhalts nach § 1361 BGB. Entsprechendes gilt im Verhältnis der HausratsVO und den §§ 1361a, 1361b BGB. Anders als bei § 147 bleiben die im Verbund stehenden **Verfahren selbständig;** sie richten sich nach ihrer jeweiligen Verfahrensordnung gemäß der ZPO oder des FGG bzw. der HausratsVO. Sie können lediglich nach den §§ 623 Abs. 1, 621a Abs. 2 zusammengefasst werden. Die Folgeanträge werden jeweils für den Fall der Scheidung gestellt (Eventualanträge, s. dazu allgemein § 260 Rn. 4, 8f.). Wird der Scheidungsantrag abgewiesen, verlieren eventuell geregelte Folgesachen ihre Wirkung, § 629 Abs. 3 S. 1 (zu den Ausnahmen s. § 629 Rn. 6, 7). Ein Zwang, Folgesachen im Verbund geltend zu machen, besteht – mit Ausnahme des Versorgungsausgleichs – nicht. Auch kann für eine Folgesache nicht Prozesskostenhilfe verweigert werden, wenn diese außerhalb des Verbunds geltend gemacht wird (Rn. 15). Es ist jedoch nicht zulässig, während der anhängigen Scheidungssache außerhalb des Verbunds eine Folgesache anhängig zu machen. Dies folgt bereits aus dem insoweit eindeutigen Wortlaut des § 623 Abs. 1 S. 1, ergibt sich aber auch aus dem Schutzzweck des Verbunds (s. Rn. 1) und schließlich daraus, dass eine Folgesache erst mit Eintritt der Rechtskraft des Scheidungsausspruchs wirksam wird.

IV. Anwendungsbereich

4 **1. Verbund nur in Scheidungssachen.** Eine Zusammenfassung der Folgesachen ist nur bei Vorliegen einer Scheidungssache möglich. Dies gilt auch, wenn als Scheidungsstatut nach Art. 17 Abs. 1 EGBGB **ausländi-**

---

[1] BT-Drucks. 7/650 S. 85f.; BGH NJW 1983, 1317, 1318 = FamRZ 1983, 461.
[2] So Begründung des Regierungsentwurfs zum KindRG BT-Drucks. 13/4899 S. 74.

sches Recht anzuwenden ist, das einen vergleichbaren Verfahrens- und Entscheidungsverbund nicht kennt, weil sich das Verfahrensrecht nach der lex fori richtet. Strittig ist, ob die Regelung des § 623 Abs. 1 auch bei scheidungsähnlichen Verfahren wie die gerichtlich ausgesprochene Trennung nach italienischem oder spanischem Recht Anwendung findet.[3] Da solche Verfahren die Vorstufe der Scheidung darstellen, die ausländischen Rechtsordnungen teilweise auch die strikte Trennung zwischen materiell-rechtlichen und verfahrensrechtlichen Bestimmungen nicht vorsehen, können Verbundbestimmungen nach ausländischem Recht übernommen werden, weil ihnen regelmäßig dieselbe Schutzfunktion wie im Fall der Scheidung zukommt (zu Art. 12 EheVO II s. Rn. 7). Auch regeln Art. 1 lit a, Art. 3 Abs. 1 EheVO II die internationale Zuständigkeit für die Ehescheidung und Trennung ohne Auflösung des Ehebandes; dies spricht ebenfalls für die internationale Verbundzuständigkeit der deutschen Gerichte.[4] Allerdings reduzieren sich die Folgesachen auf die materiell-rechtlichen Regelungsbereiche für den Fall der Trennung, nicht dagegen den Fall der Scheidung.[5]

Dagegen greift § 623 nicht bei anderen Ehesachen des § 606 Abs. 1 ein, also insbesondere **nicht bei Verfahren auf Aufhebung der Ehe** nach § 631 (vor § 631 Rn. 1).[6] Bei diesen Verfahren sind mit Aufhebung der Ehe nach dem materiellen Recht nicht generell auch Folgesachen (Unterhalt, Versorgungsausgleich, güterrechtliche Auseinandersetzung, Hausratsteilung) zu regeln. § 1318 BGB sieht eine Regelung der Folgen der Aufhebung der Ehe nur in den dort besonders geregelten Fällen vor. Hierdurch wird auch der Unterschied der Aufhebbarkeit und Scheidungsfähigkeit einer Ehe hervorgehoben.[7] Treffen ein Scheidungsantrag und ein Aufhebungsantrag je einer Partei aufeinander, ist wegen der weiter gehenden materiell-rechtlichen Regelungen vorab das Aufhebungsverfahren durchzuführen (§ 632 Abs. 2 S. 2)[8] und lediglich bei dessen Unbegründetheit das Verfahren zur Scheidungssache aufzunehmen. In diesem Fall sind die Folgesachen aber erst einzuleiten, wenn der Aufhebungsantrag abweisungsreif ist.[9] Wird im Hauptantrag die Scheidung der Ehe begehrt und lediglich hilfsweise die Aufhebung der Ehe, gelten die Verbundregeln nur hinsichtlich der Scheidungssache. Kein Verbund besteht auch für Klagen auf **Herstellung der ehelichen Gemeinschaft** sowie auf **Feststellung des Rechts zum Getrenntleben,** da mit diesen keine regelungstypischen Folgesachen zusammenhängen. 5

2. Nichtverbundfähige Familiensachen. Die in § 621 Abs. 1 aufgeführten Familienverfahren können nicht in den Verbund nach § 623 Abs. 1–3 aufgenommen werden, wenn die Entscheidung **nicht für den Fall der Scheidung** zu treffen ist. Aus dem Bereich des Unterhalts sind dies vor allem der Getrenntlebensunterhalt einschließlich des Vorsorgeunterhalts nach § 1361 Abs. 1 S. 2 BGB[10] sowie der Kindesunterhalt für die Zeit der noch bestehenden Ehe.[11] Hinsichtlich der Regelung zum ehelichen Hausrat und der ehelichen Wohnung sind die Ansprüche aus §§ 1361 a, 1361 b BGB, 18 a HausratsVO ausgeschlossen[12]; Entsprechendes gilt für Verfahren nach §§ 1 und 2 GewSchG. Ferner ist der Anspruch auf Sicherung des Zugewinns nach § 1389 BGB außerhalb des Verbunds geltend zu machen, weil dessen Zweck darauf gerichtet ist, einen erst mit rechtskräftiger Auflösung der Ehe oder sonstiger Beendigung des gesetzlichen Güterstandes (zB durch vorzeitigen Zugewinn nach §§ 1385, 1386 BGB) entstehenden Anspruch auf Zugewinn schon vor dessen Entstehung zu sichern. Nicht verbundfähig ist auch der Antrag zur Regelung der elterlichen Sorge nach § 1671 BGB und die Regelung der Umgangsbefugnis nach § 1684 Abs. 1 BGB, soweit für die Zeit bis zur rechtskräftigen Scheidung der Ehe eine Regelung begehrt wird. Diese aufgeführten Verfahren sind isoliert zu führen und können parallel zu einem rechtshängigen Scheidungsverfahren bestehen. Allerdings können im Rahmen der Scheidungssache im Wege der einstwAnO nach §§ 620 ff. vorläufige Regelungen getroffen werden, die aber den isolierten Verfahren nicht entgegenstehen (zum Verhältnis dieser Verfahren zueinander s. § 620 Rn. 12 ff.). Wird zeitlich nach Einleitung dieser Verfahren die Scheidungssache anhängig gemacht, so gelten diese Verfahren nach § 623 Abs. 5 S. 1 als Folgesachen (eing. Rn. 10 ff.; 30). Sie sind deshalb, wenn eine Entscheidung zu diesen Verfahren bereits während der Trennung verlangt bzw. notwendig wird (in den Fällen des § 1666 Abs. 1 BGB), nach § 623 Abs. 2 S. 2, Abs. 3 S. 2 abzutrennen und als selbständige Verfahren weiterzuführen. Besonderheiten ergeben sich bei der Regelung der elterlichen Sorge nach § 1671 Abs. 1 BGB. Soweit ein Elternteil im Verfahren zur Scheidung der Ehe eine **Regelung zur elterlichen Sorge** beantragt, ist regelmäßig davon auszugehen, dass er eine Regelung erst ab Rechtskraft der Scheidung begehrt. Hierfür kann auch der gleichzeitig gestellte Antrag zur Regelung der elterlichen Sorge im Wege der einstwAnO sprechen. In Zweifelsfragen hat das FamG einen rechtlichen Hinweis nach § 139 zu erteilen und auf eine eindeutige prozessuale Erklärung zu drängen. Soll die Sorge bereits in der Trennungszeit geregelt werden, ist dieses Verfahren als selbständiges Verfahren iSd. § 621 Abs. 1 Nr. 1 zu führen, § 623 Abs. 2 S. 2, 4. Zum schuldrechtlichen Versorgungsausgleich wird auf Rn. 16 ff. verwiesen. 6

---

[3] Bejahend OLG Stuttgart Justiz 1988, 131 (italienisches Recht); OLG Karlsruhe FamRZ 1991, 1308, 1309; OLG Frankfurt/M FamRZ 1994, 715; *Jayme* IPRax 1985, 46; verneinend OLG Koblenz FamRZ 1980, 713; OLG Frankfurt/M FamRZ 1985, 619; OLG München FamRZ 1993, 459.

[4] S. *Gottwald* FamRZ 2007, 839; Anm. zu OLG Karlsruhe FamRZ 2007, 838.

[5] ZB keine Durchführung des Versorgungsausgleichs im Falle des gerichtlichen Ausspruchs der Trennung.

[6] BGH NJW 1982, 2386 = FamRZ 1982, 586; FamRZ 1989, 153 f.

[7] BT-Drucks. 13/9416 S. 28 zum EheschlRG vom 4. 5. 1998; BGBl. I S. 833.

[8] Eingehend § 631 Rn. 6, 13.

[9] OLG Stuttgart FamRZ 1981, 579.

[10] BGH FamRZ 1982, 781.

[11] BGH FamRZ 1985, 578, 579.

[12] S. a. *Brudermüller* FamRZ 1987, 111.

7 **3. Internationale Verbundzuständigkeit.** Ist ein Scheidungsverfahren bei einem deutschen Gericht rechtshängig, dessen internationale Zuständigkeit nach § 606a Abs. 1 vorliegt, besteht dessen internationale Zuständigkeit auch für die dem Verbund unterliegenden Folgesachen.[13] Dies folgt aus § 621 Abs. 2 S. 1.[14] Dieser aus dem autonomen innerstaatlichen Recht abzuleitende Grundsatz der internationalen Verbundzuständigkeit kann jedoch durchbrochen werden, wenn zwischenstaatliche Verträge vorliegen, die den innerstaatlichen Bestimmungen im Zweifel vorgehen. So wird die Verbundzuständigkeit durch die Zuständigkeitsregelung des MSA verdrängt[15] mit der Folge, dass über die elterliche Sorge bei einem im Ausland lebenden Kind nicht von Amts wegen entschieden werden kann.[16] Gleiches kann für eine aus Art. 5 Nr. 2 EuGVO (EuGVÜ)[17] abzuleitende Zuständigkeit gelten, wenn beide Ehegatten ihren Wohnsitz im Ausland haben und sich die internationale Zuständigkeit des deutschen Gerichts allein nach der Staatsangehörigkeit eines Ehegatten richtet (eingehend § 621 Rn. 90ff.).[18] Eine **besondere Annexzuständigkeit** ergibt sich aus Art. 12 Abs. 1 EheVO II (s. hierzu § 621 Rn. 90ff.). Da nach der Grundregel des Art. 8 EheVO II der gewöhnliche Aufenthalt des Kindes zuständigkeitsbegründend ist, hat die in Art. 12 Abs. 1, 2 EheVO II geregelte Annexzuständigkeit faktisch nur Bedeutung, wenn das Kind seinen gewöhnlichen Aufenthalt nicht im Gerichtsstaat der Ehesache hat. Sie sieht eine Annexzuständigkeit für Entscheidungen vor, die die elterliche Verantwortung betreffen, mit einem Antrag auf Scheidung, Trennung ohne Auflösung des Ehebandes oder Ungültigkeitserklärung einer Ehe, wenn zumindest ein Elternteil die elterliche Verantwortung für das Kind hat und die Zuständigkeit von den Eltern oder dem sonstigen Träger die elterliche Verantwortung ausdrücklich oder auf andere eindeutige Weise anerkannt wird. Danach können Ehegatten die Zuständigkeit der Gerichte eines Mitgliedstaates für das Sorgeverfahren vereinbaren. Eine solche liegt nicht bereits in einer rügelosen Einlassung auf das Sorgeverfahren.[19] Die Verbindung wird durch einen Sorgeantrag herbeigeführt. Sie ist auch möglich, wenn die Ehesache erst nach Anhängigwerden des Sorgeantrags anhängig gemacht wird,[20] sofern eine Entscheidung für den Fall der Scheidung begehrt wird und die weiteren Voraussetzungen (vor allem Kindeswohl) vorliegen. Die EheVO II stellt damit, anders als die EheVO I, bei Verfahren zur elterlichen Verantwortung nur in dem Sonderfall des Art. 12 Abs. 1 auf die Konzentrationswirkung einer Ehe ab. Dies folgt auch aus Art. 12 Abs. 4 EheVO II, der im Fall des gewöhnlichen Aufenthalts in einem Drittstaat eine Annexzuständigkeit vorsieht, wenn in diesem eine Kindeswohlprüfung nicht möglich ist.[21] Die in Art. 12 EheVO II geregelte Zuständigkeit ist von Amts wegen zu prüfen, weil ansonsten das Erfordernis der Prüfung des Kindeswohls ins Leere liefe. Die **Verbundzuständigkeit** iSd. § 623 greift dann ein, wenn im Falle der Zuständigkeit nach Art. 8 EheVO II bei demselben FamG eine Ehesache beantragt wird, § 14 Nr. 1 IntFamRVG. Ferner ist auf die Zuständigkeitskonzentration nach §§ 12, 13 IntFamRVG hinzuweisen (s. § 621 Rn. 90ff.).

8 Nicht maßgebend für das Bestehen der Verbundzuständigkeit ist dagegen, ob das Verfahrensrecht des Staates, dessen materielles Recht anzuwenden ist, eine Verbundregelung vorsieht (zur Verbundfähigkeit ausländischer Trennungsverfahren s. oben Rn. 3).[22] Besteht im ausländischen Recht ein Verfahrensverbund, ist dieses im Hinblick auf die regelmäßig enge Verknüpfung zwischen materiellem Recht und Verfahrensrecht nach deutschem Verfahrensrecht zu berücksichtigen.[23] Dies gilt vor allem in Bezug auf Folgeverfahren, die nach deutschem Verfahrensrecht nur auf Antrag, nach den Verfahrensbestimmungen des anzuwendenden Sachrechts dagegen von Amts wegen durchzuführen sind (sehr häufig zum Unterhalt minderjähriger Kinder geregelt).[24] Sieht das anzuwendende ausländische Recht in einer **Folgesache** eine **Verbundregelung** vor, die in dem Katalog des § 623 iVm. § 621 Abs. 1 nicht enthalten ist, kommt ebenfalls eine Verbundentscheidung in Betracht, soweit eine Entscheidung für den Fall der Scheidung der Ehe zu treffen ist.[25] Dies gilt nicht für Entscheidungen zur Morgengabe nach iranischem oder jordanischem Recht.[26] Ist eine **Scheidungssache im Ausland** anhängig, wird hierdurch nicht das dort befasste Gericht für alle Folgesachen ausschließlich zuständig; die sich aus dem Verbund ergebende ausschließliche Zuständigkeit ergibt sich nur im Verhältnis der deutschen Gerichte zueinander.[27] Danach kann im Inland eine Folgesache bei einer rechtshängigen Scheidungssache im Ausland eingeleitet werden, die aber erst nach Anerkennung des ausländischen Scheidungsurteils (nach Art. 7 § 1 FamRÄndG) durchzuführen ist.

---

13 BGHZ 91, 186, 187f. = NJW 1984, 2361 = FamRZ 1984, 674; § 621 Rn. 91.

14 *Jayme* JuS 1989, 387ff.; *Passauer* FamRZ 1990, 14, 15; OLG Saarbrücken FamRZ 1992, 70; OLG Hamm FamRZ 1994, 773 (Sorgerechtsregelung für in Polen lebende Kinder).

15 So zB BGHZ 89, 325, 326 = NJW 1984, 1302 = FamRZ 1984, 350, 352; BGH FamRZ 1994, 827, 828; *Dörr* NJW 1989, 690.

16 S. zB OLG Celle FamRZ 1993, 95, 96; OLG Düsseldorf FamRZ 1993, 1108, 1109 (die Bundesrepublik Deutschland hat nicht den Vorbehalt des Art. 15 MSA erklärt).

17 Bezüglich Dänemark s. § 621 Rn. 90.

18 *Kropholler* Art. 5 Rn. 25.

19 S. a. *Coester-Waltjen* FamRZ 2005, 241, 242.

20 OLG Karlsruhe NJW-RR 2004, 1084 = FamRZ 2005, 287 zur EheVO I; *Hohloch* JuS 2004, 1104; aA *Gruber* IPRax 2004, 507.

21 Zu den Auslegungsproblemen dieser Bestimmung s. *Coester-Waltjen* FamRZ 2005, 241, 243.

22 S. zB OLG Frankfurt/M FamRZ 1994, 715

23 S. zB OLG Stuttgart Justiz 1988, 131 (italienisches Recht).

24 S. auch *Rolland/Roth* § 623 Rn. 8.

25 *Jayme* IPRax 1984, 121, 124; FamRZ 1988, 797; IPRax 1990, 254.

26 OLG Hamburg FamRZ 2004, 459; OLG Hamm FamRZ 2004, 551; KG FamRZ 2005, 1685; anders noch Vorauflage sowie KG FamRZ 1980, 470, 471; AG Hamburg IPRax 1983, 74.

27 OLG Hamm FamRZ 1994, 774 – Sorgerechtsverfahren in der Bundesrepublik Deutschland, Scheidung in Polen.

V. Kreis der verbundfähigen Verfahren

9 **1. Grundsatz.** Im Umkehrschluss zu den nicht verbundfähigen Familiensachen (s. Rn. 6) können die in § 621 Abs. 1 aufgeführten Familiensachen Folgesachen sein, in denen eine Entscheidung für den Fall der rechtkräftigen Scheidung zu treffen ist. Hierbei können bei der Anwendung ausländischen Rechts Folgesachen auch solche Regelungsbereiche für den Fall der Scheidung sein, die das deutsche Recht nicht kennt (s. o. Rn. 8). Der **Begriff der Folgesachen** erstreckt sich auf die Folgen einer Scheidung (zu den Trennungsverfahren nach ausländischem Recht s. Rn. 4), also auf solche Verfahren, deren materiell-rechtlicher Regelungsbereich durch die Rechtskraft der Scheidung (erstmals) entsteht.

10 **2. Gegenstände von Folgesachen. a) Elterliche Sorge, Umgangsbefugnis und Herausgabe, § 621 Abs. 2 S. 1 Nr. 1, 2, 3.** Abs. 2 S. 1 bestimmt, welche Sorge-, Umgangs- und Herausgabeverfahren zusammen mit der Scheidung zu verhandeln und entscheiden sind. Allerdings sieht das Gesetz – anders als in § 623 Abs. 3 S. 1 aF – hinsichtlich der Sorgeregelung nicht mehr den **Zwangs- (Mindest-)verbund** vor, weil insoweit eine Entscheidung nicht mehr von Amts wegen, sondern nur auf Antrag (§ 1671 Abs. 1 BGB) zu treffen ist (eingehend Rn. 2), sofern nicht von Amts wegen zur **Vermeidung einer Kindeswohlgefährdung** eine Regelung der Sorge erforderlich ist (Rn. 12). Werden während der Anhängigkeit einer Scheidungssache rechtzeitig bis zum Schluss der mündlichen Verhandlung (zur Definition s. Abs. 4) Anträge zur Sorge, Umgang und Herausgabe (iSd. Abs. 2 S. 1 Nr. 1 bis 3) eingereicht, so werden diese nach S. 1 ebenfalls im Verbund mit der Scheidungssache verhandelt und entschieden. Dies gilt auch für Anträge auf Abänderung einer bereits ergangenen Sorgerechts- bzw. Umgangsrechtsregelung gemäß §§ 1666, 1696 Abs. 1 BGB. Auch insoweit bleibt der Gedanke des Verfahrensverbundes (eingehend Rn. 1) erhalten, dh. die mit der Scheidung zusammenhängenden Folgesachen sollen zusammen mit dieser im Sinne einer Gesamtlösung geregelt werden. Demgemäß ist ein vor dem Scheidungsantrag eingereichtes Verfahren zur elterlichen Sorge, Umgang oder Herausgabe eines Kindes zum Verbund zu nehmen. Gleiches gilt, wenn ein solcher Antrag während des Scheidungsverfahrens beantragt wird.[28] Bei allen Anträgen zur elterlichen Sorge, zum Umgang und zur Herausgabe ist zu prüfen, ob eine Entscheidung bereits ab Trennung der Eltern oder erst mit Eintritt der Rechtskraft der Scheidung begehrt wird. Ist eine Entscheidung für die **Zeit der Trennung** zu treffen, liegt kein Verbundverfahren vor; in diesem Fall ist ein in den Verbund durch entsprechenden Antrag eingebrachtes Verfahren abzutrennen,[29] § 623 Abs. 2 S. 2, Abs. 3 S. 2 (s. auch Rn. 6). War vor Einreichen der Scheidungssache bereits ein Sorgeverfahren oder ein Antrag zur Regelung des Umgangs isoliert anhängig gemacht worden, so gilt für dieses mit dem Antrag, dieses gemeinsam mit der Scheidung zu verhandeln und zu entscheiden, nach § 78 Abs. 2 der Anwaltszwang (der bei einer Abtrennung wieder entfällt; s. Rn. 11). Zulässig ist es, dass ein Ehegatte einen Abänderungsantrag nach § 1696 Abs. 1 BGB gegen eine während der Trennungszeit auf Antrag des anderen Ehegatten nach § 1671 Abs. 1, 2 BGB ergangene Sorgeregelung in den Verbund einbringt.

11 **b) Auflösung des Verbunds in Folgesachen zur elterlichen Sorge, zum Umgang und zur Herausgabe.** Abs. 2 S. 2 lässt die Abtrennung der Folgesache zur elterlichen Sorge, zum Umgang und zur Herausgabe (iSd Abs. 2 S. 1 Nr. 1 bis 3) zu. § 1671 Abs. 1 BGB sieht eine verfahrensmäßige Aufteilung für die Zeit ab Trennung bis Einreichung der Scheidung nicht vor (s. vor § 606 Rn. 10; § 620 Rn. 39), so dass auch bei Scheidung der Ehe eine Sorgeentscheidung entfällt, wenn vor Anhängigkeit oder parallel zur Ehesache eine Sorgeregelung im selbständigen Verfahren auf Antrag eines Elternteils getroffen wurde, weil diese auch über die Rechtskraft der Scheidung hinaus fort gilt. Andererseits könnte ein Ehegatte bei anhängigem Scheidungsverfahren während der Trennungszeit nur dann vorab eine Regelung zur elterlichen Sorge (neben einer einstwAnO nach § 620 Nr. 1) als Hauptsache erreichen, wenn die (engen) Voraussetzungen des § 628 Abs. 1 aF vorliegen. Dem kommt die Regelung des S. 2 entgegen, die **voraussetzungslos eine Abtrennung** zulässt, wenn dies ein Ehegatte beantragt.[30] Gleiches gilt für die in Abs. 2 S. 1 Nr. 2 und 3 genannten Verfahren zum Umgang und zur Herausgabe eines gemeinschaftlichen Kindes. Die **Abtrennung** in diesen Fällen kann deshalb **nicht wirksam angefochten** werden.[31] Lehnt dagegen das FamG den Abtrennungsantrag für ein Verfahren nach § 623 Abs. 2 S. 1 Nr. 1–3 ab, ist dagegen die sofortige Beschwerde nach § 567 Abs. 1 Nr. 2 zulässig[32] und auch begründet, weil die Abtrennung voraussetzungslos ist. Da die Sorgeentscheidung und der Kindes- sowie nacheheliche Unterhalt nach § 1570 BGB (Betreuungsunterhalt) häufig in einem sachlichen Zusammenhang stehen, dh. die Entscheidung zum Kindes- und nachehelichen Unterhalt von der Sorgeentscheidung abhängt, sieht S. 3 eine **erweiterte Abtrennungsmöglichkeit** für die unterhaltsrechtlichen Folgesachen vor. Satz 4 bestimmt hierzu, dass die abgetrennten Folgesachen als **selbständige Familiensachen** fortgeführt werden, weil keine Entscheidung (mehr) für den Fall der Scheidung zu treffen ist. Insoweit unterscheidet sich die Abtrennung nach Abs. 2 S. 2 von derjenigen nach § 628 S. 1, weil bei jener das abgetrennte Verfahren wegen der materiell-rechtlichen Abhängigkeit von der Scheidungssache den Charakter als Folgesache beibehält. Wird das Sorgeverfahren zusammen mit den unterhaltsrechtlichen Folgesachen nach S. 3 abgetrennt, so besteht unter diesen Verfahren wegen ihrer verschiedenen Verfahrensart als FGG- bzw. ZPO-Verfahren kein weitergeführter (Rest-)Verbund. Entsprechend entfällt

---

28 S. a. OLG München FamRZ 2000, 167.

29 Zur missbräuchlichen Stellung des Antrags s. OLG Karlsruhe FamRZ 2005, 1495.

30 S. a. OLG Düsseldorf FamRZ 2000, 842; OLG München FamRZ 2000, 1291; OLG Frankfurt/M FamRZ 2001, 1227f.

31 Zur Anfechtbarkeit der Abtrennung s. a. § 628 Rn. 12ff.

32 S. a. OLG Düsseldorf FamRZ 2000, 840.

für diese Verfahren in erster Instanz der Anwaltszwang; ebenso ist über die Kosten nach allgemeinen Grundsätzen jeweils getrennt und nicht nach § 93a zu entscheiden, je nachdem, ob eine **ZPO-Folgesache** (Unterhaltsverfahren) oder eine **FGG-Folgesache** (Sorgeverfahren) vorliegt (s. a. Rn. 39). Keine Änderung tritt nach § 261 Abs. 3 Nr. 2 hinsichtlich der (einmal begründeten) Zuständigkeit ein. Prozesskostenhilfe ist für diese Verfahren jeweils getrennt zu bewilligen (s. auch § 624 Abs. 2). Hängen die Entscheidung zum Barunterhalt eines gemeinschaftlichen minderjährigen Kindes der Ehegatten und der Betreuungsunterhalt nach § 1570 BGB von der Entscheidung zur Sorge ab, so sind die Unterhaltsverfahren wegen Vorgreiflichkeit nach § 148 auszusetzen. Die Unterhaltsverfahren können nach § 147 zum Zwecke der gleichzeitigen Verhandlung und Entscheidung wegen ihrer gegenseitigen Abhängigkeit bei der Anspruchsberechnung der Höhe nach verbunden werden. Hinsichtlich der Kosten gilt § 626 Abs. 2 Nr. 3. Wird der Verbund nach Abs. 2 S. 2, Abs. 3 S. 2 aufgehoben, kann dieser nicht mit der **Berufung wieder herbeigeführt** werden (im Falle der Abtrennung nach § 628 S. 1 s. dort Rn. 12), weil die Abtrennung voraussetzungslos erfolgt, wenn mit dieser geltend gemacht wird, dass eine Entscheidung für den Fall der Trennung (und nicht Scheidung) begehrt wird. Ansonsten kann das FamG ohne einen Antrag nur nach § 623 Abs. 3 S. 1 ein Verfahren abtrennen.

12 c) **Verbund bei besonderen Sorgeverfahren.** Abs. 3 S. 1 legt fest, dass von Amts wegen eingeleitete Verfahren, bei denen es um die Übertragung der elterlichen Sorge auf einen Elternteil, einen Vormund oder einen Pfleger wegen **Gefährdung des Kindeswohls** gemäß §§ 1666, 1667 BGB geht, im Verbund zu verhandeln und entscheiden sind. Diese Regelung erfasst auch solche Sorgeverfahren, die auf Antrag eines Elternteils Verbundsache wurden, das FamG aber eine von dem Antrag des Elternteils abweichende Entscheidung durch Übertragung der Sorge oder eines Teils davon auf einen Vormund oder Pfleger wegen Gefährdung des Kindeswohls treffen will (§§ 1671 Abs. 3 iVm. § 1666 BGB). Nach Abs. 3 S. 2 kann das FamG die in S. 1 genannten **Verfahren** in Ausübung pflichtgemäßen Ermessens **abtrennen.** Eine alsbaldige Abtrennung ist vor allem dann geboten, wenn eine akute Gefährdung des Kindeswohls besteht und wegen der noch nicht abgeschlossenen Scheidungssache und weiteren Folgesachen mit einem alsbaldigen Abschluss des Verfahrens nicht zu rechnen ist. In diesen Fällen muss das FamG unabhängig von dem Antrag eines Elternteils von der Abtrennungsmöglichkeit Gebrauch machen können. Nach dem eindeutigen Wortlaut des § 1671 Abs. 2 BGB kann das FamG auf den Antrag eines Elternteils, ihm die elterliche Sorge allein zuzusprechen, diese nicht auf den anderen übertragen, ohne dass die Voraussetzungen der §§ 1671 Abs. 3 iVm. 1666 BGB gegeben sind. In diesem Fall ist, wenn der andere Elternteil keinen Antrag nach § 1671 Abs. 1 BGB stellt, der Antrag abzuweisen mit der Folge, dass die gemeinsame Sorge weiter besteht. Das abgetrennte Verfahren kann als selbständige Familiensache fortgeführt werden, in der gesondert über die Kosten zu entscheiden ist (s. auch Rn. 11); insoweit verliert das Verfahren seinen Charakter als Folgesache.[33] Das FamG kann i. Ü. eine nach §§ 1666, 1667 BGB notwendig gewordene Anordnung in einem von Amts wegen eingeleiteten selbständigen Verfahren iSd. § 621 Abs. 1 Nr. 1 treffen und insbesondere in diesem Verfahren auch eine einstwAnO analog § 621g von Amts wegen erlassen (eingehend § 620 Rn. 22, 29; § 621g Rn. 2). Nach Abs. 3 S. 3 kann das FamG ferner die Folgesachen Kindes- und nachehelicher Unterhalt abtrennen (s. a. Rn. 11).

13 d) **Kindesunterhalt, § 621 Abs. 2 S. 1 Nr. 4.** Der Anspruch auf Unterhalt für ein minderjähriges eheliches Kind aus §§ 1601ff. BGB erfährt durch die Scheidung der Ehe der Eltern keine Zäsur, sondern stellt einen **einheitlichen Anspruch** dar. Soweit Unterhalt für ein (eheliches) Kind **im Verbund** geltend gemacht wird, ist dies erst ab **Eintritt der Rechtskraft** des Scheidungsausspruchs möglich,[34] falls nicht im Wege der einstwAnO nach § 620 Nr. 4 im summarischen Verfahren Unterhalt verlangt wird. Wird im Verbund Unterhalt (auch) für die Trennungszeit verlangt, ist dieser Teil des Verfahrens abzutrennen.[35] Wurde **während der Trennungszeit** bereits ein **Unterhaltstitel** geschaffen, wirkt dieser wegen der Einheitlichkeit des Anspruchs nach §§ 1601ff. BGB auch über den Eintritt der Rechtskraft des Scheidungsausspruchs hinaus.[36] Wird die **Abänderung eines Titels** nach § 323 Abs. 1, 4 begehrt, ist dieses Verfahren nur dann eine Folgesache, wenn diese erst ab Eintritt der Rechtskraft verlangt wird[37]; ansonsten ist das Abänderungsverfahren auch während der Rechtshängigkeit der Scheidungssache als isoliertes Verfahren zu führen, wenn die Abänderung auch für die Zeit davor verlangt wird. In diesem Fall muss der Unterhalt minderjähriger Kinder auch für die Zeit nach Rechtskraft der Scheidung durch den Elternteil, der die **Obhut** nach § 1629 Abs. 2 S. 2 BGB innehat oder dem die elterliche Sorge nach § 1671 Abs. 1 BGB während der Trennungszeit übertragen wurde, im Wege der gesetzlichen Prozessstandschaft nach § 1629 Abs. 2 S. 2, Abs. 3 S. 1 BGB in eigenem Namen geltend gemacht werden. Der **Unterhalt** für **volljährige Kinder** ist von diesen dagegen im **selbständigen Unterhaltsprozess** zu verlangen. Wird das Kind während des laufenden Scheidungsverfahrens volljährig, entfällt zusammen mit der elterlichen Sorge auch die gesetzliche Prozessstandschaft. An die Stelle des den Prozess führenden Elternteils tritt danach automatisch das Kind im Wege des Parteiwechsels in den Prozess ein,[38] weil die Prozessstandschaft des § 1629 Abs. 3 S. 1 BGB endet (vgl. auch § 263 Rn. 13ff.; § 265 Rn. 7). Nach § 623 Abs. 1 S. 2 ist dieses **Verfahren abzutrennen,** da das volljährige Kind als Dritter

---

33 S. a. OLG Rostock FamRZ 2007, 1352.
34 So auch *Zö/Philippi* Rn. 12; *Rolland/Roth* Rn. 14.
35 S. auch *Johannsen/Henrich/Sedemund-Treiber* Rn. 6.
36 S. *Zö/Philippi* Rn. 13.
37 *Zö/Philippi* Rn. 13; BGH FamRZ 1996, 543f.
38 BGH FamRZ 1985, 471, 473; FamRZ 1990, 283f.

anzusehen ist.[39] Wird die in einem Verbundurteil zugesprochene Unterhaltsverpflichtung mit der Berufung angefochten und tritt die **Rechtskraft des Scheidungsurteils** vor Abschluss des Unterhaltsverfahrens ein, so endet zwar die Prozessstandschaft nach § 1629 Abs. 3 S. 1 BGB. In analoger Anwendung des § 265 Abs. 2 S. 1 lässt der BGH wegen eines unabweisbaren praktischen Bedürfnisses eine Fortsetzung durch den klagenden Elternteil zu.[40] Wird im Berufungsverfahren das Kind volljährig, führt dies ggf. den Prozess in eigenem Namen gemäß den zuvor genannten Grundsätzen weiter.

e) **Nachehelicher Unterhalt, § 621 Abs. 1 Nr. 5.** Da der Getrenntlebensunterhalt nach § 1361 Abs. 1 BGB und der nacheheliche Unterhalt nach den §§ 1569 ff. BGB nicht identisch sind,[41] endet auch ein auf § 1361 Abs. 1 BGB gestützter Titel mit Rechtskraft der Scheidung (§§ 620 Rn. 67 ff.; 620 b Rn. 10 ff.; 621 Rn. 61). Verfahren zum Unterhalt sind deshalb nur verbundfähig, wenn mit ihnen der **nacheheliche Unterhalt** einschließlich des Unterhalts für eine angemessene Versicherung für den Fall der Krankheit nach § 1578 Abs. 2 BGB und des Vorsorgeunterhalts nach § 1578 Abs. 3 BGB oder für eine Pflegeversicherung verlangt wird. Der nacheheliche Unterhalt muss deshalb nach § 623 Abs. 1 im Verbund mit einer neuen Klage verlangt werden. Ferner kann der in Anspruch genommene Unterhaltspflichtige unter den Voraussetzungen des § 256 auf Feststellung klagen, dass er keinen oder nur einen geringeren Unterhalt schuldet, wenn sich der andere Ehegatte eines Unterhaltsanspruchs berühmt;[42] dies gilt auch in Bezug auf eine einstwAnO nach § 620 Nr. 6 für die Zeit ab Rechtskraft der Scheidung der Ehe. Ferner ist eine **Zwischenfeststellungsklage** nach § 256 Abs. 2 im Verbund zulässig, mit der die Unwirksamkeit eines Ehevertrages, der den Ausschluss des nachehelichen Unterhalts vorsieht, geltend gemacht wird.[43] Wird aus einem auf § 1361 Abs. 1 BGB gestützten Titel gemäß § 621 Abs. 1 Nr. 5 für die Zeit ab Rechtskraft des Scheidungsurteils vollstreckt, kann der in Anspruch genommene Ehegatte hiergegen mit der Vollstreckungsgegenklage nach § 767 vorgehen;[44] dieses Verfahren ist ebenfalls verbundfähig, wenn die Vollstreckung über den Eintritt der Rechtskraft des Scheidungsausspruchs hinaus droht. Zu den Korrekturmöglichkeiten s. ausführlich § 620 b Rn. 10 ff. 14

Macht der Unterhalt begehrende Ehegatte den Unterhalt aus § 1361 Abs. 1 BGB und §§ 1569 ff. BGB in einer isolierten Klage geltend, sind diese Verfahren zu trennen und der nacheheliche Unterhalt im Verbund zur Scheidungssache zu nehmen. Die Rspr. versagt i. Ü. teilweise **Prozesskostenhilfe,** wenn der nacheheliche Unterhalt nicht im Verbund, sondern erst nachträglich geltend gemacht wird;[45] dem ist der BGH zutreffend entgegengetreten[46] (eingehend Rn. 21). Die **Entscheidungsformel** zum nachehelichen Unterhalt ist wie folgt zu fassen: „... wird verurteilt, an den (unterhaltsberechtigten) Ehegatten einen monatlichen Unterhalt iHv. € ... zu zahlen, zahlbar ab dem Tage, der dem Eintritt der Rechtskraft des Scheidungsausspruchs folgt". Wird der nacheheliche Unterhalt mit der Berufung angegriffen, ist im Berufungsurteil der Zeitpunkt des Beginns der Unterhaltspflicht aufzunehmen.[47] Ferner ist in der erstinstanzlichen Entscheidung wegen der Rechtsmittelmöglichkeit das Urteil mit Wirkung ab Rechtskraft des Scheidungssausspruchs nach §§ 708 Nr. 8, 711 für **vorläufig vollstreckbar** zu erklären. 15

f) **Versorgungsausgleich, § 621 Abs. 1 Nr. 6.** Der **öffentlich-rechtliche Versorgungsausgleich** nach §§ 1587 b Abs. 1, 2 BGB, §§ 1 Abs. 2, 3; 3 b VAHRG gehört nach § 623 Abs. 1 S. 3 zum **Zwangs- oder Mindestverbund.** Hierdurch soll erreicht werden, dass der sozial schwächere Ehegatte geschützt wird, um ihm für den Fall des Alters und der Invalidität eine finanzielle Absicherung zu gewährleisten. Auf Grund dieser Regelung sind nahezu alle Verfahren zum Versorgungsausgleich im Verbund zu regeln. Lediglich dann, wenn bei einer im Ausland geschiedenen Ehe ein öffentlich-rechtlicher Versorgungsausgleich nicht durchgeführt wurde, kommt bei deutschem Scheidungsstatut oder nach Art. 17 Abs. 3 EGBGB im selbständigen Verfahren ein Versorgungsausgleichsverfahren in Betracht. Ferner entfällt der öffentlich-rechtliche Versorgungsausgleich, wenn dieser durch **Ehevertrag** nach § 1408 Abs. 2 BGB wirksam ausgeschlossen wurde oder eine nach § 1587 o BGB genehmigungsfähige Vereinbarung vorliegt, mit der der öffentlich-rechtlichen Versorgungsausgleich abbedungen wurde.[48] I. Ü. ist ein Versorgungsausgleichsverfahren nicht einzuleiten, wenn der Scheidungsantrag abzuweisen ist oder zweifelsfrei feststeht, dass die Ehegatten in der Ehe keine dem öffentlich-rechtlichen Versorgungsausgleich unterliegenden Anrechte erworben haben (zur Einleitung des Verfahrens s. Rn. 27). 16

Im Zeitpunkt der Scheidung kommt regelmäßig eine Regelung zum **schuldrechtlichen Versorgungsausgleich** nicht in Betracht, weil die Voraussetzungen des § 1587 g Abs. 1 BGB meist nicht vorliegen und ein Feststellungsinteresse iSd. § 256, dass ein schuldrechtlicher Ausgleichsanspruch dem Grunde nach besteht, idR nicht gegeben ist; entsprechend gilt dies für den **verlängerten schuldrechtlichen Versorgungsaus-** 17

---

[39] Offen gelassen von BGH FamRZ 1985, 471, 473; bejahend auch *Rolland/Roth* Rn. 15: s. a. Rn. 34.

[40] BGH FamRZ 1990, 283, 284.

[41] BGHZ 78, 130, 133, 136 = NJW 1980, 1811 = FamRZ 1980, 1099; BGH NJW 1992, 1956.

[42] OLG Hamm FamRZ 1985, 952.

[43] BGH NJW 2005, 1370 = FamRZ 2005, 691 – zum Versorgungsausgleich; einschränkend OLG Köln FamRZ 2006, 1768 – erforderlich ist eine rechtshängige Folgesache.

[44] BGH NJW 1981, 978, 979 = FamRZ 1981, 242, 244.

[45] So OLG Stuttgart FamRZ 1992, 196; OLG Brandenburg FamRZ 1998, 245; OLG Thüringen FamRZ 1998, 1179; anders OLG Hamm FamRZ 1992, 452, 453; OLG Bremen FamRZ 1998, 245.

[46] FamRZ 2005, 786.

[47] *Zö/Philippi* Rn. 8.

[48] Zur Inhaltskontrolle von Eheverträgen s. § 621 Rn. 74; zum Zwischenfeststellungsantrag s. Rn. 14; BGH FamRZ 2005, 691; zur Bindungswirkung einer den Verzicht wiedergebenden Entscheidung s. § 621 Rn. 72.

gleich.[49] Sind die Voraussetzungen des schuldrechtlichen Versorgungsausgleichs bei Erlass der Verbundentscheidung gegeben oder stehen sie unmittelbar bevor, kann auch der Anspruch aus § 1587g Abs. 1 BGB **verbundfähig** sein, weil auch insoweit eine Entscheidung für den Fall der Scheidung zu treffen ist. Dies bedarf aber nach § 1587g Abs. 1 BGB sowie Abs. 1 S. 1 eines Antrages, worauf ggf. nach § 139 hingewiesen werden muss. Dass Abs. 1 S. 3 lediglich § 1587b BGB aufführt, steht dem nicht entgegen, weil insoweit nur bestimmt wird, dass es für die Durchführung des öffentlich-rechtlichen Versorgungsausgleichs keines (Verfahrens-)Antrags bedarf (s. a. Rn. 28).

18 **g) Hausrat, Zuweisung der ehelichen Wohnung, Güterrecht nach § 621 Abs. 1 Nr. 7, 8.** Verfahren nach der HausratsVO sind verbundfähig, soweit mit ihnen nach §§ 1–10 HausratsVO eine Anordnung für die Zeit nach rechtskräftiger Scheidung der Ehe zu treffen ist, also insbesondere die Regelung der Rechtsverhältnisse an der **ehelichen Wohnung** und die (dingliche) **Aufteilung des ehelichen Hausrats** (zu Verfahren nach dem GewSchG s. Rn. 6). **Ansprüche aus dem Zugewinn** sind dann verbundfähig, wenn der Ausgleichsanspruch nach § 1378 Abs. 1 iVm. § 1384 BGB verlangt wird. Wird der **vorzeitige Zugewinn** nach §§ 1385, 1386 BGB geltend gemacht, scheidet eine Verbundentscheidung aus, weil dieser Anspruch unabhängig von der Scheidung der Ehe besteht.[50] Gleiches gilt, wenn der gesetzliche Güterstand durch Ehevertrag nach § 1410 BGB beendet wurde, ein Ausgleich des Zugewinns aber noch nicht erfolgt ist. Eine **Auflösung des Verbunds** nach § 628 S. 1 Nr. 1 kommt in Betracht, wenn sich der Ausgleichspflichtige auf § 1378 Abs. 2 BGB beruft, weil ohne vorliegende Rechtskraft der Scheidung die Höhe eines eventuell verbleibenden Zahlungsanspruchs nicht bestimmt werden kann. Dies ist jeweils im Einzelfall zu prüfen.[51] Auch die Auseinandersetzung des Gesamtgutes an der **Gütergemeinschaft** einschließlich der Übernahme des eingebrachten Gutes nach § 1477 Abs. 2 BGB und die Erstattung des in die Gütergemeinschaft Eingebrachten nach § 1478 Abs. 2 BGB kann grds. im Verbund erfolgen.[52] Allerdings endet die Gütergemeinschaft erst mit Eintritt der Rechtskraft der Scheidung; soweit sich der Überschuss nach Berichtigung der Gesamtgutsverbindlichkeiten erst nach Beendigung des Güterstandes bestimmen lässt, scheidet eine Verbundentscheidung der Sache nach aus. Zulässig ist es, dass der Zugewinnausgleich im Verbund mit einem **Teilbetrag** durch **Teilklage** geltend gemacht wird, sofern generell eine Teilentscheidung möglich ist.[53] Dagegen kann ein **Teilurteil** zum Zugewinn nicht erlassen werden, weil hierin faktisch die Abtrennung eines Teils des Anspruchs erfolgen würde, ohne dass die Voraussetzungen des § 628 S. 1 vorliegen. Macht im Falle eines **Verzichts auf Zugewinn** ein Ehegatte im Verbund im Rahmen der Wirksamkeitskontrolle[54] einen bezifferten Anspruch geltend, bestehen keine Besonderheiten. Über die grundsätzlich zulässige Feststellungsklage nach § 256 Abs. 2 zur Frage, ob ein Verzicht auf Zugewinn (und Unterhalt, Versorgungsausgleich) wirksam ist, kann im Verbund nur im Falle einer Zwischenentscheidung entschieden werden;[55] danach muss in der Verbundentscheidung über einen Leistungsantrag entschieden werden.

19 **h) Auskunftsansprüche aus Unterhalt, Zugewinn und Versorgungsausgleich.** Die die Folgesachen Unterhalt, Zugewinn oder Versorgungsausgleich vorbereitenden Auskunftsansprüche aus den §§ 1379, 1580, 1587e Abs. 1 BGB können mit den entsprechenden Folgesachen im Verbund als Stufenklage bzw. -antrag geltend gemacht werden.[56] Aus § 623 Abs. 1 S. 1 folgt lediglich, dass über die Folgesache selbst (als letzte Stufe der Stufenklage) zusammen mit der Scheidungssache entschieden wird. Wird zu deren Vorbereitung eine Auskunft benötigt, die nach § 1379 Abs. 2 BGB bereits vor Eintritt der Rechtskraft des Scheidungsausspruchs verlangt werden kann,[57] ist über einen entsprechenden Antrag durch **Teilurteil** und im Versorgungsausgleich durch einen entsprechenden **Beschluss** vorweg und nicht für den Fall der rechtskräftigen Scheidung zu entscheiden,[58] weil diese Ansprüche zwar einem einheitlichen Verfahren zugehören, prozessual aber selbständige Teile sind. I. Ü. enthält das Teilurteil keine Kostenentscheidung, ist aber wegen seiner prozessualen Eigenständigkeit für vorläufig vollstreckbar zu erklären (s. § 301 Rn. 27). Diese Entscheidung kann bei Bestehen der erforderlichen Beschwer (§ 621d Rn. 8) mit dem jeweiligen Rechtsmittel der Berufung bzw. befristeten Beschwerde nach § 621e Abs. 1 selbständig angefochten werden. Entsprechendes gilt für eine weitere Stufe (insbesondere Abgabe der eidesstattlichen Versicherung nach §§ 259, 260 BGB). Wird nach **Auskunftserteilung das Betragsverfahren** nicht aufgenommen, ist die entsprechende Folgesache entweder nach § 628 S. 1 Nr. 4 abzutrennen oder die Folgesache auf Antrag des Gegners abzuweisen, wenn kein bezifferter Sachantrag zum Güterrecht oder Unterhalt gestellt wird. Ein Feststellungsinteresse iSd. § 256 an einer negativen Feststellungsklage des (vermeintlich) Ausgleichspflichtigen bzw. Schuldners besteht nur dann, wenn sich der andere Ehegatte einer bestimmten Forderung berühmt.[59] Über diesen Antrag ist im Verbund zu entscheiden, weil eine Entscheidung für den Fall der rechtskräftigen Scheidung verlangt wird und die Scheidungsfolgen abschließend geregelt werden. Wird der Stufen-Auskunftsan-

[49] BGH NJW 1982, 387, 388 = FamRZ 1982, 42; FamRZ 1984, 251, 253; FamRZ 1984, 668 – schuldrechtlicher Versorgungsausgleich; BGH FamRZ 1991, 175; 1996, 1465 – vor dem Tod des ausgleichspflichtigen Ehegatten.

[50] S. a. KG FamRZ 2001, 166.

[51] S. a. *Zö/Philippi* Rn. 11.

[52] BGH FamRZ 1988, 925; aA OLG Köln FamRZ 1988, 174.

[53] So auch *Gottwald* FamRZ 2002, 1166; zum Teilurteil s. BGHZ 107, 236, 242 = FamRZ 1989, 954; § 301 Rn. 20.

[54] S. BVerfG FamRZ 2001, 353; FamRZ 2001, 985; BGH FamRZ 2004, 560.

[55] S. a. Rn. 14.

[56] BGH NJW 1979, 1603 = FamRZ 1979, 690, 692; FamRZ 1982, 151.

[57] Entsprechendes gilt für den Unterhalt und den Versorgungsausgleich.

[58] S. zB OLG Schleswig FamRZ 1992, 1199f.

[59] S. aber AG Korbach FamRZ 2001, 552.

trag und die entsprechende Folgesache abgewiesen, so kann das OLG zur Auskunft verurteilen und gleichzeitig das Urteil entspr. § 538 Abs. 1 Nr. 4 zur abgewiesenen Folgesache und dem Scheidungsausspruch aufheben und das Verfahren an das FamG zurückverweisen.[60]

Innerhalb des Verbunds kann das **Auskunftsbegehren nur im Wege der Stufenklage** zusammen mit dem noch unbezifferten Zahlungsanspruch verlangt werden.[61] Das reine Auskunftsverfahren ist zwar eine selbständige Familiensache. Im Hinblick auf den vorbereitenden Charakter des Auskunftsanspruchs kann im Rahmen des Verbunds nicht ein Auskunftsanspruch ohne die entsprechende Hauptsache selbst als Folgesache verlangt werden,[62] weil der Auskunftsanspruch den Streit über die Folgesache nicht erledigt und damit der Zwecksetzung des § 623 Abs. 1 widerspricht; ferner ist eine Entscheidung für den Fall der Scheidung zu treffen. Ein Sonderfall besteht bei einem Auskunftsbegehren nach § 1587e BGB zum Versorgungsausgleich, weil es dort wegen des von Amts wegen durchzuführenden Verfahrens einer bezifferten Leistungsstufe nicht bedarf; hierzu reicht der Antrag zur Auskunft innerhalb des Verbundes aus.[63] Wird die Auskunftsstufe im Falle einer Berufung gegen das erstinstanzliche Teilurteil abgewiesen, bleibt der nicht bezifferte Zahlungsantrag beim Unterhalt und Güterrecht weiter rechtshängig, über die zusammen mit dem Scheidungsantrag entschieden werden kann. Ergibt die Auskunft, dass ein Zahlungsanspruch zum Güterrecht bzw. Unterhalt nicht besteht, so tritt insoweit eine Erledigung der Hauptsache nicht ein, weil hierfür die Klage bei Zustellung zulässig und begründet sein muss. Bei einseitiger Erledigterklärung kommt ein Kostenanspruch zu Gunsten des Klägers weder nach § 91 noch entsprechend § 93 in Betracht. Jedoch kann dem Kläger ein **materiell-rechtlicher Kostenerstattungsanspruch** zustehen, den er im anhängigen Rechtsstreit geltend machen kann[64] (§ 91a Rn. 44f.; § 254 Rn. 6). Da die genannte Stufenklage eine Folgesache darstellt, gilt auch für die erste Stufe **Anwaltszwang** nach § 78 Abs. 2. 20

VI. Einleitung des Verbunds

1. Antragsverbund, Verweigerung von Prozesskostenhilfe bei unterlassenem Antrag. Nach der Systematik der Verbundregelung des § 623 Abs. 1–3 ist zwischen dem Antragsverbund und dem Mindest- oder Zwangsverbund zu unterscheiden. Zur Einleitung eines Antragsverbunds ist nicht ein besonderer verfahrensrechtlicher Antrag erforderlich; es reicht aus, wenn bei einem anhängigen Scheidungsantrag eine isolierte verbundfähige Familiensache (s. hierzu oben Rn. 9ff.) anhängig gemacht wird. Bei diesem entsteht kraft Gesetzes nach § 623 Abs. 1 S. 1 der Verbund, ohne dass die Einleitung des Verbundes verlangt wird. Ein Ehegatte kann deshalb durch einen **entgegengesetzten Antrag die Einleitung des Verbundes nicht verhindern,** in den Fällen des § 623 Abs. 2 Nr. 1–3 aber eine voraussetzungslose Abtrennung erreichen (Rn. 11). Dies gilt vor allem bei Sorgerechtsentscheidungen nach § 1671 Abs. 1 BGB, wenn ein Elternteil bereits während der Trennung eine gerichtliche Entscheidung hierzu begehrt; in diesem Fall liegt keine Folgesache (mehr) vor (s. Rn. 6). Entsprechend ist es in Antragsfolgesachen auch nicht zulässig, neben dem Scheidungsverfahren ein isoliertes Verfahren in einer verbundfähigen Folgesache zu führen. Auch ist eine Heilung nach § 295 nicht möglich, weil die sich aus § 628 S. 1 ergebende Schutzwirkung der **Disposition der Ehegatten entzogen** ist[65] und die Regelung der Scheidungsfolgen unabhängig vom Willen der Ehegatten sichergestellt werden soll, was sich auch aus § 630 ergibt. Allerdings kann der antragstellende Ehegatte durch Rücknahme seines Antrages den Verbund hinsichtlich des Antragsverfahrens des § 623 Abs. 1 wieder aufheben und ist auch nicht von Gesetzes wegen gehalten, durch einen entspr. Klageantrag ein Verbundverfahren einzuleiten. Vielmehr ist es jedem Ehegatten unbenommen, die sich aus § 623 Abs. 4 ergebende Frist verstreichen zu lassen und erst danach eine selbständige Folgesache einzureichen. In der Rechtsprechung wird bei der **isolierten Geltendmachung** einer Folgesache teilweise Prozesskostenhilfe mit der Begründung versagt, wegen der höheren Kostenlast (Zusammenrechnen der Werte aus Scheidungssache und Folgesachen nur im Verbund, § 46 Abs. 1 S. 1 GKG, §§ 16 Nr. 4, 22 RVG) sei die Rechtsverfolgung insoweit mutwillig (s. a. Rn. 15).[66] Dem steht jedoch entgegen, dass es durchaus Gründe für eine isolierte Geltendmachung einer Folgesache geben kann, so etwa im Zugewinnausgleichsverfahren in den Fällen des § 1378 Abs. 2 BGB sowie bei hohen Ausgleichsbeträgen nach § 1378 Abs. 1 BGB, weil der Anspruch auf Prozess- sowie Verzugszinsen erst mit Beendigung des gesetzlichen Güterstandes entsteht und deshalb bei einer Geltendmachung eine erhebliche Verzögerung der Rechtskraft des Scheidungsausspruches entstehen kann. Entsprechendes gilt im nachehelichen Unterhalt, wenn wegen der Unklarheit über die Höhe an- 21

---

[60] BGH NJW 1982, 235; OLG Stuttgart FamRZ 1984, 806.

[61] S. etwa BGH FamRZ 1996, 1170; NJW 1997, 2176 = FamRZ 1997, 811; das selbständige Auskunftsverfahren ist nach § 145 abzutrennen und nicht als unzulässig abzuweisen; OLG Brandenburg FamRZ 2007, 410; § 621 Rn. 71.

[62] Vgl. auch KG NJW-RR 1992, 450; OLG Hamm FamRZ 1993, 984; OLG Naumburg FamRZ 2005, 1920; aA OLG Frankfurt/M FamRZ 1987, 299; *Vogel* FamRZ 1994, 49f. m. weit. Nachw.; zur Versagung von Prozesskostenhilfe wegen mutwilliger Rechtsverfolgung, weil im isolierten Verfahren unnötig hohe Kosten entstehen: OLG Düsseldorf FamRZ 1991, 959 m. weit. Nachw.; bejahend ferner OLG Hamm FamRZ 1996, 737.

[63] OLG Frankfurt/M FamRZ 2000, 99; zum Verhältnis von Auskunftsantrag und § 11 Abs. 2 VAHRG s. § 621 Rn. 72.

[64] BGH NJW 1986, 588; FamRZ 1995, 348.

[65] BGH NJW 1991, 1616f. = FamRZ 1991, 687; NJW 1991, 2491f. = FamRZ 1991, 1043; *Johannsen/Henrich/Sedemund-Treiber* Rn. 14; aA OLG Hamm FamRZ 1986, 823; OLG Schleswig FamRZ 1991, 96, 98; *Kesten* FamRZ 1986, 854.

[66] OLG Düsseldorf FamRZ 1993, 1217 m. weit. Nachw.; OLG Hamm FamRZ 1992, 576; OLG Brandenburg FamRZ 2001, 1083; s. ferner *Zö/Philippi* Rn. 24; zust. OLG Zweibrücken FamRZ 2000, 756; OLG Dresden FamRZ 1999, 601; OLG Zweibrücken FamRZ 2003, 1760; aA OLG Oldenburg FamRZ 2003, 1757.

rechenbarer Einkünfte des Berechtigten (aus Vermögen auf Grund der güter- oder vermögensrechtlichen Auseinandersetzung) nach § 1577 Abs. 1 BGB eine Festsetzung des Anspruchs noch nicht erfolgen kann. Ferner ist zu berücksichtigen, dass im Verbund regelmäßig nach § 93a Abs. 1 die Kosten gegeneinander aufgehoben werden, während in selbständigen Verfahren die unterliegende Partei die Kosten trägt. Da nach § 114 auch die Erfolgsaussichten geprüft werden und nur in diesem Umfang Prozesskostenhilfe gewährt wird, kann von einer mutwilligen Prozessführung nicht gesprochen werden (s. a. §§ 29 Nr. 1 RVG).[67]

22 **2. Neuregelung des Antragsverbunds durch das Kindschaftsreformgesetz.** Abs. 1 S. 1 regelt die Fälle des **Verbunds** für die in § 621 Abs. 1 Nr. 5 bis 9 sowie Abs. 2 S. 1 Nr. 4 genannten Familiensachen, soweit in diesen (bei begründetem Scheidungsantrag) eine Entscheidung für den Fall der Scheidung zu treffen ist und von einem Ehegatten rechtzeitig begehrt wird. Hierbei handelt es sich um die durch Ehe begründete gesetzliche Unterhaltspflicht gemäß §§ 1569ff. BGB, den Versorgungsausgleich, die Regelung der Rechtsverhältnisse an der Ehewohnung und am Hausrat, Ansprüche aus dem ehelichen Güterrecht, Verfahren nach den §§ 1382 und 1383 BGB sowie der Unterhalt für ein gemeinschaftliches (eheliches) Kind (Folgesachen). Satz 3 betrifft die bisher in § 623 Abs. 3 S. 1 enthaltene Regelung zum Versorgungsausgleich, der – anders als die Sorgeregelung – demnach weiterhin im Zwangs-(Mindest-)verbund verbleibt. Wird in einer Familiensache des § 621 Abs. 1 Nr. 5 und 8, Abs. 2 S. 1 Nr. 4 ein **Dritter Verfahrensbeteiligter,** so wird diese Familiensache abgetrennt (eingehend Rn. 13, 34).

23 **3. Mindest- oder Zwangsverbund.** Verfahren zur Regelung der elterlichen Sorge nach § 621 Abs. 2 S. 1 Nr. 1 (bei Gefährdung des Kindeswohls) und zum öffentlich-rechtlichen Versorgungsausgleich nach § 621 Abs. 1 Nr. 6 sind von Amts wegen einzuleiten, ohne dass es eines Antrags bedarf. Hinsichtlich des Sorgeverfahrens ist dies in Abs. 3 S. 1 ausdrücklich geregelt; materiell-rechtliche Grundlage sind die §§ 1666, 1667 BGB (Rn. 12). Dennoch ist es bei der Regelung zur elterlichen Sorge für die Parteien auch in diesen Fällen möglich, Anträge zu stellen, die aber lediglich eine **Anregung an das Gericht** darstellen, aber keine Bindungswirkung iSd. § 308 aufweisen. Hat ein Elternteil nach § 1671 Abs. 1, 2 BGB die alleinige elterliche Sorge im Verbund beantragt, kann das FamG nach § 1671 Abs. 3 BGB iVm. § 1666 BGB eine anderweitige Regelung zur elterlichen Sorge treffen; § 623 Abs. 3 S. 1. Ist beiden Elternteilen im Zeitpunkt der Scheidung der Ehe die elterliche Sorge entzogen und Vormundschaft angeordnet, entfällt eine Sorgerechtsentscheidung.

24 Hinsichtlich des **Versorgungsausgleichs** hat dies nach Eingang eines Scheidungsantrags bei Gericht zur Folge, dass das FamG **von Amts wegen Ermittlungen** über die Versorgungsanrechte der Ehegatten einleitet, falls nicht ein Ehevertrag nach § 1408 Abs. 2 BGB vorliegt, mit dem auf Anrechte auf den Versorgungsausgleich wirksam verzichtet wurde oder zweifelsfrei feststeht, dass die Ehegatten keine Versorgungsanrechte in der Ehezeit erworben haben.[68] In den Fällen des Art. 17 Abs. 3 EGBGB ist allerdings für die Durchführung des Versorgungsausgleichs ein Antrag zu stellen.

25 **4. Verfahrensrechtliche Fragen. a) Form des Antrags in einer Folgesache.** Nach § 78 Abs. 2 Nr. 1 sind Scheidungs- und Folgesachen als **Anwaltsprozess** zu führen.[69] In **ZPO-Verfahren** (§ 621 Abs. 1 Nr. 4, 5, 8) sind deshalb die Anträge zu Folgesachen durch vorbereitende Schriftsätze anzukündigen (§ 129 Abs. 1). Diese Anträge unterliegen dem Bestimmtheitserfordernis des § 253 Abs. 2 in gleicher Weise wie selbständige ZPO-Verfahren. Ein Antrag, etwa den Zugewinnausgleich durchzuführen, ohne dass eine Bezifferung erfolgt, genügt diesen Anforderungen nicht und ist unzulässig. I. Ü. darf die Zustellung einer Folgesache nach § 12 Abs. 2 Nr. 1 GKG nicht von der Vorauszahlung einer Gebühr abhängig gemacht werden. Zulässig ist es, im Termin zur mündlichen Verhandlung über den Scheidungsantrag einen Folgesachenantrag zu stellen;[70] er muss aber nach § 297 Abs. 1 aus einem als Anlage zur Sitzungsniederschrift überreichten Schriftsatz verlesen werden, falls der Richter nicht eine Erklärung zu Protokoll gestattet. Auch dem Antragsgegner ist die Stellung eines Folgeantrags möglich, den er bei einem Abweisungsantrag zur Scheidung nur für den Fall der Scheidung der Ehe stellen wird.

26 Bei **Folgesachen, die dem FGG** unterliegen (§ 621 Abs. 1 Nr. 1–3, 6, 7, 9), bedarf es keines formellen Antrags. Es reicht aus, wenn ein Ehegatte etwa die Regelung der Rechtsverhältnisse an der ehelichen Wohnung oder am Hausrat begehrt. Anträge eines Beteiligten stellen verfahrensmäßig nur eine Anregung dar und binden das Gericht nicht.[71]

27 **b) Zeitlicher Rahmen.** In zeitlicher Hinsicht kann ein Antrag zu einer Folgesache **frühestens** zusammen mit dem Scheidungsantrag eingereicht werden und **spätestens** bis zum **Schluss der mündlichen Verhandlung** in der Scheidungssache, § 623 Abs. 4 S. 1. Hierzu reicht es für die Anhängigkeit aus, wenn ein Antrag (im Sinne einer Klage) beim FamG eingereicht oder gemäß § 261 Abs. 2 iVm. § 297 Abs. 1 S. 2, 3 in der mündlichen Verhandlung gestellt wird.[72] Auch die Einreichung eines Prozesskostenhilfegesuchs für eine Folgesache erfüllt diese Voraussetzungen. Zur Regelung der elterlichen Sorge in den Fällen des Abs. 3 S. 1 bei Gefährdung des Kindeswohls und zum Versorgungsausgleich obliegt dem Gericht die Einleitung dieser Verfahren von Amts wegen (Rn. 12). Der Begriff der Einleitung des Verfahrens umfasst jede in dem Verfahren festgehaltene und nach außen gerichtete Maßnahme, so vor allem die Anordnung, Auskünfte zum Ver-

---

[67] S. a. BGH FamRZ 2005, 786.
[68] Zur Bindungswirkung einer den Verzicht wiedergebenden Entscheidung s. § 621 Rn. 72.
[69] BGH FamRZ 1998, 1505.
[70] BGH NJW 1987, 3264 = FamRZ 1987, 802f.
[71] BGHZ 85, 180, 189 = NJW 1983, 173 = FamRZ 1983, 44.
[72] BGH FamRZ 1987, 802, 803.

sorgungsausgleich oder einen Jugendamtsbericht einzuholen.[73] Wird eine Folgesache erst in der letzten mündlichen Verhandlung zur Scheidungssache anhängig gemacht, obwohl die entsprechenden Anträge bereits früher hätten gestellt werden können, so kann dieser Antrag nicht nach § 296 als verspätet zurückgewiesen werden.[74] Werden Folgeanträge zeitlich gestaffelt beantragt, ohne dass hierfür ein sachlicher Grund gegeben wäre, so kann nach § 628 S. 1 Nr. 4 vorab über den Scheidungsantrag entschieden werden, wenn hierdurch ersichtlich das Scheidungsverfahren verzögert werden soll. Wird ein Folgeantrag nach Schluss der letzten mündlichen Verhandlung, aber vor Verkündung eines Urteils eingereicht, muss die mündliche Verhandlung in aller Regel nicht wieder eröffnet werden (s. § 156 Rn. 4). Wird nach Abtrennung einer Folgesache nach § 628 S. 1 **vorab die Ehe geschieden,** können danach weitere Folgesachen nicht mehr in den Verbund mit der noch nicht erledigten Folgesache gebracht werden. Hebt die zweite Instanz ein Urteil des FamG auf und wird die Sache an das FamG zurückgewiesen (§ 629b Abs. 1 S. 1), können bis zum neuerlichen Schluss der mündlichen Verhandlung erster Instanz (§ 296a) **erneut Folgeanträge** gestellt werden, § 623 Abs. 4 S. 2. Ist die Scheidungssache in zweiter Instanz anhängig, so kann ein erst während der Anhängigkeit in zweiter Instanz beantragtes Sorgeverfahren nur isoliert in erster Instanz geführt werden, weil der Verbund erst in zweiter Instanz nach dem eindeutigem Wortlaut nicht hergestellt werden kann (eingehend Rn. 28). S. 1 gilt aber entsprechend, wenn die Scheidungssache nach § 629b an das Gericht des ersten Rechtszuges zurückverwiesen wurde.

c) **Verbund in zweiter Instanz.** Mit dem Schluss der mündlichen Verhandlung in erster Instanz in der Scheidungssache können Folgesachen nicht mehr im Verbund geltend gemacht werden. Ist die Scheidungssache in der Berufungsinstanz anhängig, können Folgesachen deshalb nicht in den Verbund eingebracht werden, sondern sind im isolierten Verfahren in erster Instanz zu betreiben.[75] Nicht von diesem Grundsatz erfasst ist die Sachlage, dass in zweiter Instanz in bereits anhängigen Folgesachen Anträge geändert oder erweitert werden, wenn also in zweiter Instanz im Verbundverfahren zum nachehelichen Unterhalt ein höherer Elementarunterhaltsbetrag oder erstmals ein Vorsorgeunterhalt verlangt wird. Die Geltendmachung des schuldrechtlichen Versorgungsausgleichs nach § 1587g Abs. 1 BGB ist im Verfahren zum öffentlich-rechtlichen Versorgungsausgleich nach § 1587b Abs. 1, 2 BGB, §§ 1 Abs. 2, 3; 3b VAHRG dagegen nicht möglich,[76] weil der schuldrechtliche Versorgungsausgleich hinsichtlich seiner Voraussetzungen und Wirkungen gegenüber dem öffentlich-rechtlichen Versorgungsausgleich sehr verschieden ausgestaltet ist und ein anderer Verfahrensgegenstand vorliegt.[77] Hiervon ist aber dann eine Ausnahme zuzulassen, wenn zB im Urteil erster Instanz zum Ausgleich von Anrechten aus einer betrieblichen Altersversorgung eine Beitragszahlung nach § 3b Abs. 1 Nr. 2 VAHRG angeordnet wurde, im Verlaufe des Verfahrens in zweiter Instanz eine solche Beitragszahlung aber nicht mehr angeordnet werden darf, weil der Berechtigte die Voraussetzungen für eine Vollrente wegen Alters aus der gesetzlichen Rentenversicherung nunmehr erfüllt. In diesem Fall ist der Antrag zum Ausgleich dieser Anrechte im Wege des schuldrechtlichen Versorgungsausgleichs nach §§ 1587f Nr. 1, 1587g BGB zuzulassen, weil dieselbe auszugleichende Versorgung betroffen ist und lediglich die Form des Ausgleichs sich verändert. Ferner sprechen hierfür verfahrensökonomische Gründe (zur Zulässigkeit des Verbunds s. Rn. 17). Aus diesen Gründen ist im zweiten Rechtszug **auf Antrag** nach § 1671 Abs. 1 BGB auch die Einleitung eines Sorgerechtsverfahrens zuzulassen, wenn nachträglich ein Kind geboren wird.[78] 28

d) **Vereinbarungen zu Folgesachen.** Reichen die Parteien mit dem Scheidungsantrag einen Vorschlag zur vergleichsweisen Erledigung von Folgesachen ein, ohne dass diesem ein Antrag zur Regelung einer Folgesache zu Grunde liegt, so werden die in dem Vergleich geregelten Folgesachen nicht rechtshängig; es bedarf deshalb bei einer streitigen Scheidung entsprechender Anträge. 29

5. **Übergeleitete Verfahren an das Gericht der Ehesache als Folgesache.** Die Regelung des Abs. 5 S. 1 bestimmt, welche Verfahren zu Folgesachen werden, die nach § 621 Abs. 3 an das Gericht der Ehesache überzuleiten sind. Diese können ebenfalls als Folgesachen in den Verbund übergehen; dies setzt jedoch voraus, dass der Antragsteller erklärt, nur eine Entscheidung für den Fall der Scheidung zu begehren. Mit dem Bezug auf die Abs. 1 bis 3 wird klargestellt, dass nur diejenigen (übergeleiteten) Familiensachen zu Folgesachen werden, die Folgesachen geworden wären, wenn die Ehesache zeitlich vor diesem Verfahren anhängig geworden wäre. Hinsichtlich der Familiensachen nach § 621 Abs. 1 Nr. 5 bis 9, Abs. 2 S. 1 Nr. 4 gilt der allgemeine Grundsatz weiter, dass nur solche Verfahren Folgesachen werden, bei denen eine Entscheidung für den Fall der rechtshängigen Scheidung zu treffen ist. Dies wird bei den in Abs. 2 genannten Verfahren jedoch nicht verlangt (zu den Gründen s. Rn. 2, 6, 10), so dass diese grundsätzlich Folgesachen sind. Dies gilt auch, wenn zB ein Sorgeverfahren bereits vor Einleitung der Ehesache anhängig gemacht und in diesem eine Entscheidung bereits ab Trennung verlangt wurde.[79] Entsprechend Abs. 2 S. 2 können aber die Ehegatten in diesem Verfahren (voraussetzungslos) deren Abtrennung verlangen (eingehend Rn. 11). Auch die in Abs. 3 S. 1 genannten Verfahren (Gefährdung des Kindeswohls s. Rn. 12) werden nach Überleitung zu dem 30

[73] S. a. BGH FamRZ 1993, 176f. – dort auch zur Abgrenzung der Einholung von Informationen zum Versorgungsausgleich.

[74] OLG Düsseldorf FamRZ 1987, 1280; OLG Schleswig FamRZ 1992, 1199.

[75] OLG Hamm FamRZ 1989, 1191; NJW-RR 1991, 266.

[76] So auch *Zö/Philippi* Rn. 29a.

[77] BGH NJW 1990, 1847 = FamRZ 1990, 606 – zum Übergang vom öffentlich-rechtlichen Versorgungsausgleich in den schuldrechtlichen Versorgungsausgleich im isolierten Beschwerdeverfahren.

[78] KG FamRZ 1989, 647; *Zö/Philippi* Rn. 30.

[79] S. a. OLG Stuttgart FamRZ 2001, 166.

Gericht der Ehesache zu Folgesachen; entsprechend Abs. 3 S. 2 (Rn. 12) kann eine Abtrennung dieser Verfahren durch das Gericht erfolgen (zur Anfechtbarkeit s. Rn. 39).

VII. Wirkungen des Verbunds

31 **1. Grundlagen.** Mit Eintritt des Verbunds einer Folgesache mit dem Scheidungsantrag ist nach § 623 Abs. 1 S. 1 über alle verbundenen Verfahren gleichzeitig und zusammen mit der Scheidung zu verhandeln und, sofern der Scheidungsantrag begründet ist, zu entscheiden. Hierbei sind die Verfahren zum nachehelichen Unterhalt und zum Güterrecht gemäß § 621 Abs. 1 Nr. 5, 8; Abs. 2 S. 1 Nr. 4 nach den Bestimmungen der ZPO und die Folgesachen der Freiwilligen Gerichtsbarkeit gemäß § 621 Abs. 1 Nr. 6, 7, 9; Abs. 2 S. 1 Nr. 1–3 nach den Bestimmungen des FGG zu führen, da das 1. EheRG kein einheitliches Verfahrensrecht geschaffen hat. Damit verbleibt es bei den verschiedenen Verfahrensgrundsätzen, so dass im Scheidungsverfahren der **modifizierte Untersuchungsgrundsatz** nach §§ 616, 617, in den zivilprozessualen Folgesachen der **Verhandlungsgrundsatz** und in den FGG-Folgesachen der **Amtsermittlungsgrundsatz** des § 12 FGG gelten. Nicht zuletzt durch das Zusammenwirken verschiedener Verfahrensgrundsätze in Unterhaltssachen wendet die Praxis immer stärker den Amtsermittlungsgrundsatz an (§§ 139, 142, 273). Soweit auf Grund des Untersuchungsgrundsatzes das Gericht in einer FGG-Folgesache Erkenntnisse gewonnen hat, dürfen diese nach wohl überwiegender Meinung auch im zivilprozessualen Verfahren verwendet werden.[80] Hierfür sprechen insbesondere die voneinander abhängigen Rechtsfolgen, aber auch die Tatsache, dass das Gericht ihm in einem Verfahren bekannt gewordene Tatsachen in ein anderes Verfahren einbringen kann (§ 291). Die **allgemeinen Prozessvoraussetzungen** müssen für die Scheidungssache und die Folgesachen jeweils gesondert festgestellt werden.

32 **2. Gleichzeitige Verhandlung.** Die Scheidungssache und Folgesachen sind gleichzeitig und zusammen zu verhandeln, § 623 Abs. 1 S. 1. Diese Bestimmung schließt es aber nicht aus, dass über einzelne Folgesachen umfangreiche Erörterungen zur Sache (zB bei einer güterrechtlichen Auseinandersetzung) und die Beweisaufnahme in einem besonderen Termin durchgeführt werden; vor allem gilt dies, wenn bei umfangreichen Beweiserhebungen Gegenstand und Umfang eines einzuholenden Sachverständigengutachtens von der Vernehmung von Zeugen abhängig ist. I. Ü. ist bei allen Folgesachen, auch soweit sie dem FGG unterliegen, mündlich zu verhandeln; insoweit werden die verschiedenen Verfahrensbestimmungen aneinander angepasst. Gleiches gilt im Hinblick auf § 170 S. 1, 2 GVG (geändert durch Art. 4 Nr. 4 KindRG) für die **nichtöffentliche** Verhandlung in allen Verbundverfahren, auch wenn sie sich nach der ZPO richten. Soweit Dritte am Verfahren zu beteiligen sind (zB der Vermieter gemäß § 7 HausratsVO, s. u. Rn. 34; ferner § 624 Rn. 8 f.), dürfen sie nur an dem sie betreffenden Verfahrensbereich teilnehmen.[81]

33 Auch in Verbundsachen gilt der Grundsatz, dass **unverzüglich ein Termin zu bestimmen** ist (§ 216 Abs. 1) und die mündliche Verhandlung so früh wie möglich stattfinden soll (§ 272 Abs. 3). In Bezug auf die Verfahren zur Regelung der elterlichen Sorge nach § 1671 BGB und des Versorgungsausgleichs nach den §§ 1587 ff. BGB kann im Grundsatz zugewartet werden, bis die Anhörung des Jugendamts erfolgt ist und die angeforderten Auskünfte zum Versorgungsausgleich vorliegen. Allerdings kann sich bei beiden Verfahren die Notwendigkeit einer alsbaldigen Anhörung der Verfahrensbeteiligten nach § 12 FGG sowie nach §§ 50 a ff. FGG ergeben, von der weitere Ermittlungsmaßnahmen abhängen (zu trennen hiervon ist die Anhörung nach § 613 Abs. 1 S. 2, die der Informationsbeschaffung des FamG und der Information der Eltern zur Regelung der Sorgeentscheidung dient). In Bezug auf die Scheidungssache ist jedenfalls dann sofort Termin zu bestimmen, wenn die Frage der Scheidung zwischen den Parteien streitig ist, weil diese einen Anspruch darauf haben, dass sie in einer ihre persönlichen Verhältnisse besonders betreffenden Frage alsbald Gewissheit über den Verfahrensgang und die Sachentscheidung erlangen; dies folgt auch aus dem Beschleunigungsgebot. Ist der Scheidungsantrag abweisungsreif, hat ebenfalls alsbald eine Terminierung zu erfolgen.

34 **3. Beteiligung Dritter.** § 623 Abs. 1 S. 2 bestimmt, dass güterrechtliche und unterhaltsrechtliche Folgesachen abzutrennen sind, wenn **ein Dritter** als Partei oder Nebenintervenient beteiligt ist.[82] Dies gilt entsprechend im Falle des Übergangs eines Unterhaltsanspruchs auf die Träger einer öffentlich-rechtlichen Leistung nach BAföG, SGB II, SGB III, SGB VIII, SGB XII, UntVorschG. Bedeutsam wird diese Bestimmung in erster Linie nur dann, wenn im Verbund Unterhalt für ein minderjähriges Kind verlangt und Verlauf des Verbundverfahrens dieses **Kind volljährig** wird (s. auch Rn. 13). Durch den Wegfall der Prozessführungsbefugnis des Elternteils nach § 1629 Abs. 3 BGB ist das Verfahren von dem Kind selbst fortzuführen und deshalb nach § 145 nach eingetretenem Parteiwechsel abzutrennen. Mit der Herausnahme ist dieses Verfahren isoliert weiterzuführen,[83] weil eine einheitliche Kostenentscheidung nach § 93 a Abs. 1 ausscheidet; diese erfolgt nach §§ 91, 92, wobei auch die während des Verbundes entstehenden Kosten einzubeziehen sind. Auch hängt die Unterhaltspflicht gegenüber dem volljährigen Kind nicht davon ab, ob der Scheidungsantrag eines Elternteils begründet ist. Wird in einem solchen Fall das Verfahren von einem Elternteil weitergeführt, ist dieses Verfahren als unzulässig abzuweisen. Hinsichtlich der **FGG-Folgeverfahren** greift diese Bestimmung nicht ein, weil bei dieser eine Drittbeteiligung im FGG ausdrücklich vorgesehen ist (zB

---

[80] So auch *Zö/Philippi* Rn. 37; *Rolland/Roth* Rn. 46; aA *Johannsen/Henrich/Sedemund-Treiber* Rn. 20.

[81] Hierzu gehören nicht Vereine zur Förderung von Kindesinteressen BGH NJW 1988, 194 = FamRZ 1988, 54.

[82] Durch das UÄndG wurden – neben den Güterrechtsverfahren – auch Unterhaltsverfahren einbezogen; zur Nebenintervention eines Mitgesellschafters des Auskunftspflichtigen s. OLG Braunschweig FamRZ 2005, 725.

[83] *Johannsen/Henrich/Sedemund-Treiber* Rn. 24; s. a. BT-Drucks. 10/2888 S. 22.

§ 53b Abs. 2 S. 1 FGG). Wird der Scheidungsantrag abgewiesen, gilt § 93a Abs. 2 S. 1 (s. auch § 93a Rn. 9), so dass der Antragsteller die Kosten der (wirkungslosen) Folgesache zu tragen hat. Dem liegt zu Grunde, dass auch im Falle einer Drittbeteiligung das Verfahren seinen Charakter als Folgesache nicht verliert, was bei einem güterrechtlichen Folgeantrag deutlich wird, der auch nach Abtrennung materiell-rechtlich vom Ausgang der Scheidungssache abhängig bleibt.[84]

4. Weitere Fragen. In den zivilprozessualen Folgesachen kann ein **Versäumnisurteil** ergehen (s. a. § 629 Abs. 2 S. 1). Wird nur zur **Scheidungssache** ein Antrag gestellt, kann über die zivilprozessualen Verfahren nach Lage der Akten entschieden werden, wenn in einem früheren Termin die entsprechenden Folgeanträge gestellt worden waren, § 251a. Fehlt es hieran, kann auch in der Scheidungssache kein Urteil ergehen.[85] Beantragt der Antragsgegner der Folgesache ein Versäumnisurteil gegen den Antragsteller, die Ehe zu scheiden, ist der Folgeantrag durch Säumnisentscheidung abzuweisen. In **FGG-Folgesachen** können keine Säumnisentscheidungen ergehen; in diesen Verfahren ist auch ohne Antrag zu entscheiden. 35

Nach § 78 Abs. 2 unterliegen die Scheidungssache und alle verbundenen Folgesachen in allen Rechtszügen für die Ehegatten dem **Anwaltszwang,** auch wenn über die Scheidungssache zuvor rechtskräftig entschieden wurde.[86] Für am Verfahren über Folgesachen Beteiligte und beteiligte Dritte gilt dies nur für die Rechtsbeschwerde nach § 621e Abs. 2 vor dem BGH, § 78 Abs. 3. Für das Jugendamt und Träger einer im Versorgungsausgleich auszugleichenden Versorgung besteht auch vor dem BGH kein Anwaltszwang, § 78 Abs. 4. Die Bewilligung von **Prozesskostenhilfe** für die Scheidungssache erstreckt sich nach § 624 Abs. 2 auch auf die Regelung des Versorgungsausgleichs, soweit dieser nicht ausdrücklich ausgenommen wird. Sorgeverfahren werden nicht von der Bewilligung der Prozesskostenhilfe für die Scheidungssache erfasst. In den von Amts wegen nach Abs. 3 S. 1 eingeleiteten Sorgeverfahren ist nach Sinn und Zweck des § 624 Abs. 2 von einem Anschluss der Bewilligung der Prozesskostenhilfe auszugehen, da die Änderung nur in Bezug auf das Antragsprinzip erfolgte und deshalb bei Verfahren, die den Parteien von Amts wegen im Verbund aufgezwängt werden, auch Prozesskostenhilfe gewährt werden muss (s. auch § 624 Rn. 3). Die für die Scheidungssache erteilte **Vollmacht** bezieht sich auch auf die Folgesachen (§ 624 Abs. 1). Bei **Aussetzung der Scheidungssache** nach § 614 Abs. 2 werden hiervon auch sämtliche Verbundverfahren erfasst. Grds. **nicht zulässig ist eine isolierte Aussetzung** einer Folgesache, weil dies gegen den Grundsatz der einheitlichen Verhandlung und Entscheidung verstieße, von dem nur nach §§ 627, 628 eine Ausnahmeregelung besteht. Für den Versorgungsausgleich ist ferner die Regelung des § 53c FGG, die auch im Verbundverfahren gilt, zu beachten; ggf. kann insoweit nach § 628 S. 1 Nr. 2, 4 eine Abtrennung des Versorgungsausgleichsverfahrens erfolgen. Ausgesetzt werden kann dagegen das Verbundverfahren insgesamt; jedoch ist insoweit die Abtrennung einer einzelnen Folgesache nach § 628 S. 1 Nr. 4 möglich und kann das abgetrennte Folgeverfahren danach ausgesetzt werden.[87] Wird ein ZPO-Verbundverfahren ausgesetzt, besteht die sofortige Beschwerde nach § 252, bei FGG-Verbundverfahren nach § 19 FGG. 36

Die **Entscheidung im Verbund** erfolgt auch hinsichtlich der Verbundverfahren einheitlich durch Urteil, § 629 Abs. 1. Anhängig gemachte **Folgesachen der ZPO** können durch **Vergleich** iSd. § 794 Abs. 1 Nr. 1 rechtswirksam beendet werden, so dass über sie nicht mehr im Verbundurteil entschieden werden muss. Ergibt sich nach Rechtskraft des Verbundurteils, dass der Vergleich nichtig ist (§ 794 Rn. 20f.), muss das Verbundverfahren weitergeführt werden und ist wie eine nach § 628 S. 1 abgetrennte Folgesache zu behandeln.[88] **Vereinbarungen zu Folgesachen nach dem FGG** haben keine verfahrensabschließende Wirkung und bedürfen als Vorschlag der Parteien der Übernahme durch das Gericht, weil den Parteien insoweit die Dispositionsbefugnis entzogen ist. Eine Ausnahme hiervon folgt für das Verfahren nach der HausratsVO aus §§ 13 Abs. 2, 3, 16 Abs. 3 HausratsVO. 37

Nach § 93a wird über die **Kosten des Verfahrens einheitlich entschieden.** Dies gilt auch, wenn ein Folgeantrag in der Hauptsache (übereinstimmend) für erledigt erklärt wird.[89] Hinsichtlich der **Gerichtskosten** gilt das GKG auch für Familiensachen des FGG, die Folgesachen einer Scheidungssache sind, § 1 Abs. 2 RVG. 38

VIII. Auflösung, Beendigung und Verletzung des Verbunds

Neben der Abtrennung einer Folgesache und der Vorwegentscheidung der Scheidungssache nach § 623 Abs. 2 S. 2, Abs. 3 S. 2 oder § 628 kann ein eingeleiteter Verbund nur dadurch wieder aufgehoben werden, dass der Antragsteller seinen Antrag zu einer Folgesache wieder zurücknimmt[90] (zu den Folgen eines Verstoßes gegen den Verfahrensverbund s. § 628 Rn. 12f.; s. ferner Rn. 11; dort zu den Unterschieden der Abtrennung nach Abs. 2 S. 2, Abs. 3 S. 2 und nach § 628 S. 1). In **Folgeverfahren nach der ZPO** kann dies nach § 269 Abs. 1 jedoch nur bis zum Beginn der mündlichen Verhandlung des Antragsgegners zur Hauptsache (Folgesache) erfolgen.[91] In **Folgesachen des FGG** bedarf es, soweit es sich nicht um die von Amts wegen zu betreibenden Verfahren der elterlichen Sorge und des Versorgungsausgleichs handelt, keiner Zustimmung 39

[84] AA *Johannsen/Henrich/Sedemund-Treiber* Rn. 24.
[85] OLG Koblenz FamRZ 1990, 769, 770.
[86] BGH FamRZ 1998, 1505.
[87] *Johannsen/Henrich/Sedemund-Treiber* Rn. 18 m. weit. Nachw.
[88] BGH NJW-RR 1991, 1026 = FamRZ 1991, 681.
[89] BGH FamRZ 1983, 683; FamRZ 1986, 253.
[90] S. hierzu BGH NJW 1991, 1616, 1617 = FamRZ 1991, 687, 688.
[91] Zu den Einzelheiten § 626 Rn. 2; BGH NJW-RR 2004, 1297 = FamRZ 2004, 1364.

des Antragsgegners, der aber seinerseits etwa zur Umgangsregelung nach § 1684 BGB oder zur Auseinandersetzung des ehelichen Hausrats einen Folgeantrag stellen kann. Im Falle der Rücknahme einer Folgesache gilt nicht § 269 Abs. 3, sondern die besondere Bestimmung des § 93a,[92] da § 93a Abs. 1 grds. auch bei einem Unterliegen in einer Folgesache gilt. Nicht zulässig ist es, den Folgeantrag in der Weise zu ändern, dass in ein selbständiges und von der Scheidung nicht abhängiges Verfahren übergegangen wird, weil dies dem allgemeinen Verbundgedanken widersprechen würde (s. Rn. 1, 3.), nach dem neben der Scheidungssache kein selbständiges Verfahren geführt werden kann. Wird eine Folgesache, **ohne dass sie abgetrennt wurde, nicht gleichzeitig mit der Scheidungssache** entschieden, so liegt in der Vorabentscheidung über die Scheidungssache ein wesentlicher Verfahrensmangel nach § 538 Abs. 2 Nr. 1, der zur Aufhebung des erstinstanzlichen Urteils und zur Zurückverweisung der Scheidungssache an das FamG führt;[93] unterlässt dies das OLG, hat diese Entscheidung der BGH vorzunehmen.[94] Der **Trennungsbeschluss** nach § 623 Abs. 2, 3 S. 2 ist nicht anfechtbar, da die Abtrennung voraussetzungslos erfolgt.[95] Jedoch kann das Scheidungsurteil mit der Begründung angefochten werden, § 623 sei verletzt, weil die Voraussetzungen einer Abtrennung nicht vorliegen. Auch die Ablehnung eines Antrags auf Abtrennung kann nicht angefochten werden.[96] Wird über eine Folgesache nicht entschieden, ohne dass diese abgetrennt wurde, ist diese nach Rechtskraft der Verbundentscheidung als selbständiges Verfahren weiter zu führen (s. § 629 Rn. 2).

40 Wird eine ZPO-Folgesache (nach §§ 623 Abs. 2 S. 3, 628 S. 1) abgetrennt, so hebt sich die nach § 170 S. 2 GVG bestehende Regelung zur nichtöffentlichen Verhandlung (wegen des Verbundes mit anderen nichtöffentlich zu verhandelnden Familiensachen, so vor allem die Scheidung) auf.[97]

41 *unbesetzt*

IX. Gebühren und Kosten

42 **1. Rechtsanwaltsgebühren.** Die Scheidungssache und alle Folgesachen bilden kostenrechtlich eine Angelegenheit. Die Gegenstandswerte der jeweiligen Verfahren werden zusammengezählt (§ 22 Abs. 1 RVG). Die Gebühren entstehen aus den Nrn. 3100ff. VV RVG. Eine Beweisgebühr gibt es nach RVG nicht mehr. Möglich ist der Anfall einer Einigungs- (Nr. 1003 VV RVG) oder Aussöhnungsgebühr (Nr. 1001 VV RVG). Treten Vergütungstatbestände in unterschiedlicher Höhe auf, gilt § 15 Abs. 3 RVG. Der Gegenstandswert der Ehesache ergibt sich aus § 48 Abs. 3 GKG und beträgt mindestens 2000,– €; bei Kindschaftssachen im Verbund 900,– € (§ 48 Abs. 3 S. 3 GKG). Im Versorgungsausgleich beläuft sich der Wert auf 1000,– oder 2000,– € als Fixwert, je nachdem, welche Anwartschaften zu berücksichtigen sind (§ 49 GKG).

43 Die **Anwaltsgebühren** bei Einbringung einer selbständigen Familiensache in den Scheidungsverbund sind zu berechnen wie bei der Prozessverbindung, vgl. § 147 Rn. 9; für abgetrennte Verfahren vgl. § 145 Rn. 35.

44 **2. Gerichtskosten.** Kraft ausdrücklicher Regelung gilt das GKG auch für die Familiensachen der freiwilligen Gerichtsbarkeit (§ 621 Abs. 1 Nr. 1 bis 3, 6, 7, 9) wenn sie Folgesachen iSd. § 623 Abs. 1 S. 2 sind, und Lebenspartnerschaftssachen des § 661 Abs. 1 Nr. 5 und 7, die Folgesachen eines Verfahrens über die Aufhebung der Lebenspartnerschaft sind (§ 1 Abs. 1 Nr. 1 lit. b) u. c) GKG). Für das Verfahren erster Instanz einschließlich der instanzabschließenden Entscheidung sind KV Nr. 1310, 1311 einschlägig. Nach § 12 Abs. 2 GKG soll in den dort genannten Verfahren nicht mit der Zustellung der Antragsschrift zugewartet werden, bis die Verfahrensgebühr bezahlt ist. Zum Streitwert s. § 46 GKG.

624 *Besondere Verfahrensvorschriften* **(1) Die Vollmacht für die Scheidungssache erstreckt sich auf die Folgesachen.**

(2) Die Bewilligung der Prozesskostenhilfe für die Scheidungssache erstreckt sich auf Folgesachen nach § 621 Abs. 1 Nr. 6, soweit sie nicht ausdrücklich ausgenommen werden.

(3) Die Vorschriften über das Verfahren vor den Landgerichten gelten entsprechend, soweit in diesem Titel nichts Besonderes bestimmt ist.

(4) [1]Vorbereitende Schriftsätze, Ausfertigungen oder Abschriften werden am Verfahren beteiligten Dritten nur insoweit mitgeteilt oder zugestellt, als das mitzuteilende oder zuzustellende Dokument sie betrifft. [2]Dasselbe gilt für die Zustellung von Entscheidungen an Dritte, die zur Einlegung von Rechtsmitteln berechtigt sind.

I. Normzweck

1 Die gesetzliche Bestimmung betrifft vier unterschiedliche Regelungsbereiche, die im Zusammenhang mit dem Verbundverfahren stehen. Mit Abs. 1 soll bezweckt werden, dass eine Vertretung durch Anwälte nicht nur in der Scheidungssache selbst, sondern auch in Folgesachen besteht. Abs. 2 erstreckt die Bewilligung von Prozesskostenhilfe in der Scheidungssache auf die Regelung des Versorgungsausgleichs. Abs. 3 stellt

---

[92] BGH FamRZ 1983, 683; FamRZ 1986, 253.
[93] OLG Nürnberg FamRZ 2005, 1497.
[94] BGH FamRZ 1996, 1070, 1071.
[95] S. a. *Büttner* FamRZ 1998, 592.
[96] S. § 628 Rn. 15; OLG Hamm FamRZ 2002, 333; aA OLG Frankfurt/M FamRZ 2001, 1227; OLG Köln FamRZ 2002, 1570; s. a. *Klinkhammer* FamRZ 2003, 583; *Zö/Philippi* § 623 Rn. 32i.
[97] § 628 Rn. 18; s. a. BGH FamRZ 2005, 1974.

klar, dass im Verbund grds. die Vorschriften über das Verfahren vor den Landgerichten entsprechend gelten. Abs. 4 schützt die Ehegatten davor, dass am Verfahren beteiligte Dritte nur insoweit Kenntnis von den Verfahrensvorgängen erhalten, als sie selbst betroffen sind.

II. Vollmacht (Abs. 1)

§ 78 Abs. 2 bestimmt, dass die Ehegatten sich in Ehesachen und Folgesachen durch Rechtsanwälte als Prozessbevollmächtigte vertreten lassen müssen. Damit wird sichergestellt, dass die anwaltliche Beratung auch die die Ehegatten oft wesentlich stärker als die Scheidung selbst belastenden Folgesachen erfasst. Allerdings ist der Antragsgegner nicht verpflichtet, sich durch einen Rechtsanwalt in der Scheidungssache vertreten zu lassen. Abs. 1 ergänzt damit die Regelungen der §§ 81 bis 83. In entsprechender Anwendung des § 82 gilt diese Bestimmung auch für das Verfahren auf Erlass einer einstweiligen Anordnung nach §§ 620ff. Die **Beschränkung der Vollmacht** auf die Scheidungssache oder eine Folgesache sowie die Bevollmächtigung verschiedener Anwälte in der Scheidungssache und den Folgesachen ist möglich.[1] Entsprechend § 83 ist dies aber dem Gegner mitzuteilen.[2] Wird nur in einer Folgesache eine Vollmacht erteilt, erstreckt sich diese nicht in Umkehrung des Abs. 1 auch auf die Scheidungssache; dies folgt aus § 609, der nur eine besondere Vollmacht für die Scheidungssache verlangt. Die **Prozessfähigkeit** eines in der Geschäftsfähigkeit beschränkten Ehegatten nach § 607 Abs. 1 bezieht sich nicht auf Folgesachen. Die **Bevollmächtigung eines Anwalts** hat deshalb hinsichtlich der **Folgesache** durch den **gesetzlichen Vertreter** zu erfolgen (s. § 607 Rn. 2). 2

III. Prozesskostenhilfe (Abs. 2)

1. Erstreckung auf von Amts wegen einzuleitende Verbundverfahren. Durch das KindRG (Art. 6 Nr. 21) wurden die Sorgeverfahren nach § 1671 Abs. 1 BGB aus der Regelung des Abs. 2 herausgenommen, weil diese Verfahren im Regelfall nicht (mehr) von Amts wegen, sondern nur auf Antrag eingeleitet werden. Für **Sorgeverfahren auf Antrag** gelten deshalb die in Rn. 4 dargelegten Grundsätze. Für von Amts wegen nach § 623 Abs. 3 S. 1 einzuleitende Sorgeverfahren wegen Gefährdung des Kindeswohls verbleibt es dagegen bei der automatischen Ausdehnung der Bewilligung der Prozesskostenhilfe zur Scheidungssache auf diese Verfahren (eingehend § 623 Rn. 36). Nach dem eindeutigen Wortlaut des Abs. 2 gilt die Prozesskostenhilfebewilligung für Verfahren des öffentlich-rechtlichen sowie des **schuldrechtlichen Versorgungsausgleichs,** soweit dieser im Verbund geltend gemacht werden kann (s. § 623 Rn. 14), obwohl letzterer nur auf Antrag eines Ehegatten erfolgt.[3] Demgemäß ist den Ehegatten in diesen Verfahren idR unabhängig von den Erfolgsaussichten eventueller Anträge Prozesskostenhilfe zu bewilligen (§ 114 Rn. 27), weil wegen der besonderen Bedeutung für die Sicherung der Altersvorsorge eine anwaltliche Beratung geboten ist und sich die Ehegatten zudem dem Verfahren nicht durch ein entsprechendes Prozessverhalten entziehen können. Eine Ausnahme hiervon kann bei einem Antrag zur Durchführung des schuldrechtlichen Versorgungsausgleichs bestehen, wenn dessen Voraussetzungen nicht oder nur teilweise gegeben sind. Gleiches gilt, wenn ein Ehegatte die zum **Versorgungsausgleich** nach § 1587e Abs. 1 BGB **geschuldete Auskunft** nicht erteilt oder ein Auskunftsanspruch wegen dessen Erfüllung nicht mehr besteht; insoweit fehlt es an dem zuvor dargelegten besonderen Schutzbedürfnis eines Ehegatten. Ansonsten erstreckt sich die Prozesskostenhilfebewilligung auf die Auskunftsverfahren zum Versorgungsausgleich. I. Ü. gelten die Wirkungen des Abs. 2 auch im Falle der Abtrennung eines der dort genannten Verfahren. In der **zweiten Instanz** (OLG) erstreckt sich die Prozesskostenhilfebewilligung nicht auf das Verfahren zum Versorgungsausgleich, weil die Normsituation des § 624 Abs. 2 dort regelmäßig nicht eintritt. Eine Ausnahme besteht aber dann, wenn in erster Instanz der Scheidungsantrag abgewiesen, in der zweiten Instanz diesem dann stattgegeben wird und die Parteien einen nach § 1587o BGB zu genehmigenden Ausschluss des Versorgungsausgleichs vereinbaren. 3

2. Prozesskostenhilfebewilligung im Antragsverbund. Für die sonstigen Verbundverfahren (insbesondere zum Unterhalt und Güterrecht) muss Prozesskostenhilfe jeweils **gesondert beantragt und bewilligt** werden.[4] Wurde bereits in der Scheidungssache Prozesskostenhilfe bewilligt, wird sich die Prüfung bei den sonstigen Verbundverfahren auf die Frage der Erfolgsaussichten der beabsichtigten Rechtsverfolgung oder Rechtsverteidigung beschränken; eine erneute Prüfung der Hilfsbedürftigkeit entfällt,[5] falls nicht eine Veränderung der finanziellen Verhältnisse eingetreten ist. 4

3. Prozesskostenhilfebewilligung hinsichtlich der Scheidungssache. Für die Bewilligung von Prozesskostenhilfe für das Scheidungsverfahren gelten die §§ 114ff. Auf Grund der Besonderheiten des Scheidungsverfahrens gelten besondere Grundsätze zur Prüfung der Erfolgsaussichten hinsichtlich der beabsichtigten Rechtsverfolgung bzw. Rechtsverteidigung. Diese werden zum einen davon bestimmt, dass der Antragsgegner dem Scheidungsantrag (als Statusverfahren) nicht ausweichen kann; ferner strebt der Gesetzgeber eine Vertretung durch einen Prozessbevollmächtigten an (§§ 78 Abs. 2, 625). Schließlich entspricht das Festhalten an der Ehe einem von Gesetz gewollten Ziel (§ 616). Liegt ein **streitiger Scheidungsantrag** vor, sind hinsichtlich des Antragstellers nach allgemeinen Grundsätzen die Erfolgsaussichten zu prüfen. Liegt eine 5

---

[1] Eingehend § 609 Rn. 3; s. a. MK/*Finger* Rn. 2; einschränkend *Zö/Philippi* § 609 Rn. 4.
[2] HM; *Johannsen/Henrich/Sedemund-Treiber* Rn. 1.
[3] Wie hier auch *Zö/Philippi* Rn. 5; MK/*Finger* Rn. 5; aA *Rolland/Roth* Rn. 5.
[4] OLG Karlsruhe FamRZ 1993, 216.
[5] OLG Karlsruhe FamRZ 1985, 1274.

Scheinehe zwischen einem deutschen und einem ausländischen Ehegatten vor, um dem ausländischen Ehegatten einen Aufenthalt in der Bundesrepublik Deutschland zu verschaffen, so kann die Prozesskostenhilfe nicht als mutwillig oder missbräuchlich wegen missbräuchlicher Verwendung des Instituts der Ehe abgelehnt werden.[6] Hat der deutsche Ehegatte jedoch Geldleistungen erhalten, kann regelmäßig verlangt werden, dass er zur Finanzierung der Scheidungskosten hiervon einen Geldbetrag verwendet;[7] es besteht deshalb eine Pflicht, hiervon Rücklagen zu bilden, um die Kosten der Ehesache finanzieren zu können.[8] Widerspricht der Antragsgegner dem Scheidungsbegehren, ist ihm bei Vorliegen der sonstigen Voraussetzungen der §§ 114ff. für den ersten Rechtszug aus den eingangs genannten Gründen Prozesskostenhilfe zu bewilligen, auch wenn die Rechtsverteidigung keine hinreichende Aussicht auf Erfolg bietet.

6 Im Falle einer **einvernehmlichen Scheidung** ist dem Antragsteller (bei Vorliegen der sonstigen Voraussetzungen) Prozesskostenhilfe zu bewilligen, wenn die Voraussetzungen des § 1566 Abs. 1 BGB iVm. § 630 belegt sind oder die Einigung angekündigt wird und der Antragsgegner diese bestätigt, weil die Einigung auch zu Protokoll in der mündlichen Verhandlung gegeben werden kann (§ 127a BGB). Entsprechend ist auch dem Antragsgegner Prozesskostenhilfe zu bewilligen, wenn die weiteren Voraussetzungen der §§ 114ff. gegeben sind, da in diesem Fall vom Gesetz bewusst keine Frontenstellung gewollt wird und es oft zufällig ist, welcher Ehegatte als Antragsteller auftritt. Ist der Antragsgegner nicht durch einen Prozessbevollmächtigten vertreten, muss geprüft werden, ob sich dieser durch Leistung eines Prozesskostenvorschusses nach § 1360a Abs. 4 BGB an den Verfahrenskosten zu beteiligen hat.

IV. Geltung der Bestimmungen über das Verfahren vor den Landgerichten (Abs. 3)

7 Diese Regelung gilt nur für die zivilprozessualen Folgesachen,[9] nicht für die FGG-Folgesachen. Die §§ 253 bis 494a gelten für die ZPO-Folgesachen, dagegen nicht die vor den Amtsgerichten geltenden Verfahrensvorschriften. Für die FGG-Verfahren greift § 621a Abs. 1 S. 1 ein, worauf wohl der letzte Halbs. von Abs. 3 hinweist.

V. Beteiligung Dritter am Verfahren (Abs. 4)

8 In den **FGG-Folgesachen** (§ 621 Abs. 1 Nr. 6, 7, 9; Abs. 2 S. 1 Nr. 1–3) sind meist Dritte am Verfahren beteiligt, das sind die Jugendämter in Sorgerechts-, Umgangs- und Herausgabeverfahren nach § 49a Abs. 1, 3 FGG, ein nach § 50 FGG bestellter Verfahrenspfleger (s. § 621 Rn. 48ff.), die Träger eine Versorgung im Versorgungsausgleichsverfahren nach § 53b Abs. 2 S. 1 FGG und der Vermieter in Verfahren nach der HausratsVO (§ 7 HausratsVO). In den **ZPO-Folgesachen** (§ 621 Abs. 1 Nr. 4, 5, 8) tritt eine Drittbeteiligung im Sinne dieser Regelung dagegen nicht ein (vgl. § 623 Rn. 34). Dritten sind nach Abs. 4 Schriftsätze und Entscheidungen insoweit zugänglich zu machen, als sie hiervon betroffen sind und sie Kenntnis zur Wahrung des rechtlichen Gehörs benötigen. Bedeutsam wird dies im Hinblick auf die Befugnis zur Einlegung von Rechtsmitteln durch die am Verfahren beteiligten Dritten. So wird etwa bei der Verbundentscheidung den Trägern einer Versorgung neben dem Rubrum und dem Tenor der Entscheidung nur noch der Teil des Tatbestandes und der Entscheidungsgründe zugeleitet, die den Versorgungsausgleich betreffen (zu den Folgen für die Abfassung der Entscheidungsgründe s. § 629 Rn. 2). Entsprechendes gilt für das nach § 49a FGG iVm. §§ 87b, 86 SGB VIII beteiligte Jugendamt für die Entscheidung zur elterlichen Sorge, zum Umgang und zur Herausgabe eines Kindes. Im Rechtsmittelverfahren gilt entsprechendes, so dass Rechtsmittelschriften sowie Erwiderungen und auch die Entscheidung neben den Ehegatten nur den im Rechtsmittelverfahren beteiligten Dritten mitgeteilt werden.

9 Eine Sonderstellung ergibt sich nach Abs. 4 S. 2 für minderjährige Kinder, die zum Zeitpunkt der Verkündung des Urteils das **14. Lebensjahr vollendet** haben. Kinder werden zwar nach § 50b FGG angehört, ansonsten sind sie aber nicht am Verfahren beteiligt. Nach § 59 Abs. 1, 3 FGG haben Kinder, die bei Verkündung des Urteils das 14. Lebensjahr vollendet haben, ein **Recht zur Beschwerde.** Nach § 59 Abs. 2 FGG ist diesen deshalb das Urteil zuzustellen, soweit es das Kind betrifft (zu den Ausnahmen s. § 59 Abs. 2 S. 2 FGG). Danach ist das Urteil zuzustellen, soweit es die Scheidung, die elterliche Sorge, die Umgangsbefugnis und die Herausgabe enthält. Eine Beschwerde kann durch das Kind ohne einen Prozessbevollmächtigten erfolgen; das Kind kann aber trotz seiner Minderjährigkeit einem Prozessbevollmächtigten unmittelbar Vollmacht erteilen. Auch wenn es keine Beschwerde einlegt, wird die Beschwerdeentscheidung nach § 621 Abs. 2 S. 1 Nr. 1–3 dem Kind nach § 59 FGG zugestellt.

625

Beiordnung eines Rechtsanwalts **(1) [1]Hat in einer Scheidungssache der Antragsgegner keinen Rechtsanwalt als Bevollmächtigten bestellt, so ordnet das Prozessgericht ihm von Amts wegen zur Wahrnehmung seiner Rechte im ersten Rechtszug hinsichtlich des Scheidungsantrags und eines Antrags nach § 1671 Abs. 1 des Bürgerlichen Gesetzbuchs einen Rechtsanwalt bei, wenn diese Maßnahme nach der freien Überzeugung des Gerichts zum Schutz des Antragsgegners unabweisbar erscheint; § 78c Abs. 1, 3 gilt sinngemäß. [2]Vor einer Beiordnung soll der Antragsgeg-**

---

[6] S. zB KG FamRZ 1987, 486; differenzierend BVerfG NJW 1985, 425 = FamRZ 1984, 1205, 1206.
[7] *Wax* FamRZ 1985, 10, 11; s. ferner BVerfG FamRZ 1984, 1205, 1206
[8] BGH NJW 2005, 2781 = FamRZ 2005, 1477.
[9] KG FamRZ 1984, 495.

ner persönlich gehört und dabei besonders darauf hingewiesen werden, dass die Familiensachen des § 621 Abs. 1 gleichzeitig mit der Scheidungssache verhandelt und entschieden werden können.

(2) Der beigeordnete Rechtsanwalt hat die Stellung eines Beistandes.

I. Normzweck

1 Die Möglichkeit der Beiordnung eines Rechtsanwalts durch das Gericht **ohne Antrag** des Antragsgegners beruht auf der Absicht des Gesetzgebers, dem Antragsgegner in einer Scheidungssache und der Regelung der elterlichen Sorge für ein gemeinschaftliches Kind eine umfassende rechtliche Beratung zukommen zu lassen, wenn dieser es unterlässt, einen Prozessbevollmächtigten zu bestellen oder Prozesskostenhilfe unter Beiordnung eines Rechtsanwalts nach § 121 zu beantragen. Bei Sorgeregelungen nach § 1671 Abs. 1 BGB greift diese Bestimmung nur dann ein, wenn eine Regelung der elterlichen Sorge auf Antrag zu erfolgen hat; in diesem Fall kommt die Beiordnung eines Rechtsanwalts nur in Betracht, wenn die Gegenseite einen entsprechenden Antrag gestellt hat (eingehend § 621 Rn. 43). Praktische Bedeutung hat diese Bestimmung kaum, da die Voraussetzungen zu einer Beiordnung sehr unscharf sind. Möglich ist die Beiordnung im ersten Rechtszug, nicht dagegen im Rechtsmittelverfahren, weil die Beratung über die rechtlichen und persönlichen Folgen einer Scheidung und die Regelung der elterlichen Sorge für ein gemeinsames Kind durch die Beratung in einer Instanz gesichert werden kann (zur Abgrenzung zu § 78b s. dort Rn. 2).

II. Voraussetzungen

2 Die Beiordnung eines Rechtsanwalts ist nur bei **Anhängigkeit** einer Scheidungssache **und** der **nicht erfolgten Beauftragung** eines Prozessbevollmächtigten zur Scheidungssache oder zur Regelung der elterlichen Sorge für ein gemeinschaftliches Kind in den in Rn. 1 genannten Sachlagen möglich. Hat der Antragsgegner für eine andere Folgesache einen Prozessbevollmächtigten beauftragt, gilt § 625 ebenfalls,[1] weil der Zweck des § 625 gerade darin besteht, in den dort genannten Verfahren eine anwaltliche Beratung sicherzustellen. Die Beiordnung hat regelmäßig auch unabhängig davon zu erfolgen, ob die **Rechtsverteidigung** oder Rechtsverfolgung **Aussicht auf Erfolg** hat; insoweit kann auf die Ausführungen zu § 624 (Rn. 3ff.) verwiesen werden. Danach kommt eine Beiordnung auch dann in Betracht, wenn dem Scheidungsbegehren des Antragstellers voraussichtlich stattgegeben wird. Lediglich bei einem offensichtlich nicht begründeten und sofort abweisungsreifen Scheidungsantrag kann von einer Beiordnung mangels Schutzbedürfnisses abgesehen werden.[2]

3 Weitere Voraussetzung ist ein **unabweisbares Bedürfnis** für eine Beiordnung; diese Bewertung erfolgt nach freier Überzeugung des Gerichts. Ein solches ist anzunehmen, wenn der Antragsgegner in nicht vertretbarer Weise eine Wahrnehmung seiner Rechte unterlässt. Hierbei ist es im Hinblick auf den Schutzzweck ohne Bedeutung, ob dies aus Gleichgültigkeit, Uneinsichtigkeit, Hilflosigkeit oder mangelnder Fähigkeit[3] zur Beurteilung der Folgen der Scheidung oder der Regelung der elterlichen Sorge unterbleibt;[4] entsprechendes gilt bei einer Beeinflussung durch den anderen Ehegatten.[5] Nimmt der Antragsgegner seine Rechte in ausreichendem Maße selbst wahr, scheidet eine Beiordnung dagegen aus. Die Beurteilung dieser Voraussetzungen erfolgt nach freier Überzeugung des Gerichts.

III. Verfahren

4 Die **Beiordnung eines Rechtsanwalts** nach § 625 zum Schutze des Antragsgegners soll nach seinem Normzweck nur erfolgen, wenn dieser **trotz Belehrung** nach §§ 608, 271 Abs. 2, einen Rechtsanwalt zu beauftragen, dem nicht nachkommt. In diesem Fall wird regelmäßig die persönliche Anhörung des Antragsgegners nach § 613 erforderlich, bei der er nach 625 Abs. 1 S. 2 darauf hinzuweisen ist, dass mit der Scheidungssache auch gleichzeitig die Folgesachen des § 621 Abs. 1 verhandelt und entschieden werden können. Im Rahmen dieser Anhörung kann vom Gericht geprüft werden, ob die Voraussetzungen zu einer Beiordnung vorliegen, also der Antragsgegner seine Rechte selbst wahrnehmen kann.[6] Erscheint der Antragsgegner nicht, kann nach § 613 Abs. 2 dessen Vorführung angeordnet werden. Die Beiordnung eines Rechtsanwalts erfolgt durch **Verfügung des Gerichts** und erstreckt sich auf die Scheidungssache und die Regelung zur elterlichen Sorge für ein gemeinschaftliches Kind, nach dem Wortlaut des § 625 nicht dagegen auf andere Folgesachen iSd. § 621 Abs. 1.[7] Im Falle der Herausgabe eines Kindes im Zusammenhang mit einer Sorgeentscheidung ist die Beiordnung auch hierauf zu erstrecken.

5 Da der vorläufigen Regelung der elterlichen Sorge im Wege der **einstwAnO** nach § 620 Nr. 1 häufig eine Dauerwirkung zukommt, entspricht es dem Schutzzweck des § 625, die Beiordnung auch auf dieses Verfahren auszudehnen, nicht aber auf die anderen Verfahren nach § 620 Nr. 2–9.[8] Die **Auswahl des Rechts-**

---

[1] AA *Johannsen/Henrich/Sedemund-Treiber* Rn. 2.
[2] S. a. OLG Hamm FamRZ 1982, 86, 87.
[3] Ohne dass die Voraussetzungen für die Anordnung einer Betreuung nach §§ 1896ff. BGB vorliegen.
[4] HM; s. etwa *Zö/Philippi* Rn. 1; OLG Hamm FamRZ 1998, 1123.
[5] BT-Drucks. 7/650 S. 210.
[6] OLG Hamm FamRZ 1986, 1122.
[7] OLG Koblenz FamRZ 1985, 618, 619; MK/*Finger* Rn. 6; aA hinsichtlich der Umgangsbefugnis nach § 1684 BGB *Zö/Philippi* Rn. 6.
[8] Zu § 620 S. 1 Nr. 1 aA OLG Koblenz FamRZ 1985, 618; *Zö/Philippi* Rn. 6.

anwalts wird vom Gericht entsprechend § 78c Abs. 1 getroffen. Die in Form eines Beschlusses getroffene Entscheidung ist zu begründen. Der beigeordnete Anwalt ist nach § 48 Abs. 1 Nr. 3 BRAO zur Übernahme der Beiordnung verpflichtet; jedoch sollte vor einer Beiordnung die Bereitschaft des Rechtsanwalts geklärt werden. I. Ü. kann dieser seine Beiordnung nicht von der **Zahlung eines Vorschusses** abhängig machen (§ 39 RVG), weil § 625 Abs. 1 S. 2 nicht auf § 78c Abs. 2 verweist. Nach § 78c Abs. 3 kann der beigeordnete Rechtsanwalt gegen die Verfügung sofortige **Beschwerde** mit der Begründung einlegen, dass ein wichtiger Grund iSd. § 48 Abs. 2 BRAO vorliegt, einen anderen Rechtsanwalt beizuordnen.

6 Auch der Antragsgegner kann **gegen die Beiordnung** eines Rechtsanwalts nur insoweit mit der sofortigen **Beschwerde** vorgehen, dass ihm ein anderer Rechtsanwalt beigeordnet wird, wenn nach § 78c Abs. 3 S. 1 ein **wichtiger Grund** vorliegt. Dagegen ist die Beiordnung selbst nach den gesetzlichen Bestimmungen nicht anfechtbar, weil die Beiordnung eines Rechtsanwalts gegen den Willen des Antragsgegners keine Entscheidung ist, durch die ein das Verfahren betreffendes Gesuch zurückgewiesen wird (§ 567 Abs. 1 Nr. 2). Rspr. und Lit. lassen jedoch eine Beschwerde mit der Begründung zu, die Beiordnung eines Rechtsanwalts gegen den Willen des Antragsgegners stelle einen schwerwiegenden Eingriff in dessen Entscheidungsfreiheit dar.[9] Dem ist zuzustimmen, weil es unvertretbar erscheint, lediglich gegen die Auswahl eines Rechtsanwalts ein Rechtsmittel einlegen zu können, nicht dagegen gegen die weiter gehende Maßnahme der Beiordnung. Ergeht ein **ablehnender Beschluss** zur Beiordnung eines Rechtsanwalts, fehlt es dem Antragsgegner für eine sofortige Beschwerde am **Rechtsschutzbedürfnis**, weil der Antragsgegner jederzeit einen Prozessbevollmächtigten beauftragen oder die Bewilligung von Prozesskostenhilfe unter Beiordnung eines Rechtsanwalts beantragen kann. Der Antragsteller ist durch eine solche Entscheidung nicht beschwert, so dass er nicht beschwerdebefugt ist.

IV. Stellung des beigeordneten Rechtsanwalts

7 Erteilt der Antragsgegner dem beigeordneten Rechtsanwalt keine Prozessvollmacht, hat dieser nach Abs. 2 nur die **Stellung eines Beistands** (§ 90). Die Zustellungen erfolgen in diesem Fall weiterhin an die Partei (§ 172); dem Beistand sind jedoch Abschriften der Schriftsätze zuzuleiten. Der Beistand hat den Antragsgegner zu beraten. Das Vorbringen des beigeordneten Rechtsanwalts gilt als Vorbringen des Antragsgegners; dieser kann nach § 90 Abs. 2 sofort widerrufen oder den Vortrag berichtigen. Ohne Vollmacht kann der Beistand auch **keine Prozesshandlungen** für den Antragsgegner vornehmen; ebenso wenig kann er einen Vergleich schließen.

V. Gebühren und Kosten

8 **1. Rechtsanwaltsgebühren.** Der beigeordnete Anwalt wird Prozessbevollmächtigter, wenn er von der Partei **bevollmächtigt** wird. Dann hat er die normalen Gebührenansprüche, einschließlich Vorschussanspruch. Wird er **nicht bevollmächtigt,** hat er gemäß § 39 RVG die gleichen Gebührenansprüche gegen die Partei, einschließlich eines Vorschussanspruchs. Zahlt die Partei nicht, hat der Anwalt Ansprüche gegen die Landeskasse gemäß § 45 Abs. 2 RVG.

9 **2. Gerichtskosten.** Gerichtsgebühren werden für die Beiordnung nicht erhoben. Für das Beschwerdeverfahren gilt KV Nr. 1812.

626 *Zurücknahme des Scheidungsantrags*

(1) **[1]Wird ein Scheidungsantrag zurückgenommen, so gilt § 269 Abs. 3 bis 5 auch für die Folgesachen, soweit sie nicht die Übertragung der elterlichen Sorge oder eines Teils der elterlichen Sorge wegen Gefährdung des Kindeswohls auf einen Elternteil, einen Vormund oder einen Pfleger betreffen; in diesem Fall wird die Folgesache als selbständige Familiensache fortgeführt. [2]Erscheint die Anwendung des § 269 Abs. 3 Satz 2 im Hinblick auf den bisherigen Sach- und Streitstand in den Folgesachen der in § 621 Abs. 1 Nr. 4, 5, 8 bezeichneten Art als unbillig, so kann das Gericht die Kosten anderweitig verteilen. [3]Das Gericht spricht die Wirkungen der Zurücknahme auf Antrag eines Ehegatten aus.**

(2) **[1]Auf Antrag einer Partei ist ihr durch Beschluss vorzubehalten, eine Folgesache als selbständige Familiensache fortzuführen. [2]In der selbständigen Familiensache wird über die Kosten besonders entschieden.**

I. Normzweck

1 Die Folgesachen werden nach § 623 Abs. 1 nur für den Fall der (rechtskräftigen) Scheidung der Ehe beantragt und entschieden; sie werden deshalb im Wege eines **(unechten) Eventualantrags** geltend gemacht (zu dessen Zulässigkeit § 260 Rn. 4, 12f.) und damit mit Rücknahme des Scheidungsantrags gegenstandslos. Im Hinblick hierauf erstreckt § 626 Abs. 1 die Wirkung des § 269 Abs. 3 bis 5 auch auf die Folgesachen; er ergänzt deshalb die Regelung des § 269 Abs. 3 bis 5. § 626 Abs. 2 bestimmt aus verfahrensökonomischen Gründen, dass **eingeleitete Folgesachen als selbständige Familiensachen** fortgeführt werden können, wenn dies eine Partei beantragt. Dies hat u. a. zur Folge, dass bereits entstandene Verfahrenskosten nicht erneut entstehen.

---

[9] OLG Hamm FamRZ 1982, 86; FamRZ 1986, 1122; Zö/*Philippi* Rn. 4 m. weit. Nachw.

II. Rücknahme des Scheidungsantrages (Abs. 1)

1. Voraussetzungen. Die Rücknahme eines Scheidungsantrags richtet sich nach den allgemeinen Bestimmungen des § 269 Abs. 1, 2 (§ 608). **Ohne Zustimmung** des Antragsgegners ist sie danach möglich, solange dieser zur Hauptsache noch nicht mündlich verhandelt,[1] also keinen Sachantrag gestellt (§ 137 Abs. 1) und sich nicht mündlich auf den Scheidungsantrag in der Weise eingelassen hat, dass er dem Scheidungsantrag zustimmt.[2] Gleiches gilt bei einer Einlassung des Prozessbevollmächtigten des Beklagten im Rahmen eines Güteversuches nach § 278 Abs. 1 S. 1 oder bei einer Stellungnahme zur Zulässigkeit einer Klage oder eines Antrags.[3] Nach Eintritt in die mündliche Verhandlung, die mit der Stellung eines Abweisungsantrages (§ 137 Abs. 1) oder einer mündlichen Einlassung zur Sache beginnt, bedarf eine Rücknahme des Scheidungsantrags der **Zustimmung des Antragsgegners.** Die Rücknahme erfolgt durch Erklärung gegenüber dem Gericht und kann auch in der Berufungsinstanz erfolgen (629a Rn. 6). Mit Eintritt der Rechtskraft des Scheidungsurteils ist eine Rücknahme nicht mehr möglich. Ein Verhandeln iSd. § 269 setzt nicht zwingend die Zustimmung oder einen eigenen Antrag des Antragsgegners voraus; es reicht aus, wenn der Prozessbevollmächtigte des Antragsgegners sich zur Scheidungssache einlässt, so wenn dem Scheidungsantrag nicht entgegengetreten wird.[4] **Kein Verhandeln** iSd. § 269 stellen Erklärungen und Angaben des **nicht** durch einen **Prozessbevollmächtigten vertretenen Antragsgegners** dar, da es insoweit an einem Sachantrag fehlt. Gleiches gilt für die förmliche Vernehmung oder Anhörung nach § 613 Abs. 1. Der Scheidungsantrag kann in diesem Fall in jeder Phase des Verfahrens ohne Zustimmung des Antragsgegners vom Antragsteller zurückgenommen werden.[5] 2

2. Wirkungen der Rücknahme. Wird der Scheidungsantrag wirksam zurückgenommen, gilt das Verfahren als nicht rechtshängig geworden, § 269 Abs. 3 S. 1 Halbs. 1. Ein bereits erlassenes, noch nicht rechtskräftig gewordenes Urteil wird wirkungslos, ohne dass es seiner ausdrücklichen Aufhebung bedarf, § 269 Abs. 3 S. 1 Halbs. 2. Nach § 626 Abs. 1 gilt dies auch für alle Folgesachen, unabhängig davon, ob diese vom Antragsteller oder Antragsgegner beantragt wurden. Diese Wirkungslosigkeit erstreckt sich ferner auf Entscheidungen des FamG nach § 627 Abs. 1, wenn das FamG vorab eine Entscheidung zur elterlichen Sorge getroffen hat, und Entscheidungen zu abgetrennten Verfahren nach § 628 S. 1, selbst wenn diese inzwischen unanfechtbar geworden sind. 3

Von dem allgemeinen Grundsatz, dass mit Rücknahme des Scheidungsantrags auch die Folgesachen gegenstandslos werden, trifft Abs. 1 S. 1 für die Verfahren eine Ausnahme, deren Gegenstand die Übertragung der **elterlichen Sorge wegen Kindeswohlgefährdung** ist. Solche Sorgeverfahren (nach § 1666 BGB) sind nicht von einem Antrag abhängig; sie werden deshalb – anders als die anderen Folgesachen – als selbständige Familiensachen von Amts wegen fortgeführt (s. auch § 623 Rn. 6, 10. 30), weil insoweit nicht eine Entscheidung für den Fall der Scheidung iSd. § 623 Abs. 1 S. 1, sondern bereits für die Trennungszeit zu treffen ist (s. a. § 623 Rn. 11). Die sonstigen Folgesachen können nach Abs. 2 S. 1 nur **auf Antrag einer Partei** als selbständige Verfahren weitergeführt werden. 4

Nach § 269 Abs. 3 S. 2 trägt der Antragsteller **sämtliche Kosten des Verfahrens;** haben beide Ehegatten ihre jeweils gestellten Scheidungsanträge zurückgenommen, erfolgt die Entscheidung über die Kosten nach § 92. Ferner ist über die **Kosten der Folgesachen** zu entscheiden, falls diese nicht nach § 626 Abs. 2 fortgeführt werden. Diese hat nach § 626 Abs. 1 S. 1 der Antragsteller zu tragen, der seinen Scheidungsantrag zurücknimmt, unabhängig davon, ob eine von Amts wegen einzuleitende oder vom Antragsteller bzw. Antragsgegner beantragte Folgesache vorliegt. § 626 Abs. 1 S. 2 sieht jedoch eine § 93a Abs. 2 S. 2 entsprechende **Billigkeitsklausel** vor, nach der die Kosten anderweitig aufgeteilt werden können. Dies wird insbesondere anzunehmen sein, wenn der Antragsgegner zB einen übermäßig hohen nachehelichen Unterhalt oder Zugewinnausgleich verlangt hat und dieser nach Beurteilung des im **Zeitpunkt der Rücknahme** festzustellenden Sach- und Streitstandes teilweise oder ganz abzuweisen gewesen wäre. Diese Grundsätze gelten entsprechend bei **FGG-Folgesachen,**[6] wobei allerdings bei diesen ein offensichtlich unbegründeter Antrag zu einer Folgesache kaum vorkommen wird[7] (möglich, wenn die Übertragung des gesamten Hausrats verlangt wird). Auch bei einem **Antrag auf Erlass einer einstwAnO** des Antragsgegners, mit dem ein offensichtlich nicht bestehender Anspruch geltend gemacht wird, kann von dem allgemeinen Grundsatz, dem Antragsteller insoweit die Kosten aufzuerlegen, abgewichen und dem Antragsgegner gemäß §§ 620g, 96 die Kosten auferlegt werden. Nach Abs. 1 S. 3 können die Wirkungen der Zurücknahme des Scheidungsantrags hinsichtlich der Scheidungssache selbst, der Folgesachen und der Pflicht zur Kostentragung **auf Antrag durch Beschluss** ausgesprochen werden. Antragsberechtigt sind abweichend von § 269 Abs. 4 beide Ehegatten. Der Beschluss kann nach § 269 Abs. 5 S. 1 mit der sofortigen Beschwerde angefochten werden, wenn der Streitwert der Hauptsache den Beschwerdewert von 600 Euro gemäß § 511 Abs. 2 Nr. 1 über- 5

---

[1] S. zB OLG Hamm FamRZ 1989, 1102.
[2] OLG München NJW-RR 1994, 201 m. weit. Nachw.
[3] BGH FamRZ 1987, 800, 801 – dort zur Rücknahme einer Berufung.
[4] BGH NJW-RR 2004, 1297 = FamRZ 2004, 1364.
[5] OLG Köln FamRZ 1985, 1060, 1061; OLG Hamm FamRZ 1989, 1102; aA OLG Karlsruhe OLGZ 1977, 478; OLG München NJW-RR 1994, 201.
[6] So auch *Zö/Philippi* Rn. 5 m. weit. Nachw.
[7] Zur entsprechenden Anwendung der Billigkeitsklausel s. auch *Johannsen/Henrich/Sedemund-Treiber* Rn. 4; anders MK/*Finger* Rn. 9.

steigt. Im Falle der Ablehnung eines Antrags ist hiergegen die sofortige Beschwerde nach § 567 Abs. 1 Nr. 2 gegeben.[8]

III. Fortführung von Folgesachen (Abs. 2)

6 **1. Voraussetzungen.** Von dem in Abs. 1 geregelten Grundsatz, dass mit der Rücknahme des Scheidungsantrags auch die Folgesache als zurückgenommen gilt, sieht Abs. 2 eine Ausnahme vor. Folgesachen können als selbständige Familiensachen fortgeführt werden, soweit sich diese ihrer Art nach hierfür eignen. Erforderlich hierfür ist zunächst eine **Änderung des Antrags,** weil Folgesachen nur für den Fall der Scheidung der Ehe beantragt werden können, mit der Rücknahme des Scheidungsantrags jedoch materiell-rechtlich nur eine Regelung vor rechtskräftiger Scheidung möglich ist. Geeignete Verfahren sind hierfür die Regelung der elterlichen Sorge nach § 1671 BGB, falls eine Regelung für die Zeit der dauerhaften Trennung der Eltern getroffen werden soll, die Regelung des Umgangs nach § 1684 BGB, Verfahren zur Regelung des Getrenntlebensunterhalts an Stelle des nachehelichen Unterhalts nach §§ 1569ff. BGB, auch güterrechtliche Verfahren, wenn der Anspruch auf den vorzeitigen Zugewinn nach §§ 1385, 1386 BGB umgestellt wird, Verfahren zur ehelichen Wohnung und ehelichem Hausrat nach §§ 1361a, 1361b BGB an Stelle der Bestimmungen nach der HausratsVO. Verfahren zum Unterhalt minderjähriger Kinder können ohne weiteres fortgeführt werden. Eine entsprechende Regelung zum Versorgungsausgleich besteht jedoch nicht, weil dieser erst durch die Scheidung ausgelöst wird, § 1587 BGB.[9] Abs. 2 ist entsprechend anzuwenden, wenn ein **ausländisches Scheidungsurteil** im Inland anerkannt und ein Scheidungsantrag im Inland dadurch gegenstandslos wird.[10]

7 **2. Verfahren.** Der Antrag nach Abs. 2 kann von jedem Ehegatten gestellt werden, der eine Folgesache anhängig gemacht hat, aus prozess-ökonomischen Gründen auch von dem Antragsgegner.[11] Auch könnte dem Antrag des anderen Ehegatten durch Rücknahme des Folgeantrags begegnet werden. Liegt ein von Amts wegen eingeleitetes Verfahren vor, können diesen Antrag beide Ehegatten stellen. Die **Änderung des Antrags,** dass keine Entscheidung mehr für den Fall der Scheidung begehrt wird, ist bei geeigneten Folgesachen (s. Rn. 6) nach § 263 **sachdienlich.** Der Antrag, die Fortführung der Folgesache vorzubehalten, kann zusammen mit der Rücknahme des Scheidungsantrags gestellt werden. Eine zeitliche Befristung sieht Abs. 2 nicht vor. Er kann deshalb bis zur Rechtskraft eines Beschlusses nach Abs. 1 S. 3 gestellt werden.[12] Nach Abs. 2 S. 2 bedarf es für den Beschluss keiner mündlichen Verhandlung. Da der Antrag eine **Prozesshandlung** darstellt, ist der Antrag durch einen Rechtsanwalt zu stellen. Wird einem Antrag nach Abs. 2 S. 1 **stattgegeben,** ist der Beschluss durch den anderen Ehegatten **nicht** mit der sofortigen Beschwerde **anfechtbar,** weil einerseits das Gesetz ein Rechtsmittel für diesen nicht vorsieht und andererseits der Antrag auf Zurückweisung des Antrags nach Abs. 2 S. 1 kein das Verfahren betreffendes Gesuch nach § 567 Abs. 1 Nr. 2 darstellt (s. dazu § 567 Rn. 14). Bei einer **Versagung des Antrags** des Antragstellers kann dieser dagegen sofortige Beschwerde nach § 567 Abs. 1 Nr. 2 einlegen.

8 **3. Wirkung des Beschlusses über die Fortführung.** Mit dem stattgegebenen Beschluss wird die **Folgesache zur selbständigen Familiensache,** wobei nach § 261 Abs. 3 Nr. 2 (perpetuatio fori) die Zuständigkeit des Gerichts erhalten bleibt (Ausnahme nach § 46 FGG bei Sorge- und Umgangsverfahren). Der **Anwaltszwang entfällt** in den Verfahren des FGG und in Unterhaltssachen; in den güterrechtlichen Verfahren bleibt er dagegen auf Grund der allgemeinen Bestimmungen nach § 78 Abs. 2 erhalten. Auch die Kosten richten sich nunmehr nach den allgemeinen Bestimmungen (Abs. 2 S. 2), so als ob nie ein Verbundverfahren bestanden hätte, dh. in den ZPO-Verfahren nach den §§ 91ff. und in den FGG-Verfahren nach § 13a FGG. § 93a Abs. 1, 2 ist dagegen nicht mehr anzuwenden. Lagen mehrere Folgesachen vor, für die jeweils antragsgemäß ein Vorbehaltsbeschluss ergangen ist, sind die jeweiligen Verfahren getrennt zu führen. Lediglich Ehegatten- und Kindesunterhalt können nach § 147 zusammengefasst werden.

IV. Gebühren und Kosten

9 **1. Rechtsanwaltsgebühren.** Die Tätigkeit des Anwalts (Antrag gemäß § 626 Abs. 1 S. 3) gehört zum Rechtszug, wird also durch die Gebühren der Nrn. 3100ff. VV RVG abgegolten. Ist der Anwalt **nicht Prozessbevollmächtigter,** erhält er die Gebühr der Nr. 3403 VV RVG. Für den Antragstellervertreter löst die Rücknahme die volle Verfahrensgebühr aus, wenn sie nicht schon vorher entstanden ist. Die selbständige Weiterführung wird gebührenrechtlich behandelt, wie die Prozesstrennung, vgl. § 145 Rn. 35. Zum **Beschwerdeverfahren** vgl. § 567 Rn. 29.

10 **2. Gerichtskosten.** Nach KV Nr. 1311 ermäßigt sich die Verfahrensgebühr in den dort genannten Fällen auf 0,5. Die Entscheidungen nach Abs. 1 S. 3 und Abs. 2 ergehen gebührenfrei. Für das Beschwerdeverfahren gilt KV Nr. 1812.

---

[8] OLG Karlsruhe AnwBl. 1989, 347.

[9] *Zum Sonderfall* der Anerkennung einer ausländischen Scheidung bei Rücknahme des Scheidungsantrags vor einem deutschen Gericht KG NJW 1979, 1107; AG Charlottenburg NJW-RR 1990, 4 = FamRZ 1989, 514.

[10] BGH NJW 1984, 2041; OLG Hamm FamRZ 2005, 1496.

[11] S. auch Zö/*Philippi* Rn. 9; ferner MK/*Finger* Rn. 15; OLG Stuttgart, Die Justiz 2006, 210; anders noch Vorauflage.

[12] OLG Celle FamRZ 1984, 301; Zö/*Philippi* Rn. 9.

627 *Vorwegentscheidung über elterliche Sorge* **(1) Beabsichtigt das Gericht, von dem Antrag eines Ehegatten nach § 1671 Abs. 1 des Bürgerlichen Gesetzbuchs, dem der andere Ehegatte zustimmt, abzuweichen, so ist die Entscheidung vorweg zu treffen.**

(2) Über andere Folgesachen und die Scheidungssache wird erst nach Rechtskraft des Beschlusses entschieden.

I. Normzweck

Nach § 1671 Abs. 1 BGB können die Eltern dem FamG zur Regelung der elterlichen Sorge einen gemeinsamen Vorschlag unterbreiten, die wegen der grundsätzlich weiterbestehenden elterlichen Sorge bei Scheidung der Ehe in der Weise erfolgt, dass die Zustimmung des anderen Elternteils zu einer beantragten Regelung zur alleinigen Sorge oder eines Teils davon erforderlich ist. Da dieser oft die Grundlage für weitere Folgeregelungen wie zB zum Kindes- und nachehelichen Unterhalt, aber auch zur Umgangsbefugnis darstellt, muss den Parteien im Falle einer abweichenden Entscheidung durch das FamG die Möglichkeit zur Anpassung ihres Prozessverhaltens an die geänderte Regelung eingeräumt werden; auch kann dies Auswirkungen auf das Vorgehen in der Scheidungssache selbst nehmen. § 627 sieht hierzu vor, abweichend von § 629 Abs. 1 vorab eine Regelung zur elterlichen Sorge zu treffen. Faktisch ergibt sich hieraus für die Parteien auch die Möglichkeit, die abweichende Regelung zur elterlichen Sorge aufrechtzuerhalten und ggf. eine Anordnung entsprechend dem gemeinsamen Vorschlag zu erreichen. Die Vorwegentscheidung zur elterlichen Sorge ändert nicht den Charakter dieses Verfahrens, das **dennoch Folgesache** bleibt und nur für den Fall der rechtskräftigen Scheidung eine Regelung trifft. Nach § 629d wird diese Entscheidung jedoch erst mit **Rechtskraft der Scheidung** wirksam; demgemäß wirkt auch eine einstwAnO nach § 620 Nr. 1 bis zur Rechtskraft der Scheidung fort. 1

II. Voraussetzungen

Voraussetzung ist ein Verfahren zur elterlichen Sorge, in dem eine übereinstimmende Erklärung nicht nur in Form des § 630 Abs. 1 Nr. 2 bei einer einverständlichen Scheidung nach § 1566 Abs. 1 BGB erfolgt, sondern sich auch aus sonstigen Anträgen oder Erklärungen der Parteien ergeben kann. Von diesem gemeinsamen Vorschlag muss das FamG in irgendeiner Weise abweichen, § 1671 Abs. 3 BGB. Ein Beschluss, mit dem vorab das Verfahren zur elterlichen Sorge abgetrennt wird, ist nicht erforderlich; jedoch ist den Parteien ein rechtlicher Hinweis iSd. § 139 zu erteilen, damit diese ihr prozessuales Verhalten hierauf einstellen können. 2

III. Verfahren

Die Vorwegentscheidung ergeht gemäß § 623 Abs. 2 S. 1 Nr. 1 auf Grund mündlicher Verhandlung durch Beschluss nach dem FGG, der mit der sofortigen Beschwerde und Rechtsbeschwerde nach § 621e angefochten werden kann. Über die Kosten dieses Verfahrens wird im Verbund entschieden (§ 629 Abs. 1). Erst nach **Eintritt der Rechtskraft der Sorgerechtsentscheidung** darf nach Abs. 2 über den Scheidungsantrag und die anderen Folgesachen entschieden werden. Unterlässt das FamG eine Vorwegentscheidung bei einem Abweichen von einem gemeinsamen Vorschlag, liegt regelmäßig nach § 538 Abs. 2 Nr. 1 ein wesentlicher Verfahrensmangel vor, der zur Aufhebung des Urteils und Zurückverweisung des Verfahrens führen kann, weil in diesen Fällen eine aufwendige Beweisaufnahme nach § 12 FGG geboten ist. § 627 ist auch im **zweiten Rechtszug** anzuwenden, auch wenn dort nur Folgesachen anhängig sind (§ 629a Abs. 2 S. 3).[1] Weicht das OLG von einem Antrag eines Ehegatten ab, dem der andere Ehegatte zugestimmt hat, muss es vorweg eine Sorgerechtsregelung treffen und darf die Scheidungssache erst nach Rechtskraft der Vorwegentscheidung weiterführen, so dass es bei Zulassung der weiteren Beschwerde eine Entscheidung des BGH abwarten muss. Hebt das OLG eine angefochtene Vorwegentscheidung des FamG auf, wird der Entscheidungsverbund wieder hergestellt. Das Sorgerechtsverfahren ist deshalb an das FamG zurückzuverweisen. 3

628 *Scheidungsurteil vor Folgesachenentscheidung* **[1]Das Gericht kann dem Scheidungsantrag vor der Entscheidung über eine Folgesache stattgeben, soweit**

1. **in einer Folgesache nach § 621 Abs. 1 Nr. 6 oder 8 vor der Auflösung der Ehe eine Entscheidung nicht möglich ist,**
2. **in einer Folgesache nach § 621 Abs. 1 Nr. 6 das Verfahren ausgesetzt ist, weil ein Rechtsstreit über den Bestand oder die Höhe einer auszugleichenden Versorgung vor einem anderen Gericht anhängig ist,**
3. **in einer Folgesache nach § 623 Abs. 2 Satz 1 Nr. 1 und 2 das Verfahren ausgesetzt ist, oder**
4. **die gleichzeitige Entscheidung über die Folgesache den Scheidungsausspruch so außergewöhnlich verzögern würde, dass der Aufschub auch unter Berücksichtigung der Bedeutung der Folgesache eine unzumutbare Härte darstellen würde.**

[2]Hinsichtlich der übrigen Folgesachen bleibt § 623 anzuwenden.

[1] BGH FamRZ 1998, 1505; OLG München FamRZ 1984, 407.

I. Normzweck

1 Das in §§ 623 Abs. 1, 629 Abs. 1 enthaltene **Prinzip der gleichzeitigen Verhandlung und Entscheidung** von Scheidungssache und Folgesachen erfährt in § 628 S. 1 eine **Durchbrechung,** wenn aus tatsächlichen Gründen dieser Grundsatz im Einzelfall nicht durchführbar ist oder die gleichzeitige Erledigung einer einzelnen Folgesache die Beendigung des Gesamtverfahrens so sehr verzögern würde, dass der eigentliche Zweck des Verbundverfahrens, den sozial schwächeren Ehegatten vor einer schnellen Scheidung der Ehe zu schützen, verfehlt würde. Die Vorabentscheidung der Scheidungssache erfolgt verfahrensmäßig in der Weise, dass die noch nicht entscheidungsreife **Folgesache** von dem Verfahrens- und Entscheidungsverbund **abgetrennt** wird mit der Folge, dass das abgetrennte Verfahren außerhalb des Verbunds zu entscheiden ist und sich nicht mehr auf den Zeitpunkt des Abschlusses der Scheidungssache und den Eintritt der Rechtskraft des Scheidungsausspruchs auswirkt. Die abgetrennte Folgesache bleibt dennoch Folgesache.[1] Die Voraussetzungen der Abtrennung sind für jede Folgesache gesondert zu prüfen.[2] Die nicht abgetrennten Folgesachen verbleiben im Verfahrens- und Entscheidungsverbund.

II. Voraussetzungen für die Vorabentscheidung

2 **1. Überblick.** In S. 1 werden die Voraussetzungen für die Abtrennung einer Folgesache abschließend aufgeführt. Nr. 1 regelt den Fall, dass die gleichzeitige Entscheidung einer Folgesache mit der Scheidungssache und der anderen Folgesachen aus tatsächlichen Gründen nicht möglich ist. Nr. 2 sieht eine Abtrennung vor, wenn das Versorgungsausgleichsverfahren ausgesetzt wurde und hierdurch eine Verzögerung des Verbundverfahrens eintritt. Nach Nr. 3 muss im Einzelfall geprüft werden, ob eine außergewöhnliche Verzögerung eintreten kann. Da § 628 S. 1 eine Ausnahmeregelung von dem allgemeinen Grundsatz des Verfahrens- und Entscheidungsverbunds darstellt, ist sie nur innerhalb des in S. 1 enthaltenen Regelungsbereichs anzuwenden; sie lässt es dagegen **nicht** zu, dass eine Partei den von ihr eingebrachten Folgesachenantrag **beliebig** aus dem Verbund herauslösen kann. Dies kann nur durch eine (noch mögliche) Rücknahme des Folgesachenantrags erfolgen. Hiervon besteht allerdings in Bezug auf Folgesachen iSd. § 623 Abs. 2 Nr. 1–3 eine in der Praxis **bedeutsame Ausnahme** (eingehend § 623 Rn. 11), die mit ihrer Abtrennung den Charakter als Folgesache verlieren und gemäß § 623 Abs. 2 S. 4 als selbständige Verfahren fortgeführt werden.

3 **2. Unmöglichkeit einer Entscheidung zum Versorgungsausgleich oder dem Güterrecht, S. 1 Nr. 1.** Nach Nr. 1 kann eine Ehe vorab geschieden werden, wenn in einer Folgesache zum Versorgungsausgleich oder Güterrecht ohne Auflösung der Ehe eine Entscheidung aus tatsächlichen oder rechtlichen Gründen nicht möglich ist. Große praktische Bedeutung besitzt diese Regelung nicht. Sie greift nur dann ein, wenn etwa beim **Versorgungsausgleich** ein Anrecht erst mit Eintritt der Rechtskraft des Scheidungsausspruchs entsteht oder der Höhe nach bewertet werden kann. Im **Güterrecht** kann eine Vorwegentscheidung in den Fällen des § 1378 Abs. 2 BGB in Betracht kommen, wenn der Ausgleichspflichtige einwendet, nach dem Stichtag des § 1384 BGB sei ein nach § 1378 Abs. 2 BGB beachtlicher Vermögensverfall eingetreten, der sich weiter fortsetze, so dass der Ausgleichsanspruch des § 1378 Abs. 1 BGB auf die Höhe des zum Zeitpunkt der Beendigung des gesetzlichen Güterstandes (Rechtskraft der Scheidung) tatsächlich vorhandenen Vermögens begrenzt wird.[3] Dies gilt vor allem bei Aktien, deren Kurswert sehr stark fällt, für Kapitalbeträge, die nach dem Stichtag iSd. § 1384 BGB zum Lebensunterhalt herangezogen werden müssen, sowie Forderungen, deren Zinserträge die Gesamthöhe des verbleibenden Vermögens mitbestimmen. Auch bei der Auseinandersetzung einer Gütergemeinschaft kann S. 1 Nr. 1 anzunehmen sein, so wenn ein nach § 1476 Abs. 1 BGB maßgebender Überschuss erst mit Rechtskraft des Scheidungsurteils feststellbar ist.[4] Auch im Fall der Übernahme von Gegenständen nach § 1477 Abs. 2 BGB, die der Ehegatte in die Gütergemeinschaft eingebracht hat, ist häufig erst mit Abschluss der Auseinandersetzung, also erst nach Rechtskraft der Scheidung, eine Bewertung der Höhe des Wertersatzes möglich.

4 **3. Aussetzung der Entscheidung zum Versorgungsausgleich, S. 1 Nr. 2.** Ist der Bestand oder die Höhe eines dem Versorgungsausgleich unterliegenden Anrechts iSd. § 1587 Abs. 1 BGB ungewiss oder streitig, kann eine gerichtliche Klärung bei dem für das Versorgungsanrecht zuständigen Fachgericht (Sozialgericht, Verwaltungsgericht, Arbeitsgericht) erforderlich sein. Zur **Klärung einer vorgreiflichen Rechtsfrage** kann nach § 53c FGG die Folgesache zum Versorgungsausgleich ausgesetzt werden. In diesen Fällen könnte zwar mit der Scheidungssache zugewartet werden, bis das Versorgungsausgleichsverfahren entscheidungsreif ist. Das Gesetz unterstellt jedoch bei **erfolgter Aussetzung** eine so erhebliche Verzögerung des Folgeverfahrens, dass ohne Prüfung des konkreten Einzelfalls eine erhebliche Verzögerung anzunehmen ist, die nach der Vorstellung des Gesetzes eine Vorwegentscheidung der Ehescheidung rechtfertigt. Die Fristsetzung zur Erhebung der Klage nach § 53c Abs. 1 S. 2 FGG fällt dagegen nicht unter die Abtrennungsmöglichkeit nach S. 1 Nr. 2, sondern ggf. unter S. 1 Nr. 4 (falls nicht das gesamte Verbundverfahren nach § 148 ausgesetzt wird).

---

[1] BGH FamRZ 1981, 24; zu den weiteren Wirkungen s. § 623 Rn. 40.

[2] OLG Frankfurt/M FamRZ 1988, 966, 967.

[3] S. a. OLG Oldenburg FamRZ 1988, 89; MK/*Finger* Rn. 5.

[4] OLG Karlsruhe FamRZ 1982, 286, 288; BGH FamRZ 1984, 254, 256; *Johannsen/Henrich/Sedemund-Treiber* Rn. 3.

4. Außergewöhnliche Verzögerung der Entscheidung über die Folgesache, S. 1 Nr. 4. a) Allgemeines. Ist in dem Verbundverfahren eine einzelne Folgesache sehr umfangreich und deshalb langwierig, so hängt der Abschluss des Verbundverfahrens von der Entscheidungsreife dieser Folgesache ab. Die Regelung des Abs. 1 Nr. 3 lässt auf Grund der generalklauselartigen Regelung nur eine eng umschriebene Auflösung des Entscheidungsverbunds zu. S. 1 Nr. 4 setzt eine **außergewöhnliche Verzögerung** des Scheidungsausspruchs und eine sich daraus ergebende **unzumutbare Härte** voraus. Die Regelung gilt für alle Folgesachen und muss bei mehreren Folgesachen jeweils gesondert geprüft werden. Ferner ist diese Regelung anzuwenden, wenn nur **ein Teil einer Folgesache** abgetrennt werden soll, weil dort eine außergewöhnliche Verzögerung eintritt. Dies gilt vor allem hinsichtlich von Teilentscheidungen zum Versorgungsausgleich.[5] 5

b) Außergewöhnliche Verzögerung. Eine außergewöhnliche Verzögerung der Erledigung des Verfahrens ist anzunehmen, wenn die bei Durchführung der Folgesachen üblicherweise auftretende Verfahrensdauer erheblich überschritten wird.[6] Nach Sinn und Zweck der Regelung ist es unerheblich, aus welchen Gründen eine außergewöhnliche Verzögerung des Verfahrensabschlusses eintritt, also ob sie auf dem verzögerlichen Verhalten einer Partei beruht (was aber bei der Prüfung der unzumutbaren Härte bedeutsam sein kann) oder in der Sphäre des Gerichts liegt.[7] Sie muss jedoch durch die **Erledigung der abzutrennenden Folgesache** bedingt sein, so dass eine allgemeine Überlastung des Gerichts keinen Anlass für die Abtrennung einer Folgesache darstellt. Die Beurteilung der (voraussichtlichen) Verzögerung setzt eine **Prognose** voraus; sie muss nicht bereits eingetreten, jedoch mit hinreichender Sicherheit zu erwarten sein. In diese Beurteilung sind der Zeitpunkt des Eintritts der Rechtshängigkeit (s. § 261 Rn. 2)[8] und der voraussichtliche Abschluss des Verfahrens einzubeziehen; dies gilt auch im Hinblick auf ein mit Sicherheit zu erwartendes Rechtsmittelverfahren,[9] wobei allerdings die Regelung des § 629a Abs. 3 hierbei zu berücksichtigen ist, die zu einem vorgezogenen Eintritt der Rechtskraft des Scheidungsausspruchs führen kann. Dass die (bereits eingetretene) Verzögerung auf dem Ruhen bzw. Nichtbetreiben oder einer Aussetzung des Verfahrens beruht, ist für die anzustellende Prognose ebenfalls ohne Bedeutung; solche Zeiten sind bei der Prüfung einer außergewöhnlichen Verzögerung nicht einzubeziehen. Der BGH[10] hat als Richtwert eine **Verfahrensdauer von zwei Jahren** angenommen, nach deren Ablauf eine außergewöhnliche Verzögerung vorliegt. Der Zeitraum von zwei Jahren ist jedoch nicht starr anzuwenden. Steht nach einer den Zeitraum von zwei Jahren übersteigenden Verfahrensdauer der alsbaldige Abschluss bevor, darf dennoch nicht (mehr) abgetrennt werden.[11] Typische Fälle einer außergewöhnlichen Verzögerung sind im **Versorgungsausgleich** die Einholung von Auskünften bei einem ausländischen Versorgungsträger, die Einholung eines umfangreichen Sachverständigengutachtens und die Notwendigkeit, einen auskunftspflichtigen Ehegatten mehrfach zu einer Auskunftserteilung durch gerichtliche Maßnahmen anhalten zu müssen; im **Güterrecht** gilt entsprechendes bei der Einholung von Sachverständigengutachten oder bei mehrfachen gerichtlichen Maßnahmen zur Auskunftserlangung (§§ 1379, 1580, 1605, 1587e Abs. 1 BGB). Ferner kann eine außergewöhnliche Verzögerung im Falle der Vorlage einer als verfassungswidrig beurteilten Norm nach Art. 100 GG[12] angenommen werden (vor allem im Versorgungsausgleich bei Regelungen des SGB VI). 6

c) Unzumutbare Härte. Weitere Voraussetzung für die Auflösung des Verbunds nach S. 1 Nr. 4 ist eine für den Antragsteller **unzumutbare Härte;** allein das Vorliegen einer außergewöhnlichen Verzögerung reicht dagegen nicht aus.[13] Zur Ausfüllung dieses Tatbestandsmerkmals bedarf es einer Abwägung des Interesses des Antragstellers (entsprechend des Antragsgegners, wenn dieser einen Scheidungsantrag gestellt hat) an einer alsbaldigen Scheidung und des Interesses des Antragsgegners an einer Beibehaltung des Entscheidungsverbunds. Nur wenn das Interesse des Antragstellers an einer vorrangigen Scheidung überwiegt, ist die Auflösung des Verbunds vorzunehmen. 7

In der Rspr. wurde ein **überwiegendes Interesse des Antragstellers** angenommen, wenn die Lebenserwartung des Ehegatten, der nach der Scheidung erneut eine Ehe eingehen will, wegen seines schlechten Gesundheitszustandes oder hohen Alters begrenzt ist.[14] Desgleichen kann der Wunsch eines Ehegatten zur Wiederheirat vorrangig sein, wenn hierdurch bezweckt werden soll, dass ein Kind der Ehefrau oder der Lebensgefährtin des Ehemannes ehelich zur Welt kommen soll,[15] wenn gleichzeitig die wirtschaftliche Lage des anderen Ehegatten abgesichert ist und für das Beibehalten des Verbundes nur formale Gesichtspunkte vorgebracht werden. Auch das **Wohl eines gemeinsamen Kindes** der Parteien kann die Voraussetzungen einer Abtrennung erfüllen; dies kann dann gerechtfertigt sein, wenn ein Kind unter dem Scheidungsverfahren leidet, das sich wegen einer anderen Folgesache sehr lange hinzieht. Ferner wurde eine unzumutbare Härte bejaht, wenn die Absicht einer erneuten Heirat durch eine **schleppende Mitwirkung** des Antragsgegners an 8

---

[5] BGH NJW 1983, 1311, 1312 = FamRZ 1983, 459; FamRZ 1984, 572.

[6] S. zB OLG Hamm FamRZ 1992, 1086; OLG Schleswig FamRZ 1992, 1199; BGH FamRZ 1979, 690 – deutliche Abweichung von der Norm; OLG Celle FamRZ 1996, 1485 – Verdoppelung der durchschnittlichen Verfahrensdauer.

[7] OLG Düsseldorf FamRZ 1985, 412, 413.

[8] BGH NJW 1991, 2491 = FamRZ 1991, 1043 (unabhängig von der Begründetheit des Scheidungsantrags).

[9] S. a. OLG Köln FamRZ 2000, 1295; aA wohl *Johannsen/Henrich/Sedemund-Treiber* Rn. 6.

[10] BGH NJW 1987, 1772 = FamRZ 1986, 898, 899; NJW 1991, 2491 = FamRZ 1991, 1043f.; OLG Hamm FamRZ 2007, 651.

[11] OLG Stuttgart FamRZ 1992, 320f.

[12] S. etwa OLG Köln FamRZ 1979, 296.

[13] S. a. OLG Bamberg FamRZ 1988, 531f.; OLG Schleswig FamRZ 1989, 1106; OLG Stuttgart FamRZ 2005, 121.

[14] OLG Celle FamRZ 1979, 948; OLG Frankfurt/M FamRZ 1980, 280; OLG Hamm FamRZ 1980, 373.

[15] BGH NJW 1987, 1772, 1773 = FamRZ 1986, 898, 899; s. jetzt aber § 1599 Abs. 2 BGB.

einer Folgesache verhindert werden soll, so zB bei einer zwangsweisen Durchsetzung von Ansprüchen aus dem Unterhalt, Güterrecht oder Versorgungsausgleich.[16] Gleiches gilt, wenn mehrere Folgesachen zeitlich gestaffelt nacheinander im Verbund nach § 623 Abs. 1 S. 1 beantragt werden, ohne dass ein Anlass für ein solches verzögerliches Einbringen der Folgesache in den Verbund besteht. **Verzögern beide Ehegatten** die verfahrensmäßige Erledigung einer Folgesache, wird es regelmäßig an einer unzumutbaren Härte fehlen, weil aus dem jeweiligen Verhalten der Parteien geschlossen werden kann, dass ein vorrangiges Interesse an einem alsbaldigen Abschluss der Scheidungssache nicht besteht. Im Rahmen der Prüfung einer unzumutbaren Härte kann ferner beachtlich sein, dass der scheidungswillige Ehegatte einen zunächst nicht begründeten Scheidungsantrag nach § 1565 Abs. 1 BGB eingereicht hat. Allerdings ist entsprechend der gesetzlichen Regelung generell nur die Dauer des gerichtlichen Verfahrens beachtlich und die Schlüssigkeit eines Antrags sowie das Ruhen oder Aussetzen des Verfahrens ohne Bedeutung. Auch **wirtschaftliche Belange** des Antragstellers können bei der Prüfung der unzumutbaren Härte von Bedeutung sein. Der BGH[17] hat dies in einem Fall angenommen, in dem der Antragsgegner auf Grund eines Vergleichs mehr Unterhalt vom Antragsteller erhielt, als ihm gesetzlich zugestanden hätte, und die Folgesache verzögert wurde, um möglichst lange den (höheren) Trennungsunterhalt beziehen zu können. Dass andererseits während der Trennungszeit ein höherer Unterhalt als nach der Scheidung bezahlt werden muss, ist dagegen unbeachtlich.[18]

9 Zu Gunsten des der Abtrennung einer Folgesache **widersprechenden Ehegatten** ist insbesondere deren **wirtschaftliche Bedeutung** für diesen Ehegatten zu berücksichtigen. Dies folgt aus Sinn und Zweck des Verbundes, der dem wirtschaftlich schwächeren Ehegatten die Klärung der unterhaltsrechtlichen und vermögensrechtlichen Folgen ermöglichen soll (s. § 623 Rn. 1).[19] Kommt der Regelung einer Folgesache für den Antragsgegner angesichts dessen konkreter Lebenssituation eine besondere Bedeutung zu wie etwa der Sicherung des nachehelichen Unterhalts (vor allem zur Sicherung des Elementarunterhalts und Unterhalts für eine angemessene Krankenversicherung), muss das Interesse des Antragstellers an einer Aufhebung des Verbundes zurücktreten. Ist hinsichtlich des nachehelichen Unterhalts nur ein Aufstockungsunterhalt nach § 1573 Abs. 2 BGB zu regeln, kann das besondere Sicherungsbedürfnis entfallen. Ist der Unterhalt lediglich durch eine einstwAnO festgesetzt worden, kann von einer entsprechenden Sicherung nicht ausgegangen werden, weil diese Unterhaltsfestsetzung nicht in Rechtskraft erwächst. Liegen weniger für die Absicherung des Antragsgegners bedeutsame Folgesachen wie eine güterrechtliche Auseinandersetzung oder die Regelung des Versorgungsausgleichs vor, können die Interessen des Antragsgegners an der Beibehaltung des Verbundes eher zurücktreten.[20] Dies lässt sich allerdings nicht generalisieren, weil etwa die Regelung des Versorgungsausgleichs für einen bereits Rente beziehenden Ehegatten von gleicher Bedeutung wie eine Unterhaltsregelung sein kann. **Zusammenfassend gilt:** Je bedeutsamer eine Folgesache für die Lebensstellung des der Abtrennung widersprechenden Ehegatten ist, desto enger sind die Voraussetzungen für deren Abtrennung.[21]

10 Stimmt **ein Ehegatte** der Abtrennung einer Folgesache zu, kann dies für die Annahme sprechen, dass diese ihn in seinen Interessen durch die Abtrennung nicht wesentlich beeinträchtigen wird.[22] Allerdings ist zu beachten, dass den **Parteien eine Disposition über die Abtrennung einer Folgesache entzogen** ist und das Gericht von Amts wegen sämtliche Voraussetzungen der §§ 623, 628 zu prüfen hat.[23] Allein die übereinstimmende Erklärung beider Parteien, dass eine Folgesache abzutrennen und die Scheidung vorab auszusprechen sei, rechtfertigt eine solche also nicht.

11 **5. Verfahren der Abtrennung, Rechtsmittel. a) Grundlagen.** Die Prüfung der Voraussetzungen der Abtrennung einer Folgesache ist **von Amts wegen** vorzunehmen und hängt nicht von dem Antrag einer Partei ab (s. § 623 Rn. 39; Rn. 10). Vor Abtrennung ist den Parteien **rechtliches Gehör** zu gewähren.[24] Liegen mehrere Folgesachen vor, sind die Voraussetzungen der Abtrennung für jede Folgesache gesondert zu prüfen. Tritt eine außergewöhnliche Verzögerung nur hinsichtlich eines **Teils einer Folgesache** ein (so vor allem beim Versorgungsausgleich s. Rn. 4) und liegen die Voraussetzungen für eine Teilentscheidung vor, kann eine Abtrennung nur hinsichtlich dieses Teils der Folgesache erfolgen. Die **Entscheidung zur Abtrennung** kann innerhalb des Urteils zur Scheidungssache (und evtl. nicht abgetrennter Folgesachen), aber auch durch einen isolierten Beschluss getroffen werden; die Entscheidung über die Abtrennung bedarf in jedem Fall einer Begründung. I. Ü. ist die Regelung des § 628 auch in der **Berufungsinstanz** anzuwenden. Sie gilt auch hinsichtlich des Restverbunds bei mehreren Folgesachen in der zweiten Instanz (§ 629a Abs. 2 S. 3). Dieser (Rest-) Verbund bezweckt allerdings lediglich die Abstimmung von einander abhängigen Folgesachen,[25] so dass die Voraussetzungen für eine Abtrennung von Folgesachen, die in keinem besonderen Sachzusammenhang stehen, weniger strikt sind.[26]

---

[16] S. zB OLG Frankfurt/M FamRZ 1986, 92; OLG Bamberg FamRZ 1988, 531; OLG Oldenburg NJW-RR 1992, 712 = FamRZ 1992, 458.
[17] BGH NJW 1991, 2491, 2492 = FamRZ 1991, 1043.
[18] OLG Frankfurt/M FamRZ 1981, 579, 580; OLG Koblenz FamRZ 1990, 769f.
[19] S. a. OLG Hamm FamRZ 2007, 651, 652.
[20] S. BGH NJW 1987, 1772, 1773 = FamRZ 1986, 898, 899 (güterrechtliche Auseinandersetzung).
[21] S. a. OLG Hamm FamRZ 1992, 1086.
[22] BGH NJW 1991, 2491, 2492 = FamRZ 1991, 1043; OLG Schleswig FamRZ 1992, 1199f.
[23] BGH NJW 1991, 1616, 1617 = FamRZ 1991, 687; NJW 1991, 2491 = FamRZ 1991, 1043f.
[24] BGH NJW 1987, 1772, 1773 = FamRZ 1986, 898, 899.
[25] S. RegE des UÄndG, BT-Drucks. 10/2888 S. 28f.
[26] *Johannsen/Henrich/Sedemund-Treiber* Rn. 17.

b) Rechtsmittel. Wird eine Folgesache vom Verbundverfahren abgetrennt, verlieren die durch die Folgesache betroffenen Parteien die Schutzwirkung des Verbundverfahrens (s. § 623 Rn. 1). Die Abtrennung stellt deshalb eine **Beschwer im Rahmen des Scheidungsverfahrens** dar und kann mit den Rechtsmitteln der **Berufung** oder **Revision** angefochten werden.[27] Dies gilt unabhängig davon, ob die Abtrennung durch Beschluss oder in der Entscheidung zur Scheidungssache ausgesprochen wurde.[28] Rechtsschutzziel des Rechtsmittels ist die Wiederherstellung des Verbunds der abgetrennten Folgesache mit der Scheidungssache, so dass ein besonderer Sachantrag nicht erforderlich ist (s. allgemein § 520 Rn. 20f.). Der **Antrag** beschränkt sich darauf, das Urteil (zur Scheidungssache) aufzuheben und die Sache an das FamG zurückzuverweisen.[29] Tritt ein Ehegatte mit seiner Berufung der Scheidung entgegen, kann die unzulässige Abtrennung einer Folgesache auch noch nach Ablauf der Berufungsbegründungsfrist gerügt werden.[30] Nicht möglich ist es dagegen, dass das Rechtsmittelgericht nach § 538 Abs. 1, 2 von einer Zurückverweisung absieht und selbst eine Sachentscheidung trifft. Wird die Abtrennung durch einen der Entscheidung der Scheidungssache vorangehenden (isolierten) Beschluss ausgesprochen, ist gegen diesen **nicht die sofortige Beschwerde** nach § 567 Abs. 1 gegeben. Denn dieser Beschluss weist ein das Verfahren betreffendes Gesuch nicht zurück; ferner lässt das Gesetz eine Beschwerde nicht ausdrücklich zu.[31] **Andere Verfahrensbeteiligte** (also vor allem die Träger einer Versorgung und das Jugendamt) haben kein Rechtsmittel gegen die Abtrennung einer Folgesache. Unterbleibt die Entscheidung über eine beantragte Folgesache, ist entsprechend wegen eines wesentlichen Verfahrensmangels der Scheidungsausspruch in zweiter Instanz aufzuheben und das Verfahren zurückzuverweisen.[32] 12

Das **Rechtsmittelgericht** kann die Abtrennungsentscheidung im Rechtsmittelverfahren über die Scheidungssache **in vollem Umfang überprüfen,** weil die Entscheidung zur Abtrennung nicht in das Ermessen des Gerichts gestellt ist, sondern die Voraussetzungen der Abtrennung von Amts wegen zu prüfen sind. Da den Parteien über die Frage der Abtrennung **keine Dispositionsbefugnis** zusteht (s. Rn. 10), ist es für den Umfang der Überprüfungsbefugnis auch ohne Bedeutung, ob diese in erster Instanz einer Abtrennung zugestimmt haben. Demgemäß kann eine Partei trotz ihrer Zustimmung zur Abtrennung die Verletzung der §§ 623, 628 rügen. Erfolgt eine Vorabentscheidung zur Scheidung, muss in der Entscheidung dargelegt werden, dass die abgetrennte Folgesache noch nicht entscheidungsreif ist und die Voraussetzungen des § 628 S. 1 Nr. 1–4 vorliegen. Fehlt eine dieser Voraussetzungen, ist das **Urteil wegen eines wesentlichen Verfahrensmangels aufzuheben** und die **Sache** nach §§ 538 Abs. 2 S. 1 Nr. 1, 546, 562 Abs. 2, 563 Abs. 1 an die **Vorinstanz zurückzuverweisen,**[33] wenn die abgetrennte Folgesache noch in der Vorinstanz anhängig ist. Ist die abgetrennte Folgesache inzwischen ebenfalls in der Rechtsmittelinstanz anhängig, kann der Verbund nur in dieser hergestellt werden, so dass eine Zurückverweisung entfällt. Wurde das abgetrennte Verfahren bereits durch Vergleich oder eine rechtskräftige Entscheidung in erster Instanz abgeschlossen, ist eine Zurückverweisung ebenfalls unstatthaft, weil auch ohne Aufhebung der Scheidungssache das Ziel einer einheitlichen Entscheidung erreicht wurde.[34] 13

Das Rechtsmittel zur Wiederherstellung des Verbunds wegen Verstoßes gegen § 628 richtet sich grds. gegen den Scheidungsausspruch selbst. Strittig ist in der Lit., ob lediglich eine im **Verbund entschiedene Folgesache** mit der Begründung **angegriffen werden kann,** der Verbund mit einer anderen Folgesache habe in erster Instanz nicht aufgelöst werden dürfen.[35] Bedeutsam wird diese Frage, wenn der unterhaltspflichtige Ehegatte eine Verbundentscheidung zum nachehelichen Unterhalt mit der Begründung anficht, diese dürfe nur im Verbund mit dem in erster Instanz abgetrennten Güterrechtsverfahren entschieden werden, weil die Erträge aus der güterrechtlichen Auseinandersetzung nach § 1577 Abs. 1, 3 BGB seine Unterhaltspflicht mindern. Für die Beibehaltung des Verbundgedankens in einem solchen Fall spricht der Zweck des Verbunds; entsprechend sieht auch § 629 Abs. 2 S. 2 die Beibehaltung des Verbundverfahrens in zweiter Instanz vor, wenn mehrere Verbundverfahren in der zweiten Instanz anhängig sind.[36] Aus dem Gesichtspunkt des Erst-Recht-Schlusses ist deshalb bereits in erster Instanz die Verbundwirkung auch dann beizubehalten, wenn der Scheidungsausspruch vorzeitig rechtskräftig geworden ist.[37] Wird umgekehrt unter Verstoß gegen § 628 eine Folgesache abgetrennt und diese **vor der Scheidungssache** entschieden (zur Wirksamkeit s. § 629d), kann dies wegen eines wesentlichen Verfahrensmangels mit der Berufung angegriffen werden; 14

---

[27] BGH FamRZ 1979, 690; FamRZ 1984, 254f.; NJW 1987, 1772f. = FamRZ 1986, 898f.; FamRZ 1996, 1070, 1071; zum Fall einer unbegründeten Folgesache OLG Köln FamRZ 1998, 301.

[28] OLG Stuttgart FamRZ 1978, 804ff.; OLG Schleswig FamRZ 1992, 1199.

[29] OLG Düsseldorf FamRZ 1985, 412; OLG Koblenz FamRZ 1990, 769f.; s. a. BGH FamRZ 1983, 461 – Anfechtung der Scheidung.

[30] BGH FamRZ 1996, 1333.

[31] HM; s. BGH NJW 1979, 821 = FamRZ 1979, 221, 222; OLG Stuttgart FamRZ 1978, 809.

[32] OLG Nürnberg FamRZ 2005, 1497.

[33] BGH NJW 1987, 1772 = FamRZ 1986, 898; ferner liegt ein Verfahrensmangel vor, wenn ohne Abtrennung eine Folgesache nicht gleichzeitig mit der Scheidungssache entschieden wird, der zur Zurückverweisung führt, s. BGH FamRZ 1996, 1070, 1071; OLG Brandenburg FamRZ 2005, 1920; OLG Hamm FamRZ 2007, 651, 653.

[34] OLG Schleswig FamRZ 1992, 198; *Zö/Philippi* Rn. 14; i. Ü. wird nach § 629d eine Folgesache erst mit Rechtskraft der Scheidung wirksam.

[35] Verneinend *Johannsen/Henrich/Sedemund-Treiber* Rn. 14; *Rolland/Roth* Rn. 9 wohl unter Bezug auf BGH NJW 1983, 1317 = FamRZ 1983, 461; bejahend MK/*Finger* Rn. 18; *Zö/Philippi* Rn. 15.

[36] Diese Regelung wurde durch das UÄndG eingeführt; s. a. Begründung des RegE BT-Drucks. 10/2888 S. 29.

[37] Innerhalb der Fristen der §§ 629a Abs. 3, 554 wäre i. Ü. eine Rechtsmittelerweiterung oder Anschließung hinsichtlich der Scheidungssache möglich.

das Berufungsgericht hebt diese Entscheidung auf und verweist das Verfahren nach § 538 Abs. 2 S. 1 Nr. 1 zurück.[38]

15 **Nicht anfechtbar** ist die **Ablehnung einer Vorabentscheidung.**[39] Hinsichtlich der Scheidungssache fehlt es an einer Beschwer. Eine sofortige Beschwerde nach § 567 Abs. 1 ist nicht gegeben, weil sie einerseits nicht ausdrücklich vorgesehen ist und andererseits die sonstigen Voraussetzungen des § 567 Abs. 1 Nr. 2 fehlen. Der Antrag, die Scheidung vorab auszusprechen, ist kein das Verfahren betreffendes Gesuch, sondern lediglich eine Anregung, über die das FamG von Amts wegen zu entscheiden hat.[40] Das Gesetz lässt danach einen Eingriff in das erstinstanzliche Verfahren nicht zu, was sich auch daraus rechtfertigt, dass das Beschwerdegericht nicht über die Entscheidungsreife der Scheidungssache in einer anderen Instanz entscheiden kann, da es dieser ansonsten den Verfahrensgang vorschreiben müsste.[41]

16 c) **Unwirksamer Vergleich über eine Folgesache.** Wird eine ZPO-Folgesache oder ein Hausratsverfahren (§ 13 Abs. 3 HausratsVO) durch einen Prozessvergleich abgeschlossen, ist in der Verbundentscheidung hierüber nicht zu entscheiden. Wird nach Abschluss des Verbundverfahrens über die Wirksamkeit des Vergleichs gestritten oder stellt sich dessen Nichtigkeit heraus, ist in dieser Folgesache hierüber zu verhandeln und ggf. in der Sache zu entscheiden. Das Verfahren wird wie eine abgetrennte Folgesache behandelt.[42]

III. Folgen der Abtrennung

17 **1. Fortführung des Restverbunds.** Wird eine Folgesache aus dem Verbundverfahren abgetrennt, so wird der Verbund zwischen der Scheidungssache und den anderen Folgesachen fortgesetzt, S. 2. Auch danach beantragte Folgesachen werden gemäß § 623 Abs. 1, 4 mit der Scheidungssache verhandelt und entschieden. Obwohl das Scheidungsurteil der Sache nach ein Teilurteil darstellt, ist es nach § 93 a Abs. 1 S. 1 mit einer Kostenentscheidung zu versehen.[43] Die vorgenannten Grundsätze gelten auch bei der Abtrennung einer Folgesache in zweiter Instanz. Sie sind auch hinsichtlich des Restverbundes zwischen abgetrennten Folgesachen (§ 629 Abs. 2 S. 3) heranzuziehen. Ferner bleibt die Wirkung des Verbunds hinsichtlich **mehrerer abgetrennter Folgesachen** erhalten;[44] dies folgt aus dem Regelungszweck des § 629 a Abs. 2, 3, der für die Rechtsmittelinstanz bestimmt, dass der Verbund zwischen Folgesachen bestehen bleibt (zur Bedeutung s. Rn. 18), wenn die Scheidungssache vorzeitig rechtskräftig wird (s. Rn. 14).[45]

18 **2. Verfahren hinsichtlich der abgetrennten Folgesachen.** Eine abgetrennte Folgesache wird wie ein selbständiges Verfahren geführt und ist weiter zu fördern, unabhängig davon, ob die Scheidungssache bereits rechtskräftig geworden ist. Dennoch behält ein abgetrenntes Verfahren den Charakter einer Folgesache, was sich unmittelbar auf die Beibehaltung des **Anwaltszwangs** nach § 78 Abs. 2 S. 1 Nr. 1[46] sowie der **Kostenregelung** des § 93 a Abs. 1 auswirkt (§ 93 a Abs. 1 gilt auch bei Rücknahme der Folgesache). Ansonsten richtet sich das Verfahren der abgetrennten Folgesachen nach dem jeweils maßgebenden Verfahrensrecht der ZPO oder des FGG. In ZPO-Folgesachen (§ 621 Abs. 1 Nr. 5, 8 sowie Abs. 2 S. 1 Nr. 4) ist mit Auflösung des Verbunds wieder öffentlich zu verhandeln (§ 170 S. 2 GVG);[47] bei FGG-Folgesachen (§ 621 Abs. 1 Nr. 1–3, 6, 7, 9) entfällt das im Verbund nach § 623 Abs. 1 geltende Mündlichkeitsprinzip[48], falls nicht nach §§ 12, 53 a Abs. 1 S. 1, 53 b Abs. 1 FGG, § 13 Abs. 1 HausratsVO eine mündliche Verhandlung durchzuführen ist. In abgetrennten **ZPO-Folgesachen** ergeht die **Entscheidung durch Urteil, in FGG-Folgesachen** durch **Beschluss.** Entsprechend sind die Rechtsmittel als Berufung bzw. Revision bei Urteilen und als befristete Beschwerde bzw. Rechtsbeschwerde bei Beschlüssen ausgestaltet. Wird eine Folgesache vor Eintritt der Rechtskraft des Scheidungsausspruchs unanfechtbar, wird diese nach § 629 d erst mit Rechtskraft der Scheidung wirksam, weil eine Entscheidung nur für den Fall der Scheidung der Ehe ergeht. Wird der **Scheidungsantrag abgewiesen,** gilt § 629 Abs. 3 auch für abgetrennte Folgesachen; sie werden damit gegenstandslos. Die Kosten für dieses Verfahren sind regelmäßig der Partei aufzuerlegen, deren Scheidungsantrag abgewiesen wurde. Wird gegen eine (abgetrennte) Folgesache ein **Wiederaufnahmeverfahren** nach §§ 579, 580 betrieben, ist dieses wie eine isolierte Familiensache nach § 621 Abs. 1 zu führen; die vorgenannten Grundsätze gelten entsprechend.

IV. Abtrennung des Sorge- und Umgangsrechtsverfahrens

19 § 628 S. 1 Nr. 3 lässt eine Abtrennung auch in solchen Fällen zu, in denen das Gericht in den Fällen des § 623 Abs. 2 S. 1 Nr. 1 und 2 nach § 52 Abs. 2 Nr. 1, 2 FGG das **Verfahren ausgesetzt** hat, weil die Eltern

---

[38] OLG Stuttgart FamRZ 1990, 1121, 1122.
[39] So auch *Johannsen/Henrich/Sedemund-Treiber* Rn. 16; BGH FamRZ 2005, 191 – auch keine außerordentliche Beschwerde; aA Zö/*Philippi* Rn. 11; MK/*Finger* Rn. 19.
[40] OLG Koblenz FamRZ 1991, 209.
[41] S. a. OLG Stuttgart Justiz 1980, 415, 416.
[42] OLG Zweibrücken FamRZ 1987, 84; § 794 Rn. 20 f.
[43] HM *Zö/Philippi* Rn. 18; *Johannsen/Henrich/Sedemund-Treiber* Rn. 18.
[44] KG FamRZ 1990, 646; OLG Stuttgart FamRZ 1990, 1121; aA OLG München FamRZ 1987, 169.
[45] *Zö/Philippi* Rn. 18.
[46] BGH NJW 1981, 233, 234 = FamRZ 1981, 24; FamRZ 1998, 1505.
[47] § 623 Rn. 40.
[48] KG FamRZ 1984, 495; OLG Koblenz FamRZ 1985, 1144; BGH NJW 1983, 824 = FamRZ 1983, 267 (für Beschwerdeinstanz).

ihre Bereitschaft erklärt haben, außergerichtliche Beratung in Anspruch zu nehmen oder weil nach freier Überzeugung des Gerichts die Aussicht auf ein Einvernehmen der Beteiligten besteht.

V. Nachträglich entstehende Verbundverfahren; im Urteil nicht erfasste Verbundverfahren

Wird nach Urteilsverkündung, aber vor Rechtskraft des Scheidungsausspruchs ein eheliches Kind bzw. ein als ehelich geltendes Kind (§ 1592 Nr. 1 BGB) geboren, kann hinsichtlich dieses Kindes der Verbund nach § 623 Abs. 2 S. 1, 3 nicht hergestellt werden. Das Sorgerechtsverfahren ist dann als isoliertes FGG-Verfahren zu führen, weil nach § 623 Abs. 4 S. 1 als letzter Zeitpunkt der **Schluss der mündlichen Verhandlung erster Instanz** für das Einbringen einer Folgesache in den Verbund in Betracht kommt. Entsprechendes gilt in den Fällen des § 1593 S. 4 BGB. Auch von Amts wegen einzuleitende Folgesachen sind als isolierte Verfahren fortzuführen, weil sich ansonsten die Erledigung des Verbundverfahrens weiter verzögern würde. Wird gegen die Scheidungssache Berufung eingelegt, kann der Verbund nach § 623 Abs. 1–3 in der zweiten Instanz hergestellt werden. Eine Aufhebung des Scheidungsausspruchs und Zurückverweisung (wegen der Nichterfassung einer Folgesache) ist nicht möglich, weil ein wesentlicher Verfahrensmangel iSd. § 538 Abs. 2 S. 1 Nr. 1 nicht vorliegt und i. Ü. prozessökonomische Gründe für eine Erledigung des Sorgerechtsverfahrens in zweiter Instanz sprechen. Wird ein **Kind nach Anhängigkeit eines Scheidungsantrages** geboren, entfällt nach § 1599 Abs. 2 BGB die vermutete Kausalität, wenn ein anderer Mann die Vaterschaft binnen Jahresfrist nach Eintritt der Rechtskraft anerkennt. Gleiches gilt, wenn ein anderer Mann bereits während der Ehe die Vaterschaft anerkennt; dies folgt aus dem systematischen Zusammenwirken von § 1592 Nr. 1 und 2 BGB. Im Hinblick hierauf ist in diesen Fällen ein Sorgeverfahren nicht einzuleiten, weil feststeht, dass das Kind nicht ehelich ist. Damit entfällt in den Fällen der Auflösung der Ehe eine Anfechtungsklage, wenn zwischen den Beteiligten die Vaterschaft auf Grund der Lebensumstände (Zusammenleben der Mutter während der Trennungszeit mit dem anderen Mann) eindeutig ist. Die reine Trennung der Eheleute bewirkt dagegen die Aufhebung der Vaterschaft nicht, weil damit das Eheband noch nicht hinreichend gelockert ist. In diesem Fall wird die Mutter idR. nach § 1671 Abs. 1 BGB den Antrag zur Übertragung der elterlichen Sorge stellen. 20

Wird eine Verbundsache des § 621 Abs. 2 S. 1 Nr. 4 versehentlich im **Verbundurteil nicht mitentschieden,** ist diese nachzuholen. Auch wenn dieses Verfahren nicht im Verbund erfasst wurde, bleibt es Verbundsache; es ist deshalb wie eine abgetrennte Folgesache zu behandeln (s. Rn. 18). Wird dieser Mangel vor Ablauf der Rechtsmittelfristen festgestellt, kann wegen Verletzung des Verbundes Berufung mit dem Ziel eingelegt werden, den Verbund wieder herzustellen (s. Rn. 12). 21

VI. Gebühren und Kosten

1. Rechtsanwaltsgebühren. Die Scheidungssache und ihre Folgesachen bilden, auch wenn sie abgetrennt wurden, gebührenrechtlich eine Angelegenheit.[49] Die Abtrennung der Sorge- und Umgangsrechtssache gem. § 623 Abs. 2, 3 ist eine echte Verfahrenstrennung. Es entstehen gesonderte Verfahren, so dass die Gebühren hierfür noch einmal aus den Gegenstandswerten der abgetrennten Verfahren entstehen. Der Anwalt kann wählen, ob er die Gebühren vor der Trennung oder aus den abgetrennten Verfahren geltend macht.[50] Streitig ist, wie abzurechnen ist, wenn die Kosten der abgetrennten Folgesache anders verteilt werden, als die Kosten, über die schon im Scheidungsurteil entschieden wurde.[51] 22

2. Gerichtskosten. Sowohl das vorweg ergehende Scheidungsurteil, das auch Entscheidungen über Folgesachen enthalten kann, als auch die nachfolgende Entscheidung über die abgetrennte Folgesache (Urteil oder Beschluss) lösen keine Urteilsgebühr aus. Es gilt auch hier das Pauschalgebührensystem. 23

629 *Einheitliche Endentscheidung; Vorbehalt bei abgewiesenem Scheidungsantrag*

(1) Ist dem Scheidungsantrag stattzugeben und gleichzeitig über Folgesachen zu entscheiden, so ergeht die Entscheidung einheitlich durch Urteil.

(2) [1]Absatz 1 gilt auch, soweit es sich um ein Versäumnisurteil handelt. [2]Wird hiergegen Einspruch und auch gegen das Urteil im Übrigen ein Rechtsmittel eingelegt, so ist zunächst über den Einspruch und das Versäumnisurteil zu verhandeln und zu entscheiden.

(3) [1]Wird ein Scheidungsantrag abgewiesen, so werden die Folgesachen gegenstandslos, soweit sie nicht die Übertragung der elterlichen Sorge oder eines Teils der elterlichen Sorge wegen Gefährdung des Kindeswohls auf einen Elternteil, einen Pfleger oder einen Vormund betreffen; in diesem Fall wird die Folgesache als selbständige Familiensache fortgeführt. [2]Im Übrigen ist einer Partei auf ihren Antrag in dem Urteil vorzubehalten, eine Folgesache als selbständige Familiensache fortzusetzen. [3]§ 626 Abs. 2 Satz 2 gilt entsprechend.

---

[49] G/S/*Müller-Rabe* VV 3100 Rn. 99.

[50] *Groß* Rn. 293; G/S/*Müller-Rabe* Nr. 3100 VV RVG Rn. 107.

[51] Vgl. zum bisherigen Recht einerseits OLG München, AnwBl. 1984, 203; andererseits OLG Koblenz FamRZ 1990, 82.

I. Normzweck

1 In § 629 wird der Grundsatz des Verfahrens- und Entscheidungsverbunds nach § 623 Abs. 1–3 hinsichtlich der zu treffenden Entscheidung konkretisiert. Die Regelung bestimmt in Abs. 1 S. 1, dass bei begründetem Scheidungsantrag alle im Verbund eingeleiteten Folgesachen gemeinsam mit der Scheidungssache und einheitlich durch Urteil zu entscheiden sind, unabhängig davon, ob die Folgesachen isoliert durch Urteil (bei ZPO-Verfahren, § 621 Abs. 1 Nr. 5, 8, Abs. 2 S. 1 Nr. 4) oder durch Beschluss (bei FGG-Verfahren, § 621 Abs. 1 Nr. 6, 7, 9, Abs. 2 S. 1 Nr. 1–3) zu entscheiden wären. Abs. 3 trifft eine Regelung zu dem Schicksal der Folgesachen, falls der Scheidungsantrag abgewiesen wird.

II. Stattgebendes Scheidungsurteil, Abs. 1

2 **1. Verfahren bis zum Urteil.** Durch die Anordnung im Gesetz, dass über die (begründete) Scheidungssache und alle Folgesachen einheitlich durch Urteil zu entscheiden ist, gibt der Gesetzgeber hinsichtlich der Form der Entscheidung – wie bei den Rechtsmitteln nach § 629a Abs. 2 S. 2 – den zivilprozessualen Bestimmungen nach §§ 313ff. den Vorrang. Das Urteil beinhaltet neben dem stattgebenden Scheidungsausspruch alle im Verbund stehenden Folgesachen, soweit sie nicht nach den §§ 627, 628 bereits abgetrennt worden sind oder in der Verbundentscheidung abgetrennt werden (s. hierzu § 628 Rn. 11). Unterbleibt die Entscheidung über eine Folgesache, muss Berufung mit dem Ziel eingelegt werden, den Verbund wiederherzustellen.[1] Nach Rechtskraft des Verbundurteils ist die Folgesache als selbständiges Verfahren weiter zu führen; es bleibt aber Folgesache iSd. § 623 Abs. 1. Werden innerhalb des Verbunds im Wege des **Stufenantrags Auskunftsverfahren** zum Unterhalt, Güterrecht oder Versorgungsausgleich geführt (s. § 623 Rn. 19f.), ist über diese Anträge vorab zu entscheiden, weil nach Sinn und Zweck des Verbunds nur eine abschließende Sachentscheidung zulässig ist. Die **Begründung** des Urteils richtet sich nach § 313 Abs. 1, auch wenn im Verbund eine FGG-Folgesache zu entscheiden ist. Jedoch kann nur hinsichtlich der ZPO-Folgesachen nach § 313a von einer **Begründung abgesehen** werden, nicht dagegen bei einer FGG-Folgesache, weil insoweit den Ehegatten keine entsprechende Dispositionsbefugnis zusteht und regelmäßig weitere Verfahrensbeteiligte vorliegen, so dass auch aus diesem Grund ein Verzicht ausscheidet.[2] I. Ü. kann nach § 313a Abs. 4 Nr. 4 bei **Entscheidungen zum Unterhalt** kein Verzicht auf Tatbestand und Entscheidungsgründe abgegeben werden. Entsprechendes gilt nach § 313a Abs. 4 Nr. 6, wenn zu erwarten ist, dass das Urteil im Ausland geltend gemacht wird. Nach § 313 Abs. 1 Nr. 5, 6 ist das Urteil mit **Tatbestand und Entscheidungsgründen** abzufassen. Hierbei ist bei den verschiedenen Teilen des Verbundverfahrens die Regelung des § 624 Abs. 4 zu berücksichtigen; danach sind die einzelnen Folgesachen jeweils so darzustellen, dass sie bei der Urteilszustellung an Dritte nur insoweit zugestellt werden können, als das Urteil diese betrifft. I. Ü. bedarf es – bedingt durch den Amtsermittlungsgrundsatz – in FGG-Verfahren keiner Trennung von Tatbestand und Entscheidungsgründen. Die **Kostenentscheidung** richtet sich nach § 93a; danach sind im Regelfall die Kosten des Scheidungsverfahrens und der Folgesachen gegeneinander aufzuheben (Ausnahmen nach § 93a Abs. 1 S. 2, 3). Bei einer Abweisung des Scheidungsantrags trägt der Antragsteller auch die Kosten der Folgesachen, § 93a Abs. 2 S. 1. § 93a Abs. 2 S. 2 ermöglicht für die Folgesachen des § 621 Abs. 1 Nr. 5, 8, Abs. 2 S. 1 Nr. 4 eine andere Kostenentscheidung als in Abs. 2 S. 1 vorgesehen, wenn dies unbillig erscheint (vor allem bei offensichtlich aussichtslosen Anträgen). Keine Bestimmung trifft § 93a zu den **Kosten von Drittbeteiligten** am Verbundverfahren, weil diese Kostenbestimmung entsprechend ihrer systematischen Stellung nur die Kostentragungspflicht zwischen den Ehegatten regelt. Nach § 621a Abs. 1 S. 1 gelten in FGG-Folgesachen § 13a Abs. 1 FGG, § 20 HausratsVO, nach denen einem Dritten die Verfahrenskosten hier zu erstatten sind, wenn dies der Billigkeit entspricht (zur Kostenentscheidung allgemein § 93a Rn. 2ff.).

3 **2. Verfahren nach erlassenem Urteil.** Die **Zustellung des Urteils** richtet sich nach den §§ 317, 621c und muss an die Parteien sowie sämtliche Verfahrensbeteiligte erfolgen (Jugendämter, Träger einer Versorgung, Vermieter, Kinder ab Vollendung des 14. Lebensjahres, Verfahrenspfleger). Die Rechtsmittelfristen richten sich nach der jeweiligen Zustellung an die Verfahrensbeteiligten. Hinsichtlich der Vollstreckung (s. allgemein bei § 620 Rn. 36, 58, 59, 66, 85, 89) gelten bei den ZPO-Folgesachen die Bestimmungen zur ZPO, auf die auch bei den Folgesachen zum Versorgungsausgleich (§ 53g Abs. 3), Hausrat und der ehelichen Wohnung (§ 16 Abs. 3 FGG) sowie den güterrechtlichen Nebenverfahren nach §§ 1382, 1383 BGB verwiesen wird (§ 53a Abs. 1 FGG).

III. Versäumnisurteil, Abs. 2

4 **1. Voraussetzung einer Säumnisentscheidung.** Während in der Scheidungssache eine dem Scheidungsantrag stattgebende Entscheidung durch Versäumnisurteil nicht zulässig ist (§ 612 Abs. 4), kann in den **ZPO-Folgesachen** (§ 621 Abs. 1 Nr. 5, 8, Abs. 2 S. 1 Nr. 4 – Unterhalt, Güterrecht) im **Verbund eine Säumnisentscheidung** ergehen. Nicht möglich ist dies bei den FGG-Folgesachen (§ 621 Abs. 1 Nr. 6, 7, 9, Abs. 2 S. 1 Nr. 1–3 – Sorgerecht, Umgangsbefugnis, Versorgungsausgleich, Hausratsverfahren), da das FGG wegen des Amtsermittlungsgrundsatzes eine Säumnisentscheidung nicht zulässt. In einer ZPO-Folgesache kann eine Säumnisentscheidung ergehen, wenn der Antragsgegner an der letzten mündlichen Verhandlung nicht teilnimmt oder nicht durch einen Rechtsanwalt vertreten ist. Ist gleichzeitig die Scheidungssache ent-

[1] § 628 Rn. 12.
[2] OLG Stuttgart FamRZ 1983, 81; OLG Köln FamRZ 2005, 1921.

scheidungsreif, kann **auf Antrag** des Antragstellers in den ZPO-Folgesachen ein **Versäumnisurteil** erlassen werden (§§ 330, 331 Abs. 1 S. 1); die Entscheidung ergeht als streitiges Endurteil und als Versäumnisurteil. Im Urteilstenor sind die Teile, die als Versäumnisentscheidung ergangen sind, entsprechend zu kennzeichnen; ausreichend ist es jedoch auch, wenn sich nur aus den Gründen ergibt, dass eine Versäumnisentscheidung ergangen ist.[3] Die Säumnisentscheidung kann – wie jede andere Folgesachenentscheidung – für **vorläufig vollstreckbar erklärt** werden, wobei diese sich lediglich auf die jeweilige ZPO-Folgesache zu beziehen hat (so dass § 704 Abs. 2 hinsichtlich des Scheidungsausspruchs nicht berührt wird) und mit Wirkung ab Eintritt der Rechtskraft des Scheidungsausspruchs auszusprechen ist.

2. Rechtsmittel. Ein als Versäumnisentscheidung ergangenes Urteil zu einer Folgesache ist nur mit dem Rechtsbehelf des Einspruchs anzugreifen, nicht dagegen mit anderen Rechtsmitteln.[4] Gegen die anderen Folgesachen und die Scheidungssache bestehen die sonst zulässigen (Haupt-) Rechtsmittel der Berufung/Revision oder der befristeten Beschwerde (s. § 629a Rn. 9ff.). Ist auch aus den Gründen nicht erkennbar, dass eine Säumnisentscheidung vorliegt, ist das Verbundurteil nicht als Versäumnisurteil zu behandeln und Berufung einzulegen.[5] Die jeweiligen Fristen des Einspruchs sowie der Rechtsmittel richten sich nach den allgemeinen Bestimmungen der §§ 339, 517, 548, 621e. **Wird** gegen eine als Säumnisentscheidung im Verbundurteil ergangene Folgesache **Einspruch** nach § 339 **eingelegt,** wird nur hinsichtlich dieser Sache der Prozess in die Lage vor der Säumnis zurückversetzt (§ 342). Für die **anderen Teile der Verbundentscheidung,** die nicht als Säumnisurteil ergangen sind, gelten die allgemeinen Rechtsmittelfristen. Wird kein Rechtsmittel eingelegt, werden diese nach Ablauf der Rechtsmittelfristen rechtskräftig; eine Verlängerung dieser Fristen wegen des Einspruchs gegen die Säumnisentscheidung tritt nicht ein.[6] Ebenso wenig hemmt der Einspruch den Eintritt der Rechtskraft der anderen nicht als Säumnisentscheidung ergangenen Folgeregelungen. Nach § 629a Abs. 3 rechtskräftig gewordene Teile der Verbundentscheidung können danach nicht mehr in das Rechtsmittelverfahren gegen das auf den Einspruch ergangene Urteil einbezogen werden.[7] Wird Einspruch gegen eine Säumnisentscheidung und Berufung gegen eine andere Folgesache eingelegt, so ist nach Abs. 2 S. 2 zunächst über den Einspruch und das Versäumnisurteil zu verhandeln und entscheiden. Erst danach kann das Rechtsmittelverfahren in der zweiten Instanz fortgesetzt werden.[8] Mit dieser Verhandlungs- und Entscheidungssperre soll die Beibehaltung des Verbunds sichergestellt werden. Wird in diesem Fall auch das auf den Einspruch ergangene Urteil mit der Berufung angefochten, wird nach §§ 629a Abs. 2 S. 3, 623 der Verbund in der zweiten Instanz wiederhergestellt. Zur Frage, welche Folgesachen überhaupt für eine Fortsetzung als selbständige Familiensache geeignet sind, wird auf die Ausführungen des § 626 verwiesen (§ 626 Rn. 6f.). 5

IV. Abweisung des Scheidungsantrags, Abs. 3

1. Folgen der Abweisung, S. 1. Die Folgesachen werden nach § 623 Abs. 1 für den Fall der rechtskräftigen Scheidung der Ehe entschieden, ergehen also als (unechte) Eventualentscheidung (s. § 623 Rn. 3). Wird der Scheidungsantrag rechtskräftig abgewiesen, wobei es auf die Gründe hierfür nicht ankommt,[9] werden die **Folgesachen gegenstandslos.** Dies wird in Abs. 3 S. 1 klargestellt. Nach § 620f Abs. 1 gilt dies auch für einstwAnO, die nach Rechtskraft außer Kraft treten. In der Entscheidung erster Instanz bedarf es deshalb im Falle der Abweisung des Scheidungsantrags keiner ausdrücklichen Entscheidung zu den im Verbund stehenden Folgesachen; es empfiehlt sich jedoch, bei eingeleiteten und verhandelten Folgesachen im Urteil einen klarstellenden Hinweis vorzunehmen. Die Folge des Abs. 3 S. 1 steht unter der Bedingung, dass die Abweisung der Scheidungssache rechtskräftig wird. Wird dem Scheidungsantrag im Berufungsverfahren stattgegeben, ist über die Folgesachen gemäß § 629b zu entscheiden. Zu den Kosten einer gegenstandslosen Folgesache gilt § 93a Abs. 2 (s. a. § 628 Rn. 18 aE); sie sind idR derjenigen Partei aufzuerlegen, deren Scheidungsantrag abgewiesen wurde (Rn. 2). Die dargelegten Grundsätze gelten entsprechend im Rechtsmittelverfahren. Eine **Ausnahme** von dem in Satz 1 enthaltenen Grundsatz ergibt sich aus der durch das KindRG eingeführten Neufassung des S. 1 (Art. 6 Nr. 2b). Die Neuregelung bezieht sich auf Verfahren, deren Gegenstand die Übertragung der elterlichen Sorge wegen **Gefährdung des Kindeswohls** ist. Diese sind bei Abweisung des Scheidungsantrags als selbständige Familiensache fortzuführen (s. auch § 623 Rn. 10, 12). Dies folgt aus der Notwendigkeit, dass im Interesse des Kindes unabhängig von der Verfahrensart eine Regelung zur elterlichen Sorge zu treffen ist; insoweit handelt es sich um eine Folgesache iSd. § 623 Abs. 1 S. 1, die als selbständiges Verfahren fortgeführt wird. Die Änderung in Satz 2 ergibt sich auf Grund einer redaktionellen Änderung. 6

2. Vorbehalt der Fortsetzung, S. 2, 3. Entsprechend der Regelung des § 626 Abs. 2 bei Rücknahme eines Scheidungsantrags kann auch auf **Antrag einer Partei** eine **Folgesache** als selbständige Familiensache fortgeführt werden, wenn der Scheidungsantrag abgewiesen wird.[10] Dies kann von jedem Ehegatten, unabhängig davon, welcher von ihnen den Scheidungsantrag gestellt hat, bis zum Schluss der mündlichen Verhand- 7

---

[3] BGH FamRZ 1988, 945; FamRZ 1994, 1521 (dort verstecktes Versäumnisurteil, so dass richtiger Rechtsbehelf der Einspruch ist und nicht die Berufung); s. ferner OLG Zweibrücken FamRZ 1996, 1483f.

[4] BGH FamRZ 1986, 897; FamRZ 1988, 945.

[5] BGH FamRZ 1988, 945

[6] BGH FamRZ 1986, 897

[7] *Johannsen/Henrich/Sedemund-Treiber* Rn. 4

[8] Zur Aufhebung dieser Sperre nach § 628 s. OLG Schleswig FamRZ 1992, 839

[9] BGH FamRZ 1984, 256, 257

[10] Zu dieser Regelung bei einer Auslandsscheidung s. BGH FamRZ 1984, 256

lung beantragt werden. Unerheblich ist ferner, ob es sich um ein von Amts wegen oder auf Antrag eingeleitetes Folgeverfahren handelt. Um einer Partei einen entsprechenden Antrag zu ermöglichen, muss das Gericht den Parteien die **Absicht mitteilen**, dass es den Scheidungsantrag nicht für begründet hält und dieser deshalb abzuweisen ist. Ein erklärter Vorbehalt ist in dem abweisenden Scheidungsurteil festzuhalten. Wird der Vorbehalt nach Abs. 3 S. 2, 3 in der zweiten Instanz erklärt, sind diese Verfahren an die erste Instanz zurückzuverweisen, bei einem Vorbehalt in der Revisionsinstanz an das OLG.[11] Sind Folgesachen in der zweiten Instanz neben der Scheidungssache anhängig, sind die vorbehaltenen Folgesachen bei Abweisung des Scheidungsantrags durch das OLG als unselbständige Familiensachen fortzusetzen.

8 **3. Folgen.** Der Vorbehalt bewirkt, dass Folgesachen als **selbständige Familiensachen** gelten und als solche fortzusetzen sind (s. i. e. zu den Folgen § 626 Rn. 6ff.). Diese Wirkung tritt ab Rechtskraft des Urteils ein, mit dem der Scheidungsausspruch abgewiesen wurde. Ab diesem Zeitpunkt entfallen die Verbundregelungen, so dass ein bestehender Anwaltszwang entfällt; ferner ist über die Prozesskostenhilfe erneut zu entscheiden, wenn an Stelle des nachehelichen Unterhalts (§§ 1569ff. BGB) Unterhalt nach § 1361 Abs. 1 BGB im fortgesetzten Verfahren verlangt wird. Ebenso ist über die Kosten des Verfahrens nach allgemeinen Bestimmungen und nicht mehr nach § 93a zu entscheiden, je nachdem, ob eine ZPO-Folgesache (§ 621 Abs. 1 Nr. 5, 8, Abs. 2 S. 1 Nr. 4) oder FGG-Folgesache (§ 621 Abs. 1 Nr. 6, 7, 9, Abs. 2 S. 1 Nr. 1–3) vorliegt. Keine Änderung tritt nach § 261 Abs. 3 Nr. 2 hinsichtlich der (einmal begründeten) **Zuständigkeit** ein. Die in Abs. 3 S. 2 enthaltene Verweisung bezieht sich auf die Kostenregelung des § 626 Abs. 2 S. 2.

V. Gebühren und Kosten

9 **1. Rechtsanwaltsgebühren.** Zur Abrechnung fortgeführter Familiensachen vgl. § 145 Rn. 35.

10 **2. Gerichtskosten.** Urteilsgebühren werden nach dem Pauschalgebührensystem nicht mehr erhoben. Durch Absatz 1 der Anmerkung zu KV Nr. 1311 soll sichergestellt werden, dass bei mehreren gebührenbegünstigt beendeten Folgesachen nur eine ermäßigte Gebühr nach zusammengerechneten Werten zu erheben ist.

629a

Rechtsmittel **(1) Gegen Urteile des Berufungsgerichts ist die Revision nicht zulässig, soweit darin über Folgesachen der in § 621 Abs. 1 Nr. 7 oder 9 bezeichneten Art erkannt ist.**

(2) [1]Soll ein Urteil nur angefochten werden, soweit darin über Folgesachen der in § 621 Abs. 1 Nr. 1 bis 3, 6, 7, 9 bezeichneten Art erkannt ist, so ist § 621e entsprechend anzuwenden. [2]Wird nach Einlegung der Beschwerde auch Berufung oder Revision eingelegt, so ist über das Rechtsmittel einheitlich als Berufung oder Revision zu entscheiden. [3]Im Verfahren vor dem Rechtsmittelgericht gelten für Folgesachen § 623 Abs. 1 und die §§ 627 bis 629 entsprechend.

(3) [1]Ist eine nach § 629 Abs. 1 einheitlich ergangene Entscheidung teilweise durch Berufung, Beschwerde, Revision oder Rechtsbeschwerde angefochten worden, so kann eine Änderung von Teilen der einheitlichen Entscheidung, die eine andere Familiensache betreffen, nur noch bis zum Ablauf eines Monats nach Zustellung der Rechtsmittelbegründung, bei mehreren Zustellungen bis zum Ablauf eines Monats nach der letzten Zustellung beantragt werden. [2]Wird in dieser Frist eine Abänderung beantragt, so verlängert sich die Frist um einen weiteren Monat. [3]Satz 2 gilt entsprechend, wenn in der verlängerten Frist erneut eine Abänderung beantragt wird. [4]Die §§ 517, 548 und 621e Abs. 3 Satz 2 in Verbindung mit den §§ 517 und 548 bleiben unberührt.

(4) Haben die Ehegatten auf Rechtsmittel gegen den Scheidungsausspruch verzichtet, so können sie auf dessen Anfechtung im Wege der Anschließung an ein Rechtsmittel in einer Folgesache verzichten, bevor ein solches Rechtsmittel eingelegt ist.

Übersicht

[11] BGH FamRZ 1984, 256

I. Normzweck

Die Bestimmung des § 629a regelt die Anfechtung von Verbundentscheidungen und das entsprechende Rechtsmittelverfahren. Hierbei begrenzt Abs. 1 die Rechtsmittelmöglichkeiten in den dort genannten Fällen, während Abs. 2 die Form der Rechtsmittel in FGG-Folgesachen und die Fortsetzung des Verbunds in der zweiten Instanz regelt. Abs. 3 bewirkt bei Anfechtung einzelner Folgesachen den Eintritt einer vorzeitigen Rechtskraft der Scheidungssache und befristet die nachträgliche Anfechtung im Verbundverfahren durch Anschlussrechtsmittel oder Rechtsmittelerweiterung, deren Grundsätze sich nach den allgemeinen Bestimmungen richten. In Abs. 4 wird die Möglichkeit geregelt, durch einen Verzicht der Ehegatten auf eine Anschließung an ein Rechtsmittel die vorzeitige Rechtskraft des Scheidungsausspruchs herbeizuführen. 1

II. Rechtsmittel im Verbundverfahren

1. Einführung. Nach § 629 Abs. 1 ergeht eine Verbundentscheidung einheitlich in Form des Urteils, auch wenn in diesem FGG-Folgesachen (§ 621 Abs. 1 Nr. 6, 7, 9, Abs. 2 S. 1 Nr. 1–3) enthalten sind. Aus der Einheitlichkeit der Entscheidungsform folgt jedoch nicht, dass das Verbundurteil nur insgesamt angefochten werden könnte; möglich ist auch eine **Anfechtung von Teilen der Verbundentscheidung.** Hierbei sind mehrere Formen einer Teilanfechtung möglich, so etwa, dass nur die Scheidungssache, die Scheidungssache und eine oder mehrere ZPO-Folgesachen[1] (§ 621 Abs. 1 Nr. 5, 8, Abs. 2 S. 1 Nr. 4), die Scheidungssache und eine oder mehrere FGG-Folgesachen[2] (§ 621 Abs. 1 Nr. 6, 7, 9, Abs. 2 S. 1 Nr. 1–3), die Scheidungssache, eine ZPO-Folgesache und eine FGG-Folgesache[3], eine ZPO-Folgesache und eine FGG-Folgesache, nur eine ZPO-Folgesache oder nur eine FGG-Folgesache angegriffen werden. § 629a bestimmt nicht generell, in welcher Form in den dargelegten Sachlagen Rechtsmittel einzulegen sind, sondern regelt nur **Ausnahmen** zu den allgemeinen Grundsätzen.[4] 2

2. Unschädliche fehlerhafte Rechtsmittelbezeichnung. Die **falsche Bezeichnung** eines Rechtsmittels macht dieses nicht unzulässig und ist deshalb unschädlich. Wird eine Verbundentscheidung nur teilweise mit der Berufung angefochten, so kann innerhalb der Berufungsbegründungsfrist das Rechtsmittel auf weitere den Rechtsmittelführer beschwerende Teile des Verbundverfahrens ausgedehnt werden. Entscheidend für den Anfechtungsumfang sind die Berufungsanträge nach § 520 Abs. 3 Nr. 1.[5] Umgekehrt kann bei einer Berufung in der Begründungsschrift nur eine FGG-Folgesache angefochten werden; das Rechtsmittel ist damit die Beschwerde.[6] Wird zunächst Beschwerde eingelegt, kann in der Begründung das Rechtsmittel auf die Scheidungssache oder eine zivilprozessuale Folgesache ausgedehnt werden; dies gilt auch dann, wenn man in der Einlegung der Beschwerde eine Beschränkung des Rechtsmittels auf FGG-Folgesachen sehen würde.[7] Die **Beschränkung eines Rechtsmittels** in der Berufungsbegründung bedeutet nicht ohne weiteres eine Teilrücknahme des Rechtsmittels, da hierin auch das einstweilige Nichtbetreiben des Rechtsmittels liegen kann.[8] Nach Ablauf der Berufungsbegründungsfrist scheidet dagegen eine Erweiterung aus (zur Erweiterung von Rechtsmitteln s. allgemein § 520 Rn. 25 ff.; Rn. 17).[9] 3

3. Rechtsmittel gegen die Scheidungssache. Wird einem Scheidungsantrag durch Urteil stattgegeben, findet hiergegen die **Berufung** (§ 511) zum OLG statt. Das Berufungsurteil kann mit der **Revision** zum BGH (§ 542 Abs. 1) angefochten werden, wenn diese vom OLG zugelassen wurde oder das Revisionsgericht diese auf Beschwerde gegen die Nichtzulassung zugelassen hat, § 543 Abs. 1. Die Regelung zur Zulassung auf die Nichtzulassungsbeschwerde greift aber erst ab 1. 1. 2010 ein.[10] Dieselben Rechtsmittel gelten auch bei einer gleichzeitigen Anfechtung von ZPO-Folgesachen. Wird von demselben Rechtsmittelführer mit der Scheidung gleichzeitig auch eine FGG-Folgesache angegriffen, gegen die bei einer isolierten Anfechtung mit der (befristeten) Beschwerde oder weiteren Beschwerde vorgegangen werden müsste (Abs. 2 S. 1 4

---

[1] Die Scheidung, der nacheheliche Unterhalt und der Kindesunterhalt.
[2] Die Scheidung und (hilfsweise) die elterliche Sorge.
[3] Scheidung, nachehelicher Unterhalt und elterliche Sorge.
[4] Zur Änderung durch das ZPO-RG s. BT-Drucks. 14/4722 S. 120.
[5] BGH NJW 1981, 2360 = FamRZ 1981, 946; FamRZ 1989, 1064, 1065.
[6] BGH NJW 1981, 2360 = FamRZ 1981, 946.
[7] BGH NJW 1981, 2360 = FamRZ 1981, 946.
[8] BGH FamRZ 1989, 1064, 1065.
[9] BGH FamRZ 1984, 437, 438.
[10] Eingehend § 621d Rn. 1 ff.; § 26 Nr. 9 EGZPO; s. BT-Drucks. 14/4722 S. 126; verlängert von 2007 auf 2010 durch 2. JuMoG v. 30. 12. 2006, BGBl. I 3420.

iVm. § 621e), werden diese Rechtsmittel an die zivilprozessualen Rechtsmittel angepasst und gehen in diesen auf.[11] Insoweit wirkt sich der **Vorrang der zivilprozessualen Bestimmungen** wie bei der Fassung des Urteils nach § 629 Abs. 1 auch bei den Rechtsmitteln aus. Aus der Einheitlichkeit dieses Rechtsmittels folgt, dass bei **Säumnis des Berufungsklägers** dessen Berufung auf Antrag durch Versäumnisurteil zurückzuweisen ist (§ 539 Abs. 1; s. a. § 612 Rn. 9), auch wenn er mit seinem Rechtsmittel eine **FGG-Folgesache** (§ 621 Abs. 1 Nr. 6, 7, 9, Abs. 2 S. 1 Nr. 1–3) angegriffen hat, bei der eine Versäumnisentscheidung nicht zulässig ist, wenn sie mit der Beschwerde nach § 629a Abs. 2 S. 1 angefochten wird. Diese Dispositionsbefugnis rechtfertigt sich aus der Klammerwirkung der eingelegten Berufung.[12] Ist der **Berufungsbeklagte säumig,** kann dagegen nur dann eine Säumnisentscheidung ergehen, wenn ZPO-Folgesachen (§ 621 Abs. 1 Nr. 4, 5, 8) mit der Berufung angefochten wurden.

5 Das Rechtsmittel gegen die Scheidungssache ergibt sich aus § 511, nach dem Berufung gegen die in erster Instanz ergangenen Endurteile stattfindet. Wird **uneingeschränkt Berufung** eingelegt, so gelangen neben der Scheidungssache auch alle Folgesachen der Verbundentscheidung in die zweite Instanz; im Rahmen der Berufungsanträge kann allerdings eine Beschränkung auf einzelne Verfahrensteile des Verbunds erfolgen. Gegen die Berufungsentscheidung kann **Revision** nur dann eingelegt werden, wenn diese vom OLG zugelassen wurde (nach § 543 Abs. 1 Nr. 1 oder nach § 543 Abs. 1 Nr. 2[13] hinsichtlich der Scheidungssache, nach § 621e Abs. 2 S. 1 hinsichtlich der Folgesachen nach FGG; hinsichtlich der ZPO-Folgesachen gelten die allgemeinen Grundsätze).[14] § 629a Abs. 1 sieht hierzu eine **Ausnahme** für die Folgeverfahren des § 621 Abs. 1 Nr. 7 (Regelung der Rechtsverhältnisse am Hausrat und der Ehewohnung) und des § 621 Abs. 1 Nr. 9 (Verfahren nach §§ 1382, 1383 BGB) vor, bei denen eine Revision nicht zulässig ist, selbst wenn diese für die Scheidung oder andere Folgesachen zugelassen wurde. Dies gilt auch, wenn die Berufung durch das OLG als unzulässig verworfen wurde.[15] I. Ü. ist § 629a Abs. 1 auf die allgemeinen Verfahrensregelungen zu den Rechtsmitteln abgestimmt, als auch im Verbund ergangene Berufungsverfahren von ZPO-Folgesachen mit der Zulassungsrevision angefochten werden können. Wird gegen ein einheitliches Berufungsurteil (Zulassungs-) Revision eingelegt, gilt diese für alle im Verbund stehenden Verfahren, auch wenn es sich um FGG-Folgesachen handelt.

6 Besonderheiten bestehen hinsichtlich der **formellen Beschwer** in einer **Scheidungssache.** Auf das stattgebende Scheidungsurteil kann der Antragsteller Rechtsmittel mit dem Ziel einlegen, den Scheidungsantrag zurückzunehmen oder auf ihn zu verzichten,[16] weil er die Ehe aufrechterhalten will (s. a. § 626 Rn. 2). Der Antragsgegner kann mit der Berufung die nach § 1566 Abs. 1 BGB erforderliche Zustimmung zur Scheidung widerrufen (§ 630 Abs. 2).

7 Die Berufung gegen die Scheidungssache ermöglicht eine **Klageerweiterung in Folgesachen.** So ist es zulässig, in einer Unterhaltssache, der im ersten Rechtszug in vollem Umfang stattgegeben wurde, in zweiter Instanz den Antrag zu erweitern.[17] Entsprechendes gilt auch in FGG-Folgesachen, wobei es bei diesen keines **ausdrücklichen Antrages bedarf,** sondern es ausreichend ist, wenn sich das Rechtsschutzziel aus der Rechtsmittelbegründung entnehmen lässt. Voraussetzung für eine Klageerweiterung in der Berufungsinstanz ist jedoch, dass die die Erweiterung betreffende Folgesache als Verbundsache nach § 623 Abs. 1 in erster Instanz anhängig war. Nicht zulässig ist es, **erstmals in zweiter Instanz eine Folgesache** anhängig zu machen, da diese bis zum Schluss der mündlichen Verhandlung erster Instanz in der Scheidungssache anhängig gemacht sein muss (§ 623 Abs. 4; s. § 623 Rn. 28).

8 Wird der **Scheidungsantrag abgewiesen,** kann das abweisende Urteil mit der Berufung bzw. Revision angefochten werden, wenn letztere nach § 543 Abs. 1 Nr. 1 zugelassen wurde oder der BGH diese auf Beschwerde gegen die Nichtzulassung zugelassen hat, § 543 Abs. 1 Nr. 2. Letztere Regelung gilt aber nach § 26 Nr. 9 EGZPO erst ab 1. 1. 2010.[18] Ein Rechtsmittel gegen Folgesachen entfällt im Hinblick auf § 629 Abs. 3 S. 1. Hält das Berufungsgericht den Scheidungsantrag für begründet, so hebt es das Urteil auf und verweist das Verfahren an die Vorinstanz zurück, wenn eine Folgesache zu entscheiden ist, um den Verbund wiederherzustellen (§ 629b Abs. 1). Bei erfolglosen Rechtsmitteln gilt § 97 (allgemein hierzu § 97 Rn. 4). Bei **Rücknahme des Rechtsmittels** gegen die Scheidungssache greift § 516 Abs. 3 ein (s. auch § 93a Rn. 5).

9 **4. Rechtsmittel gegen Folgesachen. a) Berufung oder Beschwerde.** Sollen von einer Verbundentscheidung nur eine oder mehrere **ZPO- Folgesachen** (§ 621 Abs. 1 Nr. 5, 8, Abs. 2 S. 1 Nr. 4) angegriffen werden, so erfolgt dies mit der Berufung zum OLG (§§ 511; 119 Abs. 1 Nr. 1 lit. a GVG) und der Revision zum BGH (§§ 542 Abs. 1; 133 GVG). Die Zulassung der Revision nach § 543 Abs. 1 Nr. 1 oder 2 erfolgt für jede Folgesache gesondert. Auch bei einer unbeschränkten Zulassung der Revision können einzelne Teile der Verbundentscheidung angefochten werden.

10 Sollen nur **FGG-Folgesachen** der in § 621 Abs. 1 Nr. 6, 7, 9, Abs. 2 S. 1 Nr. 1–3 bezeichneten Art angefochten werden, so ist das maßgebende Rechtsmittel die **(befristete) Beschwerde** zum OLG. Dies wird in § 629a Abs. 2 S. 1 iVm. § 621e bestimmt. Die entsprechende Anwendung des § 621e ist deshalb geboten,

---

[11] BGH FamRZ 1980, 670.

[12] S. *St/J/Schlosser* Rn. 5; *Zö/Philippi* Rn. 8a; s. ferner OLG München FamRZ 1995, 378f.; aA *Schwab/Maurer* 4. Aufl. Teil I Rn. 737.

[13] Zu den Übergangsbestimmungen s. Rn. 4.

[14] S. § 621d Rn. 1ff.

[15] BGH FamRZ 1980, 234; FamRZ 1980, 670.

[16] BGH FamRZ 1983, 685, 686; BGHZ 89, 328 = NJW 1984, 1302 = FamRZ 1984, 350.

[17] BGHZ 85, 140, 142ff. = NJW 1983, 172 = FamRZ 1982, 1198.

[18] Eingehend § 621d Rn. 1ff.

weil auch über die FGG-Folgesachen nach § 629 Abs. 1 einheitlich durch Urteil und nicht durch Beschluss (so in den Fällen des § 621 e) entschieden wird. Auch in diesen Fällen besteht Anwaltszwang für die Ehegatten nach § 78 Abs. 2 S. 1 Nr. 1. Für die Rechtsmittel gegen FGG-Folgesachen gelten dieselben Regelungen wie zu § 621 e. Die Anpassung an die zivilprozessuale Form bezieht sich deshalb nur auf die Bezeichnung des Rechtsmittels. Inhaltlich bleibt das Rechtsmittelverfahren zu einer FGG-Folgesache seinem Charakter nach das Verfahren der (befristeten) Beschwerde oder Rechtsbeschwerde. Im Rahmen einer Revision, die eine weitere Beschwerde beinhaltet, ist deshalb nach Abs. 1 ein Verfahren nach der HausratsVO oder zu §§ 1382, 1383 BGB nicht zulässig.

b) Zusammentreffen von Berufung und Beschwerde. Werden von einer Verbundentscheidung durch einen Ehegatten eine oder mehrere **ZPO-Folgesachen und** eine oder mehrere **FGG-Folgesachen** angefochten, so ist mangels gesetzlicher Regelung entsprechend § 511 die Berufung zum OLG das maßgebende Rechtsmittel, weil einheitlich durch Urteil entschieden worden ist.[19] Den Fall, dass **zunächst** gegen eine oder mehrere **FGG-Folgesachen** (befristete) Beschwerde eingereicht und zeitlich später durch denselben Ehegatten Berufung gegen eine oder mehrere ZPO-Folgesachen eingelegt wird, regelt Abs. 2 S. 2 in der Weise, dass über das Rechtsmittel einheitlich als Berufung zu entscheiden ist.[20] Dies gilt entsprechend bei Einlegung der Revision. Wie bei Fassung des Urteils nach § 629 Abs. 1 dominieren auch bei den Rechtsmitteln die Regeln der ZPO-Verfahren. Keine gesetzliche Regelung liegt im umgekehrten Fall vor, dass gegen eine oder mehrere **ZPO-Folgesachen** (§ 621 Abs. 1 Nr. 5, 8; Abs. 2 S. 1 Nr. 4) Berufung und **zeitlich später** (befristete) Beschwerde gegen eine oder mehrere **FGG-Folgesachen** nach § 621 Abs. 1 Nr. 6, 7, 9, Abs. 2 S. 1 Nr. 1–3 eingelegt wird. Entsprechend dem Regelungszweck des § 629 a Abs. 2 S. 2 ist in diesem Fall einheitlich als Berufung zu entscheiden. 11

Hiervon ist die Sachlage zu trennen, dass **ein Ehegatte** gegen eine **ZPO-Folgesache** Berufung und der **andere Ehegatte** gegen eine **FGG-Folgesache** (befristete) Beschwerde einlegt. Dem Wortlaut des Gesetzes (nach Abs. 2 S. 2) kann nicht entnommen werden, dass auch in diesem Fall beide Rechtsmittel in Folgesachen an das vorrangige Rechtsmittel der Berufung bzw. Revision angepasst werden („das Rechtsmittel"). Ebenso wenig spricht der Sinn der Regelung des § 629 a Abs. 2 für eine Anpassung des Rechtsmittels, weil auch in diesem Fall beide Verfahren nebeneinander ihren Charakter beibehalten (s. o. Rn. 10 aE).[21] Dem Normzweck des Abs. 2 S. 2 kann nicht entnommen werden, dass der Vorrang der Form eines ZPO-Rechtsmittels bei Zusammentreffen mit einem Rechtsmittel gegen eine FGG-Folgesache weiter geht als die äußere Form. Die jeweiligen Rechtsmittelverfahren folgen deshalb den unterschiedlichen Grundsätzen. Dies gilt auch in Bezug auf die Kostenentscheidung, die getrennt zu treffen ist. 12

Reicht ein Ehegatte bei einer Verbundentscheidung Rechtsmittel gegen eine ZPO-Folgesache und eine FGG-Folgesache ein, nimmt er aber das Rechtsmittel zur ZPO-Folgesache später wieder zurück oder erledigt sich das ZPO-Verfahren auf andere Weise (Vergleich), so **wandelt** sich das Rechtsmittel der Berufung in ein **Beschwerdeverfahren** zurück, da der Charakter als Beschwerdesache auch im Falle einer Angleichung der Rechtsmittel erhalten bleibt. Die Entscheidung ergeht in diesem Fall durch Beschluss.[22] Bei **erfolglosen Rechtsmitteln** gilt § 97, der nach Abs. 3 auch die FGG-Verfahren erfasst (s. auch § 97 Rn. 12).

c) Rücknahme von Rechtsmitteln. Wird das Rechtsmittel in einer ZPO-Folgesache zurückgenommen, hat der Berufungsführer nach § 516 Abs. 3 die Kosten der Berufungsinstanz zu tragen. Strittig ist, ob diese Regelung auch bei Rücknahme einer Beschwerde nach §§ 629 a, 621 e entsprechend gilt.[23] § 621 a Abs. 1 S. 1 enthält aber keine Regelung, nach der eine zivilprozessuale Bestimmung das FGG verdrängen würde. Auch kann § 516 Abs. 3 ein Vorrang nicht entnommen werden. Damit verbleibt es bei § 13 a FGG sowie § 20 HausratsVO, die jeweils eine abschließende Kostenregelung beinhalten und einer entsprechenden Anwendung des § 516 Abs. 3 entgegenstehen.[24] 13

5. Fortsetzung des Verbunds in der Berufungsinstanz, Abs. 2 S. 3. Die Regelung des Abs. 2 S. 3 stellt klar, dass für Folgesachen die §§ 623, 627 bis 629 auch in der Rechtsmittelinstanz gelten. Danach besteht in der **Rechtsmittelinstanz der Verhandlungs- und Entscheidungsverbund** fort, wenn die Scheidungssache und eine oder mehrere Folgesachen oder nur Folgesachen angefochten worden sind. Zweck dieser Bestimmung ist es, die Entscheidungen zu Folgesachen aufeinander abzustimmen. Ein Verbund ausschließlich zwischen Folgesachen in der Rechtsmittelinstanz kann eintreten, wenn über den Scheidungsausspruch auf Grund Abtrennung der Folgesachen nach § 628 Abs. 1 vorab entschieden, der Scheidungsausspruch nach Abs. 3 vorzeitig rechtskräftig oder auf Rechtsmittel gegen den Scheidungsausspruch nach Abs. 4 verzichtet wurde.[25] Danach wird über mehrere Folgesachen (ohne die Scheidungssache) auch in der Rechtsmittelinstanz stets einheitlich entschieden, bei Zusammentreffen von ZPO-Folgesache (§ 621 Abs. 1 Nr. 5, 8, Abs. 2 S. 1 Nr. 4) und FGG-Folgesache (§ 621 Abs. 1 Nr. 6, 7, 9, Abs. 2 S. 1 Nr. 1–3) durch Urteil und, wenn ausschließlich FGG-Folgesachen in die Rechtsmittelinstanz gelangt sind, durch Beschluss. Hinsicht- 14

---

[19] BGH FamRZ 1980, 670.

[20] S. zB OLG Koblenz FamRZ 1992, 825.

[21] So i. Ü. auch *Zö/Philippi* Rn. 5; anders wohl OLG Karlsruhe FamRZ 1991, 464; OLG München FamRZ 1991, 1452, 1453; OLG Koblenz FamRZ 1992, 825.

[22] OLG München FamRZ 1991, 1452, 1453.

[23] So BGHZ 86, 51, 56 = NJW 1983, 578 f. = FamRZ 1983, 154 f., ohne dies zu problematisieren; OLG Frankfurt/M FamRZ 1991, 586; *Johannsen/Henrich/Sedemund-Treiber* § 93 a Rn. 14.

[24] OLG Stuttgart FamRZ 1983, 936; OLG Frankfurt/M FamRZ 1986, 368; BayObLG FamRZ 1995, 184; *Zö/Philippi* Rn. 13.

[25] S. a. BT-Drucks. 10/2888 S. 29; OLG Koblenz FamRZ 1993, 199.

lich der **Wirkungen des Verbunds** wird auf § 623 Rn. 31 ff. verwiesen. Soweit also in zweiter Instanz die Scheidungssache sowie eine ZPO-Folgesache oder eine ZPO-Folgesache sowie eine FGG-Folgesache anhängig sind, ist nach § 170 S. 1, 2 GVG nichtöffentlich zu verhandeln, weil alle FGG-Verfahren grds. nichtöffentlich sind. Sind in zweiter Instanz nur ZPO-Verfahren anhängig, ist öffentlich zu verhandeln, weil dann der allgemeine Grundsatz nach §§ 169, 170 S. 2 GVG wieder durchgreift.

15 Die **Auflösung des (Rest-) Verbunds** erfolgt in der Rechtsmittelinstanz nach §§ 627, 628 in gleicher Weise wie in erster Instanz. I. Ü. kann der Regelung des Abs. 2 S. 3 entnommen werden, dass bei Vorabentscheidung der Scheidungssache bei mehreren in **erster Instanz verbleibenden Folgesachen der (Rest-) Verbund** fortzuführen ist.

III. Nicht fristgerecht eingelegte Anträge zur Änderung von Verbundentscheidungen, Abs. 3

16 **1. Grundlagen.** Zweck dieser Regelung ist es, die durch Anschlussrechtsmittel eintretenden Verzögerungen zu begrenzen.[26] **Nicht geregelt** ist in Abs. 3, unter welchen Voraussetzungen eine **Rechtsmittelerweiterung** sowie **Anschlussrechtsmittel** zulässig sind. Diese Frage beantwortet sich aus den allgemeinen Grundsätzen.

17 **2. Rechtsmittelerweiterung.** Wie in einem isolierten Verfahren kann der Rechtsmittelführer auch im Verbund ein zunächst **begrenztes Rechtsmittel nachträglich erweitern.** Im Verbund ist dies bei einer Ausdehnung des Rechtsmittels auf eine andere Folgesache in der Weise möglich, dass das auf eine ZPO-Folgesache bezogene Rechtsmittel um die Anfechtung einer weiteren ZPO-Folgesache des Verbunds erweitert wird. Bedeutsam wird dies beispielsweise, wenn die Verbundentscheidung zum nachehelichen Unterhalt angefochten und dieses Rechtsmittel auf den in erster Instanz mitentschiedenen Kindesunterhalt **nach Ablauf der Begründungsfrist** ausgedehnt wird. Zulässig ist dies aber lediglich, wenn sich aus der Begründung des zuerst eingelegten Rechtsmittel die Gründe für die Anfechtung der zunächst nicht angegriffenen Folgesache ergeben; es können damit nach Ablauf der Rechtsmittelbegründungsfrist keine neuen Gründe nachgeschoben werden.[27] Die Rechtsmittelerweiterung ist vielmehr nach Fristablauf nur statthaft, wenn die Gründe hierfür bereits in der Rechtsmittelbegründung enthalten sind.[28] Dies rechtfertigt sich aus dem Umstand, dass sich aus der Rechtsmittelbegründung der Umfang der Anfechtung des Urteils ergeben muss (§§ 520 Abs. 3 S. 2 Nr. 1, 551 Abs. 3 S. 1 Nr. 1; s. a. § 520 Rn. 25 ff.).[29] Für den Bereich der FGG-Folgesachen gelten die vorgenannten Grundsätze entsprechend.

18 Die Rspr. hat es jedoch aus prozessökonomischen Gründen ausnahmsweise zugelassen, dass auch **nach Ablauf der Rechtsmittelbegründung neue Gründe nachgeschoben** werden können. Anerkannt wird dieses in Folgesachen zum Unterhalt, wenn sich die für die Festsetzung des Unterhalts maßgebenden Tatsachen wesentlich ändern, um eine nachträgliche Abänderungsklage nach § 323 zu vermeiden.[30] Entsprechend hat dies der BGH[31] im Rahmen von Folgesachen nach § 621 Abs. 1 Nr. 1 bis 3 (jetzt auf Grund KindRG Abs. 2 S. 1 Nr. 1–3) zugelassen, wenn nachträglich Veränderungen (iSd. § 1696 BGB) eintreten, die wegen des Kindeswohls zu berücksichtigen sind. Hieraus folgt, dass bei einer Berufung gegen die Zuerkennung nachehelichen Unterhalts nach Ablauf der Berufungsbegründungsfrist dieses Rechtsmittel auf die Verbundentscheidung zur elterlichen Sorge ausgedehnt werden kann, wenn zu dieser wesentliche Änderungen eingetreten sind (Wechsel des Aufenthalts des Kindes zum unterhaltspflichtigen Elternteil), die Auswirkungen auf die Entscheidung zum Unterhalt nehmen (§ 1570 BGB). Eine solche Rechtsmittelerweiterung löst nicht erneut die Fristen des § 629a Abs. 3 aus, wenn diese bereits abgelaufen sind.[32] Nicht zulässig ist es dagegen, erstmals in zweiter Instanz eine Folgesache anhängig zu machen (§ 623 Abs. 4; s. o. Rn. 7; § 623 Rn. 28). Berechtigt zur Rechtsmittelerweiterung sind die Ehegatten, während weiteren Verfahrensbeteiligten diese Möglichkeit idR verschlossen ist. Zulässig ist dies jedoch hinsichtlich des Jugendamtes, wenn ein Elternteil zur Umgangsregelung nach § 1684 BGB Rechtsmittel eingelegt hat und nunmehr das Jugendamt nach Ablauf der Berufungsbegründungsfrist Tatsachen vorbringt, die eine Änderung der Sorgerechtsentscheidung nach § 1696 BGB auslösen.

19 **3. Rechtsmittelanschließung. a) Grundsatz.** Wird im Anschluss an ein bereits eingelegtes Rechtsmittel vom Rechtsmittelgegner innerhalb der Rechtsmittelfrist des § 517 ein Rechtsmittel eingelegt, hat dieser **innerhalb der offenen Frist die Wahl,** ein eigenständiges Rechtsmittel oder Anschlussberufung nach § 524 Abs. 1 einzulegen.[33] Im Zweifel ist durch Auslegung zu ermitteln, welcher der beiden Wege gewollt ist. Die Anschlussberufung nach § 524 Abs. 1 setzt **keine Beschwer** voraus.[34] Sie ist auch möglich, wenn eine Partei in erster Instanz voll obsiegt hat, in zweiter Instanz aber die Klage erweitern oder Widerklage erheben will (s. § 533). Das Anschlussrechtsmittel wendet sich nur gegen die angefochtene Entscheidung[35] und kann sowohl

---

[26] Zum Rechtszustand vor dem UÄndG s. BGHZ 85, 140 = NJW 1983, 172 = FamRZ 1982, 1198.

[27] BGH NJW 1983, 179 = FamRZ 1982, 1115 (bzgl. der Beschwerde nach § 621e); NJW 2001, 146.

[28] BGH FamRZ 1985, 267, 269; FamRZ 1986, 254, 256; FamRZ 1988, 603; *Zö/Philippi* Rn. 19; *Johannsen/Henrich/Sedemund-Treiber* Rn. 6.

[29] In der gerichtlichen Praxis sind diese Voraussetzungen idR selten gegeben.

[30] OLG Düsseldorf FamRZ 1987, 295; OLG Koblenz FamRZ 1988, 1072; s. a. *Philippi* FamRZ 1989, 1258.

[31] BGH NJW 1987, 1024, 1025 = FamRZ 1986, 895.

[32] *Zö/Philippi* Rn. 24.

[33] BGH FamRZ 2003, 1464.

[34] BGH NJW 1994, 944, 945; eingehend § 524 Rn. 10.

[35] BGH FamRZ 1983, 461 m. weit. Nachw.

den angegriffenen als auch nicht angegriffenen Teil erfassen. § 629a Abs. 3 ermöglicht ferner eine **Gegenanschließung,** die von der früheren Rspr. des BGH[36] nicht zugelassen wurde; dieses lässt sich jedenfalls für den Regelungsbereich des § 629a Abs. 3 nicht aufrechterhalten.[37] Statthaft ist eine Anschließung nur im Falle einer **Gegnerstellung,** die sich aus dem Zweck des Anschlussrechtsmittels ergibt, vorsorglich eingelegte Hauptrechtsmittel zu vermeiden.[38] Sobald das Hauptrechtsmittel zurückgenommen oder als unzulässig verworfen wird, verliert auch das unselbständige Anschlussrechtsmittel seine Wirkung. Wird dagegen über das Hauptrechtsmittel der Sache nach entschieden, kann gleichzeitig auch über das Anschlussrechtsmittel befunden werden. Möglich ist i. Ü. auch ein bedingt eingelegtes Anschlussrechtsmittel (§ 524 Rn. 12),[39] weil dieses kein Rechtsmittel im eigentlichen Sinn darstellt, sondern lediglich ein Antrag innerhalb des vom Rechtsmittelkläger eingelegten Rechtsmittels.[40] I. Ü. wird kein besonderes Verfahren eingeleitet, so dass auch eine Eventualanschließung zulässig ist, weil das Verfahren in seinem Bestand hiervon nicht abhängt. Berechtigt zur Anschlussberufung ist i. Ü. nur der Berufungsbeklagte. Ein Beteiligter, der nur im ersten Rechtszug Partei war, gegen den aber keine Berufung eingelegt wurde, kann sich deshalb nicht anschließen. Hieraus folgt, dass bei Geltendmachung von Ehegattenunterhalt nach § 1361 BGB und Kindesunterhalt nach §§ 1601 ff. BGB durch einen Ehegatten im Wege der Prozessstandschaft gemäß § 1629 Abs. 3 BGB eine Anschließung hinsichtlich des Kindesunterhalts in der Berufung des Unterhaltspflichtigen ausschließlich gegen den Unterhalt nach § 1361 BGB unzulässig ist.[41] Entsprechendes gilt, wenn der Kindesunterhalt in gesetzlicher Vertretung durch einen Elternteil zusammen mit dem nachehelichen Unterhalt verlangt wurde. In beiden Fällen stünde auch die Rechtskraft des Urteils zum Kindesunterhalt der Anschlussberufung entgegen. Nach § 524 Abs. 2 S. 2 ist die Anschlussberufung bis zum Ablauf der dem Berufungsbeklagten gesetzten Frist zur Berufungserwiderung und nach § 554 Abs. 2 S. 2 die Anschlussrevision zu erklären; sie ist nach §§ 524 Abs. 3, 554 Abs. 3 in der Antragsschrift zu begründen. Für künftig fällig werdende wiederkehrende Leistungen (Unterhalt) besteht nach § 524 Abs. 2 S. 3 keine Frist (eingehend hierzu § 323 Rn. 12). Strittig ist, ob die zuvor dargelegten Grundsätze auch für FGG-Folgesachen gelten; insoweit wird auf § 621 e Rn. 29 verwiesen.

b) **Anschließung im Verbund.** Die zuvor dargelegten Grundsätze gelten auch bei Verbundentscheidun- 20
gen. Eine Besonderheit besteht jedoch darin, dass die Verbundentscheidung zu mehreren Verfahren ergeht. Wird aus dieser ein Verfahren mit einem Hauptrechtsmittel angegriffen, folgt hieraus die Möglichkeit, die übrigen Teile des Verbundverfahrens durch eine **Anschließung in das Rechtsmittelverfahren** einzubeziehen. So kann bei einem Hauptrechtsmittel gegen die Regelung zur elterlichen Sorge oder den Versorgungsausgleich auch eine Anschlussberufung gegen die Scheidungssache oder eine ZPO-Folgesache (§ 621 Abs. 1 Nr. 5, 8, Abs. 2 S. 1 Nr. 4) erhoben werden. Entsprechendes gilt, wenn die Berufung gegen eine ZPO-Folgesache oder die Scheidung das Hauptrechtsmittel darstellt.[42] Das Anschlussrechtsmittel bedarf der Formerfordernisse der §§ 519 Abs. 2, 4, 520 Abs. 3, 521, 549 Abs. 1 S. 2, 550 und 551 Abs. 3. Auch hinsichtlich dieses ist einer Erweiterung zulässig, wenn nicht weitere Gegenstände in das Verfahren eingeführt werden. **Keines Antrags** bedarf es insoweit bei einem Anschlussrechtsmittel gegen FGG-Folgesachen (§ 621 Abs. 1 Nr. 6, 7, 9, Abs. 2 S. 1 Nr. 1–3); es reicht aus, wenn sich aus der Begründung das Rechtsschutzziel ergibt (§ 621 e Rn. 29 ff.).

c) **Anschlussrechtsmittel gegen Teile, die bereits mit einem Hauptrechtsmittel angefochten sind.** Wird in 21
einer mit einem Hauptrechtsmittel angegriffenen Folgesache vom Rechtsmittelgegner ein Anschlussrechtsmittel eingelegt, so kann dies in einer Verbundsache nur in derselben Weise wie in einem isolierten Verfahren erfolgen (s. o. Rn. 19). Soweit in FGG-Folgesachen das Verbot der Schlechterstellung nicht eingreift, entfällt auch im Verbund das **Rechtsschutzbedürfnis** für eine Anschließung (so bei elterlicher Sorge und Versorgungsausgleich; eingehend § 621 e Rn. 29), wenn die Anschließung kein entgegengesetztes Rechtsschutzziel verfolgt. Anders als bei § 629a Abs. 3 ist in diesen Fällen die Rechtsmittelerweiterung **nicht befristet.** Es gelten die oben dargelegten Grundsätze (Rn. 19). Nicht zulässig ist in diesem Fall eine Gegenanschließung (s. hierzu Rn. 24 bei § 629a Abs. 3),[43] weil Hauptrechtsmittel und Anschließung gegen denselben Teil der Verbundentscheidung gerichtet sind und beide jeweils bereit waren, Teile der Entscheidung unangefochten hinzunehmen. Ein solcher Fall ist zB gegeben, wenn der Unterhaltspflichtige den im Verbund entschiedenen nachehelichen Unterhalt angreift, soweit ein Betrag von mehr als 1000,– Euro monatlich zugesprochen wurde; mit der Anschließung wird nunmehr das Urteil mit dem Ziel angegriffen, die in erster Instanz eingeklagten 1800,– Euro zu erlangen, wovon aber lediglich 1300,– Euro zugesprochen wurden.

d) **Anschlussrechtsmittel gegen Teile, die noch nicht mit einem Hauptrechtsmittel angegriffen sind.** Vo- 22
raussetzung ist zunächst ein Hauptrechtsmittel gegen einen anderen Teil der Verbundentscheidung. Das Anschlussrechtsmittel wird **nach § 629a Abs. 3 befristet,** wenn es sich gegen einen bisher nicht mit einem

[36] BGHZ 88, 360, 362 = NJW 1984, 437; FamRZ 1986, 455; s. u. Rn. 24.
[37] OLG Karlsruhe FamRZ 1988, 412 m. weit. Nachw.
[38] BGH FamRZ 1980, 680; NJW 1984, 1240, 1241; OLG Hamburg FamRZ 1988, 639.
[39] BGH NJW 1984, 1240, 1241.
[40] BGHZ 80, 146, 148; BGH NJW 1981, 1790; BGHZ 83, 371, 376 = NJW 1982, 1708 mit Nachweisen auch zur Gegenansicht.
[41] BGH NJW 1991, 2569; OLG München FamRZ 1987, 169.
[42] BGH NJW 1980, 702 = FamRZ 1980, 233 m. weit. Nachw.; NJW 1982, 224 = FamRZ 1982, 36, 38; NJW 1983, 172 = FamRZ 1982, 1198; FamRZ 1986, 455; FamRZ 1998, 1024, 1025.
[43] S. ferner BGH FamRZ 1986, 455, 456 zum Rechtszustand vor dem UÄndG.

Hauptrechtsmittel angegriffenen Teil der Verbundentscheidung richtet[44] (zum Regelungszweck des § 629a Abs. 3 s. o. Rn. 16). Hierbei kann im Einzelfall die Abgrenzung, ob bei einer nachträglichen Anfechtung ein **einheitlicher Gegenstand** vorliegt, zweifelhaft sein. Während der öffentlich-rechtliche Versorgungsausgleich und der schuldrechtliche Versorgungsausgleich keinen einheitlichen Gegenstand darstellen, weil es sich um unterschiedliche Arten des Versorgungsausgleichs handelt[45] und entsprechendes auch bei Verfahren zur Zuweisung der ehelichen Wohnung bzw. des ehelichen Hausrats anzunehmen ist, sind verschiedene Formen des öffentlich-rechtlichen Wertausgleichs oder die Geltendmachung des Elementar- und des Vorsorgeunterhalts sowie des Zugewinns und Anträge auf Stundung nach § 1382 BGB als einheitliche Gegenstände anzusehen.[46]

23 Das nach § 629a Abs. 3 **befristete Anschlussrechtsmittel** ist mit einem Schriftsatz einzulegen und zu begründen entsprechend §§ 524 Abs. 3, 554 Abs. 3;[47] es ist bei nicht fristgerechter Begründung als unzulässig zu verwerfen.[48] Wird das Hauptrechtsmittel als unzulässig verworfen oder zurückgenommen, verliert auch die (unselbständige) Anschließung ihre Wirkung (§§ 524 Abs. 4, 554 Abs. 4).[49] Die Anschließung bleibt jedoch wirksam, solange die Verwerfung oder Rücknahme des Hauptrechtsmittels nicht erfolgt ist. Weitere Voraussetzung ist, dass **Teile der Verbundentscheidung** angefochten werden; die Verbundentscheidung kann hierbei sowohl aus der Scheidungssache und einer oder mehreren Folgesachen oder nur aus Folgesachen nach Abs. 2 S. 3 iVm. § 629 Abs. 1 bestehen. Wird mit dem Hauptrechtsmittel die Verbundentscheidung insgesamt angefochten, gilt Abs. 3 nicht; in diesem Fall greifen die allgemeinen Bestimmungen ein (s. o. Rn. 19, 21).

24 e) **Gegenanschließung.** Die Regelung des Abs. 3 ermöglicht es dem Gegner des Hauptrechtsmittels, fristgebunden andere, noch nicht angegriffene Verfahrensteile des Verbunds anzufechten. Für den (Haupt-)Rechtsmittelführer kann sich deshalb bei einer Teilanfechtung ergeben, dass er sich einer unselbständigen Anfechtung konfrontiert sieht. Diese Möglichkeit könnte der Rechtsmittelführer jedoch dadurch umgehen, dass er sein Hauptrechtsmittel unbeschränkt einlegt, was aber aus prozessökonomischen Gründen nicht gewollt sein kann.[50] Um eine solche umfassende Anfechtung nicht zu fördern, ist prozessual eine Gegenanschließung jedenfalls für den Regelungsbereich des § 629a Abs. 3 zuzulassen und insoweit an der (früheren) Rspr. des BGH (s. a. Rn. 19),[51] die eine solche nicht zuließ, nicht mehr festzuhalten. Die Gegenanschließung ist prozessual in ihrem Bestand von der Anschließung abhängig, wie die (unselbständige) Anschließung vom Hauptrechtsmittel (s. Rn. 23). Die Gegenanschließung entfällt also im Falle einer Rücknahme der Anschließung oder wenn diese als unzulässig abgewiesen wird.[52]

25 f) **Fristensystem des § 629a Abs. 3.** Kennzeichnend für das Fristensystem des Abs. 3 ist, dass die einzelnen Zeitstufen selbständige, einander nachgeordnete Fristen darstellen.[53] Für die Festlegung des Fristablaufs der ersten Frist gilt § 222 Abs. 2, die weiteren Fristen des Abs. 3 S. 2 und 3 entsprechend § 224 Abs. 3 iVm. § 222 Abs. 2. Entsprechend § 554 Abs. 2 S. 2 sind die in Abs. 3 enthaltenen Fristen keine **Notfristen.**[54] Die Rechtsmittelbegründungsfrist wird nicht für die Zeit von 1. Juli bis 31. August gehemmt, da das **Gesetz zur Abschaffung der Gerichtsferien** § 223 ersatzlos aufgehoben hat und der neu geschaffene § 227 Abs. 3 lediglich einen Anspruch auf Verlegung eines Termins innerhalb der genannten Frist gewährt. Da die Fristen für die Anschließung dieselbe Wirkung haben wie die Rechtsmittel- und Rechtsmittelbegründungsfrist, ist bei unverschuldeter Fristversäumnis Wiedereinsetzung in den vorigen Stand zu gewähren.[55] Der **Beginn der Anschließungsfrist** wird durch die Zustellung der Begründung des Hauptrechtsmittels ausgelöst; die danach zu berechnende Frist kann sich verlängern, wenn innerhalb der Begründungsfrist eine weitere Rechtsmittelbegründung eingeht, die ebenfalls zuzustellen ist. Bei mehreren Beteiligten (in FGG-Sachen) beginnt die Frist mit der **letzten Zustellung.** Wird nach Verstreichen der einmonatigen Frist nach Zustellung der Rechtsmittelbegründung Prozesskostenhilfe für ein bedingt gestelltes Anschlussrechtsmittel bewilligt, ist das Rechtsmittel innerhalb zwei Wochen nach Zustellung der Entscheidung des Berufungsgerichts zu Prozesskostenhilfebewilligung einzulegen (§§ 234, 236). Nicht zulässig ist eine **Verlängerung dieser Fristen** durch das Gericht, weil dies im Gesetz nicht vorgesehen ist. (§ 224 Abs. 2).[56] Für die Fristenberechnung nach Abs. 3 für die Anschließung ist nicht maßgebend, ob die fristverlängernde Anfechtung zulässig ist (s. a. Rn. 23). Wird später das Hauptrechtsmittel als unzulässig verworfen oder zurückgenommen, so entfällt die Wirkung hinsichtlich des hierauf folgenden Anschlussrechtsmittels. Andere nachträgliche Anfech-

---

[44] ZB OLG Düsseldorf FamRZ 2005, 386 – Anschlussberufung eines Ehegatten bei Beschwerde des Versorgungsträgers.
[45] BGH FamRZ 1990, 606.
[46] *Zö/Philippi* Rn. 31.
[47] OLG Hamm FamRZ 1989, 414.
[48] OLG Frankfurt/M FamRZ 1987, 496.
[49] OLG Bremen FamRZ 1989, 649.
[50] BT-Drucks. 10/2888 S. 45; BT-Drucks. 10/4514 S. 24.
[51] BGHZ 88, 360, 362 = NJW 1984, 437; BGH NJW 1986, 1494 = FamRZ 1986, 455.
[52] BGH FamRZ 1998, 1024, 1026.
[53] *Kemnade* FamRZ 1986, 625; *Philippi* FamRZ 1989, 1257, 1261.
[54] HM; OLG Frankfurt/M FamRZ 1986, 1122, 1123; OLG Köln FamRZ 1987, 1059, 1060f.; OLG Celle FamRZ 1990, 646; aA OLG Nürnberg FamRZ 1986, 923.
[55] OLG Karlsruhe FamRZ 1988, 412, 413.
[56] MK/*Finger* Rn. 31.

tungen und spätere Zeitstufen werden dagegen hiervon nicht betroffen.[57] Die Frist des Abs. 3 S. 1 beginnt aber nicht zu laufen, wenn eine der gebotenen Zustellungen an einen Verfahrensbeteiligten unterbleibt; damit kommt es auch nicht zur vorzeitigen Teilrechtskraft des Verbundurteils.[58]

g) Erste Stufe der nachträglichen Anfechtung. Nach Abs. 3 S. 1 muss die nachträgliche Anfechtung die (Verbund-) Entscheidung in einer anderen Familiensache betreffen; sie ist befristet nur in Bezug auf solche Teile der Verbundentscheidung möglich, die **nicht** mit einem **Hauptrechtsmittel** angefochten werden (s. Rn. 21, 22). Die Frist beginnt mit der Zustellung der Rechtsmittelbegründung, bei mehrfachen Zustellungen mit der letzten Zustellung, um unterschiedliche Fristabläufe zu vermeiden (s. Rn. 25). Wird bis zum Ablauf der in Abs. 3 S. 1 genannten Frist kein Anschlussrechtsmittel eingelegt, werden die Folgesachen rechtskräftig, falls gegen sie kein Hauptrechtsmittel eingelegt wurde. Wird gegen eine mit einem Hauptrechtsmittel angegriffene Folgesache ein unbefristetes Anschlussrechtsmittel eingelegt (Rn. 21), so verlängert sich die Monatsfrist nach Abs. 3 S. 1 nicht hinsichtlich weiterer Anschließungen, die sich gegen andere nicht angefochtene Teile richten. 26

h) Zweite Stufe für nachträgliche Anfechtungen. Erfolgt innerhalb der Frist des Abs. 3 S. 1 eine weitere Anschließung oder Rechtsmittelerweiterung, wird die Frist nach S. 1 um einen Monat verlängert (Abs. 3 S. 2). Nach dem Wortlaut des Gesetzes beginnt der Lauf dieser weiteren Monatsfrist nach dem Ende der ersten Frist; der Zeitpunkt der Zustellung der ersten Anschließung ist dagegen unerheblich.[59] Die **nachträgliche Anfechtung** nach Abs. 3 S. 2 kann sich gegen sämtliche Verbundverfahren richten, falls gegen diese nicht ein Hauptrechtsmittel eingelegt wurde. Unterbleibt innerhalb der Zeitstufe des Abs. 3 S. 2 eine weitere Anfechtung, so tritt hinsichtlich der bis dahin **nicht angefochtenen Teile Rechtskraft** ein. Wird dagegen ein weiterer Teil der Verbundentscheidung wirksam mit einer (weiteren) Anschließung angefochten, so tritt hinsichtlich dieses Teils keine Rechtskraft ein; nach allgemeinen Grundsätzen kann dieser Teil unbeschränkt angefochten werden (s. o. Rn. 19). 27

i) Weitere Stufen für nachträgliche Anfechtung. Wird innerhalb der zweiten Stufe nach Abs. 3 S. 2 eine nachträgliche Anfechtung vorgenommen, gelten die Grundsätze der zweiten Stufe entsprechend. Erfolgt innerhalb der Frist des Abs. 3 S. 3 keine nachträgliche Anfechtung, so werden nicht angegriffene Teile rechtskräftig. Insgesamt können die Fristen des Abs. 3 die Höchstfrist der §§ 517, 548 iVm. § 621e Abs. 3 übersteigen, so dass auch nach Ablauf von insgesamt sechs Monaten eine Anschließung noch zulässig ist, wenn die Fristen des Abs. 3 noch nicht abgelaufen sind. I. Ü. wird § 554 Abs. 1 von § 629a Abs. 3 nicht verdrängt. Die Regelung des § 554 Abs. 1 greift immer dann ein, wenn es um eine Anschließung an ein Hauptrechtsmittel desselben Teils geht, weil insoweit Abs. 3 nicht gilt (s. Rn. 21 f.). 28

4. Anschließung bei Beteiligung Dritter. a) Anschließung eines Ehegatten an das Rechtsmittel eines Dritten. Wird von einem am Verbundverfahren beteiligten Dritten (Träger einer Versorgung im Versorgungsausgleich, Jugendamt, Kind ab Vollendung des 14. Lebensjahres oder durch Verfahrenspfleger für ein minderjähriges Kind; Vermieter) in einer FGG-Folgesache (befristete) Beschwerde eingelegt, so kann von einem Ehegatten zu dieser Sache ein Anschlussrechtsmittel eingelegt werden.[60] Zulässigkeitsvoraussetzung hierfür ist eine **Gegnerstellung** (zu den Einzelheiten s. § 621e Rn. 29 ff.). Eine solche Gegnerstellung ist auch zu verlangen, wenn ein Dritter eine FGG-Folgesache angefochten hat und ein Ehegatte mit seiner Anschließung die Änderung einer anderen Folgesache verfolgt. Nach hM ist dies nur dann zu bejahen, wenn sich die Anschließung gegen den anderen Ehegatten richtet, der ebenfalls die Beschwerde hätte einlegen können, die der Dritte eingelegt hat.[61] Die praktische Bedeutung dieser Fälle ist allerdings gering.[62] Soweit für die Beschwerden Dritter (Versorgungsträger, Jugendämter) das Verbot der Schlechterstellung nicht gilt (s. hierzu § 621e Rn. 21 ff.), diese Rechtsmittel sich damit zu Lasten beider Ehegatten auswirken können, ist die Anfechtung anderer Teile des Verbunds im Wege der Anschließung zulässig.[63] 29

b) Anschließung Dritter an ein Hauptrechtsmittel von Ehegatten. Die Anschließung am Verbundverfahren beteiligter Dritter ist nur dann möglich, wenn sie in einer **Gegnerstellung zum Hauptrechtsmittel** stehen.[64] Dies ist etwa gegeben, wenn ein Ehegatte, dem die elterliche Sorge in der Verbundentscheidung übertragen wurde, mit dem Hauptrechtsmittel die Regelung der Umgangsbefugnis des nichtsorgeberechtigten Elternteil mit dem Kind angreift; in diesem Fall kann das Kind ab Vollendung des 14. Lebensjahres, der Verfahrenspfleger eines minderjährigen Kindes oder das Jugendamt mit der Anschließung eine anderweitige Regelung zur elterlichen Sorge begehren. Dagegen fehlt es an einer Gegnerstellung, wenn ein Ehegatte gegen den Scheidungsausspruch Berufung eingelegt hat, so dass auch am Verfahren beteiligte Dritte nicht im Wege der Anschließung eine Folgesache angreifen können. Aus der Möglichkeit zur Anschließung folgt 30

---

[57] MK/*Finger* Rn. 38.

[58] BGH FamRZ 1998, 1024, 1026; *Kemnade* FamRZ 1986, 625, 626.

[59] OLG Frankfurt/M FamRZ 1987, 959 f.; OLG Karlsruhe FamRZ 1988, 412; zur Gesetzesgeschichte s. *Sedemund-Treiber* FamRZ 1986, 209, 211; s. ferner *Philippi* FamRZ 1989, 1257, 1260.

[60] S. OLG Düsseldorf FamRZ 2005, 386 – Angriff des Scheidungsausspruchs durch Ehegatte bei Beschwerde des Versorgungsträgers.

[61] OLG Hamm FamRZ 1983, 1241 f.; *Zö/Philippi* Rn. 26 f.; *Rolland/Roth* Rn. 36.

[62] S. Beispiel von *Philippi* FamRZ 1989, 1257, 1258.

[63] MK/*Finger* Rn. 23 f.; *Johannsen/Henrich/Sedemund-Treiber* Rn. 10.

[64] BGH FamRZ 1998, 1024, 1025; OLG Köln FamRZ 1988, 411; *Schwab/Maurer/Borth* Teil I Rn. 830 f.; zu den Auswirkungen der Anschließung eines Rentenversicherungsträgers im Fall des Todes eines Ehegatten s. OLG Zweibrücken FamRZ 1998, 678.

nicht, dass Teile der Verbundentscheidung, an denen am Verfahren beteiligte Dritte nach § 624 Abs. 4 nicht beteiligt werden, an diese zuzustellen sind.

31 c) **Anschließung Dritter an ein Hauptrechtsmittel Dritter.** Auch insoweit ist eine Anschließung nur statthaft, wenn eine **Gegnerstellung** gegeben ist. Dies ist regelmäßig auszuschließen bei einem Hauptrechtsmittel der Jugendämter, bei denen eine Anschließung der Versorgungsträger oder des Vermieters ausgeschlossen ist. Entsprechendes gilt auch umgekehrt.

IV. Verzicht auf Rechtsmittel, Abs. 4

32 **1. Regelungszweck.** Mit dieser Regelung soll die Rechtskraft einer von beiden Ehegatten einvernehmlich angestrebten Scheidung so schnell wie möglich herbeigeführt werden, wenn etwa aus einer neuen Verbindung ein Kind hervorgeht, um hierdurch eine erforderliche Vaterschaftsanfechtung zu verhindern.[65] Grundlage der Regelung ist, dass beide Ehegatten auf Rechtsmittel gegen die Scheidung verzichtet haben. Auch wenn dieses vorliegt, könnten dennoch Folgesachen angefochten werden, so dass im Wege einer verfahrensübergreifenden Anschließung die Scheidungssache anfechtbar wäre. Da ein weiter gehender Verzicht auf ein Anschlussrechtsmittel gegen den Scheidungsausspruch im Wege der Anschließung an ein Rechtsmittel in einer Folgesache erst zulässig ist, wenn das Hauptrechtsmittel eingelegt wurde,[66] könnte der verzichtende Ehegatte erst danach die Folgen des Verzichts beurteilen. Von diesen Grundsätzen lässt Abs. 4 eine Ausnahme für die Scheidungssache selbst zu, soweit über diese im Verbund entschieden wird, nicht aber für Folgesachen. Die Regelung beinhaltet damit die **vorzeitige Abgabe des Verzichts auf ein Anschlussrechtsmittel** hinsichtlich der Scheidung. Abs. 4 verdrängt danach in seinem Regelungsbereich den Verzicht vor Erlass der Entscheidung, soweit in dieser Vereinbarung der Ehegatten ein Prozessvertrag liegt, der eine Einrede gegen die Zulässigkeit des Rechtsmittels ermöglicht, so dass dieses als unzulässig zu verwerfen ist.[67]

33 **2. Verzicht auf Rechtsmittel gegen den Scheidungsausspruch.** Der Verzicht auf Rechtsmittel gegen den Scheidungsausspruch kann nach der Neufassung des § 515 auch vor Verkündung des Urteils erklärt werden (s. allgemein § 515 Rn. 6ff.). Er unterliegt dem **Anwaltszwang**[68] **nach § 78 Abs. 2** und ist, wenn er gegenüber dem Gericht erklärt worden ist, **nicht widerrufbar** und auch wegen Willensmängeln **nicht anfechtbar,**[69] falls nicht ein Restitutionsgrund nach § 580 vorliegt. Wird in Bezug auf ein Verbundurteil mit mehreren Folgesachen in einer mündlichen Verhandlung ohne Einschränkung auf Rechtsmittel verzichtet, erstreckt sich dieser Verzicht auch auf die Folgesachen,[70] dagegen nicht auf (unselbständige) Anschlussrechtsmittel und das Antragsrecht nach § 629c. Wird von einem Prozessbevollmächtigten ein Rechtsmittelverzicht abgegeben, obwohl er hierzu nicht bevollmächtigt war, bleibt diese Beschränkung nach § 83 Abs. 1 gegenüber dem Gegner und dem Gericht unwirksam.[71] Die Wirksamkeit eines Verzichts wird auch dadurch beeinflusst, ob er im Anschluss an die Verkündung des Urteils ordnungsgemäß protokolliert wurde. Wurde der erklärte Verzicht entgegen § 162 Abs. 1 nicht vorgelesen und genehmigt, fehlt dem Protokoll die Beweiskraft einer öffentlichen Urkunde;[72] der Verzicht kann jedoch auf andere Weise nachgewiesen werden.[73]

34 **Weitere Voraussetzung** des Abs. 4 ist neben dem Rechtsmittelverzicht gegen den Scheidungsausspruch ferner der **Verzicht auf eine Anfechtung im Wege der Anschließung** an ein Rechtsmittel in einer Folgesache.[74] Hiervon zu trennen ist der Verzicht auf Rechtsmittel in Folgesachen, der sich nach allgemeinen Grundsätzen richtet und von Abs. 4 nicht betroffen wird. Zur Herbeiführung der Rechtskraft der Scheidung ist es ferner nicht erforderlich, dass die Ehegatten auf das **Antragsrecht nach § 629 c** verzichten (§ 629c Rn. 6). Der Verzicht auf Rechtsmittel gegen den Scheidungsausspruch bewirkt, dass die Scheidungssache nicht in die Berufungsinstanz gelangt; damit kann der BGH den Scheidungsausspruch auch nicht nach § 629c aufheben.[75] Ein Verzicht auf § 629c ist jedoch geboten, wenn die Scheidungssache im Verbund der Berufungsinstanz steht und in einer Folgesache ein Rechtsmittel zum BGH zugelassen wurde.

---

[65] So Begründung der BT-Drucks. 10/2888 S. 45.

[66] HM; OLG Köln FamRZ 1983, 824; FamRZ 1983, 1152; OLG München FamRZ 1993, 1320f. m. weit. Nachw.; *Johannsen/Henrich/Sedemund-Treiber* Rn. 19.

[67] BGH FamRZ 1997, 999; 1999, 1585 – FGG-Verfahren; ferner FamRZ 1984, 161.

[68] BGH FamRZ 1984, 372; anders im Falle eines Verzichts auf ein bereits eingelegtes Rechtsmittel, BGH FamRZ 1997, 999 gegen *Ro/S/Go* § 136 II 5a.

[69] BGH NJW 1985, 2334 = FamRZ 1985, 801; FamRZ 1986, 1089 m. weit. Nachw.; NJW-RR 1994, 386f. = FamRZ 1994, 300; OLG Düsseldorf FamRZ 2006, 966.

[70] BGH FamRZ 1986, 1089.

[71] BGH NJW-RR 1994, 386f. = FamRZ 1994, 300; FamRZ 1997, 999 – Unwirksamkeit eines weisungswidrig abgegebenen Rechtsmittelverzichts; zum außergerichtlichen Verzichtsvertrag s. BGH FamRZ 1997, 999; FamRZ 1999, 1585.

[72] BGH *(Fn. 72)*.

[73] BGH FamRZ 1986, 1089 m. weit. Nachw.

[74] Zum einseitigen Verzicht auf Rechtsmittel, wenn der andere Ehegatte auf eine Anschließung verzichtet s. OLG Düsseldorf FamRZ 1985, 300f.; abweichend OLG Frankfurt/M FamRZ 1985, 821.

[75] OLG Frankfurt/M FamRZ 1985, 821 m. weit. Nachw.; *Zö/Philippi* Rn. 41.

V. Gebühren und Kosten

1. Rechtsanwaltsgebühren. Das Rechtsmittelverfahren stellt eine neue Angelegenheit iSd. § 15 Abs. 2 S. 2 RVG dar. Innerhalb des Rechtsmittelverfahrens bleiben die Ehesache und eine oder mehrere Folgesachen eine Angelegenheit (§ 16 Nr. 4 RVG). Gleiches gilt für Lebenspartnerschaftssachen und deren Folgesachen (§ 16 Nr. 5 RVG). Die Gebühren bestimmen sich nach Nrn. 3200 ff. VV RVG. Die Verfahrensgebühr ist auf 1,6 erhöht. Eine Differenzierung zwischen ZPO-Verfahren und FGG-Verfahren erfolgt nicht. Sind Rechtsmittel gegen **mehrere Teile** eines Verbundurteils eingelegt, sind die Gebühren aus dem zusammengerechneten Werten aller Rechtsmittel abzurechnen (§ 629a Abs. 2, 3). 35

2. Gerichtskosten. Für die zweite Instanz sind KV Nrn. 1320 bis 1323, für die dritte KV Nrn. 1330 bis 1332 einschlägig. Im Rechtsmittelverfahren gelten die Vorschriften des GKG auch dann, wenn lediglich Entscheidungen in Folgesachen der freiwilligen Gerichtsbarkeit angefochten werden, §§ 629a Abs. 2 S. 1, 621e. In der Praxis wird nicht selten nach der Beschwerde durch eine Partei gegen das Verbundurteil Berufung oder auch Revision durch die andere Partei eingelegt. In diesen Fällen berechnen sich die Gebühren nach der Summe beider Streitwerte. Die **Fälligkeit** der Gebühren und Auslagen richtet sich nach §§ 6 Abs. 1, 2 GKG. 36

629b

Zurückverweisung (1) [1]**Wird ein Urteil aufgehoben, durch das der Scheidungsantrag abgewiesen ist, so ist die Sache an das Gericht zurückzuverweisen, das die Abweisung ausgesprochen hat, wenn bei diesem Gericht eine Folgesache zur Entscheidung ansteht.** [2]**Dieses Gericht hat die rechtliche Beurteilung, die der Aufhebung zugrunde gelegt ist, auch seiner Entscheidung zugrunde zu legen.**

(2) **Das Gericht, an das die Sache zurückverwiesen ist, kann, wenn gegen das Aufhebungsurteil Revision oder Beschwerde gegen die Nichtzulassung der Revision eingelegt wird, auf Antrag anordnen, dass über die Folgesachen verhandelt wird.**

I. Normzweck

Zweck der Regelung des § 629b ist die **Sicherstellung des Verhandlungs- und Entscheidungsverbunds,** wenn ein den Scheidungsantrag abweisendes Urteil des FamG in der Berufungsinstanz aufgehoben wird, weil dem Scheidungsantrag der Sache nach stattzugeben ist. Gleiches gilt entsprechend für Urteile der Berufungsinstanz, mit denen der Scheidungsantrag abgewiesen wurde. Will die Rechtsmittelinstanz dem Scheidungsantrag stattgeben, so muss es nach § 629b Abs. 1 zur Aufrechterhaltung des Verbunds iSd. § 623 Abs. 1 unter Aufhebung des abweisenden Urteils die Sache an das die Abweisung aussprechende Gericht zurückweisen (§ 538 Abs. 1 ist deshalb nicht anzuwenden). Dies gilt gleichermaßen für das OLG wie den BGH. Das Rechtsmittelgericht kann danach die Scheidung nicht selbst aussprechen, falls nicht der Sonderfall vorliegt, dass neben der Scheidungssache keine Folgesachen zu regeln sind. Die obergerichtliche Rspr. hat sich hieran aber teilweise nicht gehalten und bei vollständig geklärten Folgesachen (Einigung der Ehegatten zur elterlichen Sorge) unter deren Einbeziehung in der Sache selbst entschieden (s. a. Rn. 5)[1]. In Abs. 1 S. 2 wird – vergleichbar dem § 563 Abs. 2 – die Bindung der Vorinstanz an die rechtliche Beurteilung des Rechtsmittelgerichts geregelt. Abs. 2 bezweckt die **Beschleunigung des Verfahrens,** indem bei einer Revision gegen das die Erstentscheidung aufhebende Urteil auf Antrag die Weiterverhandlung der Folgesachen angeordnet werden kann. Die Regelung ermöglicht auf Antrag einer Partei oder eines weiteren Verfahrensbeteiligten (einer Folgesache) die Verhandlung durch das FamG in anstehenden Folgesachen nach Zurückverweisung nicht nur im Falle der Revision gegen das Aufhebungsurteil, sondern auch bei Erhebung der Beschwerde gegen die Nichtzulassung der Revision.[2] Da nach § 26 Nr. 9 EGZPO[3] in Familiensachen generell die Nichtzulassungsbeschwerde nach § 544 Abs. 1 bis 31. 12. 2010 nicht zulässig ist, entfällt auch die neu eingeführte Regelung in Abs. 2 bis zu diesem Zeitpunkt. § 629b Abs. 1 S. 1 ist entsprechend anwendbar, wenn das FamG den Antrag auf Aufhebung der Ehe abgewiesen und das Berufungsgericht nach zulässiger Änderung des Antrags den erstmals gestellten Scheidungsantrag für begründet hält, weil in diesem Fall der Verhandlungs- und Entscheidungsverbund herzustellen ist.[4] 1

II. Aufhebung und Zurückverweisung, Abs. 1 S. 1

1. Voraussetzungen. Die Regelung des Abs. 1 greift ein, wenn das OLG der Berufung gegen ein abweisendes Urteil des FamG zum Scheidungsausspruch stattgibt, weil es den Scheidungsantrag für begründet hält. Gleiches gilt, wenn der BGH ein den Scheidungsantrag abweisendes Urteil der zweiten Instanz aufhebt, das die Berufung gegen ein abweisendes Urteil des FamG zurückwies. Hält der BGH den Scheidungsantrag für begründet, so kann er das Urteil der zweiten Instanz aufheben und zugleich bestimmen, dass das Urteil des FamG aufgehoben und an dieses zurückverwiesen wird. Kann dagegen die Begründetheit des Scheidungsantrags noch nicht abschließend entschieden werden, so ist unter Aufhebung der Berufungsur- 2

---

[1] OLG Köln FamRZ 1980, 1048; OLG Karlsruhe FamRZ 1984, 57; KG FamRZ 1989 (Geburt eines Kindes nach Urteil erster Instanz); grds. hierzu auch BGH NJW 1997, 1007 = FamRZ 1997, 347 f.

[2] S. BT-Drucks. 14/4722 S. 120.

[3] Eingehend § 621d Rn. 1 ff.

[4] OLG Stuttgart FamRZ 2007, 1111.

teils die Sache an die Berufungsinstanz zurückzuverweisen. Für das Berufungsgericht besteht in diesem Fall die Möglichkeit, die Berufung erneut zurückzuverweisen oder das Urteil des FamG aufzuheben und die Sache an dieses zur Herbeiführung des Verbunds zurückzuverweisen.[5] Sind Folgesachen inzwischen in die zweite Instanz gelangt, hat der BGH die Sache an diese zurückzuverweisen.

3 Zurückverwiesen werden darf die Scheidungssache nur, wenn bei dem den Scheidungsantrag abweisenden Gericht eine **Folgesache zu entscheiden** ist. Hinsichtlich der in § 623 Abs. 3 S. 1 (Gefährdung des Kindeswohls) geregelten Folgesachen zur elterlichen Sorge und dem Versorgungsausgleich, die von Amts wegen einzuleiten sind (§ 623 Abs. 1 S. 3, Abs. 3 S. 1), gilt dies immer, wenn minderjährige Kinder vorhanden sind und auch der öffentlich-rechtliche Versorgungsausgleich[6] vorzunehmen ist. Dagegen steht eine **Folgesache nicht zur Entscheidung an,** wenn minderjährige Kinder inzwischen volljährig geworden sind und zum Versorgungsausgleich ein Ehevertrag nach § 1408 Abs. 2 BGB besteht, nach dem ein Versorgungsausgleich wirksam ausgeschlossen oder in der Ehe Versorgungsanrechte nicht erworben wurden. Wird die Unwirksamkeit des Ausschlusses des Versorgungsausgleichs auf Grund eines Ehevertrages (§ 1408 Abs. 2 BGB) geltend gemacht, so darf das OLG jedoch die gebotene Inhaltskontrolle[7] nicht selbst vornehmen und gegebenenfalls selbst entscheiden, sondern muss auch in diesem Fall das Verfahren an die erste Instanz zurückverweisen, weil das OLG zur Sachprüfung der Folgesache nicht befugt ist. Ferner sind solche Folgesachen aus dem Verbund ausgeschieden, die nach § 629 Abs. 3 S. 2 als **selbständige Folgesachen** fortgeführt werden, weil keine Entscheidung für den Fall der Scheidung zu treffen ist (§ 626 Rn. 5 ff. und § 629 Rn. 8). Hinsichtlich der elterlichen Sorge ist im Falle der Scheidung aber nach § 623 Abs. 3 S. 1 von Amts wegen zu entscheiden; dies folgt aus dem Regelungszweck des § 623 Abs. 3 S. 1, der eine Schutzklausel bei Gefährdung des Kindeswohls darstellt. Andere ausgeschiedene Folgesachen (Unterhalt) können auf (geänderten) Antrag wieder als Folgesachen in den Verbund in der Weise eingebracht werden, dass für den Fall der Scheidung zu entscheiden ist.[8]

4 Hatte das FamG über die Scheidung und die Folgesachen entschieden, wurde aber in der Berufungsinstanz das Scheidungsurteil aufgehoben und der Scheidungsantrag abgewiesen, so kann der BGH, wenn er den Scheidungsantrag für begründet hält, in der Sache selbst entscheiden, wenn die Folgesachen nicht angefochten wurden, weil in der Berufungsinstanz keine Folgesachen zu erledigen sind. Ferner scheidet eine Zurückverweisung aus, wenn eingeleitete Folgesachen **nach §§ 623 Abs. 2 S. 2, Abs. 3 S. 2, 627, 628 abgetrennt** worden sind, weil danach ein Verbund nicht mehr besteht. Gleiches gilt, wenn zu ZPO-Folgesachen (§ 621 Abs. 1 Nr. 5, 8, Abs. 2 S. 1 Nr. 4) und zur Regelung des ehelichen Hausrats von den Parteien inzwischen **verfahrensabschließende Vereinbarungen** geschlossen wurden. Dies gilt allerdings nicht für die Folgesachen entsprechend dem § 621 Abs. 2 S. 1 Nr. 1 bis 3, weil diesen Vereinbarungen keine verfahrensabschließende Wirkung zukommt, sondern sie lediglich einen Vorschlag an das Gericht darstellen.[9]

5 **2. Kosten bei vorzeitigem Scheidungsantrag.** Wird vom FamG ein Scheidungsantrag abgewiesen, weil die Voraussetzungen des § 1565 Abs. 2 BGB nicht vorliegen, wird dieses Urteil aber nach Ablauf des Trennungsjahres nach § 1565 Abs. 1 BGB aufgehoben und die Sache an das FamG zurückverwiesen, so sind die Kosten des Berufungsverfahrens entsprechend § 97 Abs. 2 dem Berufungsführer aufzuerlegen. Nach dem Zweck dieser Regelung sind die Kosten der zweiten Instanz dieser Partei aufzuerlegen, wenn erst in der zweiten Instanz die Voraussetzungen für das Klagebegehren eintreten.[10]

III. Bindung an die rechtliche Beurteilung, Abs. 1 S. 2

6 Wird die Scheidungssache an die Vorinstanz zurückverwiesen, ist diese wie nach § 563 Abs. 2 an die rechtliche Beurteilung des Rechtsmittelgerichts gebunden, soweit die Aufhebung auf ihr beruht.[11] Möglich sind jedoch **abweichende tatsächliche Feststellungen,** die zu einer anderen rechtlichen Beurteilung führen.[12] Mit der Zurückverweisung wird der Entscheidungsverbund wieder hergestellt. Die nach Abs. 1 S. 2 bestehende Bindung bezieht sich aber ausschließlich auf die Scheidungssache. Dagegen kann das Berufungsgericht das FamG nicht in der Frage binden, ob wegen des verfrühten Scheidungsantrages der sich nach §§ 1384, 1587 Abs. 2 BGB jeweils ergebende Stichtag abweichend festzustellen ist. Insoweit kann lediglich das FamG in Missbrauchsfällen nach § 242 BGB einen späteren Stichtag festsetzen.[13]

---

[5] Zur entsprechenden Anwendung des § 629b Abs. 1 bei Erledigterklärung der Scheidungssache s. OLG Karlsruhe IPRax 1990, 52; OLG Hamburg FamRZ 1982, 1211 bei abgewiesenem Eheaufhebungsantrag und begründeter Scheidung in zweiter Instanz.

[6] Zur Ausnahme bei einer genehmigungsfähigen Vereinbarung OLG Zweibrücken FamRZ 2006, 1210.

[7] S. BGH NJW 2004, 930 = FamRZ 2004, 601.

[8] *Zö/Philippi* Rn. 6 m. weit. Nachw.; ferner *Diederichsen* NJW 1977, 660.

[9] Den Entscheidungen OLG Köln FamRZ 1980, 1048; OLG Karlsruhe FamRZ 1984, 57; KG FamRZ 1989, 647 f. ist deshalb nicht zuzustimmen.

[10] S. auch OLG Hamburg FamRZ 1985, 711; OLG Hamm FamRZ 1993, 456; MK/*Finger* Rn. 12; einschränkend KG FamRZ 1987, 723 f.

[11] OLG Düsseldorf FamRZ 1981, 808.

[12] Zum Wegfall der Bindung bei Änderung der Rechtsauffassung BGH NJW 1973, 1273.

[13] BGH NJW 1997, 1007 = FamRZ 1997, 347 f.; *Borth* FamRZ 1997, 1041.

IV. Revision gegen das Aufhebungsurteil, Abs. 2

Wurde durch das OLG die Scheidungssache an das FamG zurückverwiesen und wird gegen das zurückverweisende Urteil die (zugelassene) Revision eingelegt, so ist das zweitinstanzliche Urteil hinsichtlich seiner Wirkung gehemmt, so dass das FamG zur Scheidungssache und den Folgesachen nicht weiter verhandeln und entscheiden könnte. Abs. 2 trifft hierzu eine anderweitige Regelung und lässt eine **Verhandlung des FamG zu Folgesachen** zu. Die Entscheidung zu den Folgesachen darf aber erst ergehen, wenn das zurückverweisende Urteil des OLG rechtskräftig ist und nach erneuter Verhandlung dem Scheidungsantrag stattgegeben wird. Die Anordnung zur Verhandlung durch das FamG ergeht nur **auf Antrag eines Ehegatten.** Die Aufnahme der Verhandlung zu einer Folgesache steht im Ermessen des FamG, das je nach Umfang sowie Sach- und Streitstand entscheiden kann, ob erst mit der Scheidungssache verhandelt und entschieden wird. Gegen die **Abweisung des Antrags** ist die sofortige **Beschwerde** nach § 567 Abs. 1 gegeben. 7

V. Gebühren und Kosten

1. Rechtsanwaltsgebühren. Das weitere Verfahren vor dem FamG bildet mit dem früheren Verfahren einen Rechtszug (§ 21 Abs. 2 RVG als Ausnahme von § 21 Abs. 1 RVG). 8

2. Gerichtskosten. Das Verfahren nach Zurückweisung an das untere Gericht bildet mit dem früheren Verfahren vor diesem Gericht eine Instanz (§ 4 Abs. 1 GKG). 9

629 c

Erweiterte Aufhebung [1]**Wird eine Entscheidung auf Revision oder Rechtsbeschwerde teilweise aufgehoben, so kann das Gericht auf Antrag einer Partei die Entscheidung auch insoweit aufheben und die Sache zur anderweitigen Verhandlung und Entscheidung an das Berufungs- oder Beschwerdegericht zurückverweisen, als dies wegen des Zusammenhangs mit der aufgehobenen Entscheidung geboten erscheint.** [2]**Eine Aufhebung des Scheidungsausspruchs kann nur innerhalb eines Monats nach Zustellung der Rechtsmittelbegründung oder des Beschlusses über die Zulassung der Revision oder der Rechtsbeschwerde, bei mehreren Zustellungen bis zum Ablauf eines Monats nach der letzten Zustellung beantragt werden.**

I. Normzweck

Die Bestimmung des § 629c ergänzt die Verbundregelungen; dessen Zweck besteht darin, die Folgeentscheidungen inhaltlich aufeinander abzustimmen. Während in der ersten Instanz diese Funktion durch §§ 623, 629 und in der zweiten Instanz durch die Möglichkeit der Einlegung von Anschlussrechtsmitteln nach § 629a Abs. 3 und Rechtsmittelerweiterungen erreicht werden kann, wäre eine materiell-rechtliche Angleichung in der Revisionsinstanz ohne die Regelung des § 629c nicht gegeben. Wird durch das OLG die Revision oder Rechtsbeschwerde nur hinsichtlich der Scheidungssache oder einzelner Folgesachen zugelassen, scheidet hinsichtlich der weiteren Teile der Verbundentscheidung die Anfechtung mit einem Haupt- oder Anschlussrechtsmittel aus, weil auch eine Anschlussrevision oder -beschwerde zugelassen werden muss. Da aber Folgesachen inhaltlich voneinander abhängen können, ermöglicht § 629c die **Aufhebung von (inzwischen) an sich nicht mehr anfechtbaren Teilen der Verbundentscheidung,** die mit der vom BGH aufgehobenen Folgesache zusammenhängen. § 629c verdrängt damit in seinem Anwendungsbereich die Rechtskraft für solche Folgesachen. Die Prüfung nach einer solchen Aufhebung gemäß § 629c erfolgt insgesamt durch das OLG. In tatsächlicher Hinsicht sind hierbei Entscheidungen zur elterlichen Sorge betroffen, die sich auf den Betreuungsunterhalt eines geschiedenen Ehegatten nach § 1570 BGB auswirken können. Die **Aufhebungsbefugnis** des BGH bezieht sich hierbei lediglich auf **Teile der Entscheidung des OLG,** nicht dagegen auf Teile der familiengerichtlichen Entscheidung erster Instanz, die nicht in die zweite Instanz gelangt sind.[1] 1

II. Voraussetzungen für eine Aufhebung und Zurückverweisung

1. Anwendungsbereich. § 629c greift nur dann ein, wenn der BGH eine mit der Revision oder weiteren Beschwerde angegriffene Verbundentscheidung eines OLG **teilweise aufhebt.** Dagegen gilt diese Bestimmung nicht, wenn der BGH einen Scheidungsausspruch aufhebt und den Scheidungsantrag abweist, weil in diesem Fall nach § 629 Abs. 3 S. 1 sämtliche Folgesachen gegenstandslos werden. Gleiches gilt, wenn der BGH ein den Scheidungsantrag abweisendes Urteil aufhebt, weil das OLG in diesem Fall keine Entscheidung zu einer Folgesache zu treffen hatte, auch wenn diese ebenfalls in die zweite Instanz gelangt sind (dann gilt § 629b). Ferner ist § 629c nicht anzuwenden, wenn der BGH ein Rechtsmittel zurückweist oder verwirft und eine Verbundentscheidung des OLG **insgesamt aufhebt oder ändert.** Wird vom BGH dagegen ein Scheidungsausspruch aufgehoben und das Verfahren an das OLG zurückverwiesen, besteht die Notwendigkeit zur Anwendung des § 629c, weil die beim OLG anhängigen Folgesachen inzwischen rechtskräftig geworden sind und auch nach § 629a Abs. 3 nicht mehr angegriffen werden können.[2] 2

2. Vorliegen eines Zusammenhangs. Weitere Voraussetzung für eine Anwendung des § 629c ist das Vorliegen eines Zusammenhangs zwischen dem Teil der zweitinstanzlichen Entscheidung, der auf Grund des zugelassenen Rechtsmittels vom BGH aufgehoben wird, und einem anderen Teil, der nach § 629c aufzuheben 3

---

[1] Zur Übergangsregelung nach § 26 Nr. 9 EGZPO s. § 621d Rn. 1ff.

[2] So auch *Zö/Philippi* Rn. 3; *Rolland/Roth* Rn. 4; aA *Deneke* FamRZ 1987, 1214, 1216 Fn. 24; BGH NJW-RR 1987, 387 = FamRZ 1987, 264f. ist durch § 629a Abs. 3 überholt.

ist.[3] Der Begriff des Zusammenhangs ist hierbei nicht im Sinne einer präjudiziellen Abhängigkeit iSd. § 148 zu verstehen; es reicht ein tatsächlicher Zusammenhang aus, wobei jedoch regelmäßig eine rechtliche Abhängigkeit gegeben sein wird. Dies wird etwa deutlich zwischen der Regelung des Versorgungsausgleichs und des Zugewinns. So kann bei der Anwendung der Härteklausel des § 1587c Nr. 1 BGB zum Versorgungsausgleich eine güterrechtliche Regelung rechtlich beachtlich sein. Entsprechendes gilt bei der Regelung zur elterlichen Sorge, auf der regelmäßig der nacheheliche Betreuungsunterhalt nach § 1570 BGB beruht. Ferner können Nebenentscheidungen zum Zugewinn nach § 1382 BGB (Stundung) und § 1383 BGB (Übertragung von Vermögensgegenständen) betroffen sein.[4] Schließlich ist anerkannt, dass der BGH auch einen **Scheidungsausspruch** nach § 629c aufheben kann, obwohl dies kaum praktische Bedeutung hat.[5] Nicht erforderlich ist die Anwendung des § 629c, wenn auf Grund der Aufhebung einer Entscheidung zur elterlichen Sorge die Regelung der Umgangsbefugnis oder die Anordnung der Herausgabe des Kindes gegenstandslos wird;[6] dies gilt aber nur für den Fall, dass das Kind in die Obhut des Umgangsberechtigten gelangt.

4 **3. Weitere Voraussetzungen.** Die Aufhebung und Zurückverweisung nach § 629c erfolgt nur auf **Antrag einer Partei.** Nach hM kann dieser Antrag nur von den Ehegatten selbst gestellt werden, nicht dagegen von am Verfahren Beteiligten wie die Versorgungsträger, Jugendämter und Vermieter.[7] Dies ist zutreffend für einen Versorgungsträger, der gegen eine Versorgungsausgleichsentscheidung zum BGH weitere Beschwerde einlegt; ein ihn betreffender Zusammenhang mit anderen Teilen des Verbunds ist insoweit nicht gegeben. Hinsichtlich des Jugendamtes kann zwar ein Zusammenhang zwischen der Regelung zur elterlichen Sorge und der Umgangsbefugnis gesehen werden; diese wird aber regelmäßig gegenstandslos (s. Rn. 3 aE), so dass auch insoweit § 629c nicht eingreift.

5 Nach S. 2 kann der Antrag auf **Aufhebung des Scheidungsausspruchs** nur **innerhalb eines Monats** nach Zustellung der Rechtsmittelbegründung, bei mehreren Zustellungen bis zum Ablauf eines Monats nach der letzten Zustellung gestellt werden; diese Regelung ist § 629a Abs. 3 angepasst, um den Zeitpunkt der Rechtskraft der Scheidung nicht zu lange zu verzögern. Ist der Antrag auf **Aufhebung einer Folgesache** gerichtet, kann der Antrag bis zum Schluss der mündlichen Verhandlung gestellt werden, in FGG-Verfahren bis zur Herausgabe der Entscheidung. Will der BGH die Entscheidung in einer Folgesache aufheben, so hat er zuvor auf § 629c hinzuweisen.[8]

6 Haben die Ehegatten auf das **Antragsrechts** nach § 629c **verzichtet,** scheidet dessen Anwendung aus. Wie bei einem Anschlussrechtsmittel kann ein Verzicht wirksam erst nach Einlegung des Hauptrechtsmittels zum BGH erklärt werden, hinsichtlich des Scheidungsausspruchs entsprechend § 629a Abs. 4 mit der Verkündung der (zweitinstanzlichen) Entscheidung (s. a. § 629a Rn. 33f.). Nicht erforderlich ist ein solcher Verzicht, wenn die Rechtskraft der Scheidung bereits eingetreten ist, so vor allem bei einem Rechtsmittelverzicht nach § 629a Abs. 4 (§ 629a Rn. 34) oder nach Ablauf der Frist des § 629a Abs. 3.

III. Verfahrensfragen

7 Teile einer zweitinstanzlichen **Verbundentscheidung,** die nicht angefochten worden sind oder mangels Zulassung nicht angefochten werden können (s. ferner § 629a Abs. 1), werden so lange **nicht rechtskräftig,** als ein Antrag nach § 629c gestellt werden kann. Dies ergibt sich auch aus dem mit dem UÄndG eingeführten S. 2, der eine Verzögerung des Eintritts der Rechtskraft des Scheidungsausspruchs durch den Antrag nach S. 1 vermeiden will.[9] Der **Antrag** nach § 629c steht unter der **Bedingung,** dass das zugelassene Rechtsmittel durchgreift. Liegen die Fristen des S. 2 nicht vor, ist der Antrag als unzulässig zurückzuweisen; Gleiches gilt bei Fehlen weiterer Voraussetzungen. Will der BGH dem Antrag stattgeben, weil ein Sachzusammenhang besteht (s. Rn. 3), so kann er nach seinem Ermessen mit der Aufhebung des bei ihm angefallenen Teils der Verbundentscheidung einen damit zusammenhängenden anderen Teil der Verbundentscheidung aufheben und die Sache wegen beider Teile an das OLG zurückverweisen. Möglich ist auch, dass der BGH den bei ihm angefallenen Teil selbst entscheidet (§ 629c S. 1 verdrängt insoweit § 563 Abs. 3) und lediglich den von § 629c S. 1 erfassten Teil aufhebt und zur erneuten Verhandlung zurückverweist.[10] Auch hinsichtlich des Antragsrechts des § 629c gilt der **Anwaltszwang** nach § 78 Abs. 2 S. 1 Nr. 1. Der Antrag soll nach §§ 129 Abs. 1, 130 Nr. 2 durch einen vorbereitenden Schriftsatz angekündigt werden; er ist in jedem Fall anzukündigen, wenn keine mündliche Verhandlung stattfindet (zB bei § 621e Abs. 2).

IV. Verhältnis zur befristeten Anschließung

8 In der Lit. wird die Frage, ob das Antragsrechts nach § 629c generell besteht oder nur dann zu bejahen ist, wenn das OLG kein Rechtsmittel zugelassen hat, uneinheitlich beantwortet.[11] Die für einen Nachrang

[3] BGH NJW 1987, 1024, 1026 = FamRZ 1986, 895.
[4] MK/*Finger* Rn. 7.
[5] S. Zö/*Philippi* Rn. 6; *Deneke* FamRZ 1987, 1214, 1216.
[6] Zö/*Philippi* Rn. 7; aA wohl *Rolland/Roth* Rn. 7; s. a. BGH FamRZ 1994, 827, 829, der bei Aufhebung einer Sorgerechtsentscheidung auch die Aufhebung einer Umgangsregelung für erforderlich hält.
[7] MK/*Finger* Rn. 6; Zö/*Philippi* Rn. 8.
[8] *Johannsen/Henrich/Sedemund-Treiber* Rn. 6
[9] S. auch BT-Drucks. 10/2888 S. 46.
[10] MK/*Finger* Rn. 10.
[11] Für eine subsidiäre Anwendung Zö/*Philippi* Rn. 10; MK/*Finger* Rn. 8; aA *Deneke* FamRZ 1987, 1214, 1217; *Johannsen/Henrich/Sedemund-Treiber* Rn. 9.

des § 629c vorgebrachten Argumente, das Fristensystem des § 629a Abs. 3 würde durch § 629c unterlaufen, außerdem diene § 629c für ein nicht zugelassenes Rechtsmittel, überzeugen nicht. Zweck der Regelung des § 629c ist in erster Linie die konsequente Verwirklichung des Verbundgedankens (s. Rn. 1). Würde § 629c nur auf solche Fälle beschränkt werden, in denen kein weiteres Rechtsmittel zum BGH zugelassen wurde, hätte dies (innerhalb der Frist des § 629a Abs. 3) weitere Anschlussrechtsmittel zur Folge (vgl. § 629a Rn. 19ff.). Diese Notwendigkeit entfällt jedoch, wenn über die Fristen des § 629a Abs. 3 hinaus der Antrag nach § 629c möglich ist.[12]

629d *Wirksamwerden der Entscheidungen in Folgesachen* **Vor der Rechtskraft des Scheidungsausspruchs werden die Entscheidungen in Folgesachen nicht wirksam.**

I. Normzweck

Nach § 623 Abs. 1 S. 1 wird über Folgesachen nur für den Fall der Scheidung der Ehe entschieden (s. § 623 Rn. 3). Soweit Entscheidungen zu Folgesachen im Verfahrensverbund mit der Scheidungssache ergehen und gegen diese kein Rechtsmittel eingelegt wird, tritt die Rechtskraft hinsichtlich aller Verbundentscheidungen einheitlich ein. Jedoch können Entscheidungen zu Folgesachen **zeitlich unabhängig** vom **Ausspruch der Scheidung** in **formelle Rechtskraft erwachsen,** wenn diese nach § 628 abgetrennt oder nach § 627 Abs. 1 vorweg entschieden oder nicht angefochten wurden (s. Rn. 2). Da die materiell-rechtlichen Grundlagen der Folgesachen grds. nur Regelungen enthalten, die vom Eintritt der Rechtskraft des Scheidungsurteils abhängen, dürfen Entscheidungen zu solchen Folgesachen nicht Wirkung vor Rechtskraft des Scheidungsausspruchs entfalten, zumal bei einer Abweisung des Scheidungsantrags Folgesachen nach § 629 Abs. 3 S. 1 gegenstandslos werden. Nach § 629d wird deshalb die Wirksamkeit solcher **Entscheidungen so lange aufgeschoben,** bis die Scheidung selbst rechtskräftig wird. § 629d verdrängt damit in seinem Regelungsbereich innerhalb der Verbundverfahren die §§ 16 Abs. 1, 53a Abs. 2 S. 1, 53g Abs. 1 FGG, 16 Abs. 1 S. 1 HausratsVO. 1

II. Rechtskraft des Scheidungsausspruchs

1. Auswirkung von Rechtsmitteln auf die Rechtskraft der Verbundentscheidung. Der Scheidungsausspruch und die Folgesachen werden gleichzeitig rechtskräftig, wenn innerhalb der Rechtsmittelfristen kein Rechtsmittel gegen das Verbundurteil eingelegt wird. Werden lediglich **ein oder mehrere Teile der Verbundentscheidung angefochten,** so werden die nicht angegriffenen Teile der Verbundentscheidung vorläufig nicht rechtskräftig, da nach § 629a Abs. 3 der Rechtsmittelgegner gegen angefochtene Teile der Verbundsache **Anschlussrechtsmittel** einlegen (s. § 629a Rn. 21ff.) und der Rechtsmittelführer sein **Rechtsmittel erweitern** kann (s. § 629a Rn. 17). Erst nach Ablauf der Frist des § 629a Abs. 3 werden die nicht angefochtenen Teile der Verbundentscheidung rechtskräftig. 2

2. Rechtsmitteleinlegung ohne Zulassung. Wird das Rechtsmittel gegen eine Verbundentscheidung zurückgewiesen, ohne dass vom OLG Revision oder Rechtsbeschwerde zugelassen wird, tritt die Rechtskraft des Urteils erst ein, wenn die Rechtsmittelfristen abgelaufen sind, auch wenn ein Rechtsmittel nicht eingelegt worden ist. Aus § 705 folgt, dass die Rechtskraft nicht vor Beendigung der Frist eintritt, die bei Einlegung eines zulässigen Rechtsmittels gesetzlich bestimmt ist (§ 705 Rn. 3; unabhängig von der Zulässigkeit). Diese Regelung bezieht sich jedoch nur auf ein **statthaftes,** nicht ein zulässiges **Rechtsmittel.** Da gegen Verbundentscheidungen regelmäßig Revision oder Rechtsbeschwerde einzulegen ist, wird der Eintritt der Rechtskraft durch die Revisionsfrist gehemmt. Die Frage der Zulassung eines Rechtsmittels durch das OLG ist lediglich eine Frage der Zulässigkeit und nicht deren Statthaftigkeit (s. auch § 618 Rn. 3 und § 620f Rn. 4).[1] Ist dagegen eine gerichtliche Entscheidung (BGH-Entscheidung) auf Grund gesetzlicher Regelung nicht anfechtbar, ohne dass über die Frage der Zulassung eines Rechtsmittels entschieden werden müsste, tritt sofort Rechtskraft ein.[2] Scheidungsurteile des BGH werden mit ihrer Verkündung rechtskräftig. 3

3. Wiedereinsetzung in den vorigen Stand. Wird nach Ablauf der Rechtsmittelfrist ein Antrag auf Wiedereinsetzung in den vorigen Stand eingereicht oder wird über ein Prozesskostenhilfegesuch zur Einreichung eines Rechtsmittels durch das OLG erst nach Ablauf der Rechtsmittelfrist entschieden, so dass sich hieraus die Notwendigkeit zur Wiedereinsetzung in den vorigen Stand ergibt, so wird hierdurch der Eintritt der Rechtskraft des Verbundurteils nicht aufgeschoben.[3] Erst mit der Bewilligung der Wiedereinsetzung ergibt sich rückwirkend eine Hemmung der Rechtskraft. 4

4. Verzicht auf Rechtsmittel. Auf Grund des mit dem UÄndG eingeführten § 629a Abs. 4 kann nach Verkündung des Scheidungsurteils nicht nur auf Rechtsmittel, sondern auch auf Anschlussrechtsmittel verzichtet werden; wird beides erklärt, wird der Scheidungsausspruch sofort rechtskräftig (s. § 629a Rn. 32ff.). Ein Verzicht auf das Antragsrecht nach § 629c ist nur bei einem Scheidungsausspruch der Berufungsinstanz erforderlich (§ 629c Rn. 6). 5

---

12 So auch *Johannsen/Henrich/Sedemund-Treiber* Rn. 9.

1 GmS-OGB BGHZ 88, 353, 357 = NJW 1984, 1027 = FamRZ 1984, 975; BGHZ 109, 211ff. = NJW-RR 1990, 323 = FamRZ 1990, 283, 286f.; s. aber auch BGH FamRZ 1990, 992f.; BSG FamRZ 1985, 595, 597.

2 BGH NJW-RR 1990, 323, 326 = FamRZ 1990, 283, 287.

3 BGHZ 100, 203, 205 = NJW 1987, 1766 = FamRZ 1987, 570.

III. Vollstreckbarkeit von Folgesachen

6 Die **Vollstreckung von Folgesachen** ist vor Eintritt der Rechtskraft des Scheidungsausspruchs und dem Wirksamwerden von Folgeentscheidungen nicht zulässig. Dies folgt aus § 629d, so dass auch eine **Vollstreckungsklausel für Folgesachen** erst nach Rechtskraft des Scheidungsausspruchs erteilt werden darf; dies gilt auch für die Anordnung der vorläufigen Vollstreckbarkeit gemäß §§ 708ff., falls die Folgesache isoliert mit der Berufung angefochten wird (s. Rn. 7). Wird über eine abgetrennte Folgesache entschieden, bevor das Scheidungsverfahren rechtskräftig abgeschlossen wurde, ist ein Hinweis im Entscheidungstenor gemäß § 629d angebracht.[4] Die Rechtskraft des Scheidungsurteils ist durch Vorlage einer Urteilsausfertigung mit einem entsprechenden Rechtskraftvermerk hinsichtlich des Scheidungsausspruchs (§ 726 Abs. 1) nachzuweisen. Der Rechtskraftvermerk wird nach § 706 durch den Urkundsbeamten der Geschäftsstelle erteilt.

7 In den ZPO-Folgesachen (Unterhalt und güterrechtlicher Ausgleich, § 621 Abs. 1 Nr. 5, 8, Abs. 2 S. 1 Nr. 4) ist im Urteilstenor ein Ausspruch zur **vorläufigen Vollstreckbarkeit** aufzunehmen. Dem steht nicht § 704 Abs. 2 entgegen, der sich lediglich auf den Ausspruch der Scheidung bezieht. Die Notwendigkeit zur Anordnung der vorläufigen Vollstreckbarkeit ergibt sich für den Fall der Berufung gegen eine ZPO-Folgesache und dem vorzeitigen Eintritt der Rechtskraft des Scheidungsausspruchs, weil ab diesem Zeitpunkt der materiell-rechtliche Anspruch (zum Zugewinn oder Unterhalt) entsteht und damit ein **Sicherungsbedürfnis** bestehen kann. Im Tenor ist nach Bestimmung der Leistungspflicht (Unterhalt, Zugewinn) auszusprechen, dass das Urteil hinsichtlich der geschuldeten Leistung für vorläufig vollstreckbar erklärt wird.[5] Auch die entsprechende Abwendungsbefugnis nach § 711 S. 1 (in Unterhaltssachen) ist im Tenor aufzunehmen. Unterbleibt eine entsprechende Bestimmung, so kann der Unterhaltsberechtigte hierzu eine Urteilsergänzung nach § 321 verlangen und auch Berufung bzw. ein Anschlussrechtsmittel zur Festlegung der vorläufigen Vollstreckbarkeit einlegen.[6] Ferner kann nach § 718 eine Vorabentscheidung verlangt werden.

8 **Gestaltende FGG-Folgesachen** (§ 621 Abs. 1 Nr. 6, 7, 9, Abs. 2 S. 1 Nr. 1–3) wirken nach § 629d erst mit Rechtskraft des Scheidungsausspruchs. Soweit aus FGG-Folgesachen sich ein Vollstreckungsbedürfnis ergibt, können diese ebenfalls erst nach Wirksamwerden gemäß § 629d vollzogen werden. Eine weitere Vollstreckbarkeitserklärung ist gemäß § 33 FGG nicht erforderlich.

IV. Gebühren und Kosten

9 **1. Rechtsanwaltsgebühren.** Zur Anwaltsgebühr beim Rechtsmittelverzicht vgl. § 515 Rn. 24.

10 **2. Gerichtskosten.** Gerichtsgebühren fallen durch einen etwaigen Rechtsmittelverzicht nicht an, auch dann nicht, wenn dieser zu Protokoll des Gerichts erklärt wird. Doch kann nach GKG KV Nr. 1311 eine Ermäßigung der Verfahrensgebühr auf 0,5 in Betracht kommen.

630 *Einverständliche Scheidung* **(1) Für das Verfahren auf Scheidung nach § 1565 in Verbindung mit § 1566 Abs. 1 des Bürgerlichen Gesetzbuchs muss die Antragsschrift eines Ehegatten auch enthalten:**

1. die Mitteilung, dass der andere Ehegatte der Scheidung zustimmen oder in gleicher Weise die Scheidung beantragen wird;

2. entweder übereinstimmende Erklärungen der Ehegatten, dass Anträge zur Übertragung der elterlichen Sorge oder eines Teils der elterlichen Sorge für die Kinder auf einen Elternteil und zur Regelung des Umgangs der Eltern mit den Kindern nicht gestellt werden, weil sich die Ehegatten über das Fortbestehen der Sorge und über den Umgang einig sind, oder, soweit eine gerichtliche Regelung erfolgen soll, die entsprechenden Anträge und jeweils die Zustimmung des anderen Ehegatten hierzu;

3. die Einigung der Ehegatten über die Regelung der Unterhaltspflicht gegenüber einem Kind, die durch die Ehe begründete gesetzliche Unterhaltspflicht sowie die Rechtsverhältnisse an der Ehewohnung und am Hausrat.

(2) [1]Die Zustimmung zur Scheidung kann bis zum Schluss der mündlichen Verhandlung, auf die das Urteil ergeht, widerrufen werden. [2]Die Zustimmung und der Widerruf können zu Protokoll der Geschäftsstelle oder in der mündlichen Verhandlung zur Niederschrift des Gerichts erklärt werden.

(3) Das Gericht soll dem Scheidungsantrag erst stattgeben, wenn die Ehegatten über die in Absatz 1 Nr. 3 bezeichneten Gegenstände einen vollstreckbaren Schuldtitel herbeigeführt haben.

I. Normzweck

1 Nach § 1566 Abs. 1 BGB kann eine Ehe nach Ablauf der einjährigen Trennungszeit geschieden werden, wenn beide Ehegatten die Scheidung beantragen oder der Antragsgegner dem Scheidungsantrag zustimmt. § 630 Abs. 1 verlangt in diesen Fällen von den Ehegatten, dass sie sich über die in Abs. 1 Nr. 1 bis 3 aufgeführten regelungsbedürftigen Folgesachen einigen. Ohne eine Einigung kann eine einvernehmliche Scheidung nach § 1566 Abs. 1 BGB nicht ausgesprochen werden. Faktisch beinhaltet deshalb die Regelung des § 630 eine **Sperre gegen eine vorschnelle Auflösung der Ehe** ohne Regelung der wichtigsten Folgesachen.

---

[4] OLG Bamberg FamRZ 1990, 184; *Kemnade* FamRZ 1986, 627.
[5] OLG Stuttgart Justiz 1989, 88; OLG Bamberg FamRZ 1990, 184.
[6] OLG Frankfurt/M FamRZ 1990, 539 m. weit. Nachw.

Streben die Ehegatten eine einvernehmliche Scheidung nach § 630 an, so müssen sie **Einigkeit über alle wesentlichen Scheidungsfolgen** herbeigeführt haben. Obwohl bei Scheidung über die elterliche Sorge nach § 1671 BGB nicht von Amts wegen entschieden werden muss, verlangt das Gesetz im Falle einer einverständlichen Ehescheidung nach § 1566 BGB, § 630 hierüber weiterhin eine Einigung; Gleiches gilt für die Umgangsregelung. Wegen der dem Grunde nach auch über die rechtskräftige Scheidung hinaus fortgeltenden elterlichen Sorge müssen die Eltern ihre Einigung nach Nr. 2 entweder in der Weise angehen, dass sie übereinstimmend erklären, dass Anträge zur elterlichen Sorge und zum Umgang nicht gestellt werden, weil die gemeinsame elterliche Sorge fortbestehen soll, oder dass sie, soweit eine gerichtliche Regelung (idR zur alleinigen elterlichen Sorge) durch das Gericht getroffen werden soll, die entsprechenden Anträge mit der Zustimmung des anderen Elternteils einreichen.

Können sich die Ehegatten über eine der in Abs. 1 genannten Folgesachen nicht einigen, so ist dennoch 2
eine einverständliche Scheidung möglich. Allerdings greift ohne die Erfüllung der Voraussetzungen des § 630 Abs. 1 nicht die **Zerrüttungsvermutung** des § 1566 Abs. 1 BGB ein. Die Scheidung kann einvernehmlich nach dem Grundtatbestand des § 1565 Abs. 1 BGB erfolgen, der neben der mindestens einjährigen Trennungszeit die Feststellung des Gerichts erfordert, dass die Ehe zerrüttet ist. Ferner kann gemäß § 1566 Abs. 3 BGB nach dreijähriger Trennungsdauer ebenfalls die Scheidung ausgesprochen werden.

II. Die einverständliche Scheidung nach § 630

1. Voraussetzungen. Die Regelung des § 630 Abs. 1 ist an die in § 1566 Abs. 1 iVm. § 1565 Abs. 1 BGB 3
enthaltene Zerrüttungsvermutung gekoppelt. Dies folgt aus dem Wortlaut und aus dem Normzweck des § 630, der die in § 1566 Abs. 1 BGB geregelte einfache Möglichkeit der Auflösung einer Ehe in Form der Notwendigkeit einer Einigung über die in Abs. 1 bezeichneten Folgesachen erschweren soll. Liegen die Voraussetzungen des Grundtatbestands (s. Rn. 2) nach § 1565 Abs. 1 BGB oder die Trennungsvermutung nach § 1566 Abs. 3 BGB vor, müssen die Ehegatten bei einer Übereinstimmung ihres Scheidungswillens nicht auf § 630 zurückgreifen, so dass es in ihrem Belieben steht, ob sie im Scheidungsverfahren eine Einigung über Folgesachen nachweisen.

§ 630 Abs. 1 ist **keine Zulässigkeitsvoraussetzung** für den nach § 1566 Abs. 1 BGB begründeten Schei- 4
dungsantrag, sondern ist Teil des materiellen Tatbestandes des § 1566 Abs. 1 BGB.[1] Kann eine Einigung über die in Abs. 1 aufgeführten Folgesachen nicht herbeigeführt werden, so führt dies nicht zur Unzulässigkeit des Antrags; vielmehr kann der Antragsteller die Scheidung nach § 1565 Abs. 1 BGB oder § 1566 Abs. 3 BGB weiterverfolgen, sofern deren Voraussetzungen bis zum Schluss der mündlichen Verhandlung nachgewiesen werden können. Denn Streitgegenstand ist jeweils die Scheidung der Ehe; bei Nichtvorliegen der Voraussetzungen des § 630 Abs. 1 kann sich der Antragsteller lediglich nicht auf die in § 1566 Abs. 1 BGB enthaltene Beweiserleichterung berufen.

2. Form des Scheidungsantrags. Nach § 1566 Abs. 1 BGB können die Ehegatten jeweils **einen eigenstän-** 5
digen Antrag auf Scheidung der Ehe unter Berufung auf die Voraussetzungen des § 630 Abs. 1 einreichen, wobei der in zeitlicher Reihenfolge an zweiter Stelle eingereichte Scheidungsantrag nicht als Widerklageantrag zu betrachten, sondern inhaltsgleich wie der zuerst eingereichte Antrag auf Scheidung der Ehe gerichtet ist. Kein Fall des § 1566 Abs. 1 BGB liegt vor, wenn jeder Ehegatte ein auf den Grundtatbestand des § 1565 Abs. 1 BGB gestützten Antrag einreicht. Die Voraussetzungen des § 1566 Abs. 1 BGB können auch dann gegeben sein, wenn der **Antragsgegner dem Scheidungsantrag zustimmt.** Diese Zustimmung hat materiell-rechtliche und verfahrensrechtliche Wirkungen; dennoch unterliegt sie nach § 630 Abs. 2 S. 2 nicht dem Anwaltszwang gemäß § 78 Abs. 2 S. 1 Nr. 1, Abs. 3. Diese Zustimmung ist nach § 630 Abs. 1 S. 1 bis zum Schluss der mündlichen Verhandlung **frei widerruflich,** also auch noch in der zweiten und dritten Instanz. Hierin drückt sich der Wille des Gesetzgebers aus, die Möglichkeit einer Versöhnung der Ehegatten offen zu halten. Wie die Zustimmung ist auch der Widerruf nicht zwingend von einem Rechtsanwalt zu erklären. Möglich ist auch die Einlegung eines Rechtsmittels allein mit dem Ziel, die Zustimmung zur Scheidung zu widerrufen.[2] Zustimmung und Widerruf können nach § 160 Abs. 3 Nr. 3 zu Protokoll der Geschäftsstelle oder in der mündlichen Verhandlung zur Niederschrift des Gerichts erklärt werden. Möglich ist es deshalb, die Voraussetzungen des § 630 Abs. 1 auch noch im Verlauf des Scheidungsverfahrens nachzuweisen oder unter Mithilfe des Gerichts in einer mündlichen Verhandlung herbeizuführen.

III. Inhalt der Antragsschrift, Abs. 1

1. Allgemeines. Der Inhalt der Antragsschrift wird in § 622 bestimmt (s. dort Rn. 1 ff.). Im Rahmen des 6
§ 630 ist ferner erforderlich, dass in der Antragsschrift **mitgeteilt** wird, dass der andere Ehegatte ebenfalls nach § 1566 Abs. 1 BGB iVm. § 630 einen Scheidungsantrag einreichen wird oder dem Scheidungsantrag zustimmt, Abs. 1 Nr. 1. Die Mitteilung dieser Voraussetzungen ist ausreichend; eine eigene Erklärung des anderen Ehegatten in der Antragsschrift ist nicht erforderlich. Ferner wird nach Abs. 1 Nr. 2 die übereinstimmende Erklärung der Ehegatten verlangt, dass Anträge zur Regelung der elterlichen Sorge und des Umgangs der Eltern mit den Kindern nicht gestellt werden, weil sie sich über das Fortbestehen der elterlichen Sorge und den Umgang einig sind, oder, soweit eine gerichtliche Regelung erfolgen soll, die entsprechenden Anträge und die jeweilige Zustimmung des anderen Ehegatten vorgelegt werden. Außerdem wird

---

1 *Diederichsen* FamRZ 1977, 649, 654; *Zö/Philippi* Rn. 3; *Johannsen/Henrich/Sedemund-Treiber* Rn. 3.
2 BGH NJW 1984, 1302, 1303 = FamRZ 1984, 350 m. weit. Nachw.

nach Abs. 1 Nr. 3 die Einigung der Ehegatten über den Unterhalt der gemeinsamen Kinder, den nachehelichen Unterhalt sowie über die eheliche Wohnung und den Hausrat verlangt (einschließlich der Zustimmung des Vermieters nach § 7 HausratsVO). Nach wohl überwiegender Meinung reicht bei Abs. 1 Nr. 2 und 3 eine Mitteilung nicht aus; vielmehr sollen die Erklärungen nach Nr. 2 und die Einigung nach Nr. 3 in einer von beiden Ehegatten unterzeichneten Urkunde der Antragsschrift beigefügt werden.[3] Sowohl der Vorschlag nach Nr. 2 als auch die Einigung nach Nr. 3 müssen inhaltlich so konkretisiert sein, dass der jeweilige Regelungsbereich abschließend festgelegt ist. Eine allgemein gehaltene Absichtserklärung zur Gewährung einer großzügigen Umgangsbefugnis oder eines Kindesunterhalts erfüllt diese Voraussetzungen nicht.

7 **2. Widerruf der Erklärungen nach Nr. 2 und der Einigung nach Nr. 3.** Der gemeinsame Vorschlag nach Nr. 2 kann entsprechend der Regelung des Abs. 2 widerrufen werden.[4] Dies folgt aus der Verknüpfung der Folgesachen des Abs. 1 mit der Zustimmung zur Scheidung. Da die Zustimmung zur Scheidung nach Abs. 2 S. 1 frei widerrufen werden kann, gilt dies entsprechend für die der Scheidung nachgeordneten Folgesachen. Wird lediglich die Zustimmung zur Scheidung widerrufen, wird der Vorschlag nach Nr. 2 gegenstandslos, es sei denn, der gemeinsame Vorschlag wurde unabhängig von der Zustimmung zur Scheidung auch für den Fall einer streitigen Scheidung festgelegt. Dies ist ggf. durch Auslegung der geschlossenen Vereinbarung festzustellen, falls sich dies nicht bereits aus der Vereinbarung ergibt. Vereinbarungen zur elterlichen Sorge und zum Umgang sind unter den Voraussetzungen des § 1696 Abs. 1 BGB jederzeit widerrufbar, ansonsten ist deren Widerrufbarkeit strittig;[5] da Eltern grundsätzlich Vereinbarungen treffen können (§ 1671 Abs. 1, 2 BGB), ist auch eine Bindung anzunehmen.

8 Die Einigung nach Nr. 3 ist regelmäßig nur für den **Fall der einverständlichen Scheidung** geschlossen. Sie wird gegenstandslos, wenn die Zustimmung zur einverständlichen Scheidung widerrufen wird. Nicht einheitlich beantwortet wird die Frage, ob eine Einigung allein zu den Folgesachen nach Nr. 3 frei widerrufen werden kann. Der vertragliche Charakter solcher Einigungen nach Nr. 3 lässt eine Aufhebung nur nach allgemeinen Grundsätzen zu (§§ 119, 313 BGB). Soweit die Einigung zu den Folgesachen nach Nr. 3 von der Zustimmung zur Scheidung abhängt und sie nicht auch ohne diese getroffen worden wäre, ist bei Widerruf der Scheidung auch ein Widerruf der Einigung nach den Grundsätzen des Wegfalls der Geschäftsgrundlage möglich.[6]

9 Enthält die Einigung nach Nr. 3 **Wirksamkeitsmängel** (nach §§ 134, 138 BGB) oder ist sie nicht hinreichend konkretisiert, so ist das Gericht entsprechend § 139 gehalten, darauf hinzuweisen und an einer wirksamen Neufassung der Einigung mitzuwirken. Ist dies nicht möglich, kann das Scheidungsverfahren ggf. nach dem Grundtatbestand des § 1565 Abs. 1 BGB oder nach § 1566 Abs. 3 BGB (ohne Einigung) fortgeführt werden.

IV. Verfahren

10 **1. Allgemeines.** § 630 beinhaltet keine besonderen Verfahrensbestimmungen, so dass die §§ 622–629d uneingeschränkt gelten. Nicht enthalten in Abs. 1 Nr. 3 sind **güterrechtliche Auseinandersetzungen.** Diese können nach § 623 Abs. 1 S. 1 in den Verbund gebracht werden, gehören aber dennoch nicht zu dem Katalog des Abs. 1 Nr. 3; sie können aber zu einer Vereinbarung nach Abs. 1 Nr. 3 aufgenommen werden. Will das Gericht von einer gemeinsamen Erklärung zur elterlichen Sorge abweichen, gilt § 627.

11 **2. Schaffung eines Vollstreckungstitels.** Nach **Abs. 3** soll das Gericht den Scheidungsausspruch hinausschieben, wenn die Parteien zu den Folgesachen des Abs. 1 Nr. 3 **keinen vollstreckbaren Schuldtitel** geschaffen haben. Diese Bestimmung ist nach ihrem Wortlaus nicht zwingend, sondern lediglich eine Sollbestimmung. Wird auf Verlangen des Gerichts kein entsprechender vollstreckbarer Schuldtitel geschaffen, ist das Verfahren nicht als unzulässig abzuweisen. Vielmehr kann der Antragsteller sein Scheidungsbegehren nach dem Grundtatbestand des § 1565 Abs. 1 BGB oder nach § 1566 Abs. 3 BGB weiterverfolgen, falls deren Voraussetzungen gegeben sind. Ansonsten ist der Scheidungsantrag als unbegründet abzuweisen.

12 **Mögliche Formen der Schuldtitel** sind der vor dem Gericht nach § 794 Abs. 1 Nr. 1 geschlossene Vergleich, in Unterhaltssachen auch vollstreckbare Urkunden nach § 794 Abs. 1 Nr. 5, Anwaltsvergleiche, die von dem für die gerichtliche Geltendmachung des zu vollstreckenden Anspruchs an sich zuständigen Gericht oder einem Notar für vollstreckbar erklärt wurden (§§ 796a –796c). Im Rahmen eines Güteversuchs beim beauftragten Richter (§ 278 Abs. 5 S. 1) der zweiten Instanz kann eine Vereinbarung zu den Gegenständen des Abs. 1 Nr. 3 ohne Anwaltszwang geschlossen werden; entsprechendes gilt in Prozesskostenhilfe-Verfahren (§ 78 Abs. 5, §§ 20 Nr. 4a, 13 RPflG). Für Vereinbarungen, die **keine vollstreckbare Regelung** beinhalten, wie der Verzicht auf nachehelichen Unterhalt oder die Festlegung, dass der eheliche Hausrat bereits geteilt ist und jeder Ehegatte die Gegenstände zu Alleineigentum erhält, in deren Besitz er sich bereits befindet, bedarf es keines vollstreckbaren Schuldtitels.

13 **3. Weitere Regelungsbereiche.** In die Vereinbarung nach Abs. 1 Nr. 3 können auch andere, nicht in Nr. 3 aufgeführte Folgesachen aufgenommen werden, ferner Regelungen in vermögensrechtlichen Angelegenhei-

---

[3] *Diederichsen* FamRZ 1977, 654; *Zö/Philippi* Rn. 6;; *St/J/Schlosser* Rn. 5.

[4] BGH FamRZ 1984, 1302, 1303; OLG Zweibrücken FamRZ 1986, 1038; OLG Hamm FamRZ 1989, 654, 656; aA OLG Düsseldorf FamRZ 1983, 293f.

[5] Ablehnend *Luthin* FamRZ 1985, 638; OLG Hamm FamRZ 1989, 656; aA OLG Düsseldorf FamRZ 1983, 293.

[6] Gegen jeglichen Widerruf *Johannsen/Henrich/Sedemund-Treiber* Rn. 11; *Rolland/Roth* Rn. 20; aA *Zö/Philippi* Rn. 11.

ten, die nicht in die Zuständigkeit des FamG fallen,[7] so etwa die Auseinandersetzung einer Gemeinschaft an einem Eigenheim oder einer Regelung zum **Gesamtschuldnerausgleich** nach § 426 BGB. Im Falle der Regelung des Zugewinns ist die Formbestimmung des § 1378 Abs. 3 S. 2, 3 BGB zu beachten, beim Versorgungsausgleich § 1587 o Abs. 2 S. 1 BGB.

4. Form der Entscheidung. An der **Form der** dem Scheidungsantrag **stattgebenden Entscheidung** ändert sich im Fall des § 630 nichts. Über den Versorgungsausgleich hat das Gericht von Amts wegen zu entscheiden, ferner in den Fällen des § 623 Abs. 3 zur elterlichen Sorge bei Gefährdung des Kindeswohls. Hinsichtlich der FGG-Folgesachen (§ 621 Abs. 1 Nr. 6, 7, 9, Abs. 2 S. 1 Nr. 1–3, kann jederzeit Rechtsmittel einlegt werden; gegen den Scheidungsausspruch ist die Berufung auch mit dem Ziel des Widerrufs der Zustimmung möglich,[8] um die Ehe zu erhalten. I. Ü. können auch erst in **zweiter Instanz** die **Voraussetzungen einer einvernehmlichen Scheidung** nach § 630 geschaffen werden. Wird der Scheidungsantrag abgewiesen, kann der antragstellende Ehegatte Berufung einlegen, nicht dagegen derjenige Ehegatte, der der Scheidung lediglich zugestimmt hat. 14

5. Darlegung in der Antragsschrift. Der Hinweis in der Antragsschrift, dass Anträge zur elterlichen Sorge sowie zum Umgang nicht gestellt werden sollen, bewirkt, dass die Ehegatten bei einer einverständlichen Scheidung auch eine Einigung zur elterlichen Sorge herbeiführen und diese Regelung nicht ausklammern, sich also der Fortsetzung der gemeinsamen elterlichen Sorge bewusst werden. Ferner kann das Gericht auch auf Grund der Regelung des § 622 Abs. 2 S. 1 Nr. 1 feststellen, inwieweit vor allem zur elterlichen Sorge eine Regelung von Amts wegen vorzunehmen ist. Zur Umgangsbefugnis reicht die Darlegung einer Einigung aus; nicht erforderlich ist es dagegen, eine konkrete Aufstellung über die einzelnen Umgangszeiten vorzulegen, um die Eltern nicht an zu starre Zeiten zu binden. Soll eine vollziehbare Regelung geschaffen werden, ist die Einreichung eines Antrags notwendig. Innerhalb dieses Verfahrens kann danach eine Einigung festgehalten werden, die das FamG regelmäßig als seine Entscheidung übernimmt, falls nicht eine Gefährdung des Kindeswohls zu befürchten ist. 15

Abschnitt 4. Verfahren auf Aufhebung und auf Feststellung des Bestehens oder Nichtbestehens einer Ehe

Vorbemerkung (Systematische Stellung, Neuregelung durch das Eheschließungsrechtsgesetz)

Die Verfahren auf Aufhebung und auf Feststellung des Bestehens oder Nichtbestehens einer Ehe sind Ehesachen nach § 606 Abs. 1 S. 1. Für diese Verfahren gelten die allgemeinen Bestimmungen zu den Familiensachen. Nach § 23 b Abs. 1 S. 2 GVG ist damit in erster Instanz das FamG **ausschließlich zuständig.** Der Rechtsweg ist wie bei den anderen Familiensachen ausgestaltet und richtet sich nach §§ 119 Abs. 1 Nr. 1 lit. a, 133 GVG. Für die örtliche Zuständigkeit gilt § 606, während den allgemeinen Verfahrensbestimmungen für Ehesachen nach §§ 606 bis 620 g die §§ 631, 632 als **Sonderbestimmungen** vorgehen. Für die am Verfahren beteiligten Ehegatten gilt der Anwaltszwang nach § 78 Abs. 2. Der **Verhandlungs- und Entscheidungsverbund** nach § 623 Abs. 1 S. 1, Abs. 2, 3 gilt dagegen nicht (§ 623 Rn. 4, 5).[1] Erhalten bleiben jedoch die Bestimmungen zur Zuständigkeitskonzentration nach § 621 Abs. 2, 3. 1

Die materiell-rechtlichen Voraussetzungen der Aufhebung einer Ehe sind in den §§ 1303 bis 1307, 1311, 1320 BGB geregelt. Weitere Aufhebungsgründe enthält § 1314 Abs. 2 BGB. Unter den Voraussetzungen des § 1315 BGB ist eine Aufhebung der Ehe ausgeschlossen (insbesondere bei Bestätigung der Ehe). 2

Nicht geändert hat das EheschlRG die sachliche Zuständigkeit des Amtsgerichts (§ 23 a GVG), ebenso wenig die Zuständigkeit des FamG innerhalb des Amtsgerichts (§ 23 b Abs. 1 S. 2 Nr. 1 GVG). 3

631 *Aufhebung einer Ehe* (1) **Für das Verfahren auf Aufhebung einer Ehe gelten die nachfolgenden besonderen Vorschriften.**

(2) [1]**Das Verfahren wird durch Einreichung einer Antragsschrift anhängig.** [2]**§ 622 Abs. 2 Satz 2, Abs. 3 gilt entsprechend.** [3]**Wird in demselben Verfahren Aufhebung und Scheidung beantragt, und sind beide Anträge begründet, so ist nur auf Aufhebung der Ehe zu erkennen.**

(3) **Beantragt die zuständige Verwaltungsbehörde oder bei Verstoß gegen § 1306 des Bürgerlichen Gesetzbuchs der Dritte die Aufhebung der Ehe, so ist der Antrag gegen beide Ehegatten zu richten.**

(4) [1]**Hat in den Fällen des § 1316 Abs. 1 Nr. 1 des Bürgerlichen Gesetzbuchs ein Ehegatte oder die dritte Person den Antrag gestellt, so ist die zuständige Verwaltungsbehörde über den Antrag zu unterrichten.** [2]**Die zuständige Verwaltungsbehörde kann in diesen Fällen, auch wenn sie den Antrag nicht gestellt hat, das Verfahren betreiben, insbesondere selbständig Anträge stellen oder Rechtsmittel einlegen.**

---

[7] Die Erklärung einer Auflassung nach § 925 Abs. 2 BGB ist unwirksam, weil sie für den Fall der Scheidung erklärt wird, jedoch bedingungsfeindlich ist.

[8] S. Rn. 5 Fn. 2.

[1] BGH NJW 1982, 2386 = FamRZ 1982, 568; BGH FamRZ 1989, 153 f.

(5) In den Fällen, in denen die als Partei auftretende zuständige Verwaltungsbehörde unterliegt, ist die Staatskasse zur Erstattung der dem obsiegenden Gegner erwachsenen Kosten nach den Vorschriften der §§ 91 bis 107 zu verurteilen.

I. Normzweck

1 Die Voraussetzungen, unter denen eine Ehe aufgehoben werden kann, sind in § 1314 Abs. 1, 2 BGB **abschließend geregelt** (eingehend vor § 631 Rn. 2). Dagegen fällt hierunter nicht, ob eine Nichtehe vorliegt; hierzu greift § 632 ein. Ist materiell-rechtlich **ausländisches Recht** anzuwenden, so gelten hinsichtlich der Wirkungen dessen Bestimmungen. Da der Bestand der Ehe statusrechtliche Auswirkungen hat, kann die Ehe nur durch gerichtliches (Gestaltungs-) Urteil auf Antrag aufgehoben werden, § 1313 BGB; eine inzidente Feststellung in einem anderen Verfahren ist dagegen wirkungslos. Hängt die Entscheidung eines Rechtsstreits davon ab, ob die Ehe aufhebbar ist, so hat das Gericht auf Antrag das Verfahren auszusetzen, § 152. Die Aussetzung kann ab Anhängigkeit des Aufhebungsantrages angeordnet werden.[1]

II. Überblick

2 **1. Allgemeines.** In § 631 Abs. 2 bis 5 werden die für das Verfahren auf Aufhebung der Ehe geltenden Besonderheiten zusammengefasst. Abs. 2 stellt klar, dass die Aufhebung einer Ehe auf Antrag erfolgt. Das **öffentliche Interesse** wird nicht mehr von der Staatsanwaltschaft, sondern von der zuständigen **Verwaltungsbehörde** wahrgenommen (§ 1316 Abs. 1 Nr. 1 BGB), die durch Rechtsverordnung der Landesregierungen bestimmt wird. Nach Abs. 4 S. 2 kann die zuständige Verwaltungsbehörde bei einem Antrag auf Aufhebung der Ehe in den Fällen des § 1316 Abs. 1 Nr. 1 BGB, in dem ein Ehegatte oder eine dritte Person den Antrag gestellt hat, das Verfahren selbst betreiben, insbesondere selbständige Anträge oder Rechtsmittel einlegen. Nach Abs. 4 S. 1 ist deshalb die zuständige Verwaltungsbehörde durch das FamG bei Eingang eines solchen Verfahrens zu unterrichten. Anders als nach den bisherigen Regelungen (§ 632 Abs. 1 Alt. 2, 636) wird bei **Tod eines Ehegatten** eine bis dahin aufhebbare Ehe durch Tod aufgelöst; ein Aufhebungsantrag ist deshalb nicht mehr zulässig (s. § 1317 Abs. 3 BGB). Ebenso scheidet die Wiederaufnahme des Verfahrens aus (§ 619 Rn. 6). Bei einem bereits anhängigen Verfahren tritt durch den Tod eines Ehegatten die Erledigung des Verfahrens ein, § 619 (eingehend § 619 Rn. 1 ff.).

3 **2. Übergangsbestimmungen.** Nach den Überleitungsvorschriften des EheschlRG (Art. 15–Art. 226 EGBGB) ist die Aufhebung einer vor dem 1. 7. 1998 geschlossenen Ehe ausgeschlossen, wenn die Ehe nach dem bis dahin geltenden Recht nicht hätte aufgehoben oder für nichtig erklärt werden können, Art. 226 Abs. 1 EGBGB. Auf die vor dem 1. 7. 1998 geschlossenen Ehen sind die Vorschriften in der ab dem 1. 7. 1998 geltenden Fassung anzuwenden, Art. 226 Abs. 3 EGBGB.[2]

III. Zulässigkeit

4 Der Antrag auf Aufhebung der Ehe bezweckt wie ein Scheidungsantrag die **Auflösung der Ehe;** sie wird mit Rechtskraft des Urteils wirksam (§ 1313 S. 2 BGB) und wirkt nur für die Zukunft, hebt also die Ehe in ihrer Rechtswirkung nicht ex tunc auf. Wird ein Aufhebungsgrund schlüssig vorgetragen, besteht regelmäßig ein Rechtsschutzbedürfnis für diesen Antrag.[3] Ein besonderes Rechtsschutzbedürfnis ist nicht zu verlangen, da der Antrag auf Erlass eines Gestaltungsurteils gerichtet ist.[4] Der Aufhebungsantrag kann dann rechtsmissbräuchlich sein, wenn bei einer Doppelehe (§ 1306 BGB) nach Auflösung der vorangegangenen Ehe der bigamische Zustand entfallen ist, wobei jedoch die Doppelehe auch bei längerem Bestand nicht dem Schutz des Art. 6 GG unterliegt.[5] Stellt die Verwaltungsbehörde den Aufhebungsantrag (nach § 1316 Abs. 1 Nr. 1 BGB), um die durch die bigamische Ehe entstandenen vermögens- und versorgungsrechtlichen Ansprüche der Betroffenen zu klären, so besteht für diese Klage ein öffentliches Interesse an der Klärung dieser Rechtsfragen.[6] Dies zeigt sich vor allem dann, wenn die Doppelehe aufgelöst werden soll, weil erst nach Klärung der Aufhebungsvoraussetzungen festgestellt werden kann, inwieweit der bigamisch verheiratete Ehegatte, der die Voraussetzungen der Doppelehe gekannt hat, nach § 1318 Abs. 2 BGB eine Kürzung seiner Ansprüche auf Unterhalt und Versorgungsausgleich wegen entsprechender Ansprüche der Ehegatten der vorangegangenen Ehe hinnehmen muss. Ist die Ehe bereits aufgelöst[7], so kann der Antrag auf Aufhebung nicht mehr gestellt werden; dies wird in § 1317 Abs. 3 BGB ausdrücklich geregelt.[8] Die in § 1314 Abs. 2 bis 4 BGB aufgeführten Aufhebungsgründe können nach § 1317 Abs. 1, 2 BGB nur innerhalb der dort geregelten Fristen geltend gemacht werden.

---

[1] BT-Drucks. 13/4898 S. 25.

[2] Zu den Übergangsbestimmungen bei Anträgen, die vor dem 1. 7. 1998 eingereicht wurden, s. Vorauflage Rn. 2.

[3] Zum früheren Rechtszustand bei missbräuchlicher Verwendung eines Antrags (Klage) BGH NJW 1975, 872 = FamRZ 1975, 332; OLG Düsseldorf NJW-RR 1993, 135.

[4] BGH NJW 1986, 3084 = FamRZ 1986, 879, 880 (zum früheren Rechtszustand bis 30. 6. 1998).

[5] BGH NJW 1986, 3084 = FamRZ 1986, 879, 880; OLG Karlsruhe FamRZ 1986, 61.

[6] BGH NJW 1986, 3084 = FamRZ 1986, 879, 880; s. a. *Bosch* FamRZ 1986, 1206; aA OLG Hamm FamRZ 1986, 1205.

[7] ZB durch ein vorangehendes Scheidungsverfahren.

[8] Zum alten Rechtszustand zu § 37 Abs. 2 EheG s. BGH NJW 1996, 2727 = FamRZ 1996, 1209, 1210 f.; § 610 Rn. 6.

IV. Verfahren auf Aufhebung der Ehe

1. Verfahrenseinleitender Antrag, Klagebefugnis. Nach § 1313 BGB wird ein Verfahren zur Aufhebung der Ehe nur durch einen **Antrag** eingeleitet. Wer einen Antrag auf Aufhebung der Ehe stellen kann, wird in § 1316 BGB geregelt. Nach § 1316 Abs. 1 Nr. 1 BGB sind antragsberechtigt jeder Ehegatte (in den Fällen der §§ 1303, 1304, 1306, 1307, 1311 BGB) sowie in den Fällen des § 1314 Abs. 2 Nr. 1 und 5 BGB jeder Ehegatte und die Verwaltungsbehörde. In den Fällen des § 1306 BGB kann auch die dritte Person (Ehegatte der zuerst geschlossenen Ehe) den Antrag stellen, § 1316 Abs. 1 Nr. 1 letzter Hs. BGB). Die Aktivlegitimation der dritten Person entfällt, wenn die später geschlossene Ehe durch Tod endet oder geschieden bzw. aufgehoben wird. Die Aktivlegitimation wird im Übrigen für die Ehegatten erweitert um die in § 1314 Abs. 2 Nr. 2 bis 4 BGB geregelten Fälle. Ist ein Ehegatte geschäftsunfähig, kann der Antrag nur von seinem gesetzlichen Vertreter gestellt werden, § 1316 Abs. 2 S. 1 BGB. Ansonsten kann ein minderjähriger Ehegatte den Antrag nur selbst stellen, ohne dass es der Zustimmung seines gesetzlichen Vertreters bedarf, § 1316 Abs. 2 S. 2 BGB. § 631 enthält hierzu keine zusätzlichen Regelungen. 5

Das Verfahren wird durch **Einreichung einer Antragsschrift** anhängig, § 631 Abs. 2 S. 1. Durch den Verweis in Abs. 2 S. 2 auf § 622 Abs. 2 S. 2, Abs. 3 wird klargestellt, dass – wie bei einem Scheidungsantrag – die Parteibezeichnung in Antragsteller und Antragsgegner umzustellen ist und die Begriffe Kläger bzw. Beklagter auch in den in § 631 geregelten Verfahren nicht mehr gelten. Im Falle einer **Doppelehe** ist der Antrag des Ehegatten der zeitlich zuvor geschlossenen Ehe gegen beide Ehegatten der später geschlossenen Ehe zu richten; Gleiches gilt, wenn die Verwaltungsbehörde den Antrag auf Aufhebung der Ehe stellt, § 631 Abs. 3. Wird in demselben Verfahren je von einem Ehegatten Aufhebung und Scheidung der Ehe beantragt und sind beide Anträge begründet, so ist nur auf Aufhebung zu erkennen, § 631 Abs. 2 S. 2 (s. Rn. 13; ferner § 623 Rn. 5 sowie § 610 Rn. 1, 5); der Scheidungsantrag ist nicht abzuweisen, weil dieser ebenfalls auf Auflösung der Ehe gerichtet ist.[9] 6

Die **Antragsbefugnis der Verwaltungsbehörde** folgt den § 1316 Abs. 1 Nr. 1, Abs. 3 BGB; sie erfasst danach nicht sämtliche Aufhebungsgründe. Ob die Verwaltungsbehörde von ihrer Klagebefugnis Gebrauch macht, liegt in ihrem **pflichtgemäßen Ermessen,** das sich am Schutzgedanken des Art. 6 Abs. 1 GG zu orientieren hat. Danach genießt die gültige Erstehe verfassungsrechtlichen Schutz.[10] In den Fällen der §§ 1304, 1306, 1307 BGB sowie in den Fällen des § 1314 Abs. 2 Nr. 1 und 5 BGB **soll** die zuständige Verwaltungsbehörde den Antrag stellen, wenn nicht die Aufhebung der Ehe für einen Ehegatten oder für die aus der Ehe hervorgegangenen Kinder eine so schwere Härte darstellen würde, dass die Aufrechterhaltung der Ehe ausnahmsweise geboten erscheint, § 1316 Abs. 3 BGB. Zur Ermittlung dieser Tatsachen gilt § 616, so dass das FamG auch solche Tatsachen zu ermitteln hat. Allerdings ist von dem jeweils betroffenen Ehegatten zu verlangen, dass er Tatsachen vorbringt, auf die die besonderen Voraussetzungen zur Abweisung des Antrags gestützt werden können. Dritte haben keine Antragsbefugnis; sie können jedoch die Verwaltungsbehörde zu einer Erhebung des Antrags auffordern; ein Anspruch auf ein Tätigwerden besteht in den Fällen des § 1316 Abs. 3 BGB; allerdings kann die Verwaltungsbehörde auf die besonderen Härtegründe verweisen und danach ein Tätigwerden ablehnen.[11] Dies folgt aus dem Regelungszusammenhang des Abs. 3, der unter den engen Voraussetzungen des Hs. 2 eine Ausnahme von einem Tätigwerden vorsieht, so dass im Regelfall die Verwaltungsbehörde einen Antrag stellen muss. **Anwaltszwang** besteht für die Verwaltungsbehörde nicht[12]; § 78 sieht diesen in den Verfahren nach § 631 nicht vor. Die Zuständigkeit der Verwaltungsbehörde richtet sich nach den jeweiligen Rechtsverordnungen der Landesregierungen, § 1316 Abs. 1 Nr. 1 S. 2 BGB. 7

2. Mehrere Antragsberechtigte. Steht die Antragsbefugnis mehreren zu, so kann jeder selbständig und unabhängig von anderen den Antrag auf Aufhebung der Ehe erheben. Eine Verbindung mehrerer Anträge ist zulässig, § 147. Berufen sich zwei Ehegatten auf denselben Aufhebungsgrund, steht einem Gegenantrag der Einwand der anderweitigen Rechtshängigkeit entgegen. 8

3. Notwendige Streitgenossenschaft. Der Antrag der Verwaltungsbehörde auf Aufhebung der Ehe richtet sich gegen beide Ehegatten als notwendige Streitgenossen, § 62, auch wenn sie einander widersprechende Anträge stellen[13], ebenso die Klage des früheren Ehegatten im Falle einer Doppelehe. Will sich ein Ehegatte dem Antrag der Verwaltungsbehörde anschließen, so wird er nicht dessen Streitgehilfe.[14] Im Übrigen kann die Verwaltungsbehörde einer Partei als notwendiger Streitgenosse beitreten (§ 62). In dieser Funktion kann sie eine Stellungnahme zur Sach- und Rechtslage abgeben, Sachanträge stellen und Rechtsmittel einlegen, Abs. 4 S. 2. 9

4. Zuständigkeit. Die örtliche und internationale Zuständigkeit richtet sich nach §§ 606, 606a sowie nach Art. 3 EheVO II (s. § 606a Rn. 1, 33ff.). Reicht die Verwaltungsbehörde den Antrag auf Aufhebung der Ehe ein, ist das FamG zuständig, in dessen Bezirk die Ehegatten ihren gemeinsamen gewöhnlichen Aufenthalt haben. 10

---

[9] Dort auch zum Verhältnis von Haupt- und Hilfsanträgen; zu den verschiedenen Streitgegenständen s. OLG Zweibrücken FamRZ 2002, 255, 256.

[10] BGH NJW 1986, 3084 = FamRZ 1986, 879; BGH NJW-RR 1994, 264 = FamRZ 1994, 498 – jeweils zum früheren Rechtszustand.

[11] Zum früheren Rechtszustand s. KG NJW 1987, 197 = FamRZ 1986, 806; aA *Lüke* JuS 1961, 210f.

[12] Zur Staatsanwaltschaft s. BGHZ 23, 383.

[13] BGH NJW 1976, 1590.

[14] OLG München NJW 1957, 954.

11 **5. Verfahrensrechtliche Stellung der Verwaltungsbehörde.** Erhebt die Verwaltungsbehörde den Antrag auf Aufhebung der Ehe (§ 1316 Abs. 1 Nr. 1 BGB), so ist sie Partei und nimmt deren Rechtsstellung ein.[15] Im Übrigen erweitert Abs. 4 S. 2 die Mitwirkungsbefugnis der Verwaltungsbehörde auch in Verfahren, die nicht von ihr eingeleitet wurden. In diesen Fällen kann sie das Verfahren selbständig betreiben, zu dem Vorbringen der Parteien Stellung nehmen, selbständig Anträge stellen und für oder gegen den Bestand der Ehe tätig werden.[16] Art und Umfang der Beteiligung steht im Ermessen der Verwaltungsbehörde. Da die Verwaltungsbehörde das öffentliche Interesse wahrzunehmen hat, ist sie in ihrer Prozessführung von einem Ehegatten nicht abhängig. Damit die Verwaltungsbehörde diese Funktion wahrnehmen kann, ist sie in den Fällen des § 1316 Abs. 1 Nr. 1 BGB im Falle des Antrags eines Ehegatten oder der dritten Person (vorangehender Ehegatte) über den Antrag zu unterrichten, Abs. 4 S. 1. Ferner kann die Verwaltungsbehörde **Rechtsmittel** gegen die Entscheidung des FamG einlegen. Hat sie selbst den Antrag auf Aufhebung der Ehe eingereicht oder war sie dem Verfahren als Streitgenosse beigetreten (s. Rn. 9), richten sich die Rechtsmittelfristen nach den allgemeinen Bestimmungen, § 517. War die Verwaltungsbehörde in erster Instanz nicht beteiligt, muss sie sich an die für die Parteien maßgebenden Rechtsmittelfristen halten.[17]

12 **6. Weitere Verfahrensfragen, Säumnis einer Partei.** Für das Verfahren gelten die allgemeinen Vorschriften über Ehesachen (§§ 606 bis 620g), soweit § 631 keine besonderen Bestimmungen enthält. Sachlich zuständig ist das Amtsgericht, § 23a Nr. 4 GVG, innerhalb dessen das FamG, § 23b Abs. 1 S. 2 Nr. 1 GVG. Ein Verbundverfahren iSd. § 623 Abs. 1 S. 1 ist nicht möglich (eingehend § 623 Rn. 5). Nach § 612 Abs. 4 ist ein Versäumnisurteil gegen den nicht erschienenen Antragsteller, nicht aber gegen den Antragsgegner möglich (auf die Ausführungen zu § 612 Rn. 4ff. wird verwiesen; zur Säumnis in der Rechtsmittelinstanz s. § 612 Rn. 9ff.). Bei Tod eines Ehegatten greift § 619 ein (Rn. 2); dies gilt auch in den Fällen der Antragstellung durch die Verwaltungsbehörde oder wenn bei bestehender Doppelehe (§ 1306 BGB) der vorangehende Ehegatte den Antrag auf Aufhebung gestellt hatte. Erledigung der Hauptsache tritt auch dann ein, wenn bei einem Antrag der Verwaltungsbehörde oder des früheren Ehegatten die bis dahin aufhebbare Ehe in einem anderen Verfahren rechtskräftig aufgehoben oder geschieden wurde.

13 **7. Urteil, Kostenentscheidung.** Mit Rechtskraft des dem Antrag stattgebenden Urteils ist die Ehe aufgelöst, § 1313 S. 2 BGB. Das Urteil ergeht als Gestaltungsurteil und wirkt für und gegen alle und nicht nur zwischen den Parteien des Verfahrens, falls ein Ehegatte nicht vor Eintritt der Rechtskraft des Urteils verstirbt (§ 619).[18] Nach der bis 30. 6. 1998 geltenden Fassung des § 636a, die aufgehoben wurde, wirkte auch ein **klagabweisendes Urteil** für und gegen alle, obwohl durch ein solches Urteil die Rechtslage nicht umgestaltet wurde. Daraus ergibt sich, dass die Aufhebungsgründe bei einer rechtskräftigen Abweisung des Antrags eines Ehegatten nicht verbraucht sind; andere Antragsberechtigte können einen Aufhebungsantrag auf denselben Aufhebungsgrund stützen.

14 § 631 Abs. 5 enthält **Kostenregelungen** bei einem **Antrag der Verwaltungsbehörde.** Obsiegt der antragstellende Ehegatte mit seinem Antrag auf Aufhebung der Ehe, gilt § 93a Abs. 3 S. 1, nach dem die Kosten gegeneinander aufgehoben werden; nach § 93a Abs. 3 S. 2 kann gegebenenfalls eine anderweitige Verteilung der Kosten angeordnet werden. Wird der Antrag abgewiesen, gilt § 91; bei gegenseitigen Anträgen, die jeweils abgewiesen wurden, sind die Kosten gegeneinander aufzuheben. Wird die Ehe auf Antrag der zuständigen Verwaltungsbehörde oder des vorangehenden Ehegatten (§ 1306 BGB) aufgehoben, ist nach § 93a Abs. 4 die Regelung des § 93a Abs. 3 nicht anzuwenden. In diesem Fall haben die Antragsgegner die Kosten je zur Hälfte zu tragen, §§ 91, 100 Abs. 1. Wird der Antrag der Verwaltungsbehörde abgewiesen, hat die Staatskasse die den Gegnern entstandenen außergerichtlichen Kosten zu erstatten, §§ 91 bis 107; dies gilt entsprechend bei einem zurückgewiesenen Rechtsmittel der zuständigen Verwaltungsbehörde, § 97 Abs. 1.[19] Ein Ausspruch zu den Gerichtskosten entfällt nach § 2 Abs. 1 S. 1 GKG. Wird der Antrag auf Aufhebung des vorangehenden Ehegatten abgewiesen, trägt dieser nach § 91 die Kosten. Ist die zuständige Verwaltungsbehörde nach § 631 Abs. 4 am Verfahren beteiligt (s. Rn. 9), ist sie nicht Partei iSd. § 631 Abs. 5 und ist damit auch nicht kostenpflichtig, es sei denn, dass sie mit einem eingelegten Rechtsmittel unterliegt.

V. Gebühren und Kosten

15 **1. Rechtsanwaltsgebühren.** Es gelten die Nrn. 3100ff. VV RVG, vgl. § 606 Rn. 29 und § 612 Rn. 12.

16 **2. Gerichtskosten.** Es gelten die KV Nr. 1310f.

632

Feststellung des Bestehens oder Nichtbestehens einer Ehe **(1) Für eine Klage, welche die Feststellung des Bestehens oder Nichtbestehens einer Ehe zwischen den Parteien zum Gegenstand hat, gelten die nachfolgenden besonderen Vorschriften.**

(2) Eine Widerklage ist nur statthaft, wenn sie eine Feststellungsklage der in Absatz 1 bezeichneten Art ist.

(3) § 631 Abs. 4 gilt entsprechend.

---

[15] Zuständige Verwaltungsbehörde in Baden-Württemberg ist das Regierungspräsidium, s. Verordnung vom 16. 1. 2001, GBl. Baden-Württemberg vom 30. 1. 2001.

[16] OLG Karlsruhe FamRZ 1991, 92 (bzgl. Staatsanwalt).

[17] RG JW 1931, 1337; BayObLG FamRZ 1966, 640.

[18] Rn. 2, 12.

[19] Zum alten Rechtszustand zu § 637 aF s. OLG Karlsruhe FamRZ 1991, 92 aE.

(4) Das Versäumnisurteil gegen den im Termin zur mündlichen Verhandlung nicht erschienenen Kläger ist dahin zu erlassen, dass die Klage als zurückgenommen gilt.

I. Normzweck

Die Klage auf Feststellung des Bestehens oder Nichtbestehens einer Ehe ist lex specialis zu § 256. Mit der Klage soll geklärt werden, ob eine Ehe überhaupt geschlossen oder wirksam aufgelöst wurde (zB durch Scheidung, wenn ein Nachweis fehlt). Die Regelung gilt nicht für ausländische Urteile, soweit es um deren Anerkennung im Inland geht; diese richten sich nach Art. 7 § 1 FamRÄndG sowie nach Art. 21 ff. EheVO II (s. § 606 a Rn. 24, 33 ff.). Sie greift jedoch ein, wenn im Ausland eine Ehe geschlossen wurde, deren Wirksamkeit im Streit oder strittig ist, ob überhaupt eine Ehe geschlossen wurde, was für die Feststellung des Trennungs- oder nachehelichen Unterhalts bedeutsam sein kann. Das Rechtsschutzbedürfnis einer Klage fehlt, wenn eine Anerkennung nach Art. 7 § 1 FamRÄndG versagt wird. 1

II. Regelungsbereich

Erfasst werden Klagen auf Feststellung, ob eine Ehe wirksam geschlossen wurde (fehlende Mitwirkung eines Standesbeamten oder sonstiger Formmangel), ferner bei einer Unklarheit über die Wirksamkeit eines Scheidungs- bzw. Aufhebungsurteils zwischen vermeintlichen Ehegatten oder einem fehlenden Nachweis über die Eheauflösung. Auch bei einem Streit über die Wirksamkeit des Urteils eines Gerichts der DDR ist die Klage zulässig.[1] Ansonsten sind Urteile eines Gerichts der DDR gemäß Art. 18 Abs. 1 S. 1 des Einigungsvertrages anzuerkennen. Die Klage betrifft nur die Feststellung des Bestehens oder Nichtbestehens **zwischen den Parteien.** Auch für diese Klage gelten die §§ 606 bis 620 g, soweit § 632 keine besonderen Bestimmungen trifft; ferner bestehen dieselben Zuständigkeits- und sonstigen Verfahrensregelungen wie bei dem Antrag auf Aufhebung der Ehe (eingehend § 631 Rn. 10 ff.).[2] Daneben kann in anderen Verfahren incidenter geprüft werden, ob eine Ehe besteht.[3] 2

III. Parteien des Verfahrens

Das Verfahren findet grundsätzlich zwischen Ehegatten bzw. Scheinehegatten statt; eine Beteiligung der Verwaltungsbehörde erfolgt nur im Rahmen des § 631 Abs. 4, auf den in § 632 Abs. 3 verwiesen wird (eingehend § 631 Rn. 11). Jedoch kann – anders als in den Verfahren auf Aufhebung der Ehe (s. § 1313 S. 1 BGB) – in einem anderen Verfahren mit Wirkung zwischen den Parteien dieses Verfahrens das Bestehen oder Nichtbestehen der Ehe festgestellt werden.[4] 3

IV. Weitere Verfahrensfragen

1. Widerklage. Nach § 632 Abs. 2 ist eine Widerklage nur statthaft, wenn sie die Feststellung des Bestehens oder Nichtbestehens eine Ehe zwischen den Parteien des Klageverfahrens, also dieselbe Ehe betrifft (zur Widerklage siehe auch § 611 Rn. 5). Der Beklagte kann inhaltlich denselben Antrag wie der Kläger stellen, aber auch einen entgegengesetzten Antrag. Ein Gegenantrag beinhaltet deshalb der Sache nach die Abweisung des Hauptantrages. Nach dem Wortlaut des § 632 Abs. 2 führt die Identität des Streitgegenstandes nicht zur Unzulässigkeit wegen anderweitiger Rechtshängigkeit. Nicht zulässig ist es nach § 610 Abs. 2, Feststellungsklagen mit Klagen auf Herstellung des ehelichen Lebens, auf Feststellung des Rechts auf Getrenntleben sowie Scheidungs- bzw. Aufhebungsanträge zu verbinden.[5] Kann weder festgestellt noch ausgeschlossen werden, ob eine Ehe besteht, so ist die positive wie die negative Feststellungsklage abzuweisen, weil im Hinblick auf den in Statussachen geltenden Untersuchungsgrundsatz nur bei einer eindeutigen Sachlage festgestellt werden darf, dass eine Ehe nicht besteht. Die Umkehrung der Parteienstellung ist im Statusverfahren ohne Bedeutung, weil es wegen der allgemein wirkenden Folgen des Statusurteils auf die Ermittlung des wahren Sachverhalts ankommt.[6] 4

2. Urteilswirkungen, Widerklage, Versäumnisurteil. Das stattgebende Urteil wirkt nur zwischen den Parteien des Verfahrens, da es **keine Gestaltungswirkung** hat, also die materielle Rechtslage nicht ändert. Deshalb ist auch eine Beteiligung (schein-)ehelicher Kinder im Hinblick auf ihre Rechtsstellung wie auch des Ehegatten, wenn das Bestehen einer früheren Ehe geklärt werden soll[7], geboten. Dies folgt auch aus § 632 Abs. 4, der die Dispositionsbefugnis der Parteien einschränkt (Rn. 6). Die Beteiligung aller möglichen Betroffener folgt durch eine Beiladung (entsprechend § 640 e). Klagabweisende Urteile haben keine feststellende Wirkung über das Bestehen oder Nichtbestehen einer Ehe, unabhängig davon, ob diese aus formellen oder sachlichen Gründen abzuweisen war. 5

---

[1] BGH NJW 1963, 1981 = FamRZ 1963, 431; OLG Hamm FamRZ 1997, 1215.

[2] Zur Klagebefugnis des Staatsanwalts bei Urteilen der ehemaligen DDR s. BGHZ 34, 134, 139; BGH NJW 1963, 1981 = FamRZ 1963, 431; zur Fortgeltung von Urteilen von Gerichten der DDR s. Kap. V Art. 18 Abs. 1 S. 1 EinigsV.

[3] BSG NJW 1978, 2472 – Rentenverfahren; s. a. OLG Hamm FamRZ 1980, 706 – Streit der Erben über Bestand der Ehe.

[4] OLG Nürnberg FamRZ 1970, 246 (Scheidungsverfahren); BSG NJW 1978, 2472 (Leistungspflicht aus gesetzlicher Rentenversicherung).

[5] S. a. BT-Drucks. 13/4898 S. 26.

[6] BGH NJW 1993, 1716 (dort zur Beweislastverteilung bei einer vermögensrechtlichen negativen Feststellungsklage).

[7] S. *Grunsky* FamRZ 1966, 642; *Schlosser* JZ 1967, 433 (zu § 638).

6 Nach § 632 Abs. 4 ist gegen den im Termin zur mündlichen Verhandlung nicht erschienenen Kläger ein Versäumnisurteil des Inhalts zu erlassen, dass die Klage als zurückgenommen gilt. Dies bewirkt, dass die Parteien durch Hinnehmen eines Versäumnisurteils nicht einvernehmlich über den Bestand ihrer Ehe verfügen können. Ein klageabweisendes Versäumnisurteil ist damit nicht möglich. Die Kostenentscheidung richtet sich nach den §§ 91 ff.; § 93 a greift nicht ein, weil die Entscheidung nur zwischen den Parteien wirkt und das Feststellungsinteresse durch den Beklagten beseitigt werden kann. Ist die Verwaltungsbehörde beteiligt, gilt § 631 (s. dort Rn. 14).

V. Gebühren und Kosten

7 **1. Rechtsanwaltsgebühren.** Es gelten die Nrn. 3100 ff. VV RVG, vgl. § 606 Rn. 29 und § 612 Rn. 12.

8 **2. Gerichtskosten.** Es kommen die KV Nr. 1310 f. zur Anwendung.

633 bis 639 *(weggefallen)*

Abschnitt 5. Verfahren in Kindschaftssachen

640 *Kindschaftssachen* **(1) Die Vorschriften dieses Abschnitts sind in Kindschaftssachen mit Ausnahme der Verfahren nach § 1598 a Abs. 2 und § 1600 e Abs. 2 des Bürgerlichen Gesetzbuchs anzuwenden; die §§ 609, 611 Abs. 2, die §§ 612, 613, 615, 616 Abs. 1 und die §§ 617, 618, 619 und 632 Abs. 4 sind entsprechend anzuwenden.**

(2) Kindschaftssachen sind Verfahren, welche zum Gegenstand haben

1. die Feststellung des Bestehens oder Nichtbestehens eines Eltern-Kindes-Verhältnisses; hierunter fällt auch die Feststellung der Wirksamkeit oder Unwirksamkeit einer Anerkennung der Vaterschaft,
2. die Ersetzung der Einwilligung in eine genetische Abstammungsuntersuchung und die Anordnung der Duldung einer Probeentnahme,
3. die Anfechtung der Vaterschaft oder
4. die Feststellung des Bestehens oder Nichtbestehens der elterlichen Sorge der einen Partei für die andere.

I. Normzweck, Begriff der Kindschaftssachen

1 **1. Überblick.** Der in § 640 Abs. 2 aufgeführte Katalog der Kindschaftssachen ist abschließend. In Abgrenzung zu den Unterhaltssachen nach §§ 642 bis 644 aF betreffen die Verfahren nach Abs. 2 Nr. 1 bis 3 keine vermögensrechtlichen Fragen, sondern beziehen sich auf den **Status eines Kindes.** Den Bestimmungen der §§ 640 bis 641 i unterliegen deshalb auch vergleichbare Bestimmungen nach ausländischem Recht.[1] **Statuswirkungen** können in Kindschaftssachen nur auf Grund einer Entscheidung nach § 640 Abs. 2 eintreten. Das materielle Recht bestimmt hierzu, dass die Rechtswirkungen der Vaterschaft für ein Kind nicht verheirateter Eltern nur eintreten, wenn diese anerkannt oder durch eine gerichtliche Entscheidung festgestellt wurde, § 1592 Nr. 2, 3 BGB. Entsprechend ist die Nichtehelichkeit eines während der Ehe geborenen Kindes nur beachtlich, wenn sie rechtskräftig festgestellt wird, § 1599 Abs. 1 BGB.[2] Hängt in einem **anderen Rechtsstreit** die Entscheidung von einem nach § 640 Abs. 2 Nr. 1 bis 3 festzustellenden Status ab, so ist das Verfahren nach §§ 153, 154 auszusetzen, wenn der Kindschaftsprozess vorgreiflich ist.[3] Unter dem **Begriff der Kindschaftssachen** werden neben den Status- und Kindschaftssachen auch das Verfahren auf Feststellung der Vaterschaft und Anfechtung der Vaterschaft zusammengefasst. Neu eingeführt wurde das Verfahren zur Ersetzung der Einwilligung in eine **genetische Abstammungsuntersuchung** und die Anordnung der **Duldung einer Probeentnahme** nach § 1598 a Abs. 1 BGB (s. Rn. 5 a; auf der Grundlage des RegE vom 8. 11. 2006 kommentiert; BT-Drucks. 16/3291). Die Verfahrensbestimmungen enthalten in den §§ 641 c–641 i Vorschriften zu einstweiligen Anordnungen und zur Restitutionsklage. Sämtliche Bestimmungen sind geprägt durch den **Untersuchungsgrundsatz,** da ein öffentliches Interesse an einer objektiven Feststellung der einzelnen Rechtsverhältnisse besteht. Sie sind deshalb weitgehend den Vorschriften des Verfahrens in Ehesachen unterstellt. **Zuständig** für die Verfahren in Kindschaftssachen ist im ersten Rechtszug das FamG, §§ 23 a Nr. 1, 23 b Abs. 1 S. 2 Nr. 12 GVG, im zweiten Rechtszug das OLG, § 119 Abs. 1 Nr. 1 lit. a GVG. Die mündliche Verhandlung ist in Kindschaftssachen – wie in Ehesachen – nicht öffentlich, § 170 GVG. Nicht zu den Kindschaftssachen gehören die Verfahren auf Unterhalt, §§ 645 ff.

2 Daneben ist es jedoch möglich, dass die Nichtehelichkeit eines während der Ehe geborenen Kindes in einem **anderen Rechtsstreit** incidenter festgestellt wird, wenn sich die daraus ergebenden Rechtsfolgen nicht auf den Status des Kindes beziehen. Dies gilt für **Scheidungsverfahren,** in denen die nichteheliche Geburt eines während der Ehe geborenen Kindes die Voraussetzungen des § 1565 Abs. 2 BGB begründen

---

[1] Zur Klage auf Anerkennung eines ausländisches Kindschaftsurteils OLG Hamm FamRZ 1993, 438.

[2] Zur Ausnahme nach § 1599 Abs. 2 BGB s. Rn. 4; zur Rechtsausübungssperre nach § 1600 d Abs. 4 BGB beim Scheinvaterregress s. OLG Celle FamRZ 2007, 673.

[3] BGH NJW 1973, 51 = FamRZ 1973, 26.

kann, ferner in den Fällen einer unzumutbaren Härte nach § 1579 Nr. 6 BGB, wenn hierauf die **Herabsetzung, Befristung oder Versagung eines Unterhaltsanspruchs** nach §§ 1361 Abs. 1, 1569ff. BGB gestützt wird.[4] Entsprechendes gilt für einen Schadenersatzprozess gegen einen Rechtsanwalt, weil dieser die Anfechtungsfrist des § 1600b BGB versäumt hat.[5] Kein Fall einer Statusfeststellung ist auch die Klage eines nichtehelichen Kindes gegen seine Mutter auf **Auskunft über den Namen seines Vaters**[6] sowie die Klage auf Mitwirkung an einer Vaterschaftsbegutachtung aufgrund einer vertraglichen Vereinbarung, weil § 640 Abs. 1, 2 eine abschließende Definition der Verfahrensgegenstände beinhaltet.[7] Gleiches gilt für Verfahren auf **Herausgabe eines Kindes,** für die das FamG zuständig ist, § 1632 Abs. 1, 3 BGB. In diesen Fällen greifen deshalb die §§ 640ff. nicht ein.

2. Änderung durch das Kindschaftsreformgesetz. In Abs. 1 wird klargestellt, dass sich die Vorschriften 3
des Fünften Abschnitts nach §§ 640a bis 641i nicht auf diejenigen Abstammungsverfahren beziehen, die sich nach dem FGG richten (§ 1600e Abs. 2 BGB), aber dennoch Kindschaftssachen sind.[8] Dies bezieht sich auch auf § 1598a BGB. Auch der Mutter steht ein **eigenes Klagerecht** zur Anfechtung der Vaterschaft (also auch der Ehelichkeit) zu.

II. Die Gegenstände des § 640 Abs. 2

1. Feststellung des Bestehens oder Nichtbestehens eines Eltern-Kind-Verhältnisses, Abs. 2 Nr. 1 4
Halbs. 1. Die Klage nach Abs. 2 Nr. 1 ist eine **Feststellungsklage** über das Bestehen oder Nichtbestehen eines Eltern-Kind-Verhältnisses, zu der das rechtliche Interesse iSd. § 256 nicht besonders begründet zu werden braucht. In diesem Verfahren ist deshalb eine Partei immer das Kind und die andere Partei ein Elternteil (zur negativen Feststellungsklage s. § 640c Rn. 3; zum Verhältnis zur Feststellungsklage s. § 256 Rn. 26). Auch der **Mutter,** die bei einer von ihr erhobenen Klage auf Feststellung oder Anfechtung der Vaterschaft nicht Teil des „Eltern-Kind-Verhältnisses" ist, steht nach § 1600 BGB ein **eigenes Klagerecht** zur **Anfechtung der Vaterschaft** (also auch der Ehelichkeit) zu. Dagegen können Eltern nach Abs. 2 nie gegeneinander oder gegen einen Dritten ein Verfahren einleiten. Von Abs. 2 Nr. 1 wird die eheliche und nichteheliche Abstammung nach § 1592 Nr. 1–3 BGB, die Adoption nach § 1741 BGB[9] und die Wirksamkeit einer Vaterschaftsanerkennung nach § 1594 BGB erfasst (s. a. § 1600d BGB). Nach dem **Tod des Mannes** wird die Vaterschaft auf Antrag der Mutter oder des Kindes im Verfahren der freiwilligen Gerichtsbarkeit festgestellt, § 1600e Abs. 2 BGB, § 55b FGG. Zur Legitimation eines nichtehelichen Kindes wird auf Rn. 4 der 4. Auflage verwiesen. Gegenstand einer Klage zur **Feststellung der ehelichen Abstammung** kann der Fall der Verwechslung oder Unterschiebung eines Kindes sein,[10] ferner bei der Geburt eines Kindes nach rechtskräftiger Scheidung, bei Unklarheit, ob die Eltern verheiratet sind, sowie bei einem Streit, ob der sich als Kind Ausgebender von den angegebenen Eltern abstammt. Im Falle einer vor dem 30. 6. 1998 erfolgten **Legitimation durch nachfolgende Heirat der Mutter** ist ein (notwendiges) Anerkenntnis des Ehemannes nicht mit einer Ehelichkeitsanfechtungsklage (Abs. 2 Nr. 2), sondern nur mit der Klage auf Anfechtung der Vaterschaft[11] anzugreifen; die Unterscheidung in Ehelichkeitsanfechtungsklage entfällt, §§ 1599–1600c BGB. Auch die Behauptung eines nichteheliches Kindes oder dessen gesetzlichen Vertreters zu dessen Vaterschaft ermöglicht durch den als Vater bezeichneten Mann die Klage auf Feststellung, dass die benannte Person nicht der Vater des Kindes ist. Nicht zulässig ist dagegen die Klage einer Frau, die eine **Ei- oder Embryonenspende** gemacht hat, das Kind aber von einer anderen Frau ausgetragen wurde. § 1591 BGB bestimmt als Mutter die Frau, die das Kind geboren hat; hieraus folgt, dass eine solche Spende nicht zulässig ist, aber im Fall ihrer Vornahme zivilrechtlich die Mutterschaft durch die Geburt des Kindes bestimmt wird. Die Spenderin hat deshalb auch keine Möglichkeit, gegen das Kind auf Feststellung seines genetischen Ursprungs zu klagen. Damit ist § 640 Abs. 2 Nr. 1 nicht heranzuziehen. Auch für eine Feststellungsklage nach § 256 fehlt es an einem Rechtsschutzbedürfnis, da kein festzustellendes Rechtsverhältnis zu ihrem genetischen Kind besteht. Anfechtungsberechtigt sind die in § 1600 BGB genannten Personen.

2. Feststellung der Wirksamkeit oder Unwirksamkeit einer Anerkennung der (nichtehelichen) Vater- 5
schaft, Abs. 2 Nr. 1 Halbs. 2. Diese Feststellung betrifft die Fälle, in denen die Anerkennung der Vaterschaft **nie wirksam** war (hierin liegt der Unterschied zu Abs. 2 Nr. 2; s. Rn. 7), weil es an den Voraussetzungen der §§ 1594–1598 BGB gefehlt hat, so zB die fehlende Zustimmung der Mutter oder des Kindes nach § 1595 Abs. 1, 2 BGB, die Wirksamkeit einer Anerkennung bei bestehender Geschäftsunfähigkeit[12] (§ 1596 BGB) oder bei einem Formmangel nach § 1597 BGB. Andere Unwirksamkeitsgründe (§§ 117, 118, 134, 138 BGB unterliegen nach § 1598 BGB dieser Bestimmung nicht (gegebenenfalls aber nach Abs. 2 Nr. 2). Die Geltendmachung der Unwirksamkeit der Anerkennung ist nach Ablauf der **Frist von fünf Jahren** gemäß

[4] BGH FamRZ 1983, 670, 671; NJW 1985, 226 = FamRZ 1985, 267; NJW 1985, 428 = FamRZ 1985, 51.
[5] BGHZ 72, 299, 300f. = NJW 1979, 418 = FamRZ 1979, 112.
[6] OLG Saarbrücken NJW-RR 1991, 643 = FamRZ 1990, 1371; OLG Düsseldorf DAVorm. 1991, 944; OLG Hamm FamRZ 2000, 38; aA *Hilger* FamRZ 1988, 765.
[7] BGH FamRZ 2007, 124; FamRZ 2007, 359; FamRZ 2007, 368; FamRZ 2007, 371.
[8] Zur Reform s. a. *Wieser* FamRZ 1998, 1004.
[9] Ein rechtlicher Mangel an der Annahme als Kind wird idR nach § 1752 BGB, § 56e FGG geheilt; zum Rechtszustand bei Adoptionen vor 1. 1. 1970 s. *Engler* FamRZ 1970, 113.
[10] BGH NJW 1973, 51 = FamRZ 1973, 26.
[11] BGHZ 81, 353, 355f. = NJW 1982, 96 = FamRZ 1982, 48; OLG München FamRZ 1987, 307, 308; OLG Hamm FamRZ 1994, 123.
[12] BGH NJW 1985, 804 = FamRZ 1985, 271.

§ 1598 Abs. 2 BGB nicht mehr möglich.[13] Für diese Form der Feststellungsklage greift ebenfalls Abs. 2 Nr. 1 Halbs. 2 ein. Die in § 1600b BGB geregelte Anfechtungsfrist von zwei Jahren ist auch dann gewahrt, wenn die Klage fristgerecht eingereicht wird und sie danach **demnächst zugestellt** wird (§ 167). Entsprechendes gilt bei einem vollständig eingereichten Prozesskostenhilfegesuch.[14]

5a **3. Klärung der Abstammung unabhängig vom Anfechtungsverfahren gemäß § 1598a BGB.** Durch das Gesetz zur Klärung der Abstammung unabhängig vom Anfechtungsverfahren[15] wurde das in § 1598a Abs. 2 BGB geregelte Verfahren in Abs. 1 und 2 eingefügt. Der Anspruch nach § 1598a Abs. 1 BGB wird den Kindschaftssachen zugeordnet und fällt damit in die Zuständigkeit des FamG. Zugleich bestimmt dieses Gesetz die Zuordnung dieser Verfahren zum FGG, was sich aus der Stelle der Einfügung vor § 1600e Abs. 2 BGB in Abs. 1 ergibt. Eingeleitet wird das Verfahren durch einen Antrag des Klärungsberechtigten im Sinne des § 1598a Abs. 1 BGB; es ist als reines (streitentscheidendes) Antragsverfahren des FGG ausgestaltet, also nicht von Amts wegen aufzunehmen. Nicht einbezogen ist der biologische Vater. Anwaltszwang besteht nicht (§ 78 Abs. 2). Der Anspruchsberechtigte hat nur darzulegen, dass ein Klärungspflichtiger vorgerichtlich in die Abstammungsuntersuchung nicht eingewilligt hat und /oder die Entnahme einer für die Untersuchung geeigneten Probe nicht duldet. Weiter Voraussetzungen sind nicht darzulegen.[16] Für das minderjährige Kind ist nach §§ 1693, 1909 Abs. 2 BGB ein Ergänzungspfleger zu bestellen, da das Interesse eines Elternteils mit dem Interesse eines Kindes kollidieren kann; entsprechend ist eine Vertretung nach § 1629a Abs. 2a BGB ausgeschlossen. Zu den weiteren Verfahrensfragen wird auf § 621a Rn 6 (zu § 56 FGG) verwiesen.

5b Das Anfechtungsverfahren nach Abs. 2 Nr. 2 und das Verfahren nach § 1598a Abs. 2 BGB bestehen grundsätzlich unabhängig nebeneinander. Sobald ein Verfahren nach § 1598a Abs. 2 BGB aber eingeleitet wird, führt dies nach § 1600b Abs. 5 BGB zur Hemmung der in § 1600b BGB enthaltenen Anfechtungsfrist.

6 **4. Anfechtung der Vaterschaft, Abs. 2 Nr. 2.** Die nach §§ 1592 Nr. 1, 1593 BGB auf ehelicher Geburt oder nach § 1592 Nr. 2 BGB auf der Vaterschaftsanerkennung beruhende Vaterschaft kann nur durch **gerichtliche Vaterschaftsanfechtung** beseitigt werden, §§ 1599–1600c, 1600e BGB.[17] Dies berücksichtigt § 640 Abs. 2 Nr. 2, der die Anfechtung der Ehelichkeit des Kindes und die Anfechtung der Anerkennung der Vaterschaft in einer Bestimmung regelt. Die Anfechtungsklage bezieht sich auf §§ 1592 Nr. 1 und 2, 1593 BGB. Sie ist in Bezug auf §§ 1592 Nr. 1, 2, 1593 BGB Gestaltungsklage, mit der die darin enthaltene Vaterschaftsvermutung widerlegt werden kann. Zur **Anfechtung berechtigt** ist nach § 1600 BGB der Mann, dessen Vaterschaft nach §§ 1592 Nr. 1, 2, 1593 BGB besteht, die Mutter[18] und das Kind. Mit der Änderung des § 1600 BGB ab 30. 4. 2004,[19] die der Forderung des BVerfG[20] nachgekommen ist, dem leiblichen Vater die Befugnis zur Vaterschaftsanfechtung zu erteilen, wenn zwischen dem rechtlichen Vater (zusammen mit der Mutter) und dem Kind keine sozial-familiäre Beziehung bestand, wurde der Kreis der anfechtungsbefugten Personen erweitert. Danach kann der Mann, der an Eides statt versichert, der Mutter des Kindes während der Empfängniszeit beigewohnt zu haben, die Vaterschaft eines anderen Mannes anfechten, wenn dieser bei Geburt des Kindes mit der Mutter verheiratet war oder die Vaterschaft anerkannt hatte; allerdings darf zwischen dem Kind und dem bisher als Vater geltenden Mann keine sozial-familiäre Beziehung bestehen oder bei dessen Tod bestanden haben. Zudem muss der Anfechtende der leibliche Vater des Kindes sein, § 1600 Abs. 2 BGB. Diese Klage ist zulässig, wenn der klagende Mann diese Voraussetzungen schlüssig vorträgt. Anfechtungsgegner sind das Kind und der Mann, der bei Geburt des Kindes mit der Mutter verheiratet war oder die Vaterschaft anerkannt hatte (§ 1600e Abs. 1 BGB). Die **Anfechtungsbefugnis** ist ausgeschlossen für den Mann und die Mutter des Kindes, das mit deren Einwilligung durch künstliche Befruchtung mittels Samenspende eines Dritten gezeugt worden ist, § 1600 Abs. 4 BGB. Das Anfechtungsrecht geht über die Minderjährigkeit des Kindes hinaus.[21] Das Kind hat ein einheitliches, uneingeschränktes Anfechtungsrecht, das an besondere Gründe nicht gebunden ist. Verfassungsrechtliche Gründe (Rücksicht auf die Ehe der Eltern, Familienfrieden) bestehen nicht.[22] Zu beachten ist hierbei § 1600b Abs. 5 BGB, der ein erneutes Aufleben des Anfechtungsrechts bei Unzumutbarkeit der Folgen der Vaterschaft vorsieht. Kein Anfechtungsrecht besteht für die **Eltern des verstorbenen Mannes;** die Regelung des § 1600 BGB sieht dies – anders als die bis 30. 6. 1998 geltende Regelung – nicht mehr vor. Der Klageantrag nach § 1599 Abs. 1 BGB ist auf die Feststellung gerichtet, dass der Ehemann der Mutter nicht Vater des Kindes ist;[23] entsprechendes gilt, wenn der die Vaterschaft anerkennende Mann diese anficht. Der Kreis der **Anfechtungsgegner** wird in § 1600e BGB bestimmt.

---

[13] BGH NJW 1985, 804 = FamRZ 1985, 271.

[14] BGH NJW 1981, 1550; zur Beweislast hinsichtlich des Fristbeginns s. Fn. 21.

[15] Die Kommentierung beruht auf dem RegE v. 8. 11. 2006; BT-Drucks. 16/3291. S. § 621a Rn. 1, 6 (§ 56 FGG).

[16] Zu den Einzelheiten s. *Borth* FPR 2007, 381 ff.

[17] Zur Übergangsregelung des Art. 224 § 1 EGBGB s. BGH FamRZ 1999, 778.

[18] Zum Anfechtungsrecht der Mutter bei einer im Ausland vorgenommenen heterologen Insemination s. OLG Celle FamRZ 2001, 700.

[19] Gesetz vom 23. 4. 2004, BGBl. I S. 598; s. a. *Wellenhofer/Klein* FamRZ 2003, 1889.

[20] NJW 2003, 2151 = FamRZ 2003, 816, 820; § 640h Rn. 9.

[21] S. BVerfGE 79, 256 = NJW 1989, 891 = FamRZ 1989, 255.

[22] BVerfGE 79, 256 = NJW 1989, 891 = FamRZ 1989, 255; BVerfGE 92, 158, 178 = FamRZ 1995, 789.

[23] Zur Beweislast hinsichtlich des Fristenbeginns nach § 1600b BGB (bis 30. 6. 1998 – § 1594 BGB aF) s. BGH NJW 1978, 1629 = FamRZ 1978, 494; NJW 1980, 1335 = FamRZ 1979, 1007, 1009.

Die **Anfechtung der Vaterschaft** auf Grund Anerkennung nach § 1592 Nr. 2 BGB erfolgt durch eine Feststellungsklage, die darauf gerichtet ist, dass die Anerkennung unwirksam und der Anerkennende nicht der Vater des Kindes ist (s. auch Rn. 5). Materiell-rechtlich ergibt sich diese Klageart aus § 1600c Abs. 2 BGB bei Vorliegen von Willensmängeln nach §§ 119 Abs. 1, 123 BGB. Sie ist aber auch in Fällen zulässig, in denen die Unrichtigkeit der Anerkennung der Vaterschaft geltend gemacht wird, weil das Kind nicht vom Anerkennenden abstammt. Kann die Abstammung im Prozess nicht geklärt werden, wird die Anfechtungsklage abgewiesen.[24] Wird dagegen nachgewiesen, dass die Anerkennung nach §§ 119, 123 BGB Willensmängel aufweist, entfällt die Vermutung der Vaterschaft. Nicht vorgesehen ist die Feststellung der genetischen Vaterschaft in Form einer Feststellungsklage, ohne die rechtliche Zuordnung zwischen dem Kind und dem (Schein-)Vater rechtlich bindend zu ändern.[25] Zu beachten ist die in § 1600c Abs. 1 BGB enthaltene **Beweislastregelung,** nach der vermutet wird, dass das Kind von dem Mann abstammt, der zur Zeit der Geburt mit der Mutter verheiratet war oder die Vaterschaft anerkannt hat. Bleibt die Abstammung ungeklärt, ist die Anfechtungsklage abzuweisen. 7

5. Feststellung des Bestehens oder Nichtbestehens der elterlichen Sorge, Abs. 2 Nr. 3. Diese faktisch kaum vorkommende Feststellungsklage greift bei einem Streit über die Gültigkeit einer Volljährigkeitserklärung nach § 2 BGB ein, wenn der Eintritt der Volljährigkeit wegen unbekannten Geburtsdatums unklar oder bei einem ausländischen Kind der Eintritt der Volljährigkeit strittig ist, nicht dagegen bei einem Streit zur elterlichen Sorge zwischen den Eltern, der nach dem KindRG nach §§ 1627ff. BGB sowie §§ 1671, 1672, 1696 BGB dem FamG zugewiesen ist. Für die Regelung des § 1666 BGB besteht ebenfalls die Zuständigkeit des FamG, so dass es keiner Feststellungsklage bedarf. 8

III. Verfahrensfragen

1. Anwendbare Vorschriften, Abs. 1. Entsprechend § 609 ist für Prozessbevollmächtigte eine **besondere Vollmacht** erforderlich; nach § 611 Abs. 2 scheidet eine **Fristsetzung** hinsichtlich der Klageerwiderung und der Replik sowie ein schriftliches Vorverfahren aus; ferner ist nach § 612 die Bestimmung eines möglichst frühen Termins nicht geboten, dennoch aber nicht untersagt. Der Erlass eines **Versäumnisurteils** gegen den Beklagten und Widerbeklagten ist nicht zulässig, dagegen bei Säumnis des Beklagten als Berufungskläger zur Zurückweisung des Rechtsmittels (s. i. Ü. § 631 Rn. 12).[26] Ferner ist der Erlass eines **Anerkenntnisurteils** unzulässig.[27] Nach § 613 kann das **persönliche Erscheinen** einer Partei angeordnet werden und deren Anhörung sowie Vernehmung erfolgen, die wegen des Amtsermittlungsgrundsatzes generell vorgenommen werden sollte.[28] Die Zurückweisung verspäterer Angriffs- und Verteidigungsmittel wegen grober Nachlässigkeit kann im Rahmen des § 615 erfolgen; die §§ 530, 531 sind im Berufungsverfahren nicht anwendbar. Ferner gilt der **Amtsermittlungsgrundsatz** des **§ 616 Abs. 1,** der allerdings durch § 640d wegen einer eingeschränkten Verwertung kindschaftsfeindlicher Tatsachen begrenzt wird. Nach § 617 ist entsprechend die Parteiherrschaft eingeschränkt, so dass die Bindung an ein Geständnis oder ein Anerkenntnis nicht gegeben ist; sie sind aber wirksam, wenn dennoch ein Anerkenntnisurteil ergangen ist (§ 640h Rn. 1). Ferner wird nach § 618 das Hinausschieben der Verkündung des Urteils auf Antrag einer Partei untersagt; i. Ü. gilt auch in Kindschaftssachen die Regelung des § 619, so dass sich der Prozess bei Tod einer Partei vor Rechtskraft des Urteils erledigt.[29] Hinsichtlich der Regelung der Säumnis des Klägers gilt das zu § 612 Gesagte. 9

2. Untersuchungsgrundsatz. Da die Ermittlungen von Amts wegen durchzuführen sind, ist deren Umfang nicht vom Vorbringen der Parteien abhängig, sondern orientiert sich allein an einer vollständigen Sachaufklärung zur Ermittlung des wahren Sachverhalts. Demgemäß sind die Ermittlungen unabhängig von einem schlüssigen Vorbringen des Klägers vorzunehmen.[30] Der Untersuchungsgrundsatz verlangt, dass alle Beweismittel heranzuziehen sind, die zu einer Sachaufklärung führen und erreichbar sind.[31] Neben der Vernehmung von Zeugen ist in Kindschaftssachen idR ein **Abstammungsgutachten** einzuholen, da diesem eine höhere Objektivität als Zeugenangaben zukommt.[32] Die Verwendung eines (heimlich) **ohne Zustimmung beider Elternteile eingeholten Gutachtens** ist nicht zulässig. Aus dem verfassungsrechtlich geschützten allgemeinen Persönlichkeitsrecht ergibt sich bei dessen Verletzung ein Verwertungsverbot; wird dennoch ein gerichtliches Gutachten eingeholt, ist dies zu verwerten, wenn im Zwischenverfahren nach § 387 nicht verhindert wird.[33] Ein solches Gutachten kann auch nicht bei einer nachträglichen Zustimmung durch denjenigen Elternteil, dessen Recht verletzt wurde, verwendet werden, weil das Verwertungsverbot absolut gilt. Zur Eingrenzung des Umfangs einer biostatischen Begutachtung in Form eines **Blutgruppengutachtens** ist jedoch im Einzelfall zu klären, mit welchen Männern die Mutter während der Empfängniszeit geschlechtlich verkehrt hat, weil hierdurch auch die im Wege eine Ausschlusswahrscheinlichkeit zu bestimmende Va- 10

[24] OLG Hamm FamRZ 1993, 472f.
[25] S. hierzu *Büttner,* FamRZ 1998, 585.
[26] BGHZ 46, 304; s. a. OLG Bamberg NJW-RR 1994, 459.
[27] BGH FamRZ 2005, 514.
[28] S. a. OLG Köln FamRZ 1990, 761.
[29] Nach § 640g ist die Aufnahme des Verfahrens durch die Eltern des Mannes möglich; s. a. *Heukamp* FamRZ 2007, 606, 609.
[30] OLG Karlsruhe DAVorm. 1989, 416.
[31] BGH NJW-RR 1989, 1223 = FamRZ 1989, 1067, 1069; NJW 1994, 1448 = FamRZ 1994, 506.
[32] BGH FamRZ 1986, 665 m. weit. Nachw.; NJW 1993, 1391, 1392 = FamRZ 1993, 691, 693.
[33] § 284 Rn. 6; BVerfG NJW 2007, 753 = FamRZ 2007, 441; s. a. BGH FamRZ 2007, 1315; BGH NJW 2005, 497 = FamRZ 2005, 340; FamRZ 2005, 342; NJW 2006, 1657.

terschaft noch näher eingegrenzt werden kann. Bei welchem Grad der Ausschlusswahrscheinlichkeit bei Einholung eines Blutgruppengutachtens von dem Feststehen der Vaterschaft ausgegangen werden kann, lässt sich nicht generell entscheiden. Regelmäßig reicht hierfür eine Vaterschaftswahrscheinlichkeit von über 99% aus.[34] Bei nachgewiesener Prostitution der Mutter reicht nach BGH[35] zur Bestimmung der Vaterschaft nicht einmal eine Wahrscheinlichkeit von 99, 99% aus. Dennoch können **andere Beweismittel,** also auch der Zeugenbeweis, im Falle eines behaupteten Mehrverkehrs wegen dem (nur) auf einer biostatistischen Wahrscheinlichkeitsberechnung beruhenden Nachweis der Vaterschaft nicht generell als ungeeignet abgelehnt werden.[36] In jedem Fall sind alle Umstände von Amts wegen aufzuklären, die gegen eine Vaterschaft sprechen, auch wenn eine extrem hohe biostatische Wahrscheinlichkeit für eine Vaterschaft nachgewiesen ist.[37] In rechtstatsächlicher Hinsicht wird diese Problematik durch die **DNA-Abstammungsgutachten** unbedeutend, weil mit dieser Methode ein wesentlich sicherer Nachweis der (Nicht-)Vaterschaft erreicht werden kann.[38] **Beweisanträgen** ist auch im Rahmen des Amtsermittlungsgrundsatzes nachzugehen.[39] Ein **förmlicher Beweisantrag** darf in Kindschaftssachen entsprechend **§ 244 StPO** grds. nur unter den Voraussetzungen zurückgewiesen werden, unter denen ein solcher Antrag auch sonst abgelehnt werden kann, also wenn das Gericht die unter Beweis gestellte Tatsache als wahr unterstellt, das angebotene Beweismittel nicht erreichbar oder völlig ungeeignet ist, den Beweis für die behauptete Tatsache zu erbringen.[40] Ein erlassener Beweisbeschluss über die Anordnung eines DNA – Gutachtens unterliegt nicht der sofortigen Beschwerde, da es sich bei diesem um keine Endentscheidung im Sinne des § 621e Abs. 1 handelt.[41] Trotz des Untersuchungsgrundsatzes obliegt es dem Kläger einer Vaterschaftsanfechtung, die näheren Umstände darzulegen, die seine Zweifel an der Vaterschaft begründen[42], weil es allein in der Hand des Klägers liegt, welche Umstände in den Prozess eingeführt werden. Der Untersuchungsgrundsatz führt deshalb nicht dazu, dass an die **Schlüssigkeit** einer Klage auf Anfechtung der Vaterschaft geringere Anforderungen zu stellen sind (zur Einschränkung s. § 640d).

11 **3. Einzelfragen.** Für Kindschaftssachen besteht die **sachliche Zuständigkeit** des Amtsgerichts, § 23a Nr. 1 GVG; funktionell zuständig sind die FamG, § 23b Abs. 1 S. 2 Nr. 12 GVG. **Anwaltszwang** besteht nicht (§ 78). Die **örtliche Zuständigkeit** ergibt sich aus den §§ 12 bis 16, 640a. Nach § 640a Abs. 1 ist ausschließlich das Gericht zuständig, in dessen Bezirk das Kind seinen Wohnsitz hat. Eine Gerichtsstandvereinbarung ist nicht möglich, § 40 Abs. 2. Ferner ist die Vaterschaftsanfechtung nach § 1599 Abs. 1 BGB nach dem Tod des Vaters oder des Kindes nach § 56c FGG als Familiensache nach den Bestimmungen des FGG zu führen. Im Verfahren zur Feststellung der Vaterschaft kann die Mutter Zeugin sein, wenn das Kind durch einen Pfleger vertreten wird; sie kann auch als Partei vernommen werden, falls sie uneingeschränkt die elterliche Sorge innehat. Zuständiges Rechtsmittelgericht ist das OLG. Die Revision findet nur statt, wenn sie vom OLG oder vom BGH auf Nichtzulassungsbeschwerde zugelassen wurde, § 543 Abs. 1.[43]

IV. Gebühren und Kosten

12 **1. Rechtsanwaltsgebühren** fallen gemäß Nrn. 3100ff. VV RVG an.

13 **2. Gerichtskosten.** Für die erstinstanzliche Kostenentscheidung ist § 93c zu beachten. Für die Gerichtsgebühren sind Nr. 1210f. einschlägig.

640a

Zuständigkeit **(1) [1]Ausschließlich zuständig ist das Gericht, in dessen Bezirk das Kind seinen Wohnsitz oder bei Fehlen eines inländischen Wohnsitzes seinen gewöhnlichen Aufenthalt hat. [2]Erhebt die Mutter die Klage, so ist auch das Gericht zuständig, in dessen Bezirk die Mutter ihren Wohnsitz oder bei Fehlen eines inländischen Wohnsitzes ihren gewöhnlichen Aufenthalt hat. [3]Haben das Kind und die Mutter im Inland keinen Wohnsitz oder gewöhnlichen Aufenthalt, so ist der Wohnsitz oder bei Fehlen eines inländischen Wohnsitzes der gewöhnliche Aufenthalt des Mannes maßgebend. [4]Ist eine Zuständigkeit eines Gerichts nach diesen Vorschriften nicht begründet, so ist das Familiengericht beim Amtsgericht Schöneberg in Berlin ausschließlich zuständig. [5]Die Vorschriften sind auf Verfahren nach § 1615o des Bürgerlichen Gesetzbuchs entsprechend anzuwenden.**

(2) [1]Die deutschen Gerichte sind zuständig, wenn eine der Parteien
1. Deutscher ist oder
2. ihren gewöhnlichen Aufenthalt im Inland hat.
[2]Diese Zuständigkeit ist nicht ausschließlich.

---

[34] OLG Hamburg DAVorm. 1986, 81.
[35] BGH FamRZ 1982, 691.
[36] BGH FamRZ 2006, 1745, 1746.
[37] BGH FamRZ 1987, 583f.
[38] S. a. Richtlinien der Bundesärztekammer zur Erstattung von Abstammungsgutachten FamRZ 2002, 1159ff.
[39] BGH NJW 1994, 1448 = FamRZ 1994, 506; FamRZ 2006, 1745; zum Auslagenvorschuss s. BGH NJW 1991, 2961, 2963 = FamRZ 1991, 426, 428.
[40] BGH FamRZ 1988, 1037; s. a. FamRZ 2006, 1745, 1746.
[41] BGH FamRZ 2007, 549 – möglich ist Zwischenurteil nach § 372a Abs. 2 S. 1 iVm. § 386f.; s. a. OLG Karlsruhe FamRZ 2007, 738- Weigerung zur Mitwirkung an der Begutachtung.
[42] BGH FamRZ 1998, 955 m. weit. Nachw.
[43] BGH FamRZ 1998, 1023.

I. Normzweck

§ 640a regelt in Abs. 1 die örtliche und in Abs. 2 die internationale Zuständigkeit in Kindschaftssachen für eheliche und nichteheliche Kinder.[1] **Sachlich zuständig** ist für alle Kindschaftssachen das Amtsgericht § 23a Nr. 1 GVG,[2] für die Rechtsmittel ist das OLG zuständig, § 119 Abs. 1 Nr. 1 lit. a GVG. Nach dem Tode des Kindes oder des Vaters ist nach § 1600e Abs. 2 BGB ein Antrag zum FamG zu stellen, § 55b FGG. 1

II. Örtliche Zuständigkeit, Abs. 1

Unabhängig von der Parteirolle des Kindes ist das Amtsgericht **örtlich zuständig,** in dessen Bezirk das Kind seinen Wohnsitz oder gewöhnlichen Aufenthalt hat (zum Begriff grundsätzlich § 606 Rn. 17ff.). Die Anknüpfung der örtlichen Zuständigkeit gilt sowohl für eheliche wie Kinder nicht verheirateter Eltern. Der in § 640a Abs. 1 geregelte einheitliche Gerichtsstand zur örtlichen Zuständigkeit bewirkt, dass für alle Vaterschaftsklagen eines Kindes dessen Wohnsitzgericht zuständig ist, selbst wenn mehrere Männer als Vater in Betracht kommen und diese nacheinander verklagt werden (zur Zuständigkeit der Verfahren des § 1600e Abs. 2 BGB, die sich nach dem FGG richten s. § 621 Rn. 18). Die Anknüpfung der Zuständigkeit an den Wohnsitz bei ehelichen Kindern bewirkt, dass die (erfolgreiche) Vaterschaftsanfechtung und das darauf folgende (notwendig gewordene) Verfahren auf Feststellung der Vaterschaft bei demselben Amtsgericht geführt werden. S. 1 beruht auf dem materiellen Recht (§ 1600 BGB), nach dem auch der **Mutter ein eigenes Anfechtungs- und Feststellungsrecht** an der Abstammung zusteht. Nach **Satz 2** kann die Mutter die Klage auch bei dem Gericht erheben, in dessen Bezirk sie ihren Wohnsitz oder bei Fehlen eines inländischen Wohnsitzes ihren gewöhnlichen Aufenthalt hat. Im Falle der Klage der Mutter wird damit die ausschließliche Zuständigkeit nach Abs. 1 S. 1 aufgelöst; deshalb kann die Mutter den Vater auch an ihrem Wohnsitz- oder Aufenthaltsgericht verklagen. 2

Entfällt ein Wohnsitz oder gewöhnlicher Aufenthalt des Kindes und der Mutter im Inland, so ist nach **Satz 3** das Gericht zuständig, in dessen Bezirk der Wohnsitz oder Aufenthalt des **Mannes** besteht. Damit ist das Amtsgericht Schöneberg nach S. 4 nur dann zuständig, wenn keine der Parteien einen Wohnsitz oder gewöhnlichen Aufenthalt im Inland hat. Im Übrigen bleibt in dieser Regelung die Anknüpfung an den Wohnsitz oder den gewöhnlichen Aufenthalt (des Mannes) erhalten (zum Begriff s. § 606 Rn. 17ff.). 3

III. Internationale Zuständigkeit

Abs. 2 regelt die internationale Zuständigkeit für alle Kindschaftssachen; die EheVO II (Art. 1 Abs. 3 lit. a), das MSA und das EuGVVO (Art. 1 Abs. 2 Nr. 1) greifen nicht ein.[3] In seiner Struktur entspricht diese Bestimmung im Wesentlichen der Regelung des § 606a; sie knüpft an die Staatsangehörigkeit sowie den gewöhnlichen Aufenthalt an. Besitzt eine der Parteien die **deutsche Staatsangehörigkeit,** so besteht unabhängig vom Wohnsitz des Beklagten die internationale Zuständigkeit für deutsche Gerichte. Im Falle einer mehrfachen Staatsangehörigkeit einer Partei ist es unerheblich, ob die deutsche Staatsangehörigkeit die effektive ist (s. § 606a Rn. 10; zum maßgebenden Zeitpunkt s. § 606a Rn. 8). Ferner kann auf den gewöhnlichen Aufenthalt einer Partei in Deutschland zurückgegriffen werden, wenn Abs. 2 S. 1 Nr. 1 nicht eingreift (zum Begriff des gewöhnlichen Aufenthalts s. § 606a Rn. 11ff.). Damit besteht in Kindschaftssachen die internationale Zuständigkeit auch dann, wenn der Beklagte in Deutschland keinen gewöhnlichen Aufenthalt besitzt, sich aber der Kläger in Deutschland aufhält. Bei reinen Ausländerprozessen ist die internationale Zuständigkeit der deutschen Gerichte gegeben[4], wobei es auf eine **Anerkennung des deutschen Urteils durch den Heimatstaat** der nichtdeutschen Partei oder das anzuwendende Recht nicht ankommt. Nach Abs. 2 S. 2 ist die deutsche internationale Zuständigkeit nicht ausschließlich, so dass unabhängig hiervon eine ausländische Entscheidung anerkannt werden kann, § 328 Abs. 1 Nr. 1. Auch die internationale Zuständigkeit ist in jeder Lage des Verfahrens von Amts wegen zu prüfen, weil die §§ 513 Abs. 2, 545 Abs. 2 nicht eingreifen.[5] Das deutsche Verfahrensrecht (lex fori) gilt auch dann, wenn sich der Status des Kindes nach ausländischem Sachrecht richtet. Ob diese strikte Trennung vor allem im Bereich von Beweisfragen aufrecht erhalten werden kann, ist fraglich.[6] Die kann dann bedeutsam werden, wenn sich der beklagte Mann einer Blutprobe im Ausland entzieht, also die Voraussetzungen einer Beweisvereitelung vorliegen, die das ausländische Statut nicht vorsieht.[7] 4

IV. Einstweiliger Rechtsschutz

Nach Abs. 1 **Satz 5** ist das Gericht des Abstammungsverfahrens auch für die Verfahren auf **Erlass einer einstwVfg** nach § 1615o BGB zuständig. Hierdurch wurde eine einheitliche Zuständigkeit für eine einstwVfg nach § 1615o BGB und die einstwAnO nach § 641d festgelegt. IdR sind einstwAnO im Falle der Klärung der Abstammung des Kindes erforderlich. Im Übrigen greift die Zuständigkeitsregelung des 5

---

[1] Neu gefasst durch das IPRG seit 1. 9. 1986; s. a. BT-Drucks. 10/504 S. 90.

[2] Zur missbräuchlichen Klageerhebung vor dem Sozialgericht s. LSG Schleswig-Holstein FamRZ 2003, 46; s. a. BVerwG NJW 2001, 1513.

[3] Eingehend § 606a Rn. 33ff.

[4] S. BGH NJW 1980, 2646 = FamRZ 1981, 23.

[5] BGH FamRZ 1984, 466; NJW 1991, 2961 = FamRZ 1991, 426.

[6] S. hierzu zB AG Hamburg FamRZ 2003, 45.

[7] S. BGH NJW 1986, 2371 = FamRZ 1986, 663.

§ 640a nicht ein, wenn nach Anerkennung der Vaterschaft der Unterhalt für das Kind gerichtlich zu klären ist; in diesem Fall gelten die allgemeinen Zuständigkeitsregelungen.

640b *Prozessfähigkeit bei Anfechtungsklagen* **[1]In einem Rechtsstreit, der die Anfechtung der Vaterschaft zum Gegenstand hat, sind die Parteien prozessfähig, auch wenn sie in der Geschäftsfähigkeit beschränkt sind; dies gilt nicht für das minderjährige Kind. [2]Ist eine Partei geschäftsunfähig oder ist das Kind noch nicht volljährig, so wird der Rechtsstreit durch den gesetzlichen Vertreter geführt.**

I. Normzweck

1 Die Bestimmung stellt eine Abweichung von §§ 51ff. dar; sie bezieht sich nur auf die Anfechtung der Vaterschaft nach § 640 Abs. 2 Nr. 2, dagegen nicht auf Klagen zur Feststellung, dass die Anerkennung einer Vaterschaft unwirksam ist.

II. Regelungsinhalt

2 § 640b erklärt beschränkt Geschäftsfähige abweichend von § 52 für prozessfähig. Danach ist der **minderjährige Vater** prozessfähig, §§ 106, 1600a Abs. 1 BGB, dagegen nicht das minderjährige Kind, S. 1 Halbs. 2; diese Differenzierung folgt aus der höchstpersönlichen Natur der Anfechtung nach § 1600a Abs. 1 BGB, die nicht durch einen Bevollmächtigten erfolgen soll. Entmündigte Personen sind nach Art. 1 Nr. 3, Art. 11 BtG seit dem 1. 1. 1992 geschäftsfähig. Ein geschäftsfähiger Betreuter kann nach § 1600a Abs. 5 BGB deshalb nur selbst anfechten. Befindet er sich in einem die freie Willensbestimmung ausschließenden Zustand krankhafter Störung der Geisteskräfte, ist er geschäftsunfähig, so dass auch S. 1 nicht anzuwenden ist. Geschäftsunfähige und minderjährige Kinder werden gemäß S. 2 danach von ihrem gesetzlichen Vertreter vertreten, also dem Betreuer, den Eltern oder dem Vormund. Eine Genehmigung durch das Vormundschaftsgericht ist nicht mehr erforderlich. Nach §§ 1629 Abs. 2 S. 1, 1795 Abs. 1 Nr. 3 BGB kann die Mutter ihr Kind nicht vertreten, wenn der Vater das Kind verklagt und die Eltern verheiratet sind. Nach § 1909 BGB ist dem Kind ein Ergänzungspfleger zu bestellen.[1] Ist die Ehe der Eltern geschieden und ist sie alleinige Inhaberin der elterlichen Sorge, besteht diese Beschränkung nicht. Lehnt die Mutter unter Verletzung des Kindeswohls es ab, als gesetzliche Vertreterin des Kindes die eheliche Vaterschaft anzufechten, kann die Vertretung der Mutter entzogen werden (§§ 1629 Abs. 2 S. 3, 1796 Abs. 2 BGB) und die Bestellung eines Ergänzungspflegers auch im Falle der Scheidung notwendig sein.[2]

III. Rechtsanwaltsgebühren

3 Für die Herbeiführung einer Genehmigung des Vormundschaftsgerichts fallen Anwaltsgebühren gemäß Nr. 2300 VV RVG an, die auf die Verfahrensgebühr nicht anrechnungspflichtig sind, weil es sich nicht um „denselben Gegenstand" iSd. Vorbem. 3 Abs. 4 VV RVG handelt.[3]

640c *Klagenverbindung; Widerklage* **(1) [1]Mit einer der im § 640 bezeichneten Klagen kann eine Klage anderer Art nicht verbunden werden. [2]Eine Widerklage anderer Art kann nicht erhoben werden. [3]§ 653 Abs. 1 bleibt unberührt.**

(2) Während der Dauer der Rechtshängigkeit einer der in § 640 bezeichneten Klagen kann eine entsprechende Klage nicht anderweitig anhängig gemacht werden.

I. Normzweck

1 Wegen des besonderen Charakters der Kindschaftssachen, der insbesondere durch den Untersuchungsgrundsatz, den Regelungsgegenstand und die Beteiligung eines Kindes als Partei geprägt wird, dürfen die Verfahren des § 640 Abs. 2 nicht mit anderen Rechtsstreitigkeiten verbunden werden. Nicht ausgeschlossen ist dagegen die **Verbindung von Kindschaftssachen des § 640 Abs. 2 untereinander,** so etwa die Klage auf Feststellung des Bestehen eines Eltern-Kind-Verhältnisses nach § 640 Abs. 2 Nr. 1 mit der Anfechtung der Vaterschaft nach § 640 Abs. 2 Nr. 2, ferner eine Widerklage auf Anfechtung nach § 640 Abs. 2 Nr. 2 gegen die Feststellung des Eltern-Kind-Verhältnisses. Die Klage auf Mitwirkung an einer Vaterschaftsbegutachtung ist keine Kindschaftssache (s. § 640 Rn. 2); sie kann deshalb auch nicht mit einem Verfahren nach Abs. 2 verbunden werden.[1] **Ausgenommen** vom **Verbot der Klageverbindung** mit anderen Klagen ist die Verbindung einer Klage auf Feststellung des Bestehens der nichtehelichen Vaterschaft mit dem Antrag auf Leistung des Regelbetrages nach § 653 Abs. 1; Abs. 2 S. 3. Nach § 653 Abs. 1 ist es möglich, diese Kindschaftssache mit einer Klage auf Zahlung eines bezifferten Betrages zu verbinden.[2]

---

[1] Zum Rechtszustand bis 30. 6. 1998 s. BGH NJW 2002, 2109 = FamRZ 2002, 880, 882; s. a. § 621 Rn. 43.
[2] OLG Karlsruhe FamRZ 1991, 1337f.
[3] G/S/*Müller-Rabe* § 19 RVG Rn. 25.
[1] BGH FamRZ 2007, 124; s. a. FamRZ 2007, 359; FamRZ 2007, 368; FamRZ 2007, 371.
[2] OLG Hamm FamRZ 1993, 438f.; zu dem Sonderfall einer Klage auf Leistung von Unterhalt nach den Richtlinien des Obersten Gerichts der DDR s. OLG Hamm FamRZ 1994, 656.

II. Zulässige Klagehäufung

Eine **Klagehäufung** ist in **beschränktem Umfang** zulässig, so zB die Klage auf Anfechtung der Vaterschaft eines Kindes gegen den Ehemann der Mutter und zugleich Klage auf Feststellung der (nichtehelichen) Vaterschaft nach §§ 1592 Nr. 3, 1600d BGB gegen einen anderen Mann, ferner die Klage auf Feststellung der (nichtehelichen) Vaterschaft gegen mehrere Männer, auch wenn diese nur gegen einen Beklagten durchgreifen kann.[3] Möglich ist auch die Klage eines Kindes gegen beide Elternteile zur Feststellung des Bestehens eines Eltern-Kind-Verhältnisses. Auch Geschwister können gemeinsam ihre Ehelichkeit anfechten. Das in § 1598a Abs. 2 BGB geregelte Verfahren (s. § 640 Rn. 5a, b) soll nach seinem Regelungszweck unabhängig von einem Anfechtungsverfahren geführt werden. Ist ein Anfechtungsverfahren bereits eingeleitet, wird dem Antrag nach § 1598a Abs. 2 BGB regelmäßig das Rechtsschutzbedürfnis fehlen. 2

III. Widerklage

Der unter Rn. 1 genannte Grundsatz gilt auch hinsichtlich eine Widerklage, § 640c Abs. 1 S. 2. Sie ist danach jedoch möglich, wenn diese ebenfalls eine Klage nach § 640 Abs. 2 ist.[4] Zulässig ist danach auf eine Klage des Mannes auf Feststellung der Wirksamkeit oder Unwirksamkeit der Vaterschaftsanerkennung nach § 640 Abs. 2 Nr. 1 Halb. 2 die Widerklage des Kindes auf Feststellung eines Eltern-Kind-Verhältnisses.[5] Ferner wird es allgemein als zulässig angesehen, dass auf eine Klage zur Anfechtung der Vaterschaft des Ehemannes der Mutter (§ 1592 Nr. 1 BGB) eine (nach dem Streitgegenstand identische) Klage mit dem gleichen Antrag erhoben werden kann.[6] Die Rechtshängigkeit der Klage steht einer inhaltsgleichen Widerklage nicht entgegen, weil bei einer Verbindung beider Klagen die Gefahr widersprechender Entscheidungen (§ 263) nicht besteht. Gleiches gilt hinsichtlich des Verhältnisses einer (negativen) Vaterschaftsfeststellungsklage des Mannes und der (positiven) Widerklage des Kindes, wobei in diesem Fall gleichzeitig der Regelbetragsunterhalt nach § 653 Abs. 1 vom Kind geltend gemacht werden kann (s. § 653 Rn. 2; unabhängig hiervon besteht die Möglichkeit einer einstwAnO nach § 641d).[7] In diesen Fällen wird ein Rechtsschutzbedürfnis für die Widerklage damit begründet, der Kläger könne seine Klage zurücknehmen, außerdem könne das Kind die Anfechtung der Ehelichkeit auf andere Gründe stützen. Nach § 640a S. 1 fallen die Gerichtsstände dieser Klagen nicht auseinander; i. Ü. ist das Kind durch Abs. 2 geschützt (Rn. 5). 3

IV. Verbot weiterer Rechtshängigkeit

Die Regelung in Abs. 2 bewirkt, dass ein dasselbe Kind betreffendes Abstammungsverfahren (mit anderem Streitgegenstand) nicht anderweitig anhängig gemacht werden kann. Dies wäre grundsätzlich nach § 1600e Abs. 1 BGB (mit unterschiedlichen Gerichtsständen) möglich. Nach dem eindeutigen Wortlaut verdrängt die zuerst anhängig gemachte Klage die folgenden Klagen bei anderen Gerichten. Nicht ausgeschlossen ist durch diese Regelung, dass ein weiterer Klageberechtigter gemeinsam klagen, eine Widerklage erheben oder einer Partei in einem anhängigen Rechtsstreit beitreten kann. 4

V. Rechtsanwaltsgebühren

Zu den Anwaltsgebühren bei Prozessverbindung vgl. § 145 Rn. 35; zu den Anwaltsgebühren bei einer Widerklage vgl. § 33 Rn. 30. 5

640d *Einschränkung des Untersuchungsgrundsatzes; Anhörung des Jugendamtes* **(1) Ist die Vaterschaft angefochten, so kann das Gericht gegen den Widerspruch des Anfechtenden Tatsachen, die von den Parteien nicht vorgebracht sind, nur insoweit berücksichtigen, als sie geeignet sind, der Anfechtung entgegengesetzt zu werden.**

(2) Das Gericht kann das Jugendamt vor einer Entscheidung über eine Anfechtung nach § 1600 des Bürgerlichen Gesetzbuches anhören, wenn eine Partei minderjährig ist.

In den Fällen der Anfechtung der Vaterschaft nach §§ 1592 Nr. 1, 2, 1593 BGB kann nach § 640d der nach §§ 640 Abs. 2, 616 geltende strenge Untersuchungsgrundsatz – vergleichbar wie bei § 616 Abs. 2 – durchbrochen werden. Das öffentliche Interesse an der vollständigen Aufklärung eines Sachverhalts soll nicht den Status eines ehelichen Kindes oder einer Vaterschaftsanerkennung gefährden.[1] Hieraus folgt, dass Tatsachen, die von den Parteien nicht vorgebracht worden sind, gegen den Widerspruch des Anfechtenden nicht berücksichtigt werden, wenn sie das Klageziel unterstützen. Der Kläger kann in diesen Fällen die Berücksichtigung ihm günstiger Tatsachen ebenso bestimmen wie die Erhebung der Anfechtungsklage selbst, gleichgültig, ob sie von Amts wegen durch das Gericht eingeführt oder vom Gegner vorgetragen 1

---

[3] BT-Drucks. 5/3719 S. 378.
[4] OLG Brandenburg FamRZ 2004, 471, 472.
[5] OLG München DAVorm. 1989, 632.
[6] OLG Celle FamRZ 1991, 978; *Zö/Philippi* Rn. 5.
[7] OLG Köln NJW 1972, 1721; s. a. *St/J/Schlosser* Rn. 4 m. weit. Nachw.
[1] BGH FamRZ 1979, 1007, 1009; NJW 2003, 585 = FamRZ 2003, 155 – Einholung eines Sachverständigengutachtens ohne schlüssigen Vortrag.

werden. Dies gilt auch in Bezug auf die Wahrung der Anfechtungsfrist nach § 1600b BGB.[2] Diese Voraussetzungen bestehen nach BGH bereits dann, wenn die anfechtungsbegründenden Tatsachen dem Vorbringen des Klägers widersprechen. Umgekehrt sind jedoch ermittelte Tatsachen zu berücksichtigen, die der Anfechtung entgegenstehen. Im Verfahren nach § 1600e Abs. 2 BGB, §§ 55b, 56c Abs. 1 FGG ist § 640d entsprechend anzuwenden.

2 Der durch das Gesetz zur Klärung der Vaterschaft unabhängig vom Anfechtungsverfahren[3] eingefügte Abs. 2 bezieht sich auf die Prüfung des Kindeswohls durch das FamG nach § 1600 Abs. 5 BGB, wenn und solange die Folgen der Anfechtung eine erhebliche Beeinträchtigung des Wohls des minderjährigen Kindes begründen würden, was zu einem Ausschluss der Anfechtung führt. In diesem Fall ist das Jugendamt als Fachbehörde zur Ermittlung entscheidungserheblicher Umstände anzuhören.[4]

640e

Beiladung; Streitverkündung (1) [1]**Ist an dem Rechtsstreit ein Elternteil oder das Kind nicht als Partei beteiligt, so ist der Elternteil oder das Kind unter Mitteilung der Klage zum Termin zur mündlichen Verhandlung zu laden.** [2]**Der Elternteil oder das Kind kann der einen oder anderen Partei zu ihrer Unterstützung beitreten.**

(2) [1]**Ein Kind, das für den Fall des Unterliegens in einem von ihm geführten Rechtsstreit auf Feststellung der Vaterschaft einen Dritten als Vater in Anspruch nehmen zu können glaubt, kann ihm bis zur rechtskräftigen Entscheidung des Rechtsstreits gerichtlich den Streit verkünden.** [2]**Die Vorschrift gilt entsprechend für eine Klage der Mutter.**

I. Normzweck

1 Die Bestimmung des § 640e stellt eine Ausprägung des **Grundsatzes des rechtlichen Gehörs** (Art. 103 Abs. 1 GG) dar, das in einem Verfahren nach § 640 Abs. 2 dem **nicht beteiligten Elternteil** zu gewähren ist, da dessen Interessen durch die zu treffende Entscheidung betroffen sein können.[1] Dies gilt nach S. 1 auch hinsichtlich des Kindes bei einer Anfechtung der Vaterschaftsanerkennung durch die Mutter, § 640 Abs. 2 Nr. 2. Ferner wird einem Elternteil bzw. dem Kind die Möglichkeit zum **Verfahrensbeitritt** im Hinblick auf die gestaltende Wirkung des Statutsurteils eingeräumt. § 640e sieht sowohl die **Beiladung** als auch die **Streitverkündung** in Verfahren ehelicher und Kinder nicht verheirateter Eltern einheitlich vor. Wegen der Wirkungen der **Beiladung** wird im Übrigen auf die Ausführungen zu Rn. 2ff. verwiesen. Die in Abs. 2 S. 1 **geregelte Streitverkündung** ermöglicht es einem Kind, im Falle eines drohenden Unterliegens mit seiner Feststellungsklage einem anderen Mann, der als Vater in Betracht kommt, den Streit zu verkünden. Dagegen scheidet eine Beiladung aus, da dieser nicht als Elternteil iSd § 640e Abs. 1 anzusehen ist. Nach S. 2 kann auch die Mutter in einem von ihr geführten Prozess einem als Vater in Betracht kommenden Mann den Streit verkünden.

II. Umfang der Beiladung

2 Hinsichtlich der **Mutter** hat eine Beiladung im Verfahren zur Anfechtung der Vaterschaft nach §§ 1592 Nr. 1, 2, 1593 BGB sowie im Verfahren zur Feststellung der Vaterschaft nach § 1600d Abs. 1 BGB zu erfolgen; dies ist aber nicht erforderlich, wenn die Mutter als gesetzliche Vertreterin des Kindes am Verfahren beteiligt ist, da sie auf den Ausgang des Verfahrens in dieser Funktion Einfluss ausüben kann. Das **Kind** ist bei einer Anfechtung der Vaterschaftsanerkennung durch die Mutter nach § 1600 BGB beizuladen. Hierbei ist dem **minderjährigen Kind ein Pfleger** zu bestellen, da die Eltern von der gesetzlichen Vertretung ausgeschlossen sind[2], §§ 1629 Abs. 2 S. 1, 1795 Abs. 2, 181 BGB. In Betracht kommt auch die **Beiladung Dritter.** Strittig ist, ob der als biologischer Vater in Betracht kommende Mann im Anfechtungsverfahren des als Vater geltenden Mannes, der Mutter oder des Kindes wegen des Anspruchs auf rechtliches Gehör nach § 640e zwingend am Verfahren zu beteiligen ist.[3] Der BGH[4] lehnt eine Beiladung ab, weil das Gestaltungsurteil die Eltern unmittelbar betrifft, über die Eltern – Kind – Beziehung entschieden wird und in dem Anfechtungsprozess des Kindes, der Mutter und dem rechtlichen Vater zwischen dem biologischen Vater und dem Kind noch keine rechtliche Eltern-Kind-Beziehung nach §§ 1592, 1593 BGB besteht, so dass dessen Beiladung nicht zwingend ist. Dem steht nach BGH auch nicht die Rechtskraftwirkung nach § 640h entgegen, da der potenzielle biologische Vater im Feststellungsverfahren seine biologische Vaterschaft bestreiten kann. Eine Ausnahme lässt der BGH zu, wenn ein Dritter die Anfechtungsklage erhoben hat, weil in diesem die Vaterschaft des Anfechtenden positiv festgestellt werden kann, so dass hierdurch das Elternrecht eines dritten Mannes betroffen sein kann; was die Beiordnung erfordert. Jedoch lässt der BGH im Anfechtungsprozess

---

[2] BGH NJW 1990, 2813 = FamRZ 1990, 507f. m. weit. Nachw. zu § 1594 BGB aF; BGH JZ 1999, 41 = FamRZ 1998, 955.

[3] Eing. § 621a Rn. 1, 6 (§ 56 FGG); § 640 Rn. 5a, b.

[4] Zu den Grundlagen des Untersuchungsgrundsatzes s. § 640 Rn. 9ff.

[1] BVerfGE 21, 132, 137 = NJW 1967, 492; BGHZ 76, 299, 302 = NJW 1980, 1693 = FamRZ 1980, 559f.; s. a. MK/*Coester-Waltjen* Rn. 1.

[2] S. § 640b Rn. 2; BGH NJW 2002, 2109 = FamRZ 2002, 880, 882; ferner MK/*Coester-Waltjen* § 640e Rn. 6; s. a. LG Gießen FamRZ 1996, 1296.

[3] So St/J/*Schlosser* (21. Aufl) hins. des bis 30. 6. 1998 geltenden Rechts Rn. 7; *Zöller/Philippi* Rn. 2; Vorauflage Rn. 2; aA *Wieser* FamRZ 1998, 1004, 1006.

[4] BGH NJW 2007, 3063 = FamRZ 2007, 1731, 1732f.

des Kindes, der Mutter und des rechtlichen Vaters den Beitritt als **unselbständiger Nebenintervenient** gemäß § 66 zu.[5] Im postmortalen Vaterschaftsanfechtungsverfahren ist es dem als Erzeuger des Kindes in Betracht kommenden Mannes verwehrt, sich als Nebenintervenient mit dem Ziel der Abweisung des Antrages zu beteiligen und gegen das stattgebende Entscheidung Beschwerde einzulegen.[6]

III. Verfahrensfragen

1. Beiladung von Amts wegen. Soweit eine Beiladung zu erfolgen hat, erfolgt diese von Amts wegen durch das Gericht. Dem Beigeladenen ist die Klage zuzustellen, ferner ist er zum Termin zur mündlichen Verhandlung zu laden. Im Hinblick auf die Rechtswirkungen eines Statusurteils ist über den Zweck der Beiladung und die Wirkungen eines Urteils zu belehren. Unterblieb dies, ist beides nachzuholen. Eine Pflicht zum Beitritt zur Unterstützung einer Partei besteht nicht; i. Ü. ist ein Beitritt ohne Ladung zulässig. Erfolgt kein Beitritt, besteht die Gefahr, dass im Verfahren nicht alle maßgebenden Ermittlungen getroffen werden und die Interessen des nicht Beigetretenen unberücksichtigt bleiben. 3

2. Unterbliebene Beiladung. Auch wenn die Beiladung unterblieb, so hat das Gericht das Urteil dem Beizuladenden zuzustellen. Dieser kann innerhalb der Berufungsfrist dem Verfahren als streitgenössischer Nebenintervenient beitreten und das Urteil mit der Berufung angreifen. Dies gilt auch, wenn die von ihm unterstützte Partei das Urteil nicht angefochten hat.[7] Möglich ist es auch, die Beiladung im zweiten Rechtszug nachzuholen. Da die Unterlassung der Beiladung (auch der Zustellung der Klage) einen schweren Verfahrensmangel bedeutet, kann nach § 538 Abs. 2 S. 1 Nr. 1 auch die Aufhebung und Rückverweisung des Urteils erfolgen; im Revisionsverfahren ist dies in jedem Fall erforderlich.[8] 4

3. Folgen der unterbliebenen Beiladung. Wird das Urteil rechtskräftig, ohne dass der Beizuladende Kenntnis vom Verfahren durch Ladung und Zustellung der Klage bzw. des Urteils Kenntnis erlangt hat, wird man innerhalb der Jahresfrist des § 234 Abs. 3 Wiedereinsetzung in den vorigen Stand gewähren.[9] Im Hinblick auf die Rechtskraftwirkung nach § 640h S. 1 kommt danach eine Verfassungsbeschwerde wegen Verletzung des rechtlichen Gehörs (Art. 103 Abs. 1 GG) in Betracht.[10] Die Nichtigkeitsklage nach § 579 Abs. 2 Nr. 4 wird dagegen überwiegend nicht als zulässig angesehen.[11] 5

4. Verfahrensstellung des Beigeladenen. Durch den Beitritt wird der Beigeladene streitgenössischer Nebenintervenient.[12] Eine Vernehmung ist nur als Partei, dagegen nicht als Zeuge möglich.[13] Entsprechend kann auch das persönliche Erscheinen angeordnet werden. Eine Entscheidung ist dem Beigeladenen selbst zuzustellen und setzt die eigene Rechtsmittelfrist in Gang.[14] Ein Rechtsmittel ist für den Beigeladenen auch dann zulässig, wenn das Urteil eine Beschwer für die unterstützte Partei beinhaltet.[15] **Nicht beizuladende Dritte** können als Nebenintervenient nach § 66 beitreten, wenn sie ein rechtliches Interesse nachweisen.[16] Das Urteil muss dem Nebenintervenienten nicht zugestellt werden. Will er ein Rechtsmittel einlegen, richtet sich die Frist nach derjenigen der unterstützten Partei.[17] Widerspricht diese dem eingelegten Rechtsmittel (§ 67), ist es zu verwerfen.[18] 6

IV. Rechtsanwaltsgebühren

Die **Streitverkündung** ist durch die Verfahrensgebühren abgegolten (Nr. 3100 VV RVG). Der **Anwalt des Beigetretenen** erhält die Gebühren gemäß Nrn. 3100ff. VV RVG. 7

640f

Aussetzung des Verfahrens **[1]Kann ein Gutachten, dessen Einholung beschlossen ist, wegen des Alters des Kindes noch nicht erstattet werden, so hat das Gericht, wenn die Beweisaufnahme im Übrigen abgeschlossen ist, das Verfahren von Amts wegen auszusetzen. [2]Die Aufnahme des ausgesetzten Verfahrens findet statt, sobald das Gutachten erstattet werden kann.**

Diese Bestimmung ist in allen Kindschaftssachen nach § 640 Abs. 2 anzuwenden. Sie kommt in Betracht, wenn andere Beweismittel ausgeschöpft sind, eine Begutachtung erforderlich ist und diese wegen des Alters des Kindes noch nicht erstellt werden kann. Dies war insbesondere bei heute nicht mehr üblichen erbbiologischen Gutachten erforderlich, die nicht vor einem Alter von drei Jahren sinnvoll waren; eine serologische Begutachtung ist erst ab einem Alter von acht Monaten aussagekräftig. Ansonsten ist diese Be- 1

---

[5] BGH NJW 2007, 3063 = FamRZ 2007, 1731, 1734; s. a. NJW 1985, 386 = FamRZ 1985, 61.
[6] BGH NJW 2007, 3065 = FamRZ 2007, 1729.
[7] BGHZ 89, 121 = NJW 1984, 353 = FamRZ 1984, 164.
[8] BGH NJW 2002, 2109 = FamRZ 2002, 880, 882; NJW 2003, 585 = FamRZ 2003, 155.
[9] *Waldner* JR 1984, 158.
[10] BVerfGE 21, 132, 137 = NJW 1967, 492.
[11] MK/*Coester-Waltjen* Rn. 10; *Henckel* ZZP 77, 370; aA OLG Hamm FamRZ 2000, 1028; *Zö/Philippi* Rn. 4.
[12] BGHZ 89, 121 = NJW 1984, 353 = FamRZ 1984, 164; *Wieser* FamRZ 1998, 1005; zu den Besonderheiten bei ausländischem Kindschaftsstatut s. MK/*Coester-Waltjen* Rn. 16.
[13] OLG Hamm FamRZ 1978, 204 (nichteheliche Mutter im Vaterschaftsprozess).
[14] BGHZ 89, 121 = NJW 1984, 353 = FamRZ 1984, 164.
[15] BGHZ 76, 299, 302 = NJW 1980, 1693 = FamRZ 1980, 559f.
[16] S. BGH FamRZ 2007, 1731, 1734.
[17] BGH NJW 1986, 257.
[18] BGH NJW 1985, 386 = FamRZ 1985, 61.

stimmung entsprechend bei sonstigen Hinderungsgründen, die zu einer vorübergehenden Begutachtungsunfähigkeit führen, heranzuziehen.[1] Weigert sich ein Beteiligter, sich der Begutachtung zu unterziehen, können die Grundsätze der Beweisvereitelung[2] sowie § 356 herangezogen werden. Nicht zulässig ist es, wegen einer eintretenden Verzögerung die Begutachtung zu unterlassen. Ferner greift diese Bestimmung nicht ein, wenn (Mehrverkehrs-) Zeugen zur Erstellung eines Blutgruppengutachtens nicht erreichbar sind.[3] Die Aussetzung ist durch Beschluss von Amts wegen anzuordnen. Ist eine Begutachtung möglich, muss das Verfahren von Amts wegen wieder aufgenommen werden. Gegen einen Aussetzungsbeschluss ist nach § 252 sofortige Beschwerde möglich.[4] Er ist zu begründen (§ 329 Rn. 5). Die Bestimmung ist durch die DNA-Begutachtung faktisch bedeutungslos geworden.

640g ***Tod der klagenden Partei im Anfechtungsprozess*** **[1]Hat das Kind oder die Mutter die Klage auf Anfechtung oder Feststellung der Vaterschaft erhoben und stirbt die klagende Partei vor Rechtskraft des Urteils, so ist § 619 nicht anzuwenden, wenn der andere Klageberechtigte das Verfahren aufnimmt. [2]Wird das Verfahren nicht binnen eines Jahres aufgenommen, so ist der Rechtsstreit in der Hauptsache als erledigt anzusehen.**

1 § 640g stellt eine Sonderregelung bei Klagen nach § 640 Abs. 2 Nr. 1, 2 dar, bei denen das Kind oder die Mutter Kläger sind. Wurde von der Mutter oder dem Kind eine Klage auf Anfechtung oder Feststellung der Vaterschaft erhoben und stirbt die klagende Partei, dann erledigt sich nicht sofort (wie bei § 619) der Rechtsstreit in der Hauptsache, um den anderen Klageberechtigten (Mutter oder Kind, die nicht Kläger waren, können im Wege des Parteiwechsels den Prozess aufnehmen) die Möglichkeiten zu geben, innerhalb eines Jahres das Verfahren aufzunehmen. Erfolgt dies nicht, so ist der Rechtsstreit als erledigt anzusehen. Die Aufnahme des Verfahrens durch die Eltern des Mannes (§ 640g Abs. 1 S. 2 aF iVm §§ 1595a, 1600g Abs. 2 BGB) entfällt, da das materielle Recht eine Vaterschaftsanfechtung der Eltern des Vaters nicht mehr vorsieht.[1] Der Erbe des Verstorbenen bleibt Klagepartei. Bei Tod des Mannes greift § 640 Abs. 1 iVm § 619 ein. Die überlebende Partei kann aber gemäß § 1600e Abs. 2 BGB ein Verfahren der freiwilligen Gerichtsbarkeit einleiten.[2]

640h ***Wirkungen des Urteils*** **(1) [1]Das Urteil wirkt, sofern es bei Lebzeiten der Parteien rechtskräftig wird, für und gegen alle. [2]Ein Urteil, welches das Bestehen des Eltern-Kind-Verhältnisses oder der elterlichen Sorge feststellt, wirkt jedoch gegenüber einem Dritten, der das elterliche Verhältnis oder die elterliche Sorge für sich in Anspruch nimmt, nur dann, wenn er an dem Rechtsstreit teilgenommen hat. [3]Satz 2 ist auf solche rechtskräftigen Urteile nicht anzuwenden, die das Bestehen der Vaterschaft nach § 1600d des Bürgerlichen Gesetzbuchs feststellen.**

(2) [1]Ein rechtskräftiges Urteil, welches das Nichtbestehen einer Vaterschaft nach § 1592 des Bürgerlichen Gesetzbuchs infolge der Anfechtung nach § 1600 Abs. 1 Nr. 2 des Bürgerlichen Gesetzbuchs feststellt, beinhaltet die Feststellung der Vaterschaft des Anfechtenden. [2]Diese Wirkung ist im Tenor des Urteils von Amts wegen auszusprechen.

I. Normzweck

1 In Kindschaftssachen nach § 640 Abs. 2 wirkt die **materielle Rechtskraft** einer Entscheidung abweichend von § 325 für und gegen alle; dies folgt notwendigerweise aus den Statuswirkungen dieser Entscheidungen. Dies gilt auch für ein Urteil, das infolge der **Anfechtung nach § 1600 Abs. 1 Nr. 2 BGB** (durch den biologischen Vater) das Nichtbestehen einer Vaterschaft nach § 1592 BGB feststellt (s. Rn. 9; § 640 Rn. 6). S. 2 schränkt diesen Grundsatz in Bezug auf Feststellungsklagen nach § 640 Abs. 2 Nr. 1 und 3, die auf das Bestehen des Eltern-Kind-Verhältnisses oder die elterliche Sorge gerichtet sind, in der Weise ein, dass sich diese auf nicht am Verfahren beteiligte Dritte nicht erstreckt. Für den Bereich der Feststellung der nichtehelichen Vaterschaft verbleibt es jedoch bei der Urteilswirkung gegen einen Dritten, auch wenn dieser an dem Rechtsstreit nicht teilgenommen hat. Hinzuweisen ist auf Satz 2, der im Hinblick auf das rechtliche Gehör die Rechtskraftwirkung eines Feststellungsurteils gegenüber demjenigen einschränkt, der das Bestehen eines Eltern-Kind-Verhältnisses für sich in Anspruch nimmt, wenn er an dem Verfahren nicht teilgenommen hat, soweit nicht die Voraussetzungen des Abs. 2 vorliegen (s. Rn. 9). Die Regelung des S. 3, die die Rechtskraft eines die Vaterschaft feststellenden Urteils umfassend bewirkt, beruht auf dem Interesse des Kindes, das **Abstammungsverhältnis** zum Mann nicht durch ein weiteres Statusverfahren in Frage zu stellen; vielmehr soll die Eingliederung des Kindes in seine Familie nach dem Willen des KindRG Vorrang haben.[1] Damit muss ein Dritter, der seine nichteheliche Vaterschaft behauptet, auch künftig ein Abstammungsurteil gegen sich gelten lassen, auch wenn er am Verfahren nicht beteiligt war. Er hat jedoch die Möglichkeit, unter den Voraussetzungen des § 1600 Abs. 1 Nr. 2, Abs. 2, 3 BGB seinerseits eine rechtskräf-

---

[1] *St/J/Schlosser* Rn. 1
[2] BGH FamRZ 1993, 691, 693.
[3] OLG Köln FamRZ 1983, 825.
[4] OLG Nürnberg FamRZ 1971, 590.
[1] S. Begründung im Regierungsentwurf BT-Drucks. 13/4899 S. 57, 126.
[2] S. a. OLG Celle FamRZ 2000, 1510; § 621a Rn. 6 (§ 56 FGG).
[1] Begründung des Regierungsentwurfs BT-Drucks. 13/4899 S. 57f., 126.

tige Entscheidung herbeizuführen, dass die Vaterschaft im Sinn des § 1592 BGB nicht besteht und er als Vater festgestellt wird (s. a. § 640e Rn. 2). Der Umfang der Rechtskraftwirkung eines Urteils nach S. 1 wird nicht dadurch eingeschränkt, dass die Entscheidung auf Verfahrensfehlern beruht (zur allseitigen Rechtskrafterstreckung s. § 62 Rn. 4, ferner § 322 Rn. 66).[2]

II. Wirkung des Urteils für und gegen alle, S. 1

1. Verfahren auf Anfechtung der Vaterschaft. Aus der Rechtskraftwirkung gegenüber jedermann ergibt sich zB in Bezug auf eine **erfolgreiche Anfechtungsklage** der Vaterschaft eines Kindes, dass nur die Vaterschaft des Klägers (Mannes) nicht besteht. Die der Entscheidung zu Grunde liegenden Tatsachen erwachsen dagegen nicht in Rechtskraft und wirken auch nicht rechtsgestaltend.[3] Klagt im Anschluss daran das Kind gegen einen anderen Mann auf die Feststellung dessen Vaterschaft, bezieht sich die Rechtskraft des Urteils auf die biologische Abstammung des Kindes, dass also der in Anspruch genommene Mann der Vater des Kindes ist. Im Prozess des Kindes gegen den anderen Mann kann dieser deshalb nicht (mehr) einwenden, der Ehemann der Mutter oder der die Vaterschaft anerkennende Mann sei tatsächlich der Vater des Kindes (s. auch § 322 Rn. 66). Wegen der Rechtskraftwirkung nach Abs. 1 S. 1 gilt dies auch, wenn der potenzielle biologische Vater zum Anfechtungsverfahren nicht nach § 640e Abs. 1 beigeladen wurde (s. § 640e Rn. 2). Dieser kann dagegen in dem gegen ihn gerichteten Feststellungsverfahren seine biologische Vaterschaft bestreiten.[4] Wird umgekehrt eine entsprechende Klage abgewiesen, so bleibt die Vaterschaft des Kindes nach § 1592 Nr. 1, 2 BGB bestehen. Die Rechtskraft dieser Entscheidung lässt eine anderweitige Feststellung der (nichtehelichen) Vaterschaft nicht zu. Ausgenommen hiervon ist der (faktisch seltene) Fall der Anfechtung durch den biologischen Vater nach § 1600 Abs. 1 Nr. 2 BGB, weil das aus Art. 6 Abs. 2 GG abgeleitete Recht des biologischen Vaters insoweit stärker ist als der durch rechtskräftiges Urteil festgestellte Status eines Kindes. In der gerichtlichen Praxis tritt diese Sachlage kaum auf, weil bei Beachtung des Untersuchungsgrundsatzes (s. § 640 Rn. 10) im Falle der Anfechtung der Vaterschaft nach § 1592 Nr. 1, 2 BGB die biologische Vaterschaft mit sehr hoher Wahrscheinlichkeit (durch DNA-Gutachten) festgestellt werden kann. Wird eine Klage auf Anfechtung der Vaterschaft abgewiesen, weil keine Umstände festgestellt werden konnten, die Zweifel an der Vaterschaft begründen, ist hierdurch die Abstammung selbst nicht rechtskräftig bestimmt.[5] Liegt ein neuer, selbständiger und nach der letzten mündlichen Verhandlung im Vorprozess zu Tage getretener Lebenssachverhalt vor, kann erneut Anfechtungsklage erhoben werden;[6] im Vorprozess nicht bekannte, aber bestehende Indiztatsachen rechtfertigen die neue Klage dagegen nicht. Wird die Anfechtungsklage wegen Versäumung der Klagefrist abgewiesen, erstreckt sich die Rechtskraft nur darauf, dass der Kläger die fehlende Vaterschaft nicht mehr geltend machen kann (Rn. 4). 2

2. Bestehen oder Nichtbestehen eines Eltern-Kind-Verhältnisses. Auch solche Urteile wirken für und gegen alle (mit Ausnahme der Fälle des S. 2). Dies gilt für stattgebende wie abweisende Urteile. Wie bei der **Feststellungswirkung** einer ablehnenden Entscheidung zu einer Ehelichkeitsanfechtungsklage (s. Rn. 2) ist es jedoch auch bei dem Ausschluss eines Mannes als nichtehelicher Vater im Erstprozess statthaft, dass im Vaterschaftsfeststellungsprozess gegen einen weiteren Mann dieser die Vaterschaft des Klägers des Vorprozesses einwendet.[7] 3

3. Wirkung auf andere Verfahren. Die Wirkung des Urteils für und gegen alle hat **Bindungswirkung** auch in anderen Verfahren, in denen der Status eines Beteiligten Grundlage eines rechtlichen Anspruchs (zB die Unterhaltspflicht des als Vater festgestellten Mannes) ist oder es auf dessen Status ankommt (insbesondere in FGG-Verfahren). Sie ist aber nicht umfassend. Wird etwa eine Anfechtungsklage wegen Versäumen der Klagefrist nach § 1600b BGB abgewiesen, so wird hierdurch ein anderer Beteiligter (zB das volljährige Kind) nicht gehindert, eine Anfechtungsklage zu erheben.[8] 4

4. Gewährung des rechtlichen Gehörs. Die umfassende Urteilswirkung macht es erforderlich, dass neben den unmittelbaren Verfahrensgegnern auch sonstigen Betroffenen rechtliches Gehör zu gewähren ist (s. § 640e Rn. 1 ff.) und sie ferner beizuladen sind. Dies gilt insbesondere für einen Anfechtungsberechtigten nach § 1600 Abs. 1 Nr. 2 BGB. 5

III. Beschränkte Wirkung gegen Dritte, S. 2

Bei Entscheidungen, die das Bestehen eines ehelichen Eltern-Kind-Verhältnisses (§ 640 Abs. 2 Nr. 1 Halbs. 1; auch Halbs. 2: „Unwirksamkeit der Vaterschaftsanerkennung") oder die elterliche Sorge (§ 640 Abs. 2 Nr. 3) feststellen, wird nach S. 2 die Urteilswirkung hinsichtlich Dritter, die am Verfahren nicht teilgenommen haben (dagegen nicht bei negativen Feststellungsurteilen), eingeschränkt, weil in deren Status nicht ohne deren Beteiligung eingegriffen werden kann. Dies gilt auch, wenn der Dritte lediglich geladen wird und keine Zustellung der Klage erfolgt, weil allein aus der Ladung der Gegenstand des Verfahrens 6

---

[2] BGH NJW 1994, 2697 = FamRZ 1994, 694 (unzulässiges Anerkenntnisurteil in einem Statutsverfahren); FamRZ 2005, 514; s. a. OLG Bamberg NJW-RR 1994, 459.

[3] BGHZ 83, 391, 394 = NJW 1982, 1652 = FamRZ 1982, 692; BGH NJW 1994, 2697 = FamRZ 1994, 694.

[4] BGH FamRZ 2007, 1731, 1733.

[5] BGH FamRZ 1998, 955.

[6] BGH NJW 2003, 585 = FamRZ 2003, 155, 156.

[7] *Zö/Philippi* Rn. 5.

[8] S. auch OLG Düsseldorf NJW 1980, 2760 = FamRZ 1980, 831; Rn. 2 aE.

nicht ersichtlich ist und ein Beitritt zum Verfahren dem Dritten freisteht.[9] Die **eingeschränkte Bindungswirkung** nach S. 2 hat in Fällen, in denen ein Dritter ein Eltern-Kind-Verhältnis bzw. die elterliche Sorge beansprucht, zur Folge, dass der Dritte den Status zu dem Kind klären lassen kann, ohne dass das Gericht an die Feststellungen des vorangegangenen Verfahrens gebunden ist. Werden zum Status eines Kindes im zweiten Verfahren andere Feststellungen getroffen, wird das vorangehende Urteil vollständig aufgehoben (Ausnahme bei Feststellung der nichtehelichen Vaterschaft gegenüber einem Dritten). **Gegner der Statusklage des Dritten** ist nach § 640 Abs. 2 Nr. 1 und 3 das Kind, in dessen Verhältnis auch der Status wirksam im neuen Verfahren bestimmt werden kann. Um die Bindungswirkung des zweiten Urteils auch in Bezug auf den Gegner des Kindes des vorangegangenen Verfahrens zu erreichen, kann die Klage auch gegen beide Parteien des vorangegangenen Verfahrens erhoben werden.[10] Unterbleibt eine (neue) Statusklage durch den Dritten oder unterliegt dieser mit seiner Klage, verbleibt es bei den Feststellungen des vorangegangenen Urteils. Nimmt der Dritte am Verfahren teil, weil er beigeladen wurde oder er als Nebenintervenient ohne die Beiladung am Verfahren mitwirkt, greift S. 2 nicht ein. Wurde dem Dritten im Erstverfahren der Streit verkündet, wird er mit der Behauptung, dieses Verfahren sei unrichtig entschieden worden nicht gehört, § 74 Abs. 3.[11]

7 Die **eingeschränkte Bindungswirkung** nach S. 2 besteht auch nicht hinsichtlich der Feststellung der Vaterschaft nach § 640 Abs. 2 Nr. 1 Halbs. 1 und der Feststellung der Wirksamkeit einer Vaterschaftsanerkennung nach § 640 Abs. 2 Nr. 1 Halbs. 2. Dies folgt aus dem neu eingeführten S. 3.

IV. Beweislast und Vermutungsregelungen des BGB

8 Die allgemeinen Beweislastgrundsätze werden nicht durch die Vermutungsregelung der §§ 1600c Abs. 1, 1600d BGB verdrängt, können aber von diesen überlagert werden. Kann der Ehemann den ihm in einer Ehelichkeitsanfechtungsklage obliegenden Beweis, dass das Kind offensichtlich nicht von ihm stammt, nicht führen, ist die Ehelichkeitsanfechtungsklage abzuweisen. Gleiches gilt hinsichtlich einer Vaterschaftsfeststellungsklage des Kindes, wenn der Nachweis der Beiwohnung während der Empfängniszeit nicht erbracht werden kann. Andererseits können durch die Vermutung des § 1600d Abs. 2 BGB vorhandene Zweifel an der Abstammung für die Feststellung der (nichtehelichen) Vaterschaft bedeutungslos werden, wenn die Beiwohnung mit der Mutter feststeht und keine schwerwiegenden Zweifel an der Vaterschaft aufgetreten sind.[12] Im Übrigen kann aus den allgemeinen Beweislastregeln nicht abgeleitet werden, dass das Gegenteil des **abgewiesenen Klagebegehrens** als feststehend anzusehen sei, da im Statusverfahren die Feststellungen darauf gerichtet sind, den wahren Sachverhalt zu ermitteln. Hieraus folgt auch, dass bei einer abgewiesenen (positiven oder negativen) Feststellungsklage die Vaterschaft weder ausgeschlossen noch festgestellt worden ist, was zur Folge hat, dass im Verfahren gegen einen anderen Mann der im vorangegangenen Feststellungsverfahren als Vater in Betracht kommende Mann erneut in die Ermittlungen einbezogen werden kann (s. Rn. 2f.).

V. Anfechtungsbefugnis des biologischen Vaters

9 Ausgelöst durch die Entscheidung des BVerfG vom 9. 4. 2003 hat der Gesetzgeber durch das Gesetz zur Änderung der Vorschriften über die Anfechtung der Vaterschaft und das Umgangsrecht von Bezugspersonen des Kindes, zur Registrierung von Vorsorgeverfügungen und zur Einführung von Vordrucken für die Vergütung von Berufsbetreuern[13] das Anfechtungsrecht des biologischen Vaters in § 1600 Abs. 1 Nr. 2 BGB gesetzlich geregelt. Die in Art. 6 Abs. 2 GG abgesicherte Stellung des biologischen Vaters, die immer dann eine Anfechtung zulässt, wenn keine sozial-familiäre Beziehung zum Vater im Sinne des § 1600 Abs. 1 Nr. 2 BGB besteht, erfordert zur Umsetzung eine ergänzende Regelung zur Rechtskraft einer der Anfechtung stattgebenden Entscheidung. Dies erfolgt in Abs. 2, der bestimmt, dass ein der Anfechtung stattgebendes Urteil einerseits das **Nichtbestehen einer Vaterschaft** nach § 1592 BGB rechtskräftig feststellt, andererseits aber auch die **positive Feststellung der Vaterschaft** des Anfechtenden festlegt, also eine Doppelfunktion aufweist. Dies ist in Abs. 2 S. 2 im Tenor ausdrücklich auszusprechen. Auch für ein solches Urteil gilt der in Abs. 1 S. 1 enthaltene Grundsatz (s. Rn. 2). Wird die Anfechtungsklage nach § 1600 Abs. 1 Nr. 2 BGB rechtskräftig abgewiesen, verbleibt es bei der nach §§ 1592, 1593 BGB bestehenden Vaterschaft. Für die Klagen nach § 1600 Abs. 1 Nr. 2 BGB gelten die allgemeinen Verfahrensbestimmungen nach den §§ 640a ff. Zulässig ist eine **Klagehäufung**, wenn beispielsweise der Ehemann der Mutter nach § 1600 Abs. 1 Nr. 1 BGB seine Vaterschaft anficht und gleichzeitig der biologische Vater unter den Voraussetzungen des § 1600 Abs. 1 Nr. 2, Abs. 2, 3 BGB die Feststellung seiner Vaterschaft begehrt. In diesem Fall deckt sich zwar das Rechtsschutzbegehren beider Klagen hinsichtlich der Vaterschaft nach § 1600 Abs. 1 Nr. 1 BGB, nicht jedoch hinsichtlich der weiteren Feststellung nach Abs. 2 S. 1 letzter Halbs., dass die Vaterschaft des Anfechtenden festgestellt wird (zur Klageverbindung s. § 640c Rn. 2). Da die Gefahr sich widersprechender Entscheidungen nicht besteht, son-

---

9 *B/L/H* Rn. 2.

10 *St/J/Schlosser* Rn. 14; anders *Zö/Philippi* Rn. 14.

11 S. *St/J/Schlosser* Rn. 13.

12 S. auch *Zö/Philippi* Rn. 9; *Grunsky* ZZP 91 (1978), 84; aA *von Hülsen* FamRZ 1964, 280; *Brüggemann* FamRZ 1964, 337.

13 Gesetz vom 23. 4. 2004, BGBl. I S. 598; § 640 Rn. 6.

dern vielmehr in einem Verfahren die wahre Vaterschaft geklärt werden kann, ist eine solche Klageverbindung zuzulassen.

641 bis 641b *(weggefallen)*

641 c

Beurkundung **[1]Die Anerkennung der Vaterschaft, die Zustimmung der Mutter sowie der Widerruf der Anerkennung können auch in der mündlichen Verhandlung zur Niederschrift des Gerichts erklärt werden. [2]Das Gleiche gilt für die etwa erforderliche Zustimmung des Mannes, der im Zeitpunkt der Geburt mit der Mutter des Kindes verheiratet ist, des Kindes oder eines gesetzlichen Vertreters.**

I. Normzweck

1 Der Anwendungsbereich dieser Bestimmung erstreckt sich auf die Erklärungen gemäß §§ 1594, 1595 Abs. 1, 1597 Abs. 3 BGB. Nach §§ 640 Abs. 1, 617 ist ein **prozessuales Anerkenntnis** der nichtehelichen Vaterschaft gemäß § 307 ausgeschlossen.[1] Zulässig ist jedoch, dass der Vater im Verfahren der ersten und zweiten Instanz in der **mündlichen Verhandlung** eine **materiell-rechtliche Anerkenntniserklärung** abgeben kann, dagegen nicht in einem Schriftsatz.[2] Die Erklärung ist nach §§ 160 Abs. 3 Nr. 3, 162 in die Sitzungsniederschrift aufzunehmen, vorzulesen und zu genehmigen. Die Anerkennung der Vaterschaft ersetzt die gerichtliche Feststellung nach § 1600d BGB. Die Fassung des § 641c beruht darauf, dass nach § 1595 Abs. 1 BGB die Anerkennung der Vaterschaft gemäß § 1592 Nr. 2 BGB der Zustimmung der Mutter bedarf (und nicht des Kindes, wie nach bisherigem Recht, § 1600c BGB aF); ferner sieht § 1597 Abs. 3 BGB den Widerruf der Anerkennung durch den Mann vor, wenn die Anerkennung ein Jahr nach der Beurkundung noch nicht wirksam geworden ist. Die Zustimmung des Kindes ist nach § 1595 Abs. 2 BGB nur dann erforderlich, wenn der Mutter die elterliche Sorge in Bezug auf die Anerkennung nicht zusteht (zur Zustimmung des gesetzlichen Vertreters s. § 1596 BGB). Werden in der mündlichen Verhandlung die Anerkennung und/oder die Zustimmung erklärt, entfällt die nach § 1597 Abs. 1 BGB erforderliche öffentliche Beurkundung. Die **Benachrichtigungspflicht** bleibt dagegen bestehen, die in § 1597 Abs. 2 BGB neu geregelt ist und sich auf die Anerkennung und alle weiteren Erklärungen bezieht, die für die Wirksamkeit der Anerkennung maßgeblich sind, also insbesondere die Zustimmung der Mutter und – soweit erforderlich – des Kindes und eines gesetzlichen Vertreters. Die **beglaubigten Abschriften** der Anerkennung und aller Erklärungen, die für deren Wirksamkeit bedeutsam sind, müssen dem Vater, der Mutter und dem Kind sowie dem Standesbeamten vom Gericht übersandt werden. Zweck der Ausweitung der Benachrichtigungspflicht soll es sein, dass alle Beteiligten sowie das Standesamt davon Kenntnis erlangen, ob und wann eine wirksame Vaterschaftsanerkennung vorliegt (§ 1598 BGB). Die Benachrichtigung soll auch dann an den Vater, die Mutter und das Kind erfolgen, wenn sie die jeweilige Erklärung abgegeben haben; hierdurch soll die Abgabe der Erklärung nachgewiesen werden.[3]

2 Entsprechendes gilt für die **Zustimmungserklärung nach § 1595 Abs. 1, 2 BGB** mit der Folge, dass eine Beurkundung nach § 1597 Abs. 1 BGB entfällt; die Benachrichtigungspflicht nach § 1597 Abs. 2 BGB bleibt dagegen bestehen. Mit Abgabe der Erklärungen nach § 641c ist das Verfahren in der Hauptsache erledigt und bei beiderseitiger Erledigungserklärung über die Kosten nach § 91a zu entscheiden.[4]

II. Nicht erledigtes Verfahren über den Regelbetragsunterhalt

3 Wurde neben der Vaterschaftsfeststellung ein Antrag zur Feststellung des Regelbetrags nach § 653 gestellt, ist das Restverfahren fortzusetzen.[5] Es bleibt ein Verfahren des § 640 Abs. 2 und wird nicht in ein Unterhaltsverfahren umgewandelt.[6] Will der Vater neben der Vaterschaftsanerkennung sich auch zur Zahlung des Regelbetrages verpflichten, so kann dies nach § 60 SGB VIII erfolgen. Zulässig ist auch ein Prozessvergleich.[7] Der Erlass eines Anerkenntnis- oder Versäumnisurteils zum Regelbetrag ist aber nach dem Wortlaut der §§ 640 Abs. 1, 612 Abs. 4, 617 nicht zulässig;[8] die Zulassung einer Ausnahme hiervon ist nicht geboten, da nach Anerkennung der Vaterschaft regelmäßig auch über den Regelbetrag mitentschieden werden kann.

---

[1] BGH NJW 1994, 2697 = FamRZ 1994, 694; BGH FamRZ 2005, 514; zur Wirksamkeit s. § 640 Rn. 9; § 640h Rn. 1 aE.
[2] Zur Anerkennung eines beschränkt Geschäftsfähigen sowie Geschäftsunfähigen s. § 1596 BGB.
[3] S. BT-Drucks. 13/4899 S. 85.
[4] S. hierzu OLG München FamRZ 1985, 530; KG FamRZ 1994, 911.
[5] BGH NJW 1972, 111; NJW 1974, 751; *Demharter* FamRZ 1985, 977, 980.
[6] BGH NJW 1980, 292 = FamRZ 1980, 48.
[7] Anders *Demharter* FamRZ 1985, 977, 979.
[8] OLG Hamm FamRZ 1988, 854; *Demharter* FamRZ 1985, 977, 979.

III. Gebühren und Kosten

4 **1. Rechtsanwaltsgebühren.** Durch diese Erklärung werden keine Gebühren außerhalb der normalen Prozessgebühren für den Anwalt ausgelöst. Die Terminsgebühr entsteht voll, wenn sie nicht vorher schon entstanden war.

5 **2. Gerichtskosten.** Gerichtsgebühren werden für die Beurkundung nicht erhoben; nach KV Nr. 9000 II Nr. 3 erhält jede Partei eine Abschrift der Niederschrift über die Sitzung ohne Berechnung von Schreibauslagen.

641 d

Einstweilige Anordnung **(1) [1]Sobald ein Rechtsstreit auf Feststellung des Bestehens der Vaterschaft nach § 1600d des Bürgerlichen Gesetzbuchs anhängig oder ein Antrag auf Bewilligung der Prozesskostenhilfe eingereicht ist, kann das Gericht auf Antrag des Kindes seinen Unterhalt und auf Antrag der Mutter ihren Unterhalt durch eine einstweilige Anordnung regeln. [2]Das Gericht kann bestimmen, dass der Mann Unterhalt zu zahlen oder für den Unterhalt Sicherheit zu leisten hat, und die Höhe des Unterhalts regeln.**

(2) [1]Der Antrag ist zulässig, sobald die Klage eingereicht ist. [2]Er kann vor der Geschäftsstelle zu Protokoll erklärt werden. [3]Der Anspruch und die Notwendigkeit einer einstweiligen Anordnung sind glaubhaft zu machen. [4]Die Entscheidung ergeht auf Grund mündlicher Verhandlung durch Beschluss. [5]Zuständig ist das Gericht des ersten Rechtszuges und, wenn der Rechtsstreit in der Berufungsinstanz schwebt, das Berufungsgericht.

(3) [1]Gegen einen Beschluss, den das Gericht des ersten Rechtszuges erlassen hat, findet die sofortige Beschwerde statt. [2]Schwebt der Rechtsstreit in der Berufungsinstanz, so ist die Beschwerde bei dem Berufungsgericht einzulegen.

(4) Die entstehenden Kosten eines von einer Partei beantragten Verfahrens der einstweiligen Anordnung gelten für die Kostenentscheidung als Teil der Kosten der Hauptsache, diejenigen eines vom Nebenintervenienten beantragten Verfahrens der einstweiligen Anordnung als Teil der Kosten der Nebenintervention; § 96 gilt insoweit sinngemäß.

I. Grundlagen

1 Nach § 641d kann ähnlich wie in Ehesachen nach §§ 620ff. ab der Anhängigkeit eines Verfahrens auf Feststellung des Bestehens der Vaterschaft oder eines entsprechenden Prozesskostenhilfegesuches im Wege der einstwAnO der laufende Unterhalt des Kindes vorläufig festgesetzt und gesichert werden, bis nach Feststellung der Vaterschaft die Verpflichtung zur Zahlung des Unterhalts auf Grund eines anderen Schuldtitels iSd. § 641e S. 1 rechtskräftig feststeht, der die einstwAnO ablöst. Ferner kann die einstwAnO nach § 641d bei einer (positiven) Feststellungswiderklage des Kindes herangezogen werden. Ob § 641d auch bei negativer Feststellungs(wider)klage anwendbar ist, wird dagegen uneinheitlich beurteilt;[1] gegen die Zulässigkeit der einstwAnO in diesem Fall spricht, dass eine ausdrückliche Regelung im Gesetz fehlt (so dass die einstwVfg. nach § 940 heranzuziehen ist). Gleiches gilt bei einer Anfechtung der Vaterschaft oder der Anerkennung der Vaterschaft (nach § 1592 Nr. 2 BGB); auch in diesen Verfahren kommt nur eine einstwVfg. nach § 940 oder eine einstwAnO nach § 644 (bei anhängigem Unterhaltsverfahren) in Betracht. EinstwAnO sind in erster und zweiter Instanz zulässig, auch wenn das Amtsgericht die Vaterschaft festgestellt und auf einen Regelbetragsunterhalt nach § 653 erkannt hat, weil erst nach Rechtskraft des Urteils zur Feststellung des Bestehens der Vaterschaft der Unterhaltsbetrag vollstreckbar ist (s. § 653 Rn. 3). Die Bestimmung des § 641d stellt eine **abschließende Sonderregelung** dar.

2 Ferner kann der Kindesunterhalt nach § 1615o Abs. 1 BGB für die ersten drei Lebensmonate im **Wege der einstwVfg.** gesichert werden; für dieses Verfahren ist nicht erforderlich, dass die Vaterschaft bereits feststeht, da nach § 1600d Abs. 2 BGB der als Vater vermutete Mann in Anspruch genommen werden kann. Anders als bei § 641d kann dieser Antrag schon **vor Geburt des Kindes** gestellt und hierüber entschieden werden, § 1615o Abs. 1 S. 2 BGB. Liegen die Voraussetzungen nach § 1615o Abs. 1 BGB und § 641d vor, kann zwischen beiden Rechtsbehelfen gewählt werden. § 641d Abs. 1 S. 1 lässt auch einen **Antrag der Mutter** auf Erlass einer einstwAnO für ihren Unterhalt nach § 1615l BGB zu.

3 § 641d Abs. 1 weitet den Anwendungsbereich auf die Mutter (Anspruch nach § 1615l Abs. 1, 2 BGB) aus. Der Antrag auf Erlass einer einstwAnO ist also nicht nur durch die Partei des Verfahrens zur Feststellung der Vaterschaft, sondern entweder durch die Mutter bei einem Abstammungsrechtsstreit ihres Kindes oder durch das Kind bei einem Rechtsstreit der Mutter geltend zu machen. Hierdurch wird die Inanspruchnahme verschiedener Gerichte im Bereich des einstweiligen Rechtsschutzes vermindert und zugleich in einem Verfahren bei einem Gericht im Abstammungsprozess der Umfang der Unterhaltspflicht des in Anspruch genommenen Mannes in Bezug auf das Kind und die Mutter einheitlich festgelegt, was angesichts der gegenseitigen Abhängigkeit beider Unterhaltsansprüche auch sinnvoll ist. Da die Mutter im Rechtsstreit ihres Kindes ein eigenes Antragsrecht besitzt, macht sie im Abstammungsverfahren zunächst als gesetzliche Vertreterin des Kindes (§ 1626a Abs. 2 BGB) dessen Unterhalt sowie in eigenem Namen ihren Unterhalt geltend. Die einstwAnO nach § 641d Abs. 1 verdrängt als lex specialis in ihrem Regelungsbereich auch die einstwVfg. (im Sinne einer Leistungsverfügung), so dass eine solche regelmäßig unzulässig ist

[1] Bejahend *St/J/Schlosser* Rn. 4; MK/*Coester-Waltjen* Rn. 2; *Brühl* FamRZ 1970, 226; verneinend *Zö/Philippi* Rn. 4.

(zum Verhältnis einstwAnO zur einstwVfg. s. auch Rn. 1, 2). Im Übrigen tritt die Mutter im Abstammungsprozess regelmäßig als gesetzliche Vertreterin des Kindes auf. Nicht vorgesehen hat der Gesetzgeber die Geltendmachung des Unterhalts durch die Mutter in gesetzlicher Prozessstandschaft (vergleichbar mit § 620 Nr. 1 iVm. § 1629 Abs. 3 BGB). Zur Möglichkeit, die einstwAnO nach § 641d bei anderen Vaterschaftsfeststellungsklagen geltend zu machen s. Rn. 1.

II. Voraussetzungen einer einstweiligen Anordnung

1. Zeitpunkt der Antragstellung. Der Antrag des Kindes kann ab Einreichung der Klage, also schon vor 4
deren Zustellung gestellt werden, Abs. 2 S. 1. Möglich ist der Antrag damit erst nach der Geburt des Kindes (s. a. Rn. 2). Nach Eintritt der Rechtskraft des Urteils ist ein Antrag nach § 641d nicht mehr zulässig; es kann jedoch über einen zuvor eingereichten Antrag nach Eintritt der Rechtskraft entschieden werden. Eine Ausnahme besteht nach § 641f, wenn das Amtsgericht die Klage auf Feststellung der Vaterschaft abweist; in diesem Fall kann erst nach Einlegung der Berufung zum OLG das Kind einen Antrag nach § 641d stellen.

2. Zuständigkeit, Abs. 2 S. 5. Das Amtsgericht ist für den Antrag nach § 641d zuständig, bis Berufung 5
eingelegt wird oder Rechtskraft des Urteils eintritt. Dessen Zuständigkeit bleibt entsprechend dem Grundsatz der perpetuatio fori auch bestehen, wenn zwischen Antragstellung und Entscheidung über den Antrag nach § 641d Berufung gegen die Entscheidung zur Hauptsache eingelegt wird. Wird nach Berufung ein Antrag nach § 641d gestellt, ist das Berufungsgericht zuständig; dies gilt auch, wenn der Antrag vor Revisionseinlegung gestellt wurde. Ist das Verfahren in der Revisionsinstanz anhängig, muss der Antrag beim Amtsgericht eingereicht werden.[2]

3. Antragsvoraussetzungen. Der Antrag kann zu Protokoll der Geschäftsstelle (Abs. 2 S. 2; nach § 129a 6
bei jedem Amtsgericht) oder durch Schriftsatz gestellt werden. Nach §§ 640 Abs. 1, 609 erstreckt sich eine Vollmacht zur Hauptsache auch auf das Anordnungsverfahren. Der Antrag ist zu begründen und **glaubhaft zu machen,** Abs. 2 S. 3. Die Glaubhaftmachung ist vor allem hinsichtlich der den Unterhaltsanspruch auslösenden Vaterschaft (§§ 1601, 1615a BGB) erforderlich, deren Umfang vom jeweiligen Verfahrensstand abhängig ist. Hierzu gehört in erster Linie die Behauptung, dass der Beklagte mit der Mutter des Kindes den Geschlechtsverkehr ausgeübt hat, weil hierauf die Vermutung des §§ 1600c, 1600d BGB eingreift.[3] Der Mehrverkehrseinwand des beklagten Mannes kann beachtlich sein, wenn das Kind nicht andere Umstände glaubhaft macht, die für die Vaterschaft des Beklagten sprechen. Ggf. ist die Entscheidung zur einstwAnO bis zum Vorliegen eines DNA- oder Blutgruppengutachtens aufzuschieben, um eine Abweisung zu vermeiden, die einen neuen Antrag nach § 641d nicht ausschließt. Ist die Vaterschaft wenig glaubhaft, kann regelmäßig nur die Leistung einer Sicherheit angeordnet werden. Zur **Glaubhaftmachung der Bedürftigkeit** des Kindes reicht es aus, wenn dargelegt wird, dass über eigenes Einkommen nicht verfügt wird. Der Bezug von Sozialhilfe führt wegen deren Subsidiarität nicht zum Wegfall der Bedürftigkeit.[4] Zur Höhe des Unterhaltsbedarfs bedarf es keiner Glaubhaftmachung, solange lediglich Unterhalt iHd. Regelbetrags nach § 1612a Abs. 1 oder des Existenzminimums (770 €) bei Unterhalt nach § 1615l BGB geltend gemacht wird; bei einem höheren Bedarf oder Sonderbedarf (§ 1613 Abs. 2 BGB) ist eine solche jedoch erforderlich.

Bezieht das Kind Sozialhilfeleistungen nach dem Unterhaltsvorschussgesetz oder Unterhalt von seinen 7
mütterlichen Verwandten, kann eine **Sicherheitsleistung** (§ 108) für den Unterhalt angeordnet werden, wenn nicht auszuschließen ist, dass eine spätere Durchsetzung der rückständigen Unterhaltsansprüche nicht gesichert ist.[5] Dies kann auch bei laufenden Einkünften aus einem bestehenden Beschäftigungsverhältnis gegeben sein.

III. Gerichtliches Verfahren

Nach Abs. 2 S. 4 ist **mündliche Verhandlung** (nach § 170 GVG nichtöffentlich) vorgeschrieben. Zur Ent- 8
scheidung über den Antrag ist die Ermittlung der maßgebenden Entscheidungsgrundlagen von Amts wegen möglich, jedoch gilt in Bezug auf die Unterhaltsbedürftigkeit und -höhe der **Beibringungsgrundsatz.**[6] Die Entscheidung ergeht durch Beschluss und ist zu verkünden, § 329 Abs. 1 S. 1. Ferner können die Parteien hierzu einen (Prozess-) Vergleich schließen. Ist der Unterhaltsanspruch auf Grund der Leistung von Sozialhilfe auf den Träger der Sozialhilfeleistung übergegangen, entfällt die Befugnis zur Geltendmachung des Unterhalts für die Zukunft nicht. Nach § 94 SGB XII sowie § 7 Abs. 4 UntVorschG kann der übergegangene Unterhaltsanspruch auf den Hilfeempfänger zurück übertragen werden, so dass auch im Wege der einstwAnO ab Antragstellung Unterhalt durch das berechtigte Kind bei laufendem Bezug von Sozialhilfe verlangt werden kann. Angesichts des zu Grunde liegenden Regelungszweckes, die Träger der Sozialhilfe von der Geltendmachung übergegangener Unterhaltsansprüche zu entlasten, dürfte auch eine (in den Neufassung nicht geregelte) Einzugsermächtigung zulässig sein (s. a. § 621 Rn. 64, 66 – dort auch zum Anspruchsübergang bei Leistungen nach dem SGB II im Falle eines Unterhalts nach § 1615l BGB). Eine **Abänderung einer ergangenen Entscheidung** ist jederzeit möglich. Wie in der bisherigen Regelung gelten nach

---

2 OLG Hamm NJW 1962, 261.
3 OLG Düsseldorf NJW-RR 1993, 1289 = FamRZ 1993, 111.
4 OLG Düsseldorf (Fn. 3).
5 OLG Düsseldorf (Fn. 3 m. weit. Nachw.); anders OLG Karlsruhe FamRZ 1990, 422 hinsichtlich des UntVorschG.
6 OLG Stuttgart Justiz 1975, 271; anders *St/J/Schlosser* Rn. 18.

Abs. 4 S. 1 die **entstehenden Kosten** eines von einer Partei beantragten Verfahrens für die Kostenentscheidung als Teil der Kosten der Hauptsache. Ist ein anderer Klageberechtigter als Nebenintervenient beigetreten und hat dieser eine einstwAnO beantragt, sind die daraus entstehenden Kosten als Teil der Kosten der Nebenintervention zu berücksichtigen. Abs. 4 greift danach nur hinsichtlich der Kosten einer Partei oder eines Nebenintervenienten ein, die eine einstwAnO beantragt haben. Liegt keine Nebenintervention des Kindes oder der Mutter vor, so ist eine **gesonderte Kostenentscheidung** erforderlich, wenn diese eine einstwAnO beantragt haben, ohne dem Prozess beigetreten zu sein. Die Vollstreckungsmöglichkeit ergibt sich aus § 794 Abs. 1 Nr. 3.

IV. Rechtsmittel, Abs. 3

9 Gegen die vom Amtsgericht erlassene einstwAnO ist nach Abs. 3 S. 1 die sofortige Beschwerde zulässig, für die nach § 119 Abs. 1 Nr. 1 lit. a GVG das OLG zuständig ist. Ist der Rechtsstreit bereits in der Berufungsinstanz anhängig, ist die Beschwerde bei diesem einzulegen, Abs. 3 S. 2 (Ausnahme von § 569 Abs. 1). Die Aussetzung der Vollziehung folgt aus § 570 Abs. 2, 3. Die mündliche Verhandlung über die Beschwerde ist freigestellt; nach § 78 Abs. 1 besteht dort Anwaltszwang. Gegen eine Anordnung des OLG ist nach § 567 Abs. 1 keine Beschwerde möglich; das OLG kann jedoch § 574 Abs. 1 Nr. 2, Abs. 3 die Rechtsbeschwerde zulassen; in den Fällen des § 574 Abs. 2 muss diese zugelassen werden.

V. Gebühren und Kosten

10 **1. Rechtsanwaltsgebühren.** Vgl. § 620 Rn. 93 ff.

11 **2. Gerichtskosten.** Für eine Entscheidung über den Antrag auf Erlass einer einstweiligen Anordnung (also nicht bei dessen vorheriger Rücknahme oder einem Vergleich, auch wenn der Wert des Vergleichsgegenstands den Wert des Streitgegenstands übersteigen sollte), wird die halbe Gebühr nach KV Nr. 1423 erhoben.

Mehrere Entscheidungen über den Antrag auf einstweilige Anordnung innerhalb eines Rechtszuges, etwa Abänderungsentscheidungen, gelten als eine Entscheidung, s. KV Vorbemerkung 1.4.2.1. Für das **Beschwerdeverfahren** gilt KV Nr. 1812.

641e

Außerkrafttreten und Aufhebung der einstweiligen Anordnung **Die einstweilige Anordnung tritt, wenn sie nicht vorher aufgehoben wird, außer Kraft, sobald derjenige, der die Anordnung erwirkt hat, gegen den Mann einen anderen Schuldtitel über den Unterhalt erlangt, der nicht nur vorläufig vollstreckbar ist.**

I. Normzweck

1 Die einstwAnO soll den Unterhalt des Kindes so lange sicherstellen, bis dieser auf Grund eines dauerhaften Titels, der nicht lediglich vorläufig vollstreckbar ist, erlangt werden kann. Mit Wirksamwerden eines solchen Titels entfällt der Regelungszweck einer einstwAnO nach § 641 d, so dass diese ab diesem Zeitpunkt außer Kraft tritt. Dies muss nicht ausdrücklich durch gerichtliche Entscheidung festgestellt werden. Wird für die Zeit danach vollstreckt, greift jedenfalls § 767 ein; bei eindeutigen Sachlagen genügt § 766.

II. Außerkrafttreten, Abs. 1

2 Die Anordnung nach § 641 d oder ein entsprechender Vergleich (§ 641 d Rn. 7) treten automatisch außer Kraft, sobald das Kind gegen den Vater einen anderen vollstreckbaren Titel erlangt, mit dem der Unterhalt erlangt werden kann; dieser Titel darf nicht lediglich vorläufig vollstreckbar sein. Dies gilt insbesondere für die Titel des § 653. Die Regelung entspricht danach den §§ 620, 644. Der Unterhaltspflichtige kann sich gegen die einstwAnO mit der negativen Feststellungsklage oder der Vollstreckungsabwehrklage wenden.

641f

Außerkrafttreten bei Klagerücknahme oder Klageabweisung **Die einstweilige Anordnung tritt ferner außer Kraft, wenn die Klage zurückgenommen wird oder wenn ein Urteil ergeht, das die Klage abweist.**

1 Die einstwAnO (§ 641 d) tritt (automatisch) auch außer Kraft, wenn die Klage auf Feststellung des Bestehens der Vaterschaft zurückgenommen oder abgewiesen wird. Das abweisende Urteil braucht nicht rechtskräftig geworden zu sein, weil bereits dessen Existenz eine Glaubhaftmachung der Anspruchsvoraussetzungen (s. § 641 d Rn. 5 f.) erschüttert. Wird gegen das abweisende Urteil Berufung eingelegt, kann das OLG nach § 641 d Abs. 2 S. 5 erneut eine einstwAnO erlassen. § 641 f ist entsprechend anzuwenden, wenn durch den Tod einer Partei der zukünftige Unterhaltsanspruch des Kindes (§ 1615 BGB) entfällt, weil nach §§ 640 Abs. 1, 619 eine Erledigung des Rechtsstreits eintritt.

641g

Schadensersatzpflicht des Klägers **Ist die Klage auf Feststellung des Bestehens der Vaterschaft zurückgenommen oder rechtskräftig abgewiesen, so hat derjenige, der die einstweilige Anordnung erwirkt hat, dem Mann den Schaden zu ersetzen, der ihm aus der Vollziehung der einstweiligen Anordnung entstanden ist.**

Bei **Rücknahme der Klage** auf Feststellung des Bestehens oder deren rechtskräftiger Abweisung hat das Kind entsprechend §§ 717 Abs. 2, 945 dem Mann den Schaden zu ersetzen, der diesem aus der Vollziehung der einstwAnO oder einer Sicherheitsleistung entstanden ist. Dieser Anspruch wird nicht durch die Möglichkeit des Rückgriffs des Mannes gegen den tatsächlichen Erzeuger des Kindes nach § 1607 Abs. 3 BGB begrenzt. Das Kind kann aber eine Abtretung dieses Anspruchs im Wege des Vorteilsausgleiches verlangen. Der Schadensersatzanspruch nach § 641 g besteht auch, wenn der Unterhalt durch eine die Anordnung ersetzende Vereinbarung festgelegt wurde. I. Ü. gilt diese Bestimmung auch dann, wenn nach dem Tod einer Partei das FamG nach § 1600 e Abs. 2 BGB den Antrag auf Feststellung der Vaterschaft abweist. 1

Bei Rücknahme der Klage auf Feststellung des Bestehens der Vaterschaft oder deren rechtskräftige Abweisung ist dem Mann nach §§ 717 Abs. 2, 945 der Schaden zu ersetzen, dem dieser aus der Vollziehung der einstwAnO entstanden ist. Die Neuregelung ordnet dies auch für den Fall an, dass die Mutter eine einstwAnO über ihren Unterhalt erwirkt hat. 2

641 h *Inhalt der Urteilsformel* **Weist das Gericht eine Klage auf Feststellung des Nichtbestehens der Vaterschaft ab, weil es den Kläger oder den Beklagten als Vater festgestellt hat, so spricht es dies in der Urteilsformel aus.**

Nach § 641 h ist auch eine Klage auf Feststellung des Nichtbestehens einer Vaterschaft zulässig. Wird in diesem Verfahren die Vaterschaft ausdrücklich abgelehnt, ergeben sich keine Besonderheiten. Wird entgegen dem Klagantrag die Vaterschaft festgestellt, so ist nach § 641 h die Klage abzuweisen und gleichzeitig die Vaterschaft festzustellen. Eine reine Abweisung der Klage ließe aus der Urteilsformel nicht entnehmen, ob der Mann als Erzeuger ausgeschlossen wurde. § 641 h ist von Amts wegen zu berücksichtigen. Dieses Urteil hat dieselbe Gestaltungswirkung wie nach § 640 h Abs. 1 S. 1, 3. Dagegen kann **§ 641 h nicht herangezogen** werden, wenn die Abstammung nicht hat geklärt werden können und die Vermutung des §§ 1600 c Abs. 1, 1600 d BGB nicht eingreift. Ferner scheidet die Anwendung des § 641 h aus, wenn die Klage des Mannes auf Unwirksamkeit der Vaterschaftsanerkennung nach § 1598 BGB abgewiesen wird, weil es in diesem Fall bei der Vaterschaft auf Grund der weiter geltenden Anerkennung verbleibt.[1] 1

641 i *Restitutionsklage* (1) **Die Restitutionsklage gegen ein rechtskräftiges Urteil, in dem über die Abstammung entschieden ist, findet außer in den Fällen des § 580 statt, wenn die Partei ein neues Gutachten über die Vaterschaft vorlegt, das allein oder in Verbindung mit den in dem früheren Verfahren erhobenen Beweisen eine andere Entscheidung herbeigeführt haben würde.**

(2) **Die Klage kann auch von der Partei erhoben werden, die in dem früheren Verfahren obgesiegt hat.**

(3) [1]**Für die Klage ist das Gericht ausschließlich zuständig, das im ersten Rechtszug erkannt hat; ist das angefochtene Urteil von dem Berufungs- oder Revisionsgericht erlassen, so ist das Berufungsgericht zuständig.** [2]**Wird die Klage mit einer Nichtigkeitsklage oder mit einer Restitutionsklage nach § 580 verbunden, so bewendet es bei § 584.**

(4) **§ 586 ist nicht anzuwenden.**

I. Normzweck

Diese Regelung beruht auf der Erwägung, dass die **Feststellung der wirklichen Vaterschaft** nicht an formalen Gründen scheitern soll. Um neue Erkenntnisse der Wissenschaft insbesondere durch neue serologische, erbbiologische oder DNA – Gutachten zur Vaterschaftsermittlung verwenden zu können, erweitert das Gesetz in § 641 i für die Verfahren nach § 641 die Wiederaufnahmegründe[1] unabhängig von den Fristen der §§ 586, 641 i Abs. 4, da neue Gutachten keine Urkunden iSd. § 580 Nr. 7 b (s. dort Rn. 15 ff.) sind.[2] Durch das Gesetz zur Klärung der Vaterschaft unabhängig vom Anfechtungsverfahren (s. § 621 a Rn. 1, 6 (§ 56 FGG); § 640 Rn. 5 a, b) wurde das Wort „Vaterschaft" durch das Wort „Abstammung" ersetzt, um klarzustellen, dass die Restitutionsklage nach § 641 i gegen alle Urteile möglich ist, die ein Abstammungsverhältnis zum Gegenstand haben. 1

§ 641 i ist auf Urteile anzuwenden, in denen über die Vaterschaft entschieden[3], also die Vaterschaft festgestellt, eine Feststellungsklage abgewiesen, die Ehelichkeit eines Kindes erfolgreich angefochten[4] oder über die Wirksamkeit eines Vaterschaftsanerkennung[5] entschieden worden ist. Ferner gilt diese Bestimmung, wenn der Scheinvater nach § 641 i gegen die Vaterschaftsfeststellung vorgeht. Auch eine **abgewiesene Vaterschaftsanfechtungsklage** wird von § 641 i erfasst[6], wenn diese aus Beweisgründen die Vermutung des § 1600 c BGB nicht widerlegen konnte. weil eine Unterscheidung nach dem formalen Status des Kindes 2

---

[1] OLG Hamm FamRZ 1993, 472; FamRZ 1994, 649.

[1] BT-Drucks. 5/3719 S. 42; BGH NJW 1994, 589, 591 = FamRZ 1994, 237 f.; *Braun* FamRZ 1989, 1129.

[2] BGH FamRZ 2003, 1133; OLG Düsseldorf FamRZ 2002, 1268.

[3] BGH NJW 1975, 1465, 1467 (m. Anm. v. *Braun* NJW 1975, 2191) = FamRZ 1975, 483, 484 f.

[4] BGHZ 61, 186, 190 = LM Nr. 1 m. Anm. v. *Johannsen* = FamRZ 1973, 594; OLG Hamm FamRZ 1986, 1026 m. weit. Nachw.

[5] *Braun* FamRZ 1989, 1129, 1132; s. ferner Fn. 4.

[6] *Niklas* JR 1988, 441, 443; *Braun* FamRZ 1989, 1129, 1132; anders BGH NJW 1975, 1465, 1467 = FamRZ 1975, 483, 484 f.; OLG Frankfurt/M NJW-RR 1989, 393 = FamRZ 1989, 78.

dessen Regelungszweck widerspräche. Ob das Urteil aus der Zeit vor dem 1. 7. 1998 stammt, ist unerheblich.[7] Dagegen ermöglicht § 641i nicht, die Einhaltung einer die Anfechtungsfrist des § 1600b BGB nicht wahrenden Klage zu übergehen,[8] da kein Urteil im Sinne des Abs. 1 S. 1 vorliegt. Dies regelt entsprechend auch Art. 229 § 16 EGBGB, der durch das Gesetz zur Klärung der Vaterschaft unabhängig vom Anfechtungsverfahren eingefügt wurde (s. § 621a Rn. 1, 6 [§ 56 FGG], § 640 Rn. 5a, b), wenn aufgrund eines nach § 1598a Abs. 1 BGB eingeholten Gutachtens die Abstammung des Kindes widerlegt wird. Insoweit wird eine inhaltliche Entscheidung über das (Nicht-)Bestehen der Vaterschaft nicht getroffen, sondern ausschließlich auf den Ablauf der Anfechtungsfrist abgestellt, so dass eine sachliche Unrichtigkeit nicht vorliegt.[9]

II. Voraussetzungen

3 **1. Neues Gutachten.** Voraussetzung für eine Restitutionsklage nach § 641i ist die **Vorlage eines neuen Vaterschaftsgutachtens,** auf Grund dessen eine andere Entscheidung in dem vorangegangenen Verfahren ergangen wäre.[10] Das Gutachten kann als Privatgutachten erstellt werden[11]; es muss sich mit dem konkreten Sachverhalt befassen und darf nicht nur allgemeine Ausführungen zum gegenwärtigen Erkenntnisstand der Wissenschaft beinhalten.[12] Ferner muss es sich auf die Frage der Vaterschaft beziehen; möglich ist auch ein Gutachten zur Zeugungsfähigkeit oder Tragzeit.[13]

4 Um den Charakter eines **neuen Gutachtens** aufzuweisen, darf es nicht im Vorprozess verwendet worden sein.[14] War es vor Schluss der mündlichen Verhandlung des Vorprozesses schon vorhanden, muss die Partei schuldlos daran gehindert gewesen sein, es in das Verfahren einzuführen.[15] Hierbei ist § 582 nicht anzuwenden. Unbeachtlich ist es, ob im Vorprozess bereits ein Gutachten eingeholt wurde.[16] Nicht erforderlich sind neue Befunde;[17] es genügt, dass in dem neuen Gutachten Fehler aufgedeckt werden, die bereits im Vorprozess auf Grund der damals bestehenden wissenschaftlichen Erkenntnismöglichkeiten hätten vermieden werden können,[18] so dass es unerheblich ist, dass das Gericht des Vorprozesses die Notwendigkeit einer weiteren Beweiserhebung verkannt hat.

5 **2. Andere Entscheidung.** Nach Abs. 1 muss das Gutachten zu einer anderen Entscheidung als im Vorprozess führen.[19] Hierzu reicht es aus, dass das neue Gutachten die Beweisführung des Vorprozesses grundlegend erschüttert (zur Verwendung eines heimlich eingeholten Gutachtens § 640 Rn. 10). Das ist anzunehmen, wenn es **allein oder zusammen mit den im Vorprozess erhobenen Beweisen** zu einer anderen Entscheidung führt. Nicht ausreichend ist dagegen, dass dies erst mit noch zu erhebenden Beweisen möglich ist.[20] Das neue Gutachten muss bereits bei Klageerhebung vorliegen; ansonsten ist die Restitutionsklage unzulässig.[21] Die Unzulässigkeit ist jedoch heilbar, wenn das neue Gutachten erst im Verlaufe des neuen Verfahrens eingereicht wird.[22] Soll ein Gutachten zur Vorbereitung einer Klage nach § 641i angefertigt werden, kann ein Dritter nicht zu einer Mitwirkung (in Form einer Untersuchung) gezwungen werden.[23]

III. Verfahren

6 Zuständig ist das Gericht des ersten Rechtszuges. Wurde das angegriffene Urteil vom Berufungs- oder Revisionsgericht erlassen, ist jeweils das Berufungsgericht zuständig, Abs. 3 S. 1. Wird die Klage nach § 641i mit einer Nichtigkeits- oder Restitutionsklage verbunden, so gilt nach Abs. 3 S. 2 für die Zuständigkeit § 584. Nach Abs. 4 ist die Klage nach § 641i **nicht innerhalb einer bestimmten Frist** zu erheben, weil § 586 nicht anzuwenden ist.[24] **Klageberechtigt** ist die als Vater festgestellte Person, ferner das Kind. Ferner

---

[7] OLG Köln FamRZ 2002, 673.

[8] BGH NJW 1975, 1465 = FamRZ 1975, 483; BGHZ 81, 353 = NJW 1982, 96 = FamRZ 1982, 48; krit. *Niklas* JR 1988, 441, 444.

[9] Eing. *Borth* FPR 2007, 381, 385.

[10] BGH FamRZ 1980, 880; NJW 1982, 2124 = FamRZ 1982, 691; NJW-RR 1989, 1028 = FamRZ 1989, 1067; FamRZ 2003, 1833, 1834.

[11] *Braun* FamRZ 1989, 1129, 1135.

[12] BGH NJW-RR 1989, 1028 = FamRZ 1989, 1067.

[13] BGH NJW 1984, 2630 = FamRZ 1984, 681; NJW-RR 1989, 258 = FamRZ 1989, 374; NJW-RR 1989, 1028 = FamRZ 1989, 1067.

[14] BGH NJW-RR 1989, 1028 = FamRZ 1989, 1067; s. aber *Braun* FamRZ 1989, 1129, 1135.

[15] BGH NJW-RR 1989, 258 = FamRZ 1989, 374; BGH NJW-RR 1989, 1028 = FamRZ 1989, 1067; s. aber *Braun* FamRZ 1989, 1129, 1135; BGH NJW 1993, 1928 = FamRZ 1993, 943f.

[16] BGH NJW 1993, 1928 = FamRZ 1993, 943, 945; NJW 1994, 2697 = FamRZ 1994, 694, 696 (unzulässiges Anerkenntnisurteil).

[17] BGH NJW-RR 1989, 258 = FamRZ 1989, 374.

[18] BGH NJW 1993, 1928f. = FamRZ 1993, 943f.

[19] BGH NJW 1982, 2128 = FamRZ 1982, 690; NJW 1982, 2124 = FamRZ 1982, 691; NJW 2003, 3708 = FamRZ 2003, 1833, 1834.

[20] BGH FamRZ 1980, 880; NJW 2003, 3708 = FamRZ 2003, 1833, 1834.

[21] BGH NJW-RR 1989, 1028 = FamRZ 1989, 1067.

[22] BGH NJW 1982, 2128 = FamRZ 1982, 690.

[23] OLG Düsseldorf FamRZ 1978, 206; OLG Stuttgart FamRZ 1982, 193; zur Zulässigkeit eines selbständigen Beweisverfahrens bei Tod des Mannes s. OLG Celle FamRZ 2000, 1510.

[24] Nicht für andere Wiederaufnahmeverfahren in Kindschaftssachen BGH NJW 1994, 589, 591 = FamRZ 1994, 237, 238f. m. weit. Nachw.; OLG Düsseldorf FamRZ 2002, 1268; str.

kann nach Abs. 2 auch derjenige Klage erheben, der im Vorprozess obsiegt hat; eine Beschwer wird nicht verlangt.[25] Diese Bestimmung gilt jedoch nur in den Fällen des § 641i. Die Erben einer Partei können dagegen nicht die Klage nach § 641i erheben.[26]

IV. Gebühren und Kosten

7 **1. Rechtsanwaltsgebühren.** Der Anwalt erhält die Gebühren gemäß Nrn. 3100ff. VV RVG. Es liegt eine besondere Angelegenheit vor (§ 15 Abs. 2 S. 2 RVG).

8 **2. Gerichtskosten.** Mit der Restitutionsklage wird gebührenrechtlich ein neues Prozessverfahren eingeleitet; es erwachsen die Gebühren je nach der Instanz des zuständigen Gerichts (Abs. 3).

641k *(weggefallen)*

Abschnitt 6. Verfahren über den Unterhalt

Titel 1. Allgemeine Vorschriften

Vorbemerkung

Weggefallen aufgrund UnterhaltsänderungsG v. 21. 12. 2007.

Regelungen nach der Reform des Unterhalts gemäß dem Gesetz zur Änderung des Unterhaltsrechts

I. Normzweck

1 Im Sechsten Abschnitt werden die Verfahren über den Unterhalt geregelt, aufgegliedert in **allgemeine Vorschriften** (§§ 642 bis 644 – Erster Titel) und in **vereinfachte Verfahren** über den Unterhalt Minderjähriger (§§ 645 bis 660 – Zweiter Titel). Die Bestimmungen gelten für eheliche und Kinder nicht verheirateter Eltern gleichermaßen. Die Regelungen dieses Abschnitts wurden durch das KindUG vollkommen neu gefasst (zu den Grundlagen s. vor § 606 Rn. 14). Ziel des KindUG ist es, das Unterhaltsrecht für eheliche und nichteheliche Kinder zu vereinheitlichen. Das Vereinfachte Verfahren über den Unterhalt Minderjähriger ist in den §§ 645 bis 660 geregelt. Nach diesen Bestimmungen können Schuldtitel zum laufenden Barunterhalt für minderjährige Kinder nach der Festsetzung des Mindestunterhalts gemäß § 1612a Abs. 1 BGB angepasst werden, wenn die dort genannte Bezugsgröße des doppelten Kinderfreibetrages nach § 32 Abs. 6 S. 1 EStG angepasst wird. Diese wird einstweilen überlagert durch den in § 36 Nr. 4 EGZPO geregelten höheren Mindestunterhalt.[1] Dieser richtet sich nach dem in regelmäßigen Abständen erscheinenden Existenzminimumbericht des Deutschen Bundestages. Die Anpassung ersetzt das wesentlich aufwändigere Abänderungsverfahren nach § 323 Abs. 1, 4.

2 Durch die Anknüpfung des Mindestunterhalts an das steuerliche Existenzminimum entfällt die Regelbetrag-Verordnung ersatzlos. Zugleich verändert sich die Unterhaltsbestimmung, weil der Mindestunterhalt nach § 1612a Abs. 1 BGB das Existenzminimum des Kindes darstellt, so dass hierauf das Kindergeld als bedarfsdeckend zu verwenden ist, während die Regelbeträge unterhalb dieses Betrages lagen. Entsprechend war der in § 645 Abs. 1 enthaltene Steigerungssatz auf das 1, 2 fache herabzusetzen.

II. Formen der Geltendmachung zukünftigen Unterhalts

3 § 1612a Abs. 1 BGB sieht keinen eigenständigen Anspruch auf einen bestimmten Unterhalt vor, sondern legt lediglich fest, dass ein minderjähriges Kind von einem Elternteil, mit dem es nicht in einem Haushalt lebt, den aus §§ 1601ff. BGB abzuleitenden Unterhalt als Prozentsatz des jeweiligen Mindestunterhalts verlangen kann. Damit bestehen zur Geltendmachung des Unterhalts für das Kind zwei Möglichkeiten:

(1) Individualunterhalt als statischer Unterhalt nach den §§ 1601ff. BGB; danach scheidet eine Dynamisierung aus. Anpassungen sind nach § 323 jeweils im Einzelfall zu verlangen.

(2) Ferner kann das Kind den Unterhalt als Prozentsatz des Mindestunterhalts der **jeweiligen Altersstufe** abzüglich zu berücksichtigender kindbezogener Leistungen verlangen.[2]

Die Alternative (2) führt dazu, dass bei einer Veränderung des doppelten Kinderfreibetrages nach § 32 Abs. 6 S. 1 EStG automatisch eine Anpassung erfolgt, erhöht nach § 36 Nr. 4 EGZPO. Eine Vollstreckung ist danach ohne eine weitere Titelbeschaffung möglich, indem der Gerichtsvollzieher oder das Vollstre-

---

[25] BGH NJW 1994, 2697 = FamRZ 1994, 694f.
[26] OLG Stuttgart FamRZ 1982, 193.
[1] S. Art. 3 Abs. 2 UÄndG 2007 v. 21. 12. 2007, BGBl. I 3189.
[2] Nach Art. 27 Nr. 1 des Gesetzes zur Einführung des Euro in Rechtspflegegesetzen vom 13. 12. 2001; BGBl. I S. 3574 nicht mehr hins. *eines Regelbetrages* möglich.

ckungsgericht auf der Grundlage eines solchen Titels eine Vollstreckung vornehmen kann. Der errechnete Betrag ist auf volle Euro-Beträge aufzurunden, § 1612a Abs. 2 S. 2 BGB. Zur **wahlweisen Geltendmachung des Unterhalts** im vereinfachten Verfahren oder durch Klage wird auf die Ausführungen vor § 645 Rn. 4 verwiesen. Wird der Unterhaltspflichtige aufgefordert, den Unterhalt in dynamisierter Form nach § 1612a Abs. 1 BGB zu titulieren, erkennt er aber nur den (zutreffenden) statischen Betrag an, besteht ein Rechtsschutzbedürfnis für eine Klage, mit der der Anspruch aus § 1612a Abs. 1 BGB eingeklagt wird, weil der bestehende materiell-rechtliche Anspruch auf Dynamisierung nicht erfüllt wurde. Insoweit hat der Unterhaltspflichtige auch Veranlassung zur Erhebung der Klage iSd. § 93 gegeben (§ 621 Rn. 63; s. a. § 93 Rn. 2).

4 Im Hinblick auf die späteren Anpassungen des Freibetrages nach § 32 Abs. 6 S. 1 EStG an das tatsächliche Existenzminimum eines Kindes, der Abänderung von Titeln im vereinfachten Verfahren nach § 323, 654, 655 sowie der Vollstreckungsfähigkeit des Titels durch das Vollstreckungsgericht (insbesondere bei Lohn- oder Gehaltspfändungen) müssen aus dem Titel folgende Angaben entnommen werden können: Geburtsdatum des unterhaltsberechtigten Kindes, Zeitpunkt des Erlasses der maßgebenden Bemessungsgröße nach § 32 Abs. 6 S. 1 EStG, zu berücksichtigende kindbezogene Leistungen nach §§ 1612b, 1612c BGB. Dies gilt für alle Titel iSd. §§ 704, 794 Abs. 1, also insbesondere auch bei Unterhaltsvergleichen, vollstreckbaren Urkunden und Jugendamtsurkunden.

III. Übergangsvorschriften für das Gesetz zur Änderung des Unterhaltsrechts

§ 36 EGZPO

5 Für das Gesetz zur Änderung des Unterhaltsrechts vom 21. Dezember 2007 (BGBl. I S. 3189) gelten folgende Übergangsvorschriften:

1. Ist über den Unterhaltsanspruch vor dem 1. Januar 2008 rechtskräftig entschieden, ein vollstreckbarer Titel errichtet oder eine Unterhaltsvereinbarung getroffen worden, sind Umstände, die vor diesem Tag entstanden und durch das Gesetz zur Änderung des Unterhaltsrechts erheblich geworden sind, nur zu berücksichtigen, soweit eine wesentliche Änderung der Unterhaltsverpflichtung eintritt und die Änderung dem anderen Teil unter Berücksichtigung seines Vertrauens in die getroffene Regelung zumutbar ist.
2. Die in Nummer 1 genannten Umstände können bei der erstmaligen Änderung eines vollstreckbaren Unterhaltstitels nach dem 1. Januar 2008 ohne die Beschränkungen des § 323 Abs. 2 und des § 767 Abs. 2 der Zivilprozessordnung geltend gemacht werden.
3. Ist einem Kind der Unterhalt aufgrund eines vollstreckbaren Titels oder einer Unterhaltsvereinbarung als Prozentsatz des jeweiligen Regelbetrags nach der Regelbetrag-Verordnung zu leisten, gilt der Titel oder die Unterhaltsvereinbarung fort. An die Stelle des Regelbetrags tritt der Mindestunterhalt. An die Stelle des bisherigen Prozentsatzes tritt ein neuer Prozentsatz. Hierbei gilt:
   a) Sieht der Titel oder die Vereinbarung die Anrechnung des hälftigen oder eines Teils des hälftigen Kindergelds vor, ergibt sich der neue Prozentsatz, indem dem bisher zu zahlenden Unterhaltsbetrag das hälftige Kindergeld hinzugerechnet wird und der sich so ergebende Betrag ins Verhältnis zu dem bei Inkrafttreten des Gesetzes zur Änderung des Unterhaltsrechts geltenden Mindestunterhalt gesetzt wird; der zukünftig zu zahlende Unterhaltsbetrag ergibt sich, indem der neue Prozentsatz mit dem Mindestunterhalt vervielfältigt und von dem Ergebnis das hälftige Kindergeld abgezogen wird.
   b) Sieht der Titel oder die Vereinbarung die Hinzurechnung des hälftigen Kindergelds vor, ergibt sich der neue Prozentsatz, indem vom bisher zu zahlenden Unterhaltsbetrag das hälftige Kindergeld abgezogen wird und der sich so ergebende Betrag ins Verhältnis zu dem bei Inkrafttreten des Gesetzes zur Änderung des Unterhaltsrechts geltenden Mindestunterhalt gesetzt wird; der zukünftig zu zahlende Unterhaltsbetrag ergibt sich, indem der neue Prozentsatz mit dem Mindestunterhalt vervielfältigt und dem Ergebnis das hälftige Kindergeld hinzugerechnet wird.
   c) Sieht der Titel oder die Vereinbarung die Anrechnung des vollen Kindergelds vor, ist Buchstabe a anzuwenden, wobei an die Stelle des hälftigen Kindergelds das volle Kindergeld tritt.
   d) Sieht der Titel oder die Vereinbarung weder eine Anrechnung noch eine Hinzurechnung des Kindergelds oder eines Teils des Kindergelds vor, ist Buchstabe a anzuwenden.

   Der sich ergebende Prozentsatz ist auf eine Dezimalstelle zu begrenzen. Die Nummern 1 und 2 bleiben unberührt.
4. Der Mindestunterhalt minderjähriger Kinder im Sinne des § 1612a Abs. 1 des Bürgerlichen Gesetzbuchs beträgt
   a) für die Zeit bis zur Vollendung des sechsten Lebensjahrs (erste Altersstufe) 289 €,
   b) für die Zeit vom siebten bis zur Vollendung des zwölften Lebensjahres (zweite Altersstufe) 322 €,
   c) für die Zeit vom 13. Lebensjahr an (dritte Altersstufe) 365 €

   jeweils bis zu dem Zeitpunkt, in dem der Mindestunterhalt nach Maßgabe des § 1612a Abs. 1 des Bürgerlichen Gesetzbuchs den hier festgelegten Betrag übersteigt.
5. In einem Verfahren nach § 621 Abs. 1 Nr. 4, 5 oder Nr. 11 der Zivilprozessordnung können die in Nummer 1 genannten Umstände noch in der Revisionsinstanz vorgebracht werden. Das Revisionsgericht kann die Sache an das Berufungsgericht zurückverweisen, wenn bezüglich der neuen Tatsachen eine Beweisaufnahme erforderlich wird.
6. In den in Nummer 4 genannten Verfahren ist eine vor dem 1. Januar 2008 geschlossene mündliche Verhandlung auf Antrag wieder zu eröffnen.

7. Unterhaltsleistungen, die vor dem 1. Januar 2008 fällig geworden sind oder den Unterhalt für Ehegatten betreffen, die nach dem bis zum 30. Juni 1977 geltenden Recht geschieden worden sind, bleiben unberührt.

I. Geltung des neuen Rechts auch in Altfällen

Artikel 3 Abs. 2 des RegE (§ 36 EG-ZPO) enthält sowohl die **materiell-rechtlichen** als auch **verfahrensrechtlichen Übergangsvorschriften.** Er bestimmt, dass das neue Recht ab dessen Inkrafttreten grundsätzlich auch bei bereits zuvor entstandenen Unterhaltsrechtsverhältnissen eingreift. Gestützt wird dies auf das Interesse der Rechtssicherheit und Rechtseinheit, ferner auf das Gebot der Gerechtigkeit, soweit die bisherige bestehende Unterhaltsregelung zu unbilligen Ergebnissen geführt hat. Die Abänderung bestehender Unterhaltsregelungen wird einerseits durch den allgemeinen Grundsatz einer wesentlichen Änderung eingeschränkt, insbesondere aber durch die Prüfung, ob diese für den Berechtigten unter Berücksichtigung des Vertrauens an den Fortbestand der getroffenen Regelung zumutbar ist. Hierdurch soll ein schonender Übergang auf die neue Rechtslage ermöglicht werden. 6

II. Voraussetzungen

Das neue Recht ist unter zwei Voraussetzungen – einer prozessualen und einer materiell-rechtlichen – anwendbar: 7

(1) Es muss eine **wesentliche Änderung** der Unterhaltspflicht iSd. § 323 Abs. 1, 4 durch Umstände eingetreten sein, die vor dem Inkrafttreten des Gesetzes zur Änderung des Unterhaltsrechts entstanden oder durch dieses erheblich geworden sind und

(2) die Änderung für den anderen Teil (Unterhaltsberechtigten und -verpflichteten) unter Berücksichtigung seines Vertrauens in die getroffene Regelung zumutbar ist.

III. Prozessuale Voraussetzungen

1. Begriff der wesentlichen Änderung. Der in § 36 EGZPO enthaltene Begriff einer wesentlichen Änderung deckt sich mit demjenigen des § 323 Abs. 1. Die Änderung muss sich auf die tatsächlichen Grundlagen der Entscheidung beziehen und nicht lediglich auf die insoweit vom Erstgericht vorgenommene Beurteilung. Wird die vom ersten Richter der Verurteilung zu einer künftigen Leistung zu Grunde gelegte Prognose auf eine unrichtige Bewertung der maßgeblichen Umstände gestützt, kann ein solcher Rechtsfehler nur mit einem Rechtsmittel korrigiert werden.[3] Eine **berechtigte Ausnahme** von diesem Grundsatz wird von der h. M. für den **Fall der Gesetzesänderung** zugelassen.[4] Hierauf bezieht sich § 36 Nr. 1 EGZPO. Eine wesentliche Änderung wird in der Rechtsprechung regelmäßig angenommen, wenn eine Abweichung von der Erstentscheidung iHv. 10 % erreicht wird; diese Schwelle muss aber nicht erreicht werden. So hat der BGH[5] die Anpassung der Regelbetragssätze nach § 1612 a BGB aF. im zeitlichen Abstand von zwei Jahren als Abänderungsgrund anerkannt. 8

Das neue Recht betrifft **titulierte und nicht titulierte Unterhaltsfestsetzungen.** Deren Anpassung erfolgt nach § 323 Abs. 1, 4 bzw. nach den Grundsätzen zum Wegfall der Geschäftsgrundlage gem. § 313 BGB. Da eine **Gesetzesänderung generell als Abänderungsgrund** nach § 323 Abs. 1, 4 gilt,[6] greift der RegE zur Anpassung der bestehenden Unterhaltsregelung auf diese Bestimmung zurück. Es wird nicht vorausgesetzt, dass eine Änderung der tatsächlichen Verhältnisse eingetreten ist; vielmehr ist eine Abänderung auch dann möglich, wenn bereits vor Inkrafttreten des neuen Rechts für die Bestimmung des Unterhalts wesentliche Umstände vorliegen, die jedoch durch die **neuen Regelungen eine andere rechtliche Bedeutung** erlangen können, so vor allem in Bezug auf die Dauer der Ehe und die Ausübung einer früheren Erwerbstätigkeit.

Unterhaltsregelungen sind insbesondere Urteile, Prozessvergleiche nach § 794 Abs. 1 Nr. 1, Titel nach § 794 Abs. 1 Nr. 5, Jugendamtsurkunden nach §§ 59, 60 SGB VIII, Anwaltsvergleiche, formlose Scheidungsfolgenvereinbarungen, nicht aber eine einstwAnO, weil diese keine bindende Unterhaltsfestsetzung beinhaltet.

2. Anwendungsfälle. 9

a. Vorverlegung der Erwerbsobliegenheit im Hinblick auf § 1570 Abs. 1 BGB (vorhandene Betreuungsmöglichkeiten).

b. Begrenzung eines bestehenden Unterhaltsanspruches nach § 1578 b BGB anstelle der §§ 1573 Abs. 5, 1578 Abs. 1 S. 2 BGB (v. a. in den Fällen der §§ 1571, 1572 BGB).

c. Änderung der Rangfolge nach § 1609 Nr. 1, 2 BGB. Dies betrifft v. a. den Unterhalt minderjähriger und volljähriger privilegierter Kinder iSd. § 1603 Abs. 2 S. 2 BGB in Bezug auf den bisher gleichrangigen Ehegattenunterhalt nach den §§ 1360, 1361, 1570 ff. BGB gemäß § 1609 Abs. 2 S. 1 BGB aF. sowie § 1582 BGB, wenn der zweite Ehegatte ein gemeinsames Kind betreut und nach § 1570 BGB unterhaltsberechtigt wäre; schließlich § 1615 l Abs. 3 S. 3 BGB.

---

[3] BGH NJW-RR 2001, 937 f.
[4] BGH FamRZ 1991, 542 = NJW-RR 1991, 514.
[5] BGH FamRZ 2005, 608; OLG Hamm FamRZ 2004, 1885.
[6] BGH FamRZ 1983, 569, 573; FamRZ 1988, 259; FamRZ 1991, 542 = NJW-RR 1991, 514.

d. Änderung des Mindestbedarfs, wenn die Düsseldorfer Tabelle wegen den geänderten Beträgen des Mindestunterhalts nach § 1612a Abs. 1 BGB iVm. § 36 Nr. 4 EGZPO im Verhältnis zu den Regelbeträgen einen anderen Betrag ergibt.
e. Veränderung der Selbstbehaltsätze, falls dies nach dem jeweiligen Existenzminimumbericht der Bundesregierung notwendig wird.

10 **3. Keine Präklusion nach §§ 323 Abs. 2, 767 Abs. 2 ZPO.** § 36 Nr. 2 EGZPO bestimmt ausdrücklich, dass die in Nr. 1 genannten Umstände bei der **erstmaligen Änderung eines vollstreckbaren Titels** ohne die Beschränkungen des § 323 Abs. 2 und des § 767 Abs. 2 (soweit dieser überhaupt eingreift) geltend gemacht werden können. Dies bedeutet, dass in der Erstentscheidung bereits bewertete Tatsachen und Umstände einer erneuten Beurteilung unterworfen werden können. Entsprechend gilt dies für Vereinbarungen. Durch die Hervorhebung der erstmaligen Änderung des Titels wird klargestellt, dass der Grundsatz der Präklusion nicht generell aufgehoben ist. Soweit in einem Fall nach §§ 1573 Abs. 1, 5, 1578 Abs. 1 Satz 2 BGB aF eine an sich gebotene Begrenzung nicht erfolgt ist, stellt sich die Frage, ob damit auch die in Bezug auf den weitgehend identischen § 1578b Abs. 1, 2 BGB dennoch eine Präklusion in Betracht kommt. Da § 1578b BGB teilweise weitere Billigkeitsgründe regelt, wird eine Präklusion regelmäßig ausscheiden.

11 **4. Laufende Verfahren bei Inkrafttreten der Reform.** Obwohl § 36 Nr. 1 EGZPO nur von Unterhaltsregelungen spricht, ist dennoch in laufenden Verfahren ab Inkrafttreten das neue Recht anzuwenden. In einem Unterhaltsverfahren, in dem ein Mangelfall nach § 1603 Abs. 2 BGB iVm. § 1609 Abs. 2 S. 1 BGB aF vorliegt, greift danach das neue Recht ein. Dies folgt auch aus § 36 Nr. 7 EGZPO. § 36 Nr. 6 EGZPO regelt auch entsprechend, dass in der Revisionsinstanz erhebliche Umstände vorzubringen sind, um eine Präklusion zu vermeiden. Dies gilt erst recht in der Berufungsinstanz. Im Rahmen dieser Entscheidung ist ebenfalls das Vertrauen auf einen bestehenden Rechtszustand zu berücksichtigen. Dies gilt insbesondere, wenn eine ehevertragliche Regelung zum nachehelichen Unterhalt vorliegt. Bis zum Inkrafttreten der Unterhaltsreform ist jedoch das bis dahin geltende Recht anzuwenden.

IV. Vertrauensschutz – Abwägungskriterien

12 Nach welchen Maßstäben die Vertrauensschutzprüfung erfolgen soll, ergibt sich aus der Begründung des RegE nicht. Letztlich lassen sich Maßstäbe ausschließlich aus Art. 6 Abs. 1, 2 GG iVm. Art. 3 Abs. 2 GG ableiten; das heißt, dass der Schutz von Ehe und Familie und der Schutz minderjähriger Kinder gegeneinander abzuwägen sind. Die Vertrauensschutzregelung ist im Lichte dieser Bestimmung anzuwenden. Folgende Gesichtspunkte sind danach maßgebend:

1. Zeitliche Dauer der bestehenden Unterhaltsregelung sowie persönliche Einstellung auf einen dauerhaften Bezug des geregelten Unterhalts.
2. Möglichkeit, durch eigene Einkünfte aus Vermögen oder Erwerbstätigkeit für den Unterhalt selbst oder jedenfalls weitgehend aufkommen zu können. **Aber:** Nach § 1577 Abs. 1, 3 BGB wird regelmäßig eine Bedürftigkeit im Sinne dieser Bestimmung in der Erstfestsetzung geprüft; Gleiches gilt in Bezug auf die Aufnahme einer Erwerbstätigkeit nach § 1573 Abs. 1 BGB. Hierbei kann auch berücksichtigt werden, dass ein geschiedener Ehegatte, der noch keine Altersrente bezieht, aus dem bei Scheidung durchgeführten Versorgungsausgleich ab dem Rentenfall eine angemessene Altersversorgung beziehen wird.
3. Ursachen sowie Umstände, die zu einer Unterhaltsabhängigkeit geführt haben – Betreuung gemeinsamer Kinder – Gestaltung von Haushaltsführung in der Ehe – Eintritt erhebliche ehebedingter Nachteile in der Ehe in Bezug auf das eigene berufliche Fortkommen, die nicht mehr ausgeglichen werden können – Einsatz für die berufliche sowie gewerbliche Tätigkeit des Unterhaltspflichtigen in der Ehe unter Aufgabe der eigenen beruflichen Tätigkeit – keine Vorsorge in der Ehe durch Unterhaltspflichtigen für den anderen im Betrieb mitarbeitenden Ehegatten – Einsatz eigenen Vermögens und Einkünften des Unterhaltsberechtigten für den Unterhaltspflichtigen während der Ehe – schicksalhafte Erkrankung in langjähriger Ehe.
4. Minderjährige Kinder sind schutzwürdiger als ein Ehegatte, da dieser eher für seinen Unterhalt aufkommen kann. Gegebenenfalls ist in Bezug auf die Rangstufen eine Gleichstellung beider Unterhaltsberechtigter vorzunehmen (wie in § 1609 Abs. 2 S. 1 BGB aF), wenn besondere Umstände, wie zu Ziffer 3 dargelegt, vorliegen.
5. Herabsetzung des vollen Unterhalts nach § 1578 Abs. 1 S. 1 BGB auf den Ersatzmaßstab nach § 1578b Abs. 1 S. 1 BGB.
6. § 36 Nr. 1 EGZPO spricht von **„seines Vertrauens"**. Es stellt sich die Frage, ob deshalb lediglich Umstände in der Person des Unterhaltsberechtigten beachtlich sind. Da Nr. 1 insgesamt nach **Unzumutbarkeitsgerichtspunkten eine Gesamtabwägung** verlangt, sind auch sonstige Umstände, die nicht in der Person des Unterhaltsberechtigten liegen, beachtlich. Hierbei handelt es sich v. a. um die Möglichkeit eines gleich- oder vorrangig Berechtigten der 2. Rangstufe des § 1609 Nr. 2 BGB, durch eine eigene berufliche Tätigkeit den Unterhaltspflichtigen zu entlasten.
7. Ein **geringerer Vertrauensschutz** besteht dann, wenn die Umstände der künftigen Veränderung bereits nach dem bisherigen Rechtszustand beachtlich waren. Dies gilt vor allem in Bezug auf die Fälle der §§ 1573 Abs. 5, 1578 Abs. 1 S. 2 BGB aF. Ferner kann bei einer bereits angelegten verfestigten Lebensgemeinschaft iSd. § 1579 Nr. 2 BGB (bisher Nr. 7), die aber noch nicht die zeitliche Voraussetzungen von mindestens zwei Jahren erfüllt, kein Vertrauensschutz entstehen.

8. Nach neuerer Rechtsprechung des BGH[7] sind nachehelich eingetretene Veränderungen bereits bedarfsprägend (nachehelich geborenes Kind; weiterer sonstiger Unterhaltsberechtigter – Stichwort: stets wandelbare Bedarfsverhältnisse). Soweit diese nach bisheriger Rechtslage beachtlich sind, kann auch künftig kein Vertrauensschutz entstanden sein.

Als besonderen Fall eines schützenswerten Vertrauen benennt der RegE den Fall einer **umfassenden Scheidungsfolgenvereinbarung,** in dem der Unterhalt lediglich einen Teil der gesamten Regelung darstellt, also eine Verknüpfung zu güter- und vermögensrechtlichen sowie versorgungsausgleichsrechtlichen Fragen vorliegt. Dies wird aber nur dann gelten, wenn ein **Gesamtbindungswille** i. S. des § 139 BGB angenommen werden kann. Ob das Vertrauen des Unterhaltsberechtigten Vorrang genießt, wird vor allem von dem Umfang der wirtschaftlichen Auswirkungen und der Dauer der bestehenden Regelung abhängen.

V. Anpassung dynamischer Titel – Zweck der Regelung des § 36 Nr. 3 EGZPO

Mit dem Angleichungsmodus soll der tatsächliche Zahlbetrag (nicht Tabellenbetrag) nicht verändert, sondern der neue Prozentsatz an die geänderte Bemessungsgrundlage des § 1612a Abs. 1 BGB iVm. § 36 Nr. 4 EGZPO angepasst werden. Die Umstellung auf das neue Recht soll kraft Gesetzes erfolgen, so dass ein gesondertes Anpassungsverfahren entfällt und auch eine Änderung der Vollstreckungsklausel sich erübrigt. Die Anpassung soll vielmehr durch die Vollstreckungsorgane erfolgen, so dass für ein Anpassungsverfahren das Rechtsschutzinteresse fehlt. Die vorhandenen Unterhaltstitel bleiben deshalb weiterhin bestehen. Dies wird in der Praxis sicherlich zu Schwierigkeiten führen(v. a. bei Gerichtsvollziehern). 13

Bestehende Regelung:	
135 % der 2. Altersstufe:	331 – 77 = 254 €
Anpassung an neue Bemessungsgrundlage:	331 – 322 = 102,7 %
damit:	322 × 102,7 % = 331 € (gerundet)
Tenor:	102,7 % des Mindestunterhalts der zweiten Altersstufe
Fall des Hinzurechnen des Kindergeldes	
(§ 1612b Abs. 2 BGB aF):	331 + 77 = 408 €
	408 – 77 = 331 €
	331 : 322 = 102,7 €

Da die Quotelung bei beiden barunterhaltspflichtigen Elternteilen in der Regel nicht gleich hoch ist, muss wegen der Deckungsregelung des § 1612b Abs. 1 BGB nach § 323 ein Abänderungsverfahren eingeleitet werden.

Fall ohne Kindergeldverrechnung:	200 + 77 = 277 €
	277 : 322 = 86,0 %
	322 × 86,0 % = 277 €

In Abs. 3 werden erforderliche Anpassungen an das Vereinfachte Verfahren nach §§ 645 ff ZPO vorgenommen, die inhaltlich aber keine wesentlichen Änderungen bedeuten. In § 645 Abs. 1 ZPO wird anstelle des 1, 5 – fachen Regelbetrages lediglich der 1, 2 – fache Mindestunterhalt gem. § 1612a Abs. 1 BGB – E vorgesehen. Hieraus folgt:

1,5-fache Regelbetrag der 2. Altersstufe:	245 × 1,5 = 368 – 77 = 291 €
1,2-facher Mindestunterhalt der 2. Altersstufe:	322 × 1,2 = 387 – 77 = 310 €

642 *Zuständigkeit*

(1) [1]Für Verfahren, die die gesetzliche Unterhaltspflicht eines Elternteils oder beider Elternteile gegenüber einem minderjährigen Kind betreffen, ist das Gericht ausschließlich zuständig, bei dem das Kind oder der Elternteil, der es gesetzlich vertritt, seinen allgemeinen Gerichtsstand hat. [2]Dies gilt nicht, wenn das Kind oder ein Elternteil seinen allgemeinen Gerichtsstand im Ausland hat.

(2) [1]§ 621 Abs. 2, 3 ist anzuwenden. [2]Für das vereinfachte Verfahren über den Unterhalt (§§ 645 bis 660) gilt dies nur im Falle einer Überleitung in das streitige Verfahren.

(3) Die Klage eines Elternteils gegen den anderen Elternteil wegen eines Anspruchs, der die durch Ehe begründete gesetzliche Unterhaltspflicht betrifft, oder wegen eines Anspruchs nach § 1615l des Bürgerlichen Gesetzbuchs kann auch bei dem Gericht erhoben werden, bei dem ein Verfahren über den Unterhalt des Kindes im ersten Rechtszug anhängig ist.

I. Normzweck

Für Verfahren, die die gesetzliche Unterhaltspflicht eines Elternteils oder beider Elternteile gegenüber einem minderjährigen Kind betreffen, ist das Gericht **ausschließlich zuständig,** bei dem das Kind oder der Elternteil, der es gesetzlich vertritt, seinen allgemeinen Gerichtsstand hat. Hierdurch wird zu Gunsten der minderjährigen Kinder bewirkt, dass bei Überleitung des Vereinfachten Verfahrens nach § 651 die Abgabe an ein anderes Gericht vermieden wird. Abänderungsverfahren nach §§ 323, 654, 656 sind unabhängig von der Parteistellung des Kindes nur an dem nach Abs. 1 zu bestimmenden Gericht anhängig zu machen, so dass keine verschiedenen Gerichtsstände entstehen. 1

[7] BGH FamRZ 2006, 683

II. Örtliche Zuständigkeit

2 **1. Grundlagen.** Abs. 1 S. 1 knüpft hinsichtlich der örtlichen Zuständigkeit an den allgemeinen Gerichtsstand des unterhaltsberechtigten Kindes an. Die Regelung verdrängt damit den allgemeinen Gerichtsstand des Unterhaltspflichtigen. Die Regelung greift nach ihrem Wortlaut nach auch dann ein, wenn beide Elternteile (bar-)unterhaltspflichtig sind (§ 1606 Abs. 3 S. 1 BGB), so wenn der Vormund des minderjährigen Kindes anteilig Unterhalt von beiden Elternteilen verlangt, so dass in einem Verfahren der Gesamtbarunterhalt des Kindes geltend gemacht werden kann, auch wenn beide Elternteile verschiedene allgemeine Gerichtsstände haben. Die Regelung des § 35a wird hierdurch in diesen Fällen hinfällig. Das zuvor Gesagte gilt aber nicht, wenn ein Elternteil im Ausland seinen allgemeinen Gerichtsstand hat (s. hierzu Rn. 6), da Abs. 1 S. 2 diesen Fall ausdrücklich regelt (**„oder ein Elternteil"**). Soweit der Vorrang des Verbundverfahrens, der in § 642 Abs. 2 S. 1 ausdrücklich festgelegt wurde (Rn. 7), nicht eingreift, können bei Geltendmachung des Kindesunterhaltes für ein minderjähriges Kind nach §§ 1601 ff. BGB, des Trennungsunterhalts nach § 1361 Abs. 1 BGB und des nachehelichen Unterhalts des sorgeberechtigten Elternteils nach §§ 1569 ff. BGB sowie des § 1615l BGB gegen den nicht mit der Mutter verheirateten Vater (nach § 1615l Abs. 5 BGB auch gegen die Mutter) verschiedene Gerichtsstände entstehen. Hierzu sieht § 642 Abs. 3 vor, dass in diesen Fällen die Klage auch bei dem Gericht erhoben werden kann, bei dem ein Verfahren über den Unterhalt des Kindes im ersten Rechtszug anhängig ist (eingehend Rn. 8). Alternativ sieht S. 1 auch eine Anknüpfung an den allgemeinen Gerichtsstand des Elternteils vor, der das Kind gesetzlich vertritt. Diese Regelung betrifft insbesondere die Vertretungsregelung des § 1629 Abs. 2 S. 2 BGB (eingehend § 621 Rn. 67), der das Alleinvertretungsrecht des Elternteils festlegt, in dessen **Obhut** sich das Kind befindet. Auch dieser Gerichtsstand ist ausschließlich. Er wird sich regelmäßig mit demjenigen des minderjährigen Kindes decken. Fallen diese auseinander, was im Hinblick auf die Regelung der §§ 7, 11 BGB faktisch ausscheidet[1], so ist nach dem Wortlaut des Gesetzes kein Vorrang des Gerichtsstandes des Kindes anzunehmen.[2] Soweit gemeinsame elterliche Sorge beider Elternteile besteht, was nach der Neuregelung der elterlichen Sorge durch das Kindschaftsreformgesetz jedenfalls in der Trennungszeit der Eltern regelmäßig der Fall ist, kann aus dem Bestehen eines Doppelwohnsitzes des Kindes nach §§ 7, 11 BGB[3] nicht abgeleitet werden, auch der (abweichende) Wohnsitz des unterhaltspflichtigen Elternteils führe zu einer Zuständigkeit des Wohnsitzgerichtes. Dem steht der eindeutige Gesetzeszweck entgegen (Rn. 1); entsprechend wird auch in der Gesetzesbegründung auf §§ 641l Abs. 3, 642a Abs. 4 (in Kraft bis 30. 6. 1998) verwiesen, obwohl diese Bestimmungen auf den Gerichtsstand des Unterhaltsberechtigten abstellten. Befindet sich das Kind bei gemeinsamer Sorge in der Obhut beider Elternteile (Wechselmodell) und überwiegt die Betreuungs- und Erziehungsleistung des einen Elternteils nicht diejenige des anderen, ist nach dem Gesetzeszweck des § 642 die ausschließliche Zuständigkeit aus der Sicht desjenigen Elternteils zu sehen, der (gegen den anderen) den Barunterhalt geltend macht. Entscheidend für die Zuständigkeit ist die Behauptung, der andere Elternteil sei ganz oder teilweise barunterhaltspflichtig (zur Vertretungsbefugnis s. a. § 621 Rn. 67).

3 **2. Verhältnis zu anderen (ausschließlichen) Gerichtsständen.** Ein Zusammentreffen ausschließlicher Zuständigkeiten nach Abs. 1 tritt vor allem mit der eine Familiensache betreffenden Vollstreckungsgegenklage nach § 767 Abs. 1 auf, für die § 802 die ausschließliche Zuständigkeit des erstinstanzlichen Prozessgerichts bestimmt. Anders als in dem Fall des § 621 Abs. 2 S. 1[4] verdrängt der Zweck des § 802, der in dem wesentlich stärkeren Sachbezug des Prozessgerichts besteht, nicht den Regelungszweck des Abs. 1, der die Interessen des minderjährigen Kindes schützen will. Dass der Gesetzgeber diesen Grundsatz im Hinblick auf § 802 einschränken wollte, ist angesichts der insoweit geklärten Rechtsfrage des Verhältnisses von § 621 Abs. 2 S. 1 zu § 802 nicht ersichtlich.[5] Dem ist der BGH nicht gefolgt, er belässt es bei dem Vorrang des §§ 767 Abs. 1, 802.[6] Folgt man dieser Rechtsprechung, ist es folgerichtig, den Vorrang auch bei der Klage einer vollstreckbaren Urkunde nach § 797 Abs. 5 iVm. §§ 767, 802 anzunehmen.[7]

4 Da Abs. 1 einen ausschließlichen Gerichtsstand bestimmt, scheidet die **Vereinbarung** eines **anderen Gerichtsstandes** aus, § 40 Abs. 2. Im Übrigen verdrängt Abs. 1 in seinem Anwendungsbereich § 23a, der aber dann noch eingreift, wenn der im Inland lebende Unterhaltspflichtige gegen das Kind mit allgemeinem Gerichtsstand im Ausland ein Abänderungsverfahren nach § 323 einleitet.[8] Zu dem Verhältnis zu § 35a wird auf Rn. 2 verwiesen.

5 **3. Weitere Fragen, Regelungsbereich.** Das Kind verliert auch bei einem längeren Aufenthalt im Ausland, der aber vorübergehend ist[9], seinen inländischen Wohnsitz (regelmäßig beim sorgeberechtigten Elternteil) nicht, damit auch nicht seinen allgemeinen Gerichtsstand. Im Übrigen unterliegen dem Regelungsbereich sämtliche Klagen, die den Unterhalt des minderjährigen Kindes betreffen, also Auskunftsklagen nach § 1605 Abs. 1 BGB, Leistungsklagen, Abänderungsklagen (Aktiv- und Passivprozess) nach § 323, Arrest- und Verfügungsverfahren nach §§ 919, 937, Vollstreckungsgegenklagen nach § 767 (s. Rn. 3) sowie nega-

---

1 S. auch BGH FamRZ 1984, 162; ferner NJW 1995, 1224.
2 S. auch BT-Drucks. 13/7338 S. 34; s. a. MK/*Coester-Waltjen* Rn. 15.
3 S. BGH FamRZ 1984, 162.
4 S. § 621 Rn. 14.
5 S. auch BT-Drucks. 7/5311 S. 8.
6 NJW 2002, 444 = FamRZ 2001, 1706.
7 OLG Hamm FamRZ 2003, 696.
8 S. aber Rn. 6.
9 Schüleraustausch – s. BT-Drucks. 13/9596 S. 50.

tive Feststellungsklagen, die gegen das Kind gerichtet sind. Nach dem eindeutigen Wortlaut erfasst Abs. 1 S. 1 außerdem die Klagen des Leistungsträgers bei übergeleiteten Unterhaltsansprüchen (§§ 33 SGB II, 94 SGB XII, 7 UntVorschG). Dass der Regelungszweck dieser Bestimmung insoweit auf die Klagen zwischen dem Unterhaltsberechtigten bzw. dem vertretungsbefugten Elternteil und dem Unterhaltspflichtigen begrenzt ist, kann aus der Gesetzesbegründung nicht entnommen werden. Vielmehr spricht der Wortlaut des Abs. 1 S. 1 dafür, dass auch Klagen aus übergegangenem Recht hiervon erfasst werden; Gleiches gilt im Falle der Prozessstandschaft nach § 1629 Abs. 3 S. 1 BGB im Fall der Trennung der Eltern. Ferner ist nach dem Gesetzeszweck ein sachlicher Zusammenhang bei Unterhaltsvereinbarungen gegeben, die den gesetzlichen Unterhalt modifizieren, bei Schadensersatzansprüchen wegen Nichterfüllung gemäß § 1613 Abs. 1 S. 1 BGB oder Verzug, Rückforderungsansprüchen, nicht dagegen, wenn es um einen familienrechtlichen Ausgleichsanspruch zwischen den Eltern oder um Ausgleichsansprüche nach § 1607 Abs. 2 S. 2 BGB geht, weil insoweit nicht die Durchsetzung des Kindesunterhalts und Sicherung des Lebensunterhalts im Streit steht. Soweit ein Kind Unterhalt im Rahmen der Ersatzhaftung nach § 1607 Abs. 1, 2 BGB (Großeltern) verlangt, spricht gegen die Anwendung des Abs. 1 nicht ohne Weiteres dessen Wortlaut,[10] weil Abs. 1 lediglich von der gesetzlichen Unterhaltspflicht der Eltern spricht und die Ersatzhaftung hierauf beruht. Entsprechend greift vor allem wegen des Regelungszweckes dieser Bestimmung die ausschließliche Zuständigkeit auch in diesem Fall ein. Dem steht nicht entgegen, dass es sich um eine selbständige Unterhaltspflicht eines Verwandten handelt. Klagt ein Unterhaltspflichtiger gegen mehrere Kinder auf Abänderung seiner Unterhaltspflicht nach § 323 Abs. 1 und haben diese unterschiedliche Gerichtsstände, so sind mehrere FamG zuständig. Hier kann entsprechend § 36 Abs. 1 Nr. 3 ein einheitlicher Gerichtsstand bestimmt werden.[11]

4. Allgemeiner Gerichtsstand im Ausland, Abs. 1 S. 2. In den Fällen, in denen weder das Kind noch ein vertretungsberechtigter Elternteil seinen allgemeinen Gerichtsstand im Inland hat, greift nach S. 2 der allgemeine Gerichtsstand des Unterhaltspflichtigen ein. Durch S. 2 soll jedoch nicht eine ausschließliche internationale Zuständigkeit begründet werden; vielmehr beschränkt S. 2 die in S. 1 bestimmte ausschließliche Zuständigkeit den ausschließlichen Gerichtsstand des Kindes oder des sorgeberechtigten Elternteils auf die reinen Inlandsfälle. Dies folgt aus der Änderung dieser Bestimmung im Gesetzgebungsverfahren.[12] Im Übrigen würde eine solche ausschließliche internationale Zuständigkeit im Gerichtsstand des Kindes im Verhältnis zu **internationalen sowie bilateralen Anerkennungs- und Vollstreckungsverträgen,** die indirekte Regelungen der internationalen Zuständigkeit enthalten, ohnehin nicht durchgreifen, weil die Bestimmungen dieser Verträge, die eine internationale Wahlzuständigkeit im Aufenthaltsstaat des Unterhaltsberechtigten (oder Unterhaltspflichtigen) vorsehen, vorrangig sind. Dies gilt insbesondere in Bezug auf Art. 3 Abs. 1, Art. 5 Nr. 2 EuGVVO[13] sowie Art. 4, 7 Nr. 1 des Haager Übereinkommens über die Anerkennung und Vollstreckung von Unterhaltsentscheidungen vom 2. 10. 1973. Hat das Kind seinen Wohnsitz im Ausland, greift die EuGVVO bereits dann ein, wenn der Rechtsstreit eine Anknüpfung zu *einem* Mitgliedstaat aufweist.[14] Außerdem ermöglicht die Regelung des S. 2, dass das Kind den Unterhalt im Ausland geltend macht, falls zu befürchten ist, dass das inländische Urteil im Aufenthaltsstaat des unterhaltspflichtigen Elternteils nicht anerkannt und nicht vollstreckt wird, sofern internationale Übereinkommen und bilaterale Verträge nicht eingreifen.[15] Entsprechendes gilt, wenn ein im Ausland erwirkter Titel im Falle einer ausschließlichen Zuständigkeit von einem inländischen Gericht nicht anerkannt würde. Die in Abs. 1 S. 1 geregelte ausschließliche Zuständigkeit ist nach S. 2 ferner aufgehoben, wenn beide Elternteile nach § 1606 Abs. 3 S. 1 BGB barunterhaltspflichtig sind, ein Elternteil aber seinen allgemeinen Gerichtsstand im Ausland hat (eingehend Rn. 2). 6

III. Vorrang der Verbundzuständigkeit, Abs. 2

Abs. 2 S. 1 behält den Vorrang des Verbundverfahrens für eheliche minderjährige Kinder bei, indem er die Anwendung von § 621 Abs. 2 und 3 anordnet (eingehend § 621 Rn. 11ff., 20ff.); er umfasst auch die internationale Verbundzuständigkeit (§ 621 Rn. 91ff.). Abs. 1 greift danach bei Unterhaltsverfahren ehelicher Kinder bis zur Anhängigkeit einer Ehesache (Einreichung) und nach Rechtskraft der Ehesache ein (§ 621 Rn. 12f.). Der Vorrang der Verbundzuständigkeit rechtfertigt sich in erster Linie aus einer sachgerechteren Bearbeitung, weil der Familienrichter die Verfahrensbeteiligten und deren persönlichen sowie wirtschaftlichen Verhältnisse regelmäßig auf Grund mehrerer gleichzeitig laufender Verfahren kennt. Für das Vereinfachte Verfahren gilt dies allerdings bis zu einer Überleitung in das streitige Verfahren nicht, S. 2. Der Vorrang des Verbundverfahrens greift deshalb erst ab Überleitung in das streitige Verfahren ein (§ 651). Wird eine Ehesache anhängig, so ist nach Maßgabe des Abs. 2 das streitige Verfahren zum Kindesunterhalt an das Gericht der Ehesache zu verweisen oder abzugeben, § 621 Abs. 3 S. 1. 7

---

10 So aber OLG Köln FamRZ 2005, 58; Zöller/Phillippi Rn. 2a.
11 S. a. BGHZ 90, 155, 159; FamRZ 1998, 361; BayObLG FamRZ 2001, 295.
12 Eingehend BT-Drucks. 13/9596 S. 49.
13 S. auch OLG Schleswig FamRZ 1993, 1333.
14 S. § 606a 33ff.; *Gottwald* FamRZ 2006, 1394- Anm. zu OLG Karlsruhe FamRZ 2007. 1393.
15 So Begründung des Rechtsausschusses des Deutschen Bundestages BT-Drucks. 13/9596 S. 49f.

IV. Ausdehnung der Regelung auf volljährige Kinder, Eintritt der Volljährigkeit im Verfahren

8 Nach dem eindeutigen Wortlaut gilt § 642 Abs. 1 nicht für volljährige Kinder.[16] Dies betrifft auch privilegierte Kinder nach § 1603 Abs. 2 S. 2 BGB, da diese Regelung nur eine materiell-rechtliche Gleichstellung in den dort geregelten Fällen bezweckt. I. Ü. beziehen sich diese Regelungen nur auf den Teilbereich des Mangelfalls, stellen also keinen allgemein gültigen Grundsatz dar.[17] War das Kind bei Zustellung der Klage (s. Rn. 5) noch minderjährig, so verbleibt es gemäß § 261 Abs. 3 S. 2 (perpetuatio fori) bei dem zuerst maßgeblichen Gerichtsstand.[18] Gleiches gilt, wenn ein inzwischen volljähriges Kind **rückständigen Unterhalt** aus der Zeit der Minderjährigkeit verlangt;[19] Abs. 1 spricht lediglich von der Unterhaltspflicht gegenüber einem minderjährigen Kind, besagt aber nichts zum Zeitpunkt der Geltendmachung. Ferner kann das volljährige Kind in diesem Verfahren auch den Unterhalt ab Volljährigkeit verlangen, weil es sich insoweit um einen einheitlichen Anspruch handelt; Gleiches gilt im Falle einer Klageerweiterung nach Eintritt der Volljährigkeit. Dies gilt auch, wenn die Rechtshängigkeit erst nach Vollendung des 18. Lebensjahres eintritt, für Prozesskostenhilfeverfahren, weil die in Abs. 1 enthaltene Schutzfunktion alle Verfahren zum Unterhalt minderjähriger Kinder erfasst; gestützt wird dies durch Abs. 3, wonach zur Begründung des dort geregelten temporären Wahlgerichtsstands die Anhängigkeit des Verfahrens zum Kindesunterhalt ausreicht. Ein volljähriges Kind kann sich nicht den ausschließlichen Gerichtsstand nach Abs. 1 zu Nutze machen, wenn dessen minderjährige Schwester/Bruder gleichzeitig Unterhalt geltend macht und die Gerichtsstände auseinander fallen.[20] Eine Ausnahme besteht nur in den in Abs. 3 geregelten Fällen (s. Rn. 9); eine an sich wünschenswerte Ausdehnung kann mangels einer gesetzliche Lücke nicht durch analoge Anwendung erreicht werden.

V. Temporärer Wahlgerichtsstand bei Anhängigkeit des Kindesunterhalts, Abs. 3

9 Greift der Vorrang der Verbundregelung nach Abs. 2 nicht ein, können bei Geltendmachung von Kindesunterhalt sowie eines Anspruchs, der eine durch die Ehe begründete gesetzliche Unterhaltspflicht betrifft (§§ 1361 Abs. 1, 1569 ff. BGB), oder wegen eines Anspruchs nach § 1615l BGB verschiedene Gerichtsstände bestehen (s. Rn. 2). Solange ein Verfahren zum Unterhalt für ein minderjähriges Kind **in erster Instanz** anhängig ist, können die zuvor genannten Verfahren (des idR das minderjährige Kind betreuenden) Elternteils auch bei dem Gericht erhoben werden, bei dem ein Verfahren über den Unterhalt des (gemeinsamen) Kindes anhängig ist. Gleiches gilt für ein Prozesskostenhilfegesuch; Rechtshängigkeit iSd. § 261 Abs. 3 ist nach dem eindeutigen Wortlaut sowie Sinn und Zweck der Regelung nicht erforderlich. Auf Grund der „Kannregelung" handelt es sich um einen Wahlgerichtsstand. Hierdurch kann der Unterhalt begehrende Elternteil sicherstellen, dass über beide Unterhaltsansprüche von demselben Gericht entschieden wird, das regelmäßig beide Verfahren verbinden wird, § 147. Für das Vereinfachte Verfahren nach §§ 645 ff. gilt dies ab dem Zeitpunkt, in dem dieses in ein streitiges Verfahren übergeht (§ 651). Ausgelöst wird der Wahlgerichtsstand auch durch andere Verfahren zum Kindesunterhalt (s. Rn. 5); er besteht auch im Fall des § 1629 Abs. 3 S. 1 BGB. Nicht abhängig ist die Zuständigkeitsvereinbarung davon, dass jeweils die selbe Verfahrensart vorliegt, weil Abs. 3 keine Verfahrensverbindung im Sinne einer objektiven Klagehäufung enthält, sondern lediglich eine Zuständigkeitsregelung entsprechend § 621 Abs. 2, 3 vorsieht. Damit kann auch ein Verfahren zum einstweiligen Rechtsschutz oder eine negative Feststellungsklage den Wahlgerichtsstand nach Abs. 3 auslösen. Die Regelung greift nur ein, wenn zeitlich zuerst das Verfahren zum Kindesunterhalt anhängig gemacht wurde. Wird der Kindesunterhalt zeitlich später als die genannten Verfahren des betreuenden Elternteils geltend gemacht, ist eine Verweisung (§ 281 Abs. 1) nicht möglich, weil keine Unzuständigkeit iSd. § 281 Abs. 1 vorliegt. Lediglich dann, wenn der betreuende Elternteil für seine Unterhaltsansprüche ein (örtlich) unzuständiges Gericht angerufen hat, kann eine Verweisung an das nach Abs. 1 berufene Gericht (ab Anhängigkeit) erfolgen. Möglich ist es, ein anhängiges Prozesskostenhilfegesuch zurückzunehmen und dieses nach Anhängigkeit des Kindesunterhalts bei dem hierfür zuständigen Gericht einzureichen. Wird eine Ehesache anhängig, so ist das Verfahren über den Unterhalt nach §§ 1361 Abs. 1, 1569 ff. BGB und das Verfahren zum Kindesunterhalt an das Gericht der Ehesache zu verweisen bzw. abzugeben, §§ 621 Abs. 3 S. 1, 642 Abs. 2. **Beendet** wird der Wahlgerichtsstand nach seinem Zweck mit Verkündung des das Verfahren abschließenden Urteils (auch wenn diese mit der Berufung angefochten wird), mit Abschluss eines Prozessvergleichs, übereinstimmender Erledigterklärung und wirksamer Rücknahme des Antrags, § 269 Abs. 1, 3.

VI. Gebühren und Kosten

10 **1. Rechtsanwaltsgebühren.** Für den Unterhaltsprozess gelten die Nrn. 3100 ff. VV RVG. Für das vereinfachte Verfahren entsteht die volle Verfahrensgebühr, die jedoch auf diejenige im nachfolgenden Rechtsstreit angerechnet wird (Nr. 3100 Abs. 2 VV RVG), dazu näher § 645 Rn. 6 ff.

11 **2. Gerichtskosten.** Mit der Klage wird ein Prozessverfahren erster Instanz eingeleitet; es gelten deshalb KV Nr. 1210 und auch § 12 GKG (Zahlung der Verfahrensgebühr vor Zustellung der Klage).

---

[16] S. a. OLG Dresden NJW 1999, 796 = FamRZ 1999, 449; MK/*Coester-Waltjen* Rn. 2; aA *Palandt/Diederichsen* § 1612 a Rn. 37.

[17] AA OLG Stuttgart FamRZ 2002, 1044; OLG Hamm FamRZ 2003, 1126.

[18] So a. OLG Hamm FamRZ 2001, 1012.

[19] S. a. OLG Naumburg FamRZ 2005, 120.

[20] AA OLG Oldenburg FamRZ 2005, 1846.

643 *Auskunftsrecht des Gerichts* **(1) Das Gericht kann den Parteien in Unterhaltsstreitigkeiten des § 621 Abs. 1 Nr. 4, 5 und 11 aufgeben, unter Vorlage entsprechender Belege Auskunft zu erteilen über ihre Einkünfte und, soweit es für die Bemessung des Unterhalts von Bedeutung ist, über ihr Vermögen und ihre persönlichen und wirtschaftlichen Verhältnisse.**

(2) [1]Kommt eine Partei der Aufforderung des Gerichts nach Absatz 1 nicht oder nicht vollständig nach, so kann das Gericht, soweit es zur Aufklärung erforderlich ist, Auskunft einholen

1. über die Höhe der Einkünfte bei
a) Arbeitgebern,
b) Sozialleistungsträgern sowie der Künstlersozialkasse,
c) sonstigen Personen oder Stellen, die Leistungen zur Versorgung im Alter und bei verminderter Erwerbsfähigkeit sowie Leistungen zur Entschädigung oder zum Nachteilsausgleich zahlen, und
d) Versicherungsunternehmen,

2. über den zuständigen Rentenversicherungsträger und die Versicherungsnummer bei der Datenstelle der Rentenversicherungsträger,

3. in Rechtsstreitigkeiten, die den Unterhaltsanspruch eines minderjährigen Kindes betreffen, über die Höhe der Einkünfte und das Vermögen bei Finanzämtern.

[2]Das Gericht hat die Partei hierauf spätestens bei der Aufforderung hinzuweisen.

(3) [1]Die in Absatz 2 bezeichneten Personen und Stellen sind verpflichtet, den gerichtlichen Ersuchen Folge zu leisten. [2]§ 390 gilt in den Fällen des § 643 Abs. 2 Nr. 1 und 2 entsprechend.

(4) Die allgemeinen Vorschriften des Buches 1 und 2 bleiben unberührt.

I. Normzweck

1 Die Vorschrift regelt die Auskunftspflicht in Unterhaltsstreitigkeiten der Parteien und in Absatz 2 bestimmter Dritter gegenüber dem Gericht, soweit in diesen ein **gesetzlicher Unterhalt** in den Verfahren des § 621 Abs. 1 Nr. 4, 5 und 11 geltend gemacht wird. Sie gilt dagegen nicht für das vereinfachte Verfahren, weil auf dieses nicht verwiesen wird und auch nicht mit dessen Ziel einer schnellen Titelschaffung vereinbar wäre. Die Auskunftspflicht erstreckt sich danach auf Verfahren zum Kindesunterhalt, die durch die Ehe begründete gesetzliche Unterhaltspflicht oder auf die Ansprüche nach §§ 1615l, 1615m BGB. Inhalt dieser Regelung ist kein aus dem Familienrecht abgeleiteter materiell-rechtlicher Anspruch iSd. §§ 1605, 1580 BGB, sondern er leitet sich aus dem Prozessrechtsverhältnis der Parteien zum Gericht ab. Sie gleicht einerseits der Regelung des § 11 Abs. 2 VAHRG, der vergleichbare Pflichten im Versorgungsausgleich regelt, beinhaltet aber auch Elemente der §§ 142 Abs. 1, 273 Abs. 2 Nr. 2 sowie des § 53b Abs. 2 S. 2 FGG. Aus dem Charakter einer prozessualen Auskunftspflicht folgt, dass diese Regelung keine Ermächtigung des Gerichts zu einer generellen Amtsermittlung beinhaltet, sondern diesem nur ermöglicht, Auskünfte über im Streit stehende Positionen zur Höhe des Unterhalts einzuholen. Nicht zulässig ist es insbesondere, dass das Gericht in einem Rechtsstreit zum **Bestehen einer Auskunftspflicht** nach §§ 1605, 1580 BGB selbst die Auskünfte über mögliche Einkünfte einholt, wenn diese zwischen den Parteien im Streit ist, weil es insoweit nicht um die *Bemessung des Unterhalts* iSd. Abs. 1 geht. Das Gesetz will nicht in den Grundsatz der Dispositionsmaxime der ZPO eingreifen. Entsprechend fehlt auch einer Auskunftsklage nach §§ 1580, 1605 BGB auch nicht das Rechtsschutzbedürfnis. Ferner folgt aus dieser Regelung nicht, dass eine **Pflicht zur Amtsermittlung** iSd. § 12 FGG besteht. Die Bestimmung, die auf die Besonderheiten des Unterhaltsverfahrens eingeht und im Grunde genommen die gesetzliche Sanktionierung einer langjährigen (sinnvollen) Praxis der FamG darstellt, stellt vielmehr (lediglich) eine Erweiterung der Befugnisse des § 273 in Bezug auf eine konkrete Einkommensermittlung in Unterhaltsverfahren dar. In ihrer prozessualen Wirkung führt sie einerseits zu einer Beschleunigung des Verfahrens, weil langwierige Auskunftsverfahren nach §§ 1605, 1580 BGB vermieden werden, und ferner zu einer Entlastung der FamG, weil in prozessökonomischer Hinsicht die Verfügungen zur Vorlage von Unterlagen sehr schnell erledigt werden können. Ferner kann die Einholung von Auskünften zu einer exakteren Feststellung der zur Unterhaltsbestimmung heranzuziehenden Einkünfte führen, dh. die Qualität der richterlichen Entscheidung verbessern. Entsprechend der Zwecksetzung des § 643 kann das FamG sowohl im Erkenntnisverfahren als auch im Rahmen des vorläufigen Rechtsschutzes nach §§ 620, 644 Auskünfte einholen. Der summarische Charakter des vorläufigen Rechtsschutzes steht dem jedenfalls dann nicht entgegen, wenn die Auskünfte alsbald beschafft werden können und im Übrigen ohne eine solche Auskunft trotz einer Glaubhaftmachung iSd. § 620 Abs. 2 S. 2 keine Sachentscheidung getroffen werden kann. Der Regelungsbereich dieser Bestimmung wird nach deren Zweck nicht dadurch begrenzt, dass der Unterhaltspflichtige bereits dem Grunde nach seine Unterhaltspflicht ablehnt, wenn das FamG eine solche nach Grund und Höhe annimmt. Das FamG entscheidet allein nach pflichtgemäßem Ermessen, ob es die Einholung von Auskünften für geboten hält (s. Rn. 6).

II. Art und Umfang der Auskunftspflicht, Abs. 1

2 Abs. 1 bestimmt, welche Auskünfte das FamG von den Parteien verlangen kann, um die für die Bemessung des Unterhalts maßgebenden Einkünfte und Angaben zu erlangen. Er legt fest, dass in Verfahren zu der durch Verwandtschaft begründeten gesetzlichen Unterhaltspflicht (§ 621 Abs. 1 Nr. 4), das sind insbesondere der Unterhalt minderjähriger und volljähriger Kinder, aber auch betagter Eltern gegen ihre er-

wachsenen Kinder, der durch Ehe begründeten gesetzlichen Unterhaltspflicht nach §§ 1361 Abs. 1, 1569ff. BGB (§ 621 Abs. 1 Nr. 5) und zu den Ansprüchen nach den §§ 1615l, 1615m BGB eine Auskunfts- und Belegpflicht trifft. Diese Pflicht betrifft nach Sinn und Zweck der Regelung sowohl den Unterhaltspflichtigen wie den Unterhaltsberechtigten, im Falle der Überleitung des Unterhaltsanspruchs die Leistungsträger nach §§ 33 SGB II, 94 SGB XII, 7 UntVorschG, 37 BAföG. Inhaltlich geht die sich aus Abs. 1 ergebende Pflicht auf **Erteilung einer Auskunft** im Umfang des § 259 Abs. 1 BGB. Weiter legt Abs. 1 fest, dass sich die prozessuale Auskunftspflicht unbeschränkt auf sämtliche Einkommensquellen bezieht, die in Form einer einheitlichen Aufstellung zu erfolgen hat. Ferner ist Auskunft zu erteilen über das **Vermögen** sowie die **persönlichen und wirtschaftlichen Verhältnisse,** soweit es für die Bemessung des Unterhalts von Bedeutung ist (nichteheliche Partnerschaft, Eigenheim). Hierbei ist eine Abgrenzung schwer vorzunehmen. Beim Unterhaltsberechtigten kann unter den Voraussetzungen der §§ 1602 Abs. 2, 1577 Abs. 3 BGB auch der Vermögensstamm einzusetzen sein, so dass grundsätzlich sämtliche Vermögenswerte anzugeben sind. Im Rahmen der §§ 1578 Abs. 1, 1610 Abs. 1 BGB sind nicht prägende Vermögenswerte nicht anzugeben. Beim Unterhaltspflichtigen folgt die Auskunftspflicht zum Vermögen im Hinblick auf § 1581 S. 2 BGB zum nachehelichen Unterhalt.

3 Ferner sieht Abs. 1 die **Vorlage von Belegen** zu der erteilten Auskunft vor. Diese Pflicht beinhaltet aber nicht die Pflicht zur Erstellung von Belegen, sondern nur die Vorlage vorhandener Belege. Im Rahmen der erforderlichen Aufforderung zur Erteilung der Auskunft durch das FamG bedarf es keiner Konkretisierung der Auskunftspflicht, weil diese gegebenenfalls das FamG in die Lage versetzen soll, konkrete Belege zu verlangen.

4 Die Einholung von Auskünften durch das Gericht liegt im **pflichtgemäßen Ermessen** des FamG;[1] es besteht also keine Pflicht zur Ermittlung von Amts wegen (Rn. 1). Nach Sinn und Zweck wird die Einholung einer Auskunft und die Vorlage von Belegen immer dann geboten sein, wenn sich die Feststellung der Unterhaltshöhe erheblich verzögern würde, dh. eine mangelnde Prozessförderung anzunehmen ist. In der **zweiten Instanz** kann das Auskunftsbegehren wiederholt werden, soweit sich die Verhältnisse (durch Zeitablauf) verändert oder in erster Instanz keine hinreichende Auskunft verlangt wurde. Unterlässt es die erste Instanz, eine Auskunft nach § 643 Abs. 1 einzuholen, so kann hierin ein Verfahrensmangel iSd. § 538 Abs. 2 S. 1 Nr. 1 liegen, der zur Aufhebung des Urteils und Rückverweisung des Verfahrens führt. Dies ist vor allem anzunehmen, wenn sich ein Verfahren mangels konkreter und klarer Angaben zu den Einkommensverhältnissen sehr lange hinzieht, also ein Verstoß gegen die richterliche Aufklärungspflicht iSd. § 139 anzunehmen ist. Nicht erforderlich ist der **Antrag** einer Partei; ein solcher stellt nur eine Anregung zum Tätigwerden durch das Gericht dar.

5 Kommt die Partei trotz erfolgter Aufforderung der Auskunfts- und Belegpflicht gemäß Abs. 1 nicht nach, so kann das Gericht lediglich selbst Auskünfte bei den in Abs. 2 genannten Stellen zur Höhe von erzielten bzw. erzielbaren Einkünften einholen. Nicht zulässig ist es dagegen, gegen eine Partei eine **Sanktion** wegen nicht erfüllter Auskunft zu verhängen, wie dies im Falle des § 11 Abs. 2 VAHRG nach § 33 FGG möglich ist. Jedoch kann das FamG, wenn eigene Ermittlungen nach Abs. 2 nicht weiterführen, im Rahmen der Beweiswürdigung unter Beachtung der Beweislastverteilung, deren Grundsätze durch § 643 nicht berührt werden, dem Auskunftspflichtigen Einkünfte zurechnen. Auch kann es nach § 93d dem Auskunftspflichtigen die **Kosten des Verfahrens** abweichend von den allgemeinen Bestimmungen auferlegen.

III. Einholung von Auskünften durch das Gericht, Abs. 2

6 **1. Grundlagen.** Erfüllt eine Partei nicht oder nicht vollständig die ihr nach Abs. 1 auferlegte Auskunfts- und Belegpflicht, so kann das FamG von den in Abs. 2 aufgeführten Personen bzw. Stellen Auskünfte einholen, soweit diese zur Bemessung des Unterhalts erforderlich sind. Voraussetzung hierfür ist aber, dass das FamG spätestens in der Aufforderung zur Erfüllung der Auskunfts- und Belegpflicht nach Abs. 1 darauf hinweist, dass bei Nichterfüllung das Gericht die notwendigen Auskünfte selbst einholen kann, Abs. 2 S. 1. Diese Hinweispflicht darf nicht übergangen werden, um der Partei die Möglichkeit zu geben, die Auskunft freiwillig zu erteilen, ehe das Gericht durch die Anfrage offen legt, dass diese von einer gerichtlichen Auseinandersetzung um Unterhalt betroffen ist; sie dient damit dem Schutz der Persönlichkeitssphäre. Hieraus folgt auch, dass das FamG bei einer Partei eine ergänzende Auskunft einholen muss, wenn offensichtlich aus Versehen ein Teil der angeforderten Auskünfte nicht erfüllt wurde. Weitere Voraussetzung ist, dass die angeforderte Auskunft zur Aufklärung auch tatsächlich notwendig ist. Das FamG muss deshalb bei einem Streit zwischen den Parteien um die Unterhaltspflicht dem Grunde nach prüfen, ob ein Unterhaltstatbestand (zB nach §§ 1572, 1573 Abs. 1 BGB) überhaupt gegeben ist oder ein solcher nach § 1579 Nr. 1 BGB generell nicht besteht. Holt das Gericht die angeforderten Auskünfte ein, so kann daneben dennoch eine Maßnahme nach § 273 angeordnet werden; ferner ist die schriftliche Beantwortung von Beweisfragen nach § 377 Abs. 3 und die Einholung amtlicher Auskünfte nach § 358a S. 1 Nr. 2 möglich. Dennoch wird in vielen Fällen durch die Einholung der Auskünfte nach Abs. 2 sich eine Beweisaufnahme erübrigen.

7 **2. Inhalt der Auskünfte.** Das FamG kann nach S. 1 in allen Unterhaltsverfahren über die Höhe der **Einkünfte** Auskünfte einholen; in Rechtsstreitigkeiten, die den Unterhaltsanspruch eines **minderjährigen Kindes** betreffen, darüber hinaus auch Auskünfte über das **Vermögen;** diese Auskunft kann aber nur bei Finanzämtern eingeholt werden. Sie wird regelmäßig darin bestehen, dass bei Selbständigen je nach der Art

[1] Unklar OLG Frankfurt/M FamRZ 2007, 404 – nicht konkret festgestellt.

der Gewinnermittlung entweder die Bilanzen nach § 4 Abs. 1 EStG oder die Einnahmen-Überschuss-Rechnung nach § 4 Abs. 3 EStG, die eine Auflistung der Einnahmen und Ausgabenpositionen sowie einen Anlagespiegel enthält, zugeleitet wird. Ferner können Auskünfte über die sich aus der Einkommenssteuererklärung ergebenden sonstigen Vermögenspositionen wie Immobilien, Kapitalvermögen, Aktien und Ähnliches verlangt werden. Zur Ermittlung des nachhaltig erzielbaren Einkommens kann das FamG hinsichtlich der Einkünfte deshalb auch verlangen, dass für mehrere Jahre diese Auskünfte erteilt werden. Ferner kann das FamG bei der Datenstelle der Rentenversicherungsträger, die vom Verband der Deutschen Rentenversicherungsträger verwaltet wird (§§ 146 Abs. 2, 150 SGB VI), Auskünfte über den zuständigen Rentenversicherungsträger sowie die Versicherungsnummer einer Partei erhalten, um hierdurch mögliche Einkünfte aus der gesetzlichen Rentenversicherung ermitteln zu können, Abs. 2 S. 1 Nr. 2 (s. a. Rn. 11).

3. Auskunftspflichtige Personen und Stellen. S. 1 regelt die zur Auskunft verpflichteten Personen und Stellen. Im Hinblick auf den Schutz der Persönlichkeitssphäre der auskunftspflichtigen Partei (s. Rn. 6) kann das FamG nur bei den genannten Personen und Stellen eine Auskunft verlangen, nicht aber bei weiteren Stellen oder Personen. Nach S. 1 Nr. 1 sind die **Arbeitgeber,** wozu auch der öffentlich-rechtliche Dienstherr gehört, auskunftspflichtig. Der Begriff ist funktionell zu verstehen; im Einzelfall können sich deshalb Abgrenzungsschwierigkeiten ergeben, wenn die für ein Arbeitgeber-Arbeitnehmer-Verhältnis typische Weisungsbefugnis (zB bei Handelsvertretern) nicht besteht.[2] Kann ein solches nicht angenommen werden, ist eine Anfrage bei dem zuständigen Finanzamt nur bei Verfahren betreffend den Unterhalt minderjähriger Kinder möglich. Nach Nr. 1 Buchstabe b sind auch die Sozialleistungsträger (§ 12 SGB I) auskunftspflichtig (und -berechtigt). Die Auskunft ist sowohl auf die Sozialleistung selbst als auch auf einzelne Berechnungselemente der (künftigen) Sozialleistung oder ihr zu Grunde liegende Berechnungselemente zu beziehen. So kann zB von der gesetzlichen Krankenkasse bzw. den Rentenversicherungsträgern der gesetzlichen Rentenversicherung einer Partei das sozialversicherungspflichtige Bruttoarbeitsentgelt für ein oder mehrere Jahre abgefragt werden. Die Künstlersozialkasse (§§ 37 ff. KSVG) wird in Nr. 1 Buchstabe b ausdrücklich aufgeführt, um einen Streit über deren Einbeziehung zu vermeiden und das Auskunftsersuchen nicht am Sozialdatenschutz (§ 35 Abs. 1 S. 4 SGB I) scheitern zu lassen.[3] Nicht aufgeführt ist dagegen der Postrentendienst der Deutschen Bundespost, da dieser Auskünfte nur in einem maschinellen Verfahren erteilt und die Gerichte die hierfür erforderlichen technischen Voraussetzungen nicht erfüllen. Die rechtliche Grundlage zur Übermittlung von Sozialdaten folgt aus § 74 Nr. 1 Buchstabe a SGB X. 8

Nr. 1 Buchstabe c präzisiert den **Kreis der auskunftspflichtigen Stellen.** Da der unterhaltsrechtliche Begriff des Einkommens weit gezogen ist und jedes Einkommen erfasst, das der Deckung des Lebensunterhalts dient, wird auch der Kreis der auskunftspflichtigen Stellen entsprechend ausgedehnt. Die Befugnis zur Auskunftseinholung erstreckt sich deshalb nicht nur auf die in Nr. 1 Buchstabe b aufgeführten Leistungsträger, sondern erfasst die in § 69 Abs. 2 Nr. 1, 2 SGB X genannten Einrichtungen, deren Leistungen der Versorgung wegen Alters- und Erwerbsminderung (bisher Berufs- und Erwerbsunfähigkeitsrenten), der Entschädigung für besondere Opfer oder dem Nachteilsausgleich dienen. Ferner gehören hierzu berufsständische oder private Träger der Alters- und Erwerbsminderungsversorgung, das sind vor allem die Versorgungseinrichtungen der Selbständigen (Ärzte, Architekten, Rechtsanwälte, Steuerberater u. a.) sowie der privaten betrieblichen Altersversorgung gemäß dem BetrAVG (Unterstützungskassen, Arbeitgeber, Zusatzversorgung des öffentlichen Dienstes). Zum Kreis der aufgeführten Stellen gehören außerdem die Träger einer privaten Rentenversicherungsleistung aus einer Lebensversicherung. 9

Nach Nr. 1 Buchstabe d sind auch **privatrechtlich organisierte Versicherungsunternehmen** zur Auskunft verpflichtet, soweit von diesen Leistungen erbracht werden, die dem Unterhalt dienen, aber nicht als laufende wiederkehrende Rente (s. Rn. 9 aE), sondern in Form einer (fälligen) Kapitalleistung aus einer Kapitallebensversicherung ausbezahlt werden. 10

Die Nr. 2 ermöglicht es dem FamG, die **Datenstelle der Rentenversicherungsträger** zur Ermittlung des für die auskunftspflichtige Partei zuständigen Rentenversicherungsträgers um die Erteilung einer Auskunft zu ersuchen (s. a. Rn. 7 aE). Über diesen Weg kann das FamG nicht nur Auskunft zu Versorgungsleistungen einer Partei wegen Alters oder Erwerbsminderung (§ 43 Abs. 1, 2 SGB VI – früher Berufs- bzw. Erwerbsunfähigkeit) erlangen (S. 1 Nr. 1 Buchstabe c), sondern auch bei einem (aktiven) Arbeitnehmer das sozialversicherungspflichtige Bruttoarbeitsentgelt (S. 1 Nr. 1 Buchstabe b) für ein oder mehrere Jahre abfragen, auf dessen Grundlage das monatliche Nettoeinkommen errechnet werden kann. 11

Eine Sonderstellung nimmt **S. 1 Nr. 3** ein. In Rechtsstreitigkeiten, die den Unterhaltsanspruch eines minderjährigen Kindes betreffen, kann das FamG von den **Finanzämtern** Auskünfte über die Höhe der Einkünfte und das Vermögen verlangen. In dieser Regelung kommt der Vorrang der Sicherung der wirtschaftlichen Basis des minderjährigen Kindes vor der Wahrung des Steuergeheimnisses zum Ausdruck.[4] Die Auskunft erstreckt sich auf die **Einkünfte** und das **Vermögen,** geht also insoweit weiter als die in S. 1 geregelte Auskunft. Andererseits ist die Auskunft bei den Finanzämtern begrenzt auf den Unterhalt minderjähriger Kinder; sie kann also nicht für die aus der Ehe sich ergebende gesetzliche Unterhaltspflicht oder zur Durchsetzung des Unterhalts Volljähriger verlangt werden. Andererseits kann aus dem Verbot der Einholung einer Auskunft hinsichtlich weiterer Unterhaltsberechtigter kein Verwertungsverbot von Auskünften, die zur Bestimmung des Unterhalts minderjähriger Kinder eingeholt werden, abgeleitet werden, weil hierin 12

---

[2] Für Arbeitgebereigenschaft MK/*Coester-Waltjen* Rn. 14.
[3] S. BT-Drucks. 13/7338 S. 35.
[4] § 30 AO steht dem nicht entgegen; s. BT-Drucks. 13/7338 S. 36.

keine Verletzung des Steuergeheimnisses liegt, und im Übrigen in Bezug auf die familienrechtlichen Beziehungen zwischen Unterhaltsberechtigtem und Unterhaltsverpflichtetem das Unterhaltsinteresse dem Geheimhaltungsinteresse vorgeht,[5] weil eine gesetzliche Pflicht zur Erteilung der Auskunft (nach § 1605 Abs. 1 BGB) nicht durch eine vertragliche Regelung abbedungen werden kann. Dass der Rechtsausschuss des Deutschen Bundestages eine Ausdehnung der Auskunftspflicht auf sämtliche Unterhaltsrechtsstreitigkeiten abgelehnt hat[6], steht im Hinblick auf diese Abwägung dem nicht entgegen. Zum Inhalt und Umfang der Auskunftserteilung wird auf Rn. 7 verwiesen.

13 Nach S. 2 ist die auskunftspflichtige Partei bei der Aufforderung zur Erteilung der Auskunft darauf hinzuweisen, dass das FamG bei Nichterfüllung oder nicht ausreichender Mitwirkung an der Klärung des unterhaltsrechtlich maßgeblichen Einkommens **Auskünfte** bei den in Abs. 2 S. 1 **aufgeführten Personen und Stellen einholen** kann.[7] Durch diesen Hinweis soll die Bereitschaft der Partei zur freiwilligen Mitwirkung an der Klärung des Sachverhalts gesteigert werden, die vor allem eine Anfrage des FamG bei Arbeitgebern vermeiden will.

14 **4. Pflicht der Personen und Stellen zur Auskunft, Abs. 3. Satz 1** regelt die Verpflichtung zur Auskunft der in Abs. 2 bezeichneten Personen und Stellen. Hieraus folgt auch, dass sich diese einerseits nicht auf eine **Verschwiegenheitspflicht** bzw. ein **Zeugnisverweigerungsrecht** berufen können, da sich der Gesetzgeber in § 643 Abs. 1 bis 3 auf den Vorrang des Unterhaltsinteresses vor dem Geheimhaltungsinteresse entschieden hat (s. a. § 385 Abs. 1 S. 3).[8] Andererseits bedeutet diese Regelung für die in Abs. 2 bezeichneten Personen und Stellen gegenüber den Betroffenen die Befreiung von der Einhaltung einer bestehenden Verschwiegenheitspflicht bzw. eines Zeugnisverweigerungsrechts. S. 2 bestimmt, dass die für Zeugen geltenden Vorschriften über die Folgen einer unberechtigten Verweigerung des Zeugnisses entsprechend anzuwenden sind. Danach können die FamG ein Ordnungsgeld, ersatzweise Ordnungshaft verhängen oder Kosten auferlegen. Ausgenommen hiervon sind jedoch Auskunftsersuchen an die Finanzämter nach § 643 Abs. 2 S. 1 Nr. 3. Bei diesen kann erwartet werden, dass sie dem gerichtlichen Ersuchen auf Auskunft nachkommen werden. Soweit Meinungsverschiedenheiten über das Bestehen und den Umfang der Auskunftspflicht entstehen, ist hierzu eine Klärung über die vorgesetzte Behörde (Oberfinanzdirektion oder Finanzministerium) herbeizuführen. Auch bei den übrigen Behörden scheidet die Anwendung von Zwangsmitteln aus, da diese grds. zur Amtshilfe verpflichtet und Meinungsverschiedenheiten im Rahmen der Fachaufsicht der vorgesetzten Dienstbehörde zu klären sind.

15 **5. Verhältnis zu Maßnahmen der Prozessleitung, Abs. 4.** In Abs. 4 wird klargestellt, dass das Verhältnis zu den Maßnahmen des FamG im Rahmen seiner Prozessleitungsbefugnis unberührt bleibt. Danach können neben den Maßnahmen des § 643 Abs. 1, 2 (weiterhin) weitere Maßnahmen zur Klärung des Sachverhalts ergriffen werden, so vor allem im Rahmen der richterlichen Aufklärungspflicht nach § 139, der Anordnung zur Vorlage von Urkunden (§ 142) und Akten (§ 143) oder der Anordnung vorbereitender Maßnahmen nach § 273. Ferner können daneben Beweise nach §§ 377 Abs. 3, 358a erhoben werden (Rn. 1).

IV. Gerichtskosten

16 **Gerichtskosten.** Vgl. § 273 Rn. 17.

644 ***Einstweilige Anordnung*** **[1]Ist eine Klage nach § 621 Abs. 1 Nr. 4, 5 oder 11 anhängig oder ist ein Antrag auf Bewilligung von Prozesskostenhilfe für eine solche Klage eingereicht, kann das Gericht den Unterhalt auf Antrag durch einstweilige Anordnung regeln. [2]Die §§ 620a bis 620g gelten entsprechend.**

I. Normzweck

1 Die neue Regelung ermöglicht auf Antrag einer Partei den Erlass einer einstwAnO über den Unterhalt für sämtliche Unterhaltsverfahren vor dem FamG. Sie weitet damit den in der Praxis sehr bewährten einstweiligen Rechtsschutz in Unterhaltssachen und in Ehesachen nach §§ 620ff. nicht nur auf Unterhaltsverfahren ehelicher Kinder und getrennt lebender sowie geschiedener Ehegatten vor Anhängigwerden und nach rechtskräftigem Abschluss einer Ehesache aus, sondern sieht diesen auch für alle Unterhaltsverfahren vor, insbesondere für Kinder nicht verheirateter Eltern sowie die Ansprüche nach §§ 1615l, 1615m BGB. Die Regelung verdrängt ferner in ihrem Anwendungsbereich den einstweiligen Rechtsschutz in Form der einstwVfg. (iSe. Leistungsverfügung), nach der verfahrensrechtlich lediglich ein zeitlich befristeter und der Höhe nach auf den Notunterhalt begrenzter Anspruch zugesprochen werden kann (eingehend § 620 Rn. 2, 17), während die einstwAnO zum Unterhalt es ermöglicht, den vollen Unterhalt ohne zeitliche Begrenzung zuzusprechen.

[5] BGH NJW 1982, 1642 = FamRZ 1982, 680; NJW 1983, 1554 = FamRZ 1983, 680; eingehend FamRZ 2005, 1986, 1987; zustimmend MK/*Coester-Waltjen* Rn. 18.
[6] S. Beschlussempfehlung und Bericht BT-Drucks. 13/9596 S. 51.
[7] S. hierzu eingehend Rn. 6.
[8] Zur partiellen Einschränkung s. Rn. 12.

II. Regelungsbereich, Voraussetzungen

Entsprechend der Regelung des § 620a Abs. 2 S. 1, die in Ehesachen gilt, kann eine einstwAnO beantragt und vom FamG erlassen werden, sobald eine Klage nach § 621 Abs. 1 Nr. 4, 5 oder 11 anhängig oder ein Antrag auf Bewilligung von Prozesskostenhilfe für eine solche Klage eingereicht ist. Hierzu gehört das vereinfachte Verfahren nicht, dagegen alle Klagearten zum Unterhalt, insbesondere Auskunfts-, Stufenklagen nach § 254, Abänderungs- und negative Feststellungsklagen.[1] Eine Beschränkung der einstwAnO auf reine Leistungsklagen ergibt sich weder aus dem Wortlaut noch dem Zweck der Regelung. Auch ist der Unterhaltsschuldner nicht schutzlos, da er gegen die einstwAnO mit der negativen Feststellungsklage vorgehen kann, wenn es der Unterhalt Begehrende bei der Auskunftsklage belässt. Gegen die Zulässigkeit der einstwAnO bei einer reinen Auskunftsklage spricht auch nicht, dass die materiell-rechtliche Prüfung der einstwAnO weiter geht als im Hauptsacheverfahren,[2] weil auch im Fall des § 620 Nr. 4, 5 nicht zwingend ein Hauptsacheverfahren zum Unterhalt anhängig gemacht werden muss, sondern bereits eine anhängige Ehesache zur Zulässigkeit der einstwAnO führt. Anders als die einstwVfg. setzt die einstwAnO nach § 644 ein **Hauptsacheverfahren** voraus, kann also nicht wie diese als selbständiges Verfahren geführt werden. Erforderlich für den Erlass einer einstwAnO ist ein **Regelungsbedürfnis,** wenn ein Unterhaltsanspruch gegeben ist und zwischen den Parteien Streit besteht, ob und in welcher Höhe dieser zu bezahlen ist. Zu den Einzelheiten wird auf § 620 Rn. 5f. verwiesen. Der Antrag auf Erlass einer einstwAnO ist während des gesamten Verfahrens bis zum rechtskräftigen Abschluss möglich (s. auch § 620a Rn. 2ff.). Wird das Hauptsacheverfahren mit dem Rechtsmittel der Berufung angefochten, kann eine einstwAnO auch in zweiter Instanz beantragt werden. Zur Zuständigkeit gilt § 620a Abs. 4 S. 1, 2 entsprechend, § 644 S. 2. Das Berufungsgericht kann auch eine in erster Instanz erlassene einstwAnO nach § 620b Abs. 3 S. 2 abändern. Eine einstwAnO ermöglicht es, dem Unterhaltsberechtigten den vollen Unterhalt zeitlich unbefristet zuzusprechen. Eine übermäßige Beeinträchtigung des Unterhaltspflichtigen im Verhältnis zur einstwVfg. ist hierin nicht zu sehen, weil die einstwAnO regelmäßig ihre Wirkung mit Erlass der Hauptsacheentscheidung verliert, also eine Kontrolle der Anordnung im Erkenntnisverfahren erfolgt. Nicht zulässig ist es, in einem Verfahren zum Unterhalt des getrennt lebenden Ehegatten nach § 1361 Abs. 1 BGB einen Antrag auf Erlass einer einstwAnO zur Regelung des Unterhalts für ein gemeinsames Kind zu stellen (und umgekehrt). Das folgt aus dem Wortlaut des § 644 S. 1, aus dem sich ergibt, dass nur zu dem anhängigen Hauptsacheverfahren und einem entsprechenden Prozesskostenhilfegesuch eine einstwAnO erlassen werden kann („... kann das Gericht **den Unterhalt**... durch einstweilige Anordnung regeln“). Eine einstwAnO ist mit Rechtskraft des Urteils zur Hauptsache oder bei Klagerücknahme nicht mehr zulässig (allgemein § 620a Rn. 4). 2

III. Durchführung des Verfahrens, Reichweite der einstweiligen Anordnung, Außerkrafttreten, Rechtsmittel

Die Durchführung des Verfahrens richtet sich nach den §§ 620a bis 620g, die entsprechend gelten, § 644 S. 2. Insoweit kann auf die dortigen Ausführungen verwiesen werden; **Anwaltszwang** besteht nicht, da auch in isolierten Unterhaltsverfahren ein solcher nicht gegeben ist (s. auch § 620 Rn. 6). Auch kann – wie bei § 620 – nicht für eine zurückliegende Zeit Unterhalt verlangt werden. Vor allem die Frage des **Außerkrafttretens** der einstwAnO richtet sich nach § 620f Abs. 1, setzt also eine anderweitige Regelung voraus, die regelmäßig im selben Verfahren ergeht. Wird die Klage oder das Prozesskostenhilfegesuch zurückgenommen, erlischt auch die einstwAnO, S. 2 iVm. § 620f Abs. 1 S. 1 (zum Zeitpunkt des Außerkrafttretens § 620f Rn. 9 bis 12). Gleiches gilt, wenn die Klage oder das Prozesskostenhilfegesuch abgewiesen werden. Ruht das Hauptsacheverfahren längere Zeit nach Erlass der einstwAnO, so kann der Leistungspflichtige die Fortsetzung des Verfahrens nach den allgemeinen Bestimmungen durchsetzen und hierdurch eine die einstwAnO ersetzende Regelung erreichen. Erwirkt ein getrennt lebender Ehegatte in einem Verfahren zum Unterhalt nach § 1361 Abs. 1 BGB eine einstwAnO und ist dieses Verfahren bei Eintritt der Rechtskraft des Scheidungsurteils eines parallel laufenden Scheidungsverfahrens noch nicht abgeschlossen, verliert die einstwAnO nicht automatisch ihre Wirksamkeit, falls sie nicht von vornherein bis zum Eintritt der Rechtskraft des Scheidungsausspruches begrenzt war. Da der der einstwAnO zu Grunde liegende materielle Unterhaltsanspruch in diesem Fall mangels Identität mit dem nachehelichen Unterhalt erlischt, kann der Unterhaltspflichtige mit der Vollstreckungsgegenklage nach § 767 die Aufhebung der einstwAnO ab Eintritt der Rechtskraft des Scheidungsurteils verlangen. Ein Austausch der Anspruchsgrundlage mit einem Unterhaltstatbestand der §§ 1569ff. BGB wie bei der einstwAnO (S. § 620f Rn. 7, 8) nach § 620 tritt jedoch nicht ein, weil deren Wirkungen nicht weiter gehen können als das Hauptsacheverfahren selbst. Die in einem Verfahren zur Regelung des Unterhalts eines ehelichen Kindes ergangene einstwAnO wirkt dagegen bei Eintritt der Rechtskraft des Scheidungsausspruchs weiter, weil der Anspruch nach §§ 1601ff. BGB weiter gilt. Ein **Rechtsmittel** gegen die erlassene einstwAnO scheidet aus, weil § 620c S. 2 für Unterhaltsverfahren ausdrücklich regelt, dass in Unterhaltssachen eine Anfechtung nicht zulässig ist. Hieran hat auch die Regelung des § 644 nichts geändert (zu den Fällen der greifbaren Gesetzeswidrigkeit sowie Selbstkontrolle s. § 620c Rn. 11, 12). Die Aussetzung der Vollziehung der einstwAnO richtet sich nach § 620e, die auch der entsprechenden Anwendung des § 769 vorgeht. Damit kann die Ablehnung der Aussetzung 3

---

[1] AA OLG Hamm FamRZ 2000, 362; zum Verhältnis von einstwAnO zu bestandskräftigen Titeln s. § 620 Rn. 23ff.
[2] So OLG Hamm FamRZ 2000, 362.

der Vollziehung durch das FamG nicht mit einem Rechtsmittel angefochten werden (s. § 620e Rn. 2, 3). Die Kosten richten sich nach § 620g.

IV. Verhältnis zu anderen Verfahren

4 Das Verhältnis der erlassenen einstwAnO zur Hauptsacheentscheidung wird in § 620f geregelt. Diese Bestimmung gilt nach § 644 S. 2 entsprechend auch in den selbständigen Verfahren nach § 621 Abs. 1 Nr. 4, 5 und 11. Insoweit ergeben sich keine Besonderheiten; da das Hauptsacheverfahren regelmäßig durch Urteil, Vergleich oder Rücknahme abgeschlossen wird, wird die erlassene einstwAnO durch eine anderweitige Regelung ersetzt oder erlischt. Zum Verhältnis zwischen dem Hauptsadcheverfahren und der einstwAnO (auch zur Erfüllungswirkung) wird auf § 620 Rn. 12 verwiesen.

5 **Nicht mehr zulässig ist die einstwVfg.** iSe. Leistungsverfügung im Anwendungsbereich der einstwAnO nach § 644, da letztere als lex specialis und als das einfachere und wirtschaftlich günstigere Verfahren der Leistungsverfügung vorgeht. Insoweit gelten dieselben Grundsätze wie bei §§ 620ff. (§ 620 Rn. 2, 16ff.).[3] Nicht eindeutig zu beantworten ist die Frage, ob mit Einführung des § 644 die einstwVfg. als Leistungsverfügung generell unzulässig ist. Aus der Gesetzesbegründung zu § 644 lässt sich dies nicht entnehmen (s. BT-Drucks. 13/7338 S. 36); diese spricht eher dafür, dass eine solche weiterhin zulässig sein soll, sofern weder eine Klage nach § 621 Abs. 1 Nr. 4, 5 oder 11 anhängig ist oder ein Antrag auf Bewilligung von Prozesskostenhilfe für eine solche Klage eingereicht wurde. Ferner ist nach § 1615o Abs. 1, 2 BGB weiterhin der Erlass einer einstwVfg. möglich. Lässt man das Verfahren auf Erlass einer einstwVfg. neben der Regelung des § 644 S. 1 zu, treten dieselben Konkurrenzprobleme auf wie bei § 620. Insoweit wird auf § 620 Rn. 2, 16ff. verwiesen. Gegen die generelle Zulässigkeit einer einstwVfg. iSe. Leistungsverfügung spricht, dass das Gesetz mit dem Verfahren zum Erlass einer einstwAnO in Unterhaltssachen in § 644 eine besondere Form des einstweiligen Rechtsschutzes vorsieht, die im Verhältnis zur einstwVfg. die speziellere, insbesondere wirtschaftlichere Regelung darstellt. Ferner ist zu bedenken, dass die einstwVfg. iSd. Leistungsverfügung in Unterhaltsverfahren nur deshalb herangezogen wurde, weil keine bessere Form des einstweiligen Rechtsschutzes vorlag und der Erlass einer Leistungsverfügung im Rahmen des Verfahrens auf Erlass einer einstwVfg. ein Fremdkörper darstellt, da dieses der Sicherung eines Rechtszustandes iSd. §§ 935, 940 dient, während die Leistungsverfügung die Erfüllung eines Anspruchs bewirkt. Mit genereller Einführung der einstwAnO bestehen deshalb Bedenken, daneben eine einstwVfg. zuzulassen. Es ist dem Unterhaltsberechtigten zuzumuten, bei Eilbedürftigkeit entweder eine Klage oder einen Prozesskostenhilfeantrag iSd. § 644 S. 1 zu stellen und innerhalb dieses Verfahrens eine einstwAnO zu beantragen.[4] Dem steht nicht § 1615o Abs. 1, 2 BGB entgegen, weil danach von einem Kind und dessen Mutter Unterhalt verlangt werden kann, ehe die Vaterschaft anerkannt wurde und damit eine Klage auf Unterhalt noch nicht möglich ist (§ 1600d Abs. 4 BGB). Insoweit liegt ein begründeter Sonderfall vor. Eine weitere Regelungslücke in Bezug auf § 644 ergibt sich, wenn der Unterhalt im vereinfachten Verfahren geltend gemacht wird; insoweit scheidet eine Anordnung nach § 644 S. 1 aus. Soweit ein Regelungsbedürfnis für einen einstweiligen Rechtsschutz besteht, kommt hierfür die einstwVfg. in Betracht, weil ansonsten der Unterhaltsberechtigte insoweit rechtsschutzlos wäre.

6 Ist ein Klageverfahren nach § 621 Abs. 1 anhängig, das sich auf den Getrenntlebensunterhalt nach § 1361 Abs. 1 BGB oder den Unterhalt für ein eheliches Kind bezieht, so kann, wenn gleichzeitig eine Ehesache anhängig ist, sowohl in Klageverfahren nach § 644 S. 1 als auch in der Ehesache nach § 620 Nr. 4, 6 eine einstwAnO ergehen. Zu den Einzelheiten wird auf § 620 Rn. 17ff. verwiesen.

7 Die Erhebung einer **negativen Feststellungsklage** gegen eine einstwAnO nach § 644 S. 1 ist regelmäßig nicht zulässig (anders bei einer laufenden Ehesache s. § 620f Rn. 7). Denn diese Klageform ist gegenüber der Leistungsklage subsidiär (§ 620b Rn. 14). Da nach § 644 S. 1 Voraussetzung die Erhebung einer Leistungsklage ist, steht nach Erlass der einstwAnO diese der negativen Feststellungsklage entgegen. Wird lediglich ein Antrag auf Bewilligung von Prozesskostenhilfe für eine Klage nach § 621 Abs. 1 Nr. 4, 5 oder 11 gestellt und in diesem Verfahren nach § 644 S. 1 eine einstwAnO erlassen, liegt noch keine Leistungsklage vor, so dass im Grundsatz eine negative Feststellungsklage zulässig ist. Sobald und soweit dem Prozesskostenhilfeantrag stattgegeben wird, steht aber dieser Klage die danach eingereichte Leistungsklage entgegen, so dass in diesen Fällen es faktisch nicht zur Durchführung des Verfahrens zur negativen Feststellungsklage kommt, es sei denn, in der einstwAnO wurde ein höherer Unterhaltsbetrag zugesprochen als Prozesskostenhilfe bewilligt wurde. In diesem Fall wird aber eine Abänderung nach § 644 S. 2 iVm. § 620b durchgreifen. Liegt eine reine Auskunftsklage vor, kann gegen eine einstwAnO die negative Feststellungsklage jederzeit erhoben werden (s. auch Rn. 2). Ferner ist gegen die einstwAnO die **Vollstreckungsabwehrklage** nach § 767 statthaft (§ 620b Rn. 15; ferner oben Rn. 3).

V. Gebühren und Kosten

8 **1. Rechtsanwaltsgebühren.** Die einstweilige Anordnung ist gebührenrechtlich eine eigene Angelegenheit (§ 18 Nr. 1f. RVG). Die Gebühren richten sich nach Nrn. 3100ff. VV RVG. Der Gegenstandswert ist der sechsmonatige Unterhaltsbetrag, § 53 Abs. 2 GKG (vgl. auch § 620 Rn. 93).

---

[3] Dem folgt weitgehend die Rspr.; s. OLG Nürnberg FamRZ 1999, 30; OLG Köln FamRZ 1999, 661; OLG Düsseldorf FamRZ 1999, 1215; grds. *Gaul* FamRZ 2003, 1137.

[4] Differenzierend OLG Nürnberg FamRZ 1999, 30; OLG Köln FamRZ 1999, 661.

2. Gerichtskosten. Erst für die **Entscheidung** über einen Antrag auf Erlass einer einstweiligen Anordnung (also nicht bei dessen vorheriger Rücknahme oder einem Vergleich) wird eine halbe Gebühr nach KV Nr. 1424 erhoben. **Mehrere** Entscheidungen in dieser Angelegenheit innerhalb eines Rechtszuges gelten als eine Entscheidung, s. KV Vorbemerkung 1.4.2.1; dies gilt auch für Entscheidungen über Abänderungsanträge. 9

Titel 2. Vereinfachte Verfahren über den Unterhalt Minderjähriger

Vorbemerkung

I. Rechtszustand bis 30. 6. 1998

Mit der Einführung des § 1612a BGB durch das Dynamisierungsgesetz wurde die Möglichkeit geschaffen, laufende Barunterhaltsleistungen an ein minderjähriges Kind an die **allgemeine Entwicklung der wirtschaftlichen Verhältnisse anzupassen.**[1] Nach dieser Bestimmung konnten Schuldtitel zum laufenden Unterhalt für minderjährige Kinder bei einer erheblichen Veränderung der wirtschaftlichen Verhältnisse abgeändert werden. Hierzu sahen die §§ 641l bis 641t ein Vereinfachtes Verfahren zur Abänderung von Unterhaltstiteln vor. Diese Anpassung ersetzte das wesentlich aufwändigere Abänderungsverfahren nach § 323. 1

II. Reformanliegen des KindUG

Das durch das KindUG neu gestaltete Vereinfachte Verfahren legte fest, dass eheliche und Kinder nicht verheirateter Eltern, die mit dem Unterhaltsverpflichteten nicht in einem Haushalt leben, den ihnen nach §§ 1601ff. BGB individuell zustehenden Unterhalt bis zur **Höhe des Eineinhalbfachen der Regelbeträge** (§ 645 Abs. 1) titulieren lassen können, da ein so festgesetzter Betrag im Regelfall das Existenzminimum deckt. Das Gesetz zur Reform des Unterhaltsrechts sieht in § 1612a BGB iVm. § 36 Nr. 4 EGZPO eine vollständige Neukonzeption vor,[2] in dem Anknüpfungspunkt der Dynamisierung des Unterhalts das sächliche Existenzminimum nach § 32 Abs. 6 EStG ist. 2

III. Anwendungsbereich

Das Vereinfachte Verfahren nach §§ 645ff. kann für minderjährige Kinder gegen einen Elternteil angewandt werden, in dessen Haushalt das Kind nicht lebt, unabhängig davon, ob es sich um eheliche oder Kinder nicht verheirateter Eltern handelt. Mit Erreichen des 18. Lebensjahres scheidet eine Anordnung hinsichtlich künftiger Ansprüche aus; dies gilt auch in den Fällen einer Unterhaltspflicht bei den in § 1603 Abs. 2 S. 2 BGB genannten volljährigen Kindern, die mit minderjährigen Kindern rangmäßig gleichgestellt sind, weil es insoweit um eine rein materiell-rechtliche Regelung zu einem Teilbereich des **Unterhalts volljähriger Kinder** geht und kein allgemeiner Grundsatz hieraus folgt, der auch auf die verfahrensrechtlichen Bestimmungen anzuwenden wäre. Tritt Volljährigkeit während des laufenden Verfahrens ein, ist die Festsetzung im vereinfachten Verfahren nicht mehr zulässig, wenn am Tag der Beschlussfassung das 18. Lebensjahr vollendet ist; dies folgt aus dem eindeutigen Wortlaut des § 645 Abs. 1, entspricht aber auch dem allgemeinen Grundsatz, dass prozessuale Voraussetzungen im Zeitpunkt der Entscheidung gegeben sein müssen.[3] Basis der Festsetzung ist die in § 1612a Abs. 1 BGB iVm. § 36 Nr. 4 EGZPO geregelte Form zur Geltendmachung eines Unterhaltsanspruchs (eingehend vor § 642 Rn. 3). 3

IV. Verhältnis zu anderen Verfahren

Das Vereinfachte Verfahren ist nicht zulässig, soweit über den Unterhaltsanspruch des Kindes bereits eine gerichtliche Entscheidung vorliegt, ein gerichtliches Verfahren anhängig oder ein zur Zwangsvollstreckung geeigneter Schuldtitel errichtet worden ist (eing. § 645 Rn. 4). Ferner kann nach § 654 eine **Abänderungsklage** (im Sinne einer Korrekturklage) gegen eine rechtskräftige Festsetzung nach §§ 649 Abs. 1, 653 Abs. 1 mit dem Ziel erhoben werden, dass auf höheren Unterhalt oder auf Herabsetzung des Unterhalts erkannt wird. Entsprechendes gilt in den Fällen des § 656, wenn ein im vereinfachten Verfahren nach § 655 angepasster Unterhaltstitel wegen einer wesentlichen Änderung der Grundlagen abzuändern ist. Die Abänderungsklage nach § 323 ist immer dann zulässig, wenn die im vereinfachten Verfahren angepasste Unterhaltsrente wesentlich von der Unterhaltsrente abweicht, die sich aus den individuellen Verhältnissen ergibt (s. § 323 Rn. 52).[4] Liegt eine wesentliche Abweichung nicht vor, ist die Klage als unbegründet abzuweisen (i. e. § 323 Rn. 27ff.).[5] Der Unterhalt kann **wahlweise im vereinfachten Verfahren** oder im Wege 4

---

[1] Eingefügt in die ZPO durch Art. 2 Nr. 3 des Dynamisierungsgesetzes vom 29. 7. 1976 (BGBl. I S. 2029); s. a. BT-Drucks. 7/4791 und BT-Drucks. 7/5311.

[2] Gesetz v. 21. 12. 2007, BGBl. I 3189; *Borth* FamRZ 2006, 813, 819; s. a. Vorbem. Vor § 642 Rn. 2.

[3] AA OLG Köln FamRZ 2000, 678; *Zö/Philippi* § 646 Rn. 11; s. a. § 645 Rn. 3.

[4] BGH FamRZ 1982, 912; FamRZ 1984, 997 zum bis 30. 6. 1998 geltenden Rechtszustand.

[5] S. a. *Künkel* DAVorm. 1984, 943, 955; OLG Hamburg FamRZ 1985, 729 (monatlich 20,– DM); OLG Hamm FamRZ 1987, 91 (50% mehr).

einer Klage geltend gemacht werden.[6] Regelmäßig ist einer Klage das Rechtsschutzbedürfnis nicht abzusprechen, weil die Art der Einwendungen des Unterhaltspflichtigen idR. nicht vorhersehbar sind und das vereinfachte Verfahren in ein streitiges Verfahren nach § 651 übergehen kann. Insoweit wird die Parallele zum Mahnverfahren deutlich (s. § 648 Rn. 7, s. a. vor § 642 Rn. 3).[7]

V. Anpassung ausländischer Titel

5 Die Anpassung ausländischer Titel im Vereinfachten Verfahren ist nur möglich, wenn dieser im Inland anerkannt und **materiell-rechtlich auf deutsches Recht** gestützt ist, weil nur in diesem Fall nach § 1612a BGB eine entsprechende Anpassung erfolgen kann. Liegt ein ausländisches Unterhaltsstatut vor, kann ein in die Bundesrepublik eingereistes Kind, das hier seinen gewöhnlichen Aufenthalt nimmt, erst nach Schaffung eines Titels mit deutschem Unterhaltsstatut nach Art. 18 EGBGB eine Anpassung im vereinfachten Verfahren erlangen. Das Vereinfachte Verfahren nach ausländischem Unterhaltsstatut ist jedoch dann zulässig, wenn nach diesem lediglich ein statischer Unterhalt verlangt wird.[8]

VI. Vereinfachtes Verfahren in den neuen Bundesländern

6 Aufgrund der in § 1612a Abs. 1 BGB iVm. § 36 Nr. 4 EGZPO enthaltenen Bemessungsgrundlage (doppelter Kinderfreibetrag nach § 32 Abs. 6 EStG) entfällt die Unterscheidung der Unterhaltssätze zwischen den alten und den neuen Bundesländern.

VII. Übergangsbestimmungen

7 Zu den Übergangsbestimmungen wird auf die Ausführungen der Vorauflage verwiesen (Rn. 7 bis 11). Art. 5 Nr. 3 KindUG ist am 1. 7. 2003 außer Kraft getreten, so dass (statische) Alttitel nicht mehr in einen dynamischen Titel nach § 1612a Abs. 1 BGB umgewandelt werden können.[9]

645 *Statthaftigkeit des vereinfachten Verfahrens*

(1) Auf Antrag wird der Unterhalt eines minderjährigen Kindes, das mit dem in Anspruch genommenen Elternteil nicht in einem Haushalt lebt, im vereinfachten Verfahren festgesetzt, soweit der Unterhalt nach Berücksichtigung der Leistungen nach den § 1612b oder § 1612c des Bürgerlichen Gesetzbuchs das 1,2-fache des Mindestunterhalts nach § 1612a des Bürgerlichen Gesetzbuchs nicht übersteigt.

(2) Das vereinfachte Verfahren findet nicht statt, wenn zum Zeitpunkt der Zustellung des Antrags oder einer Mitteilung über seinen Inhalt an den Antragsgegner ein Gericht über den Unterhaltsanspruch des Kindes entschieden hat, ein gerichtliches Verfahren anhängig ist oder ein zur Zwangsvollstreckung geeigneter Schuldtitel errichtet worden ist.

I. Normzweck, Voraussetzungen, Abs. 1

1 Die Vorschrift regelt die Zulässigkeitsvoraussetzungen des vereinfachten Verfahrens zur Festsetzung des Unterhalts nach Maßgabe des § 1612a Abs. 1 BGB. Das vereinfachte Verfahren kann nur für ein minderjähriges eheliches oder Kind nicht verheirateter Eltern zur Festsetzung des Barunterhalts beantragt werden. Ein Elternteil kann nur Anspruch genommen werden, wenn das Kind in nicht dessen Haushalt lebt (als Zulässigkeitsvoraussetzung).[1] Lebt das Kind im Haushalt des Antragsgegners, scheidet deshalb ein Antrag nach Abs. 1 aus. Auch wenn die Eltern eines minderjährigen Kindes innerhalb einer gemeinsamen Wohnung getrennt leben (§ 1567 Abs. 2 BGB) – entsprechendes gilt für nichteheliche Kinder – kann dennoch ein gemeinsamer Haushalt des Kindes mit dem barunterhaltspflichtigen Elternteil bestehen, wenn dieser Elternteil für das minderjährige Kind Unterhaltsleistungen in Form der Wohnungsgewährung und sonstige, den Lebensbedarf des Kindes deckende Aufwendungen erbringt. Denn in einem solchen Fall mindert sich der Barunterhaltsanspruch des Kindes um den Wert dieser Leistungen. Für die Ermittlung des danach noch geschuldeten Unterhalts ist aber das vereinfachte Verfahren nicht geeignet, das auf eine schnelle Verschaffung eines Unterhaltstitels gerichtet ist. In einem solchen Fall ist deshalb das vereinfachte Verfahren nicht zulässig (s. a. § 646 Rn. 2).

Die Fassung nach dem UÄndG 2007 beruht auf der Änderung des § 1612a Abs. 1 BGB iVm. § 36 Nr. 4 EGZPO, in dem der Mindestunterhalt des Kindes auf der Grundlage des doppelten Kinderfreibetrages nach § 32 Abs. 6 S. 1 EStG bestimmt wird. Da dieser in allen Altersgruppen höher ist als die jeweiligen Regelbeträge, wurde der Höchstbetrag nach dem Vereinfachten Verfahren auf das 1, 2 fache herabgesetzt, um die Höhe des nach Abs. 1 festzusetzenden Unterhalts im Verhältnis zur bisherigen Regelung nicht zu stark zu verändern. Ferner wurde die veränderte Regelung zur Verwendung des Kindergelds auf den Bedarf nach §§ 1612b, 1612c BGB berücksichtigt.

---

[6] S. a. BT-Drucks. 13/7338 S. 37.
[7] Zur Prozesskostenhilfe-Bewilligung OLG Hamm FamRZ 1999, 995; OLG Rostock FamRZ 2006, 1394.
[8] OLG Karlsruhe 2006, 1393.
[9] Zur Antragstellung vor dem 1. 7. 2003 s. Amtsgericht Wilhelmshaven FamRZ 2004, 1887.
[1] S. a. OLG Celle FamRZ 2003, 1475.

Antragsberechtigt ist das minderjährige Kind, gesetzlich vertreten durch den anderen Elternteil (§ 1629 Abs. 2 S. 2 BGB), in Prozessstandschaft nach § 1629 Abs. 3 S. 1 BGB oder einen Vormund.[2] Ferner kann bei übergegangenem Unterhalt der Träger der Sozialhilfeleistung den Antrag stellen (§ 33 SGB II, § 94 SGB XII, § 7 UntVorschG; s. auch § 646 Abs. 1 Nr. 10; dort Rn. 2). Volljährige Kinder sind nicht antragsbefugt (eing. vor § 645 Rn. 3). 2

Der nach Maßgabe des § 1612a Abs. 1 BGB zu bestimmende Unterhalt (vor § 642 Rn. 1 ff.) ist **begrenzt auf das** 1,2-fache des Mindestunterhalts nach § 1612a Abs. 1 BGB (zu den Alttiteln s. 4 Aufl. vor § 645 Rn. 9). Er kann auch unterhalb des Mindestunterhalts liegen, § 1612a Abs. 1. Ein nach §§ 645 ff. geschaffener Titel ist nicht bis zur **Vollendung des 18. Lebensjahres zu begrenzen,** weil auch im vereinfachten Verfahren ein Individualanspruch festgesetzt wird, der über das 18. Lebensjahr hinaus bestehen kann (s. a. § 798a).[3] Bei der Feststellung, ob diese Begrenzung eingehalten ist, ist auf den Betrag des Unterhalts abzustellen, der vor Anrechnung der in §§ 1612b, 1612c BGB bestimmten Leistungen verlangt wird. Der Antragsteller hat bis zu dieser Höhe **keine Darlegungslast** und kann diesen Betrag ohne Begründung verlangen; es obliegt dem Unterhaltspflichtigen nach § 648 Abs. 2 seine mangelnde Leistungsfähigkeit vorzubringen. Hiervon ist nach § 1612b Abs. 1 BGB regelmäßig das hälftige Kindergeld oder eine entsprechende andere kindbezogene Leistung iSd. § 1612c BGB abzuziehen. Übersteigt der nach § 1610 Abs. 1, 2 BGB materiell geschuldete Unterhalt 120 % des Mindestunterhalts nach § 1612a Abs. 1 BGB iVm. § 36 Nr. 4 EGZPO, ist nach § 654 Abs. 1 der **höhere Betrag** mit der dort geregelten Abänderungs- (Korrektur-) klage geltend zu machen. 3

II. Unzulässigkeit des vereinfachten Verfahrens

Nach Abs. 2 findet das vereinfachte Verfahren nicht statt, wenn zum Zeitpunkt der Zustellung des Antrags oder einer Mitteilung über seinen Inhalt an den Antragsgegner ein Gericht über den Unterhalt entschieden hat, ein solches Verfahren anhängig oder auf andere Weise ein zur Zwangsvollstreckung geeigneter Unterhaltstitel errichtet worden ist (Prozessvergleich nach § 794 Abs. 1 Nr. 1; notarielle Urkunde iSd. § 794 Abs. 1 Nr. 5). Hieraus folgt, dass das vereinfachte Verfahren nur für die **erstmalige Festsetzung**[4] **des Mindestunterhalts** in Frage kommt. Die Fassung des Abs. 2[5] beruht auf der Erwägung, dass der Unterhaltspflichtige, der nach § 647 Abs. 1 über den Antrag informiert wird, durch Schaffung eines Titels über einen geringeren Unterhaltsbetrag das Verfahren verzögert und der Kostenfolge im Hinblick auf § 93 ZPO entgeht. Das stark schematisierte und auf schnellen Abschluss gerichtete Verfahren ist für eine Prüfung, ob eine Änderung der Grundlagen der vorangehenden Unterhaltsfestsetzung eingetreten ist, nicht geeignet. In solchen Fällen muss eine Abänderungsklage nach § 323 erhoben werden. Das gilt auch, wenn zuvor eine Unterhaltsklage abgewiesen wurde, weil insoweit ebenfalls eine Entscheidung zum Unterhalt vorliegt. Dies ergibt sich aus dem Grundsatz, dass mit dem vereinfachten Verfahren, das nur einen begrenzten Prüfungsumfang zulässt, nicht eine im Erkenntnisverfahren getroffene Feststellung abgeändert werden kann;[6] es ist deshalb unerheblich, dass in diesem Fall der Unterhalt mit der Leistungsklage (wieder) geltend gemacht werden kann. Eine Ausnahme besteht dann, wenn die Unterhaltsklage des minderjährigen Kindes aus formalen Gründen durch Prozessurteil abgewiesen wurde. Ebenso kann der Antrag wiederholt werden, wenn ein Antrag nach § 645 Abs. 1 aus Zulässigkeitsgründen abgewiesen wurde. Ferner steht dem Antrag nach § 645 Abs. 1 nicht ein anhängiges oder bereits rechtskräftig abgeschlossenes Verfahren zum Auskunftsanspruch nach § 1605 Abs. 1 BGB entgegen.[7] Dies ergibt sich aus dem Wortlaut des Abs. 2, wonach das vereinfachte Verfahren nicht statthaft ist, wenn ein zur Zwangsvollstreckung geeigneter Titel errichtet wurde. Wird während des vereinfachten Verfahrens ein vollstreckbarer Titel errichtet, tritt hinsichtlich des vereinfachten Verfahrens Erledigung iSd. § 91a Abs. 1 ein[8]; wird der Antrag nicht für erledigt erklärt, ist er mangels Regelungsbedürfnis als unzulässig abzuweisen. Gleiches gilt, wenn eine Klage bzw. ein entsprechender Prozesskostenhilfeantrag zurückgenommen wurde. 4

III. Zuständigkeit, Beiordnung eines Rechtsanwalts

Nach § 20 Nr. 10 RPflG ist für die Verfahren zur Festsetzung von Unterhalt nach den §§ 645 bis 650, zur Abänderung von Vollstreckungstitels nach § 655 Abs. 1 bis 4 und 6 und zur Festsetzung von Unterhalt sowie Abänderung von Unterhaltstiteln nach den Übergangsbestimmungen des KindUG (Art. 5 §§ 2, 3) der Rechtspfleger zuständig. Das vereinfachte Verfahren unterliegt nicht dem Anwaltszwang, § 78 Abs. 2. Strittig ist in der Rspr., ob nach § 121 Abs. 2 ein Rechtsanwalt für das Verfahren beizuordnen ist. Die Frage der Erforderlichkeit kann nicht generell beantwortet werden. Gegen eine Beiordnung spricht, dass das Verfahren durch Merkblätter erläutert wird; auch können Anträge und Erklärungen nach § 657 vor dem Ur- 5

[2] Zum Fall des Antrags durch den nicht sorgeberechtigten Elternteil OLG Karlsruhe FamRZ 2001, 767.
[3] S. a. OLG Stuttgart FamRZ 2000, 1161, 1163; OLG Brandenburg FamRZ 2007, 484.
[4] BT-Drucks. 13/7338 S. 38; s. a. OLG Naumburg FamRZ 2003, 160.
[5] Geändert durch das Gesetz zur Einführung des Euro in Rechtspflegegesetzen vom 13. 12. 2001, BGBl. I S. 3574; BT-Drucks. 14/7349 S. 24.
[6] S. a. BT-Drucks. 13/7338 S. 38.
[7] S. a. BT-Drucks. 13/7338 S. 38.
[8] S. a. OLG Karlsruhe FamRZ 2000, 1159; OLG München FamRZ 2001, 1076; s. ferner *Maurer* FamRZ 2000, 1578 – Anm. zu OLG Dresden FamRZ 2000, 679.

kundsbeamten der Geschäftsstelle abgegeben werden.[9] Dem steht aber entgegen, dass das Verfahren in Bezug auf die Zulässigkeit des Antrags (s. § 646 Abs. 1 Nr. 10) und Art und Umfang möglicher Einwendungen nach § 648 Abs. 1, 2 ohne rechtliche Kenntnisse nicht ohne weiteres zugänglich ist (s. a. § 648 Rn. 7). Angesichts der existenziellen Bedeutung der Unterhaltsfestsetzung ist deshalb eine Beiordnung nicht abzulehnen. Der Antragsteller kann aber regelmäßig auf die Inanspruchnahme des Jugendsamts verwiesen werden, § 1712 Abs. 1 Nr. 2 BGB. Auch kann aus Gründen der Waffengleichheit die Beiordnung geboten sein.

IV. Gebühren und Kosten

6 **1. Rechtsanwaltsgebühren.** Für das **Beschlussverfahren** fällt eine 1,3 Verfahrensgebühr an (Nr. 3100 VV RVG). Eine ausnahmsweise stattfindende mündliche Verhandlung löst die 1,2 Terminsgebühr nach Nr. 3104 VV RVG aus. Schließt sich das **streitige Verfahren** an (§ 651), handelt es sich um eine eigene Angelegenheit (§ 17 Nr. 3 RVG). Die Verfahrensgebühr des vereinfachten Verfahrens wird aber auf diejenige des streitigen Verfahrens angerechnet (Nr. 3100 Abs. 1 VV RVG). Die Auslagepauschale mit MWSt. wird davon nicht erfasst.

7 Zum **Streitwert:** § 42 Abs. 1 S. 2 GKG betrifft den dynamisierten Unterhalt, wenn er in der Klage oder im vereinfachten Verfahren geltend gemacht wird. § 42 Abs. 1 S. 2 GKG bedeutet (nur), dass bei Änderungen des Regelbetrages in den ersten 12 Monaten nach Einreichung der Klage/des Antrags derjenige Regelbetrag (oder ein Vomhundertsatz davon) bei der Berechnung zu Grunde gelegt wird, der bei Einreichung der Klage/des Antrags gegolten hat. Im Übrigen ist der geforderte Gesamtbetrag maßgebend.

8 **2. Gerichtskosten.** Sofern eine **Entscheidung** über den Antrag ergeht (also nicht bei vorheriger Rücknahme oder Vergleich), fällt eine halbe Gebühr aus KV Nr. 1120 an, es sei denn, es erfolgt lediglich eine Festsetzung nach § 650 S. 2. Schließt sich das **streitige Verfahren** an (§ 651), gelten KV Nr. 1210ff. Die Gebühr KV Nr. 1120 ist darauf nach § 651 Abs. 5 anzurechnen.

646 *Antrag*

(1) Der Antrag muss enthalten:

1. die Bezeichnung der Parteien, ihrer gesetzlichen Vertreter und der Prozessbevollmächtigten;
2. die Bezeichnung des Gerichts, bei dem der Antrag gestellt wird;
3. die Angabe des Geburtsdatums des Kindes;
4. die Angabe, ab welchem Zeitpunkt Unterhalt verlangt wird;
5. für den Fall, dass Unterhalt für die Vergangenheit verlangt wird, die Angabe, wann die Voraussetzungen des § 1613 Abs. 1 oder 2 Nr. 2 des Bürgerlichen Gesetzbuchs eingetreten sind;
6. die Angabe der Höhe des verlangten Unterhalts;
7. die Angaben über Kindergeld und andere zu berücksichtigende Leistungen (§§ 1612b oder 1612c des Bürgerlichen Gesetzbuchs);
8. die Erklärung, dass zwischen dem Kind und dem Antragsgegner ein Eltern-Kind-Verhältnis nach den §§ 1591 bis 1593 des Bürgerlichen Gesetzbuchs besteht;
9. die Erklärung, dass das Kind nicht mit dem Antragsgegner in einem Haushalt lebt;
10. die Angabe der Höhe des Kindeseinkommens;
11. die Erklärung, dass der Anspruch aus eigenem, aus übergegangenem oder rückabgetretenem Recht geltend gemacht wird;
12. die Erklärung, dass Unterhalt nicht für Zeiträume verlangt wird, für die das Kind Hilfe nach dem Zwölften Buch Sozialgesetzbuch, Sozialgeld nach dem Zweiten Buch Sozialgesetzbuch, Hilfe zur Erziehung oder Eingliederungshilfe nach dem Achten Buch Sozialgesetzbuch, Leistungen nach dem Unterhaltsvorschussgesetz oder Unterhalt nach § 1607 Abs. 2 oder 3 des Bürgerlichen Gesetzbuchs erhalten hat, oder, soweit Unterhalt aus übergegangenem Recht oder nach § 94 Abs. 4 Satz 2 des Zwölften Buches Sozialgesetzbuch, § 33 Abs. 2 Satz 4 des Zweiten Buches Sozialgesetzbuch oder § 7 Abs. 4 Satz 1 des Unterhaltsvorschussgesetzes verlangt wird, die Erklärung, dass der beantragte Unterhalt die Leistung an oder für das Kind nicht übersteigt;
13. die Erklärung, dass die Festsetzung im vereinfachten Verfahren nicht nach § 645 Abs. 2 ausgeschlossen ist.

(2) [1]Entspricht der Antrag nicht diesen und den in § 645 bezeichneten Voraussetzungen, ist er zurückzuweisen. [2]Vor der Zurückweisung ist der Antragsteller zu hören. [3]Die Zurückweisung ist nicht anfechtbar.

(3) Sind vereinfachte Verfahren anderer Kinder des Antragsgegners bei dem Gericht anhängig, so ordnet es die Verbindung zum Zweck gleichzeitiger Entscheidung an.

I. Normzweck

1 In dieser Vorschrift werden die Einzelheiten des Antrags und seiner Prüfung geregelt. Antragsinhalt und deren Prüfung beziehen sich nicht auf die notwendigen Angaben in formaler Hinsicht, sondern auch auf sämtliche Informationen, die das Gericht zur Festsetzung des Unterhalts benötigt. Dabei ist das Bestimmt-

[9] So OLG München FamRZ 1999, 1355; KG FamRZ 2000, 762 m. Anm. v. *Kuhnigk;* aA OLG Nürnberg FamRZ 1999, 792.

heitsgebot iSd. § 253 Abs. 2 Nr. 2 zu beachten. Hervorzuheben ist hierbei die Regelung des Abs. 1 Nr. 6, der die **Angabe der Höhe** des begehrten **Unterhalts** verlangt.[1]

II. Einzelregelungen des Abs. 1

Abs. 1 bestimmt, welche Angaben der Antrag enthalten muss. **Nr. 1** entspricht § 313 Abs. 1 Nr. 1 und soll sicherstellen, dass die Parteibezeichnung so erfolgt, dass eine wirksame Zustellung des Antrags und der Entscheidung möglich ist. **Nr. 2** schreibt die Bezeichnung des Gerichts vor. Nach **Nr. 3** ist das Geburtsdatum des unterhaltsberechtigten Kindes anzugeben, damit der Unterhalt entsprechend den Altersstufen nach § 1612 a Abs. 3 BGB festgesetzt werden kann. **Nr. 4** verlangt die Angabe des Zeitpunkts, ab welchem der Unterhalt verlangt wird. Hierbei lässt es das vereinfachte Verfahren zu, Unterhalt auch für die Vergangenheit gemäß § 1613 BGB zu verlangen, um zu vermeiden, dass wegen rückständiger Unterhaltsbeträge eine (zusätzliche) Leistungsklage notwendig wird. Wird ein solcher **rückständiger Unterhalt** begehrt, muss zugleich angegeben werden, ab welchem Zeitpunkt die Voraussetzungen des § 1613 Abs. 1, 2 Nr. 2 BGB gegeben sind, **Nr. 5.** Die Vorlage des Mahnschreibens ist hierzu nicht vorgesehen. Durch diese Angabe wird es dem Unterhaltspflichtigen auch ermöglicht, die Berechtigung des Unterhaltsbegehrens für die Vergangenheit zu prüfen. Der Unterhaltspflichtige kann nach § 648 Abs. 1 S. 1 Nr. 2 vorbringen, dass die Voraussetzungen des § 1613 Abs. 2 Nr. 2 BGB nicht gegeben sind. Soweit er die **Verwirkung rückständiger Beträge** geltend macht, ist er auf die Klage nach § 654 zu verweisen. Nach **Nr. 6** muss die Angabe der Höhe des verlangten Unterhalts stets angegeben werden. Dies gilt nicht nur, wenn wegen bekannter mangelnder Leistungsfähigkeit des Unterhaltspflichtigen ein geringerer Unterhalt als der Mindestunterhalt verlangt wird[2], sondern generell, da nach § 645 Abs. 1 bis zum 1,2fachen des Mindestunterhalts nach § 1612 a Abs. 1 BGB Unterhalt verlangt werden kann (eingehend § 645 Rn. 3). Entsprechend der Fassung des § 1612 a Abs. 1 BGB (vor § 642 Rn. 3) muss zur Bestimmung der Höhe des Unterhalts auch angegeben werden, ob eine Festsetzung als Prozentsatz des jeweiligen Mindestunterhalts nach § 1612 a Abs. 1 BGB iVm. § 36 Nr. 4 EGZPO verlangt wird.[3] Nach **Nr. 7** sind die nach §§ 1612 b, 1612 c BGB zu verwendenden Leistungen (insbesondere das staatliche Kindergeld) im Antrag zu benennen, damit diese bei der Festsetzung des Unterhalts nach Maßgabe der materiell-rechtlichen Regelungen berücksichtigt werden können. **Nr. 8** verlangt die Erklärung, dass zwischen dem Kind und dem Antragsgegner ein Eltern-Kind-Verhältnis nach den §§ 1591 bis 1593 BGB besteht. Bei einem nicht in einer Ehe geborenen Kind hat dies zur Folge, dass es bei Inanspruchnahme des Vaters dessen Vaterschaftsanerkenntnis oder die gerichtliche Vaterschaftsfeststellung darlegen muss. Nach **Nr. 9** wird die Erklärung verlangt, dass das Kind nicht mit dem Antragsgegner in einem Haushalt lebt (zum Begriff s. § 645 Rn. 1). Die Angabe der Höhe des Kindeseinkommens nach **Nr. 10** beruht auf § 1602 BGB, nach dem ein Unterhalt nur insoweit besteht, als das Kind sich nicht selbst unterhalten kann (Bedürftigkeit). **Nr. 11** sieht im Falle der **Rückübertragung** nach § 33 Abs. 4 SGB II, § 94 Abs. 5 SGB XII, § 7 Abs. 4 S. 2 UntVorschG und § 94 Abs. 4 S. 1 SGB VIII des übergegangenen Unterhalts eine **Mitteilungspflicht** vor, um den Einwand der fehlenden Aktivlegitimation zu vermeiden. Soweit für ein minderjähriges Kind Sozialleistungen nach §§ 33 SGB II, 94 SGB XII und 7 UntVorschG erbracht oder der Unterhalt von einem Dritten nach § 1607 Abs. 2, 3 BGB erfüllt wurde, ist der Unterhaltsanspruch übergegangen. **Nr. 12** verlangt deshalb die Erklärung, dass der Unterhalt nicht für Zeiträume geltend gemacht wird, in denen von den zuvor genannten Stellen bzw. Personen Unterhalt für das Kind erbracht worden ist. Soweit der Unterhalt aus **übergegangenem Recht** oder nach Rückübertragung auf den Unterhaltsberechtigten (bzw. Prozessstandschaftsberechtigten) verlangt wird, ist nach Nr. 12 ferner die Erklärung erforderlich, dass der beantragte Unterhalt die Leistung an das Kind nicht übersteigt. Schließlich ist nach **Nr. 13** anzugeben, dass eine Festsetzung im vereinfachten Verfahren nicht nach § 645 Abs. 2 ausgeschlossen ist (s. hierzu § 645 Rn. 4). Ist dies dem Antragsteller nicht möglich, fehlt es an der Zulässigkeit des Antrags. 2

III. Zurückweisung des Antrags wegen fehlender Voraussetzungen, Abs. 2

Nach S. 1 muss der Antrag zurückgewiesen werden, wenn bereits auf Grund des Antrags ersichtlich ist, dass dessen Zulässigkeitsvoraussetzungen nicht vorliegen und der Antragsteller den Mangel nicht beseitigen kann. Dies bezieht sich auf sämtliche Voraussetzungen des Abs. 1 Nr. 1 bis 11. Ein offensichtlich unzulässiger Antrag ist dem Antragsgegner nicht zuzustellen, um den hieraus für das Gericht entstehenden Mehraufwand zu vermeiden.[4] S. 2 verlangt jedoch, dass dem Antragsteller Gelegenheit gegeben wird, einen gerügten Mangel zu beheben und die Abweisung des Antrags zu vermeiden. Nach S. 3 ist eine Anfechtung des zurückgewiesenen Antrags nicht möglich. Der Antragsteller kann jedoch in einem neuen Antrag auf die Abweisungsgründe reagieren und einen nunmehr zulässigen Antrag einreichen, so zB nachweisen, dass die Voraussetzungen zur Geltendmachung eines rückständigen Unterhalts (Abs. 1 Nr. 5) gegeben sind, oder falls dies nicht möglich ist, den Unterhalt erst ab einem späteren Zeitpunkt verlangen. Dem erneuten Antrag steht nicht § 645 Abs. 2 entgegen.[5] 3

---

1 S. BT-Drucks. 13/9596 S. 52; eingehend vor § 642 Rn. 2.
2 So noch im Gesetzesentwurf der Bundesregierung vom 25. 3. 1997 – BT-Drucks. 13/7338 S. 38.
3 BT-Drucks. 13/9596 S. 52.
4 BT-Drucks. 13/7338 S. 39.
5 BT-Drucks. 13/7338 S. 39.

IV. Verbindung mehrerer Anträge, Abs. 3

4 Nach Abs. 3 können mehrere Anträge, die Kinder des Antragsgegners betreffen, aus Gründen der Verfahrensvereinfachung und aus Kostersparnis verbunden werden. Nicht erforderlich ist hierbei, dass die Kinder aus einer Verbindung stammen.

647 ***Maßnahmen des Gerichts*** **(1) [1]Erscheint nach dem Vorbringen des Antragstellers das vereinfachte Verfahren zulässig, so verfügt das Gericht die Zustellung des Antrags oder einer Mitteilung über seinen Inhalt an den Antragsgegner. [2]Zugleich weist es ihn darauf hin,**

1. von wann an und in welcher Höhe der Unterhalt festgesetzt werden kann; hierbei sind zu bezeichnen
   a) die Zeiträume nach dem Alter des Kindes, für die die Festsetzung des Unterhalts nach dem Mindestunterhalt der ersten, zweiten und dritten Altersstufe in Betracht kommt;
   b) im Fall des § 1612a des Bürgerlichen Gesetzbuchs auch der Prozentsatz des jeweiligen Mindestunterhalts;
   c) die nach den §§ 1612b oder 1612c des Bürgerlichen Gesetzbuchs zu berücksichtigenden Leistungen;

2. dass das Gericht nicht geprüft hat, ob der verlangte Unterhalt das im Antrag angegebene Kindeseinkommen berücksichtigt;

3. dass über den Unterhalt ein Festsetzungsbeschluss ergehen kann, aus dem der Antragsteller die Zwangsvollstreckung betreiben kann, wenn er nicht innerhalb eines Monats Einwendungen in der vorgeschriebenen Form erhebt;

4. welche Einwendungen nach § 648 Abs. 1 und 2 erhoben werden können, insbesondere, dass der Einwand eingeschränkter oder fehlender Leistungsfähigkeit nur erhoben werden kann, wenn die Auskunft nach § 648 Abs. 2 Satz 3 in Form eines vollständig ausgefüllten Formulars erteilt wird und Belege über die Einkünfte beigefügt werden;

5. dass die Einwendungen, wenn Formulare eingeführt sind, mit einem Formular der beigefügten Art erhoben werden müssen, das auch bei jedem Amtsgericht erhältlich ist.

[3]Ist der Antrag im Ausland zuzustellen, so bestimmt das Gericht die Frist nach Satz 2 Nr. 3.

(2) § 167 gilt entsprechend.

I. Normzweck

1 In § 647 wird Art und Umfang der Beteiligung des Antragsgegners am vereinfachten Verfahren geregelt, wenn das Gericht die Zulässigkeit des Antrags bejaht. Die Bestimmung stellt eine Konkretisierung des rechtlichen Gehörs in dem vereinfachten Verfahren dar.

II. Umfang der Beteiligung des Antragsgegners, Abs. 1

2 Neben der Verfügung der Zustellung (S. 1) hat das Gericht die in S. 2 Nr. 1 bis 4 aufgeführten **Hinweise an den Antragsgegner** zu erteilen. Nach **Nr. 1** muss dem Antragsgegner dargelegt werden, ab welchem Zeitpunkt und in welcher Höhe der begehrte Unterhalt festgesetzt werden soll. Nach Buchstabe a müssen hierzu entsprechend dem Alter des Kindes die zu berechnenden Zeiträume bezeichnet werden, die für die Festsetzung des Unterhalts nach dem Mindestunterhalt der ersten, zweiten und dritten Altersstufe in Frage kommen. Ferner muss nach Buchstabe b im Falle des § 1612a Abs. 1 BGB auch der Prozentsatz des jeweiligen Mindestunterhalts dargelegt werden. Dies bedeutet, dass neben der betragsmäßigen Höhe des verlangten Unterhalts auch mitzuteilen ist, welcher Prozentsatz des jeweiligen Mindestunterhalts hieraus folgt, um hieraus eine Dynamisierung vorzunehmen. Weiter sieht Buchstabe c den Hinweis vor, mit welchem Betrag das staatliche Kindergeld und sonstige regelmäßig wiederkehrende kindbezogene Leistungen gem. §§ 1612b, 1612c BGB zu berücksichtigen sind. Die Verwendung kann derart ausgesprochen werden, dass nicht ein fester zu berücksichtigender, sondern ein abstrakter (dynamischer) Betrag genannt wird, der in Form eines Bruchteils der jeweiligen Leistungen ausgedrückt werden kann.[1]

3 Mit dem in **Nr. 2** enthaltenen Hinweis soll der Unterhaltspflichtige darüber informiert werden, dass eine Überprüfung durch den Rechtspfleger nicht stattfindet.[2] Nach Nr. 3 bedarf es ferner des Hinweises an den Antragsgegner, dass über den beantragten Unterhalt ein **Festsetzungsbeschluss ergehen** kann, aus dem die Zwangsvollstreckung möglich ist, falls er nicht innerhalb eines Monats nach Zugang Einwendungen in der vorgeschriebenen Form erhebt.[3]

4 **Nr.** 4 verlangt von dem Gericht den **Hinweis** an den Antragsgegner, welche **Einwendungen** er nach § 648 Abs. 1 und 2 vorbringen kann. Hierbei muss hervorgehoben werden, dass die Geltendmachung einer fehlenden oder eingeschränkten Leistungsfähigkeit (§ 648 Abs. 2 S. 3) nur wirksam ist, wenn die Auskunft nach § 648 Abs. 2 S. 3 in Form eines vollständig ausgefüllten Formulars erteilt wird und Belege über die Einkünfte (Gehaltsabrechnungen, Einkommenssteuerbescheide u. ä.) vorgelegt werden. Hierdurch wird dem Gericht und dem Unterhaltsberechtigten die Sachprüfung der eingeschränkten oder fehlenden Leis-

---

[1] Zu den Erwägungen hierfür s. BT-Drucks. 14/7349 S. 26.
[2] S. a. BT-Drucks. 14/7349 S. 26.
[3] Zur Fristwahrung bei unklarem Eingang s. OLG Hamm FamRZ 2006, 44.

tungsfähigkeit ermöglicht. **Nr. 5** enthält hierzu den Hinweis, dass die Einwendungen mit dem vom Gericht beigefügten Formular geltend gemacht werden müssen, soweit ein solcher eingeführt ist. Zu den Angaben gehören vor allem die Anzahl aller gleichrangigen Unterhaltsberechtigter nach § 1609 Abs. 1, 2 BGB und die Verbindlichkeiten, die die Leistungsfähigkeit beeinträchtigen können (§ 648 Abs. 2 S. 3 Nr. 3).

Ist eine **Zustellung im Ausland** erforderlich, gelten die §§ 183ff., soweit nicht die EuZustVO eingreift. Das Gericht kann gemäß S. 3 die in Abs. 1 S. 2 Nr. 2 festgelegte Frist von einem Monat entsprechend den besonderen Umständen in dem zuzustellenden Land verlängern; dem entspricht § 184 Abs. 2 S. 2. Die Zustellungserleichterungen nach § 184 Abs. 1 iVm. § 183 Abs. 1 Nr. 2, 3 gelten auch im vorliegenden Verfahren. 5

III. Unterbrechung der Verjährung, Abs. 2

Nach Abs. 2 wird die Verjährung bereits durch Einreichung des Festsetzungsantrags unterbrochen, wenn seine Zustellung demnächst erfolgt. Dies ergibt sich aus der entsprechenden Verweisung auf § 167. 6

648 *Einwendungen des Antragsgegners*

(1) [1]Der Antragsgegner kann Einwendungen geltend machen gegen
1. die Zulässigkeit des vereinfachten Verfahrens,
2. den Zeitpunkt, von dem an Unterhalt gezahlt werden soll,
3. die Höhe des Unterhalts, soweit er geltend macht, dass
a) die nach dem Alter des Kindes zu bestimmenden Zeiträume, für die der Unterhalt nach dem Mindestunterhalt der ersten, zweiten und dritten Altersstufe festgesetzt werden soll, oder der angegebene Mindestunterhalt nicht richtig berechnet sind;
b) der Unterhalt nicht höher als beantragt festgesetzt werden darf;
c) Leistungen der in den §§ 1612b, 1612c des Bürgerlichen Gesetzbuchs bezeichneten Art nicht oder nicht richtig berücksichtigt worden sind.

[2]Ferner kann er, wenn er sich sofort zur Erfüllung des Unterhaltsanspruchs verpflichtet, hinsichtlich der Verfahrenskosten geltend machen, dass er keinen Anlass zur Stellung des Antrags gegeben hat (§ 93). [3]Nicht begründete Einwendungen nach Satz 1 Nr. 1 und 3 weist das Gericht mit dem Festsetzungsbeschluss zurück, desgleichen eine Einwendung nach Satz 1 Nr. 2, wenn ihm diese nicht begründet erscheint.

(2) [1]Andere Einwendungen kann der Antragsgegner nur erheben, wenn er zugleich erklärt, inwieweit er zur Unterhaltsleistung bereit ist und dass er sich insoweit zur Erfüllung des Unterhaltsanspruchs verpflichtet. [2]Den Einwand der Erfüllung kann der Antragsgegner nur erheben, wenn er zugleich erklärt, inwieweit er geleistet hat und dass er sich verpflichtet, einen darüber hinausgehenden Unterhaltsrückstand zu begleichen. [3]Den Einwand eingeschränkter oder fehlender Leistungsfähigkeit kann der Antragsgegner nur erheben, wenn er zugleich unter Verwendung des eingeführten Formulars Auskunft über
1. seine Einkünfte,
2. sein Vermögen und
3. seine persönlichen und wirtschaftlichen Verhältnisse im Übrigen erteilt und über seine Einkünfte Belege vorlegt.

(3) Die Einwendungen sind zu berücksichtigen, solange der Festsetzungsbeschluss nicht verfügt ist.

I. Normzweck

Die Vorschrift umschreibt Art und Umfang der Einwendungen des Antragsgegners gegen die Festsetzung des Unterhalts im vereinfachten Verfahren. Die möglichen Einwendungen beziehen sich auf die Zulässigkeit des vereinfachten Verfahrens, den Zeitpunkt, ab dem Unterhalt gezahlt werden soll, in eingeschränktem Umfang auf die Höhe des Unterhalts (Abs. 1 S. 1 Nr. 3), die Veranlassung zur Stellung des Antrags nach § 645 Abs. 1, auf den Einwand der Erfüllung und mangelnden Leistungsfähigkeit. Ferner wird in Abs. 3 bestimmt, bis zu welchem Zeitpunkt Einwendungen erhoben werden können. 1

II. Einwendungen nach Abs. 1

Nach **S. 1 Nr. 1** kann der Antragsgegner die Zulässigkeit des vereinfachten Verfahrens rügen, also insbesondere eine der Voraussetzungen des § 645 Abs. 2 darlegen (§ 645 Rn. 4). Ferner kann er das Fehlen einer der in § 646 Abs. 1 genannten Antragsvoraussetzungen sowie einer allgemeinen Prozessvoraussetzung[1] vorbringen. **S. 1 Nr. 2** bezieht sich vor allem auf den Fall, dass die Festsetzung rückständigen Unterhalts (§ 646 Abs. 1 Nr. 5) verlangt wird. Hierzu kann vorgebracht werden, dass Verzug iSd. § 1603 BGB erst zu einem späteren Zeitpunkt oder gar nicht eingetreten ist, als vom Antragsteller dargelegt. 2

Einwendungen zur **Höhe des Unterhalts** können nur gemäß den in S. 1 Nr. 3 Buchstabe a bis c aufgeführten Einzelpunkten vorgebracht werden. Diese beziehen sich auf die fehlerhafte Bestimmung der Zeiträume, für die der Unterhalt nach dem Mindestunterhalt der ersten, zweiten und dritten Altersstufe festge- 3

[1] ZB falscher gesetzlicher Vertreter.

setzt werden soll, ferner auf falsche Mindestunterhaltsbeträge (Buchstabe a). **Buchstabe b** betrifft eine fehlerhafte Festsetzung der Beträge nach § 645 Abs. 1; hierzu gehört auch die falsche Berechnung des Prozentsatzes des jeweiligen Mindestunterhalts. **Buchstabe c** ermöglicht die Überprüfung der Berechnung zu den anrechenbaren Leistungen nach §§ 1612b, 1612c BGB.[2]

4 Nach S. 2 kann der Antragsgegner hinsichtlich der Verfahrenskosten einwenden, dass er **keinen Anlass zur Stellung** des Antrags gegeben hat (§ 93). Voraussetzung ist allerdings, dass er sich sofort zur Erfüllung des Unterhaltsanspruchs verpflichtet. Ein reines Anerkenntnis ohne sofortige Zahlung des geschuldeten Unterhalts reicht für die Annahme des § 93 nicht aus, weil der Unterhaltsberechtigte bei Nichterfüllung davon ausgehen muss, dass er zur Durchsetzung seines Anspruchs einen Vollstreckungstitel benötigt.

5 Nach S. 3 hat das Gericht nicht begründete Einwendungen nach S. 1 Nr. 1 und 3 zurückzuweisen, wenn es von der Unbegründetheit der Einwendungen überzeugt ist. Insoweit steht dem Gericht kein Ermessensspielraum bei der Beurteilung dieser Einwendungen zu. Hinsichtlich der Einwendungen zum Zeitpunkt der Mahnung (S. 1 Nr. 2) wird dem Gericht ein Ermessensspielraum zugebilligt. Hierdurch soll vermieden werden, dass über die Behauptung des Antragsgegners, ihm sei eine Mahnung zum Unterhalt nicht zugegangen, Beweis erhoben wird, den der Antragsteller zu führen hätte (§ 130 BGB)[3]; dies würde dem Charakter des vereinfachten Verfahrens widersprechen, alsbald einen Titel zu schaffen. Im Hinblick auf eine mögliche erhebliche finanzielle Belastung des Antragsgegners ist im Streitfall vom Antragsteller nicht nur die Angabe des Zeitpunkts der Mahnung nach § 646 Abs. 1 Nr. 5, sondern auch die Vorlage eines schriftlichen Beleges über die erfolgte Mahnung zu verlangen. Bestehen keine Anhaltspunkte für einen Nichtzugang der Mahnung, kann das Gericht von deren Zugang auf Grund des ihm zustehenden Ermessens ausgehen.

III. Einwendungen nach Abs. 2

6 Abs. 2 regelt den **Umfang der materiell-rechtlichen Einwendungen** gegen den geltend gemachten Unterhaltsanspruch. Er lässt im Festsetzungsverfahren zur erstmaligen Titulierung des Unterhalts nach § 1612a Abs. 1 BGB iVm. § 36 Nr. 4 EGZPO Einwendungen materiell-rechtlicher Art – anders als in den §§ 655, 656, die das neue Abänderungsverfahren des vereinfachten Verfahrens nach §§ 645 ff. regeln – zu. Hierdurch soll dem Unterhaltspflichtigen auch ein nachfolgendes Abänderungsverfahren erspart bleiben. Art und Weise der möglichen Einwendungen des Unterhaltspflichtigen sind darauf gerichtet, ein streitiges Verfahren iSd. § 651 zu verhindern, den Streitstoff aber jedenfalls so weit wie möglich vorzuklären.[4] Eine Entscheidung über die Begründetheit der in Abs. 2 geregelten Einwendungen erfolgt nicht; es wird lediglich geprüft, ob diese in zulässiger Form erhoben wurden. Sind sie in unzulässiger Form erhoben worden, werden sie stillschweigend mit dem Erlass des Festsetzungsbeschlusses nach § 649 Abs. 1 zurückgewiesen. Allerdings besteht nach § 139 die Verpflichtung des Gerichts, auf offenkundige Fehler bei der Ausfüllung des Formulars hinzuweisen und eine Ergänzung zu ermöglichen.[5] Wird deren Zulässigkeit festgestellt, so kann nach § 650 der Erlass des Festsetzungsbeschlusses ganz oder teilweise abgelehnt werden. Eine Teilfestsetzung erfolgt regelmäßig, wenn der Unterhaltsverpflichtete einen Teil des Anspruchs anerkennt, Abs. 2 S. 1.

7 **Zulässigkeitsvoraussetzung** für alle Abs. 2 unterliegenden Einwendungen des Antragsgegners ist nach S. 1 die Erklärung, inwieweit er zu einer Unterhaltsleistung bereit ist. Hierzu hat er eine entsprechende Verpflichtungserklärung abzugeben. Zweck dieser Bestimmung soll es sein, dass sich der Unterhaltsschuldner über seine Verpflichtung Klarheit verschafft und gegebenenfalls rechtlich beraten lässt.[6] Als zulässige Einwendung muss es auch angesehen werden, dass der Antragsgegner darlegen kann, er sei wegen des nicht zurechenbaren Wegfalls seinen Einkommens oder einer anderweitigen Verschlechterung seiner wirtschaftlichen Lage (berücksichtigungsfähige Verbindlichkeiten) außerstande, überhaupt Unterhalt zu leisten. Macht der Antragsgegner den Einwand der eingeschränkten oder fehlenden Leistungsfähigkeit geltend, muss er gleichzeitig nach Abs. 2 S. 3 die dort aufgeführten Angaben unter Verwendung des eingeführten Formulars erteilen.[7] Diese Angaben sollen den Antragsteller in die Lage versetzen, auf der Grundlage der erteilen Auskünfte eine Prüfung der Aussichten einer weiteren Rechtsverfolgung vorzunehmen. Entscheidet sich der Antragsteller danach für die Durchführung des streitigen Verfahrens, liegen dem FamG bereits Angaben zu den für die Unterhaltsfestsetzung maßgebenden Verhältnissen vor. Insoweit gleicht diese Verfahrensart dem **gerichtlichen Mahnverfahren** nach eingelegtem Widerspruch gegen den Mahnbescheid. Die Pflicht zur Auskunft über die Einkünfte, das Vermögen und die Abgabe einer Erklärung zu den persönlichen und wirtschaftlichen Verhältnissen des Antragsgegners sowie die Pflicht, die Einkünfte zu belegen, die auch im Falle eines Verbraucherinsolvenzverfahrens besteht,[8] bewirkt gleichzeitig, dass sich der Antragsgegner nicht ohne weiteres einer schnellen Festsetzung im vereinfachten Verfahren entziehen kann. Kommt der Antragsgegner der in S. 3 bestimmten Auskunfts- und Belegpflicht trotz der Berufung auf seine mangelnde Leistungsfähigkeit nicht nach, was bei unvollständigen Angaben und fehlenden Belegen der Fall ist,[9] setzt das Gericht den

---

[2] Zur Abänderbarkeit bei Veränderung dieser Leistungen s. § 655.
[3] S. Vorschlag des Bundesrats BT-Drucks. 13/7338 S. 55 sowie Gegenäußerung der Bundesregierung BT-Drucks. 13/7338 S. 58, der im Gesetz gefolgt wurde.
[4] S. BT-Drucks. 13/7338 S. 40.
[5] OLG Karlsruhe FamRZ 2006, 1548.
[6] BT-Drucks. 13/7338 S. 41.
[7] Zu den Anforderungen an einen im Ausland lebenden Unterhaltspflichtigen s. OLG München FamRZ 2005, 381.
[8] OLG Koblenz FamRZ 2005, 915 m. Anm. v. *Gottwald*.
[9] S. zB OLG Brandenburg FamRZ 2004, 273; FamRZ 2004, 1587.

Unterhalt im vereinfachten Verfahren fest. Das Gericht prüft hierbei lediglich, ob die Einwendungen in formal zulässiger Weise geltend gemacht wurden. Eine materiell-rechtliche Prüfung unterbleibt dagegen. Dies gilt insbesondere in Bezug auf das formal zulässig in das Verfahren eingeführte Vorbringen des Antragsgegners, auf Grund weiterer Unterhaltsberechtigter (§ 1609 Abs. 2 BGB) oder weiterer unterhaltsrechtlich beachtlicher Verbindlichkeiten (§ 1603 Abs. 1 BGB) sei er außerstande, Unterhalt ohne Gefährdung des eigenen notwendigen Selbstbehalts zu erbringen (§ 1603 Abs. 2 S. 1 BGB). In diesem Fall geht das Gericht nach § 650 vor. Eine hinreichende Erklärung iSd. Abs. 2 ist gegeben, wenn aus den sonstigen Erklärungen des Antragsgegners hervorgeht, dass er nach seiner wirtschaftlichen Lage nicht im Stande ist, den geforderten Unterhalt zu erbringen. Diese Erklärungen müssen in dem eingeführten Formular enthalten sein.[10] Ein **Nichtselbständiger** hat zur Darlegung seiner eingeschränkten oder mangelnden Leistungsfähigkeit regelmäßig die Lohnabrechnungen der letzten zwölf Monate vor Abgabe dieser Erklärung vorzulegen,[11] ein **Selbständiger** die steuerlichen Gewinnermittlungsunterlagen nach § 4 Abs. 1 EStG (Bilanz mit Darlegung des Betriebsvermögens, Gewinn- und Verlustrechnung sowie Anlagespiegel) oder nach § 4 Abs. 3 EStG (Einnahmen-Überschussrechnung mit Anlagespiegel) der letzten drei vorangehenden Kalenderjahre. Unklarheiten gehen aber zu Lasten des Antragsgegners, so dass diese zweifelsfrei sein müssen.[12] Fehlt es dagegen an den formalen Voraussetzungen, setzt das Gericht den Unterhalt gemäß § 649 Abs. 1 fest.

Macht der Antragsgegner den **Einwand der Erfüllung** geltend (S. 2), ist dieser nur beachtlich, wenn er 8
gleichzeitig erklärt, inwieweit er den Unterhalt geleistet hat, ferner, dass er sich verpflichtet, einen darüber hinausgehenden Unterhaltsrückstand zu begleichen. Zur Frage der Erfüllung ist eine konkrete Darlegung zu fordern, welche monatlichen Beträge er in dem geltend gemachten Zeitraum getilgt hat; bei mehreren berechtigten Kindern ist ferner eine Aufteilung der Zahlungen auf jedes Kind zu verlangen, um bei nicht ausreichender Zahlung feststellen zu können, welche monatlichen Beträge im Einzelnen geschuldet werden. Bestreitet der Antragsteller entsprechende Zahlungen, erfolgt keine Beweisaufnahme; in diesem Fall ist vom Gericht nach § 650 vorzugehen.

IV. Keine zeitliche Befristung der Einwendungen, Abs. 3

Abs. 3 legt fest, dass die in § 647 Abs. 1 S. 2 Nr. 2 bestimmte Frist **keine** Ausschlussfrist darstellt. Danach 9
sind auch nach Fristablauf eingehende Einwendungen vom Gericht noch zu berücksichtigen, solange der Festsetzungsbeschluss noch nicht verfügt ist; das ist grundsätzlich mit Unterzeichnung durch den Rechtspfleger gegeben[13], nach anderer Ansicht mit Hinausgabe in den Geschäftsgang[14] sowie durch die Hinausgabe aus dem inneren Geschäftsbetrieb.[15] Letztere Ansicht ist trotz des eindeutigen Wortlautes aus praktischen Gründen zu bevorzugen, um die Korrekturklage des Antragsgegners nach § 654 zu vermeiden.[16] Ob im Beschwerdeverfahren nach § 652 erstmals die Einwendungen gemäß § 648 Abs. 2 vorgebracht werden können, ist danach unklar.[17] Nach allgemeinen Grundsätzen können auch in diesem neue Tatsachen vorgebracht werden. Dieser Grundsatz wird aber in § 652 Abs. 2 eingeschränkt, da diese Regelung das Vorbringen von Einwendungen im Festsetzungsverfahren voraussetzt.[18] Dem entspricht auch die Regelung des § 650.

649

Festsetzungsbeschluss (1) **¹Werden keine oder lediglich nach § 648 Abs. 1 Satz 3 zurückzuweisende oder nach § 648 Abs. 2 unzulässige Einwendungen erhoben, wird der Unterhalt nach Ablauf der in § 647 Abs. 1 Satz 2 Nr. 3 bezeichneten Frist durch Beschluss festgesetzt. ²In dem Beschluss ist auszusprechen, dass der Antragsgegner den festgesetzten Unterhalt an den Unterhaltsberechtigten zu zahlen hat. ³In dem Beschluss sind auch die bis dahin entstandenen erstattungsfähigen Kosten des Verfahrens festzusetzen, soweit sie ohne weiteres ermittelt werden können; es genügt, wenn der Antragsteller die zu ihrer Berechnung notwendigen Angaben dem Gericht mitteilt.**

(2) In dem Beschluss ist darauf hinzuweisen, welche Einwendungen mit der sofortigen Beschwerde geltend gemacht werden können und unter welchen Voraussetzungen eine Abänderung im Wege der Klage nach § 654 verlangt werden kann.

I. Normzweck, Voraussetzungen nach Abs. 1

Die Vorschrift regelt die Voraussetzungen, unter denen der Festsetzungsbeschluss ergehen kann. In 1
Abs. 1 S. 1 wird hierzu zunächst bestimmt, dass vor Ablauf der in § 647 Abs. 1 S. 2 Nr. 2 bezeichneten Frist ein Beschluss nicht ergehen darf. Weitere Voraussetzung ist, dass der Antragsgegner entweder keine oder nur solche Einwendungen erhoben hat, die nach § 648 Abs. 1 S. 3 (s. hierzu § 648 Rn. 3, 5) zurückzuweisen

---

[10] OLG Nürnberg FamRZ 2004, 475.
[11] S. a. *Gottwald* FamRZ 2004, 274.
[12] OLG Hamm FamRZ 2000, 360; OLG Brandenburg FamRZ 2001, 766; OLG Frankfurt/M FamRZ 2002, 834; OLG Rostock FamRZ 2002, 836.
[13] OLG Hamm FamRZ 2000, 901; OLG Brandenburg FamRZ 2001, 1078.
[14] MK/*Coester-Waltjen* Rn. 1.
[15] *T/P/Hüßtege* Rn. 13; OLG Dresden FamRZ 2001, 109; OLG Hamm FamRZ 2006, 44 – dort auch zur Beweislast bei ungewissem Zeitpunkt des Eingangs der Einwendungen; KG FamRZ 2006, 1209; OLG Hamm FamRZ 2007, 836.
[16] Zum vergleichbaren Fall nach §§ 692 Abs. 1 Nr. 3, 4 s. BGH NJW 1982, 880; 1983, 633.
[17] Zum Streitstand OLG Stuttgart FamRZ 2002, 32.
[18] Zur Zulässigkeit im Beschwerdeverfahren s. § 652 Rn. 2.

oder nach § 648 Abs. 2 (s. § 648 Rn. 7, 8) als unzulässig zurückzuweisen sind. Hierbei ist zu beachten, dass auf eine zutreffende Rüge der Zulässigkeit des vereinfachten Verfahrens durch den Antragsgegner der Antragsteller das Zulässigkeitshindernis durch eine Ergänzung bzw. Berichtigung seines Antrags beheben kann. S. 2 stellt klar, dass der Feststellungsbeschluss einen Anspruch zur Zahlung des Unterhalts beinhalten muss (zu den Formen der Titulierung nach § 1612a BGB s. vor § 642 Rn. 2f.), also einen vollstreckbaren Titel darstellt. Durch die Regelung des S. 3, der eine Entscheidung zu den Kosten nach §§ 91ff. voraussetzt, soll ein zusätzliches Kostenfestsetzungsverfahren vermieden werden. Soweit sich die erstattungsfähigen Kosten nicht ohne größeren Aufwand ermitteln lassen, ist ein solches dennoch zulässig.

II. Freigestellte mündliche Verhandlung

2 Der Festsetzungsbeschluss kann nach § 128 Abs. 4 ohne mündliche Verhandlung ergehen, da diese dem Gericht freigestellt ist. Dies sollte im Hinblick auf den Charakter des vereinfachten Verfahrens, nur in begrenztem Umfang Einwendungen zuzulassen und eine schnelle Festsetzung des Unterhalts zu bewirken, die Regel sein. Wird eine mündliche Verhandlung anberaumt, so kann in dieser auch eine vergleichsweise Erledigung oder ein Anerkenntnis[1] des geltend gemachten Anspruchs erfolgen.

III. Hinweispflichten, Abs. 2; Vollstreckung

3 Der Beschluss muss nach Abs. 2 eine Belehrung darüber enthalten, welche Einwendungen mit der **sofortigen Beschwerde** geltend gemacht werden können (§ 652 Abs. 2 – möglich sind nur Einwendungen nach § 648 Abs. 1, die Zulässigkeit von Einwendungen nach § 648 Abs. 2 sowie gegen die Richtigkeit der Kostenfestsetzung) und unter welchen Voraussetzungen eine Abänderung im Wege der Klage nach § 654 möglich ist. Hierdurch sollen unzulässige Rechtsmittel vermieden werden. Die Entscheidung ist beiden Parteien nach § 329 Abs. 3 zuzustellen. Sie ist bereits vor Eintritt der Rechtskraft nach § 794 Abs. 1 Nr. 2a, 3 vollstreckbar. Zu berücksichtigen ist jedoch nach § 798 eine **Wartefrist von zwei Wochen.** Der Antragsgegner kann im Beschwerdeverfahren bzw. im Abänderungsverfahren nach §§ 654, 656 die einstweilige Aussetzung der Vollziehung (§ 570) oder die Einstellung der Zwangsvollstreckung (entsprechend § 769) erwirken.

IV. Gerichtskosten

4 Vgl. § 645 Rn. 9.

650 *Mitteilung über Einwendungen*

[1]Sind Einwendungen erhoben, die nach § 648 Abs. 1 Satz 3 nicht zurückzuweisen oder die nach § 648 Abs. 2 zulässig sind, teilt das Gericht dem Antragsteller dies mit. [2]Es setzt auf seinen Antrag den Unterhalt durch Beschluss fest, soweit sich der Antragsgegner nach § 648 Abs. 2 Satz 1 und 2 zur Zahlung von Unterhalt verpflichtet hat. [3]In der Mitteilung nach Satz 1 ist darauf hinzuweisen.

I. Normzweck

1 § 650 regelt das Vorgehen des Gerichts, wenn Einwendungen erhoben wurden, die nicht nach § 648 Abs. 1 S. 3 zurückzuweisen oder die nach § 648 Abs. 2 zulässig sind.

II. Verfahrensweise

2 Das Gericht teilt dem Antragsteller mit, dass der Antragsgegner Einwendungen erhoben hat, die nach § 648 Abs. 1 S. 3 nicht zurückzuweisen oder die nach § 648 Abs. 2 zulässig sind. Eine Entscheidung über die Begründetheit der Einwendungen trifft das Gericht nicht, sondern nur darüber, ob diese in der zulässigen Form erhoben wurden (§ 648 Rn. 2).[1] In diesem Fall unterbleibt ein Erlass des beantragten Festsetzungsbeschlusses; es erfolgt lediglich hierüber eine Mitteilung an den Antragsteller (S. 1). Hat sich der Antragsgegner nach § 648 Abs. 2 S. 1, 2 zu einer Zahlung verpflichtet, kann das Gericht auf **Antrag des Antragstellers** jedenfalls über einen Teil des geltend gemachten Anspruchs im vereinfachten Verfahren einen Vollstreckungstitel erhalten und die weiteren Unterhaltsbeträge im streitigen Verfahren einklagen. S. 3 bestimmt hierzu, dass das Gericht den Antragsteller in der Mitteilung nach S. 1 darauf hinzuweisen hat, dass sich der Antragsgegner zu einer (Teil-)Zahlung verpflichtet hat und in dieser Höhe der Unterhalt im vereinfachten Verfahren festgesetzt werden kann, falls er dies beantragt. Im Übrigen ist in der Mitteilung nach Satz 1 gemäß § 651 Abs. 1 S. 2 auf die Möglichkeit des Übergangs in das streitige Verfahren hinzuweisen. Diese sollte gemäß § 329 Abs. 2 S. 2 zugestellt werden.[2]

III. Gerichtskosten

3 Vgl. § 645 Rn. 9.

---

[1] S. a. OLG Brandenburg FamRZ 2007, 837.

[1] AA MK/*Coester-Waltjen* § 648 Rn. 2; danach soll die Begründetheit der Einwendungen geprüft werden.

[2] S. aber BGH NJW 1977, 717f. zur vergleichbaren Problematik bei § 614.

651 *Streitiges Verfahren* **(1) [1]Im Falle des § 650 wird auf Antrag einer Partei das streitige Verfahren durchgeführt. [2]Darauf ist in der Mitteilung nach § 650 hinzuweisen.**

(2) [1]Beantragt eine Partei die Durchführung des streitigen Verfahrens, so ist wie nach Eingang einer Klage weiter zu verfahren. [2]Einwendungen nach § 648 gelten als Klageerwiderung.

(3) Der Rechtsstreit gilt als mit der Zustellung des Festsetzungsantrags (§ 647 Abs. 1 Satz 1) rechtshängig geworden.

(4) Ist ein Festsetzungsbeschluss nach § 650 Satz 2 vorausgegangen, soll für zukünftige wiederkehrende Leistungen der Unterhalt in einem Gesamtbetrag bestimmt und der Festsetzungsbeschluss insoweit aufgehoben werden.

(5) Die Kosten des vereinfachten Verfahrens werden als Teil der Kosten des streitigen Verfahrens behandelt.

(6) Wird der Antrag auf Durchführung des streitigen Verfahrens nicht vor Ablauf von sechs Monaten nach Zugang der Mitteilung nach § 650 Satz 1 gestellt, gilt der über den Festsetzungsbeschluss gemäß § 650 Satz 2 oder die Verpflichtungserklärung des Antragsgegners gemäß § 648 Abs. 2 Satz 1 und 2 hinausgehende Festsetzungsantrag als zurückgenommen.

I. Normzweck

§ 651 schließt an die Regelung des § 650 S. 1 an, soweit danach Einwendungen nach § 648 Abs. 1 S. 3 nicht zurückzuweisen oder nach § 648 Abs. 2 zulässig sind (eing. § 648 Rn. 5, 6). In diesem Fall ist – vergleichbar mit dem Mahnverfahren nach §§ 696ff. – die Überleitung in das streitige Verfahren möglich. 1

II. Voraussetzungen, Verfahrensweise

Der Übergang ins streitige Verfahren erfolgt nicht von Amts wegen durch das Gericht, sondern ist nur auf **Antrag einer Partei** vorzunehmen, Abs. 1. Das Antragserfordernis soll die Möglichkeit eröffnen, dass sich die Parteien außergerichtlich einigen. Ferner ist der Antragsteller zusammen mit der Mitteilung nach § 650 S. 1 (§ 650 Rn. 2) auf das Antragsrecht, ins streitige Verfahren übergehen zu können, hinzuweisen. Wurde von einer Partei das streitige Verfahren beantragt, ist vom Gericht wie nach Eingang einer Klage weiter zu verfahren, Abs. 2 S. 1. Hierbei gelten Einwendungen nach Abs. 2 S. 2 als Klageerwiderung. Da für das Verfahren nach §§ 645 bis 650 der Rechtspfleger zuständig ist (§ 20 Nr. 10a RPflG),[1] gibt dieser das Verfahren mit dem Antrag, in das streitige Verfahren überzugehen, an die zuständige richterliche Abteilung des FamG ab. Der Familienrichter bestimmt danach den weiteren Verfahrensgang. Soweit der Antragsgegner das vereinfachte Verfahren, der mit Übergang ins streitige Verfahren als Beklagter zu führen ist, nach § 648 Abs. 2 S. 3 bereits in ausreichendem Umfang Auskunft erteilt hat, kann sofort eine mündliche Verhandlung anberaumt werden. Auch soweit nicht vollständige Angaben zur Beurteilung der fehlenden Leistungsfähigkeit vorliegen, kann der Familienrichter durch vorbereitende Maßnahmen nach §§ 139, 273, 643 den Rechtsstreit fördern und gegebenenfalls alsbald einen Termin anberaumen. 2

III. Eintritt der Rechtshängigkeit

Nach Abs. 3 S. 1 gilt bei Übergang ins streitige Verfahren der Rechtsstreit als mit der Zustellung des Festsetzungsantrags gemäß § 647 Abs. 1 S. 1 rechtshängig geworden. Falls der Antrag nach Abs. 1 S. 1 nicht vor Ablauf von sechs Monaten nach Zugang der Mitteilung gemäß Abs. 1 S. 2 nach § 650 gestellt wird, greift die in Abs. 6 mit Wirkung ab 1. 1. 2002[2] geregelte Ausschlussfrist ein.[3] Die verhältnismäßig lange Frist soll es dem Antragsteller ermöglichen, eine außergerichtliche Einigung zu erreichen, ehe der Antrag auf einen Übergang ins streitige Verfahren gestellt wird. 3

IV. Zusammenfassung bei Teiltitulierung, Abs. 4

Hat der Antragsgegner nach § 648 Abs. 2 S. 1 einen Teilbetrag des im vereinfachten Verfahren geltend gemachten Unterhalts anerkannt und wurde dieser insoweit durch Beschluss festgesetzt, so kann das FamG bei weiter gehenden zukünftigen Unterhaltsleistungen den Unterhalt in einem **Gesamtbetrag** zusammenfassen. Hierzu ist der Festsetzungsbetrag aus Gründen der Titelklarheit insoweit aufzuheben. Diese Regelung dient auch einer vereinfachten Vollstreckung. Eine Zusammenfassung wird regelmäßig dann unterbleiben, wenn in dem Festsetzungsbeschluss lediglich Unterhaltsbeträge bereits abgelaufener Zeiträume enthalten sind. 4

V. Kosten, Abs. 5

Im Falle des Übergangs in das streitige Verfahren sind die Kosten des vereinfachten Verfahrens als Teil der Kosten des streitigen Verfahrens zu behandeln (vergleichbar mir §§ 281 Abs. 3 S. 1, 696 Abs. 1 S. 5). Im Übrigen wird im Urteil über die Kosten des streitigen Verfahrens nach §§ 91, 92 entschieden. Im Falle eines Verbundverfahrens des Unterhalts als Folgesache gilt § 93a Abs. 1, 2; ferner greift § 93d in den dort genannten Fällen ein. 5

---

[1] Geändert durch Art. 4 Abs. 3 des KindUG.
[2] Gesetz zur Einführung des Euro in Rechtspflegegesetzen vom 13. 12. 2001, BGBl. I S. 3574.
[3] S. a. BT-Drucks. 14/7349 S. 26.

VI. Gebühren und Kosten

6 Zu den **Rechtsanwaltsgebühren** und **Gerichtskosten** für das an das vereinfachte Verfahren anschließende streitige Verfahren s. § 645 Rn. 6–8 (Rechtsanwalt) und Rn. 9 (Gerichtskosten).

652 *Sofortige Beschwerde* **(1) Gegen den Festsetzungsbeschluss findet die sofortige Beschwerde statt.**

(2) [1]Mit der sofortigen Beschwerde können nur die in § 648 Abs. 1 bezeichneten Einwendungen, die Zulässigkeit von Einwendungen nach § 648 Abs. 2 sowie die Unrichtigkeit der Kostenentscheidung oder Kostenfestsetzung, sofern sie nach allgemeinen Grundsätzen anfechtbar sind, geltend gemacht werden. [2]Auf Einwendungen nach § 648 Abs. 2, die nicht erhoben waren, bevor der Festsetzungsbeschluss verfügt war, kann die sofortige Beschwerde nicht gestützt werden.

I. Rechtsbehelf gegen den Festsetzungsbeschluss

1 Abs. 1 lässt gegen den nach § 649 sowie § 650 S. 2 zu erlassenden Festsetzungsbeschluss das Rechtsmittel der sofortigen Beschwerde zu, deren allgemeine Voraussetzungen sich nach § 569 richten. Beschwerdegericht ist das OLG, § 119 Abs. 1 Nr. 2 GVG. Die Beschwerde kann beim FamG oder dem OLG eingelegt werden, der der Rechtspfleger nach § 572 Abs. 1 S. 1 abhelfen darf.[1] Ansonsten legt der Rechtspfleger die Beschwerde dem Beschwerdegericht vor.[2] Ergeht eine den Festsetzungsantrag abweisende Entscheidung des Rechtspflegers, ist gegen diese kein Rechtsmittel statthaft, § 646 Abs. 2 S. 3. Wird die sofortige Beschwerde nicht auf einen der in Abs. 2 benannten Gründe gestützt, ist sie als unzulässig zu verwerfen. Einwendungen des Antragsgegners können ferner mit der Klage nach § 654 Abs. 1, 2 erhoben werden.[3] Ließe man Einwendungen nach § 648 Abs. 2 zu, so müsste auch im Verfahren beim OLG in das streitige Verfahren nach § 651 übergegangen werden können.

II. Zulässige Einwendungen nach Abs. 2

2 Abs. 2 regelt abschließend die im Beschwerdeverfahren zulässigen Einwendungen. Beide Parteien können nur die in § 648 Abs. 1 bezeichneten Einwendungen vorbringen,[4] nämlich die fehlerhafte Berechnung des Unterhalts, die unrichtige Kostenfestsetzung sowie den Einwand, das Gericht habe eine Einwendung iSd. § 648 Abs. 2 zu Unrecht als unzulässig behandelt;[5] hierzu gehört auch der Fall, dass der Rechtspfleger rechtzeitig vorgebrachte Einwendungen nach 648 Abs. 2 in dem Festsetzungsbeschluss nicht berücksichtigt hat. Ferner kann der Unterhaltspflichtige mit der Beschwerde geltend machen, im Festsetzungsbeschluss sei ein erklärtes Anerkenntnis[6] fehlerhaft herangezogen oder die von ihm dargelegte fehlende oder beschränkte Leistungsfähigkeit nicht berücksichtigt worden; bei beschränkter Leistungsfähigkeit setzt dies voraus, dass er im Formular ausführt, in welcher Höhe er Unterhalt zu leisten bereit ist.[7] Andere Einwendungen können lediglich im Wege einer Klage auf Abänderung nach § 654 geltend gemacht werden. Werden zulässige Einwendungen nicht vorgebracht, ist die sofortige Beschwerde insgesamt unzulässig, andernfalls zum Teil, wenn neben zulässigen Einwendungen auch andere Gründe gegen den Festsetzungsbeschluss geltend gemacht werden. Einwendungen können auch erstmals mit der sofortigen Beschwerde vorgebracht werden. Sehr strittig war die Frage, ob nach Abs. 2 im Beschwerdeverfahren erstmals Einwendungen nach § 648 Abs. 2 vorgebracht werden können.[8] Dem hat der Gesetzgeber durch die Neufassung des Abs. 2 Rechnung getragen.[9] Ferner wird klargestellt, dass die Kostenentscheidung, soweit sie nach §§ 91 a, 93, 269 isoliert anfechtbar ist, durch die sofortige Beschwerde anfechtbar bleibt.[10] Wird die Beschwerdesumme von 200,– € nach § 567 Abs. 2 nicht erreicht, ist nach § 11 Abs. 1, 2 RPflG statt der sofortigen Beschwerde Erinnerung einzulegen. Hilft der Rechtspfleger nicht ab, entscheidet der Familienrichter abschließend.

III. Gebühren und Kosten

3 **1. Rechtsanwaltsgebühren.** Gem. Vor. 3.2.1 Abs. 1 Nr. 2 VV RVG fallen für das Beschwerdeverfahren die Gebühren der Nrn. 3200 ff. VV RVG an. Es handelt sich um die Anfechtung einer die Instanz beendenden Entscheidung, nicht um eine Zwischenentscheidung. Daran ändert auch nicht, dass nicht der Richter, sondern der Rechtspfleger den Festsetzungsbeschluss erlässt. Nach aA soll Nr. 3500 VV RVG anzuwenden sein, vgl. § 620 c Rn. 13.[11]

4 **2. Gerichtskosten.** Für das Beschwerdeverfahren wird eine Gebühr nach KV Nr. 1122 erhoben.

---

[1] S. BT – Drucks. 14/4722 S. 114; § 577 Abs. 3 aF ist ersatzlos weggefallen.
[2] Zur Neufassung des § 11 RPflG s. § 621 e Rn. 4.
[3] Zum Ganzen s. a. OLG Stuttgart FamRZ 2000, 1161, 1162.
[4] Zur Begrenzung nach dem UntVorschG s. OLG Stuttgart FamRZ 2006, 1769.
[5] S. a. OLG München FamRZ 2002, 547; Zö/Philippi Rn. 4; aA OLG Naumburg FamRZ 2003, 690.
[6] S. OLG Brandenburg FamRZ 2007, 837.
[7] OLG Stuttgart FamRZ 2002, 552; aA OLG Frankfurt/M FamRZ 2002, 835; OLG Rostock FamRZ 2002, 836.
[8] S. zuletzt OLG Brandenburg FamRZ 2001, 1078; OLG Koblenz FamRZ 2001, 1079 m. weit. Nachw.; aA MK/*Coester-Waltjen* § 652 Rn. 6; *Maurer* FamRZ 2000, 1578 f.; OLG Bamberg FamRZ 2001, 108; OLG Stuttgart FamRZ 2001, 361.
[9] Gesetz zur Einführung des Euro in Rechtspflegegesetzen vom 13. 12. 2001, BGBl. I S. 3574.
[10] BT-Drucks. 14/7349 S. 26 f.
[11] G/S/*Müller-Rabe* VV 3100 Rn. 231.

653 ***Unterhalt bei Vaterschaftsfeststellung*** **(1) [1]Wird auf Klage des Kindes die Vaterschaft festgestellt, so hat das Gericht auf Antrag den Beklagten zugleich zu verurteilen, dem Kind Unterhalt in Höhe des Mindestunterhalts und gemäß den Altersstufen nach § 1612a Abs. 1 Satz 3 des Bürgerliches Gesetzbuchs und unter Berücksichtigung der Leistungen nach den §§ 1612b oder 1612c des Bürgerlichen Gesetzbuchs zu zahlen. [2]Das Kind kann einen geringeren Unterhalt verlangen. [3]Im Übrigen kann in diesem Verfahren eine Herabsetzung oder Erhöhung des Unterhalts nicht verlangt werden.**

(2) Vor Rechtskraft des Urteils, das die Vaterschaft feststellt, wird die Verurteilung zur Leistung des Unterhalts nicht wirksam.

I. Normzweck

Die Vorschrift lässt es zu, dass der Vater mit der Feststellung der Vaterschaft zur Leistung von Unterhalt in Höhe des Mindestunterhalts der jeweiligen Altersstufe verurteilt werden kann (§ 1600d Abs. 4 BGB), vermindert oder erhöht um die nach den §§ 1612b, 1612c BGB zu berücksichtigenden Leistungen. Nach dem eindeutigen Wortlaut scheidet eine Erweiterung auf das 1,2fache des Mindestunterhalts gemäß § 645 Abs. 1 aus, um eine Mehrbelastung der Gerichte mit Abänderungsklagen zu vermeiden und das Verfahren nicht mit Ermittlungen zur Höhe des Unterhalts zu belasten.[1] Geltend gemacht wird der Unterhalt durch Klage im Vaterschaftsprozess. Die Entscheidung ergeht auch hinsichtlich der Festsetzung des Unterhalts einheitlich durch Urteil (§ 640h). Da nur eine Verurteilung zu den Mindestunterhaltsbeträgen nach § 1612a Abs. 1 BGB iVm. § 36 Nr. 4 EGZPO (100 %) oder bei einem entsprechenden Antrag des Antragstellers nach S. 2 zu einem geringeren Unterhalt möglich ist, kann zum Unterhalt eine Abänderung in Frage kommen, die in der Form des § 654 zu erfolgen hat (s. § 654 Rn. 3). § 653 ist nur anwendbar in Verfahren des § 640 Abs. 2 Nr. 1. Die in Abs. 1 S. 3 **enthaltenen Einschränkungen** dienen dem Zweck, dem Kind einen schnellen Vollstreckungstitel zu verschaffen. Die Geltendmachung individueller Verhältnisse, die zur Erhöhung oder Herabsetzung des Unterhalts führen, können deshalb erst in der Korrekturklage nach § 654 geltend gemacht werden.[2] Der Unterhaltspflichtige kann deshalb seine mangelnde oder eingeschränkte Leistungsfähigkeit im Rahmen der Festsetzungen im Annexverfahren nach § 653 nicht geltend machen.[3] Gleiches gilt hinsichtlich des Einwandes der Erfüllung rückständiger Unterhaltsbeträge.[4] 1

II. Umfang der Unterhaltsfestsetzung, Abs. 1

Die Regelung lässt eine Festsetzung des Unterhalts auch der Höhe und nicht nur als Grundentscheidung zu; es muss deshalb auch zum Beginn der Unterhaltspflicht eine Festlegung beinhalten. S. 2 ermöglicht es, einen geringeren Unterhalt als die jeweiligen Mindestunterhaltsbeträge zu verlangen, wenn das Kind davon ausgehen muss, dass der Unterhaltspflichtige den vollen Mindestunterhalt nicht ohne Gefährdung des eigenen notwendigen Selbstbehalts (§ 1603 Abs. 2 S. 1 BGB) erbringen kann. Hierdurch soll vermieden werden, dass dem Kind durch eine erfolgreiche Abänderungsklage Kosten entstehen. Im Übrigen kann in diesen Verfahren nach S. 2 eine Herabsetzung oder Erhöhung des Unterhalts nicht verlangt werden, da eine gerichtliche Auseinandersetzung über den individuellen Unterhalt so lange nicht möglich ist, als die Vaterschaft nicht rechtskräftig festgestellt ist.[5] Das Urteil ermöglicht ab Rechtskraft unmittelbar die Vollstreckung in Höhe des Mindestunterhalts, der in zeitlicher Hinsicht und der Höhe nach festgelegt sein muss. Damit scheidet auch eine vorläufige Vollstreckbarkeit aus (708 Nr. 8); sie ist jedoch insoweit auszusprechen, als die Feststellung der Vaterschaft rechtskräftig wird, nicht aber die Festsetzung des Unterhalts.[6] Das Kind kann jedoch nach § 1615o Abs. 1 BGB im Wege der einstwVfg. bis zum rechtskräftigem Abschluss des Verfahrens eine vorläufige Unterhaltsregelung beantragen. 2

III. Eintritt der Wirksamkeit der Unterhaltsfestsetzung

Auf Grund der materiell-rechtlichen Abhängigkeit des Unterhalts von der rechtskräftigen Feststellung der Vaterschaft wird in Abs. 2 bestimmt, dass als Rechtsfolge der Vaterschaftsfeststellung die Verurteilung zur Leistung des Unterhalts erst mit rechtskräftiger Vaterschaftsfeststellung wirksam wird. Dies gilt insbesondere in dem Fall, dass nur gegen das Urteil zur Feststellung der Vaterschaft Rechtsmittel zum Oberlandesgericht eingelegt wird. 3

IV. Verfahrensgrundsätze

Das Verfahren bleibt auch bei Geltendmachung des Regelbetrags eine Kindschaftssache, so dass die Grundsätze des § 640 eingreifen. Dies gilt vor allem für die Zuständigkeit nach § 640a, den Amtsermittlungsgrundsatz und die Erledigung des Verfahrens bei Tod des Mannes (§§ 640 Abs. 1 iVm. 619). Wird danach gemäß § 1600e Abs. 2 BGB die Vaterschaft festgestellt, ist der Unterhalt gegen Ersatzhaftende mit einer selbständigen Klage durchzusetzen. Will der Unterhaltspflichtige nach Feststellung seiner Vaterschaft 4

---

[1] BT-Drucks. 13/9596 S. 54.
[2] S. a. OLG Brandenburg FamRZ 2005, 1843.
[3] BGH FamRZ 2003, 304, 305.
[4] BGH FamRZ 2003, 1095.
[5] BT-Drucks. 13/7338 S. 42 f.
[6] S. OLG Brandenburg FamRZ 2003, 617, 618.

den geforderten Unterhalt anerkennen, steht insoweit einem prozessualen Anerkenntnis nach § 307 – anders als im Statusverfahren – nichts entgegen.[7]

V. Gebühren und Kosten

5 **1. Rechtsanwaltsgebühren.** Der Anwalt erhält die Gebühren der Nrn. 3100ff. VV RVG. §§ 48 Abs. 4, 42 Abs. 1 S. 2 GKG sind anzuwenden, § 23 Abs. 1 RVG.

6 **2. Gerichtskosten.** Es gelten die KV Nr. 1210ff.

654 *Abänderungsklage*

(1) Ist die Unterhaltsfestsetzung nach § 649 Abs. 1 oder § 653 Abs. 1 rechtskräftig, können die Parteien im Wege einer Klage auf Abänderung der Entscheidung verlangen, dass auf höheren Unterhalt oder auf Herabsetzung des Unterhalts erkannt wird.

(2) [1]Wird eine Klage auf Herabsetzung des Unterhalts nicht innerhalb eines Monats nach Rechtskraft der Unterhaltsfestsetzung erhoben, darf die Abänderung nur für die Zeit nach Erhebung der Klage erfolgen. [2]Ist innerhalb dieser Frist ein Verfahren nach Absatz 1 anhängig geworden, so läuft die Frist für den Gegner nicht vor Beendigung dieses Verfahrens ab.

(3) Sind Klagen beider Parteien anhängig, so ordnet das Gericht die Verbindung zum Zweck gleichzeitiger Verhandlung und Entscheidung an.

I. Normzweck

1 Die Vorschrift regelt den Sonderfall der Abänderungsklage (iSe. Korrekturklage) im Falle der Unterhaltsfestsetzung im vereinfachten Verfahren sowie im Falle der mit dem Statusprozess verbundenen Unterhaltsklage nach § 653. Ziel dieser Klage ist es, die im vereinfachten Verfahren erfolgte Unterhaltsfestsetzung mit solchen Einwendungen anzugreifen, die in diesem nicht zulässig waren (§ 648). Auf Grund des Charakters dieser Klageform hängt deren Zulässigkeit nicht von den Voraussetzungen des § 323 sowie § 767 ab; insbesondere bestehen keine präkludierenden Regelungen, ebenso wenig muss eine wesentliche Änderung der Verhältnisse vorliegen. Sie kann aber die **Korrektur** der im vereinfachten Verfahren erfolgten Unterhaltsfestsetzung bewirken. Sie verdrängt deshalb in ihrem Regelungsbereich § 323 Abs. 4, weil die nach § 654 geltend zu machenden Gründe nicht § 323 Abs. 2 unterliegen.[1] Sie ist ihrem Charakter nach deshalb eine Erstklage.

II. Regelungsbereich, Voraussetzungen

2 Die in Abs. 1 geregelte Abänderungsmöglichkeit bezieht sich auf die im vereinfachten Verfahren nach § 649 Abs. 1 oder § 650 S. 2 erfolgte Unterhaltsfestsetzung in Form des Beschlusses und die im Zusammenhang mit dem Kindschaftsprozess erlangte Unterhaltsregelung nach § 653 Abs. 1. Im Falle des § 649 Abs. 1 sowie § 650 S. 2 kann der Unterhaltsberechtigte im vereinfachten Verfahren ohne konkrete Kenntnis der wirtschaftlichen Verhältnisse des Unterhaltspflichtigen sich einen Unterhaltstitel verschaffen, der nicht ohne weiteres mit dem tatsächlich materiell-rechtlich geschuldeten Unterhalt nach §§ 1601, 1610 Abs. 1 BGB übereinstimmt. Erlangt er später über die wahren Einkommens- und Vermögensverhältnisse Kenntnis, so zB, wenn er sich diese durch Auskunftsklage nach § 1605 Abs. 1 BGB verschafft, so kann er den Unterhalt nach den individuellen Verhältnissen mit der Abänderungsklage nach § 654 festsetzen lassen. Ferner kann der Unterhaltsberechtigte diesen Weg bestreiten, wenn er sich durch Festsetzungsbeschluss nach § 649 Abs. 1 einen schnellen Vollstreckungstitel beschaffen will und erst danach eine den tatsächlichen wirtschaftlichen Verhältnissen entsprechende Unterhaltsfestsetzung anstreben. Umgekehrt hat der Unterhaltspflichtige, der im vereinfachten Verfahren keine Einwendungen erhoben oder in nicht zulässiger Weise geltend gemacht hat, die Möglichkeit, materiell-rechtliche Einwendungen gegen den im Festsetzungsbeschluss festgelegten Unterhalt geltend zu machen (s. § 653 Rn. 1). Hierbei ist er auch nicht mit Einwendungen ausgeschlossen, die er bereits im Beschlussverfahren (erfolglos) vorgebracht hat, also die mangelnde Leistungsfähigkeit[2] nach § 1603 Abs. 1, 2 BGB oder die fehlende Aktivlegitimation.[3] Dies folgt auch aus der Einschränkung in § 652, nach dem mit der sofortigen Beschwerde nur im dort geregelten Umfang Einwendungen vorgebracht werden können. Entsprechend dem Regelungszweck ist die Klage nach § 654 auch auf **Alttitel** nach §§ 6411 ff. aF (bis 30. 6. 1998) anzuwenden; dies folgt aus Art. 5 Abs. 2 § 3 Abs. 2 KindUG.[4] Die Anwendung des § 654 auf die in Art. 5 § 3 der Übergangsbestimmungen des KindUG erwähnten Titel bezieht sich jedoch nur auf die Dynamik selbst. Will der Unterhaltspflichtige Einwendungen vorbringen, so muss er diese nach § 323 geltend machen.[5]

3 Die Abänderungsklage ist ferner in den Fällen des § 653 zulässig, wenn im Zusammenhang mit dem **Kindschaftsprozess** im Klageweg ein Titel in Höhe des Regelbetrages der jeweiligen Altersstufe oder über einen geringeren Betrag erstritten wurde. Diese Unterhaltsfestsetzung ergeht in den Fällen des § 653 ohne Berücksichtigung der tatsächlichen wirtschaftlichen Verhältnisse und nur in Höhe des jeweiligen Regelbetrages. Unterhaltsberechtigter wie Unterhaltspflichtiger können deshalb im Verfahren nach § 654 Abs. 1

---

[7] OLG Brandenburg FamRZ 2005, 1843.

[1] *Zö/Vollkommer* § 323 Rn. 48; OLG Karlsruhe FamRZ 2003, 1672; OLG Hamm FamRZ 2004, 1588.

[2] S. a. OLG Celle FamRZ 2007, 1259.

[3] S. a. OLG Naumburg FamRZ 2006, 1395 – UntVorschG.

[4] S. a. BGH FamRZ 2003, 304, 305; OLG Hamm FamRZ 2004, 1587.

[5] BGH FamRZ 2003, 304, 305f.

eine Erhöhung bzw. Herabsetzung der jeweiligen Regelbeträge auf der Grundlage der tatsächlichen Verhältnisse erreichen.

Bei der **Fassung des Urteilstenors** sollte sowohl im Falle einer Erhöhung wie auch einer Herabsetzung der Titel für zukünftige wiederkehrende Leistungen der Unterhalt – entsprechend der Regelung des § 651 Abs. 4 – in einem Gesamtbetrag bestimmt und der Festsetzungsbeschluss insoweit aufgehoben werden, um für spätere Anpassungen bzw. Abänderungen nach § 323 sowie bei einer Vollstreckung einen einheitlichen Titel zur Verfügung zu haben. Ansonsten gelten hinsichtlich des Verfahrens und der Tenorierung die allgemeinen Bestimmungen wie bei einer Leistungsklage. Hinsichtlich der Kosten gelten die §§ 91, 92. 4

III. Beginn der Abänderung bei Herabsetzung, Abs. 2

Will der Unterhaltspflichtige eine Herabsetzung für einen bereits abgelaufenen Zeitraum des Festsetzungsbeschlusses erreichen, muss die Klage **innerhalb eines Monats** nach Rechtskraft der Unterhaltsfestsetzung erhoben werden. Nach Ablauf dieser Frist kann nur noch eine Herabsetzung für die Zeit nach Erhebung der Abänderungsklage verlangt werden. Die Frist berechnet sich nach § 222; bei der Wahrung der Frist ist § 167 zu beachten. Will das **unterhaltsberechtigte Kind** eine Erhöhung des Festsetzungsbeschlusses erreichen, unterliegt es nicht der Präklusion; allerdings müssen die materiell-rechtlichen Voraussetzungen für ein rückwirkendes Erhöhungsverlangen nach § 1613 BGB gegeben sein. Macht das Kind innerhalb der Monatsfrist des S. 1 ein Erhöhungsverlangen geltend, verlängert S. 2 die Frist für den Unterhaltspflichtigen bis zur Beendigung des Verfahrens über die Klage des Kindes. Hierdurch werden die Interessen des Unterhaltspflichtigen geschützt. 5

IV. Verfahrensverbindung

Haben beide Parteien eine Klage auf Erhöhung bzw. Herabsetzung des Festsetzungsbeschlusses erhoben, sind dies Verfahren zum Zwecke gleichzeitiger Verhandlung und Entscheidung nach § 147 zu verbinden, um eine einheitliche Unterhaltsfestsetzung sicherzustellen und sich widersprechende Entscheidungen zu vermeiden. Die örtliche Zuständigkeit ergibt sich jeweils aus § 642. 6

V. Gebühren und Kosten

Die **Rechtsanwaltsgebühren** richten sich nach den Nrn. 3100ff. VV RVG, die **Gerichtskosten** nach KV Nr. 1210ff. Die Gebühren und Kosten des vereinfachten Verfahrens nach § 649 oder § 653 werden nicht angerechnet. 7

655 ***Abänderung des Titels bei wiederkehrenden Unterhaltsleistungen*** **(1) Auf wiederkehrende Unterhaltsleistungen gerichtete Vollstreckungstitel, in denen nach den §§ 1612b, 1612c des Bürgerlichen Gesetzbuchs zu berücksichtigende Leistungen festgelegt sind, können auf Antrag im vereinfachten Verfahren durch Beschluss abgeändert werden, wenn sich ein für die Berechnung dieses Betrags maßgebender Umstand ändert.**

(2) [1]Dem Antrag ist eine Ausfertigung des abzuändernden Titels, bei Urteilen des in vollständiger Form abgefassten Urteils, beizufügen. [2]Ist ein Urteil in abgekürzter Form abgefasst, so genügt es, wenn außer der Ausfertigung eine von dem Urkundsbeamten der Geschäftsstelle des Prozessgerichts beglaubigte Abschrift der Klageschrift beigefügt wird. [3]Der Vorlage des abzuändernden Titels bedarf es nicht, wenn dieser von dem angerufenen Gericht auf maschinellem Weg erstellt worden ist; das Gericht kann dem Antragsteller die Vorlage des Titels aufgeben.

(3) [1]Der Antragsgegner kann nur Einwendungen gegen die Zulässigkeit des vereinfachten Verfahrens, gegen den Zeitpunkt der Abänderung oder gegen die Berechnung der nach den §§ 1612b, 1612c des Bürgerlichen Gesetzbuchs zu berücksichtigende Leistungen geltend machen. [2]Ferner kann er, wenn er sich sofort zur Erfüllung des Anspruchs verpflichtet, hinsichtlich der Verfahrenskosten geltend machen, dass er keinen Anlass zur Stellung des Antrags gegeben hat (§ 93).

(4) Ist eine Abänderungsklage anhängig, so kann das Gericht das Verfahren bis zur Erledigung der Abänderungsklage aussetzen.

(5) [1]Gegen den Beschluss findet die sofortige Beschwerde statt. [2]Mit der sofortigen Beschwerde können nur die in Absatz 3 bezeichneten Einwendungen sowie die Unrichtigkeit der Kostenfestsetzung geltend gemacht werden.

(6) Im Übrigen sind auf das Verfahren § 323 Abs. 2, § 646 Abs. 1 Nr. 1 bis 5 und 7, Abs. 2 und 3, die §§ 647 und 648 Abs. 3 und § 649 entsprechend anzuwenden.

I. Normzweck

Die Vorschrift ermöglicht ein Abänderungsverfahren bei einem auf wiederkehrende Unterhaltsleistungen gerichteten Vollstreckungstitel, in dem zu berücksichtigende Leistungen iSd. §§ 1612b, 1612c BGB (insbesondere staatliches Kindergeld; Leistungen iSd. § 65 EStG – das sind Kinderzulagen aus der gesetzlichen Unfallversicherung, Zuschüsse aus der gesetzlichen Rentenversicherung, entsprechende Leistungen, die im Ausland gewährt werden) festgelegt sind, wenn sich ein maßgebender Umstand für die Berechnung des zu berücksichtigenden Betrages ändert. Das in dieser Bestimmung geregelte Abänderungsverfahren ist auf Titel 1 anzuwenden, die nach altem und neuem Recht geschaffen wurden, also auf Urteile, Vergleiche, Festsetzungsbeschlüsse und vollstreckbare Urkunden. Die Notwendigkeit eines solchen Abänderungsverfahrens ergibt sich aus dem Umstand, dass bei einer Änderung des Mindestunterhalts iSd. § 1612 a BGB sich die Leistungen nach §§ 1612 b, 1612 c BGB regelmäßig nicht ändern. Tritt jedoch bei diesen zu berücksichtigenden Leistungen eine Änderung ein (wenn sich das staatliche Kindergeld ändert), kann auf Grund des Verfahrens nach § 655 das aufwändige Abänderungsverfahren nach § 323 vermieden werden. Es verdrängt deshalb in seinem Anwendungsbereich die anderen Rechtsbehelfe zur Abänderung der in Abs. 1 genannten Titel, so dass zB für eine Klage nach § 323 kein Rechtsschutzbedürfnis bestünde (s. a. § 323 Abs. 5; Rn. 5).[1] Eine Ausnahme besteht dann, wenn weitere Abänderungsgründe vorliegen, die nicht nach § 655 erfasst werden können. In diesem Fall ist aus prozessökonomischen Gründen das inhaltlich weiter gehende Abänderungsverfahren nach § 323 zulässig, so dass der Betroffene nicht auf gleichzeitig zwei verschiedene Verfahrensarten zu verweisen ist (s. auch Rn. 5).

II. Voraussetzungen, Abs. 1

2 Abs. 1 bestimmt, dass bei einer Änderung der zu berücksichtigenden Leistungen nach §§ 1612 b, 1612 c BGB auf Antrag im vereinfachten Verfahren durch Beschluss eine entsprechende Änderung des Titels vorgenommen werden kann. Ein solcher Fall liegt auch dann vor, wenn sich auf Grund des Wegfalls der Unterhaltspflicht eines Elternteils eine Veränderung der Verwendung nach § 1612 b BGB ergibt, also der allein Barunterhaltspflichtige Anspruch auf die volle Kindergeldberücksichtigung hat.[2] Auch der Fall des § 1612 b Abs. 2 BGB rechtfertigt die Anwendung des § 655. Eine Wesentlichkeitsgrenze sieht Abs. 1 – wie etwa bei § 323 (zB Abweichung von 10 %) – nicht vor, so dass bei jeder Veränderung der zu berücksichtigenden Leistungen ein Antrag auf Abänderung im **Beschlussweg** nach Abs. 1 zulässig ist. Dies folgt aus dem Wortlaut der Regelung, der nur auf die Änderung der zu berücksichtigenden Leistungen abstellt, aber auch aus Sinn und Zweck dieser Regelung, die das aufwändige Abänderungsverfahren nach § 323 vermeiden will. **Anwaltszwang** besteht auch bei der Abänderung von Unterhaltsurteilen nicht, die nach § 623 Abs. 1 im Antragsverbund ergangen sind. Soweit sich das Verfahren auf die Abänderung im Erkenntnisverfahren ergangener Urteile richtet, bewirkt dies innerhalb des Regelungsbereiches der zu berücksichtigenden Leistungen eine Durchbrechung der Rechtskraft iSd. §§ 322, 323 durch ein Beschlussverfahren. Die Abänderung des Titels ist deshalb regelmäßig unproblematisch, weil § 1612 b BGB die Verwendung kindbezogener Leistungen abschließend regelt. Kann aus dem Vollstreckungstitel die Höhe der zu berücksichtigenden Leistungen nicht ermittelt werden oder bleibt unklar, ob solche überhaupt berücksichtigt werden, ist der Antrag als unbegründet abzuweisen. Gleiches gilt, wenn das Kindergeld unberücksichtigt blieb, weil der Unterhaltspflichtige zusammen mit den Leistungen nach §§ 1612 b, 1612 c BGB nicht den Mindestunterhalt nach § 1612 a Abs. 1 BGB iVm. § 36 Nr. 4 EGZPO leisten konnte, weil in diesem Fall die anrechenbare Leistung die Höhe der Unterhaltspflicht nicht beeinflusst hat und damit auch ein Abänderungsgrund nach Abs. 1 nicht besteht, dem barunterhaltspflichtigen Elternteil die Entlastungswirkung einer höheren anrechenbaren Leistung zukommen zu lassen. Verändert sich der Umfang der Verwendung, weil sich der Mindestunterhalt erhöht, greift § 655 dagegen ein. Im Hinblick auf diese vereinfachte Abänderungsmöglichkeit ist es erforderlich, dass in allen Titeln gemäß §§ 704, 794 Abs. 1 die kindbezogenen Leistungen nach §§ 1612 b, 1612 c BGB besonders ausgewiesen werden. Nicht eindeutig ist nach dem Wortlaut des Gesetzes, ob die Regelung auch auf volljährige Kinder anzuwenden ist.[3] Eine solche Einschränkung ist nicht zwingend und ergibt sich auch nicht aus dem Gesetzeszweck.[4]

III. Vorlage des abzuändernden Titels

3 S. 1 verlangt, dass dem Antrag eine Ausfertigung des abzuändernden Titels beigefügt wird. Die Sätze 2 und 3 bestimmen im Einzelnen, in welcher Form der abzuändernde Titel vorzulegen ist, ebenso, wann die Vorlage des vollstreckbaren Titels entbehrlich ist. Die Vorlage des Titels entfällt, wenn dieser von dem angerufenen Gericht auf maschinellem Wege erstellt wurde, Abs. 2 S. 3.

IV. Art und Umfang der Einwendungen, Abs. 3

4 Der Antragsgegner kann nur **beschränkt Einwendungen** gegen den Abänderungsantrag vorbringen. S. 1 lässt Einwendungen gegen die Zulässigkeit des vereinfachten Verfahrens und die Berechnung des zu berücksichtigenden Betrages nach §§ 1612 b, 1612 c BGB zu.[5] S. 3 ermöglicht hinsichtlich der Verfahrenskosten bei Verpflichtung zur sofortigen Erfüllung des Anspruchs den Einwand, dass kein Anlass zur Stellung des Antrags gegeben wurde (§ 93). Die zeitliche Beschränkung der Abänderung wird in Abs. 6 geregelt (s. Rn. 7).

V. Aussetzung bei Abänderungsklage, Abs. 4

5 Abs. 4 regelt das Verhältnis des Verfahrens gemäß § 655 Abs. 1 zur Abänderungsklage und das Verfahren zu § 654. Ist gleichzeitig ein Rechtsstreit nach § 323 und § 654 anhängig, so hat das Gericht die Mög-

---

1 OLG Nürnberg FamRZ 2002, 184; OLG Hamm FamRZ 2002, 1051
2 BGH FamRZ 2006, 99, 100.
3 In der Lit. wird § 655 auf minderjährige Kinder beschränkt; s. *Strauß* FamRZ 1998, 993, 1004.
4 So auch MK/*Coester-Waltjen* Rn. 2.
5 OLG Naumburg FamRZ 2003, 691.

lichkeit zur Aussetzung des Abänderungsverfahrens nach Abs. 1 bis zum Abschluss eines der genannten Verfahren. Denn es ist davon auszugehen, dass in diesen Verfahren auch die Änderung der zu berücksichtigenden Leistungen berücksichtigt wird; jedenfalls geht die konkrete Neuregelung der pauschalen [Anrechnung] Verwendung vor. Von einer Aussetzung kann dann abgesehen werden, wenn die Verfahren nach §§ 323, 654 keine hinreichende Erfolgsaussicht bieten.[6]

VI. Rechtsmittel, Abs. 5

Abs. 5 lässt gegen einen Abänderungsbeschluss nach Abs. 1 das Rechtsmittel der sofortigen Beschwerde zu. Insoweit entspricht diese Regelung § 652 Abs. 1. Das Beschwerdevorbringen ist auf die in Abs. 3 bezeichneten Einwendungen sowie die Unrichtigkeit der Kostenfestsetzung beschränkt. Im Übrigen gelten die Voraussetzungen des § 652 entsprechend. Ein unzulässiger Abänderungsantrag wird durch Beschluss zurückgewiesen und ist nach Abs. 6 iVm. § 646 Abs. 2 S. 3 **unanfechtbar** (§ 646 Rn. 3). Der Verweis auf § 646 Abs. 2 S. 3 bezieht sich auch auf die Erinnerung an den Richter gemäß § 11 Abs. 2 RPflG; dies folgt aus Sinn und Zweck, der nur die in Abs. 3 aufgeführten Einwendungen als Abänderungsgrund vorsieht.[7] 6

VII. Verfahrensvorschriften, Abs. 6

Auf Grund des Bezugs auf § 323 Abs. 2 kann der Antrag auf Abänderung nach Abs. 1 nicht auf Gründe gestützt werden, die in einem **früheren Klageverfahren** oder vereinfachten Festsetzungsverfahren hätten geltend gemacht werden können. Solche Gründe sind **ausgeschlossen.** Des Weiteren wird auf die Vorschriften des vereinfachten Verfahrens zur Festsetzung des Unterhalts verwiesen, so insbesondere auf § 646 Abs. 1 Nr. 1 bis 5 zum Inhalt des Antrags, auf § 646 Abs. 2 zur Zurückweisung und Unanfechtbarkeit bei unzulässigen Anträgen, auf § 647 zur verfahrensmäßigen Behandlung eines zulässigen Antrags, auf § 648 Abs. 3 zur Berücksichtigung von Einwendungen und § 649 zum Erlass des Festsetzungsbeschlusses. 7

VIII. Gebühren und Kosten

1. Rechtsanwaltsgebühren. Für die Tätigkeit im Abänderungsverfahren erhält der Anwalt eine 0,5 Verfahrensgebühr der Nr. 3331 VV RVG. Bei vorzeitiger Beendigung des Auftrags bleibt es bei dieser Gebühr, da ein spezieller Reduzierungstatbestand fehlt und die Anwendung der Nr. 3101 VV RVG sinngemäß ausgeschlossen ist.[8] Der Gegenstandswert ergibt sich aus § 42 GKG. 8

2. Gerichtskosten. Sofern eine **Entscheidung** über den Antrag ergeht (also nicht bei vorheriger Rücknahme oder Vergleich), wird nach KV Nr. 1121 eine Festgebühr iHv. 15 Euro fällig, unabhängig davon, welchen Inhalt die Entscheidung hat. Für das **Beschwerdeverfahren,** das wegen § 655 Abs. 5 iVm. § 646 Abs. 2 S. 3 nur gegen abändernde Beschlüsse stattfindet, gilt KV Nr. 1123: Es wird eine Festgebühr iHv. 30 Euro erhoben. 9

656 *Klage gegen Abänderungsbeschluss*

(1) Führt die Abänderung des Schuldtitels nach § 655 zu einem Unterhaltsbetrag, der wesentlich von dem Betrag abweicht, der der Entwicklung der besonderen Verhältnisse der Parteien Rechnung trägt, so kann jede Partei im Wege der Klage eine entsprechende Abänderung des ergangenen Beschlusses verlangen.

(2) [1]Die Klage ist nur zulässig, wenn sie innerhalb eines Monates nach Zustellung des Beschlusses erhoben wird. [2]§ 654 Abs. 2 Satz 2 und Abs. 3 gilt entsprechend.

(3) Die Kosten des vereinfachten Verfahrens werden als Teil der Kosten des Rechtsstreits über die Abänderungsklage behandelt.

I. Normzweck

Die Regelung lässt eine Abänderungsklage gegen Schuldtitel zu, die nach § 655 im vereinfachten Verfahren ergangen sind. Die Vorschrift gleicht § 654 und ermöglicht die Geltendmachung von Einwendungen, die im vereinfachten Verfahren nicht zugelassen wurden. Allgemeine Abänderungsklagen nach § 323 bleiben für die Zukunft zulässig, soweit sie nicht auf Gründe des § 656 gestützt werden.[1] Die Klage ist unabhängig von der sofortigen Beschwerde nach § 655 Abs. 5 zulässig. 1

II. Voraussetzungen

Nach Abs. 1 ist die Abänderungsklage zulässig, wenn die nach § 655 durch Beschluss vorgenommene Unterhaltsfestsetzung zu einem Unterhaltsbetrag führt, der eine **wesentliche Abweichung** von dem tatsächlich geschuldeten Unterhalt gemäß der konkreten Entwicklung der persönlichen und wirtschaftlichen Verhältnisse bedeutet. Der Begriff der wesentlichen Abweichung entspricht demjenigen des § 323 Abs. 1 (§ 323 Rn. 27 ff.). Wesentliche Abänderungsgründe ergeben sich vor allem aus der Veränderung der Leistungsfähigkeit des Unterhaltspflichtigen, also bei sinkenden Einkünften oder dem Hinzutreten weiterer nach § 1609 Abs. 2 BGB gleichrangiger Unterhaltsberechtigter sowie bei eigenen Einkünften des Unterhaltsbe- 2

---

[6] BT-Drucks. 13/7338 S. 44; s. auch Rn. 1.
[7] AA Zö/*Philippi* Rn. 8, 22; OLG Zweibrücken FamRZ 2004, 1796.
[8] Ebenso *Schneider/Mock* § 18 Rn. 17.
[1] AA *Graba* NJW 2001, 249, 257.

rechtigten (§ 1602 Abs. 1, 2 BGB). Im Übrigen können die Parteien die Abänderungsklage ohne die in § 323 Abs. 2, 3 enthaltenen Beschränkungen erheben.[2] Erhebliche Gründe können damit auch für eine zurückliegende Zeit geltend gemacht werden, da die Rückschlagsperre des § 323 Abs. 3 nicht eingreift. Zulässig ist die Klage nur, wenn sie innerhalb **eines Monats** nach Zustellung des Abänderungsbeschlusses nach § 655 erhoben wird. Abs. 2 S. 2 verlängert diese Frist zur Erhebung der Abänderungsklage entsprechend § 654 Abs. 2 S. 2 (§ 654 Rn. 5), wenn ein Festsetzungsverfahren des Antragstellers anhängig ist. Bei Klagen beider Parteien kann nach S. 3 eine Verbindung beider Verfahren erfolgen.

III. Kosten

3 Über die Kosten ist nach §§ 91 ff. zu entscheiden. Die im vereinfachten Verfahren nach § 655 entstehenden Kosten werden nach Abs. 3 als Teil der Kosten des Rechtsstreits über die Abänderungsklage behandelt, so dass an die Stelle der Kostenentscheidung des Beschlusses der **Kostenausspruch des Urteils** nach § 656 tritt. Nicht erfasst werden Kosten eines Erinnerungs- und Beschwerdeverfahrens. Auf § 651 Abs. 5 (§ 651 Rn. 5) wird verwiesen.

IV. Gebühren und Kosten

4 **1. Rechtsanwaltsgebühren.** Der Anwalt erhält die Gebühren der Nrn. 3100 ff. VV RVG. Die im vereinfachten Verfahren nach § 645 verdiente Verfahrensgebühr ist jedoch anzurechnen (Nr. 3100 Abs. 1 VV RVG).

5 **2. Gerichtskosten.** Mit der Klage gegen den Abänderungsbeschluss wird ein Prozessverfahren erster Instanz eingeleitet. Es gelten deshalb die allgemeinen Bestimmungen der KV Nr. 1210 f. Die Festgebühr des vorhergehenden vereinfachten Verfahrens (§ 655) nach KV Nr. 1121 wird gemäß § 656 Abs. 3 auf die Gebühr nach KV Nr. 1210 angerechnet. § 12 Abs. 1GKG bestimmt, dass die Klage erst nach Zahlung der Verfahrensgebühr zugestellt werden soll.

657 *Besondere Verfahrensvorschriften*

[1]In vereinfachten Verfahren können die Anträge und Erklärungen vor dem Urkundsbeamten der Geschäftsstelle abgegeben werden. [2]Soweit Formulare eingeführt sind, werden diese ausgefüllt; der Urkundsbeamte vermerkt unter Angabe des Gerichts und des Datums, dass er den Antrag oder die Erklärung aufgenommen hat.

I. Normzweck

1 Im vereinfachten Verfahren können Anträge sowie sonstige Erklärungen vor dem **Urkundsbeamten der Geschäftsstelle** abgeben werden, S. 1. Dies gilt für alle Verfahren der §§ 645 ff. sowie für die Rechtsmittel, so dass auch für die sofortige Beschwerde nach §§ 652 Abs. 1, 655 Abs. 1 S. 1 **kein Anwaltszwang** besteht, § 78 Abs. 3. Nach § 129a Abs. 1 können diese Anträge und Erklärungen auch vor dem Urkundsbeamten eines anderen Amtsgerichts abgegeben werden, deren Wirksamkeit nach § 129a Abs. 2 S. 2 aber erst mit Eingang beim zuständigen Gericht eintritt.

II. Formularzwang

2 Soweit Formulare eingeführt sind, müssen diese nach § 659 Abs. 2 von den Parteien verwendet werden. Der Urkundsbeamte füllt diese Vordrucke aus und vermerkt nach Unterschrift des Antragstellers unter Angabe des Datums und des Gerichts, dass er den Antrag bzw. die Erklärung aufgenommen hat, S. 2. An diese Form ist auch der Urkundsbeamte eines anderen Gerichts gebunden, § 129a Abs. 1.

658 *Sonderregelungen für maschinelle Bearbeitung*

(1) In vereinfachten Verfahren ist eine maschinelle Bearbeitung zulässig. § 690 Abs. 3 Satz 1 und 3 gilt entsprechend.

(2) Bei maschineller Bearbeitung werden Beschlüsse, Verfügungen und Ausfertigungen mit dem Gerichtssiegel versehen; einer Unterschrift bedarf es nicht.

1 Das vereinfachte Verfahren kann mit einer Datenverarbeitungsanlage bearbeitet werden. Hierfür lässt § 658 eine vereinfachte Bearbeitung zu, indem maschinell erstellte Beschlüsse, Verfügungen und Ausfertigungen nur mit einem Gerichtssiegel versehen werden müssen, nicht dagegen mit einer Unterschrift des Rechtspflegers oder des Urkundsbeamten. Nach Abs. 1 S. 2 ist die Antragstellung in Form des Datenträgeraustausches (Disketten) und der Datenfernübertragung zulässig (§ 690 Abs. 3).

659 *Formulare*

(1) [1]Das Bundesministerium der Justiz wird ermächtigt, zur Vereinfachung und Vereinheitlichung der Verfahren durch Rechtsverordnung mit Zustimmung des Bundesrates Formulare für die vereinfachten Verfahren einzuführen. [2]Für Gerichte, die die Verfahren maschinell bearbeiten, und für Gerichte, die die Verfahren nicht maschinell bearbeiten, können unterschiedliche Formulare eingeführt werden.

(2) Soweit nach Absatz 1 Formulare für Anträge und Erklärungen der Parteien eingeführt sind, müssen sich die Parteien ihrer bedienen.

---

[2] BT-Drucks. 13/7338 S. 44.

I. Normzweck

Nach Abs. 1 ist das Bundesministerium der Justiz ermächtigt, mit Zustimmung des Bundesrats Formulare für die vereinfachten Verfahren des Zweiten Titels einzuführen. Die einheitliche Fassung der Formulare für die zu stellenden Anträge und die zu erteilende Auskunft nach § 648 Abs. 2 soll eine vereinfachte Überprüfung der Zulässigkeit des Antrags und der Vollständigkeit der Angaben ermöglichen. Ferner kann das Formular zur Erteilung der Auskunft nach § 648 Abs. 2 sicherstellen, dass alle erheblichen Angaben zur Unterhaltsbemessung dargelegt werden. S. 2 berücksichtigt, dass Gerichte, die die Verfahren maschinell bearbeiten, andere Formulare verwendet werden können als Gerichte, die kein automatisiertes Verfahren eingeführt haben. 1

II. Verwendungszwang

Soweit nach Abs. 1 amtliche Formulare eingeführt sind, müssen diese von den Parteien verwendet werden. Kommen dem die Parteien nicht nach, sind ihre Anträge und Erklärungen als unzulässig zu behandeln; hierauf ist nach § 646 Abs. 2 S. 3 vorab hinzuweisen. 2

660 ***Bestimmung des Amtsgerichts*** **(1) [1]Die Landesregierungen werden ermächtigt, die vereinfachten Verfahren über den Unterhalt Minderjähriger durch Rechtsverordnung einem Amtsgericht für die Bezirke mehrerer Amtsgerichte zuzuweisen, wenn dies ihrer schnelleren und rationelleren Erledigung dient. [2]Die Landesregierungen können die Ermächtigung durch Rechtsverordnung auf die Landesjustizverwaltungen übertragen.**

(2) Bei dem Amtsgericht, das zuständig wäre, wenn die Landesregierung oder die Landesjustizverwaltung das Verfahren nach Absatz 1 nicht einem anderen Amtsgericht zugewiesen hätte, kann das Kind Anträge und Erklärungen mit der gleichen Wirkung einreichen oder anbringen wie bei dem anderen Amtsgericht.

I. Normzweck

Abs. 1 ermöglicht es den Ländern, die vereinfachten Verfahren über den Unterhalt minderjähriger Kinder durch Rechtsverordnung einem Amtsgericht für die Bezirke mehrerer Amtsgerichte zuzuweisen, wenn dies ihrer schnelleren und rationelleren Erledigung dient. Eine solche Konzentration liegt im Freistaat Bayern vor, der die bisherigen Regelunterhaltsverfahren bei einem Amtsgericht zur maschinellen Bearbeitung konzentriert hat; Gleiches gilt für Sachsen. 1

II. Antragstellung bei Zuständigkeitskonzentration

Entsprechend der Regelung des § 129a kann das antragstellende Kind, falls eine Landesregierung von der Konzentrationsermächtigung nach Abs. 1 Gebrauch gemacht hat, Anträge und Erklärungen zum vereinfachten Verfahren auch bei seinem Wohnsitzgericht mit der gleichen Wirkung einreichen oder anbringen wie beim zuständigen Konzentrationsgericht. Hierbei handelt es sich um eine Schutzklausel zu Gunsten des Kindes. Diese Begünstigung gilt ferner, wenn ein Elternteil im Wege der Prozessstandschaft nach § 1629 Abs. 3 S. 1 BGB den Unterhalt verlangt. 2

Abschnitt 7. Verfahren in Lebenspartnerschaftssachen

661 ***Lebenspartnerschaftssachen*** **(1) Lebenspartnerschaftssachen sind Verfahren, welche zum Gegenstand haben**

1. die Aufhebung der Lebenspartnerschaft aufgrund des Lebenspartnerschaftsgesetzes,
2. die Feststellung des Bestehens oder Nichtbestehens einer Lebenspartnerschaft,
3. die Verpflichtung zur Fürsorge und Unterstützung in der partnerschaftlichen Lebensgemeinschaft,
3a. die elterliche Sorge für ein gemeinschaftliches Kind, soweit nach den Vorschriften des Bürgerlichen Gesetzbuchs hierfür das Familiengericht zuständig ist,
3b. die Regelungen des Umgangs mit einem gemeinschaftlichen Kind, soweit nach den Vorschriften des Bürgerlichen Gesetzbuchs hierfür das Familiengericht zuständig ist,
3c. die Herausgabe eines gemeinschaftlichen Kindes, für das die elterliche Sorge besteht,
3d. die gesetzliche Unterhaltspflicht für ein gemeinschaftliches minderjähriges Kind,
4. die durch die Lebenspartnerschaft begründete gesetzliche Unterhaltspflicht,
4a. den Versorgungsausgleich der Lebenspartner,
5. die Regelung der Rechtsverhältnisse an der gemeinsamen Wohnung und am Hausrat der Lebenspartner,
6. Ansprüche aus dem lebenspartnerschaftlichen Güterrecht, auch wenn Dritte an dem Verfahren beteiligt sind,
7. Entscheidungen nach § 6 des Lebenspartnerschaftsgesetzes in Verbindung mit §§ 1382 und 1383 des Bürgerlichen Gesetzbuchs.

(2) In Lebenspartnerschaftssachen finden die für Verfahren auf Scheidung, auf Feststellung des Bestehens oder Nichtbestehens einer Ehe zwischen den Parteien oder auf Herstellung des ehelichen Lebens und für Verfahren in anderen Familiensachen nach § 621 Abs. 1 Nr. 1 bis 9 geltenden Vorschriften jeweils entsprechende Anwendung.

(3) § 606a gilt mit den folgenden Maßgaben entsprechend:

1. Die deutschen Gerichte sind auch dann zuständig, wenn

a) einer der Lebenspartner seinen gewöhnlichen Aufenthalt im Inland hat, die Voraussetzungen des Absatzes 1 Satz 1 Nr. 4 jedoch nicht erfüllt sind, oder

b) die Lebenspartnerschaft vor einem deutschen Standesbeamten begründet worden ist.

2. Absatz 2 Satz 1 findet keine Anwendung.

3. In Absatz 2 Satz 2 tritt an die Stelle der Staaten, denen die Ehegatten angehören, der Register führende Staat.

I. Normzweck

1 Die durch das Gesetz zur Beendigung der Diskriminierung gleichgeschlechtlicher Partnerschaften (LPartG) vom 16. 2. 2001[1] eingeführte Bestimmung des § 661 definiert den **Begriff der Lebenspartnerschaftssachen** in Abs. 1, die nach §§ 23a Nr. 6, 23b Abs. 1 S. 2 Nr. 15 GVG in die familiengerichtliche Zuständigkeit verwiesen wurden,[2] ordnet in Abs. 2 für Lebenspartnerschaftssachen die entsprechende Anwendung für Verfahren auf Scheidung, auf Feststellung des Bestehens oder Nichtbestehens einer Ehe nach §§ 607 bis 619 sowie anderen Familiensachen gemäß § 621 Abs. 1 Nr. 5, 7, 8 und 9 an und regelt in Abs. 3 die **internationale Zuständigkeit** entsprechend § 606a. Die EheVO I (Brüssel II) sowie die EheVO II (Brüssel II a) erwähnen die Verfahren nach dem LPartG nicht (Rn. 10). Durch das Gesetz zur Überarbeitung des Lebenspartnerschaftrechts[3] wurde der Zuständigkeitskatalog um die in Abs. 1 Nr. 3a bis 3d sowie 4a erweitert. Die Zuweisung der Verfahren des LPartG zu den Familiensachen begründet der Gesetzgeber mit der besonderen Kompetenz der Familiengerichte für diese Sachen.[4]

II. Regelungsbereich

2 **1. Begriff der Lebenspartnerschaftssachen.** In Abs. 1 wird bestimmt, welche Rechtsstreitigkeiten nach dem LPartG als Lebenspartnerschaftssachen zu führen sind. Die in Abs. 1 Nr. 1 bis 7 aufgeführten Verfahrensgegenstände beziehen sich auf Regelungsbereiche, die in Aufhebung der Lebenspartnerschaft und die damit auftretenden Folgeregelungen betreffen, vergleichbar mit der Auflösung der Ehe und den Folgen von Trennung und Scheidung von Ehegatten. **Abs. 1 Nr. 1** regelt hierbei die **Aufhebung der Lebenspartnerschaft,** die in § 15 Abs. 1 LPartG – wie in § 1564 BGB – die Aufhebung durch gerichtliches Urteil verlangt. **Nr. 2** ermöglicht die Feststellung des Bestehens oder Nichtbestehens einer Lebenspartnerschaft. Diese Bestimmung gleicht der Regelung des § 632 und stellt einen Sonderfall der Feststellungsklage nach § 256 Abs. 1 dar. Klagebefugt sind lediglich die Lebenspartner.[5] Diese Klageform ist dann heranzuziehen, wenn Zweifel über die Wirksamkeit des Eingehens der Lebenspartnerschaft gemäß § 1 Abs. 1, 2 LPartG oder deren Aufhebung gemäß § 15 LPartG bestehen. Mit dieser Klage soll der Bestand der Lebenspartnerschaft geklärt werden. Auch im **Ausland begründete Lebenspartnerschaften** unterliegen der Regelung des Nr. 2.[6] **Nr. 3** sieht ein Verfahren zur gerichtlichen Durchsetzung der Pflicht der Lebenspartner zur gegenseitigen Fürsorge und Unterstützung gemäß § 2 LPartG vor. Diese Klage entspricht der positiven Herstellungsklage des § 606[7] und dürfte wie jene kaum praktische Bedeutung erlangen. **Nr. 3a bis 3 d** betrifft die Verfahren zur Regelung der elterlichen Sorge, des persönlichen Umgangs, die Herausgabe sowie die Unterhaltspflicht für ein gemeinschaftliches minderjähriges Kind. **Nr. 4** erfasst sämtliche Ansprüche auf **Unterhalt zwischen Lebenspartnern,** das sind die Verpflichtung zum Lebenspartnerschaftsunterhalt gemäß § 5 LPartG,[8] der Unterhalt bei Getrenntleben nach § 12 LPartG und der nachpartnerschaftliche Unterhalt nach § 16 LPartG. Ferner zählen hierzu Verfahren zur Geltendmachung von **Auskunftsansprüchen** und zur Abgabe der eidesstattlichen Versicherung nach §§ 259, 260 BGB, auch in Form einer Stufenklage nach § 254, deren materiell-rechtliche Grundlage sich aus § 12 S. 2 LPartG, § 1361 Abs. 4 S. 3, 1605 BGB hinsichtlich des Trennungsunterhalts und aus § 16 Abs. 1 S. 2 LPartG, §§ 1580, 1605 BGB hinsichtlich des nachpartnerschaftlichen Unterhalts ergibt. Die in Nr. 4 genannten Verfahren weisen im Verhältnis zu Unterhaltsverfahren von (geschiedenen) Ehegatten keine Besonderheiten auf, so dass insoweit auf die entsprechenden Regelungen in § 621 Abs. 1 Nr. 5 verwiesen werden kann.[9] **Nr. 4 a** regelt das Verfahren zu dem nach § 20 LPartG vorzunehmenden Versorgungsausgleich. **Nr. 5** geht auf die in §§ 13, 14 LPartG geregelten Ansprüche auf Hausratsverteilung und Wohnungszuweisung während des Getrenntlebens sowie für die Zeit nach Aufhebung der Lebenspartnerschaft gemäß §§ 17 bis

---

[1] BGBl. I S. 266.

[2] Art. 3 § 12 LPartG.

[3] Gesetz vom 15. 12. 2004, BGBl. I S. 3396.

[4] BT-Drucks. 14/3751 S. 54.

[5] S. auch § 606 Rn. 6; § 632 Rn. 3.

[6] Zur Anwendung des maßgeblichen Rechts s. Art. 17a EGBGB, der das anzuwendende Recht bestimmt; eingeführt durch Art. 3 § 25 LPartG.

[7] Eingehend § 606 Rn. 8.

[8] Vergleichbar mit dem Familienunterhalt nach §§ 1360, 1360a BGB.

[9] § 621 Rn. 61 ff.

19 LPartG ein. Auch diese materiell-rechtlichen Regelungen sind §§ 1361a, 1361b BGB sowie den Bestimmungen der HausratsVO angepasst,[10] die nach § 18 Abs. 3 LPartG auch entsprechend anzuwenden sind. Im Übrigen gelten die §§ 1 und 2 GewSchG auch für eingetragene Lebenspartnerschaftssachen (s. § 621 Rn. 88a–g).

Nr. 6 nimmt Bezug auf den in § 6 LPartG bestimmten Anspruch aus der **Zugewinngemeinschaft der Lebenspartner.** Diese Regelungen gleichen den Bestimmungen zur Durchsetzung güterrechtlicher Ansprüche zwischen Ehegatten. Ferner zählen hierzu die Verfahren zum vereinbarten Lebenspartnerschaftsvertrag (§ 7 LPartG) sowie die Verfahren zur Überleitung von der Ausgleichs- in die Zugewinngemeinschaft (§ 21 LPartG). Für diese Verfahren ist entsprechend § 621 Abs. 1 Nr. 8 für alle Rechtszüge nach § 78 Abs. 2 S. 1 Nr. 2 **Anwaltszwang** vorgeschrieben. Wie im ehelichen Güterrecht können diese Verfahren auch von Dritten (Erben) vor dem Familiengericht geführt werden. **Nr. 7** erweitert die Zuständigkeit des Familiengerichts auf die Fälle entsprechend §§ 1382, 1383 BGB zum ehelichen Güterrecht auf die Lebenspartnerschaft, da § 6 S. 2 LPartG auf die entsprechende Anwendung der §§ 1371 bis 1390 BGB verweist. Danach kann entsprechend §§ 1385, 1386 BGB auch die vorzeitige Beendigung des Vermögensstandes unter den dort genannten Voraussetzungen verlangt werden. Diese Verfahren sind keine Verbundsache im Sinne des § 623 Abs. 1 S. 1.[11] Zu den vermögensrechtlichen Verfahren sind, obwohl Abs. 1 Nr. 6 und Nr. 7 hierauf nicht eingehen, auch solche Verfahren zuzuordnen, in denen ein Lebenspartner bei Bestehen einer Zugewinngemeinschaft entsprechend § 1365 Abs. 1 BGB über das Vermögen im Ganzen verfügt. Dies folgt aus § 6 S. 2 LPartG, der die entsprechende Anwendung der §§ 1364 bis 1390 BGB vorsieht, so dass der betroffene Lebenspartner die in § 1368 BGB vorgesehene Möglichkeit zur Rückführung des Vermögenswertes durchsetzen kann. Auch diese Verfahren sind dem Familiengericht zuzuweisen, weil sie Ansprüche aus dem Vermögensstand der Lebenspartner betreffen. 3

Eine weitere familiengerichtliche Zuständigkeit ergibt sich aus § 9 Abs. 1, 3 LPartG, der in den dort geregelten Fällen der Mitentscheidung des Lebenspartners hinsichtlich eines minderjährigen Kindes zu Gunsten des anderen Lebenspartners nach Abs. 3 die Einschränkung bzw. den Anschluss dieser Befugnis vorsieht. 4

2. Verfahren, die keine Lebenspartnerschaftssachen sind. Nicht unter § 661 fallen Verfahren, die sich aus der Eigentumsvermutung nach § 8 LPartG zwischen einem Lebenspartner und dessen Gläubiger ergeben, weil es sich insoweit nicht um einen Anspruch aus der Lebenspartnerschaft selbst handelt und auch nicht unmittelbar aus dem Vermögensstand der Lebenspartner abzuleiten ist. Entsprechendes gilt für Verfahren, die sich aus der Erbenstellung des überlebenden Lebenspartners ergeben, § 10 LPartG. Sämtliche Streitigkeiten hieraus sind deshalb den allgemeinen Zivilgerichten zuzuweisen. Aus dem Bereich des **allgemeinen Vermögensrechts** zwischen Lebenspartnern unterliegen § 661 Abs. 1 nicht Ansprüche aus einer Gemeinschaft nach §§ 741ff. BGB, Ansprüche aus gesamtschuldnerischer Haftung nach § 426 BGB sowie Ansprüche aus der Rückabwicklung unbenannter Zuwendungen und sog. BGB-Innengesellschaften,[12] ferner Rückforderungsansprüche aus dem Widerruf von Schenkungen nach § 530 BGB. 5

III. Analoge Anwendung der Verfahrensbestimmungen von Ehesachen und anderen Familiensachen

1. Grundlagen. Im Hinblick auf die Gleichartigkeit der materiell-rechtlichen Regelungen zur Aufhebung der Lebenspartnerschaft und den Folgen der Trennung bzw. Aufhebung mit den Bestimmungen einer Ehe verweist das Gesetz in § 661 Abs. 2 auf die entsprechenden verfahrensrechtlichen Bestimmungen gemäß §§ 606 bis 619 sowie auf § 621 Abs. 1 Nr. 1 bis 9. Die §§ 606 bis 619 greifen ein für die in § 661 Abs. 1 Nr. 1 bis 3 genannten Verfahren. Für diese gilt entsprechend § 608 in Verbindung mit § 78 Abs. 2 S. 1 Nr. 1 Anwaltszwang, ferner in Folgesachen. Auch die weiteren Verfahrensbestimmungen von Ehesachen sind entsprechend anzuwenden, so vor allem die Unzulässigkeit zum Erlass eines Versäumnisurteils gegen den Antragsgegner nach § 612 Abs. 4, die persönliche Anhörung der Lebenspartner nach § 613 Abs. 1 S. 1, die Aussetzung des Verfahrens nach § 614 und der Untersuchungsgrundsatz gemäß § 616. Insoweit kann auf die jeweiligen Ausführungen verwiesen werden. Zur örtlichen Zuständigkeit gelten die § 606 und § 621 Abs. 2, 3 entsprechend. 6

2. Ausdehnung auf einstweilige Anordnungen. Die Verweisung in § 661 Abs. 2 bezieht sich ferner auf Verfahren auf Erlass einer einstwAnO nach §§ 620–620g, wobei diese Regelungen nur hinsichtlich der in § 620 Nr. 5 (Getrenntleben der Lebenspartner) und Nr. 6 (Trennungs- und nachpartnerschaftlicher Unterhalt), Nr. 7 (Hausratsverteilung und Wohnungszuweisung bei Getrenntleben nach §§ 13, 14 LPartG), Nr. 8 (Herausgabe und Benutzung persönlicher Gegenstände) und Nr. 10 (Prozesskostenvorschuss gemäß § 12 S. 2 LPartG in Verbindung mit § 1361 Abs. 4 S. 4, 1360a Abs. 4 BGB) eingreifen.[13] Im Rahmen der selbstständigen Verfahren zum Unterhalt bei Getrenntleben nach § 12 LPartG und nachpartnerschaftlichem Unterhalt nach § 16 LPartG kann eine einstwAnO gemäß § 644 beantragt werden, ferner ein Prozesskostenvorschuss nach § 127a. Hinsichtlich der Verfahren zur Hausratsverteilung und Wohnungszuweisung bei Getrenntleben gemäß §§ 13, 14 LPartG kann ein Prozesskostenvorschuss nach §§ 621 Abs. 1 Nr. 7, 621f verlangt werden. 7

---

[10] S. § 621 Rn. 75ff.
[11] S. § 621 Rn. 84.
[12] Eingehend § 621 Rn. 83.
[13] Für die Zeit nach Aufhebung der Lebenspartnerschaft besteht kein Anspruch auf Prozesskostenvorschuss, da § 16 LPartG nicht auf § 1360a Abs. 4 BGB verweist.

8 **3. Verweisung auf Verbundverfahren.** Die generelle Anordnung in § 661 Abs. 2, die für Verfahren auf Scheidung geltenden Bestimmungen auch auf Lebenspartnerschaften anzuwenden, bezieht sich auch auf Verbundverfahren gemäß § 623 Abs. 1 S. 1, wobei solche mit Einbeziehung des Versorgungsausgleichs auch den Zwangs-(Mindest-)verbund und nicht nur den Antragsverbund betreffen. Damit gelten für die Antragsschrift vor allem § 624 Abs. 1, 3, 4, § 628 Abs. 1 zur Abtrennung von Verbundverfahren, § 629 zur einheitlichen Endentscheidung sowie § 629a Abs. 1 zur Zulässigkeit von Rechtsmitteln, § 629a Abs. 2 zur Anfechtung von Folgesachen und § 629a Abs. 3 zum Eintritt der Rechtskraft der Verbundverfahren.

9 **4. Selbstständige Lebenspartnerschaftssachen, Rechtsmittel.** Für die Klagen auf Trennungsunterhalt und nachpartnerschaftlichen Unterhalt gemäß §§ 12, 16 LPartG gilt § 621 Abs. 1 Nr. 5 entsprechend. Für Ansprüche aus der Zugewinngemeinschaft nach § 6 LPartG greift § 621 Abs. 1 Nr. 8 ein. Diese Verfahren richten sich nach den allgemeinen ZPO-Bestimmungen. Gegen Urteile des Familiengerichts ist das Rechtsmittel der Berufung zum OLG (§ 119 Abs. 1 Nr. 1 lit. a GVG) und gegen Berufungsurteile des OLG in Lebenspartnerschaftssachen die Revision zum BGH gemäß § 133 GVG gegeben. Sorgerechts-, Umgangs- und Herausgabeverfahren richten sich nach § 621 Abs. 1 Nr. 1–3. Für die sich aus den §§ 13, 14 LPartG (Hausratsverteilung und Wohnungszuweisung) ergebenden und die entsprechenden Verfahren in §§ 17 bis 19 LPartG für die Zeit nach Aufhebung der Lebenspartnerschaft gilt § 621 Abs. 1 Nr. 7 entsprechend und für die in § 661 Abs. 1 Nr. 7 genannten Verfahren § 621 Abs. 1 Nr. 9. Beide Verfahrensarten richten sich nach dem FGG bzw. den Verfahrensgrundsätzen der HausratsVO.[14] Gegen Entscheidungen des Familiengerichts in diesen Verfahren ist die **sofortige Beschwerde** nach § 621e Abs. 1 und die **Rechtsbeschwerde** nach § 621e Abs. 2 gegeben. Für Verbundverfahren gilt § 629a Abs. 1. Zuständig ist für die sofortige Beschwerde das OLG nach § 119 Nr. 1 lit. a GVG und die Rechtsbeschwerde der BGH nach § 133 GVG. Auf Grund der generellen Verweisung auf die Zuständigkeit der Familiengerichte gelten auch die **Übergangsbestimmungen** gemäß § 26 Nr. 9 EGZPO,[15] so dass die Bestimmungen über die Nichtzulassungsbeschwerde nach §§ 543 Abs. 1 Nr. 2, 544, 621e Abs. 2 S. 1 Nr. 2 nicht anzuwenden sind, soweit die anzufechtende Entscheidung vor dem 1. 1. 2007 verkündet wird.

IV. Internationale Zuständigkeit

10 § 661 Abs. 3 trifft Regelungen zur internationalen Zuständigkeit in Lebenspartnerschaftssachen, die weitgehend den Regelungen des § 606a angepasst sind. Es kann deshalb auf die Ausführungen zu § 606a verwiesen werden. Nicht anwendbar ist die EheVO II, da diese eine Frau und einen Mann voraussetzt.[16] In Anpassung an die Besonderheiten von Lebenspartnerschaften im Sinne des § 1 LPartG ist die internationale Zuständigkeit eines deutschen Familiengerichts in den Fällen des § 606a Abs. 1 Nr. 1 bis 3 gegeben. Diese Zuständigkeit wird nach § 661 Abs. 3 S. 1 Nr. 1 lit. a ausgeweitet, wenn einer der Lebenspartner seinen gewöhnlichen Aufenthalt im Inland hat; hierbei kommt es – anders als in § 606a Abs. 1 S. 1 Nr. 4 – nicht darauf an, ob die Entscheidung des deutschen Familiengerichts offensichtlich nach dem Recht des Staates des Lebenspartners anerkannt würde. Ferner wird die Zuständigkeit der deutschen Familiengerichte auch auf den Fall ausgedehnt, dass ausländische Lebenspartner vor einem deutschen Standesbeamten die Lebenspartnerschaft begründet haben. Insoweit wird der Tatsache Rechnung getragen, dass die Heimatländer möglicherweise eine Lebenspartnerschaft nicht kennen.

11 Ferner wird in § 661 Abs. 3 Nr. 2 die Anwendung des § 606a Abs. 2 S. 1 ausgeschlossen. Diese Bestimmung regelt die Anforderungen, die nach deutschem Recht an die **internationale Zuständigkeit eines ausländischen Gerichts** zur Anerkennung dessen Entscheidung zu stellen sind.[17] Damit verbleibt es für die Anerkennung ausländischer Entscheidungen bei der allgemeinen Regelung des § 328 Abs. 1.[18] § 606a Abs. 2 S. 2, der die Anerkennungsfähigkeit hinsichtlich ausländischer Entscheidungen ausweitet, wenn die internationale Zuständigkeit bei entsprechender Anwendung des § 606a Abs. 1 Nr. 1–3 nicht gegeben wäre, ist entsprechend mit der Maßgabe anzuwenden, dass es zur Anerkennung nicht auf die Zugehörigkeit zu dem Heimatstaat der Lebenspartnerschaft ankommt, sondern ausschließlich auf die Anerkennung durch den Register führenden Staat. Für die Verfahren nach Abs. 1 Nr. 3a – 3c gelten vorrangig die Art. 8ff. EheVO II, dagegen nicht Art. 12 Abs. 1, 2 EheVO II, weil diese auf das Bestehen einer Ehe abstellen. Unterhaltssachen richten sich nach Art. 5 Nr. 2 EuGVVO.

V. Gerichtskosten

12 Für Lebenspartnerschaftssachen nach Abs. 1 Nr. 1–3 gelten KV Nr. 1310f.

662 bis 687 *(weggefallen)*

---

[14] Eing. § 621 Rn. 75–80, 85.
[15] Eing. § 621d Rn. 1ff.
[16] Eing. § 606a Rn. 33ff.
[17] S. § 606a Rn. 33ff.
[18] Zu den materiell-rechtlichen Wirkungen einer im Ausland begründeten Lebenspartnerschaft s. Art. 17a Abs. 4 EGBGB.

BUCH 7. MAHNVERFAHREN

688 *Zulässigkeit* **(1) Wegen eines Anspruchs, der die Zahlung einer bestimmten Geldsumme in Euro zum Gegenstand hat, ist auf Antrag des Antragstellers ein Mahnbescheid zu erlassen.**

(2) Das Mahnverfahren findet nicht statt:

1. für Ansprüche eines Unternehmers aus einem Vertrag gemäß den §§ 491 bis 504 des Bürgerlichen Gesetzbuchs, wenn der nach den §§ 492, 502 des Bürgerlichen Gesetzbuchs anzugebende effektive oder anfängliche effektive Jahreszins den bei Vertragsschluss geltenden Basiszinssatz nach § 247 des Bürgerlichen Gesetzbuchs um mehr als zwölf Prozentpunkte übersteigt;

2. wenn die Geltendmachung des Anspruchs von einer noch nicht erbrachten Gegenleistung abhängig ist;

3. wenn die Zustellung des Mahnbescheids durch öffentliche Bekanntmachung erfolgen müsste.

(3) Müsste der Mahnbescheid im Ausland zugestellt werden, findet das Mahnverfahren nur statt, soweit das Anerkennungs- und Vollstreckungsausführungsgesetz vom 19. Februar 2001 (BGBl. I S. 288) dies vorsieht.

I. Normzweck

Das Mahnverfahren[1] dient der schnelleren und kostengünstigen **Durchsetzung von Ansprüchen,** denen der Antragsgegner nichts entgegensetzt. Das Verfahren steht zur Wahl des Gläubigers; Vorschläge zur Umgestaltung als zwingendes Vorschaltverfahren[2] haben sich bisher nicht durchsetzen können. Widersetzt sich der Schuldner dem Mahnverfahren, wird dieses nach Erlass eines Mahnbescheids auf Antrag einer Partei (§§ 696 Abs. 1 S. 1, 697) oder nach Erlass eines Vollstreckungsbescheids von Amts wegen (§ 700 Abs. 3) in das ordentliche Verfahren übergeleitet (zur Nebenintervention vgl. § 67 Rn. 9). Das Mahnverfahren ist dann nur eine besondere Form der Verfahrenseinleitung, wobei ein weiterer Vorteil darin zu sehen ist, dass ein gegebenenfalls nach Landesrecht erforderlicher **Einigungsversuch vor einer Gütestelle** nach § 15 a EGZPO bei Durchführung eines Mahnverfahrens **nicht erforderlich** ist, § 15 a Abs. 2 S. 1 Nr. 5 EGZPO.[3] Vorteilhaft ist auch, dass der Vollstreckungsbescheid als Vollstreckungstitel für unbestrittene Forderungen nach VO (EG) Nr. 805/2004 anerkannt werden kann (vgl. § 700 Rn. 2; zum Verfahren vgl. §§ 1079 f.). Dabei wird ab dem 1. 12. 2008 das nationale Mahnverfahren durch das **europäische Mahnverfahren** ergänzt, das die Vollstreckungsmöglichkeiten im Ausland noch weiter erleichtert (vgl. **VO 1896/2006,** abgedruckt und kommentiert im Anh. 5. Ein **Nachteil** des Mahnverfahrens liegt bei der Titulierung von Forderungen aus **vorsätzlicher unerlaubter Handlung** darin, dass auf der Grundlage des Vollstreckungsbescheids nach Auffassung der Rechtsprechung die erweiterte Vollstreckungsmöglichkeit nach § 850 f Abs. 2 nicht eröffnet ist und im Fall der Restschuldbefreiung des Schuldners das Fortbestehen nach § 302 Nr. 1 InsO nicht festgestellt wird (vgl. § 700 Rn. 2) Wie der Begriff des „Mahn"-Verfahrens bereits andeutet, hat das Verfahren die Funktion einer besonders ausgestalteten **Mahnung durch den Gläubiger.** Grundlage des Mahnbescheids ist nicht eine gerichtliche Entscheidung, sondern die vom Gericht auf ihre Schlüssigkeit hin nicht überprüfte Erklärung des Gläubigers. Dennoch ist der Mahnbescheid mehr als nur eine privatrechtliche Erklärung, denn er dient dazu, dem Gläubiger einen Vollstreckungstitel zu verschaffen. Das Mahnverfahren ist insofern bereits ein Teil des gerichtlichen Verfahrens. 1

Dem Mahnverfahren kommt große **praktische Bedeutung** zu. So wurden 2005 rund 8,57 Millionen Mahnanträge gestellt.[4] Nur ca. 10 % der Mahnverfahren, in denen ein Mahnbescheid ergangen ist, wurden auf den Widerspruch des Antragsgegners hin in das ordentliche Verfahren übergeleitet;[5] nach Erlass eines Vollstreckungsbescheids liegt die Einspruchsquote sogar bei nur 1 %.[6] Wie diese Zahlen belegen, führt das Mahnverfahren zu einer erheblichen Entlastung der Rechtspflege, die durch die Möglichkeit der Abwicklung in einem automatisierten Verfahren noch verstärkt wird. Der **Preis für diese Vereinfachung** liegt im **Wegfall einer auch nur oberflächlichen Schlüssigkeitsprüfung.**[7] Der Antragsteller erhält so die Möglichkeit, allein auf der Grundlage eigener Angaben und der Untätigkeit des Antragsgegners einen Vollstreckungstitel 2

---

[1] Zur **Geschichte** vgl. *Helmreich,* Erscheinungsformen des Mahnverfahrens im deutschsprachigen Rechtskreis. Unter besonderer Berücksichtigung des Mahnverfahrens in der Zivilprozessordnung und seiner Vorgängermodelle, 1995; vgl. auch *Coester-Waltjen,* Festschr. f. Henckel, 1995, S. 53 ff.; zu den Vor- und Nachteilen aus anwaltlicher Sicht vgl. *Chab* AnwBl. 2002, 717 ff.; zur Vergleichbarkeit mit dem schweizerischen Zahlungsbefehl vgl. BGH NJW-RR 2002, 937, 938; zu Bestrebungen, das Mahnverfahren dem Gerichtsvollzieher zu übertragen, vgl. *Schilken* DGVZ 2003, 65, 71; zur Vollstreckung eines Vollstreckungsbescheids in einem Mitgliedsstaat der Europäischen Gemeinschaft vgl. § 700 Rn. 2.

[2] 77. Justizministerkonferenz am 1. und 2. 6. 2006, kritisch BRAK-Stellungnahme www.brak.de/seiten/pdf/Stellungnahmen/2006/Stn34.pdf.

[3] Anders bei einem Mahnantrag, der nicht auf Zahlung gerichtet und deshalb offensichtlich unzulässig ist, vgl. AG Rosenheim NJW 2001, 2030, 2031 (über diese Fälle hinausgehend einen zulässigen Mahnantrag verlangend); bei späterer Klageerweiterung nach § 264 ist ein Schlichtungsverfahren ebenfalls entbehrlich, vgl. AG Halle NJW 2001, 2099.

[4] Statistisches Bundesamt, Fachserie 10, Reihe 2.1, 2007.

[5] Vgl. (für die Jahre 1987–1991) *Wagner* RIW 1995, 89.

[6] Vgl. *St/J/Schlosser* vor § 688 Rn. 1 b.

[7] Vgl. *Maniak,* Die Verjährungsunterbrechung durch Zustellung eines Mahnbescheids im Mahnverfahren, Diss. Nürnberg, 2000, S. 299, die darin eines der Kernprobleme des Mahnverfahrens sieht und eine Wiedereinführung der Schlüssigkeitsprüfung erwägt.

zu erhalten, der in Rechtskraft erwächst. Folgt man neueren Stimmen in der strafrechtlichen Literatur und verneint angesichts des Verzichts auf eine Schlüssigkeitsprüfung eine Täuschungshandlung, so hält auch die Strafandrohung wegen Prozessbetruges den Gläubiger von einem Missbrauch nicht ab.[8] Der Gesetzgeber hat deshalb in Abs. 2 das Mahnverfahren in bestimmten Situationen für unzulässig erklärt. Die eigentliche Frage bleibt aber bestehen: Darf sich der Staat damit beruhigen, dass sich der Antragsgegner gegen einen unberechtigten Mahnbescheid zur Wehr setzen kann? Wie die Erfahrung bei den Mahnverfahren zeigt, die zur Durchsetzung eines Anspruchs auf Zahlung der Darlehenszinsen bei einem sittenwidrigen Darlehensvertrag eingeleitet wurden, setzt sich nur ein verschwindend geringer Teil der Antragsgegner zur Wehr, die einen Mahnbescheid über einen wegen Sittenwidrigkeit des Darlehensvertrags unbegründeten Anspruch erhalten hatten. Wenn gleichwohl aus Gründen der Entlastung der Rechtspflege und der Kostenersparnis am Mahnverfahren festzuhalten ist, so muss zumindest bei der Korrektur unrichtiger Mahnbescheide berücksichtigt werden, dass ein Großteil der Betroffenen einen solchen Bescheid trotz aller Hinweise und Belehrungen als gerichtlichen Zahlungsbefehl versteht, dem die Betroffenen sich nur in Ausnahmefällen entgegenstellen. Anders als bei Verfahren mit einer mündlichen Verhandlung, bei denen auch für einen Laien offensichtlich das Ergebnis der gerichtlichen Entscheidung noch offen ist, wird der Mahnbescheid vom Rechtsunkundigen häufig als das Ergebnis eines staatlichen Verfahrens empfunden. Ob deshalb die Gleichstellung des Vollstreckungsbescheids mit einem der Rechtskraft fähigen Versäumnisurteil (§ 700) in der Sache berechtigt ist, ist also durchaus zweifelhaft (vgl. dazu § 700 Rn. 3). Die Rechtsprechung sucht einen Ausgleich über eine großzügige Anwendung des § 826 BGB (näher § 700 Rn. 3) – allerdings um den Preis, dass dieses ohnehin nur schwach konturierte Ventil weiter geöffnet wird.

II. Zulässigkeit des Mahnverfahrens

3 **1. Allgemeine Verfahrensvoraussetzungen.** Für den geltend gemachten Anspruch muss der **Rechtsweg** zur ordentlichen streitigen Gerichtsbarkeit eröffnet sein; ein – gegebenenfalls nach Landesrecht vorgeschriebener – Einigungsversuch vor einer Gütestelle nach § 15a EGZPO ist vor Einleitung des Mahnverfahrens nicht erforderlich und wird durch dessen Durchführung insgesamt entbehrlich, § 15a Abs. 2 S. 1 Nr. 5 EGZPO (vgl. Rn. 1). Außerhalb der Zuständigkeit der ordentlichen streitigen Gerichtsbarkeit wird das Mahnverfahren durch **§ 46a ArbGG** mit einigen dort geregelten Modifikationen für zulässig erklärt. Im Bereich der freiwilligen Gerichtsbarkeit gelten nach der Zuweisung der WEG-Sachen zum Recht der streitigen Gerichtsbarkeit durch § 43 WEG keine Besonderheiten mehr. Die bisherige Sonderregelung in § 46a WEG wurde aufgehoben.[9] Für die Beitragsansprüche von Unternehmen der privaten Pflegeversicherung ermöglicht **§ 182a SGG** das Mahnverfahren. Um eine Zersplitterung des Verfahrens nach der Abgabe zu vermeiden, können diese Ansprüche nach § 182a Abs. 1 S. 2 SGG nicht mit anderen Ansprüchen des Unternehmens (auch nicht mit solchen wegen rückständiger Krankenversicherungsbeiträge) verbunden werden (zu weiteren Besonderheiten vgl. §§ 697 Rn. 9, 700 Rn. 5, 10).[10] Die **örtliche und sachliche Zuständigkeit** ergibt sich aus § 689 (vgl. § 689 Rn. 2ff.). Subjektive und objektive Anspruchshäufung sind zulässig[11] (zum Inhalt des Mahnantrags in diesen Fällen vgl. § 690 Rn. 3ff.). Antragsteller und Antragsgegner müssen **partei- und prozessfähig** sein. **Stirbt** der Antragsteller oder -gegner (der Tod des Prozessbevollmächtigten hat auf das Mahnverfahren keine Auswirkung[12]) **vor Erlass** des Mahnbescheids, so darf kein Mahnbescheid ergehen; ein dennoch erlassener Bescheid ist als eine für oder gegen eine nicht existente Person ergehende Maßnahme unwirksam,[13] sofern nicht die Bevollmächtigung nach § 86 fortwirkt[14] (zum Nachweis der Bevollmächtigung seitens des Antragstellers vgl. § 703 Rn. 2f., zu der auf Seiten des Gegners vgl. § 690 Rn. 4 und § 703 Rn. 3). Stirbt der Antragsteller **nach Erlass** des Mahnbescheids, aber vor dessen Zustellung, wird der Bescheid nach Umschreibung auf die Erben (sofern nicht § 86 eine solche entbehrlich macht) zugestellt.[15] Ein erneuter Mahnantrag ist nicht erforderlich. Bei Tod des Antragsgegners wird der Mahnbescheid auf die Erben umgeschrieben und ihnen zugestellt. Auch insoweit braucht kein neuer Mahnantrag gestellt zu werden.[16] Bei Tod des Antragstellers oder -gegners **nach Zustellung** des Mahnbescheids, aber vor Erhebung eines Widerspruchs oder dem Erlass eines Vollstreckungsbescheids, sind die §§ 239, 246 entsprechend anzuwenden.[17] Das Verfahren wird durch die Erben im Wege des Widerspruchs bzw. durch von Amts wegen zuzustellenden Schriftsatz mit erneuter Aufforderung nach § 692 Abs. 1 Nr. 3 aufgenommen.[18] Verstirbt der Antragsteller oder -gegner **nach Erhebung des Widerspruchs** oder **nach Er-**

---

[8] *Kretschmer* GA 2004, 458, 468ff.

[9] Vgl. dazu *Hansens* Rpfleger 1992, 277, 278; zu Sonderfragen: BGHZ 59, 58 = NJW 1972, 1318 (Ansprüche gegen Verwalter wegen Verletzung des Verwaltervertrages); BGHZ 78, 57 = NJW 1980, 2466 (Vergütungsanspruch des Verwalters).

[10] Vgl. dazu *Gebhardt* NZS 1998, 274, 275.

[11] *B/L/H* Rn. 5; *St/J/Schlosser* Rn. 12; vgl. auch LG Bremen NJW-RR 1991, 58, 59 (zur objektiven Klagehäufung).

[12] *Zö/Vollkommer* vor § 688 Rn. 14.

[13] AG Köln Rpfleger 1969, 250; MK/*Schüler* vor § 688 Rn. 23; *Zö/Vollkommer* vor § 688 Rn. 9.

[14] MK/*Schüler* vor § 688 Rn. 23; vgl. auch *Ro/S/Go* § 163 Rn. 53.

[15] MK/*Schüler* vor § 688 Rn. 23; *St/J/Schlosser* § 692 Rn. 11; *Zö/Vollkommer* vor § 688 Rn. 10.

[16] MK/*Schüler* vor § 688 Rn. 23; *T/P/Hüßtege* vor § 688 Rn. 6; *Wiecz/Sch/Olzen* vor §§ 688–703d Rn. 42; *Zö/Vollkommer* vor § 688 Rn. 10; *Ro/S/Go* § 163 Rn. 53; aA (neuer Mahnantrag, der aber zur Parteiänderung im anhängigen Verfahren führt – problematisch wegen der Kosten) *St/J/Schlosser* § 692 Rn. 11.

[17] Vgl. KG ZZP 51 (1926), 288; LG Aachen Rpfleger 1982, 72 (zum Erlöschen einer AG); MK/*Schüler* vor § 688 Rn. 24; *T/P/Hüßtege* vor § 688 Rn. 7; *Ro/S/Go* § 163 Rn. 53.

[18] LG Aachen Rpfleger 1982, 72; *Zö/Vollkommer* vor § 688 Rn. 11.

lass eines Vollstreckungsbescheids, gelten die §§ 239, 246, 250 unmittelbar.[19] Bei Eintritt des Todes nach Ablauf der Einspruchsfrist sind die §§ 727, 796 Abs. 1 anzuwenden.[20] Soweit die Erbfolge bestritten wird, kann darüber nur nach Abgabe an das Streitgericht im ordentlichen Verfahren, nicht im Mahnverfahren entschieden werden.[21]

Bei **Eröffnung eines Insolvenzverfahrens** ist folgendermaßen zu unterscheiden: **Vor der Zustellung** des Mahnbescheids ist die Eröffnung des Insolvenzverfahrens über das Vermögen des **Antragstellers** ohne Bedeutung. Es wird zugestellt, wobei die fristwahrende Wirkung des § 167 ggf. der Insolvenzmasse zugute kommt. Der Insolvenzverwalter kann – soweit eine Forderung aus der Insolvenzmasse geltend gemacht wird – das Verfahren weiterbetreiben (§ 80 Abs. 1 InsO). Unterbrechung entsprechend § 240 scheidet mangels Anhängigkeit des Verfahrens aus.[22] Wird das Insolvenzverfahren vor der Zustellung des Mahnbescheids über das Vermögen des **Antragsgegners** eröffnet, kann ein Insolvenzgläubiger seine Forderung nach § 87 InsO nur noch im Insolvenzverfahren, also durch Anmeldung zur Tabelle (vgl. §§ 174ff. InsO) verfolgen. Da dem Antragsteller durch die Eröffnung des Insolvenzverfahrens kein Nachteil entstehen darf, muss für die Anwendung des § 167 die Anmeldung zur Tabelle an die Stelle der Zustellung des Mahnbescheids treten.[23] Die Zustellung des Mahnbescheids an den Insolvenzschuldner oder den Insolvenzverwalter löst die Wirkung des § 167 nicht aus. Wird das Insolvenzverfahren erst **nach Zustellung des Mahnbescheids,** jedoch vor der Einlegung eines Widerspruchs[24] oder des Erlasses eines Vollstreckungsbescheids eröffnet, ist § 240 entsprechend heranzuziehen. Bei einem Insolvenzverfahren über das Vermögen des **Antragstellers** richtet sich die Aufnahme des Verfahrens nach § 85 InsO. Betrifft das Verfahren das Vermögen des **Antragsgegners,** ist zu bedenken, dass die Feststellung der Forderung nach § 179 InsO kein geeigneter Gegenstand eines Mahnverfahrens ist (vgl. Rn. 6). Es muss deshalb ggf. Klage nach § 180 Abs. 1 InsO (ohne Anwendung des § 180 Abs. 2 InsO) erhoben werden.[25] Wird das Insolvenzverfahren eröffnet, **nachdem Widerspruch** erhoben oder ein **Vollstreckungsbescheid erlassen**[26] wurde, sind die §§ 240, 249, 250 unmittelbar anwendbar; es gilt dann auch § 180 Abs. 2 InsO.[27] 4

Hinsichtlich der **Prozessführungsbefugnis** gelten die allgemeinen Regeln (zur Prozessstandschaft vgl. auch § 690 Rn. 6); die **Nebenintervention** ist zulässig (§ 66 Rn. 3).[28] Damit wird man auch eine Streitverkündung für zulässig halten.[29] Wurde der Anspruch im Wege der Zwangsvollstreckung **zur Einziehung überwiesen** (§ 835), kann er im Mahnverfahren geltend gemacht werden. Die Verpflichtung des Gläubigers aus § 841 entsteht dann mit der Anspruchsbegründung.[30] Wird der Anspruch **nach Erlass des Mahnbescheids abgetreten,** lehnt ein Teil der Lehre den Erlass eines Vollstreckungsbescheids zu Gunsten des neuen Gläubigers ab: Da der Mahnbescheid den Altgläubiger ausweist und der Vollstreckungsbescheid auf der Grundlage des Mahnbescheids ergeht, müsse der Gläubiger einen neuen Mahnbescheid erwirken.[31] Im Hinblick auf die Kosten eines zweiten Mahnbescheids erscheint jedoch die Lösung sachgerechter, dass der ursprüngliche Gläubiger in analoger Anwendung des § 265 einen Vollstreckungsbescheid auf Leistung an den neuen Gläubiger beantragt und dieser den Titel auf sich umschreiben (§ 727) lässt (zur Abtretung nach Widerspruch vgl. § 696 Rn. 3).[32] Das **Rechtsschutzbedürfnis** für die Durchführung des Mahnverfahrens fehlt, wenn ein anderer, einfacherer Weg zur Verfügung steht. Das kann der Fall sein, wenn die Beitreibung der Beträge nach § 155 KostO[33] oder nach § 11 Abs. 1 RVG[34] möglich ist. Da bei der zuletzt genannten Be- 5

---

19 BGH NJW 1974, 493, 494 = VersR 1974, 489; *Zö/Vollkommer* vor § 688 Rn. 12, 13; *Ro/S/Go* § 163 Rn. 53; teils wird auf den Zeitpunkt der Abgabe des Verfahrens nach § 696 Abs. 1 abgestellt: MK/*Schüler* vor § 688 Rn. 24; *St/J/Schlosser* § 693 Rn. 13.

20 *Zö/Vollkommer* vor § 688 Rn. 13.

21 MK/*Schüler* vor § 688 Rn. 24; *St/J/Schlosser* § 693 Rn. 13; *Zö/Vollkommer* vor § 688 Rn. 11.

22 *St/J/Schlosser* § 692 Rn. 11; *Zö/Vollkommer* vor § 688 Rn. 15.

23 *Ro/S/Go* § 163 Rn. 54; *St/J/Schlosser* § 692 Rn. 11; *Wiecz/Sch/Olzen* vor §§ 688–703d Rn. 53.

24 *St/J/Schlosser* § 693 Rn. 14 stellt auf den Zeitpunkt der Abgabe ab. Es erscheint aber, da der Antrag auf Durchführung des streitigen Verfahrens nur noch ein formaler ist und die Abgabe sich aus verschiedenen Gründen verzögern kann, sachgerechter, den Widerspruch als entscheidenden Umstand anzusehen. Auf der Grundlage des Widerspruchs geht das Verfahren in ein streitiges über, welches sich dann auch als Verfahren iSd. § 180 Abs. 2 InsO eignet.

25 *Ro/S/Go* § 163 Rn. 54; *St/J/Schlosser* § 693 Rn. 14; *Zö/Vollkommer* vor § 688 Rn. 16.

26 Es wird hier von einigen der Zeitpunkt der Einspruchseinlegung als maßgebend angegeben (vgl. *Zö/Vollkommer* vor § 688 Rn. 17; *Ro/S/Go* § 163 Rn. 54). Auch hier ist es aber sinnvoll, auf den Erlass des Vollstreckungsbescheids abzustellen (so iE auch *St/J/Schlosser* § 693 Rn. 14), um so die Aufnahme des Rechtsstreits nach § 180 Abs. 2 InsO mit dem Einspruch verbinden zu können.

27 *Sae/Gierl* vor §§ 688–703d Rn. 24; *Zö/Vollkommer* Rn. 17; aA *Nerlich/Römermann/Becker* InsO § 180 Rn. 18 (im Fall des Widerspruchs des Schuldners Wahlrecht des Gläubigers zwischen Streitantrag und Erhebung der Feststellungsklage).

28 BGH NJW 2006, 773.

29 *Seggewiße* NJW 2006, 3037.

30 *Seggewiße* NJW 2006, 3037; *St/J/Schlosser* Rn. 3.

31 MK/*Schüler* vor § 688 Rn. 19; *Sae/Gierl* vor §§ 688–703d Rn. 13; *Zö/Vollkommer* vor § 688 Rn. 8.

32 Vgl. *Bork/Jacoby* JZ 2000, 135, 137f. (bei Rechtsnachfolge nach Eintritt der Rechtshängigkeit unter Berücksichtigung der Rückbeziehung nach § 693 Abs. 2 [seit dem 1. 7. 2002: § 167]); *St/J/Schlosser* § 699 Rn. 7 (§ 265 anwendbar, Vollstreckungsbescheid ergeht auf Antrag des neuen Gläubigers, der die Rechtsnachfolge entsprechend § 727 nachweisen müsse); *Wiecz/Sch/Olzen* vor §§ 688–703d Rn. 62; vgl. (zur Anwendung des § 265) LG Göttingen Rpfleger 1954, 377.

33 Vgl. AG Berlin-Schöneberg JR 1948, 113; *B/L/H* Rn. 3; *Wiecz/Sch/Olzen* Rn. 6.

34 BGHZ 21, 199, 201 = NJW 1956, 1518 (noch zu § 86a RAGebO); AG Mönchengladbach MDR 1962, 414; *Petermann* Rpfleger 1957, 395, 396; *B/L/H* Rn. 3; *Wiecz/Sch/Olzen* Rn. 6.

stimmung die Beitreibungsmöglichkeit entfällt, wenn außergebührenrechtliche Einwendungen erhoben werden (§ 11 Abs. 5 RVG), und sich der Antragsteller im Mahnverfahren nicht darüber zu erklären braucht, ob solche Einwendungen erhoben wurden, wird das Mahnverfahren in diesen Fällen regelmäßig für zulässig erachtet.[35]

6 **2. Voraussetzungen des Absatz 1.** Es muss die Zahlung einer **bestimmten Geldsumme** begehrt werden. Der Anspruch muss fällig sein oder innerhalb der Frist des § 692 Abs. 1 Nr. 3 fällig werden (vgl. Rn. 7). Ansprüche auf andere vertretbare Sachen oder Wertpapiere sowie Duldungsansprüche aus Hypothek, Grundschuld etc. sind nicht gleichgestellt.[36] Auch die **Feststellung zur Insolvenztabelle** kann **nicht** im Wege des Mahnverfahrens erreicht werden.[37] Soweit über den Anspruch eine Urkunde errichtet ist, steht auch das Urkundenmahnverfahren zur Wahl (vgl. § 703a Rn. 2). Der Anspruch muss sich auf Zahlung **in Euro** richten. Richtet er sich auf Zahlung von **Geld in einer anderen Währung,** kann die Forderung regelmäßig vom Antragsteller in Euro umgerechnet werden (vgl. § 244 Abs. 1 BGB). Geschieht dies unberechtigterweise, ergeht mangels näherer Prüfung der Berechtigung zur Umrechnung ein Mahnbescheid, der die Verjährung hemmt, § 204 Abs. 1 Nr. 3 BGB (dazu näher § 693 Rn. 4).[38] Scheitern kann der Erlass am Prüfungsrecht des Rechtspflegers bei offensichtlich nicht bestehenden Forderungen (vgl. § 691 Rn. 2; zur Übertragung auf den Urkundsbeamten der Geschäftsstelle vgl. § 689 Rn. 2)[39]; im späteren Verfahren muss die Klage auf die Fremdwährungsschuld umgestellt werden. Sofern die Geltendmachung einer Forderung in einer **fremden Währung** durch **§ 32 Abs. 1 S. 2 AVAG** (vgl. Rn. 8ff.) zugelassen ist,[40] kann der Mahnbescheid auch auf die Währung eines dritten Staates lauten.[41]

7 **3. Ausschluss durch Absatz 2.** Die Geltendmachung von **Ansprüchen eines Kreditgebers** ist nach **Nr. 1** im Mahnverfahren ausgeschlossen, wenn der nach §§ 492, 502 BGB anzugebende effektive Jahreszins den bei Abschluss des Vertrages geltenden Basiszinssatz (§ 247 BGB) zuzüglich 12 % übersteigt (zu den erforderlichen Angaben im Mahnantrag vgl. § 690 Rn. 7; zu Verträgen, die noch dem Verbraucherkreditgesetz unterliegen vgl. § 28 Abs. 1 EGZPO). Die Regelung ist auf Verbraucherkreditverträge und Finanzierungshilfen iSd. §§ 491 bis 504 BGB anzuwenden, wobei sich der Anwendungsbereich durch die Verweisung auf die Angabepflicht nach §§ 492, 502 BGB auf solche Kreditverträge beschränkt, die Angaben zum effektiven Jahreszins nach den § 492 BGB oder § 502 BGB verlangen.[42] Ansprüche aus Finanzierungsleasingverträgen (§ 500 BGB), notariell beurkundeten Kreditverträgen (§ 491 Abs. 3 Nr. 2 BGB) etc. können uneingeschränkt im Mahnverfahren geltend gemacht werden (zur Anwendung von § 826 BGB bei sittenwidrig überhöhten Zinsen eines Finanzierungsleasingvertrages vgl. § 700 Rn. 3). Auf Überziehungskredite (vgl. § 493 BGB) ist Abs. 2 Nr. 1 dagegen anwendbar.[43] Gegen eine solche Auslegung spricht zwar der Wortlaut des § 493 BGB, der die Regelung des § 492 BGB für unanwendbar erklärt, andererseits ist jedoch zu bedenken, dass § 493 Abs. 1 S. 2 und 3 BGB die Regelung des § 492 BGB lediglich den Besonderheiten eines Überziehungszinssatzes anpasst, dessen Zinshöhe je nach dem Zeitpunkt der Inanspruchnahme unterschiedlich sein kann. Ist der Anspruch wegen Nr. 1 nicht mahnfähig, wird der Mahnantrag nach § 691 Abs. 1 Nr. 1 zurückgewiesen (zur Prüfungskompetenz des Rechtspflegers vgl. § 691 Rn. 2; zur Möglichkeit der Übertragung auf den Urkundsbeamten der Geschäftsstelle vgl. § 689 Rn. 2). Dies kann nicht dadurch umgangen werden, dass ein geringerer als der vereinbarte und angegebene Zinssatz geltend gemacht wird.[44] Übersteigt im Fall des Verzuges der verlangte Zinssatz die Pauschalierung in § 497 Abs. 1 BGB, braucht der Zinsschaden richtiger Ansicht nach weder besonders nachgewiesen zu werden,[45] noch lässt sich ein genereller Ausschluss des Mahnverfahrens für die Durchsetzung eines solchen Verzugsschadens begründen.[46] Nach **Nr. 2** darf die Geltendmachung des Anspruchs nicht von einer noch nicht erbrachten Gegenleistung abhängen. Deshalb sind Ansprüche ausgeschlossen, die Zug um Zug zu erfüllen sind, und zwar auch dann, wenn sich der Schuldner hinsichtlich der Gegenleistung in Annahmeverzug befindet.[47] Anders verhält es sich, wenn der Schuldner zur Vorleistung oder zur Leistung eines Vorschusses verpflichtet ist.[48] Die Erteilung einer Quittung etc. ist nicht Gegenleistung in diesem Sinne.[49] Wegen § 692 Abs. 1 Nr. 3 muss die geltendgemachte Forderung zumindest noch in-

---

[35] BGH NJW 1981, 875, 876; MK/*Schüler* Rn. 7; *Wiecz/Sch/Olzen* Rn. 6; *Zö/Vollkommer* Rn. 1.

[36] AllgM, vgl. *St/J/Schlosser* Rn. 2; *Zö/Vollkommer* Rn. 2.

[37] Vgl. MK/*Schüler* Rn. 7; *Zö/Vollkommer* vor § 688 Rn. 16.

[38] BGHZ 104, 268 = NJW 1988, 1964; *K. Schmidt* NJW 1989, 65, 66; *Hanisch* IPRax 1989, 276, 279.

[39] Vgl. *St/J/Schlosser* Rn. 2; vgl. aber auch (fehlende Umrechnungsbefugnis wegen fehlender Schlüssigkeitsprüfung unschädlich) *B/L/H* Rn. 4; *Zö/Vollkommer* Rn. 2; mit Recht für eine nur eingeschränkte Prüfung der Umrechnungsbefugnis, weil lediglich ein Mahnbescheid in fremder Währung vermieden werden soll, *Grothe* Fremdwährungsverbindlichkeiten, 1999, S. 684f.; für eine Zurückweisung nur bei offensichtlich echten Fremdwährungsschulden, die absprachewidrig umgerechnet wurden, *Maniak* (Fn. 7) S. 169.

[40] Vgl. dazu *Hök* JurBüro 1991, 1145, 1303, 1442, 1605.

[41] *Ritter* NJW 1999, 1213, 1214; MK/*Schüler* Rn. 4; *Zö/Vollkommer* Rn. 2.

[42] *St/J/Schlosser* Rn. 7; *Zö/Vollkommer* Rn. 6; *Bülow* NJW 1991, 129, 133; modifizierend (keine Prüfung der Anwendbarkeit) *Holch* NJW 1991, 3177, 3180; *Markwardt* NJW 1991, 1220; *B/L/H* Rn. 7.

[43] *Sae/Gierl* Rn. 9; *T/P/Hüßtege* Rn. 3.

[44] *Braun/Raab-Gaudin,* Finanzierung/Leasing/Factoring, 1991, 244, 246; *Zö/Vollkommer* Rn. 6.

[45] AA (konkreter Nachweis des Verzugsschadens bei Abweichung vom Diskontsatz um mehr als 5 %) AG Hagen NJW-RR 1995, 320 = Rpfleger 1995, 172 m. abl. Anm. *Wolf.*

[46] So aber *Rudolph* MDR 1996, 1, 3f.; *Chiang* Mahnverfahrenssperre, 1999, S. 104; wie hier *Zö/Vollkommer* Rn. 6.

[47] *Wiecz/Sch/Olzen* Rn. 21; *Zö/Vollkommer* Rn. 3.

[48] *Zö/Vollkommer* Rn. 3; hinsichtlich des Vorschusses unklar AG Rosenheim NJW 2001, 2030.

[49] AllgM, vgl. *St/J/Schlosser* Rn. 8; *Zö/Vollkommer* Rn. 3.

nerhalb der Widerspruchsfrist **fällig** werden.[50] Wird eine Forderung unter Verstoß gegen Nr. 2 geltend gemacht, darf ein Vollstreckungsbescheid nicht ergehen. Ergeht er dennoch, kann der Schuldner gegen den rechtskräftigen Vollstreckungstitel Ansprüche aus § 826 BGB erheben, sofern sich die Durchführung des Mahnverfahrens als sittenwidrig darstellt (vgl. § 700 Rn. 3). Dennoch kann die Zustellung eines solchen Mahnbescheids die Verjährung hemmen (vgl. § 693 Rn. 4). Nach **Nr. 3** ist das Mahnverfahren unstatthaft, wenn die Zustellung des Mahnbescheids durch **öffentliche Bekanntmachung** nach §§ 185 f. erfolgen müsste. In Betracht kommt dies bei unbekanntem Aufenthalt (§ 185 Nr. 1) und bei Zustellung an Personen, die der deutschen Gerichtsbarkeit nicht unterliegen (vgl. § 185 Nr. 3). Die Zustellung an Personen, die dem **NATO-Truppenstatut** unterfallen, ist nach Art. 32 des Zusatzabkommens zum NATO-Truppenstatut zulässig (vgl. § 703 c Abs. 1 Nr. 4).[51] Eine Zustellung **im Ausland** ist nur nach Abs. 3 zulässig, vgl. Rn. 8 ff. Ist im Mahnbescheid ein inländischer Wohnsitz angegeben und stellt sich heraus, dass die Zustellung öffentlich erfolgen müsste, oder dass sie im Ausland erforderlich und nicht nach Abs. 3 zulässig ist, kann das Mahnverfahren nach der Rechtsprechung des BGH **nicht** in analoger Anwendung des § 696 in das **streitige Verfahren übergeleitet** werden.[52] Damit wird eine erneute Klageerhebung erforderlich und Praktikabilitäts- und Kostengründe werden zu Unrecht hintangestellt (vgl. auch § 693 Rn. 2).[53]

4. Mahnverfahren mit Zustellung im Ausland. Für Mahnverfahren mit Zustellung innerhalb **der europäischen Gemeinschaft** steht ab dem 1. 12. 2008 das **Verfahren nach der VO (EG) Nr. 1896/2006** zur Verfügung (näher Anh. 5). Daneben kann aber auch in diesen Fällen nach dem deutschen Mahnverfahrensrecht vorgegangen werden. Dabei lässt Abs. 3 Mahnverfahren, bei denen der Mahnbescheid im Ausland zugestellt werden müsste, nur im Rahmen des AVAG zu, das weitere Modifikationen enthält (zur Fremdwährung vgl. auch Rn. 6). Soweit der Antragsgegner einen Zustellungsbevollmächtigten benannt hat, ist dessen Wohnsitz maßgebend.[54] Mit der Zustellung kann die Aufforderung nach §§ 183, 184, für das streitige Verfahren einen Zustellungsbevollmächtigten zu bestellen, verbunden werden.[55] Die weiteren Besonderheiten ergeben sich aus **§ 32 AVAG.** Dieser lautet:[56] (1) Das Mahnverfahren findet auch statt, wenn die Zustellung des Mahnbescheids in einem anderen Vertrags- oder Mitgliedstaat erfolgen muss. In diesem Falle kann der Anspruch auch die Zahlung einer bestimmten Geldsumme in ausländischer Währung zum Gegenstand haben. (2) Macht der Antragsteller geltend, das Gericht sei auf Grund einer **Gerichtsstandsvereinbarung** zuständig, hat er dem Mahnantrag die erforderlichen **Schriftstücke** über die Vereinbarung **beizufügen** (3) Die **Widerspruchsfrist** (§ 692 Abs. 1 Nr. 3 der Zivilprozessordnung) beträgt **einen Monat.** 8

Bei der Anwendung des § 32 AVAG ist der Anwendungsbereich nach § 1 AVAG zu beachten. Für Unterhaltsentscheidungen schließt § 39 AVAG das Mahnverfahren auf der Grundlage des Haager Unterhaltsübereinkommen vom 2. 10. 1973 aus.[57] Soweit Übersetzungen in die Amtssprache eines anderen Staates erforderlich sind,[58] sind für einige Sprachen entsprechende Vordrucke erstellt worden. Zur Zustellung des Mahnbescheids vgl. § 693 Rn. 2 ff. Zum sachlichen Anwendungsbereich des AVAG vgl. § 1 Abs. 2 Nr. 1 AVAG. Wenn die Zustellung im Ausland zwar rechtlich möglich, in ihrer zeitlich angemessenen Durchführbarkeit aber zweifelhaft ist, kann es sich empfehlen,[59] statt des Mahnverfahrens sogleich den Klageweg zu beschreiten, da dann nach § 185 Nr. 2 öffentlich zugestellt werden kann, während ein Mahnverfahren unstatthaft ist, wenn die öffentliche Zustellung erforderlich ist (Abs. 2 Nr. 3). Ein ggf. nach Landesrecht vorgeschriebener Einigungsversuch nach § 15 a EGZPO wird dann wegen § 15 a Abs. 2 S. 2 EGZPO in aller Regel nicht erforderlich sein.[60] 9

5. Fehlerfolgen. Fehlt es an einer der besonderen Voraussetzungen des § 688, wird der Mahnantrag **zurückgewiesen** (§ 691 Abs. 1 Nr. 1). Gegen einen zu Unrecht erlassenen Mahnbescheid steht der Widerspruch (§ 694), nicht dagegen die sofortige Beschwerde oder die Rechtspflegererinnerung offen (§ 11 Abs. 3 S. 2 RPflG; zu Rechtsbehelfen wegen der Kostenfestsetzung vgl. § 692 Rn. 3). Auf der Grundlage eines verfahrensfehlerhaft ergangenen Mahnbescheids darf ein **Vollstreckungsbescheid nicht ergehen** (vgl. § 699 Rn. 4 f.). Dies gilt auch dann, wenn ein Mahnbescheid im Ausland zwar tatsächlich zugestellt wurde, jedoch die Voraussetzungen des Abs. 3 nicht erfüllt sind; eine Heilung dieses Verfahrensmangels kommt nicht in Betracht.[61] 10

---

[50] *B/L/H* Grundz § 688 Rn. 3; MK/*Schüler* Rn. 8.

[51] Vgl. dazu *Schwenk* NJW 1976, 1562, 1563 f.

[52] BGH NJW 2004, 2453, 2454; so auch *Sae/Gierl* Rn. 18; *Blechinger* Rpfleger 1990, 81, 82; *B/L/H* § 696 Rn. 5; MK/*Schüler* Rn. 15 f.; *T/P/Hüßtege* Rn. 5; *Wiecz/Sch/Olzen* Rn. 24; aA (für eine solche Überleitung) OLG Frankfurt Rpfleger 1987, 27; OLG Koblenz OLGR 1998, 270, 271; LG Hamburg Rpfleger 1985, 119 m. zust. Anm. *Bluhm;* AG Hassfurt NJW-RR 2000, 1232, 1233; *Busl* IPRax 1986, 270, 271; *St/J/Schlosser* Rn. 9; *Zö/Vollkommer* Rn. 8.

[53] Vgl. *Zö/Vollkommer* Rn. 8 m. weit. Nachw.

[54] AG München Rpfleger 1991, 425 m. zust. Anm. *Druwe; Zö/Vollkommer* Rn. 10; zum Mahnverfahren mit Auslandsbezug vgl. *Hintzen/Riedel* Rpfleger 1997, 293 ff.

[55] MK/*Schüler* § 693 Rn. 7.

[56] Hervorhebungen im Original nicht enthalten, vollständiger Abdruck in EuGVÜ Anhang 4.

[57] Vgl. iE MK/*Schüler* Rn. 4 und 19; *St/J/Schlosser* Rn. 11; *Hök* JurBüro 1991, 1145, 1303, 1442, 1605; vgl. auch *Wagner* RIW 1995, 89, 90.

[58] Vgl. *St/J/Schlosser* Rn. 11; dazu und zu den Bedenken wegen § 184 GVG vgl. *Hintzen/Riedel* Rpfleger 1997, 293, 300.

[59] Vgl. *Wagner* RIW 1995, 89, 95 f.

[60] Anders muss entscheiden, wer bei § 15 a EGZPO die Zulässigkeit des Mahnantrags verlangt, so AG Rosenheim NJW 2001, 2030, 2031.

[61] *Wagner* RIW 1995, 89, 91.

III. Gebühren und Kosten

11 **1. Rechtsanwaltsgebühren.** § 17 Nr. 2 RVG stellt nunmehr klar, dass es sich bei dem Mahnverfahren und dem nachfolgenden streitigen Verfahren um verschiedene Angelegenheiten handelt. Der Anwalt des **Antragstellers** erhält für die Vertretung im Mahnverfahren bis zum Antrag auf Erlass des Vollstreckungsbescheids eine **Verfahrensgebühr** von 1,0 gemäß Nr. 3305 VV RVG. Bei mehreren Auftraggebern greift die Erhöhungsgebühr aus Nr. 1008 VV RVG. Die Verfahrensgebühr ist jedenfalls mit Stellung des Mahnantrags in voller Höhe entstanden. Sie reduziert sich nicht mehr, wenn der Mahnantrag später zurückgenommen wird (§ 15 Abs. 4 RVG). Endet der Auftrag vor Einreichung des Mahnantrags, reduziert sich die Verfahrensgebühr auf 0,5 (Nr. 3306 VV RVG). Die Verfahrensgebühr ist gemäß Nr. 3305 VV RVG auf diejenige des nachfolgenden streitigen Verfahrens anzurechnen.

Mit der Stellung des Antrags auf Erlass des Vollstreckungsbescheides entsteht eine zusätzliche 0,5 Verfahrensgebühr aus Nr. 3308 VV RVG, wenn kein Widerspruch fristgerecht erhoben wurde oder dieser auf den Vorbehalt des Nachverfahrens beschränkt wurde. Eine Erhöhung nach Nr. 1008 VV RVG findet nicht statt, wenn der Anwalt schon die Erhöhung der Gebühr aus Nr. 3305 VV RVG verdient hat. Ist der Anwalt nur mit dem Antrag auf Vollstreckungsbescheid beauftragt, erhält er nur die Gebühr aus Nr. 3308, nicht auch die aus Nr. 3305 VV RVG. Die Gebühr für den Vollstreckungsbescheid Nr. 3308 VV RVG wird mangels einer entsprechenden Vorschrift nicht auf das nachfolgende Streitverfahren angerechnet.[62] Sie gehört zu den Kosten der Säumnis, die dem Beklagten aufzuerlegen sind, auch wenn die Klage letztendlich abgewiesen wird. Der Antrag auf Durchführung des streitigen Verfahrens gehört bereits zum Rechtsstreit und lässt die dortige Verfahrensgebühr der Nr. 3100 VV RVG anfallen.[63] Der Anwalt des **Antragsgegners** erhält eine Verfahrensgebühr von 0,5 aus Nr. 3307 VV RVG, die auf den nachfolgenden Rechtsstreit angerechnet wird. Die Gebühr deckt die gesamte Tätigkeit für den Antragsgegner im Mahnverfahren ab. Sie fällt auch an, wenn der Anwalt nach Prüfung der Rechtslage von der Einlegung des Widerspruchs abrät.[64] Sie entsteht auch, wenn der Antragsgegner schon selbst Widerspruch eingelegt hatte. Bei Vertretung mehrerer Auftraggeber gilt Nr. 1008 VV RVG. Ob die Stellung eines Antrags auf Klageabweisung im Mahnverfahren schon die 1,3 Verfahrensgebühr der Nr. 3100 VV RVG auslöst, bleibt ungeklärt. Die Geschäftsgebühr ist nach Maßgabe der Vorbem. 3 Abs. 4 VV RVG anzurechnen. Eine Einigung im Mahnverfahren löst die Gebühr aus Nr. 1003 VV RVG aus.[65] Eine im Mahnverfahren entstandene Terminsgebühr wird auf die Terminsgebühr im nachfolgenden Rechtstreit nunmehr angerechnet, Nr. 3104 Abs. 4 VV RVG. Zu Kostenfragen vgl. § 91 Rn. 24, 51.

12 **2. Gerichtskosten.** Nach KV Nr. 1110 wird für das Verfahren über den Antrag auf Erlass eines Mahnbescheides eine halbe Gebühr berechnet (mindestens 23 Euro). Eine (völlige oder teilweise) Rücknahme des Antrags vermindert die mit Einreichung des Antrags entstandene und vom Antragsteller geschuldete Gebühr nicht.

689

Zuständigkeit; maschinelle Bearbeitung (1) **[1]Das Mahnverfahren wird von den Amtsgerichten durchgeführt. [2]Eine maschinelle Bearbeitung ist zulässig. [3]Bei dieser Bearbeitung sollen Eingänge spätestens an dem Arbeitstag erledigt sein, der dem Tag des Eingangs folgt.**

(2) **[1]Ausschließlich zuständig ist das Amtsgericht, bei dem der Antragsteller seinen allgemeinen Gerichtsstand hat. [2]Hat der Antragsteller im Inland keinen allgemeinen Gerichtsstand, so ist das Amtsgericht Schöneberg in Berlin ausschließlich zuständig. Sätze 1 und 2 gelten auch, soweit in anderen Vorschriften eine andere ausschließliche Zuständigkeit bestimmt ist.**

(3) **[1]Die Landesregierungen werden ermächtigt, durch Rechtsverordnung Mahnverfahren einem Amtsgericht für die Bezirke mehrerer Amtsgerichte zuzuweisen, wenn dies ihrer schnelleren und rationelleren Erledigung dient. [2]Die Zuweisung kann auf Mahnverfahren beschränkt werden, die maschinell bearbeitet werden. [3]Die Landesregierungen können die Ermächtigung durch Rechtsverordnung auf die Landesjustizverwaltungen übertragen. [4]Mehrere Länder können die Zuständigkeit eines Amtsgerichts über die Landesgrenzen hinaus vereinbaren.**

I. Normzweck

1 Die Bestimmung konzentriert die Zuständigkeit für Mahnverfahren ohne Rücksicht auf die Höhe der geltend gemachten Forderung ausschließlich auf das Amtsgericht am allgemeinen Gerichtsstand des Schuldners und legt bei Fehlen eines inländischen allgemeinen Gerichtsstands die Zuständigkeit des Amtsgerichts Berlin-Schöneberg fest (vgl. aber § 703d, dazu bei Rn. 2). Der Referentenentwurf eines Gesetzes zur Verbesserung der grenzüberschreitenden Forderungsdurchsetzung und Zustellung[1] sieht vor, dass künftig das AG Wedding in Berlin zuständig ist. Um die große Zahl von Mahnanträgen schneller und rationeller bearbeiten zu können, ist auch eine maschinelle Bearbeitung zulässig (dazu näher § 703b und

---

[62] G/S/*Müller-Rabe* VV 3305–3308 Rn. 6 u. 22.

[63] *Schneider/Mock* § 14 Rn. 9.

[64] *Schneider/Mock* § 14 Rn. 11.

[65] OLG Nürnberg NJW 1998, 388 = MDR 1998, 1068; LG München I MDR 1998, 563; krit. dazu *Schneider* NJW 1998, 356ff.; ebenfalls krit. *Schütt* MDR 1998, 127f.; für eine Erstattung OLG Düsseldorf MDR 1998, 1055f.; OLG Nürnberg MDR 1998, 927.

[1] Abrufbar unter dem Link www.brak.de/seiten/07.php.

§ 703c). Um die Rationalisierung zu steigern, kann die Zuständigkeit nach Abs. 3 bei bestimr richten konzentriert werden und zwar auch über Ländergrenzen hinweg.

II. Zuständigkeit

Die **internationale Zuständigkeit** der deutschen Gerichte bestimmt sich nach § 703d, soweit rangige Regelungen insbesondere die EuGVVO, das EuGVÜ (zur Fortgeltung vgl. Art. 68 EuGVO) und das LugÜ die Frage regeln (vgl. dazu § 703d Rn. 2).[2] **Sachlich** ist stets das Amtsg ständig, im Bereich der Arbeitsgerichtsbarkeit ist es das Arbeitsgericht (§ 46a Abs. 2 ArbGG). Die **nelle Zuständigkeit** liegt beim Rechtspfleger (§ 3 Nr. 3a iVm. § 20 Nr. 1 RPflG); die Landesreg werden aber durch § 36b Abs. 1 S. 1 Nr. 2 RPflG ermächtigt, das Mahnverfahren in weiten Teilen Urkundsbeamten der Geschäftsstelle zu übertragen.[3] Die Zuständigkeit des Rechtspflegers bzw. kundsbeamten endet erst mit Beginn des Streitverfahrens, also nach § 696 Abs. 1 S. 4 mit dem Einga Akten bei dem Gericht, an das die Sache abgegeben wird; zur Gleichstellung, wenn dasselbe Gerich ständig ist, vgl. § 698 Rn. 1. Der Rechtspfleger bzw. der Urkundsbeamte entscheidet deshalb auch üb Prozesskostenhilfe und über die Abgabe des Rechtsstreits.[4] Die **örtliche Zuständigkeit** ist in Abs. 2 ebenfalls als ausschließliche geregelt, wobei sie auch vor anderen ausschließlichen Zuständigkeiten Vorrang beansprucht (Abs. 2 S. 3). Eine ausschließliche internationale Zuständigkeit wird durch Abs. 2 nicht begründet.[5] Die örtliche Zuständigkeit richtet sich in Fällen, in denen der Antragsgegner im **Zeitpunkt der Antragstellung**[6] seinen allgemeinen Gerichtsstand in Deutschland hat (vgl. § 703d Rn. 2), nach dem allgemeinen Gerichtsstand (vgl. §§ 12ff. iVm. § 5 AktG, § 4a GmbHG, § 6 Nr. 1 GenG; § 106 Abs. 2 Nr. 2 HGB) des Antragstellers. **Zweigstellen** oder rechtlich unselbständige Zweigniederlassungen iSd. § 21 Abs. 1 eines Unternehmens reichen im Gegensatz zu einem selbständigen, durch Statut begründeten Nebensitz iSd. § 17 Abs. 3 **nicht** aus (vgl. auch Art. 60 EuGVVO).[7] Bei ausländischen Versicherungsgesellschaften oder Banken begründet eine **selbständige Niederlassung** im Inland wegen deren gemäß §§ 105ff. VAG, § 53 KWG herausgehobener Rechtsstellung die Zuständigkeit nach Abs. 2 S. 1.[8] Dies gilt jedoch nicht für eine ausländische Fluggesellschaft mit Niederlassung im Inland.[9] Bei **mehreren Antragstellern** als Streitgenossen kann zwischen den jeweiligen allgemeinen Gerichtsständen gewählt werden (vgl. auch § 36 Rn. 20).[10] Beantragt eine Wohnungseigentümergemeinschaft einen Mahnbescheid, so ist nach § 43 Abs. 1 Nr. 6 WEG (bislang § 46a Abs. 1 S. 2 WEG) das Amtsgericht ausschließlich zuständig, in dessen Bezirk das Grundstück liegt. Wird dagegen eine Forderung zwischen den **Mitgliedern einer Wohnungseigentümergemeinschaft** im Wege des Mahnverfahrens geltend gemacht, so greift diese Sonderzuständigkeit nicht ein, so dass sich die Zuständigkeit nach den allgemeinen Regeln des § 689 Abs. 2 und damit nach dem allgemeinen Gerichtsstand des Antragstellers bestimmt.[11] Befindet sich der allgemeine Gerichtsstand des **Antragstellers nicht im Inland,** ist nach Abs. 2 S. 2 das Amtsgericht Berlin-Schöneberg zuständig. Dabei ist zweierlei zu beachten: Zum einen steht die Bestimmung unter dem **Vorbehalt des § 703d.** Wenn also auch der Antragsgegner keinen allgemeinen Gerichtsstand im Inland hat, bestimmt sich die örtliche Zuständigkeit nicht nach Abs. 2 S. 2, sondern nach § 703d Abs. 2[12] (zu den Besonderheiten bei mehreren Antragsgegnern vgl. § 703d Rn. 2). Dabei können im Rahmen des § 703d Abs. 2 auch Gerichtsstandsvereinbarungen beachtlich sein (vgl. § 703d Rn. 2), während im Übrigen § 689 die örtliche Zuständigkeit als ausschließliche anordnet, so dass sie auch durch Vereinbarung nicht geändert werden kann, § 40 Abs. 2 S. 1.[13] Zum anderen ist zu beachten, dass die EuGVVO, das EuGVÜ und das LugÜ (zur Fortgeltung vgl. Art. 68 Abs. 1 EuGVVO) Gerichtsstände festlegen. Hat der **Antragsteller** seinen allgemeinen Gerichtsstand in einem Mitglieds- oder **Vertragsstaat,** ist deshalb zweifelhaft, ob das deutsche Recht in Abweichung von diesen Abkommen die Zuständigkeit beim Gericht Berlin-Schöneberg konzentrieren kann. Das wird zu Recht mittels einer tele-

---

[2] Vgl. *St/J/Schlosser* Rn. 2, 3; *Wagner* RIW 1995, 89, 91f.

[3] Kritisch dazu *Wiedemann* NJW 2002, 3448, 3449.

[4] Vgl. MK/*Schüler* Rn. 7.

[5] OLG Düsseldorf NJW-RR 1997, 124f. = JurBüro 1996, 496 (Anerkennung und Vollstreckbarerklärung eines in Österreich ergangenen Zahlungsbefehls trotz Zuständigkeit nach § 689 Abs. 2); *Zö/Vollkommer* Rn. 1.

[6] *Salten/Riesenberg/Jurksch* MDR 1995, 448, 450; MK/*Schüler* Rn. 11; *St/J/Schlosser* Rn. 6; *Wiecz/Sch/Olzen* Rn. 21; aA (Zeitpunkt der Zustellung des Mahnbescheids) *B/L/H* Rn. 9.

[7] BGH NJW 1998, 1322 (offen lassend, ob Sitz iSd. § 17 Abs. 3 ausreicht); OLG Sachsen-Anhalt 4. 9. 2007 1 AR 24/07 (engl. Limited, Art. 60 EuGVVO); BayObLG BB 2002, 1437, 1438 = Rpfleger 2002, 528, 529; MK/*Schüler* Rn. 12; *Salten/Riesenberg/Jurksch* MDR 1995, 448; vgl. BGH NJW 1978, 321 = MDR 1978, 207; zur Frage, ob die Kanzleiadresse eines Rechtsanwalts bei Mahnbescheid in eigener Sache ausreicht, vgl. *Gildemeister* NJW 1993, 1569.

[8] BGH NJW 1979, 1785 = MDR 1979, 647 (Versicherungsgesellschaft); AG Frankfurt NJW 1980, 2028 (Bank); *St/J/Schlosser* Rn. 10; anders bei unselbständiger Zweigniederlassung BGH NJW 1991, 110; *Busl* IPRax 1992, 20; krit. *Wiecz/Sch/Olzen* Rn. 6.

[9] AG Hünfeld IPRax 1984, 29; MK/*Schüler* Rn. 12.

[10] BGH NJW 1978, 321; *Haack* NJW 1980, 672, 673; MK/*Schüler* Rn. 13; *T/P/Hüßtege* Rn. 6; *Zö/Vollkommer* Rn. 3; *B/L/H* Rn. 8; krit. *Büchel* NJW 1979, 945, 946; aA (Bestimmung bereits des Mahngerichts nach § 36 Abs. 1 Nr. 3; Sonderfall § 689 und § 703d) KG 5. 1. 2005 28 AR/103/04.

[11] Vgl. BT-Drs. 16/3843 Seite 27f.

[12] BGH NJW 1995, 3317f. = Rpfleger 1996, 116f. m. krit. Anm. *Hintzen;* NJW 1981, 2647; 1995, 3317; *Druwe* Rpfleger 1991, 425; MK/*Schüler* Rn. 15.

[13] Vgl. BGH NJW 1985, 320, 322.

ßen Reduktion der EuGVVO bzw. des EuGVÜ von einem Teil der Lehre bejaht,[14] während andere ı Grundsatz festhalten, dass die internationalen Abkommen dem nationalen Recht vorgehen und einer Ergänzung unzugänglich sind.[15] Folgt man dieser zweiten Ansicht, ist nicht nur die Zuständig- des Gerichts Berlin-Schöneberg fraglich, sondern es stellt sich auch die Frage, ob eine Zuständigkeits- ızentration nach Abs. 3 mit den genannten Abkommen zu vereinbaren ist (dazu bei Rn. 3).

Die **örtliche Zuständigkeit** kann nach Abs. 3 bei bestimmten Amtsgerichten konzentriert werden. Davon ist in allen Bundesländern Gebrauch gemacht worden: (zur Einführung der maschinellen Bearbeitung vgl. § 703c Rn. 3)[16] **Baden-Württemberg** VO 20. 11. 1998, GVBl. S. 680: AG Stuttgart; **Bayern** VO 2. 2. 1988, GVBl. S. 6, BayRS 300–3–1-J idF der VO 28. 8. 2003, GVBl. S. 661: AG Coburg für ganz Bayern; **Berlin** Zustimmungsgesetz vom 16. März 2006 zum Staatsvertrag mit Brandenburg, GVBl., S. 270: AG Wedding, soweit nicht § 689 Abs. 2 S. 2 (AG Schöneberg); **Brandenburg** Zustimmungsgesetz zum Staatsvertrag mit Berlin vom 20. 4. 2006, GVBl., S. 46: AG Wedding; **Bremen:** VO 20. 9. 2001, GBl. S. 329: AG Bremen für die Bezirke AG Bremerhaven und Bremen-Blumenthal; **Hamburg** Zustimmungsgesetz vom 6. Oktober 2005 zum Staatsvertrag mit Mecklenburg-Vorpommern, GVBl., S. 422: AG Hamburg; **Hessen** VO 24. 9. 1993, GVBl. I S. 441 idF der VO 20. 8. 1997, GVBl. I S. 292 iVm. VO v. 8. 6. 2006 GVBl. S. 352: AG Hünfeld für ganz Hessen; VO v. 5. 5. 2006 GVBl. S. 168, Übertragung auf Minister der Justiz; **Mecklenburg-Vorpommern** Zustimmungsgesetz vom 17. August 2005 zum Staatsvertrag mit Hamburg, GVBl., S. 512: AG Hamburg; **Niedersachsen** VO v. 1. 12. 2003, GVBl. S. 410: AG Uelzen für alle Mahnverfahren des OLG-Bezirks Braunschweig und des Landgerichtsbezirks Hannover sowie für alle nur maschinell lesbaren Anträge (Ausnahme, wenn Antragsteller oder Antragsgegner allgemeinen Gerichtsstand nicht im Inland hat); **NRW** VO 28. 1. 1999, GVBl. S. 43: AG Euskirchen für AG im Bezirk des OLG Köln und AG Hagen für AG in den Bezirken der OLG Düsseldorf und Hamm; **Rheinland-Pfalz** Zustimmungsgesetz v. 14. 3. 2005 zum Staatsvertrag mit dem Saarland GVBl. S. 61: AG Mayen; **Saarland:** AG Mayen (Rheinland-Pfalz) Zustimmungsgesetz vom 23. Februar 2005 zum Staatsvertrag mit Rheinland-Pfalz, Amtsblatt des Saarlandes, S. 386f.; **Sachsen** Zustimmungsgesetz zum Staatsvertrag des Landes Sachsen-Anhalt, des Freistaats Thüringen und des Freistaats Sachsen vom 10. April 2007, GVBl. 2007, 81; AG Aschersleben; **Sachsen-Anhalt** Zustimmungsgesetz zum Staatsvertrag des Landes Sachsen-Anhalt des Freistaats Thüringen und des Freistaats Sachsen vom 17. April 2007, GVBl. S. 134; AG Aschersleben; **Schleswig-Holstein** VO v. 25. 09. 2006, GVBl. S. 222: AG Schleswig; **Thüringen** Zustimmungsgesetz zum Staatsvertrag des Landes Sachsen-Anhalt, des Freistaats Thüringen und des Freistaats Sachsen vom 13. März 2007, GVBl. S. 17; AG Aschersleben. Eine **jederzeit aktuelle Übersicht** findet sich auf der gemeinsamen Seite der Bundesländer unter **www.mahngerichte.de.** Hat der Antragsteller seinen allgemeinen Gerichtsstand in einem Mitglieds- oder Vertragsstaat und ist nach der EuGVO, dem EuGVÜ oder dem LugÜ eine örtliche Zuständigkeit in Deutschland bestimmt, gilt die Zuständigkeitskonzentration des Abs. 3 auch insoweit; es ist also das Gericht für das Mahnverfahren zuständig, bei dem die Verfahren konzentriert wurden (vgl. aber auch Rn. 2).[17] Die Konzentration gilt auch für die Erteilung der Vollstreckungsklausel, soweit eine solche nach § 796 Abs. 1 erforderlich ist.[18]

4 **Fehlt** es im Zeitpunkt der Antragstellung (vgl. Rn. 2) an der **internationalen, sachlichen oder örtlichen Zuständigkeit** (was von Amts wegen zu prüfen ist[19]), ist der Mahnantrag zurückzuweisen. Vorher ist – insbesondere bei fehlender örtlicher Zuständigkeit – dem Antragsteller Gelegenheit zu geben, seinen **Antrag umzustellen** (vgl. § 691 Rn. 3). Der Antrag kann dann ohne förmliche Verweisung[20] an das nunmehr benannte Amtsgericht abgegeben werden.[21] Erklärt sich das **Empfangsgericht für unzuständig,** kann das zuständige Gericht in entsprechender Anwendung des § 36 Abs. 1 Nr. 6 bestimmt werden (vgl. dazu § 696 Rn. 6).[22] Auch die Abgabe an das Arbeitsgericht ist formlos ohne Verweisung zulässig.[23] Ergeht unter Verkennung der fehlenden Zuständigkeit ein Mahnbescheid, darf auf dessen Grundlage kein Vollstreckungsbescheid erlassen werden; auch eine Verweisung an das zuständige Gericht, damit dieses den Vollstreckungsbescheid erlässt, ist ausgeschlossen, da ein Vollstreckungsbescheid nur auf der Grundlage eines wirksamen Mahnbescheids ergehen darf.[24] Der Antragsgegner kann die fehlende Zuständigkeit durch Widerspruch gegen den Mahnbescheid, jedoch nicht durch Erinnerung geltend machen (§ 11 Abs. 3 S. 2 RPflG). Da der Widerspruch zur Abgabe an ein anderes Gericht führt, und zwar an das, das im Mahn-

---

[14] *St/J/Schlosser* Rn. 9 (zum EuGVÜ).

[15] *Busl* IPRax 1986, 270, 272 (zum EuGVÜ).

[16] Vgl. dazu *Salten/Riesenberg/Jurksch* MDR 1995, 448, 449; *Hintzen/Riedel* Rpfleger 1997, 293, 297.

[17] Ausführlich *St/J/Schlosser* Rn. 9; vgl. auch BGH NJW 1993, 2752 (zu der Problematik des § 703d Abs. 2 S. 2, die insofern verwandt ist, als ebenfalls eine Konzentration nach nationalem Recht trotz internationaler Abkommen angenommen wird); Rpfleger 1993, 355 m. zust. Anm. *Falk; Wagner* RIW 1995, 89, 93f.; insoweit wohl zustimmend *Pfeiffer* IPRax 1994, 421, 423ff.; offen *Geimer/Schütze* I 1, § 5 II.

[18] BGH NJW 1993, 3141.

[19] AllgM, vgl. nur OLG Sachsen-Anhalt 4. 9. 2007 1 AR 24/07; *St/J/Schlosser* Rn. 12; *Zö/Vollkommer* Rn. 5.

[20] BayObLG BB 2002, 1437 = Rpfleger 2002, 528, 529; *Wiecz/Sch/Olzen* Rn. 23; *Zö/Vollkommer* Rn. 5; aA (Verweisung analog § 281) BAG EzA § 209 BGB Nr. 3 = NJW 1982, 2792 (LS); BAG DB 1987, 2313.

[21] *Wiecz/Sch/Olzen* Rn. 22; *Zö/Vollkommer* Rn. 5; aA (Zurückweisung und erneuter Mahnantrag bzw. – zur Erhaltung der Wirkungen des § 691 Abs. 2 – Klageerhebung; abzulehnen wegen der Kostenfolge, vgl. dazu *Salten/Riesenberg/Jurksch* MDR 1995, 130, 131) *St/J/Schlosser* Rn. 13.

[22] BayObLG 3. 8. 2005 1Z AR 147/05; BayObLG BB 2002, 1437 = Rpfleger 2002, 528, 529.

[23] *Zö/Vollkommer* Rn. 5.

[24] BGH NJW 1990, 1119 = MDR 1990, 222; vgl. auch *Zö/Vollkommer* Rn. 5; aA *St/J/Schlosser* § 699 Rn. 3.

bescheid für die Durchführung des streitigen Verfahrens als zuständig bezeichnet ist, bleibt der Zuständigkeitsverstoß im Mahnverfahren insoweit sanktionslos.[25] Zum weiteren Verfahren, wenn auf der Grundlage eines verfahrensfehlerhaften Mahnbescheids ein Vollstreckungsbescheid erlassen wurde, vgl. § 700 Rn. 9.

690 *Mahnantrag* **(1) Der Antrag muss auf den Erlass eines Mahnbescheids gerichtet sein und enthalten:**

1. die Bezeichnung der Parteien, ihrer gesetzlichen Vertreter und der Prozessbevollmächtigten;
2. die Bezeichnung des Gerichts, bei dem der Antrag gestellt wird;
3. die Bezeichnung des Anspruchs unter bestimmter Angabe der verlangten Leistung; Haupt- und Nebenforderungen sind gesondert und einzeln zu bezeichnen, Ansprüche aus Verträgen gemäß den §§ 491 bis 504 des Bürgerlichen Gesetzbuchs, auch unter Angabe des Datums des Vertragsschlusses und des nach den §§ 492, 502 des Bürgerlichen Gesetzbuchs anzugebenden effektiven oder anfänglichen effektiven Jahreszinses;
4. die Erklärung, dass der Anspruch nicht von einer Gegenleistung abhängt oder dass die Gegenleistung erbracht ist;
5. die Bezeichnung des Gerichts, das für ein streitiges Verfahren zuständig ist.

(2) Der Antrag bedarf der handschriftlichen Unterzeichnung.

Fassung des Abs. 3 bis 30. 11. 2008:

(3) Der Antrag kann in einer nur maschinell lesbaren Form übermittelt werden, wenn diese dem Gericht für seine maschinelle Bearbeitung geeignet erscheint; der handschriftlichen Unterzeichnung bedarf es nicht, wenn in anderer Weise gewährleistet ist, dass der Antrag nicht ohne den Willen des Antragstellers übermittelt wird.

Fassung des Abs. 3 ab 1. 12. 2008:

(3) Der Antrag kann in einer nur maschinell lesbaren Form übermittelt werden, wenn diese dem Gericht für seine maschinelle Bearbeitung geeignet erscheint. Wird der Antrag von einem Rechtsanwalt oder einer registrierten Person nach § 10 Abs. 1 Satz 1 Nr. 1 des Rechtsdienstleistungsgesetzes gestellt, ist nur diese Form der Antragstellung zulässig. Der handschriftlichen Unterzeichnung bedarf es nicht, wenn in anderer Weise gewährleistet ist, dass der Antrag nicht ohne den Willen des Antragstellers übermittelt wird.

I. Normzweck

Der Mahnantrag ist eine Parteiprozesshandlung, die im Grundsatz der Klageerhebung entspricht. Da das Mahnverfahren nur unter den Voraussetzungen des § 688 zulässig ist, verlangt § 690 Angaben, die über die bei einer Klageerhebung notwendigen hinausgehen. Die Beachtung der Anforderungen wird durch die nach § 703c vorgeschriebene Verwendung von **Vordrucken** erleichtert (zu den Ausnahmen vgl. § 703c Rn. 2). Durch das Rechtsdienstleistungsgesetz wird ab dem 1. 12. 2008 für Rechtsanwälte und registrierte Personen nach § 10 Abs. 1 S. 1 Nr. 1 Rechtsdienstleistungsgesetz ein Zwang zur Beantragung in nur maschinell lesbarer Form angeordnet, soweit diese bei dem zuständigen Gericht vorgesehen ist. Dabei werden von den zuständigen Gerichten Schnittstellen zu einer entsprechenden Anwaltssoftware angeboten.[1] 1

II. Antragserfordernis

Der Antrag muss auf Erlass eines **Mahnbescheids** gerichtet sein. Soll das Urkundenmahnverfahren (§ 703a) eingeleitet werden, so ist dies klarzustellen. Der Antrag kann zu Protokoll des Urkundsbeamten der Geschäftsstelle eines jeden Amtsgerichts gestellt werden (§§ 702 Abs. 1, 129a Abs. 1); nach § 129a Abs. 2 S. 2 wird der Antrag jedoch erst wirksam, wenn das Protokoll bei dem Adressatengericht eingeht. Wird der Antrag durch einen **Bevollmächtigten** gestellt, so braucht dieser eine Vollmacht nicht vorzulegen, es genügt, wenn er seine Bevollmächtigung versichert (§ 703). Vor dem Erlass des Mahnbescheids sind – soweit nicht in maschinell lesbarer Form übermittelt wird (vgl. § 12 Abs. 3 S. 2 GKG) – nach § 12 Abs. 3 GKG die **Gerichtsgebühren** und die Zustellungsauslagen zu entrichten. Der Antrag wird dem Antragsgegner nicht mitgeteilt (§ 702 Abs. 2). 2

III. Inhalt des Mahnantrags

1. Bezeichnung der Parteien (Abs. 1 Nr. 1). Die Parteien müssen bereits im Mahnantrag so bezeichnet werden, wie dies im Rubrum des Urteils erforderlich ist.[2] Fehlt es daran, ist vor einer Zurückweisung nach § 691 der Antragsteller um Klarstellung zu bitten.[3] Zur Berichtigung von Amts wegen vgl. § 691 Rn. 2 und § 692 Rn. 4; zur Zustellung an eine andere als die im Mahnantrag bezeichnete Partei vgl. § 693 Rn. 2. Im 3

---

[25] MK/*Schüler* § 691 Rn. 13; *Sae/Gierl* Rn. 11; *Wiecz/Sch/Olzen* Rn. 24.

[1] Vgl. für Bayern http://www.justiz.bayern.de/buergerservice/onlinedienste/mahn/#anker_sprungmarke_0_12; weitere Informationen bei www.mahngerichte.de.

[2] MK/*Schüler* Rn. 5; *Zö/Vollkommer* Rn. 6; vgl. auch *Petermann* Rpfleger 1973, 153.

[3] *St/J/Schlosser* Rn. 3; zur zulässigen Rückberichtigung einer zunächst zutreffenden, aber auf Anregung des Mahngerichts geänderten Parteibezeichnung vgl. OLG Düsseldorf Rpfleger 1997, 32.

Falle der **Streitgenossenschaft** auf Antragsteller- oder Antragsgegnerseite ist für alle Beteiligten die Angabe in gesonderten Formularen[4] unter Bezeichnung des Verhältnisses ihrer Inanspruchnahme[5] erforderlich; bei gesamtschuldnerischer Haftung geschieht das durch entsprechendes Ausfüllen des Vordrucks; zur Unzulässigkeit einer Nebenintervention vgl. § 693 Rn. 3. Bei natürlichen Personen ist der **Name** und die **Postanschrift**[6] anzugeben; ein Postfach als Zustelladresse genügt nicht.[7] Die Angabe des Vornamens ist ratsam; bei Personen mit gleichem Vornamen und gleicher Anschrift muss durch einen Zusatz Klarstellung erfolgen.[8] Kaufleute können wegen § 17 Abs. 2 HGB mit ihrer **Firma** bezeichnet werden;[9] die Angabe des Inhabers empfiehlt sich, um Problemen bei der Zwangsvollstreckung im Fall eines späteren Inhaberwechsels aus dem Wege zu gehen.[10] Bejaht man mit der Rechtsprechung die Parteifähigkeit der Gesellschaft bürgerlichen Rechts (vgl. § 50 Rn. 22ff.), ist damit auch ein Mahnbescheid für oder gegen eine Gesellschaft bürgerlichen Rechts unter ihrer Geschäftsbezeichnung möglich.[11] **Wohnungseigentümergemeinschaften** können als solche einen Mahnantrag stellen (vgl. § 10 Nr. 6 WEG); zur Bezeichnung reicht die bestimmte Bezeichnung des Grundstücks aus, § 44 WEG. Anträge, die für die Eigentümergemeinschaft unter dem Namen der Wohnungseigentümer gestellt wurden, können berichtigt werden. Nicht rechtsfähige Vereine können entgegen der Rechtsprechung des BGH[12] wegen § 50 Abs. 2 nur auf Antragsgegnerseite stehen (aA *Weth* § 50 Rn. 29).[13] Bei juristischen Personen ist die Angabe der Rechtsform nicht zwingend erforderlich,[14] sofern die bezeichnete juristische Person trotz des Fehlens dieser Angabe eindeutig erkennbar ist. Gleiches gilt für die parteifähigen Personengesellschaften.

4 **2. Bezeichnung der gesetzlichen Vertreter und der Prozessbevollmächtigten.** Im Mahnantrag muss nach Abs. 1 Nr. 1 der **gesetzliche Vertreter** bezeichnet werden. Die Bestimmung dient der Erleichterung der Zustellung und wird entsprechend weit ausgelegt, solange diese Funktion erfüllt wird. So reicht es bei juristischen Personen aus, wenn der Vertreter ohne Namensnennung allein durch seine Organstellung bezeichnet wird.[15] Gleiches gilt für die Bezeichnung der zur Vertretung berechtigten Gesellschafter bei OHG, KG und GbR.[16] Bei Wohnungseigentümergemeinschaften auf Antragsgegnerseite ist der Verwalter anzugeben, § 44 Abs. 1 S. 1 HS. 2 WEG. Die Zustellung bestimmt sich nach § 170 Abs. 2 und 3. Bei nicht prozessfähigen natürlichen Personen ist wegen § 170 Abs. 1 S. 2, § 182 Abs. 2 Nr. 1 die namentliche Nennung des gesetzlichen Vertreters erforderlich. **Prozessbevollmächtigte** des Antragstellers sind zu bezeichnen (zum Nachweis der Vollmacht vgl. § 703 Rn. 2f.);[17] die Zustellung an den Prozessbevollmächtigten des Antragsgegners ist nur zulässig, wenn dessen Vollmacht nachgewiesen wird (vgl. § 703 Rn. 3).[18] Wird der Prozessbevollmächtigte nicht angegeben, ist die Zustellung an den Antragsgegner wirksam, auch wenn dieser eine Prozessvollmacht erteilt hat.[19]

5 **3. Bezeichnung des Gerichts (Abs. 1 Nr. 2).** Das Gericht, das über den Mahnantrag entscheiden soll, muss hinreichend individualisiert bezeichnet werden. Das ist auch erforderlich, wenn der Mahnantrag nach §§ 703, 129a bei einem anderen Amtsgericht gestellt wird. Zur Individualisierung ist die korrekte Bezeichnung nicht erforderlich, „Mahngericht in X“ reicht aus. Zu den erforderlichen Angaben bei fehlendem inländischen allgemeinen Gerichtsstand des Antragsgegners vgl. § 703d Rn. 2. Ist das bezeichnete Gericht **unzuständig,** muss dem Antragsteller Gelegenheit zur Umstellung des Antrags gegeben werden (vgl. § 689 Rn. 4). Der Antrag darf weder zurückgewiesen noch durch den Rechtspfleger „berichtigt“ werden

---

4 OLG München NJW-RR 1998, 1080 (zur kostenrechtlichen Einheitlichkeit des Verfahrens nach Widerspruch und unzulässiger Trennung der Verfahren); *Zö/Vollkommer* Rn. 9.

5 Vgl. LG Berlin MDR 1977, 146; MK/*Schüler* Rn. 3.

6 Vgl. AG Hamburg Rpfleger 1993, 252 (Kanzleianschrift des Anwalts als Antragsteller in eigener Sache reicht aus, wenn er versichert, seinen allgemeinen Gerichtsstand am selben Ort zu haben); jedenfalls für den OLG-Bezirk Hamburg mit der Zuständigkeitskonzentration bei einem Amtsgericht zustimmend *Gildemeister* NJW 1993, 1569; aA (auch dann Angabe des Wohnsitzes erforderlich) *Wiecz/Sch/Olzen* Rn. 12; vgl. auch OLG Koblenz JurBüro 1998, 312 (keine wirksame Zustellung bei unrichtiger, auf eine Person anderen Geschlechts hindeutender Angabe des Vornamens).

7 *Zö/Vollkommer* Rn. 8; vgl. auch BVerwG NJW 1999, 2608, 2609f.

8 OLG Nürnberg OLGZ 1987, 482, 484 (junior/senior); OLG Koblenz MDR 1980, 149 (junior/senior).

9 Das gilt nicht für Etablissementsbezeichnungen, vgl. LG Frankenthal JurBüro 2006, 607.

10 Vgl. OLG Frankfurt Rpfleger 1973, 64 (Zwangsvollstreckung nach Wechsel des Inhabers); *Sa/Gierl* Rn. 23.

11 Zu weitgehend (allein die GbR sei Gläubigerin; Antrag der Gesellschafter nur als Prozessstandschafter) OLG Brandenburg 14. 12. 2005 4 U 86/05 (Revision zugelassen).

12 BGH BB 2007, 2310.

13 MK/*Schüler* Rn. 3.

14 AA OLG Oldenburg NVersZ 2000, 150.

15 BGH NJW 1993, 2811, 2813 (GmbH vertreten durch den Geschäftsführer); BGHZ 134, 343, 352 = NJW 1997, 1584, 1586 (Bundesrepublik Deutschland vertreten durch Hauptzollamt Hamburg-Jonas).

16 BGH 25. 6. 2004 IXa ZB 331/03 (Geschäftsname der GbR mit Zusatz: vertreten durch den Geschäftsführer); vgl. BGH NJW 1993, 2811, 2813 (Bezeichnung „GmbH & Co KG, vertreten durch den Geschäftsführer“ ist unschädlich, obwohl die KG durch die persönlich haftende Gesellschafterin und diese wiederum durch den Geschäftsführer vertreten wird); zur Erforderlichkeit, die Gesellschafter der GbR im Rubrum als deren gesetzliche Vertreter anzugeben, vgl. *Hartmann* NJW 2001, 2577, 2578.

17 Genehmigung eines vollmachtlos eingereichen Antrags vor Abschluss des Streitverfahrens ist möglich, vgl. OLG Bremen 20. 10. 2005 2 U 9/05.

18 *Schalhorn* JurBüro 1974, 697, 700f.; MK/*Schüler* Rn. 4; *St/J/Schlosser* Rn. 3; *Zö/Vollkommer* § 703 Rn. 3.

19 *St/J/Schlosser* Rn. 3; strenger (Angabe der Prozessbevollmächtigten erforderlich, auch wenn an diese mangels Nachweises der Vollmacht nicht zugestellt werden kann) *B/L/H* Rn. 4; noch weiter gehend (Zustellung wegen § 176 allein an Gegenanwalt, wenn dieser auf seine Vollmacht bereits hingewiesen hat) *Fischer* MDR 1998, 885, 886.

(zur Übertragung auf den Urkundsbeamten vgl. § 689 Rn. 2).[20] Eine Verweisung entsprechend § 281 ist unzulässig (zur Abgabe nach Umstellung des Antrags vgl. § 689 Rn. 4).[21]

4. Bezeichnung des Anspruchs (Abs. 1 Nr. 3). Die verlangte Leistung muss in Euro (vgl. § 688 Rn. 6) bezeichnet werden. Ob der Anspruch **hinreichend bestimmt** bezeichnet ist, richtet sich zum einen danach, ob er sich als **Grundlage einer späteren Zwangsvollstreckung** eignet,[22] zum anderen muss der Anspruch einem **Entstehungsgrund zugeordnet** werden können. Letzteres ist erforderlich, damit der Antragsgegner sich darüber klar werden kann, ob ein Widerspruch gegen den Mahnbescheid erhoben werden soll. Regelmäßig ist deshalb der **Lebenssachverhalt,** aus dem der Anspruch abgeleitet wird, schlagwortartig zu bezeichnen.[23] Dabei dürfen jedoch keine überzogenen Anforderungen gestellt werden. Zwar reicht die Angabe „Forderung" nicht aus,[24] wohl aber die Bezeichnung „Rechnung vom …"[25] oder „wegen Installationsarbeiten",[26] sofern keine Verwechslungsgefahr besteht.[27] Zu streng erscheinen Entscheidungen, die die Formulierung „Anspruch auf Schadensersatz, Beschädigung einer Mietwohnung" für nicht hinreichend bestimmt halten.[28] Eine nähere Darlegung zum Anspruchsgrund ist entbehrlich,[29] aber im Falle ihrer Unrichtigkeit unschädlich.[30] Anders verhält es sich jedoch, wenn die Forderung in einer Weise eingeordnet wird, welche die Verteidigungsinteressen des Schuldners beeinträchtigt (zB „Schadensersatz" an Stelle „Vergütung").[31] Bei Ansprüchen wegen Mängeln einer Werkleistung müssen die Mängel individualisiert werden, sofern nicht für den Antragsgegner ohnehin bekannt ist, auf welche Mängel der Antragsteller seinen Anspruch stützt.[32] Bei **Teilforderungen** und bei aus mehreren Rechtsgründen abgeleiteten Forderungen ist die Aufteilung des geltend gemachten Betrages auf die einzelnen Forderungen klarzustellen (vgl. § 253 Rn. 27f.).[33] Sofern der Anspruchsgrund eindeutig ist, reicht die Bezugnahme auf einen Schriftwechsel zwischen den Parteien aus, ohne dass dieser dem Mahnantrag beigefügt sein muss.[34] **Fehlt es an einer ausreichenden Bezeichnung** des Anspruchs, ist dem Antragsteller Gelegenheit zu geben, diese nachzuholen (vgl. § 691 Rn. 2f.). Wird der Mahnbescheid trotz fehlender Individualisierung des Anspruchsgrundes zugestellt, wird dadurch die **Verjährung** nicht gehemmt (zur Verjährungshemmung bei Teilforderungen vgl. § 693 Rn. 4; zur Frage der Abwehr der Vollstreckung, wenn trotz mangelnder Individualisierung ein Vollstreckungsbescheid ergangen ist, 6

---

[20] Vgl. *Zö/Vollkommer* Rn. 13; großzügiger MK/*Schüler* § 691 Rn. 23 (Berichtigungsmöglichkeit); so auch *Wiecz/Sch/Olzen* Rn. 20.

[21] MK/*Schüler* § 691 Rn. 12.

[22] Vgl. BGH NJW 1992, 1111; 1993, 862, 863; 1994, 323, 324; 1995, 2230, 2231; 1996, 2152, 2153; 2000, 1420; 2002, 520f.

[23] Vgl. (Individualisierung) OLG Frankfurt/M NJW 1991, 2091; *Vollkommer,* Festschr. f. Lüke, 1997, S. 865, 884f.; *Schneider* MDR 1998, 69, 70; MDR 1998, 1333, 1334 (krit. zu überzogenen Anforderungen); *Schnauder* JuS 2001, 1054, 1056; MK/*Schüler* Rn. 10; *St/J/Schlosser* Rn. 5; vgl. auch (Angabe des Rechtsgrundes zur Individualisierung nicht erforderlich) BGHZ 112, 367, 370 = NJW 1991, 43; NJW 1994, 323, 324; 1996, 2152, 2153 („Zugewinnausgleich"); vgl. auch die Übersicht bei *Fischer* JurBüro 1996, 510, 511 und bei *Salten* MDR 1998, 1144ff.

[24] MK/*Schüler* Rn. 11; *Zö/Vollkommer* Rn. 14; *Herbst* Rpfleger 1978, 199, 200.

[25] Auch dann, wenn der Rechnungsbetrag vom geltend gemachten Betrag abweicht, *Maniak,* Die Verjährungsunterbrechung durch Zustellung eines Mahnbescheids im Mahnverfahren, Diss. Nürnberg, 2000, S. 113.

[26] Vgl. dazu *St/J/Schlosser* Rn. 5; hinreichende Individualisierung bejaht: BGH NJW 1996, 2152, 2153 („als Zugewinnausgleich"); NJW 2000, 1420, 1421 (Schadensersatz aus Unfall/Vorfall gemäß Schreiben vom …), zustimmend *Niedenführ* LM Nr. 13; BGH NJW 2002, 520f. = MDR 2002, 286f. („Anspruch aus Werkvertrag/Werklieferungsvertrag"); OLG Köln VersR 2002, 730f. („… aus Architektenvertrag").

[27] Anders, wenn zwischen den Parteien mehrere Projekte abgewickelt werden und die geltend gemachte Forderung sich nicht zuordnen lässt, vgl. OLG Düsseldorf BauR 2001, 1911, 1913; bei mehreren Mandaten eines Anwalts und Unklarheit, ob aus eigenem oder fremdem Recht vorgegangen wird, BGH NJW-RR 2006, 275, 276f.

[28] So AG Wuppertal MDR 1990, 437; zust. *B/L/H* Rn. 8; ebenfalls zu streng LG Mannheim WuM 1999, 460 („Schadensersatz aus Mietvertrag" reiche nicht aus, auch wenn der Schuldner bereits aus der Summe erkennen kann, dass es sich um einen bereits anwaltlich geltend gemachten Schaden handelt; auch Bezeichnung „Miete" reiche nicht, wenn nicht der Bezugsmonat angegeben wird); KG Berlin WuM 2002, 614f. (Aufteilung in Schadensposten, Mietausfall, Schönheitsreparaturen, fehlende Wiederherstellung der Mietsache erforderlich); LG Berlin ZMR 2001, 970; mit Recht krit. zu derartigen Anforderungen *Vollkommer,* Festschr. f. Schneider, 1997, S. 231, 241; *Maniak* (Fn. 24) S. 113; zu streng auch LG Düsseldorf NJW-Spezial 2007, 294 (fehlende Angabe zur Adresse der Mietwohnung).

[29] BGHZ 112, 367, 370 = NJW 1991, 43; BGH NJW 1994, 323, 324.

[30] *Vollkommer,* Festschr. f. Schneider, 1997, S. 231, 243; *Zö/Vollkommer* Rn. 14; auf eine solche Begründung kann später – auch im Anwaltsprozess – Bezug genommen werden, vgl. BGHZ 84, 136, 139f. = NJW 1982, 2002.

[31] BGH NJW 1992, 1111; zu weitgehend jedoch LG Köln WuM 1997, 632f. („Mietnebenkosten – auch Renovierungskosten" erfasse nicht die Kosten der Entrümpelung und Reinigung); aA *Vollkommer,* Festschr. f. Schneider, 1997, S. 231, 243.

[32] BGH NJW 2007, 1952, 1957 Tz. 46ff.

[33] BGHZ 112, 367, 370 = NJW 1991, 43; BGH NJW 1993, 862, 863; LG Traunstein Rpfleger 2004, 366 (keine hinreichende Individualisierung, wenn Aufgliederung der Teilforderung in nicht nachweisbar zugestelltem Schriftstück); *Vollkommer* Rpfleger 2004, 336; vgl. auch *Vollkommer,* Festschr. f. Lüke, 1997, S. 865, 886ff.; *Maniak* (Fn. 24) S. 121; die Entscheidung BGH NJW 1996, 2152 bezieht sich auf die verjährungsunterbrechende Wirkung einer verdeckten Teilklage bei individualisiertem Anspruch, dazu näher bei § 693 Rn. 4.

[34] BGH NJW 1996, 2152, 2153; 2000, 1420, 1421; *Zö/Vollkommer* Rn. 14; vgl. aber auch OLG Düsseldorf VersR 1997, 721 („Forderungsbegründung siehe Anlage" reicht bei nicht nachweisbar zugestellter Anlage nicht aus, auch wenn Forderung aus vorprozessualem Schriftwechsel bekannt war, sofern zwischen Schuldner und Gläubiger eine Vielzahl von Forderungen bestehen und die Zuordnung nicht eindeutig ist); LG Traunstein Rpfleger 2004, 366.

vgl. § 700 Rn. 2).[35] Es kommt aber bei demnächst (vgl. dazu § 167 Rn. 6ff.) erfolgender Zustellung der Anspruchsbegründung nach § 697 Abs. 1, 2 die Anwendung von § 167 in Betracht, insbesondere dann, wenn die im Mahnantrag enthaltenen, konkretisierenden Angaben ohne Verschulden des Antragstellers in der zugestellten Ausfertigung des Mahnbescheids nicht enthalten sind.[36] Werden Forderungen im Wege der **Prozessstandschaft** geltend gemacht, ist diese offen zu legen, sofern es sich nicht um die Rückermächtigung des ursprünglich Berechtigten im Falle einer Sicherungsabtretung handelt.[37] Eine derartige Offenlegung ist auch dann erforderlich, wenn der Anspruch (auch) aus **abgetretenem Recht** abgeleitet wird.[38] Zur Offenlegung reicht es aus, wenn klar wird, welche Forderung geltend gemacht wird. Eine ausdrückliche Berufung auf eine Ermächtigung zur Geltendmachung ist nicht erforderlich,[39] so dass die Angabe „Forderung des X aus Rechnung vom …" ausreicht.[40] **Nebenforderungen** sind nach Nr. 3 gesondert auszuweisen. Das betrifft Kontoführungs-, Bearbeitungs-, Verzugs-, Inkassogebühren sowie die nicht als Hauptforderung geltend gemachten.[41]

7 Werden Forderungen aus Verträgen geltend gemacht, die in den Anwendungsbereich der **§§ 491ff. BGB** fallen, sind zur Prüfung, ob die Voraussetzungen des § 688 Abs. 2 Nr. 1 erfüllt sind, Angaben zum Datum des Vertragsschlusses und zur Höhe des effektiven oder des anfänglichen effektiven Jahreszinses erforderlich (vgl. auch § 688 Rn. 7; zur Bindung des Rechtspflegers oder des gegebenenfalls landesrechtlich bestellten Urkundsbeamten der Geschäftsstelle [vgl. § 689 Rn. 2] an die Angaben vgl. § 691 Rn. 2; für Verträge, die nach Art. 229 § 5 EGBGB noch den Vorschriften des VerbrKrG unterliegen, enthält § 28 Abs. 2 EGZPO eine Parallelbestimmung). Dies gilt auch dann, wenn nach einer Abtretung der Forderung der Zessionar diese geltend macht (vgl. § 2 MahnVordrV). In Fällen, in denen es sich um ein Verbraucherdarlehen handelt, ohne dass die Angabe des effektiven bzw. des anfänglich effektiven Zinssatzes erforderlich ist (vgl. § 491 Abs. 3 Nr. 2, § 500, § 502 Abs. 1 S. 2 BGB), ist nach dem klaren Wortlaut der Nr. 3 auch im Mahnantrag keine solche Angabe erforderlich.[42] Bei **Überziehungskrediten** reicht die in der MahnVordrV vorgesehene Angabe „Anspruch aus Vertrag, für den das VerbrKrG gilt" bzw. „Anspruch aus Vertrag gemäß den §§ 491 bis 504 BGB" aus.[43] Zur Geltendmachung von Verzugszinsen mit einem höheren als dem in § 497 Abs. 1 BGB vorgesehenen Zinssatz vgl. § 688 Rn. 7, § 691 Rn. 2. Werden Beitragsansprüche der **privaten Pflegeversicherer** im Wege des Mahnverfahrens durchgesetzt, können diese nach § 182a Abs. 1 S. 2 SGG nicht mit anderen Ansprüchen verbunden werden.

8 **5. Keine Abhängigkeit von einer Gegenleistung (Abs. 1 Nr. 4).** Nach Nr. 4 muss der Antragsteller erklären, dass der geltend gemachte Anspruch nicht von einer Gegenleistung abhängt oder diese bereits erbracht wurde. Damit wird die Einhaltung des § 688 Abs. 2 Nr. 2 gesichert. Ein auf Grund einer unrichtigen Erklärung ergehender Mahnbescheid eignet sich nicht als Grundlage für einen Vollstreckungsbescheid. Die Abgabe einer unrichtigen Erklärung kann als (versuchter) Prozessbetrug zu werten sein.[44]

9 **6. Bezeichnung des für das streitige Verfahren zuständigen Gerichts (Abs. 1 Nr. 5).** Der Antragsteller muss bereits im Mahnantrag angeben, welches Gericht für die Durchführung des streitigen Verfahrens als zuständig angesehen wird. Stehen **mehrere Gerichtsstände** zur Wahl, übt der Antragsteller mit dieser Bezeichnung sein Wahlrecht nach § 35 aus.[45] Eine Anfechtung der Wahl ist nach allgemeinen Grundsätzen ausgeschlossen; auch eine Verweisung nach § 281 scheidet aus, sofern das ausgewählte Gericht nicht unzuständig ist (vgl. § 696 Rn. 6).[46] Wechselt der Schuldner nach dem Antrag auf Erlass eines Mahngescheids seinen Wohnsitz, so entsteht das Wahlrecht neu (anders Vorauflage). Zu den Folgen vgl. § 696 Rn. 3 und 6. Ob das angegebene Gericht **zuständig** ist, wird **nicht geprüft,** solange die Angabe nicht offensichtlich unrichtig ist. Letzterenfalls wird dem Antragsteller zur Vermeidung der Zurückweisung des Mahnantrags (vgl. dazu § 691 Rn. 4) Gelegenheit zur Berichtigung gegeben.[47] Eine Berichtigung von Amts wegen wird nur bei Schreibfehlern in Betracht kommen (vgl. § 691 Rn. 2). Dagegen lässt die hM eine solche Berichtigung zu, wenn an Stelle des zuständigen LG ein AG angegeben wird.[48] Diese Auffassung ist schon deshalb abzulehnen,[49] weil die

---

[35] Vgl. BGH NJW-RR 2006, 275, 276f.; BGH NJW 1995, 2230, 2231; OLG Frankfurt NJW 1991, 2091; AG Wuppertal MDR 1990, 437, 438; MK/*Schüler* Rn. 10.

[36] BGH NJW 1995, 2230, 2231f.; für eine weiter gehende Nachholung der Individualisierung auch *Vollkommer,* Festschr. f. Lüke, 1997, S. 865, 892; kritisch dazu *Schnauder* JuS 2001, 1054, 1057ff.

[37] OLG Jena MDR 1998, 1468, 1469; vgl. auch BGHZ 78, 1, 6; offen lassend BGH NJW 1999, 3707, 3708 = MDR 1999, 1437.

[38] BGH NJW-RR 2006, 275, 276f.

[39] BGHZ 78, 1, 6.

[40] BGH NJW 1999, 3707, 3708.

[41] Insbes. Zinsen können auch als Hauptforderung geltend gemacht werden, vgl. *Zö/Vollkommer* Rn. 14a.

[42] *Scholz* DB 1992, 127f.

[43] Vgl. § 2 MahnVordrV idF durch Art. 31 Nr. 1 des Gesetzes vom 13. 12. 2001, BGBl. S. 3574.

[44] Vgl. *Wagner* ZfIR 2005, 856, 858; auch die Vertreter der Auffassung, ein Prozessbetrug scheide mangels Schlüssigkeitsprüfung im Mahnverfahren aus, entscheiden bei der Täuschung über formelle Erlassvoraussetzungen anders, vgl. *Kretschmer* GA 2004, 458, 470.

[45] BGH NJW 2002, 3634, 3635; NJW 1997, 1154; BayObLG MDR 1999, 1461.

[46] Vgl. BGH NJW 1993, 1273 = MDR 1993, 576; vgl. auch BayObLG Rpfleger 1993, 411; anders, wenn die ausschließliche Zuständigkeit eines anderen Gerichts gegeben ist, BGH NJW 1993, 2810 = MDR 1994, 944.

[47] *Zö/Vollkommer* Rn. 17.

[48] BGH NJW 1984, 242f.; MK/*Schüler* Rn. 21; *St/J/Schlosser* Rn. 12; *Wiecz/Sch/Olzen* § 691 Rn. 22.

[49] So iE auch *B/L/H* Rn. 11; *St/J/Schlosser* § 691 Rn. 4b Fn. 10 (unter Hinweis darauf, dass die Entscheidung BGH NJW 1984, 242 durch die Neufassung der §§ 691 Abs. 1 Nr. 5, 696 Abs. 1 überholt ist).

sachliche Zuständigkeit des angegebenen Gerichts durch Parteivereinbarung begründet sein kann, was sich der Prüfung des Rechtspflegers oder des gegebenenfalls landesrechtlich bestellten Urkundsbeamten der Geschäftsstelle (vgl. § 689 Rn. 2) entzieht. Es ist deshalb dem Antragsteller Gelegenheit zur Änderung seines Antrags zu geben; hält er ihn aufrecht, muss an das angegebene Gericht abgegeben werden. Der Angabe eines offensichtlich unzuständigen Gerichts kann kein Angebot zum Abschluss einer Gerichtsstandsvereinbarung entnommen werden.[50] Zur Verweisung bei Abgabe an ein unzuständiges Gericht vgl. § 696 Rn. 6. Wohnungseigentumssachen werden seit dem 1. 7. 2007 im ordentlichen Verfahren behandelt, wobei die ausschließliche Zuständigkeit nach § 43 Nr. 6 WEG zu beachten ist, soweit Ansprüche der Eigentümergemeinschaft und nicht solche zwischen den Mitgliedern geltend gemacht werden. Im Fall des **§ 182 a SGG** wird an das Sozialgericht abgegeben. Die Zuständigkeit der **Familiengerichte** für die Durchführung des streitigen Verfahrens braucht im Mahnantrag nicht angegeben zu werden. Bei zentralisierten Familiengerichten (§ 23c GVG) und bei Streitwerten, die an sich die Zuständigkeit des Landgerichts begründen, mag eine entsprechende Klarstellung zweckmäßig sein, erforderlich ist sie aber nicht, solange nur das zuständige Gericht angegeben wird.[51] Soll die **Kammer für Handelssachen** entscheiden, kann dies bereits im Mahnantrag beantragt werden; zulässig ist dies aber auch noch in der Anspruchsbegründung innerhalb der Frist des § 697 Abs. 1 S. 1.[52] Die Angabe im Mahnantrag, das streitige Verfahren solle vor der Zivilkammer, nicht vor der Handelskammer durchgeführt werden, bindet den Kläger noch nicht,[53] da erst die Anspruchsbegründung der Klageschrift iSd. § 96 Abs. 1 GVG entspricht.

7. Fakultative Angaben; weitere Anträge. In dem Mahnantrag kann für den Fall, dass der Schuldner Widerspruch erhebt, die **Durchführung des streitigen Verfahrens** beantragt werden (§ 696 Abs. 1 S. 2, davon wird wegen der Kosten für das streitige Verfahren im Fall einer späteren Antragsreduzierung jedoch abgeraten[54]); dagegen kann der **Erlass des Vollstreckungsbescheids** für den gegenteiligen Fall noch **nicht** beantragt werden (vgl. § 699 Abs. 1 S. 2). Weiter sollte der Antragsteller die **Kosten des Mahnverfahrens** beziffern, deren Festsetzung nach § 692 Abs. 1 Nr. 3 begehrt wird (dazu näher bei § 692 Rn. 3). Fehlt diese Angabe, ist der Antrag nicht nach § 691 zurückzuweisen, sondern es ergeht – wenn die Angabe nicht nachgeholt wird – im Mahnbescheid eine Kostengrundentscheidung. Das Fehlen der Angabe zu den Kosten steht der Verjährungshemmung nicht entgegen. Es kann bereits für das Mahnverfahren **Prozesskostenhilfe** beantragt werden (vgl. § 114 Rn. 8; zur Zuständigkeit des Rechtspflegers oder des gegebenenfalls nach Landesrecht zuständigen Urkundsbeamten der Geschäftsstelle vgl. § 689 Rn. 2). **Inkassokosten** werden nicht nach § 692 Abs. 1 Nr. 3 festgesetzt, sondern als Nebenforderung zur Hauptforderung geltend gemacht, § 690 Abs. 1 Nr. 3. Ihre Glaubhaftmachung ist angesichts der nur eingeschränkten Prüfung im Mahnverfahren im Grundsatz nicht erforderlich, kann sich aber angesichts gegenteiliger Stimmen[55] empfehlen (zur Prüfungskompetenz vgl. § 691 Rn. 2). 10

8. Unterschrift (Abs. 2). Soweit der Antrag nicht in nur maschinell lesbarer oder in elektronischer Form gestellt wird (vgl. Rn. 12), muss er nach Abs. 2 **handschriftlich unterschrieben** sein. Ein Faksimilestempel oder eine gedruckte Unterschrift reichen nicht aus;[56] zur Möglichkeit der Bevollmächtigung vgl. Rn. 4. Eine Antragstellung mittels Telegramm oder Telefax scheitert in aller Regel daran, dass Formularzwang nach § 703c besteht[57] (vgl. § 703c Rn. 1f.); soweit jedoch kein Vordruck verwendet werden muss, ist die Antragstellung mittels Telegramm oder Telefax trotz Fehlens einer handschriftlichen Unterschrift wegen der Ähnlichkeit mit der Klageerhebung zulässig (anders im Barcodeverfahren vgl. § 703c Rn. 2).[58] **Fehlt die Unterschrift,** so wird, nachdem Gelegenheit zur Nachholung gegeben wurde, der Mahnantrag nach § 691 Abs. 1 Nr. 1 zurückgewiesen. Ergeht dennoch ein Mahnbescheid, ist dieser wirksam, sofern kein Zweifel an der Identität des Antragstellers und seinem Willen besteht, das Mahnverfahren einzuleiten.[59] 11

---

[50] OLG Karlsruhe Rpfleger 2005, 270.

[51] *St/J/Schlosser* Rn. 10; vgl. auch (Angabe sei zweckmäßig) *Zö/Vollkommer* Rn. 19; aA *B/L/H* Rn. 11.

[52] OLG Nürnberg Rpfleger 1995, 369; OLG Düsseldorf NJW-RR 1988, 1471f.; *Schäfer* NJW 1985, 296, 299; MK/*Schüler* Rn. 29; *St/J/Schlosser* Rn. 11; *Zö/Vollkommer* Rn. 18.

[53] OLG Nürnberg Rpfleger 1995, 369; *Wiecz/Sch/Olzen* Rn. 34; *Zö/Vollkommer* Rn. 18.

[54] Kosten für einen vor Durchführung des streitigen Verfahrens wieder zurückgenommenen, durch Ankreuzen auf dem Mahnbescheid gestellten Antrag auf Durchführung des streitigen Verfahrens dürfen nur dann erhoben werden, wenn der Antragsteller auf diese Folge hingewiesen wurde; dies kann außerhalb des Vordrucks nach § 703c erfolgen, BVerfG Rpfleger 2004, 295; ob solche Kosten anfallen, ist streitig, für eine solche Kostenfolge vgl. OLG Düsseldorf NJW-RR 1997, 145 = MDR 1997, 694; OLG Hamburg MDR 1998, 1121f.; LG Hagen MDR 1997, 790; *Salten* MDR 1997, 612f. (krit. dazu *Bracker* MDR 1998, 139f.); *Meyer* JurBüro 1998, 117ff.; für eine Bemessung der Kosten nicht nach dem Zeitpunkt des Antrags auf Durchführung des streitigen Verfahrens, sondern nach dem der Abgabe an das Streitgericht: OLG Hamm JurBüro 2002, 89, 90; OLG Rostock MDR 2002, 665f.; OLG Bamberg NJW-RR 2001, 574; OLG Hamburg MDR 2001, 294, 295 m. zust. Anm. *Schütt;* OLG München NJW-RR 1998, 504; *Liebheit* NJW 2000, 2235, 2237ff.; vgl. auch (zu den Kosten bei Teilrücknahme) *N. Schneider* MDR 1999, 462ff.; vgl. auch § 696 Rn. 8. Zum Vorgehen bei Zahlung des Schuldners im Verlauf des Mahnverfahrens vgl. auch *Fischer* MDR 1997, 706ff. und hier § 696 Rn. 2.

[55] AG Stuttgart Rpfleger 2003, 377f.; *B/L/H* Rn. 12; vgl. auch *Zö/Vollkommer* § 691 Rn. 1b (eingeschränkte Darlegung erforderlich).

[56] MK/*Schüler* Rn. 32; *Zö/Vollkommer* Rn. 2.

[57] Zur Unzulässigkeit eines Telefaxantrages bei Formularzwang LG Hagen NJW 1992, 2036.

[58] *B/L/H* Rn. 17; vgl. auch BGH (GS) BGHZ 144, 160, 164 = NJW 2000, 2340, 2341 (zum Computerfax).

[59] BGHZ 86, 313, 323f. = NJW 1983, 1050.

12 **9. Besonderheiten des maschinell lesbaren Mahnantrags (Abs. 3).** Mahnanträge können auch in einer nur maschinell lesbaren Form gestellt werden. Ab dem **1. 12. 2008** können **Rechtsanwälte** und nach § 10 Abs. 1 S. 1 Nr. 1 Rechtsdienstleistungsgesetz registrierte Personen Mahnanträge (außerhalb des arbeitsgerichtlichen Verfahrens) **nur noch in maschinell lesbarer Form** stellen.[60] Dies gilt auch für Mahnanträge nach § 182 a SGG. Die Verpflichtung bezieht sich allein auf die Lesbarkeit in maschineller Weise, dagegen wird nicht gefordert, dass eine Datenfernübertragung stattfindet. Zulässig ist es deshalb auch, die Anträge auf einer Diskette einzureichen. Auch das **Barcodeverfahren** (vgl. § 703 c Rn. 2) ist zulässig, weil es sich trotz der Übersendung des Ausdrucks wegen des Barcodes um eine allein maschinell lesbare Form der Antragstellung handelt.[61] Die Voraussetzungen werden nicht erfüllt, wenn außerhalb des Barcodeverfahrens Anträge (auch mit Hilfe des Internets) ausgedruckt und in Papierform eingereicht werden. Da die Regelung auf die Lesbarkeit in maschineller Form abstellt, reicht es nicht aus, die Vordrucke für das automatisierte Verfahren zu verwenden. Vor der Zurückweisung des Antrags ist – wie bei einem Verstoß gegen den Vordruckzwang nach § 703 c – dem Antragsteller Gelegenheit zur Wiederholung in der zulässigen Form zu geben (§ 691 Rn. 3; zur Fristwahrung bei Zurückweisung vgl. § 691 Rn. 6).[62] Der Antrag kann mittels Disketten oder Magnetbändern, im Wege der Datenfernübertragung, per Internet[63] oder auch durch E-Mail[64] geschehen, soweit dies dem Gericht geeignet erscheint; es ist deshalb eine Abstimmung mit dem zuständigen Amtsgericht ratsam und in der Praxis unumgänglich[65] (zum Rechtsbehelf bei Versagung vgl. § 691 Rn. 5). Bei maschinell lesbaren Anträgen ist eine handschriftliche Unterschrift nach Abs. 3 Halbs. 2 nicht erforderlich, sofern sichergestellt ist, dass der Antrag nicht ohne den Willen des Antragstellers übermittelt wird. Dieser Wille ergibt sich bei dem Datenträgeraustausch aus der Unterschrift auf einem Begleitzettel; bei Datenfernübertragung lässt sich der entsprechende Wille aus der Angabe einer vom Gericht vorgegebenen Identifikationsnummer und der Benutzung einer vom Gericht kodierten Chipkarte entnehmen.[66] Dagegen wird beim Barcodeverfahren eine Unterschrift auf dem auf Normalpapier erfolgten Ausdruck verlangt.[67] Sofern der Mahnantrag nur maschinell lesbar ist, wird die Regelung des § 130 a durch § 690 Abs. 3 als **lex specialis verdrängt.**[68] Dennoch wird es für die Frage des **Eingangs des Antrags bei Gericht** nach der Wertung des § 130 a Abs. 3 in der Regel auf den Speicherzeitpunkt ankommen. Wird aber der Antrag auf einer Diskette übergeben, so ist der Übergabezeitpunkt, nicht der Speicherungszeitpunkt maßgebend.[69] Wird ein Mahnantrag in elektronischer Form gestellt, obwohl dies nicht zugelassen ist, ist der Antragsteller in entsprechender Anwendung des § 130 a Abs. 1 S. 3 auf diesen Umstand hinzuweisen. Von dem nur maschinell lesbaren Mahnantrag ist ein Antrag zu unterscheiden, der unter **Zuhilfenahme des Internets ausgefüllt wurde.** Soweit nur die Ausfüllung des amtlichen Formulars durch Angebote im Internet erleichtert wird, bleibt es beim Vordruckzwang nach § 703 c. Dagegen entfällt der Vordruckzwang im sogenannten Barcodeverfahren (vgl. § 703 c Rn. 2).

IV. Rücknahme des Antrags

13 Der Antragsteller kann den Mahnantrag bis zum Eintritt der Rechtskraft des Vollstreckungsbescheids zurücknehmen, wenn der Antragsgegner dem Anspruch **nicht widersprochen** bzw. **keinen Einspruch** gegen einen inzwischen verfügten Vollstreckungsbescheid eingelegt hat. **Nach der Abgabe** in das Streitverfahren (§§ 696 Abs. 1, 700 Abs. 3) tritt an die Stelle der Rücknahme des Mahnantrages die Klagerücknahme,[70] so dass gemäß § 269 nach der Einlassung des Beklagten zur Hauptsache seine Einwilligung erforderlich ist. In dem Zeitraum **zwischen Widerspruch** bzw. Einspruch und **Abgabe der Sache** ist die Rücknahme uneingeschränkt zuzulassen,[71] denn wie die Wertung des § 269 zeigt, wird das Interesse des Antragsgegners an einer Sachentscheidung erst ab dem Zeitpunkt seiner Einlassung zur Hauptsache als schützenswert angesehen. Von der Rücknahme des Mahnantrages ist die **Rücknahme des Antrages auf Durchführung des streitigen Verfahrens** zu unterscheiden (vgl. dazu § 696 Rn. 5). Die Rücknahme des Mahnantrages kann schriftlich oder nach § 702 mündlich gegenüber dem Urkundsbeamten der Geschäftsstelle erklärt werden. Erklärt

---

[60] *Blechinger* ZRP 2006, 56, 58; Jungbauer JurBüro 2006, 453, 455.

[61] Vgl. Begründung des Entwurfs, BR-Drucks. 550/06 S. 84.

[62] Vgl. BGH NJW 1999, 3717 (zum Vordruckzwang).

[63] So in NRW vgl. www.mahnverfahren.nrw.de; Berlin vgl. www.berlin.de/SenJust/gerichte/AG/mahnsachen.html; Bremen, Niedersachsen, Hamburg vgl. auch die Übersicht von *Hommers* DW 2003, 81 f.

[64] So beim zentralen Mahngericht Mayen (Rheinland-Pfalz), vgl. http://www.justiz-soziales.saarland.de/justiz/11368.htm; Bremen, vgl. http://www2.bremen.de/justizsenator/amtsgericht-bremen; AG Stuttgart, vgl. www.justiz.baden-wuerttemberg.de.

[65] *St/J/Schlosser* Rn. 18, 20.

[66] Vgl. *Hess* CR 1991, 245, 248 f.; *St/J/Schlosser* Rn. 19; ausführlich dazu auch *Gräve/Lukies* NJW-CoR 1998, 228, 229 f.; *Schmid,* Elektronische Datenverarbeitung im Mahnverfahren, Diss. München 1990, S. 196 ff. mit Bespr. *Hess* CR 1992, 572 ff.; *Seidel/Brändle,* Das automatisierte Mahnverfahren, 1989, S. 30 ff.; *Geishecker/Kruse,* Das EDV-gestützte gerichtliche Mahnverfahren, 1996; *Salten/Riesenberg/Jurksch,* Das automatisierte gerichtliche Mahnverfahren, 1996.

[67] Vgl. www.mahngerichte.de.

[68] *Zö/Vollkommer* Rn. 22.

[69] OLG Karlsruhe NJW-RR 2007, 1222, 1223.

[70] OLG Frankfurt 15. 3. 2006 19/W 9/06.

[71] OLG Köln OLGR 1998, 170, 171; OLG München AnwBl. 1984, 371; MK/*Schüler* Rn. 46; *Sae/Gierl* Rn. 10; *Zö/Vollkommer* Rn. 24; so wohl auch *Fischer* MDR 1994, 124.

ein Bevollmächtigter die Rücknahme, so ist § 703 anwendbar.[72] Die Rücknahme ist dem Antragsgegner in entsprechender Anwendung des § 269 Abs. 2 S. 3, § 270 **nicht zuzustellen,** sondern nur formlos mitzuteilen, da sie eine Einwilligung des Antragsgegners nicht erfordert. In entsprechender Anwendung des § 269 Abs. 3 S. 1 werden mit der Rücknahme des Mahnantrags ein bereits ergangener Mahnbescheid und ein noch nicht rechtskräftiger Vollstreckungsbescheid wirkungslos. Nach Rechtskraft des Vollstreckungsbescheids ist die Rücknahme ausgeschlossen. Die Folgen der Rücknahme einschließlich der Kostenfolge des § 269 Abs. 3 S. 2 werden auf Antrag des Antragsgegners durch Beschluss des Rechtspflegers (§ 3 Nr. 3a iVm. § 20 Nr. 1 RPflG) bzw. des Urkundsbeamten (vgl. § 689 Rn. 2) nach § 269 Abs. 4 festgestellt.[73] Wird vom Antragsteller geltend gemacht, der Anlass für die Einleitung des Mahnverfahrens sei **vor Rechtshängigkeit weggefallen,** und wird deshalb der Mahnantrag **unverzüglich** zurückgenommen, so ist die Kostenregelung des § 269 Abs. 3 S. 3 zu berücksichtigen, so dass über die Kosten nach billigem Ermessen zu entscheiden ist.[74] Dabei ist zu unterscheiden: Hat der Antragsgegner bereits Widerspruch eingelegt, kann der Antragsteller nach Rücknahme des Mahnantrages allein wegen der **Kostenentscheidung** die **Durchführung des streitigen Verfahrens** beantragen.[75] Wurde kein Widerspruch eingelegt, kann ein **Vollstreckungsbescheid** allein wegen der Kosten beantragt werden (vgl. § 699 Rn. 6).[76] Da eine Abwägung der Kostenverteilung nach § 269 Abs. 3 S. 3 im (häufig automatisierten) Verfahren zum Erlass des Vollstreckungsbescheids nicht sinnvoll möglich ist,[77] wird man den Vollstreckungsbescheid wegen der gesamten Kosten erlassen müssen. Dies belastet den Schuldner nicht unbillig, da dieser sich mit dem Einspruch zur Wehr setzen kann. Diese Lösung entspricht letztlich auch dem Grundgedanken des Mahnverfahrens, denn dieses wird auf der Grundlage der Angaben des Gläubigers ohne Prüfung der Schlüssigkeit des Vortrags durchgeführt und eine offensichtliche Unbegründetheit der Forderung ist nicht zu erkennen. Erklärt der Antragsteller wegen der Zahlung durch den Antragsgegner die **Erledigung der Hauptsache,** ist er nach § 139 Abs. 1 auf die Möglichkeit der Rücknahme des Mahnantrags hinzuweisen. Zulässig ist es auch, den Mahnantrag nicht zurückzunehmen, sondern ihn auf einen materiellrechtlich geschuldeten Kostenerstattungsanspruch zu ändern.[78] Wird der Mahnantrag zurückgenommen, endet die Hemmung der Verjährung sechs Monate nach Wirksamwerden der Rücknahme, § 204 Abs. 2 BGB (zur analogen Anwendung des § 691 auf die Rücknahme des Mahnantrags vgl. § 691 Rn. 6). Der Widerruf der Rücknahme ist ausgeschlossen; anderes gilt zur Vermeidung eines zweiten Verfahrens, wenn der Antragsgegner mit der Fortsetzung des Verfahrens einverstanden ist (vgl. § 269 Rn. 7).[79]

V. Rechtsanwaltsgebühren

Vgl. § 688 Rn. 11. 14

691

Zurückweisung des Mahnantrags (1) [1]**Der Antrag wird zurückgewiesen:**
1. wenn er den Vorschriften der §§ 688, 689, 690, 703 c Abs. 2 nicht entspricht;
2. wenn der Mahnbescheid nur wegen eines Teiles des Anspruchs nicht erlassen werden kann.
[2]**Vor der Zurückweisung ist der Antragsteller zu hören.**

(2) Sollte durch die Zustellung des Mahnbescheids eine Frist gewahrt werden oder die Verjährung neu beginnen oder nach § 204 des Bürgerlichen Gesetzbuchs gehemmt werden, so tritt die Wirkung mit der Einreichung oder Anbringung des Antrags auf Erlass des Mahnbescheids ein, wenn innerhalb eines Monats seit der Zustellung der Zurückweisung des Antrags Klage eingereicht und diese demnächst zugestellt wird.

(3) [1]Gegen die Zurückweisung findet die sofortige Beschwerde statt, wenn der Antrag in einer nur maschinell lesbaren Form übermittelt und mit der Begründung zurückgewiesen worden ist, dass diese Form dem Gericht für seine maschinelle Bearbeitung nicht geeignet erscheine. [2]Im Übrigen sind Entscheidungen nach Absatz 1 unanfechtbar.

---

[72] *Zö/Vollkommer* Rn. 24.

[73] BGH NJW 2005, 512, 513; OLG Hamburg MDR 2007, 676; OLG München OLGZ 1988, 492, 493; KG AnwBl. 1984, 375 f.; MK/*Schüler* Rn. 46 (Abgabe an das Streitgericht nur, wenn Antragsteller Erledigung geltend macht); bei Teilrücknahme entscheidet das Prozessgericht einheitlich über die Kosten, vgl. OLG Köln OLGR 1998, 170, 171; zur Kostenfolge bei Rücknahme vgl. *Salten/Riesenberg/Jurksch* MDR 1995, 130, 131; zu Kostenproblemen bei Zahlung des Schuldners im Verlauf des Mahnverfahrens vgl. *Fischer* MDR 1997, 706 ff.

[74] BGH NJW 2005, 513, 514; NJW-RR 2006, 201 f.; aA *Probst* JR 2005, 375, 376 (Kostentragungspflicht des Antragstellers wegen der Rücknahme und Kostenerstattungsanspruch ggf. als Verzugsschaden, der in einem neuen Verfahren geltend zu machen ist).

[75] BGH NJW 2005, 513, 514; *Sae/Gierl* Rn. 19.

[76] Zur Frage, ob dies der Kostenerstattungsanspruch ist oder der Antrag auf die Verfahrenskosten als Hauptsache des Mahnverfahrens umgestellt werden muss, vgl. *Wolff* NJW 2003, 553, 555 f. (gegen ein hauptsachefreies Verfahren und deshalb für die Notwendigkeit der Umstellung auf einen materiellrechtlichen Kostenerstattungsanspruch als Hauptsache des fortgesetzten Mahnverfahrens); aA LG Fulda JurBüro 2004, 207 (Entscheidung des Mahngerichts über die Kosten nach § 269 Abs. 3 S. 3 nach Anhörung der Parteien); wiederum aA OLG Hamm NJW-RR 2007, 424 f. (Abgabe an das Streitgericht zum Zweck der Kostenentscheidung); *Ruess* NJW 2006, 1915, 1918.

[77] Vgl. BGH NJW 2005, 513, 514; *Sae/Gierl,* Rn. 19.

[78] Kritisch *Probst* JR 2005, 375 f. (neues Verfahren erforderlich).

[79] *Zö/Vollkommer* Rn. 24; für eine weiter gehende Zulassung des Widerrufs der Rücknahme *B/L/H* Rn. 16.

I. Normzweck

1 Die Gründe für eine Zurückweisung werden in Abs. 1 genannt, die fehlende Schlüssigkeit zählt nicht dazu. Zur Verfahrensbeschleunigung wird der Mahnantrag durch eine grundsätzlich unanfechtbare Entscheidung zurückgewiesen und zwar auch dann in vollem Umfang, wenn er nur hinsichtlich eines Teils des Anspruchs nicht erlassen werden kann. Abs. 2 ermöglicht die Fristwahrung auch durch einen offensichtlich unzulässigen Mahnantrag (vgl. Rn. 6), was rechtspolitisch nicht unbedenklich erscheint, aber de lege lata hinzunehmen ist.

II. Prüfung durch den Rechtspfleger

2 Nach Abs. 1 Nr. 1 besteht eine **Pflicht**[1] **zur Prüfung** der allgemeinen Sachurteilsvoraussetzungen[2] und der besonderen Zulässigkeitsvoraussetzungen des Mahnverfahrens (vgl. § 688 Rn. 3ff.; zur Zuständigkeit des Gerichts § 689 Rn. 2ff.; zur Zuständigkeit des gegebenenfalls nach Landesrecht zuständigen Urkundsbeamten der Geschäftsstelle vgl. § 689 Rn. 2; zum notwendigen Inhalt des Antrages § 690 Rn. 3ff.; zum Nachweis der Bevollmächtigung § 703 Rn. 2f.; zur Verwendung eines Vordrucks § 703c Rn. 2; zur Entscheidung bei ganz oder zum Teil unzulässigen Mahnanträgen vgl. Rn. 3f.). Dabei beschränkt sich die Prüfung auf die sich aus dem Mahnantrag ergebenden Informationen.[3] Unvollständige oder offensichtlich unrichtige Angaben dürfen entgegen einer häufig vertretenen Auffassung[4] **nicht von Amts wegen berichtigt** werden,[5] sofern es sich nicht lediglich um Schreib- oder Rechenfehler handelt (vgl. auch § 690 Rn. 9). Die Korrektur ist Sache des Antragstellers, dem dazu nach Abs. 1 S. 2 Gelegenheit zu geben ist (vgl. Rn. 3). Handelt es sich bei dem geltend gemachten Anspruch möglicherweise um einen solchen aus einem **Verbraucherdarlehensvertrag** (§§ 491ff. BGB), so dass ggf. Angaben nach § 690 Abs. 1 Nr. 3 erforderlich sind, kann der Rechtspfleger bzw. der Urkundsbeamte (vgl. § 689 Rn. 2) ihr Fehlen monieren,[6] er darf aber nicht die Richtigkeit der Angaben in Zweifel ziehen.[7] Er prüft auch, ob der Antragsteller das Mahnverfahren **rechtsmissbräuchlich**[8] betreibt, was anzunehmen ist, wenn eine **offensichtlich unbegründete Forderung** auf diese Weise ohne richterliche Prüfung in der Sache tituliert werden soll.[9] Das ist der Fall, wenn die Forderung aus Rechtsgründen[10] nicht bestehen kann, weil Zinseszinsen[11] oder gesetzliche Zinsen in einer vom Gesetz nicht vorgesehenen Höhe geltend gemacht werden.[12] Zurückzuweisen sind auch Mahnanträge wegen Forderungen aus **nichtigen Rechtsgeschäften,** wobei hinsichtlich des praktisch bedeutsamsten Falls der Verbraucherdarlehensverträge die Regelung des § 688 Abs. 1 Nr. 1 bei bedenklich hohen Zinsen ohnehin das Mahnverfahren ausschließt. **Verzugszinsen,** deren Höhe über der Pauschalierung des § 497 Abs. 1 BGB liegt, können nicht als offensichtlich nichtbestehend angesehen werden.[13] Der Geltendmachung nicht bestehender Forderungen gleichgestellt wird die Geltendmachung von Forderungen, die gerichtlich nicht durchgesetzt werden können.[14] Zweifelhaft ist die Behandlung von Forderungen, die lediglich mit einer hohen Wahrscheinlichkeit nicht bestehen. Da die rechtliche Beurteilung ebenso wie die Prüfung der Schlüssigkeit[15] dem späteren Erkenntnisverfahren überlassen bleibt, kommt eine Zurückweisung des Mahnantrags nur in Betracht, wenn die Forderung **offensichtlich nicht besteht,**[16] zB weil eine Inkassovergütung geltend

---

[1] BGH NJW 1984, 242; Rpfleger 1989, 516f.; *St/J/Schlosser* Rn. 1; *Wiecz/Sch/Olzen* Rn. 1.

[2] Vgl. BGH NJW 1981, 875, 876; 1984, 242; AG Hannover NJW-RR 1988, 1343; MK/*Schüler* Rn. 2; *Zö/Vollkommer* § 690 Rn. 23; bzgl. des Rechtsschutzbedürfnisses sind keine Angaben im Mahnantrag erforderlich, so dass eine Prüfung ausscheidet, vgl. BGH NJW 1981, 875, 876; *T/P/Hüßtege* Rn. 3.

[3] MK/*Schüler* Rn. 3.

[4] BGH NJW 1984, 242; MK/*Schüler* Rn. 9.

[5] *St/J/Schlosser* Rn. 8b unter Hinweis auf die nach der Entscheidung BGH NJW 1984, 242 erfolgte Änderung des § 691 Abs. 1 S. 2; vgl. auch *Zö/Vollkommer* § 690 Rn. 7.

[6] *Bülow* Rpfleger 1996, 133, 135.

[7] *Rudolph* MDR 1996, 1, 3; weiter gehend wohl *Bülow* Rpfleger 1996, 133, 135.

[8] *Jenisch* JurBüro 1989, 721, 727; *Zö/Vollkommer* Rn. 1; zur Begründung aus dem Rechtsstaatsprinzip *Wiecz/Sch/Olzen* Rn. 9; zu weiteren Begründungsansätzen vgl. MK/*Schüler* Rn. 14; vgl. auch *Martin,* Die Prüfungsbefugnis des Rechtspflegers im gerichtlichen Mahnverfahren am Beispiel der Geltendmachung von Inkassokosten als Nebenforderung, 1998, S. 167ff., 187ff.

[9] Vgl. OLG Hamburg MDR 1982, 502f.; OLG Karlsruhe Rpfleger 1987, 422; MK/*Schüler* Rn. 18 (überwiegende Wahrscheinlichkeit reicht nicht aus).

[10] Zur Prüfung des anwendbaren Rechts ist der Rechtspfleger nicht verpflichtet, vgl. *St/J/Schlosser* Rn. 7; *Hök* MDR 1988, 186, 188f.

[11] *Holch* NJW 1991, 3177, 3181; *St/J/Schlosser* Rn. 7.

[12] LG Krefeld MDR 1986, 418 (zu §§ 849, 246 BGB); MK/*Schüler* Rn. 16.

[13] *Wolf* Rpfleger 1995, 173; aA *Zö/Vollkommer* Rn. 1a; *Rudolph* MDR 1996, 1, 4; vgl. auch (Forderung im Mahnverfahren geltend zu machen, aber konkreter Nachweis erforderlich; systemfremd vgl. § 688 Rn. 7) AG Hagen NJW-RR 1995, 320 = Rpfleger 1995, 172.

[14] Partnerschaftsvermittlung: OLG Stuttgart NJW 1994, 331; LG Essen NJW-RR 1990, 1208, 1209; *St/J/Schlosser* Rn. 7; *Zö/Vollkommer* Rn. 1a; vgl. zu dennoch ergangenen Vollstreckungsbescheiden *Börstinghaus* MDR 1995, 551, 553; Spielschulden und uU Termingeschäfte: *Zö/Vollkommer* Rn. 1a.

[15] Zur Kritik am Wegfall der Schlüssigkeitsprüfung vgl. MK/*Holch,* 2. Aufl. 2000, Rn. 21.

[16] Hohe Wahrscheinlichkeit des Nichtbestehens reicht nicht aus, OLG Stuttgart Rpfleger 1988, 536f.; *Jenisch* JurBüro 1989, 721, 729; *Wedel* JurBüro 1994, 375; MK/*Schüler* Rn. 18; *St/J/Schlosser* Rn. 6; *Wiecz/Sch/Olzen* Rn. 12; vgl. auch (gerichtsbekannte Tatsache der Erschleichung von Verträgen durch bestimmten Antragsteller kann berücksichtigt werden) AG Bremen-Blumenthal Rpfleger 1993, 117, 118; *St/J/Schlosser* Rn. 7.

gemacht wird, die nicht oder nicht in dieser Höhe geschuldet sein kann.[17] Hinsichtlich geltend gemachter **Verfahrenskosten** ist der Rechtspfleger oder der gegebenenfalls landesrechtlich bestellte Urkundsbeamte der Geschäftsstelle (vgl. § 689 Rn. 2) zwar zur Prüfung verpflichtet, bei unrichtiger Berechnung wird der Mahnantrag aber nicht zurückgewiesen[18], sondern es werden die Kosten **abweichend vom Antrag festgesetzt** (zu den Rechtsbehelfen vgl. § 692 Rn. 3).[19]

III. Behandlung mangelhafter Anträge

1. Rechtliches Gehör (Abs. 1 S. 2). Vor der Zurückweisung eines mangelhaften Antrags, ist nach Abs. 1 S. 2 dem Antragsteller[20] rechtliches Gehör zu gewähren. Neben der Mangelbehebung kann auch die Antragsrücknahme nahe gelegt werden,[21] vor allem, um zu vermeiden, dass der Antrag insgesamt nach Abs. 1 S. 1 Nr. 2 zurückgewiesen wird (vgl. aber Rn. 4). Die Berichtigung des Antrages von Amts wegen ist ausgeschlossen.[22] Zur Berichtigung der Angabe des Gerichts vgl. § 689 Rn. 4. In **welcher Weise** der Rechtspfleger oder der Urkundsbeamte der Geschäftsstelle (vgl. § 689 Rn. 2) dem Antragsteller rechtliches Gehör gewährt, steht in seinem pflichtgemäßen Ermessen. Neben Zwischenverfügungen (Monierungsschreiben) kommen formlose (auch telefonische) Anfragen beim Antragsteller in Betracht.[23] Zur Behebung eines Mangels wird in der Regel eine vierwöchige Frist gesetzt (vgl. auch § 693 Rn. 5).[24] 3

2. Zurückweisungsbeschluss. Die Zurückweisung erfolgt durch Beschluss, der allein dem Antragsteller (vgl. § 702 Rn. 3) nach § 329 Abs. 2 S. 2 zuzustellen ist. Wenn der Mahnantrag nur wegen eines **Teiles des Anspruchs** nicht erlassen werden kann, ist er nach Abs. 1 S. 1 Nr. 2 insgesamt zurückzuweisen. Das gilt jedoch nur, wenn der Mahnbescheid wegen eines Teils einer Forderung nicht erlassen werden kann, nicht dagegen, wenn der Mangel einen von **mehreren geltend gemachten Ansprüchen** betrifft (zur gesonderten Bezeichnung der Ansprüche vgl. § 690 Abs. 1 Nr. 3).[25] Bei einer **offensichtlich überhöhten Nebenforderung** (vgl. Rn. 2) ist deshalb der Mahnbescheid über die Hauptforderung zu erlassen, über die Nebenforderung dagegen insgesamt zurückzuweisen. Der Zurückweisungsbeschluss ist zu **begründen,**[26] wobei die Bezugnahme auf ein Monierungsschreiben zulässig ist.[27] 4

3. Rechtsbehelfe. Nach Abs. 3 S. 2 ist der den Mahnantrag zurückweisende Beschluss in der Regel **unanfechtbar.** Hat der Rechtspfleger den Zurückweisungsbeschluss erlassen, ist jedoch die **Erinnerung** nach § 11 Abs. 2 RPflG statthaft.[28] Bei Urkundsbeamten findet die Erinnerung nach § 573 Abs. 1 statt. Über die Rechtspflegererinnerung entscheidet der Richter, sofern der Rechtspfleger der Erinnerung nicht abhilft, § 11 Abs. 2 S. 2, 3 RPflG. Ein weiteres Rechtsmittel sieht die ZPO nicht vor.[29] Dies gilt nach hL auch, wenn der Antrag unter Missachtung wesentlicher Verfahrensvorschriften zurückgewiesen wurde.[30] In gravierenden Fällen sollten wegen der Kostenbelastung die Grundsätze der sofortigen außerordentlichen Be- 5

---

[17] *Inkassokosten höher als Kosten bei Einschaltung eines Rechtsanwalts:* AG Freyung MDR 1986, 680; AG Göttingen Rpfleger 1985, 70; *Salten* ZRP 2007, 88, 90 (1,5 bis 2,5 Gebühren); weniger streng LG Münster MDR 1988, 682 (Geltendmachen von Inkassokosten grds. offenbar nicht unberechtigt); AG Aschaffenburg JurBüro 1997, 316f.; AG Delmenhorst JurBüro 2003, 485 (Inkassokosten unterhalb von 10 bis 15% der Hauptforderung nicht zu beanstanden) m. zust. Anm. *Brunner;* AG Stuttgart JurBüro 2006, 94, 95 und AG Leer JurBüro 2003, 259 (15/10 Gebühr rechtfertigt nicht die Zurückweisung); *Löwisch* NJW 1986, 1725, 1727; *Lappe* Rpfleger 1988, 272, 273 (Grenze bei doppelten Rechtsanwaltsgebühren); *St/J/Schlosser* Rn. 7a (deutliche Überschreitung); *Wiecz/Sch/Olzen* Rn. 12 (nur bei krassem Missverhältnis); *Inkassokosten neben Rechtsanwaltskosten:* OLG Dresden NJW-RR 1994, 1139ff. = Rpfleger 1994, 260 m. zust. Anm. *Jäckle* NJW 1995, 2767ff., krit. dazu *Seitz* Rpfleger 1995, 201ff.; vgl. aber (7,5/10 Anwaltsgebühren zu erstatten) OLG Dresden JurBüro 1996, 38 m. zust. Anm. *Wedel;* OLG Karlsruhe Rpfleger 1987, 422; *St/J/Schlosser* Rn. 7a; aA AG Hamburg Rpfleger 1988, 272; AG Breisach NJW-RR 1986, 936; *Jenisch* JurBüro 1989, 721, 732; *Wiecz/Sch/Olzen* Rn. 17; eine besondere Glaubhaftmachung der Inkassokosten verlangt AG Stuttgart Rpfleger 2003, 377f. (vgl. dazu § 690 Rn. 10); *Mehrwertsteuer auf Verzugszinsen: E. Schneider* DGVZ 1983, 113, 114; MK/*Schüler* Rn. 16; *Zö/Vollkommer* Rn. 1b; aA *St/J/Schlosser* Rn. 7a. Anders bei Inkassokosten wegen einer wahrscheinlich *nicht bestehenden* Forderung, OLG Stuttgart Rpfleger 1988, 536; LG Landau JurBüro 1988, 1364, 1365; LG Münster MDR 1988, 682; dagegen LG Stuttgart Rpfleger 1988, 534; umfassend *Martin* (Fn. 8) S. 205ff. (Mahnverfahren unzulässig, wenn Inkassokosten 10–15% der Hauptforderung übersteigen); zum Rechtstatsächlichen vgl. *Wedel* JurBüro 1999, 173f. Zur Plausibilitätskontrolle bei maschineller Bearbeitung vgl. OLG Dresden NJW-RR 1994, 1139, 1142 = Rpfleger 1994, 260; *Löwisch* NJW 1986, 1725, 1727; *St/J/Schlosser* Rn. 7b.

[18] *Hofmann* Rpfleger 1979, 446, 447; 1982, 325, 327; MK/*Schüler* Rn. 24; *Zö/Vollkommer* Rn. 1d.

[19] LG Stuttgart Rpfleger 1988, 537; *Hofmann* Rpfleger 1982, 325, 327; *Wiecz/Sch/Olzen* Rn. 18.

[20] Nicht dem Antragsgegner, vgl. § 702 Abs. 2.

[21] *St/J/Schlosser* Rn. 8; vgl. auch *Maniak,* Die Verjährungsunterbrechung durch Zustellung eines Mahnbescheids im Mahnverfahren, Diss. Nürnberg, 2000, S. 183ff., 193ff., die auch bei behebbaren Mängeln einen Hinweis darauf für erforderlich hält, dass die verjährungsunterbrechende (jetzt: verjährungshemmende) Wirkung nach § 691 Abs. 2 durch eine Zurückweisung leichter zu erhalten ist als durch eine Nachbesserung des Antrags, dazu § 693 Rn. 5.

[22] *St/J/Schlosser* Rn. 8b; aA MK/*Schüler* Rn. 23.

[23] *St/J/Schlosser* Rn. 8a.

[24] *St/J/Schlosser* Rn. 8a.

[25] AllgM, vgl. MK/*Schüler* Rn. 26; *St/J/Schlosser* Rn. 10; *T/P/Hüßtege* Rn. 5.

[26] MK/*Schüler* Rn. 25.

[27] *Sae/Gierl* Rn. 12; *St/J/Schlosser* Rn. 11; *Wiecz/Sch/Olzen* Rn. 26.

[28] Vgl. MK/*Schüler* Rn. 32; *Zö/Vollkommer* Rn. 7.

[29] Vgl. (keine Vorlage an das Beschwerdegericht bei Zurückweisung wegen Fehlens einer Sachurteilsvoraussetzung; zum früheren Recht) LAG Düsseldorf Rpfleger 1994, 342.

[30] *St/J/Schlosser* Rn. 13 (zum früheren Recht).

schwerde oder der befristeten Gegenvorstellung (vgl. § 567 Rn. 15ff.) herangezogen werden.[31] Bei landesrechtlich angeordneter Zuständigkeit des Urkundsbeamten der Geschäftsstelle unterliegt die Erinnerung nach § 573 der sofortigen Beschwerde. Wurde der Mahnbescheid über einen **Teil des Anspruchs** erlassen, jedoch der Antrag **im Übrigen zurückgewiesen,** erledigt sich nach überwiegender Auffassung eine gegen den zurückweisenden Beschluss erhobene Erinnerung, wenn der Antragsgegner dem Mahnbescheid widerspricht.[32] Angesichts der auf den zurückgewiesenen Teil des Mahnverfahrens entfallenden Kosten sollte über die Erinnerung entschieden werden. Dafür spricht auch, dass der Antragsgegner nicht gehindert ist, seinen Widerspruch gegen den Mahnbescheid später wieder zurückzunehmen. Für den Fall, dass der in nur **maschinell lesbarer Form** gestellte Antrag mit der Begründung zurückgewiesen wird, diese Form erscheine dem Gericht zur Bearbeitung nicht geeignet, erklärt Abs. 3 S. 1 die sofortige Beschwerde für statthaft.[33] Das rechtfertigt sich aus der besonderen wirtschaftlichen Bedeutung einer solchen Entscheidung für den Antragsteller, dem so die Möglichkeit der kostengünstigeren elektronischen Bearbeitung versagt wird.

6 **4. Fristwahrung trotz Zurückweisung (Abs. 2).** Für den Fall der Zurückweisung des Antrags sieht Abs. 2 eine **Rückbeziehung** der fristwahrenden, die Verjährung hemmenden oder eine neue Verjährung beginnen lassenden Wirkung auf den Zeitpunkt der Einreichung des Mahnantrages vor, wenn nunmehr der Klageweg beschritten wird. Die **Klage** muss **innerhalb eines Monats** nach Zustellung des Zurückweisungsbeschlusses eingereicht und demnächst (dazu näher bei § 167 Rn. 6ff.) zugestellt werden. Die Bestimmung steht selbständig neben dem allgemeinen Hemmungstatbestand des § 204 Abs. 2 BGB, weil mangels Zustellung des Mahnbescheids die Voraussetzungen der Hemmung nach § 204 Abs. 1 Nr. 3 BGB nicht erfüllt sind.[34] Relevant wird Abs. 2 auch bei der Wahrung **materiellrechtlicher Fristen.** In diesem Fall ist auch eine analoge Anwendung des § 691 Abs. 2 auf die Rücknahme des Mahnantrages zu befürworten,[35] um zu vermeiden, dass ein Antrag nur deshalb nicht zurückgenommen wird, weil andernfalls die Vorteile des Abs. 2 verloren gingen. Die Monatsfrist ist keine Notfrist (§ 224 Abs. 1 S. 2), so dass eine Wiedereinsetzung in den vorigen Stand ausscheidet. Die Rückbeziehung nach Abs. 2 tritt dem eindeutigen Wortlaut der Vorschrift zufolge nur dann ein, wenn Klage erhoben wird, **nicht** dagegen bei Einreichung eines **zweiten Mahnantrags.**[36] Ebenfalls ausgeschlossen ist die Rückbeziehung, wenn der Mahnantrag den geltend gemachten Anspruch nicht hinreichend genau (vgl. § 690 Rn. 6 und § 693 Rn. 4) beschreibt.[37] Die Rückbeziehung setzt **nicht voraus,** dass den Antragsteller **kein Verschulden** an der Zurückweisung des Mahnantrags trifft. Deshalb tritt die Wirkung des Abs. 2 auch dann ein, wenn die an einen Mahnantrag zu stellenden Anforderungen gravierend missachtet werden.[38] Von der Regelung des Abs. 2 muss die des § 693 Abs. 2 unterschieden werden,[39] die eine Rückbeziehung auf den Zeitpunkt der Einreichung des Mahnantrages vorsieht, wenn der Mahnantrag nicht zurückgewiesen wurde, sondern nach Erlass des Mahnbescheids das Mahnverfahren in das streitige Verfahren übergeleitet wird.

IV. Rechtsanwaltsgebühren

7 Vgl. § 688 Rn. 11.

692

Mahnbescheid **(1) Der Mahnbescheid enthält:**

1. **die in § 690 Abs. 1 Nr. 1 bis 5 bezeichneten Erfordernisse des Antrags;**
2. **den Hinweis, dass das Gericht nicht geprüft hat, ob dem Antragsteller der geltend gemachte Anspruch zusteht;**
3. **die Aufforderung, innerhalb von zwei Wochen seit der Zustellung des Mahnbescheids, soweit der geltend gemachte Anspruch als begründet angesehen wird, die behauptete Schuld nebst den geforderten Zinsen und der dem Betrag nach bezeichneten Kosten zu begleichen oder dem Gericht mitzuteilen, ob und in welchem Umfang dem geltend gemachten Anspruch widersprochen wird;**
4. **den Hinweis, dass ein dem Mahnbescheid entsprechender Vollstreckungsbescheid ergehen kann, aus dem der Antragsteller die Zwangsvollstreckung betreiben kann, falls der Antragsgegner nicht bis zum Fristablauf Widerspruch erhoben hat;**
5. **für den Fall, dass Formulare eingeführt sind, den Hinweis, dass der Widerspruch mit einem Formular der beigefügten Art erhoben werden soll, der auch bei jedem Amtsgericht erhältlich ist und ausgefüllt werden kann;**

---

[31] Vgl. LG Hagen NJW 1992, 2036 (kostenpflichtige Abweisung eines per Telefax vorab gestellten Antrags als unzulässig, obwohl der konventionell übermittelte, inhaltlich identische Antrag zulässig war); iE zustimmend (entsprechende Anwendung Abs. 3 S. 1, wenn Klageerhebung nicht in Betracht kommt) *Zö/Vollkommer* Rn. 7; wohl aA (keine verfassungsrechtlichen Bedenken) MK/*Schüler* Rn. 33.

[32] AG Köln MDR 1991, 1198 m. abl. Anm. *N. Schneider;* MK/*Schüler* Rn. 35; *St/J/Schlosser* Rn. 14 Fn. 62; *Zö/Vollkommer* Rn. 7; aA *B/L/H* Rn. 15.

[33] Vgl. LG Stuttgart NJW-RR 1994, 1280 (Zurückweisung gerechtfertigt, wenn das Gericht den maschinell gestellten Mahnantrag noch korrigieren müsste).

[34] *Sae/Gierl* Rn. 11; *Zö/Vollkommer* Rn. 5.

[35] Vgl. *Sae/Gierl* Rn. 11; *St/J/Schlosser* Rn. 12; *Wiecz/Sch/Olzen* Rn. 28; *Zö/Vollkommer* Rn. 5.

[36] MK/*Schüler* Rn. 29; *St/J/Schlosser* Rn. 12; aA *Zö/Vollkommer* Rn. 5.

[37] *St/J/Schlosser* Rn. 12; vgl. auch (zu § 693 Abs. 2) BGH NJW 1993, 862, 863; 1994, 323, 324; OLG Frankfurt/M NJW 1991, 2091.

[38] BGH NJW 1999, 3125; *Voit* LM Nr. 2; *Schäfer* WuB VII A. 1.00; aA *B/L/H* Rn. 10.

[39] Vgl. LG Gießen MDR 1996, 965; *Maniak* (Fn. 21) S. 193ff.

6. für den Fall des Widerspruchs die Ankündigung, an welches Gericht die Sache abgegeben wird, mit dem Hinweis, dass diesem Gericht die Prüfung seiner Zuständigkeit vorbehalten bleibt.

(2) An Stelle einer handschriftlichen Unterzeichnung genügt ein entsprechender Stempelabdruck oder eine elektronische Signatur.

I. Normzweck

Der Mahnbescheid ist eine **gerichtliche Zahlungsaufforderung,** die ohne Prüfung in der Sache ergeht, auf deren Grundlage aber gleichwohl bei Untätigkeit des Antragsgegners ein Vollstreckungstitel erlassen werden kann. Zugleich ist der Mahnbescheid im Fall des Widerspruchs Grundlage für die Einleitung eines streitigen Verfahrens nach § 696. Um diese Funktionen des Mahnbescheids dem Antragsgegner vor Augen zu führen, ordnet § 692 neben der Bezeichnung des geltend gemachten Anspruchs und der Parteien des Mahnverfahrens detaillierte Vorgaben für den weiteren Inhalt des Mahnbescheids an. 1

II. Erlass des Mahnbescheids

Der Mahnbescheid wird nach §§ 3 Nr. 3, 20 Nr. 1 RPflG vom Rechtspfleger oder vom gegebenenfalls nach Landesrecht zuständigen Urkundsbeamten der Geschäftsstelle (vgl. § 689 Rn. 2) erlassen. Der Bescheid hat auch bei maschineller Erstellung die Rechtsnatur eines gerichtlichen Beschlusses. Neben den in §§ 688 bis 690 genannten Voraussetzungen erfordert der Erlass des Mahnbescheids nach § 12 Abs. 3 S. 1 GKG regelmäßig die **Zahlung der Gebühr** nach Nr. 1110 KV. Bei maschineller Erstellung des Mahnbescheids ist die Zahlung erst vor Erlass des Vollstreckungsbescheids erforderlich, § 12 Abs. 3 S. 2 GKG. Die Gewährung von Prozesskostenhilfe befreit von der Vorschusspflicht, § 14 Nr. 1 GKG. Im arbeitsgerichtlichen Mahnverfahren entfällt die Vorschusspflicht, § 11 GKG. Mahnverfahren auf der Grundlage des § 182a SGG werden nach den Regeln der ZPO durchgeführt. 2

III. Inhalt des Mahnbescheids (Abs. 1)

Neben den in § 690 Abs. 1 Nr. 1 bis 5 bezeichneten Angaben (dazu i. e. § 690 Rn. 3ff.; zur Unzulässigkeit von „Berichtigungen" vgl. § 691 Rn. 2; zur Rechtsnachfolge vgl. § 688 Rn. 3) und dem Hinweis, dass das Gericht die Forderung nicht inhaltlich geprüft hat, enthält der Mahnbescheid die Aufforderung, die **Schuld zu bezahlen oder Widerspruch einzulegen.** Soweit nach materiellem Recht das Setzen einer **Nachfrist** von Bedeutung ist, kann eine solche Fristsetzung im Mahnbescheid gesehen werden.[1] Erfordert das materielle Recht eine Ablehnungsandrohung, liegt diese nicht im Mahnbescheid.[2] Über den Wortlaut der Nr. 3 hinaus ist der Widerspruch auch dann angezeigt, wenn prozessuale Einwendungen erhoben werden oder die Schuld bereits bezahlt wurde. Die **Frist** beträgt regelmäßig zwei Wochen, sie wird im Anwendungsbereich des AVAG (vgl. § 688 Rn. 8) auf einen Monat verlängert, § 32 Abs. 3 AVAG. Im arbeitsgerichtlichen Verfahren beträgt die Frist nur eine Woche, § 46a Abs. 3 ArbGG. Zu den Folgen der Fristüberschreitung vgl. § 694 Rn. 3. Im Mahnbescheid müssen die **Kosten** des Verfahrens dem Betrag nach angegeben werden. Diese setzen sich aus der Gerichtsgebühr (Nr. 1110 KV), den Zustellungsauslagen[3] und ggf. den Kosten nach §§ 2, 13 RVG, Nr. 3305 VV zusammen. Zur Richtigstellung eines im Mahnantrag unrichtig angegebenen Kostenansatzes vgl. § 691 Rn. 2. Eine unrichtige Kostenfestsetzung im Mahnbescheid wird durch sofortige Kostenbeschwerde und bei einer Beschwer von 50 € oder einem geringeren Betrag durch befristete Kostenerinnerung geltend gemacht (vgl. § 104 Rn. 22).[4] Wendet sich der Antragsgegner gegen die Kostentragungslast insgesamt, muss er Widerspruch einlegen.[5] Mit der Erhebung des Widerspruchs wird die Kostenbeschwerde unzulässig.[6] Im arbeitsgerichtlichen Verfahren wird wegen § 11 GKG nicht der Betrag der Kosten, wohl aber die Kostentragungspflicht im Allgemeinen aufgenommen.[7] Eine Kostengrundentscheidung ist ebenfalls zu treffen, wenn der Antragsteller Kostenfreiheit genießt oder ihm Prozesskostenhilfe gewährt wurde.[8] Der **Widerspruch** soll auf dem mittlerweile bundesweit eingeführten **Formular**[9] erklärt werden, zwingend ist dies nach dem eindeutigen Wortlaut der Nr. 5 aber nicht.[10] Eine handschriftliche Unterzeichnung des Mahnbescheids erklärt Abs. 2 für entbehrlich; es reicht ein Faksimile und bei maschineller Bearbeitung ein Gerichtssiegel nach § 703b Abs. 1 aus. 3

Der **Unterzeichnung** oder dem Stempelabdruck wird die **elektronische Signatur** gleichgestellt. Da diese nur einen Stempelabdruck und nicht eine zwingend erforderliche Unterschrift ersetzt, reicht eine einfache Signatur aus. Die weiter gehende Regelung in § 130b, der eine qualifizierte Signatur verlangt, wird durch

---

1 BGH NJW-RR 1986, 1346 (zu § 16 Nr. 5 III VOB/B); MK/*Schüler* Rn. 3; *Zö/Vollkommer* Rn. 3.

2 *St/J/Schlosser* Rn. 4; *Wiecz/Sch/Olzen* Rn. 7.

3 Nach der Nachbemerkung zu Nr. 9002 des KV werden Zustellauslagen nur erhoben, wenn in einem Rechtszug mehr als 10 Zustellungen erforderlich werden.

4 Vgl. MK/*Schüler* § 694 Rn. 4; *Zö/Vollkommer* Rn. 8 (zur sofortigen Kostenbeschwerde).

5 *St/J/Schlosser* Rn. 6.

6 MK/*Schüler* § 691 Rn. 34.

7 Vgl. (zum bisherigen Recht [§ 12 Abs. 4 ArbGG]) LAG Frankfurt NJW 1963, 268, 270; *St/J/Schlosser* Rn. 12.

8 *Hofmann* Rpfleger 1982, 325, 327; MK/*Schüler* vor § 688 Rn. 41; *Zö/Vollkommer* Rn. 8.

9 Die Ersetzung des bisher verwendeten Begriffs „Vordruck" durch „Formular" hat sprachliche Gründe, da die Antragstellung in elektronischer Form begrifflich umfasst sein soll. Eine weiter gehende sachliche Änderung ist nicht beabsichtigt (vgl. Begründung des Gesetzesentwurfs BR-Drucks. 609/04, S. 56, 69 (zur parallelen Frage bei § 117).

10 AllgM, vgl. MK/*Schüler* Rn. 10; *T/P/Hüßtege* Rn. 9; *Zö/Vollkommer* Rn. 5.

die Sonderregelung des Abs. 2 verdrängt. Dies folgt zum einen aus dem Wortlaut und dem Umstand, dass andernfalls eine derartige Regelung nicht erforderlich wäre, und wird zum anderen durch die Begründung des Entwurfs zum JKomG bestätigt.[11]

IV. Mängel des Mahnbescheids

4 Offenbare Unrichtigkeiten im Mahnbescheid können in entsprechender Anwendung des § 319 auch noch nach Zustellung berichtigt werden.[12] Soweit dies über die Richtigstellung offensichtlicher Schreib- oder Rechenfehler hinausgeht und durch die Berichtigung vom Mahnantrag abgewichen wird, setzt dies die Zustimmung des Antragstellers voraus.[13] Beruht das Schreibversehen auf einem Versehen im Mahnantrag, kommt eine Berichtigung nach § 319 nicht in Betracht.[14] Nach Erhebung des Widerspruchs gegen den Mahnbescheid entscheidet das Gericht, an das die Sache abzugeben ist, über die Berichtigung.[15] Auf der Grundlage eines mängelbehafteten Mahnbescheids darf kein Vollstreckungsbescheid ergehen; der Antragsteller kann die Verbesserung eines solchen Mahnbescheids verlangen.[16] Zur Rechtsnachfolge in dem Zeitraum zwischen Erlass und Zustellung des Mahnbescheids vgl. § 688 Rn. 3.

V. Rechtsanwaltsgebühren

5 Vgl. § 688 Rn. 11.

693 *Zustellung des Mahnbescheids* **(1) Der Mahnbescheid wird dem Antragsgegner zugestellt.**

(2) Die Geschäftsstelle setzt den Antragsteller von der Zustellung des Mahnbescheids in Kenntnis.

I. Normzweck

1 Der Antragsgegner muss von dem Mahnbescheid Kenntnis erlangen, um entscheiden zu können, ob ein Widerspruch angezeigt ist. Abs. 1 verlangt deshalb die Zustellung des Mahnbescheids. Da der Antragsteller keinen Einfluss auf die Bearbeitung des Mahnantrags hat, ordnet § 167 eine Rückbeziehung der fristwahrenden, die Verjährung hemmenden oder eine neue Verjährungsfrist in Gang setzenden Wirkung auf den Zeitpunkt der Antragstellung an.

II. Zustellung

2 Der Mahnbescheid wird in einer Ausfertigung oder einer beglaubigten Abschrift[1] **von Amts wegen zugestellt,** §§ 693, 166. Dies kann unter den Voraussetzungen des § 174 Abs. 3 auch in elektronischer Form erfolgen. Soweit sich die notwendige Individualisierung des geltend gemachten Anspruchs erst durch Anlagen zu dem Mahnantrag ergibt, müssen diese ebenfalls zugestellt werden (zur Fehlerfolge vgl. § 690 Rn. 6).[2] Die Zustellung erfolgt nach den Regeln der §§ 166 ff. Die Zustellung gegen Empfangsbekenntnis wird in der Regel daran scheitern, dass die Vollmacht des Prozessbevollmächtigten nicht vorliegt (vgl. auch § 690 Rn. 4). Wird die öffentliche Zustellung erforderlich, ist das Mahnverfahren nach § 688 Abs. 2 unzulässig. Die Zustellung an ein Mitglied einer NATO-Truppe richtet sich nach Art. 32 NTS-ZA.[3] Soweit das Mahnverfahren trotz einer im Ausland erforderlichen Zustellung zulässig ist (vgl. § 688 Rn. 8), erfolgt diese nach den entsprechenden allgemeinen Regelungen. Der Mahnbescheid wird mit der Zustellung **wirksam.**[4] Ergeben sich aus der Zustellungsurkunde **Mängel** im Zustellungsverfahren, ist zur Vermeidung von Amtshaftungsansprüchen die Zustellung **von Amts wegen zu wiederholen,**[5] sofern nicht feststeht, dass der Fehler nach § 189 geheilt wurde.[6] Die erneute Zustellung ist auch dann erforderlich, wenn sich der Mangel erst bei Erlass des Vollstreckungsbescheids zeigt.[7] Auch der Erlass des Vollstreckungsbescheids führt nicht

---

[11] BR-Drucks. 609/04, S. 82.

[12] MK/*Schüler* Rn. 16; *St/J/Schlosser* Rn. 10; *Zö/Vollkommer* § 690 Rn. 7; aA OLG München Rpfleger 1990, 28 = MDR 1990, 60 (die Parteibezeichnung könne nach Widerspruch nur im Wege des § 264 Nr. 1 und damit auf Antrag der Partei berichtigt werden; vgl. aber zur parallelen Frage bei Rechtsmitteleinlegung *Zö/Vollkommer* § 319 Rn. 21).

[13] Vgl. *Zö/Vollkommer* Rn. 1.

[14] OLG Bremen 23. 8. 2005 2 W 57/05 (unrichtige Angabe der Forderungshöhe, weil beim Betrag statt Komma die Zahl 3 geschrieben wurde).

[15] MK/*Schüler* Rn. 16; vgl. (mit anderem Ausgangspunkt) OLG München Rpfleger 1990, 28, 29 = MDR 1990, 60.

[16] *St/J/Schlosser* Rn. 10.

[1] MK/*Schüler* Rn. 2; *St/J/Schlosser* Rn. 2; *Zö/Vollkommer* Rn. 1 a.

[2] BGH NJW 1995, 2230, 2231 = MDR 1996, 844; weiter gehend (Zustellung von Anlagen stets erforderlich; vgl. dazu aber BGH NJW 1996, 2152, 2153) *Zö/Vollkommer* Rn. 1 a.

[3] BGBl. 1961 II S. 1183, 1218, 1244 f.; vgl. dazu *Schwenk* NJW 1976, 1562; zur Änderung des Art. 4 c des NTS-AG und zu den Zusatzvereinbarungen vgl. Art. 2 Abs. 29 ZustRG (25. 6. 2001, BGBl I 1206).

[4] AllgM, vgl. LG Oldenburg Rpfleger 1983, 117 f.; *St/J/Schlosser* Rn. 1; *Zö/Vollkommer* Rn. 1 a.

[5] BGH NJW 1990, 176, 177; MK/*Schüler* Rn. 3, 8; *Zö/Vollkommer* Rn. 1 a.

[6] *Zö/Vollkommer* Rn. 1 a; zur Möglichkeit der Genehmigung einer nicht wirksamen Ersatzzustellung vgl. *Wiecz/Schl/Olzen* Rn. 5; Heilung nach § 295 scheidet aus, *St/J/Schlosser* Rn. 3; *T/P/Hüßtege* Rn. 1; bei Verstoß gegen § 688 Abs. 3 scheidet Heilung aus, vgl. *Wagner* RIW 1995, 89, 91.

[7] *Sae/Gierl* Rn. 7; *St/J/Schlosser* Rn. 3.

zur Heilung des Zustellungsmangels.[8] Zur **Heilung** durch Zustellung der Anspruchsbegründung nach Übergang in das Streitverfahren vgl. Rn. 5. Scheitert die Zustellung daran, dass der Antragsgegner unter der angegebenen Adresse nicht ermittelt werden kann, muss der Antragsteller seinen Antrag nach entsprechendem Hinweis berichtigen oder ändern (zur Auswirkung auf die Rückbeziehung vgl. Rn. 5). Es sind dann die Zustellungsauslagen zu entrichten, nicht aber ein weiteres Mal die Gebühr nach Nr. 1110 KV. Wird der Mahnbescheid – auch infolge einer unrichtigen Bezeichnung – einer Person zugestellt, gegen die sich der Antrag nach dem erkennbaren Willen des Antragstellers nicht richten soll, wird diese Person durch die Zustellung nicht Partei; ihr steht zur Klärung dieser Frage der Widerspruch offen.[9] Dem Antragsteller bzw. seinem Prozessbevollmächtigten (§ 172) ist nach Abs. 2 die **Zustellung formlos mitzuteilen.** Dazu reicht die Angabe des Zustellungsdatums aus, wegen weiterer Einzelheiten muss der Antragsteller ggf. die Akten einsehen.[10] Die Mitteilung kann auf elektronischem Wege, zB durch E-Mail erfolgen.[11] Kann der Mahnbescheid unter der angegebenen Adresse nicht zugestellt werden, ist dies dem Antragsteller mitzuteilen, damit er die Adresse berichtigen kann.[12] Scheitert die Zustellung endgültig, weil sie öffentlich oder im Ausland erfolgen müsste, ohne dass § 688 Abs. 3 das Mahnverfahren zulässt, endet das Mahnverfahren. Nach Auffassung des BGH kann es nicht in entsprechender Anwendung des § 696 zur Durchführung des Streitverfahrens an das im Mahnbescheid bezeichnete Gericht abgegeben werden.

III. Auswirkungen der Zustellung

1. Verfahrensrechtliche Wirkungen. Mit der Zustellung des Mahnbescheids beginnt die Widerspruchs-„frist" (§ 692 Rn. 3), also der Zeitraum, der vor Zulässigkeit des Antrags auf Erlass eines Vollstreckungsbescheids verstreichen muss (§ 699 Rn. 3). Zugleich beginnt die Frist für den Wegfall der Wirkungen des Mahnbescheids nach § 701. Weiterhin ist der Zustellungszeitpunkt im Falle der Durchführung eines streitigen Verfahrens für die Rückbeziehung der Rechtshängigkeit nach §§ 696 Abs. 3, 700 Abs. 2 maßgebend, wobei § 167 für die Frage der Fristwahrung, der Verjährungshemmung oder den Beginn einer neuen Verjährungsfrist den maßgebenden Zeitpunkt auf den der Antragstellung vorverlegt (vgl. Rn. 5). Wie die Rückbeziehung der Rechtshängigkeit auf diesen Zeitpunkt zeigt, führt das Stellen des Mahnantrags[13] nur zur Anhängigkeit, noch nicht zur Rechtshängigkeit. Eine Intervention als Streithelfer ist deshalb in diesem Verfahrensstadium ebenso wie eine Widerklage unzulässig.[14] Zu Problemen bei Erfüllung des geltend gemachten Anspruchs vor Eintritt der Rechtshängigkeit vgl. § 690 Rn. 13. 3

2. Auswirkungen auf die Verjährung. Die Verjährung wird nach § 204 Abs. 1 Nr. 3 BGB mit der Zustellung des Mahnbescheids gehemmt (zur Rückbeziehung vgl. Rn. 5). Die **Zustellung** muss **ordnungsgemäß** sein, bei nicht nach § 189 geheilten Mängeln ist sie zu wiederholen (vgl. Rn. 2); wird im weiteren Verlauf des streitigen Verfahrens mündlich verhandelt, kommt eine Heilung nach § 295 in Betracht.[15] Der Mahnbescheid muss den geltend gemachten **Anspruch hinreichend konkretisieren** (zu den – geringen – Anforderungen vgl. § 690 Rn. 6), damit die Verjährung gehemmt wird.[16] Ist der Anspruch durch Angabe eines Lebenssachverhalts hinreichend konkretisiert, kann sich der Antragsgegner auf eine Rechtsdurchsetzung dieses Anspruchs einstellen. Wird deshalb von einem Betrag, der sich aus einzelnen Positionen zusammensetzt, die jeweils zu dem angegebenen Sachverhalt in Bezug stehen, nur ein **Teil geltendgemacht,** hemmt der Mahnbescheid hinsichtlich sämtlicher Positionen die Verjährung in Höhe dieses Teilbetrags.[17] Unschädlich ist es 4

---

[8] MK/*Schüler* Rn. 8 und § 699 Rn. 4.

[9] Vgl. (zu der parallelen Frage bei dem Einspruch nach Vollstreckungsbescheid) BGH NJW-RR 1995, 764f. = Rpfleger 1995, 422.

[10] *St/J/Schlosser* Rn. 4.

[11] Vgl. Begründung des Entwurfs zum Gesetz über die Verwendung elektronischer Kommunikationsformen in der Justiz (Justizkommunikationsgesetz – JKomG) BR-Drucks. 609/04, S. 57.

[12] *St/J/Schlosser* Rn. 4; *Wiecz/Sch/Olzen* Rn. 7; vgl. auch BGH NJW 1990, 176, 177 (Hinweispflicht bei nicht ordnungsgemäß beurkundeter Zustellung).

[13] BGH NJW 1999, 3717, 3718; OLG Frankfurt VersR 1978, 159, 160; OLG München MDR 1995, 1072; *Nierwetberg* NJW 1993, 3247; *Schilken* JR 1984, 446; MK/*Holch* Rn. 10; *Wiecz/Sch/Olzen* Rn. 9; *Zö/Vollkommer* Rn. 3; anders (anhängig erst mit dem Zeitpunkt der Zustellung) LG Oldenburg Rpfleger 1983, 117, 118; *St/J/Schlosser* Rn. 5.

[14] *B/L/H* Rn. 5; *St/J/Schlosser* Rn. 5.

[15] *St/J/Schlosser* Rn. 11; *T/P/Hüßtege* Rn. 1 (jedenfalls nicht vor Eintritt in das streitige Verfahren).

[16] BGH NJW 2007, 1952, 1956; 1993, 862, 863; 1994, 323, 324; 1995, 2230, 2231; 2001, 305, 307 (keine Möglichkeit der Heilung durch Individualisierung in der Anspruchsbegründung) m zust. Anm. *Niedenführ* LM § 690 Nr. 14, *Foerste* EWiR § 690 1/01, S. 93 und *Schnauder* WuB VII A § 690 1.01; OLG Frankfurt/M NJW 1991, 2091; MK/*Schüler* Rn. 11; vgl. auch (ausreichend, wenn Anspruch hinreichend konkretisiert, jedoch nicht als Nachtrag zu einem bereits gerichtlich geltend gemachten Anspruch gekennzeichnet ist) BGH NJW 1996, 2152, 2153; aA (Verjährungsunterbrechung, wenn ungenügend bestimmter Mahnbescheid zugestellt wird; Nachholung der Individualisierung im Streitverfahren) *Vollkommer,* Festschr. f. Lüke, 1997, S. 865, 890f.; *Maniak,* Die Verjährungsunterbrechung durch Zustellung eines Mahnbescheids im Mahnverfahren, Diss. Nürnberg, 2000, S. 220ff., krit. auch *E. Schneider* MDR 1998, 1333, 1334ff.; vgl. auch § 690 Rn. 6.

[17] BGH NJW 1996, 2152, 2153; NJW-RR 1996, 885, 886; NJW 2000, 1420, 1421; zustimmend *Niedenführ* LM § 690 Nr. 13; iE auch (unter Hinweis auf § 212 Abs. 2 BGB aF) *Schnauder* JuS 2001, 1054, 1058; anders, wenn nicht nur zweifelhaft ist, in welcher Höhe welche (bestimmte) Forderung geltend gemacht wird, sondern auch unklar ist, auf welche Forderungen der Betrag sich bezieht, BGH NJW 2001, 305, 306 (Scheckmahnbescheid ohne Bezeichnung der Schecks bei einer Geschäftsverbindung mit einer Vielzahl von Scheckverbindlichkeiten) m. zust. Anm. *Niedenführ* LM § 690 Nr. 14; zustimmend auch *Schnauder* JuS 2001, 1054, 1059.

auch, wenn ein Anspruch, der sich allein auf Geld in einer fremden Währung richtet, in Euro umgerechnet wurde[18] (vgl. auch § 688 Rn. 6). Da der dem Antragsgegner erkennbare Rechtsverfolgungswille des Antragstellers maßgebend ist, ist es ebenfalls unschädlich, wenn der Mahnbescheid nicht unterschrieben oder sonst in unzulässiger Weise ergangen ist.[19] Dies gilt auch dann, wenn das Mahnverfahren gewählt wurde, obwohl die Forderung von einer Gegenleistung abhängt.[20] Die Möglichkeit der Zuordnung zu einem bestimmten Anspruch reicht für die Verjährungshemmung auch dann aus, wenn im Zeitpunkt der Stellung des Mahnantrags noch nicht alle Voraussetzungen für die Begründetheit des Anspruchsumfangs erfüllt sind.[21] Deshalb wird die Verjährung gehemmt, wenn ein Vorschussanspruch zur Mangelbeseitigung verlangt wird, obwohl das Stadium der Nacherfüllung noch nicht abgeschlossen ist (zum Erfordernis individualisierter Mängel vgl. § 690 Rn. 6).[22] Dabei beschränkt sich die Hemmung auf die Ansprüche aus den Mängeln, die durch den Mahnantrag nach Maßgabe der Symptomtheorie geltend gemacht wurden.[23] Die Hemmung der Verjährung **dauert**, auch wenn sich im Falle des Widerspruchs die Abgabe verzögert,[24] bis zum Abschluss des Verfahrens **fort** (§ 204 Abs. 2 S. 1 BGB). Wird nach Erhebung des Widerspruchs von keiner Partei die Durchführung des streitigen Verfahrens beantragt oder werden trotz Abgabeantrags und einer entsprechenden Aufforderung des Gerichts[25] die Gerichtsgebühren vom Antragsteller nicht eingezahlt, **endet** die Hemmung der Verjährung sechs Monate nach der letzten Verfahrenshandlung[26] (§ 204 Abs. 2 S. 2 BGB; vgl. auch § 695 Rn. 2, § 696 Rn. 2, § 697 Rn. 6); erst das Weiterbetreiben des Verfahrens führt zu einer erneuten Hemmung, § 204 Abs. 2 S. 3 BGB.[27] Beantragt der Antragsteller, nachdem ein Widerspruch nicht erhoben wurde, nicht fristgemäß den Erlass eines Vollstreckungsbescheids, endet die Hemmung sechs Monate nach der letzten Verfahrenshandlung, vgl. § 204 Abs. 2 S. 2 BGB. Dabei ist als letzte Verfahrenshandlung der Zugang der Mitteilung über die Zustellung des Mahnbescheids anzusehen (vgl. § 696 Rn. 2).[28]

5 **3. Rückbeziehung auf den Zeitpunkt der Antragstellung.** Nach § 167 sind die Wirkungen der Zustellung des Mahnbescheids auf den Zeitpunkt seiner Beantragung zurückzubeziehen, soweit die Wahrung einer Frist oder die Unterbrechung der Verjährung in Rede stehen (zur Individualisierung der Forderung vgl. § 690 Rn. 6). Dies betrifft wegen der Zielrichtung der Bestimmung nur Fristen, die lediglich durch gerichtliche Geltendmachung gewahrt werden können. Nur hier kann der Antragsteller das Risiko einer Verzögerung der Zustellung nicht ausschließen.[29] Die Rückbeziehung tritt auch bei gravierenden Mängeln des Mahnantrags ein, sofern diese behoben werden und der Mahnbescheid **demnächst** zugestellt wird.[30] Dabei muss es sich um eine angemessene Frist handeln,[31] wobei es – entgegen dem Wortlaut des Begriffs „dem-

---

[18] BGHZ 104, 268, 272 = NJW 1988, 1964; *K. Schmidt* NJW 1989, 65, 68; *Hanisch* IPRax 1989, 276, 278 f.; MK/*Schüler* Rn. 11; *Zö/Vollkommer* Rn. 3b (zumindest dann, wenn Fremdwährungscharakter aus dem Mahnantrag hervorgeht).

[19] BGHZ 123, 337, 342; 104, 268, 273 = NJW 1988, 1964 (Ausnahme bei Fehlen der Aktiv- oder Passivlegitimation); BGH NJW 1990, 1368 (unzuständiges Gericht); 1996, 2152 f.; *St/J/Schlosser* Rn. 6.

[20] OLG Koblenz NJOZ 2005, 1997, 1999; MK/*Schüler* § 688 Rn. 12; aA *Wagner* ZfIR 2005, 856, 858 f. (Antragsteller sei bei bewusst unrichtigen Angaben über das Ausstehen der Gegenleistung nicht schutzwürdig).

[21] BGH NJW-RR 2003, 784 = MDR 2003, 764 (Umfang der Mangelbeseitigungskosten hängt bei Antragstellung noch davon ab, ob Besteller von Dritten auf die Beseitigung einer Beeinträchtigung in Anspruch genommen wird; mit zu weit geratenem Leitsatz) vgl. dazu *Voit* WuB IV A § 209 BGB 1.03.

[22] BGH NJW 2007, 1952, 1956 Tz. 43.

[23] BGH NJW 2007, 1952, 1956 Tz. 45.

[24] LG Köln NJW-RR 1991, 59, 60.

[25] Diese kann trotz der Änderung des Vordrucks durch das KostRÄndG (24. 6. 1994, BGBl. I 1325) grds. abgewartet werden, *Zö/Greger* § 167 Rn. 15 aber keine unangemessene (ca. 3 Wochen) lange Untätigkeit.

[26] Zum bisher geltenden Recht: BGH NJW-RR 1992, 1021, 1022 (Gerichtskostenvorschuss); 1995, 1335, 1336 (Aufforderung des Gerichts zur Anspruchsbegründung als letzte Verfahrenshandlung); NJW 1996, 2152, 2153 (Nichtbetreiben, obiter dictum); OLG Karlsruhe NJW-RR 1990, 1012, 1013; OLG München NJW-RR 1988, 896; *St/J/Schlosser* Rn. 6; *Wiecz/Sch/Olzen* Rn. 15 (Mitteilung des Widerspruchs, nicht der Zugang, vgl. aber § 697 Rn. 6); vgl. auch *Fischer* JurBüro 1996, 510, 513; zu den Besonderheiten bei der Frist nach § 41 KO vgl. Fn. 29.

[27] Zum bisher geltenden Recht: BGH NJW-RR 1992, 1021, 1022 m. zust. Anm. *Vollkommer* WuB VII A § 696 1. 92; BGH NJW 2000, 1420, 1421; OLG Karlsruhe NJW-RR 1992, 63.

[28] So auch *Sae/Gierl* Rn. 9; aA *Zö/Vollkommer* Rn. 5.

[29] Solche Fristen sind: Art. 12 Abs. 3 NTS-AG, BGH NJW 1979, 1709; § 12 Abs. 3 VVG, BGH MDR 2003, 568; OLG Düsseldorf NJW-RR 1986, 1413; OLG Hamm VersR 1987, 194; OLG Frankfurt/M NVersZ 2000, 429, 430; MDR 2000, 583; § 8 AKB, OLG Hamm VersR 1971, 458, 459; § 16 Nr. 3 Abs. 5 VOB/B, BGHZ 75, 307, 310 = NJW 1980, 455; aA *Raudszus* NJW 1983, 667, 668. Keine solche Frist ist: § 777 BGB, BGH NJW 1982, 172. Zu den Besonderheiten der Konkursanfechtungsfrist § 41 KO (Rückbeziehung zu bejahen, aber Mahnbescheid wahrt die Frist nur dann, wenn das Verfahren in angemessener Zeit weiterbetrieben wird) vgl. BGHZ 112, 325, 328 = NJW 1991, 171; 122, 23, 27 ff. = NJW 1993, 1585; OLG Hamburg WM 1999, 1223, 1224 f. zustimmend WuB VI B KO § 41 1.99 (*Hess*); OLG Frankfurt NZI 2002, 319, 320 f. = DStR 2002, 1457 m. zust. Anm. *Gundlach/Schmidt;* aA *Siemon* ZIP 1991, 283, 285. Für die nunmehr geltende Regelung des § 146 InsO führt die Zustellung des Mahnbescheids zur Verjährungshemmung nach § 204 Abs. 1 Nr. 3 BGB, die im Falle des Nichtbetreibens des Verfahrens nach § 204 Abs. 2 BGB endet. Bei Anwendung der Regelungen der Insolvenzanfechtung ist das Übergangsrecht nach Art. 106 EGInsO zu beachten, vgl. EWiR KO § 41 11.99, S. 511, 512 (*Johlke/Schröder*). Zur Frist in Art. 29 WarschAbk. vgl. LG Frankfurt/M NJW-RR 1995, 865, 866 (erst Rechtshängigkeit unterbricht, nicht Mahnbescheid); zu Problemen der Verjährungsunterbrechung durch den Antrag auf Erlass eines Mahnbescheids vgl. *Fischer* JurBüro 1996, 510, 511.

[30] BGH NJW 1999, 3717, 3718 (Zwischenverfügung des Rechtspflegers wegen Verwendung nicht mehr gültiger Vordrucke).

[31] BGHZ 122, 23, 30 = NJW 1993, 1585; NJW 1993, 2811, 2812; 1995, 2230, 2231 = Rpfleger 1995, 509; vgl. dazu auch die Übersicht bei *Fischer* JurBüro 1996, 510, 512.

nächst" – entscheidend darauf ankommt, ob der Antragsteller eine Verzögerung der Zustellung zu verantworten hat. **Schuldhaft verursachte Verzögerungen**[32] dürfen nur geringfügig (idR 2 Wochen) sein.[33] Um bei Beanstandungen des Mahnbescheids eine Schlechterstellung des Antragstellers gegenüber einer Zurückweisung zu vermeiden, wird im Fall einer verspätet beantworteten Nachfrage eine Verzögerung von bis zu einem Monat hingenommen.[34] Zu beachten ist, dass die Frist nach hM nicht schon mit Antragstellung, sondern erst mit Ablauf der Verjährungsfrist zu laufen beginnt.[35] Danach könnten auch Zustellungen, die zwar lange Zeit nach Antragstellung, jedoch nur wenige Tage nach Ablauf der Verjährungsfrist erfolgen, noch als „demnächst" betrachtet werden. Damit wird jedoch die Wortlautgrenze überschritten und der Sinn der Regelung verfehlt.[36] Vielmehr muss der Fristlauf bereits mit Antragstellung beginnen. Hat der Antragsteller die Verzögerung **nicht zu vertreten,**[37] wird die Zustellung auch dann noch als „demnächst" angesehen, wenn ein deutlich längerer Zeitraum als zwei Wochen verstrichen ist.[38] Mahnt der Gläubiger den Verfahrensfortgang bei Gericht nicht an, begründet dies regelmäßig kein Verschulden, solange der Gläubiger alles für die Zustellung erforderliche getan hat.[39] Ist die Zustellung unwirksam und wird im weiteren Verfahren die Anspruchsbegründung wirksam zugestellt, tritt diese in Bezug auf die Verjährungshemmung an die Stelle des Mahnbescheids, so dass die Rückbeziehung nach § 167 noch stattfinden kann.[40] Der **Gerichtskostenvorschuss** braucht nicht vor einer entsprechenden Aufforderung durch das Gericht eingezahlt zu werden,[41] so dass die so entstehende Verzögerung nicht als schuldhaft anzusehen ist. Nach Aufforderung wird nur eine geringfügige Verzögerung (nicht länger als zwei Wochen[42]; vgl. aber oben in dieser Rn.) bis zum Zahlungseingang toleriert.[43] Erhält der Antragsteller keine solche Aufforderung, ist eine Rückfrage veranlasst, um die Rückbeziehung nach § 167 nicht zu gefährden, auch wenn richtiger Auffassung nach das Unterlassen einer Nachfrage unschädlich ist (dazu oben in dieser Rn.).[44] Findet eine Rückbeziehung statt, ist für die Frage der Fristwahrung oder der Verjährungshemmung der Zeitpunkt des **Eingangs des Mahnantrags** beim Mahngericht maßgebend. Wurde er bei einem unzuständigen Gericht angebracht und gibt dieses die Sache an das zuständige Gericht ab, ist – unter den Voraussetzungen des § 167 – auf den Eingang bei dem unzuständigen Gericht, nicht auf den beim zuständigen Gericht, abzustellen.[45] Andernfalls stünde sich der Antragsteller hinsichtlich der Verjährung bei der Abweisung des Antrags

---

[32] BGH NJW 1996, 1060, 1061 (Richtigstellung einer Zustellanschrift nach mehr als zwei Wochen); NJW 1992, 1820, 1822 (unzureichende Bezeichnung des Antragsgegners; einschränkend NJW 1993, 2811, 2813); NJW 1971, 891, 892 (unrichtige Zustellanschrift); NJW 1981, 875, 876 (schuldhafte Verursachung von Beanstandungen durch Rechtspfleger); BGHZ 86, 313, 323 = NJW 1983, 1050 (Fehlen der Unterschrift, bei geringfügiger Verzögerung unschädlich); OLG Düsseldorf MDR 1999, 1462f. (Richtigstellung der Zustelladresse nach 21 Tagen); OLG Düsseldorf JurBüro 2002, 653, 654 (schuldhafte Verursachung von Beanstandungen durch den Rechtspfleger); OLG Saarbrücken 11.9. 2003 8 U 26/03 (Nachreichen der Privatadresse des Geschäftsführers erst sechs Wochen nach Mitteilung über Unzustellbarkeit des Mahnbescheids an die Adresse der GmbH); LG Gießen MDR 1996, 965 (Beantwortung einer Beanstandung nach mehr als 14 Tagen); AG Kenzingen MDR 1997, 232 (fehlende Angabe des Geschäftsführers einer GmbH, vgl. § 690 Rn. 3).

[33] BGH NJW 1993, 2811, 2812; 1996, 1060, 1061; 1999, 3125; LAG Schleswig-Holstein ZIP 1995, 1687, 1689; OLG Düsseldorf JurBüro 2003, 653, 654; OLG Düsseldorf VersR 2004, 515; *St/J/Schlosser* Rn. 7; weiter gehend (drei Wochen) OLG Düsseldorf FamRZ 1992, 1223, 1225.

[34] BGHZ 150, 221, 225 = NJW 2002, 2794, 2795; BGH MDR 2007, 46, 47; OLG Karlsruhe NJW-RR 2007, 1222, 1223; OLG Hamburg NJW-RR 2003, 286; OLG Frankfurt/M MDR 2001, 15; MDR 2001, 136ff.; *Foerste* EWiR § 167 1/02, 779; *Voit* LM § 691 Nr. 2; *Zö/Vollkommer* § 691 Rn. 4; noch offen gelassen in BGH NJW 1999, 3125; vgl. auch *Maniak* (Fn. 16), S. 193ff. und S. 183ff., die zur Lösung einen Hinweis des Mahngerichts auf § 691 Abs. 2 auch bei behebbaren Mängeln für erforderlich hält; anders bei verspäteter Einzahlung des Gerichtskostenvorschusses, vgl. OLG Düsseldorf VersR 2004, 515 (nur 14 Tage).

[35] So aber BGH WM 1995, 2107, 2108 = NJW 1995, 2230, 2231; 1995, 3380f.; OLG Köln MDR 2000, 1151; LAG Schleswig-Holstein ZIP 1995, 1687, 1689; *Wiecz/Sch/Olzen* Rn. 21.

[36] WuB IV A BGB § 209 1. 96 (*Voit*); *Weimar* Rpfleger 2001, 521ff.

[37] BGH NJW 1993, 2811, 2813 (unberechtigte Zwischenverfügung); BGHZ 134, 343, 351f. = NJW 1997, 1584, 1586 (unberechtigte Nachfrage); vgl. auch BGH NJW 1995, 2230, 2231 (Fehlen von Angaben im zugestellten Mahnbescheid, die im Mahnantrag enthalten waren; Zustellung der Anspruchsbegründung führt zur Rückbeziehung); LG Aachen JurBüro 1990, 1218, 1219 (unvollständige Rückfrage); BGH WM 1985, 36 (Verzögerung infolge bargeldlosen Zahlungsverkehrs); *Pfennig* NJW 1989, 2172f. (zunächst kein Antrag auf förmliche Auslandszustellung; aA OLG Schleswig NJW 1988, 3104).

[38] BGHZ 103, 20, 28f. = NJW 1988, 1980 (9 Monate); BGHZ 145, 358, 362f. (zu § 270 aF); OLG Hamm NJW-RR 2002, 1508; aA (Wortlautgrenze werde überschritten) *Weimar* Rpfleger 2001, 521, 522ff.

[39] BGH NJW 2006, 3206, 3207 Tz. 23; OLG Hamm NJW-RR 2002, 1508 = MDR 2002, 1211; offen lassend BGH MDR 2003, 568, 569 (jedenfalls Nachweis der Kausalität einer Obliegenheitsverletzung erforderlich); nur scheinbar weitergehend (Nachfrage erforderlich; Antragsteller hatte aber zum fehlenden Verschulden an der Verzögerung nicht ausreichend vorgetragen; eine Nachfrage ist aber nur dann entbehrlich, wenn Antragsteller nicht seinerseits durch Unklarheiten zur Verzögerung beigetragen hat) BGH NJW-RR 2006, 1436, 1437, vgl. auch BGH NJW 2005, 1194, 1195.

[40] Zum bisher geltenden Recht: BGH NJW 1995, 2230, 2231.

[41] BGH NJW 1993, 2811, 2812; *Wiecz/Sch/Olzen* Rn. 23; *Zö/Greger* § 167 Rn. 15 (aber kein unangemessen – ca. 3 Wochen – langes Abwarten); bei maschineller Bearbeitung wird sogar empfohlen, diese abzuwarten oder das Gericht zur Einziehung zu ermächtigen, *Salten/Riesenberg/Jurksch* MDR 1995, 130, 132.

[42] *St/J/Schlosser* Rn. 7; *Wiecz/Sch/Olzen* Rn. 23 (Richtwert von 2 Wochen); *Zö/Greger* § 167 Rn. 15; vgl. auch die Nachw. in Fn. 33.

[43] BGHZ 122, 23, 30f. = NJW 1993, 1585; großzügiger bei Vergleichsverhandlungen BGH NJW 1960, 1952.

[44] LG Göttingen NJW-RR 1992, 1529; vgl. auch *Wax* NJW 1994, 2331, 2332; *Kieserling* ZMR 2002, 913, 914.

[45] BGHZ 86, 313, 322 = NJW 1983, 1050, 1052; aA (Eingang beim zuständigen Gericht maßgebend) KG NJW 1983, 2709; *Wiecz/Sch/Olzen* Rn. 25.

besser als bei der Abgabe an das zuständige Gericht. Dieser Gedanke verdient auch dann Beachtung, wenn der Antragsteller das zuständige Gericht bezeichnet, den Antrag aber dennoch bei einem anderen Gericht einreicht.[46] Zu den davon zu unterscheidenden Fällen des § 129a vgl. § 690 Rn. 2.

IV. Rechtsanwaltsgebühren

6 Vgl. § 688 Rn. 11.

694 *Widerspruch gegen den Mahnbescheid*

(1) Der Antragsgegner kann gegen den Anspruch oder einen Teil des Anspruchs bei dem Gericht, das den Mahnbescheid erlassen hat, schriftlich Widerspruch erheben, solange der Vollstreckungsbescheid nicht verfügt ist.

(2) [1]Ein verspäteter Widerspruch wird als Einspruch behandelt. [2]Dies ist dem Antragsgegner, der den Widerspruch erhoben hat, mitzuteilen.

I. Normzweck

1 Mit dem Widerspruch schafft die ZPO einen sehr einfach zu handhabenden Rechtsbehelf des Antragsgegners gegen den Mahnbescheid. Der Widerspruch ist nicht fristgebunden, sondern wird nur zeitlich begrenzt, weil der Vollstreckungsbescheid noch nicht verfügt sein darf. Dadurch wird der Rechtsschutz des Antragsgegners gestärkt. Diesem Ziel dient auch die Regelung des Abs. 2, derzufolge ein verspäteter Widerspruch als Einspruch behandelt wird.

II. Widerspruch

2 **1. Voraussetzungen.** Gegen den zugestellten[1] Mahnbescheid ist allein der **Widerspruch** statthaft. Andere Rechtsbehelfe scheiden aus.[2] Das gilt auch für die Erinnerung (§ 11 Abs. 3 S. 2, § 36b Abs. 3 S. 1 RPflG). Stundung oder Ratenzahlung kann das Gericht auf den Widerspruch hin weder bewilligen noch vermitteln.[3] Richtet sich der Mahnbescheid gegen **mehrere Antragsgegner,** wirkt der Widerspruch eines Antragsgegners nur dann zu Gunsten der anderen, wenn die Voraussetzungen einer notwendigen Streitgenossenschaft gegeben sind (§ 62). Der Widerspruch ist nach Abs. 1 **schriftlich** bei dem Gericht einzulegen, das den Mahnbescheid erlassen hat. Es sind **Vordrucke** eingeführt, deren Benutzung aber **nicht zwingend** ist (vgl. § 692 Rn. 3, vgl. § 703c Rn. 2). Soweit der Antragsgegner seinen Widerspruch selbst formuliert, ist der erkennbare Wille zu widersprechen entscheidend, nicht dagegen die Verwendung des Begriffs „Widerspruch".[4] Ein als „Einspruch" bezeichneter Rechtsbehelf ist entsprechend umzudeuten.[5] Eine **Unterschrift** ist stets anzuraten, aber dann nicht zwingend erforderlich, wenn unzweifelhaft feststeht, dass der Widerspruch vom Antragsgegner stammt und mit seinem Willen nach außen gedrungen ist.[6] Der Widerspruch kann auch durch Telegramm oder Telefax erhoben werden.[7] Eine Übermittlung in elektronischer Form nach § 130a ist möglich. Nach § 702 kann der Widerspruch auch **mündlich** gegenüber dem Urkundsbeamten der Geschäftsstelle erklärt werden, wobei diese Erklärung auch vor einem anderen Amtsgericht als dem abgegeben werden kann, das den Mahnbescheid erlassen hat (§ 129a; vgl. auch § 702 Rn. 2). Erhebt ein **Bevollmächtigter** den Widerspruch, hat er nach § 703 seine Bevollmächtigung zu versichern. Unklarheiten über die Person des Widerspruchführers sind durch Auslegung und ggf. durch Rückfrage zu klären.[8]

3 Die Erhebung des Widerspruchs unterliegt **keiner Frist.** Eine zeitliche Grenze stellt nur die Verfügung des Vollstreckungsbescheids dar. Die in § 692 Abs. 1 Nr. 3 angegebene Frist von zwei Wochen legt lediglich den Zeitpunkt fest, vor dem ein Vollstreckungsbescheid nicht verfügt werden darf. Die Zweiwochenfrist verlängert sich bei Anwendbarkeit des AVAG auf einen Monat (vgl. § 688 Rn. 8); bei **arbeitsgerichtlichen Mahnverfahren** beträgt sie nach § 46a Abs. 3 ArbGG lediglich eine Woche. Der Widerspruch ist nicht mehr statthaft, wenn der **Vollstreckungsbescheid** bereits **verfügt** wurde, dh. wenn er in den Geschäftsgang

---

[46] BGH NJW 1990, 1368; aA OLG Köln NJW-RR 1989, 571, 572; *Wiecz/Sch/Olzen* Rn. 27.

[1] Bei Fehlen der Zustellung ist Widerspruch gegenstandslos; keine Abgabe an das Prozessgericht, LG Oldenburg Rpfleger 1983, 117; *St/J/Schlosser* Rn. 1.

[2] AllgM, MK/*Schüler* Rn. 2; *T/P/Hüßtege* Rn. 1; *Zö/Vollkommer* Rn. 1.

[3] MK/*Schüler* Rn. 3; *Wiecz/Sch/Olzen* Rn. 17; weiter gehend *St/J/Schlosser* Rn. 5 (Gericht könne Stundungs- oder Ratenzahlungsantrag an Gläubiger weiterleiten); vgl. auch *B/L/H* Rn. 9 (bei Nichtbestreiten der Zahlungspflicht solle Rechtspfleger von Widerspruch abraten und auf Ratenzahlung o. ä. hinwirken).

[4] Vgl. *Fischer* MDR 1998, 885, 886; MK/*Schüler* Rn. 13.

[5] OLG München Rpfleger 1983, 288.

[6] *Fischer* MDR 1998, 885; vgl. dazu OLG Oldenburg MDR 1979, 588; iE auch *B/L/H* Rn. 3; MK/*Schüler* Rn. 10; *Sae/Gierl* Rn. 6; *Zö/Vollkommer* Rn. 2; aA LG Hamburg NJW 1986, 1997, 1998f.; LG München II NJW 1987, 1340; *St/J/Schlosser* Rn. 3; *T/P/Hüßtege* Rn. 2; *Wiecz/Sch/Olzen* Rn. 8; offen gelassen von BGHZ 101, 134, 140 = NJW 1987, 2588.

[7] Vgl. MK/*Schüler* Rn. 8; *Zö/Vollkommer* Rn. 2; vgl. auch BGH NJW 1986, 1759 (Berufungsbegründung durch Fernschreiben).

[8] BGH NJW 2000, 3216, 3217 (Widerspruch eines Geschäftsführers namens der GmbH richtet sich gegen den ihn persönlich betreffenden Mahnbescheid, wenn zuvor Widerspruch gegen einen gegen die GmbH gerichteten Mahnbescheid erhoben wurde); NJW-RR 1989, 1403 (Widerspruch aller in Betracht kommenden Personen, wenn Antragsgegner im Mahnbescheid unklar bezeichnet war).

gegeben wurde.[9] Bei maschineller Bearbeitung ist der Zeitpunkt maßgebend, an dem die Eingabe hinsichtlich des Vollstreckungsbescheids abgeschlossen ist.[10] Der Widerspruch ist rechtzeitig erhoben, wenn er im maßgebenden Zeitpunkt bei dem Gericht, nicht notwendigerweise bei der entsprechenden Geschäftsstelle, eingegangen ist.[11] Ergeht ein Vollstreckungsbescheid, **obwohl** bereits **Widerspruch erhoben** wurde, ist der Widerspruch in entsprechender Anwendung des Abs. 2 als **Einspruch** zu behandeln (vgl. auch Rn. 5).[12] Kommt es im weiteren Verlauf des Verfahrens noch darauf an, ob der Vollstreckungsbescheid unter Verstoß gegen Abs. 1 erlassen wurde, etwa weil wegen Säumnis im Einspruchstermin ein zweites Versäumnisurteil erlassen werden soll (§ 700 Rn. 9), trägt der Antragsgegner die Beweislast für die Rechtzeitigkeit des Widerspruchs.[13] Dem Antragsgegner ist die Behandlung seines Widerspruchs als Einspruch nach Abs. 2 S. 2 mitzuteilen, damit er diesen zur Vermeidung eines streitigen Verfahrens noch zurücknehmen kann (zur Einspruchsrücknahme vgl. § 700 Rn. 5).[14]

Der Widerspruch kann auf einen **Teil** des Mahnbescheids **beschränkt werden,** insbesondere auch auf Nebenforderungen oder Zinsen (zu den Besonderheiten des Urkundenmahnverfahrens vgl. § 703a Rn. 3, zum Verfahren bei Unklarheit über den Umfang des Widerspruchs vgl. Rn. 5; zum Teilvollstreckungsbescheid vgl. § 699 Rn. 3). Der Antragsgegner kann sich auch unter Anerkennung der Forderung **allein gegen die Kosten** wenden, weil er meint, keinen Anlass zur Durchführung des Mahnverfahrens gegeben zu haben (§ 93; zu den Kosten des dann ergehenden Teilvollstreckungsbescheids vgl. § 699 Rn. 6; zur Anwendung des § 93, obwohl insgesamt Widerspruch erhoben wurde, vgl. Rn. 5). In der Beschränkung des Widerspruchs auf die Kosten ist aber in der Regel noch kein Anerkenntnis hinsichtlich der Hauptforderung iSd. § 212 Abs. 1 Nr. 1 BGB zu sehen, denn der Schuldner wäre vor Verfügung des Teilvollstreckungsbescheids nicht gehindert, den Widerspruch auf die Hauptforderung zu erweitern.[15] Gegen eine Wertung als Anerkenntnis spricht auch, dass der Schuldner, der einen Teilwiderspruch einlegt, damit schlechter stünde als derjenige, der auf einen Widerspruch insgesamt verzichtet. Der Gläubiger, der die Frist des § 701 verstreichen lässt, kann sich deshalb hinsichtlich der Verjährung nicht darauf berufen, der Schuldner habe die Forderung anerkannt.[16] Zu den Rechtsbehelfen bezüglich der Höhe der Kostenfestsetzung vgl. § 692 Rn. 3. Eine **Begründung** des Widerspruchs ist **nicht erforderlich**[17] Die Beifügung von Abschriften nach § 695 ist keine Zulässigkeitsvoraussetzung (vgl. § 695 Rn. 3). Mit dem Widerspruch kann der Antrag auf **Durchführung des streitigen Verfahrens** (§ 696 Abs. 1 S. 1) verbunden werden. 4

2. Wirkungen des Widerspruchs. Der zulässige Widerspruch hat zur Folge, dass ein **Vollstreckungsbescheid nicht ergehen** darf (zur Behandlung dennoch ergehender Vollstreckungsbescheide vgl. Rn. 3). Wird von **keiner Partei** ein Antrag auf Durchführung des **streitigen Verfahrens** gestellt (§ 696 Abs. 1), tritt Stillstand des Verfahrens ein;[18] die Akten werden nach sechs Monaten weggelegt, § 7 Abs. 3 Buchst. e AktO; zur Auswirkung auf die verjährungshemmende Wirkung vgl. § 693 Rn. 4. Der Antragsteller ist deshalb nach § 695 über den Widerspruch zu informieren. Im nachfolgenden Streitverfahren steht der Widerspruch einem sofortigen Anerkenntnis mit der Kostenfolge des § 93 nicht entgegen.[19] Der Antragsgegner ist nicht gehalten, den Widerspruch auf die Kosten zu beschränken (vgl. dazu Rn. 4). Bei einem **Teilwiderspruch** ergeht auf Antrag des Antragstellers ein Teilvollstreckungsbescheid; herrscht über den Umfang des Teilwiderspruchs Unklarheit, wird dieser bis zur Klärung durch den Rechtspfleger[20] oder den Urkundsbeamten der Geschäftsstelle (vgl. § 689 Rn. 2) als uneingeschränkter Widerspruch behandelt.[21] Behandelt der Rechtspfleger oder der Urkundsbeamte den Widerspruch zu Unrecht als Teilwiderspruch und erlässt einen Teilvollstreckungsbescheid, ist der Widerspruch in entsprechender Anwendung des § 694 Abs. 2 S. 1 als Einspruch gegen den Teilvollstreckungsbescheid zu werten.[22] Weiterhin hat der Widerspruch über das Verfahrensrecht hinausreichende Wirkungen, soweit das **materielle Recht** solche an die **ernsthafte Verweigerung der Leistung** knüpft 5

[9] BGHZ 85, 361, 364 = NJW 1983, 633; BGH NJW 1982, 888, 889; Rpfleger 1983, 76; MK/*Schüler* Rn. 6; *St/J/Schlosser* Rn. 1.

[10] *B/L/H* Rn. 6; *St/J/Schlosser* Rn. 1.

[11] BGH NJW 1982, 888, 889; *Fischer* MDR 1998, 885, 886; MK/*Schüler* Rn. 6; *St/J/Schlosser* Rn. 2.

[12] BGHZ 85, 361, 364 = NJW 1983, 633; OLG Frankfurt/M OLGR 1997, 60; *Fischer* MDR 1998, 885, 888; *Zö/Vollkommer* Rn. 6.

[13] BGH NJW 1982, 888, 889.

[14] MK/*Schüler* Rn. 24.

[15] AA LG Augsburg NJW-RR 2002, 360; vgl. auch *Zö/Vollkommer* Rn. 11 (Verbindung des Teilwiderspruchs mit Anerkenntnis möglich; Auslegungsfrage).

[16] OLG Frankfurt MDR 1984, 149f.; *Fritzsche* Rpfleger 2001, 581 (dort auch zu den festzusetzenden Kosten des Teilvollstreckungsbescheids; vgl. dazu § 699 Rn. 6); vgl. (das Fehlen einer entsprechenden Beschränkung kann eine Kostenverteilung nach § 93 ausschließen) OLG Koblenz JurBüro 1995, 323; *Fischer* MDR 2001, 1336ff. (differenzierend danach, ob im Widerspruch auch zum Anspruch selbst Stellung genommen wird).

[17] Strenger (Zurückweisung von Vorbringen in der Klageerwiderung sei möglich) *B/L/H* Rn. 7; dagegen zu Recht MK/*Schüler* Rn. 15; *Wiecz/Sch/Olzen* Rn. 15.

[18] BGH NJW-RR 1992, 1021; WuB VII A § 696 1. 92 (*Vollkommer*); MK/*Schüler* Rn. 20.

[19] LG Köln 22. 12. 2006 13 T 232/06; *Fischer* MDR 2001, 1336f.; aA OLG Schleswig 8. 6. 2005 7 W 9/05 (Rechtsbeschwerde zum BGH zugelassen); OLG Schleswig MDR 2006, 228; *Sonnentag* MDR 2006, 188ff. (sofern der Antragsgegner zur Prüfung der Forderung in der Lage ist).

[20] Vgl. KG JurBüro 1984, 135, 136.

[21] BGHZ 85, 361, 366 = NJW 1983, 633.

[22] OLG Düsseldorf 23. 8. 2001 10 W 71/01 OLGR 2002, 171.

(zum Eintrittszeitpunkt vgl. § 695 Rn. 2).[23] Auch die Voraussetzungen des Widerrufs nach § 495 BGB werden durch den Widerspruch erfüllt.[24]

6 Die **Rücknahme** des Widerspruchs mit der Folge, dass nunmehr auf Antrag ein Vollstreckungsbescheid erlassen werden darf,[25] ist bis zum Beginn der Verhandlung des Antragsgegners zur Hauptsache möglich, § 697 Abs. 4. Zu Ausnahmen und zur Form der Rücknahme vgl. § 697 Rn. 7; zur Rücknahme des Mahnantrags nach Widerspruch des Antragsgegners vgl. § 690 Rn. 13. Von der Rücknahme des Widerspruchs ist die Rücknahme des Antrags auf Durchführung des streitigen Verfahrens zu unterscheiden (vgl. § 696 Rn. 5). Der Antragsgegner kann nach Zustellung des Mahnbescheids auf die Möglichkeit, Widerspruch einzulegen, entsprechend §§ 346, 515 verzichten.[26]

III. Rechtsanwaltsgebühren

7 Vgl. § 688 Rn. 11.

695 *Mitteilung des Widerspruchs; Abschriften*

[1]Das Gericht hat den Antragsteller von dem Widerspruch und dem Zeitpunkt seiner Erhebung in Kenntnis zu setzen. [2]Wird das Mahnverfahren nicht maschinell bearbeitet, so soll der Antragsgegner die erforderliche Zahl von Abschriften mit dem Widerspruch einreichen.

I. Benachrichtigung

1 Der Antragsteller kann nach § 696 Abs. 1 S. 1 einen Vollstreckungsbescheid beantragen, wenn der Antragsgegner nicht rechtzeitig Widerspruch erhoben hat. Dieser ist deshalb dem Antragsteller mitzuteilen. Dabei ist auch anzugeben, in **welchem Umfang** Widerspruch erhoben wurde; bei **mehreren Antragsgegnern** ist die Person des Widerspruchsführers zu bezeichnen. Auch ein nach Ablauf der im Mahnbescheid angegebenen Frist bei Gericht eingehender Widerspruch verhindert, dass ein Vollstreckungsbescheid ergehen darf (vgl. § 694 Rn. 3). Ist der Widerspruch erst eingegangen, nachdem der Vollstreckungsbescheid verfügt wurde, so dass er nach § 694 Abs. 2 als Einspruch zu behandeln ist, ist auch dies dem Antragsteller mitzuteilen. Die Mitteilung ist **nicht formgebunden**, so dass eine Mitteilung in elektronischer Form[1] oder per Telefon möglich ist.[2] Wird die Sache zur Durchführung des streitigen Verfahrens (vgl. § 696 Rn. 2) alsbald abgegeben, kann die Benachrichtigung nach § 695 mit der Mitteilung über die Abgabe nach § 696 Abs. 1 S. 3 verbunden werden.

2 Soweit noch nicht geschehen, muss der Antragsteller alsbald die Durchführung des streitigen Verfahrens beantragen und die entsprechenden Gerichtskosten einzahlen, um die **Rückbeziehung** der Rechtshängigkeit der Klage auf den Zeitpunkt der Zustellung des Mahnbescheids zu erreichen (vgl. § 696 Rn. 4). Maßgebend für die Bestimmung des Begriffs „alsbald“ ist der Zeitpunkt der Benachrichtigung, nicht die Erhebung des Widerspruchs. Soweit der Widerspruch **materiellrechtliche Konsequenzen** nach sich zieht (vgl. § 694 Rn. 5), wird in der Regel der Zeitpunkt des Zugangs der die Erfüllung ablehnenden Erklärung beim Antragsteller und damit seine Benachrichtigung durch das Gericht maßgebend sein.[3] Anderes kann nur dann gelten, wenn die Erfüllungsverweigerung gegenüber Dritten ausreicht, um die materiellrechtlichen Folgen eintreten zu lassen. Der Beginn der Sechsmonatsfrist für das Ende der Hemmung bei Verfahrensstillstand (§ 204 Abs. 2 S. 2 BGB) bestimmt sich nach dem Zeitpunkt, an welchem die Benachrichtigung des Gerichts dem Antragsteller zugeht (vgl. § 697 Rn. 6).[4]

II. Abschriften

3 Bei nichtmaschineller Bearbeitung soll der Widersprechende Abschriften seines Widerspruchs in erforderlicher Zahl einreichen. Dabei handelt es sich um eine **Sollbestimmung,** nicht um eine Voraussetzung für die Zulässigkeit des Widerspruchs. Fehlen Abschriften, werden sie von der Geschäftsstelle auf Kosten des Antragsgegners hergestellt.[5] „Erforderlich“ im Sinne dieser Bestimmung sind Abschriften für jeden von mehreren Antragstellern. Die Urschrift des Widerspruchs verbleibt bei dem Gericht; für Prozessbevollmächtigte sind gesonderte Abschriften notwendig.[6]

---

[23] OLG Köln IVH 2003, 110 (Widerspruch als schriftliche Entscheidung im Sinne des § 12 Abs. 2 VVG) = NJW-RR 2003, 890f.; MK/*Schüler* Rn. 2.

[24] BGHZ 133, 71, 78 = NJW 1996, 2156, 2158.

[25] OLG Hamm AnwBl. 1984, 503; *Fischer* MDR 1994, 124.

[26] *Zö/Vollkommer* Rn. 15; *B/L/H* Rn. 10; abweichend (bereits vor Zustellung) *St/J/Schlosser* Rn. 4; *Wiecz/Sch/Olzen* Rn. 24; ablehnend (Verzicht sei denkbar, aber es bestehe kein Bedürfnis) MK/*Schüler* Rn. 22.

[1] Vgl. Begründung des Entwurfs zum Gesetz über die Verwendung elektronischer Kommunikationsformen in der Justiz (Justizkommunikationsgesetz – JKomG), BR-Drucks. 609/04, S. 57.

[2] *B/L/H* Rn. 4; aA *T/P/Hüßtege* Rn. 1; *Wiecz/Sch/Olzen* Rn. 5 (Übersendung der Abschrift des Widerspruchs).

[3] BGHZ 88, 174, 177 = NJW 1983, 2699; *St/J/Schlosser* Rn. 1.

[4] Vgl. BGH NJW-RR 1998, 954; die frühere Rechtsprechung wollte darauf abstellen, wann die Benachrichtigung aus dem inneren Geschäftsbetrieb des Gerichts herausgegeben wird, vgl. LG Göttingen NJW-RR 1993, 1360; so auch *B/L/H* Rn. 5.

[5] *St/J/Schlosser* Rn. 2.

[6] *B/L/H* Rn. 6; MK/*Schüler* Rn. 6.

III. Rechtsanwaltsgebühren

Vgl. § 688 Rn. 11. 4

696 *Verfahren nach Widerspruch* **(1) [1]Wird rechtzeitig Widerspruch erhoben und beantragt eine Partei die Durchführung des streitigen Verfahrens, so gibt das Gericht, das den Mahnbescheid erlassen hat, den Rechtsstreit von Amts wegen an das Gericht ab, das in dem Mahnbescheid gemäß § 692 Abs. 1 Nr. 1 bezeichnet worden ist, wenn die Parteien übereinstimmend die Abgabe an ein anderes Gericht verlangen, an dieses. [2]Der Antrag kann in den Antrag auf Erlass des Mahnbescheids aufgenommen werden. [3]Die Abgabe ist den Parteien mitzuteilen; sie ist nicht anfechtbar. [4]Mit Eingang der Akten bei dem Gericht, an das er abgegeben wird, gilt der Rechtsstreit als dort anhängig. [5]§ 281 Abs. 3 Satz 1 gilt entsprechend.**

(2) [1]Ist das Mahnverfahren maschinell bearbeitet worden, so tritt, sofern die Akte nicht elektronisch übermittelt wird, an die Stelle der Akten ein maschinell erstellter Aktenausdruck. [2]Für diesen gelten die Vorschriften über die Beweiskraft öffentlicher Urkunden entsprechend. § 298 findet keine Anwendung.

(3) Die Streitsache gilt als mit Zustellung des Mahnbescheids rechtshängig geworden, wenn sie alsbald nach der Erhebung des Widerspruchs abgegeben wird.

(4) [1]Der Antrag auf Durchführung des streitigen Verfahrens kann bis zum Beginn der mündlichen Verhandlung des Antragsgegners zur Hauptsache zurückgenommen werden. [2]Die Zurücknahme kann vor der Geschäftsstelle zu Protokoll erklärt werden. [3]Mit der Zurücknahme ist die Streitsache als nicht rechtshängig geworden anzusehen.

(5) Das Gericht, an das der Rechtsstreit abgegeben ist, ist hierdurch in seiner Zuständigkeit nicht gebunden.

I. Normzweck

Mit seinem Widerspruch verhindert der Antragsgegner den Erlass eines Vollstreckungsbescheids. Das Mahnverfahren geht in ein streitiges Verfahren über, sofern eine der Parteien es beantragt. § 696 regelt neben der Überleitung in das streitige Verfahren die näheren Modalitäten dieses Verfahrens einschließlich der Rückbeziehung der Rechtshängigkeit auf den Zeitpunkt der Zustellung des Mahnbescheids und der Rücknahme des Antrags auf Durchführung des streitigen Verfahrens. Bezüglich der gerichtlichen Zuständigkeit kommt dem Umstand besondere Bedeutung zu, dass für die Durchführung des Mahnverfahrens nach § 689 meist ein anderes Gericht zuständig ist, als das zur Entscheidung über den Rechtsstreit berufene. Die Abgabe an das vom Antragsteller im Mahnantrag bereits bezeichnete Gericht ist deshalb der Regelfall (zur Ausnahme vgl. § 698). 1

II. Abgabe zur Durchführung des streitigen Verfahrens

1. Voraussetzungen der Abgabe. Die Abgabe des Rechtsstreits setzt einen **Widerspruch** des Antragsgegners vor **der Verfügung des Vollstreckungsbescheids** voraus (vgl. § 694 Rn. 3). Auf die **Wirksamkeit des Widerspruchs** kommt es **nicht** an, sofern nur das Mahngericht nach dem äußeren Erscheinungsbild von einem wirksamen Widerspruch ausgehen kann.[1] Ist der **Vollstreckungsbescheid bereits verfügt,** ist das Verfahren von Amts wegen nach § 700 Abs. 3 S. 1 abzugeben, da der Widerspruch in diesem Verfahrensstadium als Einspruch gegen den Vollstreckungsbescheid behandelt wird (vgl. § 694 Rn. 3). Dies gilt auch dann, wenn der Vollstreckungsbescheid ergangen ist, obwohl der Widerspruch bereits bei Gericht eingegangen war (vgl. § 694 Rn. 3). Der **Antrag** auf **Durchführung des streitigen Verfahrens** kann nach Abs. 1 S. 2 mit dem Antrag auf Erlass eines Mahnbescheids verbunden werden (vgl. § 690 Rn. 10). Die Abgabe braucht nur mitbeantragt zu werden, wenn die Parteien übereinstimmend die Abgabe an ein anderes als das im Mahnbescheid angegebene Gericht wünschen (Abs. 1 S. 1 aE). Der Antrag auf Durchführung des streitigen Verfahrens kann auch vom Widerspruchsführer gestellt werden;[2] er kann mit dem Widerspruch nach § 694 verbunden werden (vgl. § 694 Rn. 4). Der Antrag ist schriftlich oder mündlich gegenüber dem Urkundsbeamten der Geschäftsstelle zu erklären; dies kann vor jedem Amtsgericht geschehen (§§ 702, 129a). Der nicht fristgebundene[3] Antrag braucht nicht ausdrücklich auf Durchführung des streitigen Verfahrens gerichtet zu sein; es reicht aus, wenn ein entsprechender Wille erkennbar ist.[4] Allein die **Einzahlung der weiteren Gerichtsgebühren** reicht als Antrag **nicht** aus.[5] Anderes gilt, wenn das Mahngericht auf der Gebührenrechnung vermerkt, dass die Einzahlung als Antrag verstanden wird.[6] Bei Zweifeln kann eine Nachfrage des Gerichts veranlasst sein. Eine allgemeine Hinweispflicht auf die Notwendigkeit eines solchen Antrags besteht aber nicht.[7] Wird 2

---

1 BGH NJW 1998, 235.
2 Vgl. OLG Hamburg MDR 1994, 520; OLG Koblenz MDR 1994, 520, 521.
3 Vgl. MK/*Schüler* Rn. 15.
4 *St/J/Schlosser* Rn. 1 (Einreichen einer Klageschrift); vgl. auch *Liebheit* NJW 2000, 2235 f. (Auslegung der einseitigen Erledigungserklärung bezüglich des im Mahnverfahren geltend gemachten Anspruchs als Antrag auf Durchführung des streitigen Verfahrens wegen der Kosten).
5 OLG München MDR 1997, 890 = JurBüro 1997, 602 f.; MK/*Schüler* Rn. 3.
6 Zu dieser Praxis vgl. *Liebheit* NJW 2000, 2235, 2240.
7 *B/L/H* Rn. 7.

der Antrag durch einen Bevollmächtigten gestellt, muss dieser seine ordnungsgemäße Bevollmächtigung versichern (§ 703).[8] Soweit die Partei die Durchführung des streitigen Verfahrens beantragt, die den Mahnantrag gestellt hat, soll die Sache erst abgegeben werden, wenn die **Gebühren bezahlt** sind (§ 12 Abs. 3 S. 3 GKG). Geschieht das nicht, tritt Verfahrensstillstand ein.[9] Stellt der Widerspruchsführer diesen Antrag, ist eine solche Vorauszahlung der Gebühren nicht erforderlich. Der Widerspruchsführer wird aber Schuldner der Kosten nach § 22 Abs. 1 S. 1 GKG.[10] Das erscheint zunächst nicht ganz unzweifelhaft, denn nach dieser Regelung wird derjenige, der Einspruch gegen den Vollstreckungsbescheid einlegt, nicht Kostenschuldner. Der Unterschied ist darauf zurückzuführen, dass im letzten Fall die Sache von Amts wegen zur Durchführung des streitigen Verfahrens abgegeben wird, während sich der Schuldner im Fall eines Mahnbescheids auf den Widerspruch beschränken und es dem Gläubiger überlassen kann, die Durchführung des streitigen Verfahrens zu beantragen. Als zulässig sollte es angesehen werden, den Antrag auf Durchführung des streitigen Verfahrens auf einen **Teilbetrag** zu beschränken.[11] Der Grundsatz der einheitlichen Kostenentscheidung gilt dann nur für den Teil, der rechtshängig geworden ist.[12] Die sachliche Zuständigkeit des Streitgerichts bestimmt sich nach dem Wert der Teilforderung, wegen derer das streitige Verfahren durchgeführt werden soll (vgl. Rn. 6). Der Gläubiger kann deshalb die Abgabe an das sachlich zuständige Streitgericht beantragen, ohne insoweit an die Angaben im Mahnantrag gebunden zu sein.[13] Hat der Schuldner die **Forderung bereits beglichen, bevor der Anspruch rechtshängig** wurde, muss in entsprechender Anwendung des § 269 Abs. 3 S. 3 der Antragsteller die Möglichkeit haben, den Mahnantrag in der Hauptsache zurückzunehmen und allein zur Erlangung einer für ihn günstigen Kostenentscheidung die Durchführung des streitigen Verfahrens zu beantragen (vgl. auch § 690 Rn. 13).[14] Erledigt sich die Hauptsache **zwischen** dem Stellen des **Antrags auf Durchführung des streitigen Verfahrens** und alsbaldiger Abgabe der Streitsache, kann der Antragsteller durch Rücknahme des Mahnantrags dem Streitantrag seine Grundlage entziehen und so die Kostenfolge des § 269 Abs. 3 S. 3 herbeiführen.[15] Dagegen reicht die Rücknahme des Streitantrages nicht aus, um diese Kostenfolge eintreten zu lassen, es bleibt dann bei der Kostenregelung des § 269 Abs. 3 S. 2.[16] Der Antragsteller kann aber auch den Antrag aufrechterhalten und in dem nachfolgenden Streitverfahren die Klage mit der Folge des § 269 Abs. 3 S. 3 unverzüglich zurücknehmen.[17] Alternativ kann der Antragsteller auch den mit dem Mahnantrag begehrten Anspruch in einen materiellrechtlichen Kostentragungsanspruch ändern.[18] Stellt **keine Partei** einen **Antrag auf Durchführung des streitigen Verfahrens,** tritt Verfahrensstillstand ein (vgl. § 694 Rn. 5). Die verjährungshemmende Wirkung des Mahnbescheids endet sechs Monate nach der letzten Verfahrenshandlung (§ 204 Abs. 2 S. 2 BGB). Als solche wurde bisher regelmäßig die Mitteilung des Widerspruchs (nicht deren Zugang) an den Antragsteller nach § 695 angesehen.[19] Angesichts der Rechtsprechung zu der vergleichbaren Problematik des § 697 Abs. 3 (vgl. § 697 Rn. 6) sollte auch hier der Zugang als entscheidender Zeitpunkt angesehen werden.

3 **2. Abgabeverfahren.** Der Rechtsstreit wird an das im Mahnbescheid anzugebende Gericht ohne Prüfung seiner Zuständigkeit abgegeben. Eine Kostenentscheidung ergeht nicht (vgl. § 91 Rn. 3). Die Abgabe wird den Parteien formlos mitgeteilt, Abs. 1 S. 3.[20] Die Abgabeverfügung ist nach Abs. 1 S. 3 Halbs. 2 **unanfechtbar** und unterliegt auch nicht der Erinnerung (§ 11 Abs. 2 RPflG; § 36b Abs. 3 RPflG).[21] Dagegen kann die Ablehnung des Antrags auf Durchführung des streitigen Verfahrens mit der sofortigen Beschwerde angegriffen werden (§ 11 Abs. 1 RPflG).[22] An ein **anderes** als das im Mahnbescheid bezeichnete **Gericht** wird nur abgegeben, wenn beide Parteien dies übereinstimmend verlangen, Abs. 1 S. 1 aE. Der Antrag kann auch mündlich oder telefonisch gestellt werden, jedoch nur, bevor die Abgabe vollzogen wurde.[23] Von dem übereinstimmenden Wunsch, die Sache an ein anderes Gericht abzugeben, ist der **Abschluss einer Gerichtsstandsvereinbarung** zu unterscheiden. Während ersterer nur dazu dient, Falschbezeichnungen im Mahnan-

---

[8] AllgM MK/*Schüler* Rn. 4; Zö/*Vollkommer* Rn. 1.

[9] LG Frankfurt/M JurBüro 1999, 90, 91 (Stillstand auch dann, wenn der Antragsteller den Anspruch begründet).

[10] LG Koblenz JurBüro 1996, 205; *B/L/H* Rn. 8; MK/*Schüler* Rn. 5; *Wiecz/Sch/Olzen* Rn. 7.

[11] OLG Stuttgart MDR 1984, 673 (Erledigung der Hauptsache vor der Abgabe); *Kießling* ZZP 119 (2006), 447, 449ff.; MK/*Schüler* Rn. 22. Zu Kostenproblemen bei der Teilrücknahme vgl. *N. Schneider* MDR 1999, 462ff.; vgl. auch § 690 Rn. 10.

[12] *Kießling* ZZP 119 (2006), 447, 456.

[13] *Kießling* ZZP 119 (2006), 447, 457f.

[14] *Wolff* NJW 2003, 553ff. (Antragsrücknahme mit Kostenentscheidung in analoger Anwendung des § 269 Abs. 3 S. 3 oder Umstellung des Mahnantrags auf die Kosten, aber keine auf die Kosten beschränkte Fortsetzung des Verfahrens); *Kießling* ZZP 119 (2006), 447, 453, 455; AG Bremen 5. 9. 2003 7 C 145/2003; zu streng LG Berlin 27. 11. 2003 67 T 129/03 (keine unverzügliche Klagerücknahme iSv. § 269 Abs. 3 S. 3, wenn die weiteren Gerichtskosten verspätet gezahlt werden und deshalb nicht alsbald an das Streitgericht abgegeben wird). Zur Möglichkeit, durch entsprechenden Antrag auf Durchführung des streitigen Verfahrens den Gegenstand des Mahnverfahrens auf den Kostenfeststellungsantrag zu ändern, vgl. *Liebheit* NJW 2000, 2235ff.

[15] BGH NJW 2005, 513, 514; *Sae/Gierl,* § 690 Rn. 19; *Wolff* NJW 2003, 553, 557f.

[16] *Wolff* NJW 2003, 553, 558.

[17] *Wolff* NJW 2003, 553, 558.

[18] *Wolff* NJW 2003, 553, 558; kritisch *Probst,* JR 2005, 375f.

[19] OLG München NJW-RR 1988, 896; MK/*Schüler* Rn. 15; vgl. auch BGH NJW-RR 1992, 1021, 1022.

[20] MK/*Schüler* Rn. 13; *Wiecz/Sch/Olzen* Rn. 11; Zö/*Vollkommer* Rn. 4; aA (Zustellung) OLG München MDR 1980, 501.

[21] Vgl. MK/*Schüler* Rn. 16; Zö/*Vollkommer* Rn. 4; vgl. auch *Musielak* FamRZ 1981, 927, 928.

[22] Vgl. MK/*Schüler* Rn. 16.

[23] BayObLGZ 1993, 317, 318 = NJW-RR 1994, 891; aA KG KGR 1999, 165ff.

trag zu korrigieren, ist die Gerichtsstandsvereinbarung darauf gerichtet, die Zuständigkeit des Gerichts, an das die Sache abgegeben wird, zu begründen oder auch auszuschließen. Eine solche Prorogation bleibt den Parteien unter den Voraussetzungen der §§ 38ff. bis zum Eintritt der Rechtshängigkeit (vgl. Rn. 4) unbenommen, wobei bei Bestimmung des Zeitpunkts die Rückbeziehung der Rechtshängigkeit nach Abs. 3 außer Betracht bleibt.[24] In der Angabe eines unzuständigen Gerichts im Mahnantrag kann kein Antrag auf Abschluss einer Gerichtsstandsvereinbarung gesehen werden (vgl. § 690 Rn. 9). Nach Eintritt der Rechtshängigkeit kann das zuständige Gericht auch bei übereinstimmendem Willen der Parteien den Rechtsstreit nicht mehr verweisen (vgl. auch Rn. 6).[25] Hat sich der Wert der Hauptsache ermäßigt und dadurch die **sachliche Zuständigkeit geändert,** so wird auf einseitigen Antrag des Mahnantragstellers die Sache nicht an das im Mahnantrag bezeichnete, sondern an das nunmehr zuständige Gericht abgegeben.[26] Ändert sich nach Stellen des Mahnantrags der allgemeine Gerichtsstand des Antragsgegners, so entsteht das Wahlrecht nach § 35 neu;[27] es muss bis zum Eingang der Anspruchsbegründung ausgeübt werden (vgl. Rn. 6). Wenn das Verfahren bereits abgegeben ist, hat das Streitgericht auf Antrag zu verweisen (vgl. Rn. 6). Hat der Antragsteller die geltendgemachte Forderung nach Einleitung des Mahnverfahrens, aber vor Eintritt der Rechtshängigkeit **abgetreten** und scheidet eine Rückbeziehung der Rechtshängigkeit nach Abs. 3 mangels alsbaldiger Abgabe (vgl. Rn. 4) aus, bedarf der bei Ablehnung der analogen Anwendung des § 265 (vgl. aber § 688 Rn. 5) erforderliche Klägerwechsel nicht der Zustimmung des Beklagten.[28] Richtet sich der Mahnantrag gegen **mehrere Antragsgegner,** für die unterschiedliche Gerichte im Mahnantrag bezeichnet sind, sind die Verfahren zu trennen;[29] sie können nach § 36 Abs. 1 Nr. 3 wieder verbunden werden.[30] Eine solche Verbindung nach gerichtlicher Zuständigkeitsbestimmung (vgl. § 697 Rn. 5) kann vor der Abgabe,[31] aber auch noch später[32] geschehen. Ausgeschlossen ist sie, wenn noch ungewiss ist, ob gegen mehr als eine Person das Mahnverfahren eingeleitet oder weiter durchgeführt wird.[33] Wird die Akte nicht elektronisch übermittelt – insbesondere deshalb, weil das Empfangsgericht die elektronische Aktenführung nach § 298a noch nicht eingeführt hat – ist zur Durchführung der Abgabe ein **Aktenausdruck** erforderlich. Dieser unterfällt aber wegen Abs. 2 S. 3 nicht den strengen Anforderungen des § 298, so dass ein **einfacher Ausdruck** ausreicht. Soweit Akteneinsicht nach § 299 gewährt und in diesem Zusammenhang ein Ausdruck nach § 299 Abs. 3 erteilt wird, findet auf diesen § 298 Anwendung.

3. Rechtshängigkeit (Abs. 3). Wie sich aus Abs. 3 entnehmen lässt, begründet das Mahnverfahren als solches noch keine Rechtshängigkeit. Wann diese eintritt, wenn die Voraussetzungen des Abs. 3 nicht erfüllt sind, ist zweifelhaft; der BGH hat die Frage zunächst offen gelassen;[34] nunmehr hat sich der IX. Senat des BGH ohne nähere Begründung für den Zeitpunkt des Akteneingangs beim Empfangsgericht ausgesprochen.[35] Gegen das Abstellen auf die Mitteilung der Abgabeverfügung spricht, dass in diesem Zeitpunkt das Verfahren wegen Abs. 1 S. 4 nicht anhängig ist.[36] Der Zeitpunkt des Akteneingangs bei dem angegebenen Gericht ist ebenfalls nicht maßgebend[37] (zu Auswirkungen auf § 261 Abs. 3 Nr. 2 vgl. Rn. 6), weil der Antragsgegner angesichts der materiellrechtlichen Folgen Kenntnis von dem die Rechtshängigkeit begründenden Umstand erhalten muss, soweit das Gesetz nichts anderes vorsieht. Dabei lässt sich der Regelung des Abs. 3 nichts anderes entnehmen, denn dort muss der Antragsgegner wegen des engen zeitlichen Zusammenhangs mit dem Eintritt der Rechtshängigkeit rechnen. Mangels Erkennbarkeit für den Antragsgegner reicht auch ein bloßes Tätigwerden des Empfangsgerichts nicht aus, auch wenn es nach außen erkennbar ist.[38] Entschei- 4

[24] BayObLG NJW-RR 1995, 635, 636 = MDR 1995, 312; LG Lüneburg BauR 1999, 514f.; *Zö/Vollkommer* Rn. 3 und § 38 Rn. 12a.

[25] OLG Schleswig NJW-RR 2001, 646; vgl. auch BGH X ARZ 299/02

[26] OLG Frankfurt/M OLGZ 1993, 91; NJW-RR 1995, 831; *Zö/Vollkommer* Rn. 3.

[27] OLG München MDR 2007, 1278f.; MDR 2007, 1154 (Ausdehnung auf Fälle, in denen der Antragsteller schuldlos keine Kenntnis vom Wohnsitzwechsel vor Antragstellung hatte, jedenfalls nicht willkürlich).

[28] OLG Celle NJW-RR 1998, 206f. (offen gelassen, ob bei Rückbeziehung nach Abs. 3 anderes gilt; richtigerweise ist diese Frage zu verneinen; zur parallelen Problematik des § 261 Abs. 3 Nr. 2 vgl. Rn. 6).

[29] OLG Hamm Rpfleger 1983, 177; MK/*Schüler* Rn. 10.

[30] MK/*Schüler* Rn. 11; *Wiecz/Sch/Olzen* Rn. 15.

[31] BayObLG Rpfleger 2003, 139, 140; BayObLGZ 1980, 149, 152; *St/J/Schlosser* Rn. 10.

[32] BGH NJW 1978, 1982; OLG Düsseldorf Rpfleger 1978, 184; *St/J/Schlosser* Rn. 10; *Zö/Vollkommer* Rn. 10; aA BayObLG Rpfleger 2003, 139, 140 (überflüssige Verweisungen seien zu vermeiden; Zuständigkeitsbestimmung deshalb nur vor der Abgabe; dabei wird jedoch übersehen, dass der Antrag auf Streitverfahren auch von einem Streitgenossen allein gestellt werden kann, so dass ggf. die Zuständigkeitsbestimmung entfallen würde. Außerdem kann dann im Mahnantrag keine Abgabe an das zu bestimmende Gericht gefordert werden, da man nicht weiß, ob überhaupt beide Streitgenossen widersprechen werden).

[33] MK/*Schüler* Rn. 11; vgl. auch BGH NJW 1978, 1982; aA (Zuständigkeitsbestimmung und Verbindung zulässig, wenn Durchführung des Mahnverfahrens beabsichtigt ist) LG Duisburg Rpfleger 1978, 223 = MDR 1978, 582.

[34] BGHZ 112, 325, 329 = NJW 1991, 171 (nicht vor Abgabe); BGH NJW 1993, 1070, 1071 (spätestens mit Zustellung der Anspruchsbegründung nach § 697 Abs. 1).

[35] BGH DStRE 2007, 1000.

[36] So aber OLG München MDR 1980, 501, 502; dagegen mit Recht MK/*Schüler* vor § 688 Rn. 17; *Zö/Vollkommer* Rn. 5.

[37] So aber BGH DStRE 2007, 1000; KG MDR 1998, 618, 619, 735; MDR 2000, 1335, 1336; OLG Dresden NJW-RR 2003, 194, 195; LG Halle (Saale) 13. 5. 2005 11 O 16/05; *Müther* MDR 1998, 619, 620; *Sae/Gierl* Rn. 24; *T/P/Hüßtege* Rn. 7, 13; *Wiecz/Sch/Olzen* Rn. 27; *Zö/Vollkommer* Rn. 5.

[38] So aber OLG Köln MDR 1985, 680; OLG Karlsruhe FamRZ 1991, 90, 91.

dend ist vielmehr die **Zustellung der Anspruchsbegründung** nach § 697 Abs. 1[39] und in Ermangelung einer solchen der Zeitpunkt der Zustellung einer Terminbestimmung nach § 697 Abs. 3 S. 2.[40] Im Regelfall kommt es auf diese Frage nicht an, weil nach Abs. 3 die Rechtshängigkeit auf den Zeitpunkt der **Zustellung des Mahnbescheids zurückzubeziehen** ist (zu Ausnahmen bei der Zuständigkeitsbestimmung und zum Klägerwechsel wegen Abtretung des Anspruchs vgl. Rn. 3 und 6), sofern die Sache alsbald nach Erhebung des Widerspruchs abgegeben wird. Dabei sind in die Beurteilung der Frage, ob die Zustellung „alsbald" erfolgt, allein die vom Antragsteller zu beeinflussenden Umstände einzubeziehen. Er muss deshalb, nachdem er über den Widerspruch informiert wurde (§ 695), in angemessener Frist den Antrag auf Durchführung des streitigen Verfahrens stellen und den Gerichtskostenvorschuss entrichten. Gerichtsinterne Verzögerungen sind dem Antragsteller nicht zuzurechnen, sie hindern deshalb eine Rückbeziehung der Rechtshängigkeit nach Abs. 3 nicht.[41] Die bei § 167 Rn. 6ff. ausgeführten Grundsätze zum Begriff „demnächst" können entsprechend herangezogen werden.[42] Eine weitere Rückbeziehung auf den **Zeitpunkt der Stellung des Mahnantrags** kommt nach § 167 in Betracht.

5 **4. Rücknahme des Antrags (Abs. 4).** Der Antragsteller kann den Antrag auf Durchführung des streitigen Verfahrens zurücknehmen (zur Kostenfolge vgl. Rn. 8; zu bereits im Mahnantrag gestellten Anträgen vgl. § 690 Rn. 10). Bei Ansprüchen wegen Pflegeversicherungsbeiträgen ist **§ 182a Abs. 1 S. 3 SGG** zu beachten, der die Rücknahme nur bis zur Abgabe an das Sozialgericht zulässt. Nach Einlassung der Gegenpartei zur Hauptsache kann der Mahnantragsteller den Antrag auf Durchführung des streitigen Verfahrens nur mit **Zustimmung** der Gegenpartei zurücknehmen. Hat der Widerspruchsführer die Durchführung des streitigen Verfahrens beantragt, kann er bis zu seiner Einlassung zur Hauptsache seinen Antrag ohne Zustimmung der Gegenseite zurücknehmen.[43] Deren Interessen werden dadurch ausreichend geschützt, dass sie auch jetzt noch einen eigenen Antrag nach § 696 Abs. 1 stellen kann (dazu näher im Folgenden). Haben beide Parteien den Antrag gestellt, berührt die Rücknahme eines der Anträge die Wirksamkeit des anderen nicht.[44] Die Rücknahme kann **schriftlich oder** vor der Geschäftsstelle **zu Protokoll** erklärt werden; es besteht wegen § 78 Abs. 5 auch vor dem LG kein Anwaltszwang.[45] § 129a ist – im Gegensatz zu § 703[46] – anwendbar. Die Rücknahme kann auf einen **Teil des Antrags** beschränkt werden.[47] Erklären die Parteien die Sache vor der Einlassung zur Hauptsache für **erledigt**, so kann dies nicht ohne weiteres als Rücknahme des Antrags auf Durchführung des streitigen Verfahrens ausgelegt werden, denn die Kostenfolgen können unterschiedlich sein.[48] Deshalb kann auch die einseitige Erledigungserklärung nicht ohne weiteres als Rücknahme des Streitantrags verstanden werden,[49] was nicht ausschließt, dass sie im Einzelfall in dieser Weise ausgelegt werden kann.[50] Die Rücknahme des Antrags auf Durchführung des streitigen Verfahrens schließt die **Rücknahme des Mahnantrags** bzw. die **Rücknahme des Widerspruchs** gegen den Mahnbescheid nicht ein.[51] Das Verfahren wird vielmehr in das Mahnverfahren zurückversetzt. Ein Vollstreckungsbescheid kann nicht ergehen, sofern nicht zugleich der Widerspruch gegen den Mahnbescheid zurückgenommen wurde (vgl. § 697 Rn. 8). Das Verfahren gerät deshalb in Stillstand, bis erneut die Durchführung des streitigen Verfahrens beantragt wird.[52] Zweifelhaft ist, ob über die Kosten des streitigen Verfahrens nach Rücknahme des Streitantrags trotz des aufrechterhaltenen Mahnantrags entschieden werden kann. Da der Gläubiger sein Rechtsschutzbegehren nicht aufgibt, kommt allein eine entsprechende Anwendung des § 269 Abs. 3 S. 2 in Betracht.[53] Der BGH will aber in diesem Stadium auf eine Kostenentscheidung zu

---

[39] OLG München MDR 2007, 1278f.; MDR 2007, 1154, 1155; OLG Frankfurt/M NJW-RR 1992, 447, 448; OLG Koblenz OLGZ 91, 373, 378; *Zinke* NJW 1983, 1081, 1083f.; *Sundermann* JA 1990, 1, 3; MK/*Schüler* vor § 688 Rn. 17f. und § 696 Rn. 21; *St/J/Schlosser* Rn. 7; *B/L/H* Rn. 15; *Ro/S/Go* § 163 Rn. 37.

[40] MK/*Schüler* Rn. 21; *B/L/H* Rn. 16; *Ro/S/Go* § 163 Rn. 37; vgl. auch OLG Naumburg OLGR 1999, 94.

[41] BGHZ 103, 20, 28 = NJW 1988, 1980; MK/*Schüler* Rn. 19; *St/J/Schlosser* Rn. 7.

[42] AllgM BGHZ 103, 20, 28 = NJW 1988, 1980; MK/*Schüler* Rn. 18; *St/J/Schlosser* Rn. 7.

[43] MK/*Schüler* Rn. 24; *Wiecz/Sch/Olzen* Rn. 33; aA *St/J/Schlosser* Rn. 2.

[44] MK/*Schüler* Rn. 25.

[45] OLG München AnwBl. 1984, 371.

[46] MK/*Holch* Rn. 27 (Mahnverfahren ist beendet).

[47] KG JurBüro 1982, 614; OLG Karlsruhe MDR 1988, 1066; OLG München MDR 1992, 187; *Kießling* ZZP 119 (2006), 447, 455 (keine Kostenentscheidung, sofern nicht Teilrücknahme auch des Mahnantrags); *B/L/H* Rn. 18; *Zö/Vollkommer* Rn. 2; MK/*Schüler* Rn. 25.

[48] MK/*Schüler* Rn. 29; vgl. auch OLG Köln Rpfleger 1982, 158; zu den Kostenfragen bei Zahlung des Schuldners während des Mahnverfahrens vgl. *Fischer* MDR 1997, 706ff.

[49] OLG München NJW-RR 1996, 956, 957 = JurBüro 1996, 368; OLG Bamberg JurBüro 1992, 762; OLG Nürnberg NJW-RR 1987, 1278, 1279; *Fischer* MDR 1994, 125f.; *B/L/H* Rn. 18; weiter gehend (idR als Rücknahme zu verstehen) OLG Köln Rpfleger 1982, 158 (unter Anwendung des § 91a); OLG Köln JurBüro 1988, 616f. (unter Anwendung des § 91a); MK/*Schüler* Rn. 25; *St/J/Schlosser* Rn. 2; *Zö/Vollkommer* Rn. 2 (unter Anwendung des § 91a).

[50] Weiter gehend BayObLG MDR 2003, 829, 830 (regelmäßig Rücknahme des Streitantrages und nicht des Mahnantrages).

[51] Zum Mahnantrag: BGH NJW-RR 2006, 201; OLG Stuttgart MDR 1990, 557; LG Bremen MDR 2006, 1310; *Fischer* MDR 1994, 125; *St/J/Schlosser* Rn. 2; *Zö/Vollkommer* Rn. 2; zum Widerspruch: *Schwab* NJW 1979, 697; MK/*Schüler* Rn. 28; *Zö/Vollkommer* Rn. 2.

[52] BGH NJW-RR 2006, 201; Zu dieser Möglichkeit OLG München NJW-RR 1987, 952; OLG Stuttgart OLGZ 1989, 200f.; MDR 1990, 557; LG Kaiserslautern MDR 1994, 417.

[53] *Wolff* NJW 2003, 553, 558; *Schneider* JurBüro 2002, 509, 511 (aber Möglichkeit, den Mahnantrag auf Ersatz der Kosten umzustellen).

Lasten des Antragstellers verzichten (so auch § 91 Rn. 51).[54] Eine Entscheidung über die gesamten Kosten des Verfahrens sei wegen der fortbestehenden Anhängigkeit ausgeschlossen, und auch eine Entscheidung allein über die Kosten des Streitverfahrens sei mangels Abgrenzbarkeit dieser Kosten nicht möglich. Nur wenn zugleich der Mahnantrag zurückgenommen werde, könne vom Streitgericht über die Kosten nach § 269 Abs. 3 S. 2 oder 3 entschieden werden (vgl. § 690 Rn. 13). Diese Auffassung zwingt den Mahnantragsgegner, der im Hinblick auf den Streitantrag anwaltliche Hilfe in Anspruch genommen hat, zu einem eigenen Streitantrag, was der BGH aber ausdrücklich hinnimmt. Erklärt die Partei, die den Mahnantrag und den Antrag auf Durchführung des streitigen Verfahrens gestellt hat, die Klagerücknahme nach der Abgabe, aber **vor dem Beginn der mündlichen Verhandlung,** so unterliegt dies **nicht dem Anwaltszwang,**[55] denn diese Erklärung ist der Sache nach nichts anderes als die Rücknahme des Mahnantrags nach Stellung des Antrags auf Durchführung des streitigen Verfahrens.[56] Nach Erlass eines Vollstreckungsbescheids scheidet diese Lösung aus, da die Rücknahme des Antrags auf Durchführung des streitigen Verfahrens dann nicht möglich ist; die Klagerücknahme unterliegt dann dem Anwaltszwang.[57] Nach Rücknahme des Antrags auf Durchführung des streitigen Verfahrens kann dieser Antrag **erneut gestellt** werden.[58] Die Rechtshängigkeit tritt bei Wiederholung des Streitantrags ex nunc ein.

III. Prüfung durch das Empfangsgericht

Die Abgabe erfolgt allein auf Grund der Angaben im Antrag auf Erlass des Mahnbescheids. Die Abgabe hat deshalb **keine bindende Wirkung,** sondern das Empfangsgericht prüft die Sachurteilsvoraussetzungen in vollem Umfang (vgl. § 697 Rn. 5).[59] Soweit es dafür auf den Eintritt der Rechtshängigkeit ankommt, bleibt die Rückwirkung nach Abs. 3 außer Betracht; maßgebend ist der nach den in Rn. 4 genannten Kriterien zu bestimmende Zeitpunkt des Eintritts der Rechtshängigkeit.[60] Es ist deshalb **kein Fortbestehen der Zuständigkeit nach § 261 Abs. 3 Nr. 2** anzunehmen, wenn sich die die Zuständigkeit begründenden Umstände in der Zeit zwischen der Zustellung des Mahnbescheids und dem Eintritt der Rechtshängigkeit geändert haben.[61] Dies gilt auch für die sachliche Zuständigkeit.[62] Ist das Empfangsgericht **unzuständig,** kann der Rechtsstreit auf Antrag nach § 281 Abs. 1 weiterverwiesen werden (zur Ausübung der Wahl zwischen mehreren zuständigen Gerichten vgl. § 690 Rn. 9;[63] zu den Grenzen der Bindungswirkung einer solchen Verweisung[64] vgl. § 281 Rn. 17; zur Freiheit vom Anwaltszwang vgl. § 281 Rn. 9; zur Zuständigkeitsbestimmung nach § 36 Abs. 1 Nr. 3 bei mehreren Antragsgegnern vgl. Rn. 3; zur Zuständigkeitsbestimmung im Fall des § 36 Abs. 1 Nr. 6 vgl. § 697 Rn. 5). Ist das **Empfangsgericht zuständig,** kommt eine Verweisung auch bei übereinstimmendem Parteiwillen[65] nicht in Betracht.[66] Ist durch einen **Wohnsitzwechsel des Antragsgegners** nach Stellen des Mahnantrags ein Wahlrecht des Antragstellers nach § 35 erst entstanden, so muss dieses bis zum Eintritt der Rechtshängigkeit, also bis zur Zustellung der Anspruchsbegründung (vgl. Rn. 4) ausgeübt 6

---

[54] BGH NJW-RR 2006, 201f.; KG MDR 2005, 1246, 1247; *Kießling* ZZP 119 (2006), 447, 455; aA LG Bremen MDR 2006, 1310; *Ruess* NJW 2006, 1915, 1919.

[55] LG Essen JZ 1980, 237; *B/L/H* Rn. 20; *Zö/Vollkommer* Rn. 2; aA MK/*Schüler* Rn. 26.

[56] Vgl. *St/J/Schlosser* Rn. 2 (Klagerücknahme und Rücknahme des Streitantrags gleichsetzend).

[57] OLG Koblenz MDR 1984, 322; *Fischer* MDR 1994, 125, 126; *St/J/Schlosser* Rn. 2: in Fortentwicklung der in § 269 Rn. 7 genannten Grundsätze wird es für ausreichend gehalten, wenn außerhalb der mündlichen Verhandlung der im Mahnverfahren tätig gewordene Anwalt die Klage zurücknimmt, auch wenn er bei dem jetzt zuständigen Gericht nicht zugelassen ist, vgl. *Wiecz/Sch/Olzen* Rn. 36; vgl. aber auch *Wiecz/Sch/Olzen* § 700 Rn. 26.

[58] OLG München NJW-RR 1987, 952; OLG Stuttgart OLGZ 1989, 201f.; *St/J/Schlosser* Rn. 2; *T/P/Hüßtege* Rn. 21; *Zö/Vollkommer* Rn. 2.

[59] Vgl. *Schäfer* NJW 1985, 296, 297.

[60] So auch die hL, die aber überwiegend diesen Zeitpunkt anhand des Akteneingangs bestimmt, vgl. OLG Schleswig MDR 2007, 1280, 1281; BayObLG NJW-RR 1995, 635, 636 = MDR 1995, 312; KG MDR 1998, 618, 619; 735; NJW-RR 1999, 1011; OLG Frankfurt/M NJW-RR 1996, 1403; *Schäfer* NJW 1985, 296, 297; *Müther* MDR 1998, 619, 620; MK/*Schüler* Rn. 20, 36; *St/J/Schlosser* Rn. 9; *Wiecz/Sch/Olzen* Rn. 21; *Zö/Vollkommer* Rn. 7; aA (Zustellung des Mahnbescheids) *Bork/Jacoby* JZ 2000, 135, 137; wie hier (Zeitpunkt des Zugangs der Anspruchsbegründung) OLG München MDR 2007, 1154, 1155.

[61] OLG München 9. 7. 2007 – 31 AR 146/07, insoweit nicht abgedruckt in MDR 2007, 1278f.; OLG Schleswig MDR 2007, 1280f.

[62] Vgl. KG MDR 2002, 1147 (Bestimmung des maßgebenden Zeitpunkts nicht nach Eingang der Akten beim Prozessgericht, sondern nach dem Zugang der Anspruchsbegründung jedenfalls nicht willkürlich, dazu hier Rn. 4); KG NJW-RR 1999, 1011; KGR 1999, 394, 395.

[63] Ist das Empfangsgericht zuständig, so kann nicht an ein anderes, auch zuständiges Gericht verwiesen werden, da das Wahlrecht durch den Mahnantrag bereits ausgeübt wurde (§ 690 Rn. 9), vgl. BGH NJW 2002, 3634, 3635; NJW 1993, 1273; BayObLGZ 1993, 318 = NJW-RR 1994, 891; Rpfleger 1993, 411; *B/L/H* Rn. 28; MK/*Schüler* Rn. 37; *St/J/Schlosser* Rn. 9; *Zö/Vollkommer* Rn. 9.

[64] BGH NJW 1993, 1273; NJW-RR 1995, 702 (keine willkürliche Verweisung, wenn im Zeitpunkt kein Vortrag zur Zuständigkeit des iE ebenfalls zuständigen verweisenden Gerichts); vgl. auch OLG Frankfurt/M NJW-RR 1996, 1403 (Willkür bei Missachtung der perpetuatio fori); KG MDR 1998, 618 (keine Angabe der gesetzlichen Grundlage, obwohl diese auch unter Heranziehung des Akteninhalts zweifelhaft war), ähnlich auch KG MDR 1998, 735; vgl. auch KG NJW-RR 1999, 1011 (Willkür bei Verweisung an das AG, weil Klageantrag nach Eintritt der Rechtshängigkeit reduziert wurde).

[65] BGH NJW 2002, 3634, 3635 (Verweisung willkürlich und damit nicht bindend, Bestimmung des zuständigen Gerichts nach § 36 Abs. 1 Nr. 6); so auch BGH 10. 09. 2002 X ARZ 299/02.

[66] BayObLG MDR 2002, 661; BayObLG Rpfleger 2002, 629, 630 (ausführlich); vgl. auch Fn. 62.

werden, ansonsten gilt das im Mahnantrag angegebene Streitgericht als gewählt.[67] Besteht dort eine Zuständigkeit, scheidet eine Verweisung nach § 281 Abs. 1 aus.

IV. Gebühren und Kosten

7 **1. Rechtsanwaltsgebühren.** Vgl. § 688 Rn. 11; s. auch § 20 S. 1 RVG.

8 **2. Gerichtskosten.** Die Abgabe selbst ist gebührenfrei. Indessen löst sie die allgemeine Verfahrensgebühr für das Prozessverfahren erster Instanz aus. Beantragt eine Partei nach rechtzeitigem Widerspruch gegen den Mahnbescheid die **Durchführung des streitigen Verfahrens,** wird die Gebühr KV Nr. 1110 nach dem Wert des Streitgegenstandes angerechnet, der in das Prozessverfahren übergegangen ist. Betreibt der Antragsteller nach Erhebung des Widerspruchs die Abgabe an das Streitgericht, soll nach § 12 Abs. 3 S. 3 GKG die Sache erst abgegeben werden, wenn die Gebühr KV Nr. 1210 gezahlt ist. Deshalb ist nach zutreffender Ansicht schon mit Einlegung des Widerspruchs die allgemeine Verfahrensgebühr nach KV Nr. 1210 fällig, wenn im Antrag auf Erlass eines Mahnbescheides bereits der Antrag auf Durchführung des streitigen Verfahrens gestellt war.[68] Durch die **Zurücknahme** des Antrags auf Durchführung des streitigen Verfahrens, des Widerspruchs gegen den Mahnbescheid oder des Einspruchs gegen den Vollstreckungsbescheid ermäßigt sich nach KV Nr. 1211 die allgemeine Verfahrensgebühr vom dreifachen auf den einfachen Satz; dies gilt nur bei vollständiger Rücknahme.

697 *Einleitung des Streitverfahrens*

(1) [1]Die Geschäftsstelle des Gerichts, an das die Streitsache abgegeben wird, hat dem Antragsteller unverzüglich aufzugeben, seinen Anspruch binnen zwei Wochen in einer der Klageschrift entsprechenden Form zu begründen. [2]§ 270 Satz 2 gilt entsprechend.

(2) [1]Bei Eingang der Anspruchsbegründung ist wie nach Eingang einer Klage weiter zu verfahren. [2]Zur schriftlichen Klageerwiderung im Vorverfahren nach § 276 kann auch eine mit der Zustellung der Anspruchsbegründung beginnende Frist gesetzt werden.

(3) [1]Geht die Anspruchsbegründung nicht rechtzeitig ein, so wird bis zu ihrem Eingang Termin zur mündlichen Verhandlung nur auf Antrag des Antragsgegners bestimmt. [2]Mit der Terminsbestimmung setzt der Vorsitzende dem Antragsteller eine Frist zur Begründung des Anspruchs; § 296 Abs. 1, 4 gilt entsprechend.

(4) [1]Der Antragsgegner kann den Widerspruch bis zum Beginn seiner mündlichen Verhandlung zur Hauptsache zurücknehmen, jedoch nicht nach Erlass eines Versäumnisurteils gegen ihn. [2]Die Zurücknahme kann zu Protokoll der Geschäftsstelle erklärt werden.

(5) [1]Zur Herstellung eines Urteils in abgekürzter Form nach § 313b Abs. 2, § 317 Abs. 6 kann der Mahnbescheid an Stelle der Klageschrift benutzt werden. [2]Ist das Mahnverfahren maschinell bearbeitet worden, so tritt an die Stelle der Klageschrift der maschinell erstellte Aktenausdruck.

I. Normzweck

1 Der Mahnbescheid muss lediglich individualisierende Angaben zur Forderung enthalten (vgl. § 690 Rn. 6), aber nicht den Lebenssachverhalt darlegen, aus welchem der Anspruchsteller seinen Anspruch herleitet. Diese Angaben müssen bei Durchführung des streitigen Verfahrens nachgeholt werden. § 697 enthält deshalb entsprechende Regelungen sowie Bestimmungen über das Verfahren bei Untätigkeit des Antragstellers. Weiter wird in Abs. 4 dem Antragsgegner die Möglichkeit eingeräumt, seinen Widerspruch zurückzunehmen und so die Durchführung des kostenträchtigen streitigen Verfahrens zu vermeiden (zur Kostenfolge der Rücknahme des Widerspruchs vgl. Rn. 11).

II. Anspruchsbegründung und weiteres Verfahren

2 Nach Abgabe der Sache wird der Antragsteller ohne weitere Prüfung[1] durch den Urkundsbeamten der Geschäftsstelle aufgefordert, den geltend gemachten **Anspruch** binnen zwei Wochen **zu begründen** (Abs. 1). Diese Aufforderung ist nach bisher hL wegen § 329 Abs. 2 S. 2 dem Antragsteller bzw. seinem Prozessbevollmächtigten **zuzustellen,**[2] wobei hinsichtlich des Nachweises der Vollmacht § 88 Abs. 2, nicht § 703 gilt.[3] Das Erfordernis einer Zustellung wird mit Recht zunehmend angezweifelt, weil es sich bei der Frist des Abs. 1 nicht um eine echte Frist im Sinne des § 329 Abs. 2 S. 2 handelt, da ihre Versäumung sanktionslos ist (vgl. Rn. 3).[4] Wenn der Antragsteller seinen Anspruch bereits ausreichend begründet hat, so kann die **Aufforde-**

---

[67] OLG Frankfurt 24. 2. 2005 21 AR 133/04; OLG München MDR 2007, 1278f.

[68] OLG Hamburg JurBüro 1998, 652; OLG Bamberg JurBüro 1998, 653; LG Hamburg NJW-RR 1999, 581; aM (Fälligkeit erst mit Abgabe an das Streitgericht und nur in Höhe des dann noch weiterverfolgten Anspruchsteils) OLG München NJW-RR 1999, 944; OLG Stuttgart MDR 1999, 634f.; *Hambrecht* AnwBl. 1999, 188ff. Das AG Hamburg hält die gesetzliche Regelung für verfassungswidrig; es hat die Vorlage nach Art. 100 Abs. 1 Satz 1 GG beschlossen: AG Hamburg NJW-RR 1999, 1298ff., diese wurde jedoch für unzulässig erklärt, BVerfG NJW-RR 2000, 1309 (vgl. auch § 690 Rn. 10).

[1] Vorlage an den Vorsitzenden nur bei erheblichen Bedenken gegen die Zuständigkeit des Gerichts, vgl. *B/L/H* Rn. 7.

[2] MK/*Schüler* Rn. 3; *T/P/Hüßtege* Rn. 4.

[3] *Zö/Vollkommer* Rn. 4.

[4] *Eith* MDR 1996, 1099; *Sae/Gierl* Rn. 3; *Zö/Vollkommer* Rn. 4; zweifelnd auch MK/*Schüler* Rn. 3.

rung gemäß Abs. 1 **entfallen.**[5] Dabei stellen sich Probleme, wenn das Verfahren dem Anwaltszwang unterliegt und der die Begründung enthaltende Mahnantrag von einer bei dem nun zuständigen Gericht nicht postulationsfähigen Person gestellt wurde. Eine solche Anspruchsbegründung wird Gegenstand des Verfahrens, soweit der postulationsfähige Anwalt auf sie Bezug nimmt.[6] Umstritten ist, ob eine solche Bezugnahme erforderlich ist. Verneint man dies, muss der Antragsteller ggf. aufgefordert werden, seinen Anspruch erneut – diesmal ordnungsgemäß vertreten – zu begründen.[7] Sieht man dagegen die Anspruchsbegründung, die die vor diesem Gericht nicht postulationsfähige Partei vor der Abgabe des Verfahrens gegeben hat, als ausreichend an, ist eine Aufforderung nach Abs. 1 entbehrlich; es genügt, wenn der postulationsfähige Anwalt später – sei es im schriftlichen Verfahren, sei es in mündlicher Verhandlung – auf diese Begründung verweist.[8] Zu folgen ist der ersten Ansicht: Wenn das Verfahrensrecht im Interesse eines geordneten Verfahrensablaufs die Vertretung durch einen bei diesem Gericht zugelassenen Rechtsanwalt anordnet, muss die damit verbundene Aufgabe, den Tatsachenvortrag auf das für die Entscheidung Wesentliche zu konzentrieren, auch und gerade für die Anspruchsbegründung gelten. Diese Anspruchsbegründung soll es dem Beklagten ermöglichen, seine Verteidigung sachgerecht vorzubereiten. Es kann dem Beklagten kaum zugemutet werden, einerseits selbst dem Anwaltszwang zu unterliegen, sich aber andererseits mit der nicht anwaltlich aufbereiteten Begründung des Antragstellers auseinander setzen zu müssen. Weiter ist zu bedenken, dass der Anwalt des Antragstellers im weiteren Verfahren die Schwerpunkte häufig anders setzen wird, als die nicht von ihm stammende Anspruchsbegründung vermuten lässt. Nicht zuletzt liegt es auch im Interesse des Antragstellers, durch anwaltliche Beratung über das Prozessrisiko informiert zu werden, bevor seine Anspruchsbegründung dem Antragsgegner zugestellt wird, denn dieser wird zur Bestellung eines Anwalts aufgefordert, so dass weitere Kosten entstehen. Es ist deshalb der Auffassung zu folgen, die im Anwaltsprozess eine durch einen zugelassenen Rechtsanwalt unterzeichnete Anspruchsbegründung verlangt, was nicht ausschließt, dass sich diese im Einzelfall in einer Bezugnahme auf die bereits vorgelegte Begründung erschöpft.

Soweit kein Anwaltszwang herrscht, kann der Antragsteller die Begründung schriftlich abgeben oder zu Protokoll der Geschäftsstelle eines Amtsgerichts (vgl. § 129a) erklären. Die Begründung muss **inhaltlich** die Anforderungen an eine Klageschrift erfüllen; dazu näher bei § 253 Rn. 17ff. Hinsichtlich des Klageantrags kann auf den Mahnbescheid verwiesen werden.[9] **Klageänderungen** oder Erweiterungen der Klage sind möglich; ob bei einer solchen Klageänderung die verjährungshemmende Wirkung des Mahnbescheids auf den Zeitpunkt der Beantragung zurückbezogen werden kann, hängt davon ab, ob auch hinsichtlich des nunmehr geltend gemachten Anspruchs die Verjährung durch den Mahnbescheid gehemmt wurde (vgl. § 693 Rn. 4f.; zur Abtretung der Forderung nach Widerspruch vgl. § 696 Rn. 3).[10] Soweit die Sache vor der **Kammer für Handelssachen** verhandelt werden soll, ist der Antrag, falls nicht bereits im Mahnantrag geschehen, in der Anspruchsbegründung zu stellen. Das ist auch dann noch möglich, wenn die Anspruchsbegründung erst nach Ablauf der Zweiwochenfrist eingeht,[11] denn es ist nicht einzusehen, warum etwa bei Verzögerungen infolge von Vergleichsverhandlungen dem Kläger die Möglichkeit eines Verfahrens vor der Kammer für Handelssachen genommen werden sollte. Anderes mag gelten, wenn bereits terminiert ist. Die für die Anspruchsbegründung nach Abs. 1 zu setzende Zweiwochenfrist ist keine Ausschlussfrist; sie rechtfertigt auch **keine Zurückweisung von Vorbringen** nach § 296 Abs. 1.[12] Die früher hM bejahte aber die Zurückweisungsmöglichkeit, wenn der Kläger durch das Unterlassen der Anspruchsbegründung gegen seine allgemeine Prozessförderungslast verstößt (§ 296 Abs. 2, 282 Abs. 2).[13] Da es in diesen Fällen jedoch nach Abs. 3 am Antragsgegner ist, einen Antrag auf Bestimmung eines Termins zur mündlichen Verhandlung zu stellen, wird das Bestehen einer solchen Prozessförderungslast mit Recht zunehmend in Frage gestellt, so dass die Fristüberschreitung sanktionslos bleibt.[14] 3

---

5 OLG Köln NJW 1981, 2265; MK/*Schüler* Rn. 10; *Zö/Vollkommer* Rn. 5; aA OLG Düsseldorf MDR 1983, 942; OLG Karlsruhe NJW 1988, 2806; *B/L/H* Rn. 5.

6 BGHZ 84, 136, 139f. = NJW 1982, 2002.

7 So OLG Karlsruhe NJW 1988, 2806; *Schmidt* NJW 1982, 811, 812; *Zinke* NJW 1983, 1081, 1086; MK/*Schüler* Rn. 2, 11; vgl. auch OLG Düsseldorf MDR 1983, 942; OLG Schleswig MDR 1988, 151f.

8 So OLG Köln NJW 1981, 2265; *St/J/Schlosser* Rn. 2; *Zö/Vollkommer* Rn. 1, 5; offen BGH NJW-RR 1994, 889.

9 *Eibner* NJW 1980, 2296; MK/*Schüler* Rn. 6; *Sae/Gierl* Rn. 9; *Zö/Vollkommer* Rn. 2; weiter gehend (Bezugnahme nicht erforderlich) *Mickel* MDR 1980, 278f.; aA (Sachantrag erforderlich) *Schuster* MDR 1979, 724; *B/L/H* Rn. 4; *Zi* Rn. 1; *T/P/Hüßtege* Rn. 2.

10 Bejahend BGHZ 104, 268, 271f. = NJW 1988, 1964 (Mahnbescheid unterbricht die Verjährung, auch wenn der Antrag im streitigen Verfahren auf Fremdwährungsschuld umgestellt wird); *Vollkommer* Rpfleger 1988, 195, 196; enger BGH NJW 1992, 1111 (bei Umstellung von Schadensersatz auf Erfüllungsanspruch keine Unterbrechung der Verjährung) m. abl. Anm. WuB IV A BGB § 209 1. 92 (*Vollkommer*).

11 KG KGR 1999, 278f.; OLG München OLGR 1998, 161, 162; *Schimpf* AnwBl. 1985, 496, 498; MK/*Schüler* Rn. 8; aA (Frist des Abs. 1 ist einzuhalten) OLG Düsseldorf NJW-RR 1988, 1471, 1472; *Schäfer* NJW 1985, 296, 299; *St/J/Schlosser* § 690 Rn. 11; *Zö/Vollkommer* § 690 Rn. 18.

12 BGH NJW 1982, 1533, 1534; OLG Köln FamRZ 1986, 927, 928; OLG Hamm MDR 1983, 413; MK/*Schüler* Rn. 13; *St/J/Schlosser* Rn. 2; *Zö/Vollkommer* Rn. 4.

13 BGH NJW 1982, 1533, 1534; OLG Hamm MDR 1980, 147; OLG München OLGZ 1988, 488, 492; *St/J/Schlosser* Rn. 2; *Wiecz/Sch/Olzen* Rn. 14; aA (Fristüberschreitung ist bereits Verstoß gegen Prozessförderungspflicht) *B/L/H* Rn. 7; offen BGHZ 122, 23, 30 = NJW 1993, 1585.

14 OLG Nürnberg NJW-RR 2000, 445, 446 = MDR 1999, 1151; *Eith* MDR 1996, 1099; MK/*Schüler* Rn. 13; *Zö/Vollkommer* Rn. 4.

4 **Nach Eingang der Anspruchsbegründung** wird nach den allgemeinen Regeln der §§ 271 ff. verfahren. Die Zustellung der Ladung zum frühen ersten Termin oder der Aufforderung nach § 276 erfolgt bei anwaltlicher Vertretung des Antragsgegners an den im Mahnverfahren tätigen Prozessbevollmächtigten, § 172 Abs. 2.[15] Bei der Wahl des **schriftlichen Vorverfahrens** sind die in §§ 276, 277 vorgesehenen Hinweise und Belehrungen zu erteilen (vgl. dazu i. e. § 276 Rn. 5, § 277 Rn. 5 f.). Das betrifft insbesondere den Hinweis darauf, dass der Widerspruch gegen den Mahnbescheid die Anzeige der Verteidigungsbereitschaft nicht ersetzt, so dass bei Untätigkeit des Beklagten Versäumnisurteil nach § 331 Abs. 3 ergehen kann.[16] In Abweichung von § 276 Abs. 1 S. 2 kann die **Klageerwiderungsfrist** dergestalt gesetzt werden, dass sie bereits mit Zustellung der ordnungsgemäßen (vgl. Rn. 2)[17] Anspruchsbegründung beginnt. Das kann dazu führen, dass dem Beklagten eine nur zweiwöchige Frist verbleibt, bei deren Überschreitung Präklusion nach § 296 Abs. 1 droht. Bei der Bemessung der Frist ist das zu berücksichtigen,[18] so dass in allen nicht ganz unproblematischen Fällen eine längere Frist zur Klageerwiderung gesetzt werden sollte. Ist das nicht geschehen, ist bei der Frage der genügenden Entschuldigung der Verspätung zu berücksichtigen, dass dem Beklagten eine zwar verfahrensrechtlich zulässige, aber sehr knapp bemessene Frist gesetzt wurde. Soweit das Gericht eine längere Frist nicht in Erwägung gezogen hat, kann bereits dieser Umstand einen Verfahrensfehler darstellen, der die Zurückweisung ausschließt.[19] Eine Entscheidung vor Ablauf der gesetzten Frist verstößt gegen den Grundsatz des rechtlichen Gehörs.[20]

5 Das Gericht prüft die Sachurteilsvoraussetzungen, ohne an den Mahnbescheid gebunden zu sein. Entsteht ein Zuständigkeitsstreit, ist für die Zuständigkeit des OLG nach § 36 Abs. 2 nicht auf die Befassung des Mahngerichts abzustellen, sondern darauf, bei welchem Gericht der Rechtsstreit im streitigen Verfahren zuerst anhängig wurde.[21] Mängel im Mahnverfahren werden häufig geheilt sein.[22] Das betrifft insbesondere die fehlende Zuständigkeit des den Mahnbescheid erlassenden Gerichts (vgl. § 693 Rn. 2). Soweit der Widerspruch des Antragsgegners unzulässig war, weil er eingelegt wurde, nachdem ein Vollstreckungsbescheid bereits rechtskräftig geworden ist, oder weil der Antragsgegner auf den Widerspruch verzichtet hatte, wird dieser entsprechend § 341 verworfen.[23]

III. Verfahren bei Ausbleiben der Anspruchsbegründung (Abs. 3)

6 Bei Ausbleiben der Anspruchsbegründung wird nach Abs. 3 ein Termin zur mündlichen Verhandlung nur auf Antrag des Beklagten anberaumt. Wird ein solcher **Antrag nicht gestellt,** tritt Verfahrensstillstand ein; die Verjährungshemmung endet nach § 204 Abs. 2 S. 2 BGB sechs Monate nach dem Zugang der Aufforderung nach § 697 Abs. 1.[24] **Stellt** der Beklagte einen entsprechenden **Antrag,** wird nach Abs. 3 S. 2 erneut eine Frist zur Begründung des Anspruchs gesetzt, deren Überschreitung zum Ausschluss verspätet vorgebrachten Vorbringens nach § 296 Abs. 1 und 4 führen kann, Abs. 3 aE. Die Länge der Frist ist gesetzlich nicht fixiert; sie sollte aber die Zwei-Wochen-Frist des § 277 Abs. 3, 4 nicht unterschreiten.[25] Soweit die Begründung ausbleibt oder verspätet eingeht, ohne dass die Verspätung genügend entschuldigt wird, und dies zu einer Verzögerung der Erledigung des Rechtsstreits führt, wird die Klage im Termin als **unbegründet abgewiesen.**[26] Die Gegenauffassung,[27] die sich für eine Abweisung als unzulässig ausspricht, beachtet nicht ausreichend das Interesse des Beklagten an einer rechtskräftigen Sachabweisung. Für die hier vertretene Auffassung spricht auch der Gedanke der gleichmäßigen Verteilung der Prozessrisiken, denn der Beklagte trägt bei Versäumung der ihm gesetzten Frist ebenfalls das Risiko des Unterliegens in der Sache.

IV. Rücknahme des Widerspruchs (Abs. 4)

7 **1. Zulässigkeit der Rücknahme.** Der Antragsgegner kann nach Abs. 4 seinen Widerspruch zurücknehmen und so eine streitige Verhandlung verhindern. Die Rücknahme kann schriftlich oder zu Protokoll der Geschäftsstelle eines jeden Amtsgerichts (Abs. 4 S. 2, § 129 a) erklärt werden. Es besteht auch bei einem

---

[15] OLG Köln NJOZ 2007, 703, 705 (hat sich ein Anwalt bestellt, kommt es für die Zustellung auf die wirksame Bevollmächtigung nicht an; ggf. Wiedereinsetzung).

[16] Zu einer solchen Hinweispflicht vgl. *Holch* NJW 1991, 3177, 3178; *Hansens* NJW 1991, 953, 960; *St/J/Schlosser* Rn. 3; *T/P/Hüßtege* Rn. 11.

[17] Vgl. (keine Präklusion nach § 296 Abs. 1, wenn im Anwaltsprozess Anspruchsbegründung der nicht postulationsfähigen Partei zugestellt wird) OLG Düsseldorf MDR 1983, 942; OLG Schleswig MDR 1988, 151, 152; OLG Karlsruhe NJW 1988, 2806; *St/J/Schlosser* Rn. 3.

[18] Vgl. OLG Köln NJW 1980, 2421; OLG Zweibrücken MDR 1979, 235 f.; MK/*Schüler* Rn. 21; *St/J/Schlosser* Rn. 3.

[19] OLG Köln NJW 1980, 2421, 2422; *St/J/Schlosser* Rn. 3.

[20] BayVerfGH BayVBl. 1999, 286.

[21] BayObLG NJW-RR 1999, 1294, 1295.

[22] Vgl. *St/J/Schlosser* Rn. 1 f.; vgl. auch BGH NJW 1995, 2230, 2231 (Mängel bei Zustellung des Mahnbescheids).

[23] *St/J/Schlosser* Rn. 1.

[24] Vgl. (zur Verjährungsunterbrechung nach § 211 Abs. 2 BGB aF) BGH NJW 1997, 1777 f.; zustimmend *Liermann* MDR 1998, 257 ff.; vgl. auch BGH NJW-RR 1995, 1335, 1336 = MDR 1995, 1059 (Aufforderung zur Anspruchsbegründung nach Verweisung als letzte Verfahrenshandlung); OLG Hamm OLGZ 1994, 358, 359; AG Tiergarten NJW-RR 1993, 1402 f.

[25] *T/P/Hüßtege* Rn. 7.

[26] *Sae/Gierl* Rn. 19; *Zö/Vollkommer* Rn. 10; *Ro/S/Go* § 163 Rn. 50.

[27] LG Gießen NJW-RR 1995, 62; *B/L/H* Rn. 21; MK/*Schüler* Rn. 6; *T/P/Hüßtege* Rn. 8; *St/J/Schlosser* Rn. 2; *Wiecz/Sch/Olzen* Rn. 6; OLG München NJW-RR 1989, 1405, 1406 (zum alten Recht).

Verfahren vor dem Landgericht insoweit **kein Anwaltszwang** und zwar wegen § 78 Abs. 5 auch dann nicht, wenn der Widerspruch in mündlicher Verhandlung zurückgenommen wird.[28] Bei Rücknahme durch einen Bevollmächtigten nach Abgabe des Verfahrens ist nicht § 703, sondern § 88 anwendbar, denn es handelt sich dann – obwohl das Gesetz vom Antragsgegner, nicht vom Beklagten spricht – nicht mehr um einen Teil des Mahnverfahrens.[29] Die Rücknahmemöglichkeit endet, wenn der Beklagte zur Hauptsache verhandelt oder wenn gegen ihn Versäumnisurteil ergangen ist. Darüber hinaus soll sie auch dann ausgeschlossen sein, wenn der Kläger seine **Klage** gegenüber dem Mahnbescheid **erweitert** hat.[30] Ein solcher Ausschluss verhindert zwar eine Verfahrensaufspaltung, greift aber zugleich ohne gesetzliche Grundlage in Verfahrensrechte des Beklagten ein. Diese Auffassung ist deshalb abzulehnen.[31] Es kann vielmehr über den von der Rücknahme des Widerspruchs betroffenen Teil auf Antrag ein (Teil-)Vollstreckungsbescheid ergehen (vgl. Rn. 8); der von der Rücknahme nicht erfasste Teil der Klage bleibt rechtshängig.[32]

2. Folgen der Rücknahme. Nimmt der Beklagte den Widerspruch zurück, entfällt die Rechtshängigkeit 8
und es **ergeht** auf der Grundlage des Mahnbescheids auf Antrag ein **Vollstreckungsbescheid.**[33] Dieser wird von dem Gericht (Rechtspfleger oder Urkundsbeamter der Geschäftsstelle [vgl. § 689 Rn. 2]) erlassen, an das die Sache abgegeben wurde (§ 699 Abs. 1 S. 3). Die Frist des § 701, innerhalb derer der Erlass eines Vollstreckungsbescheids beantragt werden muss, ist während des Zeitraums vom Einlegen des Widerspruchs bis zu seiner Rücknahme gehemmt (vgl. dazu § 701 Rn. 2). Die Rücknahme des Widerspruchs ist dem Antragsteller mitzuteilen, damit dieser fristgerecht den Vollstreckungsbescheid beantragen kann. Wurde bereits vor dem Widerspruch ein Vollstreckungsbescheid beantragt, was wegen § 699 Abs. 1 S. 2 erst nach Ablauf der Widerspruchsfrist möglich ist (näher § 699 Rn. 3), braucht dieser nach Rücknahme des Widerspruchs nicht wiederholt zu werden. Zur Kostenfolge der Widerrufsrücknahme vgl. Rn. 11.

V. Sonderregelungen

In Verfahren nach dem **WEG** gelten seit der WEG-Novelle 2007 keine Besonderheiten mehr. § 46a 9
WEG wurde aufgehoben, da die Wohnungseigentumssachen der ordentlichen streitigen Gerichtsbarkeit zugewiesen wurden. Zu den Besonderheiten in **arbeitsgerichtlichen Verfahren** vgl. § 46a Abs. 4 ArbGG. Im Verfahren nach **§ 182a SGG** kann der Widerspruch nur zurückgenommen werden, solange die Abgabe an das Sozialgericht nicht verfügt ist (§ 182a Abs. 1 S. 2 SGG; zur Bestimmung des Zeitpunkts der Verfügung vgl. § 694 Rn. 3). Mit Eingang der Akten beim Sozialgericht ist nach den Vorschriften des SGG zu verfahren.

VI. Gebühren und Kosten

1. Rechtsanwaltsgebühren. Der Antrag auf Durchführung des Streitverfahrens löst die volle 1,3 Verfah- 10
rensgebühr aus.[34]

2. Gerichtskosten. Für die verschiedenen Fristsetzungen in Abs. 1 bis 3 werden keine Gebühren erho- 11
ben, auch nicht für ein Versäumnisurteil, ein Anerkenntnis- oder Verzichtsurteil. Durch die Zurücknahme des Widerspruchs gegen den Mahnbescheid ermäßigt sich nach KV Nr. 1211 die allgemeine Verfahrensgebühr auf den einfachen Satz, allerdings nur bei einer Rücknahme insgesamt.

698 *Abgabe des Verfahrens am selben Gericht* **Die Vorschriften über die Abgabe des Verfahrens gelten sinngemäß, wenn Mahnverfahren und streitiges Verfahren bei demselben Gericht durchgeführt werden.**

I. Normzweck

Da das Gericht, das den Mahnbescheid erlassen hat, wegen der besonderen Zuständigkeitsregelung für 1
das Mahnverfahren in § 689 Abs. 2 nicht notwendig für die Durchführung des streitigen Verfahrens zuständig ist, behandelt das Gesetz die Abgabe der Streitsache an ein anderes Gericht in § 697 als Regelfall. § 698 erklärt diese Vorschriften für entsprechend anwendbar, wenn es an einem solchen Auseinanderfallen der Zuständigkeiten fehlt.

II. Behandlung der Überleitung

Die Mahnabteilung gibt die Sache an die entsprechende Abteilung zur Durchführung des streitigen Ver- 2
fahrens ab; soweit die Familiengerichte zuständig sind, wird an diese abgegeben. Die Abgabe wird den Parteien nach § 696 Abs. 1 S. 3 mitgeteilt; zur Rückbeziehung der Rechtshängigkeit ist auch bei Abgabe innerhalb eines Gerichts die alsbaldige Abgabe erforderlich.[1]

[28] *Zö/Vollkommer* Rn. 11.
[29] *Zö/Vollkommer* Rn. 11.
[30] LG Hannover JurBüro 1984, 297; *Fischer* MDR 1994, 124 f.; *Zö/Vollkommer* Rn. 11.
[31] LG Gießen MDR 2004, 113 f.; *Sae/Gierl* Rn. 27; krit. auch MK/*Schüler* Rn. 30; *Wiecz/Sch/Olzen* Rn. 27.
[32] *Sae/Gierl* Rn. 27.
[33] OLG München Rpfleger 1985, 167; OLG Hamm MDR 1985, 66.
[34] *Schneider/Mock* § 14 Rn. 9; G/S/*Müller-Rabe* VV 3305–3308 Rn. 52.
[1] *St/J/Schlosser* Rn. 2; vgl. auch MK/*Schüler* Rn. 2.

699 *Vollstreckungsbescheid* **(1) [1]Auf der Grundlage des Mahnbescheids erlässt das Gericht auf Antrag einen Vollstreckungsbescheid, wenn der Antragsgegner nicht rechtzeitig Widerspruch erhoben hat. [2]Der Antrag kann nicht vor Ablauf der Widerspruchsfrist gestellt werden; er hat die Erklärung zu enthalten, ob und welche Zahlungen auf den Mahnbescheid geleistet worden sind; § 690 Abs. 3 Satz 1 und 3 gilt entsprechend. [3]Ist der Rechtsstreit bereits an ein anderes Gericht abgegeben, so erlässt dieses den Vollstreckungsbescheid.**

(2) Soweit das Mahnverfahren nicht maschinell bearbeitet wird, kann der Vollstreckungsbescheid auf den Mahnbescheid gesetzt werden.

(3) [1]In den Vollstreckungsbescheid sind die bisher entstandenen Kosten des Verfahrens aufzunehmen. [2]Der Antragsteller braucht die Kosten nur zu berechnen, wenn das Mahnverfahren nicht maschinell bearbeitet wird; im Übrigen genügen die zur maschinellen Berechnung erforderlichen Angaben.

(4) [1]Der Vollstreckungsbescheid wird dem Antragsgegner von Amts wegen zugestellt, wenn nicht der Antragsteller die Übermittlung an sich zur Zustellung im Parteibetrieb beantragt hat. [2]In diesen Fällen wird der Vollstreckungsbescheid dem Antragsteller zur Zustellung übermittelt; die Geschäftsstelle des Gerichts vermittelt diese Zustellung nicht. [3]Bewilligt das mit dem Mahnverfahren befasste Gericht die öffentliche Zustellung, so wird die Benachrichtigung nach § 186 Abs. 2 Satz 2 und 3 an die Gerichtstafel des Gerichts angeheftet oder in das Informationssystem des Gerichts eingestellt, das in dem Mahnbescheid gemäß § 692 Abs. 1 Nr. 1 bezeichnet worden ist.

I. Normzweck

1 Die Entlastungsfunktion des Mahnverfahrens stellt sich ein, wenn auf der Grundlage des Mahnbescheids ein an die Stelle eines (Versäumnis-) Urteils tretender Vollstreckungsbescheid ergeht. § 699 enthält die dafür maßgebenden Bestimmungen. Der Antrag auf Erlass des Vollstreckungsbescheids darf nicht routinemäßig zusammen mit dem Antrag auf Erlass des Mahnbescheids gestellt werden, sondern erst dann, wenn die Widerspruchsfrist verstrichen ist. Damit wird der Antragsteller verpflichtet, sich über Zahlungen auf die geltend gemachte Forderung zu erklären, was dazu dient, unberechtigte Vollstreckungsbescheide zu vermeiden.

II. Antrag auf Erlass des Vollstreckungsbescheids

2 **1. Anforderungen an den Antrag.** Der Antrag muss – soweit dies vorgeschrieben ist (vgl. § 703c Rn. 2) – auf dem **amtlichen Formular** oder im Wege der maschinell lesbaren Datenübertragung gestellt werden (Abs. 1 S. 2 iVm. § 690 Abs. 3). Bei nicht maschinell lesbarer Datenübertragung ist eine **Unterschrift** zwar nicht wegen § 699, wohl aber wegen der Vorgaben des Formulars erforderlich.[1] Bevollmächtigung ist zulässig, zum Nachweis vgl. § 703. Der Antrag ist bei dem für den Erlass des Vollstreckungsbescheids zuständigen Gericht (vgl. Rn. 4) zu stellen; § 129a ist anwendbar. In der Regel kann nur derjenige den Vollstreckungsbescheid beantragen, der im Mahnbescheid als Antragsteller genannt ist;[2] zu den Problemen der **Rechtsnachfolge** vgl. § 688 Rn. 3. Der Antrag kann **zurückgenommen** werden, solange der Vollstreckungsbescheid noch nicht verfügt ist;[3] eine erneute Antragstellung ist im Rahmen der Frist des § 701 möglich.[4]

3 Der Antrag kann erst **nach Ablauf der Widerspruchsfrist** des § 692 Abs. 1 Nr. 3 gestellt werden. Nur wenn der Antragsgegner auf den Widerspruch verzichtet hat, ist der Fristablauf entbehrlich.[5] Ein vor Fristablauf gestellter Antrag ist auch dann unwirksam, wenn er unter der Bedingung steht, dass Widerspruch nicht erhoben wird.[6] Geht ein Antrag, der offenbar verfrüht abgefasst oder abgesandt wurde, nach Ablauf der Widerspruchsfrist ein, kann ihm nicht unter Berufung auf § 699 Abs. 1 S. 2 die Wirksamkeit versagt werden, denn für die Anwendung dieser Bestimmung ist der Zeitpunkt des Wirksamwerdens und damit der des Zugangs beim Gericht entscheidend. Ein solcher Antrag kann aber deswegen unzulässig sein, weil er eine wahrheitsgemäße Erklärung über noch fristgerecht eingegangene Zahlungen (dazu näher im Folgenden) nicht enthalten kann.[7] Ob der Antrag aus diesem Grund unzulässig ist, hängt allerdings nicht vom Zeitpunkt der Unterzeichnung ab,[8] sondern es ist auf den Zeitpunkt der Entäußerung der Erklärung abzustellen,[9] denn erst dann steht fest, dass später eingehende, aber noch fristgerechte Zahlungen nicht mehr berücksichtigt werden konnten. Dem Antragsteller bleibt es unbenommen, den verfrüht gestellten

---

[1] MK/*Schüler* Rn. 24; *St/J/Schlosser* Rn. 2; *Zö/Vollkommer* Rn. 1; vgl. auch (Folge aus der Nähe zum bestimmenden Schriftsatz) *Wiecz/Sch/Olzen* Rn. 6.

[2] MK/*Schüler* Rn. 3.

[3] *St/J/Schlosser* Rn. 8; *Zö/Vollkommer* Rn. 2.

[4] *Fischer* MDR 1994, 124, 126; *T/P/Hüßtege* Rn. 7.

[5] *Zö/Vollkommer* Rn. 7; aA (Frist stets zu beachten, um Antragsgegner Zeit zur Zahlung zu gewähren) MK/*Schüler* Rn. 9; *Wiecz/Sch/Olzen* Rn. 15.

[6] *St/J/Schlosser* Rn. 4.

[7] LG Bielefeld BB 1979, 19; LG Frankenthal Rpfleger 1979, 72; LG Stade NJW 1981, 2366; MK/*Schüler* Rn. 7; iE auch *Ro/S/Go* § 163 Rn. 55 Fn. 49 (maßgeblich sei Zeitpunkt der Abgabe des Antrags, nicht des Zugangs bei Gericht); aA LG Frankfurt NJW 1978, 767; LG Braunschweig Rpfleger 1978, 263.

[8] So aber LG Braunschweig NdsRpfl 2002, 119, 120; LG Bielefeld BB 1979, 19; MK/*Schüler* Rn. 7; *T/P/Hüßtege* Rn. 4; vgl. auch (Abfassung bzw. Datierung) LG Frankenthal Rpfleger 1979, 72; LG Stade NJW 1981, 2366.

[9] *B/L/H* Rn. 7; *Wiecz/Sch/Olzen* Rn. 11; *Zö/Vollkommer* Rn. 4; *Ro/S/Go* § 163 Rn. 55 Fn. 49.

Antrag zu **wiederholen.** Darauf ist er hinzuweisen,[10] denn es droht der Ablauf der Frist des § 701. Der neue Antrag kann auf den bereits gestellten Antrag Bezug nehmen und sich im Übrigen auf Angaben über zwischenzeitlich erfolgte Zahlungen beschränken.[11] Es erübrigt sich dann die Zurückweisung des ersten Antrags, denn er ist mit dem zweiten Antrag in der Sache identisch und geht in diesem auf. Der **späteste Zeitpunkt** für die Antragstellung ergibt sich aus § 701; nach Ablauf dieser Sechsmonatsfrist ist der Antrag auf Erlass des Vollstreckungsbescheids unzulässig. Geht vor der Verfügung des Vollstreckungsbescheids noch ein **Widerspruch** des Antragsgegners ein, ist der Antrag auf Erlass des Vollstreckungsbescheids zurückzuweisen. In dem Antrag muss der Antragsteller erklären, ob und welche **Zahlungen** auf die im Mahnbescheid geltend gemachte Forderung geleistet wurden. Ohne diese Erklärung ist der Antrag unzulässig; unrichtige Angaben können als Prozessbetrug zu qualifizieren sein.[12] Sind Zahlungen erfolgt,[13] muss der Antrag auf einen entsprechenden Teil beschränkt werden; nachträglich eingehende Zahlungen müssen vom Antragsgegner im Wege des Einspruchs geltend gemacht werden. Bei **Teilwiderspruch** des Antragsgegners ist der Antrag auf Erlass des Vollstreckungsbescheids auf den Teil zu beschränken, dem nicht widersprochen wurde. Hinsichtlich des Restbetrages kann der Antragsteller die Durchführung des streitigen Verfahrens beantragen (vgl. § 696 Rn. 2). Auch im Übrigen kann der Antrag beschränkt werden, wobei hinsichtlich des Restbetrages dann der Mahnbescheid nach § 701 S. 1 mit Ablauf der Sechsmonatsfrist seine Wirkung verliert.

2. Weitere Voraussetzungen für den Erlass. Der Antrag muss bei dem **zuständigen Gericht** gestellt werden. 4
Das ist in der Regel das Gericht, das auch den **Mahnbescheid erlassen** hat. Wenn die Sache bereits an ein **anderes Gericht** abgegeben, verwiesen oder weiterverwiesen[14] wurde, ist der Rechtspfleger oder Urkundsbeamte der Geschäftsstelle (vgl. § 689 Rn. 2) dieses Gerichts nach Abs. 1 S. 3 für den Erlass des Vollstreckungsbescheids zuständig. Die Zuständigkeitsregel des Abs. 1 S. 3 greift auch dann, wenn das Verfahren zu Unrecht abgegeben wurde, etwa deshalb, weil ein Widerspruch nicht wirksam oder erst nach Verfügung des Vollstreckungsbescheids eingelegt wurde.[15] Anderes gilt, wenn ausnahmsweise die Abgabe oder Verweisung nach allgemeinen Regeln (§ 281 Rn. 17) keine Wirkung entfaltet.[16] Wurde der Vollstreckungsbescheid einer **anderen Person als der Partei zugestellt** und erhebt diese Einspruch, ist für die Feststellung, dass es sich um eine Scheinpartei handelt, zwar das Streitgericht zuständig, der Vollstreckungsbescheid muss jedoch vom Mahngericht erneut zugestellt werden.[17] Weiter setzt der Erlass des Vollstreckungsbescheids voraus, dass der **Mahnbescheid,** auf dessen Grundlage der Vollstreckungsbescheid ergehen soll, **wirksam** ist. Dabei kann der Vollstreckungsbescheid hinter dem Mahnbescheid zurückbleiben, aber nicht darüber hinausgehen. Das Gericht hat die Wirksamkeit des Mahnbescheids einschließlich seiner Zustellung (vgl. § 693 Rn. 2) zu prüfen.[18] Diese Prüfung umfasst auch die **Zuständigkeit** des den Mahnbescheid erlassenden Gerichts. Fehlt sie, so wird der Antrag auf Erlass des Vollstreckungsbescheids zurückgewiesen (vgl. § 689 Rn. 4). Eine Verweisung entsprechend § 281 an das zuständige Gericht, damit dieses den Vollstreckungsbescheid erlässt, ist ausgeschlossen.[19] Zur Vermeidung unnötiger Kosten ist aber eine Verweisung an das zuständige Gericht, damit dieses einen Mahnbescheid erlässt, zu erwägen. Ist in dem Mahnbescheid eine Partei ungenau bezeichnet, kann, wenn die Identität der Partei feststeht, eine Berichtigung entsprechend § 319 erfolgen (vgl. § 692 Rn. 4).[20] Dieser Weg scheidet jedoch aus, wenn sich auf der Grundlage der „Berichtigung" der Vollstreckungsbescheid gegen eine andere Person richtet als diejenige, welcher der Mahnbescheid zugestellt wurde.[21] Ist wegen maschineller Bearbeitung der Gerichtskostenvorschuss erst vor Erlass des Vollstreckungsbescheids zu entrichten (§ 12 Abs. 3 S. 2 GKG), steht die Nichtzahlung dem Erlass entgegen. Nach 6 Monaten ist die Sache wegen Nichtbetreibens wegzulegen (vgl. § 7 Abs. 3 Buchst. e AktO).

III. Entscheidungsmöglichkeiten

Fehlt es an einer der Voraussetzungen für den Erlass des Vollstreckungsbescheids, wird der Antrag **nach** 5
Gewährung rechtlichen Gehörs und nachdem der Antragsteller Gelegenheit bekommen hat, behebbare

[10] MK/*Schüler* Rn. 9; wohl auch *Wiecz/Sch/Olzen* Rn. 2.

[11] AG Duisburg Rpfleger 1982, 230; *Zö/Vollkommer* Rn. 3.

[12] BGHSt 24, 257, 260f. = NJW 1972, 545.

[13] Bei Überweisung auf ein Girokonto entscheidet die Gutschrift, nicht die Erteilung des Überweisungsauftrags, LG Kiel JurBüro 1979, 1386; MK/*Schüler* Rn. 14; aA AG Warendorf DGVZ 1974, 90, 91; AG Bremen JurBüro 1989, 1021; wird unmittelbar nach Fristablauf Vollstreckungsbescheid beantragt, so sollen – nach einer abzulehnenden Auffassung – die Kosten mangels Erforderlichkeit nicht erstattungsfähig sein, wenn die Gutschrift eines vor Fristablauf erteilten Überweisungsauftrags nach Fristablauf erfolgt, vgl. *Wiecz/Sch/Olzen* Rn. 13.

[14] Zur Gleichstellung dieser Möglichkeiten *Hartmann* NJW 1978, 609, 612; *B/L/H* Rn. 13; *Zö/Vollkommer* Rn. 11.

[15] BGH NJW 1998, 235 (jedenfalls dann, wenn der unwirksame Widerspruch seinem äußeren Erscheinungsbild nach wirksam war); *Zö/Vollkommer* Rn. 11.

[16] OLG München NJW-RR 1989, 128; MK/*Schüler* Rn. 35; *Sae/Gierl* Rn. 17; *Zö/Vollkommer* Rn. 11; insoweit offen gelassen BGH NJW 1998, 235; aA *T/P/Hüßtege* Rn. 13; *St/J/Schlosser* Rn. 9.

[17] BGH NJW-RR 1995, 764, 765 = Rpfleger 1995, 422; *Zö/Vollkommer* Rn. 11.

[18] *Zö/Vollkommer* Rn. 12; LG Traunstein Rpfleger 1987, 206f.; AG Köln Rpfleger 1969, 438, 439 (Zustellung); vgl. *St/J/Schlosser* Rn. 3 (mit Ausnahme der Zuständigkeit); vgl. auch (Prüfung auch unter Einbeziehung des nach Erlass des Mahnbescheids eingegangenen Akteninhalts) OLG Karlsruhe Rpfleger 1987, 422; LG Stuttgart Rpfleger 1988, 534.

[19] BGH NJW 1990, 1119; MK/*Schüler* Rn. 31; aA *St/J/Schlosser* Rn. 3.

[20] *Zö/Vollkommer* Rn. 12; vgl. OLG München Rpfleger 1990, 28f.; für eine formlose Berichtigung entsprechend § 264 Nr. 1 MK/*Schüler* Rn. 40; *Wiecz/Sch/Olzen* § 690 Rn. 18.

[21] LG Fulda Rpfleger 2001, 609.

Mängel zu beseitigen,[22] **zurückgewiesen;** zur Verweisung bei fehlender Zuständigkeit vgl. Rn. 4. Der zurückweisende Beschluss wurde bislang dem Antragsteller[23] formlos mitgeteilt.[24] Da gegen die zurückweisende Entscheidung des Rechtspflegers nunmehr die **sofortige Beschwerde** nach § 11 Abs. 1 RPflG iVm. § 567 Abs. 1 Nr. 2 statthaft ist, muss nach § 329 Abs. 3 die zurückweisende Entscheidung zugestellt werden.[25] Bei Entscheidung des gegebenenfalls landesrechtlich bestellten Urkundsbeamten der Geschäftsstelle (vgl. § 689 Rn. 2) ist die befristete Erinnerung nach § 573 Abs. 1 statthaft, so dass ebenfalls eine Zustellung erforderlich ist.[26] Wird der Antrag hinsichtlich der **Kosten** teilweise **zurückgewiesen,** ist die sofortige Beschwerde, die befristete Rechtspflegererinnerung oder bei Entscheidung durch den Urkundsbeamten die befristete Erinnerung nach § 573 Abs. 1 statthaft (vgl. § 104 Rn. 22 ff.). Damit ist auch in diesem Fall die Zustellung nach § 329 Abs. 3 erforderlich.[27] Der Antrag kann nach Zurückweisung unter den in § 701 Rn. 3 genannten Voraussetzungen erneut gestellt werden; § 701 S. 2 steht nicht entgegen, da er sich allein auf die letztinstanzliche Zurückweisung bezieht (vgl. § 701 Rn. 3).[28] Soweit dem Antrag derselbe Mangel anhaftet, wird es jedoch zumindest am Rechtsschutzbedürfnis für eine solche bloße Wiederholung fehlen.

6 Soweit die **Voraussetzungen erfüllt** sind, ergeht ein Vollstreckungsbescheid, der in der Regel inhaltlich dem Mahnbescheid entspricht. Der Vollstreckungsbescheid kann in seinem Umfang hinter dem Mahnbescheid zurückbleiben, jedoch (sieht man von den Kosten und Zinsen ab) nicht über diesen hinausgehen. Der Vollstreckungsbescheid muss, soweit er nicht im Wege maschineller Bearbeitung erlassen wird (vgl. § 703 b Rn. 2), **unterschrieben** werden. Die Unterschrift ist konstitutiv für das Entstehen des Vollstreckungstitels. Sie kann grundsätzlich nachgeholt werden, jedoch wegen § 694 Abs. 1 dann nicht mehr, wenn zwischenzeitlich Widerspruch gegen den Mahnbescheid eingelegt wurde.[29] Im Vollstreckungsbescheid wird nach Abs. 3 über die **Kosten** des Verfahrens und deren Höhe mitentschieden.[30] Unabhängig von dieser Kostenentscheidung ist der Antragsteller des Vollstreckungsbescheids subsidiärer Kostenschuldner nach § 22 Abs. 1 GKG.[31] Bei **Teilvollstreckungsbescheiden** kann eine Kostenentscheidung nur dann ergehen, wenn der Antragsgegner Kosten unabhängig vom weiteren Verlauf des Verfahrens nach dem Widerspruch zu tragen hat (vgl. § 301 Rn. 27).[32] Auch ein Vollstreckungsbescheid allein wegen der Kosten des Verfahrens ist zulässig.[33] Hat der Antragsgegner dem Mahnbescheid hinsichtlich der Kosten widersprochen, können im Vollstreckungsbescheid allenfalls die durch diesen Bescheid entstehenden weiteren Kosten aufgenommen werden, denn nur insoweit ist kein Widerspruch gegeben. Durch diese Kostenentscheidung zwingt man den Antragsgegner jedoch letztlich dazu, Einspruch einzulegen und so in das streitige Verfahren überzugehen (zum Einspruch allein wegen der Kosten vgl. § 700 Rn. 4), obwohl er durch den Teilwiderspruch bereits zu erkennen gegeben hat, dass er diese Kosten nicht zu schulden glaubt. Eine Aufnahme der Kosten ist auch nicht erforderlich, denn infolge des Teilwiderspruchs gegen die Kosten des Mahnbescheids hat der Gläubiger die Möglichkeit, einen Antrag auf Durchführung des streitigen Verfahrens zu stellen. Sieht er davon ab – etwa deshalb, weil er die Kosten und Mühen des streitigen Verfahrens allein wegen der Kosten des Mahnbescheids scheut –, ist es nicht sinnvoll, ihm dieses Verfahren wegen der Kosten des Vollstreckungsbescheids aufzuzwingen. Richtiger erscheint es deshalb, bei einem Widerspruch gegen die Kosten des Mahnbescheids auch im Vollstreckungsbescheid auf die Aufnahme der Kosten zu verzichten.[34] In der Regel werden im **Vollstreckungsbescheid** die **Kosten** zugleich **festgesetzt.** Ob das zwingend ist, oder ob sich der Vollstreckungsbescheid auf eine Grundentscheidung beschränken und die Feststellung der Höhe der Kosten einem **Festsetzungsverfahren** nach §§ 103, 104 überlassen kann, ist zweifelhaft (verneinend § 103 Rn. 2).[35] Kosten, die bereits im Mahnbescheid hätten geltend gemacht werden können, sind weder im Vollstreckungsbescheid noch in anderer

---

[22] *Zö/Vollkommer* Rn. 12.

[23] Nicht dem Antragsgegner, vgl. § 702 Abs. 2.

[24] *Zö/Vollkommer* Rn. 18.

[25] MK/*Schüler* Rn. 31; *Sae/Gierl* Rn. 35; aA *Zö/Vollkommer* Rn. 18.

[26] *Sae/Gierl* Rn. 35.

[27] *Zö/Vollkommer* Rn. 19.

[28] *Vollkommer* Rpfleger 1982, 295, 296; *St/J/Schlosser* Rn. 12.

[29] OLG München MDR 1983, 675 f.; MK/*Schüler* Rn. 46, 50; *St/J/Schlosser* Rn. 13; *Wiecz/Sch/Olzen* Rn. 49.

[30] KG 4. 8. 2005 1 W 291/05 (Einigungsgebühr); Rpfleger 2005, 697 (Einigungsgebühr nach Rücknahme des Widerspruchs); *Ruess* NJW 2006, 1915, 1916.

[31] OLG Düsseldorf JurBüro 2002, 90; *Schneider* JurBüro 2003, 4, 5.

[32] LG Hagen Rpfleger 1990, 518 (für den Fall des Teilwiderspruchs); *Wiecz/Sch/Olzen* Rn. 54; *Zö/Vollkommer* Rn. 10 a; gegen eine Kostenentscheidung, weil es beim Teilvollstreckungsbescheid keine vom Ausgang des Verfahrens unabhängigen Kosten gebe, *Fritzsche* Rpfleger 2001, 581, 582 f.

[33] KG MDR 1983, 323 = Rpfleger 1983, 162; MK/*Schüler* Rn. 13; aA *Wolff* NJW 2003, 553, 555 (hauptsachefreies Verfahren sei systemfremd, Auslegung als Rücknahme des Mahnantrages bzw. als Umstellung auf die Kosten, vgl. dazu § 690 Rn. 13).

[34] BayObLG Rpfleger 2004, 234; vgl. auch (mit der Begründung: Antragsgegner werde sonst die Möglichkeit einer Kostenentscheidung nach § 93 genommen) LG Fulda JurBüro 2002, 484; LG Coburg JurBüro 2002, 198, 199; aA AG Hagen JurBüro 2002, 198; AG Euskirchen JurBüro 2002, 197, 198; AG Coburg JurBüro 2002, 484; MK/*Schüler* Rn. 44 (Kostenentscheidung hinsichtlich der durch den Teilvollstreckungsbescheid entstandenen Mehrkosten).

[35] Gegen die Zulässigkeit eines Kostenfestsetzungsverfahrens BGH NJW 1991, 2084; OLG Frankfurt Rpfleger 1981, 239; KG JurBüro 1995, 428 = Rpfleger 1995, 424; *B/L/H* Rn. 15; *T/P/Hüßtege* Rn. 17; für die Zulässigkeit LG Lüneburg Rpfleger 1973, 410; MK/*Schüler* Rn. 42; *St/J/Schlosser* Rn. 16; *Wiecz/Sch/Olzen* Rn. 57 (soweit Kostenermittlung Erlass des Vollstreckungsbescheids erheblich verzögern würde); *Zö/Vollkommer* Rn. 10 a.

Form innerhalb des Mahnverfahrens zu berücksichtigen,[36] denn der Vollstreckungsbescheid ergeht auf der Grundlage des Mahnbescheids. Kosten, die nach Erlass des Mahnbescheids entstanden sind, können im Vollstreckungsbescheid geltend gemacht werden;[37] unterbleibt dies, sollte ein **Kostenfestsetzungsverfahren zugelassen** werden.[38] In entsprechender Anwendung des § 104 Abs. 1 S. 2 sind die Kosten ab Erlass des Vollstreckungsbescheids mit 5 Prozentpunkten über dem Basiszinssatz zu verzinsen.[39] Für einen nach Erlass des Vollstreckungsbescheids gestellten Antrag auf **Verzinsung des Kostenanspruchs** nach § 104 Abs. 1 S. 2 ist das Gericht zuständig, an welches das Verfahren im Streitfalle hätte abgegeben werden müssen.[40]

IV. Zustellung des Vollstreckungsbescheids

Nach Abs. 4 hat der Antragsteller die Wahl, ob der Vollstreckungsbescheid dem Antragsgegner[41] **von Amts wegen** oder im **Parteibetrieb zugestellt** wird. Letzteres kann zum einen sinnvoll sein, wenn der Gläubiger noch freiwillige Zahlungen des Schuldners erwartet und die Beziehungen nicht durch Zustellung eines Vollstreckungsbescheids belasten möchte; zum anderen kann sich die Zustellung im Parteibetrieb empfehlen, wenn der Gläubiger mit der Zustellung sogleich einen Vollstreckungsversuch verbinden will.[42] Wird diese Form der Zustellung beantragt – auch insoweit gilt § 702 –, erhält der Antragsteller eine Ausfertigung des Vollstreckungsbescheids idR gegen Empfangsbestätigung ausgehändigt. Unter den Voraussetzungen des § 174 Abs. 3 kann der Vollstreckungsbescheid auch auf elektronischem Weg übermittelt werden. Zu beachten ist dabei, dass auch nach dem Inkrafttreten des JKomG die Zwangsvollstreckung die Übergabe der vollstreckbaren Ausfertigung an den Gerichtsvollzieher voraussetzt.[43] Deshalb empfiehlt sich in den Fällen, in denen der Antragsteller die **Parteizustellung** beantragt hat, die **Übergabe an den Antragsteller in Papierform.** Andernfalls würde die besondere Verfahrensvereinfachung, die mit dem Verzicht auf eine Vollstreckungsklausel beim Vollstreckungsbescheid beabsichtigt ist, weitgehend entfallen, denn der Antragsteller müsste nun eine Ausfertigung zum Zwecke der Zwangsvollstreckung beantragen. Wurde die **Parteizustellung nicht beantragt,** kann **dem Antragsgegner** unter den Voraussetzungen des § 174 Abs. 3 der Vollstreckungsbescheid **auf elektronischem Wege** zugestellt werden. Dem Antragsteller ist dann zum Zwecke der Zwangsvollstreckung eine Ausfertigung in Papierform sowie eine Bescheinigung über die Zustellung formlos zu übermitteln. Bei dem übermittelten Vollstreckungsbescheid muss es sich trotz des Formularzwangs nicht notwendigerweise um das amtliche Formular selbst handeln; zur Frage, ob die Zustellung des amtlichen Formulars erforderlich ist, um die Einspruchsfrist in Gang zu setzen, sogleich. Der Antragsteller muss die Zustellung dieses Bescheids durch **Beauftragung des Gerichtsvollziehers**[44] selbst in die Wege leiten. Eine Vermittlung des Gerichts ist durch Abs. 4 S. 2 ausgeschlossen; dies hindert nach ganz herrschender Auffassung nicht daran, die Vermittlung der Geschäftsstelle des Amtsgerichts, in dessen Bezirk zugestellt werden soll, nach § 192 Abs. 3 in Anspruch zu nehmen.[45] Veranlasst der Antragsteller die Zustellung des Vollstreckungsbescheids nicht, gerät das Verfahren in Stillstand.[46] Die Hemmung der Verjährung endet dann sechs Monate nach der Aushändigung des Vollstreckungsbescheids an den Antragsteller.[47] Sofern nicht die Zustellung im Parteibetrieb beantragt wurde, wird die Zustellung **von Amts wegen** von der Geschäftsstelle des Gerichts veranlasst, das den Vollstreckungsbescheid erlassen hat.[48] Auch insoweit wird von vielen unter Berufung auf den Formularzwang nur die **Zustellung des amtlichen Formulars mit Rechtsbehelfsbelehrung,** nicht dagegen die Zustellung von Kopien ohne eine solche für ausreichend gehalten.[49] Der Sinn des Formularzwangs liegt aber in der Vereinfachung des Verfahrens für das Gericht, so dass er nicht dazu benutzt werden sollte, besondere Unwirksamkeitsgründe für gerichtliche Verfahrens- 7

---

[36] *B/L/H* Rn. 15; MK/*Schüler* Rn. 20; aA KG 28. 11. 2000 1 W 1202/99 = KGR 2001, 69, 70 (§ 699 Abs. 3 S. 1 gehe dem Grundsatz vor, der Vollstreckungsbescheid ergehe auf der Grundlage des Mahnbescheids); *Zö/Vollkommer* Rn. 10.

[37] KG NJW-RR 2001, 58; OLG Frankfurt Rpfleger 1981, 239; MK/*Schüler* Rn. 20.

[38] BayObLG 21. 10. 2003 1 Z AR 118/03; LG Würzburg JurBüro 1985, 1253; LG Saarbrücken JurBüro 1999, 532, 533; LG Saarbrücken JurBüro 2001, 532; *B/L/H* Rn. 15; *Wiecz/Sch/Olzen* Rn. 57; *Zö/Vollkommer* Rn. 10; vgl. auch (nach Antrag auf Erlass des Vollstreckungsbescheids entstandene Kosten) OLG Koblenz Rpfleger 1985, 368, 369; (Ergänzung eines die Kosten nicht berücksichtigenden Vollstreckungsbescheids im Wege eines Kostenfestsetzungsbeschlusses) OLG München Rpfleger 1997, 172, 173 = MDR 1997, 299; LG Braunschweig NdsRpfl. 1998, 127, 128; aA (Ergänzung des Vollstreckungsbescheids durch das Mahngericht erwägend) OLG Nürnberg JurBüro 2006, 141f.; KG JurBüro 1995, 428f. = Rpfleger 1995, 424; *T/P/Hüßtege* Rn. 17; wiederum anders (Antragsteller auf besonderes Erkenntnisverfahren verweisend) *Hansens* Rpfleger 1989, 487, 490f.

[39] AG Mayen JurBüro 2002, 586f. (auch für Altfälle Anpassung der Zinsen zum 1. 10. 2001); vgl. auch zur analogen Anwendung des § 104 vgl. LG Detmold NJW 1959, 774; MK/*Schüler* Rn. 18, 41; *Zö/Vollkommer* Rn. 10.

[40] BayObLG NJW-RR 2005, 1012.

[41] Zur Zustellung an eine Scheinpartei vgl. BGH NJW-RR 1995, 764, 765 = Rpfleger 1995, 422.

[42] Vgl. *Seip* AnwBl. 1977, 235.

[43] Vgl. auch Begründung des Gesetzesentwurfs zu § 754, BT-Drucks. 609/04, S. 84.

[44] Vgl. *Seip* AnwBl. 1977, 235.

[45] MK/*Schüler* Rn. 60; *Wiecz/Sch/Olzen* Rn. 67; *St/J/Schlosser* Rn. 19; *Zö/Vollkommer* Rn. 15; aA *B/L/H* Rn. 21.

[46] OLG München OLGZ 1976, 189.

[47] *St/J/Schlosser* Rn. 19; vgl. auch BayVerfGH NJW 1988, 1372, 1373.

[48] BAG NJW 1983, 472.

[49] LG Darmstadt NJW 1986, 1945, 1946; DGVZ 1996, 62f.; *St/J/Schlosser* Rn. 18; *Zö/Vollkommer* Rn. 15; wie hier dagegen *Wiecz/Sch/Olzen* Rn. 66. Im arbeitsgerichtlichen Verfahren ist § 9 Abs. 5 ArbGG auf den Rechtsbehelf des Einspruchs nach Auffassung der Rechtsprechung nicht anwendbar, LAG Köln AP ArbGG 1979 § 9 Nr. 19 Bl. 2 R; aA *Germelmann/Matthes/Prütting* ArbGG, 5. Aufl. 2004, § 9 Rn. 24 (analoge Anwendung).

handlungen zu schaffen. Die Zustellung einer mit einem Ausfertigungsvermerk versehenen und unterschriebenen[50] Kopie des Formulars oder auch die Fertigung eines von dem Vordruck unabhängigen Vollstreckungsbescheids ist deshalb ausreichend.[51] Zu fordern ist aber, dass eine Rechtsbehelfsbelehrung beigefügt ist;[52] diese ist zum einen erforderlich, weil der Gesetzgeber in der Vordruckverordnung ein entsprechendes Bedürfnis anerkannt hat, zum anderen erfordert es der Grundsatz der Gleichbehandlung, dass nicht in Einzelfällen eine Rechtsmittelbelehrung unterbleibt. Fehler bei der Zustellung können Amtshaftungsansprüche auslösen.[53] Wenn der Vollstreckungsbescheid von Amts wegen zugestellt wird, so erhält der Antragsteller formlos (zur Ausnahme, wenn die Kostenbeschwerde statthaft ist, vgl. Rn. 5) eine Ausfertigung des Vollstreckungsbescheids mit der Bescheinigung der Zustellung zur Durchführung der Zwangsvollstreckung. Im automatisierten Mahnverfahren hat der im Aktenausdruck niedergelegte Vermerk über die Zustellung des Vollstreckungsbescheids dieselbe Beweiskraft wie eine Zustellungsurkunde.[54] Eine **Vollstreckungsklausel** ist wegen § 796 Abs. 1 in der Regel nicht erforderlich; wenn jedoch die Vollstreckung im Ausland betrieben werden soll, ist eine Klausel zu erteilen, § 31 AVAG. Wie sich aus Abs. 4 S. 3 ergibt, ist auch die **öffentliche Zustellung** des Vollstreckungsbescheids zulässig. Die Beschränkung des § 688 Abs. 2 Nr. 3 gilt also nicht. Zuständig für die Bewilligung der öffentlichen Zustellung ist der Rechtspfleger[55] (vgl. §§ 3 Nr. 3, 20 Nr. 1 RPflG) bei dem Gericht, das mit dem Mahnverfahren befasst ist, das ist idR das Gericht, das den Vollstreckungsbescheid erlassen hat (vgl. dazu Rn. 4). Entsprechendes gilt für den nach Landesrecht zuständigen Urkundsbeamten der Geschäftsstelle (vgl. § 689 Rn. 2). Hinsichtlich der öffentlichen Bekanntgabe durch Anheften an die Gerichtstafel oder das Einstellen in das elektronische Informationssystem ist dagegen nach Abs. 4 S. 3 dasjenige Gericht zuständig, das im Mahnbescheid als das für die Durchführung des streitigen Verfahrens zuständige bezeichnet wurde (§ 692 Abs. 1 Nr. 1 iVm. § 690 Abs. 1 Nr. 5).[56] Die Zustellung im **Ausland** ist ohne die Beschränkung des § 688 Abs. 3 zulässig.[57] Die Benennung eines Zustellungsbevollmächtigten bestimmt sich nach § 184. Für die entsprechende Anordnung nach § 184 Abs. 1 S. 1 ist der Rechtspfleger oder der gegebenenfalls landesrechtlich bestellte Urkundsbeamte der Geschäftsstelle (vgl. § 689 Rn. 2) zuständig. Wegen § 20 Nr. 1 RPflG ist der Rechtspfleger oder der gegebenenfalls landesrechtlich bestellte Urkundsbeamte der Geschäftsstelle (§ 36b Abs. 1 S. 1 Nr. 2 RPflG) bei öffentlicher Zustellung oder bei Zustellung im Ausland zur Bestimmung der Einspruchsfrist nach § 339 Abs. 2 berufen. Er erlässt auch das Ersuchungsschreiben nach § 183 Abs. 1 Nr. 2 und 3.[58]

V. Gebühren und Kosten

8 **1. Rechtsanwaltsgebühren.** Der Antrag auf Vollstreckungsbescheid löst keine Gebühren aus, wenn er **vor Ablauf der Widerspruchsfrist** gestellt ist.[59] War Widerspruch innerhalb der Widerspruchsfrist eingelegt und wird der Vollstreckungsbescheid in Unkenntnis des Widerspruchs beantragt, fällt die Gebühr Nr. 3308 VV RVG für den Vollstreckungsbescheidsantrag nicht an. Ist der **Widerspruch nach Ablauf der Frist**, aber **vor Verfügung** des Vollstreckungsbescheides eingelegt und wird der Vollstreckungsbescheid in Unkenntnis des Widerspruchs beantragt, fällt die 0,5 Gebühr aus Nr. 3308 VV RVG an, obwohl der Vollstreckungsbescheid nicht mehr erlassen werden kann. Wird der Widerspruch nach Ablauf der Frist, aber vor Erlass des Vollstreckungsbescheides eingelegt, ist die Gebühr entstanden, wenn der Anwalt zB des Antrags auf Erlass des Vollstreckungsbescheids keine Kenntnis vom Widerspruch hatte.[60] Für die sofortige Beschwerde gegen den Beschluss, durch den der Antrag auf Erlass des Vollstreckungsbescheides zurückgewiesen wird, erhält der Anwalt die 0,5 Verfahrensgebühr der Nr. 3500 VV RVG. Die Gebühr fällt neben den Gebühren für das Mahnverfahren an (§ 15 Abs. 2 S. 2 RVG).

9 **2. Gerichtskosten.** Das Verfahren über den Antrag auf Erlass des Vollstreckungsbescheids löst keine weiteren Gebühren aus. Für das Beschwerdeverfahren gegen die Zurückweisung des Antrags gilt KV Nr. 1812.

700 *Einspruch gegen den Vollstreckungsbescheid*

(1) Der Vollstreckungsbescheid steht einem für vorläufig vollstreckbar erklärten Versäumnisurteil gleich.

(2) Die Streitsache gilt als mit der Zustellung des Mahnbescheids rechtshängig geworden.

(3) [1]Wird Einspruch eingelegt, so gibt das Gericht, das den Vollstreckungsbescheid erlassen hat, den Rechtsstreit von Amts wegen an das Gericht ab, das in dem Mahnbescheid gemäß § 692 Abs. 1 Nr. 1 bezeichnet worden ist, wenn die Parteien übereinstimmend die Abgabe an ein anderes Gericht

---

50 Bei Fehlen der Unterschrift des Urkundsbeamten der Geschäftsstelle wird Einspruchsfrist nicht in Gang gesetzt, vgl. OLG München NJW 1982, 2783; MK/*Schüler* Rn. 52; *Wiecz/Sch/Olzen* Rn. 49; zur maschinellen Bearbeitung vgl. § 703b Abs. 1.

51 *Sae/Gierl* Rn. 28

52 *Wiecz/Sch/Olzen* Rn. 66; so iE *St/J/Schlosser* Rn. 18; *Zö/Vollkommer* Rn. 15; aA (Fehlen der Rechtsmittelbelehrung unschädlich) OLG Karlsruhe NJW-RR 1987, 895 f.; *Fischer* MDR 1998, 885, 887; MK/*Schüler* Rn. 62; *B/L/H* Rn. 24.

53 BGH NJW 1990, 176, 177.

54 OLG Dresden JurBüro 1999, 154; aA LG Cottbus DGVZ 1998, 141.

55 *Hansens* NJW 1991, 953, 954; MK/*Schüler* Rn. 63; *Zö/Vollkommer* Rn. 16.

56 *Wiecz/Sch/Olzen* Rn. 71; *Zö/Vollkommer* Rn. 16.

57 *St/J/Schlosser* Rn. 20; *Zö/Vollkommer* Rn. 17.

58 *Hansens* NJW 1991, 953, 954; *St/J/Schlosser* Rn. 20.

59 *Hartung/Römermann* VV Teil 3 Rn. 162; G/S/*Müller-Rabe* VV 3305–3308 Rn. 20.

60 G/S/*Müller-Rabe* VV 3305–3308 Rn. 21.

verlangen, an dieses. [2]§ 696 Abs. 1 Satz 3 bis 5, Abs. 2, 5, § 697 Abs. 1, 4, § 698 gelten entsprechend. [3]§ 340 Abs. 3 ist nicht anzuwenden.

(4) [1]Bei Eingang der Anspruchsbegründung ist wie nach Eingang einer Klage weiter zu verfahren, wenn der Einspruch nicht als unzulässig verworfen wird. [2]§ 276 Abs. 1 Satz 1, 3, Abs. 2 ist nicht anzuwenden.

(5) Geht die Anspruchsbegründung innerhalb der von der Geschäftsstelle gesetzten Frist nicht ein und wird der Einspruch auch nicht als unzulässig verworfen, bestimmt der Vorsitzende unverzüglich Termin; § 697 Abs. 3 Satz 2 gilt entsprechend.

(6) Der Einspruch darf nach § 345 nur verworfen werden, soweit die Voraussetzungen des § 331 Abs. 1, 2 erster Halbsatz für ein Versäumnisurteil vorliegen; soweit die Voraussetzungen nicht vorliegen, wird der Vollstreckungsbescheid aufgehoben.

I. Normzweck

Der Vollstreckungsbescheid ist ein Vollstreckungstitel, der dem Versäumnisurteil gleichgestellt wird. 1
Statthafter Rechtsbehelf ist der Einspruch. Wird er eingelegt, muss der bisher allein auf der Grundlage der Angaben des Antragstellers im Mahnantrag beschriebene Anspruch näher begründet und einer Prüfung durch das Gericht unterzogen werden. Dies gilt nach der Verweisung in Abs. 6 auch dann, wenn der Einspruchsführer im Einspruchstermin säumig ist. Weiter regelt § 700 die Modalitäten der Einleitung des streitigen Verfahrens. Im WEG-Verfahren gelten seit der Zuweisung dieser Verfahren an die ordentliche streitige Gerichtsbarkeit durch die WEG-Novelle 2007 keine Besonderheiten mehr. Die bisherige Sonderregelung in § 46a WEG wurde aufgehoben.

II. Wirkungen des Vollstreckungsbescheids

1. Vollstreckungstitel. Nach Abs. 1 steht der Vollstreckungsbescheid einem vorläufig vollstreckbaren 2
Versäumnisurteil gleich; es kann also **ohne Sicherheitsleistung** mit der Vollstreckung begonnen werden (§ 794 Abs. 1 Nr. 4), sobald der Bescheid zugestellt wurde (§§ 795 S. 1, 750 Abs. 1 S. 1), zur Zustellung vgl. § 699 Rn. 7; zur Schadensersatzpflicht bei späterer Aufhebung des Titels vgl. § 717. Der Vollstreckungsbescheid erfüllt in der Regel die Voraussetzungen, die nach der VO (EG) Nr. 805/2004 ABl. L 143 vom 30. 4. 2004 S. 15 ff. (EuVTVO) an einen **europäischen Vollstreckungstitel für unbestrittene Forderungen** gestellt werden,[1] so dass die Bestätigung eines nach dem 20. 1. 2005 ergangenen[2] Vollstreckungsbescheids, gegen den nicht oder nicht fristgerecht Einspruch eingelegt wurde,[3] als ein solcher Vollstreckungstitel bei dem Gericht beantragt werden, das den Vollstreckungsbescheid erlassen hat, §§ 1079 ff. (vgl. Art. 3 EuVTVO Rn. 3). Nach der Bestätigung kann im räumlichen Anwendungsbereich der Verordnung[4] ohne ein weiteres Anerkennungsverfahren die Zwangsvollstreckung betrieben werden. Das Vollstreckungsprivileg des § 850f. bei Forderungen aus **vorsätzlichen unerlaubten Handlungen** kann nach Auffassung der Rechtsprechung[5] auf Grund eines Vollstreckungsbescheids nicht in Anspruch genommen werden, weil sich das Mahnverfahren zwar auch zur Durchsetzung solcher Forderungen eignet,[6] aber wegen des Fehlens einer Sachprüfung in diesem Verfahren nicht festgestellt werden kann, ob die Forderung aus einer vorsätzlichen unerlaubten Handlung stammt. Es ist auch ausgeschlossen, diese Qualifikation im Vollstreckungsverfahren noch nachzuholen (dazu und zur Feststellungsklage vgl. § 850f Rn. 10).[7] Entsprechendes gilt für die Frage, ob nach einer Restschuldbefreiung des Schuldners die Forderung des Gläubigers nach § 302 Nr. 1 InsO fortbesteht.[8] Daran trifft zu, dass man sich hier – wie beim Mahnverfahren insgesamt – auf die Angaben des Gläubigers verlassen müsste. Das Argument gewinnt weiter an Gewicht, weil ein Schuldner, der die Forderung aus anderem als dem Rechtsgrund einer unerlaubten Handlung schuldet, möglicherweise keinen Anlass sieht, sich im Mahnverfahren zur Wehr zu setzen, denn er wird die vollstreckungsrechtlichen Konsequenzen dieser Qualifikation nicht überblicken. Deshalb hat der BGH auch bei Forderungen, deren Entstehen gerade vom Vorsatz des Schuldners abhängt, eine Feststellung in Bezug auf vollstreckungsrechtliche Privilegierungen im Mahnverfahren abgelehnt, weil der Schuldner die Folgen eines unterlassenen Widerspruchs oder Einspruchs nicht absehen kann.[9] Im Grundsatz könnte man dieses Problem durch eine entsprechende Information des Schuldners auf dem Mahnbescheid und Vollstreckungsbescheid lösen. Solange dies nicht sichergestellt ist, ist dem BGH zu folgen. Damit muss von der Ver-

---

[1] *T/P/Hüßtege* Anh § 1086, Art. 3 Rn. 1; *Rellermeyer* Rpfleger 2005, 391 ff.; *Wagner* IPRax 2005, 189, 192 f.

[2] Maßgebend ist der Erlass der Entscheidung, nicht ihr Wirksamwerden gegenüber den Verfahrensbeteiligten, aA *Wagner* IPRax 2005, 189, 192.

[3] Nach zulässigem Einspruch scheidet eine Bestätigung aus, vgl. *Wagner* IPRax 2005, 189, 193.

[4] Vgl. *Rellermeyer,* Rpfleger 2005, 389, 390.

[5] BGH NJW 2005, 1663; NJW 2006, 2922, 2923; LG Kassel JurBüro 2003, 610; *Ahrens* JurBüro, 401, 403 ff.; *Gaul* NJW 2005, 2894, 2897; *Zö/Vollkommer* Rn. 16 (als Beispiel für eine eingeschränkte Rechtskraft ansehend); aA *Kretzer* ZMR 2005, 89, 92 ff.; *Smid* JZ 2006, 393, 394 ff.; *Stöber,* Festschr. f. Vollkommer, 2006, S. 363 ff. (Feststellung der Privilegierung Frage des Vollstreckungsverfahrens, nicht des Erkenntnisverfahrens).

[6] AG Hagen Rpfleger 2005, 684 (keine Zurückweisung bei Anspruchsgrund „Anspruch aus unerlaubter Handlung").

[7] BGH NJW 2003, 515, 516 = JurBüro 2003, 436, 437 f.; *Ahrens* JurBüro 2003, 401, 403; *ders.* NJW 2003, 1371 f.

[8] BGH NJW 2006, 2922, 2923.

[9] BGH NJW 2006, 2922, 2923.

wendung des Mahnverfahrens für derartige Forderungen dringend abgeraten werden, denn nach Erlass des Vollstreckungsbescheids kann der Vollstreckungsvorrang auch im Klagewege wegen der Rechtskraft der Entscheidung allenfalls über eine Feststellungsklage erreicht werden (vgl. § 850f Rn. 10). Es liegt in der Konsequenz dieser Entscheidung, auch im Fall des § 850d den Nachweis der Privilegierung des Unterhaltsberechtigten nicht als erbracht anzusehen, wenn diese Forderung ausnahmsweise auf dem Weg des Mahnverfahrens durchgesetzt wird. Ein Hinweis auf das Fehlen einer vollstreckungsrechtlichen Privilegierung ist unzulässig.[10] Bei der Vollstreckung gegen **Gesamtschuldner** braucht der Gläubiger nicht sämtliche Vollstreckungsbescheide vorzulegen, um gegen einen der Gesamtschuldner vollstrecken zu können.[11] Eine **Vollstreckungsklausel** ist in der Regel **nicht erforderlich** (zu den Ausnahmen vgl. § 796 Abs. 1; § 31 AVAG). Die **einstweilige Einstellung** der Zwangsvollstreckung ist nach §§ 719 Abs. 1, 707 möglich; ohne Sicherheitsleistung kann nur unter der Voraussetzung des § 719 Abs. 1 S. 2, also dann, wenn der Vollstreckungsbescheid verfahrensfehlerhaft ergangen ist,[12] eingestellt werden. Die Glaubhaftmachung einer Härte im Sinne des § 707 Abs. 1 S. 2 ist dann nicht erforderlich[13] (str., vgl. näher § 719 Rn. 6). Einwendungen gegen den titulierten Anspruch, die nach Ablauf der Einspruchsfrist entstanden sind[14] (§§ 795, 796 Abs. 2, zur Präklusion näher § 796 Rn. 1, 3; zur Frist vgl. Rn. 5), können nach § 767 klageweise geltend gemacht werden. Dies gilt in entsprechender Anwendung dieser Vorschrift auch für die Einwendung, der Vollstreckungsbescheid sei auf der Grundlage eines nicht hinreichend bestimmten Mahnantrags ergangen.[15] Zur Wiederaufnahme des Verfahrens und zur Klage aus § 826 BGB vgl. Rn. 3.

3 **2. Rechtshängigkeit und Rechtskraft.** Der Erlass des Vollstreckungsbescheids bewirkt nach Abs. 2, dass die Sache als mit der **Zustellung des Mahnbescheids rechtshängig** geworden anzusehen ist; dabei enthält § 167 in einigen Punkten eine weiterreichende Rückbeziehung der Rechtshängigkeit auf den Zeitpunkt, an welchem der Antrag auf Erlass des Mahnbescheids gestellt wurde (näher dazu bei § 693 Rn. 5). Für das **Fortbestehen der Zuständigkeit** nach § 261 Abs. 3 Nr. 2 gilt die **Rückbeziehung nicht.**[16] Entscheidend ist insoweit nach hL der Zeitpunkt, an dem der Vollstreckungsbescheid erlassen wurde.[17] Auf den Zeitpunkt seiner Zustellung kommt es nicht an.[18] Der Umfang der Rechtshängigkeit bestimmt sich nach dem Inhalt des Vollstreckungsbescheids, auch wenn dieser hinter dem des Mahnbescheids zurückbleibt.[19] Wird kein Einspruch erhoben, wird der Vollstreckungsbescheid **formell und materiell rechtskräftig.**[20] Gegen den Eintritt der materiellen Rechtskraft erheben Teile der Lehre Bedenken.[21] Auf diese Weise werde rechtskräftig über einen Anspruch entschieden, der keinerlei gerichtlicher Überprüfung unterzogen wurde. Außerdem werde die Entscheidung unter Verstoß gegen Art. 92 GG nicht von einem Richter, sondern von einem Rechtspfleger bzw. einem Urkundsbeamten der Geschäftsstelle (vgl. § 689 Rn. 2) erlassen.[22] Es wird deshalb vorgeschlagen, in Anlehnung an die Rechtslage bei einem Anerkenntnis dem Vollstreckungsbescheid bei Gesetzes- oder Sittenwidrigkeit die Wirkung zu versagen.[23] Ein anderer Ansatz sieht die Legitimation der Rechtskraft des Vollstreckungsbescheids im Verwirkungsgedanken mit der Folge, dass der Antragsteller sich nicht auf die Rechtskraft berufen dürfe, wenn er seinerseits rechtsmissbräuchlich gehandelt habe und deshalb nicht schutzbedürftig sei.[24] Bejaht man mit der Rechtsprechung die materielle Rechtskraft, muss der Ausgleich durch eine großzügige Handhabung der **Klage aus § 826 BGB** gesucht werden. Des-

---

[10] AG Hagen JurBüro 2006, 160.

[11] MK/*Schüler* Rn. 5; aA *Zö/Vollkommer* § 699 Rn. 12 (für verbundene Vollstreckungsbescheide).

[12] OLG Dresden JurBüro 2003, 107f. (Widerspruch des Antragsgegners wegen falschem Aktenzeichen auf Formular vom Gericht dem Verfahren nicht zugeordnet); MK/*Schüler* Rn. 22.

[13] *Müssig* ZZP 98 (1985), 324, 331f.; *Wiecz/Sch/Olzen* Rn. 3; *Zö/Vollkommer* Rn. 1; für eine Einstellung ohne Sicherheitsleistung, wenn bezüglich des Widerspruchs ein Wiedereinsetzungsgrund besteht, *Fischer* MDR 1998, 885, 888.

[14] Großzügiger (trotz § 796 Abs. 2 vorläufige Einstellung der Zwangsvollstreckung nach § 775 Nr. 4, 5, wenn nach Erlass des Mahnbescheids gezahlt wurde) LG Kiel DGVZ 1983, 24f.; MK/*K. Schmidt* § 775 Rn. 23; krit. *Bittmann* ZZP 97 (1984), 32, 42ff.

[15] *Vollkommer* Rpfleger 2004, 336, 337; aA (Geltendmachung über § 766 auch nach Ablauf der Einspruchsfrist) LG Traunstein Rpfleger 2004, 366.

[16] MK/*Schüler* Rn. 8; *St/J/Schlosser* Rn. 1; aA BAG DB 1982, 2412; differenzierend (Rückbeziehung bezüglich der örtlichen, nicht aber bezüglich der sachlichen Zuständigkeit) *Wiecz/Sch/Olzen* Rn. 25.

[17] MK/*Schüler* Rn. 6; *Sae/Gierl* Rn. 17; *St/J/Schlosser* Rn. 1; *Zö/Vollkommer* Rn. 1.

[18] So aber *B/L/H* Rn. 5 (Rechtshängigkeit mit Mitteilung an Antragsgegner, aber Rückbeziehung bei § 261 Abs. 3 Nr. 2).

[19] OLG Koblenz Rpfleger 1982, 292; MK/*Schüler* Rn. 8.

[20] BGHZ 101, 380, 382 = NJW 1987, 3256; BGHZ 112, 54 = NJW 1991, 30; BGH NJW 1987, 3259, 3260; 1998, 2818f.; *Grunsky* JZ 1986, 626ff.; *Münzberg* JZ 1987, 477ff., 818f.; *Prütting/Weth*, Rechtskraftdurchbrechung bei unrichtigen Titeln, 1988, Rn. 49ff., 75; *T/P/Hüßtege* Rn. 2; *Wiecz/Sch/Olzen* Rn. 16ff.; *Schilken* ZPR Rn. 1014.

[21] *Bamberg*, Die missbräuchliche Titulierung von Ratenkreditschulden mit Hilfe des Mahnverfahrens, 1987; *Braun*, Rechtskraft und Rechtskraftdurchbrechung von Titeln über sittenwidrige Ratenkreditverträge, 1986, S. 69ff.; *ders.* JuS 1992, 177, 182 m. weit. Nachw.; *Vollkommer*, Festschr. f. Gaul, 1997, S. 759ff.; *Lappe/Grünert* Rpfleger 1986, 161ff.; *Grün* NJW 1991, 2860, 2864; *St/J/Schlosser* Rn. 10; *Zö/Vollkommer* Rn. 17; Überblick bei *Prütting/Weth* (Fn. 20) Rn. 30ff.; *Mühlhausen* MDR 1995, 770ff.

[22] *St/J/Schlosser* Rn. 10; eine entsprechende Vorlage an das BVerfG wurde als unzulässig verworfen (BVerfGE 84, 160 = NJW 1991, 2412), was eine erneute Vorlage nicht hindert, vgl. *St/J/Schlosser* Rn. 10; zur Vergrößerung der Bedenken wegen der nun möglichen Zuständigkeit des Urkundsbeamten der Geschäftsstelle *Zö/Vollkommer* Rn. 17.

[23] MK/*Braun* vor § 578 Rn. 30; *Zö/Vollkommer* Rn. 17; vgl. auch *Vollkommer*, Festschr. f. Gaul, 1997, S. 759, 769, der von einer besonderen Verfahrensvoraussetzung der Mahnfähigkeit des geltend gemachten Anspruchs ausgeht.

[24] *Vollkommer*, Festschr. f. Gaul, 1997, S. 759, 776f.

halb sieht der BGH diese als begründet an, wenn der Gläubiger die Rechtsdurchsetzung im Wege des Mahnverfahrens unter Ausnutzung des Fehlens der Schlüssigkeitsprüfung gewählt hat,[25] wofür als ausreichend angesehen wird, dass der Anspruch auf der Grundlage der Rechtsprechung im Zeitpunkt der Antragstellung einer Schlüssigkeitsprüfung nicht standgehalten hätte.[26] Die neue Rechtsprechung schränkt dies auf Fälle ein, in denen sich der Antragsteller die fehlende Schlüssigkeitsprüfung zu nutze macht, also in Kenntnis der Unschlüssigkeit der Klage und des Fehlens der Schlüssigkeitsprüfung im Mahnverfahren den Weg des Mahnverfahrens beschreitet, und der Fall einer klar umrissenen sittenwidrigen Typik folgt.[27] Nicht ausreichend für die Anwendung des § 826 BGB ist es, wenn der Gläubiger in einer unklaren rechtlichen Situation der Schlüssigkeitsprüfung durch die Wahl des Mahnverfahrens entgeht.[28] Ebenfalls nicht ausreichend ist es, wenn die Forderung aus einem nach § 138 BGB nichtigen Vertrag durch einen Abtretungsempfänger geltend gemacht wird, der die Nichtigkeit nicht kennt und auch wirtschaftlich mit dem bisherigen Gläubiger nicht verbunden ist.[29] Weiterhin ist nach der Auffassung der Rechtsprechung eine unbillige Beeinträchtigung des Schuldners durch die Wahl des Mahnverfahrens wegen fehlender Schutzbedürftigkeit des Schuldners ausgeschlossen, wenn er anwaltlich vertreten war[30] oder sonst ohne weiteres erkennbare und nahe liegende Möglichkeiten zur Abwehr des Anspruchs unter Verstoß gegen eigene Interessen nicht wahrgenommen hat.[31] Durch die Einführung des § 688 Abs. 2 Nr. 1 hat sich die Problematik bei Teilzahlungskrediten zwar weitgehend entschärft, sie setzt sich aber bei der Durchsetzung von Forderungen aus sittenwidrigen Finanzierungsleasinggeschäften,[32] Bürgschaften[33] oder Haustürgeschäften nach § 312 BGB[34] sowie der Durchsetzung von Forderungen aus Partnerschaftsvermittlungsverträgen[35] fort.

III. Einspruch

Der Einspruch ist der einzig statthafte Rechtsbehelf gegen den Vollstreckungsbescheid; § 11 Abs. 3 S. 2 RPflG schließt die Erinnerung aus. Er kann auch im Wege der elektronischen Datenübermittlung eingelegt werden, § 130a. Die Beifügung von Abschriften ist dann nicht erforderlich, § 340a S. 4. Mit dem Einspruch können sowohl Einwendungen gegen den **Bestand der geltend gemachten Forderung** als auch **Verfahrensmängel** geltend gemacht werden.[36] Auch ein auf einen Teil, insbesondere auch auf Nebenforderungen oder Kosten beschränkter Einspruch ist möglich.[37] Gegen die Festsetzung der Kosten ist die sofortige Beschwerde bzw. die befristete Rechtspflegererinnerung (vgl. § 104 Rn. 22ff.) oder bei Entscheidung durch den Urkundsbeamten der Geschäftsstelle (vgl. § 689 Rn. 2) die Erinnerung nach § 573 statthaft[38] (vgl. zur Kostenfestsetzung auch § 699 Rn. 6). Durch die Rücknahme des Widerspruchs gegen den Mahnbescheid wird ein Einspruch gegen den später ergehenden Vollstreckungsbescheid nicht ausgeschlossen.[39] Der Ein- 4

---

[25] BGHZ 101, 380, 383 = BGH NJW 1987, 3256; NJW 1987, 3259; NJW-RR 1990, 179f.; 1993, 1013, 1014; OLG Koblenz MDR 2002, 475f. (im Fall verneint); LG Heilbronn NJW 2003, 2389, 2390; LG Kassel JurBüro 2003, 610 (Erschleichung der Vollstreckungsprivilegierung des § 850f Abs. 2 durch Mahnverfahren; Korrektur durch § 826 BGB); restriktiver BGHZ 112, 54, 58 = NJW 1991, 30 (bloßes Nichtbestehen der Forderung reicht nicht aus).

[26] BGHZ 101, 380, 387f. = NJW 1987, 3256; BGHZ 103, 44, 48f. = NJW 1988, 971; BGH NJW-RR 1990, 179, 180 (zum Beurteilungszeitpunkt); 1990, 303, 304; 434; 1993, 1013, 1014; NJW 1996, 658f. (Kollusion zwischen Gläubiger und vermögensloser KG zu Lasten eines von der Geschäftsführung ausgeschlossenen Komplementärs); zu Fällen ganz erheblich überzogener Verzinsung vgl. BGH NJW-RR 1992, 1072; LG Ellwangen Rpfleger 1993, 453, 454; sehr weitgehend (Sittenwidrigkeit, da in 15 Jahren Laufzeit mehr als der dreifache Nettokreditbetrag eines Darlehens gezahlt wurde) OLG Frankfurt/M NJW-RR 1996, 110, 111; dem zustimmend *Zö/Vollkommer* Rn. 16; OLG Hamm NJW-RR 1994, 1468f. (keine Erkennbarkeit der Sittenwidrigkeit bei einem bereits 1989 erwirkten Vollstreckungsbescheid); weiter gehend OLG Nürnberg MDR 2002, 968 (sittenwidriges Ausnutzen eines nicht erschlichenen Vollstreckungsbescheids, wenn Nettokreditsumme, halbe Restschuldversicherungsprämie, das Doppelte der marktüblichen Kreditkosten und angemessene Verzugszinsen bereits bezahlt wurden).

[27] BGH NJW 1999, 1257, 1258f.

[28] OLG Stuttgart 3. 2. 2005 9 W 8/05.

[29] BGH NJW 2005, 2991, 2994; kritisch wegen der Möglichkeit der Umgehung des § 826 BGB durch Abtretung *Fischer* VuR 2006, 448, 449.

[30] BGH NJW 1987, 3259f.; krit. dazu *Braun* JZ 1988, 48, 50f.

[31] BGH NJW 1998, 2818, 2819; zustimmend EWiR BGB § 826 2.98, 889, 890 (*Vollkommer*).

[32] Es gelten die Grundsätze zur Sittenwidrigkeit eines Ratenkredits, vgl. BGHZ 128, 255, 261 = NJW 1995, 1019; *Zö/Vollkommer* Rn. 16.

[33] BGHZ 125, 206ff. = NJW 1994, 1278; 128, 230ff. = NJW 1995, 592; NJW 1996, 513ff., 1274ff.; OLG Stuttgart 3. 2. 2005 9 W 8/05; OLG Hamm InVo 1999, 159; OLG Köln WM 2002, 438 (Vollstreckungsbescheid über Ehegattenbürgschaft vor Änderung der Rechtsprechung, Vollstreckung nicht sittenwidrig); zust. *Hintzen* WuB IV A § 138 BGB 4.02.

[34] Vgl. BGH NJW 1996, 57, 59; *Wichard* JuS 1998, 112, 115; *Wiecz/Sch/Olzen* Rn. 24.

[35] Die Voraussetzungen des § 826 BGB bejahend OLG Stuttgart NJW 1994, 330; LG Würzburg NJW-RR 1992, 52, 53; LG Frankfurt/M NJW-RR 1995, 634, 635; *Wiecz/Sch/Olzen* Rn. 24 (für die Beantragung nach dem 11. 7. 1990, da ab diesem Datum die rechtliche Durchsetzbarkeit des Anspruchs generell als zweifelhaft eingestuft werden musste); einschränkend OLG Oldenburg NJW-RR 1992, 445, 446; noch enger LG Freiburg NJW-RR 1992, 1149; vgl. dazu *Vollkommer*, Festschr. f. Gaul, 1997, S. 759, 765ff.; *Börstinghaus* MDR 1995, 551ff.; *Willingmann* VuR 1996, 263ff.

[36] BGH NJW 1984, 57 (Zustellung des Mahnbescheids mangelbehaftet); *Sae/Gierl* Rn. 7.

[37] OLG Zweibrücken OLGZ 71, 380, 383; MK/*Schüler* Rn. 21; *Zö/Vollkommer* Rn. 7.

[38] *T/P/Hüßtege* § 699 Rn. 20.

[39] *B/L/H* Rn. 6; MK/*Schüler* Rn. 12.

spruch ist in der **Form** des § 340 einzulegen, dabei muss der angegriffene Vollstreckungsbescheid hinreichend individualisiert werden. Es herrscht kein Formularzwang; die erforderliche Anzahl von Abschriften soll beigefügt werden (§ 700 Abs. 1 iVm. § 340a S. 3). Entgegen der Rechtsprechung des BGH[40] ist eine **Unterschrift** entbehrlich,[41] weil sie auch beim Widerspruch gegen den Mahnbescheid nicht zwingend ist und dieser nach § 694 Abs. 2 als Einspruch behandelt wird, wenn der Vollstreckungsbescheid zum Zeitpunkt des Widerspruchseingangs bereits verfügt ist.[42] Der Einspruch kann nach § 702 gegenüber dem Urkundsbeamten der Geschäftsstelle erklärt werden; § 129a findet Anwendung. Eine fernmündliche Einlegung sollte wegen der damit verbundenen Rechtsunsicherheit als unzulässig angesehen werden.[43] Es besteht **kein Anwaltszwang,** da es sich um einen Teil des Mahnverfahrens handelt, so dass § 78 Abs. 1 auch dann nicht eingreift, wenn das Landgericht den Vollstreckungsbescheid nach § 699 Abs. 1 S. 3 erlassen hat.[44] Hinsichtlich des Nachweises der Bevollmächtigung gilt § 703.[45] Durch den Einspruch wird der Einspruchsführer nicht (Zweit-)Schuldner der Gerichtsgebühren; § 22 Abs. 1 S. 1 GKG.

5 Die **Einspruchsfrist** beträgt **zwei Wochen** (§ 339 Abs. 1). Dies gilt auch bei Verfahren nach § 182a SGG. Es handelt sich um eine Notfrist, deren Lauf mit der wirksamen[46] **Zustellung**[47] des Vollstreckungsbescheids (vgl. § 699 Rn. 7) beginnt. Der Einspruch kann bereits in dem Zeitraum zwischen dem Erlass des Vollstreckungsbescheids und seiner Zustellung erhoben werden (vgl. § 339 Rn. 1). Bei öffentlicher Zustellung oder bei Zustellung im Ausland wird die Einspruchsfrist vom Rechtspfleger oder dem nach Landesrecht zuständigen Urkundsbeamten der Geschäftsstelle (vgl. § 689 Rn. 2) nach § 339 Abs. 2 bestimmt (vgl. § 699 Rn. 7 aE), soweit nicht nach § 184 Abs. 1 ein Zustellungsbevollmächtigter zu benennen war. Im **arbeitsgerichtlichen Verfahren** beträgt die Einspruchsfrist nur **eine Woche** (§§ 46a Abs. 1, 59 S. 1 ArbGG). Bei der Frist – auch bei der vom Rechtspfleger oder dem Urkundsbeamten (vgl. § 689 Rn. 2) gesetzten – handelt es sich um eine Notfrist; bei Versäumung ist Wiedereinsetzung möglich (§ 233).[48] Der Einspruch braucht **keine Begründung** zu enthalten; es droht bei fehlendem Tatsachenvortrag auch keine Präklusion, da § 340 Abs. 3 durch § 700 Abs. 3 S. 3 eigens ausgeschlossen ist. Der Einspruch kann wegen § 346 **zurückgenommen** werden, wobei dies ohne Zustimmung des Antragstellers nur bis zur Verhandlung des Beklagten zur Hauptsache oder bis zum Erlass eines Versäumnisurteils gegen den Beklagten zulässig ist (Abs. 3 S. 2 iVm. § 697 Abs. 4 S. 1; in Verfahren nach § 182a SGG ist Abs. 3 mangels Verweisung in § 182a Abs. 2 S. 2 SGG nicht anwendbar).[49] Die Rücknahme unterliegt wegen Abs. 3 S. 2 iVm. §§ 697 Abs. 4 S. 2, 78 Abs. 5 keinem Anwaltszwang.[50] Bei Bevollmächtigung zur Einspruchsrücknahme ist § 703 nach Abgabe der Sache an das Streitgericht nicht anzuwenden, da dann das Mahnverfahren bereits beendet ist (vgl. § 703 Rn. 2).[51] Ein **Verzicht**[52] auf den Einspruch ist nach § 346 möglich; im Gegensatz zur Rücknahme unterliegt der Verzicht jedoch ggf. dem Anwaltszwang.[53] Die **Teilrücknahme** und der **Teilverzicht** durch Beschränkung des Einspruchs sind ebenfalls zulässig.[54] Die Folgen der Rücknahme und des Verzichts bestimmen sich nach §§ 346, 516 Abs. 3;[55] für die Entscheidung entsprechend § 516 Abs. 3 S. 2 ist der Richter zuständig,[56] da das Verfahren bereits vom Mahnverfahren in ein ordentliches übergegangen ist.

IV. Weiteres Verfahren

6 **1. Abgabe des Verfahrens.** Auf Grund des Einspruchs wird das Verfahren **von Amts wegen** an das in dem **Mahnbescheid** für die Durchführung des Streitverfahrens als zuständig **bezeichnete Gericht** abgegeben; bei Identität des Gerichts gilt § 698. Die Parteien können übereinstimmend die **Abgabe an ein anderes**

---

40 BGHZ 101, 134, 136f. = NJW 1987, 2588; so auch LG Hamburg NJW 1986, 1997; LAG Baden-Württemberg DB 1993, 2392; *Fischer* MDR 1998, 885, 887; MK/*Schüler* Rn. 17; *St/J/Schlosser* Rn. 4 (der aber auch bei Widerspruch die Unterschrift für erforderlich hält); ebenso *Wiecz/Sch/Olzen* Rn. 39; zur wirksamen Einlegung durch Telegramm oder Fernschreiben vgl. BGHZ 97, 283 = NJW 1986, 1759.

41 So auch LG Heidelberg NJW-RR 1987, 1213, 1214; *Zö/Vollkommer* Rn. 5; im Ergebnis auch OLG Celle 18. 7. 2006 13 U 94/06 (gestützt auf verfassungsrechtliche Erwägungen).

42 AA MK/*Schüler* Rn. 17 (Antragsteller sei dann Gelegenheit zur Nachholung der Unterschrift auf dem verspäteten Widerspruch zu geben); *Sae/Gierl* Rn. 9.

43 OLG Schleswig ZIP 1984, 1017; MK/*Schüler* Rn. 16; aA *B/L/H* Rn. 8; *Wiecz/Sch/Olzen* § 702 Rn. 7; *Zö/Vollkommer* Rn. 5.

44 *Hornung* Rpfleger 1978, 431; MK/*Schüler* Rn. 18; *St/J/Schlosser* Rn. 4; *Zö/Vollkommer* Rn. 6; aA *Crevecœur* NJW 1977, 1320, 1324; *B/L/H* Rn. 10.

45 AllgM, vgl. MK/*Schüler* Rn. 18; *St/J/Schlosser* Rn. 4.

46 Zur Zustellung an eine prozessunfähige Partei vgl. BGHZ 104, 109 = NJW 1988, 2049; zur Frage der Rechtsmittelbelehrung vgl. § 699 Rn. 7.

47 Auch bei Parteizustellung vgl. OLG Koblenz OLGZ 1981, 243, 244f. = NJW 1981, 408; MK/*Schüler* Rn. 14.

48 Eine Fristverlängerung scheidet bei Notfristen aus, vgl. *Zö/Stöber* § 224 Rn. 6; anders im Fall des § 339 Abs. 2, vgl. MK/*Schüler* Rn. 15.

49 MK/*Schüler* Rn. 23.

50 LG Bonn NJW-RR 1986, 223; *Fischer* MDR 1994, 124, 126; MK/*Schüler* Rn. 24; *Zö/Vollkommer* Rn. 11.

51 MK/*Schüler* Rn. 24; *Zö/Vollkommer* § 703 Rn. 2.

52 Zum Unterschied zur Rücknahme vgl. BGH NJW 1994, 737 = ZZP 107 (1994), 237 m. Anm. *Kohler.*

53 Vgl. (zum Rechtsmittelverzicht) BGH NJW-RR 1994, 386; vgl. auch § 515 Rn. 14 (Anwaltszwang, sofern dem Gericht ggü. erklärt).

54 MK/*Schüler* Rn. 21.

55 *B/L/H* Rn. 11; *Zö/Vollkommer* Rn. 11.

56 OLG Frankfurt/M Rpfleger 1990, 201; *B/L/H* Rn. 11.

Gericht verlangen, dazu näher bei § 696 Rn. 3. Mit dem Eingang der Akten bei dem Gericht, an das der Rechtsstreit abgegeben wird, wird die Streitsache bei diesem anhängig (§ 700 Abs. 3 S. 2 iVm. § 696 Abs. 1 S. 4). Zuständig für die Abgabe ist der Rechtspfleger des Gerichts, das den Vollstreckungsbescheid erlassen hat; dies kann im Fall des § 699 Abs. 1 S. 3 auch das Landgericht sein. Die Abgabeverfügung ist nach Abs. 3 S. 2 iVm. § 696 Abs. 1 S. 3 unanfechtbar; sie wird lediglich formlos mitgeteilt. Verfügt der Urkundsbeamte der Geschäftsstelle die Abgabe (§ 36b Abs. 1 S. 1 Nr. 2 RPflG), schließt § 36b Abs. 3 RPflG die Erinnerung nach § 573 aus. Das Empfangsgericht, nicht das abgebende Gericht ist zur Prüfung des Einspruchs berufen, so dass die Abgabe ungeprüft erfolgt.[57] Auch die Einzahlung der weiteren Gerichtsgebühren ist nicht Voraussetzung für die Abgabe[58] (Ausnahme bei § 703a Abs. 2 Nr. 4 dazu Rn. 12). Im Fall eines auf einen **Teil beschränkten Einspruchs** wird das Verfahren insgesamt abgegeben, denn die Beurteilung der Reichweite des Einspruchs obliegt dem mit der Durchführung des streitigen Verfahrens betrauten Gericht.[59]

2. Verfahren bei dem Empfangsgericht. Das Gericht prüft die **Zulässigkeit des Einspruchs** und verwirft den unzulässigen durch **Urteil**, das nach § 341 Abs. 2 ohne mündliche Verhandlung ergehen kann.[60] Das Urteil wird den Parteien nach § 317 Abs. 1 S. 1 zugestellt. Als Rechtsmittel ist die Berufung gegeben. Die Zulässigkeit des Einspruchs ist auch dann zu prüfen, wenn das Gericht die Sache auf Antrag des Klägers nach §§ 700 Abs. 1, 696 Abs. 1, 5, 281 an ein anderes Gericht verweisen will. Es kann nach § 303 über die Zulässigkeit des Einspruchs durch Zwischenurteil entscheiden. Ohne ein solches Urteil hat das Gericht, an welches verwiesen wurde, den Einspruch selbständig einer Zulässigkeitsprüfung zu unterziehen.[61] Die **Einspruchsschrift** wird dem Antragsteller durch das Empfangsgericht **zugestellt** (§ 700 Abs. 1 iVm. § 340a S. 1); damit kann die Aufforderung zur Begründung des Anspruchs innerhalb von zwei Wochen (§§ 700 Abs. 3 S. 2, 697 Abs. 1; vgl. auch § 697 Rn. 2) verbunden werden.[62] 7

Wird der Anspruch innerhalb der gesetzten Frist begründet, ist mit dieser Begründung nach Abs. 4 wie mit einer Klage zu verfahren; die Abweisung einer unzulässigen Klage ohne mündliche Verhandlung durch „unechtes Versäumnisurteil" in entsprechender Anwendung des § 331 Abs. 3 ist unzulässig.[63] Entscheidet sich das Gericht für ein **schriftliches Vorverfahren,** wird der Beklagte unter Fristsetzung (§ 276 Abs. 1 S. 2, zur Bemessung der Frist vgl. § 697 Rn. 4) aufgefordert, auf die Klage zu erwidern. Nicht zulässig ist es, ihn zur Anzeige der Verteidigungsbereitschaft aufzufordern, § 700 Abs. 4 S. 2. Ein Versäumnisurteil nach § 331 Abs. 3 ist damit ausgeschlossen, da es wegen der Wirkung des Vollstreckungsbescheids als zweites Versäumnisurteil den Einschränkungen des § 345 unterläge.[64] Bei Untätigkeit des Beklagten im schriftlichen Verfahren ist deshalb Termin zur mündlichen Verhandlung zu bestimmen.[65] Bei der Vorbereitung des Haupttermins durch einen **frühen ersten Termin** (§§ 274, 275) gelten keine Besonderheiten; die Einlassungsfrist des § 274 ist zu beachten. Im Termin wird nach § 341a zugleich über die Zulässigkeit des Einspruchs und über die Hauptsache verhandelt.[66] Geht innerhalb der gesetzten Frist **keine ordnungsgemäße Anspruchsbegründung** ein, wird bei Zulässigkeit des Einspruchs unverzüglich und ohne einen Antrag abzuwarten Termin zur mündlichen Verhandlung bestimmt (Abs. 5).[67] Zugleich wird dem Antragsteller durch das Gericht eine weitere Frist zur Anspruchsbegründung gesetzt (§ 700 Abs. 5 iVm. § 697 Abs. 3 S. 2). Bei Versäumung dieser Frist droht wegen § 697 Abs. 3 S. 2 die Präklusion nach § 296 Abs. 1, worauf vom Gericht hingewiesen werden sollte. Geht die Anspruchsbegründung noch ein, bevor der Termin anberaumt wurde, empfiehlt sich ein Vorgehen nach Abs. 4.[68] Das Empfangsgericht ist als Prozessgericht des ersten Rechtszuges auch für die Erteilung einer weiteren vollstreckbaren Ausfertigung des Mahnbescheids zuständig.[69] 8

3. Besonderheiten bei Säumnis des Beklagten. Auch im Verfahren nach Erlass eines Vollstreckungsbescheids gelten die allgemeinen Regeln des Versäumnisverfahrens. Da der Vollstreckungsbescheid nach Abs. 1 einem Versäumnisurteil gleichsteht, wäre ein Urteil gegen den Beklagten, der im Termin zur Verhandlung über seinen Einspruch säumig ist, ein zweites Versäumnisurteil im Sinne des § 345, das nur in sehr eingeschränktem Maße einem Rechtsmittel zugänglich ist (§ 514 Abs. 2). Deshalb stellt Abs. 6 an ein solches Versäumnisurteil besondere Anforderungen: Es darf nur unter den Voraussetzungen des § 331 Abs. 1, 2 Halbs. 1 ergehen, so dass das Gericht neben den allgemeinen Sachurteilsvoraussetzungen auch die **Schlüssigkeit** des geltend gemachten Anspruchs zu prüfen hat.[70] Darüber hinaus muss auch geprüft werden, ob der **Vollstreckungsbescheid verfahrensfehlerfrei** erlassen wurde.[71] Fehler im Verfahren zum Er- 9

[57] AllgM, vgl. MK/*Schüler* Rn. 26; *Zö/Vollkommer* Rn. 12.
[58] MK/*Schüler* Rn. 26.
[59] MK/*Schüler* Rn. 27; *Sae/Gierl* Rn. 23.
[60] OLG Celle 19. 2. 2004 2 W 11/04; *T/P/Hüßtege* Rn. 15a.
[61] MK/*Schüler* Rn. 34; *St/J/Schlosser* Rn. 5; vgl. zum alten Recht BGH NJW 1976, 676.
[62] MK/*Schüler* Rn. 35.
[63] OLG Nürnberg NJW-RR 1996, 58 = MDR 1996, 311.
[64] Vgl. OLG Dresden 11. 7. 2007 8 U 730/07; OLG Nürnberg NJW-RR 1996, 58 = MDR 1996, 311; *Holch* NJW 1991, 3177, 3179.
[65] OLG Schleswig MDR 2007, 906f. (Verstoß ist in der Berufungsinstanz von Amts wegen zu berücksichtigen).
[66] BGH NJW 1982, 888.
[67] OLG Düsseldorf OLGZ 1994, 218, 220.
[68] *B/L/H* Rn. 29.
[69] BGH NJW-RR 2006, 1575.
[70] BGHZ 112, 367, 371f. = NJW 1991, 43; BGH JZ 1999, 1174, 1175.
[71] BGHZ 73, 87, 92 = NJW 1979, 658; BGHZ 85, 361, 365f. = NJW 1983, 633; vgl. auch BGHZ 97, 341, 348f. = NJW 1986, 2113; zur Heilung einer fehlerhaften Zustellung des Vollstreckungsbescheids vgl. OLG München JurBüro 1985, 1267; MK/*Schüler* Rn. 42; aA OLG Jena OLGR 1998, 48f. (Wirksamkeit der Zustellung des Mahnbescheids sei

lass des Vollstreckungsbescheids können auch mit der **Berufung** gegen ein auf den Einspruch hin ergehendes (zweites) Versäumnisurteil in erweiternder Auslegung des § 514 Abs. 2 geltend gemacht werden (vgl. § 514 Rn. 10).[72] Das Rechtsmittel kann auch darauf gestützt werden, dass das (zweite) Versäumnisurteil wegen Verfahrensfehlern[73] oder mangels Schlüssigkeit nicht hätte ergehen dürfen.[74] Ergibt sich in der Verhandlung, in der der Beklagte säumig ist, dass die geltend gemachte Forderung **nicht schlüssig** begründet ist, wird die Klage durch Sachurteil abgewiesen und der Vollstreckungsbescheid aufgehoben. Erweist es sich, dass der **Vollstreckungsbescheid verfahrensfehlerhaft** zu Stande gekommen ist, ist dieser aufzuheben. Die Klage soll dann abzuweisen sein.[75] Dem ist nur dann zuzustimmen, wenn es an einer Sachurteilsvoraussetzung fehlt. Handelt es sich dagegen allein um einen Mangel im Vollstreckungsbescheid – zB das Fehlen der Unterschrift –, ist dieser Bescheid aufzuheben und zugleich ein (technisch erstes) Versäumnisurteil gegen den Beklagten zu erlassen.[76] Ein unzulässiger Einspruch ist bei Säumnis des Beklagten durch kontradiktorisches Endurteil nach § 341 Abs. 1 S. 2, nicht nach § 345 zu verwerfen.[77]

V. Besonderheiten bei Verfahren außerhalb der ordentlichen streitigen Gerichtsbarkeit

10 Im **arbeitsgerichtlichen Verfahren** ist nach § 59 S. 3 ArbGG auf die Möglichkeit des Einspruchs hinzuweisen. Die Einspruchsfrist beträgt nur **eine Woche** (§§ 46a Abs. 3, 59 S. 1 ArbGG). Auf Grund des Einspruchs wird das Verfahren nicht abgegeben, sondern das Gericht bestimmt einen Termin von Amts wegen, § 46a Abs. 6 ArbGG. Die Besonderheiten des § 46a Abs. 3 WEG aF sind im Zuge der Zuweisung zur ordentlichen streitigen Gerichtsbarkeit aufgehoben worden. Im Verfahren nach **§ 182a SGG** sind ab dem Zeitpunkt, an welchem die Akten beim Sozialgericht eingehen, die Vorschriften des SGG maßgebend. Die Entscheidung des Sozialgerichts muss den bereits existenten Vollstreckungsbescheid berücksichtigen, deshalb sind § 700 Abs. 1 und § 343 in diesem Verfahren entsprechend anzuwenden (vgl. § 182a Abs. 2 S. 2 SGG).

VI. Gebühren und Kosten

11 **1. Rechtsanwaltsgebühren.** Anwaltsgebühren vgl. § 688 Rn. 11. Für die Einlegung des Einspruchs fällt die 1,3 Verfahrensgebühr aus Nr. 3100 VV RVG für den Antragsgegnervertreter an.[78]

12 **2. Gerichtskosten.** Mit der Einlegung des Einspruchs gegen den Vollstreckungsbescheid wird die allgemeine **Verfahrensgebühr** nach KV Nr. 1210 fällig; auf sie wird eine Gebühr gemäß KV Nr. 1110 nach dem Wert des Streitgegenstandes angerechnet, der in das Prozessverfahren übergeht. Kostenschuldner ist auch bei einem unzulässigen Einspruch die Partei, die den angefochtenen Vollstreckungsbescheid beantragt hat.[79] Ist der Vollstreckungsbescheid gemäß § 703a Abs. 2 Nr. 4 nur unter Vorbehalt der Rechte des Beklagten erlassen worden, soll das Verfahren erst nach Zahlung der angeforderten Gebühr an das als zuständig bezeichnete Streitgericht abgegeben werden (§ 12 Abs. 3 S. 3 Halbs. 2 GKG). Urteilsgebühren entstehen nicht.

701 *Wegfall der Wirkung des Mahnbescheids*

[1]Ist Widerspruch nicht erhoben und beantragt der Antragsteller den Erlass des Vollstreckungsbescheids nicht binnen einer sechsmonatigen Frist, die mit der Zustellung des Mahnbescheids beginnt, so fällt die Wirkung des Mahnbescheids weg. [2]Dasselbe gilt, wenn der Vollstreckungsbescheid rechtzeitig beantragt ist, der Antrag aber zurückgewiesen wird.

I. Normzweck

1 Das Mahnverfahren privilegiert den Antragsteller, indem es die Rechtsdurchsetzung erleichtert. Dabei wird nach Erlass eines Vollstreckungsbescheids die Rechtshängigkeit der Streitsache auf den Zeitpunkt der Zustellung des Mahnbescheids zurückbezogen (§ 700 Abs. 2). § 701 setzt der Möglichkeit, einen Vollstreckungsbescheid zu beantragen, eine zeitliche Grenze und beschränkt auf diese Weise auch die Rückbeziehung. Die Norm dient damit dem **Schutz des Antragsgegners,**[1] der, nachdem ein Vollstreckungsbescheid zunächst längere Zeit nicht beantragt wurde, nicht mehr damit zu rechnen braucht, dass der gegen ihn erhobene Anspruch von der Zustellung des Mahnbescheids an als rechtshängig angesehen wird. Die Funk-

---

bei Erlass des zweiten Versäumnisurteils nicht mehr zu prüfen); zu Sonderfragen, wenn der Widerspruch des Antragsgegners nach § 694 Abs. 2 als Einspruch gilt und es an der Zustellung des Vollstreckungsbescheids fehlt, *Gaumann* JR 2001, 445, 446f. (es müsse dann ein technisch zweites Versäumnisurteil ergehen; andernfalls sofortige Beschwerde durch Antragsteller in entsprechender Anwendung des § 336 zulässig).

[72] BGHZ 73, 87, 92 = NJW 1979, 658; BGHZ 85, 361, 365f. = NJW 1983, 633; JZ 1999, 1174, 1175; *Wiecz/Schl Olzen* Rn. 97; *Zö/Vollkommer* Rn. 14; die abweichende Ansicht des BAG, JZ 1995, 523 m. krit. Anm. *Braun,* S. 525ff., bezieht sich nicht auf Fälle des Mahnverfahrens; vgl. auch die Übersicht bei *Elser* JuS 1994, 965, 967f.

[73] OLG Schleswig MDR 2007, 906f. (fehlende örtliche Zuständigkeit, Verstoß gegen § 700 Abs. 3 S. 2).

[74] BGHZ 112, 367, 371f. = NJW 1991, 43; BGH JZ 1999, 1174, 1175; KG MDR 2007, 49.

[75] *Zö/Vollkommer* Rn. 14.

[76] *Zö/Herget* § 345 Rn. 4.

[77] BGH NJW 1995, 1561 = MDR 1995, 629; *Wiecz/Sch/Olzen* Rn. 87; *Zö/Vollkommer* Rn. 14.

[78] G/S/*Müller-Rabe* VV 3305–3308 Rn. 52.

[79] OLG Düsseldorf NJW-RR 1997, 1295f.

[1] Andere sehen den Sinn der Regelung in der Schaffung von Rechtsklarheit, MK/*Schüler* Rn. 1.

tion der Bestimmung liegt also darin, den Schwebezustand zu beenden, der entsteht, wenn weder ein Widerspruch erhoben, noch ein Vollstreckungsbescheid beantragt wird. Eine **analoge Anwendung** des § 701 auf Fälle, in denen der Antragsgegner **Widerspruch** eingelegt hat, ohne dass dann ein Antrag auf Durchführung des streitigen Verfahrens gestellt wird, kommt **nicht in Betracht,**[2] denn in diesem Fall hat es der Antragsgegner selbst in der Hand, durch einen Antrag auf Durchführung des streitigen Verfahrens den Schwebezustand zu beseitigen.

II. Einzelerläuterungen

1. Fristüberschreitung. Die Frist **beginnt** mit der wirksamen[3] **Zustellung** des Mahnbescheids, nicht erst mit der Benachrichtigung des Antragstellers über die Zustellung nach § 693 Abs. 2.[4] Es handelt sich um eine **Ausschlussfrist,** so dass weder eine Verlängerung noch eine Wiedereinsetzung in den vorherigen Stand möglich ist.[5] Jedoch führt die Eröffnung des Insolvenzverfahrens auf Seiten des Mahnantragstellers in entsprechender Anwendung des § 240 zur Unterbrechung der Frist.[6] Die Frist **berechnet** sich nach § 222 iVm. §§ 187 ff. BGB. Zur Wahrung reicht es aus, wenn der Antrag auf Erlass eines Vollstreckungsbescheids gestellt wird, dh. noch vor Fristablauf bei Gericht eingeht.[7] Wird der **Antrag zurückgenommen,** läuft die Frist weiter, als ob er nicht gestellt worden wäre.[8] Hat der Antragsgegner seinen **Widerspruch zurückgenommen,** ist während der Zwischenzeit der Ablauf der Frist gehemmt, denn der Antragsteller hatte während dieser Zeit keine Möglichkeit, einen Vollstreckungsbescheid zulässigerweise zu beantragen. Der vor Einlegung des Widerspruchs noch nicht verstrichene Teil der Frist läuft deshalb ab der Rücknahme des Widerspruchs weiter.[9] Soll der erlassene Vollstreckungsbescheid im Parteibetrieb zugestellt werden (§ 699 Abs. 4 S. 1, 2), ist es ohne Bedeutung, wenn die Zustellung nicht innerhalb der Sechsmonatsfrist erfolgt.[10] 2

2. Zurückweisung des Antrags. Wurde ein Antrag auf Erlass eines Vollstreckungsbescheids innerhalb der Frist gestellt, aber vom Gericht zurückgewiesen, entfällt nach dem Wortlaut des S. 2 die Wirkung des Mahnbescheids. Zu bedenken ist aber, dass die Zurückweisung des Antrags der sofortigen Beschwerde nach § 11 Abs. 1 RPflG oder bei Zurückweisung durch den Urkundsbeamten der Geschäftsstelle (vgl. § 689 Rn. 2) der Erinnerung nach § 573 Abs. 1 zugänglich ist (vgl. § 699 Rn. 5). Deshalb kann nur die **endgültige Zurückweisung** die Folgen des § 701 nach sich ziehen.[11] Nach bislang herrschender Lehre bestand bei Zurückweisung des Antrags auf Erlass des Vollstreckungsbescheids die Möglichkeit, innerhalb der Sechsmonatsfrist **erneut** einen Vollstreckungsbescheid zu beantragen.[12] Dem ist nicht mehr uneingeschränkt zu folgen, weil die zurückweisende Entscheidung der sofortigen Beschwerde oder der Erinnerung (vgl. oben in dieser Rn.) unterliegt und deshalb mit Ablauf der Beschwerdefrist nicht mehr angreifbar ist. Damit ist aber eine erneute Antragstellung nur dann möglich, wenn nicht die Rechtskraft des zurückweisenden Beschlusses entgegensteht.[13] 3

3. Folgen. Der Mahnbescheid verliert unter den Voraussetzungen des § 701 seine Wirkungen. Will der Antragsteller seine Forderung gerichtlich durchsetzen, muss er erneut ein Verfahren einleiten, was auch wiederum im Wege eines Antrags auf Erlass eines Mahnbescheids geschehen kann. Hinsichtlich der **materiellrechtlichen Wirkungen** des Mahnbescheids ist zu unterscheiden. Soweit der Mahnbescheid nur die Funktion hat, das ernsthafte Bestreben der Rechtsdurchsetzung zu dokumentieren, bleibt diese durch den Wegfall der verfahrensrechtlichen Wirkungen unberührt. So bleibt der Schuldner in Verzug, auch wenn die Voraussetzungen des § 701 erfüllt sind. Die durch die Zustellung des Mahnbescheids eingetretene Hemmung der Verjährung, § 204 Abs. 1 Nr. 3 BGB, endet nach § 204 Abs. 2 BGB sechs Monate nach Vornahme der letzten Verfahrenshandlung. Diese liegt nicht in der Zustellung des Mahnbescheids, sondern im Zugang der Mitteilung der Zustellung an den Antragsteller (vgl. § 693 Rn. 4). Eine erneute Hemmung nach § 204 Abs. 2 S. 3 BGB ist ausgeschlossen, wenn die Frist des § 701 abgelaufen ist. Hat der Gläubiger die Frist des § 701 verstreichen lassen, nachdem der Schuldner einen Widerspruch gegen den Mahnbescheid nur wegen der Kosten des Verfahrens eingelegt hat, kann in diesem Teilwiderspruch kein Anerkenntnis der Hauptforderung gesehen werden (vgl. § 694 Rn. 4). Wird ein Vollstreckungsbescheid erlassen, obwohl der Mahnbescheid nach § 701 keine Wirkungen mehr entfaltet, ist der Vollstreckungsbescheid zwar verfahrensfehlerhaft, jedoch wirksam.[14] Nach Einspruch kann die Zwangsvollstreckung ohne Sicherheitsleistung eingestellt werden (vgl. § 700 Rn. 2). 4

---

[2] MK/*Schüler* Rn. 6; *Wiecz/Sch/Olzen* Rn. 4; vgl. auch BayVerfGH NJW 1988, 1372 f.; BGH NJW-RR 1992, 1021.

[3] Andernfalls kein Fristbeginn, BGH NJW 1995, 3380, 3381 (obiter dictum); *St/J/Schlosser* Rn. 2.

[4] LG Köln AnwBl. 1986, 538; *Zö/Vollkommer* Rn. 4.

[5] LAG Berlin MDR 1990, 186, 187; MK/*Schüler* Rn. 3.

[6] LG Koblenz ZInsO 2003, 666 f; MK/*Schüler* Rn. 3.

[7] Vgl. LG Braunschweig Rpfleger 1978, 263; MK/*Schüler* Rn. 2.

[8] MK/*Schüler* Rn. 3; *Wiecz/Sch/Olzen* Rn. 8; *Zö/Vollkommer* Rn. 4; unklar (nach Rücknahme des Antrags laufe Frist weiter) *B/L/H* Rn. 3; *St/J/Schlosser* Rn. 1.

[9] MK/*Schüler* Rn. 3; *Zö/Vollkommer* Rn. 4.

[10] MK/*Schüler* Rn. 8.

[11] *Vollkommer* Rpfleger 1982, 295; MK/*Schüler* Rn. 4; *St/J/Schlosser* Rn. 2; *Zö/Vollkommer* Rn. 3.

[12] *Vollkommer* Rpfleger 1982, 295 f.; einschränkend *Wiecz/Sch/Olzen* Rn. 3 (gegen den zurückweisenden Beschluss keine Erinnerung, wenn Antrag wiederholt wird, und keine Antragswiederholung, soweit Erinnerung eingelegt wurde).

[13] MK/*Schüler* Rn. 4; *Zö/Vollkommer* Rn. 3.

[14] MK/*Schüler* Rn. 1; *St/J/Schlosser* Rn. 5.

III. Gerichtskosten

5 Ist ein Mahnbescheid wirkungslos geworden und wird anschließend ein neuer beantragt, ist gebührenrechtlich zu verfahren, wie wenn erstmals ein Mahnbescheid beantragt würde.

702 *Form von Anträgen und Erklärungen*

(1) [1]Im Mahnverfahren können die Anträge und Erklärungen vor dem Urkundsbeamten der Geschäftsstelle abgegeben werden. Soweit Formulare eingeführt sind, werden diese ausgefüllt; der Urkundsbeamte vermerkt unter Angabe des Gerichts und des Datums, dass er den Antrag oder die Erklärung aufgenommen hat. [2]Auch soweit Formulare nicht eingeführt sind, ist für den Antrag auf Erlass eines Mahnbescheids oder eines Vollstreckungsbescheids bei dem für das Mahnverfahren zuständigen Gericht die Aufnahme eines Protokolls nicht erforderlich.

(2) Der Antrag auf Erlass eines Mahnbescheids oder eines Vollstreckungsbescheids wird dem Antragsgegner nicht mitgeteilt.

I. Normzweck

1 Im Interesse einer Verfahrensvereinfachung wird die Antragstellung erleichtert und Hilfestellung bei der Formulierung des Antrags oder dem Ausfüllen des Formulars[1] angeboten. Zugleich wird darauf verzichtet, den Antragsgegner zu informieren, wenn ein Antrag auf Erlass eines Mahn- oder Vollstreckungsbescheids gestellt wird. Durch das JKomG wurde der Vordruckzwang nicht beseitigt, so dass die Übermittlung des Antrags auf Erlass eines Mahnbescheids oder eines Vollstreckungsbescheids nur nach § 690 Abs. 3, 699 Abs. 1 S. 2 und § 703c zulässig ist (vgl. § 690 Rn. 12).

II. Einzelerläuterungen

2 **1. Anträge und Erklärungen nach Abs. 1.** Die Regelung bezieht sich allein auf Erklärungen im **Mahnverfahren.** Dieses **beginnt** mit dem Antrag auf Erlass des Mahnbescheids und **endet** mit der Abgabe der Sache zur Durchführung des streitigen Verfahrens. Nach Abs. 1 kann insbesondere der Widerspruch erklärt und der Antrag auf Durchführung des streitigen Verfahrens gestellt werden. Bei der Erklärung der **Rücknahme** des Widerspruchs, des Einspruchs oder des Antrags auf Durchführung des streitigen Verfahrens ist zu beachten, dass diese auch nach der Abgabe der Sache und der Beendigung des Mahnverfahrens gegenüber dem Urkundsbeamten der Geschäftsstelle erklärt werden können (vgl. §§ 696 Abs. 4 S. 2, 697 Abs. 4 S. 2 und § 700 Abs. 3 S. 2). Die Erklärung des Einspruchs zu **Protokoll des Gerichtsvollziehers** ist **unwirksam.**[2] Abs. 1 lässt die örtliche und sachliche Zuständigkeit unberührt; wegen § 129a können die Anträge und Erklärungen aber auch vor der Geschäftsstelle eines jeden **anderen Amtsgerichts** abgegeben werden. Dabei ist zu beachten, dass solche Anträge und Erklärungen nach § 129a Abs. 2 S. 2 erst dann wirksam werden, wenn das Protokoll oder der Vordruck bei dem zuständigen Gericht eingeht. Soweit die Verwendung von **Vordrucken** vorgeschrieben ist (vgl. § 703c Rn. 2), werden diese vom Urkundsbeamten ausgefüllt und vom Antragsteller oder seinem Bevollmächtigten (vgl. § 703) unterschrieben.[3] Das gilt auch für die Erhebung eines **Widerspruchs,** obwohl die Verwendung des eingeführten Formulars für den Widerspruchsführer selbst nicht zwingend vorgeschrieben ist (vgl. § 692 Rn. 3).[4] Ein Verstoß steht daher der Wirksamkeit des Widerspruchs nicht entgegen, da hinsichtlich des Widerspruchs ein Vordruckzwang für den Antragsgegner nicht vorgeschrieben ist und damit gerade erreicht werden soll, dass ein Vollstreckungsbescheid nicht ergeht, wenn sich der Antragsgegner in irgendeiner Form gegen das Mahnverfahren zur Wehr setzt. Der Urkundsbeamte – auch der eines anderen Amtsgerichts (§ 129a) – bestätigt die Aufnahme nach Abs. 1 S. 2, ohne dass ein Protokoll erforderlich ist.[5] Soweit für den Antrag auf Erlass eines Mahn- oder Vollstreckungsbescheids **keine Vordrucke** eingeführt sind (vgl. § 703c Rn. 2f.), ist über die Erklärung ein Protokoll aufzunehmen, sofern sie nach § 129a gegenüber einem anderem als dem zuständigen Gericht abgegeben wird. Nur der Urkundsbeamte des zuständigen Gerichts kann sich auf den Vermerk nach Abs. 1 S. 2 beschränken.[6] Über **andere Erklärungen** als die Anträge auf Erlass eines Mahn- oder Vollstreckungsbescheids ist, soweit Vordrucke nicht eingeführt sind, stets ein Protokoll aufzunehmen.[7] Zur Unzulässigkeit einer **fernmündlichen Erklärung** gegenüber dem Urkundsbeamten vgl. § 700 Rn. 4. Anwaltszwang besteht nicht; zur Bevollmächtigung vgl. § 703.

3 **2. Unterlassen von Mitteilungen.** Dem **Antragsgegner** werden nach Abs. 2 **Anträge** auf Erlass eines Mahn- oder Vollstreckungsbescheids **nicht mitgeteilt.** Er erhält von dem Antrag in der Regel erst Kenntnis, wenn ihm der Bescheid selbst zugestellt wird. Das ist beim Vollstreckungsbescheid insofern bemerkens-

[1] Die Ersetzung des Begriffs „Vordruck“ durch „Formular“ hat sprachliche Gründe, da die Antragstellung in elektronischer Form begrifflich umfasst sein soll. Eine weiter gehende sachliche Änderung ist nicht beabsichtigt (vgl. Begründung des Gesetzesentwurfs BR-Drucks. 609/04, S. 56, 83).
[2] LG Baden-Baden DGVZ 1998, 156, 157.
[3] MK/*Schüler* Rn. 4.
[4] *Sae/Gierl* Rn. 6; *Wiecz/Sch/Olzen* Rn. 5.
[5] MK/*Schüler* Rn. 5; *Wiecz/Sch/Olzen* Rn. 9; *Zö/Vollkommer* Rn. 2; aA (bei Erklärung vor unzuständigem Gericht Protokoll erforderlich) *B/L/H* Rn. 4.
[6] MK/*Schüler* Rn. 6.
[7] *Zö/Vollkommer* Rn. 3.

wert, als zugleich mit seiner Zustellung mit der **Vollstreckung begonnen** werden kann. Mit der Regelung ist also eine erhebliche Beeinträchtigung des Rechtsschutzes des Antragsgegners verbunden. Das Argument, dass der Schuldner dem Mahnbescheid hätte widersprechen können,[8] wird zweifelhaft, wenn der Antragsgegner nach Erlass des Mahnbescheids die Forderung beglichen hat und deshalb kein Anlass zu einem Widerspruch besteht. Beantragt dann der Gläubiger – sei es in Unkenntnis der Zahlung, sei es unter bewusstem Verstoß gegen § 699 Abs. 1 S. 2 – einen Vollstreckungsbescheid und wird dieser erlassen, kann bei Parteizustellung dieses Bescheids zu einem Zeitpunkt vollstreckt werden, an dem der Schuldner erstmals von dem weiteren Vorgehen des Gläubigers erfährt[9] (vgl. § 700 Rn. 2). Bedenkt man weiter, dass das Vollstreckungsorgan den Erfüllungseinwand nur unter den Voraussetzungen des § 775 Nr. 4 oder 5 beachten wird, erscheint die Regelung des Abs. 2 entgegen der hM[10] nicht unproblematisch. Wenn der Antrag auf Erlass eines Mahn- oder Vollstreckungsbescheids **zurückgewiesen** wird, wird dies dem **Antragsgegner** ebenfalls **nicht mitgeteilt.**[11] Über die **Rücknahme** des Antrags auf Erlass eines Mahnbescheids (vgl. § 690 Rn. 13) wird informiert, wenn der Mahnbescheid dem Antragsgegner bereits zugestellt wurde.[12] Der Antrag auf Erlass eines Vollstreckungsbescheids kann nur bis zur Verfügung des Bescheids zurückgenommen werden (vgl. § 699 Rn. 2), so dass sich eine Mitteilung erübrigt. Fragt der Antragsgegner beim Gericht an, ob ein Antrag gestellt ist, ist ihm Auskunft zu erteilen.[13]

703 *Kein Nachweis der Vollmacht* [1]**Im Mahnverfahren bedarf es des Nachweises einer Vollmacht nicht.** [2]**Wer als Bevollmächtigter einen Antrag einreicht oder einen Rechtsbehelf einlegt, hat seine ordnungsgemäße Bevollmächtigung zu versichern.**

I. Normzweck

Die Standardisierung des Verfahrens insbesondere durch Vordrucke verträgt es nicht, dass die Bevollmächtigung durch ein besonderes Schreiben nachgewiesen werden muss, wie es § 80 Abs. 1 für den Regelfall fordert (vgl. § 80 Rn. 13). Ein solcher Nachweis ist deshalb nach § 703 nicht erforderlich. Bei den besonders wichtigen Fällen der Antragstellung und der Einlegung eines Rechtsbehelfs verlangt S. 2 aber zumindest die einseitige Versicherung des Erklärenden über seine ordnungsgemäße Bevollmächtigung. 1

II. Einzelerläuterungen

In Abweichung von § 88 wird die **Bevollmächtigung nicht geprüft,** und zwar auch dann nicht, wenn der Antragsgegner ihr Fehlen rügt. Damit wird lediglich der **Nachweis der Vollmacht,** jedoch nicht diese selbst für entbehrlich erklärt.[1] **Fehlt die Vollmacht** und wird auch nicht genehmigt,[2] sind die Prozesshandlungen unwirksam.[3] Der angeblich Vertretene kann dies jederzeit geltend machen. § 703 S. 1 betrifft alle Anträge und Erklärungen **im Mahnverfahren.** Die Regelung ist nicht anwendbar, sobald das Mahnverfahren endet, was bei Eingang der Sache bei dem für die Durchführung des streitigen Verfahrens zuständigen Gericht der Fall ist. Es ist dann die ordnungsgemäße Bevollmächtigung nach § 88 zu prüfen.[4] Wird das streitige Verfahren in das Mahnverfahren zurückgeführt, weil der Widerspruch oder der Antrag auf Durchführung des streitigen Verfahrens zurückgenommen wird, ist § 703 anwendbar.[5] Die Rücknahme selbst kann nach Abgabe der Sache gegenüber dem Urkundsbeamten der Geschäftsstelle erklärt werden (§§ 696 Abs. 4 S. 2, 697 Abs. 4 S. 2 und § 700 Abs. 3 S. 2), hinsichtlich des Nachweises der Bevollmächtigung ist aber § 703 unanwendbar.[6] 2

Für die **Antragstellung** und die Erhebung von **Rechtsbehelfen** verlangt S. 2 eine **Versicherung des Bevollmächtigten.** Dies gilt auch, wenn ein Rechtsanwalt als Bevollmächtigter auftritt. Soweit Vordrucke verwendet werden, erfolgt die Versicherung auf dem Vordruck. Bei nicht maschineller Bearbeitung kann an Stelle der Versicherung nach S. 2 auch eine schriftliche Vollmacht eingereicht werden.[7] Hat sich für den Antragsgegner ein Rechtsanwalt als Prozessvertreter bestellt, so sind Zustellungen an ihn wirksam, auch wenn es an einer wirksamen Bevollmächtigung fehlt (vgl. § 172 Rn. 2 und § 697 Rn. 4). Die Unterzeichnung eines Antrags mit dem Zusatz „i. A." kann als Versicherung der Bevollmächtigung ausreichen.[8] Auf die Rücknahme eines Antrags oder eines Rechtsbehelfs ist S. 2 entsprechend anzuwenden, sofern es sich dabei um eine Erklärung im Mahnverfahren handelt (vgl. Rn. 2). Auf das **Zwangsvollstreckungsverfahren,** nach Er- 3

---

[8] So *St/J/Schlosser* Rn. 2; *Zö/Vollkommer* Rn. 5.
[9] Dieser Überraschungseffekt wird zT als besonderer Vorteil empfunden, vgl. *St/J/Schlosser* Rn. 2.
[10] *St/J/Schlosser* Rn. 2; *Zö/Vollkommer* Rn. 5; kritisch auch MK/*Schüler* Rn. 9.
[11] MK/*Schüler* Rn. 10; *Zö/Vollkommer* Rn. 5.
[12] MK/*Schüler* Rn. 10; *St/J/Schlosser* Rn. 2.
[13] MK/*Schüler* Rn. 9; *B/L/H* Rn. 5.
[1] *B/L/H* Rn. 1; *St/J/Schlosser* Rn. 1; *Zö/Vollkommer* Rn. 1.
[2] Zur Auswirkung auf die Hemmung der Verjährung (noch zur Verjährungsunterbrechung nach § 209 BGB aF) vgl. BGH MDR 1961, 313 f. (insoweit nicht abgedruckt in BGHZ 33, 321) = LM § 209 BGB Nr. 10; vgl. auch § 89 Rn. 6 ff.
[3] *St/J/Schlosser* Rn. 1; *Zö/Vollkommer* Rn. 1.
[4] MK/*Schüler* Rn. 3; *Zö/Vollkommer* Rn. 2.
[5] MK/*Schüler* Rn. 2; *Zö/Vollkommer* Rn. 2.
[6] *Wiecz/Sch/Olzen* Rn. 3; *Zö/Vollkommer* § 697 Rn. 11.
[7] MK*Schüler*Rn. 5.
[8] OLG Köln VersR 1992, 1279 = FamRZ 1992, 451; *B/L/H* Rn. 3.

lass eines Vollstreckungsbescheids, ist § 703 nicht anzuwenden. Es ist deshalb eine Vollmacht nach §§ 81, 80 erforderlich.[9] § 703 S. 2 ist **nicht anwendbar** hinsichtlich des **Bevollmächtigten des Gegners** Wird er im Mahnantrag benannt, ist dessen Vollmacht vom Antragsteller nachzuweisen.[10] Entsprechendes gilt bei anderen Anträgen oder Rechtsbehelfen, soweit der Bevollmächtigte des Gegners nicht seinerseits seine Bevollmächtigung bereits versichert hat.

703a ***Urkunden-, Wechsel- und Scheckmahnverfahren*** **(1) Ist der Antrag des Antragstellers auf den Erlass eines Urkunden-, Wechsel- oder Scheckmahnbescheids gerichtet, so wird der Mahnbescheid als Urkunden-, Wechsel- oder Scheckmahnbescheid bezeichnet.**

(2) Für das Urkunden-, Wechsel- und Scheckmahnverfahren gelten folgende besondere Vorschriften:

1. **die Bezeichnung als Urkunden-, Wechsel- oder Scheckmahnbescheid hat die Wirkung, dass die Streitsache, wenn rechtzeitig Widerspruch erhoben wird, im Urkunden-, Wechsel- oder Scheckprozess anhängig wird;**
2. **die Urkunden sollen in dem Antrag auf Erlass des Mahnbescheids und in dem Mahnbescheid bezeichnet werden; ist die Sache an das Streitgericht abzugeben, so müssen die Urkunden in Urschrift oder in Abschrift der Anspruchsbegründung beigefügt werden;**
3. **im Mahnverfahren ist nicht zu prüfen, ob die gewählte Prozessart statthaft ist;**
4. **beschränkt sich der Widerspruch auf den Antrag, dem Beklagten die Ausführung seiner Rechte vorzubehalten, so ist der Vollstreckungsbescheid unter diesem Vorbehalt zu erlassen.**

Auf das weitere Verfahren ist die Vorschrift des § 600 entsprechend anzuwenden.

I. Normzweck

1 Da das Mahnverfahren in ein streitiges Verfahren münden kann, kann der Antragsteller schon beim Mahnantrag für dieses streitige Verfahren die besondere Prozessart des Urkunden-, Wechsel- oder Scheckprozesses wählen. Die Besonderheiten dieser Prozessart erfordern einige Anpassungen im Mahnverfahren, die § 703a vornimmt. Im **arbeitsgerichtlichen** Verfahren ist das Urkundenmahnverfahren nach § 46 Abs. 2 S. 2 ArbGG **unzulässig.**[1] Im Verfahren nach § 182a SGG kommt ein Urkunden-, Wechsel- oder Scheckmahnverfahren nicht in Betracht, da im nachfolgenden Verfahren ein Urkunden-, Wechsel- oder Scheckprozess nicht möglich ist. Dagegen ist seit der Zuweisung der **WEG-Verfahren** durch die Novelle 2007 an die ordentliche streitige Gerichtsbarkeit auch der Weg zum Urkunds-, Wechsel- oder Scheckmahnverfahren eröffnet.

II. Einzelerläuterungen

2 **1. Antrag.** Der Antragsteller muss bereits in dem **Mahnantrag** erklären, dass sich dieser auf Erlass eines **Urkunden-, Wechsel-** oder **Scheckmahnbescheids** richtet; ob ein solches Verfahren statthaft ist, ist wegen Abs. 2 Nr. 3 nicht zu prüfen. Fehlt es an einer entsprechenden Erklärung, wird ein gewöhnlicher Mahnbescheid erlassen. Ein Übergang in das besondere Urkundenmahnverfahren ist dann nicht mehr möglich. Zu der Frage, ob im streitigen Verfahren noch in den Urkunden-, Wechsel- oder Scheckprozess übergegangen werden kann, vgl. § 593 Rn. 3. Nach Abs. 2 Nr. 2 sollen die **Urkunden,** auf die sich der Antragsteller stützt, dem Antrag zwar nicht beigefügt, wohl aber in ihm **bezeichnet** werden. Trotz der Formulierung „sollen" sind Angaben zur genauen Individualisierung der Urkunde zwingend erforderlich, um in der Zwangsvollstreckung Klarheit darüber zu haben, welcher Scheck oder Wechsel zur Geltendmachung der Forderung vorzulegen ist. Die Angabe der **Schecknummer** ist ratsam, aber entbehrlich, wenn die Zuordnung des Mahnantrags zu einer Scheckforderung klar ist.[2] Fehlt es an einer Individualisierung, ist der Antrag unzulässig.[3] Dem Antragsteller ist vor der Zurückweisung Gelegenheit zu geben, die **Angaben nachzuholen** oder aber den Antrag auf Erlass eines gewöhnlichen Mahnbescheids umzustellen (vgl. § 691 Abs. 1 S. 2).[4] Nur wenn dies nicht geschieht, darf der Antrag zurückgewiesen werden (zum Rechtsbehelf vgl. § 691 Rn. 5); verfahrensfehlerhaft ist es, ohne Umstellung des Antrags einen gewöhnlichen Mahnbescheid zu erlassen.[5] Wird dem Mahnantrag unnötigerweise die **Urkunde beigefügt,** wird sie bei maschineller Bearbeitung des Mahnantrags dem Antragsteller in der Regel zurückgegeben;[6] bei nicht maschineller Bearbeitung wird die Urkunde bei Gericht für den Fall verwahrt, dass die Sache zur Durchführung des streitigen Verfahrens abgegeben wird.[7]

---

[9] *Bank* JurBüro 1980, 1620; MK/*Schüler* Rn. 7.

[10] *Schalhorn* JurBüro 1974, 697, 700; *Zö/Vollkommer* Rn. 3.

[1] Vgl. *St/J/Schlosser* Rn. 6.

[2] Vgl. BGH NJW 2001, 305, 306.

[3] BGH NJW 2001, 305, 306 (bei einer Vielzahl von Scheckforderungen zwischen Antragssteller und Antragsgegner muss zumindest eine Zuordnung des Mahnantrags zu den einzelnen Scheckforderungen möglich sein); *St/J/Schlosser* Rn. 2; *Zö/Vollkommer* Rn. 4; aA (Fehlen der Bezeichnung der Urkunde ist unschädlich, sofern der Anspruch selbst identifizierbar ist) *B/L/H* Rn. 4; in den Anforderungen strenger (Angabe des Ausstellungsdatums und des Ausstellungsorts) MK/*Schüler* Rn. 4.

[4] Zu dieser Möglichkeit MK/*Schüler* Rn. 3; *St/J/Schlosser* Rn. 2; *Zö/Vollkommer* Rn. 4.

[5] MK/*Schüler* Rn. 5; *St/J/Schlosser* Rn. 2.

[6] MK/*Schüler* Rn. 6; *B/L/H* Rn. 4 (Verwahrung ebenfalls möglich).

[7] MK/*Schüler* Rn. 6; vgl. aber (Urkunden werden nicht entgegengenommen) *St/J/Schlosser* Rn. 2.

2. Widerspruch. Erhebt der Antragsgegner uneingeschränkt Widerspruch, wird die Streitsache nach Abs. 2 Nr. 1 im Urkunden-, Wechsel- oder Scheckverfahren anhängig; ein Vollstreckungsbescheid kann nicht ergehen. Die **Anhängigkeit** tritt aber entgegen dem missverständlichen Wortlaut erst dann ein, wenn eine der Parteien die **Durchführung des streitigen Verfahrens beantragt** hat und die Akten bei dem Gericht, an das abgegeben wird, eingegangen sind (§ 696 Abs. 1 S. 1, 3).[8] Die **Urkunden,** auf die sich der Antragsteller stützt, sind mit der Anspruchsbegründung **vorzulegen,** wobei eine Abschrift der Urkunde ausreicht (Abs. 2 Nr. 2 Halbs. 2). Das Gericht, an welches die Sache zur Durchführung des streitigen Verfahrens abgegeben wird, prüft neben den **allgemeinen Sachurteilsvoraussetzungen** auch die **Statthaftigkeit der gewählten Prozessart.** Über die Beschränkung des Widerspruchs auf einen Teil des geltend gemachten Anspruchs (vgl. § 694 Rn. 4) hinaus, lässt Abs. 2 Nr. 4 auch eine Beschränkung dergestalt zu, dass sich der Antragsgegner lediglich die **Ausführung seiner Rechte vorbehält.** Er widerspricht damit nicht dem Erlass eines Urkunden-, Wechsel- oder Scheckmahnbescheids, sondern möchte lediglich erreichen, dass ein Nachverfahren durchgeführt wird, in welchem die besonderen Beschränkungen des Urkunden-, Wechsel- und Scheckprozesses nicht gelten (vgl. dazu näher bei § 600 Rn. 8 ff.). Es ergeht dann ein Vollstreckungsbescheid unter entsprechendem Vorbehalt, wobei der Erlass eines solchen Bescheids nach § 699 Abs. 1 S. 1 einen entsprechenden Antrag voraussetzt. Das Verfahren ist nach Erlass eines Vorbehaltsvollstreckungsbescheids von Amts wegen an das im Mahnantrag bezeichnete Gericht abzugeben[9] (zur Vorauszahlung der Gerichtsgebühren vgl. § 12 Abs. 3 S. 3 GKG). Dort wird es nach Abs. 2 Nr. 4 S. 2 iVm. § 600 als ordentliches anhängig. Zur Frage, ob Termin von Amts wegen zu bestimmen ist, vgl. § 600 Rn. 2. Gegen den Vollstreckungsbescheid unter dem Vorbehalt der Ausführung der Rechte soll nach hM ein **Einspruch** in der Regel **unzulässig** sein; er sei nur dann zulässig, wenn der Bescheid den Vorbehalt versehentlich nicht enthalte und der Vorbehalt auch nicht nachträglich aufgenommen werde.[10] Diese Auffassung träfe zu, wenn der beschränkte Widerspruch zugleich ein Verzicht auf den vom Gesetz vorgesehenen Einspruch enthielte. Das ist aber nicht der Fall. Wenn bei der Rücknahme eines Widerspruchs der Einspruch gegen den dann ergehenden Vollstreckungsbescheid als zulässig angesehen wird (vgl. § 700 Rn. 4), dann ist wenig einsichtig, warum bei einem von vornherein eingeschränkten Widerspruch der Einspruch ausgeschlossen sein sollte. Das Argument, der Einspruch sei die Nachholung eines versäumten Widerspruchs[11] oder es fehle in diesem Fall an der Säumnis des Einspruchsführers,[12] überzeugt – wie der Fall des Einspruchs trotz vorheriger Widerspruchsrücknahme zeigt – nicht. Auch der Hinweis, der Vollstreckungsbescheid unter Vorbehalt stehe einem Vorbehaltsurteil, nicht einem Versäumnisurteil gleich,[13] verfängt nicht, denn § 703a Abs. 2 Nr. 4 verweist lediglich auf § 600, so dass die allgemeine Regelung des § 700 Abs. 1 anwendbar bleibt. Für die Zulässigkeit des Einspruchs spricht auch die Überlegung, dass ein prozessuales Anerkennen des Anspruchs ein Rechtsmittel gegen das Anerkenntnisurteil nicht ausschließt (vgl. § 307 Rn. 17).[14] Der Einspruch bewirkt, dass das Verfahren in Abweichung von Abs. 2 Nr. 4 S. 2 iVm. § 600 nicht in das Nachverfahren übergeht, sondern in entsprechender Anwendung des Abs. 1 Nr. 1 im Urkunden-, Wechsel- oder Scheckprozess geführt wird. 3

3. Verfahren bei Fehlen eines Widerspruchs. Widerspricht der Antragsgegner dem Mahnbescheid nicht, kann auf Antrag ein Vollstreckungsbescheid ergehen, der nicht unter dem Vorbehalt der Ausführungen der Rechte steht. Wird gegen diesen Vollstreckungsbescheid **Einspruch** eingelegt, muss das streitige Verfahren in der Form des Urkunden-, Wechsel- oder Scheckprozesses geführt werden.[15] Als zulässig muss es auch angesehen werden, den Einspruch auf die **Ausführung der Rechte im Nachverfahren** zu beschränken, so dass dann in entsprechender Anwendung des Abs. 2 Nr. 4 S. 2 die Regelung des § 600 anzuwenden ist. Das Verfahren geht dann in das ordentliche Verfahren über, wobei der Vollstreckungsbescheid unter Vorbehalt der Ausführung der Rechte bestehen bleibt. Wird die **Zwangsvollstreckung** aus dem Vollstreckungsbescheid betrieben, ist die Vorlage der Urkunden nur dann erforderlich, wenn das materielle Recht dies verlangt (vgl. § 593 Rn. 4).[16] 4

703b *Sonderregelungen für maschinelle Bearbeitung* **(1) Bei maschineller Bearbeitung werden Beschlüsse, Verfügungen und Ausfertigungen mit dem Gerichtssiegel versehen; einer Unterschrift bedarf es nicht.**

(2) Der Bundesminister der Justiz wird ermächtigt, durch Rechtsverordnung mit Zustimmung des Bundesrates den Verfahrensablauf zu regeln, soweit dies für eine einheitliche maschinelle Bearbeitung der Mahnverfahren erforderlich ist (Verfahrensablaufplan).

---

[8] *Sae/Gierl* Rn. 4.

[9] *Zö/Vollkommer* Rn. 8; aA *St/J/Schlosser* Rn. 5 (Abgabe nach einer Verfahrenshandlung der Parteien, dann aber von Amts wegen, §§ 700 Abs. 3, 696 Abs. 1 analog); noch anders MK/*Schüler* Rn. 10 (Abgabe auf Antrag nach § 696 Abs. 1, wobei der Antrag bereits im Widerspruch liege).

[10] *Schriever* MDR 1979, 24; *B/L/H* Rn. 5; MK/*Schüler* Rn. 9; *St/J/Schlosser* Rn. 5; *Wiecz/Sch/Olzen* Rn. 7; *Zö/Vollkommer* Rn. 8.

[11] So *St/J/Schlosser* Rn. 5.

[12] So *B/L/H* Rn. 5; MK/*Schüler* Rn. 9.

[13] Vgl. *Sae/Gierl* Rn. 9; *St/J/Schlosser* Rn. 5; *Zö/Vollkommer* Rn. 8.

[14] Zur Statthaftigkeit eines Rechtsmittels in einem solchen Fall vgl. OLG Koblenz NJW-RR 1993, 462; KG OLGZ 1978, 114; *Zö/Vollkommer* § 307 Rn. 11.

[15] MK/*Schüler* Rn. 8; *St/J/Schlosser* Rn. 5; *Zö/Vollkommer* Rn. 9.

[16] AG Saarbrücken DGVZ 1990, 43, 44 (Scheck); weiter gehend (Vorlegung im Vollstreckungsverfahren stets erforderlich) LG Saarbrücken DGVZ 1990, 43, 44; *St/J/Schlosser* Rn. 5; *Zö/Vollkommer* Rn. 9.

I. Normzweck

1 Zur weiteren Entlastung der Rechtspflege wird bei maschineller Bearbeitung auf die Unterschrift zu Gunsten eines maschinell einzudruckenden Gerichtssiegels verzichtet. Die Ermächtigung nach Abs. 2 dient dazu, das Verfahren zu rationalisieren und bundeseinheitlich zu standardisieren.

II. Einzelerläuterungen

2 Die **Zulässigkeit der maschinellen Bearbeitung** des Mahnverfahrens ergibt sich aus § 689 Abs. 1 S. 2. Sie umfasst auch Mahnverfahren nach dem WEG; im Bereich der Arbeitsgerichtsbarkeit lässt § 46a Abs. 1 ArbGG die maschinelle Bearbeitung zu. Der Zeitpunkt, von dem an die automatisierte Bearbeitung eingeführt wird, wird durch die Länder nach § 703c Abs. 3 bestimmt (vgl. § 703c Rn. 3). Gegenstand der maschinellen Bearbeitung können neben dem Mahn- und dem Vollstreckungsbescheid auch Abgabeverfügungen, zurückweisende Beschlüsse oder Monierungsschreiben sein, durch die der Antragsteller auf Mängel im Antrag aufmerksam gemacht wird (vgl. § 691 Rn. 3). Das **Gerichtssiegel**, mit dem die Beschlüsse, Verfügungen und Ausfertigungen[1] versehen werden, kann aufgestempelt werden, es kann aber auch bereits eingedruckt sein.[2] Von der Ermächtigung nach **Abs. 2** ist **kein Gebrauch** gemacht worden. § 46a Abs. 7 ArbGG enthält eine parallele Bestimmung.

703c

Formulare; Einführung der maschinellen Bearbeitung **(1) [1]Der Bundesminister der Justiz wird ermächtigt, durch Rechtsverordnung mit Zustimmung des Bundesrates zur Vereinfachung des Mahnverfahrens und zum Schutze der in Anspruch genommenen Partei Formulare einzuführen. [2]Für**

1. Mahnverfahren bei Gerichten, die die Verfahren maschinell bearbeiten,
2. Mahnverfahren bei Gerichten, die die Verfahren nicht maschinell bearbeiten,
3. Mahnverfahren, in denen der Mahnbescheid im Ausland zuzustellen ist,
4. Mahnverfahren, in denen der Mahnbescheid nach Artikel 32 des Zusatzabkommens zum NATO-Truppenstatut vom 3. August 1959 (BGBl. 1961 II S. 1183, 1218) zuzustellen ist,

können unterschiedliche Formulare eingeführt werden.

(2) Soweit nach Absatz 1 Formulare für Anträge und Erklärungen der Parteien eingeführt sind, müssen sich die Parteien ihrer bedienen.

(3) Die Landesregierungen bestimmen durch Rechtsverordnung den Zeitpunkt, in dem bei einem Amtsgericht die maschinelle Bearbeitung der Mahnverfahren eingeführt wird; sie können die Ermächtigung durch Rechtsverordnung auf die Landesjustizverwaltungen übertragen.

I. Normzweck

1 Die Rationalisierung des Mahnverfahrens setzt eine Standardisierung voraus, die durch einheitliche Formulare gewährleistet wird; daraus erklärt sich auch der Zwang, die Vordrucke zu verwenden. Der Schutz der in Anspruch genommenen Partei wird in Abs. 1 S. 1 erwähnt, um eine Rechtsgrundlage für die Hinweise und Belehrungen auf den Vordrucken zu schaffen.[1] Im Zuge der weiteren Automatisierung des Verfahrens werden in den einzelnen Ländern Verfahren zugelassen, in welchen die Anträge auf Normalpapier und parallel in einem Barcode eingereicht werden. Damit entfällt der Formularzwang.

II. Einzelerläuterungen

2 **1. Formulare.** Auf der Grundlage der Ermächtigung in Abs. 1 sind sowohl für Mahnverfahren bei Gerichten, die eine maschinelle Bearbeitung vornehmen,[2] als auch bei denen, die nicht maschinell bearbeiten,[3] Formulare eingeführt worden. Die Formulare gelten auch für das Mahnverfahren in Sachen nach § 182a SGG. Für das automatisierte (maschinell zu bearbeitende) Mahnverfahren wurden durch Bekanntmachung vom 31. 5. 2007 geänderte Vordrucke eingeführt; die alten Vordrucke können bis zum 30. 4. 2008 verwendet werden.[4] Für das **arbeitsgerichtliche Mahnverfahren** sind besondere Formulare eingeführt.[5] Für Auslandsmahnverfahren und Mahnverfahren iSd. Abs. 1 S. 2 Nr. 4 gibt es derzeit keine Formulare. Zu den Anforderungen an den Antrag auf Erlass eines Mahnbescheids vgl. § 690 Rn. 3ff. Soweit Formulare eingeführt wurden, sind diese nach Abs. 2 **zu benutzen.**[6] Das gilt jedoch **nicht,** soweit für den **Widerspruch** des Antragsgegners Formulare eingeführt wurden, da der für den Widerspruch speziellere § 692 Abs. 1 Nr. 5

---

[1] Auch die Ausfertigung, die als Vollstreckungsgrundlage dient, vgl. LG Stuttgart Justiz 1983, 339f.; *St/J/Schlosser* Rn. 1; zum Nachweis der Zustellung durch eine solche Urkunde vgl. OLG Dresden JurBüro 1999, 154.

[2] MK/*Schüler* Rn. 1.

[1] MK/*Schüler* Rn. 3.

[2] MaschMahnVordrV, BGBl. 1978 I S. 705; 1983 I S. 308; 1991 I S. 1547; 1994 I S. 1325; 1998 I S. 638, 1242; 2001 I S. 1887 (u. a. für Anträge auf Mahnbescheid, Widerspruch, Vollstreckungsbescheid, Neuzustellung von Mahn- oder Vollstreckungsbescheid; auch im Verfahren nach § 182a SGG).

[3] MahnVordrV, BGBl. 1977 I S. 693; 1991 I S. 1547; 1994 I S. 1325; 1998 I S. 1242, 1364; 2001 I S. 1206, 1887, 3574 (für Anträge auf Mahnbescheid und Vollstreckungsbescheid).

[4] BAnz 2007, Nr. 149a, 1ff.

[5] ArbGMahnVordV, BGBl. 1977 I S. 2625; 1998 I S. 1242; 2001 I S. 363, 1206, 3574.

[6] Vgl. auch *Salten* MDR 1995, 668f. (zum Umfang des Benutzungszwangs).

ihre Benutzung gerade nicht vorschreibt (vgl. § 692 Rn. 3). Für den **Einspruch** und für **sonstige Rechtsbehelfe** sind Formulare nicht eingeführt. Wird entgegen Abs. 2 das **Formular nicht benutzt,** ist der Antrag unzulässig (zur Verwendung veralteter Formulare vgl. Vorauflage). Fehlt in dem Vordruck für den Antrag auf Erlass eines Mahnbescheids der Durchschreibesatz für den Vollstreckungsbescheid, ist der Antrag deswegen nicht unzulässig.[7] Als unzulässig wird es angesehen, wenn die einzelnen Blätter des Vordrucks separat ausgefüllt wurden,[8] sofern nicht die Voraussetzungen des § 1a der MahnVordrV für die Ausfüllung von Vordrucken mittels Schreibprogrammen erfüllt sind.[9] Unzulässig ist auch ein Antrag per Telefax[10] oder auf einer Kopie eines Vordrucks.[11] Die Problematik wird sich durch die Zulassung von Internetmahnanträgen entschärfen (dazu § 690 Rn. 12). Dabei sieht die einfachste Version lediglich Druckprogramme für die Ausfüllung des vorgeschriebenen Formulars vor, so dass der Formularzwang aufrecht erhalten bleibt. Nur wenn das Gericht die Möglichkeit einer Übersendung des Antrags im Internet zugelassen hat, kann auf diese Weise der Mahnantrag wirksam gestellt werden.[12] Der **Formularzwang entfällt im Barcodeverfahren,** bei dem die Angaben parallel zur elektronischen Speicherung in einem Strichcode in lesbarer Form auf Normalpapier ausgedruckt und unterschrieben an das Mahngericht gesandt werden. Obwohl der Ausdruck lesbar ist, wird der nur maschinell lesbare Barcode als maßgebend angesehen, so dass es sich um ein dem Formularzwang nicht unterliegendes maschinell lesbares Verfahren handelt.[13] Zu beachten ist, dass der Antrag im Barcodeverfahren nicht per Fax übermittelt werden darf. **Zurückgewiesen** wird ein unzulässiger Antrag erst, wenn der Antragsteller ihn nach entsprechendem Hinweis nicht formgerecht wiederholt (§ 691 Rn. 3).[14] Bei unzulässigem Antrag kann die Verjährung durch rechtzeitige Klageerhebung gehemmt werden (§ 691 Abs. 2). Zu der Frage, ob die Zustellung des Vollstreckungsbescheids die Zustellung des amtlichen Vordrucks erfordert, vgl. § 699 Rn. 7. Der Vordruckzwang betrifft nach Abs. 2 die Parteien, schließt aber eine Verpflichtung des Gerichts zu ergänzenden Hinweisen nicht aus. So hält das BVerfG einen Hinweis des Gerichts für erforderlich, wenn an den bereits im Mahnantrag gestellten Antrag auf Durchführung des streitigen Verfahrens eine Kostenfolge auch dann geknüpft werden soll, wenn der Antrag vor Durchführung des streitigen Verfahrens zurückgenommen wird.[15]

2. Einführung maschineller Bearbeitung. Die maschinelle Bearbeitung[16] ist inzwischen in allen Bundes- 3
ländern eingeführt worden (zur Zuständigkeitskonzentration bei den jeweils angegebenen Gerichten vgl. § 689 Rn. 3). Eine jederzeit aktuelle Übersicht findet sich auf der gemeinsamen Seite der Bundesländer unter www.mahngerichte.de.

703d *Antragsgegner ohne allgemeinen inländischen Gerichtsstand*

(1) Hat der Antragsgegner keinen allgemeinen Gerichtsstand im Inland, so gelten die nachfolgenden besonderen Vorschriften.

(2) [1]Zuständig für das Mahnverfahren ist das Amtsgericht, das für das streitige Verfahren zuständig sein würde, wenn die Amtsgerichte im ersten Rechtszug sachlich unbeschränkt zuständig wären. [2]§ 689 Abs. 3 gilt entsprechend.

I. Normzweck

1 Die Bestimmung regelt zum einen die örtliche Zuständigkeit in den Fällen, in denen der Antragsgegner keinen allgemeinen Gerichtsstand im Inland hat. Darüber hinaus hat sie auch Bedeutung für die internationale Zuständigkeit. Die Regelung wird jedoch weitgehend durch internationale Abkommen verdrängt. Ergänzt wird sie durch § 688 Abs. 3, der die Zulässigkeit des Mahnverfahrens bei Zustellung des Mahnbescheids im Ausland davon abhängig macht, dass das AVAG diese zulässt. Zur Vollstreckung des Vollstreckungsbescheids im Ausland vgl. § 700 Rn. 2. Als Alternative zum Mahnverfahren nach der ZPO steht bei einem Antragsgegner mit Wohnsitz in einem Mitgliedsstaat der EU ab dem 1. 12. 2008 auch das Mahnverfahren nach der VO 1896/2006 zur Verfügung (vgl. Anh. 5)

---

[7] *St/J/Schlosser* Rn. 7; *Zö/Vollkommer* Rn. 8; vgl. auch LG Düsseldorf Rpfleger 1979, 348 (Antrag auf Erlass eines Vollstreckungsbescheids auf Formularen, aus anderem Durchschreibesatz als dem vom Gericht zurückgesandten); aA AG Marl DGVZ 1979, 46.

[8] AG Halle-Saalkreis NJW 1996, 3423; AG Hamburg NJW 1997, 874f.; AG Hünfeld NJW-RR 1997, 829f.

[9] Eingeführt durch VO vom 19. 6. 1998, BGBl. I S. 1364, dazu *Gureck* MDR 1998, 1457ff.; Zurückweisung von Anträgen wegen geringfügiger Abweichungen des selbst gedruckten vom amtlichen Vordruck ist zulässig, wenn diese das automatisierte Einlesen erschweren, vgl. LG Hamburg Rpfleger 2000, 171.

[10] LG Hagen NJW 1992, 2036; LG Berlin CR 1992, 554; AG Siegburg BauR 2002, 366 (aber rückwirkende Heilung durch Einreichen des Originalantrags); *Ebnet* NJW 1992, 2985, 2989; *Daumke* ZIP 1995, 722.

[11] LG Stuttgart CR 1989, 290; einschränkend bei Farbkopie in einem Verfahren nach Abs. 1 S. 2 Nr. 1 *St/J/Schlosser* Rn. 7 Fn. 8.

[12] Vgl. *Salten/Gräve,* S. 34f.

[13] Vgl. § 690 Rn. 12.

[14] BGH NJW 1999, 3717, 3718 m. Anm. *Voit* LM § 691 Nr. 2; *Salten* MDR 1995, 668f.; *Zö/Vollkommer* Rn. 8; aA MK/*Schüler* Rn. 13.

[15] BVerfG Rpfleger 2004, 295.

[16] Vgl. dazu *Schmid,* Elektronische Datenverarbeitung im Mahnverfahren, Diss. München 1990, S. 196ff. mit Bespr. *Hess* CR 1992, 572ff.; *Geishecker/Kruse,* Das EDV-gestützte gerichtliche Mahnverfahren, 1996; *Seidel/Brändle,* Das automatisierte Mahnverfahren, 1989, S. 30ff.; *Salten/Riesenberg/Jurksch,* Das automatisierte gerichtliche Mahnverfahren, 1996.

II. Einzelerläuterungen

2 Hat der **Antragsgegner** seinen allgemeinen Gerichtsstand im **Inland,** sind deutsche Gerichte international zuständig; vorrangige Abkommen bestehen insoweit nicht. Die örtliche Zuständigkeit bestimmt sich dann nach § 689 und damit nach dem allgemeinen Gerichtsstand des Antragstellers vorbehaltlich der Konzentration nach § 689 Abs. 3. Fehlt es an einem allgemeinen Gerichtsstand des Antragstellers im Inland, ergibt sich die **Zuständigkeit** aus § 689 Abs. 2 S. 2; zu der Frage, wie die Zuständigkeit zu bestimmen ist, wenn der Antragsteller seinen allgemeinen Gerichtsstand nicht im Inland hat, aber der EuGVVO unterfällt oder seinen allgemeinen Gerichtsstand in einem Vertragsstaat des EuGVÜ oder des LugÜ hat, vgl. § 689 Rn. 2f. Hat der **Antragsgegner** seinen allgemeinen Gerichtsstand nicht im Inland, wohl aber in einem Mitgliedsstaat iSd. EuGVO oder einem **Vertragsstaat** des EuGVÜ (vgl. § 688 Rn. 8f.) und unterfällt die geltend gemachte Forderung dem sachlichen Anwendungsbereich dieser Regelungen (Art. 1 EuGVVO; Art. 1 EuGVÜ), so verdrängen diese Bestimmungen den § 703d.[1] Die internationale Zuständigkeit ist dann nur gegeben, wenn nach diesen Regelungen ein Gerichtsstand in Deutschland begründet ist (vgl. Art. 3 EuGVO; Art. 3 EuGVÜ) und nicht ein ausschließlicher Gerichtsstand (Art. 22 EuGVVO; Art. 16 EuGVÜ) gegeben ist, der die Zuständigkeit deutscher Gerichte ausschließt. Soweit sich die Zuständigkeit aus einer **Gerichtsstandsvereinbarung** ergibt, ist zu beachten, dass diese nach § 32 Abs. 2 AVAG dem Antrag beizufügen ist (vgl. § 688 Rn. 8). Ist auf diese Weise eine örtliche Zuständigkeit in Deutschland begründet, ist zweifelhaft, ob die Regelung des Abs. 2 S. 2 trotz des **Vorrangs der internationalen Abkommen** anwendbar ist. Bejaht man dies mit der hM,[2] verschiebt sich gegebenenfalls die Zuständigkeit an das Gericht, bei dem die Mahnverfahren nach § 689 Abs. 3 konzentriert sind. Entsprechendes gilt für Fälle, die vom LugÜ erfasst werden. Hat der Antragsgegner seinen allgemeinen Gerichtsstand **weder im Inland noch in einem Mitglieds- oder Vertragsstaat** der genannten Regelungen und lässt § 688 das Mahnverfahren dennoch zu, bestimmen sich die internationale und die örtliche Zuständigkeit nach Abs. 2. Entscheidend ist damit, ob ein Gerichtsstand nach den Regeln der ZPO in Deutschland gegeben ist. Damit ist insbesondere auch der Gerichtsstand des Vermögens (§ 23),[3] des Mess- und Marktorts (§ 30) und der der Vermögensverwaltung (§ 31) eröffnet, die bei Anwendbarkeit der EuGVVO, des EuGVÜ oder des LugÜ ausgeschlossen sind. Die Konzentration der Zuständigkeit nach Abs. 2 S. 2 iVm. § 689 Abs. 3 ist in diesen Fällen nach allen Auffassungen möglich. Ob aber die jeweiligen Verordnungen zur Konzentration des Verfahrens nach dem Willen des Verordnungsgebers auch Auslandsmahnverfahren erfassen sollen, ist eine Frage der einzelnen Verordnung. Solange der Verordnungsgeber nicht erkennbar einen anderen Willen zum Ausdruck bringt, ist von einer Erstreckung auf Auslandsmahnverfahren auszugehen.[4] Richtet sich das Mahnverfahren gegen **mehrere** Antragsgegner, die ihren allgemeinen Gerichtsstand teils im Inland, teils im Ausland haben, begründet Abs. 2 hinsichtlich der Antragsgegner, die ihren allgemeinen Gerichtsstand im Inland haben, keinen Gerichtsstand.[5] Es bleibt hinsichtlich dieser Antragsgegner bei der Regelung des § 689 Abs. 2; eine Zuständigkeitsbestimmung in entsprechender Anwendung des § 36 Abs. 1 Nr. 3 ist zu erwägen.[6]

---

[1] *Hintzen/Riedel* Rpfleger 1997, 293, 294; *B/L/H* Rn. 1; MK/*Schüler* Rn. 1, 3; *Zö/Vollkommer* Rn. 2; vgl. *Schlosser* NJW 1975, 2132; *Wagner* RIW 1995, 89, 91f.; vgl. auch BGH NJW 1981, 2647.

[2] BayObLG NJW-RR 2006, 206, 207; *Hintzen/Riedel* Rpfleger 1997, 293, 296; *Wiecz/Sch/Olzen* § 689 Rn. 15; *St/J/Schlosser* § 689 Rn. 11; *Zö/Vollkommer* Rn. 4 und § 689 Rn. 4; iE auch BGH NJW 1993, 2752; Rpfleger 1993, 355; *T/P/Hüßtege* Rn. 2; vgl. auch *Wagner* RIW 1995, 89, 94f. (Frage der Gerichtsorganisation, die von Abkommen unberührt bleibt).

[3] Vgl. AG München Rpfleger 1991, 425 m. zust. Anm. *Druwe; Hintzen/Riedel* Rpfleger 1997, 293, 294.

[4] BGH NJW 1993, 2752; *Wiecz/Sch/Olzen* § 689 Rn. 15; *Zö/Vollkommer* Rn. 4 und § 689 Rn. 4; aA (insoweit sei von der Konzentrationsermächtigung kein Gebrauch gemacht worden) *Pfeiffer* IPRax 1994, 421, 424ff.; *B/L/H* Rn. 3. Die Bundesländer Baden-Württemberg, Bayern, Berlin, Hessen, NRW und Rheinland-Pfalz haben durch Änderung der Konzentrationsverordnung die Erstreckung auf Verfahren nach § 703d Abs. 2 S. 2 klargestellt; Niedersachsen hat diese Fälle aus der Konzentration ausgenommen.

[5] BGH NJW 1995, 3317f. = Rpfleger 1996, 116f. m. krit. Anm. *Hintzen; Wiecz/Sch/Olzen* Rn. 7.

[6] Bejahend *Zö/Vollkommer* Rn. 3 (zu bestimmen sei dann das nach Abs. 2 S. 1 zuständige Gericht auch für das Verfahren gegen die Partei, die ihren allgemeinen Gerichtsstand im Inland habe); offen BGH NJW 1995, 3317, 3318.

BUCH 8. ZWANGSVOLLSTRECKUNG

Abschnitt 1. Allgemeine Vorschriften

Vorbemerkung

Übersicht

I. Grundlagen

1 **1. Begriff und Zweck.** Die Zwangsvollstreckung der ZPO ist ein Verfahren zur Durchsetzung oder Sicherung privatrechtlicher Ansprüche mit staatlichen Machtmitteln. Anstelle des Gläubigers, dem die Selbsthilfe trotz gerichtlicher Feststellung seines Anspruchs verboten ist, ist der Staat als Inhaber des Zwangsmonopols[1] Träger der Vollstreckungsgewalt und gewährleistet damit vollständigen Rechtsschutz und die Durchsetzung des Rechts des Gläubigers. **Zweck** der Zwangsvollstreckung ist die Befriedigung der titulierten Ansprüche des Gläubigers.

2 **2. Gesetzliche Grundlagen.** Das im Achten Buch der ZPO geregelte Vollstreckungsrecht gilt für die Einzelzwangsvollstreckung aus **zivilprozessualen Titeln.** Dabei ist die Rechtsnatur des titulierten Anspruchs ohne Bedeutung (zB richtet sich die Zwangsvollstreckung nach der ZPO, wenn in einer notariellen Urkunde ein öffentlich-rechtlicher Anspruch tituliert ist,[2] s. auch § 794 Rn. 34). Die Gesamtvollstreckung ist durch die InsO geregelt. Zwangsversteigerung und Zwangsverwaltung sind zwar besonders im ZVG normiert. Dieses ist aber über § 869 als Teil der ZPO anzusehen. In **anderen Rechtsgebieten** erklären §§ 46a Abs. 1, 62, 85 ArbGG, § 167 Abs. 1 S. 1 VwGO, § 198 Abs. 1 SGG und § 151 Abs. 1 S. 1 FGO die Vorschriften der ZPO ganz oder teilweise für anwendbar. In der **freiwilligen Gerichtsbarkeit** ordnen zB die §§ 88f. FGG die Vollstreckung nach der ZPO an. Öffentlich-rechtliche Ansprüche des Staates gegen den Bürger werden nach den Verwaltungsvollstreckungsgesetzen des Bundes bzw. der Länder oder nach speziellen öffentlich-rechtlichen Gesetzen (zB §§ 249ff. AO) vollstreckt.

3 **3. Abgrenzung.** Die ZPO trennt streng zwischen Erkenntnis- und Vollstreckungsverfahren. Gleichwohl ist die Zwangsvollstreckung ein **Teil des Zivilprozesses,**[3] wenn auch wesentliche Unterschiede bestehen. Die Regeln des Erkenntnisverfahrens sind auf das Vollstreckungsverfahren grundsätzlich anwendbar (s. Rn. 19ff.); sie werden aber durch zahlreiche Sondervorschriften modifiziert. Das Vollstreckungsrecht der ZPO ist Einzelzwangsvollstreckung im Gegensatz zur Gesamtvollstreckung, dem **Insolvenzverfahren.** Im Rahmen der Einzelzwangsvollstreckung ist jeder Titelinhaber allein für die Zwangsvollstreckung verant-

---

[1] BVerfGE 61, 126, 136 = NJW 1983, 559.
[2] BGH NJW-RR 2006, 645, 646.
[3] MK/*Lüke* Einl. Rn. 313.

wortlich. Es gilt das Prinzip des **ersten Zugriffs** auf das **gesamte Vermögen** des Schuldners. Erst im Insolvenzverfahren wird das gesamte Vermögen als Zugriffsmasse allen Berechtigten anteilig zur Verfügung gestellt.

4 **4. Arten der Zwangsvollstreckung.** Vollstreckt werden kann nur aus Titeln, die auf eine Leistung des Schuldners gerichtet sind. Nähere Bestimmungen dazu sind in den Vorschriften über das Erkenntnisverfahren der ZPO nicht enthalten. Aus den Regelungen über die Zwangsvollstreckung wird aber deutlich, dass **Leistungstitel** inhaltlich nur auf folgende Forderungen gerichtet sein können: Geldforderungen, Herausgabeforderungen, Forderungen auf Leistung vertretbarer Sachen, Forderungen auf Vornahme von Handlungen, auf Abgabe von Willenserklärungen, auf Abgabe der eidesstattlichen Versicherung nach bürgerlichem Recht sowie Forderungen auf Duldung und Unterlassung.

5 **5. Gesetzessystematik.** Systematisch am Anfang stehen die allgemeinen Vollstreckungsvorschriften (1. Abschnitt), die für das gesamte Verfahren und jede Vollstreckungsart gelten. Wegen der unterschiedlichen Vollstreckungswege ist sodann in erster Linie nach dem **Titelinhalt** differenziert. Nach den allgemeinen Vollstreckungsvorschriften folgen die Vorschriften über die Vollstreckung wegen Geldforderungen (2. Abschnitt), die Vollstreckung wegen der in Rn. 4 genannten anderen Forderungen (3. Abschnitt), über die eidesstattliche Versicherung und die Haft (4. Abschnitt) und schließlich – systemwidrig, weil es sich eher um ein Erkenntnis- als ein Vollstreckungsverfahren handelt – über den Arrest und die einstweilige Verfügung (5. Abschnitt). In zweiter Linie differenziert das Gesetz nach den **Zugriffsobjekten** der Vollstreckung. Hier sind Unterschiede im Wesentlichen aber nur bei der Vollstreckung wegen Geldforderungen angebracht; lediglich die Vollstreckung wegen Herausgabeansprüchen unterscheidet noch zwischen der Herausgabe beweglicher und unbeweglicher Sachen. Die Zwangsvollstreckung wegen **Geldforderungen** gewährt dem Gläubiger den Zugriff auf das gesamte Vermögen des Schuldners, das bewegliche (1. und 3. Titel des 2. Abschnitts) und das unbewegliche (2. Titel des 2. Abschnitts). Die Vollstreckung in das bewegliche Vermögen ist im Einzelnen in der ZPO geregelt; bei der Vollstreckung in das unbewegliche Vermögen beschränkt sich die ZPO auf Vorschriften über die Zwangshypothek. Zwangsverwaltung und Zwangsversteigerung von Grundstücken sind wegen des Umfangs der notwendigen Vorschriften der Regelung im ZVG überlassen.

6 **6. Vollstreckungsanspruch.** Der Gläubiger hat einen Vollstreckungsanspruch gegen den Staat, der darauf gerichtet ist, dass der Staat seine Machtmittel zur Durchsetzung des zivilrechtlichen Anspruchs des Gläubigers gegen den Schuldner einsetzt.[4] Die Justizgewährungspflicht des Staates gibt einen grundgesetzlich gesicherten Anspruch auf wirkungsvolle Durchsetzung zivilrechtlicher Ansprüche.[5]

7 **7. Hoheitliches Handeln.** Die Zwangsvollstreckung wird auf Antrag des Gläubigers gegen den Schuldner durch staatliche Organe durchgeführt. Die Vollstreckungsorgane gehen mit staatlichen Machtmitteln gegen den Verpflichteten vor. Damit handeln sie hoheitlich. Daraus und aus dem öffentlich-rechtlichen Vollstreckungsanspruch des Gläubigers gegen den Staat folgt, dass das zivilprozessuale Zwangsvollstreckungsrecht dem **öffentlichen Recht** angehört. Dies wirkt sich allerdings kaum aus, da das Vollstreckungsrecht umfassend in der ZPO geregelt ist und grundsätzlich auch die Vorschriften über das zivilprozessuale Erkenntnisverfahren gelten. Zu den Auswirkungen im Einzelfall s. Rn. 13, 32.

II. Beteiligte der Zwangsvollstreckung

8 **1. Die Vollstreckungsorgane.** Die verschiedenen Vollstreckungsarten werden von unterschiedlichen Vollstreckungsorganen ausgeführt, wobei praktische Zugriffsmöglichkeiten den Ausschlag geben. Die funktionelle Zuständigkeit der Vollstreckungsorgane ist ausschließlich und einer Parteivereinbarung nicht zugänglich. Zu den Folgen eines Verstoßes s. Rn. 32. Der **Gerichtsvollzieher** ist das zuständige Vollstreckungsorgan, wenn die Vollstreckung nicht den Gerichten zugewiesen ist, § 753 Abs. 1. In erster Linie führt er die Vollstreckung wegen Geldforderungen in bewegliche Sachen, die Herausgabevollstreckung und das Verfahren zur Abgabe der eidesstattlichen Versicherung durch. Zu seiner Rechtsstellung s. § 753 Rn. 2f. Das **Vollstreckungsgericht** (§ 764 Abs. 2) ist insbesondere zuständig für die Zwangsvollstreckung wegen Geldforderungen in Forderungen und andere Vermögensrechte sowie in das unbewegliche Vermögen (§§ 828ff., 869, ZVG) und das Offenbarungsverfahren nach bürgerlichem Recht (§ 889). Es handelt in der Regel durch den **Rechtspfleger,** § 20 Nr. 17 RPflG. Dem **Prozessgericht** des ersten Rechtszugs obliegt die Vollstreckung von Handlungen, Duldungen und Unterlassungen (§§ 887ff.). Das **Grundbuchamt** ist als Vollstreckungsorgan zuständig für die Eintragung von Zwangshypotheken, § 867 Abs. 1.[6] Es wird dabei als Vollstreckungsorgan und Organ der freiwilligen Gerichtsbarkeit tätig, hat also auch die Eintragungsvoraussetzungen der GBO zu prüfen.[7]

9 **2. Gläubiger und Schuldner.** Das Vollstreckungsverfahren ist trotz seines öffentlich-rechtlichen Charakters (s. Rn. 7) als Zweiparteienverfahren zwischen Gläubiger und Schuldner ausgestaltet, die – im Fall der Titelumschreibung (vgl. §§ 727 bis 729) – nicht die Parteien des Erkenntnisverfahrens sein müssen. Durch die Formalisierung der Zwangsvollstreckung werden die durch den Titel festgelegten materiell-rechtlichen Beziehungen zwischen Gläubiger und Schuldner überlagert.[8] Die Zwangsvollstreckung ist nur vom Titel,

---

[4] *Zö/Stöber* Rn. 2; s. im Einzelnen *Ro/G/Sch* § 6 I.
[5] BVerfG NJW 1988, 3141.
[6] BGH NJW 2001, 1134.
[7] OLG Hamm Rpfleger 1985, 231.
[8] MK/*Lüke* Einl. Rn. 349.

nicht vom rechtlichen Bestand des Anspruchs abhängig.[9] Der Vollstreckungszugriff begründet eine **gesetzliche Sonderbeziehung** privatrechtlicher Art,[10] die Schutzpflichten des Gläubigers begründen und zu Schadensersatzansprüchen des Schuldners führen kann. Die Vollstreckung kann als solche etwa im Fall der Erfüllung gerechtfertigt sein, wenn der Schuldner keine Vollstreckungsabwehrklage nach § 767 erhebt. Sie ist aber materiell-rechtlich rechtswidrig und kann Ansprüche aus ungerechtfertigter Bereicherung und unerlaubter Handlung begründen.[11]

3. Dritte. Vom Vollstreckungsverfahren zwischen Gläubiger und Schuldner können Dritte betroffen sein. 10
Aus Gründen der Vereinfachung sind formalisierte Anknüpfungspunkte gewählt. So kann etwa der Gerichtsvollzieher, der nur den Gewahrsam des Schuldners zu prüfen hat, beim Schuldner eine im Eigentum eines anderen (Dritten) stehende Sache pfänden. Soweit der Dritte von der Vollstreckung verfahrensrechtlich unzulässig betroffen ist, können im Einzelfall vollstreckungsrechtliche Rechtsbehelfe statthaft sein. Wird **verfahrensrechtlich zulässig** in seine materiellen Rechte eingegriffen, kann er sich hiergegen mit der Drittwiderspruchsklage (§ 771) oder der Vorzugsklage (§ 805) wehren. **Materiell-rechtlich** sind diese Eingriffe nicht gerechtfertigt. Gleichwohl werden Schadensersatzansprüche des Dritten oft am fehlenden Verschulden scheitern. Allerdings wird durch den Vollstreckungszugriff eine gesetzliche Sonderbeziehung vertraglicher Art begründet (s. a. Rn. 9), die den Gläubiger verpflichtet, Rechte, die Dritte geltend machen, besonders sorgfältig zu prüfen.[12] Die Verletzung dieser Pflicht kann zu einem Schadensersatzanspruch aus positiver Forderungsverletzung führen. § 278 BGB findet Anwendung. Regelmäßig bestehen außerdem Ansprüche aus § 812 Abs. 1 S. 1 Alt. 2 BGB.[13]

III. Verfahrensgrundsätze

1. Parteiherrschaft. Der Grundsatz der Parteiherrschaft gilt im Vollstreckungsrecht nur eingeschränkt. 11
Der Gläubiger kann das Vollstreckungsverfahren in Gang setzen, zum Ruhen bringen und beenden. In gewissem Umfang sind auch Vollstreckungsvereinbarungen zwischen Gläubiger und Schuldner statthaft (s. Rn. 16 ff.). Die Grenzen der Parteiherrschaft liegen aber in der öffentlich-rechtlichen Struktur des Vollstreckungsverfahrens. Der Gläubiger darf nur unter den Vollstreckungsarten wählen, die ihm das Gesetz zur Verfügung stellt. Nur in diesem Rahmen kann er Vollstreckungsorganen Weisungen erteilen. Ein großer Teil der Schuldnerschutzvorschriften dient auch dem öffentlichen Interesse, sodass sie einer Parteivereinbarung nicht zugänglich sind.

2. Parteiverfahren. Trotz des öffentlich-rechtlichen Verhältnisses zwischen Gläubiger und Staat einer- 12
seits und Staat und Schuldner andererseits ist das Vollstreckungsverfahren – historisch bedingt – mangels anderer Vorschriften als Parteiverfahren zwischen Gläubiger und Schuldner ausgestaltet. Der Staat stellt nur seine Organe zur Durchführung dieses Verfahrens zur Verfügung. Der Streit um die Rechtmäßigkeit der Vollstreckung wird zwischen Gläubiger und Schuldner ausgefochten; diese sind auch die Parteien der zwangsvollstreckungsrechtlichen Rechtsbehelfe. Dies unterscheidet das Vollstreckungsverfahren vom sonstigen Verfahrensrecht des öffentlichen Rechts. Das Handeln der Vollstreckungsorgane kann allenfalls zu Amtshaftungsansprüchen gegen den Staat führen, nicht zu seiner verwaltungsprozessualen Inanspruchnahme.[14]

3. Amts-, öffentlich-rechtliches Verfahren. Das auf Antrag in Gang gesetzte Verfahren wird, solange der 13
Gläubiger den Antrag nicht zurücknimmt, von Amts wegen[15] bis zum Abschluss durchgeführt. Einwendungen werden nur auf die entsprechenden Rechtsbehelfe hin untersucht. Soweit historisch bedingt Regelungslücken gerade im Verfahrensrecht bestehen, bietet sich die analoge Anwendung der Vorschriften über das Verwaltungsverfahren an (etwa bei der Frage der Nichtigkeit von Vollstreckungsakten, s. Rn. 32). Der öffentlich-rechtliche Charakter des Vollstreckungsverfahrens gebietet den Vollstreckungsorganen, die Voraussetzungen der Zwangsvollstreckung von Amts wegen zu überprüfen. Auch dürfte aus diesen Gründen der „eingeschränkte Amtsermittlungsgrundsatz" des öffentlichen Rechts im Verfahren der vollstreckungsinternen Rechtsbehelfe gelten, jedenfalls soweit es um die Überprüfung der Rechtmäßigkeit des Vollstreckungshandelns des Gerichtsvollziehers geht, das rein hoheitlich ist und deshalb in das streitige Zweiparteienverfahren der ZPO nur eingeschränkt passt.[16]

4. Formalisierung. Das Vollstreckungsverfahren ist stark formalisiert. Der Gesetzgeber hat den Orga- 14
nen jeweils nur die Prüfung bestimmter Umstände aufgegeben, die regelmäßig leicht feststellbar sind. Der vollstreckbare Anspruch wird durch die vollstreckbare Ausfertigung des Titels bescheinigt, dessen inhaltliche Richtigkeit das Vollstreckungsorgan nicht untersuchen darf. Der **Gerichtsvollzieher** hat grundsätzlich nur den Gewahrsam des Schuldners an zu pfändenden Sachen zu prüfen, nicht dessen Eigentum, es sei denn, Dritteigentum ist evident (s. § 808 Rn. 5). Der **Rechtspfleger** darf nicht prüfen, ob dem Schuldner der Anspruch gegen einen Dritten wirklich zusteht, den der Gläubiger pfänden will. Materiell-rechtliche Einwendungen haben alle Vollstreckungsorgane grundsätzlich nicht zu untersuchen.

---

[9] BGHZ 110, 319, 322 = NJW 1990, 1662.
[10] BGH NJW 1985, 3080, 3081; BGHZ 58, 207, 214 ff. = NJW 1972, 1048.
[11] S. im Einzelnen *Lackmann* Rn. 572 m. weit. Nachw.
[12] BGH NJW 1985, 3080, 3081; BGHZ 58, 207, 212 = NJW 1972, 1048; aA MK/*Lüke* Einl. Rn. 351.
[13] S. im Einzelnen *Lackmann* Rn. 650 f.
[14] Zur rechtspolitischen Kritik s. MK/*Karsten Schmidt* § 766 Rn. 3.
[15] KG Rpfleger 1968, 323; MK/*Lüke* Einl. Rn. 359; *Zö/Stöber* Rn. 20.
[16] *Lackmann* Rn. 3; *T/P/Hüßtege* Rn. 31.

15 **5. Verfassungsprinzipien.** Bei der Zwangsvollstreckung der ZPO hat der Gläubiger einen privatrechtlichen Anspruch gegen den Schuldner, den er mit staatlichen Machtmitteln durchsetzen oder sichern lassen kann. Soweit das privatrechtliche Verhältnis Gläubiger- Schuldner betroffen ist, gibt es wie nach hM im Erkenntnisverfahren nur eine mittelbare Drittwirkung[17] des Verfassungsrechts. Auf der anderen Seite steht das **öffentlich-rechtliche Verhältnis** des bei der Vollstreckung durch die Vollstreckungsorgane gegen den Schuldner handelnden Staates. Die Vollstreckungsorgane sind verpflichtet, mit der **Verfassung nicht im Einklang stehende Eingriffe in grundgesetzlich geschützte Bereiche zu unterlassen**[18] und die Grundrechte durchzusetzen.[19] **Der Verhältnismäßigkeitsgrundsatz** ist zu beachten,[20] schränkt aber das Wahlrecht des Gläubigers unter den Vollstreckungsarten – hier ist nur das Verhältnis Gläubiger-Schuldner betroffen – nicht ein.[21] Zur Vollstreckung von Bagatellforderungen s. § 753 Rn. 13. Die durch die Vollstreckung notwendigen Eingriffe in das Eigentum des Schuldners sind durch Art. 14 Abs. 1 S. 2 GG gedeckt. Zum Schutz der Wohnung des Schuldners s. § 758a Rn. 1. Den Grundrechten des Schuldners steht der grundgesetzliche Anspruch des Gläubigers auf **effektiven Rechtsschutz** im Wege der Vollstreckung gegenüber, ggf. auch sein durch Art. 14 GG geschütztes Eigentum.[22] Art. 103 Abs. 1 GG gebietet auch für das Vollstreckungsverfahren die **Gewährung rechtlichen Gehörs.** Eine Ausnahme ist in § 834 normiert und generell dann möglich, wenn der Vollstreckungserfolg durch eine vorherige Anhörung des Schuldners gefährdet wird.[23] Die gebotene nachträgliche Äußerungsmöglichkeit hat der Schuldner durch die vollstreckungsinternen Rechtsbehelfe. Allerdings scheint die Praxis gelegentlich bei der Auslegung der Frage, ob der Vollstreckungserfolg gefährdet wird, zu großzügig zu sein, wenn sie teilweise zB generell von einer Anhörung zu einer beantragten Wohnungsdurchsuchung absehen will.

IV. Vollstreckungsverträge

16 **1. Begriff.** Zu Prozessverträgen allgemein s. Einl. Rn. 66f. Als Vollstreckungsverträge werden Parteivereinbarungen über Voraussetzungen, Zulässigkeit und Durchführung der **Zwangsvollstreckung** bezeichnet. Vereinbarungen über den **titulierten Anspruch** selbst (zB Stundung, Erlass) sind keine Vollstreckungsverträge in diesem Sinne. Sie können nur über § 767 in den Grenzen dessen Abs. 2 geltend gemacht werden. Auch die Vereinbarung in einer notariellen Urkunde, der Gläubiger dürfe eine Grundschuld nur als Sicherheit für solche Zahlungen verwenden, mit denen der Kaufpreis bezahlt wird, stellt eine schuldrechtliche Sicherungsabrede und keine vollstreckungsbeschränkende Vereinbarung dar.[24]

17 **2. Zulässigkeit.** Vereinbarungen über die **Voraussetzungen** der Zwangsvollstreckung und vom Gesetz abweichende Vereinbarungen über die **Vollstreckungsart** sind **unwirksam,** da die entsprechenden Vorschriften zwingend sind.[25] Vereinbarungen über eine **Erweiterung** der Vollstreckung sind ebenfalls in der Regel unzulässig. Darunter werden Vereinbarungen verstanden, die es dem Gläubiger ermöglichen sollen, in Vermögen des Schuldners zu vollstrecken, das vom Gesetz sonst nicht zur Vollstreckung freigegeben ist (zum Pfändungsschutz s. § 811 Rn. 8ff. und § 850 Rn. 1). **Zulässig** sind nach allgemeiner Meinung vollstreckungsbeschränkende Verträge, die eine zeitliche Begrenzung der Vollstreckung vorsehen oder bestimmte Vollstreckungsobjekte von der Vollstreckung ausnehmen.[26]

18 **3. Bindung, Rechtsbehelfe.** Die hM nimmt zu Recht an, dass das **Vollstreckungsorgan** an einen zulässigen Vertrag **gebunden** ist und ihn bei der Vollstreckung berücksichtigen muss.[27] Wenn amtlich bekannt oder in Schriftform nachgewiesen ist, dass eine Vollstreckungsvereinbarung getroffen wurde, hat dieses verbindlichen verfügenden Charakter. Derartige Vereinbarungen sind dem Vollstreckungsrecht nicht fremd. So lässt zB § 816 Vereinbarungen zwischen dem Gläubiger und dem Schuldner zu. Auch der Rechtsgedanke des § 775 Nr. 4 trägt dieses Ergebnis. Zur **Geltendmachung** von Vollstreckungsverträgen s. § 766 Rn. 7. Handelt der Gläubiger vollstreckungsbeschränkenden Vereinbarungen zuwider, kommt das Vollstreckungsrechtsverhältnis als Anspruchsgrundlage für Schadensersatzansprüche in Betracht.[28]

V. Die Voraussetzungen der Zwangsvollstreckung

19 **1. Allgemeine Verfahrensvoraussetzungen.** Das Vollstreckungsverfahren ist ein Parteiverfahren zwischen Gläubiger und Schuldner (s. Rn. 12). Auf dieses Verfahren sind grundsätzlich die Vorschriften der ZPO über das Erkenntnisverfahren anzuwenden und die dort geltenden Verfahrensvoraussetzungen.[29] Folgende Besonderheiten sind im Vollstreckungsverfahren zu beachten:

---

[17] Vgl. BVerfGE 73, 261, 269 = NJW 1987, 827; BVerfGE 7, 198, 204ff.; *St/J/Münzberg* Rn. 44 m. weit. Nachw.
[18] BVerfGE 52, 214, 220 = NJW 1979, 2607.
[19] BVerfGE 49, 252, 257 = NJW 1979, 538.
[20] BVerfG (Fn. 18); *Zö/Stöber* Rn. 29; einschränkend *St/J/Münzberg* Rn. 44, *Ro/G/Sch* § 3 III 5.
[21] MK/*Lüke* Einl. Rn. 368; s. ausführlich *Ro/G/Sch* § 3 III 5b.
[22] Zur Grundrechtskollision s. *Ro/G/Sch* § 3 III 4.
[23] BVerfGE 57, 346, 367 = NJW 1981, 2121.
[24] OLG Hamm JurBüro 1999, 382, 383.
[25] OLG Hamm MDR 1968, 333, 334.
[26] BGH NJW 1991, 2295; OLG München Rpfleger 1979, 466; OLG Hamm MDR 1977, 675.
[27] *St/J/Münzberg* § 766 Rn. 24; *Brox/Walker* Rn. 204; aA *Ro/G/Sch* § 33 III 3 m. weit. Nachw.
[28] BGHZ 74, 9, 11 = NJW 1979, 1351.
[29] Zur deutschen Gerichtsbarkeit s. BGH NJW-RR 2003, 1218ff. sowie BGH NJW-RR 2006, 425, 426.

a) **Vollstreckungsantrag.** Jede Art der Vollstreckung erfolgt nur auf Antrag des Gläubigers (s. hierzu auch § 753 Rn. 6ff.). Dieser bedarf keiner Form, kann daher auch mündlich gestellt werden. Er muss sich auf eine bestimmte Vollstreckungsart beziehen. Grundsätzlich besteht kein Anwaltszwang, anders wenn funktionell zuständiges Vollstreckungsorgan das Landgericht als Prozessgericht ist (s. Rn. 8), das den Titel in erster Instanz geschaffen hat (hM; s. im Einzelnen § 887 Rn. 18). 20

b) **Parteifähigkeit.** Gläubiger und Schuldner müssen parteifähig iSd. § 50 sein.[30] Dies hat das Vollstreckungsorgan zu prüfen, wenn es nicht bereits durch das Prozessgericht im zugrunde liegenden Prozess geschehen ist.[31] Bei Sachurteilen ist davon auszugehen, weil die Parteifähigkeit von Amts wegen zu prüfen ist. Auch bei Urteilen muss aber das Vollstreckungsorgan dann die Parteifähigkeit erneut prüfen, wenn neue Tatsachen eingetreten sind; das Vollstreckungsverfahren ist unabhängig vom Erkenntnisverfahren. 21

c) **Prozessfähigkeit.** Einhellig anerkannt ist, dass der Gläubiger, wenn er das Vollstreckungsverfahren einleitet, prozessfähig iSd. § 51 sein muss. Die nunmehr wohl hM nimmt zu Recht an, dass auch der Schuldner prozessfähig sein muss.[32] Dies gilt zweifellos dann, wenn er selbst aktiv werden will oder soll, indem er eine Erinnerung einlegt oder zur Offenbarungsversicherung geladen wird. Dagegen soll der Schuldner dann nicht prozessfähig sein müssen, solange es auf die Sicherung oder den rangwahrenden Zugriff des Gläubigers ankomme.[33] Dies widerspricht der Pflicht zum Schutz des Prozessunfähigen. Ist die Prozessfähigkeit in den zugrunde liegenden **Erkenntnisverfahren bereits geprüft** worden, ist das Vollstreckungsorgan daran gebunden, wenn sich die Sachlage nicht geändert hat. Dies gilt aber nur bei einer ausdrücklichen Prüfung; eine stillschweigende Bejahung allein durch den Erlass eines Sachurteils reicht hier nicht aus.[34] Sofern nicht besondere Umstände rechtliche Bedenken erwecken, ist von der Prozessfähigkeit auszugehen; Zweifel genügen nicht.[35] Zur Problematik der Geschäftsunfähigkeit bei der Unterlassungsvollstreckung s. § 890 Rn. 12. Steht der Schuldner unter **Betreuung,** gilt Folgendes:[36] Ist dies schon im Titel erwähnt, gilt § 53; Zustellungen können nur an den Betreuer erfolgen, nur dieser kann Erklärungen für den Schuldner abgeben (s. auch § 750 Rn. 17; § 758a Rn. 4). Anderenfalls ist der Wirkungskreis der Betreuung zu ermitteln und zu prüfen, ob er sich auf die Zwangsvollstreckungsart erstreckt; in diesem Fall gilt das zuvor Gesagte. S. im Übrigen § 52 Rn. 3. 22

d) **Rechtsschutzinteresse.** Im Einzelfall – dabei wird es sich aber nur um ganz seltene Ausnahmefälle handeln – kann die Zwangsvollstreckung deshalb unzulässig sein, weil es für den Gläubiger an einem Rechtsschutzinteresse fehlt.[37] Es fehlt in aller Regel nicht, wenn der Gläubiger eigene Sachen oder ihm zustehende Forderungen pfänden lässt.[38] Auch kann das Rechtsschutzinteresse für einen Pfändungs- und Überweisungsbeschluss nicht mit Rücksicht auf eine eidesstattliche Versicherung und das dort erstellte Vermögensverzeichnis verneint werden.[39] Zur Vollstreckung von Bagatellforderungen s. § 753 Rn. 13. 23

2. Allgemeine Voraussetzungen der Zwangsvollstreckung. Die Zwangsvollstreckung erfordert gem. §§ 704, 724f., 750, 794 einen Vollstreckungstitel, eine Vollstreckungsklausel zu dem Titel und dessen Zustellung. Der **Titel** muss auf eine Leistung des Schuldners gerichtet und inhaltlich hinreichend bestimmt sein (s. § 704 Rn. 5ff.). Seine inhaltliche Richtigkeit darf nicht untersucht werden (s. auch Rn. 9). Die **Klausel** ist nur in wenigen Fällen entbehrlich (s. § 724 Rn. 3). Sie bescheinigt dem Vollstreckungsorgan mit bindender Wirkung die Vollstreckbarkeit des Titels. Der Gläubiger muss dem Vollstreckungsorgan die vollstreckbare Ausfertigung des Titels **vorlegen,** weil das Vollstreckungsorgan vor der Vollstreckung prüfen muss, ob der Gläubiger (noch) im Besitz der vollstreckbaren Ausfertigung ist.[40] Die **Zustellung** soll nochmals sicherstellen, dass der Schuldner Kenntnis von dem Titel hat und ihn zur freiwilligen Leistung auffordern. 24

3. Besondere Vollstreckungsvoraussetzungen. Dazu zählen der Eintritt eines Kalendertages (§ 751 Abs. 1), der Nachweis der im Urteil angeordneten Sicherheitsleistung (§ 751 Abs. 2) und Zug-um-Zug-Gegenleistungen des Gläubigers, §§ 756, 765. Der Eintritt dieser im Titel genannten Voraussetzungen muss vom Vollstreckungsorgan vor der Vollstreckung geprüft werden. 25

4. Allgemeine Vollstreckungshindernisse. Verschiedene gesetzliche Vorschriften sehen Hindernisse für jede Art von Einzelzwangsvollstreckung vor, die zur Einstellung oder Unzulässigkeit der Zwangsvollstreckung führen können. Es handelt sich um die §§ 775, 778 und § 89 InsO. Das Vollstreckungsorgan hat nicht von Amts wegen zu prüfen, ob Vollstreckungshindernisse bestehen. Es hat sie zu berücksichtigen, wenn sie von den Beteiligten der Vollstreckung eingewandt oder sonst dienstlich bekannt werden. Zum Veräußerungsverbot nach § 21 Abs. 2 Nr. 2 InsO s. § 772 Rn. 1. Kein Vollstreckungshindernis ist (wegen § 111c Abs. 5 StPO) § 111g Abs. 2 S. 1 StPO zulasten des Verletzten einer Straftat bei der **Sicherstellung** von Gegenständen; es gilt vielmehr § 772. Während der Dauer des Insolvenzverfahrens ist für **Insolvenzgläubiger** (§ 38 InsO) die Zwangsvollstreckung gem. § 89 InsO weder in die Insolvenzmasse noch in das 26

---

[30] OLG Hamm OLGZ 1990, 209.
[31] *Zö/Stöber* Rn. 16; *Brox/Walker* Rn. 23.
[32] MK/*Lüke* Einl. Rn. 372; *St/J/Münzberg* Rn. 80; *Zö/Stöber* Rn. 16; *Brox/Walker* Rn. 25; *Ro/G/Sch* § 33 II 5a.
[33] *B/L/H* Rn. 40; *T/P/Hüßtege* Rn. 43.
[34] MK/*Heßler* § 750 Rn. 20 m. weit. Nachw.
[35] BGHZ 86, 184, 189 = NJW 1983, 996.
[36] S. ausführlich *Harnacke* DGVZ 2000, 161ff.
[37] S. dazu *Lackmann* Rn. 37.
[38] *Lackmann* Rn. 37.
[39] BGH NJW-RR 2003, 1650.
[40] OLG Köln NJW-RR 2000, 1580.

sonstige Vermögen des Schuldners zulässig (s. hierzu auch § 804 Rn. 17). Dieses Verbot steht der Vollstreckung von Unterlassungsansprüchen nicht entgegen, da diese keine Insolvenzforderungen sind;[41] dies gilt entsprechend für Ansprüche auf Vornahme vertretbarer Handlungen.[42] Gem. § 21 Abs. 2 Nr. 3 InsO kann schon nach Eingang des Insolvenzantrags als Sicherungsmittel mit Wirkung des § 89 InsO ein Vollstreckungsverbot angeordnet werden. S. im Übrigen ausführlich § 804 Rn. 17f.

27 **5. Vollstreckung in besondere Vermögensmassen.** Grundsätzlich kann in das gesamte Vermögen des Schuldners, aber auch nur in das Vermögen des im Titel genannten Schuldners vollstreckt werden. Wenn in Vermögen vollstreckt werden soll, das mehreren Personen oder der Verwaltung oder Nutzung einer anderen Person zusteht, muss das Vollstreckungsorgan überprüfen, ob die Zwangsvollstreckung in die richtige Vermögensmasse erfolgt und das Zugriffsobjekt zum haftenden Vermögen des Schuldners gehört. Regelungen enthalten § 735 für den **nicht rechtsfähigen Verein,** § 736 für die Vollstreckung in das Vermögen einer **BGB-Gesellschaft.** Soll in das Vermögen einer **OHG** oder **KG** vollstreckt werden, bedarf es eines Titels gegen die Gesellschaft, §§ 124 Abs. 2, 161 Abs. 2 HGB. Aus diesem Titel darf aber nicht in das Vermögen der Gesellschafter vollstreckt werden, § 129 Abs. 4 HGB. Insoweit muss der Gläubiger einen Titel gegen den persönlich haftenden Gesellschafter selbst erwirken. Nach der neuen Rechtsprechung des BGH ist auch die **Wohnungseigentümergemeinschaft** rechtsfähig, soweit sie bei der Verwaltung des gemeinschaftlichen Eigentums am Rechtsverkehr teilnimmt.[43] Aus einem Titel gegen sie darf aber nur in das Verwaltungsvermögen der Gemeinschaft vollstreckt werden.[44] Zu der Vollstreckung in das Gesamtgut einer ehelichen Gütergemeinschaft s. §§ 740 bis 745, bei Nießbrauch s. §§ 737f. und zur Zwangsvollstreckung in den **Nachlass** s. Rn. 40ff.

VI. Dauer der Zwangsvollstreckung

28 **1. Allgemeines.** Nach herkömmlicher Definition sind Beginn und Ende **der Zwangsvollstreckung** vor allem bei Rechtsbehelfen im Rahmen der Vollstreckung von Bedeutung, dort besonders für das Rechtsschutzinteresse[45] (zum Beginn s. aber auch § 750 Rn. 3). Hier sollte schon begrifflich getrennt werden zwischen dem Beginn (dem Ende) der Zwangsvollstreckung bzw. eines **Vollstreckungsaktes.**[46] Wesentlich ist allerdings die Frage, was schon zur Zwangsvollstreckung gehört, sodass deren Voraussetzungen vorliegen müssen, oder aber deren Voraussetzung ist. Weiter gibt es Fälle, in denen weder das Ende der Zwangsvollstreckung noch das des Vollstreckungsaktes maßgeblich ist. Ist eine **Unpfändbarkeitsbescheinigung** erteilt, ist der konkrete Vollstreckungsakt zwar beendet, gleichwohl fehlt das Rechtsschutzbedürfnis für eine Erinnerung (§ 766) nicht, weil der Schuldner dadurch belastet bleibt, dass die Bescheinigung Voraussetzung des Verfahrens auf Abgabe der eidesstattlichen Versicherung sein kann (§ 807 S. 1) und mit den dort gegebenen Rechtsbehelfen nicht anfechtbar ist. Die auf Eigentum gestützte **Drittwiderspruchsklage** (§ 771) wird schon mit dem Eigentumserwerb des Ersteigerers in der Versteigerung unbegründet, nicht erst mit dem vollständigen Ende der Vollstreckungsmaßnahme Sachpfändung, das in der Auskehr des Erlöses liegt. Damit relativieren sich die Bedeutung der Begriffe und die damit verbundenen Aussagen stark. Wesentlich ist vielmehr, in jedem Einzelfall bei der konkreten Rechtsfrage zu untersuchen, auf welchen Zeitpunkt es ankommt.

29 **2. Beginn und Ende der Zwangsvollstreckung.** Die Zwangsvollstreckung beginnt mit dem Beginn des ersten Vollstreckungsaktes. Davor und nach dem Titelerlass liegende erforderliche Akte gehören nicht zur Zwangsvollstreckung, sind vielmehr meist ihre Voraussetzungen, wie die Zustellung (§ 750 Abs. 1), die Klauselerteilung (§§ 724ff.), die Sicherheitsleistung (§§ 708ff., 751 Abs. 2), die Erteilung des Rechtskraft- oder Notfristattestes (§ 706), der Vollstreckungsantrag[47] uÄ. Wann die **Zwangsvollstreckung endet,** lässt sich nicht definieren, sondern nur, wann sie enden muss, ohne verfahrensrechtlich oder materiell rechtswidrig zu werden, nämlich mit vollständiger Befriedigung des titulierten Anspruchs einschließlich der Kosten der Zwangsvollstreckung. Es ist nämlich auch nach vollständiger Erfüllung eine Zwangsvollstreckung noch möglich, solange der Gläubiger den Titel (ohne Quittung) in Besitz hat oder sich eine zweite Ausfertigung beschaffen kann, es sei denn, der Schuldner hätte mit einer Vollstreckungsabwehrklage (§ 767) dem titulierten Anspruch die Vollstreckbarkeit genommen.

30 **3. Beginn und Ende einer Vollstreckungshandlung.** Eine Vollstreckungshandlung beginnt mit dem ersten in ihrem Rahmen auf zwangsweise Durchsetzung des Titels gerichteten Akt des Vollstreckungsorgans (s. Rn. 31). Wann die Vollstreckungshandlung endet, hängt von dem im Einzelfall maßgeblichen Blickwinkel ab. Allgemein lässt sich nur sagen, dass der Vollstreckungsakt mit dem vollständigen Abschluss endet. Das auf Sachpfändung gerichtete Vorgehen des Gerichtsvollziehers endet zB mit der vollzogenen Freigabe der im Gewahrsam des Vollstreckungsorgans befindlichen Sache[48] oder mit Erteilung der Fruchtlosigkeitsbescheinigung, ein neuer Pfändungsversuch wäre ein neuer Vollstreckungsakt. Kommt es zur Pfändung,

---

[41] KG NJW-RR 2000, 1075f.

[42] LG Mainz NZI 2002, 444.

[43] BGH NJW 2005, 2061ff.

[44] BGH (Fn. 43) S. 2067.

[45] Vgl. etwa *B/L/H* § 766 Rn. 36 („... erst dann statthaft, wenn die Zwangsvollstreckung begonnen hat"); MK/*Karsten Schmidt* § 766 Rn. 44 („Rechtsschutzinteresse ... gegeben, wenn die Vollstreckung begonnen hat und noch nicht beendet ist.").

[46] So auch BGH NZM 2005, 193, 194; *Ro/G/Sch* § 44 II; *St/J/Münzberg* Rn. 114, 116.

[47] Anders *Ro/G/Sch* § 44 I.

[48] BGH NJW 2004, 217, 218.

kann je nach der konkreten Frage die Durchsuchung der Wohnung, das Anlegen des Pfandsiegels, das Ausfüllen des Protokolls, die Versteigerung oder die Auskehr des Erlöses maßgeblich sein.

4. Beispiele. Der auf Sachpfändung gerichtete Vollstreckungsakt des **Gerichtsvollziehers** beginnt mit der ersten Zwangshandlung, zB mit dem zwangsweisen Öffnen der Wohnungstür (§ 758) oder der Aufforderung, die Wohnungsdurchsuchung zu gestatten,[49] nicht aber mit der Aufforderung zur freiwilligen Leistung (vgl. § 754), die Zwangsmaßnahmen vermeiden soll (s. § 754 Rn. 2). Die **Forderungspfändung** beginnt mit der Herausgabe der unterschriebenen Verfügung des Pfändungsbeschlusses in den Geschäftsgang, nicht erst mit der Zustellung.[50] Die Vollstreckung nach **§ 890** beginnt mit Erlass des selbstständigen Androhungsbeschlusses (s. § 890 Rn. 17). Die Parteizustellung des eine Ordnungsmittelandrohung enthaltenen Titels ist ebenso regelmäßig Beginn der Zwangsvollstreckung, anders, wenn der Titel keine Androhung enthält.[51] Das **Offenbarungsversicherungsverfahren** beginnt mit der Terminbestimmung;[52] der Antrag des Gläubigers (s. § 900 Abs. 1 S. 1) ist noch keine Zwangshandlung. Bei der Vollstreckung nach **§ 889** ist dagegen die Terminbestimmung noch kein Vollstreckungsakt, s. § 889 Rn. 5. Mit der Einweisung der Gläubigerin in den Besitz der Räume durch Übergabe der Schlüssel endet die Räumungsvollstreckung.[53] 31

VII. Verfahrensfehler

Fehlerhafte Vollstreckungsakte sind **in der Regel wirksam,** aber mit den vollstreckungsinternen Rechtsbehelfen anfechtbar. Zur Frage, ob ein Pfändungspfandrecht entsteht, s. § 804 Rn. 5. Ob Vollstreckungsakte **ausnahmsweise nichtig** sind, ergibt eine Überprüfung entsprechend § 44 der Verwaltungsverfahrensgesetze (s. auch § 803 Rn. 10). Das Vollstreckungsverfahren ist öffentlich-rechtlicher Natur. Mit Ausnahme der §§ 808 Abs. 2 S. 2, 829 Abs. 3 – und auch dort nur beiläufig – sind Wirksamkeitsvoraussetzungen bzw. Nichtigkeitsfolgen nicht geregelt. Deshalb ist die entsprechende Anwendung des § 44 Abs. 1 VwVfG geboten.[54] Die Definition der Rechtsprechung, die Verletzung von Verfahrensvorschriften führe nur zur Nichtigkeit, wenn es sich um einen besonders schweren und zusätzlich bei verständiger Würdigung aller in Betracht kommenden Umstände offenkundigen Fehler handelt,[55] stellt sachlich im Ergebnis keinen Unterschied dar. Unter Beachtung dieser Grundsätze sind als nichtig anzusehen (s. auch § 803 Rn. 10): Verstöße gegen die **funktionelle Zuständigkeit** (hierzu zählen nicht die Klauselerteilung durch den Urkundsbeamten der Geschäftsstelle anstelle des zuständigen Rechtspflegers, es sei denn, sie geschieht bewusst, s. § 726 Rn. 4, und die Pfändung von Grundstückszubehör durch den Gerichtsvollzieher, s. auch § 865 Rn. 10[56]); Vollstreckung, obwohl ein wirksamer **Titel fehlt;**[57] **nicht hinreichende Kenntlichmachung** der Pfändung durch den Gerichtsvollzieher (§ 808 Abs. 2 S. 2) oder Fehler der Protokollierung der **Anschlusspfändung** (§ 826) als Ersatz der Kenntlichmachung;[58] **unbestimmte Angabe** der zu pfändenden Forderung in einem **Pfändungsbeschluss;**[59] **Mängel der Zustellung** des Pfändungs- und/oder Überweisungsbeschlusses an den Drittschuldner (§§ 829 Abs. 3, 835 Abs. 3 S. 1); das Fehlen des **Arrestatoriums** im Pfändungsbeschluss.[60] **Nichtige Vollstreckungsakte sind gegenstandslos** und können nicht geheilt werden. **Fehlerhafte Akte** sind dadurch **heilbar,** dass die Fehler beseitigt werden. Zu der Frage, ob und zu welchem Zeitpunkt ein Pfändungspfandrecht entsteht, s. § 804 Rn. 8. 32

VIII. Rechtsbehelfe

1. Allgemeines. Einerseits die vorgesehene Aufgabentrennung zwischen denjenigen, die im Erkenntnis- bzw. Vollstreckungsverfahren tätig sind, andererseits die Anknüpfung an formale Gesichtspunkte machen ein umfangreiches System an Rechtsbehelfen zugunsten von Schuldner und Gläubiger, aber auch Dritten erforderlich. Neben der Grundbuchbeschwerde (s. Rn. 35) sind dies jetzt nur noch Rechtsbehelfe der ZPO. § 11 RPflG hat als eigenständiger Rechtsbehelf in der Zwangsvollstreckung kaum noch Bedeutung. 33

2. Rechtsbehelfe im Klauselerteilungsverfahren. Die Erteilung der Klausel gehört noch nicht zum Vollstreckungsverfahren, sondern geht diesem voraus als ein die Vollstreckung in formeller Hinsicht vorbereitender Akt. Zur Erteilung der Klausel sind „Organe des Erkenntnisverfahrens" im weiteren Sinne, nämlich der Urkundsbeamte der Geschäftsstelle, der Rechtspfleger und der Notar zuständig. Mangels ausdrücklicher gesetzlicher Regelung sind Rechtsbehelfe **zugunsten des Gläubigers,** wenn die Klausel nicht erteilt wird, diejenigen, die auch sonst gegen Entscheidungen der zuständigen Organe zur Verfügung stehen, näm- 34

---

[49] LG Berlin DGVZ 1991, 9; *Zö/Stöber* Rn. 33.
[50] *B/L/H* Rn. 51; anders (Unterschrift) *Zö/Stöber* Rn. 33.
[51] BGH NJW 1996, 198, 199.
[52] *B/L/H* Rn. 51.
[53] BGH (Fn. 46).
[54] *Schultes* JR 1995, 136, 138; *Baur/Stürner/Bruns* Rn. 11.3; *Lackmann* Rn. 163; aA *Ro/G/Sch* § 31 II 2, III 6.
[55] BGHZ 121, 98, 102 = NJW 1993, 735; OLG Hamm Rpfleger 1997, 393.
[56] MK/*Eickmann* § 865 Rn. 61; *T/P/Hüßtege* § 865 Rn. 5; *Brox/Walker* Rn. 207; *Lackmann* Rn. 259; *Ro/G/Sch* § 24 II 2; aA RGZ 135, 197, 206; *B/L/H* § 865 Rn. 13 (anders § 865 Rn. 14); *Zö/Stöber* § 865 Rn. 11.
[57] BGHZ 112, 356, 361 = NJW 1991, 496; BGHZ 70, 313, 317 = NJW 1978, 943; aA BFH NJW 2003, 1070, 1071 f.; *Zö/Stöber* Rn. 34; die Unwirksamkeit des Titels folgerte in dem der BFH-Entscheidung zugrunde liegenden Fall aber aus einem Zustellungsfehler, was mit der zivilprozessualen Unwirksamkeit eines Titels nicht vergleichbar ist.
[58] *B/L/H* § 826 Rn. 6; *Lackmann* Rn. 159.
[59] *Zö/Stöber* § 829 Rn. 8; *Lackmann* Rn. 272.
[60] *Zö/Stöber* § 829 Rn. 7 m. weit. Nachw.

lich die Erinnerung gegen die Entscheidung des Urkundsbeamten der Geschäftsstelle (§ 573 Abs. 1), die Beschwerde gegen die Entscheidung des Notars (§ 54 BeurkG). Diese Rechtsbehelfe sind nur insoweit ausreichend, als es nicht um Fragen geht, die über die rein formale Prüfungskompetenz der zuständigen Organe hinausgehen. Bedarf es wegen dieser nicht formell prüfbaren Punkte einer Entscheidung, so steht dem Gläubiger die Klage auf Erteilung der Klausel (§ 731) zu. **Zugunsten des Schuldners** gibt es Sonderregelungen: Formelle Fehler kann er mit der Klauselerinnerung (§ 732) angreifen. Nur formell geprüfte materielle Fragen (Bedingungseintritt, Rechtsnachfolge) kann er mit der Klauselgegenklage (§ 768) zur Entscheidung des Richters im Erkenntnisverfahren stellen.

35 **3. Vollstreckungsinterne Rechtsbehelfe.** Die Nichtbeachtung vollstreckungsrechtlicher Verfahrensvorschriften kann mit folgenden Rechtsbehelfen geltend gemacht werden:
- Die **Vollstreckungserinnerung** (**§ 766**) richtet sich gegen **Vollstreckungsmaßnahmen** eines Vollstreckungsorgans, die Weigerung des Gerichtsvollziehers, für den Gläubiger tätig zu werden, oder gegen den Kostenansatz des Gerichtsvollziehers.
- Die **sofortige Beschwerde** (**§ 793**) richtet sich gegen **Entscheidungen** eines Vollstreckungsorgans.
- Mit der **Grundbuchbeschwerde** (**§ 71 GBO**) kann sich der Schuldner gegen Eintragungen von Zwangshypotheken richten (s. § 766 Rn. 8).

36 **4. Klagen aus materiellem Recht.** Durch die Formalisierung der Zwangsvollstreckung kann es zu prozessual, aber nicht materiell-rechtlich zulässigen Rechtsbeeinträchtigungen kommen:
- Die **Vollstreckungsabwehrklage** (**§ 767**) ermöglicht dem Schuldner das Vorgehen gegen den titulierten Anspruch, wenn er geltend macht, dieser bestehe nicht mehr oder nur noch eingeschränkt.
- Die **Drittwiderspruchsklage** (**§ 771**) gibt einem von einer Vollstreckung in seinen Rechten betroffenen Dritten die Möglichkeit, die weitere Vollstreckung zu unterbinden.
- Mit der **Vorzugsklage** (**§ 805**) kann der nicht besitzende Inhaber eines vorrangigen Pfandrechts an einer gepfändeten Sache seine Befriedigung vor dem Vollstreckungsgläubiger erreichen.
- Mit der **Klage aus § 826 BGB** kann nach hM auf Unterlassung der Zwangsvollstreckung geklagt werden, wenn die Ausnutzung eines sittenwidrig erlangten Titels oder die vorsätzlich sittenwidrige Vollstreckung aus ihm in die Rechte des Schuldners eingreift (s. im Einzelnen § 322 Rn. 91 ff.).

IX. Besonderheiten nach dem Einigungsvertrag

37 S. hierzu Vorauflagen.

38 *(Offen gehalten)*

X. Währungsfragen

39 Zu Titeln, die auf **DDR-Mark** lauten, s. Vorauflagen. Werden in Fremdwährung lautende **ausländische Titel** für vollstreckbar erklärt, erfolgt dies in der Fremdwährung. Die Umrechnung auf Euro obliegt dem Vollstreckungsorgan (s. § 722 Rn. 9; vor § 803 Rn. 2). Zur Umrechnung von **DM-Titeln auf den Euro** s. vor § 803 Rn. 2.

XI. Vollstreckung beim Tod des Schuldners

40 **1. Weitervollstreckung.** Hatte die Vollstreckung bereits zu Lebzeiten des Schuldners begonnen (s. dazu § 779 Rn. 2, vor § 704 Rn. 28 ff.), darf sie ohne Rücksicht auf die Annahme der Erbschaft ohne Klauselumschreibung in den Nachlass fortgesetzt werden, § 779 Abs. 1. Ist die Zuziehung des Schuldners bei einer Vollstreckungshandlung erforderlich, kommt die Bestellung eines Vertreters in Betracht, § 779 Abs. 2. Zu den Rechtsbehelfen s. § 779 Rn. 6.

41 **2. Erstmalige Vollstreckung vor Annahme der Erbschaft.** Vor Annahme der Erbschaft darf gem. § 778 Abs. 1 der Nachlassgläubiger nur in den Nachlass vollstrecken. Dies setzt die Anordnung der Nachlasspflegschaft voraus (§§ 1961, 1960 Abs. 3, 1958 BGB), weil nur so die erforderliche Titelumschreibung nach § 727 (gegen die durch den Nachlasspfleger vertretenen, möglicherweise unbekannten Erben) möglich ist (s. § 778 Rn. 3). Wegen eigener Verbindlichkeiten des Erben ist eine Vollstreckung in den Nachlass nicht möglich. Zu den Rechtsbehelfen s. § 778 Rn. 5.

42 **3. Erstmalige Vollstreckung nach Annahme der Erbschaft. a) Alleinerbschaft.** Nach der erforderlichen Klauselumschreibung gem. § 727 kann in das gesamte Vermögen des Erben vollstreckt werden. Hat dieser die Einreden nach §§ 2014, 2015 BGB geltend gemacht, kann er über §§ 782, 785, 767 erwirken, dass nur eine Sicherungsvollstreckung nach den Arrestvorschriften durchgeführt wird. Ist die Erbenhaftung durch Anordnung von Nachlassverwaltung oder Nachlassinsolvenz gem. § 1975 BGB beschränkt und die Geltendmachung der Beschränkung im Titel vorbehalten (§ 780 Abs. 1), kann der Erbe gegen eine in sein Eigenvermögen erfolgte Vollstreckung wegen einer Nachlassverbindlichkeit vorgehen. Dies gilt auch im Falle der Dürftigkeitseinrede des § 1990 BGB (s. § 784 Rn. 2). Vor Beginn der Vollstreckung kann der Erbe nach §§ 781, 785, 767 vorgehen, nach Beginn gem. §§ 784, 785, 767.

43 **b) Erbengemeinschaft.** Mehrere Erben haften gem. § 2058 BGB als Gesamtschuldner für Nachlassverbindlichkeiten. Bis zur Auseinandersetzung haften sie nur mit dem Nachlass (§ 2059 Abs. 1 S. 1 BGB), wenn nicht die Möglichkeit der Haftungsbeschränkung verloren ist (§ 2059 Abs. 1 S. 2 BGB). Bis zur Teilung kann der Gläubiger gegen einen Miterben nach Titelumschreibung gem. § 727 durch Pfändung des Miterbenanteils (§ 859 Abs. 2, s. a. § 2059 Abs. 1 S. 1 BGB) vollstrecken, so genannte Gesamtschuldvollstreckung. Bei der Vollstreckung gegen die Gesamthandsgemeinschaft der Miterben (Gesamthandsvollstre-

ckung) muss der Titel gegen alle Erben lauten (§ 747). Ein Titel gegen den Erblasser kann gem. § 727 auf alle Miterben umgeschrieben werden. Im Fall der Nachlassverwaltung muss ein Titel gegen den Verwalter vorliegen (§ 1984 BGB). Eine Vollstreckung in das Eigenvermögen der Miterben ist weder bei der Gesamtschuld- (außer Miterbenanteil, § 859 Abs. 2) noch bei der Gesamthandsvollstreckung möglich. Gegen sie können die Erben nach §§ 781, 785, 767 vorgehen. Nach der Auseinandersetzung kann in das gesamte Vermögen der als Gesamtschuldner haftenden Miterben vollstreckt werden, wenn die Haftung nicht beschränkt ist (s. Rn. 42).

4. Testamentsvollstreckung. Auch wenn die Testamentsvollstreckung die Verwaltung des gesamten Nachlasses umfasst (s. dazu § 748 Rn. 4), kann ein Nachlassgläubiger den Erben nach der Annahme der Erbschaft auf Leistung verklagen (§ 2213 Abs. 1 S. 1 BGB); ein Titel gegen den Erblasser kann gem. § 727 umgeschrieben werden. Aus diesem Titel kann nur in das **persönliche Vermögen** des Erben vollstreckt werden, der hiergegen gegebenenfalls seine Haftungsbeschränkung geltend machen kann (§§ 780 Abs. 1, 781, 784, 785, 767). In den Nachlass kann, wenn die Verwaltung den gesamten Nachlass oder einzelne Nachlassgegenstände umfasst, nur aufgrund eines Titels gegen den Testamentsvollstrecker vollstreckt werden (§ 748). Ein Titel für oder gegen den Erblasser kann gem. § 749 S. 1 für oder gegen den Testamentsvollstrecker umgeschrieben werden; die Umschreibung gegen den Vollstrecker ermöglicht nur die Vollstreckung in der Verwaltung unterliegende Nachlassgegenstände (§ 749 S. 2). Unter den Voraussetzungen des § 327 kann ein für oder gegen den Testamentsvollstrecker ergangenes Urteil für und gegen den Erben umgeschrieben werden (§ 728 Abs. 2). 44

5. Nacherbschaft. Unter den Voraussetzungen des § 326 kann ein für oder gegen den Vorerben ergangenes Urteil nach Eintritt der Nacherbfolge für oder gegen den Nacherben umgeschrieben werden (§ 728 Abs. 1). Verfügungsbeschränkungen des Vorerben nach §§ 2112 ff. BGB werden durch § 773 ergänzt. Wenn die Voraussetzungen des § 2115 BGB vorliegen, soll ein der Vorerbschaft zugehöriger Gegenstand nicht im Wege der Zwangsvollstreckung veräußert oder überwiesen werden. Geschieht dies gleichwohl, kann der Nacherbe gem. §§ 773 S. 2, 771 intervenieren. 45

704 *Vollstreckbare Endurteile*

(1) Die Zwangsvollstreckung findet statt aus Endurteilen, die rechtskräftig oder für vorläufig vollstreckbar erklärt sind.

(2) Urteile in Ehe- und Kindschaftssachen dürfen nicht für vorläufig vollstreckbar erklärt werden.

I. Normzweck

Die Vorschrift verbindet Erkenntnis- und Vollstreckungsverfahren. Sie geht als Regelfall davon aus, dass zunächst im Erkenntnisverfahren ein Urteil ergangen ist (zu anderen Titeln s. § 794 Abs. 1), aus dem die Vollstreckung unabhängig von der materiellen Richtigkeit betrieben werden kann. Ungeschrieben wird vorausgesetzt, dass es überhaupt vollstreckungsfähig ist. Zum Zweck der vorläufigen Vollstreckbarkeit s. § 708 Rn. 1. Die **Norm gilt** nur für **inländische Urteile,** worunter auch Urteile der früheren DDR zu verstehen sind, die vor dem Beitritt ergangen sind (s. vor § 704 Rn. 37). Zu ausländischen Urteilen s. §§ 722 f. 1

II. Voraussetzungen

1. Endurteile, Rechtskraft. Endurteile (§ 300) sind die Instanz abschließende Urteile.[1] Darunter fallen neben streitigen Schlussurteilen Teilurteile (§ 301), Verzichtsurteile (§ 306), Anerkenntnisurteile (§ 307), trotz der Einspruchsmöglichkeit Versäumnisurteile (§§ 330 ff.)[2] und kraft gesetzlicher Anordnung Vorbehaltsurteile (§§ 302 Abs. 3, 599 Abs. 3). **Rechtskraft** bedeutet formelle Rechtskraft iSd. § 705, s. die Anmerkungen dort. Ein formell rechtskräftiges Urteil ist nicht endgültig, sondern nur vorläufig vollstreckbar, wenn es in seinem Bestand von einem nicht rechtskräftigen, in derselben Sache ergangenen Urteil **abhängig** ist. Diese Abhängigkeit besteht bei positiven Zwischenurteilen über die Zulässigkeit der Klage (§ 280), bei Grundurteilen[3] (§ 304) und Vorbehaltsurteilen. Werden sie erfolgreich angefochten, hat ein eventuell inzwischen rechtskräftiges Schlussurteil keinen Bestand.[4] Die formelle Rechtskraft ist durch die Abänderung auflösend bedingt.[5] Aus dem Schlussurteil kann vollstreckt werden, wenn es und das Zwischen-, Grund- oder Vorbehaltsurteil formell rechtskräftig oder für vorläufig vollstreckbar erklärt worden sind.[6] 2

2. Vorläufige Vollstreckbarkeit. Nicht rechtskräftige Urteile sind nur dann vollstreckungsgeeignet, wenn sie in der Urteilsformel für **vorläufig vollstreckbar** erklärt worden sind. Dies hat grundsätzlich im Erkenntnisverfahren erster Instanz nach den §§ 708 ff. (Ergänzungsmöglichkeit nach §§ 716, 321) zu geschehen, kann aber auch durch das Berufungsgericht (§ 537 Abs. 1) oder das Revisionsgericht (§ 558) erfolgen. **Keiner Vollstreckbarkeitserklärung** bedarf es bei Urteilen, durch die **Arreste** oder **einstweilige Verfügungen** erlassen oder bestätigt werden (§§ 922, 925, 936; s. auch § 922 Rn. 7).[7] Dies folgt aus der Natur dieser Ver- 3

---

1 MK/*Musielak* vor § 300 Rn. 2.
2 BGH VersR 1974, 1099, 1100; BayObLG Rpfleger 1982, 466; MK/*Krüger* Rn. 3 m. weit. Nachw.
3 BGH WM 2007, 1901.
4 MK/*Krüger* Rn. 14 m. weit. Nachw.
5 MK/*Krüger* (Fn. 4) m. weit. Nachw.
6 OLG Hamburg OLGRspr. 43, 140.
7 MK/*Krüger* Rn. 15.

fahren, die eine sofortige Vollstreckung ermöglichen sollen. Auch Urteile des **Arbeitsgerichts** sind ohne Ausspruch vorläufig vollstreckbar, § 62 Abs. 1 S. 1 ArbGG.

4 **3. Aufhebung des Urteils.** Eine Aufhebung des für vorläufig vollstreckbar erklärten Urteils im Einspruchs- oder Rechtsmittelverfahren führt, jedenfalls wenn diese Entscheidung vollstreckungsfähig iSd. § 704 ist, zum **Wegfall der Vollstreckbarkeit** und zur endgültigen Einstellung der Zwangsvollstreckung (§§ 775 Nr. 1, 776; s. im Einzelnen § 775 Rn. 2f. und § 717 Rn. 3).

III. Vollstreckungsfähigkeit des Urteils

5 **1. Vollstreckungsfähiger Inhalt.** Es sind im engeren Sinne nur auf eine **Leistung** des Schuldners gerichtete Titel vollstreckungsfähig, und zwar auf Leistung von Geld, auf Herausgabe, auf Leistung vertretbarer Sachen, auf Vornahme von Handlungen, auf Abgabe von Willenserklärungen, auf Abgabe der eidesstattlichen Versicherung nach bürgerlichem Recht oder auf Duldung bzw. Unterlassung. Keinen Leistungstenor stellt eine Klausel in einem Prozessvergleich dar, „die Parteien sind sich einig, dass …“.[8] **Klageabweisende** und **feststellende** Urteile sind nicht vollstreckungsfähig. Sie liefern nur die Kostengrundentscheidung für den Kostenfestsetzungsbeschluss (s. §§ 103ff.), aus dem vollstreckt werden kann, und sind deshalb für vorläufig vollstreckbar zu erklären. Auch **Gestaltungsurteile** sind wegen ihrer gestaltenden Wirkung, die keiner Vollstreckung bedarf, nicht vollstreckungsfähig.[9] Den **prozessualen Gestaltungsklagen** des achten Buches (zB §§ 767, 771) wie auch **aufhebenden Urteilen** wird jedoch über die §§ 775, 776 zur praktischen Durchsetzung Vollstreckungswirkung zuerkannt.[10] Zu einer **unmöglichen Leistung** darf nicht verurteilt werden. Geschieht dies doch oder zeigt sich die Unmöglichkeit erst später, sind solche Urteile nicht vollstreckungsfähig.[11] Dies kann mit der Vollstreckungsabwehrklage (§ 767) eingewandt werden, soweit § 767 Abs. 2 nicht entgegensteht. Zur Vollstreckung nach § 888 s. dort Rn. 9, zur Vollstreckung nach § 889 dort Rn. 8.

6 **2. Inhaltliche Bestimmtheit.** Ein Titel ist nur dann zur Vollstreckung geeignet, wenn er inhaltlich hinreichend bestimmt ist. Dazu muss er aus sich heraus verständlich sein und für jeden Dritten erkennen lassen, was der Gläubiger vom Schuldner verlangen kann.[12] Dies gilt auch für arbeitsgerichtliche Titel, die auf Beschäftigung gerichtet sind, hinsichtlich der Stellenbezeichnung.[13] Steht materiell-rechtlich dem Schuldner die Wahl zu, wie er eine geschuldete Leistung erbringt (zB bei Mangelbeseitigung), reicht es aus, wenn der Titel das Ergebnis (den Erfolg) beschreibt, nicht aber die Art, wie das Ergebnis herbeizuführen ist. Der Tenor eines Urteils darf zwar von den Vollstreckungsorganen **ausgelegt** werden (s. dazu auch § 850f Rn. 10); die zur Auslegung herangezogenen Umstände müssen sich jedoch aus dem Urteil selbst ergeben. Dabei ist in erster Linie der Tenor maßgeblich; Tatbestand und Entscheidungsgründe dürfen ergänzend herangezogen werden,[14] bei Urteilen ohne Gründe (Versäumnis-, Anerkenntnisurteil) auch die Klageschrift.[15] Es ist den Vollstreckungsorganen grundsätzlich verwehrt, auf außerhalb des Titels liegende Umstände zurückzugreifen.[16] Urkunden, Pläne, Skizzen, auch die Klageschrift bei einem Prozessvergleich,[17] können nur beachtet werden, wenn sie zum Bestandteil des Urteils gemacht worden sind;[18] eine Bezugnahme auf nicht zum Bestandteil gemachte Urkunden reicht nicht aus,[19] nicht einmal eine Bezugnahme auf ein anderes Urteil.[20] Bleibt es bei nicht zu klärenden Zweifeln, kann nicht vollstreckt werden; gegebenenfalls müssen die Zweifel im Erkenntnisverfahren geklärt werden[21] zB durch eine (negative) Feststellungsklage.[22] Werden dem Gläubiger in einem Titel 5 % Zinsen über dem Basiszinssatz zugesprochen, ist der Titel dahin auszulegen, dass der gesetzliche Zinssatz „Zinsen in Höhe von 5 Prozentpunkten über dem Basiszinssatz“ tituliert ist.[23]

7 **3. Beispiele aus der Rechtsprechung. a) Bestimmt genug** sind: **Zahlungstitel,** wenn der zu vollstreckende Zahlungsanspruch betragsmäßig festgelegt ist oder sich aus dem Titel ohne weiteres errechnen lässt.[24] Es reicht, wenn die Berechnung mithilfe offenkundiger, insbesondere aus dem Bundesgesetzblatt oder dem Grundbuch ersichtlicher Umstände möglich ist.[25] Unbeachtlich ist es, wenn bei feststehendem Zahlungsbetrag eine Bestimmung im Titel unter genannten Voraussetzungen eine Ermäßigung ermöglicht; dies ist im

---

8 OLG Stuttgart NJW-RR 1999, 791.
9 *Zö/Stöber* Rn. 2.
10 S. ausführlich MK/*Krüger* Rn. 7.
11 BGH NJW-RR 1992, 450.
12 OLG Hamm FamRZ 1988, 1307, 1308.
13 LAG Rheinland-Pfalz NZA-RR 2005, 550, 551 m. weit. Nachw.
14 BGH NJW 1972, 2268, 2269; BGHZ 34, 337, 339 = NJW 1961, 917; OLG Saarbrücken FamRZ 1999, 110; OLG Karlsruhe NJW-RR 1997, 577; MK/*Krüger* Rn. 8 m. weit. Nachw.
15 BGH NJW 1983, 2032; OLG Köln FamRZ 1992, 1446; *St/J/Münzberg* vor § 704 Rn. 27 m. weit. Nachw.; aA *Zö/Stöber* Rn. 5.
16 LAG Hessen NZA-RR 2004, 382; OLG Zweibrücken OLGR 2002, 307; KG NJW-RR 2002, 1509, 1510.
17 OLG Koblenz FamRZ 2003, 108.
18 Vgl. BGH NJW 1986, 192, 197; OLG Zweibrücken (Fn. 16); OLG Stuttgart NJW-RR 1999, 791f.
19 OLG Köln NJW-RR 2003, 375, 376.
20 OLG Schleswig MDR 1996, 416.
21 BGH NJW 1997, 2320, 2321 (zum Streit über Reichweite des Titels).
22 KG NJOZ 2004, 3897, 3898f.
23 OLG Hamm NJW 2005, 2238, 2239.
24 BGH NJW 1995, 1162; BGHZ 22, 54, 56 = NJW 1957, 23.
25 BGH (Fn. 23).

Wege der Vollstreckungsabwehrklage einzuwenden.[26] Entsprechendes gilt für einen Titel auf Zahlung einer monatlichen Nutzungsentschädigung bis zur Herausgabe einer Sache.[27] **Bruttolohntitel,** wenn sie auf einen bestimmten Betrag lauten.[28] Es darf auch wegen des Bruttolohns vollstreckt werden.[29] Die Einziehung des Bruttolohns verpflichtet den Gläubiger zur Entrichtung des Arbeitnehmeranteils an den Sozialversicherungsträger.[30] Hat der Schuldner Steuern oder Sozialabgaben abgeführt, muss er dies nach §§ 775 Nr. 4, 5 oder 767 geltend machen.[31] **Zinsen** über dem jeweiligen Diskontsatz,[32] zu dem gesetzlichen Zinssatz,[33] in Höhe des jeweiligen Zinssatzes des Kommunalabgabengesetzes,[34] ab dem Tage der Eintragung der Grundschuld,[35] Unterwerfung bis zu einem Höchstzinssatz;[36] **Wertsicherungsklauseln** bei einer Anpassung an den Diskontsatz der Deutschen Bundesbank[37] oder den Lebenshaltungskostenindex.[38] **Musik** in Zimmerlautstärke.[39] **Sachen,** die im Eigentum des Schuldners stehen oder an denen er ein Anwartschaftsrecht hat.[40] **Freistellungstitel** (s. a. Rn. 8) sind bestimmt genug, wenn die Höhe des Anspruchs genannt ist, wobei ggf. auch auf Tatbestand und Entscheidungsgründe zurückgegriffen werden kann.[41] **Räumung** und Herausgabe eines Grundstücks „befreit von sämtlichen oberirdischen Aufbauten und unterirdischen Anlagen".[42] Bei einer Verurteilung zur **Mangelbeseitigung** reicht es, dass der Mangel genau bezeichnet ist; die Art der Nachbesserung muss nicht festgelegt sein.[43]

b) **Nicht bestimmt genug** sind: **Wertsicherungsklauseln,** die eine Anpassung an ein Beamtengehalt vorsehen,[44] anders bei Bezugnahme auf die „Grundvergütung" eines Bundesbeamten einer bestimmten Besoldungsgruppe und Dienstaltersstufe;[45] **Höchstbetragshypotheken,** wenn nicht Teilbeträge festgelegt sind;[46] **Zinsen,** bei denen der Zinsbeginn nicht eindeutig bestimmt ist,[47] die Höhe mit „Drei-Monats-Liborsatz";[48] Verurteilung zur Zahlung des **jeweiligen Netto-** oder **Bruttolohns,**[49] zu Unterhalt, der der „Düsseldorfer Tabelle" entspricht,[50] oder abzüglich der Hälfte des jeweiligen Kindergeldes,[51] zur Zahlung eines Bruttobetrages mit der Maßgabe, dass der pfändbare Nettobetrag an einen Pfändungsgläubiger zu zahlen ist,[52] zur Zahlung von ... Euro, jedoch nur in Höhe der Kommanditeinlage von ... Euro, soweit diese Einlage noch nicht geleistet ist;[53] zur Zahlung eines Betrages unter Anrechnung bereits gezahlter Beträge;[54] zur Auskunftserteilung, die von der Bereitstellung eines „eventuell erforderlichen" Kostenvorschusses abhängig gemacht ist;[55] zur Auskunftserteilung für einen Zeitraum, wenn der Endzeitpunkt nicht genannt ist;[56] es zu unterlassen, Versetzungen iS von § 99 BetrVG ohne vorherige Durchführung des Zustimmungs-/Ersetzungsverfahren vorzunehmen;[57] zur Herstellung eines lotrechten Mauerwerks in dem Gebäude ...;[58] es zu unterlassen, eine Wegegrunddienstbarkeit zu behindern und zu stören.[59] Die Verurteilung zur **„Freistellung** von Gewährleistungsansprüchen" ist zu unbestimmt, wenn die Ansprüche nicht genannt sind, weil die Frage, ob und in welchem Umfang solche Ansprüche bestehen, nicht dem Vollstreckungsverfahren überlassen werden kann;[60] nicht bestimmt genug ist auch die Verurteilung zur **Freistellung von Zahlungsverpflichtungen,** ohne deren Höhe zu nennen.[61] 8

---

26 BGH NJW 1997, 2887, 2888 = LM S. 767 Nr. 100 m. Anm. *Wolfsteiner;* NJW 1996, 2165, 2166.
27 BGH NJW 1999, 954.
28 BGH WM 1966, 758, 759; BAGE 15, 227 = NJW 1964, 1338.
29 BAG NJW 1985, 646.
30 *Zö/Stöber* Rn. 6 m. weit. Nachw.
31 BGH (Fn. 28).
32 BGHZ 22, 54, 61 = NJW 1957, 23.
33 BGH NJW 1990, 3084f.
34 OLG Zweibrücken InVo 1999, 283, 284.
35 BGH NJW-RR 2000, 1358f.
36 BGH NJW 1983, 2262f.
37 OLG Düsseldorf Rpfleger 1977, 67 (zu Verzugszinsen).
38 BGH NJW-RR 2005, 366; OLG Düsseldorf NJW 1971, 436, 437.
39 LG Hamburg NJWE-MietR 1996, 6.
40 OLG Stuttgart NJW-RR 1997, 521; zweifelhaft, weil Klärung dem Vollstreckungsverfahren vorbehalten bleibt.
41 OLG Stuttgart OLGR 2000, 21; OLG Saarbrücken (Fn. 14).
42 OLG Düsseldorf MDR 2002, 1394f.
43 OLG Stuttgart NJW-RR 1999, 792; OLG Koblenz NJW-RR 1998, 1770.
44 BGH (Fn. 32) S. 57ff.; nicht unzweifelhaft, s. *Lackmann* Rn. 58.
45 *Ro/G/Sch* § 10 III 1 b m. weit. Nachw.
46 BayObLG NJW 1954, 1808f.
47 OLG Düsseldorf NJW-RR 1988, 698f.
48 OLG Frankfurt NJW-RR 1992, 684, 685.
49 OLG Braunschweig FamRZ 1979, 928, 929.
50 OLG Koblenz FamRZ 1987, 1291.
51 OLG Frankfurt FamRZ 1981, 70; s. a. OLG Naumburg NJOZ 2004, 579.
52 LAG Niedersachsen NZA 1992, 713.
53 OLG Köln NJW-RR 1999, 431.
54 BGH NJW 2006, 695, 697; *Zö/Stöber* Rn. 4; aA OLG Zweibrücken OLGR 2002, 480ff.
55 OLG Köln InVo 1998, 258f.
56 OLG Saarbrücken OLGR 2001, 498.
57 LAG Köln NZA-RR 1998, 19, 20.
58 OLG Düsseldorf NJW-RR 1999, 793.
59 OLG Düsseldorf NJW-RR 1999, 791.
60 KG NJW-RR 1999, 793.
61 BGH NJW-RR 2005, 494, 497f.

9 c) **Bei Herausgabeansprüchen** muss die Bezeichnung so genau sein, dass die Gegenstände zweifelsfrei identifiziert werden können. Unzureichend ist eine Verurteilung zur Herausgabe oder Vorlage nicht näher bezeichneter „Belege".[62] Die Praxis, eine **möglichst genaue** Beschreibung hinzunehmen, um wenigstens einen Vollstreckungsversuch zuzulassen,[63] mag richtig sein; kommt es aber in der Vollstreckung zum Streit über die Identität, ist die Vollstreckung unzulässig. Ist der herauszugebende Gegenstand zu unbestimmt bezeichnet (zB „zugängliche Unterlagen bzgl. der ehemaligen BGB-Gesellschaft"[64]), kann die Vollstreckung nicht statt nach § 883 nach § 888 erfolgen (s. § 883 Rn. 5). **Bei Unterlassungstiteln** (s. a. § 890 Rn. 4) muss das Ausmaß der Verpflichtung für einen Dritten erkennbar sein.[65] Dabei ist zu beachten, dass es dem Störer überlassen bleiben muss, wie er die Störung beseitigt. Insoweit sind allgemein gehaltene Formulierungen möglich (s. § 308 Rn. 13). **Bei Zug um Zug-Verurteilungen** muss auch die Gegenleistung, die der Gläubiger Zug um Zug zu erbringen hat, bestimmt genug (wie die Hauptforderung) bezeichnet sein.[66] Kann das Vollstreckungsorgan den Inhalt der geschuldeten Gegenleistung nicht erkennen, kann es seiner Prüfungspflicht aus den §§ 756, 765 nicht nachkommen.

10 d) **Mehrere Vollstreckungsparteien.** Bei Personenmehrheit ist grundsätzlich im Titel die materiell-rechtliche Forderungs- oder Schuldform (etwa **Gesamtgläubiger, Gesamtschuldner**) anzugeben. Fehlt es hieran, ist der Titel zu unbestimmt, wenn nicht im Wege der Auslegung eindeutig geklärt werden kann, welche Form zutrifft. In der Regel ist von der Auslegungsregel des § 420 BGB auszugehen.[67] Bei Streitgenossen mit demselben Anwalt spricht die Auslegung hinsichtlich des Kostenerstattungsanspruchs für Gesamtgläubigerschaft nach § 428 BGB;[68] dagegen steht die Honorarforderung einer Sozietät regelmäßig den Sozien zur gesamten Hand zu.[69] Jedenfalls darf gegen einen **Schuldner** nur dann wegen der vollen Forderung vollstreckt werden, wenn seine Haftung als Gesamtschuldner ausdrücklich angeordnet wurde oder die Auslegungsregel des § 427 BGB deshalb zur Anwendung kommt, weil sich aus dem Titel eindeutig ergibt, dass die Schuldner aufgrund einer vertraglichen Vereinbarung verurteilt worden sind.[70]

IV. Urteile in Ehe- und Kindschaftssachen, Absatz 2

11 **Urteile in Ehesachen** (§ 606, zum Begriff s. § 606 Rn. 2, 7ff.) dürfen nach Abs. 2 nicht für vorläufig vollstreckbar erklärt werden. Dieses Verbot gilt auch für die **Kosten,** selbst bei klageabweisenden Urteilen.[71] Die **zivilrechtlichen Folgesachen** (Unterhalt, Zugewinn) sind nicht erfasst[72] (s. aber § 629d). Abs. 2 verbietet weiterhin, **Urteile in Kindschaftssachen** (§ 640 Abs. 2) für vorläufig vollstreckbar zu erklären. Ansprüche auf Herausgabe des Kindes werden nach dem FGG vollstreckt (s. § 883 Rn. 2).

V. Rechtsanwaltsgebühren

12 Das RVG sieht für die Zwangsvollstreckung eine 0,3 Verfahrensgebühr nach Nr. 3309 VV RVG vor. Im Einzelfall kann auch eine 0,3 Terminsgebühr nach Nr. 3310 VV RVG anfallen. Auch eine Einigungsgebühr (Nr. 1000 VV RVG) ist möglich. §§ 25ff. RVG enthalten besondere Wertvorschriften. § 18 Nr. 3 RVG definiert den Begriff der „Angelegenheit" für die Zwangsvollstreckung. Ist der Anwalt bereits im Prozessverfahren tätig gewesen, fällt die Gebühr für die Zwangsvollstreckung nicht zusätzlich an für die Tätigkeiten, die noch zum Rechtzug nach § 19 RVG gehören. Insoweit verdrängt Nr. 3100 die Gebühr aus Nr. 3309 VV RVG. Dies gilt zB für die erstmalige Erteilung der Vollstreckungsklausel (§ 19 Abs. 1 Nr. 12 RVG) oder die Zustellung des Vollstreckungstitels (§ 19 Abs. 1 Nr. 15 RVG). Die Aufhebung einer Vollstreckungsmaßnahme wird von der Gebühr für die Vollstreckungsmaßnahme selbst mit umfasst (§§ 18 Nr. 3, 19 Abs. 2 Nr. 5 RVG).

705 *Formelle Rechtskraft* **[1]Die Rechtskraft der Urteile tritt vor Ablauf der für die Einlegung des zulässigen Rechtsmittels oder des zulässigen Einspruchs bestimmten Frist nicht ein. [2]Der Eintritt der Rechtskraft wird durch rechtzeitige Einlegung des Rechtsmittels oder des Einspruchs gehemmt.**

I. Normzweck

1 Die Vorschrift **regelt** den Zeitpunkt des Eintritts der für die Zwangsvollstreckung allein wesentlichen formellen (äußeren) Rechtskraft. Sie lässt die Möglichkeit eines Wiederaufnahmeverfahrens oder einer Wiedereinsetzung in den vorigen Stand außer Betracht und erklärt eine Entscheidung für formell rechtskräftig, wenn sie mit einem Rechtsmittel oder einem Einspruch nicht mehr angegriffen werden kann. Sie

[62] BGH FamRZ 1983, 454f.; OLG Saarbrücken (Fn. 56 S. 498f.).
[63] S. MK/*Krüger* Rn. 11.
[64] KG InVo 1998, 108, 109.
[65] MK/*Krüger* Rn. 12 m. weit. Nachw.
[66] AllgM; BGH NJW 1993, 324, 325; OLG Koblenz OLGR 2000, 520.
[67] BGH NJW 1995, 1162; MK/*Heßler* § 750 Rn. 47; aA OLG Hamburg Rpfleger 1962, 382.
[68] *Zö/Stöber* Rn. 11 m. weit. Nachw.
[69] BGH NJW 1996, 2859, 2860; aA (§ 428 BGB) OLG Köln OLGZ 1979, 487, 488.
[70] *Lackmann* Rn. 59; anders (grundsätzlich § 427 BGB) KG MDR 1989, 77.
[71] OLG Bremen ZZP 69 (1956), 215, 220.
[72] OLG Bamberg FamRZ 1990, 184.

ist Voraussetzung der materiellen (inneren) Rechtskraft, § 322. Sie **gilt entsprechend** für andere der Rechtskraft fähige Entscheidungen (s. § 322 Rn. 6).

II. Zeitpunkt des Eintritts der Rechtskraft

1. Rechtsmittelfähige Endurteile (s. § 704 Rn. 2) werden grundsätzlich mit Ablauf der Rechtsmittelfrist formell rechtskräftig. Für **rechtskraftfähige Beschlüsse** (s. § 329 Rn. 17) gilt nichts anderes. **Nicht rechtskraftfähige Beschlüsse,** also solche, die keinem befristeten Rechtsmittel unterliegen, konnten zwar unanfechtbar (zB durch Erschöpfung des Beschwerdewegs), nicht aber formell rechtskräftig werden.[1] Nachdem durch das ZPO-RG die einfache Beschwerde aber generell durch die sofortige Beschwerde ersetzt worden ist, gilt dies nur noch für nach altem Recht ergangene Beschwerdeentscheidungen. **Versäumnisurteile** mit Ausnahme des nicht mit dem Einspruch anfechtbaren zweiten Versäumnisurteils (§ 345) werden mit Ablauf der zweiwöchigen Einspruchsfrist (§ 339 Abs. 1) rechtskräftig. Dies gilt gem. § 700 Abs. 1 entsprechend für **Vollstreckungsbescheide,** die nach inzwischen hM der Rechtskraft fähig sind[2] (s. im Einzelnen § 322 Rn. 6 und § 700 Rn. 3). Außerordentliche Rechtsbehelfe wie das Wiederaufnahmeverfahren (§ 578), die Rüge nach § 321a oder die Wiedereinsetzung in den vorigen Stand (§ 233) hindern den Eintritt der Rechtskraft nicht, führen aber, wenn sie erfolgreich sind, zu deren rückwirkendem Wegfall.[3] Auch das durch eine Aufhebung im Nachverfahren auflösend bedingte Urteil zB im Urkundenprozess kann formell rechtskräftig werden (s. § 704 Rn. 2). Die **Rechtsmittelfrist** beginnt regelmäßig (s. § 518) mit der Amtszustellung (§ 166 Abs. 2) und endet je nach statthaftem Rechtsmittel: nach einem Monat bei Urteilen (§ 517) und befristeten Beschwerden (§§ 621e Abs. 3, 517) und nach zwei Wochen, wenn die sofortige Beschwerde statthaft ist (§ 569 Abs. 1), sowie bei Versäumnisurteilen (§ 339 Abs. 1) und Vollstreckungsbescheiden (§§ 700 Abs. 1, 339 Abs. 1). 2

2. Nicht rechtsmittelfähige Urteile. a) Statthafte Rechtsmittel. Ist ein Rechtsmittel statthaft, aber **unzulässig,** wird das Urteil erst mit Ablauf der Rechtsmittelfrist rechtskräftig.[4] Dies wird aus den §§ 713, 708 Nr. 10 deutlich und ergibt sich zudem daraus, dass über die Zulässigkeit eines Rechtsmittels die höhere Instanz zu entscheiden hat. Hierunter fallen Urteile der Amts- oder auch Landgerichte, in denen der Wert der Beschwer keiner Partei die Berufungssumme (§ 511 Abs. 2 Nr. 1) erreicht und die Berufung auch nicht zugelassen wurde (§ 511 Abs. 2 Nr. 2). Entsprechendes gilt wegen der Nichtzulassungsbeschwerde (§ 544) für Urteile der Oberlandesgerichte (außer in Arrest und einstweilige Verfügungen betreffenden Sachen), in denen die Revision nicht zugelassen wurde (s. auch § 544 Abs. 5 S. 1). Bei Verwerfung eines statthaften, aber unzulässigen Rechtsmittels tritt die Rechtskraft erst mit der Rechtskraft der Verwerfungsentscheidung ein.[5] 3

b) Unstatthafte Rechtsmittel. Ist **kein Rechtsmittel** gegen das Urteil **statthaft,** wird es mit der Verkündung formell rechtskräftig. § 705 gilt für diese Urteile nicht, weil die Norm die grundsätzliche Möglichkeit eines Rechtsmittels voraussetzt.[6] Hierunter fallen (jeweils mit Ausnahme des ersten Versäumnisurteils) Revisionsurteile des BGH sowie Berufungsurteile in Verfahren, die einen Arrest oder eine einstweilige Verfügung betreffen (§ 542 Abs. 2). Ferner sind Rechtsmittel nicht statthaft gegen Zwischenurteile nach § 280 in den in §§ 513 Abs. 2, 545 Abs. 2 genannten Zuständigkeitsfragen und reine Kostenurteile der Oberlandesgerichte (§§ 99 Abs. 2, 567 Abs. 1). Berufungsurteile der Landgerichte werden nicht mehr mit der Verkündung rechtskräftig (§ 542 Abs. 1). 4

3. Rechtsmittelverzicht. Ein **beiderseitiger** wirksamer **Rechtsmittelverzicht** (§§ 515, 565) führt mit Wirksamwerden der letzten Erklärung[7] zum Eintritt der formellen Rechtskraft,[8] nicht aber ein einseitiger Rechtsmittelverzicht, weil dieser ein Anschlussrechtsmittel nicht hindert (§§ 524 Abs. 2 S. 1, 554 Abs. 2 S. 1). Dies gilt auch im Fall des Rechtsmittelverzichts der allein beschwerten Partei, weil für den Gegner ein Rechtsmittel nicht unstatthaft, sondern nur unzulässig wäre.[9] Bei **echten Versäumnisurteilen** und **Vollstreckungsbescheiden** führt auch der Verzicht nur des Einspruchsberechtigten zur formellen Rechtskraft.[10] 5

III. Folgen der formellen Rechtskraft

Mit Eintritt der formellen Rechtskraft wird eine Entscheidung unangreifbar und durch die höhere Instanz unabänderlich. Sie darf nur noch aufgrund eines außerordentlichen Rechtsbehelfs (Wiedereinsetzung, § 233, Wiederaufnahmeklage, § 578) abgeändert werden. Die Entscheidung wird endgültig vollstreckbar, § 704 Abs. 1. Anordnungen über die vorläufige Vollstreckbarkeit werden gegenstandslos. Der Gläubiger kann auf eine vom Schuldner aufgrund der §§ 711 f. geleistete Sicherheit zurückgreifen; der Titel mit Rechtskraftvermerk (§ 706) reicht als Nachweis gegenüber der Hinterlegungsstelle (§ 13 Abs. 2 Nr. 2 HintO). Vom Gläubiger geleistete Sicherheit (§ 709) ist ihm im Verfahren nach § 715 Abs. 1 zurückzugeben. 6

---

1 MK/*Krüger* Rn. 3 m. weit. Nachw.
2 BGH NJW-RR 1990, 434; BAG NJW 1989, 1053.
3 BGH NJW 1987, 1766, 1767; MK/*Krüger* Rn. 4.
4 GmS-OGB BGHZ 88, 353, 357 = NJW 1984, 1027; MK/*Krüger* Rn. 6 m. weit. Nachw.
5 GmS-OGB (Fn. 4).
6 MK/*Krüger* Rn. 5.
7 BGH LM § 514 Nr. 5.
8 BGH NJW-RR 1994, 386; BGHZ 4, 314, 320 = NJW 1952, 705.
9 OLG Karlsruhe NJW 1971, 664.
10 MK/*Krüger* Rn. 15.

IV. Hemmung des Eintritts der Rechtskraft

7 **1. Rechtzeitiger Rechtsbehelf.** Ein rechtzeitig eingelegter Rechtsbehelf (Rechtsmittel, Einspruch) hemmt den Eintritt der formellen Rechtskraft, S. 2. Auch die Beschwerde gegen die Nichtzulassung der Revision (§ 544) hemmt (§ 544 Abs. 5 S. 1). Davon ist die **gesamte Entscheidung** betroffen,[11] solange ein Anschlussrechtsmittel möglich ist. Entfällt diese Möglichkeit (mit wirksamem Verzicht auf ein Anschlussrechtsmittel; einen Monat nach Zustellung der Berufungsbegründung (s. § 524 Rn. 11); einen Monat nach Zustellung der Revisionsbegründung, § 554 Abs. 2 S. 2[12]), tritt bzgl. des nicht angegriffenen Teils die formelle Rechtskraft ein. Die Verfassungsbeschwerde als außerordentlicher Rechtsbehelf hemmt den Eintritt der Rechtskraft nicht.[13]

8 **2. Beschränkung des Rechtsbehelfs.** Das Rechtsmittel der Berufung kann bis zur letzten mündlichen Verhandlung des Rechtsmittelgerichts erweitert werden[14] (s. im Einzelnen § 520 Rn. 25), über die Frage, ob dies wegen der Berufungsbegründungsfrist zulässig ist, hat das Berufungsgericht zu entscheiden. Deshalb wird der Eintritt der formellen Rechtskraft bei einer Rechtsmittelbeschränkung auch bzgl. des **nicht angegriffenen Teils gehemmt.**[15] Dies ist unabhängig davon, ob das Rechtsmittel von vornherein oder im Verlauf des Berufungsverfahrens beschränkt wurde. Es gilt auch, wenn das Urteil mehrere prozessuale Ansprüche zum Gegenstand hat[16] oder mangels Beschwer von der anderen Partei nicht angegriffen werden kann.[17] Der nicht angegriffene Teil wird erst rechtskräftig, wenn ein entsprechender Rechtsmittelverzicht wirksam wird oder er nicht mehr durch Erweiterung der Rechtsmittelanträge oder ein Anschlussrechtsmittel in das Rechtsmittelverfahren einbezogen werden kann.[18] Zum Zeitpunkt s. Rn. 5. Bei nicht notwendiger Streitgenossenschaft tritt die Rechtskraft für jeden selbstständig ein und wird durch Rechtsmittel eines anderen nicht gehemmt.[19]

9 **3. Ende der Hemmung.** Die Hemmung endet einmal mit Rechtskraft der Entscheidung, durch die das Rechtsmittel als unbegründet **zurückgewiesen** oder als unzulässig **verworfen** wird.[20] Dies gilt bei der Verwerfung aber nur dann, wenn zu diesem Zeitpunkt die Rechtsmittelfrist bereits abgelaufen ist, weil anderenfalls das Rechtsmittel wiederholt werden kann.[21] Wird eine Nichtzulassungsbeschwerde (§ 544) gegen ein Berufungsurteil zurückgewiesen, tritt die Rechtskraft nicht mit Erlass der Entscheidung, sondern mit deren Zustellung ein.[22] Die Hemmung endet weiter bei einer **Rücknahme** des Rechtsmittels mit Ablauf der Rechtsmittelfrist (falls diese noch läuft). Bei der Rücknahme nach Ablauf der Rechtsmittelfrist tritt die Rechtskraft mit Eingang des Schriftsatzes bei Gericht ein (§ 516 Abs. 2); die Rücknahme hat den Verlust des (eingelegten) Rechtsmittels zur Folge, § 516 Abs. 3. Für einen Einspruch oder die Rüge nach § 321a gilt das Ausgeführte entsprechend.

706 *Rechtskraft- und Notfristzeugnis*

(1) 1Zeugnisse über die Rechtskraft der Urteile sind auf Grund der Prozessakten von der Geschäftsstelle des Gerichts des ersten Rechtszuges und, solange der Rechtsstreit in einem höheren Rechtszug anhängig ist, von der Geschäftsstelle des Gerichts dieses Rechtszuges zu erteilen. 2In Ehe- und Kindschaftssachen wird den Parteien von Amts wegen ein Rechtskraftzeugnis auf einer weiteren Ausfertigung in der Form des § 317 Abs. 2 Satz 2 Halbsatz 1 erteilt.

(2) [1]Insoweit die Erteilung des Zeugnisses davon abhängt, dass gegen das Urteil ein Rechtsmittel nicht eingelegt ist, genügt ein Zeugnis der Geschäftsstelle des für das Rechtsmittel zuständigen Gerichts, dass bis zum Ablauf der Notfrist eine Rechtsmittelschrift nicht eingereicht sei. [2]Eines Zeugnisses der Geschäftsstelle des Revisionsgerichts, dass ein Antrag auf Zulassung der Revision nach § 566 nicht eingereicht sei, bedarf es nicht.

I. Normzweck

1 Die **Vorschrift regelt** die Erteilung des Rechtskraftzeugnisses (Abs. 1) und des Notfristzeugnisses (Abs. 2), wobei letzteres, wenn ein Rechtsmittel statthaft ist, meist Voraussetzung des Rechtskraftattestes ist. Die Regelung in Abs. 2 ist erforderlich, weil die Gerichtsakten nach Erlass der Entscheidung beim erstinstanzlichen Gericht bleiben, das Rechtsmittel aber in der Regel beim Rechtsmittelgericht eingelegt werden muss bzw. kann (sofortige Beschwerde); ausgenommen hiervon ist der Einspruch gegen ein Versäumnisurteil. Die **Vorschrift gilt** für Urteile, Vollstreckungsbescheide und Beschlüsse, die der formellen Rechtskraft fähig sind (s. § 329 Rn. 17), mangels Rechtskraftfähigkeit aber nicht für Prozessvergleiche.

---

[11] BGH NJW 1994, 2896; BGHZ 7, 143, 144 = NJW 1952, 1295.
[12] BGH NJW 1994, 657, 659.
[13] BVerfG NJW 1996, 1736.
[14] HM; BGHZ 91, 154, 159 = NJW 1984, 2831, 2832; BGHZ 12, 52, 67f. = NJW 1954, 554.
[15] BGH (Fn. 12); BGHZ 7, 143, 144 = NJW 1952, 1295.
[16] BGH (Fn. 12).
[17] BGH (Fn. 12); NJW 1992, 2296.
[18] BGH (Fn. 17).
[19] OLG Karlsruhe OLGZ 1989, 77f.
[20] GmS-OGB (Fn. 4).
[21] MK/*Krüger* Rn. 13 m. weit. Nachw.
[22] BGH NJW 2005, 3724, 3725.

II. Rechtskraftzeugnis (Absatz 1)

1. Verfahren. Das Zeugnis wird – mit Ausnahme in Ehe- und Kindschaftssachen, Abs. 1 S. 2 – nur auf (formlos möglichen) **Antrag** erteilt.[1] **Antragsberechtigt** sind die Prozessparteien und deren Streithelfer,[2] nicht Dritte, selbst wenn sie im Besitz der Entscheidung sind.[3] Anwaltszwang besteht gem. § 78 Abs. 5 nicht. Dem Antrag ist die Ausfertigung der Entscheidung beizufügen, weil der Rechtskraftvermerk auf deren Kopf gesetzt wird. Funktionell **zuständig** ist der Urkundsbeamte der Geschäftsstelle. Örtlich und sachlich ist in erster Linie das Gericht zuständig, das in erster Instanz entschieden hat, unabhängig davon, ob es zuständig war. Die Akten verbleiben bis zur Anforderung durch das Rechtsmittelgericht bei ihm. Mit **Einlegung des Rechtsmittels** wird der Urkundsbeamte der Geschäftsstelle des Rechtsmittelgerichts zuständig bis zur Rückgabe der Akten im ordnungsgemäßen Geschäftsgang an das erstinstanzliche Gericht nach Erledigung aller Aufgaben des Rechtsmittelgerichts.[4] Für die Erteilung eines Teilrechtskraftzeugnisses über den Scheidungsausspruch gilt dies auch dann, wenn die Akten wegen eines Rechtsmittels in einer Folgesache (§ 623 Abs. 1 S. 1) beim Rechtsmittelgericht sind.[5] Das erstinstanzliche Gericht bleibt zuständig, wenn beim Rechtsmittelgericht ausschließlich ein Prozesskostenhilfegesuch für ein noch einzulegendes Rechtsmittel eingeht.[6] In **Ehe- und Kindschaftssachen** (§§ 606 Abs. 1 S. 1, 640 Abs. 2) ist das Rechtskraftzeugnis von Amts wegen zu erteilen (Abs. 1 S. 2). Hierzu ist eine weitere Ausfertigung nach § 317 Abs. 2 S. 2 (ohne Tatbestand und Entscheidungsgründe) zu verwenden. 2

2. Prüfungsumfang, Entscheidung. Der Urkundsbeamte hat nur das Vorliegen eines Antrags und die Frage zu prüfen, ob die formelle Rechtskraft eingetreten ist (s. § 705), nicht, zu welchem Zweck der Antragsteller das Zeugnis benötigt.[7] Ein rechtzeitig eingelegtes statthaftes Rechtsmittel darf nicht auf seine sonstige Zulässigkeit hin untersucht werden, weil es hemmt (s. § 705 Rn. 7). Zur Prüfung notwendige, nicht in den Akten befindliche Unterlagen (Zustellungsnachweise, Notfristattest) hat der Urkundsbeamte vom Antragsteller anzufordern. Liegen die Voraussetzungen vor, **erteilt** er das Rechtskraftzeugnis: „Die Entscheidung ist rechtskräftig" in der Regel auf der vom Antragsteller vorgelegten Ausfertigung der Entscheidung (zu Ehe- und Kindschaftssachen s. Rn. 2). Er hat es mit dem Zusatz „als Urkundsbeamter der Geschäftsstelle" zu unterzeichnen. Eine Datumsangabe ist bei Ehesachen (§ 606 Abs. 1 S. 1) erforderlich (§ 38 Abs. 5c AktO), ferner bei Kindschaftssachen (§ 640 Abs. 2);[8] bei Entscheidungen über den Versorgungsausgleich ist sie geboten, wenn ein Ehegatte bereits rentenberechtigt ist.[9] Ist ausnahmsweise (s. § 705 Rn. 8) eine **Teilrechtskraft** eingetreten, so ist nur diese zu attestieren. Ist ein Urteil rechtskräftig, ist auf Antrag die Rechtskraft des Urteils auch auf einem dazu ergangenen Kostenfestsetzungsbeschluss zu bescheinigen.[10] Die Erteilung des Attestes wird in den **Akten vermerkt.**[11] Darüber hinaus ist nach § 7 Nr. 1 AktO die Rechtskraft intern auch auf dem in den Akten befindlichen Titel zu vermerken. 3

Fehlt es an einer Voraussetzung für die Erteilung des Rechtskraftattestes und lässt sich dieser Mangel auch nicht durch Erfüllung entsprechender Auflagen an den Antragsteller beseitigen, so hat der Urkundsbeamte den Antrag **durch Beschluss zurückzuweisen.** Einer Kostenentscheidung bedarf weder die stattgebende noch die ablehnende Entscheidung.[12] 4

3. Beweiskraft. Das Rechtskraftattest bestätigt den Eintritt der **formellen** (äußeren) **Rechtskraft** (§ 705) mit der Beweiskraft einer öffentlichen Urkunde (§ 418) dahingehend, dass die Entscheidung innerhalb der Rechtsmittelfrist nicht angefochten worden oder der statthafte Instanzenzug erschöpft ist. Der Beweis kann nach § 418 Abs. 2 entkräftet werden. Das Attest führt den Beweis in allen prozessualen (zB §§ 704 Abs. 1 Alt. 1, 715) und materiell-rechtlichen (zB §§ 211, 283 BGB) Fällen, in denen es auf die formelle Rechtskraft ankommt. 5

4. Rechtsbehelfe. Die Erteilung des Rechtskraftzeugnisses ist nicht Teil des Vollstreckungs-, sondern Annex des Erkenntnisverfahrens. Daher ist § 573 Abs. 1 einschlägig, gleich, ob das Zeugnis erteilt wurde oder nicht. Es hat also das Prozessgericht zu entscheiden. Eine sofortige Beschwerde nach § 567 kommt auch bei der Ablehnung nicht in Betracht, weil § 573 lex specialis ist.[13] Rechtsmittel gegen die Bestätigung einer ablehnenden Entscheidung ist die sofortige Beschwerde nach § 573 Abs. 2. Fehler in der Bescheinigung (zB falsches Datum) sind wie die Versagung anfechtbar.[14] 6

---

[1] BGHZ 31, 388, 390 = BGH NJW 1960, 671.
[2] BGH (Fn. 1).
[3] MK/*Krüger* Rn. 2 m. weit. Nachw.; *Zö/Stöber* Rn. 3; aA *B/L/H* Rn. 7; *St/J/Münzberg* Rn. 5.
[4] BGH LM Nr. 2.
[5] KG FamRZ 1989, 1206; OLG München FamRZ 1979, 444, 445.
[6] BGH (Fn. 4).
[7] BGH (Fn. 1).
[8] *Zö/Stöber* Rn. 6.
[9] KG FamRZ 1993, 1221.
[10] OLG Frankfurt Rpfleger 1956, 198.
[11] *Zö/Stöber* Rn. 6b.
[12] MK/*Krüger* Rn. 5.
[13] MK/*Krüger* Rn. 9.
[14] KG FamRZ 1993, 1221.

III. Notfristzeugnis (Absatz 2)

7 **1. Verfahren. Ein Antrag** eines Berechtigten ist wie beim Rechtskraftattest erforderlich (s. Rn. 2). Funktionell **zuständig** ist der Urkundsbeamte der Geschäftsstelle; sachlich und örtlich das Gericht, bei dem das Rechtsmittel einzulegen ist bzw. – bei der sofortigen Beschwerde – eingelegt werden kann. Wegen § 566 Abs. 3 S. 2 bedarf es (im Hinblick auf eine **Sprungrevision**) keines Zeugnisses des Revisionsgerichts. Im Fall des **Einspruchs**, der beim entscheidenden Gericht einzulegen ist, ist ein Notfristattest nur dann erforderlich, wenn sich die Akten wegen eines anderen Rechtsmittels in der Rechtsmittelinstanz befinden. Dann ist der Urkundsbeamte des erstinstanzlichen Gerichts zuständig.[15]

8 **2. Prüfungsumfang.** Der Urkundsbeamte prüft ausschließlich, ob innerhalb der Notfrist eine Rechtsmittelschrift (Benachrichtigung von einer Sprungrevision, § 566) eingegangen ist. Der Beginn der Notfrist, also der Zeitpunkt der Zustellung, muss vom Antragsteller nachgewiesen werden, da die Akten regelmäßig nicht vorliegen. Bestehen Zweifel über den Beginn der Notfrist, ist das Attest zu erteilen; es darf aber nur bescheinigt werden, dass bis zu einem bestimmten Datum kein Rechtsmittel eingegangen ist.[16] Die Entscheidung über die Zweifelsfragen obliegt dem Urkundsbeamten des erstinstanzlichen Gerichts bei Prüfung der Frage, ob das Rechtskraftattest zu erteilen ist.[17] Ein **Wiedereinsetzungsantrag** hindert die Erteilung des Zeugnisses erst zu dem Zeitpunkt, in dem die Wiedereinsetzung gewährt wird. Eine rechtzeitige **Teilanfechtung** hindert die Erteilung des Zeugnisses, weil es sich darauf bezieht, dass überhaupt keine Rechtsmittelschrift eingegangen ist.[18] Ist ein Rechtsmittel eingelegt und zurückgenommen worden, darf kein Attest erteilt werden; liegt die Rücknahme vor Ablauf der Rechtsmittelfrist, ist zu bescheinigen, dass keine weitere Rechtsmittelschrift eingegangen ist.[19]

9 **3. Entscheidung.** Liegen die Voraussetzungen für die Erteilung des Notfristzeugnisses vor, **bescheinigt** der Urkundsbeamte, dass bis zum Ablauf der Notfrist oder bis zu einem bestimmten Datum kein Rechtsmittel eingegangen ist. Ist innerhalb der Notfrist ein **Rechtsmittel eingelegt** worden, ist die Ausstellung des Notfristattestes unter Hinweis darauf abzulehnen. Ist das Rechtsmittel **verspätet** eingelegt worden, ist das Zeugnis zu erteilen, weil es sich darauf bezieht, dass innerhalb der Notfrist kein Eingang zu verzeichnen ist. Es sollte allerdings gleichzeitig unter Angabe des Eingangsdatums der Eingang der Rechtsmittelschrift mitgeteilt werden.[20]

10 **4. Beweiskraft, Rechtsbehelfe.** Das Notfristattest bestätigt mit der Beweiskraft einer öffentlichen Urkunde (s. Rn. 5), dass bis zum Ablauf der Notfrist kein Rechtsmittel beim Rechtsmittelgericht eingegangen ist. **Rechtsbehelf** gegen Erteilung und Ablehnung der Erteilung des Notfristzeugnisses ist die Erinnerung nach § 573 Abs. 1; s. im Einzelnen Rn. 6.

IV. Gebühren und Kosten

11 **1. Anwaltsgebühren.** Die Tätigkeit gehört für den Prozessbevollmächtigten zum Rechtszug (§ 19 Abs. 1 Nr. 9 RVG). Sie ist für den **nur** mit der **Vollstreckung** beauftragten Anwalt durch die Verfahrensgebühr für die Vollstreckungsmaßnahme mit abgegolten (§ 18 Nr. 3 RVG).

12 **2. Gerichtskosten.** Gerichtsgebühren werden für eine Zeugniserteilung nicht erhoben.

707 *Einstweilige Einstellung der Zwangsvollstreckung*

(1) [1]Wird die Wiedereinsetzung in den vorigen Stand oder eine Wiederaufnahme des Verfahrens beantragt oder die Rüge nach § 321 a erhoben oder wird der Rechtsstreit nach der Verkündung eines Vorbehaltsurteils fortgesetzt, so kann das Gericht auf Antrag anordnen, dass die Zwangsvollstreckung gegen oder ohne Sicherheitsleistung einstweilen eingestellt werde oder nur gegen Sicherheitsleistung stattfinde und dass die Vollstreckungsmaßregeln gegen Sicherheitsleistung aufzuheben seien. [2]Die Einstellung der Zwangsvollstreckung ohne Sicherheitsleistung ist nur zulässig, wenn glaubhaft gemacht wird, dass der Schuldner zur Sicherheitsleistung nicht in der Lage ist und die Vollstreckung einen nicht zu ersetzenden Nachteil bringen würde.

(2) [1]Die Entscheidung ergeht durch Beschluss. [2]Eine Anfechtung des Beschlusses findet nicht statt.

I. Normzweck

1 **1. Normzweck.** Die Vorschrift steht im Spannungsfeld der widerstreitenden Interessen von Gläubiger und Schuldner. Der Schuldner muss vor irreparablen Fakten durch die Zwangsvollstreckung geschützt werden, wenn der Bestand des Titels zweifelhaft wird.[1] Andererseits kann der Gläubiger durch eine Verzögerung der Vollstreckung geschädigt werden, wenn der Schuldner in Vermögensverfall gerät. § 707 versucht die Interessen so auszugleichen, dass die Zwangsvollstreckung eingestellt werden kann, in der Regel aber nur gegen Sicherheitsleistung des Schuldners.

---

[15] MK/*Krüger* Rn. 7 Fn. 31.
[16] BGH NJW-RR 2003, 1005; MK/*Krüger* Rn. 8.
[17] MK/*Krüger* Rn. 8 m. weit. Nachw.
[18] MK/*Krüger* Rn. 8.
[19] *Zö/Stöber* Rn. 14.
[20] *St/J/Münzberg* Rn. 10; *Zö/Stöber* Rn. 12.
[1] MK/*Krüger* Rn. 1.

2. Anwendungsbereich. a) Anwendbar ist § 707 unmittelbar, wenn das **Wiedereinsetzungs-** (§§ 233 ff.), Wiederaufnahme- (§ 578), das Anhörungsrügen- (§ 321 a) oder das **Nachverfahren** nach einem Vorbehaltsurteil (§§ 302, 600) betrieben wird. Kraft gesetzlicher Verweisung gilt die Vorschrift entsprechend im Fall der **Berufung** und des **Einspruchs** (§§ 719, 700), Abs. 1 S. 1 und Abs. 2 im Rügeverfahren (§ 321 a Abs. 6), beim Widerspruch gegen Arrest (§ 924 Abs. 3) und **einstweilige Verfügung** (§ 936; s. aber Rn. 3), bei Rechtsmitteln gegen Entscheidungen nach § 1062 im Schiedsverfahren (§ 1065 Abs. 2 S. 2; s. im Übrigen § 1063 Abs. 3) und in **Baulandsachen**[2] (§ 221 BauGB). Analog wird sie angewandt bei Anträgen auf **Aufhebung** eines Arrestes oder einer **einstweiligen Verfügung** nach § 927[3] oder 926 Abs. 2,[4] beim Streit um die Wirksamkeit eines **Prozessvergleiches**[5] oder Zwischenvergleiches[6] sowie negativen Feststellungsklagen gegen einstweilige Anordnungen nach § 620.[7] 2

b) Keine Anwendung findet § 707 bei der **Abänderungsklage** (§ 323), dort gilt vielmehr § 769.[8] Die Anfechtung der Vaterschaft rechtfertigt nicht die Einstellung der Zwangsvollstreckung aus einem Unterhaltstitel des Kindes.[9] Bei **einstweiligen Verfügungen,** die auf Unterlassung gerichtet sind, kommt in der Regel keine Einstellung in Betracht, weil der rechtswidrige Zustand damit zeitweise aufrechterhalten bliebe.[10] Geht der Schuldner nicht gegen eine einstweilige Verfügung vor, sondern betreibt im Hauptsacheverfahren die Einstellung, ist § 707 nicht anwendbar,[11] ebenso nicht bei einem einen Arrestbeschluss aufhebenden Urteil.[12] Auch bei Klagen aus **§ 826 BGB** auf Unterlassung der Zwangsvollstreckung ist eine analoge Anwendung nicht möglich.[13] Zur Frage der Anwendung des § 769 s. dort Rn. 1. 3

II. Voraussetzungen

1. Formelle Voraussetzungen. Die Entscheidung setzt einen konkreten **Antrag** des Schuldners voraus, der schriftlich oder in der mündlichen Verhandlung zu stellen ist. Diese Voraussetzung erfüllen formularmäßig vorgedruckte Anträge im Allgemeinen nicht.[14] **Anwaltszwang** besteht nach Maßgabe des § 78. **Zuständig** ist das Gericht, das über die Hauptsache (Wiederaufnahme usw.) zu entscheiden hat.[15] Die Zuständigkeit reicht auch nach einem Urteil bis zur Einlegung eines Rechtsmittels, danach ist das Rechtsmittelgericht zuständig.[16] Im Fall des Nachverfahrens kann es zur Konkurrenz der Zuständigkeit des „Hauptsache-„ und des Rechtsmittelgerichts kommen, wenn das Vorbehaltsurteil angefochten wurde. Beide Verfahren sind unabhängig voneinander.[17] Es entscheidet der im jeweiligen Verfahrensstadium zuständige **Spruchkörper,** im Rahmen der §§ 348, 348 a, 526, 527 der Einzelrichter, sofern nicht nach diesen Vorschriften die Kammer (der Senat) zuständig ist. Der Vorsitzende der Kammer für Handelssachen entscheidet immer allein, § 349 Abs. 2 Nr. 10. **Die Wiederaufnahmeklage** ist gerichtsgebühren- und damit (§ 12 Abs. 1 S. 1 GKG) **vorschusspflichtig.** Deshalb kommt eine Einstellung erst nach Zahlung des Vorschusses oder bei einer Befreiung von der Vorschusspflicht in Betracht, da nur dann sichergestellt ist, dass die Klage rechtshängig wird. Bei infolge falscher Beklagtenanschrift fehlgeschlagener Zustellung ist der Einstellungsbeschluss deshalb wieder aufzuheben (s. im Einzelnen, auch zur Frage, ob ein Prozesskostenhilfeantrag ausreicht, § 769 Rn. 2). 4

2. Sonstige Zulässigkeitsvoraussetzungen. Das Rechtsschutzinteresse fehlt, wenn die Vollstreckung im Einzelfall nicht droht. Das ist der Fall, wenn die Zwangsvollstreckung vollständig beendet ist (s. dazu vor § 704 Rn. 28 ff.) oder eine Entscheidung gem. § 712 Abs. 1 S. 2 Alt. 1 vorliegt. Es fehlt auch, wenn der Schuldner zur Abwendung der Zwangsvollstreckung gezahlt hat und das Geld dem Gläubiger ausgehändigt worden ist.[18] Es kann nicht mehr vollstreckt werden; ein Einstellungsbeschluss würde einen Streit um die Berechtigung der beendeten Vollstreckung nicht klären. Es **fehlt nicht,** wenn die Klausel noch nicht erteilt wurde,[19] weil dies jederzeit ohne Wissen des Schuldners geschehen kann. Darf der Gläubiger nur gegen Sicherheitsleistung vollstrecken, droht dem Schuldner die Vollstreckung, ebenso, wenn der Schuldner die Vollstreckung nach § 711 abwenden kann, weil der Gläubiger diese Befugnis durch eigene Sicherheitsleistung obsolet machen kann.[20] **Die Zulässigkeit** des Antrags in der **Hauptsache** ist nicht Zulässigkeitsvoraus- 5

---

[2] OLG Celle NJW 1974, 2290; MK/*Krüger* Rn. 3; *Zö/Herget* Rn. 3.
[3] OLG Zweibrücken FamRZ 1981, 698, 699; MK/*Krüger* Rn. 4; *T/P/Hüßtege* Rn. 3.
[4] OLG Karlsruhe OLGZ 1973, 486, 488; OLG Düsseldorf NJW 1970, 254; MK/*Krüger* Rn. 4.
[5] BGHZ 28, 171, 175 = NJW 1958, 1970; LAG Hessen NZA-RR 2004, 158; MK/*Krüger* Rn. 4 m. weit. Nachw.
[6] OLG Hamm FamRZ 1985, 306, 307; *Zö/Herget* Rn. 3.
[7] Vgl. OLG Frankfurt/M FamRZ 1990, 767; MK/*Krüger* Rn. 4; *Zö/Herget* Rn. 3; offen, ob § 707 oder §§ 719, 769 BGH NJW 1983, 1330, 1331; aA (§ 769) OLG Düsseldorf FamRZ 1993, 816; OLG Stuttgart FamRZ 1992, 203 f.
[8] BGH NJW 1986, 2057.
[9] OLG Köln NJW 1971, 2232 f.; *St/J/Münzberg* Rn. 33 m. weit. Nachw.
[10] OLG Frankfurt/M MDR 1997, 393.
[11] OLG Karlsruhe OLGZ 1973, 486, 488; MK/*Krüger* Rn. 5.
[12] OLG Bremen InVo 1998, 362.
[13] OLG Frankfurt/M NJW-RR 1992, 511; *Zö/Herget* Rn. 4; aA OLG Zweibrücken NJW 1991, 3041; *St/J/Münzberg* Rn. 34.
[14] S. ausführlich MK/*Krüger* Rn. 6.
[15] OLG Karlsruhe MDR 1988, 975.
[16] Vgl. OLG Hamm (Fn. 6).
[17] MK/*Krüger* Rn. 7.
[18] AA OLG München MDR 1985, 1034; MK/*Krüger* Rn. 9.
[19] MK/*Krüger* Rn. 9 in Fn. 19; aA *T/P/Hüßtege* Rn. 7.
[20] MK/*Krüger* Rn. 9.

setzung des Einstellungsantrags. Die Unzulässigkeit führt vielmehr in der Regel zu dessen Unbegründetheit,[21] weil keine Erfolgsaussicht besteht (s. Rn. 7).

6 **3. Begründetheit. a) Grundlagen.** Die Entscheidung über das Ob und das Wie der Einstellung steht im **pflichtgemäßen Ermessen** des Gerichts, das die gegenseitigen Interessen von Gläubiger und Schuldner gegeneinander abzuwägen hat. Dabei gibt das Gesetz dem Gläubiger den Vorrang, weil es ihm die Vollstreckung erlaubt.[22] Bei Wiederaufnahmeklagen oder Wiedereinsetzungsgesuchen liegen formell rechtskräftige Titel vor. Hier ist der Schuldner nicht mehr durch Anordnungen nach den §§ 709 bis 714 geschützt, sodass in diesen Fällen eine Einstellung eher möglich sein wird.

7 **b) Einzelne Kriterien.** Der eingelegte Rechtsbehelf muss bei **summarischer Prüfung**[23] Aussicht auf Erfolg versprechen;[24] die Erfolgsaussichten müssen allerdings nicht überwiegend sein.[25] Insoweit ist auch eine vorweggenommene Beweiswürdigung zulässig.[26] Im Übrigen müssen **wirtschaftliche Erwägungen** den Ausschlag geben. Ist der Schuldner nicht durch eine **Sicherheit** oder die Möglichkeit der Abwendung der Zwangsvollstreckung geschützt, wird seinen Interessen der Vorzug gegeben werden müssen. Anderes gilt wegen §§ 708 Nr. 4, 711 nur bei Vorbehaltsurteilen. Ist der Schuldner (im entsprechenden Anwendungsbereich der Norm und bei Vorbehaltsurteilen) **durch die §§ 709 bis 714 geschützt,** kommt eine Einstellung der Zwangsvollstreckung nur in **Ausnahmefällen** in Betracht. Dies ist der Fall, wenn Nachteile drohen, die durch den Zugriff auf die Sicherheit nicht (vollständig) ausgeglichen werden können; wenn die Wahrscheinlichkeit, dass der angegriffene Titel keinen Bestand haben wird, groß ist;[27] wenn die wirtschaftlichen Interessen des Gläubigers hinreichend (dinglich, durch Sicherheitsleistung des Schuldners, durch bereits erfolgte Vollstreckungsmaßnahmen) gesichert sind. In jedem Fall durch die Vollstreckung (auch durch eine Vorpfändung in Konten[28]) entstehende Nachteile reichen nicht aus.[29] Ist der Schuldner erstinstanzlich zum Abdruck einer Gegendarstellung verurteilt, erfolgt grundsätzlich keine einstweilige Einstellung der Zwangsvollstreckung durch das Berufungsgericht.[30]

III. Verfahren, Entscheidung

8 **1. Verfahren.** Vor Eingang der Begründung des Rechtsbehelfs in der Hauptsache kann dessen Erfolgsaussicht nicht geprüft werden, sodass er abzuwarten ist. Dem Gegner ist vor der stattgebenden Entscheidung grundsätzlich **rechtliches Gehör** zu gewähren. Ist dies zeitlich zunächst nicht möglich, sollte die Einstellung knapp befristet sein und das rechtliche Gehör nachgeholt werden.[31] Da bei einer Befristung über den Antrag nicht abschließend entschieden wurde, ist nach Fristablauf erneut zu entscheiden. Eine vorweggenommene Beweiswürdigung ist zulässig.[32] Gem. Abs. 2 S. 1 ist durch **Beschluss** zu entscheiden. Dieser ist in jedem Fall zu begründen[33] und bekannt zu machen. Eine Kostenentscheidung enthält er nicht (s. § 91 Rn. 3).

9 **2. Stattgebende Entscheidung. a) Sicherheitsleistung.** Regelfall ist die einstweilige Einstellung **gegen Sicherheitsleistung** des Schuldners mit der Folge des § 775 Nr. 2. Eine begonnene Zwangsvollstreckung darf dann gem. § 751 Abs. 2 nur nach Leistung der Sicherheit fortgesetzt werden (§ 751 Rn. 1). Für die Sicherheitsleistung gilt § 108. Der Betrag muss den möglichen Schaden abdecken, den der Gläubiger dadurch erleiden kann, dass er vorläufig nicht vollstrecken darf. Da er völlig ausfallen kann, ist die gesamte noch vollstreckbare Forderung einschließlich Zinsen und Kosten maßgeblich. Die Einstellung **ohne Sicherheitsleistung** ist nur unter zwei kumulativen Voraussetzungen zulässig, die glaubhaft zu machen sind (Abs. 1 S. 2): Der Schuldner darf zur Sicherheitsleistung **nicht in der Lage** sein. Sie muss ihm also **unmöglich,** nicht nur nachteilhaft sein. Zum Nachweis hierfür reicht allein eine Erklärung eines Bankinstituts, es werde keine Bürgschaft geleistet, nicht aus, weil andere Sicherheiten iSd. § 108 möglich bleiben.[34] Weiter müsste die Vollstreckung einen **nicht zu ersetzenden Nachteil** bringen. Danach erforderliche irreparable Fakten durch die Vollstreckung können unter Umständen geschaffen werden bei nicht auf Geld gerichteten Titeln (zB solchen nach §§ 887f., 890),[35] wenn die wirtschaftliche Existenz des Schuldners zerstört würde.[36] Nur unter diesen Umständen kann das Drohen einer eidesstattlichen Versicherung ausreichen.[37] Nachteile, die mit jeder Vollstreckung verbunden sind, etwa die Kreditgefährdung, rechtfertigen die Einstellung ohne Si-

---

21 MK/*Krüger* Rn. 8; Zö/*Herget* Rn. 8.
22 BGH WuW 1997, 162; MK/*Krüger* Rn. 11 m. weit. Nachw.
23 OLG Zweibrücken MDR 1997, 1157.
24 AllgM; BGH NJW-RR 2002, 1090; OLG Köln NJW-RR 1987, 189 m. weit. Nachw.
25 OLG Zweibrücken FamRZ 2002, 556.
26 OLG Zweibrücken (Fn. 25); MK/*Krüger* Rn. 12.
27 OLG Frankfurt NJW 1976, 2137, 2138.
28 OLG Rostock MDR 2006, 1433.
29 OLG Köln (Fn. 24); MK/*Krüger* Rn. 13.
30 OLG Brandenburg NJW-RR 2002, 190f.
31 OLG Celle OLGZ 1970, 355, 356; MK/*Krüger* Rn. 10.
32 MK/*Krüger* Rn. 12; Zö/*Herget* Rn. 9.
33 OLG Köln MDR 2000, 414; anders (nur bei Einstellung ohne Sicherheitsleistung) Zö/*Herget* Rn. 19; MK/*Krüger* Rn. 10.
34 OLG Hamm (12. FamS) FamRZ 1996, 113; aA OLG Hamm (1. FamS) FamRZ 1996, 113.
35 BGHZ 21, 377 = NJW 1956, 1717.
36 BGHZ 18, 219 = NJW 1955, 1635.
37 MK/*Krüger* Rn. 17.

cherheitsleistung nicht (s. auch § 712 Rn. 1; § 719 Rn. 5).[38] Ausreichend kann es sein, dass – etwa bei Unterhaltsschuldnern – damit zu rechnen ist, dass die im Wege der Zwangsvollstreckung abfließenden Beträge unwiederbringlich sind.[39] Möglich ist weiter eine Anordnung, dass die Vollstreckung nur gegen **Sicherheitsleistung des Gläubigers** fortgesetzt werden darf. Diese wird wegen der Anordnung der Sicherheitsleistung im Urteil nach §§ 708ff. nur in Betracht kommen, wenn die angegriffene Entscheidung rechtskräftig oder die angeordnete Sicherheit zu gering ist. Weiter muss die Wahrscheinlichkeit, dass es zur Aufhebung des Titels kommt, groß sein. Die Voraussetzungen zur Einstellung ohne Sicherheitsleistung dürfen nicht vorliegen, dem Schuldner darf eine Sicherheitsleistung nicht zuzumuten sein.[40]

b) Aufhebung von Vollstreckungsmaßnahmen. Neben der Einstellung ist – auf besonderen Antrag – die 10
Aufhebung einer Vollstreckungsmaßnahme möglich, aber nur **gegen Sicherheitsleistung** des Schuldners, Abs. 1 S. 1. Wegen der Gefahr für den Gläubiger, sein Pfändungspfandrecht zu verlieren (§§ 775 Nr. 2, 776 S. 2), ist sorgfältig darauf zu achten, dass die Sicherheitsleistung das Interesse des Gläubigers erfasst (s. Rn. 9). Die Aufhebung bietet sich wegen der Beeinträchtigung der wirtschaftlichen Bewegungsfreiheit vor allem bei Kontenpfändungen an.[41]

IV. Wirkung des Einstellungsbeschlusses

Die Anordnung der Einstellung wirkt bis zum Ablauf einer in ihr bestimmten Frist. Ist eine Frist nicht 11
genannt, verliert der Beschluss seine Wirkung mit Erlass der Endentscheidung der Instanz.[42] Die Einstellung erfasst einen aufgrund des Titels ergangenen Kostenfestsetzungsbeschluss.[43] Sie wirkt auch gegen den Drittschuldner, der nicht mehr an den Gläubiger leisten darf.[44] Sie ist eine Entscheidung iSd. § 775 Nr. 2, sodass die Vollstreckung eingestellt werden muss oder nicht beginnen darf. Mangels besonderer Anordnungen bleiben getroffene Vollstreckungsmaßnahmen einstweilen bestehen, § 776 S. 2.

V. Rechtsmittel, Absatz 2

1. Allgemeines. Gem. Abs. 2 S. 2 sind Beschlüsse, gleich ob sie die Einstellung anordnen oder entspre- 12
chende Anträge ablehnen, **unanfechtbar.** Der Grund liegt darin, dass dem Gericht Ermessen eingeräumt ist. Die **Vorschrift gilt** für die Fälle der gesetzlichen Verweisung auf § 707 (s. Rn. 2) entsprechend. Sie wird nach wohl hM auf die anderen Fälle der einstweiligen Einstellung analog angewandt, auf § 732 Abs. 2[45] und § 769.[46] Dies ist zutreffend, weil die Interessenlage gleich und es sinnlos ist, doppelte Ermessensentscheidungen zuzulassen. Die Unanfechtbarkeit sollte nach dem Entwurf eines Gesetzes zur Änderung der ZPO im Jahre 1985[47] gesetzlich verankert werden. Dies ist nur mit der Begründung unterblieben, die Unanfechtbarkeit sei in der Rechtsprechung hinreichend anerkannt.

2. Falsche Gesetzesanwendung. Abs. 2 ist früher einschränkend dahin ausgelegt worden, dass in Aus- 13
nahmefällen (bei greifbarer Gesetzwidrigkeit) ein Rechtsmittel (die sofortige Beschwerde nach § 793) statthaft sei (s. Vorauflagen). Dies lässt sich nach der Änderung des Rechtsmittelrechts nicht aufrechterhalten. Eine außerordentliche Beschwerde ist nicht statthaft.[48] Innerhalb der Notfrist entsprechend § 321a Abs. 2 S. 2 ist eine Gegenvorstellung bei dem Gericht, das die Entscheidung erlassen hat, möglich,[49] nicht aber ein Rechtsmittel zum höheren Gericht. Zur Möglichkeit einer Rüge nach § 321a s. Rn. 14.

3. Abänderbarkeit. Unanfechtbarkeit bedeutet nicht, dass die Entscheidungen für das entscheidende 14
Gericht unabänderbar sind. Die tatsächlichen Voraussetzungen können sich geändert und zur Unrichtigkeit des Beschlusses geführt haben. Aufgrund eines Antrags kann jederzeit eine Überprüfung und Abänderung des Beschlusses erfolgen.[50] Allerdings ist ein Antrag unzulässig, der lediglich den alten, über den entschieden wurde, wiederholt.[51] Da die Möglichkeit der Abänderung besteht, kommt wegen deren Subsidiarität die Erhebung einer Rüge nach § 321a bei Verletzung des rechtlichen Gehörs nicht in Betracht.

VI. Gebühren und Kosten

1. Anwaltsgebühren. Die Tätigkeit des Anwalts gehört zum Rechtszug (§ 19 Abs. 1 Nr. 11 RVG), wenn 15
keine gesonderte mündliche Verhandlung stattfindet. Andernfalls entsteht eine 0,5 Verfahrensgebühr aus Nr. 3328 VV RVG. Wird der Antrag beim Prozessgericht und beim Vollstreckungsgericht gestellt, entsteht die Gebühr nur einmal. Zudem entsteht für die gesonderte mündliche Verhandlung eine 0,5 Terminsgebühr

---

[38] BGH NJW 2000, 3008, 3009.
[39] BGH NJW-RR 2007, 1138; OLG Hamm (1. FamS) (Fn. 34).
[40] MK/*Krüger* Rn. 18.
[41] MK/*Krüger* Rn. 19.
[42] MK/*Krüger* Rn. 20.
[43] OLG Stuttgart Rpfleger 1988, 39.
[44] MK/*Krüger* Rn. 20.
[45] OLG Köln Rpfleger 1996, 324, 325; MK/*Wolfsteiner* § 732 Rn. 19 m. weit. Nachw.
[46] BGH NJW 2004, 2224, 2225f.; OLG Hamm NJOZ 2005, 2957f.; aA OLG Hamm NJOZ 2005, 1557, 1558ff.; LAG Hessen NZA-RR 2004, 380f.; OLG Naumburg NJOZ 2004, 3389f.
[47] BT-Drucks. 10/3054.
[48] BGH (Fn. 46); BAG NJW 2005, 3231; OLG Frankfurt/M NJW-RR 2003, 140f; MK/*Krüger* Rn. 25.
[49] BGH NJW 2002, 1577; OLG Saarbrücken NJOZ 2006, 1661.
[50] OLG Koblenz NJW-RR 1998, 1450, 1451; OLG Celle MDR 1986, 63; OLG Hamm FamRZ 1985, 306.
[51] MK/*Krüger* Rn. 22.

gemäß Nr. 3332 VV RVG. Diese Gebühren entstehen neben denen aus Nr. 3100ff. VV RVG. War der Anwalt nicht Prozessbevollmächtigter und findet keine mündliche Verhandlung statt, scheidet eine analoge Anwendung der Nr. 3328 VV RVG wegen dessen eindeutigen Wortlauts aus. Es ist dann Nr. 3309 VV RVG anzuwenden.[52]

16 **2. Gerichtskosten.** Gerichtsgebühren werden nicht erhoben.

708 *Vorläufige Vollstreckbarkeit ohne Sicherheitsleistung* **Für vorläufig vollstreckbar ohne Sicherheitsleistung sind zu erklären:**

1. Urteile, die auf Grund eines Anerkenntnisses oder eines Verzichts ergehen;
2. Versäumnisurteile und Urteile nach Lage der Akten gegen die säumige Partei gemäß § 331a;
3. Urteile, durch die gemäß § 341 der Einspruch als unzulässig verworfen wird;
4. Urteile, die im Urkunden-, Wechsel- oder Scheckprozess erlassen werden;
5. Urteile, die ein Vorbehaltsurteil, das im Urkunden-, Wechsel- oder Scheckprozess erlassen wurde, für vorbehaltlos erklären;
6. Urteile, durch die Arreste oder einstweilige Verfügungen abgelehnt oder aufgehoben werden;
7. Urteile in Streitigkeiten zwischen dem Vermieter und dem Mieter oder Untermieter von Wohnräumen oder anderen Räumen oder zwischen dem Mieter und dem Untermieter solcher Räume wegen Überlassung, Benutzung oder Räumung, wegen Fortsetzung des Mietverhältnisses über Wohnraum auf Grund der §§ 574 bis 574b des Bürgerlichen Gesetzbuchs sowie wegen Zurückhaltung der von dem Mieter oder dem Untermieter in die Mieträume eingebrachten Sachen;
8. Urteile, die die Verpflichtung aussprechen, Unterhalt, Renten wegen Entziehung einer Unterhaltsforderung oder Renten wegen einer Verletzung des Körpers oder der Gesundheit zu entrichten, soweit sich die Verpflichtung auf die Zeit nach der Klageerhebung und auf das ihr vorausgehende letzte Vierteljahr bezieht;
9. Urteile nach §§ 861, 862 des Bürgerlichen Gesetzbuchs auf Wiedereinräumung des Besitzes oder auf Beseitigung oder Unterlassung einer Besitzstörung;
10. Berufungsurteile in vermögensrechtlichen Streitigkeiten;
11. andere Urteile in vermögensrechtlichen Streitigkeiten, wenn der Gegenstand der Verurteilung in der Hauptsache 1250 Euro nicht übersteigt oder wenn nur die Entscheidung über die Kosten vollstreckbar ist und eine Vollstreckung im Wert von nicht mehr als 1500 Euro ermöglicht.

I. Normzweck

1 **1. Normzweck.** Erstinstanzliche Urteile erwachsen nicht mit Verkündung in formelle Rechtskraft, weil ein Rechtsmittel immer statthaft ist (§ 511, s. auch § 705 Rn. 2f.). Ist es auch zulässig, bleibt eine Abänderung in der Rechtsmittelinstanz möglich. Diese nicht rechtskräftigen Urteile sind für **vorläufig vollstreckbar** zu erklären, sodass der Gläubiger vollstrecken kann (§ 704). Die Sicherung dadurch möglicher Gegenansprüche des Schuldners (§ 717) wird im Regelfall durch Sicherheitsleistung des Gläubigers erreicht. Scheint ein Rechtsmittel **nicht wahrscheinlich** (Anerkenntnis, Säumnis), darf gem. Nr. 1, 2 **ohne Sicherheitsleistung** vollstreckt werden, der Schuldner darf nicht einmal zur Abwendung der Vollstreckung Sicherheit leisten (§ 711). Dies bedarf nur im Fall des Einspruchs gegen ein Versäumnisurteil der Korrektur (§ 709 S. 3), weil der Schuldner nunmehr zu erkennen gegeben hat, dass er sich wehren will. In besonderen Fallkonstellationen **materiell-rechtlicher** Art wird den Interessen eines Beteiligten der Vorrang eingeräumt (dem Vermieter, Rentenberechtigten), indem ohne Sicherheitsleistung vollstreckt werden darf, der andere Teil die Zwangsvollstreckung aber durch Sicherheitsleistung abwenden kann (§ 711). Dies gilt auch für den Fall, dass das BGB einem Beteiligten den Vorzug gibt (Besitzentziehung, -störung).

2 **2. Weitere Vorschriften.** § 709 regelt die Sicherheitsleistung für Urteile, die nicht unter § 708 fallen; bei diesen ist eine Sicherheit anzuordnen. In den Fällen der **Nr. 4 bis 11 findet § 711 Anwendung,** sodass eine Abwendungsbefugnis auszusprechen ist. § 752 regelt die **Teilsicherheitsleistung** in Fällen der Teilvollstreckung. Wird keine Entscheidung über die vorläufige Vollstreckbarkeit getroffen, gelten §§ 716, 321 (s. dort). Urteile der **Arbeitsgerichte** sind gem. § 62 Abs. 1 S. 1 ArbGG mit Verkündung ohne Ausspruch vorläufig vollstreckbar. Der Ausspruch über die vorläufige Vollstreckbarkeit **erfasst auch die Kostenentscheidung** und hat so Auswirkung auf den Kostenfestsetzungsbeschluss nach § 104.

II. Rechtsnatur der vorläufigen Vollstreckbarkeit

3 **1. Prozessuale Wirkungen.** Die vorläufige Vollstreckbarkeit ermöglicht dem Gläubiger die – von einer erforderlichen Sicherheit abgesehen – unbedingte Vollstreckung aus der Entscheidung. Sie unterscheidet sich von der endgültigen Vollstreckbarkeit letztlich nur dadurch, dass bei einer Abänderung des Urteils die Rechtsfolgen des § 717 eintreten. Damit steht die Vollstreckung unter der auflösenden Bedingung der Abänderung des Urteils; mit Eintritt der Rechtskraft darf endgültig vollstreckt werden, Entscheidungen über die Sicherheitsleistung oder vorläufige Einstellung der Zwangsvollstreckung werden gegenstandslos.

4 **2. Materiell-rechtliche Wirkungen.** Bei der Beurteilung der materiell-rechtlichen Fragen sind die prozessualen Wirkungen (s. Rn. 3) der vorläufigen Vollstreckbarkeit zu beachten. Hat der Gläubiger eine ihm

[52] AA G/S/*Müller-Rabe* VV 3328 Rn. 9: Nr. 3328 VV RVG analog.

auferlegte Sicherheit erbracht, kann der Schuldner eine verfahrensrechtlich ordnungsgemäße Vollstreckung nicht verhindern, auch wenn er mit Rechtsmitteln gegen das Urteil vorgeht, sofern das Berufungsgericht die Vollstreckung nicht nach § 719 einstellt. Damit bleibt dem Schuldner nur die Möglichkeit, die Vollstreckung zu dulden oder zu ihrer Abwendung zu leisten. Auch materiell-rechtlich ist er nicht befugt, etwa bis zur Rechtskraft geschuldetes Geld zu hinterlegen; § 372 BGB lässt dies nicht zu. Eine **Erfüllungswirkung** tritt bei einer freiwilligen Leistung zur Abwendung der Zwangsvollstreckung oder dadurch, dass der Gläubiger die geschuldete Sache durch Zwangsvollstreckung erlangt, bis zum Eintritt der Rechtskraft nicht ein und prozessual auch keine Erledigung der Hauptsache.[1] Ausschlaggebend für die Beurteilung der Erfüllungswirkung ist dabei das materielle Recht.[2] Dieses erfordert nach der herrschenden Theorie der realen Leistungsbewirkung, die die Erfüllung an die schlichte Leistung anknüpft, einen Vorbehalt des Schuldners, der ausdrücklich gegenüber Vollstreckungsorgan oder Gläubiger oder konkludent durch Rechtsmitteleinlegung erklärt werden kann. Die Erfüllungswirkung ist damit **aufschiebend bedingt** durch den Eintritt der Rechtskraft oder eine Erklärung des Schuldners, dass er die Leistung als Erfüllung ansieht. Diese Erklärung gibt der Schuldner konkludent etwa auch dann ab, wenn er sich einer Erledigungserklärung des Gläubigers im Prozess anschließt oder andere als Kläger geführte Prozesse wegen der Leistung in der Hauptsache für erledigt erklärt. Verzugszinsen schuldet der Schuldner nach der Vollstreckung oder der Leistung zur Abwendung der Vollstreckung trotz eines Vorbehalts nicht.[3]

III. Die Einzelvorschriften

1. Nr. 1 bis Nr. 3. Nr. 1 betrifft **Anerkenntnisurteile** (§ 307) und Verzichtsurteile (§ 306). Sie hat Vorrang gegenüber der evtl. einschlägigen Nr. 11 (s. Rn. 11). **Nr. 2** betrifft zunächst die **echten Versäumnisurteile** und zweiten Versäumnisurteile (§ 345) sowohl gegen den Kläger als auch gegen den Beklagten in jeder Instanz. Sie gilt nicht beim sog. unechten Versäumnisurteil (s. § 331 Rn. 18) und beim streitigen Urteil, das ein durch Einspruch angefochtenes Versäumnisurteil aufrechterhält (s. § 709 S. 3). Beim **Urteil nach Lage der Akten** bezieht sich die Norm nur auf § 331a (Säumnis einer Partei), nicht auf § 251a (Säumnis beider Parteien). S. auch Rn. 11. **Nr. 3** betrifft die **Verwerfung des Einspruchs** (§ 341 Abs. 1), die gem. § 341 Abs. 2 durch Urteil zu erfolgen hat. S. auch Rn. 11. 5

2. Nr. 4, Nr. 5. Nr. 4 ordnet für Urteile im **Urkunden-** (§ 592), **Wechsel-** (§ 602) oder **Scheckprozess** (§ 605a) die vorläufige Vollstreckbarkeit ohne Sicherheitsleistung an. Die Regelung erfasst auch abweisende Urteile in der besonderen Verfahrensart,[4] nicht aber Urteile im Nachverfahren (s. Nr. 5 zum stattgebenden Urteil). Nr. 1 bzw. 2 ist als für den Gläubiger günstiger vorrangig.[5] **Nr. 5** betrifft die Urteile, durch die ein Vorbehaltsurteil im Urkunden-, Wechsel- oder Scheckprozess (Nr. 4) im **Nachverfahren aufrechterhalten** wird. Dies betrifft nur die Kostenentscheidung, weil das zunächst ergangene Urteil unter Nr. 4 fällt. Gem. Nr. 5 ist die Abwendungsbefugnis nach § 711 nur wegen der Kosten anzuordnen. S. auch Rn. 11. 6

3. Nr. 6, Nr. 7. Nr. 6 umfasst nur erstinstanzliche Urteile (s. § 542 Abs. 2), durch die **Arreste** oder **einstweilige Verfügungen** abgelehnt (§§ 922, 936) oder aufgehoben (§§ 925 Abs. 2, 927, 936) werden. Erlassende oder bestätigende Urteile sind nicht erfasst, weil sich bei ihnen die Vollstreckbarkeit aus der Natur der Sache ergibt. Die Vorschrift gilt auch für Urteile, die einen Arrest oder eine einstweilige Verfügung zugunsten des Antragsgegners lediglich abändern.[6] Zu Berufungsurteilen s. Rn. 9; im Übrigen auch Rn. 11. **Nr. 7** ordnet die vorläufige Vollstreckbarkeit ohne Sicherheitsleistung – mit Abwendungsbefugnis nach § 711 – für **Mietstreitigkeiten** über Wohnräume (s. § 23 GVG Rn. 8ff.) und andere Räume an. Untermietverhältnisse (§ 540 BGB) sind erfasst, nicht aber Pachtstreitigkeiten. Der Sache nach muss der Streit um **Überlassung** bzw. **Räumung** (s. § 885 Rn. 2, 5), **Benutzung** (dazu zählen Streitigkeiten über die Instandhaltung, § 535 Abs. 1 S. 2 BGB, oder die Unterlassung vertragswidrigen Gebrauchs, § 541 BGB), **Fortsetzung des Mietverhältnisses** nach §§ 574 bis 574b BGB oder um **Zurückhaltung** eingebrachter Sachen (§§ 562ff. BGB) gehen. Auch klageabweisende Urteile in solchen Sachen sind erfasst. Wenn oder soweit zur Zahlung verurteilt wurde, gilt Nr. 11 bzw. § 709. Bei Klagen auf Mietzinszahlung findet Nr. 7 keine Anwendung. S. auch Rn. 11. 7

4. Nr. 8 erfasst stattgebende Urteile über **Unterhaltsansprüche,** über **Renten** wegen Entziehung einer Unterhaltsforderung (zB aus § 844 Abs. 2 BGB, § 10 Abs. 2 StVG, § 5 HPflG) sowie wegen einer Verletzung des Körpers oder der Gesundheit (zB § 843 BGB, § 13 StVG, §§ 6, 8 HPflG; § 9 ProdHaftG). Aus Gründen des Sachzusammenhangs fallen auch Urteile, die zur Auskunft über die Voraussetzungen der Ansprüche verpflichten,[7] bzw. über eine Abänderungsklage (§ 323; s. a. § 323 Rn. 36) unter die Norm.[8] Sie ist auch anwendbar bei Urteilen auf Zahlung einer Abfindung gem. §§ 9f. KSchG.[9] Bei den **Unterhaltsansprüchen** ist es gleichgültig, ob sie auf Vertrag oder Gesetz (zB §§ 1360ff., 1569ff., 1739, 1963, 2141 BGB) beruhen. Unterhalt im Sinne der Norm ist auch der Sonderbedarfsunterhalt.[10] Die durch die existenzielle Bedeutung 8

1 BGH NJW 1997, 2601, 2602; MK/*Krüger* Rn. 5f.; aA *St/J/Münzberg* Rn. 5ff.
2 MK/*Krüger* Rn. 6; *St/J/Münzberg* Rn. 5f.
3 BGH NJW 1981, 2244f.; *Krüger* NJW 1990, 1208, 1212f.; aA *Ro/G/Sch* § 14 V 1 m. weit. Nachw.
4 MK/*Krüger* Rn. 11.
5 S. Rn. 11; aA für das Anerkenntnisurteil unter Vorbehalt LG Aachen NJW-RR 1986, 359, 360.
6 AllgM; MK/*Krüger* Rn. 13 m. weit. Nachw.
7 AG Hamburg FamRZ 1977, 814, 815; *Zö/Herget* Rn. 10; aA OLG München FamRZ 1990, 84.
8 MK/*Krüger* Rn. 15 m. weit. Nachw.
9 LAG Bremen MDR 1983, 1054; *Zö/Herget* Rn. 10; aA LAG Hamburg NJW 1983, 1344.
10 OLG Karlsruhe FamRZ 2000, 1166.

für den Gläubiger gerechtfertigte Privilegierung umfasst rückwirkend die sich auf das vorgehende letzte Vierteljahr beziehenden sowie die künftig fällig werdenden Beträge ohne zeitliche Begrenzung. Sie gilt nicht, wegen des Ausnahmecharakters auch nicht entsprechend, für andere fortlaufende Leistungen. S. auch Rn. 11.

9 **5. Nr. 9, Nr. 10. Nr. 9** setzt den Gedanken aus § 863 BGB für die vorläufige Vollstreckbarkeit um. Eine Sicherheitsleistung würde der materiell-rechtlichen Aufwertung der possessorischen Ansprüche aus §§ 861f. BGB, evtl. in Verbindung mit §§ 865, 869 BGB, widersprechen. S. auch Rn. 11. **Nr. 10** erfasst alle Berufungsurteile (der Landgerichte und Oberlandesgerichte) in **vermögensrechtlichen Streitigkeiten,** also solche, die bestätigen, abändern oder aufheben und zurückverweisen.[11] Nicht erfasst werden die sofort rechtskräftig werdenden Urteile in **Arrest- und einstweiligen Verfügungssachen** (§ 542 Abs. 2 S. 1), wohl aber die nicht sofort rechtskräftig werdenden Urteile, gegen die eine Revision unzulässig wäre (s. § 705 Rn. 3). Bei Letzteren ist § 713 zu beachten, sonst § 711. Wird ein erstinstanzliches Urteil, das nur gegen Sicherheitsleistung vorläufig vollstreckbar ist, durch ein vorläufig vollstreckbares Urteil bestätigt, ist das erstinstanzliche Urteil dann ohne Sicherheitsleistung vollstreckbar.[12] S. auch Rn. 11.

10 **6. Nr. 11** erfasst nur Urteile in **vermögensrechtlichen Streitigkeiten,** sodass für nicht vermögensrechtliche Streitigkeiten § 709 gilt. Ist eine Vollstreckung in der **Hauptsache** möglich, greift Nr. 11 ein, wenn der Wert der Hauptsache ohne Kosten, Zinsen und andere Nebenforderungen (§ 4 Abs. 1) 1 250,– Euro nicht übersteigt (also auch bei genau 1 250,– Euro). Zu Urteilen auf Abgabe einer Willenserklärung s. § 709 Rn. 5; zu vollstreckungsrechtlichen Gestaltungsurteilen § 767 Rn. 45, § 768 Rn. 9, § 771 Rn. 37, § 805 Rn. 8; zur Klage auf Erteilung der Klausel § 731 Rn. 8. Unberücksichtigt bleiben Teile der Hauptforderung, die nach Nr. 1 bis 10 ohne Sicherheitsleistung vorläufig vollstreckbar sind (s. Rn. 11). Kann nur wegen der Kosten vollstreckt werden (zB klageabweisende, Feststellungs-, Gestaltungsurteile ohne Anwendbarkeit des § 775) ist Nr. 11 anwendbar, wenn der **vollstreckbare Kostenerstattungsanspruch** 1 500,– Euro nicht übersteigt. Wird die Klage **teilweise abgewiesen,** müssen stattgebender Teil und abweisender Teil für jede Partei getrennt betrachtet werden. Beträgt der Wert der Hautsache 1 250,– Euro oder weniger, greift insoweit für den (Wider-) Kläger Nr. 11 ein, liegt er höher, § 709. Liegt der Wert der Kosten bei 1 500,– Euro oder weniger, gilt dasselbe. Dabei darf eine mögliche Aufrechnung im Kostenerstattungsverfahren (§ 106 Abs. 2) nicht berücksichtigt werden, weil vom ungünstigsten Fall für den Schuldner auszugehen ist[13] und die Kostenausgleichung nicht obligatorisch ist (§ 106 Abs. 2). Bei **mehreren Parteien** auf einer, gleich auf welcher Seite, ist jeweils darauf abzustellen, was eine Partei gegen die jeweils andere vollstrecken kann (zur Kostenberechnung s. § 100). S. im Übrigen auch Rn. 11.

IV. Besonderheiten

11 Zur Anwendbarkeit des § 711 s. Rn. 2. Die jeweils für den Gläubiger günstigeren Fälle der Vorschrift haben Vorrang vor den anderen.[14] Handelt es sich um Urteile, die in trennbaren Teilen verschiedenen Ziffern unterfallen, ist jeweils getrennt über die vorläufige Vollstreckbarkeit zu entscheiden. Erkennt der Beklagte zB einen Teil der Zahlungsklageforderung an, so ist dann, wenn dem Kläger auch der Rest durch streitiges Urteil zuerkannt wird, hinsichtlich des anerkannten Teils nach Nr. 1 und hinsichtlich des streitigen Teils nach Nr. 11 zu erkennen. Dies sollte in der Urteilsformel zur Vermeidung von Vollstreckungsschwierigkeiten deutlich zum Ausdruck gebracht werden, etwa: „Das Urteil ist vorläufig vollstreckbar, wegen eines Teils der Hauptforderung in Höhe von … Euro aber nur gegen Sicherheitsleistung in Höhe von …“, oder, wenn der streitige Teil unter Nr. 11, § 711 fällt: „Das Urteil ist vorläufig vollstreckbar. Wegen eines Teils der Hauptforderung in Höhe von … kann der Beklagte die Zwangsvollstreckung gegen Sicherheitsleistung in Höhe von … abwenden, wenn nicht der Kläger vor der Vollstreckung wegen dieses Teils Sicherheit in gleicher Höhe leistet“.

709 *Vorläufige Vollstreckbarkeit gegen Sicherheitsleistung*

[1]Andere Urteile sind gegen eine der Höhe nach zu bestimmende Sicherheit für vorläufig vollstreckbar zu erklären. [2]Soweit wegen einer Geldforderung zu vollstrecken ist, genügt es, wenn die Höhe der Sicherheitsleistung in einem bestimmten Verhältnis zur Höhe des jeweils zu vollstreckenden Betrages angegeben wird. [3]Handelt es sich um ein Urteil, das ein Versäumnisurteil aufrechterhält, so ist auszusprechen, dass die Vollstreckung aus dem Versäumnisurteil nur gegen Leistung der Sicherheit fortgesetzt werden darf.

I. Normzweck

1 Siehe zum **Normzweck** und zur **Rechtsnatur** der vorläufigen Vollstreckbarkeit zunächst § 708 Rn. 1ff. Liegen die Voraussetzungen des § 708 nicht vor, ist das Urteil gegen Sicherheitsleistung für vorläufig vollstreckbar zu erklären. Die Sicherheit soll mögliche Schadensersatzansprüche des Schuldners aus § 717 abdecken. **Satz 2** soll die Entscheidung über die vorläufige Vollstreckbarkeit erleichtern. Satz 3 regelt – im hypothetischen Anwendungsbereich des Satzes 1 – die Vollstreckung aus Urteilen, die ein Versäumnisurteil

[11] OLG Karlsruhe JZ 1984, 635; MK/*Krüger* Rn. 17; aA OLG Köln JMBlNRW 1970, 70.
[12] OLG München OLGZ 1985, 457, 458; OLG Hamm NJW 1971, 1186, 1187f.
[13] MK/*Krüger* Rn. 20 m. weit. Nachw.
[14] OLG Koblenz NJW-RR 1991, 512.

aufrechterhalten. Nachdem er Einspruch gegen das Versäumnisurteil eingelegt hat, soll dem Schuldner der Schutz der Sicherheit zugute kommen. Die Vorschrift findet nur **Anwendung,** soweit nicht § 708 einschlägig ist. Sie gilt auch für den Fiskus.[1]

II. Voraussetzungen

Satz 1 setzt voraus, dass das Urteil nicht unter § 708 zu subsumieren ist, findet also insbesondere bei nicht vermögensrechtlichen Streitigkeiten und streitigen erstinstanzlichen Urteilen über vermögensrechtliche Ansprüche Anwendung, die die Wertgrenze des § 708 Nr. 11 überschreiten und nicht unter § 708 Nr. 3 bis 9 fallen. Zu Satz 3 s. Rn. 9f. 2

III. Sicherheitsleistung

1. Allgemeines. Die Vorschriften über die Sicherheitsleistung dienen dem Schutz des Schuldners vor Schäden aus einer materiell-rechtlich unberechtigten Vollstreckung und damit der **Sicherung seiner Ersatzansprüche** aus § 717. Wenn das Urteil in zweiter Instanz aufgehoben oder abgeändert wird, kann der Schuldner, gegen den vollstreckt wurde, wegen seines Anspruchs aus § 717 auf die Sicherheitsleistung zugreifen. Er hat ein Pfandrecht gem. § 233 BGB an dem Hinterlegten, sodass er gegebenenfalls das Pfandstück verkaufen kann, § 1233 BGB. Bei Sicherheitsleistung durch Bürgschaft kann er gegen den Bürgen vorgehen. Bei hinterlegtem Geld steht ihm ein Anspruch gegen den Gläubiger auf Einwilligung in die Auszahlung aus Eingriffskondiktion (§ 812 Abs. 1 S. 1 Alt. 2 BGB) zu. Den nach § 13 Abs. 2 Nr. 2 HintO erforderlichen Nachweis kann er durch Vorlage des rechtskräftigen Abänderungsurteils führen. Im Fall der Bestätigung des Urteils in zweiter Instanz kann der **Gläubiger** nach § 715 vorgehen. 3

2. Höhe. a) **Allgemeines.** Die Höhe der Sicherheit muss wegen des Schutzzwecks der Sicherheitsleistung (s. Rn. 3) die **gesamte vollstreckbare Forderung** und mögliche weitere nach § 717 Abs. 2 ersatzfähige Schäden[2] umfassen. Da Letztere regelmäßig nicht erkennbar sind, muss der nach den folgenden Anmerkungen errechnete Betrag maßvoll aufgerundet werden.[3] Bei **nicht vermögensrechtlichen Streitigkeiten** ist auf den möglichen **materiellen Schaden** des Schuldners abzustellen, der nicht identisch ist mit dem Streitwert, der sich nach dem Interesse des Gläubigers richtet. Jede Partei ist im Verhältnis zu ihrem Gegner gesondert zu betrachten, bei teilweisem Obsiegen jeder vollstreckungsfähige Teil des Urteils. 4

b) **Vermögensrechtliche Streitigkeiten.** Bei auf **Zahlung von Geld** gerichteten Leistungsurteilen (zur Bezifferung s. Rn. 6) sind einzubeziehen: Die vollstreckbare Hauptforderung, rückständige und zukünftige Zinsen (für die Zukunft etwa 6 Monate[4]) und andere Nebenforderungen (s. § 4), vollstreckbare Prozesskosten des Klägers (Anwaltsgebühren, vorausgezahlte Gerichtskosten, Auslagenvorschüsse für Zeugen und Sachverständige, Kosten eines selbstständigen Beweisverfahrens). Zu denkbaren weiteren Nachteilen s. Rn. 4. **Bei Herausgabetiteln** sind der Wert der Sache (§ 6) und die vollstreckbaren Kosten maßgeblich. Bei einer Verurteilung zur Auskunft ist die Höhe der Sicherheit nach dem voraussichtlichen Aufwand an Zeit und Kosten der Erstellung der Auskunft zu schätzen.[5] Bei den **vollstreckungsrechtlichen prozessualen Gestaltungsklagen** (§§ 767, 768, 771, 805) ist in die Sicherheit wegen §§ 775, 776 der Wert des vollstreckbaren Anspruchs einzubringen, dessen Zwangsvollstreckung gehindert wird[6] (s. im Einzelnen § 767 Rn. 45; § 768 Rn. 9; § 771 Rn. 37; § 805 Rn. 8). **Zug-um-Zug-Gegenleistungen** bleiben unbeachtet, weil sie keinen Vollstreckungsschaden verursachen können. Wird durch die Verurteilung dem Beklagten die materielle Grundlage eines Zurückbehaltungsrechts entzogen und haben die zurückbehaltenen Gegenstände keinen Vermögenswert, so ist maßgeblich, inwieweit der Beklagte die zurückbehaltenen Gegenstände zur Durchsetzung seiner Forderung benötigt.[7] Bei Urteilen auf **Abgabe einer Willenserklärung** kommt es im Fall des § 894 nicht zu einer vorläufigen Vollstreckung; eine Sicherheitsleistung ist deshalb nur wegen der Kosten erforderlich. Bei **klageabweisenden Urteilen** sind die dem Beklagten entstandenen vollstreckungsfähigen Kosten, insbesondere seine Anwaltskosten, und von ihm gezahlte Auslagenvorschüsse maßgeblich. Zur Bezifferung wegen der **Kosten** s. Rn. 6. 5

c) **Bezifferung.** Die Sicherheit ist (abgesehen von Geldforderungen) der Höhe nach zu beziffern. Bei der Verurteilung zur **Geldleistung** lässt **Satz 2** eine Sicherheitsleistung in einem bestimmten Verhältnis zur Höhe des jeweils beizutreibenden Betrages zu, ordnet sie aber nicht zwingend an. Notwendigerweise ist das Verhältnis zur Höhe des beizutreibenden Betrages anzugeben. Dabei ist an nicht erkennbare Nachteile zu denken, sodass ein Zuschlag von 10 Prozent im Regelfall angemessen erscheint.[8] Die Entscheidung kann also etwa lauten: „Das Urteil ist gegen Sicherheitsleistung in Höhe des jeweils zu vollstreckenden Betrages zuzüglich eines Aufschlags von 10 Prozent vorläufig vollstreckbar." oder „Das Urteil ist gegen Sicherheitsleistung in Höhe von 110 Prozent des jeweils beizutreibenden Betrages vorläufig vollstreckbar." In Zweifelsfällen sollte die Sicherheit der Höhe nach bestimmt werden. Die Teilsicherheitsleistung bei der Teilvollstreckung bestimmt sich dann nach § 752. Entsprechendes gilt bei der **Verurteilung zu wiederkehrenden Leistungen.** 6

---

1 BGH MDR 1963, 290, 291.
2 OLG Zweibrücken OLGR 2001, 478, 479.
3 MK/*Krüger* Rn. 4.
4 *Anders/Gehle,* Assessor Rn. 186 m. weit. Nachw.
5 Vgl. BGHZ 128, 85 = NJW 1995, 664; *Zö/Herget* Rn. 6.
6 *T/P/Hüßtege* § 767 Rn. 32.
7 OLG Zweibrücken (Fn. 2).
8 Nach OLG Celle NJW 2003, 73 und *Zö/Herget* Rn. 6 20 %; aA *König* NJW 2003, 1372, 1374.

Da auch die **Vollstreckung wegen der Kosten** Vollstreckung wegen einer Geldforderung ist, gilt auch insoweit Satz 2. Dabei ist kein besonderer Ausspruch erforderlich, wenn in der Hauptsachenentscheidung ohnehin bereits nach Satz 2 tenoriert ist. Bei Verurteilungen in der Hauptsache zu anderen als Geldleistungen sollte, will man von Satz 2 Gebrauch machen, differenziert werden, zB: „Das Urteil ist wegen des Herausgabeausspruchs gegen Sicherheitsleistung in Höhe von 20 000,– Euro vorläufig vollstreckbar. Die Vollstreckung wegen der Kosten ist gegen Sicherheitsleistung in Höhe des jeweils zu vollstreckenden Betrages zuzüglich eines Aufschlags von 10 Prozent vorläufig vollstreckbar." Zulässig ist es, bei der Verurteilung zu **mehreren Leistungen** (§ 260) die Sicherheit (in jeweils voller Höhe) für jede Leistung getrennt auszuwerfen.[9]

7 **3. Art.** Für die Art der Sicherheit gilt § 108, wobei in der Praxis neben der Leistung von Geld die Stellung von Bürgschaften von Bedeutung ist. § 108 Abs. 1 S. 2 lässt Bürgschaften als Sicherheit auch ohne Ausspruch zu, sodass eine Anordnung über die Art der Sicherheit nur erforderlich ist, wenn davon abgewichen werden soll.

IV. Aufrechterhalten eines Versäumnisurteils, Satz 3

8 **1. Allgemeines.** Satz 3 setzt voraus, dass ein Versäumnisurteil durch streitiges Urteil aufrechterhalten wird, das als streitiges Urteil unter Satz 1 gefallen wäre.[10] Über den Wortlaut hinaus gilt Satz 3 also nicht etwa nur in dem Fall, dass die weiteren Kosten des bestätigenden Urteils die Wertgrenze des § 708 Nr. 11 übersteigen. Die Vorschrift findet keine Anwendung, wenn das aufrechterhaltende Urteil selbst ein Versäumnisurteil ist; insoweit ist § 708 Nr. 2 lex specialis.[11] Zum Teil wird angenommen, die Entscheidung im bestätigten Versäumnisurteil über die vorläufige Vollstreckbarkeit ohne Sicherheitsleistung müsse aufgehoben werden.[12] Dies widerspricht §§ 343 S. 1, 709 S. 3 und könnte wegen §§ 751 Abs. 2, 775, 776 gefährlich, zumindest missverständlich sein. Eine begonnene Zwangsvollstreckung darf gem. § 751 Abs. 2 nur nach Leistung der Sicherheit fortgesetzt werden (§ 751 Rn. 1).

9 **2. Fassung der Entscheidung.** Die hM nimmt an, S. 3 setze die Anwendbarkeit des S. 1 und damit auch den Ausspruch nach S. 1 voraus.[13] Es sei also zu tenorieren: „Das Urteil ist gegen Sicherheitsleistung in Höhe von … vorläufig vollstreckbar. Die Zwangsvollstreckung aus dem Versäumnisurteil darf nur gegen Leistung dieser Sicherheit fortgesetzt werden." Die Sicherheit sei der Höhe nach für beide Fälle gleich zu bemessen. Dies ist unzutreffend. Aus dem aufrechterhaltenden Urteil kann über den Kostenfestsetzungsbeschluss **nur wegen der weiteren Kosten** vollstreckt werden. Hierfür wäre die Sicherheit viel zu hoch. Denkbar ist auch, dass die Vollstreckung aus dem Versäumnisurteil schon zur Befriedigung des Gläubigers geführt hat. Dann müsste er wegen der Vollstreckung der weiteren Kosten die Sicherheit in voller Höhe leisten. Richtig ist es, die Vollstreckbarkeit der weiteren Kosten des aufrechterhaltenden Urteils nach allgemeinen Regeln zu beurteilen (§§ 708 Nr. 11, 709) und darüber hinaus anzuordnen, dass die Vollstreckung aus dem Versäumnisurteil nur gegen Sicherheitsleistung in zu bestimmender Höhe (oder gem. Satz 2) fortgesetzt werden darf.[14] Hiergegen spricht nicht der Wortlaut des § 709, dafür aber eine historische Auslegung.[15]

V. Verfahren

10 Die Anordnung der vorläufigen Vollstreckbarkeit und der Ausspruch über die Höhe der Sicherheitsleistung erfolgen im Tenor des Urteils. Unterbleibt die Anordnung ganz, gelten §§ 716, 321 (Ergänzung). Bestimmungen über die Art der Sicherheit sollten, falls im Hinblick auf § 108 Abs. 1 S. 2 überhaupt noch erforderlich, im Urteil erfolgen (s. Rn. 7), können aber auch durch gesonderten Beschluss ergehen[16] oder durch das erstinstanzliche Gericht abgeändert werden, und zwar auch dann noch, wenn der Rechtsstreit in der zweiten Instanz schwebt.[17] Die Entscheidung über die Höhe der Sicherheit ist – abgesehen von Fällen des § 319 – nicht abänderbar (§ 318), da sie Bestandteil des Urteils ist.[18] Zur Möglichkeit der Abänderung im Berufungsverfahren s. § 718.

VI. Anwaltsgebühren

11 Die Zustellung der Bürgschaftsurkunde und des Hinterlegungsscheins sind durch die Verfahrensgebühr aus Nr. 3100 VV RVG oder die Vollstreckungsgebühr aus Nr. 3309 VV RVG abgegolten. Die Beschaffung einer Bankbürgschaft durch Führung von Verhandlungen mit der Bank ist eine besondere Angelegenheit, für die Nr. 2300 VV RVG gilt, ebenso die Durchführung der Hinterlegung.[19]

---

[9] *T/P/Hüßtege* vor §§ 708–720 Rn. 11.
[10] AllgM; MK/*Krüger* Rn. 9; *Zö/Herget* Rn. 8.
[11] HM; MK/*Krüger* Rn. 9; *St/J/Münzberg* Rn. 15; aA *B/L/H* Rn. 2.
[12] *Anders/Gehle* Assessor Rn. 422; *Schneider* Kosten S. 314f.
[13] MK/*Krüger* Rn. 9; *Zö/Herget* Rn. 8.
[14] S. im Einzelnen überzeugend *Mertins* DRiZ 1983, 228ff.; *Häublein* JA 1999, 53ff.
[15] *Mertins* (Fn. 14); ihm folgend *B/L/H* § 343 Rn. 7.
[16] MK/*Krüger* Rn. 3.
[17] Vgl. BGH NJW 1966, 1028f.; MK/*Krüger* Rn. 3.
[18] OLG Frankfurt MDR 1969, 1016f.
[19] *G/S/Müller-Rabe* VV 3309 Rn. 303.

710 *Ausnahmen von der Sicherheitsleistung des Gläubigers* **Kann der Gläubiger die Sicherheit nach § 709 nicht oder nur unter erheblichen Schwierigkeiten leisten, so ist das Urteil auf Antrag auch ohne Sicherheitsleistung für vorläufig vollstreckbar zu erklären, wenn die Aussetzung der Vollstreckung dem Gläubiger einen schwer zu ersetzenden oder schwer abzusehenden Nachteil bringen würde oder aus einem sonstigen Grund für den Gläubiger unbillig wäre, insbesondere weil er die Leistung für seine Lebenshaltung oder seine Erwerbstätigkeit dringend benötigt.**

I. Normzweck

1 Die Norm **bezweckt,** einem obsiegenden Gläubiger, der die Sicherheit nach § 709 aus wirtschaftlichen Gründen nicht leisten kann, zur Vermeidung unbilliger Ergebnisse die Vollstreckung ohne Sicherheit zu ermöglichen. Eine **entsprechende Schutzregelung** gilt gem. § 711 S. 3 für die Fälle der §§ 708 Nr. 4 bis 11, 711. Zugunsten des Schuldners wirken dagegen §§ 711 S. 1, 712.

II. Voraussetzungen

2 Die Anordnung ergeht nur auf **Antrag,** der vor Schluss der mündlichen Verhandlung gestellt werden muss, § 714 Abs. 1. Die tatsächlichen Voraussetzungen sind **glaubhaft** zu machen, § 714 Abs. 2. **Materiell** enthält die Vorschrift zwei kumulative Voraussetzungen: Unvermögen zur Leistung der Sicherheit oder erhebliche Schwierigkeiten dabei und die Unbilligkeit des Wartens mit der Vollstreckung. **Unvermögen** liegt vor, wenn der Gläubiger das erforderliche Geld nicht hat, nicht beschaffen und auch keinen Bürgen stellen kann. **Erhebliche Schwierigkeiten** sind dann gegeben, wenn der Gläubiger durch die Sicherheitsleistung in seiner Lebenshaltung oder Berufsausübung in unzumutbarer Weise beeinträchtigt würde, etwa weil er einen Kredit aufnehmen müsste, der seine wirtschaftliche Bewegungsfreiheit lähmen könnte.[1] Für die **Unbilligkeit** des Wartens mit der Vollstreckung bis zur Rechtskraft nennt das Gesetz – nicht abschließend – vier Beispiele: Ein schwer zu ersetzender oder schwer abzusehender Nachteil, die dringende Notwendigkeit für den Lebensunterhalt (insbesondere bei Unterhaltsansprüchen, allerdings erst ab Antragstellung[2]) oder die Erwerbstätigkeit. Bei entsprechendem Gewicht kann auch in anderen Fällen die Aussetzung der Vollstreckung unbillig sein. Wegen § 752 muss auch eine Teilsicherheitsleistung unmöglich oder unbillig sein.[3]

III. Verfahren, Entscheidung

3 Die Entscheidung ist im Urteil zu treffen. Sie besteht positiv nur im Weglassen der Anordnung der Sicherheitsleistung im Rahmen der Entscheidung über die vorläufige Vollstreckbarkeit, negativ in ihrer Anordnung. Die Begründung erfolgt in den Gründen. Änderungen sind nur im Rahmen des § 319 zulässig; beim versehentlichen Übergehen des Antrags gelten §§ 716, 321 entsprechend. Anfechtbar ist die Entscheidung nur mit Rechtsmitteln gegen das Urteil.

711 *Abwendungsbefugnis* **[1]In den Fällen des § 708 Nr. 4 bis 11 hat das Gericht auszusprechen, dass der Schuldner die Vollstreckung durch Sicherheitsleistung oder Hinterlegung abwenden darf, wenn nicht der Gläubiger vor der Vollstreckung Sicherheit leistet. [2]§ 709 Satz 2 gilt entsprechend, für den Schuldner jedoch mit der Maßgabe, dass Sicherheit in einem bestimmten Verhältnis zur Höhe des auf Grund des Urteils vollstreckbaren Betrages zu leisten ist. [3]Für den Gläubiger gilt § 710 entsprechend.**

I. Normzweck, Voraussetzungen

1 Die **Vorschrift dient** dem Schutz des Schuldners vor einer ohne sie möglichen Vollstreckung des Gläubigers ohne Sicherheitsleistung vor Rechtskraft des Urteils. Da grundsätzlich aber dem Gläubiger der Vorrang eingeräumt wird[1] (s. a. § 707 Rn. 6), wird ihm ermöglicht, seinerseits Sicherheit zu leisten und damit auch vollstrecken zu können. Letztlich kann der Schuldner den Gläubiger also nur zur Sicherheitsleistung zwingen, nicht aber die Vollstreckung verhindern. **Satz 2** soll die Entscheidung über die vorläufige Vollstreckbarkeit erleichtern. Im Gegensatz zu § 709 S. 2 lässt sich aber nicht aufgrund des Vollstreckungsantrags des Gläubigers berechnen, wie hoch die Sicherheit sein muss. Damit wird die Berechnung dem Schuldner und dem Vollstreckungsorgan übertragen. **Voraussetzung** des § 711 ist das Vorliegen einer der Fälle des § 708 Nr. 4 bis 11 sowie die **Unanwendbarkeit** des § 713. Zu **Konkurrenzfragen** s. § 708 Rn. 11, zur Teilvollstreckung § 752 Rn. 3.

II. Verfahren, Rechtsfolge, Entscheidung

2 **1. Verfahren und Entscheidung.** Die Abwendungsbefugnis ist von **Amts wegen** im Urteilstenor auszusprechen. Unterbleibt dies, ist nach §§ 716, 321 zu ergänzen. Die Entscheidung lautet etwa, wie folgt: „Der (verurteilte) Beklagte kann die Zwangsvollstreckung des Klägers gegen Sicherheitsleistung in Höhe

---

[1] MK/*Krüger* Rn. 4.
[2] OLG Frankfurt FamRZ 1987, 174.
[3] *Zö/Herget* Rn. 2.
[1] OLG Köln NJW-RR 1987, 189.

von … Euro abwenden, wenn nicht der Kläger vor der Vollstreckung Sicherheit in gleicher Höhe leistet" oder bei Anwendung des **Satzes 2:** „Der Beklagte kann die Zwangsvollstreckung durch Sicherheitsleistung in Höhe von 110% des aufgrund des Urteils vollstreckbaren Betrages abwenden, wenn nicht der Kläger vor der Vollstreckung Sicherheit in Höhe von 110% des jeweils zu vollstreckenden Betrages leistet".[2] Bei **Teilerfolgen beider Parteien** sind die Voraussetzungen der § 708ff. für jede Partei zu prüfen,[3] sodass es zu mehreren Vollstreckbarkeitsanordnungen kommen kann, auch zur doppelten Abwendungsbefugnis („Beide Parteien können die Zwangsvollstreckung des Gegners durch Sicherheitsleistung abwenden. Die Höhe der Sicherheit beträgt für den Kläger … Euro, für den Beklagten … Euro. Die Abwendungsbefugnis entfällt, wenn die vollstreckungswillige Partei vor der Vollstreckung Sicherheit in entsprechender Höhe leistet."). Auch hier kann Satz 2 angewandt werden. Zur **Art der Sicherheitsleistung,** die auch in der Hinterlegung von Geld oder Wertpapieren liegen kann, s. § 108 und § 709 Rn. 7. Die **Höhe,** die für beide Parteien im Regelfall gleich sein wird,[4] muss den denkbaren Schaden des Gläubigers ausgleichen, den er durch den Verlust der Vollstreckungsmöglichkeit erleiden kann, also die gesamte vollstreckbare Forderung umfassen (s. im Einzelnen § 709 Rn. 4f.).[5] Zugunsten des Gläubigers kann auf Antrag (§ 714 Abs. 1) gem. **Satz 3** bei entsprechendem, glaubhaft gemachten (§ 714 Abs. 2) Vortrag § 710 analog angewandt werden. **Hinterlegung** in § 711 meint andere Fälle als die von Geld, etwa die Möglichkeit der Hinterlegung einer Sache zur Abwendung der Vollstreckung aus einem Herausgabetitel.[6]

3 **2. Rechtsfolge.** Macht der **Schuldner** von der Abwendungsbefugnis Gebrauch, ist die Zwangsvollstreckung des Gläubigers so lange unzulässig, wie er nicht selbst Sicherheit leistet. Eine begonnene Vollstreckung ist einzustellen (§ 775 Nr. 3), getroffene Vollstreckungsmaßregeln sind gem. § 776 S. 1 aufzuheben. Leistet der **Gläubiger** vor oder nach dem Schuldner Sicherheit, kann er die Vollstreckung betreiben; gem. Satz 1 kommt es nicht darauf an, dass der Gläubiger vor dem Schuldner, sondern vor der Vollstreckung Sicherheit leistet.[7] Der Schuldner kann dann die von ihm erbrachte Sicherheitsleistung nach § 109 zurückfordern.[8] Macht der Schuldner von der Abwendungsbefugnis keinen Gebrauch, so darf der Gläubiger vollstrecken. Solange er aber keine Sicherheit leistet, ist gepfändetes Geld oder ein Versteigerungserlös zu hinterlegen (§ 720); eine gepfändete Forderung darf nur zur Einziehung überwiesen werden, der Drittschuldner darf nur hinterlegen (§ 839).

712 *Schutzantrag des Schuldners*

(1) [1]Würde die Vollstreckung dem Schuldner einen nicht zu ersetzenden Nachteil bringen, so hat ihm das Gericht auf Antrag zu gestatten, die Vollstreckung durch Sicherheitsleistung oder Hinterlegung ohne Rücksicht auf eine Sicherheitsleistung des Gläubigers abzuwenden; § 709 Satz 2 gilt in den Fällen des § 709 Satz 1 entsprechend. [2]Ist der Schuldner dazu nicht in der Lage, so ist das Urteil nicht für vorläufig vollstreckbar zu erklären oder die Vollstreckung auf die in § 720a Abs. 1, 2 bezeichneten Maßregeln zu beschränken.

(2) [1]Dem Antrag des Schuldners ist nicht zu entsprechen, wenn ein überwiegendes Interesse des Gläubigers entgegensteht. [2]In den Fällen des § 708 kann das Gericht anordnen, dass das Urteil nur gegen Sicherheitsleistung vorläufig vollstreckbar ist.

I. Normzweck, Voraussetzungen

1 Die Vorschrift **dient** dem Schuldnerschutz in Ausnahmefällen, wobei das Gesetz selbst hier nach Abs. 2 den Interessen des Gläubigers den Vorrang einräumt. **Halbsatz 2** des Abs. 1 Satz 1 soll die Entscheidung über die vorläufige Vollstreckbarkeit erleichtern. **Formell setzt** die Vorschrift einen **Antrag** des Schuldners, materiell einen **nicht zu ersetzenden Nachteil** des Schuldners durch die Vollstreckung voraus. Erforderlich sind also irreparable Fakten durch die Vollstreckung (s. § 707 Rn. 9, § 719 Rn. 5), die so gut wie sicher zu erwarten sind.[1] Dabei ist zu beachten, dass der Schuldner vor einer unberechtigten Vollstreckung durch § 717 geschützt ist. Es reicht nicht aus, dass dieser Anspruch – etwa wegen der Notwendigkeit einer Auslandsvollstreckung – schwer zu realisieren ist,[2] denn das heißt noch nicht unersetzlich. In Betracht kommen also Fälle, in denen die Vernichtung der wirtschaftlichen Existenz des Schuldners sicher scheint. Die Vermögenslosigkeit des Gläubigers kann nur dann Anlass einer Entscheidung nach § 712 sein, wenn der Gläubiger ohne Sicherheit vollstrecken darf (§ 708 Nr. 1 bis 3, § 710[3]). Zur **Teilvollstreckung** s. § 752 Rn. 3.

---

[2] So auch (allerdings 120%) OLG Celle NJW 2003, 73; *Zö/Herget* Rn. 2; aA *König* NJW 2003, 1372ff.
[3] MK/*Krüger* Rn. 2; *Zö/Herget* Rn. 1.
[4] *Zö/Herget* Rn. 2.
[5] Obwohl der Schaden des Gläubigers nicht höher sein kann als die vollstreckbare Forderung, sollte wegen des Gleichlaufs der Sicherheitshöhe für beide Parteien ein prozentualer Aufschlag gemacht werden; aA *König* NJW 2003, 1372, 1373, der außerdem zu Unrecht annimmt, beim Schuldner sei auf einen Aufschlag zu verzichten.
[6] MK/*Krüger* Rn. 5.
[7] OLG Zweibrücken Rpfleger 1999, 454.
[8] OLG Oldenburg Rpfleger 1985, 504.
[1] *B/L/H* Rn. 3.
[2] MK/*Krüger* Rn. 3.
[3] Zur Konkurrenz zwischen §§ 712, 710 s. MK/*Krüger* Rn. 9.

II. Interessenabwägung, Verfahren, Rechtsfolge

1. Überwiegendes Interesse des Gläubigers. Wenn die Voraussetzungen der Anwendung des § 712 vorliegen, muss das Gericht von Amts wegen in eine Interessenabwägung eintreten, Abs. 2 S. 1. Das Gläubigerinteresse kann, da die Interessen des Schuldners ohnehin nur im Ausnahmefall des Abs. 1 S. 1 geschützt werden, nicht allein im Interesse an einer baldigen Befriedigung des titulierten Anspruchs durch Vollstreckung liegen. Es müssen **besondere,** im Streitfall glaubhaft gemachte (§ 714 Abs. 2) **Umstände** vorgetragen sein, die es rechtfertigen, die Vollstreckung trotz des nicht zu ersetzenden Schadens für den Schuldner durchführen zu lassen. Hier kommen in der Regel wohl nur die in § 710 normierten Umstände (§ 710 Rn. 2) in Betracht.[4] Erheblich kann aber auch der bisherige Verfahrensverlauf sein; bei Berufungsurteilen haben die Gläubigerinteressen nach der Wertung der §§ 708 Nr. 10, 717 Abs. 3 noch größeres Gewicht.[5] Lehnt der Schuldner eine vom Gläubiger angebotene Zwischenlösung ab, kann das bei der Abwägung gegen ihn sprechen.[6] 2

2. Verfahren. Der erforderliche Antrag ist vor Schluss der mündlichen Verhandlung zu stellen (§ 714 Abs. 1), die tatsächlichen Voraussetzungen sind glaubhaft zu machen (§ 714 Abs. 2), die für Abs. 1 durch den Schuldner, die für Abs. 2 S. 1 durch den Gläubiger. Der Antrag muss nicht auf eine bestimmte Schutzform gerichtet sein, allerdings darf das Gericht gem. § 308 nicht eine weitergehende Anordnung treffen als beantragt. Die stattgebende **Entscheidung,** die nur mit Rechtsmitteln in der Hauptsache anfechtbar ist, ist im Tenor des Urteils auszusprechen. Sie geht grundsätzlich dahin, dass dem Schuldner gestattet ist, die Zwangsvollstreckung durch Sicherheitsleistung oder Hinterlegung (s. dazu § 711 Rn. 2) abzuwenden, und zwar ungeachtet einer Sicherheitsleistung des Gläubigers. In den Fällen des § 709 S. 1 (Vollstreckung gegen Sicherheitsleistung) kann von § 709 S. 2 Gebrauch gemacht werden. Ist der Schuldner nicht zur Sicherheitsleistung in der Lage, darf gem. Abs. 1 S. 2 die vorläufige Vollstreckbarkeit nicht angeordnet werden oder es ist auszusprechen, dass nur eine Sicherungsvollstreckung iSd. § 720a Abs. 1 und 2 erfolgen darf. Letzteres muss bei einer Verurteilung zu Geldleistungen die Regel sein, weil so den beiderseitigen Interessen am besten gedient ist. Liegen die Voraussetzungen des Abs. 1 vor, **überwiegen** aber die **Interessen des Gläubigers,** so kann, wenn ein Fall des § 708 vorliegt, gleichwohl zugunsten des Schuldners angeordnet werden, dass das Urteil nur gegen Sicherheitsleistung vorläufig vollstreckbar ist, **Abs. 2 S. 2.** Diese im Ermessen des Gerichts stehende Entscheidung erfordert eine neue Interessenabwägung. Ist der **Antrag nicht beschieden** worden, gelten §§ 716, 321. 3

3. Rechtsfolge. Leistet der Schuldner die angeordnete Sicherheit oder hinterlegt er, gelten §§ 775 Nr. 3, 776; anderenfalls darf der Gläubiger in den Schranken des § 720 vollstrecken. Im Fall des Abs. 1 S. 2 Alt. 1 ist eine Vollstreckung ausgeschlossen (§ 704 Abs. 1), im Fall des Abs. 1 S. 2 Alt. 2 ist sie wie bei einer Anordnung nach § 709 S. 1 möglich. 4

713 *Unterbleiben von Schuldnerschutzanordnungen* **Die in den §§ 711, 712 zugunsten des Schuldners zugelassenen Anordnungen sollen nicht ergehen, wenn die Voraussetzungen, unter denen ein Rechtsmittel gegen das Urteil stattfindet, unzweifelhaft nicht vorliegen.**

I. Normzweck

§§ 709, 711, 712 dienen u. a. dem Schutz des Schuldners vor der Vollstreckung aus einem sachlich unrichtigen Urteil und der Realisierung seiner Schadensersatzansprüche aus § 717. Dieser Schutz ist nicht erforderlich, wenn das noch nicht rechtskräftige Urteil gleichwohl nicht abgeändert werden kann, weil ein Rechtsmittel unzulässig ist. Zudem soll der Schuldner gehindert werden, die Vollstreckung durch unzulässige Rechtsmittel hinauszuzögern.[1] 1

II. Voraussetzungen und Verfahren

1. Voraussetzungen. a) Allgemeines. Die Vorschrift findet Anwendung, wenn ein an sich statthaftes Rechtsmittel **unzweifelhaft** unzulässig ist. Dies ist bei **erstinstanzlichen Urteilen** der Fall, wenn die Voraussetzungen des § 511 Abs. 2 (Wert der Beschwer nicht erreicht, keine Zulassung der Berufung) fehlen. Zur Zeit der Entscheidung kann nicht untersucht werden, ob weitere Zulässigkeitsvoraussetzungen fehlen (Rechtsmittelfrist o. ä.). Für **Berufungsurteile,** in denen die Revision nicht zugelassen wird, hat die Vorschrift so lange Bedeutung, wie die Nichtzulassungsbeschwerde (§ 544) wertgebunden ist (§ 26 Nr. 8 EGZPO: 20 000,– Euro); sie ist auch anzuwenden.[2] Urteile in Arrestsachen und Verfahren über den Erlass von einstweiligen Verfügungen werden wegen § 542 Abs. 2 mit der Verkündung rechtskräftig. Im Übrigen ist dann, wenn die Revision nicht zugelassen wird, die Nichtzulassungsbeschwerde (§ 544) möglich, über die das Revisionsgericht zu entscheiden hat. Damit kann das Berufungsgericht nicht feststellen, dass ein Rechtsmittel unzweifelhaft nicht zulässig ist. Ist der **Wert** der Beschwer **zweifelhaft,** etwa bei Ermessensentscheidungen nach § 3, ist von dem denkbar höchsten Wert auszugehen, weil letztlich das Rechtsmittelgericht über den Wert entscheidet. Es darf auch allein auf die Frage der **Zulässigkeit** eines Rechtsmittels abge- 2

---

[4] Zö/*Herget* Rn. 2; ähnlich auch MK/*Krüger* Rn. 6; für geringere Anforderungen *B/L/H* Rn. 7.
[5] Zö/*Herget* Rn. 2.
[6] OLG Düsseldorf GRUR 1979, 188, 189.
[1] MK/*Krüger* Rn. 1.
[2] LG Landau NJW 2002, 973; Zö/*Herget* Rn. 2; aA LG Bad Kreuznach NJW 2003, 73f.

stellt werden, nicht etwa darauf, ob es offensichtlich unbegründet wäre. Ist ein Rechtsmittel **nicht statthaft,** findet § 713 keine Anwendung, weil das Urteil dann mit Verkündung rechtskräftig wird (s. § 705 Rn. 4).

3 b) **Die unselbstständige Anschlussberufung** (§ 524) ist nach wohl hM kein Rechtsmittel (s. § 524 Rn. 4). Gleichwohl ist sie nach dessen Zweck als Rechtsmittel iSd. § 713 anzusehen. Ist eine unselbstständige Anschlussberufung möglich, liegen die Voraussetzungen des § 713 nicht vor, weil auch für die Partei, deren Beschwer die Grenze des § 511 Abs. 2 Nr. 1 nicht erreicht, ein Rechtsmittel zulässig sein könnte.[3]

4 **2. Verfahren.** Die Entscheidung nach § 713 ist von Amts wegen zu treffen, wobei dem Gericht („soll") nur ein Beurteilungsspielraum hinsichtlich der Voraussetzung „unzweifelhaft" zusteht. Schuldnerschutzanordnungen nach §§ 711, 712 müssen unterbleiben; sie können nur ergehen, wenn Zweifel verbleiben. Im Übrigen ist das Urteil, da es noch nicht rechtskräftig ist, für vorläufig vollstreckbar zu erklären, § 704 Abs. 1. Unrichtig wäre deshalb ein Ausspruch wie: „Das Urteil ist rechtskräftig" oder „Das Urteil ist unbedingt vollstreckbar".[4]

714 *Anträge zur vorläufigen Vollstreckbarkeit* **(1) Anträge nach den §§ 710, 711 Satz 3, § 712 sind vor Schluss der mündlichen Verhandlung zu stellen, auf die das Urteil ergeht.**

(2) Die tatsächlichen Voraussetzungen sind glaubhaft zu machen.

I. Normzweck, Allgemeines

1 Die Vorschrift regelt das Verfahren bei Vollstreckungsschutzanträgen von Gläubiger (§§ 710, 711 S. 3) und Schuldner (§ 712). Anträge nach Abs. 1 sind Sachanträge iSd. § 137 Abs. 1, sodass § 297 Anwendung findet.[1] Zu entscheiden ist im Urteil, beim Stattgeben in der Urteilsformel. Die Abweisung kann sich aus den Gründen ergeben. Ist eine Entscheidung unterlassen worden, ist sie analog § 716 nach § 321 nachzuholen.[2]

II. Zeitpunkt der Antragstellung, Glaubhaftmachung

2 **1. Zeitpunkt.** Der Antrag ist bis zum Schluss der mündlichen Verhandlung der jeweiligen Tatsacheninstanz zu stellen. Sehr streitig ist die Frage, ob ein in erster Instanz **unterlassener Antrag** in zweiter Instanz nachgeholt werden darf mit der Folge, dass über ihn durch **Teilurteil nach § 718 Abs. 1** vorab entschieden werden kann (s. a. § 718 Rn. 1).[3] Schon nach dem klaren Wortlaut des § 714 ist die Frage zu verneinen.[4] § 718 steht nicht entgegen, weil die Vorschrift eine fehlerhafte Entscheidung erster Instanz voraussetzt. Schutzwürdige Interessen von Gläubiger und Schuldner stehen nicht entgegen. Der Schuldner wird bei aussichtsreichem Rechtsmittel mit einem Antrag nach §§ 719, 707 Erfolg haben; dem antragstellenden Gläubiger ist vorzuhalten, dass er einen Antrag in erster Instanz versäumt hat. Ein Antrag kann im Berufungsverfahren aber dann nachgeholt werden, wenn er nur der Abwehr eines Antrags des Gegners zur Vorabentscheidung nach § 718 ZPO dient.[5] Treten die Voraussetzungen des § 710 erst nach Erlass des erstinstanzlichen Urteils ein, kann der Gläubiger mit Erfolgsaussicht eine Leistungsverfügung beantragen.[6] Anders ist es bei einem **Einstellungsantrag nach den §§ 707, 719** (s. dazu § 719 Rn. 3).

3 **2. Glaubhaftmachung.** Die tatsächlichen Voraussetzungen des Antrags sind (im Fall des Bestreitens[7]) glaubhaft zu machen, Abs. 2, § 294.

715 *Rückgabe der Sicherheit* **(1) [1]Das Gericht, das eine Sicherheitsleistung des Gläubigers angeordnet oder zugelassen hat, ordnet auf Antrag die Rückgabe der Sicherheit an, wenn ein Zeugnis über die Rechtskraft des für vorläufig vollstreckbar erklärten Urteils vorgelegt wird. [2]Ist die Sicherheit durch eine Bürgschaft bewirkt worden, so ordnet das Gericht das Erlöschen der Bürgschaft an.**

(2) § 109 Abs. 3 gilt entsprechend.

I. Normzweck

1 Das Verfahren bei der Rückgabe einer geleisteten Sicherheit ist grundsätzlich in § 109 geregelt. § 715 ermöglicht dem Gläubiger in einem **Spezialfall** einen leichteren Weg. Mit Rechtskraft des Urteils entfällt das Bedürfnis für eine Sicherheitsleistung, die Schadensersatzansprüche nach § 717 abdecken soll. Die Rechtskraft wiederum ist durch ein öffentliches Rechtskraftzeugnis (§ 706 Abs. 1) leicht nachweisbar. Hier ist der umständlichere Weg des § 109 entbehrlich. **Die Vorschrift gilt** nur zugunsten des **Gläubigers** und nur im

---

[3] AllgM; vgl. MK/*Krüger* Rn. 2 m. weit. Nachw.
[4] *B/L/H* Rn. 3.
[1] OLG Frankfurt MDR 1969, 1016; MK/*Krüger* Rn. 1.
[2] OLG Saarbrücken JurBüro 1985, 1579; *Zö/Herget* Rn. 1.
[3] So OLG Stuttgart MDR 1998, 858, 859; OLG Bamberg FamRZ 1990, 184; OLG Koblenz NJW-RR 1989, 1024; OLG Hamm NJW-RR 1987, 252; *St/J/Münzberg* Rn. 3; *T/P/Hüßtege* Rn. 5.
[4] So auch OLG Frankfurt/M OLGR 2002, 180, 181; KG MDR 2000, 478; OLG Hamburg MDR 1994, 1246, 1247; OLG Karlsruhe NJW-RR 1989, 1470f.; OLG Köln OLGZ 1979, 113; *Zö/Herget* Rn. 1.
[5] OLG Zweibrücken NJW-RR 2003, 75f.
[6] S. hierzu und zu weiteren Einzelheiten MK/*Krüger* Rn. 3.
[7] MK/*Krüger* Rn. 4.

Fall der Prozessbeendigung durch rechtskräftig gewordenes **Urteil,** nicht bei der Klagerücknahme[1] oder beim Prozessvergleich. Da beim Vergleich kein dem Rechtskraftzeugnis vergleichbarer liquider Beendigungsnachweis zur Verfügung steht, kommt auch eine analoge Anwendung des § 715 nicht in Betracht.[2] Dies gilt auch für eine **Einstellung der Zwangsvollstreckung** durch das Rechtsmittelgericht nach §§ 719, 707.[3] Anwendung findet die Vorschrift dagegen auf rechtskräftige Vorbehaltsurteile nach §§ 302, 599,[4] weil Ansprüche aus § 717 nicht mehr in Betracht kommen. Für die anderen Fälle auflösend bedingter Endurteile (Zwischenurteile nach §§ 280, 304; s. § 704 Rn. 2) gilt die Vorschrift nicht,[5] vielmehr nur bei Rechtskraft von Zwischen- und Schlussurteil.[6]

II. Verfahren, Entscheidung, Rechtsmittel

1. Verfahren. Örtlich und sachlich **zuständig** ist nach Abs. 1 S. 1 das Gericht, das die Sicherheitsleistung angeordnet hat, funktionell gem. § 20 Nr. 3 RPflG der Rechtspfleger. Der **erforderliche Antrag** kann gem. Abs. 2, § 109 Abs. 3 S. 1 schriftlich oder zu Protokoll der Geschäftsstelle gestellt werden, sodass **kein Anwaltszwang** besteht, § 78 Abs. 5. Grundsätzlich ist die Vorlage eines Rechtskraftattestes (§ 706) erforderlich. Es reicht die Vorlage einer bestätigenden Rechtsmittelentscheidung, wenn diese Entscheidung mit der Verkündung rechtskräftig wird (vgl. dazu § 705 Rn. 4). Bei einem Urteil gegen **Gesamtschuldner** muss die Rechtskraft gegenüber allen Schuldnern nachgewiesen werden.[7] 2

2. Entscheidung, Rechtsmittel. Zu entscheiden ist, bei Stattgeben nach Anhörung des Gegners, durch **Beschluss.** Die Entscheidung lautet auf Abweisung oder Anordnung der Rückgabe der Sicherheit bzw. Erlöschen der Bürgschaft. Einer Kostenentscheidung bedarf es auch dann nicht, wenn Kosten anfallen, da es sich dann um Kosten der Zwangsvollstreckung handelt.[8] Die Entscheidung wird sofort wirksam. Der Beschluss ist, da er einem befristeten Rechtsbehelf unterliegt, zuzustellen. **Rechtsmittel** gegen eine ablehnende Entscheidung ist die sofortige Beschwerde nach § 11 Abs. 1 RPflG, § 567 Abs. 1 Nr. 2. Gegen die stattgebende Entscheidung des Rechtspflegers findet die befristete Erinnerung nach § 11 Abs. 2 S. 1 RPflG statt, weil gegen eine stattgegebene Entscheidung des Richters kein Rechtsmittel statthaft ist.[9] 3

III. Gebühren und Kosten

1. Anwaltsgebühren. Die Tätigkeit des Anwalts gehört zum Rechtszug (§ 19 Abs. 1 Nr. 7 RVG), wird also durch die Gebühren der Nrn. 3100 ff. VV RVG abgegolten. Ist der Anwalt **nicht Prozessbevollmächtigter,** erhält er die Gebühr der Nr. 3403 VV RVG. 4

2. Gerichtskosten. Gerichtsgebühren fallen nicht an. 5

716 *Ergänzung des Urteils* **Ist über die vorläufige Vollstreckbarkeit nicht entschieden, so sind wegen Ergänzung des Urteils die Vorschriften des § 321 anzuwenden.**

I. Normzweck

Die Vorschrift gibt eine § 321, den sie für anwendbar erklärt, entsprechende Ergänzungsmöglichkeit beim Fehlen der Vollstreckbarkeitsentscheidung. Über den Wortlaut der Norm hinaus findet sie **analog** in jedem Fall der versehentlich unterlassenen Vollstreckbarkeitsentscheidung Anwendung, also wenn die Höhe der Sicherheit nicht festgelegt ist,[1] die Abwendungsbefugnis (§ 711) für den Schuldner fehlt[2] oder ein Schutzantrag nach den §§ 710, 711 S. 3, 712 gestellt, aber nicht beschieden wurde (s. § 712 Rn. 3). Bei einer **fehlerhaften Entscheidung** ist entschieden, sodass die Norm nicht anwendbar ist. 1

II. Verfahren

Es gilt § 321; s. deshalb auch die Anmerkungen dort. Über den erforderlichen, **binnen zwei Wochen** nach Zustellung des Urteils zu stellenden **Antrag** (§§ 716, 321 Abs. 2) ist nach **mündlicher Verhandlung** vom Gericht, das die Entscheidung unterlassen hat, durch **Ergänzungsurteil** zu entscheiden, § 321. Ist die Frist des § 321 Abs. 2 versäumt, kann eine Änderung oder Ergänzung nur noch im Rechtsmittelverfahren erfolgen.[3] Dagegen fehlt das Rechtsschutzbedürfnis für eine **Berufung** nur wegen der vorläufigen Vollstreckbarkeit, solange die Ergänzung möglich ist.[4] Ist eine der von Amts wegen zu treffenden Entscheidungen (§§ 708, 709, 711) übergangen worden, dürfen auch **Schutzanträge** im Ergänzungsverfahren **nachge-** 2

---

[1] *Zö/Herget* Rn. 1.
[2] MK/*Krüger* Rn. 2; *Zö/Herget* Rn. 1.
[3] BGHZ 11, 303, 304; MK/*Krüger* Rn. 2; *Zö/Herget* Rn. 1; aA *Haakshorst/Comes* NJW 1977, 2344 f.
[4] RGZ 47, 364, 365 f.; MK/*Krüger* Rn. 1.
[5] S. ausführlich *St/J/Münzberg* Rn. 3; MK/*Krüger* Rn. 1.
[6] *Zö/Herget* Rn. 1.
[7] OLG München SeuffA 70 Nr. 97.
[8] MK/*Krüger* Rn. 6.
[9] AllgM; OLG Karlsruhe Rpfleger 1996, 73, 74; MK/*Krüger* Rn. 5; *Zö/Herget* Rn. 6.
[1] MK/*Krüger* Rn. 1; *Zö/Herget* Rn. 1.
[2] BGH LM § 711 Nr. 1.
[3] *St/J/Münzberg* Rn. 3.
[4] *Zö/Herget* Rn. 2.

holt werden.[5] Ist wegen der Annahme, es sei kein Rechtsmittel zulässig, **gem. § 713 entschieden** worden, sollten nach positiver Entscheidung über die Nichtzulassungsbeschwerde statt eines Antrags nach §§ 716, 321 Schutzanordnungen nach § 719 Abs. 2 ermöglicht werden.[6] Die Frist beginnt mit Zustellung des Berichtigungsbeschlusses, wenn zuvor eine **Tatbestandsberichtigung** erforderlich war.[7]

III. Gebühren und Kosten

3 **1. Anwaltsgebühren.** Vgl. § 319 Rn. 22.

4 **2. Gerichtskosten.** Es werden keine Gebühren erhoben.

717 *Wirkungen eines aufhebenden oder abändernden Urteils*

(1) Die vorläufige Vollstreckbarkeit tritt mit der Verkündung eines Urteils, das die Entscheidung in der Hauptsache oder die Vollstreckbarkeitserklärung aufhebt oder abändert, insoweit außer Kraft, als die Aufhebung oder Abänderung ergeht.

(2) [1]Wird ein für vorläufig vollstreckbar erklärtes Urteil aufgehoben oder abgeändert, so ist der Kläger zum Ersatz des Schadens verpflichtet, der dem Beklagten durch die Vollstreckung des Urteils oder durch eine zur Abwendung der Vollstreckung gemachte Leistung entstanden ist. [2]Der Beklagte kann den Anspruch auf Schadensersatz in dem anhängigen Rechtsstreit geltend machen; wird der Anspruch geltend gemacht, so ist er als zur Zeit der Zahlung oder Leistung rechtshängig geworden anzusehen.

(3) [1]Die Vorschriften des Absatzes 2 sind auf die im § 708 Nr. 10 bezeichneten Berufungsurteile, mit Ausnahme der Versäumnisurteile, nicht anzuwenden. [2]Soweit ein solches Urteil aufgehoben oder abgeändert wird, ist der Kläger auf Antrag des Beklagten zur Erstattung des von diesem auf Grund des Urteils Gezahlten oder Geleisteten zu verurteilen. [3]Die Erstattungspflicht des Klägers bestimmt sich nach den Vorschriften über die Herausgabe einer ungerechtfertigten Bereicherung. [4]Wird der Antrag gestellt, so ist der Anspruch auf Erstattung als zur Zeit der Zahlung oder Leistung rechtshängig geworden anzusehen; die mit der Rechtshängigkeit nach den Vorschriften des bürgerlichen Rechts verbundenen Wirkungen treten mit der Zahlung oder Leistung auch dann ein, wenn der Antrag nicht gestellt wird.

I. Normzweck

1 § 704 erlaubt bei der Anordnung der vorläufigen Vollstreckbarkeit dem Gläubiger, schon vor Rechtskraft des Urteils in das Vermögen des Schuldners zu vollstrecken. Damit wird im Interesse des Gläubigers in Kauf genommen, dass aus Urteilen vollstreckt wird, die im Rechtsmittelverfahren aufgehoben oder abgeändert werden. Dieser Zugriff ist in § 704 für **prozessual rechtmäßig**[1] erklärt, wenngleich erst mit Rechtskraft des Urteils feststeht, ob er auch materiell gerechtfertigt war. Der notwendige Ausgleich der Interessen des Schuldners erfolgt in § 717. Eine Zwangsvollstreckung wird sofort ab dem Zeitpunkt der Wirksamkeit der abändernden oder aufhebenden Entscheidung unzulässig, nicht erst mit Rechtskraft dieser Entscheidung. Der Schuldner, gegen den zuvor vollstreckt wurde, erhält einen Ersatzanspruch gegen den Gläubiger. Dieser in Abs. 2, 3 geregelte materiell-rechtliche Ersatzanspruch ist grundsätzlich als ein einer **Gefährdungshaftung ähnelnder Schadensersatzanspruch** ausgestaltet, der keine Rechtswidrigkeits- oder Verschuldensprüfung erfordert. Im erhöhten Vertrauen auf die Richtigkeit von Berufungsentscheidungen[2] ist der Ersatzanspruch nach einer Vollstreckung aus aufgehobenen oder abgeänderten streitigen Berufungsurteilen als **Rechtsfolgenverweisung auf das Bereicherungsrecht** ausgestaltet. Zu weiteren Einzelheiten s. Rn. 4 (Abs. 2) und Rn. 16 (Abs. 3). **Sondervorschriften** gibt es für Arreste und einstweilige Verfügungen (§ 945) und Vaterschaftsfeststellungsklagen (§ 641 g).

II. Wegfall der vorläufigen Vollstreckbarkeit (Absatz 1)

2 **1. Anwendungsbereich.** Die Vorschrift gilt über § 700 Abs. 1 auch für **Vollstreckungsbescheide.** Sie findet nur Anwendung, wenn ein für vorläufig vollstreckbar erklärtes Urteil bzw. ein Vollstreckungsbescheid im Rechtsmittel-, Rüge- (§ 321 a) bzw. Einspruchsverfahren aufgehoben oder abgeändert wird. Daran fehlt es, wenn ein rechtskräftiges (also endgültig vollstreckbares) **Vorbehaltsurteil im Nachverfahren** aufgehoben oder abgeändert wird. Wird ein von dem Bestand eines nicht rechtskräftigen Zwischen- oder Vorbehaltsurteils abhängiges Endurteil durch die Abänderung oder Aufhebung des Zwischen- bzw. Vorbehaltsurteils hinfällig, tritt die Wirkung des Abs. 1 erst mit Rechtskraft des abändernden/aufhebenden Urteils ein.[3]

3 **2. Voraussetzungen und Wirkung.** Die Wirkungen des Abs. 1 treten ein, wenn im Einspruchs-, Rüge- (§ 321 a) oder Rechtsmittelverfahren das für vorläufig vollstreckbar erklärte Urteil (bzw. der Vollstreckungsbescheid) in der Hauptsache oder der Entscheidung über die vorläufige Vollstreckbarkeit (§ 718) aufgeho-

---

[5] AllgM; OLG Frankfurt/M FamRZ 1990, 539, 540; MK/*Krüger* Rn. 2.
[6] MK/*Krüger* Rn. 2.
[7] BGH NJW 1982, 1821 f.
[1] BGHZ 85, 110, 113 = NJW 1983, 232.
[2] BGHZ 69, 373, 378 = NJW 1978, 163 (zu § 717 Abs. 3 aF).
[3] S. im Einzelnen MK/*Krüger* Rn. 5.

ben oder abgeändert wird. Ein Zwischenurteil des Berufungsgerichts nach § 304 ist noch kein aufhebendes Urteil.[4] Bei einer **Teilabänderung** tritt die Wirkung nur im Umfang der Abänderung ein. Der Grund der Abänderung ist ohne Bedeutung.[5] Maßgebend ist der Zeitpunkt der Entscheidung, also die Verkündung (§ 311 Abs. 2) oder bei Urteilen im schriftlichen Verfahren die Zustellung (§ 310 Abs. 3). Nicht erforderlich ist es, dass die abändernde/aufhebende Entscheidung für vorläufig vollstreckbar erklärt wird, weil die Rechtsfolge gem. Abs. 1 **kraft Gesetzes** eintritt.[6] Allerdings treten in diesem Fall die Wirkungen der §§ 775 Nr. 1, 776 erst mit Rechtskrafteintritt ein. Das Außerkrafttreten der Vollstreckbarkeitsentscheidung hat die **Wirkung,** dass vom maßgeblichen Zeitpunkt an die Vollstreckung unzulässig (unerlaubte Handlung) wird und, wenn die Entscheidung für vorläufig vollstreckbar erklärt wurde, die in §§ 775, 776 ausgesprochenen Folgen eintreten. Wird eine aufhebende Entscheidung wiederum im Rechtsmittelzug aufgehoben, tritt die Vollstreckbarkeitserklärung der ersten Instanz nur dann wieder in Kraft, wenn dieses Urteil wiederhergestellt wird, weil sonst die Richtigkeit der erstinstanzlichen Entscheidung offen bleibt.[7] Gegenstandslos wird auch das Kostenfestsetzungsverfahren.[8]

III. Der Schadensersatzanspruch (Absatz 2)

1. Normzweck. Der Gläubiger, der einen nicht rechtskräftigen Titel besitzt, kennt in der Regel die Gefahr, dass die Entscheidung aufgehoben oder abgeändert wird. Das Gesetz räumt ihm – nicht selbstverständlich – die Möglichkeit ein, aus diesem Titel zu vollstrecken; dem Schuldner legt es die Verpflichtung auf, diesen Eingriff zu dulden. Dieser Eingriff ist dann nicht mehr gerechtfertigt, wenn der Titel aufgehoben oder abgeändert wird. Aus diesem Grund ordnet Abs. 2 eine **Risiko- oder Gefährdungshaftung** des Gläubigers gegenüber dem Vollstreckungsschuldner an.[9] Der Gläubiger, der aus einem noch nicht rechtsbeständigen Titel vollstreckt, unternimmt dies auf seine Gefahr und muss deshalb die aus dem Vollstreckungszugriff entstandenen Folgen tragen, wenn der Vollstreckungstitel im Ergebnis keinen Bestand hat.[10] Diese Haftung entsteht schon durch den Erlass einer aufhebenden oder abändernden Entscheidung unabhängig von deren Rechtskraft; die Leistung (oder der vollstreckte Betrag) soll sogleich zurückerstattet werden.[11] Damit kann der Schuldner jedenfalls bis zu einer das aufhebende/abändernde Urteil wiederum aufhebenden/abändernden Entscheidung den Schadensersatzanspruch geltend machen, wobei er jetzt allerdings das Risiko trägt und seinerseits mit Ansprüchen aus Abs. 2, 3 rechnen muss. 4

2. Anwendungsbereich. a) **Unmittelbar** anwendbar ist die Norm, wenn ein Urteil oder ein Vollstreckungsbescheid in der Sache aufgehoben bzw. abgeändert wird, nicht im Fall der Entscheidung nach § 718 nur über die Vollstreckbarkeit (anders bei Abs. 1). Der Anspruch entfällt, wenn nach der Aufhebung durch das Berufungsgericht in erster Instanz rechtskräftig wie zuvor entschieden wird (s. auch Rn. 8).[12] **Kraft gesetzlicher Verweisung** gilt sie für die Aufhebung der Vollstreckbarkeitserklärung eines Schiedsspruchs (§ 1065 Abs. 2). Zu vergleichbaren Regelungen siehe §§ 302 Abs. 4, 600 Abs. 2, 641g, 945; sie finden sich auch in multilateralen und bilateralen Vollstreckungsabkommen. 5

b) **Analog anwendbar** ist die Vorschrift wegen der vergleichbaren Sachlage anerkanntermaßen beim Wegfall eines rechtskräftigen, vom Bestand eines Zwischen- oder Vorbehaltsurteils auflösend bedingten Endurteils (s. § 704 Rn. 2),[13] bei der Aufhebung eines der Rechtskraft fähigen vollstreckbaren Beschlusses im Rechtsmittelverfahren (**Kostenfestsetzungsbeschluss**[14] – s. a. § 104 Rn. 42 zur Frage der Rückfestsetzung –, Festsetzungs- und Abänderungsbeschluss nach §§ 649, 655,[15] vollstreckbare Beschlüsse nach § 794 Abs. 1 Nr. 3, soweit sie mit befristeten Rechtsmitteln angreifbar sind,[16] dazu gehört auch der Beschluss über die Festsetzung der Vergütung des Insolvenzverwalters nach § 64 InsO[17]), der Aufhebung der Vollstreckungsklausel im Verfahren nach § 732[18] sowie der Abänderung eines Urteil im (die Aufhebung im Rechtsmittelverfahren ersetzenden) Berichtigungsverfahren nach § 319.[19] Analog anwendbar ist die Norm auch, wenn die Erteilung der Vollstreckungsklausel nach § 768 für unzulässig erklärt wird.[20] Der Unterschied zur Vollstreckungsabwehrklage (s. Rn. 7) liegt darin, dass mit dieser Klage keine nachträglichen Einwendungen geltend gemacht werden, mit denen der Gläubiger nicht rechnen musste, sondern ursprünglich vorhandene Einwendungen, die im Klauselerteilungsverfahren nicht berücksichtigt werden durften. 6

---

[4] RGZ 78, 238.
[5] AllgM; OLG Düsseldorf NJW 1974, 1714f.; MK/*Krüger* Rn. 4 m. weit. Nachw.
[6] MK/*Krüger* Rn. 4; *Zö/Herget* Rn. 1.
[7] KG NJW 1989, 3025, 3026; *Boemke-Albrecht* NJW 1991, 1333; MK/*Krüger* Rn. 6; *St/J/Münzberg* Rn. 3f.; *Zö/Herget* Rn. 1; aA OLG Frankfurt/M NJW 1990, 721.
[8] *Zö/Herget* Rn. 2.
[9] BGH NJW 1985, 128; BGHZ 85, 110, 113f. = NJW 1983, 232.
[10] BGH NJW 1985, 128; BGHZ 69, 373, 378 = NJW 1978, 163; BGHZ 54, 76, 80 = NJW 1970, 1459.
[11] BGH NJW 1997, 2601, 2602.
[12] BGH (Fn. 11) S. 2604.
[13] MK/*Krüger* Rn. 11; *St/J/Münzberg* Rn. 60.
[14] OLG Karlsruhe Rpfleger 1980, 438; OLG Frankfurt NJW 1978, 2203; OLG Köln Rpfleger 1976, 220.
[15] *Zö/Herget* Rn. 4.
[16] *St/J/Münzberg* Rn. 60.
[17] BGH NJW 2006, 443, 445f.
[18] MK/*Krüger* Rn. 11; *St/J/Münzberg* Rn. 62.
[19] MK/*Krüger* Rn. 11; *St/J/Münzberg* Rn. 63; *Zö/Herget* Rn. 4; aA *Zö/Vollkommer* § 319 Rn. 25a.
[20] *St/J/Münzberg* Rn. 62.

7 c) **Keine analoge Anwendung** kommt in Betracht, wenn vom Sinngehalt der maßgeblichen Normen der **Gläubiger das Vollstreckungsrisiko nicht tragen** soll. Dies gilt für folgende Fälle: Wiedereinsetzung und Wiederaufnahmeverfahren sowie erfolgreiche Rüge nach § 321 a;[21] **Vollstreckungsabwehr-** (§ 767)[22] und **Drittwiderspruchsklage** (§ 771);[23] einstweilige Anordnung nach §§ 127 a,[24] 620 ff., 641 d;[25] unberechtigte einstweilige Einstellung der Zwangsvollstreckung;[26] **Klagerücknahme**, beiderseitige **Erledigungserklärungen** (s. a. § 91 a Rn. 18) und Titelaufhebung durch Prozessvergleich;[27] Aufhebung nicht rechtskraftfähiger Beschlüsse;[28] **vollstreckbare Urkunden;**[29] **Prozessvergleiche.**[30] Ebenso wenig führt eine freiwillige Leistung nach einem Leistungsverlangen ohne Titel[31] oder die Vollstreckung aus einem formell rechtskräftigen Urteil, das wegen inhaltlicher Unbestimmtheit nicht der materiellen Rechtskraft fähig ist,[32] zur analogen Anwendung. Auch auf die Vollstreckung aus Steuerbescheiden oder nicht bestandskräftigen Verwaltungsakten ist die Vorschrift nicht entsprechend anwendbar.[33]

8 **3. Voraussetzungen. a) Abänderung/Aufhebung.** Ein für vorläufig vollstreckbar erklärtes Urteil muss in der Sache abgeändert oder aufgehoben worden sein. Eine Abänderung im Kostenpunkt reicht, wenn wegen der Kosten vollstreckt wurde, nicht aber eine Änderung der Vollstreckbarkeitserklärung.[34] Bei einer Teilabänderung/-aufhebung besteht die Schadensersatzverpflichtung im entsprechenden Teilumfang. Der Grund der Aufhebung/Abänderung ist grundsätzlich ohne Belang (s. aber Rn. 10), er kann auch im prozessualen Recht[35] oder darin liegen, dass eine Vorschrift für verfassungswidrig erklärt wird.[36] Wird die aufhebende/abändernde Entscheidung wiederum aufgehoben oder abgeändert und steht damit fest, dass die Vollstreckung **materiell gerechtfertigt** war, besteht kein Anspruch aus Abs. 2;[37] dies gilt aber nur bei Rechtskraft der neuen Entscheidung.[38]

9 **b) Zwangsvollstreckung, Leistung.** Aus dem Urteil muss die **Zwangsvollstreckung betrieben** worden sein. Ausreichend kann es nach Abs. 2 S. 1 auch sein, dass der Schuldner zur **Abwendung der Zwangsvollstreckung geleistet** hat. Dies gilt aber nur dann, wenn die Vollstreckung ernsthaft gedroht,[39] der Gläubiger etwa zu erkennen gegeben hat, dass er vollstrecken werde, wenn nicht freiwillig geleistet werde.[40] Die Vollstreckung droht noch nicht, wenn noch keine Klausel beantragt wurde[41] oder nur ein Feststellungsurteil vorliegt.[42] Ist eine Sicherheitsleistung des Gläubigers erforderlich, kommt es darauf an, ob diese geleistet war oder eine Sicherungsvollstreckung (§ 720 a) konkret drohte.[43] Kein Betreiben der Zwangsvollstreckung ist die Parteizustellung eines Unterlassungstitels, in dem kein Ordnungsmittel angedroht ist.[44]

10 c) **Schaden.** Dem Schuldner muss **adäquat kausal** durch die Vollstreckung oder Abwendungsleistung ein **Schaden** entstanden sein, der in den **Schutzzweck der Haftungsnorm** fällt.[45] An Letzterem fehlt es, wenn der Schaden nur dadurch entstanden ist, dass die Tatsache der Vollstreckung bekannt geworden ist.[46] Der Zurechnungszusammenhang ist auch zu verneinen, wenn der Schuldner das aufhebende/abändernde Urteil nur aufgrund von **nach Erlass** der angefochtenen Entscheidung **entstandenen Einwendungen** erlangt und der Gläubiger schon vor dem Entstehen der Einwendung vollstreckt hatte.[47] In diesem Fall konnte der Gläubiger nicht damit rechnen, dass seine Vollstreckung unzulässig werden könnte. Hätte der Schuldner stattdessen Vollstreckungsabwehrklage erhoben, wäre die Haftungsfolge ebenfalls nicht eingetreten. Mit der Möglichkeit neuen Tatsachenvortrags in der Berufungsinstanz (§ 529) lässt sich das gegenteilige Ergebnis nicht rechtfertigen,[48] weil § 531 Abs. 2 jedenfalls in erster Linie Vortrag meint, der schon in erster Instanz geltend gemacht werden konnte und mit dem der Gläubiger dann auch von vornherein rechnen musste. Dem Schuldner bleiben natürlich zivilrechtliche Bereicherungsansprüche.

---

21 MK/*Krüger* Rn. 12.
22 *St/J/Münzberg* Rn. 66.
23 MK/*Krüger* Rn. 12; *Zö/Herget* Rn. 5.
24 MK/*Krüger* Rn. 12; *St/J/Münzberg* Rn. 70; *Zö/Herget* Rn. 5; aA AG Viersen FamRZ 1984, 300.
25 BGH NJW 2000, 740, 742; BGHZ 93, 183, 188 = NJW 1985, 1074; MK/*Krüger* Rn. 12; *Zö/Herget* Rn. 5.
26 HM; BGHZ 95, 10, 13 f. = NJW 1985, 1959; MK/*Krüger* Rn. 12.; aA LG Frankfurt MDR 1980, 409.
27 BGH NJW 1988, 1268, 1269; BVerwG NJW 1981, 699 f. (je zu § 91 a); MK/*Krüger* Rn. 12.
28 *B/L/H* Rn. 23.
29 BGH NJW 1994, 2755, 2756; WM 1977, 656, 657; OLG Düsseldorf NJW 1972, 2311.
30 OLG Düsseldorf NJW-RR 1992, 1530 f.; OLG Karlsruhe OLGZ 1979, 370, 372.
31 OLG Köln NJW 1996, 1290, 1292.
32 BGH NJW-RR 1999, 1223 = JZ 2000, 161 ff. m. zust. Anm. *Münzberg*.
33 BGH MDR 2001, 451, 452.
34 OLG Karlsruhe Justiz 1975, 101.
35 BGH (Fn. 11); OLG Düsseldorf NJW 1974, 1714 f.
36 BGHZ 54, 76, 79 ff.
37 RGZ 121, 180, 182; OLG Nürnberg OLGZ 1973, 45, 46; MK/*Krüger* Rn. 9.
38 BGH (Fn. 11) S. 2604; *Saenger* JZ 1997, 222, 228 f.
39 BGH NJW-RR 1992, 1339, 1340; OLG Zweibrücken FamRZ 1998, 834, 835.
40 Vgl. BGH NJW 1996, 397, 398.
41 BGH NJW 1976, 2162, 2163.
42 BAG NJW 1989, 3173, 3174.
43 MK/*Krüger* Rn. 15.
44 BGH NJW *1996, 198, 199.*
45 BGHZ 85, 110, 113 = NJW 1983, 232.
46 BGH (Fn. 44) S. 115.
47 HM; OLG Karlsruhe Rpfleger 1996, 73, 74 f.; *St/J/Münzberg* Rn. 14 m. weit. Nachw.; aA MK/*Krüger* Rn. 17.
48 So aber MK/*Krüger* Rn. 17.

d) **Aktivlegitimiert** (Anspruchsinhaber) ist entgegen dem zu engen Wortlaut der Norm nicht nur der Beklagte, sondern derjenige, gegen den aus dem Urteil vollstreckt wurde (Vollstreckungsschuldner oder dessen Rechtsnachfolger); das kann auch der ursprüngliche Kläger sein.[49] Ein **Dritter,** der, ohne Rechtsnachfolger zu sein, für den Schuldner zur Abwendung der Zwangsvollstreckung leistet, hat keinen Anspruch, weil er nicht Vollstreckungsschuldner ist. Der Schuldner hat in diesem Fall ebenso wenig einen Anspruch aus Abs. 2, weil er keinen Schaden hat und die Voraussetzungen der Drittschadensliquidation nicht vorliegen.[50] **Passivlegitimiert** (Anspruchsgegner) ist der Gläubiger oder sein Rechtsnachfolger,[51] der vollstreckt oder die Vollstreckung angedroht hat. 11

e) **Der Umfang** des Schadensersatzanspruchs richtet sich nach §§ 249ff. BGB.[52] Grundsätzlich ist daher Naturalrestitution geschuldet, unter den Voraussetzungen der §§ 250f. BGB auch Geldersatz. Es ist der Zustand herzustellen, der ohne die Vollstreckung bestehen würde; die Folgen des Vollstreckungszugriffs sind auszugleichen.[53] Zum **ersatzfähigen Schaden** können gehören: Aufwendungen zur Beschaffung einer Sicherheit, insbesondere Bürgschaft;[54] entgangener Gewinn wegen der Versteigerung einer Sache[55] oder einer Inhaftierung nach § 913; vermögensrechtliche (nicht immaterielle) Folgen psychischer Erkrankungen durch die Vollstreckung;[56] Zinsverlust[57] sowie Prozess-[58] und Vollstreckungskosten.[59] Bei Vollstreckung aus einem Urteil, das fehlerhaft ein Leistungsverweigerungsrecht nicht berücksichtigt, besteht der Schaden in dem vollstreckten Betrag, in dem in zweiter Instanz das Leistungsverweigerungsrecht zuerkannt wird.[60] **Nicht ersatzfähig** sind Kreditschäden durch das Bekanntwerden der Zwangsvollstreckung[61] oder Nachteile durch eine Verzögerung der Verwertung.[62] 12

f) **Einwendungen des Anspruchsgegners.** Der Gläubiger kann sich auf ein **Mitverschulden** des Schuldners (§ 254 BGB) berufen, und zwar sowohl bei der Schadenentstehung (zB nachlässige Prozessführung) als auch bei der Schadenminderung.[63] Das kann allerdings nicht dazu führen, dass dem Schuldner aus Abs. 2 nur ein Teil der durch die Vollstreckung erlangten ursprünglichen Hauptforderung als Schadensersatz zuerkannt wird. Der Schuldner kann grundsätzlich **nicht aufrechnen,**[64] soweit die Leistung zur Abwendung der Zwangsvollstreckung betroffen ist oder der durch Vollstreckung beigetriebene Betrag; wohl aber gegen weitere Schadensersatzpositionen (zB Zinsschaden wegen der Leistung).[65] Die **Verjährung** richtet sich nach §§ 195, 199, 852 BGB.[66] Sie beginnt mit Kenntnis der Partei von dem aufhebenden Berufungsurteil.[67] 13

4. Geltendmachung des Anspruchs. Der Schuldner kann den Ersatzanspruch nach seiner Wahl selbstständig einklagen (auch am Wahlgerichtsstand der unerlaubten Handlung, § 32[68]) oder im Wege der Widerklage oder als **Inzidentantrag**[69] im anhängigen Rechtsstreit geltend machen. Bei der selbstständigen Klage kann vor Rechtskraft des Hauptprozesses entschieden werden, weil der Anspruch mit Erlass der aufhebenden/abändernden Entscheidung entsteht und fällig wird. Der Anspruch entfällt erst mit Rechtskraft einer Entscheidung, die dem Vollstreckungsgläubiger die im Rechtsmittelverfahren zunächst aberkannte Forderung wieder zuspricht.[70] Wird der Anspruch im laufenden Prozess geltend gemacht, ergibt sich die Besonderheit, dass seine Bedingung, die Aufhebung bzw. Abänderung des Urteils, noch nicht eingetreten ist. Der Inzidentantrag kann (nur) **bis zum Schluss der mündlichen Verhandlung** gestellt werden, soweit der Klageantrag noch anhängig ist.[71] Die Rechtshängigkeit wird auf den Zeitpunkt der Vollstreckung oder Leistung vorverlegt, sodass die materiellen Rechtshängigkeitsfolgen (Zinsen, § 291 BGB, Haftungsverschärfung, § 292 BGB) schon zu diesem Zeitpunkt eintreten. Hat ein **Rechtsnachfolger** des Gläubigers vollstreckt, kann gem. §§ 265, 325 der Inzidentanspruch gleichwohl gegen den Gläubiger geltend gemacht werden.[72] Besteht wegen zu viel vollstreckten Unterhalts ein Schadensersatzanspruch nach Abs. 2, kann 14

---

[49] Vgl. BGH NJW 1962, 806, 807.
[50] BGH NJW 1985, 128; MK/*Krüger* Rn. 13; aA (hinsichtlich der Drittschadensliquidation) *St/J/Münzberg* Rn. 27.
[51] BGH NJW 1967, 1966.
[52] BGH (Fn. 48).
[53] BGHZ (Fn. 44) S. 115.
[54] OLG Hamm AnwBl. 1988, 300.
[55] *Saenger* (Fn. 38) S. 225; *Zö/Herget* Rn. 7.
[56] RGZ 143, 118, 120; *Zö/Herget* Rn. 7; aA *B/L/H* Rn. 10.
[57] BGHZ 120, 261, 270ff. = NJW 1993, 593.
[58] RGZ 49, 411, 412f.
[59] BGH (Fn. 56).
[60] BGH NJW-RR 2007, 1029f.
[61] BGH (Fn. 44) S. 114.
[62] OLG München MDR 1989, 552.
[63] AllgM; s. MK/*Krüger* Rn. 19.
[64] BGH (Fn. 11) S. 2603; aA *Krafft* JuS 1997, 734, 735.
[65] BGH (Fn. 64) zu § 852 BGB aF; s. a. MK/*Krüger* Rn. 20.
[66] *Zö/Herget* Rn. 3.
[67] BGH BGHReport 2007, 177, 178 m. Anm. *Kindl.*
[68] *Zö/Herget* Rn. 13.
[69] MK/*Krüger* Rn. 23; *Krafft* JuS 1997, 734, 736; aA (privilegierte Form der Widerklage) *T/P/Hüßtege* Rn. 15.
[70] BGH (Fn. 11) S. 2604.
[71] MK/*Krüger* Rn. 23.
[72] HM; BGH NJW 1967, 1966; *St/J/Münzberg* Rn. 19; *Zö/Herget* Rn. 12; aA MK/*Krüger* Rn. 25.

mit ihm gegen einen Unterhaltsanspruch wegen der Schutzvorschrift des § 394 BGB nicht aufgerechnet werden.[73]

15 **5. Verfahren und Entscheidung beim Inzidentantrag.** Es ist im Endurteil zu entscheiden. Ein Teilurteil über die Klage ist möglich, wenn der Inzidentanspruch noch nicht entscheidungsreif ist. Die Entscheidung über ihn ist nach allgemeinen Regeln für vorläufig vollstreckbar zu erklären.[74] Hat der Gläubiger vor der Vollstreckung Sicherheit geleistet, braucht er dies zur Herbeiführung der Folgen einer ihm eingeräumten Abwendungsbefugnis nicht erneut zu tun.[75] Beim **Streitwert** des Schadensersatzanspruchs sind wegen § 4 Zinsen und Kosten der titulierten Forderung außer Betracht zu lassen (s. § 3 Rn. 31 „Rückerstattung"); im Übrigen gilt § 45 Abs. 1 GKG.[76]

IV. Rechtsfolgenverweisung auf Bereicherungsrecht (Absatz 3)

16 Zum **Normzweck** s. zunächst Rn. 1. Wird ein streitiges Berufungsurteil aufgehoben oder abgeändert, steht dem Schuldner, gegen den vollstreckt wurde oder der zur Abwendung der Vollstreckung geleistet hat (s. Rn. 9), kein Schadensersatz-, sondern ein Bereicherungsanspruch zu. Dies ist zu begründen mit dem erhöhten Vertrauen in die Richtigkeit der Berufungsurteile (s. Rn. 1). Daneben sind materiell-rechtliche Schadensersatzansprüche (bis auf den aus § 826 BGB) ausgeschlossen.[77] Die Vorschrift **findet Anwendung,** wenn ein Berufungsurteil in der Revisionsinstanz aufgehoben oder abgeändert wird; der Grund ist ohne Bedeutung. Es muss sich um ein streitiges Urteil handeln (Abs. 3 S. 1); im Fall der Aufhebung eines **Versäumnisurteils** gilt Abs. 2. Abs. 3 ordnet als **Rechtsfolge** die Herausgabe der Bereicherung an; es handelt sich also um eine Rechtsfolgenverweisung. Schon deshalb kann eine erstinstanzliche Verurteilung keinen Rechtsgrund für das Behaltendürfen der beigetriebenen Beträge geben.[78] Auch eine Aufrechnung mit diesem erstinstanzlich zuerkannten Anspruch ist unzulässig.[79] Der Umfang des Anspruchs ergibt sich aus § 818 BGB, dessen Abs. 3 (Wegfall der Bereicherung) allerdings nicht zur Anwendung kommt.[80] Wegen Abs. 3 S. 4 haftet der Gläubiger nämlich von der Vollstreckung oder Leistung an verschärft (§ 818 Abs. 4 BGB). **Zur Geltendmachung** gilt grundsätzlich das zum Schadensersatzanspruch Ausgeführte entsprechend (s. Rn. 14). Die Revisionsinstanz muss bei einem Inzidentantrag allerdings bei neuem oder nicht aufgeklärtem Sachvortrag zurückverweisen, § 563.

718 *Vorabentscheidung über vorläufige Vollstreckbarkeit*

(1) In der Berufungsinstanz ist über die vorläufige Vollstreckbarkeit auf Antrag vorab zu verhandeln und zu entscheiden.

(2) Eine Anfechtung der in der Berufungsinstanz über die vorläufige Vollstreckbarkeit erlassenen Entscheidung findet nicht statt.

I. Normzweck

1 Die Norm gibt die Möglichkeit, über die erstinstanzlichen Aussprüche zur vorläufigen Vollstreckbarkeit in der Berufungsinstanz vorweg zu entscheiden, um so etwaige Fehler frühzeitig zu korrigieren. Dabei ist Grundlage die erstinstanzliche Sachentscheidung ohne Prognose auf die Aussichten der eingelegten Berufung.[1] Die Vorabentscheidung ist auflösend bedingt durch die Endentscheidung des Berufungsgerichts.[2] Die Vorschrift **findet Anwendung,** wenn und soweit[3] das Urteil in der Hauptsache angegriffen wird, nicht bei einem isolierten Angriff gegen die Vollstreckbarkeitserklärung,[4] weil dann nicht „vorab" entschieden werden kann. Es kann jede Form einer fehlerhaften erstinstanzlichen Entscheidung geltend gemacht werden, also etwa das Fehlen einer von Amts wegen notwendigen Entscheidung (§§ 708, 709, 711 S. 1), die fehlerhafte Anwendung dieser Vorschriften, eine zu niedrige[5] oder zu hohe Sicherheitsleistung, das Übergehen oder fehlerhafte Entscheiden eines Antrags nach §§ 710, 711 S. 3, 712. In diesem Zusammenhang entscheidet das Berufungsgericht auch über die Art der Sicherheitsleistung. Dagegen kann mit der Vorabentscheidung **nicht allein** eine Änderung der Entscheidung über die **Art der Sicherheitsleistung** (§ 108) begehrt werden, weil hierüber ausschließlich die erste Instanz entscheidet.[6] In der **Revisionsinstanz** gibt es keine Möglichkeit, die Sicherheit heraufzusetzen;[7] Anträge nach § 718 Abs. 1 sind nicht statthaft.[8] Mit einer Vor-

---

[73] OLG Karlsruhe NJW-RR 2002, 1158.
[74] HM; MK/*Krüger* Rn. 27 m. weit. Nachw.
[75] MK/*Krüger* Rn. 27 m. weit. Nachw.
[76] MK/*Krüger* Rn. 27.
[77] MK/*Krüger* Rn. 28.
[78] So im Ergebnis auch OLG Schleswig OLGR 2001, 215, 216.
[79] OLG Schleswig (Fn. 78) S. 216 f.
[80] BAG NJW 1961, 1989, 1990.
[1] OLG Karlsruhe FamRZ 1987, 496, 497.
[2] MK/*Krüger* Rn. 1; *Zö/Herget* Rn. 3.
[3] *Zö/Herget* Rn. 1.
[4] OLG Nürnberg NJW 1989, 842; zur Zulässigkeit s. OLG Köln OLGR 2005, 646.
[5] OLG Frankfurt/M OLGZ 1994, 471 f.
[6] OLG Köln MDR 1997, 392; OLG Frankfurt NJW-RR 1986, 486; MK/*Krüger* Rn. 2; aA OLG Frankfurt MDR 1981, 677.
[7] BGH NJW-RR 1999, 213.
[8] BGH NJW-RR 2006, 1076.

abentscheidung kann **kein in erster Instanz unterlassener Antrag** nach §§ 710, 711 S. 3, 712 **nachgeholt** werden (sehr streitig; s. § 714 Rn. 2).

II. Voraussetzungen, Verfahren, Entscheidung

Voraussetzung ist – neben der Zulässigkeit der Berufung (§ 522 Abs. 1)[9] – ein Antrag, der von jeder Partei gestellt werden kann, auch von der, die selbst kein Rechtsmittel bzw. keine Anschlussberufung eingelegt hat.[10] Das **Rechtsschutzinteresse** fehlt, wenn die Vollstreckung vollständig beendet ist[11] (zum Begriff s. vor § 704 Rn. 28 ff.) oder der Beklagte nach Sicherheitsleistung durch den Kläger den Urteilsbetrag zur Abwendung der Zwangsvollstreckung gezahlt hat.[12] Der Einzelrichter ist nur im Fall der §§ 526, 527 Abs. 4 zuständig.[13] **Die Entscheidung** ergeht – ausschließlich nach mündlicher Verhandlung[14] – durch **Teilurteil.**[15] Grundlage sind die §§ 708 ff. Auf die Erfolgsaussichten der Berufung kommt es nicht an.[16] Einer Kostenentscheidung bedarf es so wenig wie einer Entscheidung über die vorläufige Vollstreckbarkeit.[17] Das Teilurteil ist **unanfechtbar,** Abs. 2. 2

III. Gebühren und Kosten

1. Anwaltsgebühren. Vgl. § 707 Rn. 15. 3

2. Gerichtskosten. Gerichtsgebühren werden nicht erhoben. 4

719 *Einstweilige Einstellung bei Rechtsmittel und Einspruch* (1) [1]**Wird gegen ein für vorläufig vollstreckbar erklärtes Urteil der Einspruch oder die Berufung eingelegt, so gelten die Vorschriften des § 707 entsprechend. [2]Die Zwangsvollstreckung aus einem Versäumnisurteil darf nur gegen Sicherheitsleistung eingestellt werden, es sei denn, dass das Versäumnisurteil nicht in gesetzlicher Weise ergangen ist oder die säumige Partei glaubhaft macht, dass ihre Säumnis unverschuldet war.**

(2) [1]**Wird Revision gegen ein für vorläufig vollstreckbar erklärtes Urteil eingelegt, so ordnet das Revisionsgericht auf Antrag an, dass die Zwangsvollstreckung einstweilen eingestellt wird, wenn die Vollstreckung dem Schuldner einen nicht zu ersetzenden Nachteil bringen würde und nicht ein überwiegendes Interesse des Gläubigers entgegensteht. [2]Die Parteien haben die tatsächlichen Voraussetzungen glaubhaft zu machen.**

(3) **Die Entscheidung ergeht durch Beschluss.**

I. Normzweck

Zu **Absatz 1** s. § 707 (Rn. 1), auf den § 719 verweist. **Absatz 2** regelt die Einstellung für den Fall der **Revision** losgelöst von § 707; er stellt noch strengere Anforderungen an eine Einstellung, weil die Rechte des Schuldners regelmäßig bereits in zwei Tatsacheninstanzen geprüft worden sind. Die Vorschrift **findet Anwendung** in den praktisch wichtigsten Fällen der einstweiligen Einstellung der Zwangsvollstreckung, nämlich im Fall der **Berufung** und des **Einspruchs** gegen ein **Versäumnisurteil** oder einen **Vollstreckungsbescheid** (§ 700 Abs. 1). Darüber hinaus gilt sie im Fall der Nichtzulassungsbeschwerde (§ 544 Abs. 5 S. 2) und dann, wenn sich die Berufung gegen ein Urteil richtet, das einen **Arrest** oder eine **einstweilige Verfügung** erlassen oder bestätigt hat (§§ 922 Abs. 1, 925 Abs. 1, 936) und nicht für vorläufig vollstreckbar erklärt wurde, weil diese Urteile auch ohne Anordnung vorläufig vollstreckbar sind.[1] Sie gilt nicht bei einem einen Arrestbeschluss aufhebenden Urteil.[2] Abs. 2 behandelt die **Revision.** Zu weiteren Einzelheiten s. § 707 Rn. 2 f. 1

II. Voraussetzungen

1. Formelle Voraussetzungen. S. hierzu zunächst § 707 Rn. 4 f. Bei der **Berufung** ist Zulässigkeitsvoraussetzung eine statthafte, nicht unbedingt zulässige Berufung. Ein **Prozesskostenhilfeantrag** allein reicht nicht aus (s. a. § 769 Rn. 2).[3] Das angefochtene Urteil muss für vorläufig vollstreckbar erklärt sein (Abs. 1 S. 1, s. aber auch Rn. 1 zum Arrest und zur einstweiligen Verfügung). Ein Antrag auf Einstellung der Zwangsvollstreckung kann bei dem BGH auch im Verfahren der **Nichtzulassungsbeschwerde** nur von einem bei dem BGH zugelassenen Rechtsanwalt gestellt werden.[4] 2

---

[9] *Zö/Herget* Rn. 2.
[10] AllgM; OLG Frankfurt NJW-RR 1988, 189; *Zö/Herget* Rn. 2 m. weit. Nachw.
[11] OLG Köln MDR 1980, 764; MK/*Krüger* Rn. 3; *Zö/Herget* Rn. 1; aA *B/L/H* Rn. 1.
[12] OLG Hamburg VersR 1984, 895.
[13] Vgl. OLG Frankfurt/M OLGZ 1990, 495; *Zö/Herget* Rn. 3.
[14] OLG Koblenz OLGZ 1990, 229, 230; OLG Hamm NJW-RR 1987, 252.
[15] OLG Koblenz (Fn. 14); OLG Karlsruhe FamRZ 1987, 497.
[16] OLG Zweibrücken OLGR 2001, 478.
[17] MK/*Krüger* Rn. 4.
[1] MK/*Krüger* Rn. 4.
[2] OLG Bremen InVo 1998, 362.
[3] OLG Düsseldorf JMBlNRW 1970, 236.
[4] BGH NJW-RR 2004, 936.

3 **2. Materielle Voraussetzungen. a) Berufung.** Hier gilt § 707 uneingeschränkt; s. deshalb ergänzend die Ausführungen dort (§ 707 Rn. 6f.). Da die Erfolgsaussichten der Berufung zu prüfen sind, wird eine Entscheidung vor Eingang der Berufungsbegründung nicht in Betracht kommen.[5] Da der Schuldner durch die Regeln über die Sicherheitsleistung (§§ 708 bis 712) geschützt ist und den Interessen des Gläubigers nach dem Gesetz der Vorrang gebührt,[6] ist die Einstellung der Zwangsvollstreckung die Ausnahme und setzt die Gefahr eines Schadens, der über die allgemeinen Vollstreckungswirkungen hinausgeht, voraus.[7] Streitig ist, ob dem Schuldner die Einstellung schon deshalb zu versagen ist, weil er einen möglichen Schutzantrag nach § 712 **in erster Instanz nicht gestellt** hat.[8] Der Gesetzessystematik und dem Wortlaut der Vorschriften ist das nicht zu entnehmen; im Gegenteil hat § 712 (nicht zu ersetzender Nachteil) andere Voraussetzungen als § 719, bei dem mitentscheidend auf die Erfolgsaussichten des Rechtsmittels abzustellen ist und die Gefahren der Vollstreckung erst bei den Modalitäten der Einstellung berücksichtigt werden. Deshalb ist unabhängig von einem Antrag nach § 712 über einen Antrag nach § 719 zu entscheiden.[9] Im Streit über stattgebende **Arrest-/Verfügungsurteile** kommt wegen des Eilcharakters eine Einstellung nur in besonderen Ausnahmefällen, etwa bei großer Wahrscheinlichkeit des Erfolgs in zweiter Instanz, in Betracht (s. a. § 707 Rn. 2).[10]

4 **b) Einspruch.** Für den Fall des Einspruchs gegen ein Versäumnisurteil (§§ 338ff., 539) oder einen Vollstreckungsbescheid (§ 700) nennt § 719 keine besonderen Voraussetzungen, sodass die Ausführungen zu § 707 maßgeblich sind (§ 707 Rn. 6f.). Zu Abs. 1 S. 2 s. Rn. 6. Problematisch ist allerdings, ob die sich aus der Gesetzessystematik ergebenden strengen Voraussetzungen im Rahmen der Ermessensentscheidung, die die Einstellung zur Ausnahme machen, auch hier gelten. Wer ohne Gegenwehr einen Titel gegen sich ergehen lässt, ist durch das Gesetz schon dadurch schlechter gestellt, dass die Einstellung grundsätzlich nur gegen Sicherheitsleistung zulässig ist (Abs. 1 S. 2). Andererseits liegt die Tatsache, dass die Vollstreckung nicht von einer Sicherheitsleistung abhängt bzw. keine Abwendungsbefugnis besteht, darin begründet, dass regelmäßig durch die Säumnis damit zu rechnen ist, dass der Titel Bestand haben wird (s. § 708 Rn. 1). Um den Schuldner zu sichern, ist es deshalb gerechtfertigt, wie es die Praxis wohl auch tut, die Einstellung der Zwangsvollstreckung gegen Sicherheitsleistung regelmäßig dann anzuordnen, wenn die Verteidigung des Schuldners erheblich ist und gegebenenfalls erforderliche Beweise angetreten sind.

5 **c) Revision.** Die Einstellung im Fall der Revision ist in Abs. 2 abschließend geregelt. Zunächst sind die Erfolgsaussichten der Revision zu beachten.[11] Eine Suizidgefahr des Revisionsführers, die aus dem Titel selbst und nicht erst aus der Vollstreckung desselben herrührt, soll keine Einstellung der Zwangsvollstreckung ermöglichen;[12] dies ist zweifelhaft, weil die durch das Urteil hervorgerufene Suizidgefahr im Fall der Vollstreckung erst recht bestehen dürfte. Die Einstellung kann gegebenenfalls zeitlich begrenzt angeordnet werden.[13] Sie setzt voraus, dass die Vollstreckung dem Schuldner einen nicht zu ersetzenden Nachteil bringen würde (s. § 707 Rn. 9, § 712 Rn. 1) und nicht ein überwiegendes Interesse des Gläubigers entgegensteht. Damit ist im Gegensatz zu § 707 der nicht zu ersetzende Nachteil bereits Voraussetzung der Einstellung und nicht erst bei ihrer Art zu berücksichtigen. Die Einstellung ist deshalb davon abhängig zu machen, dass der Schuldner in der Berufungsinstanz einen Schutzantrag nach § 712 gestellt hat, wenn der unersetzliche Nachteil erkenn- und nachweisbar war;[14] § 712 hat dieselben Voraussetzungen und ist zeitlich beschränkt (§ 714). Entsprechend ist zu entscheiden, wenn der Schuldner beim Antrag nach § 712, obwohl dazu in der Lage,[15] nicht umfassend vorgetragen[16] oder es versäumt hat, eine unvollständige Vollstreckbarkeitserklärung im Wege der Urteilsergänzung (§§ 716, 321) vervollständigen zu lassen.[17] Anderes kann gelten, wenn der Schuldner darauf vertrauen durfte, der Gläubiger werde nicht vollstrecken,[18] oder wenn das Berufungsgericht zu Unrecht die Voraussetzungen des § 713 angenommen und deshalb keine Abwendungsbefugnis ausgesprochen hat.[19] Die tatsächlichen Voraussetzungen sind **glaubhaft** zu machen.

III. Anordnungsinhalt

6 Bei der **Berufung** gilt § 707 uneingeschränkt; s. die Ausführungen dort Rn. 9f. Beim **Einspruch** gegen Versäumnisurteil (§§ 338ff., 539) oder Vollstreckungsbescheid (§ 700) ist die Einstellung grundsätzlich nur gegen Sicherheitsleistung zulässig. Zu ihrer Art und Höhe s. § 707 Rn. 9. Nach **Abs. 1 S. 2** kommt eine Einstellung ohne Sicherheitsleistung in Betracht: Wenn das Versäumnisurteil oder der Vollstreckungsbescheid **nicht in gesetzlicher Weise** ergangen ist (dies ist von Amts wegen anhand der §§ 331 Abs. 2, 335,

---

[5] OLG Zweibrücken MDR 1997, 1157.
[6] OLG Köln NJW-RR 1987, 189.
[7] OLG Zweibrücken (Fn. 5); OLG Frankfurt NJW 1984, 2955.
[8] So OLG Frankfurt NJW-RR 1986, 486, 487.
[9] KG NJOZ 2005, 771, 772; OLG Düsseldorf NJW-RR 1987, 702; aA OLG Köln JMBlNRW 1997, 137.
[10] OLG Frankfurt/M MDR 1997, 393; OLG Celle NJW 1990, 3280, 3281.
[11] BAG NJW 1972, 1775.
[12] BGH NJW-RR 2002, 1090; *Zö/Herget* Rn. 6.
[13] MK/*Krüger* Rn. 11.
[14] BGH NJW-RR 1998, 1603f. m. weit. Nachw.; BVerwG NJW 1999, 79.
[15] BGH NJW 2001, 375.
[16] BGH (Fn. 4); NJWE-WettbR 1997, 157f.
[17] BGH NJW-RR 2000, 746 m. weit. Nachw.; aA MK/*Krüger* Rn. 14.
[18] BGH NJW-RR 2007, 11.
[19] BGH MDR 2007, 737.

337, 700 zu prüfen, s. a. § 344 Rn. 2, § 700 Rn. 9) oder wenn die **Säumnis unverschuldet** war und die Partei dies geltend und glaubhaft macht. Prüfungsmaßstab sind die zu § 233 entwickelten Regeln (§ 233 Rn. 3ff.). Streitig ist, ob die Einstellung ohne Sicherheitsleistung die zwangsläufige Folge[20] oder ob § 707 Abs. 1 S. 2 zu prüfen und insoweit eine Ermessensentscheidung zu treffen ist.[21] Ersteres ist richtig, weil der Gläubiger seinen Titel und damit die Vollstreckungsmöglichkeit in im Rückblick ungesetzlicher Weise erlangt hat. **Absatz 2** lässt im Fall der **Revision** ausschließlich die Einstellung ohne Sicherheitsleistung zu. Die Einstellung kann auf bestimmte Teile des Urteils, bestimmte Vollstreckungsmaßnahmen[22] oder auf die Vollstreckung in bestimmte Vermögenswerte[23] beschränkt werden.[24]

IV. Wirkung der Anordnung, Verfahren

Hier ist zunächst auf die Ausführungen zu § 707 (Rn. 11) zu verweisen. Bei der Berufung ist zu beachten, dass § 717 Abs. 1 mit Aufhebung oder Abänderung des Urteils in zweiter Instanz die Vollstreckbarkeit des Ersturteils entfallen lässt. Wird ein Berufungsurteil in der Revision aufgehoben und der Rechtsstreit in die Berufungsinstanz zurückverwiesen, wird die Vollstreckbarkeitserklärung der erstinstanzlichen Entscheidung nicht wieder wirksam (s. § 717 Rn. 3). Auch lebt ein etwaiger Einstellungsbeschluss des Berufungsgerichts nicht wieder auf.[25] Deshalb ist auf neuen Antrag eine neue Entscheidung erforderlich. Zu **Verfahren, Entscheidung, Rechtsmittel und Kosten** s. § 707 Rn. 8ff., 12ff. 7

V. Gebühren und Kosten

1. **Anwaltsgebühren.** Vgl. § 707 Rn. 15. 8
2. **Gerichtskosten.** Gerichtsgebühren werden nicht erhoben. 9

720 *Hinterlegung bei Abwendung der Vollstreckung* **Darf der Schuldner nach § 711 Satz 1, § 712 Abs. 1 Satz 1 die Vollstreckung durch Sicherheitsleistung oder Hinterlegung abwenden, so ist gepfändetes Geld oder der Erlös gepfändeter Gegenstände zu hinterlegen.**

I. Normzweck

Die Vorschrift regelt die Wirkung einer Anordnung nach §§ 711 S. 1, 712 Abs. 1 S. 1 zugunsten des Schuldners. Sie findet nur dann Anwendung, wenn im Fall des § 712 Abs. 1 S. 1 der Schuldner **keine**[1] (er muss es nur „dürfen"), im Fall des § 711 S. 1 **keine der Parteien** Sicherheit geleistet hat. Die Sicherheitsleistung des Schuldners führt bei § 712 Abs. 1 S. 1 zur Unzulässigkeit der Zwangsvollstreckung; ebenso bei § 711 S. 1, wenn der Gläubiger seinerseits keine Sicherheit leistet. Eine Sicherheitsleistung des Gläubigers allerdings macht im Fall des § 711 S. 1 die Vollstreckung ohne die Begrenzung des § 720 möglich. **Unanwendbar** ist die Norm, wenn der Schuldner zur Abwendung der Zwangsvollstreckung an den Gläubiger oder auch den Gerichtsvollzieher leistet[2] oder die Zwangsvollstreckung gegen Sicherheitsleistung nach §§ 719, 707 eingestellt worden ist.[3] Zur **Forderungspfändung** s. § 839, zu ähnlichen Regelungen §§ 815 Abs. 2 S. 1, 819. 1

II. Wirkung der Norm

Gepfändetes Geld oder der Erlös gepfändeter Gegenstände ist zu hinterlegen, darf also nicht an den Gläubiger ausgekehrt werden. Ein begründetes Pfändungspfandrecht dauert am hinterlegten Geld fort. Es darf erst bei Rechtskraft des Urteils oder im Fall des § 711 S. 1 nach Sicherheitsleistung des Gläubigers[4] an diesen ausgezahlt werden. 2

720 a *Sicherungsvollstreckung* (1) [1]**Aus einem nur gegen Sicherheit vorläufig vollstreckbaren Urteil, durch das der Schuldner zur Leistung von Geld verurteilt worden ist, darf der Gläubiger ohne Sicherheitsleistung die Zwangsvollstreckung insoweit betreiben, als**
a) bewegliches Vermögen gepfändet wird,
b) im Wege der Zwangsvollstreckung in das unbewegliche Vermögen eine Sicherungshypothek oder Schiffshypothek eingetragen wird.

[2]**Der Gläubiger kann sich aus dem belasteten Gegenstand nur nach Leistung der Sicherheit befriedigen.**

---

[20] So OLG Stuttgart NJW-RR 2003, 713, 714f.; OLG Celle NJW-RR 2000, 1017; OLG Köln JurBüro 1988, 1086; OLG Hamm MDR 1978, 412; *Zö/Herget* Rn. 2.
[21] So OLG Brandenburg NJW-RR 2002, 285; OLG Düsseldorf OLGR 2002, 180. 181; OLG Köln OLGR 2000, 33; MK/*Krüger* Rn. 8; diese Auffassung ist verfassungsrechtlich nicht zu beanstanden, BVerfG NJW-RR 2004, 934.
[22] BAG NJW 1958, 1940, 1941.
[23] BGHZ 18, 219f. = NJW 1955, 1635.
[24] *Zö/Herget* Rn. 8.
[25] MK/*Krüger* § 707 Rn. 21 m. weit. Nachw.
[1] BayObLG MDR 1976, 852.
[2] MK/*Krüger* Rn. 2; *Zö/Herget* Rn. 5.
[3] BGH NJW 1968, 398.
[4] BGHZ 12, 92, 93 = NJW 1954, 558.

(2) Für die Zwangsvollstreckung in das bewegliche Vermögen gilt § 930 Abs. 2, 3 entsprechend.

(3) Der Schuldner ist befugt, die Zwangsvollstreckung nach Absatz 1 durch Leistung einer Sicherheit in Höhe des Hauptanspruchs abzuwenden, wegen dessen der Gläubiger vollstrecken kann, wenn nicht der Gläubiger vorher die ihm obliegende Sicherheit geleistet hat.

I. Normzweck

1 **Die Vorschrift schützt** als Ausnahme von § 751 Abs. 2 die Interessen des Gläubigers, indem sie ihm ermöglicht, die Vollstreckung mit rangwahrender Wirkung schon vor Sicherheitsleistung durchzuführen, allerdings zum Schutz des Schuldners beschränkt auf der Beschlagnahme dienende Vollstreckungshandlungen. Er kann so, ohne dass die Voraussetzungen des Arrestes oder des § 710 vorliegen, ohne Sicherheitsleistung verhindern, dass der Schuldner die Haftungsmasse beiseite schafft, oder sich vor einem Vermögensverfall des Schuldners schützen. Dieses Schutzes bedarf er allerdings nicht, wenn der Schuldner seinerseits Sicherheit geleistet hat (Abs. 3). Die Vorschrift **findet Anwendung** bei einer **Zwangsvollstreckung wegen Geldforderungen** (s. vor § 803 Rn. 2f.), wenn nach §§ 709, 712 Abs. 2 S. 2 das Urteil **gegen Sicherheitsleistung** für vorläufig vollstreckbar erklärt oder nach § 709 S. 3 die weitere Vollstreckung von einer Sicherheitsleistung abhängig gemacht worden ist (s. § 751 Rn. 1), nicht aber nach dem eindeutigen Wortlaut, wenn sich die Notwendigkeit einer Sicherheitsleistung durch den Gläubiger erst daraus ergibt, dass der Schuldner von der **Abwendungsbefugnis** (§ 711) Gebrauch gemacht hat.[1] Auch eine analoge Anwendung der Norm auf diese Fälle kommt nicht in Betracht, weil der Gläubiger durch eine Sicherheitsleistung des Schuldners hinreichend geschützt ist und § 720a nicht der sofortigen **Befriedigung** des Gläubigers dient. Kraft gesetzlicher Verweisung gilt die Vorschrift auch bei der Vollstreckung aus anderen Titeln als Urteilen (§ 795), auch aus Kostenfestsetzungsbeschlüssen bei klageabweisenden Urteilen,[2] und im Fall des § 712 Abs. 1 S. 2 Alt. 2. Unanwendbar ist sie, wenn die Vollziehung eines dinglichen Arrestes von einer Sicherheitsleistung abhängig gemacht worden ist.[3] Unbegründet sind die Zweifel an der Verfassungsgemäßheit der Norm.[4]

II. Voraussetzungen

2 **1. Voraussetzungen der Zwangsvollstreckung.** Neben der Vollstreckbarkeit gegen Sicherheitsleistung (s. Rn. 1) ist erforderlich, dass die **Voraussetzungen der Zwangsvollstreckung** vorliegen (s. vor § 704 Rn. 19ff.), da auch die Sicherungsvollstreckung Zwangsvollstreckung ist. Nur die Voraussetzung der Sicherheitsleistung (§ 751 Abs. 2) entfällt. Zum Schutz des Schuldners sieht § 750 Abs. 3 bei der Sicherungsvollstreckung die Einhaltung einer zweiwöchigen Wartefrist nach Zustellung von Titel und Vollstreckungsklausel vor, um den Schuldner zu warnen und ihm Gelegenheit zur Sicherheitsleistung nach § 720a Abs. 3 zu geben (s. § 750 Rn. 23). Die Klausel muss nur in den Fällen des § 750 Abs. 2 zugestellt werden (str., s. § 750 Rn. 23).

3 **2. Sicherheit, Absatz 3.** Nach Abs. 3 kann der Schuldner die Sicherungsvollstreckung **durch Sicherheitsleistung abwenden.** Die Vollstreckung verhindern kann er letztlich nicht, weil der Gläubiger Sicherheit leisten und dann ungeachtet der Sicherheitsleistung des Schuldners vollstrecken kann. Hat der Gläubiger bereits vollstreckt, bevor der Schuldner die Sicherheit leistet, darf die Vollstreckung nicht weiter betrieben werden, die Vollstreckungsmaßnahmen sind aufzuheben (§§ 775 Nr. 3, 776).[5] Die **Höhe** der Sicherheit bemisst sich gem. Abs. 3 allein nach der Hauptforderung ohne Zinsen und Kosten; wird allerdings die Vollstreckung aus einem Kostenfestsetzungsbeschluss betrieben, sind die Kosten die maßgebliche Hauptforderung.[6] Dass eine geleistete Sicherheit auch für Zinsen und Kosten haften soll,[7] überzeugt angesichts des Wortlauts des Abs. 3 nicht.

III. Zulässige Vollstreckungsmaßnahmen

4 Bei der Sicherungsvollstreckung sind die der Beschlagnahme dienenden Maßnahmen erlaubt, die der Verwertung dienenden nicht. Es dürfen also bewegliche Sachen (§§ 808f.), Forderungen und andere Vermögensrechte (§§ 829ff.) gepfändet werden, dagegen ist eine Versteigerung bzw. Überweisung unzulässig. Gepfändetes Geld ist zu hinterlegen (Abs. 2, § 930 Abs. 2); eine Versteigerung ist u. a. bei der Gefahr einer beträchtlichen Wertminderung möglich (Abs. 2, § 930 Abs. 3). Eine **Vorpfändung** nach § 845 ist zulässig[8] und zwar ohne vorherige Zustellung von Titel und Klausel.[9] Bei der Vollstreckung in das unbewegliche Vermögen ist die Eintragung einer Zwangs- bzw. Schiffshypothek möglich (§§ 866 Abs. 1, 867), nicht aber die Zwangsversteigerung oder Zwangsverwaltung. Der Gläubiger kann bei fruchtloser Vollstreckung die

---

[1] MK/*Krüger* Rn. 2; Zö/*Stöber* Rn. 2.
[2] OLG Köln Rpfleger 1996, 358f.
[3] OLG München NJW-RR 1988, 1466f.
[4] *Zö/Stöber* Rn. 1; anders (verfassungswidrig) *Graf Lambsdorff* NJW 2002, 1303ff.
[5] LG Wuppertal JurBüro 1984, 939, 940; MK/*Krüger* Rn. 5.
[6] OLG Karlsruhe Rpfleger 2000, 555, 556.
[7] So OLG Jena NJW-RR 2002, 1505, 1506; MK/*Krüger* Rn. 6; *Zö/Stöber* Rn. 9.
[8] BGHZ 93, 71, 74 = NJW 1985, 863; KG Rpfleger 1981, 240f.
[9] KG Rpfleger 1981, 240, 241.

Abgabe der eidesstattlichen Versicherung verlangen (§§ 899ff.);[10] anders ist der Normzweck nicht erreichbar.[11]

IV. Anwaltsgebühren

5 Sicherungsvollstreckung und anschließende Befriedigung nach Beibringung der Sicherheit sind eine Angelegenheit.[12] Auch der beschränkte Auftrag löst die Gebühr der Nr. 3309 VV RVG aus.

721 *Räumungsfrist* **(1) [1]Wird auf Räumung von Wohnraum erkannt, so kann das Gericht auf Antrag oder von Amts wegen dem Schuldner eine den Umständen nach angemessene Räumungsfrist gewähren. [2]Der Antrag ist vor dem Schluss der mündlichen Verhandlung zu stellen, auf die das Urteil ergeht. [3]Ist der Antrag bei der Entscheidung übergangen, so gilt § 321; bis zur Entscheidung kann das Gericht auf Antrag die Zwangsvollstreckung wegen des Räumungsanspruchs einstweilen einstellen.**

(2) [1]Ist auf künftige Räumung erkannt und über eine Räumungsfrist noch nicht entschieden, so kann dem Schuldner eine den Umständen nach angemessene Räumungsfrist gewährt werden, wenn er spätestens zwei Wochen vor dem Tag, an dem nach dem Urteil zu räumen ist, einen Antrag stellt. [2]§§ 233 bis 238 gelten sinngemäß.

(3) [1]Die Räumungsfrist kann auf Antrag verlängert oder verkürzt werden. [2]Der Antrag auf Verlängerung ist spätestens zwei Wochen vor Ablauf der Räumungsfrist zu stellen. [3]§§ 233 bis 238 gelten sinngemäß.

(4) [1]Über Anträge nach den Absätzen 2 oder 3 entscheidet das Gericht erster Instanz, solange die Sache in der Berufungsinstanz anhängig ist, das Berufungsgericht. [2]Die Entscheidung ergeht durch Beschluss. [3]Vor der Entscheidung ist der Gegner zu hören. [4]Das Gericht ist befugt, die im § 732 Abs. 2 bezeichneten Anordnungen zu erlassen.

(5) [1]Die Räumungsfrist darf insgesamt nicht mehr als ein Jahr betragen. [2]Die Jahresfrist rechnet vom Tage der Rechtskraft des Urteils oder, wenn nach einem Urteil auf künftige Räumung an einem späteren Tage zu räumen ist, von diesem Tage an.

(6) Die sofortige Beschwerde findet statt

1. gegen Urteile, durch die auf Räumung von Wohnraum erkannt ist, wenn sich das Rechtsmittel lediglich gegen die Versagung, Gewährung oder Bemessung einer Räumungsfrist richtet;

2. gegen Beschlüsse über Anträge nach den Absätzen 2 oder 3.

(7) [1]Die Absätze 1 bis 6 gelten nicht für Mietverhältnisse über Wohnraum im Sinne des § 549 Abs. 2 Nr. 3 sowie in den Fällen des § 575 des Bürgerlichen Gesetzbuchs. [2]Endet ein Mietverhältnis im Sinne des § 575 des Bürgerlichen Gesetzbuchs durch außerordentliche Kündigung, kann eine Räumungsfrist höchstens bis zum vertraglich bestimmten Zeitpunkt der Beendigung gewährt werden.

I. Normzweck

1 **1. Normzweck.** Die Norm soll den zur Räumung von Wohnraum verurteilten Schuldner schützen. Sie erweitert wegen der möglicherweise vitalen Bedeutung für den Schuldner den Schutz, den die bürgerlichrechtlichen Vorschriften des Mietrechts gewähren, und lässt auch die Berücksichtigung weniger gravierender Umstände als diese zu, allerdings zeitlich beschränkt. Sie soll die Beschaffung einer Ersatzwohnung ermöglichen, um Obdachlosigkeit zu vermeiden. Wird sie angewandt, führt sie als **besondere Vollstreckungsvoraussetzung** iSd. § 751 Abs. 1 zur zeitweisen Unzulässigkeit der Zwangsvollstreckung. Nach Ablauf der Räumungsfrist kann dem Schuldner auch noch über § 765a geholfen werden (s. § 765a Rn. 15). Damit kann der Weg bis zur Räumung für den Gläubiger, dessen Interessen nicht unberücksichtigt bleiben dürfen, sehr lang werden. Eine schematische Anwendung des § 721 entspricht nicht Sinn und Zweck der Vorschrift.[1] Der Schuldner kann nach Rechtshängigkeit (s. ähnlich § 751 Rn. 2) entsprechend § 295 auf eine eigene Antragstellung wirksam **verzichten**; die öffentlichen Belange bleiben dadurch gewahrt, dass die Räumungsfrist von Amts wegen bewilligt werden kann, dem Schuldner bleibt der unverzichtbare Schutz des § 765a. Zum Verzicht auf die sich aus der von Amts wegen bewilligten Räumungsfrist ergebenden Rechte s. Rn. 11, zur Problematik beim Räumungsvergleich § 794a Rn. 1, zum Nachweis gegenüber dem Vollstreckungsorgan § 751 Rn. 2.

2 **2. Anwendungsbereich.** Die Vorschrift findet auf Urteile (auch Versäumnisurteile[2]) Anwendung, die auf **Räumung von Wohnraum** (s. Rn. 3) gerichtet sind. Sie betrifft nicht nur Ansprüche aus Mietrecht, sondern auch aus anderen Nutzungsverhältnissen oder dem Eigentümer-Besitzerverhältnis.[3] Nach **Abs. 7** sind die Fälle der §§ 549 Abs. 2 Nr. 3, 575 BGB (bestimmter Wohnraum für Personen mit dringendem Wohnbedarf,

---

[10] BGH NJW-RR 2007, 416; MK/*Krüger* Rn. 4; *Zö/Stöber* Rn. 7; aA OLG Koblenz NJW 1979, 2521; *Fahlbusch* Rpfleger 1979, 248, 249.

[11] S. ausführlich MK/*Krüger* Rn. 4.

[12] *G/S/Müller-Rabe* VV 3309 Rn. 39.

[1] MK/*Krüger* Rn. 1 m. weit. Nachw.

[2] LG Köln NJW-RR 1987, 143; LG Mannheim MDR 1966, 242; *Zö/Stöber* Rn. 4.

[3] *Zö/Stöber* Rn. 2.

Zeitmietverträge) davon **ausgenommen.** Auch auf Ehestörungsklagen[4] und **andere Räumungstitel** (Zuschlagsbeschluss nach § 93 ZVG,[5] Insolvenzeröffnungsbeschluss, Zuweisung der Ehewohnung nach §§ 15, 16 HausratsVO,[6] einstweilige Anordnung nach § 620 Nr. 7 über die Benutzung der Ehewohnung[7]) sowie einstweilige Verfügungen nach § 940a[8] findet sie **keine Anwendung.** Zum **Räumungsvergleich** enthält § 794a eine Sonderregelung.[9] Zusätzliche Anträge nach §§ 709ff. schließt § 721 nicht aus, weil die Räumungsfrist vor Rechtskraft enden kann.[10] Solange eine Räumungsfristverlängerung möglich ist, kann ein Mieter ein Verfassungsgericht nicht mit demselben Ziel anrufen.[11]

II. Voraussetzungen

3 Ein Antrag ist **nicht** Voraussetzung für die Entscheidung nach **Abs. 1;** vielmehr kann diese auch **von Amts wegen** ergehen.[12] Die Räumungsfrist von Amts wegen ist immer dann zu erwägen, wenn aus dem Prozessstoff ohne weiteres erkennbar ist, dass der Schuldner mit einer Räumungsanordnung ohne Räumungsfrist nicht zu rechnen brauchte.[13] Entscheidungen nach **Abs. 2** (Abs. 2 S. 1) oder **Abs. 3** (Abs. 3 S. 1) setzen aber einen Verlängerungsantrag des Schuldners bzw. Verkürzungsantrag des Gläubigers voraus. Zum Anwaltszwang s. Rn. 8. Der Schuldner muss zur **Räumung von Wohnraum** verurteilt worden sein. Wohnen ist die nicht Erwerbszwecken dienende Benutzung eines Raumes durch unmittelbare Besitzer zum ständigen Aufenthalt.[14] Dabei kommt es allein auf die **tatsächliche Nutzung des Raums zum Wohnen** an, nicht auf rechtliche Verhältnisse oder die ursprüngliche Zweckbestimmung.[15] Zum Wohnraum gehören auch die mitbenutzten Nebenräume wie Keller oder Waschräume, nicht dagegen eine mit angemietete Garage.[16] Die Vorschrift gilt auch, wenn der Schuldner zur Herausgabe und Räumung eines Grundstücks verurteilt wurde, auf dem sich der Wohnraum befindet,[17] oder wenn das unbebaut vermietete Grundstück vom Mieter selbst mit einem Wohnhaus bebaut wurde.[18] Gewerblich genutzte Räume fallen nicht hierunter, auch nicht Räume, die als Fremdenzimmer vermietet werden.[19] Bei **Mischmietverhältnissen** aus gewerblicher und Wohnraummiete herrscht Streit über die Anwendung des § 721. Nach Wortlaut, Sinn und vor allem Zweck (s. Rn. 1) gilt Folgendes: Auf den Wohnraum findet die Vorschrift immer Anwendung,[20] auch wenn die gewerbliche Nutzung überwiegt.[21] Lassen sich beide Teile wirtschaftlich trennen, kann die Räumungsfrist nur für den Wohnraum bewilligt werden;[22] hat eine Trennung bei einer engen wirtschaftlichen Verbindung für den Gläubiger keinen Wert, findet § 721 insgesamt Anwendung.[23] Die Vorschrift findet auch zugunsten des Trägervereins, der ein Gebäude zur Nutzung als sog. Frauenhaus angemietet hat, Anwendung.[24]

III. Entscheidungskriterien

4 **1. Grundlagen.** Bei der Entscheidung, die im pflichtgemäßen Ermessen des Gerichts steht, sind die Interessen der Parteien im Einzelfall gegeneinander abzuwägen. Der Gläubiger will auf seinen Wohnraum zugreifen, der Schuldner soll vor Obdachlosigkeit geschützt werden; er muss Gelegenheit zur Beschaffung einer Ersatzwohnung haben. Zunächst sind zu beachten **objektive Umstände und die Räumungsurteilsgründe,** weiter die Parteiinteressen (Rn. 5) und als besonders wesentlich schließlich die Möglichkeit der Ersatzraumbeschaffung (Rn. 6). **Nur ausnahmsweise** kann eine Räumungsfrist bewilligt werden bei ursprünglich unberechtigtem Besitz des Schuldners;[25] bei einer Verurteilung zur Räumung wegen erheblicher Verstöße gegen den Hausfrieden[26] oder tätlicher Angriffe gegen Vermieter oder Mitmieter;[27] bei Zahlungs-

---

[4] OLG Celle NJW 1980, 711, 713; MK/*Krüger* Rn. 2; Zö/*Stöber* Rn. 3.
[5] OLG München OLGZ 1969, 43, 45f.; MK/*Krüger* Rn. 2; aA LG Mannheim MDR 1967, 1018, 1019.
[6] BayObLG ZMR 1975, 219, 220; OLG Stuttgart FamRZ 1980, 467; Zö/*Stöber* Rn. 3.
[7] OLG Hamburg FamRZ 1983, 1151, 1152; MK/*Krüger* Rn. 2; Zö/*Stöber* Rn. 3.
[8] LG Hamburg NJW-RR 1993, 1233; *Zö/Stöber* Rn. 3.
[9] OLG München (Fn. 5); *Zö/Stöber* Rn. 3.
[10] BGH NJW 1990, 2823.
[11] HessStGH NJW 1999, 1539, 1540.
[12] LG Rostock NJW-RR 2001, 442, 443.
[13] BVerfG NJW 1999, 1387, 1389f.
[14] *St/J/Münzberg* Rn. 6.
[15] LG Lübeck ZMR 1993, 223, 225; MK/*Krüger* Rn. 8.
[16] MK/*Krüger* Rn. 8.
[17] LG Mannheim MDR 1971, 223; MK/*Krüger* Rn. 8.
[18] OLG Hamburg ZMR 1998, 28, 30.
[19] *Zö/Stöber* Rn. 2.
[20] LG Hamburg WuM 1993, 36, 37 und 203f.; LG Kiel WuM 1976, 132; LG Stuttgart WuM 1973, 83; MK/*Krüger* Rn. 8; *St/J/Münzberg* Rn. 8.
[21] LG Hamburg NJW-RR 1993, 662; LG Mannheim NJW-RR 1993, 713; *St/J/Münzberg* Rn. 8; *T/P/Hüßtege* Rn. 1; aA BGH NJW 1977, 1394 (zu § 10 MHG, dessen Zweck aber mit dem des § 721 nicht vergleichbar ist); *Schmidt-Futterer* NJW 1966, 583; *Zö/Stöber* Rn. 2.
[22] OLG Hamburg MDR 1972, 955; *St/J/Münzberg* Rn. 8.
[23] MK/*Krüger* Rn. 8; insoweit aA LG Hamburg NJW-RR 1993, 662.
[24] LG Lübeck WuM 1997, 717, 718.
[25] LG Mannheim WuM 1965, 121; MK/*Krüger* Rn. 10; *St/J/Münzberg* Rn. 13.
[26] LG Wuppertal MDR 1968, 52.
[27] MK/*Krüger* Rn. 10.

verzug, wenn auch in Zukunft mit einer Zahlung nicht gerechnet werden kann.[28] Im letzten Fall kann die Räumungsfrist uU auch von der Bedingung der rechtzeitigen Zahlung der laufenden Nutzungsentschädigung abhängig gemacht werden, bei Rückständen jedenfalls dann, wenn der frühere Mieter sich neben der Zahlung der laufenden Nutzungsentschädigung um deren Herabsetzung bemüht.[29]

2. Parteiinteressen. Aus Sicht des **Schuldners** sind zu berücksichtigen: Lage am Wohnungsmarkt;[30] Dauer der Mietzeit;[31] Behinderung,[32] Gesundheitszustand, Schwangerschaft;[33] Alter,[34] familiäre Situation, Zahl der Kinder;[35] sozial schwacher Ausländer;[36] Abschluss eines neuen Mietvertrages, Verzögerung bei der Neubaufertigstellung;[37] Gefährdung des Arbeitsplatzes;[38] Schulwechsel.[39] Aus Sicht des **Gläubigers** sind zu beachten: Zeit seit der Kündigung;[40] keine Bemühungen des Mieters um Ersatzwohnraum; weitere Störungen des Hausfriedens;[41] dringender Eigenbedarf.[42] 5

3. Ersatzwohnung. Wesentliches Kriterium für „ob" und Dauer einer Räumungsfrist ist letztlich das Bemühen und die Möglichkeit des Schuldners, Ersatzwohnraum zu finden. Wenn die Wirksamkeit der Kündigung auf der Hand liegt, muss sich der Schuldner vom Zugang der Kündigungserklärung an um eine andere Wohnung bemühen,[43] sonst ab Rechtskraft des Räumungsurteils.[44] Ein Zwischenumzug ist ihm nur bei besonderer Schutzwürdigkeit des Gläubigers[45] oder fehlenden rechtzeitigen Bemühungen um eine Ersatzwohnung zuzumuten. Bei der Verlängerung einer Räumungsfrist nach Abs. 3 wird es wesentlich auf die Bemühungen um Ersatzwohnraum ankommen.[46] 6

IV. Verfahren

1. Zuständigkeit. Zuständig für die Entscheidung nach **Abs. 1** ist das **Prozessgericht,** das zur Räumung verurteilt (also ggf. auch das Rechtsmittelgericht). Für die Entscheidungen nach **Abs. 2 oder 3** ist grundsätzlich das **Prozessgericht erster Instanz** (Abs. 4 S. 1), mit Anhängigkeit in der Berufungsinstanz allerdings das Berufungsgericht zuständig. Befindet sich der Rechtsstreit in der Revisionsinstanz, ist das Prozessgericht der 1. Instanz zur Entscheidung über Anträge nach Abs. 2 oder 3 zuständig.[47] 7

2. Antrag und Fristen. Für den **Anwaltszwang** zur Stellung des Antrags (soweit erforderlich, s. Rn. 3) gilt § 78. Anträge des Schuldners nach Abs. 2 und 3 sind fristgebunden (zwei Wochen vor dem Tag der Räumung bzw. vor Ablauf der Räumungsfrist). Der letzte Tag ist in die zwei Wochen einzurechnen. § 222 Abs. 2 findet Anwendung.[48] Die Vorschriften über die Wiedereinsetzung (§§ 233 bis 238) gelten sinngemäß, Abs. 2 S. 2, Abs. 3 S. 3. 8

3. Entscheidung. Wird ein zulässiger Antrag gestellt, sind bis zur Entscheidung die in § 732 Abs. 2 genannten **einstweiligen Regelungen** möglich. Die **Anordnung nach Abs. 1** ergeht nach mündlicher Verhandlung durch Urteil. Sie ist im Tenor auszusprechen und zu begründen. Wird der Antrag zurückgewiesen, reicht es, dies in den Entscheidungsgründen zu begründen. Ist ein Antrag gestellt, aber **nicht beschieden** worden, findet § 321 Anwendung, Abs. 1 S. 3; zur Einstellung der Zwangsvollstreckung s. Abs. 1 S. 3 Halbs. 2. Wurde kein Antrag gestellt und die Entscheidung von Amts wegen unterlassen, helfen nur die Rechtsmittel der Berufung oder der sofortigen Beschwerde nach Abs. 6 Nr. 1;[49] ein isolierter neuer Antrag ist nicht möglich.[50] Bei **Entscheidungen nach Abs. 2, 3** ist eine mündliche Verhandlung freigestellt (§ 128 Abs. 4), entschieden wird durch zu begründenden Beschluss. Vor der Entscheidung ist dem Gegner rechtliches Gehör zu gewähren, Abs. 4 S. 3, die Zwangsvollstreckung kann einstweilen eingestellt werden (Abs. 4 S. 4, § 732 Abs. 2). Die **Räumungsfrist** sollte zur Vermeidung von Unklarheiten immer datumsmäßig bestimmt werden. Eine Mindestfrist ist nicht vorgeschrieben; die Höchstdauer beträgt ein Jahr. Bei Zeitmietverhältnissen (§ 575 BGB), die durch fristlose Kündigung beendet werden, darf gem. Abs. 7 S. 2 die Räumungsfrist die vertraglich vereinbarte Mietzeit nicht überschreiten. Zur Möglichkeit von Bedingungen s. 9

---

[28] OLG Stuttgart NJW-RR 2007, 15.
[29] LG Mainz WuM 1997, 233.
[30] LG Essen WuM 1992, 202.
[31] LG Berlin NJW-RR 1989, 1358, 1359; *St/J/Münzberg* Rn. 11 m. weit. Nachw.
[32] LG München WuM 1989, 412.
[33] LG Münster WuM 1968, 51.
[34] LG Münster WuM 1968, 83, 84; LG Essen WuM 1968, 132, 133.
[35] LG Heilbronn ZMR 1966, 278.
[36] LG Mannheim WuM 1990, 307, 308.
[37] LG Braunschweig WuM 1973, 82.
[38] MK/*Krüger* Rn. 11.
[39] MK/*Krüger* Rn. 11.
[40] *B/L/H* Rn. 30 „Zeitablauf".
[41] LG Münster WuM 1991, 563f.
[42] LG Hamburg WuM 1991, 38.
[43] LG Wuppertal WuM 1996, 429, 430; LG Hamburg WuM 1988, 316.
[44] LG Wuppertal (Fn. 43).
[45] LG Braunschweig WuM 1973, 82; LG Köln ZMR 1973, 89.
[46] BGH (Fn. 10).
[47] BGH (Fn. 10).
[48] LG Hamburg NJW-RR 1990, 657; *St/J/Münzberg* Rn. 27; aA LG Berlin NJW-RR 1993, 144f.; MK/*Krüger* Rn. 5 in Fn. 17.
[49] S. ausführlich *St/J/Münzberg* Rn. 22 in Fn. 100.
[50] LG Rostock (Fn. 12).

Rn. 4. Die **Kostenentscheidung** richtet sich sowohl beim Urteil als auch bei Beschlüssen nach Abs. 2, 3[51] nach §§ 91 ff. Beim Urteil ist § 93 b Abs. 3 zu beachten. Der Streitwert richtet sich nach dem Miet- bzw. Nutzungswert für die beantragte Dauer der Verlängerung bzw. Verkürzung der Räumungsfrist.

10 **4. Rechtsbehelfe.** Die Entscheidung über die Räumungsfrist **im Urteil** (nur **erstinstanzliches,** § 567 Abs. 1) kann nach Abs. 6 S. 1 Nr. 1 isoliert im Wege der sofortigen Beschwerde angefochten werden, sonst zusammen mit Rechtsmitteln in der Hauptsache. Dies gilt auch für ein **Versäumnisurteil,**[52] nicht aber wegen § 514 Abs. 2 für ein zweites Versäumnisurteil iSd. § 345.[53] Gegen erstinstanzliche Beschlüsse findet die sofortige Beschwerde statt, Abs. 6 Nr. 2; die Rechtsbeschwerde ist nur bei einer Zulassung (§ 574 Abs. 1 Nr. 2) möglich. Neben der Berufung des Mieters ist eine Beschwerde des Mieters gegen die (fehlende oder zu kurze) Bewilligung einer Räumungsfrist mangels Rechtsschutzbedürfnisses unzulässig, weil im Berufungsverfahren erneut von Amts wegen über eine Räumungsfrist zu entscheiden ist. Wird die Berufung des Mieters nach seiner sofortigen Beschwerde eingelegt, ist deshalb das Beschwerdeverfahren für erledigt zu erklären. Dagegen schadet die Berufung des Mieters einer Beschwerde des Gläubigers mit dem Ziel einer Verkürzung der erstinstanzlich bewilligten Räumungsfrist nicht, weil anderenfalls die Vollstreckung verzögert würde und der Mieter im Fall der Erfolgsaussicht seiner Berufung die Möglichkeit hat, eine Einstellung der Zwangsvollstreckung nach § 719 Abs. 1 zu erreichen.

V. Wirkungen einer Räumungsfrist

11 Die Räumungsfrist hindert als **besondere Vollstreckungsvoraussetzung** (s. Rn. 1) zeitweise die Zwangsvollstreckung, schafft aber kein Recht zum Besitz. **Materiell-rechtlich** hat sie die Folge, dass der (nur als früherer Mieter[54]) Nutzungsberechtigte nur die Nutzungsentschädigung nach § 546 a Abs. 1 BGB schuldet, nicht aber weiteren Schadensersatz, § 571 Abs. 2 BGB. Ansprüche aus § 987 BGB auf Herausgabe von Nutzungen können neben § 546 a BGB geltend gemacht werden.[55] Das Mietverhältnis wird durch die Einräumung der Räumungsfrist nicht verlängert.[56] Die Nutzungsentschädigung wird bis zum tatsächlichen Auszug, nicht bis zum Ablauf der Räumungsfrist geschuldet.[57] Der Schuldner kann auf die durch die Bewilligung einer Räumungsfrist eingeräumten Rechte verzichten (s. a. Rn. 1).[58] Zum Nachweis gegenüber dem Vollstreckungsorgan s. § 751 Rn. 2.

VI. Gebühren und Kosten

12 **1. Anwaltsgebühren.** Das Verfahren auf Gewährung einer Räumungsfrist gehört grundsätzlich zum Rechtszug und ist durch die Gebühren der Nrn. 3100 ff. RVG abgegolten (§ 19 Abs. 1 RVG). Nur dann, wenn es sich um ein nicht mit dem Hauptsacheprozess verbundenes selbstständiges Räumungsfristverfahren handelt, fällt die gesonderte 1,0 Verfahrensgebühr der Nr. 3334 VV RVG an. Das liegt vor, wenn die Räumungsfrist bzw. deren Verlängerung erst nach Erlass des Räumungsurteils oder nach einem Räumungsvergleich (§ 794 a) beantragt wird.[59] Kommt es zu einer mündlichen Verhandlung, fällte eine 1,2 Terminsgebühr aus Nr. 3104 VV RVG an (Vorbem. 3.3.6 VV RVG). Auch eine Einigungsgebühr der Nr. 1003 VV RVG kann entstehen. Mehrere Räumungsfristverfahren sind verschiedene Angelegenheiten, ebenso, wenn mehrere Schuldner eine Räumungsfrist beantragen.[60]

13 **2. Gerichtsgebühren.** Diese werden erstinstanzlich nicht erhoben; für das Beschwerdeverfahren gilt KV Nr. 2121.

722 *Vollstreckbarkeit ausländischer Urteile* (1) **Aus dem Urteil eines ausländischen Gerichts findet die Zwangsvollstreckung nur statt, wenn ihre Zulässigkeit durch ein Vollstreckungsurteil ausgesprochen ist.**

(2) Für die Klage auf Erlass des Urteils ist das Amtsgericht oder Landgericht, bei dem der Schuldner seinen allgemeinen Gerichtsstand hat, und sonst das Amtsgericht oder Landgericht zuständig, bei dem nach § 23 gegen den Schuldner Klage erhoben werden kann.

I. Normzweck

1 **1. Normzweck.** Die Norm betrifft allein die **Vollstreckbarerklärung** ausländischer Urteile; die Anerkennung mit weiteren prozessualen Folgen (Gestaltungswirkung, Rechtskraftwirkung; vgl. § 322 Rn. 9 ff., § 322 Rn. 63, § 328 Rn. 33 ff.) ist in § 328 geregelt. Nach § 328 wird nicht die Vollstreckbarkeit eines ausländischen Urteils anerkannt. Aus ihm darf erst vollstreckt werden, wenn dies durch eine erfolgreiche Vollstreckungsklage mit **rechtsgestaltender Wirkung**[1] ausgesprochen wird.

---

[51] LG Konstanz MDR 1967, 307 f.; MK/*Krüger* Rn. 7 m. Nachw.; aA (§ 788) LG München I WuM 1982, 81.
[52] LG Köln NJW-RR 1987, 143.
[53] LG Dortmund NJW 1965, 1385.
[54] MK/*Krüger* Rn. 13.
[55] *Zö/Stöber* Rn. 12 m. weit. Nachw.
[56] *St/J/Münzberg* Rn. 3 m. weit. Nachw.
[57] MK/*Krüger* Rn. 13; *St/J/Münzberg* Rn. 3; *Zö/Stöber* Rn. 12.
[58] *Zö/Stöber* Rn. 12.
[59] *Schneider/Mock* § 16 Rn. 31.
[60] *Schneider/Mock* § 16 Rn. 33 f.
[1] AllgM; MK/*Gottwald* Rn. 2 m. weit. Nachw.

2. Anwendungsbereich. Die **praktische Bedeutung** der Vorschrift ist **gering**, weil Anerkennung und Vollstreckbarerklärung ausländischer Titel ganz überwiegend in **EG-Verordnungen** und **bilateralen oder multilateralen Verträgen** geregelt sind, deren Vorschriften vorrangig sind.[2] §§ 722f. gelten aber für Urteile aus den asiatischen und osteuropäischen Ländern, Kanada, Südafrika und den USA, soweit nicht mit diesen Ländern nach dem UNUÜ 1956 bzw. dem AUG für **Unterhaltstitel** Übereinkommen getroffen worden sind. Für Entscheidungen, die nach deutschem Recht der **freiwilligen Gerichtsbarkeit** zuzuordnen sind, gilt § 33 FGG, nicht § 722. Die Vollstreckungsklage ist **nicht ausschließlich**, der Gläubiger kann auch auf Leistung klagen.[3] Auch eine entsprechende Feststellungsklage ist zulässig[4] oder eine negative Feststellungsklage des Schuldners.[5] Eine **Vollstreckungsabwehrklage** ist vor dem Erlass eines Vollstreckungsurteils nicht möglich, weil es an einem im Inland vollstreckungsfähigen Titel fehlt.[6] Zur Geltendmachung materiell-rechtlicher Einwendungen im Vollstreckungsprozess s. Rn. 8. 2

II. Voraussetzungen

1. Urteil. Nach Abs. 1 können nur **Urteile** eines ausländischen Gerichts für vollstreckbar erklärt werden. Der Begriff des Urteils ist weit auszulegen[7] (s. a. § 328 Rn. 5). Dazu gehören Kostenfestsetzungsbeschlüsse anerkannter Urteile,[8] den Vollstreckungsbescheiden entsprechende Akte[9] sowie konkursrechtliche ausländische Titel.[10] Urteile, die nach dem Recht des Erststaates nicht vollstreckbar sind, scheiden aus.[11] Nicht unter die Norm fallen nach dem eindeutigen Wortlaut **Prozessvergleiche** und **vollstreckbare Urkunden;** eine analoge Anwendung des § 722 kommt nicht in Betracht, weil § 722 in § 795 nicht erwähnt ist.[12] Allerdings regeln EG-Verordnungen bzw. Staatsverträge ganz überwiegend die Möglichkeit der Vollstreckbarerklärung dieser Titel (zB Art. 57 EuGVVO).[13] Auch ausländische Titel, die nach deutschem Recht § 888 Abs. 2 unterfallen, sind wegen § 893 Abs. 2 für vollstreckbar zu erklären;[14] auch solche, die § 894 (Abgabe einer Willenserklärung) unterliegen.[15] **Ausländische Vollstreckbarkeitsentscheidungen** fallen grundsätzlich nicht unter §§ 722f. (sog. **Verbot der Doppelexequatur**), weil sie keine Leistungsverpflichtung enthalten, sondern nur die Vollstreckbarkeit eines ausländischen Titels schaffen.[16] Eine Ausnahme gilt nur für Exequatururteile über Schiedssprüche nach dem Recht der USA.[17] 3

2. Ausländisches Gericht. Darunter ist **nicht die ehemalige DDR** zu verstehen, die staatsrechtlich auch nach dem Grundlagenvertrag nicht als Ausland anzusehen war.[18] Aufgrund von DDR-Titeln konnte in der Bundesrepublik unmittelbar vollstreckt werden; §§ 722f. waren weder unmittelbar noch nach hM analog anwendbar.[19] Das hat sich gem. Art. 18 des Einigungsvertrages vom 31. 8. 1990 nach dem Beitritt der früheren DDR nicht geändert, ist vielmehr ausdrücklich dort normiert (s. 4. Auflage, vor § 704 Rn. 37ff.). **Entscheidungen des EuGH** und des Europäischen Gerichts erster Instanz, zu denen der Bundesminister der Justiz die Vollstreckungsklausel erteilt,[20] sind gem. Art. 244, 256 EGV, Art. 159, 164 EAGV, Art. 44, 92 Abs. 2 EGKSV wie inländische Urteile vollstreckbar. 4

3. Vollstreckungsfähigkeit, Rechtskraft. Es muss sich um Leistungstitel handeln, die inhaltlich hinreichend bestimmt sind (s. im Einzelnen § 704 Rn. 5ff.). Dabei sind **Konkretisierungen** zulässig, wenn sich der genaue Umfang der Leistungspflicht aus ausländischen Rechtsnormen ergibt, etwa bei einer Verurteilung zu den gesetzlichen Zinsen,[21] der gesetzlichen Mehrwertsteuer[22] oder bei einer Anknüpfung an einen Index.[23] Sie setzen einen Antrag des Gläubigers voraus, der die Erkenntnisquellen vorlegen muss, aus denen sich die maßgeblichen Zahlen ergeben (§ 293).[24] Das Urteil muss **rechtskräftig** sein (s. dazu und zu weiteren Voraussetzungen § 723). 5

---

[2] Anders die Begründung der hM (es fehle das Rechtsschutzinteresse) MK/*Gottwald* Rn. 5; *St/J/Münzberg* Rn. 10.
[3] HM; BGH NJW 1979, 2477; OLG Karlsruhe NJW-RR 1999, 82, 83; *St/J/Münzberg* Rn. 6; aA *St/J/Schumann* § 328 Rn. 29.
[4] MK/*Gottwald* Rn. 45.
[5] MK/*Gottwald* Rn. 45; *Zö/Geimer* Rn. 102.
[6] MK/*Gottwald* Rn. 46; *Zö/Geimer* Rn. 101.
[7] S. ausführlich *Zö/Geimer* Rn. 8ff.
[8] RGZ 109, 383, 387; *Zö/Geimer* Rn. 10.
[9] *Zö/Geimer* Rn. 10.
[10] BGH NJW 1993, 2312, 2316.
[11] BGH FPR 2004, 478, 479; *Zö/Geimer* Rn. 8.
[12] HM; *B/L/H* Rn. 3; MK/*Gottwald* Rn. 13; *St/J/Münzberg* Rn. 11; aA *Zö/Geimer* Rn. 10 m. weit. Nachw.
[13] S. ausführlich *Zö/Geimer* Rn. 11.
[14] *Zö/Geimer* Rn. 16.
[15] MK/*Gottwald* § 328 Rn. 142; differenzierend *Zö/Geimer* Rn. 17ff.
[16] MK/*Gottwald* Rn. 22; *St/J/Münzberg* Rn. 11; *Zö/Geimer* Rn. 21.
[17] Str.; BGH NJW 1984, 2763; aA MK/*Gottwald* Rn. 23 m. weit. Nachw.; *Zö/Geimer* Rn. 12.
[18] BVerfGE 36, 1, 17 = NJW 1973, 1539; BVerfGE 37, 57, 64 = NJW 1974, 893.
[19] BGHZ 84, 17, 19 = NJW 1982, 1947.
[20] BGBl. II 1961, S. 50.
[21] BGH NJW 1990, 3084, 3085; OLG Köln NJOZ 2005, 1181f.; OLG Celle NJW 1988, 2183.
[22] MK/*Gottwald* Rn. 21; *Zö/Geimer* Rn. 57.
[23] BGH NJW 1986, 1440, 1441.
[24] MK/*Gottwald* Rn. 21 m. weit. Nachw.

III. Verfahren

6 **1. Zuständigkeit.** Die **internationale Zuständigkeit** Deutschlands ergibt sich aus Abs. 2.[25] **Örtlich** – ausschließlich, § 802 – zuständig ist gem. Abs. 2 das Gericht, bei dem der Schuldner seinen allgemeinen Gerichtsstand (§§ 13 bis 19) hat; wenn es dieses nicht gibt, das Gericht, in dessen Bezirk sich Vermögen des Beklagten befindet (§ 23). Für ein Verfahren im Gerichtsstand des Vermögens bedarf es jedenfalls dann, wenn ein anderer Gerichtsstand im Inland nicht zur Verfügung steht, eines über das Vorhandensein von Vermögen hinausgehenden Inlandsbezuges nicht.[26] **Die sachliche Zuständigkeit** – gem. § 802 ausschließlich – richtet sich im Verhältnis zwischen Amts- bzw. Landgericht nach der Höhe des Streitwerts, wobei Fremdwährungsbeträge umzurechnen sind. Allerdings ist das **Familiengericht** zuständig, wenn der titulierte Anspruch nach deutschem Recht vor dem Familiengericht geltend zu machen wäre.[27] Beim Landgericht ist die Zivilkammer zuständig, nie die Kammer für Handelssachen.[28] Vertragliche Zuständigkeitsregelungen oder die des AVAG sind vorrangig.

7 **2. Sonstige Zulässigkeitsvoraussetzungen. Streitgegenstand** ist der Anspruch des Gläubigers auf den rechtsgestaltenden Ausspruch der Vollstreckbarkeitserklärung, nicht der dem Titel zugrunde liegende materiell-rechtliche Anspruch. **Der Antrag** ist entsprechend dem begehrten Tenor zu fassen (s. Rn. 9). Ein danach unzulässiger Antrag auf Erteilung der Vollstreckungsklausel kann nicht in eine Vollstreckungsklage umgedeutet werden.[29] Es handelt sich nicht um ein Vollstreckungs-, sondern um ein **Erkenntnisverfahren.**[30] Wegen § 723 Abs. 2 S. 2 ist die Dispositionsbefugnis der Parteien eingeschränkt; Anerkenntnisurteile sind unzulässig; durch Prozessvergleich kann nur eine neue Zahlungsverpflichtung, nicht aber die Vollstreckbarkeit der ausländischen Entscheidung begründet werden.[31] Inzident ist die **Anerkennung nach § 328** zu untersuchen, § 723 Abs. 2 S. 2 (s. § 723 Rn. 1), auch im Säumnisverfahren von Amts wegen.

8 **3. Begründetheit. Aktivlegitimiert** ist der Gläubiger des ausländischen Urteils, sein Rechtsnachfolger oder der nach dem Titel mit Rechtskrafterstreckung Begünstigte (zB das Kind, für das im Scheidungsurteil Unterhalt zugesprochen wurde[32]). **Passivlegitimiert** ist der Schuldner bzw. sein Rechtsnachfolger.[33] § 265 Abs. 2 ist anwendbar.[34] Der Schuldner kann **materiell-rechtliche Einwendungen** geltend machen, die entstanden sind, als sie im ausländischen Prozess nicht mehr geltend gemacht werden konnten.[35] Tut er es nicht, ist er mit den Einwendungen in einer späteren Vollstreckungsabwehrklage präkludiert, § 767 Abs. 2. Auch zur **Abänderungsklage** berechtigende Gründe sind aus prozessökonomischen Gründen auf Antrag zu berücksichtigen.[36]

IV. Entscheidung

9 **1. Tenor.** In der Entscheidung ist der Inhalt der ausländischen Entscheidung in deutscher Sprache wiederzugeben und die Entscheidung für vollstreckbar zu erklären: „Das Urteil des … (Gerichts, Staat), durch das der Beklagte verurteilt wurde,… (Leistungstenor), wird für den Bereich der Bundesrepublik Deutschland für vollstreckbar erklärt." Eine **Umrechnung fremder Währungen** erfolgt nicht im Urteil, sie obliegt den Vollstreckungsorganen.[37] Bei Teilunterliegen[38] ist die weiter gehende Klage abzuweisen. Die Entscheidung über die **Kosten** folgt aus §§ 91ff. Trotz des **Gestaltungscharakters** ist das Urteil wegen der Vollstreckungsmöglichkeit aus dem ausländischen Titel für **vorläufig vollstreckbar** zu erklären, gegebenenfalls gegen Sicherheitsleistung (§ 709) oder mit Abwendungsbefugnis (§ 711), deren Höhe sich nach dem Wert des titulierten Anspruchs zuzüglich der Kosten des Vollstreckungsprozesses richtet.

10 **2. Das Vollstreckungsurteil** bildet die Grundlage einer folgenden Zwangsvollstreckung. Es muss zugestellt und mit der Vollstreckungsklausel versehen werden. **Rechtsmittel** sind nach normalen Regeln zulässig. Zur Möglichkeit der Leistungsklage oder Feststellungsklage s. Rn. 2; zur Geltendmachung von die Vollstreckungsabwehrklage oder Abänderungsklage rechtfertigenden Umständen Rn. 8. **Streitwert** ist der in Euro umgerechnete Wert der Verurteilung im ausländischen Titel ohne Zinsen; Kosten sind (nur) zu berücksichtigen, wenn sie ziffernmäßig genannt sind.[39]

V. Gebühren und Kosten

11 **1. Anwaltsgebühren.** Der Anwalt erhält für das Prozessverfahren die Gebühren der Nrn. 3100ff. VV RVG. Die gleichen Gebühren erhält er, soweit durch bilaterale oder multilaterale Vereinbarungen verein-

---

25 *Zö/Geimer* Rn. 45.
26 BGH NJW 1997, 325, 326 = LM Nr. 12 m. Anm. *Geimer.*
27 BGHZ 88, 113, 115 = NJW 1983, 2775.
28 *Zö/Geimer* Rn. 47.
29 BGH NJW 1979, 2477.
30 BGH NJW 1992, 3096, 3097.
31 MK/*Gottwald* Rn. 31.
32 BGH NJW-RR 2007, 722, 723; *Zö/Geimer* Rn. 64.
33 *Zö/Geimer* Rn. 64; aA (Frage der Prozessführungsbefugnis) MK/*Gottwald* Rn. 32.
34 BGH (Fn. 30).
35 BGH NJW 1987, 1146, 1147.
36 BGH (Fn. 35).
37 MK/*Gottwald* Rn. 38 m. weit. Nachw.
38 S. dazu BGH NJW 1992, 3096, 3104f.
39 BGH Rpfleger 1957, 15f.

fachte, insbesondere Beschlussverfahren vorgesehen sind. Für Berufungs- und Beschwerdeverfahren gelten die Nrn. 3200ff. VV RVG (Vorbem. 3.2.1 Abs. 1 Nr. 3 VV RVG).

2. Gerichtskosten. Es ist Hauptabschnitt 5 vom KV Teil 1 einschlägig; damit gelten Vorbemerkung 1.5 und Nrn. 1510 bis 1521. 12

723 *Vollstreckungsurteil* (1) Das Vollstreckungsurteil ist ohne Prüfung der Gesetzmäßigkeit der Entscheidung zu erlassen.

(2) [1]Das Vollstreckungsurteil ist erst zu erlassen, wenn das Urteil des ausländischen Gerichts nach dem für dieses Gericht geltenden Recht die Rechtskraft erlangt hat. [2]Es ist nicht zu erlassen, wenn die Anerkennung des Urteils nach § 328 ausgeschlossen ist.

Die Norm nennt weitere Voraussetzungen der in § 722 (s. dort) geregelten Vollstreckungsklage, die gegebenenfalls durch das Vollstreckungsurteil abgeschlossen wird. Gem. Abs. 1 darf **keine Prüfung der Gesetzmäßigkeit** der ausländischen Entscheidung, ihrer Übereinstimmung mit dem deutschen Recht erfolgen. Das ausländische Urteil muss **rechtskräftig** sein, was sich allein nach dem ausländischen Recht, aber dem deutschen Rechtskraftbegriff beurteilt. Maßgeblich ist also die formelle Rechtskraft oder eine dieser entsprechende Wirkung des ausländischen Rechts, die der Kläger darzulegen hat, § 293. Dass das Urteil trotz der Rechtskraft aufgehoben werden kann, hindert die Vollstreckbarkeitserklärung so lange nicht, bis das Urteil aufgehoben wurde.[1] Inzident ist die Anerkennung nach § 328 (s. dazu die Anmerkungen dort) zu untersuchen und Voraussetzung des Vollstreckungsurteils. Die Prüfung ist von Amts wegen erforderlich, wobei erforderliche Beweise von der beweispflichtigen Partei zu erbringen sind. 1

724 *Vollstreckbare Ausfertigung* (1) Die Zwangsvollstreckung wird auf Grund einer mit der Vollstreckungsklausel versehenen Ausfertigung des Urteils (vollstreckbare Ausfertigung) durchgeführt.

(2) Die vollstreckbare Ausfertigung wird von dem Urkundsbeamten der Geschäftsstelle des Gerichts des ersten Rechtszuges und, wenn der Rechtsstreit bei einem höheren Gericht anhängig ist, von dem Urkundsbeamten der Geschäftsstelle dieses Gerichts erteilt.

I. Normzweck

1. Verfahrenszweck. Voraussetzung der Zwangsvollstreckung ist neben einem Titel regelmäßig, dass dem Gläubiger eine vollstreckbare Ausfertigung des Titels erteilt wurde. Hierfür sind **Organe des Erkenntnisverfahrens** im weiteren Sinne, nämlich der Urkundsbeamte der Geschäftsstelle, der Rechtspfleger und der Notar für zuständig erklärt worden. Nur diese haben die erforderlichen Akten, anhand derer überprüft werden kann, ob ein ordnungsgemäßer Titel vorliegt und wieweit er zur Vollstreckung geeignet ist. Zweck des etwas umständlich erscheinenden Verfahrens ist die **Entlastung der Vollstreckungsorgane** und eine **einheitliche Beurteilung** der maßgeblichen Fragen durch eine zentrale, ausschließlich zuständige Instanz.[1] 1

2. Bedeutung und Überprüfung der Klausel. Die Urschrift des Titels bleibt bei dem Organ, das ihn geschaffen hat. Im Rechtsverkehr wird sie durch eine Ausfertigung (= beglaubigte Abschrift) ersetzt; der Beglaubigungsvermerk bestätigt die Übereinstimmung mit dem Original. Die auf die Ausfertigung gesetzte Klausel (§ 725) macht diese zur vollstreckbaren Ausfertigung (Abs. 1) und bescheinigt die Vollstreckbarkeit des Titels. Die Erteilung der Klausel gehört noch nicht zum Vollstreckungsverfahren, sondern geht diesem voraus als ein die Zwangsvollstreckung in formeller Hinsicht vorbereitender Akt.[2] Die Übertragung der funktionellen Zuständigkeit für die Klauselerteilung auf Organe des Erkenntnisverfahrens und die Einführung spezieller Rechtsbehelfe gegen die Klausel bedeuten auch eine **Bindung der Vollstreckungsorgane** an eine erteilte Klausel.[3] Sie dürfen nur überprüfen, ob überhaupt eine Klausel erforderlich ist und erteilt wurde[4] oder ob die erteilte Klausel selbst ordnungsgemäß ist. Daran fehlt es, wenn sie nicht auf eine Ausfertigung des Titels gesetzt ist.[5] Nur in Fällen der Nichtigkeit der Klausel selbst (s. dazu § 726 Rn. 4) ist wegen Fehlens einer Klausel die Vollstreckung verwehrt. Die Unwirksamkeit des Titels dürfen die Vollstreckungsorgane nicht überprüfen,[6] aus faktischen Gründen wohl aber die Bestimmtheit des Titels[7] und dessen generelle Vollstreckungsfähigkeit.[8] Der Gläubiger muss dem Vollstreckungsorgan die vollstreckbare Ausfertigung des Titels **vorlegen,** weil es vor der Vollstreckung prüfen muss, ob der Gläubiger (noch) im Besitz der vollstreckbaren Ausfertigung ist.[9] 2

3. Anwendungsbereich. Grundsätzlich bedarf die Vollstreckung aus jedem Urteil (§ 704 Abs. 1) und anderem Titel der ZPO (§§ 794ff.) der Klausel. Dies gilt auch für Vollstreckungsurteile nach § 722 (anders 3

---

[1] BGH NJW 1992, 3096, 3098.
[1] MK/*Wolfsteiner* Rn. 2.
[2] BGH MDR 1976, 837, 838.
[3] BayObLG Rpfleger 1983, 480, 481; *Sauer/Meiendresch* Rpfleger 1997, 289f.; *Zö/Stöber* Rn. 14.
[4] AllgM; OLG Hamm FamRZ 1981, 199, 200 m. weit. Nachw.
[5] MK/*Wolfsteiner* Rn. 4 m. weit. Nachw.
[6] MK/*Wolfsteiner* Rn. 4; *Zö/Stöber* Rn. 14.
[7] *Sauer/Meiendresch* Rpfleger 1997, 289, 290; *St/J/Münzberg* Rn. 2.
[8] BGH NJW-RR 2006, 217, 218.
[9] OLG Köln NJW-RR 2000, 1580.

das Klauselerteilungsverfahren nach dem AVAG) und Entscheidungen, durch die ein Schiedsspruch (§ 1063 Abs. 1) oder ein Anwaltsvergleich (§ 796a Abs. 1, § 796c Abs. 1)[10] für vollstreckbar erklärt wird. Soweit andere Gesetze die Vollstreckung nach der ZPO vorschreiben, bedarf es, wenn keine Sondervorschriften existieren, ebenfalls der Klausel, zB für § 45 Abs. 3 WEG aF.[11] **Ausnahmen: Vollstreckungsbescheid,** wenn für und gegen die in ihm genannten Personen vollstreckt wird, § 796 Abs. 1. **Arrest und einstweilige Verfügung,** wenn für und gegen die in ihnen genannten Personen vollstreckt wird, §§ 929 Abs. 1, 936 (Klausel aber für einen in diesen Verfahren geschlossenen Prozessvergleich[12]). Kostenfestsetzungsbeschluss, der auf das Urteil gesetzt ist, §§ 105 Abs. 1, 795a. Pfändungsbeschluss als Grundlage der Wegnahme eines Hypothekenbriefes, § 830 Abs. 1 S. 1 u. 2. Überweisungsbeschluss als Grundlage für die Vollstreckung auf Herausgabe von Urkunden, § 836 Abs. 3 S. 3. **Haftbefehl** nach § 901; **Vorpfändung,** § 845 Abs. 1 S. 3, bestätigter **Europäischer Vollstreckungstitel** für unbestrittene Forderungen (§ 1082). Zu Urteilen auf Abgabe einer Willenserklärung s. § 894 Rn. 9, 13.

II. Voraussetzungen

4 **1. „Einfache" Klausel.** § 724 regelt die **Grundsätze der Klauselerteilung,** ohne die genauen Voraussetzungen zu nennen. Sonderfälle („qualifizierte Klauseln") sind in den §§ 726ff. genannt; in diesen Fällen müssen zusätzlich zu den Voraussetzungen der einfachen Klausel weitere Umstände geprüft werden. Die „einfache" Klausel des § 724 wird erteilt, wenn der Titel und die Vollstreckung aus ihm nicht bedingt sind und keine Umschreibung auf eine im Titel nicht genannte Person erforderlich ist. Außerdem ist bei Vorliegen folgender Bedingungen oder Befristungen ohne Prüfung deren Eintritts die einfache Klausel zu erteilen: wenn die Vollstreckung von der **Leistung einer Sicherheit** (§ 726 Abs. 1), vom **Eintritt eines Kalendertages** (§ 751 Abs. 1) oder von einer **Zug um Zug** zu bewirkenden Leistung des Gläubigers an den Schuldner abhängt (§ 726 Abs. 2). In diesen Fällen werden die Vollstreckungsvoraussetzungen vom Vollstreckungsorgan selbst geprüft.

5 **2. Antrag des Anspruchsinhabers.** Die Klausel wird nur auf Antrag erteilt, für den kein Anwaltszwang besteht, § 78 Abs. 5. Materiell berechtigt, den **Anspruch auf Erteilung** der Klausel geltend zu machen, ist grundsätzlich der im Titel genannte Gläubiger. Sind mehrere Personen Mitgläubiger einer unteilbaren Leistung (§ 432 BGB), kann jede von ihnen die Erteilung einer vollstreckbaren (auf Leistung an alle Gläubiger gerichteten) Ausfertigung zu ihren Händen verlangen.[13] Bei **gesetzlicher** und zugelassener **gewillkürter Prozessstandschaft** (zum Begriff s. § 51 Rn. 16) auf Gläubigerseite hat der Prozessstandschafter einen Anspruch auf Erteilung der Klausel,[14] wobei der Titelinhalt dafür entscheidend ist, ob er Leistung an sich oder einen Dritten verlangen kann. Dagegen hat der Dritte, an den zu leisten ist, keinen Anspruch auf Erteilung der Klausel nach § 724 (zur Frage der Titelumschreibung s. auch § 727 Rn. 1). Dies gilt auch für die gesetzliche Prozessstandschaft des berechtigten Elternteils für das **minderjährige Kind** nach § 1629 Abs. 3 BGB.[15] Die Vollstreckungsbefugnis bleibt, solange nicht die Klausel auf den materiellen Anspruchsinhaber umgeschrieben worden ist.[16] Die Umschreibung auf das Kind ist analog § 727 auch vor dessen Volljährigkeit möglich, wenn die Prozessstandschaft durch rechtskräftige Scheidung endet.[17] Will der berechtigte Elternteil nach Volljährigkeit wegen einer Abtretung weiter vollstrecken, muss er die Klausel nach § 727 auf sich selbst umschreiben lassen.[18] Ist aus dem Urteil ersichtlich, dass die Prozessstandschaft beendet ist (zB wegen Volljährigkeit des Kindes), darf die Klausel dem Prozessstandschafter nicht mehr erteilt werden.[19] Eine Klauselumschreibung nach § 727 auf das Kind ist möglich.[20] Zur Möglichkeit der Vollstreckungsabwehrklage für den Schuldner s. § 767 Rn. 25 „Prozessführungsbefugnis". Eine **Abtretung nach Rechtshängigkeit** hat gem. § 265 Abs. 2 S. 1 keine Auswirkung auf den Prozess. Der Kläger führt den Prozess in gesetzlicher Prozessstandschaft des Zessionars weiter. Nach hM muss er aber auf Leistung an den Dritten klagen[21] (s. im Einzelnen § 265 Rn. 10). Die Klausel ist in diesem Fall grundsätzlich dem Kläger als der obsiegenden Partei zu erteilen, auch wenn der Beklagte zur Zahlung an einen Dritten verurteilt wurde.[22] Hierfür spricht neben dem Wortlaut der §§ 724, 725 auch, dass dies genau die Vollstreckung ist, die der Titel vorsieht und § 265 entspricht. Nur dann, wenn dem Dritten bereits eine vollstreckbare Ausfertigung erteilt worden ist, hat der Urteilsgläubiger nach allgemeiner Ansicht keinen Anspruch mehr auf Erteilung der Klausel.[23] Die Klausel darf auch dem Dritten erteilt werden, und zwar richtigerweise durch den Rechtspfleger nach § 727,[24] weil die

---

[10] OLG Köln NJW 1997, 1450, 1451 m. weit. Nachw.
[11] KG OLGZ 1991, 64; *Zö/Stöber* Rn. 2.
[12] LAG Düsseldorf MDR 1997, 659, 660.
[13] KG NJW-RR 2000, 1409, 1410.
[14] BGH NJW 1991, 839, 840; KG FamRZ 1984, 505; MK/*Wolfsteiner* Rn. 24; *Zö/Stöber* Rn. 3; aA OLG Hamburg FamRZ 1985, 624, 625.
[15] BGH (Fn. 14); OLG Köln FamRZ 1985, 626; KG (Fn. 13); aA OLG Hamburg (Fn. 14).
[16] BGH (Fn. 13).
[17] OLG Hamm InVo 2001, 257.
[18] OLG Stuttgart InVo 2001, 256f.
[19] OLG Frankfurt/M FamRZ 1994, 453; *Zö/Stöber* Rn. 3; aA *Hochgräber* FamRZ 1996, 272.
[20] OLG Düsseldorf FamRZ 1997, 826, 827; *Hochgräber* (Fn. 19).
[21] BGH NJW-RR 1986, 1182; WM 1982, 1313.
[22] BGH NJW 1984, 806; KG Rpfleger 1971, 103; MK/*Wolfsteiner* Rn. 25 m. weit. Nachw.
[23] BGH (Fn. 22).
[24] BGH (Fn. 22).

Rechtsnachfolge durch das ergangene Urteil nicht rechtskräftig festgestellt wurde. **Vollstreckungsgegner** ist, solange keine Umschreibung erfolgt ist, der Titelschuldner.

6 **3. Äußerlich wirksamer Titel.** Der Titel muss nach seinem **äußeren Anschein** wirksam sein. Es sind die Förmlichkeiten des § 313 Abs. 1 Nr. 1 bis 4 zu prüfen.[25] Das Urteil muss unterschrieben (§ 315) und verkündet (§ 311 Abs. 2) sein. Die Unterschrift muss Rubrum und Entscheidungsformel umfassen;[26] fehlt es hieran wegen einer Bezugnahme auf die Akte, ist die Entscheidung gleichwohl nicht unwirksam;[27] die Klausel ist daher zu erteilen. Beim **Prozessvergleich** sind der Vermerk, dass dieser vorgelesen bzw. vorgespielt und genehmigt wurde,[28] die erforderlichen Unterschriften (§ 163 Abs. 1 S. 1) und die Beachtung des Anwaltszwangs zu überprüfen.[29] Beim Prozessvergleich nach § 278 Abs. 6 ist der feststellende Beschluss (§ 278 Abs. 6 S. 2) maßgeblich. Das Urteil muss **noch wirksam** sein. Eine Klausel darf nicht erteilt werden, wenn es im Rechtsmittelzug oder auf einen Einspruch hin aufgehoben wurde. Dagegen steht eine Sicherheitsleistung oder die Eröffnung des Insolvenzverfahrens der Klauselerteilung nicht entgegen.[30] Stets darf der Urkundsbeamte der Geschäftsstelle nur die **Äußerlichkeiten** prüfen, nicht etwa die inhaltliche Richtigkeit des Titels, eines Verhinderungsvermerks bei der Unterschrift, die Zulassung eines Rechtsanwalts. Dies gilt auch für den **Prozessvergleich;** es ist nicht Aufgabe des Urkundsbeamten, die sachliche Wirksamkeit des Vergleichs zu prüfen.[31] Wie es Aufgabe des Richters ist, die materielle Rechtslage zu untersuchen und ein Urteil zu sprechen, ist es seine Aufgabe, einen Vergleich zu protokollieren und dabei die Wirksamkeit der Vereinbarung zu untersuchen (s. § 794 Rn. 18). Dies kann nicht anschließend vom Urkundsbeamten oder in den Fällen qualifizierter Klauseln vom Rechtspfleger untersucht werden.[32] Die **Zustellung** des Titels muss noch nicht erfolgt sein. **Materiell-rechtliche Umstände** sind nicht zu prüfen[33] (s. a. vor § 704 Rn. 33 ff.). Es geht auch zu weit, dem Urkundsbeamten (zum Notar s. § 797 Rn. 4) die Prüfung aufzuerlegen, ob die Zwangsvollstreckung aus besonderen Gründen unzulässig geworden ist, selbst wenn sie liquide sind (offenkundige Zahlung, Gesetzesänderung, Entscheidung des BVerfG).[34]

7 **4. Vollstreckungsreife, vollstreckbarer Inhalt.** Der Titel muss vollstreckungsreif sein, dh. ein Urteil muss für vorläufig vollstreckbar erklärt oder rechtskräftig sein (§ 704 Abs. 1); die Vollstreckung aus dem Titel darf nicht bedingt oder befristet sein (dann § 726). Der Titel muss einen **vollstreckbaren Inhalt** haben. Er muss auf eine **Leistung** des Schuldners gerichtet und inhaltlich so **bestimmt** sein, dass die geschuldete Leistung aus ihm selbst für das Vollstreckungsorgan ersichtlich ist und beigetrieben werden kann. S. dazu im Einzelnen § 704 Rn. 5 ff.

III. Mehrere Parteien auf einer Seite

8 **Gesamthandsgläubigern** ist nur eine vollstreckbare Ausfertigung zu erteilen.[35] Lautet der Titel über eine **unteilbare Leistung** (§ 432 BGB), darf keine Teilausfertigung zur Vollstreckung eines anteiligen Betrages erteilt werden.[36] Vielmehr kann jeder Mitgläubiger die Erteilung einer vollstreckbaren (auf Leistung an alle Gläubiger gerichteten) Ausfertigung zu seinen Händen verlangen (s. Rn. 5).[37] Bei Zuerkennung nur eines **Teils** für jeden Gläubiger kann jeder eine Klausel für seinen Teil erhalten. Bei **Gesamtgläubigerschaft** (§ 428 BGB) muss jedem Gläubiger auf Antrag eine vollständige vollstreckbare Ausfertigung erteilt werden.[38] Bei **gesamtschuldnerischer** Verurteilung darf gegen jeden Schuldner eine vollstreckbare Ausfertigung erteilt werden,[39] s. im Einzelnen § 733 Rn. 4. Dies gilt auch für die Verurteilung nach bestimmten Teilen.

IV. Verfahren, Entscheidung

9 **1. Verfahren. Zuständig** für die Erteilung der **einfachen Klausel** zu einem Urteil ist der Urkundsbeamte der Geschäftsstelle des Gerichts 1. Instanz, solange der Rechtsstreit bei einem höheren Gericht anhängig ist (s. dazu § 706 Rn. 2), dessen Urkundsbeamter. Ist nach Erlass eines Vollstreckungsbescheids und Einspruch hiergegen das Verfahren an das Prozessgericht abgegeben worden, ist dieses nunmehr zuständig; dies gilt auch für die Erteilung einer weiteren vollstreckbaren Ausfertigung des Vollstreckungsbescheids.[40] Für die Erteilung „qualifizierter Klauseln" (§§ 726 Abs. 1, 727 ff.) und weiterer vollstreckbarer Ausfertigungen (§ 733) ist der Rechtspfleger zuständig (§ 20 Nr. 12, 13 RPflG), für vollstreckbare Ausfertigungen notarieller Urkunden grundsätzlich der Notar (§ 797 Abs. 2), das Jugendamt für von ihm errichtete Urkunden (§ 60 S. 3

---

25 MK/*Wolfsteiner* Rn. 31.
26 BGH NJW 2003, 3137, 3138.
27 BGH (Fn. 26).
28 *St/J/Münzberg* Rn. 10, 15; *Lackmann* Rn. 738.
29 *Sauer/Meiendresch* Rpfleger 1997, 289, 291; *Lackmann* Rn. 737 ff.
30 *Zö/Stöber* Rn. 5.
31 OLG Frankfurt/M NJW-RR 1995, 703.
32 AA *Sauer/Meiendresch* Rpfleger 1997, 289, 291 f.
33 KG JW 1934, 2479; *St/J/Münzberg* Rn. 12; *Zö/Stöber* Rn. 10.
34 KG (Fn. 32); *St/J/Münzberg* Rn. 12; aA MK/*Wolfsteiner* Rn. 44 m. weit. Nachw.
35 *Zö/Stöber* Rn. 3 a.
36 OLG Hamm Rpfleger 1992, 258.
37 KG NJW-RR 2000, 1409, 1410.
38 KG (Fn. 37); OLG Köln Rpfleger 1990, 82, 83; MK/*Wolfsteiner* Rn. 19; aA (§ 733) *Zö/Stöber* Rn. 3 a.
39 MK/*Wolfsteiner* Rn. 20; aA *St/J/Münzberg* § 725 Rn. 5; *T/P/Hüßtege* Rn. 11; *Zö/Stöber* Rn. 12.
40 BGH NJW-RR 2006, 1575 f.

Nr. 1 SGB VIII). Zu Fragen nach den Folgen des Handelns eines funktionell unzuständigen Organs s. § 726 Rn. 4. **Rechtliches Gehör** ist bei der Erteilung einfacher Klauseln nicht zu erteilen (Umkehrschluss aus § 730). Zum Antrag und zum Anwaltszwang s. Rn. 5.

10 **2. Die Entscheidung** kann in der Erteilung der Klausel (ganz oder teilweise) liegen; s. § 725. Zur **Teilklausel** s. § 725 Rn. 4. Liegen die Voraussetzungen der Klauselerteilung nicht vor, ist der Antrag durch zu begründenden Beschluss des Urkundsbeamten zurückzuweisen. Der Beschluss ist wegen des befristeten Rechtsmittels (§ 573 Abs. 1 S. 1) **zuzustellen.** Einer Kostenentscheidung bedarf es in keinem Fall; bei der Zurückweisung nicht mangels Beteiligung des Schuldners, sonst nicht wegen § 788. Die Erteilung der Klausel ist auf der Urschrift des Titels zu **vermerken,** § 734.

V. Rechtsbehelfe

11 Mangels Sonderregelung sind Rechtsbehelfe **zugunsten des Gläubigers,** wenn die Klausel nicht erteilt wird, diejenigen, die auch sonst gegen Entscheidungen dieser Organe im Erkenntnisverfahren zur Verfügung stehen, nämlich die befristete Erinnerung gegen die Entscheidung des Urkundsbeamten der Geschäftsstelle (§ 573 Abs. 1); nach § 11 Abs. 1 RPflG die sofortige Beschwerde (§ 567) gegen die Entscheidung des Rechtspflegers, wenn dieser anstelle des Urkundsbeamten entschieden hat; die Beschwerde gegen die Entscheidung des Notars (§ 54 BeurkG) im Fall seiner Zuständigkeit. Rechtsbehelf des **Schuldners** gegen die Klauselerteilung ist die **Klauselerinnerung** nach § 732.

VI. Gebühren und Kosten

12 **1. Anwaltsgebühren.** Vgl. § 706 Rn. 11.

13 **2. Gerichtskosten.** Gerichtsgebühren werden nicht erhoben.

725 *Vollstreckungsklausel* **Die Vollstreckungsklausel: „Vorstehende Ausfertigung wird dem usw. (Bezeichnung der Partei) zum Zwecke der Zwangsvollstreckung erteilt" ist der Ausfertigung des Urteils am Schluss beizufügen, von dem Urkundsbeamten der Geschäftsstelle zu unterschreiben und mit dem Gerichtssiegel zu versehen.**

I. Normzweck

1 Die Vorschrift enthält die – allerdings unvollständige – Legaldefinition der Vollstreckungsklausel. Die vollstreckbare Ausfertigung besteht aus einer Ausfertigung des Titels und dem § 725 entsprechenden Vollstreckbarkeitsvermerk, der ihr am Ende beizufügen ist (s. aber auch Rn. 2). S. im Übrigen § 724 Rn. 1.

II. Ausfertigung, Klauselinhalt

2 **1. Ausfertigung** ist eine amtlich beglaubigte, unterschriebene und gesiegelte Abschrift der Urschrift (§ 49 Abs. 1, 2 BeurkG), die bei den Akten verbleibt. Für die Urschrift gilt § 734. Das Urteil muss nicht vollständig ausgefertigt werden, § 317 Abs. 2 S. 2. Die Übereinstimmung mit dem Original muss bescheinigt werden, wozu der Gebrauch des Wortes „Ausfertigung" notfalls aber ausreicht.[1] Die **Vollstreckungsklausel** muss etwa den Inhalt des § 725 haben (s. aber auch Rn. 4), also den Gläubiger ausreichend bezeichnen, den Zweck der Zwangsvollstreckung wiedergeben, unterschrieben und gesiegelt (es reicht auch ein Stempel[2]) sein. Zu klarstellenden Parteibezeichnungen s. § 727 Rn. 1. In den Fällen der qualifizierten Klauseln (§§ 726 Abs. 1, 727 bis 729, 738, 742, 744, 745 Abs. 2, 749) können Zusätze erforderlich sein; s. die Anmerkungen dort. Damit die Beachtung der funktionellen Zuständigkeit geprüft werden kann, muss die Organbezeichnung (Urkundsbeamter, Rechtspfleger) angegeben werden.[3] Die Klausel muss der Ausfertigung nicht unbedingt am Schluss beigefügt werden; sie darf auch auf den Rand oder auf ein mit der Ausfertigung fest verbundenes Blatt gesetzt werden.[4]

3 **2. Auszufertigendes Urteil.** Die Klausel muss auf das Urteil gesetzt werden, das die **Vollstreckung ermöglicht,**[5] also etwa das erstinstanzliche Urteil bei vollständiger Zurückweisung eines Rechtsmittels.[6] War die erste Entscheidung gegen Sicherheitsleistung vorläufig vollstreckbar und die Rechtsmittelentscheidung ohne Sicherheitsleistung, ist dies in der Klausel zu vermerken;[7] ist bereits eine vollstreckbare Ausfertigung erteilt worden, reicht zum Nachweis die einfache Ausfertigung des Rechtsmittelurteils.[8] Bei **Teilabänderung** im Einspruchs-, Rüge- (§ 321 a) oder Rechtsmittelverfahren ist eine Ausfertigung der abändernden Entscheidung erforderlich.[9] Es empfiehlt sich, beide Entscheidungen verbunden auszufertigen und mit der Klausel zu versehen. Geschieht dies nicht, muss der vollstreckbare Anspruch in der Klausel der Rechtsmittel- bzw. Einspruchsentscheidung entsprechend genau bezeichnet werden. Zulässig ist es bei einer entspre-

---

[1] BGH NJW 1969, 1298 f.
[2] *Zö/Stöber* Rn. 3.
[3] *St/J/Münzberg* Rn. 8.
[4] *Zö/Stöber* Rn. 2.
[5] *St/J/Münzberg* Rn. 6.
[6] OLG Celle JurBüro 1985, 1731.
[7] *Zö/Stöber* Rn. 4.
[8] BGH NJW 1998, 613; OLG Celle (Fn. 6).
[9] BGH (Fn. 8) m. weit. Nachw.

chenden Klarstellung auch, die Klausel der ersten Entscheidung beizufügen, wenn Einspruch oder Rechtsmittel zur Verringerung des ausgeurteilten Betrages geführt haben.[10]

3. Einschränkungen und weitere Ergänzungen. Verpflichten Titel den Schuldner zu mehreren verschiedenen Leistungen, die zum Teil von Bedingungen abhängig sind, zum Teil aber nicht, darf sich die Bedingung des einen Teils nicht auf den unbedingten anderen Teil auswirken. Auf Antrag kann deshalb schon vor dem Bedingungseintritt eine **Teilklausel** erteilt werden, die den vollstreckbaren Teil genau bezeichnen muss. Dies gilt entsprechend, wenn mehrere Schuldner nach Kopfteilen verurteilt wurden, mehreren Gläubigern je ein Teilanspruch zuerkannt wurde oder der Gläubiger nur eine Teilklausel beantragt,[11] nicht aber bei gesamtschuldnerischer Verurteilung (s. dazu § 733 Rn. 4). Notwendig zu **ergänzen** ist die Klausel hinsichtlich nachträglicher Entscheidungen über die Anordnung einer Sicherheitsleistung[12] sowie der für die §§ 726 Abs. 1, 727ff. maßgeblichen Umstände (s. Rn. 2). Erlaubt und wünschenswert sind Angaben zu einer erforderlichen Auslegung des Titels, zur Rechtskraft, zur nachträglichen Gewährung einer Räumungsfrist[13] und zu bekannten Namensänderungen. Eine Berichtigung der Klausel nach § 319 ist zulässig.[14] 4

726 ***Vollstreckbare Ausfertigung bei bedingten Leistungen*** **(1) Von Urteilen, deren Vollstreckung nach ihrem Inhalt von dem durch den Gläubiger zu beweisenden Eintritt einer anderen Tatsache als einer dem Gläubiger obliegenden Sicherheitsleistung abhängt, darf eine vollstreckbare Ausfertigung nur erteilt werden, wenn der Beweis durch öffentliche oder öffentlich beglaubigte Urkunden geführt wird.**

(2) Hängt die Vollstreckung von einer Zug um Zug zu bewirkenden Leistung des Gläubigers an den Schuldner ab, so ist der Beweis, dass der Schuldner befriedigt oder im Verzug der Annahme ist, nur dann erforderlich, wenn die dem Schuldner obliegende Leistung in der Abgabe einer Willenserklärung besteht.

I. Normzweck

Zur Vollstreckung aus einem bedingten Titel bedarf es zuvor der Überprüfung, ob die Bedingung eingetreten ist. Diese erfolgt in der Regel nicht durch das Vollstreckungsorgan, sondern in einem formalisierten Verfahren im Rahmen der Erteilung der Klausel. Dem Vollstreckungsorgan wird der Eintritt der Bedingung **bindend** bescheinigt. Da hier mehr zu prüfen ist als bei der „einfachen Klausel" der §§ 724f., wird diese Klausel herkömmlich als „qualifizierte Klausel", speziell im Fall des § 726 Abs. 1 als „titelergänzende Klausel" bezeichnet. Zu weit geht es, die Norm als Instrument zur Korrektur von Ungenauigkeiten, Fehlern oder Lücken des Titels anzusehen.[1] Hiergegen sprechen die systematische Stellung der Norm außerhalb des Erkenntnisverfahrens und die funktionelle Zuständigkeit. Es kann nicht Aufgabe des Rechtspflegers sein, vermeintliche oder wirkliche Fehler des Gerichts zu beseitigen. **Die Vorschrift gilt** zunächst für qualifizierte Klauseln zu Urteilen (§ 704 Abs. 1), über § 795 aber auch für alle anderen Titel der ZPO (s. zu Abs. 2 aber Rn. 7). Eine Sondervorschrift für bestimmte Prozessvergleiche enthält § 795b. Die titelergänzende Klausel ist bei bedingten Titeln zu erteilen, sofern der **Gläubiger die Beweislast** für den Bedingungseintritt hat, mit folgenden **Ausnahmen:** Die Bedingung besteht in einer **Sicherheitsleistung,** die der Gläubiger zu erbringen hat (Abs. 1); die Vollstreckung ist von einer nicht in der Abgabe einer Willenserklärung bestehenden **Zug um Zug zu bewirkenden Leistung** des Gläubigers (Abs. 2) oder vom **Eintritt eines Kalendertages** abhängig (§ 751 Abs. 1). In diesen Ausnahmefällen ist die „einfache Klausel" zu erteilen;[2] ob die maßgeblichen Tatsachen eingetreten sind, prüft das Vollstreckungsorgan. 1

II. Voraussetzungen

1. Voraussetzungen. Es müssen die Voraussetzungen der einfachen Klausel vorliegen, s. § 724 Rn. 4ff. Der Titel selbst (bei Urteilen wohl selten vorkommend, häufiger aber bei Vergleichen, etwa solchen „für den Fall der Rechtskraft der Scheidung") oder die Vollstreckung aus ihm müssen **nach seinem Inhalt,** was gegebenenfalls durch Auslegung zu ermitteln ist, **bedingt bzw. anders als kalendermäßig befristet** sein. Dabei spricht Abs. 1 vom Eintritt von Tatsachen, sodass nicht nur Bedingungen iSd. § 158 BGB gemeint sind. Die Vorschrift ist deshalb auch anwendbar, falls die Vollstreckung vom Eintritt vergangener oder gegenwärtiger Tatsachen abhängig gemacht ist.[3] Zu den Ausnahmen s. Rn. 1. Absatz 1 greift nur dann ein, wenn – nach dem Titelinhalt oder allgemeinen Beweislastregeln (s. § 286 Rn. 32ff.) – der **Gläubiger die Beweislast** für die maßgeblichen Umstände trägt. Deshalb kommen regelmäßig nur **aufschiebende Bedingungen** in Betracht; für auflösende Bedingungen hat der Schuldner die Beweislast.[4] Auflösende Bedingungen in 2

---

[10] S. MK/*Wolfsteiner* Rn. 7.
[11] BayObLG DNotZ 1976, 366; *St/J/Münzberg* Rn. 2.
[12] *Zö/Stöber* Rn. 1; ähnlich („angebracht") *St/J/Münzberg* Rn. 3.
[13] *St/J/Münzberg* Rn. 3.
[14] *Zö/Stöber* Rn. 5.
[1] *Ro/G/Sch* § 10 III 2; aA MK/*Wolfsteiner* Rn. 26.
[2] Vgl. OLG Oldenburg Rpfleger 1985, 448.
[3] OLG Köln OLGR 2000, 160, 161.
[4] RGZ 28, 145f.

diesem Sinne sind etwa die Rechtskraft einer Ehescheidung als im Titel genannter Grund für das Erlöschen eines Anspruchs,[5] der Tod bei Verurteilungen zur Zahlung einer Rente auf Lebenszeit.[6] S. auch Rn. 3.

3 **2. Beispiele.** Abs. 1 findet **Anwendung:** Wenn eine Kündigung des Gläubigers erforderlich (nur deren Zugang muss bewiesen werden)[7] oder dieser vorleistungspflichtig ist (Zahlung nach Mängelbeseitigung[8]); beim Vorbehalt der Genehmigung nach § 2 Abs. 1 S. 2 PaPKG im Titel;[9] bei Ersatzraumklauseln im Räumungsvergleich;[10] regelmäßig bei **Widerrufsvergleichen** (s. ausführlich § 794 Rn. 11);[11] bei Wiederauflebensklauseln;[12] bei Titulierung: Zinszahlung „bei Verzug";[13] wenn nach dem Titelinhalt eine (zB vormundschaftsgerichtliche) Genehmigung erforderlich ist;[14] bei Scheidungsvergleichen „für den Fall der rechtskräftigen Scheidung";[15] bei Verurteilungen zur Leistung zu einer bestimmten Zeit nach Rechtskraft.[16] **Keine Anwendung** findet die Vorschrift: Bei **Verfallklauseln**[17] (zB Fälligkeit des Gesamtbetrages bei nicht pünktlicher Zahlung vereinbarter Raten; die Beweislast hat auch bei der Vollstreckung des Gesamtbetrages der Schuldner, weil die Vereinbarung regelmäßig dahin auszulegen ist, dass die Gesamtforderung bereits fällig ist, der Schuldner sie aber bei von ihm zu beweisender rechtzeitiger Erfüllung in Raten begleichen darf; nicht dahin, dass die Fälligkeit des Gesamtbetrages quasi die Strafe für unpünktliche Zahlung ist[18]); wegen § 264 Abs. 1 BGB bei einer Verurteilung zur Erbringung einer **Wahlschuld** (anders, wenn die Vollstreckung von der Ausübung des Wahlrechts eines Dritten abhängt);[19] bei einer haupt- und hilfsweisen Verurteilung;[20] wenn sich die aufschiebende Bedingung nicht aus dem Titel selbst ergibt (zB Aufschub der Vollstreckung bis nach Beendigung des Insolvenzverfahrens gegen den Schuldner, § 89 InsO[21]).

III. Verfahren

4 **1. Funktionelle Zuständigkeit.** Zuständig für die Erteilung qualifizierter Klauseln ist der Rechtspfleger (§ 20 Nr. 12 RPflG) bzw. der Notar bei von ihm verwahrten Urkunden (§ 797 Abs. 2 S. 1). Zur Zuständigkeit bei Vergleichen s. § 795b. Sehr umstritten sind die **Rechtsfolgen,** wenn der **Urkundsbeamte** der Geschäftsstelle eine qualifizierte Klausel **anstelle des Rechtspflegers** erteilt. Dies kommt in der Praxis häufig vor und kann große Bedeutung gewinnen, wenn man die Klauselerteilung für nichtig hält[22] und (konsequent) annimmt, dies sei vom Vollstreckungsorgan zu berücksichtigen.[23] Mit § 8 Abs. 4, 5 RPflG kann die Nichtigkeit angesichts der Entstehungsgeschichte und Systematik der Vorschrift nicht begründet werden; die Vorschrift spricht eher für das gegenteilige Ergebnis.[24] Von der Nichtigkeit ist vielmehr entsprechend § 44 VwVfG (vgl. dazu vor § 704 Rn. 32) nur dann auszugehen, wenn der Urkundsbeamte der Geschäftsstelle bewusst eine qualifizierte Klausel anstelle des Rechtspflegers erteilt hat,[25] was durch die Bezeichnung der Nachweisurkunden in der Klausel zum Ausdruck kommen kann. Zum **Antrag** s. § 724 Rn. 5, zur **örtlichen Zuständigkeit** § 724 Rn. 9.

5 **2. Urkundennachweis.** Der Nachweis des Bedingungseintritts muss durch **öffentliche** (§§ 415f.) oder **öffentlich beglaubigte** (§ 129 BGB) **Urkunden** geführt werden, aus denen sich die zu beweisenden Tatsachen ergeben. Die Urkunden sind vorzulegen oder zu bezeichnen, wenn sie dem Gericht bereits vorliegen. Es reicht eine beglaubigte Abschrift; der Rechtspfleger kann aber die Übersendung des Originals verlangen (§ 435).[26] Eine „Notarbestätigung" reicht nicht aus.[27] Der Urkundennachweis ist in folgenden Fällen **entbehrlich:** gem. §§ 291, 727 Abs. 2 analog, wenn die zu beweisende Tatsache **offenkundig** ist; gem. §§ 288, 730, wenn sie der Schuldner im Rahmen einer Anhörung **zugesteht**[28] und keine Prüfung von Amts wegen

---

[5] *St/J/Münzberg* Rn. 10.
[6] *Zö/Stöber* Rn. 10.
[7] OLG Stuttgart NJW-RR 1986, 549.
[8] OLG Frankfurt/M MDR 1991, 162; OLG Oldenburg (Fn. 2) S. 448f.
[9] *St/J/Münzberg* Rn. 11.
[10] OLG Frankfurt DGVZ 1982, 29f.; OLG Hamm Rpfleger 1965, 238; *St/J/Münzberg* Rn. 12; *Lackmann* Rn. 724.
[11] BAG NZA 2004, 117, 118f.; BGH NJW 2006, 776; OLG Saarbrücken NJW 2004, 2908, 2909; aA OLG Stuttgart NJW 2005, 909, 910f.; *Sauer/Meiendresch* NJW 2004, 2870ff.
[12] KG OLGZ 1967, 431, 434f.; *St/J/Münzberg* Rn. 4; *Lackmann* Rn. 724.
[13] *St/J/Münzberg* Rn. 4; *Zö/Stöber* Rn. 2.
[14] BGH NJW 1978, 1262, 1263; OLG Frankfurt InVo 1998, 53f.; *St/J/Münzberg* Rn. 5; *Lackmann* Rn. 724.
[15] OLG Frankfurt/Main OLGR 2004, 119, 120; KG NJWE-FER 2000, 297; OLG München Rpfleger 1984, 106; *Zö/Stöber* Rn. 2; aA *Hornung* Rpfleger 1973, 77, 78; *Blomeyer* Rpfleger 1972, 385, 389.
[16] *St/J/Münzberg* Rn. 6.
[17] KG (Fn. 12) S. 434; MK/*Wolfsteiner* Rn. 15; *Münzberg* Rpfleger 1997, 413ff.; aA *Frankenberger/Holz* Rpfleger 1997, 93ff.
[18] So aber wohl *Frankenberger/Holz* (Fn. 17).
[19] *St/J/Münzberg* Rn. 9.
[20] OLG Köln MDR 1950, 432.
[21] *B/L/H* Rn. 6 „Aufschiebende Bedingung der Vollstreckung".
[22] Wohl hM; KG InVO 2000, 65, 67; OLG Frankfurt/M (Fn. 8, 15); OLG Hamm NJW-RR 1987, 957f.; *B/L/H* Rn. 3 (mit unzutreffendem Hinweis auf BAG NJW 2004, 702, wo die Frage nicht entschieden wurde); *Zö/Stöber* Rn. 7; aA OLG Zweibrücken JurBüro 2003, 492, 493; *Lackmann* Rn. 726; *Ro/G/Sch* § 16 III 1.
[23] OLG Hamm NJW-RR 1987, 957; *Zö/Stöber* Rn. 7; aA AG Oldenburg DGVZ 1989, 142.
[24] *Lackmann* Rn. 726; ähnlich OLG Zweibrücken NJW-RR 1997, 882, 883.
[25] So auch *St/J/Münzberg* Rn. 22f.; noch weiter gehender MK/*Wolfsteiner* § 724 Rn. 15.
[26] *Zö/Stöber* Rn. 6.
[27] OLG Frankfurt/M NJW-RR 1996, 529, 530.
[28] HM; BGH NJOZ 2005, 3307, 3308f. = WM 2005, 1914 m. weit. Nachw.

erfolgen muss (zB, ob die vormundschaftsgerichtliche Genehmigung erteilt wurde);[29] wenn der Schuldner im Titel wirksam auf den **Nachweis verzichtet** hat.[30] Ein Nichtbestreiten reicht nicht aus (s. a. § 727 Rn. 4):[31] Es findet kein kontradiktorisches Verfahren statt; der Schuldner hat keine § 138 Abs. 1 entsprechende Erklärungspflicht. Die strengen gesetzlichen Anforderungen (öffentliche Urkunden) können zwar durch das ebenfalls formstrenge Geständnis (§ 288) ersetzt werden, nicht aber durch ein Schweigen. Kann der Gläubiger den erforderlichen Urkundennachweis nicht führen, muss er die Klage nach § 731 erheben. Haben die Parteien (in einem Prozessvergleich, in einer notariellen Urkunde) **Beweiserleichterungen** vereinbart, sollen diese maßgeblich sein;[32] dies widerspricht dem Interesse einer geordneten Rechtspflege, die nicht genötigt sein kann, jedes Verfahren nach individuell vorgegebenen Regeln abzuwickeln (s. auch § 794 Rn. 38).[33]

3. Rechtliches Gehör, Klauselinhalt. Die **Gewährung rechtlichen Gehörs** steht gem. § 730 im pflichtgemäßen Ermessen des Rechtspflegers. Er hat es jedenfalls zu gewähren, bevor er einen Antrag zurückweist, um dem Schuldner die Gelegenheit zum Geständnis zu geben und den Gläubiger vor den Kostenfolgen eines sofortigen Anerkenntnisses bei einer Klage nach § 731 zu bewahren.[34] In der Klausel sind wegen § 750 Abs. 2 die **Urkunden bzw. sonstigen Umstände** (Offenkundigkeit, Geständnis) **anzugeben,** aufgrund derer der Nachweis als geführt angesehen worden ist. Zum sonstigen Inhalt s. § 725. Die Erteilung der Klausel ist auf der Urschrift des Titels zu **vermerken,** § 734. 6

IV. Verurteilung zur Leistung Zug um Zug (Absatz 2)

Bei einer Verurteilung zur Leistung Zug um Zug wird grundsätzlich die einfache Klausel erteilt. Das Vollstreckungsorgan hat zu überprüfen, ob die Gegenleistung erbracht ist, §§ 756, 765. Dies gilt auch für eine Verurteilung zur Leistung nach Empfang der Gegenleistung (§ 322 Abs. 2 BGB, s. a. § 756 Rn. 3).[35] Es gilt **nicht,** wenn die Leistung des Schuldners in der **Abgabe einer Willenserklärung** besteht. Hier ist zum Schutz des Schuldners ein von § 894 abweichender Weg vorgeschrieben. Es muss der dem Abs. 1 entsprechende Urkundennachweis (s. Rn. 5) erbracht werden (§ 894 Abs. 1 S. 2). Wie bei § 894 (s. dort Rn. 2, 7) gilt Abs. 2 nicht, wenn nicht zur Abgabe einer Willenserklärung **verurteilt** wurde, die Verpflichtung also zB in einem Prozessvergleich enthalten ist.[36] 7

V. Rechtsmittel

Dem **Gläubiger** steht, wenn die Klausel nicht erteilt wird, nach § 11 Abs. 1 RPflG die sofortige Beschwerde nach § 567 Abs. 1 Nr. 1 zu; § 793 ist nicht einschlägig, weil die Erteilung der Klausel nicht zum Vollstreckungsverfahren gehört, sondern dessen Voraussetzung ist.[37] Kann er den Urkundennachweis nicht führen, steht ihm nur die Klage nach § 731 offen. Der **Schuldner** kann gegen die Erteilung der Klausel formelle Einwendungen mit der Klauselerinnerung (§ 732, s. dort Rn. 2) geltend machen; bestreitet er trotz Urkundennachweises den Bedingungseintritt, kann er Klauselgegenklage (§ 768) erheben. 8

727 *Vollstreckbare Ausfertigung für und gegen Rechtsnachfolger*

(1) Eine vollstreckbare Ausfertigung kann für den Rechtsnachfolger des in dem Urteil bezeichneten Gläubigers sowie gegen denjenigen Rechtsnachfolger des in dem Urteil bezeichneten Schuldners und denjenigen Besitzer der in Streit befangenen Sache, gegen die das Urteil nach § 325 wirksam ist, erteilt werden, sofern die Rechtsnachfolge oder das Besitzverhältnis bei dem Gericht offenkundig ist oder durch öffentliche oder öffentlich beglaubigte Urkunden nachgewiesen wird.

(2) Ist die Rechtsnachfolge oder das Besitzverhältnis bei dem Gericht offenkundig, so ist dies in der Vollstreckungsklausel zu erwähnen.

I. Normzweck

Die Zwangsvollstreckung erfordert namentliche Bezeichnung von Gläubiger und Schuldner (§ 750 Abs. 1). § 727 ermöglicht es, Änderungen der materiellen Berechtigung bzw. Verpflichtung im Wege der Titelumschreibung zu berücksichtigen und damit § 750 Abs. 1 Rechnung zu tragen. Die titelumschreibende Klausel ist, sofern sie nicht ausnahmsweise unwirksam ist, für das Vollstreckungsorgan **bindend** (s. § 724 Rn. 2). Die Vorschrift findet unmittelbar auf Urteile (§ 704 Abs. 1) und über § 795 auf die anderen Titel der ZPO **Anwendung.** Sie ist auf Gläubiger- und Schuldnerseite **analog** anzuwenden, wenn an die Stelle der im Titel genannten Partei eine **Partei kraft Amtes** getreten ist (s. Rn. 11), und im Fall der auf § 265 Abs. 2 beruhenden **Verurteilung zur Zahlung an einen Dritten** (zB Abtretung nach Rechtshängigkeit; s. § 724 Rn. 5), 1

---

[29] *Münzberg* NJW 1992, 201, 203.
[30] Nach allgM zulässig; BGH NJW-RR 2006, 567; zur Vereinbarkeit mit §§ 305ff. BGB s. § 794 Rn. 30.
[31] Sehr streitig; wie hier BGH (Fn. 28); BGH NJW-RR 2005, 1716.
[32] OLG Köln (Fn. 3) m. weit. Nachw.; OLG Stuttgart NJW-RR 1986, 549; *Zö/Stöber* Rn. 16.
[33] *St/J/Münzberg* § 797 Rn. 8; *Ro/G/Sch* § 15 V 3.
[34] OLG Hamm Rpfleger 1991, 161 m. Anm. *Münzberg;* einschränkend (bei substanziiertem Vortrag, dass mit einem Geständnis zu rechnen ist) BGH (Fn. 28).
[35] OLG Karlsruhe MDR 1975, 938; s. ausführlich *St/J/Münzberg* Rn. 17; *Zö/Stöber* Rn. 8a m. weit. Nachw.
[36] OLG Koblenz Rpfleger 1997, 445.
[37] S. dazu *Lackmann* Rn. 741ff.

nicht aber im Fall der gewillkürten Prozessstandschaft.[1] **Ähnliche Regelungen** enthalten § 728 für die Nacherbschaft und Testamentsvollstreckung, § 729 für Vermögensübernahme und Firmenfortführung, § 738 für die Nießbrauchsbestellung, §§ 742, 744, 745 für die Gütergemeinschaft und § 749 für die Testamentsvollstreckung. **Keine Anwendung,** auch nicht entsprechend, findet § 727: Bei einer Änderung des Namens oder der Firma,[2] bei einem Wechsel des gesetzlichen Vertreters, bei einem Formwechsel nach §§ 190ff., 238ff. UmwG,[3] bei einer Änderung der Haftungsform einer Personenhandelsgesellschaft (zB von OHG zu KG),[4] bei der Zuordnung der titulierten Forderung einer Bank auf eine Zweigniederlassung,[5] beim Übergang einer Vor-GmbH (zum Begriff und zur Parteifähigkeit s. § 50 Rn. 17, zum Titel § 750 Rn. 12) in eine GmbH oder mangels Betreibung der Eintragung in eine Personengesellschaft;[6] in diesen Fällen ist der Klausel ein **klarstellender Zusatz** beizufügen.[7] Auch bei der Auflösung einer Personenhandels-, Kapitalgesellschaft oder Genossenschaft liegt kein Fall der Rechtsnachfolge vor, weil wegen der notwendigen Liquidation die Identität der Gesellschaft nicht tangiert wird. Zwar haften die persönlich haftenden Gesellschafter der Personenhandelsgesellschaft weiter; eine Titelumschreibung verbietet aber § 129 Abs. 4 HGB. Es ist eine Klage gegen die Gesellschafter erforderlich.[8] Zu weiteren Einzelheiten s. Rn. 6ff.

II. Voraussetzungen

2 **1. Allgemeines, Rechtshängigkeit.** Zunächst müssen die Voraussetzungen der Erteilung der einfachen Klausel vorliegen, also Antrag, wirksamer Titel, Vollstreckungsreife und vollstreckbarer Inhalt (s. ausführlich § 724 Rn. 4ff.). Ausreichend ist ein vorläufig vollstreckbarer Titel.[9] Stets ist Voraussetzung der Titelumschreibung, dass Rechts- bzw. Besitznachfolge **nach Rechtshängigkeit** (§§ 261 Abs. 1, 2, 696 Abs. 3, 700 Abs. 2) eingetreten sind,[10] was aus der Verweisung auf § 325 folgt (s. § 265 Rn. 8, § 325 Rn. 6). Eine Umschreibung ist nicht möglich, wenn anstelle des richtigen Schuldners von Beginn an eine falsche, etwa schon verstorbene[11] Partei in Anspruch genommen wurde. Bei Titeln, die nicht aufgrund eines Erkenntnisverfahrens geschaffen wurden (zB notarielle Urkunden), ist die Zeit der Schaffung maßgeblich.[12]

3 **2. Rechts-, Besitznachfolge.** Es reicht jede Art von **Einzel- oder Gesamtnachfolge im titulierten Recht,** gleich aus welchem Rechtsgrund (Gesetz, Vertrag, Staatsakt). Umzuschreiben ist auch bei einer weiteren oder mehrfachen Rechtsnachfolge.[13] Eine Rechtsnachfolge **aufseiten des Gläubigers** liegt vor, wenn eine andere Person in eigenem Namen und Interesse die Ansprüche des im Titel genannten Gläubigers geltend machen kann.[14] Rechtsnachfolger des Gläubigers können sein: der **Erbe** gem. § 1922 BGB, der **Abtretungsempfänger** sowie der Gläubiger, dem eine **gepfändete Forderung überwiesen** wird, der Neugläubiger nach **gesetzlichem Forderungsübergang** (§ 412 BGB), verschmolzene oder durch Vermögensübertragung umgewandelte **Kapitalgesellschaften.** Zu weiteren Einzelheiten s. Rn. 6ff. Eine Rechtsnachfolge **auf Schuldnerseite** liegt vor, wenn die titulierte Verpflichtung auf eine andere Person als den Schuldner übergegangen ist. Es kommt vor allem die **Erbschaft** in Betracht, nicht aber befreiende Schuldübernahme,[15] Schuldmitübernahme oder Schuldbeitritt (s. Rn. 6, 12). In Angleichung an § 325 Abs. 1 lässt Abs. 1 eine Titelumschreibung auch gegen denjenigen zu, der nach Rechtshängigkeit zwar nicht Rechtsnachfolger, aber **Besitzer der streitbefangenen Sache** geworden ist. Zu weiteren Einzelheiten s. Rn. 6ff.

III. Verfahren

4 Es gilt das zu § 726 Ausgeführte (s. dort Rn. 4ff.) mit folgenden Besonderheiten:[16] Alle maßgeblichen Umstände sind durch **öffentliche oder öffentlich beglaubigte Urkunden** nachzuweisen, wenn der Nachweis nicht entbehrlich ist (Offenkundigkeit, evtl. Geständnis). Dazu gehören etwa bei einer Rechtsnachfolge durch Rechtsgeschäft die Umstände, die zur Schlüssigkeit einer entsprechenden Klage vorzutragen sind, etwa auch die Vollmacht eines handelnden Vertreters. Offenkundigkeit einer Abtretung kann nicht deshalb angenommen werden, weil die Abtretung im Prozess unstreitig war.[17] Ein Versäumnisurteil, das den Beklagten verpflichtet, eine Abtretungserklärung öffentlich beglaubigen zu lassen, erbringt nicht den Nachweis der Rechtsnachfolge und ersetzt die öffentliche Beglaubigung nicht.[18] Streitig ist, ob ein **Geständnis**

---

[1] *Ro/G/Sch* § 10 IV 2a.
[2] OLG Zweibrücken MDR 1988, 418; LG Koblenz NJOZ 2003, 1673, 1674; *Zö/Stöber* Rn. 32.
[3] MK/*Wolfsteiner* § 724 Rn. 23.
[4] *Zö/Stöber* Rn. 35.
[5] OLG Hamm Rpfleger 2001, 190.
[6] BayObLGZ 1987, 446, 448; OLG Stuttgart NJW-RR 1989, 637, 638; *Zö/Stöber* Rn. 35.
[7] *T/P/Hüßtege* Rn. 4 m. weit. Nachw.
[8] OLG Frankfurt Betrieb 1982, 590; OLG Hamm NJW 1979, 51, 52f.; *Zö/Stöber* Rn. 36.
[9] BGH NJW-RR 2001, 1362.
[10] BGHZ 120, 387, 392 = NJW 1993, 1396.
[11] LG Oldenburg JurBüro 1979, 1718, 1719; *Zö/Stöber* Rn. 19.
[12] BGH (Fn. 10).
[13] OLG Brandenburg NJOZ 2006, 3380.
[14] *Zö/Stöber* Rn. 3.
[15] BGH NJW 1989, 2885, 2886; MK/*Gottwald* § 325 Rn. 28; *St/J/Leipold* § 325 Rn. 30; aA OLG Schleswig JZ 1959, 668f.; MK/*Wolfsteiner* Rn. 36; *Zö/Stöber* Rn. 16; *Zö/Vollkommer* § 325 Rn. 24.
[16] S. ausführlich *Lackmann,* Festschr. f. Musielak, 2004, S. 287ff.
[17] OLG Celle MDR 1995, 1262.
[18] BayObLG Rpfleger 1997, 314.

des Schuldners den Urkundennachweis ersetzen kann.[19] Da hier Rechte des Altgläubigers betroffen sein können, kann es dies nur dann, wenn daneben der noch existente Altgläubiger dem im Rahmen einer Anhörung (§ 730) zugestimmt hat.[20] § 730 stellt die Anhörung des Schuldners in das pflichtgemäße Ermessen des Rechtspflegers und schränkt damit den **Anspruch auf rechtliches Gehör** ein. Keine Aussage enthält die Vorschrift über die Anhörung eines noch existierenden Altgläubigers, sodass diesem, bevor zu seinen Lasten eine Klausel umgeschrieben werden darf, rechtliches Gehör gewährt werden muss (str.; s. § 730 Rn. 2). **Die Rückgabe** einer dem Altgläubiger bereits erteilten vollstreckbaren Ausfertigung ist **nicht erforderlich.**[21] Das Verfahren richtet sich dann nach § 733 (s. § 733 Rn. 5). Erfolgt die Rückgabe, ist auf der zurückgegebenen Ausfertigung umzuschreiben. Bei einer **weiteren Umschreibung** besteht keine Bindung an eine frühere unrichtige Umschreibung.[22] **Ein gutgläubiger Erwerb** nach § 325 Abs. 2 darf **nicht geprüft** werden; der Schuldner muss ihn mit der Klauselgegenklage nach § 768 geltend machen. Nicht nur die Offenkundigkeit (Abs. 2), sondern jede Art des Nachweises ist **in der Klausel zu erwähnen.**

IV. Rechtsmittel

S. hierzu zunächst § 726 Rn. 8. Ist die Klauselumschreibung bei einem Urteil möglich, ist eine neue Klage schon wegen der aus § 325 folgenden entgegenstehenden Rechtskraft unzulässig. Ob im Übrigen das Rechtsschutzinteresse fehlt, ist Tatsachenfrage; eine Klage auf Erteilung der Klausel jedenfalls ist weder vorrangig noch einfacher. Der **(Prätendenten-) Streit** zweier Gläubiger um Erteilung einer vollstreckbaren Ausfertigung ist analog § 732, wenn es um formale Fragen geht, letztlich aber analog § 768 auszufechten,[23] wenn der Altgläubiger sich gegen die Erteilung der Klausel auf den Neugläubiger wenden will. Der Schuldner kann einer Klage nach § 768 als Nebenintervenient beitreten.[24] Erhält der Neugläubiger die Klausel nicht, kann er, wenn er den Urkundennachweis nicht führen kann, auf Erteilung der Klausel klagen (§ 731; s. dort Rn. 3). 5

V. Einzelheiten und Rechtsprechungsübersicht

Abtretung stellt einen Fall der Rechtsnachfolge auf Gläubigerseite dar. Sie muss nach Rechtshängigkeit erfolgt sein (s. Rn. 2). Bei einer notariell beurkundeten Inkassozession ist der urkundliche Nachweis der Annahmeerklärung nicht erforderlich.[25] Zum Nachweis s. a. Rn. 4. **Auflösung.** Die Gesellschafter sind nicht automatisch Rechtsnachfolger einer Gesellschaft nach deren Auflösung.[26] **Ausbildungsförderung.** Unter den Voraussetzungen des § 37 BAföG kann eine Rechtsnachfolge des Landes stattfinden. Die Zahlung muss nachgewiesen werden.[27] S. a. „Unterhaltsvorschuss", „gesetzlicher Forderungsübergang". **Befreiende Schuldübernahme.** Der mit befreiender Wirkung Übernehmende ist kein Rechtsnachfolger (s. a. § 265 Rn. 6, § 325 Rn. 9).[28] Für die Annahme der Rechtsnachfolge sprechen zwar praktische Erwägungen.[29] Der Gläubiger, der der Übernahme zugestimmt hat, ist aber nicht schutzwürdig; ein Parteiwechsel kann ihm im Prozess helfen (s. § 265 Rn. 6). **Bucheigentum.** Analog § 727 kann eine Vollstreckungsklausel zu einem Grundpfandrecht nach Eigentumsberichtigung vom Bucheigentümer auf den wahren Eigentümer umgeschrieben werden.[30] **Bürgschaft.** Der Bürge ist nach Leistung Rechtsnachfolger kraft Gesetzes (§ 774 S. 1 BGB). **Deutsche Bundespost.** Titel, die als Gläubigerin die „Deutsche Bundespost Telekom" ausweisen, müssen auf die Deutsche Telekom AG umgeschrieben sein, wenn diese vollstrecken will.[31] 6

Erbschaft. a) Gläubigerseite. Gem. § 1942 BGB tritt die Rechtsnachfolge schon vor der Annahme ein; aber es besteht keine Nachweismöglichkeit. Miterben ist wegen §§ 2032, 2039 BGB die Klausel vor der Auseinandersetzung gemeinsam zu erteilen, nach der Auseinandersetzung demjenigen, dem das titulierte Recht zugewiesen worden ist. **b) Schuldnerseite.** Die Rechtsnachfolge tritt nach Annahme oder Ablauf der Ausschlagungsfrist ein. Einer dieser Umstände ist durch öffentliche Urkunden nachzuweisen. Zur Vollstreckung in den Nachlass (§ 747) kann die Klausel gegen alle Miterben gemeinsam erteilt werden; möglich ist aber auch eine Vollstreckung gegen jeden einzelnen Miterben.[32] Die Haftungsbeschränkung ist nach §§ 781, 785 geltend zu machen; Rechte aus §§ 2059 ff. BGB mit der Vollstreckungsabwehrklage (§ 767). Mehrere Erben werden als Gesamtschuldner Rechtsnachfolger. Die Rechtsnachfolge beinhaltet die Verpflichtung zur Rechnungslegung und Auskunftserteilung einschließlich der Abgabe der eidesstattlichen Versicherung.[33] Ein Un- 7

---

[19] Bejahend *Zö/Stöber* Rn. 20; verneinend OLG Hamburg Rpfleger 1997, 536.
[20] BGH NJOZ 2005, 3307, 3309 = WM 2005, 1914; *Lackmann,* Festschr. f. Musielak, 2004, S. 293; *Münzberg* NJW 1992, 201, 203 f.; *St/J/Münzberg* Rn. 44; aA *Zö/Stöber* § 730 Rn. 1.
[21] OLG Hamm FamRZ 1991, 965 f.
[22] KG NJW-RR 1997, 253.
[23] OLG Stuttgart OLGR 2000, 217, 218; *Lackmann* Rn. 734 m. weit. Nachw.; *Ro/G/Sch* § 17 IV.
[24] *Lackmann,* Festschr. f. Musielak, 2004, S. 309 f.
[25] *Böttcher/Behr* JurBüro 2000, 64.
[26] OLG Frankfurt BB 1982, 399 m. weit. Nachw.
[27] OLG Köln FamRZ 1994, 52 f.
[28] Nachweise in Fn. 14.
[29] S. MK/*Wolfsteiner* Rn. 36.
[30] OLG Hamm NJW 1999, 1038 f. m. weit. Nachw.; LG Rostock JurBüro 2001, 384 f.
[31] LG Wuppertal DGVZ 1995, 118.
[32] *Zö/Stöber* Rn. 14.
[33] BGHZ 104, 369, 371 ff. = NJW 1988, 2729.

terhaltstitel kann gegen den nach § 1586b BGB haftenden Erben umgeschrieben werden.[34] **c) Nachweis.** Der Nachweis der Erbfolge kann (neben dem Erbschein) durch öffentlich beurkundetes Testament mit der Niederschrift über die Eröffnung geführt werden, nicht aber durch privatschriftliches Testament.[35]

8 **Firma.** Bei einer Namensänderung ist § 727 nicht anwendbar (s. Rn. 1). Zur Firmenübernahme s. § 729. **Forderungspfändung.** Durch die Pfändung und Überweisung einer Forderung, gleich ob an Zahlungs Statt (§ 835 Abs. 2) oder zur Einziehung (§ 835 Abs. 1), wird der Gläubiger Rechtsnachfolger.[36] **Fortführung eines Handelsgeschäfts.** S. § 729. **Gesamtschuldner.** Der befriedigende Gesamtschuldner wird Rechtsnachfolger kraft Gesetzes, § 426 Abs. 2 S. 1 BGB.[37] Der Umfang der Rechtsnachfolge wird aber meistens nicht durch öffentliche Urkunden zu belegen sein; dies oder Offenkundigkeit bzw. Geständnis ist erforderlich.[38] **Gesellschaft bürgerlichen Rechts.** Beim Eintritt von persönlich haftenden Gesellschaftern kann § 727 Anwendung finden (s. § 736 Rn. 4). Ein Titel gegen einen Gesellschafter kann, was dessen persönliche Haftung angeht, nicht auf den neuen Gesellschafter umgeschrieben werden.[39] **Gesetzliche Übertragung von Aufgaben.** Bei gesetzlichem Aufgabenübergang kann eine Rechtsnachfolge vorliegen.[40] **Gesetzlicher Forderungsübergang.** Der Forderungsübergang nach § 412 BGB führt zur Rechtsnachfolge. Problematisch ist meistens der Nachweis der Höhe des Anspruchs. In Betracht kommen §§ 268 Abs. 3 S. 1, 426 Abs. 2 S. 1, 774 S. 1, 1143 Abs. 1, 1249, 1607 Abs. 2 S. 2, 1615b BGB; § 67 VVG. Entsprechende Regelungen, zT aber mit der Notwendigkeit einer Überleitungsanzeige, sodass kein gesetzlicher Forderungsübergang vorliegt, enthalten § 33 SGB II; §§ 72 Abs. 2 S. 2, 187, 203 Abs. 1 S. 3, 204, 332 SGB III, § 7 UVG, § 37 BAföG, § 94 SGB XII, § 95 SGB VIII. S. auch unter den Einzelfällen. **Gütergemeinschaft.** S. §§ 742, 744f. **Insolvenz.** § 727 findet auf Gläubiger-[41] und Schuldnerseite[42] entsprechende Anwendung. Der Insolvenzverwalter muss den Fortbestand seiner Bestellung durch die erforderlichen Urkunden (Rn. 4) nachweisen.[43] Im Gegensatz zum Sequester nach früherem Recht ist auch der vorläufige Insolvenzverwalter im Fall des § 22 Abs. 1 S. 1 InsO Rechtsnachfolger des Schuldners, auch bei der Vollstreckung in das unbewegliche Vermögen.[44] Nach der Verfahrensaufhebung muss auf[45] oder gegen[46] den früheren Gemeinschuldner umgeschrieben werden. Dies gilt auch, wenn jemand aus einem Titel vollstrecken will, den er in seiner früheren Eigenschaft als Insolvenzverwalter erwirkt hat.[47] **Insolvenzgeld.** Gem. § 187 SGB III gehen mit der Zahlung von Insolvenzgeld Ansprüche auf Arbeitsentgelt auf die BfA über. Die Voraussetzungen einschließlich der Antragstellung müssen in der Form des § 727 nachgewiesen werden;[48] es reichen der Bewilligungsbescheid und der mit dem Eingangsstempel versehene Antrag.

9 **Kanzleiabwicklung.** Die Klausel kann für und gegen den Kanzleiabwickler nach § 55 BRAO umgeschrieben werden.[49] Die Klausel eines gegen den früheren Rechtsanwalt erwirkten Titels ist mit der Beschränkung zu versehen, dass der frühere Rechtanwalt die Vollstreckung in Vermögen, das der Verwaltung des Kanzleiabwicklers unterliegt, zu dulden hat.[50] Nicht möglich ist der Zugriff auf ein der Abwicklung dienendes Treuhandkonto des Abwicklers.[51] **Kapitalgesellschaft.** Rechtsnachfolge bei Verschmelzung (§§ 2ff. UmwG),[52] Spaltung (§ 123 UmwG)[53] und Übertragung des Vermögens nach §§ 174ff. UmwG, nicht bei dem Formwechsel nach §§ 190ff., 238ff. UmwG (s. Rn. 1). Ebenfalls unanwendbar ist § 727 beim Übergang einer Vor-GmbH in eine GmbH bzw. eine Personengesellschaft und bei der Auflösung (s. Rn. 1). **Kommanditgesellschaft.** Bei der Auflösung liegt kein Fall der Rechtsnachfolge vor, s. Rn. 1.

10 **Miterbschaft.** Miterben ist wegen §§ 2032, 2039 BGB die Klausel vor der Auseinandersetzung gemeinsam zu erteilen, nach der Auseinandersetzung demjenigen, dem das titulierte Recht zugewiesen worden ist. **Nacherbschaft.** Der Eintritt der Vorerbschaft bedeutet noch keine Rechtsnachfolge zugunsten des Nacherben.[54] S. auch § 728. **Nachlassinsolvenz.** Sie kann zur Rechtsnachfolge führen.[55] **Nachlasspflegschaft.** Der Nachlasspfleger ist gesetzlicher Vertreter, sodass § 727 keine Anwendung findet (s. Rn. 1). **Nachlassverwaltung.** Die Nachlassverwaltung kann zur Rechtsnachfolge führen. Der Verwalter ist Partei kraft Amtes (s. dort, Rn. 11). Nach Aufhebung der Verwaltung kann gegen den Eigentümer umgeschrieben werden.[56]

---

[34] BGH NJW 2004, 2896f.
[35] *Zö/Stöber* Rn. 20.
[36] OLG Jena Rpfleger 2000, 76; KG OLGZ 1983, 205, 208; OLG Hamburg MDR 1967, 849.
[37] AA OLG Düsseldorf NJW-RR 2000, 1596: nur Ausgleichsanspruch, nicht Rechtsnachfolge.
[38] OLG Schleswig InVo 1999, 186.
[39] BGH NJW 2007, 1813,1815.
[40] LG Bonn Rpfleger 1992, 441.
[41] MK/*Wolfsteiner* Rn. 19.
[42] MK/*Wolfsteiner* Rn. 30; aA *Brox/Walker* Rn. 127, aber: die Klauselerteilung ist noch keine Vollstreckung.
[43] BGH NJW-RR 2005, 1716.
[44] LG Cottbus Rpfleger 2000, 294; *Alff* Rpfleger 2002, 90f.; aA LG Halle Rpfleger 2002, 89.
[45] LG Lübeck DGVZ 1980, 140f. noch zur KO.
[46] OLG Celle NJW-RR 1988, 447, 448 noch zur KO.
[47] BGH NJW 1992, 2159 = LM Nr. 7 m. Anm. *Grunsky* (noch zur KO).
[48] LAG München Rpfleger 1987, 326 (zum Konkursausfallgeld).
[49] OLG Karlsruhe NJW-RR 2005, 293, 294; *Zö/Stöber* Rn. 18.
[50] OLG Karlsruhe (Fn. 49).
[51] OLG Nürnberg NJW-RR 2006, 1434f.
[52] BGH NJW 2007, 3357, 3358.
[53] OLG Frankfurt/Main BB 2000, 1000.
[54] OLG Celle AnwBl. 1984, 215f.
[55] OLG Stuttgart Rpfleger 1990, 312.
[56] BGHZ 113, 132, 137 = NJW 1991, 844.

Nießbrauch. S. § 738. **Offene Handelsgesellschaft.** Beim Übergang von der OHG zur KG findet § 727 keine Anwendung (s. Rn. 1).

Partei kraft Amtes. Auf Parteien kraft Amtes (Zwangs-,[57] Insolvenz-, Nachlassverwalter) findet § 727 auf Gläubiger-[58] und Schuldnerseite entsprechende Anwendung.[59] Wechselt nur die Person, liegt keine Rechtsnachfolge vor; die Partei kraft Amtes kann den auf den Vorgänger lautenden Titel nutzen.[60] **Prozessstandschaft.** S. § 724 Rn. 5. Die Ermächtigung eines Dritten durch den Gläubiger, den Anspruch in eigenem Namen zu vollstrecken, ist unzulässig.[61] Anders ist es, wenn ein Zedent berechtigt ist, die Forderung in eigenem Namen geltend zu machen, und einen auf sich lautenden Titel erwirkt.[62] **Rechtsanwaltssozietät.** Wird ein Anwalt nach Erlass eines Kostenfestsetzungsbeschlusses Nachfolger seines Sozius, findet § 727 Anwendung.[63] **Rechtsschutzversicherung.** Auch die Rechtsnachfolge des Rechtsschutzversicherers muss durch öffentliche oder öffentlich beglaubigte Urkunden nachgewiesen werden.[64] Eine notariell beglaubigte Bestätigung des Gläubigers, der Versicherer habe die festgesetzten Kosten aufgrund des Versicherungsvertrages gezahlt, reicht aus.[65] Zur Streitfrage, wie der Nachweis zu führen ist, s. § 726 Rn. 5. 11

Schuldbeitritt, Schuldmitübernahme. § 727 ist nicht anwendbar,[66] weil hier nur ein zusätzlicher Schuldner hinzutritt; für vergleichbare Fälle gibt es in § 729 Sonderregelungen (s. auch Rn. 3). **Sozialhilfe.** Rechtsnachfolger ist der Träger der Sozialhilfe, der im Fall des § 93 SGB XII durch Überleitungsanzeige (Verwaltungsakt,[67] der nach dem VwZG zugestellt werden kann[68]) den Übergang des Unterhaltsanspruchs bewirkt hat. Eine Klauselumschreibung für die Zukunft ist allerdings nicht möglich,[69] weil die Überleitung insoweit unter der aufschiebenden Bedingung steht, dass Sozialleistungen erbracht werden.[70] Der Nachweis des Bedingungseintritts ist im Klauselerteilungsverfahren zu führen.[71] Bei Änderung der Höhe der Sozialleistungen ist eine neue Überleitungsanzeige nicht erforderlich.[72] Eine den formellen Anforderungen des § 418 entsprechende Bescheinigung des Sozialamts über gezahlte Sozialhilfe reicht als Nachweis aus[73], nicht aber eine Zahlungsanweisung,[74] beglaubigte Kopien eines Fallauszugs[75] oder eine Quittung des gesetzlichen Vertreters[76]. Im Fall des § 94 SGB XII findet ein gesetzlicher Forderungsübergang statt. Dabei muss sich der Nachweis auch auf das Nichtvorliegen der Ausschlussgründe des § 94 Abs. 1 S. 2f., Abs. 2 SGB XII.[77] **Testamentsvollstreckung.** S. §§ 728, 749. **Unterhaltsvorschuss.** Unterhaltsvorschusszahlungen führen nach § 7 UVG auch ohne Überleitungsanzeige zur Rechtsnachfolge.[78] Eine Quittung des gesetzlichen Vertreters über den Empfang von Unterhaltsleistungen reicht als Nachweis nicht aus,[79] auch nicht die Vorlage eines Bescheides über die Bewilligung der Vorschussleistungen.[80] Die Rechtswahrungsanzeige ist für Leistungen auf vergangene Zeiträume nicht nachzuweisen.[81] Analog § 727 kann, wenn keine Gefahr der Doppelvollstreckung besteht, der in Prozessstandschaft erstrittene Titel der sorgeberechtigten Mutter (s. dazu § 724 Rn. 5) auf das Land umgeschrieben werden, das Leistungen nach dem UVG erbracht hat.[82] Hat der Unterhaltsvorschuss Leistende einen Titel auf zukünftige Leistungen erwirkt, kann der Titel nur dann auf das unterhaltsberechtigte Kind umgeschrieben werden, wenn nachgewiesen wird, dass tatsächlich in der Zeit nach Titelerlass Vorschussleistungen erbracht wurden.[83] Nach Einstellung der Vorschusszahlung kann der Titel wieder auf das Kind umgeschrieben werden.[84] 12

Vermögensübernahme. S. § 729. **Verpfändung.** S. §§ 1225, 1249 BGB. **Verschmelzung.** S. Kapitalgesellschaft. **Vorruhestandsgeld.** Beim tarifvertraglichen Übergang eines Anspruchs auf Arbeitsvergütung auf eine Zusatzversorgung bei Zahlung von Vorruhestandsgeld müssen die Anspruchsvoraussetzungen und die 13

[57] BGH NJW 1986, 3206, 3207.
[58] BGH (Fn. 57); MK/*Wolfsteiner* Rn. 19; *Zö/Stöber* Rn. 18.
[59] LAG Düsseldorf Rpfleger 1997, 119; *Zö/Stöber* Rn. 18.
[60] LG Essen NJW-RR 1992, 576; *Zö/Stöber* Rn. 18.
[61] BGH NJW-RR 1992, 61; BGHZ 92, 347, 349ff. = NJW 1985, 809; aA OLG Dresden NJW-RR 1996, 444, 445.
[62] OLG Köln OLGR 2002, 211f.
[63] OLG Saarbrücken Rpfleger 1978, 227, 228.
[64] BGH (Fn. 19) S. 3308; aA OLG Düsseldorf JurBüro 1991, 1552.
[65] KG Rpfleger 1998, 480.
[66] BGH Rpfleger 1974, 260; *Zö/Stöber* Rn. 16.
[67] BGH FamRZ 1983, 895, 896.
[68] BGH (Fn. 67).
[69] AllgM; OLG Köln InVo 1999, 157f.; *Zö/Stöber* Rn. 8 m. weit. Nachw.
[70] BGH NJW 1992, 1624, 1625f.; BGHZ 20, 127, 131 = NJW 1956, 790.
[71] OLG Köln NJW-RR 1993, 324, 325.
[72] OLG Hamm FamRZ 1981, 915, 916.
[73] OLG Karlsruhe NJW-RR 2004, 154f.; OLG Hamm FamRZ 1999, 999, 1000; OLG Köln MDR 1997, 369; OLG Zweibrücken JurBüro 1997, 326, 327; OLG Bamberg Rpfleger 1983, 30f.; aA OLG Hamburg Rpfleger 1997, 536.
[74] OLG Karlsruhe FamRZ 1987, 852, 853.
[75] OLG Stuttgart NJW-RR 1986, 1504, 1505.
[76] OLG Stuttgart Rpfleger 1986, 438, 439 m. weit. Nachw.
[77] OLG Stuttgart NJW-RR 2001, 868f.; OLG Karlsruhe OLGR 2000, 219f.; beide noch zu § 91 BSHG.
[78] OLG Zweibrücken FamRZ 2000, 964f.
[79] OLG Stuttgart (Fn. 76).
[80] OLG Düsseldorf FamRZ 1997, 826, 827.
[81] OLG Stuttgart NJW-RR 1993, 580.
[82] OLG Düsseldorf (Fn. 80).
[83] OLG Köln FamRZ 2003, 107, 108.
[84] OLG Koblenz FamRZ 2006, 1689.

Antragstellung nachgewiesen werden.[85] **Wechselrecht.** Indossanten oder Aussteller eines Wechsels sind im Hinblick auf Rückgriffsansprüche gegen Vormänner bzw. Akzeptanten keine Rechtsnachfolger, weil die Forderung des Wechselinhabers durch Zahlung erlischt.[86] **Wohnungseigentum.** Der neue Verwalter ist nicht Rechtsnachfolger seines Vorgängers, der einen Titel in gewillkürter Prozessstandschaft (zum Begriff s. § 51 Rn. 16) erwirkt hat.[87] Die Veräußerung von Wohnungseigentum führt nicht zur Rechtsnachfolge hinsichtlich rückständiger, im Verhältnis der Wohnungseigentümer begründeter Verbindlichkeiten.[88] **Zwangsversteigerung.** Der Erwerb in der Zwangsversteigerung führt zur Rechtsnachfolge im Eigentum.[89] **Zwangsverwaltung.** Der Zwangsverwalter ist für einen von der Zwangsverwaltung erfassten Anspruch Rechtsnachfolger des Eigentümers.[90] Der Eigentümer ist nach Aufhebung der Zwangsverwaltung Rechtsnachfolger des Verwalters.[91] **Zweigniederlassung.** Beim Wechsel der Zweigniederlassung einer AG ist, weil die Zweigniederlassung nicht rechtsfähig ist, eine Titelumschreibung weder möglich noch notwendig.[92] Entsprechendes gilt für die Zweigniederlassung einer Bank.[93]

728 *Vollstreckbare Ausfertigung bei Nacherbe oder Testamentsvollstrecker*

(1) Ist gegenüber dem Vorerben ein nach § 326 dem Nacherben gegenüber wirksames Urteil ergangen, so sind auf die Erteilung einer vollstreckbaren Ausfertigung für und gegen den Nacherben die Vorschriften des § 727 entsprechend anzuwenden.

(2) [1]Das Gleiche gilt, wenn gegenüber einem Testamentsvollstrecker ein nach § 327 dem Erben gegenüber wirksames Urteil ergangen ist, für die Erteilung einer vollstreckbaren Ausfertigung für und gegen den Erben. [2]Eine vollstreckbare Ausfertigung kann gegen den Erben erteilt werden, auch wenn die Verwaltung des Testamentsvollstreckers noch besteht.

I. Normzweck

1 Die Vorschrift legt (dem Rechtspfleger, § 20 Nr. 12 RPflG) die Pflicht auf, die Urteilswirkungen nach § 326 für und gegen den Nacherben und nach § 327 für und gegen den Erben bei Prozessführung des Testamentsvollstreckers zu prüfen, und schafft die Möglichkeit einer für das Vollstreckungsorgan bindenden (s. § 724 Rn. 2) Klauselumschreibung.

II. Voraussetzungen

2 **Die Nacherbfolge** (§ 2100 BGB) muss eingetreten sein (s. § 2106 BGB). Das gegen den Vorerben ergangene Urteil muss nach § 326 für oder gegen den Nacherben wirken (s. die Anm. zu § 326). Erstreckt sich das **vom Testamentsvollstrecker erwirkte Urteil** gem. § 327 auf den Erben (s. die Anm. zu § 327), kann **gegen den Erben** gem. Abs. 2 S. 2 sofort die Klausel erteilt werden. Dieser kann seine beschränkte Haftung nach § 780 Abs. 2 ohne Vorbehalt im Urteil geltend machen. **Für den Erben** darf erst nach Beendigung der Prozessführungsbefugnis des Testamentsvollstreckers (s. § 2212 BGB) umgeschrieben werden.

III. Verfahren

3 S. hierzu die Ausführungen zu §§ 726, 727. Als Nachweis ist bei der **Nacherbschaft** ein dem Nacherben auf den Nacherbfall erteilter Erbschein notwendig; ein Erbschein des Vorerben und dessen Sterbeurkunde reichen nicht.[1] Auch die Voraussetzungen des § 326 (s. § 326 Rn. 2f.) sind nachzuweisen.[2] Bei mehrfacher Nacherbfolge steht der zunächst berufene Nacherbe dem folgenden wieder als Vorerbe gegenüber, sodass die §§ 326, 728 Anwendung finden.[3] Bei der **Testamentsvollstreckung** müssen die Beendigung der Verfügungsbefugnis des Testamentsvollstreckers bei der Umschreibung für den Erben und die Voraussetzungen des § 327 durch öffentliche oder öffentlich beglaubigte Urkunden belegt werden. Zu den Rechtsmitteln s. § 727 Rn. 5 und § 726 Rn. 8.

729 *Vollstreckbare Ausfertigung gegen Vermögens- und Firmenübernehmer*

(1) Hat jemand das Vermögen eines anderen durch Vertrag mit diesem nach der rechtskräftigen Feststellung einer Schuld des anderen übernommen, so sind auf die Erteilung einer vollstreckbaren Ausfertigung des Urteils gegen den Übernehmer die Vorschriften des § 727 entsprechend anzuwenden.

(2) Das Gleiche gilt für die Erteilung einer vollstreckbaren Ausfertigung gegen denjenigen, der ein unter Lebenden erworbenes Handelsgeschäft unter der bisherigen Firma fortführt, in Ansehung der

---

[85] LAG Kiel Rpfleger 1989, 162, 163.
[86] OLG Hamburg MDR 1968, 248; *Zö/Stöber* Rn. 7; aA LG Münster MDR 1980, 1030.
[87] LG Darmstadt NJW-RR 1996, 398 m. weit. Nachw.; zweifelnd auch OLG Düsseldorf NJW-RR 1997, 1035, 1036; differenzierend *St/J/Münzberg* Rn. 33.
[88] OLG Frankfurt/M NJW-RR 2006, 155, 156.
[89] OLG Bremen Rpfleger 1987, 381.
[90] BGH (Fn. 57).
[91] OLG Düsseldorf OLGZ 1977, 251f.
[92] LG Aurich NJW-RR 1998, 1255f.
[93] OLG Hamm (Fn. 5).
[1] BGHZ 84, 196, 198ff. = NJW 1982, 2499.
[2] *Zö/Stöber* Rn. 2.
[3] *Zö/Stöber* Rn. 2.

Verbindlichkeiten, für die er nach § 25 Abs. 1 Satz 1, Abs. 2 des Handelsgesetzbuchs haftet, sofern sie vor dem Erwerb des Geschäfts gegen den früheren Inhaber rechtskräftig festgestellt worden sind.

I. Normzweck

Die Norm ermöglicht nach Prüfung der Voraussetzungen der Vermögensübernahme (§ 419 BGB; die Vorschrift ist mit Wirkung ab dem 1. 1. 1999 aufgehoben) bzw. des § 25 Abs. 1 S. 1, Abs. 2 HGB die **Klauselumschreibung,** wenn die Voraussetzungen **nach Rechtskraft** eines Urteils gegen den Mitschuldner entstanden sind. Treten sie vor Rechtskraft ein, muss eine neue Leistungsklage gegen den weiteren Schuldner erhoben werden.[1] Absatz 1 ist mit **Wegfall des § 419 BGB** vom 1. 1. 1999 an (Art. 33 Nr. 16 EGInsO) im unmittelbaren Anwendungsbereich gegenstandslos (ist aber nicht aufgehoben worden) und bleibt nur noch für Vermögensübernahmen aus der vorhergehenden Zeit[2] und wegen der analogen Anwendung auf den Erbschaftskauf von Bedeutung. Die **Vorschrift gilt** für Urteile (§ 704 Abs. 1) und gem. § 795 für andere Titel; bei diesen ist, wenn sie nicht rechtskraftfähig sind, als Zeitpunkt der Rechtskraft der ihrer Entstehung anzusehen.[3] **Analog** ist § 729 anwendbar: **Abs. 1** auf den **Erbschaftskauf** (§ 2382 BGB);[4] **Abs. 2** auf die mit Eintritt in das Handelsgeschäft eines Einzelkaufmanns als persönlich haftender Gesellschafter oder Kommanditist begründete **Haftung der Gesellschaft** für Verbindlichkeiten des früheren Geschäftsinhabers (§ 28 HGB)[5], die **Erbenhaftung** des § 27 Abs. 1 HGB[6] und beim Gesellschaftseintritt (§ 130 HGB).[7] Dies gilt wegen der in diesen Fällen gebotenen analogen Anwendung des § 130 HGB auf die **BGB-Außengesellschaft**[8] auch im Fall des nachträglichen Eintritts eines Gesellschafters, der seine Haftung nicht in zulässiger Weise beschränkt hat.[9] Die Haftungsbeschränkung dürfte durch Urkunden in der Form des § 727 Abs. 1 nachweisbar sein (notarieller Vertrag!). Dann hat der Rechtspfleger sie zu berücksichtigen und die Klauselerteilung zu verweigern. 1

II. Voraussetzungen

Bei der **Vermögensübernahme** (Abs. 1; zur Geltung s. Rn. 1) sind zu prüfen und nachzuweisen die Voraussetzungen des § 419 Abs. 1 BGB[10] und die Rechtskraft des Urteils (zu anderen Titeln s. Rn. 1) gegen den Vermögensüberträger vor der Übernahme. Auch die Kenntnis des Übernehmers als Voraussetzung des § 419 Abs. 1 BGB ist nachzuweisen; der Wortlaut des § 729 gibt nichts anderes her.[11] **Ungeprüft** bleibt demgegenüber die Haftungsbeschränkung nach § 419 Abs. 2 BGB, die der Übernehmer nach §§ 786, 781, 785, 767 geltend machen kann. Bei der **Fortführung eines Handelsgeschäfts** (Abs. 2) sind die nachzuweisenden Voraussetzungen des § 25 Abs. 1 S. 2, Abs. 2 HGB nach Rechtskraft eines Urteils (zu anderen Titeln s. Rn. 1) gegen den früheren Inhaber zu untersuchen. 2

III. Verfahren

S. zunächst § 726 Rn. 4 ff., § 727 Rn. 4. Zuständig ist der Rechtspfleger, § 20 Nr. 12 RPflG. **Alle Voraussetzungen** des § 419 Abs. 1 BGB bzw. § 25 HGB einschließlich der Vertretungsmacht eines Vertreters sind durch **öffentliche oder öffentlich beglaubigte Urkunden** (s. § 726 Rn. 5) nachzuweisen, bei § 25 HGB auch die Vollkaufmannseigenschaft. Dieser Beweis wird bei der **Vermögensübernahme** kaum gelingen. Der Gläubiger kann dann nach § 731 vorgehen, was ihm gegenüber einer ebenfalls möglichen Leistungsklage gegen den Übernehmer aber keine Vorteile bringt. Der **Firmeninhaberwechsel** kann durch beglaubigte Handelsregisterabschrift bewiesen werden, wenn kein Haftungsausschluss eingetragen ist (§ 25 Abs. 2 HGB). Ist ein Haftungsausschluss eingetragen, darf die Klausel nicht erteilt werden.[12] Wurde der frühere Inhaber unter seiner Firma verklagt und verurteilt, ist offenkundig, dass die Forderung Geschäftsverbindlichkeit war,[13] was andernfalls nachzuweisen ist. Vermögens- und Geschäftsübernehmer haften gesamtschuldnerisch neben dem Titelschuldner, was bei der **Klauselerteilung** beachtet werden muss. Es kann erstmals eine vollstreckbare Ausfertigung nur gegen den Übernehmer erteilt oder die gegen den Titelschuldner erteilte Klausel ergänzt werden. Im letzten Fall kann unter den Voraussetzungen des § 733 auch eine weitere vollstreckbare Ausfertigung erteilt werden. In jedem Fall ist die gesamtschuldnerische Haftung zu erwähnen.[14] Der Erwerber des Handelsgeschäfts kann unter seiner Firma oder – auf Antrag 3

---

1 *Zö/Stöber* Rn. 7.
2 *Palandt/Heinrichs* 57. Auflage § 419 BGB Rn. 1.
3 *Zö/Stöber* Rn. 4.
4 *Zö/Stöber* Rn. 13.
5 MK/*Wolfsteiner* Rn. 10; *St/J/Münzberg* Rn. 8; *Zö/Stöber* Rn. 13; aA (pauschal und ohne nähere Begründung) OLG Köln NJW-RR 1994, 1118, 1119.
6 *Zö/Stöber* Rn. 13; aA OLG Köln (Fn. 5).
7 MK/*Wolfsteiner* Rn. 15; zweifelnd *St/J/Münzberg* Rn. 8; aA OLG Köln (Fn. 5); *Deckenbrock/Dötsch* Rpfleger 2003, 644 f.
8 BGH NJW 2003, 1803 ff.
9 AA *Deckenbrock/Dötsch* Rpfleger 2003, 644, 645.
10 S. ausführlich *Lackmann* 3. Auflage Rn. 602 ff.
11 OLG Düsseldorf NJW-RR 1993, 959; *St/J/Münzberg* Rn. 4; aA *Zö/Stöber* Rn. 4.
12 *Zö/Stöber* Rn. 9.
13 *Zö/Stöber* Rn. 9.
14 OLG Rostock OLGRspr. 31, 87, 88; *Zö/Stöber* Rn. 6.

– mit seinem bürgerlichen Namen bezeichnet werden.[15] Zu den **Rechtsbehelfen** s. § 726 Rn. 8 und § 727 Rn. 5.

730 *Anhörung des Schuldners* **In den Fällen des § 726 Abs. 1 und der §§ 727 bis 729 kann der Schuldner vor der Erteilung der vollstreckbaren Ausfertigung gehört werden.**

I. Normzweck

1 Die Vorschrift schränkt den verfassungsrechtlichen Anspruch des Schuldners auf Erteilung **rechtlichen Gehörs** ein, was jedenfalls angesichts der Tatsache unbedenklich ist, dass er Einwendungen nach § 732 geltend machen kann. Grund ist, wie in Verbindung mit § 732 deutlich wird, zu verhindern, dass der Schuldner mit Einwendungen die Vollstreckung verzögert. Vielmehr soll nach Erteilung der Klausel vollstreckt werden dürfen; der Schuldner kann Einwendungen nach § 732 geltend machen. Dabei kann der Richter vorab überprüfen, ob die Einwendungen berechtigt erscheinen und Anlass zur Einstellung der Zwangsvollstreckung geben (§ 732 Abs. 2).

II. Anwendungsbereich, Regelungsgehalt

2 Bei einem Antrag auf Erteilung der **einfachen Klausel** des § 724 darf im Umkehrschluss aus § 730 der Schuldner nicht gehört werden (entsprechend auch bei einer Erinnerung des Gläubigers nach § 573 nicht); bei der **qualifizierten Klausel** steht dies nach dem Wortlaut der Norm im pflichtgemäßen **Ermessen** des Rechtspflegers. Bevor allerdings ein Gläubigerantrag wegen fehlenden Urkundennachweises zurückgewiesen wird, ist der Schuldner anzuhören.[1] Die Vorschrift besagt nichts über die Gewährung rechtlichen Gehörs für einen Titelgläubiger, zu dessen Lasten ein Titel umgeschrieben werden soll (s. § 727 Rn. 4). Diesem ist deshalb nach allgemeinen Grundsätzen (Art. 103 Abs. 1 GG) rechtliches Gehör zu gewähren.[2] Auch „neue" Schuldner, gegen die umgeschrieben werden soll, sollten gehört werden.[3] Soll ohne Rückgabe der alten eine weitere Ausfertigung erteilt werden, ist die Anhörung des Schuldners obligatorisch.[4] Darüber hinaus empfiehlt sich die Anhörung in allen zweifelhaften Fällen, wenn man sie nicht in jedem Fall als durch Art. 103 Abs. 1 GG für geboten ansieht,[5] was zweifelhaft erscheint. Die **Form** einer Anhörung (schriftlich, telefonisch) ist nicht vorgeschrieben.

731 *Klage auf Erteilung der Vollstreckungsklausel* **Kann der nach dem § § 726 Abs. 1 und den §§ § 727 bis 729 erforderliche Nachweis durch öffentliche oder öffentlich beglaubigte Urkunden nicht geführt werden, so hat der Gläubiger bei dem Prozessgericht des ersten Rechtszuges aus dem Urteil auf Erteilung der Vollstreckungsklausel Klage zu erheben.**

I. Normzweck

1 **1. Normzweck.** Ist im Anwendungsbereich des § 726 Abs. 1 ein rechtskräftiges Urteil ergangen, verbietet sich eine neue Entscheidung (§ 322 Rn. 5, 9). Ist das Urteil nicht rechtskräftig, wäre eine weitere Klage wegen anderweitiger Rechtshängigkeit unzulässig (§ 261 Abs. 3 Nr. 1). Nichts anderes gilt im Fall des § 727, der durch die Verweisung auf § 325 die Rechtskrafterstreckung auf den Rechtsnachfolger voraussetzt. Dies und der Wortlaut des § 731 „hat … auf Erteilung der Klausel Klage zu erheben" legen es nahe anzunehmen, dass der Gesetzgeber mit der Klage nach § 731 einen sonst nicht gegebenen Weg eröffnen wollte, dem Inhaber eines bedingten Anspruchs oder einem Rechtsnachfolger **einen Titel zu verschaffen.** Soweit die Vorschrift auf §§ 728f. verweist, ist dies im Hinblick auf die trotz der fehlenden Rechtskrafterstreckung mögliche Titelumschreibung konsequent. Gleichwohl hält die hM die Klage auf Erteilung der Klausel auch bei Urteilen gegenüber einer Leistungsklage nicht für vorrangig;[1] der BGH hat die Frage der Rechtskrafterstreckung bei einer Leistungsklage offen und das Verbot einer zweiten Entscheidung in gleicher Sache ungeprüft gelassen.[2] Dies ist wohl nur im Hinblick auf die Prozessökonomie und mit Rücksicht darauf hinnehmbar, dass die geschilderte Problematik bei nicht der Rechtskraft fähigen Titeln nicht auftaucht.

2 **2. Klageart, Anwendungsbereich.** Die Klage ist nicht Leistungsklage, weil der beklagte Schuldner die Klausel nicht erteilen kann, auch nicht Gestaltungsklage,[3] weil das Prozessgericht nicht für die Klauselerteilung zuständiges Organ ist, sondern **Feststellungsklage** darauf gerichtet, dass die Klausel zu erteilen ist.[4]

---

15 *Zö/Stöber* Rn. 10.

1 OLG Hamm Rpfleger 1991, 161 mit Anm. *Münzberg;* einschränkend (nur bei substanziiertem Vortrag, es sei mit einem Geständnis zu rechnen) BGH NJOZ 2005, 3307, 3309; aA OLG Stuttgart NJOZ 2005, 250, 251; OLG Hamburg Rpfleger 1997, 536.

2 BGH (Fn. 1); *Lackmann,* Festschr. f. Musielak, 2004, S. 291; *Münzberg* Rpfleger 1991, 161, 163; aA *Zö/Stöber* Rn. 1 aE.

3 *St/J/Münzberg* Rn. 3 in Fn. 2, 4 m. weit. Nachw.; aA *Zö/Stöber* Rn. 1.

4 *Lackmann,* Festschr. f. Musielak, 2004, S. 306.

5 *Ro/G/Sch* § 16 V in Fn. 64 m. weit. Nachw., § 16 V 3.

1 BGH NJW 1987, 2863.

2 BGH (Fn. 1); kritisch *Ro/G/Sch* § 17 II 2d.

3 So *St/J/Münzberg* Rn. 8 m. weit. Nachw.

4 BGHZ 72, 23, 28f. = NJW 1978, 1975; *T/P/Hüßtege* Rn. 1; *Zö/Stöber* Rn. 4; *Lackmann* Rn. 751.

§ 731 gilt unmittelbar für die Klauselerteilung zu Urteilen (§ 704 Abs. 1) und über § 795 auch zu anderen Titeln der ZPO. Sie ist nach hM kein ausschließlicher Rechtsbehelf (s. Rn. 1).

II. Zulässigkeit der Klage

1. Allgemeines. Das Prozessgericht des ersten Rechtszugs ist ausschließlich (§ 802) **zuständig,** und zwar örtlich und nach dem eindeutigen Wortlaut unabhängig vom Streitwert auch sachlich.[5] Ist der titulierte Anspruch Familiensache, ist das **Familiengericht** zuständig.[6] Hat die Kammer für Handelssachen den Titel geschaffen, ist sie zuständig.[7] Bei Vollstreckungsbescheiden gilt § 797 Abs. 3; bei gerichtlichen und notariellen Urkunden § 797 Abs. 5; zu anderen vollstreckbaren Urkunden s. §§ 800 Abs. 3, 800a Abs. 2. Im Fall des **Prozessvergleichs** ist das Prozessgericht des ersten Rechtszugs zuständig.[8] **Parteien** des Prozesses sind regelmäßig derjenige, der die Klausel begehrt (Titelgläubiger, sein Rechtsnachfolger), und der Schuldner (sein Rechtsnachfolger); dabei handelt es sich allerdings um Fragen der Aktiv- bzw. Passivlegitimation[9] (s. im Einzelnen Rn. 6). Die Klage muss dem Prozessbevollmächtigten des Gegners im Ursprungsverfahren **zugestellt** werden, §§ 172 Abs. 1 S. 2, 81. Ist der Rechtsstreit zwischen (Alt-) Gläubiger und Schuldner **noch rechtshängig,** ist die Klage wegen § 261 Abs. 3 Nr. 1 unzulässig.[10] 3

2. Besondere Zulässigkeitsvoraussetzungen. § 731 setzt voraus, dass es um die Erteilung einer **qualifizierten Klausel** geht. Aus dem Vorbringen des Klägers muss sich also ergeben, dass grundsätzlich die §§ 726 Abs. 1, 727 bis 729 anwendbar sind. Die Erteilung der einfachen Klausel kann mit der Klage nach § 731 nicht verlangt werden; für sie ist die Vorlage öffentlicher Urkunden nicht erforderlich. Der Titel muss geeignet sein, mit einer (qualifizierten) Klausel versehen zu werden, also **wirksam** sein.[11] Die Klage ist nach dem Wortlaut des § 731 nur zulässig, wenn der für die Erteilung der Klausel notwendige **Urkundennachweis nicht geführt werden kann.** Damit ist das **Feststellungsinteresse spezialgesetzlich geregelt.** Die Klage ist deshalb **unzulässig,** wenn öffentliche oder öffentlich beglaubigte Urkunden nicht erforderlich oder vorhanden sind. Nicht erforderlich sind Urkunden, wenn die maßgeblichen Tatsachen offenkundig oder in der notwendigen Form zugestanden sind (s. § 726 Rn. 5). 4

3. Rechtsschutzinteresse. Das Rechtsschutzinteresse fehlt, wenn der Kläger zwar nicht im Besitz der erforderlichen Urkunden ist, sie sich aber **leicht beschaffen** kann.[12] Insoweit sind etwa § 792, § 34 FGG, § 9 Abs. 2 HGB oder § 12 Abs. 2 GBO zu beachten, die ein Akteneinsichtsrecht und ein Recht auf Ausstellung der Urkunden geben können. Wird ein Erbschein zum Nachweis der Rechtsnachfolge benötigt, soll das Rechtsschutzinteresse für die Klage trotz der Möglichkeit, diesen nach § 762 zu erhalten, nicht fehlen.[13] Streitig ist, inwieweit der Kläger zunächst versucht haben muss, die Klausel im **Klauselerteilungsverfahren** zu erhalten. Die wohl hM verlangt, dass die Klausel zunächst beantragt und gegen die ablehnende Entscheidung erfolglos ein Rechtsbehelf eingelegt wurde.[14] Weniger aus rechtlichen als vielmehr aus ökonomischen Gründen sollte aber nur verlangt werden, dass vor der Klage ein erfolgloser Antrag beim Rechtspfleger gestellt wurde.[15] 5

III. Begründetheit der Klage, Entscheidung

1. Allgemeines. Die Klage ist begründet, wenn die Voraussetzungen für die Erteilung der Klausel (s. § 724 Rn. 4ff.) und die nach den §§ 726 Abs. 1, 727 bis 729 jeweils maßgeblichen Umstände im Zeitpunkt der letzten mündlichen Verhandlung vorliegen. Es handelt sich um ein **normales Erkenntnisverfahren.** Es müssen keine Urkunden vorgelegt werden. Es reicht aus, wenn die maßgeblichen Umstände unstreitig oder durch normale Beweismittel nachgewiesen sind. **Aktiv- bzw. passivlegitimiert** sind regelmäßig derjenige, der die Klausel begehrt (Titelgläubiger, sein Rechtsnachfolger), und der Schuldner (sein Rechtsnachfolger). Beim **Prätendentenstreit** zwischen Alt- und Neugläubiger ist nicht der Schuldner, sondern der Altgläubiger passivlegitimiert.[16] Der Schuldner kann als Nebenintervenient beitreten.[17] 6

2. Materiell-rechtliche Einwendungen. Die ganz hM lässt die Geltendmachung materieller Einwendungen, die sonst mit der Vollstreckungsabwehrklage (§ 767) geltend zu machen sind, in den Grenzen des § 767 Abs. 2 entsprechend[18] zu.[19] Dies ist zumindest aus prozessökonomischen Gründen zutreffend. Der 7

---

[5] AA *T/P/Hüßtege* Rn. 4.
[6] OLG Stuttgart Rpfleger 1979, 145; OLG Köln Rpfleger 1979, 28 (zu § 567); *Lackmann* Rn. 753.
[7] *St/J/Münzberg* Rn. 11.
[8] S. ausführlich *Lackmann* Rn. 500.
[9] *Lackmann,* Festschr. f. Musielak, 2004, S. 295ff.
[10] S. ausführlich MK/*Wolfsteiner* Rn. 9f. m. weit. Nachw.
[11] MK/*Wolfsteiner* Rn. 11.
[12] Vgl. OLG Kiel OLGRspr. 16, 323; *St/J/Münzberg* Rn. 2; *T/P/Hüßtege* Rn. 6; *Zö/Stöber* Rn. 2.
[13] VGH Mannheim NJW 2003, 1203.
[14] *B/L/H* Rn. 3; *T/P/Hüßtege* Rn. 6; aA VGH Mannheim (Fn. 13).
[15] S. ausführlich *Lackmann* Rn. 756.
[16] *Lackmann,* Festschr. f. Musielak, 2004, S. 301; aA *T/P/Hüßtege* Rn. 5; *Zö/Stöber* Rn. 4; nunmehr auch MK/*Wolfsteiner* Rn. 2.
[17] *Lackmann,* Festschr. f. Musielak, 2004, S. 309f.
[18] *St/J/Münzberg* Rn. 13; *Zö/Stöber* Rn. 4.
[19] *Brox/Walker* Rn. 134; MK/*Wolfsteiner* Rn. 18f.; *St/J/Münzberg* Rn. 13; *T/P/Hüßtege* Rn. 7; *Zö/Stöber* Rn. 4.

Beklagte muss sich allerdings ausdrücklich auf eine derartige Einwendung berufen, sie darf vom Gericht nicht ohne dies berücksichtigt werden.[20] Zur Präklusion s. Rn. 9.

8 **3. Tenor, Klauselerteilung.** Der Tenor des Urteils lautet, wenn der Klage stattgegeben wird: „Die Vollstreckungsklausel zu dem Urteil des ... (Gericht, Az.) vom ... (Datum) ist für den Kläger zur Vollstreckung gegen den Beklagten zu erteilen". Gegebenenfalls sind **Einschränkungen** zu machen, wenn materielle Einwendungen Erfolg haben („wegen eines Betrages von"). Das Urteil ist für **vorläufig vollstreckbar** zu erklären, weil sich das zuständige Organ sonst weigern könnte, die Klausel vor Eintritt der Rechtskraft zu erteilen. Der **Wert** des Anspruchs, wegen dessen der Kläger nunmehr vollstrecken kann, ist in die Sicherheitsleistung (Abwendungsbefugnis) einzubeziehen. Der Schuldner muss davor geschützt werden, dass der Kläger vollstreckt, das Urteil aber in 2. Instanz abgeändert wird. **Streitwert** ist der volle Wert des nach dem Titel zu vollstreckenden Anspruchs.[21] Da mit dem stattgebenden Urteil nur festgestellt wird, dass die Klausel zu erteilen ist, bedarf es noch der **Klauselerteilung** selbst. Die Klausel (§ 725) wird auf das Ersturteil gesetzt. **Zuständig** bleibt nach dem Wortlaut des § 20 Nr. 12 RPflG der Rechtspfleger.[22]

IV. Präklusions- und Rechtskraftwirkung

9 Lässt man die Geltendmachung des materiellen Einwands im Rahmen des § 731 zu (zu Recht, s. Rn. 7), muss dies auch zur **Präklusion** des Einwands für eine spätere Vollstreckungsabwehrklage führen, und zwar analog § 767 Abs. 2.[23] **Streitgegenstand** der Klage ist der Anspruch auf Erteilung der qualifizierten Klausel,[24] nicht das Bestehen des titulierten Anspruchs, wenn auch der Schuldner hiergegen Einwendungen vorbringen darf (s. Rn. 7). Daher erwächst in **Rechtskraft** auch nur, dass durch Feststellung der noch fehlenden Voraussetzungen der Zwangsvollstreckung[25] der **Anspruch auf Erteilung der Klausel** besteht oder nicht, nicht dass der Anspruch selbst besteht.[26]

V. Gebühren und Kosten

10 **1. Anwaltsgebühren.** Der Anwalt erhält die Gebühren der Nrn. 3100ff. VV RVG (vgl. § 19 Abs. 1 Nr. 12 RVG).

11 **2. Gerichtskosten.** Sie werden berechnet nach den Bestimmungen für das Prozessverfahren erster Instanz (KV Nr. 1210, 1211).

732 *Erinnerung gegen Erteilung der Vollstreckungsklausel*

(1) [1]Über Einwendungen des Schuldners, welche die Zulässigkeit der Vollstreckungsklausel betreffen, entscheidet das Gericht, von dessen Geschäftsstelle die Vollstreckungsklausel erteilt ist. [2]Die Entscheidung ergeht durch Beschluss.

(2) Das Gericht kann vor der Entscheidung eine einstweilige Anordnung erlassen; es kann insbesondere anordnen, dass die Zwangsvollstreckung gegen oder ohne Sicherheitsleistung einstweilen einzustellen oder nur gegen Sicherheitsleistung fortzusetzen sei.

I. Normzweck

1 Die Klauselerinnerung ist ein **spezieller Rechtsbehelf,** der es dem Schuldner ermöglicht, die Berechtigung der Klauselerteilung richterlich überprüfen zu lassen. Ihr Zweck ist deshalb nicht allein darin zu sehen, dem Schuldner nachträglich rechtliches Gehör zu verschaffen und den Richtervorbehalt nach Art. 92 GG zur Geltung zu bringen.[1]

II. Verhältnis zu anderen Rechtsbehelfen

2 **1. Rechtspflegererinnerung, Vollstreckungsabwehrklage.** Gem. § 11 Abs. 1 RPflG ist die Klauselerteilung durch den **Rechtspfleger** (§ 20 Nr. 12, 13 RPflG) mit der Klauselerinnerung nach § 732 anfechtbar. Liegen die Voraussetzungen einer Klauselerinnerung nach § 732 ZPO und einer Vollstreckungsabwehrklage in entsprechender Anwendung des § 767 vor, so hat der Schuldner ein Wahlrecht.[2] S. weiter zur **Vollstreckungsabwehrklage** § 767 Rn. 9a, 19.

3 **2. Abgrenzung zur Klauselgegenklage, § 768.** Mit der Klage nach § 768 kann für die dort genannten Sonderfälle bestritten werden, dass der im Klauselerteilungsverfahren als bewiesen angenommene Umstand eingetreten ist. Satz 2 der Norm erlaubt nach seinem Wortlaut daneben die Klauselerinnerung.

---

[20] *Lackmann* Rn. 758.
[21] *Lackmann* Rn. 760.
[22] *St/J/Münzberg* Rn. 16; aA (Urkundsbeamter) *T/P/Hüßtege* Rn. 8; *Zö/Stöber* Rn. 6.
[23] Anders (Präklusion nach § 767 Abs. 3) *St/J/Münzberg* Rn. 13f.; (entsprechende Rechtskraftwirkung) MK/*Wolfsteiner* Rn. 18f.; *T/P/Hüßtege* Rn. 2.
[24] *Zö/Stöber* Rn. 4.
[25] *Ro/G/Sch* § 17 II 2d.
[26] So aber MK/*Wolfsteiner* Rn. 18.
[1] So aber wohl MK/*Wolfsteiner* Rn. 2.
[2] BGH NJW-RR 2004, 1718f.

Gleichwohl stehen nicht für alle Einwendungen beide Rechtsbehelfe zur Auswahl,[3] es ist vielmehr wie folgt zu differenzieren:[4]

a) Formelle Einwendungen. Erhebt der Schuldner lediglich formelle Einwendungen (zB fehlender Urkundennachweis, kein vollstreckungsfähiger Inhalt des Titels), kann er mit Erfolg nur die Klauselerinnerung nach § 732 einlegen. Einer Klage nach § 768 fehlte selbst bei qualifizierten Klauseln das Rechtsschutzbedürfnis, die genannten Umstände dürfen in ihrem Rahmen nicht geprüft werden.[5] 4

b) Bestreiten. Bestreitet der Schuldner den Eintritt der für die Klauselerteilung **maßgeblichen Umstände,** hat er die Wahl zwischen §§ 732 und 768. Dies ist der Fall des letzten Satzteils des 768. Hat der Gläubiger allerdings öffentliche Urkunden vorgelegt, kann der Schuldner mit der Erinnerung nur Erfolg haben, wenn sich die maßgeblichen Umstände aus ihnen nicht ergeben; es dürfen nur formelle Mängel untersucht werden.[6] Andere Einwendungen, zB die **Nichtigkeit** der in den Urkunden enthaltenen Erklärungen, dürfen mit der Klauselerinnerung, wenn sie sich nicht aus den Urkunden selbst ergeben, nicht geltend gemacht werden.[7] Der Rechtspfleger hat nur zu prüfen, ob die maßgeblichen Umstände durch öffentliche Urkunden nachgewiesen sind. Ist dies der Fall, hat er die Klausel zu erteilen. Die Prüfungskompetenz desjenigen, der über die Erinnerung entscheidet, darf nicht weitergehen als die desjenigen, der die angefochtene Entscheidung getroffen hat.[8] Erfolg kann der Schuldner in diesem Fall nur mit der Klage haben, wenngleich die Erinnerung nach § 768 letzter Satzteil statthaft ist. 5

c) Formelle Einwendungen und Bestreiten. Stehen dem Schuldner formelle Einwendungen zu, bestreitet er aber **gleichzeitig,** dass die Umstände eingetreten sind, die für die in § 768 genannten Vorschriften maßgeblich sind, kann er wegen der Formfehler erfolgreich Erinnerung einlegen. Damit erreicht er sein gewünschtes Rechtsschutzziel aber nicht, weil der Formfehler beseitigt und die Klausel erneut erteilt werden könnte. In diesem Fall ist daher Klageerhebung zu empfehlen; die Klage kann aber nur auf das Fehlen der materiellen Umstände gestützt werden. 6

III. Zulässigkeit der Erinnerung

Ausschließlich (§ 802) **zuständig** zur Entscheidung über die Erinnerung ist das Prozessgericht, von dessen Urkundsbeamten (Rechtspfleger) die Klausel erteilt wurde, Abs. 1 S. 1. Schon nach dem Wortlaut des Abs. 1 S. 1, aber auch weil die Klauselerteilung Voraussetzung der Zwangsvollstreckung ist und nicht zu ihr gehört, ist nicht das Vollstreckungsgericht zuständig.[9] Hat ein Notar die Klausel erteilt, ist gem. § 797 Abs. 3 zur Entscheidung das Amtsgericht berufen, in dessen Bezirk der Notar seinen Sitz hat; zu Vergleichen vor Gütestellen s. § 797 Abs. 4 S. 3, zu Klauseln zu Urkunden des Jugendamtes § 60 S. 3 Nr. 2 SGB VIII. Handelt es sich bei dem zugrunde liegenden Titel um eine Familiensache, ist das Familiengericht zur Entscheidung zuständig.[10] **Anwaltszwang** besteht gem. § 78 Abs. 5 nicht. Die Erinnerung ist **nicht fristgebunden.** Sie ist schriftlich einzulegen oder zu Protokoll der Geschäftsstelle zu erklären. Das **Rechtsschutzbedürfnis** fehlt, wenn die Klausel noch nicht erteilt oder die Vollstreckung vollständig beendet ist (zur Beendigung s. vor § 704 Rn. 28 ff.). Unzulässig ist die Erinnerung auch dann, wenn bereits durch ein **Urteil nach § 731** rechtskräftig festgestellt ist, dass die Klausel zu erteilen ist. Die Möglichkeit oder Rechtshängigkeit einer Vollstreckungsabwehrklage (§ 767) schließt die Klauselerinnerung nicht aus.[11] 7

IV. Begründetheit der Erinnerung

Die Erinnerung ist begründet, wenn die in den maßgeblichen Vorschriften (§§ 724, 726 bis 729, 738, 742, 744, 744 a, 745, 749) genannten Voraussetzungen für die Erteilung der Klausel nicht vorliegen. Damit kommen als zu berücksichtigende **formelle** Einwendungen (s. Rn. 5) zB in Betracht: Unwirksamkeit aus formellen Gründen, nicht aber aus materiell-rechtlichen Gründen,[12] Unbestimmtheit des Titels; keine Vollstreckbarkeit nach § 704 oder § 794; Wegfall der Vollstreckbarkeit nach § 717 Abs. 1; keine Vorlage erforderlicher Urkunden. Es kann nicht mit der Begründung Erinnerung eingelegt werden, das die Klausel erteilende Organ sei funktionell unzuständig gewesen (§§ 513 Abs. 2, 545 Abs. 2, 571 Abs. 2 S. 2; s. § 513 Rn. 7). Zu untersuchen ist die Rechtmäßigkeit der Erteilung der Klausel im **Zeitpunkt der Entscheidung** über die Erinnerung,[13] wobei nur die Umstände zu berücksichtigen sind, die auch das Organ zu prüfen hat, das die Klausel zu erteilen hat (s. Rn. 5). **Nicht untersucht** werden dürfen Einwendungen, über die bereits durch Urteil nach § 768 befunden worden ist, und materiell-rechtliche Einwendungen iSd. § 767. 8

---

3 Anders OLG Koblenz NJW 1992, 378, 379.
4 OLG Frankfurt/M InVo 1998, 235, 236; s. ausführlich *Lackmann* Rn. 776 ff.
5 Insoweit zutreffend OLG Koblenz (Fn. 3); ebenso *Ro/G/Sch* § 17 III 1.
6 BGH NJW-RR 2006, 567 f.
7 *Ro/G/Sch* (Fn. 5).
8 MK/*Wolfsteiner* Rn. 3.
9 AA OLG Stuttgart Rpfleger 1997, 521.
10 OLG Naumburg NJOZ 2003, 343, 344; OLG Hamburg FamRZ 1981, 980; *Zö/Stöber* Rn. 14.
11 MK/*Wolfsteiner* Rn. 6.
12 BGH NJOZ 2005, 3298, 3299; aA LG Essen NJW-RR 2002, 1077 f.
13 KG OLGZ 1986, 464, 467 ff. = NJW-RR 1987, 3; *Zö/Stöber* Rn. 15; aA MK/*Wolfsteiner* Rn. 4.

V. Verfahren, Entscheidung, Rechtsmittel

9 Der Urkundsbeamte bzw. Rechtspfleger darf **abhelfen,**[14] § 572 Abs. 1 analog. Im Fall der Abhilfe gilt die Klausel als von Anfang an verweigert, sodass dem Gläubiger dann die allgemeinen Rechtsbehelfe des Klauselerteilungsverfahrens (s. § 724 Rn. 11, § 726 Rn. 8) zustehen.[15] Erfolgt keine Abhilfe, entscheidet der Richter; der Einzelrichter, wenn er in der Hauptsache entschieden hat, der Vorsitzende der Kammer für Handelssachen nur im Einverständnis der Parteien, § 349 Abs. 3. Dem Gläubiger ist vor der Abhilfe bzw. Entscheidung zu seinen Lasten **rechtliches Gehör** zu gewähren. Die Entscheidung erfolgt gem. Abs. 1 S. 2 durch **Beschluss;** zur mündlichen Verhandlung s. § 128 Abs. 4. **Der Tenor** kann etwa lauten: „Die vom … (Gericht, Notar) am … (Datum) erteilte vollstreckbare Ausfertigung zum … (genaue Titelbezeichnung) und die Vollstreckung aus ihr sind unzulässig". Die Entscheidung ist auf den unzulässigen Teil zu beschränken. Die Ausfertigung darf nicht eingezogen werden.[16] Eine **Kostenentscheidung** (nach §§ 91 ff.) ist erforderlich; die Kosten sind nicht nach § 788 erstattungsfähig.[17] Einer Entscheidung über die vorläufige Vollstreckbarkeit bedarf es wegen § 794 Abs. 1 Nr. 3 nicht. Die unterlegene Partei kann die **sofortige Beschwerde** nach § 567 einlegen, soweit nicht das Landgericht als Berufungsgericht oder das Oberlandesgericht die Klausel erteilt hat (§ 567 Abs. 1). Eine Rechtsbeschwerde ist nur im Fall ihrer Zulassung statthaft (§ 574 Abs. 1 Nr. 2). Die stattgebende Entscheidung führt zu einem Vollstreckungshindernis nach § 775 Nr. 1 (s. im Einzelnen § 775 Rn. 2 ff.).

VI. Einstweilige Anordnungen

10 **Absatz 2** erlaubt die einstweilige Einstellung der Zwangsvollstreckung und führt beispielhaft zwei mögliche Anordnungen auf. Zu den formellen und materiellen Voraussetzungen, den Modalitäten der Anordnung, zum Verfahren und den Rechtsmitteln s. § 707. Die stattgebende Entscheidung führt zu einem Vollstreckungshindernis nach § 775 Nr. 2 (s. im Einzelnen § 775 Rn. 5). Analog § 707 Abs. 2 S. 2 ist ein Rechtsmittel gegen die Anordnung grundsätzlich nicht statthaft (s. § 707 Rn. 12 ff.). Hat der Rechtspfleger einstweilen eingestellt, hat deshalb der Richter abschließend über eine Erinnerung nach § 11 RPflG zu entscheiden.[18]

VII. Gebühren und Kosten

11 **1. Anwaltsgebühren.** Die erstmalige Erteilung der Klausel wird von der Verfahrensgebühr Nr. 3100 VV RVG (§ 19 Abs. 1 Nr. 12 RVG) oder der Vollstreckungsgebühr der Nr. 3309 VV RVG (§ 18 Nr. 3 RVG) abgegolten. Das Verfahren nach § 732 ist für den Anwalt von Gläubiger und Schuldner eine besondere Angelegenheit (§ 18 Nr. 6 RVG). Es fällt die Verfahrensgebühr aus Nr. 3309 VV RVG an. Eine Terminsgebühr Nr. 3310 VV RVG kann entstehen. Der Gegenstandswert ergibt sich aus § 25 RVG.

12 **2. Gerichtskosten.** Gerichtsgebühren werden nicht erhoben.

733 *Weitere vollstreckbare Ausfertigung*

(1) Vor der Erteilung einer weiteren vollstreckbaren Ausfertigung kann der Schuldner gehört werden, sofern nicht die zuerst erteilte Ausfertigung zurückgegeben wird.

(2) Die Geschäftsstelle hat von der Erteilung der weiteren Ausfertigung den Gegner in Kenntnis zu setzen.

(3) Die weitere Ausfertigung ist als solche ausdrücklich zu bezeichnen.

I. Normzweck

1 Als Normzweck wird überwiegend der angesehen, den Schuldner unter Berücksichtigung der berechtigten Belange des Gläubigers gegen mehrfache Zwangsvollstreckung aus demselben Titel zu schützen.[1] Dafür gibt der Wortlaut der Norm zwar wenig her; zieht man jedoch § 757 mit heran, wird die Richtigkeit dieser Auffassung deutlich.[2]

II. Anwendungsbereich

2 **1. Weitere Ausfertigung.** Die Vorschrift findet nur Anwendung, wenn eine **weitere** Ausfertigung erteilt werden soll, was voraussetzt, dass **wegen des gleichen vollstreckbaren Anspruchs** bereits eine Klausel erteilt wurde. Daran fehlt es, wenn zunächst nur eine Teilklausel (s. § 725 Rn. 4) erteilt wurde und nunmehr eine Ausfertigung für weitere vollstreckbare Teile des Titels begehrt wird[3] oder die bereits erteilte Klausel berichtigt werden soll.[4]

---

[14] OLG Koblenz FamRZ 2003, 108; *Zö/Stöber* Rn. 14 m. weit. Nachw.; zweifelnd *T/P/Hüßtege* Rn. 1; aA MK/*Wolfsteiner* Rn. 11; *Wiecz/Sch/Salzmann* Rn. 5.

[15] LAG Düsseldorf Rpfleger 1997, 119 m. weit. Nachw.

[16] MK/*Wolfsteiner* Rn. 11; *Zö/Stöber* Rn. 15.

[17] OLG Hamburg JurBüro 1995, 547.

[18] OLG Köln Rpfleger 1996, 324, 325.

[1] OLG Frankfurt NJW-RR 1988, 512; MK/*Wolfsteiner* Rn. 1; *Zö/Stöber* Rn. 1.

[2] MK/*Wolfsteiner* Rn. 1.

[3] *St/J/Münzberg* Rn. 11.

[4] *Zö/Stöber* Rn. 2.

2. Mehrpersonenverhältnisse. a) Gläubigerseite. Grundsätzlich ist auf Gläubigerseite die Klausel in folgenden Fällen unabhängig von § 733 zu erteilen (s. a. § 724 Rn. 8): **Gesamthandsgläubigern** ist nur eine vollstreckbare Ausfertigung zu erteilen (§ 724 Rn. 8).[5] Lautet der Titel über eine unteilbare Leistung (§ 432 BGB), darf keine Teilausfertigung zur Vollstreckung eines anteiligen Betrages erteilt werden.[6] Vielmehr kann jeder Mitgläubiger die Erteilung einer vollstreckbaren (auf Leistung an alle Gläubiger gerichteten) Ausfertigung zu seinen Händen verlangen (s. § 724 Rn. 8). Bei Zuerkennung nur eines Teils für jeden Gläubiger kann jeder eine Klausel für seinen Teil erhalten. Bei **Gesamtgläubigerschaft** muss jedem Gläubiger auf Antrag eine vollständige vollstreckbare Ausfertigung erteilt werden (§ 724 Rn. 8).[7] **§ 733** findet damit auf **Gläubigerseite Anwendung,** wenn Gesamthandsgläubigern eine weitere Klausel erteilt werden soll, wenn ein Gesamtgläubiger die bereits erhaltene Ausfertigung durch eine weitere ersetzen oder ergänzen will, wenn eine weitere Klausel für einen der Teilgläubiger begehrt wird. Die Vorschrift gilt nicht bei Mit- oder Teilberechtigung innerhalb einer Rechtsgemeinschaft, wenn eine Einzelprozessführungsbefugnis besteht;[8] es sei denn, eine bereits nach §§ 724 ff. erteilte Klausel soll ersetzt werden. 3

b) **Auf Schuldnerseite** kann **unabhängig von § 733** gegen jeden Schuldner eine vollstreckbare Ausfertigung erteilt werden, wenn mehrere Schuldner wegen anderer Ansprüche oder nur nach Teilen haften.[9] Bei der **Gesamtschuldnerhaftung** geht die hM davon aus, dass gegen mehrere Schuldner weitere Ausfertigungen iSd. § 733 erteilt werden können.[10] Das ist unzutreffend,[11] weil es sich um jeweils getrennte Ansprüche im prozessualen Sinn handelt, der Gläubiger so schlechter gestellt würde, als hätte er gegen jeden Schuldner selbstständig geklagt oder durch Teilurteil einen selbstständigen Titel gegen nur einen oder mehrere Schuldner erhalten.[12] Daher kann gegen jeden Gesamtschuldner unabhängig von § 733 eine vollstreckbare Ausfertigung erteilt werden. Bei einer **Rechtsnachfolge** ist die Vorschrift anwendbar, wenn mit dem Antrag auf Erteilung der Klausel für oder gegen den Rechtsnachfolger die ursprünglich bereits erteilte vollstreckbare Ausfertigung nicht zurückgegeben wird.[13] 4

3. Rückgabe der bereits erteilten vollstreckbaren Ausfertigung. Die Vorschrift findet keine Anwendung, wenn die ursprünglich erteilte vollstreckbare Ausfertigung zurückgegeben wird,[14] auch an den Schuldner.[15] Im Fall der **Rechtsnachfolge** ist es dabei ohne Bedeutung, ob die alte Ausfertigung eingezogen und eine neue erteilt wird oder die Rechtsnachfolge auf der ursprünglichen Ausfertigung vermerkt wird.[16] 5

III. Voraussetzungen

Zunächst müssen die Voraussetzungen der Erteilung der **einfachen Klausel** vorliegen, s. § 724 Rn. 4 ff. Auch ohne ausdrückliche Aussage durch das Gesetz folgt aus dem Normzweck, dass eine weitere vollstreckbare Ausfertigung nur erteilt werden darf, wenn der Gläubiger ein **berechtigtes Interesse** hat und nicht überwiegende Interessen des Schuldners entgegenstehen.[17] Ein **berechtigtes Interesse des Gläubigers** liegt – ohne Prüfung eines Verschuldens – vor, wenn der Gläubiger die erteilte erste Ausfertigung verloren hat;[18] wenn die erste Ausfertigung dem Schuldner versehentlich in der Annahme vollständiger Erfüllung zurückgegeben wurde;[19] wenn sich nicht klären lässt, ob der Gläubiger die sich in den Akten befindliche Ausfertigung erhalten hat.[20] Es ist weiter zu bejahen, wenn der Gläubiger **gleichzeitig** an mehreren Orten oder im Wege verschiedener Vollstreckungsarten[21] **vollstrecken** will, nicht aber, wenn er die Ausfertigung zur Durchführung der eidesstattlichen Versicherung eingereicht hat,[22] auch nicht, wenn sein Prozessbevollmächtigter ein Zurückbehaltungsrecht an der erteilten Ausfertigung geltend macht;[23] anders, wenn zumindest ein Teil des titulierten Monatsbetrages zur Deckung des notdürftigen Lebensunterhaltes eines Unterhaltsgläubigers bestimmt ist.[24] Zur Vollstreckung gegen mehrere Gesamtschuldner s. Rn. 4. **Entgegenstehende Interessen des Schuldners** liegen vor, wenn konkrete Tatsachen die Annahme rechtfertigen, dass unberechtigt doppelt vollstreckt werden soll.[25] Dies ist der Fall, wenn der **Rechtsnachfolger** eine weitere Ausfertigung begehrt, weil der ursprüngliche Gläubiger die erste Ausfertigung nicht herausgibt;[26] je- 6

---

[5] *Zö/Stöber* § 724 Rn. 3 a.
[6] OLG Hamm Rpfleger 1992, 258.
[7] OLG Köln OLGZ 1991, 72, 74; MK/*Wolfsteiner* Rn. 5; aA *Zö/Stöber* § 724 Rn. 3 a.
[8] OLG Köln (Fn. 7).
[9] *Zö/Stöber* § 724 Rn. 12.
[10] *St/J/Münzberg* § 725 Rn. 5; *Zö/Stöber* § 724 Rn. 12.
[11] MK/*Wolfsteiner* Rn. 5 m. weit. Nachw.
[12] MK/*Wolfsteiner* Rn. 5.
[13] OLG Frankfurt (Fn. 1); MK/*Wolfsteiner* Rn. 4; *St/J/Münzberg* Rn. 7.
[14] OLG Rostock OLGR 2001, 485; OLG Hamm Rpfleger 1988, 508 f.
[15] *St/J/Münzberg* Rn. 2.
[16] MK/*Wolfsteiner* Rn. 9.
[17] Ganz hM; OLG Frankfurt (Fn. 1); OLG Hamm Rpfleger 1979, 431.
[18] MK/*Wolfsteiner* Rn. 13; *St/J/Münzberg* Rn. 4.
[19] OLG Rostock (Fn. 14); OLG Hamm Rpfleger 1979, 431 f.; OLG Stuttgart Rpfleger 1976, 144.
[20] OLG Zweibrücken JurBüro 1989, 869; *Zö/Stöber* Rn. 5.
[21] OLG Karlsruhe OLGR 2000, 169.
[22] OLG Karlsruhe Rpfleger 1977, 453 f.; *Zö/Stöber* Rn. 6; aA MK/*Wolfsteiner* Rn. 13.
[23] OLG Frankfurt (Fn. 1); OLG Saarbrücken AnwBl. 1981, 161 f.; *Zö/Stöber* Rn. 9; aA MK/*Wolfsteiner* Rn. 13.
[24] OLG Hamm FamRZ 1998, 640.
[25] MK/*Wolfsteiner* Rn. 14.
[26] OLG Frankfurt (Fn. 1); KG FamRZ 1985, 627, 628; aA OLG Stuttgart Rpfleger 1980, 304.

denfalls dann, wenn dieser die Rechtsnachfolge bestreitet. Materiell-rechtliche Einwendungen des Schuldners sind in diesem Zusammenhang aber nicht zu berücksichtigen; sie sind nach § 767 geltend zu machen.

IV. Verfahren, Entscheidung, Rechtsmittel

7 **1. Der Antrag** kann – **ohne Anwaltszwang** (§ 78 Abs. 5) – formlos gestellt werden. Für die örtliche Zuständigkeit gilt § 724 Abs. 2[27] (s. d. Rn. 9). **Funktionell zuständig** zur Entscheidung ist gem. § 20 Nr. 12 RPflG der Rechtspfleger, soweit das Gericht zuständig ist (zu **vollstreckbaren Urkunden** s. § 797 Abs. 3 und die Anmerkungen dort). Eine vom Urkundsbeamten der Geschäftsstelle erteilte weitere Ausfertigung ist nur unwirksam, wenn sie im Bewusstsein der funktionellen Unzuständigkeit erteilt wurde (s. § 726 Rn. 4).[28]

8 **2. Anhörung, Glaubhaftmachung.** Die **Anhörung** des Schuldners steht nach dem Wortlaut des § 733 im Ermessen des Rechtspflegers. Dies ist jedenfalls in aller Regel dahin auszuüben, dass eine Anhörung erfolgt,[29] da der Schuldner der Erteilung entgegenstehende Interessen sonst erst mit der Erinnerung geltend machen könnte und zunächst möglicherweise einer Doppelvollstreckung ausgesetzt wäre. Deshalb kann allenfalls bei besonderer Dringlichkeit im Interesse des Gläubigers von einer Anhörung abgesehen werden.[30] Der Gläubiger muss die tatsächlichen Voraussetzungen für die Erteilung der weiteren Ausfertigung **glaubhaft** machen (§ 294),[31] bei substanziierten Einwendungen hiergegen voll beweisen.[32]

9 **3. Entscheidung, Rechtsbehelfe. Entschieden** wird, wenn dem Antrag des Gläubigers stattgegeben wird, durch Erteilung der als solche zu bezeichnenden „weiteren Ausfertigung" (Abs. 3). Der Schuldner ist hiervon zu unterrichten (Abs. 2). Ein unzulässiger oder unbegründeter Antrag wird durch zu **begründenden Beschluss** verworfen bzw. abgewiesen. Ein begründeter Beschluss ist neben der Erteilung der weiteren Ausfertigung auch dann notwendig, wenn sie gegen den Widerspruch des angehörten Schuldners erfolgt. Der **Gläubiger** kann die Ablehnung seines Antrags gem. § 11 Abs. 1 RPflG mit der sofortigen Beschwerde nach § 567 (s. aber auch § 797 Rn. 8 zu notariellen Urkunden), der **Schuldner** die Erteilung mit der Klauselerinnerung nach § 732 (s. § 732 Rn. 2) **anfechten.** Soweit es nur um die Fragen der Erteilung einer weiteren Ausfertigung geht und nicht um andere in §§ 726 ff. genannte Umstände, stehen weder dem Gläubiger die Klage auf Erteilung der Klausel nach § 731[33] noch dem Schuldner die Klauselgegenklage nach § 768[34] zu. Kann eine weitere Klausel nach § 733 erteilt werden, ist eine **neue Leistungsklage** unzulässig; liegt ein Urteil vor, wegen entgegenstehender Rechtskraft, sonst wegen fehlenden Rechtsschutzinteresses. Dagegen kann der Gläubiger neu klagen, wenn eine weitere vollstreckbare Ausfertigung wegen Verlustes oder Vernichtung der Akten nicht erteilt werden kann.[35]

V. Gebühren und Kosten

10 **1. Anwaltsgebühren.** Es handelt sich um eine besondere Angelegenheit, die die 0,3 Gebühr der Nr. 3309 VV RVG auslöst (§ 18 Nr. 7 RVG).

11 **2. Gerichtskosten.** Gerichtsgebühren werden nach KV Nr. 2110 erhoben.

734 *Vermerk über Ausfertigungserteilung auf der Urteilsurschrift*

[1]Vor der Aushändigung einer vollstreckbaren Ausfertigung ist auf der Urschrift des Urteils zu vermerken, für welche Partei und zu welcher Zeit die Ausfertigung erteilt ist. [2]Werden die Prozessakten elektronisch geführt, so ist der Vermerk in einem gesonderten elektronischen Dokument festzuhalten. [3]Das Dokument ist mit dem Urteil untrennbar zu verbinden.

1 **Zweck** der Regelung ist der Schutz des Schuldners. Jede Erteilung der vollstreckbaren Ausfertigung muss festgehalten werden, um nachvollziehen zu können, ob eine erste oder weitere Ausfertigung verlangt wird. **Anwendung** findet sie auf alle Titel (§ 795). **Zuständig** ist derjenige, der die Klausel aushändigen will (s. § 724 Rn. 9).

2 Der Vermerk erfolgt immer in den Akten der ersten Instanz,[1] auch wenn die Klausel in zweiter Instanz erteilt wurde. Er ist auf die Urschrift des Urteils zu setzen oder bei elektronisch geführten Akten in einem elektronischen, mit dem Urteil zu verbindenden elektronischen Dokument festzuhalten. Wird die Ausfertigung nicht von der ersten Instanz erteilt, kann der Vermerk urschriftlich auf das erstinstanzliche Urteil oder auf die Urschrift der beim Rechtsmittelgericht verbleibenden Rechtsmittelentscheidung gesetzt werden. Im letzteren Fall muss eine den Aushändigungsvermerk umfassende beglaubigte Abschrift der Rechtsmittelentscheidung zu den erstinstanzlichen Akten gegeben werden.

---

[27] BGH NJW-RR 2006, 1575.
[28] AA (immer) *Zö/Stöber* Rn. 11 m. weit. Nachw.
[29] *Lackmann,* Festschr. f. Musielak, 2004, S. 306.
[30] Ähnlich *Zö/Stöber* Rn. 11.
[31] OLG Frankfurt Rpfleger 1978, 104, 105; MK/*Wolfsteiner* Rn. 17; *Zö/Stöber* Rn. 12.
[32] OLG Stuttgart Rpfleger 1976, 144; *Zö/Stöber* Rn. 12.
[33] *Zö/Stöber* Rn. 14.
[34] AA *Zö/Stöber* Rn. 14.
[35] *Zö/Stöber* Rn. 15.
[1] MK/*Wolfsteiner* Rn. 2; *Zö/Stöber* Rn. 1.

735 ***Zwangsvollstreckung gegen nicht rechtsfähigen Verein*** **Zur Zwangsvollstreckung in das Vermögen eines nicht rechtsfähigen Vereins genügt ein gegen den Verein ergangenes Urteil.**

I. Normzweck

1 Die Vorschrift schließt an § 50 Abs. 2 an; der nicht rechtsfähige Verein ist nicht nur als solcher passiv parteifähig (s. im Einzelnen § 50 Rn. 27ff.), sondern auch Vollstreckungsschuldner. Dies erleichtert die Vollstreckung für den Gläubiger, der keinen Titel gegen alle Vereinsmitglieder benötigt, sondern die Möglichkeit bekommt, in das den Mitgliedern zur gesamten Hand gehörende Sondervermögen des Vereins zu vollstrecken. Die Vorschrift schließt andererseits einen – dann nach § 736 zu vollstreckenden[1] – Titel gegen alle Vereinsmitglieder nicht aus, der die Vollstreckung in das Vereins- und das Privatvermögen eröffnet, wenn sich aus dem Urteil nicht die zulässige[2] Beschränkung auf das Vereinsvermögen ergibt.[3] Die **Vorschrift gilt unmittelbar** für Urteile (§ 704 Abs. 1), über § 795 aber auch für die Titel des § 794 Abs. 1, die gegen einen nicht rechtsfähigen Verein gerichtet sind, und zwar nach dessen Auflösung bis zur Beendigung der Liquidation.[4] Sie findet auch auf die Herausgabevollstreckung und die zur Erwirkung von Handlungen und Unterlassungen Anwendung (§§ 883ff.).[5] Sie wird **analog** angewandt auf Gründungs- und Vorgesellschaften[6] (s. zum Begriff § 50 Rn. 17).

II. Voraussetzungen und Regelungsgehalt

2 **1. Voraussetzungen.** Der Titel muss sich gegen den **nicht rechtsfähigen Verein** richten, der in Prozess und Vollstreckung durch den Vorstand vertreten wird. In der Erlaubnis, mit diesem Titel in das Vereinsvermögen zu vollstrecken, beschränkt sich der Regelungsgehalt der Norm. In das Privatvermögen der Mitglieder kann aufgrund eines Titels gegen den Verein nicht vollstreckt werden.[7] **Vereinsvermögen** sind die dem Vereinszweck gewidmeten Vermögensgegenstände einschließlich der Grundstücksrechte.[8] Dazu gehören auch Ansprüche auf rückständige Mitgliedsbeiträge, die der Gläubiger nach Pfändung und Überweisung trotz der fehlenden aktiven Parteifähigkeit des nicht rechtsfähigen Vereins einziehen darf.[9]

3 **2. Regelungsgehalt.** Die Vollstreckung richtet sich nach den allgemein gültigen Vorschriften. Mitglieder, die nicht im Titel genannt sind, sind also beispielsweise in der Fahrnisvollstreckung Dritte im Sinne des § 809 und können bei einer Verletzung ihres Gewahrsams Erinnerung (§ 766) einlegen. Sie können bei einer Vollstreckung in Vereinsvermögen nicht wegen ihres Miteigentums am Vereinsvermögen nach § 771 intervenieren.[10] Erlangt der verurteilte nicht rechtsfähige Verein **Rechtsfähigkeit**, liegt keine Rechtsnachfolge, sondern Personenidentität vor. Eine Titelumschreibung ist nicht erforderlich.[11] Nicht behandelt ist die Frage der aktiven Vollstreckungsbefugnis etwa wegen der Kosten des Rechtsstreits bei Obsiegen.[12]

736 ***Zwangsvollstreckung gegen BGB-Gesellschaft*** **Zur Zwangsvollstreckung in das Gesellschaftsvermögen einer nach § 705 des Bürgerlichen Gesetzbuchs eingegangenen Gesellschaft ist ein gegen alle Gesellschafter ergangenes Urteil erforderlich.**

I. Normzweck

1 Die BGB-Gesellschaft ist als Außengesellschaft rechtsfähig und aktiv sowie passiv parteifähig (s. im Einzelnen § 50 Rn. 22ff.).[1] Das Gesellschaftsvermögen ist ein der Verfügungsmacht des einzelnen Gesellschafters entzogenes gesamthänderisch gebundenes (§§ 718f. BGB) Sondervermögen, das geeignet ist, selbstständiges Objekt der Zwangsvollstreckung zu sein. § 719 BGB schließt die Verfügung eines Gesellschafters über Gesellschaftsvermögen aus. § 736 ergänzt diese Norm, indem Gläubiger nur eines oder einiger Gesellschafter daran gehindert werden, auf das Gesellschaftsvermögen zuzugreifen. Die in § 717 S. 2 BGB genannten Ansprüche sind Einzelansprüche der Gesellschafter gegen die Gesellschaft; sie unterliegen daher nicht § 736.

II. Anwendungsbereich

2 **1. Titel, Dauer, Vollstreckungsarten.** Die Vorschrift gilt unmittelbar für Urteile (§ 704 Abs. 1), über § 795 aber auch für die Titel des § 794 Abs. 1. Nach Auflösung der Gesellschaft ist sie anwendbar, solange

---

[1] MK/*Heßler* Rn. 17; *St/J/Münzberg* Rn. 2; *Zö/Stöber* Rn. 2.
[2] BGH NJW 1957, 1186.
[3] MK/*Heßler* Rn. 17; *Zö/Stöber* Rn. 2.
[4] BGHZ 74, 212, 213f. = NJW 1979, 1592.
[5] OLG Kiel OLGRspr 19, 31; MK/*Heßler* Rn. 4; *St/J/Münzberg* Rn. 3.
[6] MK/*Heßler* Rn. 6; *St/J/Münzberg* Rn. 6; vgl. auch OLG Hamm WM 1985, 658, 659f.
[7] RGZ 143, 212, 216.
[8] MK/*Heßler* Rn. 10.
[9] MK/*Heßler* Rn. 10.
[10] *Zö/Stöber* Rn. 1.
[11] BGH WM 1978, 115, 116; BGHZ 17, 385, 387 = NJW 1955, 1229.
[12] S. hierzu MK/*Heßler* Rn. 18f.
[1] BGH NJW 2001, 1056ff.; s. dazu *Karsten Schmidt* NJW 2001, 997ff.

die Auseinandersetzung nicht beendet und noch Gesellschaftsvermögen vorhanden ist.[2] Sie gilt auch für die Vollstreckung zur **Herausgabe von Sachen,** die zum Gesellschaftsvermögen gehören, und für die zur Erwirkung von **Handlungen und Unterlassungen** (§§ 883ff.), wenn die Verpflichtung sich auf das Gesellschaftsvermögen bezieht und allen Gesellschaftern gemeinsam obliegt.[3]

3 **2. Gesellschaftsformen.** Auf **Innengesellschaften** und **Stille Gesellschaften,** die nach außen nicht in Erscheinung treten und kein Gesellschaftsvermögen gebildet haben, ist die Vorschrift nicht anwendbar.[4] Dies gilt auch, wenn vertraglich abweichend von § 718 BGB die Bildung von Bruchteilseigentum vereinbart worden ist.[5] Für **Gründungs-** und **Vorgesellschaften** gilt § 735, nicht § 736 (s. § 735 Rn. 1). Bei der **OHG** und der **KG** (§ 161 Abs. 2 HGB) gilt § 124 Abs. 2 HGB, es ist also ein gegen die Gesellschaft gerichteter Titel erforderlich. Die **Europäische wirtschaftliche Interessenvereinigung** (s. a. § 50 Rn. 21) ähnelt nach deutschem Recht am meisten der OHG;[6] für sie gilt das für die OHG Ausgeführte,[7] ebenso für die **Partnerschaftsgesellschaft** (§ 7 Abs. 2 PartGG).

III. Voraussetzungen

4 **1. Titel gegen alle Gesellschafter.** Der Titel muss, wie aus §§ 736, 750 Abs. 1 folgt, gegen alle Gesellschafter gerichtet sein, die der Gesellschaft **zur Zeit der Vollstreckung** angehören. Daran hat auch die neue Rechtsprechung des BGH zur Rechtsfähigkeit der Außengesellschaft nichts geändert.[8] Ein Titel gegen alle Gesellschafter liegt aber auch vor, wenn die als parteifähig anzusehende **Gesellschaft** (s. Rn. 1) **selbst verurteilt** worden ist.[9] Sind nur **einzelne Gesellschafter** verurteilt, darf lediglich in ihr Privatvermögen vollstreckt werden, wozu auch der Anteil am Gesellschaftsvermögen gehört (§ 859 Abs. 1, zum Begriff s. § 859 Rn. 2). Ein vor Beginn der Vollstreckung (s. dazu vor § 704 Rn. 28ff.), aber nach Rechtshängigkeit,[10] neu eingetretener Gesellschafter haftet nicht nur mit dem Gesellschaftsvermögen für die vor seinem Eintritt begründeten Gläubigeransprüche, sondern, abgesehen von einem zu gewährenden Vertrauensschutz, auch persönlich.[11] Daraus folgt, dass der gegen alle Gesellschafter ergangene Titel gegen ihn nach § 727 zur Vollstreckung in das Gesellschaftsvermögen umgeschrieben werden darf; er ist entweder Rechtsnachfolger eines gleichzeitig ausgeschiedenen Gesellschafters oder aller Gesellschafter hinsichtlich der auf ihn übergegangenen Beteiligungen.[12] In der Klausel ist der Ausschluss der persönlichen Haftung zu vermerken.[13] Eine Titelumschreibung wegen der persönlichen Haftung ist nicht möglich[14] (§ 129 Abs. 4 BGB analog). Zur **Vollstreckung eines Gesellschafters** in das Gesellschaftsvermögen reicht ein Titel gegen die weiteren Gesellschafter[15] oder die Gesellschaft. Die Verurteilung aller Gesellschafter kann gesondert erfolgt sein, auch in Titeln verschiedener Art, sofern sie nur inhaltsgleich sind.[16] Es reicht nach der neuen Rechtsprechung des BGH wohl nicht mehr aus, dass sich aus den Titeln eine gesamtschuldnerische Haftung aller Gesellschafter ergibt.[17] Vielmehr ist die Verurteilung wegen einer Gesellschaftsschuld erforderlich.[18]

5 **2. Inkorrekte Parteibezeichnung.** Bei den im Folgenden genannten Fällen der inkorrekten Parteibezeichnung ist zunächst zu klären, ob sich nicht durch **Auslegung** ergibt, dass der Titel in Wirklichkeit gegen alle Gesellschafter einer BGB-Gesellschaft gerichtet sein soll.[19] Dann ist eine Rubrumsberichtigung möglich. **Kurzbezeichnungen** nur einiger Gesellschafter und Hinweise auf andere existierende reichen nicht aus, weil nicht alle Gesellschafter namentlich benannt sind. Ist eine **BGB-Gesellschaft fälschlich als Personenhandelsgesellschaft** im Handelsregister eingetragen, muss sie sich auch so behandeln lassen; ein Titel gegen die Gesellschaft reicht gem. § 124 HGB. Wird eine **unzutreffende und nicht eingetragene Firmenbezeichnung** verwandt, so ist der Titel gegen eine nicht existente Partei ergangen und unwirksam; er ist zur Vollstreckung nicht geeignet.[20]

---

[2] MK/*Heßler* Rn. 4.
[3] MK/*Heßler* Rn. 7; weitergehend *B/L/H* Rn. 4.
[4] MK/*Heßler* Rn. 5.
[5] MK/*Heßler* Rn. 6.
[6] *Zö/Stöber* Rn. 9.
[7] *Zö/Stöber* Rn. 9.
[8] BGH NJW 2004, 3632ff.
[9] BGH (Fn. 1).
[10] BGH (Fn. 1) S. 1057.
[11] BGH NJW 2003, 1803ff.; zum Vertrauensschutz s. BGH NJW 2006, 765, 766.
[12] MK/*Heßler* Rn. 17; *Zö/Stöber* Rn. 5.
[13] *Zö/Stöber* Rn. 5.
[14] BGH NJW 2007, 1813, 1815.
[15] *St/J/Münzberg* Rn. 1; *Zö/Stöber* Rn. 6.
[16] MK/*Heßler* Rn. 9.
[17] Bisher hM, s. MK/*Heßler* Rn. 24ff. m. weit. Nachw.; ebenso wohl *St/J/Münzberg* Rn. 7; nicht problematisiert von BGH NJW 2007, 1813ff.
[18] *Karsten Schmidt* (Fn. 1) S. 1000f. wohl auch *Pohlmann* WM 2002, 1421, 1426f.; aA *Wertenbruch* NJW 2002, 324, 328; *Zö/Stöber* Rn. 3; *St/J/Münzberg* Rn. 7 meint, dass bei Titel gegen alle Gesellschafter die Vollstreckung einer nicht das Gesellschaftsvermögen betreffenden Schuld nicht gehindert ist, aber nach § 771 interveniert werden kann.
[19] BGH NJW 1967, 821, 822.
[20] LG Berlin Rpfleger 1973, 104; MK/*Heßler* Rn. 14ff.; aA *Lindacher* ZZP 96 (1983), 486, 497f.

IV. Gewahrsam, Vollstreckung in das Privatvermögen, Rechtsbehelfe

Sind § 736 entsprechende Titel gegen alle Gesellschafter ergangen, ist **jeder auch Vollstreckungsschuldner;** dies gilt nicht bei einem Titel gegen die Gesellschaft.[21] Gegenstände des Gesellschaftsvermögens können bei einem Titel gegen alle Gesellschafter oder die Gesellschaft gepfändet werden, wenn sie sich im Gewahrsam eines Gesellschafters befinden.[22] Die **Zustellung** des gegen alle Gesellschafter gerichteten Titels kann an die zur Vertretung berechtigten geschäftsführenden Gesellschafter,[23] die des gegen die Gesellschaft gerichteten Titels an den Geschäftsführer oder, wenn ein solcher nicht bestellt ist, an einen ihrer Gesellschafter erfolgen.[24] Ist der verurteilte Gesellschafter Titelschuldner (nicht bei einem Titel nur gegen die Gesellschaft), kann in sein **Privatvermögen** vollstreckt werden.[25] Ist materiell-rechtlich die Haftung wirksam auf das Gesellschaftsvermögen beschränkt worden, entsteht eine persönliche Verpflichtung des Gesellschafters nicht.[26] In der Urteilsformel sollte dies zum Ausdruck gebracht werden.[27] Gegen die Vollstreckung in das Privatvermögen kann der Gesellschafter sich mit der Drittwiderspruchsklage (§ 771) zur Wehr setzen.[28] Gegen die Vollstreckung in das Gesellschaftsvermögen ohne die erforderlichen Titel (s. Rn. 4) können sich die Gesellschafter mit der Vollstreckungserinnerung (§ 766) oder auch gemeinsam mit der Drittwiderspruchsklage (§ 771) wenden. 6

737 ***Zwangsvollstreckung bei Vermögens- oder Erbschaftsnießbrauch*** **(1) Bei dem Nießbrauch an einem Vermögen ist wegen der vor der Bestellung des Nießbrauchs entstandenen Verbindlichkeiten des Bestellers die Zwangsvollstreckung in die dem Nießbrauch unterliegenden Gegenstände ohne Rücksicht auf den Nießbrauch zulässig, wenn der Besteller zu der Leistung und der Nießbraucher zur Duldung der Zwangsvollstreckung verurteilt ist.**

(2) Das Gleiche gilt bei dem Nießbrauch an einer Erbschaft für die Nachlassverbindlichkeiten.

I. Normzweck

1. Normzweck. Nach bürgerlichem Recht können bei Nießbrauch an einem Vermögen oder an einer Erbschaft die Gläubiger des Bestellers Befriedigung aus den dem Nießbrauch unterliegenden Gegenständen verlangen, wenn ihre Forderungen vor der Bestellung des Nießbrauchs entstanden sind, § 1086 S. 1 BGB. § 737 setzt diese Rechtslage vollstreckungsrechtlich um,[1] indem die Voraussetzungen der Vollstreckung aufgestellt, aber auch Hindernisse aus der Person des Nießbrauchers (§§ 809, 771) beseitigt werden. **Die Vorschrift gilt** für Urteile (§ 704 Abs. 1) und über § 795 für alle anderen Titel der ZPO (§ 794 Abs. 1). Bei vollstreckbaren Urkunden ist § 794 Abs. 2 zu beachten. Bei dem Nießbrauch an einer Erbschaft (§ 1089 BGB) gilt Abs. 1 ebenso, Abs. 2. Belasten alle Miterben ihre Erbteile zugunsten derselben Person mit einem Nießbrauch, ist die Vorschrift entsprechend anzuwenden,[2] nicht aber auf den Nießbrauch am Anteil einzelner Miterben.[3] Zur Bestellung des Nießbrauchs nach Rechtskraft s. § 738 und auch Rn. 3. 1

II. Voraussetzungen

1. Voraussetzungen. Abs. 1 behandelt nur den Nießbrauch an einem **Vermögen,** nicht den Nießbrauch an Sachen oder Rechten. Letzterer kann nur durch einzelne dingliche Akte, nicht durch Gesamtakt bestellt werden, 1085 S. 1 BGB. § 737 fordert einen **Leistungstitel gegen den Besteller** und einen **Duldungstitel gegen den Nießbraucher.** Letzterer ist selbst Vollstreckungsschuldner, sodass allein aufgrund eines Titels gegen den Besteller selbst bei Herausgabebereitschaft nicht gegen den Nießbraucher vollstreckt werden darf.[4] Ebenso wenig reicht ein Leistungstitel gegen den Nießbraucher,[5] aufgrund dessen nur in dessen eigenes Vermögen vollstreckt werden dürfte. § 794 Abs. 2 gibt eine Möglichkeit, kostengünstig einen solchen Duldungstitel zu schaffen. Abs. 1 greift nur bei **Verbindlichkeiten und Verurteilung des Bestellers** des Nießbrauchs ein, der vom Eigentümer verschieden sein kann. 2

2. Maßgeblicher Zeitpunkt. Es sind nur die **vor Bestellung des Nießbrauchs** entstandenen Verbindlichkeiten geregelt. Nach Wortlaut und Schutzzweck des § 1085 S. 2 BGB ist die Nießbrauchsbestellung am ersten Vermögensgegenstand zeitlich maßgeblich, wenn sie in der Absicht, das gesamte Vermögen zu belasten, vorgenommen wird.[6] Es reicht aus, wenn in diesem Zeitpunkt der Rechtsgrund des Anspruchs des Gläubigers des Bestellers bereits entstanden ist; die Forderung selbst muss noch nicht entstanden (kann 3

---

[21] BayObLG NJW-RR 2002, 991, 992; *Wertenbruch* NJW 2002, 324, 329.
[22] MK/*Heßler* Rn. 29; aA MK-BGB/*Ulmer* § 718 Rn. 59.
[23] LG Saarbrücken DGVZ 1997, 58; *Behr* NJW 2000, 1137, 1138 m. weit. Nachw.
[24] BGH NJW 2006, 2191 f.
[25] MK/*Heßler* Rn. 34; *Zö/Stöber* Rn. 3.
[26] S. ausführlich MK/*Heßler* Rn. 33.
[27] MK/*Heßler* Rn. 33; aA (Vorbehalt erforderlich) *Zö/Stöber* Rn. 3.
[28] MK/*Heßler* Rn. 33.
[1] BGH NJW 2003, 2164, 2165.
[2] MK/*Heßler* Rn. 5.
[3] MK/*Heßler* Rn. 5.
[4] *Zö/Stöber* Rn. 2; vgl. auch BGH (Fn. 1) S. 2164 f.
[5] *Zö/Stöber* Rn. 2.
[6] MK/*Heßler* Rn. 8.

also bedingt oder befristet sein) oder fällig sein.[7] War der Anspruch bei der Bestellung des Nießbrauchs **bereits rechtshängig**, gilt § 737 nur, soweit keine Rechtsnachfolge vorliegt, die den Gläubiger zur Titelumschreibung (§ 727) berechtigt.[8] Dies gilt für **persönliche Herausgabeansprüche und Geldforderungen**, soweit § 265 nicht eingreift.[9] Dagegen ist eine Titelumschreibung (§ 727) möglich, wenn der dem Nießbrauch unterliegende Gegenstand bei Bestellung streitbefangen ist.[10] Bei der Bestellung **nach Rechtskraft** findet § 738 Anwendung.

III. Zwangsvollstreckung, Rechtsbehelfe

4 **1. Immobiliarvollstreckung.** Die **Zwangsversteigerung** (nicht aber Zwangsverwaltung)[11] eines Grundstücks, an dem ein Nießbrauch bestellt ist, kann **ohne Duldungstitel** gegen den Nießbraucher angeordnet werden, weil sie dessen Nutzungsrecht nicht beeinträchtigt[12] und vorrangiger Nießbrauch als dingliches Recht in das geringste Gebot aufzunehmen und vom Ersteigerer zu übernehmen ist (§§ 44, 52 ZVG). Ist der Nießbrauch nach Entstehen der Forderung des die Versteigerung betreibenden **persönlichen Gläubigers** bestellt worden, kann dieser **mit einem Duldungstitel** gegen den Nießbraucher erreichen, dass der Nießbrauch nicht bestehen bleibt, sondern durch Zuschlag (§ 91 ZVG) erlischt.[13]

5 **2. Erzeugnisse und sonstige Bestandteile** (§ 94 BGB) werden mit Trennung Eigentum des Nießbrauchers (§ 954 BGB). Sie, insbesondere Früchte (§ 99 BGB), also auch die fälligen Mietzinsforderungen (§ 99 Abs. 3 BGB), gehören nicht zu den dem Nießbrauch unterliegenden Gegenständen.[14] **Verbrauchbare Sachen** (§ 92 BGB) gehen nach § 1067 BGB in das Eigentum des Nießbrauchers über. An ihre Stelle tritt der Wertersatzanspruch nach § 1086 BGB. Diesen kann der Gläubiger auf Grund lediglich eines Titels gegen den Besteller pfänden.[15]

6 **3. Rechtsbehelfe.** Vollstreckt ein Gläubiger des Bestellers ohne den erforderlichen Duldungstitel, kann der Nießbraucher, wenn er Gewahrsam hat, nach § 809 widersprechen, in jedem Fall Erinnerung (§ 766) einlegen. Dem Besteller steht die Erinnerung nicht zu.[16] Sein **materielles Recht** kann der Nießbraucher mit der **Drittwiderspruchsklage** (§ 771) einwenden. Die Klage hat aber keinen Erfolg, wenn er die Zwangsvollstreckung nach § 1086 S. 1 BGB dulden muss.[17]

738 *Vollstreckbare Ausfertigung gegen Nießbraucher*

(1) Ist die Bestellung des Nießbrauchs an einem Vermögen nach der rechtskräftigen Feststellung einer Schuld des Bestellers erfolgt, so sind auf die Erteilung einer in Ansehung der dem Nießbrauch unterliegenden Gegenstände vollstreckbaren Ausfertigung des Urteils gegen den Nießbraucher die Vorschriften der §§ 727, 730 bis 732 entsprechend anzuwenden.

(2) Das Gleiche gilt bei dem Nießbrauch an einer Erbschaft für die Erteilung einer vollstreckbaren Ausfertigung des gegen den Erblasser ergangenen Urteils.

I. Normzweck

1 § 738 erleichtert die Vollstreckung für die Gläubiger des Nießbrauchsbestellers (an einem Vermögen, Abs. 1, und einer Erbschaft, Abs. 2), wenn die Bestellung nach rechtskräftiger Feststellung der Schuld erfolgte. Eines Duldungstitels wie bei § 737 bedarf es nicht; er wird durch die Klausel ersetzt. Bei der Bestellung des Nießbrauchs an einer im Streit befindlichen Sache iSd. § 265 gilt § 727 unmittelbar. Bedeutung hat § 738 daher vor allem bei persönlichen Herausgabe- und Geldforderungen (s. § 737 Rn. 3). S. im Übrigen die Ausführungen zu § 737.

II. Verfahren

2 Für die Klauselerteilung entsprechend § 727 ist gem. § 20 Nr. 12 RPflG der Rechtspfleger zuständig. Der Gläubiger muss durch öffentliche oder öffentlich beglaubigte Urkunden (zu den Ausnahmen s. § 726 Rn. 5) nachweisen: Bestellung des Nießbrauchs,[1] deren Zeitpunkt, Rechtskraft des Urteils und deren Zeitpunkt. Ist der Nachweis nicht möglich, steht dem Gläubiger die Klage nach § 731 zur Verfügung. § 325 Abs. 2 findet keine Anwendung.[2] In der Klausel ist zu vermerken, dass die vom Nießbraucher zu duldende Vollstreckung nur in die dem Nießbrauch unterliegenden Gegenstände gestattet ist. Der Nießbraucher kann sich gegen die Klauselerteilung mit der Erinnerung entsprechend § 732 wehren.

---

[7] MK/*Heßler* Rn. 9.
[8] *St/J/Münzberg* Rn. 4.
[9] *St/J/Münzberg* Rn. 4.
[10] MK/*Heßler* Rn. 11.
[11] BGH (Fn. 1).
[12] BGH (Fn. 1); MK/*Heßler* Rn. 14; *Zö/Stöber* Rn. 2.
[13] MK/*Heßler* Rn. 14.
[14] *St/J/Münzberg* Rn. 5.
[15] MK/*Heßler* Rn. 18; *Zö/Stöber* Rn. 6.
[16] MK/*Heßler* Rn. 16.
[17] *St/J/Münzberg* Rn. 7.
[1] S. hierzu OLG Zweibrücken NJOZ 2005, 2568 f.
[2] *St/J/Münzberg* Rn. 2.

739 *Gewahrsamsvermutung bei Zwangsvollstreckung gegen Ehegatten und Lebenspartner* **(1) Wird zugunsten der Gläubiger eines Ehemannes oder der Gläubiger einer Ehefrau gemäß § 1362 des Bürgerlichen Gesetzbuchs vermutet, dass der Schuldner Eigentümer beweglicher Sachen ist, so gilt, unbeschadet der Rechte Dritter, für die Durchführung der Zwangsvollstreckung nur der Schuldner als Gewahrsamsinhaber und Besitzer.**

(2) Absatz 1 gilt entsprechend für die Vermutung des § 8 Abs. 1 des Lebenspartnerschaftsgesetzes zugunsten der Gläubiger eines der Lebenspartner.

I. Normzweck

Absatz 1 soll im Zusammenwirken mit § 1362 BGB dem in Beweisnot befindlichen Gläubiger die Zwangsvollstreckung gegen einen schuldenden Ehegatten ermöglichen. § 1362 BGB setzt die Vermutung des § 1006 BGB außer Kraft, § 739 das Widerspruchsrecht des § 809 und die Notwendigkeit, nach § 886 vorzugehen. Die Zwangsvollstreckung wird unabhängig von Eigentums- und Gewahrsamsverhältnissen möglich. Der nicht schuldende Ehegatte wird auf den Weg des § 771 verwiesen und muss sein Eigentum beweisen. Wegen der Ungleichbehandlung von Eheleuten und anderen Lebensgemeinschaften (s. Rn. 4) außer den gleichgeschlechtlichen Partnerschaften ist die an Art. 6 Abs. 1 GG gemessene Frage der Verfassungsgemäßheit der Norm nicht unzweifelhaft.[1] Nach **Absatz 2** gilt für gleichgeschlechtliche Gemeinschaften ebenso die Gewahrsamsvermutung wie die dem § 1362 BGB entsprechende Eigentumsvermutung des § 8 Abs. 1 LPartG. 1

II. Anwendungsbereich

1. Anwendbarkeit. a) Absatz 1. Die Eigentumsvermutung des § 1362 BGB gilt für **alle Güterstände** (auch die Gütertrennung[2]) **mit Ausnahme des Gesamtguts** bei einer Gütergemeinschaft; hier gilt die Vermutung des § 1416 BGB zur Zugehörigkeit zum Gesamtgut (dann §§ 740 bis 745). § 739 knüpft an den Gewahrsam an und findet deshalb nur auf die **Zwangsvollstreckung in bewegliche Sachen** (§§ 803 ff.) und zur Bewirkung der **Herausgabe beweglicher** sowie zur **Lieferung vertretbarer Sachen** (§§ 883, 884) Anwendung. Die Vorschrift gilt auch für **ausländische Ehepartner,** die im Inland zusammenleben.[3] 2

b) Absatz 2. § 8 Abs. 1 LPartG entspricht inhaltlich § 1362 BGB mit der Maßgabe, dass an die Stelle der Ehegatten Lebenspartner treten. Es muss sich um eine Lebenspartnerschaft iSd. § 1 LPartG handeln. Im Übrigen s. Rn. 2. 3

2. Keine analoge Anwendung. Da nach dem Gesetzeswortlaut Ehegatten und gleichgeschlechtliche Lebenspartner in der Vollstreckung schlechter behandelt werden als Partner einer nicht eingetragenen gleichgeschlechtlichen oder einer **nichtehelichen Lebensgemeinschaft,** stellt sich die Frage nach einer analogen Anwendung des § 739 (s. a. § 808 Rn. 7). Die hM lehnt die analoge Anwendung der Vorschrift zu Recht ab.[4] Bei der Neufassung des § 739 war dem Gesetzgeber die Problematik der nichtehelichen Lebensgemeinschaften bekannt; trotzdem hat er die Regelung auf Eheleute und gleichgeschlechtliche Lebenspartner beschränkt. Damit fehlt es schon an einer planwidrigen Lücke. Die Beschränkung auf verheiratete Partner ist nicht willkürlich.[5] Entsprechendes gilt für das Zusammenleben von Eltern und Kindern oder von anderen Angehörigen in der **Familie**[6] und bei Mitgliedern von **Wohngemeinschaften.**[7] 4

III. Voraussetzungen

Zugunsten des Gläubigers wird vermutet, dass die im Besitz eines oder beider Ehegatten bzw. gleichgeschlechtlichen Lebenspartner befindlichen Sachen dem Schuldner gehören. Nach **§ 1362 Abs. 1 S. 2 BGB, § 8 Abs. 1 S. 2 LPartG** gilt die Vermutung nicht für Sachen, die sich bei (nicht nur vorübergehendem[8]) **Getrenntleben** im Besitz des nicht schuldenden Ehegatten (gleichgeschlechtlichen Lebenspartners) befinden. Abzustellen ist vom Gerichtsvollzieher dabei allein auf **sichtbare Merkmale** der äußeren Trennung.[9] Für das Getrenntleben in diesem Sinne reicht Strafhaft allein nicht.[10] Nach **§ 1362 Abs. 2 BGB, § 8 Abs. 1 S. 2 LPartG** gilt die Vermutung nicht für die ausschließlich zum **persönlichen Gebrauch** eines Ehegatten (gleichgeschlechtlichen Lebenspartners) bestimmten Sachen; hier wird nicht Eigentum des Schuldners vermutet, sondern das des Ehegatten (gleichgeschlechtlichen Lebenspartners), der sie gebraucht. **Dazu gehören** etwa Schmuck (wenn er nicht der Kapitalanlage gilt[11]), Kleidung, persönliche Arbeitsgeräte; **nicht** aber Haus- 5

---

[1] S. ausführlich *Ro/G/Sch* § 20 II 1.
[2] Vgl. OLG Düsseldorf DGVZ 1981, 114 f.; OLG Bamberg DGVZ 1978, 9; *St/J/Münzberg* Rn. 12 m. weit. Nachw.
[3] MK/*Heßler* Rn. 22 f.; *St/J/Münzberg* Rn. 12.
[4] BGH NJW 2007, 992, 992 f. zu § 1362 BGB; OLG Köln NJW 1989, 1737 f.; *Schuschke/Walker* vor §§ 739–745 Rn. 3; *St/J/Münzberg* Rn. 11; *Zö/Stöber* Rn. 14; *Lackmann* Rn. 264; aA *Thran* NJW 1995, 1458 ff.; MK/*Heßler* Rn. 19; *T/P/Hüßtege* Rn. 7.
[5] S. ausführlich *Münzberg* DGVZ 1988, 81, 90 f. m. weit. Nachw. auch für die Gegenmeinung.
[6] *St/J/Münzberg* Rn. 11.
[7] *St/J/Münzberg* Rn. 11; *Zö/Stöber* Rn. 14.
[8] LG Münster DGVZ 1978, 12, 14.
[9] OLG Köln FamRZ 1965, 510.
[10] OLG Düsseldorf NJW-RR 1995, 963 f.; LG Berlin DGVZ 1991, 57.
[11] BGH NJW 1959, 142 (LS).

haltsgeräte. Ebenfalls nach § 1362 Abs. 2 BGB[12] gilt die Vermutung nicht für Sachen, die zu einem von einem Ehegatten (gleichgeschlechtlichen Lebenspartner) erkennbar allein geführten **Erwerbsgeschäft** gehören und getrennt vom häuslichen Gewahrsam sind.[13]

IV. Zwangsvollstreckung

6 Wer nach § 1362 BGB, § 8 Abs. 1 LPartG als Eigentümer gilt, ist im Rahmen der Zwangsvollstreckung auch als Gewahrsamsinhaber anzusehen. Damit ist er nicht Dritter im Sinne der §§ 809, 886; sein Widerspruch gegen die Vollstreckung ist unbeachtlich. Die Gewahrsamsvermutung ist **unwiderlegbar.**[14] Damit hat der Gerichtsvollzieher nur Besitz eines oder beider Ehegatten bzw. Lebenspartner und die Voraussetzungen des § 1362 BGB bzw. § 8 Abs. 1 LPartG (Rn. 5) zu überprüfen. Die Vorlage eines Gütertrennungsvertrages kann tatsächlichen Besitz nicht widerlegen.[15] Möglich ist auch die Vollstreckung gegen Ehefrau und Ehemann (gleichgeschlechtliche Lebenspartner) aufgrund verschiedener Titel in dieselbe Sache. Nur der tatsächliche Eigentümer kann sich dagegen mit der Drittwiderspruchsklage (§ 771) wehren.

V. Rechtsbehelfe

7 Der Gläubiger kann sich mit der **Erinnerung** nach § 766 Abs. 2 dagegen wenden, dass der Gerichtsvollzieher entgegen § 739 nicht vollstreckt. Gegen eine Vollstreckung kann sich der nicht schuldende Ehegatte (gleichgeschlechtliche Lebenspartner) nur dann erfolgreich mit der Erinnerung wenden, wenn die Gewahrsamsvermutung nicht eingreift; auch nicht mit dem Versuch, die Vermutung des § 1362 BGB bzw. § 8 Abs. 1 LPartG zu widerlegen, weil diese im Vollstreckungsverfahren unwiderlegbar ist (s. Rn. 6). Dagegen kann er **Drittwiderspruchsklage** (§ 771) erheben, wobei die Vermutung des § 1362 BGB (§ 8 Abs. 1 LPartG) zu widerlegen ist (s. dazu § 771 Rn. 14).

740 *Zwangsvollstreckung in das Gesamtgut* **(1) Leben die Ehegatten in Gütergemeinschaft und verwaltet einer von ihnen das Gesamtgut allein, so ist zur Zwangsvollstreckung in das Gesamtgut ein Urteil gegen diesen Ehegatten erforderlich und genügend.**

(2) Verwalten die Ehegatten das Gesamtgut gemeinschaftlich, so ist die Zwangsvollstreckung in das Gesamtgut nur zulässig, wenn beide Ehegatten zur Leistung verurteilt sind.

I. Normzweck

1 Haben die Ehegatten Gütergemeinschaft vereinbart, wird ein **Gesamtgut** gebildet, das beiden Ehegatten zur gesamten Hand gehört, §§ 1416, 1419 BGB. Davon zu unterscheiden sind das Sondergut (§ 1417 BGB) und das Vorbehaltsgut (§ 1418 BGB). **Gesamtgutverbindlichkeiten** sind bei **Einzelverwaltung** alle Ansprüche der Gläubiger des allein verwaltenden Ehegatten, § 1437 Abs. 1 BGB; die Ansprüche der Gläubiger des anderen Ehegatten sind es dann, wenn es keine persönlichen Schulden nach §§ 1438 bis 1440 BGB sind. Bei **Gesamtverwaltung** sind mit Ausnahme der in §§ 1460 bis 1462 BGB geregelten Fälle die Ansprüche der Gläubiger beider Ehegatten Gesamtgutverbindlichkeiten, § 1459 Abs. 1 BGB. **Prozesskosten** sind immer Gesamtgutverbindlichkeiten, §§ 1438 Abs. 2, 1460 Abs. 2 BGB. **Rechtsstreitigkeiten** über das Gesamtgut führt der allein verwaltende Ehegatte gem. § 1422 S. 1 BGB im eigenen Namen, gemeinschaftlich verwaltende Ehegatten können sie gem. § 1450 S. 1 BGB nur gemeinschaftlich führen. Dem entsprechend stellt **§ 740** fest, wie die Titel zur Vollstreckung in das **Gesamtgut** bei Einzelverwaltung (Abs. 1) bzw. Gemeinschaftsverwaltung (Abs. 2) beschaffen sein müssen. Zur Pfändung des Anteils eines Ehegatten an dem Gesamtgut s. § 860.

II. Anwendungsbereich

2 Die Vorschrift gilt für Urteile (§ 704 Abs. 1) und über § 795 auch für die anderen Titel der ZPO (§ 794 Abs. 1) und für alle Vollstreckungsarten, einschließlich Wegnahmevollstreckung (§ 883)[1], sowie Vollziehung von Arrest und einstweiliger Verfügung (§§ 928ff., 936).[2] Ein Titel auf Abgabe einer Willenserklärung ersetzt die nach materiellem Recht erforderliche Einwilligung des anderen Ehegatten (zB nach § 1423 BGB).[3] Die Vorschrift gilt nur für die **Vollstreckung in das Gesamtgut.** Für die Vollstreckung in das Sondergut und das Vorbehaltsgut gelten die allgemeinen Vorschriften. Die Vollstreckung im Falle, dass der nicht verwaltende Ehegatte ein **Erwerbsgeschäft** betreibt, ist in § 741 geregelt. Zu Vereinbarungen vor dem 1. 7. 1958 s. 4. Auflage.

---

12 LG Coburg FamRZ 1962, 387, 391; offen *St/J/Münzberg* Rn. 18.
13 Im Ergebnis allgM; LG Itzehoe DGVZ 1972, 91; MK/*Heßler* Rn. 7, *Zö/Stöber* Rn. 6.
14 Ganz hM; OLG Bamberg (Fn. 2); MK/*Heßler* Rn. 1; *Zö/Stöber* Rn. 7; *Lackmann* Rn. 263.
15 OLG Düsseldorf (Fn. 2) S. 115; OLG Bamberg (Fn. 2).
1 MK/*Heßler* Rn. 5 in Fn. 5; *St/J/Münzberg* Rn. 3; aA *Zö/Stöber* Rn. 2.
2 *St/J/Münzberg* Rn. 3.
3 KG OLGRspr. 9, 113ff.; MK/*Heßler* Rn. 23; aA *Zö/Stöber* Rn. 2.

III. Vollstreckungsverfahren

1. Erforderliche Titel. a) Alleinverwaltung, Abs. 1. Ein Leistungstitel gegen den allein verwaltenden Ehegatten ist erforderlich und ausreichend. Die Haftung des Gesamtguts muss nicht angegeben sein.[4] Ein Duldungstitel reicht nach dem Wortlaut der Norm nicht.[5] Ein Titel gegen den **anderen Ehegatten** reicht (mit Ausnahme des § 741) weder im Fall der Notverwaltung[6] (§ 1429 BGB) noch wegen der Prozesskosten (§ 1438 Abs. 2 BGB).[7] Er führt nur zur Vollstreckung in dessen Vorbehalts- und Sondergut. 3

b) Gemeinschaftliche Verwaltung, Abs. 2. Erforderlich sind Leistungstitel gegen beide Ehegatten, die auch in getrennten Verfahren erwirkt sein können.[8] Ein Titel gegen nur einen Ehegatten reicht weder im Fall der Notverwaltung[9] (§ 1454 BGB) noch wegen der Prozesskosten (§ 1460 Abs. 2 BGB)[10] oder zur Eintragung einer Zwangshypothek.[11] Die Vollstreckung eines Ehegatten mit einem Titel nur gegen den anderen in das Gesamtgut ist nicht möglich.[12] 4

2. Maßgeblicher Zeitpunkt, Nachweis. Die Voraussetzungen müssen im **Zeitpunkt der Vollstreckung** vorliegen. Spätere Änderungen berühren die Pfändung nicht.[13] Wenn nach Titelerlass, aber vor Vollstreckungsbeginn der andere Ehegatte die Alleinverwaltung übernommen hat, kann der Titel gegen den nunmehr allein verwaltenden Ehegatten umgeschrieben werden.[14] Das Vollstreckungsorgan hat zunächst **vom gesetzlichen Güterstand auszugehen,** kann also, wenn ihm die Gütergemeinschaft nicht durch Vorlage des notariellen Ehevertrages oder eines Auszugs aus dem Eheregister nachgewiesen wird,[15] ohne Rücksicht hierauf vollstrecken.[16] Wird die Gütergemeinschaft nachgewiesen, ist vom gesetzlichen Regelfall der gemeinschaftlichen Verwaltung auszugehen,[17] wenn nicht die Alleinverwaltung nachgewiesen wird. Es wird vermutet, dass Gegenstände der Ehegatten zum Gesamtgut gehören.[18] Die Eintragung im Güterrechtsregister (§ 1412 BGB) ist nicht erforderlich. 5

3. Vollstreckungsschuldner. Im Fall der Alleinverwaltung ist nur der allein verwaltende Ehegatte Vollstreckungsschuldner.[19] Der andere Ehegatte muss weder in Titel noch Klausel erwähnt sein; er kann der Vollstreckung nicht nach § 809 wegen (Mit-) Gewahrsams widersprechen.[20] 6

IV. Rechtsbehelfe

Liegt der erforderliche Titel nicht vor, kann dies jeder Ehegatte mit der **Vollstreckungserinnerung** (§ 766) geltend machen. Der Gläubiger kann die Vollstreckungserinnerung einlegen, falls der Gerichtsvollzieher die Vollstreckung mit einem Titel gegen einen Ehegatten trotz dessen Alleinverwaltung ablehnt. Der Ehegatte, gegen den trotz Erfordernis ohne Titel vollstreckt wird, kann auch **Drittwiderspruchsklage** (§ 771) erheben, die aber nur dann Erfolg haben kann, wenn der vollstreckbare Anspruch keine Gesamtgutverbindlichkeit ist.[21] 7

741 *Zwangsvollstreckung in das Gesamtgut bei Erwerbsgeschäft*

Betreibt ein Ehegatte, der in Gütergemeinschaft lebt und das Gesamtgut nicht oder nicht allein verwaltet, selbständig ein Erwerbsgeschäft, so ist zur Zwangsvollstreckung in das Gesamtgut ein gegen ihn ergangenes Urteil genügend, es sei denn, dass zur Zeit des Eintritts der Rechtshängigkeit der Einspruch des anderen Ehegatten gegen den Betrieb des Erwerbsgeschäfts oder der Widerruf seiner Einwilligung zu dem Betrieb im Güterrechtsregister eingetragen war.

I. Normzweck

1. Normzweck. S. zur **materiellen Rechtslage** zunächst § 740 Rn. 1. Betreibt ein nicht oder nicht allein verwaltender Ehegatte mit Zustimmung des anderen ein Erwerbsgeschäft, so haften hierfür das Gesamtgut und die Ehegatten persönlich, §§ 1431, 1440, 1456, 1462 BGB. Entsprechendes gilt, wenn der andere Ehegatte von dem Betrieb weiß, aber nicht widersprochen hat bzw. der Widerspruch nicht in das Güterrechtsregister (§ 1412 BGB) eingetragen ist, § 1431 Abs. 2, 3 BGB. **§ 741 erleichtert die Vollstreckung** in diesem 1

---

[4] *Zö/Stöber* Rn. 7.
[5] HM; MK/*Heßler* Rn. 21 in Fn. 17; *Zö/Stöber* Rn. 7; aA *St/J/Münzberg* Rn. 5; *T/P/Hüßtege* Rn. 2.
[6] Vgl. OLG Koblenz Rpfleger 1956, 164, 165; *Zö/Stöber* Rn. 7.
[7] *St/J/Münzberg* Rn. 7; *Zö/Stöber* Rn. 7.
[8] BGH FamRZ 1975, 405, 406.
[9] *Zö/Stöber* Rn. 9.
[10] OLG Stuttgart OLGZ 1987, 252 f. = NJW-RR 1987, 258; *St/J/Münzberg* Rn. 7; *Zö/Stöber* Rn. 9.
[11] BayObLG NJW-RR 1996, 80, 81.
[12] BGHZ 111, 248, 257 = NJW 1990, 2252; aA *Kleinle* FamRZ 1997, 1194, 1195 f.
[13] MK/*Heßler* Rn. 16 m. weit. Nachw.
[14] MK/*Heßler* Rn. 18.
[15] MK/*Heßler* Rn. 1; vgl. auch § 96 Abs. 2 GVGA; aA (zu weitgehend) *Zö/Stöber* Rn. 5.
[16] Vgl. § 96 Abs. 1 GVGA.
[17] BayObLG (Fn. 11).
[18] *Zö/Stöber* Rn. 5 m. weit. Nachw.
[19] *St/J/Münzberg* Rn. 4; aA *Zö/Stöber* Rn. 8.
[20] KG OLGRspr. 25, 197, 198; OLG Koblenz (Fn. 6).
[21] MK/*Heßler* Rn. 44.

Fall, indem ein Titel gegen den Betreiber des Erwerbsgeschäfts für ausreichend erklärt wird. Der Gläubiger kann allerdings auch nach § 740 vorgehen.[1]

2 **2. Anwendungsbereich.** S. hierzu zunächst § 740 Rn. 2. § 741 ist trotz der anderen materiell-rechtlichen Regelung der §§ 1431 Abs. 1 S. 1, 1456 Abs. 1 S. 1 BGB nicht auf die Zwangsvollstreckung wegen Ansprüchen aus dem Geschäftsbetrieb beschränkt. Das Vollstreckungsorgan soll diese materiell-rechtlichen Fragen nicht prüfen. Fehlende materiell-rechtliche Haftung ist vielmehr nach § 774 geltend zu machen (s. Rn. 7). Betreibt der allein verwaltende Ehegatte das Erwerbsgeschäft oder betreiben gemeinsam verwaltende Ehegatten es gemeinsam, gilt § 740. Die Gütergemeinschaft muss bestehen; bei beendeter Gemeinschaft gilt § 743.

II. Voraussetzungen

3 **1. Erwerbsgeschäft** ist jede auf Wiederholung angelegte, der Erzielung von Einkünften dienende wirtschaftliche Tätigkeit.[2] Sie kann gewerblich, handelsgewerblich, künstlerisch, landwirtschaftlich,[3] freiberuflich[4] oder wissenschaftlich sein. **Selbstständig** wird das Geschäft betrieben, wenn der Ehegatte es **im eigenen Namen** führt oder für sich durch andere führen lässt.[5] Es reicht, wenn er persönlich haftender Gesellschafter einer OHG oder KG ist.[6] Der Ehegatte ist auch dann selbstständiger Unternehmer, wenn er das Geschäft zusammen mit einem anderen, selbst mit seinem Ehegatten führt.[7] Eine reine Arbeitstätigkeit in fremdem Dienst genügt nicht,[8] ebenso wenig die Stellung als Kommanditist oder GmbH-Gesellschafter.[9]

4 **2. Kein Widerspruch.** Im Güterrechtsregister (§ 1412 BGB) darf im Zeitpunkt der Rechtshängigkeit (§ 261 Abs. 1, 2), bei nicht gerichtlich erstrittenen Titeln zur Zeit der Errichtung, kein Einspruch oder Widerruf der Einwilligung des (mit-)verwaltenden Ehegatten eingetragen sein.

III. Vollstreckungsverfahren

5 **1. Erforderlicher Titel.** Ein Leistungstitel gegen den das Erwerbsgeschäft betreibenden Ehegatten ist erforderlich und ausreichend. Die Haftung des Gesamtguts muss nicht angegeben sein; ein Duldungstitel reicht nach dem Wortlaut der Norm nicht (s. § 740 Rn. 3). Es kann wegen sämtlicher Schulden des Ehegatten vollstreckt werden; eine Beschränkung auf betriebliche Schulden sieht § 741 nicht vor.[10] Zum **maßgeblichen Zeitpunkt** s. zunächst § 740 Rn. 5. Das Erwerbsgeschäft muss bei Beginn der Zwangsvollstreckung betrieben werden; unerheblich ist es, wenn es sich in Liquidation befindet.[11]

6 **2. Nachweis, Vollstreckungsschuldner.** Gütergemeinschaft und selbstständiges Betreiben eines Erwerbsgeschäfts sind vom Gläubiger **nachzuweisen.** Der Nachweis einer hindernden Eintragung im Güterrechtsregister durch den verwaltenden Ehegatten ist zu beachten; eine Aufklärungspflicht hat das Vollstreckungsorgan insoweit nicht.[12] Bei einem Nachweis durch Vorlage eines Auszugs aus dem Güterrechtsregister hat es aber von der Zwangsvollstreckung Abstand zu nehmen.[13] **Vollstreckungsschuldner** ist der das Erwerbsgeschäft betreibende Ehegatte. Der andere Ehegatte muss weder in Titel noch Klausel erwähnt sein; er kann der Vollstreckung nicht nach § 809 wegen (Mit-) Gewahrsams widersprechen.[14]

IV. Rechtsbehelfe

7 Jeder Ehegatte kann mit der **Vollstreckungserinnerung** (§ 766), geltend machen, es werde von dem Vollstreckungsschuldner kein selbstständiges Erwerbsgeschäft betrieben.[15] Der allein oder mitverwaltende Ehegatte kann die Eintragung seines Einspruchs bzw. des Widerrufs der Einwilligung mit der Erinnerung geltend machen. Er kann aber auch **Widerspruchsklage nach § 774** erheben. Mit dieser kann er ebenfalls erreichen, dass eine außerhalb der Grenzen der materiell-rechtlichen Haftung des Gesamtguts erfolgte Vollstreckung (zB, wenn es sich nicht um eine Geschäftsschuld handelt) für unzulässig erklärt wird, die unter Umständen § 741 entspricht (s. Rn. 5).

742 *Vollstreckbare Ausfertigung bei Gütergemeinschaft während des Rechtsstreits* **Ist die Gütergemeinschaft erst eingetreten, nachdem ein von einem Ehegatten oder gegen einen Ehegatten geführter Rechtsstreit rechtshängig geworden ist, und verwaltet dieser Ehegatte das Gesamtgut nicht oder nicht allein, so sind auf die Erteilung einer in Ansehung des Gesamtgutes voll-**

---

1 MK/*Heßler* Rn. 5; *St/J/Münzberg* Rn. 3; *Zö/Stöber* Rn. 7; aA *B/L/H* Rn. 1.
2 BGHZ 83, 76, 78 = NJW 1982, 1810.
3 BayObLG NJW-RR 1996, 80, 81.
4 BGH (Fn. 2).
5 Vgl. RGZ 127, 110, 114.
6 RGZ 87, 100, 102f.
7 BayObLGZ 1983, 187, 189f.
8 *St/J/Münzberg* Rn. 5.
9 *Zö/Stöber* Rn. 5.
10 BayObLG (Fn. 3 und 7).
11 BayObLG (Fn. 3).
12 MK/*Heßler* Rn. 14; aA *Zö/Stöber* Rn. 7.
13 MK/*Heßler* Rn. 14; aA *St/J/Münzberg* Rn. 8 (nur Rechtsbehelf).
14 *St/J/Münzberg* Rn. 10; *Zö/Stöber* Rn. 7.
15 MK/*Heßler* Rn. 18.

streckbaren Ausfertigung des Urteils für oder gegen den anderen Ehegatten die Vorschriften der §§ 727, 730 bis 732 entsprechend anzuwenden.

I. Normzweck

Die Vorschrift ermöglicht nach Eintritt der Gütergemeinschaft wie bei einer Rechtsnachfolge die Titelumschreibung für und gegen den Gesamtgutverwalter. S. im Übrigen § 740 Rn. 1. Zum **Anwendungsbereich** s. zunächst § 740 Rn. 2. Die Vorschrift wird **entsprechend angewandt,** wenn nach Rechtshängigkeit die Berechtigung zur Gesamtgutverwaltung wechselt, die Notverwaltungsbefugnis endet oder die Einwilligung zu dem selbstständigen Betrieb eines Erwerbsgeschäfts widerrufen wird.[1] 1

II. Voraussetzungen

Zusätzlich zu den Voraussetzungen der einfachen Klausel (s. § 724 Rn. 4ff.) muss die Gütergemeinschaft **wirksam vereinbart** (§§ 1408 Abs. 1, 1415 BGB), eventuelle Bedingungen müssen eingetreten sein. Die Vereinbarung muss **nach Rechtshängigkeit** (§ 261 Abs. 1, 2; auch § 696 Abs. 3, § 700 Abs. 2, bei anderen Titeln als gerichtlichen nach Erstellung[2]) wirksam geworden sein. Die Vereinbarung kann auch nach Rechtskraft des Urteils liegen. Die Vorschrift setzt voraus, dass der Rechtsstreit von dem oder gegen den Ehegatten geführt wird, der das Gesamtgut **nicht oder nicht allein verwaltet.** Dieser konnte das Verfahren in eigenem Namen fortsetzen (§§ 1433, 1455 BGB). Liegt ein Urteil gegen den allein verwaltenden Ehegatten vor, kann es nach § 740 vollstreckt werden. 2

III. Verfahren und Entscheidung

S. zum **Verfahren** zunächst § 726 Rn. 4ff., § 727 Rn. 4. Gütergemeinschaft und die Vereinbarung über die Gesamtgutverwaltung sind dem zuständigen Rechtspfleger (§ 20 Nr. 12 RPflG) durch öffentliche oder öffentlich beglaubigte Urkunden zu belegen. Zur **Vollstreckung als Gläubiger** wird bei der Alleinverwaltung die Klausel dem allein verwaltenden Ehegatten auf seinen Namen erteilt, bei gemeinschaftlicher Verwaltung (§ 1450 BGB) beiden Ehegatten gemeinschaftlich. Eine bereits erteilte Ausfertigung kann entsprechend nach §§ 727, 742 umgeschrieben werden.[3] § 742 erlaubt die Umschreibung eines Titels **gegen den allein verwaltenden Ehegatten nur in Ansehung des Gesamtgutes,** nicht auch als Rechtsnachfolger einer Partei;[4] entsprechend darf die Klausel nur zur **Vollstreckung in das Gesamtgut** erteilt werden. Diese Einschränkung ist auch bei gemeinschaftlicher Verwaltung hinsichtlich des Ehegatten erforderlich, der nicht Prozesspartei war. 3

IV. Rechtsbehelfe

Es finden für den **Gläubiger** gem. § 11 Abs. 1 RPflG die sofortige Beschwerde nach § 567 und erforderlichenfalls die Klage nach § 731 und für den **Schuldner** die Klauselerinnerung nach § 732 statt. Die Unwirksamkeit der Vereinbarung der Gütergemeinschaft, den Nichteintritt einer hierfür vereinbarten Bedingung sowie die Tatsache, dass der Rechtsstreit Vorbehaltsgut betraf, kann der Schuldner mit der Klauselgegenklage nach § 768 einwenden. Wird mit dem umgeschriebenen Titel in das Sonder- oder Vorbehaltsvermögen des verwaltenden Ehegatten vollstreckt, kann er hiergegen nach § 771 intervenieren; ohne Erfolg allerdings, wenn er auch persönlich für die titulierte Schuld haftet. 4

743

Beendete Gütergemeinschaft **Nach der Beendigung der Gütergemeinschaft ist vor der Auseinandersetzung die Zwangsvollstreckung in das Gesamtgut nur zulässig, wenn beide Ehegatten zu der Leistung oder der eine Ehegatte zu der Leistung und der andere zur Duldung der Zwangsvollstreckung verurteilt sind.**

I. Normzweck

Das Gesamtgut der Gütergemeinschaft besteht auch nach deren Beendigung bis zur Auseinandersetzung fort (§ 1471 Abs. 2 BGB). Allerdings verwalten die Ehegatten unabhängig von ihrer früheren Vereinbarung das Gesamtgut nunmehr gemeinschaftlich (§ 1472 Abs. 1 BGB). An § 740 Abs. 2 anknüpfend verlangt § 743 Titel gegen beide Ehegatten. S. im Übrigen § 740 Rn. 1. Zum Anwendungsbereich s. zunächst § 740 Rn. 2. § 743 gilt für alle Vollstreckungsarten und Titel (§§ 704 Abs. 1, 795). Die Vorschrift findet nur vor Rechtskraft (§ 705, danach § 744, s. dort Rn. 1) Anwendung, nicht aber, wenn während der Auseinandersetzung neue Verbindlichkeiten eingegangen werden, weil während der Auseinandersetzung Gesamtgutverbindlichkeiten nicht mehr begründet werden können.[1] 1

---

[1] MK/*Heßler* Rn. 6 m. weit. Nachw.
[2] *Zö/Stöber* Rn. 2.
[3] *Zö/Stöber* Rn. 6.
[4] *Zö/Stöber* Rn. 7.
[1] *Palandt/Brudermüller* § 1472 Rn. 1.

II. Voraussetzungen

2 **1. Beendigung der Gütergemeinschaft.** Die Gütergemeinschaft kann durch Tod (wenn sie nicht mit Abkömmlingen fortgesetzt wird, 1483 BGB), Auflösung der Ehe, Ehevertrag (§ 1408 BGB) oder Aufhebungsurteil (§§ 1449, 1470 BGB) enden. Die Beendigung der Gütergemeinschaft **nach einer Pfändung** berührt die Fortsetzung der Zwangsvollstreckung nicht.[2]

3 **2. Erforderliche Titel.** Die Vollstreckung **in das Gesamtgut** erfordert zwei Leistungstitel (Urteil oder Titel des § 794 Abs. 1) gegen die Ehegatten oder einen Leistungstitel und einen Duldungstitel gegen den nur mit dem Gesamtgut haftenden Ehegatten.[3] Die Titel können in getrennten Verfahren erwirkt worden sein.[4] Der Gläubiger, der nur einen Leistungstitel gegen einen Ehegatten hat, kann dessen Anteil an dem Gesamtgut pfänden (§ 860 Abs. 2).

III. Zwangsvollstreckung

4 Die Zwangsvollstreckung **in das Gesamtgut** ist bis zur Beendigung der Auseinandersetzung (§§ 1475 Abs. 3, 1477 BGB) zulässig. Nach der Beendigung findet die Vollstreckung aus den ergangenen Titeln nur in das Vermögen des persönlich haftenden Ehegatten statt. Eine eventuelle Haftungsbeschränkung nach § 1480 BGB ist nur bei Vorbehalt im Urteil beachtlich, § 786. Beide Ehegatten sind bei der Vollstreckung nach § 743 Schuldner, auch wenn nur ein Duldungstitel vorliegt.[5]

IV. Rechtsbehelfe

5 Beide Ehegatten können eine Vollstreckung ohne erforderlichen Titel mit der Vollstreckungserinnerung nach § 766 angreifen, der, gegen den kein Titel vorliegt, auch mit der Drittwiderspruchsklage (§ 771).[6] Entsprechendes gilt für die Vollstreckung in Sonder- oder Vorbehaltsgut.[7] Die Drittwiderspruchsklage bleibt aber erfolglos, wenn der klagende Ehegatte die Vollstreckung in das Gesamtgut dulden muss.[8]

744

Vollstreckbare Ausfertigung bei beendeter Gütergemeinschaft **Ist die Beendigung der Gütergemeinschaft nach der Beendigung eines Rechtsstreits des Ehegatten eingetreten, der das Gesamtgut allein verwaltet, so sind auf die Erteilung einer in Ansehung des Gesamtgutes vollstreckbaren Ausfertigung des Urteils gegen den anderen Ehegatten die Vorschriften der §§ 727, 730 bis 732 entsprechend anzuwenden.**

I. Normzweck

1 Der Vollstreckung gegen den bis zur Beendigung der Gütergemeinschaft allein verwaltenden (und damit gem. § 1422 BGB prozessführungsbefugten) Ehegatten steht mit der Beendigung das Recht des anderen zur nunmehr gemeinschaftlichen Verwaltung entgegen. Damit wäre nach § 743 ein weiterer Leistungs- oder ein Duldungstitel erforderlich. § 744 erleichtert dies, indem er die Möglichkeit der Titelumschreibung, beschränkt auf die **Vollstreckung in das Gesamtgut,** schafft. Die Vorschrift gilt für **Urteile** (§ 704 Abs. 1) und über § 795 auch für die **anderen Titel** (§ 794 Abs. 1) der ZPO und für alle Vollstreckungsarten. Sie findet **keine Anwendung,** wenn die Gütergemeinschaft **vor Rechtskraft** (§ 705) endet; dann gilt § 743. Zum Güterstand der Eigentums- und Vermögensgemeinschaft s. § 744 a.

II. Voraussetzungen

2 Es muss sich um **Gesamtgut der beendeten Gütergemeinschaft** handeln; s. hierzu § 743 Rn. 2. Die Gütergemeinschaft **muss nach Rechtskraft** (§ 705) beendet worden sein. Bei anderen Titeln als Urteilen ist die Errichtung maßgeblich.[1] Der Leistungstitel muss sich gegen den **allein verwaltenden** Ehegatten richten (§ 740 Abs. 1, nicht Abs. 2).

III. Verfahren, Entscheidung, Rechtsbehelfe

3 S. zunächst § 742 Rn. 3 f. Nachzuweisen sind Beendigung der Gütergemeinschaft, alleinige Verwaltung und die Rechtskraft. Nach Beendigung der Auseinandersetzung ist die Klausel uneingeschränkt zu erteilen; die Haftungsbeschränkung des § 1480 BGB ist nach § 786 geltend zu machen.[2] Es stehen die **Rechtsbehelfe** des Klauselverfahrens für Gläubiger (§§ 567, 731) und schuldende Ehegatten (§§ 732, 768) zur Verfügung.

---

[2] OLG Koblenz Rpfleger 1956, 164, 165; *Zö/Stöber* Rn. 4; einschränkend *St/J/Münzberg* Rn. 2 in Fn. 7.
[3] RGZ 89, 360, 363.
[4] RG (Fn. 3) S. 367.
[5] MK/*Heßler* Rn. 8.
[6] *Zö/Stöber* Rn. 5.
[7] RG (Fn. 4); MK/*Heßler* Rn. 13.
[8] *Zö/Stöber* Rn. 5.
[1] *Zö/Stöber* Rn. 3.
[2] *St/J/Münzberg* Rn. 3; aA MK/*Heßler* Rn. 13; *Zö/Stöber* Rn. 6.

744 a ***Zwangsvollstreckung bei Eigentums- und Vermögensgemeinschaft*** **Leben die Ehegatten gemäß Artikel 234 § 4 Abs. 2 des Einführungsgesetzes zum Bürgerlichen Gesetzbuch im Güterstand der Eigentums- und Vermögensgemeinschaft, sind für die Zwangsvollstreckung in Gegenstände des gemeinschaftlichen Eigentums und Vermögens die §§ 740 bis 744, 774 und 860 entsprechend anzuwenden.**

I. Normzweck

1. Entstehungsgeschichte. Die Vorschrift trägt dem Umstand Rechnung, dass Ehegatten, die am 3. Oktober 1990 im gesetzlichen Güterstand der **Eigentums- und Vermögensgemeinschaft** nach §§ 13 ff. des Familiengesetzbuchs der **früheren DDR** gelebt haben, binnen zwei Jahren nach Wirksamwerden des Beitritts durch notariell beurkundete Erklärung gegenüber dem Kreisgericht erklären konnten, dass für die Ehe der bisherige gesetzliche Güterstand fortgelten solle, Art. 234 § 4 Abs. 2 EGBGB. Für die Eheleute, die hiervon keinen Gebrauch gemacht haben, gilt – mangels anderer Vereinbarung – nunmehr der gesetzliche Güterstand der Zugewinngemeinschaft. 1

2. Regelungsgehalt, Anwendungsbereich. Für die Eigentums- und Vermögensgemeinschaft erklärt § 744 a die Regelungen der ZPO über die Gütergemeinschaft entsprechend für anwendbar, da die Gütergemeinschaft des BGB der Eigentums- und Vermögensgemeinschaft am ehesten ähnelt. Die **Vorschrift gilt** für Urteile (§ 704 Abs. 1) und über § 795 die anderen Titel (§ 794 Abs. 1) der ZPO, soweit in **Gegenstände des gemeinschaftlichen Eigentums** vollstreckt werden soll. In Alleineigentum eines Ehegatten kann nur mit einem Titel gegen ihn vollstreckt werden; es gilt allerdings § 739. 2

3. Materielle Rechtslage. Im Güterstand der Eigentums- und Vermögensgemeinschaft gehören den Ehegatten **gemeinsam** die durch Arbeit, Arbeitseinkünfte, Renten, Stipendien oder ähnliche wiederkehrende Leistungen erworbenen Sachen, Vermögensrechte oder Ersparnisse. Für der gemeinsamen Lebensführung der Familie dienende bewegliche Sachen wird gemeinschaftliches Eigentum vermutet.[1] **Allein** gehören dem betreffenden Ehegatten die vor der Eheschließung erworbenen oder während der Ehe geschenkten, geerbten oder als Auszeichnung zugedachten Vermögensgegenstände und die nur zur Befriedigung persönlicher Bedürfnisse oder zur Berufsausübung (sofern nicht von unverhältnismäßig großem Wert) dienenden Sachen. Über Häuser, Grundstücke und Haushaltsgegenstände dürfen die Ehegatten nur **gemeinsam verfügen;** über andere Vermögensgegenstände des gemeinschaftlichen Vermögens darf jeder Ehegatte **nach außen allein verfügen.** 3

II. Entsprechende Anwendung der §§ 740 bis 744

Die Vorschrift erklärt, sofern die Voraussetzungen (Wahl des Güterstandes, Vollstreckung in das gemeinschaftliche Eigentum) vorliegen, die §§ 740 bis 744, 774 und 860 entsprechend für anwendbar. Zur Anwendung der §§ 774, 860 s. dort. Zu den **Rechtsbehelfen** gilt das bei §§ 740 bis 744 Ausgeführte entsprechend. Gegen eine ihm gegenüber materiell-rechtlich unzulässige Zwangsvollstreckung kann der betroffene Ehegatte nach § 744 vorgehen. 4

1. § 740 Abs. 1. Die Anwendbarkeit des § 740 Abs. 1 in dem Fall, dass ein Ehegatte allein verfügen darf (s. §§ 11, 15 Abs. 1 S. 2 FGB DDR), ist streitig.[2] Sie ist wegen Art. 234 § 4 a Abs. 2 EGBGB zu verneinen. 5

2. § 740 Abs. 2. Ist eine alleinige Verfügung nicht möglich (s. Rn. 3), bedarf es eines Leistungstitels gegen beide Ehegatten. Nach §§ 744 a, 741 genügt ein Titel gegen den Ehegatten, der ein Erwerbsgeschäft allein führt. **§§ 742 bis 744** sind in den dort genannten Fällen entsprechend anwendbar. 6

745 ***Zwangsvollstreckung bei fortgesetzter Gütergemeinschaft*** (1) **Im Falle der fortgesetzten Gütergemeinschaft ist zur Zwangsvollstreckung in das Gesamtgut ein gegen den überlebenden Ehegatten ergangenes Urteil erforderlich und genügend.**

(2) **Nach der Beendigung der fortgesetzten Gütergemeinschaft gelten die Vorschriften der §§ 743, 744 mit der Maßgabe, dass an die Stelle des Ehegatten, der das Gesamtgut allein verwaltet, der überlebende Ehegatte, an die Stelle des anderen Ehegatten die anteilsberechtigten Abkömmlinge treten.**

I. Materielle Rechtslage

Ist Gütergemeinschaft vereinbart, so gilt bei Vereinbarung vor dem 1. 7. 1958 (mangels anderer Vereinbarung) kraft Gesetzes, bei den anderen Verträgen, wenn dies ausdrücklich vereinbart wurde, die fortgesetzte Gütergemeinschaft. Diese kann der überlebende Ehegatte innerhalb von 6 Wochen (§§ 1484, 1944 BGB) ablehnen. Im Fall der Fortsetzung treten an die Stelle des verstorbenen Ehegatten die gemeinsamen Abkömmlinge, § 1483 BGB. Der überlebende Ehegatte verwaltet das Gesamtgut allein, § 1487 Abs. 1 BGB. 1

II. Regelungsgehalt

Mit der Maßgabe, dass der überlebende Ehegatte der alleinige Verwalter des Gesamtguts ist, gilt § 740 Abs. 1 (Abs. 1). Nach Beendigung der fortgesetzten Gütergemeinschaft (§§ 1490 bis 1494, 1496 BGB) gel- 2

---

1 *Zö/Stöber* Rn. 10.

2 Verneinend *St/J/Münzberg* Rn. 6; bejahend *Wassermann* FamRZ 1991, 507, 509 f.

ten §§ 743f. S. dazu die Ausführungen dort. Zur Pfändung des Anteils eines Ehegatten an dem Gesamtgut s. § 860.

746 *(weggefallen)*

747 *Zwangsvollstreckung in ungeteilten Nachlass* **Zur Zwangsvollstreckung in einen Nachlass ist, wenn mehrere Erben vorhanden sind, bis zur Teilung ein gegen alle Erben ergangenes Urteil erforderlich.**

I. Normzweck

1 S. allgemein vor § 704 Rn. 40ff. Der ungeteilte Nachlass ist gesamthänderisch gebunden, §§ 2032 Abs. 1, 2033 Abs. 2, 2040 Abs. 1, 2059 Abs. 2 BGB. Deshalb bestimmt § 747, dass zur Zwangsvollstreckung in den Nachlass ein Titel gegen alle Erben erforderlich ist. Ungeachtet dessen bleibt gem. § 859 Abs. 2 die Pfändung des Nachlassanteils eines Erben aufgrund eines Titels gegen ihn möglich. Die **Vorschrift gilt** für Urteile (§ 704 Abs. 1) und über § 795 auch für die anderen Titel (§ 794 Abs. 1) der ZPO und für alle Vollstreckungsarten einschließlich der Herausgabevollstreckung (§§ 883ff.),[1] der Vollstreckung der auf Abgabe einer sich auf einen Nachlassgegenstand beziehenden Willenserklärung[2] (§ 894) sowie Vollziehung von Arrest und einstweiliger Verfügung (§§ 928ff., 936). **Vor Annahme** der Erbschaft oder Ablauf der Ausschlagungsfrist ist die Vorschrift bedeutungslos, weil die erforderlichen Titel nicht erwirkt werden können, §§ 1958, 1943f. BGB, § 778 Abs. 2. Dies gilt nicht, wenn die **Nachlasspflegschaft** angeordnet wurde, § 1959 BGB. Die Vorschrift ist **nicht anwendbar,** wenn Nachlassverwaltung angeordnet ist; dann ist ein Titel gegen den Nachlassverwalter erforderlich, § 1984 BGB. Ist nur ein Erbe vorhanden, kann in Nachlassgegenstände mit einem Titel gegen ihn vollstreckt werden. S. im Übrigen §§ 778 bis 785, zur **Testamentsvollstreckung** §§ 748f. und zur Nacherbschaft § 773.

II. Voraussetzungen

2 **1. Allgemeines.** Es müssen **mehrere Erben** vorhanden sein, deren gemeinschaftliches Vermögen der Nachlass ist (§ 2032 Abs. 1 BGB). **Ungeteilter Nachlass** besteht bis zur vollständigen Verteilung für alle **noch nicht verteilten** Gegenstände; nur für diese gilt § 747.[3] Nach der Teilung kann aufgrund der Titel gegen die einzelnen Miterben in deren eigenes Vermögen vollstreckt werden.

3 **2. Erforderliche Titel.** Es müssen zu Beginn der Zwangsvollstreckung (s. vor § 704 Rn. 28ff.) **Leistungstitel** (Urteile oder sonstige) gegen **alle Erben** vorliegen, Duldungstitel sind nicht ausreichend.[4] Es können verschiedene Urteile oder auch unterschiedliche Titel[5] sein, wenn zumindest die gesamtschuldnerische Haftung feststeht (s. Rn. 4). Ein Titel gegen den Erblasser kann nach § 727 auf alle Miterben umgeschrieben werden. Ist ein **Miterbe Gläubiger,** genügt ein Titel gegen die anderen Miterben.[6] Wird der Erbteil übertragen (§ 2033 Abs. 1 BGB), wird der Erwerber Mitberechtigter an dem Nachlass, sodass ein Titel gegen ihn vorliegen muss.[7] Ein gegen den Veräußerer ergangener Titel kann analog § 729 Abs. 1 umgeschrieben werden.[8] Solange Gläubiger und Vollstreckungsorgan von der Übertragung keine Kenntnis haben oder durch Eintrag in öffentliche Register (zB Grundbuch bei der Immobiliarvollstreckung) haben müssen, reicht aus Rechtsscheinsgründen ein Titel gegen alle Miterben.[9]

III. Zwangsvollstreckung in den Nachlass

4 § 747 betrifft die Zwangsvollstreckung **in den Nachlass,** nicht die gegen einen Erben aufgrund persönlicher Schuld. In den Nachlass kann aufgrund von **Nachlassforderungen** (gesamtschuldnerische Verurteilung der Miterben gem. § 2058 BGB), aber auch anderen Forderungen vollstreckt werden, wenn die Erben gesamtschuldnerisch aus demselben Rechtsgrund haften.[10] **Vollstreckungsschuldner** sind alle Miterben.[11]

IV. Rechtsbehelfe

5 Das Fehlen der erforderlichen Titel kann jeder Miterbe mit der Vollstreckungserinnerung (§ 766) geltend machen, der betroffene auch mit der Drittwiderspruchsklage (§ 771), die aber unbegründet ist, wenn er materiell-rechtlich haftet. Zur Geltendmachung der **beschränkten Haftung** siehe §§ 780f., 785.

---

[1] MK/*Heßler* Rn. 2; *St/J/Münzberg* Rn. 2; aA *Zö/Stöber* Rn. 2.
[2] MK/*Heßler* Rn. 2; aA *St/J/Münzberg* Rn. 2 in Fn. 2.
[3] MK/*Heßler* Rn. 17; *Zö/Stöber* Rn. 4.
[4] *Zö/Stöber* Rn. 5.
[5] BGHZ 53, 110, 113 = NJW 1970, 473.
[6] BGH NJW-RR 1988, 710.
[7] *St/J/Münzberg* Rn. 2.
[8] MK/*Heßler* Rn. 15; *St/J/Münzberg* Rn. 2; aA (§ 727) *Zö/Stöber* Rn. 5.
[9] Ähnlich *Zö/Stöber* Rn. 5.
[10] BGH (Fn. 5) S. 115.
[11] MK/*Heßler* Rn. 19.

748 ***Zwangsvollstreckung bei Testamentsvollstrecker*** **(1) Unterliegt ein Nachlass der Verwaltung eines Testamentsvollstreckers, so ist zur Zwangsvollstreckung in den Nachlass ein gegen den Testamentsvollstrecker ergangenes Urteil erforderlich und genügend.**

(2) Steht dem Testamentsvollstrecker nur die Verwaltung einzelner Nachlassgegenstände zu, so ist die Zwangsvollstreckung in diese Gegenstände nur zulässig, wenn der Erbe zu der Leistung, der Testamentsvollstrecker zur Duldung der Zwangsvollstreckung verurteilt ist.

(3) Zur Zwangsvollstreckung wegen eines Pflichtteilanspruchs ist im Falle des Absatzes 1 wie im Falle des Absatzes 2 ein sowohl gegen den Erben als gegen den Testamentsvollstrecker ergangenes Urteil erforderlich.

I. Normzweck

S. zur Vollstreckung in den Nachlass allgemein vor § 704 Rn. 40ff. Der Testamentsvollstrecker hat gemäß § 2205 BGB den Nachlass zu verwalten. Er darf, wenn seine Befugnisse nicht vom Erblasser beschränkt wurden (§ 2208 BGB), den Nachlass in Besitz nehmen und über einzelne Nachlassgegenstände verfügen. Die Testamentsvollstreckung kann beschränkt sein auf einzelne Nachlassgegenstände und auf die reine Verwaltung (§ 2209 BGB). § 2213 BGB regelt die passive Prozessführungsbefugnis von Erben und Testamentsvollstrecker, die beide haben bei Forderungen gegen den Nachlass, der Testamentsvollstrecker aber nicht, wenn er den Nachlass nicht verwaltet oder ein Pflichtteilsanspruch geltend gemacht wird. Diese materielle Rechtslage setzt § 748 um, soweit es um die **Vollstreckung in den Nachlass** geht. Zur Rechtskrafterstreckung eines Urteils in einem Verfahren zwischen Testamentsvollstrecker und Drittem s. § 327. 1

II. Anwendungsbereich

Die Vorschrift gilt für Urteile (§ 704 Abs. 1) und über § 795 auch für die anderen Titel (§ 794 Abs. 1) der ZPO und für alle Vollstreckungsarten. Titel über Ansprüche, die gegen den Testamentsvollstrecker persönlich gerichtet sind (etwa Schadensersatzanspruch nach § 2219 BGB), fallen nicht darunter. Hat der Erblasser die **Verwaltung** durch den Testamentsvollstrecker **ausgeschlossen** (§§ 2208 Abs. 1 S. 1, 2205 BGB) oder unterliegt der Gegenstand, in den vollstreckt werden soll, nicht der Verwaltung, findet die Vorschrift keine Anwendung. In diesen Fällen ist aus einem Urteil gegen den Erben in den Nachlass zu vollstrecken;[1] bei mehreren Erben gilt § 747. Zur gegen den Erblasser bereits begonnenen Vollstreckung s. § 779, zur Umschreibung eines Titels gegen den Erblasser § 749, zur Umschreibung eines Titels gegen den Testamentsvollstrecker für und gegen den Erben § 728 Abs. 2. 2

III. Voraussetzungen

Es muss **Testamentsvollstreckung angeordnet** sein, die sich auch auf die **Nachlassverwaltung erstreckt** (s. Rn. 2). Allein die Anordnung reicht, auch wenn der Testamentsvollstrecker noch nicht ernannt ist oder sein Amt noch nicht angenommen hat (vgl. § 2211 BGB).[2] Die Vorschrift gilt nur für die Vollstreckung von **Nachlassforderungen in den Nachlass;** in das persönliche Vermögen des Erben kann nur aufgrund eines Titels gegen ihn (vgl. § 2213 Abs. 1 S. 1 BGB) vollstreckt werden. 3

IV. Erforderliche Titel und Vollstreckung

1. Vollständige Nachlassverwaltung. Hier ist ein Titel gegen den Testamentsvollstrecker erforderlich und ausreichend. Liegt ein Titel gegen den Erben vor, reicht ein Duldungstitel gegen den Testamentsvollstrecker (§ 2213 Abs. 3 BGB).[3] Ist der Testamentsvollstrecker selbst Nachlassgläubiger, ermöglicht ihm ein Titel gegen den Erben die Vollstreckung in den Nachlass.[4] **Mehrere Testamentsvollstrecker** (vgl. §§ 2197 Abs. 1, 2199 Abs. 1 BGB) üben ihr Amt gemeinschaftlich aus. Gegen jeden ist ein Titel erforderlich. Mehrere erforderliche Titel können unterschiedlicher Art und in verschiedenen Verfahren erwirkt worden sein (s. § 747 Rn. 3). 4

2. Verwaltung einzelner Nachlassgegenstände. Obliegt dem Testamentsvollstrecker nur die Verwaltung einzelner Nachlassgegenstände (§ 2208 Abs. 1 S. 2 BGB), sind ein Leistungstitel gegen den Erben und ein Duldungstitel gegen den Testamentsvollstrecker erforderlich (Abs. 2), soweit in diese Gegenstände vollstreckt werden soll. Zu mehreren Testamentsvollstreckern und der Art der Titel s. Rn. 4, zu den Duldungstiteln § 2213 Abs. 3 BGB, § 794 Abs. 2. Duldungstitel müssen die der Testamentsvollstreckung unterliegenden Gegenstände nicht einzeln aufführen.[5] Bezüglich der Gegenstände, die nicht der Verwaltung unterliegen, s. Rn. 2. 5

3. Pflichtteilsansprüche. Ein Pflichtteilsanspruch kann nur gegen den Erben geltend gemacht werden, § 2213 Abs. 1 S. 3 BGB. In den Fällen des Abs. 1 und Abs. 2 erfordert die Vollstreckung in den Nachlass 6

---

[1] MK/*Heßler* Rn. 12; *St/J/Münzberg* Rn. 5; *Zö/Stöber* Rn. 4.
[2] MK/*Heßler* Rn. 10; *Zö/Stöber* Rn. 2.
[3] *Zö/Stöber* Rn. 3.
[4] *Zö/Stöber* Rn. 3.
[5] MK/*Heßler* Rn. 22 m. weit. Nachw.

zusätzlich einen Duldungstitel gegen den Testamentsvollstrecker, auch wenn der Erbe den Pflichtteilsanspruch anerkannt hat.[6] Zu Art und Erlangung der Titel s. Rn. 4.

7 **4. Erbe als Gewahrsamsinhaber.** Ist der Erbe Gewahrsamsinhaber, ist er nach dem Schutzzweck des § 748 nicht als Dritter iSd. § 809 anzusehen, der der Pfändung widersprechen kann.[7] Der Gegenmeinung[8] ist zwar zuzugestehen, dass sich eine Parallele zu § 739 nicht ziehen lässt. Auch dient § 748 nicht der Erleichterung der Vollstreckung. Die Vorschrift soll sie aber auch nicht erschweren. Der eigentliche Schuldner ist der Erbe (§ 1967 BGB).

V. Rechtsbehelfe

8 Testamentsvollstrecker und Erbe[9] können **Erinnerung** (§ 766) einlegen, wenn ein zur Vollstreckung in den Nachlass erforderlicher Titel fehlt. **Intervenieren** (§ 771) können sie ebenfalls (der Erbe aber nur in den Fällen der Absätze 2 und 3) mit der Begründung, ein gegen sie erforderlicher Titel fehle; die Klage ist aber bei einer materiell-rechtlichen Haftung unbegründet.

749 *Vollstreckbare Ausfertigung für und gegen Testamentsvollstrecker*

[1]Auf die Erteilung einer vollstreckbaren Ausfertigung eines für oder gegen den Erblasser ergangenen Urteils für oder gegen den Testamentsvollstrecker sind die Vorschriften der §§ 727, 730 bis 732 entsprechend anzuwenden. [2]Auf Grund einer solchen Ausfertigung ist die Zwangsvollstreckung nur in die der Verwaltung des Testamentsvollstreckers unterliegenden Nachlassgegenstände zulässig.

I. Normzweck

1 Die Vorschrift ermöglicht wie bei der Rechtsnachfolge die Umschreibung eines für oder gegen den Erblasser ergangenen Titels auf den Testamentsvollstrecker. Sie ergänzt §§ 727, 748. Sie gilt für Urteile (§ 704 Abs. 1) und über § 795 auch für die anderen Titel (§ 794 Abs. 1) der ZPO und für alle Vollstreckungsarten. Sie ist auf die Nachlassverwaltung entsprechend anwendbar.[1]

II. Voraussetzungen

2 Es muss ein **Titel für oder gegen den Erblasser** vorliegen; Rechtskraft ist nicht erforderlich. Es muss **Testamentsvollstreckung angeordnet** sein, bei der dem Testamentsvollstrecker zumindest die Verwaltung über einzelne Nachlassgegenstände zusteht (s. § 748 Rn. 4f.). Der Testamentsvollstrecker muss sein **Amt angenommen** haben (§§ 2213, 2202 BGB), Annahme der Erbschaft ist nicht erforderlich, § 2213 Abs. 2 BGB.

III. Verfahren und Entscheidung

3 Zum **Verfahren** s. zunächst § 727 Rn. 4. Tod des Erblassers, Anordnung der Testamentsvollstreckung, Umfang der Befugnisse und Amtsannahme sind durch öffentliche oder öffentlich beglaubigte Urkunden zu belegen, insbesondere durch ein Testamentsvollstreckerzeugnis (§ 2368 BGB, s. a. § 792). Die **Entscheidung** ergeht bei der **Vollstreckung als Gläubiger** so, dass der Titel „auf den … (Name) als Testamentsvollstrecker für den Nachlass des … (Name)" vollstreckbar auszufertigen ist. § 749 erlaubt die Umschreibung eines Titels gegen den **Testamentsvollstrecker** nur zur Vollstreckung in die der **Verwaltung unterliegenden Nachlassgegenstände** (s. § 748 Abs. 1, 2). Dies muss nicht besonders erwähnt werden, weil es durch die Bezeichnung des Vollstreckungsschuldners als Testamentsvollstrecker deutlich wird.[2]

IV. Rechtsbehelfe

4 Es finden für den Gläubiger gem. § 11 Abs. 1 RPflG die sofortige Beschwerde nach § 567 und für den Schuldner die Klauselerinnerung nach § 732 statt. Entsprechendes gilt, je nachdem, auf welcher Seite er steht, für den Testamentsvollstrecker. Über die materiellen Fragen der Klauselerteilung kann auch nach § 731 (Gläubiger) oder § 768 (Schuldner) gestritten werden. Die nach § 782 geltend zu machende Einrede des § 2014 BGB steht auch dem Testamentsvollstrecker zu.[3]

750 *Voraussetzungen der Zwangsvollstreckung*

(1) [1]Die Zwangsvollstreckung darf nur beginnen, wenn die Personen, für und gegen die sie stattfinden soll, in dem Urteil oder in der ihm beigefügten Vollstreckungsklausel namentlich bezeichnet sind und das Urteil bereits zugestellt ist oder gleichzeitig zugestellt wird. [2]Eine Zustellung durch den Gläubiger genügt; in diesem Fall braucht die Ausfertigung des Urteils Tatbestand und Entscheidungsgründe nicht zu enthalten.

(2) Handelt es sich um die Vollstreckung eines Urteils, dessen vollstreckbare Ausfertigung nach § 726 Abs. 1 erteilt worden ist, oder soll ein Urteil, das nach den §§ 727 bis 729, 738, 742, 744,

---

[6] OLG Celle MDR 1967, 46.
[7] *T/P/Hüßtege* Rn. 2; *Zö/Stöber* Rn. 3.
[8] MK/*Heßler* Rn. 23; *St/J/Münzberg* Rn. 3.
[9] *Zö/Stöber* Rn. 10; aA MK/*Heßler* Rn. 30; *St/J/Münzberg* Rn. 7 hinsichtlich Abs. 1.
[1] MK/*Heßler* Rn. 7 m. weit. Nachw. auch für die Gegenmeinung (§ 727); *St/J/Münzberg* Rn. 6.
[2] MK/*Heßler* Rn. 14; *Zö/Stöber* Rn. 10.
[3] *Zö/Stöber* Rn. 9.

dem § 745 Abs. 2 und dem § 749 für oder gegen eine der dort bezeichneten Personen wirksam ist, für oder gegen eine dieser Personen vollstreckt werden, so muss außer dem zu vollstreckenden Urteil auch die ihm beigefügte Vollstreckungsklausel und, sofern die Vollstreckungsklausel aufgrund öffentlicher oder öffentlich beglaubigter Urkunden erteilt ist, auch eine Abschrift dieser Urkunden vor Beginn der Zwangsvollstreckung zugestellt sein oder gleichzeitig mit ihrem Beginn zugestellt werden.

(3) **Eine Zwangsvollstreckung nach § 720a darf nur beginnen, wenn das Urteil und die Vollstreckungsklausel mindestens zwei Wochen vorher zugestellt sind.**

I. Normzweck

1 **1. Zweck.** Die Vorschrift wendet sich an die Vollstreckungsorgane (s. zu ihnen vor § 704 Rn. 8) und ordnet als Vollstreckungsvoraussetzung die namentliche Bezeichnung der Parteien im Titel und dessen Zustellung an. Wegen ihrer Bedeutung ist sie zwingend (s. auch Rn. 19).[1] Die Regelung über die **Bezeichnung der Vollstreckungsparteien** (vor § 704 Rn. 9) verwirklicht die Funktionstrennung zwischen den Organen des Erkenntnisverfahrens und der Vollstreckung.[2] Für das Vollstreckungsorgan (vor § 704 Rn. 8) ist allein die Bezeichnung im Titel maßgeblich; dies dient der **Formalisierung des Vollstreckungsverfahrens**[3] und stellt sicher, dass nur für den berechtigten Gläubiger und nur gegen den verpflichteten Schuldner vollstreckt wird. Die Zustellung des **Titels** informiert den Schuldner über die Parteien des Vollstreckungsverfahrens und den vollstreckbaren Anspruch und ermöglicht ihm dadurch die Kontrolle der Vollstreckungsvoraussetzungen. Sie hat daneben die Funktion einer letzten Warnung an den Schuldner. Die Zustellung der **Klausel nebst Urkunden** in den erforderlichen Fällen verschafft dem Schuldner das möglicherweise im Klauselerteilungsverfahren nicht gewährte rechtliche Gehör (§ 730) und informiert ihn über die im Klauselverfahren belegten Umstände der Vollstreckung. Absatz 3 (**Wartefrist**) hat Warnfunktion für den Schuldner und soll es ihm ermöglichen, die Sicherungsvollstreckung des Gläubigers durch eigene Sicherheitsleistung (§ 720a Abs. 3) abzuwenden.

2 **2. Anwendungsbereich.** Die Vorschrift gilt für Urteile (§ 704 Abs. 1) und über § 795 für alle anderen Titel (§ 794 Abs. 1) der ZPO. Sie findet auf **alle Vollstreckungsarten** Anwendung und, mit Modifikationen hinsichtlich der Zustellung (§§ 929 Abs. 3, 936), auch auf die **Vollziehung von Arrest und einstweiliger Verfügung.** Entgegen ihrem zu engem Wortlaut gilt sie ebenso bei einer Fortsetzung der Zwangsvollstreckung, wenn ein Gläubiger-[4] oder Schuldnerwechsel[5] stattgefunden hat. **Weitere Wartefristen** sehen §§ 798, 798a und 882a Abs. 1 vor.

II. Beginn der Zwangsvollstreckung

3 Bei Beginn der Zwangsvollstreckung (s. dazu vor § 704 Rn. 28ff.) muss ein Titel vorliegen, in dem (oder in der Klausel) die Parteien namentlich genannt sind. Außerdem muss der Titel bereits zugestellt sein oder gleichzeitig zugestellt werden. Dies hat das Vollstreckungsorgan selbstständig zu prüfen.[6]

III. Bezeichnung der Vollstreckungsparteien

4 **1. Allgemeines.** Zu den grundsätzlichen Anforderungen an den Titel s. § 724 Rn. 6f. Abs. 1 S. 1 verlangt, dass Gläubiger und Schuldner **namentlich** bezeichnet und mit denen **identisch** sind, für und gegen die vollstreckt werden soll. Grundlage ist grundsätzlich der **Titel,** ggf. in der Fassung eines Berichtigungsbeschlusses nach § 319.[7] Dies gilt auch dann, wenn die Berichtigung nicht auf dem Titel vermerkt, sondern in einem besonderen Beschluss, der dann aber zugestellt sein muss, ausgesprochen ist (s. § 319 Rn. 15), oder die Berichtigung fehlerhaft ist (s. § 319 Rn. 19). Maßgeblich ist das Original des Titels; es reicht nicht aus, wenn nur die vollstreckbare Ausfertigung die namentliche Bezeichnung enthält.[8] Sind in der **Klausel** aufgrund einer Umschreibung andere Namen enthalten, ist diese wegen §§ 727ff. maßgeblich. Der **richtige Gläubiger** ist genannt, wenn derjenige, der den Vollstreckungsauftrag erteilt hat, im Titel oder in der Klausel als Anspruchsberechtigter genannt ist. Dies ist auch derjenige, der nach dem Titel Leistung an einen Dritten verlangen kann[9] (zur Forderungspfändung s. insoweit § 835 Rn. 2, zur Zwangshypothek § 867 Rn. 6). Titel bzw. Klausel bezeichnen ferner den **Vollstreckungsschuldner** und damit auch die in der Vollstreckung **haftende Vermögensmasse.** Lässt sich dem Wortlaut des Titels allein nicht die Verpflichtung eines namentlich bezeichneten Beteiligten entnehmen (keine Angabe in einem Prozessvergleich, wen die Verpflichtung trifft), liegt gleichwohl eine ausreichende Bezeichnung iSd. § 750 Abs. 1 vor, wenn sich aus Titel und Klausel der Verpflichtete zweifelsfrei ergibt.[10] Ein Titel gegen eine Personenhandelsgesellschaft, in dem

---

[1] OLG Frankfurt Rpfleger 1977, 416; MK/*Heßler* Rn. 1.
[2] MK/*Heßler* Rn. 5.
[3] MK/*Heßler* Rn. 3.
[4] BGH NJW 2007, 3357, 3358; *St/J/Münzberg* Rn. 1.
[5] MK/*Heßler* Rn. 15; *St/J/Münzberg* Rn. 1.
[6] OLG Frankfurt Rpfleger 1973, 323.
[7] *Zö/Stöber* Rn. 3.
[8] OLG Karlsruhe NJW-RR 2001, 67f.; OLG Brandenburg Rpfleger 1998, 207f.
[9] MK/*Heßler* Rn. 8; *St/J/Münzberg* Rn. 18; *Zö/Stöber* Rn. 3.
[10] VGH Baden-Württemberg DNotZ 1999, 650 mit Anm. *Münch.*

die persönlich haftenden Gesellschafter als deren gesetzliche Vertreter aufgeführt sind, ermöglicht damit nur die Vollstreckung in das Vermögen der Gesellschaft, nicht – trotz der offensichtlichen materiell-rechtlichen Haftung – in das Privatvermögen der genannten Gesellschafter (vgl. § 129 Abs. 4 HGB; s. a. § 736 Rn. 4); dies gilt umgekehrt dann, wenn statt einer materiell unzweifelhaft haftenden Wohnungseigentümergemeinschaft deren Mitglieder Titelschuldner sind.[11]

5 **2. Namentliche Bezeichnung** bedeutet die Angabe des Namens einschließlich des Vornamens. Individualisierungskriterien, wie sie §§ 253 Abs. 4, 130 Abs. 1 vorsehen, sind in Abs. 1 S. 1 nicht vorgeschrieben und allein darauf abgestellt entbehrlich.[12] Enthält ein Titel also nur den Namen, nicht aber die Anschrift von Gläubiger bzw. Schuldner, so ist die Vollstreckung nicht wegen Abs. 1 S. 1 unzulässig. Die Frage ist aber, ob die erforderliche Identitätsprüfung (s. Rn. 9) vorgenommen werden kann und, falls nicht, die Vollstreckung wegen einer daraus folgenden Unbestimmtheit des Titels unzulässig ist. Eine Bezeichnung mit einem **Künstlernamen** oder Pseudonym reicht aus, wenn der Wahlname einen wirklichen Namen darstellt, sich durchgesetzt hat und die Person anstelle des bürgerlichen Namens für einen größeren Kreis kennzeichnet.[13] Bei einer **Namensänderung** kann der Klausel ein klarstellender Zusatz hinzugefügt werden (§ 727 Rn. 1). Für die Vollstreckung reicht auch ohne diesen Zusatz als Nachweis ein Auszug aus dem Melderegister oder eine Heiratsurkunde.[14] Wird ein **Einzelkaufmann unter seiner Firma** (§ 17 Abs. 1 HGB, s. a. Rn. 11) bezeichnet, reicht dies aus, selbst wenn der bürgerliche Name fehlt.[15] Ein solcher Titel ermöglicht die Vollstreckung in das Firmen- und Privatvermögen,[16] denn insoweit gibt es rechtlich keine getrennten Vermögensmassen. Zu **Sammelbezeichnungen** und Titeln gegen **Unbekannt** s. Rn. 7f. Zur Problematik bei der **Räumungsvollstreckung** s. § 885 Rn. 6ff.

6 **3. Gesetzliche Vertretung.** Abs. 1 S. 1 schreibt die Bezeichnung eines gesetzlichen Vertreters einer – natürlichen oder juristischen – Vollstreckungspartei nicht vor, sodass das Fehlen der nach § 313 Abs. 1 Nr. 1 erforderlichen Angabe die Vollstreckung nicht unzulässig macht.[17] Allerdings muss die **Zustellung** an den gesetzlichen Vertreter erfolgen (s. Rn. 17). Außerdem hat das Vollstreckungsorgan die Frage der Prozessunfähigkeit und die daraus resultierende Notwendigkeit der gesetzlichen Vertretung als **Verfahrensvoraussetzung** zu beachten (s. dazu vor § 704 Rn. 22).

7 **4. Sammelbezeichnungen** wie etwa Bauherren- oder Erbengemeinschaft[18] reichen grundsätzlich nicht aus.[19] **Ausnahme:** Die von der Sammelbezeichnung erfassten einzelnen Personen und ihre Beteiligung können zweifelsfrei identifiziert werden und es ist gewährleistet, dass sich der Kreis der Vollstreckungsbeteiligten bis zum Beginn der Zwangsvollstreckung nicht ändert.[20] Nach Zuerkennung der Teilrechtsfähigkeit für die **Wohnungseigentümergemeinschaft**[21] ist nunmehr auch deren entsprechende Bezeichnung als Partei möglich.[22]

8 **5. Titel gegen Unbekannt.** Das Problem der Hausbesetzungen durch Unbekannte hat zu der Frage geführt, ob gegen sie ohne Angabe des Namens mithilfe anderer Konkretisierungsmerkmale Titel ergehen dürfen und eine ausreichende Vollstreckungsgrundlage bilden. Dies wird zum Teil für zulässig erachtet,[23] ist aber sowohl aus rechtlichen Gründen (Abs. 1 S. 1) als auch wegen nicht zu bewältigender praktischer Probleme unzulässig.[24] An eine Ausnahme ist nur zu denken, wenn die erfassten einzelnen Personen zweifelsfrei identifiziert werden können (s. Rn. 7), zB nach räumlichen Kriterien unter Angabe ihrer Beteiligung, und es sich um eine bestimmte Anzahl nicht wechselnder Personen handelt.[25] Hiervon kann bei Hausbesetzungen regelmäßig nicht ausgegangen werden.

9 **6. Identitätsprüfung.** Das Vollstreckungsorgan (vor § 704 Rn. 8) hat die Identität der im Titel angegebenen Personen mit denjenigen, für und gegen die vollstreckt werden soll, zu überprüfen. Dabei darf es den Titel nach allgemeinen Grundsätzen auslegen[26] und auch außerhalb des Titels liegende Umstände berücksichtigen.[27] Dagegen ist das Vollstreckungsorgan **kein Ermittlungsorgan;**[28] die erforderlichen Belege hat der Gläubiger beizubringen. Tut er es trotz Aufforderung nicht, darf der Vollstreckungsauftrag zurückgewiesen werden. Im Rahmen seiner Prüfungspflicht hat das Vollstreckungsorgan allerdings Nachforschungen anzustellen, sofern sie tatsächliche oder rechtliche Schwierigkeiten nicht aufwerfen, keinen unzumutbaren Zeitaufwand erfordern und den Vollstreckungszweck nicht gefährden.[29] Bei der Identitätsprüfung

---

11 BGH NJW-RR 2007, 955, 956.
12 MK/*Heßler* Rn. 17 m. weit. Nachw.; *Zö/Stöber* Rn. 4 („möglichst auch").
13 Vgl. BGHZ 30, 7, 9 = NJW 1959, 1269.
14 LG Koblenz NJOZ 2003, 1673, 1674; LG Braunschweig NJW 1995, 1971.
15 KG Rpfleger 1982, 191; OLG Köln BB 1977, 510f.; MK/*Heßler* Rn. 35.
16 *Lackmann* Rn. 64 m. weit. Nachw.
17 OLG Frankfurt Rpfleger 1976, 27; *Zö/Stöber* Rn. 13f.
18 LG Berlin DGVZ 1978, 59.
19 MK/*Heßler* Rn. 50; *Zö/Stöber* Rn. 4.
20 BayObLG NJW-RR 1986, 564 (für die Gläubigerbezeichnung); vgl. auch BGH NJW 1977, 1686f.
21 BGH NJW 2005, 2061ff.
22 BGH (Fn. 21) S. 2065.
23 LG Krefeld NJW 1982, 289f.; LG Kassel NJW-RR 1991, 381, 382.
24 OLG Köln NJW 1982, 1888; *Ro/G/Sch* § 22 I 1; s. ausführlich MK/*Heßler* Rn. 51 und *Lackmann* Rn. 65.
25 OLG Oldenburg NJW-RR 1995, 1164 m. weit. Nachw.
26 *Zö/Stöber* Rn. 3.
27 BGH NJW 2004, 506, 507; MK/*Heßler* Rn. 25f.
28 AllgM; MK/*Heßler* Rn. 26 m. weit. Nachw.
29 MK/*Heßler* Rn. 27 m. weit. Nachw.; ähnlich *St/J/Münzberg* Rn. 23.

ist formalistische Engherzigkeit fehl am Platz;[30] die wahre Bedeutung der Parteibezeichnung ist zu klären. Verbleiben dennoch Unklarheiten, geht dies zulasten des Gläubigers.[31]

7. Einzelfälle. Wenn die Identität **zweifelsfrei festgestellt** werden kann, schaden unrichtige **Schreibweise** 10
des Namens,[32] falsche **Geschlechtsbezeichnung,**[33] Abkürzung des **Vornamens**[34] oder Nennung nur dessen Anfangsbuchstabens, sein Fehlen,[35] unrichtige Angaben über Stand, Gewerbe oder Personenstand[36] oder eine Namensänderung[37] (s. auch Rn. 5) nicht. Die Bezeichnung „Rechtsanwalt ... und Partner" ist unzureichend.[38] Die Bezeichnung Geschäftsführer im Titel ist bei der BGB-Gesellschaft iS eines geschäftsführenden Gesellschafters auslegungsfähig.[39] Richtet sich der Titel nach seiner Bezeichnung gegen eine **nicht eingetragene Personenhandelsgesellschaft** und wird festgestellt, dass der Zusammenschluss in Wirklichkeit eine BGB-Gesellschaft darstellt, darf vollstreckt werden, wenn der Titel den Anforderungen des § 736 genügt (Titel gegen die Außengesellschaft, s. § 736 Rn. 4). Eine Umdeutung in einen Titel gegen alle Gesellschafter ist unzulässig.[40] Hat das Gericht sich in der Entscheidung mit der Rechtsform auseinander gesetzt, so ist das Vollstreckungsorgan hieran gebunden.[41]

Bei einem Titel gegen eine **Einzelfirma** (s. a. Rn. 5) muss das Vollstreckungsorgan prüfen, auf welche na- 11
türliche Person als Inhaber der Titel hinweist;[42] diese ist Vollstreckungsschuldner. Dabei kommt es auf den Zeitpunkt des Ergehens des Titels an; gegen denjenigen, der zu diesem Zeitpunkt **Inhaber** war, kann auch dann vollstreckt werden, wenn er nicht mehr Inhaber ist.[43] Eine Änderung der Firma ist eine Namensänderung (s. a. Rn. 5), die nicht schadet, wenn die Identität feststeht oder (zB durch einen Handelsregisterauszug) nachgewiesen wird.[44] Mit Erlöschen der Firma endet die Möglichkeit der Vollstreckung in das Privatvermögen des früheren Inhabers nicht.[45] Nur wenn die Firma bei Titelerlass nicht existiert, geht der Titel ins Leere.[46] In das Vermögen eines Firmenübernehmers (§ 25 HGB) darf erst nach Umschreibung des Titels vollstreckt werden, § 729 Abs. 2. Ist neben der Firma der **Inhaber namentlich bezeichnet,** ist dieser im Zweifel auch dann als Schuldner anzusehen, wenn er tatsächlich nicht Inhaber ist[47] oder die Firma nicht existiert.[48] Aus einem Titel gegen einen **Kleingewerbetreibenden** unter einer Firmenbezeichnung kann jedenfalls dann vollstreckt werden, wenn der bürgerliche Name angegeben ist,[49] bei zweifelsfreier Identifizierungsmöglichkeit aber auch sonst.[50]

Handelsgesellschaften müssen, da sie nur unter ihrer Firma im Rechtsverkehr auftreten können, unter 12
der Firma mit ihrem Sitz bezeichnet sein.[51] Die Angabe des vertretenden Gesellschafters ist nicht erforderlich (s. Rn. 6). Die (neben dem Sitz) zusätzliche Angabe einer Privatanschrift schadet nicht.[52] Die Zwangsvollstreckung in das Gesellschaftsvermögen einer **Vor-GmbH** erfordert einen Titel gegen diese, der eine Vollstreckung in das Privatvermögen des Gründers aber nicht zulässt.[53] Zur Vollstreckung in das Gesellschaftsvermögen einer Gründungs-GmbH ist ein Titel gegen die Vor-GmbH erforderlich.[54] Nicht ausreichend ist die Kennzeichnung einer Partei nur als **Niederlassung;** es ist eine klarstellende Ergänzung analog § 727 möglich (s. dazu Rn. 14).[55]

Bei **Personenmehrheit** (s. a. § 704 Rn. 10) ist grundsätzlich im Titel die materiell-rechtliche Forderungs- 13
oder Schuldform (Gesamtgläubiger, Gesamtschuldner usw.) anzugeben. Fehlt es hieran, ist von der Auslegungsregel des § 420 BGB auszugehen.[56] Jedenfalls darf gegen einen Schuldner nur dann wegen der vollen Forderung vollstreckt werden, wenn ausdrücklich seine Haftung als Gesamtschuldner im Titel genannt ist. Die Auslegungsregel des § 427 BGB kann allenfalls dann zur Anwendung kommen, wenn sich aus dem Titel eindeutig ergibt, dass die Schuldner aufgrund einer vertraglichen Vereinbarung verurteilt worden sind.[57]

---

30 BGH (Fn. 27); KG Rpfleger 1982, 191; *Zö/Stöber* Rn. 3.
31 *Zö/Stöber* Rn. 3.
32 *Zö/Stöber* Rn. 5 m. weit. Nachw.
33 LG Bielefeld JurBüro 1983, 1411.
34 BayObLG Rpfleger 1982, 466.
35 OLG Köln MDR 1968, 762; OLG Hamm MDR 1962, 994 f.
36 *Zö/Stöber* Rn. 8.
37 LG Bielefeld JurBüro 1987, 930.
38 LG Bonn Rpfleger 1984, 28.
39 BGH NZI 2004, 239.
40 LG Mainz DGVZ 1973, 157, 158; *Petermann* in Anm. zu LG Berlin Rpfleger 1973, 104.
41 MK/*Heßler* Rn. 30.
42 BayObLGZ 1956, 218, 221.
43 AllgM; s. MK/*Heßler* Rn. 40 m. weit. Nachw.
44 LG Frankenthal DGVZ 1997, 75.
45 *Zö/Stöber* Rn. 10 m. weit. Nachw.
46 OLG Köln NJW-RR 1996, 292.
47 RGZ 159, 337, 350; LG Koblenz Rpfleger 1972, 458 mit Anm. *Petermann.*
48 OLG Köln (Fn. 46).
49 LG Nürnberg-Fürth Rpfleger 1958, 319 mit Anm. *Bull.*
50 KG JurBüro 1982, 784, 785; MK/*Heßler* Rn. 42; *Zö/Stöber* Rn. 11.
51 *Zö/Stöber* Rn. 12.
52 Vgl. OLG Köln Rpfleger 1975, 102 f.
53 *Zö/Stöber* Rn. 12.
54 BayObLGZ 1987, 446, 448.
55 OLG Düsseldorf InVo 1998, 24, 25.
56 § 130 Nr. 5 GVGA; MK/*Heßler* Rn. 47; *T/P/Hüßtege* Rn. 7 a; aA OLG Hamburg Rpfleger 1962, 382.
57 *Lackmann* Rn. 59; weiter gehend (grundsätzlich § 427 BGB) KG MDR 1989, 77.

14 **8. Folgen einer unzureichenden Bezeichnung.** Ist die Identität einer Vollstreckungspartei auch durch Auslegung nicht zu ermitteln, ist die Vollstreckung gem. Abs. 1 S. 1 unzulässig. Der Gläubiger kann versuchen, eine **Berichtigung** des Titels nach § 319 zu erwirken. Ist dies nicht möglich, kommt nach allgM auch die Erteilung einer **klarstellenden Vollstreckungsklausel** analog §§ 727, 731, 735 in Betracht,[58] die aber nur der Klarstellung, nicht der Einbeziehung einer im Erkenntnisverfahren nicht beteiligten Person dienen darf.[59] Helfen diese Wege nicht, muss der Gläubiger neu auf Leistung, auf Feststellung der Identität der Vollstreckungsparteien[60] oder auf Erteilung der Klausel (§ 731) klagen.

IV. Zustellung des Titels

15 **1. Notwendigkeit.** Die Zwangsvollstreckung darf grundsätzlich erst nach oder gleichzeitig mit der Zustellung des Titels und bestimmter Urkunden (s. Rn. 21) beginnen, Abs. 1 S. 1. **Ausnahmen: Arrest und einstweilige Verfügung** können vor ihrer Zustellung an den Schuldner vollzogen werden, §§ 929 Abs. 3 S. 1, 936. Die Zustellung muss gem. § 929 Abs. 3 S. 2 allerdings binnen einer Woche nach der Vollziehung nachgeholt werden. Auch die **Vorpfändung** nach § 845 setzt, wie sich aus Abs. 1 S. 3 der Vorschrift ergibt, eine vorherige Zustellung des Titels an den Schuldner nicht voraus. Streitig ist, ob der Schuldner wirksam auf die Zustellung des Titels **verzichten** kann. Zum Teil wird ein **vorheriger Verzicht** – etwa in einer notariellen Urkunde – für wirksam gehalten.[61] Dies ist unzutreffend (s. a. vor § 704 Rn. 17).[62] Es geht um die vom Gesetz für besonders wichtig erklärten allgemeinen Voraussetzungen der Zwangsvollstreckung, die deshalb nicht der Disposition der Vollstreckungsparteien unterliegen. Außerdem muss das Vollstreckungsorgan formalisierte Anknüpfungspunkte zur Hand haben; es liegt außerhalb seiner Prüfungskompetenz, die Wirksamkeit eines Verzichtes auf die Zustellung zu überprüfen. Ein **nachträglicher Verzicht** ist demgegenüber entsprechend § 295 zulässig.[63] Zustellungsmängel, sogar ein Fehlen der Zustellung, führen nicht zur Nichtigkeit des Vollstreckungsaktes (s. Rn. 19). Es liegt damit in der Hand des Schuldners, den Mangel mit der Erinnerung (§ 766) oder der sofortigen Beschwerde (§ 793) geltend zu machen.

16 **2. Gegenstand der Zustellung.** Nach Abs. 1 S. 1 ist **grundsätzlich nur der Titel** selbst zuzustellen. Hierzu gehören Anlagen, die zum Bestandteil des Tenors gemacht sind.[64] Bei Urteilen muss die zuzustellende Ausfertigung Tatbestand und Entscheidungsgründe nicht enthalten, wenn der Gläubiger selbst zur Beschleunigung das Urteil zustellen will, Abs. 1 S. 2. Es reicht grundsätzlich die Zustellung einer einfachen Titelausfertigung aus. Die **vollstreckbare Ausfertigung** (also der mit Klausel versehene Titel) muss nur zugestellt werden, wenn es sich um eine qualifizierte Klausel (§§ 726 Abs. 1, 727 bis 729, 738, 742, 744, 744a, 745 Abs. 2, 749) handelt, Abs. 2 (s. dazu Rn. 20ff.).

17 **3. Modalitäten der Zustellung. a) Adressat.** Der Titel ist an den in ihm genannten Schuldner zuzustellen. Dieser ist der Adressat der Zustellung (zum Begriff s. § 170 Rn. 1) iSd. § 182 Abs. 2 Nr. 1. Er ist allerdings nicht der eigentliche Empfänger, wenn im Wege der Ersatzzustellung an eine andere Person (§§ 178, 180f.) zugestellt wird. Ist der Schuldner **nicht prozessfähig,** ist Zustellungsadressat sein gesetzlicher Vertreter (§ 170 Abs. 1). Dies gilt unabhängig von der Prozessfähigkeit des Schuldners auch für einen im Titel als Vertreter genannten Betreuer (s. vor § 704 Rn. 22). Stellt der mit der Zustellung beauftragte Gerichtsvollzieher die im Titel nicht erwähnte Prozessunfähigkeit des Schuldners fest, hat er den gesetzlichen Vertreter, sofern ohne Schwierigkeiten möglich, zu ermitteln und diesem zuzustellen.[65] Hat das Prozessgericht sich in seiner Entscheidung mit der Prozessfähigkeit bejahend auseinander gesetzt, ist der Gerichtsvollzieher hieran gebunden (s. a. vor § 704 Rn. 22).[66] Wenn in dem zugrunde liegenden Verfahren ein **Prozessvertreter** (nicht nur Anwalt) bestellt worden ist, muss an diesen als Adressaten zugestellt werden (§ 172). Zur Zustellung eines Titels gegen eine BGB-Gesellschaft s. § 736 Rn. 6.

18 **b) Zustellungsart, Nachweis. Urteile und Beschlüsse,** die einen Vollstreckungstitel darstellen, sind von Amts wegen (§§ 317 Abs. 1, 329 Abs. 3) im Wege der Amtszustellung (§§ 166 bis 190) zuzustellen. **Andere Titel** werden im Wege der Parteizustellung (§§ 191 bis 195) zugestellt. Eine Zustellung eines Prozessvergleichs im Wege der Amtszustellung ist fehlerhaft.[67] Der Auffassung, die aus der Tatsache, dass Abs. 1 nur von Zustellung spricht, nicht aber ihre Art vorschreibt, das Gegenteil schließt,[68] kann nicht zugestimmt werden. Insoweit gelten gesetzessystematisch die im Ersten Buch geregelten Allgemeinen Vorschriften, die zwischen Partei- und Amtszustellung differenzieren. Es bleibt allerdings die Frage der Heilung nach § 189 (Rn. 19). Der Gläubiger kann aber auch zur Beschleunigung vom **Gericht geschaffene Titel** im Wege der **Parteizustellung** zustellen lassen; dies reicht für die Zwangsvollstreckung gem. Abs. 1 S. 2 aus. Die Zustellung muss, wenn sie nicht unmittelbar vor Beginn der Vollstreckungshandlung erfolgt (Abs. 1 S. 1 Alt. 2), nachgewiesen werden, und zwar grundsätzlich durch die Zustellungsurkunden nach §§ 173 bis 175, 182,

---

[58] OLG Frankfurt Rpfleger 1973, 64; BayObLGZ 1956, 218, 221; *St/J/Münzberg* Rn. 27ff.
[59] MK/*Heßler* Rn. 62.
[60] *Ro/G/Sch* § 22 I 1e; aA MK *Heßler* Rn. 64.
[61] LG Ellwangen Rpfleger 1966, 145f.; *Zö/Stöber* Rn. 22 m. weit. Nachw.; *Brox/Walker* Rn. 155.
[62] LG Flensburg Rpfleger 1960, 303; MK/*Heßler* Rn. 86 m. weit. Nachw.; *St/J/Münzberg* Rn. 9; *Lackmann* Rn. 78.
[63] MK/*Heßler* Rn. 86; *St/J/Münzberg* Rn. 8; *Lackmann* Rn. 78.
[64] OLG Saarbrücken OLGZ 1967, 34, 38.
[65] MK/*Heßler* Rn. 84.
[66] MK/*Heßler* Rn. 85.
[67] MK/*Heßler* Rn. 66; *T/P/Hüßtege* vor § 166 Rn. 18.
[68] OLG Dresden MDR 1996, 1184.

183 Abs. 2, 195 Abs. 2 bzw. durch Vermerke des Urkundsbeamten der Geschäftsstelle über die öffentliche Zustellung oder die nach § 184. Auch durch die Zustellungsbescheinigung nach § 169 Abs. 1 wird der Nachweis geführt, selbst in den Fällen der maschinellen Bearbeitung; im Bestreitensfall muss die Zustellung aber richterlich überprüft werden.[69]

4. Zustellungsmängel und ihre Heilung. Zustellungsmängel führen nach ganz hM nicht zur Nichtigkeit, 19
sondern nur zur **Anfechtbarkeit** nachfolgender Vollstreckungsakte.[70] Wird die Zustellung nachgeholt, entfällt die darauf gestützte Anfechtbarkeit.[71] Auch im Vollstreckungsverfahren gilt im Übrigen § 189.

V. Zustellung der Klausel

1. Allgemeines. Abs. 2 verlangt, wenn es sich um eine dort genannte **qualifizierte Klausel** handelt, die 20
Zustellung der Klausel und von Abschriften der **öffentlichen Urkunden,** die im Klauselerteilungsverfahren vorgelegt wurden (Ausnahmen: §§ 799 bis 800 a).

2. Urkunden. Die Abschriften der Urkunden müssen vollständig und, obwohl gesetzlich nicht aus- 21
drücklich vorgeschrieben, **beglaubigt** sein.[72] Die beglaubigte Abschrift muss auch den Beglaubigungsvermerk einer öffentlich beglaubigten Urkunde einschließen.[73] Wenn in der Klausel vermerkt ist, dass die maßgeblichen Tatsachen offenkundig sind, bedarf es keiner Urkundenzustellung. Setzt die Fälligkeit eine Kündigung voraus, reicht eine beglaubigte Abschrift der privatschriftlichen Kündigungserklärung; ihr Zugang ist durch öffentliche (beglaubigte) Urkunden nachzuweisen.[74] Die Urkunden müssen nicht zugestellt werden, wenn ihr Inhalt vollständig in die zuzustellende Klausel aufgenommen ist.[75] Ist ein Urteil nach § 731 ergangen, genügt im Hinblick auf die Urkundenzustellung (zur Klauselerteilung s. § 731 Rn. 8, zu deren Zustellung Rn. 20) dessen Amtszustellung.

3. Umfang der Prüfung. Das Vollstreckungsorgan ist an eine wirksam erteilte Klausel **gebunden,**[76] darf 22
also zB nicht nachprüfen, ob sämtliche erforderlichen Urkunden im Klauselerteilungsverfahren vorgelegt wurden. Dementsprechend müssen nur die Urkunden zugestellt werden, die in der Klausel genannt sind.[77] Anderes gilt nur, wenn nicht ersichtlich ist, ob eine einfache oder eine qualifizierte Klausel erteilt werden sollte (etwa bei vom Notar erteilten Klauseln).[78] Zur Streitfrage, ob eine vom Urkundsbeamten anstelle des zuständigen Rechtspflegers erteilte Klausel unwirksam ist, s. § 726 Rn. 4.

VI. Sicherungsvollstreckung

Die Sicherungsvollstreckung nach § 720 a darf gem. Abs. 3 erst **zwei Wochen nach der Zustellung** des 23
Titels beginnen. Der Schuldner soll Gelegenheit zur Sicherheitsleistung nach § 720 a Abs. 3 erhalten. Nach dem Zweck der Vorschrift ist auch bei der Sicherungsvollstreckung nur im Fall der qualifizierten Klausel gem. Abs. 2 deren **Zustellung** erforderlich.[79]

VII. Rechtsbehelfe

Verstöße gegen § 750 können Schuldner und in eigenen Rechten betroffene Dritte mit den vollstre- 24
ckungsinternen Rechtsbehelfen (§§ 766, 793), angreifen. Ein Verstoß gegen Abs. 3 führt nicht zu Nichtigkeit und kann geheilt werden.[80] Zur Heilung von Zustellungsmängeln s. Rn. 19.

VIII. Rechtsanwaltsgebühren

Die Tätigkeit des Anwalts gehört zum Rechtszug, wird also durch die Verfahrensgebühr aus Nr. 3100 25
VV RVG abgegolten (§ 19 Abs. 1 Nr. 15 RVG). Die Tätigkeit ist für den **Vollstreckungsanwalt** durch die Gebühr aus Nr. 3309 VV RVG abgegolten (§ 18 Nr. 3 RVG).

751 *Bedingungen für Vollstreckungsbeginn*

(1) Ist die Geltendmachung des Anspruchs von dem Eintritt eines Kalendertages abhängig, so darf die Zwangsvollstreckung nur beginnen, wenn der Kalendertag abgelaufen ist.

(2) Hängt die Vollstreckung von einer dem Gläubiger obliegenden Sicherheitsleistung ab, so darf mit der Zwangsvollstreckung nur begonnen oder sie nur fortgesetzt werden, wenn die Sicherheitsleistung durch eine öffentliche oder öffentlich beglaubigte Urkunde nachgewiesen und eine Abschrift dieser Urkunde bereits zugestellt ist oder gleichzeitig zugestellt wird.

---

69 OLG Köln Rpfleger 1997, 31 m. weit. Nachw.
70 BGHZ 66, 79, 82 = NJW 1976, 851; MK/*Heßler* Rn. 96; *St/J/Münzberg* Rn. 7; *Zö/Stöber* Rn. 24.
71 BGH (Fn. 70).
72 MK/*Heßler* Rn. 73 in Fn. 118 m. weit. Nachw.; *Zö/Stöber* Rn. 20.
73 OLG Hamm Rpfleger 1994, 173.
74 OLG Frankfurt (Fn. 6).
75 *Zö/Stöber* Rn. 21 m. weit. Nachw.; offen OLG Frankfurt (Fn. 1).
76 OLG Frankfurt JurBüro 1976, 1122; MK/*Heßler* Rn. 77.
77 *St/J/Münzberg* Rn. 44; *Zö/Stöber* Rn. 21.
78 MK/*Heßler* Rn. 77.
79 BGH NJOZ 2005, 3304, 3305 f. = MDR 2005, 1433; *Münzberg* Rpfleger 1983, 58 ff.; *Brox/Walker* Rn. 154.
80 OLG Hamm NJW-RR 1998, 87, 88.

I. Normzweck

1 Die Norm behandelt zwei Fälle der **besonderen Vollstreckungsvoraussetzungen** (s. a. vor § 704 Rn. 25); den dritten Fall (Vollstreckung Zug um Zug) regeln §§ 756, 765. In diesen einfach zu überprüfenden Fällen wird die Klausel zu einem Titel auch dann erteilt, wenn die Vollstreckung von bestimmten Bedingungen abhängig ist. Die Überprüfung, ob die maßgeblichen Umstände eingetreten sind, obliegt dem **Vollstreckungsorgan.** Es darf mit der Vollstreckung nur beginnen, wenn es festgestellt hat, dass diese Voraussetzungen eingetreten sind, nämlich ein **bestimmter Kalendertag** bzw. die **Sicherheitsleistung** durch den Gläubiger. **Abs. 2** regelt auch die Fortsetzung der Zwangsvollstreckung nach Sicherheitsleistung, zB in den Fällen der §§ 709 S. 3, 720a Abs. 1 S. 2 Alt. 2, 769 Abs. 1.

II. Anwendungsbereich

2 Die Vorschrift gilt für Urteile (§ 704 Abs. 1) und über § 795 auch für alle anderen Titel (§ 794 Abs. 1) der ZPO. Sie ist bei allen Vollstreckungsarten zu beachten. Sonderregelungen gegenüber § 751 stellen § 720a (**Sicherungsvollstreckung;** s. a. Rn. 1 aE), § 752 (**Teilvollstreckung**) und § 850d Abs. 3 (**Vorratspfändung**) dar. Zulässig und insbesondere mit § 751 Abs. 1 vereinbar ist die von der Praxis entwickelte **„Vorauspfändung"** als durch das Fälligwerden aufschiebend bedingte Pfändung (s. a. § 850d Rn. 20).[1] Sie wird, soweit es um künftig fällig werdende wiederkehrende Leistungen (§ 258) geht, erst mit Fälligkeit wirksam[2] und ist vorher nicht rangwahrend. Für **Warte-** (zB §§ 750 Abs. 3, 798) und **Räumungsfristen** (§§ 721, 794a) gilt die Vorschrift nach ihrem Wortlaut nicht. Gleichwohl kann bei kalendermäßiger Bestimmung dieser Fristen die Klausel sofort erteilt werden.[3] Der Fristablauf ist vom Vollstreckungsorgan von Amts wegen zu prüfen. Der Schuldner kann bei oder nach Vollstreckungsbeginn, nicht aber vorher auf Beachtung der in § 751 genannten Voraussetzungen **verzichten** (s. a. vor § 704 Rn. 17 und § 750 Rn. 15).[4] Zum Nachweis gegenüber dem Vollstreckungsorgan sind liquide Urkunden iSd. § 775 Nr. 4, also öffentliche Urkunden oder vom Schuldner ausgestellte Privaturkunden zu verlangen.

III. Eintritt eines Kalendertages (Absatz 1)

3 **1. Voraussetzungen.** Der Kalendertag muss bestimmt angegeben oder bestimmbar sein. Grundsätzlich muss sich der Tag nur mithilfe des **Kalenders** berechnen lassen. Andere Umstände (zB Eintritt der Rechtskraft) sind nicht zu berücksichtigen. Lediglich eine kalendermäßige Bestimmung, die auf die vom Vollstreckungsorgan ohnehin zu prüfende Zustellung des Titels abstellt, unterfällt Abs. 1.[5] Ist der Beginn der Vollstreckung nicht in dieser Art befristet, so ist der Fristablauf nicht vom Vollstreckungsorgan, sondern bei der Erteilung der Klausel zu untersuchen, § 726.

4 **2. Folgen.** Die Vollstreckung darf beginnen, wenn der letzte Tag der im Titel bestimmten Frist oder der dort festgelegte Tag der Leistung **abgelaufen** ist, also am **folgenden Tag.** Fällt der letzte Tag der Frist auf einen **Samstag, Sonntag** oder allgemeinen **Feiertag,** läuft die Frist gem. § 193 BGB erst am nächsten Werktag ab.[6] Ist der erste Tag, an dem die Vollstreckung möglich ist, ein Sonn- oder Feiertag, ist § 758a Abs. 4 zu beachten.

IV. Sicherheitsleistung (Absatz 2)

5 **1. Voraussetzungen.** Maßgeblich dafür, **ob** die Vollstreckung von einer Sicherheitsleistung abhängt, sind die insoweit ergangenen Entscheidungen der Prozessgerichte (§§ 707, 709, 712 Abs. 2, 719). Abs. 2 gilt auch für die Gegensicherheitsleistung des Gläubigers, wenn der Schuldner von seiner Abwendungsbefugnis nach § 711 Gebrauch gemacht hat. Aus rechtskräftigen Urteilen darf immer vollstreckt werden (§ 704 Abs. 1; s. im Einzelnen Rn. 6). Aus den Entscheidungen der Gerichte ergibt sich, **wie** die Sicherheit zu leisten ist. Ist nichts anderes bestimmt, so ist die Sicherheit durch Bürgschaft, Hinterlegung von Geld oder hinterlegungsfähigen Wertsachen zu leisten, § 108 Abs. 1 S. 2. **Andere Parteivereinbarungen** über die Art der Sicherheitsleistung sind nach § 108 Abs. 1 S. 2 möglich. Sie müssen in der Form des Abs. 2 nachgewiesen werden.[7] Offenkundigkeit (§ 291) oder Geständnis des Schuldners (§ 288) reichen.[8] Bei einer **Teilvollstreckung** und **Teilsicherheitsleistung** gilt die Entscheidung des Prozessgerichts, wenn es von § 709 S. 2 Gebrauch gemacht hat, anderenfalls § 752.

6 **2. Nachweis, Zustellung. a) Allgemeines.** Grundsätzlich muss der Nachweis der Sicherheitsleistung spätestens bei Beginn bzw. Fortsetzung der Zwangsvollstreckung durch öffentliche oder öffentlich beglaubigte Urkunden geführt werden. Im Fall der **Teilvollstreckung** muss sich der Nachweis auf den Teil, bei mehrfacher Teilvollstreckung auf den jeweiligen Teil beziehen (s. im Einzelnen § 752 Rn. 2). Diese Urkunden müssen zudem spätestens **bei Beginn der Vollstreckung** (s. vor § 704 Rn. 28ff.) **zugestellt werden,** Abs. 2. **Entbehrlich** ist der Nachweis der Sicherheitsleistung, wenn das Urteil **rechtskräftig** (Nachweis durch

---

[1] HM; BGH NJW 2004, 369f. m. weit. Nachw.; MK/*Heßler* Rn. 7; *St/J/Münzberg* Rn. 4.
[2] BGH (Fn. 1).
[3] MK/*Heßler* Rn. 14; *Zö/Stöber* Rn. 2.
[4] MK/*Heßler* Rn. 31f.; *Zö/Stöber* Rn. 8.
[5] *St/J/Münzberg* Rn. 3; *Lackmann* Rn. 90; aA Zö/*Stöber* Rn. 2; MK/*Heßler* Rn. 12.
[6] MK/*Heßler* Rn. 13; *St/J/Münzberg* Rn. 2; aA Zö/*Stöber* Rn. 2.
[7] *Zö/Stöber* Rn. 3; anders (Original oder öffentlich beglaubigte Abschrift) MK/*Heßler* Rn. 16.
[8] Ähnlich Zö/*Stöber* Rn. 3.

Rechtskraftattest, § 706 Abs. 1) ist, lediglich die **Sicherungsvollstreckung** nach § 720a betrieben wird oder eine vorläufig vollstreckbare Entscheidung über die **Zurückweisung oder Verwerfung der Berufung** (vgl. § 83 Nr. 6b GVGA) bzw. eine Entscheidung vorgelegt wird, durch die die vorläufige Vollstreckbarkeit **ohne Sicherheitsleistung** (§§ 537, 558, 718) angeordnet wurde.

b) Einzelheiten. Bei der **Hinterlegung** wird der Nachweis durch eine Bescheinigung der Hinterlegungsstelle geführt; nicht ausreichend sind Belege über die Überweisung an die Hinterlegungsstelle.[9] Bei der **Bürgschaft** muss das Vollstreckungsorgan nur prüfen, ob dem Schuldner eine § 108 Abs. 1 S. 2 entsprechende Bürgschaftserklärung zugegangen ist.[10] Zum Zustandekommen des Bürgschaftsvertrages s. § 108 Rn. 10ff. Übergibt der **Gerichtsvollzieher** zu Beginn der Vollstreckung dem Schuldner die Bürgschaftsurkunde, bedarf es einer öffentlichen Urkunde über den Nachweis der Sicherheitsleistung nicht, weil der Gerichtsvollzieher selbst durch die Übergabe der Urkunde bei der Sicherheitsleistung mitwirkt.[11] Die Übergabe einer beglaubigten Abschrift der Bürgschaftsurkunde reicht in diesem Fall, § 132 Abs. 1 BGB. Soll ein **anderes Vollstreckungsorgan** die Zwangsvollstreckung durchführen oder ist der Bürgschaftsvertrag schon vor dem Tätigwerden des Gerichtsvollziehers zustande gekommen, muss durch eine öffentliche Urkunde belegt werden, dass dem Schuldner die schriftliche Bürgschaftserklärung, und zwar im Original (§ 130 BGB) zugestellt worden ist. Diese **Nachweisurkunde** muss selbst nicht zugestellt werden.[12] Da die Bürgschaft hier eher vollstreckungsrechtliche Bedeutung hat, reicht auch die Zustellung der Bürgschaftsurkunde an den **Anwalt** des Schuldners aus.[13] Auch eine Zustellung von Anwalt zu Anwalt ist möglich. Zum Nachweis dient als Urkunde dann das Empfangsbekenntnis des Anwalts.[14] 7

V. Rechtsbehelfe

Die Verletzung des § 751 können Schuldner und ein beschwerter Dritter mit den einschlägigen vollstreckungsinternen Rechtsbehelfen (§§ 766, 793) angreifen. Da der Vollstreckungsakt mangels schwerwiegenden Fehlers nicht nichtig ist, kommt eine Heilung des Mangels bis zur Entscheidung über den Rechtsbehelf in Betracht.[15] 8

752 *Sicherheitsleistung bei Teilvollstreckung*

[1]Vollstreckt der Gläubiger im Fall des § 751 Abs. 2 nur wegen eines Teilbetrages, so bemisst sich die Höhe der Sicherheitsleistung nach dem Verhältnis des Teilbetrages zum Gesamtbetrag. [2]Darf der Schuldner in den Fällen des § 709 die Vollstreckung gemäß § 712 Abs. 1 Satz 1 abwenden, so gilt für ihn Satz 1 entsprechend.

I. Normzweck

Die Vorschrift **bezweckt,** eine Teilvollstreckung des Gläubigers in den Fällen der Anordnung einer Sicherheitsleistung zu erleichtern. Sie dürfte wegen § 709 S. 2 kaum noch Bedeutung haben. Sie **findet Anwendung,** wenn die Zwangsvollstreckung von einer Sicherheitsleistung des Gläubigers in **bestimmter Höhe** (nicht im Fall des § 709 S. 2) abhängig ist, also nur bei einer Vollstreckung aus Titeln, welche die Vollstreckung von einer Sicherheitsleistung abhängig machen können (Urteile, Beschlüsse im Arrestverfahren und im Verfahren der einstweiligen Verfügung). Sie gilt nur für die **Zwangsvollstreckung wegen Geldforderungen.** Eine entsprechende Anwendung auf Fälle einer Verurteilung zu mehreren anderen Leistungen bei Anordnung einer einheitlichen Sicherheitsleistung ist nicht möglich. Es kann nicht dem Vollstreckungsorgan überlassen werden, den Wert der Einzelleistung festzulegen. Anders kann es sein, wenn sich der Wert eindeutig aus einer **im Titel selbst** erfolgten Streitwertfestsetzung ergibt.[1] Zur Sicherheitsleistung bei **wiederkehrenden Leistungen** s. § 709 Rn. 6. 1

II. Voraussetzungen

Die Zwangsvollstreckung muss von einer **Sicherheitsleistung des Gläubigers** in bestimmter Höhe (s. Rn. 1) abhängen (§ 751 Abs. 2) und der Gläubiger wegen einer Teilforderung vollstrecken. Von einer Sicherheitsleistung hängt die Vollstreckung ab, wenn das Urteil noch nicht rechtskräftig ist und eine Entscheidung nach den §§ 709, 712 Abs. 2 S. 2 enthält, die noch nicht durch eine abändernde Entscheidung des Berufungsgerichts in der Hauptsache oder nach § 718 ersetzt wurde, sowie in den Fällen des § 711, wenn der Schuldner Sicherheit geleistet hat (s. a. § 751 Rn. 5). Der **Nachweis** der Leistung der erforderlichen Teilsicherheit ist nach § 751 Abs. 2 durch öffentliche oder öffentlich beglaubigte Urkunden zu führen, deren Abschrift zuzustellen ist. Vor einer **erneuten Teilvollstreckung** ist wiederum Teilsicherheit zu leisten und nachzuweisen. Zur Berechnung der Höhe s. Rn. 4. 2

---

[9] MK/*Heßler* Rn. 16; *Zö/Stöber* Rn. 4.
[10] OLG Frankfurt NJW 1978, 1441, 1442.
[11] *Zö/Stöber* Rn. 6.
[12] OLG Koblenz Rpfleger 1993, 355, 356; *St/J/Münzberg* Rn. 12; *Zö/Stöber* Rn. 6.
[13] OLG Frankfurt (Fn. 10); LG Augsburg NJW-RR 1998, 1368, 1369; anders (Zustellung nicht erforderlich) OLG Karlsruhe MDR 1996, 525 (wobei aber § 751 Abs. 2 übersehen wird).
[14] OLG Koblenz (Fn. 12); OLG Frankfurt (Fn. 10); MK/*Heßler* Rn. 28 m. weit. Nachw.; *Zö/Herget* § 108 Rn. 11.
[15] OLG Hamburg MDR 1974, 321f.; *St/J/Münzberg* Rn. 14 m. weit. Nachw.; *Ro/G/Sch* § 22 II 2.
[1] AA *St/J/Münzberg* Rn. 1 in Fn. 2.

III. Rechtsfolge

3 **1. Grundsatz.** Der **Gläubiger** hat die erforderliche Teilsicherheit zu leisten und dem Vollstreckungsorgan in der Form des § 751 Abs. 2 nachzuweisen. Nach Zustellung der Nachweisurkunden kann wegen des Teilbetrags vollstreckt werden. Weil die Gegensicherheitsleistung des Gläubigers nach § 711 S. 1 dem § 751 Abs. 2 unterfällt (s. § 751 Rn. 5), gilt dies auch in den Fällen, in denen der Schuldner von der Abwendungsbefugnis Gebrauch gemacht hat. Der **Schuldner** kann gem. S. 2, wenn ihm gem. § 712 Abs. 1 S. 1 die Abwendung der Vollstreckung nachgelassen ist, die Teilvollstreckung durch Leistung der entsprechenden Teilsicherheit abwenden; faktisch ist er in diesen Fällen, da er möglicherweise erst unmittelbar vor der Vollstreckung erfährt, in welcher Höhe der Gläubiger vollstreckt, gezwungen, die Sicherheit in voller Höhe bereitzuhalten. In den Fällen des § 711 ist dem Schuldner keine vom Verhalten des Gläubigers unabhängige Möglichkeit der Teilsicherheit eingeräumt.

4 **2. Höhe.** Die Höhe der Teilsicherheit bestimmt sich gem. S. 1 nach dem **Verhältnis des Teilbetrages zum Gesamtbetrag.** Es ist das Verhältnis zwischen Teilbetrag und Hauptforderung zu bilden und nach diesem Faktor im Verhältnis zur Höhe der Gesamtsicherheitsleistung die Teilsicherheit zu bemessen.[2] **Beispiel:** Bei einer vollstreckbaren Hauptforderung von 20 000,– Euro will der Gläubiger wegen eines Betrages von 1 000,– Euro vollstrecken. Die Sicherheit ist im Urteil auf 25 000,– Euro festgesetzt. Die Höhe der Teilsicherheit beläuft sich auf 1/20 von 25 000,– Euro, also auf 1 250,– Euro, auch wenn nicht wegen Nebenforderungen vollstreckt werden soll. Bei **mehreren Teilvollstreckungen** muss dann aber keine Sicherheit mehr geleistet werden, wenn die Höhe der im Urteil ausgeworfenen Gesamtsicherheit erreicht ist. Ist eine Teilsicherheit geleistet und soll die Höhe der vollstreckbaren Forderung berechnet werden, gilt die Formel Teilsicherheit × Hauptforderung: Gesamtsicherheitsleistung (vgl. auch § 83 Nr. 2 S. 6 GVGA). Nicht ausgeschlossen ist nach dem Wortlaut der Vorschrift die Teilvollstreckung aus einem in der Sache ergangenen **Kostenfestsetzungsbeschluss** oder (nur) wegen der **titulierten Zinsen;** sie dürfte auch dem Willen des Gesetzgebers entsprechen. Hier wird man den Wert der zu vollstreckenden Kosten bzw. Zinsen dem Wert der Hauptforderung hinzurechnen und anschließend nach den genannten Formeln rechnen müssen,[3] also: zu vollstreckende Nebenforderung × Gesamtsicherheitsleistung: (Hauptforderung + zu vollstreckende Nebenforderung). Dagegen müssen die Zinsen nicht berücksichtigt werden, wenn nur Zinsen aus dem zu vollstreckenden Teil der Hauptforderung verlangt werden; hier fließt der Zinsanteil bereits mit ein, weil die Gesamtsicherheitsleistung in den Formeln berücksichtigt wird.

IV. Folge von Verstößen, Rechtsbehelfe

5 Ist die Sicherheitsleistung niedriger als sie nach dem Vollstreckungsantrag sein müsste, darf nur wegen des Betrages vollstreckt werden, der der geleisteten Sicherheit entspricht (zur Berechnung s. Rn. 4). Der weiter gehende Vollstreckungsantrag ist vom Vollstreckungsorgan (vor § 704 Rn. 8) zurückzuweisen. Ein Verstoß gegen § 752 (etwa zu niedrige Teilsicherheit, erneute (Teil-)Vollstreckung ohne neue Sicherheitsleistung) ist nicht so schwerwiegend, dass der Vollstreckungsakt nichtig wäre (s. auch § 751 Rn. 8). Er kann mit den einschlägigen vollstreckungsinternen Rechtsbehelfen (§§ 766, 793) angegriffen werden. Eine Heilung des Mangels ist möglich (s. auch § 751 Rn. 8).[4]

753 *Vollstreckung durch Gerichtsvollzieher*

(1) Die Zwangsvollstreckung wird, soweit sie nicht den Gerichten zugewiesen ist, durch Gerichtsvollzieher durchgeführt, die sie im Auftrag des Gläubigers zu bewirken haben.

(2) [1]Der Gläubiger kann wegen Erteilung des Auftrags zur Zwangsvollstreckung die Mitwirkung der Geschäftsstelle in Anspruch nehmen. [2]Der von der Geschäftsstelle beauftragte Gerichtsvollzieher gilt als von dem Gläubiger beauftragt.

I. Normzweck

1 **Absatz 1** regelt (negativ) die **Zuständigkeit** des Gerichtsvollziehers. Außerdem ordnet er an, dass die Vollstreckung nur auf **Antrag** erfolgt (s. vor § 704 Rn. 11 ff., 20). Soweit von „Auftrag" die Rede ist, beruht dies auf der überholten Vorstellung der ZPO, dass der Gerichtsvollzieher als privatrechtlicher Vertreter des Gläubigers handelt.[1] **Absatz 2** erleichtert dem Gläubiger die Beauftragung des Gerichtsvollziehers. Die Vermittlung hat auf die Rechtsbeziehungen zwischen Gläubiger und Gerichtsvollzieher keinen Einfluss.[2] Die **Vorschrift des § 753 gilt** für alle Vollstreckungshandlungen, die in die Zuständigkeit des Gerichtsvollziehers fallen (s. Rn. 4). Sie betrifft die Vollstreckung nach der ZPO (unmittelbar oder soweit für anwendbar erklärt). Dagegen ist sie nicht anwendbar, wenn der Gerichtsvollzieher bei der Vollstreckung **verwaltungsgerichtlicher Entscheidungen** Amtshilfe leistet (vgl. §§ 169 f. VwGO; § 5 Abs. 2 VwVfG).

---

[2] *T/P/Hüßtege* Rn. 6; *Zö/Stöber* Rn. 2.
[3] So wohl auch *Rehbein* Rpfleger 2000, 55.
[4] *St/J/Münzberg* Rn. 10.
[1] Vgl. *Zö/Stöber* Rn. 2, 4.
[2] MK/*Heßler* Rn. 3.

II. Stellung des Gerichtsvollziehers

2 **1. Normen.** Der Gerichtsvollzieher ist Beamter (§ 1 GVO). Seine Rechtsstellung ist in §§ 154f. GVG, den (bundeseinheitlichen) Gerichtsvollzieherordnungen (GVO) der Länder und den Beamtengesetzen geregelt. Zudem beschreibt die Geschäftsanweisung für Gerichtsvollzieher (GVGA), wie der Gerichtsvollzieher seine Tätigkeit wahrzunehmen hat. Diese Vorschrift ist zwar beamtenrechtlich für den Gerichtsvollzieher bindend; als Verwaltungsvorschrift kann sie aber die Regeln der ZPO nicht außer Kraft setzen, sodass diese im Außenverhältnis allein maßgeblich sind.[3]

3 **2. Organ der Rechtspflege.** Der Gerichtsvollzieher ist nach inzwischen ganz hM **selbstständiges Organ der Rechtspflege** („Amtstheorie").[4] Er handelt in eigener Verantwortung.[5] Zwischen ihm und dem Gläubiger besteht kein privatrechtliches, sondern ein öffentlich-rechtliches Rechtsverhältnis.[6] Die Wegnahme eines **Sequestrationsobjekts** ist als Vollziehung der einstweiligen Verfügung hoheitliche Tätigkeit des Gerichtsvollziehers, die mit der Übergabe endet. Mit der Wegnahme beginnt die auf privatrechtlichem Vertrag beruhende Tätigkeit als Sequester, die Sicherstellung, Verwahrung und Verwaltung des Objekts umfasst.[7] Der Gerichtsvollzieher ist nicht Vertreter des Gläubigers und nicht dessen Erfüllungsgehilfe. Für sein evtl. Verschulden haftet nicht der Gläubiger, sondern im Rahmen des Art. 34 GG, § 839 BGB, der Staat.

III. Zuständigkeit des Gerichtsvollziehers

4 **1. Funktionelle Zuständigkeit.** Der Gerichtsvollzieher ist zuständig für die Zwangsvollstreckung wegen Geldforderungen in bewegliche Sachen, noch nicht getrennte Früchte und bestimmte Wertpapiere (§§ 803 bis 827), in Forderungen aus Wechseln und anderen indossablen Papieren (§ 821), die eidesstattliche Offenbarungsversicherung (§ 899 Abs. 1) sowie für die Zwangsvollstreckung wegen Ansprüchen auf Herausgabe beweglicher (§§ 883f.) und unbeweglicher Sachen (§ 885). Ihm obliegen Hilfstätigkeiten im Rahmen der Vollstreckung durch andere Organe: Wegnahme von Urkunden (§ 836 Abs. 3 S. 3), Beseitigung von Widerstand des Schuldners (§ 892). Für die Vollziehung des nach § 111d StPO angeordneten Arrests ist der Gerichtsvollzieher nicht zuständig.[8]

5 **2. Örtliche Zuständigkeit.** Sie ist in § 154 GVG und § 20 GVO geregelt. Dem Gerichtsvollzieher wird vom Behördenleiter eines Amtsgerichts ein bestimmter Vollstreckungsbezirk zugewiesen; er darf, von Vertretungen abgesehen, nur in diesem Bezirk tätig werden. Zu **Zuständigkeitsverletzungen** s. Rn. 16.

IV. Vollstreckungsantrag

6 **1. Form.** Der Antrag (s. a. vor § 704 Rn. 11ff., 20) bedarf keiner Form (§ 754), kann daher auch mündlich gestellt oder, sobald zugelassen (s. § 130a Abs. 2) elektronisch übermittelt werden. Ein schriftlicher Antrag bedarf aber einer eigenhändigen Unterschrift.[9] Es können **mehrere gleichzeitig** gestellt werden; ein Pfändungsantrag (§§ 803, 808) kann auch mit einem Auftrag zur Abnahme der eidesstattlichen Versicherung oder, wenn schon ein Haftbefehl vorliegt, einem Verhaftungsauftrag verbunden werden (s. a. Rn. 9).[10] Die Verbindung kann kumulativ (Pfändung und Verhaftung) oder alternativ (Pfändung und im Fall der Erfolglosigkeit eidesstattliche Versicherung) sein (s. auch Rn. 9).

7 **2. Antragsteller.** Den Antrag kann der in Titel oder Klausel namentlich bezeichnete **Gläubiger** oder für ihn ein **Vertreter** mit Vollmacht erteilen. Dies gilt auch, wenn der Titel auf Leistung an einen Dritten lautet (s. § 724 Rn. 5). Steht die Leistung nach dem Titelinhalt **mehreren Gläubigern** gemeinsam zu, müssen sie den Auftrag gemeinsam erteilen; anders, wenn jeder nach materiellem Recht Leistung an alle verlangen kann (zB § 2039 BGB). Bei einer Anteilsberechtigung kann jeder Gläubiger wegen seines Anteils den Auftrag erteilen.

8 **3. Vertretung und Vollmacht.** Der Gläubiger kann sich bei der Erteilung des Auftrags an den Gerichtsvollzieher vertreten lassen. Anwaltszwang besteht nicht. Der Prozessbevollmächtigte des Gläubigers im Erkenntnisverfahren ist gemäß § 81 zur Beauftragung des Gerichtsvollziehers befugt. Zum Nachweis reicht die Bezeichnung im Titel. Anderenfalls ist die Vollmacht eines Rechtsanwalts nur auf Rüge hin zu prüfen; andere Bevollmächtigte haben eine schriftliche Vollmacht vorzulegen, §§ 88, 80 Abs. 1.

9 **4. Inhalt des Antrags. a) Antragsform, Parteibezeichnung.** Mit dem Antrag ist der Titel zu übergeben, notwendige zuzustellende Urkunden (§§ 750 Abs. 2, 751 Abs. 2) sind auszuhändigen. Der Antrag muss als Prozesshandlung **unbedingt** und **inhaltlich bestimmt** sein. Zulässig ist ein vorrangiger Pfändungs- und nachrangiger Verhaftungsauftrag.[11] Der Verhaftungsauftrag ist dann nur auszuführen, wenn die Pfändung erfolglos geblieben ist. Führt die Pfändung zum Erfolg oder zahlt der Schuldner freiwillig, so ist die Bedingung für die Verhaftung nicht eingetreten; eine Einstellung der Zwangsvollstreckung muss insoweit nicht erfolgen. Ein isolierter Verhaftungsauftrag schließt mangels anderer Auslegungsaspekte einen Pfändungs-

---

[3] AllgM; *Zö/Stöber* Rn. 4.
[4] BGHZ 93, 287, 298 = NJW 1985, 1711; MK/*Wolf* § 154 GVG Rn. 10; *St/J/Münzberg* Rn. 1.
[5] BGH (Fn. 4).
[6] St. Rspr. seit RGZ 82, 85, 86ff.
[7] BGH NJW 2001, 434.
[8] LG Bonn DGVZ 2001, 9, 10.
[9] MK/*Heßler* § 754 Rn. 5; anders (eingescannte Unterschrift reicht) AG Melsungen DGVZ 2002, 140f.
[10] *Zö/Stöber* Rn. 6a.
[11] LG Koblenz DGVZ 1998, 61; *Zö/Stöber* Rn. 6a.

auftrag nicht ein. Ein **genereller Auftrag** für unbestimmte zukünftige Vollstreckungsfälle ist unzulässig.[12] Dagegen sind Daueraufträge auf Taschen- oder Kassenpfändung zulässig.[13] Der Gläubiger und insbes. der **Schuldner** müssen genau bezeichnet werden. Bei Gesamtschuldnerhaftung kann ein Auftrag sich jeweils nur auf einen Schuldner beziehen.[14] In jedem Fall ist die Anschrift des Schuldners mitzuteilen. Es ist nicht Aufgabe des Gerichtsvollziehers, sie zu ermitteln.[15] Nur bei unvollständiger Bezeichnung darf der Gerichtsvollzieher den Auftrag nicht zurückweisen, wenn er die Anschrift ohne besondere Schwierigkeiten ermitteln kann.

10 **b) Forderung.** Die beizutreibende Forderung ergibt sich aus dem Titel, den der Gerichtsvollzieher überprüfen muss, sodass der Gläubiger die Forderung grundsätzlich nicht näher aufschlüsseln muss. Anderes gilt auch nicht, wenn der Auftrag die Vollstreckung einer Restforderung beinhaltet (s. Rn. 11). Wenn aber eine umfangreiche Berechnung, etwa wegen verschiedener Zinslaufzeiten und Teilzahlungen des Schuldners erforderlich ist, kann der Gerichtsvollzieher vom Gläubiger eine Berechnung des beizutreibenden Betrages verlangen,[16] die vollständig, den gesetzlichen Verrechnungsvorschriften entsprechend und leicht lesbar sein muss.[17] Bei der Vollstreckung von Unterhalt oder anderen wiederkehrenden Leistungen müssen Gesamtsumme und Berechnungszeitraum angegeben werden.[18] Für die **Verrechnung** gelten §§ 366f. BGB und, falls anwendbar, § 497 BGB. Bei einer Zwangsbeitreibung gilt § 366 Abs. 2 BGB;[19] ein Recht zur Tilgungsbestimmung steht dem Schuldner nicht zu.[20] Handelt es sich um ein **Verbraucherdarlehen** (§§ 491ff. BGB), gilt die Tilgungsreihenfolge des § 497 Abs. 3 BGB, wenn der Titel diese Reihenfolge berücksichtigt.[21] Bei einem Verstoß hiergegen kann der Schuldner Vollstreckungsabwehrklage (§ 767) erheben.

11 **5. Teilauftrag, Weisungen. a) Teilauftrag.** Der Gläubiger kann den Vollstreckungsauftrag auf einen Teil der titulierten Forderung beschränken; es sei denn, er tut dies nur, um den Schuldner zu schädigen. Diesem Teilauftrag muss der Gläubiger keine Forderungsaufstellung beifügen,[22] nicht einmal dann, wenn er den Teilbetrag selbst als Restforderung bezeichnet.[23] Den Untergang der Forderung hat der Gerichtsvollzieher nicht zu untersuchen; das Gesetz legt es dem Schuldner auf, diesen mit der Vollstreckungsabwehrklage (§ 767) einzuwenden.

12 **b) Weisungen.** Der Gerichtsvollzieher ist an zulässige, also nicht gesetzwidrige, Weisungen des Gläubigers gebunden, sofern sie außerdem keine überflüssigen Kosten oder Schwierigkeiten verursachen. Dieser kann ihn zB anweisen, nur wegen eines Teils der titulierten Forderung zu vollstrecken (s. Rn. 11), mit der Vollstreckung erst zu einem bestimmten Zeitpunkt zu beginnen, bestimmte Sachen von der Vollstreckung auszunehmen,[24] die Verwertung von Pfandsachen bei Teilzahlungen auszusetzen (s. a. § 813a), die Vollstreckung mindestens zwei Wochen vorher anzukündigen (wegen § 807 Abs. 1 Nr. 4), wenn gleichzeitig ein Antrag auf Abnahme der Offenbarungsversicherung gestellt wird.[25] Der Gläubiger darf den Gerichtsvollzieher auch anweisen, nur bestimmte Sachen zu pfänden,[26] sofern berechtigte Interessen des Schuldners nicht verletzt und keine überflüssigen Kosten oder zusätzliche Schwierigkeiten bei der Vollstreckung verursacht werden. Dies gilt allerdings dann nicht, wenn die Weisung vor allem dem Zweck dienen soll, Druck auf den Schuldner auszuüben, indem Gegenstände gepfändet werden sollen, an denen der Schuldner ein besonderes Affektionsinteresse hat.[27] Zur Anwesenheit des Gläubigers bei der Zwangsvollstreckung s. § 758a Rn. 10.

13 **6. Ablehnung des Antrags.** Der Gerichtsvollzieher hat zu prüfen, ob der Antrag ordnungsgemäß ist (s. Rn. 6–12), die Voraussetzungen der Zwangsvollstreckung vorliegen (s. vor § 704 Rn. 18ff.) und die konkret beantragte Vollstreckungsmaßnahme zulässig ist. Gebunden ist er an Titel (vor § 704 Rn. 14) und Klausel (§ 724 Rn. 2). Ebenso wenig darf er (von § 775 Nr. 4, 5 abgesehen) mit der Vollstreckungsabwehrklage (§ 767) einzuwendende materiell-rechtliche Umstände prüfen, auch die Verjährung nicht.[28] Ist der Antrag nicht ordnungsgemäß oder die beantragte Vollstreckung unzulässig, hat der Gerichtsvollzieher ihn **abzulehnen.** Sind Teile unzulässig, ist die Vollstreckung deswegen abzulehnen, im Übrigen aber durchzuführen. Der Gläubiger ist von der Ablehnung umgehend zu benachrichtigen (§ 5 Nr. 3 GVGA). Hat der Gerichtsvollzieher berechtigten Anlass zu der Annahme, eine Vollstreckung werde **fruchtlos** bleiben, soll dies

---

12 OVG Berlin DGVZ 1983, 90, 91f.
13 MK/*Heßler* § 754 Rn. 11 m. weit. Nachw.; *St/J/Münzberg* Rn. 9.
14 MK/*Heßler* Rn. 18.
15 LG Essen DGVZ 1981, 22, 23; *Zö/Stöber* Rn. 6.
16 LG Paderborn DGVZ 1989, 63.
17 LG Tübingen DGVZ 1990, 43; LG Paderborn (Fn. 16).
18 *Zö/Stöber* Rn. 7.
19 MK/*Heßler* § 754 Rn. 16.
20 BGH NJW 1999, 1704f.
21 *Zö/Stöber* Rn. 7a.
22 OLG Schleswig DGVZ 1976, 135ff. mit abl. Anm. *Zeiss;* LG Kaiserslautern DGVZ 1982, 157f.; MK/*Heßler* Rn. 27 m. weit. Nachw.; *St/J/Münzberg* § 754 Rn. 7ff.; *Zö/Stöber* Rn. 7; aA LG München DGVZ 1978, 170f.; LG Lübeck DGVZ 1978, 76f.; LG Dortmund DGVZ 1977, 169ff.
23 *St/J/Münzberg* § 754 Rn. 5 m. weit. Nachw.; *Zö/Stöber* Rn. 7.
24 AG Offenbach DGVZ 1977, 44, 45; *St/J/Münzberg* Rn. 9.
25 LG Münster Rpfleger 2001, 253; LG Tübingen DGVZ 2000, 120; LG Wiesbaden DGVZ 2000, 91f.; aA (auch ohne Kombiauftrag) LG Lüneburg JurBüro 1999, 657.
26 MK/*Heßler* Rn. 25 m. weit. Nachw.
27 LG Berlin MDR 1977, 146f.
28 LG Koblenz DGVZ 1985, 62.

dem Gläubiger unter Rücksendung des Titels mitgeteilt werden (§ 63 Nr. 1 GVGA). Anderes gilt bei einem ausdrücklich anders lautenden Auftrag oder wenn erkennbar ist, dass die beantragte Vollstreckung dem Verjährungsneubeginn (§ 212 BGB) dient. Dagegen darf die Vollstreckung nicht aus **materiell-rechtlichen** Gründen oder deshalb abgelehnt werden, weil es sich nur um einen **Bagatellbetrag**[29] handelt (s. a. vor § 253 Rn. 9, § 758a Rn. 13 und § 765a Rn. 8). Auch mit einer **Sittenwidrigkeit** der Vollstreckung oder der Erlangung des Titels (s. dazu vor § 704 Rn. 36, § 322 Rn. 91 ff.) darf die Vollstreckung nicht verweigert werden. Dies festzustellen ist Aufgabe der Prozessgerichte.[30]

7. Rücknahme, Ruhen des Auftrags. Aufgrund der Dispositionsfreiheit des Gläubigers kann dieser den 14
Auftrag bindend für den Gerichtsvollzieher **jederzeit einschränken** oder ganz **zurücknehmen.** Gegebenenfalls hat der Gerichtsvollzieher dann getroffene Vollstreckungsmaßnahmen aufzuheben (§ 111 Nr. 1 GVGA). Beantragt der Gläubiger – etwa wegen einer Stundungsvereinbarung – die **einstweilige Einstellung** der Zwangsvollstreckung, hat der Gerichtsvollzieher dies zu beachten.[31] Getroffene Vollstreckungsmaßnahmen bleiben bestehen (§ 111 Nr. 2 GVGA). Dauert dies insgesamt **mehr als 6 Monate,** tritt Ruhen des Vollstreckungsverfahrens nach § 40 GVO ein. Der Auftrag gilt als erledigt; der Gerichtsvollzieher gibt den Titel zurück und setzt die Vollstreckung erst auf neuen Antrag nach Übersendung der Vollstreckungsunterlagen fort.

8. Erledigung des Auftrags. Der Gerichtsvollzieher hat den Auftrag möglichst schnell zu erledigen. Ist es 15
nicht möglich, die erste Vollstreckungshandlung innerhalb eines Monats auszuführen, ist gem. §§ 6, 64 GVGA der Grund hierfür aktenkundig zu machen. Unerledigte Anträge mehrerer Gläubiger gegen denselben Schuldner sind gem. § 168 Nr. 1 GVGA unabhängig von dem Zeitpunkt ihres Eingangs gleichzeitig zu erledigen (mit Gleichrang für die Gläubiger); diese Verwaltungsanordnung erscheint im Hinblick auf das Prioritätsprinzip bedenklich.[32]

V. Rechtsbehelfe

1. Zuständigkeitsfehler. Vollstreckungsmaßnahmen, die von dem Gerichtsvollzieher unter Nichtbeach- 16
tung der **funktionellen Zuständigkeit** als Vollstreckungsorgan durchgeführt werden, sind so offensichtlich fehlerhaft, dass sie nichtig sind.[33] Dies ergibt eine entsprechende Anwendung des § 44 Abs. 1 VwVfG (s. dazu vor § 704 Rn. 32). Hierzu würde zB eine Forderungspfändung durch den Gerichtsvollzieher gehören, nicht aber die Pfändung von dem Hypothekenverband zugehörendem Grundstückszubehör, weil die Pfändung beweglicher Sachen grundsätzlich zum Aufgabenbereich des Gerichtsvollziehers zählt (s. a. vor § 704 Rn. 32, § 865 Rn. 10).[34] Verstöße gegen die **örtliche Zuständigkeit** führen nur zur Anfechtbarkeit nach § 766.

2. Sonstige Mängel. Führt der Gerichtsvollzieher den Auftrag nicht, verzögert oder nicht antragsgemäß 17
aus, kann der **Gläubiger** Erinnerung gem. § 766 Abs. 2 einlegen. Dem **Schuldner** steht gegen die Art und Weise der Zwangsvollstreckung die Erinnerung (§ 766 Abs. 1) zu. Eine **Dienstaufsichtsbeschwerde** betrifft nur die beamtenrechtliche Stellung des Gerichtsvollziehers. Die Dienstaufsicht (Aufsicht führender Richter des Amtsgerichts, § 2 Nr. 2 GVO) darf wegen der Selbstständigkeit des Gerichtsvollziehers (Rn. 3) und § 766 nicht in dessen Tätigkeit bei der Zwangsvollstreckung eingreifen.[35]

754 *Vollstreckungsauftrag* **In dem schriftlichen, elektronischen oder mündlichen Auftrag zur Zwangsvollstreckung in Verbindung mit der Übermittlung der vollstreckbaren Ausfertigung liegt die Beauftragung des Gerichtsvollziehers, die Zahlungen oder sonstigen Leistungen in Empfang zu nehmen, über das Empfangene wirksam zu quittieren und dem Schuldner, wenn dieser seiner Verbindlichkeit genügt hat, die vollstreckbare Ausfertigung auszuliefern.**

I. Normzweck

Die Vorschrift regelt das Rechtsverhältnis zwischen **Gläubiger und Gerichtsvollzieher** außerhalb der 1
eigentlichen Zwangsvollstreckung. Sie geht noch auf die ursprüngliche Auffassung der ZPO zurück, dass der Gerichtsvollzieher zivilrechtlicher Vertreter des Gläubigers sei (s. § 753 Rn. 1). Nach heutigem Verständnis stellt sie im Rahmen der öffentlich-rechtlichen Zwangsvollstreckung die Ermächtigungsgrundlage für das Tätigwerden des Gerichtsvollziehers für den Gläubiger und die Regelung dessen Folgen dar; sie ist im Zusammenhang mit dem Vollstreckungsanspruch des Gläubigers zu sehen (s. vor § 704 Rn. 6). Die **Vorschrift gilt** ausschließlich für den Gerichtsvollzieher, nicht für andere Vollstreckungsorgane. Sie verhält sich nur über die Rechtsbeziehungen zwischen **Gerichtsvollzieher und Gläubiger.** Zum Verhältnis Gerichtsvollzieher und Schuldner bzw. Drittem s. § 755.

[29] LG Konstanz NJW 1980, 297; MK/*Heßler* Rn. 51; *Zö/Stöber* Rn. 8.
[30] MK/*Heßler* Rn. 50; *Zö/Stöber* Rn. 9; je m. weit. Nachw. auch für die Gegenmeinung.
[31] *Zö/Stöber* Rn. 4.
[32] *Ro/G/Sch* § 26 II 3 m. weit. Nachw.
[33] AllgM; MK/*Heßler* Rn. 11.
[34] S. ausführlich *Lackmann* Rn. 259; MK/*Eickmann* § 865 Rn. 61; *T/P/Hüßtege* § 865 Rn. 2, 5; *Brox/Walker* Rn. 207; aA RGZ 135, 197, 206; *B/L/H* § 865 Rn. 13; *Zö/Stöber* § 865 Rn. 11.
[35] KG MDR 1982, 155; *St/J/Münzberg* Rn. 1 m. weit. Nachw.

II. Voraussetzungen, Rechtsfolge

2 **1. Voraussetzungen, Allgemeines zur Folge.** Die Vorschrift setzt einen wirksamen (auch elektronischen) Vollstreckungsantrag (s. § 753 Rn. 6 ff.) und die (auch elektronische) Übermittlung einer vollstreckbaren Ausfertigung voraus. Soweit eine Klausel nicht erforderlich ist (s. § 724 Rn. 3), genügt die Übergabe des Titels. Die **Rechtsfolgen** des § 754 treten kraft Gesetzes ungeachtet eines entgegenstehenden Willens des Gläubigers ein (s. a. § 755 S. 2).[1] Auch wenn der Gerichtsvollzieher nicht vollstreckt, sondern freiwillige Leistungen des Schuldners entgegennimmt, handelt er **hoheitlich**, nicht als Vertreter des Gläubigers.[2] Formal ist die Aufforderung zur freiwilligen Leistung und deren Entgegennahme zwar der eigentlichen Zwangsvollstreckung vorgeschaltet; sie steht aber mit ihr in untrennbarem Zusammenhang und vermeidet Zwangsmaßnahmen.

3 **2. Empfang freiwilliger Leistungen.** § 754 ermächtigt den Gerichtsvollzieher im Verhältnis zum Gläubiger (zum Schuldner s. § 755), freiwillige Leistungen des Schuldners in Empfang zu nehmen (s. a. § 815 Rn. 5). Freiwillig ist eine **bedingungs- und vorbehaltlose** Leistung, andere sind vom Gerichtsvollzieher zurückzuweisen (vgl. § 106 Nr. 1 GVGA). Bedingungs- und vorbehaltlos in diesem Sinne mit der Folge, dass der Gläubiger sie nicht zurückweisen darf, ist auch eine Leistung zur Abwendung der Zwangsvollstreckung[3] (zur Erfüllungswirkung s. § 708 Rn. 4). Sie kann, da nur ein vorläufig vollstreckbarer Titel vorliegt und Ansprüche aus § 717 möglich sind, nicht anders als die Beitreibung durch Zwangsvollstreckung behandelt werden.[4] Auch **Teilleistungen** sind entgegenzunehmen, vgl. § 757 Abs. 1. Soll für mehrere Gläubiger vollstreckt werden, darf der Gerichtsvollzieher eine Teilleistung des Schuldners nur dann als freiwillige Leistung entgegennehmen, wenn der Schuldner mit einer verhältnismäßigen Teilung unter allen Gläubigern einverstanden ist (so auch § 168 Nr. 2 GVGA). Sonst hat er zu pfänden. **Leistungen Dritter** für den Schuldner sind ebenfalls entgegenzunehmen; bei Widerspruch des Schuldners wegen § 267 Abs. 2 BGB aber nur mit Zustimmung des Gläubigers.[5]

4 **3. Quittierung.** Die Vorschrift ermächtigt den Gerichtsvollzieher im Verhältnis zum Gläubiger weiter dazu, für freiwillige Leistungen Quittungen auszustellen und bei vollständiger Erfüllung die **vollstreckbare Ausfertigung** herauszugeben (s. § 757 Abs. 1).

III. Sonstige Tätigkeit für den Gläubiger

5 Über die in § 754 geregelten Maßnahmen hinaus darf der Gerichtsvollzieher mit Wirkung für den Gläubiger ohne dessen Zustimmung **nicht** tätig werden. Er darf keine Ersatzleistungen (Wechsel, Scheck) annehmen, ohne die Vollstreckung fortzusetzen, keine Stundung oder Ratenzahlung (s. aber § 806 b, § 813 a) vereinbaren, überhaupt keine rechtsgeschäftlichen Erklärungen abgeben. Mit **Zustimmung** des Gläubigers ist ihm dies **erlaubt**, wenn die GVGA nicht ausdrücklich entgegensteht (s. etwa § 141 Nr. 2 GVGA). Da seine Tätigkeit dann aber nicht auf den Vorschriften der ZPO beruht, wird er nicht mehr hoheitlich, sondern als Vertreter des Gläubigers tätig.[6] Daher kann er auch nicht gezwungen werden, insoweit für den Gläubiger zu handeln.[7]

755 *Ermächtigung des Gerichtsvollziehers*

[1]Dem Schuldner und Dritten gegenüber wird der Gerichtsvollzieher zur Vornahme der Zwangsvollstreckung und der im § 754 bezeichneten Handlungen durch den Besitz der vollstreckbaren Ausfertigung ermächtigt. [2]Der Mangel oder die Beschränkung des Auftrags kann diesen Personen gegenüber von dem Gläubiger nicht geltend gemacht werden.

I. Normzweck

1 Die Vorschrift regelt das Rechtsverhältnis zwischen **Schuldner und Gerichtsvollzieher** innerhalb und außerhalb der eigentlichen Zwangsvollstreckung. Sie geht noch auf die ursprüngliche Auffassung der ZPO zurück, dass der Gerichtsvollzieher zivilrechtlicher Vertreter des Gläubigers sei (s. § 753 Rn. 1). Nach heutigem Verständnis stellt sie im Rahmen der öffentlich-rechtlichen Zwangsvollstreckung die **Ermächtigungsgrundlage** dar. Die **Vorschrift gilt** ausschließlich für den Gerichtsvollzieher, nicht für andere Vollstreckungsorgane. Sie verhält sich nur über die Rechtsbeziehungen zwischen **Gerichtsvollzieher und Schuldner** bzw. Drittem. Zum Verhältnis Gerichtsvollzieher und Gläubiger s. § 754.

II. Voraussetzungen

2 Der Gerichtsvollzieher muss sich im Besitz der vollstreckbaren Ausfertigung befinden. Da sie seiner Legitimation dient und die Ermächtigungsgrundlage darstellt, muss er sie bei der Vollstreckung vorweisen

---

[1] OLG Frankfurt NJW 1963, 773, 774.
[2] LG Gießen DGVZ 1991, 173; *MK/Heßler* Rn. 39 f.; *Zö/Stöber* Rn. 3; *Brox/Walker* Rn. 314; *Lackmann* Rn. 147; *Ro/G/Sch* § 25 IV 1 d; aA RGZ 134, 141, 143; OLG Frankfurt (Fn. 1); *St/J/Münzberg* Rn. 17.
[3] *MK/Heßler* Rn. 30; aA *St/J/Münzberg* § 708 Rn. 7.
[4] Vgl. BGH NJW 1981, 2244.
[5] *MK/Heßler* Rn. 36; *St/J/Münzberg* Rn. 18 in Fn. 76; *Zö/Stöber* Rn. 3.
[6] *MK/Heßler* Rn. 62; aA *Zö/Stöber* Rn. 6.
[7] LG Hildesheim NJW 1959, 537; *Zö/Stöber* Rn. 6.

können.[1] Ist keine Klausel erforderlich (s. § 724 Rn. 3), reicht der Besitz des Titels. § 755 setzt im Gegensatz zu § 754 keinen Vollstreckungsauftrag voraus; sodass der Gerichtsvollzieher auch nach Rücknahme des Auftrags als ermächtigt gilt, solange er die Ausfertigung noch besitzt. Persönlich wird er durch seinen Dienstausweis legitimiert, § 8 GVO.

III. Folge

1. Ermächtigung zur Vollstreckung. Die vollstreckbare Ausfertigung ermächtigt zu den erforderlichen und gesetzlich zulässigen Vollstreckungshandlungen gegen Schuldner und Dritte. Im Verhältnis zum Schuldner bzw. Dritten sind **Mängel oder Einschränkungen** des Vollstreckungsauftrags **unbeachtlich** (Satz 2), auch wenn Schuldner oder Dritter davon Kenntnis hatten oder haben konnten (anders § 169 BGB).[2] 3

2. Freiwillige Leistung. Die Vorschrift ermächtigt durch die Verweisung auf § 754 auch gegenüber dem Schuldner zur Entgegennahme freiwilliger Leistungen (s. dazu auch § 754 Rn. 3, § 815 Rn. 5). Diese haben, wenn sie nicht zur Abwendung der Zwangsvollstreckung erfolgen, Erfüllungswirkung (s. dazu § 708 Rn. 4). Der Gerichtsvollzieher darf auch eine zur Abwendung der Zwangsvollstreckung nachgelassene Sicherheit (§§ 711, 712 S. 1) in Empfang nehmen und für den Schuldner hinterlegen.[3] Die Annahme begründet ein öffentlich-rechtliches Verwahrungsverhältnis und ist als Leistung zur Abwendung der Zwangsvollstreckung anzusehen.[4] 4

a) Eigentumsübergang bei Leistung von Geld. In der Übergabe des Geldes an den Gerichtsvollzieher liegt das konkludente Angebot des Schuldners auf Übertragung des Eigentums an den Gläubiger, das der Gerichtsvollzieher dem Gläubiger konkludent durch Ablieferung des Geldes übermittelt und dieser durch Entgegennahme annimmt; diese Erklärung muss dem Schuldner nicht zugehen, § 151 BGB. 5

b) Eigentumsübergang bei Pflicht zur Übereignung beweglicher Sachen. Nur dann, wenn das Urteil bereits rechtskräftig ist, liegt die Einigungserklärung des Schuldners vor (§ 894); anderenfalls kann eine konkludente Einigungserklärung nicht angenommen werden.[5] Im ersten Fall geht mit der Übergabe an den Gerichtsvollzieher das Eigentum auf den Gläubiger über, da dieser vom Gerichtsvollzieher vermittelten Besitz erhält. 6

c) Gefahrtragung bei Geldübergabe. Die **Erfüllungswirkung** tritt bei freiwilliger Leistung von Geld mit der Übergabe an den Gerichtsvollzieher ein; §§ 815 Abs. 3, 819 sind analog anzuwenden[6] (s. a. § 815 Rn. 5). Die Gefahr des Verlustes beim Gerichtsvollzieher trägt damit der Gläubiger. Dies gilt auch für den Fall der Leistung zur Abwendung der Zwangsvollstreckung;[7] der Schuldner kann hier nicht schlechter stehen als im Fall der Wegnahme durch Zwangsvollstreckung (s. § 754 Rn. 3). 7

IV. Rechtsbehelfe

Vollstreckt der Gerichtsvollzieher, ohne überhaupt im Besitz einer vollstreckbaren Ausfertigung zu sein, liegt ein so eklatanter Verfahrensverstoß vor, dass die Vollstreckung unwirksam ist (§ 44 VwVfG analog, s. vor § 704 Rn. 32). Gleichwohl kann dies von den Betroffenen im Wege der Vollstreckungserinnerung (§ 766) genauso geltend gemacht werden wie die Tatsache, dass der Gerichtsvollzieher die Ausfertigung nicht bei sich hat. Im letzten Fall kann der Mangel aber dadurch geheilt werden, dass dem Betroffenen die Ausfertigung nachträglich gezeigt wird. Auch kann der Schuldner oder Dritte trotz § 755 S. 2 rügen, dass kein Vollstreckungsauftrag vorliegt.[8] 8

756 *Zwangsvollstreckung bei Leistung Zug um Zug*

(1) Hängt die Vollstreckung von einer Zug um Zug zu bewirkenden Leistung des Gläubigers an den Schuldner ab, so darf der Gerichtsvollzieher die Zwangsvollstreckung nicht beginnen, bevor er dem Schuldner die diesem gebührende Leistung in einer den Verzug der Annahme begründenden Weise angeboten hat, sofern nicht der Beweis, dass der Schuldner befriedigt oder im Verzug der Annahme ist, durch öffentliche oder öffentlich beglaubigte Urkunden geführt wird und eine Abschrift dieser Urkunden bereits zugestellt ist oder gleichzeitig zugestellt wird.

(2) Der Gerichtsvollzieher darf mit der Zwangsvollstreckung beginnen, wenn der Schuldner auf das wörtliche Angebot des Gerichtsvollziehers erklärt, dass er die Leistung nicht annehmen werde.

I. Normzweck

Bei Titeln, die eine Zug um Zug zu erbringende Gegenleistung des Gläubigers anordnen, wird die Klausel sofort erteilt (§ 726 Rn. 7); die Prüfung, ob die Gegenleistung erbracht ist, bzw. das Angebot der Gegenleistung erfolgt im Vollstreckungsverfahren. So soll der materiellen Rechtslage, die eine Vorleistungspflicht 1

---

[1] § 62 Nr. 3 GVGA; MK/*Heßler* Rn. 5; *St/J/Münzberg* Rn. 1; aA *Zö/Stöber* Rn. 2.
[2] *St/J/Münzberg* Rn. 3; *Zö/Stöber* Rn. 3.
[3] OLG Köln NJW-RR 1987, 1210, 1211.
[4] OLG Köln (Fn. 3).
[5] MK/*Heßler* § 754 Rn. 50.
[6] MK/*Heßler* § 754 Rn. 45; *T/P/Hüßtege* § 815 Rn. 5; *Brox/Walker* Rn. 314; *Lackmann* Rn. 147; aA *B/L/H* § 815 Rn. 10; *St/J/Münzberg* § 815 Rn. 23; *Zö/Stöber* Rn. 4.
[7] *Brox/Walker* Rn. 314; aA *St/J/Münzberg* § 815 Rn. 23; *Zö/Stöber* Rn. 4.
[8] MK/*Heßler* Rn. 14; *St/J/Münzberg* Rn. 4.

von Gläubiger und Schuldner nicht vorsieht, bei der Vollstreckung Rechnung getragen werden. Eine Verurteilung Zug um Zug ermöglicht dem Schuldner nach Leistung nicht die Vollstreckung gegen den nicht verurteilten Gläubiger.[1] **Absatz 2** soll dem Gläubiger in den Fällen, in denen der Schuldner nicht annahmebereit ist, die Zwangsvollstreckung erleichtern und ihn von unnötigen Transportkosten befreien.[2] Aus letzterem Grund wird der Gläubiger in der Praxis vor Übergabe der Gegenleistung die Annahmebereitschaft des Schuldners durch den Gerichtsvollzieher zu erkunden versuchen lassen. Dem nicht annahmebereiten Schuldner, der in diesem Fall die Leistung des Gläubigers nicht sieht, wird im Fall der mangelhaften Gegenleistung der Weg des § 766 genommen. Er muss seinen Anspruch notfalls gerichtlich erzwingen. Dies ist bei Schuldnern, welche die Leistung des Gläubigers von vornherein ablehnen, noch gerechtfertigt, wenn die Regelung auch bereits über das materielle Recht hinaus geht, da § 295 S. 1 BGB verlangt, dass das wörtliche Angebot der Leistungsverweigerung nachfolgt, und der Gläubiger in der Regel die Möglichkeit hatte, den meistens bereits im Prozess vorliegenden Annahmeverzug feststellen zu lassen. Allerdings ist die Vorschrift wegen der Abweichung vom materiellen Recht eng auszulegen und durch Festhalten an der Prüfungspflicht des Gerichtsvollziehers (s. Rn. 8) Missbrauch vorzubeugen.

II. Anwendungsbereich

2 **1. Gerichtsvollziehervollstreckung, Legitimationsurkunden.** § 756 findet nur auf die Vollstreckung Anwendung, für die der **Gerichtsvollzieher funktionell zuständig** ist (s. § 753 Rn. 4). Für die anderen Vollstreckungsorgane gilt § 765; bei Verurteilungen auf Abgabe einer Willenserklärung (§ 894) § 726 Abs. 2. Muss der Schuldner nach materiellem Recht nur Zug um Zug gegen Aushändigung eines **Wechsels** (Art. 39, 50, 77 WG), **Schecks** (Art. 34, 47 ScheckG) oder einer **anderen legitimierenden Urkunde** leisten, findet § 756 selbst bei entsprechender Formulierung im Tenor keine Anwendung, denn es handelt sich nicht um einen selbstständigen Gegenanspruch, sondern um eine besondere Quittungsform.[3] Gleichwohl darf nur vollstreckt werden, wenn der Gerichtsvollzieher im Besitz der Urkunde ist, weil der Schuldner nur gegen Aushändigung der Urkunde leisten muss.[4] Lautet der Tenor eines Urteils, der Schuldner habe den Wert einer Sache durch Vorlage eines Sachverständigengutachtens zu ermitteln, Zug um Zug gegen Zahlung der Kosten der Wertermittlung durch den Gläubiger, ist § 756 nicht anwendbar. Es wird damit lediglich zum Ausdruck gebracht, dass der Gläubiger dem Grunde nach zur Kostentragung verpflichtet ist.[5]

3 **2. Einzelheiten, Absatz 2.** Die Zug-um-Zug-Verurteilung bezieht sich nur auf den **Hauptausspruch** des Tenors, sodass § 756 auf eine Vollstreckung aus dem in dem Verfahren ergangenen **Kostenfestsetzungsbeschluss** nicht anzuwenden ist.[6] Die Verurteilung zur Herausgabe von Unterlagen gegen Erstattung der Kopierkosten stellt keine Zug-um-Zug-Verurteilung dar.[7] Ist die klagende Partei vorleistungspflichtig, kann sie auf **Leistung nach Empfang der Gegenleistung** klagen, wenn der Vertragspartner in Annahmeverzug ist, § 322 Abs. 2 BGB. Die Vollstreckung richtet sich nach § 756.[8] Ein entsprechendes Urteil kann nur bei Feststellung des Annahmeverzugs im Urteil ergehen. Gem. §§ 322 Abs. 3, 274 Abs. 2 BGB kann der Gläubiger dann ohne Erbringen seiner Leistung vollstrecken. Der Schuldner kann mit der Erinnerung (§ 766) geltend machen, der Annahmeverzug **sei nach der letzten mündlichen Verhandlung** weggefallen (s. a. Rn. 7).[9] **Absatz 2** gilt nach seinem Wortlaut nicht in dem Fall, dass der Schuldner nur erklärt, er sei zu seiner **eigenen Leistung** nicht bereit oder in der Lage. Durch diese Erklärung gerät er vielmehr nach § 298 BGB in Annahmeverzug. Die Vorschrift setzt allerdings ein Angebot des Vollstreckungsgläubigers voraus (s. a. Rn. 6). Wegen der gebotenen engen Auslegung (s. Rn. 1) kommt eine entsprechende Anwendung des Abs. 2 nicht in Betracht.

III. Dem Schuldner gebührende Leistung

4 Die Gegenleistung des Gläubigers muss so erbracht, wörtlich angeboten (Abs. 2) werden oder erbracht worden sein, wie es **im Titel beschrieben** ist. Ist die Angabe im Titel zu **ungenau,** darf nicht vollstreckt werden (s. im Einzelnen § 704 Rn. 9).[10] Dies gilt nur dann nicht, wenn der Schuldner die angebotene Leistung ausdrücklich als richtig und vollständig anerkennt.[11] Bei einer **Gattungsschuld** muss die Sache mittlerer Art und Güte sein, § 243 BGB. Ist der Gegenstand individuell bezeichnet **(Stückschuld),** ist dieser zu übergeben. Für die Frage, in welchem Zustand (**Mangelfreiheit**) er zu übergeben ist, ist ebenso in erster Linie der **Titel maßgeblich.** Mangels anderer Angaben dort kommt es nur darauf an, dass der angebotene mit dem bezeichneten Gegenstand identisch ist.[12] Der Schuldner muss seine Rechte ggf. im Wege der Vollstreckungs-

---

1 Vgl. BGH NJW 1992, 1172, 1173.
2 BT-Drucks. 13/341 S. 14.
3 OLG Frankfurt OLGZ 1981, 261, 263 f.; MK/*Heßler* Rn. 9 m. weit. Nachw.; *Zö/Stöber* Rn. 4.
4 RGZ 36, 96, 105; OLG Frankfurt/M DGVZ 1991, 84; *Zö/Stöber* Rn. 4.
5 OLG Naumburg NJOZ 2004, 3561, 3562.
6 MK/*Heßler* Rn. 10; *T/P/Hüßtege* Rn. 3; *Zö/Stöber* Rn. 5.
7 OLG Düsseldorf JurBüro 2001, 495.
8 OLG Köln JurBüro 1989, 870, 873; OLG Karlsruhe MDR 1975, 938; MK/*Heßler* Rn. 8; *Zö/Stöber* Rn. 3.
9 MK/*Heßler* Rn. 8; *St/J/Münzberg* Rn. 19.
10 BGH NJW 1993, 3206, 3207; OLG Koblenz OLGR 2000, 520; KG NJW-RR 1998, 424, 425.
11 OLG Koblenz (Fn. 10).
12 BGH NJOZ 2005, 3395, 3396 = MDR 2005, 1311; *St/J/Münzberg* Rn. 22; *Lackmann* Rn. 97; aA MK/*Heßler* Rn. 29.

abwehrklage (§ 767) geltend machen. Besteht demgegenüber die Gegenleistung in einer **Nachbesserung,** muss der Mangel beseitigt sein.

IV. Annahmeverzug

1. Materielles Recht. § 756 gebietet dem Gerichtsvollzieher die Prüfung, ob der Annahmeverzug eingetreten ist bzw. durch das Angebot herbeigeführt wird. Damit sind die materiell-rechtlichen Vorschriften der §§ 293 ff. BGB von ihm zu untersuchen. Zu § 298 BGB s. Rn. 3, 6. Gem. § 294 BGB ist bei **Bring-** und **Schickschulden** die Leistung dem Schuldner **tatsächlich anzubieten.** Die Zug um Zug geschuldete Leistung muss so bereitgestellt werden, dass der Schuldner nur noch zuzugreifen braucht.[13] Bei einer **Holschuld** ist der Schuldner aufzufordern, die zum Zugriff bereitstehende Sache abzuholen.[14] Zur **Zahlung gegen Auflassung** s. Rn. 10. Ein **wörtliches Angebot** reicht gem. § 295 BGB, wenn der Gläubiger (hier Vollstreckungsschuldner) vor dem tatsächlichen Angebot erklärt hat (was urkundlich nachzuweisen ist[15]), er lehne die Annahme der Gegenleistung ab. Ein wörtliches Angebot darf der Gerichtsvollzieher nur bei einem entsprechenden Auftrag des Vollstreckungsgläubigers machen.[16] Entbehrlich ist ein Angebot in den Fällen des § 296 BGB. Die Erklärungen des Gerichtsvollziehers und des Schuldners sind in das **Protokoll** aufzunehmen (§§ 762 f.). 5

2. Fehlende Leistungsbereitschaft. Der Schuldner kommt auch in Verzug, wenn er bereit ist, die angebotene **Gegenleistung anzunehmen, ohne die ihm obliegende Leistung zu erbringen** (§ 298 BGB). Der Gerichtsvollzieher darf daher dem Schuldner die Leistung des Vollstreckungsgläubigers nur übergeben, wenn der Schuldner den titulierten Anspruch des Gläubigers tatsächlich erfüllt, nicht schon dann, wenn er genügend Pfandstücke vorfindet;[17] anderenfalls hat er den Annahmeverzug zu protokollieren und ohne Übergabe der Gegenleistung zu vollstrecken. Annahmeverzug liegt auch vor, wenn der zur Leistung der Hauptforderung bereite Schuldner die Zahlung der Kosten der Zwangsvollstreckung (§ 788) ablehnt.[18] Zu den Kosten des Rechtsstreits s. aber Rn. 3. 6

3. Zeitpunkt. Es reicht aus, wenn der Annahmeverzug **vor Erlass** bzw. Errichtung des zu vollstreckenden Titels eingetreten ist (zum Nachweis s. Rn. 10);[19] auch im Fall des Annahmeverzugs hat eine Zug-um-Zug-Verurteilung zu ergehen.[20] Der Schuldner kann sich darauf berufen, der Annahmeverzug sei nachträglich, aber vor der Vollstreckung **weggefallen** (s. auch Rn. 3);[21] der Gerichtsvollzieher hat dies aber nur bei einem Nachweis in Urkundenform (s. Rn. 10) zu beachten. 7

V. Angebot durch den Gerichtsvollzieher

Vollstreckt werden darf nach der ersten Alternative des Abs. 1, wenn der Gerichtsvollzieher dem Schuldner die Gegenleistung in einer den Annahmeverzug begründenden Weise angeboten hat. Der Gerichtsvollzieher hat also zu **prüfen,** ob die angebotene Leistung die dem Schuldner gebührende (s. Rn. 4) und Annahmeverzug (s. Rn. 5 ff.) eingetreten ist.[22] Besteht die Gegenleistung in einer Mangelbeseitigung oder ist ein mangelfreier Gegenstand zu übergeben, muss der Gerichtsvollzieher dies feststellen. Fehlt ihm die Sachkunde, hat er einen **Sachverständigen** hinzuzuziehen.[23] Die volle Leistung des Gläubigers ist auch dann anzubieten, wenn nur wegen einer **Teilforderung** vollstreckt werden soll, es sei denn, der Titel lässt ausdrücklich anderes zu.[24] Bei der Prüfung, ob Annahmeverzug vorliegt, steht dem Gerichtsvollzieher **keinerlei Ermessen** zu.[25] Die gegenteilige Auffassung,[26] die gelegentlich auch in der Rechtsprechung zu finden ist,[27] findet im Gesetz keine Grundlage. Nach **Absatz 2** darf auch dann mit der Zwangsvollstreckung begonnen werden, wenn der Gerichtsvollzieher dem Schuldner die Leistung des Gläubigers **wörtlich anbietet** und der Schuldner dann erklärt, er werde die Leistung nicht annehmen. Aus der Begründung kann gefolgert werden, dass die Ordnungsgemäßheit der Gegenleistung nicht mehr überprüft werden soll.[28] Dies kommt im Wortlaut des Abs. 2 aber nicht zum Ausdruck. Wegen der gebotenen engen Auslegung (s. Rn. 1) ist zu fordern, dass der Gerichtsvollzieher sich zuvor beim Gläubiger davon vergewissert, dass der Gläubiger zum tatsächlichen Angebot der **geschuldeten Leistung** in der Lage wäre.[29] Dies war schon nach § 756 aF als Voraussetzung der Zulässigkeit eines wörtlichen Angebotes (s. Rn. 5) anzunehmen.[30] Nur dann könnte materiell- 8

---

[13] BGHZ 90, 354, 359 = NJW 1984, 1679.
[14] MK/*Heßler* Rn. 21.
[15] *Zö/Stöber* Rn. 14.
[16] MK/*Heßler* Rn. 19; Goebel KTS 1995, 143, 171.
[17] BGHZ 73, 317, 320 = NJW 1979, 1203; *St/J/Münzberg* Rn. 6; *Zö/Stöber* Rn. 5.
[18] LG Hildesheim NJW 1959, 537, 538; *St/J/Münzberg* Rn. 5; *Zö/Stöber* Rn. 5.
[19] RG JW 1909, 463; KG OLGZ 1972, 481, 483 f. = NJW 1972, 2052; *St/J/Münzberg* Rn. 11.
[20] MK-BGB/*Krüger* § 274 Rn. 7 m. weit. Nachw.
[21] MK/*Heßler* Rn. 46.
[22] BGHZ 61, 42, 46 = NJW 1973, 1792; MK/*Heßler* Rn. 25.
[23] OLG Celle NJW-RR 2000, 828; OLG Köln MDR 1986, 1033; OLG Stuttgart MDR 1982, 416; *Zö/Stöber* Rn. 7; abgeschwächt MK/*Heßler* Rn. 30 m. weit. Nachw.; aA *Ro/G/Sch* § 16 V 1 b cc.
[24] MK/*Heßler* Rn. 13; *St/J/Münzberg* Rn. 2.
[25] MK/*Heßler* Rn. 30.
[26] *Schneider* DGVZ 1978, 65 ff.
[27] LG Hannover DGVZ 1984, 152.
[28] Vgl. BT-Drucks. 13/341 S. 15.
[29] *Goebel* (Fn. 16) S. 171 f.; aA *St/J/Münzberg* Rn. 9 in Fn. 51; *Zö/Stöber* Rn. 12.
[30] KG NJW-RR 1998, 424, 427; OLG Oldenburg DGVZ 1991, 172.

rechtlich Annahmeverzug eintreten, der Schuldner ist vor Missbrauch geschützt, der Zweck des Absatzes 2, unnütze Transportkosten zu vermeiden, würde erreicht. Die Prüfungspflicht ergibt sich aus Abs. 1. Bei nicht am Wohnort des Schuldners residierenden Gläubigern könnte die Prüfung anhand des Titels in Zweifelsfällen im Wege der Rechtshilfe erfolgen. Ist der Schuldner **nicht anwesend** oder schweigt er, statt eine ablehnende Erklärung abzugeben, greift Abs. 2 nicht ein.[31] Für den Schuldner darf nur ein Vertreter, nicht eine Ersatzperson nach dem Zustellungsrecht handeln.[32] Zum erforderlichen Auftrag des Gläubigers s. Rn. 5.

VI. Nachweis der Befriedigung oder des Annahmeverzugs

9 **1. Allgemeines.** Die zweite Alternative des Abs. 1 lässt die Vollstreckung zu, wenn der Gläubiger dem Gerichtsvollzieher die Befriedigung oder den Annahmeverzug des Schuldners durch öffentliche oder öffentlich beglaubigte Urkunden nachweist und diese dem Schuldner bereits **zugestellt** sind oder gleichzeitig zugestellt werden. Die vollständige und richtige Befriedigung (s. Rn. 4) der im Titel genannten Gegenforderung des Vollstreckungsschuldners ist nachzuweisen. Zum Annahmeverzug s. Rn. 5 ff. Entsprechend Abs. 2, § 765 Nr. 2 dürfte es für die Vollstreckung eines Gerichtsvollziehers an einem anderen Ort ausreichend sein, dass die Voraussetzungen des Abs. 2 urkundlich festgehalten sind.

10 **2. Urkundennachweis.** Es sind öffentliche oder öffentlich beglaubigte Urkunden vorzulegen, aus denen sich Befriedigung, **Annahmeverzug** oder die Voraussetzungen des Abs. 2 in vollem Umfang ergeben. In Betracht kommen öffentlich beglaubigte Quittungen des Schuldners, Bescheinigungen über die Hinterlegung unter Verzicht auf die Rücknahme, ein den Annahmeverzug oder die Voraussetzungen des Abs. 2 feststellendes Gerichtsvollzieherprotokoll und insbesondere **Urteile**, die den Annahmeverzug in „liquider" Form ergeben.[33] Dazu reicht aber nur die **ausdrückliche Feststellung** im Tenor[34] oder den Gründen. Auf den Urkundennachweis kann verzichtet werden, wenn der Schuldner Befriedigung bzw. Annahmeverzug zugesteht[35] iSd. § 288. Bei einer Verurteilung zur Zahlung gegen Auflassung tritt Annahmeverzug ein, wenn der Schuldner dem Notartermin fernbleibt, vor der Annahme die Gläubigerforderung nicht tatsächlich anbietet oder die Angebotserklärung nicht annimmt.[36] Der Nachweis kann durch Zustellung der Terminbenachrichtigung und die Verhandlungsniederschrift oder eine Zeugnisurkunde (§ 39 BeurkG) des Notars über das Scheitern der Beurkundung geführt werden.[37] Kann der Gläubiger den **Urkundennachweis,** seine Leistung erbracht zu haben, **nicht führen** oder hat der Schuldner den Besitz der Sache auf andere Weise als durch Leistung des Gläubigers erlangt,[38] kann er auf Zulässigkeit uneingeschränkter Vollstreckung[39] oder Feststellung des Vorliegens der Vollstreckungsvoraussetzungen[40] klagen, nicht aber vollstrecken.

VII. Rechtsbehelfe

11 **1. Gläubiger.** Lehnt der Gerichtsvollzieher die Vollstreckung ab, weil die Voraussetzungen des § 756 nicht vorliegen, kann der Gläubiger hiergegen Erinnerung gem. § 766 Abs. 2 einlegen. Das Erinnerungsgericht hat dabei selbstständig die Voraussetzungen zu überprüfen; ein Ermessensspielraum steht dem Gerichtsvollzieher nicht zu (s. Rn. 8). Hat der Gerichtsvollzieher die Vollstreckung zu Recht abgelehnt, weil die Zug-um-Zug-Leistung im Titel zu unbestimmt angegeben sei, bleibt dem Gläubiger nur eine Klage auf Feststellung des Urteilsinhalts.[41] S. auch Rn. 10 aE.

12 **2. Schuldner.** Der Schuldner kann mit der Vollstreckungserinnerung nach § 766 geltend machen, die Voraussetzungen des § 756 lägen nicht vor. Zur Frage, ob er in diesem Fall geltend machen kann, die Gegenleistung sei mängelbehaftet, s. Rn. 4. Verstöße gegen § 756 machen die Vollstreckung anfechtbar, aber **nicht unwirksam.**

757 *Übergabe des Titels und Quittung*

(1) Der Gerichtsvollzieher hat nach Empfang der Leistungen dem Schuldner die vollstreckbare Ausfertigung nebst einer Quittung auszuliefern, bei teilweiser Leistung diese auf der vollstreckbaren Ausfertigung zu vermerken und dem Schuldner Quittung zu erteilen.

(2) Das Recht des Schuldners, nachträglich eine Quittung des Gläubigers selbst zu fordern, wird durch diese Vorschriften nicht berührt.

I. Normzweck

1 Die Norm dient dem Schutz des Schuldners vor nochmaliger Vollstreckung trotz Leistung. Ihr Adressat ist nur der Gerichtsvollzieher, für andere Vollstreckungsorgane gilt sie nicht. Sie findet sowohl bei freiwilli-

---

31 *Behr* JurBüro Sonderheft 1998, 5; *Goebel* (Fn. 16) S. 168; *St/J/Münzberg* Rn. 9.
32 *Zö/Stöber* Rn. 12.
33 BGH NJW 1982, 1048, 1049; MK/*Heßler* Rn. 47; *St/J/Münzberg* Rn. 12.
34 Dies ist aus Zweckmäßigkeitsgründen zulässig, BGH NJW 2000, 2663, 2664.
35 MK/*Heßler* Rn. 52; *St/J/Münzberg* Rn. 11; *Zö/Stöber* Rn. 9.
36 BGHZ 116, 244, 250 = NJW 1992, 556.
37 *Zö/Stöber* Rn. 11.
38 S. dazu OLG Celle DGVZ 1958, 185, 186.
39 So *Zö/Stöber* Rn. 9 aE; s. a. *St/J/Münzberg* Rn. 14 in Fn. 81.
40 So OLG Koblenz Rpfleger 1993, 28.
41 BGH MDR 1977, 133; NJW 1972, 2268; *St/J/Münzberg* Rn. 14.

gen Leistungen als auch für die zwangsweise Beitreibung (einschließlich Empfang des Erlöses, § 819) Anwendung; bei Titeln auf Zahlung von Geld und Herausgabe von Sachen.

II. Vollständige Leistung

1. Voraussetzungen. Vollständig geleistet ist, wenn der gesamte vollstreckbare Anspruch des Gläubigers, der sich aus dem Inhalt von Titel und Klausel ergibt, befriedigt ist. Ist die Klausel nicht für den gesamten Titelinhalt erteilt, ist der Klauselinhalt maßgeblich. Eine **freiwillige Leistung** muss bedingungs- und vorbehaltlos sein (s. § 754 Rn. 3). Unschädlich ist ein Vorbehalt der Leistung zur Abwendung der Zwangsvollstreckung. 2

a) Geldforderungen. Bei Geldforderungen müssen Hauptforderung und alle titulierten Nebenforderungen beglichen sein (zu den Kosten s. Rn. 4). Hat der Gläubiger die in dem Vollstreckungsauftrag angegebene Forderung als **Restforderung** bezeichnet, hat der Gerichtsvollzieher nach deren Beitreibung den Titel auszuhändigen.[1] Wird wegen einer **Teilforderung** vollstreckt, darf der Schuldner die gesamte Forderung des Gläubigers befriedigen. Ob in diesem Fall der Titel auszuhändigen ist, hängt von den Umständen ab. Dem Gerichtsvollzieher ist es jedenfalls nicht verwehrt, sich zuvor bei dem Gläubiger nach weiteren Forderungen, etwa aus früheren Vollstreckungsversuchen, zu erkundigen.[2] Zahlt der Schuldner mittels **Scheck,** ist die Leistung erst erbracht, wenn der Scheckbetrag dem Gerichtsvollzieher zugegangen ist. Zahlt der Schuldner an den Gläubiger, darf der Gerichtsvollzieher nur mit dessen Zustimmung die vollstreckbare Ausfertigung aushändigen.[3] Geschieht die Zahlung unter den Augen des Gerichtsvollziehers, liegt eine Leistung an den Gerichtsvollzieher vor; § 757 ist anwendbar.[4] 3

b) Herausgabe von Sachen, Kosten. Der nach dem Titel geschuldete Gegenstand muss in den Besitz des Gerichtsvollziehers gelangt sein. Wird wegen der **Prozesskosten** aus einem **Kostenfestsetzungsbeschluss** vollstreckt, stellt dieser einen selbstständigen Titel dar, sodass jeweils getrennt geprüft werden muss, ob die Leistung erbracht ist. Anderes gilt nur bei Vollstreckungsbescheiden (§ 699 Abs. 3) und wenn der Kostenfestsetzungsbeschluss auf das Urteil gesetzt ist, §§ 105, 795a. Dagegen bedarf es wegen der **Vollstreckungskosten** keines selbstständigen Titels (§ 788), sodass eine vollständige Leistung nur dann vorliegt, wenn auch alle Vollstreckungskosten beglichen sind. 4

2. Leistung eines Dritten. Bei vollständiger Leistung eines Dritten mit Erfüllungswirkung (s. § 267 BGB) ist der Titel an den **Schuldner** herauszugeben, wenn der dazu anzuhörende Dritte nicht widerspricht.[5] Der Dritte kann zum Widerspruch etwa deshalb berechtigt sein, weil die Forderung auf ihn übergegangen ist (zB nach §§ 774, 412, 402 BGB), sodass der Titel nicht verbraucht ist, sondern umgeschrieben werden kann. Ob dies der Fall ist, hat der Gerichtsvollzieher aber nicht zu prüfen. Dem **Dritten** darf er den Titel nur bei Einverständnis des Gläubigers übergeben. Entsteht Streit darüber, wer den Titel erhalten soll, hat der Gerichtsvollzieher ihn bis zur Klärung bei seinen Dienstakten zu verwahren oder zu hinterlegen.[6] 5

3. Mehrere Schuldner. Bei **Teilschuldnerschaft** und der Vollstreckung nur aus einem Titel ist die Leistung jedes Teilschuldners auf dem Titel zu quittieren.[7] Den Titel erhält der die Restforderung begleichende Teilschuldner. Ist gegen jeden Teilschuldner ein Titel ausgefertigt worden, erhält dieser die Ausfertigung nach Leistung seines Teils. Bei **Gesamtschuldnerschaft** erhält der Schuldner, der die gesamte Schuld tilgt, die vollstreckbare Ausfertigung. Ist die gesamte Schuld von mehreren Gesamtschuldnern teilweise beglichen worden, ist der Titel dem Gesamtschuldner auszuhändigen, den die Schuldner gemeinsam bestimmen. Mangels Einigung ist er zu den Dienstakten zu nehmen (§ 106 Nr. 4 GVGA).[8] **Gesamthandsschuldnern** ist der Titel gemeinsam zu übergeben; ist dies nicht möglich, ist er zu verwahren.[9] 6

4. Folge. Liegen die Voraussetzungen vor, hat der Gerichtsvollzieher die **vollstreckbare Ausfertigung zu übergeben** und eine **Quittung zu erteilen.** Der Gläubiger kann dem nicht widersprechen. Eine zusätzliche Quittierung auf dem Titel erfolgt nicht. Die Quittung stellt eine **öffentliche Urkunde** iSd. § 418 dar, daher gilt § 775 Nr. 4. 7

III. Teilleistungen

Aus dem Wortlaut des Abs. 1 folgt, dass der Gerichtsvollzieher zur **Annahme von Teilleistungen verpflichtet** ist. Zum Schuldnerschutz sind ein **Vermerk der Teilleistung** auf dem Titel und die **Ausstellung einer Quittung** erforderlich. Der Vermerk enthält nur die Höhe der Teilleistung; eine Verrechnung auf Neben- und Hauptforderung hat der Gerichtsvollzieher nicht vorzunehmen.[10] Bei Unterhaltstiteln ist dem Vermerk auf dem Titel hinzuzufügen, auf welchen Zeitraum sich der Vollstreckungsauftrag bezog.[11] Eine Teilleistung auf die Prozesskosten ist, wenn ein selbstständiger Kostenfestsetzungsbeschluss existiert, nur 8

---

[1] MK/*Heßler* Rn. 8.
[2] MK/*Heßler* Rn. 8.
[3] MK/*Heßler* Rn. 23; *Zö/Stöber* Rn. 5.
[4] MK/*Heßler* Rn. 23; *St/J/Münzberg* Rn. 2; aA *Zö/Stöber* Rn. 5.
[5] MK/*Heßler* Rn. 14; *St/J/Münzberg* Rn. 3; *Zö/Stöber* Rn. 6.
[6] MK/*Heßler* Rn. 16; *St/J/Münzberg* Rn. 3; *Zö/Stöber* Rn. 6.
[7] MK/*Heßler* Rn. 18; *St/J/Münzberg* Rn. 5.
[8] MK/*Heßler* Rn. 20; *Zö/Stöber* Rn. 7.
[9] *Zö/Stöber* Rn. 7.
[10] LG Lüneburg DGVZ 1981, 116f.; LG Hannover DGVZ 1979, 72f.; MK/*Heßler* Rn. 33.
[11] LG Berlin DGVZ 1969, 132; *Zö/Stöber* Rn. 8.

auf diesem zu vermerken.[12] Der Titel darf dem Schuldner **bei Teilleistungen nicht übergeben werden,** auch dann nicht, wenn nur wegen einer Teilforderung vollstreckt wurde und dieser Teil voll erfüllt wurde. Zur Zahlung der gesamten Forderung bei Teilvollstreckung s. Rn. 3.

IV. Gläubigerquittung (Absatz 2)

9 Auch wenn der Schuldner eine Quittung des Gerichtsvollziehers erhält, verliert er seinen bürgerlichrechtlichen Anspruch auf eine Quittung des Gläubigers (§ 368 BGB) nicht. Dieses Recht gibt aber kein Zurückbehaltungsrecht gegen den vollstreckbaren Anspruch.[13]

V. Rechtsbehelfe

10 **1. Vollstreckungsinterne Rechtsbehelfe.** Hat der Gerichtsvollzieher dem Schuldner den Titel ausgehändigt, stehen weder dem Schuldner noch dem Gläubiger vollstreckungsinterne Rechtsbehelfe (§ 766) zu. Die Aushändigung kann nicht mittels Rechtsbehelf rückgängig gemacht werden;[14] der Gläubiger muss eine neue Ausfertigung beantragen (s. § 733 Rn. 5) oder auf Restleistung klagen. Dagegen gehört die Erteilung der Quittung noch zur Zwangsvollstreckung, sodass Fehler mit der Erinnerung (§ 766) angegriffen werden können.

11 **2. Materiell-rechtliche Ansprüche.** Den Anspruch auf Ausstellung einer Quittung gegen den Gläubiger muss der Schuldner gegebenenfalls mit der Klage verfolgen. Hat der Gläubiger den Titel trotz vollständiger Leistung noch, kann der Schuldner sich gegen eine weitere Vollstreckung mit der **Vollstreckungsabwehrklage** (§ 767) wenden. Außerdem hat er nach allgM einen materiell-rechtlichen Anspruch auf Herausgabe des Titels (analog § 371 BGB[15]), den er mit der Vollstreckungsabwehrklage verbunden geltend machen kann (s. a. § 767 Rn. 14).[16]

758 *Durchsuchung; Gewaltanwendung* **(1) Der Gerichtsvollzieher ist befugt, die Wohnung und die Behältnisse des Schuldners zu durchsuchen, soweit der Zweck der Vollstreckung dies erfordert.**

(2) Er ist befugt, die verschlossenen Haustüren, Zimmertüren und Behältnisse öffnen zu lassen.

(3) Er ist, wenn er Widerstand findet, zur Anwendung von Gewalt befugt und kann zu diesem Zweck die Unterstützung der polizeilichen Vollzugsorgane nachsuchen.

I. Normzweck

1 Die Vorschrift gibt die Grundlage für Zwangseingriffe des Gerichtsvollziehers gegen den Schuldner, soweit der Vollstreckungszweck sie erfordert und der Schuldner die Vollstreckungsmaßnahmen nicht freiwillig geschehen lässt.[1] Sie wendet sich ausschließlich an den Gerichtsvollzieher, gilt aber für jede von ihm durchzuführende Zwangshandlung (§ 753 Rn. 4). Zum Erfordernis einer richterlichen Durchsuchungsanordnung s. § 758a.

II. Durchsuchung von Wohnung und Behältnissen

2 **1. Begriff der Wohnung.** Unter den Begriff der Wohnung fallen alle Räumlichkeiten, die den häuslichen oder beruflichen Zwecken ihres Inhabers dienen. Dieser weite Begriff, den das BVerfG dem Wohnungsbegriff in Art. 13 GG zugrunde legt, ist auch für § 758 und § 758a maßgeblich.[2] Wegen Art. 19 Abs. 3 GG gilt dies auch, wenn Inhaberin eine Handelsgesellschaft[3] oder juristische Person ist.[4] Zur Wohnung gehören auch **Geschäftsräume,**[5] Nebenräume (Garage, Keller, Abstellkammer) und sonstiges befriedetes Besitztum (Hofraum, Stall, Scheune, Garten),[6] Wohnwagen, -boote, Hotelzimmer.[7] Nicht unter den Wohnungsbegriff fallen Autos oder leer stehende Wohnräume.

3 **2. Durchsuchung** ist das ziel- und zweckgerichtete Suchen staatlicher Organe nach Personen oder Sachen oder zur Ermittlung eines Sachverhalts, um etwas aufzuspüren, was der Inhaber der Wohnung von sich aus nicht offen legen oder herausgeben will.[8] Die Durchsuchung erschöpft sich nicht in einem Betreten der Wohnung, sondern erfordert die Vornahme von Handlungen in ihr.[9] Keine Durchsuchung ist es, wenn der Schuldner dem Gerichtsvollzieher den Zugang zu seinen Wohnräumen **freiwillig** gestattet.[10] Die hierbei

---

[12] *Zö/Stöber* Rn. 8.
[13] *Zö/Stöber* Rn. 11.
[14] MK/*Heßler* Rn. 38; *Zö/Stöber* Rn. 12.
[15] BGHZ 127, 148 = NJW 1994, 3225; BGH NJW 1994, 1161, 1162.
[16] *Lackmann* Rn. 555 m. weit. Nachw.
[1] MK/*Heßler* Rn. 1.
[2] MK/*Heßler* § 758a Rn. 4.
[3] BVerfGE 42, 212, 219 = NJW 1976, 1735.
[4] BVerfG (Fn. 3); MK/*Heßler* § 758a Rn. 4; *Zö/Stöber* § 758a Rn. 7.
[5] BVerfGE 32, 54 = NJW 1971, 2299; aA (zu § 758a) *Behr* JurBüro 2000, 117, 120.
[6] *Zö/Stöber* § 758a Rn. 4.
[7] MK/*Heßler* § 758a Rn. 5; *St/J/Münzberg* Rn. 3.
[8] BVerfGE 51, 97, 106f. = NJW 1979, 1539.
[9] BVerfG NJW 1987, 2499.
[10] Anderer Ansatz (keine Grundrechtsverletzung) MK/*Heßler* § 758a Rn. 30.

auftretenden Probleme werden allerdings, da Abs. 1 die Durchsuchung gestattet, nur bei der Frage des Erfordernisses einer richterlichen Durchsuchungserlaubnis relevant. S. dazu § 758a Rn. 4. Zur Anwesenheit des Gläubigers s. § 758a Rn. 10.

3. Inhaberschaft an der Wohnung. § 758 erlaubt – abgesehen von der zu trennenden Frage[11] des Erfordernisses der richterlichen Erlaubnis (s. dazu § 758a) – die Durchsuchung der Wohnung **des Schuldners.** Dies setzt unmittelbaren Besitz des Schuldners an ihr voraus.[12] Wohnt der Schuldner mit **Dritten zusammen,** stellt sich zunächst die Frage, ob Abs. 1 das **Betreten der Wohnung** rechtfertigt, dann diejenige, ob eine richterliche Durchsuchungserlaubnis gegen die Dritten erforderlich ist (s. dazu § 758a Rn. 5f.). Der Wortlaut des Abs. 1 verbietet das Betreten nicht, weil eine solche Wohnung auch eine Wohnung des Schuldners ist. Dagegen, dass die Norm nur Zwangsmaßnahmen gegen den Schuldner erlaubt, spricht Abs. 2, der zwischen Haus- und Zimmertüren differenziert. Damit ist das Durchschreiten fremden Gewahrsams, also das Durchqueren eines Wohnraums, um zu einem anderen zu gelangen, von § 758 gedeckt, aber auch die Durchsuchung gemeinsam bewohnter Räume[13] (zur Durchsuchungserlaubnis s. § 758a Rn. 5f.). 4

4. Alleingewahrsam des Schuldners in Räumen Dritter. Der Gerichtsvollzieher darf grundsätzlich überall gegen den Schuldner vollstrecken, wo er ihn antrifft. Er darf dem Schuldner auch überallhin folgen, wo dieser Gewahrsam ausübt.[14] Dabei erforderliche Eingriffe in das Grundrecht auf Wohnungsfreiheit sind durch § 758, Art. 13 Abs. 7 GG,[15] jedenfalls wegen kollidierender Grundrechte des Gläubigers gedeckt. Deshalb darf der Gerichtsvollzieher vom Schuldner nicht bewohnte Wohnräume eines Dritten **betreten,** wenn er konkrete Anhaltspunkte dafür hat, dass sich in diesen Räumen Sachen im Alleingewahrsam des Schuldners befinden.[16] Zum Erfordernis einer richterlichen Erlaubnis für eine **Durchsuchung** dieser Räume s. § 758a Rn. 7. 5

5. Behältnisse. Behältnis ist ein zur Verwahrung und Sicherung von Sachen geeigneter und dienender Raum, der nicht dazu bestimmt ist, von Menschen betreten zu werden.[17] **Beispiele:** Schrank, Schublade, Koffer, Kassette, Aktentasche, Taschen in Kleidungsstücken. Die **Durchsuchung** des Behältnisses bedarf keiner richterlichen Erlaubnis; steht es in einer Wohnung, gilt § 758a. Ist ein Dritter unmittelbarer Allein- oder Mitbesitzer des Behältnisses, darf der Gerichtsvollzieher es auch dann nicht durchsuchen, wenn er Anhaltspunkte dafür hat, dass die Gegenstände im Behältnis sich im Alleingewahrsam des Schuldners befinden (Kasse im in einer Gaststätte stehenden Automaten, die allein der Schuldner öffnen kann[18]). 6

III. Öffnen von Türen und Behältnissen (Absatz 2)

Ist der Gerichtsvollzieher zur Durchsuchung berechtigt, darf er verschlossene Haus- und Zimmertüren sowie Behältnisse öffnen, Abs. 2. Dies soll dem nicht angetroffenen Schuldner zuvor schriftlich mitgeteilt werden, § 107 Nr. 7 GVGA. Die gewaltsame Öffnung ist zu unterlassen, wenn eine Beschädigung mit ihr verbunden ist und der Vollstreckungsauftrag auch ohne Gewaltanwendung erfüllt werden kann oder die Beschädigung außer Verhältnis zum beizutreibenden Betrag steht.[19] Die Öffnung ist möglichst schonend, in der Regel unter Hinzuziehung von Fachleuten (Schlüsseldienst) vorzunehmen.[20] 7

IV. Gewaltanwendung (Absatz 3)

Widerstand ist jedes Verhalten, das die Annahme rechtfertigt, die Zwangsvollstreckung werde sich nicht ohne Gewaltanwendung durchführen lassen (s. auch § 108 Nr. 3 GVGA). Dazu kann schon Drohung mit Gewalt ausreichen.[21] Auch von **Dritten** ausgehender Widerstand darf mit Gewalt gebrochen werden, wenn diese den Schuldner unterstützen, nicht aber, wenn sie widersprechende Gewahrsamsinhaber (§§ 809, 886) sind.[22] Der Gerichtsvollzieher kann nach eigenem Ermessen den **Widerstand selbst brechen** (zum Verfahren s. § 759). Er kann auch um polizeiliche Amtshilfe ersuchen, zu der die Polizei verpflichtet ist. Die Verantwortung für die Rechtmäßigkeit der Vollstreckung bleibt beim Gerichtsvollzieher.[23] 8

V. Rechtsbehelfe

Gegen Verstöße gegen § 758 kann sich der Schuldner mit der Vollstreckungserinnerung (§ 766) zur Wehr setzen. Sie führen nicht zur Nichtigkeit des Vollstreckungsakts. § 758 gehört allerdings zu den wesentlichen Verfahrensvorschriften, deren Nichtbeachtung das Entstehen eines Pfändungspfandrechts hindert (s. dazu § 804 Rn. 5). Eine **Heilung** zu dem Zeitpunkt, zu dem der Gerichtsvollzieher hätte pfänden dürfen, tritt nicht ein. 9

---

11 *Schuschke* DGVZ 1997, 49, 50; *St/J/Münzberg* Rn. 4.
12 MK/*Heßler* § 758a Rn. 8.
13 *St/J/Münzberg* Rn. 4.
14 MK/*Heßler* § 758a Rn. 19.
15 BVerfG JZ 1974, 754, 756; *Brox/Walker* Rn. 326.
16 MK/*Heßler* § 758a Rn. 19; *St/J/Münzberg* Rn. 5.
17 MK/*Heßler* Rn. 3.
18 OLG Oldenburg DGVZ 1990, 137; MK/*Heßler* Rn. 7.
19 BGH NJW 1957, 544.
20 BGH (Fn. 19).
21 MK/*Heßler* Rn. 14.
22 *Zö/Stöber* Rn. 7.
23 MK/*Heßler* Rn. 21.

VI. Kosten

10 **Gerichtskosten:** Gerichtsgebühren entstehen nicht; **Auslagen** erhebt der **Gerichtsvollzieher** nach KVGv Nr. 704.

758 a

Richterliche Durchsuchungsanordnung; Vollstreckung zur Unzeit (1) [1]Die Wohnung des Schuldners darf ohne dessen Einwilligung nur auf Grund einer Anordnung des Richters bei dem Amtsgericht durchsucht werden, in dessen Bezirk die Durchsuchung erfolgen soll. [2]Dies gilt nicht, wenn die Einholung der Anordnung den Erfolg der Durchsuchung gefährden würde.

(2) Auf die Vollstreckung eines Titels auf Räumung oder Herausgabe von Räumen und auf die Vollstreckung eines Haftbefehls nach § 901 ist Absatz 1 nicht anzuwenden.

(3) [1]Willigt der Schuldner in die Durchsuchung ein oder ist eine Anordnung gegen ihn nach Absatz 1 Satz 1 ergangen oder nach Absatz 1 Satz 2 entbehrlich, so haben Personen, die Mitgewahrsam an der Wohnung des Schuldners haben, die Durchsuchung zu dulden. [2]Unbillige Härten gegenüber Mitgewahrsamsinhabern sind zu vermeiden.

(4) [1]Der Gerichtsvollzieher nimmt eine Vollstreckungshandlung zur Nachtzeit und an Sonn- und Feiertagen nicht vor, wenn dies für den Schuldner und die Mitgewahrsamsinhaber eine unbillige Härte darstellt oder der zu erwartende Erfolg in einem Missverhältnis zu dem Eingriff steht, in Wohnungen nur auf Grund einer besonderen Anordnung des Richters bei dem Amtsgericht. [2]Die Nachtzeit umfasst die Stunden von 21 bis 6 Uhr.

(5) Die Anordnung nach Absatz 1 ist bei der Zwangsvollstreckung vorzuzeigen.

(6) [1]Das Bundesministerium der Justiz wird ermächtigt, durch Rechtsverordnung mit Zustimmung des Bundesrates Formulare für den Antrag auf Erlass einer richterlichen Durchsuchungsanordnung nach Absatz 1 einzuführen. [2]Soweit nach Satz 1 Formulare eingeführt sind, muss sich der Antragsteller ihrer bedienen. [3]Für Verfahren bei Gerichten, die die Verfahren elektronisch bearbeiten, und für Verfahren bei Gerichten, die die Verfahren nicht elektronisch bearbeiten, können unterschiedliche Formulare eingeführt werden.

I. Normzweck

1 **1. Normzweck. Absatz 1** bezweckt die Einhaltung des Grundrechts aus Art. 13 GG in der Zwangsvollstreckung, **Absatz 2** nimmt bestimmte Titel von dem Erfordernis der Durchsuchungserlaubnis aus. **Absatz 3** regelt die Rechte von Mitgewahrsamsinhabern. Folgt man der vielfach und auch hier vertretenen Auffassung, eine Wohnungsdurchsuchung bei Mitgewahrsam erfordere nach Art. 13 GG eine richterliche Erlaubnis (s. Rn. 5 f.), dürfte die Verfassungsmäßigkeit der Norm insoweit sehr zweifelhaft sein.[1] **Absatz 4** regelt die Vollstreckung zur Nachtzeit und an Sonn- und Feiertagen. **Absatz 6** ermöglicht einen Vordruckzwang. Bisher ist eine entsprechende Verordnung nicht ergangen.

2 **2. Anwendungsbereich.** Die Vorschrift gilt für alle **Vollstreckungsarten**, die eine Wohnungsdurchsuchung ermöglichen, also insbesondere die Zwangsvollstreckung in bewegliche Sachen und die Herausgabevollstreckung beweglicher Sachen. Hinsichtlich der **Titel** sind gem. Abs. 2 solche auf **Räumung und Herausgabe von Räumen** und **Haftbefehle** nach § 901 ausgenommen. Da nach der Art des Titels (Urteil oder sonstiger) nicht differenziert ist und wegen §§ 795, 794, gilt dies auch für **Räumungsvergleiche** und vom Rechtspfleger erlassene Beschlüsse, aus denen auf Räumung vollstreckt werden kann (zB **Zuschlagsbeschluss** im Zwangsversteigerungsverfahren). Hinsichtlich der Rechtspflegerbeschlüsse kann dies aber nur wegen der Tatsache, dass eine Räumung keine Durchsuchung darstellt,[2] als mit Art. 13 GG vereinbar angesehen werden. Eine im Zusammenhang mit der Räumung durchgeführte Durchsuchung zum Zwecke der Sachpfändung bedarf ebenfalls keiner besonderen richterlichen Erlaubnis.[3] Aus der Nichterwähnung in Abs. 2 folgt, dass Leistungstitel auf Zahlung von Geld, auf Herausgabe beweglicher Sachen und Anweisungen des Vollstreckungsgerichts nach § 766 Abs. 2, die Vollstreckung durchzuführen, die Anordnung nicht ersetzen. Ein **Haftbefehl** berechtigt zur Durchsuchung nach dem Schuldner, nicht aber nach beweglichen Sachen.[4] Hat der Schuldner nach dem Titel dem Gläubiger **Zutritt zur Wohnung** zu gewähren und in ihr Handlungen zu dulden (zB Ablesen oder Herausgabe eines Stromzählers), geht es ebenfalls nicht um eine Durchsuchung, sodass auch keine richterliche Erlaubnis erforderlich ist.[5] Den Schutz des Art. 13 Abs. 2 GG genießen auch juristische Personen und Personenvereinigungen;[6] dies muss daher für § 758a ebenso gelten (s. auch § 758 Rn. 2).[7]

---

[1] Vgl. *Münzberg*, Festschrift für Lüke 1997, 525, 537 ff.; *Wesser* NJW 2002, 2138, 2144 f.; *Schuschke* DGVZ 1997, 49, 50, der aber das Erfordernis einer Erlaubnis verneint; Bedenken bei *T/P/Hüßtege* Rn. 8; aA MK/*Heßler* Rn. 12 ff.
[2] OVG Berlin NVwZ-RR 1990, 194, 195; LG Aachen DGVZ 1996, 10; *St/J/Brehm* § 885 Rn. 6.
[3] *OLG Köln* NJW 1980, 1531, 1532; OLG Düsseldorf NJW 1980, 458, 459.
[4] LG Münster DGVZ 1983, 57 f. zum alten Recht.
[5] BGH NJW 2006, 3352, 3353; MK/*Heßler* Rn. 47; *St/J/Münzberg* Rn. 5; aA *Zö/Stöber* Rn. 6.
[6] BVerfGE 42, 212, 219 = NJW 1976, 1735.
[7] *T/P/Hüßtege* Rn. 4; *Zö/Stöber* Rn. 7.

II. Voraussetzungen

1. Begriffsbestimmungen. Zum Begriff der **Wohnung** und der **Durchsuchung** s. § 758 Rn. 2f. Im Gegensatz zu § 284 Abs. 4 AO erwähnt § 758a **Geschäftsräume** nicht. Daraus könnte der Schluss gezogen werden, eine Durchsuchung von Geschäftsräumen erfordere keine Durchsuchungsanordnung.[8] Der Wohnungsbegriff, den das BVerfG zugrunde legt, umfasst jedoch auch Geschäftsräume (s. § 758 Rn. 2); dies muss deshalb auch für § 758a gelten. Eine **Durchsuchung** liegt auch vor, wenn der Gerichtsvollzieher **offen liegende Sachen** wegnehmen will, denn auch in diesem Fall will er in der geschützten Wohnung des Schuldners eine Sache pfänden, die der Schuldner von sich aus nicht herausgibt.[9] Verweigert der Schuldner dem Gerichtsvollzieher den **Zutritt zur Wohnung** oder öffnet er die Tür nicht, ist schon für das Eindringen des Gerichtsvollziehers in die Wohnung ein richterlicher Durchsuchungsbeschluss erforderlich.[10] Allein das Eindringen stellt zwar noch keine Durchsuchung dar. Es steht aber in unmittelbarem Zusammenhang mit der beabsichtigten Durchsuchung; nur ihr kann ein Eindringen gegen den Willen des Schuldners dienen. 3

2. Einwilligung. Die Einwilligung nach Abs. 1 S. 1 muss ausdrücklich erklärt werden,[11] fehlender Widerspruch reicht nicht.[12] Dies folgt daraus, dass Art. 13 Abs. 2 GG unabhängig von einem Widerspruch eine richterliche Erlaubnis vorschreibt. Die Erlaubnis liegt nicht darin, dass ein Geschäftsinhaber seine Geschäftsräume für die Öffentlichkeit zugänglich macht.[13] Die Einwilligung muss nach dem Wortlaut des Abs. 1 S. 1 **vom Schuldner** erteilt werden.[14] Die Gesetzesbegründung geht davon aus, dass die Einwilligung von mitwohnenden Familienangehörigen und bevollmächtigtem Personal erteilt werden könne.[15] Dies kommt aber im Gesetz nicht zum Ausdruck. Der Hinweis in der Begründung auf die §§ 181, 183, 184 aF, § 759 verfängt nicht, weil diese nicht in Bezug genommen sind. Eine **analoge Anwendung** dieser Vorschriften ist nicht möglich. Die Sachlage ist nicht vergleichbar. Die Zustellungsvorschriften sollen einerseits die Zustellung in Fällen der Abwesenheit des Adressaten ermöglichen, andererseits durch Auswahl des entsprechenden Personenkreises sicherstellen, dass das Schriftstück dem Schuldner zugeht. § 759 dient dem Schutz des Gerichtsvollziehers und der Sicherstellung eines gesetzmäßigen Verfahrens (s. § 759 Rn. 1). Bei § 758a Abs. 1 S. 1 geht es um den Verzicht auf ein grundgesetzlich gewährtes Recht. Für vergleichbare Fälle enthalten nur die §§ 164ff. BGB Vorschriften. Eine Einwilligung kann daher nur eine ausdrücklich vom Schuldner und den Mitberechtigten an der Wohnung bevollmächtigte Person erklären.[16] Der Schuldner selbst muss **prozessfähig** sein (s. vor § 704 Rn. 22).[17] Der Gerichtsvollzieher muss die angetroffene Person über ihre Rechte **belehren** (nach § 107 Nr. 2 GVGA fälschlich nur bei Nichtgestattung der Durchsuchung), also darüber, dass die Durchsuchung nur mit richterlicher Erlaubnis oder mit Einverständnis des Schuldners erlaubt ist.[18] Bei Vorbehalten oder Einschränkungen gilt die Einwilligung als nicht erteilt.[19] Die erteilte Erlaubnis kann jederzeit widerrufen werden.[20] 4

3. Zusammenwohnen des Schuldners. a) Regelung des Abs. 3. Nach Abs. 3 müssen Personen, die **Mitgewahrsam** an der Wohnung des Schuldners haben, die Durchsuchung dulden, wenn eine Durchsuchungserlaubnis gegen den Schuldner ergangen ist oder dieser in die Durchsuchung eingewilligt hat. Besitzdiener (s. dazu § 808 Rn. 4) sind keine Gewahrsamsinhaber; ihnen steht auch das Recht aus Art. 13 GG nicht zu. Zur Abgrenzung Mitgewahrsam – Alleingewahrsam s. § 808 Rn. 6ff. Der Mitgewahrsam muss an der Wohnung des Schuldners bestehen. Zu Wohnräumen Dritter s. Rn. 7. Nach Abs. 3 S. 2 sind **unbillige Härten** zu vermeiden. Dies bedeutet weniger als sittenwidrige Härte im Fall des § 765a (s. dort Rn. 5). Andererseits ist der Dritte als nicht an der Vollstreckung Beteiligter schutzwürdiger als der Schuldner, sodass die Durchsuchung seiner Wohnung eher zu untersagen ist als die der Wohnung des Schuldners. In Betracht kommen neben den Fällen, in denen schon gegen den Schuldner keine Durchsuchungserlaubnis ergehen darf (s. Rn. 13), als zeitweilige Hinderungsgründe etwa Bettlägerigkeit wegen einer Erkrankung, Schlafen am Tag wegen nächtlicher Arbeit, wichtiger Besuch[21] und vergleichbare Fälle. Hier kann ggf., wenn auch nicht allein, Berücksichtigung finden, dass es sich um die Vollstreckung wegen einer Bagatellforderung handelt. Ist die Durchsuchung bei besonderen Gründen dauerhaft unzulässig, gibt es keine Grundlage zum Erlass eines Durchsuchungsbeschlusses. Zu den Rechtsbehelfen s. Rn. 16. 5

b) Art. 13 GG. Wohnt der Schuldner mit anderen Personen (Ehegatte, Mitmieter, Lebensgefährte) gemeinsam in einer Wohnung, stellt sich auch angesichts des Absatzes 3 die Frage, ob eine Einwilligung des Schuldners oder eine Durchsuchungserlaubnis gegen ihn die Durchsuchung der gemeinsam bewohnten 6

---

8 So ausdrücklich *Behr* JurBüro 2000, 117, 120.

9 MK/*Heßler* Rn. 28; *Brox/Walker* Rn. 325; aA BFH NJW 1989, 855; OVG Hamburg WuM 1997, 204, 205; *St/J/Münzberg* Rn. 5; *Schilken*, Festschr. f. Beys, 2003, S. 1452.

10 LG Köln NJW 1977, 825; aA MK/*Heßler* Rn. 27 m. weit. Nachw.

11 *Behr* DGVZ 1980, 49, 51; *Zö/Stöber* Rn. 10.

12 Anders § 107 Nr. 1 GVGA; MK/*Heßler* Rn. 31.

13 So zum alten Recht LG Wuppertal DGVZ 1980, 11; *Seip* NJW 1994, 352, 354f.

14 AG St. Wendel DGVZ 2001, 124 (zur ähnlichen Problematik bei § 807 Abs. 1 Nr. 3); *Wesser* (Fn. 1) S. 2143f.

15 BT-Drucks. 13/341 S. 16; ebenso MK/*Heßler* Rn. 30f.; *Zö/Stöber* Rn. 11.

16 AG St. Wendel (Fn. 14); wohl auch *St/J/Münzberg* Rn. 13; ähnlich *T/P/Hüßtege* Rn. 5; differenzierend *Schilken*, Festschr. f. Beys, 2003, S. 1455f.

17 AA unter Berufung auf § 107 Nr. 1 GVGA *Harnacke* DGVZ 2000, 161, 163.

18 MK/*Heßler* Rn. 33; *Zö/Stöber* Rn. 10; aA *Schneider* NJW 1980, 2377, 2383.

19 MK/*Heßler* Rn. 33; *Zö/Stöber* Rn. 13.

20 *Zö/Stöber* Rn. 14.

21 *Behr* (Fn. 8).

Wohnungsteile rechtfertigt, weil die Verneinung dieser Frage die Verfassungswidrigkeit des Abs. 3 zur Folge haben könnte (s. Rn. 1). Ganz überwiegend wird angenommen, die Durchsuchungsanordnung gegen den Schuldner selbst sei ausreichende Grundlage auch für die Durchsuchung von Räumen, die der Schuldner mit anderen zusammen bewohne; eine Verletzung des Art. 13 GG liege nicht vor. Das Mitglied einer Wohnungsgemeinschaft müsse alle Beschränkungen hinnehmen, die mit der Benutzung der anderen Mitglieder verbunden seien.[22] Der Gerichtsvollzieher nehme die Position des Schuldners ein; dieser aber dürfe ungehindert Besuch empfangen.[23] Diese Fragen betreffen aber das Innenverhältnis der Mitbewohner untereinander, nicht ihre im Grundgesetz garantierten Rechte gegenüber dem Staat.[24] Zudem ist die Annahme zweifelhaft, die Mitbewohner seien auch mit einer Durchsuchung der in ihrem Mitgewahrsam stehenden Wohnungsteile im Verhältnis zum Schuldner einverstanden. Daher ist eine Durchsuchungsanordnung grundsätzlich nicht entbehrlich,[25] auch (analog § 739) nicht bei Ehegatten, weil § 739 nur den Sach-, nicht den Raumgewahrsam schützt.[26]

7 **4. Wohnräume Dritter, Taschenpfändung.** Der Gerichtsvollzieher darf Wohnräume Dritter **betreten,** wenn er in ihnen pfändbare Sachen des Schuldners weiß (s. § 758 Rn. 5). **Durchsuchen** darf er diese Räume nicht, wenn er keine Durchsuchungsanordnung gegen den Wohnungsinhaber selbst hat. Dies ist auch bei einem Verdacht der Beihilfe des Dritten zur Vollstreckungsvereitelung des Schuldners nicht gerechtfertigt.[27] Auch wenn man der Ansicht folgt, niemand dürfe sich auf Art. 13 GG berufen, um strafbare Handlungen zu begehen,[28] so ist es nicht Aufgabe des Gerichtsvollziehers, diese Frage und die des Verdachts der strafbaren Handlung zu beurteilen. Im Übrigen mag der Dritte sich nicht auf Art. 13 GG berufen dürfen; es fehlt auch in der ZPO an jeder Ermächtigungsnorm zu einer Durchsuchung der von einem Unbeteiligten an der Vollstreckung allein bewohnten Wohnung. Für die **Taschenpfändung** ist eine richterliche Anordnung nur erforderlich, wenn die Voraussetzungen des Art. 13 Abs. 2 GG vorliegen, also eine Wohnungsdurchsuchung beim Schuldner oder Dritten durchgeführt werden muss.

8 **5. Pfändung für mehrere Gläubiger.** Der Gerichtsvollzieher kann weitere Vollstreckungsaufträge (anderer oder desselben Gläubigers), für die keine eigene Durchsuchungserlaubnis vorliegt, mit vollstrecken, wenn er sich aufgrund einer Erlaubnis in anderer Sache in der Wohnung des Schuldners befindet, soweit dadurch der Eingriff in die Wohnungsfreiheit nicht über den Aufwand hinausgeht, der aufgrund der erlaubten Vollstreckung gerechtfertigt ist.[29] Eine **Anschlusspfändung** (§ 826) ist immer möglich, weil sie keine Durchsuchung erfordert.

9 **6. Gefahr im Verzuge.** Art. 13 Abs. 2 GG erlaubt die Durchsuchung der Wohnung ohne richterliche Erlaubnis, wenn Gefahr im Verzuge ist. Dies ist der Fall, wenn die Verzögerung, die mit der vorherigen Einholung der richterlichen Erlaubnis verbunden ist, den Erfolg der Durchsuchung gefährden würde.[30] Diese Definition des BVerfG ist im Wesentlichen zum Wortlaut des **Abs. 1 S. 2** gemacht worden. Die Beurteilung dieser Frage ist Voraussetzung einer Vollstreckung ohne richterlichen Beschluss, die der Gerichtsvollzieher selbstständig zu prüfen hat, ohne dass ihm dabei ein Ermessen einzuräumen wäre.[31] Konkrete Anhaltspunkte für eine beabsichtigte Vollstreckungsvereitelung oder ein bevorstehender Umzug des Schuldners ins Ausland können eine Gefahr im Verzug darstellen.[32] Nahe liegt die Annahme der Gefahr, wenn ein ohne mündliche Verhandlung[33] angeordneter Arrest oder einstweilige Verfügung zu vollstrecken ist,[34] sie darf gleichwohl nicht automatisch angenommen werden.[35] Das Verhalten des Gerichtsvollziehers kann durch eine Erinnerung (§ 766) auf die Richtigkeit überprüft werden; einer nachträglichen richterlichen Erlaubnis bedarf es nicht.

10 **7. Anwesenheit des Gläubigers.** Nach § 62 Nr. 5 GVGA kann der Gläubiger vom Gerichtsvollzieher verlangen, zur Zwangsvollstreckung hinzugezogen zu werden. Dies ist unmittelbar in der ZPO nicht geregelt, ergibt sich aber aus der Parteistellung des Gläubigers im Vollstreckungsverfahren (vor § 704 Rn. 9),[36] seinem Weisungsrecht (§ 753 Rn. 12) und den Verfassungsprinzipien der Gewährung effektiven Rechtsschutzes sowie der Eigentumsgarantie (s. vor § 704 Rn. 15). Die Anwesenheit des Gläubigers gegen den Willen des Schuldners stellt zwar einen Eingriff in das Grundrecht auf Wohnungsfreiheit dar, ist aber nach Art. 13 GG oder wegen der konkurrierenden Grundrechte des Gläubigers gerechtfertigt. Das Recht des Gläubigers[37] steht allerdings unter dem Grundsatz der Verhältnismäßigkeit, sodass der Gerichtsvollzieher die Anwesenheit ausschließen kann, wenn sie für den widersprechenden Schuldner nicht zumutbar ist. Die hM

22 OVG Bautzen NVwZ 1999, 891; OLG Stuttgart Rpfleger 1981, 152; *Ro/G/Sch* § 26 IV 3g.
23 *Schuschke* DGVZ 1997, 49, 52.
24 *Guntau* DGVZ 1982, 17, 19; *Ro/G/Sch* § 26 IV 3g.
25 Vgl. KG NJW-RR 1994, 713; *St/J/Münzberg* Rn. 7f.; *Lackmann* Rn. 267.
26 *St/J/Münzberg* Rn. 8; *Becker-Eberhard* FamRZ 1994, 1296, 1299; *Pawlowski* DGVZ 1997, 17ff.
27 AA MK/*Heßler* Rn. 21.
28 *Bittmann* DGVZ 1989, 65; wohl auch MK/*Heßler* Rn. 21.
29 BVerfGE 76, 83 = NJW 1987, 2499.
30 BVerfGE 51, 97, 111 = NJW 1979, 1539.
31 Insoweit aA MK/*Heßler* Rn. 38.
32 OLG Karlsruhe DGVZ 1992, 41; *Zö/Stöber* Rn. 32.
33 AG Mönchengladbach-Rheydt DGVZ 1980, 94, 95.
34 S. ausführlich MK/*Heßler* Rn. 39 m. weit. Nachw.
35 OLG Karlsruhe DGVZ 1983, 139; MK/*Heßler* Rn. 39.
36 *Zö/Stöber* § 758 Rn. 8.
37 HM; KG ZIP 1983, 497, 499; MK/*Heßler* § 758 Rn. 24 m. weit. Nachw.; *St/J/Münzberg* § 758 Rn. 10; aA LG Bochum DGVZ 1991, 172; LG Kassel DGVZ 1988, 173, 174.

stellt strengere Anforderungen an das Recht des Gläubigers auf Anwesenheit bei einem Widerspruch des Schuldners, dessen Grundrecht aus Art. 13 GG vorrangig sein soll. Voraussetzung sei, dass die Vollstreckung ohne Anwesenheit des Gläubigers nicht möglich oder erheblich erschwert sei;[38] zT wird angenommen, die Anwesenheit des Gläubigers sei von der Zustimmung des Schuldners abhängig und nicht erzwingbar.[39] Dies ist überspannt. Zu einem effektiven Rechtsschutz für den Gläubiger gehört die Kontrolle des Gerichtsvollziehers, die allein das Pfändungsprotokoll nicht ermöglicht.[40] Da der Gläubiger nur anwesend sein und selbst nicht aktiv eingreifen darf, ist keine Durchsuchungsanordnung zu seinen Gunsten erforderlich.[41]

III. Richterliche Durchsuchungsanordnung

1. Formelle Voraussetzungen. Die richterliche Anordnung ergeht auf **Antrag** des Gläubigers. Dieser ist, sobald eine Verordnung nach Abs. 6 ergangen ist (bisher nicht), unter Benutzung des amtlichen Vordrucks einzureichen. Der Gerichtsvollzieher ist wegen seiner Pflicht zur Unabhängigkeit zur Antragstellung, auch wenn ein entsprechender Auftrag des Gläubigers vorliegt, nicht befugt,[42] schon gar nicht verpflichtet.[43] **Zuständig** (ausschließlich, § 802) zur Entscheidung ist gem. Abs. 1 S. 1 der Richter bei dem Amtsgericht, in dessen Bezirk die Durchsuchung vorgenommen werden soll. **Die allgemeinen Vollstreckungsvoraussetzungen** (Titel, Klausel, Zustellung, s. vor § 704 Rn. 24) müssen vorliegen,[44] was durch Einreichung der Unterlagen nachzuweisen ist.[45] Beantragt das Finanzamt eine Durchsuchungsanordnung, muss es unter Angabe von Steuerart, Erhebungszeitraum, Steuerbescheid und Höhe des Anspruchs nachvollziehbar darlegen, zur Durchsetzung welcher Ansprüche die Erlaubnis dienen soll.[46] Eine **inhaltliche Prüfung** des Titels ist unzulässig.[47] 11

2. Das Rechtsschutzbedürfnis für eine richterliche Anordnung fehlt, wenn dem Gerichtsvollzieher der Zutritt zur Wohnung oder deren Durchsuchung noch nicht verweigert worden oder der Schuldner sogar einverstanden ist. Anders ist es jedenfalls, wenn der Schuldner vom Gerichtsvollzieher wiederholt nicht angetroffen wurde (§ 107 Nr. 6 GVGA),[48] wobei einer der Versuche außerhalb der normalen Arbeitszeit liegen soll.[49] Ausreichend ist ein erfolgloser Versuch mit der vergeblichen Aufforderung des Gerichtsvollziehers an den Schuldner, sich mit ihm in Verbindung zu setzen.[50] Da grundsätzlich eine Durchsuchungsanordnung erforderlich ist und es nur um die Frage geht, ob der Gläubiger ein berechtigtes Interesse an der Inanspruchnahme des Gerichts hat (s. vor § 253 Rn. 7), ist Großzügigkeit angebracht. Wenn konkrete Anhaltspunkte dafür vorliegen, dass fest mit einer Weigerung des Schuldners zu rechnen ist, kann die Anordnung auch ohne Vollstreckungsversuch beantragt werden.[51] Zu Bagatellforderungen s. Rn. 13. 12

3. Materielle Voraussetzungen. Die Durchsuchung ist zu gestatten, wenn sie erforderlich ist und dem Grundsatz der **Verhältnismäßigkeit** entspricht. Wegen der ebenfalls schützenswerten Rechte des Gläubigers darf sie nur ausnahmsweise abgelehnt werden, wenn besondere Gründe die Durchsetzung des Gläubigeranspruchs als einen unverhältnismäßig schweren Eingriff in den Schutzbereich des Art. 13 Abs. 2 GG erscheinen lassen.[52] Dies kann bei ernstlicher Erkrankung des Schuldners oder eines Mitbewohners seiner Wohnung der Fall sein.[53] Unverhältnismäßig ist auch eine erneute Wohnungsdurchsuchung, wenn aufgrund einer kurz zuvor durchgeführten erfolglosen Vollstreckung offenkundig ist, dass die Vollstreckung erfolglos sein wird.[54] Dass es sich um **„Bagatellforderungen"** (dazu auch vor § 253 Rn. 9, § 753 Rn. 13 und § 765 a Rn. 8) handelt, reicht hingegen allein nicht aus;[55] allerdings ist bei geringen Restforderungen eine besonders sorgfältige Prüfung der Angemessenheit und Erforderlichkeit und Abwägung der widerstreitenden Interessen geboten.[56] 13

4. Verfahren, Entscheidung. Dem Schuldner ist vor Erlass der Durchsuchungsanordnung in der Regel **rechtliches Gehör** zu gewähren,[57] weil sonst die Verhältnismäßigkeit nicht geprüft werden kann. Die Anhö- 14

---

[38] MK/*Heßler* § 758 Rn. 25; ähnlich (wesentliches Interesse) *St/J/Münzberg* § 758 Rn. 10.
[39] LG Köln DGVZ 1997, 152 f.
[40] So im Ergebnis auch KG DGVZ 1983, 72, 74.
[41] AA LG Stuttgart NJW-RR 1992, 511, 512; LG Hof DGVZ 1991, 123.
[42] LG Aschaffenburg DGVZ 1995, 185; MK/*Heßler* Rn. 49; *Schuschke/Walker* § 758 Rn. 11; *T/P/Hüßtege* Rn. 15; *Zö/Stöber* Rn. 23; aA (berechtigt bei Auftrag des Gläubigers) *St/J/Münzberg* Rn. 23.
[43] LG Bamberg DGVZ 1989, 152 f.; LG Koblenz DGVZ 1981, 24, 25; LG Berlin DGVZ 1980, 23.
[44] BVerfGE 57, 346, 357 = NJW 1981, 2111; MK/*Heßler* Rn. 52 m. weit. Nachw.
[45] *Zö/Stöber* Rn. 24.
[46] OLG Köln InVo 1999, 125, 126; LG Wiesbaden NJW-RR 1998, 1289.
[47] BVerfG (Fn. 44).
[48] KG NJW 1986, 1180, 1182; OLG Bremen DGVZ 1989, 40.
[49] OLG Celle Rpfleger 1987, 73.
[50] OLG Celle (Fn. 49); s. a. OLG Köln MDR 1995, 850; MK/*Heßler* Rn. 50 m. weit. Nachw.
[51] MK/*Heßler* Rn. 50 m. weit. Nachw.
[52] MK/*Heßler* Rn. 57.
[53] LG Hannover DGVZ 1984, 116.
[54] LG Berlin DGVZ 1983, 10, 11; *Wesser* (Fn. 1) S. 2143.
[55] OLG Düsseldorf NJW 1980, 1171; MK/*Heßler* Rn. 58; aA LG Hannover NJW-RR 1986, 1256.
[56] OLG Hamm OLGR 2001, 317.
[57] BVerfGE 57, 346, 359 = NJW 1981, 2111; OLG Hamm OLGR 2001, 317; *St/J/Münzberg* Rn. 24; *Wesser* (Fn. 1) S. 2141 f.; aA LG Verden JurBüro 1996, 272; *T/P/Hüßtege* Rn. 16; *Zö/Stöber* Rn. 25; *Schilken*, Festschr. f. Beys, 2003, S. 1467.

rung kann nur unterbleiben, wenn der Vollstreckungserfolg gefährdet würde,[58] was in der Entscheidung zu begründen ist.[59] Die **Entscheidung** ergeht durch (kurz) zu begründenden **richterlichen Beschluss.**[60] Die vom Richter unterzeichnete Urschrift (wie auch die daraus zu erstellende Ausfertigung) muss Gläubiger, Titel, bei einer Teilforderung deren Höhe, den Inhaber und den Ort der zu durchsuchenden Wohnung enthalten.[61] Die Anordnung sollte zeitlich begrenzt werden.[62] Die stattgebende Entscheidung ist dem Gläubiger zu übermitteln und dem Schuldner **zuzustellen,** wenn er gehört wurde, da Rechtsmittel die sofortige Beschwerde ist (s. Rn. 16). Die ablehnende Entscheidung ist dem Gläubiger zuzustellen. Gem. Abs. 5 ist die Erlaubnis bei der späteren Zwangsvollstreckung **vorzuzeigen.**

15 **5. Geltungsbereich der Entscheidung.** Der Durchsuchungsbeschluss gilt nur für den **konkreten Vollstreckungsauftrag,** mag auch für gleichzeitig durchgeführte Vollstreckungen eine eigene Erlaubnis nicht erforderlich sein (s. Rn. 8). Der Beschluss wird verbraucht, wenn der Gerichtsvollzieher sich mit ihm Zutritt zur Wohnung des Schuldners verschafft hat. Nur wenn ein zeitlicher Rahmen in ihm genannt ist, sind mehrere Durchsuchungen erlaubt.[63] Die Abholung gepfändeter Sachen ist ohne neue Erlaubnis zulässig.[64] Ist kein zeitlicher Rahmen genannt, verliert die Anordnung ihre rechtfertigende Kraft, wenn nicht mit der Durchsuchung in angemessener Zeit (halbes Jahr) begonnen wird.[65]

16 **6. Rechtsbehelfe.** Die Durchsuchungsanordnung steht in einem unmittelbaren Zusammenhang mit der Durchführung des Vollstreckungsauftrags und gehört deshalb zum Zwangsvollstreckungsverfahren. Es ist grundsätzlich rechtliches Gehör zu gewähren (s. Rn. 14). Unabhängig davon muss die Verhältnismäßigkeit der Anordnung geprüft werden. Daher handelt es sich beim Stattgeben und Zurückweisen um eine Entscheidung des Richters, auch wenn im Einzelfall kein rechtliches Gehör gewährt wurde. Rechtsmittel gegen die Durchsuchungsanordnung ist daher in jedem Fall die **sofortige Beschwerde nach § 793.**[66] Der Schuldner kann sich allerdings nicht darauf berufen, dass eine Anordnung gegen einen mitbewohnenden Dritten fehlt.[67] Bei einer **abgeschlossenen Durchsuchung** ist nach bisheriger Rechtsprechung Voraussetzung, dass der ergangene Beschluss noch fortwirkt, etwa durch eine Fruchtlosigkeitsbescheinigung,[68] wegen weiterer möglicher Durchsuchungen oder auch weiterer Durchsuchungsanordnungen,[69] wenn die Vollstreckung nicht vollständig zum Erfolg geführt hat. Auch kann die Vollstreckungsmaßnahme (zB eine Pfändung) mit der Begründung angefochten werden, die Durchsuchung sei nicht rechtmäßig gewesen,[70] solange die Vollstreckung nicht vollständig beendet ist (s. dazu vor § 704 Rn. 28ff.). An Letzterem ist auch angesichts der Rechtsprechung des BVerfG[71] jedenfalls dann festzuhalten, wenn dem Schuldner vor Erlass der Durchsuchungsanordnung rechtliches Gehör gewährt worden ist,[72] weil er dann die Möglichkeit hatte, gegen sie vorzugehen, wenn sie ihm bekannt gemacht wurde. Ist der Schuldner nicht angehört worden oder ist überraschend von einer nicht zugestellten Anordnung Gebrauch gemacht worden, ist eine Anfechtung auch bei prozessualer Überholung (s. dazu § 567 Rn. 19) wegen der Bedeutung des Art. 13 Abs. 2 GG noch möglich.[73] Die Vollstreckung ohne erforderliche Durchsuchungserlaubnis führt nur zur **Anfechtbarkeit,** nicht zur Nichtigkeit des Vollstreckungsakts (s. a. Rn. 24, § 758 Rn. 9).[74] Zum Entstehen eines Pfändungspfandrechts s. Rn. 24.

IV. Vollstreckung zur Nachtzeit und an Sonn- und Feiertagen (Absatz 4)

17 **1. Allgemeines.** Eine richterliche Erlaubnis ist nur für Vollstreckungshandlungen in Wohnungen notwendig. Dies gilt, da Abs. 4 gegenüber Abs. 2 vorrangig ist, auch für die Vollstreckung eines Haftbefehls in Wohnungen.[75] Im Übrigen ist die Vollstreckung nur dann untersagt, wenn sie eine unbillige Härte für Schuldner oder Mitgewahrsamsinhaber darstellt oder in einem Missverhältnis zu dem Eingriff steht.

18 **2. Vollstreckung in Wohnungen. a) Voraussetzungen.** Zu den von einer Erlaubnis abhängigen Vollstreckungshandlungen s. Rn. 17, zum Begriff der **Wohnung** § 758 Rn. 2. Da Abs. 1, 3, 4 jeweils nur von „Wohnung" sprechen, ist eine einheitliche, dann an der Rechtsprechung des BVerfG orientierte Auslegung geboten; der Begriff umfasst daher auch Geschäftsräume.[76] **Nachtzeit** ist die Zeit ab einundzwanzig bis sechs

---

[58] BVerfG (Fn. 57); OLG Hamm (Fn. 57).
[59] OLG Hamm (Fn. 57); *Zö/Stöber* Rn. 25.
[60] KG DVGZ 1983, 72, 73.
[61] OLG Köln JurBüro 1996, 213, 214f.; *Wesser* (Fn. 1) S. 2141.
[62] BFH NJW 1980, 690.
[63] Streitig; wie hier MK/*Heßler* Rn. 65; aA LG Zweibrücken MDR 1980, 2096.
[64] MK/*Heßler* Rn. 66; *St/J/Münzberg* Rn. 28.
[65] BVerfG NJW 1997, 2165, 2166.
[66] OLG Saarbrücken Rpfleger 1993, 146, 147; OLG Koblenz MDR 1986, 64; OLG Hamm NJW 1984, 1972; aA (bei fehlender Anhörung Erinnerung nach § 766) KG NJW 1986, 1180ff.; *St/J/Münzberg* Rn. 33; (kein Rechtsmittel): *Zö/Stöber* Rn. 36.
[67] OVG Bautzen (Fn. 22).
[68] KG NJW-RR 1987, 126.
[69] LG Bad Kreuznach DGVZ 1989, 139.
[70] LG Frankfurt MDR 1987, 943; *Brox/Walker* Rn. 331.
[71] BVerfG NJW 1997, 2163ff.; NJW 1999, 273f.; ebenso BGH NJW 1999, 730ff.
[72] S. dazu BVerfG NJW 1997, 2163, 2164.
[73] BVerfG (Fn. 72); OLG Hamm (Fn. 57).
[74] MK/*Heßler* Rn. 75; *Zö/Stöber* Rn. 37; *Brox/Walker* Rn. 331; aA (nicht anfechtbar) *St/J/Münzberg* Rn. 32.
[75] BGH NJW-RR 2005, 146f.; MK/*Heßler* Rn. 77; *St/J/Münzberg* Rn. 35; aA *Zö/Stöber* Rn. 35 m. weit. Nachw.
[76] *Schilken,* Festschr. f. Beys, 2003, S. 1464; aA *Münzberg* DGVZ 1999, 177, 180.

Uhr (Abs. 4 S. 2). Zu den **allgemeinen Feiertagen** (allgemein Neujahr, Karfreitag, Ostermontag, Himmelfahrt, 1. Mai, Pfingstmontag, 3. Oktober, erster und zweiter Weihnachtstag) zählen in den betreffenden Bundesländern auch die nur in diesen als Feiertage bestimmten Tage[77] (zB Fronleichnam, Allerheiligen). Uneingeschränkt möglich ist die Zwangsvollstreckung an Samstagen. Die **allgemeinen Voraussetzungen der Zwangsvollstreckung** (vor § 704 Rn. 24) müssen vorliegen (s. Rn. 11). Das **Rechtsschutzinteresse** fehlt, wenn die beantragte Vollstreckung von vornherein aussichtslos erscheint.[78] Auch macht die Einwilligung des Schuldners (s. Rn. 4) den Beschluss entbehrlich;[79] allerdings kann hier ein erfolgloser Vollstreckungsversuch (s. Rn. 12) nicht verlangt werden. S. im Übrigen Rn. 12.

b) **Ermessensgrundlagen, Verhältnismäßigkeit.** Der Gläubiger muss dartun (ggf. glaubhaft machen), dass die Vollstreckung zu üblichen Zeiten ergebnislos geblieben ist bzw. sein wird, oder dass die Vollstreckung zur Nachtzeit oder an Sonn-/Feiertagen wesentlich größeren Erfolg verspricht.[80] Geht die Begründung dahin, der Schuldner sei zu üblichen Zeiten nicht anzutreffen, muss die Vollstreckung mehrfach zu verschiedenen Zeiten erfolglos versucht worden sein.[81] Nach dem Grundsatz der **Verhältnismäßigkeit** ist der Antrag abzulehnen, wenn die Vollstreckung unter Berücksichtigung der Interessen des Gläubigers für den Schuldner unzumutbar ist.[82] Dies kann aber nicht allein damit begründet werden, dass die Forderung des Gläubigers unbedeutend ist, weil sein Vollstreckungsanspruch sonst nicht erfüllt würde (vgl. zu Bagatellforderungen Rn. 13).[83] 19

c) **Antrag, Anhörung.** Die Anordnung nach Abs. 4 wird nur auf **Antrag** erlassen, den der Gläubiger (so auch § 65 Nr. 2 GVGA), nicht aber der Gerichtsvollzieher stellen kann, dieser auch nicht im Auftrag des Gläubigers.[84] Der Schuldner ist grundsätzlich **anzuhören;** dies gilt nur dann nicht, wenn eine besondere Dringlichkeit oder die Sicherung des Vollstreckungserfolgs entgegensteht.[85] 20

d) **Zuständigkeit.** Örtlich und sachlich (ausschließlich, § 802) zuständig ist das Amtsgericht, in dessen Bezirk die Vollstreckungshandlung vorgenommen werden soll, Abs. 4, Abs. 1. Funktionell zuständig ist gem. Abs. 4 S. 1 der **Richter.** Eine vom Rechtspfleger erteilte Erlaubnis ist daher **unwirksam,** § 8 Abs. 4 S. 1 RPflG. 21

e) **Entscheidung.** Die Anordnung, die durch **Beschluss** ergeht, bestimmt, welche Vollstreckungshandlungen zulässig sind. Sie ist zeitlich zu befristen.[86] Sie gilt mangels ausdrücklicher anderer Anordnung nur für eine Vollstreckungshandlung und für den Gläubiger, der sie beantragt hat, was schon aus dem Antragserfordernis folgt.[87] Sie schließt eine Durchsuchungsanordnung (Abs. 1 S. 1) nicht (stillschweigend) mit ein.[88] 22

3. Vollstreckung außerhalb von Wohnungen. Außerhalb von Wohnungen (s. § 758 Rn. 2) darf zur Nachtzeit sowie an Sonn- und Feiertagen ohne richterliche Anordnung vollstreckt werden. Untersagt ist dies dem Gerichtsvollzieher nur, wenn dies eine unbillige Härte für Schuldner oder Mitgewahrsamsinhaber bedeuten würde oder der zu erwartende Erfolg in einem Missverhältnis zu dem Eingriff steht. Da zu Wohnungen auch Geschäftsräume, Nebenräume u. Ä. zählen (s. § 758 Rn. 2), ist der Anwendungsbereich sehr gering. Es wird praktisch vor allem um die Vollstreckung von und in Autos oder leer stehenden Gebäuden gehen. Wann diese zur Nachtzeit oder an Sonn- und Feiertagen **unbillig** (s. Rn. 5) sein soll, ist kaum ersichtlich. Da in diesen Fällen Schuldner in ihren Rechten nur unwesentlich beeinträchtigt werden, ist auch nur in Ausnahmefällen vorstellbar, dass der zu erwartende Erfolg in einem Missverhältnis zu dem Eingriff steht. 23

4. Rechtsbehelfe. Dem Schuldner steht als Rechtsbehelf **gegen eine Anordnung** nach Abs. 4 die sofortige Beschwerde (§ 793) zu, wegen der erforderlichen Interessenabwägung auch dann, wenn er nicht gehört wurde.[89] Einem Dritten steht bei vorheriger Anhörung die sofortige Beschwerde (§ 793), sonst die Vollstreckungserinnerung (§ 766) zu. Dem **Gläubiger,** dessen Antrag zurückgewiesen wurde, steht die sofortige Beschwerde (§ 793) zu.[90] Erfolgt die Vollstreckung **außerhalb von Wohnungen,** kann eine Verletzung der 1. Alt. des Abs. 4 mit der Vollstreckungserinnerung (§ 766) gerügt werden. Eine nach Abs. 4 fehlerhaft durchgeführte Vollstreckung ist nur **anfechtbar,** nicht unwirksam. Die Anfechtung führt zur Aufhebung des Vollstreckungsakts. Die gegenteilige Auffassung, der Vollstreckungsakt müsse unberührt bleiben,[91] ließe Abs. 4 leer laufen. Trotz der bloßen Anfechtbarkeit erhält der Gläubiger, zu dessen Gunsten unter Verletzung des Abs. 4 vollstreckt wurde, auch dann **keinen Vorrang,** wenn kein Rechtsbehelf eingelegt wird. Abs. 4 zählt 24

---

77 *B/L/H* Rn. 17.
78 So zu § 761 aF LG Frankfurt DGVZ 1980, 23, 26.
79 *St/J/Münzberg* Rn. 36.
80 LG Berlin Rpfleger 1981, 444 (zu § 761 aF); *Zö/Stöber* Rn. 35.
81 So zu § 761 aF OLG Hamm JurBüro 1984, 780, 781 und LG Trier DGVZ 1981, 13: je ein vergeblicher Versuch zur und außerhalb der üblichen Arbeitszeit.
82 Ähnlich *Zö/Stöber* Rn. 35.
83 AA zu § 761 aF LG Berlin DGVZ 1971, 61, 62f.
84 AG Düsseldorf DGVZ 1981, 90 (zu § 761 aF); *Brox/Walker* Rn. 308.
85 So zu § 761 aF OLG Koblenz MDR 1986, 64; OLG Hamm (Fn. 81); *St/J/Münzberg* Rn. 36; aA OLG Stuttgart OLGZ 1970, 182, 185.
86 So zu § 761 aF OLG Stuttgart (Fn. 85).
87 So zu § 761 aF LG Augsburg NJW 1986, 2769.
88 So zu § 761 aF LG Stuttgart DGVZ 1981, 11, 12.
89 So zu § 761 aF OLG Koblenz (Fn. 85); OLG Hamm (Fn. 81); *T/P/Hüßtege* Rn. 32, 24; aA (§ 766 bei fehlender Anhörung) MK/*Karsten Schmidt* § 766 Rn. 20 m. weit. Nachw.; (nicht anfechtbar) *Zö/Stöber* Rn. 36.
90 Unklar *T/P/Hüßtege* Rn. 32, 24; aA (§ 567) *Zö/Stöber* Rn. 36.
91 So wohl *St/J/Münzberg* Rn. 41 iVm. Rn. 32.

zu den wesentlichen Verfahrensvorschriften, deren Nichtbeachtung das Entstehen eines Pfändungspfandrechts hindert (s. dazu § 804 Rn. 5). Eine **Heilung** zu dem Zeitpunkt, zu dem der Gerichtsvollzieher hätte pfänden dürfen, tritt nicht ein.[92] Auch dies würde die Vorschrift bedeutungslos machen.

V. Gebühren und Kosten

25 **1. Rechtsanwaltsgebühren.** Der Anwalt erhält keine besondere Gebühr, der Antrag ist durch die Vollstreckungsgebühr der Nr. 3309 VV RVG abgegolten (§§ 18 Nr. 3, 15 Abs. 2 Nr. 1 RVG).[93]

26 **2. Gerichtskosten.** Gerichtsgebühren entstehen nicht; **Auslagen** erhebt der **Gerichtsvollzieher** nach KVGv Nr. 704; wird der Gerichtsvollzieher auf Verlangen zur Unzeit tätig, werden die doppelten Gebühren erhoben, § 11 GvKostG.

759 *Zuziehung von Zeugen* **Wird bei einer Vollstreckungshandlung Widerstand geleistet oder ist bei einer in der Wohnung des Schuldners vorzunehmenden Vollstreckungshandlung weder der Schuldner noch eine zu seiner Familie gehörige oder in dieser Familie dienende erwachsene Person anwesend, so hat der Gerichtsvollzieher zwei erwachsene Personen oder einen Gemeinde- oder Polizeibeamten als Zeugen zuzuziehen.**

I. Normzweck und Voraussetzungen

1 Die Vorschrift will einerseits den Gerichtsvollzieher vor unberechtigten Verdächtigungen des Schuldners schützen und andererseits ein gesetzmäßiges Verfahren sicherstellen. **Widerstand** ist jedes Verhalten, das geeignet ist, die Annahme zu begründen, die Zwangsvollstreckung werde sich nicht ohne Gewaltanwendung durchführen lassen (vgl. § 108 Nr. 3 GVGA); es kann also eine Drohung des Schuldners genügen.[1] Zeugen müssen zugezogen werden, wenn in der Wohnung (s. § 758 Rn. 2) des Schuldners weder er noch **Familienangehörige** noch in der **Familie dienende** (s. § 178 Rn. 3) erwachsene Personen anwesend sind. Familienangehörige müssen nicht mit dem Schuldner zusammenleben. Wird eine Person angetroffen, muss sich der Gerichtsvollzieher von den Voraussetzungen des § 759 vergewissern.[2] In jedem Fall muss es sich um eine **erwachsene** Person handeln, was keine Volljährigkeit, sondern die Befähigung voraussetzt, nach der körperlichen und geistigen Entwicklung die Vorgänge ihrer Bedeutung nach zu erkennen, zu beobachten und wiederzugeben[3] (s. a. § 178 Rn. 3).

II. Folge

2 Liegen die Voraussetzungen des § 759 vor, hat der Gerichtsvollzieher Zeugen zur Durchführung der Vollstreckungshandlungen zuziehen. Kommt der Widerstand unerwartet, ist die Zwangsvollstreckung zunächst einzustellen, bis Zeugen zugezogen sind.[4] Gewaltmaßnahmen, die darauf abzielen, gegen den Widerstand des Schuldners Zeugen herbeizuholen, sind rechtmäßig.[5] **Zeugen** können zwei Erwachsene (s. Rn. 1) oder ein Gemeinde- oder Polizeibeamter sein. Es muss sich nicht um Beamte im beamtenrechtlichen Sinne handeln.[6] Die Zeugen sollen unbeteiligt sein (vgl. § 108 Nr. 2 GVGA); die Hinzuziehung des Gläubigers als Zeuge ist wegen des Normzwecks unzulässig.[7] Die Zeugen (nicht beigezogene Beamte) sind auf Verlangen angemessen zu entschädigen; die JVEG-Sätze sollen nicht überschritten werden (§ 108 Nr. 2 GVGA). Die Entschädigung wird vom Gerichtsvollzieher als Auslage erhoben.

III. Rechtsbehelfe

3 § 759 ist zwingendes Recht;[8] gleichwohl kann ein Verstoß nicht vollstreckungsrechtlich geltend gemacht werden. Die Zwangsvollstreckungshandlung ist nicht unwirksam; eine Vollstreckungserinnerung (§ 766) kann nicht zur Aufhebung führen, weil der Schuldner nicht beschwert ist.[9]

760 *Akteneinsicht; Aktenabschrift* **¹Jeder Person, die bei dem Vollstreckungsverfahren beteiligt ist, muss auf Begehren Einsicht der Akten des Gerichtsvollziehers gestattet und Abschrift einzelner Aktenstücke erteilt werden. ²Werden die Akten des Gerichtsvollziehers elektronisch geführt, erfolgt die Gewährung von Akteneinsicht durch Erteilung von Ausdrucken, durch Übermittlung von elektronischen Dokumenten oder durch Wiedergabe auf einem Bildschirm.**

---

[92] *Zö/Stöber* Rn. 42.
[93] *G/S/Müller-Rabe* VV 3309 Rn. 182.
[1] *Zö/Stöber* Rn. 2.
[2] LG Konstanz DGVZ 1984, 119.
[3] *St/J/Münzberg* § 181 Rn. 11.
[4] *Zö/Stöber* Rn. 2.
[5] BGHSt 5, 93, 94 = NJW 1954, 200.
[6] *Zö/Stöber* Rn. 3.
[7] *MK/Heßler* Rn. 20; *T/P/Hüßtege* Rn. 3; einschränkend (sollte vermieden werden) *St/J/Münzberg* Rn. 3; *Zö/Stöber* Rn. 3.
[8] BGH (Fn. 5).
[9] *St/J/Münzberg* Rn. 2; *Zö/Stöber* Rn. 4.

I. Normzweck

1 Die Norm gewährt jedem Beteiligten am Vollstreckungsverfahren durch die Möglichkeit der Akteneinsicht eine gewünschte Kontrolle und durch das Recht auf Abschriften die Gelegenheit zur Vervollständigung der eigenen Akten. Sie wendet sich nur an den Gerichtsvollzieher und unmittelbare Beteiligte der Zwangsvollstreckung. Zur Akteneinsicht anderer Personen s. §§ 299 Abs. 2. Unberührt bleiben Benachrichtigungspflichten des Gerichtsvollziehers, zB des Schuldners nach § 763 Abs. 2 oder des Gläubigers bei der Ablehnung (§ 5 Nr. 3 GVGA) oder Erledigung des Auftrags (selbstverständliche Amtspflicht des Staats als Träger des Vollstreckungsmonopols[1]; s. im Einzelnen § 763 Rn. 1).

II. Voraussetzungen, Umfang

2 **1. Antrag.** Akteneinsicht und Abschriften einzelner Aktenstücke werden nur auf Antrag gewährt. Dies gilt auch für **Protokollabschriften** (zum Protokoll s. §§ 762f.), die nur auf **ausdrücklichen** Antrag erteilt werden[2] (s. aber § 763 Abs. 2). Allein im Vollstreckungsauftrag liegt ein solcher Antrag nicht.[3] Zur Vollstreckung mehrerer Gläubiger s. Rn. 3.

3 **2. Berechtigte.** Beteiligt am Vollstreckungsverfahren sind Gläubiger, Schuldner und Dritte, die in eigenen Rechten betroffen sind (zB im Fall des § 809; s. vor § 704 Rn. 9f. und § 766 Rn. 19). Gleichzeitig vollstreckenden Gläubigern wird grundsätzlich nur eine Teilabschrift mit den ihre Vollstreckung betreffenden Daten erteilt, eine vollständige Abschrift nur auf ausdrücklichen Antrag (vgl. § 168 Nr. 3 S. 3 GVGA).[4]

4 **3. Umfang.** Die Einsicht ist in die „Akten" zu gewähren, also in die im Dienstregister II (§§ 57, 65 GVO) eingetragenen Sonderakten. Quittungsdurchschriften befinden sich in den Sonderakten, sodass die Quittungsblöcke nicht eingesehen werden dürfen.[5] Die Register stehen zur Einsicht zur Verfügung, weil es dem Gläubiger ermöglicht werden muss, die Beachtung der Rangfolge der Erledigung der Aufträge zu kontrollieren.[6] Die Einsicht muss in Anwesenheit des Gerichtsvollziehers erfolgen (§ 60 Nr. 1 GVO); Aktenversendung kann nicht verlangt werden.[7] Satz 2 ermöglicht bei **elektronisch geführten Akten** die Einsicht am Bildschirm, die Erteilung von Ausdrucken der elektronischen Dokumente oder deren Übermittlung.

III. Rechtsbehelfe

5 Gegen die Ablehnung des Antrags kann Vollstreckungserinnerung (§ 766) eingelegt werden; vom Schuldner aus datenschutzrechtlichen Gründen auch gegen die Gewährung.

IV. Gerichtskosten

6 Schreibauslagen werden erhoben nach Nr. 700 KVGv.

761 *(weggefallen)*

762 *Protokoll über Vollstreckungshandlungen* **(1) Der Gerichtsvollzieher hat über jede Vollstreckungshandlung ein Protokoll aufzunehmen.**

(2) Das Protokoll muss enthalten:

1. Ort und Zeit der Aufnahme;

2. den Gegenstand der Vollstreckungshandlung unter kurzer Erwähnung der wesentlichen Vorgänge;

3. die Namen der Personen, mit denen verhandelt ist;

4. die Unterschrift dieser Personen und den Vermerk, dass die Unterzeichnung nach Vorlesung oder Vorlegung zur Durchsicht und nach Genehmigung erfolgt sei;

5. die Unterschrift des Gerichtsvollziehers.

(3) Hat einem der unter Nummer 4 bezeichneten Erfordernisse nicht genügt werden können, so ist der Grund anzugeben.

I. Normzweck, Voraussetzungen

1 Die Vorschrift dient der Unterrichtung der interessierten Beteiligten und der Kontrolle des Verfahrens des Gerichtsvollziehers. Protokolle sind über alle **Vollstreckungshandlungen** aufzunehmen, Abs. 1. Vollstreckungshandlungen – Gegensatz: Vorbereitungshandlungen – sind alle Handlungen, die der Gerichtsvollzieher als Vollstreckungsorgan zum Zwecke der Zwangsvollstreckung vornimmt.[1] Hierzu gehören das Betreten der Wohnung gegen den Willen des Schuldners und ihre Durchsuchung sowie das nachträgliche

---

[1] BGH ZVJ 2004, 81; OLG Hamm DGVZ 1977, 40; *Zö/Stöber* Rn. 3; aA *St/J/Münzberg* Rn. 2.

[2] LG Köln MDR 1974, 1024; *Zö/Stöber* Rn. 4; vgl. auch § 110 Nr. 6 GVGA.

[3] BVerwG NJW 1983, 896, 898; *Zö/Stöber* Rn. 4.

[4] *Zö/Stöber* Rn. 2.

[5] *Zö/Stöber* Rn. 1.

[6] *St/J/Münzberg* Rn. 1; aA (nur innerdienstlich) *Zö/Stöber* Rn. 1; MK/*Heßler* Rn. 4.

[7] *St/J/Münzberg* Rn. 1; *Zö/Stöber* Rn. 1.

[1] MK/*Heßler* Rn. 4; *St/J/Münzberg* Rn. 1; *Zö/Stöber* Rn. 2.

Wegschaffen gepfändeter Sachen und die Verwertung.[2] Bloße **Vorbereitungshandlungen** sind demgegenüber das der Vermeidung von Zwangsmaßnahmen dienende Auffordern zur freiwilligen Leistung[3] (hier folgt die Protokollierungspflicht aber aus § 105 Nr. 2 GVGA), die Titelzustellung, der Gang zur Schuldnerwohnung, die Feststellung der Nichtermittlung unter der angegebenen sowie der richtigen Anschrift.[4] Zur Protokollübersendung s. § 760 Rn. 2, § 763 Rn. 2.

II. Protokollinhalt und -gestaltung

2 **1. Allgemeines.** Die Vorschrift enthält zwingende, aber nicht alle Anordnungen zur Fassung des Protokolls.[5] Sie wird ergänzt durch § 763 Abs. 1 und **konkretisiert** durch mehrere Vorschriften der GVGA, insbesondere §§ 110, 135, 185d GVGA. Das Protokoll ist vollständig, deutlich und klar abzufassen (§ 10 Nr. 1b GVGA); Radierungen sind untersagt.[6] Es soll grundsätzlich im **unmittelbaren Anschluss** an die Vollstreckungshandlung **an Ort und Stelle** aufgenommen werden; Gründe für eine spätere Aufnahme sind anzugeben, § 110 Nr. 3 GVGA.

3 **2. Protokollinhalt nach Abs. 2.** Zu **Zeit und Ort** (**Nr. 1**) s. § 182 Rn. 3. **Nr. 2** schreibt die Protokollierung des **Gegenstandes der Vollstreckungshandlung** unter Erwähnung der wesentlichen Vorgänge vor. Die vorgenommene Vollstreckungshandlung ist zu bezeichnen. Zu den wesentlichen Umständen gehören alle, die für die Frage der Rechtmäßigkeit der Vollstreckung von Bedeutung sein können, aber auch für die Entscheidung des Gläubigers, ob und wie er weiter gegen den Schuldner vorgehen kann.[7] Einzelheiten ergeben sich insoweit noch aus der GVGA (s. Rn. 4). Hierzu gehört auch die Bezeichnung des Vollstreckungstitels mit Angabe der Höhe der zu vollstreckenden Forderung (s. a. § 110 Nr. 2 S. 1 GVGA). Die **Namen** (**Nr. 3**) der Personen, mit denen der Gerichtsvollzieher bei der Vollstreckung verhandelt hat (zB Schuldner, Gläubiger, Vertreter, Zeugen), sind festzuhalten. Die **Unterschriften** (**Nr. 4**) der anwesenden (auch nach § 759 zugezogenen) Personen sollen nach Verlesung oder Vorlegung und Genehmigung eingeholt werden, wozu diese freilich nicht gezwungen werden können. Fehlt es an Unterschriften, ist der Grund festzuhalten, Abs. 3. Zwingend erforderlich ist die **Unterschrift des Gerichtsvollziehers** (**Nr. 5**); die Verwendung eines Faksimilestempels ist unzulässig,[8] ebenso ein Computerausdruck eingescannter Unterschriften.

4 **3. Weiterer Inhalt nach der GVGA.** Die GVGA schreibt konkretisierend zB die Beurkundung folgender Umstände vor: Die gegen eine **Wohnungsdurchsuchung** vorgebrachten Gründe bzw. das Einverständnis oder das Vorzeigen der Durchsuchungserlaubnis (§ 107 Nr. 2, 5 GVGA); das Angebot einer titulierten Gegenleistung und Erklärungen des Schuldners hierzu (§ 84 Nr. 2 GVGA); die Erklärung eines Dritten zu § 809 (§§ 136 Nr. 3, 137 GVGA); Schätzung des Werts gepfändeter Gegenstände (§ 132 Nr. 8 GVGA); Beschränkung, Einstellung oder Aufhebung der Zwangsvollstreckung (§ 112 Nr. 4 GVGA). Zum Protokoll bei der Vollstreckung eines **Haftbefehls** s. §§ 187 Nr. 2, 188 Nr. 2 GVGA, auf **Räumung** § 180 Nr. 6 GVGA, auf **Herausgabe** § 179 Nr. 6 GVGA. Der Inhalt des Versteigerungsprotokolls ist in §§ 146, 149 GVGA, der der **Anschlusspfändung** in § 167 Nr. 2 GVGA geregelt.

5 **4. Fruchtlose Pfändung.** Bei der (ganz oder teilweise) erfolglosen Pfändung muss sich aus dem Protokoll ergeben, dass der Gerichtsvollzieher alle zulässigen Mittel versucht hat, ein anderes Ergebnis aber nicht zu erreichen war[9] (vgl. auch § 110 Nr. 2 GVGA). Nach Abs. 2 Nr. 2 iVm. § 135 Nr. 6 S. 1 GVGA reicht grundsätzlich der allgemeine Hinweis, dass der Schuldner nur Sachen besitzt, die nicht gepfändet werden dürfen oder sollen oder von deren Verwertung ein Überschuss über die Kosten nicht zu erwarten ist. Eine nähere Begründung des Unterlassens der Pfändung ist aber nach § 135 Nr. 6 GVGA erforderlich, wenn der Gläubiger sie ausdrücklich beantragt hat. Zu verzeichnen sind weiter die Art der Früchte, die vom Boden noch nicht getrennt sind, und die gewöhnliche Zeit der Reife, wenn eine Pfändung nach § 810 Abs. 1 S. 2 noch nicht erfolgen durfte; Art, Beschaffenheit und Wert der Sachen, wenn eine Austauschpfändung (§ 811a) in Betracht kommt, und warum von einer vorläufigen Austauschpfändung (§ 811b) abgesehen wurde; und schließlich Art und Wert eines Tieres, das im häuslichen Bereich und nicht zu Erwerbszwecken gehalten wird, wenn eine Pfändung nach § 811c in Betracht kommt.

III. Beweiskraft

6 Das Protokoll des Gerichtsvollziehers ist nach allgM öffentliche Urkunde iSd. § 415.[10] Es begründet vollen Beweis für die Abgabe einer beurkundeten Erklärung (§ 415) und die wieder gegebenen Tatsachen (§ 418). Dies gilt allerdings nur, wenn es vom Gerichtsvollzieher unterschrieben und soweit die Beurkundung **gesetzlich** (also nicht nur durch die GVGA) vorgeschrieben ist. Zur Widerlegung der Beweiskraft s. § 418 Rn. 5.

---

[2] MK/*Heßler* Rn. 4; *St/J/Münzberg* Rn. 1.
[3] Sehr str.; wie hier OLG Frankfurt NJW 1963, 773, 774; *Zö/Stöber* Rn. 2; aA *B/L/H* Rn. 3; MK/*Heßler* Rn. 4; *St/J/Münzberg* Rn. 1.
[4] AG München DGVZ 1983, 170f.; *Zö/Stöber* Rn. 2.
[5] Ein Beispiel mit Anmerkungen ist zu finden bei *Lackmann* Anhang 4.
[6] *Zö/Stöber* Rn. 2.
[7] MK/*Heßler* Rn. 10.
[8] MK/*Heßler* Rn. 20.
[9] OLG Bremen NJW-RR 1989, 1407.
[10] OLG Frankfurt Rpfleger 1977, 144; MK/*Heßler* Rn. 22 m. weit. Nachw.

IV. Rechtsbehelfe

Fehler eines Protokolls können durch den Gerichtsvollzieher entsprechend § 164 Abs. 1 berichtigt werden.[11] **Mängel** berühren die **Rechtmäßigkeit** des Vollstreckungsakts (anders bei der Anschlusspfändung nach § 826, s. § 826 Rn. 5) nicht, weil das Protokoll in erster Linie Beweiszwecken dient.[12] Mit der **Erinnerung** nach § 766 können daher nicht Fehler,[13] sondern **nur das Fehlen** eines Protokolls gerügt werden. 7

V. Gerichtskosten

Gebühren fallen für die Protokollierung nicht an. Doch ist die hierfür erforderliche Zeit mit einzurechnen, sofern für die anfallende Gebühr ein Zeitzuschlag nach KVGv Nr. 500 vorgesehen ist. 8

763 *Aufforderungen und Mitteilungen* **(1) Die Aufforderungen und sonstigen Mitteilungen, die zu den Vollstreckungshandlungen gehören, sind von dem Gerichtsvollzieher mündlich zu erlassen und vollständig in das Protokoll aufzunehmen.**

(2) [1]Kann dies mündlich nicht ausgeführt werden, so hat der Gerichtsvollzieher eine Abschrift des Protokolls zuzustellen oder durch die Post zu übersenden. [2]Es muss im Protokoll vermerkt werden, dass diese Vorschrift befolgt ist. [3]Eine öffentliche Zustellung findet nicht statt.

I. Normzweck und Voraussetzungen

Zum **Normzweck** und zum Begriff der **Vollstreckungshandlungen** s. § 762 Rn. 1. **Adressaten** der Aufforderungen/Mitteilungen werden meist die Schuldner, manchmal aber auch Gläubiger oder Dritte sein. **Aufforderungen** (Abs. 1) schreibt die ZPO selbst nicht vor, wohl aber die GVGA (zB Aufforderung zur Bewirkung der Gegenleistung, § 84 GVGA, Aufforderung zu leisten, § 105 Nr. 2 GVGA). **Mitteilungen** sind zB in §§ 806a, 808 Abs. 3, 809, 811b Abs. 2, 3, 826 Abs. 3 sowie in §§ 113 Nr. 3, 132 Nr. 5, 8, 136 Nr. 3, 137 und 142 Nr. 4 GVGA geregelt. Insbesondere ist der Gläubiger über Ablehnung (§ 5 Nr. 3 GVGA) und Erledigung des Auftrags zu unterrichten (selbstverständliche Amtspflicht, § 760 Rn. 1). Die Art der Erledigung ist zumindest kurz mitzuteilen, so eine erfolgte Pfändung mit Bezeichnung des Gesamtergebnisses und des gepfändeten Gegenstandes,[1] dass die Pfändung fruchtlos blieb[2] oder wegen verweigerter Durchsuchung eingestellt wurde.[3] Das reine Angebot zur Akteneinsicht reicht nicht.[4] Zur Protokollübersendung s. Rn. 2 und § 760 Rn. 2. 1

II. Folge

Sind die Betroffenen anwesend, sind die Mitteilungen/Aufforderungen mündlich zu erlassen und vollständig zu protokollieren. Anderenfalls sind sie in das Protokoll aufzunehmen, das den Adressaten (s. Rn. 1) in Abschrift zuzustellen oder zu übersenden ist. Nach allgemeiner Ansicht ergibt sich aus Abs. 2 die Verpflichtung des Gerichtsvollziehers, dem bei der Vollstreckung abwesenden Schuldner in jedem Fall eine Protokollabschrift zuzusenden.[5] Ein Verstoß gegen die Ordnungsvorschrift des § 763 berührt die Wirksamkeit der Vollstreckungshandlung nicht, macht sie auch nicht anfechtbar.[6] Dagegen ist die Erinnerung (§ 766) mit dem Ziel der Beachtung des § 763 zulässig.[7] 2

764 *Vollstreckungsgericht* **(1) Die den Gerichten zugewiesene Anordnung von Vollstreckungshandlungen und Mitwirkung bei solchen gehört zur Zuständigkeit der Amtsgerichte als Vollstreckungsgerichte.**

(2) Als Vollstreckungsgericht ist, sofern nicht das Gesetz ein anderes Amtsgericht bezeichnet, das Amtsgericht anzusehen, in dessen Bezirk das Vollstreckungsverfahren stattfinden soll oder stattgefunden hat.

(3) Die Entscheidungen des Vollstreckungsgerichts ergehen durch Beschluss.

I. Normzweck

§ 764 bestimmt zur Vereinfachung und Präzisierung das örtlich nächste (Amts-)Gericht zum Vollstreckungsgericht und nimmt sein Verfahren von der Notwendigkeit einer mündlichen Verhandlung aus (Abs. 3 iVm. § 128 Abs. 4). 1

---

11 LG Frankenthal DGVZ 1985, 88, 89f.; LG Köln DGVZ 1983, 44.
12 MK/*Heßler* Rn. 26; *St/J/Münzberg* Rn. 2; *Zö/Stöber* Rn. 7.
13 OLG Braunschweig DGVZ 1992, 120; *Zö/Stöber* Rn. 9.
1 *Zö/Stöber* § 760 Rn. 3.
2 LG Hannover DGVZ 1981, 39f.; *Zö/Stöber* § 760 Rn. 3.
3 Vgl. BGH ZVJ 2004, 81; anders (nur Tatsache der Einstellung) LG Düsseldorf DGVZ 1991, 25.
4 LG Hannover (Fn. 2); *Zö/Stöber* § 760 Rn. 3; aA OLG Hamm DGVZ 1977, 40, 41.
5 BVerwGE 65, 260, 268 = NJW 1983, 896; OLG Hamm Rpfleger 1971, 111, 113; MK/*Heßler* Rn. 7.
6 MK/*Heßler* Rn. 9; *Zö/Stöber* Rn. 4.
7 MK/*Heßler* Rn. 10 m. weit. Nachw.

II. Zuständigkeit

2 **1. Sachliche Zuständigkeit.** Das **Amtsgericht** ist sachlich – ausschließlich (§ 802) – als Vollstreckungsgericht zuständig. Es entscheidet nach Maßgabe der Vorschriften des RPflG (insbesondere § 20 Nr. 17) durch den Rechtspfleger oder Richter. Dadurch, dass ein vom **Familiengericht** geschaffener Titel vorliegt, wird das Familiengericht nicht zum Vollstreckungsgericht.[1] Bei der Arrestvollziehung ist in den Fällen der §§ 930 Abs. 1 S. 3, 931 Abs. 3 das **Arrestgericht** Vollstreckungsgericht, das **Verwaltungsgericht** gem. § 167 Abs. 2 VwGO für die Vollstreckung verwaltungsgerichtlicher Entscheidungen. Für Entscheidungen aufgrund der §§ 850ff. nach Eröffnung eines **Insolvenzverfahrens** ist das Insolvenzgericht zuständig.[2]

3 **2. Funktionelle Zuständigkeit.** Das Vollstreckungsgericht ist funktionell zuständig für: Die Zwangsvollstreckung wegen Geldforderungen **in Forderungen** und andere Vermögensrechte (§§ 828f.); die Abnahme der eidesstattlichen Versicherung nach bürgerlichem Recht (§§ 889, 888) einschließlich der Anordnung der Haft; das **Verteilungsverfahren** (§§ 872ff.); die **Zwangsversteigerung und Zwangsverwaltung** (§ 869 ZVG). Mitwirkungspflichten des Vollstreckungsgerichts sind in u. a. §§ 779 Abs. 2, 787, 813 Abs. 1 S. 3, 817a Abs. 2 S. 2, 822f., 825 Abs. 2, 827, 844, 882a Abs. 1 S. 3 geregelt, weitere Entscheidungskompetenzen in §§ 765a, 811a, 813b und für einstweilige Anordnungen in §§ 769 Abs. 2, 771, 785, 805. Als Kontrollorgan entscheidet es – durch den Richter – über Vollstreckungserinnerungen nach § 766. Zur Zuständigkeit von Prozessgericht und Grundbuchamt s. vor § 704 Rn. 8.

4 **3. Örtliche Zuständigkeit.** Die – ausschließliche (§ 802) – örtliche Zuständigkeit richtet sich nach dem Ort der Vollstreckungshandlung. Sie ist für jede einzelne Vollstreckungshandlung gesondert zu bestimmen.[3] Unselbstständige Folgehandlungen, insbesondere der Überprüfung einer vorangegangenen dienende, gehören noch vor dieses Gericht.[4] Neue Vollstreckungsmaßnahmen (s. vor § 704 Rn. 28ff.) begründen eine neue Zuständigkeit.[5] Eine **Ausnahme** von der Zuständigkeitsregel des Abs. 2 machen § 828 Abs. 2 für die **Forderungspfändung,** § 848 (Ansprüche auf unbewegliche Sachen), §§ 853 bis 855 (Forderungspfändung für mehrere Gläubiger), § 858 Abs. 2 (Schiffspart) und § 872 (**Verteilungsverfahren**). Zur Zuständigkeit bei der Anordnung einer anderen Verwertung s. § 825 Rn. 5. Wechselt der Schuldner seinen Wohnsitz und nimmt die gepfändete Sache mit, ist das Amtsgericht des neuen Bezirks zuständig.[6]

5 **4. Kompetenzkonflikte.** Sind für **mehrere Schuldner** verschiedene Vollstreckungsgerichte örtlich zuständig, kann die Zuständigkeit eines Gerichts analog § 36 Nr. 3 bestimmt werden.[7] Kompetenzkonflikte zwischen verschiedenen Vollstreckungsgerichten werden im Übrigen nach § 36 Nr. 5, 6 ausgetragen.[8] Der Richter kann unbeschadet anstelle des Rechtspflegers entscheiden (§ 8 Abs. 1 RPflG); Entscheidungen des Rechtspflegers hingegen sind nichtig, wenn der Richter zuständig ist (§ 8 Abs. 4 RPflG).

III. Verfahren des Vollstreckungsgerichts

6 Vor **Vollstreckungsmaßnahmen** im Rahmen der Forderungspfändung (zur Abgrenzung Maßnahmen-Entscheidungen s. § 766 Rn. 11ff.) ist der Schuldner grundsätzlich nicht zu hören (vgl. § 834). Vor **Entscheidungen** des Vollstreckungsgerichts ist **rechtliches Gehör** zu gewähren (s. vor § 704 Rn. 15), gegebenenfalls ist Beweis zu erheben. Sie sind zuzustellen (§ 329 Abs. 3), im Fall der mündlichen Verhandlung zu verkünden. Die Entscheidung ergeht durch **Beschluss,** die **mündliche Verhandlung** ist in jedem Fall **fakultativ,** Abs. 3, § 128 Abs. 4.

IV. Folge von Kompetenzverstößen, Rechtsbehelfe

7 Verstöße gegen die **funktionelle Zuständigkeit** sind in aller Regel so schwerwiegend (§ 44 VwVfG entsprechend, s. vor § 704 Rn. 32), dass sie den Vollstreckungsakt **unwirksam** machen.[9] Ob Verstöße gegen die **sachliche oder örtliche Zuständigkeit** mit dem gegen die Vollstreckungshandlung gegebenen Rechtsbehelf geltend gemacht werden können, erscheint wegen §§ 513 Abs. 2, 545 Abs. 2, 571 Abs. 2 S. 2 zweifelhaft; jedenfalls können sie wegen § 571 Abs. 2 S. 2 nicht mit der sofortigen Beschwerde gerügt werden. Dann aber spricht viel dafür, in entsprechender Anwendung der genannten Vorschriften auch bei einer Vollstreckungserinnerung (§ 766) eine Rüge der Unzuständigkeit nicht zuzulassen (s. § 766 Rn. 22). Zur funktionellen Zuständigkeit Richter/Rechtspfleger s. Rn. 5.

765 *Vollstreckungsgerichtliche Anordnungen bei Leistung Zug um Zug*

Hängt die Vollstreckung von einer Zug um Zug zu bewirkenden Leistung des Gläubigers an den Schuldner ab, so darf das Vollstreckungsgericht eine Vollstreckungsmaßregel nur anordnen, wenn

1. der Beweis, dass der Schuldner befriedigt oder im Verzug der Annahme ist, durch öffentliche oder öffentlich beglaubigte Urkunden geführt wird und eine Abschrift dieser Urkunden bereits zuge-

---

1 BGH NJW 1979, 1048; *Zö/Stöber* Rn. 1.
2 OLG Köln JurBüro 2001, 217f.
3 MK/*Heßler* Rn. 27 m. weit. Nachw.; *St/J/Münzberg* Rn. 4.
4 *St/J/Münzberg* Rn. 5 m. weit. Nachw.; *Zö/Stöber* Rn. 4.
5 *Zö/Stöber* Rn. 4.
6 KG OLGRspr. 25, 155.
7 OLG Jena InVo 2001, 62; MK/*Heßler* Rn. 31 m. weit. Nachw.
8 OLG Frankfurt Rpfleger 1978, 260, 261.
9 MK/*Heßler* Rn. 33.

stellt ist; der Zustellung bedarf es nicht, wenn bereits der Gerichtsvollzieher die Zwangsvollstreckung nach § 756 Abs. 1 begonnen hatte und der Beweis durch das Protokoll des Gerichtsvollziehers geführt wird; oder

2. der Gerichtsvollzieher eine Vollstreckungsmaßnahme nach § 756 Abs. 2 durchgeführt hat und diese durch das Protokoll des Gerichtsvollziehers nachgewiesen ist.

I. Normzweck

S. zunächst die Ausführungen zu § 756. § 765 stellt die dort genannten Voraussetzungen der Vollstreckung im Wesentlichen auch für die Vollstreckung durch das Vollstreckungsgericht auf. Allerdings kann das Vollstreckungsgericht die Leistung im Gegensatz zum Gerichtsvollzieher nicht selbst anbieten. § 765 **gilt entsprechend** für die Zwangsvollstreckung durch das Prozessgericht und das Grundbuchamt.[1] S. im Übrigen § 756 Rn. 2f. 1

II. Voraussetzungen, Rechtsfolge, Rechtsbehelfe

Allgemein gelten die Ausführungen zu § 756 auch für § 765. Erleichtert wird gegenüber § 756 die Vollstreckung insoweit, als dann, wenn der Gerichtsvollzieher den Annahmeverzug oder die Voraussetzungen des § 756 Abs. 2 (s. § 756 Rn. 8) bereits in seinem Protokoll (§ 762) festgehalten hat, keine Zustellung dieser Urkunde notwendig ist. Dem Schuldner sind in diesem Fall die Umstände durch eine Protokollabschrift bekannt. Hat der Gerichtsvollzieher die Gegenleistung allerdings außerhalb der Zwangsvollstreckung angeboten, ist das diesen Vorgang enthaltende Protokoll nicht als Beweis geeignet.[2] Das Vollstreckungsorgan hat **selbstständig zu prüfen**, ob sich der Annahmeverzug, die Voraussetzungen des § 756 Abs. 2 oder die Befriedigung aus den vorgelegten Urkunden ergeben. Es ist nicht an eine entsprechende rechtliche Einordnung in einem Gerichtsvollzieherprotokoll gebunden.[3] 2

765 a

Vollstreckungsschutz (1) **[1]Auf Antrag des Schuldners kann das Vollstreckungsgericht eine Maßnahme der Zwangsvollstreckung ganz oder teilweise aufheben, untersagen oder einstweilen einstellen, wenn die Maßnahme unter voller Würdigung des Schutzbedürfnisses des Gläubigers wegen ganz besonderer Umstände eine Härte bedeutet, die mit den guten Sitten nicht vereinbar ist. [2]Es ist befugt, die in § 732 Abs. 2 bezeichneten Anordnungen zu erlassen. [3]Betrifft die Maßnahme ein Tier, so hat das Vollstreckungsgericht bei der von ihm vorzunehmenden Abwägung die Verantwortung des Menschen für das Tier zu berücksichtigen.**

(2) **Eine Maßnahme zur Erwirkung der Herausgabe von Sachen kann der Gerichtsvollzieher bis zur Entscheidung des Vollstreckungsgerichts, jedoch nicht länger als eine Woche, aufschieben, wenn ihm die Voraussetzungen des Absatzes 1 Satz 1 glaubhaft gemacht werden und dem Schuldner die rechtzeitige Anrufung des Vollstreckungsgerichts nicht möglich war.**

(3) **In Räumungssachen ist der Antrag nach Absatz 1 spätestens zwei Wochen vor dem festgesetzten Räumungstermin zu stellen, es sei denn, dass die Gründe, auf denen der Antrag beruht, erst nach diesem Zeitpunkt entstanden sind oder der Schuldner ohne sein Verschulden an einer rechtzeitigen Antragstellung gehindert war.**

(4) **Das Vollstreckungsgericht hebt seinen Beschluss auf Antrag auf oder ändert ihn, wenn dies mit Rücksicht auf eine Änderung der Sachlage geboten ist.**

(5) **Die Aufhebung von Vollstreckungsmaßregeln erfolgt in den Fällen des Absatzes 1 Satz 1 und des Absatzes 4 erst nach Rechtskraft des Beschlusses.**

I. Normzweck

Bei der Vorschrift handelt es sich um eine auffangende Generalklausel des Schuldnerschutzes, welche die Möglichkeit gibt, Verfassungsprinzipien im Zwangsvollstreckungsrecht zu berücksichtigen, indem sie das Vollstreckungsgericht bei der Auslegung des Begriffs „sittenwidrige Härte" verpflichtet, „die Wertentscheidungen des GG und die dem Schuldner in der Zwangsvollstreckung gewährleisteten Grundrechte zu berücksichtigen".[1] **Absatz 3** soll durch die Fristsetzung für Anträge in Räumungssachen den Schuldner zur rechtzeitigen Antragstellung verlassen und dem Gläubiger mehr Klarheit über den Räumungstermin verschaffen. 1

II. Anwendungsbereich, Verzichtbarkeit

1. Anwendungsbereich. Schon aus der systematischen Stellung der Vorschrift im 1. Abschnitt des 8. Buches: „Allgemeine Vorschriften" folgt, dass die Norm auf **alle Arten der Zwangsvollstreckung** Anwendung findet[2] (s. a. Rn. 13ff.). § 765a ist, wenn auch nicht ausschließlich,[3] eine Auffangklausel, die in **Ausnahme-** 2

---

[1] OLG Köln Rpfleger 1997, 315; OLG Hamm Rpfleger 1983, 393 m. weit. Nachw.
[2] OLG Hamm Rpfleger 1972, 148.
[3] OLG Köln NJW-RR 1991, 383; OLG Hamm Rpfleger 1983, 393.

[1] BVerfG NJW 2004, 49; BVerfGE 52, 214, 219f. = NJW 1979, 2607.
[2] S. ausführlich mit Nachw. *Zö/Stöber* Rn. 2; *St/J/Münzberg* Rn. 3.
[3] MK/*Heßler* Rn. 15.

fällen besonderen Rechtsschutz für den Schuldner gewährt. Der Antrag auf Vollstreckungsschutz kann daher nicht auf Gründe gestützt werden, die mit den **speziellen Rechtsbehelfen** der Zwangsvollstreckung geltend gemacht werden können (s. im Einzelnen Rn. 13ff.). So dürfen materiell-rechtliche Einwendungen nur über § 767, nicht über § 765a verfolgt werden.[4] **Personell** gilt die Vorschrift uneingeschränkt, also auch für Personenhandelsgesellschaften und juristische Personen[5] sowie die Partei kraft Amtes.[6] Auf die **Teilungsversteigerung**[7] und das **Insolvenzverfahren** (Eröffnung, einzelne Vollstreckungsakte)[8] ist die Vorschrift **entsprechend anzuwenden.** Beide Verfahren ähneln mit ihrem rechtlichen Zwang der Zwangsvollstreckung; dass diese im Fall des Insolvenzverfahrens als Gesamtvollstreckung stattfindet, ist nicht von wesentlicher Bedeutung. Nicht anwendbar ist die Vorschrift im Ehewohnungszuteilungsverfahren (vielmehr § 15 HausratsVO).[9] **Absatz 3** gilt nur für Räumungssachen, insoweit aber ohne Unterscheidung zwischen Wohnräumen, anderen Räumen oder Grundstücken. Die Vorschrift findet nach ihrem Schutzzweck nicht nur dann Anwendung, wenn der Titel ausdrücklich auf Räumung lautet, sondern wie § 885 Abs. 1 auch dann, wenn er auf Überlassung oder Herausgabe unbeweglicher Sachen (nicht aber Schiffe) gerichtet ist. Angreifbar sind nur **konkrete Vollstreckungsmaßnahmen,** nicht die Vollstreckung insgesamt.[10] Die Anordnung der Zwangsversteigerung als Vollstreckungsmaßnahme kann ausreichend sein.[11]

3 **2. Kein Verzicht.** Der Schuldner kann **nicht auf den Schutz des § 765a verzichten,** weder vor der Vollstreckung[12] noch bei oder nach Vollstreckungsbeginn. Letzteres ist entgegen der hM wegen des Schutzzwecks der Vorschrift, öffentlicher Interessen und der von der Norm erfassten Extremsituation anzunehmen.[13]

III. Voraussetzungen

4 **1. Ganz besondere Umstände.** Aus diesem Tatbestandsmerkmal folgt, dass gesetzlich bereits normierte Fälle (s. Rn. 13ff.) nicht berücksichtigt werden dürfen und die mit jeder Vollstreckung verbundenen Nachteile hinzunehmen sind.

5 **2. Sittenwidrige Härte.** Die angegriffene Vollstreckungsmaßnahme (nicht etwa das Vorgehen aus dem Titel als solches,[14] dann allenfalls Vollstreckungsabwehrklage) muss für den Schuldner eine sittenwidrige Härte darstellen. Es reicht nicht aus, dass die Vollstreckung unbillig ist. Eine sittenwidrige Härte liegt nur dann vor, wenn die Gesetzesanwendung zu einem **ganz untragbaren Ergebnis** führen würde.[15] Bei Prüfung dessen, was als eine mit den guten Sitten nicht zu vereinbarende Härte darstellt, sind auch die Wertentscheidungen des Grundgesetzes und die dem Schuldner in der Zwangsvollstreckung gewährleisteten **Grundrechte zu berücksichtigen.**[16] Hier kommen in Betracht die Menschenwürde, die Freiheit der Persönlichkeit, das Recht auf Leben und körperliche Unversehrtheit,[17] der Verhältnismäßigkeitsgrundsatz[18] und die Eigentumsgarantie.[19] Bei Art. 20 Abs. 1 GG (Sozialstaatsprinzip) ist zu beachten, dass das Sozialstaatsprinzip infolge seiner Weite und Unbestimmtheit regelmäßig keine unmittelbaren Handlungsanweisungen enthält, die durch die Gerichte ohne gesetzliche Grundlage in einfaches Recht umgesetzt werden könnten.[20] Ist dem Schuldner mangels hinreichender Erfolgsaussichten Prozesskostenhilfe verweigert worden, liegt keine unbillige Härte vor, wenn der Schuldner wegen der Vollstreckung nicht mehr über Mittel verfügt, seine Rechte zu verfolgen.[21]

6 **3. Verschulden.** Grundsätzlich sind Verschuldensfragen auf Seiten von Gläubiger und Schuldner nicht zu prüfen. Sie können allerdings bei der Interessenabwägung eine Rolle spielen (s. Rn. 10). Als härtebegründende Umstände müssen aber solche ausscheiden, die der Schuldner bewusst herbeigeführt hat, um die Vollstreckung zu vereiteln.[22]

7 **4. Allgemeine Beispiele. a) Körperliche Unversehrtheit.** Eine sittenwidrige Härte liegt vor allem dann vor, wenn die Zwangsvollstreckung in das Grundrecht auf **Leben und körperliche Unversehrtheit** einzugreifen droht, was besonders sorgfältig zu prüfen ist.[23] An die Darlegung dieser Gefahr sind strenge Anfor-

---

[4] OLG Hamm NJW-RR 2002, 790.
[5] MK/*Heßler* Rn. 17; *Zö/Stöber* Rn. 3.
[6] OLG Hamm OLGZ 1976, 489, 492 = NJW 1976, 1754.
[7] BGH NZM 2007, 461, 462f.; *Zö/Stöber* Rn. 2; aA OLG Hamm OLGZ 1972, 316, 318; OLG München NJW 1961, 787.
[8] BGH LM Nr. 5; *St/J/Münzberg* Rn. 41; *Zö/Stöber* Rn. 2; aA hinsichtlich der Eröffnung MK/*Heßler* Rn. 20.
[9] OLG München NJW 1978, 548f.; *Zö/Stöber* Rn. 2.
[10] OLG Köln NJW 1994, 1743.
[11] OLG Brandenburg Rpfleger 2001, 91f.
[12] AllgM; MK/*Heßler* Rn. 97 m. weit. Nachw.
[13] *Zö/Stöber* Rn. 25; aA MK/*Heßler* Rn. 98.
[14] OLG Köln (Fn. 10).
[15] BGHZ 44, 138, 143 = NJW 1965, 2107.
[16] BVerfG NZM 2005, 657, 658.
[17] BVerfGE (Fn. 1) S. 220.
[18] BVerfG (Fn. 17).
[19] BVerfGE 49, 220, 226 = NJW 1979, 534.
[20] BVerfGE 65, 182, 193 = NJW 1984, 475.
[21] BGH NJW-RR 2007, 417.
[22] MK/*Heßler* Rn. 26.
[23] BVerfGE 84, 345, 348 = NJW 1991, 3207; s. a. *Schuschke* NJW 2006, 874ff.

derungen zu stellen;[24] ein nicht substanziiertes ärztliches Attest ist unzureichend.[25] Selbstmordgefährdung aufgrund psychischer Erkrankung legt die Anwendung des § 765 a nahe;[26] eine gründliche Prüfung, ggf. unter Einholung eines Fachgutachtens, ist erforderlich.[27] Ggf. ist die Unterbringung in eine psychiatrische Einrichtung bei den zuständigen Behörden anzuregen.[28] Altersbedingte geistige Gebrechlichkeit ist zu berücksichtigen.[29] Nicht jede Erkrankung rechtfertigt die Gewährung von Vollstreckungsschutz.[30] Hohes Alter des Schuldners, drohender Verlust seiner Autonomie und Selbstmordgefahr können zu einer Einstellung der Zwangsvollstreckung auf unbestimmte Zeit führen.[31] Zu möglichen Auflagen und deren Notwendigkeit s. Rn. 22.

b) Unverhältnismäßigkeit. Führt die Vollstreckung **nur zu einem Schaden** für den Schuldner, ohne dass eine auch nur teilweise Befriedigung des Gläubigers zu erwarten ist, ist sie unverhältnismäßig und stellt eine sittenwidrige Härte dar.[32] Entsprechendes gilt für die Pfändung eines Nießbrauchrechts, das mit der Maßgabe bestellt wurde, dass es bei Pfändung erlischt.[33] Dass der Gläubiger wegen einer **Bagatellforderung** (s. a. Rn. 18 und § 758 a Rn. 13) vollstreckt, kann allein auch dann nicht ausreichen, wenn die Kosten der Zwangsvollstreckung die Forderung weit überschreiten.[34] Der Schuldner kann der Vollstreckung durch Zahlung entgehen. Die Interessen auch kleinerer Gläubiger müssen geschützt werden.[35] 8

5. Interessenabwägung. a) Vollstreckungsinteresse. Bei der Entscheidung ist das **Vollstreckungsinteresse** des Gläubigers zu würdigen, Abs. 1 Satz 1. Er hat ein berechtigtes Interesse daran, seinen Vollstreckungstitel auszunutzen, und nicht die Verpflichtung, Aufgaben von Sozialbehörden wahrzunehmen.[36] Daher kommt ein Vollstreckungsaufschub trotz einer untragbaren Härte für den Schuldner nicht in Betracht, wenn der Aufschub der Vollstreckung den Gläubiger gleich hart treffen würde. Dabei können die eigene Notlage des Gläubigers, seine Interessen und die seiner Familie (Eigenbedarf) und erhebliche finanzielle Einbußen eine Rolle spielen. Den Interessen des **Gläubigers** kommt der **Vorrang** zu; nur wenn die Härte für den Schuldner eindeutig ist und wesentlich schwerer wiegt als das Interesse des Gläubigers an der Vollstreckung,[37] kommt die Anwendung des § 765 a in Betracht. Abzuwägen ist auch bei einer Suizidgefahr.[38] 9

b) Schuldhaftes Verhalten aufseiten des Schuldners (kein Ausschöpfen von weiteren Einnahmequellen[39]) oder des Gläubigers (Unterlassen einer Mitwirkungspflicht bei der Auszahlung eines bereitstehenden Betrages[40]) kann bei der Abwägung den Ausschlag geben, muss es aber nicht.[41] Nicht gerechtfertigt ist es, eine sittenwidrige Vollstreckungsmaßregel aufrechtzuerhalten, um Druck auf den Schuldner auszuüben, damit er Raten zahlt.[42] Dem kann mit entsprechenden Anordnungen in der Entscheidung Rechnung getragen werden.[43] 10

c) Belange Dritter sind grundsätzlich auf keiner Seite von Bedeutung. In den Auswirkungen der Zwangsvollstreckung auf Angehörige des Schuldners kann jedoch auch für den Schuldner selbst eine sittenwidrige Härte liegen.[44] Persönliche Belange von Angehörigen, auch Pflegekindern, sind deshalb in die anzustellende wertende Betrachtung einzubeziehen.[45] 11

d) Tiere. Betrifft die Vollstreckungsmaßregel ein Tier, so ist gem. Abs. 1 S. 3 bei der Interessenabwägung der **Tierschutz mit zu beachten.** Die Vollstreckung muss mit der in § 1 S. 1 TierschG festgelegten Verantwortung des Menschen für das Tier als Mitgeschöpf und schmerzempfindliches Lebewesen vereinbar sein.[46] Emotionale Beziehungen zwischen Schuldner und Tier sollen nicht geschützt werden. 12

IV. Einzelne Vollstreckungsarten und Fälle

1. Zwangsvollstreckung wegen Geldforderungen in bewegliche Sachen. Hier ist der Schuldnerschutz durch die §§ 803, 811 f., 813 a f., 817 a gesetzlich vorgesehen, sodass für die Anwendung des § 765 a nur ganz seltene Ausnahmefälle bleiben. So kann die Jahresfrist des § 813 Abs. 4 verlängert werden, wenn der 13

---

24 S. OLG Oldenburg InVo 2002, 291.
25 OLG Köln Rpfleger 1990, 30; s. a. OLG Düsseldorf Rpfleger 1998, 208 f.
26 Vgl. BVerfG NJW 2004, 49; NJW 1994, 1719, 1720; s. ausführlich *Walker/Gruß* NJW 1996, 352 ff.
27 OLG Brandenburg (Fn. 11) S. 92.
28 BGH NZM 2007, 658, 659 f.
29 BVerfG (Fn. 23); KG (Fn. 7).
30 BGH NJW 2004, 3635, 3636 f.
31 BVerfG NZM 2001, 951 (kritisch dazu *Linke* NZM 2002, 205 ff.); NJW 1998, 295, 296.
32 OLG Düsseldorf Rpfleger 1989, 470.
33 OLG Frankfurt OLGZ 1980, 482, 483 f.
34 MK/*Heßler* Rn. 34.
35 BVerfGE 61, 126, 137 f. = NJW 1983, 559.
36 BGH NJW 2005, 1859, 1860; NJW 2005, 681, 682; OLG Zweibrücken NJW-RR 2002, 1664 f.; kritisch *Erkelenz/Leopold/Marhöfer* ZRP 2007, 48 ff.
37 MK/*Heßler* Rn. 42; *Zö/Stöber* Rn. 6.
38 BGH NJW 2005, 1859, 1860.
39 OLG Nürnberg Rpfleger 1958, 319.
40 OLG Koblenz OLGZ 1985, 453, 456.
41 S. dazu OLG Frankfurt/M NJW-RR 1994, 81.
42 LG Berlin DGVZ 1971, 88, 91; MK/*Heßler* Rn. 46; aA OLG Koblenz Rpfleger 1986, 25 f.
43 MK/*Heßler* Rn. 46.
44 BGH (Fn. 38); OLG Hamm NJW-RR 2001, 1303.
45 BGH (Fn. 7) S. 463.
46 *Zö/Stöber* Rn. 10 a.

Schuldner durch ein unvorhersehbares Ereignis (schwere Krankheit, Unfall) darin gehindert wird, die letzten Raten zu zahlen.[47] Auch kann eingegriffen werden, wenn infolge Fehlens von Schutzvorschriften im Einzelfall die Pfändung dazu führen würde, dass der Lebensbedarf des Schuldners nicht mehr gedeckt ist.

14 **2. Forderungspfändung.** Nach allgM lassen die speziellen Schutzbestimmungen für Arbeitseinkommen, Sozialrenten und gleichgestellte Bezüge (§§ 850 ff., §§ 54 f. SGB AT) in der Regel keinen Raum für die Anwendung des § 765 a[48] (s. a. § 850 k Rn. 1). Eine **Kontenpfändung** allerdings, die erkennbar nicht einmal zu einer Teilbefriedigung des Gläubigeranspruchs führt und ausschließlich schädliche Wirkungen für den Schuldner hat (zB Kontenkündigung[49]), führt zu einer nicht mit den guten Sitten vereinbaren Härte.[50] Zweifelhaft ist aber, ob dies auch schon dann gilt, wenn nur keine nennenswerte Befriedigung erzielt wird.[51] Zu denken ist an die Anwendung des § 765 a, wenn der Schuldner seinen Lebensunterhalt **allein aus nicht geschützten Bezügen** bezieht. Allerdings ist zu beachten, dass Spezialvorschriften die Unpfändbarkeit regeln. Greifen sie nicht ein, können nur absolute Ausnahmefälle die Anwendung von § 765 a rechtfertigen. Die Entscheidung des Gesetzgebers, bestimmte Forderungen frei pfändbar zu belassen, würde sonst umgangen. Einkünfte aus Vermietung und Verpachtung zB sind außerhalb des von § 851 b umfassten Bereichs grundsätzlich uneingeschränkt pfändbar. Handelt es sich bei solchen Mieteinnahmen um das einzige Einkommen des Schuldners, führt dies allein auch dann nicht zur Anwendbarkeit des § 765 a, wenn der Schuldner wegen der Pfändung Sozialhilfe in Anspruch nehmen muss.[52] Bei Renten als Gegenleistung für die Überlassung freiberuflicher Praxen und von Geschäften ist § 765 a in der Regel anwendbar.[53] Lässt der Schuldner Sozialleistungen auf das Konto eines Dritten überweisen, kann bei Pfändung des Anspruchs aus § 667 BGB die Anwendung des § 765 a in Betracht kommen.[54]

15 **3. Herausgabe- und Räumungsvollstreckung bei Wohnraum.** Hier gelten die Schutzvorschriften der §§ 721, 794 a, sodass § 765 a nur in besonderen Ausnahmefällen angewandt werden kann. Das **Fehlen einer Ersatzwohnung** allein ist keine berücksichtigungsfähige Härte, denn es ist Sache der Ordnungsbehörden, die Obdachlosigkeit des Schuldners zu beseitigen.[55] Auch die Notwendigkeit zweimaligen Umzugs in kurzer Zeit allein reicht nicht aus.[56] **Beispiele** für die Anwendbarkeit: Nachweisbar in kurzer Frist beziehbare Ersatzwohnung;[57] lebensbedrohende Erkrankung des Schuldners[58] oder eines zur Räumung verpflichteten Mitbewohners; durch Räumung erforderlicher Schulwechsel kurz vor Schuljahresende;[59] unvorhersehbarer Vertragsbruch des neuen Vermieters kurz vor Ablauf der Räumungsfrist.[60] Solange **Schutzanträge nach § 721** möglich sind, muss der Schuldner diesen Weg beschreiten. Anderenfalls können Anträge nach § 765 a gestellt werden, auch dann, wenn ein Antrag nach § 721 schuldhaft nicht gestellt wurde.[61] Zur Frist nach Abs. 3 s. Rn. 20.

16 **4. Herausgabe- und Räumungsvollstreckung bei anderen Räumen.** Hier kommt die Anwendung des § 765 a eher in Betracht, weil es an speziellen Schutzvorschriften fehlt. Die Möglichkeit, dass der Schuldner seine wirtschaftliche Existenz verliert, rechtfertigt allein die Anwendung des § 765 a aber noch nicht; anders, wenn der Schuldner andere Räumlichkeiten konkret in Aussicht hat und Interessen des Gläubigers nicht entgegenstehen.[62] Zur Frist nach Abs. 3 s. Rn. 20.

17 **5. Eidesstattliche Versicherung und Haft.** Die mit einer eidesstattlichen Versicherung zwangsläufig eintretenden Nachteile hat der Schuldner hinzunehmen. Besondere Umstände, die eine Entscheidung gem. § 765 a rechtfertigen können, können darin zu sehen sein, dass der Schuldner durch die Abgabe seine berufliche Stellung und Lebensgrundlage verlieren würde.[63]

18 **6. Immobiliarvollstreckung.** Bereits mit der Anordnung der Zwangsversteigerung wird ein Vollstreckungsschutzantrag möglich.[64] Eine sittenwidrige Härte folgt nicht aus der Erwartung des Schuldners, aufgrund der Besonderheiten des Objekts werde der bei der Versteigerung zu erwartende Erlös weit unter dem Marktwert des Objekts liegen.[65] Bei der Immobiliarvollstreckung reicht es nicht, dass sie voraussichtlich dem betreibenden Gläubiger keine Befriedigung bringen werde. Es muss hinzukommen, dass die Zwangsversteigerung zweifelsfrei nicht zu einer auch nur teilweisen Befriedigung des Gläubigers führen kann und bei objektiver Betrachtung **mut- oder sogar böswillig** erscheint.[66] Dies ist zB der Fall, wenn ein krasses Miss-

---

[47] MK/*Heßler* Rn. 48 m. weit. Nachw.
[48] MK/*Heßler* Rn. 49.
[49] LG Essen NJW-RR 2002, 483.
[50] OLG Frankfurt/M OLGR 2000, 39, 40 f.
[51] So OLG Nürnberg OLGR 2001, 133, 135.
[52] BGH NJW 2005, 681, 682; aA OLG Nürnberg Rpfleger 1958, 319.
[53] S. ausführlich MK/*Heßler* Rn. 51.
[54] BGH NJW 2007, 2703 f.
[55] OLG Frankfurt Rpfleger 1981, 24; OLG Oldenburg NJW 1961, 2119.
[56] OLG Zweibrücken Rpfleger 2002, 37 f.
[57] MK/*Heßler* Rn. 57 m. weit. Nachw.
[58] BVerfG (Fn. 23).
[59] OLG Köln NJW-RR 1995, 1163.
[60] MK/*Heßler* Rn. 57.
[61] MK/*Heßler* Rn. 59 m. weit. Nachw.; *Zö/Stöber* Rn. 13.
[62] OLG Hamm NJW 1965, 1386.
[63] LG Bochum MDR 1955, 683.
[64] OLG Hamm (Fn. 44); aA OLG Köln NJW 1994, 1743.
[65] OLG Hamm (Fn. 4).
[66] OLG Hamm Rpfleger 1989, 34; OLG Koblenz Rpfleger 1986, 25 f.

verhältnis von Grundstückswert und Meistgebot besteht und konkrete Anhaltspunkte dafür vorliegen, dass in naher Zukunft ein höherer Erlös für das beschlagnahmte Grundstück erzielt werden kann.[67] Streitig ist, ob die Immobiliarvollstreckung in diesem Fall wegen fehlenden Rechtsschutzbedürfnisses,[68] analog § 803 Abs. 2 von Amts wegen[69] oder auf Antrag des Schuldners nach § 765 a[70] einzustellen bzw. aufzuheben ist. Der Weg über das fehlende Rechtsschutzinteresse ist besser, weil er ein Einschreiten von Amts wegen ermöglicht; in den genannten krassen Fällen darf der Staat dem Gläubiger nicht dabei helfen, ausschließlich dem Schuldner zu schaden. Wegen des Prinzips des freien Vollstreckungszugriffs auf das gesamte Vermögen kann der Gläubiger selbst bei **geringen Forderungen** nicht darauf verwiesen werden, vor der Immobiliarvollstreckung im Weg anderer Vollstreckungsarten vorzugehen, s. a. Rn. 8.[71] Zur Frist nach Abs. 3 s. Rn. 20.

V. Verfahren und Entscheidung

19 **1. Antrag, Zuständigkeit, Gehör.** Voraussetzung ist ein Antrag des Schuldners (das ist verfassungsgemäß[72]), der sich konkludent aus seiner Berufung auf eine sittenwidrige Härte ergeben kann. Der Antrag muss **schriftlich** oder zu Protokoll der Geschäftsstelle gestellt werden (§ 569 Abs. 2, 3 analog, **kein Anwaltszwang,** § 78 Abs. 5). Er ist nur in Räumungssachen (s. Rn. 20) fristgebunden und kann nach hM auch erstmals in der Beschwerdeinstanz gestellt werden, sofern die Beschwerde zulässig ist.[73] Bei Anordnung einer Schutzmaßnahme wird das Beschwerdegericht als Vollstreckungsgericht tätig.[74] Im Verfahren auf Abgabe der eidesstattlichen Versicherung (§§ 807, 899 ff.) ist der Antrag mit dem Widerspruch zu stellen.[75] Er ist aber auch noch nach dem Termin und zur Abwendung der Haftvollstreckung zulässig.[76] Ausschließlich (§ 802) **zuständig** ist das Vollstreckungsgericht (Abs. 1, s. § 764 Rn. 2 ff.), auch wenn das Prozessgericht die Maßnahmen angeordnet hat (§§ 887, 888, 890). Wird die Arrestvollziehung in den Fällen der §§ 930 Abs. 1, 931 Abs. 3 angegriffen, ist das Arrestgericht als Vollstreckungsgericht zuständig. Es entscheidet der Rechtspfleger, § 20 Nr. 17 RPflG. Dem Gläubiger ist vor der Entscheidung **rechtliches Gehör** zu gewähren, weil seine Interessen zu berücksichtigen sind, Abs. 1.

20 **2. Frist in Räumungssachen, Absatz 3.** In Räumungssachen (auch bei Titeln auf Herausgabe oder Überlassung von Räumen oder Grundstücken, s. Rn. 2) sind Anträge grundsätzlich zwei Wochen vor dem vom Gerichtsvollzieher festgesetzten Räumungstermin zu stellen, müssen also spätestens zu diesem Termin bei Gericht eingegangen sein. Dies setzt voraus, dass zwischen Ankündigung des Räumungstermins und Termin hinreichende Zeit zur Antragstellung bleibt (wohl mindestens drei Wochen); ist der Zeitraum kürzer als zwei Wochen, läuft die Frist nicht. **Verspätete Anträge** sind ausnahmsweise in zwei alternativen Fällen zulässig: Einmal dann, wenn die Gründe, auf denen der Antrag beruht, erst **nach diesem Zeitpunkt entstanden** sind. Insoweit spielt ein Verschulden keine Rolle, es ist also nicht maßgeblich, ob der Schuldner es selbst zu vertreten hat, dass die Gründe so spät entstanden sind (zB Abschluss eines nach dem Räumungstermin beginnenden Mietvertrages, obwohl vorher möglich; Zahlung der Miet-, Nutzungsentschädigungsrückstände erst nach Fristablauf). Zum anderen, wenn der Schuldner **ohne sein Verschulden an einer rechtzeitigen Antragstellung gehindert** war, also ein Grund vorliegt, der zu einer Wiedereinsetzung (§ 233) berechtigen würde. Über die gesetzliche Regelung hinaus wird man in Fällen mit Grundrechtsbezug (lebensbedrohende Erkrankung, akute Suizidgefahr, s. Rn. 7, 15) auch bei Verschulden eine verspätete Antragstellung zulassen müssen.[77] Abs. 3 ist **zwingend;**[78] zu spät gestellte Anträge sind unzulässig.

21 **3. Rechtsschutzinteresse.** Es kann fehlen, wenn die beeinträchtigende Zwangsvollstreckung vollständig beendet ist (s. dazu vor § 704 Rn. 28 ff.). Es fehlt weiter, wenn die einstweilige Einstellung der Zwangsvollstreckung durch das Prozessgericht (etwa nach §§ 707, 719) beantragt werden kann.[79] Im Übrigen muss die Zwangsvollstreckung nicht begonnen haben; es reicht aus, wenn sie hinreichend sicher droht.

22 **4. Einstweilige Anordnungen, Entscheidung.** Bei hinreichenden Erfolgsaussichten und Glaubhaftmachung des tatsächlichen Vorbringens kann die Zwangsvollstreckung gem. Abs. 1 S. 2, § 732 Abs. 2 bis zur Entscheidung mit der Folge des § 775 Nr. 2 einstweilen eingestellt werden. Die **Entscheidung** selbst erfolgt durch zu begründenden **Beschluss,** in dem je nach Notwendigkeit Vollstreckungsmaßnahmen mit der Folge des § 775 Nr. 1 ganz oder teilweise aufgehoben (zum Problem dabei s. Rn. 23), untersagt (in der Regel zeitlich begrenzt) oder mit der Folge des § 775 Nr. 2 einstweilen (in absoluten Ausnahmefällen auch auf unbestimmte Zeit[80]) eingestellt werden können bzw. ihr Ruhen angeordnet werden kann[81] (Abs. 1 S. 1). Dem

---

67 BGH NZM 2007, 2703 f.
68 OLG Koblenz (Fn. 66).
69 LG Frankfurt/M Rpfleger 1989, 35.
70 OLG Köln Rpfleger 1972, 378; MK/*Heßler* Rn. 32.
71 Str.; wie hier BGH NJW 2004, 3635, 3636 f.; MK/*Heßler* Rn. 35 m. weit. Nachw.; aA LG Frankenthal Rpfleger 1974, 433.
72 BVerfG (Fn. 35).
73 BVerfG NJW 2007, 2910; MK/*Heßler* Rn. 72; aA OLG Köln NJW-RR 1989, 189; *Zö/Stöber* Rn. 24.
74 MK/*Heßler* Rn. 72.
75 OLG Hamm NJW 1968, 2247 f.
76 *Zö/Stöber* Rn. 19.
77 Ähnlich *Münzberg,* Festschrift für Lüke 1997, 525, 541.
78 *B/L/H* Rn. 8.
79 MK/*Heßler* Rn. 75 m. weit. Nachw.; aA *St/J/Münzberg* Rn. 20, 40.
80 BVerfG NZM 2005, 657, 659.
81 S. dazu OLG Nürnberg (Fn. 51).

Schuldner können Sicherheitsleistungen oder Ratenzahlungen aufgegeben werden.[82] Im Fall der Suizidgefahr kann dem Schuldner eine Behandlung zur Auflage gemacht werden.[83] Fehlende Prüfung der Möglichkeit von Auflagen kann den Grundsatz der Verhältnismäßigkeit verletzen.[84] Bereits abgeschlossene Vollstreckungsmaßnahmen (etwa eine vollzogene Räumung) dürfen nicht rückgängig gemacht werden, weil dies über eine Aufhebung der Vollstreckungsmaßnahme hinausgehen würde.[85] Einer **Kostenentscheidung** bedarf es grundsätzlich nicht; die Kosten fallen regelmäßig dem Schuldner zur Last und sind nach § 788 beizutreiben. Nur ausnahmsweise kann das Gericht gem. § 788 Abs. 3 (s. dort Rn. 27 ff.) dem Gläubiger die Kosten auferlegen, wenn dies aus besonderen, in dem Verhalten des Gläubigers liegenden Gründen der Billigkeit entspricht. Auch im Fall der beiderseitigen Erledigungserklärung in der Rechtsmittelinstanz mit wechselseitigen Kostenanträgen ist nicht nach § 91 a, sondern gem. § 788 Abs. 3 zu entscheiden (s. a. § 91 a Rn. 2).[86] Der Beschluss ist **förmlich zuzustellen** (§ 329 Abs. 3), nach – fakultativer – mündlicher Verhandlung zu verkünden.

23 **5. Aufhebung von Vollstreckungsmaßregeln.** Die Aufhebung von Vollstreckungsmaßregeln, die mit dem Verlust des Pfändungspfandrechts verbunden sein kann (s. im Einzelnen § 766 Rn. 30), ist **gemäß Abs. 5** erst nach Rechtskraft des Beschlusses zulässig.

VI. Aufschub durch den Gerichtsvollzieher (Absatz 2)

24 **1. Allgemeines.** Wenn bei einer Vollstreckung zur Herausgabe von beweglichen Sachen oder einer Räumungsvollstreckung die Anrufung des Vollstreckungsgerichts zur Herbeiführung einer Entscheidung nach § 765 a zu spät käme oder nach vollzogener Räumung dieser Rechtsschutz gar nicht mehr möglich wäre (s. Rn. 21), ermöglicht Abs. 2 einen Vollstreckungsaufschub durch den Gerichtsvollzieher.

25 **2. Voraussetzungen.** Der Aufschub ist nur möglich, wenn dem Gerichtsvollzieher die Voraussetzungen des § 765 a und die Tatsache glaubhaft gemacht werden, dass dem Schuldner die rechtzeitige Anrufung des Vollstreckungsgerichts nicht möglich war, Abs. 2. Deshalb muss die Notlage bei rechtzeitig angekündigter Räumung kurz vor dem Räumungstermin eingetreten sein.[87] Da der Aufschub ferner dem Schuldner nur ermöglichen soll, einen Antrag nach § 765 a zu stellen, darf der Gerichtsvollzieher keinen Aufschub gewähren, wenn der Schuldner einen solchen Antrag bereits gestellt hat.[88]

26 **3. Gewährung des Aufschubs.** Der Aufschub darf höchstens eine Woche dauern. Der Gerichtsvollzieher muss gem. § 113 Nr. 3 GVGA den Schuldner darauf hinweisen, dass die Vollstreckung nach Ablauf einer Woche fortgesetzt wird, falls der Schuldner bis dahin keine Einstellung durch das Vollstreckungsgericht erwirkt hat. Der Gläubiger kann gegen die Gewährung des Aufschubs **Erinnerung nach § 766** einlegen, die aber wegen der Wochenfrist meist gegenstandslos wird.[89]

VII. Rechtsbehelfe

27 Rechtsmittel gegen den ablehnenden oder stattgebenden Beschluss ist die sofortige Beschwerde nach § 793. Eine Abhilfe ist möglich (§ 572 Abs. 1).

VIII. Änderung oder Aufhebung des Beschlusses (Absatz 4)

28 Bei einer Änderung der Sachlage kann das Vollstreckungsgericht (Rechtspfleger, § 20 Nr. 17 RPflG) ungeachtet der Rechtskraft des Beschlusses diesen auf Antrag des Gläubigers oder des Schuldners ändern. § 767 Abs. 2 gilt wegen des Schutzzwecks des § 765 a nicht.[90] Zur Vermeidung von Verschleppungen ist aber zu fordern, dass nur Tatsachen geltend gemacht werden können, die der Schuldner subjektiv vor Erlass der Entscheidung nicht geltend machen konnte.[91]

IX. Gebühren und Kosten

29 **1. Rechtsanwaltsgebühren.** Für den Anwalt fällt durch das gerichtliche Vollstreckungsschutzverfahren eine zusätzliche Gebühr aus Nr. 3309 VV RVG an (§ 18 Nr. 8 RVG). Jedes gerichtliche Änderungsverfahren ist eine weitere Angelegenheit. Das Vollstreckungsverfahren vor und nach dem Schutzverfahren ist dieselbe Angelegenheit. Das Fortsetzungsverfahren ist keine besondere Angelegenheit.[92] **Gegenstandswert:** Wert der Vollstreckungsforderung, im Räumungsschutzverfahren nach billigem Ermessen § 25 Abs. 2 RVG.

30 **2. Gerichtskosten.** Es wird eine Festgebühr von 15 Euro nach KV Nr. 2112 erhoben. Für das Beschwerdeverfahren gilt KV Nr. 2121: wird die Beschwerde verworfen oder zurückgewiesen, entsteht eine Festgebühr von 25 Euro; das Gericht kann die Gebühr nach billigem Ermessen auf die Hälfte ermäßigen oder be-

---

82 OLG Jena NJW-RR 2000, 1251, 1252.
83 BVerfG NZM 2005, 657, 659; NJW 2004, 49 f.; OLG Jena (Fn. 82).
84 BVerfG (Fn. 83); BGH NJW 2006, 508.
85 MK/*Heßler* Rn. 89; aA OLG Hamburg MDR 1950, 492 f.
86 OLG Düsseldorf NJW-RR 1996, 637, 638.
87 *St/J/Münzberg* Rn. 37.
88 MK/*Heßler* Rn. 108; *Zö/Stöber* Rn. 28.
89 MK/*Heßler* Rn. 111.
90 *Zö/Stöber* Rn. 29.
91 *Zö/Stöber* Rn. 29.
92 *Hartung/Römermann* § 18 Rn. 15.

stimmen, dass eine Gebühr nicht zu erheben ist, wenn das Rechtsmittel nur teilweise verworfen oder zurückgewiesen wird.

766 ***Erinnerung gegen Art und Weise der Zwangsvollstreckung*** **(1) [1]Über Anträge, Einwendungen und Erinnerungen, welche die Art und Weise der Zwangsvollstreckung oder das vom Gerichtsvollzieher bei ihr zu beobachtende Verfahren betreffen, entscheidet das Vollstreckungsgericht. [2]Es ist befugt, die im § 732 Abs. 2 bezeichneten Anordnungen zu erlassen.**

(2) Dem Vollstreckungsgericht steht auch die Entscheidung zu, wenn ein Gerichtsvollzieher sich weigert, einen Vollstreckungsauftrag zu übernehmen oder eine Vollstreckungshandlung dem Auftrag gemäß auszuführen, oder wenn wegen der von dem Gerichtsvollzieher in Ansatz gebrachten Kosten Erinnerungen erhoben werden.

Übersicht

I. Normzweck und Abgrenzung zu anderen Rechtsbehelfen

1. Normzweck. Mit der Erinnerung nach § 766 können die Vollstreckungsparteien (vor § 704 Rn. 9 f.), evtl. auch Dritte, die Rechtmäßigkeit von Maßnahmen der Vollstreckungsorgane zur richterlichen Überprüfung stellen. Die Vorschrift stellt eine umfassende richterliche Kontrolle des Vollstreckungsverfahrens sicher und gewährleistet dessen Rechtsstaatlichkeit sowie das rechtliche Gehör.[1] Gegenstand der Nachprüfung sind nur Verfahrensfehler; aufgrund der Formalisierung der Zwangsvollstreckung sind materiellrechtliche Umstände von den Vollstreckungsorganen regelmäßig nicht zu untersuchen und damit auch nicht Gegenstand des Erinnerungsverfahrens. Deshalb kann auch im Rahmen einer Erinnerung nicht ein Streit zwischen Schuldner und Drittschuldner über die Reichweite einer Pfändung geklärt werden.[2] Die Erinnerung ist ein **spezieller Rechtsbehelf,** der zur Prüfung des Vollstreckungshandelns in derselben Instanz führt, und deshalb kein Rechtsmittel. Wegen des öffentlich-rechtlichen Charakters der Zwangsvollstreckung hat sie ähnliche Aufgaben wie der Verwaltungsrechtsweg nach § 40 VwGO.[3] Deshalb scheint es auch rechtspolitisch verfehlt, das Erinnerungsverfahren als Zweiparteienverfahren zwischen Gläubiger und Schuldner auszugestalten.[4] Zur analogen Anwendung öffentlich-rechtlicher Vorschriften s. vor § 704 Rn. 7, 13, 32. Die Norm findet **Anwendung** auf jede nach der ZPO durchgeführte Vollstreckung, auch wenn der Titel auf einem anderen Gesetz beruht. Sie ist auch bei der Vorpfändung (§ 845) einschlägig (s. a. § 845 Rn. 11). 1

2. Abgrenzung zu anderen Rechtsbehelfen. Mit der Vollstreckungserinnerung werden konkrete Maßnahmen eines Vollstreckungsorgans mit der Begründung angefochten, die zu beachtenden Verfahrensvorschriften seien nicht eingehalten worden. Es kann zu Überschneidungen mit oder zur Notwendigkeit der Abgrenzung zu folgenden anderen Rechtsbehelfen kommen: 2

a) Dienstaufsichtsbeschwerde. Gegen das Handeln oder auch Unterlassen des Gerichtsvollziehers kann eine Dienstaufsichtsbeschwerde erhoben werden. Diese führt allerdings nur zur Überprüfung der Tätigkeit 3

[1] MK/*Karsten Schmidt* Rn. 1.
[2] SchlHOLG OLGR 2000, 222, 223.
[3] MK/*Karsten Schmidt* Rn. 2.
[4] MK/*Karsten Schmidt* Rn. 3.

des Gerichtsvollziehers unter dienstaufsichtsrechtlichen Aspekten und kann allenfalls Dienstaufsichts- oder Disziplinarmaßnahmen nach den einschlägigen beamtenrechtlichen Vorschriften zur Folge haben. Die Dienstaufsicht darf den Gerichtsvollzieher nicht zu konkreten Tätigkeiten anweisen; hierzu ist allein das Vollstreckungsgericht nach § 766 befugt.[5] S. im Übrigen auch § 753 Rn. 17.

4 **b) Materiell-rechtliche Klagen des Vollstreckungsrechts.** Mit der **Vollstreckungsabwehrklage** (§ 767) werden **materiell-rechtliche Einwendungen** gegen den titulierten Anspruch selbst geltend gemacht, s. im Einzelnen § 767 Rn. 1. Diese sind in der Regel im Erinnerungsverfahren nicht beachtlich, es sei denn, sie wären Gegenstand zu beachtender Verfahrensvorschriften (zB § 775 Nr. 4, 5). Zur Geltendmachung von Vollstreckungsverträgen s. Rn. 7. Bei der Erinnerung eines Dritten kann es zu Überschneidungen mit der **Drittwiderspruchsklage** (§ 771), mit der die Veräußerung hindernde materielle Rechte geltend gemacht werden, oder der **Klage auf vorzugsweise Befriedigung** (§ 805) kommen, mit der vorrangige materielle Pfandrechte eingewandt werden, s. § 771 Rn. 3 und § 805 Rn. 4. Auch diese materiellen Rechte sind für das Vollstreckungsorgan und damit bei einer Erinnerung unbeachtlich, wenn sie nicht ausnahmsweise berücksichtigt werden müssen (etwa evidentes Dritteigentum, s. § 808 Rn. 5). Ist bei der Teilungsversteigerung nach §§ 180ff. ZVG die Verfügungsbeschränkung nach § 1365 Abs. 1 BGB unstreitig, kann sie auch mit der Vollstreckungserinnerung, nicht nur mit der Drittwiderspruchsklage geltend gemacht werden.[6]

5 **c) Verteilungsverfahren (§§ 872ff.).** Der **Schuldner** kann auch nach Anordnung des Verteilungsverfahrens noch Vollstreckungserinnerung einlegen und die Verletzung von Verfahrensvorschriften bei der Pfändung rügen.[7] Ein **Gläubiger** soll Mängel der Pfändung eines anderen Gläubigers dann nicht mehr mit der Vollstreckungserinnerung einwenden können, wenn die Voraussetzungen für ein Verteilungsverfahren vorliegen.[8] Dies ist im Hinblick auf solche Verfahrensmängel unzutreffend, die im Verteilungsverfahren nicht untersucht werden dürfen, nämlich reine Ordnungsverstöße.[9] Insoweit ist jedenfalls bis zum Verteilungstermin die Erinnerung statthaft. Zur Vermeidung von Widerspruchsklagen ist es aber auch sachgerecht, bis zu diesem Termin sämtliche Einwände konkurrierender Gläubiger zuzulassen (s. § 872 Rn. 8).

6 **d) Klauselerinnerung, sofortige Beschwerde im Insolvenzverfahren.** Die Klauselerinnerung (§ 732) und die Vollstreckungserinnerung haben unterschiedliche Angriffsziele, nämlich die Erteilung der Klausel bzw. einen Vollstreckungsakt. Auch wenn die zu prüfenden Umstände im vorhergehenden Verfahren sich grundsätzlich unterscheiden, kann es doch zu Überschneidungen kommen. Die Unbestimmtheit des Titels ist im Verfahren um die Erteilung der Klausel zu prüfen. Da aus einem solchen Titel aber faktisch nicht vollstreckt werden kann, kann diese Frage auch Gegenstand des Verfahrens nach § 766 sein. Über Einwendungen im **Insolvenzverfahren** iSd. § 89 Abs. 1, 2 InsO entscheidet gem. § 89 Abs. 3 InsO das Insolvenzgericht. Darüber hinaus ist das Insolvenzgericht zuständig, wenn eine Vollstreckungsmaßnahme wegen der Rückschlagsperre nach § 88 InsO aufzuheben ist.[10] Analog § 89 Abs. 3 InsO ist das Insolvenzgericht auch zur Entscheidung berufen, wenn Einwendungen gegen nach § 21 Abs. 2 Nr. 3 InsO (Anordnung eines Vollstreckungsverbotes) unzulässige Vollstreckungsmaßnahmen erhoben werden.[11] Dies gilt auch für Entscheidungen über die Unwirksamkeit einer Pfändung nach § 114 InsO[12] und bei der Geltendmachung der §§ 207,[13] 210 InsO.[14] Zur **Rechtspflegererinnerung** und **sofortigen Beschwerde nach § 793** s. Rn. 10ff.

7 **e) Vollstreckungsvereinbarungen.** Die wohl hM geht davon aus, dass grundsätzlich die Vollstreckungserinnerung analog § 766 der richtige Weg ist, eine vollstreckungshindernde Vereinbarung (s. vor § 704 Rn. 16ff., zu Prozessverträgen Einl. Rn. 66ff.) geltend zu machen.[15] Der BGH tendiert eher zu der Annahme, nur die Vollstreckungsabwehrklage analog § 767 sei statthaft.[16] Grundsätzlich ist die Erinnerung analog § 766 der richtige Rechtsbehelf. Dies ergibt sich aus der zutreffenden Annahme, das Vollstreckungsorgan müsse derartige Vereinbarungen jedenfalls bei entsprechendem Nachweis berücksichtigen.[17] Ist die Vereinbarung allerdings streitig und nicht (analog § 775 Nr. 5) liquide nachgewiesen, bleibt nur der Weg über eine Vollstreckungsabwehrklage analog § 767.[18] Das Erkenntnisverfahren bietet gegenüber dem Erinnerungsverfahren den besseren Weg, über das Bestehen einer Vollstreckungsvereinbarung zu entscheiden.[19]

8 **f) Sonstiges.** Wird der Gerichtsvollzieher **außerhalb der Zwangsvollstreckung tätig** (zB in den Fällen der §§ 562ff., 1233 BGB, beim Pfandverkauf[20] gem. § 1235 Abs. 1 BGB, bei der Zustellung nach § 192), findet

---

5 RGZ 145, 204, 213; MK/*Karsten Schmidt* Rn. 8.

6 BGH NJW 2007, 3124 m. weit. Nachw.; *Zimmer/Pieper* NJW 2007, 3104, 3106; für strengere Voraussetzungen (Offenkundigkeit) Vorauflage.

7 MK/*Karsten Schmidt* Rn. 9; *Brox/Walker* Rn. 499.

8 OLG Koblenz DGVZ 1984, 58, 59.

9 *Lackmann* Rn. 377.

10 *Hintzen* Rpfleger 1999, 256, 257; aA *Viertelhausen* DGVZ 2001, 36, 40.

11 *Hintzen* ZInsO 1998, 174, 175; *Vallender* ZIP 1997, 1993, 1996; aA AG Köln NJW-RR 1999, 1351; *Viertelhausen* (Fn. 10) S. 39; *Zö/Stöber* Rn. 17.

12 AA LG München I Rpfleger 2000, 467f.

13 BGH NJW-RR 2007, 119, 120.

14 LG Trier NZI 2005, 170.

15 OLG Hamm Rpfleger 1977, 178; OLG Karlsruhe OLGZ 1974, 484f. = NJW 1974, 2242; *St/J/Münzberg* Rn. 24; *Wittschier* JuS 1999, 585, 586; *Zö/Stöber* vor § 704 Rn. 25.

16 BGH NJW 2002, 1788; NJW 1991, 2295, 2296; OLG Karlsruhe NJW-RR 1999, 941, 942; *Ro/G/Sch* § 33 VI.

17 *Brox/Walker* Rn. 204; *Lackmann* Rn. 108f.

18 *Brox/Walker* Rn. 204.

19 *Lackmann* Rn. 109.

20 OLG Frankfurt/M DGVZ 1998, 121.

nicht die Erinnerung statt.[21] Rechtsbehelf ist der des § 23 Abs. 1 EGGVG.[22] Das Grundbuchamt ist funktionell zuständiges Vollstreckungsorgan für die **Eintragung von Zwangshypotheken** (§ 867 Abs. 1; s. a. vor § 704 Rn. 8, 35). Rechtsbehelf gegen seine Vollstreckungsmaßnahmen ist nicht die Erinnerung, sondern die **Beschwerde nach § 71 GBO** (s. a. § 867 Rn. 12).[23] Im **Zwangsversteigerungs- und Zwangsverwaltungsverfahren** gelten wegen § 869 die Rechtsbehelfe der ZPO mit Besonderheiten in §§ 95 bis 104 ZVG. Vollstreckungsmaßnahmen (zB die ohne Anhörung des Schuldners erfolgte Anordnung der Zwangsversteigerung nach § 15 ZVG;[24] zur Abgrenzung s. Rn. 11) können mit der Erinnerung nach § 766 angefochten werden.[25]

3. Parallel mit § 766 führbare Rechtsbehelfe. Liegen sowohl Verfahrensverstöße als auch die Voraussetzungen der §§ 767, 771 oder 805 vor (s. Rn. 4), können die Rechtsbehelfe nebeneinander eingelegt werden.[26] Eine **Feststellungsklage** kann erhoben werden, wenn der Titel nichtig ist[27] oder die Identität der Parteien nicht erkennen lässt;[28] beides kann auch mit der Erinnerung gerügt werden (§§ 704 Abs. 1, 750 Abs. 1 S. 1). Eine Klage mit dem Ziel der Feststellung der Unwirksamkeit einer Pfändung ist demgegenüber unzulässig.[29] Eine neue **Leistungsklage** (oder auch Feststellungsklage) kann erhoben werden, wenn der Titel zu unbestimmt (s. § 704 Rn. 6 ff.) und damit nicht vollstreckbar ist. 9

II. Vollstreckungserinnerung, Rechtspflegererinnerung und sofortige Beschwerde

1. Allgemeines. Die Vollstreckungserinnerung nach § 766 richtet sich gegen **Vollstreckungsmaßnahmen** („Art und Weise der Zwangsvollstreckung"), die sofortige Beschwerde nach § 793 gegen **Entscheidungen** im Zwangsvollstreckungsverfahren, die ohne mündliche Verhandlung ergehen können. § 11 RPflG, der Entscheidungen des Rechtspflegers betrifft, ist für das Vollstreckungsverfahren gem. seinem Abs. 1 wegen §§ 766, 793 nicht mehr von Bedeutung. Soweit der Gerichtsvollzieher als Vollstreckungsorgan tätig geworden oder untätig geblieben ist, ist immer die Vollstreckungserinnerung der richtige Rechtsbehelf. Bei Beschlüssen anderer Vollstreckungsorgane ist zu differenzieren. 10

2. Entscheidung – Vollstreckungsmaßnahme. Zur Abgrenzung dieser Begriffe geht die hM, insbesondere die Rechtsprechung, grundsätzlich von folgenden Voraussetzungen aus: **Eine Entscheidung** liegt vor, wenn ein Beschluss nach tatsächlicher und rechtlicher **Würdigung des Parteivorbringens** ergangen ist. Das ist der Fall, wenn beide Parteien **gehört** wurden und ihr Vorbringen bei der Entscheidung Berücksichtigung gefunden hat.[30] Dabei ist es unerheblich, ob die Anhörung vorgeschrieben, freigestellt oder sogar verboten ist (wie im Fall des § 834)[31] oder ob der Schuldner, der Gelegenheit zur Anhörung erhalten hat, sich tatsächlich geäußert hat. Eine Entscheidung liegt aber auch bei der **Ablehnung** des Antrags des Gläubigers vor, obwohl der Schuldner nicht gehört wurde.[32] Hier hat das Vollstreckungsorgan sich mit den Argumenten des Gläubigers auseinander gesetzt und nicht nur ohne weiter gehende Überprüfung dem Antrag stattgegeben. Nur auf solche „Entscheidungen" bezieht sich § 793. **Eine Vollstreckungsmaßnahme** liegt vor, wenn dem Antrag des Gläubigers **ohne Anhörung** des Gegners stattgegeben wurde (vgl. aber Rn. 13). Hier sind lediglich aufgrund des Vorbringens des Gläubigers ohne argumentative Auseinandersetzung die Voraussetzungen der Zwangsvollstreckung und die „Schlüssigkeit" seines Vorbringens geprüft worden. 11

Die Abgrenzung der hM ist **sachgerecht.** Der Grund dafür, dass § 766 die Überprüfung durch das Vollstreckungsgericht anordnet, liegt darin, dass eine Selbstüberprüfung auf die Rechtmäßigkeit hin erfolgen soll. Diese Selbstüberprüfung ist aber nur dann sinnvoll, wenn neue Argumente zu berücksichtigen sind. Dies ist nicht der Fall, wenn schon vor dem Erlass der angegriffenen Entscheidung beide Seiten oder die Argumente dessen gehört wurden, dessen Antrag abgelehnt wurde.[33] 12

3. Abgrenzung zwischen §§ 766, 793 und § 11 RPflG. Zuständig zum Erlass eines Pfändungs- und Überweisungsbeschlusses ist der Rechtspfleger. Trifft er insoweit eine Entscheidung (s. Rn. 11), gilt gem. § 11 Abs. 1 RPflG § 793. Zur Abgrenzung zwischen Maßnahme und Entscheidung s. Rn. 11. 13

4. Einzelfragen. Gegen **Haftbefehle** nach § 901 ist immer die sofortige Beschwerde nach § 793 statthaft (s. § 901 Rn. 10).[34] Streitig ist, ob **gegen denselben Beschluss zwei verschiedene Rechtsbehelfe** gegeben sein können, weil ein Beteiligter gehört wurde, ein anderer nicht. Nach wohl hM steht dem Angehörten die sofortige Beschwerde zu, dem nicht Angehörten die Vollstreckungserinnerung (s. a. § 850 b Rn. 14).[35] Hier sollte differenziert werden: Wird ein Antrag **zum Teil abgelehnt** und liegt deshalb eine Entscheidung vor, ist es un- 14

---

[21] *St/J/Münzberg* Rn. 2; *Zö/Stöber* Rn. 5.

[22] OLG Frankfurt/M (Fn. 20); OLG Karlsruhe OLGZ 1975, 409, 411; *Zö/Stöber* Rn. 5.

[23] OLG Köln Rpfleger 1996, 189, 190; *Ro/G/Sch* § 30 I; s. ausführlich *Zö/Stöber* § 867 Rn. 24.

[24] OLG Hamm OLGZ 1974, 46.

[25] OLG Bremen Rpfleger 1984, 157, 158; s. ausführlich *Lackmann* Rn. 468 ff.

[26] RGZ 108, 260, 262; OLG Bamberg JR 1955, 25; s. ausführlich *Zö/Stöber* Rn. 20.

[27] LG Köln JurBüro 1986, 466.

[28] *Zö/Stöber* Rn. 20; *St/J/Münzberg* Rn. 59.

[29] BGHZ 69, 144, 147 f. = NJW 1977, 1881.

[30] BGH NZI 2004, 447 f.; MK/*Karsten Schmidt* Rn. 17; *St/J/Münzberg* Rn. 7; *Zö/Stöber* Rn. 2; *Lackmann* Rn. 318.

[31] Vgl. OLG Köln NJW-RR 1992, 894 m. weit. Nachw.

[32] OLG Koblenz NJW-RR 1986, 679; MK/*Karsten Schmidt* Rn. 17; *St/J/Münzberg* Rn. 11; *Zö/Stöber* Rn. 2; *Lackmann* Rn. 318.

[33] *Brox/Walker* Rn. 1181; *Lackmann* Rn. 320.

[34] LG Münster MDR 1999, 890.

[35] MK/*Karsten Schmidt* Rn. 17; *St/J/Münzberg* Rn. 7; *Zö/Stöber* Rn. 2; *Brox/Walker* Rn. 1182.

problematisch und zutreffend, der hM folgend als Rechtsbehelf des Gläubigers die sofortige Beschwerde gegen den abgewiesenen Teil und als Rechtsbehelf des nicht angehörten Schuldners die Vollstreckungserinnerung gegen den zugesprochenen Teil anzunehmen. Hier lässt sich der möglicherweise einheitlich ergangene Beschluss in zwei Teile trennen. Stehen aber quasi **zwei Parteien auf einer Seite** wie Schuldner, Drittschuldner oder auch ein betroffener Familienangehöriger des Schuldners, sollte es für sie nicht zwei verschiedene Rechtsbehelfe gegen einen Beschluss geben, wenn eine Partei angehört wurde und die andere nicht, sodass dann wegen dieses Teils die sofortige Beschwerde der richtige Rechtsbehelf ist.[36] Die Frage, ob eine Entscheidung, also ein Abwägen von Argumenten, vorliegt, kann nicht bei einem Beschluss unterschiedlich beantwortet werden. Ergeben sich Schwierigkeiten daraus, dass Fristen nicht bekannt waren und nicht eingehalten wurden, kann Wiedereinsetzung in den vorigen Stand gewährt werden.[37] Diese Lösung vermeidet auch Rechtskraftprobleme: In dem Fall, dass der Schuldner angehört wurde, wäre für ihn ein befristetes Rechtsmittel gegeben, sodass der Beschluss in formelle Rechtskraft (im Verhältnis Gläubiger-Schuldner) erwachsen würde (s. § 705 Rn. 2). Gibt man dem nicht angehörten Drittschuldner die Vollstreckungserinnerung, könnte der angefochtene Beschluss trotzdem mit Wirkung auch zugunsten des Schuldners aufgehoben werden. Ist ein Beschluss ergangen, **ohne dass eine vorgeschriebene Anhörung** erfolgte, stellt die hM nur auf die Art des Zustandekommens der Entscheidung ab.[38] In diesen Fällen (zB § 850b) ist aber nach dem Gesetzesinhalt eine umfassende Subsumtion, manchmal auch eine Ermessensentscheidung notwendig, sodass **das Gesetz** objektiv von einer **Entscheidung** ausgeht. Dies muss dann unabhängig von der tatsächlichen Gewährung rechtlichen Gehörs auch für den Rechtsbehelf gelten.[39]

III. Zulässigkeit der Erinnerung

15 **1. Statthaftigkeit, Zuständigkeit, Form und Frist.** Die Vollstreckungserinnerung ist **statthaft,** wenn der Schuldner oder ein Dritter die Art und Weise der Zwangsvollstreckung rügt, Abs. 1; wenn der Gläubiger geltend macht, der Gerichtsvollzieher komme seinem Vollstreckungsauftrag nicht oder nicht auftragsgemäß nach, und gegen den Kostenansatz des Gerichtsvollziehers, Abs. 2. Ob der Erinnerungsführer, der sich gegen die Art und Weise der Zwangsvollstreckung wendet, die Erinnerung mit seinem Einwand begründen kann, ist eine Frage der Begründetheit der Erinnerung.[40] So ist zB eine Erinnerung des Schuldners zulässig, wenn er geltend macht, der Gerichtsvollzieher habe die von ihm behauptete Erfüllung nicht beachtet. Begründet ist die Erinnerung nur dann, wenn der Gerichtsvollzieher den Einwand berücksichtigen musste, zB nach § 775 Nr. 4, 5. Zur Entscheidung über die Erinnerung ist gem. Abs. 1 S. 1 örtlich und sachlich ausschließlich (§ 802) das **Vollstreckungsgericht** (§ 764 Abs. 2) **zuständig.** Es entscheidet durch den funktionell zuständigen Richter, § 20 Nr. 17 S. 2 RPflG. Bei der Arrestvollziehung ist das Arrestgericht Vollstreckungsgericht und deshalb auch zur Entscheidung über eine Erinnerung zuständig.[41] Über eine Erinnerung gegen eine nach § 89 InsO unzulässige Vollstreckung (s. vor § 704 Rn. 26) entscheidet das **Insolvenzgericht** (§ 89 Abs. 3 S. 1 InsO, s. a. Rn. 6). Bei der Zwangsvollstreckung aus einem Insolvenzeröffnungsbeschluss gilt gem. § 148 Abs. 2 InsO § 766; es entscheidet das Insolvenzgericht als Vollstreckungsgericht. S. zu weiteren Einzelheiten § 764 Rn. 2ff. Die Vollstreckungserinnerung muss **schriftlich** eingelegt oder zu Protokoll der Geschäftsstelle erklärt werden, § 569 Abs. 2, 3 analog. Sie ist **nicht fristgebunden.**

16 **2. Allgemeine Verfahrensvoraussetzungen. a) Anwaltszwang, Antrag. Anwaltszwang** besteht wegen §§ 569 Abs. 3, 78 Abs. 5 nicht. **Ein bestimmter Antrag** ist entgegen § 253 Abs. 2 Nr. 2 nicht erforderlich. Dies folgt aus dem Wesen der Erinnerung als formlose Gegendarstellung. Es muss lediglich ersichtlich sein, gegen welche Handlung, Unterlassung oder Kosten sich der Erinnerungsführer wendet.[42] Ein bestimmter Erinnerungsantrag kann allerdings die Überprüfung des Gerichts auf bestimmte Handlungen beschränken.

17 **b) Das Rechtsschutzinteresse** fehlt in der Regel, wenn die Vollstreckung überhaupt noch nicht begonnen hat oder bereits vollständig beendet ist (s. dazu vor § 704 Rn. 28ff.). Es fehlt dann nicht, wenn die Vollstreckung zwar noch nicht begonnen hat, aber doch **unmittelbar bevorsteht** und ein Warten des Schuldners auf den Vollstreckungsbeginn dazu führen würde, dass er seine Rechte nicht mehr vollständig wahren könnte,[43] etwa bei einer drohenden Räumung,[44] der Vollstreckung eines Haftbefehls[45] oder einer bevorstehenden Durchsuchung ohne Durchsuchungsanordnung.[46] **Nach Beendigung** kann nicht die Feststellung verlangt werden, eine Vollstreckungsmaßnahme sei rechtswidrig gewesen;[47] auch nicht im Verfahren nach § 23 Abs. 1 EGGVG.[48] Zur sofortigen Beschwerde gegen Durchsuchungsanordnungen s. insoweit § 758a Rn. 16. **Beendet** ist die Vollstreckung bei einer Sachpfändung nach Auskehr des Erlöses, bei einer Geld-

---

[36] *Lackmann* Rn. 323; s. auch OLG Bamberg NJW 1978, 1389; LG Bochum Rpfleger 1984, 278; *B/L/H* § 793 Rn. 5; *T/P/Hüßtege* § 829 Rn. 55; *Ro/G/Sch* § 37 IV 2.

[37] *Lackmann* Rn. 323.

[38] OVG Münster NJW 1980, 1709; KG OLGZ 1978, 491, 493; *Wittschier* JuS 1999, 585, 586; *Zö/Stöber* Rn. 2.

[39] OLG Hamm NJW 1984, 1972; *Lackmann* Rn. 324; *Ro/G/Sch* § 37 IV 2; ähnlich *St/J/Münzberg* Rn. 8.

[40] Völlig undifferenziert ist die Aufzählung bei *B/L/H* Rn. 19ff.

[41] BGHZ 66, 394, 395 = NJW 1976, 1453.

[42] OLG Hamm OLGR 2001, 91, 92; *Wittschier* JuS 1999, 585, 586.

[43] KG Rpfleger 1986, 439, 440; MK/*Karsten Schmidt* Rn. 44.

[44] MK/*Karsten Schmidt* Rn. 44 m. weit. Nachw.

[45] OLG Hamm DGVZ 1983, 137.

[46] *Lackmann* Rn. 202.

[47] BGH NZM 2005, 193, 194; OLG Köln JurBüro 2001, 213, 214; OLG Hamm (Fn. 42).

[48] KG MDR 1982, 155.

pfändung nach Übertragung des Eigentums auf den Gläubiger, bei der Forderungspfändung nach Leistung des Drittschuldners an den Gläubiger, bei der Räumungsvollstreckung mit der Einweisung der Gläubigerin in den Besitz der Räume durch Übergabe der Schlüssel.[49] Besondere Umstände können gleichwohl eine Erinnerung zulässig machen, etwa die Hinterlegung des Erlöses, wenn kein Verteilungsverfahren (§§ 872ff.) stattfindet,[50] oder eine noch belastende Unpfändbarkeitsbescheinigung. Auch die Erinnerung wegen der Gerichtsvollzieherkosten (Abs. 2 Alt. 2) bleibt möglich.[51]

3. Beschwer (Erinnerungsbefugnis) der Vollstreckungsparteien. Weil die Erinnerung zwar kein Rechtsmittel, aber doch eine rechtsmittelähnliche Gegenvorstellung ist, setzt sie die Beschwer (Erinnerungsbefugnis) des Erinnerungsführers voraus. Sie ist mit der Klagebefugnis nach § 42 Abs. 2 VwGO zu vergleichen.[52] Beschwert ist nur der, der – nach seinem eigenen Vortrag – durch den Vollstreckungsakt möglicherweise in seinen Rechten beeinträchtigt worden ist. **Der Gläubiger** ist immer dann beschwert, wenn das Vollstreckungsorgan seinen Auftrag nicht, nicht dem Antrag gemäß oder verzögert durchführt. **Der Schuldner** ist durch jede gegen ihn gerichtete Vollstreckungsmaßnahme beschwert und so möglicherweise in seinen Rechten verletzt. Ob er seine Erinnerung auf die Verletzung einer bestimmten Norm stützen darf, die nicht seinem Schutz dient, ist deshalb keine Frage der Zulässigkeit,[53] sondern der Begründetheit.[54] Er ist nicht beschwert, wenn die Räumungsvollstreckung aus einem Titel gegen ihn auch gegen einen Dritten zugelassen wird.[55] 18

4. Beschwer eines Dritten. Ein Dritter, der nicht Vollstreckungspartei ist, ist nur beschwert, wenn er sich auf die Verletzung einer Verfahrensvorschrift des Zwangsvollstreckungsrechts beruft, die auch seinen Schutz bezweckt. Zu nennen sind (s. auch Rn. 21, § 829 Rn. 25f.) § 809, der ausschließlich dem Schutz des Gewahrsamsinhabers dient, § 811 Abs. 1 Nrn. 1, 2, 3, 5, 12, § 812, die nicht nur dem Schutz des Schuldners, sondern auch dem seiner Familienangehörigen dienen, §§ 810, 865 Abs. 2, die auch dem Schutz des Grundstückseigentümers dienen (s. § 810 Rn. 5f.; § 865 Rn. 11). Da der Gerichtsvollzieher evidentes Dritteigentum zu berücksichtigen hat, kann sich der Dritte als Eigentümer auf die Verletzung dieser Prüfung mit der Erinnerung berufen. Ein Grundstücksbesitzer kann sich gegen den als Vollstreckungsmaßnahme geplanten Abriss einer in seinem Mitbesitz stehenden Mauer wehren.[56] Der **nachpfändende Gläubiger** ist wegen § 804 Abs. 3 betroffen (s. a. § 829 Rn. 26).[57] Wird der **Dritte als Schuldner behandelt,** obwohl er nach dem Titel nicht Schuldner ist, ist er im Rahmen der Erinnerung wie der Schuldner selbst zu behandeln, also uneingeschränkt erinnerungsbefugt. Der **Drittschuldner** wird von einer Forderungspfändung schon deshalb in eigenen Rechten betroffen, weil er mit zusätzlichen Pflichten (§ 840) belastet wird. Er kann sich dem Gläubiger gegenüber schadenersatzpflichtig machen. Dieser Eingriff in die Rechtsstellung des Drittschuldners ist zwar zugunsten des Gläubigers geboten, setzt aber ein rechtmäßiges Handeln voraus. Folglich dienen alle Voraussetzungen der Zwangsvollstreckung auch dem Schutz des Drittschuldners, der deshalb uneingeschränkt erinnerungsbefugt ist (s. a. § 829 Rn. 25).[58] Allerdings kann im Rahmen einer Erinnerung nicht ein Streit zwischen Schuldner und Drittschuldner über die Reichweite einer Pfändung geklärt werden.[59] Zum Beschwerderecht des **Gerichtsvollziehers** s. § 793 Rn. 4. 19

5. Insolvenz. Der **Insolvenzverwalter** ist gegen unzulässige Vollstreckungsakte vor der Verfahrenseröffnung erinnerungsbefugt.[60] Werden die Vollstreckungsverbote des § 89 InsO nicht beachtet, kann er ebenfalls Erinnerung einlegen (zur Zuständigkeit s. Rn. 15). Der **Insolvenzschuldner** ist mit der Einwendung erinnerungsbefugt, der Insolvenzverwalter habe aufgrund der vollstreckbaren Ausfertigung des Eröffnungsbeschlusses zu Unrecht Sachen zur Masse gezogen.[61] Zur Zuständigkeit des Insolvenzgerichts s. Rn. 15. 20

IV. Begründetheit der Erinnerung

1. Vollstreckungsparteien, Dritte. Die Erinnerung des **Gläubigers** ist begründet, wenn das Vollstreckungsorgan die beantragte Vollstreckung durchführen muss. Dies muss es, wenn die Zwangsvollstreckung zulässig ist und keine vollstreckungsrechtlichen Verfahrensvorschriften entgegenstehen. Die Erinnerung des **Schuldners** ist begründet, wenn die Zwangsvollstreckung aus irgendeinem Grund unzulässig ist. Allerdings darf die Verletzung von Vorschriften nicht zugrunde gelegt werden, die nicht dem Schutz des Schuldners dienen. Zu berücksichtigen ist außerdem, dass der Schuldner den Umfang der Prüfung durch einen eingeschränkten Antrag begrenzen kann. Weiter kann die Verletzung von Verfahrensvorschriften unterschiedliche Rechtsfolgen aufzeigen. Legt der Schuldner eine nicht durch einen bestimmten Antrag eingegrenzte Erinnerung ein, kann die Entscheidung nicht ohne Prüfung möglicher anderer Verstöße allein auf 21

---

49 BGH (Fn. 47).
50 *Zö/Stöber* Rn. 13 m. weit. Nachw.
51 OLG Hamm (Fn. 42).
52 *Brox/Walker* Rn. 1195; *Lackmann* Rn. 203.
53 So aber MK/*Karsten Schmidt* Rn. 25; *Brox/Walker* Rn. 1196; *Wittschier* JuS 1999, 585, 586.
54 *Lackmann* Rn. 206.
55 OLG Köln WuM 1997, 280.
56 OLG Köln JurBüro 1992, 702.
57 BGH NJW-RR 2005, 869, 870; NJW-RR 1989, 636, 637.
58 BGH NJW-RR 2004, 643; BGHZ 69, 144, 148 = NJW 1977, 1881; MK/*Karsten Schmidt* Rn. 27.
59 SchlHOLG (Fn. 2).
60 *Wittschier* JuS 1999, 585, 586; *Zö/Stöber* Rn. 17.
61 RGZ 131, 113; *Wittschier* JuS 1999, 585, 586.

die Verletzung einer Norm gestützt werden, mit der der Schuldner nur einen **Teilerfolg** erzielt.[62] Die Erinnerung des Dritten ist begründet, wenn durch die Vollstreckung **eine seinem Schutz dienende** vollstreckungsrechtliche Verfahrensvorschrift verletzt worden ist (s. Rn. 19). Nachpfändende Gläubiger können jeden Mangel rügen, der (durch Aufhebung einer Vollstreckungsmaßnahme) zu ihrer Rangverbesserung führt. Zum Insolvenzverwalter s. Rn. 20.

22 **2. Umfang der Prüfung.** Abgesehen von der Erinnerung eines Dritten setzt die Begründetheit der Erinnerung immer voraus, dass die Zwangsvollstreckung insgesamt zulässig ist (Gläubiger) oder gegen irgendeine Voraussetzung oder Verfahrensvorschrift verstößt (Schuldner). Es sind also zu untersuchen: die allgemeinen Verfahrensvoraussetzungen für die Vollstreckung (s. vor § 704 Rn. 19ff.), die allgemeinen Voraussetzungen der Zwangsvollstreckung (s. vor § 704 Rn. 24), die besonderen Vollstreckungsvoraussetzungen (s. vor § 704 Rn. 25), das Entgegenstehen von Vollstreckungshindernissen (s. vor § 704 Rn. 26), die Vollstreckung in die richtige Vermögensmasse (s. vor § 704 Rn. 27) und die Sondervorschriften für die jeweilige Vollstreckungsart. Ob Verstöße gegen die **sachliche oder örtliche Zuständigkeit** mit der Vollstreckungserinnerung geltend gemacht werden können, erscheint wegen §§ 513 Abs. 2, 545 Abs. 2, 571 Abs. 2 S. 2 zweifelhaft; jedenfalls können sie wegen § 571 Abs. 2 S. 2 nicht mit der sofortigen Beschwerde gerügt werden. Dann aber spricht viel dafür, in entsprechender Anwendung der genannten Vorschriften auch bei einer Vollstreckungserinnerung eine Rüge der Unzuständigkeit nicht zuzulassen. **Verstöße gegen die GVGA** können als solche nicht zugrunde gelegt werden.[63] Die Einhaltung der Vorschriften ist zwar Amtspflicht des Gerichtsvollziehers; als Verwaltungsvorschrift hat sie aber keine weitere Außenwirkung (s. a. § 753 Rn. 2).

23 **3. Maßgeblicher Zeitpunkt.** a) **Grundsätzlich** ist nach ganz hM auf den **Zeitpunkt der Erinnerungsentscheidung** abzustellen.[64] Ist eine Heilung möglich und eingetreten – bei Vollstreckungsakten, die fehlerhaft, aber nicht nichtig sind –, ist die Erinnerung unbegründet. Der Erinnerungsführer kann die Hauptsache, wenn die Heilung nach Einlegung der Erinnerung eingetreten ist, für erledigt erklären. Ist die zunächst fehlerfreie Vollstreckungsmaßnahme fehlerhaft geworden, etwa weil der zugrunde liegende Titel aufgehoben wurde, ist die Erinnerung des Schuldners begründet. **Nichtige Vollstreckungsakte** können nicht geheilt werden,[65] sodass es insoweit, wenn sie nicht vollständig erneuert wurden, auf den Zeitpunkt der Pfändungsmaßnahme ankommt.[66]

24 **b) Bei Unpfändbarkeitsvorschriften** (zB § 811) kommt es, wenn die Voraussetzungen der Unpfändbarkeit **weggefallen sind,** nach ganz hM auf den **Zeitpunkt der Erinnerungsentscheidung** an.[67] Sind die Voraussetzungen der Unpfändbarkeit **nachträglich eingetreten,** kommt es nach hM auf den Zeitpunkt der Pfändung an,[68] weil der Schuldner anderenfalls die Herbeiführung der Unpfändbarkeit manipulieren könne. Richtig ist es allerdings, auch hier auf den **Zeitpunkt der Erinnerungsentscheidung** abzustellen und zur Vermeidung von Manipulationen dem Schuldner die Beweislast dafür aufzuerlegen, dass die Unpfändbarkeit nicht arglistig herbeigeführt wurde (s. auch § 811 Rn. 7).[69]

25 **4. Kostenerinnerung (Absatz 2).** Die Kostenerinnerung nach Abs. 2 Alt. 2 können Gläubiger und Schuldner einlegen. Der Gläubiger kann sich dagegen wenden, dass der Gerichtsvollzieher von ihm geltend gemachte Kosten nicht beitreibt, der Schuldner gegen die Ersatzfähigkeit dieser Kosten. Außerdem kann die Höhe der vom Gerichtsvollzieher selbst berechneten Kosten und Auslagen angegriffen werden.

V. Verfahren

26 **1. Allgemeines.** Verfahrensrechtlich ähnelt die Erinnerung eher einem verwaltungs- als einem zivilprozessualen Verfahren.[70] Überprüft wird im Rahmen des gestellten Antrags das Handeln eines Vollstreckungsorgans, das hoheitlichen, nicht zivilrechtlichen Charakter hat. Dessen Rechtmäßigkeit wird auch dann untersucht, wenn eine konkrete Rüge fehlt. Entgegen der hM[71] ist insoweit der Beibringungsgrundsatz eingeschränkt;[72] das Gericht ist in Zweifelsfällen von Amts wegen zur Beiziehung der Vollstreckungsakten und Einholung von dienstlichen Äußerungen der Vollstreckungsorgane verpflichtet und nicht nur analog §§ 141ff. berechtigt.[73] Trotzdem bleibt die Erinnerung mangels ausdrücklicher anderer Regelungen in der ZPO ein Zweiparteienverfahren zwischen Gläubiger und Schuldner wie auch das Vollstreckungsverfahren selbst.

27 **2. Parteien.** Erinnerungsführer ist derjenige, der die Erinnerung eingelegt hat. Sind dies mehrere, handelt es sich um verschiedene Erinnerungsverfahren, die einheitlich behandelt und entschieden werden können.[74] **Erinnerungsgegner** ist bei der Erinnerung nach Abs. 1 in der Regel der Gläubiger, bei der nach Abs. 2 (außer Kostenerinnerung, Alt. 2) der Schuldner. Die Auffassung, die Erinnerung nach Abs. 2 finde ohne Be-

---

62 *Lackmann* Rn. 210.
63 LG Bonn JurBüro 1994, 311, 312; *Zö/Stöber* Rn. 11.
64 OLG Köln OLGZ 1988, 214, 216; MK/*Karsten Schmidt* Rn. 46 m. weit. Nachw.
65 *St/J/Münzberg* vor § 704 Rn. 129ff., 134; *Brox/Walker* Rn. 1234 m. weit. Nachw.
66 *Brox/Walker* Rn. 1234; *Lackmann* Rn. 213.
67 MK/*Karsten Schmidt* Rn. 46 m. weit. Nachw.
68 LG Bochum DGVZ 1980, 37, 38; LG Berlin Rpfleger 1977, 262; *Zö/Stöber* § 811 Rn. 9.
69 MK/*Karsten Schmidt* Rn. 46; *Brox/Walker* Rn. 295; *Lackmann* Rn. 145; *Wittschier* JuS 1999, 585, 588.
70 *Lackmann* Rn. 191.
71 MK/*Karsten Schmidt* Rn. 41; *Zö/Stöber* Rn. 27.
72 *Lackmann* Rn. 191.
73 So aber MK/*Karsten Schmidt* Rn. 41.
74 MK/*Karsten Schmidt* Rn. 39.

teiligung des Schuldners statt,[75] wäre nur im Anwendungsbereich des § 834 zutreffend, der eine Anhörung des Schuldners verbietet; dort aber ist § 793 einschlägig. Im Übrigen ist nicht ersichtlich, warum der Schuldner im Normalfall nicht beteiligt werden sollte (dann als Partei), zumal wenn man der Auffassung ist, ihn könnten über § 788 die Kosten des Erinnerungsverfahrens treffen. Eine Ausnahme ist gerechtfertigt, wenn eine Überraschung des Schuldners notwendig ist, um den Vollstreckungserfolg nicht zu gefährden, etwa bei der Arrestvollziehung (§§ 930ff.). Bei der Kostenerinnerung (Abs. 2 Alt. 2, s. Rn. 25) des Gläubigers ist demgegenüber eine Beteiligung des Schuldners nicht erforderlich.[76] Der **Gerichtsvollzieher** ist nicht Beteiligter des Verfahrens.[77] Im Rahmen der Prüfung durch das Vollstreckungsgericht (s. Rn. 26) ist aber regelmäßig seine Stellungnahme einzuholen und den Parteien mitzuteilen.[78]

3. Verfahren. Das Vollstreckungsgericht (zur Zuständigkeit s. Rn. 15) kann, muss aber nicht, aufgrund **mündlicher Verhandlung** entscheiden, §§ 764 Abs. 3, 128 Abs. 4. Sind entscheidungserhebliche Punkte streitig, muss eine **Beweisaufnahme** durchgeführt werden; die Beweislast richtet sich nach allgemeinen Regeln (s. § 286 Rn. 32ff.). Soweit nicht Einzelvorschriften die Glaubhaftmachung (§ 294) als ausreichend vorsehen (s. § 294 Rn. 2), reicht sie nicht, ist also auch keine eidesstattliche Versicherung möglich.[79] Vor der Entscheidung muss der Erinnerungspartei, die unterliegt, **rechtliches Gehör** gewährt worden sein. **Einstweilige Anordnungen** sind mit der Folge des § 775 Nr. 2 bis zur Entscheidung zulässig (Abs. 1 S. 2, § 732 Abs. 2). Gerichtsvollzieher (im Fall des Abs. 2)[80] und Vollstreckungsgericht können einer Erinnerung **abhelfen,** also der Gerichtsvollzieher die begehrte Vollstreckungsmaßnahme durchführen oder der Rechtspfleger nach Gewährung rechtlichen Gehörs einen Pfändungsbeschluss aufheben.[81] Der Rechtspfleger kann auch abhelfen, wenn es sich um eine Entscheidung (s. Rn. 11) handelt. 28

VI. Entscheidung

1. Tenor zur Hauptsache. a) Allgemeines, Gläubiger. Ist die Erinnerung **unzulässig,** wird sie verworfen; ist sie **unbegründet,** zurückgewiesen. Ist eine **Erinnerung des Gläubigers begründet,** ist zu beachten, dass das Erinnerungsgericht in der Regel nicht in vollem Umfang überprüfen kann, ob die Zwangsvollstreckung zulässig ist. Wird zB nur die Frage der (Un-) Pfändbarkeit eines Gegenstandes nach § 811 zur Entscheidung durch das Erinnerungsgericht gestellt, kann auch nur sie beantwortet werden. Es muss daher tenorieren: „Auf die Erinnerung des Gläubigers wird der Gerichtsvollzieher **angewiesen,** die Vollstreckung in … (Gegenstand) nicht mit der Begründung zu verweigern, dieser sei gem. § 811 unpfändbar". Ist ein ablehnender Beschluss des Vollstreckungsgerichts erfolgreich angefochten, so kann das Gericht den Beschluss selbst erlassen oder entsprechend § 572 Abs. 3 den Rechtspfleger hierzu anweisen. 29

b) Schuldner, Teilerfolg. Ist eine Erinnerung des **Schuldners begründet,** ist die entsprechende Zwangsvollstreckungsmaßnahme (nicht die Zwangsvollstreckung[82]) für unzulässig zu erklären (mit der Folge des § 775 Nr. 1). Zu beachten ist, welche Rechtsfolge ein festgestellter Verfahrensfehler hat. Wendet sich der Schuldner gegen Pfändung und sofortige Wegschaffung eines PKW und ist nur die Wegschaffung fehlerhaft, so muss der Tenor etwa lauten: „Auf die Erinnerung des Schuldners wird die vom Gerichtsvollzieher am … (Datum) in … (Ort) durchgeführte Zwangsvollstreckung insoweit für unzulässig erklärt, als der Gerichtsvollzieher den PKW nicht im Gewahrsam des Schuldners belassen hat". Allein der die Vollstreckung für unzulässig erklärende Beschluss beendet die Verstrickung nicht (s. § 803 Rn. 11), vielmehr erst das Entfernen des Pfandsiegels durch den Gerichtsvollzieher, zu dem er nach §§ 775 Nr. 1, 776 S. 1 auch ohne eine – demnach überflüssige – Anordnung im Tenor verpflichtet ist. Ein Beschluss des Vollstreckungsgerichts ist aufzuheben und der Antrag auf seinen Erlass zurückzuweisen. Mit der Aufhebung erlischt das Pfändungspfandrecht (s. § 829 Rn. 24; zur Aussetzung der Vollziehung s. Rn. 31). Bei einem **Teilerfolg des Erinnerungsführers,** der nur dann vorliegen kann, wenn ein bestimmter Antrag gestellt oder ein in der Begründung erklärtes Ziel nicht erreicht wird (s. Rn. 16), ist die **weiter gehende Erinnerung zurückzuweisen.** 30

2. Nebenentscheidungen. Die Kostenentscheidung richtet sich nach §§ 91ff.[83] Die Kosten können nur der unterliegenden Partei, nicht etwa dem Gerichtsvollzieher auferlegt werden.[84] Ist der Schuldner nicht beteiligt worden (zB bei einer Kostenerinnerung des Gläubigers), ergeht zu seinen Lasten keine Kostenentscheidung nach §§ 91ff.;[85] die Kosten können nach und unter den Voraussetzungen des § 788 beigetrieben werden.[86] Wegen § 794 Abs. 1 Nr. 3 bedarf es keiner Entscheidung über die vorläufige Vollstreckbarkeit. Die Entscheidung wird **mit der Bekanntgabe** (§ 329 Abs. 1, 3) **wirksam.**[87] Wird der Erinnerung ganz oder teilweise stattgegeben, sollte wegen des drohenden Verlustes von Verstrickung und Pfändungspfandrecht (s. Rn. 30) die **Vollziehung der Entscheidung** analog § 570 Abs. 2 unbedingt bis zur Rechtskraft des Be- 31

[75] LG Kassel JurBüro 2001, 322; MK/*Karsten Schmidt* Rn. 60; *Zö/Stöber* Rn. 27.
[76] Vgl. OLG Hamm DGVZ 1994, 27, 28.
[77] BGH NJW 2004, 2979.
[78] Zur Bedeutung s. *Lackmann* Rn. 223.
[79] KG Rpfleger 1968, 328; MK/*Karsten Schmidt* Rn. 41 m. weit. Nachw.
[80] *Zö/Stöber* Rn. 23.
[81] OLG Frankfurt Rpfleger 1979, 111f.; MK/*Karsten Schmidt* Rn. 64; *Zö/Stöber* Rn. 24.
[82] So aber *Zö/Stöber* Rn. 29.
[83] BGH NJW-RR 1989, 125; MK/*Karsten Schmidt* Rn. 49; *St/J/Münzberg* Rn. 45.
[84] BGH (Fn. 77).
[85] OLG Hamm DGVZ 1994, 27f.
[86] *Ro/G/Sch* § 37 VII 2.
[87] BGH (Fn. 41); OLG Saarbrücken Rpfleger 1991, 513; *Zö/Stöber* Rn. 30 m. weit. Nachw.

schlusses oder einer anders lautenden Entscheidung des Beschwerdegerichts **ausgesetzt** werden (s. a. § 829 Rn. 24).[88]

32 **3. Entscheidungsform, Rechtsmittel, Rechtskraft.** Zu entscheiden ist, auch nach mündlicher Verhandlung, **durch Beschluss** (§ 764 Abs. 3). Der Erinnerungsbeschluss ist dem (den) Unterlegenen förmlich zuzustellen, weil die Zustellung die Rechtsmittelfrist in Lauf setzt (§ 329 Abs. 3). **Rechtsmittel** gegen den Erinnerungsbeschluss ist die **sofortige Beschwerde, § 793.** Eine Abhilfe ist möglich (§ 572 Abs. 1 S. 1). Ein Einstellungsbeschluss nach Abs. 1 S. 2 ist nicht anfechtbar (s. § 732 Rn. 10). Der Beschluss ist wegen des Rechtsmittels sofortige Beschwerde der **formellen Rechtskraft** fähig (§ 569 Abs. 1). **Materielle Rechtskraft** tritt gegenüber den Parteien des Erinnerungsverfahrens ein (s. § 329 Rn. 17); gegenüber dem Erinnerungsgegner aber nur, wenn ihm rechtliches Gehör gewährt wurde.[89] Sind Dritte erinnerungsbefugt, erstreckt sich die Rechtskraft nur auf sie, wenn sie auch Partei des Erinnerungsverfahrens waren.[90]

VII. Gebühren und Kosten

33 **1. Rechtsanwaltsgebühren.** Der mit der angegriffenen Vollstreckungsmaßnahme des Gerichtsvollziehers beauftragte Anwalt **des Gläubigers** erhält keine besonderen Gebühren (eine Angelegenheit, § 18 Nr. 3 RVG).[91] Es erhöht sich aber die ursprüngliche 0,3 Gebühr auf 0,5 gemäß Nr. 3500 VV RVG. Bei mehreren Auftraggebern findet Nr. 1008 VV RVG Anwendung. Der Rechtsanwalt **des Schuldners** oder eines Dritten erhält die 0,5 Gebühr aus Nr. 3500 VV RVG.

34 **2. Gerichtskosten.** Gerichtsgebühren werden nicht erhoben, **Auslagen** indessen berechnet. Für das Beschwerdeverfahren gilt KV Nr. 2121.

767 *Vollstreckungsabwehrklage*

(1) Einwendungen, die den durch das Urteil festgestellten Anspruch selbst betreffen, sind von dem Schuldner im Wege der Klage bei dem Prozessgericht des ersten Rechtszuges geltend zu machen.

(2) Sie sind nur insoweit zulässig, als die Gründe, auf denen sie beruhen, erst nach dem Schluss der mündlichen Verhandlung, in der Einwendungen nach den Vorschriften dieses Gesetzes spätestens hätten geltend gemacht werden müssen, entstanden sind und durch Einspruch nicht mehr geltend gemacht werden können.

(3) Der Schuldner muss in der von ihm zu erhebenden Klage alle Einwendungen geltend machen, die er zur Zeit der Erhebung der Klage geltend zu machen imstande war.

Übersicht

---

[88] *St/J/Münzberg* Rn. 48; *Zö/Stöber* Rn. 30; weiter gehend (zwingend) OLG Schleswig SchlHA 1993, 91.
[89] MK/*Karsten Schmidt* Rn. 55; *St/J/Münzberg* Rn. 55.
[90] *St/J/Münzberg* Rn. 50 in Fn. 291; *Brox/Walker* Rn. 1249; ähnlich MK/*Karsten Schmidt* Rn. 55.
[91] *G/S/Müller-Rabe*.

I. Normzweck

Normzweck. Die Vollstreckung als hoheitliche Handlung ist durch Titel und Vollstreckungsklausel gedeckt. Die Formalisierung der Vollstreckung verbietet dem Vollstreckungsorgan, den Bestand des titulierten Anspruchs zu überprüfen. Der materiell-rechtliche Anspruch des Gläubigers kann geringer als der titulierte Anspruch geworden sein. Dies kann der Schuldner mit der Vollstreckungsabwehrklage einwenden, mit Erfolg aber nur, wenn Rechtskraft oder Präklusionsvorschriften nicht entgegenstehen. Die Klage richtet sich nicht gegen den Anspruch selbst, sondern gegen die Vollstreckbarkeit des Titels. Sie dient nicht der Durchbrechung der Rechtskraft, wie insbesondere die Präklusionsvorschrift des Abs. 2 verdeutlicht. 1

II. Rechtsnatur, Anwendungsbereich

1. Rechtsnatur. Nach hM ist die Vollstreckungsabwehrklage **prozessuale Gestaltungsklage.**[1] Durch den Erlass des stattgebenden Urteils wird dem Titel seine Vollstreckbarkeit rechtsgestaltend genommen. Die Vollstreckung wird unzulässig, es wird nicht lediglich festgestellt, dass sie unzulässig ist oder war. Zum Streitgegenstand s. Rn. 16. 2

2. Anwendungsbereich. a) Urteile, Titel des § 794 Abs. 1. aa) Von den **Urteilen** kommen nur Leistungsurteile, nicht aber Feststellungs- oder Gestaltungsurteile in Betracht, weil Letztere keinen vollstreckbaren Ausspruch enthalten. Zur **analogen Anwendung** auf nicht der materiellen Rechtskraft fähige Zahlungstitel (Gestaltungsklage auf Unzulässigkeit der Zwangsvollstreckung) s. Rn. 9b. Über § 795 S. 1 findet § 767 auch auf **andere Leistungstitel** als Urteile Anwendung, nämlich die in § 794 Abs. 1 genannten, bei denen folgende Besonderheiten bestehen: 3

bb) Die Unwirksamkeit des **Prozessvergleichs** (§ 794 Abs. 1 Nr. 1) wird durch Fortsetzung des Rechtsstreits geltend gemacht (s. Rn. 13, § 794 Rn. 21). Abs. 2 findet keine Anwendung, s. Rn. 31. Gegen **Kostenfestsetzungsbeschlüsse** (§ 794 Abs. 1 Nr. 2) muss gesondert vorgegangen werden; die gegen das Urteil gerichtete Vollstreckungsabwehrklage beeinflusst die Vollstreckung aus dem Kostenfestsetzungsbeschluss nicht ohne weiteres.[2] Abs. 2 findet keine Anwendung, s. Rn. 31. Die Auffassung, es sei auch eine sich gegen die Vollstreckung wegen der Kosten wendende Vollstreckungsabwehrklage **vor Erlass eines Kostenfestsetzungsbeschlusses** möglich,[3] ist unzutreffend. Es existiert noch kein vollstreckbarer Anspruch, dessen Höhe im Übrigen unklar ist. **Bei Unterhaltsbetrags-, abänderungsbeschlüssen, einstweiligen Anordnungen** (§ 794 Abs. 1 Nr. 2a, 3a) ist die Vollstreckungsabwehrklage statthaft, soweit materiell-rechtliche Einwendungen geltend gemacht werden (zB Erfüllung[4]), die nicht unter Spezialregelungen der §§ 654ff., §§ 620b,[5] 620f[6] (s. a. § 620f Rn. 13) fallen. Für Regelunterhaltstitel nach § 1612a BGB enthält § 798a für das Ende der Minderjährigkeit eine Sondervorschrift. 4

cc) Bei **Schiedssprüchen, -vergleichen, Anwaltsvergleichen** können wegen des Verfahrens ohne mündliche Verhandlung und der eingeschränkten Rechtsmittel materielle Einwendungen im Verfahren auf Vollstreckbarerklärung nicht geltend gemacht werden (s. auch § 796a Rn. 10, § 1060 Rn. 12; einschränkend beim Anwaltsvergleich *Voit* § 796a Rn. 10; aA beim Schiedsverfahren *Voit* § 1060 Rn. 12).[7] Bei **vollstreckbaren Urkunden** (§ 794 Abs. 1 Nr. 5) gilt Abs. 2 nicht, s. Rn. 31. Gegen in **ausländischen Titeln,** die **nach dem AVAG für vollstreckbar erklärt** wurden, enthaltene Ansprüche kann gem. § 14 AVAG Vollstreckungsabwehrklage nur erhoben werden, wenn die Gründe hierfür nach Ablauf der Beschwerdefrist des § 11 Abs. 3 AVAG bzw. nach Beendigung eines durchgeführten Beschwerdeverfahrens entstanden sind. 5

b) Sonstige Titel. Soweit die ZPO anwendbar ist und keine speziellen Normen existieren, kann der Leistungsausspruch in anderen Titeln mit der Vollstreckungsabwehrklage angegriffen werden. Beispielhaft seien erwähnt: § 16 Abs. 3 HausratsVO;[8] Teilungsplan nach § 115 Abs. 3 ZVG;[9] Urteile im Adhäsionsverfahren (§ 406b StPO); Zuschlagsbeschlüsse nach §§ 93, 132 ZVG.[10] Einwendungen gegen die Feststellungen in der Insolvenztabelle (§ 178 Abs. 3 InsO) müssen nach Feststellung der Forderung entstanden sein.[11] 6

3. Keine Anwendbarkeit. Die Vollstreckungsabwehrklage ist nicht statthaft gegen in **Arresten** und **einstweiligen Verfügungen** titulierte Ansprüche.[12] Insoweit ist § 927 vorrangig. Ausnahme ist die **Leistungsverfügung** (s. a. § 936 Rn. 7).[13] In **WEG-Verfahren** gilt seit dem 1. 7. 2007 die ZPO, also auch § 767. Nur in Verfahren, die vor dem 1. 7. 2007 anhängig geworden sind (s. § 62 WEG), findet nicht § 767, sondern das Erkenntnisverfahren des WEG nach den Vorschriften des FGG Anwendung.[14] Im Justizbeitreibungsverfahren gilt § 767 nicht, § 6 Abs. 1 Nr. 1 JBeitrO. Eine Sonderregelung enthält § 8 JBeitrO. Einwendungen gegen 7

---

[1] BGHZ 22, 54, 56 = NJW 1957, 23; s. ausführlich MK/*Karsten Schmidt* Rn. 3.
[2] BGH NJW 1995, 3318f.; OLG Stuttgart NJW 1955, 1562.
[3] *Münzberg* NJW 1996, 2126, 2128f.
[4] OLG Koblenz NJWE-FER 2001, 160 m. weit. Nachw.
[5] MK/*Karsten Schmidt* Rn. 29.
[6] BGH NJW 1983, 1330; ähnlich (Rechtsschutzinteresse fehlt) OLG Köln FamRZ 1999, 1000 m. weit. Nachw.
[7] BayObLG NJW-RR 2001, 1363; aA BGH, Beschluss vom 8. 11. 2007, III ZB 95/06.
[8] OLG Saarbrücken OLGR 2002, 183, 184; OLG Hamm FamRZ 1988, 745.
[9] BGH NJW 1980, 2586, 2587.
[10] OLG Schleswig WM 1982, 1115, 1117.
[11] S. dazu BGH WM 1984, 1547 (zur Konkurstabelle).
[12] MK/*Karsten Schmidt* Rn. 37; *Lackmann* Rn. 496.
[13] BGHZ 24, 269, 273 = NJW 1957, 1362.
[14] BayObLG ZMR 1999, 183, 184; OLG Düsseldorf NJW-RR 1997, 1235 m. weit. Nachw.

vollstreckbare Ausfertigungen von Notarkostenrechnungen können nur nach § 156 KostO geltend gemacht werden.[15] Zu ausländischen Titeln s. Rn. 5.

III. Abgrenzung zu anderen Rechtsbehelfen

8 **1. Vollstreckungserinnerung.** S. § 766 Rn. 4. Zu der Streitfrage, wie Vollstreckungsverträge geltend zu machen sind, s. § 766 Rn. 7. Zu Verfallklauseln s. § 726 Rn. 3.

9 **2. Leistungs- bzw. Feststellungsklagen, Drittwiderspruchsklage.** Eine Leistungs- bzw. Feststellungsklage[16] wegen des Anspruchs, der die Einwendung nach § 767 gibt, bleibt zulässig. Das Rechtsschutzbedürfnis für eine Feststellungsklage auf Bestehen[17] oder Nichtbestehen[18] eines Anspruchs oder Reichweite eines Titels[19] fehlt nicht, auch wenn der Schuldner Vollstreckungsabwehrklage erheben kann. Mit der Vollstreckungsabwehrklage kann er die Vollstreckbarkeit des Titels beseitigen. Nur dieser Ausspruch erwächst nach hM (s. Rn. 46) in Rechtskraft, nicht, dass der titulierte Anspruch nicht mehr besteht. Die **negative Feststellungsklage** bezüglich des der Vollstreckung zugrunde liegenden Anspruchs ist nur möglich, soweit nicht Abs. 2 oder die Rechtskraft entgegensteht.[20] Zur Abgrenzung zur **Drittwiderspruchsklage** (§ 771) s. § 771 Rn. 2.

9a **3. Klauselerinnerung, prozessuale Gestaltungsklage analog 767. a) Mit der Klauselerinnerung (§ 732)** kann u. a. geltend gemacht werden, es liege kein Titel vor (s. § 732 Rn. 8). Ein Titel liegt rechtlich gesehen auch dann nicht vor, wenn der Titel nichtig ist. Dies kann aus formellen Gründen (zB der Titel ist zu unbestimmt) und aus materiell-rechtlichen Gründen (zB gegen §§ 3, 12 MaBV verstoßende Unterwerfungserklärung in Bauträgerverträgen) der Fall sein. Sind diese Nichtigkeitsgründe dem Titel selbst zu entnehmen, können sie mit der Klauselerinnerung eingewandt werden; nicht aber im Fall der Nichtigkeit aus materiell-rechtlichen Gründen.[21] Die Unwirksamkeit des Titels aus formellen und aus materiell-rechtlichen Gründen kann nach inzwischen wohl einhelliger Auffassung **nicht mit der Vollstreckungsabwehrklage** geltend gemacht werden. Ist der Titel aus formellen Gründen unwirksam, ist eine Vollstreckungsabwehrklage unzulässig.[22] Ist der Titel materiell-rechtlich unwirksam, bleibt die Vollstreckungsabwehrklage zulässig; die Unwirksamkeit darf aber nicht untersucht und der Entscheidung zugrunde gelegt werden.[23] Ist eine materielle Einwendung geltend gemacht, kann der zusätzlich erhobene Einwand, der Titel sei aus formell-rechtlichen Gründen nicht vollstreckungsfähig, analog § 767 mitgeprüft werden.[24]

9b **b) Prozessuale Gestaltungsklage analog § 767.** Diese Klageform ist vom BGH zunächst für die Fälle entwickelt worden, in denen ein nach dem äußeren Erscheinungsbild wirksamer Titel aus formellen Gründen unwirksam ist, ohne dass dies dem Titelinhalt zu entnehmen ist: Ist ein Zahlungstitel nicht der materiellen Rechtskraft fähig, weil nicht erkennbar ist, über welchen Anspruch entschieden wurde (Teilklage ohne Angabe des streitgegenständlichen Teils), kann analog § 767 Abs. 1 die Vollstreckung für unzulässig erklärt werden. Abs. 2, 3 sind nicht anwendbar.[25] Nach der Rechtsprechung ist diese Klage auch in den Fällen statthaft, in denen die Unwirksamkeit aus formellen Gründen dem Titel zu entnehmen ist (zB erkennbar unbestimmter Titel)[26] oder der Titel aus materiell-rechtlichen Gründen unwirksam ist (zB bei einer gegen §§ 3, 12 MaBV verstoßenden Unterwerfungserklärung in Bauträgerverträgen[27] oder bei einer aus einem Verstoß gegen das Rechtsberatungsgesetz folgernden Unwirksamkeit einer Vollmacht zur Abgabe einer Unterwerfungserklärung;[28] s. hierzu auch § 794 Rn. 35 f.). Geht man mit der zutreffenden Rechtsprechung des BGH davon aus, dass die Nichtigkeit aus materiell-rechtlichen Gründen nicht mit einer Klauselerinnerung (§ 732) geltend gemacht werden kann (s. Rn. 9a), ist dies konsequent. Liegen die Voraussetzungen einer Klauselerinnerung nach § 732 ZPO und einer prozessualen Gestaltungsklage analog § 767 vor, so hat der Schuldner ein Wahlrecht.[29]

10 **4. Abänderungsklage, § 323.** S. hierzu die Ausführungen § 323 Rn. 14 ff. Wegen der Abgrenzungsprobleme kann – bei einheitlichem Gerichtsstand – mit der Vollstreckungsabwehrklage ein Hilfsantrag nach

---

15 OLG Oldenburg NJW-RR 1998, 72.
16 BGH FamRZ 1984, 878, 879; *Zö/Herget* Rn. 2.
17 BGH MDR 1966, 841.
18 BGH NJW 1997, 2320, 2321.
19 BGH (Fn. 18).
20 BGH NJW 1973, 803; *Zö/Herget* Rn. 2 „Feststellungsklage".
21 BGH NJOZ 2005, 3298, 3299.
22 Vgl. BGH NJW-RR 1987, 1149; *St/J/Münzberg* Rn. 11; *Wittschier* JuS 1997, 450, 451.
23 BGH NJW 1997, 2887; BGHZ 118, 229, 233 = NJW 1992, 2160.
24 BGH NJW-RR 2004, 472, 473 f.
25 BGH NJW 1994, 460, 461 f. mit Anm. *Foerste* ZZP 107 (1994), 370 ff.; OLG Zweibrücken WM 2002, 1927, 1928; OLG Köln NJW-RR 1999, 22; *T/P/Hüßtege* Rn. 8 a; *Ro/G/Sch* § 40 IV 2.
26 OLG Koblenz NJW-RR 2002, 1509, 1510; mit der Vollstreckungsabwehrklage kann dieser Einwand nicht geltend gemacht werden, BGH NotBZ 2004, 104.
27 BGH NJW 2002, 138 ff. (Unwirksamkeit der Unterwerfung gem. § 9 AGBG); OLG Düsseldorf InVo 2002, 234; OLG Hamm BauR 2000, 1059; OLG Zweibrücken NJW-RR 2000, 548 f.; OLG Köln NJW-RR 1999, 22; *Pause* NJW 2000, 769, 770; *Lange,* Festschr. f. Müller, 2003, S. 158 ff.
28 BGH NJW 2003, 1594, 1595.
29 BGH NJW 2006, 695, 696; NJW-RR 2004, 1718 f.

§ 323 verbunden werden.[30] Der **unterschiedliche Streitgegenstand** (§ 323 Rn. 17) macht beide Klagen nebeneinander möglich.[31]

5. Schadensersatzklage gestützt auf § 826 BGB. S. hierzu § 322 Rn. 91 ff. Eine Konkurrenz zu § 767 besteht nicht.[32] Die Schadensersatzklage wird auf die Unrichtigkeit bereits des Titels gestützt (§ 322 Rn. 91), die Vollstreckungsabwehrklage auf nachträglich entstandene materielle Einwendungen gegen den titulierten Anspruch. S. auch Rn. 25 „Sittenwidrige Titelausnutzung". 11

6. Berufung. Zwischen der Vollstreckungsabwehrklage gegen den titulierten Anspruch und einer Berufung gegen das Urteil hat der Schuldner grundsätzlich die Wahl,[33] wenn der Vollstreckungsabwehrklage nicht Abs. 2 (s. Rn. 30 ff.) entgegensteht. Das Rechtsschutzinteresse für eine zusätzliche Vollstreckungsabwehrklage fehlt allerdings dann, wenn der Schuldner die Berufung bereits eingelegt hat.[34] Anders ist es, wenn der Einwand, auf den die Vollstreckungsabwehrklage gestützt ist, im Berufungsverfahren nicht zur Prüfung ansteht.[35] 12

7. Prozessvergleich. Bei Streit um die Unwirksamkeit des Vergleichs ist das alte Verfahren fortzusetzen, dessen Prozessbeendigung nicht eingetreten ist.[36] S. im Einzelnen § 794 Rn. 20 ff. 13

8. Klage auf Herausgabe des Titels. Eine solche auf analoge Anwendung des § 371 BGB[37] gestützte Klage scheitert nicht daran, dass § 767 die speziellere Norm ist. Vollstreckungsabwehrklage und Herausgabeklage sind auf andere Ziele gerichtet.[38] Ohne vorhergehende[39] oder gleichzeitige[40] Vollstreckungsabwehrklage ist die Herausgabeklage nur zulässig, wenn der Gläubiger die Herausgabe verweigert, obwohl das Erlöschen des titulierten Anspruchs unstreitig ist[41] und der Schuldner deshalb bei einer Vollstreckungsabwehrklage mit einem sofortigen Anerkenntnis rechnen muss; anderenfalls könnten Abs. 2, 3 umgangen werden.[42] Das Rechtsschutzbedürfnis fehlt, wenn die vollständige Leistung auf dem Titel vermerkt ist.[43] Dagegen ist der Schuldner, wenn er nur ein Urteil nach § 767 besitzt, nicht umfassend geschützt, weil § 775 Nr. 1 weniger gibt als der Besitz des Titels. Begründet ist die Klage nur, wenn aus dem Titel überhaupt nicht mehr vollstreckt werden kann, auch nicht aus einem zu einem Urteil ergangenen Kostenfestsetzungsbeschluss.[44] 14

9. Bereicherungsklagen. Nach Beendigung der Zwangsvollstreckung kann aus § 812 BGB wegen unberechtigter Vollstreckung geklagt werden.[45] Diese sog. „verlängerte Vollstreckungsabwehrklage" setzt voraus, dass eine Vollstreckungsabwehrklage begründet wäre, wenn die Vollstreckung noch andauern würde.[46] Die Zuständigkeitsregel des Abs. 1 gilt nicht.[47] 15

IV. Zulässigkeit der Klage

1. Klageantrag, Streitgegenstand. Mit der Klage kann nur die Zwangsvollstreckung aus einem Titel angegriffen werden, nicht dessen Wirksamkeit, nicht Verfahrensfehler bei der Klauselerteilung oder der Zwangsvollstreckung. Daher lautet der **Antrag** etwa, „die Zwangsvollstreckung aus (Titelbezeichnung) für unzulässig zu erklären". **Streitgegenstand** ist die Unzulässigkeit der Zwangsvollstreckung aus dem Titel wegen bestimmter Einwendungen, nicht das Bestehen der titulierten Forderung[48] oder die vorgebrachten Einwendungen selbst (s. a. Rn. 20 und 46).[49] 16

2. Zuständigkeit. Zuständig zur Entscheidung ist gem. Abs. 1 – ausschließlich, § 802 – das **Prozessgericht des ersten Rechtszugs.** Das ist das Gericht erster Instanz des Rechtsstreits, in dem der Titel geschaffen worden ist.[50] Die Vorschrift betrifft auch die sachliche Zuständigkeit, § 796 Abs. 3 ist nicht analog anwendbar.[51] Handelt es sich bei dem titulierten Anspruch um eine **Familiensache,** ist das Familiengericht zur Entscheidung zuständig.[52] Dies gilt auch dann, wenn Familiensachen Gegenstand eines Prozessvergleichs vor dem Landgericht sind. Es konkurrieren die ausschließlichen Zuständigkeiten der §§ 767, 621. Die familienge- 17

---

30 BGH FamRZ 1979, 791.
31 BGH FamRZ 1979, 573, 575; MK/*Karsten Schmidt* Rn. 4.
32 MK/*Karsten Schmidt* Rn. 19.
33 BGH NJW 1975, 539, 540; *Zö/Herget* Rn. 4.
34 BAGE 31, 288, 292 = NJW 1980, 141.
35 OLG Frankfurt, NJW-RR 1992, 31, 32; *Zö/Herget* Rn. 4.
36 BGHZ 86, 184, 187 = NJW 1983, 996; *St/J/Münzberg* § 794 Rn. 58; *Zö/Stöber* § 794 Rn. 15 a; *Wittschier* JuS 1997, 450, 451.
37 BGHZ 127, 148 = NJW 1994, 3225; OLG Düsseldorf MDR 1953, 557; *Ro/G/Sch* § 16 I 4.
38 BGH (Fn. 37); *Lackmann* Rn. 555.
39 Vgl. BGH (Fn. 37) („jedenfalls" nach Vollstreckungsgegenklage).
40 BGH WM 1975, 1213; OLG Köln FamRZ 1984, 1089, 1090.
41 MK/*Karsten Schmidt* Rn. 20 m. weit. Nachw.; ähnlich *Ro/G/Sch* § 16 I 4.
42 *Ro/G/Sch* § 16 I 4.
43 MK/*Karsten Schmidt* Rn. 20.
44 OLG Hamm JurBüro 2003, 379 f.
45 BGHZ 83, 278, 280 = NJW 1982, 1147 m. weit. Nachw.
46 BGHZ 100, 211 f. = NJW 1987, 3266.
47 MK/*Karsten Schmidt* Rn. 21.
48 BGHZ 85, 367, 371 f. = NJW 1983, 390; *Zö/Herget* Rn. 5.
49 BGH LM Nr. 63.
50 BGH NJW 1980, 188, 189.
51 *Lackmann* Rn. 498; aA *T/P/Hüßtege* Rn. 13, § 731 Rn. 4.
52 BGH NJW 1981, 346, 347.

richtliche Zuständigkeit geht der des 8. Buches der ZPO vor[53] (s. auch § 802 Rn. 2). Dagegen begründet die Aufrechnung mit einem familienrechtlichen Anspruch allein nicht die Zuständigkeit des Familiengerichts.[54] Für Vollstreckungsabwehrklagen gegen Titel auf Unterhalt minderjähriger Kinder gilt die Zuständigkeit des § 767 Abs. 1 ZPO, nicht die des § 642 Abs. 1 S. 1 ZPO;[55] auch § 797 Abs. 5 ist gegenüber § 642 vorrangig.[56] Hat die Baulandkammer den Titel geschaffen, ist sie auch für die Vollstreckungsabwehrklage zuständig,[57] entsprechend auch ohne besonderen Antrag die Kammer für Handelssachen.[58] Zu WEG-Sachen s. Rn. 7. **Sonderregelungen** enthalten § 796 Abs. 3 für Vollstreckungsbescheide, § 797 Abs. 5 für notarielle Urkunden und § 800 (s. dort Rn. 10). § 797 Abs. 5 ist auf Prozessvergleiche nicht anwendbar.[59] Ist ein **ausländischer Titel** nach dem AVAG für vollstreckbar erklärt worden, ist für eine Vollstreckungsabwehrklage (zur Möglichkeit s. Rn. 5) gem. § 14 Abs. 2 AVAG das Gericht zuständig, das über den Antrag auf Erteilung der Klausel entschieden hat; bei Unterhaltstiteln das Familiengericht (zur örtlichen Zuständigkeit s. § 14 Abs. 2 S. 2 AVAG). Entsprechendes gilt bei Vollstreckungsurteilen nach § 722[60] sowie ausländischen Schiedssprüchen (§§ 1061 f.). Zu **Europäischen Vollstreckungstiteln** für unbestrittene Forderungen s. § 1086. Ist der Titel vom **Arbeitsgericht** geschaffen, ist es auch für die Vollstreckungsabwehrklage zuständig.

18 **3. Rechtsschutzinteresse. a) Allgemeines.** Die Vollstreckungsabwehrklage kann bereits erhoben werden, bevor die Klausel erteilt[61] oder umgeschrieben worden ist.[62] Die Vollstreckung muss nicht begonnen haben[63] oder konkret beabsichtigt sein.[64] Das Rechtsschutzbedürfnis fehlt erst dann, wenn die Vollstreckung aus dem Titel vollständig beendet (einschließlich Auskehr des Erlöses[65]; mit Eintritt der Fiktion des § 894[66]) und der Titel an den Schuldner herausgegeben worden ist oder dem Gläubiger aus anderen Gründen unzweifelhaft keine Vollstreckungsmöglichkeit mehr bietet[67] (etwa wegen Gerichtsvollzieherquittungen nach § 757 Abs. 1) oder der Gläubiger unzweifelhaft keine Vollstreckung mehr beabsichtigt.[68] Bei einer Verurteilung zu wiederkehrenden Leistungen kann das Rechtsschutzbedürfnis auch dann fehlen, wenn der Titel nicht herausgegeben wird, weil der Gläubiger den Titel weiter benötigt.[69] Endet die Vollstreckung nach Rechtshängigkeit, kann der Kläger zur Bereicherungsklage („verlängerte Vollstreckungsabwehrklage", Rn. 15) übergehen, s. Rn. 20. Hat der Kläger bereits **Berufung eingelegt**, fehlt das Rechtsschutzbedürfnis für eine Vollstreckungsabwehrklage, nicht aber schon bei der Möglichkeit der Berufung (s. Rn. 12). Das Rechtsschutzbedürfnis fehlt, wenn im Falle der angeblichen **Unwirksamkeit eines Prozessvergleichs** der ursprüngliche Prozess fortzusetzen ist (Rn. 13, § 794 Rn. 21).

19 **b) Einfacherer Weg.** Das Rechtsschutzinteresse fehlt, wenn der Schuldner auf **billigerem und einfacherem Weg** zum gleichen Ziel kommen kann.[70] Ist der Titel aus formellen Gründen unwirksam, so ist die Vollstreckungsabwehrklage unzulässig.[71] Das Rechtsschutzbedürfnis für sie fehlt, weil das Ziel, die Vollstreckbarkeit des Titels zu beseitigen, endgültig auch mit einer **Klausel- oder Vollstreckungserinnerung** erreicht werden kann (s. a. Rn. 8, 9 a). Zur Unwirksamkeit aus materiellem Recht s. Rn. 9 a. Im Einzelfall kann der Weg der Vollstreckungsabwehrklage für den Schuldner einfacher sein, wenn er seine materiell-rechtliche Einwendung leichter darlegen und beweisen kann als die formelle Unwirksamkeit.[72] Dass das Rechtsschutzinteresse fehlt, wenn der **Titel zu unbestimmt** ist,[73] ist bestritten,[74] aber dann zu bejahen, wenn sich die Unbestimmtheit offen aus dem Titel ergibt (s. dazu Rn. 9 b). Hier kann der Schuldner Erinnerung nach § 732 (s. § 732 Rn. 4) oder, weil faktisch nicht vollstreckt werden kann, nach § 766 einlegen. Bei Erfolg kann nicht mehr vollstreckt werden. Ebenso fehlt es an einem Rechtsschutzbedürfnis, wenn es an einem Titel fehlt.[75] Zu **§ 620 f** s. Rn. 4.

20 **4. Klageänderung.** Streitgegenstand der Vollstreckungsabwehrklage ist die Unzulässigkeit der Zwangsvollstreckung wegen einer bestimmten Einwendung (s. Rn. 16, 46).[76] Wird statt der ursprünglichen Ein-

---

[53] BGH (Fn. 50), NJW 1979, 43 für das alte Recht; BayObLG FamRZ 1991, 1455 (zu § 797 Abs. 5); aA BGH NJW 1980, 1393; MK/*Karsten Schmidt* Rn. 50; *Zö/Herget* Rn. 10.
[54] BGH NJW-RR 1989, 173, 174; OLG Hamm FamRZ 1997, 1493; aA OLG Hamm NJW-RR 1989, 1415.
[55] BGH NJW 2002, 444; OLG Hamm OLGR 2003, 104, 105.
[56] OLG Hamm FamRZ 2003, 696, 697.
[57] BGH NJW 1975, 829.
[58] MK/*Karsten Schmidt* Rn. 49 m. weit. Nachw.
[59] S. ausführlich *Lackmann* Rn. 500.
[60] *Zö/Herget* Rn. 10.
[61] RGZ 134, 156, 162.
[62] BGH NJW 1992, 2159, 2160.
[63] RGZ 45, 343, 344; *Lackmann* Rn. 507.
[64] OLG Hamm FamRZ 2000, 1166.
[65] BGH NJW 1991, 286.
[66] OLG Hamburg MDR 1998, 1051.
[67] BGH NJW 1994, 1161, 1162.
[68] OLG Köln FamRZ 2002, 555.
[69] BGH NJW 1984, 2826, 2827.
[70] Vgl. BGHZ 69, 144, 147 f. = NJW 1977, 1881; OLG Koblenz FamRZ 1981, 1092.
[71] BGH NJW-RR 1987, 1149 (noch für eine Unwirksamkeit aus materiellem Recht); *St/J/Münzberg* Rn. 11; *Wittschier* JuS 1997, 450, 451.
[72] *Brox/Walker* Rn. 1333; *Lackmann* Rn. 502.
[73] OLG Düsseldorf NJW-RR 1988, 698, 699; mit anderer Begründung auch *St/J/Münzberg* Rn. 11.
[74] Verneinend OLG Köln NJW-RR 1999, 431, 432.
[75] So wohl auch BGH NJW-RR 1999, 1080 f. (fehlende Unterwerfungserklärung).
[76] *Brox/Walker* Rn. 1356; *Lackmann* Rn. 508.

wendung des Klägers im Prozessverlauf eine andere oder neben ihr eine neue geltend gemacht, handelt es sich daher um eine Klageänderung,[77] die wegen Abs. 3 aber bei einer Rüge in der Regel als sachdienlich zuzulassen sein wird. Geht der Kläger während des Rechtsstreits wegen vollständiger Beendigung der Zwangsvollstreckung von der Vollstreckungsabwehrklage zur Bereicherungsklage über, handelt es sich wegen § 264 Nr. 3 nicht um eine Klageänderung.[78]

V. Begründetheit der Klage

1. Allgemeines. Die Klage ist – je nach dem Antrag des Klägers ganz oder teilweise – begründet, wenn dem Kläger eine durch § 767 Abs. 2, 3 nicht ausgeschlossene materiell-rechtliche Einwendung zusteht, welche die Wirkung hat, dass der titulierte Anspruch nicht mehr oder nur eingeschränkt geltend gemacht werden darf. **Aktivlegitimiert**[79] ist der Schuldner oder derjenige, gegen den der Titel umgeschrieben worden ist. Jeder von mehreren Titelschuldnern kann den Anspruch geltend machen,[80] der Insolvenzverwalter, soweit der Titel gegen die Masse wirkt.[81] **Passivlegitimiert**[82] ist in aller Regel der im Titel genannte Gläubiger; es kann aber auch sein Rechtsnachfolger sein, auf den der Titel umgeschrieben werden kann.[83] 21

2. Zulässige Einwendungen. In der Regel kann der Schuldner nur rechtsvernichtende oder rechtshemmende materiell-rechtliche Einwendungen gegen den titulierten Anspruch geltend machen.[84] Dies gilt uneingeschränkt aber nur, soweit Abs. 2 überhaupt Anwendung findet.[85] 22

a) Beispiele für zu berücksichtigende Einwendungen: Abtretung.[86] Die Abtretung begründet die Klage auch dann, wenn der Titelgläubiger im Einvernehmen mit dem Zessionar weiter vollstrecken will, weil es keine Vollstreckungsstandschaft gibt.[87] Ist der Zedent im Verhältnis zum Zessionar berechtigt, die abgetretene Forderung im eigenen Namen geltend zu machen und erwirkt er einen entsprechenden Titel, so ist seine Vollstreckung aus dem Titel keine unzulässige Vollstreckungsstandschaft.[88] Zur Präklusion s. a. Rn. 39. **Abzahlungskauf.** S. Rücktrittsfiktion. **Allgemeine Geschäftsbedingungen.** Die nachträgliche Entscheidung des BGH oder des GmS-OGB, dass die Verwendung einer Klausel nicht unzulässig ist, ermöglicht § 767 gegen das untersagende Urteil (§ 10 UKLaG). **Anfechtung.** Als rechtshindernde Einwendung führt die Irrtums-, Täuschungs- oder Drohungsanfechtung (§§ 119, 123 BGB) regelmäßig zur Präklusion des Abs. 2 (s. a. Rn. 30 ff.). Sie kann aber eingewandt werden, soweit Abs. 2 nicht gilt. Zum Prozessvergleich s. Rn. 13. Wirken Täuschung oder Drohung fort und hindern an der Geltendmachung des Gestaltungsrechts, dann ist das Ende der Beeinträchtigung maßgeblich.[89] **Auflösende Bedingung.**[90] **Aufrechnung.** Die Aufrechnung führt zum Erlöschen des Anspruchs (§ 389 BGB) und damit zur Erfüllung (rechtsvernichtende Einwendung). Zur Präklusion s. Rn. 34 ff., zur Rechtskraft Rn. 46. **Ausübung eines Wahlrechts.** S. Wahlrecht. 23

Bauträgervertrag. S. Rn. 25 „Unwirksamkeit". **Befreiende Schuldübernahme.**[91] **Befreiende Unmöglichkeit.** S. Unmöglichkeit (Rn. 25). **Bereicherungseinrede** nach § 821 BGB[92]; rechtshemmende Einwendung. **Bürgschaft.** Vollstreckungsabwehrklage, wenn der Bürge sich auf Verjährung der Hauptforderung beruft.[93] Die Anpassung eines Bürgschaftsvertrages wegen der Scheidung des Ehegattenbürgen vom Schuldner kann unter dem Gesichtspunkt des Wegfalls der Geschäftsgrundlage im Wege der Vollstreckungsabwehrklage (§ 767 ZPO) einem durch Urteil titulierten Anspruch entgegengehalten werden.[94] Zur Änderung der Rechtsprechung zur „Ehegattenbürgschaft" s. Rn. 26 „Verfassungswidrigkeit". **Erfüllung** (§ 362 BGB). Typischer rechtsvernichtender Einwand. Bei §§ 887 f. ist keine Ausnahme zu machen (s. § 887 Rn. 19, § 888 Rn. 8). Bei einer Beitreibung durch Zwangsvollstreckung steht dem Schuldner kein Tilgungsbestimmungsrecht zu (s. § 753 Rn. 10). **Erfüllungsablehnung.** Lehnt der Insolvenzverwalter die Erfüllung ab, kann dies gegen einen bereits titulierten Anspruch des Insolvenzschuldners eingewandt werden.[95] **Erlass** (§ 397 BGB). Rechtsvernichtender Einwand. **Ermäßigungsklausel.** Ermöglicht eine Bestimmung im Titel die Ermäßigung eines feststehenden Zahlungsanspruchs, ist der Eintritt der Voraussetzungen der Ermäßigung mit der Vollstreckungsabwehrklage geltend zu machen (s. a. § 704 Rn. 7).[96] **Fälligkeit,** fehlende[97] (soweit nicht Abs. 2 eingreift). 24

---

[77] BGHZ 45, 231, 232 ff. = NJW 1966, 1362; OLG Köln InVo 1999, 59, 60.
[78] BGHZ 113, 169, 172 f. = NJW 1991, 1063 m. weit. Nachw.
[79] Anders (Frage der Prozessführungsbefugnis) MK/*Karsten Schmidt* Rn. 44; Zö/*Herget* Rn. 9.
[80] OLG Frankfurt MDR 1982, 934.
[81] BGHZ 100, 222, 225 f. = NJW 1987, 1691 m. weit. Nachw.
[82] Anders (Frage der passiven Prozessführungsbefugnis) MK/*Karsten Schmidt* Rn. 45; *Zö/Herget* Rn. 9.
[83] BGH NJW 1993, 1396, 1397.
[84] BGHZ 100, 211, 212 = NJW 1987, 3266.
[85] *Lackmann* Rn. 513.
[86] RGZ 65, 126, 128.
[87] BGH MDR 1985, 309.
[88] OLG Köln OLGR 2002, 211 f.
[89] *Zö/Herget* Rn. 12 „Anfechtung".
[90] BGH NJW 1999, 954 f.
[91] BGHZ 110, 319, 322 = NJW 1990, 1662.
[92] MK/*Karsten Schmidt* Rn. 68.
[93] BGH NJW 1999, 278, 279 m. weit. Nachw.
[94] OLG Frankfurt/M NJOZ 2002, 2209, 2210 ff.
[95] BGH NJW 1987, 1702, 1703.
[96] BGH NJW 1996, 2165, 2166.
[97] OLG Hamm NJW-RR 1988, 266.

Forderungsüberleitung.[98] **Gesetzesänderung.** Sie kann nur eingewandt werden, wenn sie ausnahmsweise titulierte Ansprüche erfasst.[99] **Gesetzlicher Forderungsübergang.**[100] **Gestaltungsrechte.** S. Anfechtung, Aufrechnung (Rn. 23). Zur Präklusion s. Rn. 34ff. **Grundschuld.** Die Vereinbarung, dass der Gläubiger vor Eigentumsumschreibung die Grundschuld nur als Sicherheit für solche Zahlungen verwenden darf, mit denen der Kaufpreis bezahlt wird, kann als schuldrechtliche Sicherungsabrede (nur) mit der Vollstreckungsabwehrklage eingewandt werden.[101]

25 **Hinterlegung.** Führt zur Erfüllung, wenn der Schuldner auf die Rücknahme verzichtet (§§ 378, 376 Abs. 2 Nr. 1 BGB). Es reicht, wenn der Schuldner den Gläubiger auf das Hinterlegte verweist.[102] **Insolvenz.** Der Insolvenzverwalter kann gegen die Vollstreckung in die Masse einwenden, diese sei zur vollständigen Befriedigung der Masseschulden unzureichend, wenn er eine Forderung als Masseschuld anerkannt hat oder zur Zahlung verurteilt worden ist.[103] Abs. 2 (s. Rn. 30ff.) steht entgegen, wenn der Stand der Masse beim Schluss der letzten mündlichen Verhandlung (s. Rn. 32) soweit geklärt war, dass sich die Quote errechnen ließ.[104] **Kindergeld.** Zahlung von Kindergeld an den Unterhaltsberechtigten aufgrund einer Gesetzesänderung (s. a. § 323 Rn. 17, 28).[105] **Kindesunterhalt.** Die Volljährigkeit des Kindes berührt den Anspruch nicht. Deshalb kann die Tatsache der Volljährigkeit nicht mit der Vollstreckungsabwehrklage eingewandt werden[106] (s. aber auch „Prozessführungsbefugnis"). **Klauselumschreibung.** Der Vollstreckung des Altschuldners aus der ihm verbliebenen Titelausfertigung kann der Einwand der Umschreibung nach § 727 auf einen neuen Gläubiger entgegen gehalten werden.[107] **Minderung.**[108] **Nichtigkeit der Unterwerfungserklärung** s. Rn. 9a. **Notbedarf** (§§ 519, 529 Abs. 2 BGB).[109] **Optionsrecht.**[110] Zur Präklusion s. Rn. 35. **Pfändung** des titulierten Anspruchs.[111] **Prozessführungsbefugnis** nach § 1629 Abs. 3 BGB.[112] Das Erlöschen nach § 1629 Abs. 2 S. 2 BGB oder durch Entziehung des Sorgerechts[113] oder Volljährigkeit des Kindes[114] (s. dazu auch § 724 Rn. 5) kann eingewandt werden. **Räumung.** Wegfall des Eigenbedarfs.[115] **Rechtsmissbrauch.** S. Verstoß gegen Treu und Glauben (Rn. 26). **Rente.** S. hierzu § 323 Rn. 16. **Rücktritt** vom Vertrag.[116] Zum Abzahlungskauf s. a. Rücktrittsfiktion. **Rücktrittsfiktion.** Ist bei einem Teilzahlungsgeschäft die Kaufpreisforderung (Forderung des Unternehmers) tituliert und tritt der Unternehmer zurück (§ 503 Abs. 2 S. 1 BGB), kann der Schuldner dies mit der Vollstreckungsabwehrklage einwenden. Obwohl nicht die Ansprüche aus § 503 Abs. 2 BGB tituliert sind, dürfte die Klage aber nur soweit Erfolg haben (§ 242 BGB), wie nicht nach einer Saldierung der gegenseitigen Ansprüche ein überschießender Anspruch des Verkäufers/Kreditgebers verbleibt. Tritt durch Zwangsvollstreckungsmaßnahmen die Fiktion des § 503 Abs. 2 S. 4 BGB ein (s. dazu § 817 Rn. 8), kann der Schuldner seine Zug um Zug zu erfüllenden Gegenansprüche ebenso mit der Vollstreckungsabwehrklage durchsetzen; auch hier ist, soweit Ansprüche auf Zahlung von Geld gegenüberstehen, zu saldieren. **Schikane** (§ 226 BGB) kann eingewandt werden.[117] **Sittenwidrige Titelausnutzung**[118] (soweit nicht Abs. 2 entgegensteht). **Sozialhilfe.** Der Übergang des Unterhaltsanspruchs auf den Träger der Sozialhilfe kann eingewandt werden (s. Rn. 24 „Gesetzlicher Forderungsübergang"). **Stundung.**[119] Rechtshemmender Einwand. **Tilgungsbestimmung.** S. Erfüllung. **Trennungsunterhalt** (§ 1361 BGB). Vollstreckung für die Zeit nach Rechtskraft der Scheidung (s. a. § 323 Rn. 17).[120] **Unbestimmtheit.** S. Rn. 9a f. **Unmöglichkeit.** Die befreiende Unmöglichkeit (§ 275 Abs. 1 BGB, zB, wenn ein Dritter dem Schuldner eine erforderliche Zustimmung verweigert[121]) kann eingewandt werden.[122] Anders, wenn der Schuldner die Unmöglichkeit zu vertreten hat (§ 326 Abs. 2 BGB).[123] Zur Vollstreckung nach § 888 s. dort Rn. 9, zur Vollstreckung nach § 889 dort Rn. 8. **Unwirksamkeit des Titels.** Zur Unwirksamkeit aus formellen Gründen s. Rn. 9a f., 19. Die Unwirksamkeit aus materiellen Gründen macht die Vollstreckungsabwehrklage nicht unzulässig, sie

---

[98] OLG Köln (Fn. 68).
[99] KG GRUR 1996, 997; s. im Einzelnen MK/*Karsten Schmidt* Rn. 70; aA OLG Stuttgart WRP 1997, 245.
[100] OLG Bremen InVo 1999, 217f.
[101] OLG Hamm JurBüro 1999, 382, 383f.
[102] *Zö/Herget* Rn. 12 „Hinterlegung".
[103] So zur KO: BAG ZIP 1986, 1338, 1339; LG Oldenburg DGVZ 1979, 74.
[104] So zur KO: BAG NJW 1980, 141, 143.
[105] BGH FamRZ 1977, 461, 462.
[106] OLG Koblenz NJW-RR 2007, 438f.
[107] *Lackmann*, Festschr. f. Musielak, 2004, S. 311.
[108] BGHZ 85, 367, 371 = NJW 1983, 390.
[109] *Zö/Herget* Rn. 12 „Notbedarf".
[110] BGH JR 1985, 468 mit Anm. *Haase*.
[111] RGZ 112, 348, 351; BAG NJW 1997, 1868, 1869.
[112] OLG Hamm FamRZ 2000, 365; s. ausführlich *Becker-Eberhard* ZZP 104 (1991), 413, 431ff.
[113] OLG Nürnberg NJW-RR 2002, 1158; OLG München FamRZ 1997, 1493, 1494.
[114] OLG Oldenburg FamRZ 1992, 844; OLG Hamm FamRZ 1992, 843f.; *Zö/Herget* Rn. 12 „Prozessführungsbefugnis"; aA (§ 766) OLG Frankfurt FamRZ 1983, 1268.
[115] AG Köln WuM 1991, 495.
[116] BGH LM Nr. 46.
[117] *Zö/Herget* Rn. 12 „Rechtsmissbrauch".
[118] OLG Düsseldorf FamRZ 1997, 827, 828.
[119] OLG Karlsruhe OLGRspr. 13, 188, 189.
[120] BGH NJW 1982, 1875, 1876; BGHZ 78, 130, 136 = NJW 1980, 2811; OLG Köln JurBüro 1996, 496.
[121] OLG Düsseldorf MDR 1991, 260f.; *Zö/Herget* Rn. 12 „Unmöglichkeit".
[122] RGZ 107, 233, 234f.
[123] OLG Köln NJW-RR 1991, 1022, 1023.

darf aber nicht geprüft werden. Ist die Unwirksamkeit dem Titel zu entnehmen, lässt die hM die prozessuale Gestaltungsklage analog § 767 zu.

Verfallklausel. S. § 726 Rn. 3. **Verfassungswidrigkeit** der dem Vollstreckungstitel zugrunde liegenden Rechtsnorm kann nach §§ 79 Abs. 2 S. 3, 95 Abs. 3 S. 3 BVerfGG mit der Vollstreckungsabwehrklage geltend gemacht werden, wenn die **Norm** vom Bundesverfassungsgericht für nichtig erklärt worden ist. Entsprechendes gilt bei Landesgesetzen (§ 183 VwGO). Eine verfassungswidrige **Auslegung** von Normen (zB bei der früheren Rechtsprechung zur Ehegattenbürgschaft) rechtfertigt die analoge Anwendung von § 79 Abs. 2 BVerfGG.[124] **Vergleich** (§ 779 BGB) über die titulierte Forderung, auch Prozessvergleich in anderem Verfahren. **Verjährung** (§ 197 Abs. 1 Nr. 3 BGB) des rechtskräftigen Anspruchs. Rechtshemmende Einwendung. S. a. Rn. 24 „Bürgschaft" und Rn. 32. **Verlust eines Wahlrechts.** S. Wahlrecht (Rn. 27). **Verstoß gegen Treu und Glauben. Rechtsmissbrauch:** Der Rechtsmissbrauch muss den Bestand des titulierten Anspruchs betreffen, nicht einzelne Vollstreckungsmaßnahmen (dann § 765 a).[125] Weil bei rechtsmissbräuchlich erlangten Titeln meist Abs. 2 eingreift, ist der Anwendungsbereich gering. Unzutreffend ist es, wenn Abs. 2 Anwendung findet (s. Rn. 31), die Vollstreckungsabwehrklage gegen die Vollstreckung aus einem durch unerlaubte Handlung eines Dritten erlangten Titel zuzulassen,[126] hier kommt § 826 BGB in Betracht (s. Rn. 11); Verwirkung,[127] auch des Unterhaltsanspruchs[128]; Wegfall der Geschäftsgrundlage.[129] **Verwirkung.** S. Verstoß gegen Treu und Glauben. **Verzicht** auf Vollstreckung oder Anspruch.[130] **Vorsteuerabzug.** Es kann gegen die Vollstreckung aus einem Kostenfestsetzungsbeschluss eingewandt werden, der Gläubiger sei entgegen seiner Erklärung nach § 104 Abs. 2 S. 3 zum Abzug berechtigt.[131] Dabei kann auch dann keine Präklusion angenommen werden, wenn man der zutreffenden Ansicht folgt, das Gericht könne die Erstattung der MwSt. versagen, wenn die Erklärung offensichtlich und zweifelsfrei unrichtig sei (s. § 104 Rn. 21); ein Zwang zur Geltendmachung dieses Einwands im Festsetzungsverfahren dürfte daraus nicht folgern. 26

Wahlrecht. Ausübung;[132] Verlust.[133] **Wandelung.**[134] **Wegfall der Geschäftsgrundlage.**[135] **Widerruf.** Der Widerruf nach § 312 BGB ist, weil nach § 357 Abs. 1 S. 1 BGB Rücktrittsrecht gilt, selbstständiges Gestaltungsrecht. Dies gilt auch für die Widerrufsrechte nach § 355 BGB, § 485 BGB und § 312 d BGB. **Zinsanspruch:** Einwendung, ein unbefristet tenorierter Zinsanspruch bestehe wegen Erfüllung der Hauptforderung nur bis zu einem bestimmten Zeitpunkt.[136] **Zurückbehaltungsrechte.**[137] 27

b) Nicht zu berücksichtigende Einwendungen (s. a. Rn. 8 ff. zur Abgrenzung der Rechtsbehelfe): 28

Änderung der Rechtsprechung, Rechtsauffassung, Verkehrssitte. Dies kann nicht eingewandt werden,[138] es sei denn, es handele sich um eine grundlegende Wandlung der gesamten Rechtsauffassung.[139] Zur Änderung der Rechtsprechung zur „Ehegattenbürgschaft" s. Rn. 26 „Verfassungswidrigkeit". Soweit Abs. 2 Anwendung findet, ist eine Vollstreckungsabwehrklage nicht möglich.[140] **Präklusion.** Unzulässig sind nach Abs. 2, 3 präkludierte Einwendungen (s. Rn. 30 ff., 41 f.). **Rechtskraft.** Unzulässig sind alle Einwendungen, die sich gegen die materielle Rechtskraft des Urteils wenden.[141] **Schikane** (§ 226 BGB). Einwand des Klägers ist schikanös.[142] **Treu und Glauben.** Gegen Treu und Glauben (§ 242 BGB) verstößt der Einwand, eine Verbindlichkeit bestehe nicht mehr, wenn der Schuldner verpflichtet ist, sie neu zu begründen.[143] Insbesondere kann auch Verwirkung des Rechts des Klägers eingewandt werden. **Vertretung.** Es kann nicht geltend gemacht werden, der Gläubiger sei derzeit nicht ordnungsgemäß vertreten.[144] **Verzicht.** Der Schuldner kann auf die Geltendmachung von Einwendungen zulässigerweise verzichten.[145] **Zinsschwankungen.**[146]

3. Beweislast. Die Beweislast (s. a. § 286 Rn. 59 „Vollstreckungsgegenklage") für die rechtsvernichtenden und rechtshemmenden Einwendungen wird in der Regel beim klagenden Schuldner liegen. Wird allerdings zulässigerweise um das Entstehen der Forderung gestritten – etwa bei in vollstreckbaren Urkunden 29

---

124 BVerfG JuS 2006, 454; aA BGH NJW 2002, 2940, 2941 ff.; *Wesser* NJW 2001, 475 ff.
125 OLG Koblenz OLGZ 1985, 453, 455.
126 So aber LG Münster NJW-RR 1987, 506; *Zö/Herget* Rn. 12 „Rechtsmissbrauch".
127 OLG Koblenz NJW-RR 2000, 347.
128 BGH FPR 2004, 245 f.; NJW-RR 1991, 899; OLG Frankfurt/M FamRZ 1991, 1328, 1329; MK/*Karsten Schmidt* Rn. 62; *Zö/Herget* Rn. 12 „Verwirkung"; aA (§ 323) OLG Frankfurt/M FamRZ 1988, 62 f.
129 BGH JZ 1978, 146, 148.
130 *Zö/Herget* Rn. 12 „Verzicht".
131 *Zö/Herget* Rn. 20.
132 RGZ 27, 382, 384 f.
133 BAG NJW 1964, 687, 688 f. m. weit. Nachw.
134 BGH (Fn. 108).
135 BGH (Fn. 129).
136 KG OLGR 2001, 84.
137 BGH NJW-RR 1997, 1272.
138 OLG Naumburg JW 1934, 3015, 3016.
139 BGH NJW 1953, 745; LG Köln MDR 1959, 582.
140 *Eckardt* MDR 1997, 621 ff. (auch zur Möglichkeit einer Klage aus § 826 BGB).
141 BGH NJW 1984, 126, 127.
142 LG Berlin NJW-RR 1989, 638, 639.
143 BGHZ 110, 319, 322 = NJW 1990, 1662.
144 OLG Frankfurt/M MDR 1997, 194, 195.
145 BGH NJW 1982, 2072, 2073.
146 BGH MDR 1987, 830 f.; *Zö/Herget* Rn. 13 „Zinsschwankungen" m. weit. Nachw.; s. ausführlich *Frühauf* NJW 1999, 1217 ff.

titulierten Ansprüchen –, liegt die Beweislast beim beklagten Gläubiger.[147] Eine Beweislastumkehr tritt durch die Unterwerfungserklärung nicht ein.[148]

VI. Präklusion nach Absatz 2

30 **1. Allgemeines.** Die **Geltendmachung der Einwendung** darf nicht gem. Abs. 2 ausgeschlossen sein; sie ist nach dem Wortlaut des Abs. 2 **unzulässig.** Damit handelt es sich um eine Frage der **Begründetheit der Klage,** nicht der Zulässigkeit. Die Norm lässt die Geltendmachung von Einwendungen nur zu, wenn die Gründe, auf denen sie beruhen, nach dem Schluss der letzten mündlichen Verhandlung, in der Einwendungen nach der ZPO spätestens hätten geltend gemacht werden müssen, entstanden sind und durch Einspruch nicht mehr geltend gemacht werden können (Versäumnisurteile).

31 **2. Anwendungsbereich.** Abs. 2 findet keine Anwendung bei der Vollstreckung aus **vollstreckbaren Urkunden** iSd. § 794 Abs. 1 Nr. 5 (§ 797 Abs. 4). Da **Prozessvergleiche** keine Rechtskraftwirkung entfalten, findet nach allgemeiner Ansicht auch auf sie Abs. 2 keine Anwendung.[149] Dies gilt auch für **Kostenfestsetzungsbeschlüsse.**[150] **Entsprechend anwendbar** ist die Vorschrift dagegen immer dann, wenn Einwendungen zuvor geltend gemacht werden konnten und der Schutz der Rechtskraft des Ursprungstitels in Frage steht, also etwa bei entsprechend gelagerten Bereicherungs-, Feststellungs- und Anfechtungsklagen nach dem AnfG[151] und auf die Vollstreckungsabwehrklage gegen ausländische Urteile.[152] Zu vollstreckbaren Schiedssprüchen und Anwaltsvergleichen (§§ 1060ff., 796a f.) s. Rn. 5. Da im Verfahren nach § 11 RVG materiellrechtliche Einwendungen möglich sind, greift bei einer Vollstreckungsabwehrklage gegen den darauf ergangenen Kostenfestsetzungsbeschluss Abs. 2 ein, und zwar auch dann, wenn der Einwand zu Unrecht im vorausgegangenen Verfahren nicht berücksichtigt wurde.[153]

32 **3. Maßgeblicher Zeitpunkt. a) Letzte mündliche Verhandlung.** Grundsätzlich ist die letzte mündliche Verhandlung in der letzten Tatsacheninstanz maßgeblich. Dies kann, obwohl nicht mehr als Tatsacheninstanz gedacht, wegen §§ 529 Abs. 1 Nr. 2, 531 Abs. 2 Nr. 3, 533 Nr. 2 auch die in der Berufungsinstanz sein. Die Rechtsprechung lässt in der Revisionsinstanz aus ökonomischen Gründen entgegen § 559 Abs. 1 S. 1 zu, dass in bestimmtem Umfang auch Tatsachen, die sich erst während des Revisionsverfahrens ereignen, in die Urteilsfindung einfließen können, sofern sie unstreitig sind und schützenswerte Belange der Gegenpartei nicht entgegenstehen.[154] Daraus folgt aber keine Verpflichtung mit der Konsequenz der Präklusion nach Abs. 2. Diese Tatsachen (zB Verjährungseintritt bei bereits in der Tatsacheninstanz erhobener Einrede) können vielmehr mit der Vollstreckungsabwehrklage eingewandt werden.[155] Beim **Grundurteil** kommt es hinsichtlich der Einwendungen zum Grund auf die letzte mündliche Verhandlung vor Erlass des Grundurteils an; hinsichtlich der Einwendungen zur Höhe auf die letzte mündliche Tatsachenverhandlung überhaupt. Entsprechendes gilt für **Vorbehaltsurteile** (§§ 302, 600). Bei Entscheidungen im **schriftlichen Verfahren** nach § 128 Abs. 2 ist der Zeitpunkt maßgeblich, bis zu dem nach Anordnung des Gerichts Schriftsätze eingereicht (§ 128 Abs. 2 S. 2) oder nachgereicht (§ 283) werden dürfen.[156] Bei Entscheidungen nach **Lage der Akten** (§ 251a) ist der versäumte Termin (§ 251a Abs. 1) maßgeblich. Einwendungen gegen den in einer **Insolvenztabelle** titulierten Anspruch (§ 200 InsO) müssen nach dem Prüfungstermin (§ 179 InsO) entstanden sein.[157] S. auch Rn. 25 „Insolvenz".

33 **b) Entstandene Einwendungen.** Die Einwendungen müssen bereits **entstanden** sein. Aus dem Wortlaut folgt, dass es allein auf die objektive Möglichkeit ankommt, die Einwendung geltend zu machen. Es ist nicht ausschlaggebend, ob der klagende Schuldner die Einwendung überhaupt kannte oder schuldlos bzw. schuldhaft nicht kannte oder nicht beweisen konnte.[158] Keine Besonderheiten bestehen im Arzthaftpflichtrecht.[159]

34 **c) Gestaltungsrechte.** Sehr streitig ist, auf welchen Zeitpunkt es ankommt, wenn ein **selbstständiges Gestaltungsrecht** (zB Aufrechnung, Anfechtung, Rücktritt) zur Zeit der letzten mündlichen Verhandlung bereits bestand, aber erst nach Schluss der mündlichen Verhandlung ausgeübt wurde. Bei der Aufrechnung soll Abs. 2 auch dann Anwendung finden, wenn diese im Vorprozess wegen § 533[160] oder § 242 BGB[161] nicht zugelassen wurde, nicht aber, wenn sie wegen § 559 Abs. 1 S. 1 in der Revisionsinstanz nicht vorgebracht worden ist (s. Rn. 32).

---

147 OLG Düsseldorf NJW-RR 1997, 444; MK/*Karsten Schmidt* Rn. 57 m. weit. Nachw.

148 BGH NJW 2001, 2096ff. unter Aufgabe der bisherigen Rechtsprechung; *Münch* NJW 1991, 700f.; aA noch BGH NJW 1981, 2756.

149 BGH NJW-RR 1987, 1022f. m. weit. Nachw.

150 AllgM; BGHZ 3, 381, 382ff. = NJW 1952, 144; MK/*Karsten Schmidt* Rn. 75 m. weit. Nachw.

151 BGH NZI 2007, 575, 576.

152 BGHZ 84, 17, 22 = NJW 1982, 1947; BGHZ 59, 116, 124 = NJW 1972, 1671.

153 BGH NJW 1997, 743 zu § 19 BRAGO.

154 BGH NJW 1998, 2972, 2974 m. weit. Nachw.

155 BGH (Fn. 154) S. 2974f.

156 *Zö/Herget* Rn. 15.

157 MK/*Karsten Schmidt* Rn. 76.

158 BGHZ 61, 25, 26 = NJW 1973, 1328; *Brox/Walker* Rn. 1342; MK/*Karsten Schmidt* Rn. 77 m. weit. Nachw.

159 OLG Köln NJOZ 2003, 860f.; aA LG Köln NJW-RR 2002, 1511, 1512.

160 BGH NJW 1994, 2769f.

161 BGH (Fn. 151).

aa) Nach ständiger Rechtsprechung und einem Teil der Literatur kommt es bei **gesetzlichen** Gestaltungsrechten allein auf die **objektive Möglichkeit** der Ausübung des Gestaltungsrechts (nicht die Möglichkeit der Schaffung einer Aufrechnungslage[162]) vor Schluss der mündlichen Verhandlung an (s. a. § 145 Rn. 23).[163] In den Vordergrund gestellt wird der größtmögliche Schutz der Rechtskraft und der Vollstreckbarkeit des Titels. Der Schuldner soll im Interesse der Rechtsklarheit gezwungen werden, möglichst früh von seinen Gestaltungsrechten Gebrauch zu machen. Verzögerungen der Vollstreckung sollen vermieden werden. Bei **vertraglich eingeräumten** Gestaltungsrechten gelte dies nicht, weil die Befugnis des Berechtigten, den Zeitpunkt der Abgabe der Erklärung zu wählen, im Wesen des vertraglich eingeräumten Rechts liege.[164] Dies soll für Optionsrechte auf Verlängerung eines Mietvertrages,[165] vertragliche Rücktritts- und Kündigungsrechte gelten.[166] 35

bb) Die wohl hM in der Literatur stellt darauf ab, dass die Rechtsänderung nicht bereits dann eintritt, wenn die Möglichkeit der Gestaltungserklärung besteht, sondern erst mit der **Ausübung des Gestaltungsrechts** (s. a. § 322 Rn. 41 f.). Erfolgt diese erst nach Schluss der mündlichen Verhandlung, soll der Einwand nicht gem. Abs. 2 präkludiert sein.[167] ZT wird allerdings angenommen, dass wegen der Prozessförderungspflicht die spätere Geltendmachung eines Gestaltungsrechts bei einem Missbrauch oder grober Nachlässigkeit des Schuldners nicht zugelassen werden dürfe.[168] 36

cc) **Stellungnahme.** Dogmatisch richtig ist die Auffassung des Schrifttums. Wann eine Einwendung entsteht, kann nur dem materiellen Recht, nicht dem Prozessrecht entnommen werden. Enthält das materielle Recht keine Fristen oder bestimmte Fristen zur Ausübung eines Gestaltungsrechts, so kann dies durch die prozessuale Vorschrift des Abs. 2 nicht ausgeschlossen werden. Die Verschleppungsgefahr ist geringer als die hM annimmt, ihr kann durch analoge Anwendung der §§ 533, 296 Abs. 2 begegnet werden (s. § 322 Rn. 42). Allerdings ist die Rechtsprechung inzwischen so gefestigt, dass man ihren Standpunkt als Gewohnheitsrecht bezeichnen kann. 37

d) **Versäumnisurteil.** Nach Abs. 2, letzter Satzteil, sind nur Einwendungen zulässig, die nicht mehr durch Einspruch geltend gemacht werden können. Die hM folgert aus dem Wortlaut der Vorschrift zu Recht, dass die Vollstreckungsabwehrklage nur auf solche Einwendungen gestützt werden kann, die erst **nach dem Ablauf der Einspruchsfrist** entstanden sind.[169] Die Gegenmeinung nimmt an, dass die Vollstreckungsabwehrklage auf alle Einwendungen gestützt werden könne, deren einspruchsweise Geltendmachung am Schluss der letzten mündlichen Verhandlung über die Vollstreckungsabwehrklage nicht mehr möglich ist.[170] Ihr ist entgegenzuhalten, dass sie den Zweck des Abs. 2 unterläuft. Die Präklusionswirkung wäre für Versäumnisurteile praktisch bedeutungslos. Zu **Vollstreckungsbescheiden** s. § 796. 38

e) **Abtretung, gesetzlicher Forderungsübergang.** Erhält der Schuldner nach Schluss der mündlichen Verhandlung in der Tatsacheninstanz Kenntnis von einer Abtretung oder einem gesetzlichem Forderungsübergang, scheitert die Annahme der Präklusion nicht an § 407 BGB. Die Vorschrift schützt den Schuldner nur im Verhältnis zum neuen Gläubiger.[171] 39

4. Umfang der Präklusion. Über die Vollstreckungsabwehrklage hinaus gilt die Präklusion auch für nachträgliche Zivilprozesse unter dem Gesichtspunkt der ungerechtfertigten Bereicherung oder der unerlaubten Handlung (s. auch Rn. 31).[172] Geht es allerdings um andere Ansprüche als den titulierten, darf zB die Nichtigkeit des Vertrages erneut geprüft werden.[173] Eine verspätete Aufrechnung führt nicht zum Verlust der Forderung.[174] Siehe zu diesen Fragen im Einzelnen § 322 Rn. 28 ff. 40

VII. Präklusion nach Absatz 3

1. Allgemeines. Abs. 3 knüpft konsequent an Abs. 2 an und präkludiert für eine erneute Vollstreckungsabwehrklage Einwendungen, die schon mit einer früheren Vollstreckungsabwehrklage hätten geltend gemacht werden können.[175] Andererseits muss der Schuldner zur Vermeidung der Präklusion auch **während des Prozesses entstandene Einwendungen** geltend machen.[176] Trotz des Wortlauts der Vorschrift kommt es nicht auf den Zeitpunkt der Erhebung der Vollstreckungsabwehrklage an, sondern auf den Zeitpunkt der letzten mündlichen Verhandlung.[177] Allerdings ist hier das Problem der Klageänderung zu beachten (s. Rn. 20). Hat der Schuldner die Einwendung – nachträglich – bereits in der vorangegangenen Vollstre- 41

---

162 BGH NJW 2005, 2926, 2927.
163 BGHZ 100, 222, 224 = NJW 1987, 1691 m. weit. Nachw.; OLG Koblenz OLGR 2001, 455; MK/*Karsten Schmidt* Rn. 82; *Zö/Herget* Rn. 14.
164 BGHZ 94, 29, 33 ff. = NJW 1985, 2481.
165 BGH (Fn. 164).
166 *B/L/H* Rn. 55; s. auch BGH NJW-RR 2006, 229, 230 f.
167 *Brox/Walker* Rn. 1346; *St/J/Münzberg* Rn. 35; *T/P/Hüßtege* Rn. 22 a.
168 *St/J/Münzberg* Rn. 38.
169 BGH NJW 1982, 1812; *B/L/H* Rn. 56; MK/*Karsten Schmidt* Rn. 15.
170 OLG Hamm NJW-RR 2000, 659 f.; *St/J/Münzberg* Rn. 40 m. weit. Nachw.
171 BGH NJW 2001, 231, 232; *Brox/Walker* Rn. 1342; aA *B/L/H* Rn. 55; *Zö/Herget* Rn. 14.
172 BGH NJW-RR 1988, 957, 958.
173 MK/*Karsten Schmidt* Rn. 83.
174 MK/*Karsten Schmidt* Rn. 83.
175 BGH NJW 1991, 2280, 2281; *St/J/Münzberg* Rn. 55; aA (Präklusion nach Abs. 2) MK/*Karsten Schmidt* Rn. 90.
176 BGH (Fn. 175); *St/J/Münzberg* Rn. 52; aA MK/*Karsten Schmidt* Rn. 86.
177 BGHZ 45, 231, 233 = NJW 1966, 1362; *St/J/Münzberg* Rn. 52; MK/*Karsten Schmidt* Rn. 86.

ckungsabwehrklage geltend gemacht, ist sie aber aufgrund einer Rüge des Beklagten nicht als sachdienlich erachtet und zugelassen worden, kann sie ungeachtet des Abs. 3 mit einer neuen Vollstreckungsabwehrklage vorgebracht werden.

42 **2. Anwendungsbereich, Voraussetzungen.** Im Gegensatz zu Abs. 2 gilt Abs. 3 auch für die Titel, die nicht der Rechtskraft fähig sind (s. Rn. 31 zu Abs. 2). Die Vorschrift soll **neue Vollstreckungsabwehrklagen verhindern.** Dies gilt allerdings nicht, wenn die vorausgegangene Vollstreckungsabwehrklage nicht durch eine Entscheidung in der Hauptsache beendet wird.[178] Nach überwiegender Auffassung kommt es wie bei Abs. 2 nur auf die **objektive Möglichkeit** der Geltendmachung der Einwendung an.[179] Diese Auslegung widerspricht aber dem Wortlaut des Abs. 3 „… zu machen **im Stande** war". Darin kommt ein Verschuldenselement zum Ausdruck.[180]

VIII. Verfahren und Entscheidung

43 **1. Verfahren.** Ist der Beklagte der Vollstreckungsabwehrklage mit dem Vollstreckungsgläubiger des Vorprozesses identisch, muss die Klage an den Prozessbevollmächtigten des Gläubigers der ersten Instanz des Vorprozesses **zugestellt** werden. Die im Vorprozess erteilte Vollmacht gilt auch für die Vollstreckungsabwehrklage, §§ 171f., 81. Unter den Voraussetzungen des § 769 sind bis zum Erlass eines Urteils **vorläufige Maßnahmen** möglich. Zur Beweislast s. Rn. 29 und § 286 Rn. 59 „Vollstreckungsabwehrklage".

44 **2. Entscheidung. a) Tenor der stattgebenden Klage.** Der Tenor sollte grundsätzlich etwa lauten: „Die Zwangsvollstreckung aus dem … (genaue Titelbezeichnung) wird für unzulässig erklärt". Bei begründeten Teilangriffen oder nur teilweise begründeten Klagen[181] ist entsprechend einzuschränken („wegen eines Betrages von", „aus Ziffer II. des Vergleichs vom …", „bis zum …", „nur Zug um Zug gegen … zulässig"[182]). Wird der Vollstreckungsabwehrklage wegen einer Rechtsnachfolge aufseiten des Vollstreckungsgläubigers stattgegeben (etwa bei einer Abtretung, bei einem gesetzlichen Forderungsübergang oder bei einer Pfändung und Überweisung der titulierten Forderung), darf nur die Vollstreckung durch den Beklagten für unzulässig erklärt werden.[183]

45 **b) Vorläufige Vollstreckbarkeit.** Das stattgebende Urteil muss, obwohl es wegen des Gestaltungscharakters nur hinsichtlich der Kosten einen vollstreckbaren Inhalt hat, insgesamt, nicht nur wegen der Kosten, für vorläufig vollstreckbar erklärt werden (§ 775 Nr. 1). Der Wert der Forderung, wegen der der Beklagte nicht mehr vollstrecken kann, ist in die vom Kläger zu leistende Sicherheit (§§ 708 Nr. 11, 709) oder die Abwendungsbefugnis des Beklagten (§§ 708 Nr. 11, 711) einzubeziehen.[184] Zu denken ist auch an Entscheidungen nach § 770. Beim **Streitwert** (s. a. § 3 Rn. 34 „Vollstreckungsabwehrklage") gilt bei einer Hilfsaufrechnung § 45 Abs. 3 GKG, weil § 322 Abs. 2 analog anzuwenden ist (s. Rn. 46); ergibt sich aus dem Parteivorbringen eine Beschränkung der Klage auf einen Teil der titulierten Forderung, ist nur der Teil für den Streitwert maßgeblich, auf den sich die Klage bezieht.[185]

46 **3. Urteilswirkungen.** Das vorläufig vollstreckbare Urteil hat die Wirkung des § 775 Nr. 1. Mit formeller Rechtskraft des Urteils wird die Vollstreckbarkeit des Titels **rechtsgestaltend beseitigt.**[186] Es steht für und gegen jedermann fest, dass der Gläubiger aus dem Titel nicht mehr vollstrecken darf.[187] Im Gegensatz zur Gestaltungswirkung erstreckt sich die **materielle Rechtskraft** nur auf die Prozessparteien. Die Entscheidung über das Bestehen einer materiell-rechtlichen Einwendung erwächst nicht in Rechtskraft (s. a. § 322 Rn. 65), weil Streitgegenstand (s. Rn. 16) nur die Vollstreckbarkeit des titulierten Anspruchs wegen bestimmter Einwendungen ist.[188] Lediglich bei der Aufrechnung ist § 322 Abs. 2 analog anzuwenden.[189] Dies gilt auch beim abweisenden Urteil im Hinblick auf eine zur Aufrechnung gestellte Forderung des Klägers (s. a. § 322 Rn. 78f.).[190] Im Übrigen s. zur Rechtskraftwirkung des abweisenden Urteils § 322 Rn. 65.

IX. Gebühren und Kosten

47 **1. Rechtsanwaltsgebühren.** Der Anwalt erhält die Gebühren der Nrn. 3100ff. VV RVG.

48 **2. Gerichtskosten.** Es gelten die allgemeinen Bestimmungen für das Prozessverfahren erster Instanz (KV Nr. 1210, 1211).

---

[178] BGH NJW 1991, 2280, 2281.
[179] BGH WM 1986, 1032, 1033; BGHZ 61, 25, 26f. = NJW 1973, 1328; *B/L/H* Rn. 58; *Zö/Herget* Rn. 22.
[180] *Brox/Walker* Rn. 1357; MK/*Karsten Schmidt* Rn. 87; *St/J/Münzberg* Rn. 52.
[181] S. dazu BGH NJW-RR 1991, 759.
[182] BGH (Fn. 137).
[183] S. dazu und zu weiteren Beispielen *Lackmann* Rn. 531; vgl. auch BGHZ 92, 347, 350f. = NJW 1985, 809.
[184] SchlHOLG OLGR 2001, 146; *Lackmann* Rn. 532; *Wittschier* JuS 1997, 450, 453.
[185] BGH BB 2006, 629 (LS); NJOZ 2002, 1900, 1901.
[186] MK/*Karsten Schmidt* Rn. 95.
[187] MK/*Karsten Schmidt* Rn. 95.
[188] BGH NJW-RR 1990, 48, 49; aA MK/*Karsten Schmidt* Rn. 96.
[189] BGH NJW 1994, 2769, 2770; BGHZ 48, 356, 358 = NJW 1968, 156f.; OLG Zweibrücken OLGR 2001, 458; OLG Hamburg MDR 1999, 1092; OLG Koblenz NJW-RR 1997, 1426, 1427.
[190] BGHZ (Fn. 189).

768 *Klage gegen Vollstreckungsklausel* **Die Vorschriften des § 767 Abs. 1, 3 gelten entsprechend, wenn in den Fällen des § 726 Abs. 1, der §§ 727 bis 729, 738, 742, 744, des § 745 Abs. 2 und des § 749 der Schuldner den bei der Erteilung der Vollstreckungsklausel als bewiesen angenommenen Eintritt der Voraussetzung für die Erteilung der Vollstreckungsklausel bestreitet, unbeschadet der Befugnis des Schuldners, in diesen Fällen Einwendungen gegen die Zulässigkeit der Vollstreckungsklausel nach § 732 zu erheben.**

I. Normzweck

Ist eine qualifizierte Klausel nach den in § 768 genannten Vorschriften erteilt worden und bestreitet derjenige, gegen den jetzt vollstreckt werden soll, den Eintritt der zugrunde liegenden materiellen Voraussetzungen, so kann er nach § 768 vorgehen. Die Klage stellt damit zugunsten des Schuldners das Gegenstück zur Klage auf Erteilung der Klausel nach § 731 dar. Nach ganz hM handelt es sich um eine **prozessuale Gestaltungsklage,**[1] weil die Erteilung der Klausel nicht deklaratorisch, sondern gestaltend für unzulässig erklärt wird. Sie war in der Regel zunächst zulässig, weil die maßgeblichen Umstände formgerecht nachgewiesen wurden. Mit der Klage können nur **die Umstände bestritten** werden, die in den in ihr bezeichneten **Vorschriften aufgeführt** sind, also etwa der Bedingungseintritt nach § 726 Abs. 1, die Rechtsnachfolge nach § 727. Sie setzt nicht voraus, dass die Klausel tatsächlich nach den genannten Vorschriften erteilt wurde; ist fälschlich eine einfache Klausel erteilt worden, kann der Kläger auch den Eintritt der maßgeblichen Umstände mit der Klage nach § 768 bestreiten.[2] Entsprechend findet die Vorschrift Anwendung beim (Prätendenten-)Streit zweier Gläubiger (s. § 727 Rn. 5). 1

II. Abgrenzung zu anderen Rechtsbehelfen

Mit der Klauselgegenklage des § 768 kann nur die Erteilung der vollstreckbaren Ausfertigung eines Titels angegriffen werden. Der titulierte Anspruch selbst bleibt unberührt. Dies unterscheidet die Klage von der **Vollstreckungsabwehrklage** (§ 767), mit der materielle Einwendungen gegen den titulierten Anspruch selbst geltend gemacht werden können. Eine Verbindung von Klausel- und Vollstreckungsabwehrklage ist zulässig.[3] **Klauselerinnerung** (§ 732) und Klauselgegenklage stehen grundsätzlich zur Wahl; allerdings können mit der **Klauselerinnerung** nur **formelle** Rügen erhoben, mit der **Klauselgegenklage** nur **materielle Umstände** bestritten werden. Zur Abgrenzung im Einzelnen s. § 732 Rn. 3ff. Die Klage nach § 768 ist auch noch nach einer erfolglosen Klauselerinnerung möglich.[4] 2

III. Zulässigkeit der Klage

1. Zuständigkeit, Rechtsschutzbedürfnis. Ausschließlich (§ 802) **zuständig** ist das Prozessgericht des ersten Rechtszugs, §§ 768, 767 Abs. 1 (s. § 767 Rn. 17). Das Familiengericht ist zuständig, wenn die Erteilung der Klausel zu einem vom Familiengericht geschaffenen Titel angegriffen wird.[5] Zum Vollstreckungsbescheid s. § 796 Abs. 3. Das **Rechtsschutzbedürfnis** fehlt, wenn die Klausel noch nicht erteilt wurde, die Vollstreckung vollständig beendet ist (s. vor § 704 Rn. 28ff.)[6] oder aufgrund einer rechtskräftigen Entscheidung nach § 732 die Klauselerteilung für unzulässig erklärt wurde.[7] 3

2. Besondere Zulässigkeitsvoraussetzung der Klage ist nach dem Wortlaut des § 768, dass eine qualifizierte Klausel nach den dort genannten Vorschriften erteilt wurde. Darüber hinaus ist sie aber auch dann zulässig, wenn eine einfache Klausel erteilt wurde, während eine qualifizierte Klausel hätte erteilt werden müssen (s. Rn. 1). Sie ist **unzulässig,** wenn zu Recht eine einfache Klausel erteilt wurde. 4

3. Entgegenstehende Rechtskraft. Unzulässig ist die Klage, wenn bereits durch rechtskräftiges Urteil nach § 731 festgestellt worden ist, dass die Klausel zu erteilen ist. Es können allenfalls neue, nach Abschluss des Vorprozesses nach § 731 entstandene Tatsachen geltend gemacht werden. Dasselbe gilt für ein Urteil in einem Verfahren nach § 768, nicht aber für eine Entscheidung über die Klauselerinnerung (s. aber Rn. 3 aE), da in ihr über die Einwendungen nach § 768 nicht entschieden werden darf. Zur Klauselerinnerung s. auch Rn. 2, 3. 5

IV. Begründetheit der Klage

1. Allgemeines. Aktivlegitimiert, den Anspruch auf den rechtsgestaltenden Ausspruch geltend zu machen, ist der, gegen den vollstreckt werden soll, also regelmäßig der Titelschuldner. Im Fall der Titelumschreibung auf Gläubigerseite kann aber auch der den Anspruch geltend machen, der behauptet, selbst Inhaber der Forderung zu sein.[8] **Passivlegitimiert** ist der, für den die Klausel erteilt wurde. 6

---

1 *Ro/G/Sch* § 17 III 3e m. weit. Nachw.
2 *Lackmann* Rn. 771.
3 MK/*Karsten Schmidt* Rn. 5.
4 RGZ 50, 372, 374ff.; *Zö/Herget* Rn. 1.
5 OLG Düsseldorf FamRZ 1978, 427f.
6 MK/*Karsten Schmidt* Rn. 7; *Lackmann* Rn. 770.
7 AA MK/*Karsten Schmidt* Rn. 7.
8 MK/*Karsten Schmidt* Rn. 6.

7 **2. Begründetheit.** Dem Kläger steht ein Anspruch auf den rechtsgestaltenden Ausspruch nach § 768 zu, wenn die in den maßgeblichen Vorschriften genannten materiellen Voraussetzungen für die Erteilung der qualifizierten Klausel im **Zeitpunkt der letzten mündlichen Verhandlung** in der Tatsacheninstanz[9] fehlen. Eingewandt werden kann zB im Falle des § 726 Abs. 1, eine Bedingung, von der die Vollstreckung abhängt, sei nicht eingetreten, im Fall des § 727 es sei keine Rechtsnachfolge eingetreten oder es liege gutgläubiger Erwerb nach § 325 Abs. 2 vor (s. § 727 Rn. 4). Wird eine ursprünglich ungerechtfertigte Klauselerteilung aufgrund neuer Umstände zulässig, ist die Klage abzuweisen, weil Streitgegenstand die Zulässigkeit der Vollstreckung aus einer erteilten Klausel ist, nicht die Zulässigkeit der Erteilung der Klausel zum damaligen Zeitpunkt.[10] Für die **Präklusion** ist nur auf § 767 Abs. 3, nicht auf Abs. 2 Bezug genommen. Insoweit s. § 767 Rn. 41 f.

8 **3. Beweislast.** Die wohl hM nimmt an, die Beweislast treffe wie im normalen Prozess in der Regel den Kläger.[11] Richtig hat die Beweislast der, der auch bei der Erteilung der Klausel den Nachweis erbringen muss,[12] also in der Regel der Beklagte. Dies wird evident im Rahmen des § 726 Abs. 1, der in sich schon voraussetzt, dass die Vollstreckung von einer vom Gläubiger zu beweisenden Bedingung abhängt. Es kann nicht über den Umweg der Klauselgegenklage dazu kommen, dass nunmehr der Schuldner beweisen muss, dass die Bedingung nicht eingetreten ist.

V. Entscheidung

9 **Der Tenor** lautet etwa: „Die vom … (Gericht, Notar) am … (Datum) erteilte vollstreckbare Ausfertigung zum … (genaue Titelbezeichnung) und die Zwangsvollstreckung aus ihr werden für unzulässig erklärt". Das Urteil ist wegen § 775 Nr. 1 insgesamt, nicht nur wegen der Kosten, für vorläufig vollstreckbar zu erklären. Zur Sicherheitsleistung s. § 767 Rn. 45. **Einstweilige Anordnungen** sind gem. §§ 769, 770 (s. dort) im Verfahren und im Urteil möglich. Auf eine stattgebende Entscheidung ist im Fall der späteren Aufhebung § 717 analog anzuwenden (s. § 717 Rn. 6).

VI. Gebühren und Kosten

10 **1. Rechtsanwaltsgebühren.** Der Anwalt erhält die Gebühren der Nrn. 3100 ff. VV RVG.

11 **2. Gerichtskosten.** Es gelten die allgemeinen Bestimmungen für das Prozessverfahren erster Instanz (KV Nr. 1210, 1211).

769 *Einstweilige Anordnungen*

(1) [1]Das Prozessgericht kann auf Antrag anordnen, dass bis zum Erlass des Urteils über die in den §§ 767, 768 bezeichneten Einwendungen die Zwangsvollstreckung gegen oder ohne Sicherheitsleistung eingestellt oder nur gegen Sicherheitsleistung fortgesetzt werde und dass Vollstreckungsmaßregeln gegen Sicherheitsleistung aufzuheben seien. [2]Die tatsächlichen Behauptungen, die den Antrag begründen, sind glaubhaft zu machen.

(2) [1]In dringenden Fällen kann das Vollstreckungsgericht eine solche Anordnung erlassen, unter Bestimmung einer Frist, innerhalb der die Entscheidung des Prozessgerichts beizubringen sei. [2]Nach fruchtlosem Ablauf der Frist wird die Zwangsvollstreckung fortgesetzt.

(3) Die Entscheidung über diese Anträge ergeht durch Beschluss.

I. Normzweck

1 Während §§ 707, 719 den Schutz des Schuldners vor der Vollstreckung im ursprünglichen Erkenntnisverfahren bezwecken, betrifft § 769 die Fälle, dass sich der Schuldner nachträglich gegen den titulierten Anspruch wendet (§§ 767 f.) oder Dritte von der Vollstreckung betroffen werden (§§ 771, 805). Soweit es um Angriffe des Schuldners geht, gilt im Wesentlichen das zu § 707 Ausgeführte; soweit außerhalb des Vollstreckungsverfahrens stehende Dritte betroffen werden, können allerdings andere Maßstäbe gelten (s. Rn. 3, 4). **Unmittelbar anwendbar** ist die Norm bei Vollstreckungs- (§ 767) und Klauselgegenklagen (§ 768), unabhängig von der Art des Titels (§§ 795, 794). **Verwiesen** wird auf sie in § 771 Abs. 3 (Drittwiderspruchsklage), §§ 772 bis 774, 785 f. und 805 Abs. 4. Eine **analoge Anwendung** ist anerkannt für die Abänderungsklage (§ 323)[1] und die Klage gegen einen Abänderungsbeschluss nach § 654,[2] sie ist auch anzuerkennen für negative Feststellungsklagen, soweit zulässig (s. § 767 Rn. 9), gegen titulierte Ansprüche.[3] Keine analoge Anwendung findet die Vorschrift wegen §§ 923, 927 im Arrestverfahren.[4] Sehr streitig ist diese Frage bei Schadensersatzklagen aus § 826 BGB. Die Anwendbarkeit ist zu verneinen,[5] weil die Klage

---

[9] RGZ 134, 156, 160; *Zö/Herget* Rn. 2.
[10] MK/*Karsten Schmidt* Rn. 9; *St/J/Münzberg* Rn. 8; aA RGZ 81, 299, 302.
[11] RG (Fn. 9); *B/L/H* Rn. 4; MK/*Karsten Schmidt* Rn. 10; *Ro/G/Sch* § 17 III 3 c.
[12] OLG Köln NJW-RR 1994, 893, 894; OLG Koblenz NJW 1992, 378, 379; *St/J/Münzberg* Rn. 7; *Zö/Herget* Rn. 2; *Brox/Walker* Rn. 145; *Lackmann* Rn. 774.
[1] BGH NJW 1986, 2057; OLG Naumburg OLGR 2000, 388.
[2] OLG Frankfurt FamRZ 1982, 736 (zu § 641 q aF).
[3] BGHZ 93, 183, 189 = NJW 1985, 1074, 1075; OLG Naumburg (Fn. 1); offen OLG Köln JurBüro 1996, 495, 496.
[4] MK/*Karsten Schmidt* Rn. 4 m. weit. Nachw.; aA *T/P/Hüßtege* Rn. 2.
[5] LAG Schleswig-Holstein NZA-RR 2005, 102; OLG Stuttgart NJW-RR 1998, 70; *T/P/Hüßtege* Rn. 2 a; aA OLG Hamm FamRZ 2002, 618; OLG Zweibrücken NJW 1991, 3041; MK/*Karsten Schmidt* Rn. 4; *Zö/Herget* Rn. 1.

auf eine normale zivilrechtliche Anspruchsgrundlage gestützt ist, deren Rechtsfolge lediglich auf Unterlassung der Zwangsvollstreckung gerichtet sein kann. Diese Leistungsklage ist mit den in § 769 genannten prozessualen Gestaltungsklagen nicht vergleichbar. Eine Gesetzeslücke fehlt, weil eine einstweilige Verfügung auf zeitweiliges Unterlassen der Zwangsvollstreckung möglich ist.[6] Im Rahmen eines **Unterhaltsrechtstreites** zur Hauptsache ist es nicht zulässig, die Zwangsvollstreckung aus einer nach § 620 S. 1 Nr. 6 ergangenen Anordnung einstweilen einzustellen.[7]

II. Einstellung durch das Prozessgericht (Absatz 1)

2 **1. Zulässigkeitsvoraussetzungen.** Erforderlich ist ein **Antrag** des Klägers (s. dazu § 707 Rn. 4). **Zuständig** ist gem. S. 1 das Prozessgericht, nicht wie in § 767 das Prozessgericht des ersten Rechtszugs. Also ist das Gericht gemeint, bei dem die Hauptsache anhängig ist, ggf. auch das Rechtsmittelgericht.[8] Es kommt nicht darauf an, ob dieses Gericht für die Klage in der Hauptsache zuständig ist.[9] Ein in der Hauptsache unzuständiges Gericht wird aber sein Ermessen dahin ausüben müssen, dass es nur in sehr dringenden Fällen und zeitlich beschränkt entscheidet (Notzuständigkeit[10]). Beim Kollegialgericht besteht **Anwaltszwang.** Aus S. 1 „bis zum Erlass des Urteils" und der Notzuständigkeit des Abs. 2 folgt, dass Abs. 1 **prozessbegleitende Anordnungen** meint, die einen existenten Prozess voraussetzen. Damit beginnt die Zuständigkeit des Prozessgerichts erst, wenn die **Hauptsache anhängig** gemacht worden[11] und die **Rechtshängigkeit sichergestellt** ist. Der Vorschuss muss gezahlt sein.[12] Ein Prozesskostenhilfeantrag reicht nicht,[13] auch nicht in dringlichen Fällen,[14] weil hier eine Anordnung des Vollstreckungsgerichts eingeholt werden oder der Kläger um Befreiung vom Auslagenvorschuss (§ 14 Nr. 3 GKG) bitten kann. Zum **Rechtsschutzinteresse** s. § 707 Rn. 5.

3 **2. Sachliche Kriterien. a) Das „Ob" der Einstellung.** Soweit es um Rechtsbehelfe des **Schuldners** geht, gelten dieselben Maßstäbe wie in § 707; s. § 707 Rn. 6f. Bei Rechtsbehelfen eines **Dritten** (§§ 771, 805) ist zu berücksichtigen, dass er am ursprünglichen Erkenntnisverfahren nicht beteiligt war und meistens im Vollstreckungsverfahren spezielle Rechtsbehelfe (zB §§ 766, 793) nicht mit Erfolg einlegen kann. Hier können deshalb die Interessen des Gläubigers, die das Gesetz nur im Verhältnis zum Schuldner in den Vordergrund stellt, nicht entsprechend stark bewertet werden. Vielmehr kommt es nur darauf an, ob die Klage Aussicht auf Erfolg verspricht (die Erfolgsaussichten nicht völlig fehlen[15]).

4 **b) Anordnungsinhalt.** Die Vorschrift erlaubt im Prinzip dieselben Anordnungen wie § 707 Abs. 1 (s. dort Rn. 9f.); erleichtert ist gegenüber dieser Norm die Einstellung ohne Sicherheitsleistung, für die keine besonderen Voraussetzungen aufgestellt sind. Die systematische Auslegung aller Vorschriften über die Einstellung (§§ 707, 719, 769) ergibt allerdings, dass bei Rechtsbehelfen des **Schuldners** dieselben Kriterien gelten müssen wie im Rahmen des § 707 (s. § 707 Rn. 9f.), sodass die Einstellung gegen Sicherheitsleistung die Regel ist. Eine begonnene Zwangsvollstreckung darf dann gem. § 751 Abs. 2 nur nach Leistung der Sicherheit fortgesetzt werden (§ 751 Rn. 1). Bei Rechtsbehelfen eines **Dritten** ist aus den oben (Rn. 3) genannten Gründen aber nicht nur bei der Frage des „Ob", sondern auch bei der Frage des „Wie" ein milderer Maßstab anzuwenden; hier sollte jedenfalls bei wahrscheinlichem Erfolg der Klage die Einstellung ohne Sicherheitsleistung unter Aufrechterhaltung erfolgter Pfändungsmaßnahmen die Regel sein. Bei großen Erfolgsaussichten kann auch die Aufhebung von Pfändungsmaßnahmen ohne Sicherheitsleistung in Betracht kommen, § 771 Abs. 3 S. 2. Eine Sicherheit des Drittwiderspruchsklägers zur Einstellung der Zwangsvollstreckung haftet nur für den Verzögerungsschaden, eine Sicherheit für die Aufhebung einer Vollstreckungsmaßnahme für den gesamten Aufhebungsschaden.[16]

III. Einstellung durch das Vollstreckungsgericht (Absatz 2)

5 In **dringenden Fällen** ist das Vollstreckungsgericht (§ 764 Abs. 2) für einstweilige Anordnungen zuständig. Es entscheidet durch den Rechtspfleger, § 20 Nr. 17 RPflG. Ohne praktische Bedeutung ist der Streit, ob die Dringlichkeit Zulässigkeits-[17] oder Begründetheitsvoraussetzung[18] ist. Jedenfalls liegt ein dringender Fall nur dann vor, wenn eine Entscheidung des Prozessgerichts **nicht rechtzeitig** herbeigeführt werden kann. Der Rechtspfleger hat in dem zu begründenden Beschluss eine **Frist zu setzen,** innerhalb der die Entscheidung des Prozessgerichts beizubringen ist. Die Frist wird noch nicht durch Antragstellung beim Pro-

[6] OLG Stuttgart (Fn. 5); OLG Hamm MDR 1987, 505.
[7] OLG Hamm NJW-RR 1998, 1381.
[8] BGH NJW 1982, 1397; *Zö/Herget* Rn. 3.
[9] OLG Koblenz FamRZ 1983, 939; MK/*Karsten Schmidt* Rn. 9; *Zö/Herget* Rn. 3.
[10] *Zö/Herget* Rn. 3; kritisch zum Begriff MK/*Karsten Schmidt* Rn. 9, 12.
[11] OLG Köln FamRZ 1987, 963, 964; MK/*Karsten Schmidt* Rn. 11 m. weit. Nachw.; aA *St/J/Münzberg* Rn. 5ff.
[12] OLG Saarbrücken OLGR 2000, 71; OLG Köln (Fn. 11).
[13] OLG Naumburg (Fn. 1); OLG Saarbrücken (Fn. 12); OLG Frankfurt/M InVO 2000, 65; OLG Schleswig WM 1992, 263, 264; OLG Hamburg FamRZ 1990, 431; *Zö/Herget* Rn. 4.
[14] AA OLG Stuttgart NJW 1963, 258; *St/J/Münzberg* Rn. 7.
[15] OLG Zweibrücken FamRZ 2002, 556.
[16] BGH NJW-RR 2004, 1128, 1129.
[17] So *Wiecz/Sch/Salzmann* Rn. 14.
[18] So MK/*Karsten Schmidt* Rn. 13.

zessgericht gewahrt, sondern erst mit der Entscheidung des Prozessgerichts.[19] Sie kann auf Antrag verlängert werden, § 224 Abs. 2. Im Übrigen gelten die Ausführungen Rn. 3f. entsprechend.

IV. Verfahren, Entscheidung, Rechtsmittel

6 Eine **mündliche Verhandlung** ist gem. Abs. 3 iVm. § 128 Abs. 4 freigestellt. Grundsätzlich ist **rechtliches Gehör** zu gewähren; nur in Ausnahmefällen sind befristete Anordnungen zulässig (s. § 707 Rn. 8). Die zur Begründung vorgebrachten Tatsachen sind glaubhaft zu machen (§ 294), Abs. 1 S. 2. Die **Entscheidung** ergeht durch zu begründenden Beschluss. S. hierzu und zur Zustellung § 707 Rn. 8. Ein **Rechtsmittel** ist analog § 707 Abs. 2 S. 2 grundsätzlich nicht statthaft, wenn das Prozessgericht entschieden hat (s. § 707 Rn. 12ff.).[20] Eine **Abänderung** des Beschlusses ist jederzeit möglich (s. § 707 Rn. 14). Hat das **Vollstreckungsgericht** nach Abs. 2 eingestellt, so findet gegen die Entscheidung des Rechtspflegers die befristete Erinnerung nach § 11 Abs. 2 S. 1 RPflG statt, über die der Richter abschließend zu entscheiden hat, weil gegen die Entscheidung, hätte sie der Richter getroffen, ein Rechtsmittel nicht statthaft wäre.[21]

V. Wirkung

7 Zur Entscheidung des **Prozessgerichts** s. § 707 Rn. 11 (§ 775 Nr. 2). Entscheidet das **Vollstreckungsgericht** nach Abs. 2, wird die Anordnung sofort wirksam, tritt aber – automatisch[22] – außer Kraft, wenn die in ihr gesetzte Frist zur Beibringung der Entscheidung des Prozessgerichts fruchtlos abgelaufen ist oder das Prozessgericht gem. Abs. 1 entscheidet.

VI. Gebühren und Kosten

8 **1. Rechtsanwaltsgebühren.** Die Tätigkeit des Anwalts gehört zum Rechtszug, wird also durch die Gebühren der Nrn. 3100ff. VV RVG abgegolten (§ 19 Abs. 1 Nr. 11 RVG). Bei abgesonderter mündlicher Verhandlung entstehen die 0,5 Verfahrensgebühr der Nr. 3328 VV RVG und die entsprechende Terminsgebühr Nr. 3332 VV RVG.

9 **2. Gerichtskosten.** Gerichtsgebühren werden nicht erhoben.

770 *Einstweilige Anordnungen im Urteil*

[1]Das Prozessgericht kann in dem Urteil, durch das über die Einwendungen entschieden wird, die in dem vorstehenden Paragraphen bezeichneten Anordnungen erlassen oder die bereits erlassenen Anordnungen aufheben, abändern oder bestätigen. [2]Für die Anfechtung einer solchen Entscheidung gelten die Vorschriften des § 718 entsprechend.

I. Normzweck

1 Die Norm ermöglicht nach § 769 zulässige Maßnahmen über die Zeit des Urteilserlasses hinaus; damit tritt sie neben die Entscheidungen über die vorläufige Vollstreckbarkeit und muss diesen angepasst werden, macht sie aber auch flexibler. Zum **Anwendungsbereich** s. § 769 Rn. 1.

II. Voraussetzungen, Entscheidung, Rechtsmittel

2 Das Gericht kann nach seinem **pflichtgemäßen Ermessen** die nach § 769 getroffenen Anordnungen aufheben (deklaratorisch, weil sie mit Erlass des Urteils gegenstandslos werden), ändern oder bestätigen. Es kann **von Amts wegen,** also auch ohne Antrag, die gem. § 769 zulässigen Anordnungen treffen. Sie sind nur mit einem **Rechtsmittel in der Hauptsache** anfechtbar, da sie Bestandteil des Urteils sind.[1] Vom OLG erlassene Anordnungen unterliegen nicht der Revision, S. 2 iVm. § 718 Abs. 2. Auf Antrag hat das Berufungsgericht über die Anordnungen des Prozessgerichts **vorab zu entscheiden,** S. 2 iVm. § 718 Abs. 1. Zu weiteren Einzelheiten s. die Anmerkungen zu § 769.

III. Gebühren und Kosten

3 **1. Rechtsanwaltsgebühren.** Die Tätigkeit des Anwalts gehört zum Rechtszug, wird also durch die Gebühren der Nrn. 3100ff. VV RVG abgegolten (§ 19 Abs. 1 Nr. 11 RVG).

4 **2. Gerichtskosten.** Gerichtsgebühren werden nicht erhoben.

771 *Drittwiderspruchsklage*

(1) Behauptet ein Dritter, dass ihm an dem Gegenstand der Zwangsvollstreckung ein die Veräußerung hinderndes Recht zustehe, so ist der Widerspruch gegen die Zwangsvollstreckung im Wege der Klage bei dem Gericht geltend zu machen, in dessen Bezirk die Zwangsvollstreckung erfolgt.

---

[19] MK/*Karsten Schmidt* Rn. 32.
[20] BGH NJW-RR 2006, 286; NJW 2004, 2224, 2225f.; weitere Nachweise s. 707 Rn. 12.
[21] OLG Karlsruhe Rpfleger 1996, 325f.
[22] Zö/*Herget* Rn. 12.
[1] MK/*Karsten Schmidt* Rn. 8.

(2) **Wird die Klage gegen den Gläubiger und den Schuldner gerichtet, so sind diese als Streitgenossen anzusehen.**

(3) [1]**Auf die Einstellung der Zwangsvollstreckung und die Aufhebung der bereits getroffenen Vollstreckungsmaßregeln sind die Vorschriften der §§ 769, 770 entsprechend anzuwenden.** [2]**Die Aufhebung einer Vollstreckungsmaßregel ist auch ohne Sicherheitsleistung zulässig.**

I. Normzweck und Abgrenzung zu anderen Rechtsbehelfen

1. Normzweck, Rechtsnatur. Wird durch die Zwangsvollstreckung in bestimmte Gegenstände – wegen der eingeschränkten Prüfungsbefugnis der Vollstreckungsorgane formell zu Recht – in geschützte materielle Rechte eines Dritten eingegriffen, kann dieser sich hiergegen mit der Drittwiderspruchsklage zur Wehr setzen, um dem materiellen Recht Geltung zu verschaffen. Die Drittwiderspruchsklage (Interventionsklage) ist nach hM prozessuale **Gestaltungsklage.**[1] Die von dem Beklagten betriebene formell rechtmäßige Vollstreckung in einen bestimmten Gegenstand, an dem der Kläger ein materielles Recht hat, wird rechtsgestaltend für unzulässig erklärt. § 771 findet auf jede **Vollstreckungsart Anwendung,** trotz der ins Leere gehenden Pfändung auch auf die Forderungspfändung[2] (s. a. Rn. 10). Zur Pfändung von Geld s. § 815 Abs. 2. Soweit keine Vollstreckung in Vermögensgegenstände (zB Handlungs-, Duldungsvollstreckung) stattfindet, ist die Vorschrift bedeutungslos. Analog anwendbar ist sie bei der **Teilungsversteigerung** nach §§ 180 ff. ZVG (s. hierzu auch § 766 Rn. 4).[3] Auch kann analog § 771 ein Grundstückseigentümer, der nicht Titelschuldner ist, das Erlöschen der Forderung einer auf seinem Grundstück lastenden Zwangshypothek geltend machen.[4] Über § 795 gilt die Vorschrift für alle **Titelarten.** Sie findet auch Anwendung, wenn ein Dritter ein Interventionsrecht an einer im Strafverfahren durch **Arrestbefehl nach § 111 d StPO** gepfändeten Sache geltend macht.[5] 1

2. Abgrenzung zu anderen Rechtsbehelfen. a) Vollstreckungsabwehrklage (§ 767). Von ihr unterscheidet sich die Drittwiderspruchsklage dadurch, dass sie nicht vom Schuldner, sondern von einem außerhalb des Vollstreckungsverfahrens stehenden Dritten betrieben wird und sich nicht gegen den titulierten Anspruch, sondern gegen die Vollstreckung in einen bestimmten Gegenstand richtet. 2

b) Vollstreckungserinnerung (§ 766). Sie kann nur auf die Verletzung vollstreckungsrechtlicher Verfahrensvorschriften gestützt werden, während die Drittwiderspruchsklage mit dem materiellen Recht begründet wird (s. § 766 Rn. 4). Überschneidungen können sich im Rahmen der §§ 809, 865 und dann ergeben, wenn ausnahmsweise das materielle Recht vom Vollstreckungsorgan geprüft werden muss (evidentes Dritteigentum). Hier steht dem Dritten ein Wahlrecht zu.[6] Er kann auch nebeneinander[7] oder nacheinander[8] beide Rechtsbehelfe einlegen. Zum Rechtsschutzbedürfnis für die Drittwiderspruchsklage, wenn die Möglichkeit einer Erinnerung besteht, s. Rn. 10. 3

c) **Klage auf vorzugsweise Befriedigung (§ 805).** Von ihr unterscheidet sich die Interventionsklage in der Rechtsfolge dadurch, dass mit der Drittwiderspruchsklage die Zwangsvollstreckung in einen Gegenstand für unzulässig erklärt werden soll, während mit der Vorzugsklage der Dritte unter Fortsetzung der Zwangsvollstreckung erreichen will, aus dem Vollstreckungserlös vor dem Vollstreckungsgläubiger befriedigt zu werden. Die Vorzugsklage wird auf (besitzlose) Pfand- und Vorzugsrechte gestützt, wenn man es nicht zulässt, auch die Veräußerung hindernde Rechte mit ihr geltend zu machen (s. dazu § 805 Rn. 6). 4

d) Leistungsklagen. Dem interventionsberechtigten Dritten stehen regelmäßig materiell-rechtliche Herausgabe- und Unterlassungsansprüche gegen den Gläubiger zu (§§ 985, 1004 BGB); ist die Zwangsvollstreckung bereits beendet, Schadensersatz- bzw. Bereicherungsansprüche. **Während des Vollstreckungsverfahrens** kann der Dritte Herausgabe- oder Unterlassungsansprüche nicht klageweise gegen den Gläubiger geltend machen. Hätte er mit einer Leistungsklage Erfolg, würde er bewirken, dass die Zwangsvollstreckung nicht weiter betrieben werden kann. Deshalb schließt § 771 in seinem Anwendungsbereich bis zur vollständigen Beendigung der Zwangsvollstreckung in eine Sache oder ein Recht (s. vor § 704 Rn. 28 ff.) materiellrechtliche Klagen als Spezialvorschrift aus.[9] Ist die Vollstreckung in die Sache oder das Recht **vollständig beendet,** fehlt einer Drittwiderspruchsklage das Rechtsschutzbedürfnis, weil dem Dritten nicht mehr damit geholfen werden kann, dass die Zwangsvollstreckung für unzulässig erklärt wird. Nunmehr können Schadensersatz- oder Bereicherungsklagen erhoben werden. Eine Leistungsklage **gegen den Schuldner** wird durch § 771 nicht ausgeschlossen,[10] weil gegen diesen eine Drittwiderspruchsklage nicht erhoben werden kann. S. hierzu Abs. 2 und Rn. 34. Ebenso ist eine Klage gegen den **Drittschuldner** (auch ohne vorherige Drittwiderspruchsklage) möglich.[11] 5

---

1 BGHZ 58, 207, 214 = NJW 1972, 1048.; ausführlich MK/*Karsten Schmidt* Rn. 3.
2 BGH WM 1981, 648, 649 m. weit. Nachw.; *Zö/Herget* Rn. 2.
3 BGH NJW 1985, 3066, 3067; allgM, *Zö/Herget* Rn. 1.
4 OLG Düsseldorf WM 1993, 1692, 1694.
5 BGH NJW 2006, 65 ff.; OLG Hamburg NJOZ 2003, 715 f.
6 BGH WM 1962, 1177.
7 *Prütting/Weth* JuS 1988, 505, 506 m. weit. Nachw.
8 BGH WM 1962, 1177.
9 BGH NJW 1989, 2542; BGHZ (Fn. 1) S. 214 f.; *Zö/Herget* Rn. 1.
10 MK/*Karsten Schmidt* Rn. 13.
11 *T/P/Hüßtege* Rn. 5 m. weit. Nachw.

6 e) **Eine negative Feststellungsklage** des Gläubigers gegen den Dritten kann unter den Voraussetzungen des § 256 vor Erhebung der Drittwiderspruchsklage zulässig sein, nicht aber danach oder gleichzeitig.[12]

II. Zulässigkeit der Klage

7 **1. Zuständigkeit.** Zuständig ist gem. Abs. 1 das Gericht, in dessen Bezirk die Zwangsvollstreckung stattfindet. Damit ist nur die **örtliche Zuständigkeit** – ausschließlich, § 802 – geregelt. Bei der **Anschlusspfändung** ist das Gericht der Hauptpfändung zuständig, bei der **Vorpfändung** das des künftigen Pfändungsgerichts.[13] Die sachliche Zuständigkeit (nicht geregelt, also nicht nach § 802 ausschließlich) richtet sich grundsätzlich nach der Höhe des Streitwerts. Betrifft das von dem Dritten geltend gemachte Recht eine Familiensache iSd. § 23b GVG, ist das **Familiengericht** zuständig.[14] Dies ist zB bei der Drittwiderspruchsklage eines Ehegatten gegen die Teilungsversteigerung zum Zwecke der Aufhebung einer Gemeinschaft der Fall, die auf § 1365 BGB gestützt wird.[15] Dagegen handelt es sich nicht allein deshalb um eine Familiensache, weil der der Zwangsvollstreckung zugrunde liegende Titel eine Familiensache darstellt.[16] Bei der Forderungspfändung aufgrund eines Arrestes (§ 930) ist das **Arrestgericht** zuständig,[17] das **Arbeitsgericht** oder **Finanzgericht** nie.[18]

8 **2. Klageantrag.** Der Antrag muss darauf gerichtet sein, die Zwangsvollstreckung in einen bestimmten Gegenstand für unzulässig zu erklären. Ergibt bei unklar gefassten Anträgen die Auslegung des Klagebegehrens, dass der Kläger Drittwiderspruchsklage erheben will, ist auf sachgerechte Antragsfassung hinzuwirken (§ 139 Abs. 1 S. 2).

9 **3. Rechtsschutzinteresse. a) Grundsatz.** Grundsätzlich besteht in der Zeit zwischen dem Vollstreckungsakt in den streitigen Gegenstand bis zur vollständigen Beendigung der Zwangsvollstreckung ein Rechtsschutzbedürfnis für die Interventionsklage.[19] Bei der Vollstreckung in Sachen ist die Pfändung, bei der in Forderungen der Erlass[20] des Pfändungsbeschlusses maßgeblich. Auch eine Vorpfändung ist ausreichend.[21] Allein die Tatsache, dass ein **Titel ergangen** ist, reicht, jedenfalls, wenn es sich um eine Geldforderung handelt, dagegen nicht aus; es steht nämlich noch nicht fest, ob und in welche Gegenstände die Zwangsvollstreckung betrieben werden soll. Anders ist es bei der Herausgabevollstreckung, wenn der Dritte ein Recht an dem herauszugebenden Gegenstand geltend macht.[22] Hier kann er schon intervenieren, wenn der Titel geschaffen worden ist, weil er sonst die Herausgabe nicht verhindern könnte. Das Rechtsschutzbedürfnis für eine Drittwiderspruchsklage soll bestehen bleiben, wenn nach einem erfolglosen Pfändungsversuch eine Wiederholung der Vollstreckung aus dem Titel in den Gegenstand möglich ist.[23] Dies ist zweifelhaft, wenn nicht die erneute Vollstreckung ernsthaft droht. Nach vollständiger **Beendigung** der Zwangsvollstreckung (s. vor § 704 Rn. 28ff.) ist die Drittwiderspruchsklage grundsätzlich unzulässig, weil dem Kläger damit, dass die beendete Zwangsvollstreckung für unzulässig erklärt wird, nicht mehr geholfen werden kann. Die Klage bleibt aber dann möglich, wenn ein gepfändeter Herausgabeanspruch durch Herausgabe der Sache an einen Dritten untergeht.[24] Auch nach der Verwertung des gepfändeten Gegenstandes ist die Klage bis zur Auskehr des Erlöses möglich, entsprechend bei Hinterlegung durch den Drittschuldner (selbst bei Verzicht auf das Recht der Rücknahme) oder bei der Einleitung eines Verteilungsverfahrens.[25] Wird der Pfandgegenstand lastenfrei an einen Dritten veräußert oder vom Vollstreckungsgläubiger freigegeben, ist die Klage unzulässig.[26] Hat der Drittschuldner auf eine Forderungspfändung hin bereits gezahlt, fehlt einer Drittwiderspruchsklage das Rechtsschutzinteresse.[27]

10 **b) Sonstiges.** Das Rechtsschutzbedürfnis für eine Drittwiderspruchsklage fehlt bei der **Möglichkeit einer Erinnerung** nur dann, wenn ausnahmsweise die Erinnerung erkennbar ohne Risiko zum Ziel führt.[28] Es fehlt grundsätzlich nicht, wenn der **Vollstreckungsakt nichtig** ist,[29] weil der Schein einer wirksamen Pfändung besteht, der dazu führen kann, dass der gepfändete Gegenstand versteigert wird oder der Drittschuldner an den Gläubiger zahlt. Fällt das Rechtsschutzbedürfnis nach Rechtshängigkeit der Drittwiderspruchsklage weg, kann der Kläger den Rechtsstreit in der Hauptsache für erledigt erklären. Er kann seine Klage aber auch auf Zahlung von Schadensersatz oder Herausgabe der Bereicherung umstellen (§ 264 Nr. 3).

---

[12] MK/*Karsten Schmidt* Rn. 14; *Zö/Herget* Rn. 5.
[13] MK/*Karsten Schmidt* Rn. 55 m. weit. Nachw.
[14] BGH NJW 1985, 3066; MK/*Karsten Schmidt* Rn. 54 m. weit. Nachw.
[15] OLG München FamRZ 2000, 365; OLG Hamm FamRZ 1995, 1072, 1073; OLG Frankfurt NJW-RR 1986, 1332.
[16] OLG Hamburg FamRZ 1984, 804, 805.
[17] RGZ 65, 376, 378.
[18] LAG Berlin MDR 1989, 572; MK/*Karsten Schmidt* Rn. 54; *Zö/Herget* Rn. 8.
[19] BGHZ 72, 334, 336ff. = NJW 1979, 373 = LM Nr. 13 m. Anm. *Wolf*.
[20] *Zö/Herget* Rn. 6.
[21] MK/*Karsten Schmidt* Rn. 58 m. weit. Nachw.; *Zö/Herget* Rn. 6.
[22] *Lackmann* Rn. 584; *Zö/Herget* Rn. 5.
[23] BGH NJW-RR 2004, 1220, 1221.
[24] BGHZ 96, 324, 326 = NJW 1986, 2362; BGH (Fn. 19).
[25] *Zö/Herget* Rn. 7.
[26] BGH NJW-RR 2007, 781, 782.
[27] OLG Stuttgart OLGR 2002, 77.
[28] *Brox/Walker* Rn. 1406; *Lackmann* Rn. 585.
[29] BGH WM 1981, 648, 649 m. weit. Nachw.; *Zö/Herget* Rn. 2.

III. Begründetheit der Klage

1. Allgemeines. Die Klage ist begründet, wenn dem Kläger ein die Veräußerung hinderndes Recht zusteht, dessen Geltendmachung nicht durch Gegenrechte des Beklagten ausgeschlossen ist. **Aktivlegitimiert** ist nach Abs. 1 „ein Dritter", also ein anderer als der Gläubiger oder grundsätzlich der Schuldner. In Ausnahmefällen kann auch der Schuldner aktivlegitimiert sein, wenn er nur mit einer bestimmten Vermögensmasse haftet und gegen die Vollstreckung in eine andere Vermögensmasse interveniert (zB der Erbe vor Annahme der Erbschaft bei Vollstreckung in sein persönliches Vermögen, s. § 778 Abs. 1). „Dritter" kann auch ein Mitglied einer Miteigentümergemeinschaft sein, der sich gegen die Zwangsvollstreckung zum Zwecke der Aufhebung der Gemeinschaft an einem Grundstück wendet. **Passivlegitimiert** ist der Vollstreckungsgläubiger, auch der Gläubiger, der auf Leistung an einen Dritten (§ 265) vollstreckt. Eine Klage gegen den Rechtsnachfolger setzt Klauselumschreibung (§ 727) voraus.[30] 11

2. Voraussetzungen. a) Interventionsrecht. Dem Kläger muss **„ein die Veräußerung hinderndes Recht"** zustehen, Abs. 1. Diese gesetzliche Formulierung ist anerkanntermaßen redaktionell falsch, weil unsere Rechtsordnung ein solches Recht nicht kennt.[31] Ein Recht iSd. § 771 wird angenommen, „wenn der Schuldner selbst, veräußerte er den Vollstreckungsgegenstand, widerrechtlich in den Rechtskreis des Dritten eingreifen würde und deshalb der Dritte den Schuldner hindern könnte, zu veräußern".[32] Zu Einzelheiten s. Rn. 15 ff. 12

b) Einwendungen. Der Beklagte kann Einwendungen geltend machen, die das Recht des Klägers leugnen, hemmen oder vernichten. Dies kann er in jedem Prozess, sodass dem keine selbstständige Bedeutung zukommt.[33] Gleichwohl hat sich hier eine typische Kasuistik herausgebildet (s. Rn. 31 ff.). 13

3. Beweislast (s. a. § 286 Rn. 32 ff.). Der Kläger muss die Tatsachen darlegen und beweisen, die das die Veräußerung hindernde Recht begründen.[34] Der durch Sicherungseigentum gesicherte Darlehensgeber muss nur die Übereignung, nicht aber die Valutierung darlegen und beweisen.[35] Tatsachen, aus denen er den Wegfall des Interventionsrechts herleitet, muss der Beklagte beweisen. Beweislastregeln enthalten die §§ 891, 1006, 1362 BGB. Zur Widerlegung des **§ 1362 BGB** reicht es nicht, dass Ehegatten an den zur Deckung des gewöhnlichen Lebensbedarfs angeschafften Einrichtungs- und Haushaltsgegenständen über § 1357 BGB im Zweifel Miteigentum erworben haben.[36] Jedoch greift zur Widerlegung der Vermutung die des § 1006 Abs. 2 BGB ein, wenn der nicht schuldende Ehegatte nachweist, dass er schon vor der Ehe Besitzer der Sache war.[37] Entsprechendes gilt für eingetragene gleichgeschlechtliche Lebenspartnerschaften (§ 8 Abs. 1 LPartG). Auf die nichteheliche Lebensgemeinschaft ist § 1362 BGB nicht anwendbar.[38] 14

IV. Die Veräußerung hindernde Rechte

1. Eigentum. Das Eigentum als das stärkste dingliche Recht, § 903 BGB, ist ein die Veräußerung hinderndes Recht. Dies gilt auch für Miteigentum,[39] Bruchteilseigentum[40] und Eigentum zur gesamten Hand.[41] 15

2. Vorbehaltseigentum. a) Vorbehaltsverkäufer. Vollstreckt ein Gläubiger des Vorbehaltskäufers in die unter Eigentumsvorbehalt gekaufte Sache, kann der Vorbehaltsverkäufer nach hM Drittwiderspruchsklage erheben.[42] Würde man ihm die Vorzugsklage nach § 805 zubilligen,[43] wären sein Eigentum und die ungestörte Vertragserfüllung nicht hinreichend geschützt. Hier kann aber der Gläubiger auf das Anwartschaftsrecht des Vorbehaltskäufers zugreifen und das Widerspruchsrecht des Verkäufers dadurch beseitigen, dass er den Restkaufpreis zahlt (§ 267 BGB). 16

b) Vorbehaltskäufer. Bei der Vollstreckung durch Gläubiger des Vorbehaltsverkäufers kann der Vorbehaltskäufer nach zutreffender hM gestützt auf sein Anwartschaftsrecht Drittwiderspruchsklage erheben.[44] Der Käufer muss davor geschützt werden, dass der Ersteher in der Versteigerung lastenfreies Eigentum erwirbt, sodass der Käufer durch Zahlung des Restkaufpreises nicht mehr Eigentümer werden kann. Der Vorbehaltskäufer kann deshalb auch nur der **Verwertung,** nicht aber bereits der Pfändung widersprechen.[45] 17

3. Sicherungseigentum. a) Sicherungsgeber. Nach ganz hM hat der Sicherungsgeber bei der Vollstreckung eines Gläubigers des Sicherungsnehmers (Sicherungseigentümers) jedenfalls **bis zum Eintritt der Ver-** 18

---

30 OLG Hamburg OLGRspr. 33, 98.
31 MK/*Karsten Schmidt* Rn. 16; Zö/*Herget* Rn. 14.
32 BGHZ 72, 141, 145 = NJW 1978, 1859 = LM Nr. 13 a m. Anm. *Brunotte*.
33 MK/*Karsten Schmidt* Rn. 46.
34 BGH NJW 1979, 42.
35 BGH NJW 1991, 353 f.; zweifelnd MK/*Karsten Schmidt* Rn. 61.
36 BGHZ 114, 74, 75 ff. = NJW 1991, 2283; Zö/*Stöber* § 739 Rn. 10.
37 BGH NJW 1992, 1162 f.
38 BGH NJW 2007, 992, 993 f.
39 BGH FamRZ 1972, 363, 364.
40 MK/*Karsten Schmidt* Rn. 19.
41 Zö/*Herget* Rn. 14 „Eigentum".
42 BGHZ 54, 214, 218 = NJW 1970, 1733; MK/*Karsten Schmidt* Rn. 20; Zö/*Herget* Rn. 14 „Eigentumsvorbehalt".
43 So *Raiser,* Dingliche Anwartschaften, 1961, 91 ff.; *Hübner* NJW 1980, 729, 733; *Schwerdtner* Jura 1980, 668.
44 BGHZ 55, 20, 26 f. = NJW 1971, 799.
45 BGHZ (Fn. 44) S. 27; MK/*Karsten Schmidt Rn.* 21; *St/J/Münzberg* Rn. 22.

wertungsreife ein Interventionsrecht.[46] Nach aA soll der Sicherungsgeber erst intervenieren können, wenn die gesicherte Forderung beglichen worden ist.[47] Die hM ist zutreffend, weil die Sache wirtschaftlich zum Vermögen des Sicherungsgebers gehört. Sie dient der Sicherung, nicht der Befriedigung des Sicherungsnehmers. Erst mit Eintritt der Verwertungsreife, die sich aus der Sicherungsabrede ergibt, steht der Gegenstand dem Sicherungseigentümer auch wirtschaftlich zu. Dann darf der Sicherungsgeber nicht mehr intervenieren.[48]

19 **b) Sicherungseigentümer (-nehmer).** Die hM gewährt dem Sicherungseigentümer zu Recht die Drittwiderspruchsklage, solange **der zu sichernde Anspruch besteht.**[49] Die Gegenmeinung[50] begründet ihre Auffassung, § 805 sei anwendbar, damit, dass das Sicherungseigentum wirtschaftlich eher einem besitzlosen Pfandrecht gleiche. Es werde auch im Konkurs (jetzt in § 51 Nr. 1 InsO ausdrücklich geregelt) wie ein Pfandrecht behandelt, das nur zur Absonderung und nicht zur Aussonderung berechtige. Dies überzeugt nicht. Der Sicherungseigentümer ist juristisch gesehen Volleigentümer. Er hat aufgrund der Sicherungsabrede regelmäßig ein Recht, sich durch freihändigen Verkauf aus der Sache zu befriedigen. Diese Möglichkeit würde ihm durch die Zwangsvollstreckung genommen, die meist auch zu geringeren Erlösen führt.

20 **4. Inhaberschaft an Forderungen oder sonstigen Vermögensrechten.** Jede Vollstreckung in ein schuldnerfremdes Recht ist mit der Klage nach § 771 anfechtbar, sodass auch die Inhaberschaft an einer Forderung oder an einem anderen Vermögensrecht zur Intervention berechtigt. Die Pfändung der angeblichen Forderung geht zwar ins Leere; es genügt aber der Rechtsschein einer wirksamen Pfändung (s. Rn. 10). Bei der **Sicherungsabtretung** gilt das zur Sicherungsübereignung Ausgeführte entsprechend (s. Rn. 18f.). Beim Gemeinschaftskonto (s. a. § 850k Rn. 17) ist zu unterscheiden: Die Pfändung eines „Und-Kontos" erfordert einen Titel gegen alle Kontoinhaber,[51] sodass der Nichtschuldner als Dritter intervenieren kann. Bei der Pfändung eines „Oder-Kontos" reicht ein Titel gegen den Kontomitinhaber;[52] der andere kann nicht widersprechen,[53] aber trotz der Pfändung frei verfügen[54] und wird damit nicht beeinträchtigt.

21 **5. Uneigennützige Treuhand.** Hier gehört die Forderung oder die treuhänderisch verwahrte Sache wirtschaftlich und auch haftungsrechtlich zum Vermögen des Treugebers, sodass nur diesem die Drittwiderspruchsklage zusteht, wenn Gläubiger des Treuhänders vollstrecken.[55] Allerdings ist die Klage unbegründet, wenn die Vollstreckung sich im Rahmen des Treuzwecks hält.[56] Bei einer Vollstreckung durch Gläubiger des Treugebers hingegen hat der uneigennützige Treuhänder kein Interventionsrecht.[57] Praktisch wichtige Fälle uneigennütziger Treuhand sind **Anderkonten** von Rechtsanwälten und Notaren. Derjenige, zu dessen Gunsten das Konto eingerichtet ist, ist bei einer Vollstreckung von Gläubigern des Anwalts/Notars interventionsberechtigt.[58] Anders ist es, wenn ein Anwalt im Auftrag seines Mandanten eingetriebene Beträge auf ein Privat- oder Geschäftskonto einzahlt oder einzahlen lässt, weil die Guthabenforderung gegen die Bank noch zum Vermögen des Anwalts gehört.[59] Auch bei der Treuhand im **Restschuldbefreiungsverfahren** nach § 292 InsO handelt es sich wegen § 292 Abs. 1 S. 2 InsO um eine uneigennützige Treuhand. Gegen die Vollstreckung von Gläubigern des Treuhänders können Schuldner und alle Insolvenzgläubiger intervenieren.[60]

22 **6. Beschränkt dingliche Rechte. a) Grundpfandrechte,** dingliches Wohnrecht, Erbbaurecht und Nießbrauch geben ein Interventionsrecht, wenn das geschützte Recht des Rechtsinhabers durch die Zwangsvollstreckung beeinträchtigt wird. Dies ist nicht der Fall bei der Immobiliarvollstreckung.[61] Bei der Pfändung von **Grundstückszubehör** und Früchten (einschließlich Miete[62]), auf die sich die Hypothek erstreckt, können Grundpfandrechtsgläubiger sowohl Erinnerung nach § 766 wegen § 865 Abs. 2 einlegen als auch Drittwiderspruchsklage gestützt auf § 1120 BGB erheben. Ansonsten hindert die Hypothek eine Veräußerung nicht (§§ 1121, 1124 BGB).

23 **b) Pfandrechte.** Dem unmittelbar oder mittelbar besitzenden Pfandrechtsinhaber steht ein die Veräußerung hinderndes Recht zu.[63] § 805 findet nur auf besitzlose Pfandrechte an beweglichen Sachen Anwendung[64] (§ 805 Abs. 1, s. § 805 Rn. 4). § 1232 S. 1 BGB räumt dem Pfandrechtsinhaber das Recht ein, den günstigsten Verwertungszeitpunkt selbst zu bestimmten. Dieses Recht würde durch die Zwangsvollstreckung beeinträchtigt.

---

[46] BGHZ 72, 141, 143ff. = NJW 1978, 1859 = LM Nr. 13a m. Anm. *Brunotte; MK/Karsten Schmidt* Rn. 28.
[47] *Weber* NJW 1976, 1601, 1605.
[48] BGH (Fn. 46); *Zö/Herget* Rn. 14 „Sicherungsübereignung"; zweifelnd MK/*Karsten Schmidt* Rn. 28.
[49] BGHZ 80, 296, 299 = NJW 1981, 1835; *St/J/Münzberg* Rn. 30; *Zö/Herget* Rn. 14 „Sicherungsübereignung".
[50] *B/L/H* Rn. 26; MK/*Karsten Schmidt* Rn. 29.
[51] MK/*Karsten Schmidt* Rn. 19 m. weit. Nachw.
[52] BGHZ 93, 315, 321 = NJW 1985, 1218; aA OLG Koblenz NJW-RR 1990, 1385, 1386.
[53] OLG Stuttgart (Fn. 27).
[54] MK/*Karsten Schmidt* Rn. 19 m. weit. Nachw.
[55] BGH NJW 1971, 559, 560; MK/*Karsten Schmidt* Rn. 25; *St/J/Münzberg* Rn. 26; *Zö/Herget* Rn. 14 „Treuhänder"; s. a. OLG Hamm NJW-RR 1998, 1567, 1569.
[56] BGH NJW 1959, 1223, 1225.
[57] BGH (Fn. 24); OLG Düsseldorf InVo 1998, 328, 330; MK/*Karsten Schmidt* Rn. 26.
[58] BGH NJW 1996, 1543 m. weit. Nachw.
[59] BGH (Fn. 58).
[60] MK/*Karsten Schmidt* Rn. 25.
[61] MK/*Karsten Schmidt* Rn. 35.
[62] *Zö/Herget* Rn. 14 „Hypothek".
[63] MK/*Karsten Schmidt* Rn. 34; *Brox/Walker* Rn. 1418; *Lackmann* Rn. 597.
[64] *Lackmann* Rn. 635.

7. Besitz. Bei der **Immobiliarvollstreckung** gibt allein der Besitz nach allgemeiner Auffassung kein Interventionsrecht, weil er – Argument aus § 891 BGB – für die dingliche Rechtslage keine Bedeutung hat.[65] Bei der **Mobiliarvollstreckung** steht dem berechtigten Besitzer nach hM ein Interventionsrecht zu.[66] Das soll auch für mittelbaren[67] und Mitbesitz gelten.[68] Dies ist unzutreffend. Der Besitz als bloß tatsächliches Verhältnis sagt allein nichts darüber aus, in wessen Vermögen die Sache steht;[69] maßgeblich kann nur das Recht zum Besitz sein.[70] 24

8. Schuldrechtliche Ansprüche. a) Schuldrechtliche Herausgabeansprüche, zB aus Miete (§ 546 BGB), Pacht (§§ 581, 546 BGB) oder Leihe (§ 604 BGB) geben ein Interventionsrecht, auch wenn der Dritte nicht Eigentümer der Sache ist, weil der Gegenstand wirtschaftlich nicht zum Vermögen des Schuldners gehört. Anders ist es allerdings, wenn der Schuldner Eigentümer und der Dritte nur mittelbarer Besitzer ist. 25

b) Schuldrechtliche Verschaffungsansprüche, zB aus Kauf (§ 433 Abs. 1 BGB), Tausch (§§ 480, 433 Abs. 1 BGB), Werklieferungsvertrag (§ 651 S. 1 BGB) berechtigen demgegenüber nicht zur Drittwiderspruchsklage, weil die Sache vor der Eigentumsübertragung rechtlich und wirtschaftlich noch im Eigentum dessen steht, der sie übereignen soll. Dies gilt selbst dann, wenn der Anspruch auf Übereignung eines Grundstücks durch eine Vormerkung gesichert ist.[71] 26

c) Leasingverträge. aa) Operating-Leasing. Verträge, die auf kurzfristige Überlassung des Gegenstandes ausgerichtet sind oder eine frühzeitige Kündigung durch den Leasingnehmer ermöglichen (sog. Operating-Leasing), gleichen eher Mietverträgen. Hier kann der **Leasinggeber** bei einer Vollstreckung durch Gläubiger des Leasingnehmers intervenieren (gestützt auf seinen schuldrechtlichen Herausgabeanspruch oder ggf. auf sein Eigentum). Der **Leasingnehmer** ist bei einer Vollstreckung durch Gläubiger des Leasinggebers nur gem. § 809 geschützt. Ein die Veräußerung hinderndes Recht steht ihm nicht zu.[72] 27

bb) Finanzierungs-Leasing. Ist der Leasingvertrag langfristig ausgelegt und so berechnet, dass zum Vertragsende der Leasinggeber den Gegenwert der Sache und einen Gewinn erhalten hat (sog. Finanzierungs-Leasing, s. a. § 500 BGB), steht der Vertrag eher einem Abzahlungskauf gleich. Der **Leasinggeber** hat danach eine dem Vorbehaltsverkäufer ähnliche Stellung, sodass er einer Pfändung durch Gläubiger des Leasingnehmers widersprechen kann.[73] Der **Leasingnehmer** steht hier schlechter als der Vorbehaltskäufer, weil er kein Anwartschaftsrecht hat und deshalb auch nicht intervenieren kann;[74] ihm bleibt nur der Schutz des § 809. 28

d) Anfechtungsrechte nach dem Gläubigeranfechtungsgesetz (AnfG) und nach §§ 129ff. InsO. Anfechtungsrechte geben nur Rückgewähransprüche. Damit handelt es letztlich um Verschaffungsansprüche. Mit dieser Begründung wird insbesondere vom BGH die Anwendbarkeit des § 771 verneint.[75] Die hM lässt gleichwohl die Drittwiderspruchsklage zu (s. a. § 805 Rn. 6).[76] Dies ist zutreffend. Wirtschaftlich sind die Ansprüche eher einem Herausgabeanspruch vergleichbar. Die Anfechtungswirkungen gehen jedenfalls außerhalb der Insolvenz über einen Verschaffungsanspruch hinaus, weil sie ein Recht zur Duldung der Zwangsvollstreckung geben.[77] Dies gilt im Ergebnis auch für die Insolvenz.[78] 29

9. Weitere Fälle. Sonderregelungen gibt es für relative Veräußerungsverbote (§ 772), Nacherbschaft (§ 773) und die Vollstreckung in das Gesamtgut bei ehelicher Gütergemeinschaft (§ 774). Der Einwand, **Mitmieter** zu sein, berechtigt nur dann zur Drittwiderspruchsklage, wenn ausnahmsweise zur Vollstreckung ein Titel nur gegen den Mieter ausreicht (zB bei minderjährigen Kindern, s. § 885 Rn. 7ff.).[79] Eine **„Einmann-GmbH"** kann sich gegenüber dem aufgrund eines Titels gegen den Geschäftsführer vollstreckenden Gläubiger auf ihr Eigentum an der gepfändeten Sache berufen.[80] Die Gegenauffassung, die auf die wirtschaftliche Eigentümerstellung des Geschäftsführers abstellt,[81] trennt die unterschiedlichen Vermögensmassen nicht hinreichend aufgrund einer unterstellten, nicht aber im Einzelfall bewiesenen Gefahr des Missbrauchs. 30

V. Einwendungen gegen den Klageanspruch

1. Rechtshindernde und rechtsvernichtende Einwendungen. Diese haben keine selbstständige Bedeutung, weil nur das die Veräußerung hindernde Recht geleugnet wird.[82] In der Praxis haben sich hier typi- 31

---

[65] RGZ 127, 8, 9f.; MK/*Karsten Schmidt* Rn. 38 m. weit. Nachw.
[66] BGHZ 2, 164, 168; *St/J/Münzberg* Rn. 35; *Zö/Herget* Rn. 14 „Besitz".
[67] BGH (Fn. 66).
[68] OLG Hamm NJW 1956, 1681, 1682.
[69] OLG Rostock NJOZ 2005, 253, 254; MK/*Karsten Schmidt* Rn. 38; *Brox/Walker* Rn. 1420; *Lackmann* Rn. 598.
[70] *Ro/G/Sch* § 41 VI 6.
[71] BGH NJW 1994, 128, 129f.; *Zö/Herget* Rn. 14 „Obligatorische Rechte".
[72] MK/*Karsten Schmidt* Rn. 31 m. weit. Nachw.
[73] MK/*Karsten Schmidt* Rn. 30; *Brox/Walker* Rn. 1424; *Lackmann* Rn. 601.
[74] MK/*Karsten Schmidt* Rn. 31; *Lackmann* Rn. 601; aA *Baur/Stürner/Bruns* Rn. 46.12.
[75] BGH NJW 1990, 990.
[76] MK/*Karsten Schmidt* Rn. 43 m. weit. Nachw.; *St/J/Münzberg* Rn. 40; *Ro/G/Sch* § 40 VI 8a.
[77] *Karsten Schmidt* JZ 1987, 889ff.
[78] S. eingehend MK/*Karsten Schmidt* Rn. 43.
[79] AA (allerdings in der Annahme, ein Titel gegen den Ehegatten reiche zur Vollstreckung gegen den anderen) LG Berlin DGVZ 1993, 173; LG Oldenburg DGVZ 1991, 139; *Zö/Herget* Rn. 14 „Mietwohnung".
[80] BGH NJW 2004, 217, 218; KG NJW-RR 2003, 617, 618; MK/*Karsten Schmidt* Rn. 50.
[81] OLG Hamm NJW 1977, 1159f.
[82] MK/*Karsten Schmidt* Rn. 46.

sche Einwände herausgebildet (Scheingeschäfte, Sittenverstoß), die in der Regel aber nicht zum Erfolg führen.[83]

32 **2. § 9 Anfechtungsgesetz.** Der Beklagte kann der Interventionsklage die Einrede des § 9 AnfG entgegenhalten, der Kläger sei zur Duldung der Zwangsvollstreckung verpflichtet, weil er sein Widerspruchsrecht durch ein anfechtbares Rechtsgeschäft erhalten habe.[84]

33 **3. Verstoß gegen Treu und Glauben.** Der Einwand der unzulässigen Rechtsausübung bzw. der Arglist kann der Klage insbesondere deshalb entgegenstehen, weil der Kläger materiell-rechtlich selbst für die Forderung haftet, die dem Titel des Beklagten zugrunde liegt, oder dem Beklagten ein „besseres Recht" zusteht als dem Kläger. Es ist ein Verstoß gegen Treu und Glauben, wenn der Kläger interveniert, obwohl er **materiell-rechtlich selbst für die titulierte Forderung haftet.** Dies gilt für die Haftung als persönlich haftender Gesellschafter (§§ 128, 161 Abs. 2 HGB),[85] als Bürge (§ 765 Abs. 1 BGB),[86] als Mitgesamtschuldner[87] und – soweit noch anwendbar – aus einer Vermögensübernahme (§ 419 BGB).[88] Die Drittwiderspruchsklage des Eigentümers ist abzuweisen, wenn dieser für die Steuerschulden des Vollstreckungsschuldners gem. § 69 AO wegen Pflichtverletzungen selbst haftet.[89] In diesen Fällen kann der Gläubiger einen Titel gegen den klagenden Dritten erlangen, und zwar auch im Wege der Widerklage. Dieser Weg bleibt ihm durch den Einwand erspart. Es ist auch rechtsmissbräuchlich, wenn sich der Kläger einer Drittwiderspruchsklage auf ein Recht an dem Vollstreckungsgegenstand beruft, obwohl der beklagte Vollstreckungsgläubiger ein **„besseres Recht"** an dem gepfändeten Gegenstand hat. Hier kommen in Betracht die Nachrangigkeit eines Nießbrauchsrechts gegenüber der Hypothek des Beklagten[90] oder der Erwerb einer mit einem Pfandrecht belasteten Sache.[91]

VI. Verfahren, Entscheidung

34 **1. Verfahren.** Die Klage kann an den erstinstanzlichen Prozessbevollmächtigten des beklagten Gläubigers **zugestellt** werden, § 81. Notwendig ist dies allerdings nicht, weil §§ 171 f. nicht eingreifen. Unter den Voraussetzungen des Abs. 3, § 769 sind bis zum Erlass eines Urteils **einstweilige Anordnungen** möglich (s. die Anmerkungen zu § 769). **Mehrere** intervenierende **Dritte** sind einfache Streitgenossen.[92] **Mehrere Gläubiger** können (regelmäßig als einfache Streitgenossen) verklagt werden; nur wenn aus einem unteilbaren Titel vollstreckt wird, sind sie notwendige Streitgenossen nach § 62.[93] **Gläubiger und Schuldner** können Streitgenossen auf der Beklagtenseite sein, Abs. 2. Das heißt aber nicht, dass die Drittwiderspruchsklage auch gegen den Schuldner gerichtet werden kann; es können vielmehr gleichzeitig gegen ihn materiell-rechtliche Ansprüche geltend gemacht werden.[94]

35 **2. Der Tenor. a) Hauptsache.** Der Tenor der stattgebenden Klage ist bezüglich der Hauptsache etwa wie folgt zu fassen: „Die Zwangsvollstreckung des Beklagten aus dem … (Titelbezeichnung) in … (genaue Bezeichnung des Gegenstandes der Zwangsvollstreckung) wird für unzulässig erklärt". Die nicht zwingend erforderliche Bezeichnung des Titels im Tenor dient der Individualisierung des Vollstreckungsgegenstandes.

36 **b) Nebenentscheidungen. aa)** Die Kostenentscheidung richtet sich nach den §§ 91 ff. In der Praxis wird häufig um die Anwendbarkeit des § 93 gestritten, wenn der Beklagte den Klageanspruch sofort anerkannt hat. Ob er Veranlassung zur Klageerhebung gegeben hat, hängt von der Frage ab, ob der Kläger ihm sein Interventionsrecht vor der Klageerhebung hinreichend nachgewiesen hat,[95] s. § 93 Rn. 14. Deshalb ist es sogar denkbar, dass im Prozess ein Anerkenntnis nach der Durchführung einer Beweisaufnahme noch zur Kostenfolge des § 93 führen kann.[96]

37 **bb)** Bei der Entscheidung über die **vorläufige Vollstreckbarkeit** darf das stattgebende Urteil nicht nur wegen der Kosten für vorläufig vollstreckbar erklärt werden. Der Kläger könnte anderenfalls wegen § 775 Nr. 1 erst bei Eintritt der formellen Rechtskraft eine Einstellung der Zwangsvollstreckung erreichen. Andererseits muss der Beklagte davor geschützt werden, dass im Fall der Abänderung in zweiter Instanz wegen §§ 775 Nr. 1, 776 S. 1 die zuvor gepfändeten Gegenstände nicht mehr als Vollstreckungsobjekte zur Verfügung stehen. Der Wert der Sachen, deren Zwangsvollstreckung für unzulässig erklärt wird, ist also in die vom Kläger zu leistende Sicherheit (§§ 708 Nr. 11, 709) oder die Abwendungsbefugnis des Beklagten (§§ 708 Nr. 11, 711) einzubeziehen; ist die Forderung, derentwegen der Beklagte vollstreckt, geringer, ist dieser Wert maßgeblich. Möglich sind auch Anordnungen nach §§ 771 Abs. 3, 770 S. 1. Hier kommt etwa die Anordnung in Betracht, dass getroffene Vollstreckungsmaßnahmen entgegen § 776 S. 1 bis zur Rechts-

[83] S. eingehend *Lackmann* Rn. 604 f.
[84] S. ausführlich *Lackmann* Rn. 620 ff.; OLG Hamm NJW-RR 1998, 1567, 1568 f.
[85] BGH LM Nr. 2; *St/J/Münzberg* Rn. 59 ff.; *Lackmann* Rn. 609.
[86] BGH LM Nr. 2; *Lackmann* Rn. 610.
[87] BGH LM Nr. 2; *Lackmann* Rn. 611.
[88] BGHZ 80, 296, 302 = NJW 1981, 1835; *Lackmann* Rn. 612; die Vorschrift ist mit Ablauf des 31. 12. 1998 gem. Art. 33 Nr. 16 EGInsO entfallen, bleibt aber für vorher abgeschlossene Verträge noch wirksam.
[89] LG Düsseldorf DGVZ 2000, 87, 88 f.
[90] RGZ 81, 146, 150.
[91] RGZ 143, 275, 277 f.
[92] MK/*Karsten Schmidt* Rn. 65.
[93] MK/*Karsten Schmidt* Rn. 66.
[94] MK/*Karsten Schmidt* Rn. 67.
[95] OLG Frankfurt/M NJW-RR 1990, 1535.
[96] *Lackmann* Rn. 616.

kraft des Urteils nicht aufgehoben werden dürfen. Wird dies angeordnet, ist auch eine Einbeziehung des Wertes des gepfändeten Gegenstandes in die Sicherheitsleistung nicht notwendig.[97]

3. Urteilswirkungen. Das vorläufig vollstreckbare Urteil hat die Folge der §§ 775 Nr. 1, 776 S. 1. Mit der formellen Rechtskraft des Urteils tritt seine **Gestaltungswirkung für und gegen jedermann** ein.[98] Ein bestehendes Pfändungspfandrecht erlischt[99], nicht aber ohne Entstrickung die Verstrickung (s. § 803 Rn. 11). Das Urteil bejaht oder verneint mit **Rechtskraftwirkung** einen Anspruch auf Abwehr der Zwangsvollstreckung in den Gegenstand der Vollstreckung.[100] Wird der Anspruch bejaht, ist das Gericht in einem neuen Prozess wegen der Vollstreckung in denselben Gegenstand gebunden, wenn sich die Sachlage und damit die materielle Rechtslage nicht geändert hat. Für nachfolgende materiell-rechtliche Klagen (Bereicherung, Schadensersatz) steht die Rechtswidrigkeit des Vollstreckungszugriffs fest.[101] Ein abweisendes Urteil stellt fest, dass das vom Kläger behauptete Interventionsrecht nicht besteht.[102] 38

VII. Gebühren und Kosten

1. Rechtsanwaltsgebühren. Der Anwalt erhält die Gebühren der Nrn. 3100ff. VV RVG. 39

2. Gerichtskosten. Es gelten die allgemeinen Bestimmungen für das Prozessverfahren erster Instanz (KV Nr. 1210, 1211). 40

772 *Drittwiderspruchsklage bei Veräußerungsverbot*

[1]Solange ein Veräußerungsverbot der in den §§ 135, 136 des Bürgerlichen Gesetzbuchs bezeichneten Art besteht, soll der Gegenstand, auf den es sich bezieht, wegen eines persönlichen Anspruchs oder auf Grund eines infolge des Verbots unwirksamen Rechts nicht im Wege der Zwangsvollstreckung veräußert oder überwiesen werden. [2]Auf Grund des Veräußerungsverbots kann nach Maßgabe des § 771 Widerspruch erhoben werden.

I. Normzweck

Die Vorschrift hat einen **doppelten Zweck:**[1] Satz 1 ist eine Verfahrensnorm, die anordnet, dass Veräußerung oder Überweisung des gepfändeten Gegenstandes, die schon nach § 135 Abs. 1 S. 2 BGB relativ unwirksam sind, unterbleiben sollen, weil bei so einem unsicheren Recht kaum ein Ersteher gefunden und jedenfalls kein angemessener Erlös erzielt werden kann. **Satz 2** ist eine **Klarstellung zu § 771** und ordnet an, dass auch die Veräußerungsverbote der §§ 135, 136 BGB nach § 771 geltend gemacht werden können.[2] Die **Vorschrift gilt** für Mobiliar- und Immobiliarvollstreckung. **Gesetzliche Veräußerungsverbote** (§ 135 BGB) enthalten zB §§ 98 und 156 VVG; **behördliche Veräußerungsverbote** (§ 136 BGB) §§ 938 Abs. 2, 1019, § 111c StPO. **Keine Anwendung** findet § 772 auf absolute[3] oder vereinbarte Verfügungsverbote (s. § 851), **Vormerkung**[4] (§ 883 BGB) und Widerspruch[5] (§ 899 BGB), die Verfügungsbeschränkung des Insolvenzschuldners nach § 81 InsO[6] und wegen der Verweisung in § 24 Abs. 1 InsO auf § 81 InsO auch das Veräußerungsverbot nach § 21 Abs. 2 Nr. 2 InsO[7] **sowie die Pfändung,** weil für die mehrfache Pfändung § 772 vorgehende Sondervorschriften existieren (zB §§ 804 Abs. 3, 826, 872ff.). 1

II. Regelungsgehalt, Rechtsbehelfe

1. Regelungsgehalt. Materiell-rechtlich (§ 135 Abs. 1 S. 2 BGB) hindert ein relatives Veräußerungsverbot die Pfändung selbst nicht, wohl aber die Veräußerung bzw. Überweisung. Ein gutgläubiger Erwerb nach § 135 Abs. 2 BGB findet nicht statt;[8] wohl allerdings ein originärer lastenfreier Erwerb durch die Ablieferung aufgrund des Zuschlags in der Versteigerung.[9] **Verfahrensrechtlich** ordnet S. 1 an, dass die Veräußerung oder Überweisung nicht durchgeführt werden soll, wenn wegen eines persönlichen Anspruchs oder aufgrund eines infolge des Verbots unwirksamen Rechtes vollstreckt wird. Deshalb darf zwar die Zwangsversteigerung angeordnet werden, aber die Versteigerung selbst nicht erfolgen, wenn die Zwangsversteigerung aufgrund eines persönlichen Rechts betrieben oder ein dingliches Recht vom relativen Veräußerungsverbot erfasst wird. 2

---

97 *Lackmann* Rn. 616.
98 MK/*Karsten Schmidt* Rn. 77.
99 MK/*Karsten Schmidt* Rn. 77.
100 MK/*Karsten Schmidt* Rn. 79.
101 Vgl. BGH LM § 322 Nr. 27.
102 MK/*Karsten Schmidt* Rn. 80.
1 S. im Einzelnen MK/*Karsten Schmidt* Rn. 2.
2 MK/*Karsten Schmidt* Rn. 2.
3 AllgM; MK/*Karsten Schmidt* Rn. 6.
4 OLG Hamburg MDR 1963, 509; *Zö/Herget* Rn. 1.
5 *St/J/Münzberg* Rn. 4; *Zö/Herget* Rn. 1.
6 AllgM zur KO; MK/*Karsten Schmidt* Rn. 7.
7 *Hintzen* Rpfleger 1999, 256, 257.
8 RGZ 90, 335, 338; MK/*Karsten Schmidt* Rn. 16 m. weit. Nachw.; *Zö/Herget* Rn. 2.
9 MK/*Karsten Schmidt* Rn. 16.

3 **2. Rechtsbehelfe.** Eine Verletzung des S. 1 kann mit der **Erinnerung** (§ 766) oder dem sonst einschlägigen Rechtsbehelf (§ 793) angefochten werden.[10] Da der Gesetzgeber ausdrücklich auch den Schuldner schützen wollte,[11] steht dieser Rechtsbehelf auch ihm neben geschützten Dritten zu.[12] Der Gläubiger kann gegen die Ablehnung der Verwertung nach § 766 vorgehen.[13] Nach S. 2 kann der betroffene Dritte auch die **Drittwiderspruchsklage** (§ 771) erheben. Diese ist allerdings nur darauf gerichtet, die Veräußerung (Überweisung) für unzulässig zu erklären. Zwischen Erinnerung und Drittwiderspruchsklage hat der Dritte die Wahl.

773 *Drittwiderspruchsklage des Nacherben*

[1]Ein Gegenstand, der zu einer Vorerbschaft gehört, soll nicht im Wege der Zwangsvollstreckung veräußert oder überwiesen werden, wenn die Veräußerung oder die Überweisung im Falle des Eintritts der Nacherbfolge nach § 2115 des Bürgerlichen Gesetzbuchs dem Nacherben gegenüber unwirksam ist. [2]Der Nacherbe kann nach Maßgabe des § 771 Widerspruch erheben.

I. Normzweck

1 **Materiell-rechtlich** bestimmt § 2115 BGB, dass eine Verfügung über einen der Nacherbfolge (§ 2100 BGB) unterliegenden Gegenstand, die im Wege der Zwangsvollstreckung, der Arrestvollziehung oder durch den Insolvenzverwalter erfolgt, im Fall des Eintritts der Nacherbfolge insoweit unwirksam ist, als sie das Recht des Nacherben vereiteln oder beeinträchtigen würde. Die Vorschrift ergänzt damit die in §§ 2112 ff. BGB enthaltenen Verfügungsbeschränkungen. **Vollstreckungsrechtlich** ergänzt § 773 die materiell-rechtliche Vorschrift des § 2115 BGB. Der Normzweck entspricht dem des § 772 (s. § 772 Rn. 1). Die **Vorschrift** gilt wegen und wie § 2115 BGB nur für die Zwangsvollstreckung **wegen Geldforderungen,** insoweit aber für die Mobiliar- und Immobiliarvollstreckung. Eine von Miterben betriebene Teilungsversteigerung bleibt zulässig,[1] anders aber, wenn ein Gläubiger nach Pfändung des Erbteils die Teilungsversteigerung betreibt.[2] Wegen § 2115 BGB gilt § 773 nur für **Gläubiger des Vorerben** (§ 2115 S. 2 BGB) und nur im Fall der **Beeinträchtigung** des Nacherben.[3] Letztere liegt nicht vor im Fall des § 2120 BGB, bei Einwilligung des Nacherben oder der Vollstreckung aus einem von einem befreiten Vorerben entgeltlich bestellten Grundpfandrecht.[4]

II. Regelungsgehalt, Rechtsbehelfe

2 **Verfahrensrechtlich** ordnet S. 1 an, dass die Veräußerung oder Überweisung nicht durchgeführt werden soll. Wie bei § 772 ist nur die Verwertung, nicht aber die Pfändung untersagt (s. § 772 Rn. 2). Eine Verletzung des S. 1 kann mit der **Erinnerung** (§ 766) oder dem sonst einschlägigen Rechtsbehelf (§ 793) angefochten werden.[5] Dieser Rechtsbehelf steht neben geschützten Dritten auch dem Schuldner zu[6] (s. auch § 772 Rn. 3). Der Gläubiger kann gegen die Ablehnung der Verwertung ebenfalls Erinnerung einlegen. Nach **Satz 2** kann der betroffene Dritte auch die **Drittwiderspruchsklage** nach § 771 erheben. Diese ist allerdings nur darauf gerichtet, die Veräußerung (Überweisung) für unzulässig zu erklären. Mehrere Nacherben sind keine notwendigen Streitgenossen iSd. § 62 Abs. 1.[7] Zwischen Erinnerung und Drittwiderspruchsklage hat der Dritte die Wahl.

774 *Drittwiderspruchsklage des Ehegatten*

Findet nach § 741 die Zwangsvollstreckung in das Gesamtgut statt, so kann ein Ehegatte nach Maßgabe des § 771 Widerspruch erheben, wenn das gegen den anderen Ehegatten ergangene Urteil in Ansehung des Gesamtgutes ihm gegenüber unwirksam ist.

I. Normzweck

1 § 741 erklärt unter gewissen Voraussetzungen die Zwangsvollstreckung in das Gesamtgut für zulässig (s. dort). Die materiell-rechtliche Nichthaftung des Gesamtguts kann mit der Klage aus §§ 774, 771 geltend gemacht werden.

II. Voraussetzungen, Rechtsbehelfe

2 **1. Voraussetzungen.** Die Vorschrift setzt das Bestehen einer Gütergemeinschaft und die Zwangsvollstreckung nach § 741 in das Gesamtgut voraus. Lagen die Voraussetzungen des § 741 nicht vor, kann der (mit-)

---

[10] MK/*Karsten Schmidt* Rn. 19; *Zö/Herget* Rn. 3.
[11] *Hahn* Mat. Bd. VIII, S. 144.
[12] MK/*Karsten Schmidt* Rn. 19; *Zö/Stöber* Rn. 3; aA OLG Hamburg MDR 1966, 515 f.; *St/J/Münzberg* Rn. 11.
[13] *Zö/Herget* Rn. 3.
[1] Vgl. OLG Hamm NJW 1969, 516 f.
[2] OLG Celle NJW 1968, 801 f.
[3] BGHZ 110, 176, 178 = NJW 1990, 1237.
[4] RGZ 133, 263, 266.
[5] MK/*Karsten Schmidt* Rn. 6; *Zö/Herget* Rn. 2.
[6] MK/*Karsten Schmidt* Rn. 6; *Zö/Herget* Rn. 2.
[7] BGH NJW 1993, 1582, 1583.

verwaltende Ehegatte unmittelbar nach § 771 intervenieren.[1] Ob das Gesamtgut nicht haftet, bemisst sich nach materiellem Recht (§§ 1431, 1438, 1456, 1460 BGB). Der (mit-)verwaltende Ehegatte kann nach §§ 774, 771 klagen, wenn es sich nicht um eine Geschäftsverbindlichkeit handelte, wenn er von dem Geschäftsbetrieb keine Kenntnis hatte oder wenn zur Zeit der Klageerhebung ein Einspruch bzw. Widerspruch in das Güterrechtsregister eingetragen war.[2]

2. Rechtsbehelfe. Der (mit-)verwaltende Ehegatte kann die Nichthaftung des Gesamtguts mit der **Drittwiderspruchsklage** (§§ 774, 771) geltend machen. Im Gegensatz zu §§ 772f. ist bereits die Pfändung mit der Klage angreifbar und ggf. für unzulässig zu erklären. Zur Zuständigkeit s. § 771 Rn. 7. Dass die Unzulässigkeit der Vollstreckung in das eheliche Gesamtgut geltend gemacht wird, begründet die Zuständigkeit des **Familiengerichts** nicht;[3] ebenso wenig dürfte es entsprechend § 771 Rn. 7 zur Zuständigkeit des Familiengerichts führen, wenn der Titel eine Familiensache betrifft.[4] Das Recht des § 771 gibt der Umstand, dass das Gesamtgut nicht haftet. Eine **Erinnerung** (§ 766) ist nicht Erfolg versprechend, weil die Zwangsvollstreckung verfahrensrechtlich nach § 741 zulässig ist. Nur im Falle der Eintragung von Einspruch bzw. Widerspruch im Güterrechtsregister (s. Rn. 2) können die Rechtsbehelfe der Erinnerung und der Drittwiderspruchsklage nebeneinander erfolgreich sein.[5] 3

III. Gebühren und Kosten

1. Rechtsanwaltsgebühren. Der Anwalt erhält die Gebühren der Nrn. 3100ff. VV RVG. 4

2. Gerichtskosten. Es gelten die allgemeinen Bestimmungen für das Prozessverfahren erster Instanz (KV Nr. 1210, 1211). 5

775 *Einstellung oder Beschränkung der Zwangsvollstreckung*

Die Zwangsvollstreckung ist einzustellen oder zu beschränken:

1. wenn die Ausfertigung einer vollstreckbaren Entscheidung vorgelegt wird, aus der sich ergibt, dass das zu vollstreckende Urteil oder seine vorläufige Vollstreckbarkeit aufgehoben oder dass die Zwangsvollstreckung für unzulässig erklärt oder ihre Einstellung angeordnet ist;

2. wenn die Ausfertigung einer gerichtlichen Entscheidung vorgelegt wird, aus der sich ergibt, dass die einstweilige Einstellung der Vollstreckung oder einer Vollstreckungsmaßregel angeordnet ist oder dass die Vollstreckung nur gegen Sicherheitsleistung fortgesetzt werden darf;

3. wenn eine öffentliche Urkunde vorgelegt wird, aus der sich ergibt, dass die zur Abwendung der Vollstreckung erforderliche Sicherheitsleistung oder Hinterlegung erfolgt ist;

4. wenn eine öffentliche Urkunde oder eine von dem Gläubiger ausgestellte Privaturkunde vorgelegt wird, aus der sich ergibt, dass der Gläubiger nach Erlass des zu vollstreckenden Urteils befriedigt ist oder Stundung bewilligt hat;

5. wenn der Einzahlungs- oder Überweisungsnachweis einer Bank oder Sparkasse vorgelegt wird, aus dem sich ergibt, dass der zur Befriedigung des Gläubigers erforderliche Betrag zur Auszahlung an den Gläubiger oder auf dessen Konto eingezahlt oder überwiesen worden ist.

I. Normzweck

Vollstreckungsmaßnahmen sind in aller Regel wirksam. Aufheben kann sie, wenn sie für unzulässig erklärt werden, schon aus praktischen Gründen in der Regel nur das Vollstreckungsorgan. § 775 enthält die Voraussetzungen, unter denen das Vollstreckungsorgan die Zwangsvollstreckung einzustellen oder zu beschränken hat. Anlass dafür können entsprechende Entscheidungen sein (Nr. 1f.), darüber hinaus aber auch Urkunden über die Erbringung angeordneter Sicherheitsleistungen (Nr. 3) oder liquide materiellrechtliche Gründe (Nr. 4f.). Die genaue Art der Einstellung bzw. Beschränkung wird in § 776 geregelt. Die **Vorschrift gilt** für jede Art der Zwangsvollstreckung mit Ausnahme der Vollstreckung zur Abgabe einer Willenserklärung nach § 894; in diesem Fall gibt es nichts zu vollziehen. Ihre Voraussetzungen sind für jeden Schuldner gesondert zu prüfen; die Einstellung nur zugunsten eines Schuldners, bei dem die Voraussetzungen allein vorliegen, kommt den anderen nicht zugute.[1] Bei der Zwangshypothek ist § 868 zu beachten. Die Regelung ist **abschließend.** Sie gilt insbesondere nicht beim Übergang des titulierten Anspruchs auf einen Dritten oder der Pfändung des titulierten Anspruchs;[2] beides ist mit der Vollstreckungsabwehrklage einzuwenden.[3] Wegen weiterer Vollstreckungshindernisse, insbesondere auch nach der InsO, s. vor § 704 Rn. 26. 1

---

[1] MK/*Karsten Schmidt* Rn. 3.
[2] *Zö/Herget* Rn. 1.
[3] BGH NJW 1979, 929.
[4] MK/*Karsten Schmidt* Rn. 5.
[5] *Zö/Herget* Rn. 1.
[1] MK/*Karsten Schmidt* Rn. 4.
[2] OLG Frankfurt/M DGVZ 1993, 91, 92.
[3] *Zö/Stöber* Rn. 3.

II. Voraussetzungen und Rechtsfolge

2 **1. Vollstreckbare Entscheidung, Nr. 1. a) Eine Ausfertigung** einer vollstreckbaren Entscheidung muss vorgelegt werden. Daher reicht die beglaubigte Abschrift einer Ausfertigung nicht aus,[4] wohl aber das in den Akten befindliche Original der Entscheidung. Zustellung oder Klausel ist nicht erforderlich.[5] Eine angeordnete **Sicherheitsleistung** muss erbracht sein (s. aber Rn. 3 zu Rechtsmittelentscheidungen).

3 **b) Vollstreckbarkeit.** Es muss sich um eine **vollstreckbare Entscheidung** handeln, die das Urteil selbst oder seine Vollstreckbarkeit ganz oder teilweise aufhebt. In Betracht kommen rechtskräftige oder für vorläufig vollstreckbar erklärte Urteile, aber auch nach § 794 Abs. 1 vollstreckbare Beschlüsse. **Beispiele:** Entscheidungen nach §§ 269 Abs. 4, 578 ff., 732, 766, 767, 768, 771–774, 793, im Rechtsmittel- oder Einspruchsverfahren, über eine Aufhebung von Arrest bzw. einstweiliger Verfügung[6] oder einer Vollstreckungsmaßnahme nach § 765 a.[7] Aufhebende oder abändernde Entscheidungen werden gem. § 717 Abs. 1 schon mit der Verkündung wirksam, sodass eine angeordnete Sicherheitsleistung nicht erbracht sein muss. Ein außergerichtlicher Verzicht auf die Rechte aus einem Urteil kann zur analogen Anwendung der §§ 775 Nr. 1, 776 S. 1 ZPO führen, wenn das Prozessgericht die Wirksamkeit des Verzichts feststellt.[8] Keine Entscheidung beinhaltet ein **Prozessvergleich,** der eine getroffene Entscheidung hinfällig macht.[9] In diesem Fall darf nicht nach § 775 Nr. 1 eingestellt werden; der Schuldner muss vielmehr nach § 732 oder § 767 vorgehen.[10] Auch die **übereinstimmende Erledigungserklärung** reicht allein nicht.[11] Hier kann jedoch ein – dann ausreichender – Beschluss entsprechend § 269 Abs. 4 ergehen (s. § 91 a Rn. 18). Ist das Prozessgericht Vollstreckungsorgan (zB im Fall des § 890) und die Erledigung dort erklärt, liegen die Voraussetzungen der Nr. 1 auch ohne Beschluss analog § 269 Abs. 4 vor.[12] Weiter sind keine Entscheidungen iSd. Norm **Leistungsurteile** auf Unterlassung der Zwangsvollstreckung[13] oder Urteile, die feststellen, dass die titulierte Forderung nicht oder zum Teil nicht besteht.[14]

4 **c) Die Aufhebung der vorläufigen Vollstreckbarkeit** durch das Berufungsgericht nach § 718 tritt gem. § 717 Abs. 1 mit der Verkündung des entsprechenden Teilurteils in Kraft. Eine **Abänderung** der erstinstanzlichen Entscheidung über die Vollstreckbarkeit, etwa das Abhängigmachen von einer Sicherheitsleistung, fällt nicht unter Nr. 1. Wird in einem **Abänderungsurteil** (§ 323) die Forderung ermäßigt, gibt dies im Umfang der Ermäßigung einen Einstellungsgrund nach Nr. 1.[15] Wird unter „Aufhebung" eines Titels zu höheren Leistungen verurteilt, tritt der „aufgehobene" Titel für bereits wirksame Vollstreckungsmaßnahmen einschließlich der Vorratspfändung nach § 850 d Abs. 3 nicht außer Kraft,[16] wohl aber als Grundlage neuer Vollstreckungsmaßnahmen.[17]

5 **2. Einstweilige Einstellung, Nr. 2.** Die **erste Alternative** betrifft Entscheidungen, aus denen sich die Anordnung der **einstweiligen Einstellung** der Vollstreckung oder einer Vollstreckungsmaßregel ergibt. Zum Erfordernis der Ausfertigung s. Rn. 2. Die Entscheidung muss nicht vollstreckbar sein, ihr Erlass genügt.[18] Eine evtl. angeordnete Sicherheitsleistung muss erbracht sein.[19] **Beispiele:** Entscheidungen nach §§ 570 Abs. 3, 620 e, 707 Abs. 1, 719 Abs. 1, 732 Abs. 2, 765 a Abs. 1, 766 Abs. 1 S. 2, 769, 770. Die **zweite Alternative** betrifft Entscheidungen, die anordnen, dass die Vollstreckung nur **gegen Sicherheitsleistung fortgesetzt** werden darf, zB §§ 707 Abs. 1, 709 S. 3, 719 Abs. 1, 732 Abs. 2, 769 Abs. 1, 770. Ist die Sicherheit geleistet (Nachweis nach § 751 Abs. 2), darf die Vollstreckung nicht eingestellt werden.

6 **3. Sicherheitsleistung, Hinterlegung, Nr. 3.** Die Vorschrift betrifft Entscheidungen – nicht aber über die einstweilige Einstellung, Nr. 2 –, die dem Schuldner die Abwendung der Zwangsvollstreckung durch Sicherheitsleistung oder Hinterlegung gestatten (§§ 711, 712 Abs. 1, 720 a Abs. 3). Diese muss sich aus einer **öffentlichen Urkunde** (§ 415) ergeben. Nach dem Gesetzeswortlaut reicht eine öffentliche beglaubigte Urkunde nicht. Die Sicherheitsleistung bzw. Hinterlegung muss sich unmittelbar aus der Urkunde ergeben.[20]

7 **4. Befriedigung, Stundung, Nr. 4. a) Inhalt.** Aus der Urkunde muss sich die **Befriedigung** oder eine **Stundung** ergeben. Auch ein Erfüllungsersatz ist Befriedigung iSd. Vorschrift, also Verrechnung gegenseitiger Forderungen[21] oder Forderungserlass.[22] Anfechtung, Rücktritt[23] oder Pfändung und Überweisung[24] fallen

---

[4] MK/*Karsten Schmidt* Rn. 13; Zö/*Stöber* Rn. 4.
[5] RGZ 84, 200, 203.
[6] BGH NJW 1976, 1453.
[7] *Zö/Stöber* Rn. 4.
[8] KG NJW-RR 2000, 1523.
[9] BayObLG NJW-RR 1999, 506, 507; OLG Hamm NJW 1988, 1988.
[10] BayObLG NJW-RR 1999, 506 m. weit. Nachw.
[11] MK/*Karsten Schmidt* Rn. 10.
[12] KG NJW-RR 1999, 790 m. weit. Nachw.
[13] *Zö/Stöber* Rn. 4 a.
[14] BGH NJW 1994, 460, 461; *Zö/Stöber* Rn. 4 a.
[15] OLG Zweibrücken FamRZ 1986, 376.
[16] OLG Karlsruhe FamRZ 1988, 859.
[17] OLG Stuttgart Rpfleger 1985, 199.
[18] BGHZ 25, 60, 64 f. = NJW 1957, 1480.
[19] MK/*Karsten Schmidt* Rn. 14.
[20] MK/*Karsten Schmidt* Rn. 16 m. weit. Nachw.
[21] *St/J/Münzberg* Rn. 20.
[22] *St/J/Münzberg* Rn. 20.
[23] MK/*Karsten Schmidt* Rn. 19 m. weit. Nachw.
[24] MK/*Karsten Schmidt* Rn. 19; aA OLG Kassel SeuffA 65 Nr. 151.

nicht unter Nr. 4, weil sie keine Befriedigung oder Stundung darstellen. Eine **Einstellung** erfolgt nur, wenn die Stundung bzw. Befriedigung die **gesamte** vollstreckbare Forderung einschließlich der Kosten umfasst. Ist nur ein **Teil** erfasst, muss die Vollstreckung wegen dieses Teils **beschränkt**[25] und im Übrigen fortgesetzt werden. Lautet der Titel, dass die Vollstreckung wegen eines zuletzt zu zahlenden Teilbetrags einer Grundschuld zu dulden ist, ist zur Einstellung nur die Zahlung dieses Teilbetrags nebst Kosten erforderlich.[26] Ist die Stundungsabrede zeitlich abgelaufen, darf nicht eingestellt werden.[27]

b) Urkunde. Es muss sich um eine **öffentliche** (§ 415, zB Quittung des Gerichtsvollziehers nach § 757 8
Abs. 1) oder eine **Privaturkunde** handeln, die öffentliche Beglaubigung einer Privaturkunde reicht nicht.[28] Eine Privaturkunde muss im Original oder in einer Ausfertigung vorgelegt werden, eine Kopie reicht nicht.[29] **Aussteller** muss der Gläubiger selbst sein, es sei denn, es ist nach dem Titel an einen Dritten zu leisten oder die Forderung ist in gem. Nr. 4 nachgewiesener Weise auf ihn übergegangen.[30]

c) Zeitpunkt. Die Befriedigung bzw. Stundung muss **nach Erlass** des Titels eingetreten sein. Es kommt 9
also auf die Verkündung eines Urteils, die Zustellung eines Vollstreckungsbescheides[31] bzw. nicht zu verkündenden Urteils oder die Protokollierung eines Vergleichs an, nicht wie in § 767 Abs. 2 auf den Schluss der mündlichen Verhandlung. Diese nicht unstreitige Frage[32] ist spätestens dadurch klargestellt, dass im Zuge des 2. ZwVÄndG Nr. 4 unverändert geblieben, der Zusatz „nach Erlass des zu vollstreckenden Urteils" in Nr. 5 aber entfallen ist.

5. Bank-, Sparkassenquittung, Nr. 5. Es genügt jede Bescheinigung einer **Bank** (auch Postbank) oder 10
Sparkasse, und zwar ohne Beschränkung auf öffentliche Sparkassen und Banken.[33] Aus der Bescheinigung muss sich ergeben, dass der zur Befriedigung des Gläubigers **erforderliche Betrag** zur Auszahlung an den Gläubiger oder auf dessen Konto eingezahlt oder überwiesen worden ist. Solche Bescheinigungen können sein eine Einzahlungsbestätigung oder ein Überweisungsauftrag verbunden mit einer Bescheinigung über seine Ausführung.[34] Nicht ausreichend sind unbestätigte Überweisungsdurchschläge oder Kontoauszüge. Der Vermerk „angenommen" auf einem Überweisungsauftrag ist eine bloße Eingangsbestätigung.[35] Im Gegensatz zu Abs. 4 ist die frühere Beschränkung auf Zahlungen „nach Erlass des zu vollstreckenden Urteils" weggefallen; im Zusammenhang mit § 767 Abs. 2 ergibt sich aber, dass die Zahlung nach Schluss der maßgeblichen mündlichen Verhandlung (s. § 767 Rn. 32 ff.) erfolgt sein muss.[36] Zur **Teilzahlung** s. Rn. 7, zur Art der Quittung und zum Aussteller Rn. 8 und zur Rechtslage beim Bestreiten des Gläubigers Rn. 13.

6. Rechtsfolge. Nach § 775 ist die Zwangsvollstreckung einzustellen oder zu beschränken. **Einstellung** 11
bedeutet Nicht-Fortsetzung (bzw. Nicht-Beginn) der Vollstreckung, **Beschränkung** das Nicht-Fortsetzen nur einzelner Maßnahmen.[37] Jede weitere Vollstreckungshandlung ist unzulässig. Auch bei einer nur einstweiligen Einstellung der Zwangsvollstreckung (Nr. 2) darf der **Drittschuldner** nicht an den Pfändungsgläubiger leisten, sondern nur an ihn und den Schuldner gemeinsam, zugunsten beider auch hinterlegen.[38] Die Zwangsvollstreckung darf auch **nicht neu beginnen.**[39] Hat der Gerichtsvollzieher in Unkenntnis einer Einstellung durch das Vollstreckungsgericht (s. Rn. 12) weiter vollstreckt, ist der Vollstreckungsakt zwar wirksam, aber anfechtbar.[40] Die weiteren Rechtsfolgen ergeben sich jeweils aus § 776. Das sind bei Nr. 1 und 3 Einstellung der Zwangsvollstreckung und Aufhebung der Vollstreckungsmaßregeln, in den anderen Fällen nur Einstellung, sofern nicht in Entscheidungen nach Nr. 2 die Aufhebung von Vollstreckungsmaßregeln in der Entscheidung angeordnet wurde.

III. Verfahren

1. Allgemeines. Zuständig ist das Vollstreckungsorgan. Der Gerichtsvollzieher hat die Einstellung im 12
Vollstreckungsprotokoll zu vermerken, das Vollstreckungsgericht einen zu begründenden und mitzuteilenden (§ 329 Abs. 2) Beschluss zu erlassen.[41] Die Einstellung hat **von Amts wegen** zu erfolgen,[42] allerdings besteht keine Ermittlungspflicht.[43] Wie das Vollstreckungsorgan Kenntnis von dem Vorliegen der Einstellungsvoraussetzungen erlangt (durch Schuldner oder Dritte), ist ohne Bedeutung.

---

[25] RGZ 49, 398, 400 f.
[26] BGH NZM 2007, 459, 460.
[27] MK/*Karsten Schmidt* Rn. 21.
[28] *St/J/Münzberg* Rn. 22 in Fn. 113.
[29] MK/*Karsten Schmidt* Rn. 18; *St/J/Münzberg* Rn. 22 in Fn. 114.
[30] LG Braunschweig DGVZ 1982, 42, 43.
[31] *T/P/Hüßtege* Rn. 14; aA (Zustellung schon des Mahnbescheides) MK/*Karsten Schmidt* Rn. 20 in Fn. 82 m. weit. Nachw.; der Mahnbescheid ist aber kein Titel.
[32] Wie hier MK/*Karsten Schmidt* Rn. 20 m. Nachw. für die Gegenmeinung.
[33] MK/*Karsten Schmidt* Rn. 22.
[34] *Zö/Stöber* Rn. 8.
[35] BGH NJW 1998, 1640.
[36] *T/P/Hüßtege* Rn. 15; *Behr* JurBüro 2000, 117, 121.
[37] MK/*Karsten Schmidt* Rn. 5.
[38] BGH NJW 1999, 953.
[39] BGH (Fn. 18) S. 64.
[40] OLG Bremen NJW 1961, 1824, 1825.
[41] *Zö/Stöber* Rn. 10.
[42] RGZ 128, 81, 84.
[43] *Zö/Stöber* Rn. 9.

13 **2. Fortsetzung der Zwangsvollstreckung.** Bei einer befristeten Einstellung nach § 769 Abs. 2 ist die Vollstreckung nach Fristablauf von Amts wegen fortzusetzen (s. a. § 815 Abs. 2 S. 2). Auf **Antrag des Gläubigers** ist fortzusetzen: in den Fällen der Nr. 1, 2 bei Vorlage einer die Einstellung aufhebenden oder die Fortsetzung anordnenden Entscheidung; im Fall der Nr. 3 bei Nachweis der Rechtskraft oder einer die Fortsetzung ermöglichenden Sicherheitsleistung. **Bestreitet** der Gläubiger das Vorliegen der Voraussetzungen der Nr. 4 oder 5, ist die Vollstreckung **fortzusetzen;** der Schuldner kann nur die Vollstreckungsabwehrklage (§ 767) erheben.[44]

IV. Rechtsbehelfe

14 **1. Nichteinstellung.** Wird die Vollstreckung nicht eingestellt, kann der Betroffene je nach zuständigem Vollstreckungsorgan hiergegen Vollstreckungserinnerung (§ 766), Grundbuchbeschwerde nach §§ 71 ff. GBO oder bei Entscheidungen des Rechtspflegers (s. § 766 Rn. 10 ff.) sofortige Beschwerde (§ 793) einlegen. Letzteres gilt auch für richterliche Entscheidungen.

15 **2. Einstellung.** Die Einstellung kann je nach Vollstreckungsorgan angefochten werden mit: der Vollstreckungserinnerung nach § 766 (Gerichtsvollzieher), der sofortigen Beschwerde nach § 793 (Entscheidung, s. § 766 Rn. 10 ff., des Vollstreckungsgerichts durch Rechtspfleger oder Richter, Entscheidung des Prozessgerichts), Grundbuchbeschwerde nach §§ 71 ff. GBO (Grundbuchamt).

776 *Aufhebung von Vollstreckungsmaßregeln*

[1]In den Fällen des § 775 Nr. 1, 3 sind zugleich die bereits getroffenen Vollstreckungsmaßregeln aufzuheben. [2]In den Fällen der Nummern 4, 5 bleiben diese Maßregeln einstweilen bestehen; dasselbe gilt in den Fällen der Nummer 2, sofern nicht durch die Entscheidung auch die Aufhebung der bisherigen Vollstreckungshandlungen angeordnet ist.

I. Normzweck

1 § 775 regelt die Voraussetzungen der Einstellung der Zwangsvollstreckung; liegen sie vor, kommt es zu einem Verfahrensstillstand. § 776 regelt das Schicksal vor der Einstellung getroffener Vollstreckungsmaßnahmen (s. dazu auch § 775 Rn. 11). Da mit der Aufhebung der Vollstreckungsmaßnahme die Verstrickung endet und damit auch ein Pfändungspfandrecht erlischt (s. § 804 Rn. 9), ist die Aufhebung nur auf wenige Fälle beschränkt. Zum **Anwendungsbereich** s. § 775 Rn. 1.

II. Aufhebung von Vollstreckungsmaßregeln

2 **1. Verfahren.** Liegen die Voraussetzungen des § 775 Nr. 1, 3 vor (s. § 775 Rn. 2 ff., 6), sind bereits getroffene Vollstreckungsmaßnahmen **aufzuheben.** Die Aufhebung hat nach S. 1 „zugleich" zu erfolgen; daher ist die Rechtskraft eines eventuellen Einstellungsbeschlusses nach § 775 Nr. 1, 3 (s. § 775 Rn. 12) nicht abzuwarten.[1] Zuständig für die Aufhebung ist das **Vollstreckungsorgan** (s. vor § 704 Rn. 8), das Vollstreckungsgericht als Vollstreckungsorgan auch bei einer einstweiligen Einstellung der Zwangsvollstreckung durch das Prozessgericht.[2] Der Gerichtsvollzieher hat das Pfandsiegel zu entfernen; es reicht, wenn er den Schuldner hierzu ermächtigt.[3] Maßregeln des Vollstreckungsgerichts oder Prozessgerichts sind durch zuzustellenden Beschluss aufzuheben. Eine nach § 843 S. 3 zugestellte Verzichtserklärung führt zum Erlöschen der Pfändungsmaßnahme;[4] zur Klarstellung kann der Pfändungs- (und Überweisungs-) beschluss aufgehoben werden (s. § 843 Rn. 3).

3 **2. Rechtsfolge.** Mit der Aufhebung entfällt die Vollstreckungsmaßnahme, wenn mit ihr nicht angeordnet wurde, dass die Vollziehung auszusetzen ist (§ 570 Abs. 2); ein Pfändungspfandrecht erlischt.[5] Dies ist nicht vom Eintritt der Rechtskraft der aufhebenden Entscheidung abhängig.[6] Die Vollstreckungsmaßnahme lebt bei Wegfall der aufhebenden Entscheidung **nicht wieder auf.**[7] Damit ist der Rang der Pfändung verloren. Die Aufhebung einer Vollstreckungsmaßnahme steht einer neuen Pfändung nicht entgegen.[8] Zu den **Rechtsbehelfen** gilt das in § 775 Rn. 14 f. Ausgeführte entsprechend.

III. Einstweiliger Fortbestand von Vollstreckungsmaßregeln

4 In den Fällen des § 775 Nr. 4, 5 und (mangels anderer Anordnung) Nr. 2 bleiben die Vollstreckungsmaßregeln **einstweilen bestehen.** Da Verstrickung und Pfändungspfandrecht erhalten bleiben, bleibt der Gläubiger gesichert, kann aber nicht verwerten lassen. Zu einer Aufhebung kommt es nur, wenn der Schuldner eine Entscheidung nach § 775 Nr. 1 oder im Fall des § 775 Nr. 2 einen Aufhebungsbeschluss vorlegt. Zu den **Rechtsbehelfen** gilt das in § 775 Rn. 14 f. Ausgeführte entsprechend.

---

[44] OLG Hamm OLGZ 1973, 488, 490 ff.; *Zö/Stöber* Rn. 12 m. weit. Nachw.
[1] *Zö/Stöber* Rn. 1.
[2] OLG Koblenz NJOZ 2007, 734, 735.
[3] MK/*Karsten Schmidt* Rn. 6.
[4] *Zö/Stöber* Rn. 2.
[5] BGH NJW-RR 2004, 1128, 1130.
[6] BGHZ 66, 394, 395 = NJW 1976, 1453.
[7] BGH (Fn. 6).
[8] S. im Einzelnen MK/*Karsten Schmidt* Rn. 7.

777 *Erinnerung bei genügender Sicherung des Gläubigers* **[1]Hat der Gläubiger eine bewegliche Sache des Schuldners im Besitz, in Ansehung deren ihm ein Pfandrecht oder ein Zurückbehaltungsrecht für seine Forderung zusteht, so kann der Schuldner der Zwangsvollstreckung in sein übriges Vermögen nach § 766 widersprechen, soweit die Forderung durch den Wert der Sache gedeckt ist. [2]Steht dem Gläubiger ein solches Recht in Ansehung der Sache auch für eine andere Forderung zu, so ist der Widerspruch nur zulässig, wenn auch diese Forderung durch den Wert der Sache gedeckt ist.**

I. Normzweck

Die Vorschrift ergänzt das Verbot der Überpfändung (§ 803 Abs. 1 S. 2). Wie der Gläubiger nicht über den Wert seiner Forderung hinaus vollstrecken darf, soll ihm die Vollstreckung untersagt werden können, wenn er im Hinblick auf seine titulierte Forderung hinreichend gesichert ist. Die **Norm gilt** für die Zwangsvollstreckung wegen Geldforderungen (§§ 803 bis 882a) einschließlich der Immobiliarvollstreckung (§ 869, ZVG) und des Verfahrens auf Abgabe der eidesstattlichen Versicherung (§§ 807, 899ff.).[1] Zur analogen Anwendung s. Rn. 2f. 1

II. Voraussetzungen

1. Bewegliche Sache des Schuldners. Das Sicherungsrecht muss sich auf eine bewegliche Sache beziehen. Forderungen oder Rechte aus Bürgschaft, Garantie oder Schuldmitübernahme reichen nicht. **Inhaberpapiere** (§§ 793ff., 1283 BGB) stehen beweglichen Sachen gleich.[2] **Orderpapiere** (wie Wechsel und Scheck) genügen in der Regel nicht.[3] Eine **analoge Anwendung** kommt aber in Betracht, wenn der Schuldner des Papiers offensichtlich für die Forderung gut ist (etwa wenn der Staat Schuldner ist).[4] Dies gilt auch bei hinterlegten Geldbeträgen,[5] jedenfalls dann, wenn der Gläubiger einen vom Verhalten des Schuldners unabhängigen Anspruch gegen die Hinterlegungsstelle hat. Auch bei Mietkautionen ist eine analoge Anwendung geboten.[6] Die Sache muss im **Eigentum des Schuldners** stehen; Miteigentum reicht aus, nicht aber Eigentum eines Dritten.[7] 2

2. Pfand- oder Zurückbehaltungsrecht. Das **Pfandrecht** kann vertraglicher (§§ 1204ff. BGB) oder gesetzlicher (§ 1257 BGB, zB §§ 562ff. BGB, §§ 397ff., 441f., 464, 475b, 623 HGB) Art sein. Ob das Pfändungspfandrecht unter die Vorschrift fällt, ist streitig,[8] wegen § 803 Abs. 1 S. 2 ohne Bedeutung. Grundsätzlich besitzlose Pfandrechte kommen dann in Betracht, wenn der Gläubiger die Sache aufgrund seines Pfandrechts in Besitz genommen hat.[9] Unter dieser Voraussetzung ist § 777 auch auf die **Sicherungsübereignung** (analog) anwendbar.[10] Als **Zurückbehaltungsrechte** kommen die der §§ 1000f. BGB, 369ff. HGB in Betracht, nicht aber §§ 273,[11] 320[12] BGB. 3

3. Besitz des Gläubigers. Es kann Allein- oder Mitbesitz, unmittelbarer oder mittelbarer Besitz ausreichend sein, Mit- und mittelbarer Besitz aber nur dann, wenn er unter Ausschluss des Schuldners besteht,[13] sodass auch eine Verpfändung nach § 1205 Abs. 2 BGB reicht.[14] Zum Sicherungseigentum s. Rn. 3. 4

4. Wertdeckung. Nach **Satz 1** muss der Wert des Sicherungsguts die gesamte vollstreckbare Forderung des Gläubigers (einschließlich Zinsen und Kosten) abdecken. Mit Deckung ist die Möglichkeit einer **baldigen Befriedigung** gemeint.[15] Ist nur ein Teil der vollstreckbaren Forderung gesichert, ist der Widerspruch nach § 777 nur wegen dieses Teils möglich. Nach **Satz 2** kann der Schuldner, wenn mehrere Forderungen gesichert sind, nur dann (ganz oder teilweise) widersprechen, wenn neben den anderen Forderungen auch die vollstreckbare Forderung (ganz oder teilweise) gesichert ist. 5

III. Verfahren, Widerspruch

Die Voraussetzungen des § 777 sind nicht von Amts wegen, sondern nur auf Widerspruch des Schuldners zu beachten. Die Voraussetzungen des § 766 müssen vorliegen, den Erinnerungsgrund gibt § 777. Der **Tenor** ist darauf zu richten, dass die gegen das übrige Vermögen gerichtete durchgeführte Vollstreckungsmaßnahme für unzulässig erklärt wird. Die Beweislast für die Deckung hat der Schuldner, die für das Bestehen mehrerer Forderungen (S. 2) der Gläubiger.[16] Andere Rechtsbehelfe werden durch § 777 nicht aus- 6

---

[1] MK/*Karsten Schmidt* Rn. 2; *Zö/Stöber* Rn. 2; s. a. LG Detmold Rpfleger 1990, 432, 433.
[2] MK/*Karsten Schmidt* Rn. 4 m. weit. Nachw.; *Zö/Stöber* Rn. 3.
[3] HM, *St/J/Münzberg* Rn. 2; *Zö/Stöber* Rn. 3.
[4] MK/*Karsten Schmidt* Rn. 5; *St/J/Münzberg* Rn. 6.
[5] *Zö/Stöber* Rn. 6.
[6] AG/LG München DGVZ 1984, 77; MK/*Karsten Schmidt* Rn. 7 m. weit. Nachw.
[7] *Zö/Stöber* Rn. 3.
[8] Bejahend MK/*Karsten Schmidt* Rn. 9; *St/J/Münzberg* Rn. 3; aA *T/P/Hüßtege* Rn. 2; *Zö/Stöber* Rn. 3.
[9] *Zö/Stöber* Rn. 5.
[10] LG Detmold (Fn. 1); MK/*Karsten Schmidt* Rn. 10 m. weit. Nachw.; *Zö/Stöber* Rn. 6.
[11] So zutreffend MK/*Karsten Schmidt* Rn. 11; *St/J/Münzberg* Rn. 3 in Fn. 12; aA *Zö/Stöber* Rn. 4.
[12] MK/*Karsten Schmidt* Rn. 11.
[13] MK/*Karsten Schmidt* Rn. 13; *Zö/Stöber* Rn. 5.
[14] MK/*Karsten Schmidt* Rn. 13; aA *Zö/Stöber* Rn. 5.
[15] MK/*Karsten Schmidt* Rn. 14; aA *St/J/Münzberg* Rn. 9.
[16] *Zö/Stöber* Rn. 8.

geschlossen. So ist der Einwand der Deckung im Verfahren auf Abgabe der eidesstattlichen Versicherung mit dem Widerspruch nach § 900 Abs. 4, nicht mit der Erinnerung geltend zu machen.[17]

778 ***Zwangsvollstreckung vor Erbschaftsannahme*** **(1) Solange der Erbe die Erbschaft nicht angenommen hat, ist eine Zwangsvollstreckung wegen eines Anspruchs, der sich gegen den Nachlass richtet, nur in den Nachlass zulässig.**

(2) Wegen eigener Verbindlichkeiten des Erben ist eine Zwangsvollstreckung in den Nachlass vor der Annahme der Erbschaft nicht zulässig.

I. Normzweck

1 Die Norm regelt für die Zeit der nur vorläufigen Rechtsstellung des Erben **bis zur Annahme** der Erbschaft die **Haftungsmassen;** Abs. 1 schützt den Erben gegenüber den Nachlassgläubigern, Abs. 2 den Nachlass gegenüber persönlichen Gläubigern des Erben. Die **Vorschrift gilt** für alle Vollstreckungsarten sowie die Arrestvollziehung (§ 928).[1] Zu **weiteren Regelungen** über die Vollstreckung gegen Erben s. vor § 704 Rn. 40ff.

II. Voraussetzungen, Rechtsfolge

2 **1. Nichtannahme der Erbschaft.** Voraussetzung der Vorschrift ist, dass der Erbe die Erbschaft **noch nicht** angenommen hat. Ihr Schutz endet also mit der Annahme (§ 1943 BGB) oder dem Verstreichen der Ausschlagungsfrist (§§ 1943f. BGB). Hatte die Zwangsvollstreckung beim Tod des Schuldners gegen ihn bereits begonnen, gilt § 779. **Nach Annahme** der Erbschaft ist die Fortsetzung der Zwangsvollstreckung in den Nachlass möglich, aber auch eine neue Vollstreckung in den Nachlass und das eigene Vermögen des Erben, sofern die Voraussetzungen der Zwangsvollstreckung (s. vor § 704 Rn. 19ff.) vorliegen, insbesondere eine Klausel gegen den Erben erteilt ist (s. dazu auch Rn. 3). **Bei Miterbschaft** läuft für jeden Miterben eine eigene Ausschlagungsfrist. Die Voraussetzungen des § 778 sind damit für jeden einzeln zu prüfen. Nur derjenige, der noch nicht angenommen hat, genießt den Schutz des Abs. 1. Abs. 2 läuft dagegen wegen § 747 (Titel gegen alle Miterben) ins Leere.

3 **2. Vollstreckung wegen eines Nachlassanspruchs, Absatz 1. Nachlassverbindlichkeiten** sind die des § 1967 Abs. 2 BGB, also Erblasser-, Erbfall- und Nachlasskostenschulden,[2] Verbindlichkeiten, die der Erbe in ordnungsgemäßer Verwaltung des Nachlasses selbst eingegangen ist,[3] nicht aber die sog. Nachlasserbenschulden, für die sowohl der Nachlass als auch der Erbe persönlich haften.[4] Wegen dieser Verbindlichkeiten darf nur **in den Nachlass** vollstreckt werden. Das ist das ererbte Vermögen einschließlich der Surrogate,[5] allerdings nicht der Miterbenanteil am Nachlass selbst. Zur Vollstreckung in den Nachlass ist eine Umschreibung des Titels nach § 727 erforderlich,[6] wenn nicht die Vollstreckung zur Zeit des Todes des Schuldners gegen ihn bereits begonnen hatte (dann § 779). Da gem. § 1958 BGB nicht gegen den Erben umgeschrieben werden kann, muss gem. § 1961 BGB Nachlasspflegschaft beantragt und gegen die (möglicherweise unbekannten) Erben, vertreten durch den bestellten Pfleger, umgeschrieben werden, was gem. § 1960 Abs. 3 BGB möglich ist. Zur Fortsetzung einer gegen den Erblasser begonnenen Zwangsvollstreckung s. § 779.

4 **3. Vollstreckung wegen persönlicher Verbindlichkeit des Erben, Absatz 2.** Sie darf vor Annahme der Erbschaft nur in das Eigenvermögen des Erben, nicht aber in den Nachlass erfolgen. Nach der Annahme ist auch die Vollstreckung in das Eigenvermögen möglich, s. Rn. 2.

III. Rechtsbehelfe

5 Verstöße gegen § 778 können mit der Vollstreckungserinnerung (§ 766) bzw. der sofortigen Beschwerde (§ 793) angegriffen werden.[7] § 778 regelt **vollstreckungsverfahrensrechtlich,** nicht materiell-rechtlich (s. dazu §§ 1942ff., 1967 BGB) die Haftungsmasse.[8] Daneben kann der Erbe nach seiner Wahl gegen eine in sein persönliches Vermögen gerichtete Vollstreckung aus seinem jeweiligen materiellen Recht heraus Drittwiderspruchsklage (§ 771) erheben, im Fall des Abs. 2 der Erbe oder ggf. der Nachlasspfleger, -verwalter bzw. Testamentsvollstrecker.[9]

779 ***Fortsetzung der Zwangsvollstreckung nach dem Tod des Schuldners*** **(1) Eine Zwangsvollstreckung, die zur Zeit des Todes des Schuldners gegen ihn bereits begonnen hatte, wird in seinen Nachlass fortgesetzt.**

(2) [1]Ist bei einer Vollstreckungshandlung die Zuziehung des Schuldners nötig, so hat, wenn die Erbschaft noch nicht angenommen oder wenn der Erbe unbekannt oder es ungewiss ist, ob er die

---

[17] LG Detmold (Fn. 1); MK/*Karsten Schmidt* Rn. 19 m. weit. Nachw.; aA *Zö/Stöber* Rn. 8.
[1] MK/*Karsten Schmidt* Rn. 3 m. weit. Nachw.; *St/J/Münzberg* Rn. 9; *Zö/Stöber* Rn. 2.
[2] MK/*Karsten Schmidt* Rn. 6 m. weit. Nachw.
[3] BGHZ 32, 60, 64 = NJW 1960, 959; BayObLG NJW-RR 2000, 306, 307 m. weit. Nachw.
[4] MK/*Karsten Schmidt* Rn. 6; *St/J/Münzberg* Rn. 3; *Zö/Stöber* Rn. 8.
[5] MK/*Karsten Schmidt* Rn. 7.
[6] BayObLG Rpfleger 1992, 28; *Zö/Stöber* Rn. 6.
[7] HM, *St/J/Münzberg* Rn. 4 m. weit. Nachw.; *Zö/Stöber* Rn. 11.
[8] Kritisch MK/*Karsten Schmidt* Rn. 12.
[9] *St/J/Münzberg* Rn. 8.

Erbschaft angenommen hat, das Vollstreckungsgericht auf Antrag des Gläubigers dem Erben einen einstweiligen besonderen Vertreter zu bestellen. [2]Die Bestellung hat zu unterbleiben, wenn ein Nachlasspfleger bestellt ist oder wenn die Verwaltung des Nachlasses einem Testamentsvollstrecker zusteht.

I. Normzweck

1 Eine begonnene Zwangsvollstreckung soll beim Tod des Schuldners ohne Titelumschreibung fortgesetzt werden dürfen, allerdings (s. § 778) nur in den Nachlass. Die **Vorschrift gilt** für alle Vollstreckungsarten mit Ausnahme der zur Erwirkung unvertretbarer Handlungen (§ 888)[1] oder Unterlassungen (§ 890).[2] Dagegen ähnelt die Vollstreckung zur Erwirkung vertretbarer Handlungen (§ 887) der eines Zahlungs- oder Herausgabetitels so sehr, dass eine unterschiedliche Behandlung nicht gerechtfertigt ist.[3]

II. Voraussetzungen, Rechtsfolge

2 **1. Voraussetzungen.** Die Zwangsvollstreckung muss **vor dem Tod** des Schuldners **begonnen** haben, anderenfalls gilt § 778 Abs. 1. Erforderlich ist, dass eine erste Vollstreckungshandlung (s. vor § 704 Rn. 28 ff.) bereits erfolgt ist.

3 **2. Fortsetzung der Zwangsvollstreckung, Absatz 1.** Die Zwangsvollstreckung insgesamt darf nach dem Wortlaut des § 779 fortgesetzt werden, also nicht nur eine bereits begonnene Vollstreckungsmaßnahme; deshalb sind auch neue Vollstreckungshandlungen zulässig.[4] Klauselumschreibung (§ 727) gegen den Erben oder eine erneute Zustellung sind nicht erforderlich.[5] Die Pfändungsfreigrenzen sind auf Antrag des Gläubigers aufzuheben; die Aufhebung wirkt aber nur dann auf den Zeitpunkt des Todes des Schuldners zurück, wenn der Änderungsbeschluss die Rückwirkung anordnet.[6] Die Zwangsvollstreckung aus einem anderen Titel ist eine neue Zwangsvollstreckung, nicht die Fortsetzung einer begonnenen iSd. Abs. 1. Daher ist sie nicht nach § 779 erlaubt,[7] es gilt § 778. Dazu gehört auch die Vollstreckung aus einem zu dem Titel, aus dem vollstreckt wurde, ergangenen Kostenfestsetzungsbeschluss (§ 104), nicht aber die Vollstreckung wegen der Vollstreckungskosten (§ 788).[8]

4 **3. Vertreterbestellung, Absatz 2.** Die Zuziehung des Schuldners ist erforderlich, wenn er kraft gesetzlicher Vorschrift mitwirken oder eine Zustellung bzw. Bekanntmachung an ihn ergehen muss,[9] also bei Zustellungen (§§ 829 Abs. 2 S. 2, 835 Abs. 3 S. 1), Bekanntmachungen nach §§ 808 Abs. 3 (Pfändung), 826 Abs. 3 (Anschlusspfändung), im Verteilungsverfahren nach §§ 872 ff. oder bei der Anhörung nach § 844 Abs. 2. **Die Vertreterbestellung** ist gem. Abs. 2 erforderlich, wenn die Erbschaft noch nicht angenommen (oder die Annahme ungewiss ist) oder der Erbe unbekannt ist, es sei denn, es ist ein Nachlasspfleger bestellt oder die Testamentsvollstreckung angeordnet. **Die Bestellung** erfolgt auf **Antrag des Gläubigers** durch **Beschluss** des Vollstreckungsgerichts (§ 764 Abs. 2; Entscheidung durch den Rechtspfleger, § 20 Nr. 17 RPflG). Bis dahin darf die Vollstreckung nicht weiter betrieben werden.

5 **4. Stellung des Vertreters. Der Bestellte** ist gesetzlicher Vertreter kraft Bestellung. Er ist zur Annahme nicht verpflichtet.[10] Seine Vertretungsmacht erstreckt sich auf alle in der Vollstreckung erforderlichen Handlungen, auch auf die Einlegung von vollstreckungsinternen Rechtsbehelfen (§§ 766, 793), auch § 732.[11] Entfallen die Voraussetzungen des Abs. 2 S. 1, endet damit die Vertretungsmacht nicht automatisch, da sie durch gerichtliche Entscheidung zuerkannt wurde, sondern erst mit der Aufhebung der Bestellung durch das Vollstreckungsgericht.[12] Die Kosten des Vertreters sind vom Gläubiger zu bevorschussende Kosten der Zwangsvollstreckung.[13]

III. Rechtsbehelfe

6 Wird die Vollstreckung ohne Titelumschreibung in den Nachlass betrieben, obwohl sie vor dem Tod noch nicht begonnen hatte, kann dies mit den einschlägigen Rechtsbehelfen (§§ 766, 793) angegriffen werden. Wird in einen nicht zum Nachlass gehörenden Gegenstand vollstreckt, kann der betroffene Erbe Erinnerung einlegen oder Drittwiderspruchsklage (§ 771) erheben (s. § 778 Rn. 5). Gegen die Weigerung des Gerichtsvollziehers, die Vollstreckung fortzusetzen, kann der Gläubiger Erinnerung nach § 766 Abs. 2 einlegen; gegen die Weigerung, einen Vertreter zu bestellen, sofortige Beschwerde (§ 793). Die Bestellung kann im Fall des Abs. 2 S. 2 vom Testamentsvollstrecker bzw. Nachlasspfleger mit denselben Rechtsbehelfen angefochten werden.

---

[1] OLG Köln OLGR 2002, 188; *St/J/Münzberg* Rn. 5; *Zö/Stöber* Rn. 2; aA MK/*Karsten Schmidt* Rn. 2.
[2] OLG Hamm MDR 1986, 156; *St/J/Münzberg* Rn. 5; *Zö/Stöber* Rn. 2; aA MK/*Karsten Schmidt* Rn. 2.
[3] So zutreffend MK/*Karsten Schmidt* Rn. 2; aA *Zö/Stöber* Rn. 2.
[4] OLG München MDR 1979, 853; MK/*Karsten Schmidt* Rn. 6 m. weit. Nachw.; *Zö/Stöber* Rn. 4.
[5] *Zö/Stöber* Rn. 5.
[6] LG Wuppertal JurBüro 2002, 95.
[7] *Zö/Stöber* Rn. 5.
[8] *Zö/Stöber* Rn. 5.
[9] *Zö/Stöber* Rn. 6.
[10] MK/*Karsten Schmidt* Rn. 11; *Zö/Stöber* Rn. 8.
[11] MK/*Karsten Schmidt* Rn. 10; *Zö/Stöber* Rn. 8.
[12] MK/*Karsten Schmidt* Rn. 11; aA *St/J/Münzberg* Rn. 10; *Zö/Stöber* Rn. 8.
[13] *Zö/Stöber* Rn. 10.

IV. Gebühren und Kosten

7 **1. Rechtsanwaltsgebühren.** Die Tätigkeit des Anwalts gehört zum Rechtszug, wird also durch die Gebühren der Nrn. 3100ff. VV RVG abgegolten (§ 19 Abs. 1 Nr. 3 RVG). Beim **Vollstreckungsanwalt** ist sie durch die Vollstreckungsgebühr der Nr. 3309 VV RVG abgegolten (§ 18 Nr. 3 RVG).

8 **2. Gerichtskosten.** Gerichtsgebühren werden für die Bestellung eines Vertreters nicht erhoben.

780 *Vorbehalt der beschränkten Erbenhaftung* **(1) Der als Erbe des Schuldners verurteilte Beklagte kann die Beschränkung seiner Haftung nur geltend machen, wenn sie ihm im Urteil vorbehalten ist.**

(2) Der Vorbehalt ist nicht erforderlich, wenn der Fiskus als gesetzlicher Erbe verurteilt wird oder wenn das Urteil über eine Nachlassverbindlichkeit gegen einen Nachlassverwalter oder einen anderen Nachlasspfleger oder gegen einen Testamentsvollstrecker, dem die Verwaltung des Nachlasses zusteht, erlassen wird.

I. Normzweck

1 Der Erbe haftet materiell-rechtlich dem Grundsatz nach unbeschränkt für die Nachlassverbindlichkeiten (§ 1967 Abs. 1 BGB). Er kann die Haftung jedoch auf den Nachlass beschränken. Die Haftungsbeschränkung ist im Rechtsstreit geltend zu machen; bei der Zwangsvollstreckung wird sie nur berücksichtigt, wenn der als Erbe des Schuldners Verurteilte sie geltend gemacht hat (§ 780) und sich darauf beruft, § 781. § 780 präkludiert den Erben, der die beschränkte Haftung nicht rechtzeitig geltend gemacht hat, und gebietet dem Prozessgericht, sie nur dann (in der Regel in der Form des Vorbehalts) zu berücksichtigen.

II. Anwendungsbereich, Voraussetzungen

2 **1. Personen, Titel. Persönlich** erfasst die Vorschrift jeden Erben (Miterben, Nacherben), der Prozesspartei ist. § 2383 BGB erklärt für den Erbschaftskäufer Abs. 1 für anwendbar, wenn der Erbschaftsverkäufer die Beschränkungsmöglichkeit noch nicht verloren hatte. Der **Vorerbe** kann nach Eintritt der Nacherbfolge zur Geltendmachung der Haftungsbeschränkung nach **§ 2145 Abs. 1 BGB** die Vollstreckungsabwehrklage (§ 767) auch ohne Vorbehalt erheben; zur Geltendmachung der Beschränkung nach **§ 2145 Abs. 2 BGB** gilt § 780.[1] Abs. 1 kommt nicht zur Anwendung, wenn eine gegen den Erblasser begonnene Vollstreckung fortgesetzt wird (dann § 779) oder der Titel nach § 727 umgeschrieben worden ist. **Von den Titeln** erfasst die Vorschrift vollstreckbare **Leistungsurteile** und über § 795 auch die in § 794 genannten Titel[2] (insbes. Vollstreckungsbescheide, Prozessvergleiche, isolierte Kostenbeschlüsse nach § 269 Abs. 4,[3] vollstreckbare Schiedssprüche und Urkunden). Geht dem Leistungs- ein **Grundurteil** voraus, muss der Vorbehalt schon im Grundurteil enthalten sein.[4] Bei ausländischen Urteilen ist ein Vorbehalt im Vollstreckungsurteil nach §§ 722f. erforderlich.[5] Im Mahnverfahren ist ggf. zum Erhalt des Vorbehalts Widerspruch (Einspruch) einzulegen. Da im Verfahren über die **Klage auf Erteilung der Klausel** materiell-rechtliche Einwendungen zu berücksichtigen sind (s. § 731 Rn. 7), muss auf die Einrede des Erben hin der Vorbehalt in das Urteil aufgenommen werden (mit der Folge der Präklusion, falls dies nicht passiert). Der Haftungsvorbehalt muss auch die **Kostengrundendscheidung** umfassen; im Festsetzungsverfahren kann er nicht berücksichtigt werden.[6] Kosten eigener Prozessführung hat der Erbe als Prozesspartei selbst zu tragen.[7]

3 **2. Verbindlichkeiten, Haftungsbeschränkungen.** Von den **Verbindlichkeiten** werden **nur Nachlassverbindlichkeiten** (s. dazu § 778 Rn. 3) erfasst,[8] gleich, auf welche Leistung sie gerichtet sind. Von den **Haftungsbeschränkungen** des BGB wird jede **gegenständliche Beschränkung** erfasst,[9] also Nachlassverwaltung und Nachlassinsolvenz (§ 1975 BGB), Erschöpfungs- (§ 1989 BGB) oder Dürftigkeitseinrede (§ 1990 BGB), Gläubigerausschluss durch Aufgebot (§ 1973 BGB) bzw. 5 jährige Säumnis (§ 1974 BGB), das Verweisungsrecht des Miterben nach § 2059 BGB. **Nicht erfasst** sind mangels gegenständlicher Beschränkung die vorläufigen Einreden nach §§ 2014f. BGB (s. § 782) und die Geltendmachung der Haftung von Miterben nach Teilung gem. § 2060 BGB.[10] Weiter gilt die Vorschrift nicht für die Beschränkung nach § 27 Abs. 2 HGB[11] und die Vereinbarung einer Haftungsbeschränkung.[12]

---

1 Zö/*Stöber* Rn. 5.
2 BGH NJW 1991, 2839, 2840.
3 LG Bückeburg NJW-RR 1998, 1220f.
4 OLG Köln VersR 1968, 380, 381; MK/*Karsten Schmidt* Rn. 21; Zö/*Stöber* Rn. 6.
5 Zö/*Stöber* Rn. 6.
6 OLG Koblenz NJW-RR 1997, 1160; OLG Celle NJW-RR 1988, 133, 134.
7 OLG Köln NJW 1952, 1145, 1146.
8 MK/*Karsten Schmidt* Rn. 5 m. weit. Nachw.
9 BGH (Fn. 2).
10 MK/*Karsten Schmidt* Rn. 8; Zö/*Stöber* Rn. 5.
11 MK/*Karsten Schmidt* Rn. 8.
12 BGH ZZP 68 (1955), 101, 102.

III. Entbehrlichkeit des Vorbehaltes

1. Absatz 2. Nicht notwendig ist ein Vorbehalt in den Fällen des Abs. 2, weil der Schuldner ohnehin nur mit dem Nachlass haftet. Es sind dies die Verurteilung des Fiskus als gesetzlicher Erbe (§ 1936 BGB), die eines Nachlassverwalters, Nachlasspflegers oder den Nachlass verwaltenden Testamentsvollstreckers. 4

2. Sonstige Fälle. Entbehrlich ist der Vorbehalt bei Herausgabe- oder Übereignungsansprüchen, die unstreitig einen Nachlassgegenstand betreffen, sowie entsprechenden dinglichen Ansprüchen nach § 1147 BGB.[13] Dies gilt auch, wenn die Einrede dem Erben in der Revisionsinstanz verwehrt war[14] (s. Rn. 6). Der Vorbehalt ist weiter überflüssig, wenn das Prozessgericht mit rechtskraftfähiger Wirkung selbst endgültig über die Haftungsbeschränkung entscheidet.[15] Ohne Vorbehalt wird der Erbe verurteilt, wenn die erhobene Beschränkungseinrede geprüft und verneint wird.[16] Wird die Haftungsbeschränkung bejaht und steht fest, dass keine Haftungsmasse mehr vorhanden ist, wird die Klage abgewiesen.[17] Prüft und bejaht das Gericht die Haftungsbeschränkung, ohne dass feststeht, dass keine Masse vorhanden ist, wird zur Leistung aus dem Nachlass verurteilt.[18] Steht auch die gegenständliche Begrenzung fest, kann das Verfahren nach § 785 vorweggenommen und nur zur Duldung der Zwangsvollstreckung in bestimmte Gegenstände verurteilt werden.[19] 5

IV. Verfahren und Entscheidung

1. Einrede. Die beschränkte Erbenhaftung wird nur auf eine Einrede hin berücksichtigt. Die Erhebung reicht aus; substanziierter Vortrag oder ein besonderer Antrag sind nicht erforderlich.[20] Die Einrede kann grundsätzlich nur in den Tatsacheninstanzen erhoben werden,[21] bis zum Schluss der letzten mündlichen Verhandlung. Ist dies geschehen, darf das Revisionsgericht den Vorbehalt – auch ohne gesonderte Rüge – nachholen, wenn die Einrede nicht beschieden worden ist.[22] Ausnahmsweise ist die Erhebung der Einrede erstmals im Revisionsrechtszug zulässig, wenn in der Tatsacheninstanz hierfür noch kein Anlass bestand[23] oder zuvor die Möglichkeit fehlte, weil der Erbfall erst nach Abschluss der Berufungsinstanz eintrat.[24] Unzulässig ist es aber, nur mit dem Ziel der Berücksichtigung der Einrede Revision einzulegen.[25] 6

2. Entscheidung. Das Gericht darf, muss aber nicht sachlich (s. Rn. 5) über die Haftungsbeschränkung entscheiden.[26] Der Vorbehalt: „Dem Beklagten wird die Beschränkung der Haftung auf den Nachlass des ... (Erblassers) vorbehalten", reicht in jedem Fall aus. Wenn auch ein Vorbehalt in den Gründen, sofern eindeutig, genügen kann,[27] sollte er doch auf jeden Fall in den Tenor aufgenommen werden.[28] Dagegen erfolgt die Ablehnung der Aufnahme des Vorbehalts in den Gründen. Für den Vorbehalt ist es nicht ausreichend, wenn tenoriert wird, dass der Beklagte „als Erbe" verurteilt wird[29] oder im Protokoll eines Prozessvergleichs so bezeichnet ist.[30] Es sollte (positiv oder negativ) in jedem Fall ausgesprochen werden, ob der Vorbehalt die Kostenentscheidung mit umfasst (s. a. Rn. 2 aE). Da der Vorbehalt die Haftungsbeschränkung noch nicht herbeiführt, muss in der Kostenentscheidung nicht zwischen den vom Vorbehalt erfassten und den Kosten der eigenen Prozessführung des Erben (s. Rn. 2) unterschieden werden.[31] Bei Erhebung der Einrede sind auch Anerkenntnis-[32] und Versäumnisurteile[33] mit Vorbehalt möglich. Zur sachlichen Entscheidung über die Haftungsbeschränkung s. Rn. 5. 7

3. Fehlen des Vorbehalts. Hat das Gericht den Vorbehalt versehentlich unberücksichtigt gelassen, kann eine Urteilsergänzung nach § 321 erfolgen.[34] Der Beklagte kann aber auch Berufung (zur Revision s. Rn. 6) einlegen, selbst mit dem ausschließlichen Ziel der Geltendmachung der beschränkten Haftung.[35] 8

V. Wirkung

Der Vorbehalt ermöglicht es dem Erben, gegen eine Vollstreckung in sein persönliches Vermögen Vollstreckungsabwehrklage zu erheben, §§ 785, 767 (s. a. § 781). Bei der Verurteilung zur Abgabe einer Wil- 9

---

13 *Zö/Stöber* Rn. 8.
14 BGHZ 54, 204 = NJW 1970, 1742.
15 BGH NJW 1954, 635; MK/*Karsten Schmidt* Rn. 10.
16 MK/*Karsten Schmidt* Rn. 11 m. weit. Nachw.; *Zö/Stöber* Rn. 15.
17 BGH (Fn. 15); OLG Celle (Fn. 6).
18 BayObLG NJW-RR 2000, 306, 308; s. ausführlich MK/*Karsten Schmidt* Rn. 13 m. weit. Nachw.
19 MK/*Karsten Schmidt* Rn. 14; *Zö/Stöber* Rn. 15.
20 BGH NJW 1983, 2378, 2379.
21 BGHZ 54, 204, 205 ff. = NJW 1970, 1742.
22 BGH (Fn. 20).
23 RG DR 1944, 292, 293 f.
24 BGHZ 17, 69, 72 ff. = NJW 1955, 788.
25 BGH (Fn. 21).
26 BGH (Fn. 20); NJW-RR 1989, 1226, 1230.
27 MK/*Karsten Schmidt* Rn. 17 m. weit. Nachw.; *St/J/Münzberg* Rn. 11.
28 *Zö/Stöber* Rn. 12.
29 MK/*Karsten Schmidt* Rn. 17 m. weit. Nachw.; *Zö/Stöber* Rn. 12.
30 BGH (Fn. 2).
31 MK/*Karsten Schmidt* Rn. 21; aA *Zö/Stöber* Rn. 7.
32 OLG Celle MDR 1960, 854.
33 MK/*Karsten Schmidt* Rn. 18.
34 BVerwG NJW 1956, 805.
35 MK/*Karsten Schmidt* Rn. 19; *Zö/Stöber* Rn. 10.

lenserklärung findet keine Fiktion nach § 894 statt, vielmehr erfolgt die Vollstreckung nach § 888 mit dem Vorbehalt der beschränkten Haftung.[36] Ist (endgültig) kein Vorbehalt ausgesprochen, kann der Erbe die beschränkte Haftung nicht mehr geltend machen, haftet also mit seinem persönlichen Vermögen.

781 *Beschränkte Erbenhaftung in der Zwangsvollstreckung* **Bei der Zwangsvollstreckung gegen den Erben des Schuldners bleibt die Beschränkung der Haftung unberücksichtigt, bis auf Grund derselben gegen die Zwangsvollstreckung von dem Erben Einwendungen erhoben werden.**

I. Normzweck

1 Die Vorschrift lässt zugunsten des Gläubigers im Vollstreckungsverfahren die beschränkte Erbenhaftung unbeachtet. Der Schuldner wird, wenn ihm dies möglich ist (§ 780), auf den Weg der Klage (§ 785) verwiesen. Die **Norm gilt** für die nach § 780 zu berücksichtigenden Haftungsbeschränkungen (s. § 780 Rn. 3). Sie findet bei jeder Vollstreckung gegen den Erben Anwendung.

II. Regelungsgehalt

2 Die beschränkte Erbenhaftung bleibt im **Vollstreckungsverfahren** grundsätzlich **unberücksichtigt.** Dies gilt für auch das Verfahren auf Abgabe der eidesstattlichen Versicherung, das sich mangels Klage nach § 785 auf das persönliche Vermögen des Erben mit erstreckt.[1] Allerdings ist die Haftungsbeschränkung zu berücksichtigen, wenn sie zwischen Gläubiger und Schuldner unstreitig ist.[2] Offenkundigkeit reicht dagegen nicht, weil ohne Einigung zwischen Gläubiger und Schuldner der gestaltende Ausspruch nach §§ 785, 767 erforderlich ist.[3] Der Gläubiger kann die Vollstreckung auf den Nachlass beschränken;[4] materiell-rechtlich ist er hierzu schon bei Bestehen der Haftungsbeschränkung verpflichtet.[5] Ohne Beschränkung oder Einigung mit dem Gläubiger bleibt dem Schuldner nur der Weg, die Haftungsbeschränkung nach §§ 785, 767 geltend zu machen.

782 *Einreden des Erben gegen Nachlassgläubiger* **[1]Der Erbe kann auf Grund der ihm nach den §§ 2014, 2015 des Bürgerlichen Gesetzbuchs zustehenden Einreden nur verlangen, dass die Zwangsvollstreckung für die Dauer der dort bestimmten Fristen auf solche Maßregeln beschränkt wird, die zur Vollziehung eines Arrestes zulässig sind. [2]Wird vor dem Ablauf der Frist die Eröffnung des Nachlassinsolvenzverfahrens beantragt, so ist auf Antrag die Beschränkung der Zwangsvollstreckung auch nach dem Ablauf der Frist aufrechtzuerhalten, bis über die Eröffnung des Insolvenzverfahrens rechtskräftig entschieden ist.**

I. Normzweck

1 Der Erbe kann gem. § 2014 BGB die Berichtigung einer Nachlassverbindlichkeit bis zum Ablauf der ersten drei Monate nach der Annahme der Erbschaft, jedoch nicht über die Inventarerrichtung hinaus, verweigern, gem. § 2015 BGB auch bis zum Abschluss eines laufenden Aufgebotsverfahrens. Beides setzt voraus, dass der Erbe seine Haftung **noch beschränken kann,** § 2016 Abs. 1 BGB. § 782 regelt die vollstreckungsrechtlichen Auswirkungen dieser Vorschriften. Die **Vorschrift gilt** auch für den Testamentsvollstrecker (§§ 2212f. BGB), für den Nachlassverwalter (§ 1984 BGB) und -pfleger, allerdings nur bei einer Inanspruchnahme durch Nachlassgläubiger. Zur Notwendigkeit eines Vorbehaltes im Urteil s. § 305 (Vorbehalt der Einrede nach §§ 2014f. BGB) bzw. § 780 (Vorbehalt der beschränkten Haftung); zur Inanspruchnahme durch persönliche Gläubiger § 783; zur Geltendmachung der Beschränkungen des § 782 § 785.

II. Die Beschränkungen und ihre Geltendmachung

2 **1. Beschränkung auf Arrestvollziehungsmaßnahmen.** § 782 ermöglicht die Beschränkung auf Arrestvollziehungsmaßnahmen (§§ 930ff.), also im Wesentlichen auf die Pfändung beweglicher Sachen bzw. von Forderungen und die Eintragung einer Zwangshypothek. Nach dem eindeutigen Wortlaut ist auch eine Grundstücksbeschlagnahme aufzuheben.[1] Die Wegnahme beweglicher Sachen bleibt gestattet, nicht die Räumung nach § 885.[2]

3 **2. Geltendmachung.** Die Einreden der §§ 2014f. BGB sind nach §§ 785, 767 geltend zu machen (s. die Anmerkungen zu § 785); dies gilt auch für die Fristverlängerung nach **Satz 2.** Ist die in einem Urteil nach § 785 genannte Frist abgelaufen, kann die Vollstreckung ohne Beschränkung fortgesetzt werden.

---

[36] RGZ 49, 415, 417.

[1] MK/*Karsten Schmidt* Rn. 5; *St/J/Münzberg* Rn. 4; *Zö/Stöber* Rn. 1.

[2] OLG Schleswig SchlHA 1958, 338; MK/*Karsten Schmidt* Rn. 5; *St/J/Münzberg* Rn. 4.

[3] Ebenso MK/*Karsten Schmidt* Rn. 5; aA OLG Rostock OLGRspr. 40, 406, 407; *St/J/Münzberg* Rn. 4.

[4] *St/J/Münzberg* Rn. 4; *Zö/Stöber* Rn. 1.

[5] MK/*Karsten Schmidt* Rn. 5.

[1] *St/J/Münzberg* Rn. 5; aA MK/*Karsten Schmidt* Rn. 8.

[2] *St/J/Münzberg* Rn. 6; *Zö/Stöber* Rn. 2.

783 ***Einreden des Erben gegen persönliche Gläubiger*** **In Ansehung der Nachlassgegenstände kann der Erbe die Beschränkung der Zwangsvollstreckung nach § 782 auch gegenüber den Gläubigern verlangen, die nicht Nachlassgläubiger sind, es sei denn, dass er für die Nachlassverbindlichkeiten unbeschränkt haftet.**

I. Normzweck

Die Vorschrift ermöglicht die Geltendmachung der Einreden der §§ 2014f. BGB auch gegenüber den persönlichen Gläubigern (zu Nachlassgläubigern s. § 782), die anderenfalls auf Nachlassgegenstände zugreifen könnten. Sie soll dem Erben Zeit zur Inventarerrichtung und zur Überlegung geben, ob er sich auf die beschränkte Erbenhaftung berufen soll.[1] 1

II. Voraussetzungen, Verfahren

1. Voraussetzungen. Der Erbe muss die Rechte des § 782 (s. die Anmerkungen dort) noch geltend machen können. Erst wenn er für alle Nachlassverbindlichkeiten unbeschränkt haftet, geht sein Recht aus § 783 verloren.[2] 2

2. Verfahren. Die Beschränkung ist gem. § 785 (s. die Anmerkungen dort) durch Vollstreckungsabwehrklage (§ 767) geltend zu machen. Der Erbe muss darlegen und beweisen, dass es sich um Nachlassgegenstände handelt;[3] der Gläubiger, dass der Erbe allen Nachlassgläubigern gegenüber unbeschränkt haftet.[4] 3

784 ***Zwangsvollstreckung bei Nachlassverwaltung und -insolvenzverfahren*** **(1) Ist eine Nachlassverwaltung angeordnet oder das Nachlassinsolvenzverfahren eröffnet, so kann der Erbe verlangen, dass Maßregeln der Zwangsvollstreckung, die zugunsten eines Nachlassgläubigers in sein nicht zum Nachlass gehörendes Vermögen erfolgt sind, aufgehoben werden, es sei denn, dass er für die Nachlassverbindlichkeiten unbeschränkt haftet.**

(2) Im Falle der Nachlassverwaltung steht dem Nachlassverwalter das gleiche Recht gegenüber Maßregeln der Zwangsvollstreckung zu, die zugunsten eines anderen Gläubigers als eines Nachlassgläubigers in den Nachlass erfolgt sind.

I. Normzweck

Wenn die Nachlassverwaltung angeordnet oder das Nachlassinsolvenzverfahren eröffnet ist, haftet der Erbe nur beschränkt auf den Nachlass (§ 1975 BGB), wenn er die Beschränkungsmöglichkeit noch nicht verloren hat. Dem trägt § 784 für die Zwangsvollstreckung Rechnung. Die Vorschrift setzt voraus, dass die Zwangsvollstreckung bereits begonnen hat (s. vor § 704 Rn. 28ff.) und noch nicht beendet ist.[1] Vor der Vollstreckung kann der Erbe nach § 781 vorgehen, wenn dessen Voraussetzungen vorliegen. 1

Absatz 1 betrifft die Vollstreckung wegen einer **Nachlassverbindlichkeit** (s. § 778 Rn. 3) in das **persönliche** Vermögen des Erben, die durch die endgültige Haftungsbeschränkung durch Anordnung der Nachlasspflegschaft oder Eröffnung des Nachlassinsolvenzverfahrens materiell nicht mehr gerechtfertigt ist. Die Vorschrift ist auf die Erschöpfungseinrede (§§ 1973f. BGB) und die Dürftigkeitseinrede (§§ 1990, 1992 BGB) entsprechend anzuwenden.[2] Sie greift im Fall der unbeschränkten Haftung (§§ 1994 Abs. 1 S. 2, 2005 Abs. 1, 2006 Abs. 3, 2013 Abs. 1 BGB; fehlender Vorbehalt nach § 780 im Fall der Verurteilung) nicht ein.[3] **Absatz 2** berechtigt den Nachlassverwalter, die Aufhebung von Vollstreckungsmaßnahmen zu verlangen, die nach § 1984 Abs. 2 BGB bei Anordnung von **Nachlassverwaltung** ausgeschlossen sind. Im Fall der **Nachlassinsolvenz** gilt § 321 InsO. Der Insolvenzverwalter kann sich gegen eine Fortsetzung der Zwangsvollstreckung mit der Erinnerung (§ 766) wenden. 2

II. Verfahren

Erbe (Abs. 1) oder Nachlassverwalter (Abs. 2) können die Vollstreckungsabwehrklage (tatsächlich Drittwiderspruchsklage, s. § 785 Rn. 2) nach §§ 785, 767 erheben. Erfolgte die Vollstreckung nach der Haftungsbeschränkung, gilt § 781. Der Erbe muss darlegen und beweisen, dass eine Nachlassverbindlichkeit vorliegt und der Vollstreckungsgegenstand zu seinem persönlichen Vermögen gehört, der Gläubiger, dass der Erbe unbeschränkt haftet.[4] Der Nachlassverwalter kann zudem Erinnerung einlegen, wenn nach Anordnung der Nachlassverwaltung vollstreckt wird.[5] 3

---

1 *St/J/Münzberg* Rn. 1; *Zö/Stöber* Rn. 1.
2 MK/*Karsten Schmidt* Rn. 2; *St/J/Münzberg* Rn. 1.
3 MK/*Karsten Schmidt* Rn. 6; *St/J/Münzberg* Rn. 1; *Zö/Stöber* Rn. 1.
4 MK/*Karsten Schmidt* Rn. 6 m. weit. Nachw.; *St/J/Münzberg* Rn. 1.
1 *St/J/Münzberg* Rn. 3.
2 MK/*Karsten Schmidt* Rn. 2; *St/J/Münzberg* Rn. 2, 5.
3 *St/J/Münzberg* Rn. 1; *Zö/Stöber* Rn. 2.
4 MK/*Karsten Schmidt* Rn. 4; *St/J/Münzberg* Rn. 2.
5 MK/*Karsten Schmidt* Rn. 3; *St/J/Münzberg* Rn. 4; *Zö/Stöber* Rn. 4.

785 *Vollstreckungsabwehrklage des Erben* **Die auf Grund der §§ 781 bis 784 erhobenen Einwendungen werden nach den Vorschriften der §§ 767, 769, 770 erledigt.**

I. Normzweck

1 Die Vorschrift verweist den Erben, der die Einwendungen nach §§ 781 bis 784 geltend machen will, auf den Weg der Vollstreckungsabwehrklage, § 767. Diese Regelung ist zweifelhaft, weil die Einwendungen teilweise zu einer Beschränkung der Vollstreckung aus dem Titel führen (dann systemgerecht Vollstreckungsabwehrklage), teilweise aber auch zur Nichthaftung eines konkreten Gegenstandes (dann systemgerecht Drittwiderspruchsklage). Damit verbergen sich in Wirklichkeit zwei unterschiedliche Klageformen hinter § 785.[1] Unmittelbar gilt die Vorschrift für die Fälle der §§ 781 bis 784, über § 786 auch für andere Arten der beschränkten Haftung (§§ 1480, 1504, 2187 BGB).

II. Klageart

2 **1. Grundsatz.** Wie Vollstreckungsabwehr- (s. § 767 Rn. 2) und Drittwiderspruchsklage (§ 771 Rn. 1) ist die Klage **prozessuale Gestaltungsklage.** Bei der Geltendmachung der beschränkten Erbenhaftung (**§ 781**) liegt der Schwerpunkt darauf, dem Titel seine Vollstreckbarkeit in das persönliche Vermögen zu nehmen. Damit wendet sich die Klage grundsätzlich (s. a. Rn. 3) gegen den Titel selbst, dem die Vollstreckbarkeit teilweise genommen werden soll. Deshalb und obwohl § 781 anders als § 767 von „Einwendungen **gegen die Zwangsvollstreckung**" spricht, handelt es sich um eine Vollstreckungsabwehrklage, s. § 781 Rn. 2.[2] Im Fall des **§ 782** wird geltend gemacht, dass der Titel zunächst nur zu einer Sicherstellung des Gläubigers berechtigt. Auch insoweit handelt es sich grundsätzlich (s. a. Rn. 3) um eine Vollstreckungsabwehrklage.[3] Dies gilt entsprechend für **§ 783**, der sich zwar auf Nachlassgegenstände bezieht, im Kern aber nur eine zeitliche Sperre für die Vollstreckung aus dem Titel herbeiführt. **§ 784** ermöglicht es dem Erben (Nachlassverwalter), die Vollstreckung in das Eigenvermögen abzuwenden und die Aufhebung von Vollstreckungsmaßnahmen zu verlangen. Damit handelt es sich um eine Form der Drittwiderspruchsklage.[4] Wegen § 785 ist der Einwand gleichwohl durch eine Vollstreckungsabwehrklage geltend zu machen.[5]

3 **2. Klageziel.** Bei §§ 781 bis 783 ist grundsätzlich die Form der Vollstreckungsabwehrklage maßgeblich (s. Rn. 2). Es ist aber auch noch nach der **Zielrichtung** des Klägers zu unterscheiden. Soll der titulierte Anspruch ganz, teilweise oder für eine bestimmte Zeit angegriffen werden, handelt es sich um eine Vollstreckungsabwehrklage. Ist die Vollstreckung bereits in bestimmte Gegenstände erfolgt, kann dies über § 785 in der Form der Drittwiderspruchsklage bekämpft werden.[6] Im Wege der Klagehäufung können beide Arten miteinander verbunden werden.[7]

III. Verfahren

4 **1. Allgemeines.** Die Voraussetzungen der Klage nach §§ 785, 767 richten sich, wie sich aus dem vorher Gesagten ergibt, danach, welchen Charakter (Vollstreckungsgegen- oder Drittwiderspruchsklage) sie hat. Gleichwohl bleibt die Verweisung auf § 767 in jedem Fall insoweit von Bedeutung, als es um die Präklusion nach § 767 Abs. 2, 3 geht[8] und um die **Zuständigkeit,** die einheitlich beim Prozessgericht des ersten Rechtszugs liegt (s. dazu § 767 Rn. 17). § 785 verweist auf §§ 769, 770 und macht damit die dort geregelten **einstweiligen Anordnungen** möglich.

5 **2. Verfahren bei der Klage als Vollstreckungsabwehrklage (§§ 781–783). a) Zulässigkeit.** Das Rechtsschutzinteresse fehlt, wenn der Kläger keinen Vorbehalt nach § 780 Abs. 1 erlangt hat[9] oder nur zur Zahlung aus dem Nachlass verurteilt worden ist (s. § 780 Rn. 5). Wie bei der Vollstreckungsabwehrklage ist nicht erforderlich, dass die Klausel bereits erteilt (hier nach § 727 umgeschrieben) ist.[10] Auch ist nicht notwendig, dass die Vollstreckung in bestimmte Gegenstände droht oder bereits begonnen hat (zum Beginn der Zwangsvollstreckung s. vor § 704 Rn. 28 ff.),[11] weil die Klage darauf gerichtet ist, dem Titel einen Teil seiner Vollstreckbarkeit (nämlich in das persönliche Vermögen) zu nehmen. In diesen Fällen kann der Beklagte ggf. mit der Folge des § 93 anerkennen, wenn keine Vollstreckung drohte. Weil im Erkenntnisverfahren über die Haftungsbeschränkung und ihre Folgen zwar sachlich entschieden werden darf, aber nicht muss (s. § 780 Rn. 5), ist die Vollstreckungsabwehrklage nach §§ 785, 767 auch dann zulässig, wenn gegen das Urteil im Erkenntnisverfahren Berufung eingelegt wurde.[12]

6 **b) Begründet** ist die Klage, wenn für die titulierte Forderung nur der Nachlass haftete (§ 781) oder die Vollstreckung nach §§ 782 f. teilweise zu beschränken ist. Berechtigt, den Anspruch auf diesen rechtsgestal-

---

1 S. ausführlich MK/*Karsten Schmidt* Rn. 1; derselbe in JR 1989, 45, 47 f.
2 MK/*Karsten Schmidt* Rn. 10 ff.
3 MK/*Karsten Schmidt* Rn. 10.
4 MK/*Karsten Schmidt* Rn. 14.
5 Vgl. BGH FamRZ 1989, 1070, 1074.
6 MK/*Karsten Schmidt* Rn. 7; *St/J/Münzberg* Rn. 2 f., 4.
7 MK/*Karsten Schmidt* Rn. 7; *St/J/Münzberg* Rn. 3.
8 S. im Einzelnen MK/*Karsten Schmidt* Rn. 9.
9 Ähnlich MK/*Karsten Schmidt* Rn. 12.
10 MK/*Karsten Schmidt* Rn. 12.
11 MK/*Karsten Schmidt* Rn. 12 m. weit. Nachw.; *St/J/Münzberg* Rn. 4.
12 OLG Frankfurt/M NJW-RR 1992, 31, 32.

tenden Ausspruch geltend zu machen, ist der Erbe (Testamentsvollstrecker, Nachlassverwalter), verpflichtet der Titelgläubiger. § 767 Abs. 2 muss im Zusammenhang mit § 780 gesehen werden. Der Erbe kann ohne Beschränkung durch § 767 Abs. 2 Tatsachen vortragen, die in Ausführung eines Vorbehalts nach § 780 die in §§ 781 bis 784 genannten Einwendungen ergeben.[13] Allerdings muss er gem. §§ 785, 767 Abs. 3 bei der Klage nach § 785 alle Einwendungen geltend machen, zu denen er im Stande ist (s. dazu § 767 Rn. 41 f.).

c) **Das Urteil** hat dahin zu lauten, dass die Vollstreckung aus … (dem Titel) in das nicht zum Nachlass gehörende Vermögen des Klägers (Erben) für unzulässig erklärt wird, im Fall des § 782 darauf, dass die Vollstreckung bis zum … (Datum) insoweit für unzulässig erklärt wird, als sie über die zur Vollziehung des Arrestes erforderlichen Maßnahmen hinausgeht. Zu den Nebenentscheidungen und zur Urteilswirkung s. § 767 Rn. 45 f. 7

3. Verfahren bei der Klage als Drittwiderspruchsklage (§ 784). Diese Klage (s. Rn. 2), evtl. auch die nach §§ 781 bis 783 (s. Rn. 3), erfordert zur **Zulässigkeit,** dass die Zwangsvollstreckung in einen konkreten Gegenstand begonnen hat oder zumindest sicher droht.[14] Sie kann mit einer haftungsbeschränkenden Klage verbunden werden (s. Rn. 3).[15] **Begründet** ist die Klage im Fall des § 784, wenn wegen einer Nachlassforderung in einen zum Eigenvermögen des Erben gehörenden Gegenstand vollstreckt worden ist. Wie bei der Drittwiderspruchsklage ist der Einwand der persönlichen Mithaftung des Klägers (s. § 771 Rn. 33) möglich.[16] Zu § 767 Abs. 2, 3 s. Rn. 6. **Das Urteil** ist (wie der Antrag) darauf zu richten, die Zwangsvollstreckung in einen bestimmten Gegenstand für unzulässig zu erklären. Wegen der Nebenentscheidungen s. § 771 Rn. 36 f. 8

IV. Gebühren und Kosten

1. Rechtsanwaltsgebühren. Sie richten sich nach Nrn. 3100 ff. VV RVG. Zur Einstellung vgl. § 707 Rn. 15. 9

2. Gerichtskosten. Es gelten die allgemeinen Bestimmungen für das Prozessverfahren erster Instanz (KV Nr. 1210, 1211). 10

786

Vollstreckungsabwehrklage bei beschränkter Haftung **(1) Die Vorschriften des § 780 Abs. 1 und der §§ 781 bis 785 sind auf die nach § 1489 des Bürgerlichen Gesetzbuchs eintretende beschränkte Haftung, die Vorschriften des § 780 Abs. 1 und der §§ 781, 785 sind auf die nach den §§ 1480, 1504, 1629 a, 2187 des Bürgerlichen Gesetzbuchs eintretende beschränkte Haftung entsprechend anzuwenden.**

(2) Bei der Zwangsvollstreckung aus Urteilen, die bis zum Inkrafttreten des Minderjährigenhaftungsbeschränkungsgesetzes vom 25. August 1998 (BGBl. I S. 2487) am 1. Juli 1999 ergangen sind, kann die Haftungsbeschränkung nach § 1629 a des Bürgerlichen Gesetzbuchs auch dann geltend gemacht werden, wenn sie nicht gemäß § 780 Abs. 1 dieses Gesetzes im Urteil vorbehalten ist.

I. Normzweck

§ 786 dehnt die Regelungen über die beschränkte Erbenhaftung (§§ 780 bis 785) ganz oder teilweise auf andere Fälle der Möglichkeit der Haftungsbeschränkung aus. **Die Vorschrift gilt** im gesamten Vollstreckungsverfahren unabhängig von der Titelart (§ 795). **Abs. 2** enthält eine früher in einem anderen Gesetz geregelte Übergangsvorschrift. 1

II. Anwendungsfälle, Verfahren

1. Fortgesetzte Gütergemeinschaft. Gem. § 1489 Abs. 1 BGB haftet der überlebende Ehegatte bei der fortgesetzten Gütergemeinschaft persönlich. Er kann die Haftung wie ein Erbe beschränken (§ 1489 Abs. 2 BGB). Demgemäß gelten hier auch die §§ 780 Abs. 1, 781 bis 785 entsprechend. 2

2. Weitere Fälle. Der Ehegatte bei **Teilung des Gesamtguts** vor Berichtigung der Gesamtgutverbindlichkeiten (§ 1480 BGB) und entsprechend die Abkömmlinge (§ 1504 BGB) sowie der **Hauptvermächtnisnehmer** (§ 2187 BGB) haften persönlich mit der Möglichkeit der Haftungsbeschränkung (auf das übernommene Vermögen, die zugeteilten Gegenstände, das aus dem Vermächtnis Erlangte). Für den nach den Vorschriften des BGB (zB §§ 107, 108, 111, 1629 BGB) wirksam verpflichteten **Minderjährigen** ergibt sich die Möglichkeit der Haftungsbeschränkung auf den Bestand des bei Eintritt der Volljährigkeit vorhandenen Vermögens aus § 1629 a BGB.[1] In diesen Fällen gelten **§§ 780 Abs. 1, 781, 785** entsprechend. Eine entsprechende Anwendung der §§ 782 bis 784 ist nicht erforderlich, weil die genannten Vorschriften des BGB auf § 1990 BGB verweisen und deshalb ein Sondervermögen vorhanden ist, auf das durch Einrede verwiesen werden kann. 3

---

[13] MK/*Karsten Schmidt* Rn. 9; *St/J/Münzberg* Rn. 1.

[14] MK/*Karsten Schmidt* Rn. 15; *St/J/Münzberg* Rn. 5.

[15] MK/*Karsten Schmidt* Rn. 7; *St/J/Münzberg* Rn. 3.

[16] BGH DB 1990, 171 f.

[1] S. dazu *Konz,* Die Möglichkeit der Haftungsbeschränkung volljährig Gewordener gem. § 1629 a iVm. §§ 1990, 1991 BGB.

4 **3. Verfahren.** Siehe dazu die Ausführungen zu §§ 780 Abs. 1, 781, 785 und soweit anwendbar §§ 782 bis 784.

III. Gebühren und Kosten

5 **1. Rechtsanwaltsgebühren.** Der Anwalt erhält die Gebühren der Nrn. 3100ff. VV RVG.

6 **2. Gerichtskosten.** Es gelten die allgemeinen Bestimmungen für das Prozessverfahren erster Instanz (KV Nr. 1210, 1211).

786a ***See- und binnenschifffahrtsrechtliche Haftungsbeschränkung*** **(1) Die Vorschriften des § 780 Abs. 1 und des § 781 sind auf die nach § 486 Abs. 1, 3, §§ 487 bis 487d des Handelsgesetzbuchs oder nach den §§ 4 bis 5m des Binnenschifffahrtsgesetzes eintretende beschränkte Haftung entsprechend anzuwenden.**

(2) Ist das Urteil nach § 305a unter Vorbehalt ergangen, so gelten für die Zwangsvollstreckung die folgenden Vorschriften:

1. Wird die Eröffnung eines Seerechtlichen oder eines Binnenschifffahrtsrechtlichen Verteilungsverfahrens nach der Schifffahrtsrechtlichen Verteilungsordnung beantragt, an dem der Gläubiger mit dem Anspruch teilnimmt, so entscheidet das Gericht nach § 5 Abs. 3 der Schifffahrtsrechtlichen Verteilungsordnung über die Einstellung der Zwangsvollstreckung; nach Eröffnung des Seerechtlichen Verteilungsverfahrens sind die Vorschriften des § 8 Abs. 4 und 5 der Schifffahrtsrechtlichen Verteilungsordnung, nach Eröffnung des Binnenschifffahrtsrechtlichen Verteilungsverfahrens die Vorschriften des § 8 Abs. 4 und 5 in Verbindung mit § 41 der Schifffahrtsrechtlichen Verteilungsordnung anzuwenden.

2. Ist nach Artikel 11 des Haftungsbeschränkungsübereinkommens (§ 486 Abs. 1 des Handelsgesetzbuchs) von dem Schuldner oder für ihn ein Fonds in einem anderen Vertragsstaat des Übereinkommens errichtet worden, so sind, sofern der Gläubiger den Anspruch gegen den Fonds geltend gemacht hat, die Vorschriften des § 50 der Schifffahrtsrechtlichen Verteilungsordnung anzuwenden. Hat der Gläubiger den Anspruch nicht gegen den Fonds geltend gemacht oder sind die Voraussetzungen des § 50 Abs. 2 der Schifffahrtsrechtlichen Verteilungsordnung nicht gegeben, so werden Einwendungen, die auf Grund des Rechts auf Beschränkung der Haftung erhoben werden, nach den Vorschriften der §§ 767, 769, 770 erledigt; das Gleiche gilt, wenn der Fonds in dem anderen Vertragsstaat erst bei Geltendmachung des Rechts auf Beschränkung der Haftung errichtet wird.

3. Ist von dem Schuldner oder für diesen ein Fonds in einem anderen Vertragsstaat des Straßburger Übereinkommens über die Beschränkung der Haftung in der Binnenschifffahrt – CLNI (BGBl. 1988 II S. 1643) errichtet worden, so ist, sofern der Gläubiger den Anspruch gegen den Fonds geltend gemacht hat, § 52 der Schifffahrtsrechtlichen Verteilungsordnung anzuwenden. Hat der Gläubiger den Anspruch nicht gegen den Fonds geltend gemacht oder sind die Voraussetzungen des § 52 Abs. 3 der Schifffahrtsrechtlichen Verteilungsordnung nicht gegeben, so werden Einwendungen, die auf Grund des Rechts auf Beschränkung der Haftung nach den §§ 4 bis 5m des Binnenschifffahrtsgesetzes erhoben werden, nach den Vorschriften der §§ 767, 769, 770 erledigt; das Gleiche gilt, wenn der Fonds in dem anderen Vertragsstaat erst bei Geltendmachung des Rechts auf Beschränkung der Haftung errichtet wird.

(3) Ist das Urteil eines ausländischen Gerichts unter dem Vorbehalt ergangen, dass der Beklagte das Recht auf Beschränkung der Haftung geltend machen kann, wenn ein Fonds nach Artikel 11 des Haftungsbeschränkungsübereinkommens oder nach Artikel 11 des Straßburger Übereinkommens über die Beschränkung der Haftung in der Binnenschifffahrt errichtet worden ist oder bei Geltendmachung des Rechts auf Beschränkung der Haftung errichtet wird, so gelten für die Zwangsvollstreckung wegen des durch das Urteil festgestellten Anspruchs die Vorschriften des Absatzes 2 entsprechend.

I. Normzweck

1 § 786a regelt, wie die nach §§ 486 bis 487d HGB eintretende seerechtliche Haftungsbeschränkung und die nach §§ 4 bis 5m BinnSchG eintretende binnenschifffahrtsrechtliche Haftungsbeschränkung in der Zwangsvollstreckung geltend zu machen ist.

II. Absatz 1

2 Liegen die Voraussetzungen der §§ 486 Abs. 1, 3, 487 bis 487d HGB bzw. §§ 4 bis 5m BinnSchG vor, kann der Schuldner die Haftungsbeschränkung nur geltend machen, wenn sie ihm gem. § 305a im Urteil vorbehalten ist, Abs. 1 in Verbindung mit § 780 Abs. 1. Auch dann bleibt sie unberücksichtigt, bis der Schuldner nach § 781 vorgeht, und zwar auf dem Weg des § 785.[1]

---

[1] MK/*Karsten Schmidt* Rn. 2.

III. Absatz 2

1. Inlandsfonds (Nr. 1). Ist ein Vorbehaltsurteil nach § 305 a ergangen, entscheidet das Gericht, bei dem die Eröffnung des seerechtlichen oder binnenschifffahrtsrechtlichen Verteilungsverfahrens im Inland beantragt wird, nach § 5 Abs. 3 SVertO. Es kann die Zwangsvollstreckung einstweilen einstellen. Mit Eröffnung des Verteilungsverfahrens wird die Zwangsvollstreckung unzulässig. Dies wird durch Klage gem. Abs. 2 iVm. § 8 Abs. 4, 5 SVertO, beim binnenschifffahrtsrechtlichen Verteilungsverfahren iVm. § 41 SVertO, beim Prozessgericht des ersten Rechtszugs geltend gemacht. 3

2. Auslandsfonds und seerechtliches Verteilungsverfahren (Nr. 2). Ist ein Vorbehaltsurteil ergangen und ein Fonds in einem ausländischen Vertragsstaat des Haftungsbeschränkungsabkommens[2] errichtet, gilt § 8 Abs. 4, 5 SVertO (s. Rn. 3) entsprechend, wenn der Gläubiger einen Anspruch gegen den Fonds geltend macht (Abs. 2 Nr. 2 S. 1 iVm. § 50 SVertO). Tut er dies nicht oder fehlt es an den Voraussetzungen des § 50 Abs. 2 SVertO (Abs. 2 Nr. 2 S. 2), gelten § 767 (Vollstreckungsabwehrklage) und §§ 769, 770 (einstweilige Anordnungen). 4

3. Auslandsfonds und Binnenschifffahrtsrechtliches Verteilungsverfahren (Nr. 3). Ist ein Vorbehaltsurteil ergangen und ein Fonds in einem anderen Vertragsstaat des Straßburger Übereinkommens[3] errichtet, gilt gem. Abs. 2 Nr. 3 § 52 SVertO. Nach § 52 Abs. 1 S. 1 SVertO gilt § 41 SVertO iVm. § 8 Abs. 4, 5 SVertO (s. Rn. 3) entsprechend, wenn der Gläubiger einen Anspruch gegen den Fonds geltend macht. Tut er dies nicht oder fehlt es an den Voraussetzungen des § 50 Abs. 3 SVertO (Abs. 2 Nr. 3 S. 2), gelten § 767 (Vollstreckungsabwehrklage) und §§ 769, 770 (einstweilige Anordnungen). 5

IV. Absatz 3

Die Vorschriften des Abs. 2 sind entsprechend anzuwenden, wenn ein ausländisches Urteil unter Vorbehalt der Haftungsbeschränkung existiert und ein Fonds errichtet worden ist oder bei Geltendmachung der Haftungsbeschränkung errichtet wird. Anstelle des Prozessgerichts ist das Gericht zuständig, das die Vollstreckung in Deutschland zugelassen hat.[4] 6

V. Gebühren und Kosten

1. Rechtsanwaltsgebühren. Sie richten sich nach den Nrn. 3100 ff. VV RVG. Zur Einstellung vgl. § 707 Rn. 15. 7

2. Gerichtskosten. Es gelten die allgemeinen Bestimmungen für das Prozessverfahren erster Instanz (KV Nr. 1210, 1211). 8

787 *Zwangsvollstreckung bei herrenlosem Grundstück oder Schiff*

(1) Soll durch die Zwangsvollstreckung ein Recht an einem Grundstück, das von dem bisherigen Eigentümer nach § 928 des Bürgerlichen Gesetzbuchs aufgegeben und von dem Aneignungsberechtigten noch nicht erworben worden ist, geltend gemacht werden, so hat das Vollstreckungsgericht auf Antrag einen Vertreter zu bestellen, dem bis zur Eintragung eines neuen Eigentümers die Wahrnehmung der sich aus dem Eigentum ergebenden Rechte und Verpflichtungen im Zwangsvollstreckungsverfahren obliegt.

(2) Absatz 1 gilt entsprechend, wenn durch die Zwangsvollstreckung ein Recht an einem eingetragenen Schiff oder Schiffsbauwerk geltend gemacht werden soll, das von dem bisherigen Eigentümer nach § 7 des Gesetzes über Rechte an eingetragenen Schiffen und Schiffsbauwerken vom 15. November 1940 (RGBl. I S. 1499) aufgegeben und von dem Aneignungsberechtigten noch nicht erworben worden ist.

I. Normzweck

Die Vorschrift soll die Zwangsvollstreckung in herrenlose Grundstücke und Schiffe/Schiffsbauwerke sichern. Sie gilt nicht für das Erbbaurecht (§ 11 Abs. 1 ErbbauVO). Zur Anwendbarkeit auf Luftfahrzeuge s. § 99 Abs. 1 LuftfzRG. 1

II. Regelungsgehalt

1. Allgemeines. Nach § 787 ist ein Vertreter zu bestellen, wenn ein Vollstreckungstitel gegen den bisherigen Eigentümer zur Zwangsvollstreckung in das Grundstück oder eine vollstreckbare Urkunde gem. § 800 gegen den jeweiligen Eigentümer vorliegt und dieser das Eigentum während des Prozesses (§ 265) oder danach aufgegeben hat. Ist bereits während des Prozesses ein Vertreter nach § 58 bestellt worden, reicht dies auch für die Zwangsvollstreckung aus. 2

2. Verfahren, Rechtsstellung des Vertreters. Der Vertreter wird auf Antrag des Gläubigers durch das Vollstreckungsgericht (§ 764 Abs. 2) bestellt. Zuständig ist gem. § 20 Nr. 17 RPflG der Rechtspfleger. Rechtsbehelf ist in jedem Fall die sofortige Beschwerde nach § 793.[1] Der Vertreter handelt **im eigenen Na-** 3

[2] Übereinkommen über die Beschränkung der Haftung für Seeforderungen (BGBl. 1986 II S. 786).
[3] BGBl. 1988 II S. 1643.
[4] *St/J/Münzberg* Rn. 6; *Zö/Stöber* Rn. 5.
[1] MK/*Karsten Schmidt* Rn. 5; *Zö/Stöber* Rn. 1.

men.[2] Der Titel ist entsprechend § 727 gegen ihn umzuschreiben und ihm zuzustellen, § 750 Abs. 2.[3] Er kann innerhalb des Vollstreckungsverfahrens alle sich aus dem Eigentum ergebenden Rechte geltend machen.

III. Gebühren und Kosten

4 **1. Rechtsanwaltsgebühren.** Die Tätigkeit des Anwalts gehört zum Rechtszug, wird also durch die Gebühren der Nrn. 3100ff. VV RVG abgegolten (§ 19 Abs. 1 Nr. 3 RVG). Beim **Vollstreckungsanwalt** ist sie durch die Vollstreckungsgebühr der Nr. 3309 VV RVG abgegolten (§ 18 Nr. 3 RVG). Zur Einstellung vgl. § 707 Rn. 15. Zur Vertreterbestellung vgl. § 779 Rn. 7.

5 **2. Gerichtskosten.** Gerichtsgebühren werden für die Bestellung eines Vertreters nicht erhoben, s. a. § 779 Rn. 8.

788

Kosten der Zwangsvollstreckung **(1) [1]Die Kosten der Zwangsvollstreckung fallen, soweit sie notwendig waren (§ 91), dem Schuldner zur Last; sie sind zugleich mit dem zur Zwangsvollstreckung stehenden Anspruch beizutreiben. [2]Als Kosten der Zwangsvollstreckung gelten auch die Kosten der Ausfertigung und der Zustellung des Urteils. [3]Soweit mehrere Schuldner als Gesamtschuldner verurteilt worden sind, haften sie auch für die Kosten der Zwangsvollstreckung als Gesamtschuldner; § 100 Abs. 3 und 4 gilt entsprechend.**

(2) [1]Auf Antrag setzt das Vollstreckungsgericht, bei dem zum Zeitpunkt der Antragstellung eine Vollstreckungshandlung anhängig ist, und nach Beendigung der Zwangsvollstreckung das Gericht, in dessen Bezirk die letzte Vollstreckungshandlung erfolgt ist, die Kosten gemäß § 103 Abs. 2, den §§ 104, 107 fest. [2]Im Falle einer Vollstreckung nach den Vorschriften der §§ 887, 888 und 890 entscheidet das Prozessgericht des ersten Rechtszuges.

(3) Die Kosten der Zwangsvollstreckung sind dem Schuldner zu erstatten, wenn das Urteil, aus dem die Zwangsvollstreckung erfolgt ist, aufgehoben wird.

(4) Die Kosten eines Verfahrens nach den §§ 765a, 811a, 811b, 813b, 829, 850k, 851a und 851b kann das Gericht ganz oder teilweise dem Gläubiger auferlegen, wenn dies aus besonderen, in dem Verhalten des Gläubigers liegenden Gründen der Billigkeit entspricht.

Übersicht

I. Normzweck

1 Nach **Absatz 1** trägt der Schuldner die Kosten der Zwangsvollstreckung. Er hat seine titulierte Verpflichtung nicht erbracht, sodass gegen ihn vollstreckt werden musste. Außerdem befreit die Norm von dem Erfordernis eines Titels wegen der Vollstreckungskosten. **Absatz 1 Satz 3** ist am **1. 1. 1999** in Kraft getreten, gilt gem. Art. 3 Abs. 3 des 2. ZwVÄndG aber nur für Kosten, die nach dem Inkrafttreten entstanden sind. Er ordnet entsprechend der für das Erkenntnisverfahren geltenden Regel des § 100 Abs. 4 die gesamtschuldnerische Mithaftung der als Gesamtschuldner verurteilten Schuldner an. Grund ist, dass der Gläubiger nicht mit durch das Vorgehen gegen einen zahlungsunfähigen Schuldner entstandenen Kosten belastet werden soll, während ein anderer Gesamtschuldner ebenso verurteilt wurde, sich in Verzug befand und nicht leistete. Dies erscheint wegen der Nichtleistung trotz Verurteilung auch im Hinblick auf § 425 BGB sachgerecht. **Absatz 2** regelt die Kostenfestsetzung und die Zuständigkeit hierfür. **Absatz 3** ergänzt §§ 717 Abs. 2, 945 und ordnet die Kostenerstattung bei der Aufhebung des Titels an. **Absatz 4** beinhaltet als Ausnahme von Abs. 1 eine Billigkeitsregelung für bestimmte Fälle. Die Vorschrift findet auf **jede Art der Zwangsvollstreckung** Anwendung, wie aus ihrem Wortlaut und der systematischen Stellung im 1. Abschnitt des 8. Buches folgt. Entsprechend gilt sie für die Kosten eines Insolvenzverfahrens,[1] nicht aber für

---

[2] MK/*Karsten Schmidt* Rn. 6.
[3] MK/*Karsten Schmidt* Rn. 6; *Zö/Stöber* Rn. 1.
[1] MK/*Karsten Schmidt* Rn. 6.

den Eröffnungsantrag[2] und die Teilungsversteigerung nach §§ 188ff. ZVG.[3] Sie enthält für die Vollstreckungskosten eine abschließende **Sonderregelung,**[4] verdrängt also §§ 91, 91a,[5] 92 und 269 Abs. 4.[6] Dagegen bleiben materiell-rechtliche Erstattungsansprüche neben § 788 möglich. § 788 regelt nur die Kostentragungspflicht im Verhältnis zwischen **Schuldner und Gläubiger.**[7] So kann insbesondere ein Drittschuldner ihm im Rahmen der Forderungspfändung entstandene Kosten nicht nach § 788 ersetzt verlangen.[8] Zur Festsetzung der Vollstreckungskosten als **Kosten des Rechtsstreits** s. § 103 Rn. 6.

II. Voraussetzungen und Rechtsfolge des Absatzes 1

1. Kosten der Zwangsvollstreckung. a) Allgemein sind erstattungsfähig die notwendigen, unmittelbar zur **Vorbereitung** oder **Durchführung** der Zwangsvollstreckung angefallenen Kosten, nicht dagegen Kosten, die nur aus Anlass der Zwangsvollstreckung entstehen.[9] Abs. 1 S. 2 nennt weiter die Kosten für die **Ausfertigung und Zustellung** des Urteils. Kosten **ausländischer Vollstreckungsmaßnahmen** können bei der Vollstreckung ausländischer Titel **nicht nach § 788** beigetrieben werden,[10] der nur im Inland gilt und daher auch nur im Inland entstandene Kosten erfasst; im Übrigen ist Grundlage der Zwangsvollstreckung im Inland das Vollstreckungsurteil nach § 723 bzw. die deutsche Vollstreckungsklausel. Die Vollstreckbarerklärung eines Inlandstitels in einem ausländischen Staat zur Vollstreckung dort ist keine Zwangsvollstreckung nach der ZPO; auch hier findet § 788 keine Anwendung.[11] Auf die Kosten der Vollstreckbarerklärung nach dem AVAG ist nach § 8 Abs. 1 S. 4 AVAG dagegen § 788 entsprechend anzuwenden. 2

b) Vorbereitungskosten. Kosten der Vorbereitung der Zwangsvollstreckung sind nach § 788 beitreibbar. Sie sind von den Prozesskosten abzugrenzen, für die §§ 91ff. gelten. Zu den nach § 788 erstattungsfähigen Kosten zählen etwa Kosten für die Ermittlung des Aufenthalts des Schuldners, für die Beschaffung nach §§ 726f. erforderlicher Urkunden, für die Erlangung einer Bankbürgschaft im Rahmen der Sicherheitsleistung nach § 709[12] (s. a. Rn. 8 „Bankbürgschaft") und zwar in voller Höhe auch bei Teilverurteilung.[13] Diese Kosten sind aber nur nach § 788 vollstreckbar, wenn es zur Vollstreckung kommt, nicht, wenn der Gläubiger vorher befriedigt wurde.[14] Noch zu den Prozesskosten zählen demgegenüber Kosten für die Vollstreckbarerklärung des Titels (§§ 537, 716),[15] für das Räumungsfristverfahren nach §§ 721, 794a oder für die Erlangung einer devisenrechtlichen Genehmigung.[16] 3

c) Als Durchführungskosten sind die Kosten zu erstatten, die der Gläubiger aufwenden muss, um die vom Schuldner nach dem Inhalt des Titels geschuldete Leistung zwangsweise durchzusetzen.[17] Dazu rechnen etwa: Anwaltskosten des Gläubigers; Gerichtsvollzieherkosten; Kosten einer mit dem Drittschuldner geführten Einziehungsklage, sofern sie nicht von vornherein aussichtslos gewesen ist,[18] auch trotz der Tatsache, dass diese gem. § 12a Abs. 1 S. 1 ArbGG im normalen Erkenntnisverfahren vor dem Arbeitsgericht nicht erstattungsfähig sind, die Anwaltskosten.[19] 4

d) Aus Anlass der Zwangsvollstreckung entstehende Kosten und solche, die zur Durchsetzung weiterer Maßnahmen als der Zwangsvollstreckung dienen, sind **nicht erstattungsfähig.**[20] Dazu gehören etwa der Restkaufpreis, den der Gläubiger an den Vorbehaltsverkäufer zahlt, um das Anwartschaftsrecht des Schuldners zum Volleigentum erstarken zu lassen und dem Vorbehaltseigentümer die Möglichkeit zur Intervention zu nehmen (s. a. § 857 Rn. 7),[21] oder Vorschusszahlungen zur Deckung der Verwaltungskosten, die andere Wohnungseigentümer leisten, weil der Schuldner nicht zahlt.[22] 5

e) Gesamtschuldnerische Haftung, Rechtsbehelfskosten. Abs. 1 S. 3 ordnet die gesamtschuldnerische Haftung mehrerer Schuldner an. Voraussetzung ist ihre **gesamtschuldnerische Verurteilung.** Insoweit kommt es allein auf den Titel an; ausreichend ist die getrennte Verurteilung in mehreren Titeln. Zur Auslegung des Titels in diesen Fällen s. § 704 Rn. 10. Liegt diese Voraussetzung vor, können nach § 788 erstat- 6

---

[2] LG Berlin MDR 1983, 587.
[3] MK/*Karsten Schmidt* Rn. 6 m. weit. Nachw.
[4] MK/*Karsten Schmidt* Rn. 9.
[5] OLG Hamburg MDR 1964, 425; aA OLG Koblenz JurBüro 1982, 1897, 1898.
[6] KG NJW-RR 1987, 192; *Zö/Stöber* Rn. 20; aA OLG München OLGZ 1984, 66, 69.
[7] BGH NJW 1985, 1155, 1156.
[8] BGH (Fn. 7); BAG NJW 1985, 1181, 1182.
[9] MK/*Karsten Schmidt* Rn. 11; *St/J/Münzberg* Rn. 8.
[10] *Zö/Stöber* Rn. 3a; *Ilg* in Anm. zu LG Passau Rpfleger 1989, 342; aA LG Passau aaO; MK/*Karsten Schmidt* Rn. 7.
[11] *Zö/Stöber* Rn. 3a; aA OLG Düsseldorf Rpfleger 1990, 184.
[12] HM, BGH NJW 1974, 693, 694; OLG Hamburg MDR 1997, 788; OLG Karlsruhe NJW-RR 1987, 128; aA OLG München NJW-RR 2000, 117, 118; OLG Hamburg MDR 1999, 188; *St/J/Münzberg* Rn. 11.
[13] OLG Koblenz OLGZ 1993, 211, 212f.
[14] KG JurBüro 1987, 390f.; OLG Frankfurt NJW 1953, 671, 672.
[15] OLG Hamm MDR 1972, 1043.
[16] OLG Frankfurt NJW 1953, 671.
[17] MK/*Karsten Schmidt* Rn. 12.
[18] BGH NJW 2006, 1141f.
[19] HM, BGH (Fn. 18); *Ro/G/Sch* § 46 II 2a; MK/*Karsten Schmidt* Rn. 13; aA OLG Bamberg JurBüro 1994, 612; OLG Schleswig, JurBüro 1992, 500; OLG München Rpfleger 1990, 528.
[20] BGH NJW 2005, 2460, 2461.
[21] MK/*Karsten Schmidt* Rn. 24 „Eigentumsvorbehalt"; *St/J/Münzberg* Rn. 19; aA LG Aachen Rpfleger 1968, 60; *Zö/Stöber* Rn. 13 „Anwartschaft".
[22] BGH (Fn. 20) S. 2461f.

tungsfähige (also insbesondere notwendige, s. Rn. 7), bei der Vollstreckung gegen einen anderen Gesamtschuldner entstandene Kosten ohne besonderen Titel auch bei anderen mit verurteilten Gesamtschuldnern beigetrieben oder nach Abs. 2 gegen diese festgesetzt werden. Zum Inkrafttreten des Abs. 1 S. 3 s. Rn. 1. Die Kosten besonderer **Rechtsbehelfsverfahren** fallen nicht unter § 788, weil sie nur ihren Ursprung in der Vollstreckung haben. Dazu zählen Klagen nach §§ 731, 767f.,[23] 771, 805 und die Erinnerungs- und Beschwerdeverfahren nach §§ 732, 766, 793.[24] Nur wenn im Ausnahmefall, etwa bei § 766 Abs. 2, keine Kostenentscheidung ergeht, richtet sich die Erstattungspflicht nach § 788.[25] Bei gesamtschuldnerischer Haftung treffen diese Rechtsbehelfskosten entsprechend § 100 Abs. 3 nur den Schuldner, der sie verursacht hat.

7 **2. Notwendige Kosten.** Nur notwendige Kosten (s. § 91 Rn. 8) sind beitreibbar, Abs. 1 S. 1. Die Vorschrift entspricht § 91 Abs. 1 S. 1. Die Kosten sind möglichst gering zu halten. Sie sind notwendig, wenn der Gläubiger eine Vollstreckungsmaßnahme im **Zeitpunkt ihrer Vornahme** zur Durchsetzung seines Anspruchs **objektiv für erforderlich** halten durfte.[26] Ob sich die Maßnahme später als überflüssig erwies, ist ohne Bedeutung (s. a. § 91 Rn. 8).[27] Kosten erkennbar **unzulässiger, aussichtsloser**[28] oder voreiliger Vollstreckungsmaßnahmen sind nicht notwendig. **Voreilig** ist die Vollstreckung, wenn eine freiwillige Leistung nicht abgewartet wird,[29] der Vollstreckungsauftrag erteilt wird, bevor die Voraussetzungen der Zwangsvollstreckung vorliegen,[30] oder gegen einen vermögenslosen Schuldner neue Vollstreckungsversuche eingeleitet werden, ohne dass Anzeichen für das Vorhandensein von Vermögen erkennbar sind.[31] Bei Geldschulden ist (jedenfalls dann, wenn der Gläubiger ein Konto bekannt gegeben hat) zu bestehenden Fristen die Laufzeit einer Überweisung bis zur Gutschrift hinzuzurechnen, weil der Gläubiger damit rechnen muss, dass der Schuldner noch am letzten Tag der Frist den Auftrag erteilt.[32] Die Beauftragung eines **Anwalts** mit der Durchführung der Vollstreckung wird in aller Regel notwendig sein, soweit Gebühren nach § 18 Nr. 3ff. RVG entstehen.[33] Die Kosten eines Inkassobüros sind erstattungsfähig,[34] werden der Höhe nach aber durch die Höhe fiktiver Rechtsanwaltskosten begrenzt.[35]

8 **3. Rechtsprechungsbeispiele. „Ja"** bedeutet erstattungsfähig Vollstreckungskosten, **„nein"** nicht erstattungsfähig bzw. nicht notwendig.

Abtretungsanzeige: ja, aber nur bis zur Höhe der Kosten eines Pfändungs- und Überweisungsbeschlusses;[36] **nein** vor Erwirkung des Titels.[37] **Androhung** von Ordnungs- und Zwangsmitteln: **ja,** weil die Vollstreckung damit beginnt.[38] **Antragsrücknahme** (s. a. Rn. 1): **ja,** wenn auf Ersuchen des Schuldners erfolgt.[39] **Anwaltskosten** (s. a. Vergleich): andere Verwertungsart: **ja** nach § 825 (§ 18 Nr. 10 RVG); **nein** nach § 844;[40] Hebegebühr nein;[41] Vergleich s. dort; Wohnungswechsel: **nein** für erneuten Auftrag;[42] Zahlungsaufforderung s. dort. **Anwartschaft** s. Rn. 5. **Anwesenheit des Gläubigers** (Zeitversäumnis, Fahrtkosten): **ja,**[43] wenn die Anwesenheit notwendig oder nützlich war. **Auskunft** aus Melde-, Gewerberegister, Schuldnerkartei: **ja.**[44] **Avalprovision: ja,** s. Rn. 3, „Bankbürgschaft" sowie § 91 Rn. 42. **Bankbürgschaft: ja,** s. Rn. 3, auch Rückbürgschaft (s. Rn. 13 „Rückbürgschaft";[45] **nein,** wenn sie ausschließlich im wirtschaftlichen Interesse des Gläubigers lag[46] oder das Gericht die Sicherheitsleistung durch Bürgschaft nicht zugelassen hat;[47] Zinsverlust durch Einsatz eigenen Kapitals;[48] Aufwendungen für Kreditbeschaffung (s. Rn. 9 „Darlehenskosten"); Anwaltskosten bei der Hinterlegung.[49] **Befreiung von Verbindlichkeit:** S. Freistellung.

---

[23] So LG Konstanz JurBüro 2004, 45 zu einer erfolgreichen Vollstreckungsabwehrklage des Drittschuldners.
[24] BGH NJW 2007, 2993.
[25] OLG Zweibrücken JurBüro 1990, 534, 535.
[26] OLG Zweibrücken JurBüro 1998, 215, 216; MK/*Karsten Schmidt* Rn. 22 m. weit. Nachw.
[27] OLG Karlsruhe Justiz 1986, 410.
[28] OLG Frankfurt NJW 1978, 1441, 1442.
[29] OLG Karlsruhe JurBüro 1990, 260, 261.
[30] OLG Köln InVo 1999, 127.
[31] BGH (Fn. 20) S. 2462.
[32] OLG Stuttgart JurBüro 1986, 392; LG Hannover JurBüro 1991, 1274; MK/*Karsten Schmidt* Rn. 22a; aA *Zö/Stöber* Rn. 9c.
[33] BGH NJW 2006, 1598, 1599; MK/*Karsten Schmidt* Rn. 23.
[34] LG Bremen JurBüro 2002, 212.
[35] LG Bremen (Fn. 34); MK/*Karsten Schmidt* Rn. 23.
[36] LG Köln JurBüro 1983, 1038f.
[37] LG Köln Rpfleger 1990, 182f.
[38] OLG Bremen NJW 1971, 58f.
[39] *Zö/Stöber* Rn. 13 „Zurücknahme".
[40] LG Berlin Rpfleger 1990, 92.
[41] OLG Nürnberg JurBüro 1992, 107f.; OLG München JurBüro 1992, 178.
[42] OLG Köln DGVZ 1983, 9f.
[43] *Zö/Stöber* Rn. 13 „Anwesenheit des Gläubigers".
[44] LG Bonn JurBüro 1990, 349, 351; LG Köln JurBüro 1983, 1571.
[45] KG NJW-RR 1999, 75f.; aA OLG Hamburg JurBüro 1990, 1677, 1678.
[46] OLG Bamberg JurBüro 1987, 933.
[47] OLG Hamm InVo 1997, 224.
[48] OLG Hamm MDR 1982, 416.
[49] OLG Schleswig JurBüro 1984, 941; aA OLG Karlsruhe JurBüro 1984, 1515.

Darlehenskosten für die Sicherheitsleistung: **nein,** da nicht notwendig.[50] **Detektivkosten: ja,** zur Ermittlung einer sonst nicht in Erfahrung zu bringenden Arbeitsstelle;[51] bei fehlender Ummeldung;[52] bei unrichtiger Melderegisterauskunft;[53] wenn deshalb eine Einziehungsklage Erfolg hatte;[54] **nein,** wenn Auskunft durch Offenbarungsversicherungsverfahren zu erlangen ist;[55] wenn die Ermittlungen über das notwendige Maß hinausgehen;[56] wenn der Schuldner nur allgemein überwacht werden soll.[57] **Devisenrechtliche Genehmigung: nein.**[58] **Drittschuldner:** Kosten einer aussichtsreichen Einziehungs-(Drittschuldner-)klage: **ja,** s. Rn. 4. 9

Eidesstattliche Versicherung: ja, Kosten des Verfahrens, der Verhaftung, Vorführung und Haftvollstreckung.[59] **Eigentumsvorbehalt** s. Rn. 5. **Einstweilige Einstellung: ja,** wenn Teil des Vollstreckungsverfahrens;[60] **nein,** wenn Teil des Hauptsacheverfahrens.[61] **Eintragung ins Grundbuch: ja,** wenn unmittelbar der Zwangsvollstreckung dienend, so bei Sicherungshypothek aufgrund einstweiliger Verfügung;[62] **nein** bei Eintragung aufgrund §§ 894f.[63] **Erhaltung der Pfandsachen: ja,** Kosten für sachgemäße Unterbringung oder Versicherung.[64] **Erneuter Vollstreckungsversuch: ja,** wenn mehr als sechs Monate vergangen;[65] **nein,** wenn seit der erfolgten Vollstreckung mit Durchführung der Offenbarungsversicherung noch keine vier Monate verstrichen sind und keine Anhaltspunkte für Vermögenserwerb vorliegen.[66] **Ersatzvornahme: ja,**[67] bei umfangreichen Bauarbeiten auch Finanzierungskosten;[68] bei Vorschussleistung, soweit sie den Vorschuss übersteigen;[69] bei Freistellungsanspruch auch bei Zahlung des Freistellungsbetrages nach Ermächtigungsbeschluss.[70] 10

Forderungspfändung: nein, Mehrkosten durch getrennte Pfändung mehrerer Forderungen des Schuldners gegen verschiedene Drittschuldner,[71] gesonderte Beschlüsse bei Vollstreckung aus mehreren Titeln.[72] **Freistellung von Geldverbindlichkeit: ja,** bei Zahlung des Freistellungsbetrages nach Ermächtigungsbeschluss.[73] **Gegenleistung** s. Zug-um-Zug-Vollstreckung. **Gerichtsvollzieher:** Hinzuziehung von Zeugen s. Zeugengebühren; **Protokollabschrift** s. dort; **Räumungsvollstreckung** s. dort; **Verhaftung: ja,** Auslagen eines Mietfahrzeugs zur Beförderung des Schuldners.[74] **Gleichzeitiger Haft- und Pfändungsauftrag: ja,** wenn konkrete Anhaltspunkte für erfolgreiche Pfändung vorliegen.[75] **Grundbuchauszug: ja.**[76] **Grundbucheintragung** s. Eintragung. **Gutachterkosten: ja,** wenn (ausnahmsweise, zB zur Ermittlung der voraussichtlichen Kosten zur Beseitigung der verschiedenen Handwerksbereichen zuzuordnenden Baumängel) notwendig;[77] **nein,** zum Nachweis der Nachbesserung bei Zug-um-Zug-Verpflichtung, weil Prüfung dem Gerichtsvollzieher obliegt;[78] wenn unverhältnismäßig.[79] 11

Haftpflichtversicherung s. Wartezeit. **Hebegebühr** s. Anwalt. **Herausgabevollstreckung** (s. § 883 Rn. 9): **ja,** bei Verurteilung zur Versendung;[80] **nein,** wenn Schuldner nicht zur Arbeitsleistung verurteilt, so Abbau einer Kranbrücke oder eines herauszugebenden Gerüstes;[81] Demontage von Regalen;[82] Kosten des Transports zum Gläubiger ohne Verurteilung zur Versendung (s. a. § 883 Rn. 9).[83] **Hinterlegung: ja,** Vorbereitungskosten, s. Rn. 3; **nein,** wegen der Hinterlegung entgangene Anlagezinsen.[84] **Inkassobüro: ja,** bis in 12

---

[50] OLG Köln AnwBl. 1987, 288.
[51] LG Berlin Rpfleger 1990, 37.
[52] LG Aachen JurBüro 1985, 1734, 1735.
[53] LG Berlin JurBüro 1985, 628f.
[54] LG Freiburg JurBüro 1996, 383.
[55] LG Bochum JurBüro 1988, 256.
[56] OLG Koblenz JurBüro 1996, 383f.
[57] LG Hannover MDR 1989, 364.
[58] OLG Frankfurt NJW 1953, 671, 672.
[59] OLG Königsberg JW 1931, 1123; *Zö/Stöber* Rn. 13 „Eidesstattliche Versicherung".
[60] MK/*Karsten Schmidt* Rn. 24 „Einstweilige Einstellung".
[61] OLG München Rpfleger 1987, 36.
[62] OLG München NJW-RR 1999, 79f.; KG Rpfleger 1991, 433.
[63] OLG Hamm JurBüro 2000, 494; OLG Celle NJW 1968, 2246, 2247.
[64] OLG Kiel OLGRspr. 29, 100.
[65] LG Münster DGVZ 1990, 125.
[66] LG Heilbronn MDR 1994, 951.
[67] OLG Stuttgart JurBüro 1984, 1421.
[68] OLG Düsseldorf MDR 1984, 323, 324.
[69] OLG München JurBüro 1992, 270.
[70] OLG München NJW-RR 1998, 1769f.
[71] OLG Düsseldorf JurBüro 1994, 351.
[72] AG Oldenburg DGVZ 1981, 30, 31.
[73] OLG München (Fn. 70).
[74] AG Berlin-Neukölln DGVZ 1979, 190, 191; aA VG Schleswig DGVZ 1979, 14, 15.
[75] LG Aachen Rpfleger 1990, 134; LG Frankfurt Rpfleger 1989, 126.
[76] OLG Karlsruhe JW 1930, 729.
[77] OLG Zweibrücken JurBüro 1986, 467.
[78] OLG Köln MDR 1986, 1033.
[79] LG Hannover JurBüro 1990, 1679.
[80] OLG Schleswig DGVZ 1953, 166, 167.
[81] OLG München MDR 1997, 882f.; OLG Hamburg JurBüro 1981, 779.
[82] OLG Koblenz NJW-RR 1990, 1152.
[83] OLG Koblenz (Fn. 82); OLG Hamburg NJW 1971, 387f.
[84] OLG München Rpfleger 2000, 27.

Höhe der Anwaltskosten, s. Rn. 7; **nein,** neben Anwaltskosten. **Insolvenzantrag: nein,** s. Rn. 1. **Lagerkosten** s. Räumungsvollstreckung. **Löschung** (Arrest-, Zwangssicherungshypothek): **nein,** da keine Vollstreckung.[85] **Mehrere gleichzeitige Vollstreckungsmaßnahmen: ja,** wenn nicht schon eine Aussicht auf Erfolg verspricht[86] (s. a. gleichzeitiger Haft- und Pfändungsauftrag, Forderungspfändung). **Mietaufwendungen** für Ersatzwohnung: **nein.**[87]

13 **Notar: nein,** wenn er zur Vollstreckung seines Gebührentitels einen Anwalt einschaltet, da nicht notwendig.[88] **Protokollabschrift: ja. Ratenzahlungsvergleich** s. Vergleich. **Räumungsvollstreckung: ja** (Transport-, Lagerkosten, Entfernung von Schrott und Unrat, Verwertung von Räumungsgut),[89] grundsätzlich auch bei freiwilliger Räumung oder anderweitiger Erledigung;[90] **nein,** weitere Gebühr bei Fortsetzung der Vollstreckung nach Aufhebung einer behördlichen Beschlagnahme;[91] Beseitigung von Bauwerken und Anpflanzungen aufgrund Räumungstitels ohne Ermächtigung nach § 887,[92] wenn nur eine unspezifizierte Speditionsrechnung vorliegt,[93] wenn der Schuldner vor Beauftragung des Gerichtsvollziehers eine Ersatzwohnung angemietet und dies dem Gläubiger mitgeteilt hat.[94] **Rechtsbehelfskosten** s. Rn. 6. S. a. Drittschuldner. **Rechtsstreit** s. Drittschuldner. **Rückbürgschaft; ja,** wenn Partei mit Sitz im Ausland die Bürgschaft eines inländischen Kreditinstituts für eine Sicherheitsleistung nur durch Rückbürgschaft einer ausländischen Bank erlangen kann.[95] **Rückgabe** der Sicherheit **ja.**[96]

14 **Sequestration** (zum Begriff s. § 938 Rn. 7): **ja** bei Kosten der Abholung und einfachen Verwahrung,[97] auch durch den Gerichtsvollzieher als bestellten Sequester;[98] **nein** bei Kosten der Verwaltung[99] oder Wirtschaftsführung.[100] **Sicherheitsleistung** s. Rn. 3. **Steuerberatungskosten: ja,**[101] wenn besondere Schwierigkeiten diese erforderlich machen,[102] bis in Höhe entsprechender Anwaltskosten.[103] **Stundungsvereinbarung** s. Vergleich. **Taschenpfändung: ja,** der Höhe nach nur insoweit, als pfändbares Geld zu erwarten ist.[104] **Teilungsversteigerung** s. Rn. 1. **Transportkosten** s. Herausgabe-, Räumungsvollstreckung. **Übersetzungskosten: ja,** um Vollstreckungsfähigkeit des Titels im Ausland zu erreichen.[105]

15 **Vergleich: ja,** wenn Vergleich iSd. § 779 BGB, alle Vollstreckungsvoraussetzungen vorliegen[106] und die Kosten vom Schuldner übernommen sind (s. a. § 98 Rn. 2);[107] dies gilt seit Geltung des RVG auch für reine **Ratenzahlungsvergleiche** einschließlich der Anwaltskosten;[108] **nein,** wenn der Schuldner sich bereit erklärt, seine titulierte Zahlungsverpflichtung zu erfüllen und den pfändbaren Teil seines Lohns abtritt, in den ohnehin vollstreckt werden kann, da kein Vergleich;[109] Ratenzahlungsangebot;[110] Vereinbarung der Zahlung eines Teilbetrages des titulierten Anspruchs zu einem bestimmten Termin;[111] Zahlung höherer Zinsen;[112] Verzicht auf Rechtsbehelfe.[113] **Veröffentlichungskosten: ja** (§ 18 Nr. 20 RVG); **nein,** bei Widerrufsurteil ohne ausdrückliche Veröffentlichungsbefugnis.[114] **Verzinsung der Vollstreckungskosten: ja,** wenn Festsetzung nach §§ 103ff. erfolgt (§ 104 Abs. 1 S. 2; s. ausführlich § 104 Rn. 12).[115] **Vollstreckbare Ausfertigung: ja; weitere – ja,** wenn für Vollstreckung notwendig[116] und Erfordernis der Erteilung nicht vom

---

[85] OLG Frankfurt JurBüro 1981, 786f.; OLG Stuttgart Rpfleger 1981, 158; aA OLG Oldenburg Rpfleger 1983, 329.
[86] OLG Frankfurt AnwBl. 1971, 209, 210.
[87] LG Münster JMBlNRW 1955, 7.
[88] LG Saarbrücken DGVZ 1989, 91f.
[89] OLG Zweibrücken JurBüro 1998, 215, 216; OLG Karlsruhe Justiz 1974, 183.
[90] LG Mannheim DWW 1994, 85; LG Kassel Rpfleger 1987, 425.
[91] LG Bonn Rpfleger 1990, 226f.
[92] BGH NJW-RR 2005, 212.
[93] LG Frankfurt/M ZMR 2002, 826, 827.
[94] LG Mannheim DWW 1994, 85.
[95] KG (Fn. 45); aA OLG Hamburg (Fn. 45).
[96] *Zö/Stöber* Rn. 13 „Rückgabe der Sicherheit".
[97] KG NJW-RR 1987, 574f.; aA bzgl. der Lagerkosten OLG Hamburg MDR 1993, 1023f.
[98] OLG Hamburg JurBüro 2000, 157, 158; OLG Bremen Rpfleger 1999, 340 (auch zur Höhe); OLG Düsseldorf JurBüro 1996, 89; OLG Karlsruhe DGVZ 1993, 26 (noch weiter gehend); aA OLG Hamm JurBüro 1997, 160f.; OLG Schleswig JurBüro 1992, 703.
[99] OLG Koblenz ZIP 1981, 912.
[100] OLG München Rpfleger 1973, 30f.
[101] LG Dortmund JurBüro 1990, 1050; LG Essen JurBüro 1985, 412.
[102] LG Düsseldorf DGVZ 1991, 11.
[103] LG Heilbronn JurBüro 1983, 1570.
[104] LG Paderborn DGVZ 1984, 13, 14.
[105] LG Berlin JurBüro 1986, 1585.
[106] OLG Bremen JurBüro 1986, 1203.
[107] BGH NJW 2006, 1598, 1599; OLG Düsseldorf Rpfleger 1994, 264.
[108] BGH (Fn. 107); *MK/Karsten Schmidt* Rn. 16 m. weit. Nachw.; anders zum alten Recht München I MDR 1998, 1441; LG Wuppertal DGVZ 1996, 93, 94; LG Limburg DGVZ 1996, 43.
[109] LG Duisburg DGVZ 1992, 76, 77f.
[110] LG Darmstadt Rpfleger 1988, 333.
[111] OLG Zweibrücken Rpfleger 1999, 83.
[112] KG MDR 1981, 1029.
[113] AG Aachen DGVZ 1987, 62.
[114] OLG Stuttgart Rpfleger 1983, 175.
[115] OLG Hamm Rpfleger 1992, 315f.; aA LG Aachen Rpfleger 1989, 522.
[116] LG Frankenthal JurBüro 1979, 1325f.

Gläubiger zu vertreten.[117] **Vollstreckungsanzeige nach § 882a: ja,** für Anwaltskosten.[118] **Vollstreckungsklausel** s. vollstreckbare Ausfertigung. **Vorpfändung: ja,** regelmäßig (s. § 845 Rn. 10), nicht nur in dringenden Fällen[119], wenn Schuldner angemessene Zeit zur freiwilligen Zahlung hatte.[120] S. ausführlich § 845 Rn. 10.

Wartezeit: ja, drei Wochen nach Rechtskraft;[121] 15 Tage nach Verkündung des vorläufig vollstreckbaren Urteils;[122] in der Regel Kosten der Zahlungsaufforderung an die verurteilte Haftpflichtversicherung 21 Tage nach Zustellung des Titels;[123] **nein,** Vollstreckung ohne angemessene Wartezeit;[124] bei Aufforderung 3 Tage nach Rechtskraft (wohl, wenn Zahlung erst 17 Tage nach Rücknahme der Berufung erfolgte);[125] wenn Zahlung zu erwarten war;[126] Vollstreckungsauftrag gegen Haftpflichtversicherung vor Ablauf einer Karenzzeit von wenigen Tagen.[127] Bei einer Vollstreckung gegen die BRD sind Vollstreckungsmaßnahmen vor Ablauf von sechs Wochen nach Zustellung des Titels nicht angezeigt.[128] **Weitere Ausfertigung** s. vollstreckbare Ausfertigung. **Wohnungseigentümergemeinschaft: ja,** Mehrvertretungsgebühr eines Anwalts, wenn der Titel auf die einzelnen Wohnungseigentümer lautet;[129] **nein,** Vorschusszahlungen einer WEG mit dem Ziel, für die laufenden, nicht titulierten Wohngeldforderungen die Rangklasse des § 10 Abs. 1 Nr. 1 ZVG zu erlangen.[130] 16

Zahlungsaufforderung durch Anwalt: ja, wenn die Voraussetzungen der Zwangsvollstreckung vorlagen[131] und die Wartefrist (s. Rn. 16, „Wartezeit") abgelaufen war;[132] **nein** bei Aufforderung an den als Gesamtschuldner mit der Versicherung verurteilten Versicherungsnehmer;[133] vor Erteilung der Klausel;[134] vor Zustellung des Titels;[135] vor Nachweis der Sicherheitsleistung.[136] **Zeugengebühren: ja,** wenn Beiziehung durch den Gerichtsvollzieher erforderlich war.[137] **Zinsen** s. Verzinsung. **Zug-um-Zug-Vollstreckung: ja,** Kosten des tatsächlichen Angebots,[138] sofern nicht Angebot und Beschaffung der Gegenleistung nach materiellem Recht dem Gläubiger obliegen;[139] **nein,** Kosten, die auch ohne Vollstreckung nach materiellem Recht angefallen wären; s. a. Gutachten. **Zurücknahme des Antrags** s. Antragsrücknahme. 17

4. Rechtsfolge. a) Kostentragungspflicht. Aus Abs. 1 folgt die Kostentragungspflicht des Schuldners. Bei **mehreren Schuldnern** haftet auch bei gesamtschuldnerischer Verurteilung und Vollstreckung jeder Schuldner nur für die gegen ihn gerichtete Vollstreckung,[140] soweit die Kosten **vor dem 1. 1. 1999** entstanden sind, **danach gilt Abs. 1 S. 3** (s. Rn. 6). Wird gegen mehrere nicht als Gesamtschuldner verurteilte Schuldner gleichzeitig vollstreckt, haften sie nach Kopfteilen,[141] bei einer unteilbar gegen alle gerichteten Vollstreckung (zB Räumungsvollstreckung) als Gesamtschuldner.[142] Kosten, die **nicht** nach **Abs. 1 vom Schuldner** zu ersetzen sind, trägt der Gläubiger.[143] 18

b) Beitreibung. Der Gläubiger kann die Kosten, auch die einer früheren Zwangsvollstreckung,[144] ohne besondere Festsetzung **mit dem zu vollstreckenden Anspruch** beitreiben lassen, Abs. 1 S. 1. Der Gerichtsvollzieher hat wegen dieser Kosten mit zu vollstrecken, der Rechtspfleger hat sie in einen Pfändungs- und Überweisungsbeschluss aufzunehmen. Der Hauptanspruch selbst muss (noch) vollstreckbar sein. Das ist nicht der Fall, wenn der Titel aufgehoben ist;[145] ist dies durch Abschluss eines gerichtlichen Vergleichs geschehen, können zuvor entstandene Vollstreckungskosten in der Höhe ersetzt verlangt werden, in der sie angefallen wären, wenn die Vollstreckung von vornherein auf den Vergleichsbetrag beschränkt worden 19

---

[117] OLG Zweibrücken JurBüro 1999, 160.
[118] LAG Hamm AnwBl. 1984, 161 f.; KG MDR 1970, 340.
[119] So aber OLG Hamburg MDR 1990, 344.
[120] KG Rpfleger 1987, 216.
[121] KG AnwBl. 1976, 300.
[122] OLG Schleswig JurBüro 1981, 873.
[123] OLG Nürnberg NJW-RR 1993, 1534 f.
[124] OLG Braunschweig InVo 1999, 191.
[125] OLG Düsseldorf JurBüro 2001, 211 f.
[126] OLG Schleswig JurBüro 1983, 1266.
[127] OLG Hamburg MDR 1985, 593.
[128] BVerfG NJW 1999, 778 f.; 1991, 2758, 2759.
[129] BGH NJW-RR 2007, 955, 956.
[130] BGH NJW-RR 2006, 881.
[131] OLG München Rpfleger 1970, 183, 184; teilweise anders (Zustellung des Titels nicht erforderlich) BGH NJW-RR 2003, 1581; aA (weder Vollstreckungs- noch Vorbereitungskosten) *St/J/Münzberg* Rn. 17 m. weit. Nachw.
[132] OLG München MDR 1989, 652.
[133] OLG Hamburg JurBüro 1979, 1721, 1722.
[134] ArbG Dortmund JurBüro 1990, 1521.
[135] OLG Bremen JurBüro 1984, 298.
[136] OLG Koblenz Rpfleger 1985, 376.
[137] *Zö/Stöber* Rn. 13 „Zeugengebühren".
[138] OLG Hamburg MDR 1971, 145; LG Köln JurBüro 1998, 552.
[139] OLG Frankfurt JurBüro 1979, 1721; LG Köln (Fn. 138).
[140] OLG Köln MDR 1977, 850; OLG München NJW 1974, 957 f.
[141] OLG München NJW 1974, 957 f.
[142] MK/*Karsten Schmidt* Rn. 25 m. weit. Nachw.
[143] KG Rpfleger 1981, 318 f.
[144] MK/*Karsten Schmidt* Rn. 30 m. weit. Nachw.
[145] KG NJW-RR 2000, 518 f.; OLG Hamm MDR 1993, 917; aA OLG Zweibrücken JurBüro 1999, 552 f. m. weit. Nachw.

wäre.[146] Hebt der Vergleich das Urteil nicht auf, können Kosten der Zwangsvollstreckung aus dem Urteil nach § 788 beigetrieben werden.[147] Zur Festsetzung s. Rn. 22.

20 c) **Prüfung.** Das **Vollstreckungsorgan** (bzw. der Rechtspfleger bei der Festsetzung nach Abs. 2) hat die Erstattungsfähigkeit der Kosten selbstständig zu überprüfen. Wie im Kostenfestsetzungsverfahren (§ 104 Abs. 2) muss die Entstehung, Höhe und Notwendigkeit der Kosten glaubhaft gemacht werden (§ 294), gegebenenfalls (s. § 104 Abs. 2) reicht eine anwaltliche Versicherung. Sind die geltend gemachten Kosten nicht erstattungsfähig oder glaubhaft gemacht, weist das Vollstreckungsgericht den Kostenansatz durch Beschluss zurück, der Gerichtsvollzieher vollstreckt nicht und verständigt den Gläubiger von der Absetzung, § 130 Nr. 1 GVGA.

21 d) **Rechtsbehelfe.** Gegen den Kostenansatz des Gerichtsvollziehers können Gläubiger und Schuldner Erinnerung nach § 766 einlegen, § 766 Abs. 2 aE. Sind die Kosten vom Rechtspfleger in Ansatz gebracht (etwa in einem Pfändungsbeschluss), kann der Schuldner Vollstreckungserinnerung (§ 766) oder, wenn er gehört wurde, sofortige Beschwerde (§ 793) einlegen. Lehnt der Rechtspfleger die Ansetzung von Kosten ab, steht dem Gläubiger die sofortige Beschwerde zu. § 567 Abs. 2 findet Anwendung, und zwar, da es um die Höhe der Kosten geht, Satz 2. Die Rechtsbeschwerde findet nur im Fall ihrer Zulassung statt (§ 574 Abs. 1).

22 e) **Festsetzung, Absatz 2.** Zulässig ist auf Antrag auch eine gesonderte Festsetzung der Kosten in einem **Kostenfestsetzungsverfahren** (§§ 103 ff.; Abs. 2). Ausschließlich[148] **zuständig** ist der Rechtspfleger (§ 21 RPflG) des Vollstreckungsgerichts (§ 764 Abs. 2), bei dem zum Zeitpunkt der Antragstellung eine Vollstreckungshandlung anhängig ist, nach Beendigung der Zwangsvollstreckung (s. dazu vor § 704 Rn. 28 ff.) das Gericht, in dessen Bezirk die letzte Vollstreckungshandlung erfolgt ist (Abs. 2 S. 1).[149] Sind mehrere Vollstreckungsverfahren eingeleitet, ist das nach dem jeweiligen Verfahren zu bestimmende Gericht für jede (einzelne) Festsetzung zuständig, unter mehreren zuständigen Gerichten hat der Gläubiger die Wahl (§ 35).[150] In den Fällen der §§ 887 f., 890 entscheidet gem. Abs. 2 S. 2 der Rechtspfleger des als Vollstreckungsorgan tätigen Prozessgerichts des ersten Rechtszuges (zum Begriff s. § 767 Rn. 17). Für die Festsetzung der im Vollstreckungsverfahren entstandenen Gebühren des Rechtsanwalts gegen seinen Mandanten ist das Vollstreckungsgericht zuständig.[151] Die Kosten der Zustellung einer einstweiligen Verfügung werden vom Vollstreckungsgericht festgesetzt,[152] wenn die Verfügung nicht nach §§ 877 ff. zu vollstrecken ist.[153] Der Rechtspfleger hat die Erstattungsfähigkeit zu prüfen (s. Rn. 20). Zur Vermeidung von Doppelfestsetzungen ist eine eidesstattliche Versicherung des Gläubigers erforderlich, dass noch keine Festsetzung erfolgt oder abgelehnt ist, eingereichte Belege sollten gekennzeichnet werden.[154] Wegen Abs. 2 S. 1, § 104 Abs. 1 S. 2 ist auf Antrag die Verzinsung der Kosten auszusprechen. **Rechtsbehelf** ist die sofortige Beschwerde nach § 104 Abs. 3.[155] Zu Gegenansprüchen des Schuldners aus Abs. 3 s. Rn. 26. Zur Festsetzung der Vollstreckungskosten als **Kosten des Rechtsstreits** s. § 103 Rn. 6.

III. Voraussetzungen und Rechtsfolge des Absatz 3

23 **1. Voraussetzungen.** Wird der Titel, aus dem die Zwangsvollstreckung betrieben worden ist, aufgehoben, sind dem Schuldner die Kosten der Zwangsvollstreckung zu erstatten. Der Grund der Aufhebung ist ohne Bedeutung (Einspruch, Rechtsmittel, Nachverfahren, Wiederaufnahmeverfahren). Auch die Beseitigung des Titels durch Vergleich löst die Erstattungspflicht aus,[156] wenn nicht die Vollstreckungskosten gesondert geregelt wurden.[157] **Keine Anwendung** findet Abs. 3 mangels Titelaufhebung, wenn nur die vorläufige Vollstreckbarkeit des Titels aufgehoben, seine Vollstreckbarkeit durch eine Vollstreckungsabwehrklage beseitigt oder die Vollstreckung in bestimmte Gegenstände nach § 771 für unzulässig erklärt wird.

24 **2. Rechtsfolge.** Der Schuldner hat nach Abs. 3 einen Anspruch auf Erstattung der Kosten der Zwangsvollstreckung. Das sind nur die beigetriebenen oder freiwillig gezahlten Vollstreckungskosten. Nicht hierunter fallen Aufwendungen, die zur **Abwehr** der Zwangsvollstreckung oder Beseitigung ihrer Folgen geleistet wurden,[158] also Kosten für eine Sicherheitsleistung,[159] Löschungskosten bei einer Arrestsicherungshypothek,[160] Kosten der Rechtsverfolgung anlässlich der Zwangsvollstreckung[161] oder für die Aufhebung einer Vollstreckungsmaßnahme.[162] Diese Kosten kann der Schuldner ggf. nach § 717 Abs. 2 ersetzt verlangen, auch ist eine Festsetzung als Kosten des Rechtsstreits möglich.[163]

---

146 BGH NJW-RR 2004, 503 f.
147 LG Hannover NJW-RR 2001, 1437.
148 KG OLGR 2000, 210 f.
149 S. ausführlich *Jüling* MDR 2001, 493 ff.
150 MK/*Karsten Schmidt* Rn. 36.
151 BGH FamRZ 2005, 883; aA OLG Stuttgart NJW 2005, 759 f.
152 LG Berlin JurBüro 2000, 317.
153 KG MDR 2001, 533.
154 *Jüling* (Fn. 149) S. 492.
155 MK/*Karsten Schmidt* Rn. 35.
156 OLG Celle Rpfleger 1983, 498, 499; aA OLG Bremen NJW-RR 1987, 1208, 1209.
157 KG NJW 1963, 661, 662 f.
158 MK/*Karsten Schmidt* Rn. 41.
159 *HM*, OLG Hamm JurBüro 1987, 1083, 1084; MK/*Karsten Schmidt* Rn. 41 m. weit. Nachw.
160 OLG München MDR 1989, 460.
161 KG NJW 1978, 1440, 1441.
162 KG Rpfleger 1978, 150.
163 BGH NJW-RR 2006,1001, 1002.

25 **3. Teilaufhebung.** Wird das erstinstanzliche Urteil nur teilweise aufgehoben, kann der Gläubiger bereits entstandene Kosten nur insoweit gegen den Schuldner geltend machen, als sie aufgrund einer Vollstreckung auf der Basis der abändernden Entscheidung angefallen wären.[164] Darüber hinaus bereits vollstreckte Kosten können nach Abs. 3 zurückgefordert werden.[165]

26 **4. Verfahren.** Abs. 3 ist materiell-rechtliche Anspruchsgrundlage; daher ist eine Beitreibung nach Abs. 1 ohne besonderen Titel nicht möglich.[166] Der Erstattungsanspruch kann auf der Grundlage der Kostenentscheidung der den Titel aufhebenden Entscheidung im Kostenfestsetzungsverfahren beim Prozessgericht geltend gemacht werden.[167] Im Kostenfestsetzungsverfahren des Gläubigers (s. Rn. 22) sind auch Gegenansprüche des Schuldners aus Abs. 3 zu berücksichtigen.[168]

IV. Voraussetzungen und Rechtsfolge des Absatz 4

27 **1. Allgemeines.** In besonderen Ausnahmefällen (Vollstreckungsschutz, Austauschpfändung) kann das Vollstreckungsgericht die Kosten ganz oder teilweise dem Gläubiger auferlegen, „wenn dies aus besonderen, in dem Verhalten des Gläubigers liegenden Gründen der Billigkeit entspricht", Abs. 4. Trotz des Wortlauts handelt es sich um eine gebundene, keine Ermessensentscheidung.[169]

28 **2. Voraussetzungen.** Es muss sich um ein Verfahren nach §§ 765a, 811a, 811b, 813b, 829, 850k, 851a, 851b handeln. Eine analoge Anwendung der Norm ist wegen ihres Ausnahmecharakters unzulässig.[170] Billig ist eine Belastung des Gläubigers mit den Kosten, wenn er auf einer offensichtlich aussichtslosen Vollstreckungsmaßnahme beharrt hat;[171] dass er mit einem der genannten Verfahren rechnen musste, reicht allein nicht.

29 **3. Entscheidung, Rechtsmittel.** Die Entscheidung ergeht in den Rn. 28 genannten Verfahren durch Beschluss des Rechtspflegers. Hiergegen kann sich der Gläubiger mit der sofortigen Beschwerde (§ 793) zur Wehr setzen.

789 *Einschreiten von Behörden* Wird zum Zwecke der Vollstreckung das Einschreiten einer Behörde erforderlich, so hat das Gericht die Behörde um ihr Einschreiten zu ersuchen.

I. Normzweck

1 Die Vorschrift regelt die **Amtshilfe** für das Vollstreckungsrecht. Sie findet Anwendung, wenn das Eingreifen einer Behörde **zum Zwecke der Zwangsvollstreckung** erforderlich ist; aber nur dann, wenn die Einschaltung des Gerichts notwendig ist, der Gläubiger also **kein eigenes Antragsrecht** hat.[1]

II. Verfahren

2 **1. Zuständig** für das Amtshilfeersuchen ist das mit der Vollstreckung befasste Gericht, in der Regel also das Vollstreckungsgericht. Das Prozessgericht ist zuständig, wenn es selbst Vollstreckungsorgan ist (§§ 887ff.). Grundsätzlich bedarf es eines **Antrags** an das Gericht, der im Vollstreckungsantrag liegen kann, wenn das Gericht selbst mit der Vollstreckung betraut ist. Auch der Gerichtsvollzieher ist antragsbefugt, wenn er nicht – wie bei § 758 Abs. 3 – ein eigenes Recht hat, eine Behörde um Amtshilfe zu ersuchen.[2]

3 **2. Rechtsbehelfe.** Lehnt das Gericht den Antrag des Gläubigers ab, steht ihm dagegen die sofortige Beschwerde (§ 793) zu.[3] Der Schuldner ist allein durch das Amtshilfeersuchen nicht beschwert, erst durch einen darauf folgenden Vollstreckungsakt. Kommt die ersuchte Behörde dem Verlangen nicht nach, kann der Gläubiger dagegen mit der Dienstaufsichtsbeschwerde oder verwaltungsprozessualen Rechtsbehelfen vorgehen.

III. Gebühren und Kosten

4 **1. Rechtsanwaltsgebühren.** Die Tätigkeit des Anwalts wird von der Verfahrensgebühr Nr. 3309 VV RVG für die eigentliche Vollstreckungsmaßnahme mit abgegolten (§ 18 Nr. 3 RVG).

5 **2. Gerichtskosten.** Gerichtsgebühren werden nicht erhoben.

---

164 OLG München NJW-RR 1999, 798f. (unter Aufgabe der alten Rspr.); OLG Karlsruhe Justiz 1993, 258; anders (Quotierung) OLG Koblenz JurBüro 1997, 425.
165 OLG München MDR 1983, 676.
166 BGH (Fn. 163); MK/*Karsten Schmidt* Rn. 44; *St/J/Münzberg* Rn. 52; *T/P/Hüßtege* Rn. 6; aA *B/L/H* Rn. 18; *Zö/Stöber* Rn. 25.
167 BGH (Fn. 163); OLG Düsseldorf Rpfleger 1996, 297, 298; OLG Celle Rpfleger 1983, 498, 499.
168 OLG Düsseldorf (Fn. 167).
169 St/J/Münzberg Rn. 57.
170 MK/*Karsten Schmidt* Rn. 46 m. weit. Nachw.
171 *Zö/Stöber* Rn. 26.
1 MK/*Karsten Schmidt* Rn. 3 m. weit. Nachw.
2 MK/*Karsten Schmidt* Rn. 4; Zö/Stöber Rn. 1.
3 MK/*Karsten Schmidt* Rn. 5; aA (§ 766 bei Zuständigkeit des Gerichtsvollziehers) *Zö/Stöber* Rn. 1.

790 ***Bezifferung dynamisierter Unterhaltstitel zur Zwangsvollstreckung im Ausland*** **(1) Soll ein Unterhaltstitel, der den Unterhalt nach § 1612 a des Bürgerlichen Gesetzbuchs als Prozentsatz des Mindestunterhalts festsetzt, im Ausland vollstreckt werden, so ist auf Antrag der geschuldete Unterhalt auf dem Titel zu beziffern.**

(2) Für die Bezifferung sind die Gerichte, Behörden oder Notare zuständig, denen die Erteilung einer vollstreckbaren Ausfertigung des Titels obliegt.

(3) Auf die Anfechtung der Entscheidung über die Bezifferung sind die Vorschriften über die Anfechtung der Entscheidung über die Erteilung einer Vollstreckungsklausel entsprechend anzuwenden.

I. Normzweck

1 Art. 4 Nr. 2 der EG-Vollstreckungstitel-VO[1] verlangt zur Qualifikation als europäischer Vollstreckungstitel „eine Forderung auf Zahlung einer bestimmten Geldsumme …". Es ist zweifelhaft, ob dynamisierte Unterhaltstitel nach § 1612 a BGB diese Voraussetzung erfüllen, weil der Unterhalt in ihnen nicht als fester Betrag, sondern als Prozentsatz des Mindestunterhalts aufgenommen wird.[2] Selbst wenn dies der Fall wäre, könnte es zu Vollstreckungsproblemen im Ausland kommen, weil der letztlich zu zahlende Geldbetrag sich nur unter Zuhilfenahme der deutschen Vorschriften, aus denen sich die Variablen ergeben, ermittelt werden könnte. Die am 21. 10. 2005 **in Kraft getretene** Vorschrift ist in Abs. 1 der am 1. 1. 2008 erfolgten Änderung des § 1612 a BGB redaktionell angepasst worden.

II. Voraussetzungen

2 Der Antragsteller muss im Besitz eines **dynamisierten Unterhaltstitels** nach § 1612 a BGB sein. Dies kann ein im Verfahren nach §§ 645 ff. erwirkter Titel, aber auch zB Urkunden des Jugendamtes nach §§ 59 f. SGB VIII oder notarielle Urkunden nach § 794 Abs. 1 Nr. 5. Es muss eine **Vollstreckung im Ausland** beabsichtigt und möglich sein. Letzteres ist unproblematisch, soweit der Titel nach der EG-Vollstreckungstitel-VO vollstreckbar ist. Auf diese Möglichkeit ist die Vorschrift allerdings nicht beschränkt; sie soll auch im Übrigen Vollstreckungsprobleme vermeiden helfen.[3] Die Bezifferung erfolgt nur auf **Antrag,** für den nur der Gläubiger oder für ihn sein gesetzlicher Vertreter ein Rechtsschutzinteresse hat.

III. Verfahren, Rechtsbehelfe

3 Zuständig ist die Stelle, die auch für die Klauselerteilung **zuständig** wäre. S. hierzu § 724 Rn. 9. Innerhalb des Gerichts ist der Rechtspfleger gem. § 20 Nr. 11 RPflG zuständig. Nach allgemeinen Grundsätzen ist der Schuldner zuvor **anzuhören.** Die auf dem Titel (auch fest verbundenes Beiblatt) vorzunehmende **Bezifferung** muss ggf. mehrere Zeiträume umfassen, wenn auch für die Vergangenheit vollstreckt werden soll und mehrere Anpassungen des Mindestunterhalts erfolgt sind. Die Angaben zur Bezifferung sollten durch Angabe des jeweiligen Unterhaltsbetrages nachvollziehbar sein; sie müssen datiert und unterschrieben werden. Es gelten gem. Abs. 3 die **Rechtsbehelfe** des Klauselverfahrens (für den Gläubiger bei zu geringer Bezifferung § 11 RPflG oder § 54 BeurkG), für den Schuldner § 732.

791 *(weggefallen)*

792 ***Erteilung von Urkunden an Gläubiger*** **Bedarf der Gläubiger zum Zwecke der Zwangsvollstreckung eines Erbscheins oder einer anderen Urkunde, die dem Schuldner auf Antrag von einer Behörde, einem Beamten oder einem Notar zu erteilen ist, so kann er die Erteilung an Stelle des Schuldners verlangen.**

I. Normzweck

1 Die Vorschrift soll die Vollstreckung erleichtern und gibt dem Gläubiger ein eigenes Recht auf Erteilung von Urkunden, derer er zur Zwangsvollstreckung bedarf. Sie gilt für jede Art der Leistungsvollstreckung. Auch das Finanzamt kann zur Vollstreckung von Erbschaftssteuerschulden nach § 792 einen Erbschein beantragen,[1] wenn sie einen Erbschein überhaupt benötigt.[2] Die Vorschrift ist auf die Durchführung der **Teilungsversteigerung** bei einer Bruchteils- oder Erbengemeinschaft entsprechend anwendbar.[3] Zu diesem Zweck kann etwa der Miterbe einen Erbschein zugunsten eines anderen Miterben beantragen.[4] Zu Urkunden für Registereintragungen aufgrund von Urteilen nach § 894 f. s. § 896.

---

[1] Verordnung (EG) Nr. 805/2004 vom 21. 4. 2004 zur Einführung eines europäischen Vollstreckungstitels für unbestrittene Forderungen.
[2] So die Gesetzesbegründung, s. BR-Drucks. 88/05 S. 21.
[3] BR-Drucks. 88/05 S. 21.
[1] LG München I FamRZ 1998, 1067.
[2] OLG Zweibrücken FamRZ 2007, 160.
[3] MK/*Karsten Schmidt* Rn. 3; *St/J/Münzberg* Rn. 2; *Zö/Stöber* Rn. 1.
[4] OLG Hamm MDR 1960, 1018, 1019.

II. Voraussetzungen

Die Urkunde muss **zum Zweck der Zwangsvollstreckung** benötigt werden. Deshalb muss der Gläubiger im Besitz eines zur Vollstreckung geeigneten Titels sein.[5] Im Übrigen ist es ausreichend, dass die Urkunde die Zwangsvollstreckung fördert.[6] Dies ist bei der Immobiliarvollstreckung oder der Pfändung eines Grundpfandrechts der Fall, wenn der Schuldner nicht als Eigentümer oder Berechtigter eingetragen ist.[7] Sonst kommen besonders Fälle der Klauselumschreibung (§ 727) in Betracht. **Schuldner** ist nicht nur der Titelschuldner, sondern auch der, gegen den nach einer Titelumschreibung vollstreckt werden soll.[8] 2

III. Rechtsfolge und Verfahren

Neben dem ausdrücklich genannten Erbschein kommen als zu **erteilende Urkunden** ein Grundpfandrechtsbrief,[9] ein Grundbuchauszug, ein Handelsregisterauszug, standesamtliche Urkunden oder eine notarielle Urkunde über einen Vermögensübernahmevertrag in Betracht. **Erteilung** kann Ersterteilung, aber auch Erteilung einer Ausfertigung einer existenten Urkunde bedeuten.[10] Analog § 792 kann der Gläubiger die Einziehung eines einem Dritten zu Unrecht erteilten Erbscheins verlangen[11] und ein Aufgebotsverfahren bzgl. nicht auffindbarer Urkunden betreiben.[12] Der Gläubiger erhält durch § 792 neben dem Schuldner ein **Antragsrecht** auf Erteilung der Urkunden. An seiner Stelle kann (und muss) er die Voraussetzungen für die Erteilung erfüllen, etwa die eidesstattliche Versicherung nach § 2356 BGB abgeben. Das Vorhandensein des Titels muss nachgewiesen werden (zB durch eine Ablichtung); die Vorlage einer vollstreckbaren Ausfertigung ist nicht erforderlich.[13] Das **Rechtsschutzinteresse** fehlt, wenn der Gläubiger eine für seine Zwecke ausreichende Urkunde auf einfachere Weise erlangen kann, etwa nach §§ 34 FGG, 9 Abs. 2 HGB.[14] Für das **Verfahren** einschließlich der **Rechtsbehelfe** gelten die Vorschriften, die anwendbar wären, wenn der Schuldner den Antrag stellen würde.[15] Da die ZPO Vorschriften iSd. § 792 nicht kennt, richtet sich das Verfahren nach dem FGG.[16] 3

IV. Gebühren und Kosten

1. Rechtsanwaltsgebühren. Der Anwalt erhält die Gebühren gem. Nr. 2300 VV RVG. 4

2. Gerichtskosten. Für die Erteilung eines Erbscheins wird eine volle Gebühr nach §§ 107 Abs. 1 S. 1, 32 KostO erhoben; daneben für eine etwaige eidesstattliche Versicherung (zB nach §§ 2354 bis 2356 BGB) eine weitere volle Gebühr (§§ 107 Abs. 1 S. 2, 49 KostO). 5

793 *Sofortige Beschwerde* **Gegen Entscheidungen, die im Zwangsvollstreckungsverfahren ohne mündliche Verhandlung ergehen können, findet sofortige Beschwerde statt.**

I. Normzweck

Die sofortige Beschwerde ist im Gegensatz zur Erinnerung nach § 766, bei der der Devolutiveffekt fehlt, ein **Rechtsmittel**, das gegen Entscheidungen in der Zwangsvollstreckung zur Verfügung steht. Die Vorschrift regelt nur die Statthaftigkeit; im Übrigen richtet sich das Verfahren nach §§ 567 bis 572. § 793 findet im Rahmen seiner Voraussetzungen nur dann **Anwendung**, wenn keine Spezialvorschriften eingreifen. Dies sind, wenn Entscheidungen im Vollstreckungsverfahren getroffen werden, §§ 71 ff. GBO[1] (Grundbuchamt als Vollstreckungsorgan). Rechtspflegerentscheidungen sind gem. § 11 Abs. 1 RPflG ebenfalls mit der sofortigen Beschwerde anfechtbar. Im Verfahren der Zwangsversteigerung sind §§ 95 bis 104 ZVG zu beachten.[2] Sondervorschriften, die das Rechtsmittel ausschließen, enthalten § 707 Abs. 2 (zur analogen Anwendung der Vorschrift s. § 707 Rn. 12) und § 99 Abs. 1.[3] Für die Entscheidung über die sofortige Beschwerde gegen einen Haftbefehl, die auf die Unzulässigkeit der Vollstreckung wegen § 89 Abs. 1 InsO gestützt wird, ist entsprechend § 89 Abs. 3 InsO das Insolvenzgericht zuständig, wenn es allein um die Frage des Verbots der Einzelzwangsvollstreckung nach § 89 Abs. 1 InsO geht.[4] 1

---

5 MK/*Karsten Schmidt* Rn. 9 m. weit. Nachw.
6 MK/*Karsten Schmidt* Rn. 4.
7 MK/*Karsten Schmidt* Rn. 4.
8 VGH Mannheim NJW 2003, 1203.
9 *Zö/Stöber* Rn. 1.
10 MK/*Karsten Schmidt* Rn. 7.
11 MK/*Karsten Schmidt* Rn. 8.
12 MK/*Karsten Schmidt* Rn. 8 m. weit. Nachw.
13 MK/*Karsten Schmidt* Rn. 9 m. weit. Nachw.
14 OLG Hamm OLGRspr. 29, 202, 203; *St/J/Münzberg* Rn. 3.
15 OLG München OLGRspr. 26, 392; *St/J/Münzberg* Rn. 4.
16 *Zö/Stöber* Rn. 1.
1 S. dazu *Lackmann* Rn. 474.
2 S. dazu *Lackmann* Rn. 468 ff.
3 MK/*Karsten Schmidt* Rn. 4 m. weit. Nachw.
4 AA OLG Jena NJW-RR 2002, 626, 627.

II. Statthaftigkeit

2 § 793 ist anwendbar, wenn eine gerichtliche **Entscheidung** im Zwangsvollstreckungsverfahren angefochten wird, die **ohne mündliche Verhandlung** (s. § 128 Abs. 4) ergehen kann. Dies ist auch eine durch das Insolvenzgericht erfolgte Entscheidung über eine Erinnerung (§ 766).[5] Eine Entscheidung liegt vor, wenn ein Vollstreckungsantrag abgelehnt oder ihm stattgegeben wird bei Notwendigkeit des bzw. nach Gewährung rechtlichen Gehörs (s. im Einzelnen § 766 Rn. 11). Ob eine mündliche Verhandlung stattgefunden hat, ist nicht maßgeblich; sie muss vom Gesetz nur freigestellt sein (s. insbesondere § 764 Abs. 3 iVm. § 128 Abs. 4). Die Entscheidung muss **im Vollstreckungsverfahren** ergangen sein, wozu das Verfahren auf Erteilung der Vollstreckungsklausel oder eines Rechtskraft-, Notfristattestes noch nicht gehört.

III. Zulässigkeit der sofortigen Beschwerde

3 **1. Zuständig** zur Entscheidung über die sofortige Beschwerde ist das sich aus §§ 72, 119 GVG (s. dort) ergebende Gericht. Im Vollstreckungsverfahren ist allerdings § 119 Abs. 1 Nr. 1b) GVG nicht anwendbar.[6] Zur Zuständigkeit des **Insolvenzgerichts** s. § 766 Rn. 15, § 764 Rn. 2. Entscheidet das Insolvenzgericht wegen § 89 Abs. 3 S. 1 InsO als Vollstreckungsgericht, richtet sich der Rechtsmittelzug nach den allgemeinen vollstreckungsrechtlichen Vorschriften.[7] Im Übrigen finden die §§ 567ff. Anwendung.

4 **2. Beschwerdebefugnis.** War der Beschwerdeführer am Ausgangsverfahren **beteiligt,** muss er **formell beschwert** sein; die angefochtene Entscheidung muss also hinter seinem Begehren zurückgeblieben sein. Werden Rechte **nicht am Ausgangsverfahren Beteiligter** verletzt, sind auch sie durch die Entscheidung materiell beschwert und damit beschwerdebefugt. Dies können neben Gläubiger und Schuldner auch **Dritte** (Drittschuldner, durch die verletzte Norm geschützte Familienangehörige, s. § 766 Rn. 19) sein. Der **Gerichtsvollzieher** ist beschwerdebefugt, wenn er in **eigenen Rechten** verletzt ist. Dies ist (im Rahmen des § 567 Abs. 2) der Fall, wenn seine Kostenbelange als Gebührenbeamter beeinträchtigt sind,[8] da es um sein eigenes Einkommen geht. Auch steht ihm ein Beschwerderecht zu, wenn im Erinnerungsverfahren eine Speditionsrechnung gekürzt und er zur Rückzahlung des gekürzten Betrages angewiesen wird.[9] Im Übrigen ist er grundsätzlich nicht beschwerdebefugt.[10] Dies gilt auch dann, wenn er die vom Vollstreckungsgericht angeordnete Vollstreckung für unzulässig hält und Notwehrmaßnahmen des Schuldners befürchtet, weil die Ausführung einer gerichtlich angeordneten Maßnahme nicht rechtswidrig sein und keine Regressansprüche auslösen kann.[11] Anders ist es dann, wenn der anordnende Beschluss – etwa nach § 8 Abs. 4 S. 1 RPflG – **unwirksam** ist.[12]

5 **3. Rechtsschutzinteresse.** Das Rechtsschutzinteresse kann entfallen, wenn sich der angefochtene Beschluss durch Zeitablauf oder Vollzug vollständig erledigt hat.[13] Ein dem Institut der Fortsetzungsfeststellungsklage (§ 113 Abs. 1 S. 4 VwGO) entsprechendes Rechtsgebilde kennt die ZPO nicht. An einer vollständigen Erledigung fehlt es, wenn eine Fruchtlosigkeitsbescheinigung erteilt wurde[14] oder auch nach Abgabe der eidesstattlichen Versicherung noch Nachteile durch einen zuvor erlassenen Haftbefehl drohen.[15] Zur Problematik bei Durchsuchungsanordnungen s. § 758a Rn. 16. Wird eine Entscheidung angefochten, durch die oder aufgrund deren eine Vollstreckungsmaßnahme aufgehoben wurde, fehlt das Rechtsschutzinteresse nicht, obwohl nur die erneute Anordnung der Maßnahme erstrebt wird.[16] Wird nach Festsetzung eines Zwangsgeldes die Verpflichtung zur Auskunftserteilung erfüllt, fällt das Rechtsschutzinteresse für die sofortige Beschwerde gegen den Zwangsgeldbeschluss nicht weg.[17]

IV. Verfahren

6 **1. Beschwerdegegner** ist derjenige, der durch die von dem Beschwerdeführer begehrte Entscheidung beschwert wäre. Das erstinstanzliche Gericht kann abhelfen (§ 572 Abs. 1). Deshalb ist zunächst eine Abhilfeentscheidung herbeizuführen, wenn das Rechtsmittel beim Beschwerdegericht eingelegt wird. Das erstinstanzliche Gericht kann anordnen, dass die **Vollziehung** der angefochtenen Entscheidung **auszusetzen** sei, § 570 Abs. 2. Das Beschwerdegericht kann entsprechende einstweilige Anordnungen erlassen, § 570 Abs. 3. Zum Verfahren im Übrigen s. §§ 567 bis 572.

7 **2. Entscheidung, Rechtsmittel.** Zu entscheiden ist durch **Beschluss** über die sofortige Beschwerde und im Fall ihrer Begründetheit auch über die angefochtene Entscheidung. Die Kostenentscheidung richtet sich

---

5 BGH NZI 2006, 699f.
6 BGH NJW-RR 2007, 574f.
7 BGH NZI 2004, 447f.
8 Sehr streitig; wie hier OLG Hamburg OLGR 2000, 324, 325; MK/*Karsten Schmidt* Rn. 7; *St/J/Münzberg* Rn. 6; *Lackmann* Rn. 232; jetzt auch *Zö/Stöber* Rn. 5; aA LG Gießen DGVZ 1989, 184, 185; *Brox/Walker* Rn. 1258.
9 LG Konstanz DGVZ 2002, 139f.
10 MK/*Karsten Schmidt* Rn. 7 m. weit. Nachw.; *Zö/Stöber* Rn. 5.
11 OLG Düsseldorf NJW 1980, 1111f.
12 *Lackmann* Rn. 232; ähnlich („offensichtlich unrichtig") *St/J/Münzberg* Rn. 6.
13 Vgl. OLG Hamm NJW-RR 1994, 895; im Ergebnis ebenso MK/*Karsten Schmidt* Rn. 12 (unter dem Aspekt der Beschwer); *St/J/Münzberg* Rn. 7 („gegenstandslos").
14 KG JurBüro 1986, 1734f.; *St/J/Münzberg* Rn. 7 iVm. § 766 Rn. 41.
15 LG Limburg DGVZ 1985, 44f.
16 Vgl. OLG Köln NJW-RR 1987, 380; *St/J/Münzberg* Rn. 7 iVm. § 766 Rn. 52; *Lackmann* Rn. 229.
17 OLG Bamberg FamRZ 1999, 111.

nach den §§ 91 ff. Einer Entscheidung über die vorläufige Vollstreckbarkeit bedarf es nicht. Die **Vollziehung der Beschwerdeentscheidung** kann und sollte gem. § 570 Abs. 2 ausgesetzt werden, wenn in die Vollstreckung eingegriffen (s. § 766 Rn. 31)[18] und die Rechtsbeschwerde nach § 574 Abs. 1 Nr. 2 zugelassen wird. Als **Rechtsmittel** ist **nur im Fall ihrer Zulassung** (§ 574 Abs. 1 Nr. 2) die **Rechtsbeschwerde** nach § 574 statthaft.[19] Ein außerordentliches Rechtsmittel zum Bundesgerichtshof ist auch dann nicht statthaft, wenn die Entscheidung ein Verfahrensgrundrecht des Beschwerdeführers verletzt oder aus sonstigen Gründen „greifbar gesetzwidrig" ist. Bei der Verletzung des rechtlichen Gehörs findet § 321 a Anwendung, anderenfalls ist die angefochtene Entscheidung durch das Gericht, das sie erlassen hat, auf (fristgebundene) Gegenvorstellung zu korrigieren. Wird ein Verfassungsverstoß nicht beseitigt, kommt allein eine Verfassungsbeschwerde zum Bundesverfassungsgericht in Betracht.[20] Die Folge einer einen Vollstreckungsakt für unzulässig erklärenden Entscheidung ergibt sich aus § 775 Nr. 1.

V. Gebühren und Kosten

1. **Rechtsanwaltsgebühren.** Vgl. § 567 Rn. 29. 8

2. **Gerichtskosten.** Es gilt grundsätzlich KV Nr. 2121; für Beschwerden im Verteilungsverfahren ist indes KV Nr. 2120 einschlägig. 9

794

Weitere Vollstreckungstitel **(1) Die Zwangsvollstreckung findet ferner statt:**

1. aus Vergleichen, die zwischen den Parteien oder zwischen einer Partei und einem Dritten zur Beilegung des Rechtsstreits seinem ganzen Umfang nach oder in Betreff eines Teiles des Streitgegenstandes vor einem deutschen Gericht oder vor einer durch die Landesjustizverwaltung eingerichteten oder anerkannten Gütestelle abgeschlossen sind, sowie aus Vergleichen, die gemäß § 118 Abs. 1 Satz 3 oder § 492 Abs. 3 zu richterlichem Protokoll genommen sind;

2. aus Kostenfestsetzungsbeschlüssen;

2a. aus Beschlüssen, die in einem vereinfachten Verfahren über den Unterhalt Minderjähriger den Unterhalt festsetzen, einen Unterhaltstitel abändern oder den Antrag zurückweisen;

2b. (weggefallen)

3. aus Entscheidungen, gegen die das Rechtsmittel der Beschwerde stattfindet, dies gilt nicht für Entscheidungen nach § 620 Nr. 1, 3 und § 620b in Verbindung mit § 620 Nr. 1, 3;

3a. aus einstweiligen Anordnungen nach den §§ 127a, 620 Nr. 4 bis 10, dem § 621f und dem § 621g Satz 1, sowie Gegenstand des Verfahrens Regelungen nach der Verordnung über die Behandlung der Ehewohnung und des Hausrats sind, soweit nach dem § 644;

4. aus Vollstreckungsbescheiden;

4a. aus Entscheidungen, die Schiedssprüche für vollstreckbar erklären, sofern die Entscheidungen rechtskräftig oder für vorläufig vollstreckbar erklärt sind;

4b. aus Beschlüssen nach § 796b oder § 796c;

5. aus Urkunden, die von einem deutschen Gericht oder von einem deutschen Notar innerhalb der Grenzen seiner Amtsbefugnisse in der vorgeschriebenen Form aufgenommen sind, sofern die Urkunde über einen Anspruch errichtet ist, der einer vergleichsweisen Regelung zugänglich, nicht auf Abgabe einer Willenserklärung gerichtet ist und nicht den Bestand eines Mietverhältnisses über Wohnraum betrifft, und der Schuldner sich in der Urkunde wegen des zu bezeichnenden Anspruchs der sofortigen Zwangsvollstreckung unterworfen hat.

(2) Soweit nach den Vorschriften der §§ 737, 743, des § 745 Abs. 2 und des § 748 Abs. 2 die Verurteilung eines Beteiligten zur Duldung der Zwangsvollstreckung erforderlich ist, wird sie dadurch ersetzt, dass der Beteiligte in einer nach Absatz 1 Nr. 5 aufgenommenen Urkunde die sofortige Zwangsvollstreckung in die seinem Recht unterworfenen Gegenstände bewilligt.

Übersicht

18 *Zö/Stöber* Rn. 7.
19 S. ausführlich *Becker* JuS 2004, 574 ff.; kritisch *Gaul* DGVZ 2005, 113 ff.
20 BGH NJW 2002, 1577; *Lipp* NJW 2002, 1700, 1701.

A. Normzweck

1 Die Vorschrift knüpft an § 704 an und nennt die weiteren Vollstreckungstitel der ZPO. Gelten die Vorschriften der §§ 704 bis 793 unmittelbar nur für Urteile, so ordnet § 795 ihre entsprechende Anwendung auf die anderen Titel an. Darüber hinaus befindet sich in § 794 die einzige materielle Regelung so wichtiger Rechtsinstitute wie des Vergleichs und der vollstreckbaren Urkunde. Für **vor dem 1. 1. 1999 errichtete Urkunden** gilt weiterhin die Beschränkung auf die Ansprüche des Abs. 1 Nr. 5 aF (Art. 3 Abs. 4 2. ZwVÄndG, Zahlung einer bestimmten Geldsumme oder Leistung einer bestimmten Menge vertretbarer Sachen oder Wertpapiere).

B. Der Prozessvergleich

I. Allgemeines

2 **1. Gesetzliche Regelung.** Abs. 1 Nr. 1 regelt die Vollstreckbarkeit des Prozessvergleichs und deren Voraussetzungen. Dabei steht nach dem Gesetzeswortlaut nicht die Vollstreckbarkeit, sondern die Beendigung des ganzen Prozesses oder eines Teils von ihm im Vordergrund.[1] Nicht jeder Vergleich muss einen vollstreckbaren Inhalt haben. Insgesamt muss die Regelung eines der praktisch wichtigsten Institute des Prozessrechts als dürftig bezeichnet werden.

3 **2. Rechtsnatur.** Zu dieser seit jeher streitigen Frage werden heute noch drei Theorien vertreten. Die prozessuale Theorie[2] sieht im Prozessvergleich eine reine Prozesshandlung, die die Voraussetzungen des § 779 BGB nicht erfüllen muss. Sie vermag die auf zwei verschiedenen Normebenen liegenden Vergleichswirkungen nicht zu erklären. Die Lehre vom Doppeltatbestand oder Trennungstheorie[3] bzw. moderate Trennungstheorie[4] zerlegt den Prozessvergleich in zwei Tatbestände, den prozessualen und materiell-rechtlichen. Sie beachtet nicht, dass es sich nach dem Parteiwillen um einen einheitlichen Vorgang handelt. Zutreffend ist daher die herrschende Lehre von der **Doppelnatur** des Prozessvergleichs.[5] Er bildet eine Einheit, die gegenseitige Abhängigkeit der prozessualen und materiell-rechtlichen Regelungen bewirkt.[6] Privatrechtlich ist er nach § 779 BGB zu beurteilen, als Prozesshandlung nach der ZPO.

II. Voraussetzungen

4 **1. Anhängiges Streitverfahren vor einem deutschen Gericht. a) Anhängigkeit.** Abs. 1 Nr. 1 setzt einen Rechtsstreit voraus, in dem für eine **mündliche Verhandlung** Raum ist.[7] **Anhängigkeit** (s. § 253 Rn. 3, § 261 Rn. 3) reicht aus,[8] was im Prozess wegen der Vorschusspflicht aber nur für den Fall von Bedeutung ist, dass der Kläger Prozesskostenhilfe beantragt (§ 118 Abs. 1 S. 3). Auf die Statthaftigkeit oder Zulässigkeit des Verfahrens oder die Zuständigkeit des Gerichts kommt es nicht an.[9] Das Verfahren darf noch nicht formell rechtskräftig (§ 705) beendet sein.[10] Zulässig ist aber auch ein Vergleich in derselben Verhandlung

---

[1] MK/*Wolfsteiner* Rn. 7.
[2] *B/L/H* Anh. § 307 Rn. 3.
[3] *Pohle* AP Nr. 2, 3, 4, 10; *Zeuner* AP Nr. 8.
[4] MK/*Wolfsteiner* Rn. 12ff.
[5] BGH NJW 1988, 65; BGHZ 79, 71, 74 = NJW 1981, 823; *St/J/Münzberg* Rn. 5ff.; *Zö/Stöber* Rn. 3.
[6] BGHZ (Fn. 5).
[7] *St/J/Münzberg* Rn. 18.
[8] MK/*Wolfsteiner* Rn. 25; *St/J/Münzberg* Rn. 18; aA *Zö/Stöber* Rn. 4.
[9] BGH NJW 1988, 65; *St/J/Münzberg* Rn. 18.
[10] OLG Hamm Rpfleger 1989, 521, 522; *St/J/Münzberg* Rn. 19.

nach Protokollierung der Klagerücknahme oder der Berufungsrücknahme, wenn die Parteien zuvor ihren Willen zur Einigung zum Ausdruck gebracht hatten.[11]

b) **Streitverfahren.** Es muss sich um ein Streitverfahren, also ein kontradiktorisches Verfahren handeln („Rechtsstreit", Abs. 1 Nr. 1). Es reicht, dass in einem von einer Partei in Gang gesetzten Verfahren der anderen Partei rechtliches Gehör gewährt werden muss.[12] **Zulässig** sind Vergleiche im Arrest-[13] und Verfügungsverfahren, im Zwangsversteigerungs- und Zwangsverwaltungsverfahren, im selbstständigen Beweisverfahren (§ 492 Abs. 3), im Prozesskostenhilfeverfahren (§ 118 Abs. 1 S. 3), in baulandgerichtlichen Enteignungsverfahren[14] und im Vollstreckungsverfahren.[15] S. zu Verfahren außerhalb der ZPO auch Rn. 6. **Unzulässig** sind sie mangels Dispositionsbefugnis der Parteien im Rahmen der Streitwertfestsetzung, über das Vorliegen eines Wiedereinsetzungsgrundes[16] und bei der von der zuständigen Verwaltungsbehörde erhobenen Eheaufhebungsklage (§§ 631 f.); mangels eines kontradiktorischen Verfahrens im Aufgebotsverfahren und Mahnverfahren vor Überleitung in das streitige Verfahren.[17] Unzulässig ist auch ein Vergleich über die Scheidung; im Verbundverfahren von Scheidungs- und Folgesachen (§ 623, § 630) ist ein Teilvergleich über die der Parteidisposition unterliegenden Gegenstände möglich (zB über den Unterhalt; s. im Einzelnen § 617 Rn. 6 und wegen der Kosten § 98 Rn. 7).[18] 5

c) **Deutsches Gericht.** Vergleiche sind gem. Abs. 1 Nr. 1 in allen Streitverfahren zulässig, die vor einem deutschen Gericht anhängig sind, also nicht nur vor den Gerichten, für die die ZPO gilt. Dies sind auch Strafgerichte[19] (zB im Adhäsionsverfahren, §§ 403 ff. StPO) und Gerichte der freiwilligen Gerichtsbarkeit.[20] Wegen § 3 Abs. 1 EGZPO und der Tatsache, dass das Gesetz für mehrere Verfahren der freiwilligen Gerichtsbarkeit Vorschriften enthält, die die Möglichkeit des Vergleichsschlusses und die Vollstreckbarkeit nach der ZPO regeln (zB § 16 Abs. 3 HausratsVO), bilden Vergleiche im FGG-Verfahren aber nur dann nach § 794 Abs. 1 Nr. 1 vollstreckbare Titel, wenn die jeweilige Verfahrensordnung es ausdrücklich anordnet.[21] Danach kann ein im Erbscheinverfahren geschlossener Vergleich nicht nach § 794 Abs. 1 Nr. 1 vollstreckt werden.[22] Sondervorschriften enthalten §§ 167 ff. VwGO und §§ 198 ff. SGG. Im Anwendungsbereich der ZPO können Vergleiche vor dem Prozessgericht, dem beauftragten oder ersuchten Richter (§§ 361 f.) oder vor dem Rechtspfleger geschlossen werden, wenn ihm das Verfahren übertragen ist (§ 4 Abs. 1 RPflG). Zulässig sind auch Vergleiche, die in einem **gerichtlichen Mediationsverfahren** entsprechend §§ 278 Abs. 5 S. 1, 362 vor dem zur Durchführung des Mediationsverfahrens ersuchten Richter geschlossen werden, denn diese sind vor einem deutschen Gericht geschlossen; auf die Zuständigkeit (auch des Spruchkörpers) kommt es nicht an (s. Rn. 4). 6

2. Parteien. Der Prozessvergleich muss zwischen den am kontradiktorischen Verfahren beteiligten Parteien geschlossen sein.[23] Bei notwendiger Streitgenossenschaft (§ 62) müssen alle Streitgenossen den Vergleich abschließen, sonst ist er wirkungslos.[24] Daneben können auch **Dritte** in den Vergleich einbezogen werden, Abs. 1 Nr. 1. Ein Vergleich allein zwischen einer Partei und einem Dritten ist nicht möglich, weil er weder ganz noch teilweise zur Prozessbeendigung führt; Abs. 1 Nr. 1 erlaubt es nur, dass neben einem Vergleich zwischen den Parteien Vereinbarungen einer Partei mit einem Dritten getroffen werden können.[25] Ist der Dritte lediglich im Rubrum des Vergleichs aufseiten des Beklagten bezeichnet, ohne dass ihm ausdrücklich im Text eine Verpflichtung zugesprochen wird, ist er nicht neben dem Beklagten Titelschuldner.[26] Für oder gegen den beigetretenen und berechtigten oder verpflichteten Dritten kann die Klausel erteilt werden. Begründet der Vergleich ohne Beitritt des Dritten eine Verpflichtung zur Leistung an einen Dritten (§ 328 BGB), erlangt dieser keine „Parteistellung" und kein Recht auf Erteilung der Klausel (s. § 724 Rn. 5). Zu den Kosten bei der Beteiligung eines Streithelfers am Vergleich s. § 101 Rn. 6 ff. 7

3. Prozesshandlungsvoraussetzungen. Die Voraussetzungen des maßgeblichen Verfahrens müssen vorliegen (s. a. Einl. Rn. 62). Die Parteien müssen **prozessfähig** sein, weil sonst die Verfahrensbeendigung nicht herbeigeführt werden kann. Gem. § 78 Abs. 1 und wegen der prozessbeendigenden Wirkung unterliegt der Prozessvergleich dem **Anwaltszwang,** wenn er für das zugrunde liegende Verfahren gilt.[27] Dies gilt auch für das Verfahren vor dem Einzelrichter[28] und das **Scheidungsverbundverfahren,**[29] nicht aber für das Verfahren vor dem beauftragten oder ersuchten Richter (§§ 361 f.), § 78 Abs. 5. **Kein Anwaltszwang besteht für** 8

---

[11] OLG München NJW 1997, 2331, 2332; s. ausführlich *St/J/Münzberg* Rn. 19; aA *Zö/Stöber* Rn. 4.
[12] MK/*Wolfsteiner* Rn. 20.
[13] BGH NJW-RR 1991, 1021.
[14] BGH NJW 2003, 757, 758.
[15] *St/J/Münzberg* Rn. 20.
[16] MK/*Wolfsteiner* Rn. 20.
[17] *Zö/Stöber* Rn. 4.
[18] *Zö/Stöber* Rn. 4.
[19] OLG Hamburg MDR 1958, 434; *St/J/Münzberg* Rn. 21; *Zö/Stöber* Rn. 5.
[20] OLG Stuttgart OLGZ 1984, 131, 132; *Zö/Stöber* Rn. 5 m. weit. Nachw.
[21] Str.; wie hier BayObLG NJW-RR 1997, 1368 f. m. weit. Nachw.; aA MK/*Wolfsteiner* Rn. 22; *Zö/Stöber* Rn. 5.
[22] BayObLG (Fn. 21).
[23] MK/*Wolfsteiner* Rn. 27.
[24] *T/P/Hüßtege* Rn. 9.
[25] *St/J/Münzberg* Rn. 22; aA *Zö/Stöber* Rn. 6.
[26] OLG Köln Rpfleger 1985, 305.
[27] BGH NJW 1991, 1743 f.; *St/J/Münzberg* Rn. 24; *Zö/Stöber* Rn. 7.
[28] BGH FamRZ 1986, 458; *St/J/Münzberg* Rn. 24.
[29] BGH (Fn. 27); *St/J/Münzberg* Rn. 24; *T/P/Hüßtege* § 630 Rn. 18; *Zö/Philippi* § 630 Rn. 15.

einen Dritten, der einem Prozessvergleich beitritt, weil er nicht Partei des Prozesses ist und keine zur Beendigung des Rechtsstreits führende Prozesshandlung vornimmt.[30]

9 **4. Materiell-rechtliche Voraussetzungen.** Materiell-rechtlich setzt der Vergleich übereinstimmende Willenserklärungen rechts-, geschäftsfähiger und verfügungsberechtigter Parteien voraus, die den Anforderungen des § 779 BGB und etwaiger Formvorschriften entsprechen. § 779 BGB erfordert ein **gegenseitiges Nachgeben,** das damit auch zwingende Voraussetzung für den Prozessvergleich ist.[31] Das Nachgeben kann auf prozessualem Gebiet liegen (s. im Einzelnen Rn. 18).[32] Zu Teilzahlungsvergleichen s. § 788 Rn. 15 „Vergleich". Der Prozessvergleich ersetzt grundsätzlich **materielle Form- und Genehmigungsvorschriften** nicht. Eine erforderliche **notarielle Beurkundung** wird allerdings gem. § 127a BGB durch die Aufnahme eines Prozessvergleichs in ein Protokoll ersetzt. Dem materiell-rechtlichen Erfordernis der gleichzeitigen Anwesenheit beider Parteien – gegebenenfalls durch Anwälte vertreten – genügt der Prozessvergleich, wie für die **Auflassung** ausdrücklich gesetzlich geregelt ist, § 925 Abs. 1 S. 3 BGB. Die Auflassung kann nicht in einem Widerrufsvergleich erklärt werden (s. Rn. 11). Ist die persönliche Anwesenheit materiell-rechtlich vorgeschrieben, reicht es, wenn die Partei selbst anwesend ist.[33] Ist materiell-rechtlich eine Vertretung unzulässig, reicht es im Anwaltsprozess, wenn Partei und Anwalt die Erklärung zugleich abgeben.[34]

10 **5. Prozessuale Formvorschriften.** Der in einer **mündlichen Verhandlung** geschlossene Vergleich ist zu Protokoll zu nehmen, § 160 Abs. 3 Nr. 1. Zwingendes Wirksamkeitserfordernis ist, dass er **vorgelesen,** vorgespielt oder zur Durchsicht vorgelegt und **genehmigt** wurde, §§ 162 Abs. 1 S. 1 u. 2, 160 Abs. 3 Nr. 1.[35] Es darf nur auf beigefügte und verlesene Schriftstücke Bezug genommen werden.[36] All dies ist im Protokoll zu vermerken, § 162 Abs. 1 S. 3. Es muss die nach § 163 Abs. 1 S. 1 erforderlichen Unterschriften enthalten.[37] Die Missachtung dieser Formvorschriften führt zur Nichtigkeit des Vergleichs.[38] Sie ist im Verfahren um die Erteilung der Klausel zu prüfen (s. § 724 Rn. 6). Die notarielle Beurkundung wird allerdings auch dann durch das Protokoll ersetzt, wenn in diesem der Vermerk unterblieben ist, dass der Vergleich vorgelesen (oder sonst in gesetzlicher Form eröffnet) und genehmigt worden ist.[39] Der Vergleich kann auch durch schriftliche **Annahme eines gerichtlichen Vergleichsvorschlags** zustande kommen (§ 278 Abs. 6, s. im Einzelnen § 278 Rn. 16ff.). Vollstreckungstitel ist dann der feststellende Beschluss des Gerichts iSd. § 278 Abs. 6 S. 2.

11 **6. Widerrufsvorbehalt. a) Rechtsnatur.** Obwohl die Herbeiführung der Prozessbeendigung Prozesshandlung ist, die wiederum grundsätzlich bedingungsfeindlich ist (s. dazu Einl. Rn. 62), ist aus prozessökonomischen Gründen allgemein anerkannt, dass Prozessvergleiche wirksam unter Bedingungen (§§ 158, 163 BGB) oder einem (Rücktritts-, Widerrufs-) Vorbehalt geschlossen werden können.[40] Der Vorbehalt, den Vergleich bis zum Ablauf einer bestimmten Frist zu widerrufen, stellt im Regelfall eine aufschiebende Bedingung für die Wirksamkeit des Vergleichs dar.[41] Wenn sich aus dem Vergleichswortlaut kein anderer Parteiwille ergibt, entstehen bindende Rechtswirkungen erst bei Fristablauf ohne Widerruf.[42] Erst dann liegt ein Vollstreckungstitel vor, der mit der Klausel versehen werden kann, und zwar, da aufschiebend bedingt, nach § 726 Abs. 1 (s. § 726 Rn. 3).[43] Aufschiebend bedingt ist der titulierte Anspruch; dass er einen Anspruch hat, muss nach den allgemeinen Beweislastregeln (s. § 286 Rn. 32ff.) der Anspruchsteller, hier also der Titelgläubiger beweisen. Hierauf kommt es an, nicht aber auf den Zugang der Widerrufserklärung.[44] Da der Abschluss eines Widerrufsvergleichs zum Ruhen des Verfahrens führt, kann er nicht ohne Zustimmung des Gerichts geschlossen werden (§ 251 Abs. 1 S. 1), die aber schon in der Protokollierung zu sehen ist.[45] Da die Auflassung bedingungsfeindlich ist (§ 925 Abs. 2 BGB), kann sie wirksam nicht in einem Widerrufs- oder bedingten Vergleich erklärt werden.[46]

12 b) Den **Empfänger** des Widerrufs können die Vergleichsparteien frei bestimmen,[47] in der Praxis ist es das Gericht. Mangels ausdrücklicher Vereinbarung ist der Adressat durch Auslegung unter Berücksichtigung der am Gerichtsort bestehenden Verkehrssitte zu ermitteln.[48] Wird der Widerruf gegenüber dem Gericht erklärt und rügt die Gegenseite dies nicht, spricht die Auslegung für die Vereinbarung des Gerichts als

---

30 BGHZ 86, 160, 162ff. = NJW 1983, 1433f.; *St/J/Münzberg* Rn. 25; *Zö/Stöber* Rn. 7; aA *Ro/G/Sch* § 13 III 4b; nunmehr auch MK/*Wolfsteiner* Rn. 31 (mit unzutreffenden Zitaten).

31 BGH NJW-RR 2005, 1303, 1304; OLG München Rpfleger 1985, 164; *Zö/Stöber* Rn. 3; aA die Vertreter der prozessualen oder Trennungstheorie (s. Rn. 3).

32 *Zö/Stöber* Rn. 3.

33 MK/*Wolfsteiner* Rn. 82.

34 BGH NJW 1961, 1817; *St/J/Münzberg* Rn. 30 m. weit. Nachw.

35 BGHZ 14, 381, 394ff. = NJW 1954, 1886; OLG Zweibrücken Rpfleger 2000, 461.

36 OLG Zweibrücken NJW-RR 1992, 1408.

37 BGH (Fn. 35); *Sauer/Meiendresch* Rpfleger 1997, 289, 291.

38 BGH NJW 1984, 1465 m. weit. Nachw.; BGH (Fn. 35).

39 BGH NJW 1999, 2806, 2807.

40 BGHZ 88, 364, 367 = NJW 1984, 312; *Zö/Stöber* Rn. 10.

41 BGH (Fn. 40); BVerwG NJW 1993, 2193.

42 BGH (Fn. 40).

43 BAG NZA 2004, 117, 118f.; BGH NJW 2006, 776; OLG Saarbrücken NJW 2004, 2908, 2909; aA OLG Stuttgart NJW 2005, 909, 910f.; *Sauer/Meiendresch* NJW 2004, 2870ff.

44 So aber *Sauer/Meiendresch* Rpfleger 1997, 289, 290f.

45 MK/*Wolfsteiner* Rn. 59.

46 BGH NJW 1988, 415, 416.

47 BGH NJW-RR 2005, 1323, 1324 m. weit. Nachw.

48 BGH (Fn. 47); OLG Düsseldorf NJW-RR 1987, 255, 256.

Erklärungsempfänger.[49] Im Zweifel ist jedenfalls auch das Gericht als Empfänger vereinbart (str.).[50] Schon die Tatsache, dass Streit über die Frage des Adressaten bei fehlender Regelung besteht, macht deutlich, wie wichtig eine solche Regelung ist, auf die auch das Gericht hinwirken sollte. Jedenfalls ist es empfehlenswert, in Zweifelsfällen den Widerruf in der notwendigen Form (s. Rn. 13) dem Gericht und dem Gegner gegenüber zu erklären. Bei Zugang der Widerrufserklärung an den falschen Empfänger ist der Widerruf unwirksam.[51] Es verstößt nicht gegen Treu und Glauben, wenn sich der Gegner auf den fehlenden Widerruf beruft, der fälschlich ihm und nicht wie vereinbart dem Gericht gegenüber erklärt wurde.[52]

c) **Form.** Die Form kann frei vereinbart werden. Ist der Widerruf dem Gericht gegenüber schriftlich zu erklären, ist er Prozesshandlung und unterliegt den Formvorschriften für bestimmende Schriftsätze (s. § 129 Rn. 7ff.)[53] sowie im Anwaltsprozess dem Anwaltszwang.[54] Zur Möglichkeit, den Widerruf durch Telefax einzulegen, s. § 129 Rn. 11. Die Schriftform ist nicht gewahrt, wenn die Kopiervorlage keine Unterschrift enthält oder die Telekopie die Unterschrift nicht zeigt.[55] Die Bestimmung „Anzeige an das Gericht" umfasst auch mündliche oder telefonische Erklärungen.[56] Mangels anderer Vereinbarung ist der dem Gegner gegenüber zu erklärende Widerruf formfrei.[57] 13

d) **Frist.** Die Frist wird zwischen den Parteien vereinbart. Sie kann deshalb nur von ihnen, nicht vom Gericht verlängert werden.[58] Eine Protokollierung der Fristverlängerung ist nicht erforderlich.[59] Eine Wiedereinsetzung ist nicht möglich, da es sich nicht um eine Notfrist handelt.[60] Ist Adressat das Gericht, reicht der rechtzeitige Zugang in den Machtbereich des Gerichts,[61] etwa das Einlegen des Schriftsatzes in ein beim Amtsgericht für das Landgericht eingerichtetes Postfach.[62] Mangels anderer Vereinbarung beginnt die Frist mit dem Tag nach dem Vergleichsschluss (§ 222, § 187 Abs. 1 BGB) und ist nach § 222 zu berechnen.[63] 14

e) **Wirkung.** Der wirksame Widerruf beseitigt den Vergleich und beendet das Ruhen des Verfahrens. Der Prozess wird fortgesetzt. Der Widerruf ist nicht seinerseits widerrufbar,[64] weil er dem Gegner eine schützenswerte Rechtsposition beschert. Der Vergleich muss gegebenenfalls neu protokolliert werden. 15

7. Gesamtvergleich. Es ist möglich, mehrere Rechtsstreite durch einen Vergleich in einem von ihnen mit unmittelbarer Wirkung für die anderen zu beenden.[65] Die Prozessbeendigung tritt mit Überreichung des Protokolls in dem mit erledigten Verfahren ein. Siehe auch Rn. 21. 16

III. Inhalt

1. Prozessbeendigung. Der Vergleich muss nach dem Wortlaut des Abs. 1 Nr. 1 „zur Beilegung eines Rechtsstreits" zwingend die Vereinbarung enthalten, dass der Prozess seinem ganzen Umfang nach oder in Betreff eines Teils des Streitgegenstandes beendet wird.[66] Vergleichsfähig sind Teile, die Gegenstand eines Teilurteils nach § 301, eines Vorbehaltsurteils nach § 302, eines Grundurteils nach § 304 oder auch einer Zwischenfeststellungsklage nach § 256 Abs. 2 sein können.[67] Es reicht eine Vereinbarung zur Zurücknahme eines Rechtsmittels oder zum Verzicht darauf.[68] 17

2. Materiell-rechtliche Vereinbarung. Der Vergleich muss zwingend auch eine Vereinbarung iSd. § 779 BGB enthalten (s. Rn. 9). Ihre Art ist gleichgültig. Sie kann über den Streitgegenstand hinausgehen oder Ansprüche betreffen, die überhaupt nicht rechtshängig geworden sind.[69] Sie muss keinen vollstreckbaren Inhalt haben[70] („die Parteien sind sich einig, dass …"). Es muss keine materiell-rechtliche Vereinbarung sein; es reicht ein Nachgeben über prozessuale Fragen[71] oder die Kosten des Rechtsstreits.[72] Es genügt so- 18

---

49 BGH (Fn. 47) S. 1324f.

50 BGH NJW 2005, 3576, 3577f. (daneben auch die andere Vergleichspartei); OLG Düsseldorf (Fn. 48); MK/*Wolfsteiner* Rn. 61; aA OLG Koblenz MDR 1997, 883 (jedenfalls auch gegenüber Gegner); *Zö/Stöber* Rn. 10a.

51 BAG NJW 1992, 1127 (LS) = NZA 1992, 134; OLG Köln NJW 1990, 1369; einschränkend MK/*Wolfsteiner* Rn. 61.

52 BAG NJW 1998, 2844, 2845.

53 BAG NJW 1989, 3035, 3036.

54 *Schneider* MDR 1999, 595.

55 OLG München NJW 1992, 3042; OLG Hamm NJW 1992, 1705, 1706.

56 *St/J/Münzberg* Rn. 83.

57 *Zö/Stöber* Rn. 10b.

58 BGHZ 61, 394, 399 = NJW 1974, 107; *Schneider* (Fn. 54).

59 OLG Hamm FamRZ 1988, 535f.; *Zö/Stöber* Rn. 10c; aA VG Hamburg MDR 1982, 962; LG Bonn NJW-RR 1998, 427f.; *B/L/H* Anh. § 307 Rn. 46.

60 BGHZ 61, 394, 395f. = NJW 1974, 107; BAG (Fn. 52).

61 BGH NJW 1980, 1752, 1753.

62 BGH NJW-RR 1989, 1214, 1215.

63 OLG Schleswig NJW-RR 1987, 1022; *St/J/Münzberg* Rn. 87.

64 BGH LM Nr. 3; *Zö/Stöber* Rn. 10e.

65 MK/*Wolfsteiner* Rn. 49 (allerdings von der „moderaten Trennungstheorie" ausgehend).

66 OLG Dresden OLGRspr. 29, 203f.; *St/J/Münzberg* Rn. 4 m. weit. Nachw.

67 MK/*Wolfsteiner* Rn. 52 m. weit. Nachw.; aA (zum Grund- und Vorbehaltsurteil) *St/J/Münzberg* Rn. 31 m. weit. Nachw.

68 BGH NJW 1969, 1480, 1481; MK/*Wolfsteiner* Rn. 54.

69 BGH NJW 1999, 2806, 2807.

70 OLG Stuttgart NJW-RR 1999, 791; OLG Zweibrücken NJW-RR 1998, 1680.

71 ZB die Schaffung eines Titels nach § 794 Abs. 1 Nr. 1 statt der Möglichkeit der Verzögerung eines Rechtsstreits, s. BGH (Fn. 31) S. 1304.

72 *St/J/Münzberg* Rn. 8, 12.

gar ein Verzicht auf das Recht, ein Urteil zu erhalten.[73] Das Gericht darf allerdings nicht dazu beitragen, zwingenden gesetzlichen Vorschriften widersprechende Vereinbarungen zu treffen und zu beurkunden.[74] Enthält der Vergleich eine **Kostenregelung,** gilt diese, anderenfalls § 98 (s. dort Rn. 3). Zu den Kosten bei der Beteiligung eines Streithelfers am Vergleich s. § 101 Rn. 6ff.

IV. Wirkung

19 **Prozessrechtlich** beendet der Prozessvergleich im Umfang der Vereinbarung über den Streitgegenstand den Prozess und die Rechtshängigkeit.[75] Die Rechtshängigkeit kann, sofern der Vergleich wirksam (sonst Rn. 20ff.) ist, in demselben Prozess nicht wiederhergestellt werden.[76] Ein – im Zweifel **aufschiebend** bedingter, s. Rn. 11 – Widerrufsvergleich beendet die Rechtshängigkeit mit Ablauf der Widerrufsfrist. Ist der Vergleich ausnahmsweise **auflösend** bedingt, endet die Rechtshängigkeit sofort. Sie tritt mit Eintritt der auflösenden Bedingung ohne Rückwirkung wieder ein.[77] § 717 Abs. 2 ist nicht anwendbar, s. § 717 Rn. 7. Zur **Vollstreckbarkeit** s. Rn. 25. Zur **Änderung** eines Vergleichs, in dem die Verpflichtung zu künftig fällig werdenden Leistungen übernommen wird, s. § 323 Rn. 46ff. **Materiell-rechtlich** begründet der Vergleich nach Maßgabe seines Inhalts die Verpflichtung nach § 779 BGB.

V. Unwirksamkeit, Anfechtung, Rechtsbehelfe

20 **1. Unwirksamkeit.** Ist der Prozessvergleich aus **materiell-rechtlichen Gründen** unwirksam (zB nichtig gem. §§ 134, 138 BGB oder wirksam angefochten), ist nicht nur der Vergleich iSd. § 779 BGB unwirksam, sondern auch die auf Verfahrensbeendigung gerichtete Prozesshandlung.[78] **Prozessuale** (meist formelle) **Fehler,** die zur Unwirksamkeit des Prozessvergleichs führen (s. Rn. 8, 10), ziehen nicht ohne weiteres die Unwirksamkeit der materiell-rechtlichen Vereinbarung nach sich. Die Vereinbarung kann als außergerichtlicher Vergleich iSd. § 779 BGB gültig sein (s. Rn. 27), wenn dies, was durch Auslegung zu ermitteln ist, dem mutmaßlichen Parteiwillen entspricht.[79]

21 **2. Rechtsbehelfe. a) Verfahrensfortsetzung.** Bei Streit um die Unwirksamkeit des Vergleichs ist (auch in WEG-Verfahren des vor dem 1. 7. 2007 anwendbaren Rechts)[80] das alte **Verfahren fortzusetzen,**[81] auch im einstweiligen Rechtsschutz;[82] ist der Vergleich in der Revisionsinstanz geschlossen, das Revisionsverfahren.[83] Dieses ist bei einer Unwirksamkeit des Vergleichs nicht beendet. Einer Vollstreckungsabwehrklage (§ 767) fehlt deshalb das Rechtsschutzinteresse,[84] ebenso einer Klage auf Rückzahlung des infolge des Vergleichs Geleisteten.[85] Einer neuen Leistungsklage würde der Einwand der anderweitigen Rechtshängigkeit entgegenstehen. Zur Fortsetzung des Verfahrens bedarf es der Zustellung eines Schriftsatzes, mit dem die Wiederaufnahme des Verfahrens verlangt wird.[86] Die Unwirksamkeit kann in den Gründen der Endentscheidung, auf eine Zwischenfeststellungsklage (§ 256 Abs. 2) auch durch Feststellungsurteil, oder durch ein Zwischenurteil[87] nach § 303[88] bejaht werden. Verneint das Gericht die Unwirksamkeit des Vergleichs, hat es die trotz der Prozessbeendigung weiter verfolgte Klage oder den Abweisungsantrag des das Verfahren aufnehmenden Beklagten (auf jeden Fall durch End-, nicht durch Zwischenurteil,[89] s. a. § 303 Rn. 4) als unzulässig abzuweisen.[90] Die Annahme der wohl hM, es sei festzustellen, dass der Rechtsstreit durch Vergleich erledigt sei,[91] berücksichtigt nicht, dass der Angriff gegen den Vergleich von der die Unwirksamkeit annehmenden Prozessseite kommt, kein Prozess mehr anhängig und deshalb die Fortsetzung unzulässig ist. Die Verfahrensfortsetzung hindert die Vollstreckung aus dem Vergleich nicht.[92] Hat der Vergleich **mehrere Verfahren erledigt** (Gesamtvergleich, s. Rn. 16), kann die Fortsetzung eines jeden beantragt werden.[93] Dieses Verfahren ist dann vorgreiflich für die anderen, die ggf. auszusetzen sind (§ 148).[94] Im Ursprungsverfahren ist auch dann zu entscheiden, wenn Streit über die **Wirksamkeit eines Widerrufs** entsteht.

---

[73] BGHZ 39, 60, 63 = NJW 1963, 637; *St/J/Münzberg* Rn. 17 m. weit. Nachw.
[74] MK/*Wolfsteiner* Rn. 44.
[75] MK/*Wolfsteiner* Rn. 70 m. weit. Nachw.
[76] BGHZ 41, 310, 312 = NJW 1964, 1524; OLG Hamburg FamRZ 1987, 1173.
[77] BGH NJW 1972, 159, 160.
[78] BGH NJW 1985, 1962, 1963; *St/J/Münzberg* Rn. 69ff.; *Zö/Stöber* Rn. 15.
[79] BGH (Fn. 78); BAG NJW 1960, 1364f.
[80] BayObLG ZMR 1999, 491 mit Anm. *Riecke.*
[81] Ständige Rspr. des BGH, s. NJW 1999, 2903 m. weit. Nachw.; *St/J/Münzberg* Rn. 71; *Zö/Stöber* Rn. 15a.
[82] OLG Koblenz NJOZ 2007, 924; anders, wenn der Vergleichsinhalt über den Gegenstand des einstweiligen Verfügungsverfahrens hinausgeht, OLG Hamm MDR 1980, 1019.
[83] BAG NZA 1998, 33, 34.
[84] AA *Ro/G/Sch* § 13 III 3.
[85] BGH NJW 1999, 2903f. m. weit. Nachw. auch für die Gegenauffassung.
[86] MK/*Wolfsteiner* Rn. 71.
[87] *Zö/Stöber* Rn. 15a.
[88] *B/L/H* Anh. § 307 Rn. 39; *St/J/Münzberg* Rn. 60.
[89] BGH NJW 1996, 3345, 3346.
[90] MK/*Wolfsteiner* Rn. 76 m. weit. Nachw.
[91] BGHZ 46, 277, 278 = NJW 1967, 440; *St/J/Münzberg* Rn. 59; *Zö/Stöber* Rn. 15a.
[92] OLG Frankfurt/M NJW-RR 1995, 703.
[93] *St/J/Münzberg* Rn. 58; *Zö/Stöber* Rn. 15b.
[94] *Zö/Stöber* Rn. 15b.

b) **Teilanfechtung.** Wird nur die Unwirksamkeit eines Teils des Vergleiches geltend gemacht, der nicht Streitgegenstand des ursprünglichen Verfahrens war, sondern zusätzlich in den Vergleich einbezogen wurde, stehen dem, der die Unwirksamkeit geltend macht, die entsprechenden neuen Klagen, etwa auch eine Vollstreckungsabwehrklage, zur Verfügung.[95] Ist der Ursprungsprozess wegen der Nichtigkeit des Vergleichs nicht beendet, kann gleichwohl eine Klärung dieser Frage nicht durch eine Fortsetzung des ursprünglichen Verfahrens erreicht werden, weil der titulierte Anspruch nicht Streitgegenstand der Ursprungsklage war. 22

c) **Mehrere Einwendungen.** Zulässig ist es, **neben** rechtsvernichtenden oder rechtshemmenden auch rechtshindernde Einwendungen mit der Vollstreckungsabwehrklage gegen in einem Vergleich titulierte Ansprüche geltend zu machen.[96] § 767 Abs. 2 findet keine Anwendung (s. § 767 Rn. 31). Das Rechtsschutzbedürfnis fehlt nicht, weil in einem Rechtsstreit über alle streitigen Fragen entschieden werden kann. 23

3. **Nachträglicher Wegfall** (s. a. § 767 Rn. 13). Der nachträgliche Wegfall des Vergleichs (durch seine Aufhebung, einen Rücktritt oder wegen Wegfalls der Geschäftsgrundlage) ist nicht durch eine Fortsetzung des alten Verfahrens, sondern, wenn es um die Vollstreckbarkeit des titulierten Anspruchs geht, im Wege der Vollstreckungsabwehrklage geltend zu machen.[97] Aus Gründen der Prozessökonomie wird von einem Teil des Schrifttums auch bei einem nachträglichen Wegfall die Fortsetzung des alten Verfahrens als der richtige Weg angesehen.[98] Dies überzeugt nicht. Es ist kein einleuchtender Grund dafür ersichtlich, den Prozessvergleich in diesem Fall anders zu behandeln als jeden anderen Titel. Für typische Einwendungen der Vollstreckungsabwehrklage (Rücktritt, nachträgliche Aufhebung des Titels, Wegfall der Geschäftsgrundlage einerseits; Erfüllung und Ähnliches andererseits) wären unterschiedliche Rechtsbehelfe gegeben. Der **Streit um die Auslegung** eines Prozessvergleichs kann nicht durch die Fortsetzung des alten Verfahrens ausgetragen werden.[99] Geht es gegen die Vollstreckbarkeit des titulierten Anspruchs, ist die Vollstreckungsabwehrklage (§ 767) möglich,[100] sonst bei einem Feststellungsinteresse eine Feststellungsklage (§ 256 Abs. 1). Zur **Änderung** eines Vergleichs, in dem die Verpflichtung zu künftig fällig werdenden Leistungen übernommen wird, s. § 323 Rn. 46 ff. 24

VI. Vollstreckbarkeit

Ein wirksamer (s. Rn. 4 ff.) Prozessvergleich stellt gem. Abs. 1 Nr. 1 einen Vollstreckungstitel dar. Bei einem Vergleich nach § 278 Abs. 6 ist der feststellende Beschluss Vollstreckungstitel (s. Rn. 10). Das betrifft nur die Passagen, die einen vollstreckbaren Inhalt haben. Unwirksamkeitsgründe (Rn. 8, 10) sind bei der Klauselerteilung zu beachten (s. § 724 Rn. 6). Zur Erteilung der Klausel bei Beteiligung Dritter s. Rn. 7. Die Verpflichtung zur Abgabe einer Willenserklärung ist nach § 888 zu vollstrecken oder im Wege einer neuen Leistungsklage durchzusetzen.[101] Eine Strafandrohung nach § 890 kann durch eine Vergleichsklausel nicht ersetzt werden.[102] Bei nicht zweifelsfreiem Inhalt kann der Vergleich ausgelegt werden.[103] Dabei gelten die für die **Auslegung** von Titeln bestehenden Grundsätze (s. § 704 Rn. 6). Die Verpflichtung des Unterhaltsschuldners, über eine freiwillig geleistete Zahlung hinaus Unterhalt zu zahlen, kann mangels besonderer im Vergleich genannter Umstände nur als Titel in Höhe des Spitzenbetrages verstanden werden.[104] 25

VII. Vergleiche vor Gütestellen

Von der Ermächtigung des Abs. 1 Nr. 1, Gütestellen einzurichten, haben die meisten Bundesländer Gebrauch gemacht. Bei diesen Stellen geschlossene Vergleiche stehen Prozessvergleichen gleich. Zur Klauselerteilung s. § 797 a. 26

VIII. Außergerichtliche Vergleiche

Ein außergerichtlicher Vergleich hat keine unmittelbare Auswirkung auf den Prozess[105] und stellt keinen Vollstreckungstitel dar. Er kann nur durch seine Protokollierung zum Prozessvergleich werden. Betrifft der außergerichtliche Vergleich den gesamten Streitgegenstand, wird sein Abschluss zur **Erledigung der Hauptsache** führen. Es kann aber auch im Wege der Klageänderung auf Erfüllung der in ihm enthaltenen Verpflichtung geklagt werden. Einer neuen Klage auf Erfüllung des Vergleichs kann, wenn er nicht novierend, sondern lediglich schuldabändernd wirken soll, die fortdauernde Rechtshängigkeit der Streitsache entgegenstehen.[106] Zur Verpflichtung, die Klage zurückzunehmen, s. § 269 Rn. 2. 27

---

[95] BGHZ 87, 227, 230 ff. = NJW 1983, 2034.
[96] BGH NJW 1967, 2014; MK/*Karsten Schmidt* § 767 Rn. 13.
[97] BGH NJW 1986, 1348, 1349; 1982, 2072, 2073 (zur vertraglichen Aufhebung); *B/L/H* § 767 Rn. 11; *Lackmann* Rn. 537; aA BAG NJW 1983, 2212, 2213 ff. m. weit. Nachw.
[98] S. ausführlich *St/J/Münzberg* Rn. 77 f.; *Zö/Stöber* Rn. 15 a (anders Rn. 16); *Brox/Walker* Rn. 1334.
[99] BGH Rpfleger 1977, 99; *Zö/Stöber* Rn. 16.
[100] *Zö/Stöber* Rn. 16.
[101] BGHZ 98, 127, 129 f. = NJW 1986, 2704 m. weit. Nachw.
[102] RGZ 40, 413, 415; OLG Hamm MDR 1988, 506; KG JurBüro 1983, 781, 783.
[103] BGH NJW 1993, 1995, 1996.
[104] BGH (Fn. 103).
[105] BGH NJW 2002, 1503, 1504.
[106] BGH (Fn. 105) S. 1503 f.

C. Vollstreckbare Urkunden

I. Allgemeines

28 **1. Gesetzliche Regelung.** Abs. 1 Nr. 5 regelt lediglich, unter welchen Voraussetzungen die notarielle oder gerichtliche Urkunde einen Vollstreckungstitel darstellt. Die Beurkundungsvorschriften ergeben sich aus dem BeurkG.

29 **2. Vollstreckungsvoraussetzungen.** Unter Abs. 1 Nr. 5 fallen zunächst Urkunden, die von einem **deutschen Gericht** oder einem **deutschen Notar** innerhalb der Grenzen ihrer Befugnisse in der vorgeschriebenen Form (s. Rn. 40) aufgenommen worden sind. Notare sind gem. § 20 Abs. 1 S. 1 BNotO für Beurkundungen allzuständig, Gerichte nur noch in den in § 62 BeurkG genannten Fällen (Vaterschaftsanerkenntnisse, Unterhaltsverpflichtungen) zuständig. § 10 KonsG, §§ 59f. SGB VIII ermächtigen auch Berufskonsuln und andere konsularische Beamte bzw. Beamte und Angestellte des **Jugendamts,** unter bestimmten Voraussetzungen und in bestimmten Fällen vollstreckbare Urkunden zu errichten. **Gegenstand** der Urkunde kann jeder einer vergleichsweisen Regelung zugänglicher, nicht auf Abgabe einer Willenserklärung gerichteter oder den Bestand eines Wohnraummietverhältnisses betreffender Anspruch sein (s. Rn. 32). Der Schuldner muss sich in der Urkunde der **sofortigen Zwangsvollstreckung unterworfen** haben (s. Rn. 35ff.).

30 **3. Vollstreckbare Urkunden und AGB- sowie Verbraucherschutzvorschriften.** Vertragliche Vereinbarungen, dass sich der Schuldner der sofortigen Zwangsvollstreckung zu unterwerfen habe, können den §§ 305ff. BGB unterliegen.[107] Die Unterwerfungserklärung selbst ist eine einseitige Prozesshandlung (s. Rn. 35), die nicht von der Wirksamkeit der ihr zugrunde liegenden Kausalvereinbarung abhängt.[108] Obwohl die §§ 305ff. BGB nach § 305 Abs. 1 S. 1 BGB nur für Verträge gelten, sind sie auf Unterwerfungserklärungen anwendbar (so hM zum AGBG).[109] Praktisch wirkt sich die Streitfrage nicht aus, denn Unterwerfungserklärungen verletzen regelmäßig die AGB-Vorschriften nicht. § 307 Abs. 2 Nr. 1 BGB ist nicht einschlägig,[110] weil das Institut der Unterwerfungserklärung vom Gesetz selbst zur Verfügung gestellt wird. § 309 Nr. 12 BGB greift nicht ein, weil Unterwerfungserklärungen, selbst wenn sie einen Verzicht auf den Nachweis der Fälligkeit enthalten, nicht zur Umkehr der Beweislast führen.[111] Eine persönliche Unterwerfungserklärung verstößt auch nicht gegen § 10 Abs. 2 VerbrKrG aF (jetzt § 496 Abs. 2 BGB).[112] Zu **Bauträgerverträgen** s. Rn. 33.

II. Vollstreckbarer Anspruch

31 **1. Anspruchsinhalt. a) Grundsatz.** Im Grundsatz kann nach Abs. 1 Nr. 5 jeder einer vergleichsweisen Regelung zugängliche Anspruch Gegenstand einer vollstreckbaren Urkunde sein (auch ein öffentlich-rechtlicher[113]). Damit ist, von den Ausnahmen (s. Rn. 32) abgesehen, die vollstreckbare Urkunde hinsichtlich ihres Inhalts dem Urteil bzw. dem Prozessvergleich gleichgestellt. Zu den Ansprüchen, die Gegenstand eines vollstreckbaren Urteils sein können, s. § 704 Rn. 5. Die Unterwerfung kann auch wegen eines Anspruchs aus einem Grundpfandrecht erfolgen, und zwar auch wegen eines bestimmten, rangmäßig bestimmten oder nicht bezeichneten Teilbetrages.[114] Auch wegen einer **Eigentümergrundschuld** ist die Unterwerfung zulässig.[115] Wird neben einer Grundschuldunterwerfung in einer vollstreckbaren Urkunde die persönliche Haftung wegen des Anspruchs aus der Grundschuld übernommen, handelt es sich um selbstständige Ansprüche. Ein Verstoß gegen die AGB-Vorschriften liegt regelmäßig nicht vor,[116] anders wenn der Sicherungsgeber und Besteller nicht Forderungsschuldner ist.[117] Zu weiteren Einzelheiten s. die Anmerkungen zu §§ 799f. Zur **Duldungsunterwerfung** (Abs. 2) s. Rn. 48 und § 93 Rn. 15.

32 **b) Ausnahmen.** Wie im Fall des Anwaltsvergleichs (§ 796a Abs. 2) können Ansprüche, die auf Abgabe einer Willenserklärung gerichtet sind oder den Bestand eines Wohnraummietverhältnisses betreffen, nicht Gegenstand einer vollstreckbaren Urkunde iSd. Abs. 1 Nr. 5 sein.[118] Die Verpflichtung zur Abgabe einer **Willenserklärung** in einer gerichtlichen oder notariellen Urkunde müsste daher noch gerichtlich durchgesetzt werden. Der Begriff **„Bestand eines Mietverhältnisses über Wohnraum"** umfasst Streitigkeiten über die **Wirksamkeit oder Unwirksamkeit** eines Mietverhältnisses oder Untermietverhältnisses über Räume, die zum Wohnen genutzt werden (s.a. § 796a Rn. 7). Für die Frage des Bestandes ohne Bedeutung ist die Anspruchsgrundlage oder die Tatsache, dass der Bestand lediglich Vorfrage für den geregelten Anspruch

---

[107] KG NJW-RR 1990, 544, 547; *St/J/Münzberg* Rn. 128 m. weit. Nachw.; *Ro/G/Sch* § 13 IV 1.

[108] MK/*Wolfsteiner* Rn. 145.

[109] BGH NJW 2002, 138, 139; OLG Hamm NJW-RR 1991, 1151, 1152; OLG Celle NJW-RR 1991, 667; *St/J/Münzberg* Rn. 128; aA MK/*Wolfsteiner* Rn. 133.

[110] BGH NJW 1991, 286; BGHZ 99, 274, 282 = NJW 1987, 904; ähnlich (bei Grundpfandrechtsbestellungen keine unangemessene Benachteiligung) BGH NJW-RR 2006, 490; anders BGH NJW 2002, 138, 139f.

[111] BGH NJW 2001, 2096ff. unter Aufgabe der bisherigen Rechtsprechung; *St/J/Münzberg* Rn. 128; aA BGH NJW 1981, 2756, 2757; OLG Hamm BauR 2000, 1509, 1510; OLG München MDR 2000, 1188f.; OLG Düsseldorf NJW-RR 1996, 148; OLG Nürnberg NJW-RR 1990, 1467f.

[112] BGH NJW 2005, 1576, 1578.

[113] BGH NJW-RR 2006, 645, 646.

[114] MK/*Wolfsteiner* Rn. 226f.

[115] BGH NJW 1975, 1356, 1357.

[116] BGHZ (Fn. 110).

[117] BGHZ 114, 9, 13ff. = NJW 1991, 1677.

[118] Anders MK/*Wolfsteiner* Rn. 204f.

ist (§ 796a Rn. 7). Erfasst sind Ansprüche auf Räumung, Überlassung oder Herausgabe von Mietwohnraum, nicht Ansprüche, die sich aus einem bestehenden Mietverhältnis (zB auf Zahlung von Mietzins, Durchführung von Schönheitsreparaturen) oder nach Beendigung eines Mietverhältnisses ergeben, wenn über die Beendigung selbst kein Streit besteht. Ansprüche auf Zustimmung zu einer Mieterhöhung können nicht Gegenstand des vollstreckbaren Anspruchs sein, weil sie auf Abgabe einer Willenserklärung gerichtet sind (anders *Voit* § 796a Rn. 7). Zum Begriff des **Wohnraums** s. § 721 Rn. 3. Bei **Mischmietverhältnissen** über Wohn- und Geschäftsräume soll der Schwerpunkt entscheidend sein[119] (s. a. § 796a Rn. 7). Dies mag bei Zuständigkeitsregelungen wie § 23 GVG zutreffen, nicht aber bei den Schutzvorschriften der §§ 721, 794 Abs. 1 Nr. 5. Richtigerweise ist wie bei § 721 (s. dort Rn. 3) zu differenzieren: Betrifft der Streit ausschließlich den gewerblichen Teil, können die Ansprüche Gegenstand einer Urkunde iSd. Abs. 1 Nr. 5 sein, nicht aber wenn ausschließlich oder teilweise der Wohnraum betroffen ist.

2. Durchsetzbarkeit. Die Unterwerfungserklärung wegen eines Anspruchs, dessen Begründung gegen ein gesetzliches Verbot oder die guten Sitten (§ 134 BGB) verstößt, ist unzulässig.[120] Dies gilt zB für die Unterwerfung des Erwerbers in einem Bauträgervertrag, wenn der Notar ermächtigt ist, die Vollstreckungsklausel ohne besonderen Nachweis zu erteilen[121] (§§ 3, 12 MaBV; s. § 767 Rn. 25 „Unwirksamkeit"). Es gilt auch für die Gegenleistung für eine verbotene Leistung, zB bei einem Rechtsgeschäft, dessen Hauptzweck die Steuerhinterziehung ist.[122] Ebenso wenig können Ansprüche aus unvollkommenen Verbindlichkeiten (Spiel, Wette, Ehemäklerlohn) zum Gegenstand von vollstreckbaren Urkunden gemacht werden und Forderungen, die wegen Formmangels nicht wirksam begründet worden sind. 33

3. Bestimmtheit, Bedingungen, künftige Ansprüche. Der Anspruch muss **inhaltlich bestimmt** sein. Hier gilt nichts anderes als für Urteile und Vergleiche (s. § 704 Rn. 6 ff.). Der Anspruch kann **bedingt** sein.[123] Wenn er soweit konkretisiert ist, dass zumindest der Teil des Entstehungstatbestandes, der den Inhalt des Anspruchs bestimmt, konkret beschrieben werden kann, kann er auch künftig sein.[124] Dies ist etwa der Fall, wenn ein wirksames Vertragsangebot vorliegt.[125] Der Schuldner muss feststehen, der Gläubiger bestimmt oder bestimmbar sein, anders für die Unterwerfung zu einer Eigentümergrundschuld (s. Rn. 31).[126] 34

III. Unterwerfungserklärung

1. Allgemeines. Die Unterwerfungserklärung ist eine ausschließlich auf die Schaffung eines Vollstreckungstitels gerichtete einseitige Prozesshandlung.[127] Enthält eine Urkunde neben der Unterwerfungserklärung privatrechtliche Willenserklärungen, sind anders als beim Prozessvergleich (s. Rn. 3) diese und die Prozesshandlung unabhängig voneinander zu betrachten.[128] Ist der beurkundete Vertrag nichtig, ist die Unterwerfungserklärung gleichwohl wirksam,[129] wenn sie nicht selbst gegen ein gesetzliches Verbot verstößt (s. Rn. 33); einer Vollstreckung aus der Urkunde muss mit der Vollstreckungsabwehrklage (§ 767) begegnet werden.[130] Die Trennung zwischen prozessualer Unterwerfungserklärung und materiell-rechtlicher Vereinbarung ist unglücklich, da für Erklärungen, die in einer Urkunde enthalten sind, dann unterschiedliches Recht angewandt werden muss, wenn die Regelungen im Prozess- bzw. materiellen Recht unterschiedlich sind. Dies gilt besonders für die Vollmacht; hinsichtlich der materiell-rechtlichen Erklärung müssten §§ 164 BGB und hinsichtlich der Unterwerfungserklärung §§ 79 ff. angewandt werden (s. auch Rn. 36). Vorgeschlagen wird die einheitliche Anwendung der BGB-Vorschriften;[131] dies wird allerdings besonders dem prozessualen Charakter der Unterwerfungserklärung nicht gerecht, sodass die Anwendung unterschiedlichen Rechts hingenommen werden muss. Die **Unterwerfungserklärung** selbst kann **unwirksam** sein bei einer gegen §§ 3, 12 MaBV verstoßenden Unterwerfungserklärung in Bauträgerverträgen[132] oder bei einer aus einem Verstoß gegen das Rechtsberatungsgesetz folgernden Unwirksamkeit einer Vollmacht zur Abgabe einer Unterwerfungserklärung.[133] In letzterem Fall kann die Geltendmachung der Unwirksamkeit aber gegen Treu und Glauben verstoßen,[134] wenn eine Verpflichtung zur persönlichen Unterwerfung besteht.[135] Zur prozessualen Geltendmachung der Unwirksamkeit s. § 767 Rn. 9 ff. **§ 717 Abs. 2** ist nicht anwendbar, s. § 717 Rn. 7. 35

---

119 *B/L/H* Rn. 22, § 23 GVG Rn. 6.
120 BGH NJW 1999, 51, 52.
121 BGH (Fn. 120) m. weit. Nachw.; OLG Köln NJW-RR 1999, 22, 23.
122 BGHZ 14, 25, 30 f. = NJW 1954, 1401.
123 RGZ 132, 6, 7.
124 RG (Fn. 123) S. 7 f.; *St/J/Münzberg* Rn. 112.
125 BGH NJW 1976, 567, 568.
126 BGH NJW 1991, 228; BGH (Fn. 125).
127 BGHZ 108, 372, 375 f. = NJW 1990, 258; NJW 1985, 2423; OLG Rostock OLGR 2000, 326, 329.
128 BGHZ 73, 156, 159 f. = NJW 1979, 928.
129 BGH NJW 1994, 2755, 2756; *St/J/Münzberg* Rn. 125; *Zö/Stöber* Rn. 29.
130 BGH (Fn. 129).
131 S. ausführlich MK/*Wolfsteiner* Rn. 151; zur zutreffenden aA (§§ 78 ff.) des BGH s. Fn. 137.
132 BGH NJW 2002, 138 ff. (Unwirksamkeit der Unterwerfung gem. § 9 AGBG); OLG Düsseldorf InVo 2002, 234; OLG Hamm BauR 2000, 1059; OLG Zweibrücken NJW-RR 2000, 548 f.; OLG Köln NJW-RR 1999, 22; *Pause* NJW 2000, 769, 770; *Lange*, Festschr. f. Müller, 2003, S. 158 ff.
133 BGHZ NJW 2003, 1594, 1595.
134 BGH NJW 2004, 59, 61.
135 BGH (Fn. 112) S. 1577.

36 **2. Prozesshandlungsvoraussetzungen** (s. a. Einl. Rn. 62). Der Schuldner muss rechts- und geschäftsfähig (nicht prozessfähig[136]) sein. Er kann sich **vertreten** lassen, wofür die § 78ff. gelten, nicht die §§ 164ff. BGB.[137] Die andere Auffassung kann zwar den Gleichlauf von materiellem und prozessualem Recht für sich in Anspruch nehmen, lässt sich aber mit dem rein prozessualen Charakter der Unterwerfungserklärung nicht vereinbaren. Die Grundsätze der Rechtsscheinsvollmacht sind nicht anzuwenden.[138] Die Vollmacht zur Bestellung eines Grundpfandrechts umfasst nicht die zur Abgabe der Unterwerfungserklärung.[139] Die formularmäßige Vollmacht, die auch eine persönliche Haftungsübernahme und Unterwerfung unter die sofortige Zwangsvollstreckung umfasst, verstößt nicht gegen § 3 AGBG aF.[140] Auch Vertretung ohne Vertretungsmacht ist zulässig;[141] die Erklärung erlangt aber erst mit Genehmigung durch den Schuldner oder Vollmachtsnachweis Wirksamkeit. Die Vollmachtserklärung (zum Nachweis s. § 797 Rn. 4) muss zur Wirksamkeit weder notariell beurkundet[142] noch zum Zwecke der Zwangsvollstreckung zugestellt werden.[143]

37 **3. Inhalt.** Die Erklärung des Schuldners, sich der Zwangsvollstreckung zu unterwerfen, muss sich auf den bestimmt bezeichneten Anspruch (s. Rn. 34) beziehen. Formulierungen, wie der Schuldner unterwerfe sich der Zwangsvollstreckung wegen aller Ansprüche aus der Urkunde, die einer Unterwerfung zugänglich seien, sind nicht ausreichend.[144] Die Unterwerfung wegen eines Kaufpreisanspruchs erfasst keine Schadensersatzansprüche.[145]

38 **4. Vollstreckungsbedingungen.** (s. a. § 797 Rn. 5). Der Schuldner kann in der Erklärung die Zwangsvollstreckung beschränken, und zwar zeitlich, örtlich und gegenständlich.[146] Dies ist vom Vollstreckungsorgan zu beachten. Der Schuldner kann auf den Nachweis des Entstehens des Anspruchs oder der **Fälligkeit** verzichten.[147] Unzulässig ist es, anstelle der in § 726 Abs. 1 genannten Urkunden andere Nachweise als ausreichend zu erklären (s. auch § 726 Rn. 5).[148] Zur Frage der Beweislastumkehr s. Rn. 30.

39 **5. Anfechtung.** Da die Unterwerfungserklärung Prozesshandlung ist, ist eine Anfechtung ausgeschlossen.[149] Zur Änderung einer notariellen Urkunde, in der die Verpflichtung zu künftig fällig werdenden Leistungen übernommen wird, s. § 323 Rn. 46ff.

IV. Beurkundungsfragen

40 **Unwirksam** ist eine Urkunde als notarielle, die ein Notar (unabhängig von § 2 BeurkG, § 11 BNotO) im Ausland unterschreiben lässt.[150] Ebenso unwirksam ist eine Urkunde, die ein Notarvertreter unterschreibt, nachdem der letzte Tag seiner Bestellung verstrichen ist.[151] **Beurkundungsbedürftig** nach §§ 8ff. BeurkG ist der gesamte notwendige Inhalt der Urkunde iSd. Abs. 1 Nr. 5, also die Bezeichnung des konkreten Anspruchs und die Unterwerfungserklärung. Erklärungen in einem Schriftstück, auf das in der Niederschrift verwiesen und dieser beigefügt ist, gelten als in der Niederschrift selbst enthalten, § 9 Abs. 1 S. 2 BeurkG. Davon und dem Fall des § 13a BeurkG abgesehen, ist eine Verweisung auf andere Urkunden unzulässig. Bei einer teilweisen Formunwirksamkeit gilt § 139 BGB nicht.[152] Änderungen des Titels sind möglich. Der Schuldner kann unter Beachtung der notariellen Form den Anspruch erweitern oder Vollstreckungsbedingungen wegfallen lassen. S. hierzu auch § 800 Rn. 8.

V. Erteilung der Klausel und Rechtsbehelfe

41 S. dazu die Anmerkungen zu § 797. Die Wartefrist des § 798 ist einzuhalten.

D. Weitere Titel des § 794

I. Kostenfestsetzungsbeschlüsse

42 Kostenfestsetzungsbeschlüsse (§§ 103ff.) ergänzen das Urteil für die Höhe der Kosten; nur aus ihnen findet die Zwangsvollstreckung gem. **Abs. 1 Nr. 2** wegen der Kosten statt. Regelungen über die vorläufige Vollstreckbarkeit des Urteils (s. § 717), seine Aufhebung, die einstweilige Einstellung der Zwangsvollstreckung aus ihm (§§ 769ff.; 775 Nr. 1, 2) u. Ä. gelten auch für den Kostenfestsetzungsbeschluss. Das Original

---

136 S. dazu MK/*Wolfsteiner* Rn. 148f.; aA *St/J/Münzberg* Rn. 125.

137 BGH NJW 2004, 844; NJW 2003, 1594, 1595; *St/J/Münzberg* Rn. 125; *Zö/Stöber* Rn. 29a; aA BayObLG DNotZ 1964, 573, 574; MK/*Wolfsteiner* Rn. 151.

138 BGH NJW 2003 (Fn. 137); OLG Zweibrücken WM 2003, 380, 381; WM 2002, 1927, 1928.

139 OLG Düsseldorf Rpfleger 1988, 357; BayObLG Rpfleger 1987, 153; aA MK/*Wolfsteiner* Rn. 151.

140 BGH NJW 2003, 885, 886.

141 RGZ 146, 308, 313f.

142 BGH NJW 2004, 844f.

143 Str., wie hier OLG Zweibrücken InVo 1999, 185, 186; aA *Zö/Stöber* Rn. 31a m. weit. Nachw.

144 *St/J/Münzberg* Rn. 121.

145 BGH NJW 1980, 1050, 1051; OLG Hamm NJW-RR 1996, 1024; OLG Köln NJW-RR 1995, 1107, 1108.

146 MK/*Wolfsteiner* Rn. 176; *St/J/Münzberg* Rn. 122.

147 BGH NJW-RR 2006, 567f; NJW 1981, 2756, 2757.

148 *Ro/G/Sch* § 15 V 3; *St/J/Münzberg* § 797 Rn. 8; aA OLG Köln OLGR 2000, 160, 161; OLG Stuttgart NJW-RR 1986, 549; *Zö/Stöber* § 726 Rn. 16.

149 MK/*Wolfsteiner* Rn. 248; *T/P/Hüßtege* Rn. 52.

150 BGH NJW 1998, 2830, 2831.

151 BGH NJW 1981, 2756, 2757.

152 BGH NJW 1985, 2423.

des Kostenfestsetzungsbeschlusses muss Gläubiger und Schuldner namentlich bezeichnen (§ 750 Abs. 1 S. 1); es reicht nicht aus, wenn nur die vollstreckbare Ausfertigung die namentliche Bezeichnung enthält.[153] Bei **selbstständigen Kostenfestsetzungsbeschlüssen** bedarf es einer **Klausel;** die **Wartefrist** des § 798 ist einzuhalten. Zu Beschlüssen, die nach § 105 **auf das Urteil gesetzt** sind, s. § 795 a.

II. Unterhaltsbeschlüsse

Abs. 1 Nr. 2 a regelt die Titeleigenschaft der im **vereinfachten Verfahren** ergangenen Beschlüsse über die Festsetzung des Unterhalts Minderjähriger (§§ 649 Abs. 1, 650 S. 2, 653 Abs. 1), abändernder Entscheidungen nach § 655 Abs. 1 und die Vollstreckung wegen der Kosten der einen Antrag im vereinfachten Verfahren zurückweisenden Entscheidungen. Zur Vollstreckung bedürfen sie der Klausel. Abändernde Entscheidungen haben nur bei einer Erhöhung des Unterhalts und wegen der Kosten einen vollstreckbaren Inhalt. Es gilt die Wartefrist des § 798. § 717 Abs. 2 ist bei einer Titelaufhebung anwendbar, s. § 717 Rn. 6. 43

III. Beschwerdefähige Entscheidungen

Es muss sich um Entscheidungen handeln, gegen die die Beschwerde abstrakt statthaft ist; ob sie im konkreten Fall und angesichts des Rechtszugs zulässig ist, ist ohne Bedeutung. Auch ist nicht maßgeblich, ob die Beschwerdevorschriften von spezielleren Normen überdeckt werden, wie zum Beispiel von § 11 RPflG.[154] Danach fallen unter **Abs. 1 Nr. 3** etwa Entscheidungen nach § 887, 888, 890; Arreste und einstweilige Verfügungen, soweit im Beschlussverfahren ergangen. Zur Vollstreckung bedarf es regelmäßig (Ausnahme zB § 929 Abs. 1) der Klausel. § 717 Abs. 2 ist (nur, s. § 717 Rn. 7) bei einer Titelaufhebung anwendbar, wenn der Beschluss mit einem befristeten Rechtsmittel angreifbar ist, s. § 717 Rn. 6. **Ausgenommen** sind einstweilige Anordnungen über die elterliche Sorge und die Herausgabe des Kindes (§§ 620 Nr. 1, 3, 620 b), die nach § 33 FGG zu vollstrecken sind. 44

IV. Einstweilige Anordnungen in Familiensachen

Derartige Anordnungen (§§ 127 a, 620 Nr. 4 bis 10, 621 f., 621 g S. 1, 644) würden nach § 621 a eigentlich der Vollstreckung nach § 33 FGG unterfallen; sind aber durch **Abs. 1 Nr. 3 a** der ZPO-Vollstreckung unterstellt. § 717 Abs. 2 ist bei einer Titelaufhebung nicht anwendbar, s. § 717 Rn. 7. 45

V. Vollstreckungsbescheide

Neben § 700, der Vollstreckungsbescheide einem für vorläufig vollstreckbar erklärten Versäumnisurteil gleichstellt, ist **Abs. 1 Nr. 4** überflüssig. Einzelregelungen enthält § 796 (s. dort). Wird ein Vollstreckungsbescheid durch Urteil aufrecht erhalten, ist Vollstreckungstitel der Vollstreckungsbescheid, nicht das Urteil, das keinen vollstreckungsfähigen Inhalt hat.[155] § 717 ist bei einer Titelaufhebung anwendbar, s. § 717 Rn. 2, 5. 46

VI. Schiedsspruch, Anwaltsvergleich

Abs. 1 Nr. 4 a betrifft **Schiedssprüche** und -vergleiche (§ 1053). Vollstreckungstitel ist der diese für vollstreckbar erklärende Beschluss (s. a. § 1060 Abs. 1), der rechtskräftig oder für vorläufig vollstreckbar erklärt (s. § 1064 Abs. 2) sein und mit der Klausel versehen werden[156] muss. **Abs. 1 Nr. 4 b** betrifft Beschlüsse gem. §§ 796 b Abs. 2 S. 2, 796 c Abs. 1 S. 1, durch die **Anwaltsvergleiche** vom Gericht bzw. Notar für vollstreckbar erklärt werden. Titel sind die Beschlüsse, die mit der Klausel zu versehen sind. 47

E. Duldungstitel (Absatz 2)

Die in Abs. 2 genannten Normen (§§ 737, 743, 745 Abs. 2, 748 Abs. 2) betreffen Fälle, in denen zur Vollstreckung in ein **Sondervermögen** neben einem Leistungstitel ein **Duldungstitel** erforderlich ist. Die Vorschrift ist nicht nur auf die genannten Fälle anwendbar, insbesondere auch im Fall des § 748 Abs. 3. Sie ermöglicht entsprechend Abs. 1 Nr. 5 für die Duldungsverpflichtung eine Unterwerfungserklärung, die sich über Abs. 1 Nr. 5 hinaus auf alle Ansprüche erstreckt, die Gegenstand eines Leistungstitels sein können. Zur Anwendbarkeit des § 93, wenn der Kläger vor Erhebung einer Duldungsklage nicht zur Schaffung eines Titels nach Abs. 2 auffordert, s. § 93 Rn. 15. 48

F. Vollstreckungstitel außerhalb der ZPO

Das Bundesrecht erklärt u. a. für folgende Titel die Zwangsvollstreckung nach der ZPO für anwendbar: 49
- Entscheidungen und Vergleiche des **Arbeitsgerichts,** §§ 46, 62 ArbGG;
- Entscheidungen der **Freiwilligen Gerichtsbarkeit;** zB §§ 53 a Abs. 4, 53 g Abs. 3, 98, 99, 158 Abs. 2 FGG; **§ 16 HausratsVO;**
- Urkunde des **Jugendamtes** über Zahlung von Unterhalt; §§ 59, 60 SGB VIII;

---

153 OLG Karlsruhe NJW-RR 2001, 67 f.; OLG Brandenburg Rpfleger 1998, 207 f.
154 MK/*Wolfsteiner* Rn. 123.
155 LG Koblenz NJW-RR 1998, 1026.
156 OLG Köln NJW 1997, 1450, 1451 (für den Anwaltsvergleich).

- Festsetzungsbeschluss nach § 11 Abs. 1 RVG über **Rechtsanwaltsgebühren** (§ 11 Abs. 2 S. 3 RVG); ein von der Geschäftsstelle eines Verwaltungsgerichts erlassener Beschluss nach § 11 RVG ist nicht von der Verwaltungsgerichtsbarkeit zu vollstrecken, sondern nach den zivilprozessualen Vorschriften;[157]
- Auszug aus der Insolvenztabelle (§ 201 Abs. 2 InsO);
- Insolvenzplan (§ 257 Abs. 1, 2 InsO);
- Schuldenbereinigungsplan nach § 308 InsO (§ 308 Abs. 1 S. 2 iVm. § 794 Abs. 1 Nr. 1);
- Beschlüsse und Vergleiche der **Landwirtschaftsgerichte** (§ 31 LwVG);
- **Öffentlich rechtliche Titel** können ebenfalls ganz oder teilweise nach der ZPO vollstreckt werden; zB nach dem VwVG, §§ 249ff. AO, § 167 Abs. 1 VwGO. § 66 Abs. 4 SGB X erlaubt Sozialversicherungsträgern die Wahl der Vollstreckung nach VwVG oder ZPO;
- Vermögensrechtliche Entscheidungen im **Strafverfahren;** §§ 463, 406, 406b StPO;
- **Zuschlagsbeschluss** im Zwangsversteigerungsverfahren; §§ 93, 132 ZVG.

794a *Zwangsvollstreckung aus Räumungsvergleich* **(1) [1]Hat sich der Schuldner in einem Vergleich, aus dem die Zwangsvollstreckung stattfindet, zur Räumung von Wohnraum verpflichtet, so kann ihm das Amtsgericht, in dessen Bezirk der Wohnraum belegen ist, auf Antrag eine den Umständen nach angemessene Räumungsfrist bewilligen. [2]Der Antrag ist spätestens zwei Wochen vor dem Tag, an dem nach dem Vergleich zu räumen ist, zu stellen; §§ 233 bis 238 gelten sinngemäß. [3]Die Entscheidung ergeht durch Beschluss. [4]Vor der Entscheidung ist der Gläubiger zu hören. [5]Das Gericht ist befugt, die im § 732 Abs. 2 bezeichneten Anordnungen zu erlassen.**

(2) [1]Die Räumungsfrist kann auf Antrag verlängert oder verkürzt werden. [2]Absatz 1 Satz 2 bis 5 gilt entsprechend.

(3) [1]Die Räumungsfrist darf insgesamt nicht mehr als ein Jahr, gerechnet vom Tag des Abschlusses des Vergleichs, betragen. [2]Ist nach dem Vergleich an einem späteren Tag zu räumen, so rechnet die Frist von diesem Tag an.

(4) Gegen die Entscheidung des Amtsgerichts findet die sofortige Beschwerde statt.

(5) [1]Die Absätze 1 bis 4 gelten nicht für Mietverhältnisse über Wohnraum im Sinne des § 549 Abs. 2 Nr. 3 sowie in den Fällen des § 575 des Bürgerlichen Gesetzbuchs. [2]Endet ein Mietverhältnis im Sinne des § 575 des Bürgerlichen Gesetzbuchs durch außerordentliche Kündigung, kann eine Räumungsfrist höchstens bis zum vertraglich bestimmten Zeitpunkt der Beendigung gewährt werden.

I. Normzweck

1 Die Vorschrift regelt Räumungsfristen für Prozessvergleiche; für Urteile gilt § 721. Sie soll den Abschluss von Räumungsvergleichen erleichtern, indem der Schuldner die Möglichkeit erhält, Räumungsfristen unabhängig vom Willen des Gläubigers durch das Gericht zu erhalten. Die **Vorschrift gilt** nur für Prozessvergleiche und vollstreckbare Anwaltsvergleiche[1] (§§ 796a, 796c), nicht für außergerichtliche Vergleiche[2] oder sonstige Räumungsvereinbarungen.[3] Sie gilt weiterhin nicht für Räumungsvergleiche nach § 13 Abs. 3 HausratsVO; § 17 Abs. 2 HausratsVO ist vorrangig.[4]

II. Voraussetzungen

2 **1. Fristgebundener Antrag.** Die Entscheidung ergeht nur auf Antrag, der spätestens zwei Wochen vor dem Räumungstag zu stellen ist. S. hierzu § 721 Rn. 8. Wiedereinsetzung (§§ 233 bis 238) ist möglich, Abs. 1 S. 2. Ist die im Prozessvergleich vereinbarte Frist kürzer als zwei Wochen, kann der Antrag gleichwohl bis zum Ablauf von zwei Wochen nach Vergleichsschluss gestellt werden.[5] Maßgeblicher Zeitpunkt ist bei aufschiebenden Bedingungen (insbesondere regelmäßig bei Widerrufsvorbehalt) der des Wirksamwerdens des Vergleichs.[6] Der Antrag ist unzulässig, wenn der Schuldner in dem Vergleich auf weiteren Räumungsschutz verzichtet hat, was zulässig ist, weil § 765a anwendbar bleibt.[7]

3 **2. Räumung von Wohnraum, frühere Vereinbarung.** Zur Räumung von Wohnraum s. § 721 Rn. 3. Auch in § 794a sind gem. Abs. 5 Mietverhältnisse nach §§ 549 Abs. 2 Nr. 3, 575 BGB (bestimmter Wohnraum für Personen mit dringendem Wohnbedarf, Zeitmietverträge) ausgenommen. **Keine Voraussetzung** ist es, dass die Parteien im Prozessvergleich oder später eine Räumungsfrist vereinbart haben.[8] Dies kann aber wichtiger Gesichtspunkt bei der Interessenabwägung sein (s. Rn. 5).

---

[157] Str.; wie hier OVG Münster Rpfleger 2001, 251f. m. weit. Nachw. auch für die Gegenmeinung.
[1] *St/J/Münzberg* Rn. 1.
[2] LG Wuppertal NJW 1967, 832ff.; *St/J/Münzberg* Rn. 1; *Zö/Stöber* Rn. 1; aA LG Essen NJW 1968, 162f.
[3] MK/*Wolfsteiner* Rn. 2; *St/J/Münzberg* Rn. 1; aA LG Ulm MDR 1980, 944.
[4] OLG München NJW 1978, 548f.; OLG Hamm NJW 1969, 885.
[5] MK/*Wolfsteiner* Rn. 8; *Zö/Stöber* Rn. 3; aA *T/P/Hüßtege* Rn. 4.
[6] *St/J/Münzberg* Rn. 4.
[7] LG Aachen WuM 1996, 568; *Pankow* NJW 1994, 1182; aA MK/*Wolfsteiner* Rn. 1; *Zö/Stöber* Rn. 7.
[8] *Zö/Stöber* Rn. 2.

III. Entscheidungskriterien

1. Grundlagen. Bei der Entscheidung, die im pflichtgemäßen Ermessen des Gerichts steht, sind die Interessen der Parteien im Einzelfall gegeneinander abzuwägen. Der Gläubiger will auf seinen Wohnraum zugreifen, der Schuldner soll vor Obdachlosigkeit geschützt werden. Zu berücksichtigen ist, dass es sich bei dem Vergleich um eine Vereinbarung zwischen Gläubiger und Schuldner handelt, in die der Schuldner seine Interessen bereits einbringen konnte. 4

2. Einzelabwägung. S. hierzu zunächst § 721 Rn. 4ff. Von besonderer Bedeutung ist hier die Tatsache, dass sich der Schuldner freiwillig zur Räumung verpflichtet und den zugesagten (evtl. auch sofortigen) Termin jetzt nicht einhalten will. Daraus wird der Schluss gezogen, dass eine Räumungsfrist nur gewährt werden dürfe, wenn sich nachträglich Umstände ergeben hätten, die der Schuldner bei Vergleichsabschluss ohne grobes Verschulden nicht vorhergesehen habe, wenn unter diesen Umständen die Einhaltung des Vertrages für den Schuldner eine Härte bedeuten würde und wenn der Aufschub der Räumung dem Gläubiger zumutbar erscheine.[9] Dies erscheint vom Gesetzgeber nicht gewollt[10] und auch nicht durch eine verfassungskonforme Auslegung geboten,[11] die nicht nur die Interessen des Gläubigers berücksichtigen darf. Vielmehr sollte bei der Interessenabwägung noch stärkeres Gewicht auf die Fragen gelegt werden, ob angemessener Ersatzwohnraum zur Verfügung steht und in welchem Maße sich der Schuldner, der sich zum Auszug zu einem bestimmten Termin verpflichtet hat, hierum bemüht hat.[12] 5

IV. Verfahren

1. Zuständigkeit, Entscheidung. Ausschließlich (§ 802) **zuständig** ist das Amtsgericht, in dessen Bezirk der Wohnraum belegen ist, Abs. 1 S. 1. Es entscheidet als Prozess-, nicht als Vollstreckungsgericht und deshalb durch den Richter.[13] Das Amtsgericht ist auch dann zuständig, wenn der Prozessvergleich vor dem Arbeitsgericht geschlossen wurde.[14] Die **Entscheidung** ergeht nach Gewährung rechtlichen Gehörs durch zu begründenden Beschluss. Die Dauer der Frist darf ein Jahr nicht überschreiten (Abs. 3), wobei mangels anderer Vereinbarung[15] eine im Vergleich zugebilligte Frist nicht einzurechnen ist.[16] Bei Zeitmietverhältnissen (§ 575 BGB), die durch fristlose Kündigung beendet werden, darf gem. Abs. 5 S. 2 die Räumungsfrist die vertraglich vereinbarte Mietzeit nicht überschreiten. Zu **Kosten und Streitwert** s. § 721 Rn. 9. Vor der Entscheidung sind die in § 732 Abs. 2 genannten **einstweiligen Anordnungen** möglich. 6

2. Verlängerung, Verkürzung. Die Räumungsfrist darf auf Antrag bis zur möglichen Frist des Abs. 3, Abs. 5 S. 2 (s. Rn. 6) verlängert werden. Eine Verkürzung ist nur bei gerichtlich gewährter Räumungsfrist zulässig,[17] wenn die Parteien im Vergleich nicht anderes vereinbart haben.[18] 7

3. Rechtsbehelfe. Der Beschluss unterliegt nach Abs. 4 der sofortigen Beschwerde; die Rechtsbeschwerde ist nur im Fall ihrer Zulassung möglich (§ 574 Abs. 1). Zu den **Wirkungen einer Räumungsfrist** s. § 721 Rn. 11. 8

795 *Anwendung der allgemeinen Vorschriften auf die weiteren Vollstreckungstitel*

[1]Auf die Zwangsvollstreckung aus den in § 794 erwähnten Schuldtiteln sind die Vorschriften der §§ 724 bis 793 entsprechend anzuwenden, soweit nicht in den §§ 795a bis 800 abweichende Vorschriften enthalten sind. [2]Auf die Zwangsvollstreckung aus den in § 794 Abs. 1 Nr. 2 erwähnten Schuldtiteln ist § 720a entsprechend anzuwenden, wenn die Schuldtitel auf Urteilen beruhen, die nur gegen Sicherheitsleistung vorläufig vollstreckbar sind.

I. Normzweck

Das achte Buch der ZPO regelt zunächst nur die Vollstreckung aus Urteilen und verweist dann in § 795 wegen der anderen Titel auf diese Vorschriften mit Ausnahme derjenigen, die die vorläufige Vollstreckbarkeit und Sicherheitsleistung betreffen. 1

II. Entsprechende Anwendung und Sondervorschriften

Grundsätzlich finden die §§ 724–793 auf die Titel des § 794 Abs. 1 Anwendung. Sondervorschriften, die zT auch vom Normalfall abweichende Zuständigkeitsregeln enthalten, gibt es für Kostenfestsetzungsbeschlüsse (§§ 795a, 798; § 795 S. 2 iVm. § 720a); Unterhaltsfestsetzungsbeschlüsse (§ 798); Gütestellenvergleiche (§ 797a); Vollstreckungsbescheide (§ 796); Schiedssprüche, vollstreckbare Anwaltsvergleiche (§§ 796a, 796c, 798) sowie vollstreckbare Urkunden (§§ 797, 800). Nach **Satz 2** gelten die Vorschriften über die Sicherungsvollstreckung (§ 720a) entsprechend für die Vollstreckung aus Kostenfestsetzungsbe- 2

---

[9] MK/*Wolfsteiner* Rn. 4 m. weit. Nachw.; ähnlich *Zö/Stöber* Rn. 2; weniger streng *St/J/Münzberg* Rn. 2.
[10] S. MK/*Wolfsteiner* Rn. 4 m. weit. Nachw.
[11] So aber MK/*Wolfsteiner* Rn. 4.
[12] Ähnlich LG Mannheim ZMR 1994, 21f., WuM 1993, 62; LG Heilbronn Rpfleger 1992, 528.
[13] LG Essen NJW 1971, 2315f.; MK/*Wolfsteiner* Rn. 7; *Zö/Stöber* Rn. 4.
[14] LAG Tübingen NJW 1970, 2046f.; *Zö/Stöber* Rn. 4.
[15] LG München I WuM 1987, 66.
[16] LG Wuppertal WuM 1981, 113; MK/*Wolfsteiner* Rn. 5; *St/J/Münzberg* Rn. 4.
[17] LG Mannheim WuM 1987, 64; *St/J/Münzberg* Rn. 5; aA LG Hamburg WuM 1987, 65.
[18] MK/*Wolfsteiner* Rn. 6.

schlüssen, wenn die zugrunde liegenden Urteile nur gegen Sicherheitsleistung vorläufig vollstreckbar sind. Zur (Nicht-) Anwendbarkeit des § 767 Abs. 2 s. § 767 Rn. 31; zur Anwendbarkeit des § 707 dort Rn. 2f.

795a *Zwangsvollstreckung aus Kostenfestsetzungsbeschluss* **Die Zwangsvollstreckung aus einem Kostenfestsetzungsbeschluss, der nach § 105 auf das Urteil gesetzt ist, erfolgt auf Grund einer vollstreckbaren Ausfertigung des Urteils; einer besonderen Vollstreckungsklausel für den Festsetzungsbeschluss bedarf es nicht.**

1 Ein nach § 105 auf das Urteil gesetzter Kostenfestsetzungsbeschluss wird vollstreckungsrechtlich als Bestandteil des Urteils behandelt. Es bedarf nur der Klausel für das Urteil und nicht der Einhaltung der Wartefrist des § 798, der nur auf selbstständige Kostenfestsetzungsbeschlüsse Anwendung findet.

795b *Vollstreckbarerklärung des gerichtlichen Vergleichs* **Bei Vergleichen, die vor einem deutschen Gericht geschlossen sind (§ 794 Abs. 1 Nr. 1) und deren Wirksamkeit ausschließlich vom Eintritt einer sich aus der Verfahrensakte ergebenden Tatsache abhängig ist, wird die Vollstreckungsklausel von dem Urkundsbeamten der Geschäftsstelle des Gerichts des ersten Rechtszugs und, wenn der Rechtsstreit bei einem höheren Gericht anhängig ist, von dem Urkundsbeamten der Geschäftsstelle dieses Gerichts erteilt.**

I. Normzweck

1 Die Vorschrift ist durch das 2. JuMoG eingefügt worden und seit dem **1. 1. 2007** in Kraft. Ihr Zweck ist, die Zuständigkeit zur Klauselerteilung insbesondere für Widerrufsvergleiche (teilweise, s. Rn. 2) vom Rechtspfleger auf den Urkundsbeamten der Geschäftsstelle zu übertragen. Widerrufsvergleiche sind in der Regel aufschiebend bedingt, sodass nach zutreffender Ansicht die Klausel nach § 726 zu erteilen ist (s. § 726 Rn. 3, § 794 Rn. 11). In der Praxis ist sie regelmäßig vom Urkundsbeamten erteilt worden, was auch das Problem der Wirksamkeit der Klausel aufwarf (s. § 726 Rn. 4). Die Vorschrift **überträgt lediglich die Zuständigkeit**, an der Tatsache, dass die Klausel nach § 726 zu erteilen ist, ändert sie nichts. Mangels Übergangsvorschrift ist der Zeitpunkt der Klauselerteilung maßgeblich; vor dem Inkrafttreten begangene Zuständigkeitsverstöße werden **nicht geheilt.**[1]

II. Regelungsgehalt

2 **1. Voraussetzungen.** Es muss sich um einen vor einem Gericht (nicht einer Gütestelle) geschlossenen Vergleich iSd. § 794 Abs. 1 Nr. 1 handeln. Die **Wirksamkeit des Vergleichs** muss vom Eintritt einer Tatsache abhängig sein, die sich aus der Verfahrensakte ergibt. In der Praxis kommen damit Widerrufsvergleiche und solche für den Fall der Rechtskraft der Scheidung in Betracht. Aus den Verfahrensakten ergeben sich beim Widerrufsvergleich die Tatsachen aber nur dann, wenn der Widerruf gegenüber dem Gericht zu erklären ist (vgl. hierzu § 794 Rn. 12). Schließlich muss die Wirksamkeit **ausschließlich** von sich aus der Verfahrensakte ergebenden Tatsachen abhängig sein. Hängt die Vollstreckung von weiteren Tatsachen iSd. § 726 ab, bleibt es bei der Zuständigkeit des Rechtspflegers. Da die Vorschrift von **„der Verfahrensakte"** spricht und damit im Singular, müssen beim Vergleich für den Fall der Scheidung Vergleich und Scheidung im selben Verfahren geschlossen bzw. ausgeurteilt worden sein.

3 **2. Rechtsfolge.** Bei Vorliegen der Voraussetzungen der Norm ist der Urkundsbeamte der Geschäftsstelle zuständig zur Klauselerteilung. Handelt der Rechtspfleger an seiner Stelle, ist dies unschädlich (§ 8 Abs. 5 RPflG). Entsprechend der Regelung der §§ 706 Abs. 1 S. 2, 724 Abs. 2 ist der Urkundsbeamte des höheren Gerichts zuständig, wenn der Rechtsstreit dort anhängig ist (s. dazu § 706 Rn. 2).

796 *Zwangsvollstreckung aus Vollstreckungsbescheiden* **(1) Vollstreckungsbescheide bedürfen der Vollstreckungsklausel nur, wenn die Zwangsvollstreckung für einen anderen als den in dem Bescheid bezeichneten Gläubiger oder gegen einen anderen als den in dem Bescheid bezeichneten Schuldner erfolgen soll.**

(2) Einwendungen, die den Anspruch selbst betreffen, sind nur insoweit zulässig, als die Gründe, auf denen sie beruhen, nach Zustellung des Vollstreckungsbescheids entstanden sind und durch Einspruch nicht mehr geltend gemacht werden können.

(3) Für Klagen auf Erteilung der Vollstreckungsklausel sowie für Klagen, durch welche die den Anspruch selbst betreffenden Einwendungen geltend gemacht werden oder der bei der Erteilung der Vollstreckungsklausel als bewiesen angenommene Eintritt der Voraussetzung für die Erteilung der Vollstreckungsklausel bestritten wird, ist das Gericht zuständig, das für eine Entscheidung im Streitverfahren zuständig gewesen wäre.

I. Normzweck

1 Nach § 688 Abs. 2 Nr. 2 ist das Mahnverfahren nur für unbedingte Ansprüche zulässig. Dies macht auch eine Klausel entbehrlich, **Absatz 1.** § 767 Abs. 2 stellt auf den Zeitpunkt der letzten mündlichen Ver-

---

[1] MK/*Wolfsteiner* Rn. 4.

handlung ab, den es bei einem Vollstreckungsbescheid in der Regel nicht gibt. **Absatz 2** regelt den für die **Präklusion** nach § 767 Abs. 2 maßgeblichen Zeitpunkt. §§ 731, 767, 768 stellen bei der Zuständigkeit auf das Prozessgericht des ersten Rechtszugs ab. Da es dieses in der gemeinten Form im Mahnverfahren nicht gibt, dagegen in §§ 689 Abs. 2, 696 Abs. 1, § 692 Abs. 1 Nr. 6 iVm. § 696 Abs. 1 S. 4, Abs. 5 drei verschiedene Zuständigkeitsregelungen, bestimmt **Absatz 3** die Zuständigkeit für die genannten Klagen bei Vollstreckungsbescheiden gesondert.

II. Vollstreckungsklausel (Absatz 1)

Grundsätzlich ist keine Klausel erforderlich, nur in den Fällen, in denen eine **Titelumschreibung** erforderlich ist (§§ 727–729, 738, 742, 744a, 745, 749). Zuständig hierfür ist nach § 724 Abs. 2 das Amtsgericht, das den Mahnbescheid erlassen hat, gegebenenfalls das zentrale Mahngericht.[1] Die aufgrund eines zwischenstaatlichen Vertrages außerhalb der Bundesrepublik Deutschland vollstreckungsfähigen Vollstreckungsbescheide können, wenn die Klausel im Ausland erforderlich ist, auf Antrag mit der Klausel versehen werden, § 31 AVAG. 2

III. Präklusion (Absatz 2), Zuständigkeit (Absatz 3)

Maßgeblicher Zeitpunkt für die **Präklusion** nach § 767 Abs. 2 ist bei Vollstreckungsbescheiden der des Ablaufs der Einspruchsfrist (str.; s. im Einzelnen § 767 Rn. 38). **Zuständig** für Klagen nach §§ 731, 767, 768 ist bei Vollstreckungsbescheiden das Gericht, das im Streitverfahren zuständig gewesen wäre. Diese Zuständigkeit kann sich auch aus einer Gerichtsstandsvereinbarung ergeben. Erst das abstrakt nach §§ 1, 12ff. ermittelte Gericht ist gem. § 802 ausschließlich zuständig.[2] Eine Wahl des Gläubigers zwischen verschiedenen möglichen Gerichtsständen im Mahnverfahren bindet den Schuldner für eine Vollstreckungsabwehrklage nicht.[3] Geht der Kläger einer Vollstreckungsabwehrklage nur teilweise gegen einen in einem Vollstreckungsbescheid titulierten Anspruch vor, richtet sich die Frage, welches Gericht sachlich zur Entscheidung zuständig ist, nach der Höhe des angegriffenen Teils.[4] 3

IV. Gebühren und Kosten

1. **Rechtsanwaltsgebühren.** Vgl. § 797 Rn. 12. 4

2. **Gerichtskosten.** Für die **Klage** auf Erteilung der Vollstreckungsklausel nach Abs. 3 gelten die allgemeinen Bestimmungen für das Prozessverfahren erster Instanz (KV Nr. 1210, 1211). Die Erteilung der Vollstreckungsklausel ist grundsätzlich gebührenfrei; soll die Vollstreckung mit einem deutschen Vollstreckungsbescheid im **Ausland** betrieben werden, hängt dies vom zwischenstaatlichen Recht ab. 5

796a

Voraussetzungen für die Vollstreckbarerklärung des Anwaltsvergleichs **(1) Ein von Rechtsanwälten im Namen und mit Vollmacht der von ihnen vertretenen Parteien abgeschlossener Vergleich wird auf Antrag einer Partei für vollstreckbar erklärt, wenn sich der Schuldner darin der sofortigen Zwangsvollstreckung unterworfen hat und der Vergleich unter Angabe des Tages seines Zustandekommens bei einem Amtsgericht niedergelegt ist, bei dem eine der Parteien zur Zeit des Vergleichsabschlusses ihren allgemeinen Gerichtsstand hat.**

(2) Absatz 1 gilt nicht, wenn der Vergleich auf die Abgabe einer Willenserklärung gerichtet ist oder den Bestand eines Mietverhältnisses über Wohnraum betrifft.

(3) Die Vollstreckbarerklärung ist abzulehnen, wenn der Vergleich unwirksam ist oder seine Anerkennung gegen die öffentliche Ordnung verstoßen würde.

I. Normzweck

Der in § 796a geregelte Anwaltsvergleich dient der einvernehmlichen Streitbeilegung innerhalb oder außerhalb eines gerichtlichen oder schiedsgerichtlichen Verfahrens. Seine Besonderheit gegenüber einem Vergleich iSd. § 779 BGB besteht darin, dass der ihn für vollstreckbar erklärende Beschluss (vgl. § 796b und § 796c) Grundlage der Zwangsvollstreckung ist (vgl. § 794 Abs. 1 Nr. 4b). Im Unterschied zu einer vollstreckbaren Urkunde bedarf es beim Anwaltsvergleich der Mitwirkung eines Notars nicht. Allerdings findet auf den Anwaltsvergleich § 127a BGB keine Anwendung,[1] so dass die notarielle Beurkundung nicht ersetzt wird. Für eine Vollstreckung im Ausland auf der Grundlage des Art. 57 iVm. Art. 38ff. EuGVVO bzw. Art. 50 Abs. 1 iVm. Art. 31ff. EuGVÜ/LugÜ (zur Fortgeltung vgl. Art. 68 EuGVVO) eignet sich der Anwaltsvergleich als solcher nicht, weil er nicht von einer Behörde beurkundet wird und deshalb keine öffentliche Urkunde darstellt.[2] Ob die Vollstreckbarerklärung durch Notar oder Gericht als öffentliche Urkunde 1

---

[1] BGH NJW 1993, 3141f.; OLG Hamm Rpfleger 1994, 30; *St/J/Münzberg* Rn. 1; aA OLG Koblenz Rpfleger 1994, 307.
[2] *St/J/Münzberg* Rn. 5; *Lackmann* Rn. 500.
[3] OLG Karlsruhe OLGR 2003, 246.
[4] OLG Celle NJW-RR 2002, 1079f.
[1] *Bamberger/Roth/Wendtland* § 127a BGB Rn. 4.
[2] *Trittmann/Merz* IPRax 2001, 178, 180; MK/*Gottwald* Art. 50 EuGVÜ Rn. 10; *Geimer* IPrax 2000, 366, 367; zu der Mitwirkung einer Behörde als Voraussetzung einer öffentlichen Urkunde vgl. EuGH DNotZ 1999, 919 m. Anm. *Fleischhauer* DNotZ 1999, 925ff.

in diesem Sinne anzusehen ist, ist zweifelhaft.[3] Für eine solche Einordnung spricht, dass im Rahmen des Vollstreckbarerklärungsverfahrens eine zumindest überschlägige Kontrolle der Wirksamkeit des Vergleichs stattfindet, so dass die von Art. 57 EuGVVO durch das Erfordernis einer behördlichen Beurkundung angestrebte erhöhte Beweiskraft durchaus gegeben ist. Die Vollstreckbarerklärung des Anwaltsvergleichs kann weiterhin Grundlage für eine Bestätigung als Europäischer Vollstreckungstitel nach der EuVTVO iVm §§ 1079ff. (näher § 796b Rn. 4 und § 796c Rn. 4) sein.

II. Einzelerläuterungen

2 **1. Voraussetzungen des Abs. 1 für die Vollstreckbarerklärung des Vergleichs. a) Anwendungsbereich.** Die Regelungen der §§ 796a ff. betreffen nicht die Wirksamkeit des Anwaltsvergleichs, sondern regeln die Voraussetzungen, unter denen seine Vollstreckbarerklärung möglich ist. Soweit die Parteien vergleichsbefugt sind, sind durch Anwälte geschlossene Vergleiche auch im Bereich des öffentlichen Rechts oder des Arbeitsrechts möglich. Da durch den Vergleich die Rechtsnatur der zu Grunde liegenden Forderung nicht verändert wird,[4] können nach §§ 796a ff. nur solche Anwaltsvergleiche für vollstreckbar erklärt werden, die **Forderungen aus dem Bereich der ordentlichen Gerichtsbarkeit** zum Gegenstand haben. Soweit zur Entscheidung über die Forderung die **Arbeitsgerichtsbarkeit** berufen ist, kann ein Anwaltsvergleich von den Arbeitsgerichten für vollstreckbar erklärt werden.[5] Auch eine notarielle Vollstreckbarerklärung ist damit nicht mehr ausgeschlossen. Dafür, dass dies auch dem Sinn des § 62 Abs. 2 S. 1 ArbGG entspricht, lässt sich anführen, dass diese Regelung auch als Verweisung auf den Katalog der Vollstreckungstitel des § 794 verstanden wird,[6] wobei auch die notarielle Urkunde als Vollstreckungstitel im Bereich der Arbeitsgerichtsbarkeit anerkannt ist. Ebenso, wie nach überwiegender Auffassung dann für die Entscheidung über die Vollstreckungsgegenklage die Arbeitsgerichtsbarkeit berufen ist,[7] wird man annehmen müssen, dass die Arbeitsgerichte auch für die Vollstreckbarerklärung nach § 796b zuständig sind. Das gilt auch deshalb, weil aus den genannten Gründen die Forderung durch den Anwaltsvergleich ihre Zugehörigkeit zu dem Bereich der Arbeitsgerichtsbarkeit nicht verliert. Für den Bereich der **Verwaltungsgerichtsbarkeit** ist eine Vollstreckbarerklärung durch die ordentlichen Gerichte ausgeschlossen.[8] Da der Katalog des § 168 VwGO keine Vollstreckung aus Anwaltsvergleichen vorsieht und dieser Katalog als abschließend anzusehen ist, scheidet in diesem Bereich die Vollstreckbarerklärung des Anwaltsvergleichs aus.[9] Dafür spricht insbesondere auch, dass durch Art. 2 § 13 SchiedsVfG § 168 VwGO geändert wurde, ohne eine entsprechende Möglichkeit vorzusehen. Für den Bereich der **freiwilligen Gerichtsbarkeit** ist die Vollstreckbarerklärung des Anwaltsvergleichs durch die Gerichte der freiwilligen Gerichtsbarkeit zulässig.[10]

3 **b) Abschluss eines Vergleichs.** Die Parteien müssen einen (materiellrechtlich wirksamen, vgl. Rn. 9) Vergleich iSd. § 779 BGB[11] geschlossen haben. Dabei kommt es nicht auf die Bezeichnung an. Der Vergleich setzt gegenseitiges Nachgeben voraus.[12] Dabei wird ein Nachgeben in der Sache nicht gefordert, sondern es reicht aus, wenn im Kostenpunkt oder sogar nur hinsichtlich des Verzichts auf das Erstreiten eines Ur-

---

[3] Für die Behandlung als vollstreckbare Urkunde *Trittmann/Merz* IPRax 2001, 178, 180ff.; *Wiecz/Sch/Schütze* § 796b Rn. 12; zurückhaltender (Einordnung als öffentliche Urkunde sei fraglich) *Geimer* IPrax 2000, 366, 367; *Fleischhauer* DNotZ 1999, 925, 930; *Sae/Kindl* Rn. 1.

[4] Zum alten Recht: BGHZ 52, 39, 46; NJW-RR 1987, 1426, 1427; BAG AP ZPO § 794 Nr. 14 m. zust. Anm. *Schumann; Staudinger/Marburger* § 779 BGB Rn. 38; die Argumente, die für die Zuständigkeit der ordentlichen streitigen Gerichtsbarkeit für eine Vollstreckungsgegenklage bei einer vollstreckbaren Urkunde über eine Forderung aus dem Bereich der Arbeitsgerichtsbarkeit angeführt werden (*Münzberg,* ZZP 87 [1974], S. 449ff.), verlieren damit für den Anwaltsvergleich weiter an Gewicht.

[5] Vgl. *Voit/Geweke* NZA 1998, S. 400ff.; *Sae/Kindl* Rn. 1; *Walker* in: *Schuschke/Walker* Rn. 11, § 796b Rn. 2; aA (Zuständigkeit der ordentlichen Gerichte) *Wiecz/Sch/Schütze* § 796b Rn. 3; aA (arbeitsgerichtliche Streitigkeiten dem Anwaltsvergleich nicht zugänglich) *B/L/H* Rn. 3.

[6] *Grunsky,* ArbGG, § 62 Rn. 12; *Germelmann/Matthes/Prütting,* ArbGG, 3. Aufl. 1999, § 62 Rn. 7.

[7] OLG Frankfurt MDR 1985, 330; *Grunsky* ArbGG, § 62 Rn. 12; *St/J/Münzberg* § 797 Rn. 25; ausführlich (iE noch unentschieden) *Münzberg* ZZP 87 (1974), S. 449ff.; für eine Unterwerfungsfähigkeit bei Ansprüchen aus dem Bereich der Arbeitsgerichtsbarkeit auch MK/*Wolfsteiner* § 794 Rn. 198.

[8] Zum alten Recht: *Veeser,* Der vollstreckbare Anwaltsvergleich, 1996, S. 124; aA (möglich, soweit Verfahrensgesetze die Vollstreckbarerklärung durch das für den Anspruch zuständige Gericht sowie die Vollstreckung des Vergleichs erlauben; eine solche Erlaubnis sei auch der allgemeine Verweis auf die ZPO) *St/J/Münzberg* Rn. 1; *Hansens* AnwBl. 1991, 113; der BGH hat die Unterwerfung hins. einer dem öffentlichen Recht zuzuordnenden Forderung nicht beanstandet, jedoch hins. der Vollstreckungsgegenklage auf den Verwaltungsrechtsweg verwiesen, MDR 1994, 719.

[9] *B/L/H* Rn. 15; aA *Sae/Kindl* Rn. 1; *Zö/Geimer* Rn. 7; zum alten Recht: *Veeser* (Fn. 8) S. 121ff. (Katalog sei nicht abschließend [S. 125]; Vollstreckbarerklärung durch das Verwaltungsgericht [S. 219f.]).

[10] *Sae/Kindl* Rn. 1; *St/J/Münzberg* Rn. 1; zum alten Recht: *Veeser* (Fn. 8) S. 132ff. (mit Ausnahme der Amtsverfahren der nichtstreitigen freiwilligen Gerichtsbarkeit; Vollstreckbarerklärung durch FG-Richter [S. 221f.]); aA *Ziege* NJW 1991, 1580, 1582.

[11] Doppelnatur kommt dem Anwaltsvergleich nicht zu, da er keine verfahrensbeendigende Wirkung hat, so iE auch *B/L/H* Rn. 4; wohl auch MK/*Wolfsteiner* Rn. 3; aA *Wiecz/Sch/Schütze* Rn. 2.

[12] Krit. (da ein Vertrag, der nicht im Streit ist, damit nicht im Wege des Anwaltsvergleichs für vollstreckbar erklärt werden kann) *Zö/Geimer* Rn. 3; strenger (geringfügiges Nachgeben reicht nicht aus; Nachgeben muss gerade der Erledigung des Streits dienen) MK/*Wolfsteiner* Rn. 3 (schon wegen der damit verbundenen Rechtsunsicherheit problematisch); wie hier zum alten Recht: BGH NJW 1970, 1122, 1124; *Ziege* NJW 1991, 1580 (keine strengeren Anforderungen als an Prozessvergleich).

teils nachgegeben wird.[13] Dabei können auch Ansprüche einbezogen werden, die als solche nicht im Streit sind.[14] Die **Sprache,** in welcher der Vergleich abgeschlossen wurde, ist ohne Bedeutung.[15] Dem Wortlaut des § 796a Abs. 1 nach muss der Anwaltsvergleich von den Rechtsanwälten geschlossen werden. Damit müssen die maßgebenden **Erklärungen von den Rechtsanwälten** abgegeben werden, so dass sich diese nicht – wie nach § 1044b aF[16] – auf die Unterzeichnung des von den Parteien geschlossenen Vergleichs beschränken können. Ob sich diese vom Wortlaut der Bestimmung nahe gelegte, in ihrer inneren Berechtigung aber durchaus problematische Auslegung durchsetzen wird, erscheint zweifelhaft, denn dieses Kriterium ist rein formaler Natur und steht in Widerspruch zur Autonomie der Parteien. Die besseren Argumente sprechen dafür, trotz des gegenteiligen Wortlauts daran festzuhalten, dass auch die Parteien selbst den Vergleich schließen und die Anwälte sich auf die Unterzeichnung beschränken können.[17] In dem Vergleich – auch in einem über Arbeitssachen[18] – muss sich der Schuldner – das können auch beide Parteien sein – der **sofortigen**[19] **Zwangsvollstreckung** unterwerfen. Dies kann sich auf einzelne Teile des Vergleichs beschränken.[20] Die Unterwerfungserklärung kann auch über die materielle Zahlungspflicht hinausgehen, sofern sich aus der Erklärung klar ergibt, dass der Zahlungsverpflichtete die Anrechnung eines Betrages auf die Verpflichtung, hinsichtlich derer er sich der Vollstreckung unterworfen hat, durch eine Vollstreckungsgegenklage geltend zu machen hat.[21] Dagegen stellen unbezifferte Anrechungsklauseln, welche die Höhe der Forderung herabsetzen, hinsichtlich derer die Unterwerfungserklärung gelten soll, die Vollstreckbarkeit in Frage (vgl. Rn. 9). Die Unterwerfung in einem Nachtrag zu dem Vergleich reicht aus.[22] Eine zusätzliche Erklärung oder Unterzeichnung durch die Parteien ist nicht erforderlich. Die **Rechtsanwälte,** die an dem Anwaltsvergleich mitwirken, müssen bei einem deutschen Gericht (nicht notwendigerweise vor dem Gericht der Niederlegung oder dem Prozessgericht iSd. § 796b) **zugelassen** oder nach dem EuRAG[23] oder nach § 206 BRAO zur Berufsausübung in Deutschland zugelassen sein.[24] Hat eine Partei mehrere Rechtsanwälte bevollmächtigt, so kann regelmäßig jeder von ihnen allein einen Anwaltsvergleich abschließen.[25] Die Frage der **wirksamen Bevollmächtigung** richtet sich – hier, wie auch bei der Frage der Vollmacht insgesamt – nach §§ 167ff. BGB, nicht nach §§ 80ff. ZPO. Die Genehmigung von Erklärungen ohne Vertretungsmacht ist nach Niederlegung nicht mehr möglich.[26] Eine andere Auslegung ist nicht nur mit dem Wortlaut der Bestimmung schwer vereinbar, sondern entspricht auch nicht der Funktion der Niederlegung. Praktische Unzuträglichkeiten sind nicht zu befürchten, da in aller Regel in der Prozessvollmacht auch eine Bevollmächtigung zur Abgabe materiellrechtlicher Erklärungen enthalten ist, sofern diese zur Streitbeilegung dienlich sind (vgl. § 81 Rn. 8).[27] Die Unterbevollmächtigung durch einen Rechtsanwalt ist nur wirksam, wenn die Bevollmächtigung eine Unterbevollmächtigung gestattet.[28] Haben die Parteien mitunterzeichnet, was nicht erforderlich ist, liegt darin die Erteilung der Vollmacht.[29]

c) Form. § 796a setzt lediglich einen Vergleichsschluss durch als Vertreter (vgl. Rn. 3) handelnde Rechtsanwälte voraus. Dabei ist der Vergleich als solcher nicht formbedürftig, er muss allerdings – zumindest nachträglich – schriftlich fixiert werden, um der Voraussetzung der Niederlegung genügen zu können. Ein 4

---

13 Vgl. *Schwab/Walter* Kap. 23 Rn. 7 (zum Schiedsspruch mit vereinbartem Wortlaut); zum alten Recht: MK/*Maier* § 1044b aF Rn. 2 (der das Nachgeben seitens des Schuldners darin sieht, dass ein Vollstreckungstitel geschaffen werden soll); *Ziege* NJW 1991, 1580; *Veeser* (Fn. 8) S. 81 (jedes gegnerfreundliche Parteiverhalten); aA (zumindest geringfügiges Nachgeben in der Sache, bei Nebenforderungen oder bei Kosten erforderlich; zum neuen Recht) *Wiecz/Sch/Schütze* Rn. 6.

14 *Sae/Kindl* Rn. 3; *St/J/Münzberg* Rn. 1; aA MK/*Wolfsteiner* Rn. 3.

15 *Wiecz/Sch/Schütze* Rn. 21; zum alten Recht: *Schütze* DZWir 1993, 133, 134 (in der Vollstreckbarerklärung muss der vollstreckbare Teil in deutscher Sprache formuliert werden).

16 OLG Hamm MDR 1996, 961; der Vorschlag *Nerlichs* MDR 1997, 416, 419, die Mitwirkung auf einen Anwalt zu beschränken, ist mit Recht nicht Gesetz geworden.

17 So auch *Sae/Kindl* Rn. 2; *Walker* in: *Schuschke/Walker* Rn. 3; vgl. auch *Zö/Geimer* Rn. 11 (Anwälte müssen den Vergleich abschließen, aber nicht bei seinem Zustandekommen mitwirken); aA *B/L/H* Rn. 6 (Unterschrift bei fehlender Vollmacht kann aber Indiz für Anscheins- oder Duldungsvollmacht sein).

18 *Zö/Geimer* Rn. 12.

19 Da der Vollstreckungstitel erst die Entscheidung über die Vollstreckbarkeit ist, § 794 Abs. 1 Nr. 4a, ist der Zusatz „sofortig" irreführend; sein Fehlen ist unschädlich, *Schwab/Walter,* 5. Aufl. 1995, Kap. 23 Rn. 16; vgl. auch (bei notarieller Urkunde reiche es aus, wenn klar zum Ausdruck kommt, dass die Vollstreckung ohne Urteil gestattet ist) *St/J/Münzberg* Rn. 7 iVm. § 794 Rn. 120.

20 Offen lassend OLG Saarbrücken NJW-RR 2005, 1302f.

21 BGH NJW 2006, 695, 697.

22 *Zö/Geimer* Rn. 12; einschränkend (nur bei rückwirkend vereinbarter Ergänzung) *B/L/H* Rn. 5.

23 Gesetz über die Tätigkeit europäischer Rechtsanwälte in Deutschland, Art. 1 Gesetz vom 9. 3. 2000, BGBl. I S. 182, ber. S. 1349; zuletzt geändert durch Art. 1 Gesetz vom 26. 10. 2003, BGBl. I S. 2074.

24 MK/*Wolfsteiner* Rn. 7; *Sae/Kindl* Rn. 2; weiter gehend (uneingeschränkt auch ausländische Anwälte) *Zö/Geimer* Rn. 27; so wohl auch *Trittmann/Merz* IPRax 2001, 178, 179 hins. WTO-Anwälten; wie hier zum alten Recht: *Veeser* (Fn. 8) S. 151, 152 (zu WTO-Anwälten; regelmäßig nur bei Streit auf dem Gebiet des Herkunftslandes); *Schütze* DZWir 1993, 133, 134.

25 *Wiecz/Sch/Schütze* Rn. 14; *Zö/Geimer* Rn. 15.

26 *Sae/Kindl* Rn. 2; *Zö/Geimer* Rn. 10 (Ausschluss vollmachtloser Vertretung, Nachreichen der Vollmacht möglich); vgl. auch *S/J/Münzberg* Rn. 3, der vom Schutzzweck her auch eine Anwendung des § 177 BGB für denkbar hält.

27 *St/J/Münzberg* Rn. 3; *Ro/S/Go* § 55 Rn. 26; weiter gehend (Prozessvollmacht umfasse stets Vergleichsvollmacht) *Sae/Kindl* Rn. 2; aA *Zö/Vollkommer* § 81 Rn. 11; *B/L/H* Rn. 6; MK/*Wolfsteiner* Rn. 8.

28 Strenger *Zö/Geimer* Rn. 15 (wegen Höchstpersönlichkeit des Mandats stets unzulässig); wie hier *St/J/Münzberg* Rn. 3; *B/L/H* Rn. 7.

29 *St/J/Münzberg* Rn. 7.

Umlaufverfahren reicht aus, dabei kann der Vergleich bereits vor der letzten Unterschrift wirksam geschlossen sein.[30] Es kann dann als nebenvertragliche Verpflichtung die schriftliche Niederlegung des Vergleichs verlangt werden. Dabei ist die Frage des Bindungswillens beim mündlichen Vergleichsschluss genau zu prüfen. Soweit in dem Vergleich **Willenserklärungen abgegeben** oder Rechtsgeschäfte abgeschlossen werden, die ihrerseits formbedürftig sind (zB nach § 311b BGB), muss der Vergleich diesen Voraussetzungen genügen; **§ 127a BGB** ist auf den Anwaltsvergleich **nicht anwendbar.**[31]

5 d) **Niederlegung.** Der Vergleich kann nur für vollstreckbar erklärt werden, wenn er niedergelegt wurde. Durch die Niederlegung sollen nachträgliche Veränderungen und der Verlust der Vergleichsurkunde ausgeschlossen werden.[32] Schriftliche Nachweise über die Vollmacht der Rechtsanwälte, die den Vergleich geschlossen haben, brauchen nicht beigefügt zu werden. Die in Abs. 1 erwähnte **Angabe des Datums** des Vergleichsschlusses dient nur der näheren Kennzeichnung des Vergleichs. Die Richtigkeit der Datumsangabe ist ohne Bedeutung.[33] Die Niederlegung kann durch die Parteien selbst veranlasst werden; Anwaltszwang herrscht nicht. Eine Bevollmächtigung des die Niederlegung Veranlassenden durch die andere Partei des Vergleichs oder ihr Einverständnis mit der Niederlegung verlangt das Gesetz nicht.[34] Die sachliche **Zuständigkeit** liegt nach Abs. 1 beim Amtsgericht (zur Zuständigkeit der Notare vgl. § 796c Rn. 3); örtlich ist jedes Amtsgericht zuständig, in dessen Bezirk eine der Parteien zum Zeitpunkt des Vergleichsschlusses ihren allgemeinen Gerichtsstand (vgl. §§ 13ff.) hat. Die Zuständigkeit ist eine ausschließliche, § 802. Sie gilt auch für Anwaltsvergleiche in Arbeitssachen.[35] Eine Gerichtsstandsvereinbarung scheidet angesichts der Regelung in Abs. 1 aus.[36] Damit kann der Vergleich nicht niedergelegt werden, wenn keine Partei ihren allgemeinen Gerichtsstand im Inland hat.[37]

6 **2. Ausschluss der Vollstreckbarerklärung nach Abs. 2. a) Ausschluss der Vollstreckbarerklärung bei Verpflichtung zur Abgabe einer Willenserklärung.** Vergleiche, die auf die Verpflichtung zur Abgabe einer Willenserklärung gerichtet sind, können nicht für vollstreckbar erklärt werden. Es bleibt – soweit in dem Vergleich die entsprechende Erklärung nicht bereits abgegeben ist – nur die gerichtliche Durchsetzung der vergleichsweise begründeten Verpflichtung. Deren Wirksamkeit steht Abs. 2 Fall 1 nicht entgegen, denn diese Regelung betrifft nicht die Wirksamkeit des Vergleichs, sondern allein die Frage der Vollstreckbarerklärung.

7 **b) Ausschluss der Vollstreckbarerklärung bei Vergleich über den Bestand eines Wohnraummietverhältnisses.** § 796a Abs. 2 schließt die Vollstreckbarerklärung eines Anwaltsvergleichs über den Bestand eines Wohnraummietverhältnisses aus. Darunter fallen – in Anlehnung an § 794 Abs. 1 Nr. 5 und § 1030 Abs. 2 S. 1 – Streitigkeiten über die **Wirksamkeit oder Unwirksamkeit** eines **Mietverhältnisses** oder **Untermietverhältnisses**[38] über Räume, die zum Wohnen genutzt werden (vgl. auch § 794 Rn. 32). Bei Mietverträgen, die zugleich **Wohn- und Geschäftsräume** zum Gegenstand haben, ist der Schwerpunkt des Vertrages entscheidend,[39] wobei die Aufteilung der Fläche und die Bestimmung des Mietzinses lediglich als Indizien heranzuziehen sind.[40] Streitigkeiten über den Bestand eines Mietverhältnisses sind auch dann gegeben, wenn der Bestand lediglich **Vorfrage** für den im Vergleich einvernehmlich geregelten Anspruch – insbesondere einen Räumungsanspruch – ist.[41] Ohne Bedeutung ist, ob der Anspruch aus Mietvertrag oder aus einer anderen Anspruchsgrundlage, zB § 985 BGB, abgeleitet wird.[42] **Nicht erfasst** werden Rechtsstreitigkeiten, die den Bestand des Mietvertrages nicht in Frage stellen oder die sich erst aus der bereits **vollzogenen Beendigung** des Mietverhältnisses ergeben. Damit sind Schadensersatzansprüche, Ansprüche wegen Schönheitsreparaturen, Ansprüche aus einer Zustimmung zu einem Mieterhöhungsverlangen und Ansprüche wegen Nichterfüllung der Überlassungs- oder der Mietzinszahlungspflicht einem Anwaltsvergleich zugänglich, soweit der Bestand des Mietverhältnisses außer Streit steht.

8 Zur Frage, ob Anwaltsvergleiche über den Bestand von Wohnraummietverhältnissen vollstreckt werden können, wenn diese vor dem Inkrafttreten des § 796a geschlossen wurden, vgl. die Vorauflage.

9 **3. Ablehnung des Antrags auf Vollstreckbarerklärung nach Abs. 3. a) Unwirksamkeit des Vergleichs.** Die Regelung in Abs. 3 betrifft die Ablehnung des Antrags auf Vollstreckbarerklärung wegen **materieller Mängel** des Vergleichs. Diese werden von Amts wegen berücksichtigt,[43] ohne dass das Gericht den Sachver-

---

[30] *Zö/Geimer* Rn. 17; zum alten Recht: *Veeser* (Fn. 8) S. 101.

[31] *B/L/H* Rn. 7; *Zö/Geimer* Rn. 8; *St/J/Münzberg* Rn. 4; zum alten Recht: *Ziege* NJW 1991, 1580, 1581.

[32] Vgl. Begründung des Entwurfs BT-Drucks. 13/5274 S. 29.

[33] *Sae/Kindl* Rn. 4; *Zö/Geimer* Rn. 16 (Angabe irgendeines Datums, zB der zuerst oder zuletzt geleisteten Unterschrift, genüge); aA *Wiecz/Sch/Schütze* Rn. 17.

[34] MK/*Wolfsteiner* Rn. 10; *St/J/Münzberg* Rn. 8; vgl. *Wiecz/Sch/Schütze* Rn. 16 (jede Partei sei stillschweigend bevollmächtigt); aA *B/L/H* Rn. 8; zum alten Recht: *Geimer* DNotZ 1991, 266, 279.

[35] *Walker* in: *Schuschke/Walker* Rn. 5.

[36] AA (§ 38 sollte für anwendbar gehalten werden) *B/L/H* Rn. 10.

[37] *Sae/Kindl* Rn. 4.

[38] *St/J/Schlosser* § 1030 Rn. 11, 13; vgl. zum Räumungsvergleich bei Geschäftsraummiete auch *Lebec/Latinovic* NZM 1999, 14f.

[39] OLG Karlsruhe NJW-RR 1988, 401 (zu § 29a aF).

[40] BGH NJW-RR 1986, 877, 878 (zu Wohnraum im Sinne des § 10 Abs. 1 MHRG); *St/J/Schlosser* § 1030 Rn. 14; *Wiecz/Sch/Schütze* Rn. 10 iVm. § 1025a aF Rn. 2 (auf den Raumanteil abstellend).

[41] *St/J/Schlosser* § 1030 Rn. 11; aA *Wiecz/Sch/Schütze* Rn. 10 iVm. § 1025a aF Rn. 3.

[42] *St/J/Schlosser* § 1030 Rn. 11.

[43] Eine Beschränkung auf gerügte Mängel oder auf ordre-public-Verstöße sieht das Gesetz nicht vor, so aber *Zö/Geimer* Rn. 23

halt von Amts wegen aufklärt. Es geht damit nicht nur um die Ablehnung der Vollstreckbarerklärung, sondern auch um die materiellrechtliche Wirksamkeit des Vergleichs.[44] Als Unwirksamkeitsgründe kommen in Betracht: Fehlende Vergleichsfähigkeit des geregelten Gegenstands, Willensmängel bei Abschluss des Vergleichs, Rücktritt, Widerruf, Wegfall der Geschäftsgrundlage sowie fehlende Vertretungsmacht, soweit nicht genehmigt wurde.[45] Die im Vergleich niedergelegten Verpflichtungen müssen weiterhin **hinreichend bestimmt** sein, denn nur dann kann – ggf. nach Auslegung – eine Vollstreckbarerklärung erfolgen, die den Anforderungen an einen Vollstreckungstitel genügt.[46] Es verhält sich dabei nicht anders als bei der Unterwerfung unter die sofortige Zwangsvollstreckung in einer notariellen Urkunde.[47] Fehlt es an der Bestimmtheit der Leistungspflicht, so ist die Vollstreckbarerklärung abzulehnen. Ist der den Anwaltsvergleich für vollstreckbar erklärende Beschluss nicht hinreichend bestimmt – etwa deshalb, weil er in Bezug auf die Möglichkeit der Zwangsvollstreckung unbezifferte Anrechnungsklauseln enthält (zu materiellrechtlich wirkenden Anrechnungsklauseln vgl. Rn. 3) –, so kann aus diesem Beschluss die Zwangsvollstreckung nicht betrieben werden.[48] Ob sich bei Ablehnung der Vollstreckbarerklärung aus der vergleichsweisen Einigung der Parteien eine wechselseitige Verpflichtung ergibt, an der Konkretisierung der Verpflichtung im Wege einer Nachbesserung des Anwaltsvergleichs mitzuwirken, ist eine Frage des Einzelfalls. In Betracht kommt in derartigen Fällen auch eine Erfüllungsklage (vgl. Rn. 12). Auch Vergleiche ohne vollstreckungsfähigen Inhalt, zB feststellende Vergleiche, können nach hL für vollstreckbar erklärt werden.[49]

b) Einwendungen gegen den Bestand des Anspruchs. Nach dem Wortlaut der Regelung kann die Vollstreckbarerklärung nur bei Unwirksamkeit des Vergleichs abgelehnt werden, nicht aber bei Einwendungen, die sich gegen das Fortbestehen des Anspruchs aus dem wirksam geschlossenen Vergleich richten. Solche Einwendungen (Erfüllung, Stundung, Erlass, Aufrechnung; nicht dagegen solche, die durch den Vergleich beigelegt sein sollen;[50] zu Anrechnungsklauseln vgl. Rn. 3, 9) konnten nach dem früheren Recht im Verfahren zur Vollstreckbarerklärung geltend gemacht werden.[51] Im Interesse einer Verfahrenskonzentration spricht jedoch viel dafür, trotz des entgegenstehenden Wortlauts die Einwendungen zu berücksichtigen und ggf. den Antrag auf Vollstreckbarerklärung abzuweisen.[52] Zweifelhaft ist dies allerdings wegen der damit verbundenen Gefahr der **Präklusion:** Nach der vor dem 1. 1. 1998 geltenden Regelung, die die Geltendmachung derartiger Einwendungen im Vollstreckbarerklärungsverfahren zuließ, führte die Vollstreckbarerklärung bei einer nachfolgenden Vollstreckungsgegenklage zumindest bei Erhebung eines Widerspruchs seitens des Antragstellers zur Präklusion nach § 767 Abs. 2, und zwar unabhängig davon, ob in dem Widerspruchsverfahren die Einwendungen tatsächlich erhoben wurden. Diese für das früher geltende Recht herrschende[53] und auch durch die Rechtsprechung[54] bestätigte Ansicht ist auf der Grundlage des geltenden Rechts Bedenken ausgesetzt, da nach § 796 b Abs. 2 S. 3 eine Anfechtung der Entscheidung über die Vollstreckbarerklärung ausgeschlossen ist. Damit wäre Grundlage der Präklusion eine Entscheidung, die ohne mündliche Verhandlung ergehen kann und die unanfechtbar ist. Ob diese massive Einschränkung des Rechtsschutzes der Parteien beabsichtigt war, erscheint zweifelhaft.[55] Andererseits spricht die Regelung des § 797 Abs. 6 iVm. § 797 Abs. 4 für die Annahme der Präklusion bei einer Vollstreckbarerklärung durch gerichtlichen Beschluss, denn die genannte Regelung schließt die Präklusion bei notarieller Vollstreckbarerklärung eigens aus. Wenn man deshalb trotz der genannten Bedenken der gerichtlichen Vollstreckbarerklärung präkludierende Wirkung zuerkennt, so sollte diese aber angesichts des Wortlauts des § 796 a Abs. 3 auf die Fälle der Unwirksamkeit des Vergleichs beschränkt werden. Andernfalls würde das wenig sachgerechte Ergebnis eintreten, dass für denjenigen Antragsgegner, der im Vertrauen auf den Wortlaut der Bestimmung Erlöschensgründe und Einreden im Vollstreckbarerklärungsverfahren nicht geltend macht, im

10

[44] AA wohl MK/*Wolfsteiner* Rn. 14.

[45] AA Wiecz/Sch/Schütze Rn. 5.

[46] BGH NJW 2006, 695, 697.

[47] *Sae/Kind* Rn. 3; aA *Zö/Geimer* Rn. 25 (Bestimmtheitserfordernis gelte allein für die Vollstreckbarerklärung, da erst diese der Vollstreckungstitel ist).

[48] BGH NJW 2006, 695, 697.

[49] *Schwab/Walter* Kap. 23 Rn. 9 (zum Schiedsspruch mit vereinbartem Wortlaut); zum alten Recht: *Veeser* (Fn. 8) S. 93; vgl. aber auch *Zö/Geimer* Rn. 26 (Antrag auf Feststellung der Wirksamkeit des Vergleichs sei bessere Lösung); aA *Sae/Kindl* Rn. 6; *St/J/Münzberg* Rn. 5.

[50] Hins. des Vergleichsschlusses ist § 767 Abs. 2 nicht anzuwenden, vgl. zum alten Recht: *Ziege* NJW 1991, 1580, 1582; *Ro/G/Sch* § 13 V.

[51] *St/J/Schlosser* (21. Aufl.) § 1044 b aF Rn. 7.

[52] Für eine Zulassung derartiger Einwendungen auch *B/L/H* § 796 b Rn. 6; *Walker* in: *Schuschke/Walker* Rn. 8; *Zö/Geimer* Rn. 22; *Deubner* JuS 2000, 579, 583; aA LG Halle NJW 1999, 3567; *Münzberg* NJW 1999, 1357, 1359 (soweit nicht unstreitig); MK/*Wolfsteiner* Rn. 14; *Sae/Kindl* Rn. 7; *T/P/Hüßtege* § 796 b Rn. 2; *St/J/Münzberg* § 796 b Rn. 4 (Geltendmachung nicht im Vollstreckbarerklärungsverfahren, sondern nach §§ 767, 795 und ggf. § 323).

[53] Vgl. zum alten Recht: *St/J/Schlosser* (21. Aufl.) § 1044 a aF Rn. 18 (zum Schiedsvergleich); *Ro/G/Sch* § 40 VI 4; *Wiecz/Sch/Schütze* § 1044 a aF Rn. 19; *Ziege* NJW 1991, 1580, 1584; zur Möglichkeit einer Präklusion im Beschlussverfahren vgl. auch BGHZ 24, 269, 274.

[54] OLG Köln NJW 1997, 1450, 1451; vgl. auch BGHZ 34, 275, 278 ff.; BGH NJW 1965, 1138; NJW 1990, 3210, 3211.

[55] Gegen eine Präklusion *Münzberg* NJW 1999, 1357, 1359 (soweit nicht unstreitig); *Sae/Kindl* Rn. 7; *T/P/Hüßtege* § 796 b Rn. 4; *St/J/Münzberg* § 796 b Rn. 4 f.; *Deubner* JuS 2000, 579, 583; wohl für eine Präklusion *Zö/Geimer* Rn. 24 (Wirksamkeit bzw. Unwirksamkeit, Erfüllung bzw. Nichterfüllung des Vergleichs werde rechtskräftig festgestellt), offen lassend BGH NJW 2006, 695, 697 (jedenfalls nicht bei einer Vollstreckbarerklärung, die mangels Bestimmtheit kein wirksamer Vollstreckungstitel ist).

Vollstreckungsgegenklageverfahren diese Einwendungen ausgeschlossen sind. Dass mit der vorgeschlagenen, auf die Unwirksamkeitsgründe beschränkten Präklusion der vom Gesetzgeber angestrebte Entlastungseffekt partiell unterlaufen wird, ist im Interesse der Parteien und in Anbetracht des Wortlauts des Abs. 3 hinzunehmen.

11 c) **Verstoß der Anerkennung gegen die öffentliche Ordnung.** Der Antrag auf Vollstreckbarerklärung ist nach Abs. 3 bei Verstoß der Anerkennung gegen die öffentliche Ordnung abzulehnen. Regelmäßig wird in diesen Fällen der Vergleich bereits wegen Verstoßes gegen §§ 134, 138 BGB unwirksam sein.[56] Dennoch sind Fälle denkbar – insbesondere wenn der Vergleich deutschem Recht nicht unterliegt –, in denen ein solcher Verstoß in Betracht kommt.[57] Dabei ist zu beachten, dass sich der Verstoß auf die Anerkennung, nicht auf den Vergleich selbst zu beziehen hat. Zu den Einzelheiten kann auf die Kommentierung zu § 1059 Abs. 2 Nr. 2b (§ 1059 Rn. 25ff.) verwiesen werden.

12 **4. Konkurrenzfragen. a) Verhältnis zur Erfüllungsklage.** Grundsätzlich steht es den Parteien frei, die im Anwaltsvergleich getroffene Regelung auch durch eine Erfüllungsklage durchzusetzen. In aller Regel wird es aber angesichts der Möglichkeit der Vollstreckbarerklärung am Rechtsschutzbedürfnis für eine Erfüllungsklage fehlen. Wenn dieser Weg allerdings nicht gangbar ist oder ernste Zweifel an der Möglichkeit einer Vollstreckbarerklärung bestehen, kann auf die Erfüllungsklage zurückgegriffen werden. Die Erfüllungsklage ist auch zulässig, um einer Vollstreckungsgegenklage des Schuldners, der Einwendungen gegen den Anwaltsvergleich erhebt, zuvorzukommen.[58] Es wäre dann sinnlos, den Gläubiger zunächst auf das Verfahren zur Vollstreckbarerklärung zu verweisen.

13 **b) Verhältnis zur Vollstreckungsgegenklage.** Die Vollstreckungsgegenklage setzt voraus, dass ein **Titel entstanden** ist, so dass nicht der Anwaltsvergleich als solcher, sondern nur der die Vollstreckbarkeit anordnende Beschluss Gegenstand der Vollstreckungsgegenklage sein kann.[59] Allerdings wird bei Schiedssprüchen eine Vollstreckungsgegenklage ohne Rücksicht darauf zugelassen, ob der Schiedsspruch bereits für vollstreckbar erklärt wurde (§ 1060 Rn. 13),[60] obwohl auch bei Schiedssprüchen Grundlage der Vollstreckung die Vollstreckbarerklärung, nicht der Schiedsspruch selbst ist (§ 794 Abs. 1 Nr. 4a). Dies beruht jedoch auf der Gleichstellung des Schiedsspruchs mit einem rechtskräftigen Urteil (§ 1055), so dass eine Übertragung auf den Anwaltsvergleich nicht möglich ist. Die Vollstreckungsgegenklage ist deshalb erst **ab der Vollstreckbarerklärung** des Anwaltsvergleichs **zulässig.**[61] Im Rahmen des Vollstreckbarerklärungsverfahrens sind die durch die Vollstreckungsgegenklage geltend zu machenden Einwendungen ebenfalls geltend zu machen (vgl. Rn. 10, dort auch zur Frage der Präklusion), so dass es – jedenfalls bei einem gerichtlichen Vollstreckbarerklärungsverfahren – für die Vollstreckungsgegenklage am Rechtsschutzbedürfnis fehlen kann.[62]

III. Kosten und Gebühren

14 **1. Rechtsanwaltsgebühren.** Hinsichtlich der Rechtsanwaltsgebühren ist neben Nr. 2300 VV RVG die Regelung über die Einigungsgebühr in Nr. 1000 VV RVG zu beachten. Bei nur eingeschränkter Tätigkeit des Anwalts sind die Nrn. 3327, 3332 VV RVG zu beachten. Kostenfestsetzung nach §§ 103f. kann auf Grund eines für vollstreckbar erklärten Vergleichs nicht beantragt werden (s. § 103 Rn. 4 aE).

15 **2. Gerichtsgebühren.** Es fällt eine Festgebühr von 50 Euro nach KV Nr. 2117 an.

796b *Vollstreckbarerklärung durch das Prozessgericht*

(1) Für die Vollstreckbarerklärung nach § 796a Abs. 1 ist das Gericht als Prozessgericht zuständig, das für die gerichtliche Geltendmachung des zu vollstreckenden Anspruchs zuständig wäre.

(2) [1]Vor der Entscheidung über den Antrag auf Vollstreckbarerklärung ist der Gegner zu hören. [2]Die Entscheidung ergeht durch Beschluss. [3]Eine Anfechtung findet nicht statt.

I. Normzweck

1 Grundlage der Zwangsvollstreckung ist nach § 794 Abs. 1 Nr. 4b nicht der Anwaltsvergleich, sondern der die Vollstreckbarkeit anordnende Beschluss (zur Notwendigkeit einer Vollstreckungsklausel vgl. § 724 Rn. 3). § 796b regelt die Vollstreckbarerklärung durch das Gericht, während § 796c die kostengünstigere Möglichkeit der Vollstreckbarerklärung durch den Notar regelt.

II. Einzelerläuterungen

2 **1. Zuständiges Gericht.** Während der Anwaltsvergleich stets bei dem Amtsgericht, in dessen Bezirk eine der Parteien ihren allgemeinen Gerichtsstand hat, niedergelegt werden muss, ist für die Vollstreckbarerklärung das Gericht zuständig, das für die **Geltendmachung des zu vollstreckenden Anspruchs zuständig**

---

[56] Vgl. (keine selbständige Bedeutung) *Zö/Geimer* Rn. 21.

[57] So auch *Sae/Kindl* Rn. 6; vgl. auch (zum alten Recht) *Veeser* (Fn. 8) S. 210.

[58] *Wiecz/Sch/Schütze* § 796b Rn. 2; vgl. *Zö/Geimer* Rn. 28 (jedenfalls dann zulässig, wenn der Gegner Wirksamkeit des Vergleichs bestreitet); *St/J/Münzberg* § 794 Rn. 136 (zu Fällen, in denen bereits ein Titel vorhanden ist).

[59] Zum alten Recht: *Veeser* (Fn. 8) S. 230.

[60] *Schwab/Walter* Kap. 27 Rn. 13; *St/J/Schlosser* § 1060 Rn. 7; zum alten Recht: MK/*Maier* § 1042 aF Rn. 6.

[61] *Sae/Kindl* Rn. 8; *St/J/Münzberg* § 796b Rn. 4 Fn. 27.

[62] *Walker* in: *Schuschke/Walker* Rn. 8; vgl. auch (ohne die genannte Einschränkung) *Veeser* (Fn. 8) S. 230.

wäre. Nicht entscheidend ist es, bei welchem Gericht der Vergleich niedergelegt wurde. Maßgebend sind die zuständigkeitsbegründenden Merkmale im Zeitpunkt der Antragstellung. Die **sachliche Zuständigkeit** des Gerichts bestimmt sich – bezogen auf den zu vollstreckenden Anspruch – nach den allgemeinen Regeln der §§ 23ff., 71 GVG; die **örtliche Zuständigkeit** richtet sich nach §§ 12ff. ZPO. Unter mehreren zuständigen Gerichten hat der Antragsteller in entsprechender Anwendung des § 35 die Wahl. Stellt der Antragsgegner ebenfalls einen Antrag auf Vollstreckbarerklärung, so ist auch § 33 entsprechend anwendbar.[1] Da durch die Verweisung auf die Zuständigkeit für die gerichtliche Geltendmachung des zu vollstreckenden Anspruchs auch die Regeln der **Gerichtsstandsvereinbarungen** (§§ 38ff.) in Bezug genommen sind, begründen derartige Vereinbarungen mittelbar die Zuständigkeit des für die Vollstreckbarerklärung zuständigen Gerichts. Dies gilt dann unabhängig davon, ob sie in dem vergleichsweise geregelten Rechtsverhältnis bereits vorgesehen waren, oder erst im Anwaltsvergleich getroffen wurden (wobei dann die Voraussetzungen in § 38 Abs. 3 Nr. 1 stets erfüllt sein dürften). Wenn für den vergleichsweise geregelten Anspruch ein **ausschließlicher Gerichtsstand** gegeben war, ist eine Gerichtsstandsvereinbarung ausgeschlossen, § 40 Abs. 2 S. 1 Nr. 2,[2] denn in der Regel führt der Vergleich nicht zu Novation, sondern stellt nur die schon bestehende Forderung außer Streit. Wenn Abs. 1 weiterhin anordnet, dass das Gericht als Prozessgericht tätig wird, so hat dies zur Folge, dass der **Richter,** nicht der Rechtspfleger zuständig ist.

2. Verfahrensgrundsätze. Der **Antrag** muss schriftlich gestellt werden; er kann auf einen Teil des Anwaltsvergleichs beschränkt werden.[3] Beim Amtsgericht kann er zu Protokoll der Geschäftsstelle erklärt werden, § 496. Vor dem Landgericht herrscht Anwaltszwang.[4] Der Antrag ist an das für die Vollstreckbarerklärung zuständige Gericht, nicht an das Gericht, bei dem der Vergleich niedergelegt ist, zu richten. Nur wenn ein Amtsgericht zur Entscheidung berufen ist, ist § 129a anwendbar.[5] Ein Gerichtskostenvorschuss kann nicht gefordert werden,[6] auch eine Sicherheitsleistung nach § 110 entfällt.[7] Die **mündliche Verhandlung** ist **fakultativ,** § 128 Abs. 4. Eine mündliche Verhandlung ist regelmäßig erforderlich, wenn der Antragsgegner dies ausdrücklich beantragt oder wenn er die Unwirksamkeit des Vergleichs geltend macht. Für ersteres spricht die Regelung des Art. 6 Abs. 1 S. 1 EMRK,[8] für letzteres der Vergleich mit § 1063 Abs. 2. Ist nach Vergleichsschluss **Rechtsnachfolge** eingetreten, so ist der Rechtsnachfolger antragsbefugt; wird der Antrag von der anderen Partei gestellt, ist der Rechtsnachfolger der richtige Antragsgegner.[9] Die Rechtsnachfolge kann im Rahmen des Vollstreckbarerklärungsverfahrens ohne die Beschränkungen des § 727 nachgewiesen werden.[10] Regelmäßig wird – soweit die Rechtsnachfolge nicht unstreitig ist – die Anordnung einer mündlichen Verhandlung erforderlich sein. Tritt die Rechtsnachfolge nach der Vollstreckbarerklärung ein, so sind die §§ 795, 727, 731 anwendbar. 3

Die in Abs. 2 S. 1 genannte Verpflichtung zur Gewährung **rechtlichen Gehörs** bezieht sich nur auf Entscheidungen, die ohne mündliche Verhandlung ergehen, andernfalls wird rechtliches Gehör im Rahmen der mündlichen Verhandlung gewährt. Die Anhörung ist auch dann erforderlich, wenn das Gericht den Antrag **ohnehin für abweisungsreif hält.**[11] Denn dem Antragsgegner kann daran gelegen sein, die Sachabweisung eines Antrags, den das Gericht für unzulässig erachtet, zu erreichen, da damit rechtskräftig feststeht, dass der Vergleich nicht für vollstreckbar erklärt werden kann (über die materiellrechtliche Wirksamkeit wird damit nicht entschieden, vgl. § 796a Rn. 2). Erachtet das Gericht den Antrag als zulässig, aber unbegründet, so kann es dem Antragsgegner darauf ankommen, dass der Antrag als unzulässig abgelehnt wird, da mit dieser Entscheidung die mangelnde Eignung des Vergleichs als Grundlage der Vollstreckbarerklärung nicht festgestellt wird und dem Antragsgegner die Vorteile des Anwaltsvergleichs erhalten bleiben. Dem Antragsgegner ist deshalb in jedem Fall rechtliches Gehör zu gewähren.[12] Das Gericht entscheidet – auch wenn mündlich verhandelt wurde – durch **Beschluss,** der nach Abs. 2 S. 3 **unanfechtbar** ist. Diese im Interesse der Verfahrensbeschleunigung[13] getroffene Regelung führt zu einer gravierenden Verkürzung des Rechtsschutzes. Zu bedenken ist dabei auch, dass angesichts der kostengünstigeren Möglichkeit der Vollstreckbarerklärung nach § 796c bei Einverständnis der Parteien dieser Weg beschritten werden wird. Die Vollstreckbarerklärung durch das Gericht wird deshalb vor allem dann beantragt werden, wenn sich der Antragsgegner zur Wehr setzt. Dass dann aber unanfechtbar und ohne obligatorische mündliche 4

---

1 *Sae/Kindl* Rn. 2.

2 Anders die hL zum alten Recht: *Veeser,* Der vollstreckbare Anwaltsvergleich, 1996, S. 166ff.; MK/*Maier* § 1044b aF Rn. 5; wie hier *St/J/Münzberg* Rn. 1; (zum alten Recht) *Ziege* NJW 1991, 1580, 1581.

3 *Sae/Kindl* Rn. 3.

4 *St/J/Münzberg* Rn. 2; aA *B/L/H* § 796a Rn. 11.

5 Ohne diese Differenzierung *B/L/H* § 796a Rn. 11.

6 Zum alten Recht: *St/J/Schlosser* (21. Aufl.) § 1042 aF Rn. 34, 7; aA (falls mündlich verhandelt wird) *Schwab/Walter,* 5. Aufl. 1995, Kap. 34 Rn. 10.

7 *Zö/Herget* § 110 Rn. 3; zum alten Recht: BGHZ 52, 321, 322 = NJW 1969, 2089 (da kein Klageverfahren); OLG Frankfurt/M RIW 1994, 686.

8 Vgl. Begründung zu § 1063, BT-Drucks. 13/5274 S. 65.

9 Vgl. *Schwab/Walter* Kap. 27 Rn. 5 (zur Vollstreckbarerklärung eines Schiedsspruchs); zum alten Recht: BGH KTS 1970, 30, 32 = MDR 1969, 567; LG Hamburg RIW 1975, 223, 224.

10 *Schwab/Walter* Kap. 27 Rn. 5 (zur Vollstreckbarerklärung eines Schiedsspruchs); zum alten Recht: BGH KTS 1970, 30, 32 = MDR 1969, 567; einschränkend (nur bei Nichtbestreiten der Rechtsnachfolge) *St/J/Schlosser* § 1060 Rn. 14.

11 MK/*Wolfsteiner* Rn. 4; *Sae/Kindl* Rn. 3; *Walker* in: *Schuschke/Walker* Rn. 3; aA *Schwab/Walter* Kap. 27 Rn. 7 (zur Vollstreckbarerklärung eines Schiedsspruchs).

12 So auch MK/*Wolfsteiner* Rn. 7; *Wiecz/Sch/Schütze* Rn. 8.

13 Vgl. BT-Drucks. 13/5274 S. 30.

Verhandlung die Vollstreckbarkeit angeordnet werden kann, erscheint bedenklich (zur Frage der Präklusion bei einer Vollstreckungsgegenklage vgl. § 796a Rn. 10). Bei gravierender Missachtung elementarer Verfahrensregeln ist an eine Gehörsrüge nach § 321a sowie an eine außerordentliche Beschwerde (vgl. § 567 Rn. 15ff.) zu denken. Trotz formell rechtskräftiger Vollstreckbarerklärung kann die Wirksamkeit des Vergleichs und das Fortbestehen der sich daraus ergebenden Forderungen durch die Vollstreckungsgegenklage noch in Frage gestellt werden (vgl. § 796a Rn. 9 und 10).[14] Zur Notwendigkeit einer **Vollstreckungsklausel** vgl. § 724 Rn. 3; zur **Wartefrist** vor dem Beginn der Zwangsvollstreckung vgl. § 798. Haben die Parteien im Anwaltsvergleich eine Kostenregelung getroffen, so kann auf dieser Grundlage ein **Kostenfestsetzungsverfahren nicht durchgeführt** werden (vgl. auch § 103 Rn. 4).[15] Der von einem Gericht für vollstreckbar erklärte Anwaltsvergleich kann als ein vom Gericht gebilligter Vergleich iSd. Art 3 Abs. 1 S. 2 Buchst. a EuVTVO[16] nach Art. 24 Abs. 1 EuVTVO als europäischer Vollstreckungstitel für unbestrittene Forderungen bestätigt werden.[17] Zuständig ist gemäß Art. 24 EuVTVO, § 1079 iVm. §§ 796b Abs. 1, 795, 724 Abs. 2 das Gericht, das die Vollstreckbarerklärung ausgesprochen hat. Die Bestätigung erfolgt durch den Rechtspfleger (§ 20 Nr. 11 RpflG). Nach der Bestätigung kann aus dem Anwaltsvergleich ohne ein weiteres Anerkennungsverfahren in den **Mitgliedstaaten der Europäischen Gemeinschaft** mit Ausnahme von Dänemark die Zwangsvollstreckung betrieben werden.

III. Kosten und Gebühren

5 Nach KV Nr. 2118 ist für die Vollstreckbarerklärung nach § 796a eine Festgebühr von 50 Euro anzusetzen.[18] Die Rechtsanwaltsgebühren ergeben sich aus Nr. 3100 VV RVG und den Sonderfällen der Nr. 3327 VV RVG.

796c *Vollstreckbarerklärung durch einen Notar*

(1) [1]**Mit Zustimmung der Parteien kann ein Vergleich ferner von einem Notar, der seinen Amtssitz im Bezirk eines nach § 796a Abs. 1 zuständigen Gerichts hat, in Verwahrung genommen und für vollstreckbar erklärt werden.** [2]**Die §§ 796a und 796b gelten entsprechend.**

(2) [1]**Lehnt der Notar die Vollstreckbarerklärung ab, ist dies zu begründen.** [2]**Die Ablehnung durch den Notar kann mit dem Antrag auf gerichtliche Entscheidung bei dem nach § 796b Abs. 1 zuständigen Gericht angefochten werden.**

I. Normzweck

1 Die Vollstreckbarerklärung durch den Notar bietet bei Einverständnis der Parteien eine kostengünstigere[1] Alternative zu der Vollstreckbarerklärung durch das Gericht.

II. Einzelerläuterungen

2 Die Vollstreckbarerklärung durch den Notar setzt die **Zustimmung der Parteien** voraus. Die Zustimmung kann auch nachträglich erfolgen. Die Zustimmung darf sich nicht nur auf die Verwahrung beziehen, sondern muss die **Vollstreckbarerklärung durch den Notar umfassen.**[2] Auf den konkreten Notar braucht sie nicht bezogen zu sein.[3] Angesichts des Zustimmungserfordernisses scheidet die notarielle Vollstreckbarerklärung aus, wenn die Voraussetzungen für die Vollstreckbarerklärung zwischen den Parteien umstritten sind. Aus demselben Grund sieht das Gesetz auch keinen Rechtsbehelf gegen die die Vollstreckbarkeit anordnende Entscheidung vor. Werden **Einwendungen geltend gemacht,** die nach dem Vergleichsschluss entstanden sind, fehlt es an einer Zustimmung zur Vollstreckbarerklärung, so dass der Notar den Antrag als unzulässig ablehnen muss.[4] Das gilt auch dann, wenn die Einwendungen geltend gemacht werden, nachdem die Urkunde in Verwahrung genommen wurde;[5] erst nach der Vollstreckbarerklärung entfällt diese Möglichkeit. Anderes ergibt sich auch nicht aus einem Vergleich mit der Vollstreckbarerklärung einer

---

[14] *Sae/Kindl* Rn. 3.

[15] Zum alten Recht: OLG Hamburg NJW-RR 1994, 1408; OLG München NJW-RR 1997, 1293f. = Rpfleger 1997, 497; *Veeser* (Fn. 2) S. 307; vgl. auch *Ziege* NJW 1991, 1580, 1584 (mit dem Rat, die Verpflichtung zur Erstattung der bezifferten Kosten als Teil des Anwaltsvergleichs mit in diesen aufzunehmen).

[16] VO (EG) Nr. 805/2004 ABl. L 143 vom 30. 4. 2004 S. 15ff.

[17] *Ernst* JurBüro 2005, 568, 569; *Gebauer* NJ 2006, 103, 104; *Wagner* IPrax 2005, 189, 192; i. Erg. ebenso (aber über Art. 3 Abs. 1 S. 2 Buchst. d iVm. Art. 25 EuVTVO, weil Art. 24 auf außergerichtlich geschlossene Vergleiche nicht anwendbar sei; die Formulierungen in Art. 3 und Art. 24 stellen jedoch die gerichtliche Billigung neben den Vergleichsschluss im gerichtlichen Verfahren) *Rellemeryer* Rpfleger 2005, 389, 392.

[18] *B/L/H* Rn. 7.

[1] Vgl. *Hansens* AnwBl. 1991, 113, 119ff. (zur Rechtslage vor dem 1. 1. 1998); *Enders* JurBüro 1998, 505, 508.

[2] So wohl auch *Zö/Geimer* Rn. 3; aA (Zustimmung müsse sich nur auf das Verfahren zur Vollstreckbarerklärung durch den Notar beziehen, aber nicht das Ergebnis) *Sae/Kindl* Rn. 2; *St/J/Münzberg* Rn. 9 Fn. 29.

[3] *Sae/Kindl* Rn. 2; aA MK/*Wolfsteiner* Rn. 4.

[4] In diese Richtung *Zö/Geimer* Rn. 3; vgl. auch (keine Ablehnungspflicht, aber Ablehnungsbefugnis) *St/J/Münzberg* Rn. 7.

[5] AA *Sae/Kindl* Rn. 2 (Widerruf nur bis zur Inverwahrunggabe); so wohl auch MK/*Wolfsteiner* Rn. 5; für eine Unwiderruflichkeit des Einverständnisses; *T/P/Hüßtege* Rn. 2.

notariellen Urkunde.[6] Bei dieser darf die Erteilung einer vollstreckbaren Ausfertigung zwar bei Einwendungen des Schuldners nicht versagt werden, es gibt jedoch wichtige Unterschiede: Zum einen sieht das Gesetz bei dem Anwaltsvergleich zwei unterschiedliche Wege zur Vollstreckbarerklärung vor, von denen der eine die Zustimmung der Parteien voraussetzt, während der andere Weg auch bei Fehlen der Zustimmung eröffnet ist. Dagegen obliegt die Erteilung der vollstreckbaren Ausfertigung einer notariellen Urkunde unabhängig von einer solchen Zustimmung dem Notar. Zum anderen besteht ein maßgebender Unterschied darin, dass bei der notariellen Urkunde diese selbst Grundlage der Zwangsvollstreckung ist, während beim Anwaltsvergleich der Beschluss nach § 796b oder § 796c diese Grundlage bildet. Damit geht es bei diesem Beschluss nicht nur um die Erteilung einer vollstreckbaren Ausfertigung, sondern um die Schaffung eines Vollstreckungstitels.

Die **örtliche Zuständigkeit des Notars** ist an die des Gerichts, bei dem der Anwaltsvergleich niederzulegen ist, angelehnt. Maßgebend ist damit der Bezirk des Amtsgerichts, bei dem **eine der Parteien** zur Zeit des Vergleichsschlusses ihren **allgemeinen Gerichtsstand** hat (vgl. § 796a Rn. 5). Eine **Zuständigkeitsvereinbarung** ist damit **ausgeschlossen;** zwischen mehreren zuständigen Notaren haben die Parteien die Wahl.[7] Ausgeschlossen ist es auch, die Vollstreckbarerklärung vor einem anderen als dem Notar zu beantragen, bei dem der Vergleich niedergelegt wurde.[8] Eine dennoch erfolgte Vollstreckbarerklärung ist nicht unwirksam.[9] Der Anwaltsvergleich und seine Vollstreckbarerklärung werden vom Notar in entsprechender Anwendung des § 45 BeurkG verwahrt.[10] Hinsichtlich des **Prüfungsumfangs** verweist § 796c Abs. 1 S. 2 auf § 796a. Neben den formellen Voraussetzungen ist damit auch die Wirksamkeit des Vergleichs (§ 796a Abs. 3) und die Vereinbarkeit seiner Anerkennung mit der öffentlichen Ordnung zu prüfen. Von einer wirksamen Bevollmächtigung der Anwälte zum Abschluss des Vergleichs kann der Notar nach dem Rechtsgedanken des § 88 Abs. 1 ZPO ausgehen.[11] Da dem Notar Möglichkeiten der Zeugen- oder Sachverständigenvernehmung nicht zur Verfügung stehen,[12] wird er im Zweifelsfall den Antrag auf Vollstreckbarerklärung ablehnen.[13] Die Parteien haben dann die Möglichkeit, einen Antrag auf gerichtliche Entscheidung zu stellen (§ 796c Abs. 2 S. 2). Vor der Entscheidung muss der Notar den Parteien rechtliches Gehör gewähren (§ 796c Abs. 1 S. 2 iVm. § 796b Abs. 2 S. 1).[14] 3

Der Notar entscheidet – wie sich aus der Verweisung in § 796c Abs. 1 S. 2 auf § 796b Abs. 2 sowie aus § 797 Abs. 6 ergibt – durch **Beschluss,** der den Parteien bzw. ihren Prozessbevollmächtigten von Amts wegen **zuzustellen** ist, Abs. 1 S. 2 iVm. § 796b Abs. 2 S. 2, § 329 Abs. 3 iVm. § 20 Abs. 1 S. 2 BNotO.[15] Der die **Vollstreckbarkeit anordnende** Beschluss ist unanfechtbar (§ 796c Abs. 1 S. 2 iVm. § 796b Abs. 2 S. 2). In Fällen greifbarer Gesetzeswidrigkeit (beispielsweise Vollstreckbarerklärung ohne Antrag) wird man jedoch einen Antrag auf gerichtliche Entscheidung in entsprechender Anwendung des § 796c Abs. 2 S. 2 für zulässig halten.[16] In jedem Fall bleibt dem Antragsgegner die Vollstreckungsgegenklage, wobei die Entscheidung des Notars Einwendungen des Schuldners nicht präkludiert, auch wenn diese im Verfahren vor dem Notar bereits hätten geltend gemacht werden können, § 797 Abs. 6 iVm. § 797 Abs. 4.[17] Lehnt der Notar den Antrag auf Vollstreckbarerklärung ab, was zu begründen ist, § 796c Abs. 2 S. 1, so kann diese Entscheidung nach § 796c Abs. 2 S. 2 mit einem Antrag auf gerichtliche Entscheidung angefochten werden. Entscheidungsgegenstand ist der Antrag auf Vollstreckbarerklärung in seiner Form durch die ablehnende Entscheidung des Notars. Wird dem Antrag stattgegeben, muss die Entscheidung des Notars aufgehoben werden. Zur Erteilung der **vollstreckbaren Ausfertigung** vgl. § 797 Abs. 6 iVm. Abs. 2; zur **Wartefrist** bei der Vollstreckung vgl. § 798. Über die **Kostentragung** hinsichtlich der Vollstreckbarerklärung entscheidet der Notar grundsätzlich in entsprechender Anwendung der §§ 91 ff.[18] Enthält der Vergleich keine entsprechende Regelung, so sind die Kosten gegenseitig aufzuheben, § 98. Die Durchführung eines **Kostenfestsetzungsverfahrens** nach den §§ 103 ff. ist auf der Grundlage eines Anwaltsvergleichs nicht möglich (vgl. § 796b Rn. 4). Der von einem Notar für vollstreckbar erklärte Anwaltsvergleich kann nach Art. 25 Abs. 1 der EuVTVO[19] als **europäischer Vollstreckungstitel für unbestrittene Forderungen** bestätigt werden, denn die Vollstreckbarerklärung durch den Notar ist auf Grund der erforderlichen Einvernehmlichkeit der Vollstreckbarerklärung (vgl. Rn. 2) die ausdrückliche Anerkennung einer Forderung in einer öffentlichen Urkunde iSd. Art. 3 4

---

6 So aber *Veeser,* Der vollstreckbare Anwaltsvergleich, 1996, S. 252 f. (für den Fall, dass die die Einwendungen erhebende Partei ursprünglich der Vollstreckbarerklärung seitens des Notars zugestimmt hatte; zum alten Recht).

7 *T/P/Hüßtege* Rn. 3.

8 MK/*Wolfsteiner* Rn. 2 f. (mit Kritik an dieser legislativen Entscheidung); *Walker* in: *Schuschke/Walker* Rn. 4.

9 *B/L/H* Rn. 4; *Zö/Geimer* Rn. 5.

10 Vgl. *von Schuckmann/Preuß* in *Huhn/Schuckmann* § 45 BeurkG Rn. 4; für eine Verwahrungspflicht auch *B/L/H* Rn. 5; *Sae/Kindl* Rn. 2.

11 Vgl. Stellungnahme DNotI-Report 2007, 66, 68.

12 AA (keine Pflicht zur Beweiserhebung, aber auch kein Verbot) *Sae/Kindl* Rn. 3.

13 *Ziege* NJW 1991, 1580, 1583 (zum alten Recht); vgl. auch *Zö/Geimer* Rn. 4 (zur Ablehnungsbefugnis).

14 *Sae/Kindl* Rn. 3; hinsichtlich der ablehnenden Entscheidung aA *T/P/Hüßtege* Rn. 11 (Abs. 2 verweise nicht auf § 796b).

15 Vgl. *B/L/H* Rn. 6; *Zö/Geimer* Rn. 11; zur Auslandszustellung vgl. *Schütze* DZWir 1993, 133, 135 (für eine Zustellung nach Art. 17 HZÜ).

16 AA *St/J/Münzberg* Rn. 6.

17 *St/J/Münzberg* Rn. 9.

18 Vgl. *Zö/Geimer* Rn. 7.

19 VO (EG) Nr. 805/2004 ABl. L 143 vom 30. 4. 2004 S. 15 ff.

Abs. 1 S. 2 Buchst. d, Art. 4 Abs. 3 EuVTVO.[20] Zuständig ist gemäß Art. 25 Abs. 1 EuVTVO, § 1079 iVm. §§ 796c Abs. 1 S. 1, 795, 724 Abs. 2 der Notar, der die Vollstreckbarerklärung ausgesprochen hat.

III. Kosten und Gebühren

5 Nach § 148a KostO erhält der Notar für das Verfahren über den Antrag auf Vollstreckbarerklärung eines Vergleichs (§§ 796a bis 796c) die Hälfte der vollen Gebühr. Für die Erteilung vollstreckbarer Ausfertigungen gilt § 133 KostO entsprechend.

797 *Verfahren bei vollstreckbaren Urkunden* **(1) Die vollstreckbare Ausfertigung gerichtlicher Urkunden wird von dem Urkundsbeamten der Geschäftsstelle des Gerichts erteilt, das die Urkunde verwahrt.**

(2) [1]Die vollstreckbare Ausfertigung notarieller Urkunden wird von dem Notar erteilt, der die Urkunde verwahrt. [2]Befindet sich die Urkunde in der Verwahrung einer Behörde, so hat diese die vollstreckbare Ausfertigung zu erteilen.

(3) Die Entscheidung über Einwendungen, welche die Zulässigkeit der Vollstreckungsklausel betreffen, sowie die Entscheidung über Erteilung einer weiteren vollstreckbaren Ausfertigung wird bei gerichtlichen Urkunden von dem im ersten Absatz bezeichneten Gericht, bei notariellen Urkunden von dem Amtsgericht getroffen, in dessen Bezirk der im zweiten Absatz bezeichnete Notar oder die daselbst bezeichnete Behörde den Amtssitz hat.

(4) Auf die Geltendmachung von Einwendungen, die den Anspruch selbst betreffen, ist die beschränkende Vorschrift des § 767 Abs. 2 nicht anzuwenden.

(5) Für Klagen auf Erteilung der Vollstreckungsklausel sowie für Klagen, durch welche die den Anspruch selbst betreffenden Einwendungen geltend gemacht werden oder der bei der Erteilung der Vollstreckungsklausel als bewiesen angenommene Eintritt der Voraussetzung für die Erteilung der Vollstreckungsklausel bestritten wird, ist das Gericht, bei dem der Schuldner im Inland seinen allgemeinen Gerichtsstand hat, und sonst das Gericht zuständig, bei dem nach § 23 gegen den Schuldner Klage erhoben werden kann.

(6) Auf Beschlüsse nach § 796c sind die Absätze 2 bis 5 entsprechend anzuwenden.

I. Normzweck

1 Die Vorschrift trägt der Tatsache Rechnung, dass notarielle Urkunden sich in der Regel beim Notar befinden, dem auch die Zuständigkeit zur Erteilung der Klausel übertragen wird. So weit das Gericht zuständig ist, knüpfen §§ 724ff. an ein Streitverfahren an, das bei gerichtlichen Urkunden nicht stattgefunden hat. Schließlich fehlt es an einem Prozessgericht des ersten Rechtszugs, an das §§ 731, 767, 768 die Zuständigkeit anbinden. Dies machte Zuständigkeitsregelungen erforderlich. Absatz 4 trägt der Tatsache Rechnung, dass von den Urkunden keine Rechtskraftwirkung ausgeht, die die Präklusion nach § 767 Abs. 2 schützen soll. Gerichtliche Urkunden iSd. Vorschrift sind **nicht Prozessvergleiche,**[1] wie eine einschränkende Auslegung ergibt.[2]

II. Vollstreckbare Ausfertigung notarieller Urkunden

2 **1. Zuständigkeit.** Ausschließlich (§ 802) zuständig ist für die Erteilung der Klausel der **Notar,** der die Urkunde verwahrt. Dies ist gem. § 45 Abs. 1 BeurkG grundsätzlich der Notar, der die Urkunde errichtet hat. Sind Urkunden wegen Abwesenheit oder Verhinderung, Erlöschen des Amtes oder Amtssitzverlegung gem. §§ 45 Abs. 1, 51 Abs. 1 S. 2 BNotO einem anderen Notar in Verwahrung gegeben, ist dieser zuständig. Verwahrt das Amtsgericht die Urkunden nach §§ 45 Abs. 1, 3 oder 51 BNotO, ist dieses Amtsgericht zur Klauselerteilung zuständig. Ein vorläufig des Amtes enthobener Notar, für den ein Vertreter bestellt ist, verliert seine Zuständigkeit nicht; er darf sie gem. § 55 Abs. 2 BNotO aber nur durch seinen Vertreter ausüben. Zur Erteilung **weiterer vollstreckbarer Ausfertigungen** (§ 733) ist gem. Abs. 3 das Amtsgericht zuständig, in dessen Bezirk der Notar seinen Sitz hat.

3 **2. Die Voraussetzungen** sind grundsätzlich dieselben wie in den Fällen der Klauselerteilung zu Urteilen nach §§ 724ff. Nur die folgenden Besonderheiten sind zu beachten.

a) Antragsberechtigung. Einen Anspruch auf Erteilung der Klausel hat nach § 52 BeurkG iVm. §§ 724ff. nur der Gläubiger, der Anspruch auf Erteilung einer einfachen Ausfertigung hat oder eine an ihn oder seinen Rechtsvorgänger adressierte Ausfertigung vorlegen kann.[3] Hier ist § 51 Abs. 1 Nr. 1 BeurkG von Bedeutung (eigene Willenserklärungen des Gläubigers in derselben Urkunde) und besonders § 51 Abs. 2 BeurkG, der die Bestimmung des Schuldners ermöglicht, dem Gläubiger dürfe eine Ausfertigung erteilt

[20] *Gebauer* NJ 2006, 103, 104; *Rellermeyer* Rpfleger 2005, 389, 392; *Rauscher/Pabst* in *Rauscher,* Europäisches Zivilprozessrecht, 2. Aufl., 2006, Art. 4 EG-VollstrTitelVO Rn. 21.

[1] MK/*Wolfsteiner* § 794 Rn. 143; *St/J/Münzberg* Rn. 1; *Zö/Stöber* Rn. 1; *Lackmann* Rn. 500; aA RGZ 21, 345, 347ff.; OLG München NJW 1961, 2265.

[2] S. im Einzelnen *Lackmann* Rn. 500.

[3] OLG Hamm OLGZ 1987, 429 = NJW-RR 1987, 1404; OLG Hamburg DNotZ 1987, 356; OLG Schleswig MDR 1983, 761; OLG Celle DNotZ 1974, 484; OLG Frankfurt DNotZ 1970, 162; *Zö/Stöber* Rn. 2; aA BayObLGZ 1934, 159; *St/J/Münzberg* Rn. 2.

werden. Diese Bestimmung liegt nicht bereits in der Unterwerfungserklärung selbst und ist frei widerruflich, solange dem Gläubiger noch keine Ausfertigung erteilt ist.[4]

b) Wirksamer Titel. Es muss eine äußerlich wirksam scheinende (s. hierzu § 724 Rn. 6), zur Vollstreckung geeignete Urkunde vorliegen. § 794 Abs. 1 Nr. 5 verlangt hierfür eine Unterwerfungserklärung in einer notariellen Urkunde. Also müssen Beurkundung und Unterwerfungserklärung wirksam sein.[5] Zur Wirksamkeit der Unterwerfungserklärung s. § 794 Rn. 35 f. Ergibt sich aus dem Inhalt der Urkunde, dass **zwingende Beurkundungsvorschriften** bzgl. der Unterwerfungserklärung nicht eingehalten worden sind oder die Unterwerfungserklärung selbst unwirksam ist, ist die Klauselerteilung abzulehnen. **Nicht zu prüfen sind materiell-rechtliche Fragen** wie das Bestehen eines Anspruchs oder dessen Erlöschen, die mit der Klage nach § 767 zu verfolgen sind.[6] Dies gilt auch dann, wenn der Notar wegen der Abwicklung des Geschäfts über sein Notaranderkonto definitiv weiß, dass der titulierte Anspruch durch Erfüllung erloschen ist.[7] Die Klausel bescheinigt ohne Berücksichtigung nachträglicher Umstände nur das Bestehen und die Vollstreckungsfähigkeit des Titels; nach Titelerlass eingetretene materiell-rechtliche Änderungen sind mit der Vollstreckungsabwehrklage (§ 767) geltend zu machen. Das Gesetz enthält keine Regelung, dass der Notar in diesen Fällen andere Befugnisse als der Urkundsbeamte der Geschäftsstelle oder der Rechtspfleger hat, wenn diese zur Erteilung der Klausel zuständig sind (s. dazu § 724 Rn. 6). Allerdings kann eine Auslegung ergeben, dass die Geltendmachung derartiger Einwendungen durch den Schuldner gegenüber dem Notar einen Widerruf der Erlaubnis zur Erteilung der Klausel (s. Rn. 3) darstellt.[8] Ergibt sich aus der Urkunde, dass die Unterwerfungserklärung im Namen des Schuldners von einer anderen Person abgegeben wurde, ist die **Vertretungsmacht zu prüfen** (s. im Einzelnen § 794 Rn. 36). Sie ist, wenn die Vollmacht nicht bei der Beurkundung in der Form des § 12 BeurkG vorlag, gem. und in der Form des § 726 (öffentliche oder öffentlich beglaubigte Urkunde) nachzuweisen.[9] Zur Frage des Erfordernisses der Zustellung der Vollmachtserklärung s. § 794 Rn. 36. 4

c) Vollstreckungsbedingungen. Umstände, von denen der Schuldner die Vollstreckbarkeit abhängig gemacht hat (s. § 794 Rn. 38), sind zu prüfen und nachzuweisen. Im Übrigen gelten die §§ 726 ff.; es muss sich aus der Urkunde selbst ergeben, dass die Vollstreckung bedingt ist. Zum Verzicht auf den Nachweis und zu Nachweiserleichterungen s. § 794 Rn. 38. 5

3. Verfahren. Zur Gewährung **rechtlichen Gehörs** gilt das zu § 730 Ausgeführte. § 16 Abs. 1 BNotO und § 3 Abs. 1 BeurkG[10] (**Ausschluss der Amtsausübung**) finden Anwendung. Wird der Notar als Rechtsanwalt des Gläubigers in der Zwangsvollstreckung tätig, ist er von der Erteilung der Klausel ausgeschlossen.[11] Eine Ablehnung wegen der Besorgnis der Befangenheit ist möglich.[12] Zu den erforderlichen **Nachweisen** s. Rn. 4 f. sowie die Ausführungen zu §§ 726 ff. Für die **Form der Klausel** gelten die Ausführungen zu §§ 724, 726 ff. sinngemäß. Im Fall des Abs. 3 (s. Rn. 7) ist es zumindest empfehlenswert, die Anweisung des Rechtspflegers zu erwähnen. Es dürfte zur Feststellung, ob das zuständige Organ gehandelt hat, sogar notwendig sein.[13] 6

4. Weitere Ausfertigung, Abs. 3. Der Antrag ist beim Notar zu stellen, der für die Erteilung der vollstreckbaren Ausfertigung selbst zuständig bleibt. Er hat die Entscheidung herbeizuführen,[14] die unter Prüfung der Voraussetzungen des § 733 der Rechtspfleger des zuständigen Amtsgerichts trifft. Ist der Antrag begründet, weist der Rechtspfleger den Notar zur Erteilung der Klausel an.[15] 7

5. Rechtsbehelfe. a) Gläubiger. Für den Gläubiger findet die Beschwerde nach § 54 BeurkG statt, auch wenn die Ausfertigung gerichtlicher Urkunden beantragt war. In diesen Fällen ist aber das Verfahren innerhalb des Gerichts nach § 573 Abs. 1 bei Zuständigkeit des Urkundsbeamten vorgeschaltet.[16] § 54 BeurkG ist auch einschlägig, wenn sich der Rechtspfleger im Fall des Abs. 3 (s. Rn. 7) weigert, den Notar zur Erteilung einer weiteren Ausfertigung anzuweisen.[17] Der **Notar** ist in diesem Fall nicht rechtsmittelbefugt.[18] Nach negativer Prüfung der Abhilfe entscheidet das Landgericht, in dessen Bezirk das Amtsgericht oder der Notar ansässig ist, über die Beschwerde (§ 54 Abs. 2 S. 2 BeurkG). Für das Verfahren gilt gem. § 54 Abs. 2 S. 1 BeurkG das FGG mit der Möglichkeit der weiteren Beschwerde nach § 27 FGG. Für die **Klage auf Erteilung der Klausel** (§ 731) ist nach Abs. 5 das Gericht des allgemeinen Gerichtsstands des Schuldners, hilfsweise das des Vermögens (§ 23) ausschließlich (§ 802) örtlich zuständig. Die sachliche Zuständig- 8

---

4 OLG Hamm (Fn. 3); BayObLG DNotZ 2003, 847 f.; OLG Düsseldorf OLGR 2001, 420; *Zö/Stöber* Rn. 2.
5 MK/*Wolfsteiner* Rn. 11 f.
6 OLG Frankfurt/M OLGZ 1989, 418; *St/J/Münzberg* Rn. 10, 12; *Zö/Stöber* Rn. 5 a.
7 *Zö/Stöber* Rn. 5 b; aA BayObLG MittBayNot 2005, 63; OLG München MDR 2006, 232; *Sauer/Meiendresch* Rpfleger 1997, 289, 290 m. weit. Nachw.; s. a. OLG Frankfurt/M OLGZ 1994, 501.
8 *Zö/Stöber* Rn. 5 c.
9 BGH NJW-RR 2004, 1718 f. m. weit. Nachw.; *Zö/Stöber* § 794 Rn. 31 a; aA (§§ 80 ff.) OLG Köln MDR 1969, 150; *St/J/Münzberg* Rn. 14 f.
10 LG Darmstadt NJW 1967, 1570; MK/*Wolfsteiner* Rn. 7; aA (auch Abs. 2, 3) LG Hildesheim NJW 1962, 1256.
11 RGZ 145, 202; *Zö/Stöber* Rn. 4.
12 BVerfGE 21, 139 = NJW 1967, 1123; MK/*Wolfsteiner* Rn. 9.
13 AA *Zö/Stöber* Rn. 7.
14 OLG Rostock OLGR 2001, 485.
15 OLG Düsseldorf DNotZ 1977, 571.
16 OLG Frankfurt DNotZ 1982, 320; *Zö/Stöber* Rn. 8.
17 BayObLG Rpfleger 2000, 74 f.
18 OLG Rostock (Fn. 14).

keit ist nicht geregelt. **Beklagter** oder Beschwerdegegner ist der Schuldner, nicht der Notar oder die Behörde.

9 **b) Schuldner.** Für den Schuldner finden die Rechtsbehelfe der ZPO statt (§§ 732, 767, 768). Zuständig zur Entscheidung über die **Klauselerinnerung** nach § 732 ist das Amtsgericht, in dessen Bezirk die klauselerteilende Stelle ihren Sitz hat (Abs. 3). Gegen die Entscheidung des Rechtspflegers nach Abs. 3 (s. Rn. 7) ist kein Rechtsmittel gegeben; es kommt allenfalls eine Erinnerung nach § 11 Abs. 2 RPflG in Betracht, über die die erste Instanz zu entscheiden hätte.[19] Für die **Klagen** nach §§ 767f. liegt die Zuständigkeit nach Abs. 5 beim Gericht des allgemeinen Gerichtsstands des Schuldners (s. Rn. 8 und § 767 Rn. 17). Zur Konkurrenz zwischen den Gerichtsständen des Abs. 5 und des § 800 Abs. 3 s. § 800 Rn. 10. Die **Vollstreckungsabwehrklage** (§ 767) ist der Weg, materiell-rechtliche Einwendungen geltend zu machen, auch die Nichtigkeit des Vertrages wegen eines Beurkundungsmangels.[20] § 767 Abs. 2 gilt nach Abs. 4 nicht. **Beklagter** oder Erinnerungsgegner ist der Gläubiger, nicht der Notar oder die Behörde.

III. Vollstreckbare Ausfertigung gerichtlicher Urkunden

10 Für die Erteilung vollstreckbarer Ausfertigungen gerichtlicher Urkunden (s. § 794 Rn. 29), zu denen Prozessvergleiche nicht zählen (Rn. 1), ist der Urkundsbeamte des verwahrenden Gerichts bzw. in den Fällen der qualifizierten Klausel nach §§ 726ff. der Rechtspfleger dieses Gerichts zuständig. Für den Prüfungsumfang, das Verfahren und die Rechtsbehelfe gelten die §§ 724ff. Zuständig ist der Urkundsbeamte des Gerichts, das die Urkunde verwahrt, Abs. 1.

IV. Vollstreckbare Anwaltsvergleiche

11 § 796c regelt Verwahrung und Vollstreckbarerklärung von Anwaltsvergleichen (§ 796a) durch den Notar. Diesen Fall trifft § 797 Abs. 6; der Notar ist dann auch zur Erteilung der vollstreckbaren Ausfertigung der **Vollstreckbarerklärung** zuständig (s. a. § 724 Rn. 3). Verfahrensmäßig bestehen keine Besonderheiten; die Umstände allerdings, die bereits bei der Vollstreckbarerklärung zu prüfen waren (s. §§ 796c Rn. 3, 796a Rn. 2ff.), dürfen nicht erneut untersucht werden.

V. Gebühren und Kosten

12 **1. Rechtsanwaltsgebühren.** Die Tätigkeit des Anwalts gehört zum Rechtszug, wird also durch die Gebühren der Nrn. 3100ff. VV RVG abgegolten (§ 19 Abs. 1 Nr. 12 RVG), beim **Vollstreckungsanwalt** durch die Gebühr aus Nr. 3309 VV RVG (§ 18 Nr. 3 RVG). **Einwendungen** gegen die Erteilung der Vollstreckungsklausel gelten als besondere Angelegenheiten (§ 18 Nr. 6 RVG). Für die Vertretung im **Klageverfahren** gemäß Abs. 5 erhält der Anwalt die Gebühren der Nrn. 3100ff. VV RVG.

13 **2. Gerichtskosten.** Für die **Klage** auf Erteilung der Vollstreckungsklausel sowie die weiteren Klagen nach Abs. 5 gelten die allgemeinen Bestimmungen für das Prozessverfahren erster Instanz (KV Nr. 1210, 1211). Die **Erteilung** der Vollstreckungsklausel ist gebührenfrei.

797a *Verfahren bei Gütestellenvergleichen*

(1) Bei Vergleichen, die vor Gütestellen der im § 794 Abs. 1 Nr. 1 bezeichneten Art geschlossen sind, wird die Vollstreckungsklausel von dem Urkundsbeamten der Geschäftsstelle desjenigen Amtsgerichts erteilt, in dessen Bezirk die Gütestelle ihren Sitz hat.

(2) Über Einwendungen, welche die Zulässigkeit der Vollstreckungsklausel betreffen, entscheidet das im Absatz 1 bezeichnete Gericht.

(3) § 797 Abs. 5 gilt entsprechend.

(4) [1]Die Landesjustizverwaltung kann Vorsteher von Gütestellen ermächtigen, die Vollstreckungsklausel für Vergleiche zu erteilen, die vor der Gütestelle geschlossen sind. [2]Die Ermächtigung erstreckt sich nicht auf die Fälle des § 726 Abs. 1, der §§ 727 bis 729 und des § 733. [3]Über Einwendungen, welche die Zulässigkeit der Vollstreckungsklausel betreffen, entscheidet das im Absatz 1 bezeichnete Gericht.

I. Normzweck

1 Die Vorschrift regelt Zuständigkeiten für die Erteilung vollstreckbarer Ausfertigungen zu Gütestellenvergleichen und die Rechtsbehelfe. Zum **Anwendungsbereich** s. § 794 Rn. 26.

II. Zuständigkeit zur Klauselerteilung

2 **1. Amtsgericht.** Fehlt eine landesrechtliche Ermächtigung nach Absatz 4, ist der Urkundsbeamte der Geschäftsstelle des Amtsgerichts zuständig, in dessen Bezirk die Gütestelle ihren Sitz hat. Der Rechtspfleger dieses Gerichts ist in jedem Fall für die Erteilung qualifizierter Klauseln (§§ 726 Abs. 1, 727–729) und weiterer vollstreckbarer Ausfertigungen (§ 733) zuständig, § 20 Nr. 12, 13 RPflG.

---

[19] LG Berlin MDR 1999, 703f.
[20] S. dazu BGH NJW 1994, 2755, 2756; NJW 1985, 2423.

2. Vorsteher der Gütestelle. Hat die Landesjustizverwaltung von ihrer Befugnis Gebrauch gemacht, den Vorsteher der Gütestelle zu ermächtigen, die Klausel zu erteilen, ist dieser zuständig, und zwar ausschließlich.[1] Die Ermächtigung darf sich nicht auf die Erteilung der qualifizierten Klauseln der §§ 726 Abs. 1, 727 bis 729 sowie weiterer vollstreckbarer Ausfertigungen beziehen. 3

III. Rechtsbehelfe

Es gelten die im Klauselverfahren gegebenen Rechtsbehelfe der §§ 567, 573, 731 (Gläubiger) und §§ 732, 768 (Schuldner). Über die Erinnerungen entscheidet das Amtsgericht, in dessen Bezirk die Gütestelle ihren Sitz hat. Für die Klagen nach §§ 731, 767, 768 gilt die Regelung der örtlichen Zuständigkeit in § 797 Abs. 5 (Abs. 3). § 767 Abs. 2 gilt auch für die Vergleiche des § 797a nicht.[2] 4

IV. Regelungen des Einigungsvertrages

Nach Art. 9 EinigsV[3] gilt das Gesetz über die Schiedsstellen in den Gemeinden vom 13. 9. 1990[4] als Landesrecht weiter. Danach sind in jeder Gemeinde oder für mehrere Gemeinden gemeinsame Schiedsstellen einzurichten. Das Gesetz enthält in §§ 13ff. Vorschriften über Zuständigkeit und Verfahren. Gemäß § 34 Abs. 2 des Gesetzes ist § 797a entsprechend anwendbar. 5

V. Gebühren und Kosten

1. Rechtsanwaltsgebühren. Für die Vertretung im Güteverfahren erhält der Anwalt eine 1,5 Geschäftsgebühr aus Nr. 2403 VV RVG. Darauf wird zur Hälfte, jedoch höchstens mit einem Gebührensatz von 0,75 eine schon vorher entstandene Geschäftsgebühr der Nr. 2300 VV RVG angerechnet (vgl. Nr. 2403 VV RVG). Das Güteverfahren und das nachfolgende Prozessverfahren sind verschiedene Angelegenheiten (§ 17 Nr. 7 RVG). Die Geschäftsgebühr des Güteverfahrens wird auf die Verfahrensgebühr des Prozesses teilweise angerechnet (Vorbem. 3 Abs. 4 VV RVG). Der Antrag auf Erteilung der Vollstreckungsklausel ist für den Anwalt durch die Geschäftsgebühr bereits abgegolten. **Einwendungen** gegen die Erteilung der Vollstreckungsklausel gelten als besondere Angelegenheit (§ 18 Nr. 6 RVG). 6

2. Gerichtskosten. Für **Klagen** nach Abs. 3 iVm. § 797 Abs. 5 gelten die allgemeinen Bestimmungen für das Prozessverfahren erster Instanz (KV Nr. 1210, 1211). Für die **Erteilung** der Vollstreckungsklausel werden keine Gebühren erhoben. 7

798

Wartefrist **Aus einem Kostenfestsetzungsbeschluss, der nicht auf das Urteil gesetzt ist, aus Beschlüssen nach § 794 Abs. 1 Nr. 2a und § 794 Abs. 1 Nr. 4b sowie aus den nach § 794 Abs. 1 Nr. 5 aufgenommenen Urkunden darf die Zwangsvollstreckung nur beginnen, wenn der Schuldtitel mindestens zwei Wochen vorher zugestellt ist.**

I. Normzweck

Die Wartefrist zwischen Zustellung des Titels und Vollstreckung soll einmal dem Schuldner Gelegenheit zur freiwilligen Leistung geben. Zum anderen soll er die Möglichkeit zur Einlegung von Rechtsbehelfen gegen den Kostenfestsetzungsbeschluss oder die Erteilung insbesondere qualifizierter Klauseln erhalten, vor deren Erteilung er nicht angehört worden sein muss (§ 730). Insoweit dient die Vorschrift auch der Gewährung rechtlichen Gehörs. **Sie gilt für selbstständige** (nicht für nach § 105 auf das Urteil gesetzte) Kostenfestsetzungsbeschlüsse, Beschlüsse im vereinfachten Verfahren über den Unterhalt Minderjähriger (§ 794 Abs. 1 Nr. 2a, s. § 794 Rn. 43), Anwaltsvergleiche (§ 794 Abs. 1 Nr. 4b, § 796c Abs. 1) und gerichtliche sowie notarielle Urkunden iSd. § 794 Abs. 1 Nr. 5. 1

II. Regelungsgehalt

1. Zustellung. Wie zuzustellen ist, folgt aus den allgemeinen Zustellungsvorschriften. Entsprechend § 750 Abs. 2 müssen die dort genannten Urkunden zugestellt sein, um die Frist in Gang zu setzen. Wie im Fall des § 750 Abs. 3 muss bei einfachen Klauseln des § 724 keine vollstreckbare Ausfertigung zugestellt werden (s. a. § 750 Rn. 23).[1] 2

2. Frist. Die zweiwöchige Frist wird nach § 222 Abs. 1, §§ 187 Abs. 1, 188 BGB berechnet. Die Vollstreckung ist also erst am **fünfzehnten Tag** nach der Zustellung zulässig. **Fristverlängerungen** durch Parteivereinbarung sind angesichts des auf den Schuldnerschutz ausgerichteten Normzwecks zulässig.[2] **Fristverkürzungen** sind trotz § 224 Abs. 1 unzulässig,[3] weil die Norm auch den Anspruch des Schuldners auf Gewährung rechtlichen Gehörs sichern soll. 3

---

[1] MK/*Wolfsteiner* Rn. 3; *St/J/Münzberg* Rn. 5.
[2] BGH NJW 1953, 345.
[3] Anl. II Kap. III Sachgeb. A Abschn. I Nr. 3.
[4] GBl.-DDR I 1990, 1527.
[1] MK/*Wolfsteiner* Rn. 2.
[2] MK/*Wolfsteiner* Rn. 12; aA *B/L/H* Rn. 11; *Zö/Stöber* Rn. 3.
[3] *B/L/H* Rn. 11; *St/J/Münzberg* Rn. 3; aA MK/*Wolfsteiner* Rn. 12.

III. Rechtsbehelfe

4 **Der Schuldner** kann sich grundsätzlich gegen eine vor Ablauf der Wartefrist vorgenommene Vollstreckung mit der Vollstreckungserinnerung nach § 766 (ggf. auch sofortige Beschwerde nach § 793) zur Wehr setzen. Er wird trotz sofortiger Rüge[4] praktisch aber keinen Erfolg haben können, weil die Vollstreckung trotz des Fehlers wirksam ist[5] und zurzeit der Entscheidung über die Erinnerung die Wartefrist regelmäßig abgelaufen sein wird (zum maßgeblichen Zeitpunkt bei der Entscheidung über die Erinnerung s. § 766 Rn. 23f.), es sei denn, es fehlt an der Zustellung von Urkunden iSd. § 750 Abs. 2.

798 a *Zwangsvollstreckung aus Unterhaltstiteln trotz weggefallener Minderjährigkeit* **Soweit der Verpflichtete dem Kind nach Vollendung des 18. Lebensjahres Unterhalt zu gewähren hat, kann gegen den in einem Urteil oder in einem Schuldtitel nach § 794 festgestellten Anspruch auf Unterhalt im Sinne des § 1612a des Bürgerlichen Gesetzbuchs nicht eingewendet werden, dass Minderjährigkeit nicht mehr besteht.**

I. Normzweck

1 Die Vorschrift soll Vollstreckungsabwehrklagen (§ 767) gegen Regelunterhaltstitel mit der Begründung des Eintritts der Volljährigkeit vermeiden, sofern die Unterhaltspflicht fortbesteht.[1] Abänderungsklagen bleiben möglich. **Materiell-rechtlich** ordnet § 1612a Abs. 1 S. 1 BGB an, dass ein minderjähriges Kind (gleich ob ehelich oder nicht) von dem Elternteil, mit dem es nicht in einem Haushalt lebt, Regelunterhalt verlangen kann. § 1612a Abs. 2 Nr. 3 BGB erlaubt die Tenorierung, dass vom dreizehnten Lebensjahr an ein bestimmter Betrag zu zahlen ist, damit auch über die Vollendung des achtzehnten Lebensjahres hinaus. Dies ist im Hinblick auf Ausbildungszeiten gewollt (s. auch § 1603 Abs. 2 S. 2 BGB). § 798a nimmt damit die Möglichkeit einzuwenden, das Tatbestandsmerkmal „minderjährig" des § 1612a Abs. 1 S. 1 BGB fehle. Anwendbar ist die Norm nur auf Vollstreckungstitel, die Unterhaltsansprüche iSd. § 1612a BGB in der seit dem 1. 7. 1998 geltenden Fassung feststellen oder die gem. Art. 5 § 3 KindUG auf das seit dem 1. 7. 1998 geltende Recht umgestellt worden sind.[2]

II. Voraussetzungen, Rechtsfolge

2 **Voraussetzung** ist zunächst ein Titel wegen Regelunterhalts nach § 1612a BGB, gleich ob Urteil oder Titel iSd. § 794 (Prozessvergleich, Beschluss nach Abs. 1 Nr. 2a, notarielle Urkunde). Weiterhin muss materiell-rechtlich die Unterhaltspflicht nach Eintritt der Volljährigkeit fortbestehen, zB wegen einer Ausbildung des Kindes. **Rechtsfolge** ist, dass der Schuldner im Rahmen einer Vollstreckungsabwehrklage (§ 767) nicht einwenden darf, dass Minderjährigkeit (als Tatbestandsmerkmal des § 1612a Abs. 1 S. 1 BGB, s. Rn. 1) nicht mehr besteht. Die Vollstreckungsabwehrklage ist damit nicht unzulässig;[3] nur mit dem genannten Einwand ist der Schuldner ausgeschlossen.

799 *Vollstreckbare Urkunde bei Rechtsnachfolge* **Hat sich der Eigentümer eines mit einer Hypothek, einer Grundschuld oder einer Rentenschuld belasteten Grundstücks in einer nach § 794 Abs. 1 Nr. 5 aufgenommenen Urkunde der sofortigen Zwangsvollstreckung unterworfen und ist dem Rechtsnachfolger des Gläubigers eine vollstreckbare Ausfertigung erteilt, so ist die Zustellung der die Rechtsnachfolge nachweisenden öffentlichen oder öffentlich beglaubigten Urkunde nicht erforderlich, wenn der Rechtsnachfolger als Gläubiger im Grundbuch eingetragen ist.**

1 Die Vorschrift enthält für vollstreckbare Urkunden über Grundpfandrechte eine von § 750 Abs. 2 abweichende Regelung. Weil der Grundstückseigentümer von der Eintragung eines Rechtsnachfolgers des Gläubigers durch das Grundbuchamt gemäß § 55 GBO benachrichtigt wird, ist eine Zustellung der die Rechtsnachfolge belegenden **Urkunden** nicht erforderlich. Die Zustellung der **Vollstreckungsklausel** (§ 750 Abs. 2) ist nicht für entbehrlich erklärt. Ist die Eintragung im Grundbuch nicht in der Klausel erwähnt, muss sie dem Vollstreckungsorgan nachgewiesen werden. Die Vorschrift **gilt nicht** bei der Vollstreckung gegen einen nur **persönlichen Schuldner.**

800 *Vollstreckbare Urkunde gegen den jeweiligen Grundstückseigentümer* (1) [1]**Der Eigentümer kann sich in einer nach § 794 Abs. 1 Nr. 5 aufgenommenen Urkunde in Ansehung einer Hypothek, einer Grundschuld oder einer Rentenschuld der sofortigen Zwangsvollstreckung in der Weise unterwerfen, dass die Zwangsvollstreckung aus der Urkunde gegen den jeweiligen Eigentümer des Grundstücks zulässig sein soll.** [2]**Die Unterwerfung bedarf in diesem Fall der Eintragung in das Grundbuch.**

---

4 OLG Hamm NJW 1974, 1516.
5 OLG Hamm (Fn. 4); *Zö/Stöber* Rn. 3.
1 BT-Drucks. 13/7338, Begr. zu Nr. 13 (§ 798a ZPO).
2 BGH NJW-RR 2006, 217f.
3 AA *Zö/Stöber* Rn. 2.

(2) Bei der Zwangsvollstreckung gegen einen späteren Eigentümer, der im Grundbuch eingetragen ist, bedarf es nicht der Zustellung der den Erwerb des Eigentums nachweisenden öffentlichen oder öffentlich beglaubigten Urkunde.

(3) Ist die sofortige Zwangsvollstreckung gegen den jeweiligen Eigentümer zulässig, so ist für die im § 797 Abs. 5 bezeichneten Klagen das Gericht zuständig, in dessen Bezirk das Grundstück belegen ist.

I. Normzweck

1. Normzweck. Absatz 1 hat durch das Erfordernis der Grundbucheintragung letztlich eine reine Warnfunktion für Grundstückserwerber,[1] gegen die ohne eine vollstreckbare Urkunde des in Abs. 1 beschriebenen Inhalts aus jedem anderen entsprechenden Titel nach Umschreibung (§§ 795, 794, 727, 325) vollstreckt werden kann. **Absatz 2** erleichtert die Vollstreckung nur insoweit, dass die Gläubiger den Übergang des Eigentums am Grundstück nicht nachweisen müssen. **Absatz 3** enthält eine von § 797 Abs. 5 abweichende Zuständigkeitsregelung. 1

2. Anwendungsbereich. Die Vorschrift gilt nur für **vollstreckbare Urkunden,** nicht für andere Titel, insbesondere nicht für den Prozessvergleich.[2] Sie findet nur Anwendung auf Hypotheken, Grund- oder Rentenschulden, **nicht auf andere dingliche Rechte** und betrifft nur die Einzelrechtsnachfolge am Grundstück.[3] Die Norm schließt nach ihrem Zweck die allgemeinen Regeln **nicht** mit der Folge aus, dass bei vollstreckbaren Urkunden die Erteilung der Klausel gegen den neuen Eigentümer nur bei einer Unterwerfungserklärung iSd. Abs. 1 S. 1 zulässig wäre.[4] 2

II. Voraussetzungen

1. Unterwerfungserklärung. a) Anwendungsbereich. Die Erklärung iSd. Abs. 1 S. 1 muss sich eindeutig und ausdrücklich auf die dingliche Pflicht beziehen.[5] Sie ist eine einseitige Prozesshandlung, die auf das Zustandekommen des Titels gerichtet ist, lediglich prozessrechtlichen Grundsätzen unterliegt und am öffentlichen Glauben des Grundbuchs nicht teilnimmt.[6] Unterwirft sich der Eigentümer gleichzeitig auch persönlich, berührt dies die Wirksamkeit der dinglichen Unterwerfung nicht.[7] 3

b) Berechtigung. Die Erklärung muss vom **Berechtigten** stammen, für den ein Vertreter handeln kann, auch ein zunächst vollmachtloser.[8] Die Erklärung eines **Nichtberechtigten** im eigenen Namen ist demgegenüber unwirksam. Sie kann nicht nach **§ 185 BGB** wirksam werden, weil diese Vorschrift auf prozessuale Erklärungen keine Anwendung findet.[9] Demgegenüber wird die Erklärung des **künftigen Grundstückseigentümers** mit Eintragung als Eigentümer wirksam. Die Erklärung des Noch-Nichtberechtigten stellt keine Verfügung über das Grundstück dar, sondern eine zulässig bedingte Unterwerfung für einen künftigen Anspruch.[10] Die Erteilung der Klausel setzt den Nachweis des Eigentumserwerbs voraus,[11] wenn auf die Nachweispflicht nicht verzichtet wurde (s. dazu § 794 Rn. 38).[12] 4

2. Gegenstand. Die Unterwerfung kann nur wegen des **dinglichen** Anspruchs des Gläubigers einer Hypothek, Grundschuld oder Rentenschuld erfolgen. Sie kann sich auf einen bestimmt bezeichneten **Teilbetrag** beschränken, ohne dass das Recht geteilt werden muss.[13] Eine **rangmäßige** Spaltung des Teilbetrags setzt allerdings eine Teilung voraus, weil es einen unterschiedlichen Rang für ein Grundpfandrecht nicht geben kann.[14] 5

3. Zeitpunkt. Die Unterwerfungserklärung kann im Hinblick auf einen zukünftigen Grundstückserwerb abgegeben werden (s. Rn. 4). Sie kann sich auf ein noch einzutragendes Grundpfandrecht beziehen.[15] Die Erteilung der Klausel setzt nach § 726 dann aber den Nachweis voraus, dass der dingliche Anspruch mit Eintragung des Grundpfandrechts entstanden ist.[16] Die Unterwerfungserklärung ist auch nach der Eintragung des Grundpfandrechts möglich. Sie kann in diesem Fall ohne Zustimmung gleich- oder nachrangiger Berechtigter erfolgen[17] und führt nicht dazu, dass die Form der Bewilligung des bereits eingetragenen Rechts angepasst werden muss.[18] 6

---

[1] *St/J/Münzberg* Rn. 4.
[2] MK/*Wolfsteiner* Rn. 2.
[3] BGHZ 108, 372, 375 = NJW 1990, 258.
[4] *St/J/Münzberg* Rn. 9; *Zö/Stöber* Rn. 14.
[5] BGH Rpfleger 1991, 15.
[6] BGH (Fn. 3).
[7] OLG Düsseldorf Rpfleger 1977, 67.
[8] *Zö/Stöber* Rn. 8.
[9] Sehr str.; wie hier KG NJW-RR 1987, 1229; OLG Frankfurt Rpfleger 1972, 140; BayObLG NJW 1971, 514; *St/J/Münzberg* § 794 Rn. 127; *Zö/Stöber* Rn. 8; aA OLG Köln Rpfleger 1991, 13 (zu § 185 Abs. 1 BGB).
[10] BGH NJW 1981, 2756, 2757; KG (Fn. 9); *Zö/Stöber* Rn. 5.
[11] KG (Fn. 9).
[12] *Zö/Stöber* Rn. 5.
[13] BGH (Fn. 3); BayObLGZ 1985, 141, 142.
[14] *Zö/Stöber* Rn. 2 m. weit. Nachw.
[15] *Zö/Stöber* Rn. 6.
[16] *Zö/Stöber* Rn. 4.
[17] *Zö/Stöber* Rn. 9 m. weit. Nachw.
[18] BGHZ 73, 156 = NJW 1979, 928.

7 **4. Eintragung.** Um die Wirkung des § 800 herbeizuführen, muss die Unterwerfungserklärung in das Grundbuch eingetragen werden. Eine Bezugnahme auf die Eintragungsbewilligung ist unzulässig.[19] Die Eintragung sollte dem Wortlaut des Abs. 1 S. 1 entsprechen, kann aber auch lauten: „(sofort) vollstreckbar nach § 800 ZPO".[20] Die Unterwerfungserklärung wird rechtlich wirksam mit der Eintragung der Genannten als Eigentümer im Grundbuch und mit Eintragung des Grundpfandrechts.[21]

8 **5. Inhaltsänderungen.** Jede **Erweiterung** der dinglichen Leistungspflicht (zB Zinserhöhung) erfordert eine zusätzliche Unterwerfungserklärung,[22] nicht aber eine **Reduzierung.**[23] Soll ein anderes Grundstück des Eigentümers mitbelastet und die Unterwerfungserklärung hierauf erstreckt werden, ist eine zusätzliche Unterwerfungserklärung erforderlich.[24] Bei **Umwandlung** von Grundpfandrechten ist zu prüfen, ob sich die Unterwerfungserklärung auch auf das neu entstehende Grundpfandrecht bezieht. Dies ist im Zweifel nicht der Fall, wenn sich eine Hypothek in eine Eigentümergrundschuld verwandelt,[25] die einer Hypothek zugrunde liegende Forderung ausgewechselt,[26] eine Hypothek in eine Grundschuld oder umgekehrt umgewandelt wird.[27] Eine Erweiterung des Sicherungszwecks einer Grundschuld ist formfrei wirksam; sie berührt die Unterwerfungserklärung nicht.[28]

III. Vollstreckungsverfahren

9 **1. Vollstreckungsvoraussetzungen.** Gegen einen neuen Eigentümer kann vollstreckt werden, wenn gegen ihn als Rechtsnachfolger (§ 727) eine vollstreckbare Ausfertigung erteilt worden und Urkunde und Klausel zugestellt sind (§§ 750, 798). § 727 ist entsprechend anwendbar, wenn nach Grundbuchberichtigung vom vorherigen Bucheigentümer auf den wahren Eigentümer umgeschrieben werden soll (s. § 727 Rn. 6 „Bucheigentum"). Gem. Abs. 2 ist die sonst nach § 750 Abs. 2 erforderliche Zustellung der Urkunden, aus denen sich die Rechtsnachfolge ergibt, entbehrlich.

10 **2. Zuständigkeit.** Liegen die Voraussetzungen des Abs. 1 vor, ist das Gericht der belegenen Sache ausschließlich (§ 802) zuständig für Klagen auf Erteilung der Klausel (§ 731) und Vollstreckungsabwehrklagen (§§ 767, 768); Abs. 3 iVm. § 797 Abs. 5. Dieser Gerichtsstand gilt nur, soweit es um die dinglichen Rechte geht, wie aus Abs. 1 (in Ansehung einer Hypothek usw.) folgt.[29] Daher kann es zu unterschiedlichen Gerichtsständen kommen, wenn der Schuldner mit der Vollstreckungsabwehrklage gegen die dingliche und die persönliche (hier gilt § 797 Abs. 5) Schuld vorgeht.[30]

800a *Vollstreckbare Urkunde bei Schiffshypothek*

(1) Die Vorschriften der §§ 799, 800 gelten für eingetragene Schiffe und Schiffsbauwerke, die mit einer Schiffshypothek belastet sind, entsprechend.

(2) Ist die sofortige Zwangsvollstreckung gegen den jeweiligen Eigentümer zulässig, so ist für die im § 797 Abs. 5 bezeichneten Klagen das Gericht zuständig, in dessen Bezirk das Register für das Schiff oder das Schiffsbauwerk geführt wird.

1 §§ 799, 800 (s. die Kommentierung dort) gelten auch für Schiffshypotheken und gemäß § 99 Abs. 1 LuftfzRG für Registerpfandrechte an Luftfahrzeugen.

801 *Landesrechtliche Vollstreckungstitel*

(1) Die Landesgesetzgebung ist nicht gehindert, auf Grund anderer als der in den §§ 704, 794 bezeichneten Schuldtitel die gerichtliche Zwangsvollstreckung zuzulassen und insoweit von diesem Gesetz abweichende Vorschriften über die Zwangsvollstreckung zu treffen.

(2) Aus bundesrechtlichen Schuldtiteln im Sinne des Absatzes 1 kann im gesamten Bundesgebiet vollstreckt werden.

1 Landesrechtliche Vollstreckungstitel, deren Zulässigkeit sich nach den Gesetzgebungskompetenzvorschriften des Grundgesetzes richtet, sind im ganzen Bundesgebiet vollstreckbar, Art. 35 Abs. 1 GG und Abs. 2. Wichtig sind Vergleiche vor Schiedsleuten nach den landesrechtlichen Schiedsordnungen.[1]

---

[19] *St/J/Münzberg* Rn. 4.
[20] OLG Köln Rpfleger 1974, 150.
[21] BGH NJW 2004, 3632, 3634.
[22] BGH DNotZ 1965, 544.
[23] KG DNotZ 1954, 199, 200; *St/J/Münzberg* § 794 Rn. 130.
[24] BayObLGZ 1992, 309.
[25] OLG Hamm Rpfleger 1987, 297.
[26] MK/*Wolfsteiner* Rn. 12.
[27] MK/*Wolfsteiner* Rn. 13; aA LG Düsseldorf DNotZ 1962, 97; *Zö/Stöber* Rn. 12.
[28] BGH NJW 1997, 2320, 2321.
[29] MK/*Wolfsteiner* Rn. 21; *St/J/Münzberg* Rn. 10; aA OLG Karlsruhe NJW-RR 2001, 1728; *B/L/H* Rn. 10.
[30] OLG Hamm NJOZ 2004, 1960, 1961 ff. und KG NJW-RR 1989, 1407, 1408 halten jedenfalls für den Fall, dass der Schuldner sich nur gegen die persönliche Verpflichtung wendet, § 797 Abs. 5 für anwendbar; anders (§ 800 Abs. 3) OLG Karlsruhe (Fn. 29); BayObLG NJW-RR 2002, 1295 f.; OLG Hamburg NJOZ 2003, 1119, 1120; *St/J/Münzberg* Rn. 10 (wenn es um persönliche und dingliche Verpflichtung geht).
[1] Zu weiteren Landesvorschriften s. MK/*Wolfsteiner* Rn. 4.

802 ***Ausschließlichkeit der Gerichtsstände*** **Die in diesem Buch angeordneten Gerichtsstände sind ausschließliche.**

I. Normzweck

Die Vorschrift regelt die Gerichtsstände für das 8. Buch der ZPO einheitlich als ausschließlich. **Sie gilt** für alle im 8. Buch **geregelten** Gerichtsstände, also auch für Arrest und einstweilige Verfügung, für die örtliche wie die sachliche Zuständigkeit. 1

II. Regelungsgehalt

Die Vorschrift gilt nur für **ausdrücklich angeordnete** Gerichtsstände. Soweit nur die örtliche Zuständigkeit bestimmt ist (zB in §§ 722 Abs. 2, 771 Abs. 1, 796 Abs. 3, 797 Abs. 5, 805 Abs. 2, 879 Abs. 1), gelten für die sachliche Zuständigkeit die allgemeinen Zuständigkeitsvorschriften mit der Möglichkeit der Prorogation. Ist das Prozessgericht erster Instanz für zuständig erklärt, umfasst dies die örtliche und sachliche Zuständigkeit, sodass es auf den Streitwert nicht ankommt. Soweit die Gerichtsstände der §§ 802, 621 konkurrieren, geht entgegen der wohl hM wegen des Sachzusammenhangs der des § 621 mit der Zuständigkeit des Familiengerichts vor (s. a. § 767 Rn. 17).[1] Die **Rechtsfolgen** ergeben sich aus § 40 Abs. 2. 2

Abschnitt 2. Zwangsvollstreckung wegen Geldforderungen

Vorbemerkung

1. Zwangsvollstreckung wegen Geldforderungen. Sie erfolgt nach §§ 803–882a, in bewegliches Vermögen gem. § 803 Abs. 1 S. 1 durch Pfändung, in unbewegliches Vermögen gem. §§ 866, 867 durch Eintragung einer Sicherungshypothek und durch Zwangsverwaltung und Zwangsversteigerung gem. ZVG. 1

2. a) Geldforderungen. Sie sind aus Sicht des Schuldners auch dann Wert(verschaffungs)schulden, wenn die Zahlung einer bestimmten Geldsorte vereinbart wurde.[1] Nur wenn näher bezeichnete Münzen oder Banknoten geschuldet werden (eigentliche Geldsortenschuld), geht es nicht um eine Geld-, sondern um eine Gattungsschuld, die nach §§ 883, 884 vollstreckt wird.[2] Seit 2002 ist der **Euro** [€] alleinige Währung in Deutschland und in weiteren Staaten der EU.[3] Zahlungstitel, die auf DM lauten, gelten als auf € umgestellt.[4] Die Vollstreckungsorgane rechnen sie nach dem Kurs 1 € = 1,95583 DM um.[5] Titel, die noch auf **Mark (DDR)** lauten, werden grds. 2:1 zu DM umgerechnet, nach dem 30. 6. 1990 fällig gewordene wiederkehrende Zahlungen wie Mieten u. Unterhalt jedoch 1:1.[6] Bei Zahlungstiteln in **ausländischer Währung** ist im Zweifel eine Wertschuld gemeint. Auch echte Valutaschulden sind daher nach §§ 803ff. zu vollstrecken.[7] Die Umrechnung in € nimmt das Vollstreckungsorgan vor, wobei für die an der Währungsunion teilnehmenden Staaten der Euro-Umrechnungskurs gilt,[8] i. Ü. ist der zZ der Gläubigerbefriedigung am Zahlungsort gültige Briefkurs (§ 244 Abs. 2 BGB) maßgeblich.[9] 2

b) Haftung für Geldleistungen. Dazu zählt auch die Verurteilung zur Duldung der Zwangsvollstreckung wg. einer Geldforderung bei Ansprüchen aus Pfandrechten wie Hypothek (§ 1113 BGB), Grundschuld (§ 1191 BGB), Rentenschuld (§ 1199 BGB) oder Schiffshypothek (§ 8 SchiffsRG), bei beschränkter Erbenhaftung (§§ 780ff.), bei der Haftung des Anfechtungsgegners (§§ 11 AnfG, 143 InsO). Die Vollstreckung ist **beschränkt auf haftendes Vermögen.**[10] Aus einem Titel nach §§ 1113, 1147 BGB kann nur in das haftende Grundstück und die Gegenstände des § 1120 BGB vollstreckt werden, nicht in das sonstige Vermögen des Schuldners; s. a. § 865 Rn. 9. Ein titulierter Zahlungsanspruch kann dagegen nach §§ 808ff., nach §§ 866, 867 und nach ZVG vollstreckt werden. Vollstreckt wird auch nach §§ 803ff., wenn auf Grund materiellen Rechts[11] oder prozessrechtlich **Hinterlegung** vorgeschrieben ist (vgl. § 720 mit §§ 815 Abs. 3, 817 Abs. 4, 839; 720a Abs. 2, 928, 930 Abs. 2, 3) oder durch Einstellungsbeschluss angeordnet wurde (§§ 707, 719, 769, 805), denn auch das ist Zahlung, allein mit der Besonderheit, dass Leistungsempfänger vorläufig ein 3

---

[1] BGH NJW 1980, 188, 189; NJW 1979, 43 (für das alte Recht); BayObLG FamRZ 1991, 1455 (zu § 797 Abs. 5); OLG Hamburg FamRZ 1984, 69; *B/L/H* Rn. 3; *Lackmann* Rn. 474; aA BGH NJW 1980, 1393; MK/*Wolfsteiner* Rn. 1; MK/*Karsten Schmidt* § 767 Rn. 50; *Zö/Stöber* Rn. 3.

[1] MK/*Gruber* Rn. 4.

[2] *K. Schmidt* ZZP 98 (1985), 46.

[3] Belgien, Finnland, Frankreich, Irland, Italien, Griechenland, Luxemburg, Niederlande, Österreich, Portugal, Spanien, Slowenien (2007), seit 2008 auch Malta und Zypern.

[4] Art. 14 EuroVO II; d i. VO (EG) Nr. 974/98 v. 3. 5. 1998 EuZW 1998, 402; *Harnacke* DGVZ 2001, 99, 102ff.

[5] BGH NJW-RR 2003, 1437; s. EuroVO I; d i. VO (EG) Nr. 2866/98 v. 31. 12. 1998 (ABlEG Nr. L 359) = EuZW 1999, 99.

[6] Anders bei Lebensversicherungen u. privaten Rentenversicherungen: s. *St/J/Münzberg* vor § 704 Rn. 148; für ausländische Titel vgl. OLG Hamm FamRZ 2004, 716 m. krit. Anm. *Grothe.*

[7] OLG Düsseldorf NJW 1988, 2185.

[8] EuroVO I (s. Rn. 5); Nachw. für elf weitere Staaten: *Harnacke* (Fn. 4) S. 103.

[9] BGHZ 104, 268, 274 = NJW 1988, 1964; OLG Köln NJW-RR 1992, 239.

[10] BGHZ 103, 30, 33 = NJW 1988, 1026.

[11] KG OLGR 2000, 204; LG Essen Rpfleger 2001, 543.

Dritter ist. §§ 830ff. gelten schließlich, wenn nach dem Titel die Zahlung an den Gläubiger **in Gemeinschaft mit Dritten,** zB Miterben, Gesellschafter erfolgen muss, oder **nur an einen Dritten,** zB an einen Notar.[12] Befreiungsansprüche und Ansprüche auf **Sicherheitsleistung** schlechthin (vgl. §§ 232ff. BGB) sind dagegen nicht nach §§ 803ff. zu vollstrecken, sondern nach § 887, weil der Schuldner die Art und Weise seiner Leistung selbst bestimmen kann.

Titel 1. Zwangsvollstreckung in das bewegliche Vermögen

Untertitel 1. Allgemeine Vorschriften

803 *Pfändung* **(1) [1]Die Zwangsvollstreckung in das bewegliche Vermögen erfolgt durch Pfändung. [2]Sie darf nicht weiter ausgedehnt werden, als es zur Befriedigung des Gläubigers und zur Deckung der Kosten der Zwangsvollstreckung erforderlich ist.**

(2) Die Pfändung hat zu unterbleiben, wenn sich von der Verwertung der zu pfändenden Gegenstände ein Überschuss über die Kosten der Zwangsvollstreckung nicht erwarten lässt.

I. Normzweck

1 Jede Zwangsvollstreckung in das bewegliche Vermögen beginnt mit dem als Pfändung bezeichneten staatlichen Zugriff (Abs. 1 S. 1), der die Befriedigung des Gläubigers durch „Zwangserfüllung" zum Ziel hat.[1] Daraus folgen das Verbot der Überpfändung (Abs. 1 S. 2), weil die Haftung des Schuldners auf den Wert des Gläubigerrechts begrenzt ist,[2] und das Verbot der zwecklosen Pfändung (Abs. 2).

II. Zwangsvollstreckung in bewegliches Vermögen

2 **1. Bewegliches Vermögen (Abs. 1 S. 1).** Das ist alles, was nicht der Immobiliarvollstreckung unterliegt, §§ 864, 865.

a) Bewegliche Sachen. Körperliche Sachen nach § 808 sind bewegliche Sachen iSd. §§ 90ff. BGB, in erster Linie **Geld** (s. § 815 Rn. 2). Für **Wertpapiere** (§§ 821, 831) gelten Besonderheiten (s. § 808 Rn. 2).

3 **Scheinbestandteile** eines Grundstücks (§ 95 BGB) werden nach §§ 803ff. gepfändet, weil sie im Rechtssinne beweglich sind. Das gilt vor allem für Sachen, die von Mietern oder Pächtern nur für die Dauer der Miet- oder Pachtzeit mit Grund und Boden verbunden wurden (§§ 535, 581 BGB);[3] auch für: Wohncontainer;[4] Garten-[5] und Gewächshäuser;[6] das für die Pachtdauer errichtete Wohnhaus des Pächters;[7] Einbauküchen und -möbel des Mieters,[8] (s. aber § 864 Rn. 2); zum Verkauf bestimmte Bäume einer Baumschule.[9] Maßgeblich ist der Zweck, nicht die technische Ausführung der Verbindung. Auf sie kommt es nur an, wenn die Bauweise den sicheren Schluss erlaubt, dass der Grundeigentümer die Sache nach Beendigung des Nutzungsverhältnisses übernimmt.[10] Der Wille, eine Sache nur vorübergehend mit dem Grundstück zu verbinden, kann auch nachträglich gefasst werden, sofern ein berechtigtes Interesse die Neubegründung der Sonderrechtsfähigkeit erfordert.[11]

4 **Haftungsverband der Hypothek:** Für Gegenstände, die davon erfasst werden (§§ 1120–1130 BGB, 31ff. SchiffsRG, 31ff. LuftfzRG) gilt § 865, s. dort Rn. 4. Zum Haftungsverband gehörendes **Grundstückszubehör** kann daher nicht gepfändet werden. Die übrigen Gegenstände des Haftungsverbandes sind pfändbar, solange nicht ihre Beschlagnahme im Wege der Zwangsvollstreckung in das unbewegliche Vermögen erfolgt ist (s. § 865 Rn. 9). Für **ungetrennte Früchte** gilt § 810.

5 **b) Sonstiges bewegliches Vermögen. Geldforderungen** sind als bewegliches Vermögen nach §§ 828ff. zu pfänden, soweit sie nicht nach § 865 der Immobiliarvollstreckung unterliegen (s. Rn. 4 aE). Für **Herausgabeansprüche** gelten §§ 846–849, für **andere Vermögensrechte** gilt § 857.

6 **2. Pfändung.** Die Pfändung ist ein hoheitlicher Akt, durch den ein Gegenstand aus dem Vermögen des Schuldners sichergestellt wird, mit dem Ziel, ihn für den Gläubiger zu verwerten, ebenso: Beschlagnahme nach §§ 20, 146 ZVG.

7 **a) Voraussetzungen.** (s. vor § 704 Rn. 19ff.)

8 **b) Verfahren des Gerichtsvollziehers.** Der GV berechnet die beizutreibende Geldsumme, insbes. anhand der im Schuldtitel bezeichneten Hauptforderung nebst Zinsen vorläufig bis zum Tag der Zwangsvollstreckung (§ 819), zuzüglich festgesetzter Kosten (§ 794 Nr. 2) und der Vollstreckungskosten (§ 788). Nachge-

---

[12] *St/J/Münzberg* Rn. 5.

[1] *Gaul* ZZP 112 (1999), 135, 151.

[2] MK/*Gruber* Rn. 40.

[3] BGH NJW 1999, 486 (LS) = NZM 1998, 679; BGH NJW 1985, 789.

[4] BGHZ 8, 1, 5 = NJW 1953, 137.

[5] OLG Hamburg DGVZ 1951, 166.

[6] RG Recht 1921 Nr. 2537.

[7] OLG Zweibrücken Rpfleger 1976, 328; AG Neuwied DGVZ 1996, 141.

[8] *Kerres* DGVZ 1992, 53, 54.

[9] LG Bayreuth DGVZ 1985, 42.

[10] BGH NJW-RR 1990, 412; BGHZ 104, 298, 301 = NJW 1988, 2789; BFH NJW 1987, 2702.

[11] BGH NJW 2006, 990, 992; OLG Celle ZMR 2007, 690.

wiesene Teilzahlungen sind abzuziehen. Vor Beginn der Pfändung fordert der GV den Schuldner, falls der nicht anwesend ist, einen seiner Angehörigen, zur freiwilligen Leistung auf, denn dem Vollstreckungsschuldner muss dazu Gelegenheit gegeben werden.[12] Wird nicht freiwillig gezahlt, pfändet der GV (§ 808). Bei der Auswahl der zu pfändenden Sachen achtet der GV darauf, dass der Gläubiger rasch befriedigt und der Schuldner nicht unnötig beeinträchtigt wird. Zu pfänden sind deshalb vornehmlich **Bargeld** – unter Beachtung von § 811 Nr. 2 (s. dort Rn. 13) und § 55 Abs. 4 SGB I (s. § 850i Rn. 30), uU auch § 51 StVollzG (s. § 850 Rn. 8) –, **Kostbarkeiten** und wie bewegliche Sachen pfändbare **Wertpapiere,** s. § 808 Rn. 14, § 821 Rn. 5. Ermittlungen braucht der GV nicht anzustellen; dazu dient das Verfahren nach § 807.[13] Widerspricht ein Dritter der Pfändung im Hinblick auf §§ 771–774, 805, 815 oder kündigt der Schuldner einen solchen Widerspruch an, so darf der GV die Pfändung der Sachen, auf die sich der Widerspruch erstreckt, nur unterlassen, wenn die übrige bewegliche Habe des Schuldners zur zügigen Durchführung der Zwangsvollstreckung ausreicht.

c) **Rechtswirkungen.** Sie bestehen in der **Verstrickung** des gepfändeten Gegenstandes und in dem Entstehen eines **Pfändungspfandrechts** (dazu § 804 Rn. 5 ff.). 9

aa) **Begriff und Wirkungen der Verstrickung.** Sie ist als öff.-rechtliche Beschlagnahme des Pfandgegenstandes Grundlage aller folgenden Vollstreckungsakte, insbes. der Verwertung der Sache (s. § 804 Rn. 2). Der Schuldner bleibt Eigentümer der gepfändeten Sache und Inhaber des gepfändeten Rechts. Es entsteht ein **Veräußerungsverbot** iSd. §§ 135, 136 BGB für den Schuldner (vgl. auch §§ 829 Abs. 1 S. 1, 857 Abs. 1). Ist ein **Dritter** Eigentümer der gepfändeten Sache, wird sie ebenfalls verstrickt, das Veräußerungsverbot richtet sich aber nicht gegen ihn. Ist ein Dritter Inhaber der gepfändeten Forderung, ist die Pfändung nichtig; eine Verstrickung tritt nicht ein (s. Rn. 10). Strafrechtlich ist die Verstrickung geschützt durch § 136 StGB und §§ 133, 288 StGB. Die Pfändung bewirkt eine **Besitzänderung** (s. i. e. § 808 Rn. 19). Das ist für Besitzschutzrechte (§§ 861 ff. BGB) und Abhandenkommen (§ 935 BGB) bedeutsam.

bb) **Voraussetzung der Verstrickung.** Grundvoraussetzung ist eine **wirksame Pfändung.** Wenn die Pfändung nichtig ist, tritt keine Verstrickung ein. Vollstreckungsmaßnahmen sind aber nur ausnahmsweise nichtig, bei schweren und offenkundigen Fehlern.[14] Die Generalklausel des § 44 Abs. 1 VwVfG eignet sich auch hier als Maßstab, s. auch vor § 704 Rn. 32.[15] **Nichtigkeit** daher bei: Vollstreckung gegen eine Person, die nicht der deutschen Gerichtsbarkeit unterliegt,[16] (s. auch § 828 Rn. 3); Fehlen eines vollstreckbaren Titels;[17] absoluter funktioneller Unzuständigkeit des Vollstreckungsorgans (zB der GV pfändet eine Forderung oder der Rechtspfleger eine bewegliche Sache, s. aber § 865 Rn. 10); Sachpfändung ohne Inbesitznahme oder hinreichende Kenntlichmachung der Pfandsache (s. § 808 Rn. 11 ff. und 17 ff.); Anschlusspfändung (§ 826) ohne wirksame Erstpfändung oder bei Fehlen der Protokollierung (§ 762). Eine **Rechtspfändung** ist darüber hinaus nichtig, wenn ein nicht bestehender oder ein dem Schuldner nicht (mehr) zustehender Anspruch oder sonstiges Recht (§§ 829, 857) gepfändet wird (s. i. e. § 829 Rn. 16). Wirksamkeitsvoraussetzung jeder Rechtspfändung ist zudem die Zustellung des Pfändungsbeschlusses an den Drittschuldner (§ 829 Abs. 3). Nichtige Vollstreckungsakte sind nicht heilbar. Es bleibt nur eine fehlerfreie Neuvornahme. **Anfechtbarkeit** der Pfändung ist für den Eintritt der Verstrickung unschädlich. Das gilt für das Fehlen von Klausel (§§ 724 ff.)[18] und Zustellung des Titels (§ 750 Abs. 1)[19] oder besonderer Vollstreckungsvoraussetzungen (§ 751), auch bei Verletzung der relativen funktionellen Zuständigkeit, wie bei der Pfändung von Zubehör durch den GV unter Verstoß gegen § 865 Abs. 2 (s. § 865 Rn. 10). **Umfang der Verstrickung:** Er wird durch den jeweiligen Pfändungsakt bestimmt. Er umfasst die nach § 808 gepfändete Sache wie das nach §§ 829, 846, 847 gepfändete Recht, einschließlich fortlaufender Bezüge und zusätzlicher Einkommen gem. §§ 832, 833. Insbes. erstreckt sich die Verstrickung entspr. § 1247 S. 2 BGB kraft Surrogation auf den Erlös, der nach §§ 819, 825, 844 an die Stelle der Sache tritt. 10

cc) **Beendigung der Verstrickung.** Die Verstrickung endet mit vollständiger Beendigung der Zwangsvollstreckung, mit Auskehr des Erlöses durch den GV an den Gläubiger nach § 815 Abs. 1 (s. zu Beginn und Ende der Vollstreckung vor § 704 Rn. 29). Andernfalls ist eine sog. **Entstrickung** erforderlich. Bei der **Sachpfändung** kann sie nach hM nur durch Rückgabe der Pfandsache vom GV an den Schuldner oder dadurch geschehen, dass der GV oder der von ihm dazu ermächtigte Schuldner das Pfandsiegel entfernt, denn der GV muss den Besitz, den er durch die Verstrickung begründet hatte, selbst wieder aufgeben.[20] **Nicht ausreichend** ist ein eigenmächtiges Entfernen des Pfandsiegels durch den Schuldner. Die Verstrickung endet auch nicht schon dadurch, dass ein Gericht die Zwangsvollstreckung für unzulässig erklärt. Die Entstrickung muss auch in diesem Fall durch das Vollstreckungsorgan erfolgen (§§ 775, 776). Es kann dazu entspr. verpflichtet werden (s. a. § 804 Rn. 9). Die **Freigabe** der Pfandsache durch den Gläubiger beseitigt zwar nicht Verstrickung u. Pfandrecht (s. § 804 Rn. 5 f.), wohl aber das Veräußerungsverbot (s. Rn. 9), weil der Gläubiger auf diesen Schutz ohne weiteres verzichten kann.[21] Bei der **Rechtspfändung** genügt dagegen zur Ent- 11

---

[12] BVerfG NJW 1999, 778; § 105 Nr. 2 GVGA.
[13] LG Bielefeld DGVZ 1999, 61.
[14] BGHZ 121, 98, 102 = NJW 1993, 735; OLG Hamm FGPrax 1997, 86; krit. *Fischer* Rpfleger 2007, 12.
[15] *Becker* Festschr. f. Musielak S. 51, 61; *Lackmann* Rn. 163; *Schultes* JR 1995, 136, 138.
[16] *Brox/Walker* Rn. 364.
[17] BGHZ 70, 313, 317 = NJW 1978, 943.
[18] BGH NJW 1979, 2045; BGHZ 30, 173, 175 = NJW 1959, 1873.
[19] BGHZ 66, 79, 82 = NJW 1976, 851.
[20] MK/*Gruber* Rn. 35; *St/J/Münzberg* Rn. 18
[21] MK/*Gruber* Rn. 38; *St/J/Münzberg* Rn. 5.

strickung nach § 843 ein einseitiger Verzicht des Gläubigers. Die Regelung beruht auf den Besonderheiten der hier „unsichtbaren" Verstrickung. Sie ist daher nicht analogiefähig. Bei Rechten endet die Verstrickung ohnehin oft ohne Zutun des Vollstreckungsorgans: durch befreiende Leistung des Drittschuldners; durch Aufrechnung oder Hinterlegung; beim Arrest auch, wenn die Zustellungsfrist des § 929 Abs. 3 S. 2 versäumt wird.

III. Pfändungsverbote

12 **1. Verbot der Überpfändung (Abs. 1 S. 2).** Es gilt für Sachen und Rechte, auch wenn beide Pfändungen nebeneinander betrieben werden.[22]

13 **a) Sachen.** Der GV hat den voraussichtlichen Verwertungserlös mit dem Betrag zu vergleichen, der sich aus der zu vollstreckenden Hauptforderung nebst Zinsen und Kosten ergibt. Gleichzeitige Immobiliarvollstreckung (§ 866) ist für die Beurteilung einer Überpfändung unerheblich.

aa) Wirtschaftliche Betrachtungsweise ist hierbei geboten. Meist bleibt der Erlös hinter dem Schätzwert (§ 813) zurück.[23] § 817a lässt ausdrücklich den Zuschlag auf die Hälfte des gewöhnlichen Verkaufswerts zu. Vorrangige Pfändungen sind wertmindernd zu berücksichtigen, ebenso eine glaubhafte Ankündigung von Einwendungen Dritter (§§ 771, 805) oder des Schuldners (§ 811). Vollstreckungsorgane haben zwar grds. nur das Verfahrensrecht zu beachten und materielle Fragen nicht zu prüfen. Da die Vollstreckung aber eine rasche Befriedigung des Gläubigers bezweckt,[24] darf und muss die Pfändung so weit ausgedehnt werden, dass der Gläubiger trotz womöglich besserer Ansprüche Dritter gesichert bleibt.[25] Bei einer einzigen pfändbaren Sache kommt ein Pfändungsverbot nach Abs. 1 S. 2 nicht in Betracht. Gleichzeitige Vollstreckungsmaßnahmen gegen mehrere **Gesamtschuldner** (§ 421 BGB) begründen keine Überpfändung, weil die Ansprüche selbständig sind. Wird der Gläubiger von einem der Schuldner befriedigt, können die anderen nach § 767 vorgehen. Der Gläubiger muss daher nicht sämtliche Vollstreckungstitel vorlegen, die gegen die Gesamtschuldner ergangen sind, wenn er gegen einen vollstrecken will.[26]

bb) Nach erfolgter Überpfändung darf der GV die Verstrickung nicht von sich aus aufheben. Es bleibt dem Schuldner überlassen, sich nach § 766 zu wehren.

cc) Nachpfändung. Auch ohne erneuten Antrag (§ 753) muss der GV von sich aus eine Nachpfändung vornehmen, wenn sich der Wert einer gepfändeten Sache nachträglich verringert oder wenn bei einzelnen Sachen die Pfändung – etwa nach §§ 766, 771 – wieder aufgehoben wird oder wenn sich die Schätzung des Verwertungserlöses aus sonstigen Gründen als zu hoch erweist.

14 **b) Pfändung von Forderungen und Rechten.** In diesen Fällen ist es, abgesehen von Wertpapieren mit Börsen- oder Marktpreis (§ 821), für das Vollstreckungsgericht (§ 828) besonders schwierig, die Realisierbarkeit abzuschätzen, zumal vor der Pfändung weder Schuldner noch Drittschuldner gehört werden (§ 834). Liegt die Drittschuldnererklärung (§ 840) vor, sollte nur die erklärte Zahlungsbereitschaft eines zweifelsfrei potenten Drittschuldners für die Entscheidung über die Werthaltigkeit ausschlaggebend sein.[27] Wird eine den vollstreckbaren **Gesamtbetrag übersteigende Forderung** gepfändet, lässt sich eine Überpfändung i. a. noch nicht feststellen. Wer aber die Pfändungen mehrerer Forderungen beantragt, die insgesamt den Vollstreckungsbetrag deutlich übersteigen, muss das rechtfertigen. Die Pfändung einer Forderung führt nicht deshalb zur Überpfändung, weil sie dem Schuldner gegen mehrere gesamtschuldnerisch haftende Dritte zusteht.

15 **2. Verbot der zwecklosen Pfändung (Abs. 2).** Es gilt im Grundsatz für die Sach- wie für die Rechtspfändung (vgl. auch §§ 812, 851a Abs. 2, 851b Abs. 2), mangels Regelungslücke aber nicht entspr. für ZwVerw[28] u. ZwVerst.[29] Es gilt auch dann, wenn eine unzulässige Pfändung geeignet wäre, den Schuldner zu freiwilliger Leistung zu bewegen.[30]

a) Sachpfändung: Eine vorherige Pfändung bleibt außer Betracht, wenn Anschlusspfändungen (§ 826) erfolgen, weil letztere ggf. auf den Rang der Erstpfändung vorrücken können. Nur dann, wenn eine Anschlusspfändung schon als Erstpfändung unzulässig wäre, greift Abs. 2 ein. In den übrigen Fällen kann das Kosteninteresse des Schuldners im Rahmen der Notwendigkeit (§ 788) ausreichend berücksichtigt werden.[31] Die Entscheidung, ob der Verwertungserlös voraussichtlich die Vollstreckungskosten übertrifft, fällt der GV nach pflichtgemäßem Ermessen.[32] Rechte Dritter (§§ 771, 805) sind anders als bei Abs. 1 S. 2, von offenkundigen Fällen abgesehen, hierbei nicht zu berücksichtigen.[33] Wenn der Gläubiger, den Abs. 2 gleichfalls vor unnützen Kosten schützt,[34] ein die Kosten übersteigendes Gebot oder den Erwerb nach § 825 zu-

---

[22] MK/*Gruber* Rn. 41; *St/J/Münzberg* Rn. 25.
[23] LG Koblenz DGVZ 1997, 89, 90 (Zuchthengst).
[24] LG Essen MDR 1961, 1023; vgl. auch § 131 Nr. 2 S. 1 GVGA.
[25] OVG Bremen NJW 1986, 2131; vgl. § 136 Nr. 2 GVGA.
[26] LG Stuttgart Rpfleger 1983, 161; LG Bremen DGVZ 1982, 76; aA AG Günzburg DGVZ 1983, 61.
[27] *St/J/Münzberg* Rn. 27.
[28] BGHZ 151, 384, 386 = NJW 2002, 3178; aA LG Frankfurt/M Rpfleger 1989, 35.
[29] BGH NZM 2004, 347 = WuB VI E. § 803 1.04 (*Bartels*); aA LG Regensburg NJW-RR 1988, 447.
[30] *Wieser* DGVZ 1985, 37ff.
[31] MK/*Gruber* Rn. 46; *St/J/Münzberg* Rn. 29.
[32] LG Heilbronn NJW-RR 1995, 255, 256.
[33] *T/P/Hüßtege* Rn. 17; *St/J/Münzberg* Rn. 31; *Mümmler* JurBüro 1988, 1461, 1464; aA *Zö/Stöber* Rn. 9.
[34] *St/J/Münzberg* Rn. 33.

sichert, ist Abs. 2 nicht anzuwenden.[35] Stellt sich heraus, dass die Pfändung zwecklos ist, hat der GV sie aufzuheben.

b) Rechtspfändung: Weil sich die Befriedigungsaussichten hier regelmäßig nicht abschätzen lassen (s. o. Rn. 14), ist Zwecklosigkeit nur dann anzunehmen, wenn schon der Nennwert des Rechts keinen die Vollstreckungskosten übersteigenden Erlös erwarten lässt.[36] Die Erwartung eines nur geringen Übererlöses schließt, von Missbrauchsfällen abgesehen,[37] anders als bei § 812, eine Rechtspfändung nicht aus.[38]

IV. Rechtsfolgen bei Verstößen

Verstöße gegen die Verbote der Überpfändung (Abs. 1 S. 2) und der zwecklosen Pfändung (Abs. 2) machen die Pfändungen nicht unwirksam, sondern nur nach § 766 anfechtbar.[39] Bei Überpfändungen kommen Schadenersatzansprüche gegen den Gläubiger in Betracht, denn beide Verbotsnormen sind Schutzgesetze iSd. § 823 Abs. 2 BGB.[40] Fehlverhalten des GV, insbesondere ein Nichtbeachten der GVGA, kann Amtshaftungsansprüche auslösen (§ 839 BGB iVm. Art. 34 GG).[41] Wegen des Rechtsbehelfs nach § 766 ist aber stets der Haftungsausschluss nach § 839 Abs. 3 BGB zu beachten. 16

804 *Pfändungspfandrecht* (1) Durch die Pfändung erwirbt der Gläubiger ein Pfandrecht an dem gepfändeten Gegenstande.

(2) Das Pfandrecht gewährt dem Gläubiger im Verhältnis zu anderen Gläubigern dieselben Rechte wie ein durch Vertrag erworbenes Faustpfandrecht; es geht Pfand- und Vorzugsrechten vor, die für den Fall eines Insolvenzverfahrens den Faustpfandrechten nicht gleichgestellt sind.

(3) Das durch eine frühere Pfändung begründete Pfandrecht geht demjenigen vor, das durch eine spätere Pfändung begründet wird.

I. Normzweck

1. Meinungsstreit. Der Normzweck ist umstritten, weil die Rechtsnatur des Pfändungspfandrechts nach wie vor streitig ist.[1] Hauptsächlich geht es darum, ob für das Entstehen des Pfandrechts allein die Beschlagnahme genügt, oder ob grundsätzlich auch die materiellen Erfordernisse eines Faustpfandrechts vorliegen müssen. **Öffentlich-rechtliche Theorie:**[2] Nach ihr entsteht das Pfändungspfandrecht mit jeder wirksamen Pfändung, das sich in Voraussetzungen und Wirkungen von der Verstrickung (s. § 803 Rn. 9 ff.) kaum unterscheidet. Dem GV gibt es die Befugnis zur Verwertung gepfändeter Sachen, dem Gläubiger einen öffentlichrechtlichen Anspruch gegen den Staat auf Auszahlung des Versteigerungserlöses. Materiellrechtliche Wirkungen hat das so verstandene Pfandrecht grundsätzlich nicht. Es gibt dem Gläubiger insbes. keine Berechtigung zum Behaltendürfen des Erlöses bei Versteigerung einer schuldnerfremden Sache.[3] In der Rspr. ist diese Auffassung vereinzelt geblieben.[4] 1

Gemischte Theorie:[5] Sie wird in der Rspr. nahezu einhellig vertreten.[6] Sie unterscheidet zwischen öffentlichrechtlicher Verstrickung und privatem Pfandrecht, akzeptiert aber, dass die privatrechtlichen Pfandrechtsnormen vollstreckungsrechtlich modifiziert sind. Danach ist die öffentlichrechtliche **Verstrickung,** nicht das Pfandrecht, Grundlage der Verwertung der Pfandsache.[7] Der Ersteher erwirbt daher auch nach dieser Auffassung originäres Eigentum kraft staatlichen Hoheitsakts. Die §§ 929–936 BGB gelten nicht, auch nicht entsprechend. Auf Gutgläubigkeit des Erstehers kommt es deshalb nicht an (s. § 817 Rn. 4). Das **Pfändungspfandrecht** wird als **dritte Art** eines **privatrechtlichen Pfandrechts** angesehen. Die §§ 1204 ff. BGB sind daher grundsätzlich anwendbar, soweit sich aus den vollstreckungsrechtlichen Vorschriften der ZPO nichts anderes ergibt.[8] 2

2. Kaum praktische Auswirkungen. Beide Ansichten gelangen meist zu denselben Ergebnissen: Gegenüber **Dritten** wird der Gläubiger nach § 1227 BGB geschützt (s. Rn. 13). **Eigentumserwerb** bei der Versteigerung gepfändeter Sachen erfolgt durch öffentlichrechtlichen Hoheitsakts, nicht nach §§ 929, 932 BGB (s. § 817 Rn. 4). **Rechtsgrund** zum Behaltendürfen: Die Befugnis, den Versteigerungserlös behalten zu dürfen, 3

---

[35] LG Köln JurBüro 1987, 1810; AG Sinzig DGVZ 1973, 24; MK/*Gruber* Rn. 47; aA AG Bad Hersfeld DGVZ 1993, 158; zutreffend: AG Wiesbaden DGVZ 2006, 117.
[36] MK/*Gruber* Rn. 47; *St/J/Münzberg* Rn. 30.
[37] *Zeiss* DGVZ 1987, 145, 147 f.
[38] LG Itzehoe DGVZ 1988, 120; aA LG Hannover DGVZ 1990, 60; wie hier: MK/*Gruber* Rn. 47.
[39] BGH NJW 1975, 738.
[40] BGH NJW 1985, 1155, 1157; JR 1956, 185, 186.
[41] BGH JR (Fn. 40); RGZ 143, 118, 123; MK/*Gruber* Rn. 43; *St/J/Münzberg* Rn. 28 Fn. 89.
[1] Vgl. BGHZ 119, 75, 82 ff. = NJW 1992, 2570.
[2] Maßgeblich: *Lüke* JZ 1955, 484; JZ 1957, 239; auch *St/J/Münzberg* Rn. 7 ff.; *Wiecz/Schütze/Lüke* Rn. 5 ff.; *BL/Hartmann* Übers. § 803 Rn. 7 f.; *Sae/Kemper* ZPO Rn. 3; *Zö/Stöber* Rn. 2; *T/P/Hüßtege* Rn. 4.
[3] Insoweit abw.: *Gloede* MDR 1972, 291, 293; *B/L/H* § 819 Rn. 3.
[4] OLG Frankfurt NJW 1953, 1835; 1954, 1083; LG München NJW 1962, 2306.
[5] Erstmals: *Stein,* Grundfragen der Zwangsvollstreckung, 1913, S. 24 ff.; auch: MK/*Gruber* Rn. 6; *Zeiss/Holthaus* Jura 1996, 281, 284 ff.; *Säcker* JZ 1971, 156, 162; *Werner* JR 1971, 278, 283; *Baur/Stürner* ZwV Rn. 432; *Ro/G/Sch* § 50 III 3 b cc; *Brox/Walker* Rn. 393; *Hintzen/Wolf* ZwV Rn. 4.229; *Lackmann* Rn. 167.
[6] Grundlegend: RGZ 156, 395, 398.
[7] RGZ 153, 257, 261; 156, 395, 398; abl. *Pesch* JR 1993, 358.
[8] RG (Fn. 6) S. 397.

ergibt sich aus materiellem Recht (s. § 817 Rn. 9ff. zur Verwertung schuldnerfremder Sachen). **Rangverhältnis** (Abs. 3) mehrerer Gläubiger (s. Rn. 16). Bei Insolvenz des Schuldners kann der Theorienstreit wg. des Absonderungsrechts aus § 50 Abs. 1 InsO dagegen praktische Bedeutung gewinnen (s. Rn. 18).

4 **3. Vorzug der gemischten Theorie:** Sie beachtet einerseits die öffentlichrechtlichen Grundlagen der Zwangsvollstreckung, qualifiziert andererseits das Pfändungspfandrecht als materielles Recht und stellt so zwanglos die sachliche Verbindung von Verfahrensrecht und materiellem Recht her.[9]

II. Entstehen und Erlöschen des Pfändungspfandrechts

5 **1. Entstehensvoraussetzungen (Abs. 1).** Sie hängen nach der hier vertretenen gemischten Theorie von öffentlichrechtlichen und modifiziert privatrechtlichen Voraussetzungen ab.

a) Öffentlichrechtliche Verstrickung des Pfandgegenstandes gemäß § 803 iVm. § 808 oder §§ 829, 857 ist unabdingbare Grundlage jeden Pfändungspfandrechts. Bei Pfändung einer nicht existenten oder dem Schuldner nicht zustehenden Forderung hindert schon die fehlende Verstrickung das Entstehen des Pfandrechts (s. § 829 Rn. 17). Weitere Voraussetzung für das Entstehen des Pfändungspfandrechts ist die **Beachtung der wesentlichen Verfahrensvorschriften.**[10] Gemeint sind die Vorschriften, deren Nichteinhaltung zwar ohne Einfluss auf die Wirksamkeit der Verstrickung ist, die Pfändung aber anfechtbar machen (s. § 803 Rn. 10). Fehlen etwa die allgemeinen oder die besonderen Vollstreckungsvoraussetzungen (s. vor § 704 Rn. 32), bestehen Vollstreckungshindernisse wie § 775 oder § 89 InsO[11] oder bleiben andere wesentliche Verfahrensvorschriften (§§ 809, 811) unbeachtet,[12] entsteht kein Pfändungspfandrecht, ungeachtet der Möglichkeit nachträglicher Heilung (s. Rn. 8). Werden aber nur Ordnungsvorschriften verletzt (§§ 730, 733, 759, 761 Abs. 2, 762, 763, 777, 803 Abs. 1 S. 2, 812, 813), hindert das ein sofortiges Entstehen des Pfändungspfandrechts nicht.

6 **b) Materiellrechtliche Voraussetzung** des Pfändungspfandrechts ist das **Bestehen der Vollstreckungsforderung.** Nach der gemischten Theorie ist das Pfändungspfandrecht wie jedes akzessorische Pfandrecht (§ 1204 BGB) vom Bestehen der zu sichernden Forderung abhängig. Dieses privatrechtliche Erfordernis wird aber durch den öffentlichrechtlichen Charakter der Zwangsvollstreckung modifiziert. Ist die Vollstreckungsforderung rechtskräftig tituliert, gilt sie als existent. Auch wenn das rechtskräftige Urteil unrichtig ist, entsteht das Pfändungspfandrecht.[13] Bei unrichtigen Titeln, die nur vorläufig vollstreckbar sind oder deren Vollstreckbarkeit nach § 767 angefochten werden kann, entsteht dagegen mangels durchsetzbarer Forderung kein Pfändungspfandrecht. Die Annahme eines bis zur Aufhebung zunächst wirksam entstandenen Pfandrechts ist vollstreckungsrechtlich nicht geboten. Ein ungerügter Mangel bleibt allerdings unbeachtet und deshalb womöglich bis zum Ende der Zwangsvollstreckung folgenlos. Außerdem muss die gepfändete Sache **Eigentum des Schuldners** sein (s. Rn. 7).

7 **c) Pfändung schuldnerfremder Sachen.** Hierbei entsteht kein Pfandrecht,[14] weil privatrechtlich nur der Eigentümer ein Pfandrecht an seiner Sache bestellen kann (§§ 1205, 1207 BGB) und auch gesetzliche Pfandrechte nur an Sachen entstehen, die dem Schuldner gehören (§ 1257 BGB). Ein gutgläubiger Pfandrechtserwerb ist ausgeschlossen. § 898 ist bei der Pfändung beweglicher Sachen nicht anwendbar.[15] Die gegenteilige Ansicht, dass bei Pfändung schuldnerfremder Sachen ein durch eine erfolgreiche Klage nach § 771 auflösend bedingtes Pfandrecht entstehe,[16] verkennt, dass allein die Beachtung des formellen Vollstreckungsrechts dem Gläubiger kein materielles Befriedigungsrecht verschafft (zum materiellrechtlichen Ausgleich bei Verwertung ohne Befriedigungsrecht s. § 817 Rn. 9ff.).[17] Schuldnerfremd sind auch **eigene Sachen des Gläubigers.** Eine Pfändung durch den Vorbehaltsverkäufer oder den Sicherungseigentümer begründet daher kein Pfändungspfandrecht. § 1256 Abs. 2 BGB, der bei rechtlichem Interesse ausnahmsweise ein Eigentümerpfandrecht an beweglichen Sachen zulässt, passt nur auf den dortigen Fall ausnahmsweiser Konsolidation.[18] Die Pfändung durch den Gläubiger ist in diesen Fällen aber gleichwohl sinnvoll, weil er seine wirksam verstrickte Sache verwerten und den Erlös behalten kann. Konkurrierende Gläubiger lassen sich nach § 771 fern halten.

8 **d) Heilung einer fehlerhaften Pfändung.** Dadurch kann nachträglich ein Pfändungspfandrecht entstehen. Das gilt aber nur für anfechtbare Pfändungen, weil bei nichtigen Vollstreckungsakten, zB Pfändung einer schuldnerfremden Forderung (s. § 829 Rn. 17) mangels wirksamer Verstrickung jegliche Grundlage fehlt.[19] **Gemischte Theorie** (s. Rn. 2, 4): Für sie wirkt eine Heilung erst ab Behebung des Mangels, denn der fehlerfrei Pfändende darf nicht dadurch beeinträchtigt werden, dass sein Konkurrent erst nachträglich die Voraussetzungen einer ordnungsgemäßen Pfändung schafft. Gleichgültig ist, ob es sich um verfahrens- oder materiellrechtliche Fehler handelte. Soweit allerdings – etwa bei der wirksamen Pfändung schuldner-

---

[9] MK/*Gruber* Rn. 11; *Brox/Walker* Rn. 393.
[10] MK/*Gruber* Rn. 13; *Baur/Stürner* ZwV Rn. 434; *Brox/Walker* Rn. 383.
[11] *Brox/Walker* (Fn. 10).
[12] *Lackmann* Rn. 160.
[13] MK/*Gruber* Rn. 14 Fn. 35.
[14] BGH (Fn. 1) S. 87; aA. *T/P/Hüßtege* Rn. 4.
[15] *Brox/Walker* Rn. 383.
[16] *K. Schmidt* ZZP 87 (1974), 316, 330f.
[17] BGH (Fn. 1) S. 84ff.
[18] MK/*Gruber* Rn. 16; *Brox/Walker* Rn. 383; aA *Furtner* MDR 1963, 445.
[19] BGH NJW 2002, 755, 757; NJW 2000, 3218.

fremder Sachen (s. 803 Rn. 10) – das materielle Recht gemäß §§ 184 Abs. 2, 185 Abs. 2 BGB eine rückwirkende Heilung anordnet, wirkt sie auch hier, und zwar zu Gunsten aller Gläubiger. **Öffentlichrechtliche Theorie** (s. Rn. 1): Soweit es auf den Rang des Pfandrechts ankommt (s. Rn. 14), wird auch hier aus Gründen materieller Gerechtigkeit eine Heilung erst ab Behebung des Vollstreckungsmangels angenommen. Wurden nur formelle Vorschriften verletzt, wird jedoch eine rückwirkende Heilung bejaht.[20]

2. Erlöschen des Pfändungspfandrechts. Die Ursache kann nach der gemischten Theorie – spiegelbildlich zum Entstehen – im öffentlichen oder im privaten Recht begründet sein (zum materiellrechtlichen Ausgleich bei Verwertung ohne Befriedigungsrecht s. § 829 Rn. 9ff.). 9

a) **Beendigung der Verstrickung:** Weil das Pfandrecht von einer wirksamen Verstrickung abhängt, erlischt es stets mit deren Beendigung (s. § 803 Rn. 11), also bei Ablieferung des Geldes nach § 815 Abs. 1. Es erlischt an der zugeschlagenen Sache mit deren Ablieferung an den Ersteher nach § 817 Abs. 2, setzt sich aber nach § 1247 S. 2 BGB am Erlös fort (s. § 817 Rn. 10). Folgerichtig müsste es auch enden, wenn nachträglich eine wesentliche Vollstreckungsvoraussetzung entfällt.[21] Entsprechend § 868 soll das Pfandrecht hier jedoch nur erlöschen, wenn die Pfändung auf Grund eines nachträglichen Vollstreckungshindernisses nach §§ 775, 776 aufzuheben ist (s. § 803 Rn. 11).

b) **Erlöschen der Forderung.** Weil das Pfändungspfandrecht ein **privatrechtliches Pfandrecht** ist (s. o. 10
Rn. 2), geht es – ungeachtet der fortbestehenden Verstrickung – auch unter, wenn ein vertragliches oder gesetzliches Pfandrecht erlöschen würde. Wegen der Akzessorietät von Pfandrecht und Forderung erlischt das Pfandrecht daher mit der Forderung, für die es besteht (§ 1252 BGB). Als Erlöschenstatbestände kommen in Betracht: Erfüllung (§ 362 BGB) und Erfüllungssurrogate (§§ 364 Abs. 1, 378, 389 BGB) oder ein Erlassvertrag (§ 397 BGB). Gleiches gilt bei erfolgreicher Anfechtung (§ 142 BGB). Voraussetzung ist stets, dass das Geltendmachen der Erlöschenstatbestände nicht durch § 767 Abs. 2 ausgeschlossen ist.

c) **Aufgabe des Pfandrechts.** Sie führt ebenfalls zum Erlöschen. Es genügt eine Erklärung des Gläubigers 11
gegenüber dem Schuldner (§§ 1253, 1255 BGB), auch konkludent, indem der Gläubiger selbst das Pfandsiegel entfernt oder den Schuldner dazu ermächtigt. Die Verstrickung bleibt in diesem Fall bestehen (s. § 803 Rn. 11).

d) **Gutgläubiger lastenfreier Erwerb** der Pfandsache durch einen Dritten bringt das Pfandrecht nach 12
§§ 135 Abs. 2, 136, 932, 936 BGB zum Erlöschen, unabhängig davon, ob sich der gute Glaube auf das Fehlen der Verstrickung oder des Pfandrechts bezieht. Beschränkt er sich auf das Fehlen des Pfandrechts, dauert die Verstrickung fort.

III. Stellung des Gläubigers

1. Rechte des Gläubigers (Abs. 2 Halbs. 1). Sie sind kraft ausdrücklicher Regelung im Verhältnis zu an- 13
deren Gläubigern **dieselben** wie bei einem durch Vertrag erworbenen **Faustpfandrecht,** also die aus §§ 1204ff. BGB. Die hier vertretene **gemischte Theorie** sieht in dem Pfändungspfandrecht eine dritte Art des privatrechtlichen Pfandrechts (s. o. Rn. 2), so dass dem Gläubiger dieselben Rechte gegen Dritte und den Schuldner zustehen, letzterem gegenüber insbes. die materielle Befugnis auf Befriedigung aus dem Pfandrecht und das Recht zum Behaltendürfen des Erlöses. Allgemein anerkannt ist: Nach § 1227 BGB hat der Gläubiger die gleichen Rechte wie der Eigentümer, mithin vor allem die Unterlassungs- und Beseitigungsansprüche aus § 1004 BGB, den Schadenersatzanspruch aus § 823 Abs. 1 BGB bei Verletzung des Pfändungspfandrechts als absolutem Recht, auch den Herausgabeanspruch aus § 985 BGB. Weil der Pfändungspfandgläubiger aber nur mittelbarer Besitzer der Pfandsache ist (s. § 808 Rn. 19), kann er gemäß § 869 S. 2 BGB nur Herausgabe an den Gerichtsvollzieher oder dessen Beauftragten verlangen, nicht an sich selbst. Besitzschutzansprüche aus §§ 859, 861, 862 BGB stehen dem Gläubiger schon auf Grund der Verstrickung zu. Die **öffentlichrechtliche Theorie** wendet § 1227 BGB entsprechend an.

2. Rang des Pfandrechts (Abs. 2 Halbs. 2; Abs. 3). Als Maßstab bei der Verteilung des Erlöses hängt der 14
Rang zum einen ab von der rechtlichen Qualifizierung der konkurrierenden Rechte (Abs. 2 Halbs. 2), zum anderen vom Zeitpunkt seines Entstehens (Abs. 3; s. § 878 Rn. 7).

a) **Vorrang** besteht gegenüber Pfand- und Vorzugsrechten, die bei Insolvenz den Faustpfandrechten nicht gleichstellt sind. Durch Umkehrschluss aus § 51 InsO folgt, dass damit die Zurückbehaltungsrechte nach § 273 BGB gemeint sind, die § 51 Nr. 2 InsO nicht erfasst. Das bedeutet, dass das Pfändungspfandrecht den nicht gleichgestellten Rechten immer vorgeht, also auch dann, wenn es später entstanden ist.[22]

b) **Rangkonkurrenz** derart, dass es nach dem **Prioritätsgrundsatz** des Abs. 3 darauf ankommt, welches 15
Pfandrecht zuerst entstand,[23] besteht zwischen mehreren Pfandgläubigern, auch beim Arrestpfand[24] und im Verhältnis zu Vertragspfandrechten. Nach § 168 Nr. 1 GVGA hat der Gerichtsvollzieher alle vor der Pfändung eingegangenen Anträge als gleichzeitige zu behandeln u. für alle Gläubiger zugleich zu pfänden.[25] Auch ein Gläubiger, der verschleiertes Arbeitseinkommen geltend macht (§ 850h), muss sich vorrangige Pfändungen der Vergütung des Schuldners entgegenhalten lassen.[26] Guter Glaube an das Nichtbeste-

---

[20] *St/J/Münzberg* vor § 704 Rn. 139; § 750 Rn. 11ff.
[21] *Brox/Walker* Rn. 385.
[22] *Brox/Walker* Rn. 375.
[23] BGHZ 52, 99, 105 = NJW 1969, 1347.
[24] OLG Dresden MDR 2003, 54.
[25] *Knoche/Biersack* NJW 2003, 476: Verstoß gg Prioritätsprinzip.
[26] BAG NJW 1995, 414.

hen einer vorhergehenden Pfändung hilft dem später Pfändenden nicht. Auch im Verhältnis zu Faustpfandrechten (§§ 1204ff. BGB) und den ihnen nach § 51 InsO gleichgestellten gesetzlichen Pfandrechten (s. § 805 Rn. 4f.) hat das zuerst entstandene Pfandrecht Vorrang. **Ausnahmen:** Pfändet ein Gläubiger einen Gegenstand, an dem ihm bereits ein rechtsgeschäftliches oder gesetzliches Pfandrecht zusteht, so kann er sein besseres Recht nach §§ 805, 878 gegenüber Pfändungen durchsetzen, die zwar vor der eigenen Pfändung, aber nach Begründung des eigenen materiellen Pfandrechts erfolgten.[27] Bei Pfändung künftiger Ansprüche wirkt die Pfändung erst ab deren Entstehen (s. § 829 Rn. 17). Der früheren Pfändung eines künftigen Abfindungsanspruchs geht deshalb die spätere Pfändung des Gesellschafteranteils vor, weil die Anteilspfändung sofort, die des künftigen Anspruchs aber erst bei dessen Entstehen wirksam wird.[28] Bei bedingten Ansprüchen wirkt deren Pfändung sofort. Wird ein in seiner Verwertbarkeit aufschiebend bedingter Pflichtteilsanspruch gepfändet, richtet sich der Rang bei Eintritt der Verwertungsvoraussetzungen nach dem Zeitpunkt der Pfändung.[29] Ein gutgläubiger Erwerb des Vorrangs für die Faustpfandrechte u. die ihnen gleichgestellten Rechte ist möglich, soweit § 1208 BGB eingreift.

16 c) **Konkurrenz mehrerer Gläubiger:** Der Theorienstreit (s. Rn. 1ff.) hat hier nur geringe praktische Bedeutung. Das Verwertungsverfahren wird von den Vollstreckungsorganen nach vorstehenden Grundsätzen durchgeführt. Materiellrechtliche Einwendungen, die vom Schuldner nach § 767, von Dritten nach §§ 771, 805 oder von konkurrierenden Gläubigern nach §§ 872ff. geltend zu machen sind, aber in jenen Verfahren nicht erhoben werden, haben keinen Einfluss auf die Durchführung der Verwertung und die Verteilung des Erlöses. Die Pfandrechtstheorien bleiben faktisch außer Betracht. Soweit nach § 878 über den Vorrang zu entscheiden ist, führen beide Theorien zu weitgehend gleichen Ergebnissen (s. § 878 Rn. 7).

IV. Auswirkungen der Insolvenz des Schuldners

17 **1. Allgemein: Ab Antragstellung** kann das Insolvenzgericht vAw. nach §§ 21 Abs. 2 Nr. 3, 306 Abs. 2 InsO Sicherungsmaßnahmen treffen, insbes. neue Vollstreckungsmaßnahmen in das bewegliche Vermögen des Schuldners[30] untersagen u. bestehende einstweilen einstellen, um eine Verschlechterung der Vermögenslage des Schuldners zu verhindern. Wurden entspr. Maßnahmen angeordnet, dürfen neue Anträge nicht mehr bearbeitet, bereits eingeleitete Vollstreckungsmaßnahmen nicht fortgeführt, aber auch nicht aufgehoben werden (§§ 775 Nr. 2, 776 S. 2). Der vorl. Insolvenzverwalter u. der Schuldner, dem kein Verfügungsverbot auferlegt wurde, können die Aufhebung beim Insolvenzgericht erreichen (§ 766, § 89 Abs. 3 InsO entspr.).[31] Für das unbewegliche Vermögen vgl. §§ 30d, 153b ff. ZVG. Unterbleibt die Eröffnung, sind die Sicherungsmaßnahmen aufzuheben (§ 25 Abs. 2 InsO). **Mit Eröffnung** des Insolvenzverfahrens (§ 27 InsO) entsteht gem. **§ 89 Abs. 1 InsO** das **Verbot der Einzelzwangsvollstreckung** für Insolvenzgläubiger. Das sind persönliche Gläubiger, die zZ der Verfahrenseröffnung einen begründeten Vermögensanspruch gegen den Schuldner haben (§ 38 InsO).[32] Das Verbot betrifft die gesamte **Insolvenzmasse** (§§ 35, 36 InsO), also auch das, was der Schuldner während des Verfahrens an pfändbarem Vermögen erlangt (Neuerwerb). Unzulässig sind Pfändungen[33] von beweglichen Sachen (§§ 808ff.), von Forderungen und sonstigen Rechten (§§ 828ff.), – auch die von mithaftenden Mieten durch absonderungsberechtigte Grundpfandgläubiger[34] – Vollstreckungen in das unbewegliche Vermögen, wie die Eintragung einer Zwangshypothek nach § 867 (s. dort Rn. 7) oder ZwVerst. und ZwVerw. nach ZVG, sonstige Vollstreckungsakte nach §§ 887, 889, 899ff., auch die Vollziehung von Arrest (§§ 916ff.) u. einstw. Verfügung (§§ 936ff.),[35] nach dem Zweck der Regelung auch die eidesstattliche Versicherung (§§ 807, 836, 883, 899).[36] **Für andere Gläubiger** (Neugläubiger und v. Insolvenzverfahren nach § 40 InsO ausgeschlossene Unterhaltsgläubiger) gilt gem. **§ 89 Abs. 2 S. 1 InsO** ein beschränktes Vollstreckungsverbot. Zwangsvollstreckungen in künftige Forderungen aus einem Dienstverhältnis u. ä. sind auch ihnen verboten, damit diese Forderungen für die Restschuldbefreiung z. Vfg. stehen (vgl. § 287 Abs. 2 InsO). **Zulässig bleibt** nach **§ 89 Abs. 2 S. 2 InsO** die Vollstreckung wg. Unterhalts oder wg. Ansprüchen aus vorsätzlicher – auch bei § 844 Abs. 2 BGB aber nicht aus fahrlässiger[37] – unerlaubter Handlung in den Teil der Bezüge, der für gewöhnliche Gläubiger unpfändbar ist (§§ 850d, 850f Abs. 2), daher nach §§ 35, 36 InsO nicht zur Insolvenzmasse zählt.[38] Zulässig ist auch die Vollstreckung aus Titeln, die wg. **Masseverbindlichkeiten** (§§ 53, 55 InsO) gegen den Verwalter

---

[27] *St/J/Münzberg* Rn. 39.
[28] BGHZ 104, 351, 353 = NJW 1989, 458.
[29] BGHZ 123, 183, 190 = NJW 1993, 2876.
[30] LG Mainz NZI 2002, 444 (nicht bei Handlungsvollstreckung nach § 887).
[31] AG Göttingen ZInsO 2003, 770 MK-InsO/*Haarmeyer* § 21 Rn. 75; *Steder* ZIP 2002, 65, 67; aA AG Dresden ZIP 2004, 778.
[32] Für Massegläubiger (§ 55 InsO) gilt § 90 InsO; zur Aussonderung (§§ 47f. InsO) u. zur Absonderung (§§ 49ff. InsO) Berechtigte sind beschränkt durch §§ 166–173 InsO, 30d ff., 153n ff. ZVG.
[33] Einzelzwangsvollstreckung im InsO-Verfahren: *Helwich* NZI 2000, 460 u. DGVZ 1998, 50ff.; *Vallender* DGVZ 1997, 97, 100ff.; ZIP 1997, 1993ff.; insbes. zur Lohnpfändung: *Dörndorfer* (Fn. 33); Pfändung in Massekonten: *Hintzen/Förster* Rpfleger 2001, 399.
[34] BGH NJW 2006, 3356 = NZM 2006, 714 = *Walker/Wrobel* LMK 2006, 191883.
[35] *Jauernig* § 76 II vor 1.
[36] OLG Zweibrücken OLGR 2001, 434; *Viertelhausen* DGVZ 2001, 36; *Steder* NZI 2000, 456; aA LG Würzburg NJW-RR 2000, 781; AG Rostock NJW-RR 2000, 716.
[37] BGH NZI 2006, 593 = Rpfleger 2007, 40.
[38] *Behr* JurBüro 1999, 66.

erstritten wurden; Ausnahme: In den ersten sechs Monaten seit Verfahrenseröffnung sind Vollstreckungen für **oktroyierte** Masseverbindlichkeiten unzulässig (§ 90 InsO), das sind solche, die nicht durch eine Rechtshandlung des Verwalters begründet wurden. **Sonderregelungen** gelten für Sozialplanforderungen (§ 123 Abs. 3 S. 2 InsO) und bei Masseunzulänglichkeit (§ 210 InsO). Sieht bei **Auslandskonkurs** das ausländische Recht ein Vollstreckungsverbot vor, gilt dies nach Wegfall des § 237 KO auch für das Inlandsvermögen des Schuldners. Bei Inlandsinsolvenz zählt auch das Auslandsvermögen des Schuldners zur Insolvenzmasse. Die Vollstreckungsorgane müssen das **Vollstreckungsverbot** (§§ 21 Abs. 2 Nr. 3, 89, 90 InsO) vAw. beachten. Geschieht das nicht, ist die Pfändung **materiellrechtlich unwirksam,** so dass nach der gemischten Theorie kein Pfändungspfandrecht entsteht (s. Rn. 5). Sie ist aber **vollstreckungsrechtlich wirksam,** solange sie nicht mit Erfolg angefochten wurde. Bleibt die Pfändung unangefochten, ermöglicht die entstandene Verstrickung der verbotswidrig gepfändeten Sachen (s. § 803 Rn. 9 ff.) deren wirksame Versteigerung (s. § 817 Rn. 4).[39] Das Recht zur Anfechtung der Pfändung steht allein dem Insolvenzverwalter zu (§ 56 InsO), nicht den Insolvenzgläubigern. Über seine **Erinnerung** (§ 766, s. a. § 829 Rn. 23) entscheidet das **Insolvenzgericht** (§ 89 Abs. 3 S. 1 InsO),[40] das vorher eine einstwAnO erlassen kann (§ 89 Abs. 3 S. 2 InsO). Weil dem Schuldner gegen die Eröffnung des Insolvenzverfahrens die sofortige Beschwerde zusteht (§ 34 Abs. 2 InsO), darf die Vollstreckungsmaßnahme erst ab Rechtskraft des Eröffnungsbeschlusses aufgehoben werden. Das **Vollstreckungsverbot endet** mit Aufhebung oder Einstellung des Insolvenzverfahrens (§§ 201 Abs. 1, 215 Abs. 2 InsO); bei Ankündigung der Restschuldbefreiung im Fall der Verbraucherinsolvenz bleibt es für die Laufzeit der Abtretung bestehen (§§ 291 Abs. 1, 294 InsO).

2. Folgen für Pfändungspfandrechte. Durch Eröffnung des Insolvenzverfahrens wird das Zwangsvoll- 18
streckungsverfahren nicht nach § 240 unterbrochen.[41] Vor Verfahrenseröffnung **bereits entstandene** Pfändungspfandrechte bleiben grds. unberührt (§ 80 Abs. 2 S. 2 InsO). Der Insolvenzgläubiger kann, vorbehaltlich einer Insolvenzanfechtung (§ 141 InsO),[42] wg. seines dinglichen Rechts **abgesonderte Befriedigung** (§ 50 Abs. 1 iVm. §§ 166ff. InsO) verlangen, auch wenn die Sache nach § 808 Abs. 2 im Gewahrsam des Schuldners verblieb.[43] Öffentlich-rechtliche und gemischte Theorie (s. Rn. 1 f.) führen hier zu unterschiedlichen Ergebnissen: Während nach der ersten das Pfandrecht unabhängig von den Eigentumsverhältnissen an der Pfandsache entsteht, ist nach der zweiten an schuldnerfremden Sachen das nachträgliche Entstehen eines Pfandrechts bei späterem Eigentumserwerb durch den Schuldner nur möglich (s. Rn. 8), wenn noch kein Veräußerungsverbot (§ 21 Abs. 2 Nr. 2 InsO) angeordnet war.[44] Zu beachten ist in jedem Fall die begrenzte **Rückschlagsperre** der Verfahrenseröffnung (§ 88 InsO), welche die Pfändung ex tunc gegenüber jedermann[45] **materiell unwirksam** und den Gläubiger zum gewöhnlichen Insolvenzgläubiger macht. **Zeitlich** werden sämtliche Pfändungen erfasst, die erst im letzten Monat vor Antragstellung (Berechnung: § 139 InsO) oder danach erfolgt sind.[46] **Gegenständlich** betrifft § 88 InsO, was nach §§ 35, 36 InsO zur Insolvenzmasse gehört, darüber hinaus auch die Pfändung von Miet- und Pachtforderungen (§ 110 Abs. 2 S. 2 InsO) und zur Sicherstellung der Restschuldbefreiung (§§ 287ff. InsO) die von Dienstbezügen (§ 114 Abs. 3 InsO).[47] Diese Pfändungen sind nur noch für den Monat der Eröffnung wirksam. Erfolgte die Pfändung nach dem 15. des Monats, erstreckt sich die Wirksamkeit auch auf den folgenden Monat (§§ 110 Abs. 1 S. 2, 114 Abs. 3 InsO). Die Unwirksamkeit ist zwar auch hier vAw. zu beachten; die Pfändung bleibt aber **vollstreckungsrechtlich wirksam,** so dass eine Verwertung möglich ist, solange keine Anfechtung erfolgt, s. Rn. 17 aE. Zur **Vorpfändung** s. § 845 Rn. 9; zur **Zwangshypothek** s. § 867 Rn. 7.

805 *Klage auf vorzugsweise Befriedigung*

(1) Der Pfändung einer Sache kann ein Dritter, der sich nicht im Besitz der Sache befindet, auf Grund eines Pfand- oder Vorzugsrechts nicht widersprechen; er kann jedoch seinen Anspruch auf vorzugsweise Befriedigung aus dem Erlös im Wege der Klage geltend machen, ohne Rücksicht darauf, ob seine Forderung fällig ist oder nicht.

(2) Die Klage ist bei dem Vollstreckungsgericht und, wenn der Streitgegenstand zur Zuständigkeit der Amtsgerichte nicht gehört, bei dem Landgericht zu erheben, in dessen Bezirk das Vollstreckungsgericht seinen Sitz hat.

(3) Wird die Klage gegen den Gläubiger und den Schuldner gerichtet, so sind diese als Streitgenossen anzusehen.

(4) [1]Wird der Anspruch glaubhaft gemacht, so hat das Gericht die Hinterlegung des Erlöses anzuordnen. [2]Die Vorschriften der §§ 769, 770 sind hierbei entsprechend anzuwenden.

---

[39] *Liwinska* InVo 2002, 125; *Vallender* ZIP (Fn. 35) S. 1996, 1998.

[40] BGH NZI 2008, 50; 2006, 593 = Rpfleger 2007, 40.

[41] BGH NJW 2007, 3132.

[42] Gegen die Bewertung der Zwangsvollstreckung als inkongruente Deckung: *Foerste,* Festschr. f. Musielak 2004 S. 141 ff.

[43] *Smid* WM 1999, 1141, 1144.

[44] AA *Wieser* ZZP 114 (2001), S. 515, 521; aber das Veräußerungsverbot für den Schuldner hindert den Pfandrechtserwerb durch den Gläubiger.

[45] BGH WM 2006, 580.

[46] BGH NJW 2003, 2171; OLG Frankfurt OLGR 2003, 357 (zur Pfändung künftiger Forderungen).

[47] BGH NJW 2007, 81 (Wirksamkeit einer zwischenzeitlichen Abtretung).

I. Normzweck

1 Die Klage gibt dem rangbesseren Gläubiger die Möglichkeit, sich vorab aus dem Versteigerungserlös zu befriedigen. Der besitzlos besser Berechtigte kann die Vollstreckung zwar nicht verhindern, weil er weder nach § 771 noch nach §§ 766, 809 vorgehen kann. Er kann aber vorrangig an ihr teilhaben. Nach ihrer **Rechtsnatur** ist die Klage aus § 805 nicht Feststellungs-, sondern prozessuale Gestaltungsklage.

II. Zulässigkeit

2 Örtlich und sachlich ausschließlich **zuständig** ist das Zivilgericht, in dessen Bezirk die Vollstreckung stattfindet (§ 764 Abs. 2), nicht der Vollstreckungsrichter (Abs. 2, § 802).[1] Maßgeblich für die sachliche Zuständigkeitsabgrenzung zwischen Amts- und Landgericht (§§ 23 Nr. 1, 71 Abs. 1 GVG) ist § 6 ZPO. Entscheidend ist danach der Wert der Pfandsache (S. 1) oder der der Forderung des Klägers (S. 2), je nachdem, welcher geringer ist. Zum **Antrag** s. Rn. 8 (Tenor). Statthaft ist die Klage bei Vollstreckung wegen einer Geldforderung in eine **bewegliche Sache** (§ 808 Abs. 1), **nicht** bei einer **Herausgabevollstreckung** (§§ 883 ff.). Bei **Pfändung von Rechten** (§ 829, 857) wird eine entsprechende Anwendung grds. zutreffend verneint.[2] Weil die Klage den Vorrang bei der Erlösverteilung sichern soll, kommt eine Analogie nur in Betracht, falls gepfändete Rechte ausnahmsweise nicht privat durch Einziehungsklage (s. § 835 Rn. 18), sondern hoheitlich nach § 825 verwertet werden.[3] Das **Rechtsschutzinteresse** besteht ab Pfändung der mit dem besseren Recht belasteten Sache und bis zur Beendigung der Zwangsvollstreckung durch Auskehr des Erlöses (s. vor § 704 Rn. 29). Der Rechtsschein einer wirksamen Pfändung genügt (s. § 771 Rn. 10). Mit Ablieferung der versteigerten Sache gemäß § 817 Abs. 2 erlischt zwar das Pfandrecht an der Sache, es setzt sich aber am Erlös fort (§ 1247 S. 2 BGB). Die Klage kann nach § 264 Nr. 3 auf eine Bereicherungs- oder Schadenersatzklage umgestellt werden (s. § 817 Rn. 9 ff.). Sind Vollstreckungsgläubiger und -schuldner mit der Auszahlung an den Vorzugskläger einverstanden, zahlt der Gerichtsvollzieher den beanspruchten Betrag aus, für die Klage aus § 805 entfällt damit das Rechtsschutzbedürfnis.[4] Widerspricht der Schuldner, ist er auf Duldung der Zwangsvollstreckung (mit) zu verklagen (Abs. 3 iVm. § 59), weil ihm ein etwaiger Erlösrest zustehen würde.[5]

III. Begründetheit

3 Die Klage ist begründet, wenn der Kläger ein Pfand- oder Vorzugsrecht hat, das dem Pfändungspfandrecht des beklagten Vollstreckungsgläubigers im Rang vorgeht und wenn dessen Geltendmachung Einwendungen des Beklagten nicht entgegenstehen. Bei Streit über gleichrangige Berechtigung kann entsprechend § 805 anteilige Befriedigung verlangt werden.[6] Die durch das Vorzugsrecht gesicherte Forderung des Klägers muss nicht fällig sein (Abs. 1 Halbs. 2). Bei Auszahlung vor Fälligkeit sind aber entspr. §§ 1133, 1217 Abs. 2 BGB Zwischenzinsen abzuziehen.[7] Ist die Forderung aufschiebend bedingt, kann der Kläger nur Hinterlegung verlangen.

4 **1. Vorrangige Pfandrechte.** In Betracht kommen die besitzlosen gesetzlichen Pfandrechte, vor allem das Vermieter- (§§ 562 ff. BGB), das Verpächter- (§§ 581 Abs. 2, 592 BGB) und das Gastwirtspfandrecht (§ 704 BGB). Die zeitlichen Beschränkungen nach §§ 562 Abs. 2, 562a S. 1, 562d BGB sind zu beachten.[8] Die Einschränkung der §§ 562 Abs S. 2, 592 S. 3 BGB (grds. kein Pfandrecht an unpfändbaren Sachen) ist aber unbeachtlich, wenn der Mieter/Pächter die Zwangsvollstreckung hinnimmt, denn dann wird die Sache ohnehin verwertet.[9] Bei Entfernung der Pfandsache durch den Gerichtsvollzieher, die der Vermieter dulden muss, erlischt das Pfandrecht nicht,[10] wohl aber bei zeitweiliger betriebsbedingter Entfernung.[11] Weil keine Zurückschaffung der Sache verlangt wird, kann die Klage auch nach Ablauf der Frist des § 562b iVm. §§ 581, 704 BGB erhoben werden. Beim Verpächterpfandrecht aus §§ 581 Abs. 2, 562 BGB gilt § 562d BGB nach § 592 S. 4 BGB nicht für die Landpacht. Besitzlose Pfandrechte sind auch die von Frachtführer und Verfrachter nach §§ 440 Abs. 3, 623 HGB, sowie die aus §§ 725, 751 HGB und aus §§ 1f. PachtkreditG.[12] Der **Streit um den Vorrang** eines Pfändungspfandrechts ist aber nicht nach § 805, sondern nach §§ 872 ff. auszutragen.[13] Das Ablösungsrecht aus § 268 BGB kann neben der Klage aus § 805 geltend gemacht werden.[14]

5 **2. Weitere Vorzugsrechte.** Dazu gehören das Recht der öffentlichen Hand nach § 51 Nr. 4 InsO wegen der auf den gepfändeten Sachen ruhenden Zölle und Verbrauchssteuern[15] und die Zurückbehaltungsrechte

---

1 *Lackmann* Rn. 636.
2 RGZ 87, 321, 322; *B/L/H* Rn. 5; *T/P/Hüßtege* Rn. 4; *Zö/Stöber* Rn. 2; aA OLG Hamm NJW-RR 1990, 233.
3 Das wird von MK/*Gruber* Rn. 3 nicht berücksichtigt.
4 AA MK/*Gruber* Rn. 20.
5 *St/J/Münzberg* Rn. 18.
6 MK/*Gruber* Rn. 9; *ThP/Hüßtege* Rn. 8.
7 MK/*Gruber* Rn. 19; *St/J/Münzberg* Rn. 23; aA (nur Hinterlegung) *T/P/Hüßtege* Rn. 9.
8 BGHZ 27, 227, 230 ff. = NJW 1958, 1282.
9 *Brox/Walker* Rn. 1459.
10 BGH NJW 1986, 2426.
11 OLG Hamm ZIP 1981, 165.
12 MK/*Gruber* Rn. 10; *St/J/Münzberg* Rn. 9 ff.
13 MK/*Gruber* Rn. 10.
14 *Zö/Stöber* Rn. 10.

nach § 51 Nr. 2 u. 3 InsO. Letztere setzen Besitz voraus (vgl. §§ 273 Abs. 2, 1000 S. 1 BGB, 369ff. HGB) und entfallen, wenn er verloren geht (s. § 808 Rn. 19). Da sie zur Erinnerung (§§ 766, 809) u. zur Klage (§ 771) berechtigen (s. § 771 Rn. 24), kommen sie nur dann in Betracht, wenn sich der Berechtigte auf § 805 beschränkt (s. Rn. 6).

3. „Kleine Drittwiderspruchsklage". Bei der Zwangsvollstreckung wegen Geldforderungen in bewegliche Sachen kann sich der Drittberechtigte iSd. § 771, insbes. der **besitzende Pfandgläubiger,** auf die Klage aus § 805 als Minus zur Drittwiderspruchsklage beschränken und sich die eigene Verwertung ersparen.[16] Das gilt bei Vertragspfandrechten nach §§ 1204ff. BGB, beim gesetzlichen Besitzpfandrecht von Werkunternehmer (§ 647 BGB), Kommissionär (§ 397 HGB), Frachtführer (§ 441 HGB), Spediteur (§ 464 HGB), Lagerhalter (§ 475b HGB); schließlich für den Dritteigentümer (s. § 771 Rn. 15ff.). Beim **Eigentumsvorbehalt** ist der Vorbehaltsverkäufer berechtigt, der Zwangsvollstreckung nach § 771 zu widersprechen und nicht auf die Vorzugsklage nach § 805 beschränkt (s. § 771 Rn. 16). Gleiches gilt bei Sicherungseigentum für den Sicherungsnehmer, vorausgesetzt, dass die zu sichernde Forderung besteht. Andererseits kann der Sicherungsgeber einer Vollstreckung durch Gläubiger des Sicherungsnehmers widersprechen, wenn und solange auch der Sicherungsnehmer noch nicht verwerten dürfte (s. § 771 Rn. 18f.). Pfändet der Vollstreckungsgläubiger in eine durch den Vollstreckungsschuldner in anfechtbarer Weise (§§ 3f. AnfG) erworbene Sache, kann der **Anfechtungsgläubiger** nach § 805 klagen und so seinen Rückgewähranspruch auf Duldung der Zwangsvollstreckung (§ 11 AnfG) ohne vorherige Anfechtungsklage (§ 13 AnfG) durchsetzen.[17] Str. ist, ob ihm auch die Klage nach § 771 offen steht, s. dort Rn. 29. 6

4. Einwendungen des Beklagten. Bestreitet der Beklagte, dass der Kläger Inhaber eines Pfand- oder Vorzugsrechts ist, trifft den Kläger die **Beweislast,** auch für das Entstehen der gesicherten Forderung und das Eigentum des Schuldners.[18] Außerdem kann der Beklagte geltend machen, dass der Kläger arglistig handele oder nach materiellem Recht für die Vollstreckungsforderung hafte.[19] 7

IV. Verfahren und Urteilstenor

Klagegegner ist der Vollstreckungsgläubiger; der Schuldner ebenfalls, wenn er widerspricht (Abs. 3 iVm. § 59), bei letzterem richtet sich die Klage auf Duldung der Zwangsvollstreckung oder der Befriedigung.[20] Die **Zustellung** der Klage ist nach § 81 möglich an die erstinstanzlichen Prozessbevollmächtigten der Beklagten in dem Ausgangsprozess, aber nicht nach § 172 vorgeschrieben, weil der Kläger daran nicht beteiligt war. **Tenor:** „Der Kläger ist aus dem Reinerlös (dh. Versteigerungserlös abzüglich Vollstreckungskosten) des am … (Datum) gepfändeten … (genaue Bezeichnung des Gegenstandes) bis zum Betrag von … (genau bezifferte Forderung des Klägers, ggf. nebst Zinsen bis zum Auszahlungstag) vor dem Beklagten zu befriedigen." Die **Kostenentscheidung** ergeht nach §§ 91ff. Beim Anerkenntnisurteil gilt für die Veranlassung zur Klageerhebung (§ 93) dasselbe wie bei § 771 (s. dort Rn. 36). Für die **vorläufige Vollstreckbarkeit** gelten die §§ 708ff. Der Wert der Klageforderung oder der der Sache ist, weil insoweit vollstreckt wird, in die Sicherheitsleistung oder Abwendungsbefugnis einzurechnen (s. auch § 709 Rn. 5). Nach Vorlage des Titels zahlt der Gerichtsvollzieher analog § 775 oder die Hinterlegungsstelle (§ 13 Nr. 2 HintO) den auf den Kläger entfallenden Reinerlös. 8

V. Einstweilige Anordnung (Abs. 4)

Das Prozessgericht muss Hinterlegung des Erlöses anordnen, wenn das Pfand- oder Vorzugsrecht und dessen Vorrang gemäß § 294 glaubhaft gemacht werden. In dringenden Fällen entscheidet vorläufig der Rechtspfleger des Vollstreckungsgerichts nach Abs. 4 S. 2 iVm. §§ 769 Abs. 2 und 20 Nr. 17 RPflG. Verfahren, Zuständigkeit und Kosten ergeben sich i. Ü. aus §§ 769, 770. Die Entscheidung ist durch das Prozessgericht jederzeit abänderbar, sofortige Beschwerde nach § 793 ist nur gegeben bei offenbarer Gesetzwidrigkeit oder Ermessensüberschreitung (s. § 707 Rn. 13). Eine Einstellung der Zwangsvollstreckung, wie bei § 771 Abs. 3, scheidet aus, da die Klage aus § 805 auf Teilhabe am Erlös zielt, die Durchführung der Zwangsvollstreckung mithin voraussetzt. 9

VI. Gebühren und Kosten

1. Rechtsanwaltsgebühren. Der Anwalt erhält die Gebühren der Nrn. 3100ff. VV RVG. Im Verfahren der einstweiligen Anordnung auf Erlöshinterlegung fällt eine 0,5 Verfahrensgebühr aus Nr. 3328 VV RVG an, wenn eine abgesonderte mündliche Verhandlung stattfindet. Andernfalls gehört die Tätigkeit des Anwalts zum Rechtszug (§ 19 Abs. 1 Nr. 11 RVG). Zu Abs. 4 Satz 1 vgl. § 707 Rn. 15. 10

2. Gerichtskosten. Für die Klage gelten die allgemeinen Bestimmungen für das Prozessverfahren erster Instanz (KV Nr. 1210, 1211). Einstweilige Anordnungen nach Abs. 4 S. 2 iVm. §§ 769, 770 sind gebührenfrei. 11

---

[15] *Kilger/Schmidt* § 49 Anm. 2.
[16] MK/*Gruber* Rn. 8; *St/J/Münzberg* Rn. 2.
[17] MK/*Gruber* Rn. 16; *St/J/Münzberg* § 771 Rn. 34; *Kilger/Huber* Einl. § 9.
[18] BGH NJW 1986, 2426.
[19] *Brox/Walker* Rn. 1462.
[20] MK/*Gruber* Rn. 24.

806 ***Keine Gewährleistung bei Pfandveräußerung*** **Wird ein Gegenstand auf Grund der Pfändung veräußert, so steht dem Erwerber wegen eines Mangels im Recht oder wegen eines Mangels der veräußerten Sache ein Anspruch auf Gewährleistung nicht zu.**

I. Normzweck

1 Vollstreckungsverfahren sollen von materiellrechtlichen Problemen möglichst frei bleiben.[1] Daher sind Gewährleistungsansprüche des Erwerbers gegen Schuldner und Gläubiger[2] ausgeschlossen, wenn ein Recht oder eine Sache als Pfand veräußert wird (ebenso §§ 56 S. 3, 283 ZVG), ähnlich § 445 BGB.

II. Voraussetzung

2 Veräußerung auf Grund der Pfändung ist der Regelfall; § 806 gilt aber auch bei freihändigem Verkauf nach §§ 817a Abs. 3 S. 2, 821 u. bei sonstiger Verwertung nach §§ 825, 844, 857 durch den Gerichtsvollzieher. Das ist bedeutsam, weil die Übereignung nicht hoheitlich, sondern nach §§ 929ff. BGB erfolgt, so dass § 935 Abs. 2 BGB dem Erwerber nicht hilft, wenn die Sache abhanden gekommen ist. Er hat dann nur einen oft wertlosen Bereicherungsanspruch gegen den Schuldner.[3] Bei freihändigem Verkauf durch Vermittlung Dritter kann ein § 806 entspr. Ausschluss vereinbart werden (s. § 825 Rn. 5). Unanwendbar ist § 806 beim Selbsthilfeverkauf (§ 373 HGB) durch den Gerichtsvollzieher.[4]

III. Rechtsfolgen

3 Jegliche Gewährleistung ist ausgeschlossen. Bei Rechtsmängeln, § 435 BGB, beschränkt sich die praktische Bedeutung weitgehend auf Veräußerungen außerhalb einer öffentlichen Versteigerung (s. Rn. 2), weil bei jener meist ein lastenfreier Eigentumserwerb stattfindet (s. § 817 Rn. 4). Bei Sachmängeln, § 434 BGB, bewirkt § 806 auch dann einen Gewährleistungsausschluss, wenn zugesicherte Eigenschaften fehlen oder Mängel arglistig verschwiegen wurden.[5] Unerheblich ist, ob der Erwerber die Sache überprüfen durfte.[6] Schadenersatzansprüche aus §§ 823 Abs. 2, 826 BGB bleiben unberührt. Amtshaftungsansprüche sind vorstellbar. Der GV kann sich aber auf das Schätzgutachten eines öffentlich bestellten Sachverständigen verlassen, wenn es nicht offenbar falsch ist. Er ist grundsätzlich nicht verpflichtet, ein gepfändetes Gerät der Originalverpackung zu entnehmen und eine Funktionsprüfung durchzuführen.[7]

806a ***Mitteilungen und Befragung durch den Gerichtsvollzieher*** **(1) Erhält der Gerichtsvollzieher anlässlich der Zwangsvollstreckung durch Befragung des Schuldners oder durch Einsicht in Dokumente Kenntnis von Geldforderungen des Schuldners gegen Dritte und konnte eine Pfändung nicht bewirkt werden oder wird eine bewirkte Pfändung voraussichtlich nicht zur vollständigen Befriedigung des Gläubigers führen, so teilt er Namen und Anschriften der Drittschuldner sowie den Grund der Forderungen und für diese bestehende Sicherheiten dem Gläubiger mit.**

(2) [1]Trifft der Gerichtsvollzieher den Schuldner in der Wohnung nicht an und konnte eine Pfändung nicht bewirkt werden oder wird eine bewirkte Pfändung voraussichtlich nicht zur vollständigen Befriedigung des Gläubigers führen, so kann der Gerichtsvollzieher die zum Hausstand des Schuldners gehörenden erwachsenen Personen nach dem Arbeitgeber des Schuldners befragen. [2]Diese sind zu einer Auskunft nicht verpflichtet und vom Gerichtsvollzieher auf die Freiwilligkeit ihrer Angaben hinzuweisen. [3]Seine Erkenntnisse teilt der Gerichtsvollzieher dem Gläubiger mit.

I. Normzweck

1 Die Norm dient dazu, durch Erweiterung der Sachaufklärung die Befriedigungschancen des Gläubigers zu verbessern. Sie ist anwendbar, wenn der Gerichtsvollzieher nach §§ 753, 803, 808 die Zwangsvollstreckung wegen Geldforderungen (s. vor § 803 Rn. 2) in bewegliche Sachen eingeleitet hat.[1] Auch Sicherungsvollstreckung nach § 720a und Arrestvollziehung nach § 930 fallen darunter, nicht aber Maßnahmen nach §§ 883, 892, 909.[2]

II. Voraussetzungen

2 **1. Kenntnisnahme in Anwesenheit des Schuldners (Abs. 1).** Die allgemeinen Vollstreckungsvoraussetzungen (s. vor § 704 Rn. 19ff.) müssen vorliegen.[3] Die Pfändung muss vergeblich versucht worden sein

---

[1] MK/*Gruber* Rn. 1.
[2] *St/J/Münzberg* Rn. 1.
[3] *B/L/H* Rn. 3; *Zö/Stöber* Rn. 1.
[4] RG JW 1902, 545.
[5] MK/*Gruber* Rn. 4; *St/J/Münzberg* Rn. 3; aA LG Dortmund DGVZ 1998, 57.
[6] OLG München DGVZ 1990, 122.
[7] LG Aachen DGVZ 1986, 184 m. Anm. *Birmanns.*
[1] MK/*Gruber* Rn. 3.
[2] *Zö/Stöber* Rn. 2.
[3] *Zö/Stöber* Rn. 3.

oder voraussichtlich nicht zur vollständigen Befriedigung des Gläubigers führen. In diesem Fall ist der Gerichtsvollzieher schon auf Grund der Einleitung der Pfändung vAw. berechtigt und verpflichtet, den **Schuldner** gezielt zu befragen, ob ihm Geldforderungen gegen Dritte zustehen.[4] Der Schuldner darf keine irreführenden Antworten geben, **kann** aber, anders als bei § 807, sanktionslos **schweigen.** Der Gerichtsvollzieher braucht nicht auf das Schweigerecht hinzuweisen. Ihn trifft **keine Ermittlungspflicht.** Er kann aber Schriftstücke einsehen, soweit sie offen einsehbar sind oder der Schuldner ihm dies ermöglicht. Zum aktiven Mitwirken ist der Schuldner nicht verpflichtet. Eine Durchsuchung zum Auffinden von Schriftstücken wird durch Abs. 1 nicht erlaubt,[5] wohl aber eine Einsicht in Schriftstücke, die der Gerichtsvollzieher bei einer nach § 758 vorgenommenen Durchsuchung von Wohnung und Behältnissen des Schuldners vorfindet. § 806a erlaubt **keine Mitnahme** von Schriftstücken, auch keine vorübergehende Wegnahme, um Kopien herzustellen. Kenntnis der Geldforderung und der Person des Drittschuldners liegt vor, wenn die Angaben geeignet sind, ggf. in Verbindung mit zusätzlichen Erkenntnissen des Gläubigers erfolgreich eine Forderungspfändung nach § 829 durchzuführen. Völlige Gewissheit des Gerichtsvollziehers ist nicht gefordert, Wahrscheinlichkeit genügt.[6] Sind die Voraussetzungen des Abs. 1 erfüllt, kommt es nicht darauf an, wann der Gerichtsvollzieher Kenntnis von Geldforderungen des Schuldners erlangt hat; sie kann durch Äußerungen des Schuldners oder Einsicht in Schriftstücke auch vor Beginn der Pfändung oder auch später erlangt sein, sofern die Vollstreckung noch andauert (zu Beginn und Ende der Zwangsvollstreckung s. vor § 704 Rn. 29).[7]

2. Befragung in Abwesenheit des Schuldners (Abs. 2). Voraussetzung des auf die Frage nach dem Arbeitgeber des Schuldners beschränkten Befragungsrechts ist: (1) ein Vollstreckungsversuch in der Wohnung des Schuldners (§ 758), bei dem dieser nicht angetroffen wird, (2) dass eine Pfändung nicht oder voraussichtlich nicht zufrieden stellend möglich ist, (3) dass an Stelle des Schuldners zu seinem Hausstand gehörende volljährige Personen angetroffen (vgl. §§ 178 Abs. 1 Nr. 1, 759, 885 Abs. 2) und (4), dass diese vor der Befragung darauf hingewiesen werden, dass sie zu Angaben nicht verpflichtet sind. Fehlt eines dieser Erfordernisse, sind die Angaben nicht verwertbar.[8] Anders als bei Abs. 1 obliegt es dem pflichtgemäßen Ermessen des Gerichtsvollziehers, ob er das Befragungsrecht ausübt. Es ist ein Protokoll darüber aufzunehmen (§ 762). Mitzuteilen sind nur Erkenntnisse, die für den Gläubiger ergiebig sind; ggf. auch Namen und Anschriften der Leistungsträger, von denen der Schuldner Lohnersatzleistungen bezieht.[9] 3

III. Adressat der Mitteilung

Die Mitteilung erfolgt an den oder die Gläubiger der Vollstreckungsmaßnahme. Eine Mitteilungspflicht oder -befugnis gegenüber anderen Gläubigern besteht schon nach dem Wortlaut nicht.[10] Informationsdefizite anderer Gläubiger, deren Vollstreckungsaufträge der Gerichtsvollzieher bei bekannt unpfändbaren Schuldnern ablehnt und denen er auch nicht nachkommen darf, nur um die Voraussetzungen des § 806a zu schaffen,[11] sind wegen der Verpflichtung zum Datenschutz nach BDSG hinzunehmen. 4

806b *Gütliche und zügige Erledigung*

[1]Der Gerichtsvollzieher soll in jeder Lage des Zwangsvollstreckungsverfahrens auf eine gütliche und zügige Erledigung hinwirken. [2]Findet er pfändbare Gegenstände nicht vor, versichert der Schuldner aber glaubhaft, die Schuld kurzfristig in Teilbeträgen zu tilgen, so zieht der Gerichtsvollzieher die Teilbeträge ein, wenn der Gläubiger hiermit einverstanden ist. [3]Die Tilgung soll in der Regel innerhalb von sechs Monaten erfolgt sein.

I. Normzweck

Die Regelung verpflichtet den GV, auf eine **gütliche und zügige Erledigung des Vollstreckungsverfahrens** auch dann hinzuwirken (S. 1), wenn der Schuldner keine verwertbaren Sachen besitzt, aber eine kurzfristige Tilgung zusichert und der Gläubiger einverstanden ist. Die Problematik für den Gläubiger besteht darin, dass der Schuldner nicht durch die drohende Verwertung gepfändeter Sachen zur Ratenzahlung angehalten werden kann (vgl. dazu § 813a) und dass andere Gläubiger zwischenzeitlich das Einkommen des Schuldners pfänden und so die Ratenzahlung unmöglich machen können. 1

II. Voraussetzungen

Der GV findet **keine pfändbaren Sachen** vor (S. 2), wenn insbesondere nur Tiere u. Hausrat (§§ 811 Abs. 1, 811c, 812) vorhanden sind, sofern keine Austausch- (§§ 811a, 811b) oder Vorwegpfändung (§ 811d) in Betracht kommt, oder wenn die Pfändung zwecklos wäre (§ 803 Abs. 2). Ist dagegen eine Sachpfändung möglich, die eine zumindest teilweise Befriedigung des Gläubigers erwarten lässt, gilt nicht 2

---

[4] MK/*Gruber* Rn. 7; *B/L/H* Rn. 4.
[5] AG Altötting DGVZ 1997, 91.
[6] MK/*Gruber* Rn. 4.
[7] *Zö/Stöber* Rn. 7.
[8] MK/*Gruber* Rn. 12; *B/L/H* Rn. 13.
[9] *Krauthausen* DGVZ 1995, 68, 70.
[10] MK/*Gruber* Rn. 3; *Zö/Stöber* Rn. 7.
[11] *Zö/Stöber* Rn. 7.

§ 806b, sondern § 813a. Die Tilgung erfolgt idR **kurzfristig,** wenn der Schuldner binnen sechs Monaten (S. 3) zahlt.[1] Höhe u. Zeitpunkt der Raten müssen konkret festliegen. Der Schuldner muss seine Zahlungsfähigkeit und -bereitschaft nachvollziehbar darlegen – wie und mit welchen Mitteln gezahlt werden soll – und so**glaubhaft versichern.** (Abstrakte) Glaubhaftmachung nach § 294 ist weder erforderlich noch ausreichend.[2] Der GV würdigt die Glaubhaftmachung frei. Hat der Gläubiger die Ratenzahlung ausgeschlossen, darf der GV nicht nach § 806b vorgehen.[3] Das **Einverständnis des Gläubigers** kann vor oder nach dem Vollstreckungsversuch erklärt und auf Mindestraten und Höchstfristen beschränkt werden. Andernfalls wird es vermutet, sofern die Umstände nicht dagegen sprechen, wenn zB der Gläubiger seinen Antrag auf Pfändung schon mit dem auf Abgabe der Offenbarungsversicherung verbunden hat.[4] Der GV muss den Gläubiger unverzüglich unterrichten, damit der entscheiden kann. Das Einverständnis ist, von Schikanefällen abgesehen (Rechtsgedanke des § 765a), **frei widerruflich,** denn der Schuldner hat anders als bei § 813a (s. dort Rn. 4) kein schutzwertes Erhaltungsinteresse.

III. Rechtsfolgen

3 Der GV ist zur **Einziehung** der Teilbeträge berechtigt und verpflichtet (S. 2). Die **Ablieferung** erfolgt nach Entnahme der Kosten (entspr. § 817 Abs. 4) an den Vollstreckungsgläubiger, für den sie bestimmt sind, auch wenn inzwischen weitere Vollstreckungsaufträge erteilt wurden.[5]. Da der Schuldner freiwillig zahlt, entsteht an dem übergebenen Geld weder Verstrickung noch Pfandrecht. Die **Gefahrtragungsregel** des § 815 Abs. 3 gilt aber entspr., s. dort Rn. 5. Der GV hat dem Schuldner jeweils Quittung zu erteilen, Teilleistungen auf dem Titel zu vermerken. Ist die titulierte Schuld nebst Kosten vollständig getilgt, händigt der GV dem Schuldner den Titel aus (§ 757 Abs. 1). Solange der Schuldner pünktlich zahlt, darf der Gläubiger nicht weiter vollstrecken,[6] auch nicht nach §§ 807, 899 vorgehen.[7]

807 *Eidesstattliche Versicherung*

(1) Der Schuldner ist nach Erteilung des Auftrags nach § 900 Abs. 1 verpflichtet, ein Verzeichnis seines Vermögens vorzulegen und für seine Forderungen den Grund und die Beweismittel zu bezeichnen, wenn
1. die Pfändung zu einer vollständigen Befriedigung des Gläubigers nicht geführt hat,
2. der Gläubiger glaubhaft macht, dass er durch die Pfändung seine Befriedigung nicht vollständig erlangen könne,
3. der Schuldner die Durchsuchung (§ 758) verweigert hat oder
4. der Gerichtsvollzieher den Schuldner wiederholt in seiner Wohnung nicht angetroffen hat, nachdem er einmal die Vollstreckung mindestens zwei Wochen vorher angekündigt hatte; dies gilt nicht, wenn der Schuldner seine Abwesenheit genügend entschuldigt und den Grund glaubhaft macht.

(2) [1]Aus dem Vermögensverzeichnis müssen auch ersichtlich sein
1. die in den letzten zwei Jahren vor dem ersten zur Abgabe der eidesstattlichen Versicherung anberaumten Termin vorgenommenen entgeltlichen Veräußerungen des Schuldners an eine nahestehende Person (§ 138 der Insolvenzordnung);
2. die in den letzten vier Jahren vor dem ersten zur Abgabe der eidesstattlichen Versicherung anberaumten Termin von dem Schuldner vorgenommenen unentgeltlichen Leistungen, sofern sie sich nicht auf gebräuchliche Gelegenheitsgeschenke geringen Werts richteten.
[2]Sachen, die nach § 811 Abs. 1 Nr. 1, 2 der Pfändung offensichtlich nicht unterworfen sind, brauchen in dem Vermögensverzeichnis nicht angegeben zu werden, es sei denn, dass eine Austauschpfändung in Betracht kommt.

(3) [1]Der Schuldner hat zu Protokoll an Eides statt zu versichern, dass er die von ihm verlangten Angaben nach bestem Wissen und Gewissen richtig und vollständig gemacht habe. [2]Die Vorschriften der §§ 478 bis 480, 483 gelten entsprechend.

I. Normzweck

1 **Zweck** der eidesstattlichen Versicherung ist die Offenlegung des pfändbaren Schuldnervermögens, wenn die Zwangsvollstreckung erfolglos war oder voraussichtlich sein wird (Abs. 1 Nr. 1 u. 2). Die Verpflichtung besteht auch dann, wenn der Schuldner die Durchsuchung verweigert hat oder vom GV nach Vorankündigung wiederholt nicht in seiner Wohnung angetroffen wurde (Abs. 1 Nr. 3 u. 4). Die Regelung soll dem Gläubiger Zeit und Geld ersparen, Vollstreckungsgerichte und Gerichtsvollzieher entlasten. **Verfassungsrechtliche Bedenken** wg. Art. 13 GG[1] werden verneint, weil der Schuldner zahlen oder den Zugriff auf pfändbare Sachen ermöglichen könne. Falls sein pfändbares Vermögen nicht ausreiche, sei er ohnehin zur

---

[1] *Funke* NJW 1998, 1029, 32; *Schilken* DGVZ 1998, 145, 148.
[2] HM; MK/*Gruber* Rn. 5; *Schuschke/Walker* Rn. 6; *T/P/Hüßtege* Rn. 4.
[3] *Helwich* DGVZ 2000, 105, 106ff. (Ratenzahlung bei Gläubigermehrheit).
[4] *St/J/Münzberg* Rn. 5; *Hornung* Rpfleger 1998, 391; anders bei § 813a, s. dort Rn. 2.
[5] LG Wiesbaden DGVZ 2002, 73.
[6] *Sae/Kemper* ZPO Rn. 11; *T/P/Hüßtege* Rn. 6.
[7] *Zö/Stöber* Rn. 3; aA *Harnacke* DGVZ 1999, 81.
[1] Grundlegend: BVerfGE 51, 97, 106ff. = NJW 1979, 1539; zuletzt: BVerfGE 96, 44, 51ff. = NJW 1997, 2165.

Offenbarungsversicherung verpflichtet.[2] Dagegen spricht aber, dass der Schuldner sich auch bei begründeter Zutrittsverweigerung die Wahrnehmung seines Grundrechts letztlich durch Abgabe der Offenbarungsversicherung erkaufen muss.[3] Die ist nach § 915 Abs. 1 S. 1 zwangsläufig mit der Eintragung in das Schuldnerverzeichnis verbunden. Die Offenbarungspflicht wirkt dadurch entgegen ihrem Zweck vor allem als Druckmittel, die Durchsuchung ohne Anordnung zuzulassen.[4] Dem lässt sich nicht entgegenhalten, dass der Gläubiger schon bisher die Abgabe der Offenbarungsversicherung verlangen konnte, wenn die Durchsuchungsanordnung abgelehnt wurde,[5] denn in diesen Fällen steht die Aussichtslosigkeit der Pfändung auf Grund richterlicher Entscheidung fest. Der **Anwendungsbereich** v. § 807 erfasst nur die Vollstreckung wg. Geldforderungen (s. vor § 803 Rn. 1). Die Neufassung des § 836 Abs. 3 S. 2 begründet eine weitere prozessrechtliche Verpflichtung des Schuldners zur Abgabe der eidesstattlichen Versicherung. Für die Zwangsvollstreckung wg. Herausgabe beweglicher Sachen gilt § 883 Abs. 2.[6] Die zivilrechtliche Verpflichtung zur Abgabe der eidesstattlichen Versicherung (§§ 259f., 2006, 2028, 2057 BGB) wird freiwillig nach §§ 79, 163 FGG erfüllt, bei Verurteilung zur Abgabe nach §§ 889, 888 vollstreckt. Die **Durchführung** des Verfahrens nach § 807, für das an Stelle des Rpfl. nunmehr der GV zuständig ist, richtet sich nach §§ 899–915. Zu den Auswirkungen der **Insolvenz** des Schuldners s. § 804 Rn. 17.

II. Voraussetzungen (Abs. 1)

1. Zwangsvollstreckung wegen Geldforderungen. Sie muss aus einem vollstreckbaren Titel betrieben 2
werden; bei der Zwangsvollstreckung wegen Herausgabe beweglicher Sachen gilt § 883 Abs. 2.[7] Das Verfahren nach § 807 ist Zwangsvollstreckung. Die allgemeinen Vollstreckungsvoraussetzungen müssen deshalb vorliegen (s. vor § 704 Rn. 19ff.). Geeignete Titel sind gemäß § 928 auch ein dinglicher Arrest (§ 916) oder eine Leistungsverfügung (§ 940). Das Verfahren kann – ohne Sicherheitsleistung – auch bei Aussetzung des Verfahrens und bei erfolg- oder aussichtsloser Sicherungsvollstreckung (§§ 720a, 750 Abs. 3) betrieben werden, da deren rangsichernder Zweck sonst unterlaufen würde.[8] Das Land als Gläubiger verletzt den Verhältnismäßigkeitsgrundsatz nicht dadurch, dass es wegen titulierter Kosten Abgabe der Offenbarungsversicherung verlangt.[9]

2. Erfolglose Pfändung (Nr. 1). Sie liegt vor, wenn die Vollstreckung in das bewegliche Vermögen des 3
Schuldners nicht zur vollständigen Befriedigung des Gläubigers geführt hat. Vollstreckungen in Immobilien bleiben außer Betracht, weil sie nicht durch Pfändung erfolgen (§ 866). Dem Gläubiger obliegt der volle **Beweis** der Erfolglosigkeit. Eidesstattliche Versicherungen genügen nicht. Vorzulegen ist das Vollstreckungsprotokoll (§ 762 Abs. 1) mit Einzelangaben über den erfolglosen Versuch oder eine entsprechend konkrete **Bescheinigung** des GV (§ 900 Abs. 1). Dessen nur allgemeine Bestätigung oder eine Bezugnahme auf seine Akten (§ 432) genügt nicht.[10] Der Beweiswert einer Bescheinigung sinkt mit zunehmendem Alter. Starre Fristen[11] sind als Maßstab aber ungeeignet.[12] Maßgeblich sind die Umstände des Einzelfalles, wie das Alter des Schuldners, seine Einkommens- und Vermögenslage, seine Wohnverhältnisse, insbes. die Höhe der Schuld. Die Vorlage einer erneuten Bescheinigung ist entbehrlich, wenn aus den Umständen erkennbar ist, dass eine Sachpfändung erfolglos bleiben wird.[13] Hat der Schuldner **mehrere Wohnsitze,** genügt der Pfändungsversuch am Hauptwohnsitz, weil zu erwarten ist, dass ein dort unpfändbarer Schuldner auch an seinem Nebenwohnsitz unpfändbar ist.[14] Hat der Schuldner Wohnung und Geschäftslokal, muss in beiden vollstreckt werden, weil in diesem Fall Erfolglosigkeit an einem Ort keinen sicheren Rückschluss zulässt.[15] Bestätigt der GV, dass der Schuldner an seinem ersten Wohnsitz nur gemeldet ist, sich aber nicht aufhält, genügt dies als Nachweis eines erfolglosen Pfändungsversuchs.[16] Mehrere Pfändungsversuche können nur verlangt werden, wenn sie zumutbar sind.[17] Ein Wohnungswechsel des Schuldners erfordert daher nur dann einen neuen Versuch, wenn jetzt Pfändbares zu erwarten ist.[18] Erfolglos war die Pfändung auch, wenn der Gläubiger den einzig pfändbaren Gegenstand wegen bestehender **Drittrechte** freigegeben hat.[19] Allein die Klageerhebung durch Dritte nach §§ 771, 805 genügt aber ebenso wenig wie eine zeitweilige

---

[2] BT-Drucks. 13/341, S. 21–23; zust. *Schuschke/Walker* Rn. 10a; *Münzberg,* Festschr. f. Lüke, 1997 S. 525, 543f.
[3] *Ro/G/Sch* § 26 IV 3f. cc; *Gaul* ZZP 108 (1995), 3, 36f.; *Schilken* DGVZ 1995, 133, 139; 1991, 97, 100f.
[4] *Gaul* (Fn. 3).
[5] OLG Stuttgart Rpfleger 1981, 152.
[6] Vgl. auch § 98 InsO und §§ 284, 315 AO, 7 JBeitrO.
[7] Vgl. auch § 98 InsO und §§ 284, 315 AO, 7 JBeitrO.
[8] BGH NJW-RR 2007, 416; 2006, 996; OLG Hamburg MDR 1999, 255; aA LG Berlin Rpfleger 1989, 206.
[9] OLG München Rpfleger 1993, 118.
[10] MK/*Eickmann* Rn. 8; *St/J/Münzberg* Rn. 12; aA LG Essen DGVZ 1979, 9; *Zö/Stöber* Rn. 16.
[11] Drei Jahre: LG Oldenburg MDR 1979, 1032 (vgl. auch § 903); ein Jahr: LG Hamburg DGVZ 2002, 124; LG Kiel MDR 1977, 586; LG Hagen MDR 1975, 497; neun Monate: LG Schweinfurt Rpfleger 1995, 425; sechs Monate: OLG Köln DB 1965, 287; drei bis vier Monate: LG Stuttgart Rpfleger1959, 163.
[12] KG JurBüro 1998, 42; LG Hamburg MDR 1983, 140; *Behr* Rpfleger 1988, 1, 5; *E. Schneider* MDR 1976, 533.
[13] LG Düsseldorf JurBüro 2000, 598.
[14] OLG Frankfurt Rpfleger 1977, 145; MK/*Eickmann* Rn. 12; aA OLG Köln InVo 2000, 172 (bei mehreren Geschäftslokalen).
[15] OLG Köln Rpfleger 1975, 441; aA LG Duisburg JurBüro 1998, 43.
[16] LG Oldenburg JurBüro 1992, 570.
[17] AG Brake JurBüro 2000, 599 (fruchtlose Pfändung im Geschäft; Wohnung nicht zumutbar zu ermitteln).
[18] LG Düsseldorf (Fn. 13); *Dressel* DGVZ 1988, 22, 24.
[19] LG Köln Rpfleger 1971, 229.

Aussetzung nach §§ 813a, 813b[20] oder eine Einstellung nach § 769 auf Grund einseitigen Parteivorbringens. Anders kann bei vorheriger Anhörung des Gegners zu entscheiden sein.[21] Der Nachweis, dass außer der Sachpfändung auch eine **Forderungspfändung** erfolglos war, ist nur erforderlich, wenn deren Einbringlichkeit nahe liegt.[22]

4 **3. Aussichtslosigkeit der Pfändung (Nr. 2).** Der Gläubiger braucht sie nicht voll zu beweisen, Glaubhaftmachung genügt (§ 294). Ihm obliegen auch hier nur zumutbare Pfändungsversuche.[23] Nicht genügend ist aber, dass ein Pfändungsantrag wegen Überlastung des Gerichtsvollziehers unbearbeitet bleibt.[24] Eine Bescheinigung nach § 63 GVGA, dass in letzter Zeit fruchtlos gepfändet wurde, reicht aus, wenn sie unbestritten bleibt.[25] Es genügt, dass der Schuldner Sozialhilfe[26] oder Wohngeld bezieht[27] oder keine Geschäftsräume mehr unterhält.[28] **Urkunden aus anderen Verfahren** desselben Gerichts können gemäß § 291 verwertet werden. Ein Antrag auf Beiziehung von sofort verfügbaren Akten genügt;[29] ein Berufen auf nicht präsente Beweismittel (§ 432) scheitert aber an § 294. Bei Urkunden (Eintragung im Schuldnerverzeichnis; Fruchtlosigkeitsbescheinigungen; nicht vollzogener **Haftbefehl** im anderen Verfahren[30]) ist zu prüfen, ob sie trotz **Zeitablaufs** noch geeignet sind, den Schluss auf die Aussichtslosigkeit der Pfändung zuzulassen.[31] Nicht genügend ist ein mehrere Monate alter Haftbefehl[32] oder eine relativ geringe Lohnvorpfändung.[33] Ein Haftbefehl der auf Abs. 1 Nr. 3 oder 4 beruht, ist nicht geeignet, die Voraussetzungen der Nr. 2 glaubhaft zu machen.[34]

5 **4. Verweigerung der Durchsuchung (Nr. 3).** Der Gläubiger kann sofort nach §§ 899ff. vorgehen, wenn die Durchsuchung vom Schuldner oder von einer dazu bevollmächtigten Ersatzperson[35] verweigert wird (s. § 758a Rn. 4). Die Verweigerung durch die Ehefrau oder andere Familienangehörige genügt grds. nicht.[36] §§ 178ff., 759 lassen sich nicht entspr. anwenden, weil die Verpflichtung des Schuldners zur Abgabe der eidesstattlichen Versicherung ungleich schwerer wiegt als die dort geregelten Rechtsfolgen.[37] Bei entspr. Auftrag des Gläubigers (Kombinationsauftrag s. Rn. 6) und fehlendem Widerspruch des Schuldners kann der GV die eidesstattliche Versicherung sofort abnehmen (§ 900 Abs. 2). Andernfalls verfährt er nach § 900 Abs. 1. Einwendungen gegen die beabsichtigte Durchsuchung kann der Schuldner nach § 900 Abs. 4 geltend machen. Nr. 3 ist **unanwendbar,** wenn der GV die Vollstreckung vor 1999 versucht hatte.[38]

6 **5. Wiederholt vergebliche Vollstreckung (Nr. 4).** Es genügt, dass der GV trotz rechtzeitiger Vorankündigung bei Vollstreckungsversuchen wenigstens zweimal niemanden in der Wohnung des Schuldners antrifft. Der Schuldner muss Gelegenheit gehabt haben, die Offenbarungsversicherung abzuwenden. Die zweiwöchige Frist (Berechnung: § 222) muss zwischen der Ankündigung und dem Tag des Vollstreckungsversuchs liegen. Damit das Vollstreckungsgericht die Voraussetzungen prüfen kann, muss der GV die Daten der Ankündigung und des Vollstreckungsversuchs nach § 762 mit der Beweiskraft der §§ 415, 418 protokollieren. Falls der Schuldner am vorgesehenen Termin verhindert ist, kann er dies dem GV mitteilen. Die Pflicht zur Offenbarungsversicherung besteht nur, wenn die Vollstreckungsvoraussetzungen vorliegen, s. vor § 704 Rn. 19ff. Sie entfällt, wenn der Schuldner seine Abwesenheit entschuldigt und den Grund glaubhaft macht (§ 294 ZPO). Bei längerer Abwesenheit kann der Schuldner dies noch nach § 900 Abs. 4 tun. Weil die Tätigkeit nach Nr. 4 die Abnahme der eidesstattlichen Versicherung vorbereitet, muss der GV sie nicht kostenlos im Rahmen der Sachpfändung miterledigen, sondern nur wenn ihm ein **Kombinationsauftrag,** auch zur Abnahme (§ 900), erteilt wird.[39]

7 **6. Rechtsschutzbedürfnis** des Gläubigers. Es **fehlt,** wenn ihm andere pfändbare Gegenstände des Schuldners bekannt sind, etwa aussichtsreiche Forderungen[40] oder bewegliche Sachen, die er oder Dritte besitzen,[41] sofern der Gläubiger insoweit Aussichtslosigkeit – ggf. durch Drittschuldnererklärung nach § 840 – nicht

---

[20] LG Essen MDR 1961, 1032.
[21] OLG Düsseldorf OLGZ 1969, 460; MK/*Eickmann* Rn. 10.
[22] AA LG Koblenz DGVZ 1998, 43 = JurBüro 1998, 270 m. abl. Anm. *Behr.*
[23] OLG Köln MDR 1976, 53.
[24] LG Neubrandenburg MDR 1994, 305.
[25] OLG Köln DGVZ 1990, 22 = Rpfleger 1990, 216.
[26] LG Kassel JurBüro 1993, 86.
[27] *Behr* Rpfleger 1988, 1, 5.
[28] LG Chemnitz JurBüro 1998, 660.
[29] LG Bochum Rpfleger 1990, 128.
[30] LG Aschaffenburg JurBüro 1997, 322; LG Bochum Rpfleger 1996, 519.
[31] OLG Oldenburg InVo 1999, 155; LG Frankfurt JurBüro 1999, 213 (beide: bis zu einem Jahr); AG Gelsenkirchen JurBüro 1999, 214; LG Braunschweig Rpfleger 1998, 77; aA LG Berlin DGVZ 1984, 188.
[32] LG Heilbronn MDR 1993, 800.
[33] LG Heilbronn MDR 1993, 273.
[34] LG München I JurBüro 2007, 326; LG Kassel JurBüro 2004, 44.
[35] LG Aachen DGVZ 2001, 61 (ausdrücklich beauftragter Verfahrensbevollmächtigter); aA *Harnacke* DGVZ 2001, 58 (persönliche Entscheidung des Schuldners).
[36] LG Essen DGVZ 2002, 92; Ausnahmefall: LG Köln DGVZ 2001, 44.
[37] LG Essen (Fn. 36).
[38] Art. 3 Abs. 5 2. ZwVÄndG.
[39] LG Essen (Fn. 36); LG Münster Rpfleger 2001, 253; LG Stuttgart DGVZ 2001, 120; LG Ravensburg DGVZ 2001, 46; aA LG Lüneburg DGVZ 2000, 25.
[40] KG OLGZ 1968, 183 = MDR 1968, 56; LG Berlin MDR 1975, 497.
[41] OLG Schleswig SchlHA 1956, 204; AG Köln JurBüro 1966, 435.

glaubhaft macht.[42] Der Gläubiger ist **nicht** gezwungen, in Sachen zu vollstrecken, die er unter Eigentumsvorbehalt geliefert hat, denn so würde letztlich die Rücktrittsfiktion nach § 503 Abs. 2 S. 4 BGB ausgelöst (s. § 817 Rn. 8).[43] Ist der Arbeitgeber des Schuldners bekannt, muss regelmäßig eine Lohnpfändung versucht werden.[44] Bei anderen Forderungen gilt das nur, wenn deren Realisierung nicht ungewiss oder unzumutbar ist.[45] Das Rechtsschutzbedürfnis fehlt, wenn der Anspruch unstreitig (§ 138 Abs. 3) erfüllt ist,[46] kann aber bei nur geringfügiger (Rest-)Forderung wohl nicht verneint werden.[47] Es fehlt, wenn der Gläubiger die Vermögenslage des Schuldners bereits kennt,[48] etwa sicher weiß, dass jener nichts Verwertbares besitzt.[49] Das wird aber kaum praktisch, zumal das Verfahren auch dazu dient, anfechtbare Rechtshandlungen des Schuldners offen zu legen. Die bloße Behauptung, dem Gläubiger sei die Vermögenslage bekannt, ist stets unbeachtlich.[50] Erfährt der Gläubiger erst im Offenbarungstermin durch Angaben des Schuldners[51] oder durch dessen Anwalt[52] von neuen Vollstreckungsmöglichkeiten, wird das Verfahren gleichwohl durchgeführt. Auf andere Erklärungen, etwa eine Versicherung nach § 95 AO[53] oder ein notarielles Vermögensverzeichnis, braucht sich der Gläubiger nicht einzulassen.[54]

7. Verpflichtung zur Abgabe des Vermögensverzeichnisses. a) Höchstpersönliche Pflicht des Schuldners: 8
Ist er unwissend, muss er sich informieren.[55] Ist er prozessunfähig (§ 52), was das Vollstreckungsgericht selbständig prüft, handeln seine zur Zeit des Offenbarungstermins bestellten **gesetzlichen Vertreter** für ihn.[56] Dasselbe gilt für Betreuer oder Pfleger des Schuldners (§ 53), wenn sie zur Abgabe der Offenbarungsversicherung[57] oder zur allgemeinen Vermögensverwaltung bestellt wurden.[58] Soweit unter den Voraussetzungen des § 112 BGB das Betriebsvermögen oder des § 113 BGB das Arbeitseinkommen des partiell prozessfähigen Minderjährigen betroffen ist, trifft ihn auch die Auskunftspflicht,[59] in allen anderen Bereichen, auch bei § 607,[60] obliegt sie dem gesetzlichen Vertreter.

b) **Handelsgesellschaften.** Die Offenbarungsversicherung ist von dem abzugeben, der im Zeitpunkt des 9
hierfür bestimmten Termins gesetzlicher Vertreter ist.[61] Fehlende Eintragung im Handelsregister ist kein Hindernis.[62] Eine Änderung der Vertretungsverhältnisse ist für die Verpflichtung zur Abgabe der Offenbarungsversicherung ohne Belang.[63] Legt der Geschäftsführer (§ 35 GmbHG)[64] oder der Liquidator (§ 70 GmbHG)[65] in engem zeitlichen Zusammenhang mit dem Verfahren nach § 807 sein Amt nieder, ist eine **Scheinhandlung** zu vermuten. Er bleibt so lange zur Abgabe der Offenbarungsversicherung verpflichtet, bis ein Nachfolger bestellt ist,[66] jedenfalls dann, wenn die Berufung auf die Amtsniederlegung rechtsmissbräuchlich wäre.[67] Eine Ausnahme kann gelten, wenn die Neubestellung ernsthaft betrieben wird.[68] Der kurzfristig neu bestellte Geschäftsführer darf sich ggf. einmal auf Noch-Nichtwissen berufen, so dass zu vertagen ist. Auch eine als vermögenslos gelöschte GmbH ist bei § 807 parteifähig, wenn der Gläubiger nachprüfbar darlegt, dass noch Vermögen vorhanden ist.[69] Der frühere Geschäftsführer ist zur Abgabe der eidesstattlichen Versicherung nicht verpflichtet,[70] dafür muss ein Liquidator bestellt werden.[71]

c) **Mehrheit von gesetzlichen Vertretern.** Alle sind zur Abgabe der Offenbarungsversicherung verpflich- 10
tet.[72] Besteht Einzelvertretungsmacht, genügt die Abgabe durch einen, den der Gläubiger benannt oder das Gericht nach §§ 455 Abs. 1, 449 in der Erwartung bestimmt hat, dass von ihm am ehesten eine umfassende

---

[42] MK/*Eickmann* Rn. 22; *St/J/Münzberg* Rn. 19.
[43] OLG Saarbrücken MDR 1966, 768 (zu § 5 AbzG).
[44] MK/*Eickmann* Rn. 22.
[45] *Dressel* (Fn. 18) S. 25f.
[46] LG Hamburg Rpfleger 1985, 34.
[47] LG Düsseldorf JurBüro 1997, 324.
[48] BVerfGE 48, 396, 401 = NJW 1983, 559.
[49] LG Köln NJW-RR 1987, 1407.
[50] LG Berlin Rpfleger 1992, 168.
[51] LG Verden Rpfleger 1986, 186; LG Frankenthal Rpfleger 1985, 33.
[52] LG Köln (Fn. 49).
[53] BGH NJW 2004, 2905.
[54] KG DGVZ 1981, 75; LG Flensburg DGVZ 2000, 89; LG Detmold Rpfleger 1987, 165; LG Frankenthal (Fn. 51).
[55] BGH GA 1957, 53; LG München JurBüro 1985, 448.
[56] OLG Hamm OLGZ 1986, 341 u. Rpfleger 1985, 121; OLG Köln Rpfleger 1983, 361; MK/*Eickmann* Rn. 30; *ThP/Hüßtege* Rn. 15; *St/J/Münzberg* Rn. 44; *Limberger* DGVZ 1984, 129; *E. Schneider* MDR 1983, 724; aA (Zeitpunkt der Ladung) OLG Frankfurt OLGZ 1976, 27.
[57] BayObLGZ 1990, 322, 325.
[58] *Christmann* DGVZ 1996, 7.
[59] KG NJW 1968, 2245; LG Münster DGVZ 1974, 41.
[60] OLG Hamm FamRZ 1960, 156.
[61] OLG Köln Rpfleger 2000, 399.
[62] OLG Frankfurt Rpfleger 1976, 27.
[63] OLG Hamm OLGZ 1986, 341, 344.
[64] OLG Hamm Rpfleger 1985, 121.
[65] OLG Zweibrücken DGVZ 1990, 40.
[66] OLG Köln Rpfleger 2000, 399; OLG Stuttgart OLGZ 1984, 177; aA LG Bonn DGVZ 1989, 120.
[67] BGHR 2007. 130 = Rpfleger 2007, 86; LG München II JurBüro 2007, 46.
[68] MK/*Eickmann* Rn. 35.
[69] OLG Stuttgart NJW-RR 1994, 1064.
[70] Vgl. aber OLG Koblenz JurBüro 1990, 537; LG Zweibrücken JurBüro 1996, 212.
[71] OLG Stuttgart (Fn. 69); KG NJW-RR 1991, 933; OLG Köln OLGZ 1991, 214.
[72] *Limberger* DGVZ 1984, 129.

Erklärung zu erwarten ist.[73] Sind mehrere nur gemeinschaftlich zur Vertretung befugt, trifft alle die Offenbarungspflicht, und der Gläubiger muss grundsätzlich alle namentlich bezeichnen.[74] Auch hier kann das Gericht zunächst nach §§ 455 Abs. 1 S. 2, 449 verfahren, bei Unklarheiten sind aber weitere Vertreter zu laden.[75]

10a d) **Partei kraft Amtes** (s. § 51 Rn. 19). Ist sie Vollstreckungsschuldner, ist sie auch hinsichtlich des haftenden Vermögens persönlich offenbarungspflichtig. Das gilt für den Insolvenzverwalter auch dann, wenn der Schuldner bereits die Versicherung nach § 153 Abs. 2 InsO abgegeben hat, denn das Wissen von Verwalter und Schuldner kann differieren.[76]

III. Inhalt des Vermögensverzeichnisses (Abs. 2)

11 Der Schuldner ist verpflichtet, ein geordnetes Verzeichnis seines Vermögens vorzulegen, damit der Gläubiger Kenntnis davon erlangen kann. Anzugeben ist das gegenwärtige Vermögen.[77] Zum früheren Vermögen s. Rn. 16. Die Praxis verwendet ein Formblatt. Wie weit das Fragerecht des Gläubigers geht, ist streitig (s. § 900 Rn. 19).

12 1. **Bewegliche Sachen** (s. § 803 Rn. 2) Sie müssen identifizierbar bezeichnet sein,[78] mit genauer Angabe des Aufbewahrungsortes,[79] damit der Gläubiger zugreifen kann. Anzugeben hat der Schuldner alles, was ihm gehört, auch wenn er nur Miteigentümer ist oder wenn Dritte die Sache besitzen.[80] Bei Anwartschaftsrechten aus Vorbehaltskauf[81] oder auflösend bedingter Sicherungsübereignung ebenso wie bei der Sicherungstreuhand muss der Schuldner Grundlagen und aktuellen Stand des Rechtsverhältnisses nachprüfbar darlegen.[82] Bloßer Besitz und Nutzungsrechte sind aber unbeachtlich.[83] Leasinggegenstände brauchen daher nicht offenbart zu werden, wenn der Schuldner nur eine Erwerbsmöglichkeit, aber kein Anwartschaftsrecht hat.[84] Die Angabe persönlicher Verhältnisse (Name, Anschrift, Beruf) ist erforderlich, wenn der Zugriff auf den Leistungsgegenstand sonst erschwert würde.

13 2. **Forderungen und sonstige Rechte.** Auch bestrittene[85] hat der Schuldner so zu bezeichnen, dass dem Gläubiger deren Pfändung möglich ist. Er muss also die Forderung nach Grund[86] und Höhe[87] genau angeben, so dass sie auch durch andere Personen als die unmittelbar Beteiligten zweifelsfrei identifiziert werden kann (s. i. E. § 829 Rn. 3, 31).[88] Außerdem ist der **Drittschuldner** mit zustellfähiger Anschrift zu benennen.[89] Beweismittel müssen angegeben werden. Zu offenbaren hat der Schuldner auch das Betreiben eines Geschäfts mit bar zahlenden Kunden, wenn er daraus laufende Einnahmen erzielt oder erwartet.[90] Zu Auskünften, die dem Gläubiger lediglich den Einzug erleichtern, verpflichtet § 807 den Schuldner aber nicht.[91]

14 a) **Arbeitseinkommen:** Anzugeben sind Brutto- und Nettolohn (z. Schwarzarbeit s. Rn. 20),[92] bei bereits gepfändetem Einkommen die Höhe der Restschuld,[93] bei beendeten Arbeitsverhältnissen noch bestehende Restansprüche.[94] Bloße Erwerbsmöglichkeiten bleiben zwar außer Betracht, weil sie dem Gläubiger keinen konkreten Zugriff erlauben.[95] Bereits bindende Verträge sind aber anzugeben, auch wenn ein Lohnanspruch noch nicht besteht.[96] Aushilfs- und Gelegenheitsarbeiter müssen die regelmäßigen Arbeitgeber oder, bei häufigen Wechseln, die des letzten Jahres anführen sowie den Durchschnittslohn.[97] Bestehen Anhaltspunkte für ein **verschleiertes** Arbeitseinkommen iSd. § 850h (zB Arbeit nur für Kost u. Logis), muss der Schuldner auch Art und Umfang seiner Tätigkeit angeben.[98] Mitzuteilen ist auch ein **Steuererstattungsanspruch,** s. § 829 Rn. 27ff.[99] Soweit hier, wie auch bei Ansprüchen auf Arbeitslosengeld oder -hilfe (s.

---

73 *Behr* JurBüro 1994, 65, 67; *St/J/Münzberg* Rn. 44.
74 OLG Frankfurt NJW-RR 1988, 807, 808.
75 *St/J/Münzberg* (Fn. 73); weiter gehend: MK/*Eickmann* Rn. 33.
76 *St/J/Münzberg* Rn. 47.
77 OLG Celle MDR 1995, 1056.
78 LG Oldenburg Rpfleger 1983, 163.
79 BGHZ 7, 287, 293f. = NJW 1973, 261.
80 *Noack* DGVZ 1972, 81.
81 BGH MDR 1961, 71.
82 BGH BB 1960, 12; LG Krefeld Rpfleger 1979, 146.
83 AA *B/L/H* Rn. 18.
84 LG Berlin Rpfleger 1976, 145.
85 BGH NJW 1953, 390; OLG Hamm JMBlNRW 1969, 128.
86 LG Frankfurt NJW-RR 1988, 383; LG Frankenthal Rpfleger 1985, 73; LG Mönchengladbach MDR 1982, 504.
87 BGH NJW 2004, 2452, 2453; BayObLG NJW 2003, 2181.
88 BGH Rpfleger 1978, 247.
89 BGH NJW 2004, 2452, 253; LG Stade Rpfleger 1984, 324; AG Hamburg JurBüro 2000, 598.
90 BGH NJW 1991, 2844; LG Münster MDR 1990, 61.
91 AG und LG Hamburg; aA LG Koblenz u. LG Krefeld; alle MDR 1985, 63.
92 LG Regensburg JurBüro 1993, 31; LG Köln NJW-RR 1988, 695.
93 LG Mannheim MDR 1992, 75.
94 BGH NJW 1968, 1388.
95 BGH NJW 1991, 2844.
96 BGH MDR 1958, 257.
97 LG Landau JurBüro 1990, 1054; LG München I Rpfleger 1989, 33; LG Frankfurt NJW-RR 1988, 383; s. auch: OLG Köln JurBüro 1996, 49 (Schwarzarbeit).
98 LG Bonn NJW-RR 2001, 1295; LG Kassel NJW-RR 1999, 508; LG Lübeck DGVZ 1999, 59.
99 LG Köln MDR 1976, 150.

§ 850i Rn. 18, 23, 25), ergänzende Angaben erforderlich sind, ist der Schuldner zu deren Mitteilung ebenfalls verpflichtet.[100] **Bankkonten** (s. § 850k Rn. 16ff.) sind mitzuteilen, auch wenn sie sich im Soll befinden, da der Gläubiger den künftigen Habensaldo pfänden kann.[101] Die Angabe von Kontonummern ist entbehrlich, weil es sich um Namenskonten handelt;[102] Name und Anschrift eines sog. Kontoverleihers sind anzugeben;[103] **Handelsvertreter** haben anzugeben, ob und bei wem Provisionskonten geführt werden sowie die Unternehmer, für die sie tätig sind;[104] **Honoraransprüche** von Ärzten,[105] Maklern,[106] Rechtsanwälten,[107] Steuerberatern[108] usw. müssen bei laufenden Einnahmen angegeben werden mit Namen und Anschriften der Zahlungspflichtigen (Patienten, Mandanten, Krankenkassen); die Schweigepflicht (vgl. § 203 Abs. 1 StGB) steht nicht entgegen.[109] Das Geheimhaltungsinteresse des Drittschuldners wird durch eine Einschränkung der Auskunftspflichten des § 836 Abs. 3 geschützt. Auch treuhänderisch verwaltete Forderungen oder Gesellschaftsanteile sind mitzuteilen;[110] **Renten und Sozialleistungen** (s. a. § 850i Rn. 18) sind nach Art und Höhe einschließlich Leistungsverpflichtetem und Bearbeitungsnummer anzugeben (§ 54 SGB I). Bei künftigen Rentenansprüchen sind ebenfalls die Rechtsgrundlage u. der Sozialleistungsträger zu benennen, an den der Schuldner seine Beiträge zahlt, aber nicht die Versicherungsnummer;[111] **Selbständige** haben ggf. die Auftraggeber der letzten zwölf Monate und auch Art und Umfang der für sie ausgeübten Tätigkeit sowie die Höhe der jeweiligen Vergütungen anzugeben;[112] **Unterhaltsansprüche**, einschließlich der **Taschengeldansprüche:**[113] Namen und Anschrift[114] des Unterhalt gewährenden Ehegatten,[115] auch dessen Nettoeinkommen, denn danach bestimmt sich, ob die Freigrenzen des § 850c Abs. 1, 2 entgegen stehen, s. § 850b Rn. 4.[116]

b) Sonstige Vermögensrechte erfordern ebenfalls eine zugriffsfähige Kennzeichnung. Hierzu zählen Grundstücke und grundstücksgleiche Rechte. Belastungen wie zB Grundschulden sind wegen § 1163 Abs. 1 BGB konkret mit Angaben zu Bestand und Höhe zu bezeichnen,[117] ebenso noch eingetragene, aber bereits abgetretene Eigentümergrundschulden.[118] Gleiches gilt für Ankaufs- und Optionsrechte, Anwartschaftsrechte, Gesellschaftsanteile, Mitgliedschaft in einer Erbengemeinschaft.[119] 15

3. Anfechtbare Rechtsgeschäfte (Abs. 2 S. 1). Sie sind mitzuteilen, um dem Gläubiger die Anfechtung zu ermöglichen. Die Regelung ist, insbesondere hins. der verlängerten Fristen, der Neufassung von § 3 Abs. 2 u. § 4 AnfG angepasst; Übergangsregeln: § 20 AnfG. Die Offenbarungspflicht, als Ausnahme von dem Grundsatz, dass früheres Vermögen nicht anzugeben ist,[120] besteht nur in den zwei genannten Fällen. Die vorsätzliche Benachteiligung (§ 3 Abs. 1 AnfG) wird von Abs. 2 S. 1 nicht erfasst. Anzugeben sind Veräußerungen und Leistungen bis zur Abgabe der Offenbarungsversicherung.[121] 16

a) Entgeltliche Veräußerungen an eine nahe stehende Person (Nr. 1). Veräußerungen sind alle Übertragungen von Sachen und Rechten, auch solche durch Zwangsvollstreckung.[122] Bloße Verpflichtungsgeschäfte gehören nicht hierher, weil die Gegenstände schon nach Abs. 1 als noch dem Schuldner gehörend benannt werden müssen. Die Veräußerung erfolgt **entgeltlich,** wenn der Erwerb des anderen Teils in seiner Endgültigkeit nach dem Willen zumindest einer Partei von einer ausgleichenden Zuwendung der anderen rechtlich abhängt, s. Rn. 18 zur Unentgeltlichkeit. Wann eine Rechtshandlung **vorgenommen** ist, ergibt sich nunmehr aus § 8 AnfG. Maßgeblich ist wie bisher regelmäßig der Zeitpunkt, in dem die rechtlichen Wirkungen eintreten. Hängt die Rechtsänderung von einer Eintragung im **Grundbuch** ab, kommt es nicht mehr auf deren Zeitpunkt an,[123] sondern auf den, in dem die übrigen Voraussetzungen vorgelegen haben, die Willenserklärung des Schuldners für ihn bindend geworden ist und der andere Teil den Antrag gestellt 17

---

[100] OLG Hamm Rpfleger 1979, 114, LG Stuttgart DGVZ 2000, 152; LG Lüneburg DGVZ 2000, 154; *Schmidt* DGVZ 2000, 149.
[101] MK/*Eickmann* Rn. 43; aA LG Heilbronn Rpfleger 1990, 430 m. abl. Anm. *Behr.*
[102] BGH NJW 1982, 2193, 2195.
[103] LG Stuttgart Rpfleger 1997, 175.
[104] OLG Hamm Rpfleger 1979, 468; MK/*Eickmann* Rn. 44; *Zö/Stöber* Rn. 24.
[105] BGH NJW 2005, 1505, 1506; LG Mainz DGVZ 2001, 78, 79; LG Würzburg JurBüro 1996, 662; *Brötel* NJW 1998, 3387; aA LG Memmingen NJW 1996, 793, 794.
[106] BGHSt 37, 340 = NJW 1991, 2844.
[107] OLG Frankfurt JurBüro 1977, 728; LG Frankfurt AnwBl. 1985, 258.
[108] BGHZ 141, 173, 178 = NJW 1999, 1544; OLG Köln OLGZ 1994, 372 = MDR 1993, 1007; OLG Stuttgart NJW 1994, 2838 = Rpfleger 1995, 77.
[109] BGH NJW 2005, 1505, 1506; OLG Stuttgart (Fn. 108).
[110] KG JR 1985, 161.
[111] LG Kassel JurBüro 2007, 48; LG Heilbronn JurBüro 2001, 268; LG Kiel JurBüro 1998, 606.
[112] OLG Köln JurBüro 1994, 408; AG Bremen JurBüro 1999, 105; aA LG Berlin Rpfleger 1997, 73 (Immobilienmakler).
[113] *Scherer* DGVZ 1995, 81.
[114] LG Bonn JurBüro 1993, 31.
[115] LG Saarbrücken JurBüro 1997, 325.
[116] BGH NJW 2004, 2452, 2453; *Haertlein* LMK 2004, 185; *Schmidt* JuS 2004, 1111; früher str, vgl 4. Aufl.
[117] LG Aachen Rpfleger 1991, 327.
[118] LG Berlin Rpfleger 1978, 229.
[119] BGHSt 10, 281, 283 = NJW 1957, 1200.
[120] *St/J/Münzberg* Rn. 36.
[121] *St/J/Münzberg* Rn. 39.
[122] *St/J/Münzberg* Rn. 38.
[123] So st. Rspr. zu § 3 AnfG aF, vgl. BGHZ 121, 179, 188 = NJW 1993, 663.

hat. Wurde der Anspruch auf Rechtsänderung durch eine **Vormerkung** gesichert, ist der Zeitpunkt für deren Beantragung maßgeblich.[124] Bei einer bedingten oder befristeten Rechtshandlung bleibt der Bedingungseintritt oder der des Termins außer Betracht. Auf **nahe stehende Personen** (§ 138 InsO) wird bei natürlichen u. jur. Personen u. sonstigen Gesellschaften abgestellt, wenn es um Verträge geht, die eine OHG oder KG mit ihren Gesellschaftern oder deren nahen Angehörigen schloss,[125] ebenso bei der sog. Einpersonen-GmbH[126] u. bei einer AG, wenn der Schuldner oder sein naher Angehöriger Allein- oder beherrschender Gesellschafter ist.[127]

18 **b) Unentgeltliche Leistungen (Nr. 2). Leistung** meint nicht nur dingliche Rechtsgeschäfte, bei Forderungen zB deren Erlass und Stundung, sowie Einwendungsverzichte, sondern auch verpflichtende Rechtsgeschäfte und Rechtshandlungen, wie zB das Verleihen von Sachen. Es genügt, dass der Gegenstand aus dem Vermögen des Schuldners entfernt wird.[128] Ob die Leistung **unentgeltlich** erfolgte, bestimmt sich zunächst nach dem objektiven Wertverhältnis zwischen der Leistung des Schuldners und der Gegenleistung des Empfängers. Erst wenn feststeht, dass dem Schuldner objektiv ein Gegenwert zugewendet oder zugesagt wurde, ist zu prüfen, ob die Beteiligten die erbrachte oder versprochene Gegenleistung als ausgleichendes Entgelt angesehen haben oder ob mit der Leistung des Schuldners Freigebigkeit, wenn auch nur zum Teil bezweckt war.[129] Bei einer **Sicherungsabtretung** an den Ehegatten soll der Schuldner angeben, wann, wie und in welcher Höhe Darlehensverpflichtungen mit dem Ehegatten begründet wurden, was und wie bisher getilgt wurde und in welcher Höhe sie noch bestehen.[130] Die bloße Sicherung einer bestehenden Forderung ist aber keine unentgeltliche Leistung, wenn es auch deren Erfüllung nicht wäre.[131] Erfasst werden auch sog. **ehebezogene Zuwendungen**, die subjektiv keine Schenkungen, in der Regel jedoch objektiv unentgeltlich sind.[132] Ob die Leistung nur **gebräuchliche Gelegenheitsgeschenke** betraf, hängt davon ab, was ein wirtschaftlich vernünftig Handelnder in der Vermögenssituation des Schuldners bei gleichem Anlass aufgewendet hätte.[133]

19 **4. Keine Offenbarungspflicht.** Sachen, die offenbar wertlos[134] oder nach § 811 Nr. 1 und 2 objektiv[135] offensichtlich unpfändbar sind (Abs. 1 S. 3) brauchen nicht angegeben zu werden, es sei denn, dass eine Austauschpfändung in Betracht kommt (§ 811a). **Vollstreckungsverträge** (s. vor § 704 Rn. 16ff.) können die Offenbarungspflicht ausschließen oder zeitlich u. inhaltlich auf bestimmte Vermögensteile (Geschäftsvermögen) beschränken, was nach § 900 Abs. 5 geltend zu machen ist.[136]

IV. Form und Inhalt (Abs. 3)

20 Die eidesstattliche Versicherung muss dahingehend erfolgen, dass die verlangten Angaben nach bestem Wissen und vollständig gemacht wurden. Sie umfasst nur die Angaben, zu denen der Schuldner nach Abs. 1 verpflichtet ist.[137] Die Eidesvorschriften sind nach S. 2 entsprechend anwendbar. Der zur Abgabe des Vermögensverzeichnisses Verpflichtete muss nach § 478 auch diese Versicherung höchstpersönlich abgeben. Er ist nach § 480 über deren Bedeutung und über die Strafregelung des § 156 StGB zu belehren. Nach ganz hM besteht die Offenbarungspflicht auch dann, wenn sich der Schuldner einer **strafbaren Handlung** (Schwarzarbeit) bezichtigen müsste,[138] demgemäß ist er auch darauf hinzuweisen. Die generelle Annahme einer derartigen Schuldnerpflicht geht indes zu weit. Sie widerspricht dem mE selbstverständlichen Grundsatz, dass niemand sich selbst beschuldigen muss und lässt sich auch nicht mit der Vermögenssituation des Schuldners begründen.

V. Schadenersatzansprüche

21 Dem Schuldner können Schadenersatzansprüche gegen den Gläubiger erwachsen, wenn der seine Zusage nicht einhält, das Gericht von zwischenzeitlichen Zahlungen zu unterrichten.[139] Amtshaftungsansprüche sind möglich, wenn der Gerichtsvollzieher ersichtlich ungenaue Angaben im Vermögensverzeichnis hinnimmt, so dass der Zugriff des Gläubigers vereitelt oder erschwert wird.[140] Amtshaftungsansprüche lassen sich aber nicht daraus herleiten, dass die Behörde wegen titulierter Verfahrenskosten die Abgabe der Offenbarungsversicherung fordert.[141]

---

124 Anders zu § 3 AnfG aF: BGH NJW-RR 1988, 841f.
125 Vgl. BGHZ 96, 352, 357f. = NJW 1986, 1047; *Kilger/Huber* § 3 Anm. II 8.
126 Vgl. BGHZ 58, 20, 23 = NJW 1972, 495; *Kilger/Huber* (Fn. 125).
127 *Kilger/Huber* (Fn. 125).
128 BGHZ 121, 179, 182 = NJW 1993, 663.
129 BGHZ 113, 393, 396f. = NJW 1991, 1610; BGHZ 113, 98, 102f. = NJW 1991, 560.
130 LG Flensburg DGVZ 1995, 119.
131 BGHZ 112, 136, 137f. = NJW 1990, 2626.
132 BGH NJW 1999, 2962, 2965ff.; *Kilger/Huber* § 3 Anm. V 2; *Kollhosser* NJW 1994, 2313, 2316.
133 *Kilger/Huber* § 3 Anm. III 10.
134 MK/*Eickmann* Rn. 41.
135 BGH LM Nr. 1; *Müller* NJW 1979, 905.
136 *St/J/Münzberg* Rn. 3; *Zö/Stöber* Rn. 34.
137 BayObLG MDR 1991, 1079.
138 BGH (Fn. 106) S. 342; BGHZ 41, 318, 332 = NJW 1964, 1469; LG Wuppertal DGVZ 1999, 120 (Schwarzarbeit).
139 BGH NJW 1985, 3080.
140 BGHZ 7, 287, 293f. = NJW 1973, 261.
141 OLG München Rpfleger 1993, 118.

VI. Rechtsanwaltsgebühren

Der Anwalt des Gläubigers erhält eine 0,3 Verfahrensgebühr aus Nr. 3309 VV RVG (§ 18 Nr. 18 RVG). 22
Nimmt er am Termin teil, entsteht die 0,3 Terminsgebühr aus Nr. 3310 VV RVG; der Gegenstandswert bestimmt sich nach dem aus dem Titel noch geschuldeten Betrag, höchstens 1500,– Euro, § 25 Abs. 1 Nr. 4 RVG; s. auch § 900 Rn. 31.

Untertitel 2. Zwangsvollstreckung in körperliche Sachen

808 *Pfändung beim Schuldner* **(1) Die Pfändung der im Gewahrsam des Schuldners befindlichen körperlichen Sachen wird dadurch bewirkt, dass der Gerichtsvollzieher sie in Besitz nimmt.**

(2) [1]Andere Sachen als Geld, Kostbarkeiten und Wertpapiere sind im Gewahrsam des Schuldners zu belassen, sofern nicht hierdurch die Befriedigung des Gläubigers gefährdet wird. [2]Werden die Sachen im Gewahrsam des Schuldners belassen, so ist die Wirksamkeit der Pfändung dadurch bedingt, dass durch Anlegung von Siegeln oder auf sonstige Weise die Pfändung ersichtlich gemacht ist.

(3) Der Gerichtsvollzieher hat den Schuldner von der erfolgten Pfändung in Kenntnis zu setzen.

I. Normzweck

§ 808 ermöglicht die Vollstreckung in bewegliche Sachen schon dann, wenn der Schuldner sie in Gewahrsam hat. Im Interesse einer effektiven Vollstreckung gilt für den GV als Vermögen des Schuldners alles, was sich in dessen Gewahrsam befindet.[1] Bestehen an einer beim Schuldner gepfändeten Sache ausnahmsweise Rechte eines Dritten, kann dieser der Pfändung grundsätzlich nur nach § 771 widersprechen (zum Ausgleich bei Verwertung schuldnerfremder Sachen s. § 817 Rn. 9ff.). Die Sachpfändung durch den Gerichtsvollzieher hat wirtschaftlich geringe Bedeutung; sie führt in weniger als 1 % aller Fälle zur vollständigen Befriedigung des Gläubigers; idR schafft sie nur die Voraussetzungen des § 807.[2] 1

II. Voraussetzungen der Pfändung

1. Besitzergreifung (Abs. 1). a) Allgemeines. Pfändung meint wie in § 803 Abs. 1 S. 1 die staatliche Beschlagnahme der Pfandsache (s. § 803 Rn. 6ff.). Vor der Pfändung fordert der GV den Schuldner auf, die Zwangsvollstreckung durch freiwillige Leistung des geschuldeten Betrages nebst Zinsen und Kosten abzuwenden. Kommt der Schuldner dem nicht nach, wird gepfändet (s. § 803 Rn. 8). **Körperliche Sachen** sind bewegliche iSd. §§ 90ff. BGB, also auch Scheinbestandteile eines Grundstücks (s. § 803 Rn. 3). Ausgenommen sind aber bewegliche Sachen, die nach § 865 der Zwangsvollstreckung in das unbewegliche Vermögen unterliegen (s. dort Rn. 4f.). Das gilt insbesondere für Zubehör (§ 97 BGB). **Wertpapiere** werden als Urkunden wie bewegliche Sachen nach §§ 808, 831 gepfändet. **Hilfspfändung** durch schlichte Wegnahme erfolgt bei bloßen Legitimationspapieren (Sparbuch, Pfandschein, Versicherungsschein, Flugschein,[3] Depotschein sowie Hypotheken- und nicht auf den Inhaber lautende Grund- und Rentenschuldbriefe). Sie dient der Vorbereitung und Sicherung der Zwangsvollstreckung in Forderungen und sonstige Rechte.[4] Wenn der Gläubiger dem GV nicht spätestens binnen eines Monats die Rechtspfändung nachweist, werden die Papiere dem Schuldner zurückgegeben. Bei der Pfändung von Kraftfahrzeugen ist der GV analog § 952 BGB zur Wegnahme von Kfz-Brief und -Schein berechtigt.[5] Gleiches gilt bei Renn- und Zuchtpferden für den sog. Pferdepass.[6] 2

b) Gewahrsam bedeutet, dass nach dem äußeren Anschein die tatsächliche Zugriffsmöglichkeit eines Menschen auf eine Sache besteht und dass auf Grund dieser Umstände nach der Verkehrsauffassung ein entsprechender Gewahrsamswille anzunehmen ist. 3

aa) Äußerliche Erkennbarkeit:. Der GV darf nur pfänden, wenn die Ausübung der tatsächlichen Gewalt durch den Schuldner äußerlich erkennbar ist. Maßgeblich ist eine zusammenfassende Wertung aller Umstände des jeweiligen Falles entsprechend den Anschauungen des täglichen Lebens.[7] Der GV hat diese äußeren Umstände zu prüfen, nicht zu ermitteln. Er prüft, was er sieht. Er berücksichtigt also nur überschaubare Merkmale,[8] nur den äußeren Befund.[9] Dabei darf er sich aber nicht auf einen ersten Blick beschränken,[10] sondern muss alle maßgeblichen Beweisanzeichen in Betracht ziehen (zB Gewerbean- oder -abmeldung, Handelsregisteränderung). Unerheblich ist, ob ihn Schuldner, Gläubiger oder Dritte informie-

[1] BGH NJW 1957, 1877; vgl. § 119 Nr. 1 S. 4 GVGA.
[2] *Behr* AnwBl. 1996, 599.
[3] LG Frankfurt DGVZ 1990, 169.
[4] *Zö/Stöber* Rn. 28.
[5] *T/P/Hüßtege* Rn. 2.
[6] LG Karlsruhe NJW 1980, 789; vgl. auch OLG Düsseldorf NJW 1994, 3336.
[7] BGHZ 101, 186, 188 = NJW 1987, 2812.
[8] OLG Düsseldorf JurBüro 1997, 161 = DGVZ 1997, 57; LG Frankfurt NJW-RR 1988, 1215; AG Wiesbaden DGVZ 1996, 94.
[9] Abw. *Knoche* ZZP 114 (2001), 399, 421: Ermittlungspflicht.
[10] So wohl *Zö/Stöber* Rn. 3.

ren oder ob er zufällig von selbst darauf stößt. Typischerweise hat jeder Mensch Gewahrsam an Sachen, die er bei sich trägt. Der GV nimmt dann eine sog. **Taschenpfändung** vor. Die Vorlage von Kfz-Brief und -Schein allein besagt andererseits noch nichts über die Gewahrsamsverhältnisse an dem Fahrzeug.[11] Auch ein nur verbal erklärter, an äußeren Umständen nicht erkennbarer Gewahrsamswille ist für den formalisierten Zugriffstatbestand unbeachtlich.[12] Hat andererseits der Schuldner ersichtlich Gewahrsam, muss der GV selbst dann pfänden, wenn der Schuldner erklärt, die tatsächliche Gewalt nicht für sich, sondern für einen Dritten auszuüben.

4 **bb) Abgrenzung von Besitz und Gewahrsam.** Soweit äußerlich erkennbar unmittelbarer Besitz (§ 854 Abs. 1 BGB) besteht, liegt auch Gewahrsam vor. Der mittelbare Besitzer (§ 868 BGB) – auch der eines handelsrechtlichen Traditionspapiers[13] – hat mangels tatsächlicher Sachherrschaft keinen Gewahrsam. Die bloße Einigung über Besitzerwerb (§ 854 Abs. 2 BGB) begründet mangels Erkennbarkeit keinen Gewahrsam.[14] Wer nur **Besitzdiener** (§ 855 BGB) ist, wie zB Hausangestellte, Gewerbegehilfen, Kellner – Bedienungsgeld ausgenommen[15] –, Taxifahrer, hat mangels eigener Sachherrschaft keinen eigenen Gewahrsam an den ihm vom Schuldner überlassenen Sachen. Gewahrsamsinhaber ist allein der Schuldner. Besitzdiener ist aber nicht, wer erkennbar dauerhaft nicht (mehr) willens ist, für einen anderen zu besitzen und seinen eigenen Besitzwillen auch deutlich macht.[16] **Soldaten** haben keinen eigenen Gewahrsam an den ihnen dienstlich überlassenen Sachen.[17] Der GV darf daher auch gegen den Willen des Besitzdieners pfänden. Er kann dessen Widerstand nach § 758 Abs. 3 notfalls mit Gewalt brechen. Das alles gilt, solange das Abhängigkeitsverhältnis ersichtlich besteht.[18] An eigenen Sachen haben Besitzdiener stets eigenen Gewahrsam, auch wenn sie sich in den Räumen des Besitzherrn befinden.[19] Der nur fiktive **Erbenbesitz** (§ 857 BGB) begründet mangels tatsächlicher Beziehung keinen Gewahrsam.[20] Mit dem Tod des Erblassers werden seine beweglichen Sachen gewahrsamslos. Sie sind vorübergehend unpfändbar, bis durch Erben oder Dritte wieder Gewahrsam begründet wird. Da nur die tatsächliche Sachherrschaft maßgeblich ist, hat Gewahrsam auch ein **unbefugter Besitzer,** der auf Grund verbotener Eigenmacht (§ 858 Abs. 2 BGB) oder sonst wie unberechtigt besitzt.[21]

5 **cc) Bedeutung des Schuldnereigentums:** Weil für den GV alles als Vermögen des Schuldners gilt, was sich in dessen Gewahrsam befindet, hat er die wahren **Eigentumsverhältnisse grds. nicht zu prüfen.** Es ist daher unerheblich, wenn eingewandt wird, der Schuldner habe nur ein abgeleitetes Besitzrecht oder ein Dritter sei Eigentümer der Sache.[22] Unbeachtlich auch: Vorlage von Miet- und Leasingverträgen, von Sicherungsübereignungsurkunden[23] oder dass ein anderer den Kfz-Brief besitzt u. als Halter eingetragen ist.[24] Um wg. § 771 sicher zu gehen, wird der GV im Kosteninteresse des Gläubigers möglichst andere Sachen pfänden.[25] **Offensichtliches Dritteigentum** schließt die Pfändung jedoch regelmäßig aus. So, wenn nach den äußeren Umständen vernünftigerweise kein Zweifel an der Drittberechtigung besteht,[26] zB bei Sachen, die dem Handwerker zur Reparatur, dem Frachtführer zum Transport und dem Pfandleiher als Pfand übergeben wurden, auch bei Klagewechseln in den Akten eines Rechtsanwalts. Eine Pfändung erfolgt hier nur, wenn der Gläubiger sie ausdrücklich verlangt. Auch wertvolles Leergut, das als „unverkäuflich" bezeichnet ist oder sonst erkennbar einem Dritten gehört, wird nur gepfändet, wenn andere ausreichende Pfandstücke nicht vorhanden sind und der Gläubiger darauf besteht.[27] **Sachen des Gläubigers** zu pfänden, ist unproblematisch, weil Dritte nicht betroffen werden (zur Pfändungswirkung s. § 803 Rn. 9ff.). Das Rechtsschutzinteresse fehlt nicht deshalb, weil der Gläubiger an seinen Sachen kein Pfandrecht erwirbt,[28] denn er ist schon auf Grund der Verstrickung der Sache in der Lage, sie durch Versteigerung zu verwerten und sich den Erlös auszahlen zu lassen (§ 817). Er erspart so sich und dem Schuldner die teurere Herausgabeklage und eigene Verwertungsmühen.[29] Unerheblich ist auch, dass der titulierte Anspruch womöglich nach § 503 Abs. 2 S. 4 BGB erlischt, wenn die Sache zur Versteigerung abgeholt wird (s. § 817 Rn. 8).[30] Der Schuldner mag sich nach § 767 wehren. Für Sachen, die sich im Gewahrsam des Gläubigers befinden, gilt § 809 (s. dort Rn. 2). **Haftet nur fremdes Vermögen,** nicht

---

11 *Behr* JurBüro 1994, 65, 66.
12 *Gaul* Rpfleger 1971, 91.
13 Ladeschein (§ 448 HGB), Lagerschein (§ 475g HGB), Konnossement (§ 363 Abs. 2 HGB); MK/*Gruber* Rn. 6; *St/J/Münzberg* Rn. 7.
14 HM; *Zö/Stöber* Rn. 7; aA MK/*Gruber* Rn. 5.
15 AG Stuttgart DGVZ 1982, 91.
16 OLG Düsseldorf (Fn. 8).
17 OLG München NJW 1987, 1830.
18 MK/*Gruber* Rn. 5 Fn. 8; *St/J/Münzberg* Rn. 7; *Zö/Stöber* Rn. 8; aA *Blomeyer* Vollstreckungsverfahren § 15 II 2.
19 *Zö/Stöber* Rn. 8.
20 HM; *T/P/Hüßtege* Rn. 3; *Zö/Stöber* Rn. 7; *Brox/Walker* Rn. 236; *Hintzen/Wolf* ZwV Rn. 4.106; *Lackmann* Rn. 108; aA MK/*Gruber* Rn. 5; *St/J/Münzberg* Rn. 7; *Wiecz/Schütze/Lüke* Rn. 18.
21 OLG Schleswig SchlHA 1975, 47, 48.
22 BGHZ 80, 296, 298f. = NJW 1981, 1835; LG Dortmund NJW-RR 1986, 1497 (Leasing); § 119 Nr. 1 S. 2 GVGA.
23 LG Bonn MDR 1987, 770; LG Dortmund NJW-RR 1986, 1497; AG Waldbröl DGVZ 1990, 30.
24 BGH NJW 2004, 217, 219f.
25 *Schuschke/Walker* Rn. 4; § 131 GVGA.
26 BGH NJW 1957, 1877; OLG Saarbrücken OLGR 2003, 39, 42.
27 AG Kassel DGVZ 2006, 182 (§ 119 Nr. 2, 3 GVGA).
28 AA LG Oldenburg DGVZ 1984, 91.
29 HM; vgl. *Schuschke/Walker* Rn. 7.
30 BGHZ 39, 97, 99ff. = NJW 1963, 763 (zum früheren § 5 AbzG).

aber das eigene des Schuldners, wie zB beim Testamentsvollstrecker oder Insolvenzverwalter (**Verwaltungsbesitz**), ist Gewahrsam des Schuldners als Zugriffsvoraussetzung allein nicht genügend. Der GV muss auch prüfen, ob die Sache zu dem Vermögen gehört, in das zu vollstrecken ist. Es besteht aber keine Pflicht zu ermitteln. Es genügt, dass die Zugehörigkeit zu fremdem Vermögen wahrscheinlich ist.[31] Wird in eigenes Vermögen des Verwalters gepfändet, kann dieser nach § 771 und nach § 766 vorgehen, weil hier die Prüfung der Vermögenszugehörigkeit Verfahrensvoraussetzung ist.[32]

c) **Abgrenzung von Allein- und Mitgewahrsam.** Abs. 1 geht davon aus, dass der Schuldner Alleingewahrsam hat. Besteht Mitgewahrsam eines Dritten, ist eine Pfändung nach § 808 nicht möglich. Mitgewahrsam ist Drittgewahrsam iSv. § 809. Für die Abgrenzung ist die Verkehrsanschauung maßgebend. Alleingewahrsam besteht an Sachen, die sich am Körper und in der Kleidung eines Menschen befinden, sowie in mitgeführten Taschen oder anderen Behältnissen. Das Gleiche gilt für frei zugängliche, insbesondere allein vom Schuldner verschlossene Objekte wie Schreibtisch, Schrank, Pkw. 6

aa) **Wohnungen.** Deren Inhaber hat Alleingewahrsam an allen darin befindlichen Sachen, auch wenn sie gemietet sind. Das gilt auch für möbliert gemietete Räume, selbst wenn sie der Vermieter betreten darf, um eigene Sachen zu pflegen;[33] entspr. für Hotelzimmer.[34] Das Betretungsrecht begründet keinen Mitgewahrsam; Inventar ist wegen offensichtlichen Dritteigentums ohnehin nicht pfändbar. Der Untermieter hat kraft Anerkennung Alleingewahrsam auch an Sachen, die er mit Zustimmung des Untervermieters in anderen als den vermieteten Räumen verwahrt; umgekehrt behält der Untervermieter Gewahrsam an Sachen, die sich in dem vermieteten Raum, in einem für den Untermieter nicht bestimmten Schrank befinden.[35] Der GV ist jeweils berechtigt, schuldnerfremden Gewahrsam zu durchschreiten (s. § 758 Rn. 5). **Familienangehörige** haben Alleingewahrsam an den Sachen, die sie unter alleinigem Verschluss aufbewahren[36] oder die offensichtlich allein ihrem persönlichen Gebrauch dienen (§ 1362 Abs. 2 BGB). Erwachsene **Kinder** haben Alleingewahrsam an den ihnen nach § 1612 Abs. 2 BGB zur alleinigen Nutzung überlassenen Räumen.[37] Auch kleinere Kinder haben regelmäßig selbst Gewahrsam, denn bei Fähigkeit zur Sachherrschaft üben auch beschränkt Geschäftsfähige oder Geschäftsunfähige Gewahrsam aus. Sachen, die der gesetzliche Vertreter des Schuldners für ihn in Gewahrsam hat, stehen im Gewahrsam des Schuldners. Die Zustimmung der Eltern ist daher bei einer Zwangsvollstreckung in das Kindesvermögen nicht erforderlich.[38] Hat aber ein gesetzlicher Vertreter eindeutig persönlichen Gewahrsam, ist er Dritter.[39] Im Übrigen hat der **Haushaltsvorstand** (beide Ehegatten) Gewahrsam auch an Sachen, die, wie zB ein gemeinsamer Kleiderschrank, von erwachsenen Familienangehörigen oder Gästen mitbenutzt werden.[40] **Eheleute,** die in gemeinsamer Wohnung leben, haben zwar beide Gewahrsam an den darin befindlichen Sachen, doch gilt gemäß § 739 im Rahmen der Vermutung des § 1362 BGB nur der jeweilige Schuldner als Gewahrsamsinhaber, so dass die Zustimmung des anderen nicht nötig ist. Getrennt leben iSv. § 1567 Abs. 1 BGB liegt bei Strafhaft eines Ehegatten noch nicht vor. Daher kann in der Ehewohnung gepfändet werden.[41] Auf **nichteheliche Lebensgemeinschaften** ist § 739 mangels planwidriger Regelungslücke nicht entspr. anzuwenden,[42] s. auch § 739 Rn. 3. **Wohngemeinschaften** haben Mitgewahrsam an Sachen in Gemeinschaftsräumen. Alleingewahrsam besteht auch hier an Sachen, die offensichtlich dem persönlichen Gebrauch dienen oder die sich in allein bewohnten Räumen befinden (zum Durchschreiten fremden Gewahrsams s. § 758 Rn. 5). 7

bb) **Geschäfts- und Betriebsräume:** Der Inhaber hat Alleingewahrsam.[43] Mitarbeiter sind Besitzdiener (s. Rn. 4) ohne eigenen Gewahrsam an ihnen überlassenen Sachen. Das gilt, abweichend von § 246 StGB, selbst dann, wenn der Inhaber tatsächlich nicht auf die Sachen einwirken kann.[44] Der **Automatenaufsteller** hat regelmäßig Alleingewahrsam am Inhalt des Automaten,[45] Gastwirtsgewahrsam besteht am Gastraum, so dass ggf. das Zugangsrecht des Aufstellers nach § 857 gepfändet werden muss, wenn man kein Durchschreiten von Fremdgewahrsam zulässt (s. § 758 Rn. 6). Lässt sich der Automat nur von Aufsteller und Gastwirt gemeinsam öffnen, besteht wie beim **Banksafe** Mitgewahrsam (§ 809). Auch wenn der Kunde Alleingewahrsam an dem Safeinhalt hat, ist ein Zugriff doch nur bei Mitwirkung der Bank möglich.[46] 8

cc) **Juristische Personen** üben den Gewahrsam durch ihre vertretungsberechtigten Organe aus (**Organgewahrsam**),[47] die AG also durch ihren Vorstand, die GmbH durch ihren Geschäftsführer, GbR,[48] OHG u. 9

---

31 MK/*Gruber* Rn. 12; *St/J/Münzberg* Rn. 16.
32 *Schilken* AcP 181 (1981), 355, 367ff.
33 MK/*Gruber* Rn. 8; *Zö/Stöber* Rn. 6; aA *St/J/Münzberg* Rn. 8.
34 (Wie Fn. 31); aA *Zö/Stöber* Rn. 6.
35 *Zö/Stöber* Rn. 5.
36 MK/*Gruber* Rn. 8.
37 *Schuschke* DGVZ 1997, 49f.
38 *Brox/Walker* Rn. 246.
39 LG Berlin DGVZ 1972, 114.
40 BGHZ 12, 380, 400 = NJW 1954, 918; KG DGVZ 1964, 7 (gemeinsamer Kleiderschrank).
41 OLG Düsseldorf NJW-RR 1995, 963; LG Berlin DGVZ 1991, 57.
42 BGHZ 170, 187, 191 = NJW 2007, 992 *(Metz)* = LMK 2007, 226293 *(Bruns/Heese)* = JZ 2007, 528, 530 (abl. Anm. *Roth*); aA *T/P/Hüßtege* § 739 Rn. 7; *Löhnig/Würtinger* FamRZ 2007, 1896.
43 LG Kassel DGVZ 1978, 114; AG Stuttgart DGVZ 1982, 191; *Noack* JurBüro 1976, 1147; 1978, 971, 974.
44 HM; *Ro/G/Sch* § 51 I 1a; *Baur/Stürner* Rn. 444; *Brox/Walker* Rn. 236.
45 LG Aurich MDR 1990, 932.
46 OLG Frankfurt OLGR 1998, 250f.
47 BGHZ 57, 166, 167ff. = NJW 1972, 43; BGH WM 1971, 589; KTS 1978, 170.
48 *Pohlmann* WM 2002, 1421, 1428.

KG durch die geschäftsführenden Gesellschafter. Die Gesellschaftsorgane sind trotz tatsächlicher Sachherrschaft nicht selbst Gewahrsamsinhaber. Das gilt auch bei einer Einpersonengesellschaft (Ein-Mann-GmbH).[49] Der Gerichtsvollzieher richtet sich nach den äußerlich erkennbaren Umständen, s. Rn. 3. Organgewahrsam besteht daher idR an allen Gegenständen in Geschäftsräumen, darüber hinaus überall dort, wo sich ersichtlich zweckgebundenes Gesellschaftsvermögen befindet.[50] Der Geschäftsführer kann ihn für die GmbH auch in seiner Wohnung ausüben.[51] Bei einer GmbH & Co KG übt der Geschäftsführer der GmbH für diese den Gewahrsam aus; die GmbH besitzt für die KG.[52] An Einrichtung und Arbeitsgerät im Büro des Geschäftsführers einer GmbH hat daher regelmäßig nur diese, nicht deren Geschäftsführer persönlich Gewahrsam.[53] Wie Angestellte üben auch Kommanditisten einer KG Gewahrsam als Besitzdiener der Organe aus und so für die KG.[54] Für eine GmbH i. L. hat der Liquidator Organgewahrsam an ihren Büromaschinen, solange sie noch Geschäfte abwickelt[55] und Zugang zu ihren Räumen hat.[56] Vom Gründer einer Ein-Mann-GmbH in die **Vorgesellschaft** eingebrachte Sachen können mangels Liquidation von seinen Gläubigern gepfändet werden, wenn die Eintragung der GmbH in das Handelsregister abgelehnt worden ist.[57] Ist jemand **Organ zweier juristischer Personen**, kommt es darauf an, in wessen Geschäftsbereich der Gegenstand fällt. Der innere Besitzwille ist unbeachtlich. Maßgeblich ist allein, für wen der Gewahrsam erkennbar ausgeübt wird.[58] Ist eine Unterscheidung nicht möglich, besteht ggf. Mitgewahrsam beider.[59] Der GV pfändet gleichwohl, die Nichtschuldnerin mag Erinnerung einlegen.[60]

10 dd) **Kein Organgewahrsam** besteht an Sachen, die sich nach den äußeren Umständen unter Berücksichtigung der Verkehrsauffassung erkennbar im Eigengewahrsam des Organs befinden, wie die Aktentasche des Geschäftsführers.[61] Allein auf die verbale Äußerung des Besitzwillens kommt es aber auch hier nicht an. Andernfalls könnte jeder Schuldner durch bloße Willensänderung die Pfändung hindern. Liegt der Unternehmensbezug nahe, wie zB beim Handdiktiergerät, das der Geschäftsführer mit sich führt,[62] ist zu pfänden; der nicht schuldende Eigentümer kann nach § 771 widersprechen. Fehlt jedoch nach den Umständen erkennbar der Wille, Organgewahrsam auszuüben, besteht Eigengewahrsam des Organs.[63] Verbleibt eine Sache nach Beendigung der Organstellung des Geschäftsführers bei ihm, erwirbt er daran eigenen Gewahrsam.[64]

11 d) **Inbesitznahme der Sachen.** Besitzergreifung und deren Verfestigung (s. Rn. 13) sind unabdingbare Wirksamkeitsvoraussetzungen der Pfändung. Der GV verschafft sich die tatsächliche Gewalt (§ 854 Abs. 1 BGB) über die Pfandsache und schließt den Schuldner davon aus.[65] Das muss wirklich geschehen. Ein nur verbales Wegschaffungsverbot genügt nicht.[66] Ggf. müssen die Sachen bis zur Abholung weggeschlossen werden.[67] Häufig erfolgt die Inbesitznahme durch schlüssiges Handeln, wie durch Aufnahme in das Protokoll (§ 762 Abs. 2) oder Anlegen des Pfandsiegels. Die Pfändung fällt dann mit der Maßnahme nach Abs. 2 scheinbar zusammen, sie geht ihr gleichwohl voraus.[68] Auch wenn der GV gepfändete Sachen im Gewahrsam des Schuldners belässt, ergreift er zunächst von ihnen Besitz, auf Grund der damit begründeten Pfändung überträgt er ihn anschließend wieder auf den Schuldner zurück,[69] s. Rn. 19.

12 e) **Mehrfache Pfändung.** Soll eine bereits gepfändete Sache für andere Gläubiger des Schuldners gepfändet werden, genügt eine **Anschlusspfändung** (§ 826). Eine Sache kann für mehrere Gläubiger gleichzeitig gepfändet werden; die Folgen regelt § 827. Die Praxis verfährt auch dann so, wenn mehrere Anträge vorliegen, die nacheinander eingegangen sind. Davon zu unterscheiden ist die **Doppelpfändung** bei Zwangsvollstreckung gegen **mehrere Schuldner:** Dieselbe Sache kann im Fall des § 739 (s. dort Rn. 5) aus Titeln gegen Ehemann und Ehefrau auch dann gepfändet werden, wenn sie nicht Gesamtschuldner sind. Diese Pfändung erfolgt nicht nach § 826, sondern wie die Erstpfändung, wobei eine zweifache Siegelung entbehrlich, die Aufnahme eines zweiten Protokolls (§ 762) aber unerlässlich ist.[70] Der GV vermerkt beide Pfändungen in den jeweiligen Pfändungsakten.

---

49 *Winterstein* DGVZ 1991, 17, 19.
50 *Behr* JurBüro 1994, 65, 66; Sonderfall LG Berlin DGVZ 1998, 27.
51 LG Mannheim DGVZ 1983, 118.
52 BGHZ (Fn. 47); LG Düsseldorf JurBüro 1987, 1425; *St/J/Münzberg* Rn. 16.
53 *Brox/Walker* Rn. 242.
54 BGHZ (Fn. 47); MK/*Gruber* Rn. 10; *St/J/Münzberg* Rn. 16 Fn. 125; *Brox/Walker* Rn. 245; aA KG NJW 1977, 1160 (Sonderfall: Sicherungseigentum der einzigen Kommanditistin).
55 LG Kassel DGVZ 1978, 114; AG Köln DGVZ 1968, 95.
56 AG Rottenburg/LG Tübingen DGVZ 1992, 137.
57 LG Berlin NJW-RR 1988, 1183.
58 OLG Hamm JMBlNRW 1962, 293 = DGVZ 1963, 40.
59 MK/*Gruber* Rn. 10; *Brox/Walker* Rn. 243; aA OLG Frankfurt MDR 1969, 676.
60 *S/J/Münzberg* Rn. 7 u. 38.
61 *Brox/Walker* Rn. 242.
62 *Brox/Walker* (Fn. 59).
63 LG Berlin DGVZ 1998, 27.
64 BGH NJW 2004, 217, 219.
65 RGZ 118, 276, 277; OVG Münster NJW 1958, 1460.
66 HM; MK/*Gruber* Rn. 15; *Zö/Stöber* Rn. 15; aA *Geib,* Die Pfandverstrickung, 1969, S. 22ff., 26f.
67 RG (Fn. 65).
68 HM; RG (Fn. 65); LG Kiel SchlHA 1989, 44; *St/J/Münzberg* Rn. 20f.; *B/L/H* Rn. 9; *Brox/Walker* Rn. 335.
69 AA MK/*Gruber* Rn. 15f. m. weit. Nachw.; *Zeiss/Holthaus* Jura 1996, 281ff.
70 *St/J/Münzberg* Rn. 32.

2. Verfestigung der Pfändung (Abs. 2). Als zweites wesentliches Erfordernis neben der Besitzergreifung[71] geschieht sie dadurch, dass der GV die gepfändeten Sachen wegschafft und so unmittelbaren Besitz behält oder dass er ihn wieder auf den Schuldner zurück überträgt (s. Rn. 19) und die Pfändung kenntlich macht. 13

a) Wegnahme von Geld (§ 815), Kostbarkeiten (§ 813) und Wertpapieren (§§ 821, 831). Sie sind in erster Linie zu pfänden (S. 1). Der GV nimmt diese Sachen mit, was zur Pfändung ausreicht.[72] Er hat dann für ihre Verwahrung zu sorgen. Bei Verlust oder Beschädigung haftet der Staat auf Grund öffentlich-rechtlicher Verwahrung und nach Art. 34 GG/§ 839 BGB, wobei dem Geschädigten die Grundsätze des prima-facie-Beweises helfen.[73] Die Verwahrung muss unter sicherem Verschluss und getrennt von eigenen Wertgegenständen des GV erfolgen. Eine **Pfandkammer** hat der GV auf eigene Kosten zu unterhalten. Nötigenfalls ist ein Banksafe anzumieten. Durch eine kostenungünstigere Verwahrung in einer angemieteten Pfandkammer verletzt er seine Amtspflicht.[74] Entgegen der bislang hM[75] nimmt der BGH[76] nunmehr an, dass der im Rahmen der Zwangsvollstreckung hoheitlich handelnde Gerichtsvollzieher die privatrechtlichen[77] Miet- und **Verwahrungsverträge** regelmäßig nicht im eigenen Namen abschließt, sondern (vergleichbar einem unternehmensbezogenen Geschäft)[78] als **Vertreter des Justizfiskus,** bevollmächtigt durch Abs. 2. Zahlt der vorschusspflichtige Gläubiger nicht, darf der GV die Verwahrung beenden,[79] aber auch dann nicht die Pfändung selbst aufheben.[80] Notwendige Lagerkosten trägt letztlich der Schuldner nach § 788. Gepfändetes **Geld** ist dem Gläubiger nach § 815 Abs. 1 abzuliefern. Es ist aber zu hinterlegen bei Abwendungsbefugnis des Schuldners (§ 720) oder glaubhafter Drittberechtigung (§ 815 Abs. 2). **Kostbarkeiten** sind im Verhältnis zu ihrer Größe besonders wertvolle Sachen wie Edelmetalle, Juwelen, echte Perlen, Münz- oder Briefmarkensammlungen. Kunstwerke und Antiquitäten können mit Einwilligung des Gläubigers beim Schuldner bleiben oder mit Zustimmung beider bei einem Dritten verwahrt werden.[81] Bei erheblicher Transportgefährdung – etwa für Kunstsammlungen – ist eine Entscheidung des Gläubigers einzuholen.[82] 14

b) Andere Sachen bleiben regelmäßig im Gewahrsam des Schuldners, bis der GV sie zur Verwertung (s. §§ 814ff.) abholt, sofern die Befriedigung des Gläubigers hierdurch nicht gefährdet wird (S. 1). 15

aa) Gefährdung der Gläubigerinteressen (S. 1). Der GV belässt die Pfandsachen regelmäßig im Schuldnergewahrsam. Bei Gefährdung der Gläubigerinteressen ist der GV zur Wegschaffung verpflichtet,[83] es sei denn, der Gläubiger erklärt sich mit dem Belassen im Schuldnergewahrsam einverstanden. Ob im Einzelfall Gläubigerinteressen gefährdet sind, hat der GV unabhängig von Weisungen des Gläubigers selbständig zu entscheiden.[84] Ein Beurteilungsspielraum steht ihm dabei nicht zu. Das Vollstreckungsgericht prüft im vollen Umfang nach.[85] Allein der Hinweis des Gläubigers, der Schuldner wolle sich vermutlich „absetzen", verpflichtet den GV aber nicht, eine kostspielige sofortige Sicherstellung einzuleiten.[86] Gefährdung **ist anzunehmen** bei verderblichen Sachen[87] oder wenn zu befürchten ist, dass die Pfandsachen durch den Schuldner oder Dritte veräußert oder verbraucht werden. Das Erfordernis einer zwangsweisen Wohnungsöffnung lässt nicht ohne weiteres auf eine Gefährdung schließen.[88] Sie besteht aber, wenn der Schuldner für eine sorgfältige Verwahrung nicht sorgen will oder kann. So, wenn er keine geeignete Lagermöglichkeit hat oder wenn durch eine grundsätzlich zulässige Benutzung bei Gebrauchsgegenständen deren Wertminderung und Beschädigung nahe liegt.[89] Bei **Kraftfahrzeugen** besteht bei weiterer Nutzung regelmäßig eine Gefährdung,[90] so dass der GV Fahrzeug nebst Kfz-Brief und -Schein wegzunehmen hat.[91] Genügen zur Sicherung mindere Maßnahmen – wie Wegnahme der Papiere, Entfernung von Fahrzeugteilen und Kennzeichen – ist das Belassen des Gewahrsams zulässig.[92] Zur Stilllegung oder Mitwirkung dabei ist der GV nicht verpflichtet.[93] Gepfändete Tiere muss er versorgen, wird dadurch aber weder Tierhalter noch -hüter.[94] Fütterungskosten treffen in jedem Fall den Schuldner.[95] Ein Entgelt steht ihm dafür nicht zu, ungeachtet der ver- 16

---

[71] *St/J/Münzberg* Rn. 21.
[72] OLG Karlsruhe MDR 1979, 237.
[73] RG HRR 1933 Nr. 1751; *Zö/Stöber* Rn. 17; *Baur/Stürner* ZwV Rn. 459.
[74] LG Koblenz DGVZ 1986, 28, 30.
[75] Seit RGZ 145, 204, 209; MK/*Gruber* Rn. 19; *St/J/Münzberg* Rn. 26; *Brox/Walker* Rn. 334.
[76] BGHZ 142, 77, 80 = NJW 1999, 2597; aA OLG Brandenburg DGVZ 1998, 169 (Vorinstanz).
[77] BGHZ 89, 82, 84 = NJW 1984, 1759; OLG Köln DGVZ 1994, 171.
[78] BGH NJW 1995, 43; vgl. auch: BGH NJW 1978, 2502 (Beauftragung eines Abschleppunternehmers durch Polizei).
[79] OLG Frankfurt DGVZ 1982, 57.
[80] Zu weitgehend LG Aachen DGVZ 1989, 23.
[81] BGH LM Nr. 1; *St/J/Münzberg* Rn. 22; *Zö/Stöber* Rn. 16.
[82] *B/L/H* Rn. 18.
[83] BGH MDR 1959, 282.
[84] *Zö/Stöber* Rn. 17.
[85] LG Coburg DGVZ 1990, 90.
[86] AG Gotha DGVZ 1995, 119.
[87] MK/*Gruber* Rn. 18.
[88] LG Koblenz DGVZ 1987, 59.
[89] MK/*Gruber* Rn. 29; *St/J/Münzberg* Rn. 23.
[90] OLG Düsseldorf MDR 1968, 424; OLG Hamburg MDR 1967, 763; vgl. auch LG Kiel MDR 1970, 597.
[91] §§ 157–165 GVGA; vgl. auch *App* DAR 2000, 294; *Schetting* MDR 1967, 800 (Amtshaftung).
[92] KG DGVZ 1968, 24 (Traktor); *St/J/Münzberg* Rn. 24 Fn. 170 m. weit. Nachw.
[93] *Holch* DGVZ 1992, 129.
[94] OLG Hamm MDR 1995, 161.
[95] KG OLGRspr. 29, 198; § 132 Nr. 4 GVGA.

bleibenden Nutzungsmöglichkeit.[96] Wird ein Reitpferd bei Turnieren eingesetzt, darf es wegen der dadurch bedingten Verletzungsgefahr nicht beim Schuldner belassen werden.[97] Tritt eine **nachträgliche Gefährdung** ein, so hat der GV die Pfandstücke auch dann an sich zu nehmen, wenn zwischenzeitlich die Zwangsvollstreckung eingestellt worden ist.[98] Hält der GV eine Gefährdung für nicht mehr gegeben und schafft er deshalb die Sache zum Schuldner zurück, muss er die Pfändung jetzt kenntlich machen, weil sonst eine Freigabe des Pfandes (s. § 804 Rn. 10ff.) anzunehmen ist.[99]

17 **bb) Kenntlichmachung der Pfändung (S. 2)** ist für deren Wirksamkeit zwingend erforderlich, wenn auch nur vorübergehend Sachen im Gewahrsam des Schuldners belassen werden.[100] Der GV muss besonders sorgfältig sein, weil die Pfändung ohne Kenntlichmachung nichtig ist (s. § 803 Rn. 9f.),[101] mithin weder Verstrickung noch Pfandrecht entstehen, und dieser Mangel nicht durch spätere Besitzergreifung und Verwertung, sondern nur durch Neupfändung geheilt werden kann.[102] Er sollte eher zu viel als zu wenig tun.[103] Tritt eine andere Sache an die Stelle der gepfändeten, muss die Pfändung erneut ersichtlich gemacht werden.[104] Die Pflicht zur Kenntlichmachung ist **Amtspflicht** gegenüber Gläubiger und Schuldner.[105] **Pfandsiegel** oder auf sonstige Weise: Der GV kann wählen, wie er die Pfändung ersichtlich macht. Ein Vorrang für die Siegelung ergibt sich weder aus Wortlaut noch Zweck der Regelung.[106] Die Siegelung muss haltbar sein, ohne die Sache zu beschädigen. Wird das Siegel ohne Zustimmung des GV entfernt oder fällt es ab, bleibt die Pfändung bestehen, der GV hat die Pfandzeichen aber unverzüglich zu erneuern. Die Siegelung geschieht möglichst an der Pfandsache.[107] Sie muss zwar nicht augenfällig angebracht sein,[108] aber doch so, dass sie bei gewöhnlicher Aufmerksamkeit für jedermann ohne besondere Nachschau erkennbar ist. Das Interesse des Schuldners, nicht aufzufallen, muss hinter dem Sicherungsinteresse des Gläubigers zurücktreten. Maßgeblich für die Art und Weise der Siegelung sind im Einzelfall Art, Umfang, Menge, Standort etc. der Pfandsache.[109] Ein Siegel auf der Rückseite von Schränken, Gemälden oder der Unterseite von Tischen, Teppichen genügt daher nicht,[110] erst recht keines im Innern eines Schrankfachs.[111] Tiere auf der Weide sind ggf. mit Blechmarken am Horn oder Halsband zu kennzeichnen, bei Schafen ist eine Farbkennzeichnung möglich.[112] Es genügt nicht, ein Siegel nur am Stallpfosten anzubringen, weil dadurch die Nämlichkeit der Pfandsache nicht sichergestellt ist.[113] Werden mehrere Sachen gepfändet, genügt ein einziges Siegel nur dann, wenn die Identität des Pfandes zweifelsfrei feststeht.[114] So ist bei der Pfändung von zusammengeknoteten Sachen das Siegel am Knoten anzubringen. Die **Versiegelung** eines Raumes kommt in Betracht, wenn alle darin befindlichen Sachen gepfändet werden sollen.[115] Sie ist möglich mit der frei widerruflichen Zustimmung des Schuldners.[116] Die Siegel müssen an sämtlichen Türen angebracht werden; die Schlüssel nimmt der GV an sich.[117]

18 **Pfandanzeige.** Sie ist dort, wo sich die Pfandsachen befinden, so anzubringen, dass jeder gewöhnlich Aufmerksame davon Kenntnis nehmen kann. In ihr sind die Pfandstücke genau zu bezeichnen. Sie muss Unterschrift und Dienstsiegel des GV tragen.[118] Sie muss deutlich sichtbar angebracht werden, etwa an oder neben dem gepfändeten Warenstapel[119] oder dessen Behältnis, sofern es die angegebene Anzahl von Pfandstücken enthält.[120] Wird nur ein Teil eines Warenlagers gepfändet (vgl. a. § 811 Nr. 2–4), ist dessen körperliche Aussonderung zwingend, und zwar auch dann, wenn eine Warengattung aus dem Vorrat vollständig gepfändet werden soll.[121] Nicht ausreichend ist deshalb die Anzeige einer Pfändung von „etwa 200 Ztr. Getreide", wenn die Menge nicht ausgesondert wird,[122] oder die nur ungefähre Bezeichnung eines Teils eines Weinlagers.[123]

---

[96] *Zö/Stöber* Rn. 21 (Nutzung als Entgelt).
[97] AG Aschaffenburg DGVZ 1991, 45.
[98] *Zö/Stöber* Rn. 17.
[99] MK/*Gruber* Rn. 21.
[100] *B/L/H* Rn. 21.
[101] RGZ 81, 190, 191.
[102] *St/J/Münzberg* Rn. 28 Fn. 181 m. weit. Nachw.
[103] *B/L/H* Rn. 23; *Zö/Stöber* Rn. 18.
[104] RGZ 161, 109, 114.
[105] BGH NJW 1959, 1775.
[106] HM; MK/*Gruber* Rn. 22; *St/J/Münzberg* Rn. 29; aA *Zö/Stöber* Rn. 19.
[107] LG Frankfurt/M DGVZ 1990, 59.
[108] *T/P/Hüßtege* Rn. 14.
[109] *St/J/Münzberg* Rn. 29.
[110] MK/*Gruber* Rn. 22; *Zö/Stöber* Rn. 19; großzügiger *B/L/H* Rn. 22.
[111] RG DR 1941, 847.
[112] *Zö/Stöber* Rn. 19.
[113] *B/L/H* Rn. 23.
[114] RGZ 126, 346, 347; BGH KTS 1959, 157; OLG Stuttgart NJW 1959, 992.
[115] LG Kiel SchlHA 1989, 45; MK/*Gruber* Rn. 22; *Zö/Stöber* Rn. 19.
[116] RG Recht 1937 Nr. 3791.
[117] *Zö/Stöber* Rn. 19.
[118] RG (Fn. 114).
[119] BGH (Fn. 114) (Teppich); OLG Stuttgart JW 1930, 2807 (Anzeige zwischen gestapelte Steine).
[120] OLG Stuttgart NJW 1959, 992.
[121] RG JW 1915, 523; *St/J/Münzberg* Rn. 29.
[122] RG JW 1916, 200.
[123] RG JW 1916, 1023.

c) **Besitzverhältnisse nach der Pfändung.** Sie sind vor allem wegen der Ansprüche aus § 861 BGB und wegen eines womöglich gutgläubig lastenfreien Erwerbs nach §§ 932, 936 BGB von Belang. Mit der Pfändung wird der Staat, vertreten durch den GV, unmittelbarer (Fremd)Besitzer.[124] Dabei bleibt es, wenn der GV die Sachen mitnimmt. Belässt er sie hingegen bis zum Versteigerungstermin im Gewahrsam des Schuldners, so überträgt er ihm den unmittelbaren Besitz zurück. Der GV ist dann erststufiger, der Gläubiger zweitstufiger mittelbarer (Fremd)Besitzer.[125] Der Sacheigentümer, das kann der Schuldner oder ein Dritter sein, ist letztstufiger mittelbarer (Eigen)Besitzer. Besitzschutzansprüche stehen dem Schuldner gegen den GV nicht zu.[126] Auf die durch die Pfändung entstandene Besitzlage, auch auf die Strafbarkeit nach § 136 StGB, hat der GV den Schuldner hinzuweisen. Entfernt der Schuldner das Pfandsiegel gleichwohl und gibt er die Sache weiter, so endet ungeachtet der fortdauernden Verstrickung (s. § 803 Rn. 11) das Besitzmittlungsverhältnis, weil der Besitzmittlungswille des Schuldners fehlt.[127] Veräußert der Schuldner eine in seinem Besitz belassene Pfandsache, kommt sie dadurch nicht „abhanden" iSd. § 935 Abs. 1 S. 2 BGB; ein gutgläubig lastenfreier Erwerb ist daher möglich. 19

d) **Kein Verfolgungsrecht des Gerichtsvollziehers.** Ein derartiges Recht für den Fall, dass die gepfändete Sache ohne oder mit Willen des Schuldners in den Gewahrsam eines Dritten gelangt ist, steht dem GV nach herrschender Auffassung, der sich der BGH angeschlossen hat,[128] nicht zu. Auf Grund des Titels gegen den Schuldner und der durch die Pfändung entstandenen Verstrickung ist der GV weder verpflichtet noch berechtigt, die Sache bei einem Dritten herauszuholen. Dem würde zwar § 750 Abs. 1 nicht entgegenstehen, weil der GV die Zwangsvollstreckung nicht beginnen, sondern fortsetzen will. Auch § 809 schließt ein Verfolgungsrecht nicht aus, weil die dort verlangte Herausgabebereitschaft des Dritten nur bei der Pfändung vorhanden sein muss, nicht bei anschließenden Vollstreckungsakten. Es fehlt jedoch ein Titel als gesetzliche Ermächtigung für einen Eingriff des GV in die Rechtssphäre des Dritten.[129] § 758 regelt die Zwangsbefugnisse abschließend. Er rechtfertigt nur Maßnahmen, die sich gegen den Schuldner richten. Praktische Bedürfnisse genügen jedenfalls nicht, zumal im Eilverfahren mittels einstweiliger Verfügung nach §§ 935, 940 Abhilfe möglich ist. 20

3. **Pflicht zur Benachrichtigung des Schuldners (Abs. 3).** Sie ist zwingend und betrifft Pfändungen, die der GV in dessen Abwesenheit vornimmt, gleichgültig ob im Beisein von Haushaltsangehörigen oder ohne sie nach § 759, auch wenn beim Gläubiger oder herausgabebereiten Dritten nach § 809 gepfändet wird. Die Mitteilung kann mündlich oder schriftlich erfolgen,[130] üblicherweise, besonders im Fall des § 809, geschieht sie durch Übersendung des Pfändungsprotokolls (§ 763 ZPO). Bleibt die Pfandsache beim Schuldner, ist er zugleich über das Veräußerungsverbot zu belehren. 21

III. Verstöße gegen Verfahrensvorschriften

Sie führen nur ausnahmsweise zur **Nichtigkeit** von Vollstreckungsmaßnahmen, wenn es sich um wesentliche Vorschriften handelt. Dazu zählt hier vor allem eine Pfändung ohne Kenntlichmachen des Pfändungsakts, sei es durch Wegnahme der Pfandsache, sei es durch Anlegen von Pfandsiegeln oder Anbringen einer Pfandanzeige (Abs. 2 S. 2). Insoweit besteht auch kein strafrechtlicher Schutz nach § 136 StGB. Gleiches gilt grundsätzlich bei funktioneller Unzuständigkeit des Vollstreckungsorgans (s. i. e. § 803 Rn. 10). Bloße **Anfechtbarkeit** besteht nach richtiger Ansicht auch, wenn der GV entgegen § 865 vollstreckt (s. § 865 Rn. 10), örtlich unzuständig ist, die Gewahrsamsverhältnisse oder die Gefährdungslage (s. Rn. 16) falsch beurteilt.[131] **Folgenlos** für die Pfändung ist ein Verstoß gegen die Benachrichtigungspflicht aus Abs. 3, uU entstehen aber Amtshaftungsansprüche. 22

IV. Rechtsbehelfe

Die Erinnerung nach § 766 steht Schuldner, Gläubiger und Dritten zu, deren Gewahrsam verletzt worden ist. Für die Voraussetzungen des § 808 trägt der Gläubiger die Beweislast.[132] Das gilt auch, wenn Organgewahrsam ausgeübt wird und offen ist, für wen. Wer aber nach den äußeren Umständen Gewahrsam hat und geltend macht, ihn nur als Vertreter (Organ), Verwalter oder Besitzdiener für einen anderen auszuüben, muss diesen Ausnahmetatbestand beweisen (zur Wirkung der Entscheidung des Vollstreckungsrichters s. § 766 Rn. 29 ff., zu der des Beschwerdegerichts s. § 793 Rn. 6 f.). 23

V. Anhang: Zwangsvollstreckung in Computer

Hardware, bestehend aus den physikalischen Teilen einer Datenverarbeitungsanlage (Zentraleinheit (CPU), Tastatur, Bildschirm (Monitor), Drucker etc.), wird regelmäßig durch den GV nach §§ 808 ff. gepfändet, sofern sie nicht als Zubehör (§ 97 BGB) nach § 865 oder bei sehr großen Anlagen als wesentlicher 24

124 BGHZ 39, 97, 99 = NJW 1963, 763; *Holch* DGVZ 1992, 130; zT aA *Zeiss/Holthaus* Jura 1996, 281 f.
125 OLG Schleswig SchlHA 1975, 48.
126 *Baur/Stürner* ZwV Rn. 461.
127 *Schuschke/Walker* Rn. 13.
128 BGH NJW-RR 2004, 352; *Sturhahn* LMK 2004, 55.
129 MK/*Gruber* Rn. 24 a.
130 MK/*Gruber* Rn. 25.
131 LG Darmstadt DGVZ 1999, 92.
132 *St/J/Münzberg* Rn. 38 a.

Bestandteil (§ 93 BGB) nach § 864 der Immobiliarvollstreckung unterliegt.[133] Bei **Software** ist zu unterscheiden zwischen der Zwangsvollstreckung gegen den Urheber, dessen Rechte aus §§ 2 Abs. 1 Nr. 1, 69a UrhG (Vollrecht u. Lizenzen) nach §§ 857, 829ff. gepfändet werden (s. § 857 Rn. 11) und der Zwangsvollstreckung gegen den Nutzungsberechtigten in das Computerprogramm nebst zugehörigen Unterlagen (§ 97 BGB) wie Dokumentation, Handbuch u. ä.[134] Das verkörperte Computerprogramm, sowohl die Standardsoftware als auch die für die bes. Bedürfnisse des Einzelnen entwickelte Individualsoftware, unterliegt der **Sachpfändung** nach §§ 808ff. Gegen die Sacheigenschaft[135] wird zwar eingewandt, dass elektronische Daten nur elektrische Spannungszustände sind,[136] dass der Wert des Datenträgers im Verhältnis zum Inhalt der Programme unerheblich sei und dass Programme auch unkörperlich, mittels Datenfernübertragung übertragbar sind.[137] Für die Zwangsvollstreckung kommt es darauf aber nicht entscheidend an. Maßgeblich ist, dass die auf einem Datenträger verkörperte Software, wie Bücher und Wertpapiere (s. Rn. 14), nach §§ 929ff. BGB übertragen, nach § 1205ff. BGB verpfändet wird und in Übereinstimmung damit nach §§ 808ff. **durch Wegnahme** (s. Rn. 11ff.) zu pfänden ist.[138] Das ist **technisch** bei Programmen, die auf Disketten, CD-ROM oder DVD gespeichert sind, ohne weiteres möglich. IdR nimmt der GV dem Schuldner die Datenträger nebst zugehörigen Unterlagen weg (Abs. 1);[139] er muss sie auf Vollständigkeit überprüfen[140] und vor Staub, störender Magnetisierung und unberechtigtem Gebrauch schützen, zB in einem Bankfach. In geeigneten Fällen kann der GV auch nach Abs. 2 vorgehen. Nach § 808 pfändbar sind aber auch auf Festplatten gespeicherte Programme.[141] Der GV kann zum Auffinden der Software die Festplatte nach Programmen durchsuchen, sie auf Disketten übertragen und wegnehmen. Der GV ist dazu **rechtlich** unter den Voraussetzungen des § 758, wg. Art. 13 Abs. 2 GG ggf. nach richterlicher Anordnung, befugt (s. § 758 Rn. 7, 9ff.).[142] § 803 Abs. 2 beschränkt ihn von vornherein auf die Pfändung verwertbarer Programme, so dass vom Nutzer selbst erstellte Dateien und Programme idR ausscheiden, personenbezogene Daten sind aus dem Programm herauszukopieren.[143] Sofern ein Programm als Vervielfältigungsstück innerhalb der EG vom Berechtigten im Wege der Veräußerung in den Verkehr gebracht wurde, bestehen grds. auch keine urheberrechtlichen Hindernisse, denn mit dem Inverkehrbringen hat sich das Verbreitungsrecht des Urhebers erschöpft (§ 69c Nr. 3 S. 2 UrhG).[144] Wg. des Verbots der Duplizierung müssen gepfändete Programme auf dem bisherigen Datenträger gelöscht und dem Schuldner auch etwaige Sicherungskopien entzogen werden.[145] Bei Mitgewahrsam Dritter, Indiz ist die Zugangsberechtigung,[146] ist § 809 zu beachten, ggf. auch die dem Schuldner zustehenden Rechen- oder Nutzungszeiten.[147] Unpfändbarkeit kann sich aus § 811 Nr. 5 ergeben (s. dort Rn. 17), uU auch aus § 811 Nr. 9, 10, 11 ZPO.[148] Die wg. §§ 803 Abs. 1 S. 2, Abs. 2, 817a Abs. 1 S. 1 erforderliche Schätzung des gewöhnlichen Verkaufswerts sollte der GV bei Individualsoftware entspr. § 813 Abs. 1 S. 2 einem Sachverständigen übertragen. Für die **Verwertung** bietet sich bei Massensoftware die Versteigerung nach §§ 814ff. an, i. Ü. § 825.

VI. Gebühren und Kosten

25 **1. Rechtsanwaltsgebühren.** 0,3 Verfahrensgebühren aus Nr. 3309 VV RVG.

26 **2. Gerichtskosten.** Die Festgebühr beträgt 20 Euro nach KVGv Nr. 205 sowie ggf. ein Zeitzuschlag nach Nr. 500 und Auslagen nach Nrn. 700ff.

809 ***Pfändung beim Gläubiger oder bei Dritten*** **Die vorstehenden Vorschriften sind auf die Pfändung von Sachen, die sich im Gewahrsam des Gläubigers oder eines zur Herausgabe bereiten Dritten befinden, entsprechend anzuwenden.**

I. Normzweck

1 § 809 erweitert die Pfändungsmöglichkeiten, wenn der Gläubiger oder nicht schutzbedürftige Dritte Allein- oder Mitgewahrsam an Sachen des Schuldners haben.

---

133 *Roy/Palm* NJW 1995, 690f.
134 BGH NJW-RR 1986, 219 (für WZG).
135 Die Sacheigenschaft bejahen: BGH NJW 1993, 2436f.; BGHZ 109, 97, 100f. = NJW 1990, 320 m. weit. Nachw.; OLG Nürnberg CR 1993, 359; OLG Stuttgart NJW 1989, 2636 (für AbzG); zustimmend: *König* NJW 1993, 3121, 3124 u. NJW 1989, 2604f.; *Paulus* ZIP 1996, 2, 3; *Weimann* DGVZ 1996, 1f.; *Marly* BB 1991, 432, 435; *Breidenbach* CR 1989, 873, 971, 1074; aA BFH CR 1992, 332 (Immaterialgüter).
136 LG Konstanz NJW 1996, 2662.
137 *Redeker* NJW 1992, 1739f.
138 *St/J/Münzberg* Rn. 1a Fn. 6; *Wiecz/Schütze/Lüke* § 803 Rn. 22.
139 *Weimann* Rpfleger 1996, 12, 15.
140 OLG München CR 1989, 695f.
141 AA *Wiecz/Schütze/Lüke* (Fn. 138) für durch Datenfernübertragung erlangte Programme.
142 *Weimann* (Fn. 139) S. 15; *Paulus* (Fn. 135) S. 155; aA *Koch* KTS 1988, 49, 55ff. (Gesetzesanpassung nötig).
143 *Paulus* ZIP 1996, 2, 5.
144 *Paulus* (Fn. 143) S. 4; *Roy/Palm* (Fn. 133) S. 692.
145 *Weimann* (Fn. 139) S. 14.
146 *Weimann* (Fn. 139) S. 15.
147 *Weimann* (Fn. 135) S. 3.
148 *Weimann* (Fn. 135) S. 5.

II. Voraussetzungen der Pfändung

1. Gewahrsam des Gläubigers (Alt. 1). Hier gilt § 808 entsprechend, ohne dass es darauf ankommt, ob der Gewahrsam rechtmäßig oder rechtswidrig, womöglich eigenmächtig gegen den Willen des Schuldners, erlangt wurde.[1] Streitig ist, ob **Herausgabebereitschaft** des Gläubigers bestehen muss. Teils wird ihre Erforderlichkeit verneint,[2] teils wie beim Dritten verlangt.[3] Nach zutreffender Ansicht kann gepfändet werden, solange der Gläubiger nicht widerspricht und die Sache nach der Pfändung gemäß § 808 Abs. 2 bei ihm bleibt.[4] Vor Abholung zum Zweck der Verwertung muss er sein Einverständnis aber kundtun.[5] Widerspricht der Gläubiger der Pfändung, ist staatlicher Zwang gegen ihn keinesfalls erlaubt. 2

2. Gewahrsam eines Dritten (Alt. 2). Dritter ist jeder Gewahrsamsinhaber, der weder Gläubiger noch Schuldner des Vollstreckungsverfahrens ist und für keinen von beiden als Vertreter (Organ), Verwalter oder Besitzdiener Gewahrsam ausübt. Der gesetzliche Vertreter ist Dritter, wenn er die Sache in persönlichem Gewahrsam hat.[6] Der **Gerichtsvollzieher ist Dritter,**[7] wenn er auf Grund der Pfändung oder auch als Verwahrer (Sequester) unmittelbaren Besitz an Geld oder anderen Sachen erlangt hat. Er darf aber nicht frei entscheiden, ob er pfänden will oder nicht. Nach der Grundregel der §§ 808, 809 kommt es darauf an, wie die Erstpfändung erfolgte und für welche weiteren Gläubiger gepfändet werden soll.[8] Wenn die **Erstpfändung nach § 808** erfolgte, muss der GV die Sachen für weitere Gläubiger des Schuldners pfänden, denn wenn sie beim Schuldner geblieben wären, hätten sie dort gepfändet werden können (zur Doppelpfändung bei Eheleuten s. § 808 Rn. 12). Beim GV verbliebene Sachen können daher bei ihm auch dann erneut gepfändet werden, wenn die erste Pfändung aus formellen Gründen aufgehoben wurde.[9] Die neue Pfändung einer nach § 808 gepfändeten Sache für Gläubiger eines anderen Schuldners – auch für Gläubiger des Erstgläubigers – ist nur mit Zustimmung des Erstschuldners erlaubt. Wenn die Sache bei ihm geblieben wäre, hätte er nämlich als unbeteiligter Dritter der neuen Pfändung widersprechen können. Zu beachten ist ggf., dass gepfändetes Geld vor der Ablieferung (§ 815 Abs. 1) nach wie vor dem Schuldner, ggf. einem Dritten gehört, aber noch nicht dem Erstgläubiger.[10] Anders ist es, wenn der Schuldner freiwillig gezahlt hat. Wenn dann Gläubiger des Erstgläubigers vollstrecken wollen, ist zu pfänden.[11] Erfolgte die **Erstpfändung nach § 809,** darf der GV nur dann erneut pfänden, wenn die Herausgabebereitschaft des damaligen Dritten auch hinsichtlich der weiteren Gläubiger besteht. Ist der Dritte allerdings selbst Schuldner, kann der GV auch ohne sein Einverständnis pfänden (arg. § 808). Verstieß schon die erste Pfändung gegen § 809, ist erst recht jede weitere Pfändung unzulässig.[12] Hat der GV den **Besitz nur zur Sicherung** eines Herausgabeanspruchs nach §§ 935, 940 erhalten, darf nur gepfändet werden, wenn der Antragsteller auch Gläubiger und der Antragsgegner auch Schuldner des Zahlungsanspruchs ist. 3

3. Herausgabebereitschaft. Die konkludent mögliche **Erklärung** wird regelmäßig schon im Einverständnis mit dem Pfändungsakt liegen,[13] bedeutet aber mehr.[14] Sie setzt voraus, dass der Dritte über den Pfändungsakt hinaus mit der Wegnahme der Sache zum Zwecke der Verwertung einverstanden ist (§§ 808 Abs. 2 S. 1, 814ff.).[15] Das hat der GV im Einzelfall festzustellen. Die Erklärung ist auch noch **nach der Pfändung möglich.**[16] Sie ist zu protokollieren. Der widerspruchslosen Unterzeichnung eines Protokolls, das die Erklärung nicht enthält, kann sie nicht ohne weiteres entnommen werden,[17] erst recht nicht einer Unterzeichnung unter Protest.[18] Die Erklärung ist Prozesshandlung, daher **nach der Pfändung unwiderruflich,**[19] weil der Gläubiger von da an eine schutzwürdige Rechtsstellung erlangt hat[20] (zum Begriff der Prozesshandlung s. Einl. Rn. 58ff.; zur Widerruflichkeit Einl. Rn. 63). Ein Widerspruch des bei der Pfändung herausgabebereiten Dritten gegen die spätere Abholung der Pfandsache ist deshalb unerheblich.[21] Eine **Bedingung** macht die Erklärung unwirksam.[22] Sie ist auch aus prozessökonomischen Gründen nicht erlaubt,[23] es sei denn, dass sie – wie zB ein Verlangen nach Vorwegbefriedigung wegen Pfand- oder Vorzugs- 4

---

[1] MK/*Gruber* Rn. 3.
[2] *B/L/H* Rn. 1.
[3] *Gerlach* ZZP 89 (1976), 294, 317f.
[4] *Wiecz/Schütze/Lüke* Rn. 4.
[5] MK/*Gruber* Rn. 4; *Zö/Stöber* Rn. 6.
[6] LG Berlin DGVZ 1972, 113.
[7] HM; LG Kleve DGVZ 1977, 173; LG Berlin DGVZ 1954, 57; AG Rheine DGVZ 1984, 123; *T/P/Hüßtege* Rn. 2; *St/J/Münzberg* Rn. 2; *Brox/Walker* Rn. 250; *Lackmann* Rn. 126; aA MK/*Gruber* Rn. 5.
[8] Eingehend: *Knoche* ZZP 114 (2001), 399, 412ff.; *Brox/Walker* Rn. 250–252.
[9] OLG Düsseldorf NJW 1978, 221; LG Regensburg DGVZ 1995, 186f.; LG Kleve DGVZ 1977, 173.
[10] *St/J/Münzberg* Rn. 3.
[11] *St/J/Münzberg* (Fn. 10); *Schuschke/Walker* Rn. 2; vgl. auch AG Rheine DGVZ 1984, 122.
[12] OLG Düsseldorf OLGZ 1973, 53.
[13] *St/J/Münzberg* Rn. 8.
[14] RG HRR 1927 Nr. 535.
[15] BGH NJW-RR 2004, 352, 353; *Sturhahn* LMK 2004, 55.
[16] OLG Nürnberg OLGRspr. 31, 112.
[17] *St/J/Münzberg* Rn. 9; *Zö/Stöber* Rn. 6.
[18] KG DGVZ 1964, 7.
[19] *B/L/H* Rn. 5; *T/P/Hüßtege* Rn. 3; *Zö/Stöber* Rn. 6; *Schuschke/Walker* Rn. 3.
[20] Allgemein: *T/P/Hüßtege* Einl. III Rn. 22.
[21] MK/*Gruber* Rn. 10.
[22] Ausnahmslos: *B/L/H* Rn. 5; *T/P/Hüßtege* Rn. 3; *Sonnenberger* MDR 1962, 22.
[23] AA *Schilken* DGVZ 1986, 145, 147f.

rechten – von allen Beteiligten akzeptiert wird.[24] Eine **Beschränkung** der Herausgabebereitschaft auf eine oder mehrere bestimmte Pfändungen ist zulässig.[25] Sie ist nötig, wenn andernfalls wegen der Möglichkeit, den Herausgabeanspruch nach § 847 zu pfänden oder nach § 826 eine Anschlusspfändung auszubringen, die Rangfolge der Pfandgläubiger unklar werden kann.[26]

5 **4. Gewahrsam bei der Pfändung.** Dieser Zeitpunkt ist maßgebend. Anschließende Änderungen des Gewahrsams sind für die Wirksamkeit der Pfändung ohne Belang. Erwirbt ein Dritter die gepfändete Sache, kann aber das Pfandrecht nach § 936 BGB erlöschen (s. § 808 Rn. 19). Andernfalls ist er zur Herausgabe an den GV verpflichtet. Zwang darf der GV gegen den Dritten aber nicht ausüben, **kein Verfolgungsrecht,** s. § 808 Rn. 20. **Mitgewahrsam** eines Dritten macht dessen Herausgabebereitschaft erforderlich, weil der Mitgewahrsam durch die Pfändung beeinträchtigt wird (Abgrenzung von Allein- und Mitgewahrsam s. § 808 Rn. 6). Der GV prüft auch hier nur überschaubare Merkmale, nur den äußeren Befund (s. § 808 Rn. 3).[27] Gewahrsam des Ehegatten ist unbeachtlich, soweit § 739 gilt (s. dort Rn. 4). **Scheingewahrsam** wird als unbeachtlich angesehen.[28] Er lässt sich allerdings – von Organ- und Verwaltungsbesitz sowie Besitzdienerfällen abgesehen – für den Gerichtsvollzieher kaum zuverlässig feststellen. Auch eine offensichtliche Gewahrsamverschiebung zum Zweck der Vollstreckungsvereitelung führt zur gewollten und nicht nur scheinbaren Begründung von Drittgewahrsam.[29] Ließe man die Zwangsvollstreckung zu, erfolgte sie ohne Titel in fremden Gewahrsam (s. § 808 Rn. 20).[30] Nur wenn in Anwesenheit („vor den Augen") des Gerichtsvollziehers Sachen aus dem Gewahrsam des Schuldners erkennbar zu dem Zweck entfernt werden, sie der Zwangsvollstreckung zu entziehen, wird der GV das offensichtlich kollusive Verhalten unterbinden dürfen u. müssen.[31] In diesem Extremfall wäre ein Widerspruch des Dritten wg. offensichtlichen Rechtsmissbrauchs unbeachtlich.[32] **Materielle Herausgabeverpflichtung** oder Duldungspflicht des Dritten **macht** nach zutreffender Ansicht dessen **Herausgabebereitschaft** auch dann **nicht entbehrlich,** wenn dem GV die Verpflichtung unzweifelhaft erscheint. Anders nur, wenn sie durch einen entsprechenden Titel nachgewiesen ist.[33] Der Gläubiger muss sonst die **Ansprüche pfänden** (§§ 846f.) und sich überweisen lassen.

6 **5. Eigentum des Schuldners als Pfändungsvoraussetzung.** Anders als bei § 808 ist der Gewahrsam (von Gläubiger oder Dritten) kein Indiz dafür, dass die Sache dem Schuldner gehört.[34] Der GV darf deshalb seine Prüfung nicht auf die Gewahrsamsverhältnisse beschränken, sondern muss auch die Vermögenszugehörigkeit feststellen. Er braucht zwar keine eingehenden materiellrechtlichen Überlegungen anzustellen, darf aber ernsthafte Hinweise auf Dritteigentum nicht übergehen. Allein die Erklärung, dass die Sache wohl dem Schuldner gehöre, reicht nicht.[35] § 809 erlaubt auch nicht die Pfändung einer Sache, deren Eigentümer der Schuldner erst noch werden soll. Deshalb darf auch eine verkaufte, dem Schuldner (Käufer) aber noch nicht übergebene Sache nicht beim Gläubiger (Verkäufer) gepfändet werden.[36]

III. Durchführung der Pfändung

7 Die Pfändung ist entsprechend § 808 durchzuführen, indem der GV durch Inbesitznahme pfändet und die Pfandsache wegschafft oder sie unter Kenntlichmachen der Pfändung bis zur Verwertung beim Gläubiger oder herausgabebereiten Dritten belässt (s. § 808 Rn. 15f.). Verlangt der Gläubiger oder Dritte die Mitnahme oder Abholung der bei ihm gepfändeten Sache, ist dem zu entsprechen, weil niemand verpflichtet ist, fremde Sachen zu hüten. Der GV kann mit dem Gläubiger oder mit Dritten einen Verwahrungsvertrag schließen (s. § 808 Rn. 14), auch konkludent.[37] Allein im einverständlichen Belassen der Sachen bei Gläubiger oder Dritten liegt aber noch kein pflichtenbegründender Vertragsschluss.

IV. Rechtsfolgen

8 Sie entsprechen denen der Pfändung nach § 808. Verstöße gegen § 809 machen die Pfändung anfechtbar, nicht nichtig.[38] Nur der Dritte kann sich darauf berufen, nicht herausgabebereit gewesen zu sein. Der Schuldner kann die fehlende Zustimmung des Dritten nicht geltend machen.[39] Der Gläubiger kann Erinnerung nach § 766 Abs. 2 einlegen, wenn der GV nicht pfändet, obwohl die Voraussetzungen des § 809 vorliegen. Waren der Gläubiger oder der Dritte herausgabebereit, ist aber ein Vierter Eigentümer der Pfand-

---

[24] § 118 Nr. 2; LG Düsseldorf DGVZ 1961, 121f.; *St/J/Münzberg* Rn. 9; *Zö/Stöber* Rn. 6.
[25] HM; MK/*Gruber* Rn. 8; *St/J/Münzberg* u. *Zö/Stöber* (Fn. 24); *Knoche* (Fn. 8) S. 410ff.; aA *B/L/H* Rn. 5; *Sonnenberger* (Fn. 22).
[26] *T/P/Hüßtege* Rn. 3.
[27] LG Berlin MDR 1975, 939.
[28] MK/*Gruber* Rn. 6; *Zö/Stöber* Rn. 5.
[29] Ebenso: *Werner* DGVZ 1986, 49, 53; MK/*Gruber* Rn. 6; *T/P/Hüßtege* Rn. 4; *St/J/Münzberg* Rn. 4; *Hintzen/Wolf* ZwV Rn. 4.127; aA OLG Frankfurt MDR 1969, 676; AG Flensburg DGVZ 1995, 60; *Zö/Stöber* Rn. 5.
[30] BGH (Fn. 15).
[31] *Pawlowski* DGVZ 1976, 33, 36.
[32] Ähnlich: *Brox/Walker* Rn. 254 aE.
[33] HM; LG Oldenburg DGVZ 1983, 58; 1984, 91; zustimmend hier auch: *Zö/Stöber* Rn. 5f.
[34] BGH FamRZ 1978, 199f.; MK/*Gruber* Rn. 4; *Paschold* DGVZ 1994, 107; aA *Zö/Stöber* Rn. 7.
[35] *Schuschke/Walker* Rn. 6.
[36] *Paschold* (Fn. 34).
[37] *Schilken* DGVZ 1986, 145, 150; MK/*Gruber* Rn. 10; aA *Zö/Stöber* Rn. 7.
[38] RG JW 1931, 2127.
[39] *Göhler* MDR 1965, 342.

sache, so steht ihm außer der Klage nach § 771 auch die Erinnerung nach § 766 zu, weil ihn die verfahrensrechtswidrige Pfändung schuldnerfremden Eigentums beschwert.[40] Herausgabebereite Gläubiger oder Dritte können sich aber weder nach § 766 auf fehlendes Schuldnereigentum noch nach § 771 auf ihr Besitzrecht berufen, weil sie es freiwillig aufgegeben haben.[41] Im Übrigen steht ihnen zumindest bei irrtümlicher Einwilligung die Klage aus § 771 zu.[42] Unbenommen bleibt ihnen stets, aus § 805 zu klagen.

810 *Pfändung ungetrennter Früchte*

(1) [1]Früchte, die von dem Boden noch nicht getrennt sind, können gepfändet werden, solange nicht ihre Beschlagnahme im Wege der Zwangsvollstreckung in das unbewegliche Vermögen erfolgt ist. [2]Die Pfändung darf nicht früher als einen Monat vor der gewöhnlichen Zeit der Reife erfolgen.

(2) Ein Gläubiger, der ein Recht auf Befriedigung aus dem Grundstück hat, kann der Pfändung nach Maßgabe des § 771 widersprechen, sofern nicht die Pfändung für einen im Falle der Zwangsvollstreckung in das Grundstück vorgehenden Anspruch erfolgt ist.

I. Normzweck

Früchte auf dem Halm sind wesentliche Bestandteile des Grundstücks (§ 94 Abs. 1 BGB). Solange sie nicht vom Boden getrennt sind, unterliegen sie der Immobiliarvollstreckung nach §§ 864 (s. § 865 Rn. 3). § 810 macht davon eine Ausnahme, indem er die Pfändung ungetrennter Früchte schon einen Monat vor der gewöhnlichen Reifezeit zulässt. Der Gläubiger braucht also nicht die Ernte abzuwarten, um die durch Trennung zu beweglichen Sachen gewordenen Früchte pfänden zu lassen.[1] 1

II. Voraussetzungen (Abs. 1)

1. Früchte (S. 1). Das sind nicht alle **Sachfrüchte** gemäß § 99 Abs. 1 BGB, sondern nur die, welche periodisch geerntet werden wie Obst und Gemüse, Getreide und Futterpflanzen. Holz auf dem Stamm ist daher nicht pfändbar.[2] Wohl aber können Bäume und Sträucher von Baumschulen gepfändet werden, weil sie nur Scheinbestandteile des Grundstücks sind.[3] Containerwaren und Treibhausgewächse sind ohnehin bewegliche Sachen. **Rechtsfrüchte** sind nicht nach § 810 pfändbar. Keine Früchte und daher unpfändbar bis zur Trennung sind **Bodenbestandteile** wie Sand, Kies, Ton, Kohle und Torf. Ungetrennte Früchte können nicht gepfändet werden, wenn sie nach der Trennung **als bewegliche Sachen unpfändbar** wären, also zu den in § 811 Nr. 2–4 genannten zählen oder als Grundstückszubehör nach §§ 97, 98 BGB gemäß § 865 Abs. 2 S. 1 der Immobiliarpfändung unterlägen, wie etwa Futterrüben für das Vieh des Landwirts.[4] **Gewahrsam** des Schuldners (s. § 808 Rn. 3ff.), des Gläubigers (s. § 809 Rn. 2) oder eines zur Herausgabe bereiten Dritten (s. § 809 Rn. 3) ist weitere Pfändungsvoraussetzung, weil die ungetrennten Früchte schon jetzt wie bewegliches Vermögen behandelt werden. Maßgebend ist der Gewahrsam desjenigen, dem die Früchte nach der Trennung zufallen sollen. Das kann nach § 953 BGB der Eigentümer, das können nach §§ 954, 956 aber auch Pächter oder Nießbraucher des Grundstücks sein.[5] Hat der Schuldner sein Grundstück verpachtet, darf nur gepfändet werden, wenn der Pächter herausgabebereiter Dritter nach § 809 ist.[6] Ist dagegen der Pächter Vollstreckungsschuldner, wird nach § 808 gepfändet. Das Pfandrecht des Verpächters aus § 592 S. 1 BGB hindert die Pfändung nicht.[7] 2

2. Pfändungszeitpunkt (S. 2). Er darf nicht früher als einen Monat vor der gewöhnlichen Zeit der Reife sein (Berechnung: § 222) und ist ggf. mit Hilfe eines Sachverständigen nach Art der Frucht und dem Durchschnitt der örtlichen Verhältnisse zu ermitteln, nicht nach dem konkreten Reifestand. Ist etwa bei Handelsgärtnern die „Aberntung" nicht von bestimmter Reife abhängig, gilt keine Frist.[8] Im Übrigen kommt es auf den konkreten Erntezeitpunkt nicht an.[9] **Keine Immobiliarbeschlagnahme.** Eine Beschlagnahme des Grundstücks erfasst nach §§ 21 Abs. 1, 148 ZVG auch ungetrennte Früchte als wesentliche Grundstücksbestandteile und entzieht sie damit endgültig der Mobiliarvollstreckung (s. § 824 Rn. 5, § 865 Rn. 9). Eine Ausnahme gilt nach § 21 Abs. 3 ZVG allein für den Pächter. Sein Recht auf Fruchtziehung bleibt unberührt. Gläubiger des Pächters können daher trotz Immobiliarbeschlagnahme pfänden, selbst wenn erst nach Beschlagnahme verpachtet wurde.[10] 3

---

40 *Lackmann* Rn. 897.
41 AllgM; BGH JZ 1978, 199, 200 = MDR 1978, 401.
42 MK/*Gruber* Rn. 12; *St/J/Münzberg* Rn. 10; *Zö/Stöber* Rn. 8.
1 *St/J/Münzberg* Rn. 1.
2 *Noack* Rpfleger 1969, 113.
3 LG Bayreuth DGVZ 1985, 42.
4 *Brox/Walker* Rn. 231.
5 *Noack* Rpfleger 1969, 113.
6 MK/*Gruber* Rn. 5.
7 Eingehend *St/J/Münzberg* Rn. 6.
8 *Zö/Stöber* Rn. 4.
9 BGHZ 120, 368, 374 = NJW 1993, 1791.
10 *Zö/Stöber* Rn. 8.

III. Vornahme der Pfändung

4 Sie erfolgt wie die beweglicher Sachen nach § 808 (s. dort Rn. 11ff.). Sie muss daher für jedermann ersichtlich sein, kenntlich gemacht durch Pfandtafeln oder Pfandzeichen mit einer vom GV unterschriebenen und mit dem Dienstsiegel versehenen Pfandanzeige oder in ähnlich geeigneter Weise. Ggf. ist die Bestellung eines Hüters erforderlich. Lässt sich absehen, dass der Wert der zu pfändenden Früchte 500 Euro übersteigt, ist nach § 813 Abs. 3 bereits zur Pfändung ein Sachverständiger hinzuzuziehen. Der schätzt nach § 813 Abs. 1 den Verkaufswert der Früchte, begutachtet deren Reifezustand und äußert sich dazu, inwieweit Teile als unpfändbar nach § 811 Nr. 4 anzusehen sind (s. i. e. § 813 Rn. 6).

IV. Rechtsfolgen der Pfändung

5 **Pfändungspfandrecht.** Es entsteht abweichend von § 93 BGB mit der Pfändung an den ungetrennten Früchten, sofern die Wirksamkeitserfordernisse beachtet wurden und (nach der gemischten Theorie, s. § 804 Rn. 2ff.) der Schuldner die Voraussetzungen des § 953 BGB oder die der §§ 954, 956 BGB erfüllt.[11] Verstrickung und Pfandrecht setzen sich nach der Trennung an den geernteten Früchten fort, zB bei Getreide nach dem (Mäh-)Dreschen auch an Stroh und Körnern,[12] bei Trauben am Most.[13] Ein erneutes Kenntlichmachen der Pfändung ist aber geboten, um einen gutgläubigen lastenfreien Erwerb nach § 936 BGB zu verhindern.[14] Die Verwertung der nach § 810 gepfändeten Früchte erfolgt nach § 824. **Verstöße** machen die Pfändung anfechtbar (§ 766). Das gilt vor allem für verfrühte Pfändungen (Abs. 1 S. 2), für das Nichtbeachten der §§ 811 Nr. 4, 813 Abs. 3 und auch dann, wenn der GV im konkreten Fall funktionell unzuständig war, weil bereits die Immobiliarbeschlagnahme vorlag.[15]

V. Vorrangige Realgläubiger (Abs. 2)

6 Sie können auch einer gemäß Abs. 1 zulässigen Pfändung nach Maßgabe des § 771 widersprechen, weil ihnen auch die Früchte haften. Die Klage ist auch nach Abernten der Früchte noch zulässig.[16] In Betracht kommen dingliche oder persönliche Gläubiger, denen nach §§ 10–12 ZVG ein Recht auf Befriedigung aus dem Grundstück zusteht. Deren Befugnis ist unabhängig von Eintragung und Fälligkeit ihres Anspruchs.[17] Ihr Recht entfällt, wenn der Gläubiger nachweist, dass sein Anspruch in der Rangfolge des § 10 ZVG vorgeht. Die Pfändung durch einen persönlichen Gläubiger ist wegen § 10 Nr. 5 ZVG stets bedroht durch nachträgliche Beschlagnahme für einen anderen persönlichen Gläubiger (s. § 865 Rn. 9).[18] Wird die Zwangsvollstreckung gegen den Pächter betrieben, kann ein Realgläubiger wegen § 21 Abs. 3 ZVG der Pfändung nicht widersprechen. Vorrangige Realgläubiger können sich stets auf die Klage aus § 805 beschränken und so auch eine schnellere Verwertung der Früchte vor der Zwangsverwertung des Grundstücks erreichen. **Früchtepfandrechte:** Die auf die Früchte beschränkten rangbesseren Pfandrechte des Verpächters aus § 592 BGB und des Düngemittellieferanten[19] berechtigen nur zur Klage aus § 805. Das Pfandrecht des Verpächters entsteht an den ungetrennten Früchten, sobald sie als solche anzusehen sind.[20] Es geht daher dem Pfändungspfandrecht vor. Auch das Pfandrecht des Lieferanten entsteht an den Früchten schon vor deren Trennung; es geht allen anderen dinglichen Rechten vor.[21]

VI. Rechtsanwaltsgebühren

7 Vgl. Nrn. 3100ff. VV RVG für Klage gem. § 810 Abs. 2. Zur Einstellung s. § 707 Rn. 15.

811 *Unpfändbare Sachen* **(1) Folgende Sachen sind der Pfändung nicht unterworfen:**

1. die dem persönlichen Gebrauch oder dem Haushalt dienenden Sachen, insbesondere Kleidungsstücke, Wäsche, Betten, Haus- und Küchengerät, soweit der Schuldner ihrer zu einer seiner Berufstätigkeit und seiner Verschuldung angemessenen, bescheidenen Lebens- und Haushaltsführung bedarf; ferner Gartenhäuser, Wohnlauben und ähnliche Wohnzwecken dienende Einrichtungen, die der Zwangsvollstreckung in das bewegliche Vermögen unterliegen und deren der Schuldner oder seine Familie zur ständigen Unterkunft bedarf;

2. die für den Schuldner, seine Familie und seine Hausangehörigen, die ihm im Haushalt helfen, auf vier Wochen erforderlichen Nahrungs-, Feuerungs- und Beleuchtungsmittel oder, soweit für diesen Zeitraum solche Vorräte nicht vorhanden und ihre Beschaffung auf anderem Wege nicht gesichert ist, der zur Beschaffung erforderliche Geldbetrag;

---

11 MK/*Gruber* Rn. 9.
12 So schon: RGZ 74, 247, 248.
13 RGZ 161, 109, 113.
14 *Noack* Rpfleger 1969, 113, 114.
15 *St/J/Münzberg* Rn. 12; *Brox/Walker* Rn. 232.
16 *T/P/Hüßtege* Rn. 7.
17 MK/*Gruber* Rn. 10; *St/J/Münzberg* Rn. 14.
18 *St/J/Münzberg* Rn. 14.
19 § 5 G zur Sicherung der Düngemittel- und Saatgutversorgung v. 19. 1. 1949 (WiGBl. S. 8).
20 *Schuschke/Walker* Rn. 1.
21 BGHZ 120, 368, 374 = NJW 1993, 1791.

3. **Kleintiere in beschränkter Zahl sowie eine Milchkuh oder nach Wahl des Schuldners statt einer solchen insgesamt zwei Schweine, Ziegen oder Schafe, wenn diese Tiere für die Ernährung des Schuldners, seiner Familie oder Hausangehörigen, die ihm im Haushalt, in der Landwirtschaft oder im Gewerbe helfen, erforderlich sind; ferner die zur Fütterung und zur Streu auf vier Wochen erforderlichen Vorräte oder, soweit solche Vorräte nicht vorhanden sind und ihre Beschaffung für diesen Zeitraum auf anderem Wege nicht gesichert ist, der zu ihrer Beschaffung erforderliche Geldbetrag;**
4. **bei Personen, die Landwirtschaft betreiben, das zum Wirtschaftsbetrieb erforderliche Gerät und Vieh nebst dem nötigen Dünger sowie die landwirtschaftlichen Erzeugnisse, soweit sie zur Sicherung des Unterhalts des Schuldner, seiner Familie und seiner Arbeitnehmer oder zur Fortführung der Wirtschaft bis zur nächsten Ernte gleicher oder ähnlicher Erzeugnisse erforderlich sind;**

4a. **bei Arbeitnehmern in landwirtschaftlichen Betrieben die ihnen als Vergütung gelieferten Naturalien, soweit der Schuldner ihrer zu seinem und seiner Familie Unterhalt bedarf;**

5. **bei Personen, die aus ihrer körperlichen oder geistigen Arbeit oder sonstigen persönlichen Leistungen ihren Erwerb ziehen, die zur Fortsetzung dieser Erwerbstätigkeit erforderlichen Gegenstände;**
6. **bei den Witwen und minderjährigen Erben der unter Nummer 5 bezeichneten Personen, wenn sie die Erwerbstätigkeit für ihre Rechnung durch einen Stellvertreter fortführen, die zur Fortführung dieser Erwerbstätigkeit erforderlichen Gegenstände;**
7. **Dienstkleidungsstücke sowie Dienstausrüstungsgegenstände, soweit sie zum Gebrauch des Schuldners bestimmt sind, sowie bei Beamten, Geistlichen, Rechtsanwälten, Notaren, Ärzten und Hebammen die zur Ausübung des Berufes erforderlichen Gegenstände einschließlich angemessener Kleidung;**
8. **bei Personen, die wiederkehrende Einkünfte der in den §§ 850 bis 850b bezeichneten Art beziehen, ein Geldbetrag, der dem der Pfändung nicht unterworfenen Teil der Einkünfte für die Zeit von der Pfändung bis zu dem nächsten Zahlungstermin entspricht;**
9. **die zum Betrieb einer Apotheke unentbehrlichen Geräte, Gefäße und Waren;**
10. **die Bücher, die zum Gebrauch des Schuldners und seiner Familie in der Kirche oder Schule oder einer sonstigen Unterrichtsanstalt oder bei der häuslichen Andacht bestimmt sind;**
11. **die in Gebrauch genommenen Haushaltungs- und Geschäftsbücher, die Familienpapiere sowie die Trauringe, Orden und Ehrenzeichen;**
12. **künstliche Gliedmaßen, Brillen und andere wegen körperlicher Gebrechen notwendige Hilfsmittel, soweit diese Gegenstände zum Gebrauch des Schuldners und seiner Familie bestimmt sind;**
13. **die zur unmittelbaren Verwendung für die Bestattung bestimmten Gegenstände.**

(2) [1]Eine in Absatz 1 Nr. 1, 4, 5 bis 7 bezeichnete Sache kann gepfändet werden, wenn der Verkäufer wegen einer durch Eigentumsvorbehalt gesicherten Geldforderung aus ihrem Verkauf vollstreckt. [2]Die Vereinbarung des Eigentumsvorbehaltes ist durch Urkunden nachzuweisen.

Übersicht

I. Normzweck

Der dem Schutz der Grundrechte – Art. 1 „Würde des Menschen“ und Art. 2 GG „Freie Entfaltung der Persönlichkeit“ – wie dem Sozialstaatsprinzip (Art. 20, 28 GG) verpflichtete Staat hat die zur eigenverantwortlichen Führung eines menschenwürdigen Lebens mindestens erforderlichen materiellen Grundlagen (Existenzminimum) zu gewährleisten.[1] Das geschieht zum einen durch die Regelungen des SGB XII. Ergän- 1

[1] BVerfGE 35, 348, 355 = NJW 1974, 230 (Prozesskostenhilfe); BGHZ 137, 193, 194 = NJW 1998, 1058.

zend bewahren die Pfändungsverbote des § 811 den Schuldner davor, durch staatliche Zwangsvollstreckung das zu verlieren, was er zu einer „angemessenen, bescheidenen Lebens- und Haushaltsführung" benötigt.[2] Die Pfändungsschutzvorschriften schaffen einen Ausgleich zwischen den schutzwerten Belangen von Gläubiger und Schuldner.[3] Soweit das existenzielle Schutzbedürfnis des Schuldners reicht, muss der Justizgewährungsanspruch des Gläubigers zurücktreten.[4] Der Gläubiger kann zur Durchsetzung seiner privaten Rechte vom Staat keine verfassungswidrige Hilfe verlangen. Mittelbar geschützt wird auch das fiskalische Interesse.[5] Wäre eine „Kahlpfändung" zu Gunsten privater Gläubiger möglich, müsste das dem Schuldner Fehlende durch Sozialhilfe aus öffentlichen Mitteln wieder bereitgestellt werden.[6] Das allgemeine Risiko jedes Gläubigers, dass sein Schuldner zahlungsunfähig ist, würde der Allgemeinheit aufgebürdet. Der Normzweck verbietet eine starre Anwendung.[7] Die **Auslegung** der weitgehend dem 19. Jahrhundert entstammenden Pfändungsverbote muss sich zeitgemäß an dem Normzweck orientieren.[8] Sie hat den Wandel der Bedürfnisse und Anschauungen,[9] wirtschaftliche und technische Änderungen[10] und nicht zuletzt den **allgemeinen Lebensstandard** zu berücksichtigen.[11] Für eine extensive oder analoge Anwendung besteht aber kein Anlass.[12] Geschützt sind auch Gegenstände, die Beziehungen zur Umwelt und eine Teilnahme am **kulturellen Leben** ermöglichen (vgl. § 27 Abs. 1 S. 2 SGB XII), also all das, was außer Luxus zur Befriedigung geistiger, vor allem wissenschaftlicher und künstlerischer Bedürfnisse dient.

II. Anwendungsbereich

2 **1. Zahlungsansprüche.** § 811 erfasst allein die Zwangsvollstreckung wegen Geldforderungen in bewegliche Sachen, die nach §§ 808, 809 durchgesetzt werden. Es ist grundsätzlich ohne Belang, ob sich die Sachen aktuell im Gewahrsam des Schuldners, des Gläubigers oder eines Dritten befinden.[13] Auf die Art der zu vollstreckenden Geldforderung kommt es außer bei § 811 Nr. 8 nicht an. Auch dem Gläubiger einer Kaufpreisforderung kann die Unpfändbarkeit der Kaufsache entgegengehalten werden.[14] Der Schutz gilt auch für die Vollstreckung von Arrestansprüchen oder Zahlungsansprüchen aus einstweiligen Verfügungen (§§ 930, 935, 940) sowie für die Anschlusspfändung nach § 826.[15]

3 **2. Ansprüche auf Herausgabe von Sachen.** Auf Ansprüche nach §§ 883 ff. oder bei Pfändung von Herausgabeansprüchen nach § 847 findet § 811 keine Anwendung, s. § 883 Rn. 9. Wer zur Herausgabe verpflichtet ist, kann im Vollstreckungsverfahren nicht einwenden, dass er die Sache benötige.

4 **3. Duldungsansprüche.** Auf Ansprüche nach **§ 7 AnfG** ist § 811 unanwendbar. Beim Anfechtungsgegner wird nicht wegen einer gegen ihn gerichteten Geldforderung vollstreckt. Seine wirtschaftliche Lage ist daher nicht maßgeblich. Es geht um die Zugriffsmöglichkeit des Gläubigers, wie sie ohne die anfechtbare Handlung beim ursprünglichen Schuldner bestanden hätte. Falls der anfechtbar erworbene Gegenstand bei jenem unpfändbar war, hätte der Einwand fehlender Gläubigerbenachteiligung im Anfechtungsprozess erhoben werden müssen.[16]

5 **4. Grds. kein Eigentums- und Vermögensschutz.** § 811 schützt nicht das Eigentum des Schuldners, sondern dient der **Sicherung der Gebrauchsmöglichkeit** der Sachen. Hat der Schuldner genügend fremde Sachen, sind seine eigenen pfändbar.[17] Andererseits hilft auch dem Gläubiger einer Geldforderung grundsätzlich nicht, dass er Eigentümer der unpfändbaren Sache ist. Die Eigentumslage ist richtigerweise selbst dann unbeachtlich, wenn sie unstreitig oder offenkundig ist.[18] Der Eigentümer mag beim Prozessgericht gegen den Schuldner einen Herausgabetitel erwirken und sodann nach § 883 vollstrecken.[19] Über die Berechtigung eines solchen Anspruchs haben GV und Vollstreckungsgericht nicht zu befinden. Der Schuldner handelt auch nicht arglistig oder rechtsmissbräuchlich (§ 242 BGB), wenn er sich auf den ihm zustehenden Pfändungsschutz beruft. Auf Grund der **Neuregelung** seit dem 1. 1. 1999 besteht gem. Abs. 2 eine Ausnahme **beim Eigentumsvorbehalt** (s. Rn. 29 f.). Sie soll das Vollstreckungsverfahren im Interesse des Eigentumsvorbehaltsverkäufers beschleunigen. Er kann wg. der titulierten Kaufpreisforderung in die sonst unpfändbare Sache vollstrecken, sofern es sich um eine nach Abs. 1 Nr. 1, 4, 5–7 handelt und er die Vereinbarung des Eigentumsvorbehalts durch Urkunden nachweist. Die Neuregelung ist allerdings **rechtspoli-**

---

2 *Säcker* NJW 1966, 2347.
3 BGH Rpfleger 1999, 336; vgl. §§ 811 a – c; auch §§ 765 a, 813 a, 850 b Abs. 2, 850 d, 850 f.
4 MK/*Gruber* Rn. 2; *Brock* DGVZ 1997, 33, 38; *Bechtloff* ZIP 1996, 994 ff.
5 BGH FamRZ 2004, 621, 622.
6 *St/J/Münzberg* Rn. 3; *Wiecz/Schütze/Lüke* Rn. 4.
7 LG Berlin NJW-RR 1992, 1038.
8 BFH NJW 1990, 1871.
9 BFH (Fn. 8); *St/J/Münzberg* Rn. 7.
10 *Schuschke/Walker* Rn. 1.
11 *T/P/Hüßtege* Rn. 1.
12 AA *Wacke* DGVZ 1986, 161, 164.
13 *B/L/H* Rn. 10.
14 LG Oldenburg DGVZ 1991, 119; *Geißler* DGVZ 1990, 81.
15 AllgM; OLG Düsseldorf JMBlNRW 1954, 103.
16 AllgM; OLG Hamm NJW 1962, 1827.
17 AG Landau DGVZ 1991, 14.
18 HM; OLG Hamm OLGZ 1984, 368 = MDR 1984, 855; MK/*Gruber* Rn. 11; *T/P/Hüßtege* Rn. 4; *St/J/Münzberg* Rn. 15; *Baur/Stürner* ZwV Rn. 356; aA OLG München MDR 1971, 580; LG Köln DGVZ 1999, 42 (wg. Abs. 2 nF).
19 *Münzberg/Brehm* DGVZ 1980, 72.

tisch unausgewogen, s. vor § 704 Rn. 66. Im Übrigen gilt: Der **Wert der Sache** ist **nicht entscheidend.** Die Möglichkeit späterer Neuanschaffung bleibt außer Betracht. Ggf. erfolgt eine Austauschpfändung nach §§ 811a und b. Für Hausrat gilt zusätzlich das Pfändungsverbot des § 812, für Haustiere § 811c.

5. Persönlicher Schutzbereich. Er gilt grds. für alle Schuldner, für juristische Personen, soweit dies der jeweilige Normzweck zulässt. Bei Erben sind deren Verhältnisse maßgebend, nicht die des Erblassers. Teilweise werden auch Familienangehörige des Schuldners (Nr. 1, 2, 3, 4, 4a, 5, 10, 11) und bei ihm angestellte Personen einbezogen (Nr. 1, 2, 3, 4, 6). 6

6. Maßgeblicher Zeitpunkt. Entscheidend sind zunächst die Verhältnisse des Schuldners bei der Pfändung. Der GV muss die Voraussetzungen des § 811 von Amts wegen beachten. Was **zur Zeit der Pfändung** pfändbar war, wird nach hM durch **nachträgliche Veränderungen** nicht unpfändbar.[20] Ausschlaggebend soll sein, dass der Gläubiger bereits ein fehlerfreies Pfandrecht erworben habe und dass dem Schuldner nicht die Möglichkeit gegeben werden dürfe, sich nachträglich unpfändbar zu machen. Befürchtet werden Manipulationen des Schuldners, die nachzuweisen dem Gläubiger nicht immer möglich wären.[21] **Dagegen** spricht aber, dass der Schuldner durch eine Änderung der Verhältnisse nach der Pfändung tatsächlich so schutzbedürftig werden kann, dass § 765a allein ihn nicht genügend schützt.[22] Dem Schutzbedürfnis des Gläubigers kann andererseits durch eine Umkehr der Beweislast entsprochen werden. Der Schuldner darf sich daher auf eine im Zeitpunkt der Entscheidung bestehende Unpfändbarkeit berufen, wenn er darlegt und nachweist, dass er sie nicht treuwidrig herbeigeführt hat.[23] Es besteht also kein Anlass, für die Beurteilung der Unpfändbarkeit von dem auch sonst maßgeblichen Beurteilungszeitpunkt, nämlich dem der Entscheidung über Erinnerung oder Beschwerde, abzuweichen.[24] Wird für eine zunächst unpfändbare Sache durch Veränderung der tatsächlichen Umstände **nachträgliche Pfändbarkeit** begründet, heilt der Mangel ex nunc. In diesem Fall ist nach allgemeiner Meinung auf den Zeitpunkt der Entscheidung über die Erinnerung abzustellen. Bei demnächst pfändbaren Sachen lässt § 811d Vorwegpfändung zu. 7

III. Vereinbarungen über den Pfändungsschutz

1. Vorausverzicht des Schuldners ist nach § 134 BGB nichtig (s. a. vor § 704 Rn. 17).[25] Der Vollstreckungsschutz steht nicht zur Disposition des Schuldners, denn er dient nicht nur seinem Interesse, sondern besteht im Hinblick auf das Sozialstaatsprinzip und dient auch der Vermeidung von Sozialhilfeansprüchen (s. Rn. 1). Dagegen lässt sich nicht einwenden, dass der Schuldner unpfändbare Sachen rechtsgeschäftlich veräußern und sogar in AGB-Verträgen bis zur Grenze des § 138 BGB[26] wirksam übereignen kann. Derartige Verfügungen muss der Staat hinnehmen. Ein existenzgefährdender Vorausverzicht im Rahmen staatlicher Vollstreckung bindet ihn jedoch nicht.[27] 8

2. Verzicht bei oder nach der Pfändung. Es ist streitig, ob er wirksam erklärt werden kann.[28] Das wird teils bejaht mit der Begründung, der Schuldner könne nun übersehen, welches Risiko er auf sich nehme[29] und öff. Interessen seien nicht berührt, weil der Schuldner nach § 26 Abs. 2 SGB XII keinen Anspruch auf Sozialhilfe zur Wiederbeschaffung der gepfändeten Sache habe.[30] Dagegen spricht aber, dass Art. 20, 28 GG auch in diesem Fall eine Vollstreckung verbieten, die dem Schuldner das Existenzminimum nimmt. Die Pfändungsverbote sind zwingende öffentlichrechtliche Schranken staatlicher Vollstreckungsgewalt.[31] Das öff. Interesse entfällt nicht, nur weil fiskalische Nachteile ausbleiben. Der Staat muss es zwar hinnehmen, wenn ein Schuldner selbst seine unpfändbaren Sachen veräußert. Er darf aber da, wo er einwirken kann, die eigene Existenzvernichtung des Schuldners nicht noch durch staatliche Vollstreckungsmaßnahmen fördern.[32] Der Gerichtsvollzieher darf den Schuldner auch nicht mit dessen Einverständnis zum „Sozialfall" machen. Ein Verzicht des Schuldners auf Pfändungsschutz ist daher stets unbeachtlich, gleichgültig, ob er vor, bei oder nach der Pfändung erklärt wird, es sei denn, der Schuldner handelt arglistig (s. a. vor § 704 Rn. 17).[33] 9

3. Vereinbarungen zu Gunsten des Schuldners. Vereinbarte Unpfändbarkeit über § 811 hinaus ist zulässig. Der GV berücksichtigt sie, wenn ihn der Gläubiger entsprechend anweist. Umstritten ist, ob sieauch im Streitfall vom GV zu beachten und demgemäß vom Vollstreckungsgericht nach § 766 zu überprüfen ist oder ob der Schuldner Klage nach § 767 erheben muss (s. § 766 Rn. 7). 10

---

20 So ausnahmslos LG Bochum DGVZ 1980, 37; AG Sinzig DGVZ 1990, 95; *B/L/H* Rn. 13; *T/P/Hüßtege* Rn. 3; *Zö/Stöber* Rn. 9; *Baur/Stürner* ZwV Rn. 341.
21 *Schuschke/Walker* Rn. 4.
22 *Säcker* NJW 1966, 2345.
23 MK/*Gruber* Rn. 14; *St/J/Münzberg* Rn. 17; *Brox/Walker* Rn. 295; *Brock* DGVZ 1997, 65 f.
24 Eingehend *Brox/Walker* Rn. 295 aE.
25 HM; OLG Köln Rpfleger 1969, 439; MK/*Gruber* Rn. 9; aA LG Bonn MDR 1965, 303.
26 OLG Stuttgart NJW 1971, 50; *Gerhardt* JuS 1972, 696.
27 *Schuschke/Walker* Rn. 8.
28 *Kleffner* DGVZ 1991, 108.
29 KG NJW 1960, 682; AG Essen DGVZ 1978, 175.
30 Vgl. auch: *Schuschke/Walker* Rn. 9.
31 BFH NJW 1990, 1871; *Schneider/Becher* DGVZ 1980, 177, 179.
32 AG Sinzig NJW-RR 1987, 757.
33 BayObLG NJW 1950, 697, 698 f.; AG Sinzig (Fn. 32); *T/P/Hüßtege* Rn. 5; *St/J/Münzberg* Rn. 8; *Zö/Stöber* Rn. 10; *Brox/Walker* Rn. 304; *Hintzen/Wolf* ZwV Rn. 4.145; *Lackmann* Rn. 107; aA *B/L/H* Rn. 5; *Brock* (Fn. 4) S. 39 f.; *Bechtloff* (Fn. 4) S. 996.

IV. Voraussetzungen (Abs. 1)

11 **Nr. 1: Persönlicher Gebrauch und Haushalt. a) Grundsatz.** Geschützt sind bewegliche Sachen des persönlichen Gebrauchs und des Haushalts, auch für die mit dem Schuldner zusammenlebenden, von ihm wirtschaftlich abhängigen Personen.[34] Unterhaltspflicht ist nicht Voraussetzung. Wer gegen Entgelt in den Haushalt aufgenommen ist, ist persönlich betroffen.[35] Der Haushalt muss bereits bestehen.[36] Er wird durch eine Zwangsräumung nicht sofort aufgehoben.[37] Die Aufzählung in Nr. 1 ist beispielhaft, nicht abschließend. Die genannten Sachen dienen der Grundversorgung. Übliche Ersatzstücke sind ebenso unpfändbar wie Wäsche und Garderobe zum Wechseln und für verschiedene Jahreszeiten. Die Sachen müssen nicht unentbehrlich sein.[38] Der notwendige Lebensunterhalt nach § 27 Abs. 1 SGB XII ist kein ausreichender Maßstab.[39] Andererseits kann der Schuldner einen standesgemäßen Haushalt nicht verlangen.[40] Was zu einer angemessenen, bescheidenen Lebens- und Haushaltsführung erforderlich ist, bestimmt sich allgemein nach heutigen beruflichen, sozialen und örtlichen Verhältnissen und konkret nach der individuellen Situation des Schuldners. Insoweit sind von Belang das Ausmaß seiner Schulden sowie seine und seiner Haushaltsangehörigen Berufstätigkeit, Alter, Gesundheit, Familienstand und persönliche Belastungen. Die auf den **Einzelfall**[41] auszurichtende Auslegung verbietet eine starre Anwendung der Schutzbestimmungen.[42] Was „angemessen" und „bescheiden" ist, muss an den im Fluss befindlichen gesellschaftlichen Anschauungen gemessen werden. Die Rechtsprechung hat weder eine Vorreiterrolle, noch darf sie lebensfremd sein.[43]

12 **b) Beispiele:** Regelmäßig unpfändbar sind, wobei ggf. eine Austauschpfändung nach § 811 a oder b in Betracht kommt: **Bett** nebst Matratze, Federbett, Kopfkissen und Bettwäsche; **Bücher** und **Computer** im Einzelfall;[44] **Fahrrad,**[45] sofern es nicht nur Sportgerät ist; **Fernseher:** Fernseher und Radio dienen den Beziehungen zur Umwelt, insbesondere der Möglichkeit der Information über das Zeitgeschehen und der Teilnahme am kulturellen Leben.[46] Deshalb sind grundsätzlich unpfändbar:[47] ein Fernsehgerät als alleinige Informationsquelle,[48] auch dann, wenn zusätzlich ein Rundfunkgerät vorhanden ist.[49] Das kann dann ebenso gepfändet werden[50] wie eine zusätzliche Stereoanlage;[51] **Heizkissen;**[52] **Haushaltsgeräte: Bügeleisen,**[53] **Staubsauger,**[54] **Waschmaschine,**[55] **Wäscheschleuder,**[56] **Wäschetrockner,** jedenfalls bei beschränkter Trocknungsmöglichkeit,[57] Nähmaschine.[58] Auch das **Verbot der Hausratspfändung** nach § 812 ist zu beachten; **Kinderbett, Kinderwagen,**[59] **Kinderkleidung; Kleidung,** bei Frack entscheidet die berufliche Stellung,[60] für Pelzmäntel o. ä. gilt ggf. § 811 a; **Koffer** im Einzelfall; bei **Küchen:** Schrank mit Geschirr u. Besteck, Elektro- oder Gasherd, Heißwassergerät,[61] Kühlschrank,[62] **nicht:** zusätzliche Gefrier- oder Tiefkühltruhe[63] oder Geschirrspülmaschine,[64] Kaffee- oder Espressomaschine, Mikrowellenherd; zu Einbauküchen s. auch § 864 Rn. 2; **Möbel** s. u. Wohnungseinrichtung; **Musikinstrumente**[65] im Einzelfall; **Öfen** und andere Heizgeräte;[66] **Pkw** des außergewöhnlich gehbehinderten Schuldners[67], **Rundfunkgerät,**[68] falls kein Fernseher vorhanden

---

[34] Rn. 19.
[35] *St/J/Münzberg* Rn. 31.
[36] OLG Celle JurBüro 1969, 362; LG München DGVZ 1983, 93.
[37] LG Frankfurt DGVZ 1990, 59; LG München (Fn. 36).
[38] LG Bochum DGVZ 1983, 12 = JurBüro 1983, 301.
[39] BVerwGE 80, 349, 351 f. = NJW 1989, 924.
[40] MK/*Gruber* Rn. 20; *St/J/Münzberg* Rn. 25.
[41] BGH NJW-RR 2004, 789.
[42] LG Berlin NJW-RR 1992, 1038; *Brock* DGVZ 1997, 65, 68.
[43] *Schneider/Becher* DGVZ 1980, 177, 185.
[44] LG Rottweil InVo 1999, 27 (Notebook).
[45] OLG Braunschweig NJW 1952, 751; aA *Schuschke/Walker* Rn. 14 (ggf. aber nach Nr. 5 oder Nr. 12).
[46] BVerwG NJW 1995, 272; BFH (Fn. 31); vgl. auch *Urban* DGVZ 1990, 103.
[47] AA *Lüke/Beck* JuS 1994, 23, 24 (Einzelfall).
[48] OLG Frankfurt NJW 1970, 152 u. 570 m. Anm. *Blumenthal;* LG Lübeck DGVZ 1985, 153.
[49] BFH (Fn. 31); VGH Kassel NJW 1993, 551; OLG Stuttgart NJW 1987, 196 = JurBüro 1987, 460 m. abl. Anm. *Mümmler;* aA LG Wiesbaden DGVZ 1994, 43; AG Wiesbaden DGVZ 1997, 59; *Pardey* DGVZ 1987, 111; vgl. auch *Lüke/Beck* (Fn. 47).
[50] LG Bochum (Fn. 38).
[51] VGH Mannheim NJW 1995, 2804; LG Duisburg MDR 1986, 682.
[52] AG Bochum-Langendreer DGVZ 1967, 188; *B/L/H* Rn. 20; aA OLG Köln MDR 1969, 151.
[53] MK/*Gruber* Rn. 43.
[54] *B/L/H* Rn. 23; *Zö/Stöber* Rn. 15; aA AG Wiesbaden DGVZ 1993, 258 (20 qm Teppichboden).
[55] LG Berlin NJW-RR 1992, 1038, *Schneider/Becher* DGVZ 1980, 177; aA AG Berlin-Schöneberg DGVZ 1990, 15.
[56] LG Traunstein MDR 1963, 58; vgl. auch *Schneider/Becher* (Fn. 55) S. 180.
[57] AG Heidelberg DGVZ 1981, 31.
[58] KG DGVZ 1953, 116; aA OLG Köln MDR 1969, 151; LG Hannover NJW 1960, 2248.
[59] AG Biberach DGVZ 1963, 76.
[60] *B/L/H* Rn. 21.
[61] AG Bochum-Langendreer (Fn. 52).
[62] OLG Frankfurt MDR 1964, 1012; AG München DGVZ 1974, 95; aA AG Wolfsburg MDR 1971, 76.
[63] LG Kiel DGVZ 1978, 115; AG Itzehoe DGVZ 1984, 30.
[64] AG Heidelberg DGVZ 1981, 31.
[65] *St/J/Münzberg* Rn. 29.
[66] AG Bochum-Langendreer (Fn. 52).
[67] BGH (Fn. 41).
[68] OLG Hamm JMBlNRW 1951, 106; KG MDR 1953, 178; aA LG Regensburg NJW 1950, 548.

ist (s. o.); **Stereokompaktanlage** nur, wenn sie ein Radioteil (Receiver) hat und kein Fernseher (s. o.) oder sonstiges Radio vorhanden ist.[69] Im Übrigen ist sie ebenso wie eine DVD-, CD- oder Videoanlage oder sonstige Geräte der Unterhaltungselektronik **nicht** unpfändbar[70] (s. aber § 812 Rn. 1); **Telefon,** aber **nicht** getrennte Anrufbeantworter, Telefaxgeräte;[71] **Uhr**[72] **als Armband- und Taschenuhr; Versicherungsforderung** wegen Hausrats, auch soweit sie sich auf Reparatur und Reinigung bezieht und Ausgleich zwischen Neu- und Zeitwert erfasst;[73] **Wäsche:** Haushaltswäsche und Bekleidung; **Wohnungseinrichtung:** Tisch, 4 Stühle, Wohn- und Schlafzimmerschrank[74] (**nicht** zusätzliche Glasvitrine),[75] eine Liege,[76] eine Polstergruppe nebst Couchtisch,[77] ggf. ein Teppich.[78] **Wohnwagen,** Wohnboot, Gartenhäuser, Wohnlauben, Behelfsheime u. ä. sind dann unpfändbar, wenn sie als ständige Unterkunft benötigt werden, seien sie einfach oder luxuriös gestaltet.[79] Ggf. kommt eine Austauschpfändung in Betracht. § 811 hilft aber nur, wenn es sich um Scheinbestandteile des Grundstücks handelt, die nicht der Immobiliarvollstreckung nach §§ 864ff. unterliegen. **Nicht** geschützt sind Wochenend- und Ferienhäuser, Jagdhütten und Gartenlauben, da Freizeiteinrichtungen. **Zweitwohnung.** Deren Haushalt ist geschützt, wenn sie beruflich veranlasst ist.

Nr. 2: Haushaltsgeld. Geschützt sind der Schuldner und die haushaltsangehörigen Personen, auch Nichtverwandte. Sind die genannten Naturalien nicht vorhanden, muss der GV dem Schuldner Bargeld belassen. Der unpfändbare Betrag bemisst sich allein nach dem zur Beschaffung der Naturalien für vier Wochen Erforderlichen, darf also den Aufwand für Miete, Bekleidung, Versicherungen u. ä. nicht berücksichtigen.[80] Die Beschaffung ist womöglich zum Teil „auf anderem Wege gesichert", wenn eine Lohnzahlung oder andere sichere Zahlungseingänge bevorstehen oder der Betrag auf einem Konto nach §§ 850k oder auf Grund § 55 SGB I beschlagnahmefrei vorhanden ist (s. § 850i Rn. 28ff. und § 850k Rn. 2ff.). Der Berechnungszeitraum ist ggf. entsprechend zu kürzen. 13

Nr. 3: Selbstversorger. Alle Selbstversorger, nicht nur Landwirte,[81] werden dadurch geschützt, dass ihnen die Haustiere erhalten bleiben, von denen sie sich ernähren, sei es von ihren Produkten wie Milch, Eier oder von ihrem Fleisch. Die Tiere müssen für die Ernährung des Schuldners und seiner Hausangehörigen, hier einschließlich der Gewerbegehilfen, erforderlich sein. Dass sie unentbehrlich sind, wird nicht verlangt.[82] Es kommt auch nicht darauf an, ob der Schuldner finanziell auf die Selbstversorgung angewiesen ist.[83] Kleintiere sind Hühner, Kaninchen, Gänse, Enten. Trifft der Schuldner keine Auswahl, entscheidet der Gerichtsvollzieher.[84] Hat der Schuldner neben eigenen Tieren in ausreichendem Maße sog. Stallvieh, ist das eigene Vieh pfändbar.[85] Ist ein vierwöchiger Futter- und Streuvorrat nicht vorhanden oder zu beschaffen, muss dem Schuldner der dafür erforderliche Betrag belassen werden. 14

Nr. 4: Landwirte. Im Interesse der Arbeitsplatzsicherung[86] soll Landwirten die Grundlage ihres Lebensunterhalts so lange bleiben, wie ein Insolvenzverfahren vermeidbar ist (vgl. § 36 Abs. 2 Nr. 2 InsO). Landwirtschaft ist jede erwerbsmäßige Bearbeitung eigenen oder fremden Grund und Bodens zur Gewinnung von Nutzpflanzen und Nutztieren und deren Erzeugnissen.[87] **Geschützte Betriebe** sind außer Ackerbau[88] und Viehzucht einschließlich Geflügelzucht, auch Forstwirtschaft, Baumschulen, die Urproduktion betreiben,[89] Garten-, Gemüse-, Obst- und Weinbau,[90] wohl auch Imkerei und Fischzucht.[91] **Ausgeschlossen** ist gewerbliche Tierzucht (s. dazu Rn. 17), das sind Betriebe, die im Wesentlichen nicht auf landwirtschaftlicher Nutzung des Bodens beruhen wie Intensivhaltung von Mastvieh und Legehennen,[92] auch neuartiges Nutzvieh wie Damwild, Kängurus, Kamele und Strauße,[93] Fuchs- und andere Pelztierfarmen, Hundefarmen (s. auch Rn. 20 aE und § 811c Rn. 2 aE), auch die Pferdezucht eines Nichtlandwirts[94] u. die zu Zwecken des Pferdesports.[95] Nebenbetriebe des Landwirts wie Hausbrennereien, Brauereien oder Gasthöfe 15

---

69 Einschränkend LG Bochum DGVZ 1983, 13.
70 AG Essen DGVZ 1998, 30.
71 *Schmittmann* DGVZ 1994, 51.
72 OLG München DGVZ 1983, 140.
73 LG Detmold Rpfleger 1988, 154; aA *Noack* DB 1977, 195.
74 AG Bochum-Langendreer (Fn. 52); FG Brandenburg JurBüro 1998, 664 (Sitzgarnitur, 2 Tische, Schrankwand).
75 LG Heilbronn DGVZ 1993, 12 = MDR 1992, 1001.
76 OLG Schleswig SchlHA 1955, 201.
77 LG Heilbronn (Fn. 75); AG Itzehoe DGVZ 1998, 63.
78 KG DGVZ 1967, 105.
79 OLG Zweibrücken Rpfleger 1976, 328; aA OLG Hamm MDR 1951, 738; LG Braunschweig DGVZ 1975, 25.
80 *B/L/H* Rn. 25.
81 *Dietz* DGVZ 2001, 81, 82.
82 OLG Düsseldorf MDR 1950, 285.
83 *Schuschke/Walker* Rn. 17.
84 *St/J/Münzberg* Rn. 35.
85 *Zö/Stöber* Rn. 18.
86 *St/J/Münzberg* Rn. 38; auch als Nahrungslieferant: MK/*Gruber* Rn. 24; *Noack* JurBüro 1979, 649, 652.
87 LG Oldenburg DGVZ 1980, 170.
88 LG Oldenburg (Fn. 87).
89 BGHZ 24, 169, 171ff. = NJW 1957, 1197; AG Elmshorn DGVZ 1995, 12.
90 Für alle vier: LG Oldenburg (Fn. 87).
91 MK/*Gruber* Rn. 24; *Röder* DGVZ 1995, 38 (Fischzucht); aA für Bienenzucht LG Oldenburg (Fn. 87).
92 LG Hildesheim NdsRpfl. 1971, 257.
93 *Dietz* DGVZ 2001, 81, 82.
94 LG Koblenz DGVZ 1997, 89; LG Frankenthal NJW-RR 1989, 896; *Wolf* InVo 2007, 483, 485.
95 *Lorz/Metzger* Tierschutzgesetz 5. Aufl. 1999, § 11 Rn. 15.

werden durch Nr. 4 ebenso wenig geschützt wie Zulieferer (Saatguthandlungen) und Abnehmer (Molkereien) oder etwa Lohndruschunternehmen.[96] **Landwirt:** Geschützt wird, wer zur Zeit der Vollstreckung tatsächlich die Landwirtschaft betreibt.[97] Nr. 4 gilt auch für Nebenerwerbslandwirte. Das Halten von zwei Milchkühen bei einer Bewirtschaftung von 0,45 ha ist geschützt,[98] einem Fuhrunternehmer, der auf 3 Morgen Pachtland Obst und Gemüse anbaute, wurde der Schutz versagt.[99] Ein Pferdezüchter ist nur dann Landwirt, wenn er das Futter für die Tiere selbst anbaut.[100] **Gerät:** Maschinen sind erforderlich, wenn die Landwirtschaft ohne sie nicht ordnungsgemäß weiterbetrieben werden kann. Vornehmlich ist auf die Betriebsgröße abzustellen. Auch eine Hochdruckheupresse kann erforderlich sein.[101] Zum Gerät zählen auch Hausgerät und Mobiliar, uU die Büroeinrichtung[102] und ein Kraftfahrzeug.[103] **Vieh:** Milchvieh, Federvieh, eine Schafherde[104] und Arbeitstiere, der Hofhund,[105] aber auch Zucht- und Mastvieh sind unpfändbar, soweit sie entweder zum Unterhalt der durch Nr. 4 geschützten Personen oder zur Fortführung der Wirtschaft bis zur nächsten Ernte erforderlich sind. Der Betrieb muss auch nach der Pfändung noch wirtschaftlich arbeiten können.[106] Mastvieh ist demgemäß geschützt, wenn nach dem Betriebsplan, insbesondere wegen der Futtervorräte eine Weitermast erforderlich ist.[107] **Dünger:** Ist er nötig, ist er unpfändbar, gleich ob natürlich, künstlich, selbst erzeugt oder gekauft.[108] **Erzeugnisse** sind die natürlichen Tier- und Bodenprodukte.[109] Für die Erforderlichkeit gilt dasselbe wie beim Vieh. Ein objektiv nötiger Vorrat an Saatgut, Viehfutter und Streu ist unpfändbar. Was zum Verkauf bestimmt ist, zB schlachtreifes Mastvieh, fällt grundsätzlich nicht darunter. Das gilt auch, wenn der Verkauf erst nach Weiterverarbeitung erfolgt.[110] Soweit aber für die Forderungen aus dem Verkauf Pfändungsschutz nach § 851 a Abs. 1 bestünde, sind schon die Erzeugnisse unpfändbar.[111] Ein **landwirtschaftlicher Sachverständiger** ist ggf. nach § 813 Abs. 3 hinzuzuziehen, s. dort Rn. 6.

16 **Nr. 4 a: Landwirtschaftliche Arbeitnehmer.** Deren Deputat ist als Arbeitsvergütung unpfändbar, soweit es der Schuldner und seine Familienangehörigen zum Unterhalt benötigen. Unerheblich ist: ob der Schuldner selbst landwirtschaftliche Dienste leistet oder etwa Büroarbeiten erledigt, ob er im Haupt- oder in einem Nebenbetrieb tätig ist, ob die Naturalien im Betrieb des Arbeitgebers gewonnen wurden, ob sie zur Ernährung oder zur Deckung sonstigen Bedarfs (Brennholz, Kleidung) bestimmt sind.

17 **Nr. 5: Schutz persönlicher Arbeitsleistung. a) Grundsatz:** Dem Schuldner darf nicht die Möglichkeit genommen werden, auch künftig den Unterhalt für sich und seine Familienangehörigen aus eigenen Kräften zu erwirtschaften (vgl. § 19 Abs. 1 SGB XII). Dieser Normzweck bestimmt den Kreis der geschützten Personen und den der unpfändbaren Sachen.

b) Geschützte Personen: Arbeitnehmer, das sind ausnahmslos alle in fremden Betrieben entgeltlich Tätigen; **Berufsvorbereitung** erfasst Schüler, Auszubildende, Studenten,[112] Referendare; **Ehegatten** werden geschützt, weil die Erwerbstätigkeit zugleich den Angehörigen dient. Daher sind unpfändbar auch Sachen, die der Ehegatte des Schuldners zu Erwerbszwecken benötigt.[113] Der Pfändungsschutz wird durch § 739 nicht verdrängt;[114] **Selbständige** sind geschützt, wenn die Ausnutzung von Sach- und Kapitalmitteln sowie von fremder Arbeitskraft die persönliche Leistung nicht überwiegt.[115] Geschützt werden daher **Freiberufler** wie Architekten,[116] Steuerberater,[117] Musiker, Schauspieler und Schriftsteller; für Ärzte und Rechtsanwälte gilt Nr. 7. Der Einsatz von Mitarbeitern und Geräten (Computer o. ä.) schließt die Anwendung nicht aus, vorausgesetzt, der persönliche Einsatz des Schuldners überwiegt die anderen Leistungen;[118] **Handwerker** sind unabhängig von der Anerkennung durch gewerberechtliche Vorschriften oder Eintragung in die

---

[96] OLG Düsseldorf JMBlNRW 1968, 18.
[97] AG Schopfheim DGVZ 1976, 62.
[98] OLG Schleswig SchlHA 1956, 356.
[99] SoergRspr. 1937 § 811 Nr. 8; *Zö/Stöber* Rn. 19.
[100] LG Koblenz DGVZ 1997, 89.
[101] LG Oldenburg DGVZ 1980, 39.
[102] *Diedrich* AgrarR 1992, 124, 128.
[103] *Pardey* DGVZ 1987, 180.
[104] AG Kirchheim/Teck DGVZ 1983, 62.
[105] *Diedrich* (Fn. 102).
[106] LG Rottweil MDR 1985, 1034.
[107] RGZ 142, 379, 380.
[108] *Diedrich* (Fn. 102).
[109] MK/*Gruber* Rn. 24.
[110] AG Worms DGVZ 1984, 126.
[111] AG Aachen DGVZ 1961, 141; *St/J/Münzberg* Rn. 39; aA OLG Celle MDR 1962, 149; LG Kleve DGVZ 1980, 38; *Zö/Stöber* Rn. 21.
[112] AG Heidelberg DGVZ 1989, 15.
[113] OLG Hamm MDR 1984, 855; LG Siegen NJW-RR 1986, 224; aA OLG Stuttgart FamRZ 1963, 297; LG Augsburg Rpfleger 2003, 203 = InVo 2003, 292; *B/L/H* Rn. 41 (Schutz der Familie nur nach Nr. 1).
[114] *Brox/Walker* Rn. 286.
[115] OLG Düsseldorf DGVZ 1968, 73; LG Frankfurt NJW-RR 1988, 1471.
[116] LG Frankfurt DGVZ 1990, 58.
[117] OLG Hamburg DGVZ 1984, 57 (im konkreten Fall aber verneinend).
[118] BGH NJW 1993, 921, 922; LG Heilbronn NJW-RR 1995, 255, 256; zu weit gehend: AG Oberhausen DGVZ 1996, 159 (Zirkusbetrieb).

Handwerksrolle[119] auch bei Einsatz von Personal[120] und Maschinen[121] geschützt, wenn sie selbst handwerklich mitarbeiten. Das gilt auch für PC und Drucker des Elektrotechnikers, der ein Planungsbüro betreibt.[122] Kein Schutz besteht, wenn von kapitalistischer Arbeitsweise erst auf einen Handwerksbetrieb umgestellt werden soll;[123] **Kaufleute** fallen **regelmäßig nicht** unter Nr. 5, denn sie ziehen auch bei eigener Mitarbeit ihren Erwerb im Wesentlichen aus dem Warenumsatz, der Nutzung ihrer Betriebsanlagen und der Arbeitskraft ihrer Arbeitnehmer.[124] Steht **aber** ausnahmsweise **persönlicher Arbeitseinsatz** im Vordergrund und tritt daher der Gesichtspunkt des Warenhandels zurück, gilt der Schutz auch für sie:[125] so für Fuhr- oder Taxiunternehmer, die selbst fahren[126] und nicht mehr als 2 Mitarbeiter haben,[127] für Möbeltransporteure,[128] für Verkaufsfahrer und Hausierer,[129] für Handelsvertreter als Minderkaufleute stets, als Vollkaufleute, wenn sie nicht mehrere Untervertreter beschäftigen,[130] schließlich für handwerklich mitarbeitende Handwerker, die zugleich verkaufen wie Bäcker und Metzger.[131]

Nie geschützt sind trotz persönlichen Einsatzes **große und mittlere Einzelhändler,**[132] Vermieter von Kraftfahrzeugen, Büchern[133] oder Videos,[134] Bauunternehmer,[135] Großgärtner.[136] Bei vielen Dienstleistungsunternehmen muss im Einzelfall darauf abgestellt werden, ob die persönliche Dienstleistung oder die Sachleistung überwiegt[137] wie bei Betreibern von Schaubuden,[138] Karussells u. ä., Kahnschiffern, Zimmervermietern, Gastwirten,[139] Pensionsinhabern und Betreibern von Familienhotels. Weil sie keine persönliche Arbeitsleistung erbringen, ist Nr. 5 **unanwendbar** auf **juristische Personen** wie **AG** und **GmbH.** Das gilt nach zutreffender Ansicht auch für die Einpersonengesellschaft (Ein-Mann-GmbH). Der Alleingesellschafter kann zwar als Geschäftsführer eine persönliche Arbeitsleistung erbringen, hinter der im Einzelfall womöglich die Betriebsmittel und die Kapitalausstattung der Gesellschaft zurücktreten. Gleichwohl geschieht das, was er tut, für die rechtlich von ihm getrennte juristische Person. Nr. 5 schützt aber nicht das Unternehmen, sondern den Arbeitleistenden. Eine Kumulation von beschränkter Haftung in Gestalt der juristischen Person und gleichzeitiger Unpfändbarkeit als natürliche Person scheidet daher aus.[140] Wenn jedoch im Einzelfall entgegen § 13 Abs. 2 GmbHG eine Durchgriffshaftung des Alleingesellschafters bejaht wird, ist Nr. 5 auch auf ihn persönlich anwendbar. Bei **OHG** und **KG,** die kraft Gesetzes ein vollkaufmännisches Gewerbe betreiben und sich bei Herabsinken auf den Status eines Minderkaufmanns automatisch in eine GbR umwandeln, gilt dasselbe wie für Vollkaufleute. Wenn Gegenstand einer OHG kein kaufmännischer Warenumsatz ist und wenn alle Gesellschafter ihren Erwerb aus körperlicher Arbeit im Gewerbebetrieb der OHG erzielen, wird sie durch Nr. 5 geschützt.[141] Die **GbR** ist im kaufmännischen Bereich stets Minderkaufmann, sonst wäre sie OHG. Maßgeblich ist daher der persönliche Arbeitseinsatz ihrer Gesellschafter.[142] 18

c) **Fortsetzung der Erwerbstätigkeit.** Geschützt wird die gegenwärtige Erwerbstätigkeit. Es ist unerheblich, ob die Tätigkeit als **Haupt- oder Nebenberuf** ausgeübt wird[143] oder ob sie eingeschränkt werden könnte.[144] Eine objektive Zweckmäßigkeit der Betriebsorganisation ist nicht verlangt.[145] Der Schuldner kann weder auf eine Neuorganisation verwiesen werden,[146] noch kann er sich auf deren Notwendigkeit berufen, wenn er sie bisher nicht veranlasst hat.[147] Die Möglichkeit künftiger Berufsausübung genügt nur, 19

---

119 *St/J/Münzberg* Rn. 46.
120 LG Bochum DGVZ 1982, 43 (Kfz-Werkstatt mit 6 Mitarbeitern).
121 OLG Frankfurt InVo 2001, 220 (Bäckerei-Backöfen); LG Hamburg DGVZ 1984, 26 (Falzautomat); AG Sinzig NJW-RR 1987, 757 (Werkzeugmaschinen); *Bloedhorn* DGVZ 1976, 104, 110.
122 LG Heilbronn (Fn. 118).
123 AllgM; LG Duisburg JR 1951, 665.
124 LG Cottbus InVo 2002, 428 = JurBüro 2002, 547; aA LG Lübeck DGVZ 2002, 185 (kleiner Laden).
125 OLG Celle DGVZ 1999, 26 (Zierfischhandel).
126 *St/J/Münzberg* Rn. 47.
127 OLG Hamburg DGVZ 1984, 57.
128 LG Bonn MDR 1960, 770; LG Berlin DGVZ 1966, 74.
129 OLG Hamm MDR 1991, 420; aA LG Münster DGVZ 1968, 189.
130 KG DGVZ 1967, 181; LG Mannheim BB 1974, 1458.
131 OLG Braunschweig NdsRpfl. 1953, 162; AG Witten DGVZ 1961, 12.
132 LG Cottbus InVo 2002, 428, 429; LG Frankfurt NJW-RR 1988, 1471; anders AG Köln DGVZ 1992, 47.
133 LG Düsseldorf MDR 1964, 63; aA AG Gelsenkirchen-Buer DGVZ 1962, 157.
134 LG Augsburg DGVZ 1989, 138; LG Frankfurt NJW-RR 1988, 1471.
135 KG OLGRspr. 10, 379; OLG Kiel OLGRspr. 20, 351; aA LG Hamburg JurBüro 1951, 435; AG Schönau DGVZ 1974, 61 (kleines Unternehmen).
136 LG Kassel DGVZ 1961, 124; aA LG Göttingen NdsRpfl. 1957, 74.
137 *St/J/Münzberg* Rn. 46.
138 AG Hannover 1975, 15.
139 AG Karlsruhe DGVZ 1989, 141; AG Horbach DGVZ 1989, 79.
140 AG Düsseldorf DGVZ 1991, 175; MK/*Gruber* Rn. 28; *T/P/Hüßtege* Rn. 18; *Schuschke/Walker* Rn. 20; *Noack* DB 1977, 195, 196; aA *St/J/Münzberg* Rn. 43; *Zö/Stöber* Rn. 26; *App* DGVZ 1985, 97; GmbHR 1987, 420.
141 OLG Oldenburg NJW 1964, 505; MK/*Gruber* Rn. 28; *St/J/Münzberg* Rn. 43.
142 AllgM; vgl. AG Bersenbrück DGVZ 1992, 78.
143 OLG Hamm Rpfleger 1956, 46; FG Köln DGVZ 2001, 10; *T/P/Hüßtege* Rn. 18; aA LG Regensburg DGVZ 1967, 45; *B/L/H* Rn. 38.
144 *B/L/H* Rn. 34.
145 LG Berlin DGVZ 1961, 123.
146 *Zö/Stöber* Rn. 27.
147 MK/*Gruber* Rn. 29.

wenn schon eine konkrete Aussicht auf baldige Realisierung besteht.[148] Zeitweilige Nichtausübung des Berufs, etwa wegen Krankheit oder Haft, schadet nicht.[149] Freizeitbeschäftigung ohne Erwerbsziel wird nicht geschützt.[150]

d) **Erforderliche Gegenstände.** Unpfändbar sind die zur Fortsetzung der Erwerbstätigkeit erforderlichen Gegenstände.[151] Je nach Art der Tätigkeit zählen im Hinblick auf wirtschaftliche und betriebstechnische Umstände dazu Sachen, die vom Schuldner persönlich oder von seinen Hilfskräften benötigt werden.[152] In Betracht kommen zur Herstellung, Bearbeitung, Aufbewahrung und zum Transport von Waren erforderliche Sachen. Es genügt, dass sie nur mittelbar dem Betriebszweck dienen, wie vor allem Kraftfahrzeuge.[153] Dazu zählen ferner persönliche Arbeitsmittel und Verwaltungsmaterial. Die wirtschaftliche und technische Weiterentwicklung muss berücksichtigt werden.

20 **Einzelfälle:** Geschützt sind **Ausstellungsstücke,** soweit sie auch der Beratung und Planung dienen, zB bei Küchenstudio;[154] **Baugerüste,** Baumaschinen und -werkzeuge bei Bauunternehmern;[155] **Bücher** soweit sie Hilfsmittel zur persönlichen Arbeit sind, nicht bei Vermietung;[156] **Computer** soweit sie persönlich gebraucht werden (s. a. Rn. 12) für Beruf,[157] Gewerbe[158] oder Examen,[159] **nicht** aber bei Unternehmen mit kapitalistischer Arbeitsweise,[160] etwa bei einer GmbH;[161] **Diktiergeräte,** einschließlich Abspielgerät für Schreibkraft, bei persönlicher Arbeitsleistung im Büroberuf;[162] **Druckereimaschinen,** Falzmaschine;[163] **Fahrrad** (bereits nach Nr. 1 unpfändbar) jedenfalls soweit es zum Erreichen der Arbeitsstätte benötigt wird; **Fotokopiergerät** bei Architekten oder anderem Freiberufler;[164] **Handwerkszeug** der jeweils berufsspezifischen Art[165]; **Halbfertigprodukte;**[166] Kamera nebst Zubehör und üblichem Materialvorrat bei Berufsfotografen, ggf. auch bei Sachverständigen;[167] **Kfz-Werkzeuge,** auch Hebebühne und Hochdruckreiniger;[168] **Klavier,** andere Instrumente und Noten bei Musiklehrer,[169] auch bei Kabarett oder Gastwirtschaft, unabhängig davon, ob der Schuldner selbst spielt;[170] **Ladeneinrichtung** nur bei Kleingewerbetreibenden;[171] **Lkw**[172] **wie Pkw (s. u.); Motorrad** wie Fahrrad, ggf. wie Pkw; **Nähmaschine** einer Schneiderin; **Pkw,** der für Lohnfahrten,[173] Kundschaftsbesuche,[174] Warentransporte[175] oder sonst – sei es auch nur mittelbar[176] – zur Durchführung persönlicher Arbeitsleistung benötigt wird.[177] Das gilt auch, wenn ihn der Ehegatte des Schuldners zu diesen Zwecken braucht,[178] es sei denn, dass die Benutzung öffentlicher Verkehrsmittel zumutbar ist;[179] **Rohmaterial**[180]; Röntgenanlage und sonstiges für die Arztpraxis erforderliche Gerät;[181] **Schreibmaschine** bei Selbständigen schlechthin;[182] **Sonnenbank nicht** unpfändbar, da Sachleistung maßgeblich ist;[183] **Telefaxgerät** bei persönlicher Arbeitsleistung in Büroberuf;[184] **Telefonanrufbeantworter** so-

---

[148] HM; LG Hannover NJW 1953, 1717.
[149] OLG Hamm JurBüro 1953, 209; LG Wiesbaden DGVZ 1997, 59; wohl zu eng: FG Saarbrücken DGVZ 1995, 171 (kein Schutz eines Telefaxgerätes bei beschäftigungslosem Versicherungsvertreter zur Anbahnung neuer Geschäftsbeziehungen).
[150] *Zö/Stöber* Rn. 26.
[151] BGH NJW 1993, 921, 922.
[152] OLG Stuttgart DGVZ 1952, 152.
[153] OLG Hamm MDR 1984, 855; LG Heilbronn NJW 1988, 148.
[154] LG Saarbrücken DGVZ 1988, 158.
[155] OLG Kiel OLGRspr. 20, 351; AG Schönau DGVZ 1974, 61.
[156] OLG Düsseldorf MDR 1964, 63.
[157] LG Heilbronn MDR 1994, 405; AG Bersenbrück DGVZ 1990, 78.
[158] LG Hildesheim DGVZ 1990, 30.
[159] AG Essen DGVZ 1998, 94; *Paulus* DGVZ 1990, 151 f.; aA AG Heidelberg DGVZ 1989, 15.
[160] OLG Hamburg DGVZ 1984, 57; LG Koblenz JurBüro 1992, 265; aA LG Hildesheim DGVZ 1990, 31.
[161] AG Steinfurt DGVZ 1990, 62.
[162] LG Mannheim MDR 1966, 516.
[163] LG Hamburg DGVZ 1984, 26.
[164] LG Frankfurt DGVZ 1990, 58.
[165] OLG Darmstadt OLGRspr. 15, 165 (Bohrmaschine bei Schlosser); OLG Braunschweig MDR 1953, 741 (Fleischwolf bei Metzger); OLG Marienwerder JW 1930, 3108 (Bandsäge, Hobelmaschine bei Tischler).
[166] *Noack* DB 1977, 195; vgl. auch: „Rohmaterial" und „Waren".
[167] OLG München OLG Rspr. 20, 352; AG Düsseldorf DGVZ 1988, 125.
[168] LG Augsburg DGVZ 1997, 27; LG Bochum DGVZ 1982, 43.
[169] OLG Hamburg OLGRspr. 33, 106.
[170] *B/L/H* Rn. 40.
[171] OLG Darmstadt JW 1934, 1740; aA LG Saarbrücken DGVZ 1994, 30.
[172] LG Oldenburg DGVZ 1991, 119.
[173] OLG Neustadt NJW 1951, 80; AG Karlsruhe DGVZ 1989, 141.
[174] LG Braunschweig MDR 1970, 338.
[175] OLG Schleswig DGVZ 1978, 9, 11; AG Bersenbrück DGVZ 1992, 140.
[176] Alleinerziehende, um ein Kind zum Kindergarten zu bringen: LG Tübingen DGVZ 1992, 137 (Einzelfall).
[177] OLG Hamm DGVZ 1984, 138; LG Augsburg (Fn. 168); LG Heidelberg DGVZ 1994, 9; *App* DAR 2000, 294, 297.
[178] OLG Hamm (Fn. 153); LG Siegen NJW-RR 1986, 224; aA OLG Stuttgart DGVZ 1963, 152, 154.
[179] LG Stuttgart DGVZ 1986, 78; FG Kassel DGVZ 1996, 120.
[180] LG Düsseldorf *DGVZ 1985*, 74.
[181] OLG Hamm JMBlNRW 1953, 40.
[182] Vgl. bereits OLG Düsseldorf JMBlNRW 1953, 105.
[183] LG Oldenburg DGVZ 1993, 12.
[184] Vgl. auch *Schmittmann* DGVZ 1994, 51.

weit für reibungslosen Betriebsablauf erforderlich;[185] **Videokassetten nicht** bei Vermietung, weil Sachleistung entscheidend,[186] auch nicht als Vorrat bei Video-Einzelhändler;[187] **Waren:** Das zur Fortsetzung der Erwerbstätigkeit eines Kleinkaufmanns, nicht aber seines Ehegatten,[188] erforderliche Warenangebot ist einschließlich eines kleinen Vorrats unpfändbar,[189] **nicht** aber ein **Warenlager;**[190] **Wechselgeld** nur beim Minderkaufmann oder Gastwirt und nur in kleinerem Umfang;[191] **Zuchthunde,** auch bei Hundezucht als Nebenerwerb,[192] s. a. § 811c Rn. 2 aE.

Nr. 6: Fortführung der Erwerbstätigkeit des Erblassers. Der Schutzbereich der Nr. 5 wird durch Nr. 6 erstreckt auf Witwen und minderjährige Erben. Voraussetzung ist eine vom Erblasser begonnene Erwerbstätigkeit, welche die Hinterbliebenen nicht selbst fortführen, sondern die sie auf ihre Rechnung durch einen Stellvertreter ausüben lassen. Führen sie die Erwerbstätigkeit selbst fort, gilt Nr. 5. Für Witwer ist Nr. 6 entspr. anwendbar. 21

Nr. 7: Dienstkleidung und Dienstausrüstung. Nr. 7 konkretisiert als Spezialregelung für den öffentlichen Dienst (Beamte) und bestimmte andere Berufsgruppen (Geistliche; Rechtsanwälte, Notare, Ärzte, Hebammen) die Voraussetzungen des Nr. 5.[193] Als vergleichbarer Personenkreis hinzuzuzählen sind Richter, Patentanwälte, Schiedsmänner, auch Zahn- und Tierärzte. Hinsichtlich der Unpfändbarkeit gilt das zu Nr. 5 Ausgeführte. Geschützt ist daher der Pkw, den der Arzt regelmäßig für Hausbesuche benötigt,[194] nicht aber der eines Zahnarztes, der in Notfällen ein Taxi benutzen kann.[195] Geschützt sind Diktier- und Fotokopiergerät beim Rechtsanwalt.[196] Eigenständige Bedeutung hat Nr. 7 im Hinblick auf § 811a, weil nach dessen Abs. 1 die hier geschützten Sachen nicht der Austauschpfändung unterliegen. 22

Nr. 8: Bezahlte Arbeitsvergütung. Ergänzend zu §§ 850ff. wird durch Nr. 8 der unpfändbare Teil des Arbeitseinkommens und der entsprechenden Bezüge auch nach der Auszahlung geschützt.[197] Für Kontenguthaben gilt § 850k (s. zum Schutz von Sozialgeldleistungen § 850i Rn. 27ff.). Es ist unerheblich, ob der beim Schuldner vorhandene Bargeldbetrag aus einer Lohn- oder Gehaltszahlung stammt. Geschützt ist der Betrag, der auf den Zeitraum von der Pfändung bis zum nächsten Zahlungstermin entfällt.[198] Kann der Gerichtsvollzieher den Betrag nicht ermitteln, muss er das Bargeld bis auf den in Nr. 2 geregelten Notbedarf pfänden, den Schuldner auf sein Antragsrecht beim Vollstreckungsgericht hinweisen[199] und die Ablieferung an den Gläubiger angemessen, aber nicht länger als zwei Wochen aufschieben (arg. aus §§ 815 Abs. 2 S. 2, 835 Abs. 3). 23

Nr. 9: Apotheken. Für den Betrieb einer Apotheke unentbehrliche Geräte, Gefäße und Waren sind im Interesse der Bevölkerung geschützt, aktuell weniger aus Versorgungsgründen[200] als zum Schutz vor Veräußerung durch Sachunkundige.[201] Nr. 9 schützt den Betrieb, ist also anders als Nr. 5 auch anwendbar, wenn juristische Personen Inhaber sind.[202] Geschützt sind aber nicht alle erforderlichen Sachen, sondern nur die unentbehrlichen. Verkaufsbereite Waren sind daher unpfändbar, ein Vorrat nicht.[203] Ggf. kommt für den Apotheker selbst Nr. 5 in Betracht. 24

Nr. 10: Bücher für Schule und Kirche. Maßgeblich ist die konkrete Zweckbestimmung der **Bücher.** Kunstsammlungen und Kapitalanlagen werden nicht geschützt. Eine analoge Anwendung aus Pietätgründen auf Kreuze, Kultleuchter[204] oder Gebetsteppiche[205] ist nicht zulässig. Auf den Wert der Bücher[206] oder ihre Erforderlichkeit kommt es i. Ü. nicht an. § 811a Abs. 1 lässt keine Austauschpfändung zu. Erfasst wird **jede Unterrichtsanstalt,** also auch Universität, Berufsschule, Fachhochschule, Akademie, Konservatorium, Volkshochschule gleichgültig, ob privat oder öffentlich und unabhängig davon, ob die Aus- oder Weiterbildung erforderlich ist.[207] Kirche ist gemäß Art. 4 GG **jede nicht verbotene Religionsgemeinschaft.** Auch Nr. 5 und 7 kommen in Betracht. 25

Nr. 11: Höchstpersönliche Sachen. Geschützt wird die private und wirtschaftliche Sphäre. **Haushaltungs- und Geschäftsbücher** sind daher alle Aufzeichnungen des Schuldners über seine wirtschaftlichen Be- 26

---

185 LG Düsseldorf DGVZ 1986, 44.
186 AllgM; LG Augsburg DGVZ 1989, 138; LG Frankfurt NJW-RR 1988, 1471.
187 LG Augsburg u. LG Frankfurt (beide Fn. 186).
188 LG Augsburg Rpfleger 2003, 203.
189 OLG Celle DGVZ 1999, 26; LG Lübeck DGVZ 1982, 7; *Winterstein* DGVZ 1985, 85, 87.
190 OLG Köln DB 1967, 422; LG Cottbus InVo 2002, 428, 429; LG Göttingen DGVZ 1994, 89.
191 LG Lübeck DGVZ 2002, 185.
192 AG Itzehoe DGVZ 1996, 44.
193 MK/*Gruber* Rn. 32.
194 *Pardey* DGVZ 1987, 180.
195 AG Sinzig NJW-RR 1987, 508.
196 *T/P/Hüßtege* Rn. 31; aA LG Berlin DGVZ 1985, 142.
197 *Gillessen/Jakobs* DGVZ 1978, 129.
198 LG Karlsruhe DGVZ 1988, 43; aA *Hofmann* Rpfleger 2001, 113: verfassungswidrig.
199 *St/J/Münzberg* Rn. 63 (§ 766 oder analog § 850k).
200 So noch OLG Köln NJW 1961, 975.
201 Krit. zur Privilegierung: *Kotzur* DGVZ 1989, 165.
202 *T/P/Hüßtege* Rn. 33.
203 *Noack* DB 1977, 195.
204 AA *Wacke* 1986, 161, 164 (wg. Art. 4 GG).
205 AG Hannover DGVZ 1987, 31.
206 AG Bremen DGVZ 1984, 157 (Schmuckbibel).
207 *Schuschke/Walker* Rn. 34.

lange. Geschützt sind nicht nur die Handelsbücher, sondern auch Beweisurkunden von Nichtkaufleuten, gleich wie sie erstellt wurden: Belege, Rechnungen, Quittungen, Geschäftsbriefe, Kauf-, Miet-, Darlehens- und Versicherungsverträge, auch elektronische Datenträger. Voraussetzung ist stets, dass die Bücher nur Beweisurkunden ohne selbständigen Vermögenswert sind.[208] Eine Kundenkartei, mag sie auch Privates enthalten, ist daher richtigerweise pfändbar.[209] **Familienpapiere** sind öffentliche Urkunden und private Aufzeichnungen (Briefe). Familienbilder sind als Fotos geschützt, nicht aber eine sog. Ahnengalerie mit selbständigem Vermögenswert, zumal ihr die Intimität privater Papiere fehlt.[210] **Trauringe** sind die als Zeichen der Eheschließung benutzten Ringe, nicht aus diesem Anlass gekaufte Schmuckringe (Beisteckring), auch nicht, um Manipulationen auszuschließen, Verlobungs-[211] oder Freundschaftsringe. Der Schutz besteht auch, wenn der Ring nicht getragen wird und die Ehe nicht mehr besteht. Geschützt ist daher auch der Trauring des verstorbenen Ehegatten. **Orden** und Ehrenzeichen sind in- und ausländische staatliche oder supranationale Auszeichnungen im Original, das allein den ideellen Wert verkörpert, nicht aber Dubletten, Miniaturen o. ä.[212] Kein Schutz besteht, wenn die Erben sie ohnehin veräußern wollen.

27 **Nr. 12: Körperliche Hilfsmittel.** Notwendige Hilfsmittel sind alle, auf die der Schuldner oder seine Familienangehörigen angewiesen sind, um sich so weitgehend wie möglich einem körperlich gesunden Menschen gleich betätigen zu können. Allein die Zweckbestimmung genügt nicht,[213] fällt sie weg, sind die Sachen pfändbar.[214] Außer künstlichen Gliedmaßen und Brillen zählen bei der gebotenen großzügigen Auslegung u. a. dazu: Hör- und Gehhilfen, auch Rollstühle,[215] Drehsessel,[216] erforderlichenfalls auch ein Pkw.[217]

28 **Nr. 13: Bestattungsbedarf.** Geschützt wird nur, was nach einem Todesfall in der Familie des Schuldners zur unmittelbaren Verwendung für die Bestattung bestimmt ist (Sarg und Leichenhemd).[218] Ein **Grabstein** wird durch Nr. 13 nicht geschützt, denn er dient nicht der Bestattung, sondern danach dem Andenken des Verstorbenen.[219] Ein übergesetzliches Pfändungsverbot aus Pietätsgründen besteht jedochfalls dann nicht, wenn der Steinmetz ihn unter Eigentumsvorbehalt geliefert hat und wg. seines Zahlungsanspruchs vollstreckt.[220] Gegenüber anderen Gläubigern lässt sich ein Pfändungsverbot aus Pietätsgründen aber bejahen.[221] §§ 803 Abs. 2, 864ff. stehen der Pfändung nicht entgegen, denn Grabsteine sind wieder verwertbar und nur Scheinbestandteile des Friedhofs (§ 95 BGB).[222] Erforderlich ist die Zustimmung des Friedhofsträgers (§ 809).[223]

V. Pfändung bei Eigentumsvorbehalt (Abs. 2)

29 **1. Voraussetzungen.** Die Regelung gilt auch für Titel, die vor dem 1. 1. 1999 erlassen wurden,[224] aber nur in den unter Abs. 1 Nr. 1, 4, 5–7 angegebenen Fällen, nicht für sonstige Lieferungen unter Eigentumsvorbehalt (s. a. Rn. 28), auch nicht für dinglich ungesicherte Verkäufer, Vermieter oder Leasinggeber. Bevorrechtigt ist der Vorbehaltsverkäufer oder sein Rechtsnachfolger **nur bei einfachem Eigentumsvorbehalt,** der sich allein auf die verkaufte Sache erstreckt und mit deren vollständiger Bezahlung erlischt. Wurde der einfache Eigentumsvorbehalt wirksam weitergeleitet[225] oder ohne Offenlegung des ersten nachgeschaltet,[226] ist auch der weitere Vorbehaltsverkäufer privilegiert, da Abs. 2 nicht verlangt, dass der Gläubiger selbst Eigentümer ist. Abs. 2 gilt aber **nicht bei erweitertem Eigentumsvorbehalt,**[227] gleichgültig, ob es sich um einen verlängerten Eigentumsvorbehalt bei erfolgter[228] Weiterveräußerung, Verbindung oder Verarbeitung oder um einen Kontokorrent- oder Konzernvorbehalt handelt. Abs. 2 gilt ebenfalls nicht beim Sicherungseigentümer, weil der sich unpfändbare Sachen des Schuldners hat übereignen lassen, die nach §§ 562 Abs. 1 S. 2, 592 S. 3, 704 S. 2 BGB auch vom besitzlosen Pfandrecht ausgenommen sind. Der **Umfang** der Privilegierung erstreckt sich wg. der engen Verbindung auch auf notwendige Prozess- und Vollstreckungskosten, nicht aber auf Verzugszinsen, weil die eine eigene materiellrechtliche Grundlage haben, s. a. § 850f.

---

208 MK/*Gruber* Rn. 36; *T/P/Hüßtege/* Rn. 35; *St/J/Münzberg* Rn. 67 Fn. 344; aA Zö/*Stöber* Rn. 35.
209 KG OLGRspr. 17, 194; aA OLG Frankfurt OLGZ 1979, 338 = MDR 1979, 316.
210 S. a. *Schuschke/Walker* Rn. 36.
211 HM; MK/*Gruber* Rn. 36; aA *St/J/Münzberg* Rn. 68.
212 MK/*Gruber* Rn. 36; *B/L/H* Rn. 51; *Zö/Stöber* Rn. 35; aA *St/J/Münzberg* Rn. 69.
213 MK/*Gruber* Rn. 37; aA *St/J/Münzberg* Rn. 70.
214 OLG Hamm DGVZ 1961, 186.
215 LG Köln MDR 1964, 604.
216 LG Kiel SchlHA 1984, 75.
217 OLG Köln NJW-RR 1986, 488; LG Hannover DGVZ 1985, 121; nie: LG Waldbröl DGVZ 1991, 119; AG Neuwied DGVZ 1998, 31.
218 OLG Köln JurBüro 1991, 1703.
219 BGH WM 2006, 911.
220 BGH (Fn. 219); *T/P/Hüßtege* Rn. 37; *Zö/Stöber* Rn. 37; aA LG Kassel DGVZ 2005, 41; LG München I DGVZ 2003, 122; *B/L/H* Rn. 53.
221 *Zö/Stöber* Rn. 37; mE zu weitgehend: *B/L/H* Rn. 53; *Schuschke/Walker* Rn. 45.
222 BGH JR 1977, 367, 368; OLG Köln DGVZ 1992, 116, 117.
223 OLG Köln (Fn. 222) S. 117.
224 AG Nürnberg JurBüro *1999, 550.*
225 Wg. § 307 Abs. 1 S. 1 BGB vgl. BGH NJW 1991, 2286 (zu § 9 AGBG).
226 *Palandt/Putzo* § 449 Rn. 17.
227 *Palandt/Putzo* (Fn. 226) Rn. 18–19.
228 *Münzberg* DGVZ 1998, 81, 82f.

Rn. 9. Der Schutz nach §§ 803 Abs. 2, 812 gilt auch hier, denn der Schuldner darf nicht schlechter stehen als in den Fällen, in denen § 811 nicht gilt.[229]

2. Nachweis. Der GV muss prüfen, ob **Urkunden** den Nachweis erbringen, dass ein **Eigentumsvorbehalt** an der sonst pfandfreien Sache besteht; zur materiellrechtlichen Prüfungspflicht des GV s. a. § 808 Rn. 5, § 809 Rn. 6. Glaubhaftmachung (§ 294) genügt nicht. Der GV hat auch die **Identität** der Sache zu prüfen und ob die Vollstreckung wg. der durch Eigentumsvorbehalt gesicherten **Kaufpreisforderung** erfolgt. Ergibt sich all das aus dem Vollstreckungstitel, ist der Nachweis erbracht. GV und Vollstreckungsgericht sind daran gebunden. Der Schuldner kann die Feststellung nicht bestreiten. Der Gläubiger sollte deshalb darauf hinwirken, dass der Vollstreckungstitel entspr. Angaben enthält; ggf mit der abgekürzten vollstreckbaren Ausfertigung eine vollständige beglaubigte Urteilsabschrift vorlegen. Fehlen ausreichende Angaben im Titel (Versäumnisurteil, Vollstreckungsbescheid), kann der Eigentumsvorbehalt auch durch den Kaufvertrag nachgewiesen werden. Zum Nachweis der Kaufpreisforderung vgl. die Grundsätze bei § 850f. Rn. 10. Pfändung ist entspr. § 288 auch ohne ausreichende Urkunden möglich, wenn der vom GV befragte Schuldner den Kauf unter Eigentumsvorbehalt vom Gläubiger bejaht.[230] Eine vom Schuldner behauptete **Erfüllung** hat der GV im Rahmen seiner Prüfungskompetenz (§§ 757, 775 Nr. 4 u. 5) zu beachten.[231] 30

VI. Weitere Pfändungsbeschränkungen

Sie ergeben sich zT **aus sonstigen Regelungen** der ZPO sowie aus anderweiten Gesetzen. Unpfändbar sind namentlich: **Bargeld,** das dem Schuldner bei einer **Austauschpfändung** zur Ersatzbeschaffung überlassen ist (§ 811a Abs. 3), sowie das aus **Mieten und Pachten** stammende, zur laufenden Grundstücksunterhaltung oder sonst nach § 851b erforderliche; **Eisenbahn**-Fahrbetriebsmittel,[232] nach **Urheberrecht** geschützte Originale und Vorrichtungen (§§ 113ff. UrhG), spezielle **Wertpapiere** (§ 34a HypothekenbankG).[233] Unpfändbar **wegen Unverwertbarkeit** sind Sachen, deren Veräußerung auf Grund besonderer Vorschriften, zB nach dem Washingtoner Artenschutzübereinkommen,[234] oder nach allgemeinen Regeln[235] unzulässig ist (Leichen, Aschenurnen, gesundheitsschädliche Lebensmittel, verbotene Lotterielose, ungeeichte medizinische Thermometer und Blutdruckmesser (§ 3f. EichG)[236]).[237] 31

VII. Verfahren und Rechtsbehelfe

1. Entscheidung des Gerichtsvollziehers. Soweit Pfändungsbeschränkungen bestehen, entscheidet der GV selbständig, welche Sachen des Schuldners von der Pfändung auszuschließen sind. Sachen, deren Pfändbarkeit zweifelhaft ist, pfändet er, sofern sonstige Pfandstücke nicht in ausreichendem Maße vorhanden sind. Wenn der GV eine Pfändung durchgeführt hat, darf er sie nicht eigenmächtig wieder aufheben, auch wenn er sie nachträglich für rechtswidrig hält. Aufzuheben ist eine Pfändung nur auf Anweisung des Gläubigers, bei Verzicht des Gläubigers auf das Pfandrecht oder auf Anordnung des Vollstreckungsgerichts. Die Unpfändbarkeit ist von Amts wegen zu beachten. 32

2. Rechtsbehelfe. Ein Verstoß gegen § 811 macht die Pfändung nur anfechtbar, nicht nichtig. Erinnerungsbefugt (§ 766) sind der Schuldner, unabhängig davon, wem die von ihm genutzte Sache gehört,[238] – Unpfändbarkeit hat er zu beweisen[239] –; der Gläubiger, bei Ablehnung seines Pfändungsantrags; Dritte, wenn und soweit sie als Familienangehörige oder sonst durch § 811 geschützt sind, wie bei Nr. 1, 2, 3, 4, 4a, 5, 12 und 13. Bei geänderter Sachlage hindert die Rechtskraft einer nach §§ 766, 811 Nr. 1 ergangenen Entscheidung nicht die **erneute Prüfung** der Pfändbarkeit. Eine Änderung liegt auch dann vor, wenn sich nach Ablauf von mehreren Jahren die Beurteilung dessen geändert hat, was zu einer angemessenen Lebens- und Haushaltsführung erforderlich ist.[240] 33

811a

Austauschpfändung **(1) Die Pfändung einer nach § 811 Abs. 1 Nr. 1, 5 und 6 unpfändbaren Sache kann zugelassen werden, wenn der Gläubiger dem Schuldner vor der Wegnahme der Sache ein Ersatzstück, das dem geschützten Verwendungszweck genügt, oder den zur Beschaffung eines solchen Ersatzstückes erforderlichen Geldbetrag überlässt; ist dem Gläubiger die rechtzeitige Ersatzbeschaffung nicht möglich oder nicht zuzumuten, so kann die Pfändung mit der Maßgabe zugelassen werden, dass dem Schuldner der zur Ersatzbeschaffung erforderliche Geldbetrag aus dem Vollstreckungserlös überlassen wird (Austauschpfändung).**

---

229 *Seip* DGVZ 1998, 1, 4.
230 *Münzberg* (Fn. 228) S. 84.
231 *Münzberg* (Fn. 228) S. 85.
232 § 39 BundesbahnG v. 13. 12. 1951 (BGBl. I S. 955) u. G v. 3. 5. 1886 (RGBl. S. 131).
233 G v. 19. 12. 1990 (BGBl. I S. 2898).
234 Weitere Beispiele in § 126 GVGA.
235 Beispiele bei *Palandt/Heinrichs/Ellenberger* Überbl. vor § 90 BGB Rn. 7ff.
236 G v. 23. 3. 1992 (BGBl. I S. 771).
237 *St/J/Münzberg* Rn. 74–78 m. weit. Einzelheiten.
238 OLG München OLGRspr. 31, 106.
239 BGH NJW 2003, 2167, 2170.
240 LG Braunschweig NdsRpfl. 1955, 54.

(2) [1]Über die Zulässigkeit der Austauschpfändung entscheidet das Vollstreckungsgericht auf Antrag des Gläubigers durch Beschluss. [2]Das Gericht soll die Austauschpfändung nur zulassen, wenn sie nach Lage der Verhältnisse angemessen ist, insbesondere wenn zu erwarten ist, dass der Vollstreckungserlös den Wert des Ersatzstückes erheblich übersteigen werde. [3]Das Gericht setzt den Wert eines vom Gläubiger angebotenen Ersatzstückes oder den zur Ersatzbeschaffung erforderlichen Betrag fest. [4]Bei der Austauschpfändung nach Absatz 1 Halbsatz 1 ist der festgesetzte Betrag dem Gläubiger aus dem Vollstreckungserlös zu erstatten; er gehört zu den Kosten der Zwangsvollstreckung.

(3) Der dem Schuldner überlassene Geldbetrag ist unpfändbar.

(4) Bei der Austauschpfändung nach Absatz 1 Halbsatz 2 ist die Wegnahme der gepfändeten Sache erst nach Rechtskraft des Zulassungsbeschlusses zulässig.

I. Normzweck

1 § 811 bewahrt den Schuldner vor der Pfändung von Sachen, die er notwendig braucht. Das kann zu einer übermäßigen Benachteiligung des Gläubigers führen, wenn unpfändbare Sachen hochwertig sind und der Schutz des Schuldners durch Austausch gegen geringerwertige zu erreichen ist. Die Austauschpfändung nach § 811a dient mithin dem Vollstreckungsinteresse des Gläubigers, ohne den Schuldnerschutz nach § 811 aufzuheben. Abs. 1 beschränkt die Austauschpfändung ausdrücklich auf die nach § 811 Abs. 1 Nr. 1, 5 und 6 unpfändbaren Sachen. Die Aufzählung ist abschließend; eine **analoge Anwendung** auf andere Tatbestände ist unzulässig.[1] Falls eine Sache unter § 811 Abs. 1 Nr. 1, 5 oder 6 und zugleich unter eine andere Nummer des § 811 fällt, bleibt sie unpfändbar.[2]

II. Voraussetzungen (Abs. 1)

2 Es gibt verschiedene Möglichkeiten der Austauschpfändung:

1. Ersatzstück. Der Gläubiger kann dem Schuldner ein Ersatzstück beschaffen. Das muss im Einzelfall dem geschützten Verwendungszweck nach seiner Ausgestaltung genügen, von ähnlicher Haltbarkeit, aber nicht unbedingt von gleicher Art und Güte[3] sein. Der Schuldner muss eine Einbuße an Bequemlichkeit hinnehmen,[4] der Betriebscharakter darf bei Nr. 5 und 6 jedoch nicht geändert, die Konkurrenzfähigkeit des Schuldners nicht ernstlich beeinträchtigt werden. Ein Austausch von Maschinen gegen Handwerkszeug ist daher nur noch selten möglich.[5] Maßgebend ist in jedem Fall ein Vergleich der Gebrauchsmöglichkeiten. Ein Farbfernseher kann durch ein Schwarzweißgerät ausgetauscht werden,[6] aber mangels Bildinformation nicht durch ein Radio;[7] eine Stereokompaktanlage dagegen durch ein Radio; eine goldene Armbanduhr durch eine einfache,[8] ein nach Nr. 5 geschützter großer Pkw durch einen kleinen, uU durch ein Mofa oder ein Fahrrad. Neue Sachen können gegen gebrauchte ausgetauscht werden, nicht aber gegen abgenutzte.[9] Das Gericht setzt den Wert des vom Gläubiger angebotenen Ersatzstückes fest (Abs. 2 S. 3).

3 **2. Geldbetrag.** Will der Gläubiger dem Schuldner an Stelle eines Ersatzstücks den zur Beschaffung erforderlichen Betrag überlassen, so gehört dazu alles, was der Schuldner braucht, um den von ihm zu beschaffenden Ersatz nutzen zu können, wenn nötig auch Transport-, Montage- und sonstige Kosten und Gebühren. Der dazu erforderliche Betrag wird vom Gericht festgesetzt (Abs. 2 S. 3). Er zählt zu den Vollstreckungskosten (Abs. 2 S. 4, § 788).

4 **3. Anteil vom Vollstreckungserlös.** Nur ausnahmsweise darf der Schuldner darauf verwiesen werden, dass ihm der zur Ersatzbeschaffung erforderliche Geldbetrag erst aus dem Erlös überlassen wird. Eine Ersatzbeschaffung rechtzeitig vor der Pfändung ist dem Gläubiger wohl nur dann nicht möglich oder nicht zuzumuten, wenn er weit mehr auf die Vollstreckung angewiesen ist als der Schuldner auf den Gebrauch der Sache. Das ist vorstellbar bei einer Unterhaltsvollstreckung,[10] auch bei Ansprüchen aus einer schwerwiegenden unerlaubten Handlung.[11]

III. Verfahren der Zulassung (Abs. 2)

5 **1. Formelle Voraussetzungen (S. 1).** Der Antrag des Gläubigers kann schriftlich oder zu Protokoll der Geschäftsstelle erklärt werden.[12] Anwaltszwang besteht nicht (§ 78 Abs. 3). Es ist anzugeben, welche der drei o. a. Arten einer Austauschpfändung verlangt wird, Alternativangaben sind möglich.[13] Falls ein Ersatzstück angeboten wird, ist es identifizierbar zu bezeichnen, zumindest der Gattung nach. Sachlich und

---

[1] HM; MK/*Gruber* Rn. 2; *St/J/Münzberg* Rn. 2; *Schuschke/Walker* Rn. 1; *Zö/Stöber* Rn. 2; aA OLG Köln NJW-RR 1986, 488 (Pkw in § 811 Nr. 12); *Pardey* DGVZ 1987, 180, 183 (für Nr. 4 u. 7).
[2] AG Bremen DGVZ 1984, 157 (Schmuckausgabe einer Bibel); MK/*Gruber* (Fn. 1).
[3] MK/*Gruber* Rn. 5; aA *Zö/Stöber* Rn. 3.
[4] *B/L/H* Rn. 3.
[5] Anders noch: OLG Hamm JR 1954, 423.
[6] OLG Stuttgart NJW 1987, 196; LG Frankfurt DGVZ 1988, 154, 155.
[7] AA LG Köln DGVZ 1982, 62.
[8] OLG München OLGZ 1983, 325.
[9] *St/J/Münzberg* Rn. 3.
[10] *Schuschke/Walker* Rn. 6.
[11] *B/L/H* Rn. 6.
[12] *St/J/Münzberg* Rn. 9.
[13] *St/J/Münzberg* Rn. 13.

örtlich ausschließlich **zuständig** ist das Vollstreckungsgericht (§§ 764 Abs. 2, 802), dort der Rechtspfleger (§ 20 Nr. 17 RPflG). Der Schuldner ist vor einer stattgebenden Entscheidung **anzuhören.**[14] Mündliche Verhandlung ist freigestellt (§ 764 Abs. 3). Der Gläubiger hat die allgemeinen **Vollstreckungsvoraussetzungen** (s. vor § 704 Rn. 19ff.) und die des § 811a darzulegen, ggf. nachzuweisen.

6 **2. Angemessenheit (S. 2).** Das Gericht muss die Zulässigkeit der Austauschpfändung nach Lage der Verhältnisse, insbes. darauf prüfen, ob der zu erwartende Vollstreckungserlös, (nicht der Schätz- oder Marktwert), den Wert des Ersatzstückes oder des zu seiner Beschaffung erforderlichen Geldbetrages erheblich übersteigt und so dem Gläubiger eine nennenswerte Befriedigung sichert.[15] Das ist geboten, weil dem Gläubiger diese Beträge als Vollstreckungskosten vorab aus dem Erlös zu erstatten sind. Würde der Erlös nicht erheblich über den Austauschkosten liegen, wäre die Pfändung zwecklos und damit unzulässig (§ 803 Abs. 2). Der Gläubiger muss deshalb in seinem Antrag nicht nur angeben, dass keine pfändbaren Sachen beim Schuldner vorgefunden wurden, sondern auch nachvollziehbar darlegen, dass ein erheblicher Erlös zu erwarten ist. Es ist aber nicht erforderlich, dass bei größeren Vollstreckungsforderungen ein erheblicher Teil gedeckt wird. Str. ist, ob der Schuldner einwenden kann, dass er anderes Vermögen (zB pfändbare Forderungen) hat, das eine sichere Befriedigung erwarten lässt.[16] Dagegen spricht, dass es Sache des Schuldners ist, dem Gläubiger diese Werte zur Verfügung zu stellen und dadurch die Zwangsvollstreckung abzuwenden.[17] **Maßgeblicher Zeitpunkt** der Beurteilung ist der der sonst unzulässigen Pfändung.[18]

7 **3. Beschluss über die Pfändbarkeit (S. 3 und 4).** Die Sache wird erst durch den Beschluss des Rechtspflegers pfändbar. Sie und das Ersatzstück oder der zur Beschaffung nötige Geldbetrag müssen im Tenor genau bezeichnet werden. Wird eine Austauschpfändung zugelassen (Abs. 1 Halbs. 2), ist dies wg. Abs. 4 klarzustellen. Eine **Begründung** ist erforderlich, damit die gerichtlichen Erwägungen (Abs. 2 S. 2) nachvollzogen werden können. Wegen der Frist der §§ 11 RPflG, 793 ist ein stattgebender Beschluss dem Schuldner, ein ablehnender dem Gläubiger zuzustellen (§ 329 Abs. 2). Nichtbeschwerten Beteiligten wird er formlos übersandt. Die **Kosten** der Austauschpfändung können nach § 788 Abs. 3 ggf. dem Gläubiger auferlegt werden (s. dort Rn. 27f.).

IV. Unpfändbarkeit der Ersatzleistung (Abs. 3)

8 Die Unpfändbarkeit ergibt sich für den dem Schuldner nach Abs. 1 überlassenen Geldbetrag ausdrücklich aus Abs. 3, für das Ersatzstück aus § 811 Nr. 1, 5 und 6.[19] Unpfändbar sind auch der „Anspruch" auf Leistung des Ersatzstücks (s. Rn. 9) und der auf Auszahlung des Geldbetrages, es sei denn der Lieferant des Ersatzstücks vollstreckt wg. des Kaufpreises.[20] Nicht ausgeschlossen ist eine nochmalige Austauschpfändung.

V. Durchführung

9 Die Pfändung der bisher unpfändbaren Sache ist zulässig ab Erlass des Zulassungsbeschlusses, nicht erst mit dessen Rechtskraft. Die Wegnahme darf aber – je nach Art der Ersatzleistung – erst erfolgen, wenn dem Schuldner das Ersatzstück oder der zur Beschaffung festgesetzte Geldbetrag überlassen wurde (Abs. 1 Halbs. 1) oder wenn der Beschluss rechtskräftig geworden ist (Abs. 1 Halbs. 2). Die Ersatzleistung wird zweckmäßig durch den GV vermittelt, andernfalls ist sie ihm entsprechend § 756 nachzuweisen.[21] Der **Gerichtsvollzieher prüft,** ob das bereitgestellte Ersatzstück dem Beschluss entspricht. Er muss es dem Schuldner spätestens bei Wegnahme der Pfandsache überlassen. Ausleihen genügt nicht.[22] Der Gläubiger ist vielmehr verpflichtet, dem Schuldner nach § 929 BGB Eigentum und unmittelbaren Besitz an der Ersatzsache zu verschaffen; § 932 BGB findet ggf. Anwendung. Lehnt der Schuldner ab, genügt entsprechend § 756 ein den Annahmeverzug begründendes Angebot.[23] Der Gläubiger kann daraufhin, muss aber nicht hinterlegen.[24] Ein **materieller Anspruch** des Schuldners auf den Ersatz entsteht zwar weder durch den Zulassungsbeschluss noch durch Pfändung und Wegnahme der Pfandsache, sondern erst mit Durchführung der Verwertung. Hat das überlassene Ersatzstück aber **Rechts- oder Sachmängel,** so dass es sich für die durch § 811 Abs. 1 Nr. 1, 5 u. 6 geschützte Verwendung nicht eignet, kann der Schuldner auf Grund der Ersatzgewährung die Rechte aus §§ 435f. BGB entsprechend geltend machen. Der Gläubiger muss die Wertdifferenz zahlen. Eine Aufrechnung mit seiner Vollstreckungsforderung ist ihm nicht möglich (§ 394 S. 1 BGB). Rücktritt nach §§ 323, 437 BGB zur Rückerlangung der Sache ist ausgeschlossen; möglich ist er nur zur Rückerlangung des dem Gläubiger nach Abs. 2 S. 4 überlassenen Betrages.[25] Für **Mangelfolgeschäden** haf-

---

14 Einschränkend, falls Vollstreckungserfolg gefährdet würde: *Zö/Stöber* Rn. 8.
15 LG Mainz NJW-RR 1988, 1150 m. krit. Anm. *Pardey* DGVZ 1989, 55.
16 So: MK/*Gruber* Rn. 9; *St/J/Münzberg* Rn. 8.
17 *Schuschke/Walker* Rn. 9.
18 OLG Düsseldorf JMBlNRW 1960, 218.
19 MK/*Gruber* Rn. 12.
20 *St/J/Münzberg* Rn. 30; *Schuschke/Walker* Rn. 15.
21 *St/J/Münzberg* Rn. 24; vgl. auch § 123 Nr. 2 GVGA.
22 Zö/Stöber Rn. 3.
23 MK/*Gruber* Rn. 7; *St/J/Münzberg* Rn. 26; abw. *Zö/Stöber* Rn. 11 (§ 765).
24 MK/*Gruber* (Fn. 23); aA *Hartmann* NJW 1953, 1856.
25 *St/J/Münzberg* Rn. 28.

tet der Gläubiger nach § 280 Abs. 1 BGB. Ist dem Schuldner das Ersatzstück oder ein **zur Beschaffung erforderlicher Geldbetrag** überlassen worden (Abs. 1 Alt. 1 und 2), steht dem Gläubiger der dafür nach Abs. 2 S. 3 festgesetzte Geldbetrag zu. Er gehört zu den Kosten der Zwangsvollstreckung (§ 788) und ist aus dem Erlös vorab zu erstatten.

VI. Austausch erst nach Rechtskraft (Abs. 4)

10 Wenn die Austauschpfändung (Abs. 1 Alt. 3) mit der Maßgabe zugelassen ist, dass dem Schuldner der zur Ersatzbeschaffung erforderliche Geldbetrag erst aus dem Vollstreckungserlös überlassen wird, dann darf die Wegnahme der gepfändeten Sache erst ab Rechtskraft des Zulassungsbeschlusses erfolgen. In diesem Fall ist dem Erlös vorab der zur Ersatzbeschaffung erforderliche Betrag zu entnehmen und dem Schuldner zu übergeben. Dieser Betrag ist unpfändbar.

VII. Rechtsbehelfe

11 Hat der **Rechtspfleger** den Antrag zurückgewiesen oder den Schuldner gehört (Entscheidung), kann der dadurch Beschwerte die sofortige Beschwerde nach §§ 11 RPflG, 793 einlegen. Ist die Austauschpfändung (zu Unrecht, s. Rn. 5) ohne Anhörung des Schuldners zugelassen worden (Maßnahme), kann dieser Erinnerung nach § 766 einlegen (zur Abgrenzung von Rechtspfleger- und Vollstreckungserinnerung s. a. § 766 Rn. 10 ff.). Erinnerungsbefugt sind auch Dritte, die nach § 811 geschützt und durch die Wegnahme der Pfandsache beschwert sind. Bei erfolgreicher Erinnerung ist der Zulassungsbeschluss aufzuheben und eine bereits vorgenommene Austauschpfändung für unzulässig zu erklären. Das Verfahren des **Gerichtsvollziehers** unterliegt der Erinnerung nach § 766.

VIII. Gebühren und Kosten

12 **1. Rechtsanwaltsgebühren.** Das Verfahren auf Zulassung der Austauschpfändung gilt als besondere Angelegenheit (§ 18 Nr. 9 RVG), nicht aber die vorläufige Austauschpfändung durch den Gerichtsvollzieher gemäß § 811 b.

13 **2. Gerichtskosten.** Gerichtsgebühren werden nicht erhoben; die Gebühr des **Gerichtsvollziehers** berechnet sich im Fall einer Austauschpfändung nach KVGv Nr. 205.

811b

Vorläufige Austauschpfändung (1) [1]**Ohne vorgängige Entscheidung des Gerichts ist eine vorläufige Austauschpfändung zulässig, wenn eine Zulassung durch das Gericht zu erwarten ist. [2]Der Gerichtsvollzieher soll die Austauschpfändung nur vornehmen, wenn zu erwarten ist, dass der Vollstreckungserlös den Wert des Ersatzstückes erheblich übersteigen wird.**

(2) Die Pfändung ist aufzuheben, wenn der Gläubiger nicht binnen einer Frist von zwei Wochen nach Benachrichtigung von der Pfändung einen Antrag nach § 811 a Abs. 2 bei dem Vollstreckungsgericht gestellt hat oder wenn ein solcher Antrag rechtskräftig zurückgewiesen ist.

(3) Bei der Benachrichtigung ist dem Gläubiger unter Hinweis auf die Antragsfrist und die Folgen ihrer Versäumung mitzuteilen, dass die Pfändung als Austauschpfändung erfolgt ist.

(4) [1]Die Übergabe des Ersatzstückes oder des zu seiner Beschaffung erforderlichen Geldbetrages an den Schuldner und die Fortsetzung der Zwangsvollstreckung erfolgen erst nach Erlass des Beschlusses gemäß § 811 a Abs. 2 auf Anweisung des Gläubigers. [2]§ 811 a Abs. 4 gilt entsprechend.

I. Normzweck

1 Findet der GV beim Schuldner eine nach § 811 Nr. 1, 5 oder 6 unpfändbare Sache, die sich für eine Austauschpfändung eignet, dann soll er sie durch vorläufige Pfändung – ohne Wegnahme – einstweilen sicherstellen.

II. Voraussetzungen und Verfahren

2 **1. Voraussetzungen (Abs. 1).** Der GV hat vorausschauend zu prüfen, ob das Gericht wahrscheinlich eine Austauschpfändung nach § 811a zulassen wird.[1] Er darf dabei regelmäßig annehmen, dass der Gläubiger den Antrag stellen und die erforderliche Ersatzleistung anbieten wird. Besonders zu beachten ist, dass S. 2 die vorläufige Pfändung nur erlaubt (vgl. § 811a Abs. 2 S. 2), wenn zu erwarten ist, dass der Vollstreckungserlös den Wert der Ersatzleistung erheblich übersteigt. Ob bei einem Fernsehgerät ein Schätzwert von 250 € genügt, ist fraglich.[2] Wenn aber zu ernsten Zweifeln über die Erfolgsaussichten kein Anlass besteht, muss der GV pfänden.[3]

3 **2. Befristung (Abs. 2).** Der Gläubiger entscheidet, ob er die Austauschpfändung durchführen will. Der GV hebt daher die vorläufige Austauschpfändung wieder auf, wenn der Gläubiger die Sache freigibt oder wenn die rechtzeitige Antragstellung durch den Gläubiger nicht nachgewiesen wird. Der Gläubiger hat dafür die Beweislast. Er trägt deshalb auch das Risiko einer unrichtigen Auskunft des Vollstreckungsge-

---

[1] Beispiel: goldene Armbanduhr OLG München OLGZ 1983, 325 = JurBüro 1983, 1418.
[2] Bejahend LG Berlin DGVZ 1991, 91; aA AG Bad Segeberg DGVZ 1992, 126; *Zö/Stöber* Rn. 1.
[3] MK/*Gruber* Rn. 3; *St/J/Münzberg* Rn. 2.

richts.[4] Wiedereinsetzung gegen Versäumung der Antragsfrist ist nicht möglich, weil sie keine Notfrist ist (§ 224 Abs. 1 S. 2). Wird der Antrag erst nach Fristablauf gestellt, ist die Pfändung aufzuheben. Der Gläubiger muss den Zulassungsbeschluss abwarten, auf Grund dessen er dann nach § 811 a erneut pfänden kann.

3. Benachrichtigung (Abs. 3). Der GV muss den Gläubiger unverzüglich von der vorläufigen Austauschpfändung benachrichtigen und ihn auf die zweiwöchige Antragsfrist des Abs. 2 und die Folgen ihrer Versäumung hinweisen. Ein fehlender oder falscher Hinweis macht die Benachrichtigung nicht unwirksam, löst aber uU Schadenersatzansprüche aus.[5] Eine Zustellung der Benachrichtigung ist nicht erforderlich, zur sicheren Fristberechnung aber zweckmäßig; andernfalls gilt § 270 S. 2. 4

4. Übergabe (Abs. 4). Hat das Gericht die Austauschpfändung zugelassen, erfolgt auf Anweisung des Gläubigers die Übergabe der Ersatzleistung. Erst danach darf der GV die Sache wegnehmen und versteigern. Darf die Ersatzleistung aus dem Erlös erbracht werden, ist die Rechtskraft des Beschlusses abzuwarten (S. 2). 5

5. Rechtsfolgen. Durch die vorläufige Pfändung wird die Pfandsache verstrickt. Das Pfändungspfandrecht entsteht, sofern die übrigen Voraussetzungen vorliegen (s. § 804 Rn. 5 ff.), erst mit Erlass des Zulassungsbeschlusses gemäß § 811 a Abs. 2, der die Unpfändbarkeit der Pfandsache beseitigt. Für **Kosten** und **Rechtsbehelfe** gelten § 811 a Rn. 7 und 11 entsprechend. 6

811 c *Unpfändbarkeit von Haustieren* **(1) Tiere, die im häuslichen Bereich und nicht zu Erwerbszwecken gehalten werden, sind der Pfändung nicht unterworfen.**

(2) Auf Antrag des Gläubigers lässt das Vollstreckungsgericht eine Pfändung wegen des hohen Wertes des Tieres zu, wenn die Unpfändbarkeit für den Gläubiger eine Härte bedeuten würde, die auch unter Würdigung der Belange des Tierschutzes und der berechtigten Interessen des Schuldners nicht zu rechtfertigen ist.

I. Normzweck

Die Norm schützt das besondere Interesse des Schuldners an seinen ihm gefühlsmäßig verbundenen Tieren.[1] Sie schützt auch die Tiere selbst, weil sie keine Sachen sind (§ 90 a BGB), sondern eigenständige Lebewesen.[2] 1

II. Voraussetzungen

1. Tiere im häuslichen Bereich (Abs. 1). Unpfändbar sind unabhängig von ihrem Wert Tiere jeder Art, nicht nur Haustiere im herkömmlichen Sinne. Das Merkmal häuslicher Bereich verlangt eine räumliche Nähe zum Schuldner. Die besteht nicht nur in seiner Wohnung, sondern auch bei Ställen oder Volieren im Garten, bei Wohnwagen und beim Zelt des Campers,[3] nicht aber bei Geschäftsräumen. Naturbedingtes Herumstreunen steht nicht entgegen. Gehalten wird ein Tier von dem, der es, angelegt auf eine gewisse Dauer,[4] in seine häusliche Privatsphäre aufgenommen hat. Eine Aufnahme zur nur vorübergehenden Pflege genügt nicht, weil dadurch noch kein besonders schutzwertes Interesse des Schuldners entsteht. Eine nur vorübergehende Entfernung hebt den Bezug zum häuslichen Bereich nicht auf. Trotz des anderen Normzwecks ist daher der Halterbegriff des § 833 BGB auch hier brauchbar.[5] Sollen mit dem Tier Einnahmen erzielt werden, dient es zu Erwerbszwecken[6] und wird hier nicht geschützt, womöglich aber nach § 811 Nr. 5; Wachhunde nach § 811 Nr. 4–7; Blindenhunde nach § 811 Nr. 12. 2

2. Ausnahmsweise Pfändbarkeit (Abs. 2). Auf Antrag des Gläubigers beseitigt das Vollstreckungsgericht die Unpfändbarkeit durch Beschluss, wenn zwei Voraussetzungen erfüllt sind: (1) Das Tier muss einen **materiell hohen Wert** haben. Dazu zählen vor allem wertvolle Reitpferde,[7] Rassehunde, seltene Tierarten.[8] (2) Die **Abwägung** von Gläubiger- und Schuldnerinteressen einschließlich der des Tierschutzes muss im Einzelfall ergeben, dass die Unpfändbarkeit für den Gläubiger eine nicht zu rechtfertigende Härte bedeuten würde. „Unbillige" Härte ist nicht gefordert. Beim Gläubiger sind Art und Höhe seines Anspruchs, seine Vermögenslage und die Verwertungsmöglichkeiten zu prüfen, beim Schuldner ist vor allem dessen gefühlsmäßige Bindung und besondere Lage zu berücksichtigen (alte, kranke, allein lebende Menschen, Kinder). Der Tierschutz verlangt, die derzeitige und die künftige Lage des Tieres im Fall der Verwertung zu berücksichtigen. Im Zweifel bleibt das Tier unpfändbar. 3

---

4 *St/J/Münzberg* Rn. 3.
5 MK/*Gruber* Rn. 5.
1 *Lorz* MDR 1990, 1057; *Münzberg* ZRP 1990, 215 f.; *K. Schmidt* JZ 1989, 790.
2 *Schuschke/Walker* Rn. 2.
3 *B/L/H* Rn. 2.
4 *St/J/Münzberg* Rn. 3.
5 MK/*Gruber* Rn. 2; aA *Zö/Stöber* Rn. 2.
6 *Schuschke/Walker* Rn. 1 (Stammhündin für Hundezucht).
7 Nicht bei 20 jährigem Pferd, das „Gnadenbrot" erhält: AG Paderborn DGVZ 1996, 44.
8 *Zö/Stöber* Rn. 3.

III. Rechtsfolgen

4 **Pfändbarkeit** besteht ab Erlass des Zulassungsbeschlusses, nicht erst mit dessen Rechtskraft. Eine Vorwegpfändung – ohne Wegnahme – ist ggf. nach § 811d möglich. Eine Pfändung durch einen weiteren Gläubiger, auch nach § 826, darf nur vorgenommen werden, wenn auch er einen Beschluss nach § 811c erwirkt hat. § 811d ist anwendbar. Das **Verfahren** entspricht dem nach § 811a (s. dort Rn. 5ff.). Für die **Kosten** gilt § 788 Abs. 1; wg. der **Rechtsbehelfe** gilt § 811a Rn. 11 entspr.

811d

Vorwegpfändung (1) [1]**Ist zu erwarten, dass eine Sache demnächst pfändbar wird, so kann sie gepfändet werden, ist aber im Gewahrsam des Schuldners zu belassen.** [2]**Die Vollstreckung darf erst fortgesetzt werden, wenn die Sache pfändbar geworden ist.**

(2) **Die Pfändung ist aufzuheben, wenn die Sache nicht binnen eines Jahres pfändbar geworden ist.**

I. Normzweck

1 Die Vorwegpfändung sichert den Gläubiger vor einer Veräußerung der Sache durch den Schuldner sowie davor, dass ihm andere Gläubiger nach Eintritt der Pfändbarkeit zuvorkommen.[1]

II. Voraussetzungen

2 Abs. 1 gilt für Sachen aller Art, die nach § 811 oder sonstigen Vorschriften unpfändbar sind. Die hinreichend wahrscheinliche Erwartung,[2] dass die Sache demnächst pfändbar wird, kann sich darauf gründen, dass eine Neuanschaffung bevorsteht oder dass die Sache wegen Berufs- oder Betriebsänderung oder Haushaltsverkleinerung entbehrlich wird. Demnächst heißt: spätestens binnen Jahresfrist (Abs. 2).

III. Verfahren

3 Der GV prüft die Voraussetzungen selbständig. Bejaht er die demnächstige Pfändbarkeit der Sache, muss er sie pfänden, im Gewahrsam des Schuldners belassen und beides im Pfändungsprotokoll vermerken. Wegnahme und Verwertung der Sache dürfen erst ab Pfändbarkeit erfolgen, die auf Grund geänderter Umstände oder mit Zulassungsbeschluss nach § 811c eintritt. Im Rahmen des § 811d ist eine einstweilige Anordnung des Vollstreckungsgerichts weder nötig noch möglich.[3] Der GV ist nicht berechtigt, eine Pfändung deshalb zu unterlassen, weil die zu pfändende Sache voraussichtlich demnächst unpfändbar wird. Nach Abs. 2 muss der GV die Pfändung von sich aus wieder aufheben, wenn die Sache nicht binnen eines Jahres pfändbar geworden ist. **Rechtsbehelf** ist die Erinnerung (§ 766).

812

Pfändung von Hausrat **Gegenstände, die zum gewöhnlichen Hausrat gehören und im Haushalt des Schuldners gebraucht werden, sollen nicht gepfändet werden, wenn ohne weiteres ersichtlich ist, dass durch ihre Verwertung nur ein Erlös erzielt werden würde, der zu dem Wert außer allem Verhältnis steht.**

I. Normzweck

1 Geschützt werden Hausratsgegenstände, die § 811 Nr. 1 nicht erfasst, wie Videorecorder,[1] Stereo-Radio-Cassettenrecorder,[2] CD- u. DVD-Player, weil auch bei derartigen Sachen der Veräußerungswert erfahrungsgemäß gering, ihr Gebrauchswert für den Schuldner aber oft hoch ist.

II. Voraussetzungen

2 Die Sachen müssen zum gewöhnlichen Hausrat (s. § 811 Rn. 11f.) zählen. Luxusgegenstände oder Sammlerstücke sind ebenso wenig geschützt wie gewerblich genutzte Sachen.[3] Gewöhnlicher Hausrat ist nicht generell unpfändbar. § 812 hindert daher nicht den Erwerb eines gesetzlichen Pfandrechts nach §§ 562, 592, 704 BGB.[4] Der GV hat aber trotz der „Soll"-Formulierung die Pfändung zu unterlassen, wenn der voraussichtliche Erlös außer allem Verhältnis zu dem Wert steht, den die Sache für den Haushalt des Schuldners hat.[5] Zwischen zu erwartendem Erlös und dem Gebrauchswert für den Schuldner muss ein auffälliges Missverhältnis bestehen.[6] Im Zweifel ist zu pfänden. Was wg. § 812 nicht gepfändet wird, muss, anders als bei § 811 Nr. 1, einzeln im Protokoll aufgelistet werden.[7] Reicht der Erlös nur für die Vollstre-

---

[1] MK/*Gruber* Rn. 1; *St/J/Münzberg* Rn. 1.
[2] *St/J/Münzberg* Rn. 3.
[3] *Zö/Stöber* Rn. 1.

[1] LG Hannover DGVZ 1990, 60 = JurBüro 1989, 1469.
[2] LG Coburg DGVZ 1990, 89.
[3] HM; MK/*Gruber* Rn. 2; *Schuschke/Walker* Rn. 2; *T/P/Hüßtege* Rn. 1 *Zö/Stöber* Rn. 1; aA *St/J/Münzberg* Rn. 1 (sofern sie im Wohnbereich genutzt werden).
[4] LG Köln MDR 1964, 599; Haase JR 1971, 323.
[5] OVG Saarlouis NVwZ-RR 2006, 756, 757; MK/*Gruber* Rn. 1; *Pardey* DGVZ 1987, 111f.
[6] LG Hannover DGVZ 1990, 60; LG Kiel DGVZ 1978, 115; MK/*Gruber* Rn. 4.
[7] OLG Bremen NJW-RR 1989, 1407; AG Siegen DGVZ 1993, 190; vgl. a. § 135 Nr. 6 GVGA.

ckungskosten, darf schon nach § 803 Abs. 2 nicht gepfändet werden. Wg. der **Rechtsbehelfe** s. § 811 Rn. 31.

813 *Schätzung* (1) [1]**Die gepfändeten Sachen sollen bei der Pfändung auf ihren gewöhnlichen Verkaufswert geschätzt werden. [2]Die Schätzung des Wertes von Kostbarkeiten soll einem Sachverständigen übertragen werden. [3]In anderen Fällen kann das Vollstreckungsgericht auf Antrag des Gläubigers oder des Schuldners die Schätzung durch einen Sachverständigen anordnen.**

(2) [1]**Ist die Schätzung des Wertes bei der Pfändung nicht möglich, so soll sie unverzüglich nachgeholt und ihr Ergebnis nachträglich in dem Pfändungsprotokoll vermerkt werden. [2]Werden die Akten des Gerichtsvollziehers elektronisch geführt, so ist das Ergebnis der Schätzung in einem gesonderten elektronischen Dokument zu vermerken. [3]Das Dokument ist mit dem Pfändungsprotokoll untrennbar zu verbinden.**

(3) **Zur Pfändung von Früchten, die von dem Boden noch nicht getrennt sind, und zur Pfändung von Gegenständen der in § 811 Abs. 1 Nr. 4 bezeichneten Art bei Personen, die Landwirtschaft betreiben, soll ein landwirtschaftlicher Sachverständiger zugezogen werden, sofern anzunehmen ist, dass der Wert der zu pfändenden Gegenstände den Betrag von 500 Euro übersteigt.**

(4) **Die Landesjustizverwaltung kann bestimmen, dass auch in anderen Fällen ein Sachverständiger zugezogen werden soll.**

I. Normzweck

1 Um Pfändungsbeschränkungen (§§ 803 Abs. 1 S. 2, Abs. 2, 811a Abs. 2, 811b Abs. 1, 812) oder Zuschlagsvoraussetzungen (§ 817a) zu sichern, muss der gewöhnliche Verkaufswert oder der Materialwert gepfändeter Sachen rechtzeitig festgestellt werden. Die Norm gilt für alle Fälle der Zwangsvollstreckung wegen Geldforderungen in bewegliche Sachen, bei denen eine Verwertung nach §§ 814ff. erfolgt, neben § 808 also auch für §§ 166 Abs. 1 InsO, 65 ZVG, § 6 JBeitrO, 66 SGB X und 295 AO. Sie gilt wg. § 821 auch für Wertpapiere ohne Börsen- oder Marktpreis, nach hM aber nicht bei Vollstreckung in Forderungen oder sonstige Rechte.[1] Abs. 2 geändert durch JKomG v. 22. 3. 2005.

II. Voraussetzungen

2 **1. Gewöhnlicher Verkaufswert (Abs. 1 S. 1).** Das ist der Durchschnittspreis, der nach der allgemeinen Marktlage und den konkreten örtlichen und zeitlichen Verhältnissen **im freien Verkauf** – nicht bei einer Versteigerung[2] – zu erzielen ist. Ihn zu schätzen, ist Sache des GV.[3] Er hat sich erforderlichenfalls zu informieren, darf nach zutr. Ansicht aber nicht von sich aus einen Sachverständigen beiziehen, wenn das nicht (Abs. 1 S. 2, Abs. 3) vorgesehen ist.[4] Hält er sich nicht für genügend sachkundig, muss er Gläubiger und Schuldner davon benachrichtigen, damit sie den Antrag nach Abs. 1 S. 3 stellen können. Dieses Recht steht ihnen auch zu, wenn sie mit der Schätzung des GV nicht einverstanden sind.[5]

3 **2. Kostbarkeiten (Abs. 1 S. 2).** Bei Kostbarkeiten muss der GV von sich aus die Schätzung einem Sachverständigen übertragen. Ob eine Kostbarkeit vorliegt, beurteilt der GV nach pflichtgemäßem Ermessen. Er kann schon dazu einen Sachverständigen einschalten (s. a. § 808 Rn. 14).[6] Bei Gold- und Silbersachen ist wegen § 817a Abs. 3 auch deren Materialwert zu schätzen. Der Sachverständige muss seine Schätzung schriftlich oder zu Protokoll erklären. Die Parteien sind davon unverzüglich zu benachrichtigen. Das Unterlassen einer gebotenen Schätzung kann eine rechtswidrige Förderung fremden Wettbewerbs sein (vgl. § 1 UWG), wenn dadurch Preismanipulationen unentdeckt bleiben und zB Teppiche zu überhöhten Preisen ersteigert werden.[7] Geldmünzen sind Kostbarkeiten, wenn es nahe liegt, dass ihr Marktwert erheblich über ihrem Nennwert liegt.[8] Der vom Sachverständigen geschätzte Wert ist für den GV verbindlich.[9] Er darf ihn auch nach erfolgloser Versteigerung nicht selbständig herabsetzen.[10] Eine **Nachschätzung** wird erforderlich, wenn sich die Verhältnisse wesentlich geändert haben. Schätzt der Sachverständige den Wert geringer als ursprünglich, muss ggf. nachgepfändet werden. Korrigiert er den Wert nach oben hin, darf der GV aber nicht von sich aus die Pfändung zum Teil aufheben. Wenn der Gläubiger nicht freigibt, entscheidet das Vollstreckungsgericht auf Erinnerung des Schuldners nach § 766.

4 **3. Andere Fälle (Abs. 1 S. 3).** In anderen Fällen kann das Vollstreckungsgericht (§ 764) einen Sachverständigen beauftragen. Das Antragsrecht steht nur Gläubiger und Schuldner zu, nicht Dritten,[11] auch nicht

---

[1] MK/*Gruber* Rn. 2; *St/J/Münzberg* Rn. 1; *Stöber* Rn. 1473; *Noack* MDR 1970, 890; aA LG Krefeld Rpfleger 1979, 147; LG Essen Rpfleger 1973, 410 m. Anm. *Petermann* 387; *Schuschke/Walker* Rn. 2.

[2] *St/J/Münzberg* Rn. 2 u. 3.

[3] Zur Protokollierung vgl. §§ 132 Nr. 8, 135 Nr. 1 a GVGA.

[4] LG Konstanz DGVZ 1994, 140; LG Aachen JurBüro 1986, 1256; aA *Pawlowski* ZZP 90 (1977), 345, 367; *Mümmler* DGVZ 1973, 81; vgl. auch: *Paschold* DGVZ 1995, 52; *Schultes* DGVZ 1994, 161.

[5] MK/*Gruber* Rn. 3; *Schuschke/Walker* Rn. 3.

[6] OLG Köln Rpfleger 1998, 352, 353 (Amtshaftung); auch: OLG München InVo 1999, 316.

[7] KG NJW-RR 1986, 201.

[8] OLG Köln NJW 1992, 50.

[9] OLG München DGVZ 1980, 123; *Schilken* AcP 181 (1981), 355, 366.

[10] AG München DGVZ 1989, 31.

[11] LG Berlin DGVZ 1978, 112 = Rpfleger 1978, 268.

dem Gerichtsvollzieher.[12] Über den Antrag entscheidet der Rechtspfleger (§ 20 Nr. 17 RPflG) nach pflichtgemäßem Ermessen („kann"). Er darf aber nicht an Stelle des GV schätzen.

5 **4. Nachholung der Schätzung (Abs. 2).** Wenn die Schätzung bei der Pfändung nicht möglich war, muss sie durch GV (Abs. 1 S. 1) oder Sachverständigen (Abs. 1 S. 2) unverzüglich nachgeholt, protokolliert und den Parteien mitgeteilt werden. Eine pflichtwidrig unterlassene Schätzung ist nachholbar.[13]

6 **5. Landwirtschaft (Abs. 3 und 4).** Ein landwirtschaftlicher Sachverständiger muss hinzugezogen werden, wenn ungetrennte Früchte (§ 810) oder bei Landwirten geschützte Sachen (§ 811 Nr. 4) gepfändet werden, deren Wert wahrscheinlich 500 € übersteigt (Abs. 3). Auswahl und Zuziehung erfolgt durch den GV. Zur Berechnung sind die Werte der Früchte und sonstige Sachen, einschließlich der unpfändbaren, zusammenzuzählen. Der Sachverständige hat nach §§ 150 Nr. 2, 152 Nr. 3 GVGA in den Fällen der Abs. 3 und 4 zu prüfen,[14] ob die Reifezeit nach § 810 Abs. 1 S. 2 binnen Monatsfrist zu erwarten ist, ob und inwieweit Früchte, Vieh und Gerät nach § 811 Nr. 4 zur Fortführung der Landwirtschaft erforderlich sind, schließlich, ob die Pfandsachen nach § 865 als Zubehör dem Zugriff des Gerichtsvollziehers entzogen sind. An die Schätzung des Wertes ist der GV gebunden,[15] an die weiteren Feststellungen nicht; er soll aber nur aus gewichtigen Gründen von ihnen abweichen.[16] Für den Bereich der Landwirtschaft haben die Landesjustizverwaltungen die Zuziehung von Sachverständigen in weiteren Fällen angeordnet (Abs. 4). Auch wenn nicht anzunehmen ist, dass der Pfandwert über 500 € liegt, soll auf Verlangen des Schuldners ein Sachverständiger zugezogen werden, sofern dadurch weder die Vollstreckung verzögert wird noch unverhältnismäßige Kosten entstehen. In anderen Fällen des Abs. 3 soll der GV, abweichend von Abs. 1 S. 1, von sich aus einen Sachverständigen beiziehen, wenn er dies zur Sachaufklärung bei §§ 810, 811 Nr. 4 für erforderlich hält.

III. Rechtsbehelfe

7 Gegen **Entscheidungen** des Rechtspflegers ist die sofortige Beschwerde nach §§ 11 Abs. 1 RPflG, 793 gegeben, gegen seine **Maßnahmen** oder die des GV die Vollstreckungserinnerung nach § 766 (zur Abgrenzung s. § 766 Rn. 10ff. und § 811a Rn. 11). Wollen sich Gläubiger oder Schuldner gegen Schätzfehler des GV wenden, besteht nur die Antragsmöglichkeit nach Abs. 1 S. 3.[17] Dasselbe muss auch bei angeblichen Schätzfehlern des Sachverständigen gelten, weil auch der Richter des Vollstreckungsgerichts nicht selbst schätzen darf.[18]

813a *Aufschub der Verwertung*

(1) [1]Hat der Gläubiger eine Zahlung in Teilbeträgen nicht ausgeschlossen, kann der Gerichtsvollzieher die Verwertung gepfändeter Sachen aufschieben, wenn sich der Schuldner verpflichtet, den Betrag, der zur Befriedigung des Gläubigers und zur Deckung der Kosten der Zwangsvollstreckung erforderlich ist, innerhalb eines Jahres zu zahlen; hierfür kann der Gerichtsvollzieher Raten nach Höhe und Zeitpunkt festsetzen. [2]Einen Termin zur Verwertung kann der Gerichtsvollzieher auf einen Zeitpunkt bestimmen, der nach dem nächsten Zahlungstermin liegt; einen bereits bestimmten Termin kann er auf diesen Zeitpunkt verlegen.

(2) [1]Hat der Gläubiger einer Zahlung in Teilbeträgen nicht bereits bei Erteilung des Vollstreckungsauftrags zugestimmt, hat ihn der Gerichtsvollzieher unverzüglich über den Aufschub der Verwertung und über die festgesetzten Raten zu unterrichten. [2]In diesem Fall kann der Gläubiger dem Verwertungsaufschub widersprechen. [3]Der Gerichtsvollzieher unterrichtet den Schuldner über den Widerspruch; mit der Unterrichtung endet der Aufschub. [4]Dieselbe Wirkung tritt ein, wenn der Schuldner mit einer Zahlung ganz oder teilweise in Verzug kommt.

I. Normzweck

1 Die Regelung ermöglicht dem mit den Verhältnissen des Schuldners am ehesten vertrauten **Gerichtsvollzieher mit Zustimmung der Beteiligten**, auf der Grundlage eines modifizierten Vollstreckungsantrags die Verwertung gepfändeter Sachen bis zu zwölf Monaten auszusetzen. Ratenzahlung statt Pfandverwertung erlaubt dem Schuldner, eine oft drohende Versteigerung der Pfandsache unter ihrem Sachwert durch freiwillige Zahlungen zu vermeiden. Der durch das Pfandrecht gesicherte Gläubiger (bei fruchtloser Pfändung s. § 806b) wird dadurch oft eher befriedigt als durch eine zwangsweise Verwertung der Pfandsachen.[1] Der **Anwendungsbereich** erfasst alle Sachen, die wegen Geldforderungen gepfändet wurden und die nach §§ 814ff. zu verwerten sind. Es genügt nicht, dass eine Pfändung nur bevorsteht.[2] Bargeld wird nicht erfasst, weil es nicht verwertet, sondern dem Gläubiger nach § 815 abgeliefert wird. Demgemäß ist nur die

---

[12] MK/*Gruber* Rn. 5.
[13] OVG Saarlouis NVwZ-RR 2006, 756.
[14] Abw. wohl *Zö/Stöber* Rn. 7 (nur bei Abs. 4).
[15] OLG München DGVZ 1980, 123.
[16] MK/*Gruber* Rn. 7; § 150 Nr. 2 S. 2 GVGA.
[17] HM; LG Aachen JurBüro 1986, 1256; aA *B/L/H* Rn. 9 (§ 766).
[18] MK/*Gruber* Rn. 9; *St/J/Münzberg* Rn. 13.
[1] MK/*Gruber* Rn. 1; *St/J/Münzberg* Rn. 1; *Goebel* Rpfleger 1995, 189.
[2] *B/L/H* Rn. 1.

Pfandsache selbst geschützt, nicht ihr Versteigerungserlös.[3] Eine Einschränkung des § 813a ist aus wirtschaftlichen Gründen geboten bei verderblichen Sachen, Saisonartikeln oder solchen, die hohe Lagerkosten verursachen.[4] Unanwendbar ist § 813a bei einer Zwangsvollstreckung wegen sonstiger Forderungen (zB Herausgabe-[5] oder Unterlassungsansprüchen) oder in anderes Vermögen (zB bei Forderungspfändungen). Bei Arrestpfändung (§ 930) und Sicherungsvollstreckung (§ 720a) gilt § 813a nicht, weil keine Verwertung erfolgt.

II. Voraussetzungen

2 **1. Mutmaßliches Interesse des Gläubigers (Abs. 1).** Ein Verwertungsaufschub ist unzulässig, wenn der Gläubiger ihn von vornherein ausgeschlossen hat; dem Schuldner bleibt dann § 813b. Die Ausschlusserklärung muss eindeutig sein, aber nicht ausdrücklich erfolgen[6]. Allein die Verbindung von Pfändungs-und Offenbarungsantrag genügt nicht.[7] Hat sich der Gläubiger aber nicht geäußert, wird vermutet,[8] dass Aufschub und Ratenzahlung auch in seinem Interesse sind. Das gilt vor allem, wenn die Pfändung nur zum Teil erfolgreich war. Ein Verwertungsaufschub ist aber auch möglich, wenn der erwartete Erlös die Ansprüche des Gläubigers voll deckt. Falls der Gläubiger seine **Zustimmung** schon mit dem Vollstreckungsauftrag (§ 753), spätestens bis zur Pfändung, erteilt hat, richtet sich das Verfahren allein nach Abs. 1. Die Zustimmung **kann beschränkt** werden auf Mindestraten und Höchstfristen. Der GV ist daran gebunden. Für das Teilzahlungsangebot des Schuldners gilt abw. v. § 813b Abs. 2 **keine Frist.** Der Schuldner braucht die erste Rate nicht sofort zu zahlen. **Höhe und Anzahl** der Raten kann und sollte der GV möglichst sofort festsetzen. Sie müssen geeignet sein, die titulierte Hauptforderung nebst Zinsen und Vollstreckungskosten spätestens binnen zwölf Monaten zu tilgen, sofern die Beteiligten nichts anderes vereinbaren.[9] Der Gläubiger soll nicht mehr als nötig belastet und der Schuldner zur zügigen Tilgung angehalten werden. Der GV kann nach S. 2 den **Versteigerungstermin** (§ 816) jeweils auf einen Zeitpunkt nach dem nächsten Zahlungstermin bestimmen oder verlegen. Für die dadurch entstehenden Kosten gilt § 788. Zum **Widerruf** der Zustimmung s. Rn. 4.

3 **2. Nachträglicher Widerspruch des Gläubigers (Abs. 2).** Hat der Gläubiger Ratenzahlungen weder ausgeschlossen noch zugestimmt, kann der GV **vorläufig** Raten festsetzen und die Verwertung aufschieben. Er muss den Gläubiger unverzüglich (§ 121 Abs. 1 S. 1 BGB) über den Aufschub und die Höhe und Fälligkeit der Raten unterrichten (S. 1). **Adressat des Widerspruchs** ist nicht der Schuldner, sondern der GV, denn die **Unterrichtung des Schuldners** durch den GV setzt die Antragsfrist nach § 813b Abs. 2 in Lauf, s. dort Rn. 5. Sie erfolgt, indem der GV dem Schuldner entweder eine beglaubigte Abschrift der Widerspruchsschrift oder des über einen mündlichen Widerspruch aufgenommenen Vermerks zustellt oder indem er den Schuldner mündlich informiert und dies gem. § 763 Abs. 1 protokolliert.[10]

III. Rechtsfolgen

4 Die **Wirkung der Aussetzung** erschöpft sich darin, dass die Vollstreckung nicht fortgesetzt werden darf, solange der Aufschub gilt. Sie ist keine Stundung iSd. § 775 Nr. 4. Fälligkeit und Verzug bleiben ebenso bestehen wie Pfändung und Pfändungspfandrechte. Der Gläubiger kann weiter gegen Mitschuldner und Bürgen vorgehen. Alles, was nicht konkret zur Verwertung führt, ist trotz Aussetzung möglich. Bis zur Grenze des § 803 Abs. 1 S. 2 kann auch weiter gepfändet werden. Das Verfahren nach §§ 807, 899 wird durch den Aufschub nicht ausgeschlossen. Es wird aber, wie auch eine anschließende Forderungspfändung nach §§ 828ff., meist entbehrlich sein. Die **Aussetzung endet** gem. Abs. 2 S. 3, wenn der GV den Schuldner über den **Widerspruch des Gläubigers** unterrichtet (s. Rn. 3) oder gem. Abs. 2 S. 4 bei **Verzug des Schuldners** mit einer Zahlung, ganz oder teilweise. Nach §§ 286 Abs. 2 Nr. 1, Abs. 4 BGB würde unverschuldeter Rückstand nicht genügen. Richtigerweise sollte aber allein auf Nichtzahlung abgestellt, der Begriff daher untechnisch verstanden werden, denn es geht nicht um eine Pflichtverletzung des Schuldners.[11] Auch bei unverschuldeten Leistungshindernissen endet die Aussetzung jedenfalls entspr. § 813b Abs. 4 spätestens ein Jahr nach der Pfändung. Mit Ende der Aussetzung hat der GV den Schuldner auf die fristgebundene Antragsmöglichkeit nach § 813b hinzuweisen, s. dort Rn. 5. Hat der Gläubiger seine Zustimmung erteilt, ist ein **Widerruf ausgeschlossen,** denn nach Abs. 2 S. 2 kann der Gläubiger nur „in diesem Fall" widersprechen. Der Schuldner soll sich darauf verlassen können, durch pünktliche Ratenzahlung die Verwertung der Sachen zu verhindern.[12] Ausnahme: Die Verhältnisse des Schuldners verschlechtern sich wesentlich.[13] Dem Gläubiger bleibt sonst nur, den Vollstreckungsantrag zurückzunehmen und neu zu pfänden. Nach Beendigung der Aussetzung wg. Zahlungsverzuges (Abs. 2 S. 4) ist deren **Wiederholung möglich.** Die Jahres-

---

3 *St/J/Münzberg* Rn. 2.
4 *St/J/Münzberg* (Fn. 3).
5 Ausnahme: § 847 Abs. 2.
6 *St/J/Münzberg* Rn. 2; aA *Zö/Stöber* Rn. 4.
7 *Helwich* DGVZ 2000, 105, 108 (Ratenzahlung bei Gläubigermehrheit); § 141 Nr. 2 Abs. 2 GVGA.
8 *Schuschke/Walker* Rn. 4; anders: MK/*Gruber* Rn. 5; *St/J/Münzberg* Rn. 2 („unterstellt").
9 *Münzberg,* Festschr. f. Lüke, 1997 S. 525, 547.
10 *Goebel* (Fn. 1) S. 190.
11 MK/*Gruber* Rn. 11; *Münzberg* (Fn. 6) S. 548.
12 MK/*Gruber* Rn. 9; *Nies* MDR 1999, 659; aA *Goebel* (Fn. 1) S. 190ff.
13 BGH FamRZ 1974, 652 (Widerruf der Stundung).

frist (Abs. 1 S. 1) muss dabei beachtet werden. Hat der Gläubiger der erneuten Aussetzung noch nicht zugestimmt, ist er gem. Abs. 2 S. 1 zu unterrichten, damit er Gelegenheit hat, zu widersprechen. Endete die Aussetzung wg. Widerspruchs des Gläubigers (Abs. 2 S. 3), ist eine erneute Aussetzung nur möglich, wenn der Gläubiger seinen Widerspruch zurücknimmt und vorher zustimmt.

IV. Rechtsbehelfe

5 Der **Gläubiger** kann nach §§ 766, 793 vorgehen, wenn er durch Maßnahmen des GV beschwert ist. Beispiele: Die Verpflichtung des Schuldners oder die Ratenfestsetzung durch den GV genügt nicht den Voraussetzungen des Abs. 1 S. 1; der Gläubiger hat seine Zustimmung von vornherein verweigert oder nur beschränkt erteilt, s. Rn. 2; er hat dem Verwertungsaufschub nach Abs. 2 S. 2 wirksam widersprochen, s. Rn. 4. Lehnt der GV einen Verwertungsaufschub ab, ist der **Schuldner** auf den fristgebundenen Antrag nach § 813b zu verweisen,[14] denn dabei handelt es sich sachlich um eine Erinnerung, mithin um den gegenüber § 766 spezielleren Rechtsbehelf.

V. Gebühren und Kosten

6 Zu den Anwaltsgebühren vgl. § 765a Rn. 29. Im Erinnerungsverfahren entstehen für den Anwalt Gebühren erst bei Vorlage der Akten an das Rechtsmittelgericht (0,5 Verfahrensgebühr aus Nr. 3500 VV RVG).

813b *Aussetzung der Verwertung*

(1) [1]Das Vollstreckungsgericht kann auf Antrag des Schuldners die Verwertung gepfändeter Sachen unter Anordnung von Zahlungsfristen zeitweilig aussetzen, wenn dies nach der Persönlichkeit und den wirtschaftlichen Verhältnissen des Schuldners sowie nach der Art der Schuld angemessen erscheint und nicht überwiegende Belange des Gläubigers entgegenstehen. [2]Es ist befugt, die in § 732 Abs. 2 bezeichneten Anordnungen zu erlassen.

(2) [1]Wird der Antrag nicht binnen einer Frist von zwei Wochen gestellt, so ist er ohne sachliche Prüfung zurückzuweisen, wenn das Vollstreckungsgericht der Überzeugung ist, dass der Schuldner den Antrag in der Absicht der Verschleppung oder aus grober Nachlässigkeit nicht früher gestellt hat. [2]Die Frist beginnt im Falle eines Verwertungsaufschubs nach § 813a mit dessen Ende, im Übrigen mit der Pfändung.

(3) Anordnungen nach Absatz 1 können mehrmals ergehen und, soweit es nach Lage der Verhältnisse, insbesondere wegen nicht ordnungsmäßiger Erfüllung der Zahlungsauflagen, geboten ist, auf Antrag aufgehoben oder abgeändert werden.

(4) Die Verwertung darf durch Anordnungen nach Absatz 1 und Absatz 3 nicht länger als insgesamt ein Jahr nach der Pfändung hinausgeschoben werden.

(5) [1]Vor den in Absatz 1 und in Absatz 3 bezeichneten Entscheidungen ist, soweit dies ohne erhebliche Verzögerung möglich ist, der Gegner zu hören. [2]Die für die Entscheidung wesentlichen tatsächlichen Verhältnisse sind glaubhaft zu machen. [3]Das Gericht soll in geeigneten Fällen auf eine gütliche Abwicklung der Verbindlichkeiten hinwirken und kann hierzu eine mündliche Verhandlung anordnen. [4]Die Entscheidungen nach den Absätzen 1, 2 und 3 sind unanfechtbar.

(6) In Wechselsachen findet eine Aussetzung der Verwertung gepfändeter Sachen nicht statt.

I. Normzweck

1 Ein Bedürfnis, trotz des § 813a auch einen Verwertungsaufschub durch den Rechtspfleger des Vollstreckungsgerichts (§ 20 Nr. 17 RpflG) zuzulassen, besteht, wenn der Gläubiger einem Verwertungsaufschub durch den Gerichtsvollzieher von vornherein oder nachträglich widersprochen hat, s. § 813a Rn. 2f. Das Vollstreckungsgericht kann, anders als der GV, auch gegen den Willen des Gläubigers einen Verwertungsaufschub anordnen. Der **Anwendungsbereich** entspricht dem des § 813a, s. dort Rn. 1. Wechselsachen sind nach Absatz 6 ausgeschlossen, s. Rn. 3. Alles, was nicht konkret zur Verwertung führt, bleibt trotz Aussetzung möglich, insbesondere weitere Pfändungen bis zur Grenze des § 803 Abs. 1 S. 2, ebenso das Offenbarungsverfahren nach § 807.[1] Der persönliche Anwendungsbereich erfasst natürliche und juristische Personen, Inländer und Ausländer.

II. Voraussetzungen

2 **1. Allgemeines (Abs. 1 S. 1).** Ist eine bewegliche Sache gepfändet worden (§§ 808, 809) und hat der Schuldner die Aussetzung der Verwertung beim Vollstreckungsgericht (§ 764) beantragt, sind die folgenden Voraussetzungen zu beachten:

a) **Person des Schuldners.** Seine **Persönlichkeit** verbietet eine Aussetzung, wenn er sich bisher, nicht zuletzt in seinem Verhalten gegenüber dem Gläubiger, als unzuverlässig oder unredlich erwiesen hat. Seine **wirtschaftlichen Verhältnisse** müssen derart sein, dass er zwar nicht sofort zahlen kann, wohl aber raten-

---

[14] *Seip* DGVZ 1998, 1, 4.

[1] LG Essen MDR 1961, 1023; *Herzig* JurBüro 1968, 366; aA LG Düsseldorf MDR 1958, 345.

weise, spätestens innerhalb eines Jahres (Abs. 4). Die **Art der Schuld** kann einen Aufschub ausschließen bei laufenden Unterhalts- und Lohnansprüchen oder bestimmten zweckgebundenen Forderungen.[2] Bei unerlaubten Handlungen kommt es auf den Einzelfall an.

b) **Person des Gläubigers.** Seine Belange dürfen nicht überwiegen. Auch eine an sich angemessene Aussetzung muss unterbleiben, wenn der Gläubiger in besonderer Weise auf die baldige Zahlung angewiesen ist, etwa weil er das Geld zum Lebensunterhalt, wegen eigener drängender Verpflichtungen oder zur Vermeidung einer eigenen Notlage braucht. Diese Interessen bestimmen auch die Dauer der Anordnung.

2. Ausnahme Wechselsachen (Abs. 6). Bei ihnen ist eine Aussetzung ausgeschlossen. Maßgeblich ist allein, ob sich der Anspruch materiellrechtlich auf einen Wechsel gründet. Es kommt nicht darauf an, wie er tituliert wurde, ob im gewöhnlichen Verfahren[3] oder im Urkunds- oder Wechselprozess. Bei Ansprüchen aus einem **Scheck** wendet die hM Abs. 6 zu Recht entsprechend an. Weil Schecks als Bargeldersatz gegeben werden, sollte sich eine Aussetzung jedenfalls nach der Art der Schuld (Abs. 1) verbieten. 3

III. Verfahren

1. Formelle Voraussetzungen (Abs. 1). Ausschließlich **zuständig** zur Entscheidung über die Aussetzung der Verwertung ist das Vollstreckungsgericht (§§ 764, 802), dort der Rechtspfleger (§ 20 Nr. 17 RPflG). Der **Antrag** kann vom Schuldner schriftlich oder zu Protokoll der Geschäftsstelle erklärt werden. Anwaltszwang besteht nicht (§ 78 Abs. 3). Der GV muss den Schuldner auf die Antragsmöglichkeit hinweisen. Der Schuldner kann allgemein Verwertungsaufschub beantragen und die Einzelheiten dem Gericht überlassen. Er kann aber Zahlungsfristen und Ratenhöhe auch konkret bezeichnen. Weil der Antrag sachlich einer Erinnerung entspricht, kann – was die Neuregelung in S. 2 klarstellt – das Gericht, bevor es über ihn entscheidet, eine **einstweilige Anordnung** nach §§ 766 Abs. 1 S. 2, 732 Abs. 2 erlassen und diese mit vorläufigen Zahlungsauflagen verbinden. Für eine sofortige endgültige Entscheidung unter dem Vorbehalt, dass der Gläubiger nicht widerspricht (s. Rn. 8), besteht daher kein Anlass.[4] 4

2. Zweiwochenfrist (Abs. 2). Sie ist **keine Notfrist** (§ 224 Abs. 1 S. 2). Eine Wiedereinsetzung wegen Fristversäumnis (§ 233) ist daher nicht möglich. Die Frist kann nicht verlängert werden (§ 224 Abs. 2). Der Antrag ist auch nach Fristablauf noch zulässig, wird aber ohne Sachprüfung zurückgewiesen, wenn die Verspätung auf **Verschleppungsabsicht** oder grober Nachlässigkeit des Schuldners beruht. Verschleppungsabsicht besteht, wenn der Schuldner den Antrag allein zum Zweck der Verzögerung stellt, sich also nach Überzeugung des Vollstreckungsgerichts bewusst ist, keine für ihn günstige Wendung herbeiführen zu können.[5] **Grobe Nachlässigkeit** (s. a. § 296 Rn. 28) liegt vor, wenn der Schuldner seine Sorgfaltspflicht, insbesondere die zur Rücksicht auf den Gegner, in ungewöhnlich großem Maße verletzt und das unbeachtet gelassen hat, was jedem in seiner Lage hätte einleuchten müssen.[6] Das Vollstreckungsgericht muss diese Voraussetzungen konkret prüfen. Trägt der Schuldner nichts zur Entlastung vor, liegt grobe Nachlässigkeit nahe. Fehlen andere Anhaltspunkte, genügt die Fristversäumnis als ausreichendes Indiz.[7] Das Gericht hat kein Ermessen; es darf auch keine Billigkeitsentscheidung treffen. **Fristbeginn** ist bei einem Verwertungsaufschub nach § 813a dessen Ende (s. dort Rn. 4) sonst der Zeitpunkt der Pfändung. 5

3. Mehrmalige Anordnungen (Abs. 3). Anordnungen nach Abs. 1 sind mehrfach möglich. Die Voraussetzungen sind dieselben wie beim erstmaligen Antrag. Die Frist des Abs. 2 beginnt für den wiederholten Antrag, sobald der Schuldner weiß, dass die Vollstreckung fortgesetzt wird, s. a. Rn. 5 aE.[8] Unklarheiten dürfen aber nicht zu seinen Lasten gehen. Eine **Aufhebung** oder **Abänderung** der Anordnung ist auf Antrag von Schuldner oder Gläubiger möglich und geboten, wenn sich die tatsächlichen Verhältnisse wesentlich geändert haben, vor allem, wenn der Schuldner die erwarteten Ratenzahlungen nicht erbracht hat.[9] Eine neue Würdigung des bisherigen Vortrags durch das Gericht ist nicht zulässig, wohl die Berücksichtigung neuen Vortrags. 6

4. Höchstfrist (Abs. 4). Verwertungsaufschub darf höchstens für **ein Jahr** angeordnet werden. Die Frist gilt auch dann, wenn nach Abs. 3 mehrmals ausgesetzt wird. Die erste Frist sollte schon daher das Jahr nicht ausschöpfen. Im Übrigen ist zu berücksichtigen, dass der Gläubiger nicht mehr als nötig belastet und der Schuldner zur zügigen Tilgung angehalten werden soll. Ist der Gläubiger aber mit einem längeren Aufschub einverstanden, liegt eine zulässige vollstreckungsbeschränkende Vereinbarung vor, die das Gericht beachten muss,[10] zu Vollstreckungsverträgen allgemein s. vor § 704 Rn. 16ff. 7

5. Anhörung (Abs. 5). a) Vollstreckungsinteresse. Die nach Art. 103 GG gebotene Anhörung des Gegners erfordert, den Gläubiger vor Erlass oder Ausweitung der Anordnung und den Schuldner vor ihrer Aufhebung oder einer ihm nachteiligen Abänderung schriftlich oder mündlich zu hören. Weil das Gericht gemäß § 732 Abs. 2 einstweilige Anordnungen erlassen kann, bewirkt die Anhörung regelmäßig keine Verzögerung. **Glaubhaftmachung** (§ 294 Abs. 1) wird verlangt, damit das Gericht nicht auf Grund der bloßen 8

---

2 AG Köln MDR 1956, 486 = JMBlNRW 1954, 42 (Heizungskosten, für den Neukauf von Brennstoff).
3 LG Traunstein MDR 1962, 745.
4 MK/*Gruber* Rn. 9; aA *Seither* Rpfleger 1969, 232.
5 Vgl. zu § 244 StPO BGH NJW 1992, 2711; BGHSt 21, 118, 121 = NJW 1966, 2174.
6 Vgl. MK/*Prütting* § 296 Rn. 145.
7 MK/*Gruber* Rn. 11.
8 LG Itzehoe SchlHA 1958, 141.
9 *St/J/Münzberg* (§ 813b) Rn. 19.
10 MK/*Gruber* Rn. 15; *Seither* (Fn. 4); i. Erg. auch *St/J/Münzberg* (§ 813b) Rn. 9.

Behauptungen der Beteiligten entscheidet. Der Schuldner muss vielmehr wahrscheinlich machen, dass er bereit und in der Lage ist, die Schuld in angemessenen Raten zu tilgen. Es ist Sache des Gläubigers, die persönliche Schutzunwürdigkeit des Schuldners oder überwiegende Eigenbelange geltend zu machen. Dazu können eidesstattliche Versicherungen genügen. § 294 Abs. 2 ist nach dem Zweck der Regelung nicht anzuwenden. **Mündliche Verhandlung** ist freigestellt (§ 764 Abs. 3), aber zweckmäßig, wenn ein Einvernehmen über die Aussetzung vor allem wegen Ratenhöhe und Zahlungsfristen und in Bezug auf bestehende Unklarheiten erwartet werden kann.

9 **b) Beschluss:** Die Entscheidungen des Vollstreckungsgerichts ergehen durch Beschluss, der entweder gemäß § 329 Abs. 1 verkündet oder wg. §§ 11 RPflG, 793 nach § 329 Abs. 2 S. 2 zugestellt wird. Ein Beschluss des Richters (vgl. §§ 5f. RPflG) kann zwar, da nach Abs. 5 Satz 4 unanfechtbar, nach § 329 Abs. 2 S. 1 formlos übersandt werden. Er sollte gleichwohl zugestellt werden, wenn Zahlungsfristen zu beachten sind. Die Entscheidung darf nicht über den Antrag des Schuldners hinausgehen (§ 308). Wird Aussetzung angeordnet, muss die Pfandsache identifizierbar bezeichnet werden; außerdem sind festzusetzen: Ratenhöhe und -fälligkeiten sowie das Enddatum der Aussetzung, falls der Schuldner nicht vollständig und pünktlich zahlt. Es ist möglich, nur eine Frist zur vollständigen Zahlung zu bestimmen oder weitere Auflagen anzuordnen, zB pünktliche Mietzahlungen, Bezahlung anderer, auch nicht titulierter Forderungen des Gläubigers. Es ist schließlich zulässig, die Verwertung „mit der Maßgabe auszusetzen, dass sie außer Kraft tritt", wenn der Schuldner dem GV die Erfüllung der Auflagen nicht in der Form des § 775 Nr. 4, 5 nachweist. Eine **Begründung** des Beschlusses ist erforderlich, wenn der Antrag abgewiesen oder wenn Einwendungen des Gläubigers nicht entsprochen wird. Der Beschluss braucht aber keine gesonderte Begründung, wenn zwischen den Parteien Einvernehmen über den Verwertungsaufschub besteht oder wenn sich die Gründe ohne weiteres aus dem Inhalt der Anordnung ergeben oder wenn die Parteien auf Begründung und/oder Rechtsmittel verzichtet haben.[11] Für die **Kosten** gilt § 788; eine Entscheidung ist nur erforderlich, wenn sie ausnahmsweise nach dessen Abs. 3 dem Gläubiger auferlegt werden.[12]

IV. Wirkung der Aussetzung

10 Sie erschöpft sich darin, dass die Vollstreckung nicht fortgesetzt werden darf, solange der Aufschub gilt. Materiellrechtliche Folgen ergeben sich daraus nicht, so dass insbesondere gegen Mitschuldner und Bürgen weiter vorgegangen werden kann. Pfändung und Pfändungspfandrecht bleiben bestehen; s. a. § 813a Rn. 4.

V. Rechtsbehelfe

11 Die Entscheidungen nach den Abs. 1, 2 und 3 sind gemäß Abs. 5 S. 4 unanfechtbar, wenn sie – ausnahmsweise – der Richter erlassen hat (vgl. § 5f. RPflG), auch hinsichtlich der Kostenentscheidung.[13] Nur in den bei § 707 genannten Ausnahmefällen greifbarer Gesetzwidrigkeit ist auch hier die sofortige Beschwerde nach § 793 möglich,[14] zum Begriff der „greifbaren Gesetzwidrigkeit" s. auch § 567 Rn. 16ff. Entscheidungen des Rechtspflegers unterliegen der befristeten Erinnerung nach § 11 Abs. 2 RPflG; s. a. vor § 704 Rn. 33 u. § 104 Rn. 22ff.

VI. Gebühren und Kosten

12 **1. Rechtsanwaltsgebühren.** Zu den **Anwaltsgebühren** vgl. § 765a Rn. 29. Im **Erinnerungsverfahren** entstehen für den Anwalt Gebühren erst bei Vorlage der Akten an das Rechtsmittelgericht (0,5 Verfahrensgebühr aus Nr. 3500 VV RVG). Diese Beschwerdegebühr fällt neben den Gebühren gem. § 18 Nr. 8 RVG, Nr. 3309 VV RVG an.

13 **2. Gerichtskosten.** Nach KV Nr. 2113 wird eine Festgebühr von 15 Euro erhoben. Für das Beschwerdeverfahren gilt KV Nr. 2121. Vgl. dazu § 765a Rn. 30.

814 *Öffentliche Versteigerung* **Die gepfändeten Sachen sind von dem Gerichtsvollzieher öffentlich zu versteigern; Kostbarkeiten sind vor der Versteigerung durch einen Sachverständigen abzuschätzen.**

I. Normzweck

1 Gepfändetes Geld wird dem Gläubiger nach § 815 Abs. 1 abgeliefert. Bei anderen Pfandsachen ist deren öffentliche Versteigerung der Regelfall, weil der Gesetzgeber erwartet hat, dass dadurch ein möglichst hoher Erlös erzielt werden könne. Ein freihändiger Pfandverkauf erfolgt dagegen nach § 821 bei marktgängigen Wertpapieren, nach § 817a Abs. 3 S. 2 notfalls auch bei Gold- und Silbersachen. Der Gerichtsvollzieher darf von sich aus keine andere Verwertungsart wählen, wohl auf Antrag einer Partei. Das Vollstreckungsgericht kann eine andere Art der Verwertung nach § 825 anordnen. Sie bringt oft mehr ein als eine Versteigerung.[1]

---

[11] *Zö/Stöber* Rn. 14.
[12] MK/*Gruber* Rn. 13; *T/P/Hüßtege* Rn. 14.
[13] LG Mönchengladbach JurBüro 1969, 451.
[14] Eingehend: OLG Stuttgart NJW 1997, 64.
[1] MK/*Gruber* Rn. 1; *St/J/Münzberg* Rn. 1.

II. Voraussetzungen

Die Voraussetzungen für die Zulässigkeit der Zwangsvollstreckung müssen erfüllt sein (s. vor § 704 Rn. 19ff.). Die Pfändung muss eine wirksame Verstrickung der Pfandsache bewirkt haben (s. § 803 Rn. 9ff.). Das Bestehen eines Pfändungspfandrechts ist aber nicht erforderlich, denn die Verwertung erfolgt allein auf Grund der Verstrickung (s. § 804 Rn. 2). Es dürfen keine Verwertungshindernisse vorliegen. Die Verwertung darf weder auf Dauer noch auf Zeit ausgeschlossen sein, nicht nach §§ 772, 773, 813a, 930, auch nicht durch §§ 775 Nr. 2, 4, 5, 776 oder auf Grund einstweiliger Einstellung nach §§ 707, 719, 769 oder entsprechender Anordnungen gemäß § 765a. 2

III. Verfahren

1. Durchführung. Die Pfandverwertung erfolgt ohne besonderen Antrag (Ausnahme § 811b Abs. 4). Der GV, der die Sache gepfändet hat, ist auch für deren Versteigerung zuständig. Bei mehrfacher Pfändung nach § 827 ist es der Erstpfändende, sofern das Vollstreckungsgericht nichts anderes anordnet. Bei einem Zusammentreffen mit Pfändungen anderer Vollstreckungsorgane sind ggf. §§ 308 Abs. 1 AO, 3 Abs. 1 VwVG, 6 JBeitrO zu beachten. Einigen sich Gläubiger und Schuldner nach § 816 Abs. 2 über einen anderen Versteigerungsort oder nimmt der Schuldner, in dessen Gewahrsam die Pfandsache verblieben ist, einen Wohnungswechsel vor, kann die Verwertung nach §§ 29ff. GVO dem für den neuen Ort zuständigen GV übertragen werden. 3

2. Hoheitliche Tätigkeit. Die öffentliche Versteigerung durch den GV ist hoheitliches Handeln. Er wird als Beamter nach § 154 GVG tätig, nicht als Stellvertreter oder Beauftragter des Gläubigers. Dessen Weisungen muss er aber befolgen, soweit sie nicht dem Gesetz oder der GVGA widersprechen (s. § 753 Rn. 12). Sie können u. a. darin bestehen, einstweilen keinen Versteigerungstermin anzuberaumen, einen anberaumten Termin wieder aufzuheben oder auch mehrfach zu verschieben.[2] Geregelt wird das Versteigerungsverfahren durch §§ 816–819, ergänzend durch §§ 450 Abs. 1, 451 BGB. Weitere Einzelheiten ergeben sich aus §§ 142–146, 153, 161 GVGA. Die Versteigerung ist kein Pfandverkauf iSd. §§ 1233ff. BGB. 4

3. Öffentlichkeit. Die Versteigerung findet in der und für die Öffentlichkeit statt. Während der Versteigerung muss grds. jeder freien Zutritt haben. Einzelheiten sind streitig. Teils werden alle Beschränkungen abgelehnt,[3] teils wird akzeptiert, dass Sicherheitsbestimmungen des öff. Rechts Grenzen setzen können und erforderlichenfalls eine Verlegung an einen „sicheren" Ort verlangt,[4] teils wird der Öffentlichkeit Zutritt nur gestattet, soweit es Raum und Ordnung zulassen.[5] Eine praktikable und sachgerechte Lösung ergibt sich bei sinngemäßer Anwendung der §§ 169ff. GVG.[6] Die Öffentlichkeit der Versteigerung bezweckt zwar nicht in erster Linie eine Kontrolle des Verfahrens durch die Allgemeinheit, sondern das Ansprechen eines potenziell unbeschränkten Bieterkreises. Das zwingt aber nicht dazu, stets Termine zu verlegen, wenn die Sicherheit bei unbeschränktem Zugang nicht gewährleistet ist oder nicht alle Interessenten Platz finden. Das Interesse von Gläubiger und/oder Schuldner an einer zügigen, sicheren, ungestörten und auch kostengünstigen Durchführung der Versteigerung ist gleichfalls von erheblicher Bedeutung. Die öffentliche Sicherheit und Ordnung, auch Rechte Dritter können analog § 172 GVG erfordern, die Öffentlichkeit zu begrenzen. Die Bestimmung der Raumgröße obliegt demgemäß entspr. § 169 GVG dem pflichtgemäßen Ermessen des GV, der im Einzelfall u. a. die Bedeutung des Versteigerungstermins für Gläubiger und Schuldner, das voraussichtliche Ausmaß des Bieterinteresses und wohl auch die Angemessenheit der Versteigerungskosten berücksichtigen muss. Für den Zutritt ist die Reihenfolge des Erscheinens maßgeblich. Bei einem **Verstoß** gegen das Öffentlichkeitsgebot ist die Versteigerung unwirksam, ein Eigentumsübergang ausgeschlossen. **Rechtsbehelf** ist die Erinnerung (§ 766). 5

IV. Gerichtskosten

Für die Versteigerung werden Gebühren nach KVGv Nr. 300 erhoben; für deren öffentliche Bekanntmachung die entstandenen Kosten als Auslagen gemäß KVGv Nr. 702 berechnet. 6

815 *Gepfändetes Geld* **(1) Gepfändetes Geld ist dem Gläubiger abzuliefern.**

(2) [1]Wird dem Gerichtsvollzieher glaubhaft gemacht, dass an gepfändetem Geld ein die Veräußerung hinderndes Recht eines Dritten bestehe, so ist das Geld zu hinterlegen. [2]Die Zwangsvollstreckung ist fortzusetzen, wenn nicht binnen einer Frist von zwei Wochen seit dem Tag der Pfändung eine Entscheidung des nach § 771 Abs. 1 zuständigen Gerichts über die Einstellung der Zwangsvollstreckung beigebracht wird.

(3) Die Wegnahme des Geldes durch den Gerichtsvollzieher gilt als Zahlung von Seiten des Schuldners, sofern nicht nach Absatz 2 oder nach § 720 die Hinterlegung zu erfolgen hat.

---

[2] *Wieser* DGVZ 1987, 49.
[3] *Schuschke/Walker* Rn. 4.
[4] *B/L/H* Rn. 2; *Zö/Stöber* Rn. 2.
[5] *T/P/Hüßtege* Rn. 5; *St/J/Münzberg* Rn. 5.
[6] MK/*Gruber* Rn. 7.

I. Normzweck

1 § 815 bestimmt, dass Geld durch Ablieferung an den Gläubiger verwertet wird (Abs. 1), ordnet ein Hinterlegungsverfahren an, damit Dritte rechtzeitig widersprechen können (Abs. 2) und regelt wie § 819 die Gefahrtragung (Abs. 3).

II. Voraussetzungen

2 **1. Verwertung gepfändeten Geldes (Abs. 1). Geld** sind Euro-Banknoten und Münzen. Andere gültige deutsche Wertzeichen wie Briefmarken,[1] Stempel-, Kosten- und Versicherungsmarken werden ebenso behandelt; der GV wechselt sie von sich aus um. Eine Münzsammlung kann über den Nominalwert hinaus eine Kostbarkeit nach § 813 Abs. 1 S. 2 sein.[2] Ausländisches Geld fällt nicht unter Abs. 1, weil der Gläubiger damit nicht ohne weiteres zahlen kann. Es ist deshalb nach § 821 durch Verkauf an ein Kreditinstitut zu verwerten, s. § 821 Rn. 3. **Ablieferung** bedeutet Eigentumsübertragung. Bis zur Ablieferung besteht die alte Eigentumslage fort; das Geld ist nur beschlagnahmt (verstrickt). Sofern es dem Schuldner gehört, ist es außerdem mit dem Pfandrecht des Gläubigers belastet (s. § 804 Rn. 5f.). Einstellung der Zwangsvollstreckung und Anschlusspfändung nach § 826 sind noch möglich.[3] Eigentumsübertragung durch Ablieferung ist die auf wirksamer Verstrickung beruhende staatliche Verfügung über das Geld.[4] Sie ist bedingungsfeindlich und geschieht nach zutreffender hM durch Hoheitsakt.[5] Einigkeit besteht darin, dass die §§ 929ff. BGB nicht, auch nicht entsprechend gelten, so dass der Empfänger unabhängig von seiner Gutgläubigkeit auch dann Eigentum erwirbt, wenn das Geld nicht dem Schuldner gehörte. Abgeliefert wird nach Abzug der Vollstreckungskosten (§ 6 GVKostG) durch Übergabe der Zahlungsmittel, durch Postanweisung oder bargeldlos durch Überweisung über das Dienstkonto des GV.[6] In den letztgenannten Fällen setzt sich das Pfändungspfandrecht an dem Auszahlungsanspruch fort; die Ablieferung erfolgt dann durch Barauszahlung oder Gutschrift auf dem Gläubigerkonto (§ 73 GVO). **Empfänger** des Geldes ist der Vollstreckungsgläubiger, nicht der Gläubiger im Sinne des BGB.[7] Soll an einen Vertreter abgeliefert werden, muss dieser seine Empfangsvollmacht (§ 172 Abs. 1 BGB) dem Gerichtsvollzieher durch Vorlage des Originals oder einer Ausfertigung nachweisen. Telefax,[8] beglaubigte Ablichtung[9] und Generalinkassovollmacht[10] genügen nicht. Die Prozessvollmacht ermächtigt den Rechtsanwalt nur zum Empfang der Kostenerstattung (Umkehrschluss aus § 81 Halbs. 4).[11]

3 **2. Schutz des Dritten (Abs. 2).** Wenn der GV schuldnerfremdes Geld gepfändet hat, darf er es nicht an den Gläubiger abliefern, weil die Zwangsvollstreckung mit der Ablieferung endet. Eine Drittwiderspruchsklage wäre dann mangels Rechtsschutzinteresses nicht mehr zulässig (s. § 771 Rn. 9). Dem Dritten stünde nur noch ein bereicherungsrechtlicher Ausgleichsanspruch zu (s. § 817 Rn. 9ff.). Damit der Dritte rechtzeitig nach § 771 Abs. 3 vorgehen kann, ordnet Abs. 2 die einstweilige Hinterlegung an (vgl. auch Parallelen bei §§ 720, 819, 839). Die Regelung gilt wegen gleicher Interessenlage bei Klagen aus §§ 781, 786, 805 entspr., richtigerweise aber nicht bei einer Vollstreckung nach §§ 883ff. und bei § 897,[12] auch nicht bei der Auskehr des Versteigerungserlöses.[13] Für die **Glaubhaftmachung,** dass ein die Veräußerung hinderndes Recht eines Dritten besteht (s. § 771 Rn. 15ff.), gilt § 294. Die Beweismittel müssen präsent sein.[14] Zeugen vernimmt der GV nicht.[15] Die eidesstattliche Versicherung kann zu Protokoll (§ 762) erklärt werden. Sie ist bis zur Ablieferung möglich. Der GV braucht einen bereits erteilten Überweisungsauftrag aber nicht zu widerrufen. Er würdigt die Glaubhaftmachung frei. Gelingt sie nicht, ist das gepfändete Geld unverzüglich an den Gläubiger abzuliefern. Der Dritte hat kein Recht auf Nachbesserung. Die **Hinterlegung** des Betrages (§§ 17ff. HintO) ohne Abzug von Kosten erfolgt, wenn der GV eine Drittberechtigung für wahrscheinlich hält. Er muss sich das unbedingte Recht der Rücknahme zur Fortsetzung der Zwangsvollstreckung nach Ablauf von zwei Wochen seit der Pfändung (Abs. 2 S. 2) oder auf gerichtliche Entscheidung (§ 766) vorbehalten. Der **Einstellungsbeschluss** des Prozessgerichts (§ 771 Abs. 3)[16] ist dem GV, nicht der Hinterlegungsstelle vorzulegen. Wird er ihr dennoch vorgelegt, muss sie den GV unverzüglich benachrichtigen. Sie sollte stets vorsorglich unterrichtet werden. Wird der Beschluss erst **nach Fristablauf** (Berechnung: § 222) erlassen oder vorgelegt, dann wird noch nicht abgeliefertes Geld auf Grund dieses Beschlusses hinterlegt. Eine vorläufige Einstellung nach § 769 Abs. 2 genügt nicht, denn der Aufschub nach Abs. 2 ist das Äußerste,

---

[1] BGHZ 164, 286, 290 = NJW 2006, 54f. (sog. kleines Inhaberpapier).
[2] OLG Köln NJW 1992, 50.
[3] *T/P/Hüßtege* Rn. 3.
[4] *St/J/Münzberg* Rn. 15.
[5] HM; *St/J/Münzberg* Rn. 15; *Zö/Stöber* Rn. 1; *Schuschke/Walker* Rn. 2; aA MK/*Gruber* Rn. 4 (öff.-rechtl. Vertrag); grds. abl.: *Pesch* JR 1993, 358, 360ff. (Verstoß gegen Art. 14 GG).
[6] § 73 GVO.
[7] MK/*Gruber* Rn. 4; *Scheld* DGVZ 1983, 164; aA *B/L/H* Rn. 2.
[8] LG Aachen DGVZ 1991, 173.
[9] LG Bielefeld DGVZ 1993, 28.
[10] LG Ingolstadt DGVZ 1994, 92.
[11] HM; vgl. *Scherer* DGVZ 1994, 104; *Pawlowski* DGVZ 1994, 177; aA *Christmann* DGVZ 1994, 132.
[12] *T/P/Hüßtege* Rn. 6; *St/J/Münzberg* Rn. 5; aA MK/*Gruber* Rn. 5; *Schneider* DGVZ 1989, 145, 148f.
[13] *St/J/Münzberg* (Fn. 12).
[14] HM; MK/*Gruber* Rn. 6; aA *B/L/H* Rn. 4.
[15] *Schuschke/Walker* Rn. 6; aA *B/L/H* Rn. 4; *St/J/Münzberg* Rn. 6.
[16] Ggf. nach §§ 785, 769 Abs. 1 oder § 805 Abs. 2.

was der Gläubiger ohne eine Entscheidung des Prozessgerichts hinnehmen muss.[17] Bleibt das Geld auf Grund des Einstellungsbeschlusses hinterlegt, erfolgt die spätere Auszahlung durch die Hinterlegungsstelle ohne Beteiligung des GV an den, der seine Berechtigung nach §§ 12ff. HintO beweist.[18] **Bei nicht rechtzeitigem Nachweis** der Einstellung holt der GV das Geld von der Hinterlegungsstelle, behält die Kosten ein (§ 6 GVKostG) und liefert den Rest nach Abs. 1 an den Gläubiger ab. Hat sich der GV ein unbedingtes Recht auf Rücknahme nach Ablauf der Zweiwochenfrist nicht vorbehalten, muss die Hinterlegungsstelle ihm das Geld gleichwohl auszahlen, wenn er dienstlich versichert, dass ihm kein Einstellungsbeschluss vorliegt.[19] Der GV kann die Ablieferung auch dadurch bewirken, dass er die Auszahlung an den Gläubiger bewilligt und ihm die Antragstellung überlässt.

3. Zahlungsfiktion (Abs. 3). Sie regelt die Gefahrtragung, nicht den Eigentumsübergang. Eigentum an dem gepfändeten Geld erwirbt der Gläubiger erst durch Ablieferung nach Abs. 1. Auf Grund der Wegnahme des Geldes, die der GV gem. § 757 quittieren muss, wird der Schuldner aber abweichend von § 270 BGB auch dann von seiner Leistungspflicht frei, wenn das Geld dem Gläubiger nicht abgeliefert wird. Die Regelung bezweckt, das Vermögen des Schuldners vor Risiken des Verfahrensablaufs zu schützen, auf die er keinen Einfluss hat. Sie gilt auch, wenn der Schuldner lediglich zur Hinterlegung verpflichtet ist. Manche messen bereits der Wegnahme **Erfüllungswirkung** zu.[20] Nach zutreffender Ansicht wirkt die Zahlungsfiktion aber nur, wenn sich das Gefahrtragungsrisiko verwirklicht, weil dem GV das Geld abhanden kommt oder von ihm unterschlagen wird.[21] Sonst richtet sich die Erfüllung allein nach materiellem Recht, tritt also nicht vor Ablieferung des Geldes an den Gläubiger ein.[22] Bei Zwangsvollstreckung aus einem nur vorläufig vollstreckbaren Titel ist erst mit dessen Rechtskraft erfüllt.[23] Schuldnerverzug endet aber sofort.[24] Bestand die vorläufig vollstreckbare Forderung nicht, hat Abs. 3 nur verfahrensrechtliche Wirkung: der Vollstreckungstitel ist verbraucht. Wurde **schuldnerfremdes Geld** gepfändet, gilt Abs. 3 nicht. Der Schuldner bleibt zur Zahlung verpflichtet. Durch die Ablieferung erlangt der Gläubiger zwar Eigentum an dem Geld, aber nicht auf Kosten des Schuldners. Der Schuldner ist daher nicht schutzbedürftig.[25] Der Gläubiger kann aus dem Titel allerdings nicht mehr vollstrecken, denn der wurde bereits nach § 757 ausgehändigt, die Forderung jedenfalls abgeschrieben. Es ist nun eine neue vollstreckbare Ausfertigung, notfalls ein neuer Titel erforderlich.[26] Ist nach Abs. 2 oder nach § 720 **Anordnung der Hinterlegung** erfolgt, gilt die Zahlungsfiktion nicht. Das Pfändungspfandrecht des Gläubigers setzt sich am Rückforderungsanspruch des GV gegen die Hinterlegungsstelle fort. Die Zahlungsfiktion greift aber wieder ein, wenn nachträglich die Hinterlegungsvoraussetzungen entfallen und der GV das Geld zurückerhält.[27] Umgekehrt fällt sie wieder weg, wenn die Hinterlegungsvoraussetzungen nach Wegnahme, aber noch vor Ablieferung eintreten.[28] 4

III. Freiwillige Zahlungen des Schuldners

Auch in diesem Fall wird der GV amtlich tätig (s. a. § 755 Rn. 5ff.). An dem übergebenen Geld tritt aber keine Verstrickung ein, so dass kein Pfändungspfandrecht entsteht. Abs. 1 gilt nicht. Die Gefahrtragungsregel des Abs. 3 gilt jedoch entsprechend, denn der Schuldner ist bei freiwilliger Leistung unter dem Druck drohender Pfändung ebenso schutzwürdig wie bei der Wegnahme.[29] Erfolgt die **Zahlung** nicht zum Zweck der Erfüllung, sondern **nur zur Abwendung der Zwangsvollstreckung** aus einem noch nicht rechtskräftigen Titel, tritt Erfüllung noch nicht mit Übereignung des Geldes an den Gläubiger ein, die nach §§ 929ff. BGB erfolgt,[30] sondern erst mit Rechtskraft des Titels.[31] Schuldnerverzug endet aber sofort.[32] 5

IV. Rechtsbehelfe

Schuldner und betroffener Dritter können bis zur Ablieferung nach § 766 vorgehen. Die Ablehnung der Hinterlegung ist aber nur erinnerungsfähig, wenn die gesetzlichen Voraussetzungen des Abs. 2 verkannt wurden. Die Glaubhaftmachung ist nicht überprüfbar.[33] Der Gläubiger ist beschwert, wenn die 6

---

17 MK/*Gruber* Rn. 8; *St/J/Münzberg* Rn. 9.
18 *Zö/Stöber* Rn. 6.
19 *Bülow/Mecke/Schmidt*, Hinterlegungsordnung, 3. Aufl. 1993, Anh. z. § 13 Rn. 68.
20 BGH JZ 1984, 151 = LM § 109 Nr. 5; *T/P/Hüßtege* Rn. 10; *Zö/Stöber* Rn. 2.
21 *Wieser* DGVZ 1988, 129, 133 m. weit. Nachw.
22 MK/*Gruber* Rn. 12; *St/J/Münzberg* Rn. 18; *Kerwer,* Die Erfüllung in der Zwangsvollstreckung, 1996, 34ff. (Bespr. *Hoeren* ZZP 109 (1997), 522); *Schünemann* JZ 1985, 49, 52.
23 BGH MDR 1976, 1005; *Palandt/Grüneberg* § 362 Rn. 12 m. weit. Nachw.
24 BGH NJW 1981, 2244; OLG Karlsruhe VersR 1992, 370.
25 HM; MK/*Gruber* Rn. 10; *T/P/Hüßtege* Rn. 10; *St/J/Münzberg* Rn. 19; *Schuschke/Walker* Rn. 9; *Brox/Walker* Rn. 421; *Lackmann* Rn. 181; *Geißler* DGVZ 1991, 166, 169; aA *B/L/H* Rn. 6.
26 Einzelheiten: *St/J/Münzberg* Rn. 17.
27 MK/*Gruber* Rn. 13.
28 *St/J/Münzberg* Rn. 21.
29 HM; MK/*Gruber* Rn. 14; *T/P/Hüßtege* Rn. 5; *Schuschke/Walker* Rn. 11; *Wiecz/Schütze/Lüke* Rn. 20; *Baur/Stürner* ZwV Rn. 87; *Brox/Walker* Rn. 314 *Geißler* DGVZ 1991, 166, 169; aA AG Bad Homburg DGVZ 1991, 121; *B/L/H* Rn. 8; *St/J/Münzberg* Rn. 23.
30 *Wieser* DGVZ 1988, 129.
31 BGH NJW 1990, 2756; OLG Naumburg DGVZ 2000, 36 (Leistung eines Dritten).
32 BGH NJW 1981, 2244; OLG Karlsruhe VersR 1992, 370.
33 *Schuschke/Walker* Rn. 12.

Ablieferung verweigert wird,[34] trotz Fristablaufs unterbleibt oder die Hinterlegung verfahrensfehlerhaft war.

816 *Zeit und Ort der Versteigerung* **(1) Die Versteigerung der gepfändeten Sachen darf nicht vor Ablauf einer Woche seit dem Tag der Pfändung geschehen, sofern nicht der Gläubiger und der Schuldner über eine frühere Versteigerung sich einigen oder diese erforderlich ist, um die Gefahr einer beträchtlichen Wertverringerung der zu versteigernden Sache abzuwenden oder um unverhältnismäßige Kosten einer längeren Aufbewahrung zu vermeiden.**

(2) Die Versteigerung erfolgt in der Gemeinde, in der die Pfändung geschehen ist, oder an einem anderen Ort im Bezirk des Vollstreckungsgerichts, sofern nicht der Gläubiger und der Schuldner über einen dritten Ort sich einigen.

(3) Zeit und Ort der Versteigerung sind unter allgemeiner Bezeichnung der zu versteigernden Sachen öffentlich bekannt zu machen.

(4) Bei der Versteigerung gelten die Vorschriften des § 1239 Abs. 1 Satz 1, Abs. 2 des Bürgerlichen Gesetzbuchs entsprechend.

I. Normzweck

1 Zeit und Ort der Versteigerung nach § 814 werden im Interesse von Schuldner, Gläubiger und etwaigen Drittberechtigten näher geregelt.

II. Verfahren

2 **1. Wartefrist (Abs. 1).** Die einwöchige Frist (Berechnung: § 222) gibt dem Schuldner Gelegenheit, noch zu zahlen, beiden Parteien, Bieter zu interessieren und einem betroffenen Dritten, ggf. nach § 771 vorzugehen.[1] Die Frist gilt bei Anschluss- und Nachpfändungen für jede einzelne Pfändung,[2] s. auch § 826 Rn. 6. Mit Zustimmung des Gläubigers kann eine Terminsanberaumung zunächst unterbleiben und ein anberaumter Termin aufgehoben und verlegt werden.[3] Die Frist zwischen Pfändung und Versteigerungstermin soll regelmäßig nicht mehr als einen Monat betragen. Eine Abkürzung erfolgt, wenn sich Gläubiger und Schuldner darauf einigen, wodurch sie den GV binden, oder wenn dieser eine frühere Versteigerung für erforderlich hält, um eine beträchtliche Wertverringerung[4] oder unverhältnismäßige Kosten zu vermeiden.

3 **2. Versteigerungsort (Abs. 2).** Der GV bestimmt den geeigneten Ort im Bezirk des Vollstreckungsgerichts (§ 764) nach pflichtgemäßem Ermessen im Hinblick auf die Zugänglichkeit für Bieter, die Möglichkeit der Vorführung und die Vermeidung unnötiger Transport- und Lagerkosten. In Wohn- und Geschäftsräumen des Schuldners darf wegen Art. 13 Abs. 1 GG nur mit dessen Zustimmung versteigert werden,[5] zum Wohnungsbegriff s. § 758 Rn. 3. Eine Versteigerung außerhalb des Vollstreckungsgerichtsbezirks ist nur zulässig, wenn die Parteien sich darüber einigen oder eine Anordnung nach § 825 ergeht.[6] Der GV muss in geeigneten Fällen auf diese Möglichkeit hinweisen. Hat der Schuldner bei einem Ortswechsel die Pfandsachen mitgenommen, kann der nunmehr zuständige GV versteigern.[7] Eine Anordnung nach § 825 ist dazu nicht erforderlich.

4 **3. Öffentliche Bekanntmachung (Abs. 3).** Sie soll möglichst viele Bieter anziehen. Über ihre Art – Hinweise in Zeitungen, Ausruf, Aushang – entscheidet der GV nach pflichtgemäßem Ermessen im Hinblick auf den Einzelfall und unter Berücksichtigung ihres Zwecks. Sie muss rechtzeitig vor jedem Termin erfolgen. Eine Bekanntmachung erst einen Tag vorher, kann zu spät sein. § 142 Nr. 4 GVGA verpflichtet den GV, die Beteiligten zu benachrichtigen, wenn ihnen der Termin noch nicht bekannt gemacht worden ist.[8] Öffentlich bedeutet, dass jedermann Gelegenheit haben muss, Kenntnis zu nehmen. Wird der Versteigerungstermin aufgehoben, müssen die Bekanntmachungen entfernt und die Beteiligten unterrichtet werden. Falls es noch sinnvoll ist, soll auch die Aufhebung öffentlich bekannt gemacht werden.

5 **4. Mitbieten (Abs. 4).** Für Gläubiger, Eigentümer und Schuldner gilt § 1239 Abs. 1 S. 1 und Abs. 2 BGB entsprechend; dh. sie können mitbieten. Der GV darf (beim Schuldner: muss) aber jedes Gebot des Eigentümers (sei es der Schuldner oder ein Dritter) zurückweisen, wenn der Betrag nicht sofort bar hinterlegt wird. Das Gleiche gilt nach § 1239 Abs. 2 S. 2 BGB für ein Gebot des Schuldners, wenn das Pfand für eine fremde Schuld haftet. Bietet der Gläubiger bei einer Versteigerung eigener Sachen, handelt er als Gläubiger, nicht als Eigentümer.[9] Der hier nicht genannte § 1239 Abs. 1 S. 2 BGB entspricht dem § 817 Abs. 4. Damit kein Zweifel an der Unparteilichkeit aufkommt, dürfen der Gerichtsvollzieher und seine Gehilfen analog § 450 Abs. 1 BGB nicht mitbieten, auch nicht durch oder für andere. Der GV ist dienstrechtlich verpflichtet, seinen Angehörigen und Gehilfen das Mitbieten zu untersagen.

---

[34] LG Bielefeld DGVZ 1993, 28.
[1] BGH MDR 2007, 1274 = DGVZ 2007, 135, 136.
[2] KG OLGRspr. 2, 77; OLG Hamburg JW 1929, 122.
[3] *T/P/Hüßtege* Rn. 1; *Wieser* DGVZ 1987, 49.
[4] *Fleischmann/Rupp* Rpfleger 1987, 8.
[5] HM; OLG Hamm NJW 1985, 75 (zu § 758); aA *B/L/H* Rn. 5.
[6] §§ 29, 30 GVO (bei Verlassen des GV-Bezirks).
[7] § 32 GVO (zur Abgabe).
[8] LG Essen MDR 1973, 414.
[9] *St/J/Münzberg* Rn. 5.

III. Rechtsfolgen bei Verstößen

6 Verstöße gegen Abs. 1–3 sind regelmäßig ohne Einfluss auf die Wirksamkeit der Versteigerung, begründen aber bis zur Ablieferung ein Anfechtungsrecht (§ 766). Falls aber jegliche Bekanntmachung unterblieb, war die Öffentlichkeit (§ 814) nicht gewahrt, so dass die Versteigerung unwirksam ist.[10] Auch ein Verstoß gegen § 450 BGB hindert den Eigentumserwerb, wenn er nicht durch Genehmigung aller Beteiligten geheilt wird (§ 451 BGB). Wenn ein Beteiligter durch Nichtbeachtung des § 816 oder der §§ 450 BGB, 142–144 GVGA geschädigt wird, bestehen ggf. Amtshaftungsansprüche.

817 *Zuschlag und Ablieferung* **(1) Dem Zuschlag an den Meistbietenden soll ein dreimaliger Aufruf vorausgehen; die Vorschriften des § 156 des Bürgerlichen Gesetzbuchs sind anzuwenden.**

(2) Die Ablieferung einer zugeschlagenen Sache darf nur gegen bare Zahlung geschehen.

(3) [1]Hat der Meistbietende nicht zu der in den Versteigerungsbedingungen bestimmten Zeit oder in Ermangelung einer solchen Bestimmung nicht vor dem Schluss des Versteigerungstermins die Ablieferung gegen Zahlung des Kaufgeldes verlangt, so wird die Sache anderweit versteigert. [2]Der Meistbietende wird zu einem weiteren Gebot nicht zugelassen; er haftet für den Ausfall, auf den Mehrerlös hat er keinen Anspruch.

(4) [1]Wird der Zuschlag dem Gläubiger erteilt, so ist dieser von der Verpflichtung zur baren Zahlung so weit befreit, als der Erlös nach Abzug der Kosten der Zwangsvollstreckung zu seiner Befriedigung zu verwenden ist, sofern nicht dem Schuldner nachgelassen ist, durch Sicherheitsleistung oder durch Hinterlegung die Vollstreckung abzuwenden. [2]Soweit der Gläubiger von der Verpflichtung zur baren Zahlung befreit ist, gilt der Betrag als von dem Schuldner an den Gläubiger gezahlt.

I. Normzweck

1 § 817 regelt den Ablauf der Versteigerung (Abs. 1), die Übereignung der Pfandsache (Abs. 2), Einzelheiten der Versteigerung (Abs. 3) und die Zahlungsfiktion bei Ersteigerung durch den Gläubiger (Abs. 4).

II. Voraussetzungen

2 **1. Zwangsweise Pfandverwertung** (Abs. 1). Sie erfolgt nach heutiger Auffassung rein öff.-rechtlich.[1] Zeit, Ort, Öffentlichkeit und Bekanntmachung der Versteigerung sind geregelt in §§ 814, 816. Die Versteigerungsbedingungen ergeben sich aus Abs. 1 bis 3 und §§ 806, 816 Abs. 4, 817a, weitere Einzelheiten aus §§ 141–146, 153, 155, 161–165, 166a GVGA. **Beginn:** Pfandstücke, die gemäß § 808 Abs. 2 beim Schuldner belassen wurden, muss der GV zunächst ins Versteigerungslokal schaffen. Ein Widerspruch des Schuldners gegen die Abholung ist unbeachtlich, wenn bereits eine richterliche Durchsuchungsanordnung vorliegt, andernfalls muss sie noch erwirkt werden. Ein naher Versteigerungstermin begründet noch keine Gefahr im Verzuge (Art. 13 Abs. 2 GG). Zur rechtzeitigen und möglichst ansehnlichen Bereitstellung der Pfandsachen ist der GV dienstrechtlich verpflichtet. Bei Eröffnung gibt er die Versteigerungsbedingungen bekannt und fordert zum Bieten auf. Er bietet die Pfandstücke einzeln oder, wenn sie sich dazu eignen, auch zusammen an. Maßgeblich ist die Reihenfolge des Pfändungsprotokolls, falls die Beteiligten nichts anderes wünschen. Beim Ausbieten sind nach § 817a Abs. 1 S. 2 der gewöhnliche Verkaufswert der Pfandsachen und das Mindestgebot bekannt zu geben, bei Gold- und Silbersachen wegen § 817a Abs. 3 S. 1 auch deren Materialwert.

3 **Gebot des Interessenten** (Abs. 1 iVm. § 156 BGB) ist keine privatrechtliche Willenserklärung,[2] sondern Prozesshandlung.[3] Wirksam kann daher nur bieten, wer prozessfähig ist (§ 52). Abgabe des Gebots ist nur im Termin möglich, nicht vorher.[4] Ein Vertreter muss seine Berechtigung nachweisen. Gebote sind zwar auslegungsfähig, aber bedingungsfeindlich und nicht nach §§ 119ff. BGB anfechtbar.[5] Die Verweisung auf § 156 BGB zwingt – entgegen einer verbreiteten Ansicht[6] – nicht dazu, eine Bindung des Bieters gemäß § 145 BGB anzunehmen. Das Gebot ist wie jede Erwirkungshandlung vielmehr frei widerruflich,[7] solange durch den Zuschlag noch keine neue Verfahrenslage nach Abs. 3 S. 2 entstanden ist.[8] Es erlischt, wenn ein Übergebot abgegeben oder die Versteigerung ohne Erteilung des Zuschlags geschlossen wird (§ 156 S. 2 BGB). Ein zuschlagfähiges Gebot erlischt aber nicht allein dadurch, dass es der GV zurückweist, denn auch § 146 BGB gilt nicht. **Meistgebot** ist das höchste wirksam abgegebene Gebot. Es begründet keinen Anspruch auf den Zuschlag, kann aber bei Weigerung des GV nach § 766 durchgesetzt werden.[9] **Der Zuschlag** gibt dem Meistbietenden das Recht, vom Staat Ablieferung = Übereignung der zugeschlagenen Sa-

---

10 *Schuschke/Walker* Rn. 8.

1 Grundlegend RGZ 153, 257, 261; 156, 395, 397; BGHZ 55, 20, 25 = NJW 1971, 799.

2 Vgl. a. §§ 1228ff. BGB.

3 HM; *T/P/Hüßtege* Rn. 3; *St/J/Münzberg* Rn. 20; *Zö/Stöber* Rn. 5; vgl. a. OLG München DGVZ 1980, 122, 123; MK/*Gruber* Rn. 5 (öff.-rechtlicher Vertrag); aA *Marotzke* NJW 1978, 133.

4 LG Itzehoe DGVZ 1978, 122.

5 HM; MK/*Gruber* (Fn. 3); aA *Zö/Stöber* Rn. 5.

6 So aber MK/*Gruber* Rn. 6; *B/L/H* Rn. 5; *Zö/Stöber* Rn. 5.

7 Vgl. MK/*Lüke* Einl. Rn. 277.

8 Vgl. *Geißler* DGVZ 1994, 33, 35.

9 *Schuschke/Walker* Rn. 5.

che zu verlangen und lässt ihn nach Abs. 3 S. 2 haften, wenn er die Sache nicht abnimmt. Die Ablieferung ist nicht einklagbar, sondern nach § 766 durchzusetzen. § 806 schließt die **Gewährleistung** aus. Dem Staat steht kein Erfüllungsanspruch zu, wie Abs. 3 zeigt. Der Zuschlag ist auch wirksam, wenn der dreimalige Aufruf des Meistgebots unterblieb. Das ist alles unstreitig. Der Meinungsstreit, ob Gebot und Zuschlag als öffentlichrechtlicher Vertrag[10] oder als Antrag und einseitiger Hoheitsakt[11] einzuordnen sind, ist ohne praktische Bedeutung.[12]

4 **2. Vollziehung der Verwertung (Abs. 2). Ablieferung** bedeutet Eigentumsübertragung (s. § 815 Rn. 2). Die der zugeschlagenen Sache durch den Gerichtsvollzieher darf nur Zug um Zug gegen die zwingend vorgeschriebene **Barzahlung** erfolgen. Der GV liefert die Sache ab, indem er sie dem Ersteher übergibt und ihm dadurch den unmittelbaren Besitz verschafft.[13] Nicht ausreichend ist, dass der GV die Wegnahme der Sache gestattet, wenn sie noch fest mit fremdem Grund und Boden verbunden ist.[14] Übertragung des mittelbaren Besitzes genügt aber ausnahmsweise, wenn sich die Sache wegen ihrer Größe oder Beschaffenheit nicht am Versteigerungsort befindet[15] oder wenn sonstige Transportprobleme entstehen würden[16] oder wenn sie Scheinbestandteil des Grundstücks und der Ersteher dessen Eigentümer ist.[17] Eigentumsübergang erfolgt kraft Gesetzes mit der Besitzübertragung. **Verfahrensrechtliche Voraussetzungen:** Bei Übergabe muss noch eine wirksame **Verstrickung**[18] der Pfandsache bestehen; außerdem müssen **die wesentlichen Verfahrensvorschriften** eingehalten sein. Dazu gehören die Öffentlichkeit (§ 814) und die Bekanntmachung der Versteigerung (§ 816 Abs. 3) sowie die Beachtung des Barzahlungsgebots. Wenn sie fehlen, findet kein Eigentumsübergang statt. Auch guter Glaube hilft dem Erwerber nicht; § 1244 BGB ist unanwendbar.[19] Bloße Ordnungsvorschriften, deren Beachtung ohne Einfluss auf die Wirksamkeit des Eigentumsübergangs ist, sind aber § 816 Abs. 1–3 und § 817 Abs. 1 („dreimaliger Aufruf"). Nach zutreffender Ansicht sind auch Verstöße gegen § 817a unschädlich, denn der Schuldner wird durch einen möglichen Schadenersatzanspruch wegen Amtspflichtverletzung hinreichend geschützt.[20] Hat der Meistbietende Besitz, aber kein Eigentum erlangt, darf der GV ihm die Sache nicht ohne seinen Willen wegnehmen. Er muss nach §§ 808, 809 oder §§ 846f. erneut pfänden.[21] **Keine materiellrechtlichen Voraussetzungen:** Die Eigentumsübertragung geschieht allein nach öffentlichem Recht. Es kommt nicht darauf an, ob die Sache dem Schuldner gehörte und ob der Ersteher gutgläubig war (s. § 815 Rn. 2). Er erwirbt lastenfreies Eigentum, auch frei von Anwartschaftsrechten.[22] Unerheblich ist schließlich, ob ein Pfändungspfandrecht bestand (s. § 804 Rn. 2ff.), namentlich ob die titulierte Forderung tatsächlich existierte oder ob Unpfändbarkeit nach §§ 811ff. oder wegen § 865 vorlag.[23]

III. Anderweite Versteigerung (Abs. 3)

5 Wenn der Meistbietende nicht rechtzeitig zu dem in Abs. 3 geregelten Zeitpunkt Ablieferung der zugeschlagenen Sache Zug um Zug gegen Barzahlung verlangt, wird ohne neuen Antrag eine anderweite Versteigerung anberaumt (S. 1). Er darf dann nicht mehr mitsteigern und hat dem betroffenen Gläubiger, Schuldner oder Dritteigentümer den Ausfall einschließlich zusätzlich entstandener Kosten zu erstatten (S. 2). Der Geschädigte selbst muss den Anspruch geltend machen, notfalls durch Klage.[24] Auf den Mehrerlös hat der Meistbietende keinen Anspruch, weil er noch keine Rechte an der Sache erworben hatte.[25]

IV. Ersteigerung durch den Gläubiger (Abs. 4)

6 Wird die Sache vom Gläubiger ersteigert und ist der Schuldner nicht zur Abwendung der Vollstreckung befugt (vgl. §§ 711 S. 1, 712 Abs. 1 S. 1, 720), wird abweichend von Abs. 2 die **Barzahlungspflicht beschränkt** auf die Kosten der Zwangsvollstreckung einschließlich der Versteigerungskosten, die nach § 6 GVKostG vorweg zu entnehmen sind. Die eigenen Kosten des Gläubigers sind nach dem Zweck der Regelung nicht gemeint.[26] Bar zahlen muss der Gläubiger auch, soweit der Erlös nach § 804 Abs. 3 vorgehenden oder gleichrangigen Gläubigern zusteht oder ein Überschuss dem Schuldner zukommt. Bei einer Austauschpfändung nach § 811a Abs. 1 Halbs. 2. muss der aus dem Erlös an den Schuldner zu zahlende Betrag ebenfalls bar bezahlt werden. **S. 2** wirkt **allein verfahrensrechtlich.** Die Verrechnung gilt daher auch dann,

---

[10] OLG München (Fn. 3); MK/*Gruber* Rn. 5; *T/P/Hüßtege* Rn. 2.
[11] *St/J/Münzberg* Rn. 20; *Zö/Stöber* Rn. 7.
[12] *Brox/Walker* Rn. 407.
[13] RGZ 153, 257, 261; 156, 395, 398.
[14] RGZ 153 (Fn. 13); OLG München ZMR 1956, 170 = DGVZ 1956, 56.
[15] OLG München (Fn. 14); MK/*Gruber* Rn. 10; aA OLG München MDR 1971, 1018; *T/P/Hüßtege* Rn. 8.
[16] *St/J/Münzberg* Rn. 22.
[17] OLG Rostock OLGR 2005, 933; OLG Köln Rpfleger 1996, 296 = DGVZ 1996, 59, 61.
[18] HM; KG DGVZ 1956, 55; aA *Zö/Stöber* Rn. 9; *Lindacher* JZ 1970, 360, 362.
[19] MK/*Gruber* Rn. 13; aA *Lindacher* (Fn. 18).
[20] OLG Frankfurt VersR 1980, 50; LG Essen DGVZ 1993, 137; *T/P/Hüßtege* Rn. 9; *Brox/Walker* Rn. 416; *Schreiber* JR 1979, 236, 237f.; aA OLG München NJW 1959, 1832.
[21] *St/J/Münzberg* Rn. 26.
[22] BGHZ 119, 75, 76 = NJW 1992, 2570.
[23] MK/*Gruber* Rn. 14; *St/J/Münzberg* Rn. 24.
[24] MK/*Gruber* Rn. 17; *Zö/Stöber* Rn. 11.
[25] *Schuschke/Walker* Rn. 9.
[26] *Zö/Stöber* Rn. 12.

wenn **schuldnerfremde Sachen** verwertet wurden und der Gläubiger nach materiellem Recht mangels Pfändungspfandrechts keinen Anspruch auf den Erlös hatte (s. § 804 Rn. 7). Die Ablieferung an den Gläubiger verstößt demgemäß nicht gegen das Barzahlungsgebot des Abs. 2.[27] In Betracht kommen aber materiellrechtliche **Ausgleichsansprüche** des Eigentümers der Pfandsache (s. u. Rn. 9ff.).

V. Rechtsbehelfe

Gläubiger, Schuldner und verfahrensrechtlich beeinträchtigte Dritte können gegen das Verfahren der Versteigerung und den Zuschlag Erinnerung nach § 766 einlegen, **nach Ablieferung** der zugeschlagenen Sache nur noch wegen des Erlöses und bis zu dessen Verteilung. 7

VI. Besonderheiten beim Teilzahlungsgeschäft (Abzahlungskauf, Verbraucherkredit)

Ein **Wiederansichnehmen** entspr. § 503 Abs. 2 S. 4 BGB (früher: § 13 Abs. 3 S. 1 VerbrKrG)[28] liegt auch dann vor, wenn der Schuldner (Verbraucher) Besitz und Nutzung der Kaufsache durch Vollstreckungsmaßnahmen des Gläubigers (Kreditgebers) verliert, gleichviel, ob der Gläubiger selbst die Sache ersteigert (§ 817)[29] oder zugewiesen erhält (§ 825)[30] oder ein Dritter.[31] Maßgeblicher Zeitpunkt für die **Rücktrittsfiktion** ist noch nicht die Pfändung der Sache, wenn der GV dem Schuldner die Sache belässt.[32] Str. ist aber, ob auf den Besitzverlust bei Wegnahme (s. § 808 Rn. 13ff.) oder Abholung (s. o. Rn. 2) durch den GV oder den Antrag des Kreditgebers (s. § 825 Rn. 2) abzustellen ist[33] oder stattdessen nach wohl hM zum Schutz des Kreditgebers erst auf die Verwertung der Sache (§§ 817, 825).[34] Im Ergebnis besteht weitgehend Einigkeit: Weil es sich um materiellrechtliche Folgen handelt, kann sich der Schuldner nicht nach § 765a, 766 wehren.[35] Er kann vielmehr mit der **Vollstreckungsgegenklage** (§§ 767, 769) erreichen, dass die Vollstreckung nur Zug um Zug gegen Erstattung der gezahlten Raten abzüglich des Aufwendungs- u. Nutzungsersatzes für zulässig erklärt wird,[36] wobei die hM hier die bevorstehende Rücktrittswirkung ausreichen lässt,[37] s. a. § 767 Rn. 25 (Rücktrittsfiktion). Eine weitere Vollstreckung wg. des Ausfalls aus dem Titel ist infolge des Rücktritts unzulässig; der Gläubiger muss etwaige Restansprüche aus § 503 Abs. 2 S. 2f. BGB neu einklagen.[38] 8

VII. Materiellrechtlicher Ausgleich bei Verwertung schuldnerfremder Sachen

Wurden Sachen versteigert, die nicht dem Schuldner, sondern einem Dritten gehörten, kommen materiellrechtliche Bereicherungs- und Schadenersatzansprüche des Dritteigentümers in Betracht. Einzelheiten s. 4. Aufl. u. *Brox/Walker* Rn. 457–475. 9

817a

Mindestgebot **(1) [1]Der Zuschlag darf nur auf ein Gebot erteilt werden, das mindestens die Hälfte des gewöhnlichen Verkaufswertes der Sache erreicht (Mindestgebot). [2]Der gewöhnliche Verkaufswert und das Mindestgebot sollen bei dem Ausbieten bekannt gegeben werden.**

(2) [1]Wird der Zuschlag nicht erteilt, weil ein das Mindestgebot erreichendes Gebot nicht abgegeben ist, so bleibt das Pfandrecht des Gläubigers bestehen. [2]Er kann jederzeit die Anberaumung eines neuen Versteigerungstermins oder die Anordnung anderweitiger Verwertung der gepfändeten Sache nach § 825 beantragen. [3]Wird die anderweitige Verwertung angeordnet, so gilt Absatz 1 entsprechend.

(3) [1]Gold- und Silbersachen dürfen auch nicht unter ihrem Gold- oder Silberwert zugeschlagen werden. [2]Wird ein den Zuschlag gestattendes Gebot nicht abgegeben, so kann der Gerichtsvollzieher den Verkauf aus freier Hand zu dem Preise bewirken, der den Gold- oder Silberwert erreicht, jedoch nicht unter der Hälfte des gewöhnlichen Verkaufswertes.

I. Normzweck

Die Vorschrift schützt Schuldner (Art. 14 GG) und Gläubiger, dessen Rechtsmacht sie zugleich beschränkt, vor der Verschleuderung des Schuldnervermögens durch Zwangsvollstreckung.[1] Sie dient, wie § 811, auch der Allgemeinheit, nicht aber Drittinteressen.[2] 1

---

27 Vgl. a. BGHZ 100, 95, 99 = NJW 1987, 1880.
28 Übergangsregelung: Art. 229 § 5 EGBGB.
29 BGHZ 15, 171, 173 = NJW 1955, 64.
30 BGHZ 15, 241, 245 = NJW 1955, 139.
31 BGHZ 55, 59, 62 = NJW 1971, 191.
32 BGH WM 1962, 1263.
33 *Palandt/Putzo* § 503 Rn. 14; MK-BGB/*Habersack* § 13 VerbrKrG Rn. 54; *Soergel/Häuser* § 13 VerbrKrG Rn. 34; *Lackmann* Rn. 189.
34 BGHZ 39, 97, 99 = NJW 1963, 763; MK/*Gruber* Rn. 21; MK/*K. Schmidt* § 767 Rn. 64; *Ro/G/Sch* § 40 V 1 a.
35 *St/J/Münzberg* § 814 Rn. 12f.
36 *Lackmann* (Fn. 33).
37 Grundlegend: *Brehm* JZ 1972, 153, 156; MK/*Gruber* (Fn. 34); MK/*K. Schmidt* (Fn. 34); *Ro/G/Sch* (Fn. 34).
38 BGH (Fn. 31) S. 65.
1 BVerfGE 46, 325, 334 = NJW 1978, 368.
2 OLG Düsseldorf NJW-RR 1992, 1245.

II. Voraussetzungen

2 **1. Höhe des Mindestgebots (Abs. 1 S. 1).** Das Mindestgebot ist von Amts wegen zu beachten. Der Zuschlag (s. § 817 Rn. 3) ist zu versagen, wenn das Meistgebot (s. § 817 Rn. 3) nicht wenigstens die Hälfte des gewöhnlichen Verkaufswertes erreicht. Dieser Wert wird regelmäßig bereits bei der Pfändung durch den GV festgelegt (§ 813 Abs. 1 S. 1), ggf. durch einen Sachverständigen ermittelt (s. § 813 Rn. 3). Nach Abs. 3 muss das Gebot bei Gold- und Silbersachen außerdem wenigstens deren Materialwert erreichen. Die **Nichtbeachtung** eines bekannt gegebenen Mindestgebots kann Amtshaftungsansprüche auslösen, hat auf die Wirksamkeit der Versteigerung aber keinen Einfluss. Wenn der Schuldner und alle Gläubiger im Termin[3] einig sind, braucht das Mindestgebot nicht eingehalten zu werden. Der Zuschlag darf entspr. § 816 Abs. 1 auch dann unter dem Mindestgebot erteilt werden, wenn dadurch die Gefahr einer beträchtlichen Wertverringerung der versteigerten Sache abgewendet wird oder unverhältnismäßige Kosten einer längeren Aufbewahrung vermieden werden.

3 **Bekanntgabe (S. 2).** Auch ein **Unterlassen** der Bekanntgabe von Verkaufswert und Mindestgebot kann zur Amtshaftung führen, ist aber nach zutreffender Ansicht ohne Einfluss auf die Wirksamkeit der Versteigerung (s. § 817 Rn. 4). Wird während der Versteigerung eine **Nachschätzung** (s. § 813 Rn. 3) des Verkaufswertes erforderlich, müssen bei niedrigerem[4] wie bei höherem[5] Mindestgebot die Beteiligten gehört werden, ehe die Versteigerung fortgesetzt wird. Sind nicht alle anwesend, ist neu zu terminieren.

4 **2. Kein Zuschlag ohne genügendes Mindestgebot (Abs. 2).** Unterbleibt der Zuschlag mangels Mindestgebots, so ist die Zwangsvollstreckung nicht beendet. Die Pfändung bleibt vielmehr aufrechterhalten, die Pfandsache bleibt verstrickt. Die Versteigerung wird aber regelmäßig (Ausnahmen: Abs. 3) nicht von Amts wegen, sondern (weil dadurch neue Kosten entstehen) nur auf Antrag des Gläubigers fortgesetzt, der auch nach § 825 vorgehen kann. Auch bei erneuter Versteigerung oder bei anderweitiger Verwertung ist das Mindestgebot zu beachten. Bleiben auch erneute Versuche erfolglos, kann der Gerichtsvollzieher entsprechend § 803 Abs. 2 nach Anhörung des Gläubigers die Pfändung aufheben. Widerspricht der Gläubiger, bleibt die Pfändung bestehen. Das Vollstreckungsgericht entscheidet, wenn sich der **Schuldner** gegen den Fortbestand der Pfändung wehrt.[6]

5 **3. Gold- und Silbersachen (Abs. 3).** Sie sind oft Kostbarkeiten iSv. § 813 (s. dort Rn. 3). Bei ihnen ist das Mindestgebot nach der Hälfte ihres gewöhnlichen **Verkaufswertes** und nach ihrem **Materialwert** zu ermitteln. Der höhere von beiden ist maßgeblich. Für andere Edelmetalle (zB Platin) gilt die Regelung entsprechend, nicht aber für sonstige Kostbarkeiten.[7] Der Gerichtsvollzieher kann Sachen aus Edelmetallen auch ohne besonderen Antrag des Gläubigers freihändig verkaufen. Der Kaufpreis darf aber das Mindestgebot nicht unterschreiten.

III. Rechtsbehelfe

6 Bis zur Vollendung des Eigentumserwerbs für Gläubiger und Schuldner: § 766,[8] s. a. § 817 Rn. 7. Durch Unterlassungsklage kann geltend gemacht werden, dass der Gerichtsvollzieher durch Nichtbeachtung des § 817a unzulässigerweise fremden Wettbewerb fördert (§ 1 UWG).[9]

818 *Einstellung der Versteigerung* **Die Versteigerung wird eingestellt, sobald der Erlös zur Befriedigung des Gläubigers und zur Deckung der Kosten der Zwangsvollstreckung hinreicht.**

I. Normzweck

1 Sachen, die zur Befriedigung der titulierten Forderung einschließlich der Kosten nicht benötigt werden, sollen dem Schuldner erhalten bleiben.

II. Voraussetzung

2 Reicht bei **Pfändung mehrerer Sachen** der für einen Teil erzielte Erlös aus, um die Forderung des Gläubigers einschließlich der Vollstreckungskosten (§ 788) zu decken, hat der **Gerichtsvollzieher** die Versteigerung einzustellen. Anschlusspfändungen müssen beachtet werden, wenn für sie die Frist des § 816 Abs. 1 abgelaufen ist. Nach § 805 vorrangig zu befriedigende Ansprüche sind zu berücksichtigen, wenn der Schuldner zustimmt[1] oder wenn zu Gunsten des Dritten bereits ein Urteil oder zumindest eine einstweilige Anordnung nach § 805 Abs. 4 ergangen ist, denn in all diesen Fällen ist die Deckung der Gläubigeransprüche sonst nicht sicher.[2] Nach dem Rechtsgedanken der Norm kann der Schuldner beim **Vollstreckungsgericht** beantragen, dem gemäß § 825 Abs. 2 beauftragten **privaten Auktionator** eine entsprechende Weisung

---

[3] OLG München NJW 1959, 1832 (kein Vorausverzicht).
[4] LG Essen DGVZ 1993, 137, 138.
[5] MK/*Gruber* Rn. 4; aA *Zö/Stöber* Rn. 3 (Bekanntgabe genügt).
[6] *St/J/Münzberg* Rn. 10; *Schuschke/Walker* Rn. 5; aA *Zö/Stöber* Rn. 4 (Gläubiger).
[7] MK/*Gruber* Rn. 6.
[8] MK/*Gruber* Rn. 8; weiter gehend *Zö/Stöber* Rn. 6 (bis zur Beendigung der ZV).
[9] KG NJW-RR 1986, 201 (Orientteppiche).
[1] HM; MK/*Gruber* Rn. 2; *B/L/H* Rn. 1 (nur Schuldner ist betroffen); aA *Zö/Stöber* Rn. 1 (alle Beteiligten).
[2] MK/*Gruber* Rn. 2.

zu erteilen.[3] An **nicht versteigerten** und auch für andere Gläubiger nicht gepfändeten **Sachen** ist die Pfändung aufzuheben. Sie sind mit einem etwaigen Erlösüberschuss dem Schuldner auszuhändigen.

III. Rechtsbehelfe

Der Schuldner kann Erinnerung einlegen (§ 766), wenn die Einstellung der Vollstreckung und Aufhebung der Pfändung verweigert werden; der Gläubiger und betroffene Dritte, wenn voreilig eingestellt wurde. 3

819 *Wirkung des Erlösempfanges* **Die Empfangnahme des Erlöses durch den Gerichtsvollzieher gilt als Zahlung von Seiten des Schuldners, sofern nicht dem Schuldner nachgelassen ist, durch Sicherheitsleistung oder durch Hinterlegung die Vollstreckung abzuwenden.**

I. Normzweck

Er entspricht § 815 Abs. 3. Der Erlösempfang wirkt wie die Wegnahme von Geld durch den Gerichtsvollzieher,[1] ist daher gem. § 757 zu quittieren. 1

II. Rechtslage nach Erlösempfang

1. Zahlungsfiktion. Sie regelt nach zutreffender Ansicht die Gefahrtragung, nicht den Eigentumsübergang. Sie greift nur ein, wenn sich für den Schuldner das Gefahrtragungsrisiko verwirklicht hat. Im Übrigen richtet sich die Erfüllungswirkung allein nach materiellem Recht. Die Fiktion gilt nach Halbs. 2 nicht, wenn der Schuldner die Vollstreckung abwenden darf. All das entspricht dem § 815 Abs. 3 (s. dort Rn. 4). 2

2. Eigentum am Versteigerungserlös. Der Eigentümer der versteigerten Sache ist bis zur Ablieferung des Erlöses dessen Eigentümer, weil der Erlös kraft **Surrogation** (vgl. § 1247 S. 2 BGB) an deren Stelle getreten ist.[2] Rechte, die an der Sache bestanden haben, setzen sich entspr. am Erlös fort. War die versteigerte Pfandsache **Eigentum des Schuldners,** ist er Eigentümer des Erlöses. Der Erlös ist verstrickt und mit dem Pfändungspfandrecht des Gläubigers sowie etwaigen weiteren Rechten belastet. Er kann wegen weiterer Forderungen gegen denselben Schuldner nach § 826 gepfändet werden.[3] Stand die Pfandsache im **Eigentum eines Dritten,** kann dieser als Eigentümer des Erlöses nach § 771 der Auszahlung widersprechen. 3

3. Auskehr des Erlöses. Die in der ZPO nicht ausdrücklich geregelte **Abwicklung** geschieht wie folgt: Der GV entnimmt vorweg seine Gebühren und Auslagen (§§ 6 GVKostG, 170 Nr. 1 GVGA). Sodann ist vorrangig zu befriedigen, wer einen Titel nach § 805 vorgelegt hat. Schließlich führt der GV die Beträge, die auf den Gläubiger entfallen, sowie den etwa für den Schuldner verbleibenden Überschuss unverzüglich an die Empfangsberechtigten ab (s. § 815 Rn. 2 aE), soweit die Gelder nicht nach § 720 zu hinterlegen oder Rechte aus einer Mehr- oder Anschlusspfändung nach §§ 826, 827 Abs. 2 und 3 zu berücksichtigen sind.[4] Für die Verrechnung auf Kosten, Zinsen und Hauptanspruch gilt § 367 BGB, ggf. § 497 Abs. 3 S. 1 BGB (s. § 874 Rn. 4).[5] In der Zwangsvollstreckung steht Schuldner kein Tilgungsbestimmungrecht nach § 366 BGB zu, weil er nicht zur Erfüllung seiner Pflichten tätig wird.[6] Es besteht **kein pfändbarer Anspruch** des Gläubigers auf Auskehr des Erlöses. Drittgläubiger, dh. Gläubiger des Vollstreckungsgläubigers, können nur dessen Vollstreckungsforderung gegen den Schuldner als Drittschuldner pfänden (§ 829) und so das Recht auf Auskehr des Erlöses als Nebenrecht ihres Pfandrechts miterfassen, was der GV bei der Erlösverteilung beachten muss.[7] 4

4. Ende der Zwangsvollstreckung. Sie endet mit Auskehr des Erlöses. Der Gläubiger erwirbt daran unbelastetes Eigentum kraft Hoheitsakts.[8] Es kommt deshalb weder darauf an, ob der Schuldner oder ein Dritter Eigentümer war, noch darauf, ob der Gläubiger gut- oder bösgläubig ist (s. § 817 Rn. 4 aE). Die Auskehr des Übererlöses an den Schuldner geschieht durch bloße Besitzübertragung, weil der Gerichtsvollzieher keinen Anlass zur Eigentumsübertragung hat.[9] War ein Dritter Eigentümer, bleiben ihm regelmäßig nur noch Ansprüche gegen den Gläubiger (s. § 817 Rn. 9 ff.). 5

III. Rechtsbehelfe

Der Auszahlungsanspruch ist nicht einklagbar. Er kann nur nach § 766 durchgesetzt werden.[10] Auch bei sonstigen Verfahrensverstößen des Gerichtsvollziehers sind Gläubiger, Schuldner oder berechtigte Dritte erinnerungsbefugt, solange der Erlös noch nicht ausgekehrt worden ist. Danach kann ein Betroffener nur noch nach § 766 Abs. 2 vorgehen, wenn der Gerichtsvollzieher zu Unrecht Kosten einbehalten hat. 6

---

[3] BGHZ 170, 243, 248 = NJW 2007, 1276 m. Anm. *Vollkommer* = JuS 2007, 688 (*K. Schmidt*).
[1] *B/L/H* Rn. 2.
[2] RGZ 156, 395, 399; *Brox/Walker* Rn. 452.
[3] LG Berlin DGVZ 1983, 93.
[4] *B/L/H* Rn. 2.
[5] BGH WM 2007, 1328;
[6] BGHZ 140, 391, 394 = NJW 1999, 1704.
[7] *Zö/Stöber* Rn. 5.
[8] LG Berlin (Fn. 3).
[9] MK/*Gruber* Rn. 7; *Brox/Walker* Rn. 455; aA *St/J/Münzberg* Rn. 9.
[10] MK/*Gruber* Rn. 7.

820 *(weggefallen)*

821 *Verwertung von Wertpapieren*

Gepfändete Wertpapiere sind, wenn sie einen Börsen- oder Marktpreis haben, von dem Gerichtsvollzieher aus freier Hand zum Tageskurs zu verkaufen und, wenn sie einen solchen Preis nicht haben, nach den allgemeinen Bestimmungen zu versteigern.

I. Normzweck

1 § 821 erleichtert die Pfandverwertung von Wertpapieren, deren Börsen- oder Marktpreis den Erlös sicher festlegt.

II. Voraussetzungen

2 **1. Wertpapiere.** Das sind nach dem weiten Wertpapierbegriff der heute hM Urkunden, die ein privates Recht in der Weise verbriefen, dass zur Geltendmachung des Rechts die Innehabung der Urkunde erforderlich ist.

3 a) **Anwendungsbereich.** § 821 erfasst: **Inhaberaktien** einschließlich der Zins- und Gewinnanteilscheine, -schuldverschreibungen (§§ 793ff. BGB), -verpflichtungsscheine (§ 807 BGB), -grund- und -rentenschuldbriefe (§§ 1195, 1199 BGB), **Inhaberschecks** (Art. 5 ScheckG),[1] bergrechtliche Kuxe, Inhaberkarten u. -marken (§ 807 BGB), zB Lose, Eintrittskarten, Fahrkarten ohne Namensbezeichnung, Briefmarken,[2] (dazu: § 815 Rn. 2). **Investmentzertifikate** (Anteilscheine, § 18 Abs. 1 S. 2 KAGG) verbriefen Anteile an offenen Investment- u. offenen Immobilienfonds sowie an geschlossenen Investmentfonds.[3] Anteile an geschlossenen Immobilienfonds werden nicht in Wertpapieren verkörpert, s. § 859 Rn. 9; bei sof. Mischfonds sind Vermögensgegenstand und Anlageschwerpunkt maßgeblich.[4] **Ausländische Banknoten** (s. § 815 Rn. 2),[5] für inländisches Geld gilt dagegen § 815. Rektawechsel und -schecks („nicht an Order") u. die Papiere des § 363 HGB mit negativer Orderklausel, **Namensaktien** und -anteilscheine. Letztere werden zwar wie Orderpapiere durch Indossament übertragen (§§ 68 Abs. 1 AktG, 18 Abs. 1 S. 3 KAGG), verbriefen aber keine Forderung, sondern die gesamte Rechtsstellung des Anteilseigners.

4 b) **Unanwendbarkeit.** § 821 gilt nicht für: Orderpapiere, die Forderungen verbriefen, wie **Wechsel** (Art. 11 WG) u. Orderschecks (Art. 14 ScheckG). Legitimationspapiere (§ 808 BGB) sind keine Wertpapiere, weil sie nicht Träger des Rechts sind: **Sparbücher,** Pfandscheine, Depot- und Versicherungsscheine (§ 4 VVG), Flugscheine,[6] Geschäftsanteile an einer GmbH.[7] Für brieflose Wertrechte in Sammelverwahrung, zB **Bundesanleihen,** Buchschulden des Bundes,[8] sog. **Bundesschatzbriefe** fehlt es schon an einem pfändbaren Papier, denn die Verbriefung wird durch Eintragung in ein Register ersetzt.

5 **2. Zuständigkeit und Verfahren.**[9] Sie hängen grds. von der **Art der Wertpapiere** ab. **Sparbücher** gelten vollstreckungsrechtlich nicht als Wertpapiere iSd. §§ 821, 831, so dass die Zwangsvollstreckung nicht durch den GV, sondern durch Pfändungs- u. Überweisungsbeschluss des Vollstreckungsgerichts nach §§ 829, 835 erfolgt. Der GV nimmt diese Papiere nur durch Hilfspfändung in Besitz (s. § 836 Rn. 7) u. benachrichtigt unverzüglich den Gläubiger. Legt der den Pfändungsbeschluss nicht binnen Monatsfrist vor, werden die Papiere zurückgegeben. Auf Grund des Beschlusses kann die Pfändung auch noch nach §§ 830 Abs. 1 S. 2, 836 Abs. 3 S. 2 erfolgen. **Wechsel, Orderschecks** u. andere **indossable Papiere** werden nach § 831 durch den GV gepfändet, die Verwertung erfolgt aber durch Überweisungsbeschluss des Vollstreckungsgerichts nach §§ 829, 835 ZPO. **Inhaberpapiere,** Namenspapiere u. Orderpapiere, soweit letztere keine Forderung, sondern ein Recht verbriefen. Für Pfändung und Verwertung ist im Grundsatz zwar der GV nach §§ 808, 809, 821 zuständig. Im Einzelfall kommt es aber auf die **Aufbewahrung der Wertpapiere** an. Befinden sie sich in einem **Banksafe,** kann der GV dem Schuldner den Schlüssel wegnehmen, sich Besitz an den Papieren verschaffen u. sie pfänden. Ist das nicht möglich oder sind sie in einem **Depot** in **Sonderverwahrung** (Streifbandverwahrung) u. werden sie nicht freiwillig herausgegeben, muss der Gläubiger zunächst das Zugangsrecht bzw. den Herausgabeanspruch des Schuldners nach §§ 857, 829, 846f. durchsetzen. Der GV muss den Safe notfalls gewaltsam öffnen lassen, s. § 808 Rn. 8.[10] Die Verwertung erfolgt dann nach § 821, denn der Schuldner bleibt bei dieser Art der Aufbewahrung Eigentümer seiner Papiere. Bei Papieren in **Sammelverwahrung** pfändet das Vollstreckungsgericht auf Antrag des Gläubigers den Miteigen-

---

[1] LG Göttingen NJW 1983, 635 (auch Verrechnungsschecks).
[2] BGHZ 164, 286, 290 = NJW 2006, 54f.
[3] *Claussen/Erne* Bank- und Börsenrecht, 2. Aufl. 2000, § 9 Rn. 190ff.; *Baur* in *Hellner/Steuer* Bankrecht und Bankpraxis (59. Lfg. 2003) Rn. 9/421ff., 434; *Kümpel* Bank- und Kapitalmarktrecht, 3. Aufl. 2004 Rn. 12.84; *Kaiser* InVo 2001, 46.
[4] *Kaiser* (Fn. 3) S. 47.
[5] MK/*Gruber* Rn. 7; *St/J/Münzberg* Rn. 12; *Wiecz/Schütze/Lüke* § 808 Rn. 9.
[6] LG Frankfurt DGVZ 1990, 169.
[7] OLG Köln GmbHR 1995, 293.
[8] § 1 AnleiheG v. 29. 3. 1951, BGBl. I S. 218.
[9] *Bitter* in *Sch/B/L* § 33 Rn. 102–104; *Hezel* Rpfleger 2006, 105; *Becker* JuS 2005, 232; vgl. auch *BGHZ* 160, 121 = NJW 2004, 3340 = EWiR § 886 ZPO 1/05, 95 (*Pomp*): Übertragung sammelverwahrter Aktien.
[10] *Viertelhausen* DGVZ 2000, 129, 132.

tumsanteil des Schuldners am Sammelbestand (§§ 747, 751 BGB) gem. §§ 857, 829. Angabe der Depotnummer ist entbehrlich.[11] Das Pfandrecht umfasst den Auslieferungsanspruch (§ 7 DepotG),[12] der den Miteigentümer berechtigt (§ 8 DepotG), jederzeit Auslieferung von Papieren gemäß seinem Anteil zu fordern.[13] Der Pfändungsbeschluss ist der verwahrenden Bank, bei Verwahrung in einem **Girosammeldepot** einer Wertpapiersammelbank, ihr zuzustellen (§ 829 Abs. 3).[14] Die sodann an den GV auszuliefernden Papiere werden durch ihn nach § 847 verwertet. Das gilt wg. des Auslieferungsanspruchs aus § 9a Abs. 3 S. 1 DepotG auch dann, wenn an die Stelle der hinterlegten Wertpapiere eine (technische) **Globalurkunde** getreten ist. Sie wird teilersetzt durch – ggfs. erst herzustellende – einzelne, an den GV auszuliefernde Wertpapiere.

III. Durchführung der Verwertung

1. Wertpapiere mit Börsen- oder Marktpreis. Sie sind vom GV aus freier Hand zum Tageskurs zu „verkaufen". Börsenpreis ist der amtliche Kurs eines an der Börse zum Handel zugelassenen Papiers, Marktpreis der festgelegte Ankaufpreis am Handelsplatz. Das kann auch ein anderer Ort als der der Zwangsvollstreckung oder des Börsen- oder Handelsbezirks sein, weil § 821 insoweit keine Einschränkung enthält.[15] Der GV muss sich kundig machen, etwa mit Hilfe der in Zeitungen veröffentlichten Kurse, erforderlichenfalls durch Auskünfte an der Börse, bei Banken o. ä. Die Verwertung erfolgt unverzüglich. § 816 gilt nicht. Spekulation auf einen günstigeren Kurs ist nur mit Zustimmung beider Parteien erlaubt.[16] Der GV handelt öff.-rechtlich. Gewährleistung ist nach § 806 ausgeschlossen. Die Veräußerung darf nur gegen Barzahlung erfolgen (§ 817 Abs. 2). Der Erwerber erlangt wie bei der Versteigerung (s. § 817 Rn. 4) unbelastetes Eigentum durch Hoheitsakt.[17] Bei Inhaberpapieren erfolgt der Rechtsübergang mit der Übergabe, für Namenspapiere gilt § 822. Eine Verwertung mit Hilfe eines Maklers oder einer Bank erfordert einen Beschluss nach § 825.[18] Sie geschieht dann allein nach §§ 433, 929, 932 ff. BGB.[19] Gewährleistungsausschluss gemäß § 806 muss dabei vereinbart werden.[20] 6

2. Investmentzertifikate. Sie werden idR durch Rückgabe des Anteilscheins an die Depotbank verwertet.[21] **Inhaberschecks** (auch Verrechnungsschecks) werden entspr. der Alt. 1[22] dadurch verwertet, dass der GV sie umgehend der bezogenen Bank vorlegt (Art. 29 SchG) und den erlangten Betrag abzüglich der Kosten an den Gläubiger abliefert. Wird die Einlösung verweigert, ist auf Antrag des Gläubigers gem. § 825 die Aushändigung des Schecks an ihn anzuordnen, damit er Ansprüche nach Art. 40 ScheckG geltend machen kann. Dasselbe gilt für sog. kleine Wertpapiere mit festem Rücknahmepreis wie **Fahrkarten.**[23] 7

3. Andere Wertpapiere. Sie werden nach §§ 813 ff. versteigert. §§ 816 Abs. 1, 817a, Frist und Mindestgebot sind einzuhalten. Der GV sollte eine Sachverständigenschätzung nach § 813 Abs. 1 S. 3 anregen.[24] 8

IV. Gerichtskosten

Die Gebühren für den **Gerichtsvollzieher** berechnen sich nach KVGv Nr. 300. 9

822 *Umschreibung von Namenspapieren* **Lautet ein Wertpapier auf Namen, so kann der Gerichtsvollzieher durch das Vollstreckungsgericht ermächtigt werden, die Umschreibung auf den Namen des Käufers zu erwirken und die hierzu erforderlichen Erklärungen an Stelle des Schuldners abzugeben.**

I. Normzweck

§ 822 erleichtert die Verwertung von Namenspapieren. Außer Hypotheken-, Grund- und Rentenschuldbriefen werden alle Namenspapiere erfasst, auch die indossable Namensaktie (s. a. § 821 Rn. 4). Für andere Orderpapiere, die eine Forderung verbriefen, gilt § 831, nicht § 822. 1

II. Voraussetzungen

1. Ermächtigungsbeschluss. Die Vorschrift gilt bei freihändigem Verkauf und bei der Versteigerung. Der Beschluss ist nötig, weil bei Namenspapieren zur Rechtsübertragung die Übergabe des Papiers allein nicht ausreicht. Vielmehr ist je nach Papier Indossament, Abtretungserklärung oder Umschreibungsantrag erforderlich. Gibt der Schuldner die Erklärung nicht freiwillig ab, wird der GV an seiner Stelle tätig. Erforderlich 2

---

11 AG Pforzheim JurBüro 1992, 703 f.
12 *Wiecz/Schütze/Lüke* § 808 Rn. 13.
13 *Baumbach/Hopt* § 7 DepotG Rn. 1; *App* JurBüro 2000, 289.
14 *Wiecz/Schütze/Lüke* (Fn. 12); *Baumbach/Hopt* § 6 DepotG Rn. 2.
15 MK/*Gruber* Rn. 4; aA *St/J/Münzberg* Rn. 7; *B/L/H* Rn. 5.
16 AA *Schuschke/Walker* Rn. 3 (Gläubiger genügt).
17 AA *Zö/Stöber* Rn. 10 (§§ 929 ff. BGB); MK/*Gruber* Rn. 5 (öff.-rechtl. Vertrag).
18 MK/*Gruber* Rn. 5; *Schuschke/Walker* Rn. 4; aA *St/J/Münzberg* Rn. 7.
19 BGHZ 119, 75, 78 = NJW 1992, 2570.
20 *St/J/Münzberg* Rn. 7.
21 *Baur* (Fn. 3) Rn. 9/434; *Berner* Rpfleger 1960, 33, 35.
22 MK/*Gruber* Rn. 6.
23 *St/J/Münzberg* Rn. 10.
24 *St/J/Münzberg* Rn. 10; *Zö/Stöber* Rn. 9; aA *Schuschke/Walker* Rn. 5 (§ 813 Abs. 1 S. 2).

ist, dass ihn das Vollstreckungsgericht (§ 764) ermächtigt. Der GV stellt von sich aus den Antrag, dem er Schuldtitel und das Pfändungsprotokoll beifügt. Auch Gläubiger, Schuldner und Erwerber sind dazu befugt.[1] Der Rechtspfleger (§ 20 Nr. 17 RPflG) prüft nur, ob die Ermächtigung erforderlich und zulässig ist.[2] „Kann" gibt weder ihm noch dem GV ein Ermessen.

3 **2. Umschreibung.** Bei Indossament oder Abtretungserklärung erfolgt sie auf dem Wertpapier oder auf einem damit zu verbindenden Schriftstück. Möglicher Wortlaut des Indossaments: „An … (Name, Stand, Wohnort des Erwerbers"), es folgt die Unterschrift des GV nebst Dienstsiegel mit dem Zusatz „für … (Name, Stand, Wohnort des Schuldners) auf Grund der Ermächtigung des Vollstreckungsgerichts … (Ort, Aktenzeichen) vom (Datum)." Bei der **Abtretungserklärung:** „Der Anspruch aus dem (Wertpapier) wird an … (Name, Stand, Wohnort des Erwerbers) abgetreten … (Ort, Datum), Unterschrift des GV (usw. wie vor).[3]" Ist bei Namensaktien zur Umschreibung im Aktienbuch die Zustimmung der Gesellschaft erforderlich (§§ 67, 68 Abs. 2 AktG), hat der GV auch sie herbeizuführen und das Papier mit dem Vermerk dem Erwerber auszuhändigen, ehe er über den Erlös verfügt.[4]

III. Rechtsbehelfe

4 Verweigert der Rechtspfleger den Beschluss, ist Rechtsbehelf die sofortige Beschwerde (§§ 11 RPflG, 793). Verweigert der GV die Umschreibung, ist er nach § 766 Abs. 2 dazu anzuhalten.

IV. Gerichtskosten

5 Gebühren des Gerichts oder des **Gerichtsvollziehers** fallen nicht an; Auslagen des Gerichtsvollziehers werden nach KVGv Nr. 705 erhoben.

823 *Außer Kurs gesetzte Inhaberpapiere*

Ist ein Inhaberpapier durch Einschreibung auf den Namen oder in anderer Weise außer Kurs gesetzt, so kann der Gerichtsvollzieher durch das Vollstreckungsgericht ermächtigt werden, die Wiederinkurssetzung zu erwirken und die hierzu erforderlichen Erklärungen an Stelle des Schuldners abzugeben.

1 Die **Außerkurssetzung** von Inhaberpapieren ist durch Art. 176 EGBGB **verboten.** Deshalb ist § 823 nur noch entspr. anzuwenden, wenn Inhaberpapiere nach § 806 BGB (vgl. a. § 24 Abs. 2 AktG) in Namenspapiere umgeschrieben wurden und zur leichteren Verwertung eine Rückumschreibung erfolgen soll. Der Gläubiger wählt, ob nach § 822 oder § 823 verwertet werden soll. Sonst entscheidet der GV. Die Regeln entsprechen denen des § 822 (s. a. § 155 GVGA).

2 **Gerichtskosten.** Gebühren des Gerichts oder des **Gerichtsvollziehers** fallen nicht an; Auslagen des Gerichtsvollziehers werden nach KVGv Nr. 705 erhoben.

824 *Verwertung ungetrennter Früchte*

[1]Die Versteigerung gepfändeter, von dem Boden noch nicht getrennter Früchte ist erst nach der Reife zulässig. [2]Sie kann vor oder nach der Trennung der Früchte erfolgen; im letzteren Fall hat der Gerichtsvollzieher die Aberntung bewirken zu lassen.

I. Normzweck

1 Die Vorschrift regelt die Verwertung solcher Früchte, die nach § 810 bereits vor der Trennung wie bewegliche Sachen gepfändet wurden und die vor oder nach der Trennung (Aberntung) gem. § 814 versteigert werden können.

II. Voraussetzungen

2 **1. Tatsächliche Reife.** Für die Verwertung kommt es, anders als für die Pfändung (§ 810), nicht auf die übliche Reifezeit an, sondern auf die tatsächliche Reife der Früchte.[1] Die Parteien können Abweichendes vereinbaren. Auf Antrag einer Partei kann nach § 825 eine frühere Verwertung angeordnet werden. Der GV entscheidet, ggf. nach Rat eines Sachverständigen, ob die Reife erreicht ist, ob insgesamt oder in Teilen versteigert wird und ob vor oder nach der Trennung ein höherer Erlös zu erzielen ist (§ 153 Nr. 1 GVGA). Bereits getrennte Früchte sind ohne weiteres zu verwerten.[2]

3 **2. Versteigerung vor der Trennung.** Die Versteigerung geschieht zweckmäßig an Ort und Stelle. Zustimmung des Schuldners ist nicht erforderlich.[3] Der Ersteher ist verpflichtet, binnen der in den Versteigerungsbedingungen bestimmten Frist die Früchte zu ernten und wegzuschaffen. Sie werden bereits mit der Gestat-

---

[1] MK/*Gruber* Rn. 3 m. weit. Nachw.
[2] *St/J/Münzberg* Rn. 1.
[3] *Zö/Stöber* Rn. 1.
[4] *St/J/Münzberg* Rn. 2.
[1] Einzelheiten: MK/*Gruber* Rn. 3.
[2] MK/*Gruber* Rn. 2.
[3] LG Bayreuth DGVZ 1985, 42.

tung des Aberntens (Übergabeerklärung) entstrickt. Der Ersteher erlangt dadurch, abw. v. § 93 BGB, sofort Eigentum.

3. Versteigerung nach der Trennung. Der GV lässt die Früchte durch eine zuverlässige Person, das kann 4
auch der Schuldner sein, abernten und sicher unterbringen. Die Vergütung sollte im Voraus vereinbart werden (§ 36 GVKostG). Der Gläubiger ist vorschusspflichtig. Zahlt er nicht, sind die Früchte regelmäßig ungetrennt zu versteigern.[4] Mit der Trennung wird der Grundstückseigentümer oder der sonst nach §§ 954ff. BGB Berechtigte Eigentümer der Früchte. Sie sind nach § 810 mit dem Pfändungspfandrecht belastet, wenn es sich bei dem Berechtigten um den Schuldner handelt.[5] Sodann wird versteigert (§ 814). Auch hier ist in den Versteigerungsbedingungen zu bestimmen, binnen welcher Zeit die Früchte weggeschafft werden müssen.

III. Folgen einer nachträglichen Immobilarbeschlagnahme

Für die **Beschlagnahme nach der Pfändung** gilt: Erfolgt sie **vor Trennung oder Übergabeerklärung** (s. 5
Rn. 3), ist § 824 unanwendbar (§ 21 ZVG). Der Gläubiger ist dann auf § 37 Nr. 4 ZVG beschränkt (Ausnahme: Pächter gem. § 21 Abs. 3 ZVG); der GV stellt die Zwangsvollstreckung einstweilen ein (§ 153 Nr. 4 GVGA). Erfolgt sie **zwar vor Trennung, aber nach Übergabeerklärung** (s. Rn. 3) bleibt sie nach zutreffender Ansicht folgenlos, weil der Ersteher bereits Eigentum an den Früchten erlangt hat.[6] Weil das aber streitig ist, darf der GV den Erlös erst auszahlen, wenn die Früchte weggeschafft worden sind oder die dafür bestimmte Frist verstrichen ist (§ 153 Nr. 3 GVGA). Erfolgt sie **nach der Trennung** (s. Rn. 4), ist zu unterscheiden: Beruht sie auf der Anordnung der Zwangsversteigerung, werden bereits getrennte Früchte von ihr nicht erfasst (§ 21 Abs. 1 ZVG), es sei denn, sie sind als Grundstückszubehör beschlagnahmt (s. a. § 865 Rn. 4f.). Beruht die Immobiliarbeschlagnahme auf Anordnung der Zwangsverwaltung, erfasst sie auch bereits getrennte Früchte (§ 148 ZVG), wenn sie noch nicht abgeliefert worden sind.

825 *Andere Verwertungsart*

(1) **[1]Auf Antrag des Gläubigers oder des Schuldners kann der Gerichtsvollzieher eine gepfändete Sache in anderer Weise oder an einem anderen Ort verwerten, als in den vorstehenden Paragraphen bestimmt ist. [2]Über die beabsichtigte Verwertung hat der Gerichtsvollzieher den Antragsgegner zu unterrichten. [3]Ohne Zustimmung des Antragsgegners darf er die Sache nicht vor Ablauf von zwei Wochen nach Zustellung der Unterrichtung verwerten.**

(2) Die Versteigerung einer gepfändeten Sache durch eine andere Person als den Gerichtsvollzieher kann das Vollstreckungsgericht auf Antrag des Gläubigers oder des Schuldners anordnen.

I. Normzweck

Verspricht eine vom gesetzlichen Regelfall der §§ 814ff. abweichende Verwertung einen besseren Erfolg, 1
soll sie im Interesse beider Parteien genutzt werden können.[1] Seit 1999 kann nach Abs. 1 der Gerichtsvollzieher selbst die Auswahl treffen, ob er eine gepfändete Sache besser in anderer Weise oder an einem anderen Ort verwertet. Nach Abs. 2 bleibt das Vollstreckungsgericht wg. möglicher Interessenkonflikte dafür zuständig, die Versteigerung einer gepfändeten Sache durch eine andere Person anzuordnen.

II. Voraussetzungen

1. Auswahl durch den Gerichtsvollzieher (Abs. 1). Den **Antrag** (S. 1) können nur die Parteien stellen, 2
nicht Dritte.[2] Der GV soll auf § 825 hinweisen, wenn ein dem Wert der Sache entsprechender Erlös nicht zu erwarten oder eine Versteigerung aus sonstigen Gründen unzweckmäßig ist. **Zuständig** ist der GV, der die Sache gepfändet hat. Nur ihm kann der Gläubiger vor der Pfändung den Erwerb gegen ausreichendes Entgelt zusichern (s. § 803 Rn. 15), nicht später dem Vollstreckungsgericht, das dafür funktionell unzuständig ist.[3] Das Handeln des GV wird nicht als „Entscheidung" angesehen, sondern als eine der Auswahl geeigneter Pfandstücke beim Schuldner (§§ 808, 811b, 812) vergleichbare **Vollstreckungsmaßnahme.**[4] Zur Wahrung des rechtlichen Gehörs (Art. 103 Abs. 1 GG) muss der GV den Antragsgegner über die beabsichtigte Verwertung schriftlich unterrichten (S. 2). Durch die Zustellung der entspr. Mitteilung und die damit beginnende zweiwöchige **Wartefrist** (S. 3) erhält der Antragsgegner Gelegenheit, rechtzeitig Erinnerung (§ 766) gegen die anderweitige Verwertung einzulegen. Stimmt der Antragsgegner zu, darf der GV die Sachen schon vor Fristablauf anderweitig verwerten. Voraussetzung ist eine **wirksame Pfändung,** Anfechtbarkeit ist unschädlich.

a) **Andere Verwertungsart.** Die **Versteigerung** durch den Gerichtsvollzieher kann abweichend von den 3
nicht zwingenden Bestimmungen der §§ 816 (Frist), 817 (Beschränkung des Personenkreises; Stundung der Erlöszahlung, ggf. iVm. Eigentumsvorbehalt) erfolgen. Nicht abdingbar sind außer der Mindestgebotsregelung (§ 817a) auch die Vorschriften über den Zuschlag an den Meistbietenden und die Haftung des

---

4 *Zö/Stöber* Rn. 3.
5 MK/*Gruber* Rn. 4.
6 MK/*Gruber* Rn. 2 u. 4; *St/J/Münzberg* Rn. 2.
1 BGHZ 119, 75, 77 = NJW 1992, 2570.
2 LG Berlin DGVZ 1978, 114.
3 OLG Schleswig SchlHA 2001, 18 = InVo 2001, 68.
4 BT-Drucks. 13/341 S. 31.

Bietenden (§ 817 Abs. 1 und 3) sowie die über die öffentlich-rechtliche Wirkung der Ablieferung (§ 817 Abs. 2).[5] Ein **freihändiger Verkauf** ist über die Fälle der §§ 817a Abs. 3, 821 hinaus durch den dabei hoheitlich handelnden GV möglich, wenn eine Versteigerung undurchführbar erscheint.[6] Auch hier erfolgt die Übereignung durch Ablieferung nach § 817 Abs. 2. Die Verwertung kann wie bisher[7] auch durch **Eigentumszuweisung** der Pfandsache an eine bestimmte Person erfolgen (zB Gläubiger, Schuldner, Dritter), die sich gegen Zahlung eines bestimmten Entgelts zur Übernahme bereit erklärt hat. Voraussetzung ist in jedem Fall, dass durch Versteigerung oder freihändigen Verkauf kein Erlös zu erwarten ist, der den angebotenen Übernahmepreis übersteigt.[8] Wird ein zu geringer Übernahmepreis angeboten, ist der Antrag abzulehnen.[9] Der Übernahmepreis ist bei der Eigentumszuweisung zu protokollieren (§ 762 Nr. 2).[10] Sie nimmt der GV hoheitlich vor durch Ablieferung gegen Barzahlung (§ 817 Abs. 2) oder teilweise Verrechnung (§ 817 Abs. 4), ggf. auch durch Versendung.[11] An ungetrennten wesentlichen Bestandteilen eines Grundstücks kann auf Grund eines Beschlusses nach § 825 auch bei Übereignung durch den GV kein Eigentum erworben werden.[12] Für die Fälle des Abzahlungskaufs s. § 817 Rn. 8.

4 **b) Anderer Verwertungsort.** Ein von § 816 Abs. 2 abweichender Ort kommt in Betracht, wenn ein Versteigerungsversuch vergeblich war[13] oder wenn nach der Art der Pfandsache (Spezialmaschine, wertvolle Sammlung) genügend Interessenten von vornherein nur an einem anderen Ort zu erwarten sind.

5 **2. Anordnung durch das Vollstreckungsgericht (Abs. 2).** Der **Antrag** (s. Rn. 2) kann auch hier erst ab Pfändung gestellt werden. Ausschließlich **zuständig** ist der Rechtspfleger des Vollstreckungsgerichts, in dessen Bezirk (§ 816 Abs. 2) die öffentliche Versteigerung erfolgen würde (§§ 20 Nr. 17 RPflG, 764 Abs. 2, 802). Erforderlich ist, dass die Pfändung wirksam erfolgte und dass die Zwangsvollstreckung noch zulässig ist.[14] Anfechtbarkeit hindert nicht. Entschieden wird nach **Anhörung** der anderen Partei (Art. 103 Abs. 1 GG). Als **Beweismittel** sind auch dienstliche Äußerungen geeignet.[15] **Mündliche Verhandlung** ist freigestellt (§ 764 Abs. 3). Die Entscheidung ergeht durch **Beschluss.** Bei Ablehnung ist über die **Kosten** zu entscheiden (§ 788), wenn der Gegner beteiligt war. Die **Zustellung** des Beschlusses erfolgt vAw. an Gläubiger und Schuldner (§ 329 Abs. 3); bei Ablehnung aber nur an Antragsteller, an Gegner formlos. Parteizustellung setzt die Rechtsbehelfsfristen nicht in Lauf.[16] **Einstweilige Maßnahmen** sind analog §§ 732 Abs. 2, 766 Abs. 1 möglich. Das Gericht muss nach Abwägung aller Umstände die Überzeugung erlangen, dass die beantragte Versteigerung einen besseren Erfolg verspricht als die Regelverwertung.[17] Die Streitfrage, ob ihm dabei nur ein Beurteilungsspielraum[18] oder entspr. dem Wortlaut („kann") ein Rechtsfolgeermessen zusteht,[19] ist praktisch kaum von Bedeutung.[20] Die Anordnung bindet Parteien und GV. Eine Abänderung ist bei geänderter Sachlage zulässig. **Beachtung des Mindestgebots** (§ 817a) ist stets unabdingbar.[21] Wertänderungen erfordern eine Nachschätzung und erlauben nicht, durch Anordnung nach § 825 einen das Mindestgebot unterschreitenden Betrag festzusetzen.

6 Die **Versteigerung** kann durch einen öffentlich bestellten **Auktionator** (§§ 383 Abs. 3 BGB, 34b Abs. 5 GewO) oder durch **freihändigen Verkauf** erfolgen. Die Anordnung ist keine Beleihung mit hoheitlichen Befugnissen, die Verwertung geschieht allein privatrechtlich.[22] Wenn auf die Verwertung nach § 825 hingewiesen (§ 806) oder wenn nach § 1235 Abs. 1 BGB öffentlich versteigert wird, ist unter den Voraussetzungen des § 445 BGB die **Gewährleistungshaftung ausgeschlossen,** es sei denn, dass der Gläubiger den Mangel arglistig verschwiegen oder eine Garantie für die Beschaffenheit der Sache übernommen hat.[23] Andernfalls besteht Haftung nach §§ 437ff. BGB.[24] Bei der Versteigerung kommt der Vertrag mit dem Zuschlag zu Stande (§ 156 BGB), andernfalls als Kaufvertrag nach §§ 433ff. BGB. Übereignet wird nach §§ 929ff. BGB. Dem hinsichtlich des Eigentums bösgläubigen Erwerber hilft es nicht, wenn er auf die Verstrickung und die Anordnung nach § 825 vertraut.[25] § 818 ist entspr. anwendbar, s. dort Rn. 2. § 819 gilt noch nicht, wenn der Dritte, sondern erst, wenn der GV den Erlös erhalten hat.

---

5 *Zö/Stöber* Rn. 3.
6 LG Freiburg DGVZ 1982, 186.
7 *Seipp* DGVZ 1998, 1, 4.
8 LG Koblenz MDR 1981, 236.
9 LG Essen DZWir 1996, 120.
10 *Behr* 2. ZwVNov JurBüro Sonderheft 1998, 7; *Münzberg,* Festschrift f. Lüke, 1997 S. 525, 550.
11 LG Berlin DGVZ 1966, 174; enger: LG Nürnberg-Fürth DGVZ 1992, 136.
12 BGHZ 104, 298, 302 = NJW 1988, 2789.
13 LG Berlin Rpfleger 1973, 34.
14 MK/*Gruber* Rn. 3.
15 LG Koblenz (Fn. 8).
16 LG Berlin Rpfleger 1975, 103.
17 *Schuschke/Walker* Rn. 8.
18 *Schilken* AcP 181 (1981), 355, 364; *Gaul* ZZP 87 (1974), 241, 257ff.
19 LG Nürnberg-Fürth (Fn. 11); *St/J/Münzberg* Rn. 3; *Zö/Stöber* Rn. 2; *Brox/Walker* Rn. 436.
20 MK/*Gruber* Rn. 8.
21 LG Frankfurt DGVZ 1993, 112.
22 BGH (Fn. 1) S. 80.
23 *Brox/Walker* Rn. 430.
24 *St/J/Münzberg* Rn. 13.
25 BGH (Fn. 1) S. 85.

III. Rechtsbehelfe

7 Gegen pflichtwidriges Tun und Lassen des **Gerichtsvollziehers** (Abs. 1) können Schuldner und Gläubiger nach §§ 766, 793 vorgehen. Gegen den ablehnenden wie gegen den anordnenden Beschluss des **Rechtspflegers** (Abs. 2) ist stets die sofortige Beschwerde nach §§ 11 Abs. 1 RPflG, 793 gegeben, weil der Rechtspfleger selbst dann nach Abwägen entscheidet, wenn er die andere Seite nicht angehört haben sollte.[26]

IV. Gebühren und Kosten

8 **1. Rechtsanwaltsgebühren.** Das Verfahren ist eine besondere Angelegenheit (§ 18 Nr. 10 RVG), der Anwalt erhält neben der allgemeinen Vollstreckungsgebühr aus Nr. 3309 VV RVG eine weitere Vollstreckungsgebühr. **Gegenstandswert:** Die Vollstreckungsforderung oder der geringere Wert der Sache (§ 25 Abs. 1 Nr. 1 RVG).

9 **2. Gerichtskosten.** Gerichtsgebühren werden nicht erhoben, wohl aber für den **Gerichtsvollzieher** nach KVGv Nr. 300, im Falle des Abs. 2 ist KVGv Nr. 310 zu beachten.

826 *Anschlusspfändung*

(1) Zur Pfändung bereits gepfändeter Sachen genügt die in das Protokoll aufzunehmende Erklärung des Gerichtsvollziehers, dass er die Sachen für seinen Auftraggeber pfände.

(2) Ist die erste Pfändung durch einen anderen Gerichtsvollzieher bewirkt, so ist diesem eine Abschrift des Protokolls zuzustellen.

(3) Der Schuldner ist von den weiteren Pfändungen in Kenntnis zu setzen.

I. Normzweck

1 Jede weitere Pfändung (Anschlusspfändung) kann zwar auch nach § 808 erfolgen, es genügt aber die erleichterte Form nach § 826, weil die bestehende Verstrickung eine Wiederholung der Formalitäten erübrigt.[1] Der **Anwendungsbereich** umfasst sämtliche Fälle der GV – Vollstreckung gegen den Schuldner, sei es für denselben oder einen anderen Gläubiger. Nach Ablieferung der Pfandsache erfasst die Anschlusspfändung den an ihre Stelle getretenen Erlös.[2] Unanwendbar ist § 826 nach Wortlaut und Zweck, wenn die Erstpfändung gegen einen anderen Schuldner erfolgte oder wenn bei Verwaltungsbesitz (s. § 808 Rn. 5 aE) in nicht identisches Vermögen gepfändet wurde.[3] In diesen Fällen ist eine **Doppelpfändung** nach § 808 nötig (s. § 808 Rn. 12). Eine bloße Anschlusspfändung wäre unwirksam.[4]

II. Voraussetzungen

2 **1. Wirksame Erstpfändung (Abs. 1). a) Fortbestehen der Verstrickung.** Erforderlich ist, dass die Verstrickung entstanden ist und andauert.[5] Als Erstpfändung genügt keine Immobiliarbeschlagnahme. Sie muss vielmehr nach den Regeln der ZPO erfolgt sein. Die Erstpfändung muss stets unter Beachtung des § 808 Abs. 2 S. 2 erfolgt sein, bei Sachen, die im Schuldnergewahrsam verblieben, mithin durch ordnungsgemäße Kenntlichmachung. Allein der Anschein einer wirksamen Pfändung genügt nach zutreffender Ansicht nicht,[6] denn es gibt keine äußerliche Wirksamkeit der Pfändung.[7] Andererseits ist eine Anschlusspfändung auch dann wirksam, wenn die Kenntlichmachung der Pfändung nachträglich entfallen ist, etwa durch Verlust des Pfandsiegels.[8] Um Unklarheiten zu vermeiden, soll sich der GV davon überzeugen, ob beim Schuldner oder anderen verbliebene Pfandsachen noch vorhanden sind und ob die Pfändung noch ersichtlich ist. In Zweifelsfällen ist die Pfändung erneut ersichtlich zu machen oder neu nach § 808 zu pfänden. Eine Anschlusspfändung darf nicht unterbleiben, nur weil eine Nachschau nicht möglich ist. Bei einer vorausgegangenen **Verwaltungsvollstreckung** (§ 307 AO) ist der GV gem. § 167 Nr. 10 GVGA gehalten, gemäß § 808 zu pfänden. Eine Pfändung nach § 826 ist aber auch in diesem Fall wirksam.[9] Ein Verstoß gegen § 167 GVGA kann Amtshaftung begründen, es sei denn, dass die Pfändung ohnehin fortbestand.[10]

3 **b) Anfechtbarkeit der Erstpfändung.** Sie ist **unerheblich** für die Wirksamkeit der Anschlusspfändung. Die Anschlusspfändung bleibt auch dann wirksam, wenn die erste Pfändung später aufgehoben wird. Sie ist bedingte Erstpfändung für den Fall, dass die vorhergehende Pfändung später entfällt.[11] Auf die erste Pfändung ist die Anschlusspfändung ohne Einfluss. Sie ist deshalb auch nicht geeignet, deren etwaige Mängel zu heilen. Bestätigt der GV zugleich eine bis dahin unwirksame Erstpfändung durch Neuvornahme gemäß § 808, so haben Erst- und Anschlusspfändung den gleichen Rang.

---

[26] MK/*Gruber* Rn. 17; *St/J/Münzberg* Rn. 7 m. weit. Nachw.; aA *Brox/Walker* Rn. 446.
[1] *Zö/Stöber* Rn. 1.
[2] LG Berlin DGVZ 1983, 93.
[3] MK/*Gruber* Rn. 2.
[4] LG Berlin DGVZ 1962, 140.
[5] LG Berlin DGVZ 1983, 93; MK/*Gruber* Rn. 3; *Zö/Stöber* Rn. 2; *Brox/Walker* Rn. 344; *Schuschke/Walker* Rn. 3.
[6] AA OLG Düsseldorf OLGZ 1973, 52; *B/L/H* Rn. 3; *T/P/Hüßtege* Rn. 3; *St/J/Münzberg* Rn. 8.
[7] MK/*Gruber* (Fn. 5).
[8] MK/*Gruber* (Fn. 5); aA *St/J/Münzberg* (Fn. 8).
[9] HM; MK/*Gruber* Rn. 3 m. weit. Nachw.; aA *B/L/H* Rn. 2.
[10] OLG Bremen DGVZ 1971, 4; aA AG Elmshorn DGVZ 1992, 46.
[11] *B/L/H* Rn. 1.

4 c) **Voraussetzungen der Erstpfändung.** Sie müssen auch für die Anschlusspfändung vorliegen. Das Verbot der zwecklosen Pfändung (§ 803 Abs. 2) ist im Hinblick auf vorausgegangene Pfändungen jedoch unbeachtlich, weil sich deren Fortbestand nicht absehen lässt,[12] s. § 803 Rn. 15. Eine Anschlusspfändung von Sachen, bei denen sich nach Befriedigung vorausgegangener Pfändungen kein Überschuss erwarten lässt, soll aber nur erfolgen, wenn dafür ein vernünftiger Grund vorliegt. Erfolgte die Erstpfändung nach § 809, ist die erneute Zustimmung des Dritten zur Anschlusspfändung erforderlich, unabhängig davon, ob sich die Pfandsache noch bei ihm oder in der Pfandkammer befindet. Hat der GV beim Schuldner gepfändet und die Pfandsache in Besitz, ist er Dritter (s. § 809 Rn. 3).

5 d) **Protokollierung der Anschlusspfändung** in einem neuen Protokoll (§ 762 Abs. 1) ist Wirksamkeitsvoraussetzung, weil allein dadurch die Pfändung ersichtlich wird. Der GV muss angeben, dass er eine bestimmte Sache für einen bestimmten Gläubiger („seinen Auftraggeber") und Anspruch pfändet. Die Zeit, zu der die Erklärung abgegeben wird, ist wegen des Rangs der Pfändung genau zu bezeichnen. Im Übrigen gilt § 762 Abs. 2. Die Erklärung muss weder gegenüber anderen noch angesichts der Pfandsache abgegeben werden.

6 **2. Förmlichkeiten (Abs. 2 und 3).** Auch ein anderer GV als der Erstpfändende kann die Anschlusspfändung vornehmen. Die Anordnungen der Abs. 2 und 3 sind Ordnungsvorschriften, daher ohne Einfluss auf die Wirksamkeit der Anschlusspfändung.[13] Ein Verstoß ist aber Amtspflichtverletzung. Hat ein Dritter gegenüber dem GV ein die Veräußerung hinderndes Recht geltend gemacht, muss der GV ihn über eine Anschlusspfändung unterrichten, damit er vom Gläubiger die Freigabe erwirken oder nach § 771 vorgehen kann.[14]

III. Wirkungen

7 **Anschlusspfändung wirkt wie eine Erstpfändung,** sofern die Sache noch verstrickt war (s. § 803 Rn. 10f.) und die Anschlusspfändung ordnungsgemäß protokolliert wurde. Jeder Anschlussgläubiger kann selbständig und unabhängig von den anderen die Verwertung der Pfandsache betreiben. Stundung oder Einstellung wirken nur im Verhältnis zum jeweiligen Gläubiger. Jeder von ihnen kann unter Beachtung von § 827 Befriedigung seinem Rang entsprechend verlangen. Den **Vorrang** der Pfandrechte regelt § 804 Abs. 3. Sind keine vorrangigen Pfandrechte entstanden oder sind sie entfallen, rückt die Anschlusspfändung nach. Entsteht das Pfandrecht erst durch nachträgliche Heilung, weil etwa der Schuldner erst nach der Pfändung Eigentümer der gepfändeten Sache wird, haben wegen der ex-nunc-Wirkung der Heilung alle bis dahin ausgebrachten Pfändungen **Gleichrang.**[15] Wurden bei der **Erlösverteilung** vorrangige Gläubiger übergangen, erlischt ihr Pfandrecht. Es kommen aber Amtshaftungsansprüche in Betracht. Nachrangige Gläubiger haften aus § 812 Abs. 1 S. 1 Alt. 2 BGB (Eingriffskondiktion), weil sie den Erlös auf Kosten der vorrangig Berechtigten erlangt haben (s. a. § 817 Rn. 9ff.).

IV. Rechtsbehelfe

8 Es sind dieselben wie bei § 808 (s. dort Rn. 23). Der Anschlussgläubiger kann wegen § 804 Abs. 3 Mängel der Erstpfändung geltend machen. Der Erstgläubiger wird durch Mängel der Anschlusspfändung nicht beschwert.

V. Gerichtskosten

9 Für den **Gerichtsvollzieher** fallen bei einer Anschlusspfändung dieselben Gebühren an wie bei einer Erstpfändung. Es gilt deshalb KVGv Nr. 205.

827 *Verfahren bei mehrfacher Pfändung*

(1) [1]Auf den Gerichtsvollzieher, von dem die erste Pfändung bewirkt ist, geht der Auftrag des zweiten Gläubigers kraft Gesetzes über, sofern nicht das Vollstreckungsgericht auf Antrag eines beteiligten Gläubigers oder des Schuldners anordnet, dass die Verrichtungen jenes Gerichtsvollziehers von einem anderen zu übernehmen seien. [2]Die Versteigerung erfolgt für alle beteiligten Gläubiger.

(2) [1]Ist der Erlös zur Deckung der Forderungen nicht ausreichend und verlangt der Gläubiger, für den die zweite oder eine spätere Pfändung erfolgt ist, ohne Zustimmung der übrigen beteiligten Gläubiger eine andere Verteilung als nach der Reihenfolge der Pfändungen, so hat der Gerichtsvollzieher die Sachlage unter Hinterlegung des Erlöses dem Vollstreckungsgericht anzuzeigen. [2]Dieser Anzeige sind die auf das Verfahren sich beziehenden Dokumente beizufügen.

(3) In gleicher Weise ist zu verfahren, wenn die Pfändung für mehrere Gläubiger gleichzeitig bewirkt ist.

I. Normzweck

1 Abs. 1 schafft eine einheitliche Zuständigkeit für den Fall, dass eine Sache von mehreren GV gepfändet wurde. Die Abs. 2 und 3 regeln, wie der GV bei mehrfacher Pfändung die Erlösverteilung vorzunehmen

---

[12] HM; MK/*Gruber* Rn. 6; *Mümmler* JurBüro 1988, 1461; aA *Wunner* DGVZ 1985, 37.
[13] HM; MK/*Gruber* Rn. 5; krit. *Gaul* Rpfleger 1971, 1, 86 dort Fn. 327a.
[14] BGH MDR 2007, 1274 = DGVZ 2007, 135, 136.
[15] MK/*Gruber* Rn. 6.

hat. Der **Anwendungsbereich** umfasst die gesamte Zwangsvollstreckung wegen Geldforderungen nach der ZPO. Er erstreckt sich auf alle aufeinander folgenden Pfändungen, gleichgültig, ob sie nach § 808 oder § 826 vorgenommen wurden. Bei einem Zusammentreffen mit anderen Pfändungen ist nach §§ 308 Abs. 1 AO, 6 Abs. 1 Nr. 1 JBeitrO die erstpfändende Stelle auch für das weitere Verfahren zuständig, für ein etwaiges Verteilungsverfahren aber nach § 308 Abs. 4 AO stets das Amtsgericht.

II. Voraussetzungen

1. Zahlungsansprüche. a) Alleinzuständigkeit (Abs. 1). Der Hinweis auf eine „erste Pfändung" setzt voraus, dass eine Sache bereits mehrfach gepfändet wurde. Mit Bewirken der weiteren Pfändung wird kraft Gesetzes der GV, der die Erstpfändung bewirkt hat, allein zuständig für alle Gläubiger.[1] Maßgeblicher Zeitpunkt ist mithin nicht die Zustellung nach § 826 Abs. 2. Für die Zuständigkeit unerheblich ist auch, wann der erstpfändende GV Kenntnis von Nachpfändungen erhielt.[2] Darauf kommt es ggf. für die Amtshaftung an. Die Parteien sind von der neuen Zuständigkeit zu unterrichten. Nachpfändende GV haben dem erstpfändenden Schuldtitel und sonstige für die Vollstreckung erforderlichen Urkunden auszuhändigen. Nach S. 2 wird von ihm die Versteigerung oder sonstige Verwertung für alle Gläubiger durchgeführt. Ein besonderer Antrag ist dazu nicht erforderlich, aber ratsam, wenn für den ersten Gläubiger nicht versteigert wird.[3] Stundung oder Einstellung des Verfahrens gegenüber einem Gläubiger sind ohne Einfluss auf die Zwangsvollstreckung der übrigen. 2

b) Abweichende Anordnung. Durch eine abw. Anordnung des Vollstreckungsgerichts (§ 764 Abs. 2 iVm. § 20 Nr. 17 RPflG) kann auf Antrag eines Gläubigers oder des Schuldners anderes bestimmt werden. Sie darf nur ergehen, wenn besondere Gründe vorliegen.[4] Beispiel: Anlässlich einer Anschlusspfändung erstmals gepfändete Sachen werden von Abs. 1 nicht erfasst. Deren gleichzeitige Verwertung mit den mehrfach gepfändeten Sachen kann auf Antrag des Schuldners angeordnet werden, um Mehrkosten zu vermeiden. Bei Einverständnis des Gläubigers gibt der nachpfändende GV schon von sich aus den Auftrag wegen der neu gepfändeten Sachen an den erstpfändenden ab. Im Übrigen gelten die Ausführungen zu § 825 entsprechend. Möglich sind auch abweichende Vereinbarungen aller Beteiligten. 3

2. Erlösverteilung (Abs. 2). Die Regelung gilt auch für nach § 815 gepfändetes Geld. **Abzug der Verwertungskosten:** Der GV behält zunächst die Verwertungskosten ein (s. a. § 819 Rn. 4). Dazu zählen ein etwa dem Schuldner nach §§ 811a, 811b zu überlassender Ersatzbetrag und die Gebühren der §§ 6, 21 GVKostG.[5] Bei Bewilligung von Prozesskostenhilfe ist § 7 GVKostG zu beachten. Den verbleibenden Reinerlös liefert er an die Gläubiger ab, einen etwaigen Übererlös an den Schuldner. **Ungenügender Reinerlös:** Reicht er nicht für alle Gläubiger, so verteilt der GV ihn gemäß § 804 Abs. 3 nach der zeitlichen Reihenfolge der Pfändungen. Die Reihenfolge der Pfändungen gilt abweichend von § 366 Abs. 2 BGB auch bei mehreren Forderungen desselben Gläubigers.[6] Der Erlös ist entsprechend aufzuteilen.[7] Die Vollstreckungskosten teilen den Rang der Hauptforderung. Für die einzelnen Forderungen ist der Erlös nach § 367 BGB, ggf. nach § 497 Abs. 3 S. 1 BGB zu verrechnen, s. § 874 Rn. 4.[8] **Mit Zustimmung** aller Beteiligten kann anders verteilt werden. **Ohne Zustimmung** aller darf der GV keine von der Reihenfolge der Pfändungen abweichende Verteilung vornehmen. Er hat den Erlös vielmehr gemäß HintO zu hinterlegen und die Sachlage unter Beifügen der sich auf das Verfahren beziehenden Schriftstücke dem Vollstreckungsgericht der Erstpfändung (§ 764 Abs. 2) anzuzeigen. Dies führt vAw. zum Verteilungsverfahren nach §§ 872 ff. 4

3. Gleichzeitige Pfändung für mehrere Gläubiger (Abs. 3). Sie nimmt der GV vor, wenn ihm zur Zeit der Pfändung mehrere Anträge vorliegen. Auf die Reihenfolge des Antragseingangs kommt es nach zutreffender Ansicht nicht an, denn sie allein begründet kein Vorzugsrecht.[9] Wenn die Pfändung für mehrere Gläubiger oder für mehrere Forderungen desselben Gläubigers gleichzeitig bewirkt wurde, haben sie gleichen Rang,[10] sofern kein Vorzugsrecht nach § 804 Abs. 2 besteht.[11] Die Aufteilung erfolgt im Verhältnis der Forderungen. 5

4. Freiwillige Zahlung des Schuldners (s. § 815 Rn. 5). Sie ist unproblematisch, wenn sie ausreicht, Kosten, Zinsen und Hauptforderungen sämtlicher Gläubiger zu tilgen. Reicht sie nicht, werden nach Abzug der bisher bei staatlichen Stellen entstandenen Vollstreckungskosten alle Gläubiger gleichrangig nach dem Anteil ihrer Forderungen unter Beachtung von § 367 BGB befriedigt. Willigt der Schuldner hierin nicht ein, so ist das Geld für sämtliche Gläubiger zu pfänden. Ein Tilgungsbestimmungsrecht nach § 366 Abs. 1 BGB steht dem Schuldner nicht zu.[12] 6

---

1 MK/*Gruber* Rn. 3.
2 MK/*Gruber* (Fn. 1); aA *St/J/Münzberg* Rn. 1; *Zö/Stöber* Rn. 2.
3 *St/J/Münzberg* (Fn. 2).
4 *St/J/Münzberg* Rn. 2; *Zö/Stöber* Rn. 3; aA MK/*Gruber* Rn. 4.
5 LG München DGVZ 1974, 58; MK/*Gruber* Rn. 5; *St/J/Münzberg* Rn. 4; aA *T/P/Hüßtege* Rn. 5 (alle Verwertungskosten).
6 MK/*Gruber* Rn. 5; *St/J/Münzberg* Rn. 4; aA *B/L/H* Rn. 3 (derselbe Rang).
7 *Stolte* DGVZ 1988, 145.
8 BGH WM 2007, 1328.
9 LG Hamburg DGVZ 1982, 45; *St/J/Münzberg* Rn. 7; aA MK/*Gruber* Rn. 2 u. 7.
10 LG Hamburg (Fn. 9).
11 *Hantke* DGVZ 1978, 106.
12 BGHZ 140, 391, 394 = NJW 1999, 1704; aA *Stolte* (Fn. 7).

III. Rechtsbehelfe

7 Erinnerung (§ 766) ist möglich mit dem Ziel, dass der GV nach Abs. 2 hinterlegt. Verstöße gegen Abs. 2 machen das Verfahren anfechtbar, nicht unwirksam.[13] Nach Erlösverteilung kommen außer Amtshaftungsansprüchen ggf. Ausgleichsansprüche nach § 812 Abs. 1 S. 1 Alt. 2 BGB (Eingriffskondiktion) in Betracht. Maßgeblich ist dabei der wirkliche Rang des Pfandrechts (s. § 804 Rn. 15), nicht allein die zeitliche Reihenfolge der Pfändung.[14]

IV. Gebühren und Kosten

8 **1. Rechtsanwaltsgebühren.** Für den Anwalt des **Gläubigers** liegt keine besondere Angelegenheit vor (§§ 18 Nr. 3, 19 Abs. 2 Nr. 2 RVG). Stellt der Anwalt des **Schuldners** den Antrag, erhält er die Gebühr aus Nr. 3309 VV RVG.

9 **2. Gerichtskosten.** Gerichtsgebühren werden für die Anordnung nach Abs. 1 S. 1 nicht erhoben; für den **Gerichtsvollzieher** ist KVG v Nr. 205 einschlägig.

Untertitel 3. Zwangsvollstreckung in Forderungen und andere Vermögensrechte

828 *Zuständigkeit des Vollstreckungsgerichts* **(1) Die gerichtlichen Handlungen, welche die Zwangsvollstreckung in Forderungen und andere Vermögensrechte zum Gegenstand haben, erfolgen durch das Vollstreckungsgericht.**

(2) Als Vollstreckungsgericht ist das Amtsgericht, bei dem der Schuldner im Inland seinen allgemeinen Gerichtsstand hat, und sonst das Amtsgericht zuständig, bei dem nach § 23 gegen den Schuldner Klage erhoben werden kann.

(3) [1]Ist das angegangene Gericht nicht zuständig, gibt es die Sache auf Antrag des Gläubigers an das zuständige Gericht ab. [2]Die Abgabe ist nicht bindend.

I. Normzweck

1 Die Norm regelt die funktionelle, sachliche und örtliche Zuständigkeit für die Zwangsvollstreckung nach §§ 829–863. Abs. 3 ersetzt das Verweisungsverfahren (§ 281).

II. Ausmaß der Zuständigkeitsregelung (Abs. 1 u. 2)

2 Die durch § 828 bestimmte Zuständigkeit ist **ausschließlich** (§ 802). **Funktionell** ist grds. das **Vollstreckungsgericht** zuständig. Es entscheidet durch den **Rechtspfleger** (§ 20 Nr. 17 RPflG). Im Erinnerungs- (§ 766), ebenso im Beschwerdeverfahren (§ 793) beim LG und OLG sind auch Richter Vollstreckungsgericht. Sie können daher mit der Erinnerungs- oder Beschwerdeentscheidung den beantragten Pfändungs- und Überweisungsbeschluss erlassen, ihn aber auch dem Rechtspfleger vorbehalten (§ 575).[1] Eine Pfändung zur Durchsetzung von **Zwangsgeld** nach § 888 iVm. §§ 1587e Abs. 1, 1580 BGB erfolgt durch das Vollstreckungsgericht.[2] Zwangsgeld nach § 33 Abs. 1 S. 1 FGG wird dagegen vAw. durch das Gericht beigetrieben, das es festgesetzt hat.[3] Der **Gerichtsvollzieher** wird nur tätig bei der Hilfspfändung nach §§ 830 Abs. 1, 836 Abs. 3, der Pfändung indossabler Papiere nach § 831 und der Herausgabevollstreckung nach § 847. **Sachlich** ist das **Amtsgericht** zuständig (§ 764 Abs. 1), auch wenn der Vollstreckungstitel vom Familien-[4] oder Arbeitsgericht (über § 62 Abs. 2 ArbGG) stammt und bei Pfändungen auf Grund einstweiliger Vfg. Das **Arrestgericht** ist gem. § 930 Abs. 1 S. 3 selbst Vollstreckungsgericht, auch für § 766.[5] Im strafrechtlichen **Ermittlungsverfahren** richtet sich die Zuständigkeit nach der StPO.[6] **Örtlich** zuständig, auch für § 766, ist nach Abs. 2 das Vollstreckungsgericht, bei dem der Schuldner gem. §§ 13–18 seinen allgemeinen Gerichtsstand hat. Bei unbekannt Verzogenen ist der letzte Wohnsitz (§ 16) maßgeblich.[7] Soweit hilfsweise § 23 eingreift, ist nach dessen S. 2 bei Forderungen neben dem Wohnsitz des Drittschuldners der Gerichtsstand der Belegenheit des Drittschuldnervermögens maßgeblich.[8] Treffen diese Voraussetzungen für denselben Schuldner bei mehreren Amtsgerichten zu, hat der Gläubiger außer bei § 858 Abs. 2 ein **Wahlrecht.** Die getroffene Wahl ist unwiderruflich.[9]

Der allgemeine Gerichtsstand ist maßgeblich auch für **Parteien kraft Amtes** wie Testamentsvollstrecker, Insolvenz-, Zwangs- und Nachlassverwalter und wg. der Gleichstellung in § 780 Abs. 2 auch für den Nach-

[13] MK/*Gruber* Rn. 8; *St/J/Münzberg* Rn. 9; aA (bei Unzuständigkeit des GV) *B/L/H* Rn. 5.
[14] *St/J/Münzberg* Rn. 9.
[1] *Schuschke/Walker* Rn. 4.
[2] BGH NJW 1983, 1859.
[3] BayObLGZ 1990, 255, 257 = FamRZ 1991, 212.
[4] BGH NJW 1979, 1048.
[5] OLG Stuttgart Rpfleger 1975, 407.
[6] BGH NStZ-RR 2005, 146; zur Drittwiderspruchsklage s. § 771 Rn. 1.
[7] LG Hamburg Rpfleger 2002, 467.
[8] *T/P/Hüßtege* Rn. 3.
[9] MK/*Smid* Rn. 12.

lasspfleger als gesetzlichen Vertreter. Sonst ist der Wohnsitz des Vertreters unerheblich.[10] Bei Soldaten gilt § 9 BGB.[11] Die einmal begründete Zuständigkeit entfällt nicht dadurch, dass der Schuldner seinen Wohnsitz verlegt (vgl. a. § 261 Abs. 3 Nr. 2). Sie gilt auch für Folgeverfahren bei der Pfändung von Arbeitseinkommen nach §§ 850c Abs. 4, 850e Nr. 2, 2a, 4, 850f, 850g.[12] Richtet sich der Titel gegen **mehrere Schuldner** mit unterschiedlichen Gerichtsständen, so ist entsprechend § 36 Abs. 1 Nr. 3 ein einheitliches Gericht zu bestimmen, wenn sie als Bruchteilsgemeinschafter oder gesamthänderisch Gläubiger desselben Drittschuldners sind.[13] Andernfalls muss für jeden Schuldner das jeweils zuständige Vollstreckungsgericht angerufen werden.[14] Zur **Abgabe** an das zuständige Gericht s. Rn. 4.

Die **internationale Zuständigkeit** folgt regelmäßig der örtlichen und setzt voraus, dass der Pfändungsgegenstand der deutschen Gerichtsbarkeit unterliegt.[15] Bei Zwangsvollstreckung gegen einen fremden Staat darf von Völkerrechts wg. nicht auf Vermögen zugegriffen werden, das dem Entsendestaat im Empfangsstaat zur Aufrechterhaltung der Funktionsfähigkeit seiner diplomatischen Mission dient,[16] selbst wenn der Staat pauschal auf Immunität für gerichtliche Verfahren einschießlich der Zwangsvollstreckung verzichtet hat.[17] Zuständigkeit besteht daher nicht gegenüber Exterritorialen, wohl aber für alle anderen im Inland ansässigen Schuldner unabhängig von ihrer Staatsangehörigkeit, auch wenn sie Forderungen gegen Ausländer haben. Das ist unproblematisch, wenn der **ausländische Drittschuldner** im Inland wohnt. Möglich ist der Erlass eines Pfändungs- und Überweisungsbeschlusses zwar auch gegen im Ausland wohnhafte Drittschuldner. Schwierigkeiten bestehen aber bei der Zustellung, wenn die nach § 183 Abs. 1 Nr. 2 erforderliche Weitergabe des Zustellersuchens durch ausländische Justizbehörden verweigert wird.[18] Die Pfändung in Forderungen inländischer Kunden von Auslandsfilialen einer Bank wird wg. fehlender deutscher Gerichtsbarkeit für unzulässig gehalten, wenn die Leistung im Ausland zu erbringen ist.[19] 3

III. Abgabe an zuständiges Gericht (Abs. 3)

Der Antrag kann zur Beschleunigung des Verfahrens vorsorglich gestellt werden. Das **zuständige Gericht** muss nicht benannt sein, s. § 281 Rn. 8. Weil die auf Antrag des Gläubigers ohne Anhörung des Schuldners (§ 834) erfolgende **formlose Abgabe** des bei einem unzuständigen Gericht eingereichten Pfändungsantrages an das für zuständig gehaltene Gericht nicht bindet, bleibt dem Schuldner die Möglichkeit, Aufhebung des Pfändungs- u. Überweisungsbeschlusses wg. fehlender örtlicher Zuständigkeit zu erreichen, s. Rn. 5. Verweisung mit Bindungswirkung nach § 281 Abs. 2 ist ausgeschlossen.[20] Zuständigkeitsbestimmung (§ 36 Abs. 1 Nr. 6) kann auch nach Abgabe erfolgen.[21] 4

IV. Rechtsbehelfe

Erinnerung nach § 766. Ein Verstoß gegen die absolute **funktionelle** Zuständigkeit, zB Erlass eines Pfändungsbeschlusses durch den GV, macht die Vollstreckungsmaßnahme nichtig (zur relativen funktionellen Unzuständigkeit s. § 865 Rn. 10 aE). Die Pfändung durch ein **sachlich** nicht zuständiges Gericht ist nach zutr. Ansicht wirksam, führt aber im Rechtsbehelfsverfahren zur Aufhebung, auch noch in der Beschwerde.[22] Auch Verstöße gegen die **örtliche** oder die **internationale Zuständigkeit** machen den Beschluss nur anfechtbar.[23] Maßnahmen gegen Exterritoriale sind nichtig. 5

829

Pfändung einer Geldforderung (1) **¹Soll eine Geldforderung gepfändet werden, so hat das Gericht dem Drittschuldner zu verbieten, an den Schuldner zu zahlen. ²Zugleich hat das Gericht an den Schuldner das Gebot zu erlassen, sich jeder Verfügung über die Forderung, insbesondere ihrer Einziehung, zu enthalten. ³Die Pfändung mehrerer Geldforderungen gegen verschiedene Drittschuldner soll auf Antrag des Gläubigers durch einheitlichen Beschluss ausgesprochen werden, soweit dies für Zwecke der Vollstreckung geboten erscheint und kein Grund zu der Annahme besteht, dass schutzwürdige Interessen der Drittschuldner entgegenstehen.**

(2) **¹Der Gläubiger hat den Beschluss dem Drittschuldner zustellen zu lassen. ²Der Gerichtsvollzieher hat den Beschluss mit einer Abschrift der Zustellungsurkunde dem Schuldner sofort zuzustellen, sofern nicht eine öffentliche Zustellung erforderlich wird. ³An Stelle einer an den Schuldner im Ausland zu bewirkenden Zustellung erfolgt die Zustellung durch Aufgabe zur Post.**

---

[10] MK/*Smid* Rn. 11.
[11] LG Münster Rpfleger 1963, 303.
[12] BGH Rpfleger 1990, 308; OLG München Rpfleger 1985, 154; *Hintzen/Wolf* ZwV Rn. 640.
[13] BGH (Fn. 2); BayObLGZ 1985, 397, 399 = NJW-RR 1986, 421; OLG Köln OLGR 2005, 582.
[14] *Zö/Stöber* Rn. 2.
[15] BGH WM 2005, 2274 (verneint für öff.-rechtl. Gebührenanprüche eines ausländischen Staates).
[16] BVerfG NJW 2007, 2605; BVerfGE 46, 342, 400; BGH NJW-RR 2006, 425 (Steuererstattungsanspruch); Rpfleger 2006, 135 (öff.-rechtl. Gebührenansprüche); NJW-RR 2003, 1218 (Grundstück); eingehend: *Kleinlein* NJW 2007, 2591; *Weller* Rpfleger 2006, 364.
[17] BVerfG NJW 2007, 2605; BGH NJW-RR 2007, 1498.
[18] MK/*Smid* Rn. 13; *B/L/H* Rn. 1.
[19] *Mülhausen* WM 1986, 957, 990.
[20] OLG Zweibrücken InVo 1999, 320.
[21] OLG Jena InVo 2001, 256.
[22] *Zö/Stöber* Rn. 4; insow. aA OLG München JurBüro 1985, 945.
[23] *T/P/Hüßtege* Rn. 5.

(3) Mit der Zustellung des Beschlusses an den Drittschuldner ist die Pfändung als bewirkt anzusehen.

(4) [1]Das Bundesministerium der Justiz wird ermächtigt, durch Rechtsverordnung mit Zustimmung des Bundesrates Formulare für den Antrag auf Erlass eines Pfändungs- und Überweisungsbeschlusses einzuführen. [2]Soweit nach Satz 1 Formulare eingeführt sind, muss sich der Antragsteller ihrer bedienen. [3]Für Verfahren bei Gerichten, die die Verfahren elektronisch bearbeiten, und für Verfahren bei Gerichten, die die Verfahren nicht elektronisch bearbeiten, können unterschiedliche Formulare eingeführt werden.

Übersicht

I. Normzweck

1 **Allgemeines:** § 829 regelt die Zwangsvollstreckung in Geldforderungen, die dem Vollstreckungsschuldner gegen Dritte zustehen. Das Vollstreckungsverfahren hat daher regelmäßig drei Beteiligte: den Gläubiger, der die Zwangsvollstreckung wegen seiner titulierten Forderung gegen den Schuldner betreibt; den Schuldner, gegen den die Zwangsvollstreckung in seine Forderung gegen den Drittschuldner betrieben wird und den Drittschuldner, bei dem die Forderung des Schuldners gepfändet wird. Aus Abs. 3 folgt, dass die Pfändung nur bei Beteiligung des Drittschuldners wirksam ist. Der Anwendungsbereich erfasst die Zwangsvollstreckung in Geldforderungen und über §§ 846, 857 auch die in Herausgabeansprüche und andere Vermögensrechte. Für Wechsel und sonstige indossable Papiere gilt stattdessen § 831, für die übrigen Wertpapiere § 821. Bei hypothekarisch gesicherten Forderungen sind die §§ 830, 837 zu beachten. Das Vollstreckungsverfahren für die Vollstreckung von Ansprüchen, die dem Justizfiskus und dem Deutschen Patentamt zustehen, regelt die JBeitrO.[1] Die seit 1999 geltende Regelung in Abs. 1 S. 3 stellt die nach bisher hM zulässige einheitliche Pfändung mehrerer Geldforderungen des Schuldners gegen **verschiedene Drittschuldner** unter Abwägung praktischer Bedürfnisse und datenschutzrechtlicher Interessen auf eine gesetzliche Grundlage. Abs. 2 S. 3 aF ist durch Art. 1 Nr. 7 OLGVertrÄndG vom 23. 7. 2002[2] als gegenstandlos aufgehoben worden.[3]

II. Voraussetzungen

2 **1. Antrag.** Wie jede Vollstreckungshandlung erfolgt auch die Pfändung von Geldforderungen nur auf Antrag des Gläubigers. Zum Nachweis der Vollstreckungsvoraussetzungen sind dem Antrag beizufügen

[1] *App* MDR 1996, 769, 772; Pfändungsschutz: *Meinhold,* Rpfleger 2004, 87.
[2] BGBl. I S. 2850.
[3] BT-Drucks. 14/8763: Nach Art. 2 Abs. 20 ZustRG (s. vor § 166 Rn. 1) ist seit dem 1. 7. 2002 eine Zustellung durch die Post auf Ersuchen der Geschäftsstelle im Parteibetrieb nicht mehr vorgesehen.

die vollstreckbare Ausfertigung des Titels (§§ 724ff., 795ff.) nebst Zustellungsurkunden (§ 750). Besondere Voraussetzungen (§§ 751, 765, 798f., 882a) sind ggf. zusätzlich nachzuweisen. Anwaltszwang besteht nicht (§ 78 Abs. 3).

a) **Form.** Der Antrag unterliegt keinem Formzwang. Damit er aktenmäßig bearbeitet werden kann, muss er schriftlich abgefasst oder nach § 496 mündlich zu Protokoll der Geschäftsstelle erklärt werden. Bei Verwendung der im Handel erhältlichen Vordrucke reicht der Gläubiger zugleich den Entwurf des Pfändungsbeschlusses ein. Die Praxis verlangt eine eigenhändige Unterschrift des Gläubigers oder seines Vertreters.[4] Das ist aber nicht zwingend; ein Faksimile genügt.[5] Fehlt die Unterschrift, dann muss auf Grund beigefügter Vollstreckungsunterlagen oder sonstiger Umstände aber zweifelsfrei sein, dass kein bloßer Entwurf vorliegt, sondern ein ernst gemeinter Antrag.[6]

b) **Inhalt.** Adressat ist das Vollstreckungsgericht (§ 828). Der Antrag muss alle Angaben enthalten, die 3
für den Beschluss erforderlich sind: **Angabe der Beteiligten.** Der Gläubiger muss Schuldner und Drittschuldner mit ladungsfähiger Anschrift angeben, zumindest zweifelsfrei bezeichnen, sonst ist die Pfändung unwirksam.[7] Seine eigene Identität steht regelmäßig auf Grund des Titels fest.[8] **Vollstreckungsforderung,** die Forderung des Gläubigers gegen den Schuldner. Sie muss zumindest bestimmbar bezeichnet werden nach Hauptforderung, Zinsen, Prozess- und Vollstreckungskosten, auch bei behördlichen Pfändungsverfügungen.[9] Angaben in DM **oder** € genügen,[10] s. vor § 803 Rn. 2. Nichttitulierte Kosten müssen belegt werden.[11] Bei einem Titel über dynamisierten Unterhalt (§ 1612a BGB) genügt zur Bestimmbarkeit die Angabe des Prozentsatzes des Regelbedarfs der jew. Altersstufe abzüglich des Kindergeldanteils.[12] Die Vollstreckung kann auf einen **Teilbetrag** der titulierten Forderung und/oder der Kosten beschränkt werden. Die Mitteilung von Teilleistungen des Schuldners muss deren Daten angeben, falls das zur Errechnung von Zinsen erforderlich ist. Eine aufgeschlüsselte Verrechnung nach § 367 BGB oder § 497 Abs. 3 BGB kann vom Gläubiger aber nicht gefordert werden.[13] **Bestimmtheitserfordernis:** Der beantragte Pfändungsbeschluss muss die gepfändete Forderung, ihren Rechtsgrund und den Drittschuldner[14] so genau bezeichnen, dass bei verständiger Auslegung feststeht, welche Forderung Gegenstand der Zwangsvollstreckung sein soll.[15] Fehlt eine ausreichende Bezeichnung, ist die Pfändung unwirksam.[16] Damit sie zweifelsfrei von anderen unterschieden werden kann, ist das Rechtsverhältnis, aus dem sie hergeleitet wird, wenigstens in allgemeinen Umrissen anzugeben. Der Pfandgegenstand muss sich aus dem Beschluss selbst ergeben.[17] Es genügt daher nicht, dass der Beschluss den unmittelbar Beteiligten (Gläubiger, Schuldner und Drittschuldner) verständlich ist. Er muss den Pfandgegenstand auch Dritten, insbesondere weiteren Gläubigern des Schuldners, hinreichend deutlich bezeichnen. Übermäßige Anforderungen dürfen aber nicht gestellt werden, weil der Gläubiger die Verhältnisse des Schuldners regelmäßig nur oberflächlich kennt. Unschädlich sind daher Falschbezeichnung von Gläubiger,[18] Rechtsgrund oder Höhe,[19] wenn eine sachgerechte Auslegung ergibt, was erkennbar gemeint ist. Es geht stets nur um die „angebliche" Forderung des Schuldners gegen den Drittschuldner. Dass sie wirklich besteht, muss der Gläubiger nicht beweisen (s. u. Rn. 8). **Einzelfälle:** s. Rn. 36. Pfändungsumfang. Die Forderung wird in der Regel im vollen Umfang gepfändet, nicht nur in Höhe des zu vollstreckenden Anspruchs.[20] Soll nur eine **Teilpfändung** der Forderung durchgeführt werden, ist der Teil genau zu bezeichnen, ggf. auch hinsichtlich der Zinsen.[21] Nach BGH[22] soll dazu der übliche Wortlaut „wegen und bis zur Höhe" der zu vollstreckenden Forderung genügen. Bei **Pfändung mehrerer Forderungen** ist deren Aufnahme in einen einzigen Pfändungsbeschluss jedenfalls bei Identität des Drittschuldners sinnvoll,[23] s. a. Rn. 12. Mangels erkennbarer Beschränkung erfasst die Pfändung auch hier jede Forderung zur vollen Höhe. Der Gläubiger muss seine Vollstreckungsforderung nicht auf die einzelnen Pfändungsforderungen aufteilen.[24] Der Schuldner kann sich bei Überpfändung ggf. auf § 803 Abs. 1 S. 2 berufen (s. a. § 803 Rn. 14). **Alternative Pfändung:** Ein Antrag auf Pfändung des einen oder des anderen

---

4 LG Ingolstadt JurBüro 1995, 51; LG Augsburg DGVZ 1989, 75; *Müller* DGVZ 1993, 7.
5 *Dempewolf* MDR 1977, 803.
6 *Vollkommer* Rpfleger 1975, 490.
7 OLG Stuttgart NJW-RR 1994, 1023; großzügig: LG München Rpfleger 2006, 664.
8 KG MDR 1994, 513.
9 BFH InVo 2001, 177, 178.
10 BGH NJW-RR 2003, 1437.
11 OLG Köln DGVZ 1983, 9; LG Paderborn Rpfleger 1987, 318; aA LG Oldenburg Rpfleger 1980, 256.
12 OLG Jena Rpfleger 2000, 225.
13 OLG Schleswig DGVZ 1976, 135 m. Anm. *Zeiss;* LG Düsseldorf MDR 1986, 505; LG Bielefeld DGVZ 1984, 87; aA OLG Köln DGVZ 1983, 9; LG Paderborn Rpfleger 1987, 461; *Zö/Stöber* Rn. 3.
14 OLG Saarbrücken OLGR 2006, 973; OLG Brandenburg JurBüro 2003, 48, 49.
15 Grundlegend: RGZ 157, 321, 326; zuletzt: BGH NJW 2007, 3132.
16 BGH (Fn. 15).
17 BGH (Fn. 15); NJW 1988, 2543, 2544.
18 BGH NJW 1967, 821.
19 OLG Hamm FamRZ 1990, 547.
20 HM; BGH NJW 1975, 738; BFH InVo 2001, 177; krit. *Paulus* DGVZ 1993, 129.
21 Vgl. a.: BGH (Fn. 18).
22 BGH (Fn. 18); aA RGZ 151, 282, 285.
23 LG Oldenburg Rpfleger 1982, 112.
24 BGH NJW 1975, 738.

Rechts ist zulässig, wenn nur eines der Rechte bestehen kann.[25] Bei **mehrfacher Pfändung** wird jede Pfändung wie eine Erstpfändung durchgeführt; es gibt keine dem § 826 entsprechende Anschlusspfändung.

4 **2. Zuständigkeit.** Ausschließlich zuständig ist nach §§ 828 Abs. 1, 802 das Amtsgericht als Vollstreckungsgericht (s. § 828 Rn. 2f.).

5 **3. Geldforderung.** Das ist jeder auf Zahlung einer Geldsumme gerichtete Anspruch; (wg. besonderer Forderungsarten und Einzelfälle s. Rn. 26ff.).

a) Allgemeines: Es ist gleichgültig, auf welchem Rechtsgrund der Anspruch beruht. Er kann sich aus öffentlichem[26] oder privatem Recht, aus Gesetz oder Vertrag ergeben, persönlicher oder dinglicher Natur,[27] auf Zahlung in deutscher oder ausländischer Währung gerichtet sein.[28] DM-Beträge sind ggf. vom Vollstreckungsgericht in € umzurechnen,[29] (s. vor § 803 Rn. 2). Vollstreckungstitel und zu pfändende Forderung können auf verschiedene Währungen lauten.[30] Devisenrechtliche Bestimmungen sind ggf. zu beachten. Abhängigkeit von einer Gegenleistung (§ 320 BGB) oder Bestehen eines Zurückbehaltungsrechts (§ 273 BGB) sind unerheblich. Erfüllbarkeit durch freiwillige Leistung des Schuldners genügt. Es kann sich deshalb auch um eine unvollkommene Verbindlichkeit (Naturalobligation, §§ 762ff. BGB) handeln. Auch verjährte Ansprüche sind pfändbar. Die Forderung kann unter einer Zeitbestimmung stehen (§ 163 BGB) oder betagt sein (s. § 844 Rn. 3) oder von einer Bedingung abhängen (§ 158 BGB).[31]

6 **b) Künftige Forderungen.** Sie werden von der Pfändung nur erfasst, wenn sich der Beschluss erkennbar auf sie erstreckt,[32] Ausnahme für fortlaufende Bezüge: § 832. Künftige Forderungen sind pfändbar, wenn zur Zeit der Pfändung bereits eine Rechtsbeziehung zwischen Schuldner und Drittschuldner besteht, aus der die spätere Forderung nach ihrem Inhalt und der Person des Drittschuldners bestimmt werden kann.[33] Unerheblich ist, dass die Höhe der künftigen Forderung noch ungewiss und grds. auch, dass unsicher ist, ob überhaupt eine Forderung entstehen wird, s. auch § 850i Rn. 24. Provisionsansprüche aus künftigen Geschäften sind daher bei bestehendem Vertretervertrag pfändbar.[34] Es genügt aber nicht die bloße Erwartung, dass eine Forderung entstehen könnte.[35] Der Gebührenanspruch für eine künftige Beiordnung in Prozesskostenhilfeverfahren ist deshalb nicht pfändbar.[36] Zumindest zweifelhaft ist die Pfändbarkeit von Ansprüchen aus einem noch nicht abgeschlossenen Prozessvergleich.[37] Die Entstehung der künftigen Forderung darf nicht erst in ferner Zukunft zu erwarten sein.[38] Wg. künftiger Rentenansprüche, s. § 850i Rn. 24; zum Pfändungsumfang bei fortlaufenden Bezügen s. § 832 Rn. 2ff. und § 833 Rn. 1ff.

7 **4. Pfändbarkeit.** Unpfändbar sind Ansprüche, die nach § 865 Abs. 2 S. 2 der Immobiliarpfändung unterliegen (s. dort Rn. 6), für deren Pfändung wie bei Wechseln und anderen indossablen Papieren nach § 831 ausnahmsweise der GV zuständig ist oder bei denen die Schutzvorschriften der §§ 850ff. eine Pfändung ausschließen.[39]

8 **5. Verfahren. a) Formelle Prüfung.** Der Rechtspfleger prüft, ob die formellen Voraussetzungen vorliegen (s. o. Rn. 2–7). Auch der Nachweis der Vollmacht ist vAw. zu prüfen, wenn nicht als Bevollmächtigter ein Rechtsanwalt auftritt (§ 88).

b) Materielle Prüfung. Sie ist eng begrenzt: Grds. ist nicht zu prüfen, ob die **Titelforderung** überhaupt oder noch in voller Höhe besteht.[40] Nicht zu prüfen ist auch, ob die **Pfändungsforderung** tatsächlich entstanden ist, ob sie fortbesteht und ob der Schuldner ihr Inhaber ist. Die Angaben des Gläubigers werden als wahr unterstellt, gepfändet wird die **angebliche Forderung** des Schuldners gegen den Drittschuldner.[41] Eine dem § 331 Abs. 2 entsprechende Schlüssigkeitsprüfung findet nicht statt. Der Rechtspfleger prüft nur, ob nach dem Vorbringen des Gläubigers eine Forderung des Schuldners gegen den Drittschuldner bestehen kann und ob sie nicht unpfändbar ist.[42] Diese eingeschränkte Prüfung ist der nach § 690 Abs. 1 Nr. 3 vergleichbar, s. § 691 Rn. 2.[43] Weil der zu pfändende Anspruch nur bezeichnet, aber nicht begründet wird, erfolgt auf Grund materieller Prüfung eine Ablehnung nur ausnahmsweise. Das **Rechtsschutzinteresse** fehlt, wenn zB dem Schuldner die bezeichnete Forderung aus tatsächlichen oder rechtlichen Gründen offenbar nicht zustehen kann,[44] wenn

---

[25] AllgM; BGH NJW 1975, 980 = LM Nr. 15; OLG Frankfurt WM 1980, 1317; einschränkend wohl: LG Berlin Rpfleger 1997, 267 (gleichartige Rentenansprüche).

[26] KG Rpfleger 1986, 230; OLG Celle DNotZ 1984, 257; AG Bonn Rpfleger 1981, 315; *Vollhard* DNotZ 1987, 545.

[27] *St/J/Brehm* Rn. 2.

[28] RGZ 168, 240, 245.

[29] BGH NJW-RR 2003, 1437.

[30] *St/J/Brehm* (Fn. 27).

[31] BGHZ 53, 29, 32 = NJW 1970, 241.

[32] OLG Karlsruhe NJW-RR 1993, 242.

[33] AllgM; BGH NJW 2004, 369, 370.

[34] RGZ 138, 252, 253; aA KG JW 1932, 3191.

[35] OLG Köln Rpfleger 1987, 28; LG Berlin Rpfleger 1997, 267.

[36] OLG Köln JW 1935, 1725; vgl. a. *Lappe* Rpfleger 1983, 248.

[37] Bejahend: *St/J/Brehm* Rn. 6.

[38] LG Frankfurt/M Rpfleger 1992, 441; *T/P/Hüßtege* Rn. 10.

[39] Vgl. §§ 850a – i, 851, 852, 859 Abs. 1 S. 2, Abs. 2, 860, 863.

[40] MK/*Smid* Rn. 18; *St/J/Brehm* Rn. 34; *Hess* NJW 2004, 2350.

[41] BGH NJW 2004, 2096; Beispiele: *Brox/Walker* Rn. 505; *Lackmann* S. 359f.

[42] BGH (Fn. 41); NJW-RR 2003, 1648.

[43] Vgl. dazu: MK/*Holch* § 691 Rn. 13.

[44] BGH NJW 2000, 3218: Kein Rückgabeanspruch des Beschuldigten (§§ 94, 111k StPO); *Frohn* Rpfleger 2001, 10; s. aber: OLG Hamm InVo 2003, 247 zu §§ 111b ff. StPO.

sie ersichtlich unpfändbar ist[45] oder wenn bei künftigen Forderungen deren Entstehen auszuschließen ist.[46] Es fehlt aber nicht deshalb, weil der Schuldner die eidesstattliche Versicherung abgegeben hat (§ 807)[47] oder weil sein Einkommen unter der Freigrenze liegt (§ 850c), denn die Pfändung wirkt rangwahrend für künftiges pfändbares Einkommen.[48] **Forderungen des Schuldners gegen den Gläubiger** können gepfändet werden. Das Rechtsschutzbedürfnis besteht immer, wenn für den Gläubiger die Aufrechnung aus prozessualen Gründen, zB § 767 Abs. 2, oder nach materiellem Recht, zB §§ 392ff. BGB, ausgeschlossen ist. Pfändung und Überweisung (§ 835) erlauben dann dem Gläubiger, aus der Position des Schuldners aufzurechnen (s. § 835 Rn. 8). Außerdem erlangt der Gläubiger die Rechte aus §§ 836 Abs. 3, 840.[49] Ob **gläubigereigene Forderungen** pfändbar sind, ist str., weil durch Pfändung einer schuldnerfremden Forderung weder Pfandrecht noch Verstrickung entstehen, s. Rn. 17. Das Rechtsschutzbedürfnis wird gleichwohl bejaht, weil der Gläubiger auch bei nichtiger Pfändung die Rechte aus §§ 836 Abs. 3, 840 hat.[50] **Ausforschungs- oder Verdachtspfändungen** im Hinblick auf den Drittschuldner sind **unzulässig,** wenn sie erst herauszufinden sollen, ob überhaupt Kontoverbindungen bestehen, wie etwa Kontokorrentpfändungen bei 264 Instituten.[51] Ein Antrag, Ansprüche des Schuldners gegen nicht mehr als 3 Geldinstitute an seinem Wohnort zu pfänden, ist aber grds. nicht rechtsmissbräuchlich. Auch bei Nichtgewerbetreibenden kommen bis zu dieser Obergrenze Geschäftsbeziehungen in Betracht.[52] Im Hinblick auf den Pfändungsgegenstand ist eine Aufzählung mehrerer möglicher Ansprüche idR ohnehin zulässig.[53]

c) **Entscheidung ohne mündliche Verhandlung** durch Beschluss des Rechtspflegers ist die Regel (§ 764 Abs. 3). Er unterstellt die Angaben des Gläubigers als wahr. Eine Anhörung des Schuldners ist wegen des Risikos einer Abtretung vor Wirksamwerden der Pfändung (Abs. 3) nach § 834 grds. verboten; Ausnahme: bedingt pfändbare Bezüge § 850b Abs. 3.[54] Der Drittschuldner wird nie gehört. Auf behebbare Mängel ist der Gläubiger nach §§ 139, 278 Abs. 3 hinzuweisen, ehe sein Antrag zurückgewiesen wird. Zu Ermittlungen vAw. ist der Rechtspfleger nicht befugt.

III. Inhalt des Pfändungsbeschlusses

1. Allgemeines. Der Pfändungsbeschluss ergeht regelmäßig (Ausnahmen: §§ 720a, 930) zusammen mit 9
dem Überweisungsbeschluss nach § 835, s. auch dort Rn. 3. Er muss enthalten: die zweifelsfreie Bezeichnung der Beteiligten (Gläubiger und Schuldner nebst Vertretern sowie Drittschuldner), die genaue Bezeichnung der Vollstreckungsforderung nach Hauptsache, Zinsen und Kosten (Verfahrens- und Vollstreckungskosten) und zu Grunde liegendem Vollstreckungstitel sowie die der Pfändungsforderung (s. Rn. 8). Wenn zugleich Leistungen des Schuldners verrechnet werden, muss erkennbar sein, welche Schulden der Gläubiger für getilgt hält. Bleiben bei Einzelposten Zweifel, ist insoweit der Antrag zurückzuweisen, ihm aber i. Ü. zu entsprechen.[55] Die **Anordnung** der Pfändung ergeht dahin, dass die angebliche Forderung des Schuldners an den Drittschuldner wegen der titulierten Ansprüche des Gläubigers gepfändet wird. Die **Begründung** des Beschlusses ergibt sich regelmäßig aus seinem Inhalt. Nur wenn ausnahmsweise eine Anhörung des Schuldners zur Abwägung der beiderseitigen Interessen stattgefunden hat, ist deren Ergebnis besonders zu begründen.[56]

2. Zahlungsverbot für den Drittschuldner (Abs. 1 S. 1) – Arrestatorium –. Es muss ausdrücklich erfol- 10
gen und ist **unverzichtbar** für die Wirksamkeit der Pfändung.

3. Verfügungsverbot für den Schuldner (Abs. 1 S. 2) – Inhibitorium –. Das relative Verfügungsverbot be- 11
deutet, dass der Schuldner nicht zum Nachteil des Gläubigers über die Forderung verfügen darf. Das Gebot, sich „jeder" Verfügung zu enthalten, ist auf diesen Pfändungszweck zu reduzieren.[57] Für die Wirksamkeit der Pfändung ist es nur bei § 857 Abs. 2 wesentlich.[58]

4. Einheitlicher Beschluss bei verschiedenen Drittschuldnern (Abs. 1 S. 3). Der einheitliche Beschluss 12
dient der Arbeitserleichterung[59] und der Kostenersparnis.[60] **Zweckmäßigkeit** ist darüber hinaus idR zu bejahen, wenn ein **Interesse der Drittschuldner** an abgestimmtem Verhalten besteht, weil der Gläubiger die Pfän-

---

[45] LG Kassel Rpfleger 1990, 83f.
[46] OLG Hamm Rpfleger 1956, 197; LG Berlin Rpfleger 1997, 267.
[47] BGH NJW-RR 2003, 1648.
[48] *Schuschke/Walker* § 829 Rn. 35.
[49] OLG Köln JurBüro 1989, 276, 277; aA LG Düsseldorf MDR 1964, 332 (besondere Darlegung erforderlich).
[50] OLG Köln WM 1978, 383, 385; *Sae/Kemper* Rn. 9; *St/J/Brehm* Rn. 21, 67; *ThP/Hüßtege* Rn. 11; *Brox/Walker* Rn. 514; aA *R/G/S* § 54 I 1a; *Schuschke/Walker* Rn. 18; unentschieden: BGH WM 2007, 1241, 1242.
[51] So: OLG München OLGZ 1991, 322 = DB 1990, 1916 (264 Institute); LG Hannover DGVZ 1985, 43 (ohne nähere Angaben: 20 Institute); *Alisch* DGVZ 1985, 107; *Münzberg* ZZP 102 (1989), 129, 132; aA *Schulz* DGVZ 1985, 105.
[52] BGH NJW 2004, 2096; *Bitter* WuB H. 7/2004 VI E. 4.04; *Sauer* KTS 2004, 399; *Sturhahn* LMK 2004, 146; *Hess* NJW 2004, 2350.
[53] *Bitter* in *S/B/L* § 33 Rn. 26.
[54] Vgl. § 850f Abs. 2 und § 54 Abs. 2 und 3 SGB I.
[55] OLG Saarbrücken NJW-RR 1998, 207, 209.
[56] LG Düsseldorf Rpfleger 1983, 255; LG Wiesbaden Rpfleger 1981, 491.
[57] OLG Oldenburg JurBüro1998, 103.
[58] *St/J/Brehm* Rn. 52.
[59] LG Detmold Rpfleger 1991, 427.
[60] LG Aschaffenburg Rpfleger 1974, 204; AG Memmingen Rpfleger 1989, 302.

dung verschiedener Bezüge und Zusammenrechnung nach § 850e Nr. 2 oder Nr. 2a beantragt, weil Arbeitseinkommen und Gehaltskonto gepfändet werden, weil mehrere Drittschuldner als Gesamtschuldner oder Gesamthänder haften. Die Regelung dient auch im **Interesse des Schuldners** der Vermeidung von Überzahlungen. Die **Sollvorschrift erlaubt** ein abweichendes Verfahren, wenn etwa ein einheitlicher Beschluss zur Unübersichtlichkeit führt oder wenn die Pfändung verschiedenen Pfändungsvorschriften unterliegt.[61] Das **Unterlassungsgebot verpflichtet** das Gericht zur Verfahrenstrennung, wenn schutzwürdige Belange des Drittschuldners entgegenstehen. Dessen Recht auf **informationelle Selbstbestimmung** (Art. 2 Abs. 1 iVm. Art. 1 Abs. 1 GG) – freilich beschränkt durch den Verhältnismäßigkeitsgrundsatz[62] – geht zB vor bei Ansprüchen aus dem Arzt-Patienten-Verhältnis.[63] Die Anordnung kann sowohl auf **Antrag** des Gläubigers als auch **von Amts wegen** durch das Vollstreckungsgericht erfolgen, das wie bisher nach seinem überprüfbaren Ermessen[64] entspr. § 147 (s. dort Rn. 3) mehrere Verfahren verbinden[65] oder trotz Antrags (s. a. § 145 Rn. 1) trennen kann. Die **Zustellung** an mehrere Drittschuldner regelt § 173 Nr. 2 Abs. 3 GVGA.[66]

IV. Zustellung des Pfändungsbeschlusses (Abs. 2 und 3)

13 **1. Übersendung an den Gläubiger.** Der Pfändungsbeschluss wird dem Gläubiger formlos übersandt. Nur wenn sein Antrag ganz oder teilweise zurückgewiesen wurde, ist ihm der Beschluss nach § 329 Abs. 3 zuzustellen.

14 **2. Zustellung an den Drittschuldner.** Damit wird die Pfändung wirksam (Abs. 3). Es gelten die §§ 191 ff. Zuzustellen ist eine beglaubigte Abschrift des vollständigen Beschlusses,[67] die erkennen lässt, dass ein Rechtspfleger oder Richter den Beschluss erlassen hat.[68] Die Zustellung erfolgt nur auf Betreiben des Gläubigers (Abs. 2 S. 1). Er kann den GV selbst beauftragen oder schon mit dem Pfändungsgesuch um Vermittlung durch die Geschäftsstelle bitten, § 192 Abs. 2, 3. Sie kann nach § 168 verfahren (Abs. 2 S. 3). Der **Zeitpunkt** der Zustellung ist in der Urkunde zum Nachweis des Rangs der Pfändung nach Stunde und Minute anzugeben, auch wenn mehrere Drittschuldner in einem Beschluss angegeben sind.[69] § 178 ist anwendbar. Bei **Gesamtschuldnern** wirkt gemäß § 425 BGB die Zustellung für jeden getrennt. Sind **Gesamthänder** Drittschuldner, muss der Beschluss jedem von ihnen zugestellt werden. Die Pfändung wird erst mit Zustellung an den letzten von ihnen wirksam. Bei der teilrechtsfähigen **GbR**[70] erfolgt die Zustellung gemäß § 170 Abs. 1 S. 1 an den gesetzlichen Vertreter (§§ 709 Abs. 1, 714 BGB), bei mehreren genügt die an einen von ihnen (§ 170 Abs. 3).[71] Ist der **Gläubiger zugleich Drittschuldner,** ist erst mit Zustellung an ihn gepfändet.[72] **Ersatzzustellung** an den Schuldner ist nach zutreffender Ansicht entspr. § 178 Abs. 2 wegen der Gefahr einer Interessenkollision unzulässig.[73] Nur so wird der Drittschuldner wirksam geschützt. **Öffentliche Zustellung** (§ 185) ist nach dem Zweck der Abs. 2 u. 3 ausgeschlossen. Auch die Bestellung eines Abwesenheitspflegers nach § 1911 BGB für den Drittschuldner ist unzulässig, weil ein Drittschuldner kein Interesse daran hat, dass ihm ein Pfändungsbeschluss zugestellt wird.[74] **Fehlerhafte Zustellung** macht die Pfändung unwirksam. Sie kann zwar nach § 189 geheilt werden. Der Gläubiger sollte aber erneut zustellen lassen, um eine wirksame Pfändung und ihren Rang sicher nachweisen zu können. Der GV ist verpflichtet, die Zustellung zu überprüfen und sie erneut vorzunehmen, wenn sie unwirksam war. Die **ausländische Lohnpfändung** am Hauptsitz des Unternehmens ist unwirksam, wenn der Arbeitnehmer in Deutschland wohnt und in einem hier ansässigen Betrieb beschäftigt und entlohnt wird.[75]

15 **3. Zustellung an den Schuldner.** Sie ist ohne Einfluss auf die Wirksamkeit der Pfändung. Sie dient dazu, ihm das Verfügungsverbot (Abs. 1 S. 2) bekannt zu machen. Ist eine **GbR** Titelschuldnerin, genügt die Zustellung an einen vertretungsberechtigten Gesellschafter, s. Rn. 14. **Ersatzzustellung** an den Drittschuldner ist möglich.[76] Dem Schuldner wird der Pfändungsbeschluss mit einer Abschrift der Zustellungsurkunde sofort nach Zustellung an den Drittschuldner ohne weiteren Antrag zugestellt. Auch diese Zustellung erfolgt also im Parteibetrieb, unabhängig davon, ob der Schuldner gehört wurde.[77] Die Zustellung unterbleibt, wenn eine **öffentliche Zustellung** (§ 185) erforderlich (Abs. 2 S. 2). Zum Nachweis der Erforderlichkeit genügt grds. die Vorlage aktueller Auskünfte des für den letzten bekannten Wohnsitz des Schuldners zuständigen Einwohnermeldeamts und Postamts durch den Gläubiger.[78] Müsste im **Ausland** zugestellt werden, so

---

61 KG Rpfleger 1976, 327; LG Berlin Rpfleger 1993, 167.
62 Krit.: *Fischer* Rpfleger 2004, 599.
63 BT-Drucks. 13/341 S. 33.
64 KG (Fn. 61).
65 LG Detmold (Fn. 59).
66 Anders: *Zimmermann* DGVZ 1997, 85.
67 ArbG Saarbrücken FamRZ 1967, 689.
68 BGH NJW 1981, 2256.
69 § 173 Nr. 1 GVGA; *Zimmermann* (Fn. 64) (gleichzeitige Zustellung an mehrere Drittschuldner).
70 BGHZ 146, 341 = NJW 2001, 1056.
71 BGH NJW 2007, 995, 996; 2006, 2191, 2192; 2006, 2189; *Wertenbruch* DGVZ 2001, 97 f.
72 *T/P/Hüßtege* Rn. 24.
73 BAG NJW 1981, 1399; OLG Celle DGVZ 2003, 8; OLG Köln OLGR 2001, 390; aA *St/J/Brehm* Rn. 56.
74 MK/*Smid* Rn. 30 Fn. 148.
75 BAG NZA 1997, 334 = MDR 1997, 71.
76 LG Siegen JurBüro 1995, 161.
77 *Dressel* Rpfleger 1993, 100.
78 BGH NJW 2003, 1530.

werden stattdessen Beschluss und Zustellnachweis zur Post aufgegeben (Abs. 2 S. 3). Nach § 172 Abs. 1 S. 3 muss an den **Prozessbevollmächtigten** des ersten Rechtszuges zugestellt werden.

V. Wirksamkeitsvoraussetzungen

1. Verfahrensrechtliche Voraussetzungen. Das sind dieselben wie bei jeder Vollstreckungshandlung (s. vor § 704 Rn. 19ff.). Schwere und offenkundige Verfahrensverstöße machen die Pfändung nichtig (s. vor § 704 Rn. 32 und § 803 Rn. 10). Unabdingbar sind daher: Vorhandensein eines geeigneten Titels,[79] Erlass des Pfändungsbeschlusses durch das Vollstreckungsgericht (s. § 828 Rn. 4), der enthalten muss: die identifizierbare Bezeichnung von Gläubiger, Schuldner und Drittschuldner, den Pfändungsausspruch mit Angabe des zu vollstreckenden Anspruchs nach Schuldtitel und Betrag sowie die bestimmte Bezeichnung der gepfändeten Forderung und das Arrestatorium nach Abs. 1 S. 1. **Zustellung an Drittschuldner** (s. Rn. 13): Erst damit wird die Pfändung wirksam (Abs. 3). Regelmäßig ohne Einfluss auf die Wirksamkeit sind das Fehlen des Inhibitoriums nach Abs. 1 S. 2 und der Zustellung an den Schuldner (s. Rn. 14). 16

2. Materiellrechtliche Voraussetzung. Die Pfändung ist nur wirksam, wenn die gepfändete Forderung zum Schuldnervermögen gehört. Falls die **angebliche Forderung** des Schuldners gegen den Drittschuldner **nicht besteht** oder dem Schuldner nicht zusteht, geht die Pfändung ins Leere. Sie ist nichtig.[80] Es entstehen weder Pfandrecht noch Verstrickung. Der wahre Forderungsinhaber wird daher durch die Pfändung nicht unmittelbar betroffen. Er kann aber nach §§ 408 Abs. 2, 407 BGB sein Recht einbüßen u. deshalb Drittwiderspruchsklage erheben, s. § 771 Rn. 10; zu den Rechtswirkungen bei der Pfändung gläubigereigener Forderungen s. Rn. 8. **Abgetretene Forderungen** des Schuldners zählen nicht mehr zu seinem Vermögen (zur Lohnabtretung s. § 850 Rn. 16). Sie können daher, ungeachtet der Zulässigkeit einer derartigen Pfändung,[81] nicht wirksam gepfändet werden.[82] Das gilt auch für Sicherungsabtretungen. Auch wenn der Anspruch zurück abgetreten werden soll, ist er weder als künftiger Anspruch erfasst (s. u.), noch gilt § 185 Abs. 2 BGB entspr, wenn der Schuldner die abgetretene Forderung zurück erwirbt, denn anders als bei einer Sachpfändung fehlt hier mangels Verstrickung die Grundlage für ein späteres Entstehen des Pfandrechts (s. § 803 Rn. 9f.; § 804 Rn. 8).[83] So auch, wenn bei einer uneigennützigen Treuhand die Abtretung nur erfolgte, um dem Zessionar Verhandlungen zu Gunsten des Schuldners zu erleichtern.[84] Pfändbar ist aber der künftige Abtretungsanspruch des Treugebers.[85] Unbenommen bleibt dem Schuldner nach § 771 zu klagen, wenn Gläubiger des Zessionars pfänden (s. § 771 Rn. 18, 20). Eine nichtige Pfändung bleibt wirkungslos; ausgenommen fortlaufende Bezüge wg. § 832. An einem nachträglich entstandenen Anspruch des Schuldners kann ein Pfandrecht nur durch erneute Pfändung begründet werden.[86] Eine **Anfechtung** durch den Gläubiger nach §§ 11, 13 AnfG, 130ff. InsO ist mangels dinglicher Wirkung ebenfalls unbeachtlich.[87] Anders ist wegen der Rückwirkung gemäß § 142 BGB mE eine Anfechtung des Abtretungsvertrages nach §§ 119ff. BGB zu beurteilen. Bedingte oder künftige Ansprüche des Schuldners auf Rückabtretung oder Herausgabe des Erlangten nach Verwertung des Sicherungsgutes sind selbständig pfändbar.[88] Bei auflösend bedingter **Sicherungsabtretung** kommt auch ein pfändbares Anwartschaftsrecht in Betracht. Diese Rechte des Schuldners werden von der Pfändung aber nur erfasst, wenn sie sich erkennbar darauf bezieht (s. Rn. 6).[89] Werden **künftige Forderungen** (s. Rn. 6) gepfändet, entstehen Verstrickung und Pfandrecht erst mit Entstehung des gepfändeten Rechts (s. § 850k Rn. 18); der Prioritätsgrundsatz (§ 804 Abs. 3) gilt aber auch hier.[90] **Gemeinschaftliche Forderung:** Sind nicht alle Inhaber Vollstreckungsschuldner, dann ist die Pfändung nur wirksam, wenn der oder die Schuldner Teil- (§ 420 BGB) oder Gesamtgläubiger (§ 428 BGB) sind. Steht die Forderung jedoch einer Bruchteils- oder einer Gesamthandsgemeinschaft zu, ist zur Pfändung ein Titel gegen alle Berechtigten vonnöten. Andernfalls kann nur der Anteil des Schuldners gepfändet werden,[91] s. § 857 Rn. 10. 17

VI. Rechtsfolgen

1. Rechtsstellung der Beteiligten: a) Der **Schuldner bleibt Inhaber der gepfändeten Forderung.** Die Pfändung hat zur Folge, dass Verstrickung der Forderung eintritt (s. § 803 Rn. 9) und dass sie mit dem Pfändungspfandrecht des Gläubigers belastet wird. Abs. 1 S. 2 beschränkt die Rechtsmacht des Schuldners. Er muss alles unterlassen, was das Pfandrecht beeinträchtigt. Er darf die Forderung nicht einziehen, erlassen, stunden oder mit ihr aufrechnen. Verstößt er dagegen, ist eine Verfügung im Verhältnis zum Gläubiger un- 18

---

79 BGHZ 121, 356, 361 = NJW 1993, 735.
80 BGH WM 2007, 1290, 1292; NJW-RR 2007, 927; NJW 2002, 755, 757 = LM § 829 ZPO Nr. 46; NJW 2000, 3218.
81 OLG Köln OLGZ 1994, 477.
82 BGH WM 2007, 1290, 1292; BAG NJW 1993, 2699.
83 BGH NJW 2002 (Fn. 80); BGHZ 100, 36, 43 = NJW 1987, 1703 m. Anm. *Gerhardt* JR 1987, 415; BGHZ 56, 339, 351 = NJW 1971, 1938; OLG Frankfurt InVo 2002, 114.
84 BGHZ 11, 37, 41 = NJW 1954, 190; BGH WM 1987, 191.
85 BGH NJW 1998, 2969 = LM BGB § 666 Nr. 21 m. Anm. *Walker.*
86 BGH (Fn. 80).
87 BGHZ 100, 36, 41 = NJW 1987, 1703; BAG NJW 1993, 2699, 2701; aA LAG Hamm NZA 1992, 855.
88 Vgl. *Behr* Rpfleger 1990, 243.
89 OLG Karlsruhe NJW-RR 1993, 242.
90 Zu § 140 InsO: BGHZ 157, 350, 353 = NJW 2004, 1444; NJW 2003, 2171; BFH Rpfleger 2006, 96, 97.
91 *Brox/Walker* Rn. 512.

wirksam (§§ 135, 136 BGB).[92] Der Schuldner bleibt aber nicht nur berechtigt zu kündigen, auf Feststellung des Bestehens der Forderung zu klagen, sie im Insolvenzverfahren anzumelden, einen Arrest zu erwirken, Vermögen des Drittschuldners pfänden zu lassen,[93] und analog § 1281 BGB Leistung oder Hinterlegung an den Gläubiger und an sich gemeinsam zu verlangen, sondern er kann auch auf Leistung an die Pfändungsgläubiger klagen.[94] Geht die gepfändete Forderung über deren Ansprüche hinaus, kann er zugleich Zahlung an sich nach Befriedigung der Gläubiger verlangen.[95] Die Anträge müssen den jew. Rang der Gläubiger angeben u. deren Forderungen nebst Zinsen u. Kosten (§ 788 Abs. 1 S. 1) beziffern.[96] Bei der Hypothekenkündigung muss er mitwirken (§§ 1160, 1285f. BGB).

19 b) **Gläubiger.** Der **Gläubiger erlangt nur** eine **Sicherstellung der Forderung.** Er ist daher vor Überweisung (§ 835) nicht verfügungsberechtigt, darf die Forderung also weder einziehen oder sonst wie über sie verfügen. Auch er darf daher die Forderung nicht erlassen, stunden, aufrechnen, auch nicht kündigen. Seine Erklärungen sind mangels Rechtsmacht wirkungslos. Er ist aber **berechtigt,** alles zu tun, was dazu dient sein **Pfandrecht zu erhalten,** ohne den Schuldner zu beeinträchtigen: Er kann auf Feststellung klagen, analog § 1281 BGB Leistung oder Hinterlegung an den Schuldner und an sich gemeinsam verlangen und die Forderung im Insolvenzverfahren anmelden. Klagt er die Forderung ein, ist er zur Streitverkündung verpflichtet (§ 841).

20 c) **Drittschuldner.** Der **Drittschuldner darf** unter den Voraussetzungen des § 372 BGB **hinterlegen.** Im Fall des § 392 BGB kann er gegenüber dem Schuldner mit befreiender Wirkung auch im Verhältnis zum Gläubiger **aufrechnen.**[97] Bei **Leistung an den Schuldner** erlischt die Forderung jenem gegenüber nach § 362 Abs. 1 BGB. Im Verhältnis zum Gläubiger tritt aber wg. §§ 135, 136 BGB grds. keine Erfüllung ein. Der Drittschuldner wird **nur ausnahmsweise frei** (entspr. §§ 1275, 407 BGB), wenn er bei der Leistungshandlung nichts von der Pfändung wusste.[98] Die **Beweislast** für die wirksame Zustellung hat der Gläubiger. Unkenntnis von der Pfändung muss der Drittschuldner beweisen.[99] Maßgeblich für die **Kenntnis** ist bei Behörden die des zuständigen Sachbearbeiters.[100] Der Schuldner muss sich stets Kenntnis derjenigen zurechnen lassen, die bevollmächtigt wären, für ihn zu leisten. Das gilt auch, wenn der tatsächlich Handelnde das Arrestatorium nicht kannte. Hat der Schuldner seine **Leistungshandlung** erbracht, ist er grds. nicht verpflichtet, den Leistungserfolg, etwa durch Widerruf der Einzelüberweisung, noch zu verhindern, wenn er nachträglich Kenntnis von der Pfändung erlangt,[101] anders bei Daueraufträgen.[102] Hat ein Drittschuldner trotz Pfändung an den Schuldner geleistet, bleiben ihm nach richtiger Ansicht im Verhältnis zum Gläubiger **Einwendungen** gegen die Forderung erhalten, denn § 829 Abs. 1 iVm. §§ 135, 136 BGB bezweckt nur, dem Gläubiger die Forderung zu sichern, nicht aber, ihn darüber hinaus zu begünstigen.[103]

21 **2. Umfang der Pfändung.** Enthält der Pfändungsbeschluss keine Beschränkung, erfasst er die Gesamtforderung des Schuldners, wie sie bei Zustellung des Arrestatoriums an den Drittschuldner besteht (Abs. 3), sog. **Vollpfändung.**[104] Die Pfändung des Hauptrechts erstreckt sich ohne weiteres auf alle Nebenrechte, die bei einer Abtretung nach §§ 412, 401 BGB auf den Gläubiger übergehen,[105] s. § 850k Rn. 18. Durch § 803 Abs. 1 S. 2 wird eine Vollpfändung regelmäßig nicht ausgeschlossen (s. dort Rn. 14). Eine Teilpfändung (s. Rn. 3) erfolgt nur, wenn sie kenntlich gemacht ist. Bei **künftigen Forderungen** ist ebenfalls dem Wortlaut des Beschlusses zu entnehmen, inwieweit sie bereits mit einem Pfändungspfandrecht belastet entstehen (s. Rn. 6).[106] Für später fällig werdende, fortlaufende Bezüge gelten §§ 832, 833 Abs. 1. **Zinsen** werden ebenso wie Neben- und Vorzugsrechte nach §§ 401, 1289 BGB von der Pfändung erfasst, rückständige Zinsen aber nur, wenn sie ausdrücklich bezeichnet sind.[107] **Sicherungsrechte** sind nicht mitgepfändet, wenn sie selbständig sind wie Sicherungs- oder Vorbehaltseigentum,[108] Sicherungsabtretungen,[109] Sicherungsgrundschulden.[110] **Legitimationsurkunden** über die Forderungen werden dagegen von der Pfändung erfasst (s. § 821 Rn. 2). Gibt der Schuldner sie nicht freiwillig heraus, werden sie ihm vom GV weggenommen, §§ 830 Abs. 1 S. 2, 836 Abs. 3 S. 2. Wg. anderer Urkunden des Schuldners wie Verträge, Policen, Bescheide[111] s. § 836 Rn. 7.

---

[92] BGHR 2007, 230 = NJW 2007, 81.
[93] OLG Oldenburg MDR 1998, 61.
[94] BGHZ 147, 225, 229ff. = NJW 2001, 2178 = JZ 2002, 44 m. Anm. *Berger* = JR 2002, 234 m. Anm. *Jost.*
[95] BGHZ (Fn. 94) S. 231.
[96] BGHZ (Fn. 94) S. 231.
[97] BAG NJW 1967, 459.
[98] HM; grundlegend: RGZ 87, 412, 418 (Ersatzzustellung).
[99] LAG Berlin BB 1969, 1353.
[100] LAG Hamm MDR 1983, 964.
[101] BGHZ 105, 358, 360 = NJW 1989, 905 = JZ 1989, 299 m. Anm. *Brehm.*
[102] *St/J/Brehm* Rn. 101; *Stöber* Rn. 565a; *Behr* JurBüro 1997, 68, 70.
[103] HM; BGHZ 58, 25, 28 = NJW 1972, 428; BGH WM 1981, 305; LG Aachen ZIP 1981, 784; aA OLG Hamburg MDR 1958, 432; *T/P/Hüßtege* Rn. 39.
[104] BGHZ 147, 225, 229 = NJW 2001, 2178; NJW 1986, 977f.; 1975, 738.
[105] BGH WM 2003, 1891 = ZIP 2003, 1771; OLG Karlsruhe NJW-RR 1998, 990.
[106] BGH NJW 1997, 1857.
[107] OLG Düsseldorf Rpfleger 1984, 473.
[108] BGHZ 42, 53, 56 = NJW 1964, 1788.
[109] BGHZ 78, 137, 143 = NJW 1981, 748.
[110] BGH NJW 1974, 101.
[111] LG Hannover Rpfleger 1986, 143.

VII. Dauer der Pfändung

22 Eine wirksame Pfändung bleibt bestehen, bis die gepfändete Forderung erlischt, der Pfändungsbeschluss auf den Rechtsbehelf eines Beteiligten oder nach § 776 aufgehoben wird oder der Gläubiger auf seine Rechte verzichtet, § 843. Eine teilweise Aufhebung ist durch Änderung des Pfändungsbeschlusses möglich. Sie hat im Zweifel keine Rückwirkung.[112]

VIII. Rechtsbehelfe

23 **1. Gläubiger.** Er hat die sofortige Beschwerde (§§ 11 Abs. 1 RPflG, 793), soweit sein Antrag zurückgewiesen wurde.[113] § 766 passt nicht, weil der Rechtspfleger durch Zurückweisung des für unschlüssig erachteten Antrags keine Maßnahme, sondern eine Entscheidung trifft, s. dazu § 766 Rn. 10ff.[114] Hat das LG das AG angewiesen, den Pfändungsbeschluss zu erlassen, steht dem **Schuldner** gegen den Beschluss des LG kein Rechtsmittel zu, weil er an dem wg. § 834 einseitigen Verfahren nicht beteiligt ist.[115] Er kann sich ggf. gegen den Pfändungsbeschluss wehren (s. Rn. 24). Weigert sich der **Gerichtsvollzieher,** den Pfändungsbeschluss zuzustellen, hat der Gläubiger die **Vollstreckungserinnerung** (§ 766 Abs. 2).[116]

24 **2. Schuldner.** Ist, wie regelmäßig (§ 834), der **Beschluss ohne Anhörung** ergangen, kann der Schuldner **verfahrensrechtliche Mängel** mit der unbefristeten **Vollstreckungserinnerung** nach § 766 geltend machen.[117] § 766 geht insoweit § 11 RPflG vor. **Abhilfe:** Der Rechtspfleger kann entspr. § 572 durch Beschluss abhelfen.[118] Der Gläubiger ist vorher zu hören.[119] Falls der Rechtspfleger abgeholfen hat, kann der Gläubiger dagegen nach §§ 11 RPflG, 793 vorgehen.[120] Mit Aufhebung der Pfändung erlischt das Pfandrecht. Vollstreckungs- oder Beschwerderichter können bei gegenteiliger Auffassung den alten Beschluss nicht rangwahrend wieder in Kraft setzen, sondern nur einen neuen erlassen.[121] Der Rechtspfleger sollte daher das Wirksamwerden der Aufhebung bis zur Rechtskraft des Beschlusses aussetzen (§ 572 Abs. 2 entspr.). Geschieht das nicht, besteht gleichwohl ein Rechtsschutzbedürfnis für die Erinnerung, denn ein erneuter Antrag beim Rechtspfleger würde dem Gläubiger voraussichtlich nicht weiterhelfen. **Nichtabhilfe:** Der Rechtspfleger legt die Erinnerung mit begründetem Beschluss dem Richter des Vollstreckungsgerichts (§ 764) vor. Der entscheidet gemäß § 766 Abs. 1 S. 1. Auch hier sollte der Vollzug eines Aufhebungsbeschlusses bis zur Rechtskraft ausgesetzt werden. Die Entscheidung des Vollstreckungsrichters beendet das Erinnerungsverfahren. Sie kann nach § 793 angefochten werden. Ist der **Beschluss nach Anhörung** des Schuldners ergangen, – es genügt, dass er dazu Gelegenheit hatte – steht dem Schuldner die **sofortige Beschwerde** zu (§§ 11 RPflG, 793).[122] Das gilt, wenn die Anhörung vorgeschrieben war (§ 850b Abs. 3)[123] und auch, wenn sie nur auf Antrag des Gläubigers oder entgegen § 834 erfolgte.[124] Die Rechtsbehelfsfrist für den Schuldner beginnt mit der Zustellung an ihn.[125] Das weitere Verfahren entspricht dem der Gläubigererinnerung (s. Rn. 22). **Materielle Einwendungen:** Der Schuldner hat nur die **Vollstreckungs- und Klauselgegenklage** (§§ 767, 768), s. a. § 865 Rn. 6, 9.

25 **3. Drittschuldner.** Er kann **verfahrensrechtliche Mängel** uneingeschränkt durch **Vollstreckungserinnerung** (§ 766) geltend machen.[126] Die Pfändung beschwert ihn schon durch seine Erklärungspflicht (§ 840). Darüber hinaus kann etwa beim Sozialleistungsträger dessen Fürsorgepflicht gegenüber dem Sozialleistungsempfänger betroffen sein.[127] Soweit Verfahrensmängel nur Anfechtbarkeit zur Folge haben, ist der Drittschuldner gehalten, nach § 766 vorzugehen, denn das Prozessgericht ist an eine wirksame Pfändung gebunden und zu deren Aufhebung nicht befugt. **Materiellrechtliche Mängel:** Den darauf abzielenden Einwand, die Pfändung sei nichtig, weil ein Dritter Inhaber der gepfändeten Forderung sei, kann der Drittschuldner durch negative **Feststellungsklage** geltend machen; zur **Einziehungsklage** s. a. § 835 Rn. 18.

26 **4. Sonstige Dritte.** Ihnen steht, falls sie verfahrensrechtlich beschwert sind, ebenfalls die **Vollstreckungserinnerung** (§ 766) zu. Nachpfändende Gläubiger können Verfahrensmängel rügen, um einen besseren Rang zu erreichen (§ 804 Abs. 3).[128] Auf Verstöße gegen Pfändungsverbote und -beschränkungen (zB §§ 850c, d, f, i) können sich auch die dadurch geschützten Unterhaltsgläubiger des Schuldners berufen.[129] Ist ein Dritter Inhaber der angeblichen Forderung des Schuldners, kann er den Rechtsschein einer wirk-

---

112 BAG NJW 1962, 510.
113 LG Düsseldorf Rpfleger 1990, 376, 469 m. Anm. *Schauf.*
114 HM; eingehend: *Lackmann* Rn. 304ff.; aA LG Koblenz MDR 1990, 1123 (§ 766).
115 OLG Köln NJW-RR 1988, 1467.
116 KG OLGZ 1967, 41 = DGVZ 1966, 152.
117 OLG Köln NJW-RR 2001, 69; OLG Nürnberg InVo 2001, 329; aA *Wieser* ZZP 115 (2002), 157.
118 AllgM; OLG Frankfurt Rpfleger 1979, 111 (zu § 571 ZPO aF).
119 *Lackmann* Rn. 315.
120 OLG Koblenz MDR 1983, 413.
121 AllgM; OLG Köln InVo 2000, 140; OLG.
122 OLG Köln (Fn. 117); LG Zweibrücken Rpfleger 1994, 244.
123 AllgM; OLG Frankfurt Rpfleger 1993, 57.
124 KG Rpfleger 1978, 334; aA *Schuschke/Walker* Rn. 60.
125 OLG Köln (Fn. 117); aA LG Frankfurt Rpfleger 1993, 57 (nur bei Zustellung vAw.).
126 HM; BGH NJW-RR 2004, 643; BGHZ 69, 144, 148 = NJW 1977, 1881.
127 OLG Hamm ZIP 1980, 248.
128 BGH NJW-RR 1989, 636.
129 HM; OLG Stuttgart Rpfleger 1987, 255; *Brox/Walker* Rn. 1206; aA wohl *Schuschke/Walker* Rn. 64.

samen Pfändung mit den **Klagen** nach §§ 771, 805 beseitigen (s. § 771 Rn. 10), aber nicht nach § 766,[130] denn die Unwirksamkeit (s. Rn. 17) beruht nicht auf einem Verfahrensfehler.

IX. Anhang

27 **1. Steuererstattungsansprüche. a) Pfändbarkeit.** Ansprüche auf Erstattung von Steuern, Haftungsbeträgen, steuerlichen Nebenleistungen und auf Steuervergütungen können abgetreten, verpfändet und gepfändet werden (§ 46 Abs. 1 AO). In Betracht kommen vor allem Erstattungsansprüche (§ 37 Abs. 2 AO) wg. zu viel gezahlter Lohn- oder Einkommensteuer, außerdem Körperschaft-, Umsatz- und Kraftfahrzeugsteuer.[131] Die Vorschriften zum Schutz von Arbeitseinkommen (§§ 850ff.) sind unanwendbar, weil es sich um selbständige öffentlich-rechtliche Ansprüche handelt, zur Arbeitnehmersparzulage s. § 850 Rn. 7.[132] **Voraussetzung** ist das **Entstehen des Anspruchs.** Vorher darf weder ein Pfändungs- und Überweisungsbeschluss noch eine entspr. Vfg. der Behörde erlassen werden (§ 46 Abs. 6 S. 1 AO). Die Pfändung des künftigen Anspruchs ist ausgeschlossen. Ein verbotswidrig erwirkter Beschluss ist unheilbar nichtig (§ 46 Abs. 6 S. 2 AO). Es genügt nicht, dass der Anspruch im Zeitpunkt der Zustellung entstanden ist.[133] Der **Antrag** auf Erlass eines Pfändungs- und Überweisungsbeschlusses kann aber **schon vorher** gestellt, der Beschluss einschließlich der Schlusszeichnung kann schon vorbereitet werden.[134] Erwirkt (= erlassen) und damit existent (§ 329) ist der Pfändungsbeschluss, sobald er aus dem internen Geschäftsgang des Gerichts zum Zwecke der Beförderung weggegeben worden ist,[135] s. § 329 Rn. 7ff. Weil Lohn-, Einkommen-, Körperschaft- und Umsatzsteuern Jahressteuern sind (vgl. §§ 25 Abs. 1 EStG, 7 Abs. 3 S. 1 KStG, 18 Abs. 3 UStG) und Erstattungsansprüche erst mit Ablauf des Veranlagungszeitraums entstehen (Ausnahme: Tod des Steuerpflichtigen), können sie erst nach der Jahreswende gepfändet werden. Anders ist es bei Kfz-Steuern. Sie müssen für ein Jahr im Voraus entrichtet werden (§ 11 Abs. 1 KraftStG). Wenn die Steuerpflicht vorzeitig endet, etwa wegen Stilllegung oder Veräußerung, ist der zu viel gezahlte Betrag sofort pfändbar.[136]

28 **b) Verfahren:**[137] Der zu pfändende Anspruch muss nach der Steuerart bezeichnet werden; für Erstattungsgrund und -zeitraum genügt es, dass sie sich durch Auslegung ergeben.[138] Nicht genügend ist: „Erstattungsansprüche gegen das Finanzamt A“[139] oder „Erstattungsansprüche für 1980 und 1981“, selbst wenn die Steuernummer mit angegeben wird.[140] Weil Lohn- u. Einkommensteuer nur verschiedene Erhebungsformen derselben Steuerart sind, ist die Bezeichnung „Erstattungsansprüche aus Lohn- oder Einkommensteuer für 1995“ zulässig u. zweckmäßig. Annexsteuern wie Kirchensteuer, Solidaritätszuschlag, auch Kapitalertragsteuer und Körperschaftsteuer werden von der Einkommensteuerveranlagung umfasst; die Pfändung der Erstattungsansprüche erstreckt sich daher auch hierauf.[141] Das Gleiche gilt hinsichtlich der Zinsen bei Pfändung eines nach § 233a AO zinsrelevanten Steuererstattungsanspruchs.[142] **Drittschuldner** ist nicht die steuerberechtigte Körperschaft, sondern die Finanzbehörde, die über den Anspruch entschieden oder zu entscheiden hat (§ 46 Abs. 7 AO). Sie muss zweifelsfrei bezeichnet sein.[143] Wird wegen fehlerhafter Bezeichnung dem falschen Finanzamt zugestellt, bleibt die Pfändung auch dann unwirksam, wenn der Beschluss an das richtige Finanzamt weitergeleitet wird, da ihm nicht zugestellt wurde (§ 829 Abs. 3).[144] Auch wenn der **Arbeitgeber** den Lohnsteuerjahresausgleich durchführt (§ 42b EStG), ist die Erstattungsleistung ein Anspruch aus dem Steuerschuldverhältnis (§ 37 Abs. 1 AO) und kein Arbeitseinkommen,[145] §§ 850ff. gelten daher nicht.[146] Ob § 46 Abs. 6 AO auch hier gilt, ist str.[147] Nach hM ist in diesem Fall aber der Arbeitgeber Drittschuldner.[148] Eine **Vorpfändung** von Steuererstattungsansprüchen ist möglich (§§ 46 Abs. 7 AO, 845). Sie kann bereits vor Entstehen des Anspruchs abgefasst und dem GV zur Zustellung übergeben werden. Dem Finanzamt darf aber erst zugestellt werden, wenn der Anspruch entstanden ist (§ 46 Abs. 6 S. 1).[149]

---

[130] Abw. OLG Jena OLGR 1997, 155f.
[131] *David* MDR 1993, 412.
[132] BFH BStBl. III 1961, 372.
[133] BFH NJW 1991, 1975; aA *Schuschke/Walker* Anh. zu § 829 Rn. 28.
[134] BFH (Fn. 133).
[135] BGHZ 4, 389, 399 = NJW 1952, 469; BFH (Fn. 130).
[136] *David* (Fn. 131).
[137] Muster: *Behr* JurBüro 1997, 349, 352 (auch z. Steuererstattung bei Zusammenveranlagung v. Ehegatten).
[138] BFH Rpfleger 2001, 603.
[139] BFH NJW 1990, 2645, 2646; aA OLG Stuttgart MDR 1979, 324.
[140] BFH (Fn. 133).
[141] *Boeker* in: *Hübschmann/Hepp/Spitaler* AO und FGO (Juli 1990), § 46 AO Rn. 93.
[142] *Babon* DB 1993, 2405.
[143] BGH NJW-RR 2006, 425; OLG Hamm Rpfleger 1975, 443.
[144] *MK/Smid* Rn. 23; *Boeker* (Fn. 141) Rn. 94; aA *Alisch/Voigt* Rpfleger 1980, 10f.
[145] *Stöber* Rn. 380; *Zö/Stöber* Rn. 33 aE („Steuererstattung“); aA LAG Hamm NZA 1989, 529; LAG Frankfurt BB 1989, 295.
[146] LG Aachen Rpfleger 1988, 418; LG Braunschweig NJW 1972, 2315; *Wais* BB 1969, 1441; aA LG Köln BB 1964, 175; *Quardt* NJW 1959, 518; *Schall* NJW 1959, 520.
[147] Bejahend: LG Aachen Rpfleger 1988, 418; verneinend: LG Darmstadt Rpfleger 1984, 473; *Behr* (Fn. 136) S. 351.
[148] *Stöber* und *Zö/Stöber* (Fn. 145); *Wais* (Fn. 146); *Lübbing* NJW 1968, 879; aA *Blümich/Heuermann*, EStG KStG GewStG, 15. Aufl. (Stand: März 1996) § 42b EStG Rn. 33 (Betriebsstätten-Finanzamt).
[149] *Behr* (Fn. 137) S. 350; *Boeker* (Fn. 141) Rn. 112; *Buciek* DB 1985, 1428.

29 c) **Durchsetzung** und **Rechtsbehelfe:** Besteht Streit darüber, ob der gepfändete Anspruch dem Gläubiger zusteht, ist der Finanzrechtsweg gegeben,[150] s. auch § 835 Rn. 19. Das Finanzamt kann, auch bei Streit über die Wirksamkeit des Pfändungs- und Überweisungsbeschlusses, durch Abrechnungsbescheid entscheiden (§ 218 AO). Seit 1996 ist das Rechtsbehelfsverfahren neu gestaltet.[151] An Stelle von Einspruch (§ 348 AO aF) und Beschwerde (§ 349 AO aF) ist als einheitlicher Rechtsbehelf der Einspruch gegeben (§ 347 Abs. 1 Nr. 1 AO 1996). Das Finanzamt kann seinerseits die Unwirksamkeit von Pfändung und Überweisung nach § 766 geltend machen.[152]

30 **d) Verwertung von Steuererstattungsansprüchen.** Die Überweisung eines gepfändeten Anspruchs ermächtigt den Gläubiger, den Anspruch bis zur Höhe der Vollstreckungsforderung im eigenen Namen geltend zu machen (§§ 835, 836 Abs. 1). Die 1996 geänderten Lohnsteuerrichtlinien (Abschn. 149 Abs. 7 S. 7) schließen allerdings ein Antragsrecht des Pfändungsgläubigers aus.[153] Der BFH hat daraufhin – entgegen seiner früheren Rspr.[154] – den Pfändungsgläubiger nicht mehr als berechtigt angesehen, für den Schuldner die Einkommensteuerveranlagung zu beantragen.[155] Folgerichtig ist im Vollstreckungsrecht das Rechtsschutzinteresse für eine Anordnung zur Herausgabe der Lohnsteuerkarte verneint worden.[156] Der BGH hat sodann unter Hinweis auf das Gebot effektiven Rechtsschutzes (Art. 14 Abs. 1 GG) die Anordnung der Herausgabe unter bestimmten Voraussetzungen zugelassen:[157] Verweigert der Schuldner die vollstreckungsrechtliche Pflicht zur Einleitung und Durchführung eines Festsetzungsverfahrens, ist idR zunächst eine Hilfsvollstreckung nach § 888 erforderlich. Ist die Erfüllung der Pflicht nach § 888 faktisch nicht (mehr) erzwingbar, lebt das Einziehungsrecht des Gläubigers wieder auf. Wegen der Formenklarheit des Vollstreckungsrechts ist es dann erforderlich, aber auch ausreichend, dass das Vollstreckungsgericht den Gläubiger gem. § 887 deklaratorisch ermächtigt, im Wege der Ersatzvornahme an Stelle des steuerpflichtigen Schuldners die Antragsbefugnis gem. § 46 Abs. 2 Nr. 8 EStG auszuüben. Herausgabe der Lohnsteuerkarte u. anderer Besteuerungsunterlagen darf mithin angeordnet werden, wenn der Gläubiger glaubhaft gemacht hat, dass er den Besitz der Urkunden auf Grund einer Beteiligung an dem Verfahrens zur Festsetzung der Einkommensteuer des Schuldners, eines eigenen Einspruchs oder einer eigenen Klage gegen den Drittschuldner benötigt.

31 **e) Verwaltungszwangsverfahren.** Öff.-rechtliche Körperschaften pfänden nach den für sie geltenden Vollstreckungsvorschriften. Ihre Pfändungs- und Einziehungsverfügung wird zu dem Zeitpunkt erlassen, in dem sie den internen Bereich der Vollstreckungsbehörde dadurch verlässt, dass sie zum Zwecke der Zustellung der Post oder dem Zustellungsdienst der Behörde übergeben worden ist.[158]

32 **2. Lebensversicherungsverträge. a) Allgemeines.** Die Ansprüche sind **idR unbeschränkt pfändbar.** Das gilt für die im Todes- oder Erlebensfall fällig werdenden **Kapitalversicherungen,**[159] auch bei Rentenwahlrecht[160] – wie für **private Versicherungsrenten** (zu Sozialrenten s. § 850i Rn. 18), auch bei Verwendung als sog. **befreiende** Lebensversicherung (Art. 2 § 1 AnVNG[161]).[162] Bei Versicherungen über **verbundene Leben,** die bei Tod an den überlebenden Ehegatten,[163] sonst an beide ausgezahlt werden, ist str., ob im Erlebensfall anteilig (§ 420 BGB)[164] oder an beide gemeinschaftlich zu zahlen ist (§§ 432, 741ff. BGB)[165], s. § 857 Rn. 8ff. Vorsorglich sollte alternativ gepfändet werden, s. Rn. 36. Bei der durch den Arbeitgeber auf das Leben des Arbeitnehmers als **Direktversicherung** abgeschlossenen Kapital- oder Rentenversicherung (§ 1 Abs. 2 BetrAVG)[166] sind der Arbeitnehmer oder seine Hinterbliebenen bezugsberechtigt,[167] s. Rn. 33. **Pfändungsbeschränkungen** bestehen bei Versorgungsrenten, zB **Berufsunfähigkeitsrenten,** die dem Arbeitseinkommen gleichgestellt sind (s. §§ 850 Rn. 13, 850b Rn. 2), und bei Kleinlebensversicherungen (s. § 850b Rn. 8),[168] nicht aber nach §§ 54, 55 SGB I, s. § 850i Rn. 15ff.

---

150 BFH BStBl. II 1987, 863.

151 Art. 4 Nr. 2 G v. 24. 6. 1994 (BGBl. I S. 1395, 1399).

152 *Boeker* (Fn. 138) Rn. 122 m. weit. Nachw.

153 BStBl. I, Sondernr. 3/1995.

154 BFH BStBl. II 1973, 784; so zuletzt: NJW 1992, 2176.

155 BFHE 191, 311 = BStBl. II 2000, 573 = NJW 2001, 462; BFHE 187, 1 = BStBl. II 1999, 84 = InVo 1999, 213.

156 LG Dortmund JurBüro 2000, 492; LG Frankenthal Rpfleger 2000, 462; *Riedel* Rpfleger 1999, 339; *Urban* DGVZ 1999, 104.

157 BGHZ 157, 195, 202f. = NJW 2004, 954 = EwiR § 836 ZPO 1/04, 621 (*Schuschke*); *Walker/Reichenbach* LMK 2004, 76.

158 BFH NJW 1991, 1975.

159 = Gemischte Kapitalversicherung; Varianten: reine Todesfallversicherung, reine Erlebensfallversicherung u. Risikolebensversicherung, für den Fall, dass der Versicherte vor einem bestimmten Tag stirbt.

160 BFH WM 2007, 2332, 2333f. = FamRZ 2007, 2068, 2069; s. auch: § 850 Rn. 13.

161 AngestelltenVersicherungsNeuregelungsG v. 23. 2. 1957 (BGBl. I S. 88).

162 BGHZ 30, 330, 333f.; BFH NJW 1992, 527.

163 Gebräuchlich auch bei Teilhabern kleinerer Betriebe.

164 *Stöber* Rn. 210.

165 *Hintzen/Wolf* InVo 1998, 3f.

166 Grundlage: Versorgungszusage oder pfändungssichere u. steuerbegünstigte Gehaltsumwandlung (§ 40b EStG); eingehend: BGH NJW-RR 1993, 770; BAG NZA 1998, 707; OLG Köln OLGR 2003, 54 = InVo 2003, 198: Der § 2 Abs. 2 S. 4 BetrAVG unterfallende Teil ist unpfändbar.

167 Anders die sog. Key-man-Versicherung, bei der der Arbeitgeber den Arbeitnehmer im Eigeninteresse versichert u. selbst bezugsberechtigt ist, s. *Prölss/Martin/Kollhosser* § 159 Rn. 14.

168 Für vor dem 1. 1. 1962 abgeschlossene Handwerkerlebensversicherungen vgl. BGHZ 44, 192, 193 = NJW 1966, 155; LG Berlin Rpfleger 1973, 223.

33 **b) Gegenstand der Pfändung.** In Betracht kommen der Anspruch auf die Versicherungssumme, der Rückkaufswert (§ 176 VVG), Dividenden, Gewinnanteile u. a. Leistungen, das Recht auf Kündigung (§ 165 VVG), auf Widerruf der Bezugsberechtigung (§ 166 VVG) u. auf Umwandlung in eine prämienfreie Versicherung (§ 174 VVG), schließlich der Anspruch auf Aushändigung des Versicherungsscheines u. der letzten Prämienquittung (s. § 836 Rn. 7f.). Die als Nebenrechte nicht selbständig pfändbaren Gestaltungsrechte[169] (s. § 851 Rn. 7) werden von der Pfändung der Ansprüche erfasst. Sie sollten zur Klarstellung aber ausdrücklich mitgepfändet werden.[170] Inhaber sämtlicher Ansprüche u. Rechte ist der **Versicherungsnehmer,** sofern kein Dritter als **Bezugsberechtigter** benannt worden ist. **Im Zweifel** erfolgt nur eine **widerrufliche Benennung** (§§ 166 Abs. 1 VVG, 331 BGB).[171] Der Dritte erwirbt das Leistungsrecht erst mit Eintritt des Versicherungsfalles (§ 166 Abs. 2 VVG). Bis dahin können Gläubiger des Versicherungsnehmers[172] grds. die Ansprüche pfänden (§§ 829, 835)[173] und die Bezugsberechtigung des Dritten durch Erklärung gegenüber dem Versicherer widerrufen.[174] Auch der Schuldner kann trotz Pfändung die Benennung noch widerrufen, weil das Pfandrecht des Gläubigers dadurch nicht beeinträchtigt wird (s. Rn. 18). Der mit Eintritt des Versicherungsfalls erfolgende Rechtserwerb des Dritten (§ 166 Abs. 2 VVG) geschieht auch dann unabhängig v. Erbgang, wenn der Dritte nicht namentlich. sondern nur als „Erbe" bezeichnet war. Gläubiger des Erblassers haben daher bei einer auf den Nachlass beschränkten Erbenhaftung keinen Zugriff auf die Versicherungssumme (§ 167 Abs. 2 VVG).[175] Eine **unwiderrufliche Benennung** muss nicht ausdrücklich erfolgen, aber als solche erkennbar sein.[176] Sie hat hins. des Bezugsrechts dingliche Wirkung, wenn sie gegenüber dem Versicherer erklärt wird.[177] Dh.: Der Versicherungsnehmer bleibt zwar alleiniger Vertragspartner des Versicherers und deshalb allein berechtigt, die Versicherung zu kündigen (§ 165 VVG) oder in eine prämienfreie umzuwandeln (§ 175 VVG).[178] Der Dritte erwirbt das aus dem Vertragsverhältnis abgespaltene Forderungsrecht (§ 328 Abs. 1 BGB) aber sofort,[179] mit der Möglichkeit, es zurückzuweisen (§§ 168 VVG, 333 BGB). Gläubiger des Dritten können das Forderungsrecht daher schon vor Eintritt des Versicherungsfalles pfänden, nicht aber die Rechte des Versicherungsnehmers aus §§ 165, 175 VVG. Das alles gilt auch dann, wenn dem Dritten nur ein **eingeschränktes Bezugsrecht** zusteht, weil der Versicherungsnehmer sich vorbehalten hat, die Versicherung zu beleihen (Policendarlehen).[180] Gläubiger des Versicherungsnehmers können auch bei unwiderruflicher Benennung pfänden, falls sie **auflösend bedingt** ist, wie bei einer Spaltung des Bezugsrechts, bei der das Recht des nur für den Todesfall Begünstigten zwar sofort besteht u. ihm einen Anspruch auf den Rückkaufswert gibt,[181] jedoch auflösend bedingt ist durch den Erlebensfall des Versicherungsnehmers.[182] Dasselbe gilt, wenn der Bezugsberechtigte im Fall seines Todes ersatzlos wegfällt, so dass das Recht wieder dem Versicherungsnehmer zusteht (§ 168 VVG). Eine **Abtretung** der Lebensversicherungsansprüche wird wg. § 13 Abs. 3 ALB gem. § 399 Alt. 2 BGB gegenüber jedermann erst mit Anzeige an den Versicherer wirksam.[183] Eine **Sicherungsabtretung** lässt das widerrufliche Bezugsrecht idR nicht entfallen, sondern nur im Rang zurücktreten, soweit u. solange es der Sicherungszweck erfordert.[184]

34 **c) Verfahren. Kenntnis** vom Bestehen einer Versicherung kann der Gläubiger bei Sachpfändung durch den GV (s. § 806a Rn. 2ff.), bei Lohnpfändung durch die (Jahres)Lohnbescheinigung (s. § 836 Rn. 7), sonst durch eidesstattliche Offenbarungsversicherung nach §§ 807, 899ff. erlangen, auch über den Verbleib des Versicherungsscheins.[185] Der Gläubiger kann den GV beauftragen, eine **Vorpfändung** wg. der ihm bekannt werdenden Lebensversicherungen durchzuführen (s. § 806a Rn. 3) u. Versicherungsschein nebst letzter Prämienquittung durch Hilfspfändung sicherzustellen (s. § 821 Rn. 2). Der **Pfändungs- u. Überweisungsbeschluss** sollte den Gegenstand der Pfändung (s. Rn. 32) umfassend bezeichnen und, wenn der Versicherungsnehmer Schuldner ist, auch die Anordnung z. Herausgabe v. Versicherungsschein u. letzter Prämienquittung enthalten. Dem Versicherer als **Drittschuldner** (§§ 829, 835) ist an dessen Haupt- oder Zweigniederlassung zuzustellen, bei der die Versicherung geführt wird (Abs. 2 S. 1). Die Zustellung an eine Generalagentur oder Bezirksdirektion genügt nur, wenn der Mangel geheilt wird(§ 189).[186]

35 **d) Rechtswirkungen.** Mit Zustellung an den **Schuldner** (Abs. 2 S. 2) ist dieser zur Auskunft (s. § 836 Rn. 6) und zur Herausgabe der im Beschluss genannten Urkunden verpflichtet, die ihm der GV im Wege der Hilfspfändung wegnimmt (s. § 836 Rn. 7f.). Der Versicherer hat sich als **Drittschuldner** zu erklären, da-

---

[169] BGHZ 45, 162, 165 = NJW 1966, 1071.
[170] *Prölss/Martin/Kollhosser* § 13 ALB 86 Rn. 63; *Hintzen/Wolf* (Fn. 164); *David* MDR 1996, 24, 25.
[171] BGH NJW-RR 1989, 21; OLG Frankfurt VersR 1996, 359.
[172] BGH NJW 1993, 1994 (Konkurs des Versicherungsnehmers).
[173] *Hinzen/Wolf* (Fn. 163); *David* (Fn. 168) S. 24; aA *Stöber* Rn. 206 (Pfändung genügt).
[174] BGHZ (Fn. 169); OLG Dresden OLGR 2007, 773; OLG Köln VersR 2002, 1544.
[175] BGHZ 32, 44, 47 = NJW 1960, 912.
[176] OLG Hamm NJW 1990, 707.
[177] BGH NJW 1996, 2731, 2732.
[178] BGH (Fn. 166 u. 168).
[179] BGHZ 118, 242, 247 = NJW 1992, 2154.
[180] BGH (Fn. 179); OLG Hamm OLGR 1998, 206f. (Schutz bei Insolvenz des Arbeitgebers).
[181] BGH (Fn. 168).
[182] BGH (Fn. 179).
[183] BGH NJW-RR 1999, 898.
[184] BGH NJW-RR 1993, 669; BGHZ 109, 67, 71f. = NJW 1990, 256; anders wohl: OLG Düsseldorf NJW-RR 1999, 1406.
[185] *David* (Fn. 170).
[186] *Stöber* Rn. 193.

mit der Gläubiger die Höhe der Versicherungsleistungen, insbes. den Rückkaufswert erfährt (s. § 840 Rn. 3ff.). Für die Leistung aus dem Vertrag kann der Versicherer Vorlage des Versicherungsscheins[187] und Nachw. der letzten Prämienzahlung verlangen. Der **Gläubiger** sollte vorsorglich alle Bezugsberechtigungen widerrufen, s. Rn. 33. Er kann, wenn die Versicherungsleistung noch nicht fällig ist, den Eintritt des Versicherungsfalles abwarten. Von ihm erbrachte Prämienzahlungen, die der Versicherer annehmen muss (§ 35a Abs. 1 VVG), sind Kosten der Zwangsvollstreckung (§ 788). Falls der Versicherungsnehmer Schuldner ist (s. Rn. 33), kann der Gläubiger aber auch Umwandlung in eine prämienfreie Versicherung verlangen (§ 174 VVG) oder die Versicherung kündigen (§ 165 VVG) und sofort Erstattung des Rückkaufswerts (§ 176 VVG) fordern.[188] Wird die Versicherung in absehbarer Zeit fällig, liegt in der sofortigen Geltendmachung des Rückkaufswertes aber idR eine sittenwidrige Härte für den Schuldner (§ 765a). **Bezugsberechtigten** sowie **Ehegatten** und **Kindern** des Versicherungsnehmers kann die Versicherung erhalten werden, wenn sie den Gläubiger abfinden (§ 177 VVG).[189]

3. Einzelfälle zum Bestimmtheitserfordernis. „Alle denkbaren Forderungen“ ist mangels Kennzeichnungskraft nicht ausreichend;[190] **alternative Bezeichnung** des einen oder des anderen Rechts ist zulässig, wenn nur eines von beiden bestehen kann;[191] **Anlage:** Bezugnahme genügt; sie ist vom Gericht mit dem Beschluss zu verbinden und zuzustellen;[192] **Arbeitsamt:** nicht genügt „alle Leistungen des Arbeitsamtes“;[193] **Arbeitsförderung** (jetzt: SGB III, s. § 850i Rn. 18): nicht genügt „Forderung gemäß §§ 35–55 AFG“,[194] nicht „sämtliche Leistungen nach AFG/gemäß § 54 SGB III“,[195] auch nicht genügte, „Ansprüche auf Geldleistungen gem. §§ 19 und 25 SGB III, soweit sie gem. § 54 SGB III pfändbar sind“, weil dadurch keine Billigkeitsprüfung ermöglicht wurde.[196] **Arbeitsvertrag,** Werkvertrag und/oder selbständiger Tätigkeit: kann genügen;[197] **Arbeitslosengeld:** die Bezeichnung genügt;[198] **Bankkonten** (s. § 850k Rn. 16); **Bohrarbeiten** kann als Bezeichnung des Schuldgrundes genügen;[199] **Drittschuldner:** Es genügt die Angabe „aus Verwahrung, Verwaltung, Geschäftsbesorgung“ bei Ansprüchen auf Auszahlung gegen den Rechtsanwalt eines Drittschuldners;[200] **Falschbezeichnung** ist unschädlich, wenn die Forderung gleichwohl identifizierbar und das Gemeinte, wenn auch nur für die Beteiligten, erkennbar ist: falsch benanntes Finanzamt,[201] verfehlte Angabe des Gläubigers,[202] Angabe des Sohnes statt des Vaters als Schuldner;[203] **GmbH:** Ansprüche der GmbH gegen den Gesellschafter nach §§ 32a, 32b GmbHG müssen in allg. Umrissen bezeichnet werden;[204] **Grundschuld:** Es genügt „alle aus der Teilung der Grundschuld zustehende und erwachsende Ansprüche“.[205] Bei mehreren Grundschulden muss die zu pfändende näher bezeichnet werden;[206] **Haushaltsmittel:** Die Bezeichnung „aus Haushaltsmitteln“ genügt nicht;[207] **Herausgabeansprüche** (§ 846): Sachen müssen konkret bezeichnet sein;[208] **Hinterlegung:** „aus sämtlichen den Schuldner betreffenden Hinterlegungsgeschäften“ genügt nicht;[209] **„jeder Rechtsgrund“** genügt auch dann nicht, wenn der Schuldner nur eine Forderung hat; **Kosten** der bisherigen Zwangsvollstreckung: Soweit der Gläubiger keine Titel vorlegt (§ 788), muss er sie im Einzelnen aufstellen und durch Beifügen der Belege glaubhaft machen;[210] **Lebensversicherung:** „aus Lebensversicherung bei der Bundesknappschaft“ reicht nicht, wenn Rente gemeint, das Gemeinte aber nicht zweifelsfrei ist;[211] Angabe der Versicherungsnummer ist bei i. Ü. zweifelsfreier Bezeichnung nicht nötig;[212] s. a. Rn. 32–35; **Lieferungen u. sonstige Leistungen:** genügt bei bekanntem Gewerbe des Schuldners;[213] **mehrere Ansprüche** müssen unterscheidbar bezeichnet werden; „aus Anspruch“ genügt nie[214] (vgl. a. „jeder Rechtsgrund“); **Rechtsanwalt:** Bei Ansprüchen aus Prozesskostenhilfe oder 36

---

[187] Vgl. OLG Hamm NJW-RR 1995, 1434 (Legitimationspapier).
[188] BGH (Fn. 166); BFH (Fn. 158); LG Darmstadt NJW-RR 2000, 329.
[189] *Prölss/Martin/Kollhosser* § 177 Rn. 2.
[190] LG Münster MDR 1989, 464; LG Trier Rpfleger 1989, 419.
[191] BGH NJW 1975, 980; OLG Frankfurt WM 1980, 1317.
[192] *Vollkommer* Rpfleger 1981, 468.
[193] LG Düsseldorf Rpfleger 1978, 265.
[194] LG Berlin Rpfleger 1984, 426.
[195] BSG ZIP 1982, 1124.
[196] KG OLGZ 1982, 443 = Rpfleger 1982, 74.
[197] OLG Frankfurt InVo 1998, 259.
[198] LG Berlin MDR 1977, 1027.
[199] BGHZ 86, 337, 338 = NJW 1983, 886.
[200] LG Berlin Rpfleger 1993, 168.
[201] OLG Hamm MDR 1975, 852.
[202] BGHZ 13, 42, 44 = NJW 1954, 881.
[203] BAG NJW 1962, 1221.
[204] OLG Koblenz OLGR 2003, 118.
[205] BGH Rpfleger 1991, 382.
[206] BGH LM Nr. 15.
[207] LG Mainz Rpfleger 1974, 166.
[208] BGH WM 2000, 1861.
[209] KG Rpfleger 1981, 240.
[210] OLG Köln DGVZ 1983, 9; LG Paderborn Rpfleger 1987, 318; *Schneider* DGVZ 1982, 149; aA LG Oldenburg Rpfleger 1980, 256.
[211] AG Groß Gerau MDR 1985, 681.
[212] LG Frankfurt/M NJW-RR 1989, 1466.
[213] AA OLG Karlsruhe NJW 1998, 549; abl. Anm. *Deubner* JuS 1998, 249, 252.
[214] LG Frankfurt/M (Fn. 212).

Pflichtverteidigervergütung soll Hinweis auf Beiordnung durch ein bestimmtes Gericht genügen;[215] **Rechtshängigkeit:** Bezugnahme darauf erfordert Nachforschungen, genügt daher nicht;[216] **Rente:** Angabe der Versicherungsnummer oder des Geburtsdatums kann bei Rente aus § 54 SGB I entfallen,[217] nicht genügend ist aber „gesamte Rentenbezüge" für Pfändung einer Abfindung;[218] **„Rückübertragung** von kapitalersetzenden Leistungen in Form einer persönlichen Bürgschaft"[219] oder „von Forderungen für Sicherheiten"[220] oder „von Sicherheiten"[221] genügt nicht. Weil zu allgemein, genügt richtigerweise auch nicht „aller Sicherheiten";[222] **„sämtliche Ansprüche"** oder Forderungen reicht regelmäßig nicht, vor allem nicht bei verschiedenen Rechtsverhältnissen[223] (vgl. a. „jeder Rechtsgrund" und „mehrere Ansprüche"). Ist Drittschuldner eine Bank o. ä., genügt aber „alle Forderungen, insbesondere das Guthaben auf dem Konto- Nr."[224] (s. a. § 850k Rn. 16 „Bankverträge"); **Sicherheiten:** zu unbestimmt ist „Pfändung der Überschüsse aus der Verwertung von Sicherheiten und von Teilen hiervon"[225] (vgl. a. „Rückübertragung"); ausreichend: **Steuererstattungsansprüche:** „für das abgelaufene und alle früheren Kalenderjahre";[226] **Taschengeld:** allein die Bezeichnung ohne Angaben zur Höhe genügt nicht;[227] (s. § 807 Rn. 14); dynamisierte **Unterhaltsansprüche,** s. Rn. 3.

37 **4. Einzelfälle zur Pfändbarkeit. Aktiengesellschaft** (s. § 859 Rn. 18); **Altenteil** (s. § 850b Rn. 6); **Anwaltsvergütung:** Ansprüche des beigeordneten Rechtsanwalts gegen die Staatskasse sind pfändbar, nicht aber solche aus erst künftiger Beiordnung (s. Rn. 6); **Anwartschaftsrechte** an beweglichen Sachen (s. § 857 Rn. 7); an Grundstücken (s. § 848 Rn. 7); **Arbeitnehmersparzulagen** (s. § 850 Rn. 7); **Arbeitslohn** (s. § 850 Rn. 4ff., 850a Rn. 2ff.), Berechnung des Nettolohns (s. § 850e Rn. 2ff.), bei Abschlagszahlungen und Vorschüssen (s. § 850e Rn. 6); Freibeträge (s. § 850c Rn. 2ff.); Lohnverschiebung und -verschleierung (s. § 850h Rn. 2ff.); **Arbeitslosengeld** u. a. Ansprüche aus dem SGB III/AFG werden nach § 54 SGB I gepfändet (s. § 850i Rn. 18ff.). **Aufwandsentschädigungen,** Auslösegelder (s. § 850a Rn. 4); **Ausländer** als Schuldner oder Drittschuldner (s. § 828 Rn. 3); **Auszahlungsanspruch** des Grundstückverkäufers gegen den Notar nur zusammen mit dem Kaufpreisanspruch gegen den Käufer,[228] Drittschuldner ist der Notar, nicht die Bank;[229] **Automatenaufsteller** (s. § 808 Rn. 8); **Bankverträge** (s. § 850k Rn. 16ff.); **Baudarlehen** aus öff. Mitteln oder Bausparverträgen (s. § 851 Rn. 6); **Beamtenbezüge** (s. § 850 Rn. 3); **Beihilfen** (s. § 851 Rn. 6),[230] aus Anlass von Heirat oder Geburt (s. §§ 850a Rn. 7, 850i Rn. 20); **Bergmannsprämien** (s. § 851 Rn. 6); **Berlinförderungsgesetz:**[231] Die **Arbeitnehmerzulage** ist mangels Übertragbarkeit (§ 28 Abs. 10 BerlinFG) unpfändbar (§ 851 Abs. 2); der Erstattungsanspruch des Arbeitgebers an das Finanzamt (§ 28 Abs. 5 BerlinFG) ist als **Steuervergütung** pfändbar.[232] **Blindenzulagen** (s. § 850a Rn. 10); **Bundesentschädigungsgesetz** (s. § 850i Rn. 19 aE); **Darlehen:** Der auf Auszahlung u. der Rückzahlungsanspruch (§ 488 BGB) sind pfändbar, nicht aber die Kreditlinie des Bankkunden (s. § 850k Rn. 18); **Entschädigung bei Gesundheitsschäden** (s. § 850i Rn. 18 aE). **Erziehungsgelder,** Studienbeihilfen (s. § 850a Rn. 8); **EWIV** (s. § 859 Rn. 12); **GbR** (s. § 859 Rn. 2ff.); **Gefangenengelder** (s. § 850 Rn. 8); **Genossenschaft** (s. § 859 Rn. 17); **Girokonten** (s. § 850k Rn. 18); **GmbH** (s. § 859 Rn. 13ff.); **Haftpflicht:** Der Verletzte kann den Anspruch des Versicherungsnehmers gegen dessen Versicherer pfänden (s. § 851 Rn. 5);[233] unbeschränkt pfändbar ist der auf Beitragsrückvergütung.[234] **Honoraransprüche** v. Ärzten, Tier- u. Zahnärzten, Rechtsanwälten, -beiständen u. Steuerberatern (s. § 851 Rn. 2); **Insolvenzgeld** (s. § 850i Rn. 19); **KG** (s. § 859 Rn. 9); **Kindergeld** (s. § 850i Rn. 22); **Konkurs:** Der Schadenersatzanspruch aus § 82 KO kann nach Verfahrensbeendigung dem vormaligen Gemeinschuldner zustehen u. gepfändet werden.[235] **Kontoguthaben** (s. §§ 850i Rn. 29; 850k Rn. 18); **Kontokorrent** (s. § 850k Rn. 18); **Kostenerstattungsanspruch** ist ab Rechtshängigkeit als aufschiebend bedingter Anspruch von jeder Partei abtretbar,[236] also pfändbar. **Kurzarbeitergeld** (s. § 850i Rn. 18); **Lebensversicherungen** (s. Rn. 32ff.; § 850 Rn. 13; § 850b Rn. 8); **Lohnfort-**

---

215 LG Nürnberg-Fürth Rpfleger 1998, 118.
216 Vgl. a. *B/L/H* Rn. 27; aA LG Kassel Rpfleger 1990, 83.
217 LG Heilbronn JurBüro 2001, 268.
218 BSG BB 1986, 2132.
219 OLG Koblenz InVo 2003, 329.
220 LG Landshut JurBüro 1994, 307.
221 OLG Koblenz Rpfleger 1988, 72; LG Aachen Rpfleger 1990, 215; aA LG Berlin Rpfleger 1991, 28.
222 OLG Koblenz (Fn. 218); OLG Frankfurt Rpfleger 1987, 511; LG Aachen Rpfleger 1991, 326; *T/P/Hüßtege* Rn. 7; aA LG Bielefeld Rpfleger 1987, 116; *B/L/H* Rn. 29.
223 LG Münster MDR 1989, 464.
224 AG Groß Gerau MDR 1981, 1025.
225 AA AG Pforzheim JurBüro 1992, 501.
226 BFH InVo 2000, 59.
227 OLG Hamm FamRZ 1990, 547; *Maier* Rpfleger 1990, 282.
228 BGHZ 105, 60, 64 = NJW 1989, 230; BayObLG FG Prax 1997, 240; *Behr* JurBüro 1999, 129, 131; problematisch: OLG Brandenburg NJW-RR 1999, 1371.
229 BayObLG NJW-RR 2000, 945.
230 BGH NJW-RR 2005, 720.
231 G v. 2. 2. 1990 (BGBl. I S. 174).
232 *Zö/Stöber* Rn. 33.
233 OLG Hamburg VersR 1972, 631; *Prölss* NJW 1967, 786.
234 AG Sinzig NJW-RR 1986, 967.
235 OLG Hamm NZI 2001, 373.
236 BGH NJW 1988, 3204.

zahlung (s. § 850 Rn. 5); **Mietansprüche** (s. § 850 Rn. 6; § 851b Rn. 1f. u. § 865 Rn. 6); **Notar** s. o. Auszahlungsanspruch; **OHG** (s. § 859 Rn. 8); **Partnerschaftsgesellschaft** (s. § 859 Rn. 11); **Pflichtteilsanspruch** (s. § 852 Rn. 2f.); **Prämiensparverträge:** Guthaben sind frei pfändbar;[237] **Rechtsschutz:** Der Schuldbefreiungsanspruch ist nur für den Gläubiger pfändbar, von dessen Forderung freigestellt werden soll (Anwalt, Gerichtskasse); der **Regressanspruch** des Schuldners gegen seinen Anwalt auch dann, wenn der Rechtsstreit, aus dem der Titel stammt, falsch entschieden wurde;[238] **Renten** (s. §§ 850 Rn. 9f. und 13; 850i Rn. 23f.); **Rückgabeanspruch des Schenkers** (s. § 852 Rn. 4); **Schadenersatzansprüche:** Ersatzforderungen für Sachschaden (mE nicht für Sachen des § 811 Nr. 1), auch für Beerdigungskosten (str.) sind pfändbar; für Ansprüche wg. Verdienstausfallschaden gelten §§ 850ff., für Verletzten- und Unterhaltsrenten (s. § 850b Rn. 2); **Schuldbefreiungsansprüche** (s. § 851 Rn. 5); **Sozialgeldansprüche** s. § 850i Rn. 16ff.; **Sozialhilfe** (s. § 850i Rn. 19); **Sparguthaben** (s. § 850k Rn. 19); **Sterbebezüge** (s. § 850a Rn. 9); **Steuererstattung** (s. o. Rn. 26ff.); **Stiftungen** „Hilfswerk für behinderte Kinder“: Kapitalentschädigung und Renten sind unpfändbar;[239] „Mutter und Kind – Schutz des ungeborenen Lebens“: Unpfändbar sind Leistungen, die aus Mitteln der Stiftung oder zur Erreichung des Stiftungszwecks aus anderen Stiftungen erbracht werden;[240] für den auf das Konto der werdenden Mutter überwiesenen Geldbetrag gilt § 55 SGB I entspr.[241] (s. § 850i Rn. 26f.); **Stille Gesellschaft** (s. § 859 Rn. 10); **Taschengeld** (s. § 850b Rn. 4); **Unterhaltsansprüche** (s. § 850b Rn. 3); **Unterhaltsgläubiger** (s. § 850d Rn. 2ff.); **Unterstützungen** für Witwen u. Waisen (s. § 850b Rn. 7); **Urlaubsgeld** (s. § 850a Rn. 3); **Verletzungsrenten** (s. § 850b Rn. 2); **Vermögenswirksame Leistungen** (s. § 850 Rn. 6); **Weihnachtsgeld** (s. § 850a Rn. 6); **Wohngeld** (s. § 850i Rn. 18 aE u. 23 aE); **Wohnungseigentümergemeinschaft:** Gläubiger der Gemeinschaft können auf deren Verwaltungsvermögen zugreifen, das auch die Ansprüche der Gemeinschaft gegen die Wohnungseigentümer – aus beschlossenen Umlagen oder auf Schadenersatz wg. unterlassener Beschlussfassung – und gegen Dritte, insbesondere Geldinstitute umfasst.[242]

X. Gebühren und Kosten

1. Rechtsanwaltsgebühren. Pfändungen mehrerer Forderungen desselben Schuldners gegen einen oder mehrere Dritte stellen eine Angelegenheit dar, wenn sie in einem einheitlichen Auftrag beantragt werden. Sind es mehrere Anträge, liegen mehrere Angelegenheiten vor.[243] Die Gebühr gemäß Nr. 3309 VV RVG gilt sowohl den Antrag auf Pfändung (§ 829) als auch auf Überweisung (§ 835) ab. Zum **Gegenstandswert** vgl. § 25 Abs. 1 Nr. 1 RVG. 38

2. Gerichtskosten. Für das Verfahren nach Abs. 1 wird nach KV Nr. 2111 eine Festgebühr von 15 Euro erhoben. 39

830 *Pfändung einer Hypothekenforderung*

(1) [1]Zur Pfändung einer Forderung, für die eine Hypothek besteht, ist außer dem Pfändungsbeschluss die Übergabe des Hypothekenbriefes an den Gläubiger erforderlich. [2]Wird die Übergabe im Wege der Zwangsvollstreckung erwirkt, so gilt sie als erfolgt, wenn der Gerichtsvollzieher den Brief zum Zwecke der Ablieferung an den Gläubiger wegnimmt. [3]Ist die Erteilung des Hypothekenbriefes ausgeschlossen, so ist die Eintragung der Pfändung in das Grundbuch erforderlich; die Eintragung erfolgt auf Grund des Pfändungsbeschlusses.

(2) Wird der Pfändungsbeschluss vor der Übergabe des Hypothekenbriefes oder der Eintragung der Pfändung dem Drittschuldner zugestellt, so gilt die Pfändung diesem gegenüber mit der Zustellung als bewirkt.

(3) [1]Diese Vorschriften sind nicht anzuwenden, soweit es sich um die Pfändung der Ansprüche auf die im § 1159 des Bürgerlichen Gesetzbuchs bezeichneten Leistungen handelt. [2]Das Gleiche gilt bei einer Sicherungshypothek im Falle des § 1187 des Bürgerlichen Gesetzbuchs von der Pfändung der Hauptforderung.

I. Normzweck

Die für akzessorische Sicherungsrechte typische untrennbare Verbindung von Forderung und Hypothek (§ 1153 Abs. 2 BGB) wird für die Zwangsvollstreckung in der Weise geregelt, dass zur Wirksamkeit der Pfändung außer dem Pfändungsbeschluss noch Briefübergabe oder Grundbucheintragung erforderlich ist.[1] Die isolierte Pfändung einer Forderung, für die eine Hypothek besteht, ist grds. ausgeschlossen, Ausnahme: § 1190 Abs. 4 BGB. Auch der Hypothekenbrief kann nicht selbstständig nach §§ 808, 821 gepfändet werden.[2] 1

[237] LG Bamberg MDR 1987, 243.

[238] BGH NJW 1996, 48f.

[239] § 14 Abs. 2 G v. 17. 12. 1971 (BGBl. I S. 2018).

[240] § 5 Abs. 1 S. 1f. G v. 19. 3. 1993 (BGBl. I S. 407).

[241] § 5 Abs. 1 S. 3 (Fn. 240).

[242] BGH NJW 2005, 2061, 2067 = ZfIR 2005, 506 m. Anm. *Lüke*.

[243] Zur Frage, unter welchen besonderen Voraussetzungen mehrere Anträge statthaft sind, vgl. G/S/*Müller-Rabe* VV 3309 Rn. 263ff.

[1] BGHZ 127, 146, 150 = NJW 1994, 3225 = LM Nr. 3 m. Anm. *Walker* = Rpfleger 1995, 119 m. Anm. *Riedel* = ZZP 108 (1995), 250 m. Anm. *Henckel; Lüke* JuS 1995, 202.

[2] *St/J/Brehm* Rn. 5.

2 **Anwendung** findet § 830 nur, wenn die Hypothek zur Zeit der Pfändung bereits besteht. Andernfalls ist nur die Forderung nach § 829 zu pfänden. Das gilt auch, wenn der Anspruch auf Hypothekenbestellung durch Vormerkung gesichert[3] oder die Hypothek schon eingetragen ist, der Eigentümer den Brief aber noch nicht an den Hypothekengläubiger übergeben hat, § 1117 Abs. 1 BGB.[4] Von der Forderungspfändung wird gemäß § 401 der schuldrechtliche Anspruch auf Hypothekenbestellung und später auch die Hypothek erfasst. Briefübergabe oder Eintragung sind dazu nicht erforderlich. Händigt der Eigentümer den Brief unmittelbar an den Vollstreckungsgläubiger aus, genügt das für 1117 BGB.[5] Hat der Schuldner den Brief erlangt, sollte das Pfandrecht im Grundbuch eingetragen oder der Brief nach § 836 Abs. 3 weggenommen werden, um einen Gutglaubenserwerb durch Dritte auszuschließen.[6] Anwendbar ist § 830 auch, wenn dem Eigentümer nach §§ 1143, 1177 Abs. 2 BGB Forderung und Hypothek zustehen (zur Eigentümerhypothek s. a. § 857 Rn. 18).[7] Die Norm gilt gem. § 857 Abs. 6 entspr. für die Zwangsvollstreckung in Reallasten, Grundschulden und Rentenschulden. **Unanwendbar** ist § 830 nach Abs. 3 bei Sicherungshypotheken für Inhaberschuldverschreibungen, Wechseln und anderen indossablen Papieren gem. § 1187 BGB, die sämtlich nach § 831 gepfändet werden (s. auch § 821 Rn. 5), sowie bei rückständigen Hypothekenzinsen, anderen Nebenleistungen und Kosten nach § 1159 BGB, für die allein § 829 gilt. Bei der **Höchstbetragshypothek** lassen sich Forderung und Hypothek trennen (§ 1190 Abs. 4 BGB). Der Gläubiger kann deshalb nach § 829 oder § 830 vorgehen. Die Hauptforderung allein kann nach § 829 gepfändet werden, wenn der Gläubiger die Überweisung der Forderung ohne die Hypothek an Zahlungs statt beantragt, § 837 Abs. 3.

II. Pfändung einer Briefhypothek (§ 1116 Abs. 1 BGB)

3 **1. Pfändungsbeschluss.** Er muss den §§ 828, 829 genügen, insbes. dem Bestimmtheitserfordernis (s. § 829 Rn. 3). Neben der Pfändungsforderung muss er auch die Hypothek so bezeichnen, dass er Grundlage für die Wegnahme des Briefes oder die Grundbucheintragung (§ 28 GBO) sein kann. Fehlt die Grundbuchbezeichnung, ist zumindest das Grundstück mit seiner Postanschrift zu benennen.[8] Fehlt sie zunächst, kann der Beschluss ergänzt werden. Stehen Forderung und Hypothek dem Schuldner nicht mehr in voller Höhe zu und ist das Grundpfandrecht daher zT Eigentümergrundschuld (§§ 1163, 1168, 1170, 1177 BGB) oder auf Dritte übergegangen oder gelöscht worden, wird die Wirksamkeit der Pfändung dadurch nicht beeinträchtigt (s. a. Rn. 6).[9]

4 **2. Besitz des Briefes.** Dass der Gläubiger den Brief besitzt, ist Wirksamkeitsvoraussetzung (Abs. 1 S. 1).[10] **Freiwillige Übergabe** des Briefes an den Gläubiger, auch wenn sie nicht wg. der Pfändung erfolgt,[11] kann durch den Schuldner oder einen Dritten geschehen. Die Übergabe an den GV oder einen sonstigen Besitzmittler (zB Notar, Hinterlegungsstelle (§ 376 Abs. 2 Nr. 2 BGB), nicht aber Vollstreckungsgericht oder GBA) genügt.[12] Sie ist entsprechend § 929 S. 2 BGB entbehrlich, wenn der Gläubiger den Brief bereits besitzt.[13] **Wegnahme beim Schuldner** erfolgt durch sog. **Hilfspfändung** (s. a. § 836 Rn. 7). Sie verschafft den Besitz, um die Pfändung zu vervollständigen und ist nicht unzulässige Beschlagnahme.[14] Der GV nimmt den Brief auf Antrag des Gläubigers nach §§ 883 ff. weg. Titel ist der Pfändungsbeschluss. Die Anordnung der Wegnahmebefugnis ist ratsam, aber nicht zwingend.[15] Eine vollstreckbare Ausfertigung des Beschlusses ist entbehrlich, vorherige Zustellung an den Schuldner aber geboten, § 750 Abs. 1. Mit der Wegnahme wird die Pfändung wirksam (Abs. 1 S. 2).

5 **Besitzt ein Dritter** den Brief, uU das GBA (§ 1117 Abs. 2 BGB), und verweigert er die Herausgabe, so kann sich der Gläubiger auf Grund des Pfändungsbeschlusses, nicht des Schuldtitels, den Herausgabeanspruch des Schuldners aus §§ 985, 952 BGB nach § 886 pfänden, zur Einziehung überweisen lassen und sodann Herausgabeklage gegen den Dritten erheben.[16] Erst mit der tatsächlichen Besitzerlangung, nicht schon mit Überweisung oder Abtretung des Herausgabeanspruchs, wird die Pfändung wirksam.[17] **Pfänden mehrere Gläubiger,** gilt folgendes: Hat noch keiner von ihnen den Brief in Besitz, so erhalten sie mit der Inbesitznahme durch den GV gleichen Rang. Falls der GV den Brief bereits für einen Gläubiger besitzt, kann er, was analog § 826 zu beurkunden ist, Besitz auch für weitere Gläubiger begründen, die entsprechenden Nachrang erlangen. Ist ein Pfandgläubiger bereits im Besitz des Briefes, genügt es, dass er den anderen freiwillig Mitbesitz einräumt.[18] Verweigert er die Einräumung von Mitbesitz, ist den weiteren Gläu-

---

3 *St/J/Brehm* Rn. 4.
4 *Brox/Walker* Rn. 680.
5 OLG Hamm Rpfleger 1980, 483.
6 *Schuschke/Walker* Rn. 2.
7 MK/*Smid* Rn. 1.
8 BGH NJW 1975, 980.
9 *Zö/Stöber* Rn. 3.
10 BGH (Fn. 1).
11 OLG Düsseldorf OLGZ 1989, 209.
12 OLG Oldenburg Rpfleger 1970, 100; OLG Düsseldorf OLGZ 1969, 208, 209.
13 MK/*Smid* Rn. 8.
14 *St/J/Brehm* Rn. 13.
15 AllgM; BGH NJW 1979, 2045.
16 BGH (Fn. 15); MK/*Smid* Rn. 15; *St/J/Brehm* Rn. 14.
17 MK/*Smid* Rn. 16; *St/J/Brehm* Rn. 20; aA *Tempel* JuS 1967, 122 (Erwerb des Herausgabeanspruchs genügt).
18 KG HRR 1929 Nr. 1968 = DNotZ 1930, 241.

bigern nur zu helfen, wenn man einen prozessualen Anspruch auf Einräumung von Mitbesitz durch Ingewahrsamnahme seitens des GV bejaht.[19]

Teilpfändung. Wird nur wegen eines Teils gepfändet, muss ein bestimmter Betrag auch für die Zinsen angegeben werden (s. § 829 Rn. 3).[20] **Teilhypothek.** Wird nur ein Teil der Hypothek gepfändet, kann der Gläubiger nicht verlangen, dass ihm der Brief übergeben wird. Es ist auch rechtlich nicht möglich, dass der Schuldner den ungeteilten Brief gleichzeitig als Eigen- und als Fremdbesitzer in Händen hat.[21] Der Gläubiger kann vielmehr fordern, dass der Brief dem Grundbuchamt oder einem von ihm zu benennenden Notar[22] vorgelegt wird, damit **Teilbriefe** gebildet werden können (§§ 1152 BGB, 61 GBO). Einige verlangen, dass sich der Gläubiger dazu das Antragsrecht des Schuldners auf Teilbriefbildung pfänden und überweisen lässt.[23] Die Pfändung wird jedenfalls erst mit Erhalt des Teilbriefes durch den Gläubiger oder seinen Besitzmittler wirksam.[24] **Verlust oder Untergang des Briefes.** Der Vollstreckungsgläubiger muss das Recht des Vollstreckungsschuldners als Hypothekengläubiger auf Kraftloserklärung des alten Briefes, § 1162 BGB, und auf Neuausstellung, § 67 GBO, pfänden und sich zur Einziehung überweisen lassen. Wird der neue Brief dem Vollstreckungsgläubiger ausgehändigt, entsteht das Pfandrecht.[25] 6

III. Pfändung einer Buchhypothek (§§ 1116 Abs. 2, 1185 BGB)

Der Pfändungsbeschluss muss den Voraussetzungen der §§ 829, 830 genügen. Die Regelung gilt auch für Hypotheken nach ZGB-DDR.[26] Die **Eintragung im Grundbuch** ist Wirksamkeitsvoraussetzung wie der Besitz des Briefes bei der Briefhypothek. Bei einer **Gesamthypothek** entsteht das Pfandrecht erst mit Eintragung auf dem letzten Grundstück. Sie erfolgt auf Antrag des Gläubigers (§ 13 GBO) durch das GBA. Grundlage ist der Pfändungsbeschluss (Abs. 1 S. 3). Er ersetzt die Eintragungsbewilligung, § 19 GBO. **Klausel** und **Zustellung** des Pfändungsbeschlusses sind nicht Voraussetzungen für die Eintragung, weil sie nicht Zwangsvollstreckung und das GBA nicht Vollstreckungsgericht ist.[27] **Fehlende Voreintragung** des Schuldners, § 39 GBO, weil er das Recht außerhalb des Grundbuchs, zB als Erbe erworben hat, berechtigt den Gläubiger, nach §§ 14, 22, 29 GBO die Berichtigung des Grundbuchs herbeizuführen. Die erforderlichen Urkunden erhält er nach § 792. Notfalls kann er auf Grund des Pfändungsbeschlusses den Berichtigungsanspruch des Hypothekengläubigers pfänden und sich zur Einziehung überweisen lassen.[28] Bei mehrfachen Pfändungen sichert § 17 GBO deren rangrichtige Eintragung. 7

IV. Zustellung des Pfändungsbeschlusses

Sie erfolgt gemäß § 829 Abs. 2 an Drittschuldner und Schuldner und ist abw. v. § 829 Abs. 3 für die Wirksamkeit der Pfändung weder erforderlich noch ausreichend. Drittschuldner ist der persönliche Schuldner. Ist er nicht zugleich Grundstückseigentümer, ist auch dieser Drittschuldner.[29] Der **Zustellzeitpunkt** kann nach Abs. 2 Bedeutung haben. Erfolgt die Zustellung vor Briefübergabe oder vor Eintragung der Pfändung im Grundbuch, gilt die Pfändung dem Drittschuldner gegenüber als im Zustellzeitpunkt bewirkt (Abs. 2). Die Rückdatierung des Zahlungsverbots tritt aber nur ein, wenn Briefübergabe oder Grundbucheintragung tatsächlich nachfolgen.[30] 8

V. Materielle Voraussetzung

Wie bei jeder Forderungspfändung wird auch hier vorausgesetzt, dass der Schuldner tatsächlich Gläubiger der gepfändeten Forderung ist. Andernfalls tritt keine Verstrickung ein (s. § 829 Rn. 16). Der gute Glaube an die Richtigkeit des Grundbuchs hilft in der Zwangsvollstreckung nicht.[31] 9

VI. Rechtsfolgen

Entstehen von Verstrickung und Pfandrecht[32] setzt voraus, dass ein wirksamer Pfändungsbeschluss vorliegt, dass Briefübergabe oder Grundbucheintragung erfolgt und der Schuldner Hypothekengläubiger ist. Die Rechtsstellung der Beteiligten entspricht dann der nach § 829 (s. dort Rn. 17 ff.). **Vor Eintragung oder Briefübergabe** ist die Pfändung trotz Zustellung unvollständig und daher noch wirkungslos.[33] Der Gläubiger kann nach Abs. 2 verhindern, dass der Drittschuldner befreiend an den Schuldner leistet. Für den Fall, 10

---

[19] *St/J/Brehm* Rn. 34 Fn. 86.
[20] OLG Oldenburg Rpfleger 1970, 101 (zB bis zur Antragstellung entstandene Zinsen).
[21] BGHZ 85, 263, 265 = NJW 1983, 568.
[22] *St/J/Brehm* Rn. 16.
[23] *St/J/Brehm* (Fn. 22).
[24] *Brox/Walker* Rn. 682.
[25] HM; OLG Frankfurt NJW 1962, 640.
[26] *Zö/Stöber* Rn. 10 a.
[27] AllgM; RGZ 65, 376, 379.
[28] *Brox/Walker* Rn. 679.
[29] *T/P/Hüßtege* Rn. 4; *Brox/Walker* Rn. 674.
[30] BGH (Fn. 1).
[31] BGH NJW 1981, 1941; *St/J/Brehm* Rn. 6.
[32] OLG Hamm Rpfleger 1980, 431.
[33] BGH (Fn. 1).

dass die Pfändung nicht zu Stande kommt, sollte der Drittschuldner Zins- und Tilgungsraten nicht zahlen, sondern zu Gunsten von Gläubiger und Schuldner hinterlegen. Der Gläubiger sollte wegen §§ 378, 1163 Abs. 1 BGB seinerseits den Anspruch des Schuldners gegen die Hinterlegungsstelle pfänden.[34] Will der Gläubiger darüber hinaus ausschließen, dass der Schuldner über die Hypothek verfügt, kann er ggf. nach § 845 eine **Vorpfändung** bewirken, der aber Briefübergabe oder Eintragung innerhalb eines Monats nachfolgen muss. Falls der umgehenden Pfändung Hindernisse entgegenstehen, sollte der Gläubiger daher nach § 938 Abs. 2 ein **Verfügungsverbot** gegen den Schuldner erwirken und dies auch im Grundbuch eintragen lassen, um einen lastenfreien Erwerb Dritter nach §§ 135 Abs. 2, 892 BGB zu verhindern.[35] **Erlöschen** tritt ein mit Aufhebung des Pfändungsbeschlusses, Löschung der Pfändung im Grundbuch oder Herausgabe des Briefes durch den Gläubiger an den Schuldner oder dessen Besitzmittler. Es kommt nicht darauf an, ob der Gläubiger die Folge der Entstrickung bedacht hat.[36]

VII. Rechtsbehelfe

11 Bei Fehlern des Vollstreckungsgerichts ist die Erinnerung nach § 766 oder die sofortige Beschwerde nach §§ 11 RPflG, 793 gegeben (s. § 829 Rn. 23ff.), bei Fehlern des GV nur § 766. Das GBA wird nicht als Vollstreckungsgericht tätig, denn die Eintragung ist keine Vollstreckungsmaßnahme.[37] Rechtsbehelf ist daher die sofortige Beschwerde nach §§ 11 RPflG, 793 iVm. § 71 GBO.

VIII. Gebühren und Kosten

12 **1. Rechtsanwaltsgebühren.** Wegnahme des Briefes und Antrag auf Eintragung ins Grundbuch sind durch die Gebühr aus Nr. 3309 VV RVG abgegolten (§ 18 Nr. 3 RVG).

13 **2. Gerichtskosten.** Gerichtsgebühren werden für die Eintragung der Pfändung in das Grundbuch gemäß §§ 64, 32 KostO erhoben. Für die Pfändung durch den Gerichtsvollzieher wird eine Festgebühr nach KVGv Nr. 221 erhoben.

830a *Pfändung einer Schiffshypothekenforderung*

(1) Zur Pfändung einer Forderung, für die eine Schiffshypothek besteht, ist die Eintragung der Pfändung in das Schiffsregister oder in das Schiffsbauregister erforderlich; die Eintragung erfolgt auf Grund des Pfändungsbeschlusses.

(2) Wird der Pfändungsbeschluss vor der Eintragung der Pfändung dem Drittschuldner zugestellt, so gilt die Pfändung diesem gegenüber mit der Zustellung als bewirkt.

(3) [1]Diese Vorschriften sind nicht anzuwenden, soweit es sich um die Pfändung der Ansprüche auf die im § 53 des Gesetzes über Rechte an eingetragenen Schiffen und Schiffsbauwerken vom 15. November 1940 (RGBl. I S. 1499) bezeichneten Leistungen handelt. [2]Das Gleiche gilt, wenn bei einer Schiffshypothek für eine Forderung aus einer Schuldverschreibung auf den Inhaber, aus einem Wechsel oder aus einem anderen durch Indossament übertragbaren Papier die Hauptforderung gepfändet wird.

1 Die **Schiffshypothek** besteht nur als Buchhypothek (§§ 3, 8 SchiffsRG). Die Erläuterungen zu § 830 Abs. 1 S. 3, Abs. 2 gelten auch hier (s. dort Rn. 7). § 53 SchiffsRG entspricht weitgehend dem § 1159 BGB. Abs. 3 S. 2 gleicht inhaltlich der Verweisung auf § 1187 BGB in § 830 Abs. 3 (s. dort Rn. 2). Zwangsvollstreckungen in Darlehensforderungen, die im Deckungsregister eingetragen sind, dürfen nur wg. Schiffspfandbriefen erfolgen.[1] Bei **Luftfahrzeugen** gilt § 830a entsprechend für die Pfändung von Registerpfandrechten.[2]

2 **Gebühren und Kosten:** Der Antrag auf Eintragung ist durch die Vollstreckungsgebühr abgegolten (§§ 57 Abs. 1, 58 Abs. 1 BRAGO). Für die Gerichtskosten gelten §§ 84, 85 KostO.

831 *Pfändung indossabler Papiere*

Die Pfändung von Forderungen aus Wechseln und anderen Papieren, die durch Indossament übertragen werden können, wird dadurch bewirkt, dass der Gerichtsvollzieher diese Papiere in Besitz nimmt.

I. Normzweck

1 Forderungen, die in einem Wertpapier verbrieft und durch Indossament übertragbar sind, Orderpapiere, werden nicht durch das Vollstreckungsgericht, sondern wie bewegliche Sachen durch den GV gepfändet (§ 808).[1] Das gilt für Wechsel (Art. 11 WG), Orderschecks (Art. 14 SchG) und handelsrechtliche Wertpapiere (§ 363 HGB), soweit sie an Order lauten; (vgl. allg. zur Abgrenzung der Wertpapiere § 821 Rn. 2ff.). Die entspr. Anwendung des § 831 auf **Postsparbücher** (§ 23 Abs. 4 S. 4 PostG aF) ist durch Außer-

---

34 *St/J/Brehm* Rn. 29.
35 *Lackmann* Rn. 289; *Brox/Walker* Rn. 675.
36 RGZ 92, 265, 266; MK/*Smid* Rn. 12; *St/J/Brehm* Rn. 11.
37 MK/*Smid* Rn. 18; *Schuschke/Walker* Rn. 9; *Ro/G/Sch* § 30 I.
1 § 35 SchiffsbankG v. 8. 5. 1963 (BGBl. I S. 301).
2 § 99 Abs. 1 und §§ 98 Abs. 2 S. 2 und 106 LuftfzRG sowie *Bauer* JurBüro 1974, 1.
1 *Geißler* DGVZ 1986, 110ff.

kraftreten des PostG mit Ablauf des 31. 12. 1997 entfallen (Art. 6 Nr. 26 PostNeuOG).[2] Seitdem sind Postbanksparguthaben gem. § 829 pfändbar, s. auch § 850k Rn. 19.

II. Verfahren

1. Voraussetzungen. Falls der Drittschuldner nicht zweifelsfrei zahlungsfähig ist, sollen diese Papiere nur gepfändet werden, wenn der Gläubiger dazu anweist oder andere Pfandstücke nicht ausreichen. Voraussetzung ist, dass das Wertpapierrecht den Schuldner als Inhaber legitimiert,[3] wie beim Wechsel den ersten Nehmer oder den durch eine ununterbrochene Indossamentenkette ausgewiesenen Besitzer (Art. 16 Abs. 1 WG).[4] Die Inbesitznahme erfolgt nach § 808, bei Dritten nach § 809. Verweigert der Dritte die Herausgabe, ist nach § 846 zu verfahren. Der GV verwahrt die Papiere so lange, bis das Vollstreckungsgericht sie einfordert oder bis ihm ein Beschluss des Vollstreckungsgerichts vorgelegt wird, mit dem die Überweisung der Wechselforderung ausgesprochen oder eine andere Art der Verwertung angeordnet wird. Bereits zahlbare Wechsel oder Schecks hat er von sich aus als Vertreter des Gläubigers rechtzeitig vorzulegen (Art. 38 WG, Art. 29 SchG),[5] ggf. muss er für Protesterhebung sorgen (Art. 44 WG).[6] Wird der Einlösebetrag an ihn gezahlt, so muss er ihn hinterlegen und davon Gläubiger und Schuldner benachrichtigen. Auch **Blankowechsel** (Art. 10 WG) und Blankoschecks (Art. 13 SchG) werden, soweit sie Orderschecks sind (s. § 821 Rn. 4), nach §§ 808, 831 gepfändet (s. Rn. 3).[7] 2

2. Rechtsfolgen. Die Pfändung wird dadurch bewirkt, dass der GV das Papier in Besitz nimmt.[8] Ein Pfändungsbeschluss des Vollstreckungsgerichts ist weder erforderlich noch zulässig. Er wäre wirkungslos und auch nicht geeignet, die Mitteilung nach § 808 Abs. 3 zu ersetzen.[9] Wird hingegen bei einem Orderkonnossement fälschlich nach §§ 846, 847, statt richtigerweise nach § 831 gepfändet, ist die Pfändung zwar fehlerhaft, aber wirksam.[10] Erlangt der Gerichtsvollzieher Besitz an der Sache, wird sie ohne weiteres verstrickt.[11] Bei Pfändung von **Blankowechseln** und -schecks wird das Ausfüllungsrecht des Inhabers auf Grund der Inbesitznahme mitgepfändet. Auch das geschieht ohne Pfändungsbeschluss. Erst der Überweisungsbeschluss (§ 835) berechtigt den Gläubiger, das Ausfüllungsrecht des Schuldners auszuüben. Mit Ausfüllung – ggf. auch durch Einsetzen des Ausstellers[12] – entsteht ein Vollwechsel, den der Gläubiger einziehen kann. 3

3. Verwertung. Indossable Papiere werden nicht durch den GV verwertet, §§ 814ff., 821 sind unanwendbar. Wie bei anderen Forderungen ist nach §§ 835ff. das **Vollstreckungsgericht** zuständig. Der GV darf gepfändete Papiere dem Gläubiger nur gegen Vorlage des Beschlusses nach § 835 oder einer Anordnung nach § 844 herausgeben (§ 175 Nr. 4, 6 GVGA). Werden Schecks oder Wechsel zahlbar, bevor das Vollstreckungsgericht entschieden hat, sorgt der GV in Vertretung des Gläubigers für rechtzeitige Vorlegung, ggf. auch Protesterhebung; Zahlungen werden von ihm hinterlegt, Gläubiger und Schuldner davon benachrichtigt (§ 175 Nr. 5 GVGA). Bei **Blankowechseln** und -schecks (s. Rn. 3) ist mangels Nennwert eine Überweisung nur zur Einziehung möglich, nicht an Zahlungs statt.[13] 4

4. Rechtsbehelfe. Zuständig für die Erinnerung nach § 766 ist das Gericht des § 764 Abs. 2, bei Einwendungen gegen die Überweisung das des § 828 Abs. 2. 5

III. Gerichtskosten

Für die Tätigkeit des Gerichtsvollziehers werden Gebühren nach KVGv Nr. 205 erhoben. 6

832 *Pfändungsumfang bei fortlaufenden Bezügen* **Das Pfandrecht, das durch die Pfändung einer Gehaltsforderung oder einer ähnlichen in fortlaufenden Bezügen bestehenden Forderung erworben wird, erstreckt sich auch auf die nach der Pfändung fällig werdenden Beträge.**

I. Normzweck

§ 832 macht eine Ausnahme von dem Grundsatz, dass die Pfändung künftige Ansprüche nur erfasst, wenn dies ausdrücklich angeordnet ist (s. § 829 Rn. 6). Bei fortlaufenden Bezügen ist es umgekehrt: Wird die Pfändung nicht auf einen bestimmten Zeitraum beschränkt, erfasst sie außer bereits fälligen auch künftig fällig werdende Beträge. Dies erspart dem Gläubiger Mühe und dem Schuldner Kosten. 1

---

2 Eingehend: *Röder* DGVZ 1998, 86.
3 *St/J/Brehm* Rn. 1.
4 Zum Verfahren vgl. *App* DGVZ 1992, 71.
5 § 175 Nr. 5 GVGA.
6 *Kühn* DGVZ 1985, 133.
7 MK/*Smid* Rn. 2; *Brox/Walker* Rn. 696.
8 MK/*Smid* Rn. 1.
9 *St/J/Brehm* Rn. 2.
10 BGH MDR 1980, 1016.
11 *St/J/Brehm* Rn. 2; *Schuschke/Walker* Rn. 5.
12 LG Darmstadt DGVZ 1990, 157.
13 *Brox/Walker* (Fn. 7); *Geißler* (Fn. 1) S. 112.

II. Anwendungsbereich

2 Fortlaufende Bezüge: Den Lohn- und Gehaltsforderungen (vgl. §§ 850ff.) ähnlich sind alle ratenweise zu erbringenden Leistungen, die auf eine einheitliche Rechtsbeziehung gründen, wie Abschlagzahlungen für Kassenärzte,[1] Arbeitnehmersparzulagen (s. § 850 Rn. 7),[2] Arbeitslosengeld und anschließende -hilfe,[3] Ruhegehaltsansprüche, Unterhalts- und ähnliche Renten,[4] auch Provisionsansprüche des Handelsvertreters bei dauernder Vertragsbeziehung,[5] der Auszahlungsanspruch des Kellners, wenn Trinkgeld dem Wirt ausgehändigt wurde,[6] s. aber § 850 Rn. 5. Es ist weder erforderlich, dass die Leistung dem Unterhalt des Schuldners dient, noch dass sie Entgelt für persönliche Dienste des Schuldners ist.[7] Ansprüche auf Miete, Pacht und sonstige Zinsen, soweit sie nicht isoliert gepfändet werden (s. a. § 829 Rn. 3), werden daher ebenso erfasst wie die auf Überbaurenten, Notwegentschädigungen o. ä. **Entstehungsgrund genügt** für die Pfändung. Während die Pfändung einer dem Schuldner nicht zustehenden einmaligen Forderung unwirksam ist[8] und es auch bei späterer Rückabtretung bleibt,[9] müssen bei fortlaufenden Bezügen Ansprüche zur Zeit der Pfändung weder bestehen noch fällig sein. Demgemäß können bei fortlaufenden Bezügen **auch abgetretene Forderungen** gepfändet werden,[10] zur Lohnabtretung s. a. § 850 Rn. 16. Das Pfandrecht entsteht, wenn die Forderungen zurück abgetreten werden.[11] Der Unterschied rechtfertigt sich daraus, dass bei fortlaufenden Bezügen ohnehin offen bleibt, ob und in welcher Person die Forderung künftig entsteht.[12] Zur Fortgeltung der Pfändung bei Unterbrechung des Arbeitsverhältnisses s. § 833 Rn. 1 u. 3. **Unanwendbar** ist § 832, wenn Einkünfte durch jeweils selbständige Tatbestände erzielt werden, wie bei Rechtsanwälten, Notaren und frei praktizierenden Ärzten.

III. Rechtsfolgen

3 Das Pfandrecht erstreckt sich, ohne dass der Pfändungsbeschluss dies aussprechen müsste,[13] auf alle künftig fällig werdenden Raten, und auch auf Ruhegehaltsansprüche, die gegen denselben Drittschuldner bestehen.[14] Falls der Drittschuldner mit befreiender Wirkung erfüllt oder aufgerechnet hat, erlischt das Pfandrecht an der betreffenden Rate, setzt sich aber an den Nächsten fort. Die Pfändung bleibt so lange bestehen, bis die titulierte Forderung nebst Zinsen und Kosten vollständig getilgt ist. Endet das Arbeits- oder Dienstverhältnis als einheitliche Rechtsbeziehung, wird die Pfändung gegenstandslos. Führt der Drittschuldner auf Grund einer Vereinbarung mit dem Gläubiger weniger als die pfändbaren Beträge ab, um die Arbeitslust des Schuldners zu erhalten, erstreckt sich das Pfandrecht auch auf spätere Raten, die bei vollständiger Zahlung nicht erfasst worden wären.[15] Nachpfändende Gläubiger können ggf. gemäß § 766 erreichen, dass die Erstpfändung entspr. § 803 Abs. 1 S. 2 auf den Betrag der Vereinbarung beschränkt wird.[16]

833

Pfändungsumfang bei Arbeits- und Diensteinkommen (1) [1]**Durch die Pfändung eines Diensteinkommens wird auch das Einkommen betroffen, das der Schuldner infolge der Versetzung in ein anderes Amt, der Übertragung eines neuen Amtes oder einer Gehaltserhöhung zu beziehen hat.** [2]**Diese Vorschrift ist auf den Fall der Änderung des Dienstherrn nicht anzuwenden.**

(2) Endet das Arbeits- oder Dienstverhältnis und begründen Schuldner und Drittschuldner innerhalb von neun Monaten ein solches neu, so erstreckt sich die Pfändung auf die Forderung aus dem neuen Arbeits- oder Dienstverhältnis.

I. Normzweck (Abs. 1)

1 § 833 beschränkt das Bestimmtheitserfordernis und bewirkt die **Entbehrlichkeit von Änderungsbeschlüssen,** wenn nicht der Dienstherr, sondern lediglich die Höhe des Einkommens wechselt.[1] Dienstherr ist, wer das Gehalt zu zahlen hat. Die Norm gilt nicht nur für Dienstbezüge von Beamten, sondern auch für private Arbeitsentgelte gemäß §§ 850ff., nicht aber für andere fortlaufende Bezüge nach § 832.[2] Sie

---

[1] OLG Nürnberg JurBüro 2002, 603 = InVo 2003, 78.
[2] BAG NJW 1977, 75; *St/J/Brehm* Rn. 4.
[3] BSG MDR 1989, 187.
[4] *St/J/Brehm* Rn. 4.
[5] *St/J/Brehm* Rn. 4; *Schuschke/Walker* Rn. 2.
[6] BAG NJW 1966, 469; LG Hildesheim Rpfleger 1963, 247.
[7] HM; MK/*Smid* Rn. 8; *T/P/Hüßtege* Rn. 1; *St/J/Brehm* Rn. 4; *Brox/Walker* Rn. 630; *Schuschke/Walker* Rn. 3; aA *Stöber* Rn. 966.
[8] BGH NJW 1988, 495 = LM § 829 Nr. 29.
[9] BGHZ 56, 339, 350 = NJW 1971, 1938.
[10] OLG Nürnberg JurBüro 2002, 603; OLG Celle InVo 1999, 23; OLG Köln OLGZ 1994, 477, 478.
[11] BAG NJW 1993, 2699, 2700; OLG Nürnberg (Fn. 10).
[12] BAG (Fn. 11).
[13] *Behr* Rpfleger 1990, 243.
[14] BGH NJW 2003, 1457, 1458; NJW-RR 1989, 286, 290.
[15] MK/*Smid* Rn. 12; *St/J/Brehm* Rn. 8; aA BAG NJW 1975, 1575; krit. *Denck* DB 1980, 1396.
[16] MK/*Smid* Rn. 11; *St/J/Brehm* Rn. 7.
[1] MK/*Smid* Rn. 1
[2] *Schuschke/Walker* Rn. 1; *T/P/Hüßtege* Rn. 1.

stellt klar, dass jegliche – auch vereinbarte – innerbetriebliche Veränderungen ohne Einfluss auf die Pfändung sind, sofern der Dienstherr nicht wechselt. Unerheblich sind daher Versetzungen, Beförderungen, Höhergruppierungen, auch Statusänderungen wie Wechsel vom Arbeits- ins Angestellten- oder Beamtenverhältnis[3], Pensionierung[4] oder Wiedereinstellung Pensionierter.[5] Der **neue Abs. 2** bezweckt die **Fortgeltung der Pfändung** bei branchenüblichen, saisonbedingten Unterbrechungen. Die Regelung schafft Klarheit durch eine rein zeitliche Abgrenzung. Schon bisher kam es darauf an, ob nach der Verkehrsauffassung eine einheitliche Rechtsbeziehung vorliegt.[6] Sie wurde auch dann angenommen, wenn der Schuldner regelmäßig nur für Saisonarbeiten tätig war[7] oder vorübergehend untertauchte, um sich seinen Gläubigern zu entziehen[8] oder eine mehrmonatige Haft verbüßte.[9] Auch bei achtmonatiger Unterbrechung wurde ein einheitliches Arbeitsverhältnis bejaht, wenn die Wiederherstellung beiderseits angestrebt war,[10] bei nur zufälliger Wiederbegründung des Arbeitsverhältnisses dagegen verneint.[11]

II. Änderung des Dienstherrn (Abs. 1 S. 2)

Wechselt der Drittschuldner ist ein neuer Pfändungsbeschluss auch dann erforderlich, wenn der Dienstverpflichtete in unveränderter Position tätig ist und dieselben Bezüge erhält, wie etwa beim Wechsel vom Bundes- in den Landes- oder Kommunaldienst oder zu einem privaten Arbeitgeber, auch beim Wechsel des Arbeitgebers innerhalb derselben Bau-ARGE.[12] **Keine Änderung** liegt aber vor, wenn das Unternehmen wirtschaftlich dasselbe bleibt und der Dienstherr nur seine Rechtsform ändert: Erstarken einer GbR zur OHG durch Aufnahme eines vollkaufmännischen Gewerbes; Umwandlung einer Einzelfirma in eine Personengesellschaft oder juristische Person, wenn der Einzelkaufmann wirtschaftlicher Alleininhaber bleibt,[13] Betriebsübergang nach § 613 a BGB.[14] Der Gläubiger sollte, um eine gutgläubige Auszahlung an den Schuldner zu vermeiden, die Pfändung vom neuen Drittschuldner bestätigen lassen, ihm den alten Beschluss vorsorglich erneut zustellen. 2

III. Fortgeltung bei Arbeitsunterbrechung (Abs. 2)

Die Neuregelung (s. Rn. 1) erfasst insbes. saisonbedingte Arbeitsverhältnisse des Bau- und Gaststättengewerbes, ist aber nicht darauf beschränkt. Die Fristberechnung erfolgt gem. § 222, §§ 187 ff. BGB. Der Drittschuldner sollte vor Wiederaufnahme der Zahlung Bestand und Höhe der aktuellen Forderung beim Gläubiger erfragen. Besteht darüber Streit, kann der Schuldner zwischenzeitliche Zahlungen nach §§ 775, 776, 767 ZPO geltend machen. Der neue Abs. 2 gilt nicht für Arbeits- oder Dienstverhältnisse, die vor dem 1. 1. 1999 beendet waren.[15] 3

834 *Keine Anhörung des Schuldners* Vor der Pfändung ist der Schuldner über das Pfändungsgesuch nicht zu hören.

I. Normzweck

Das Verbot soll im Interesse des Gläubigers verhindern, dass der Schuldner die Pfändung vereitelt. Er erhält deshalb kein rechtliches Gehör, bis die Forderung wirksam gepfändet ist.[1] Darin liegt kein Verstoß gegen Art. 103 Abs. 1 GG, denn der Überraschungseffekt rechtfertigt den Aufschub.[2] Der Schuldner kann sich ausreichend rechtliches Gehör verschaffen, indem er nachträglich Erinnerung einlegt (§ 766). Das gilt auch dann, wenn, wie idR üblich, ein einheitlicher Pfändungs- und Überweisungsbeschluss ergeht.[3] 1

II. Anwendungsbereich

1. Reichweite des Verbots. Es reicht so weit wie sein Zweck.[4] **Vor Pfändung** ist der Schuldner in den vom Gläubiger einseitig betriebenen Erinnerungs- und Beschwerdeverfahren selbst dann nicht zu hören, wenn es darum geht, ob ein Pfändungsbeschluss, den das Landgericht auf die Erstbeschwerde des Schuld- 2

---

[3] *Schuschke/Walker* Rn. 1.
[4] BayObLG OLGRspr. 25, 187 f.
[5] *St/J/Brehm* Rn. 1
[6] AllgM; BAG NJW 1957, 439; OLG Hamm NJW-RR 1993, 1325, 1326.
[7] LAG Düsseldorf DB 1969, 712.
[8] OLG Düsseldorf NZA 1985, 564.
[9] LG Essen, MDR 1963, 226.
[10] OLG Hamm (Fn. 6).
[11] *Schuschke/Walker* Rn. 5.
[12] LAG Mannheim AP Nr. 3 = BB 1967, 80.
[13] LAG Hamm BB 1976, 364.
[14] LAG Frankfurt NZA 2000, 615 = InVo 2000, 248.
[15] Art. 3 Abs. 6 2. ZwVÄndG.
[1] OLG Köln NJW-RR 1988, 1467; OLG Hamm Rpfleger 1957, 24 f.
[2] BVerfGE 57, 346, 358 = NJW 1981, 2111; BVerfGE 9, 89, 95 = NJW 1959, 427; BayObLG NJW-RR 1986, 421, 422.
[3] Ganz hM; MK/*Smid* § 835 Rn. 7; *Stöber* NJW 1996, 1180; *Kahlke* NJW 1991, 2688 m. weit. Nachw.; aA *St/J/Brehm* § 835 Rn. 2; *Hoeren* NJW 1991, 410.
[4] *St/J/Brehm* Rn. 1; MK/*Smid* Rn. 4.

ners aufgehoben hatte, erneut erlassen werden soll.[5] Verboten ist die Anhörung auch, wenn der Gläubiger für die Pfändung Prozesskostenhilfe[6] oder die Bestimmung des zuständigen Gerichts beantragt.[7] Ist die Forderung bereits nach § 845 beschlagnahmt, ist der Zweck erreicht und der Schuldner zu hören.[8] § 834 schließt nach seinem Zweck die Berücksichtigung von vorbeugendem Schuldnervortrag durch Schutzschriften (s. § 938 Rn. 7) nicht aus.[9] Ein Anspruch auf rechtliches Gehör lässt sich im Pfändungsverfahren so aber nicht durchsetzen; unterbliebene Kenntnisnahme verpflichtet daher nicht zum Schadenersatz. Verlangt der Gläubiger die Anhörung des Schuldners, muss das Gericht sie durchführen.[10] **Nach wirksamer Pfändung** schließt § 834 eine Anhörung nicht aus.[11] Der Schuldner ist deshalb nach Art. 103 Abs. 1 GG zu hören, bevor ein isolierter Überweisungsbeschluss ergeht.[12] Soll die Überweisung an Zahlungs statt erfolgen, ist der Schuldner stets vorher zu hören (s. § 835 Rn. 4).

3 **2. Ausnahmen.** Eine ausdrückliche Pflicht zur Anhörung besteht bei der Billigkeitsprüfung nach § 850b Abs. 3. Mit Änderung des § 54 SGB I (s. § 850i Rn. 17) ist dort die früher ausdrücklich angeordnete Anhörungspflicht, die mit einem relativen Verfügungsverbot zu Gunsten des Gläubigers verknüpft war, entfallen.[13] Eine entsprechende Anwendung des § 850b Abs. 3 auf die nur noch in § 54 Abs. 2 SGB I (Pfändung einmaliger Sozialleistungen) vorgesehene Billigkeitsprüfung dürfte nun ausgeschlossen sein.[14] Auch sonst sollte mit der hM[15] eine Anhörung vor der Pfändung unterbleiben. Soweit es, wie in § 850f Abs. 2, um pfändungserweiternde Maßnahmen geht, wird der Gläubiger vor Abtretungen des Schuldners zwar durch § 400 BGB geschützt, nicht aber vor vorschussweiser Erfüllung. Diese muss er jedoch nur in den durch § 850b ausdrücklich geregelten Fällen hinnehmen.[16] **Verstöße** gegen das Anhörungsverbot sind ebenso wie das Unterlassen einer gebotenen Anhörung ohne Einfluss auf die Pfändung, können aber zur Amtshaftung führen.

835 *Überweisung einer Geldforderung* **(1) Die gepfändete Geldforderung ist dem Gläubiger nach seiner Wahl zur Einziehung oder an Zahlungs statt zum Nennwert zu überweisen.**

(2) Im letzteren Fall geht die Forderung auf den Gläubiger mit der Wirkung über, dass er, soweit die Forderung besteht, wegen seiner Forderung an den Schuldner als befriedigt anzusehen ist.

(3) [1]Die Vorschriften des § 829 Abs. 2, 3 sind auf die Überweisung entsprechend anzuwenden. [2]Wird ein bei einem Geldinstitut gepfändetes Guthaben eines Schuldners, der eine natürliche Person ist, dem Gläubiger überwiesen, so darf erst zwei Wochen nach der Zustellung des Überweisungsbeschlusses an den Drittschuldner aus dem Guthaben an den Gläubiger geleistet oder der Betrag hinterlegt werden.

I. Normzweck

1 § 835 erfasst die regelmäßige Art der Pfandverwertung durch Überweisung; ggf. ermöglicht § 844 eine andere Verwertung. § 835 gilt unabhängig davon, ob die Pfändung nach § 829 oder durch den GV nach § 831 erfolgt ist. Weil das Vollstreckungsrecht abw. von §§ 1228 Abs. 2, 1282 BGB zwischen Pfandrecht und Verwertungsbefugnis trennt, ist bei Arrestvollziehung und Sicherungsvollstreckung (§§ 930, 720a) die isolierte Pfändung möglich. Bei beiden besteht ein Überweisungsverbot, so dass § 835 dort, wie auch bei §§ 772f., 782f., keine Anwendung findet. Eine verbotswidrige Überweisung ist nichtig.

II. Durchführung

2 **1. Allgemeines.** Ist schon bei Erlass des Pfändungsbeschlusses die Pfandverwertung zulässig, ergeht regelmäßig ein einheitlicher Pfändungs- und Überweisungsbeschluss, s. § 834 Rn. 1. Die Überweisung erfolgt wie die Pfändung nur auf Antrag des Gläubigers. Er bestimmt die Überweisungsart, soweit das Gesetz keine bestimmte Verwertung vorschreibt (vgl. §§ 837 Abs. 3, 837a Abs. 3, 839, 851 Abs. 2). Regelmäßig erfolgt die Überweisung zur Einziehung. Die an Zahlungs statt ist i. Ü. nur bei Forderungen möglich, die einen Nennwert haben. Sie ist daher ausgeschlossen, bei Abhängigkeit der Forderung von einer noch ausstehenden Gegenleistung,[1] bei einer nach § 399 BGB nicht übertragbaren, wegen § 851 Abs. 2 gleichwohl pfändbaren Forderung,[2] bei Herausgabeansprüchen nach § 847 und wenn nicht an den Gläubiger, sondern an einen Dritten zu leisten ist. Der Gläubigerantrag ist **im Zweifel so auszulegen,** dass die Überweisung nur zur Einziehung erfolgen soll, weil dies für den Gläubiger risikolos ist. Er kann sie auch zunächst zur Ein-

---

[5] KG OLGZ 1994, 593, 597 = Rpfleger 1994, 425; OLG Köln (Fn. 1).
[6] *Zö/Stöber* Rn. 2.
[7] BGH NJW 1983, 1859; BayObLG (Fn. 2).
[8] MK/*Smid* Rn. 1; aA BGH (Fn. 7).
[9] *Vogel* NJW 1997, 554.
[10] OLG Celle MDR 1972, 958; LG Braunschweig Rpfleger 1981, 489.
[11] *Münzberg* Rpfleger 1982, 329, 332f. zu OLG Düsseldorf Rpfleger 1982, 192; *Schuschke/Walker* § 835 Rn. 3.
[12] *Zö/Stöber* § 835 Rn. 3.
[13] Vgl. zu § 54 Abs. 6 S. 3 SGB I aF eingehend: *Kothe* NJW 1992, 393, 399.
[14] *Zö/Stöber* § 850i Rn. 30; *Riedel* NJW 1994, 2813; aA *St/J/Brehm* § 850i Rn. 95.
[15] OLG Koblenz MDR 1975, 939; OLG Düsseldorf Rpfleger 1973, 186; LG Frankenthal Rpfleger 1982, 231.
[16] AA für § 850f Abs. 2: OLG Hamm NJW 1973, 1332, 1334; *St/J/Brehm* Rn. 3.
[1] *St/J/Brehm* Rn. 37.
[2] *Stöber* Rn. 594.

ziehung und dann an Zahlungs statt erwirken, aber nicht umgekehrt. Wird die Überweisung nicht ausdrücklich beschränkt, erfasst sie die Forderung im gesamten Umfang der Pfändung.

2. Pfändung und Überweisung zur Einziehung. Werden sie gemeinsam beantragt, ergeht ein **einheitlicher Beschluss** ohne vorherige Anhörung des Schuldners. **Zuständig** ist der Rechtspfleger des Vollstreckungsgerichts (§§ 20 Nr. 17 RPflG, 828). Gegen einen einheitlichen Beschluss bestehen keine Bedenken, wenn beide Maßnahmen nach §§ 829 Abs. 3, 835 Abs. 3 durch **einheitliche Zustellung** an den Drittschuldner wirksam werden. Wurde aber bereits wirksam gepfändet, gilt § 834 nicht, so dass der Schuldner zu hören ist, bevor ein isolierter Überweisungsbeschluss ergeht, s. dort Rn. 2. 3

3. Überweisung an Zahlungs statt. In diesem Fall ist ein **isolierter Überweisungsbeschluss** nötig, weil der Schuldner nach der Pfändung zunächst gehört werden muss.[3] Eine nachträgliche Anhörung im Rechtsbehelfsverfahren scheidet aus, weil die Zwangsvollstreckung bereits mit der Überweisung endet. Bei **Hypothekenforderungen** dürfen Pfändungs- und Überweisungsbeschluss nicht zusammen erlassen werden, weil die Pfändung vor Übergabe des Briefes oder Grundbucheintragung nach § 830 noch wirkungslos ist.[4] Allein der Erlass des Pfändungsbeschlusses genügt hier nicht als Grundlage des Überweisungsbeschlusses.[5] Bei einem nach § 831 gepfändeten **Wechsel** kann der Überweisungsbeschluss auf das Papier gesetzt werden. Die allg. Voraussetzungen der Zwangsvollstreckung (s. vor § 704 Rn. 19 ff.) müssen auch bei Erlass des isolierten Überweisungsbeschlusses vorliegen. 4

4. Inhalt des Überweisungsbeschlusses. Er muss wie der Pfändungsbeschluss dem Bestimmtheitserfordernis genügen (s. § 829 Rn. 3). Ein getrennter Überweisungsbeschluss darf auf ihn verweisen. Andernfalls muss er selbst dessen Erfordernissen entsprechen. Die nach § 836 Abs. 3 herauszugebenden Papiere sind zu bezeichnen. Die Art der Verwertung ist klar anzugeben, bei § 839 auch die Hinterlegungsanordnung. Dem vom förmlichen Vollstreckungsrecht nicht gedeckten Antrag des Gläubigers, den Schuldner zur Zahlung an einen Bevollmächtigten anzuweisen, darf das Gericht nicht entsprechen.[6] Es kann ihn aber als nichtamtliche Bitte des Gläubigers an den Schuldner weiterleiten. **Zustellung** (Abs. 3 S. 1) an den Drittschuldner geschieht auf Betreiben des Gläubigers, danach wird dem Schuldner zugestellt. 5

III. Rechtsfolgen

1. Wirksamkeitsvoraussetzungen. Die Überweisung muss auf Grund einer wirksamen Pfändung und eines dazu geeigneten Titels ergehen. Erst die Überweisung berechtigt den Gläubiger zur Einziehung der Forderung. Sie ersetzt zugleich alle materiellrechtlichen Formerfordernisse. Ist der Schuldner nicht Inhaber der ihm „angeblich" zustehenden Forderung, bleibt mangels wirksamer Pfändung auch die Überweisung wirkungslos (s. § 829 Rn. 16). Wird eine Forderung, für die eine Hypothek besteht, gepfändet und nach § 837 zur Einziehung überwiesen, ist die Überweisung mangels bewirkter Pfändung unwirksam, solange der Brief nicht übergeben oder die Pfändung nicht nach § 830 im Grundbuch eingetragen ist.[7] Weil der Arrest (§ 916) nicht der Befriedigung des Gläubigers dient, ist eine Überweisung der nur auf Grund eines Arrestes gepfändeten Forderung nichtig.[8] 6

2. Überweisung zur Einziehung (Abs. 1 Alt. 1). a) Stellung des Gläubigers. Die Überweisung zur Einziehung bewirkt noch **keine Befriedigung** des Gläubigers. Die tritt erst ein, wenn der Drittschuldner zahlt oder wenn die Forderung in anderer Weise, etwa durch Aufrechnung, erlischt (§ 389 BGB). Mit Zustellung des Überweisungsbeschlusses ist die Zwangsvollstreckung daher nicht beendet, eine Anschlusspfändung ist noch möglich. Die Überweisung bewirkt keinen Forderungsübergang.[9] Der **Schuldner bleibt Inhaber** der Forderung. Der **Gläubiger kann** sie aber **im eigenen Namen durchsetzen** und insow. alles tun, was dazu dient, die Leistung des Drittschuldners zu erreichen oder zu ersetzen.[10] Er kann den Drittschuldner mahnen, rechtserhaltend Mängel anzeigen (zB § 651 d Abs. 2 BGB), die noch nicht fällige Forderung kündigen,[11] dem Schuldner zustehende Wahlrechte oder Ersetzungsbefugnisse ausüben,[12] mit dem Drittschuldner eine Leistung an Zahlungs statt vereinbaren.[13] Die gepfändete Forderung kann er gegenüber dem Drittschuldner durch sog. **Einziehungsklage** (s. Rn. 18) geltend machen. **Ausgeschlossen** ist, was nicht der Einziehung dient. Der Gläubiger darf ohne Zustimmung des Schuldners (§ 185 BGB) insbesondere die gepfändete Forderung nicht abtreten,[14] keinen Vergleich darüber schließen oder sie erlassen, es sei denn, die Interessen des Schuldners werden nicht berührt, weil der Gläubiger sich wg. des erlassenen Teils ihm gegenüber für befriedigt erklärt.[15] Eine Stundung kann ihn schadenersatzpflichtig machen; vgl. § 842 Rn. 2.[16] 7

---

[3] *St/J/Brehm* Rn. 2; aA *Stöber* Rn. 583.

[4] BGHZ 127, 146, 150 = NJW 1994, 3225 = LM § 830 Nr. 3 m. Anm. *Walker* = Rpfleger 1995, 119 m. Anm. *Riedel* = ZZP 108 (1995), 250 m. Anm. *Henckel*.

[5] AA *Stöber* NJW 1996, 1180, 1184 (Übergabe oder Eintragung nur für Wirksamwerden erforderlich).

[6] HM; LG Essen Rpfleger 1959, 166 m. Anm. *Petermann;* aA LG Berlin Rpfleger 1968, 291 = DGVZ 1968, 187.

[7] BGH (Fn. 4).

[8] BGHZ 121, 98, 100 = NJW 1993, 735.

[9] BGH NJW 2007, 2560, 2561; BGHZ 114, 138, 141 = NJW 1991, 3148.

[10] BGHZ 82, 28, 31 = NJW 1982, 173.

[11] BGH (Fn. 4).

[12] MK/*Smid* Rn. 12.

[13] RGZ 169, 54, 56; MK/*Smid* (Fn. 12).

[14] RG (Fn. 13).

[15] RG (Fn. 13).

[16] BGH NJW 1978, 1914.

8 **Aufrechnung:** Der Gläubiger kann das Erlöschen einer gegen ihn gerichteten Forderung des Drittschuldners durch Aufrechnung mit der gepfändeten Forderung bewirken (s. Rn. 7).[17] Aufrechnen kann der Gläubiger auch dann, wenn er selbst Drittschuldner ist. Weil in diesem Fall eine Einziehung durch Zahlung an sich selbst erfolgen müsste, lässt sich ein Erlöschen durch Aufrechnung schon bejahen, wenn der Gläubiger dem Schuldner erklärt, befriedigt zu sein und auch dann, wenn ein vom Schuldner gegen den Drittschuldner erstrittenes Urteil rechtskräftig wird, das wegen der nach Rechtshängigkeit vom Drittschuldner erwirkten Pfändung und Überweisung auf Leistung an ihn selbst lautet.[18] Der Gläubiger ist auf Grund der Überweisung jedenfalls berechtigt, aus der Position des Schuldners heraus sich selbst gegenüber die Aufrechnung gegen die Titelforderung zu erklären und dadurch Aufrechnungshindernisse, auch materiellrechtliche Aufrechnungsverbote (§§ 392ff. BGB) zu überwinden,[19] nicht aber Pfändungsverbote, s. § 850b Rn. 3.

9 **Keine Einziehung zum Nachteil des Schuldners.** Verzögert der Gläubiger die Beitreibung schuldhaft, macht er sich nach § 842 schadenersatzpflichtig.[20] Ob der Gläubiger eine geschuldete **Gegenleistung** erbringen darf, bestimmt sich nach § 267 Abs. 1 BGB; ein Widerspruch des Schuldners wäre infolge der Überweisung unbeachtlich. Verpflichtet zur Gegenleistung ist der Gläubiger aber nicht. Er erlangt dadurch auch keinen Rangvorteil. Auf Grund der Überweisung ist der Gläubiger berechtigt, Erklärungen zu empfangen, die sonst an den Schuldner zu richten wären, wie die Aufrechnung durch den Drittschuldner und verjährungshemmende oder -unterbrechende Äußerungen.[21]

10 **Umfang des Einziehungsrechts:** Er erstreckt sich auf die zur gepfändeten Forderung gehörenden Nebenrechte (§ 401 BGB). Auch wenn die gepfändete Forderung den titulierten Anspruch übersteigt, wird die gesamte Forderung überwiesen. Das Einziehungsrecht ist der Höhe nach aber durch die titulierte Forderung begrenzt. Der Gläubiger kann deshalb Zahlung nur bis zur Höhe des zu vollstreckenden Betrages verlangen und den Mehrbetrag, etwa aus einem gepfändeten Wechsel, auch nicht unter dem Vorbehalt der Rückerstattung des Überschusses an den Schuldner fordern.[22]

Keine Pfändbarkeit des Gläubigerrechts

11 Die auf Grund der Überweisung erlangte Rechtsstellung des Gläubigers hängt zwar nicht vom Bestand des Pfandrechts ab. Sie ist aber wg. ihres Zwecks nur ein unselbständiges Nebenrecht der Vollstreckungsforderung, das bei deren Pfändung miterfasst wird.[23] Es ist daher nicht nach § 857 selbständig pfändbar.[24] Für die **Überweisung rechtshängiger Forderungen** gilt § 265, weil der Gläubiger Rechtsnachfolger hinsichtlich der Einziehungsbefugnis ist.[25] Er kann daher einen vom Schuldner erstrittenen Titel nach § 727 auf sich umschreiben lassen.

12 **b) Stellung des Schuldners.** Die Überweisung nimmt dem Schuldner über das Verfügungsverbot des § 829 hinaus grds. das Recht, seine Forderung für sich geltend zu machen.[26] Er kann auch nicht mehr Hinterlegung verlangen.[27] Weil er aber Inhaber der Forderung bleibt, kann er auf deren Feststellung, auch auf Leistung an die Pfändungsgläubiger,[28] ggf. auch auf Zahlung an sich nach Befriedigung der Pfändungsgläubiger klagen[29] und sie bei berechtigtem Interesse im Insolvenzverfahren anmelden. Zur Abwehr von Verzögerungsschäden durch Verjährung oder Vermögensverfall des Drittschuldners darf er auf Leistung an den Gläubiger klagen, s. a. § 829 Rn. 18.

13 **c) Stellung des Drittschuldners.** Die rechtlichen Möglichkeiten des Drittschuldners werden durch die Überweisung nicht beschränkt (zum Einziehungsprozess s. Rn. 18). Er kann ihm zustehende **Einwendungen** nach wie vor gegenüber Schuldner (vgl. §§ 1257, 404 BGB, auch § 392 BGB) und Gläubiger geltend machen und letzterem gegenüber auch mit eigenen Forderungen aufrechnen, weil die Überweisung die Gegenseitigkeit (§ 387 BGB) herstellt. Auf Einwendungen, die dem Schuldner gegen den Gläubiger zustehen, kann sich der Drittschuldner aber nicht berufen. Er kann wohl die Nichtigkeit des Pfändungs- und Überweisungsbeschlusses geltend machen[30] und dem Gläubiger auch die Einstellung der Zwangsvollstreckung entgegenhalten, was ihn zur Hinterlegung verpflichtet.[31] War der Zedent des titulierten Anspruchs verpflichtet, den Drittschuldner von der überwiesenen Forderung freizustellen, kann der Drittschuldner dies gegenüber dem Gläubiger einwenden.[32] **Erfüllung durch Leistung:** Schuldbefreiend leisten darf und kann der Drittschuldner bei wirksamer Überweisung grds. nur an den Vollstreckungsgläubiger (§§ 362 Abs. 2,

---

[17] BGH (Fn. 4).

[18] MK/*Smid* Rn. 22; *St/J/Brehm* Rn. 15.

[19] LG Berlin Rpfleger 1975, 374; LG Düsseldorf MDR 1964, 332; *Stöber* Rn. 33; *Rimmelspacher/Spellenberg* JZ 1973, 271, 273; aA *St/J/Brehm* § 829 Rn. 122 Fn. 592 m. weit. Nachw.

[20] LAG Hamm Betrieb 1988, 1703.

[21] BGH NJW 1978, 1914; aA *Marburger* JR 1972, 7, 15.

[22] MK/*Smid* Rn. 16.

[23] LG Osnabrück NJW 1956, 1076 m. abl. Anm. *Fleischmann;* MK/*Smid* Rn. 12; *St/J/Brehm* Rn. 26.

[24] OLG Stuttgart Rpfleger 1983, 409; *Baur/Stürner* ZwV Rn. 516; *Brox/Walker* Rn. 638; *Schuschke/Walker* Rn. 5; aA die in Fn. 22.

[25] *Schuschke/Walker* Rn. 4.

[26] BGHZ 114, 138, 141 = NJW 1991, 3248.

[27] MK/*Smid* Rn. 18.

[28] BGH (Fn. 26).

[29] BGHZ 147, 225, 229ff. = NJW 2001, 2178 = JZ 2002, 44 m. Anm. *Berger* = JR 2002, 234 m. Anm. *Jost.*

[30] BAG NJW 1989, 2148f.

[31] MK/*Smid* Rn. 21.

[32] BGH NJW 1985, 1768.

185 BGB, 835, 836 Abs. 1).[33] Zahlt er in Unkenntnis der Überweisung an den Schuldner, wird er im Verhältnis zum Vollstreckungsgläubiger entspr. § 407 BGB geschützt. Entscheidend ist der Zeitpunkt der Leistungshandlung, s. § 829 Rn. 20.[34] In engen Grenzen gilt der Schutz auch, wenn der Drittschuldner nach der Zustellung keine zumutbare Möglichkeit mehr hat, bei dezentraler Organisation die Auszahlungsstelle zu benachrichtigen.[35] Zahlt er in Unkenntnis einer vor der Pfändung erfolgten Abtretung an den scheinbar berechtigten Vollstreckungsgläubiger, schützen ihn im Verhältnis zum Zessionar die §§ 408 Abs. 2, 407 Abs. 1 BGB.[36] Entspr. gilt für die Beschlagnahme nach § 111c Abs. 3 StPO[37] u. für Einziehungsverfügungen im Verwaltungszwangsverfahren,[38] s. § 829 Rn. 31. Zahlt der Drittschuldner in Kenntnis des unwirksamen (s. Rn. 6) Pfändungs- und Überweisungsbeschlusses an den Zessionar, tritt ohne weiteres Erfüllung ein, weil er an den wahren Berechtigten leistet. Im Verhältnis zum Schuldner wird der Drittschuldner, der im Vertrauen auf den Bestand des Überweisungsbeschlusses leistet, durch § 836 Abs. 2 geschützt (s. dort Rn. 3 ff. auch zur **Mehrfachpfändung**). Zur **Hinterlegung** (§ 372 BGB) ist der Drittschuldner nach Überweisung grds. nicht mehr verpflichtet und auch nicht berechtigt,[39] es sei denn, sie erfolgt gemäß § 839 oder wg. mehrfacher Pfändung oder weil Rang oder Gültigkeit von Pfändung u. Überweisung unsicher sind.[40] Mit **Einstellung der Zwangsvollstreckung** enden Pflichten und Rechte des Drittschuldners zur Leistung an den Vollstreckungsgläubiger. Maßgeblich ist der Zeitpunkt, in dem der Einstellungsbeschluss mit der ersten Hinausgabe durch die Geschäftsstelle existent wird.[41] Solange der Pfändungs- und Überweisungsbeschluss besteht, darf der Drittschuldner nur noch an Gläubiger und Schuldner gemeinsam leisten oder die geschuldete Leistung zu Gunsten beider hinterlegen.[42]

3. Überweisung an Zahlungs statt (Abs. 1 Alt. 2, Abs. 2). Mit Wirksamwerden des Überweisungsbeschlusses (Abs. 3 iVm. § 829 Abs. 3) erlischt die Titelforderung. Die Überweisung wirkt **wie eine Abtretung.** Der Gläubiger wird Inhaber der gepfändeten Forderung. Weil er das **Risiko der Einbringlichkeit** trägt, wird er sich die gepfändete Forderung nur dann an Zahlungs statt überweisen lassen, wenn sie zweifelsfrei besteht, wie ggf. eine Hypothekenforderung. Sollte die überwiesene Forderung dem Schuldner nicht zustehen oder einredebehaftet sein (§ 404 BGB), bleibt die Überweisung wirkungslos. Die Titelforderung besteht fort; der Gläubiger kann weiterhin vollstrecken. Ist die Befriedigungswirkung streitig, kann der Schuldner nach § 767 klagen, der Gläubiger nach § 256. Weil die Zwangsvollstreckung mit der wirksamen Überweisung an Zahlungs statt endet, sind Erinnerung und Beschwerde nicht mehr zulässig (allg. zu Beginn und Ende der Zwangsvollstreckung s. vor § 704 Rn. 29).[43] 14

4. Schuldnerschutz (Abs. 3 S. 2). Der Schuldner hat Gelegenheit, während der Sperrfrist nach § 850k Pfändungsschutz für **Bankguthaben** zu bewirken (s. § 850k Rn. 2ff. und § 850i Rn. 29). Das Verbot sollte in den Beschluss aufgenommen werden. Es gilt aber schon kraft Gesetzes unabhängig von Art und Herkunft des Geldguthabens[44] und davon, ob der Schuldner im Einzelfall den Antrag stellen will. Die Bank darf erst nach Ablauf der Zweiwochenfrist (§ 222) leisten oder hinterlegen und vorher auch nicht gegenüber dem Gläubiger aufrechnen.[45] Verstößt sie gegen die Sperrfrist und hat der Schuldner mit einem rechtzeitigen Antrag nach § 850k Erfolg, wird sie ihm gegenüber nicht frei (§ 135 BGB)[46] oder ist ihm jedenfalls nach § 823 Abs. 2 BGB ersatzpflichtig.[47] Wird kein Schutz nach § 850k gewährt, bleibt ein Verstoß folgenlos. 15

5. Überweisung an mehrere Gläubiger. Falls mehrere Gläubiger dieselbe Forderung pfänden, kann sie an jeden von ihnen **zur Einziehung** überwiesen werden. Die Überweisung ist ohne Einfluss auf den Rang der Pfandrechte.[48] Jeder Gläubiger ist einziehungsberechtigt. Der Drittschuldner kann gegenüber nachrangigen aber einwenden, dass er frühere Pfändungen vorab befriedigen müsse. Ist der Drittschuldner über den Rang unsicher, sollte er nach § 853 hinterlegen. Auf Verlangen eines Gläubigers ist er dazu verpflichtet. Erfolgt eine **irrtümliche Zahlung an** einen **nachrangigen Gläubiger,** wird der Drittschuldner gegenüber dem vorrangigen nur unter den Voraussetzungen der §§ 407, 408 BGB frei. Bleibt der Drittschuldner dem vorrangigen verpflichtet, kann er von dem nachrangigen wegen Zweckverfehlung aus § 812 BGB Herausgabe verlangen und muss sich nicht an den Schuldner halten.[49] Weil durch Überweisung **an Zahlungs statt** ein Gläubigerwechsel eintritt, kommt sie bei mehreren Gläubigern nur in Betracht, soweit nach der ersten noch ein Recht verbleibt. 16

---

33 *Palandt/Grüneberg* § 362 BGB Rn. 4; Ausnahme OLG Düsseldorf OLGR 2003, 280: Ermächtigung des Schuldners zur Klage u. Einziehung.
34 BGHZ 105, 358, 360 = NJW 1989, 905; BGHZ 86, 337, 339 = NJW 1983, 886.
35 BGH NJW 1977, 581 f.; LAG Hamm MDR 1983, 964; *Behr* JurBüro 1997, 69.
36 BGH WM 2007, 1290, 1292; NJW 2002, 755, 757.
37 BGH (Fn. 36).
38 LG Köln NJW-RR 1999, 649 (zu §§ 40, 44 VwVG NW).
39 RGZ 77, 141, 144; MK/*Smid* Rn. 19.
40 BGH Rpfleger 2005, 320 = MDR 2005, 652 (Rangverhältnis zw. Pfändung u. Abtretung).
41 BGHZ 25, 60, 63 = NJW 1957, 1480; OLG Bremen NJW 1961, 1824.
42 BGHZ 140, 253, 255 f. = NJW 1999, 953.
43 LG Düsseldorf Rpfleger 1982, 112; MK/*Smid* Rn. 26; *St/J/Brehm* Rn. 43; *Münzberg* Rpfleger 1982, 329; aA OLG Düsseldorf Rpfleger 1982, 192; *Zö/Stöber* Rn. 13.
44 *Meyer ter Vehn* NJW 1978, 1240; *Hornung* Rpfleger 1978, 352, 360; aA *Hartmann* NJW 1978, 1320.
45 *T/P/Hüßtege* Rn. 9.
46 *Schuschke/Walker* Rn. 17.
47 *T/P/Hüßtege* Rn. 10.
48 RGZ 164, 162, 169.
49 BGH (Fn. 4); aA OLG München VersR 1978, 951.

IV. Rechtsbehelfe

17 Sie entsprechen denen beim Pfändungsbeschluss (s. § 829 Rn. 23ff.).

V. Einziehungsklage

18 **Allgemeines.** Vollstreckungstitel nebst Pfändungs- und Überweisungsbeschluss berechtigen den Gläubiger nicht zur Zwangsvollstreckung gegen den Drittschuldner. Er hat ihm gegenüber nicht mehr Rechte als der Schuldner hatte. Erbringt der Drittschuldner die geschuldete Leistung nicht freiwillig, muss sich der Gläubiger einen Vollstreckungstitel gegen den Drittschuldner beschaffen.[50] Das geschieht regelmäßig durch die sog. Einziehungsklage des Gläubigers gegen den Drittschuldner. Einzelheiten s. 4. Aufl. Rn. 19f. u. *Lackmann* Rn. 339–353.

VI. Gebühren und Kosten

19 **1. Rechtsanwaltsgebühren.** Vgl. § 829 Rn. 38.

20 **2. Gerichtskosten.** Für das Verfahren über Anträge auf Anweisung wird eine Festgebühr von 15 Euro nach KV Nr. 2111 erhoben. Wurde vorher bereits eine Festgebühr nach dieser Bestimmung für die Pfändung gemäß § 829 Abs. 1 fällig, bleibt es bei der einmaligen Erhebung.

836 *Wirkung der Überweisung*

(1) Die Überweisung ersetzt die förmlichen Erklärungen des Schuldners, von denen nach den Vorschriften des bürgerlichen Rechts die Berechtigung zur Einziehung der Forderung abhängig ist.

(2) Der Überweisungsbeschluss gilt, auch wenn er mit Unrecht erlassen ist, zugunsten des Drittschuldners dem Schuldner gegenüber so lange als rechtsbeständig, bis er aufgehoben wird und die Aufhebung zur Kenntnis des Drittschuldners gelangt.

(3) [1]Der Schuldner ist verpflichtet, dem Gläubiger die zur Geltendmachung der Forderung nötige Auskunft zu erteilen und ihm die über die Forderung vorhandenen Urkunden herauszugeben. [2]Erteilt der Schuldner die Auskunft nicht, so ist er auf Antrag des Gläubigers verpflichtet, sie zu Protokoll zu geben und seine Angaben an Eides statt zu versichern. [3]Die Herausgabe der Urkunden kann von dem Gläubiger im Wege der Zwangsvollstreckung erwirkt werden.

I. Normzweck

1 Die Vorschrift ergänzt § 835. Abs. 1 stellt klar, dass die Überweisung alle Förmlichkeiten ersetzt, die nach materiellem Recht für eine Abtretung oder Einziehungsermächtigung bestehen. Abs. 2 schützt wie §§ 407, 409 BGB den gutgläubigen Drittschuldner im Verhältnis zum Schuldner, falls die Überweisung zu Unrecht erfolgte. Abs. 3 bezweckt, den Gläubiger bei der Durchsetzung der gepfändeten Forderung gegen den Drittschuldner durch den Schuldner zu unterstützen.[1] Er regelt entspr. § 402 BGB Pflichten des Schuldners und ermöglicht dem Gläubiger, die Herausgabe von Urkunden vereinfacht durchzusetzen. S. 2 erweitert die Vollstreckungsmöglichkeit auf den nicht titulierten Auskunftsanspruch, dessen Umfang vom Einzelfall abhängt.

II. Formerfordernisse (Abs. 1)

2 Die Überweisung ersetzt Formerfordernisse des Zivilrechts,[2] zB aus § 1154 BGB für die Abtretung der Hypothekenforderung und aus Art. 18 WG, 23 SchG für das Inkassoindossament. Sie wirkt nicht als Vollindossament, weil die Rückgriffsmöglichkeit nach Art. 43 WG durch § 835 nicht gedeckt wäre.[3]

III. Schutz des Drittschuldners (Abs. 2)

3 **1. Allgemeines.** Abs. 2 regelt allein das Verhältnis zwischen Drittschuldner und Schuldner, gilt also nicht im Verhältnis zu einem Dritten, der wirklicher Inhaber der angeblichen Forderung des Schuldners ist (s. Rn. 5 und § 835 Rn. 13). Der Drittschuldner wird nach Abs. 2 geschützt, wenn er im Vertrauen auf die Gültigkeit des ihm zugestellten[4] Überweisungsbeschlusses vor Kenntnis von dessen Aufhebung an den Vollstreckungsgläubiger zahlt. Hat er in dieser Zeit nicht gezahlt, darf er später gegenüber dem wahren Berechtigten die Leistung nicht unter Berufung auf Abs. 2 verweigern.[5] Der **Wortlaut** erfasst nur aufhebbare, nicht aber unwirksame, nichtige Beschlüsse. Demgemäß hat der BGH bei einer nichtigen Überweisung, die auf einer Arrestpfändung beruhte (s. § 835 Rn. 6), Abs. 2 für schlechthin unanwendbar gehalten.[6] Später hat er dagegen zu Recht auf den **Schutzzweck** der Norm abgestellt u dem Drittschuldner Vertrauensschutz für eine unwirksame Überweisung zugebilligt, bei der die Pfändung der hypothekarisch gesicherten Forderung

---

[50] BGHZ 130, 347, 351 = NJW 1995, 2715; BGH NJW 1992, 173f.
[1] OLG Naumburg InVo 2000, 391.
[2] BFH InVo 2000, 277, 279.
[3] MK/*Smid* Rn. 2; *St/J/Brehm* Rn. 1.
[4] MK/*Smid* Rn. 3.
[5] BAG WM 1991, 470, 472.
[6] BGHZ 121, 98, 104 = NJW 1993, 735; zustimmend: *Zö/Stöber* Rn. 7; krit. *Walker* JZ 1994, 990, 996.

(noch) nicht im Grundbuch eingetragen war, sog. Mangel am Tatbestand (s. § 830 Rn. 7; § 835 Rn. 6 aE).[7] Daraus folgt: Der Drittschuldner kann grds. auf den rechtlichen Bestand der hoheitlichen Beschlagnahme vertrauen. Nur wenn sich ihm aus dem bekannten Sachverhalt ohne weiteres ernsthafte Zweifel aufdrängen, ist ihm zuzumuten, diese Zweifel von einem Rechtskundigen ausräumen oder bestätigen zu lassen. Stellt er sich rechtsblind, wird er nicht geschützt. Für die Offenkundigkeit ist mithin, anders als bei der Nichtigkeit eines Vollstreckungsaktes nicht auf die Sicht eines verständigen Beobachters abzustellen,[8] sondern auf das, was der **Drittschuldner als rechtlicher Laie** erkennen kann und muss.[9] Diese Differenzierung erscheint sachgerecht.[10] Für Abs. 2 ist es infolgedessen unerheblich, ob die Unwirksamkeit eines Überweisungsbeschlusses auf dem Fehlen von materiellrechtlichen Voraussetzungen beruht,[11] oder darauf, dass der Vollstreckungsakt zwar vollständig, aber fehlerhaft verwirklicht wurde[12] oder darauf, dass er unvollständig war.[13] Ein treuwidrig oder arglistig handelnder Schuldner bleibt schutzlos.[14] Im Einzelfall kommt eine Parallele zur groben Fahrlässigkeit in Betracht.[15]

2. Wirkung gegenüber dem Schuldner. Der Schutz des Drittschuldners gem. Abs. 2 wirkt in der Weise, 4
dass der Anspruch des Schuldners auch dann erlischt, wenn der gutgläubige Drittschuldner an den Gläubiger zahlt, obwohl die **Überweisung aufgehoben** oder für den Drittschuldner **nicht offenkundig nichtig** ist (s. o. Rn. 3) oder **nach Einstellung** der Zwangsvollstreckung erfolgte[16]. Der Drittschuldner darf bei Vorliegen von Unwirksamkeitsgründen die Leistung verweigern. Gründe, die lediglich zur Anfechtung von Pfändung oder Überweisung führen, können aber nur mit der Erinnerung geltend gemacht werden (s. § 829 Rn. 22ff.). Die spätere Aufhebung eines anfechtbaren Beschlusses schadet nicht.[17] Wird eine bereits gepfändete und überwiesene Forderung nochmals überwiesen, sog. **Mehrfachpfändung,** gilt Abs. 2 nach hM entsprechend.[18] Diese Analogie liegt sachlich näher als eine zu §§ 408 Abs. 2, 407 BGB.[19] Hat nämlich der Drittschuldner an den nicht mehr berechtigten Gläubiger geleistet, ohne vom Wegfall des Einziehungsrechts Kenntnis zu haben, wird er vor Ansprüchen des wahren Pfandgläubigers geschützt, weil der als Teilrechtsnachfolger des Schuldners nicht besser stehen soll als jener. Pfandgläubiger können den Drittschuldner i. Ü. nach §§ 853, 856 zur Hinterlegung zwingen. Der gegen die entspr. Anwendung des Abs. 2 auf die Mehrfachpfändung vorgebrachte Einwand, das (Beweis-)Risiko sei nur dem Schuldner zuzumuten, nicht weiteren Gläubigern, zumal der Drittschuldner risikolos hinterlegen könne,[20] ist daher mE nicht zwingend. Der Drittschuldner wird durch Abs. 2 jedenfalls geschützt, wenn ihm eine **Rangänderung** (s. a. § 804 Rn. 14ff.) auf Grund von Rangrücktrittserklärungen unbekannt geblieben ist.[21] **Kein Schutz bei Kenntnis.** Hat der Drittschuldner im Zeitpunkt der Zahlung Kenntnis von Aufhebung oder einstweiliger Einstellung der Zwangsvollstreckung, entfällt der Schutz.[22] Jede Form der Kenntnisnahme genügt, eine förmliche Zustellung der Mitteilung ist nicht nötig.[23] Der **Nachweis** der Kenntnis obliegt dem Schuldner, bei Mehrfachpfändung nach hM ggf. dem Gläubiger,[24] der Drittschuldner braucht nicht seine Unkenntnis zu beweisen. Wird Kenntnis als Folge öff. Bekanntmachung fingiert, ist deren Zeitpunkt nachzuweisen.[25] Kennenkönnen reicht aber nie, weil der Drittschuldner etwaige Zweifel nicht von sich aus beheben muss. Gegen einen **Irrtum des Drittschuldners** über den Umfang der Pfändung bietet Abs. 2 keinen Schutz.[26] Auch wenn er die Überweisung irrtümlich für unwirksam hält, hilft Abs. 2 ihm nicht.[27] Vertraut er einem aufhebenden Beschluss vor dessen Rechtskraft, trägt er das Risiko.[28] Zahlt der Drittschuldner aber an den Schuldner, weil er von der Überweisung keine Kenntnis erlangt hatte, ist § 407 BGB entsprechend anzuwenden.[29]

3. Kein Schutz im Verhältnis zu Dritten. Abs. 2 gilt nicht, wenn ein Dritter wahrer Inhaber der angeblich 5
dem Schuldner zustehenden Forderung ist. Das Vertrauen des Drittschuldners auf das Bestehen der Forderung wird nicht mitgeschützt. War der Schuldner nie Forderungsinhaber, wird der Drittschuldner durch seine Leistung an den Vollstreckungsgläubiger nicht frei.[30] Ist zweifelhaft, ob der Schuldner Inhaber der ge-

---

[7] BGHZ 127, 146, 153ff. = NJW 1994, 3225 = LM § 830 Nr. 3 m. Anm. *Walker* = Rpfleger 1995, 119 m. Anm. *Riedel* = ZZP 108 (1995), 250 m. Anm. *Henckel.*
[8] Zutreffend: BGHZ 121, 98, 103 = NJW 1993, 735; BGHZ 114, 315, 327f. = NJW 1991, 2147 (Insiderkenntnisse).
[9] BGHZ 127, 146, 155 = NJW 1994, 3225.
[10] *Musielak,* GK ZPO, Rn. 661; eingehend: *Becker,* Festschr. f. Musielak 2004 S. 51, 68ff.
[11] Beispiel: BGH NJW 2002, 755, 757 = LM H. 10/2002 § 829 ZPO Nr. 46.
[12] Beispiel: BGHZ 121, 98, 102 = NJW 1993, 735.
[13] Beispiel: BGHZ 127, 146, 152 = NJW 1994, 3225.
[14] *Soergel/Zeiss* § 409 BGB Rn. 2; *Henckel* ZZP 108 (1995), 261.
[15] *Spickhoff,* Festschr. für Schumann 2001 S. 443, 461.
[16] *St/J/Brehm* Rn. 2.
[17] *Lackmann* Rn. 311.
[18] BGHZ 82, 28, 31 = NJW 1982, 173; 66, 394, 395 = NJW 1976, 1453.
[19] *Ro/G/Sch* § 55 II 1c ee; anders: *Braun* JuS 1997, 1005, 1007.
[20] MK/*Smid* Rn. 7f.; *St/J/Brehm* Rn. 9.
[21] BAG NJW 1990, 2641, 2642; MK/*Smid* Rn. 7.
[22] *St/J/Brehm* Rn. 3.
[23] *Schuschke/Walker* Rn. 4.
[24] BGHZ 66, 394, 398 = NJW 1976, 1453. *Denck* JuS 1979, 408, 409.
[25] LG Berlin KTS 1963, 185.
[26] BAG Rpfleger 1975, 220.
[27] MK/*Smid* Rn. 9.
[28] OLG Stuttgart NJW 1961, 34 m. Anm. *Riedel.*
[29] BGHZ 86, 337, 339 = NJW 1983, 886.
[30] BGH NJW 2002, 755, 757; 1988, 495 = LM § 829 ZPO Nr. 29.

pfändeten Forderung ist, leistet der Drittschuldner auf eigene Gefahr. Nur wenn der Dritte Zessionar der ursprünglich dem Schuldner zustehenden Forderung ist und der Drittschuldner in Unkenntnis der Abtretung an den Vollstreckungsgläubiger leistete, helfen ihm §§ 408 Abs. 2, 407 Abs. 1 BGB; s. a. § 835 Rn. 13.[31] Zum **Bereicherungsanspruch** gegen unberechtigte Vollstreckungsgläubiger s. 4. Aufl. Rn. 5 a.

IV. Schuldnerpflichten (Abs. 3)

6 **1. Auskunftspflicht.** Sie soll entspr. § 402 BGB den Gläubiger in die Lage versetzen, eine schlüssige, exakt bezifferte Klage gegen den Drittschuldner zu erheben. Wie bei § 807 (s. dort Rn. 10) muss der Schuldner den Grund und die Beweismittel für seine Ansprüche gegen den Drittschuldner angeben.[32] Ihr **Umfang** wird im Einzelfall durch ihren Zweck bestimmt. Sie besteht auch für Tatsachen, die nach Erlass, aber vor Zustellung des Pfändungsbeschlusses an den Drittschuldner eingetreten sind.[33] §§ 286, ggf. 280 und 823 BGB sind anwendbar.[34] Auf Tatsachen, die der **Schweigepflicht** des Schuldners unterliegen, erstreckt sich der Anspruch nicht.[35] Liegt ein Pfändungsbeschluss vor und verweigert der Schuldner die außergerichtliche Auskunftserteilung, ist die Auskunft nach §§ 899 ff. **erzwingbar** (S. 2), notfalls durch Haft. Für eine Auskunftsklage,[36] fehlt daher idR das Rechtsschutzinteresse.[37] Der Gläubiger muss, wie früher bei der Klage, die geforderten Auskünfte präzisieren. Der Schuldner ist verpflichtet, dem Gerichtsvollzieher (§ 899 Abs. 1) die geschuldete Auskunft zu Protokoll zu geben und seine Angaben an Eides statt zu versichern. Bestreitet der Schuldner die Verpflichtung, hat das Vollstreckungsgericht zu entscheiden (§ 900 Abs. 4). Auskunfts- und Herausgabepflicht bestehen selbständig nebeneinander[38] und **unabhängig von § 840;** s. u. Rn. 10.

7 **2. Herausgabepflicht.** Die Verpflichtung des Schuldners, dem Gläubiger die über die Forderung vorhandenen Urkunden herauszugeben, ist der schnellste und sicherste Weg, die zur Geltendmachung des gepfändeten Anspruchs nötige Auskunft zu erlangen.[39] Gibt der Schuldner die Urkunden nicht freiwillig heraus, muss der Gläubiger den Schuldner nicht erst verklagen, denn der Pfändungs- und Überweisungsbeschluss genügt als Vollstreckungstitel, s. Rn. 8. Der GV nimmt die Urkunden durch **Hilfspfändung** vorläufig in Besitz. Eine Pfändung nach § 808 kommt nicht in Betracht, weil die Papiere nicht Träger der Rechts sind (s. a. § 821 Rn. 2; zur Hilfspfändung von Nebenforderungen s. § 857 Rn. 3).

a) Umfang. Die Herausgabepflicht betrifft Urkunden, die den Gläubiger als zum Empfang der Leistung berechtigt legitimieren (Legitimationspapiere) sowie solche, die den Bestand der Forderung beweisen oder sonst der Ermittlung oder dem Nachweis ihrer Höhe, Fälligkeit und Einredefreiheit dienen.[40] Das gilt vor allem für **Lohn- und Gehaltsabrechnungen** des Schuldners, die dem Gläubiger eine exakt bezifferte Zahlungsklage ermöglichen.[41] Abs. 3 gilt für alle nach der Pfändung (§ 829 Abs. 3) erstellten Abrechnungen, für vorherige Abrechnungen über zur Zeit der Pfändung bestehende Lohnrückstände[42] und nach zutr. Ansicht idR auch für bereits bezahlte Lohnforderungen der letzten drei Monate.[43] Richtig ist zwar, dass diese Forderungen nicht von der Pfändung erfasst werden.[44] Der gleichgerichtete Zweck von Auskunftserteilung u. Urkundenherausgabe (s. Rn. 1) verlangt aber eine weite Auslegung. **Weitere Einzelfälle:** Herauszugeben sind Abtretungserklärungen,[45] Atteste,[46] Briefe,[47] Flugtickets,[48] Kontoauszüge,[49] Leistungsbescheide des Arbeitsamts,[50] Lohnabtretungsurkunden,[51] (zur Lohnsteuerkarte des Schuldners und zu Besteuerungsbelegen s. § 829 Rn. 30), Meldekarten,[52] Pfandscheine,[53] auch Postsparbücher (vgl. § 831 Rn. 1),[54] (löschungs-

---

[31] BGH (Fn. 24) S. 396.

[32] OLG Hamm InVo 2000, 173 (keine Ausforschung); *Seip* DGVZ 1998, 1, 4.

[33] *Zö/Stöber* Rn. 10.

[34] OLG München MDR 1990, 932.

[35] OLG Stuttgart NJW 1994, 2838; aber: AG Verden JurBüro 1997, 211 m. zust. Anm. *Behr* (Pfändung durchbricht Sozialgeheimnis der §§ 67 ff. SGB X).

[36] LG Hamburg Rpfleger 1982, 387; OLG Nürnberg FamRZ 1979, 524 (keine Familiensache).

[37] Unentschieden: OLG Hamm (Fn. 32) aE.

[38] LG Ravensbrück Rpfleger 1990, 255; *Steder* MDR 2000, 438 f.

[39] *Wertenbruch* DGVZ 2001, 65, 66 (konkludente Auskunft)

[40] BGH NJW 2003, 1256; *St/J/Brehm* Rn. 14.

[41] HM; OLG Hamm DGVZ 1994, 188 = JurBüro 1995, 163; LG Münster Rpfleger 1994, 472 m. weit. Nachw.; *Scherer* Rpfleger 1995, 446, 449; vgl. auch: *Behr* JurBüro 1995, 626; aA LG Hildesheim DGVZ 1994, 156.

[42] AA LG Bochum JurBüro 2000, 437.

[43] BGH NJW 2007, 606; LG Koblenz DGVZ 1997, 126; Behr JurBüro 2000, 437; David MDR 2000, 195.

[44] LG Bochum (Fn. 42); *Stöber* Rn. 945 d; *Zöller/Stöber* Rn. 13.

[45] BGH NJW 2003, 1256.

[46] MK/*Smid* Rn. 13.

[47] *Noack* DGVZ 1975, 97, 99.

[48] LG Frankfurt DGVZ 1990, 169.

[49] BGH NJW 2006, 217; aA AG Göppingen DGVZ 1989, 29.

[50] LG Regensburg Rpfleger 2002, 468; LG Essen JurBüro 2001, 153; LG Leipzig JurBüro 2001, 403; aA LG Hannover Rpfleger 1986, 143.

[51] LG Ansbach DGVZ 1995, 122.

[52] LG Berlin NJW 1994, 3303 f.

[53] *Zö/Stöber* Rn. 13.

[54] AG Frankfurt/M DGVZ 1991, 129.

fähige) Quittungen,[55] Schuldscheine,[56] Spar(kassen)bücher (ohne Sicherungskarten),[57] Urlaubskarten nach Pfändung des Anspruchs auf Urlaubsgeld,[58] Versicherungsscheine,[59] Vertragsurkunden nebst Ausschreibungsunterlagen und Leistungsverzeichnisse,[60] Vollstreckungstitel wegen § 727 und Schriftwechsel über die gepfändete Forderung;[61] sehr **str.:** (vorrangige) Pfändungsbeschlüsse.[62] Hat der Drittschuldner kein Recht auf Vorlage des Originals, kann dem Schuldner im Beschluss erlaubt werden, an Stelle des Originals eine **beglaubigte Abschrift** herauszugeben.[63] Der Schuldner muss **keine Forderungsaufstellung** anfertigen und herausgeben.[64] **EC-Karten** u. andere Scheckkarten können nicht herausverlangt werden, weil sie weder zur Legitimation noch zum Beweis der Forderung erforderlich sind u. Abs. 3 S. 1 nicht den Schutz des Gläubigers vor Verfügungen des Schuldners bezweckt.[65]

b) **Vollstreckungstitel** zur Durchsetzung des Herausgabeanspruchs nach §§ 883, 886 ist der Pfändungs- und Überweisungsbeschluss über die Geldforderung, wenn in ihm die herauszugebenden **Urkunden** einzeln so **genau bezeichnet** sind, dass der GV sie zweifelsfrei identifizieren kann.[66] Eine besondere Herausgabeanordnung ist nicht erforderlich. Die herauszugebenden Urkunden sind auf Antrag des Gläubigers regelmäßig bereits in den Beschluss aufzunehmen.[67] Das ist aber auch nachträglich entspr. § 321 möglich.[68] Angabe der Sparbuchnummer ist entbehrlich.[69] Ein allgemeines Verlangen nach Herausgabe steuermindernder Urkunden genügt nicht.[70] Es genügt eine einfache Ausfertigung zusammen mit der vollstreckbaren des Schuldtitels.[71] Die Zustellung erfolgt nach § 750. Sind die Urkunden nicht zu finden, kann der Gläubiger vom Schuldner nach § 883 Abs. 2 die Abgabe der eidesstattlichen Versicherung verlangen.[72] Für eine Pfändung der herauszugebenden Urkunden besteht kein Rechtsschutzbedürfnis.[73] Der Gläubiger ist zur **Rückgabe** der Urkunde verpflichtet, wenn nur ein Teil der Forderung überwiesen wurde oder die Urkunde aus anderen Gründen nicht bestimmungsgemäß beim Drittschuldner verbleibt.[74] Dies ist im Beschluss auszusprechen oder nachträglich zu ergänzen.[75] Er bildet dann den Vollstreckungstitel des Schuldners für die Rückgabe. 8

c) **Besitzt der Drittschuldner** die Urkunde, ist eine Anordnung nach Abs. 3 nicht erforderlich, denn der (angebliche) Herausgabeanspruch des Schuldners gegen ihn wird als Nebenrecht entspr. §§ 402, 412 BGB mitgepfändet u. -überwiesen.[76] Eine deklaratorische Anordnung ist gleichwohl zulässig, weil zweckdienlich, da sie der Gläubigerin die Durchsetzung des Herausgabeanspruchs gegen den Drittschuldner erleichtert.[77] Sie ist aber kein Vollstreckungstitel gegen den Dritten. Ist er zur freiwilligen Herausgabe nicht bereit, muss der Gläubiger ihn verklagen.[78] Klagegrund ist in den Fällen des § 952 BGB sein Pfandrecht, sonst sein Einziehungsrecht nach §§ 835, 836. Befindet sich die Urkunde beim Gerichtsvollzieher, muss der Gläubiger ggf. nach § 766 vorgehen, eine Klage wäre mangels Rechtsschutzinteresses unzulässig.[79] 9

3. Verhältnis zu §§ 840, 807.[80] Das Recht des Gläubigers, nach § 840 vom Drittschuldner Auskünfte zu erhalten oder den Inhalt der Urkunden zu erfahren, macht ein Vorgehen nach Abs. 3, nicht unzulässig,[81] zumal gegen den Drittschuldner kein einklagbarer Anspruch besteht,[82] s. Rn. 6 u. § 840 Rn. 8. Urkundenherausgabe kann nach dem Zweck der Regelung (s. Rn. 1) auch dann verlangt werden, wenn eine Drittschuldnererklärung oder ein Vermögensverzeichnis des Schuldners (§ 807) bereits vorliegt.[83] 10

---

[55] LG Köln DGVZ 1964, 42.
[56] *Zö/Stöber* (Fn. 53).
[57] AG Bremen JurBüro 1998, 605 f.
[58] *Dohmen* DGVZ 1961, 26; *Quardt* BB 1958, 1212 f.
[59] OLG Frankfurt Rpfleger 1977, 221; LG Darmstadt DGVZ 1991, 9.
[60] OLG Hamm MDR 1976, 43.
[61] *Noack* DGVZ 1975, 99.
[62] LG Stuttgart Rpfleger 1998, 166; LG Bielefeld JurBüro 1995, 384; aA LG Münster Rpfleger 2002, 312; LG Aachen InVo 1997, 77; *Schuschke/Walker* Rn. 6; *Zöller/Stöber* Rn. 13.
[63] *St/J/Brehm* Rn. 16.
[64] LG Hof DGVZ 1991, 138.
[65] BGH NJW 2003, 1256, 1257; *Walker* LMK 2003, 115; aA LG Dortmund DGVZ 1992, 188.
[66] OLG Frankfurt Rpfleger 1977, 221; LG Münster InVo 2001, 31; MK/*Smid* Rn. 14; *Schuschke/Walker* Rn. 8; *St/J/Brehm* Rn. 15; zu weitgehend *B/L/H* Rn. 13.
[67] BGH NJW-RR 2006, 1576.
[68] LG Hannover Rpfleger 1994, 221; OLG Zweibrücken DGVZ 1995, 148, 150; LG Freiburg JurBüro 1994, 368; LG Göttingen Rpfleger 1994, 372; *St/J/Brehm* Rn. 15.
[69] AG Bremen JurBüro 1998, 605 f.
[70] LG Augsburg JurBüro 1995, 437 m. Anm. *Behr* = Rpfleger 1995, 372.
[71] MK/*Smid* Rn. 14; *T/P/Hüßtege* Rn. 15; *St/J/Brehm* Rn. 15.
[72] LG Koblenz Rpfleger 1995, 171.
[73] LG Darmstadt JurBüro 1991, 9 f.
[74] MK/*Smid* Rn. 15; *St/J/Brehm* Rn. 16.
[75] AG Bremen (Fn. 69); vgl. auch § 174 Nr. 3 GVGA.
[76] OLG Hamm DGVZ 1994, 188 = JurBüro 1995, 163; LAG Düsseldorf MDR 1983, 85.
[77] OLG Hamm (Fn. 76); LG Koblenz DGVZ 1997, 126 u. JurBüro 1996, 664; *Behr* JurBüro 2000, 437; aA OLG Zweibrücken DGVZ 1995, 148, 149 (Rechtsschutzinteresse fehlt).
[78] HM; OLG Hamm. (Fn. 76); OLG Zweibrücken (Fn. 77); aA *Stöber* Rn. 626.
[79] AG Neustadt DGVZ 1976, 75.
[80] Eingehend: *Wertenbruch* DGVZ 2001, 65, 66 ff.
[81] MK/*Smid* Rn. 17; *St/J/Brehm* Rn. 18; *Schuschke/Walker* Rn. 8; *Stöber* Rn. 623; *Wertenbruch* (Fn. 80); *Scherer* (Fn. 41); aA LG Hannover JurBüro 1986, 302.
[82] Verfehlt: LG Münster Rpfleger 2002, 321 m. abl. Anm. *Hintzen*.
[83] OLG Naumburg (Fn. 1); LG Leipzig InVo 2000, 391.

837 *Überweisung einer Hypothekenforderung* **(1) [1]Zur Überweisung einer gepfändeten Forderung, für die eine Hypothek besteht, genügt die Aushändigung des Überweisungsbeschlusses an den Gläubiger. [2]Ist die Erteilung des Hypothekenbriefes ausgeschlossen, so ist zur Überweisung an Zahlungs statt die Eintragung der Überweisung in das Grundbuch erforderlich; die Eintragung erfolgt auf Grund des Überweisungsbeschlusses.**

(2) [1]Diese Vorschriften sind nicht anzuwenden, soweit es sich um die Überweisung der Ansprüche auf die im § 1159 des Bürgerlichen Gesetzbuchs bezeichneten Leistungen handelt. [2]Das Gleiche gilt bei einer Sicherungshypothek im Falle des § 1187 des Bürgerlichen Gesetzbuchs von der Überweisung der Hauptforderung.

(3) Bei einer Sicherungshypothek der im § 1190 des Bürgerlichen Gesetzbuchs bezeichneten Art kann die Hauptforderung nach den allgemeinen Vorschriften gepfändet und überwiesen werden, wenn der Gläubiger die Überweisung der Forderung ohne die Hypothek an Zahlungs statt beantragt.

I. Normzweck

1 § 837 regelt die Verwertung der nach § 830 gepfändeten Forderungen. Sein Anwendungsbereich ist entsprechend; durch Abs. 2 wird er wie bei § 830 Abs. 3 eingeschränkt (s. dort Rn. 2). Soweit die dort genannten Ansprüche aus § 1159 BGB der gewöhnlichen Pfändung nach § 829 unterliegen (s. Rn. 2 aE), gilt für ihre Überweisung allein § 835. Bei Sicherungshypotheken gem. § 1187 BGB erfolgt die Verwertung auf dem für die dort genannten Rechte bestimmten Weg; für Inhaberschuldverschreibungen nach § 821, für Wechsel und andere indossable Papiere nach § 835.[1]

II. Voraussetzungen

2 **1. Regelfall (Abs. 1).** Auch bei Hypothekenforderungen erfolgt die Verwertung üblicherweise durch Überweisung zur Einziehung oder an Zahlungs statt (s. § 835 Rn. 2). Voraussetzung wie bei jeder Überweisung ist eine wirksame Pfändung; s. § 835 Rn. 6 ff. Weil die Pfändung nach § 830 erst mit Briefübergabe oder Grundbucheintragung wirksam wird, darf kein einheitlicher Pfändungs- und Überweisungsbeschluss ergehen; s. § 835 Rn. 4. Geschieht das gleichwohl, bleibt die Wirksamkeit der Überweisung so lange aufgeschoben, bis die Pfändung wirksam geworden ist.[2] **Briefhypothek:** Die Überweisung der gepfändeten Hypothekenforderung – zur Einziehung oder an Zahlungs statt – wird mit formloser Aushändigung des Überweisungsbeschlusses an den Gläubiger wirksam. Zustellung des Beschlusses an den Drittschuldner ist abw. v. § 835 dafür weder erforderlich noch ausreichend. **Buchhypothek:** Erfolgt die Überweisung **zur Einziehung,** genügt die Aushändigung des Beschlusses. Eine Eintragung der Überweisung im Grundbuch – neben der Pfändung – ist unzulässig, weil die Forderung nicht auf den Gläubiger übergeht.[3] Erfolgt sie **an Zahlungs statt,** muss der Beschluss ausgehändigt werden und nach Abs. 1 S. 2 die Eintragung im Grundbuch stattfinden. Dafür reicht ein formloser Antrag des Gläubigers. Grundlage ist der Überweisungsbeschluss, der nicht zugestellt werden muss und auch keine Vollstreckungsklausel benötigt.[4] Die Pfändung der Buchhypothek muss nach § 830 Abs. 1 S. 3 eingetragen sein.[5]

3 **2. Sonderfall: Sicherungshypothek (Abs. 3).** Hier kann der Gläubiger wie bei jeder durch eine Buchhypothek gesicherten Forderung nach §§ 830, 837 vorgehen. Weil sich hier aber Forderung und Hypothek trennen lassen (§ 1190 Abs. 4 BGB), hat der Gläubiger nach Abs. 3 die Möglichkeit, allein die Hauptforderung zu verwerten, wenn er deren Überweisung an Zahlungs statt beantragt. Er muss dann aber schon mit dem Pfändungsgesuch den Antrag auf Überweisung der Forderung ohne Hypothek an Zahlungs statt verbinden.[6] Der auf die Forderung zu beschränkende Pfändungs- und Überweisungsbeschluss wird nach §§ 829 Abs. 3, 835 Abs. 3 mit Zustellung an den Drittschuldner wirksam.

III. Rechtsfolgen

4 Die Rechtsfolgen entsprechen grds. denen des § 835. Der **Gläubiger** kann die Hypothekenforderung im eigenen Namen geltend machen und dem Drittschuldner nach Befriedigung eine löschungsfähige Quittung erteilen, auch wenn ihm die Forderung nur zur Einziehung überwiesen wurde.[7] Eine abstrakte Löschungsbewilligung ohne Zahlungsquittung darf er in diesem Fall aber nicht erteilen, weil dies nicht zu seiner Befriedigung in der Vollstreckung führt und daher durch die Überweisung nicht gedeckt ist.[8] Der **Schuldner** bleibt Inhaber von Forderung und Hypothek, wenn die Überweisung zur Einziehung erfolgt. Bei der Überweisung an Zahlungs statt ersetzt der Überweisungsbeschluss gem. § 836 Abs. 1 die förmliche Abtretungserklärung nach § 1155 BGB (s. § 836 Rn. 1). Betrifft sie eine Briefhypothek, vollzieht sich der Rechtsüber-

---

1 *St/J/Brehm* Rn. 5.

2 BGHZ 127, 146, 150 = BGH NJW 1994, 3225 = LM § 830 ZPO Nr. 3 m. Anm. *Walker* = Rpfleger 1995, 119 m. Anm. *Riedel* = ZZP 108 (1995), 250 m. Anm. *Henckel;* s. a. *Stöber* NJW 1996, 1180, 1184.

3 KG KGJ 33 A274.

4 *Zö/Stöber* Rn. 5.

5 BGH (Fn. 2).

6 MK/*Smid* Rn. 6; *St/J/Brehm* Rn. 6.

7 OLG Hamm Rpfleger 1985, 187.

8 KG OLGRspr. 8, 209; LG Düsseldorf MittRhNotK 1982, 23; MK/*Smid* Rn. 2.

gang vom Schuldner auf den Gläubiger außerhalb des Grundbuches. Er kann daher auf Grund des Beschlusses, der keiner Vollstreckungsklausel bedarf, beim GBA Grundbuchberichtigung beantragen, wenn er den Brief vorlegt und nachweist, dass die Pfändung wirksam geworden ist.[9] Bei der Buchhypothek kann der Gläubiger mit Eintragung der Überweisung zugleich Umschreibung der Hypothek auf sich verlangen. Er wird mit Umschreibung Eigentümer des Briefes (§ 952 BGB).[10] Der **Drittschuldner** behält seine Einwendungen (s. § 829 Rn. 19).

837a *Überweisung einer Schiffshypothekenforderung* **(1) [1]Zur Überweisung einer gepfändeten Forderung, für die eine Schiffshypothek besteht, genügt, wenn die Forderung zur Einziehung überwiesen wird, die Aushändigung des Überweisungsbeschlusses an den Gläubiger. [2]Zur Überweisung an Zahlungs statt ist die Eintragung der Überweisung in das Schiffsregister oder in das Schiffsbauregister erforderlich; die Eintragung erfolgt auf Grund des Überweisungsbeschlusses.**

(2) [1]Diese Vorschriften sind nicht anzuwenden, soweit es sich um die Überweisung der Ansprüche auf die im § 53 des Gesetzes über Rechte an eingetragenen Schiffen und Schiffsbauwerken vom 15. November 1940 (RGBl. I S. 1499) bezeichneten Leistungen handelt. [2]Das Gleiche gilt, wenn bei einer Schiffshypothek für eine Forderung aus einer Schuldverschreibung auf den Inhaber, aus einem Wechsel oder aus einem anderen durch Indossament übertragbaren Papier die Hauptforderung überwiesen wird.

(3) Bei einer Schiffshypothek für einen Höchstbetrag (§ 75 des im Absatz 2 genannten Gesetzes) gilt § 837 Abs. 3 entsprechend.

Die Schiffshypothek besteht nur als Buchhypothek (s. § 830a Rn. 1). Die sie betreffenden Ausführungen bei § 837 gelten auch hier (s. dort Rn. 2f.). 1

838 *Einrede des Schuldners bei Faustpfand* **Wird eine durch ein Pfandrecht an einer beweglichen Sache gesicherte Forderung überwiesen, so kann der Schuldner die Herausgabe des Pfandes an den Gläubiger verweigern, bis ihm Sicherheit für die Haftung geleistet wird, die für ihn aus einer Verletzung der dem Gläubiger dem Verpfänder gegenüber obliegenden Verpflichtungen entstehen kann.**

I. Normzweck

Die Norm sichert den Schuldner wg. seiner Haftung aus § 1251 Abs. 2 S. 2 BGB: Pfändung und Überweisung der Forderung erstrecken sich nach § 401 BGB auf das für sie bestehende Pfandrecht (s. § 829 Rn. 17). Nach §§ 1251 Abs. 1 BGB, 836 Abs. 1 kann der Gläubiger vom Schuldner daher Herausgabe des Pfandes verlangen. Mit Erlangen des Besitzes treffen den Gläubiger die mit dem Pfandrecht verbundenen Verwahrungs-, Sorgfalts- und Mitwirkungspflichten gegenüber dem Verpfänder (vgl. §§ 1214f., 1217f., 1223, 1243 BGB), ohne dass die Haftung des Schuldners gänzlich erlischt, denn er muss bei Pflichtverletzungen des Gläubigers wie ein selbstschuldnerischer Bürge einstehen. Während § 1251 Abs. 2 S. 3 BGB beim Forderungsübergang kraft Gesetzes dem Schuldner die Haftung ganz erlässt, gibt § 838 ihm das Recht, die Herausgabe des Pfandes zu verweigern, wenn nicht Sicherheit geleistet wird.[1] 1

II. Verfahren

1. Sicherheitsleistung. Sie richtet sich nach §§ 232ff. BGB, weil es sich um eine materiellrechtliche Anordnung handelt, nicht um eine prozessuale Sicherheit nach §§ 108f.[2] Für die Rückabwicklung ist daher das Vollstreckungsgericht nicht zuständig. Der Gläubiger muss ggf. vor dem Prozessgericht klagen.[3] 2

2. Durchsetzung der Herausgabe. Sie erfolgt Zug um Zug gegen den Nachweis erbrachter Sicherheitsleistung. Sie ist, wenn der Schuldner nicht freiwillig leistet, nur mittels Herausgabeklage und nicht nach § 836 Abs. 3 möglich, denn die Hilfspfändung ist auf Sachen beschränkt, die der Gläubiger zur weiteren Durchsetzung der Forderung benötigt, sie erlaubt nicht deren weitere Sicherung.[4] Für das Urteil gilt § 274 Abs. 1 BGB entsprechend, weil der Gläubiger nicht vorzuleisten braucht.[5] Es ist nach §§ 726, 756 zu vollstrecken. Der GV darf daher die Sache nur wegnehmen, wenn dem Schuldner der Nachweis der Sicherheit ausgehändigt wurde. 3

---

[9] KG KGJ 33 A 274; *B/L/H* Rn. 2; *Zö/Stöber* Rn. 6.
[10] MK/*Smid* Rn. 4; *St/J/Brehm* Rn. 4.
[1] *St/J/Brehm* Rn. 2.
[2] AllgM; MK/*Smid* Rn. 1 m. weit. Nachw.
[3] MK/*Smid* Rn. 4.
[4] HM; MK/*Smid* Rn. 2; *St/J/Brehm* Rn. 2; *Schuschke/Walker* Rn. 2; *Zö/Stöber* Rn. 2; aA *B//L/Hartmann* Rn. 3.
[5] MK/*Smid* Rn. 2; *Schuschke/Walker* Rn. 2; aA *St/J/Brehm* Rn. 2 (Sicherheit muss im entscheidungserheblichen Zeitpunkt geleistet sein) s. dazu § 300 Rn. 10.

839 ***Überweisung bei Abwendungsbefugnis*** **Darf der Schuldner nach § 711 Satz 1, § 712 Abs. 1 Satz 1 die Vollstreckung durch Sicherheitsleistung oder Hinterlegung abwenden, so findet die Überweisung gepfändeter Geldforderungen nur zur Einziehung und nur mit der Wirkung statt, dass der Drittschuldner den Schuldbetrag zu hinterlegen hat.**

I. Normzweck

1 Die Norm begrenzt entspr. §§ 720, 815 Abs. 2 und 3, 819 die Kompetenz des Vollstreckungsgerichts, einen Überweisungsbeschluss auf Grund eines der genannten Urteile zu erlassen.[1] Sie ist auf die angegebenen Fälle beschränkt, daher unanwendbar wenn: die Zwangsvollstreckung nach §§ 707, 719 gegen Sicherheitsleistung eingestellt wurde,[2] der Schuldner den Antrag nach § 712 Abs. 1 S. 1 versäumt hat, sein Antrag nach § 712 Abs. 1 S. 2 erfolglos blieb, er durch Vorbehaltsurteil nach §§ 302 Abs. 1, 599 Abs. 3 rechtskräftig verurteilt wurde.[3]

II. Überweisungsbeschluss

2 Er muss angeben, dass die Forderung nur zur Einziehung und Hinterlegung durch den Drittschuldner überwiesen wird. Der Drittschuldner wird durch Hinterlegung befreit. Der Schuldner wird Inhaber des Anspruchs auf Auszahlung gegen die Hinterlegungsstelle. Der Gläubiger erlangt gem. § 233 BGB daran ein Pfandrecht. Beide können gemeinsam gegenüber der Hinterlegungsstelle verfügen. Sobald der Gläubiger nachweist, dass das Recht des Schuldners zur Vollstreckungsabwendung entfallen ist, ist er allein berechtigt.

III. Gerichtskosten

3 Für das gerichtliche Verfahren wird eine Festgebühr nach KV Nr. 2110 von 15 Euro erhoben. Mehrere Verfahren gelten danach als ein Verfahren, sofern sie denselben Anspruch und denselben Gegenstand betreffen.

840 ***Erklärungspflicht des Drittschuldners*** **(1) Auf Verlangen des Gläubigers hat der Drittschuldner binnen zwei Wochen, von der Zustellung des Pfändungsbeschlusses an gerechnet, dem Gläubiger zu erklären:**
1. ob und inwieweit er die Forderung als begründet anerkenne und Zahlung zu leisten bereit sei;
2. ob und welche Ansprüche andere Personen an die Forderung machen;
3. ob und wegen welcher Ansprüche die Forderung bereits für andere Gläubiger gepfändet sei.

(2) [1]Die Aufforderung zur Abgabe dieser Erklärungen muss in die Zustellungsurkunde aufgenommen werden. [2]Der Drittschuldner haftet dem Gläubiger für den aus der Nichterfüllung seiner Verpflichtung entstehenden Schaden.

(3) [1]Die Erklärungen des Drittschuldners können bei Zustellung des Pfändungsbeschlusses oder innerhalb der im ersten Absatz bestimmten Frist an den Gerichtsvollzieher erfolgen. [2]Im ersteren Fall sind sie in die Zustellungsurkunde aufzunehmen und von dem Drittschuldner zu unterschreiben.

I. Normzweck

1 Während die Auskunftspflicht des Schuldners nach § 836 dazu dient, dem Gläubiger die Durchsetzung der gepfändeten Forderung zu ermöglichen, soll § 840 ihm helfen, sein weiteres Vorgehen sinnvoll zu planen. Er soll ermessen können, welche Risiken eine Durchsetzung – wg. § 842 auch eine Nichtverfolgung[1] – der „angeblichen Forderung" des Schuldners birgt[2] und ob weitere Pfändungen nötig sind.[3]

II. Voraussetzungen

2 **1. Pfändungsbeschluss.** Ein formell gültiger Pfändungsbeschluss (s. § 829 Rn. 15 ff.) und dessen Wirksamwerden (§ 829 Abs. 3) sind unabdingbar. Eine Überweisung der gepfändeten Forderung ist entbehrlich.[4] Sicherungsvollstreckung (§ 720 a) und Arrestpfändung (§ 930) reichen aus,[5] nicht aber eine Vorpfändung (§ 845),[6] auch keine Pfändung von Forderungen aus Wechseln und anderen Papieren durch den GV (§ 831).[7] **Anfechtbarkeit ist unbeachtlich,** solange nicht mit Erfolg angefochten wurde. Die Auskunftspflicht besteht auch bei Pfändung und Überweisung an Zahlungs statt (§ 835 Abs. 2), denn der Gläubiger soll überblicken können, ob Widerspruchsklagen (§ 771) oder Verteilungsverfahren (§ 872) drohen. Eine

---

[1] MK/*Smid* Rn. 2.
[2] BGH NJW 1968, 398; LG Berlin DGVZ 1970, 116, 117.
[3] MK/*Smid* Rn. 3; *St/J/Brehm* Rn. 2; aA AG Hamburg-Blankenese MDR 1970, 426.

[1] MK/*Smid* Rn. 1.
[2] BGHZ 91, 126, 128 = NJW 1984, 1901; *Brehm* JZ 1984, 675 und *Waldner* JR 1984, 468; LAG Stuttgart JurBüro 1994, 136.
[3] BGH WM 1978, 676 = *JuS 1978, 710 (K. Schmidt).*
[4] BGHZ 68, 289, 291 = NJW 1977, 1199.
[5] *Schreiber* JR 1977, 462, 464.
[6] BGH (Fn. 4); aA OLG Stuttgart BB 1959, 360.
[7] AG Göppingen DGVZ 1965, 45; *St/J/Brehm* Rn. 3.

Einstellung der Zwangsvollstreckung ist ohne Belang. Auf materielle Pfändungswirkungen kommt es nicht an. Die **Auskunftspflicht** besteht unabhängig davon, ob die gepfändete Forderung dem Schuldner tatsächlich zusteht, also **auch, wenn die Pfändung ins Leere geht.**[8] Die Auskunft soll helfen, den Bestand der Forderung zu klären (Abs. 1 Nr. 1). Die Verpflichtung trifft daher nicht nur den wirklichen Drittschuldner, sondern jeden als Drittschuldner Bezeichneten, dem der Pfändungsbeschluss wirksam zugestellt wurde.[9]

2. Aufforderung zur Auskunft. Sie muss auf Verlangen des Gläubigers durch den GV gegenüber dem 3 Drittschuldner erfolgen. Sie hat die Wirkung nach Abs. 1 nur dann, wenn die **Aufnahme in die Zustellungsurkunde** erfolgt ist (Abs. 2 S. 2), Aufnahme in den Pfändungsbeschluss genügt nicht (anders: § 316 AO). Eine mündliche Aufforderung an den Drittschuldner ist nicht erforderlich. Ersatzzustellung ist daher zulässig. **Nicht genügend** ist eine **öff. Zustellung.**[10] **Auch Postzustellung** genügt nicht.[11] Sie ist unzulässig, weil sie dem Drittschuldner die Möglichkeit nach Abs. 3 vorenthält, denn der Postzusteller ist zur Entgegennahme der Auskunft nicht befugt.[12] Die Aufforderung kann auch später erfolgen; die Frist beginnt dann erst mit der nachträglichen Zustellung. In diesem Fall genügt es, dass die schriftliche Aufforderung auf den bereits zugestellten Pfändungsbeschluss Bezug nimmt.[13] Mehrkosten der getrennten Aufforderung sind nur bei besonderem Anlass zu erstatten (§ 788).[14] Bei Pfändung von Hypothekenforderungen (§§ 830, 830a) ist die Aufforderung schon bei Zustellung des Pfändungsbeschlusses zulässig, auch wenn Briefübergabe oder Grundbucheintragung noch ausstehen.[15] **Zur Auskunft verpflichtet** ist jeder Drittschuldner; bei Pfändung einer **Gesamtschuld** oder von **Bruchteilen** mithin jeder einzelne. Werden **akzessorische Rechte** gepfändet, sind es der persönliche und der dingliche Schuldner.[16]

III. Durchführung der Auskunftserteilung

1. Form und Frist. Die Auskunft ist nach Abs. 1 dem Gläubiger zu erteilen. Erklärender und Empfänger 4 können sich durch Bevollmächtigte vertreten lassen.[17] Es besteht **kein Formerfordernis,** Schriftform ist aber angeraten, damit der Drittschuldner die Erfüllung, für die er die Beweislast trägt, beweisen kann.[18] Nach Abs. 3 kann die Auskunft auch gegenüber dem GV erfolgen. Geschieht das mündlich bei der Zustellung, ist sie in die Zustellungsurkunde aufzunehmen und vom Drittschuldner zu unterschreiben. Verweigert er die Unterschrift, gilt dies als Verweigerung der Auskunft. Verweigerung von Auskunft oder Unterschrift ist zu protokollieren. Nach Zustellung können Erklärungen gegenüber dem GV schriftlich oder zu Protokoll abgegeben werden, das der GV auch noch nach Fristablauf aufnehmen kann, aber nicht muss.[19] Der Gläubiger kann nicht verlangen, dass der GV den Drittschuldner zur Protokollierung eigens aufsucht.[20] Eine **Ergänzung** ist **jederzeit** möglich. Der Gläubiger hat darauf aber keinen Anspruch,[21] es sei denn, dass sich maßgebliche Umstände für Fälligkeit oder Höhe der Forderung geändert haben. In diesem Fall begründet eine ordnungsgemäß wiederholte Aufforderung die Pflicht zur Ergänzung.[22] Wenn der Drittschuldner die geschuldete Auskunft nicht erteilt, darf der Gläubiger annehmen, dass die Forderung besteht und Hindernisse nach Nr. 2 und 3 nicht vorliegen.[23] Die **Erklärungsfrist** beträgt zwei Wochen ab Zustellung des Pfändungsbeschlusses (Abs. 1). Die Berechnung erfolgt nach § 222. Maßgeblich für die Rechtzeitigkeit ist nicht die Absendung der schriftlichen Erklärung,[24] sondern deren Zugang beim Gläubiger[25] oder die Abgabe gegenüber dem GV.[26] Fristverlängerung kann nur der Gläubiger bewilligen, nicht GV oder Vollstreckungsgericht.[27] Der Beweis für die Rechtzeitigkeit obliegt dem Drittschuldner.[28]

2. Umfang der Auskunft.[29] Er richtet sich nach der Aufforderung. Der Drittschuldner braucht nur Aus- 5 kunft darüber zu geben, wonach der Gläubiger fragt, und er muss nur auf die Fragen antworten, die sich im Rahmen des Abs. 1 halten.[30] Das ist aus der Sicht des Gläubigers oft wenig hilfreich, zur Schonung des Drittschuldners, auch wegen dessen Haftung nach Abs. 2, aber gesetzlich gewollt.[31] Eine Ausdehnung des

[8] OLG Schleswig NJW-RR 1990, 448.
[9] *Schuschke/Walker* Rn. 3.
[10] LAG Mannheim AP § 183 Nr. 3; MK/*Smid* Rn. 6.
[11] LG Tübingen MDR 1974, 677; *Jakobs* DGVZ 1987, 1; vgl. auch §§ 173 Nr. 2 Abs. 2, 21 Nr. 4a GVGA.
[12] MK/*Smid* Rn. 7.
[13] OLG Köln OLGR 2001, 390, 391; *Noack* DGVZ 1961, 36.
[14] *Zö/Stöber* Rn. 3.
[15] *Zö/Stöber* Rn. 2.
[16] *Zö/Stöber* Rn. 4.
[17] *Olschewski* MDR 1974, 714.
[18] *St/J/Brehm* Rn. 6.
[19] LG München II DGVZ 1976, 187; AG Würzburg DGVZ 1977, 78.
[20] OLG Frankfurt DGVZ 1978, 156; OLG Hamm DGVZ 1977, 188 = JurBüro 1978, 767 m. Anm. *Mümmler.*
[21] BGHZ 86, 23, 26 = NJW 1983, 687; aA *Brehm* JZ 1985, 633.
[22] MK/*Smid* Rn. 13; *St/J/Brehm* Rn. 13.
[23] LAG Hamburg NJW-RR 1986, 743.
[24] So aber: MK/*Smid* Rn. 9; *Zö/Stöber* Rn. 9 (Überlegungsfrist).
[25] BGHZ 79, 275, 278 = NJW 1981, 990; OLG Düsseldorf WM 1981, 1148; *T/P/Hüßtege* Rn. 8.
[26] *B/L/H* Rn. 7.
[27] *Zö/Stöber* Rn. 9.
[28] *St/J/Brehm* Rn. 6.
[29] *Behr* JurBüro 1994, 132.
[30] MK/*Smid* Rn. 14.
[31] *St/J/Brehm* Rn. 10; *Mümmler* JurBüro 1986, 334, 335.

Fragenkatalogs durch richterliche Rechtsfortbildung ist daher nicht zulässig.[32] Geheimhaltungspflichten entfallen, soweit die Auskunftspflicht des Abs. 1 reicht.[33] Deshalb müssen Banken und Sparkassen[34] ebenso Auskunft erteilen wie Sozialversicherungsträger,[35] Rechtsanwälte[36] und Ärzte. Bei **Nr. 1** genügt es, wenn der Drittschuldner erklärt, dass er die Forderung anerkenne und zur Zahlung bereit sei oder dass er die Forderung nicht anerkenne. Er kann diese Mitteilung mit der Aufforderung nach § 843 verbinden.[37] Ggf. ist die Höhe der Leistungsbereitschaft anzugeben, und zwar unabhängig vom Rang des anfragenden Gläubigers.[38] Die Erklärung muss nach hM weder detailliert noch begründet, erst recht nicht durch Urkunden belegt werden.[39] Die Mitteilung, vorerst sei nicht mit Zahlungen zu rechnen, ist aber unzureichend.[40] Nicht geschuldet sind Angaben darüber, ob die Forderung fällig ist, ob Einwendungen oder Einreden erhoben werden oder welche erheblichen Umstände im Hinblick auf §§ 850ff. bestehen.[41] Rechnungslegung kann der Gläubiger auf Grund der Forderungspfändung ebenfalls nicht verlangen,[42] sondern nur, wenn er den darauf gerichteten Anspruch des Schuldners hat pfänden und sich überweisen lassen. Banken sind nicht verpflichtet, für den Gläubiger Kontoauszüge zu erstellen,[43] und zwar auch dann nicht, wenn der Anspruch auf Auskunft und Rechnungslegung mitgepfändet wurde.[44] **Nr. 2 und 3** verpflichten den Drittschuldner, ihm bekannte vorrangige Abtretungen und Pfändungen unter Angabe von Namen und Anschriften der Berechtigten mitzuteilen.[45] Auch bei Nr. 3 genügt die Angabe einer Gesamtsumme nicht.[46] Anzugeben ist jeweils das Gericht, von dem der vorrangige Beschluss stammt, dessen Aktenzeichen, Erlass- und Zustelldatum sowie die Höhe der Titelforderung nebst bereits erbrachter Tilgungen.[47]

6 **3. Kosten der Drittschuldnererklärung.** Der Drittschuldner muss die durch Erfüllung seiner gesetzlichen Pflicht entstehenden Kosten selbst tragen. Es besteht **kein Vergütungsanspruch** gegen den Schuldner, denn § 788 gilt nur im Verhältnis des Schuldners zum Gläubiger, nicht zum Drittschuldner. §§ 677, 683, 670 BGB scheiden aus, weil die Erklärung kein Geschäft des Schuldners ist, dessen Verpflichtung unabhängig von der des Drittschuldners besteht, s. § 836 Rn. 10. Ein Anspruch aus positiver Vertragsverletzung entfällt, weil der Schuldner nicht verpflichtet ist, eine Pfändung seiner Ansprüche zu vermeiden. Entgeltklauseln verstoßen daher gegen § 9 AGBG.[48] Nach richtiger, wenn auch str. Ansicht besteht **auch keine Erstattungspflicht des Gläubigers.**[49] Die Begründung der Gegenmeinung, aus §§ 261 Abs. 3, 811 Abs. 2 BGB ergebe sich, dass ein Gläubiger, der im Eigeninteresse von einem Dritten eine Erklärung, Auskunft oder sonstige Handlung verlangt und erhält, die jenem dadurch entstehenden Kosten erstatten müsse,[50] überzeugt ebenso wenig wie eine analoge Anwendung von § 670 BGB.[51] § 261 BGB passt nicht, weil er nur die zusätzlichen Kosten einer eidesstattlichen Versicherung betrifft, während die Kosten der vorher nach § 260 BGB erteilten Auskunft gerade nicht zu erstatten sind. Auch § 811 Abs. 2 BGB knüpft die Erstattungspflicht nicht an die Auskunft, sondern an die darüber hinausgehende Pflicht zur Vorlegung von Sachen oder an eine Hinterlegung. § 670 BGB entfällt mangels Vergleichbarkeit, weil er Angelegenheiten erfasst, die der Auftraggeber selbst hätte erledigen können.[52]

7 **Wird Erstattungsfähigkeit dennoch bejaht,** sind folgende Einschränkungen zu beachten: Der Drittschuldner hat wg. seiner Kosten auf keinen Fall ein Zurückbehaltungsrecht.[53] Es besteht auch keine Erstattungspflicht für Kosten, die sowieso im gewöhnlichen Geschäftsbetrieb des Drittschuldners entstehen, wie zB bei Bearbeitung einer Lohnpfändung.[54] Erstattungsfähig sind daher regelmäßig nur Auslagen für Porto, Telefon etc.[55] Die Kosten eines zur Erstellung der Auskunft beigezogenen Anwalts sind allenfalls[56]

---

32 MK/*Smid* Rn. 14; aA *Bauer* JurBüro 1975, 437.

33 Für Banken: *Liesecke* WM 1975, 314; für Sozialversicherer: *Stöber* Rn. 1306; für Ärzte, Anwälte, Steuerberater: BGHZ 141, 173, 178 = NJW 1999, 1544; *Wirges* JurBüro 1997, 295 (zu § 43a BRAO).

34 OLG München WM 1974, 957; vgl. a. § 6 PostG.

35 MK/*Smid* Rn. 15; *St/J/Brehm* Rn. 2.

36 OLG Karlsruhe WM 1980, 349, 350.

37 BGHZ 69, 144, 150 = NJW 1977, 1881.

38 *St/J/Brehm* Rn. 8.

39 HM; BGH (Fn. 21); MK/*Smid* Rn. 11; aA *Foerste* NJW 1999, 904; *Bauer* (Fn. 32).

40 LAG Hannover NJW 1974, 768.

41 OLG München NJW 1975, 174.

42 LG München I WM 1977, 569.

43 OLG Köln ZIP 1981, 964; LG Frankfurt WM 1986, 1008.

44 LG Itzehoe ZIP 1988, 1540, 1541f.; eingehend: *Sühr* WM 1985, 741.

45 *Mümmler* JurBüro 1986, 333, 335.

46 LAG Hannover (Fn. 40).

47 MK/*Smid* Rn. 12.

48 BGH NJW 2000, 651f.; BGHZ 141, 380, 385 = NJW 1999, 2276; BAG NJW 2007, 1302; OLG Köln WM 1999, 633.

49 BVerwG Rpfleger 1995, 261; BAG NJW 1990, 2643.

50 So: OLG Düsseldorf MDR 1990, 730; LG Köln NJW-RR 1990, 125; *B/L/H* Rn. 13; *Baur/Stürner* Rn. 506; *Brox/Walker* Rn. 623.

51 BGHZ (Fn. 48); *Eckert* MDR 1986, 799, 801f.

52 BAG (Fn. 49); LAG Köln AnwBl. 1990, 278; KG MDR 1989, 745; *St/J/Brehm* Rn. 35 (aA 20. Aufl.); *Schuschke/Walker* Rn. 5.

53 *Hintzen* OLGR 2000, K 21; *Gutzmann* BB 1976, 700.

54 S. Fn. 53.

55 MK/*Smid* Rn. 8.

56 Insow. ausnahmslos abl.: *B/L/H* Rn. 13.

bei schwieriger Rechtslage zu erstatten.[57] Entstehen sie dadurch, dass der Drittschuldner ihn im eigenen Interesse zur Abwehr der Pfändung beauftragt, muss der Gläubiger sie bei rechtmäßiger Pfändung nie erstatten.[58] Für eine **gerichtliche Durchsetzung** der Kostenerstattungsansprüche des Drittschuldners gegen den Lohnpfändungsgläubiger sind die allgemeinen Zivilgerichte zuständig, nicht Arbeitsgerichte, denn der Anspruch hat seine Grundlage jedenfalls nicht im Arbeitsrecht.[59]

4. Keine Auskunftsklage des Gläubigers.[60] Abs. 1 normiert keinen materiellrechtlichen Auskunftsanspruch, sondern eine Obliegenheit oder Handlungslast des Drittschuldners.[61] Deren Nicht- oder Schlechterfüllung macht ihn nach Abs. 2 S. 2 schadenersatzpflichtig. Der Gläubiger kann daher bei versäumter Erklärung mit vermindertem Kostenrisiko sogleich Leistungsklage erheben. 8

IV. Rechtswirkungen der Drittschuldnererklärung

1. Rein tatsächliche Auskunft. Die Erklärung des Drittschuldners nach Abs. 1 Nr. 1 ist im Zweifel bloße Wissenserklärung, mithin schafft sie weder eine Anspruchsgrundlage noch einen Rechtsgrund iSd. § 812 BGB.[62] Ihre Wirkung erschöpft sich in der Bedeutung für die Darlegungs- und Beweislast. Bei der Einziehungsklage (s. § 835 Rn. 18) genügt ihr der Gläubiger schon durch Vorlage der Erklärung.[63] Ein **Widerruf** der Erklärung durch den Drittschuldner ist zwar möglich.[64] Die Haftung nach Abs. 2 entfällt dadurch aber nicht. Bestreitet er die „anerkannte" Forderung, so tritt nach hM eine **Umkehr der Beweislast** ein, s. § 835 Rn. 20.[65] Weil der Widerruf nicht die Beweiskraft der Erklärung beseitigt, muss der Drittschuldner beweisen, dass die gepfändete Forderung nicht besteht oder mit Einwendungen oder Einreden behaftet ist, s. § 835 Rn. 20. Die dagegen gerichtete Kritik will dem widerrufenden Drittschuldner nicht den vollen Beweis des Gegenteils, sondern nur den Gegenbeweis auferlegen, darauf gerichtet, die Überzeugung des Gerichts zu erschüttern.[66] Eine **Ersatzzustellung** an die Ehefrau des Schuldners reicht nicht, um ihm deren Erklärung entspr. § 166 BGB zuzurechnen, da sie nicht seine Repräsentantin ist.[67] 9

2. Nur ausnahmsweise Anerkenntnis. Die Erklärung des Drittschuldners ist regelmäßig eine tatsächliche Auskunft (Wissenserklärung),[68] weder konstitutives[69] noch deklaratorisches Schuldanerkenntnis,[70] weil er im allg. keinen Grund hat, sich gegenüber dem Gläubiger vertraglich zu verpflichten oder auf Gegenrechte zu verzichten.[71] Die Erklärung des Drittschuldners kann im Einzelfall aber Willenserklärung und damit Anerkenntnis sein.[72] Die Darlegungs- und Beweislast für ein ausnahmsweises Anerkenntnis hat der Gläubiger. Ob ein deklaratorisches Anerkenntnis vorliegt, das den Ausschluss bekannter oder voraussehbarer,[73] in der Erklärung nicht vorbehaltener Einwendungen und Einreden zur Folge hat,[74] ist durch Auslegung zu ermitteln. Eine Haftung nach Abs. 2 kann durch Kondiktion oder Anfechtung des Anerkenntnisses nicht beseitigt werden, ausgenommen die Fälle des § 123 BGB.[75] 10

3. Verjährung. Sie beginnt erneut mit Überweisung durch ein an den Vollstreckungsgläubiger gerichtetes Stundungsgesuch des Drittschuldners oder durch sein (ausnahmsweises) Anerkenntnis nach § 212 Abs. 1 Nr. 1 BGB.[76] 11

---

[57] LG Essen JurBüro 1985, 627; MK/*Smid* Rn. 8; aA LG Köln NJW-RR 1990, 125 (stets zu erstatten).

[58] BGH NJW 1985, 1155, 1156.

[59] BAG NJW 1985, 1181f.

[60] BGHZ 68, 289, 292 = NJW 1977, 1199 (Rechtsschutzinteresse fehlt); eingehend: MK/*Smid* Rn. 18.

[61] Jetzt hM; BGH NJW-RR 2006, 1566; BGHZ 91, 126, 129 = NJW 1984, 1901 = JZ 1984, 875 m. Anm. *Brehm;* OLG Stuttgart Rpfleger 1990, 265; aA OLG Köln MDR 1978, 941; *Staab* NZA 1993, 439 (Lohnpfändung); LG Münster Rpfleger 2002, 321 m. abl. Anm. *Hintzen.*

[62] BGH WM 2002, 1545, 1546 = ZIP 2002, 1419, 1420; BGHZ 69, 328, 332 = NJW 1978, 44; OLG Dresden WM 2001, 1148; OLG Hamm InVo 1997, 193; MK/*Smid* Rn. 17; *B/L/H* Rn. 10; *T/P/Hüßtege* Rn. 11; § 316 Abs. 1 S. 2 AO: „Erklärung … gilt nicht als Schuldanerkenntnis".

[63] LAG Berlin DB 1991, 1336; vgl. a. LAG Hamburg NJW-RR 1986, 743f. (verkürzte Darlegung bei Arbeitsverhältnis des Schuldners); *Zö/Stöber* Rn. 5; krit. *St/J/Brehm* Rn. 15.

[64] *Marburger* JR 1972, 7, 15.

[65] BGH (Fn. 4); OLG Hamm (Fn. 62).

[66] MK/*Smid* Rn. 17; *St/J/Brehm* Rn. 15; LAG Köln DB 1985, 1647 (Gläubiger beweispflichtig für Nichtigkeit vorrangiger Abtretung); *Flieger* MDR 1978, 798.

[67] OLG Hamm (Fn. 62).

[68] BGHZ 69, 328 = NJW 1978, 44; LG Aachen ZIP 1981, 784, 787; *Benöhr* NJW 1976, 174; *Marburger* JR 1972, 7, 15.

[69] So aber: RGZ 41, 419, 421.

[70] So aber: OLG München NJW 1975, 174; OLG Braunschweig NJW 1977, 1888.

[71] *Brox/Walker* Rn. 622.

[72] OLG Köln WM 1978, 384; MK/*Smid* Rn. 16; *St/J/Brehm* Rn. 14; aA *Linke* ZZP 87 (1974), 284, 294.

[73] BGH LM BGB § 781 Nr. 7 = NJW 1971, 220 = JR 1972, 22 m. Anm. *Zeiss.*

[74] OLG Köln WM 1978, 384; OLG München NJW 1975, 174.

[75] *St/J/Brehm* Rn. 34.

[76] MK/*Smid* Rn. 17; *St/J/Brehm* Rn. 18; offen gelassen in: BGH LM BGB § 208 Nr. 9 = NJW 1978, 1914; aA *Schuschke/Walker* Rn. 8 (Auskunft nach § 840 genügt); vgl. auch *Marburger* JR 1972, 15.

V. Schadenersatz

12 **1. Voraussetzungen.** Die schuldhafte Nichterfüllung der Auskunftspflicht, die ein gesetzliches Schuldverhältnis begründet (Abs. 2 S. 2), macht den Drittschuldner schadenersatzpflichtig.[77] Die Schadenersatzpflicht entsteht bei unvollständiger, unrichtiger,[78] irreführender oder verspäteter Auskunft, im letzten Fall für den Schaden bis zur Auskunftserteilung.[79] Deren Unrichtigkeit und die Voraussetzungen der Auskunftspflicht hat der Gläubiger zu beweisen,[80] die Rechtzeitigkeit der Auskunft der Drittschuldner. Der Drittschuldner muss auch nachweisen, dass ihn oder seine Erfüllungsgehilfen (§ 278 BGB) kein Verschulden trifft.[81] Andererseits muss sich der Gläubiger eigenes Verschulden und das seiner Leute nach § 254 BGB anrechnen lassen, etwa wenn er sich auf die Pfändung einer jederzeit kündbaren Forderung verlässt.[82] Die Haftung entfällt nicht allein deshalb, weil die Pfändung ins Leere gehen würde.[83] Eine nachträgliche Änderung der Verhältnisse verpflichtet den Drittschuldner nicht, seine bei Abgabe zutreffende Erklärung von sich aus zu ergänzen oder zu berichtigen,[84] ungeachtet seines Rechts dazu, s. Rn. 4. **Mangelhafte Auskunft ohne Auskunftspflicht:** Auch wenn der Schuldner zur Auskunft nicht verpflichtet war, weil der Gläubiger nur formlos angefragt hatte oder weil die Voraussetzungen der Abs. 1 und 3 nicht vorlagen, gilt Abs. 2 S. 2 bei unvollständigen oder falschen Auskünften entspr., denn der Gläubiger muss sich auf das Erklärte verlassen dürfen.[85]

13 **2. Umfang der Schadenersatzhaftung.** Die Haftung des Drittschuldners ist beschränkt auf den Schaden des Gläubigers, der auf dessen Entschluss beruht, auf Grund des Auskunftsverhaltens des Drittschuldners die gepfändete Forderung geltend zu machen oder davon abzusehen.[86] Der Gläubiger ist deshalb so zu stellen, wie er bei ordnungsgemäßer Auskunft des Drittschuldners stehen würde (§ 249 S. 1 BGB).[87] Klagt der Gläubiger schon vor Fristablauf, fehlt regelmäßig die Kausalität der Pflichtverletzung.[88] Führt er nach verspäteter Auskunft den Prozess fort, kann die Ursächlichkeit für den Schaden entfallen.[89] Falls zugleich die Voraussetzungen des § 826 BGB vorliegen, haftet der Drittschuldner in dessen Rahmen.[90] **Ersatzfähig** sind nach Abs. 2 S. 2 die Kosten eines gegen den Drittschuldner geführten Prozesses,[91] wenn sie zB durch rechtzeitige und richtige Auskunft vermieden worden wären,[92] auch im Fall des § 269 Abs. 3.[93] Das gilt auch für die Anwaltskosten im Arbeitsgerichtsprozess, denn § 12a ArbGG schützt nicht den nach § 840 Abs. 2 haftenden Drittschuldner,[94] s. auch § 91 Rn. 41. Zu ersetzen ist auch ein Schaden, den der Gläubiger dadurch erleidet, dass er wg. nicht oder falsch erteilter Auskunft andere Vollstreckungsmöglichkeiten versäumt hat; § 254 BGB liegt nahe.[95] **Nicht ersatzfähig** sind Anwaltskosten für ein nochmaliges Aufforderungsschreiben; denn wenn der Schuldner die nach Abs. 1 geforderte Erklärung nicht abgegeben hat, ist sein Schweigen beredet.[96] Wg. § 12a ArbGG nicht ersatzfähig sind die erstinstanzlichen Anwaltskosten, wohl aber dann, wenn der Arbeitgeber die Forderung zu Unrecht nicht anerkannt hatte und deshalb nach § 91 die Kosten der erfolgreichen Einziehungsklage tragen muss, s. § 835 Rn. 18. Das ist kein Fall des § 840 Abs. 2 S. 2.[97]

14 **Nicht ersatzfähig** ist ein Schaden, der dadurch entsteht, dass der Gläubiger Pfändungen aus weiteren Titeln gegen den Schuldner unterlässt.[98] Der Gläubiger hat keinen Anspruch auf Ersatz von Prozesskosten, wenn er nicht wegen, sondern trotz der Auskunft des Drittschuldners Klage erhoben hat; denn dessen Verhalten muss für den Schaden ursächlich geworden sein.[99] Unrichtige Angaben bei der Arrestpfändung verpflichten nicht zur Kostenerstattung im Hauptsacheverfahren.[100] Die Auskunft ist **keine Garantie des Drittschuldners.** Der Gläubiger hat daher keinen Anspruch, so gestellt zu werden, als ob die Forderung des Schuldners gegen den Drittschuldner bestünde. Er kann nicht Ersatz dafür geltend machen, dass er keine

---

[77] AllgM; BGH (Fn. 25) S. 277; OLG Düsseldorf (Fn. 25); eingehend: *Jurgeleit,* Die Haftung des Drittschuldners, 1. Aufl. 1999.
[78] BGHZ 98, 291, 293 = NJW 1987, 64 = JZ 1987, 46 m. Anm. *Brehm* = JR 1987, 195 m. Anm. *Smid.*
[79] *Zö/Stöber* Rn. 12.
[80] MK/*Smid* Rn. 20.
[81] HM; BGH (Fn. 25) S. 278.
[82] BGH ZIP 1982, 1482.
[83] Anders im Einzelfall: LAG Hamm DB 1990, 2228.
[84] LAG Düsseldorf DGVZ 1995, 115, 117; LAG Hamm JurBüro 1991, 131 = MDR 1991, 88.
[85] HM; *St/J/Brehm* Rn. 32; beschränkt auf § 826 BGB: MK/*Smid* Rn. 27; *Wiecz/Schütze/Lüke* Rn. 34.
[86] BGH (Fn. 78) S. 294.
[87] *Brox/Walker* Rn. 625.
[88] *St/J/Brehm* Rn. 24.
[89] OLG Köln Rpfleger 2003, 670, 672.
[90] BGH (Fn. 78) S. 294.
[91] OLG Stuttgart Rpfleger 1990, 265.
[92] *Hansens* JurBüro 1987, 1764, 1766.
[93] BGH (Fn. 25); OLG Köln JurBüro 1980, 465; AG Wipperfürth JurBüro 2002, 439.
[94] Jetzt hM; BAG NJW 1990, 2643 (Aufgabe von NJW 1973, 1062); LAG Düsseldorf DGVZ 1995, 115, 116; AG Wipperfürth JurBüro 1999, 102.
[95] BGH (Fn. 62) S. 333; *Jurgeleit,* (Fn. 76) Rn. 157.
[96] BGH NJW-RR 2006, 1566.
[97] LAG Hamm NZA-RR 2002, 151.
[98] BGH (Fn. 62).
[99] OLG Dresden WM 2001, 1148, 1151; OLG Hamm MDR 1987, 770.
[100] BGH (Fn. 4) S. 293.

Zahlung erlangt, weil die gepfändete Forderung nicht besteht oder weil ihr Einwendungen oder Einreden entgegenstehen.[101] Das gilt auch, wenn das maßgebliche Ereignis erst nach Erteilung der Auskunft eingetreten ist.[102] Nicht ersatzfähig sind schließlich Schäden, die der Gläubiger im Vertrauen auf die Richtigkeit der Drittschuldnererklärung außerhalb der Zwangsvollstreckung bei **anderen Vermögensdispositionen** erleidet, etwa durch weitere Kreditgewährung an den Schuldner.[103] **Streitig** ist, ob die dem Gläubiger entstandenen Kosten des Drittschuldnerprozesses gegen den Schuldner nach **§ 788** festgesetzt werden können.[104]

3. Geltendmachen der Gläubigerrechte. Für Ansprüche, die der Gläubiger aus § 840 herleitet, sind **grds.** die **allg. Zivilgerichte** zuständig. Das gilt auch für den Lohnpfändungsgläubiger, denn zwischen ihm und dem Drittschuldner bestehen keine arbeitsrechtlichen Beziehungen iSd. §§ 2, 2a ArbGG. Nur so weit Pfändungsgläubiger kraft Überweisung (§ 835) Ansprüche des Arbeitnehmers (Schuldner) gegen den Arbeitgeber (Drittschuldner) aus dem Arbeitsverhältnis geltend machen, sind **Arbeitsgerichte** zuständig (§ 3 ArbGG),[105] zur. Einziehungsklage s. § 835 Rn. 18. Die Arbeitsgerichte, entspr. gilt für **Sozialgerichte,**[106] bleiben aus prozessökonomischen Gründen aber zuständig, wenn mit Ansprüchen aus dem Arbeitsverhältnis hilfsweise Schadenersatz gem. § 840 Abs. 2 verlangt oder wenn die Leistungsklage auf Schadenersatz umgestellt wird (§ 2 Abs. 3 ArbGG).[107] Hat der Gläubiger nach mangelhafter Auskunft Zahlungsklage gegen den Drittschuldner erhoben und stellt sich heraus, dass die Forderung nicht besteht, kann er die Kostenlast einer **Klagerücknahme** (§ 269 Abs. 3) als Schaden geltend machen. Einfacher ist es, durch **übereinstimmende Erledigterklärung** nach § 91a eine billige Kostenentscheidung zu Lasten des Drittschuldners herbeizuführen.[108] Lässt sich das Ergebnis nicht sicher voraussehen, ist ihm zur stets sachdienlichen[109] **Klageänderung** zu raten, entweder auf Feststellung der Ersatzpflicht des Drittschuldners, verbunden mit dem weiteren Antrag, jenem die gesamten Verfahrenskosten aufzuerlegen[110] oder sofort auf Zahlung eines zu beziffernden Schadenersatzbetrages,[111] s. auch § 264 Rn. 8f. Eine Aufrechnung des Gläubigers mit seinem Ersatzanspruch gegen die Kostenforderung des Drittschuldners ist allerdings nicht möglich, weil darüber weder im anhängigen Prozess noch im Festsetzungsverfahren nach § 104 entschieden werden kann.[112] 15

VI. Gebühren und Kosten

1. Rechtsanwaltsgebühren. Die Aufforderung zur Abgabe der Drittschuldnererklärung innerhalb der Frist des § 840 löst die Gebühr aus Nr. 3309 VV RVG aus, wenn sie nicht bereits vorher durch den Antrag auf Erlass des Pfändungsbeschlusses angefallen war. Die an den Drittschuldner gerichtete sonstige Tätigkeit des Gläubigervertreters wird nicht durch die Vollstreckungsgebühr abgegolten, weil alle Maßnahmen gegen den Drittschuldner außerhalb der Zwangsvollstreckung liegen. Es gelten die Nrn. 3100ff. oder Nr. 2300 VV RVG. Das gilt auch, wenn der Drittschuldner nach Ablauf der Frist des § 840 zur Drittschuldnererklärung aufgefordert wird.[113] Gibt der **Anwalt für den Drittschuldner** die Erklärung gemäß § 840 ab, ist Nr. 2300 VV RVG anzuwenden.[114] 16

2. Gerichtskosten. Für die persönliche Zustellung durch den **Gerichtsvollzieher** berechnet sich die Gebühr nach KVGv Nr. 100. Zu Schreibauslagen für die vom Drittschuldner abgegebenen Erklärungen s. KVGv Nr. 700. 17

841 *Pflicht zur Streitverkündung* **Der Gläubiger, der die Forderung einklagt, ist verpflichtet, dem Schuldner gerichtlich den Streit zu verkünden, sofern nicht eine Zustellung im Ausland oder eine öffentliche Zustellung erforderlich wird.**

I. Streitverkündungspflicht

Sie gilt für Klagen gegen den Drittschuldner auf Leistung, Hinterlegung oder Feststellung. Eine dem Gläubiger nachteilige Entscheidung erwächst zwar nicht in Rechtskraft gegenüber dem Schuldner,[1] berührt aber dessen Interessen.[2] Die Pflicht, nicht das Recht zur Streitverkündung (§ 72) entfällt nur, wenn öff. oder im Ausland zugestellt werden müsste, wozu nach hM auch der Bereich des EuGVÜ zählt.[3] Letzteres ist 1

---

[101] BGH (Fn. 4) S. 293.
[102] OLG Hamm MDR 1991, 88 (Verlust des Lohnfortzahlungsanspruchs nach 6 Wochen).
[103] LG Detmold ZIP 1980, 1080.
[104] OLG Bamberg JurBüro 1994, 612; OLG München JurBüro 1990, 1356.
[105] BAG NJW 1985, 1181; LAG Baden-Württemberg NZA-RR 2005, 273.
[106] BSG NJW 1999, 895.
[107] LAG Köln AnwBl. 1990, 277.
[108] *Jurgeleit* (Fn. 77) Rn. 158.
[109] BGH (Fn. 25) S. 281.
[110] BGH WM 1981, 387f.
[111] BGH (Fn. 25); OLG Stuttgart Rpfleger 1990, 265.
[112] BGH (Fn. 25); aA *B/L/H* Rn. 17.
[113] Str. für die Aufforderung an den Drittschuldner zur Erklärung nach § 840, vgl. G/S/*Müller-Rabe* VV 3309 Rn. 171 m. weit. Nachw.
[114] Str.; nach aA fällt die Gebühr der Nr. 3309 VV RVG an; vgl. einerseits G/S/*Müller-Rabe* VV 3309 Rn. 177 m. weit. Nachw, andererseits *Zö/Herget* § 840 Rn. 17.
[1] *B/L/H* Rn. 1.
[2] BGH JR 1978, 504 = WM 1978, 633.
[3] MK/*Smid* Rn. 2 m. weit. Nachw.

wegen des Diskriminierungsverbots in Art. 6, 220 EGV aber zweifelhaft.[4] Auf Klagen des Schuldners gegen den Drittschuldner ist § 841 nicht entsprechend anzuwenden.[5]

II. Durchführung und Rechtsfolgen

2 Maßgeblich sind §§ 73, 74, 68; beim Arbeitsgericht §§ 11, 11 a ArbGG. Die Rechtsfolgen entstehen unabhängig davon, ob der Schuldner dem Gläubiger beitritt oder nicht. Dem Drittschuldner kann er nur bei § 850 h beitreten, um der behaupteten Lohnverschleierung entgegenzutreten.[6]

III. Schadenersatz

3 Ein Verstoß gegen § 841 ist für die Einziehungsklage (s. § 835 Rn. 18) ohne Belang.[7] Er kann den Gläubiger aber zum Schadenersatz verpflichten. Der Gläubiger muss sich so behandeln lassen, als ob er mit Unterstützung des Schuldners geklagt hätte. Dessen Anspruch geht daher auf Freistellung von der titulierten Forderung in der Höhe, in der die überwiesene Forderung bei sachgerechter Prozessführung hätte durchgesetzt werden können.[8] Bei **Überweisung zur Einziehung** ist also Voraussetzung, dass gegen den Schuldner anderweitig vollstreckt wird und dem Gläubiger mangelhafte Prozessführung (§ 68) vorzuwerfen ist. War die Forderung **an Zahlungs statt** überwiesen, steht dem Schuldner gegen die weitere Vollstreckung ggf. die Klage aus § 767 zu mit der Begründung, die gepfändete Forderung habe bestanden, und der titulierte Anspruch des Gläubigers sei mit Überweisung befriedigt worden.[9] Der Drittschuldner kann aus § 841 nichts herleiten.

842 *Schadenersatz bei verzögerter Beitreibung* **Der Gläubiger, der die Beitreibung einer ihm zur Einziehung überwiesenen Forderung verzögert, haftet dem Schuldner für den daraus entstehenden Schaden.**

I. Normzweck

1 Solange die dem Gläubiger zur Einziehung überwiesene Forderung des Schuldners gegen den Drittschuldner nicht erfüllt ist, ist der Gläubiger auch wg. seiner Titelforderung noch nicht befriedigt. Der Schuldner trägt daher das Risiko, dass die gepfändete Forderung nicht beizutreiben ist. Dieses Risiko muss der Gläubiger ihm abnehmen, wenn es sich durch verzögerte Beitreibung verwirklicht. Für die Überweisung an Zahlungs statt gilt § 842 nicht, denn dadurch wird der Gläubiger sofort befriedigt und der Schuldner sofort befreit.

II. Einzelheiten

2 Die Haftung erfasst Verzögerungen bei außergerichtlicher und gerichtlicher Einziehung. Der Gläubiger haftet bei Verschulden (§ 276 BGB), also bei sachlich unangemessenem und vermeidbarem Aufschub, erst recht bei Verjährenlassen des gepfändeten Anspruchs.[1] Trifft er ohne Zustimmung des Schuldners mit dem Drittschuldner eine Ratenzahlungsvereinbarung oder gewährt er eine Stundung (s. § 835 Rn. 7), ist sein Verhalten nicht vorwerfbar, wenn sonst eine Verwertung scheitert. Zur Sicherheit sollte der Gläubiger hierfür aber die Gestattung des Vollstreckungsgerichts nach § 844 einholen; s. dort Rn. 4. § 278 BGB ist anzuwenden. § 254 BGB kommt in Betracht, wenn es dem Schuldner möglich und zuzumuten war, selbst zu klagen und dadurch den Schaden abzuwenden.[2] Schaden kann außer durch mangelnde Beitreibbarkeit infolge nachträglicher Zahlungsunfähigkeit des Drittschuldners auch dadurch entstehen, dass beim Schuldner nicht ersatzfähige Zinsen und Kosten auflaufen.[3] Für den Umfang der Ersatzpflicht gilt § 249 BGB. Der Schuldner kann mit seinem Schadenersatzanspruch gegen die Titelforderung aufrechnen und dann den Erfüllungseinwand (§ 389 BGB) nach § 767 geltend machen.[4]

843 *Verzicht des Pfandgläubigers* **[1]Der Gläubiger kann auf die durch Pfändung und Überweisung zur Einziehung erworbenen Rechte unbeschadet seines Anspruchs verzichten. [2]Die Verzichtleistung erfolgt durch eine dem Schuldner zuzustellende Erklärung. [3]Die Erklärung ist auch dem Drittschuldner zuzustellen.**

---

[4] Vgl. EuGH NJW 1994, 1271 f. (zu § 917 Abs. 2).
[5] MK/*Smid* Rn. 3.
[6] MK/*Smid* Rn. 4.
[7] OLG Karlsruhe WM 1980, 350.
[8] *Schuschke/Walker* Rn. 3.
[9] MK/*Smid* Rn. 6.
[1] BGH NJW 1996, 48, 51; *App* JurBüro 1997, 127.
[2] LAG Hamm DB 1988, 1703.
[3] MK/*Smid* Rn. 1.
[4] MK/*Smid* Rn. 3.

I. Normzweck

1 Der Gläubiger kann durch einseitige Erklärung ohne Zutun des Vollstreckungsgerichts auf die durch Zwangsvollstreckung erworbenen Rechte verzichten, etwa um künftig der Haftung aus § 842 oder Widerspruchsklagen nach § 771 zu entgehen.

II. Durchführung

2 Der Verzicht wird gegenüber dem Schuldner erklärt. Die Erklärung nach S. 1 ist Prozesshandlung, so dass sie unwirksam ist, wenn sie unter einer auflösenden Bedingung erfolgt.[1] Auch die übrigen Prozesshandlungsvoraussetzungen müssen erfüllt sein (s. Einl. Rn. 62). Der Verzicht erfasst Pfandrecht und Einziehungsbefugnis, kann aber auf letztere beschränkt werden. Auch ein Teilverzicht durch Beschränkung der Höhe des abzuführenden Betrages[2] oder eine Ermächtigung des Schuldners zur Einziehung für den Gläubiger ist über den Wortlaut der Vorschrift hinaus möglich.[3] Wirksam wird der Verzicht mit Zustellung der Erklärung des Gläubigers oder seines Bevollmächtigten an den Schuldner, die im Parteibetrieb (§§ 191 ff.) erfolgt. S. 2 ist keine Wirksamkeitsvoraussetzung, sondern sichert nur die Beweisbarkeit.[4] Einfache Erklärung u. deren formloser Zugang genügen deshalb. Der Drittschuldner wird durch § 836 Abs. 2 ausreichend geschützt.[5] Rücknahme des Antrags auf Erlass eines Pfändungs- und Überweisungsbeschlusses steht dem Verzicht nach § 843 gleich.[6] Weil ein Rechtsverzicht im Allgemeinen nicht zu vermuten ist, muss er sich aus unzweideutigem Verhalten ergeben;[7] ein Ratenzahlungsvertrag mit dem Drittschuldner genügt nicht.[8] Wer sich auf den Verzicht beruft, muss den **Beweis** dafür führen. Die Mitteilung und deren Zustellung an den Drittschuldner nach S. 3 ist für die Verzichtwirkung weder erforderlich noch ausreichend. Geht die Erklärung dem Drittschuldner eher zu als dem Schuldner und leistet er daraufhin an jenen, hilft ihm § 409 BGB. Für einen **Rangtausch** zwischen Vollstreckungsgläubigern gilt § 843 nicht; der Schuldner ist daran nicht beteiligt, der Drittschuldner sollte wegen § 409 BGB unterrichtet werden. Besteht eine **Verpflichtung des Gläubigers zum Verzicht** gegenüber Schuldner oder Drittschuldner, kann ersterer sich nach § 766 darauf berufen, aber nicht mit der Klage nach § 767; letzterer kann die Verpflichtung im Einziehungsprozess (s. § 835 Rn. 18) einwenden oder danach ggf. klageweise nach § 767 geltend machen.[9]

III. Rechtsfolgen

3 Die verfahrens- und materiellrechtlichen Wirkungen von Pfändung und Überweisung entfallen von selbst. Das Gericht kann zur Klarstellung den Pfändungs- und Überweisungsbeschluss aufheben.[10] Ist der Verzicht auf das **Einziehungsrecht** beschränkt, bleibt die Pfändungswirkung bestehen; bei Verzicht auf die **Pfändung** entfällt auch das Einziehungsrecht (s. § 835 Rn. 6). Wird der Verzicht nach Rechtshängigkeit der Einziehungsklage (s. § 835 Rn. 18) erklärt, gilt § 265, weil die Rechte an den Schuldner zurückfallen.[11] Auf eine bereits bestehende Haftung aus § 842 ist der Verzicht ohne Einfluss; sie entfällt nur für die Zukunft. Die **Titelforderung** bleibt von einem Verzicht auf die Rechte aus Pfändung und Überweisung unberührt. Der Gläubiger kann daher in anderes Vermögen des Schuldners vollstrecken, auch dieselbe Forderung erneut pfänden.[12] Verzichtet der Gläubiger auf die Titelforderung, wozu ein **Erlassvertrag** (§ 397 BGB) erforderlich ist, entfällt das akzessorische Pfändungspfandrecht von selbst. Die Verstrickung bleibt jedoch bestehen. Wird darauf nicht auch verzichtet, steht dem Schuldner die Klage aus § 767 zu.[13]

IV. Gebühren und Kosten

4 **1. Rechtsanwaltsgebühren.** Die Tätigkeit des Anwalts ist durch die Vollstreckungsgebühr der Nr. 3309 VV RVG abgegolten (§§ 18 Nr. 3, 19 Abs. 2 Nr. 5 RVG).

5 **2. Gerichtskosten.** Für die Zustellung durch den Gerichtsvollzieher werden Gebühren nach KVGv Nr. 101 berechnet.

844 *Andere Verwertungsart* **(1) Ist die gepfändete Forderung bedingt oder betagt oder ist ihre Einziehung wegen der Abhängigkeit von einer Gegenleistung oder aus anderen Gründen mit Schwierigkeiten verbunden, so kann das Gericht auf Antrag an Stelle der Überweisung eine andere Art der Verwertung anordnen.**

---

1 BGH NJW 1996, 48, 51; OLG München InVo 2000, 64.
2 BAG NJW 1975, 1575.
3 HM; MK/*Smid* Rn. 2.
4 BGH NJW 2002, 1788, 1789; NJW 1986, 977; 1983, 886, 887; OLG München (Fn. 1); OLG Köln Rpfleger 1995, 370.
5 HM; MK/*Smid* Rn. 3; *Zö/Stöber* Rn. 3; *Schuschke/Walker* Rn. 3; aA *St/J/Brehm* Rn. 4; *T/P/Hüßtege* Rn. 1.
6 OLG Köln (Fn. 4).
7 BGH NJW 2002, 1788, 1790; NJW-RR 1996, 237; NJW 1994, 379, 380.
8 ArbG Kiel SchlHA 1966, 225.
9 MK/*Smid* Rn. 6; *St/J/Brehm* Rn. 7.
10 BGH NJW 2002 (Fn. 4).
11 *St/J/Brehm* Rn. 6.
12 AG Berlin-Neukölln DGVZ 1986, 78.
13 *Schuschke/Walker* Rn. 1.

(2) Vor dem Beschluss, durch welchen dem Antrag stattgegeben wird, ist der Gegner zu hören, sofern nicht eine Zustellung im Ausland oder eine öffentliche Zustellung erforderlich wird.

I. Normzweck

1 Die Norm erlaubt wie § 825 eine Abweichung vom Regelfall der Verwertung, hier des § 835 Abs. 1. Voraussetzung ist, dass eine Verwertung durch Einziehung schwierig wäre, so dass eine andere Verwertungsart vorteilhafter erscheint.[1] Die Anordnung kommt hauptsächlich für die Verwertung anderer Rechte iSd. § 857 in Betracht.[2] Unanwendbar ist § 844 bei der Überweisung an Zahlungs statt, weil sie bereits zur Befriedigung führt (s. § 835 Rn. 14).

II. Voraussetzungen

2 **1. Formelle Erfordernisse.** Der zur Verfahrenseinleitung nötige **Antrag** kann nur von Gläubiger oder Schuldner gestellt werden, nicht vom Drittschuldner oder von sonstigen Dritten. Der Gläubiger kann ihn mit dem Pfändungsgesuch verbinden. Bei mehrfacher Pfändung sind auch nachrangige Gläubiger antragsberechtigt. Vorrangige können nicht nach § 771 widersprechen, sondern ggf. nach § 766 einwenden, die angeordnete Verwertung sei für sie nachteilig. Der Schuldner ist antragsberechtigt ab Pfändung, auch noch nach Überweisung zur Einziehung. Erfolgt nachträglich die Überweisung an Zahlungs statt, wird der Antrag gegenstandslos.[3] Die angestrebte Verwertung ist konkret zu bezeichnen. Für die ausschließliche **Zuständigkeit** des Vollstreckungsgerichts (§§ 828, 802 iVm. § 20 Nr. 17 RPflG) ist die Zeit der Antragstellung maßgeblich, weil es sich um ein neues Verfahren handelt. Die Anordnung eines örtlich unzuständigen Gerichts ist nur anfechtbar, bindet also den mit der Verwertung beauftragten GV. Die **Anhörung des Gegners** kann schriftlich oder mündlich erfolgen (§ 764 Abs. 3) und ist grds. vor jeder Anordnung erforderlich (Abs. 2). Sie darf nur entfallen, wenn der Antrag abgelehnt wird[4] oder wenn öff. oder im Ausland zugestellt werden müsste, wozu nach hM auch der Bereich des EuGVÜ zählt; s. aber § 841 Rn. 1. Als Gegner ist auch ein Gläubiger mit besserem Pfandrecht zu hören.[5] Der Drittschuldner ist zwar nicht Gegner, aber anzuhören, wenn er durch die beantragte Anordnung in seinen Rechten betroffen sein kann.[6] Seine Anhörung ist i. Ü. meist zweckmäßig.[7] Der **Anordnungsbeschluss** ersetzt den Überweisungsbeschluss;[8] er muss begründet werden. Für ihn gilt § 308. Seine **Zustellung** muss gem. §§ 329 Abs. 3, 793 erfolgen an Gläubiger, Schuldner und konkurrierende Pfandgläubiger, weil stets die sofortige Beschwerde (§§ 11 RPflG, 793) statthaft ist. Wurde der Drittschuldner angehört oder hätte er angehört werden müssen, muss auch ihm zugestellt werden. Der Beschluss ist ihm stets wenigstens formlos mitzuteilen.[9] Bei Ablehnung der Anordnung wird nur dem Antragsteller zugestellt.

3 **2. Materielle Erfordernisse.** Die Voraussetzungen für den Erlass eines Überweisungsbeschlusses müssen vorliegen (s. § 835 Rn. 2ff.). Eine rechtsgeschäftliche Verpfändung genügt nicht, weil sie keine Beschlagnahme bewirkt.[10] Die anderweite Verwertung steht nicht im Belieben von Gläubiger oder Schuldner. Erforderlich ist daher, dass die gepfändete Forderung bedingt (§ 158 BGB) oder betagt ist – das sind Forderungen, deren Fälligkeit kalendermäßig feststeht oder durch Kündigung festgelegt werden kann – oder dass die Einziehung wegen der Abhängigkeit von einer Gegenleistung (zB Überlassung der Mietsache)[11] oder aus anderen Gründen (zB künftige Fälligkeit) schwierig erscheint. Weitere Anordnungsgründe können sein, dass der Drittschuldner zahlungsunfähig geworden ist, dass eine andere Verwertung einen klar höheren Erlös erwarten lässt als eine Einziehung[12] oder dass eine Einziehung wirtschaftlich nicht zu vertreten wäre.[13] Schwierigkeiten bestehen meist bei der Verwertung anderer Vermögensrechte iSd. § 857, wie GmbH-[14] oder Nachlassanteilen,[15] sammelverwahrten Schuldbuchforderungen (Wertrechte).[16] Das Interesse des Gläubigers an effizienter Vollstreckung und das Schutzinteresse des Schuldners sind stets gegeneinander abzuwägen.[17] Lässt sich der Mindestpreis eines gepfändeten Geschäftsanteils nicht annähernd ermitteln, kann die Verwertung nach § 844 wg. der Gefahr d. Verschleuderung des Schuldnervermögens abgelehnt werden.[18]

---

[1] *Zö/Stöber* Rn. 1.
[2] *St/J/Brehm* Rn. 1.
[3] *St/J/Brehm* Rn. 2.
[4] *St/J/Brehm* Rn. 4; aA MK/*Smid* Rn. 5.
[5] *Zö/Stöber* Rn. 5.
[6] *St/J/Brehm* Rn. 4; MK/*Smid* Rn. 6.
[7] *B/L/H* Rn. 10.
[8] *B/L/H* Rn. 5.
[9] AA MK/*Smid* Rn. 7 (stets Zustellung); *B/L/H* Rn. 11 (formlose Mitteilung zweckmäßig).
[10] MK/*Smid* Rn. 8; aA *B/L/H* Rn. 5.
[11] *Brox/Walker* Rn. 667.
[12] *Schuschke/Walker* Rn. 1.
[13] MK/*Smid* Rn. 2.
[14] LG Gießen JurBüro 1999, 49 (Bestimmbarkeit des Anteils); LG Hannover DGVZ 1990, 140 (Versteigerung durch Gläubiger); LG Köln Rpfleger 1989, 511 (Erlangung der Gesellschafterstellung); AG Witzenhausen DGVZ 1995, 174 (Feststellung des Schätzwertes); *Polzius* DGVZ 1987, 15, 35.
[15] *Eickmann* DGVZ 1984, 65.
[16] *Erk* Rpfleger 1991, 236.
[17] OLG Stuttgart Rpfleger 1964, 179.
[18] OLG Düsseldorf Rpfleger 2000, 400.

III. Durchführung

1. Überweisung an Zahlungs statt. Sie darf zu einem unter dem Nennwert liegenden Schätzwert nur erfolgen bei einer befristeten oder von einer Gegenleistung abhängigen Forderung, bei welcher der Nennwert nicht zu erzielen ist.[19] Das Gericht kann auch die Rechte des Gläubigers bei der Einziehung erweitern und ihm zur Vermeidung der Haftung aus § 842 gestatten (s. dort Rn. 2), mit dem Drittschuldner Ratenzahlung zu vereinbaren oder einen Vergleich zu schließen, wenn sonst eine Verwertung scheitert, s. a. § 835 Rn. 7.[20] 4

2. Anordnung einer noch durchzuführenden Verwertung. Sie ist nach Abs. 1 in verschiedener Weise möglich: Wird **Versteigerung durch den Gerichtsvollzieher** angeordnet, verfährt er entsprechend §§ 816ff., wenn das Vollstreckungsgericht nichts anderes bestimmt. §§ 813, 817a sind nach zutreffender Ansicht nicht anzuwenden.[21] Wenn das Vollstreckungsgericht die Versteigerung eines GmbH-Anteils ausdrücklich unter Hinweis auf §§ 817 bis 819 anordnet, muss es auch das Mindestgebot festsetzen.[22] Ohnehin setzt es regelmäßig den Mindestpreis fest, ggf. mit Hilfe eines Sachverständigen. Andernfalls ist er vom GV zu bestimmen,[23] der in jedem Fall nur zu einem angemessenen Preis versteigern darf. Der Gläubiger kann mitbieten.[24] Erhält er den Zuschlag, wird er in Höhe des Erlöses, nicht des Nennwerts befriedigt.[25] Die Übertragung des Rechts erfolgt noch nicht mit dem Zuschlag, sondern entsprechend § 817 Abs. 2 erst durch Ablieferung, die von der Zahlung des Gebots abhängig gemacht werden kann und sollte. Die Übertragung ersetzt wie § 836 Abs. 1 alle Formerfordernisse. Sie kann mit dem Versteigerungsprotokoll nachgewiesen werden. Bei Anordnung der **Versteigerung durch Private** (Auktionator, Notar) handeln jene nicht hoheitlich, etwa für den GV, sondern privatrechtlich nach § 156 BGB, s. § 825 Rn. 5.[26] Sie werden durch die Anordnung ermächtigt, dem Ersteher das Recht zu verkaufen und es ihm zu übertragen. Gewährleistungsausschluss besteht nach § 806, wenn dem Erwerber mitgeteilt wurde, dass die Versteigerung auf Grund einer Pfändung erfolgt (vgl. § 445 BGB). Auch die Übertragung richtet sich allein nach Privatrecht.[27] Dessen Formvorschriften müssen eingehalten werden; § 822 gilt aber entspr. Wenn der Auktionator keine Abrechnung erteilt und den Erlös nicht abführt, muss der Gläubiger seinen Anspruch gegen ihn einklagen.[28] Ist **freihändiger Verkauf** angeordnet, erfolgt die Übertragung durch den GV wie bei § 825 hoheitlich, sonst – auch durch den Gläubiger – insbes. zur Diskontierung von Wechseln privatrechtlich. **Verwaltung oder Verpachtung** gegen Entgelt kann ebenfalls angeordnet werden. 5

IV. Gebühren und Kosten

1. Rechtsanwaltsgebühren. Die Tätigkeit des Anwalts ist durch die Vollstreckungsgebühr der Nr. 3309 VV RVG abgegolten (§ 18 Nr. 3 RVG). 6

2. Gerichtskosten. Gerichtsgebühren entstehen nicht. 7

845 *Vorpfändung*

(1) [1]Schon vor der Pfändung kann der Gläubiger auf Grund eines vollstreckbaren Schuldtitels durch den Gerichtsvollzieher dem Drittschuldner und dem Schuldner die Benachrichtigung, dass die Pfändung bevorstehe, zustellen lassen mit der Aufforderung an den Drittschuldner, nicht an den Schuldner zu zahlen, und mit der Aufforderung an den Schuldner, sich jeder Verfügung über die Forderung, insbesondere ihrer Einziehung, zu enthalten. [2]Der Gerichtsvollzieher hat die Benachrichtigung mit den Aufforderungen selbst anzufertigen, wenn er von dem Gläubiger hierzu ausdrücklich beauftragt worden ist. [3]Der vorherigen Erteilung einer vollstreckbaren Ausfertigung und der Zustellung des Schuldtitels bedarf es nicht. [4]An Stelle einer an den Schuldner im Ausland zu bewirkenden Zustellung erfolgt die Zustellung durch Aufgabe zur Post.

(2) [1]Die Benachrichtigung an den Drittschuldner hat die Wirkung eines Arrestes (§ 930), sofern die Pfändung der Forderung innerhalb eines Monats bewirkt wird. [2]Die Frist beginnt mit dem Tag, an dem die Benachrichtigung zugestellt ist.

I. Normzweck

Der Gläubiger kann den Schaden, der durch Zuspätkommen eines gerichtlichen Pfändungsbeschlusses entsteht, durch eine vorläufige, private Zwangsvollstreckungsmaßnahme vermeiden.[1] Die Norm gilt für die Zwangsvollstreckung in Geldforderungen (§ 829) nebst Hypothekenforderungen (§ 830), für Heraus- 1

---

[19] *Brox/Walker* Rn. 671.
[20] HM; MK/*Smid* Rn. 10; eingehend: *Jurgeleit,* Die Haftung des Drittschuldners, 1. Aufl. 1999, Rn. 154; aA *Zö/Stöber* Rn. 2.
[21] HM; LG Krefeld Rpfleger 1979, 147; LG Berlin DGVZ 1962, 173; MK/*Smid* Rn. 13; *Schuschke/Walker* Rn. 4; aA LG Münster DGVZ 1969, 172; LG Essen NJW 1957, 108; *Eickmann* DGVZ 1984, 67.
[22] Vgl. a. AG Witzenhausen (Fn. 14).
[23] LG Berlin (Fn. 21); *Stöber* Rn. 1476.
[24] KG HRR 1933 Nr. 964.
[25] MK/*Smid* Rn. 15.
[26] BGH LM BGB § 892 Nr. 6 = JZ 1964, 772 = MDR 1964, 999; vgl. a. BGHZ 119, 75, 80 = NJW 1992, 2570.
[27] BGH LM (Fn. 26).
[28] AG Cham DGVZ 1995, 189.
[1] OLG Frankfurt/M MDR 1994, 843; OLG Köln Rpfleger 1991, 241; BayObLG Rpfleger 1985, 59.

gabeansprüche (§ 846) und sonstige Rechte (§ 857). **Unanwendbar** ist § 845 bei Wertpapieren, Wechseln und anderen Forderungen, deren Pfändung nicht dem Vollstreckungsgericht, sondern dem GV nach § 831 obliegt (s. dort Rn. 1).

II. Voraussetzungen

2 Bei der Zustellung müssen vorliegen:[2] Existenz eines Vollstreckungstitels, der auf eine Geldleistung gerichtet und zur sofortigen Vollstreckung geeignet ist. Dazu zählen auch Arreste (§ 922) und Leistungsverfügungen auf Geldzahlung (§ 940). Für den Anspruch auf Kostenerstattung ist ein Kostenfestsetzungsbeschluss erforderlich; das Urteil genügt nicht.[3] Der Gläubiger braucht den Titel nicht in Besitz zu haben.[4] Erteilung einer vollstreckbaren Ausfertigung und Zustellung des Titel sind nach Abs. 1 S. 3 abw. v. § 750 entbehrlich (s. dort Rn. 15). Die **besonderen Vollstreckungsvoraussetzungen** müssen jedoch erfüllt sein: Bedingungseintritt (§ 726), Ablauf des Kalendertages (§ 751 Abs. 1), Zug-um-Zug-Leistung (§ 765). **Nicht erforderlich** ist wg. § 720a eine Sicherheitsleistung,[5] es sei denn, dass die Vollstreckung nach §§ 707, 719, 732, 769f. davon abhängt. Entbehrlich sind auch gemäß Abs. 1 S. 3 eine vollstreckbare Ausfertigung (Klausel) nach §§ 724, 727–729[6] und die Zustellung des Titels und der Urkunden nach §§ 726, 750 Abs. 3, 751 Abs. 2, 756, 765.[7] Deshalb brauchen die Wartefristen der §§ 750 Abs. 3,[8] 798[9] nicht beachtet zu werden. Mit der Vorpfändung können auch **künftige Forderungen** erfasst werden, wenn sie bereits pfändbar sind (s. § 829 Rn. 6, zur Vorpfändung künftiger Steuererstattungsansprüchen s. Rn. 4; bei Oder-Konten s. § 850k Rn. 17); nicht aber **bedingt pfändbare** (s. § 850b Rn. 13).

III. Durchführung

3 **1. Benachrichtigung des Drittschuldners. a) Abgabe der Erklärung.** Sie kann durch den Gläubiger selbst, seinen Bevollmächtigten (§ 81) oder durch den GV erfolgen, s. auch § 857 Rn. 5 aE. Dessen Beauftragung (Abs. 1 S. 2) ist mündlich oder schriftlich möglich. Der Gläubiger kann sich auf die Anweisung beschränken, der GV solle die ihm nach § 806a bekannt werdenden Forderungen vorläufig pfänden.[10] Der GV muss dann nach pflichtgemäßem Ermessen handeln, braucht aber keine Ermittlungen durchzuführen.[11] Stillschweigend erteilte Aufträge begründen weder Pflicht noch Ermächtigung. Weil die Formulierung „ausdrücklich" aber nur die Amtshaftung abwehrt, ist eine auftraglos erklärte Vorpfändung nicht nichtig, sondern nur anfechtbar.[12] Bei Anfertigung der Erklärung handelt der GV als Vollstreckungsorgan, nicht als Vertreter des Gläubigers.[13] Der **Gerichtsvollzieher prüft** deshalb die Voraussetzungen der Vorpfändung (s. Rn. 2) und lehnt sie ab, falls ein Pfändungsverbot (zB § 803 Abs. 2) oder -beschränkungen (zB §§ 850ff. s. aber Rn. 5) die Vollstreckung hindern. Wurde dagegen die **Erklärung vom Gläubiger** gefertigt, erfolgt **keine Prüfung.** Zum notwendigen **Inhalt der Erklärung** gehören die Benachrichtigung von der bevorstehenden Pfändung und die Aufforderung, nicht an den Schuldner zu zahlen (Abs. 1 S. 1). Titel- und Pfändungsforderung sind wie bei § 829 (s. dort Rn. 9–11) zu bezeichnen, dh. so genau, dass die Identität von Vorpfändung und nachfolgender Pfändung zweifelsfrei erkennbar ist.[14] Kleinere Ungenauigkeiten sind unschädlich, s. § 829 Rn. 3. **Schriftform** ist unabdingbar; Privatschrift reicht aus. Die Benachrichtigung kann dem GV per Telefax übermittelt werden.[15] Die Angaben müssen nicht nachgewiesen werden. Beweisbarkeit genügt. **Mängel** der Erklärung machen sie – abgesehen vom fehlenden Auftrag an den GV – als private Vollstreckungsmaßnahme unheilbar **nichtig,** auch dann, wenn die Erklärung durch den GV gefertigt wurde.[16]

4 **b) Zustellung an den Drittschuldner** erfolgt nach §§ 191ff. im Parteibetrieb durch den GV. Mit Zustellung an den Drittschuldner wird die Vorpfändung wirksam (vgl. § 829 Abs. 3). Bei **Steuererstattungsansprüchen** darf die Zustellung wg. § 46 Abs. 6 AO aber nicht vor Entstehen des Anspruchs erfolgen, s. § 829 Rn. 26ff. Fehlt ein Drittschuldner, gilt § 857 Abs. 2. Eine dem Drittschuldner ohne Mitwirkung des GV zugegangene Benachrichtigung von der bevorstehenden Pfändung ist unwirksam.[17] § 189 hilft nicht, weil er nur bei Zustellungen eingreift, die von dem zuständigen Organ gewollt waren, aber fehlerhaft ausgeführt wurden.[18] Öff. Zustellung (§ 185) scheidet nach Sinn und Zweck der Regelung aus. Da die Vorpfändung **keine Auskunftspflicht** begründet, darf die Zustellung nicht mit der Aufforderung nach § 840

---

2 RGZ 64, 211, 216.
3 *B/L/H* Rn. 5.
4 LG Frankfurt Rpfleger 1984, 32.
5 BGHZ 93, 71, 74 = NJW 1985, 863; KG MDR 1981, 412 = Rpfleger 1981, 240.
6 BGH JR 1956, 185; KG (Fn. 5); LG Frankfurt Rpfleger 1983, 32.
7 *T/P/Hüßtege* Rn. 3; aA *Gillessen/Jakobs* DGVZ 1979, 103, 106.
8 KG (Fn. 5); LG Frankfurt (Fn. 6).
9 BGH NJW 1982, 1150; OLG Düsseldorf NJW 1975, 2210; aA *Zö/Stöber* Rn. 2.
10 *Zö/Stöber* Rn. 4.
11 MK/*Smid* Rn. 12.
12 *St/J/Brehm* Rn. 6; weiter: MK/*Smid* Rn. 7 (auch stillschweigend).
13 *Zö/Stöber* Rn. 4; aA *Münzberg* DGVZ 1979, 161.
14 BGH NJW-RR 2005, 1361; Rpfleger 2001, 504 = WM 2001, 1223, 1224.
15 *Müller* DGVZ 1996, 85; einschr. *Kerres* DGVZ 1997, 9.
16 MK/*Smid* Rn. 6; *St/J/Brehm* Rn. 2 aE.
17 OLG Koblenz DGVZ 1984, 58; LG Hechingen DGVZ 1986, 188.
18 *Schneider* DGVZ 1983, 588; aA AG Kassel JurBüro 1985, 1738.

verbunden werden.[19] Verlangt der Gläubiger das trotzdem, muss der GV zwar zustellen,[20] den Drittschuldner aber auf die Unbeachtlichkeit der Aufforderung hinweisen und darf etwaige Auskünfte nicht protokollieren.[21] Eine erteilte Auskunft muss gleichwohl richtig sein, s. § 840 Rn. 12. Bei **Hypothekenforderungen** sind für die Vorpfändung weder Briefübergabe noch Grundbucheintragung erforderlich,[22] die Eintragung ist aber zulässig.[23]

2. Benachrichtigung des Schuldners. Sie und ihre **Zustellung** sind wegen des Anspruchs auf rechtliches Gehör vorgeschrieben (Abs. 1 S. 1).[24] Abs. 1 S. 4 ist durch das 2. JuMoG m. Wirkung vom 31. 12. 2006 § 829 Abs. 2 S. 3 angepasst worden.[25] Ihr Fehlen ist zwar ohne Einfluss auf die Wirksamkeit der Vorpfändung (s. § 829 Rn. 14), kann aber zur Amtshaftung führen. Dem Schuldner muss wegen der Monatsfrist des Abs. 2 wie bei § 829 Abs. 2 S. 2 (s. dort Rn. 14) eine Abschrift der Urkunde über die Zustellung an den Drittschuldner zugestellt werden.[26] 5

IV. Rechtsfolgen

1. Wirkung der Vorpfändung. Sie entspricht nach Abs. 2 S. 1 der eines durch Forderungspfändung vollzogenen Arrests (§ 930), sofern die Hauptpfändung binnen eines Monats bewirkt wird.[27] Das gilt auch bei der Sicherungspfändung (§ 720a).[28] Das Recht des Gläubigers wird als auflösend bedingtes Pfandrecht bezeichnet.[29] Die Rechtsfolgen, auch für Schuldner und Drittschuldner, entsprechen denen des § 829 (s. dort Rn. 17–20). Voraussetzung ist, dass die Vorpfändung ordnungsgemäß erfolgt und die gepfändete Forderung dem Schuldner zumindest als künftiges Recht (s. Rn. 2) zusteht. Die Forderung muss daher pfändbar sein. Muss, wie bei §§ 850b, 850i, die Pfändbarkeit durch das Gericht erst hergestellt werden, scheidet eine Vorpfändung aus,[30] s. a. § 850b Rn. 13. Das vorläufige Zahlungsverbot begründet keinen Rechtsschein zu Gunsten des Vollstreckungsgläubigers. Der Drittschuldner leistet an ihn auf eigenes Risiko. § 408 Abs. 2 BGB ist unanwendbar.[31] Die Vorpfändung entfällt rückwirkend, wenn die Forderung nicht binnen eines Monats durch das Vollstreckungsgericht gepfändet wird. Ein Pfändungs- und Überweisungsbeschluss ist als Rechtsgrund zum Behaltendürfen deshalb auch dann nötig, wenn der Drittschuldner bereits vor Fristablauf gezahlt hat.[32] 6

2. Frist für die Pfändung. Sie beginnt mit der Zustellung an den Drittschuldner (Abs. 2 S. 2); der Zustellungstag zählt nicht mit (§§ 222 ZPO, 187 Abs. 1 BGB). Fristverlängerung (§ 224) ist ausgeschlossen. Verzögert sich die Pfändung, kann die Vorpfändung beliebig oft wiederholt werden. Abs. 2 S. 1 gilt aber nur für die, die innerhalb der Monatsfrist liegt.[33] Wird die Frist versäumt, ist es gleichgültig, worauf die Säumnis beruht. **Bewirkt** sein muss nur der Pfändungsakt (§ 829 Abs. 3). Das Pfandrecht – zB **bei künftigen Forderungen** (s. § 829 Rn. 6, 17) – kann später entstehen.[34] Die Pfändung muss sich auf dieselbe Forderung beziehen wie die Vorpfändung.[35] Sie muss aber nicht ausdrücklich auf sie verweisen. Hat sich der Gegenstand der Vollstreckung seit der Vorpfändung geändert, muss dem die Form der Pfändung entsprechen, zB bei Hinterlegung oder nachträglicher Hypothekenbestellung. Unschädlich ist, dass ein **Surrogat** an die Stelle der vorgepfändeten Forderung getreten ist, sofern es derselben Pfändungsform unterliegt. Wird die Forderung **nachträglich unpfändbar,** schützt die Vorpfändung den Gläubiger nicht vor einer Ablehnung oder Aufhebung der Pfändung. Damit entfällt auch die Wirkung der Vorpfändung.[36] Es kommt aber nicht darauf an, ob wg. zwischenzeitlicher Verfügung des Schuldners oder Leistung des Drittschuldners an ihn durch Pfändung jetzt noch ein Pfandrecht entstehen könnte, weil das Pfandrecht bereits entstanden ist. 7

3. Wirkung der Pfändung. Sie besteht bei wirksamer Vorpfändung und Pfändung in dem endgültigen Erstarken des Pfandrechts, für dessen **Rang** (§ 804 Abs. 3) der Zeitpunkt der Vorpfändung maßgeblich ist.[37] Der Pfändungsumfang wird aber nicht durch die Vorpfändung, sondern durch die Pfändung bestimmt. Falls sie die Vorpfändung übersteigt, erstreckt sich deren Rang jedoch nur insoweit auf den Gesamtbetrag, als die Forderung schon, ggf. als künftige, erfasst war.[38] Bei Hypothekenforderungen müssen nach § 830 Briefübergabe oder Grundbucheintragung hinzutreten, s. § 830 Rn. 4 und 7. 8

---

[19] BGHZ 68, 289, 291 = NJW 1977, 1199.
[20] AG Nienburg NdsRpfl. 1964, 43.
[21] *Schuschke/Walker* Rn. 4 aE.
[22] MK/*Smid* Rn. 14; *St/J/Brehm* Rn. 25; aA OLG Köln (Fn. 1); *T/P/Hüßtege* Rn. 10.
[23] OLG Celle NdsRpfl. 1958, 93.
[24] LG Stuttgart DGVZ 1990, 15.
[25] G. v. 22. 12. 2006, BGBl I S. 3416.
[26] AG/LG Stuttgart DGVZ 1990, 15; *B/L/H* Rn. 6; aA *Zö/Stöber* Rn. 3.
[27] BGH NJW 2006, 1870, 1872; BGHZ 87, 166, 168 = NJW 1983, 1738.
[28] BGHZ 93, 71, 74 = NJW 1985, 863.
[29] HM; MK/*Smid* Rn. 15; *St/J/Brehm* Rn. 13 f.; aA *Zö/Stöber* Rn. 5; *Meyer-Reim* NJW 1993, 3041.
[30] MK/*Smid* Rn. 14.
[31] LG Hildesheim NJW 1988, 1916, 1917.
[32] *St/J/Brehm* Rn. 16; aA LG Frankenthal Rpfleger 1985, 245 (Rechtsschutzinteresse fehlt).
[33] *B/L/H* Rn. 11; *T/P/Hüßtege* Rn. 9.
[34] *St/J/Brehm* Rn. 16.
[35] OLG Düsseldorf MDR 1974, 409.
[36] *B/L/H* Rn. 12; aA *Meyer-Reim* (Fn. 29).
[37] *St/J/Brehm* Rn. 23.
[38] BGH Rpfleger 2001, 504 = WM 2001, 1123, 1125.

V. Insolvenzverfahren

9 Zu den Auswirkungen der Insolvenz des Schuldners allgemein, vgl. § 804 Rn. 17f. Ab Eröffnung des Insolvenzverfahrens ist eine Vorpfändung für einzelne Gläubiger unzulässig (§ 89 InsO).[39] Eine bereits bestehende Vorpfändung entfällt rückwirkend, weil eine wirksame Pfändung nicht mehr möglich ist.[40] Wird die Vorpfändung früher als drei Monate vor Eingang des Insolvenzantrages ausgebracht, fällt die Hauptpfändung dagegen in den von § 131 InsO erfassten Bereich.Die Anfechtung richtet sich insgesamt nach § 131 InsO, weil alle zur insolvenzfesten Begründung des Pfandrechts erforderlichen Teilakte außerhalb des Drei-Monats-Zeitraums erfüllt sein müssen.[41]

VI. Kosten der Vorpfändung

10 Sie sind notwendig iSd. § 91 und nach § 788 erstattungsfähig, wenn der Schuldner nach den Umständen des Einzelfalles angemessen Zeit hatte, freiwillig zu leisten.[42] Es ist nicht darauf abzustellen, ob begründeter Anlass zu der Vermutung bestand, der Gläubiger werde seine Forderung ohne Vorpfändung nicht realisieren können.[43] Wird nicht rechtzeitig nach Abs. 2 gepfändet, besteht aber keine Erstattungspflicht.[44] Auch wenn der Schuldner die Wartepflicht der §§ 720a, 798 genutzt hat, kann ggf. die Notwendigkeit zu verneinen sein.[45] War eine einheitliche Vorpfändung möglich, sind Mehrkosten für selbständige Vorpfändungen mehrerer Forderungen nicht notwendig, daher auch nicht zu erstatten, s. auch § 91 Rn. 74, § 788 Rn. 15.[46]

VII. Rechtsbehelfe

11 Erinnerung (§§ 766, 828) steht dem Gläubiger zu, wenn der GV Anfertigung oder Zustellung der Benachrichtigung verweigert. Schuldner, Drittschuldner und betroffene Dritte können nach § 766 Verfahrensmängel beanstanden.[47] Für Rechtsmittel gegen die Vorpfändung besteht nach rechtzeitiger und wirksamer Pfändung nur dann ein Rechtsschutzbedürfnis, wenn der Schuldner ein Interesse am Wegfall der rangwahrenden Wirkung dartut. Sein Kosteninteresse genügt nicht (§ 99 Abs. 1).[48] Eine auf Erinnerung aufgehobene Vorpfändung kann durch das Beschwerdegericht weder wiederhergestellt noch neu ausgesprochen werden. Die Wirkung der Aufhebung sollte deshalb bis zur Rechtskraft des aufhebenden Beschlusses analog § 572 Abs. 2 ausgesetzt werden. Eine Beschwerde (§ 793) gegen den aufhebenden Beschluss ist sonst mangels Rechtsschutzinteresses regelmäßig unzulässig.[49]

VIII. Gebühren und Kosten

12 **1. Rechtsanwaltsgebühren.** Die Tätigkeit des Anwalts löst die Gebühr aus Nr. 3309 VV RVG aus. Durch die nachfolgende fristgerechte Pfändung entsteht keine weitere Gebühr, Vorpfändung und Pfändung sind eine Angelegenheit, § 18 Nr. 3 RVG. Bei mehreren Vorpfändungen an verschiedene Drittschuldner wegen der gleichen Forderung entsteht die Gebühr nur einmal, wenn ein einheitlicher Pfändungsbeschluss ergeht.[50]

13 **2. Gerichtskosten.** Gerichtsgebühren entstehen nicht; für den **Gerichtsvollzieher** gilt KVGr Nr. 101.

846 *Zwangsvollstreckung in Herausgabeansprüche* **Die Zwangsvollstreckung in Ansprüche, welche die Herausgabe oder Leistung körperlicher Sachen zum Gegenstand haben, erfolgt nach den §§ 829 bis 845 unter Berücksichtigung der nachstehenden Vorschriften.**

I. Normzweck

1 §§ 846–848 ermöglichen dem Gläubiger, die zwangsweise Verwertung von Sachen, die entweder noch nicht zum Vermögen des Schuldners gehören, deren Übereignung der Schuldner aber beanspruchen kann oder die ihm zwar gehören, sich aber im Gewahrsam eines nicht herausgabebereiten Dritten befinden. Die Pfändung der Ansprüche bereitet die anschließende Sachverwertung vor. Die Normen sind daher nur anwendbar, wenn die zu pfändende Sache ihrerseits Gegenstand der weiteren Zwangsvollstreckung wegen der Geldforderung des Gläubigers sein kann. Bloße Beweisurkunden ohne eigenen Vermögenswert gehören deshalb nicht hierher. Die Durchsetzung der gepfändeten Ansprüche erfolgt durch Herausgabe und Über-

---

39 LG Detmold KTS 1977, 126; *Noack* JurBüro 1976, 277, 278.

40 HM; RGZ 151, 265, 269; LG Karlsruhe Rpfleger 1997, 260; *St/J/Brehm* Rn. 17; *Schuschke/Walker* Rn. 10; *Dorndörfer* DGVZ 1999, 51f.; aA *Meyer-Reim* (Fn. 29: unvereinbar mit Prioritätsprinzip).

41 BGHZ 167, 11, 16 = NJW 2006, 1870.

42 KG JurBüro 1987, 715 = MDR 1987, 595; *St/J/Brehm* Rn. 27; vgl. a. OLG Hamburg JurBüro 1990, 533 m. Anm. *Mümmler* = MDR 1990, 344.

43 AA OLG Frankfurt MDR 1994, 843.

44 LAG Köln JurBüro 1993, 622.

45 *Münzberg* (Fn. 13) S. 166.

46 LG Kempten JurBüro 1990, 1050.

47 OLG Hamm Rpfleger 1971, 113 = JurBüro 1971, 175.

48 OLG Köln Rpfleger 1991, 261.

49 OLG Köln DGVZ 1989, 39; OLG Hamm Rpfleger 1957, 354.

50 *G/S/Müller-Rabe VV 3309* Rn. 351.

eignung: bei beweglichen Sachen an den GV (§ 847), bei eingetragenen Schiffen an den Treuhänder (§ 847a), bei unbeweglichen Sachen an den Sequester (§ 848). In all diesen Fällen wäre eine Forderungspfändung allein nicht ausreichend, weil sie keine Pfändung der geschuldeten Sache bewirkt. Die Zwangsvollstreckung wg. Herausgabe von Sachen erfolgt nicht nach §§ 846–848, sondern nach §§ 883ff.

II. Voraussetzungen

Die zu pfändenden Ansprüche auf Herausgabe oder Leistung können sich auf bewegliche wie unbewegliche Sachen beziehen, dinglicher oder schuldrechtlicher Natur sein, auch von einer Gegenleistung abhängen. Unpfändbar ist der Anspruch auf Vorlegung einer Sache wie jeder Anspruch, der mit einem Tun oder Unterlassen des Drittschuldners verbunden ist (Mitwirkung beim Öffnen eines Schließfachs); der Gläubiger muss dann nach § 857 vorgehen.[1] **Herausgabe** meint Übertragung des unmittelbaren Besitzes an individuell bestimmten Sachen. Anspruchsgrundlagen können u. a. sein: §§ 556, 581, 604, 645, 667, 681 wie auch §§ 985, 1007 BGB. **Leistung** bedeutet Besitz- und Eigentumsübertragung. Erfasst werden typischerweise die Ansprüche aus §§ 433 Abs. 1, 651 S. 1 BGB und Vermächtnisansprüche aus §§ 1939, 2147ff. BGB,[2] auch der Anspruch auf Rückgewähr vertretbarer Sachen nach § 607.[3] Der Anspruch des Schuldners auf Rückübertragung sicherungsübereigneter Sachen passt aber mE nicht hierher.[4] Weil sie sich bereits im Besitz des Schuldners befinden, kann der Gläubiger Anspruch und Sache sofort pfänden, dadurch beschlagnahmen, auf dieser Grundlage verwerten und der Klage aus § 771, ggf. nach Anbieten des Restbetrages, den Arglisteinwand entgegenhalten (zur Anwartschaftspfändung s. a. § 857 Rn. 7). 2

III. Gebühren und Kosten

1. Rechtsanwaltsgebühren. Der Anwalt erhält die Gebühr gemäß Nr. 3309 VV RVG. Vgl. auch § 829 Rn. 38. 3

2. Gerichtskosten. Es wird eine Festgebühr von 15 Euro nach KV Nr. 2111 erhoben. Zur Behandlung mehrerer Verfahren s. bei den jeweiligen Vorschriften. 4

847 *Herausgabeanspruch auf eine bewegliche Sache*

(1) Bei der Pfändung eines Anspruchs, der eine bewegliche körperliche Sache betrifft, ist anzuordnen, dass die Sache an einen vom Gläubiger zu beauftragenden Gerichtsvollzieher herauszugeben sei.

(2) Auf die Verwertung der Sache sind die Vorschriften über die Verwertung gepfändeter Sachen anzuwenden.

I. Normzweck

§ 847 regelt die Besonderheiten bei der Pfändung von Ansprüchen des Schuldners gegen Dritte auf Herausgabe oder Leistung beweglicher Sachen. Ein Arrestbefehl genügt als Vollstreckungstitel; auch eine Sicherungsvollstreckung (§ 720a) reicht aus.[1] Vorpfändung (§ 845) ist möglich (s. dort Rn. 1). **Pfändbarkeit** des Anspruchs besteht aber nur, wenn auch die geschuldete Sache pfändbar ist. Besteht ein Anspruch auf Herausgabe nach Trennung, ist sofortige Pfändung möglich, die weitere Durchführung aber erst nach Trennung zulässig.[2] **Unpfändbar** sind Ansprüche auf bewegliche Sachen, die der Immobiliarvollstreckung unterliegen (s. § 865 Rn. 4), auf unpfändbare Sachen (s. § 811 Rn. 11ff.)[3] und auf Sachen, die nicht selbständig verwertet werden zB **Beweisurkunden** (§ 952 BGB) wie Schuldscheine, Sparbücher (zur Hilfspfändung s. § 821 Rn. 2) und Kraftfahrzeugbriefe,[4] Hypotheken-, Grund- und Rentenschuldbriefe. Für letztere gilt § 830.[5] **Wechsel** und andere indossable Papiere werden beim Schuldner und bei herausgabebereiten Dritten nach § 831 gepfändet, andernfalls nach §§ 846, 847.[6] Ist der Schuldner noch nicht Inhaber der Wechselforderung, wird sein Anspruch auf Verschaffung derselben nach § 857 gepfändet.[7] Nicht pfändbar, weil höchstpersönlich (§ 851 Abs. 1), ist der Anspruch des Ehegatten aus § 1361a Abs. 1 S. 2 BGB, selbst wenn die geschuldeten Sachen pfändbar wären.[8] Zur Pfändung des **Anwartschaftsrechts** an beweglichen Sachen s. § 857 Rn. 7. 1

II. Pfändung

Sie erfolgt entspr. §§ 829ff. dadurch, dass der Pfändungsbeschluss an den Drittschuldner zugestellt wird. Sie wird mit Zustellung an ihn wirksam (§§ 846, 829 Abs. 3). Zugestellt wird durch den GV im Parteibe- 2

---

[1] MK/*Smid* Rn. 5.
[2] MK/*Smid* Rn. 3.
[3] *Schuschke/Walker* Rn. 2.
[4] *Noack* DGVZ 1972, 81, 83; aA MK/*Smid* Rn. 3; *T/P/Hüßtege* Rn. 1.

[1] *St/J/Brehm* Rn. 1.
[2] *B/L/H* Rn. 3; *St/J/Brehm* Rn. 1.
[3] BFH BB 1976, 1350.
[4] AllgM; LG Berlin DGVZ 1962, 186.
[5] MK/*Smid* Rn. 2.
[6] BGH LM § 831 Nr. 1; *St/J/Brehm* Rn. 4; aA MK/*Smid* Rn. 6.
[7] *St/J/Brehm* § 846 Rn. 1.
[8] *Schuschke/Walker* Rn. 1; *Palandt/Brudermüller* § 1361a Rn. 12 aE u. 15; aA MK/*Smid* § 846 Rn. 4.

trieb nach §§ 191ff., s. § 829 Rn. 12ff. Drittschuldner ist, wer dem Schuldner die Sache herauszugeben hat. Fehlt ein Drittschuldner, gilt § 857, nicht § 847. Ein Antrag ist auch hier erforderlich, s. § 829 Rn. 2f. Die Zuständigkeit des Rechtspflegers des Vollstreckungsgerichts ergibt sich aus §§ 20 Nr. 17 RPflG, 828. Der Inhalt des Pfändungsbeschlusses muss dem Bestimmtheitserfordernis genügen (s. § 829 Rn. 3, 31), insbes. die herauszugebenden Sachen für Drittschuldner und GV zweifelsfrei bezeichnen.[9] Das **Verbot für den Drittschuldner,** „die Sache an den Schuldner herauszugeben oder zu leisten" ist Wirksamkeitsvoraussetzung. Der Beschluss muss auch ohne besonderen Antrag, die **Herausgabeanordnung** an einen vom Gläubiger zu beauftragenden GV enthalten. Dessen namentliche Bezeichnung obliegt nicht dem Gericht, sondern dem Gläubiger. Er muss den GV zur Empfangnahme ermächtigen (§§ 754, 757), denn vorher ist die Herausgabepflicht nicht erfüllbar.[10] Herausgabe an den Gläubiger selbst ist nur zulässig, wenn sie nach § 844 bestimmt wurde. Die Herausgabeanordnung gem. § 847 ist für die Pfändung nicht wesentlich.[11] Sie kann deshalb später erfolgen,[12] auch nach Eröffnung des Insolvenzverfahrens (§§ 27ff. InsO),[13] die das Zwangsvollstreckungsverfahren nicht unterbricht, s. § 240 Rn. 6.[14] Sie ist wie der Pfändungsbeschluss zuzustellen.[15] Steht der Herausgabeanspruch dem Schuldner und Dritten nach Bruchteilen zu, dann ist der GV gemeinsam mit den Dritten zum Empfang zu ermächtigen.[16]

III. Rechtswirkungen

3 **1. Pfändung des Anspruchs.** Die Wirkung ist weit gehend dieselbe wie bei der Pfändung von Geldforderungen, s. § 829 Rn. 17ff. Gepfändet wird der Anspruch, nicht die Sache selbst. Der Schuldner bleibt Inhaber des durch die Pfändung beschlagnahmten und mit dem Pfändungspfandrecht des Gläubigers belasteten Anspruchs. Der Drittschuldner ist auf Grund der Pfändung zur Herausgabe an den GV berechtigt und verpflichtet. Er darf, anders als bei § 829, nicht an Gläubiger und Schuldner gemeinschaftlich leisten und nur dann nach §§ 372, 383 BGB hinterlegen, wenn ihm wegen verzögerter Benennung des GV ein Schaden droht.[17]

4 **Keine Befugnis zur Wegnahme der Sache.** Die Herausgabeanordnung ist **kein Vollstreckungstitel,** denn gepfändet wird nur die angebliche Forderung des Schuldners. Gibt der Drittschuldner die Sache nicht freiwillig heraus, kann der Gläubiger, ohne dass eine Überweisung erforderlich wäre, unter Beachtung des § 841 **Herausgabeklage** erheben mit dem Ziel der Herausgabe an den GV[18], zur Einziehungsklage s. § 835 Rn. 18. Klagen kann auch der Schuldner. Der GV ist nicht klagebefugt. Das Bestehen des Herausgabe- oder Leistungsanspruchs wird in diesem Prozess überprüft. Die **Vollstreckung** eines stattgebenden Urteils erfolgt nach §§ 883ff. Der Gläubiger kann **Klage auf Abgabe der Übereignungserklärung** auch schon auf Grund der Pfändung ohne vorherige Überweisung des Anspruchs zur Einziehung erheben, denn verwertet wird bei § 847 nicht der Anspruch, sondern nach dessen Durchsetzung die Sache.[19] § 847 beschränkt den Gläubiger nicht auf eine Sicherung durch Inbesitznahme.[20] Auf Übereignung an den Schuldner können daher auch **Arrestgläubiger** und nach **§ 720 a** vollstreckende Gläubiger klagen. Gemäß § 894 wird der Schuldner mit Rechtskraft des Urteils Eigentümer der geschuldeten Sache. Der Gläubiger erlangt das Pfandrecht zu diesem Zeitpunkt. Erleidet der Gläubiger durch verspätete Herausgabe einen Rangverlust, etwa weil andere inzwischen die Sache gepfändet haben, ist der schuldhaft handelnde Drittschuldner schadenersatzpflichtig.[21] **Mehrere Gläubiger:** Wird ein Herausgabeanspruch mehrfach gepfändet, gilt gemäß § 854 Abs. 2 für die Rangordnung entsprechend § 804 Abs. 3 die Reihenfolge der Anspruchspfändungen.

5 **2. Herausgabe der Sache an den Gerichtsvollzieher.** Gibt der Drittschuldner dem GV die Sache heraus, entstehen dadurch **ex nunc** ohne weiteres **Verstrickung und Pfändungspfandrecht,** vorausgesetzt, dass die Sache dem Schuldner gehört,[22] s. § 804 Rn. 5ff. Es erfolgt **keine förmliche Sachpfändung** nach § 808, weil auf Grund der Formerleichterungen des Abs. 2 die **Empfangnahme als Pfändungsakt** ausreicht.[23] Nach aA soll die Wirkung kraft dinglicher Surrogation entspr. § 848 Abs. 2 S. 2 eintreten.[24] Verstrickung und Pfandrecht entstehen an Sachen des Schuldners auch, wenn nach § 831 hätte gepfändet werden müssen.[25] Sie werden durch die Empfangnahme selbst dann begründet, wenn der angebliche Herausgabeanspruch des Schuldners gegen den Drittschuldner nicht bestand oder schon vor Herausgabe an den GV erloschen

---

[9] OLG Koblenz Rpfleger 1988, 72; LG Aachen Rpfleger 1991, 326; LG Limburg und LG Bochum NJW 1986, 3148f.; aA LG Berlin Rpfleger 1991, 28; LG Bielefeld Rpfleger 1987, 116 (Einzelangaben entbehrlich).
[10] *St/J/Brehm* Rn. 5.
[11] AllgM; RG JW 1914, 416.
[12] LG Berlin MDR 1977, 59.
[13] OLG München OLGRspr. 19, 11; *Noack* DGVZ 1978, 97.
[14] BGH NZBau 2007, 272 = Rpfleger 2007, 405 = WM 2007, 949; KG NJW-RR 2000, 1075, 176.
[15] *St/J/Brehm* Rn. 4.
[16] *St/J/Brehm* Rn. 6.
[17] HM; MK/*Smid* Rn. 7; *T/P/Hüßtege* Rn. 5; *St/J/Brehm* Rn. 8.
[18] OLG München BayJMBl 1953, 10; *Hoche* NJW 1955, 153.
[19] *St/J/Brehm* Rn. 10.
[20] *Schuschke/Walker* Rn. 3.
[21] *B/L/H* Rn. 8.
[22] BGHZ 72, 334, 336 = NJW 1979, 373; BGHZ 67, 378, 383 = NJW 1977, 384.
[23] MK/*Smid* Rn. 9; *St/J/Brehm* Rn. 12.
[24] *Brox/Walker* Rn. 704; *Walker* JZ 1994, 990, 996.
[25] BGH MDR 1980, 1016.

war.[26] **Mehrere Gläubiger:** Bei mehrfacher Pfändung gilt nach § 854 Abs. 2 für die **Rangordnung** der Gläubiger die Reihenfolge ihrer Pfändungen, obwohl die Pfandrechte an der Sache bei Herausgabe ex nunc, mithin gleichzeitig entstehen.[27] Wg. des ex-nunc-Entstehens erst bei Herausgabe der Sache geht ein durch **vorherige Sachpfändung** nach §§ 808, 809 begründetes Pfandrecht vor, auch wenn es erst nach der Pfändung des Anspruchs erworben wurde.[28] **Nach Herausgabe** der Sache kann nur noch eine Sachpfändung nach § 826 erfolgen. Das mit Herausgabe entstandene Pfandrecht geht dem durch Anschlusspfändung begründeten vor.[29] **Schuldnerfremde Sachen:** Hatte der Schuldner etwa als Mieter fremde Sachen an den Drittschuldner untervermietet,[30] werden sie nach der hier vertretenen sog. gemischten Theorie mit Herausgabe nur verstrickt, s. § 804 Rn. 2. Ein Pfandrecht entsteht nicht, s. § 804 Rn. 7. Erwirbt der Schuldner später die gepfändete Sache, entsteht das Pfandrecht an der Sache im Zeitpunkt des Eigentumserwerbs, s. § 804 Rn. 8. War ein Übereignungsanspruch gepfändet, so wird der Schuldner beim Eigentumserwerb nach § 929 BGB entsprechend §§ 847a Abs. 2, 848 Abs. 2 durch den GV vertreten. Das Eigentum des Schuldners entsteht mit Verstrickung und dem Pfandrecht des Gläubigers belastet.

IV. Verwertung der Sache

Verwertungsberechtigung: Voraussetzung ist, dass der Vollstreckungstitel den Gläubiger zur Verwertung berechtigt. Arrestpfändung und Sicherungsvollstreckung reichen daher nicht aus, es sei denn, dass ausnahmsweise die Voraussetzungen der §§ 930 Abs. 3, 720a Abs. 1 S. 2 vorliegen. Die Überweisung zur Einziehung des Herausgabe- oder Leistungsanspruchs erfolgt, von Arrest- und Sicherungsvollstreckung abgesehen, in der Praxis zusammen mit dem Pfändungsbeschluss. Das entspricht §§ 846, 835. Eine Überweisung an Zahlungs statt ist unzulässig, weil die Ansprüche keinen Nennwert haben (§ 849). Die ganz hM sieht die Überweisung des gepfändeten Anspruchs als Verwertungsvoraussetzung an.[31] Das ist nicht recht verständlich, weil die Verwertung der gepfändeten Sache nach Abs. 2 nicht aus dem Pfändungsbeschluss erfolgt, sondern auf Grund des Zahlungstitels und die Pfändung des Anspruchs mit dessen Erfüllung durch Herausgabe oder Übereignung der Sache erledigt ist.[32] Bedeutung kann ein Überweisungsbeschluss aber im Hinblick auf den Schutz des Drittschuldners nach § 836 Abs. 2 haben[33] und auch im Fortwirken der Verwertungsbeschränkung des § 839. Die **Durchführung der Verwertung** geschieht nach Abs. 2 so, als ob die Sache beim Schuldner gepfändet worden wäre (§§ 814–825). 6

V. Rechtsbehelfe

Schuldner und Drittschuldner können nach § 766 rügen, dass der Herausgabeanspruch (§ 851) oder die herauszugebende Sache (§ 811) unpfändbar seien oder dass andere Verfahrensverstöße vorliegen. Dem Gläubiger steht bei Zurückweisung des Pfändungsantrags die sofortige Beschwerde nach §§ 11 RPflG, 793 zu. Dritte können ab Pfändung des Herausgabeanspruchs unter den Voraussetzungen des § 771 Widerspruchsklage erheben.[34] Das Rechtsschutzinteresse entfällt nicht, wenn der Schuldner die Sache an einen anderen Vollstreckungsgläubiger herausgibt, weil die Gefahr der Verwertung zu Lasten des Dritten fortbesteht.[35] Die Klagemöglichkeit nach § 771 besteht fort, auch wenn der GV die Sache bereits in Besitz hat. Wird der Pfändungsbeschluss erst aufgehoben, nachdem die Sache schon an den GV herausgegeben wurde, entfallen Verstrickung und Pfandrecht an der Sache nicht von selbst, weil die Empfangnahme einen selbständigen Pfändungsakt darstellt, s. o. Rn. 5. Schuldner oder Drittschuldner müssen sich ggf. nach § 766 gegen die Sachpfändung wenden. 7

VI. Gebühren und Kosten

1. Rechtsanwaltsgebühren. Vgl. dazu § 846 Rn. 3. 8

2. Gerichtskosten. Zu den Gerichtsgebühren vgl. § 846 Rn. 4. Für den Gerichtsvollzieher gilt KVGv Nr. 221. 9

847a *Herausgabeanspruch auf ein Schiff*

(1) **Bei der Pfändung eines Anspruchs, der ein eingetragenes Schiff betrifft, ist anzuordnen, dass das Schiff an einen vom Vollstreckungsgericht zu bestellenden Treuhänder herauszugeben ist.**

(2) [1]**Ist der Anspruch auf Übertragung des Eigentums gerichtet, so vertritt der Treuhänder den Schuldner bei der Übertragung des Eigentums.** [2]**Mit dem Übergang des Eigentums auf den Schuldner erlangt der Gläubiger eine Schiffshypothek für seine Forderung.** [3]**Der Treuhänder hat die Eintragung der Schiffshypothek in das Schiffsregister zu bewilligen.**

---

[26] Wie Fn. 23.
[27] *St/J/Brehm* Rn. 13.
[28] BGHZ 72, 334, 336 = NJW 1979, 373; *St/J/Brehm* Rn. 13; aA MK/*Smid* Rn. 11.
[29] *Zö/Stöber* Rn. 6.
[30] *Brox/Walker* Rn. 704.
[31] MK/*Smid* Rn. 13f.; *St/J/Brehm* Rn. 14.
[32] *Brox/Walker* Rn. 708.
[33] MK/*Smid* Rn. 14.
[34] BGH (Fn. 28).
[35] BGH (Fn. 28).

(3) Die Zwangsvollstreckung in das Schiff wird nach den für die Zwangsvollstreckung in unbewegliche Sachen geltenden Vorschriften bewirkt.

(4) Die vorstehenden Vorschriften gelten entsprechend, wenn der Anspruch ein Schiffsbauwerk betrifft, das im Schiffsbauregister eingetragen ist oder in dieses Register eingetragen werden kann.

1 Eingetragene Schiffe (vgl. SchiffsRG) und eingetragene oder eintragungsfähige Schiffsbauwerke (vgl. SchiffsRegO) werden in der Zwangsvollstreckung weitgehend wie Grundstücke behandelt (vgl. auch §§ 830a, 837a, 870a). Die Norm ist daher dem § 848 nachgebildet. Der Treuhänder entspricht dem Sequester. Für nicht eingetragene Schiffe gilt § 847. Eingetragene Luftfahrzeuge: Für die in die Luftfahrzeugrolle eingetragenen gilt die Norm entspr., s. § 830a Fn. 1.

2 **Gerichtskosten.** Zu den Gerichtsgebühren vgl. § 846 Rn. 4.

848 *Herausgabeanspruch auf eine unbewegliche Sache*

(1) Bei Pfändung eines Anspruchs, der eine unbewegliche Sache betrifft, ist anzuordnen, dass die Sache an einen auf Antrag des Gläubigers vom Amtsgericht der belegenen Sache zu bestellenden Sequester herauszugeben sei.

(2) [1]Ist der Anspruch auf Übertragung des Eigentums gerichtet, so hat die Auflassung an den Sequester als Vertreter des Schuldners zu erfolgen. [2]Mit dem Übergang des Eigentums auf den Schuldner erlangt der Gläubiger eine Sicherungshypothek für seine Forderung. [3]Der Sequester hat die Eintragung der Sicherungshypothek zu bewilligen.

(3) Die Zwangsvollstreckung in die herausgegebene Sache wird nach den für die Zwangsvollstreckung in unbewegliche Sachen geltenden Vorschriften bewirkt.

I. Normzweck

1 § 848 regelt die Besonderheiten bei der Pfändung von Ansprüchen des Schuldners gegen Dritte auf Herausgabe und Übereignung unbeweglicher Sachen. Ein Arrestbefehl (§ 930) genügt als Vollstreckungstitel;[1] auch eine Sicherungsvollstreckung (§ 720a) reicht aus, weil die Maßnahmen nach § 848 Abs. 1 und 2 die Verwertung des Schuldnervermögens gem. §§ 866ff. nur vorbereiten. Welche Sachen als unbeweglich gelten, regeln §§ 864 Abs. 1, 865. Der **Anwendungsbereich** erfasst deshalb außer Ansprüchen auf Grundstücke, Wohnungseigentum und Erbbaurechte auch solche auf Grundstückszubehör. Die Ansprüche selbst zählen zum beweglichen Vermögen. § 866 Abs. 3 ist daher unanwendbar.[2]

II. Pfändung des Anspruchs (Abs. 1)

2 **1. Voraussetzungen.** Gepfändet wird wie bei § 847 Abs. 1, s. dort Rn. 2. Der Beschluss muss das Grundstück zweifelsfrei bezeichnen (vgl. § 28 GBO) und auch bei Pfändung des Übereignungsanspruchs Herausgabe an den Sequester anordnen.[3] Auch hier ist die Herausgabeanordnung aber nicht wesentlich, kann also nachgeholt werden. Die **Bestellung des Sequesters** durch das Gericht der belegenen Sache ist zusätzlich erforderlich. Ist das örtlich zuständige Vollstreckungsgericht (§ 828 Abs. 2) zugleich das Amtsgericht, in dessen Bezirk das Grundstück liegt, kann die Sequesterbestellung im Pfändungsbeschluss erfolgen. Andernfalls muss der Gläubiger mit seinem Bestellungsantrag die Herausgabeanordnung und den Erlass, nicht die Zustellung, des Pfändungsbeschlusses nachweisen.[4] Die Bestellung erfolgt durch den Rechtspfleger (§ 20 Nr. 17 RPflG). Er ist an Vorschläge des Gläubigers nicht gebunden. Zum Sequester können natürliche oder jur. Personen bestellt werden, auch GbR und Handelsgesellschaften. Weil niemand ein **Sequesteramt** übernehmen muss, auch der GV nicht, sollte die Bereitschaft zur Übernahme vorab geklärt werden.[5] Bei Pfändung des Übereignungsanspruchs muss außer der Herausgabe des Grundstücks auch angeordnet werden, dass die Auflassung (§ 925 BGB) an den Sequester als Vertreter des Schuldners zu erfolgen hat (Abs. 2 S. 1). Das bestellende Gericht, nicht das Vollstreckungsgericht,[6] setzt auf Antrag entspr. § 153 ZVG die angemessene, auch die Verantwortung berücksichtigende Vergütung des Sequesters fest. Die Kosten der Sequestration, für die zunächst der Gläubiger einzustehen hat,[7] sind Kosten der Zwangsvollstreckung (§ 788). Der Bestellungsbeschluss ist wie der Pfändungsbeschluss zuzustellen, s. § 847 Rn. 2. Die Sequesterbestellung ist ein eigenständiger Vollstreckungsakt. Sie hängt nicht von der Wirksamkeit der Pfändung ab.[8]

3 **2. Rechtswirkungen.** Sie entsprechen denen des § 847, s. dort Rn. 3.

a) Herausgabeanspruch. Er wird selten allein vollstreckt, weil der Gläubiger die Zwangsvollstreckung in das Grundstück betreiben kann, ohne es zu besitzen. Die Vollstreckung erfolgt daher nur, um bei Fremdbesitz die Voraussetzungen für eine Zwangsverwaltung zu schaffen oder in den Fällen der §§ 810, 865

---

[1] BayObLG Rpfleger 1985, 58f.
[2] HM; krit. MK/*Smid* Rn. 8 (hins. der Verhältnismäßigkeit des Vollstreckungseingriffs); vgl. auch *Fischer* Rpfleger 2004, 599.
[3] HM; MK/*Smid* Rn. 2; *Hoche* NJW 1955, 161f.; aA *St/J/Brehm* dort Fn. 11 (nicht bei Übereignung ohne Besitzübertragung).
[4] *Zö/Stöber* Rn. 3.
[5] *Schuschke/Walker* Rn. 3.
[6] BGH Rpfleger 2005, 549 = WM 2005, 1757; OLG Köln MDR 1986, 768; OLG Celle Rpfleger 1969, 216.
[7] MK/*Smid* Rn. 4.
[8] Wie Fn. 7.

Abs. 2.[9] Ist Herausgabe an den Sequester freiwillig oder zwangsweise nach § 885 erfolgt, ist damit die Vollstreckung beendet. Es entsteht **kein Pfandrecht** an der Sache. Der Sequester ist zur Grundstücksverwaltung (Einziehung von Mieten) nicht befugt.[10] Bei mehrfacher Pfändung kann der Drittschuldner nach § 855 vorgehen.

b) Anspruch auf Übereignung. Die Auflassung an den Sequester als Vertreter des Schuldners (Abs. 2 S. 1) muss bei gleichzeitiger Anwesenheit von Sequester und Drittschuldner vor dem Notar oder in einem gerichtlichen Vergleich (§ 794 Abs. 1 Nr. 1) dahin erklärt werden, dass der Schuldner Eigentümer werden soll.[11] Der Sequester ist berechtigt und verpflichtet, die förmliche Annahmeerklärung des Schuldners (§ 29 GBO) abzugeben und beim GBA dessen Eintragung zu beantragen (§ 873 BGB).[12] **Antragsberechtigt** ist auch der Veräußerer (§ 13 Abs. 1 GBO), nicht aber sind es Gläubiger oder Schuldner, es sei denn, dass der Sequester zustimmt.[13] Ist die **Auflassung** bereits im Erwerbsvertrag (Kaufvertrag, Schenkungsvertrag usw.) formgerecht erklärt worden, muss der Drittschuldner sie nicht wiederholen, der Sequester sie aber genehmigen (§§ 185 Abs. 2, 362 Abs. 2 BGB). Ist der Schuldner außerhalb des Grundbuchs Eigentümer geworden, aber noch nicht eingetragen, ist nur der Berichtigungsanspruch (§ 894 BGB) nach § 857 zu pfänden.[14] Bei **Weigerung des Drittschuldners,** die Auflassung zu erklären, können Gläubiger und Schuldner auf Grund der Pfändung gegen ihn **Klage auf Auflassung** an den Sequester erheben. Einer Klage gegen den Schuldner fehlt das Rechtsschutzinteresse, weil er bei der Auflassung nicht mitwirken muss.[15] Der Sequester ist nicht klagebefugt. Eine Überweisung des Anspruchs ist dazu weder erforderlich (s. a. § 847 Rn. 4), noch berechtigt sie dazu, Auflassung an den Gläubiger zu verlangen.[16] Für die **Vollstreckung** eines stattgebenden Urteils gilt § 894. Der Anspruch auf Auflassung kann durch einstweilige Verfügung gegen den Drittschuldner mittels **Vormerkung** (§§ 883, 885 BGB) gesichert werden.[17] Eine bereits eingetragene Vormerkung wird gem. § 401 BGB von der Pfändung erfasst,[18] s. auch § 857 Rn. 3. Die Pfändung kann im Grundbuch bei der Vormerkung vermerkt werden,[19] es sei denn dass schon bei Erlass des Pfändungsbeschlusses die Abtretung der Käuferrechte aus der Vormerkung eingetragen war.[20] 4

Sicherungshypothek (Abs. 2 S. 2): Sie entsteht bei wirksamer Pfändung zu Gunsten des Gläubigers mit der Eintragung des Schuldners als Eigentümer. Bei Arrestvollziehung ist sie Arrestsicherungshypothek (§ 930). Ist die Pfändung unwirksam, entsteht auch keine Eigentümergrundschuld.[21] Für den Eigentumserwerb durch den Schuldner ist die Wirksamkeit der Pfändung aber unerheblich; erforderlich ist nur eine wirksame Sequesterbestellung.[22] Für **mehrere Grundstücke** ist sie Gesamthypothek.[23] Die Hypothek entsteht ohne Eintragung.[24] Sie sichert die titulierte Forderung nebst Zinsen und Kosten (§ 1287 S. 2 BGB). Weil § 866 Abs. 3 nicht gilt (s. Rn. 1), entsteht die Hypothek auch für Forderungen, die 750 € nicht übersteigen. Der Erwerb der Hypothek erfolgt **außerhalb des Grundbuchs.** Durch ihre vom Sequester nach § 19 GBO zu bewilligende Eintragung (Abs. 2 S. 3) wird das Grundbuch berichtigt. Um einen lastenfreien Erwerb durch gutgläubige Dritte zu verhindern (§ 892 BGB), sollte die Bewilligung schon mit der Auflassung erklärt, und die Eintragungsanträge sollten gleichzeitig gestellt werden. 5

Rangverhältnisse: Im Rang gehen der Sicherungshypothek Grundpfandrechte vor, die der Schuldner in Erfüllung einer im Erwerbsvertrag übernommenen Verpflichtung bewilligt hat (zB Kaufpreishypothek), denn anders, als so belastet, konnte der Schuldner das Grundstück nicht erwerben.[25] Spätere, auch vor der Pfändung vom dinglich noch nicht berechtigten Schuldner bewilligte weitere Rechte haben dagegen Nachrang. Wurde der Anspruch für **mehrere Gläubiger** nacheinander gepfändet, gilt für die Rangordnung unter ihnen die Reihenfolge der Pfändungen, obwohl die Hypotheken gleichzeitig bei Eintragung des Schuldners entstehen.[26] 6

III. Anwartschaftsrecht am Grundstück

1. Voraussetzungen. Ein selbständig pfändbares Anwartschaftsrecht des Auflassungsempfängers besteht,[27] wenn eine bindende Auflassung vorliegt (§§ 873 Abs. 2, 925 BGB) und entweder der Antrag auf 7

---

[9] *St/J/Brehm* Rn. 4.
[10] *Zö/Stöber* Rn. 5.
[11] Vgl. BayObLG Rpfleger 1989, 396 (LS).
[12] OLG Celle DGVZ 1979, 308.
[13] OLG Bremen NJW 1954, 1689.
[14] *St/J/Brehm* Rn. 11.
[15] *St/J/Brehm* Rn. 5.
[16] *St/J/Brehm* Rn. 5, dort Fn. 13; RG JW 1903, 242.
[17] MK/*Smid* Rn. 6; *St/J/Brehm* Rn. 5 Fn. 17.
[18] OLG Frankfurt/M NJW-RR 1997, 1308, 1309; *Jung* Rpfleger 1997, 96.
[19] BayObLGZ 1997, 337, 338 = NJW-RR 1997, 1173 (auch zur Löschung, wenn der Anspruch aufschiebend bedingt abgetreten war).
[20] OLG Frankfurt/M (Fn. 18).
[21] *St/J/Brehm* Rn. 8.
[22] Vgl. a. BGHZ 30, 173, 175 = NJW 1959, 1873.
[23] OLG Düsseldorf Rpfleger 1981, 199, 200.
[24] MK/*Smid* Rn. 8; *St/J/Brehm* Rn. 7.
[25] BayObLGZ 1972, 46, 48 = Rpfleger 1972, 182; LG Frankenthal Rpfleger 1985, 231.
[26] *St/J/Brehm* Rn. 9.
[27] OLG Jena Rpfleger 1996, 100; *Amann* DNotZ 1997, 113, 117; *Hager* JuS 1991, 1, 6; Pfändbarkeit ablehnend: *Gerhardt* ZZP 109 (1996) 534, 539.

Eigentumsumschreibung vom Erwerber beim Grundbuchamt gestellt[28] oder zu seinen Gunsten eine Vormerkung bestellt,[29] zumindest beantragt ist.[30] Allein ein Antrag des Veräußerers genügt nicht, weil der ihn zurücknehmen könnte. Die Zwangsvollstreckung erfolgt durch Pfändung nach §§ 857, 829.[31] Wirksamkeitsvoraussetzung ist die Zustellung des Pfändungsbeschlusses an den Schuldner als Auflassungsempfänger (§ 857 Abs. 2). Die weitere Mitwirkung des Veräußerers ist zur Entstehung des Vollrechts nicht nötig.[32]

8 **2. Rechtswirkungen der Pfändung.** Durch die Pfändung wird das Anwartschaftsrecht verstrickt und mit einem Pfändungspfandrecht belastet.[33] Der Gläubiger kann sich dem Eintragungsantrag anschließen und so dessen Rücknahme durch den Schuldner verhindern.[34] Ein Sequester ist nicht erforderlich. Erstarkt das Anwartschaftsrecht mit Eintragung des Erwerbers zum Vollrecht, entsteht entspr. §§ 857 Abs. 1, 848 Abs. 2 zu Gunsten des Gläubigers eine **Sicherungshypothek,**[35] die auf seinen Antrag im Wege der Grundbuchberichtigung eingetragen wird. Für den **Rang** und für das Verhältnis mehrerer Gläubiger gelten die obigen Ausführungen entsprechend. Für die Verwertung des Grundstücks gilt § 848 Abs. 3 entsprechend.

9 **3. Verhältnis zur Anspruchspfändung.** Die Anwartschaft ist ein unsicheres Recht. Sie kann, wenn keine Vormerkung bestellt war, zB durch (auch rechtswidrige) Zurückweisung des Eintragungsantrags oder Nichtbeachtung der Reihenfolge des § 17 GBO unwiederbringlich verloren gehen.[36] Es ist daher nach hM zulässig und empfehlenswert, **zusätzlich** zur Anwartschaft die **Pfändung des Übereignungsanspruchs** des Schuldners gegen den Drittschuldner durchzuführen.[37] Dieser Anspruch besteht trotz erklärter Auflassung (§ 925 BGB) und der Antragswirkung (§ 13 GBO) noch bis zur Eintragung des Erwerbers fort (§§ 362, 873 BGB), wenn auch der Drittschuldner regelmäßig nur noch Nebenpflichten zu beachten hat.[38]

IV. Verwertung des Grundstücks (Abs. 3)

10 Sie erfolgt nicht in einem Anhangsverfahren, sondern durch selbständige Zwangsvollstreckung in das unbewegliche Vermögen nach §§ 15, 146 ZVG, 866ff. durch Eintragung einer Sicherungshypothek, Zwangsversteigerung und Zwangsverwaltung; s. § 866 R. 2.

V. Rechtsbehelfe

11 Für Pfändungsbeschluss und Sequesterbestellung gilt das bei § 847 Ausgeführte entspr. (s. dort Rn. 7), für das Grundbuchverfahren: § 71 GBO.

VI. Gebühren und Kosten

12 **1. Rechtsanwaltsgebühren.** Vgl. § 827 Rn. 8.

13 **2. Gerichtskosten.** S. dazu § 846 Rn. 4. Erhebt der Gläubiger Herausgabeklage gegen den Drittschuldner, gelten die allgemeinen Bestimmungen nach KV Nr. 1210, 1211 für das Prozessverfahren erster Instanz.

849 *Keine Überweisung an Zahlungs statt* **Eine Überweisung der im § 846 bezeichneten Ansprüche an Zahlungs statt ist unzulässig.**

1 Die Überweisung an Zahlungs statt ist ausgeschlossen, weil Herausgabeansprüche keinen Nennwert haben (§ 835 Abs. 1) und weil die Vollstreckung nach §§ 846ff. nicht zur Befriedigung des Gläubigers führt, sondern sie nur vorbereitet, s. § 846 Rn. 1. Eine Überweisung der Ansprüche zur Einziehung ist möglich.

850 *Pfändungsschutz für Arbeitseinkommen* **(1) Arbeitseinkommen, das in Geld zahlbar ist, kann nur nach Maßgabe der §§ 850a bis 850i gepfändet werden.**

(2) Arbeitseinkommen im Sinne dieser Vorschrift sind die Dienst- und Versorgungsbezüge der Beamten, Arbeits- und Dienstlöhne, Ruhegelder und ähnliche nach dem einstweiligen oder dauernden Ausscheiden aus dem Dienst- oder Arbeitsverhältnis gewährte fortlaufende Einkünfte, ferner Hinterbliebenenbezüge sowie sonstige Vergütungen für Dienstleistungen aller Art, die die Erwerbstätigkeit des Schuldners vollständig oder zu einem wesentlichen Teil in Anspruch nehmen.

(3) Arbeitseinkommen sind auch die folgenden Bezüge, soweit sie in Geld zahlbar sind:

a) Bezüge, die ein Arbeitnehmer zum Ausgleich für Wettbewerbsbeschränkungen für die Zeit nach Beendigung seines Dienstverhältnisses beanspruchen kann;

---

[28] BGHZ 106, 108, 111 = NJW 1989, 1093; BGH WM 1975, 255, 256 = DNotZ 1976, 96, 97.
[29] BGHZ 89, 41, 44f. = NJW 1984, 973; BGHZ 83, 395, 399 = NJW 1982, 1639; *Medicus* DNotZ 1990, 283.
[30] OLG Düsseldorf Rpfleger 1981, 200, 201.
[31] BGHZ 49, 197, 204 = NJW 1968, 493; BayObLG Rpfleger 1994, 162.
[32] BGH (Fn. 31); BGH WM 1975, 255, 256.
[33] *Brox/Walker* Rn. 822.
[34] OLG Frankfurt/M (Fn. 18); *Münzberg* Rpfleger 1985, 306; *Kerbusch* Rpfleger 1988, 477.
[35] BGH (Fn. 31); OLG Jena (Fn. 27).
[36] BGH (Fn. 31); *Hager* (Fn. 27) S. 2f.
[37] MK/*Smid* Rn. 9; *T/P/Hüßtege* Rn. 2; *Schuschke/Walker* Rn. 10; einschränkend: *St/J/Brehm* Rn. 6 (wahlweise).
[38] BGH NJW 1994, 2947f.

b) Renten, die auf Grund von Versicherungsverträgen gewährt werden, wenn diese Verträge zur Versorgung des Versicherungsnehmers oder seiner unterhaltsberechtigten Angehörigen eingegangen sind.

(4) Die Pfändung des in Geld zahlbaren Arbeitseinkommens erfasst alle Vergütungen, die dem Schuldner aus der Arbeits- oder Dienstleistung zustehen, ohne Rücksicht auf ihre Benennung oder Berechnungsart.

I. Normzweck (Abs. 1)

1 Der Einsatz der Arbeitskraft des Schuldners zur eigenverantwortlichen Führung eines menschenwürdigen Lebens hat auch im öff. Interesse Vorrang vor Sozialhilfe,[1] s. a. § 811 Rn. 1.[2] Die §§ 850 ff. sind weder im Voraus noch im Nachhinein abdingbar, s. vor § 704. Rn. 17.[3] Der Schuldner kann auf ihren Schutz schon deshalb nicht verzichten, weil er unpfändbare Forderungen weder abtreten noch verpfänden (vgl. §§ 400, 1274 Abs. 2 BGB), sie also auch rechtsgeschäftlich nicht zur Haftungsgrundlage für seine Schulden machen kann.[4] **Anwendung** finden die §§ 850 ff. bei jeder Zwangsvollstreckung wg. Geldforderungen (§ 803),[5] auch bei der Arrestvollziehung (§§ 928, 930),[6] unabhängig von der Nationalität des Schuldners.[7] § 765 a wird durch §§ 850 ff. nicht stets ausgeschlossen,[8] s. auch dort Rn. 14.

II. Regelmäßige Voraussetzungen (Abs. 2)

2 **1. Allgemeines.** Der Begriff Arbeitseinkommen ist weit auszulegen. Er umfasst nicht nur das unmittelbar für geleistete Arbeit gezahlte Entgelt, sondern alle Ansprüche, die ihre Rechtsgrundlage in gegenwärtigen oder früheren Arbeits- oder Ausbildungsverhältnissen haben. Er gilt auch bei nichtigen Verträgen, bei sog. faktischen Arbeitsverhältnissen,[9] Schwarzarbeit,[10] mithin für alle lohnsteuerpflichtigen Einkünfte (§ 19 Abs. 1 EStG).[11] Es kommt auch nicht darauf an, ob der Entgelt- oder der Alimentierungszweck überwiegt.[12] Hat der Schuldner **mehrere Dienstverhältnisse,** gilt der Schutz im Grundsatz für jeden Bezug gesondert (vgl. aber § 850 e Nr. 2). Wird die Vergütung für Dienste und sonstige Leistungen geschuldet, ist eine Aufteilung erforderlich. Der beschränkt pfändbare Teil muss geschätzt werden, ggf. im Rahmen der Einziehungsklage (s. § 835 Rn. 18) durch das Prozessgericht.[13] Es muss ein **Geldanspruch** bestehen, das Einkommen in Geld zahlbar sein. Ansprüche auf **Sachleistungen** (Verpflegung, Deputat, Dienstwohnung und -wagen) werden von § 850 nicht erfasst. Sie sind ggf. nach §§ 846 f. zu pfänden; bei landwirtschaftlichen Arbeitnehmern ist § 811 Nr. 4 a zu beachten (s. dort Rn. 16). Falls sich ein Sachleistungsanspruch wg. Nichterfüllung oder Nichtbenutzung in einen Zahlungsanspruch verwandelt, erstreckt sich die Pfändung auch auf ihn; § 850 findet Anwendung.[14] **Pfändungsschutz gilt nur für Forderungen,** nicht für das vom Schuldner bereits vereinnahmte Entgelt.[15] **Bargeld** des Schuldners wird nur noch durch § 55 Abs. 4 SGB I (s. § 850 i Rn. 30) und § 811 Nr. 8 (s. dort Rn. 23), uU nach § 51 StVollzG (s. Rn. 8) geschützt. Wurde an den Vertreter des Schuldners oder an einen Dritten nach §§ 362 Abs. 2, 185 BGB geleistet, ist das Geld vom Schuldner vereinnahmt, wenn er darüber frei verfügen kann,[16] so bei Zahlung an seinen Prozessbevollmächtigten[17] oder Gutschrift auf seinem **Bankkonto.**[18] Für das Bankguthaben als neue pfändbare Forderung des Schuldners gilt § 850 k. Pfändungsschutz nach §§ 850 ff. besteht aber fort, wenn Geld nur überwiesen und noch nicht gutgeschrieben ist.[19] Das Gleiche gilt, wenn der Schuldner nicht frei verfügen kann, weil der Empfänger nicht seinen Weisungen unterliegt, wie zB der GV nach freiwilliger Zahlung des Drittschuldners.[20] Gleiches gilt bei Einzahlung auf ein **Sperrkonto,** über das der Schuldner nicht verfügen kann.[21] Pfändungsschutz besteht auch bei **Hinterlegung** für den Anspruch des Schuldners gegen die Hinterlegungsstelle, wenn der Drittschuldner den geschuldeten Betrag nach § 372 BGB oder wenn der GV zu Gunsten des Schuldners beim Drittschuldner beigetriebene Beträge hinterlegt hat.[22]

---

[1] Eingehend zur Pfändung nach §§ 850 ff.: *Becker* JuS 2004, 780.
[2] Krit. MK/*Smid* Rn. 4.
[3] AllgM; KG NJW 1960, 682.
[4] *Baur/Stürner* ZwV Rn. 131; *Schuschke/Walker* Rn. 5.
[5] Vgl. auch §§ 319, 324 Abs. 3 S. 5 AO.
[6] Vgl. aber § 36 InsO.
[7] Zu NATO-Angehörigen vgl. MK/*Smid* Rn. 8; *St/J/Brehm* Rn. 6.
[8] OLG Frankfurt/M OLGR 2000, 39, 40.
[9] *Pohle* zu LAG Düsseldorf AP KO § 61 Nr. 187.
[10] BAG NJW 1977, 1608 (früher § 19 AFG: fehlende Arbeitserlaubnis; vgl. jetzt § 63 SGB III); LAG Düsseldorf DB 1969, 931.
[11] Vgl. auch § 14 Abs. 1 SGB IV.
[12] BAG Rpfleger 1960, 247; LG Bielefeld FamRZ 1958, 383.
[13] *St/J/Brehm* Rn. 44.
[14] MK/*Smid* Rn. 21; *St/J/Brehm* Rn. 60.
[15] MK/*Smid* Rn. 13; *St/J/Brehm* Rn. 9–12.
[16] HM; LG Düsseldorf Rpfleger 1977, 183; MK/*Smid* Rn. 13.
[17] *St/J/Brehm* Rn. 10; *Stöber* Rn. 17; aA *T/P/Hüßtege* § 850 b Rn. 1.
[18] OLG Celle NJW 1960, 1015.
[19] *St/J/Brehm* Rn. 11.
[20] AllgM; LG Berlin DGVZ 1976, 154; AG Berlin-Charlottenburg DGVZ 1976, 77.
[21] KG NJW 1957, 1443.
[22] LG Aachen JurBüro 1982, 1424; LG Düsseldorf Rpfleger 1977, 183.

3 **2. Beamtenbezüge.** Als **Beamte** iSd. Abs. 2 gelten außer den durch Bund, Land, Gemeinde oder sonstige Körperschaft, Anstalt und Stiftung des öffentlichen Rechts förmlich in ein Beamtenverhältnis Berufenen[23] – auf Lebenszeit, Zeit, Probe oder Widerruf (Anwärter, Referendare im Vorbereitungsdienst) –, auch Richter,[24] Soldaten,[25] Minister,[26] Parlamentarische Staatssekretäre,[27] Abgeordnete des Europaparlaments, des Bundestages und der Landtage, Geistliche, wenn der Dienstherr eine Körperschaft des öff. Rechts ist. Für **Angestellte oder Arbeiter im öff. Dienst** gilt derselbe Pfändungsschutz. **Dienst- und Versorgungsbezüge** sind alle wiederkehrenden und einmaligen Bezüge, die nach Besoldungs- und Versorgungsgesetzen zu zahlen sind, wie Gehälter nebst Amts-, Stellen- und sonstigen Zulagen, unabhängig von ihrer Bezeichnung, auch Auslandsdienstbezüge,[28] außerdem Unterhaltszuschüsse bei Referendaren und anderen Beamtenanwärtern,[29] Wehrsold bei Soldaten und Wehrpflichtigen,[30] auch deren Bezüge nach §§ 12a, 13, 13a USG,[31] (**nicht aber** Leistungen nach USG an unterhaltsberechtigte Angehörige),[32] Sold bei Zivildienstleistenden,[33] Übergangs-[34] und Entlassungsgelder[35] bei Soldaten, Abgeordnetendiäten,[36] Aufwandsentschädigungen und Übergangsgelder.[37] Der **Beihilfeanspruch** ist als zweckgebundene Leistung nicht pfändbar, s. a. § 851 Rn. 6. **Versorgungsbezüge** von Beamten und Soldaten sind grds. wie Arbeitseinkommen pfändbar. Hierher gehören auch **Ruhegelder,** die auf Grund Arbeits- oder Dienstvertrages (Individualvereinbarung, Betriebsvereinbarung, Tarifvertrag) geschuldet sind.[38] Für gesetzliche Renten s. § 850i Rn. 15ff.; sie sind nach § 54 Abs. 4 SGB I „wie Arbeitseinkommen" pfändbar, s. auch § 850c Rn. 1. Unpfändbarkeit besteht jedoch auch hier hinsichtlich zweckgebundener Ansprüche nach §§ 51 BeamtVG, 51 BRRG und §§ 8, 85 Abs. 5 SoldVersG. Auf Ansprüche wegen Wehrdienstbeschädigungen ist § 54 SGB I anzuwenden.

4 **3. Arbeits- und Dienstlöhne.** Gemeint sind Entgelte für Leistungen, die von persönlich oder wirtschaftlich Abhängigen erbracht werden, seien es Arbeitnehmer oder dem Direktionsrecht des Arbeitgebers nicht unterliegende arbeitnehmerähnliche Personen.[39] Zu letzteren zählen nach § 5 Abs. 1 und 3 ArbGG Heimarbeiter iSd. § 850i Abs. 3, Hausgewerbetreibende, Ein-Firmen-Handelsvertreter gemäß § 92a HGB, freie Mitarbeiter der Medien.[40] Die Unterscheidung ist für § 850 unbeachtlich. Hierzu zählen auch Entwicklungshelfer[41] und Lizenzspieler der Fußballbundesliga,[42] für Vertragsspieler s. Rn. 11. Zum Entgelt zählen **wiederkehrende und einmalige Bezüge,** die auf Grund des Arbeits- oder Dienstverhältnisses geschuldet sind, wie die Abfindung[43] oder die Abgangsentschädigung,[44] auch bei nichtigen Verträgen (s. Rn. 2). Wenn ein Rechtsanspruch fehlt, kommt ggf. § 850h in Betracht. Entscheidend ist, dass der Arbeitgeber oder Dienstherr die Vergütung schuldet[45] und dass sie nicht als Sozialleistung vom Staat gewährt oder von Dritten freiwillig zugewandt wird (Trinkgeld).[46] **Pfändungsschutz** besteht für wiederkehrende Bezüge von vornherein nach §§ 850a ff. **Nicht wiederkehrend zahlbare Bezüge** (Abfindungen o. ä.) werden nur auf Antrag des Schuldners nach § 850i Abs. 1 geschützt.

5 **a) Einzelfälle.** Pfändungsschutz gilt im Einzelnen für: **Abfindungen** (s. a. § 850i Rn. 4),[47] auch aus einem Sozialplan nach §§ 112f. BetrVG,[48] nach §§ 9ff. KSchG;[49] **Arbeitnehmererfindung:**[50] eine Aufteilung in unbeschränkt und beschränkt pfändbare Teile ist erforderlich, wenn der Arbeitnehmer z. ständigen Mitarbeit verpflichtet ist.[51] Bei urheberrechtlicher Lizenz kann § 850 anwendbar sein (s. § 850i Rn. 2);[52] **Ausgleichs-**

---

[23] §§ 4ff. BBG, 2ff. BRRG.
[24] § 1 Abs. 1 Nr. 2 BBesG; § 1 Abs. 2 BeamtVG.
[25] § 1 Abs. 1 Nr. 3 BBesG; § 30 SoldatenG.
[26] BMinG.
[27] ParlStG v. 24. 7. 1974 (BGBl. I S. 1538).
[28] BGH MDR 1980, 385.
[29] OLG Bamberg Rpfleger 1974, 30; OLG Braunschweig NJW 1955, 1599.
[30] HM; OLG Neustadt BB 1962, 1344; LG Essen MDR 1962, 911; LG Zweibrücken Rpfleger 1962, 385; LG Hagen Rpfleger 1962, 215; *Nuppeney* Rpfleger 1962, 162, 199; aA LG Wuppertal MDR 1961, 696 (unbeschränkt pfändbar); *Rocke* NJW 1961, 2197 (§ 850b Abs. 1 Nr. 3); *Rewolle* DB 1962, 936 und *Stehle* NJW 1962, 854 (unpfändbar).
[31] MK/*Smid* Rn. 25; *St/J/Brehm* Rn. 21.
[32] Vgl. *Franke* NJW 1968, 830.
[33] § 35 ZivildienstG; *Kreutzer* AnwBl. 1974, 171f.
[34] BGH NJW 1980, 229.
[35] OLG Dresden Rpfleger 1999, 283 (mitgepfändet); OLG Hamm OLGZ 1984, 457.
[36] §§ 11f. AbgG v. 18. 2. 1977 (BGBl. I S. 297): bei Bundestagsabgeordneten zur Hälfte als Amtsausstattung unpfändbar; OLG Düsseldorf OLGZ 1985, 102 = MDR 1985, 242 = JMBlNRW 1985, 21 (Landtagsabgeordnete).
[37] AG Bremerhaven MDR 1980, 504 (Abfindung nach Ausscheiden).
[38] *Schuschke/Walker* Rn. 12.
[39] OLG Hamm BB 1972, 855.
[40] MK/*Smid* Rn. 27.
[41] *Zö/Stöber* Rn. 6.
[42] BAG NJW 1980, 470.
[43] AG Bochum DGVZ 1991, 174.
[44] BAG Rpfleger 1960, 247.
[45] *Schuschke/Walker* Rn. 11.
[46] BAG NJW 1996, 1012 (Ausnahme ggf. bei sehr niedrigem Fixum).
[47] AG Bochum DGVZ 1991, 174.
[48] BAG NJW 1992, 1664 = NZA 1992, 384; OLG Düsseldorf NJW 1979, 2520; *Heinze* DB 1974, 1814.
[49] HM; BAG DB 1980, 358 = NJW 1980, 800 (LS): § 850i.
[50] Offen gelassen: BGHZ 93, 82, 86 = NJW 1985, 1031; *Sikinger* GRUR 1985, 785.
[51] *B/L/H* Rn. 6.
[52] BGH NJW-RR 2004, 644, 645.

ansprüche nach § 89b HGB, s. Rn. 12; **Bedienungsgeld,** das der Kellner für den Wirt vereinnahmt und nach Abrechnung behalten darf, nicht aber das vom Gast persönlich zugewendete Trinkgeld, insow. ggfs. Taschenpfändung,[53] s. § 808 Rn. 3; **Einbehalte sonstiger Art,** die der Schuldner für sich[54] aus vereinnahmtem Geld entnehmen darf, wie bei Auslieferungsfahrern,[55] angestellten **Taxifahrern.**[56] Der Arbeitgeber muss sich nach Lohnpfändung um den Erhalt dieser Beträge kümmern und sie dem Gläubiger aushändigen;[57] **Entgeltfortzahlung** im Krankheitsfall u. ä.,[58] **Familien-, Kinder-** und **Trennungszulagen; Gagen; Gehalt,** auch des Gesellschafters; **Gratifikationen; Gewinnanteile; Honorare; Jahres-** oder **Saisontantiemen** zählen ebenfalls hierher;[59] sie sind nach § 850e auf die jeweils pfändbare Rate umzurechnen; **Insolvenzgeld** (s. § 850i Rn. 19); **Mietkostenzuschuss** des Arbeitgebers, Wohnungsgeld; bei **Mutterschutz,** das weiterzuzahlende Entgelt;[60] **Prämien:**[61] **Anwesenheitsprämie,**[62] **Erfolgsprämie,**[63] **Inkassoprämie,**[64] für **Unfallverhütung**[65] usw.; **Provisionen;**[66] **Schadenersatzansprüche,** wenn sie an Stelle entgangener oder vorenthaltener Arbeitsvergütung bestehen, auch Ansprüche aus Annahmeverzug (§ 615 BGB); **Streikgeld** (Aussperrungsvergütung) ist als Ausgleich für entgangene Arbeitsvergütung nur nach §§ 850ff. pfändbar;[67] **Tantiemen;** aber **nicht Trinkgeld,** s. o. Bedienungsgeld; wohl aber Urlaubsabgeltung und **Urlaubsgeld** (s. § 850a Rn. 3);[68] sowie über- und außertarifliche **Zulagen.**

b) Sonderfälle. aa) Vermögenswirksame Leistungen des Arbeitgebers sind **unpfändbar.** Sie sind zwar ar- 6
beitsrechtlich Bestandteil des Lohns oder Gehalts. Der Anspruch ist aber nicht übertragbar (§ 2 Abs. 7 5. VermBG) und kann deshalb nicht gepfändet werden.

bb) Arbeitnehmersparzulagen werden von der Lohnpfändung nicht erfasst, weil sie **kein Arbeitslohn,** 7
sondern **Steuervergütungsansprüche** sind, die aus den Lohnsteuereinnahmen gezahlt werden.[69] Drittschuldner ist das für die Einkommenbesteuerung des Arbeitnehmers zuständige Finanzamt.[70] Weil der Anspruch erst mit Ablauf des Kalenderjahres entsteht, in dem die vermögenswirksame Leistung angelegt worden ist,[71] darf gem. §§ 14 Abs. 2 S. 1 5. VermBG, 46 Abs. 6 AO vorher ein Pfändungs- und Überweisungsbeschluss nicht erlassen werden. Ein verbotswidrig erwirkter Beschluss ist unheilbar nichtig, s. i. e. § 829 Rn. 26ff.

cc) Gefangenengelder (Inhaftiertengelder). Das **Arbeitsentgelt** der Strafgefangenen[72] einschl. Ausbil- 8
dungsbeihilfe und Ausfallentschädigung[73] sowie das aus einem freien Beschäftigungsverhältnis außerhalb der Anstalt[74] wird mitunter als nach §§ 850ff. beschränkt pfändbar bezeichnet.[75] Das ist so aber nur zutreffend bei privaten Arbeitsverträgen[76] von Freigängern,[77] wenn die Vollzugsbehörde nicht nach § 39 Abs. 3 StVollzG Überweisung des Entgelts verlangt hat. I. Ü. ist von den Bezügen wg. vorheriger Zweckbindung (§§ 399 BGB, 851)[78] nur das nach Abzug von Hausgeld, Haftkostenbeitrag, Unterhaltsbeitrag oder Überbrückungsgeld verbleibende **Eigengeld** pfändbar,[79] zu dem auch das bei Strafantritt mitgebrachte und in der Haftzeit zugegangene Geld zählt[80].[81] Beschränkt wird die Pfändbarkeit verfassungsrechtlich unbedenklich[82] allein durch § 51 Abs. 4, 5 StVollzG. Mangels Vergleichbarkeit der Lebensumstände eines Strafgefangenen mit einem in Freiheit lebenden Arbeitnehmer sind §§ 850ff. nicht anwendbar.[83] **Hausgeld**[84] ist, abge-

---

[53] OLG Stuttgart FamRZ 2002, 184 = Rpfleger 2001, 608.
[54] RAG JW 1936, 1245 (nicht Teilbeträge für Hilfskräfte).
[55] BAG DB 1978, 942.
[56] LAG Düsseldorf DB 1972, 1540.
[57] BAG NJW 1966, 469; aA LG Bochum MDR 1957, 1158 m. zust. Anm. *Roellecke.*
[58] §§ 3 EFZG, 616 BGB.
[59] HM; LG Hamburg MDR 1961, 856; LG Dortmund MDR 1957, 750; MK/*Smid* Rn. 29; *St/J/Brehm* Rn. 29; aA LG Bochum (Fn. 57).
[60] §§ 3, 11 MuSchG; *Rewolle* DB 1962, 396.
[61] *Sibben* DGVZ 1988, 4.
[62] BAG NJW 1967, 2119.
[63] LG Berlin Rpfleger 1959, 132.
[64] BAG DB 1978, 942.
[65] *St/J/Brehm* Rn. 28.
[66] OLG Braunschweig Rpfleger 1952, 90.
[67] HM; BAG JurBüro 1977, 335, 337f.
[68] BAG NJW 1966, 222.
[69] § 14 Abs. 1 S. 2 5. VermBG.
[70] *Ottersbach* Rpfleger 1990, 57.
[71] § 13 Abs. 4 5. VermBG.
[72] § 43 StVollzG.
[73] §§ 44f. StVollzG.
[74] § 39 StVollzG.
[75] OLG Celle NStZ 1988, 334; OLG München NStZ 1987, 45; LG Potsdam NStZ-RR 1997, 221; *Hintzen/Wolf* ZwV Rn. 6.86; *Callies/Müller-Dietz* StVollzG, 6. Aufl. 1994, § 43 Rn. 6; dafür auch: *Stange/Rilinger* Rpfleger 2002, 610.
[76] LAG Baden-Württemberg NStZ 1989, 141.
[77] Vgl. §§ 11 Abs. 1 Nr. 1, 39 Abs. 1 StVollzG.
[78] *Stöber* Rn. 137; *Fluhr* NStZ 1994, 115ff.
[79] § 52 StVollzG.
[80] *Callies/Müller-Dietz* (Fn. 75) § 52 Rn. 1.
[81] LG Trier JurBüro 2003, 550.
[82] BVerfG NJW 1982, 1583.
[83] BGHZ 160, 112, 117 = NJW 2004, 3714; OLG Schleswig Rpfleger 1995, 29, 31f.; OLG Karlsruhe Rpfleger 1994, 370; aA früher: OLG Frankfurt Rpfleger 1984, 425; LG Weiden JurBüro 2000, 103.
[84] § 47 StVollzG.

sehen von den Fällen der §§ 93, 121 StVollzG, als lebensnotwendiger Unterhalt unpfändbar;[85] wie auch das **Taschengeld** des bedürftigen Gefangenen;[86] § 850d Abs. 1 S. 2 gilt entspr.[87] Der Anspruch auf **Überbrückungsgeld**[88] ist unpfändbar,[89] außer für bevorrechtigt pfändende Unterhaltsgläubiger (§ 850d Abs. 1 S. 1).[90] **Drittschuldner** ist nicht der Anstaltsleiter, sondern die nach Landesrecht zuständige Stelle. Bereits ausgezahltes Geld ist für vier Wochen nur beschränkt pfändbar.[91] Bei **Untersuchungsgefangenen** sind Eigengeld und Arbeitsentgelt pfändbar, ihnen bleibt aber ein unpfändbares Taschengeld (§ 811 Nr. 8) iHv. 20 % des Sozialhilfesatzes oder 25 € wöchentlich.[92]

9 **4. Ruhegelder und ähnliche Einkünfte.** Die nach dem einstweiligen oder dauernden Ausscheiden aus dem Dienst- oder Arbeitsverhältnis fortlaufend gewährten Leistungen sind dem Arbeitseinkommen gleichgestellt. Hierher zählen auch Versorgungsbezüge von Vorstandsmitgliedern einer AG oder von Geschäftsführern einer GmbH.[93] Es kommt nicht darauf an, ob die Bezüge vom bisherigen Arbeitgeber gezahlt werden, v. seiner selbständigen Pensionskasse[94] oder von einer Insolvenzversicherung.[95] In den beiden letzten Fällen hilft aber § 832 nicht, so dass eine selbständige Pfändung erforderlich ist. Vorruhestandsgeld wird wie Arbeitseinkommen gepfändet.[96] Bei sog. **Altersteilzeit**-Arbeitsverhältnissen ist der vom Arbeitgeber zu zahlende Aufstockungsbetrag als Arbeitseinkommen zu pfänden.[97]

10 **5. Hinterbliebenenbezüge.** Für Leistungen, die nach dem Tode eines Arbeitnehmers oder Dienstverpflichteten an seine Witwe,[98] auch frühere Ehefrau, an Kinder, bei entspr. Versorgungsvereinbarung ggf. auch an Verwandte aufsteigender Linie erbracht werden, gelten die §§ 850ff. gleichfalls.

11 **6. Sonstige Vergütungen für Dienstleistungen aller Art.** Sie rechnen als Arbeitseinkommen, wenn die Dienste die Erwerbstätigkeit des Schuldners vollständig oder zu einem wesentlichen Teil in Anspruch nehmen, **ohne** dass eine **persönliche oder wirtschaftliche Abhängigkeit** des Schuldners vorliegen muss.[99] Entscheidend ist allein, dass es sich um wiederkehrend zahlbare Vergütungen (zu nicht wiederkehrend zahlbaren s. § 850i Abs. 1) für Dienste handelt, welche die wesentliche Erwerbstätigkeit des Schuldners ausmachen.[100] Auf die Erwerbsfähigkeit des Schuldners kommt es nicht an. Maßgeblich ist die tatsächlich ausgeübte Tätigkeit.[101] Pfändungsschutz besteht daher auch, wenn der Schuldner mehr arbeiten könnte. Zusätzliche Einkünfte aus Nebentätigkeiten werden durch § 850 nicht geschützt.[102] Die **Art der Dienste** ist gleichgültig. Erfasst werden daher die Ansprüche: des Vorstands einer AG oder des Geschäftsführers einer GmbH,[103] des Zimmervermieters und Pensionsinhabers, wenn die Vergütung großenteils für Dienste gewährt wird und alleiniges Einkommen des Schuldners ist,[104] von Vertragsspielern von Sportvereinen, wenn es sich um ihre wesentliche Erwerbstätigkeit handelt,[105] des Handelsvertreters auf Fixum und Provision auch dann, wenn die Voraussetzungen des § 92a HGB nicht vorliegen,[106] des Versicherungsvertreters auf Garantiezahlung während des Aufbaus seiner Agentur,[107] des Kassen(zahn)arztes, wenn die kassenärztliche Tätigkeit seine wesentliche Erwerbstätigkeit ist,[108] schließlich Vergütungen aus fortlaufenden Werk- (Transport-) oder Geschäftsbesorgungsverträgen.[109] **Anders** ist es regelmäßig bei Vergütungsansprüchen beigeordneter Rechtsanwälte nach § 11a ArbGG oder § 121,[110] weil es sich nicht um auf Dauer angelegte Tätigkeiten handelt.[111] Die den Tätigkeiten zu Grunde liegenden Rechtsverhältnisse müssen aber nicht generell von Dauer sein. §§ 850ff. gelten daher auch für Gelegenheitsarbeiter mit häufig wechseln-

---

[85] BGH NJW 1989, 992; OLG Hamm OLGR 2001, 235, 236 = MDR 2001, 1260; LG Münster Rpfleger 2000, 509; aA *Zö/Stöber* § 829 Rn. 33.
[86] § 46 StVollzG; BVerfG JurBüro 1997, 52.
[87] OLG Hamm (Fn. 85); LG Münster Rpfleger 1992, 129; AG Freiburg NStZ 1993, 150 m. Anm. *Ullenbruch;* aA *Stöber* Rn. 140.
[88] § 51 Abs. 4 S. 1 StVollzG.
[89] LG Hannover Rpfleger 1995, 264.
[90] § 51 Abs. 5 S. 1 StVollzG.
[91] § 51 Abs. 4 S. 2, Abs. 5 S. 2 StVollzG.
[92] LG Koblenz Rpfleger 1989, 124; LG Frankfurt Rpfleger 1989, 33.
[93] BGH NJW-RR 1989, 286; LM Nr. 2 = NJW 1978, 756; *Timm* ZIP 1981, 11.
[94] BAG AP BetrAVG § 1 Nr. 10.
[95] § 7 BetrAVG.
[96] § 7 Abs. 3 Vorruhestandsgesetz (VRG) v. 13. 4. 1984 (BGBl. I S. 601).
[97] § 3 Abs. 1 Nr. 1a Altersteilzeitgesetz (AtzG) v. 20. 12. 1988 (BGBl. I S. 2343).
[98] LG Köln NJW-RR 1990, 13 (Zuwendung einer Witwenrente als Vermächtnis).
[99] *St/J/Brehm* Rn. 38.
[100] BGHZ 96, 324, 327 = NJW 1986, 2362 = JZ 1985, 498 m. Anm. *Brehm;* BGH NJW 1978, 756; BAG NJW 1962, 1221.
[101] AllgM; BAG ZIP 1980, 287; OLG Düsseldorf MDR 1953, 559.
[102] OLG Bamberg Rpfleger 1974, 30; zur Mehrarbeit § 850a Nr. 1; zu mehreren Arbeitseinkommen § 850e Nr. 2.
[103] BGH NJW-RR 1989, 286; NJW 1981, 2465; *Timm* ZIP 1981, 11; aA noch BGHZ 41, 282, 288 = NJW 1964, 1367.
[104] OLG Braunschweig NdsRpfl. 1958, 238.
[105] OLG Düsseldorf MDR 1953, 559 = JMBlNRW 1953, 208; *St/J/Brehm* Rn. 39.
[106] BAG AP Nr. 3 m. Anm. *Pohle* = NJW 1962, 1221f.
[107] KG Rpfleger 1962, 219; LG Berlin Rpfleger 1962, 217.
[108] BGHZ 96, 324, 327 = NJW 1986, 2362; OLG Hamm Rpfleger 1958, 280.
[109] BAG AP Nr. 8 = Rpfleger 1975, 220.
[110] Vgl. §§ 121ff. BRAGO.
[111] MK/*Smid* Rn. 36; *St/J/Brehm* Rn. 41.

den Arbeitsstellen, deren Einkommen deshalb nicht nach § 850i, sondern nach § 850e Nr. 2 zu bewerten ist.[112]

III. Erweiterte Anwendung (Abs. 3)

1. Ausgleich für Wettbewerbsbeschränkungen (lit. a). Die Karenzentschädigungen des früheren Arbeitgebers beruhen materiell für kaufmännische und sonstige Angestellte und Arbeiter auf § 74 HGB,[113] für technische Angestellte auf § 133 GewO. Gleiches gilt für den Ausgleichsanspruch des Handelsvertreters nach § 89b HGB. Der Anspruch kann auch auf freiwilliger Vereinbarung beruhen.[114] Die Beträge werden regelmäßig wiederkehrend während der Dauer der Wettbewerbsbeschränkung gezahlt; für kapitalisierte Einmalzahlungen gilt § 850i. Die Regelung ist sinngemäß auf arbeitnehmerähnliche Personen, wie den Ein-Firmen-Vertreter, anzuwenden, sie gilt aber **nicht** für **Selbständige,** die von Konkurrenten Karenzzahlungen erhalten.[115] 12

2. Versorgungsrenten (lit. b). Private Versicherungsrenten (s. § 829 Rn. 32ff.), die zu Gunsten des früheren Arbeitnehmers (unanwendbar bei Freiberuflern und Selbständigen; s. dazu jetzt: § 851c)[116] oder seiner unterhaltsberechtigten Angehörigen abgeschlossen wurden, unterliegen dem Pfändungsschutz, wenn die Verträge Ruhegelder oder Hinterbliebenenbezüge ersetzen oder ergänzen sollen. Die Verträge können als **Direktversicherung** (§ 1 Abs. 2 BetrAVG) vom Arbeitgeber zu Gunsten des Arbeitnehmers[117] oder von ihm selbst abgeschlossen worden sein. Der Versorgungszweck kann bis zum Wirksamwerden der Pfändung auch nachträglich bestimmt werden, etwa durch Benennung eines unterhaltsberechtigten Angehörigen.[118] Auf die Bezeichnung der Versorgungsrente kommt es nicht an. Daher werden auch Kranken(Haus)tagegelder erfasst. Für Rentenversicherungen, die wegen Verletzung des Körpers oder der Gesundheit abgeschlossen wurden (zB **Berufsunfähigkeitsrenten**),[119] s. § 850b Rn. 2[120] u. zur Zusammenrechnung § 850e Nr. 2, 2a Rn. 8.[121] Eine Kapitalabfindung an Stelle der Rente fällt **nie** unter lit. b), auch wenn es sich um eine von der Rentenversicherungspflicht befreiende **Kapitallebensversicherung** handelt, denn einmalige Kapitalleistungen sind nicht im gleichen Maße wie Renten geeignet, dem öff. Interesse an einer funktionierenden privaten Altersvorsorge zu genügen,[122] s. § 829 Rn. 32ff. §§ 54, 55 SGB I gelten hier nicht, sondern nur für Sozialrenten,[123] s. § 850i Rn. 18. Bezieht der Schuldner eine Versorgungsrente und zugleich neue Einkünfte, sind sie zusammenzurechnen, s. § 850e Nr. 2 Rn. 8ff. 13

IV. Umfang der Pfändung (Abs. 4)

1. Benennung und Berechnungsart. Sie sind nicht maßgeblich. Die Ansprüche können als Gehalt, Lohn, Vergütung, Provision, Prämie usw. bezeichnet sein; die Abrechnung kann erfolgen nach Zeit-, Stück- oder Akkordlohn, Tariflohn, außertariflichem Gehalt.[124] Der Pfändungsbeschluss erfasst das Arbeitseinkommen als einheitliches Ganzes, unabhängig von der Bezeichnung des gepfändeten Betrages,[125] mithin Ansprüche auf Rückstände, gegenwärtigen Verdienst und Vorschüsse, wie auch nach der Pfändung fällig werdende Beträge (§ 832) einschließl. erhöhter Bezüge (§ 833 Abs. 1), auch bei Änderung der Berechnungsart. Bei vorübergehender Unterbrechung der Arbeit wirkt die Pfändung fort.[126] Die Pfändung von Arbeitseinkommen gilt auch für Einmalzahlungen (zB Karenzentschädigungen, Ersatz- und Erstattungsansprüche). Sie erstreckt sich ohne weiteres auf mehrere Arbeitsvergütungen gegen denselben Drittschuldner,[127] nicht aber auf andere Ansprüche gegen ihn. Andere Drittschuldner sind nie betroffen. Mehrere Arbeitsverhältnisse erfordern mehrere Pfändungen. Eine neue Pfändung ist nötig bei Wechsel des Arbeitgebers (s. § 833 Rn. 2), auch wenn Ruhegelder durch eine selbständige Pensionskasse oder im Rahmen der Insolvenzsicherung gezahlt werden. 14

2. Künftige Arbeitsverhältnisse. Ansprüche aus einem erst künftigen Arbeitsverhältnis können wie alle künftigen Forderungen gepfändet werden, wenn bereits eine rechtliche Grundlage besteht (s. § 829 Rn. 6), also zwischen Vertragsschluss und Arbeitsaufnahme, oder wenn die Anstellung sicher in Aussicht genommen ist. Maßgeblich ist der Zeitpunkt der Pfändung (§ 829 Abs. 3). Bestehen zu dieser Zeit keine Rechtsbeziehungen zwischen Schuldner und Drittschuldner, die Grundlage künftigen Arbeitseinkommens sein 15

---

112 *St/J/Brehm* (Fn. 111).
113 OLG Rostock NJW-RR 1995, 173 (GmbH-Geschäftsführer).
114 *Schuschke/Walker* Rn. 15.
115 MK/*Smid* Rn. 40; *St/J/Brehm* Rn. 47.
116 BGH Beschl. v. 15. 11. 2007 – IX ZB 34/06;OLG Frankfurt/M VersR 1996, 614; LG Frankfurt/O Rpfleger 2002, 322; MK/*Smid* Rn. 41; *Stöber* Rn. 892; aA *St/J/Brehm* Rn. 49; *Wiecz/Sch/Lüke* Rn. 71.
117 Eingehend: BGH NJW-RR 1993, 770.
118 HM; MK/*Smid* Rn. 41; aA *Berner* Rpfleger 1957, 193, 197.
119 OLG Oldenburg NJW-RR 1994, 479; *Hülsmann* MDR 1994, 537.
120 BGHZ 70, 206, 207 = NJW 1978, 950.
121 MK/*Smid* (Fn. 118).
122 HM; BFH NJW 1992, 527; *St/J/Brehm* Rn. 49 m. weit. Nachw.
123 BFH (Fn. 122).
124 LAG Düsseldorf BB 1955, 1140 (Tariflohn).
125 *St/J/Brehm* Rn. 54.
126 *St/J/Brehm* Rn. 56.
127 *Zö/Stöber* Rn. 18.

können, geht die Pfändung auch dann ins Leere, wenn der Schuldner später ein Arbeitsverhältnis mit dem Drittschuldner begründet.

16 **3. Lohnabtretungen.** Wirksam abgetretene Forderungen zählen nicht mehr zum Schuldnervermögen, infolgedessen fehlt der Pfändung die materiellrechtliche Wirksamkeitsvoraussetzung, s. § 829 Rn. 16. Eine Lohnpfändung geht daher so lange „ins Leere", wie der Schuldner keinen Anspruch auf einen den Pfändungsfreibetrag übersteigenden Lohn im fälligen Abrechnungszeitraum hat. Die Pfändung ist aber nicht völlig wirkungslos. Weil sie sich bei fortlaufenden Bezügen nach §§ 832, 833 von selbst auch auf die nach der Pfändung fällig werdenden Beträge erstreckt (s. § 832 Rn. 2), entsteht das Pfandrecht, sobald die Abtretung entfällt wie zB bei Abtretungen, die unter einer auflösenden Bedingung (§ 158 BGB) erfolgt oder die zeitlich befristet sind (§ 163 BGB) und auch, wenn die Forderung zurück abgetreten oder vom Zessionar freigegeben wird.[128] Eine **Gläubigeranfechtung** nach §§ 11, 13 AnfG, 130ff. InsO lässt mangels dinglicher Wirkung das Pfandrecht jedoch nicht entstehen,[129] s. a. § 829 Rn. 16. Auch eine **Sicherungsabtretung** durch **stille Zession** bewirkt den vollen Rechtsübergang auf die Zessionarin. Auf Grund der dem Schuldner üblicherweise eingeräumten **Einziehungsermächtigung** kann er zwar Zahlung der fortlaufenden Bezüge an sich verlangen. Sie macht die Bezüge aber nicht für seine Gläubiger pfändbar: Da sie grds. nicht die Befugnis zur nochmaligen Forderungsabtretung umfasst, erlaubt sie auch keine einer Zweitabtretung wirtschaftlich gleichstehende Pfändung und Überweisung der Forderung.[130] Die Zessionarin kann daher vom Vollstreckungsgläubiger eingezogene Beträge abzüglich der Vollstreckungskosten[131] nach Bereicherungsrecht (§ 812 Abs. 1 S. 1 Alt. 2 BGB) selbst dann herausverlangen, wenn sie die Sicherheit noch nicht hätte verwerten dürfen.[132] Bewirkt die dem Schuldner für dessen Zwecke erteilte Einziehungsermächtigung eine unangemessen **verzögerte Tilgung** der der Sicherungsabtretung zu Grunde liegenden Forderungen, kann dem Verlangen der Zessionarin der Einwand der **Verwirkung** entgegenstehen.[133]

V. Durchführung

17 Die §§ 828ff. gelten auch für die Pfändung von Arbeitseinkommen; zur Zuständigkeit s. § 828 Rn. 2f. Die zu pfändende Forderung ist mit der Bezeichnung „alle Beträge aus Arbeitseinkommen" hinreichend bestimmt.[134] Pfändungsbeschränkungen nach §§ 850ff. sind von Amts wegen zu berücksichtigen. Das ist wg. § 834 regelmäßig aber nur möglich,[135] wenn sich ihre tatsächlichen Voraussetzungen aus dem Gläubigerantrag ergeben oder wenn die Anhörung nach §§ 850b Abs. 2, 850c Abs. 4, 850d, 850f Abs. 2 und 3 vorgeschrieben ist. Der Pfändungsbeschluss muss die dem Schuldner zu belassenden Beträge bezeichnen. Ein sog. **Blankettbeschluss** genügt zur Berechnung der Pfändungsgrenzen nach § 850c (s. dort Rn. 7f.). Eine evtl. **Klarstellung** des Beschlusses ist mit der Erinnerung zu verfolgen.

VI. Rechtsfolgen

18 Verstöße gegen §§ 850ff. verhindern das Entstehen eines Pfändungspfandrechts. Str. ist, ob die Pfändung nichtig[136] oder nur anfechtbar ist.[137] Da auf keinen Fall ein Pfändungspfandrecht entsteht, liegt kein Rechtsgrund zum Behaltendürfen vor, wenn die Forderung durch Einziehung verwertet wurde. Der Drittschuldner kann daher nach § 812 Abs. 1 S. 1 Alt. 1 BGB (Leistungskondiktion) seine Zahlung vom Gläubiger zurückfordern.[138] Der Schuldner kann die Leistung genehmigen und nach § 816 Abs. 2 BGB deren Herausgabe verlangen.[139] **Außerordentliche Kündigung:** Mehrere Lohnpfändungen können den Arbeitgeber im Einzelfall zur außerordentlichen Kündigung des Arbeitsverhältnisses berechtigen, wenn der Arbeitsablauf des Betriebes gestört wird.[140] Bei Beamten können mehrere Gehaltspfändungen disziplinarrechtswidrig sein.[141] **Kontenkündigung** wg. erhöhten Überwachungsaufwandes nach Pfändungs- und Pfändungsschutzbeschlüssen ist jedenfalls bei öff.-rechtl. Sparkassen nur ausnahmsweise möglich.[142]

VII. Rechtsanwaltsgebühren

19 Vgl. dazu § 829 Rn. 38.

---

[128] BAG NJW 1993, 2699, 2700.
[129] BGHZ 100, 36, 41 = NJW 1987, 1703; BAG (Fn. 128) S. 2701; aA LAG Hamm NZA 1992, 1168, 1170.
[130] BGHZ 66, 150, 153 = NJW 1976, 1090; aA wohl *Zö/Stöber* Rn. 20 aE.
[131] BGH (Fn. 130) S. 155.
[132] BGH (Fn. 130) S. 154.
[133] BAG DB 1980, 835, 836.
[134] MK/*Smid* Rn. 16.
[135] Anhörung aber bei: §§ 850b Abs. 2, 850c Abs. 4, 850d, 850f Abs. 2, 3.
[136] *St/J/Brehm* Rn. 19.
[137] *Schuschke/Walker* Rn. 7.
[138] BGH NJW 1988, 495; OLG Hamm WM 1998, 789, 790.
[139] BGH NJW 1986, 2430.
[140] BAG NJW 1982, 1962 (20 Abtretungen und Pfändungen in 5 Jahren).
[141] MK/*Smid* Rn. 6 aE.
[142] AG St. Ingbert ZVI 2004, 296.

850a ***Unpfändbare Bezüge*** **Unpfändbar sind**
1. zur Hälfte die für die Leistung von Mehrarbeitsstunden gezahlten Teile des Arbeitseinkommens;
2. die für die Dauer eines Urlaubs über das Arbeitseinkommen hinaus gewährten Bezüge, Zuwendungen aus Anlass eines besonderen Betriebsereignisses und Treugelder, soweit sie den Rahmen des Üblichen nicht übersteigen;
3. Aufwandsentschädigungen, Auslösungsgelder und sonstige soziale Zulagen für auswärtige Beschäftigungen, das Entgelt für selbstgestelltes Arbeitsmaterial, Gefahrenzulagen sowie Schmutz- und Erschwerniszulagen, soweit diese Bezüge den Rahmen des Üblichen nicht übersteigen;
4. Weihnachtsvergütungen bis zum Betrag der Hälfte des monatlichen Arbeitseinkommens, höchstens aber bis zum Betrag von 500 Euro;
5. Heirats- und Geburtsbeihilfen, sofern die Vollstreckung wegen anderer als der aus Anlass der Heirat oder der Geburt entstandenen Ansprüche betrieben wird;
6. Erziehungsgelder, Studienbeihilfen und ähnliche Bezüge;
7. Sterbe- und Gnadenbezüge aus Arbeits- oder Dienstverhältnissen;
8. Blindenzulagen.

I. Normzweck

1 Das hier genannte Arbeitseinkommen[1] ist – ggfs. nur teilweise – aus sozialen Gründen, teils auch wg. seiner Zweckbindung absolut unpfändbar, s. auch § 851 Rn. 6. Der Schuldner kann auf den Pfändungsschutz nicht verzichten, s. § 850 Rn. 1. Nur bevorzugte Unterhaltsgläubiger dürfen die Hälfte der nach Nr. 1, 2 und 4 unpfändbaren Bezüge pfänden (§ 850d Abs. 1 S. 2). Auch für Heirats- und Geburtsbeihilfen gelten Ausnahmen (Nr. 5). I. Ü. sind die Bezüge weder selbständig noch zusammen mit anderen pfändbar. Sie werden daher von §§ 850 Abs. 4, 850e Nr. 1 nicht erfasst. Sondergesetze enthalten eigene Unpfändbarkeitsvorschriften, zB § 51 Abs. 3 BeamtVG (Heil- und Pflegekosten). § 850a ist nicht abschließend, darf aber auch nicht ausdehnend angewendet werden.[2]

II. Voraussetzungen im Einzelnen

2 **1. Mehrarbeitsstunden (Nr. 1).** Gemeint sind die, welche über die gewöhnliche Arbeitszeit hinausgehen, wie sie durch Tarif, Betriebs- oder Dienstordnung festgesetzt ist. Die gesetzliche Arbeitszeit[3] ist nicht maßgebend.[4] In Betracht kommt Mehrarbeit im Anschluss an die übliche Tagesarbeitszeit oder in gewöhnl. freier Zeit, zB an Sonn- und Feiertagen oder zur Nachtzeit. Gehört die Arbeit an diesen Tagen aber zur gewöhnl. Arbeitszeit, zählt das hierfür gezahlte Entgelt einschließlich der Zuschläge nicht unter Nr. 1. Auch Zusatzentgelte für gesteigerte Leistungen innerhalb der gewöhnl. Arbeitszeit (Zulagen, Akkord- oder Prämienlohn) rechnen nicht hierher.[5] Auf Nebenverdienste durch verschiedene Tätigkeiten für denselben oder mehrere Arbeitgeber über die gewöhnl. Arbeitszeit hinaus, ist Nr. 1 hingegen anwendbar.[6] Die **Hälfte der Gesamtvergütung** für die Mehrarbeitsstunden ist unpfändbar, nicht nur die Hälfte der Zuschläge.[7] Der halbe Bruttobetrag muss dem Schuldner verbleiben. Steuern und Sozialabgaben sind deshalb dem übrigen Einkommen zu entnehmen und dürfen nicht anteilig verrechnet werden.[8] Bei pauschaler Abgeltung der Mehrarbeit ist deren anteilige Vergütung durch Vergleich mit dem Tariflohn zu ermitteln. Nr. 1 greift aber nur ein, wenn Mehrarbeit zusätzlich vergütet wird. Nicht besonders bezahlte Überstunden bei Beamten[9] und Angestellten lassen sich nicht auf die regelmäßigen Bezüge umrechnen, mit denen sie bereits abgegolten sind. Erhält der Schuldner für Mehrarbeit an Stelle einer Vergütung einen Freizeitausgleich, gilt Nr. 1 ebenfalls nicht.

3 **2. Urlaubsgelder (Nr. 2).** Das sind Zuschüsse zum urlaubsbedingten Mehraufwand, die dem Schuldner rechtzeitig und unverkürzt zukommen sollen (Urlaubsgratifikation).[10] Während des Urlaubs weitergezahlter Lohn sog. **Urlaubsentgelt,** rechnet aber nicht hierher; es ist im Rahmen des § 850c pfändbar.[11] Das gilt auch für die **Urlaubsabgeltung,** die der Arbeitgeber bei Beendigung des Arbeitsverhältnisses nach § 7 Abs. 4 BUrlG zahlt.[12] Besteht ausnahmsweise kein Lohnanspruch während des Urlaubs, wird ein gleichwohl weitergezahlter Lohn ganz oder zum Teil zu Urlaubsgeld.[13] Der eigentliche Urlaubsanspruch als Anspruch auf bezahlte Freizeit ist höchstpersönlicher Natur, deshalb unpfändbar.[14] **Treuegelder** und **ähnliche Zuwendungen** sind Zahlungen zu besonderen Anlässen des Arbeitnehmers (Arbeits- oder Dienstjubiläum) oder

---

[1] Richtig AG Leipzig NJW 2004, 375: Unanwendbar auf Sitzungsgelder u. Aufwandsentschädigungen; s. aber Rn. 4.
[2] *Sibben* DGVZ 1988, 4, 6ff.
[3] Vgl. §§ 3ff. ArbZG.
[4] *St/J/Brehm* Rn. 8 Fn. 4.
[5] HM; *Sibben* (Fn. 2) m. weit. Nachw.
[6] OLG Hamm AP Nr. 3 m. Anm. *Pohle* = BB 1956, 209 = JMBlNRW 1955, 270.
[7] MK/*Smid* Rn. 5.
[8] HM; MK/*Smid* Rn. 6.
[9] Vgl. aber §§ 72 Abs. 4 BBG, 48 BBesG, 7 ArbZG.
[10] AG Groß-Gerau FamRZ 1995, 297.
[11] BAG NJW 2001, 460; NZA 1990, 938; aA (unpfändbar, soweit es sich auf den gesetzlichen Mindesturlaub bezieht) *Hohmeister* BB 1995, 2110.
[12] BAG InVo 2002, 155 = BB 2001, 2378.
[13] MK/*Smid* Rn. 8; *St/J/Brehm* Rn. 15.
[14] *Berner* Rpfleger 1960, 6.

des Betriebes (Betriebsjubiläum oder besonderer -erfolg).[15] Regelmäßige Erfolgsbeteiligungen, Tantiemen, (Abschluss-)Prämien u. ä. gehören aber nicht hierhin,[16] auch wenn sie an eine bestimmte Dauer der Betriebszugehörigkeit geknüpft sind. **Üblichkeit** bemisst sich nach den Zuwendungen vergleichbarer Unternehmen aus vergleichbaren Anlässen, nicht an der 500 € Grenze der Nr. 4.[17] Besteht kein Rechtsanspruch des Schuldners, ist auch der überschießende Betrag unpfändbar, denn dann handelt es sich um eine Schenkung des Arbeitgebers und nicht um Arbeitseinkommen. Andernfalls bleibt dem Schuldner nur der „übliche" Betrag, und die übrige Zuwendung ist pfändbar.[18] Ein **klarstellender Beschluss** ist zulässig.[19]

4 **3. Aufwandsentschädigungen (Nr. 3).**[20] Das sind zB die nach §§ 46 Abs. 5 BPersVG, 37 Abs. 6 BetrVG, Auslagenersatz des Provisionsreisenden,[21] Bürogelder des Gemeinderats,[22] „Ein-Euro-Job": die Mehraufwandsentschädigung,[23] Erstattungsansprüche nach § 40 Abs. 1 BetrVG,[24] Kilometergelder für Baustellenfahrten im eig. Pkw,[25] Mankogelder des Kassenbeamten,[26] Reisevergütungen, Repräsentationskosten-Erstattung, sog. Spesen (Zehrgelder),[27] Tagegelder, Trennungsentschädigung, Umzugskostenvergütung. Aufwandsentschädigungen für unentgeltliche, ehrenamtliche Tätigkeiten zählen ebenfalls hierher, bei Volkszählern,[28] Schöffen u. anderen ehrenamtlichen Richtern, bei Mitgliedern staatlicher oder kommunaler Organe,[29] von Ausschüssen usw. in der gewerblichen Wirtschaft, nicht aber Verdienstausfallentschädigungen.[30] **Art der Berechnung und Abrechnung** ist gleichgültig: gegen Nachweis im Einzelfall, als Pauschale für einen bestimmten Zeitraum, im Voraus oder als Erstattung, getrennt oder mit der Abrechnung des Arbeitseinkommens. Voraussetzung ist aber, dass ein gesonderter Entschädigungsanspruch besteht, welcher der Höhe nach selbständig ausgewiesen ist.[31] Erhält der Schuldner wg. besonderer berufsbedingter Bedürfnisse ein **erhöhtes Gehalt,** bleibt ihm nur der Antrag nach § 850f Abs. 1 b.[32] Gleiches gilt für die Vergütung des Kassen(zahn)arztes für die Versorgung der Versicherten; sie lässt sich nicht in Entgelt u. Aufwandsentschädigung aufspalten.[33] Die **Üblichkeit** bemisst sich im öffentlichen Dienst nach dem durch Gesetz, Verordnung usw. bestimmten Sätzen, sonst nach Tarifvertrag, Betriebs- oder Dienstordnung oder wie in Nr. 2. Leistungen, die nach den Lohnsteuerrichtlinien steuerfrei sind, sind nach Nr. 3 als üblich anzusehen.[34] Mehrere Aufwandsentschädigungen werden zusammengerechnet, soweit sie demselben Zweck dienen.[35] Es ist stets zu prüfen, ob etwa bei Vollzeittätigkeit eines ehrenamtlichen Bürgermeisters **verkappter Lohn** gezahlt wird.[36] So auch bei niedrigem Fixum u. hoher Aufwandsentschädigung, insb., wenn sie sich teils aus steuerfreiem u. teils aus steuerpflichtigem Teil zusammensetzt, der dann nicht unter Nr. 3 fällt.[37]

5 **Auslösungsgelder** und sonstige soziale Zulagen für eine auswärtige Beschäftigung sind eine Vergütung für die dadurch bedingten Unannehmlichkeiten und Mehrkosten, ggf. auch als Umzugskosten[38] oder für den arbeitsbedingten Betrieb eines Pkw gewährt.[39] Erhält der Arbeitnehmer wegen auswärtiger Beschäftigung einen höheren Lohn als der am Betriebssitz tätige, ist Nr. 3 unanwendbar. **Selbstgestelltes Arbeitsmaterial** (Werkzeug, Pkw). Für das Entgelt, das für die Überlassung des Materials geleistet wird, gilt Entsprechendes, wenn es nicht gesondert ausgewiesen ist.[40] **Gefahrenzulagen, Schmutz- und Erschwerniszulagen** sind Vergütungen für einen besonderen Aufwand oder ein besonderes Risiko des Schuldners. Dazu zählen: Zuschläge für Arbeiten, die der Einwirkung von Erschütterungen, Hitze, Lärm, Wasser, Säuren und Staub besonders ausgesetzt sind, Schacht- und Tunnelarbeiten, Taucher- und andere Arbeiten unter Druckluft. Zulagen für ungünstige Arbeitszeit an Sonn- und Feiertagen gehören nicht hierhin, die für Nachtarbeit nur, wenn darüber hinausgehende Umstände die besondere Beschwerlichkeit begründen.[41] Die Üblichkeit

---

[15] *Sibben* (Fn. 2) S. 8.
[16] LG Berlin Rpfleger 1959, 132.
[17] HM; MK/*Smid* Rn. 7; aA *Henze* Rpfleger 1980, 456.
[18] MK/*Smid* (Fn. 17); *St/J/Brehm* Rn. 13.
[19] *Behr* JurBüro 1997, 291 f.
[20] Im Einzelnen: *Hohn* BB 1968, 548, 1431.
[21] OLG Hamm BB 1956, 668.
[22] OLG Hamm FamRZ 1980, 997.
[23] § 16 Abs. 3 S. 2 Halbs. 1 SGB II: *Herks* Rpfleger 2007, 588
[24] BAG AP BetrVG § 40 Nr. 3; LAG Berlin AnwBl 1987, 240.
[25] LAG Düsseldorf DB 1970, 256.
[26] *Zö/Stöber* Rn. 7.
[27] OLG Hamm (Fn. 21).
[28] OLG Düsseldorf NJW 1988, 977.
[29] OLG Hamm (Fn. 22); OLG Düsseldorf Rpfleger 1978, 461; BezG Frankfurt/O Rpfleger 1993, 457; LG Aachen JurBüro 1982, 1424; vgl. a. *Kohls* NVwZ 1984, 294 (unpfändbar wg. treuhandartiger Bindung).
[30] *St/J/Brehm* Rn. 18; LG Leipzig NJW 2004, 375 (verneint für Vorstandsmitglied eines Anwaltsvereins).
[31] OLG Hamm BB 1972, 855; LAG Mannheim BB 1958, 1057; *Zö/Stöber* Rn. 7; aA *St/J/Brehm* Rn. 21 (bei fehlender Bezifferung sind Finanzamtssätze maßgeblich).
[32] *St/J/Brehm* Rn. 21; *Zö/Stöber* Rn. 7.
[33] BGHZ 96, 324, 330 = NJW 1986, 2362; *v. Glasow* Rpfleger 1987, 289.
[34] BGH (Fn. 33) S. 329; BAG AP Nr. 4 m. Anm. *Herschel* = Betrieb 1971, 1923.
[35] BezG Frankfurt/O Rpfleger 1993, 457.
[36] VG Ansbach Rpfleger 2006, 419; LG Essen MDR 1970, 516; *Zö/Stöber* Rn. 7; *Hintzen* Rpfleger 2006, 584, 595.
[37] *St/J/Brehm* Rn. 16.
[38] *Hohn* BB 1968, 549.
[39] LAG Düsseldorf (Fn. 25).
[40] LAG Düsseldorf (Fn. 25); aA MK/*Smid* Rn. 13.
[41] LAG Frankfurt DB 1989, 1732.

der Zulagenhöhe ist auch hier zu beachten. Wird die besondere Arbeitssituation bereits durch einen höheren Tariflohn abgegolten, gilt Nr. 3 nicht.

4. Weihnachtsvergütungen (Nr. 4).[42] Sie sind bis zur Hälfte des monatlichen Bruttolohnes,[43] höchstens aber bis zu 500 € absolut unpfändbar. Der unpfändbare Teil des Anspruchs verbleibt dem Schuldner unverkürzt. Der überschießende Betrag ist dem Arbeitseinkommen für den Monat hinzuzurechnen, für den es gezahlt wird, mithin dem Dezember,[44] nicht unbedingt dem Auszahlungsmonat.[45] Weil § 850a nur unpfändbare Ansprüche betrifft, muss ein **Rechtsanspruch** des Schuldners bestehen, andernfalls tritt ohnehin keine Pfändungswirkung ein. Ein solcher Anspruch kann sich ergeben aus individuellem Arbeitsvertrag, Betriebsvereinbarung, Gesamtzusage, Tarifvertrag oder betrieblicher Übung,[46] ggf. auch aus der Pflicht zur Gleichbehandlung.[47] Die freiwillige Ankündigung einer Weihnachtsvergütung allein für ein bestimmtes Jahr begründet einen Anspruch; der Vorbehalt verhindert nur eine betriebliche Übung.[48] Weil das Weihnachtsgeld dazu dient, besondere Anschaffungen zu diesem Fest zu ermöglichen, muss es aus diesem Anlass gezahlt werden, wenn auch nicht unbedingt im Dezember. Über das Jahr verteilte Zahlungen und Vorschüsse im Sommer oder Frühherbst sind aber kein Weihnachtsgeld, auch wenn sie so bezeichnet werden. Die **zeitliche Nähe** kann zugleich Indiz sein, wenn die Bezeichnung (Abschlussprämie, Jahresendgabe, 13. Gehalt) den Zweck nicht deutlich macht. Durch Parteivereinbarung (Abtretungsverbot) lässt sich das Weihnachtsgeld nicht unpfändbar machen.[49] 6

5. Heirats- und Geburtsbeihilfen (Nr. 5). Erfasst werden Ansprüche gegen den Arbeitgeber, entspr. im öff. Dienst,[50] nicht aber solche aus Sozialversicherung (§ 54 SGB I). Die Vollstreckungsforderung muss gerade aus Anlass von Heirat oder Geburt entstanden sein (zB Kaufpreis für die Wohnungseinrichtung, für sog. Säuglingserstausstattung, Kosten für Arzt und Hebamme);[51] die Beweislast hat der Gläubiger.[52] Sind Beihilfeansprüche pfändbar, gilt die Beschränkung des § 850c nicht.[53] 7

6. Erziehungsgelder, Studienbeihilfen usw. (Nr. 6). Sie sind unpfändbar, weil sie keine Lohnersatzfunktion haben, sondern unmittelbar der Erziehung und Ausbildung dienen.[54] **Erziehungsgeld** nach §§ 1, 5 BErzGG ist gem. § 54 Abs. 3 Nr. 1 SGB I unpfändbar, s. § 850i Rn. 20. Es ist gleichgültig, ob **Beihilfen** von Privat oder von der öffentlichen Hand, insbesondere aus Stiftungsmitteln, gewährt werden, soweit sie nicht Sozialleistungen nach SGB sind, s. § 850i Rn. 16ff.[55] Hierher gehören außer den genannten, Beihilfen zur Fortbildung, der Anerkennungsbetrag als Teil des Pflegegeldes,[56] die Ausbildungsbeihilfe nach § 44 StVollzG.[57] Auch Stipendien, die mit der Auflage vergeben werden, nach Studienabschluss beim Stipendiengeber zu arbeiten, sollten hierzu gerechnet werden.[58] **Nicht** hierher zählt aber: die Ausbildungsvergütung nach § 10 BBiG, da sie pfändbares Entgelt, kein Erziehungsgeld ist,[59] **Kindergeld** nach § 31 S. 3 EStG oder BKGG (s. § 850i Rn. 22), Kinderzuschläge zum Gehalt oder Lohn,[60] Unterhaltszuschüsse der Referendare,[61] Entlassungsgeld nach dem Wehrdienst,[62] Ausbildungsförderung nach dem BAföG, für die §§ 54, 55 SGB I gelten,[63] und Ausbildungshilfen nach § 18 SGB I. 8

7. Sterbe- und Gnadenbezüge (Nr. 7). Das sind Leistungen, die an Hinterbliebene von Beamten oder Arbeitnehmern gezahlt werden. Die Leistungsempfänger müssen nicht die Erben sein. Bezüge aus Sterbekassen und sog. Kleinlebensversicherungen werden nicht hier erfasst, sondern von § 850b Nr. 4.[64] Sterbegelder von Beamten und Richtern sind nach §§ 1, 18, 51 Abs. 3 S. 1 BeamtVG, von Soldaten nach § 48 Abs. 2 SoldVersG unpfändbar. Für Ansprüche der Bestatter u. ä. gibt es keine Privilegierung wie bei Nr. 5. 9

8. Blindenzulagen (Nr. 8). Erfasst werden zusätzliche Blindenhilfen nach Landesrecht,[65] soweit landesrechtliche Regelungen keinen Pfändungsschutz bestimmen. Nach § 35 BVG gilt bereits Pfändungsschutz gemäß §§ 54, 44 SGB I. Blindenbeihilfen nach § 72 SGB XII sind dagegen wie alle Sozialhilfeansprüche nach § 17 Abs. 1 SGB XII unpfändbar. 10

---

[42] Vgl. *Huken* KKZ 1973, 75; *Bink* JurBüro 1967, 945; *Hohn* BB 1966, 1272.
[43] HM; wg. Gegenüberstellung mit § 850e: MK/*Smid* Rn. 16; *St/J/Brehm* Rn. 28; *Zö/Stöber* Rn. 11; LG Mönchengladbach JurBüro 2007, 218, 219; aA *B/L/H* Rn. 12; *T/P/Hüßtege* Rn. 1 (Nettolohn).
[44] *B/L/H* Rn. 12; *St/J/Brehm* Rn. 29.
[45] BAG NJW 1964, 1690.
[46] BAG AP BGB § 242 Nr. 22; BB 1957, 750.
[47] BAG AP BGB § 242 Nr. 3, 44, 68 (Gleichbehandlung); BB 1961, 529.
[48] BAG AP BGB § 611 Nr. 21, 34; NJW 1964, 1690.
[49] AllgM; BAG AP BGB § 611 Nr. 21 = Betrieb 1961, 712.
[50] LG Münster Rpfleger 1994, 473.
[51] *Stöber* Rn. 1001.
[52] *Schuschke/Walker* Rn. 12.
[53] *St/J/Brehm* Rn. 31.
[54] BGH NJW-RR 2006, 3 (Anerkennungsbetrag).
[55] Vgl. §§ 54, 55 SGB I.
[56] BGH (Fn. 54); MK/*Smid* Rn. 18; *St/J/Brehm* Rn. 31.
[57] OLG Celle KKZ 1981, 203.
[58] *Zö/Stöber* Rn. 13; vgl. a. BGH MDR 1972, 589; BVerwG NJW 1968, 2023; BFH NJW 1974, 254.
[59] OLG Braunschweig NJW 1955, 1599; MK/*Smid* Rn. 18; *Zö/Stöber* Rn. 13; aA *St/J/Brehm* Rn. 32.
[60] LG Essen NJW 1966, 1822, 1823; LG Köln FamRZ 1966, 458.
[61] OLG Bamberg Rpfleger 1974, 30.
[62] LG Koblenz MDR 1969, 769; aA *Riecher* JurBüro 1981, 321, 322.
[63] MK/*Smid* Rn. 18; *St/J/Brehm* Rn. 32; *Stöber* Rn. 31.
[64] LG Mainz VersR 1972, 142.
[65] Vgl. LandesblindengeldG NRW v. 11. 11. 1992 (GVBl. NRW S. 446).

III. Rechtsfolgen

11 Die genannten Bezüge werden von der Pfändung des Arbeitseinkommens nur insow. miterfasst, als sie nach § 850a teilweise oder für bevorrechtigte Gläubiger pfändbar sind. Wenn der Pfändungsbeschluss keine Angaben über die Grenzen nach § 850a enthält, kann der Drittschuldner sie im Einziehungsprozess einwenden (s. § 835 Rn. 18), weil er damit nicht den Beschluss selbst, sondern nur dessen Auslegung angreift.[66] Werden die Bezüge selbständig gepfändet, entsteht kein Pfändungspfandrecht, s. § 850 Rn. 18. Die Beteiligten können nach § 766 klären lassen, ob bestimmte Bezüge nach § 850a unpfändbar sind.[67]

850b *Bedingt pfändbare Bezüge*

(1) Unpfändbar sind ferner
1. Renten, die wegen einer Verletzung des Körpers oder der Gesundheit zu entrichten sind;
2. Unterhaltsrenten, die auf gesetzlicher Vorschrift beruhen, sowie die wegen Entziehung einer solchen Forderung zu entrichtenden Renten;
3. fortlaufende Einkünfte, die ein Schuldner aus Stiftungen oder sonst auf Grund der Fürsorge und Freigebigkeit eines Dritten oder auf Grund eines Altenteils oder Auszugsvertrags bezieht;
4. Bezüge aus Witwen-, Waisen-, Hilfs- und Krankenkassen, die ausschließlich oder zu einem wesentlichen Teil zu Unterstützungszwecken gewährt werden, ferner Ansprüche aus Lebensversicherungen, die nur auf den Todesfall des Versicherungsnehmers abgeschlossen sind, wenn die Versicherungssumme 3 579 Euro nicht übersteigt.

(2) Diese Bezüge können nach den für Arbeitseinkommen geltenden Vorschriften gepfändet werden, wenn die Vollstreckung in das sonstige bewegliche Vermögen des Schuldners zu einer vollständigen Befriedigung des Gläubigers nicht geführt hat oder voraussichtlich nicht führen wird und wenn nach den Umständen des Falles, insbesondere nach der Art des beizutreibenden Anspruchs und der Höhe der Bezüge, die Pfändung der Billigkeit entspricht.

(3) Das Vollstreckungsgericht soll vor seiner Entscheidung die Beteiligten hören.

I. Normzweck

1 § 850b schützt Ansprüche auf Renten und ähnliche Bezüge, die wie Arbeitseinkommen dem Lebensunterhalt des Schuldners dienen. Sie sind über § 850c hinaus grds. unpfändbar, es sei denn, die drei Ausnahmen des Abs. 2 liegen vor: Aussichtslosigkeit der Vollstreckung in sonstiges Schuldnervermögen, Billigkeit und Pfändungsschutz wie bei Arbeitseinkommen. Abs. 1 Nr. 4 geändert durch Siebtes Gesetz zur Änderung der Pfändungsfreigrenzen. Die Bevorzugung von Renten durch Abs. 1 Nr. 2, Abs. 2 gegenüber Arbeitseinkommen soll verfassungswidrig sein.[1]

II. Voraussetzungen der Unpfändbarkeit (Abs. 1)

2 **1. Verletzungsrenten** (Nr. 1). Das sind wiederkehrende Geldleistungen bei Invalidität des Schuldners. Dazu gehören neben gesetzlichen Ansprüchen aus §§ 618 Abs. 3, 843 BGB, 62 Abs. 2 HGB, 8 HaftPflG, 13 Abs. 2 StVG, 38 Abs. 2 LuftVG, 30 Abs. 2 AtomG, 52 Abs. 2 BGSG, einschließlich vertraglich geänderter Haftungstatbestände,[2] auch die auf vertraglicher Grundlage, wie zB **Berufsunfähigkeitsrenten** (s. auch § 850 Rn. 13),[3] oder einer Verfügung von Todes wegen, wenn damit ein Verletzungsschaden ausgeglichen werden soll.[4] Geschützt sind auch Rückstände, die in einem Betrag zu zahlen sind.[5] Eine Kapitalabfindung, die an Stelle der Rente vereinbart wird, ist dagegen voll pfändbar.[6] **Nicht** hierher gehören: Entschädigungsansprüche nach §§ 1 ff. StrEG, 46 Abs. 1, 110 OWiG, die bis zur rechtskräftigen Feststellung nicht übertragbar und deshalb unpfändbar sind,[7] Schadenersatzansprüche der Eltern gegen den Arzt aus unterlassener Schwangerschaftsunterbrechung wg. Mehraufwendungen durch die Geburt des Kindes,[8] Ansprüche auf Auslagenerstattung, die dem Verletzten wg. vorübergehender Mehraufwendungen zustehen.[9] Auf Schmerzensgeldrenten ist Nr. 1 unanwendbar, weil der Anspruch aus § 847 grds. pfändbar ist.[10] Keine Anwendung findet die Norm auch auf Sozialversicherungsrenten; insoweit gilt für Geldleistungen aus Anlass von Körper- und Gesundheitsschäden nur § 54 Abs. 3 Nr. 3 SGB I, s. a. § 850i Rn. 20. Das Unfallruhegehalt eines Beamten (§ 36 BeamtenVG) ist, anders als ein Unfallausgleich, weder nach Abs. 1 Nr. 1 noch nach § 51 BeamtenVG unpfändbar, weil es nicht dem Schadensausgleich dient, sondern Alimentationscharakter hat.[11]

---

66 MK/*Smid* Rn. 3; *St/J/Brehm* Rn. 4.
67 OLG Düsseldorf VersR 1967, 750; MK/*Smid* Rn. 2; aA *St/J/Brehm* Rn. 3 (nur materiellrechtliche Wirkung).
1 *Foerste* NJW 2006, 2945.
2 BGH Rpfleger 1988, 73 f.; BGHZ 31, 210, 218 = NJW 1960, 572.
3 BGHZ 70, 206, 208 = NJW 1978, 950; OLG Karlsruhe InVo 2002, 238; OLG Jena InVo 2001, 298; OLG München VersR 1997, 1520; OLG Oldenburg NJW-RR 1994, 479.
4 MK/*Smid* Rn. 4; *Brox/Walker* Rn. 555; *Zö/Stöber* Rn. 2 (nicht bei Freiwilligkeit).
5 BGH NJW 1988, 819.
6 AllgM; KG JurBüro 1980, 1093.
7 §§ 8, 9, 13 Abs. 2 StrEG; *St/J/Brehm* Rn. 9 (danach ohne Bindung an § 850b voll pfändbar).
8 BGHZ 76, 259, 262 = NJW 1980, 1452.
9 MK/*Smid* Rn. 5.
10 *Schuschke/Walker* Rn. 9.
11 OVG Saarland InVo 2006, 396.

2. Gesetzliche Unterhaltsrenten (Nr. 2). a) Allgemeines. Hierzu zählen die auf Geld gerichteten Ansprüche[12] des getrennt lebenden Ehegatten (§ 1361 BGB), des früheren Ehegatten (§§ 1569f. BGB), der ehelichen und nichtehelichen Kinder und der sonstigen Verwandten (§§ 1589, 1601, 1615a BGB), der Unterhaltsanspruch der nichtehelichen Mutter (§ 1615l BGB), auch eine **Einmalzahlung** wie der Erstattungsanspruch aus begrenztem steuerlichen Realsplitting (§ 10 Abs. 1 Nr. 1 EStG).[13] Auch **Rückstände** werden erfasst; sie sind daher auch gegen Aufrechnung geschützt (§ 394 BGB).[14] Im Grundsatz nichts anderes gilt für eine **Unterhaltsabfindung.**[15] Es ist gleichgültig, ob der gesetzliche Unterhaltsanspruch auf Vertrag (Vergleich) oder Urteil gestützt wird, es sei denn, dass die Parteien die Unterhaltspflicht allein auf Vertrag, völlig losgelöst von dem gesetzlichen Anspruch gründen wollen, was aber nur unter besonderen Umständen anzunehmen ist.[16] Der Schutz gilt in jedem Fall nur bis zur gesetzlichen, ggf. durch Urteil festgelegten Höhe des Anspruchs. Der überschießende Teil ist unbedingt pfändbar.[17] Gesetzliche Unterhaltsrenten sind auch die auf Nachlassverbindlichkeiten beruhenden nach §§ 1586b, 1963, 1969, 2141 BGB. Gleiches gilt für Unterhaltsvorschuss- oder -ausfallleistung nach §§ 1ff. UntVorschG. Die wg. Wegfalls der Dienstleistungen des Geschädigten zu entrichtenden Renten sind die nach §§ 844, 845 BGB[18] und auch die aus § 826 BGB, wenn dem Unterhaltsgläubiger durch sittenwidriges Verhalten des Unterhaltsverpflichteten der Anspruch entzogen wurde.[19] Den Unterhaltsrenten stehen gleich Geldrenten, die dem Schuldner bei **Tod des Unterhaltspflichtigen** zustehen nach §§ 618 Abs. 3, 844 Abs. 2 BGB, 62 Abs. 3 HGB, 8 HaftPflG, 13 Abs. 2 StVG, 38 Abs. 2 LuftVG, 28 Abs. 2 AtomG, 53 BGSG. Auch **einmalige Unterhaltsansprüche** wg. Sonderbedarfs wie Arzt- und Krankheitskosten,[20] Prozesskosten,[21] Kosten einmaliger Fortbildungsmaßnahmen zählen nach hM zu den Unterhaltsrenten nach Nr. 2.[22] Sie sind zweckgebunden, daher auch nach Abs. 2 nur pfändbar für Gläubiger, deren Forderung aus Anlass des Sonderbedarfs entstanden ist, s. auch § 851 Rn. 6.[23] **Keine Anwendung** findet Nr. 2 auf Kapitalabfindungen, Erstattungsansprüche (§§ 1607 Abs. 2, 1608, 1615 BGB), zur Erfüllung einer Unterhaltspflicht an den Schuldner abgetretene Forderungen,[24] auf eine Aufrechnung gegen den Unterhaltsanspruch, wenn er auf den Sozialhilfeträger übergegangen ist.[25] Unterhaltsleistungen für Angehörige von Wehrpflichtigen nach § 9 USG fallen nicht unter Nr. 2, weil jene darauf keinen eigenen Anspruch haben. **Haushalts- oder Wirtschaftsgeld** der in häuslicher Gemeinschaft lebenden Eheleute ist keine „Rente", daher auch nicht nach Nr. 2 bedingt pfändbar, s. aber Rn. 4.[26] 3

b) Taschengeldanspruch (§§ 1360, 1360a BGB). Ehegatten haben kraft Gesetzes Anspruch auf einen Geldbetrag zur freien Verwendung für persönliche Zwecke, sofern das Einkommen das für den Familienunterhalt Notwendige übersteigt.[27] Sein Bestehen ist nicht von einem Organisationsakt oder einer Vereinbarung der Ehegatten abhängig.[28] Bei dem in häuslicher Gemeinschaft lebenden, nicht erwerbstätigen Ehegatten ist das Taschengeld im Wirtschaftsgeld enthalten.[29] Hat er eigene Einkünfte, besteht ein Anspruch nur, wenn sie niedriger sind als der rechnerische Anspruch.[30] Wer ausreichend selbst verdient, behält sein Taschengeld aus seinem Einkommen.[31] **Pfändbarkeit:** Der Taschengeldanspruch des haushaltführenden Ehegatten ist bedingt pfändbar, s. auch § 807 Rn. 13f.[32] Die Pfändung verstößt nicht gegen Art. 6 GG.[33] Sie wird wg. der erneuten Anhebung der Pfändungsfreigrenzen (§ 850c) zum 1. 7. 2005 kaum noch möglich sein. **Voraussetzungen: (1)** Beachtung der Pfändungsfreigrenzen. Der Anspruch muss zusammen mit dem Wert des sonstigen Unterhalts, der grds. in Natur geschuldet wird (s. Rn. 3 aE), und etwaigen Eigeneinkünften über den Pfändungsfreigrenzen liegen (§§ 850c, 850d).[34] Brauchbarer Maßstab zur Bemessung 4

---

[12] LG Itzehoe JurBüro 1983, 306; LG Berlin Rpfleger 1978, 334; LG Essen Rpfleger 1971, 262.

[13] BGH NJW 1997, 1441f.

[14] BGHZ (Fn. 2); OLG Bamberg FamRZ 1996, 1487 (Aufrechnungsverbot auch bei Einmalzahlungen); LG Bonn FamRZ 1996, 1486 (Umgehungsverbot).

[15] BGH NJW 2002, 1513, 1514.

[16] BGH (Fn. 15), NJW 1997, 1441f.

[17] AllgM; BGHZ (Fn. 2).

[18] BGHZ 77, 157, 159 = NJW 1980, 2196.

[19] KG NJW 1955, 1112.

[20] KG VersR 1980, 931.

[21] BGH FamRZ 1985, 802; OLG Karlsruhe FamRZ 1984, 1090.

[22] BGH (Fn. 13); *T/P/Hüßtege* Rn. 8; *Schuschke/Walker* Rn. 10; aA MK/*Smid* Rn. 8; *St/J/Brehm* Rn. 13.

[23] KG NJW 1980, 1341; LG Frankenthal NJW-RR 1989, 1352.

[24] OLG Stuttgart Rpfleger 1985, 407; LG Mannheim Rpfleger 1987, 465; anders bei Lebensversicherung als Regelung des Versorgungsausgleichs: LG Freiburg DGVZ 1987, 88.

[25] LG Heilbronn NJW-RR 1990, 197.

[26] LG Frankenthal Rpfleger 1983, 256; LG Mannheim Rpfleger 1980, 237; LG Berlin Rpfleger 1978, 334.

[27] BGH NJW 2004, 674, 676; 1998, 1553 = EWiR 1/98, 527 (*Hintzen*); OLG Hamm NJW-RR 1989, 516; krit. *Braun* NJW 2000, 97.

[28] BGH NJW 1998, 1553, 1555; *Büttner* FamRZ 1994, 1433, 1439.

[29] KG NJW-RR 1992, 707.

[30] BGH NJW 1998, 1553, 1555; KG (Fn. 27).

[31] KG (Fn. 29); *Sauer/Meiendresch* FamRZ 1994, 1441.

[32] BGH NJW 2004, 2450; 2004, 2452, 2453; *Sturhahn* LMK 2004, 184; *Walker/Stomps* WuB H. 10/2004 VI E 1.04; *Stöber* Rn. 1031e; *Balthasar* FamRZ 2005, 85; *Neugebauer* MDR 2005, 376 (mit Muster).

[33] BVerfG FamRZ 1986, 773.

[34] OLG Stuttgart FamRZ 2002, 185 = Rpfleger 2001, 557; OLG Köln FamRZ 1991, 587; OLG Hamm NJW-RR 1989, 516; LG Heilbronn Rpfleger 1999, 550.

dieses fiktiv betragsmäßigen Unterhaltsanspruchs ist nach der „Düsseldorfer Tabelle"[35] 3/7 des anrechenbaren Nettoeinkommens des Unterhaltsschuldners, abzüglich einer Pauschale von 5 % für berufsbedingte Aufwendungen.[36] Anrechenbar sind alle Einkünfte und geldwerten Vorteile abzüglich Steuern, Sozialabgaben, beachtenswerte Kreditraten und Tabellenunterhalt für Kinder.[37] (2) Höhe des pfändbaren Betrages: Der Taschengeldanspruch wird mit 5 % des anrechenbaren Einkommens beziffert.[38] Er ist als sog. Mehreinkommen (§ 850c Abs. 2) nur zu 7/10 pfändbar.[39] Damit bleibt dem Schuldner ein Mindestbetrag.[40] (3) Unzulänglichkeit des Schuldnervermögens: Nach Abs. 2 muss die Vollstreckung in das sonstige bewegliche Vermögen erfolglos gewesen und/oder aussichtslos sein. (4) Die Pfändung muss der Billigkeit entsprechen, s. u. Rn. 11. Dazu genügt nicht, dass Taschengeld u. Wert des sonstigen Unterhalts über die Freibeträge des § 850c hinausgehen, denn das ist ohnehin allg Voraussetzung.[41] Dem Schuldner muss aus Billigkeitsgründen idR ein monatliches Minimum verbleiben, das ggf die 3/10 nach § 850c Abs. 2 übersteigt,[42] (etwa 75 €, bei bevorrechtigten Gläubigern 5 % des doppelten Eckregelsatzes gemäß § 2 Abs. 1 der RegelsatzVO zu § 28 Abs. 2 SGB XII (s. § 850d Rn. 5, § 850f Rn. 12).[43] Die Pfändung eines nur bescheidenen Taschengeldes ist jedenfalls **in der Regel unbillig.**[44] Anders bei hohem Taschengeldanspruch des Schuldners und Notlage des Gläubigers.[45] Es kommt nicht darauf an, ob die Gläubigerforderung mit der Ehe im Zusammenhang steht oder nur langfristig getilgt werden kann,[46] wohl aber, ob das Taschengeld für Unterhalt eines erst- oder nichtehelichen Kindes eingesetzt wird.[47] (5) Darlegungs- und Beweislast: Der Gläubiger muss all dies darlegen und nach Anhörung (Abs. 3) ggf. beweisen; Glaubhaftmachung der Aussichtslosigkeit genügt.[48] **Pfändungsbeschluss:** Ein Blankettbeschluss ist möglich.[49] Er muss aber den Gegenstand des Pfändungszugriffs der Höhe nach konkretisierbar bezeichnen und angeben, welche Billigkeitsgründe für die Pfändung bestehen, daher die unter (1) bis (4) genannten Voraussetzungen, ggf. als Mindestbeträge, nachvollziehbar mitteilen, sonst kann er als nichtig angesehen werden.[50] **Rechtsbehelfe:** Der Drittschuldner kann bei wirksamem Beschluss Unpfändbarkeit nur nach § 766 einwenden.[51] Bestreitet er im Einziehungsprozess (s. § 835 Rn. 18) die Höhe des Nettoeinkommens trifft ihn ggf. die Beweislast (s. § 840 Rn. 9), zumindest muss er i. e. nachvollziehbar vortragen.[52] Bei bevorrechtigten Unterhaltsansprüchen (§ 850d) oder solchen aus vorsätzlich unerlaubter Handlung (§ 850f Abs. 2) ist der zu belassende Betrag im Pfändungsbeschluss festzulegen.

5 **3. Fortlaufende Einkünfte (Nr. 3). a)** Die **aus Stiftungen oder Fürsorge und Freigebigkeit** eines Dritten können in Geld oder Naturalien bestehen und auf Vertrag zwischen dem Zuwendenden und einem weiteren Dritten oder auf letztwilliger Verfügung beruhen.[53] Einmalige Bezüge genügen nicht. Die Zuwendung muss einerseits unentgeltlich und in der Absicht erfolgen, die Lebenshaltung des Schuldners zu verbessern oder zu erleichtern, andererseits muss ein Rechtsanspruch des Schuldners bestehen, denn bloße Erwartungen oder Hoffnungen sind unpfändbar.[54] Freigebigkeit wird nicht dadurch ausgeschlossen, dass der Schuldner ein Erb- oder Pflichtteilsrecht hat.[55] Wer aber als Nießbraucher selbst fruchtziehungsberechtigt ist (§ 1030 BGB) genießt nicht auf Grund von Freigebigkeit. Bei Vorerben kommt es auf den Einzelfall an.[56] Renten für die Übertragung eines Vermögens oder als Kaufpreis[57] sind Entgelt und scheiden daher ebenfalls aus, wenn nicht der Versorgungszweck im Vordergrund steht.[58] Auch private Ruhegehälter und staat-

---

[35] Stand 1. 7. 2007: FamRZ 2007, 1367.

[36] OLG Hamm OLGR 2002, 20, 22; OLG Köln Rpfleger 1995, 76, 77; OLG Celle NJW 1991, 1960; aA (2/5) LG Frankfurt/M JurBüro 1995, 606; abl. *Stöber* Rn. 1031g (unzulässiger Eingriff in die Privatsphäre der Familie).

[37] OLG Hamm NJW-RR 1990, 1224; (vgl. auch Leitlinien zum Unterhalt des KG u. der OLG FamRZ 2007, 1373ff.); dagegen: OLG Karlsruhe JurBüro 1992, 570, 571; OLG Hamm FamRZ 1990, 547, 548 (anrechenbares Einkommen sei kaum zuverlässig zu ermitteln).

[38] LG Stuttgart JurBüro 1996, 104; LG Frankfurt/M (Fn. 34); LG Mönchengladbach JurBüro 1995, 606 (LS); LG Würzburg JurBüro 1994, 406; AG Detmold JurBüro 1997, 44; aA (7 %): OLG Celle (Fn. 34).

[39] BGH NJW 2004, 2450; NJW 2004, 2452, 2453; OLG Brandenburg MDR 2002, 356.

[40] Den fordern: OLG Stuttgart Rpfleger 1997, 447; LG Heilbronn JurBüro 2000, 156.

[41] OLG Stuttgart (Fn. 34); aA LG Karlsruhe JurBüro 2001, 548.

[42] AA OLG Hamm OLGR 2002, 20, 23.

[43] LG Essen (11 T 488/00).

[44] OLG Brandenburg InVo 2002, 469; OLG Nürnberg FamRZ 1999, 505 (Billigkeit nur bei bes. Umständen); OLG Frankfurt/M FamRZ 1991, 727; OLG Hamm NJW-RR 1989, 516; OLG München NJW-RR 1988, 894; LG Mönchengladbach Rpfleger 2002, 469; LG Stuttgart JurBüro 2001, 45, abw. *Balthasar* FamRZ 2005, 85, 86.

[45] OLG München (Fn. 44); ohne diese Einschränkung: LG Wuppertal JurBüro 2000, 102.

[46] KG NJW 2000, 149, 151; OLG Köln (Fn. 36); aA OLG Schleswig OLGR 2002, 59 = SchlHA 2002, 73; LG Dortmund Rpfleger 1989, 467.

[47] OLG Köln Rpfleger 1994, 426 = FamRZ 1994, 1272.

[48] OLG Hamm FamRZ 1989, 617 = Rpfleger 1989, 207 m. Anm. *Otto*.

[49] AA OLG Köln FamRZ 1991, 587; OLG Hamm FamRZ 1990, 547.

[50] So: OLG Köln (Fn. 36); OLG Karlsruhe JurBüro 1992, 571; aA *Stöber* (Fn. 36): Bezeichnung als angeblicher Anspruch in Höhe von 7/10 des als Taschengeld geschuldeten Betrages soll genügen.

[51] OLG Celle FamRZ 1986, 196; OLG Hamm FamRZ 1985, 407.

[52] BVerfG FamRZ 1985, 143; BGH FamRZ 1987, 259f.; zuletzt: AG Detmold (Fn. 38).

[53] MK/*Smid* Rn. 11.

[54] *Schuschke/Walker* Rn. 14.

[55] *St/J/Brehm* Rn. 15.

[56] OLG Frankfurt InVo 2001, 214 gg LG Gießen Rpfleger 2000, 169.

[57] OLG München MDR 1953, 434.

[58] MK/*Smid* (Fn. 53).

liche Regelbeihilfen sind entgeltliche Leistungen und fallen deshalb nicht unter Nr. 3, s. § 850a Rn. 7. Die **kumulative Voraussetzung** „Fürsorge und Freigebigkeit" ist verneint worden für Beträge, die von Angehörigen zu Gunsten eines in Haft befindlichen Schuldners unter Zweckangabe (Selbstverpflegung, Heilungskosten) eingezahlt und von der Anstalt verwahrt wurden.[59]

b) Aus Altenteils- und Auszugsvertrag. Der Begriff des Altenteils entspricht demjenigen in Art. 96 EGBGB.[60] Gewöhnliche Kaufpreisrenten („Verkauf auf Rentenbasis") gehören nicht hierher. Die Ansprüche können dinglich gesichert oder nur schuldrechtlich vereinbart sein[61] und in Nutzungsrechten (Wohnrecht), Naturalien (zur Bewertung s. § 850e Rn. 14) und daneben auch in Geldzahlungen bestehen. Auch Rückstände werden erfasst.[62] Die Bezeichnung des Vertrages ist nicht maßgeblich, es kommt allein auf seinen materiellen Inhalt an.[63] 6

4. Bezüge (Nr. 4). a) Aus Witwen-, Waisen-, Hilfs- und Krankenkassen, die ausschließlich oder zu einem wesentlichen Teil zu Unterstützungszwecken gewährt werden, können einmalige oder wiederkehrende Leistungen sein,[64] auf privatem Recht beruhen (Arbeitsvertrag, Versicherungsvereine auf Gegenseitigkeit, Krankenversicherer[65]) oder öff.-rechtlich begründet sein (Beamtenversorgung, Blindengeld[66]). Hierzu zählen auch Ansprüche auf Kranken(Haus)tagegeld,[67] Ersatz von Krankenhauskosten,[68] private Zusatzversicherungsleistungen[69] und Sterbegelder aus privaten Krankenversicherungen.[70] Auch Rückstände sind geschützt. Stirbt der Berechtigte, gilt der Schutz aber nicht für den Erben.[71] Nicht hierher gehören sozialversicherungsrechtliche Ansprüche; für sie gilt allein § 54 Abs. 1 SGB I.[72] 7

b) Sog. Kleinlebensversicherungen. Sie sollen die entlasten, von denen die Kosten der Bestattung eines Schuldners zu tragen sind (§ 1968 BGB)[73] und Armenbestattungen aus öff. Mitteln verhindern.[74] Begünstigter kann auch ein Nichtangehöriger sein. Voraussetzung ist aber, dass Versicherungsnehmer u. Versicherter identisch sind. Ansprüche aus Vereins- u. Gruppenversicherungen sind dagegen unbedingt pfändbar.[75] Die Versicherung darf **nur für den Todesfall** abgeschlossen sein. Versicherungen, die auch nach Ablauf einer bestimmten Zeit im Erlebensfall fällig werden (s. § 829 Rn. 32ff.), fallen nicht unter Nr. 4.[76] Diese Differenzierung verstößt nicht gg Art. 3 Abs. 1 GG, weil der Schuldner bei der reinen Todesfallversicherung die Zweckbestimmung nicht vereiteln kann.[77] Das gilt auch für sog. befreiende Lebensversicherungen.[78] Bei höherer Versicherungssumme ist – entgegen der wohl hM – nach dem Schutzzweck der Norm trotz ihres engeren Wortlauts der Betrag von 3579 Euro grds. unpfändbar; allein der überschießende Teil ist voll pfändbar.[79] Mehrere Versicherungsforderungen, die einzeln den Höchstbetrag nicht überschreiten, sind nach hM zusammenzurechnen.[80] Bleibt die Summe im Rahmen, sind alle Ansprüche nur bedingt pfändbar; andernfalls sollen alle Bezüge pfändbar und abtretbar sein. Die hM ist auch hier verfehlt. Sie führt zu Unklarheiten hinsichtlich der Verfügungsbefugnis des Schuldners. Richtigerweise sind deshalb alle den Höchstbetrag einzeln nicht überschreitenden Bezüge nach Abs. 1 grds. unpfändbar; eine Zusammenschau findet erst bei der Billigkeitsprüfung nach Abs. 2 statt.[81] 8

III. Verfahren (Abs. 2 und 3)

1. Zuständigkeit. Ausschließlich zuständig[82] ist das Vollstreckungsgericht (§§ 828, 802); dort der Rechtspfleger (§ 20 Nr. 17 RPflG), der aber ggf. dem Richter vorlegt (§ 5 Abs. 1 Nr. 2 RPflG). 9

2. Vergebliche Vollstreckung. Sie muss in das sonstige bewegliche Vermögen des Schuldners stattgefunden haben, oder es muss vorauszusehen sein, dass eine vollständige Befriedigung nicht erreicht werden 10

---

59 LG Berlin Rpfleger 1966, 311; LG Düsseldorf Rpfleger 1960, 304; krit. *Berner* Rpfleger 1966, 312.
60 BGH NJW-RR 2007, 1390, 1391; BGHZ 53, 41, 42 = NJW 1970, 282.
61 BGHZ (Fn. 60).
62 BGHZ (Fn. 60).
63 OLG Düsseldorf JMBlNRW 1961, 237.
64 BGH NJW 1988, 2676; KG OLGZ 1985, 86 = Rpfleger 1985, 73.
65 BGH NJW-RR 2007, 1510.
66 BGH VersR 1988, 181.
67 *Brox/Walker* Rn. 558.
68 KG (Fn. 64); LG Lübeck Rpfleger 1993, 207.
69 LG Hannover Rpfleger 1995, 511.
70 Vgl. LG Oldenburg Rpfleger 1983, 33 = JurBüro 1983, 778.
71 KG (Fn. 64).
72 OLG Köln Rpfleger 1990, 130.
73 BVerfG NJW 2004, 2885; OLG Bamberg JurBüro 1985, 1739.
74 LG Mainz VersR 1972, 142.
75 *Prölss/Martin/Prölss* § 15 Rn. 3.
76 BGHZ 35, 261, 263 = NJW 1961, 1720; BFH Rpfleger 1991, 466; *David* MDR 1996, 24.
77 BVerfG NJW 2004, 2585.
78 BFH NJW 1992, 527f.
79 OLG Bamberg (Fn. 73); MK/*Smid* Rn. 15; *St/J/Brehm* Rn. 21; aA die wohl hM: AG Fürth VersR 1982, 59; *Zö/Stöber* Rn. 10; *Prölss/Martin/Prölss* (Fn. 73); *Hintzen/Wolf* InVo 4/98 E 3; *David* (Fn. 76).
80 OLG Hamm MDR 1962, 661; LG Essen VersR 1962, 245; *T/P/Hüßtege* Rn. 10; *Smid* NJW 1992, 1935; AG Fürth VersR 1982, 59 (der zum Überschreiten des Höchstbetrags führende letzte Vertrag).
81 OLG Düsseldorf VersR 1961, 111; MK/*Smid* Rn. 15; *St/J/Brehm* Rn. 23; *Schuschke/Walker* Rn. 17; *Smid* NJW 1992, 1935f.
82 BGHZ (Fn. 60: auch bei Abtretung unabtretbarer Forderungen); OLG Hamburg FamRZ 1992, 329; OLG Hamm FamRZ 1988, 953.

wird. Zur Glaubhaftmachung (§ 294) der Voraussetzungen durch den Gläubiger genügt, dass er eine sog. Fruchtlosigkeitsbescheinigung nach § 63 GVGA[83] oder eine amtliche Auskunft des GV vorlegt, s. § 807 Rn. 3. Kennt der Gläubiger kein pfändbares Vermögen des Schuldners, genügt seine entspr. Versicherung; er braucht nicht nach § 807 ZPO vorzugehen.[84] Eine Immobiliarvollstreckung muss nicht versucht worden sein; ihr Unterlassen kann aber bei der Billigkeitsprüfung berücksichtigt werden.[85]

11 **3. Billigkeitsprüfung.** Zur **Darlegungspflicht des Gläubigers** gehört, dass er die Voraussetzungen der ausnahmsweise möglichen Pfändung, insbesondere die Umstände, aus denen sich die Billigkeit ergibt, im Einzelnen nachprüfbar vorträgt.[86] Die ausnahmsweise **vorherige Anhörung** von Schuldner, Drittschuldner und ggf. Unterhaltsberechtigten als weiteren Beteiligten ist durch Abs. 3 ausdrücklich vorgeschrieben, s. dazu auch § 834 Rn. 3. § 138 Abs. 3 soll bei schriftlicher wie mündlicher Anhörung gelten;[87] die Darlegungspflicht des Gläubigers wird dadurch aber nicht ersetzt.[88] Andererseits dürfen keine übertriebenen Anforderungen gestellt werden, weil der Gläubiger regelmäßig Einzelheiten der privaten Verhältnisse des Schuldners nicht kennt.[89] Wird das Vorbringen des Gläubigers bestritten, trifft ihn die **volle Beweisführungspflicht** (s. § 286 Rn. 32ff.).[90] Bloße Glaubhaftmachung genügt hier nicht. Bei der **Billigkeitsprüfung** sind alle Umstände des Falles zu berücksichtigen (s. a. § 850i Rn. 6ff. und Rn. 21 zu § 54 Abs. 2 SGB I), insbes. die Art der Vollstreckungsforderung (zB aus vorsätzlicher unerlaubter Handlung, Rechtsgedanke des § 850f Abs. 2),[91] die Höhe und Zweckbestimmung des zu pfändenden Anspruchs, die wirtschaftlichen Verhältnisse des Gläubigers, vor allem, inwieweit er auf die Durchsetzung seiner Forderung angewiesen ist[92] und die Einkommenslage des Schuldners, der durch die Pfändung **nicht sozialhilfebedürftig** werden darf. Das Verhalten des Gläubigers bei Entstehen der Vollstreckungsforderung (Verkauf von Lebensnotwendigem oder von Luxus angesichts erkennbar schwacher Finanzkraft des Käufers) und das des Schuldners (Gelegenheitsarbeiter, der feste Arbeit finden könnte)[93] können mitentscheidend sein. **Einzelfälle:** Krankenversicherung,[94] Kleinlebensversicherung,[95] Pfändung wegen RA-Gebühren,[96] Kostenanspruch des Unterhaltspflichtigen.[97]

12 **4. Pfändung.** Sie erfolgt durch **Beschluss** (§ 829), wenn die vorstehenden Voraussetzungen erfüllt sind. Weil die Billigkeitsprüfung eine Abwägung erfordert, muss der Beschluss eine **Begründung** enthalten, welche die maßgeblichen Gesichtspunkte erkennen lässt.[98] Die sonstigen für Arbeitseinkommen geltenden Schutzvorschriften sind zu beachten: Dem Schuldner müssen die pfandfreien Beträge nach §§ 850c, 850d verbleiben. Ein **Blankettbeschluss** (s. § 850c Rn. 7) ist bei Bezügen nach Abs. 1 laut BGH[99] entgegen der bisher hM[100] jedenfalls dann zulässig, wenn sich der Schuldner nach Abs. 3 nicht auf seine beschränkte Leistungsfähigkeit berufen hat. Zusammenrechnung erfolgt nach § 850e; Sonderbedarf wird ggf. nach § 850f berücksichtigt. Bei Altenteilsansprüchen kommen §§ 857 Abs. 6, 830 in Betracht.

IV. Rechtsfolgen

13 Die in Abs. 1 genannten Bezüge sind für alle Gläubiger unpfändbar, auch für Unterhaltsgläubiger.[101] Die Vorschrift ist verfassungskonform[102] und zwingend, s. a. § 850a Rn. 1.[103] Pfändbarkeit wird erst durch den **konstitutiv wirkenden Beschluss** des Vollstreckungsgerichts (Abs. 2) begründet.[104] Die Begründung der Pfändbarkeit ist nur im Rahmen der Zwangsvollstreckung möglich, nicht selbständig.[105] Eine **Vorpfändung** (§ 845) ist daher unzulässig und begründet kein Pfändungspfandrecht.[106] Vor Erlass des Beschlusses ist eine **Abtretung** der Bezüge ausgeschlossen (§ 400 BGB),[107] ebenso eine **Aufrechnung** gegen sie (§ 394 BGB),[108] falls nicht der Einwand der Arglist entgegensteht.[109]

---

[83] LG Aachen MDR 1981, 854.
[84] MK/*Smid* Rn. 19; *St/J/Brehm* Rn. 28.
[85] *Schuschke/Walker* Rn. 2.
[86] OLG München NJW-RR 1988, 894; OLG Stuttgart Rpfleger 1983, 288; LG Köln Rpfleger 1993, 455.
[87] OLG Hamm Rpfleger 1979, 271.
[88] AA LG Verden Rpfleger 1986, 100 (schon Schweigen begründet Annahme der Billigkeit).
[89] OLG Köln Rpfleger 1995, 76; OLG Hamm Rpfleger 1989, 207.
[90] BGH Rpfleger 2005, 446, 447 = FamRZ 2005, 1083.
[91] OLG Hamm OLGR 2002, 20; LG Karlsruhe InVo 2002, 430.
[92] BGHZ (Fn. 60).
[93] LG Mannheim MDR 1965, 144.
[94] BGH NJW-RR 2007, 1510.
[95] LG Mainz VersR 1972, 142; LG Koblenz VersR 1969, 790.
[96] OLG Köln JurBüro 1975, 1381.
[97] LG Berlin Rpfleger 1975, 374 = JurBüro 1975, 1510.
[98] LG Düsseldorf Rpfleger 1983, 255 = JurBüro 1983, 1575.
[99] BGH NJW-RR 2005, 869 = BGHR 2005, 940 m. Anm. *Goebel; Zö/Stöber* Rn. 16.
[100] LG Düsseldorf JurBüro 2003, 655; LG Karlsruhe JurBüro 2003, 656; *Hülsmann* NJW 1995, 1521.
[101] BGH MDR 1962, 977.
[102] BVerfG NJW 1960, 1899.
[103] OLG Hamm NJW 1947/48, 626.
[104] BGHZ (Fn. 60).
[105] LG Hamburg MDR 1984, 1045; aA *Denck* MDR 1979, 450, 452.
[106] MK/*Smid* Rn. 2; *St/J/Brehm* Rn. 33; *Zö/Stöber* Rn. 11; *Schuschke/Walker* Rn. 7.
[107] OLG Oldenburg NJW-RR 1994, 479.
[108] BGH NJW 1988, 819; OLG Hamburg FamRZ 1992, 329.
[109] BGH NJW 1993, 2105.

V. Rechtsbehelfe

Die hM stellt auch hier auf die Art des Zustandekommens der Entscheidung ab. Das kann dazu führen, dass gegen denselben Beschluss unterschiedliche Rechtsbehelfe gegeben sind, weil ein Beteiligter gehört wurde und ein anderer nicht.[110] Der **Gläubiger** hat gegen die Ablehnung der beantragten Pfändung die sofortige Beschwerde (§ 793); s. a. vor § 704 Rn. 33. Dieselben Rechtsbehelfe stehen dem **Schuldner** nach hM aber nur zu, wenn er vor der Pfändung gehört wurde. Andernfalls kann er sich mit der Erinnerung (§ 766) wehren. Gleiches gilt für den **Drittschuldner** und sonstige Beteiligte. Da das Gebot rechtlichen Gehörs (Abs. 3) in jedem Fall ein Abwägen erfordert (s. auch § 844 Rn. 2), erscheint es sachgerecht, entgegen der hM hier § 793 als einheitlichen Rechtsbehelf anzusehen (s. i. e. § 766 Rn. 14). 14

850c

Pfändungsgrenzen für Arbeitseinkommen **(1) [1]Arbeitseinkommen ist unpfändbar, wenn es, je nach dem Zeitraum, für den es gezahlt wird, nicht mehr als**

985,15* **Euro monatlich**
226,72* **Euro wöchentlich oder**
45,34* **Euro täglich**

beträgt. [2]Gewährt der Schuldner auf Grund einer gesetzlichen Verpflichtung seinem Ehegatten, einem früheren Ehegatten, seinem Lebenspartner, einem früheren Lebenspartner oder einem Verwandten oder nach §§ 1615l, 1615n des Bürgerlichen Gesetzbuchs einem Elternteil Unterhalt, so erhöht sich der Betrag, bis zu dessen Höhe Arbeitseinkommen unpfändbar ist, auf bis zu

2182,15* **Euro monatlich,**
502,20* **Euro wöchentlich oder**
100,44* **Euro täglich,**

und zwar um

370,76* **Euro monatlich,**
85,32* **Euro wöchentlich oder**
17,06* **Euro täglich**

für die erste Person, der Unterhalt gewährt wird, und um je

206,56* **Euro monatlich,**
47,54* **Euro wöchentlich oder**
9,51* **Euro täglich**

für die zweite bis fünfte Person.

(2) [1]Übersteigt das Arbeitseinkommen den Betrag, bis zu dessen Höhe es je nach der Zahl der Personen, denen der Schuldner Unterhalt gewährt, nach Absatz 1 unpfändbar ist, so ist es hinsichtlich des überschießenden Betrages zu einem Teil unpfändbar, und zwar in Höhe von drei Zehnteln, wenn der Schuldner keiner der in Absatz 1 genannten Personen Unterhalt gewährt, zwei weiteren Zehnteln für die erste Person, der Unterhalt gewährt wird, und je einem weiteren Zehntel für die zweite bis fünfte Person. [2]Der Teil des Arbeitseinkommens, der *3020,06 Euro monatlich (*695,03** Euro wöchentlich, *139,01* Euro täglich) übersteigt, bleibt bei der Berechnung des unpfändbaren Betrages unberücksichtigt.**

(2a) [1]Die unpfändbaren Beträge nach Absatz 1 und Absatz 2 Satz 2 ändern sich jeweils zum 1. Juli eines jeden zweiten Jahres, erstmalig zum 1. Juli 2003, entsprechend der im Vergleich zum jeweiligen Vorjahreszeitraum sich ergebenden prozentualen Entwicklung des Grundfreibetrages nach § 32a Abs. 1 Nr. 1 des Einkommensteuergesetzes; der Berechnung ist die am 1. Januar des jeweiligen Jahres geltende Fassung des § 32a Abs. 1 Nr. 1 des Einkommensteuergesetzes zu Grunde zu legen. [2]Das Bundesministerium der Justiz gibt die maßgebenden Beträge rechtzeitig im Bundesgesetzblatt bekannt.*

(3) [1]Bei der Berechnung des nach Absatz 2 pfändbaren Teils des Arbeitseinkommens ist das Arbeitseinkommen, gegebenenfalls nach Abzug des nach Absatz 2 Satz 2 pfändbaren Betrages, wie aus der Tabelle ersichtlich, die diesem Gesetz als Anlage beigefügt ist, nach unten abzurunden, und zwar bei Auszahlung für Monate auf einen durch 10 Euro, bei Auszahlung für Wochen auf einen durch 2,50 Euro oder bei Auszahlung für Tage auf einen durch 50 Cent teilbaren Betrag. [2]Im Pfändungsbeschluss genügt die Bezugnahme auf die Tabelle.

(4) Hat eine Person, welcher der Schuldner auf Grund gesetzlicher Verpflichtung Unterhalt gewährt, eigene Einkünfte, so kann das Vollstreckungsgericht auf Antrag des Gläubigers nach billigem Ermessen bestimmen, dass diese Person bei der Berechnung des unpfändbaren Teils des Arbeitseinkommens ganz oder teilweise unberücksichtigt bleibt; soll die Person nur teilweise berücksichtigt werden, so ist Absatz 3 Satz 2 nicht anzuwenden.

* Die kursiv gesetzten Zahlen entsprechen den zum 1. 7. 2005 geänderten Beträgen der Bekanntmachung zu § 850c der Zivilprozessordnung (Pfändungsfreigrenzenbekanntmachung 2005) vom 25. 2. 2005 (BGBl. I S. 493). Die Beträge bleiben bis zum 30. Juni 2009 unverändert (Pfändungsfreigrenzenbekanntmachung 2007) vom 22. 1. 2007 (BGBl. I S. 64).

---

110 Vgl. *Lackmann* Rn. 323 f. m. weit. Nachw.

Übersicht

I. Normzweck

1 Die Norm soll dem Schuldner und seinen Angehörigen[1] das Existenzminimum sichern (Abs. 1), denn das Sozialstaatsprinzip verlangt, dem Erwerbstätigen von seinen Bezügen wenigstens das zu belassen, was der Staat dem Bedürftigen zur Deckung seines existenznotwendigen Bedarfs aus öff. Mitteln gewährt. Empfänger v. Ruhegeld (s. § 850 Rn. 3) oder Sozialleistungsansprüche nicht erwerbstätiger Schuldner (s. § 850i Rn. 15ff.) unterliegen den pauschalierten Pfändungsgrenzen der Abs. 1–3 ohne Abschläge für Minderbedarf.[2] Die teils drastische **Anhebung** seit 2002 durch das Siebte Gesetz zur Änderung der Pfändungsfreigrenzen gleicht die pauschalen Pfändungsfreigrenzen weitgehend den gestiegenen Sozialhilfesätzen an. Das ist berechtigt, soweit die Regelung verhindert, dass private Schulden letztlich von der Allgemeinheit durch Sozialhilfe bezahlt werden. Das ist aber bedenklich, soweit die Anhebung, zB bei 4 bis 5 Unterhaltsberechtigten aus sozial- und familienpolitischen Erwägungen, auf Kosten des einzelnen Gläubigers über den Bedarf nach SGB XII hinausgeht.[3] Durch Erhöhung der Freibeträge bei Mehrverdienst soll die Norm zugleich einen Anreiz für die Erhaltung und Verbesserung der Arbeitsleistung schaffen (Abs. 2). Die neue **Dynamisierung** (Abs. 2a) sichert eine regelmäßige Anpassung der Freigrenzen. Wie bisher geregelt sind das Verfahren der Pfändung (Abs. 3) und die Berücksichtigung von Unterhaltsberechtigten mit eigenem Einkommen (Abs. 4). Der **Anwendungsbereich** erfasst alle gewöhnlichen Gläubiger und gilt für alle Pfändungen von laufendem Arbeitseinkommen nach §§ 850, 850b Abs. 2, 850h. Mehrere laufende Bezüge, auch Naturalleistungen, sind zusammenzurechnen (§ 850e). Für einmalige Bezüge gilt nur § 850i.[4] Sonderregelungen gelten für bevorrechtigte Ansprüche auf Unterhalt (§ 850d) und aus vorsätzlicher unerlaubter Handlung (§ 850f Abs. 2); hierfür bestimmt § 850c nur die Höchstgrenze der unpfändbaren Beträge. In Härtefällen können die Pfändungsfreigrenzen zu Gunsten von Gläubiger u. Schuldner geändert werden (§ 850f). Sofern im Einzelfall die Voraussetzungen vorliegen, kann durch **Blankettbeschluss** (s. Rn. 8) auf die Tabelle nach Abs. 3 S. 2 verwiesen werden, s. Rn. 17.[5] Die neuen Freigrenzen gelten für die seit dem 1. 1. 2002 fälligen Leistungen auch bei zuvor ausgebrachten Pfändungen, s. § 850a Rn. 6. Bei **Abtretung** einer Sozialleistung soll dem neuen Gläubiger das Antragsrecht aus Abs. 4 analog zustehen[6]. Das ist problematisch, s. § 850f Rn. 1. Bei **Insolvenz** des Schuldners wird nur das die Freigrenzen übersteigende Einkommen erfasst (§§ 35, 36 InsO).[7]

II. Unpfändbare Freibeträge (Abs. 1, 2 und 2a)

2 **1. Allgemeines.** Ob für den Auszahlungszeitraum monatliches, wöchentliches oder tägliches Einkommen zu Grunde zu legen ist, richtet sich allein nach der zwischen Schuldner und Drittschuldner vereinbarten Abrechnung.[8] Das gilt auch, wenn in diesem Zeitraum nicht voll gearbeitet wurde, etwa wg. Krankheit, entschuldigtem oder unentschuldigtem Fehlen.[9] Bei Krankengeld ist daher nicht die Tages-, sondern die Monatstabelle maßgeblich, wenn der Lohn monatlich gezahlt wird.[10] Bei Beginn oder Ende der Tätigkeit während des Abrechnungszeitraums steht dem Schuldner infolgedessen der volle Freibetrag für den gesamten Zeitraum zu.[11] Tritt er innerhalb dieser Zeit eine neue Arbeitsstelle an, wird nach § 850e zusammengerechnet. **Nachzahlungen** sind dem Zeitraum zuzuschlagen, für den (nicht in dem) sie erfolgen.[12] Sie sind als

---

1 Abs. 1 S. 2 ergänzt durch G v. 22. 2. 2001 (BGBl. I S. 266).
2 BGH NJW-RR 2004, 1439, 1440; Bestätigung v. LG Leipzig InVo 2003, 489 m. abl. Anm. *Schmidt*, S. 461.
3 BR-Drucks. 310/01.
4 BAG DB 1980, 358; LG Berlin Rpfleger 1981, 445; vgl. auch BVerfG NJW 1982, 1583 (verfassungskonform).
5 KG Rpfleger 1978, 334; BSG FamRZ 1984, 788.
6 LSG Bayern InVo 2002, 157; s. dagegen: *Walker*, Festschr. f. Musielak 2004 S. 655, 663f.
7 OLG Koblenz FamRZ 2003, 109.
8 BSG NJW 1993, 811.
9 HM; OLG Köln NJW 1957, 879; MK/*Smid* Rn. 7; *St/J/Brehm* Rn. 12; aA LG Essen NJW 1956, 1930; *B/L/H* Rn. 3 (Durchschnittsberechnung).
10 BSG (Fn. 8); LSG Berlin NZA 1992, 328.
11 ArbG Münster DB 1990, 2332; *St/J/Brehm* Rn. 13; aA LAG Hameln BB 1958, 450 (Abrechnung nach Wochen oder Tagen); *Bengelsdorf* NZA 1996, 176, 183 (Bruchteil des Monats).
12 LAG Düsseldorf DB 1956, 259; ArbG Wetzlar BB 1988, 2320.

wiederkehrend zahlbare Vergütung nur im Umfang des § 850c pfändbar oder unpfändbar, nicht als einmaliges Einkommen nach § 850i Abs. 1.[13] Pfändungen vor Ablauf dieses Zeitraums erfassen auch die Nachzahlungen, so dass etwaige Korrekturbeträge nur aus der Nachzahlung zu entnehmen sind. Auch Pfändungen, die nach Ablauf des betreffenden Zeitraums erfolgen, ergreifen je nach Rang den Nachzahlungsanspruch, soweit der Freibetrag überschritten ist. Das Gleiche gilt für rückwirkende Lohn- oder Gehaltserhöhungen[14] und für Zusatzgehälter, die einem bestimmten Zeitraum zuzuordnen sind (Weihnachtsgeld); andernfalls sind sie auf das über das Jahr zu zahlende Gehalt umzurechnen (Jahresgewinnbeteiligung). Bei 13. und 14. Monatsgehältern kommt es darauf an, ob sie noch eine Weihnachtsvergütung darstellen oder Teil des Jahresgehalts sind, s. auch § 850a Rn. 6. Das **Nettoeinkommen** wird nach § 850e Nr. 1 errechnet. Es ist Grundlage der Freibeträge. Bereits vorgeschossene (s. a. § 850e Rn. 6), gepfändete, abgetretene und verpfändete Bezüge werden mitgezählt, denn erst die Berechnung nach § 850c zeigt, inwieweit vorherige Verfügungen wirksam sind und vorgehen.[15] Lohn, der nicht ausgezahlt, sondern als **Darlehen** geschuldet wird, ist von der Pfändung des Arbeitseinkommens nicht erfasst. Der Darlehensanspruch des Arbeitnehmers gegen seinen Arbeitgeber muss gesondert gepfändet werden. War bereits gepfändet, ist eine Umwandlung des Lohnanspruchs in ein Darlehen im Verhältnis zum Vollstreckungsgläubiger nicht mehr wirksam (§ 829 Abs. 1 S. 2).

2. Grundbetrag (Abs. 1 S. 1). Er ist grds. das Mindeste, was dem Schuldner von seinem Nettoeinkom- 3
men verbleibt. Da **Miete** bereits in dem unpfändbaren Betrag berücksichtigt ist, muss bei vorrangiger Abtretung des Lohnanspruchs an den Vermieter aber ein entspr. Abzug vom Grundbetrag erfolgen.[16]

3. Erhöhter Freibetrag bei Unterhaltspflichten (Abs. 1 S. 2). Voraussetzung ist, dass der Schuldner auf 4
Grund gesetzlicher Verpflichtung seinem Ehegatten (§§ 1360, 1360a, 1361 BGB), einem früheren Ehegatten (§§ 1569–1586a BGB, 26 Abs. 1, 37 Abs. 1, 39 Abs. 2 EheG),[17] seinem Lebenspartner, einem früheren Lebenspartner (s. § 850d Rn. 16), Verwandten in gerader Linie (§ 1601 BGB), wozu Kinder, Eltern, Großeltern, Enkelkinder und nichteheliche Kinder (§§ 1615a ff.) zählen, auch Adoptivkindern (§§ 1754ff. BGB) oder der Mutter eines nichtehelichen Kindes nach §§ 1615l, 1615n Unterhalt **schuldet und gewährt.**[18] Gewährt der Schuldner weder Natural- noch Barunterhalt, ist die unterhaltsberechtigte Person nicht zu berücksichtigen.[19] Es ist unschädlich, dass die Verpflichtung vertraglich näher geregelt ist; sie darf aber nicht nur auf Vertrag beruhen.[20] Es kommt wg. der Pauschalierung auch nicht darauf an, ob die Leistungen des Schuldners tatsächlich den Betrag erreichen, um den sich der Freibetrag nach Abs. 1 und 2 erhöht.[21] Gewährt wird Unterhalt auch dann, wenn die Angehörigen ihre Ansprüche nach Pfändung und Überweisung durch Einbehalte vom Arbeitseinkommen des Schuldners durchsetzen.[22] Andere Personen, denen der Schuldner Unterhalt leistet, ohne gesetzlich dazu verpflichtet zu sein, zB nichtehelicher Lebenspartner,[23] Geschwister, Schwiegereltern, Stief- und Pflegekinder, werden dagegen nicht berücksichtigt, auch wenn sie im Haushalt des Schuldners leben.[24] Ist die erste unterhaltsberechtigte Person ein Kind, so ist für dieses der erhöhte Freibetrag der 1. Stufe und nicht nur der verminderte der 2. Stufe maßgeblich.[25]

Eigenes Einkommen des Ehegatten regelt Abs. 4 abschließend. Es bleibt daher im Rahmen der Berech- 5
nung nach Abs. 1 und 2 grds. außer Betracht. Wenn der Schuldner zum Familienunterhalt beiträgt (§ 1360 S. 1 BGB), erfüllt er damit seine gesetzliche Unterhaltspflicht, unabhängig davon, ob das Einkommen des anderen Ehegatten geringer[26] oder höher ist als sein eigenes.[27] Nur wenn der Schuldner seinem gut verdienenden Ehegatten überhaupt keinen Unterhalt schuldet oder gewährt, entfällt der Freibetrag von vornherein.[28] In allen anderen Fällen kann vom Vollstreckungsgericht nur auf Antrag des Gläubigers nach Abs. 4 eine abweichende Bestimmung getroffen werden. Bei eigenem Einkommen **der Kinder** und sonstiger Angehöriger gilt nichts anderes, sofern ihnen Unterhalt geschuldet (vgl. § 1602 BGB) und gewährt wird.[29] Ist der Schuldner nach § 1603 Abs. 1 BGB leistungsfrei, wird dies bei Kenntnis der tatsächlichen Umstände von Amts wegen berücksichtigt, auch wenn sich der Schuldner nicht auf Leistungsfreiheit beruft.[30] Unterhaltsrenten, die der Schuldner als **Schadenersatz** zahlen muss (§ 845 BGB), sind ohne Einfluss auf den Freibe-

---

13 ArbG Wetzlar (Fn. 12).
14 *St/J/Brehm* Rn. 9; *Stöber* Rn. 1042.
15 AllgM; OLG Hamm Rpfleger 1953, 185 m. Anm. *Berner.*
16 LG Detmold Rpfleger 1992, 74; AG Dortmund Rpfleger 1995, 222 (Abzug von 20 % analog § 850e Nr. 3 bei vorrangiger Abtretung für laufende Miete); *Behr* JurBüro 1997, 291, 293f.
17 Vgl. Art. 234 § 5 EGBGB zum Übergangsrecht für das Gebiet der früheren DDR.
18 BAG AP Nr. 2 m. Anm. *Gernhuber* = NJW 1966, 903; LSG Essen Rpfleger 1984, 278 m. Anm. *Schultz.*
19 LG Verden JurBüro 1995, 385.
20 AllgM; OLG Frankfurt Rpfleger 1980, 198f. = JurBüro 1980, 778.
21 BGH NJW-RR 2007, 938; BAG AP Nr. 3 = FamRZ 1975, 488 m. Anm. *Fenn;* aA LG Passau InVo 2007, 165; *Schmid* InVo 2007, 175.
22 LG Münster Rpfleger 2001, 608.
23 LG Osnabrück Rpfleger 1999, 34.
24 BGH NJW 1969, 2007.
25 BGH NJW-RR 2004, 1370.
26 BAG AP Nr. 2 m. Anm. *Gernhuber* = NJW 1966, 903; AP Nr. 3 m. Anm. *Beitzke* = FamRZ 1975, 488 m. Anm. *Fenn.*
27 BAG FamRZ 1983, 899.
28 *St/J/Brehm* Rn. 17.
29 LG Stuttgart JurBüro 2003, 156.
30 BAG AP Nr. 8 m. Anm. *Stephan* = NJW 1987, 1573; *St/J/Brehm* Rn. 15; aA *Zö/Stöber* Rn. 5 (nur wenn Schuldner sich darauf beruft).

trag. Bei **Zwangsvollstreckung gegen beide Ehegatten** bleibt jedem von ihnen der wegen seiner Unterhaltspflicht erhöhte Freibetrag. Das gilt auch für die Berücksichtigung unterhaltsberechtigter Kinder.[31] Abhilfe erfolgt nur nach Abs. 4, s. Rn. 10ff.

6 **4. Erhöhter Freibetrag bei Mehrverdienst (Abs. 2).** Von dem über den unpfändbaren Betrag nach Abs. 1 hinausgehenden Mehrverdienst bleiben dem Schuldner nach Abs. 2 S. 1 bis zur Höchstgrenze des S. 2 mindestens 3/10 und je nach der Anzahl der unterhaltsberechtigten Personen höchsten 9/10, so dass von dem Mehrbetrag **stets 1/10 pfändbar** ist. Die Beschränkung auf fünf Unterhaltsberechtigte soll dem Interesse an der Kreditfähigkeit des Schuldners dienen. Für Härtefälle gilt § 850f Abs. 1 lit. c)[32] Der durch Abs. 1 und Abs. 2 S. 1 nicht erfasste Teil des Arbeitseinkommens ist uneingeschränkt pfändbar (Abs. 2 S. 2).

6a **5. Dynamisierung (Abs. 2a).** Die Regelung sichert für die Beträge nach Abs. 1 und 2 Satz 2 eine Anpassung der Freigrenzen an den sozialhilferechtlichen Mindestbedarf, so wie er in der Entwicklung des von der Einkommensteuer zu verschonenden steuerrechtlichen Grundfreibetrages (§ 32a Abs. 1 Nr. 1 EStG) zum Ausdruck kommt.[33] Der Pfändungsbeschluss sollte klarstellend auf die jeweils aktuelle Tabelle Bezug nehmen,[34] was auch nachträglich erfolgen kann.[35] Die Erhöhung der Pfändungsfreibeträge zum 1. 7. 2005[36] war rechtswirksam, denn der in S. 1 Halbs. 1 bezeichnete **Vergleichszeitraum** („Vorjahreszeitraum") umfasst nach Sinnzusammenhang, Zweck u. Entstehungsgeschichte der Norm die **zwei Jahre** seit der letzten Bekanntmachung.[37]

III. Verfahren (Abs. 3)

7 **1. Blankettbeschluss. a) Tabelle.** Nach Abs. 3 S. 2 genügt zur Bezeichnung des pfändungsfreien Betrages eine Bezugnahme auf die § 850c als Anlage beigefügte Tabelle (s. u. Anhang, Rn. 16),[38] welche die nach S. 1 vorgeschriebene Abrundung des Arbeitseinkommens bereits berücksichtigt. Der Erlass eines derartigen Blankettbeschlusses entspricht dem üblichen Verfahren bei der Pfändung von Arbeitseinkommen. Das Vollstreckungsgericht beziffert im Allgemeinen weder den Betrag, der vom Drittschuldner an den Gläubiger abzuführen ist, noch enthält der Beschluss Angaben über die Anzahl der unterhaltsberechtigten Personen. Der Gläubiger braucht daher in seinem Antrag auch keine Angaben über die Unterhaltspflichten des Schuldners zu machen. Der Drittschuldner hat regelmäßig die Höhe des pfändbaren Betrages selbst zu berechnen und deren Grundlagen zu ermitteln.

8 **b) Berechnung des pfändbaren Betrages.** Der Betrag lässt sich bis zu einem Nettoeinkommen von 2851 € monatlich (658 € wöchentlich, 131,58 € täglich) aus der Tabelle ablesen. Bei höherem Einkommen ist dem aus der Tabelle ermittelten pfändbaren Betrag das Nettoeinkommen hinzuzurechnen, das die pfändbaren Beträge übersteigt. Zur **Ermittlung der Grundlagen** muss der Drittschuldner, sofern er Arbeitgeber des Schuldners ist, seine **Personalunterlagen einsehen** und den **Schuldner befragen.** Er sollte in Zweifelsfällen den Gläubiger von sich aus unterrichten. Der Lohnsteuerkarte des Schuldners ist die Anzahl unterhaltsberechtigter Kinder nicht zu entnehmen, weil dort nur die steuerrechtlich erheblichen Kinderfreibeträge angegeben sind, die mit der Kinderanzahl nicht notwendig übereinstimmen. Der Arbeitgeber kann sich im Allgemeinen aber auf Mitteilungen seines Arbeitnehmers hinsichtlich Familienstand und Anzahl minderjähriger Kinder verlassen. Er muss nicht ermitteln, ob der Schuldner seine Unterhaltsverpflichtungen tatsächlich erfüllt. Nachzuprüfen sind angebliche Unterhaltsverpflichtungen, wenn der Schuldner sonstige Angehörige berücksichtigt haben will.[39] In jedem Fall muss der Drittschuldner ihm bekannte Unrichtigkeiten berücksichtigen und Hinweisen des Gläubigers durch entsprechende Fragen an den Schuldner nachgehen.[40]

9 **2. Schutz des Drittschuldners.** Der Drittschuldner muss über die Verwertung eigener Unterlagen und eine Befragung des Schuldners hinaus **keine eigenen Ermittlungen** anstellen, um einen Blankettbeschluss ausführen zu können.[41] Ein solcher Beschluss ist daher unstatthaft,[42] jedenfalls untunlich, wenn der Schuldner außer vom Drittschuldner noch anderweit, der Höhe nach nicht sicher bekannte Bezüge erhält, die zusammenzurechnen sind, wie etwa Sozialleistungen (§ 850e Nr. 2a). Zum Schutz des Drittschuldners ist das Vollstreckungsgericht verpflichtet, nach Anhörung der Beteiligten in den Beschluss nähere Angaben zur Ermittlung des pfändbaren Betrages aufzunehmen, erforderlichenfalls also auch darüber, wer als Unterhaltsberechtigter zu berücksichtigen ist. Enthält der Beschluss nicht von vornherein entsprechende Angaben, erfolgt die **Klarstellung** richtigerweise nicht aufgrund Erinnerung (§ 766) gegen den Blankettbeschluss, sondern als weitere Maßnahme der Zwangsvollstreckung durch den Rechtspfleger.[43] Antragsberechtigt sind Drittschuldner, Gläubiger und Schuldner.[44] Die Beweislast für eine ihm günstigere Berechnung hat,

---

31 BAG AP Nr. 3 = FamRZ 1975, 488; LG Bayreuth MDR 1994, 621.
32 *Zö/Stöber* Rn. 4; zweifelnd wg. Art. 3 Abs. 1 GG: *St/J/Brehm* Rn. 1.
33 Grundlage: BVerfGE 87, 153, 170f.
34 BGHZ 166, 48, 51 = BGH NJW 2006, 777.
35 BGH (Fn. 34).
36 Bek. v. 25. 2. 2005 (BGBl. I S. 493).
37 BGHZ (Fn. 34, S. 53f.).
38 BGBl. 1992 I S. 747.
39 *Liese* DB 1990, 2065; *Rixecker* JurBüro 1982, 1761.
40 LAG Mainz BB 1966, 741.
41 MK/*Smid* Rn. 14; *St/J/Brehm* Rn. 22.
42 MK/*Smid* (Fn. 41).
43 BGH (Fn. 34); *St/J/Brehm* Rn. 26; aA MK/*Smid* Rn. 17; *Stöber* Rn. 929.
44 *St/J/Brehm* (Fn. 43).

wer sie geltend macht. **Überzahlungen durch den Drittschuldner** bewirken grundsätzlich keine Erfüllung (§ 362 BGB). Wurden sie **an den Schuldner** geleistet, kann sich der Drittschuldner bei Unkenntnis der den Umfang der Pfändung begründenden Umstände auf § 407 BGB berufen; fahrlässige Unkenntnis kann zu Schadenersatz verpflichten, s. § 840 Rn. 12. Bei Zweifeln kann und muss der Drittschuldner hinterlegen (§ 372 S. 2 BGB). Erfolgte die Überzahlung **an den Gläubiger**, ist der Drittschuldner gegenüber dem Schuldner befreit, wenn sie auf dessen unrichtigen Angaben beruhte (entspr. § 409 Abs. 1 BGB).[45] Legt der Beschluss fest, wer als unterhaltsberechtigt gilt, bindet das den Drittschuldner. Wenn er sich daran hält, tritt im Verhältnis zu Gläubiger und Schuldner Erfüllung ein.

IV. Unterhaltsberechtigte mit eigenem Einkommen (Abs. 4)

1. Allgemeines. Der Gläubiger kann den Antrag sogleich mit dem auf Erlass des Pfändungsbeschlusses 10
stellen oder später nachholen, aber nicht mehr für bereits ausgezahlte Bezüge.[46] Er muss die Einkünfte des oder der Unterhaltsberechtigten angeben, kann aber dem Ermessen des Gerichts überlassen, wer ganz oder teilweise unberücksichtigt bleiben soll.[47] Zuständig ist der Rechtspfleger (§ 20 Nr. 17 RPflG). Die Entscheidung kann ohne mündliche Verhandlung ergehen (§ 764 Abs. 3). **Anhörung** des Schuldners unterbleibt, wenn die Nichtberücksichtigung zusammen mit dem Pfändungsbeschluss angeordnet wird,[48] andernfalls muss sie erfolgen (Art. 103 Abs. 1 GG).[49] Drittschuldner und Angehörige haben in diesem Verfahren keinen Anspruch auf rechtliches Gehör.[50] Sie sind ggf. als Zeugen zu vernehmen. Grundlage der Entscheidung ist das schlüssige Vorbringen des Gläubigers, wenn es nicht bestritten wird (§ 138 Abs. 3).[51] Andernfalls obliegt dem Gläubiger der volle Nachweis (§ 286), bloße Glaubhaftmachung (§ 294) genügt nicht.

2. Eigenes Einkommen des Unterhaltsberechtigten. Es kann beruhen auf eigener, abhängiger oder 11
selbständiger, auch früherer Erwerbstätigkeit, Vermögen (Miete, Kapitalzinsen, Versicherungsrenten), regelmäßigen Zuwendungen Dritter (Unterhalt,[52] auch als Kost und Wohnung[53]), Schadenersatzansprüchen (§§ 843, 845 BGB), auch Sozialgeldleistungen wie Mutterschaftsgeld (s. § 850i Rn. 20), Kurzarbeitergeld, Winter- und Winterausfallgeld (s. § 850i Rn. 18, 23, 25).[54] **Nicht** hierzu zählen: Sozialhilfeansprüche (§ 2 SGB XII), BAföG, Erziehungsgeld (BErzGG),[55] Grundrenten nach dem BVG (vgl. §§ 850a und b),[56] ebenso wenig Kindergeld und andere Leistungen für Kinder, weil die bereits pauschal berücksichtigt worden sind bei den für die zweite bis fünfte Person geringeren Freibeträgen (Abs. 1 und 2).[57] Bei befristeten oder einmaligen Einkünften ist deren Berücksichtigung zeitlich zu begrenzen.[58]

3. Bestimmung nach billigem Ermessen. Die wirtschaftliche Lage des Gläubigers ist gegen die des 12
Schuldners und seiner unterhaltsberechtigten Angehörigen individuell abzuwägen.[59] Die Bestimmung hat deshalb unter Einbeziehung aller wesentlichen Umstände des Einzelfalles und nicht nur nach festen Berechnungsgrößen zu erfolgen.[60] Das schließt eine Orientierung an Berechnungsmodellen aber nicht aus. Ermessensfehlerhaft ist es lediglich, dieselbe Berechnungsformel unterschiedslos auf verschiedene Fallgestaltungen anzuwenden.[61] Grundlage ist der Lebensbedarf des Unterhaltsberechtigten (§§ 1602 Abs. 1, 1610 Abs. 1 BGB), der zwar keine unangemessenen Einschränkungen, wohl aber, wie der Schuldner, gewisse Abstriche in der Lebensführung hinnehmen muss, wenn der Unterhaltsverpflichtete Schulden zu tilgen hat.[62] Davon abzuziehen ist der durch dessen eigenes Einkommen bereits gedeckte Bedarf.[63] Kindergeld ist kein Einkommen in diesem Sinne, weil es bereits bei Abs. 1 berücksichtigt wird.[64] Ein Angehöriger ist daher **nicht zu berücksichtigen**, wenn sein Unterhalt anderweit gesichert ist. Führt der Unterhaltsberechtigte einen eigenen Haushalt, so dass er Miete u. Grundkosten zu zahlen hat, ist der Grundfreibetrag nach Abs. 1 geeignete Orientierungshilfe.[65] Lebt der Unterhaltsberechtigte dagegen im Haushalt des Schuldners, ist Grundlage der Sozialhilfebedarf, der angemessen zu erhöhen ist, weil die Pfändungsfreigrenzen nicht nur das Existenzminimum, sondern eine deutlich darüber liegende Teilhabe am Arbeitseinkommen erhalten wollen.[66] Die

---

[45] MK/*Smid* Rn. 15.
[46] *Behr* Rpfleger 1981, 383; *Henze* Rpfleger 1981, 52.
[47] *St/J/Brehm* Rn. 29.
[48] *T/P/Hüßtege* Rn. 9; *Hintzen/Wolf* Teil E Rn. 110; *Stöber* Rn. 1065; aA die in Fn. 46.
[49] LG Saarbrücken JurBüro 1995, 492; MK/*Smid* Rn. 27 f.; *St/J/Brehm* Rn. 30.
[50] *Henze* (Fn. 46); aA *Hartmann* NJW 1978, 609.
[51] LG Münster Rpfleger 1989, 294 = JurBüro 1990, 1363.
[52] OLG München JurBüro 2000, 47; LG Ellwangen Rpfleger 2006, 88; LG Bremen Jur Büro 2003, 378; zweifelnd: BGH NJW-RR 2005, 795, 797.
[53] *Hornung* Rpfleger 1978, 353, 356.
[54] LG Dortmund ZIP 1981, 783.
[55] LG Hagen Rpfleger 1993, 30; aA *Zö/Stöber* Rn. 12.
[56] LSG Bayern (Fn. 6).
[57] BGH WM 2006, 239, 240 = Rpfleger 2006, 142; NJW-RR 2005, 1010.
[58] *Hornung* (Fn. 53).
[59] BGH NJW-RR 2006, 568.
[60] BGH NJW-RR 2005, 1239 im Anschluss an BGH NJW-RR 2005, 795.
[61] BGH (Fn. 60).
[62] BGH (Fn. 60).
[63] LG Frankfurt Rpfleger 1988, 73.
[64] BGH WM 2006, 239; NJW 1984, 2355, 2357.
[65] BGH Rpfleger 2005, 371; *Hintzen* NJW 1995, 1861, 1865.
[66] BGH NJW-RR 2006, 568; 2005, 1239.

Rspr. ging bislang meist von Regelsatz und individuellem Mehrbedarf[67] zuzüglich 20 % Besserstellungszuschlag aus.[68] Sind die Einkünfte des Angehörigen nur unbedeutend (Ausbildungsvergütung unter dem Sozialhilfesatz,[69] Ferienverdienst eines Schülers[70]), bleibt er **voll** zu berücksichtigen; eine Anordnung nach Abs. 4 scheidet aus. Liegen seine Einkünfte dazwischen, kann er **teilweise unberücksichtigt** bleiben. Nach Abs. 4 letzter Halbs. genügt in diesem Fall eine Bezugnahme auf die Tabelle (s. Rn. 16) nicht. Zum Teil wird deshalb verlangt, dass das Vollstreckungsgericht den unpfändbaren Teil des Schuldnereinkommens beziffert. Andere halten eine Bezugnahme auf die Tabelle für etwaige weitere Unterhaltsberechtigte für möglich und fordern einen konkreten Betrag nur für den teilweise unberücksichtigt bleibenden Angehörigen. Schließlich wird an Stelle einer Betragsangabe die Festlegung einer Quote (zB Nichtberücksichtigung zu 70 %) als möglich und ausreichend angesehen. ME ist der letztgenannten Ansicht zu folgen. Sie ist mit der gesetzlichen Regelung vereinbar, die lediglich eine bloße Bezugnahme ausschließt. Sie ist bei wechselnden Einkommen des Schuldners und/oder des Angehörigen, die zu stets wechselnden Freibetragsdifferenzen führen, allein praktikabel. Der Drittschuldner wird auch nicht überfordert, denn er ermittelt den Differenzbetrag zwischen den Freibeträgen mit und ohne Berücksichtigung des Angehörigen und rechnet sodann den berücksichtigungsfähigen Teil dieses Differenzbetrages (hier: zB 30 %) dem niedrigeren Freibetrag hinzu. – Liegen die Voraussetzungen nicht zweifelsfrei vor oder entspricht die beantragte Nichtberücksichtigung nicht billigem Ermessen, ist der Antrag zurückzuweisen.

13 **4. Stattgebender Beschluss.** Er muss die Anordnung bestimmt bezeichnen und die tragenden Billigkeitsgründe wiedergeben. Wird angeordnet, dass ein Angehöriger ganz unberücksichtigt bleibt, scheidet er bei Anwendung der Tabelle aus. Bleibt ein Angehöriger teilweise unberücksichtigt, s. Rn. 12. Wird **erst nach Wirksamwerden** der Pfändung (§ 829 Abs. 3) bestimmt, dass ein Angehöriger ganz oder teilweise unberücksichtigt bleibt, ist eine erneute Pfändung entbehrlich. Der ursprüngliche Rang des Pfandrechts (§ 804 Abs. 3) gilt auch für das jetzt pfändbar gewordene Einkommen.[71] Bei einer **Vorpfändung** (§ 845) muss der Antrag nach Abs. 4 daher nicht angekündigt werden.[72] Die Anordnung wirkt aber nur für und gegen den Antragsteller, nicht im Verhältnis zu anderen Vollstreckungsgläubigern oder Zessionaren.[73] **Pfänden mehrere Gläubiger,** muss jeder den Antrag nach Abs. 4 stellen. Der pfändbar gewordene Mehrbetrag ist daher (nur) so lange an den Antragsteller zu zahlen, bis vorrangige Gläubiger einen Beschluss nach Abs. 4 für sich erwirken. Der Beschluss muss erkennen lassen, ob er auch Einkommensrückstände seit der Pfändung erfasst.[74]

14 **5. Zustellung.** Wird der Beschluss **nach der Pfändung erlassen,** so wird von Amts wegen zugestellt (§ 329 Abs. 3): an den Gläubiger, wenn seinem Antrag nicht oder nicht voll entsprochen wurde, an Schuldner und Drittschuldner, wenn der Antrag wenigstens teilweise Erfolg hatte. Eine formlose Übersendung des Beschlusses erfolgt an den Gläubiger, dessen Antrag vollen Erfolg hatte und an den Schuldner, wenn er gehört wurde und der Antrag gänzlich erfolglos war. Eine Zustellung oder formlose Übersendung des Beschlusses an den verfahrensrechtlich nicht beteiligten Angehörigen mit eigenem Einkommen findet nicht statt. Wird der Beschluss dagegen zusammen **mit dem Pfändungsbeschluss erlassen,** ist er mit diesem auszufertigen und nur dem Gläubiger formlos zuzuleiten, der sodann die Zustellung an Drittschuldner und Schuldner veranlasst (§ 829 Abs. 2).

V. Rechtsbehelfe

15 Angehörige mit eigenem Einkommen waren zwar verfahrensrechtlich nicht beteiligt, können aber durch die erweiterte Pfändung auch als Dritte in ihren schutzwerten Interessen beeinträchtigt sein. Ihnen steht daher die Erinnerung (§ 766) zu.[75] Macht der **Gläubiger** geltend, dass sich die Unpfändbarkeitsvoraussetzungen erst nach Erlass des Pfändungsbeschlusses geändert haben, gilt § 850g. Gegen die Anordnung der Nichtberücksichtigung (Abs. 4) kann sich auch der betroffene **Unterhaltsberechtigte** wehren.[76] I. Ü. gelten die Ausführungen zu § 850b, s. dort Rn. 14.

---

[67] Vgl. jetzt: §§ 28–30 SGB XII.
[68] LG Traunstein JurBüro 2003, 155, 548; LG Leipzig Rpfleger 2002, 211; LG Bielefeld Rpfleger 2000, 402; LG Stuttgart InVo 2000, 138; *Sturm* JurBüro 2002, 345; BGH Rpfleger 2005, 371: 30–50 %.
[69] BGH WM 2006, 239; LG Saarbrücken JurBüro 1988, 671.
[70] LG Frankfurt (Fn. 63).
[71] BAG DB 1984, 2466; LAG Hamm DB 1982, 1676f.
[72] ArbG Bamberg JurBüro 1990, 263.
[73] LG Mönchengladbach JurBüro 2003, 490.
[74] LAG Hannover DAVorm. 1977, 520f.; *Mümmler* JurBüro 1982, 833.
[75] OLG Oldenburg Rpfleger 1991, 261 = JurBüro 1991, 871; OLG Stuttgart Rpfleger 1987, 255; MK/*Smid* Rn. 36; *St/J/Brehm* Rn. 41; aA *Zö/Stöber* Rn. 16; *Henze* (Fn. 46).
[76] OLG Oldenburg (Fn. 75).

VI. Anhang

Anhang zur Bek. zu § 850c v. 25. 2. 2005 (BGBl. I S. 493).

Anlage (zu § 850c)[77] **16**

Netto-Lohn monatlich			Pfändbarer Betrag bei Unterhaltspflicht für … Personen					
			0	1	2	3	4	5 und mehr
			in EUR					
	bis	989,99	–	–	–	–	–	–
990,00	bis	999,99	3,40	–	–	–	–	–
1000,00	bis	1009,99	10,40	–	–	–	–	–
1010,00	bis	1019,99	17,40	–	–	–	–	–
1020,00	bis	1029,99	24,40	–	–	–	–	–
1030,00	bis	1039,99	31,40	–	–	–	–	–
1040,00	bis	1049,99	38,40	–	–	–	–	–
1050,00	bis	1059,99	45,40	–	–	–	–	–
1060,00	bis	1069,99	52,40	–	–	–	–	–
1070,00	bis	1079,99	59,40	–	–	–	–	–
1080,00	bis	1089,99	66,40	–	–	–	–	–
1090,00	bis	1099,99	73,40	–	–	–	–	–
1100,00	bis	1109,99	80,40	–	–	–	–	–
1110,00	bis	1119,99	87,40	–	–	–	–	–
1120,00	bis	1129,99	94,40	–	–	–	–	–
1130,00	bis	1139,99	101,40	–	–	–	–	–
1140,00	bis	1149,99	108,40	–	–	–	–	–
1150,00	bis	1159,99	115,40	–	–	–	–	–
1160,00	bis	1169,99	122,40	–	–	–	–	–
1170,00	bis	1179,99	129,40	–	–	–	–	–
1180,00	bis	1189,99	136,40	–	–	–	–	–
1190,00	bis	1199,99	143,40	–	–	–	–	–
1200,00	bis	1209,99	150,40	–	–	–	–	–
1210,00	bis	1219,99	157,40	–	–	–	–	–
1220,00	bis	1229,99	164,40	–	–	–	–	–
1230,00	bis	1239,99	171,40	–	–	–	–	–
1240,00	bis	1249,99	178,40	–	–	–	–	–
1250,00	bis	1259,99	185,40	–	–	–	–	–
1260,00	bis	1269,99	192,40	–	–	–	–	–
1270,00	bis	1279,99	199,40	–	–	–	–	–
1280,00	bis	1289,99	206,40	–	–	–	–	–
1290,00	bis	1299,99	213,40	–	–	–	–	–
1300,00	bis	1309,99	220,40	–	–	–	–	–
1310,00	bis	1319,99	227,40	–	–	–	–	–
1320,00	bis	1329,99	234,40	–	–	–	–	–
1330,00	bis	1339,99	241,40	–	–	–	–	–
1340,00	bis	1349,99	248,40	–	–	–	–	–
1350,00	bis	1359,99	255,40	–	–	–	–	–
1360,00	bis	1369,99	262,40	2,05	–	–	–	–
1370,00	bis	1379,99	269,40	7,05	–	–	–	–
1380,00	bis	1389,99	276,40	12,05	–	–	–	–
1390,00	bis	1399,99	283,40	17,05	–	–	–	–
1400,00	bis	1409,99	290,40	22,05	–	–	–	–

[77] Pfändungsfreibeträge in der seit dem **1. 7. 2005** geltenden Fassung durch den Anhang der Pfändungsfreigrenzenbekanntmachung 2005 v. 25. 2. 2005 (BGBl. I S. 493). Die unpfändbaren Beträge bleiben für den Zeitraum vom 1. Juli 2007 bis zum 30. Juni 2009 unverändert (Pfändungsfreigrenzenbekanntmachung 2007) v. 22. 1. 2007 (BGBl. I S. 64).

Netto-Lohn monatlich			Pfändbarer Betrag bei Unterhaltspflicht für … Personen					
			0	1	2	3	4	5 und mehr
			in EUR					
1410,00	bis	1419,99	297,40	27,05	–	–	–	–
1420,00	bis	1429,99	304,40	32,05	–	–	–	–
1430,00	bis	1439,99	311,40	37,05	–	–	–	–
1440,00	bis	1449,99	318,40	42,05	–	–	–	–
1450,00	bis	1459,99	325,40	47,05	–	–	–	–
1460,00	bis	1469,99	332,40	52,05	–	–	–	–
1470,00	bis	1479,99	339,40	57,05	–	–	–	–
1480,00	bis	1489,99	346,40	62,05	–	–	–	–
1490,00	bis	1499,99	353,40	67,05	–	–	–	–
1500,00	bis	1509,99	360,40	72,05	–	–	–	–
1510,00	bis	1519,99	367,40	77,05	–	–	–	–
1520,00	bis	1529,99	374,40	82,05	–	–	–	–
1530,00	bis	1539,99	381,40	87,05	–	–	–	–
1540,00	bis	1549,99	388,40	92,05	–	–	–	–
1550,00	bis	1559,99	395,40	97,05	–	–	–	–
1560,00	bis	1569,99	402,40	102,05	–	–	–	–
1570,00	bis	1579,99	409,40	107,05	3,01	–	–	–
1580,00	bis	1589,99	416,40	112,05	7,01	–	–	–
1590,00	bis	1599,99	423,40	117,05	11,01	–	–	–
1600,00	bis	1609,99	430,40	122,05	15,01	–	–	–
1610,00	bis	1619,99	437,40	127,05	19,01	–	–	–
1620,00	bis	1629,99	444,40	132,05	23,01	–	–	–
1630,00	bis	1639,99	451,40	137,05	27,01	–	–	–
1640,00	bis	1649,99	458,40	142,05	31,01	–	–	–
1650,00	bis	1659,99	465,40	147,05	35,01	–	–	–
1660,00	bis	1669,99	472,40	152,05	39,01	–	–	–
1670,00	bis	1679,99	479,40	157,05	43,01	–	–	–
1680,00	bis	1689,99	486,40	162,05	47,01	–	–	–
1690,00	bis	1699,99	493,40	167,05	51,01	–	–	–
1700,00	bis	1709,99	500,40	172,05	55,01	–	–	–
1710,00	bis	1719,99	507,40	177,05	59,01	–	–	–
1720,00	bis	1729,99	514,40	182,05	63,01	–	–	–
1730,00	bis	1739,99	521,40	187,05	67,01	–	–	–
1740,00	bis	1749,99	528,40	192,05	71,01	–	–	–
1750,00	bis	1759,99	535,40	197,05	75,01	–	–	–
1760,00	bis	1769,99	542,40	202,05	79,01	–	–	–
1770,00	bis	1779,99	549,40	207,05	83,01	0,29	–	–
1780,00	bis	1789,99	556,40	212,05	87,01	3,29	–	–
1790,00	bis	1799,99	563,40	217,05	91,01	6,29	–	–
1800,00	bis	1809,99	570,40	222,05	95,01	9,29	–	–
1810,00	bis	1819,99	577,40	227,05	99,01	12,29	–	–
1820,00	bis	1829,99	584,40	232,05	103,01	15,29	–	–
1830,00	bis	1839,99	591,40	237,05	107,01	18,29	–	–
1840,00	bis	1849,99	598,40	242,05	111,01	21,29	–	–
1850,00	bis	1859,99	605,40	247,05	115,01	24,29	–	–
1860,00	bis	1869,99	612,40	252,05	119,01	27,29	–	–
1870,00	bis	1879,99	619,40	257,05	123,01	30,29	–	–
1880,00	bis	1889,99	626,40	262,05	127,01	33,29	–	–
1890,00	bis	1899,99	633,40	267,05	131,01	36,29	–	–

Netto-Lohn monatlich			Pfändbarer Betrag bei Unterhaltspflicht für … Personen					
			0	1	2	3	4	5 und mehr
			in EUR					
1900,00	bis	1909,99	640,40	272,05	135,01	39,29	–	–
1910,00	bis	1919,99	647,40	277,05	139,01	42,29	–	–
1920,00	bis	1929,99	654,40	282,05	143,01	45,29	–	–
1930,00	bis	1939,99	661,40	287,05	147,01	48,29	–	–
1940,00	bis	1949,99	668,40	292,05	151,01	51,29	–	–
1950,00	bis	1959,99	675,40	297,05	155,01	54,29	–	–
1960,00	bis	1969,99	682,40	302,05	159,01	57,29	–	–
1970,00	bis	1979,99	689,40	307,05	163,01	60,29	–	–
1980,00	bis	1989,99	696,40	312,05	167,01	63,29	0,88	–
1990,00	bis	1999,99	703,40	317,05	171,01	66,29	2,88	–
2000,00	bis	2009,99	710,40	322,05	175,01	69,29	4,88	–
2010,00	bis	2019,99	717,40	327,05	179,01	72,29	6,88	–
2020,00	bis	2029,99	724,40	332,05	183,01	75,29	8,88	–
2030,00	bis	2039,99	731,40	337,05	187,01	78,29	10,88	–
2040,00	bis	2049,99	738,40	342,05	191,01	81,29	12,88	–
2050,00	bis	2059,99	745,40	347,05	195,01	84,29	14,88	–
2060,00	bis	2069,99	752,40	352,05	199,01	87,29	16,88	–
2070,00	bis	2079,99	759,40	357,05	203,01	90,29	18,88	–
2080,00	bis	2089,99	766,40	362,05	207,01	93,29	20,88	–
2090,00	bis	2099,99	773,40	367,05	211,01	96,29	22,88	–
2100,00	bis	2109,99	780,40	372,05	215,01	99,29	24,88	–
2110,00	bis	2119,99	787,40	377,05	219,01	102,29	26,88	–
2120,00	bis	2129,99	794,40	382,05	223,01	105,29	28,88	–
2130,00	bis	2139,99	801,40	387,05	227,01	108,29	30,88	–
2140,00	bis	2149,99	808,40	392,05	231,01	111,29	32,88	–
2150,00	bis	2159,99	815,40	397,05	235,01	114,29	34,88	–
2160,00	bis	2169,99	822,40	402,05	239,01	117,29	36,88	–
2170,00	bis	2179,99	829,40	407,05	243,01	120,29	38,88	–
2180,00	bis	2189,99	836,40	412,05	247,01	123,29	40,88	–
2190,00	bis	2199,99	843,40	417,05	251,01	126,29	42,88	0,79
2200,00	bis	2209,99	850,40	422,05	255,01	129,29	44,88	1,79
2210,00	bis	2219,99	857,40	427,05	259,01	132,29	46,88	2,79
2220,00	bis	2229,99	864,40	432,05	263,01	135,29	48,88	3,79
2230,00	bis	2239,99	871,40	437,05	267,01	138,29	50,88	4,79
2240,00	bis	2249,99	878,40	442,05	271,01	141,29	52,88	5,79
2250,00	bis	2259,99	885,40	447,05	275,01	144,29	54,88	6,79
2260,00	bis	2269,99	892,40	452,05	279,01	147,29	56,88	7,79
2270,00	bis	2279,99	899,40	457,05	283,01	150,29	58,88	8,79
2280,00	bis	2289,99	906,40	462,05	287,01	153,29	60,88	9,79
2290,00	bis	2299,99	913,40	467,05	291,01	156,29	62,88	10,79
2300,00	bis	2309,99	920,40	472,05	295,01	159,29	64,88	11,79
2310,00	bis	2319,99	927,40	477,05	299,01	162,29	66,88	12,79
2320,00	bis	2329,99	934,40	482,05	303,01	165,29	68,88	13,79
2330,00	bis	2339,99	941,40	487,05	307,01	168,29	70,88	14,79
2340,00	bis	2349,99	948,40	492,05	311,01	171,29	72,88	15,79
2350,00	bis	2359,99	955,40	497,05	315,01	174,29	74,88	16,79
2360,00	bis	2369,99	962,40	502,05	319,01	177,29	76,88	17,79
2370,00	bis	2379,99	969,40	507,05	323,01	180,29	78,88	18,79
2380,00	bis	2389,99	976,40	512,05	327,01	183,29	80,88	19,79

Netto-Lohn monatlich			Pfändbarer Betrag bei Unterhaltspflicht für … Personen					
			0	1	2	3	4	5 und mehr
			in EUR					
2390,00	bis	2399,99	983,40	517,05	331,01	186,29	82,88	20,79
2400,00	bis	2409,99	990,40	522,05	335,01	189,29	84,88	21,79
2410,00	bis	2419,99	997,40	527,05	339,01	192,29	86,88	22,79
2420,00	bis	2429,99	1004,40	532,05	343,01	195,29	88,88	23,79
2430,00	bis	2439,99	1011,40	537,05	347,01	198,29	90,88	24,79
2440,00	bis	2449,99	1018,40	542,05	351,01	201,29	92,88	25,79
2450,00	bis	2459,99	1025,40	547,05	355,01	204,29	94,88	26,79
2460,00	bis	2469,99	1032,40	552,05	359,01	207,29	96,88	27,79
2470,00	bis	2479,99	1039,40	557,05	363,01	210,29	98,88	28,79
2480,00	bis	2489,99	1046,40	562,05	367,01	213,29	100,88	29,79
2490,00	bis	2499,99	1053,40	567,05	371,01	216,29	102,88	30,79
2500,00	bis	2509,99	1060,40	572,05	375,01	219,29	104,88	31,79
2510,00	bis	2519,99	1067,40	577,05	379,01	222,29	106,88	32,79
2520,00	bis	2529,99	1074,40	582,05	383,01	225,29	108,88	33,79
2530,00	bis	2539,99	1081,40	587,05	387,01	228,29	110,88	34,79
2540,00	bis	2549,99	1088,40	592,05	391,01	231,29	112,88	35,79
2550,00	bis	2559,99	1095,40	597,05	395,01	234,29	114,88	36,79
2560,00	bis	2569,99	1102,40	602,05	399,01	237,29	116,88	37,79
2570,00	bis	2579,99	1109,40	607,05	403,01	240,29	118,88	38,79
2580,00	bis	2589,99	1116,40	612,05	407,01	243,29	120,88	39,79
2590,00	bis	2599,99	1123,40	617,05	411,01	246,29	122,88	40,79
2600,00	bis	2609,99	1130,40	622,05	415,01	249,29	124,88	41,79
2610,00	bis	2619,99	1137,40	627,05	419,01	252,29	126,88	42,79
2620,00	bis	2629,99	1144,40	632,05	423,01	255,29	128,88	43,79
2630,00	bis	2639,99	1151,40	637,05	427,01	258,29	130,88	44,79
2640,00	bis	2649,99	1158,40	642,05	431,01	261,29	132,88	45,79
2650,00	bis	2659,99	1165,40	647,05	435,01	264,29	134,88	46,79
2660,00	bis	2669,99	1172,40	652,05	439,01	267,29	136,88	47,79
2670,00	bis	2679,99	1179,40	657,05	443,01	270,29	138,88	48,79
2680,00	bis	2689,99	1186,40	662,05	447,01	273,29	140,88	49,79
2690,00	bis	2699,99	1193,40	667,05	451,01	276,29	142,88	50,79
2700,00	bis	2709,99	1200,40	672,05	455,01	279,29	144,88	51,79
2710,00	bis	2719,99	1207,40	677,05	459,01	282,29	146,88	52,79
2720,00	bis	2729,99	1214,40	682,05	463,01	285,29	148,88	53,79
2730,00	bis	2739,99	1221,40	687,05	467,01	288,29	150,88	54,79
2740,00	bis	2749,99	1228,40	692,05	471,01	291,29	152,88	55,79
2750,00	bis	2759,99	1235,40	697,05	475,01	294,29	154,88	56,79
2760,00	bis	2769,99	1242,40	702,05	479,01	297,29	156,88	57,79
2770,00	bis	2779,99	1249,40	707,05	483,01	300,29	158,88	58,79
2780,00	bis	2789,99	1256,40	712,05	487,01	303,29	160,88	59,79
2790,00	bis	2799,99	1263,40	717,05	491,01	306,29	162,88	60,79
2800,00	bis	2809,99	1270,40	722,05	495,01	309,29	164,88	61,79
2810,00	bis	2819,99	1277,40	727,05	499,01	312,29	166,88	62,79
2820,00	bis	2829,99	1284,40	732,05	503,01	315,29	168,88	63,79
2830,00	bis	2839,99	1291,40	737,05	507,01	318,29	170,88	64,79
2840,00	bis	2849,99	1298,40	742,05	511,01	321,29	172,88	65,79
2850,00	bis	2859,99	1305,40	747,05	515,01	324,29	174,88	66,79
2860,00	bis	2869,99	1312,40	752,05	519,01	327,29	176,88	67,79
2870,00	bis	2879,99	1319,40	757,05	523,01	330,29	178,88	68,79

Netto-Lohn monatlich			Pfändbarer Betrag bei Unterhaltspflicht für … Personen					
			0	1	2	3	4	5 und mehr
			in EUR					
2880,00	bis	2889,99	1326,40	762,05	527,01	333,29	180,88	69,79
2890,00	bis	2899,99	1333,40	767,05	531,01	336,29	182,88	70,79
2900,00	bis	2909,99	1340,40	772,05	535,01	339,29	184,88	71,79
2910,00	bis	2919,99	1347,40	777,05	539,01	342,29	186,88	72,79
2920,00	bis	2929,99	1354,40	782,05	543,01	345,29	188,88	73,79
2930,00	bis	2939,99	1361,40	787,05	547,01	348,29	190,88	74,79
2940,00	bis	2949,99	1368,40	792,05	551,01	351,29	192,88	75,79
2950,00	bis	2959,99	1375,40	797,05	555,01	354,29	194,88	76,79
2960,00	bis	2969,99	1382,40	802,05	559,01	357,29	196,88	77,79
2970,00	bis	2979,99	1389,40	807,05	563,01	360,29	198,88	78,79
2980,00	bis	2989,99	1396,40	812,05	567,01	363,29	200,88	79,79
2990,00	bis	2999,99	1403,40	817,05	571,01	366,29	202,88	80,79
3000,00	bis	3009,99	1410,40	822,05	575,01	369,29	204,88	81,79
3010,00	bis	3019,99	1417,40	827,05	579,01	372,29	206,88	82,79
3020,00	bis	3020,06	1424,40	832,05	583,01	375,29	208,88	83,79
Der Mehrbetrag über 3020,06 Euro ist voll pfändbar.								

*) Zu berücksichtigen sind Unterhaltsleistungen des Schuldners gegenüber seinem Ehegatten, einem früheren Ehegatten, seinem Lebenspartner, einem früheren Lebenspartner oder einem Verwandten oder der Mutter eines nichtehelichen Kindes nach §§ 1615l, 1615n des Bürgerlichen Gesetzbuchs.

850d ***Pfändbarkeit bei Unterhaltsansprüchen*** **(1) [1]Wegen der Unterhaltsansprüche, die kraft Gesetzes einem Verwandten, dem Ehegatten, einem früheren Ehegatten, dem Lebenspartner, einem früheren Lebenspartner oder nach §§ 1615l, 1615n des Bürgerlichen Gesetzbuchs einem Elternteil zustehen, sind das Arbeitseinkommen und die in § 850a Nr. 1, 2 und 4 genannten Bezüge ohne die in § 850c bezeichneten Beschränkungen pfändbar. [2]Dem Schuldner ist jedoch so viel zu belassen, als er für seinen notwendigen Unterhalt und zur Erfüllung seiner laufenden gesetzlichen Unterhaltspflichten gegenüber den dem Gläubiger vorgehenden Berechtigten oder zur gleichmäßigen Befriedigung der dem Gläubiger gleichstehenden Berechtigten bedarf; von den in § 850a Nr. 1, 2 und 4 genannten Bezügen hat ihm mindestens die Hälfte des nach § 850a unpfändbaren Betrages zu verbleiben. [3]Der dem Schuldner hiernach verbleibende Teil seines Arbeitseinkommens darf den Betrag nicht übersteigen, der ihm nach den Vorschriften des § 850c gegenüber nicht bevorrechtigten Gläubigern zu verbleiben hätte. [4]Für die Pfändung wegen der Rückstände, die länger als ein Jahr vor dem Antrag auf Erlass des Pfändungsbeschlusses fällig geworden sind, gelten die Vorschriften dieses Absatzes insoweit nicht, als nach Lage der Verhältnisse nicht anzunehmen ist, dass der Schuldner sich seiner Zahlungspflicht absichtlich entzogen hat.**

(2) Mehrere nach Absatz 1 Berechtigte sind mit ihren Ansprüchen in der Reihenfolge nach § 1609 des Bürgerlichen Gesetzbuchs und § 16 des Lebenspartnerschaftsgesetzes zu berücksichtigen, wobei mehrere gleich nahe Berechtigte untereinander den gleichen Rang haben.

(3) Bei der Vollstreckung wegen der in Absatz 1 bezeichneten Ansprüche sowie wegen der aus Anlass einer Verletzung des Körpers oder der Gesundheit zu zahlenden Renten kann zugleich mit der Pfändung wegen fälliger Ansprüche auch künftig fällig werdendes Arbeitseinkommen wegen der dann jeweils fällig werdenden Ansprüche gepfändet und überwiesen werden.

I. Normzweck

1 Die Durchsetzung gesetzlicher Unterhaltsansprüche wird verfahrensrechtlich erleichtert, damit die vom Einkommen des Schuldners besonders abhängigen Gläubiger nicht auf staatliche Fürsorge angewiesen sind.[1] Zu diesem Zweck werden die pfändungsfreien Bezüge nach §§ 850, 850a Nr. 1, 2, 4, 850b und 850h verringert. Bestimmte Unterhaltsgläubiger sind wg. laufender, teils auch wg. rückständiger Ansprüche gegenüber gewöhnlichen Gläubigern bevorzugt (Abs. 1), ihr Rangverhältnis untereinander wird geregelt (Abs. 2), dessen Neuregelung[2] das Vollstreckungsrecht an die neugeschaffene unterhaltsrechtliche Rangfolge anpasst.[3] Abweichend von § 751 ist Unterhaltsgläubigern und den Gläubigern von Rentenan-

[1] BGH FamRZ 2005, 1564; MK/*Smid* Rn. 1; *St/J/Brehm* Rn. 1.

[2] G zur Änderung des Unterhaltsrechts v. 21. 12. 2007, in Kraft seit dem 1. 1. 2008; Übergangsvorschriften: § 36 EG ZPO (BGBl. I S. 3189).

[3] BT-Drucks. 16/1830, S. 36.

sprüchen, die wg. Verletzung des Körpers oder der Gesundheit zu zahlen sind, eine Vorratspfändung erlaubt (Abs. 3).

II. Voraussetzungen erweiterter Pfändbarkeit (Abs. 1)

2 **1. Bevorrechtigte Gläubiger und erfasste Bezüge (S. 1). a) Bevorrechtigung.** Die Privilegierung erfasst nur familienrechtlich begründete Unterhaltsansprüche des Gläubigers.[4] Es geht weitgehend um dieselben Ansprüche wie bei § 850c Abs. 1 S. 2, s. dort Rn. 4. Hierher zählen auch die unterhaltsähnlichen Ansprüche nicht getrennt lebender Ehegatten auf Haushalts- oder Wirtschaftsgeld (§ 1360 BGB),[5] und – anders als bei § 850c – auch die auf einmaligen Sonderunterhalt, zB auf Prozesskostenvorschuss unter Ehegatten (§ 1360a Abs. 4 BGB),[6] oder von Kindern,[7] und zwar richtigerweise unabhängig vom Gegenstand des beabsichtigten Prozesses.[8] Auch notwendige Prozess-[9] und Vollstreckungskosten[10] sind nach richtiger Ansicht ihrem materiellrechtlichen Grund entsprechend bevorrechtigt, denn der Gläubiger muss diese Kosten aus Mitteln entnehmen, die ihm sonst für seinen Unterhalt zur Vfg. stünden; der Unterhalt soll ihm aber möglichst ungeschmälert zukommen.[11] **Nicht** hierzu gehören Ansprüche aus schuldrechtlichem Versorgungsausgleich, denn sie sind nicht von der Bedürftigkeit des Berechtigten abhängig,[12] Ansprüche wg. Beerdigungskosten nach §§ 1615 Abs. 2, 1615m BGB.[13] Für Schadenersatzansprüche, die an die Stelle von Unterhaltsansprüchen getreten sind, gilt § 850d, wenn sie wg. Entzugs der Unterhaltsansprüche gem. § 826 BGB gegen den Schuldner bestehen;[14] die anderen werden von § 850f Abs. 2, 3 erfasst.[15] Wenn **gesetzliche Ansprüche** nur vertraglich näher ausgestaltet wurden, auch durch Vergleich, ist das unschädlich, sofern sie den gesetzlich geschuldeten Betrag nicht übersteigen.[16] § 850d ist nach seinem sozialpolitischen Zweck daher auch anwendbar, wenn gesetzliche Ansprüche durch Vertrag ausgeschlossen sind und die Unterhaltsregelung, etwa aus steuerrechtlichen Gründen, allein auf eine vertragliche Grundlage gestellt wurde.[17] **Freiwillige Leistungen** zählen aber nicht hierher wie Unterhalt für Lebensgefährten, Stiefkinder, Leibrentenverpflichtungen des Hauskäufers, gesetzlich nicht geschuldete Altenteils- und Aussteueransprüche.[18] Gleiches gilt für **Kapitalabfindungen,** auch wenn sie ratenweise gezahlt werden.

3 **b) Rechtsnachfolger.** Die **Bevorzugung bleibt** nach dem Zweck der Norm erhalten, wenn der Anspruchsübergang darauf beruht, dass der neue dem früheren Gläubiger Unterhalt gewährt oder gewährte, wie bei §§ 1607 Abs. 2 iVm. 1584, 1608, 93f. SGB XII,[19] (nicht: §§ 102ff. SGB XII),[20] § 94 Abs. 3 S. 2 SGB VIII,[21] 116 SGB X,[22] 37 BAföG;[23] auch bei Rechtsübergang durch Abtretung (§ 398 BGB), wenn der Abtretende gleichwertige Leistungen erhält.[24] Der Übergang darf aber nicht zum Nachteil des Unterhaltsberechtigten geltend gemacht werden (§ 1607 Abs. 2 S. 3, auch iVm. §§ 1584 S. 2, 1608 S. 2 BGB).[25] **Kein Vorrecht** besteht in allen anderen Fällen des Rechtsübergangs, so bei Erben (§ 1922 BGB)[26] und Bürgen (§ 774 BGB),[27] bei Überweisung des Unterhaltsanspruchs an Zahlungs statt oder zur Einziehung. Andere Ansprüche, die auf Unterhaltsgewährung beruhen (§§ 812, 683 BGB), zählen nicht ebenfalls hierher, denn der Normzweck allein rechtfertigt keine Bevorzugung.[28] § 850d wirkt schließlich **nicht zu Lasten** eines Nachfolgers in die Un-

---

[4] BGH (Fn. 1); Rpfleger 2004, 111; zur Berechnung allg: *Große-Boymann* FPR 2006, 101.

[5] LG Essen MDR 1964, 416.

[6] BGHZ 56, 92, 93 = NJW 1971, 1262; *Zö/Stöber* Rn. 3 (auch wenn durch einstw Vfg. erstritten); *Weimar* NJW 1959, 2102; aA LG Bremen Rpfleger 1970, 214; LG Essen MDR 1965, 662.

[7] OLG Düsseldorf FamRZ 1968, 208.

[8] MK/*Smid* Rn. 3 (bei Ehegatten); *St/J/Brehm* Rn. 9; ausdrücklich: *Schuschke/Walker* Rn. 2 Fn. 2; aA LG Bremen Rpfleger 1970, 214; LG Essen FamRZ 1965, 662; 1960, 250 (kein echter Unterhaltsanspruch).

[9] Sehr str.; wie hier: OLG Hamm Rpfleger 1977, 109; KG Rpfleger 1972, 66; *Mümmler* JurBüro 1982, 509, 512f.; *Behr* Rpfleger 1981, 381; MK/*Smid* Rn. 3; *Schuschke/Walker* Rn. 2; aA LG München I Rpfleger 1965, 278; LG Offenburg JurBüro 1964, 347; *T/P/Hüßtege* Rn. 6; *St/J/Brehm* Rn. 10.

[10] HM; MK/*Smid* Rn. 3; *T/P/Hüßtege* Rn. 6.; *St/J/Brehm* Rn. 9 aE; aA *Stöber* Rn. 1086.

[11] OLG Hamm (Fn. 9).

[12] BGH FamRZ 2005, 1564 = MDR 2005, 1434.

[13] Auch nicht Ansprüche aus früherem § 1615k BGB: BGH NJW-RR 2004, 362.

[14] KG NJW 1955, 1112.

[15] MK/*Smid* Rn. 5; *St/J/Brehm* Rn. 10; *Zö/Stöber* Rn. 2; alle unter Hinweis auf: *Rupp/Fleischmann* Rpfleger 1983, 378; aA *Schuschke/Walker* Rn. 3 (§ 850d gilt für alle Schadenersatzansprüche).

[16] BGH NJW 1979, 550; BGHZ 31, 210, 218 = NJW 1960, 572; OLG Frankfurt Rpfleger 1980, 198; *Welzel* MDR 1983, 723.

[17] MK/*Smid* Rn. 2; aA OLG Frankfurt (Fn. 16); *St/J/Brehm* Rn. 10; *Zö/Stöber* Rn. 2.

[18] OLG Frankfurt (Fn. 16); *Zö/Stöber* Rn. 3.

[19] OLG Hamm (Fn. 9); LG Aachen Rpfleger 1983, 360; aA LG Hanau NJW 1965, 767; *Bethke* FamRZ 1991, 399.

[20] OVG Lüneburg NJW 1967, 2221 (kein Unterhalts-, sondern Erstattungsanspruch); aA OLG Hamm (Fn. 9).

[21] LG Erfurt FamRZ 1997, 510 = Rpfleger 1997, 74 unter Aufgabe v. FamRZ 1996, 1488.

[22] MK/*Smid* Rn. 6; *St/J/Brehm* Rn. 12.

[23] LG Stuttgart Rpfleger 1996, 119; *Stöber* Rn. 1082; aA *Behr* Rpfleger 1981, 382, 386.

[24] *St/J/Brehm* Rn. 12.

[25] OLG Koblenz FamRZ 1977, 68.

[26] LG Würzburg MDR 1961, 1024.

[27] *Stöber* Rn. 1080.

[28] AllgM; MK/*Smid* Rn. 7.

terhaltspflicht, zB des Erben (§ 1586b BGB);[29] erst recht nicht gegen Bürgen, Schuldübernehmer oder -beitretende, deren Haftung nur auf Vertrag beruht.

c) **Erfasste Bezüge.** Erfasst werden das Arbeitseinkommen des Schuldners und die nach § 850 Abs. 3 gleichgestellten Bezüge; außerdem Mehrarbeits-, Urlaubs-, Treu- und Weihnachtsgeld nach § 850a Nr. 1, 2 und 4, soweit diese Bezüge nicht ohnehin schon zur Hälfte pfändbar sind (Nr. 1) oder ohnehin insow. pfändbar sind, als sie den Rahmen des Üblichen (Nr. 2) oder die Höchstgrenze (Nr. 4) übersteigen. Der durch § 850d erweiterte Zugriff ist aber auf die Hälfte des sonst Unpfändbaren beschränkt (Abs. 1 S. 2 Halbs. 2). Die Bezüge nach § 850b können auch hier nur gepfändet werden, wenn die Voraussetzungen nach § 850b Abs. 2 vorliegen. Nach § 54 Abs. 4 SGB I können Ansprüche auf Sozialleistungen als laufende Geldleistungen wg. gesetzlicher Unterhaltsansprüche uneingeschränkt, also ohne zusätzliche Billigkeitsprüfung, wie Arbeitseinkommen gepfändet werden, s. § 850i Rn. 23. Soweit es sich dabei um Kindergeld handelt, erlaubt § 54 Abs. 5 SGB I aber nur den durch das Kindergeld Begünstigten den Zugriff, s. § 850i Rn. 22. Zur Pfändbarkeit von Gefangenengeldern s. § 850 Rn. 8. Nicht erfasst werden andere fortlaufende Einkünfte des Schuldners, zB aus Vermietung oder Leibrente,[30] erst recht nicht das Bankkonto eines Selbständigen[31] oder der Anspruch auf Rückabtretung einer Grundschuld.[32] 4

2. Einbehalt des Schuldners (S. 2 und 3). a) Notwendiger Unterhalt des Schuldners. Er ist unpfändbar (S. 2). Dazu zählt am Ort seiner Wahl[33] der gesamte Lebensbedarf des Schuldners (s. § 811 Rn. 1f.). Maßgeblich ist allein der **Sozialhilfebedarf** und nicht das, was ihm nach der Düsseldorfer Tabelle[34] als materiellrechtlich notwendiger Selbstbehalt verbleibt, weil sonst in Mangelfällen eine Vollstreckung von Rückständen nach S. 4 neben dem laufenden Unterhalt nicht möglich wäre.[35] **Vor Anhörung** des Schuldners (s. Rn. 20) ist der notwendige Selbstbehalt (Eigenbedarf) früher oft mit dem Doppelten des Eckregelsatzes (jetzt § 28 SGB XII) bemessen worden.[36] Diese vom BGH[37] als ungeeignete Richtgröße abgelehnte Notlösung wird entbehrlich, wenn neben den Regelsätzen nach § 28 SGB XII Aufwendungen für Unterkunft u. Heizung durch Pauschalen nach § 29 SGB XII abgegolten werden. Im Erinnerungsverfahren ist **nach Anhörung** des Schuldners zu ermitteln, was dem Schuldner nach dem SGB XII als laufende Hilfe zum Lebensunterhalt zu gewähren wäre.[38] Das entspricht dem verfassungsrechtlichen Gebot aus Art. 1 Abs. 1, 20 Abs. 1 GG, dem Bürger an Einkommen so viel zu belassen, als er zur Schaffung der Mindestvoraussetzungen für ein menschenwürdiges Dasein benötigt.[39] Die sozialhilferechtlichen Regelsätze beruhen auf gesicherten Erfahrungen über den notwendigen Unterhaltsbedarf.[40] Sie werden laufend überprüft und der Preisentwicklung angepasst, s Rn. 6. Ein weiter gehender Schutz von Mehrbeträgen nach dem System des § 850c Abs. 2 ist im Rahmen des § 850d nicht gewährleistet.[41] 5

Berechnung des Schuldnerbedarfs:[42] (1) **Grundlage** ist der einfache ortsübliche **Regelsatz** (§ 28 SGB XII). Die hierzu erlassene Regelsatzverordnung (RegelsatzVO) des Bundes bestimmt die Maßstäbe; die Regelsätze werden gem. § 28 Abs. 2 SGB XII zum 1. 7. eines jeden Jahres durch die Landesbehörden im Rahmen der VO nach § 40 SGB XII festgesetzt.[43] Hinzuzurechnen sind: **(2) Einmalbedarf:** Pauschale für Anschaffungen von Kleidung und größerem Hausrat. Da Sozialhilfeempfänger bei konkretem Bedarf hierfür einmalige Leistungen erhalten (§ 31 SGB XII), behilft sich die Rspr. für § 850d mit einem Zuschlag in Höhe eines Bruchteils von 10–30% des Regelsatzes.[44] (3) Angemessene Kosten für **Unterkunft und Heizung** (§ 29 SGB XII). Falls keine Pauschalen gezahlt werden, ist einzelfallbezogen[45] der tatsächliche Aufwand des Schuldners für Kaltmiete und Nebenkosten[46] einschließlich Wassergeld maßgeblich. Warmwasserbereitung und Stromkosten der Wohnung sind nicht zu berücksichtigen, da sie bereits vom Regelsatz abgedeckt werden. I. Ü. sind die Höchstbeträge der berücksichtigungsfähigen Miete oder Belastung nach § 8 WoGG 6

---

[29] HM; MK/*Smid* Rn. 8 m. weit. Nachw.

[30] OLG Hamm MDR 1963, 226; OLG Schleswig Rpfleger 1965, 161; LG Essen Rpfleger 1967, 419.

[31] LG Hannover JurBüro 1987, 463.

[32] LG Berlin Rpfleger 1978, 331.

[33] *Schultz* MDR 1989, 241.

[34] Stand 1. 7. 2007: FamRZ 2007, 1362.

[35] BGH NJW-RR 2004, 506, 507; BGHZ 156, 30, 35 = NJW 2003, 2918; LG Memmingen FanRZ 2006, 806.

[36] LG Osnabrück FamRZ 2001, 840; LG Zweibrücken InVo 2000, 24; LG Dresden MDR 1999, 118.

[37] BGH (Fn. 35); zur Berechnung im Einzelnen: *Behr* Rpfleger 2005, 498.

[38] LG Berlin Rpfleger 2006, 664.

[39] BVerfG NJW 1999, 561, 562.

[40] KG FamRZ 1994, 1047; OLG Köln NJW-RR 1993, 1156; NJW 1992, 2836; OLG Stuttgart NJW-RR 1987, 758; KG OLGZ 1986, 358 = NJW-RR 1987, 132, 133; OLG Hamm JurBüro 1984, 1900.

[41] OLG Köln NJW-RR 1993, 1156.

[42] *Trink-Hinterberger* NJW 1996, 3193.

[43] Regelsätze gelten einheitlich im gesamten Bundesgebiet, seit dem 1. 7. 2007: für den Haushaltsvorstand u. für Alleinstehende (Eckregelsatz) 347,– €; Haushaltsangehörige bis 14 Jahre 208,– €, ab 15 Jahre 278,– € (s. auch § 850i Rn. 18). **Aktuelle Nachweise** zB: www.arbeitsministerium.bayern.de; www.mags.nrw.de; www.masgf.brandenburg.de.

[44] 10% (OLG Hamm JurBüro 1984, 1900, 1901); 20% (OLG Köln Rpfleger 1996, 118; 30% (LG Stuttgart Rpfleger 1990, 173); bis zu 50% OLG Frankfurt OLGR 2000, 313, 314: 25% des Regelsatzes + 15% des über diesem Betrag liegenden bereinigten Nettoeinkommens bis zu einem Höchstbetrag v. 50% des Regelsatzes.

[45] BGH NJW-RR 2004, 362.

[46] ZB: Gemeinschaftsbeleuchtung, Müllabfuhr und Entwässerung, Gebäude-, Weg- und Kaminreinigung, Gemeinschaftsantenne (nicht aber Kabelfernsehkosten: VGH Kassel FEVS 43, 414, 420), Wasserschaden- und Haftpflichtversicherung, Hausverwaltungskosten; LG Kleve FamRZ 1999, 109: Herabsetzung bei mietfreiem Wohnen.

als Orientierungshilfe heranzuziehen, denn auch im Sozialhilferecht können angemessene Aufwendungen auf Dauer nicht höher liegen.[47] **Wohngeld** s. Rn. 11. I. Ü., auch bei der Frage, ob ein Umzug in eine billigere Wohnung oder eine teilweise Untervermietung zumutbar ist, sind alle Umstände des Einzelfalles zu berücksichtigen, u. a. Schuldnereinkommen, Wohnmarktverhältnisse, Alter des Vollstreckungstitels u. voraussichtliche Dauer der Pfändung. (4) **Arbeitsbedingter Mehraufwand** ist durch einen sog. Besserstellungszuschlag zum Regelsatz zu berücksichtigen,[48] dem entspricht die Regelung in § 82 Abs. 2 Nr. 4 SGB XII,[49] so auch § 850f Abs. 1 lit. a).[50] Die Höhe des Zuschlags wurde mit 25–30 % des Regelsatzes bemessen;[51] teils auch mit[52] oder bis zu50 %.[53] Bei der Ermittlung des Betrages ist das Gericht nicht an die Empfehlungen des Dt. Vereins für öff. u. priv. Fürsorge gebunden.[54] Neben dieser Pauschale kann der Schuldner jedenfalls dann nicht zusätzlich Werbungskosten (Telefon, Fahrten, Bücher- und Bürobedarf) absetzen, wenn der arbeitsbedingte Mehrbedarf schon mit 50 % des Regelsatzes bemessen worden ist.[55] Der Zuschlag nach § 24 Abs. 2 SGB II zählt nicht zum notwendigen Selbstbehalt, weil er keine Sozialhilfe ist.[56] (5) **Besondere Bedürfnisse** sind bei bestimmten Schuldnern durch Zuschläge auf den Regelsatz zu berücksichtigen: für Personen ab 65 Jahren oder Erwerbsunfähige (Berufsunfähigkeit genügt nicht) unter 65 Jahren (20 %;[57] in den neuen Ländern aber nur bei konkretem Bedarf im Einzelfall gem. § 28 Abs. 1 S. 2 SGB XII), Schwangere nach der 12. Woche (20 %), Alleinerziehende je nach Anzahl und Alter der Kinder (40–60 %), Behinderte in Schul-, Aus- und Fortbildung (40 %), Kranke bei aufwändiger Ernährung je nach Bedarf (§ 30 Abs. 1–5 SGB XII). Die Zuschläge sind ggf. zu addieren; ihre Summe darf aber den Regelsatz nicht übersteigen (§ 30 Abs. 6 SGB XII). (6) **Verbindlichkeiten,** deren Entstehen längere Zeit zurückliegt, führen nur dann zu einer Erhöhung des pfandfreien Betrages, wenn sie zur Befriedigung persönlicher Bedürfnisse eingegangen wurden, die in der Gegenwart noch fortbestehen, denn § 850f schützt nur den gegenwärtigen Bedarf des Schuldners.[58] Sie sind i. Ü. nur zu berücksichtigen, soweit sie vernünftigerweise eingegangen wurden,[59] vor allem, wenn sie auch dem Unterhaltsberechtigten zugute kommen.[60] Feststellungen des Prozessgerichts im Unterhaltsrechtsstreit binden das Vollstreckungsgericht zwar nicht, Abweichungen sind aber nur bei nachträglichem Eintritt neuer Tatsachen angezeigt.[61]

7 **b) Laufende gesetzliche Unterhaltspflichten.** Sie (nicht auch Rückstände) muss der Schuldner trotz Pfändung ebenfalls erfüllen können, s. o. Rn. 2. Voraussetzung ist, dass der Unterhalt tatsächlich gewährt wird, s. a. § 850c Rn. 4. Zu berücksichtigen ist, auch wenn die Berechtigten angemessenen Unterhalt beanspruchen können, wie beim Schuldner selbst nur der notwendige Unterhalt.[62] Auch hier dürfen die Sätze nach SGB XII regelmäßig nicht unterschritten werden.[63] Auch bei unterhaltsberechtigten Angehörigen ist eine Pauschale für einmalige Leistungen hinzuzurechnen.[64] Die im Haushalt des Schuldners lebenden Berechtigten dürfen andererseits nicht bevorzugt werden, zur Mangelverteilung s. u. Rn. 15. Bei Kindern und Jugendlichen darf die Höhe nicht pauschal ohne Rücksicht auf deren Alter festgesetzt werden.[65] Befinden sie sich in der Ausbildung, ist ein erhöhter Aufwand zu berücksichtigen,[66] zu besonderen Belastungen durch Behinderungen oder Krankheit von Kindern s. a. § 850f Rn. 6.

8 **c) Höhe des Einbehalts.** Dem Schuldner ist grds. so viel zu belassen, wie er für seinen notwendigen Unterhalt (s. o. Rn. 6) und zur Erfüllung seiner laufenden gesetzlichen Unterhaltspflichten (s. o. Rn. 7) gegenüber den dem Vollstreckungsgläubiger vorgehenden Berechtigten (s. u. Rn. 13ff.) oder zur gleichmäßigen Befriedigung der ihnen gleichstehenden Berechtigten benötigt, s. Rn. 15.

9 **Mindestbetrag (S. 2 Halbs. 2).** Der Zugriff auf den regelmäßig unpfändbaren Teil der Bezüge nach § 850a ist auf deren Hälfte beschränkt. Dem Schuldner müssen daher mindestens verbleiben: 1/4 der Mehrarbeitsvergütung (Nr. 1) und mindestens 1/2 von Urlaubs-, Treue- (Nr. 2) und Weihnachtsgeld (Nr. 4). Auf Antrag des Schuldners kann das Vollstreckungsgericht ihm mehr belassen (§ 850f Abs. 1).

---

[47] KG FamRZ 1994, 1074; OLG Köln NJW 1992, 2836; LG Heidelberg JurBüro 1998, 45.
[48] BGH NJW-RR 2004, 506, 507.
[49] AA OLG Köln Rpfleger 1999, 548; KG FamRZ 1994, 1047 (nur tatsächliche Mehraufwendungen).
[50] BR-Drucks. 310/01.
[51] Zuletzt: OLG Frankfurt NJW-RR 2000, 220; OLG Karlsruhe NJW-FER 2000, 131; LG Wiesbaden JurBüro 2000, 379.
[52] LG Hamburg Rpfleger 2000, 169 m. weit. Nachw; so auch: BT-Drucks. 14/6812 S. 9.
[53] OLG Frankfurt/M OLGR 2000, 313, 314: 25 % des Regelsatzes + 15 % des darüber liegenden bereinigten Nettoeinkommens, höchstens aber 50 % des Regelsatzes; nach anderer Berechnung: 25 % d. Regelsatzes + 20 % d. (s. o.) Nettoeinkommens, höchstens 66 2/3 % des Regelsatzes; LG Mönchengladbach Rpfleger 2006, 28: 50 %.
[54] BGH (Fn. 48) S. 508; BVerwGE 115, 331 = NVerwZ 2002, 1255.
[55] OLG Karlsruhe (Fn. 51); LG Hamburg Rpfleger 2000, 169; aA OLG Frankfurt/M (Fn. 53).
[56] LG Münster Rpfleger 2005, 550.
[57] KG NJW-RR 1987, 132; LG Essen JurBüro 1999, 325.
[58] OLG Hamm Rpfleger 1977, 110.
[59] OLG Karlsruhe FamRZ 1981, 548; LG Lüneburg FamRZ 1969, 71; enger: Zö/*Stöber* Rn. 7 (nur bei Kleinraten).
[60] BGH JurBüro 1982, 157 (Hausbau).
[61] LG Kassel Rpfleger 1974, 76, 77 m. Anm. *Stöber; Behr* Rpfleger 1981, 385, 387.
[62] MK/*Smid* Rn. 25; aA LG Detmold Rpfleger 2000, 340.
[63] MK/*Smid* Rn. 25; *St/J/Brehm* Rn. 22; *Wiecz/Schütze/Lüke* Rn. 37; aA OLG Frankfurt/M (Fn. 53); LG Detmold Rpfleger 2000, 340: Bedarfsermittlung nach ges. Unterhalt u. Quotelungen.
[64] OLG Köln Rpfleger 1996, 118.
[65] OLG Köln FamRZ 1993, 1226.
[66] MK/*Smid* (Fn. 62).

Höchstbetrag (S. 3). Der dem Unterhaltsschuldner verbleibende Teil seines Arbeitseinkommens darf den Betrag nicht übersteigen, der ihm bei der Pfändung durch einen gewöhnlichen Gläubiger verbliebe.[67] Gibt sich der Schuldner damit nicht zufrieden, kann er Heraufsetzung des pfändungsfreien Betrages nach § 850f Abs. 1 lit. a) beantragen.[68] 10

Berücksichtigung sonstiger Einnahmen: Weil bei der Ermittlung des pfändungsfreien Betrages der tatsächliche Bedarf und die zur Verfügung stehenden Mittel abzuwägen sind, müssen sonstige bekannte Einnahmen des Schuldners auch ohne besonderen Antrag nach § 850e Nr. 2, 2a berücksichtigt werden.[69] Das gilt auch für bedingt pfändbare Bezüge nach § 850b[70] und für unpfändbare nach § 850a, wenn sie für den Unterhalt des Schuldners und seiner Familie bestimmt sind und eine besondere Zweckbindung nicht entgegensteht.[71] Voll zu berücksichtigen sind daher **Kindergeld,**[72] sog. **Zählkindervorteil** (s. u. Rn. 13), **Wohngeld** (s. § 850i Rn. 23 aE),[73] Arbeitnehmersparzulage (s. § 850 Rn. 7),[74] laufende Unterhaltszahlungen an den Schuldner (§ 1603 BGB),[75] laufende Sozialgeldleistungen (wie Arbeitslosengeld, Arbeitslosenhilfe, Krankengeld, Renten, nicht aber: Sozialhilfe; s. i. e. § 850i Rn. 19),[76] Kapital- und andere Vermögenseinkünfte, auch Naturaleinkünfte.[77] **Einnahmen des Ehegatten** kommen nur insow. in Betracht, als sie den Schuldner von Unterhaltspflichten ihm und den Kindern gegenüber entlasten. Was der andere Ehegatte darüber hinaus beisteuert, gebührt den Gläubigern nicht, darf also nicht berücksichtigt werden.[78] **Steuerklasse:** s. § 850e Rn. 3. 11

3. Pfändung wegen Rückständen (S. 4). Für Rückstände, die länger als ein Jahr vor dem Antrag auf Erlass des Pfändungsbeschlusses fällig geworden sind, besteht kein Vorrang, wenn nach Lage der Verhältnisse nicht anzunehmen ist, dass sich der Schuldner seiner Zahlungspflicht absichtlich entzogen hat.[79] Erfasst die erweiterte Pfändung wg. gesetzlicher Unterhaltsansprüche derartige Rückstände, trägt der Schuldner laut BGH nach Wortlaut u. Systematik der Norm die uneingeschränkte Darlegungs- u. Beweislast dafür, dass er sich seiner Zahlungspflicht nicht „absichtlich entzogen", dh, durch ein zweckgerichtetes Verhalten (auch Unterlassen) die zeitnahe Realisierung der Unterhaltsschuld verhindert oder wesentlich erschwert hat.[80] Die Rangfolge der Unterhaltsberechtigten (Abs. 2) gilt auch für Unterhaltsrückstände.[81] 12

III. Rangfolge der Unterhaltsberechtigten (Abs. 2)

1. Minderjährige unverheiratete Kinder und Kinder im Sinne des § 1603 Abs. 2 S. 2 BGB. Absoluten Vorrang vor allen anderen Unterhaltsberechtigten[82] haben nach § 1609 Nr. 1 BGB nF (s. Rn. 1) minderjährige unverheiratete, mithin auch geschiedene oder verwitwete Kinder und jetzt durch Anpassung des Vollstreckungsrechts an das materielle Recht[83] ebenfalls volljährige unverheiratete Kinder bis zur Vollendung des 21. Lebensjahres, solange sie noch oder wieder im Haushalt der Eltern oder eines Elternteils leben und sich in der allgemeinen Schulausbildung befinden (§ 1603 Abs. 2 S. 2 BGB). Zu den Kindern rechnen auch **Adoptivkinder** im Verhältnis zum Annehmenden (§§ 1741ff. BGB), ebenso sog. **Zählkinder,** für die zB die Mutter Kindergeld erhält, die aber beim Vater leben (s. § 850i Rn. 22),[84] **nicht** aber **Pflegekinder** und sog. **Stiefkinder.**[85] Weil alle Berechtigten untereinander gleichen Rang haben, sind ihre Ansprüche anteilig zu befriedigen, falls der Schuldner nur beschränkt zahlungsfähig ist. Die Möglichkeit des § 850d Abs. 2 aF, wonach das Vollstreckungsgericht das Rangverhältnis der Berechtigten zueinander auf Antrag nach billigem Ermessen in anderer Weise festsetzen konnte, ist in der Neufassung des Abs. 2 nicht mehr enthalten, mithin – wenn kein Redaktionsversehen vorliegt – weggefallen.[86] Falls sich die maßgeblichen Verhältnisse ändern, ermöglicht § 850g eine Anpassung. 13

2. Unterhaltsberechtigte Elternteile und Ehegatten. § 1609 Nr. 2 BGB nF nennt Elternteile, die wegen der Betreuung eines Kindes unterhaltsberechtigt (§ 1570 BGB nF)[87] sind oder im Fall einer Scheidung wären, sowie Ehegatten und geschiedene Ehegatten bei einer Ehe von langer Dauer; bei der Feststellung der langen Dauer sind auch die Nachteile im Sinne des § 1578b Abs. 1 S. 2 BGB zu berücksichtigen. Schon 14

---

[67] LG Hamburg NJW-RR 1992, 264, 265; aA KG NJW-RR 1987, 132, 133; BSG FamRZ 1985, 379, 380.
[68] OLG Köln FamRZ 1989, 996, 997; OLG Stuttgart NJW-RR 1987, 758; LG Hamburg NJW-RR 1992, 264, 266.
[69] HM; krit. *Mertes* Rpfleger 1984, 453, 454 (formlose Berücksichtigung ist Zusammenrechnung nach § 850e).
[70] LG Bielefeld Rpfleger 1959, 15 m. Anm. *Berner.*
[71] Zu berücksichtigen: LG Bremen Rpfleger 1957, 84 (Trinkgeld); AG Essen Rpfleger 1956, 314 (Bergmannsprämie).
[72] OLG Stuttgart InVo 2001, 258; LG Köln JurBüro 1995, 103f.; aA LG Berlin NJW 1956, 1722f.
[73] BGH FamRZ 1980, 771.
[74] *St/J/Brehm* Rn. 29; vgl. auch BGH FamRZ 1980, 984.
[75] BGH NJW 1980, 934.
[76] *Behr* Rpfleger 1981, 385, 390.
[77] LAG Saarbrücken JurBüro 1990, 115.
[78] OLG Celle OLGZ 1966, 440 = FamRZ 1966, 203; LG Hamburg Rpfleger 1966, 147 m. Anm. *Berner.*
[79] *St/J/Brehm* Rn. 15.
[80] BGH NJW-RR 2005, 718, 719; *St/J/Brehm* Rn. 15; *T/P/Hüßtege* Rn. 11; *Kabath* Rpfleger 1991, 292; aA OLG Frankfurt NJW-RR 2000, 220, 221, *Stöber* Rn. 1090; *Wiecz/Sch/Lüke* Rn. 20.
[81] LG Berlin Rpfleger 1995, 222.
[82] *Palandt/Diederichsen* § 1609 Rn. 15; *Born* NJW 2008, 1f.; *Borth* FamRZ 2006, 813, 817.
[83] Anders nach § 850d Abs. 2 aF: BGH NJW 2003, 2832, 2833.
[84] LG Mönchengladbach Rpfleger 2002, 471, MK/*Smid* Rn. 11.
[85] BGH NJW 1969, 2007.
[86] AA *B/L/Hartmann* (Aktualisierung) Rn. 11.
[87] Einzelheiten: *Born* (Fn. 80), S. 3f.

der Wortlaut der Norm stellt klar, dass nicht nur auf die absolute zeitliche Dauer der Ehe[88] abzustellen ist, sondern dass darüber hinaus weitere Gesichtspunkte wertend heranzuziehen sind. Der Vorrang wegen langer Ehedauer schützt insbesondere das Vertrauen des Ehegatten, der sich unter Verzicht auf eigene berufliche Entwicklung überwiegend den gemeinsamen Kindern und dem Haushalt gewidmet hat.[89]

15 **3. Sonstige Ehegatten und Lebenspartner.** § 1609 Nr. 3 BGB nF nennt **Ehegatten** und **geschiedene Ehegatten,** die nicht unter Nummer 2 fallen. Das gilt auch für **frühere Lebenspartner.** Der Wortlaut des Abs. 2 „in der Reihenfolge nach § 1609 des BGB und § 16 des LPartG" lässt zwar nicht erkennen, ob ein Rangverhältnis besteht. Nachpartnerschaftlichen Unterhalt gemäß § 16 LPartG erst im Anschluss an § 1609 BGB zu berücksichtigen, scheidet aber aus: Weil frühere Lebenspartner nach § 850d Abs. 2b) aF Vorrang vor nichtprivilegierten Abkömmlingen und Verwandten der aufsteigenden Linie hatten und kein Anhalt dafür besteht, dass ihre Rechtsstellung verschlechtert werden sollte,[90] dürfte der frühere Lebenspartner den Berechtigten des § 1609 Nr. 4–7 BGB vorgehen u. deshalb unter Nr. 3 einzuordnen sein.[91] Auch der **aktuelle Lebenspartner** mit seinem Unterhaltsanspruch aus § 5 LPartG ist in entspr. Anwendung von Abs. 2 unter Nr. 3 einzuordnen. Dass die Neuregelung ihn nicht ausdrücklich erwähnt, steht nicht entgegen. Entstehungsgeschichte,[92] Wortlaut, Sinn u. Zweck des Gesetzes lassen einen Grund für seine Nichterwähnung nicht erkennen.

16 **4. Kinder, die nicht unter Nummer 1 fallen.** Nach § 1609 Nr. 4 BGB zählen hierzu die minderjährigen verheirateten Kinder des Schuldners, die volljährigen unverheirateten Kinder, soweit sie nicht nach § 1603 Abs. 2 S. 2 BGB privilegiert sind. Diese Abkömmlinge stehen den unter 1. genannten auch dann nicht gleich, wenn sie wegen Behinderungen nicht erwerbstätig sein können (zu Behinderungen s. § 850f Rn. 6); ggf. § 765a.[93]

17 **5. Enkelkinder und weitere Abkömmlinge** (§ 1609 Nr. 5 BGB).

18 **6. Eltern und weitere Verwandte der aufsteigenden Linie** (§ 1609 Nr. 6 und 7 BGB). Das sind außer den Eltern des Schuldners, dessen Großeltern, Urgroßeltern usw. Näher Verwandte haben Vorrang gegenüber den entfernteren, gleich entfernte untereinander haben Gleichrang.

IV. Vorratspfändung (Abs. 3)

19 **1. Voraussetzungen und Rechtsfolgen.** Mangelnde Fälligkeit der Pfändungsforderung steht der Pfändung nicht entgegen. § 751 setzt aber voraus, dass die Vollstreckungsforderung bereits fällig ist. Von diesem Erfordernis macht Abs. 3 eine Ausnahme: Befindet sich der Schuldner mit der Bezahlung von gesetzlichen Unterhaltsansprüchen oder von Ansprüchen auf Rentenzahlung wg. Körper- oder Gesundheitsverletzung (vgl. § 850b Abs. 1 Nr. 1) in Rückstand, dh. ist die Vollstreckungsforderung jedenfalls zT fällig, kann der Pfändungsbeschluss wg. des Rückstandes und zugleich wg. künftig fälliger Ansprüche erlassen werden. Der Fälligkeitszeitpunkt wird durch den Schuldtitel bestimmt. Er ist ggf. durch Auslegung zu ermitteln. „Monatlich im Voraus" muss daher nicht stets am 1. Werktag des Monats bedeuten.[94] „Kann" betrifft nur die Ausnahme von § 751, begründet aber kein Ermessen. Der Beschluss ist mithin bei Vorliegen der Voraussetzungen zu erlassen.[95] Es ist auch nicht erforderlich, dass der Anspruch mit Vorrang nach § 850d vollstreckt wird oder dass weitere Tatsachen vorliegen, aus denen sich die Gefahr künftigen Schuldnerverzuges ergibt.[96] Abs. 3 erlaubt aber **keine isolierte Vorratspfändung** allein wg. künftig fälliger Ansprüche.[97] Der **Umfang** der Vorratspfändung erfasst das Arbeitseinkommen des Schuldners und gleichgestellte Bezüge, s. o. Rn. 4. Anderes fortlaufendes Einkommen zB Mieteinkünfte usw. kann nach Abs. 3 nicht gepfändet werden; zur sog. Dauerpfändung s. Rn. 19. Der Gläubiger erwirbt nach Abs. 3 ein Pfandrecht wg. seiner noch nicht fälligen Forderung mit dem **Rang** der Zustellung des Pfändungsbeschlusses. Verfügungen zwischen Zustellung des Beschlusses und Fälligkeit der Forderung beeinträchtigen den Rang daher nicht.[98] **Aufhebung** der Pfändung wg. Rechtsmissbrauchs erfolgt grds. nicht, wenn der Schuldner die Rückstände getilgt hat, auch wenn die Tilgung zwischen Erlass und Zustellung des Pfändungsbeschlusses erfolgt ist.[99] Es muss vielmehr zu erwarten sein, dass er künftig pünktlich zahlen wird.[100] Allein die Erteilung eines Dauerauftrags genügt noch nicht.[101] Anders bei einer Stundungsvereinbarung (s. a. Rn. 22), die die Fälligkeit des Anspruchs beseitigt.[102] Aufhebung muss auch erfolgen, wenn der Schuldner nur irrtümlich in Zahlungsrückstand geriet und der Rückstand nach Aufdeckung des Irrtums umgehend ausgeglichen wurde.[103]

---

88 *B/L/Hartmann* (Fn. 84) Rn. 5 schlägt mindestens 10 Jahre vor.
89 BT-Drucks. 16/6980, S. 20f.; *Born* (Fn. 80), S. 3; *Borth* (Fn. 80), S. 818.
90 BT-Drucks. 16/1830, S. 36.
91 *Borth* (Fn. 80).
92 BT-Drucks. 16/1830; 16/6980.
93 *Zö/Stöber* Rn. 17.
94 LG Wuppertal MDR 1990, 640.
95 *St/J/Brehm* Rn. 54; *Stöber* Rn. 688.
96 AA OLG Naumburg DGVZ 1995, 57.
97 OLG Frankfurt DAVorm. 1984, 709; KG Rpfleger 1961, 126; LG Wuppertal MDR 1990, 640.
98 AllgM; vgl. LG Saarbrücken Rpfleger 1973, 373.
99 *Stöber* Rn. 689.
100 *Schuschke/Walker* Rn. 16; *Büttner* FamRZ 1994, 1438.
101 OLG Frankfurt OLGR 2000, 269.
102 OLG Frankfurt (Fn. 98).
103 OLG Bamberg FamRZ 1994, 1540.

2. Sonderfall: Dauerpfändung (auch: **Vorauspfändung**).[104] Um eine unrationelle Häufung von Pfändungsakten zu vermeiden, bejaht die hM aus verfahrensökonomischen Gründen auch die Möglichkeit einer Dauerpfändung, die keine Vorratspfändung nach Abs. 3 ist, s. auch § 751 Rn. 2. Die Dauerpfändung kommt bei der Vollstreckung regelmäßig wiederkehrender künftiger Forderungen in Geldforderungen in Betracht.[105] Sie erfolgt in der Weise, dass mit der Pfändung wg. rückständiger Leistungen die Pfändung wg. erst künftig (ratenweise) fällig werdender Ansprüche verbunden wird, allerdings wg. § 750 Abs. 1 mit der Maßgabe, dass die Wirksamkeit dieser Pfändung erst für den auf den jeweiligen Fälligkeitstag folgenden Tag angeordnet wird. Es handelt sich mithin um eine **aufschiebend bedingte Pfändung mit Dauerwirkung.**[106] Sie findet auch Anwendung, wenn die Vollstreckungsforderung weder Unterhalts- noch Rentenanspruch ist, sondern etwa ein Anspruch auf Miete- oder Leibrente und wenn die Pfändungsforderung weder ein Anspruch auf Arbeitslohn noch ein ihm gleichgestellter Anspruch ist, sondern etwa ein Kontoguthaben[107] oder ein Erbanteil.[108] **Voraussetzung** ist auch hier, dass die Vollstreckungsforderung mindestens teilweise fällig ist; der Pfändungsbeschluss muss außerdem Höhe und Fälligkeit der künftigen Raten bezeichnen. Der **Zulässigkeit** der Dauerpfändung steht § 751 nicht entgegen, weil sie infolge der aufschiebenden Wirkung jeweils erst nach Fälligkeit der titulierten Rate wirksam wird. Interessen konkurrierender Gläubiger sind nicht betroffen, weil – anders als bei der Vorpfändung nach Abs. 3 – die Zustellung des Pfändungsbeschlusses hinsichtlich künftig fällig werdender Raten **nicht rangwahrend** wirkt.[109] 20

V. Verfahren

Zuständig ist das Vollstreckungsgericht (§ 828), dort der Rechtspfleger (§ 20 Nr. 17 RPflG). Der Gläubiger muss im Antrag angeben, dass er bevorrechtigt pfänden will, andernfalls wird nur im Rahmen des § 850c gepfändet. Die Bevorrechtigung seines Anspruchs muss sich aus dem Vollstreckungstitel ergeben oder in anderer Form nachgewiesen werden.[110] Die tatsächlichen Umstände, nach denen der zu belassende Freibetrag ermittelt wird, sind vom Gläubiger schlüssig darzulegen:[111] die Anzahl der vor- und gleichrangig Unterhaltsberechtigten und die Art der Tätigkeit des Schuldners. Er muss auch mitteilen, ob ihm Umstände bekannt sind, aus denen sich ein höherer Unterhaltsbedarf des Schuldners ergibt.[112] Glaubhaftmachung ist nicht erforderlich. Die **Berechnung** geschieht wie folgt:[113] Ermittlung des notwendigen Schuldnerunterhalts (Abs. 1 S. 2) und des pfändungsfreien Betrages nach § 850c (Abs. 1 S. 3), ggf. Entscheidung über einen Antrag des Schuldners nach § 850f Abs. 1. Nach hM wird der Schuldner vor der Entscheidung nicht gehört (§ 834), wenn der Gläubiger dies nicht beantragt.[114] Im Pfändungsbeschluss beziffert das Vollstreckungsgericht den Freibetrag oder legt ihn zumindest bestimmbar fest (zB 1/2 monatliches Nettoeinkommen über 1000 €). Der Freibetrag umfasst den gesamten Nettolohn, der wegen des Unterhaltsbedarfs des Schuldners und der dem Vollstreckungsgläubiger vorgehenden Unterhaltsgläubiger unpfändbar und deshalb an den Schuldner auszuzahlen ist. (Tenor: Der Nettolohn des Schuldners wird gepfändet, soweit er den Betrag von x € je Monat (Woche, Tag) übersteigt; der Betrag von x € verbleibt dem Schuldner).[115] Soweit neben dem vollstreckenden noch **gleichrangige Gläubiger** vorhanden sind und das Schuldnereinkommen nicht ausreicht, alle Unterhaltsgläubiger in voller Höhe zu befriedigen (s. o. Rn. 15), werden die dem Schuldner zu belassenden weiteren Beträge mit einer Quote des den summenmäßig festgesetzten Freibetrag übersteigenden Betrages (Mehrbetrag) bezeichnet. (Beispiel: Ein Unterhaltsgläubiger vollstreckt; der Schuldner ist zwei weiteren gegenüber unterhaltspflichtig. Tenor: Der dem Schuldner monatlich pfandfrei verbleibende Betrag wird auf (zB) 500 € zuzüglich 2/3 des Mehrbetrages festgesetzt).[116] Bei der **Vorratspfändung (Abs. 3)** muss der Beschluss deutlich machen, dass die Pfändung (und Überweisung) auch wg. der erst nach seinem Erlass fällig werdenden Raten des titulierten Anspruchs erfolgt.[117] Die Festsetzung bindet das Prozessgericht. 21

VI. Zusammentreffen mehrerer Unterhaltsgläubiger

Pfänden sie nacheinander, geht unabhängig von ihrem Rang (Abs. 2) zunächst das durch die frühere Pfändung begründete Pfandrecht demjenigen vor, das durch die spätere Pfändung begründet wurde (§ 804 Abs. 3), zum Zusammentreffen von gewöhnl. und Unterhaltsgläubigern s. § 850e Nr. 4. Hat der vorrangige 22

[104] Zur Terminologie vgl. *Berner* Rpfleger 1962, 238.
[105] *Schuschke/Walker* § 751 Rn. 6.
[106] LG Düsseldorf Rpfleger 1985, 119; AG Hamburg-Harburg NJW-RR 2003, 149.
[107] BGH NJW 2004, 369, 371; *Walker* LMK 2004, 33; AG Hamburg-Harburg InVo 2003, 243.
[108] OLG Hamm NJW-RR 1994, 895, 896 m. weit. Nachw.; krit. *Stöber* Rn. 692.
[109] BGH (Fn. 104); OLG Hamm (Fn. 105).
[110] OLG Frankfurt Rpfleger 1980, 198 = JurBüro 1980, 778; *T/P/Hüßtege* Rn. 2; *Hoffmann* NJW 1973, 111.
[111] LG Bayreuth DAVorm. 1982, 1097, 1099.
[112] *Schuschke/Walker* Rn. 18.
[113] LG Hamburg Rpfleger 1991, 515; *T/P/Hüßtege* Rn. 4.
[114] LG Berlin Rpfleger 1977, 30; *Zö/Stöber* Rn. 12; *Schuschke/Walker* (Fn. 109); aA *St/J/Brehm* Rn. 42 (weil keine Abtretungsgefahr besteht).
[115] Vgl. *St/J/Brehm* Rn. 45.
[116] Vgl. *Schuschke/Walker* Rn. 19.
[117] *St/J/Brehm* Rn. 56.

Gläubiger als erster gepfändet, bleibt es bei dieser Rangfolge. Hat zuerst ein nachrangiger oder gleichrangiger Gläubiger gepfändet, ist die Pfändung auf Antrag des vorrangigen Gläubigers nach § 850g abzuändern. Das gilt aber nur wg. des Mehrbetrages, der sich durch die Pfändung nach § 850d im Vergleich zu einer Pfändung nach § 850c ergibt. Soweit es um das allg. pfändbare Arbeitseinkommen nach § 850c geht, bleibt es bei der Rangfolge des § 804 Abs. 3, denn auf dieses Einkommen kann jeder Gläubiger zugreifen, und ein bevorrechtigter darf nicht schlechter stehen als ein gewöhnlicher Gläubiger.[118]

VII. Rechtsbehelfe

23 Nach Anhörung: Wer als Beteiligter gehört wurde und beschwert ist, ist stets zur sofortigen Beschwerde befugt (§§ 11 RPflG, 793). Im Übrigen gilt: Der **Gläubiger** hat die sofortige Beschwerde, wenn das Gericht einen höheren als den von ihm angegebenen Freibetrag bestimmt hat; hatte er keinen bestimmten Betrag angegeben, steht ihm die unbefristete Erinnerung zu (§ 766).[119] Erweist sich der Freibetrag auf Grund geänderter Verhältnisse nachträglich als zu hoch, kann der Gläubiger nach § 850g Abänderung beantragen. Der **Schuldner** kann mit der Erinnerung (§ 766) geltend machen, dass der Freibetrag auf Grund falscher Annahmen nicht ausreichend bemessen wurde. Eine Stundungsvereinbarung[120] kann er so allenfalls geltend machen, wenn sie unstreitig ist (s. § 766 Rn. 7).[121] Er kann den Antrag nach § 850f Abs. 1 stellen, wenn der Beschluss den besonderen Bedürfnissen nicht gerecht wird.[122] Er kann den Antrag nach § 850g stellen, wenn sich die tatsächlichen Voraussetzungen geändert haben. Der **Drittschuldner** kann wie der Schuldner nach § 766 geltend machen, dass der Beschluss von unrichtigen Annahmen und deshalb von einem unzutreffenden Freibetrag ausgeht.[123] Im **Einziehungsprozess** (s. § 835 Rn. 18) kann er diesen Einwand nicht erheben,[124] denn das Prozessgericht ist an den Beschluss nach § 850d gebunden.[125] Zu Anträgen nach §§ 850f und g ist der Drittschuldner nicht befugt. **Weitere Unterhaltsberechtigte** sind durch den Beschluss betroffen und daher zur Erinnerung (§ 766) befugt, wenn sie zurückgesetzt wurden. **Sonstige Dritte**, die unterhaltspflichtig werden, weil Unterhaltsansprüche gegen den Schuldner wg. der ihm zugebilligten Freibeträge nicht durchgesetzt werden können, werden durch § 850d nicht geschützt; sie sind daher nicht erinnerungsbefugt.[126]

VIII. Rechtsanwaltsgebühren

24 Vgl. § 829 Rn. 38. Der Gegenstandswert bemisst sich nach § 25 Abs. 1 Nr. 1 RVG.

850e *Berechnung des pfändbaren Arbeitseinkommens*

Für die Berechnung des pfändbaren Arbeitseinkommens gilt Folgendes:

1. **Nicht mitzurechnen sind die nach § 850a der Pfändung entzogenen Bezüge, ferner Beträge, die unmittelbar auf Grund steuerrechtlicher oder sozialrechtlicher Vorschriften zur Erfüllung gesetzlicher Verpflichtungen des Schuldners abzuführen sind. Diesen Beträgen stehen gleich die auf den Auszahlungszeitraum entfallenden Beträge, die der Schuldner**
   a) nach den Vorschriften der Sozialversicherungsgesetze zur Weiterversicherung entrichtet oder
   b) an eine Ersatzkasse oder an ein Unternehmen der privaten Krankenversicherung leistet, soweit sie den Rahmen des Üblichen nicht übersteigen.
2. **Mehrere Arbeitseinkommen sind auf Antrag vom Vollstreckungsgericht bei der Pfändung zusammenzurechnen. Der unpfändbare Grundbetrag ist in erster Linie dem Arbeitseinkommen zu entnehmen, das die wesentliche Grundlage der Lebenshaltung des Schuldners bildet.**

2a. **Mit Arbeitseinkommen sind auf Antrag auch Ansprüche auf laufende Geldleistungen nach dem Sozialgesetzbuch zusammenzurechnen, soweit diese der Pfändung unterworfen sind. Der unpfändbare Grundbetrag ist, soweit die Pfändung nicht wegen gesetzlicher Unterhaltsansprüche erfolgt, in erster Linie den laufenden Geldleistungen nach dem Sozialgesetzbuch zu entnehmen. Ansprüche auf Geldleistungen für Kinder dürfen mit Arbeitseinkommen nur zusammengerechnet werden, soweit sie nach § 76 des Einkommensteuergesetzes oder nach § 54 Abs. 5 des Ersten Buches Sozialgesetzbuch gepfändet werden können.**

3. **Erhält der Schuldner neben seinem in Geld zahlbaren Einkommen auch Naturalleistungen, so sind Geld- und Naturalleistungen zusammenzurechnen. In diesem Fall ist der in Geld zahlbare Betrag insoweit pfändbar, als der nach § 850c unpfändbare Teil des Gesamteinkommens durch den Wert der dem Schuldner verbleibenden Naturalleistungen gedeckt ist.**

---

[118] HM; LG Aurich NJW-RR 1990, 844 m. weit. Nachw.; MK/*Smid* Rn. 18; aA LG Bamberg MDR 1986, 245; LG Mannheim NJW 1970, 56; *Henze* Rpfleger 1980, 456 (Grundsatz der Priorität wird durchbrochen).
[119] OLG Koblenz Rpfleger 1978, 226; *T/P/Hüßtege* Rn. 18; *Große-Boymann* FPR 2006, 101, 104.
[120] OLG Frankfurt/M OLGR 2000, 269, 270.
[121] AA OLG Frankfurt/M (Fn. 117): Zeugenvernehmung durch Vollstreckungsgericht.
[122] AA LG Berlin Rpfleger 1993, 120.
[123] BAG NJW 1961, 1180; LG Frankfurt JurBüro 1954, 303; aA LG Essen Rpfleger 1969, 24.
[124] BAG (Fn. 120); LAG Düsseldorf Rpfleger 2001, 440.
[125] BAG NJW 1962, 510; LAG Düsseldorf (Fn. 121).
[126] *Schuschke/Walker* Rn. 20 aE.

4. Trifft eine Pfändung, eine Abtretung oder eine sonstige Verfügung wegen eines der in § 850d bezeichneten Ansprüche mit einer Pfändung wegen eines sonstigen Anspruchs zusammen, so sind auf die Unterhaltsansprüche zunächst die gemäß § 850d der Pfändung in erweitertem Umfang unterliegenden Teile des Arbeitseinkommens zu verrechnen. Die Verrechnung nimmt auf Antrag eines Beteiligten das Vollstreckungsgericht vor. Der Drittschuldner kann, solange ihm eine Entscheidung des Vollstreckungsgerichts nicht zugestellt ist, nach dem Inhalt der ihm bekannten Pfändungsbeschlüsse, Abtretungen und sonstigen Verfügungen mit befreiender Wirkung leisten.

I. Normzweck

Die Grundlagen der Berechnung des pfändbaren Arbeitseinkommens nach §§ 850c, 850d werden bestimmt durch das Prinzip des Nettolohns (Nr. 1) und durch Regelungen über das Zusammentreffen mehrerer Bezüge (Nr. 2–4). Umstritten ist, wer **außerhalb des Pfändungsverfahrens** für die Ermittlung des abtretbaren u. damit pfändbaren (§ 851 Abs. 1) Einkommens zuständig ist, wenn der Zedent mehrere Einkommen hat. Nach hM ist das Vollstreckungsgericht (s. Rn. 9) mangels Verfahrens unzuständig.[1] Die Zuständigkeit des Prozessgerichts wird vom BAG verneint,[2] weil über Pfändungsschutz allein das Vollstreckungsgericht bei einer Pfändungsvollstreckung entscheide.[3] Der BGH hat dagegen das Prozessgericht für zuständig erklärt, weil § 850e, anders als § 850f (s. dort Rn. 1), nicht dem Schuldnerschutz diene, bei einer Abtretung daher nicht unabdingbar sei u. eine ggf. erforderliche Vertragsauslegung typischerweise dem Prozessgericht obliege.[4] 1

II. Berechnung des Nettolohns (Nr. 1)

1. Unpfändbare Bezüge (S. 1 Teil 1). Bei der Pfändung durch gewöhnliche Gläubiger (§ 850c) sind vom Bruttoeinkommen die nach § 850a absolut unpfändbaren Bezüge in voller Höhe (brutto) abzuziehen. Bei der Vollstreckung durch bevorzugte Gläubiger (§ 850d) sind die nach § 850a Nr. 1, 2 und 4 unpfändbaren Bezüge zur Hälfte abzuziehen (§ 850d Abs. 1 S. 2 Halbs. 2), es sei denn, dass der Pfändungsbeschluss einen höheren Einbehalt festlegt (§ 850f). Soweit Bezüge nach § 850a für besondere Ansprüche pfändbar sind (Nr. 5 Heirats- und Geburtsbeihilfen), gehören sie bei Pfändung wg. dieser Ansprüche zum Nettolohn; der Abzug entfällt, s. § 850a Rn. 7. Die nach § 850b bedingt pfändbaren Bezüge sind ebenfalls abzuziehen, solange ihre Pfändbarkeit nicht durch Beschluss nach § 850b Abs. 2 begründet worden ist, s. dort Rn. 13. 2

2. Steuern und Soziallasten (S. 1 Teil 2). Nach Abzug der unpfändbaren Bezüge werden die gesamten vom Arbeitgeber einbehaltenen Beträge für Lohn- und Kirchensteuer nebst Solidaritätszuschlag ungekürzt abgezogen. Das gilt auch, soweit sie auf den Teil entfallen, der dem Schuldner verbleibt,[5] nicht aber für die auf das Gesamteinkommen entfallende Abschlusszahlung,[6] auch nicht für Steuervorauszahlungen. Der Schuldner kann ggf. nach § 850f Abs. 1 eine Erhöhung des Freibetrages erwirken, ebenso wenn keine Steuern einbehalten werden, weil er im Ausland wohnt und sie selbst entrichtet.[7] **Lohnsteuerklasse:** Eine vor der Pfändung getroffene Wahl muss der Gläubiger grds. hinnehmen, es sei denn dass der Schuldner sie in Gläubigerbenachteiligungsabsicht getroffen hat.[8] Hat der Schuldner nach der Pfändung ohne sachlichen Grund die Steuerklasse V gewählt oder beibehalten, kann das Gericht entspr. § 850h anordnen, bei der Berechnung so zu verfahren, als ob die Steuerklasse IV gelten würde.[9] Der Gläubiger muss die tatsächlichen Voraussetzungen darlegen u. glaubhaft machen.[10] **Soziallasten** sind die Beiträge zur gesetzlichen Kranken- und Pflegeversicherung, zur Unfall-, Arbeitslosen- und Rentenversicherung, jeweils ohne Arbeitgeberanteil. 3

3. Gleichgestellte Beträge (S. 2). Abzuziehen sind auch 4

a) Beträge, die nach Sozialversicherungsgesetzen zur Weiter- nicht Höherversicherung,[11] vor allem in die **Rentenversicherung**, gezahlt werden;

b) Beiträge zu Ersatzkassen und zur privaten **Krankenversicherung**, auch Krankenhauszusatz- und -tagegeldversicherungen,[12], soweit sie den Rahmen des Üblichen nicht übersteigen. Die Sätze der gesetzlichen Krankenversicherung bieten einen Anhalt, sind aber nicht Höchstgrenze.[13] Ein höherer Betrag ist jedenfalls zu berücksichtigen, wenn der Versicherungsschutz dem öffentlicher Kassen entspricht.[14] Üblich sind bei Be-

---

[1] BGH NJW-RR 2004, 494; MK/*Smid* Rn. 18; *St/J/Brehm* Rn. 44; *Stöber* Rn. 1149; *Walker* Festschr. f. Musielak 2004 S. 655, 659; *Wieczorek/Lüke* Rn. 31; aA *B/L/H* Rn. 13.

[2] BAG NJW 2002, 3121 = NZA 2002, 868.

[3] Ebenso: *Walker* (Fn. 1), S. 660.

[4] BGH (Fn. 1); aA OLG Hamm OLGR 2004, 391 (Für Aufrechnung mit Ansprüchen aus § 850b verneint).

[5] *Henze* Rpfleger 1980, 456; vgl. auch: *Bengelsdorf* NZW 1996, 176 (Einzelfragen); *Napierala* Rpfleger 1992, 49 (Berechnungsbeispiele).

[6] BAGE 32, 159, 162 = BAG DB 1980, 835.

[7] BAG NJW 1986, 2208.

[8] BGH DStR 2005, 2096 = WM 2005, 2324; LG Krefeld JurBüro 2002, 547; LG Osnabrück NJW-RR 2000, 1216; aA *Stöber* Rn. 1134b.

[9] BGH (Fn. 8); OLG Köln Rpfleger 2000, 223.

[10] LG Münster Rpfleger 2003, 254: auch den Manipulationsverdacht.

[11] *St/J/Brehm* Rn. 7.

[12] LG Berlin Rpfleger 1962, 217.

[13] *T/P/Hüßtege* Rn. 2; aA LG Berlin Rpfleger 1994, 426.

[14] KG Rpfleger 1985, 154.

amten eine Zusatzversicherung zur Abdeckung der durch die Beihilfe nicht abgedeckten Krankheitskosten[15] und Beiträge zu einer Ersatzkasse, wenn die freiwillige Versicherung der Beihilfe vorgezogen wird. In Zweifelsfällen ist ein klarstellender Beschluss zulässig.[16]

5 **4. Sonstige Beträge. Vermögenswirksame Leistungen** des Arbeitgebers (s. § 850 Rn. 6) sind unpfändbares Arbeitseinkommen, daher abzuziehen; **Arbeitnehmersparzulagen** sind kein Arbeitseinkommen (s. § 850 Rn. 7). Spenden, **Beiträge** zu Berufsverbänden und ähnliche Leistungen sind nicht abzugsfähig. Einbehalte für einen Pensionsfonds sind abzuziehen, wenn sie beim Drittschuldner verbleiben, weil sich dadurch das Nettoeinkommen verringert. Sie sind dagegen als Arbeitseinkommen anzurechnen, wenn sie an einen Dritten abgeführt werden.[17]

6 **5. Sonderfälle.** a) **Vorschuss- und Abschlagszahlungen.** Erstere sind Vorauszahlungen auf den künftigen Lohnanspruch (Lohnvorschüsse), letztere Teilleistungen auf bereits verdienten, fälligen, aber noch nicht abgerechneten Lohn (Lohnabschläge).[18] **Zahlungen nach Pfändung** (§ 829 Abs. 3) sind unproblematisch. Sie sind dem Vollstreckungsgläubiger gegenüber stets unwirksam, soweit sie den pfandfreien Betrag übersteigen,[19] s. § 829 Rn. 20. Bei **Zahlungen vor Pfändung** (§ 829 Abs. 3) ist streitig, ob sie Einfluss auf die Berechnung des pfändbaren Einkommens haben. Nach **st. Rspr.** des BAG[20] werden Vorschüsse und Abschläge auf den unpfändbaren Teil des ursprünglichen Gesamtlohns verrechnet, weil durch sie das Existenzminimum des Schuldners bereits gesichert wurde. Der verbleibende Rest steht dem Gläubiger zur Verfügung. Die Höhe des pfändbaren Nettoeinkommens errechnet sich mithin nach dem ursprünglichen Gesamtbetrag ohne Rücksicht auf Vorschuss- oder Abschlagszahlungen. Dagegen wird eingewandt, der Schutzzweck des § 850c sei nur gewahrt, wenn das pfändbare Nettoeinkommen allein aus dem restlichen Lohnanspruch errechnet werde.[21] Richtig daran ist, dass die Pfändung nur noch diesen geschuldeten Restanspruch erfasst, da der Anspruch i. Ü. bereits durch Erfüllung erloschen ist (§ 362 BGB). Daraus folgt aber nicht zwingend, dass der Restanspruch stets so behandelt werden müsste, als ob er der Gesamtlohn des Schuldners im Abrechnungszeitraum sei. Zu berücksichtigen ist nämlich, dass der notwendige Lebensbedarf des Schuldners in diesem Zeitraum bereits durch **Abschlagszahlungen** gedeckt wurde, so dass sie auf den nach § 850c unpfändbaren Lohnteil zu verrechnen sind. **Vorschüsse** für künftige Abrechnungszeiträume bergen dagegen die Gefahr, dass der Schuldner im maßgeblichen Zeitraum mittellos und gezwungen ist, öff. Hilfe in Anspruch zu nehmen. Daher kann nach Zahlung von Vorschüssen allein die verbliebene Restforderung als Nettoeinkommen betrachtet und der unpfändbare Betrag danach berechnet werden.[22]

7 **b) Darlehenszahlungen an den Schuldner.** Der unpfändbare Betrag verbleibt dem Schuldner. Das gilt auch für „Vorschüsse", die über einen Abrechnungszeitraum hinausgehen, die insbesondere Zwecken dienen, für die üblicherweise Kredite aufgenommen werden. Der Arbeitgeber kann mit seinem Rückzahlungsanspruch gegen den überwiesenen Anspruch im Rahmen der §§ 850a, 850c aufrechnen (§ 392 BGB),[23] sofern eine Aufrechnung gegen die Titelforderung nicht an einem besonderen Aufrechnungsverbot (zB §§ 393, 394 BGB) scheitert. **Rückstände,** die der Drittschuldner bei Fälligkeit nicht erfüllt hat, sind für den Abrechnungszeitraum zu berücksichtigen, in dem sie fällig wurden. Sie bleiben bei der Berechnung des pfändbaren Betrages späterer Raten außer Betracht. Gleiches gilt für **Nachzahlungen,** s. § 850c Rn. 2.

III. Zusammenrechnung mehrerer laufender Bezüge

8 **1. Mehrere Arbeitseinkommen (Nr. 2). a) Ein Arbeitgeber.** Alle Vergütungen, die einem Schuldner aus Arbeits- und Dienstleistungen für denselben Arbeitgeber zustehen, sind vollstreckungsrechtlich ein einziges Arbeitseinkommen, auch wenn mehrere Verträge bestehen (Haupt- und Nebentätigkeiten).[24] Der Arbeitgeber muss die einzelnen Bezüge von sich aus zusammenrechnen. Eine Anordnung durch das Vollstreckungsgericht ist nur erforderlich, wenn die Bezüge ausnahmsweise von mehreren Pfändungsbeschlüssen für denselben Gläubiger erfasst werden.[25]

9 **b) Mehrere Arbeitgeber. Zweck der Zusammenrechnung.** Hat ein Schuldner mehrere Arbeitgeber, müssen die Lohnansprüche gegen jeden Drittschuldner einzeln gepfändet werden. Bei **mehreren Pfändungen** kommt der Schuldner so zu mehreren Freibeträgen. Weil sein Existenzminimum aber bereits durch einmalige Zuerkennung des Freibetrages gesichert wird, führt das zu einer nicht gerechtfertigten Gläubigerbenachteiligung. Die Zusammenrechnung der mehreren Bezüge durch das Vollstreckungsgericht stellt den gebotenen Interessenausgleich wieder her. Sie bewirkt, dass sämtliche Einkommen wie ein einziges behandelt werden. Die Unpfändbarkeit des Schuldnereinkommens wird dadurch auf die Höhe nur eines Freibetrages beschränkt. Das nach § 850c unpfändbare Arbeitseinkommen bestimmt sich nach dem Netto-Gesamtein-

---

15 LG Hannover JurBüro 1983, 1423.
16 LG Hannover JurBüro 1987, 464; *Behr* JurBüro 1997, 291 f.
17 MK/*Smid* Rn. 5; *St/J/Brehm* Rn. 11.
18 *Behr* JurBüro 1998, 121.
19 *St/J/Brehm* Rn. 17.
20 BAGE 55, 44, 47 = AP § 850 Nr. 11 m. Anm. *Stöber* = WM 1987, 769; BAGE 2, 322, 324 = AP BGB § 394 Nr. 1 = NJW 1956, 926; ebenso: MK/*Smid* Rn. 6; *T/P/Hüßtege* Rn. 2.
21 *Stöber* Rn. 1266; *Bengelsdorf* (Fn. 5) S. 180.
22 *St/J/Brehm* Rn. 15; *Schuschke/Walker* Rn. 3; einschr. *Behr* (Fn. 18): § 850k entspr.
23 ArbG Hannover BB 1967, 586; *Denck* BB 1979, 481.
24 BAG NZA 1991, 147 (auch bei zusätzlichen Leistungen einer selbständigen Pensionskasse).
25 *St/J/Brehm* Rn. 27.

kommen. Die Zusammenrechnung kann aber nicht nur bei mehrfacher Pfändung angeordnet werden. Es **genügt,** dass **mehrere Drittschuldner** das Gesamtarbeitseinkommen des Schuldners zahlen. Schon dann kommt es darauf an, welchem Einkommen der Grundfreibetrag zu entnehmen ist (S. 2).[26]

Verfahren. Antrag: Der Gläubiger kann den Antrag mit dem auf Erlass des Pfändungsbeschlusses verbinden oder nachträglich stellen. Auch der Schuldner ist antragsbefugt,[27] nicht aber der Drittschuldner. Es genügt, wenn sich der Antrag schlüssig aus dem Pfändungsgesuch ergibt.[28] Die Voraussetzungen der Zusammenrechnung müssen nachvollziehbar dargestellt (mehrere Einkommen, wg. Nr. 2 S. 2 auch deren Beständigkeit und ungefähre Höhe)[29] und mit Unterlagen belegt, erforderlichenfalls voll bewiesen werden.[30] **Zuständig** ist der Rechtspfleger des Vollstreckungsgerichts (§§ 20 Nr. 17 RPflG, 828). **Anhörung** des Schuldners unterbleibt, wenn die Zusammenrechnung mit der Pfändung erfolgt (§ 834);[31] bei nachträglicher Zusammenrechnung muss sie aber stattfinden (Art. 103 Abs. 1 GG).[32] **Gegenstand der Zusammenrechnung** sind nur pfändbare Einnahmen des Schuldners aus laufendem Arbeitseinkommen (auch §§ 850a Nr. 1, 850b) und gleichgestellten Bezügen, s. § 850 Rn. 2–15. Eine Zusammenrechnung mit Einmalzahlungen (§ 850i) kommt wegen der strukturellen Verschiedenheit der Freibetragsermittlung nicht in Betracht.[33] Sie ist auch nicht möglich mit wiederkehrenden Einnahmen anderer Art, zB aus Kapitalzinsen, Miete oder selbstständiger Tätigkeit.[34] Die **Zustellung** erfolgt durch den Gläubiger, dem der Beschluss formlos übersandt wird, wenn die Anordnung der Zusammenrechnung **gleichzeitig** mit dem Pfändungsbeschluss erlassen wird (§ 829 Abs. 2). Ein **nachträglich** erlassener Zusammenrechnungsbeschluss wird Gläubiger, Schuldner und beteiligten Drittschuldnern vAw. zugestellt (§ 329 Abs. 2). Solange der Drittschuldner davon keine Kenntnis hat, kann er nach der ursprünglichen Pfändung verfahren. 10

Inhalt des Beschlusses. Er muss die Zusammenrechnung anordnen. Sie bewirkt aber keine Beschlagnahme der anderen Einkommen. Der Gläubiger kann nur in das Arbeitseinkommen vollstrecken, das er gepfändet hat. Der Beschluss muss auch angeben, welchem Einkommen der unpfändbare Grundbetrag und die weiteren unpfändbaren Bezüge zu entnehmen sind. Hinsichtlich des Grundbetrages ist Nr. 2 S. 2 zu beachten. Dabei ist die Höhe der Bezüge nicht allein entscheidend. Maßgeblich ist auch deren Beständigkeit, notfalls muss eine Aufteilung erfolgen.[35] Der Schuldner darf wg. des Erhalts seines Existenzminimums nicht auf „zweitklassige" Bezüge verwiesen werden.[36] Hinsichtlich des unpfändbaren Mehrbetrages entscheidet das Gericht nach billigem Ermessen;[37] regelmäßig ist aber auch er dem Haupteinkommen zu entnehmen. Erfolgt bei einer Unterhaltspfändung eine förmliche Zusammenrechnung, ist die Höhe des Einbehalts nach § 850d Abs. 1 S. 2f. anzugeben.[38] Der Beschluss enthält keine betragsmäßige Zusammenrechnung der Bezüge. Sie vorzunehmen und die Höhe des Freibetrags zu ermitteln, ist grds. Sache der Drittschuldner,[39] die sich bei wechselndem Einkommen über die Höhe des Gesamtnettoeinkommens verständigen müssen.[40] Die Anordnung fester Beträge durch das Vollstreckungsgericht ist idR unpraktikabel, weil sie bei Einkommensschwankungen stets Abänderungen des Beschlusses nach § 850g erfordert. 11

Einzelfälle. Die Vielzahl der Fallgestaltungen erlaubt keine allgemeine Regel. Stets zu beachten ist: **Pfändung mehrerer Bezüge** bei verschiedenen Drittschuldnern durch einen Gläubiger erfordert, dass jedem Drittschuldner mitgeteilt wird, welchem Bezug der unpfändbare Grundbetrag und ein etwaiger Mehrbetrag nach § 850c Abs. 2 zu entnehmen und an den Schuldner auszuzahlen ist.[41] **Pfändung durch mehrere Gläubiger:** Werden mehrere Bezüge von verschiedenen Gläubigern gepfändet, ist der Grundbetrag von jedem einzelnen Bezug abzusetzen, solange keine Anordnung nach § 850e ergangen ist.[42] Die Anordnung gilt nur für den Gläubiger, der sie erwirkt hat.[43] Ist das nur einer, bleibt es für die Übrigen bei dem Abzug des Grundbetrages aus dem jeweiligen Einkommen. Wenn die Anordnung für sämtliche Pfändungen ergeht, muss sie genau bestimmen, was aus den einzelnen Bezügen dem Schuldner und den Gläubigern zu überlassen ist.[44] Bei Zweifeln über die Berechnung kann eine klarstellende Entscheidung des Vollstreckungsgerichts verlangt werden.[45] 12

2. Arbeitseinkommen und Sozialleistungen (Nr. 2a). Anwendungsbereich: Nr. 2a betrifft den Zugriff gewöhnlicher Gläubiger auf Sozialleistungen nach dem SGB oder auf Grund von Einzelgesetzen, die Be- 13

[26] LG Itzehoe SchlHA 1978, 215; eingehend: *Wolf* InVo 2002, 128ff.
[27] MK/*Smid* Rn. 18; *St/J/Brehm* Rn. 44; *Schuschke/Walker* Rn. 5; aA *Zö/Stöber* Rn. 4.
[28] OLG Stuttgart DAVorm. 1983, 49; OLG Bremen DAVorm. 1982, 377; LG Bielefeld JurBüro 1982, 1425.
[29] *Zö/Stöber* (Fn. 27).
[30] MK/*Smid* Rn. 17; *St/J/Brehm* Rn. 45.
[31] LG Frankenthal Rpfleger 1982, 231.
[32] *Zö/Stöber* (Fn. 27); aA *St/J/Brehm* Rn. 45 (stets); *Schuschke/Walker* Rn. 5 (nie).
[33] Jetzt allgM: LG Kiel SchlHA 1958, 85; MK/*Smid* Rn. 24; *St/J/Brehm* Rn. 51; *Zö/Stöber* Rn. 14.
[34] LG Hannover JurBüro 1990, 1059.
[35] OLG Stuttgart Rpfleger 1979, 223; LG Trier MDR 1981, 327.
[36] MK/*Smid* Rn. 21.
[37] AA *Mertes* Rpfleger 1984, 453, 454.
[38] *Schuschke/Walker* Rn. 5.
[39] MK/*Smid* Rn. 22; *St/J/Brehm* Rn. 47; aA *Behr* JurBüro 1997, 291, 293; *Grunsky* ZIP 1983, 908, 914.
[40] *Schuschke/Walker* Rn. 5a; *Wolf* (Fn. 26) S. 129: Klarstellender Beschluss kann nötig sein.
[41] MK/*Smid* (Fn. 39); *B/L/H* Rn. 7; *St/J/Brehm* Rn. 30.
[42] MK/*Smid* (Fn. 39); *B/L/H* (Fn. 41); *St/J/Brehm* Rn. 32.
[43] BAG NJW 1997, 479; LAG Düsseldorf Rpfleger 1986, 100 = DB 1986, 649.
[44] MK/*Smid* (Fn. 39); *St/J/Brehm* Rn. 33.
[45] *Zö/Stöber* Rn. 5.

standteil des SGB sind (s. § 850i Rn. 18), und den Zugriff auf Kindergeld, das als monatliche Steuervergütung und nicht mehr als Sozialleistung gezahlt wird (§ 31 S. 3 EStG). Das BKGG gilt nur noch für sog. Steuerausländer.[46] Pfänden Unterhaltsgläubiger bevorrechtigt, ist die Regelung nicht anzuwenden; die Leistungen sind dann ohne förmliche Zusammenrechnung nach Maßgabe des § 850d Abs. 1 S. 2 zu berücksichtigen.[47] **Pfändbarkeit** von laufenden Sozialleistungen (S. 1) wird durch § 54 Abs. 4 und 5 SGB I geregelt (s. § 850i Rn. 16ff.), die von Kindergeld für unbeschränkt Steuerpflichtige durch § 76 EStG, s. § 850i Rn. 22. Bei der Pfändung ist auf die richtige Bezeichnung des Drittschuldners zu achten, s. § 829 Rn. 3. Die **Zusammenrechnung** bewirkt auch hier, dass die verschiedenen Bezüge – auch mehrere Sozialgeldleistungen – wie ein einziges Gesamteinkommen des Schuldners behandelt werden. Andere als die nach SGB pfändbaren Ansprüche des Schuldners auf laufende Geldleistungen dürfen aber nicht mit Arbeitseinkommen zusammengerechnet werden (Nr. 2a S. 3). **Unzulässig** ist die Zusammenrechnung daher mit ausländischen Sozialleistungen,[48] mit Rentenansprüchen des Ehegatten,[49] erst recht **mit unpfändbaren Ansprüchen** auf Sozialhilfe[50] oder Sozialleistungen, die der Pfändung nicht unterworfen sind (§ 54 Abs. 4 SGB I),[51] Landesblindengeld,[52] Kriegsschadenrente[53] u. wg. § 54 Abs. 3 Nr. 2a SGB I jetzt auch mit Wohngeld (s. § 850i Rn. 16). Nr. 2a erlaubt auch keine Zusammenrechnung mit einmaligen Sozialgeldleistungen (§ 54 Abs. 2 SGB I). Mit bedingt unpfändbarem Arbeitseinkommen ist eine Zusammenrechnung nur unter den Voraussetzungen des § 850b Abs. 2 möglich. **Folge** (Nr. 2a S. 2): Der unpfändbare Grundbetrag ist bei der Vollstreckung durch gewöhnliche Gläubiger in erster Linie den laufenden Geldleistungen nach SGB zu entnehmen, weil die eine sichere und beständige Einkommensquelle sind. Der Gläubiger ist auf das dann entspr. höher pfändbare Arbeitseinkommen zu verweisen.[54] Die Anordnung wirkt nur für den Vollstreckungsgläubiger, für den sie ergangen ist, nicht für andere Gläubiger, auch nicht im Verhältnis zwischen Abtretungsgläubiger und Schuldner. Der durch die Anordnung begünstigte Gläubiger kann daher in jedem Fall auf den Teil des Arbeitseinkommens zugreifen, der ohne Zusammenrechnung gem. § 850c unpfändbar und damit nach § 400 BGB nicht abtretbar ist.[55] **Verfahren:** Die Ausführungen zu Nr. 2 gelten entspr., s. o. Rn. 10. Der Zusammenrechnungsbeschluss muss die Höhe der laufenden Geldleistungen nach dem SGB beziffern.[56]

14 **3. Arbeitseinkommen und Naturalleistungen (Nr. 3). Grundsatz:** Ansprüche auf Dienst- oder Arbeitslohn in Naturalien sind regelmäßig unpfändbar (§§ 399 BGB, 851). Sie werden bei der Pfändung des Arbeitseinkommens „in Geld" von der Pfändung nicht erfasst (§ 850 Abs. 4), es sei denn, dass sie sich in einen Zahlungsanspruch umgewandelt haben. Bei der Ermittlung der Pfändungsgrenzen nach § 850e ist der Wert der Naturalleistungen aber einzusetzen und auf den Teil zu verrechnen, der dem Schuldner verbleibt, denn durch den Erhalt der Naturalien ist ein Teil seines Bedarfs bereits gedeckt. Typische Naturalleistungen sind: freie Verpflegung und Unterkunft, Nutzung von Dienstwohnung und -wagen,[57] Deputate (Heizmaterial u. ä.). Naturalien, die aus anderem Anlass gewährt werden, zB Altenteil, rechnen nicht hierher.[58] Zusammenrechnung ist nur anzuordnen, wenn der Schuldner von **mehreren Drittschuldnern** Geld und Sachbezüge erhält. Hat der Schuldner nur einen Arbeitgeber, der ihn in Geld und Naturalien auszahlt, ist eine Anordnung nach Nr. 3 nicht nötig, eine Klarstellung aber zulässig und ggf. zweckmäßig.[59] Für § 850d ist die Anordnung entbehrlich, s. dort Rn. 11. Die **Wertberechnung** obliegt dem **Drittschuldner.** Maßgeblich ist der Nettogeldwert der Leistungen, dh. Steuern und Sozialversicherungsbeiträge sind abzuziehen.[60] Die Richtsätze des Sozialversicherungsrechts,[61] die auch im Steuerrecht gelten,[62] sind regelmäßig Grundlage zur Feststellung des ortsüblichen Wertes; besondere Umstände erlauben abweichende Festsetzungen. Bei Meinungsverschiedenheit kann jeder Beteiligte eine Klarstellung durch das **Vollstreckungsgericht** erwirken, die, anders als die Festlegung durch den Drittschuldner, nach hM das Prozessgericht in Bezug auf die Umrechnung bindet, über die materielle Berechtigung des Anspruchs auf Sachleistung aber nicht entscheidet.[63] **Verrechnung:** Bleibt dem Schuldner wg. der Verrechnung nach § 850c kein unpfändbarer Betrag, kann er dessen Änderung nach § 850f beantragen. Die Naturalleistungen verbleiben dem Schuldner auch dann,

---

46 *Scholz* FamRZ 1996, 65f.
47 MK/*Smid* Rn. 31; *St/J/Brehm* Rn. 61.
48 LG Aachen MDR 1992, 521.
49 LG Marburg Rpfleger 1992, 167.
50 LG Hannover JurBüro 1979, 292; LG Berlin MDR 1978, 323.
51 BGH NJW-RR 2005, 1010, 1011.
52 OLG Köln FamRZ 1990, 190, 191.
53 BSG NJW-RR 1987, 571 (LS); OLG Hamm Rpfleger 1983, 410 (Grundrente v. Schwerkriegsbeschädigtem).
54 LG Marburg Rpfleger 2002, 216.
55 BAG NJW 1997, 479.
56 LAG Düsseldorf Rpfleger 1986, 100 = DB 1986, 649.
57 LG Tübingen JurBüro 1995, 325; LAG Hamm BB 1991, 1496.
58 OLG Frankfurt/M OLGZ 1991, 461 = JurBüro 1991, 725; verneint auch bei freier Kost und Logis durch Lebensgefährtin: LG Regensburg JurBüro 1995, 218.
59 OLG Hamm JurBüro 1962, 700; *Bengelsdorf* NZA 1996, 176f.
60 LAG Hamm LAGE § 850e Nr. 2.
61 LG Tübingen (Fn. 57); LG Hannover JurBüro 1991, 1405; LAG Hamm (Fn. 59); *Fenn* ZZP 93 (1980), 229; vgl. SachbezugsVO v. 19. 12. 1994 (BGBl. I S. 3849).
62 Vgl. § 8 Abs. 2 S. 6 EStG; § 4 Abs. 2 Nr. 3 LStDV 1990.
63 OLG Hamm JurBüro 1962, 700; LAG Hannover AP Nr. 13; MK/*Smid* Rn. 38; krit.: *St/J/Brehm* Rn. 74; *Behr* JurBüro 1997, 291, 293.

wenn ihr Wert höher ist als der unpfändbare Grundbetrag.[64] **Verfahren:** Die Ausführungen zu Nr. 2 gelten entspr., s. o. Rn. 10.

IV. Gläubigerkonkurrenz (Nr. 4)

1. Bevorrechtigte und gewöhnliche Gläubiger. Pfänden nur gewöhnliche Gläubiger (§ 850c) oder pfänden nur bevorrechtigte Unterhaltsgläubiger (§ 850d), richtet sich das Rangverhältnis ihrer Pfändungen untereinander allein nach der zeitlichen Reihenfolge der Pfändungen (§ 804 Abs. 3). Wg. der Konkurrenz der Unterhaltsgläubiger untereinander vgl. a. § 850d Rn. 13ff. Pfändet zuerst ein gewöhnlicher Gläubiger, dann ein bevorrechtigter Unterhaltsgläubiger, bleibt die erste Pfändung davon unberührt (§ 804 Abs. 3). Der Unterhaltsgläubiger erhält nur den Unterschiedsbetrag zwischen § 850d und § 850c. Pfändet zuerst ein bevorrechtigter Unterhaltsgläubiger, dann ein gewöhnlicher Gläubiger, greift Nr. 4 S. 1 ein. Auf die Unterhaltsansprüche sind zunächst die gemäß § 850d der Pfändung in erweitertem Umfang unterliegenden Teile des Arbeitseinkommens zu verrechnen. Erst wenn diese nicht ausreichen, ist das nach § 850c pfändbare Einkommen für den Unterhaltsgläubiger zu verwenden. Betrifft die Pfändung des Unterhaltsgläubigers einen so geringen Anspruch, dass dem Schuldner ein nach § 850c pfändbarer Betrag verbleibt, kann der gewöhnliche Gläubiger noch darauf zugreifen. Ein Zugriff auf nicht verbrauchte Teile des gemäß § 850d erweiterten pfändbaren Einkommens erlaubt Nr. 4 dem gewöhnlichen Gläubiger aber nicht. Die Verrechnung nach Nr. 4 S. 2 erfolgt durch den Rechtspfleger des Vollstreckungsgerichts (§ 20 Nr. 17 RPflG, 828) auf Antrag eines Gläubigers oder des Schuldners, nicht des Drittschuldners, denn der ist nicht Beteiligter.[65] Der Beschluss ist den Gläubigern, dem Schuldner und dem Drittschuldner vAw. zuzustellen (§ 329 Abs. 3). Gegen den Beschluss steht dem durch ihn Beschwerten die sofortige Beschwerde zu (§§ 11 RPflG, 793). Da die Verrechnung nach Nr. 4 S. 1 schon kraft Gesetzes eingreift, hat die Entscheidung hier, anders als bei Nr. 2, 2a (s. o. Rn. 8–13) und ggf. Nr. 3 (s. o. Rn. 14), nur deklaratorische Bedeutung.[66] Nach Nr. 4 S. 3 kann sich der Drittschuldner an die ihm bekannten Pfändungsbeschlüsse halten, solange ihm keine Entscheidung nach Nr. 4 zugestellt worden ist. 15

2. Abtretungen und bevorrechtigte Pfändungen. a) Regelfall. Soweit rechtsgeschäftliche Verfügungen in den Grenzen des § 850c erfolgt sind, kann ein **gewöhnlicher** Pfändungsgläubiger nur noch auf den Teil zugreifen, über den nicht verfügt wurde. Ein **bevorrechtigter** Pfändungsgläubiger kann darüber hinaus den Unterschiedsbetrag zwischen § 850d und § 850c erlangen.[67] 16

b) Sonderfall (Nr. 4). Wurden **Abtretungen** oder sonstige Verfügungen **zu Gunsten bevorrechtigter** Unterhaltsgläubiger über die Grenzen des § 850c hinaus vorgenommen (zB Abtretung eines Teils des Gehalts an die unterhaltsberechtigte geschiedene Ehefrau),[68] geht die rechtsgeschäftliche Verfügungsmöglichkeit über den Rahmen des § 850c hinaus bis zum Freibetrag aus § 850d. In diesem Fall verweist Nr. 4 den Abtretungsgläubiger im Verhältnis zum Pfändungsgläubiger zunächst auf den weiteren Betrag gemäß § 850d. Wenn ein **gewöhnlicher** Abtretungsgläubiger nicht gepfändet hat, kann er nicht nach Nr. 4 S. 2 vorgehen. Nr. 4 greift nur zu Gunsten von Pfändungsgläubigern ein.[69] 17

850f *Änderung des unpfändbaren Betrages*

(1) Das Vollstreckungsgericht kann dem Schuldner auf Antrag von dem nach den Bestimmungen der §§ 850c, 850d und 850i pfändbaren Teil seines Arbeitseinkommens einen Teil belassen, wenn

a) der Schuldner nachweist, dass bei Anwendung der Pfändungsfreigrenzen entsprechend der Anlage zu diesem Gesetz (zu § 850c) der notwendige Lebensunterhalt im Sinne des Dritten und Elften Kapitels des Zwölften Buches Sozialgesetzbuch oder nach Kapitel 3 Abschnitt 2 des Zweiten Buches Sozialgesetzbuch für sich und für die Personen, denen er Unterhalt zu gewähren hat, nicht gedeckt ist,

b) besondere Bedürfnisse des Schuldners aus persönlichen oder beruflichen Gründen oder

c) der besondere Umfang der gesetzlichen Unterhaltspflichten des Schuldners, insbesondere die Zahl der Unterhaltsberechtigten, dies erfordern

und überwiegende Belange des Gläubigers nicht entgegenstehen.

(2) Wird die Zwangsvollstreckung wegen einer Forderung aus einer vorsätzlich begangenen unerlaubten Handlung betrieben, so kann das Vollstreckungsgericht auf Antrag des Gläubigers den pfändbaren Teil des Arbeitseinkommens ohne Rücksicht auf die in § 850c vorgesehenen Beschränkungen bestimmen; dem Schuldner ist jedoch so viel zu belassen, wie er für seinen notwendigen Unterhalt und zur Erfüllung seiner laufenden gesetzlichen Unterhaltspflichten bedarf.

(3) [1]Wird die Zwangsvollstreckung wegen anderer als der in Absatz 2 und in § 850d bezeichneten Forderungen betrieben, so kann das Vollstreckungsgericht in den Fällen, in denen sich das Arbeitseinkommen des Schuldners auf mehr als monatlich 2815 Euro* (wöchentlich 641 Euro*, täglich 123,50 Euro*) beläuft, über die Beträge hinaus, die nach § 850c pfändbar wären, auf Antrag

---

64 *Brox/Walker* Rn. 564.

65 MK/*Smid* Rn. 46; aA; *St/J/Brehm* Rn. 82; vgl. a. *Hintzen/Wolf* InVo 1998, 3.

66 MK/*Smid* (Fn. 63); *St/J/Brehm* Rn. 80; aA *Behr* Rpfleger 1981, 382, 390f.

67 OLG Düsseldorf DAVorm. 1981, 487f.; OLG Hamm Rpfleger 1953, 186 m. Anm. *Berner.*

68 *St/J/Brehm* Rn. 86.

69 LG Gießen Rpfleger 1985, 370; MK/*Smid* Rn. 45; *St/J/Brehm* Rn. 86; aA *B/L/H* Rn. 13; *T/P/Hüßtege* Rn. 8.

des Gläubigers die Pfändbarkeit unter Berücksichtigung der Belange des Gläubigers und des Schuldners nach freiem Ermessen festsetzen. ²Dem Schuldner ist jedoch mindestens so viel zu belassen, wie sich bei einem Arbeitseinkommen von monatlich 2815 Euro* (wöchentlich 641 Euro*, täglich 123,50 Euro*) aus § 850c ergeben würde. ³Die Beträge nach den Sätzen 1 und 2 werden entsprechend der in § 850c Abs. 2a getroffenen Regelung jeweils zum 1. Juli eines jeden zweiten Jahres, erstmalig zum 1. Juli 2003, geändert.

* Zur Änderung bei § 850c siehe dort. Anm. Eine gesonderte Bekanntmachung zu § 850f ist nicht erfolgt. Ein vom BMJ bestätigter Abgleich führt ab 1. 7. 2005 bei § 850f zu folgenden Zahlen: Statt 2815 € neu 2985 €; statt 641 € neu 678,70 €, statt 123,50 € neu 131,25 € (vgl Rpfleger 2005, Heft 5, II). Eine weitere Änderung ab 1. 7. 2009 ist möglich.

I. Normzweck

1 Auf Grund der Härteklauseln können die pauschal auf Durchschnittsfälle abgestellten Regelungen der §§ 850c, 850d, 850i den individuellen Verhältnissen angepasst werden, und zwar nach Abs. 1 zu Gunsten des Schuldners, nach Abs. 2 und 3 zu Gunsten des Gläubigers. Die Norm greift in allen Verfahren nach §§ 850ff. ein.[1] Sie gilt auch bei der Pfändung durch bevorzugte Unterhaltsgläubiger, soweit besondere Belastungen des Schuldners noch nicht nach § 850d berücksichtigt wurden.[2] Ein Verzicht des Schuldners auf den Pfändungsschutz ist nicht möglich, s. § 850 Rn. 1. **Anwendungsbereich** außerhalb des Pfändungsverfahrens: Im Insolvenzverfahren wurde Abs. 1 lit. a) trotz § 100 InsO vor 2002 über § 4 InsO entspr. angewandt, weil § 850c aF das Existenzminimum des Schuldners nicht sicherte,[3] s. jetzt § 850c Rn. 1. Verlangt der Zedent bei einer **Abtretung** von Arbeitseinkommen eine Erhöhung der Pfändungsfreigrenze nach Abs. 1, so entscheidet mangels Vollstreckungsverfahrens darüber nicht das Vollstreckungsgericht.[4] Nach BGH[5] spricht vieles dafür, die Norm auf Abtretungen entspr. anzuwenden, u. die Zuständigkeit des Prozessgerichts zu bejahen,[6] weil ein Streit darüber, ob u. in welchem Umfang einer Partei Rechte aus einer Vereinbarung zustehen, typischerweise dorthin gehöre.[7] Dagegen spricht: Dem Prozessgericht fehlt die Kompetenz für eine die Rechte des Gläubigers einschränkende Entscheidung, für das Begehren des Zedenten auf Erhöhung des nicht übertragbaren Einkommens gibt es keine Anspruchsgrundlage.[8] In der **Verwaltungsvollstreckung** gilt Abs. 2 sinngemäß (§ 319 AO).[9] Abs. 1 S. 1 lit. a) u. Abs. 3 wurden zum 1. 1. 2002 geändert durch das Siebte Gesetz zur Änderung der Pfändungsfreigrenzen. Abs. 1 S. 1 lit. a) erneut geändert durch Art. 21 Nr. 2 des Vierten Gesetzes für moderne Dienstleistungen am Arbeitsmarkt u. durch Art. 34 des Gesetzes zur Einordnung des Sozialhilferechts in das Sozialgesetzbuch, gilt so seit 2005.[10]

II. Härteklausel für den Schuldner (Abs. 1).

2 **1. Sicherung des konkreten Existenzminimums (lit. a). a) Allgemeines.** Abs. 1 geht dem pauschalen Pfändungsschutz (§§ 850c, 850d, 850i) vor.[11] Er gilt auch für die Pfändung laufender Sozialleistungen (§ 54 Abs. 4 SGB I).[12] Der Schuldner muss den **Nachweis der Sozialhilfebedürftigkeit** erbringen.[13] Das geschieht idR durch Vorlage einer Bescheinigung des zuständigen Sozialamtes über den fiktiven Sozialbedarf (§§ 27–40 SGB XII).[14] Das Gericht ist nicht an diese Bescheinigung gebunden, es hat sie frei zu würdigen (§ 286).[15] Wenn nicht angenommen werden kann, dass das Sozialamt die Bedürftigkeit anhand beigebrachter Belege überprüft hat, muss die Bedürftigkeit nachprüfbar dargelegt und ggf. nachgewiesen werden. Was dem Schuldner für sich und weitere Personen, denen er Unterhalt schuldet und gewährt, als **Freibetrag** verbleiben muss, bestimmt sich allein nach SGB II u. XII (s. § 850d Rn. 5f.)[16]. Er errechnet sich mithin regelmäßig aus dem ortsüblichen Regelsatz der Sozialhilfe, einer Pauschale für Anschaffungen für Kleidung und größeren Hausrat, den angemessenen Kosten für Unterkunft und Heizung und einer Pauschale für arbeitsbedingten Mehraufwand.[17] Lässt sich allerdings absehen, dass die Pfändung nicht lange dauern wird, ist

---

1 BGH NJW-RR 2004, 506, 507; FamRZ 2004, 621 m. Anm. *Schürmann*.
2 OLG Frankfurt/M FamRZ 2000, 614f.; *St/J/Brehm* Rn. 7; aA LG Berlin Rpfleger 1993, 120.
3 OLG Köln NJW-RR 2001, 191; InVo 2000, 422; OLG Frankfurt/M NJW-RR 2001, 189; aA AG Köln Rpfleger 2001, 197 (wg. Art. 101 Abs. 2 GG gesetzliche Regelung erforderlich.)
4 BGH NJW-RR 2003, 1367; aA OLG Düsseldorf InVo 1999, 359; LG Heilbronn Rpfleger 2001, 190.
5 BGH (Fn. 4);
6 So: OLG Köln NJW-RR 1998, 1689; *Stöber* Rn. 1250b; *T/P/Hüßtege* Rn. 1 aE.
7 BGH (Fn. 4): Der Leitsatz „... so entscheidet über den Umfang der Abtretung das Prozessgericht ...“ geht über die Gründe hinaus.
8 BAG NJW 2001, 1443; *Walker*, Festschr. f. Musielak 2004 S. 655, 668.
9 BFH NJW 1997, 1725.
10 G v. 24. 12. 2003 (BGBl. I S. 2954, 2985); G. v. 27. 12. 2003 (BGBl. I S. 3022, 3064).
11 BGH (Fn. 1).
12 OLG Frankfurt Rpfleger 1978, 265f. (zur früheren Arbeitslosenhilfe).
13 *St/J/Brehm* Rn. 2.
14 OLG Köln NJW 1992, 2836; *Hornung* Rpfleger 1992, 331, 334f.
15 OLG Stuttgart InVo 2001, 258f.; OLG Köln Rpfleger 1999, 548; OLG Frankfurt JurBüro 1992, 59.
16 BGH (Fn. 1).
17 LG Braunschweig NdsRpfl. 2001, 464 (Berechnungsbeispiel); *Hornung* (Fn. 14) S. 337; aA LG Hamburg NJW-RR 1992, 264, 266; LG Stuttgart Rpfleger 1990, 173 (Einzelnachweis erforderlich).

der konkret nachzuweisende Bedarf maßgeblich.[18] Von Regelsätzen und Pauschalen nicht erfasste **individuelle Bedürfnisse** des Schuldners, etwa wegen Gebrechlichkeit oder Krankheit, sind zusätzlich zu berücksichtigen, wenn der Schuldner sie nachweist.[19] Gesetzliche **Unterhaltsverpflichtungen,**[20] denen der Schuldner nachkommt, nicht aber freiwillig übernommene Verpflichtungen, sind nach den Maßstäben des SGB XII ebenfalls zu berücksichtigen, und zwar bei der Pfändung durch gewöhnliche Gläubiger abw. v. § 850d stets im vollen Umfang, denn es geht hier nicht um eine Mangelverteilung (s. dazu § 850d Rn. 15) zwischen gleichrangigen Gläubigern. Bei der Berechnung des Sozialhilfebedarfs ist zum Regelsatz der unterhaltsberechtigten Angehörigen des Schuldners ein pauschaler Zuschlag für einmalige Leistungen hinzuzurechnen.[21] Es ist auch nicht maßgeblich, ob Unterhaltsberechtigte nach Sozialhilferecht auf eine Erwerbstätigkeit verwiesen werden könnten.[22]

b) **Mindestbetrag.** Das zum notwendigen Lebensunterhalt Erforderliche steht dem Schuldner nach richtiger Ansicht in voller Höhe zu, wenn überwiegende Belange des Gläubigers nicht entgegenstehen, also auch dann, wenn für den Gläubiger kein pfändbarer Betrag mehr bleibt.[23] Das gebieten Sinn und Zweck der Regelung, die ein Absinken des verbleibenden Einkommens unter die Sozialhilfe verhindern und so zugleich vermeiden will, dass wg. der Pfändung Sozialhilfe zu leisten ist und der Gläubiger letztlich auf Kosten der Allgemeinheit befriedigt wird.[24] Der Wortlaut der Norm („Teil belassen"), der früher nur für die jetzigen lit. b) und c) galt und bei Einfügung des neuen lit. a)[25] beibehalten wurde,[26] steht wg. der gebotenen teleologischen Reduktion nicht entgegen.[27] **Überwiegende Belange** des Gläubigers sind ebenfalls an dem Zweck der Regelung zu messen. Sie dürften daher nur selten vorliegen. Allein der Umstand, dass der Gläubiger bei Beachtung des Schuldnerschutzes sozialhilfebedürftig würde, begründet noch nicht sein überwiegendes Interesse.[28] 3

c) **Pfändung durch Unterhaltsgläubiger.** In dem Fall führt lit. a) dazu, dass die sonst nach § 850d Abs. 1 S. 3 zu beachtende **Höchstbetragsgrenze** des § 850c **entfällt.**[29] Für den persönlichen Bedarf des Unterhaltsschuldners muss deshalb ein individueller Freibetrag festgesetzt werden. Hinsichtlich des Lebensunterhalts weiterer Unterhaltsberechtigter sind bei nicht ausreichendem Einkommen die Grundsätze der Mangelverteilung (s. § 850d Rn. 15) aber auch hier zu beachten. 4

2. Besondere Bedürfnisse (lit. b). Das sind solche, die nicht bereits nach §§ 850a–d, 850e Nr. 1 berücksichtigt wurden.[30] Als persönliche Gründe des Schuldners kommen zB Krankheit[31] und Invalidität in Betracht.[32] Berufliche Gründe können sein: hohe Fahrtkosten zur Arbeitsstätte,[33] besondere Kosten für Kleidung, praxisbedingte Aufwendungen Selbständiger.[34] Vorausgesetzt wird stets, dass Bedürfnisse vorhanden sind, deren Ursachen nicht zu weit zurückliegen.[35] Sie müssen nachprüfbar nachgewiesen werden.[36] 5

3. Besondere Belastungen (lit. c). Sie können sich infolge Unterhaltsverpflichtungen daraus ergeben, dass § 850c Abs. 2 nicht mehr als fünf Unterhaltsberechtigte berücksichtigt (s. § 850c Rn. 6) oder dass besondere Aufwendungen wg. Ausbildung, (aber nicht Konfirmationskosten,[37]) Behinderung oder Krankheit von Kindern[38] nötig sind. Entscheidend ist auch hier das Bestehen entsprechender Verpflichtungen, s. § 850c Rn. 4. Nicht geschuldeter Unterhalt, zB für den Lebensgefährten, bleibt unberücksichtigt; der Schuldner kann sich ggf. nach § 765a wehren.[39] 6

4. Erforderlichkeit. Schuldnerbegünstigung durch Änderung des unpfändbaren Betrages ist dann erforderlich, wenn ihm unter Berücksichtigung seiner nach lit. a) bis c) zu berücksichtigenden Verpflichtungen **Sozialhilfebedürftigkeit** droht **oder** wenn ihm aus seinen besonderen Belastungen, die nicht schon nach 7

---

[18] LG Hamburg (Fn. 17); *St/J/Brehm* Rn. 2; *Stöber* Rn. 1176f.
[19] LG Bochum Rpfleger 1998, 531.
[20] So wg. § 850c Abs. 1 S. 2 auch *Zö/Stöber* Rn. 2; aA LG Limburg NJW-RR 2003, 365.
[21] OLG Köln FamRZ 1996, 811.
[22] OLG Köln (Fn. 14).
[23] LG Gießen Rpfleger 1996, 118 = DGVZ 1996, 10; *St/J/Brehm* Rn. 2a aE; *Zö/Stöber* Rn. 6; aA *Hornung* (Fn. 14); wohl auch: LG Hamburg NJW-RR 1992, 264, 266 (zu § 850f. Abs. 1 aF).
[24] BGH (Fn. 1).
[25] G v. 1. 4. 1992 (BGBl. I S. 745).
[26] LG Gießen (Fn. 23: Redaktionsversehen).
[27] AA *Hornung* (Fn. 14).
[28] *St/J/Brehm* (Fn. 23).
[29] BGH (Fn. 1).
[30] OLG Hamm JurBüro 1977, 411; *St/J/Brehm* Rn. 2b.
[31] LG Essen, LG Frankenthal, LG Mainz Rpfleger 1990, 470; LG Hannover WM 1991, 68 (Diät für Diabetiker).
[32] BGH NJW 1982, 1594 (LS) (Pkw für doppelt Beinamputierten); OLG Zweibrücken JurBüro 1988, 934.
[33] OLG Köln FamRZ 1989, 996; LG Halle Rpfleger 2000, 285 (nur soweit sie die Üblichen übersteigen); LG Marburg JurBüro 1999, 661 (nur die öffentlicher Verkehrsmittel).
[34] *v. Glasow* Rpfleger 1987, 289.
[35] OLG Hamm Rpfleger 1977, 110.
[36] LG Hamburg Rpfleger 1991, 515.
[37] OLG Stuttgart FamRZ 1982, 114; aA *Stöber* Rn. 1181.
[38] OLG Düsseldorf FamRZ 1981, 76 (kieferorthopäd. Behandlung); *Rupp/Fleischmann* Rpfleger 1983, 377, 379f. (pränatal geschädigte Kinder).
[39] LG Schweinfurt FamRZ 1984, 45; MK/*Smid* Rn. 7; *T/P/Hüßtege* Rn. 6.

§§ 850c, 850d oder 850i berücksichtigt wurden, ein **überdurchschnittlicher Nachteil** erwächst.[40] Abzustellen ist allein auf den durch Arbeitseinkommen zu beschaffenden Lebensunterhalt. Auf anderes Einkommen oder auf Vermögen des Schuldners kommt es nicht an; der Gläubiger mag darauf zugreifen.[41]

8 **5. Keine überwiegenden Gläubigerinteressen.** Überwiegende Interessen des Gläubigers dürfen nicht entgegenstehen. Sein mit der Verringerung des Pfändungszugriffs verbundener Nachteil darf nicht schwerer wiegen als der besondere Nachteil, der dem Schuldner bei Durchführung der Pfändung im Rahmen des § 850c droht. Erforderlich ist daher in jedem Fall eine Berücksichtigung der schutzwerten Belange der Gläubiger, auch bei Unterhaltsgläubigern.[42] Die Härtefälle in lit. b) und c) lassen sich als Maßstab auch für die Belange des Gläubigers entsprechend anwenden; zu lit. a) s. Rn. 3. Bei der Abwägung der beiderseitigen Interessen hat grds. keine Seite Vorrang.[43] Vollstreckt der Gläubiger wg. eines Anspruchs nach Abs. 2, werden seine Interessen idR vorrangig sein.[44] Bei Unterhaltsgläubigern hat das Vollstreckungsgericht die Wertungen des Prozessgerichts im Unterhaltsverfahren zu berücksichtigen. Eine rechtliche Bindung besteht aber nicht.[45]

III. Härteklauseln für den Gläubiger (Abs. 2 und 3)

9 **1. Pfändung wg. Forderungen aus vorsätzlich unerlaubter Handlung (Abs. 2). a) Voraussetzung der erweiterten Pfändbarkeit** ist, dass die Zwangsvollstreckung wegen einer Forderung aus einer vorsätzlich begangenen unerlaubten Handlung betrieben wird.[46] Erfasst werden außer den Ansprüchen aus §§ 823, 847 BGB (Körperverletzung, Diebstahl, Unterschlagung, Betrug) auch die aus Sondertatbeständen, in denen die Verletzung absoluter Gläubigerrechte mit Schadenersatzverpflichtungen sanktioniert ist, wie bei § 1 UWG, §§ 97 UrhG, 139 PatG,[47] nicht aber bei Steuerhinterziehung nach § 370 AO.[48] Der **Umfang** der Privilegierung erstreckt sich wg. der engen materiellrechtlichen Verbindung auch auf notwendige Prozess- und Vollstreckungskosten,[49] nicht aber auf Verzugszinsen, weil letztere eine eigene materiellrechtliche Grundlage haben.[50] Bei einem Wechsel auf der Gläubiger- oder Schuldnerseite geht die Privilegierung nicht verloren.[51] Der Gläubiger kann nach Abs. 2 aber nicht gegen den weiteren Schuldner in den Fällen des gesetzlichen oder rechtsgeschäftlichen Schuldbeitritts vorgehen.[52] **Keine Privilegierung** besteht für Ansprüche aus Gefährdungshaftung, ungerechtfertigter Bereicherung und für vertragliche Ansprüche, es sei denn, dass zugleich eine vorsätzliche unerlaubte Handlung vorliegt. Bedingter Vorsatz des Schuldners genügt, selbst grobe Fahrlässigkeit reicht aber nicht aus.

10 **b) Nachweis.** Es findet **keine Anhörung** des Schuldners vAw. statt.[53] Ergibt sich **aus dem Urteil,** dass die Forderung auf Grund einer vorsätzlich begangenen unerlaubten Handlung besteht, ist der Nachweis erbracht. Das Vollstreckungsgericht ist daran gebunden; der Schuldner kann die Feststellung nicht bestreiten.[54] Der Gläubiger sollte deshalb darauf hinwirken, dass der deliktische Schuldgrund u. der Verschuldensgrad in den Urteilstenor aufgenommen wird.[55] Ein derartiger Antrag darf nicht mit der Begründung zurückgewiesen werden, es stehe noch nicht fest, dass der Schuldner nicht zahle und dass die normale Pfändung erfolglos bleibe.[56] Wird in dem zu vollstreckenden Titel keine oder nur eine vertragliche Anspruchsgrundlage genannt, kann der Gläubiger im Vollstreckungsverfahren ohne Zustimmung des Schuldners nicht mehr nachweisen, dass der titulierte Anspruch auf einer vorsätzlich begangenen unerlaubten Handlung beruht.[57] Das ergibt sich aus Wortlaut u. Entstehungsgeschichte der Norm, der Aufgabenverteilung zwischen Prozess- u. Vollstreckungsgericht und den schutzwerten Interessen des Schuldners. Maßgeblich ist der **Urteilstenor.** Gibt er nichts her, ist das Vollstreckungsgericht zur **Auslegung** des Titels (s. auch § 704 Rn. 6) berechtigt und verpflichtet.[58] Es kann hierzu Tatbestand u. Entscheidungsgründe heranziehen,[59] aus denen sich ohne weiteres ergeben muss, dass die titulierte Forderung nach Grund u. Höhe auf

---

40 MK/*Smid* Rn. 8; *St/J/Brehm* Rn. 4.
41 *St/J/Brehm* Rn. 2a; *Zö/Stöber* Rn. 2; aA *Hornung* (Fn. 14) S. 335.
42 BGH NJOZ 2004, 1205.
43 *St/J/Brehm* Rn. 5.
44 *Schuschke/Walker* Rn. 9; aA: LG Darmstadt InVo 2003, 293, 294.
45 MK/*Smid* Rn. 12; *St/J/Brehm* Rn. 7; aA OLG Bremen OLGZ 1972, 485 (nur § 323).
46 Eingehend: *Neugebauer* MDR 2004, 1223; *Sturm* JurBüro 2003, 116.
47 *Schuschke/Walker* Rn. 8.
48 BFH NJW 1997, 1725, 1726.
49 KG Rpfleger 1972, 67; LG Dortmund Rpfleger 1989, 75; MK/*Smid* Rn. 14; aA LG Hannover Rpfleger 1982, 232; *T/P/Hüßtege* Rn. 8a.
50 LG Ellwangen JurBüro 2003, 660; MK/*Smid* Rn. 14; *T/P/Hüßtege* Rn. 8a; *Zö/Stöber* Rn. 8; aA LG Stuttgart Rpfleger 2005, 38.
51 ArbG Koblenz MDR 1979, 611 (LS) = KKZ 1981, 66 (Zessionar).
52 MK/*Smid* Rn. 15.
53 LG Bochum Rpfleger 1997, 395.
54 HM: BGHZ 109, 275, 277 = NJW 1990, 834; OLG Stuttgart OLGR 2000, 255; aA *Hager* KTS 1991, 1.
55 *B/L/H* Rn. 10; *Zö/Stöber* Rn. 9; *Künzl* JR 1991, 95.
56 So aber: OLG Oldenburg NJW-RR 1992, 573, 574.
57 BGHZ 152, 166, 169 = NJW 2003, 515; *Meller-Hanich* LMK 2003, 74; *Ahrens* NJW 2003, 1371; dagegen mit guten Gründen: *Stöber* Festschr. f. Vollkommer (2006), S. 363ff.
58 BGH NJW 1986, 1440; OLG Stuttgart OLGR 2000, 255.
59 BGH (Fn. 54); MK/*Smid* Rn. 16; *T/P/Hüßtege* Rn. 8; *Zö/Stöber* Rn. 9; *Brox/Walker* Rn. 579.

einer vorsätzlich begangenen unerlaubten Handlung beruht.[60] Fehlen Entscheidungsgründe, wie beim **Versäumnisurteil,** dürfte der Anspruchsbegründung entspr. Bedeutung zukommen, weil das Prozessgericht die Schlüssigkeit geprüft hat[61] Ein **Anerkenntnisurteil** genügt nur bei entspr. Urteilstenor,[62] weil es nicht auf materiellrechtlicher Prüfung, sondern allein auf der Prozesshandlung des Schuldners beruht, s. § 307 Rn. 2,15. Ein **Vollstreckungsbescheid** genügt auch dann nicht, wenn er eine Anspruchsgrundlage nennt, die eine vorsätzliche unerlaubte Handlung voraussetzt, weil die rechtliche Einordnung auf gerichtlich nicht überprüften Angaben des Gläubigers gründet[63] u. weil der Schuldner die Folgen regelmäßig nicht überblicke.[64] Bei einem **Vergleich** (§ 794 Abs. 1 Nr. 1) oder einer **vollstreckbaren Urkunde** (§ 794 Abs. 1 Nr. 5) können die Parteien die privilegierte Vollstreckung durch entspr. Formulierungen sicherstellen.[65] Andernfalls bleibt dem Gläubiger nur die Möglichkeit, zum Nachweis der Voraussetzungen des Abs. 2 **Feststellungsklage** (§ 256) zu erheben.[66] Das Feststellungsinteresse, dass der titulierte Anspruch auch aus einer vorsätzlich begangenen unerlaubten Handlung begründet ist, muss auf Grund der vollstreckungsrechtlichen Ungewissheit bejaht werden.[67] Der Nachweis ist mithin bei einem abstrakten Schuldversprechen nicht möglich.[68]

c) **Interessenabwägung.** Die Herabsetzung des unpfändbaren Betrages erfolgt nicht in jedem Fall. Der 11
Rechtspfleger hat eine Ermessensentscheidung zu treffen („kann"). Er muss also die Belange des Gläubigers (Unrechtsgehalt, Begehungsart der unerlaubten Handlung, Schaden des Gläubigers, Vorteile, die der Schuldner erlangt hat) und die des Schuldners einschließlich der ihm gegenüber Unterhaltsberechtigten (wirtschaftliche Verhältnisse; ggf. Voraussetzungen nach Abs. 1) gegeneinander abwägen.[69] Wird der Antrag völlig abgewiesen, bleibt es bei den Grenzen der §§ 850c, 850d.

d) **Äußerste Belastungsgrenze.** Sie besteht in dem, was dem Schuldner nach § 850d Abs. 1 S. 2 zu ver- 12
bleiben hätte, s. § 850d Rn. 5 ff.[70] Wird der Schuldner nicht gehört (s. Rn. 17), kann vorläufig der doppelte Eckregelsatz (§ § 28 SGB XII) eingesetzt werden.[71] Unterhaltsberechtigte Gläubiger gehen mithin dem nach Abs. 2 begünstigt pfändenden Gläubiger vor.[72] Kindergeld, auf das der Schuldner Anspruch hat, ist ohne Zusammenrechnungsanordnung (§ 850e) auf den verbleibenden Betrag voll anzurechnen.[73] Weil das monatliche Einkommen des Schuldners schwanken kann, muss die Einschränkung des § 850d Abs. 1 S. 3 in den Beschluss aufgenommen werden.[74]

e) **Kein Rangvorteil.** Soweit es um das allg. pfändbare Arbeitseinkommen nach § 850c geht, bleibt es bei 13
der Rangfolge des § 804 Abs. 3. Der begünstigt pfändende Gläubiger erwirbt aber zusätzlich ein Pfandrecht an dem Teil des Einkommens, der auf Grund des Beschlusses nach Abs. 2 nur für ihn pfändbar ist.[75] Trifft Pfändung nach Abs. 2 mit der eines **bevorrechtigten Unterhaltsgläubigers** nach § 850d zusammen, geht für die nach § 850c nicht pfändbaren Einkommensteile der Unterhaltsberechtigte vor, und zwar unabhängig von der Reihenfolge der Pfändungen, weil sich der Beschluss nach Abs. 2 nie zum Nachteil der bevorrechtigten Unterhaltsgläubiger auswirken darf.[76]

2. Vollstreckung in höheres Einkommen (Abs. 3). Jeder einfache Gläubiger ist berechtigt, beim Vollstre- 14
ckungsgericht eine Herabsetzung des unpfändbaren Betrages zu beantragen, wenn das nach § 850e Abs. 1 errechnete Nettoeinkommen des Schuldners die in Abs. 3 angegebenen Beträge übersteigt (S. 1). Dadurch wird berücksichtigt, dass der dem Schuldner nach § 850c verbleibende Freibetrag auch bei gewöhnlichen Gläubigern im Einzelfall unangemessen hoch sein kann. Das ist etwa möglich, wenn die tatsächlichen Unterhaltszahlungen des Schuldners geringer sind als der ihm zugute kommende Freibetrag.[77] Das Gericht hat auch hier anhand der Maßstäbe der Abs. 1 und 2 die Belange von Gläubiger und Schuldner abzuwägen. Der Gläubiger muss die Unbilligkeit nachprüfbar darlegen. Wird der Antrag sogleich mit dem auf Erlass des Pfändungsbeschlusses gestellt, ist der Schuldner vorher nicht zu hören (§ 834), wohl aber bei nachträglich gestelltem Antrag (Art. 103 GG). Das Gericht entscheidet auf Grund der Abwägung beiderseitiger Belange nach billigem Ermessen durch Beschluss. Der Mindestbehalt (S. 2) ist zu beachten. Die Neuregelung in S. 3 entspricht der Dynamisierung bei § 850c Abs. 2a.

---

60 BGH (Fn. 54).
61 MK/*Smid* Rn. 16; aA LG Frankenthal Rpfleger 2006, 29.
62 Zutr.: LG Frankenthal Rpfleger 2006, 29, 30.
63 Nunmehr: BGH NJW 2005, 1663, 1664 m. Anm. *Gaul* NJW 2005, 2894; *Schuschke/Walker* Rn. 9; *St/J/Brehm* Rn. 13; *T/P/Hüßtege* Rn. 8a.
64 BGH NJW 2006, 2922, 2923 f; aA OLG Hamm ZInsO 2005, 1329, 1330; *Stöber* (Fn. 57), S. 366, 381.
65 LG Bonn NJW-RR 1999, 50 (abstr. Schuldversprechen); *Ahrens* NJW 2003, 1371, 1372.
66 BGH (Fn. 57) S. 171; OLG Hamm OLGR 2000, 126 (Aufgabe v. NJW 1973, 1332); OLG Stuttgart OLGR 2000, 255; OLG Zweibrücken JurBüro 2000, 267.
67 BGH (Fn. 54) S. 280; OLG Oldenburg NJW-RR 1992, 573; aA *Hager* (Fn. 54).
68 LG Bonn JurBüro 1998, 607.
69 LG Darmstadt InVo 2003, 293.
70 LG Bochum Rpfleger 1997, 395; Frankenthal JurBüro 1995, 664.
71 LG Zweibrücken InVo 2000, 24.
72 MK/*Smid* Rn. 20.
73 HM; OLG Düsseldorf MDR 1976, 410; aA LG Mannheim Rpfleger 1971, 114.
74 LG Berlin JurBüro 1974, 376.
75 BAG MDR 1983, 699.
76 AllgM; MK/*Smid* Rn. 21; *Stöber* Rn. 1197 f.
77 MK/*Smid* Rn. 22; *Stöber* Rn. 1198.

IV. Verfahren und Entscheidung

15 **1. Allgemeines.** Die Änderung des unpfändbaren Betrages erfolgt nur auf Antrag.[78] **Zuständig** ist der Rechtspfleger des Vollstreckungsgerichts (§§ 20 Nr. 17 RPflG, 828).[79] Die **Entscheidung** ergeht regelmäßig ohne mündliche Verhandlung durch Beschluss (§ 764 Abs. 3).

16 **2. Schuldnerschutz (Abs. 1).** Antragsberechtigt sind der Schuldner und die Unterhaltsberechtigten, denen der erweiterte Pfändungsschutz zugute kommt.[80] Der Drittschuldner hat kein Antragsrecht.[81] Der Antrag zielt auf Abänderung des Pfändungsbeschlusses aus den in lit. a) bis c) angegebenen Gründen, zur Darlegungs- und Beweislast s. Rn. 2. Wird stattdessen eine Überprüfung der Rechtmäßigkeit des Pfändungsbeschlusses verlangt, handelt es sich um eine Erinnerung nach § 766. Wg. der unterschiedlichen Zuständigkeiten können Antrag und Erinnerung nicht miteinander verbunden werden.[82] **Einstweilige Anordnungen** (§§ 766 Abs. 1 S. 2, 732 entspr.) sind aber auch im Verfahren nach § 850f möglich. Die **Anhörung** des Gläubigers ist zwingend. Das Gericht weist entweder den Antrag des Schuldners zurück, oder es bestimmt nach seinem Ermessen den Betrag, der dem Schuldner von dem nach § 850c pfändbaren Teil seiner Bezüge zu belassen ist. Die Freistellung darf bei lit. b) und c) nur einen Teil der pfändbaren Bezüge erfassen. Dem Gläubiger muss in diesen Fällen ein pfändbarer Einkommensrest verbleiben.[83] Der Schuldner kann ggf. nach § 765a weiteren Schutz erhalten. Der ihm zu belassende, unpfändbare Betrag ist in der **Entscheidung** anzugeben.[84] Die Entscheidung kann zeitlich beschränkt oder mit Zahlungsauflagen verbunden werden.[85] Wird die Entscheidung nicht auf Grund mündlicher Verhandlung verkündet, erfolgt ihre Bekanntmachung durch **Zustellung** vAw. an beide Parteien und den Drittschuldner; ihm gegenüber wird sie auch durch Parteizustellung wirksam. **Rechtsbehelf** ist die sofortige Beschwerde (§§ 11 RPflG, 793); sie steht dem Schuldner zu, wenn sein Antrag (zT) abgelehnt wurde, dem Gläubiger, wenn der Antrag (zT) Erfolg hatte. Das Gericht sollte eine Erhöhung der Pfändungsfreigrenze von der **Rechtskraft** seiner Entscheidung abhängig machen, denn nur so führt eine abändernde Rechtsbehelfsentscheidung dazu, dass eine ursprüngliche Pfändung mit dem alten Rang wieder auflebt.[86]

17 **3. Gläubigerschutz (Abs. 2 und 3).** Nur der Gläubiger ist antragsberechtigt. Es findet keine **Anhörung** des Schuldners statt, wenn über die Herabsetzung des Freibetrages zusammen mit der Pfändung zu entscheiden ist (§ 834)[87] und der Gläubiger die Anhörung nicht von sich aus verlangt.[88] Bei nachträglichem Antrag ist der Schuldner jedoch stets zu hören, s. § 850e Rn. 10. Die **Zustellung** erfolgt durch den Gläubiger, dem der Beschluss formlos übersandt wird, wenn die Herabsetzung **gleichzeitig** mit dem Pfändungsbeschluss angeordnet wird (§ 829 Abs. 2). Ein **nachträglich** die Herabsetzung anordnender Beschluss wird den Parteien und dem Drittschuldner vAw. zugestellt, s. o. Rn. 16. **Rechtsbehelf** für den Gläubiger, dessen Antrag (zT) abgelehnt wurde, ist die sofortige Beschwerde (§§ 11 RPflG, 793), für den Schuldner nur dann, wenn er ausnahmsweise angehört wurde. Regelmäßig kann der Schuldner seine Belange daher nur mit der Vollstreckungserinnerung (§ 766) geltend machen.[89]

V. Gebühren und Kosten

18 **1. Rechtsanwaltsgebühren.** Für den Gläubigervertreter werden die Anträge nach Abs. 2 und 3 durch die Vollstreckungsgebühr der Nr. 3309 VV RVG abgegolten (§ 18 Nr. 3 RVG). Stellt der Schuldnervertreter den Antrag nach Abs. 1, erhält er die Vollstreckungsgebühr aus Nr. 3309 VV RVG.

19 **2. Gerichtskosten.** Gerichtsgebühren werden für das Verfahren einschließlich der Entscheidung über den Antrag auf Änderung des unpfändbaren Betrages nicht erhoben.

850g

Änderung der Unpfändbarkeitsvoraussetzungen **[1]Ändern sich die Voraussetzungen für die Bemessung des unpfändbaren Teils des Arbeitseinkommens, so hat das Vollstreckungsgericht auf Antrag des Schuldners oder des Gläubigers den Pfändungsbeschluss entsprechend zu ändern. [2]Antragsberechtigt ist auch ein Dritter, dem der Schuldner kraft Gesetzes Unterhalt zu gewähren hat. [3]Der Drittschuldner kann nach dem Inhalt des früheren Pfändungsbeschlusses mit befreiender Wirkung leisten, bis ihm der Änderungsbeschluss zugestellt wird.**

---

78 Zum Unterschied zu § 766 vgl.: OLG Köln NJW-RR 1989, 189; OLG Hamm Rpfleger 1977, 224.
79 BAG NJW 1991, 2038 (nicht das Arbeitsgericht).
80 HM; MK/*Smid* Rn. 2; *Stöber* Rn. 1186; aA *Schuschke/Walker* Rn. 2; *Christmann* Rpfleger 1988, 458, 459.
81 HM; MK/*Smid* Rn. 2; *Hornung* (Fn. 14); aA *St/J/Brehm* Rn. 18.
82 OLG Köln NJW-RR 1989, 189; aA LG Stuttgart Rpfleger 1994, 175 (Erhöhung nach Abs. 1 auch nach § 766 möglich).
83 OLG Koblenz JurBüro 1987, 306; LG Aachen JurBüro 1990, 122; MK/*Smid* Rn. 13; *Hornung* (Fn. 14); aA für lit. a): LG Gießen Rpfleger 1996, 118 = DGVZ 1996, 10; *St/J/Brehm* Rn. 2a Fn. 7.
84 MK/*Smid* Rn. 13; vgl. auch: LG Aachen JurBüro 1990, 121; *Hornung* (Fn. 14) S. 335f.
85 MK/*Smid* Rn. 13.
86 OLG Köln NJW-RR 1993, 393 und NJW 1992, 2836; *Brox/Walker* Rn. 581.
87 OLG Koblenz NJW 1975, 939; OLG Düsseldorf NJW 1973, 1133; aA OLG Hamm OLGZ 1973, 379, 384 = NJW 1973, 1332.
88 LG Mannheim JurBüro 1984, 299.
89 OLG Koblenz (Fn. 87); OLG Düsseldorf (Fn. 87); aA OLG Hamm (Fn. 87: § 11 RPflG).

I. Normzweck

Die Norm ermöglicht eine Anpassung des Pfändungsbeschlusses, wenn sich die maßgeblichen Verhältnisse ändern. Die Änderung geschieht nicht vAw., sondern nur auf Antrag der Betroffenen. Erfasst werden insbes. Festsetzungen nach §§ 850b Abs. 2, 850d, 850e Nr. 2, 2a, 3, 850f, 850i. Zum Zusammentreffen mehrerer Unterhaltsgläubiger s. § 850d Rn. 21. 1

II. Voraussetzungen

1. Änderungen der Verhältnisse. Sie liegen zB vor, wenn sich die Zahl der Unterhaltsberechtigten durch Geburt, Tod, Heirat des Schuldners oder Wegfall der Bedürftigkeit wg. eigenen Einkommens ändert, auch bei wesentlich anderen Lebenshaltungskosten (etwa durch Umzug).[1] Die Änderungen müssen **nach Erlass** des Pfändungsbeschlusses eingetreten sein. Sind bereits **beim Erlass** unrichtige Umstände zu Grunde gelegt worden, ist der Beschluss nicht nach § 850g zu ändern, sondern mit der Erinnerung nach § 766 zu überprüfen.[2] Das Begehren des Antragstellers ist sachgerecht auszulegen, auf die von ihm gewählte Bezeichnung kommt es nicht an.[3] Ist der Beschluss bereits im Erinnerungs- oder Beschwerdeverfahren geändert worden, kann der Schuldner mit dem Antrag auch noch Gründe geltend machen, die schon vorlagen, aber nicht Gegenstand des Erinnerungsverfahrens waren.[4] § 850g gilt im allg. nicht für **Blankettbeschlüsse** (s. § 850c Rn. 7f.), denn es ist Sache des Drittschuldners, geänderte Verhältnisse von sich aus zu berücksichtigen. Zur Klarstellung kann aber auch in diesen Fällen ein Änderungsbeschluss erwirkt werden.[5] Bei der Unterhaltsvollstreckung kann der nach § 850d Abs. 1 S. 2 unpfändbare Teil entspr. S. 1 neu festgesetzt werden, wenn eine erstmalige **Grundsatzentscheidung** neue Maßstäbe aufstellt.[6] 2

2. Antragsberechtigte. Das sind außer Schuldner und Gläubiger (S. 1) auch Dritte, denen der Schuldner unterhaltsverpflichtet ist, vorausgesetzt, dass sie durch eine Änderung begünstigt würden (S. 2).[7] Der Drittschuldner hat regelmäßig kein eigenes Antragsrecht, weil er nicht beschwert ist.[8] Man wird es ihm aber zubilligen müssen, wenn es um die Klarstellung eines Blankettbeschlusses (s. Rn. 2) geht. 3

III. Verfahren

Zuständig ist der Rechtspfleger (§ 20 Nr. 17 RPflG) des Gerichts, das den Pfändungsbeschluss erlassen hat.[9] Das gilt auch dann, wenn der abzuändernde Beschluss auf Erinnerung (§ 766) durch den Richter oder das Beschwerdegericht erlassen wurde. Wird jedoch gleichzeitig die ursprüngliche Unrichtigkeit des Pfändungsbeschlusses angegriffen, ist einheitlich im Verfahren nach § 766 durch den Richter zu entscheiden (§ 20 Nr. 17 lit. a) RPflG). Der Rechtspfleger kann auch hier abhelfen. Die **Anhörung** des Gläubigers ist stets erforderlich, wenn der Schuldner die Abänderung beantragt. Musste der Schuldner vor Erlass der abzuändernden Entscheidung gehört werden, ist seine Anhörung auch jetzt geboten. Die **Entscheidung** ergeht durch Beschluss, der den Grund der Änderung angeben muss. Die **Zustellung** erfolgt vAw. an Schuldner, Gläubiger und Drittschuldner (§ 329 Abs. 3), wenn der Beschluss auf Antrag des Schuldners ergeht, er wird wirksam mit Bekanntgabe.[10] Wenn der Beschluss auf Antrag des Gläubigers die Pfändung erweitert, ist er sachlich eine neue Pfändung. Er wird daher erst wirksam mit Zustellung an den Drittschuldner, die durch den Gläubiger im Parteibetrieb erfolgt (§ 829 Abs. 3).[11] Auf Antrag kann eine Rückwirkung auf den Zeitpunkt der Änderung der tatsächlichen Verhältnisse angeordnet werden.[12] Die Anordnung muss ausdrücklich erfolgen, sich zumindest dem Änderungsbeschluss durch Auslegung zweifelsfrei entnehmen lassen.[13] Der Drittschuldner kann gem. S. 3 so lange mit befreiender Wirkung nach dem Inhalt des früheren Pfändungsbeschlusses leisten, bis ihm der Änderungsbeschluss zugestellt wird, also auch dann, wenn er schon vor der Zustellung Kenntnis von der Änderung hatte.[14] **Rechtsbehelfe:** Der Gläubiger und alle Beteiligten, die angehört wurden, haben die sofortige Beschwerde (§§ 11 RPflG, 793). Wurde der Schuldner vor Erweiterung der Pfändung nicht gehört, hat er die Vollstreckungserinnerung nach § 766. Gleiches gilt für den Gläubiger, wenn seine gebotene Anhörung (s. o.) unterblieben ist.[15] 4

---

[1] LG Wuppertal JurBüro 2002, 95 (Tod des Schuldners); LG Hamburg MDR 1988, 146, 241 m. Anm. *Schultz*.
[2] LG Hannover JurBüro 1986, 622; LG Düsseldorf JurBüro 1982, 938; *T/P/Hüßtege* Rn. 3; *St/J/Brehm* Rn. 1; aA OLG Schleswig JurBüro 1959, 134; MK/*Smid* Rn. 4 (§ 850g stets möglich).
[3] *St/J/Brehm* Rn. 3.
[4] OLG Köln FamRZ 1994, 1272.
[5] *Zö/Stöber* Rn. 1.
[6] BGHZ 161, 73, 78 = NJW-RR 2005, 222; so schon: FamRZ 2005, 28 (Pkh-Verfahren).
[7] MK/*Smid* Rn. 5; *B/L/H* Rn. 4.
[8] MK/*Smid* (Fn. 7); *Zö/Stöber* (Fn. 5); aA LAG Frankfurt DB 1990, 639; *T/P/Hüßtege* Rn. 2; *St/J/Brehm* Rn. 4.
[9] BGH Rpfleger 1990, 308; OLG München JurBüro 1985, 945 = Rpfleger 1985, 154; aA *Zö/Stöber* Rn. 4 (Wohnsitzgericht des Schuldners bei Antragstellung).
[10] MK/*Smid* Rn. 7.
[11] MK/*Smid* (Fn. 10); *Schuschke/Walker* Rn. 4; aA *St/J/Brehm* Rn. 11; *Zö/Stöber* Rn. 7 (Zustellung nach § 329 Abs. 3 vAw. auch hier).
[12] *Berner* Rpfleger 1964, 329.
[13] HM; OLG Köln Rpfleger 1988, 419 = JurBüro 1988, 933.
[14] *St/J/Brehm* Rn. 11.
[15] *Zö/Stöber* Rn. 8; aA LG Hagen JurBüro 1985, 945 (Gläubiger auch, wenn er nicht angehört wurde).

IV. Gebühren und Kosten

5 **1. Rechtsanwaltsgebühren.** Vgl. § 850f Rn. 18.

6 **2. Gerichtskosten.** Vgl. § 850f Rn. 19.

850h

Verschleiertes Arbeitseinkommen **(1) [1]Hat sich der Empfänger der vom Schuldner geleisteten Arbeiten oder Dienste verpflichtet, Leistungen an einen Dritten zu bewirken, die nach Lage der Verhältnisse ganz oder teilweise eine Vergütung für die Leistung des Schuldners darstellen, so kann der Anspruch des Drittberechtigten insoweit auf Grund des Schuldtitels gegen den Schuldner gepfändet werden, wie wenn der Anspruch dem Schuldner zustände. [2]Die Pfändung des Vergütungsanspruchs des Schuldners umfasst ohne weiteres den Anspruch des Drittberechtigten. [3]Der Pfändungsbeschluss ist dem Drittberechtigten ebenso wie dem Schuldner zuzustellen.**

(2) [1]Leistet der Schuldner einem Dritten in einem ständigen Verhältnis Arbeiten oder Dienste, die nach Art und Umfang üblicherweise vergütet werden, unentgeltlich oder gegen eine unverhältnismäßig geringe Vergütung, so gilt im Verhältnis des Gläubigers zu dem Empfänger der Arbeits- und Dienstleistungen eine angemessene Vergütung als geschuldet. [2]Bei der Prüfung, ob diese Voraussetzungen vorliegen, sowie bei der Bemessung der Vergütung ist auf alle Umstände des Einzelfalles, insbesondere die Art der Arbeits- und Dienstleistung, die verwandtschaftlichen oder sonstigen Beziehungen zwischen dem Dienstberechtigten und dem Dienstverpflichteten und die wirtschaftliche Leistungsfähigkeit des Dienstberechtigten Rücksicht zu nehmen.

I. Normzweck

1 Der Gläubiger soll davor geschützt werden, dass der Schuldner im Einvernehmen mit dem Drittschuldner die Forderungspfändung vereitelt. Abs. 1 erfasst Lohnverschiebungen, Abs. 2 Lohnverschleierungen. – Zur Wahl einer ungünstigeren **Lohnsteuerklasse** durch den Schuldner s. § 850e Rn. 3.

II. Lohnverschiebung (Abs. 1)

2 **1. Voraussetzungen. a) Vereinbarung mit dem Drittschuldner.** Gegenstand der Vereinbarung ist ein Vertrag zu Gunsten Dritter (§ 328 Abs. 1 BGB), auf Grund dessen der Drittberechtigte an Stelle des Schuldners unmittelbar das Recht erwirbt, vom Drittschuldner Leistungen zu fordern, die ganz oder teilweise eine Vergütung für die Tätigkeit des Schuldners darstellen. Dieser Lohnverschiebung, zB des pfändbaren Teils zu Gunsten v. nahen Angehörigen oder Lebensgefährten, begegnet § 850h Abs. 1 mit der Unterstellung, dass die Vergütung nicht dem Drittberechtigten, sondern dem Schuldner zusteht. Wenn Empfänger der geldwerten Leistung des Schuldners und Vergütungspflichtiger nicht identisch sind, gilt Abs. 1 sinngemäß.[1] Lohnabtretungen des Schuldners (§ 398 BGB) rechnen nicht hierher; dagegen hilft ggf. eine Gläubigeranfechtung nach dem AnfG.

3 **b) Vergütungspflicht.** Weitere Voraussetzung ist, dass zwischen Schuldner und Drittschuldner ein Verhältnis besteht, auf Grund dessen der Schuldner ohne die Abrede Lohnzahlung vom Drittschuldner verlangen könnte. Erfasst wird **jede Tätigkeit** des Schuldners. Ein Arbeits- oder sonstiges Vertragsverhältnis ist nicht erforderlich. Gelegentliche, auch einmalige Tätigkeiten genügen (§ 850i Abs. 1). Str. ist, ob Abs. 1 auch für Ansprüche gilt, die in dem formell zB von der Ehefrau des Schuldners geführten Betrieb auf Grund der vom Schuldner erbrachten Leistungen gegen Dritte entstehen.[2] Richtigerweise ist Abs. 1 hier nicht anzuwenden, sondern der Lohnanspruch des Schuldners gegen seine Ehefrau nach Abs. 2 zu pfänden.[3] Wenn der Schuldner Zahlungen erhält, ohne dafür eine Gegenleistung zu erbringen, ist § 850h unanwendbar.[4]

4 **c) Geschuldete Leistung.** Als geschuldete Leistung kommt jede Vermögenszuwendung in Betracht, die den Umständen nach ganz oder teilweise eine Vergütung für geleistete Dienste des Schuldners darstellt. Die Bezeichnung der Vergütung ist unerheblich.[5] Erfasst werden auch sog. **Mischverhältnisse,** bei denen zB der Ehefrau des Schuldners, die neben ihm gegen Vergütung angestellt wird, höhere Bezüge gezahlt werden, als sie dem Umfang ihrer Arbeitsleistung entsprechen, oder bei denen sie auf Grund der Arbeitsleistung des Schuldners eine übermäßig hohe Gewinnbeteiligung oder Verzinsung für von ihr eingeschossenes Kapital erhält. Maßgeblich ist in allen Fällen nur die objektive Lage; auf die subjektive Auffassung der Beteiligten kommt es nicht an.[6] Unter den Voraussetzungen des § 826 BGB können dem Gläubiger aber zusätzlich Schadenersatzansprüche gegen die Beteiligten zustehen.[7]

5 **2. Verfahren. a) Allgemeines. Zuständig** ist der Rechtspfleger des Vollstreckungsgerichts (§§ 20 Nr. 17 RPflG, 828). Die Voraussetzungen des § 829 müssen vorliegen. Gepfändet wird auch hier nur der **angebliche Anspruch.** Das Vollstreckungsgericht geht daher von den Angaben des Gläubigers aus (s. § 829 Rn. 8). Es prüft nicht, ob der Drittschuldner tatsächlich eine Verpflichtung gegenüber dem Schuldner eingegangen ist und ob die angeblich zugesagte Leistung die Vergütung nach Abs. 1 ausmacht, es sei denn, ein

---

[1] MK/*Smid* Rn. 2; *St/J/Brehm* Rn. 2.
[2] Bejahend: *Stöber* Rn. 1210; *Schuschke/Walker* Rn. 3.
[3] BAG NZA 1997, 61 = MDR 1996, 1155.
[4] BAG FamRZ 1973, 626.
[5] *Brox/Walker* Rn. 533.
[6] BGH AP Nr. 12 = WM 1968, 1254.
[7] BGH FamRZ 1964, 360.

Anspruch des Drittberechtigten ist aus Rechtsgründen von vornherein auszuschließen.[8] Das Vollstreckungsgericht darf deshalb auch die Höhe der fingierten Forderung nicht festsetzen. Geschieht das gleichwohl, ergibt sich daraus keine Bindung.[9] § 850a bis c und bei Vollstreckung durch bevorrechtigte Gläubiger §§ 850d, 850f Abs. 2 sind für die Beschlussfassung zu beachten. Der **unpfändbare Betrag** ist nach dem Gesamtbetrag zu berechnen, der dem Schuldner zugerechnet wird.[10] Für die Pfändung hat der Gläubiger zwei Verfahren zur Auswahl:

b) Anspruch des Drittberechtigten (S. 1). Der Gläubiger kann den Anspruch des Drittberechtigten gegen den Drittschuldner pfänden. Dazu ist weder eine vorherige Zustellung des Titels an den Drittberechtigten noch eine Titelumschreibung erforderlich, weil sich die Pfändung gegen den Schuldner richtet. Die Pfändung erfolgt so, als ob der Schuldner nach wie vor Inhaber des ungeschmälerten Anspruchs und der Drittberechtigte nur Strohmann wäre. Der Beschluss wird ohne Anhörung des Drittberechtigten erlassen (§ 834). Der Gläubiger sollte vorsorglich auch den Anspruch des Schuldners pfänden, um eventuelle Restansprüche des Schuldners zu erfassen, s. a. Rn. 7.[11] 6

c) Anspruch des Schuldners (S. 2). Hat der Gläubiger Grund anzunehmen, dass ein Teil des pfändbaren Lohns an den Schuldner ausbezahlt wird, lässt er sich zweckmäßigerweise den Anspruch des Schuldners gegen den Drittschuldner pfänden und überweisen.[12] Der Anspruch des Drittberechtigten wird davon ohne weiteres erfasst. 7

d) Zustellung (S. 3). Der Gläubiger erhält eine Ausfertigung des Beschlusses zur Zustellung an den Drittschuldner (§ 829 Abs. 2). Ob die Pfändung nach S. 1 oder S. 2 erfolgt, ist gleichgültig. Sie wird in beiden Fällen mit Zustellung an den Drittschuldner wirksam (§ 829 Abs. 3). Zustellungen an den Schuldner und an den Drittberechtigten sind für die Wirksamkeit der Pfändung ohne Belang, s. § 829 Rn. 14. 8

3. Rechtswirkungen der Pfändung. Die Ansprüche von Schuldner und Drittberechtigten werden nur insoweit verstrickt, wie die Voraussetzungen einer Lohnverschiebung nach Abs. 1 tatsächlich vorliegen.[13] Weil Gläubigern des Drittberechtigten, die dessen Ansprüche gegen den Drittschuldner auf Grund Abtretung erhalten[14] oder gepfändet haben,[15] keine weiter gehenden Rechte als dem Drittberechtigten selbst zustehen können, hat die Pfändung nach Abs. 1 Vorrang, auch wenn sie erst zeitlich nachfolgt. 9

III. Lohnverschleierung (Abs. 2)

1. Voraussetzungen (S. 1). Die Vereinbarung des Drittschuldners mit dem Schuldner, dass für dessen Leistungen nichts oder nur unverhältnismäßig wenig zu zahlen ist, hat ihren Grund häufig in familienrechtlichen Beziehungen, zB Mitarbeit des Schuldners im Betrieb der Eltern oder des Ehegatten. Abs. 2 kommerzialisiert die Arbeitskraft des Schuldners und nimmt ihm die Möglichkeit, sie auf Kosten des Gläubigers „zu verschenken". 10

a) Dauer und Art der Tätigkeiten. Die Arbeiten oder Dienste müssen einem Dritten in einem ständigen Verhältnis geleistet werden. Einmalige oder nur gelegentliche Tätigkeiten des Schuldners werden hier, anders als bei Abs. 1, nicht erfasst. Nach hM genügt aber jedes ständige Verhältnis als tatsächliche Grundlage. Es muss weder ein Arbeitsverhältnis noch überhaupt ein Vertrag bestehen.[16] Auch Tätigkeiten auf Grund von Werk- oder Gesellschaftsverträgen werden erfasst.[17] Die Dienste müssen tatsächlich geleistet werden. Die bloße Möglichkeit einer Beschäftigung genügt nicht.[18] Es besteht auch keine Vermutung dafür, dass ein arbeitsloser Ehegatte im Betrieb des anderen mitarbeitet,[19] ggf. aber ein Verdacht, wenn er zunächst selbständig war.[20] Die Leistungen müssen **für einen Dritten** erbracht werden. Abs. 2 greift daher nicht ein, wenn der Schuldner für sich selbst arbeitet, so dass der Erfolg seiner Arbeit ihm allein oder seinem Gesellschaftsanteil zugute kommt.[21] 11

b) Üblicherweise gegen Vergütung. Die Tätigkeiten des Schuldners müssen üblicherweise vergütet werden. Nach dem Zweck der Norm ist ein obj. Maßstab anzulegen.[22] Auf eine Benachteiligungsabsicht kommt es auch hier nicht an; uU bestehen aber Schadenersatzansprüche aus § 826 BGB (s. o. Rn. 4).[23] Die Voraussetzungen des Abs. 2 liegen im allg. vor, wenn der Empfänger der Leistung andernfalls eine voll bezahlte Arbeitskraft hätte einstellen müssen. Fehlende wirtschaftliche Leistungsfähigkeit des Schuldners kann nur in krassen Fällen eine Vergütung ausschließen, s. Rn. 16. Naturalleistungen sind in Geld umzurechnen (§ 850e Nr. 3). 12

---

8 OLG Frankfurt JurBüro 1978, 931.
9 MK/*Smid* Rn. 23.
10 *St/J/Brehm* Rn. 12.
11 *St/J/Brehm* Rn. 9.
12 *Geißler* JurBüro 1986, 1295, 1297.
13 *St/J/Brehm* Rn. 16.
14 *Stöber* Rn. 1214; *Geißler* (Fn. 12) S. 1296.
15 *B/L/H* Rn. 5.
16 HM; MK/*Smid* Rn. 11; *B/L/H* Rn. 6; krit. *St/J/Brehm* Rn. 20.
17 OLG Düsseldorf NJW-RR 1989, 390.
18 BAG FamRZ 1973, 451 m. Anm. *Fenn;* AP Nr. 16 = NJW 1978, 373.
19 LAG Hamm NZA 1988, 657.
20 LG Berlin Rpfleger 1996, 360.
21 MK/*Smid* Rn. 11; *St/J/Brehm* Rn. 19.
22 BAG NJW 1978, 343; LAG Köln NZA 1989, 686.
23 BAG (Fn. 22).

13 **2. Bemessung der Vergütung (S. 2).** Zur Feststellung der Angemessenheit ist zunächst anhand des einschlägigen Tarifvertrages die übliche Vergütung zu ermitteln. Damit ist das vereinbarte Entgelt zu vergleichen. Sodann kann das Gericht unter Abwägung aller Umstände des Einzelfalles eine angemessene Vergütung festsetzen.[24] **Prüfungsmaßstab** für die Voraussetzungen und die Bemessung der Vergütung sind alle Umstände des Einzelfalles.

14 **a) Art der Tätigkeit.** Üblicherweise vergütet werden Leistungen, die erwerbsbezogen sind.[25] Abs. 2 gilt daher regelmäßig nicht für familiäre Mitarbeit im Privathaushalt oder bei der Krankenpflege. Arbeiten und Dienste von Angehörigen kirchlicher Orden werden üblicherweise nicht vergütet.[26] Versorgungsleistungen, die nach geschiedener Ehe für den neuen Partner erbracht werden,[27] können dagegen, wie auch nicht geschuldete Leistungen für den Lebensgefährten,[28] die Annahme fiktiver Einkünfte rechtfertigen. Geschäftsführer einer GmbH leisten ihre Dienste jedenfalls üblicherweise gegen Vergütung.[29]

15 **b) Beziehung zwischen Berechtigtem und Verpflichteten.** Eine **familienrechtliche Mitarbeitspflicht** (§§ 1353, 1360 S. 1, 1619 BGB) schließt bei Ehegatten[30] und Kindern[31] die Anwendung von Abs. 2 nicht aus. Entscheidend ist, ob aus der Sicht eines Dritten eine üblicherweise zu vergütende Tätigkeit vorliegt, wenn man von familiären Bindungen absieht. Es genügt auch, dass eine über die familienrechtliche Mitarbeit hinausgehende Teilzeitarbeit festgestellt werden kann,[32] wie bei ganztägiger unentgeltlicher Tätigkeit des insolventen Schuldners in dem gleichartigen Handelsgeschäft, das von seiner nicht fachkundigen Ehefrau betrieben wird,[33] erst recht, wenn diese anderweit beschäftigt ist.[34] Abs. 2 gilt auch, wenn Eheleute gesellschaftsrechtlich verbunden sind.[35] Je mehr die Erwerbstätigkeit des Leistungsempfängers im Vordergrund steht, umso stärker tritt das Moment rein persönlicher Verbundenheit des Dienstleistenden zurück, und die Tätigkeit ist grundsätzlich zu vergüten. **Wirtschaftliche Abhängigkeit** des Leistenden begründet die Annahme, der Familienangehörige sei wie ein Arbeitnehmer tätig.[36] Die Tätigkeit des Neffen, der jahrelang unentgeltlich mitarbeitet in der Erwartung, den Betrieb seines Onkels zu erben, schließt eine Vergütungspflicht nicht aus. Die verwandtschaftlichen Beziehungen sind im Verhältnis von Vollstreckungsschuldner und -gläubiger dann nur für die Höhe des Entgelts bedeutsam.[37] Bei **schwieriger wirtschaftlicher Lage** des elterlichen Betriebs ist auch die eigene Unterhaltspflicht des Schuldners gegenüber seinen bedürftigen Eltern zu berücksichtigen.[38] So ist zu Gunsten des Drittschuldners zu berücksichtigen, dass ihm der Schuldner einen Teil seiner Arbeitsleistung unentgeltlich zuwenden will, um Schulden abzuarbeiten. Dies darf aber nicht zu einem auffälligen Missverhältnis (mehr als 30 % unter dem Tariflohn bei niedrigem Lohnniveau) zwischen Vergütung und Arbeitsleistung führen, wenn der Betrieb wirtschaftlich leistungsfähig ist.[39] Bei **nichtehelichen Lebensgemeinschaften** tritt die Abgrenzungsproblematik mangels familienrechtlicher Mitarbeitspflicht so nicht auf.[40] Gleichwohl kann es im Einzelfall, nach der Rspr. wohl eher ausnahmsweise,[41] sozialtypisch und damit üblich sein, dass etwa Versorgungsleistungen, vor allem Krankenpflege, aber auch geschäftliche Mitarbeit, nicht zu vergüten sind.[42]

16 **c) Wirtschaftliche Leistungsfähigkeit des Drittschuldners.** Sie ist zu berücksichtigen, um zu verhindern, dass der Betrieb des Drittschuldners infolge der Inanspruchnahme seine wirtschaftliche Grundlage verliert,[43] wie bei kleinen Familien- und landwirtschaftlichen Betrieben, die nur durch kostenlose oder überdurchschnittliche Mitarbeit erhalten werden können.

17 **3. Verfahren. a) Allgemeines.** Die Ausführungen zu Rn. 5 gelten entsprechend. Der angebliche **Anspruch des Schuldners** gegen Drittschuldner wird nach allgemeinen Regeln gepfändet (§§ 829ff.). Die Pfändungsschutzvorschriften (§§ 850ff.) sind zu beachten,[44] weil der Gläubiger nicht besser stehen soll, als er bei nicht verschleiertem Einkommen stünde. Das Vollstreckungsgericht hat nur zu prüfen, ob die Voraussetzungen einer Lohnverschleierung nach Abs. 2 schlüssig vorgetragen sind, nicht aber, ob der Schuldner

---

[24] BAG DB 1965, 1406; LAG Hamm ZIP 1993, 610, 611 = BB 1993, 795.
[25] Vgl. *Brox/Walker* Rn. 536.
[26] BVerfG NJW 1992, 2471.
[27] BGH FamRZ 1980, 668; OLG Hamm NJW-RR 1994, 707, 708f.
[28] OLG Nürnberg NJW-RR 1996, 1412 (Bewertung der Haushaltsführung); LG Ellwangen JurBüro 1997, 274; LG Münster Rpfleger 1994, 33; aA AG Dortmund FamRZ 1994, 1117f.
[29] OLG Düsseldorf NJW-RR 1989, 390.
[30] BAG NJW 1978, 343.
[31] BGH NJW 1979, 1600; BGH FamRZ 1960, 359 (Handwerksbetrieb); OLG Schleswig FamRZ 1956, 253 (Landwirtschaft).
[32] LAG Hamm NZA 1988, 657 = BB 488, 1754 Anm. *Smid.*
[33] LAG Stuttgart DB 1967, 691.
[34] LAG Stuttgart DB 1970, 836.
[35] OLG Düsseldorf OLGZ 1979, 223.
[36] BGH NJW 1977, 853.
[37] BAG (Fn. 30); LAG Hamm ZIP 1993, 610.
[38] *Zö/Stöber* Rn. 7.
[39] LAG Hamm (Fn. 37).
[40] OLG Hamm FamRZ 1984, 498; LG Frankenthal MDR 1984, 856.
[41] BGH FamRZ 1980, 668; OLG Hamm NJW-RR 1994, 707, 708f.; LG Bonn NJW-RR 2001, 1295; großzügiger: LG Memmingen Rpfleger 1997, 175; AG Dortmund FamRZ 1994, 1117f.
[42] *Schuschke/Walker* Rn. 9.
[43] MK/*Smid* Rn. 1; *St/J/Brehm* Rn. 29.
[44] HM; MK/*Smid* Rn. 7; krit. *Lüke* JuS 1995, 872, 873.

tatsächlich einen pfändbaren Anspruch auf eine unter Berücksichtigung aller Umstände des Einzelfalles zu ermittelnde angemessene Vergütung hat. Bei Uneinigkeit entscheidet das Prozessgericht im Rahmen der **Einziehungsklage** des Gläubigers (s. u. Rn. 19). Das Vollstreckungsgericht darf daher die geschuldete Vergütung im Pfändungsbeschluss nicht beziffern. Es erlässt bei Pfändung durch gewöhnliche Gläubiger lediglich einen **Blankettbeschluss** (s. § 850c Rn. 7f.) mit Hinweis auf die Pfändungsbeschränkungen aus § 850c; bei Pfändungen durch **bevorrechtigte Gläubiger** (§§ 850d, 850f Abs. 2) setzt es den unpfändbaren Freibetrag fest, falls der Gläubiger die Berechtigten angibt. Die Pfändung wird wirksam mit **Zustellung** an den Drittschuldner (§ 829 Abs. 3).

b) **Rückständige Ansprüche.** Weil es sich bei Abs. 2 um fingierte Ansprüche handelt, die erst auf Grund der Pfändung in der Person des Gläubigers entstehen, sind Rückstände nur gemeint, wenn dies im Pfändungsbeschluss ausdrücklich bestimmt ist.[45] Nach zutreffender Ansicht sind Rückstände aus verschleiertem Arbeitseinkommen allerdings **unpfändbar.**[46] Für ihre Pfändbarkeit ließe sich zwar anführen, dass der Drittschuldner keinen Vorteil aus der Leistung des Schuldners behalten soll. Dagegen spricht jedoch, dass der Gläubiger durch Abs. 2 nicht besser stehen soll, als er ohne Lohnverschleierung stünde. Bei üblicher Entlohnung wäre aber das vereinbarte Entgelt laufend ausgezahlt worden und kein Rückstand vorhanden.[47] 18

4. Rechtswirkungen. Die **Pfändung** wirkt **nur zu Gunsten des Gläubigers.** Der fiktive Anspruch des Schuldners gegen den Drittschuldner wird zu Gunsten des Gläubigers von der Pfändung erfasst, wenn und wie er unter Berücksichtigung aller oben dargelegten Umstände des Einzelfalles besteht. Der Schuldner erlangt auf Grund der Pfändung keinen Anspruch gegen den Drittschuldner auf Auszahlung eines „an sich geschuldeten" Betrages, wenn er Unentgeltlichkeit der Leistungen vereinbart hatte.[48] Auch vorrangige Abtretungsgläubiger erlangen durch Abs. 2 keine über die Abtretung hinausgehenden Forderungsrechte gegen den Drittschuldner.[49] Der Drittschuldner muss den Anspruch auf Grund des Pfändungs- und Überweisungsbeschlusses berechnen (s. § 850c Rn. 8). Hilfe vom Vollstreckungsgericht erhält er wg. der zu berücksichtigenden Freibeträge (s. § 850c Rn. 9). Zahlt der Drittschuldner nicht oder zu wenig, setzt er sich der **Einziehungsklage** des Gläubigers aus (s. 4. Aufl. Rn. 21 u. § 835 Rn. 18). Zahlt er zu viel, hat er einen Rückforderungsanspruch nur gegen den Gläubiger (§ 812 Abs. 1 S. 1 Alt. 1 BGB). 19

IV. Rechtsbehelfe

Der Gläubiger hat bei Zurückweisung seines Antrags die sofortige Beschwerde (§§ 11 RPflG, 793), andere Beteiligte haben diesen Rechtsbehelf, wenn sie vor Erlass des Beschlusses gehört wurden. Sonst können Schuldner und Drittschuldner formelle Mängel nach § 766 geltend machen. Der Drittberechtigte kann mangels formeller Beschwer nicht nach § 766 geltend machen, es liege keine Lohnverschiebung vor. Er kann sich aber ggf. mit der Drittwiderspruchsklage nach § 771 wehren. Der Drittschuldner kann bei Zweifeln, an wen zu leisten ist, hinterlegen (§ 372 S. 2 Alt. 2 BGB). Der Gläubiger kann den Drittberechtigten dann auf Zustimmung zur Auszahlung verklagen (Anspruchsgrundlage: § 812 Abs. 1 S. 1 Alt. 2 BGB). 20

850i *Pfändungsschutz bei sonstigen Vergütungen*

(1) [1]Ist eine nicht wiederkehrend zahlbare Vergütung für persönlich geleistete Arbeiten oder Dienste gepfändet, so hat das Gericht dem Schuldner auf Antrag so viel zu belassen, als er während eines angemessenen Zeitraums für seinen notwendigen Unterhalt und den seines Ehegatten, eines früheren Ehegatten, seines Lebenspartners, eines früheren Lebenspartners, seiner unterhaltsberechtigten Verwandten oder eines Elternteils nach §§ 1615l, 1615n des Bürgerlichen Gesetzbuchs bedarf. [2]Bei der Entscheidung sind die wirtschaftlichen Verhältnisse des Schuldners, insbesondere seine sonstigen Verdienstmöglichkeiten, frei zu würdigen. [3]Dem Schuldner ist nicht mehr zu belassen, als ihm nach freier Schätzung des Gerichts verbleiben würde, wenn sein Arbeitseinkommen aus laufendem Arbeits- oder Dienstlohn bestände. [4]Der Antrag des Schuldners ist insoweit abzulehnen, als überwiegende Belange des Gläubigers entgegenstehen.

(2) Die Vorschriften des Absatzes 1 gelten entsprechend für Vergütungen, die für die Gewährung von Wohngelegenheit oder eine sonstige Sachbenutzung geschuldet werden, wenn die Vergütung zu einem nicht unwesentlichen Teil als Entgelt für neben der Sachbenutzung gewährte Dienstleistungen anzusehen ist.

(3) Die Vorschriften des § 27 des Heimarbeitsgesetzes vom 14. März 1951 (BGBl. I S. 191) bleiben unberührt.

(4) Die Bestimmungen der Versicherungs-, Versorgungs- und sonstigen gesetzlichen Vorschriften über die Pfändung von Ansprüchen bestimmter Art bleiben unberührt.

---

45 *St/J/Brehm* Rn. 42.
46 LAG Hamm MDR 1990, 747f. = DB 1990, 1339; LAG Schleswig AP Nr. 13 = DB 1971, 2414; MK/*Smid* Rn. 10; *Zö/Stöber* Rn. 9; *Geißler* Rpfleger 1987, 5; aA *B/L/H* Rn. 9; *St/J/Brehm* Rn. 35.
47 Vgl. *Brox/Walker* Rn. 537.
48 LAG Stuttgart (Fn. 34); MK/*Smid* Rn. 10.
49 LAG Frankfurt DB 1991, 1388 (LS); LAG Schleswig DB 1971, 2414; ArbG Lübeck MDR 1984, 174.

I. Normzweck

1 Freibeträge zur Sicherung des notwendigen Unterhalts werden auf Antrag auch für andere Vergütungen als laufendes Arbeitseinkommen gewährt: Abs. 1 schützt vor allem freiberuflich Tätige, die über kein laufendes Arbeitseinkommen verfügen,[1] Abs. 2 betrifft Vergütungen für das Überlassen von Sachen, das mit Dienstleistungen verbunden ist, zB bei Gewährung von Unterkunft und Verpflegung durch den Schuldner an einen Dritten. Abs. 3 stellt das Verhältnis zum Heimarbeitsgesetz klar, Abs. 4 den Vorrang spezialgesetzlicher Regelungen, zB den Pfändungsschutz nach §§ 54, 55 SGB I. Abs. 1 geändert durch G. v. 22. 2. 2001 (BGBl. I S. 266). Eine Ausweitung des Pfändungsschutzes für Selbstständige ist geplant.[2]

II. Nicht wiederkehrend zahlbare Vergütungen (Abs. 1)

2 **1. Voraussetzungen. a) Vergütungen für persönlich geleistete Dienste.** Die Dienstleistungen müssen die Arbeitskraft des Schuldners zu einem wesentlichen Teil beanspruchen (§ 850 Abs. 2), es sei denn, dass nur eine Einnahmequelle vorliegt. Die Vergütung für Dienste, die der vollbeschäftigte Schuldner in seiner Freizeit erbringt, wird jedenfalls von Abs. 1 nicht erfasst; sie ist voll pfändbar.[3] Auch Ansprüche derjenigen, die als Unternehmer Arbeiten oder Dienste durch ihre Arbeitnehmer ausführen lassen, rechnen nicht hierher. Der Einsatz von Hilfskräften (Sprechstundenhilfen, Labor- und Schreibkräften) schließt die persönliche Dienstleistung aber nicht aus. **Lizenzgebühren** werden schon nach §§ 850 Abs. 2 S. 2, 850c geschützt, wenn der Schuldner für das Erstellen von Entwürfen haupt- oder nebenberuflich einen wesentlichen Teil seiner Arbeitskraft aufwendet.[4] Werden sie als umsatzabhängige, nachträgliche Teilleistungen für persönlich erbrachte Dienste vereinbart, unterfallen sie Abs. 1, ebenfalls iVm § 850c; anders grds. nur beim „Verkauf" eines geistigen Werks.[5] Bei einer von der Sozialversicherungspflicht befreienden Kapitallebensversicherung beruht nur die Übernahme der Prämienzahlung durch den Arbeitgeber auf persönlicher Leistung des Arbeitnehmers, nicht aber die Versicherungsleistung; für sie gilt § 850i nicht.[6]

3 **b) Nicht wiederkehrend zahlbar. aa) Freiberufler und Selbständige.** Gemeint sind einmalige oder nur von Fall zu Fall gezahlte Vergütungen, gleichgültig, auf welcher Vertragsart sie beruhen,[7] zB Privathonorare von Ärzten, Zahn- und Tierärzten (s. § 851 Rn. 2); selbstständig tätige Psychologen[8] u. a. Heilberufe[9] (zu Kassenärzten s. § 850 Rn. 11), Gebührenforderungen von Notaren und Vergütungsansprüchen von Rechtsanwälten, auch die gegen die Staatskasse in Prozesskostenhilfesachen nach § 11a ArbGG oder § 121 (s. a. § 850 Rn. 11 aE), Vergütungsansprüche von Insolvenz-, u. Zwangsverwaltern, Sachwaltern (§ 274 Abs. 1 InsO), Gläubigerausschussmitgliedern u. Testamentsvollstreckern,[10] Honorare von Architekten u. Tragwerksplanern (Statikern), Werklohnansprüche von Handwerkern, die persönlich tätig geworden sind, Forderungen aus dem Verkauf von Werken der bildenden Kunst durch den Künstler selbst,[11] Ansprüche von Schriftstellern und Komponisten, auch die von der GEMA u. VG Wort eingezogenen Beträge werden erfasst,[12] von freiberuflichen Journalisten u. a. freien Mitarbeitern der Medien,[13] die von Maklern und v. selbständigen Handelsvertretern ohne feste Vergütungen (s. a. § 850 Rn. 11).[14]

4 **bb) Arbeitnehmer.** Erfasst werden **Abfindungen,** wie Sozialplanabfindungen nach §§ 112f. BetrVG,[15] die Abgangsentschädigung nach §§ 9f. KSchG,[16] auch bei vergleichsweiser Regelung im Aufhebungsvertrag,[17] ebenfalls einmalig zahlbare Vergütungen nach § 615 BGB oder Schadenersatz für entgangenen oder vorenthaltenen Lohn.[18] Umfasst der Abfindungsvergleich auch eine Arbeitsvergütung für eine zurückliegende Zeit, kann der Unterhaltsbedarf vor Antragstellung berücksichtigt werden.[19] Abs. 1 gilt auch für die Stornoreserve des Außendienstmitarbeiters,[20] das Entlassungsgeld des Wehrpflichtigen oder Zivildienstleistenden,[21] die Witwenabfindung (§ 21 BeamtVG) und den Ausgleichsanspruch bei vorgezogener Alters-

---

[1] BGH NJW-RR 2004, 644f. = WuB VI E. § 850i 1.04 (*Jungmann*).
[2] Dazu: *Foerste/Ising* ZRP 2005, 129.
[3] MK/*Smid* Rn. 9; *St/J/Brehm* Rn. 4.
[4] BGH (Fn. 1).
[5] BGH (Fn. 1); MK/*Smid* Rn. 10; *St/J/Brehm* Rn. 6; *Stöber* Rn. 1649a; *Becker* JuS 2004, 780, 784.
[6] BFH NJW 1992, 527, 528.
[7] BGH (Fn. 1); MK/*Smid* Rn. 10; *St/J/Brehm* Rn. 5; *Stöber* Rn. 1233.
[8] BGH NJW 2003, 2167, 2170 = NZI 2003, 389, 392; *Niederführ* LMK 2003, 159.
[9] BGH (Fn. 1); LG Kiel SchlHA 1958, 85.
[10] KG NJW 1974, 752.
[11] *St/J/Brehm* Rn. 5.
[12] KG Rpfleger 1957, 86.
[13] BAG DB 1978, 1035 (Rundfunk).
[14] Die Einkünfte fallen zunächst voll in die Insolvenzmasse: BGH NJW 2003, 2167.
[15] BAG NJW 1992, 1646 (LS) = NZA 1992, 384 = MDR 1992, 590; BAGE 32, 96 = NJW 1980, 800 (LS) = MDR 1980, 346; OLG Düsseldorf NJW 1979, 2520.
[16] BAGE (Fn. 15); BAG AP § 850 Nr. 1 m. Anm. *Förster* = Rpfleger 1960, 247 m. Anm. *Berner.*
[17] OLG Köln OLGZ 1990, 236 = MDR 1990, 258; OLG Stuttgart OLGZ 1985, 69 = MDR 1984, 947; LG Düsseldorf Rpfleger 1977, 284; *Güntner* BB 1961, 1053; aA *Schmidt* DB 1965, 1629; *Berner* (Fn. 16).
[18] *St/J/Brehm* Rn. 7.
[19] OLG Stuttgart (Fn. 17).
[20] LAG Hamm BB 1992, 2224 (LS).
[21] OLG Hamm OLGZ 1984, 457 = JurBüro 1985, 631; LG Detmold Rpfleger 1997, 448; aA *Riecker* JurBüro 1985, 1772 (sozialhilfeähnliche, unpfändbare Leistung); *Herzig* JurBüro 1968, 272f. (voll pfändbar, weil ohne Vergütungscharakter).

grenze (§ 48 BeamtVG). Bei Personen, die neben einem festen Arbeitseinkommen oder Gehalt, wie zB Krankenhausärzte, auch Privatleistungen erbringen, fallen die daraus erzielten unregelmäßigen Einnahmen ebenfalls unter § 850i. Einmalige Dienstunfallentschädigungen sind aber unpfändbar (§§ 43, 51 Abs. 3 BeamtVG). **Nicht erfasst werden Nachzahlungen** rückständigen Lohns. Sie sind dem Zeitraum zuzurechnen, für den sie erfolgen, s. § 850c Rn. 2.

2. Verfahren und Entscheidung. a) Antrag (S. 1). Für nicht wiederkehrend zahlbare Vergütungen besteht, anders als für laufendes Arbeitseinkommen, **nicht von vornherein Pfändungsschutz.** Der Pfändungsbeschluss erfasst die Vergütungsforderung vielmehr in voller Höhe. Freibeträge werden nur auf Antrag durch den Rechtspfleger des Vollstreckungsgerichts festgesetzt (§§ 20 Nr. 17 RPflG, 828). Der Antrag ist keine Erinnerung (§ 766), weil nicht die Grundlagen der Pfändung überprüft, sondern neue Tatsachen geltend gemacht werden. Das Prozessgericht darf § 850i im Einziehungsrechtsstreit (s. § 835 Rn. 18) nicht von sich aus berücksichtigen, auch wenn der Schuldner als Streithelfer beitritt.[22] **Antragsberechtigt** sind der Schuldner und die Unterhaltsberechtigten, denen der Pfändungsschutz zugute kommt; der Drittschuldner hat kein Antragsrecht. Das **Rechtsschutzinteresse** des Schuldners entfällt, wenn der Drittschuldner gezahlt hat, es sei denn, der Gläubiger hätte sich ihm gegenüber für den Fall einer dem Schuldner günstigen Entscheidung nach § 850i zur Rückzahlung verpflichtet.[23] **Anhörung** des Gläubigers muss erfolgen. **Beweislast:** Der Antragsteller muss die den Antrag begründenden Umstände darlegen und beweisen; den Gläubiger trifft die Beweislast für anderweite Bezüge oder Verdienstmöglichkeiten des Schuldners und für seine entgegenstehenden Belange.[24] Die **Zustellung** des Beschlusses erfolgt vAw. (§ 329 Abs. 3) an alle Beteiligten. 5

b) Notwendiger Unterhalt. Geschützt werden der Schuldner und die nach § 850d Abs. 1 S. 1 bevorrechtigten Unterhaltsgläubiger wg. ihrer dort angegebenen Ansprüche, s. dort Rn. 5 ff. Grundlage und zugleich unterste Grenze des notwendigen Unterhalts ist das, was ihnen nach SGB XII als laufende Hilfe zum Lebensunterhalt zu gewähren wäre.[25] Der notwendige Lebensunterhalt des Schuldners entspricht damit dem des § 850d Abs. 1 S. 2, der auch für die Ermittlung des individuellen Bedarfs nach § 850f Abs. 1 lit. a) maßgeblich ist (s. § 850d Rn. 5 f.). Der gleiche Maßstab gilt für die Unterhaltsberechtigten, auch wenn sie nicht nur notwendigen, sondern angemessenen Unterhalt beanspruchen können. Pfändet einer von ihnen und reicht das zu berücksichtigende Einkommen des Schuldners bei Beachtung der Sozialhilfesätze nicht für ihn und alle Unterhaltsberechtigten, sind deren Ansprüche nach § 850d Abs. 2 lit. a) anteilig zu kürzen (zur sog. Mangelverteilung s. § 850d Rn. 15). 6

c) Berücksichtigung der wirtschaftlichen Verhältnisse (S. 2). Um den notwendigen Unterhalt für einen „angemessenen Zeitraum" sicherzustellen, ist eine Beurteilung der gesamten wirtschaftlichen Verhältnisse des Schuldners erforderlich. Ggf. die Zeit, die der Schuldner braucht, um eine neue Arbeitsstelle zu finden.[26] Soweit bekannt, sind seine sonstigen Einnahmequellen zu berücksichtigen,[27] nicht aber Sozialhilfeansprüche, weil die nachrangig sind.[28] Fallen in dem maßgeblichen Zeitraum mehrere nicht wiederkehrend zahlbare Vergütungen an, werden sie zusammengerechnet. I. Ü. ist vorausschauend abzuschätzen, wann und in welcher Höhe mit weiteren Einnahmen des Schuldners zu rechnen ist.[29] Es erfolgt **keine Zusammenrechnung mit laufenden Bezügen** (s. a. § 850e Rn. 9). Ist der notwendige Unterhalt bereits nach § 850c gesichert, steht dem Schuldner kein weiterer Freibetrag nach § 850i zu. 7

d) Keine Bevorzugung gegenüber laufenden Einkommen (S. 3). Dem Schuldner darf nicht mehr bleiben, als ihm für den berücksichtigten angemessenen Zeitraum bei laufendem Einkommen verbliebe. Aus der Gleichstellung des notwendigen Unterhalts (S. 1) mit dem Sozialhilfebedarf nach § 850f Abs. 1 lit. a) folgt, dass dem Schuldner ein Freibetrag in jener Höhe auch dann bleiben muss, wenn die Freibeträge nach § 850c geringer wären. **Mehrarbeit und besondere Auslagen** des Schuldners sollen nach § 850a Nr. 3 zu einem höheren Freibetrag führen können.[30] Folgt man dem nicht, weil S. 3 nach seinem Wortlaut dem Schuldner keinen gleich hohen Freibetrag wie bei laufenden Einkünften gewährleistet, sondern nur einen höheren ausschließt, sind besondere Belange des Schuldners nach § 850f Abs. 1 lit. b) und c) zu berücksichtigen, was in demselben Verfahren möglich ist, s. dort Rn. 4. 8

e) Keine überwiegenden Gläubigerinteressen (S. 4). Überwiegende Belange des Gläubigers sind an dem Zweck der Regelung zu messen. Weil ihre Berücksichtigung nicht dazu führen darf, dass der Schuldner sozialhilfebedürftig wird,[31] werden sie nur selten vorliegen. 9

III. Vergütungen für Sachbenutzung verbunden mit Dienstleistungen (Abs. 2)

1. Allgemeines. Die Vorschrift ordnet die entsprechende Anwendung von Abs. 1 für gemischte Verträge außerhalb von Arbeitsverhältnissen an (vgl. a. § 850a Nr. 5), bei denen die Überlassung von Sachen mit 10

---

22 *St/J/Brehm* Rn. 15.
23 OLG Köln (Fn. 17).
24 LG Berlin WRP 1960, 291; *St/J/Brehm* Rn. 17.
25 Vgl. auch: OLG Hamm OLGZ 1984, 457 = JurBüro 1985, 631; LG Mainz JurBüro 2000, 157; LG Berlin Rpfleger 1995, 170.
26 LG Mainz (Fn. 25): 6 Monate.
27 Krit.: *St/J/Brehm* Rn. 9.
28 OLG Köln (Fn. 17).
29 *Zö/Stöber* Rn. 2.
30 *St/J/Brehm* Rn. 10.
31 HM; MK/*Smid* Rn. 45; *St/J/Brehm* Rn. 13.

nicht unwesentlichen persönlichen Dienstleistungen des Schuldners verbunden ist. Wird dessen Erwerbstätigkeit durch die Dienstleistung voll beansprucht, gelten stattdessen §§ 850 Abs. 2, 850c, bei nur einmaliger Zahlung gilt Abs. 1 unmittelbar.[32] Ist die Dienstleistung neben der Sachüberlassung nur unwesentlich, gilt Abs. 2 nicht; der Anspruch ist voll pfändbar.[33]

11 **2. Typische Anwendungsfälle.** Überlassung eines möblierten Zimmers mit Übernahme der Instandhaltung und Reinigung durch den Vermieter. Lasten- oder Personenbeförderung durch den Eigentümer eines Kraftfahrzeuges oder Bootes (Abs. 2), sofern nicht, wie beim Taxifahrer, die Dienstleistung ganz im Vordergrund steht (Abs. 1). **Rechtsnutzungen.** Hier gilt Abs. 2 entspr., wenn, wie nicht selten bei Lizenzverträgen, persönliche Betreuung, Beratung und weitere Entwicklung in dem genannten Maß geschuldet sind (s. auch Rn. 2).[34]

IV. Heimarbeiter (Abs. 3)

12 § 27 HeimArbG: Für das Entgelt, das den in Heimarbeit Beschäftigten oder den Gleichgestellten gewährt wird, gelten die Vorschriften über den Pfändungsschutz für Vergütungen, die auf Grund eines Arbeits- oder Dienstverhältnisses geschuldet werden, entsprechend.

13 **1. Allgemeines.** Wird Heimarbeit auf Grund eines ständigen Verhältnisses zu einem Auftraggeber geleistet, so dass Bezüge in wiederkehrenden Raten anfallen, gilt § 850 Abs. 2, und es besteht Pfändungsschutz wie bei laufenden Arbeitseinkommen nach §§ 850a ff.; Stücklohn ist auf Zeiteinheiten des § 850c umzurechnen. Besteht kein ständiges Heimarbeitsverhältnis, wird Pfändungsschutz nur auf Antrag nach Abs. 1 gewährt. Geschützt wird der gesamte Entgeltanspruch einschließl. des darin enthaltenen Materialanteils. Wird ein gesonderter Betrag als Aufwandsentschädigung oder als Entgelt für selbstgestelltes Arbeitsmaterial gezahlt, ist er nach § 850a Nr. 3 unpfändbar. Es kommt i. Ü. nicht darauf an, ob es sich um Werk-, Werklieferungs- oder Kaufverträge handelt. Erfasst werden auch Schadenersatzansprüche wg. Nichterfüllung.

14 **2. Geschützter Personenkreis.** Heimarbeiter sind Personen, die in der eigenen Wohnung oder in einer von ihnen selbst gewählten Betriebsstätte allein oder unter Mithilfe ihrer Familienangehörigen im Auftrag von Gewerbetreibenden oder Zwischenmeistern (§ 2 Abs. 3 HeimArbG), bei denen die Verwertung liegt, erwerbsmäßig arbeiten (§§ 1 Abs. 1, 2 Abs. 1 HeimArbG). Geschützt sind auch Hausgewerbetreibende. Dazu zählt, wer unter den gleichen Bedingungen wie Heimarbeiter allein oder mit seinen Familienangehörigen oder mit nicht mehr als zwei Hilfskräften (§ 2 Abs. 2 HeimArbG) oder Heimarbeitern (§ 2 Abs. 1 HeimArbG) Waren herstellt, weiterverarbeitet oder verpackt, wobei er selbst wesentlich mitarbeitet. Gleichgestellt sind die nach § 1 Abs. 2, 3, 4 HeimArbG iVm. der 1. DVO v. 27. 1. 1976 (BGBl. I, S. 221) durch den Heimarbeiterausschuss mit Zustimmung der obersten Arbeitsbehörde des Landes bestimmten Personen. Die Gleichstellungsanordnung bindet Zivil- und Arbeitsgerichte im Einziehungsprozess (s. § 835 Rn. 18).

V. Vorrang spezialgesetzlicher Regelungen (Abs. 4)

15 Die Bestimmung hat praktische Bedeutung vor allem für die Vorschriften über die Pfändung von Sozialleistungen. Daneben kommen die Sonderregelungen in § 51 StVollzG in Betracht (s. dazu § 850 Rn. 8) und die für die in das SGB nicht übernommenen „auslaufenden" Sozialbereiche, s. u. Rn. 19 aE.

16 **1. Pfändungsschutz nach § 54 SGB I.**

17 **a) Allgemeines.** Durch §§ 54, 55 SGB I werden Sozialgeldleistungen pfändungsrechtlich den Arbeitseinkommen angenähert.[35]

18 **b) Anwendungsbereich. – Arbeitsförderung** und **Grundsicherung für Arbeitssuchende** regeln seit 1998 das SGB III und seit 2005 das SGB II.[36] Leistungsarten: **Arbeitslosengeld** (§§ 117ff. SGB III), auf das Abfindungen teilweise angerechnet werden (§ 140 SGB III),[37] **Teilarbeitslosengeld** (§ 150 SGB III) bei Arbeitnehmern, die eine Beschäftigung verloren haben, die sie neben einer weiteren ausgeübt haben, und seit 2005 für erwerbsfähige Hilfebedürftige **Arbeitslosengeld II** (§§ 19ff. SGB II)[38] an Stelle der Arbeitslosenhilfe (§§ 190ff. SGB III aF); s. auch § 850e Rn. 4: Ein-Euro-Job, § 850d Rn. 4: Regelsätze. **Kurzarbeiter-** (§§ 169ff. SGB III), **Winter-** (§§ 212f. SGB III) und **Winterausfallgeld** (§ 214 SGB III): Zuständig sind die Arbeitsämter, für **Sonderleistungen** auch andere Dienststellen der Bundesanstalt für Arbeit (§§ 19, 19a, 19b SGB I). Drittschuldner ist grds. der Direktor des Arbeitsamtes,[39] außer bei Kurzarbeiter-, Winter- und Winterausfallgeld, s. Rn. 25. Besonderheiten bestehen für **Vorruhestandsleistungen** (§ 19a SGB I), für Leistungen bei gleitendem Übergang älterer Arbeitnehmer in den Ruhestand (§ 19b SGB I), für **Schwerbehinderte** (§ 20 SGB I). – **Bildungsförderung** (§§ 3 Abs. 1, 18 Abs. 1 SGB I): Leistungsarten sind Zuschüsse u. Darlehen für Ausbildung u. Lebensunterhalt nach §§ 1, 11–17 BAföG u. die Stipendien der Länder nach deren Graduiertenförderungsgesetzen.[40] Zuständig sind die Ämter u. die Landesämter für Ausbildungsförderung (§ 18 Abs. 2 SGB I). – **Minderung des Familienaufwands** (§§ 6, 25 SGB I): **Kinderzuschläge** u. entspr. Bestandteile

---

[32] *St/J/Brehm* Rn. 19.
[33] OLG Hamm Rpfleger 1957, 313; OLG Frankfurt MDR 1956, 41; NJW 1953, 1597.
[34] MK/*Smid* Rn. 22; *St/J/Brehm* Rn. 23.
[35] MK/*Smid* Rn. 32; zur Entstehungsgeschichte s. 5. Aufl.
[36] SGB II = Art. I des G v. 24. 12. 2003 (Fn. 34).
[37] *Bauer/Röder* BB 1997, 834; *Marburger* BB 1997, 1045; *Gaul* NJW 1997, 1465; *Niesel* NZA 1997, 580.
[38] LSG Berlin-Brandenbrug NJOZ 2006, 2806.
[39] *Gagel* NJW 1984, 714.
[40] *St/J/Brehm* Rn. 46.

von Rentenleistungen; Kindergeld nur bei sog. Steuerausländern, s. u. Rn. 22. – **Sozialversicherung** (§ 4 SGB I): **Altersrenten** und **Witwenrenten** sowie sonstige Leistungen der Rentenversicherung (§ 23 Abs. 1 Nr. 1 SGB I) einschließl. der Alterssicherung der Landwirte (§ 23 Abs. 1 Nr. 2 SGB I). Zuständig sind die in § 23 Abs. 2 SGB I genannten Stellen. **Krankengeld** u. a. Leistungen der gesetzlichen Krankenversicherung (§ 21 Abs. 1 Nr. 2 lit. g) SGB I). Zuständig sind die Orts-, Betriebs- und Innungskrankenkassen, die Seekrankenkasse, die landwirtschaftlichen Krankenkassen, die Bundesknappschaft und die Ersatzkassen (§ 21 Abs. 2 SGB I); **Pflegegeld** der Pflegeversicherung (PflegeVG), für das die bei den Krankenkassen errichteten Pflegekassen zuständig sind (§ 21a Abs. 2 SGB I).[41] **Renten wg. Minderung der Erwerbsfähigkeit,** Renten an Hinterbliebene, Rentenabfindungen u. ä. der gesetzlichen Unfallversicherung (§ 22 Abs. 1 Nr. 3–5 SGB I); zuständig sind die für die jeweiligen Unfallversicherungen in § 22 Abs. 2 SGB I genannten Stellen. – **Soziale Entschädigung bei Gesundheitsschäden** (§ 5 SGB I). Leistungen sind geregelt in § 24 SGB I, im BVG, das entspr. gilt für § 80 SoldVersG, §§ 51ff. BGSG, § 47 ZivildienstG, § 51 BSeuchG für Impfschäden (wg. Verdienstausfalls s. a. § 850k Rn. 3), § 1 OEG, §§ 21f. Strafrechtl. RehabilitierungsG. Leistungsträger sind die Versorgungsämter und -stellen, für besondere Hilfen im Einzelfall die Kommunen und die Hauptfürsorgestellen (§ 24 Abs. 2 S. 1 SGB I). – **Zuschuss für eine angemessene Wohnung** (§§ 7, 26 SGB I): **Wohngeld**[42] regeln das WoGG und das Wohngeldsondergesetz (WoGSoG).[43] Es ist gem. § 54 Abs. 3 Nr. 2a SGB I **unpfändbar,** soweit nicht wg. Miete (§ 5 WoGG) oder Belastungen (§ 6 WoGG) gepfändet wird; s. Rn. 16f.

c) **Nicht erfasste Ansprüche. – Abtretung** von Sozialgeldleistungen: § 54 SGB I schützt nicht den neuen Gläubiger.[44] – **Insolvenzgeld**[45]: Der Anspruch wird nach §§ 188 Abs. 2, 189 SGB III von der Pfändung des Arbeitseinkommens erfasst, wenn sie vor Stellung des Antrags nach §§ 324 Abs. 3, 327 Abs. 3 SGB III wirksam wurde. Nach Antragstellung kann der Anspruch auf Insolvenzgeld nur beim Arbeitsamt als Drittschuldner (§ 334 SGB III) gepfändet werden; der Anspruch muss dann im Beschluss entspr. bezeichnet sein.[46] – **Kindergeld** (s. u. Rn. 22). – **Sozialhilfe** ist unpfändbar.[47] Das SGB XII ist zwar ein besonderer Teil des SGB. § 54 SGB I wird aber durch § 17 Abs. 1 S. 2 SGB XII verdrängt (zu § 55 SGB I s. u. Rn. 27ff.). – **Einzelgesetzliche Regelungen:** zB KriegsgefangenenEntschG,[48] HHG, LAG, BEG, AuslRückkehrhilfenG,[49] StrEG, USG. Die Pfändbarkeit der Ansprüche ist entweder in den einzelnen Normen geregelt oder wird nach allg. Grundsätzen bestimmt. 19

d) **Unpfändbare Ansprüche nach § 54 SGB I: – Ausgleichszahlungen** (Abs. 3 Nr. 3) für den durch einen Körper- oder Gesundheitsschaden bedingten Mehraufwand sind wegen ihrer Zweckbindung unpfändbar. Dazu zählen die Beschädigtengrundrente, Beihilfen für fremde Führung oder einen Blindenführhund (§ 14 BVG), Kleiderverschleißzulagen (§ 15 BVG), die Schwerstbeschädigtenzulage (§ 31 BVG) und die Pflegezulage (§ 35 BVG), auch Hilfen für die Beschaffung eines Kraftfahrzeugs oder solche nach § 31 Abs. 3 Nr. 1 SchwbG. **Nicht** hierzu gehören Ausgleichszahlungen für Einkommensverluste, wie Berufsschadenausgleich (§ 30 BVG) oder Ausgleichsrente (§ 32 BVG), sie sind nach Abs. 4 pfändbar. – **Erziehungsgeld** (Abs. 3 Nr. 1) nach §§ 1ff. BErzGG und vergleichbare Leistungen der Länder. – **Höchstpersönliche Ansprüche auf Dienst- und Sachleistungen** (Abs. 1), zB auf ärztliche Behandlung, Krankenpflege, Haushaltshilfe, stationäre Krankenhausaufnahme, Heil- und Hilfsmittel. Werden an Stelle von Sachleistungen Geldbeträge zur Selbstbeschaffung durch den Schuldner zugesagt, wird deren Pfändung wg. ihrer Zweckbindung oft unbillig (Abs. 2) und deshalb unzulässig sein,[50] es sei denn, der Gläubiger hat die Beschaffung bevorschusst und so zur Zweckerreichung beigetragen.[51] – **Mutterschaftsgeld** (Abs. 3 Nr. 2) nach § 13 Abs. 1 MuSchG ist unpfändbar bis zur Höhe des Erziehungsgeldes nach § 5 Abs. 1 BErzGG, weil es darauf nach § 7 Abs. 1 S. 1 BErzGG angerechnet wird und damit an dessen Stelle tritt. Soweit Mutterschaftsgeld aus einer Teilzeitarbeit während des Erziehungsurlaubs herrührt (§ 7 Abs. 1 S. 2 BErzGG), ist es nach Abs. 4 pfändbar. Arbeitgeberzuschüsse gemäß § 14 MuSchG unterfallen als Arbeitseinkommen den §§ 829ff., 850ff.[52] 20

e) **Bedingt pfändbare Ansprüche nach § 54 SGB I. aa) Ansprüche auf einmalige Zahlungen (Abs. 2).** Sie können nur gepfändet werden, soweit die Pfändung nach den Umständen des Falles der Billigkeit entspricht. Dazu zählen Beitragsrückerstattungen, Kapitalabfindungen, Rentenabfindungen und Sterbegelder. Sie sind pfändbar, sobald die Voraussetzungen erfüllt sind, auch wenn noch kein Antrag gestellt wurde.[53] Nachzahlungen für rückständige laufende Geldleistungen (Rentennachzahlungen) gehören nicht hierher. Auch der Rückzahlungsanspruch wg. zu viel entrichteter Beiträge fällt nicht unter Abs. 2, weil er nicht auf eine Sozialleistung gerichtet ist.[54] Die Aufzählung der **Billigkeitskriterien:** Einkommens- und Vermögensverhältnisse 21

---

[41] Zur Pfändbarkeit: *Sauer/Meiendresch* NJW 1996, 765.
[42] LG Braunschweig JurBüro 2002, 322 (zu § 850e Nr. 2a); LG Koblenz FamRZ 2001, 841; s. auch Fn. 67.
[43] G v. 16. 12. 1992 (BGBl. I S. 2407).
[44] OLG Stuttgart OLGZ 1985, 338 = MDR 1985, 944.
[45] Seit 1. 1. 1999 gem. Art. 82 Abs. 2, 83 Abs. 5 AFRG.
[46] *St/J/Brehm* Rn. 53; *Lakies* NZA 2000, 565, 569.
[47] *St/J/Brehm* Rn. 52; *Schreiber* NJW 1977, 279.
[48] BGBl. 1987 I S. 507; BGBl. 1988 I S. 2619.
[49] BGBl. 1983 I S. 1377; vgl. OLG Oldenburg NJW 1984, 1469.
[50] *Schreiber* Rpfleger 1977, 295.
[51] *Zö/Stöber* Rn. 17.
[52] MK/*Smid* Rn. 36.
[53] KG OLGZ 1986, 471 = Rpfleger 1986, 230 = JurBüro 1986, 943; OLG Karlsruhe Rpfleger 1984, 155; aA OLG Düsseldorf JurBüro 1985, 1901 (erst ab Antragstellung); vgl. auch OLG Bremen JurBüro 1988, 932.
[54] BSG NJW 1966, 1045; aA zu § 119 RVO: KG Rpfleger 1976, 144; OLG Koblenz NJW 1962, 1778.

des Leistungsberechtigten, Art des beizutreibenden Anspruchs, Höhe und Zweckbestimmung der Geldleistung, ist **beispielhaft,** nicht abschließend. Von besonderem Gewicht können Gläubigerforderungen aus §§ 850d Abs. 1,[55] 850f Abs. 2 sein, auch lange zurückliegende Forderungen,[56] ggf. auch Mietforderungen,[57] Ansprüche auf Rückzahlung von Mitteln, die für dringende Bedürfnisse des Schuldners vorgestreckt wurden.[58] Andererseits können Gläubiger weniger schutzbedürftig sein, die dem „armen“ Schuldner Anschaffungen oder Darlehen aufgedrängt haben.[59] Der Schuldner kann aber nicht Einwendungen gegen die Vollstreckungsforderung gelten machen.[60] Zu berücksichtigen ist wie bei § 850b auch die Vermögenslage des Gläubigers.[61] Besondere Bedeutung hat die Zweckbestimmung des Leistungsanspruchs.[62] Bei Zuschüssen zum Krankenkassenbeitrag, Sterbe- oder Bestattungsgeld kann jegliche Pfändung ausgeschlossen sein.

22 **bb)** Ansprüche auf laufende **Zahlungen für Kinder** (Abs. 5). § 76 S. 1 EStG: Der Anspruch auf Kindergeld kann nur wegen gesetzlicher Unterhaltsansprüche eines Kindes, das bei der Festsetzung des Kindergeldes berücksichtigt wird, gepfändet werden. Das BKGG gilt nur noch für sog. Steuerausländer (zB Entwicklungshelfer).[63] Unbeschränkt Steuerpflichtige erhalten Kindergeld nicht mehr als Sozialleistung, sondern nach § 31 S. 3 EStG als monatliche Steuervergütung.[64] Ausländische Staatsbürger, die in Deutschland einkommensteuerpflichtig und im Besitz einer Aufenthaltsberechtigung oder -erlaubnis sind, haben Anspruch auf Kindergeld nach § 62 Abs. 2 S. 1 EStG, s. auch Rn. 27. § 76 S. 2 EStG ist identisch mit § 54 Abs. 5 S. 2 SGB I (s. o. Rn. 16). Der Anwendungsbereich von § 54 Abs. 5 SGB I erfasst Kinderzuschläge und vergleichbare Rentenbestandteile (§ 48 Abs. 1 S. 2 SGB I) und das Kindergeld bei sog. Steuerausländern; i. Ü. gilt die inhaltsgleiche Regelung des § 76 S. 1 EStG (s. o.). Ansprüche auf laufende Zahlungen für Kinder können daher nur für gesetzliche Unterhaltsansprüche eines Kindes gepfändet werden, das bei der Festsetzung der Geldleistung berücksichtigt wird; zur Zusammenrechnung m. Arbeitseinkommen s. § 850e Rn. 13. In allen anderen Fällen ist die Pfändung wg. der Zweckbindung der Leistung ausgeschlossen (S. 1). Für die Höhe des pfändbaren Betrages – wg. des identischen Wortlauts auch für Kindergeld nach § 76 S. 2 EStG (s. o.) – gilt (S. 2): – Vollstreckt ein Kind, für das dem Schuldner Kindergeld gezahlt wird (Zahlkind), und sind noch weitere Kinder vorhanden, die ebenfalls Zahlkinder sind, ist der Betrag pfändbar (Nr. 1 S. 1), der bei gleichmäßiger Aufteilung auf jedes Zahlkind entfällt, unabhängig davon, ob es unterhaltsberechtigt ist oder nicht (Stiefkind, Pflegekind).[65] Vollstreckt ein Zahlkind und ist außerdem ein Kind vorhanden, für das der Schuldner selbst kein Kindergeld erhält (Kind, das bei seiner Mutter lebt), das aber bei der Bestimmung der Höhe des Kindergeldes für die anderen Kinder mitzählt (Zählkind), wird zunächst der fiktiv pfändbare Anteil ohne diesen Zählkindervorteil berechnet (Nr. 1 S. 2); hinzugerechnet wird sodann der Anteil des Erhöhungsbetrages, der sich bei gleichmäßiger Verteilung auf alle Zahl- und Zählkinder ergibt (Nr. 2). Vollstreckt ein Zählkind, erhält es den Anteil des Erhöhungsbetrages, der sich bei gleichmäßiger Verteilung auf alle Zahl- und Zählkinder ergibt (S. 2 Nr. 2).

23 **f) Wie Arbeitseinkommen pfändbare Ansprüche (Abs. 4).** Die **übrigen Ansprüche** auf laufende Sozialleistungen sind grds. wie Arbeitseinkommen pfändbar.[66] Die Pfändung erfasst infolge der Gleichstellung ggf. auch Rückstände, Vorschüsse, vorläufige Leistungen (§ 43 SGB I) und nach der Pfändung fällig werdende Beträge,[67] vorausgesetzt, dass ein einheitliches Verhältnis vorliegt.[68] Wg. der Gleichstellung besteht auch derselbe Pfändungsschutz, so dass sich der Umfang der Pfändbarkeit für gewöhnl. Gläubiger ohne Abschläge für Minderbedarf nicht erwerbstätiger Schuldner nach § 850c richtet[69] und für bevorrechtigt pfändende nach § 850d.[70] Mit Wegfall der Billigkeitsprüfung (s. o. Rn. 17) steht die Anwendbarkeit des § 850f außer Zweifel, allerdings ist das Antragserfordernis zu beachten. Grundsätzlich **pfändbar sind daher** (s. Rn. 18): Arbeitslosengeld, Teilarbeitslosengeld, Krankengeld, Kurzarbeiter-, Winter- und Winterausfallgeld, Renten wg. Minderung der Erwerbsfähigkeit, Alters- und Witwenrenten, **Wohngeld** ist ab 2005 idR **unpfändbar,** s. Rn. 16–18.[71]

24 **g) Künftige Renten.** Sie sind wie jede andere künftige Forderung pfändbar. Es genügt wg. des Gleichlaufs der §§ 53 SGB I (Übertragbarkeit und Verpfändung) und 54 SGB I (Pfändung v Sozialleistungsan-

---

[55] OLG Düsseldorf FamRZ 1979, 806 (Prozesskostenvorschuss).
[56] OLG Hamm DAVorm. 1985, 1013.
[57] LG Flensburg ZMR 1978, 22; LG Berlin Rpfleger 1977, 32 = MDR 1977, 147.
[58] LG Köln NJW 1977, 1640.
[59] KG MDR 1981, 505; OLG Frankfurt MDR 1978, 323.
[60] LG Wiesbaden Rpfleger 1981, 481 = JurBüro 1981, 626; LG Berlin Rpfleger 1971, 31.
[61] *Brox/Walker* Rn. 591.
[62] BGHZ 92, 339, 345 = NJW 1985, 976; OLG Celle NJW 1977, 1641; *Meierkamp* Rpfleger 1987, 349; *Hornung* Rpfleger 1977, 291; *Schreiber* (Fn. 50) S. 296.
[63] *Scholz* FamRZ 1996, 65f. Die Neufassung des BKGG v. 4. 1. 2000 (BGBl. I S. 4) hat daran nichts geändert.
[64] Durch das Zweite FamilienförderungsG v. 16. 8. 2001 (BGBl. I S. 2074) ist das Kindergeld (§ 66 Abs. 1 EStG) seit dem 1. 1. 2002 für das 1. bis 3. Kind auf 154 € und ab dem 4. Kind auf 179 € angehoben worden.
[65] *Hornung* Rpfleger 1988, 213.
[66] *Riedel* NJW 1994, 2812; *Behr* JurBüro 1994, 521.
[67] BSG JurBüro 1982, 1175, 1178.
[68] AG Bottrop JurBüro 1987, 462 m. Anm. *Mümmler.*
[69] BGH NJW-RR 2004, 1439.
[70] OLG Karlsruhe DAVorm. 1983, 408; OLG Düsseldorf DAVorm. 1983, 404; LG Frankenthal Rpfleger 1982, 112; *Hornung* Rpfleger 1982, 47.
[71] Anders zum früheren Recht: LG Koblenz NJW-RR 2001, 716; LG Dortmund InVo 2000, 58; LG Leipzig Rpfleger 2000, 341; LG Heilbronn Rpfleger 1999, 324.

sprüchen), dass die Forderung, für die ein Rechtsgrund bereits gelegt ist, spätestens bei ihrer Entstehung nach Gegenstand und Umfang bestimmbar ist. Zukünftig entstehende oder fällig werdende laufende Geldansprüche auf Altersrente[72] oder Erwerbsunfähigkeitsrente[73] sind daher pfändbar, sofern die Ansprüche in einem bereits bestehenden Sozialversicherungsverhältnis wurzeln.[74] Der mehrdeutige Begriff „laufende Geldleistungen" meint „regelmäßig wiederkehrende", nicht etwa auszahlungsreife oder fällige Leistungen.[75] Gleiches gilt für Renten wg. Erwerbsminderung (§§ 23 Abs. 1 Nr. 1 b SGB I iVm. § 43 SGB VI), bei denen es ebenso wie bei einer Altersrente unerheblich ist, ob eine Forderung überhaupt entstehen wird (s. auch § 829 Rn. 6).[76] Das noch nicht rentennahe Alter des Schuldners steht einer solchen Pfändung grds. nicht entgegen[77]. Die Praxis hält eine ausdrückliche Anordnung der Pfändung einer künftigen Forderung für entbehrlich.[78] Der zuständige **Rentenversicherungsträger** kann idR dem Vermögensverzeichnis (§ 807) entnommen werden.[79] Bei einem Drittschuldnerwechsel nach der Pfändung muss neu gepfändet werden.[80] Die Zulässigkeit gleichzeitiger Pfändung bei zwei Rententrägern ist str;[81] (s. § 829 Rn. 3). Durch Pfändung und Überweisung des Rentenanspruchs seines Schuldners erlangt der Gläubiger auch das Recht, die Rente zu beantragen. Die **Rentenanwartschaft** ist als solche nicht übertragbar (§ 40 SGB I), daher unpfändbar.[82] Das **Antragsrecht** ist nicht gesondert neben der Rente pfändbar.[83] Nach Entstehen des Rentenanspruchs wird der Schuldner ggf. nach §§ 850f Abs. 1, 850g geschützt.[84]

h) Verfahren. Allgemeines: Die Pfändung erfolgt nach allgemeinen Regeln durch den Rechtspfleger des Vollstreckungsgerichts (§§ 20 Nr. 17 RPflG, 828). Soweit § 54 SGB I eingreift, trifft er eine abschließende Regelung. Es ist weder eine vorherige ergebnislose Vollstreckung wie bei § 850b erforderlich, noch ist die Pfändbarkeit der Ansprüche generell wg. ihrer Zweckbestimmung nach § 851 ausgeschlossen.[85] Für die Pfändung **laufender** Sozialgeldleistungen (**Abs. 4**) genügen die üblichen Angaben, die das Gericht ungeprüft übernimmt. Kurzarbeiter-, Winter- und Winterausfallgeld wird von der allgemeinen Lohnpfändung nicht erfasst, muss daher gesondert gepfändet werden, was wg. § 850e Nr. 2 für den Gläubiger regelmäßig sinnvoll sein wird.[86] Der Gläubiger muss mangels genauer Kenntnisse nicht zwischen Arbeitslosengeld und -hilfe unterscheiden.[87] Sollen **einmalige** Geldleistungen gepfändet werden (**Abs. 2**), muss der Gläubiger die Billigkeitsgründe im Rahmen des Zumutbaren[88] nachvollziehbar darlegen.[89] Eine **Anhörung** des Schuldners entfällt wegen § 834,[90] es sei denn, dass der Gläubiger sie beantragt. § 850b Abs. 3 gilt hier nicht (s. i. e. § 834 Rn. 3). Der Pfändungsbeschluss muss die Billigkeitsgründe kurz wiedergeben.[91] Der **Pfändungsbeschluss** (s. allg. § 829 Rn. 9 ff.) muss den **Drittschuldner** angeben, also die Behörde, welche die Leistung schuldet. Für Kurzarbeiter- und Winterausfallgeld gilt aber der Arbeitgeber als Drittschuldner (§§ 181 Abs. 2, 215 Abs. 2 SGB III). Auch die Art der Sozialleistung ist anzugeben. Unzureichend ist die Bezeichnung: „Ansprüche des Schuldners auf Sozialleistungen",[92] „gemäß § 19 SGB" oder „§§ 19, 25 SGB, soweit pfändbar nach § 54 SGB",[93] auch „alle Forderungen aus Sozialversicherung" genügt nicht[94] (s. i. e. § 829 Rn. 31). Bei der Pfändung von Geldleistungen für Kinder kann ein **Blankettbeschluss** (s. § 850c Rn. 7 f.) ergehen, weil sich die Höhe des pfändbaren Betrages nach § 54 Abs. 5 S. 2 SGB I errechnen lässt.[95] Eine **Vorpfändung** (§ 845) ist nicht nur wg. Unterhaltsforderungen möglich. Sie kann auch Ansprüche auf einmalige 25

---

[72] BGH NJW 2003, 1457; *Eichenhofer* LMK 2003, 112.

[73] BGH NJW 2003, 3774, 3775; aA LG Koblenz JurBüro 1998, 161.

[74] *Diepenbrock* NZS 2004, 585: Künftige Hinterbliebenenrente mangels entspr. Verhältnis zwischen Leistungsempfänger u. Rentenversicherer unpfändbar.

[75] *Becker* JuS 2004, 780, 785.

[76] BGH NJW 2003, 3774, 3775.

[77] BGH NJW 2003, 1457, 1459; ebenso: BFH NJW 1992, 855; OLG Oldenburg NJW-RR 1992, 512; OLG Celle NdsRpfl 1992, 51; LG Bochum JurBüro 1998, 160; LG Berlin JurBüro 1995, 547. Nach 60-monatiger Tätigkeit: LG Marburg Rpfleger 1999, 33; Kein Rechtsschutzinteresse bei jugendlichem Schuldner: LG Heilbronn JurBüro 2001, 268.

[78] Ablehnend: *Diepenbrock* NZS 2004, 585.

[79] Nachw. zur Zuständigkeit der Landesversicherungsanstalten (LVA) für Arbeiter u. selbstst. Handwerker, insb. ausländische Versicherte u. zur Bahnversicherungsanstalt, Seekasse; zur Bundesversicherungsanstalt für Angestellte in Berlin (BfA) und Künstler-Sozialkasse; zur Bundesknappschaft in Bochum für die bei ihr oder in einem Bergwerksbetrieb Tätigen: *Schmidt* JurBüro 2003, 622.

[80] *David* MDR 2003, 793, 794.

[81] Bejahend: AG Münster JurBüro 1999, 105 m. zust. Anm. *Behr;* aA LG Koblenz JurBüro 1998, 161; LG Berlin Rpfleger 1997, 267 f.; *Stöber* Rn. 1369; *David* (Fn. 83).

[82] LG Osnabrück FamRZ 1999, 527; LG Frankenthal Rpfleger 1991, 164; aA LG Verden MDR 1982, 677.

[83] LG Wiesbaden NJW-RR 1996, 59.

[84] *Hornung* Rpfleger 1994, 446.

[85] MK/*Smid* Rn. 36.

[86] *Zö/Stöber* Rn. 46.

[87] LG Berlin MDR 1977, 1027.

[88] OLG Hamm Rpfleger 1979, 113.

[89] LG Köln JurBüro 1987, 461; vgl. auch: BGH NJW 1985, 976; OLG Köln NJW 1989, 2956; LG Düsseldorf JurBüro 1990, 1056 (soweit konkrete Anhaltspunkte dagegen sprechen).

[90] *Zö/Stöber* Rn. 30; *Riedel* NJW 1994, 2813; aA MK/*Smid* Rn. 33; *St/J/Brehm* Rn. 95.

[91] OLG Köln NJW 1989, 2956; LG Düsseldorf Rpfleger 1983, 255; aA LG Braunschweig Rpfleger 1981, 489.

[92] KG MDR 1982, 417.

[93] KG OLGZ 1982, 443 = Rpfleger 1982, 74; aA OLG Hamm Rpfleger 1979, 114.

[94] OLG Köln OLGZ 1979, 484; *Kohte* KTS 1990, 559.

[95] MK/*Smid* Rn. 47 ff. (Berechnungsbeispiele).

Geldleistungen nach Abs. 2 erfassen, weil sie noch nicht „Pfändung" ist und weil sie das Vollstreckungsgericht nicht zwingt, innerhalb der Zweiwochenfrist zu entscheiden.[96] Wg. Überschreitung dieser Frist wird die Vorpfändung allerdings oft vergeblich sein.

26 **2. Pfändungsschutz nach § 55 SGB I.**

27 **a) Allgemeines.** Die Regelung bezweckt, dass der Schuldner den Guthabenbetrag wie einen Barbetrag erhält. Sie geht als Spezialgesetz **§ 850 k** vor.[97] Die zweiwöchige Schutzfrist des § 835 Abs. 3 S. 2 gilt aber auch hier (s. § 835 Rn. 15). Sie gibt dem Schuldner Gelegenheit, durch das Vollstreckungsgericht Pfändungsfreibeträge festsetzen zu lassen (s. u. Rn. 29). Beide Fristen laufen unabhängig voneinander.[98] § 55 SGB I gilt entspr. für Kindergeldzahlungen nach § 62 EStG[99] (s. Rn. 22) und auch für überwiesene oder bereits ausgezahlte Sozialhilfe,[100] denn das SGB XII enthält – anders als zu § 54 SGB I (s. o. Rn. 19) – insoweit keine abweichende Regelung. **§ 765 a** ist notfalls neben § 55 SGB I anwendbar;[101] s. dort Rn. 14; § 850k Rn. 1.

28 **b) Sieben-Tage-Schutz (Abs. 1–3).** Der Schutz gilt für **jegliche Sozialgeldleistung** auf ein **Giro- oder Sparkonto**[102] des Berechtigten bei einem Geldinstitut (s. § 850k Rn. 2): für laufende und einmalige Zahlungen, auch Nachzahlungen, und zwar in voller Höhe des überwiesenen Betrages, unabhängig von den Pfändungsgrenzen der §§ 850c, 850d. Rücklagen des Schuldners aus pfändungsfreien Sozialleistungen werden aber nicht geschützt.[103] Die Gutschrift eines **Schecks** steht der Überweisung gleich.[104] Berechtigte sind auch Angehörige, die nach § 48 SGB I bei Verletzung der Unterhaltspflicht unmittelbar Auszahlungen erhalten.[105] Leistung auf ein Konto **des Berechtigten** liegt auch vor bei Überweisung auf ein **Gemeinschaftskonto,** das als Oder-Konto mit Einzelverfügungsmacht jedes Kontoinhabers oder als Und-Konto mit gemeinschaftlicher Verfügungsmacht geführt werden kann, vorausgesetzt, dass der Sozialgeldberechtigte verfügungsbefugter Mitinhaber ist. Nicht ausreichend ist hier eine Überweisung auf ein **Drittkonto,** zB das des Ehegatten, auch wenn der Berechtigte Bankvollmacht hat[106], ggf. § 765a, siehe Rn. 29 aE. **Frist:** Maßgeblich für ihren Beginn ist die Gutschrift (Abs. 1 S. 1), nicht die Wertstellung. Berechnung: §§ 187ff. BGB, 222. Der Gutschrifttag zählt also nicht mit. Fällt der siebente Tag auf einen Samstag (Sonnabend), Sonntag oder einen allg. Feiertag, endet die Frist nach § 193 BGB mit Ablauf des nächsten Werktages. **Wirkung:** Auch eine uneingeschränkte Kontopfändung erfasst während der Schutzfrist nicht die für diese Zeit unpfändbare Sozialgeldleistung (Abs. 1 S. 2); sie wirkt erst nach Fristablauf, dann allerdings ab Zustellungszeitpunkt.[107] Der Berechtigte kann daher trotz Pfändung innerhalb der Frist über den Betrag **frei verfügen,** vorausgesetzt, dass dem zur Auszahlung Befugten bekannt ist oder zB durch Urkunden[108] wie Renten- oder Leistungsbescheid oder Überweisungsträger **nachgewiesen** wird, dass es sich um eine **Sozialleistung** handelt **(Abs. 2 S. 1).** Beträge, über die der Schuldner zwischen Gutschrift und Pfändung verfügt hat, sind zunächst von dem Teil abzuziehen, den eine Pfändung erfasst hätte und nicht von dem geschützten Betrag.[109] Hat das Geldinstitut nach der Pfändung geleistet, besteht für den verbliebenen Betrag nicht nochmals Pfändungsschutz **(Abs. 2 S. 2).**[110] Wird entgegen Abs. 1 innerhalb der Frist an den Gläubiger gezahlt oder hinterlegt, behält der Schuldner seine Forderung gegen das Geldinstitut **(Abs. 3).** Innerhalb der sieben Tage ist nach dem Zweck der Norm grds. auch **keine kontokorrentmäßige Verrechnung** durch das Geldinstitut möglich, weil § 394 BGB eine Aufrechnung ausschließt, soweit eine Forderung unpfändbar ist.[111] Eine Ausnahme sollte gelten für einen im Hinblick auf diese Sozialleistung gewährten Kredit.[112] Streit über die Pfändbarkeit (Abs. 1, 2) oder die Wirksamkeit einer Leistung (Abs. 3) betrifft nicht das Pfändungsverfahren, sondern die materiellen Befugnisse und ist deshalb im **Einziehungsprozess** (s. § 835 Rn. 18) auszutragen.[113]

29 **c) Verlängerter Schutz (Abs. 4). aa) Kontoguthaben (Alt. 1).** Folgende **Voraussetzungen** sind zu beachten: **Einmalzahlungen** muss sich der Schuldner innerhalb der Sieben-Tage-Frist durch Abhebung sichern.[114] Bei **laufenden Sozialleistungen** endet der Pfändungsschutz mit Fristablauf noch nicht. Die Gutschrift wird so geschützt, wie der Betrag bei Pfändung des Anspruchs gegen den Leistungsträger nach § 54 Abs. 4 SGB I unpfändbar wäre. Daher gilt für gewöhnliche Gläubiger § 850c, für bevorrechtigt pfändende Unterhalts-

---

96 *St/J/Brehm* Rn. 93.
97 OLG Naumburg InVo 2000, 64; abw. LG Münster NJOZ 2006, 856.
98 *Schuschke/Walker* Rn. 18.
99 LG Hagen NJW-RR 2006, 1087.
100 AG Bremen JurBüro 1998, 605.
101 BGH NJW 2007, 2703.
102 OLG Hamm JurBüro 1990, 1058; AG Bremen (Fn. 100).
103 LG Kassel Rpfleger 2006, 612; LG Siegen JurBüro 1990, 786.
104 *Zö/Stöber* Rn. 49.
105 *St/J/Brehm* Rn. 117; aA *Terpitz* BB 1976, 1564ff.
106 BGH NJW 1988, 709; OLG Saarbrücken NJOZ 2007, 566 = InVo 2007, 227, 118.
107 *St/J/Brehm* Rn. 117; *Zö/Stöber* Rn. 49.
108 MK/*Smid* Rn. 59; *St/J/Brehm* Rn. 118.
109 MK/*Smid* Rn. 59; *St/J/Brehm* Rn. 119; aA *Zö/Stöber* Rn. 49; *Terpitz* BB 1976, 1566.
110 AG München JurBüro 1989, 1315.
111 BGHZ 162, 349, 353 = NJW 2005, 1863 = JZ 2006, 46 (*Einsele*); BGHZ 104, 309, 311 = NJW 1988, 2670; LM SGB I § 55 Nr. 1 = NJW 1988, 709; *Meller-Hanich* KTS 2000, 37, 52ff.
112 *St/J/Brehm* Rn. 121 Fn. 231; vgl. auch VGH Kassel NJW 1986, 147 (Kontoüberziehung reicht nicht).
113 LG Heilbronn Rpfleger 1994, 177; LG Oldenburg ZIP 1981, 1325.
114 *St/J/Brehm* Rn. 122.

gläubiger § 850d. Von dem so ermittelten Freibetrag ist der Teil unpfändbar, der auf die Zeit zwischen Pfändung und nächsten Zahlungstermin entfällt. Hatte der Schuldner bereits über einen Teil der Gutschrift verfügt, so dass nur noch ein Rest vorhanden ist, besteht für diesen Rest nur ein seinem Anteil an der Gutschrift entsprechender anteiliger Schutz. (Beispiel: Nach Gutschrift der monatlichen Leistung von 600 € hebt der Schuldner 400 € ab. Von dem unpfändbaren Teil darf ihm nur noch 1/4 freigegeben werden, auch wenn die Zeit zwischen Pfändung und nächstem Zahlungstermin länger ist als 1/4 des Monats.)[115] **Verfahren:** Der Pfändungsbeschluss ergeht ohne Einschränkungen. Er erfasst daher mit Fristablauf die gesamte Forderung. Es ist nicht Sache des Geldinstituts, die Freibeträge nach §§ 850c, 850d zu berücksichtigen. Das Vollstreckungsgericht darf beim Erlass des Pfändungsbeschlusses nicht anordnen, dass das Geldinstitut als Drittschuldner § 55 Abs. 4 SGB I von sich aus zu beachten habe, weil es nicht über ausreichende Informationen verfügt, um die Freigrenze ermitteln zu können.[116] Das Vollstreckungsgericht kann aber für das **Schuldnerkonto** Pfändungsschutz entspr. § 850k gewähren. Aufgrund des vom Vollstreckungsgericht ermittelten gesamten Pfändungsfreibetrages lässt sich der nach Abs. 4 pfändungsfreie Betrag für den jeweiligen Bezugszeitraum bestimmen; er besteht in der Differenz zwischen dem gesamten Freibetrag und dem Betrag, über den der Schuldner innerhalb der 7-Tage-Frist bereits verfügt hat.[117] Gegen die Pfändung von Sozialleistungen, die dem Schuldner zustehen, aber auf einem **Drittkonto** eingehen hilft § 765a.[118]

bb) Bargeld (Alt. 2): Pfändungsschutz besteht bei Zwangsvollstreckung durch den GV, wie § 811 Nr. 8 ihn für die Bezieher wiederkehrender Einkünfte nach §§ 850 bis 850b regelt. Der GV muss daher zunächst den Betrag zu Grunde legen, der bei einer Pfändung des Sozialgeldanspruchs für den gesamten Zahlungszeitraum pfandfrei bliebe. Pfändet ein Unterhaltsgläubiger, muss der GV den für den Schuldner und seine Familie notwendigen Unterhaltsbetrag bemessen (§ 850d Abs. 1 S. 2). Von dem so ermittelten Betrag bleibt dem Schuldner der **anteilige Betrag,** der auf den Zeitraum bis zum nächsten Zahlungstermin entfällt. Es kommt nicht darauf an, ob der Schuldner zwischen dem letzten Zahlungstermin und der Pfändung bereits einen größeren als den anteilig auf diesen Zeitraum entfallenden Betrag in Anspruch genommen hatte. Der GV hat davon auszugehen, dass sich die Ausgaben des Schuldners gleichmäßig auf den gesamten Zahlungszeitraum verteilen.[119] Die Regelung gilt auch dann, wenn der Schuldner **zugleich** Pfändungsschutz **für Kontoguthaben** in Anspruch nimmt, denn es ist nicht Aufgabe des GV bei der Bargeldpfändung, etwaige Forderungen des Schuldners zu berücksichtigen. Geldinstitute und Vollstreckungsgericht haben andererseits nicht zu prüfen, welche sonstigen Geldmittel dem Schuldner zur Vfg. stehen.[120] 30

VI. Gebühren und Kosten

1. Rechtsanwaltsgebühren. Die Tätigkeit des Anwalts ist durch die Vollstreckungsgebühr aus Nr. 3309 VV RVG abgegolten (§ 18 Nr. 3 RVG). 31

2. Gerichtskosten. Vgl. § 850f Rn. 19. 32

850k

Pfändungsschutz für Kontoguthaben aus Arbeitseinkommen **(1) Werden wiederkehrende Einkünfte der in den §§ 850 bis 850b oder § 851c bezeichneten Art auf das Konto des Schuldners bei einem Geldinstitut überwiesen, so ist eine Pfändung des Guthabens auf Antrag des Schuldners vom Vollstreckungsgericht insoweit aufzuheben, als das Guthaben dem der Pfändung nicht unterworfenen Teil der Einkünfte für die Zeit von der Pfändung bis zu dem nächsten Zahlungstermin entspricht.**

(2) [1]Das Vollstreckungsgericht hebt die Pfändung des Guthabens für den Teil vorab auf, dessen der Schuldner bis zum nächsten Zahlungstermin dringend bedarf, um seinen notwendigen Unterhalt zu bestreiten und seine laufenden gesetzlichen Unterhaltspflichten gegenüber den dem Gläubiger vorgehenden Berechtigten zu erfüllen oder die dem Gläubiger gleichstehenden Unterhaltsberechtigten gleichmäßig zu befriedigen. [2]Der vorab freigegebene Teil des Guthabens darf den Betrag nicht übersteigen, der dem Schuldner voraussichtlich nach Absatz 1 zu belassen ist. [3]Der Schuldner hat glaubhaft zu machen, dass wiederkehrende Einkünfte der in den §§ 850 bis 850b oder § 851c bezeichneten Art auf das Konto überwiesen worden sind und dass die Voraussetzungen des Satzes 1 vorliegen. [4]Die Anhörung des Gläubigers unterbleibt, wenn der damit verbundene Aufschub dem Schuldner nicht zuzumuten ist.

(3) Im Übrigen ist das Vollstreckungsgericht befugt, die in § 732 Abs. 2 bezeichneten Anordnungen zu erlassen.

I. Normzweck

Der Pfändungsschutz nach § 850k gewährleistet, dass dem Schuldner **unpfändbares Arbeitseinkommen** auch bei bargeldloser Zahlung zur Verfügung steht. Grund der Regelung: §§ 850ff. helfen dem Schuldner 1

---

[115] *Zö/Stöber* Rn. 50.
[116] BGH NJW 2004, 3262, 3263 = *Walker/Wrobel* WuB § 55 SGB I 1.04; LG Marburg Rpfleger 2002, 470; *Stöber* Rn. 1439i.
[117] BGHZ 170, 236, 242 = NJW 2007, 604 = BGHR 2007, 364, 366 = Rpfleger 2007, 207, 209.
[118] BGH NJW 2007, 2703, 2704 = BGHR 2007, 992, 993 *(Goebel)* = JuS 2007, 1068 *(K. Schmidt)*.
[119] *Zö/Stöber* Rn. 54.
[120] *Zö/Stöber* Rn. 55; aA KG MDR 1967, 849.

nicht mehr, denn mit Gutschrift des Betrages auf dem Bankkonto erlischt der Lohnanspruch durch Erfüllung (§ 362 I BGB).[1] § 811 Nr. 8 bietet Pfändungsschutz nur für Bargeld, greift also erst ein, wenn der Schuldner seinen Arbeitslohn vom Konto abgehoben hat. § 850k schließt die Lücke. Zeit zur Stellung des Schutzantrages hat der Schuldner dadurch, dass das Geldinstitut erst zwei Wochen nach Zustellung des Überweisungsbeschlusses an den Drittschuldner hinterlegen oder leisten darf (§ 835 Abs. 3 S. 2, s. dort Rn. 15). Für **private Altersrenten,** die üblicherweise auf ein Bankkonto des Schuldners überwiesen werden, besteht durch Einfügung des § 851c nunmehr derselbe Schutz. § 850k gilt auch für **sonstige Bezüge,** die kraft Gesetzes „wie Arbeitseinkommen" zu pfänden sind, s. u. Rn. 3.[2] Für auf Bankkonten überwiesene **Sozialgeldleistungen** gilt § 55 SGB I,§ 850k ist aber entspr. anwendbar,[3] s. § 850i Rn. 29. Zur kontokorrentmäßigen Verrechnung s. Rn. 11. Für **Kontoguthaben Selbstständiger** fehlt bislang ein Pfändungsschutz. Notlösung: § 765a,[4] s. § 765a Rn. 14. Der von der Bundesregierung am 5. 9. 2007 beschlossene Gesetzentwurf zur Einführung eines Pfändungsschutzkontos (P-Konto) zielt darauf ab, das Existenzminimum des Schuldners (985,15 €) unabhängig von der Art seiner Einkünfte zu sichern.[5]

Hat eine **Vollstreckungsbehörde** der Verwaltung (Finanzamt) gepfändet, ist § 850k nicht anwendbar,[6] sondern zunächst ein außergerichtliches Verfahren vorgeschaltet (§ 347ff. AO) und nach dessen Abschluss der betreffende Rechtsweg eröffnet (§§ 33 Abs. 1 Nr. 1, 69, 114 FGO).

II. Pfändungsschutz nach Abs. 1

2 **1. Materielle Voraussetzungen. a) Art des Kontos.** Erfasst werden Giro- und Sparkonten bei Banken (Postbanken) und Sparkassen, nicht aber die Zahlstelle einer Haftanstalt.[7] Geschützt werden nur natürliche Personen, denn jur. Personen erhalten kein Arbeitseinkommen.[8] Das Schuldnerkonto kann allen möglichen Bankgeschäften dienen;[9] reine Lohn- oder Gehaltskonten werden bei Banken ohnehin kaum geführt. „Und" sowie „Oder"-Konten genügen (s. u. Rn. 17), wenn der Schuldner verfügungsberechtigt ist. Das Konto eines Dritten wird auch dann nicht geschützt, wenn der Schuldner Vollmacht hat.[10]

3 **b) Wiederkehrende Einkünfte.** Auf dem Konto müssen Einkünfte **des Schuldners**[11] nach §§ 850 bis 850b oder solche aus Verweisungsnormen eingegangen sein, wie die nach § 27 HeimArbG (s. § 850i Rn. 12ff.), Verdienstausfallentschädigung nach §§ 57, 60 Abs. 1 S. 2 BSeuchG (wg. Impfschäden s. a. § 850i Rn. 18 aE), Insolvenzgeld; s. a. § 850i Rn. 19. Die Einkünfte müssen die noch laufende Zahlungsperiode betreffen, wie auch Abs. 2 S. 3 zeigt.[12] Nach Wortlaut und Sinn der Norm wird schon die erste Überweisung derartiger Bezüge geschützt.[13] Es genügt, dass die Leistung sich auf eine wiederkehrend zahlbare Vergütung bezieht, wie Urlaubs- und Weihnachtsgeld, Lohnnachzahlungen und auch aus besonderem Anlass gewährte Zuwendungen nach § 850a.[14] Sie muss aber **unmittelbar** vom Drittschuldner auf das Konto des Schuldners gelangt sein, also durch **Banküberweisung** oder **Scheckeinreichung,** s. a. § 850i Rn. 28. Es ist jedoch nicht erforderlich, dass das konkrete Guthaben aus der letzten Zahlung des Arbeitseinkommens stammt. Hier gilt nichts anderes als nach § 811 Nr. 8 bei Bargeld, s. dort Rn. 23.

4 **c) Einmalige Vergütungen.** § 850k gilt nicht für sonstige Einmalleistungen, zB nach § 850i; auch dann nicht, wenn für den ursprünglichen Anspruch Pfändungsschutz zB nach §§ 850a Nr. 3 und 5, 850b Nr. 4 bestand.[15] Hier hilft allein § 765a. Dasselbe gilt für Unterhaltsrückstände nach § 1629 Abs. 3 BGB, die im Wege der Zwangsvollstreckung eingezogen wurden.[16]

5 **2. Verfahren und Entscheidung. a) Pfändung von Kontoguthaben.** Sie erfolgt auch dann **ohne jede Einschränkung,** wenn dem Vollstreckungsgericht bekannt ist, dass es sich um ein Lohn- oder Gehaltskonto handelt. Es ist auch nicht Sache der Bank als Drittschuldnerin, den unpfändbaren Teil des Kontoguthabens zu ermitteln. Nach der gesetzlichen Regelung kann der Schuldner die freie Verfügung über sein gepfändetes Konto, abw. v. § 55 Abs. 2 S. 1 SGB I (s. § 850i Rn. 28), schließlich nicht dadurch erreichen, dass er der Bank die Herkunft des Guthabens als Arbeitseinkommen und die weiteren Voraussetzungen der teilweisen Unpfändbarkeit belegt. **Pfändungsschutz** erhält er nicht vAw., sondern nur auf Antrag, weil eine Bank nicht von sich aus den unpfändbaren Teil des Arbeitseinkommens ermitteln kann.[17] Weil eine **Vorpfändung** (§ 845) wie ein durch Forderungspfändung vollzogener Arrest wirkt (s. dort Rn. 6), kann sie ebenfalls

---

[1] BGHZ 162, 349, 352 = NJW 2005, 1863; BGH NJW 2004, 2714; BGHZ 104, 309, 313 = NJW 1988, 2670.
[2] Art. 3 G v. 28. 2. 1978 (BGBl. I S. 33).
[3] BGHZ 170, 236, 241 = NJW 2007, 604; LG Münster NJOZ 2006, 856; aA OLG Nürnberg Rpfleger 2001, 361; LG Flensburg Jur Büro 2006, 437 u. Voraufl.
[4] OLG Nürnberg (Fn. 3); LG Mönchengladbach Rpfleger 2005, 614; LG Essen NJW-RR 2002, 162.
[5] *Meyer* Rpfleger 2007, 513, 521.
[6] OLG Hamm Rpfleger 1995, 170; aA LG Frankfurt Rpfleger 1992, 168 m. Anm. *Merla* 359; *B/L/H* Rn. 3.
[7] *St/J/Brehm* Rn. 5.
[8] AllgM; *Arnold* BB 1978, 1314, 1320.
[9] LG Oldenburg Rpfleger 1983, 33.
[10] BGH LM SGB § 55 Nr. 1 = NJW 1988, 709.
[11] BGH NJW 2006, 2040.
[12] *St/J/Brehm* Rn. 6.
[13] *MK/Smid* Rn. 11; *St/J/Brehm* Rn. 8; aA *B/L/H* Rn. 2 (zweimaliger Eingang).
[14] *MK/Smid* Rn. 9; wohl enger zu § 850a: *St/J/Brehm* Rn. 10.
[15] BGHZ 104, 309, 315 = NJW 1988, 2670; *MK/Smid* Rn. 10; aA LG Oldenburg Rpfleger 1983, 33.
[16] BGHZ 113, 90, 95 = NJW 1991, 839.
[17] LG Koblenz Rpfleger 1998, 76; so wohl auch: BVerfG InVo 2002, 372.

nach § 850k vom Rechtspfleger aufgehoben werden.[18] Das gilt aber nur für die Monatsfrist des § 845 Abs. 2 S. 1; die Aufhebung der nachfolgenden Pfändung ist neu zu beantragen und anzuordnen. Zur **Kontenkündigung** wg. Pfändung s. § 850 Rn. 18 aE.

6 b) **Formelle Voraussetzungen. Zuständig** ist der Rechtspfleger (§§ 20 Nr. 17 RPflG, 828). Der Schonbetrag wird nicht vAw festgesetzt.[19] **Antragsberechtigt** ist nur der Schuldner, nicht die Bank, auch kein unterhaltsberechtigter Angehöriger.[20] Der Antrag kann auf Freigabe eines bestimmten Betrages oder auf Aufhebung der Pfändung gemäß Abs. 1 lauten. Weil die Bank nach Ablauf von zwei Wochen seit Zustellung des Überweisungsbeschlusses an den Gläubiger leisten oder hinterlegen darf (§ 835 Abs. 3 S. 2), muss der Antrag **rechtzeitig** gestellt werden. Er sollte sicherheitshalber mit einem **Einstellungsantrag** (Abs. 3) verbunden werden. Hat die Bank nach Fristablauf bereits befreiend geleistet, fehlt dem Antrag das **Rechtsschutzbedürfnis.** Die Entscheidung ergeht regelmäßig ohne mündliche Verhandlung durch Beschluss (§ 764 Abs. 3). Vorherige Anhörung des Gläubigers ist zwingend (Art. 103 GG), die des Drittschuldners zweckmäßig.

7 c) **Darlegungspflicht.** Der **Schuldner** muss die **materiellen Voraussetzungen** darlegen und im Streitfall **beweisen,** dass, in welcher Höhe und für welchen Zeitraum wiederkehrende Einkünfte nach §§ 850 bis 850b oder gleichgestellte Bezüge auf seinem Konto eingegangen sind und welchen Personen er auf Grund gesetzlicher Verpflichtung Unterhalt leistet. Glaubhaftmachung genügt nur für den Vorabschutz nach Abs. 2. Maßgeblich ist der aktuelle Zeitraum. Es reicht nicht, dass früher wiederkehrende Einkünfte gutgeschrieben wurden. Rücklagen sind voll pfändbar.[21] **Mehrere Bezüge** des Schuldners werden zusammengerechnet, auch wenn sie mit Sozialleistungen zusammentreffen. Die Zusammenrechnung erfolgt vAw., wenn beide Leistungen auf dasselbe Konto gelangt sind oder wenn Unterhaltsgläubiger bevorrechtigt pfänden (s. § 850d Rn. 11), sonst auf Antrag des Gläubigers (s. § 850e Rn. 8). Hat eine Zusammenrechnung bereits bei Pfändung des Einkommens stattgefunden, gilt sie fort, wenn danach der unpfändbare Teil auf das Konto überwiesen wird.[22] Betrifft die Überweisung **erkennbar** nur einen **Bruchteil der Bezüge,** ist der Schuldner aufzufordern, seine Gesamteinkünfte nachzuweisen.[23] Sie werden dann zusammengerechnet. Kommt der Schuldner dem nicht nach, wird sich die sachliche Berechtigung seines Antrags nicht feststellen lassen.[24]

8 d) **Ermittlung des fiktiven Freibetrages.** Liegen die materiellen Voraussetzungen vor, ist zunächst zu ermitteln, in welcher Höhe das Nettoeinkommen des Schuldners unpfändbar gewesen wäre (s. § 850 Rn. 2–7), wenn der Gläubiger den Anspruch des Schuldners gegen seinen Arbeitgeber gepfändet hätte (§§ 850ff.). Bei gewöhnlichen Gläubigern gilt § 850c, bei bevorrechtigt pfändenden gelten §§ 850d, 850f. Angehörige mit eigenen Einkünften bleiben auf Gläubigerantrag unberücksichtigt (s. § 850c Rn. 10ff.). Im Rahmen der Prüfung nach § 850k können sich Schuldner und Gläubiger auf § 850f berufen.[25] Barmittel des Schuldners oder sonstige Einnahmen bleiben – anders als beim Vorabschutz (s. u. Rn. 13) außer Betracht.

9 e) **Zeitanteilige Aufteilung.** Die Zeit vom Wirksamwerden der Pfändung (§ 829 Abs. 3) bis zum nächsten regelmäßigen Überweisungstermin ist danach als Bruchteil der vereinbarten oder gesetzlichen Zahlungsperiode (zB Woche, Monat) zu errechnen.

10 f) **Festsetzung des Freibetrages.** Das Vollstreckungsgericht muss schließlich den zeitanteilig ermittelten Freibetrag beziffern und sodann die Pfändung in Höhe dieses Betrages **durch Beschluss** aufheben. Der Betrag ist zu beziffern; ein **Blankettbeschluss** (§ 850c Rn. 7f.) ist **unzulässig,**[26] auch wenn zZ nur unpfändbare Beträge eingehen. Ein nach Teilaufhebung verbleibender Guthabenrest steht dem Gläubiger zu; für Sozialgeldleistungen gilt aber allein § 55 SGB I (s. o. Rn. 3). Weil Pfändungsschutz nur zeitanteilig gewährt wird, ist er umso geringer, je näher der nächste Überweisungstermin rückt. Der Schuldner kann über den freigegebenen Betrag verfügen. Lässt er ihn auf dem Konto, kann nicht nochmals auf Antrag des Gläubigers gepfändet werden, in dessen Verfahren die Aufhebung erfolgte.[27] Gegenüber anderen Gläubigern wirkt der Beschluss aber nicht; ihre Pfändung erfasst das gesamte Kontoguthaben.

11 g) **Pfändung von Debetsalden.** Befindet sich das Schuldnerkonto auch nach Gutschrift im Soll (Debet), geht die Pfändung des gegenwärtigen Saldos ins Leere. Beim Bankkontokorrent schließt aber die Pfändung des Anspruchs auf Auszahlung der künftigen Tagessalden auch Auszahlungen an den Schuldner und Ausführungen seiner Überweisungsaufträge aus. Um die Kontoüberweisung wie Bargeld zu schützen, muss daher beim debitorischen Schuldnerkonto die von § 850k erfasste Überweisung als „Guthaben" verstanden werden. Eine Pfändung ist deshalb aufzuheben, wenn und soweit sich bei einem debitorischen Konto Pfändungswirkungen für den zeitanteilig errechneten Freibetrag ergeben.[28] Entspr. gilt, wenn der Saldo nach Gutschrift unter deren Höhe bleibt. Der Pfändungsschutz wirkt jedoch nur gegen den vollstreckenden Gläubiger. Der Schuldner kann nach Abs. 1 nicht erreichen, dass seine Bank ihm die nur vollstreckungs-

---

[18] *Behr* Rpfleger 1989, 52f.
[19] AA *Hofmann* Rpfleger 2001, 113, 117: Regelung verfassungswidrig.
[20] AllgM; MK/*Smid* Rn. 5.
[21] LG Siegen JurBüro 1990, 786.
[22] *St/J/Brehm* Rn. 12.
[23] AA *Arnold* BB 1978, 1314, 1320 dort Fn. 66.
[24] MK/*Smid* Rn. 11; vgl. a.: *St/J/Brehm* Rn. 8 (Anhörung des Gläubigers abwarten).
[25] *Stöber* Rn. 1291.
[26] OLG Köln JurBüro 1985, 1272; LG Bielefeld JurBüro 1990, 1365.
[27] OLG Hamm OLGR 2001, 202, 204 = Rpfleger 2001, 506.
[28] LG Dortmund NJW-RR 2002, 428; *St/J/Brehm* Rn. 6; *Behr* Rpfleger 1989, 52f.

rechtlich als „Guthaben" behandelte Überweisung auszahlt, wenn sein Konto auch nach Gutschrift im Soll bleibt oder jedenfalls deren Höhe im Haben nicht erreicht.[29] § 850k steht einer **Kontokorrentverrechnung** durch die Bank nicht entgegen. Eine Analogie scheidet aus, weil keine vergleichbare Interessenlage besteht und, anders als bei § 55 SGB I, auch keine materielle Unpfändbarkeit (s. § 850i Rn. 26ff.).[30]

12 **h) Pfändungsschutz im Voraus.** Erfasst die Pfändung auch künftige wiederkehrende Einkünfte, müsste der Schuldner an sich zu jedem Überweisungstermin ein neues Verfahren nach § 850k durchführen. Um dem abzuhelfen, gewährt die Rspr. auf Antrag des Schuldners Pfändungsschutz im Voraus auch für die durch **künftige Überweisungen** entstehenden Guthaben, wenn sicher erscheint, dass sie jedenfalls nicht geringer als bisher ausfallen.[31] Auch für künftige Guthaben muss der unpfändbare Teil regelmäßig beziffert werden; auch hier darf **kein Blankettbeschluss** (§ 850c Rn. 7f.) ergehen.[32] Wenn aber die Pfändung des Kontos wegen aller Lohnüberweisungen aufgehoben wird, weil der Arbeitgeber die pfändbaren Teile bereits einbehalten und abgeführt hat, kann die Aufhebung unbeziffert und befristet mit Verlängerungsklausel erfolgen.[33]

III. Vorabschutz (Abs. 2)

13 Wenn eine einstweilige Anordnung nach Abs. 3 nicht ausreicht[34] und der Antrag nach Abs. 1 gestellt ist, kann das **Vollstreckungsgericht** durch **Beschluss** nach Abs. 2 entscheiden. Der notwendige Schuldnerunterhalt und die zur Erfüllung seiner laufenden gesetzlichen Unterhaltspflichten erforderlichen Beträge sind wie bei § 850d zu errechnen, s. dort Rn. 5ff. Daher muss der Schuldner angeben, ob er über sonstige Einnahmen und Mittel verfügt. Hat der Schuldner nur das gepfändete Einkommen, ist er im Zweifel „dringend" auf Freigabe in der ermittelten Höhe angewiesen (S. 1). Höchstgrenze ist der nach Abs. 1 festzusetzende Betrag (S. 2). Für die Voraussetzungen des Abs. 1 und die Höhe etwaiger Unterhaltspflichten ist **Glaubhaftmachung** (§ 294) durch den Schuldner erforderlich (S. 3). Weil die teilweise Freigabe für den Gläubiger endgültige Nachteile bringen kann, darf seine **Anhörung** nur dann unterbleiben, wenn die dadurch entstehende Verzögerung für den Schuldner unzumutbar ist (S. 4). Sind Ansprüche nach § 850d tituliert, ist jedenfalls zu vermuten, dass der Gläubiger bevorrechtigt vollstrecken will.[35] Auch die Vorabentscheidung bedarf einer **Begründung** und der **Zustellung** vAw. an Gläubiger, Schuldner sowie Drittschuldner.

IV. Einstweilige Anordnung (Abs. 3)

14 Besteht die Gefahr, dass Entscheidungen nach Abs. 1 oder 2 dem Drittschuldner nicht vor Ablauf der zweiwöchigen Sperre des § 835 Abs. 3 S. 2 bekannt gemacht werden können, kann das Gericht – auch ohne Antrag – den Aufschub der Verwertung nach § 732 Abs. 2 verlängern.

V. Kosten und Rechtsbehelfe

15 Der Schuldner trägt regelmäßig die **Kosten** des Verfahrens. Aus Gründen der Billigkeit können sie dem Gläubiger auferlegt werden (§ 788 Abs. 3), wenn er zB im vollen Umfang pfändet, obwohl er weiß, dass auf das gepfändete Konto der Arbeitslohn des Schuldners überwiesen wird.[36] **Rechtsbehelfe:** Der **Schuldner** hat gegen den Beschluss nach Abs. 1 die sofortige Beschwerde (§§ 11 RPflG, 793), wenn sein Antrag auch nur teilweise erfolglos blieb.[37] Dem **Gläubiger** steht derselbe Rechtsbehelf zu, auch wenn er vorher nicht gehört wurde, denn eine „Entscheidung" liegt schon darin, dass seine Pfändung zum Teil aufgehoben worden ist.[38] Gegen Vorabschutz nach Abs. 2 besteht nach dessen Zweck Rechtsschutz nur, wenn der Antrag nach Abs. 1 offenbar aussichtslos[39] oder die Höhe der Aufhebung offensichtlich falsch bemessen ist.[40]

VI. Anhang: Pfändung von Ansprüchen aus Bankverträgen

16 **1. Anspruchsbezeichnung.** Sie muss unterscheidbar sein. **Unzulässig** ist der Antrag auf Pfändung „aller Ansprüche aus Bankvertrag",[41] „aller Guthaben sämtlicher Konten",[42] „aus Wertpapierdepots, Kreditzu-

---

29 LG Landshut WM 2001, 1151; MK/*Smid* Rn. 14.

30 BGHZ 162, 349, 356 = NJW 2005, 1863, 1864 = BGHR 2005, 982 m. Anm. *Singer* = JZ 2006, 46 m. Anm. *Einsele;* OLG Celle WM 2007, 1563; *Jürgens/Behren* Rpfleger 2006, 6; *Scholz/Löhnig* NJW 2005, 2432 (Anregung zur Vorlage nach Art. 100 GG); AG Bielefeld WM 2000, 2244; *Bitter* WuB VI E. § 850k ZPO 1.01; *Peters/Tetzlaff* NZI 2001, 233; *Stöber* Rn. 1284b; aA LG Heidelberg NJW-RR 1999, 1426; *Reifner* NZI 1999, 304; Mieteinnahmen d. Schuldners: LG Kassel Rpfleger 2000, 118.

31 KG OLGZ 1992, 380 = Rpfleger 1992, 307; LG Düsseldorf JurBüro 2000, 325; LG Augsburg Rpfleger 1997, 89.

32 LG Augsburg (Fn. 31).

33 OLG Hamm (Fn. 27); LG Bad Kreuznach Rpfleger 1990, 216.

34 LG Oldenburg JurBüro 1983, 778.

35 *St/J/Brehm* Rn. 24.

36 *Zö/Stöber* Rn. 14.

37 *Fischer* InVo 2003, 301 (Kto-Pfändung durch öff. Gläubiger).

38 *T/P/Hüßtege* Rn. 13; *Zö/Stöber* Rn. 16; aA (§ 766): LG Meiningen MDR 2006, 895; *Schuschke/Walker* Rn. 22; *Hintzen* Rpfleger 2006, 584, 595.

39 *Hornung* Rpfleger 1978, 359, 362.

40 Vgl. a. *St/J/Brehm* Rn. 33.

41 OLG Frankfurt NJW 1981, 468.

42 BGH NJW 1988, 2544; *Schmidt* JuS 1989, 65; aA OLG Köln InVo 1999, 256.

sagen, Bankstahlfächern",[43] „Rückübertragung von Forderungen für Sicherheiten",[44] „Rückübertragung aller gegebenen Sicherheiten",[45] „Rückübertragung und Rückgabe von Sicherheiten",[46] oder „Schadenersatz wg. Schlechterfüllung des Bankvertrages",[47] weil offen bleibt, was gemeint ist.[48] **Ausreichend** ist die erkennbar auf Giroverträge bezogene Bezeichnung „aus laufender Geschäftsverbindung auf Auszahlung der gegenwärtigen und künftigen Guthaben nach erfolgter Abrechnung",[49] bedenklich „aus Kontoverbindungen jeder Art".[50] Die Angabe einer Kontonummer ist zweckdienlich.[51] Wird sie genannt, ist die Pfändung nicht auf dieses Konto beschränkt.[52] Wer **Gläubiger eines Bankguthabens** ist, ergibt sich nicht allein aus der Kontobezeichnung. Maßgeblich ist vielmehr, wer bei der Kontoerrichtung als Forderungsberechtigter bezeichnet wird.[53] Zur unzulässigen **Verdachtspfändung** siehe § 829 Rn. 8.

2. Kontoinhaber. Der Schuldner muss Inhaber eines Allein- oder Gemeinschaftskontos sein. Beim **Allein-** 17
konto ist nur derjenige Inhaber, für den das Konto geführt wird, sei es als Eigen- oder als Anderkonto.[54] Letzteres wird als offenes Treuhandkonto (Rechtsanwalt, Notar, Verwalter gem. § 27 WEG) von der Pfändung aber nur erfasst, wenn es ausdrücklich als solches oder durch Kontonummer benannt worden ist, s. a. § 771 Rn. 21. Kontovollmachten für Dritte sind unbeachtlich. Ein **Gemeinschaftskonto** wird idR[55] als Oder-Konto mit Einzelverfügungsbefugnis jedes Kontoinhabers (modifizierte Gesamtgläubigerschaft, abw. v. § 428 S. 1 BGB) geführt oder als Und-Konto mit gemeinschaftlicher Verfügungsbefugnis (Bestimmung der Inhaber oder kraft Gesetzes bei GbR, Erbengemeinschaft). Beim **Oder-Konto** sperrt ein Pfändungs- und Überweisungsbeschluss gegen einen das Konto für alle, denn der Gläubiger erlangt damit ein eigenes Einziehungsrecht u. drückt sein Zahlungsverlangen konkludent durch Zustellung des Überweisungsbeschlusses aus (§ 835).[56] Weil Pfändung ohne Überweisung (§ 829), Vorpfändung (§ 845) oder Arrest (§ 930) kein Befriedigungsrecht begründen, hindern sie Kontoverfügungen des Mitinhabers nicht.[57] Die Pfändung ist nicht auf die Höhe des Anteils beschränkt, da § 430 BGB nur das Innenverhältnis der Kontoinhaber betrifft.[58] Die Befugnisse aus § 850k stehen nur dem Schuldner zu.[59] Beim **Und-Konto** ist ein Titel gegen alle Inhaber erforderlich (vgl. §§ 736, 747 ZPO).[60] Andernfalls bleibt dem Gläubiger nur die Pfändung des Gesellschaftsanteils (s. § 859 Rn. 2ff.) oder des Miterbenanteils (s. § 859 Rn. 19ff.). Zur Pfändung u. Verwertung bei Bruchteilsgemeinschaften s. § 857 Rn. 8ff.

3. Girokonten. Die Verpflichtung der Bank auf Grund des Girovertrages, Einzahlungen entgegenzuneh- 18
men und Auszahlungen zu bewirken, ist regelmäßig mit der Abrede verbunden, dass die beiderseitigen Ansprüche von Bank und Kunden in laufender Rechnung (Kontokorrent) verbucht werden. Die Einzelne in das Kontokorrent eingestellte Forderung ist nach § 357 HGB rechtlich unselbständig, daher entgegen § 851 Abs. 2 unpfändbar.[61] **Gegenwärtiger Saldo:** Er ist ohne weiteres pfändbar. Die Pfändung bewirkt eine Zwangssaldierung. Sie erfasst den Aktivsaldo im Zeitpunkt der Zustellung. Zahlung kann aber erst mit Ablauf der Kontokorrentperiode, also regelmäßig zum Quartalsende,[62] verlangt werden, weil die Rechtsstellung der Bank nicht beeinträchtigt werden darf. Neue Guthaben- oder Schuldposten bleiben jedoch unberücksichtigt, es sei denn, dass sie schon vor der Pfändung angelegt waren, wie Kontogebühren, Rückbelastungen von Schecks o. ä., nicht aber das AGB-Pfandrecht der Banken.[63] **Künftiger Saldo:** Er ist zum Ablauf der vereinbarten Rechnungsperioden pfändbar. Seine Pfändung muss klar beantragt werden.[64] Sie kann bis zur vollständigen Befriedigung des Gläubigers jeden künftigen Aktivsaldo aus periodischen Rechnungsabschlüssen erfassen.[65] Ebenso kann jeder künftige Zustellungssaldo gepfändet werden, der bei Pfändung durch nachrangige Gläubiger entsteht.[66] In der Praxis wird mit der Pfändung des gegenwärtigen üblicherweise auch die der künftigen Salden beantragt, s. auch § 829 Rn. 6, 20. **Tagesguthaben:** Unabhängig von Kontokorrentbindung und Saldierung hat der Kunde aus dem Girovertrag einen pfändbaren Anspruch auf fortlaufende Auszahlung des

---

[43] LG Bochum WM 1997, 394.
[44] LG Landshut JurBüro 1994, 307.
[45] OLG Koblenz Rpfleger 1988, 72; aA LG Bielefeld Rpfleger 1987, 116.
[46] LG Aachen Rpfleger 1990, 215; aA LG Berlin Rpfleger 1991, 28; AG Pforzheim JurBüro 1992, 501.
[47] OLG Karlsruhe OLGR 2000, 183, 185.
[48] *Liesecke* WM 1975, 318.
[49] BGH NJW 1982, 2195; LG Frankenthal Rpfleger 1981, 445.
[50] OLG Karlsruhe NJW-RR 1993, 242; krit.: *Köndgen* NJW 1996, 558, 562.
[51] LG Siegen JurBüro 1998, 605.
[52] BGH NJW 1988, 2543.
[53] BGH NJW-RR 1990, 178.
[54] *Noack* DGVZ 1976, 112.
[55] Nr. 2 Abs. 3 AGB (Banken)
[56] MK-BGB/*Selb* § 428 Rn. 2; MK-BGB/*K. Schmidt* § 741 Rn. 51; *Bitter* in *Sch/B/L* § 33 Rn. 115; *Wagner* WM 1991, 1145; aA *Staudinger/Hopt/Mülbert* vor §§ 607ff. Rn. 149; *Gernhuber* WM 1997, 645, 649: Erst die Auszahlung beschränkt Rechte des anderen Gesamtgläubigers.
[57] OLG Dresden WM 2001, 1148, 1150; aA OLG Stuttgart InVo 1999, 150, 152.
[58] OLG Nürnberg WM 2003, 243; OLG Stuttgart InVo 2002, 339; aA OLG Koblenz NJW-RR 1990, 1385.
[59] LG Nürnberg-Fürth NJW 2002, 973; zum Pfändungsschutz für Kinderunterhalt: BGH NJW 2006, 2040.
[60] OLG Nürnberg (Fn. 58); LG Nürnberg-Fürth (Fn. 59).
[61] BGHZ 80, 172, 175 = NJW 1981, 1611; BFH NJW 1984, 1919.
[62] Vgl. Nr. 7 Abs. 1 AGB (Banken); Nr. 7 Abs. 4 AGB (Postbank); Nr. 7 Abs. 2 AGB (Sp); *Hoeren* NJW 1992, 3263ff.
[63] BGH NJW 1997, 2322 = LM § 357 HGB Nr. 6/7 m. Anm. *Walker.*
[64] OLG Karlsruhe NJW-RR 1993, 242.
[65] BGHZ 135, 140, 142 = NJW 1997, 1857.
[66] *Gröger* BB 1984, 25; *Schuschke/Walker* Anh. zu § 829 Rn. 2; krit. *Grunsky* AcP 193 (1993), 278.

sich zwischen den Rechnungsabschlüssen ergebenden Guthabens.[67] Maßgeblich ist nicht die Wertstellung der einzelnen Buchungen, sondern der im Tagesauszug ausgewiesene Guthabenbetrag, der „Kontostand".[68] Es handelt sich um eine Geldforderung, nicht um einen Dienstleistungsanspruch.[69] Mit der Pfändung wird verhindert, dass der Schuldner sein Konto vor dem Rechnungsabschluss leert. Zur Pfändung des künftigen Anspruchs auf Auszahlung des Tagesguthabens bei Insolvenz s. auch § 845 Rn. 9. **Anspruch auf Gutschrift:** Er kann ebenfalls gepfändet werden, um zu vermeiden, dass der Schuldner die Buchung von Gutschriften verhindert.[70] Die Gutschrift selbst ist kein pfändbarer Posten (zur Behandlung der Gutschrift bei Pfändung von Debetsalden s. aber Rn. 11). Ein Zahlungsanspruch infolge der Gutschrift lässt sich daher nur mittels Saldenpfändung oder mit der des Anspruchs auf fortlaufende Guthabenauszahlung pfänden. Bleibt das Konto trotz der Gutschrift im Soll, ist nichts zu pfänden.[71] Ein vereinbarter oder zugesagter **Dispositionskredit** („offene Kreditlinie") ist vor Abruf unpfändbar,[72] denn Krediteinräumung und Abruf des Kredits beruhen auf dem höchstpersönlichen Vertrauensverhältnis zwischen Bank u. Schuldner, der nicht gezwungen werden darf, seine Gläubiger durch Aufnahme neuer Schulden zu befriedigen. Nach BGH ist aber **der künftige Anspruch** aus einem abgerufenen Dispositionskredit pfändbar. Der Gläubiger muss diesen Anspruch wg. des Bestimmtheitsgebots (s. § 829 Rn. 3) als solchen bezeichnen. Das Pfandrecht entsteht, soweit der Kunde den (Dispositions-)Kredit abruft.[73] Ein **Überziehungskredit** genügt jedoch nicht, denn bei ihm besteht kein Anspruch, sondern nur eine Chance, dass die Bank die Überziehung duldet.[74] Die **Abgrenzung** zwischen einem Dispositions- und einem Überziehungskredit ist freilich schwierig u. rechtlich problematisch.[75] Mit der Pfändung des Zahlungsanspruchs geht der unabhängig von § 840 Abs. 1 bestehende **Auskunftsanspruch** als unselbstständiges Nebenrecht nach §§ 412, 401 BGB auf den Gläubiger über, soweit die Geltendmachung des gepfändeten Rechts eine Auskunft oder Rechnungslegung erfordert.[76] Von der Pfändung **nicht** erfasst wird der ebenfalls auf §§ 666, 675 BGB basierende, aber selbstständige Anspruch des Kontoinhabers auf **Erteilung von Kontoauszügen** und **Rechnungsabschlüssen,** der unabhängig von einem Kontoguthaben besteht.[77] Der Gläubiger hat kein Recht, beim Drittschuldner die gesamte Geschäftstätigkeit des Schuldners auszuforschen.[78] Seine primäre Auskunftsquelle ist der Schuldner selbst, s. § 836 Rn. 7.

19 **4. Sparkonten.** Sie werden wie gewöhnl. Geldforderungen nach §§ 829, 835 gepfändet. Gibt der Schuldner das Sparbuch nicht freiwillig heraus, nimmt der GV es ihm auf Grund des Überweisungsbeschlusses nach § 836 Abs. 3 im Wege der Hilfspfändung weg, s. dort Rn. 7. Findet der GV bei Gelegenheit einer Sachpfändung ein Sparbuch des Schuldners, so stellt er es vorläufig sicher, s. § 821 Rn. 2. Diese Regelung gilt auch für Postsparbücher,[79] s. § 831 Rn. 1. Forderungen aus Prämiensparverträgen werden wie allg. Sparguthaben gepfändet.[80]

20 **5. Rückgewähransprüche.** Ansprüche auf Rückübertragung von Sicherheiten entstehen mit Rückzahlung des Kredits oder bei nicht nur vorübergehender Überschreitung der Deckungsgrenze.[81] Die Ansprüche sind nach §§ 846ff. pfändbar. Ist bei Verwertung von Sicherheiten ein Überschuss erzielt worden, der dem Schuldner gebührt, kann dieser Anspruch selbständig gepfändet werden, falls der Schuldner Barauszahlung verlangen kann. Hat der Schuldner nur einen Anspruch auf Kontogutschrift, ist dieser nicht als Zahlungsanspruch pfändbar, sondern nur ein infolge der Gutschrift entstandener positiver Saldo.

VII. Gebühren und Kosten

21 **1. Rechtsanwaltsgebühren.** Das gesamte Verfahren auf Gläubiger- und Schuldnerseite ist jeweils durch die Vollstreckungsgebühr aus Nr. 3309 VV RVG abgegolten (§ 18 Nr. 3 RVG).

22 **2. Gerichtskosten.** Gerichtsgebühren werden nicht erhoben.

---

[67] BGHZ 84, 325, 329 = NJW 1982, 2192; BGHZ 84, 371 = NJW 1982, 2193.

[68] OLG Frankfurt/M NJW-RR 1994, 878, 879; zustimmend: *Köndgen* NJW 1996, 558, 562; *Lwowski/Bitter* WuB VI E. § 829 ZPO 3.94.

[69] BGHZ 84, 371, 374 = NJW 1982, 2193.

[70] BGHZ 93, 315 = NJW 1985, 1218; OLG Köln ZIP 1983, 810; aA OLG Köln ZIP 1981, 964.

[71] BGH (Fn. 70).

[72] HM; OLG Jena OLG-NL 1999, 212; OLG Schleswig NJW 1992, 579; LG Münster WM 1996, 1847; aA *Vendolsky* ZIP 2005, 786; *Wagner* WM 1998, 1657.

[73] BGH NJW 2004, 1444, 1445 = WuB VI E. § 829 3.04 (*Bitter*); BGHZ 157, 350, 355 = NJW 2004, 1444 = WuB VI E. § 829 2.04 (*Bitter*); BGHZ 147, 193, 196 = NJW 2001, 1937 = JR 2002, 152 m. Anm. *Gottgetreu;* OLG Saarbrücken OLGR 2007, 33; *Klose* MDR 2002, 186; *Scholl* DZWir 2005, 353; *Felke* WM 2002, 1632; *Grunsky* LM H. 8/2001 AO 1977 Nr. 23; aA mit beachtlichen Gründen: *Bitter* WM 2004, 1109; 2001, 889, 892; *Honsell* Anm. zu BGH JZ 2001, 1140; *Krüger* Anm. zu BGHR 2001, 437, 440; *Schuschke* ZIP 2001, 1084.

[74] BGHZ 170, 276, 281 = NJW 2007, 1357 = *de Bra* LMK 2007, 221655; BGHZ 147, 193, 202 = NJW 2001, 1937; BGHZ 93, 315, 325 = NJW 1985, 1218; *Schuschke* (Fn. 71) S. 1086; aA *Zeller,* Die Vollstreckung in offene Kreditlinien, 2006, S. 288ff.; *Vendolsky* ZIP 2005, 786, 788.

[75] Eingehend: *Bitter* in *Sch/B/L* § 33 Rn. 81–93; s. auch: OLG Hamm NJW-RR 2002, 1477; *Weidner* JurBüro 2005, 177.

[76] BGH NJW-RR 2003, 1555 = WuB VI E. § 829 1.04 (*Vollkommer*).

[77] BGH NJW 2006, 217 = *Walker* LMK 2006, 164943; WM 2001, 621; 1985, 1098, 1099

[78] BGH NJW 2006, 217, 218.

[79] *Röder* DGVZ 1998, 86, 89 (Muster).

[80] LG Bamberg MDR 1987, 243; LG Essen Rpfleger 1973, 147; *Muth* DB 1985, 1381; aA LG Karlsruhe MDR 1980, 765.

[81] Vgl. Nr. 16 Abs. 2 AGB (Banken), Nr. 15 Abs. 2 AGB (Postbank), Nr. 22 Abs. 2 AGB (Sp).

851 *Nicht übertragbare Forderungen* (1) Eine Forderung ist in Ermangelung besonderer Vorschriften der Pfändung nur insoweit unterworfen, als sie übertragbar ist.

(2) Eine nach § 399 des Bürgerlichen Gesetzbuchs nicht übertragbare Forderung kann insoweit gepfändet und zur Einziehung überwiesen werden, als der geschuldete Gegenstand der Pfändung unterworfen ist.

I. Normzweck

Weil die Forderungspfändung darauf abzielt, die Verwertungsbefugnis des Inhabers auf den Vollstreckungsgläubiger zu übertragen, sind unübertragbare Forderungen von vornherein unpfändbar. Abs. 1 erfasst Forderungen, deren Übertragung kraft Gesetzes ausgeschlossen ist. Wenn die Abtretung durch Vereinbarung mit dem Schuldner ausgeschlossen ist (§ 399 BGB), lässt Abs. 2 die Pfändung zu, falls der geschuldete Gegenstand pfändbar ist. § 851 korrespondiert mit § 400 BGB wie folgt: Ansprüche, die nach Prozessrecht unpfändbar sind (§§ 850ff.), können materiellrechtlich nicht abgetreten werden.[1] Für Rechte, die unveräußerlich sind, gilt § 857. 1

II. Voraussetzungen

1. Unübertragbare Forderungen (Abs. 1). a) Kraft gesetzlicher Anordnung, wie zB die Forderungen von Prostituierten.[2] Absolut unpfändbar sind nicht verkehrsfähige Rechte[3] wie das Rücknahmerecht des Hinterlegers (§ 377 Abs. 1 BGB), die unübertragbaren Ansprüche der Gesellschafter (§ 717 S. 1 BGB; zur Anteilspfändung s. § 859 Rn. 2ff.) und mangels abw. Vereinbarung die personengebundenen von Dienstberechtigten und Auftraggebern (§§ 613 S. 2, 664 Abs. 2 BGB), auch § 41 Abs. 4 AktG (s. § 859 Rn. 18). Die Ausgleichsforderung aus § 1378 BGB ist – unter Beachtung von § 852 – erst mit Beendigung des Güterstandes, die aus § 27 Abs. 4 ErbbauVO erst ab Fälligkeit, der Anspruch auf Haftentschädigung erst ab rechtskräftiger Zuerkennung (§ 13 StrEG) pfändbar.[4] Zur **Direktversicherung** s. § 829 Rn. 32. Gleiches gilt für die **Mitgliedschaft** in einem Verein und für das **Vorkaufsrecht,** wenn nichts anderes bestimmt ist (§§ 38, 40, 473 BGB). Eine **Ausnahme** bildet § 859, der abw. v. § 719 Abs. 1 BGB die Pfändung v. Gesamthandsanteilen erlaubt. Auch der Anspruch auf Aufhebung einer Bruchteilsgemeinschaft ist zusammen mit dem künftigen Anspruch auf Teilung und Erlösauskehr pfändbar, s. § 857 Rn. 8ff.[5] **Unpfändbarkeit** kann sich auch daraus ergeben, dass eine Abtretung nach **§ 134 BGB** nichtig wäre.[6] Das gilt aber **nicht für Honoraransprüche** von Ärzten (s. § 850i Rn. 3), Steuerberatern, Wirtschaftsprüfern, Rechtsanwälten (zur Abtretbarkeit vgl. §§ 64 Abs. 2 S. 2 StBerG, 55 Abs. 3 WPO; 49b Abs. 4 BRAO[7]), denn das Geheimhaltungsinteresse des Drittschuldners wird durch entspr. Einschränkung der Auskunftspflichten des § 836 Abs. 3 geschützt;[8] der Gläubiger hat keinen Anspruch auf Weitergabe von Daten oder Urkunden, soweit die Schweigepflicht des § 203 Abs. 1 StGB entgegensteht, s. a. § 807 Rn. 11; § 836 Rn. 6; § 850i Rn. 3. Auch **öff.-rechtl. unabtretbare Ansprüche** können in den Grenzen des § 850c pfändbar sein.[9] 2

b) Natur des Rechtsverhältnisses (§ 399 Alt. 1 BGB). Wenn die Leistung an einen anderen als den ursprünglichen Gläubiger nicht ohne Änderung des Leistungsinhalts erfolgen kann, sind Ansprüche unübertragbar und damit nach Abs. 1 unpfändbar. Abs. 2, wonach Pfändbarkeit besteht, wenn der geschuldete Gegenstand der Pfändung unterliegt (was auf Geld stets zuträfe), gilt entgegen seinem zu weit gefassten Wortlaut für derartige Fälle nicht.[10] 3

aa) Höchstpersönliche Ansprüche. Sie sind unpfändbar. Dazu zählen Ansprüche, bei denen die Leistung an einen anderen Gläubiger nicht in derselben Weise bewirkt werden kann oder wirtschaftlich eine andere sein würde oder bei denen die Identität der Leistung durch das persönliche Verhältnis wesentlich bestimmt ist, wie beim Anspruch auf **Urlaub** (zum Urlaubsgeld s. i. e. § 850a Rn. 3); beim Recht der Eltern, Einkünfte aus **Kindesvermögen** zum Familienunterhalt zu verwenden (§ 1649 Abs. 2 BGB).[11] Gleiches gilt für **Darlehens-** und andere **Vorverträge;** zum Auszahlungsanspruch s. § 850k Rn. 18. Die enge Verknüpfung von Rechten u. Pflichten aus einem Mietvertrag steht der Pfändung der **Miete** wg. § 404 BGB nicht entgegen, s. § 835 Rn. 20.[12] Zum Nutzungsrecht von **Mieter, Pächter, Leasingnehmer** s. § 857 Rn. 15. 4

---

[1] Eingehend: *Walker,* Festschr. f. Musielak 2004 S. 655ff.
[2] § 2 S. 1 ProstG: MK-BGB/*Armbrüster* Bd. 1a Rn. 1.
[3] *Meller-Hanich* KTS 2000, 37, 45ff.
[4] OLG Koblenz NJW-RR 1999, 508; OLG Hamm NJW 1975, 2075.
[5] OLG Hamm NJW-RR 1992, 665; aA MK/*Smid* Rn. 5 m. weit. Nachw.
[6] BGH NJW 1996, 775 m. weit. Nachw.
[7] BGH NJW 2007, 1196, 1197.
[8] HM; BGHZ 141, 173, 176 = NJW 1999, 1544 (Steuerberater); BGH NJW-RR 2004, 54; BFH NJW 2005, 1308 (Rechtsanwalt); BGH NJW 2005, 1505, 1506; *Mohrbutter* DZWir 2005, 336 (privatärztl. Honorare).
[9] BGH NJOZ 2007, 1970 = WM 2007, 1033 = Rpfleger 2007, 404 (Schornsteinfeger-Versorgungsanstalt); BGHZ 160, 197, 200 = NJW 2004, 3770 (Rechtsanwaltsversorgungswerk).
[10] BGHZ 94, 316, 322 = NJW 1985, 2263; BGH LM Nr. 3 = Rpfleger 1978, 248; OLG Köln NJW-RR 1993, 1030, 1031; *Schuschke/Walker* Rn. 9; *Lackmann* Rn. 357; *Meller-Hanich* (Fn. 3) S. 49.
[11] MK/*Smid* Rn. 5; *Zö/Stöber* Rn. 3.
[12] BGH NJW 2003, 2987.

5 bb) **Ansprüche auf Schuldbefreiung.** Sie können nur an den Gläubiger (oder dessen Rechtsnachfolger)[13] der zu tilgenden Schuld abgetreten[14] und deshalb auch nur von ihm gepfändet werden mit der Wirkung, dass der Schuldbefreiungs- sich in einen Zahlungsanspruch umwandelt.[15] Das gilt vor allem für **Versicherungsnehmer** bei Rechtsschutz- und Haftpflichtversicherungen (§§ 149 ff. VVG), einschl. der Kfz-Pflichtversicherung. Der unmittelbare Anspruch des Geschädigten aus § 3 PflVG nimmt der Pfändung nicht das Rechtsschutzinteresse.[16] Die Ansprüche der Versicherungsnehmer gehen nicht auf Zahlung, sondern auf Befreiung von der Haftpflichtschuld[17] oder v. den Verfahrenskosten.[18] Hat der Versicherungsnehmer (Schädiger) aber bereits an den Geschädigten gezahlt,[19] wird aus dem Befreiungs- ein Zahlungsanspruch, der ebenso uneingeschränkt pfändbar ist wie auch (künftige) Ansprüche auf Prämienrückerstattung, Beitragsvergütung und ähnliche.[20] Dasselbe gilt für **arbeitsrechtliche Freistellungsansprüche.** Auch sie sind nur für den durch den Arbeitnehmer Geschädigten,[21] ggf. für die Berufsgenossenschaft pfändbar.[22]

6 cc) **Zweckgebundene Ansprüche.** Sie können, solange die Zweckbindung besteht,[23] nur zu Gunsten desjenigen gepfändet werden, für den die Mittel bestimmt sind. Die treuhandartige Gebundenheit eines Anspruchs gehört zum Inhalt der zu erbringenden Leistung. Eine zweckwidrige Verwendung überlassener Mittel würde daher den Leistungsinhalt ändern. Den zweckgebundenen Anspruch auf **Prozesskostenvorschuss** (§ 1360 a Abs. 4 BGB) können Anwalt und Staatskasse für die Prozesskosten pfänden.[24] Der **Unterhaltsanspruch** wg. Sonderbedarfs ist im Rahmen der Zweckbindung für den Gläubiger pfändbar, der dem Schuldner die Leistungen erbracht hat, die Grundlage des Anspruchs gegen den Drittschuldner sind.[25] Leistungen des Unterhaltsschuldners gem. § 1629 Abs. 3 BGB auf das Konto des anderen Elternteils sind zugunsten des Kindes zweckgebunden.[26] **Beihilfeansprüche** sind unpfändbar, wenn die Gläubigerforderung nicht dem konkreten Beihilfeanspruch zu Grunde liegt (keine Anlassforderung) u. die Anlassgläubiger noch nicht befriedigt sind.[27] Gleiches gilt für Unterhaltsansprüche gem. § 1629 Abs. 3 BGB,[28] zum Taschengeldanspruch s. § 850 b Rn. 4. Für **Kindergeld** gelten §§ 76 EStG, 54 Abs. 5 SGB I (s. § 850 i Rn. 19, 22). Wg. **Zweckbindung** kann der **Rückgabeanspruch** des Schenkers nur von den in § 528 Abs. 1 S. 1 BGB genannten Personen gepfändet werden,[29] für ihn gilt außerdem § 852, aber nicht bei jederzeitigem **Rückforderungsrecht,**[30] s. § 852 Rn. 4. Nur im Rahmen der Zweckbindung pfändbar sind Ansprüche nach dem **USG,**[31] der Überlassungsanspruch im Rahmen der **Hausratsverteilung** aus § 1361 a Abs. 1 S. 2 BGB, einschließl. der Ausgleichsforderung,[32] (nicht aber der § 985 BGB entsprechende aus § 1361 a Abs. 1 S. 1 BGB[33]), der Entschädigungsanspruch wg. verbrannten Hausrats,[34] Ansprüche des Erwerbers eines Mietobjekts auf Überlassung der von Mietern gezahlten Barkaution,[35] (Miete u. Pacht s. § 851 b). Tritt der Grundstückskäufer seinen Anspruch auf Auszahlung des Darlehens als Sicherheit an den Verkäufer ab, dann ist der Anspruch wg. treuhänderischer Zweckbindung nicht isoliert pfändbar.[36] Zweckgebunden sind bei **Gesellschaften** auch Ansprüche des Treuhandkommanditisten gegen die Treugeber,[37] der Vorgesellschaft auf die Mindestbareinlage (§ 54 AktG, s. i. Ü. § 859 Rn. 18).[38] Auch die Forderung der **GmbH** auf Leistung der **Stammeinlage** wurde früher als grds. zweckgebunden angesehen.[39] Sie kann aber gepfändet werden,

---

[13] BGHZ 12, 136, 141 = NJW 1954, 795.
[14] BGH NJW 1993, 2232; BGHZ 41, 203, 204 = NJW 1964, 1273.
[15] BGH NJW 1994, 49, 50; 1993, 2232; KG OLGZ 1980, 332 = NJW 1980, 134.
[16] *Stöber* Rn. 149.
[17] BGHZ 15, 154, 157 = NJW 1955, 101; BGHZ 7, 244, 245 = NJW 1952, 1333; OLG Düsseldorf VersR 1969, 29 (Pfändung durch Kaskoversicherer eines ausländischen Geschädigten).
[18] OLG Hamm WM 1984, 704 = JurBüro 1984, 789 und *Mümmler* JurBüro 1984, 1601, 1613.
[19] OLG Hamm (Fn. 18).
[20] AG Sinzig NJW-RR 1986, 967; aber unzutreffend, soweit ein Kündigungsrecht des Gläubigers angenommen wird; richtig: *Stöber* Rn. 150 a.
[21] LG Berlin MDR 1972, 153; BAG AP BGB § 611 Nr. 37, 45; *Stöber* Rn. 92; *Schuschke/Walker* Rn. 4; entgegen *St/J/Brehm* Rn. 39 ergibt sich aus BGHZ 66, 1, 4 = NJW 1976, 1407 mE nichts anderes.
[22] BAG DB 1969, 841, 843 = BB 1969, 493.
[23] MK/*Smid* Rn. 7 aE; *St/J/Brehm* Rn. 24.
[24] BGH (Fn. 21).
[25] LG Frankenthal FamRZ 2001, 842; zum Pfändungsschutz nach § 850 k: BGH NJW 2006, 2040.
[26] BGH NJW 2006, 2040.
[27] BGH NJW-RR 2005, 720.
[28] BGHZ 113, 90, 94 = NJW 1991, 839; krit. *St/J/Brehm* Rn. 20 Fn. 71.
[29] OLG München NJW-RR 1993, 250; *Wüllenkemper* JR 1988, 353; z. früheren Recht: OLG Frankfurt/M NJW 1994, 1805 (kein Übergang nach Tod des Schenkers); aA LG Karlsruhe NJW 1994, 137.
[30] BGHZ 154, 64, 70 = NJW 2003, 1858; *Schuschke* LMK 2003, 113.
[31] *Wagner* Rpfleger 1973, 206.
[32] OLG Hamm FamRZ 1981, 293.
[33] MK/*Smid* Rn. 7.
[34] OLG Köln NJW-RR 1993, 1030; LG Detmold Rpfleger 1988, 154 (es sei denn, Gläubiger ist nach § 15 VVG bevorrechtigt).
[35] OLG Frankfurt NJW-RR 1991, 1416.
[36] OLG Düsseldorf OLGR 2004, 493.
[37] BGH NJW 1991, 2906.
[38] *St/J/Brehm* Rn. 21.
[39] BGH NJW 1992, 2229; OLG Köln NJW-RR 1996, 939; OLG Celle GmbHR 1992, 371; OLG Hamm GmbHR 1992, 370.

wenn entweder der Gesellschaft eine wirtschaftlich vollwertige Gegenleistung zufließt,[40] oder wenn der Zweck der Kapitalerhaltung entfallen ist, weil die Gesellschaft ihren Betrieb eingestellt hat, i. Ü. vermögenslos ist und andere Gläubiger nicht vorhanden sind[41] oder ihre Ansprüche nicht verfolgen und die Gesellschaft die Mittel für einen Prozess gegen den Einlageschuldner weder hat noch vorgeschossen erhält.[42] An den Grundsatz der gleichmäßigen Heranziehung aller Gesellschafter (§ 19 Abs. 1 GmbHG) ist ein Gesellschaftsgläubiger nicht gebunden.[43] Pfändbar ist der Anspruch der Gesellschaft gg den Gesellschafter auf **Erstattung** einer gg §§ 30, 31 GmbHG analog verstoßenden Rückzahlung gesellschafterbesicherter Darlehen[44] u. der gg ihren Gründer aus **Unterbilanzhaftung,**[45] bei masseloser Insolvenz auch der **Ersatzanspruch** der GmbH gegen ihren Geschäftsführer (§ 64 Abs. 2 GmbHG).[46] Unpfändbar sind wiederum **Beihilfen** im öff. Dienst (s. a. § 850i Rn. 20),[47] öff. Zuschüsse[48] und andere Beihilfen,[49] Bergmannsprämien,[50] **Baugeldansprüche** nach dem Gesetz über die Sicherung von Bauforderungen,[51] Baudarlehen aus öff. Mitteln[52] oder aus Bausparverträgen,[53] pfändbar ist aber der Guthabenteil. Auch der Anspruch auf Mitwirkung an einer gemeinsamen **Steuererklärung** ist unpfändbar (zur Pfändung von Steuererstattungsansprüchen s. § 829 Rn. 27ff.[54]). **Zweckbindung durch Treuhandvereinbarung** fällt nach hM in gleicher Weise wie gesetzlich bestimmte unter Abs. 1.[55] Treuhänderisch übertragene Forderungen können von Gläubigern des Treugebers nicht gepfändet werden.[56] Pfändbar ist aber der schuldrechtliche **Rückübertragungsanspruch.** Geht er **auf Abtretung einer Forderung,** kann der Pfändungsgläubiger die Abtretung nicht an sich selbst, sondern nur an den Schuldner verlangen. Erfolgt sie, erwirbt er entspr. §§ 847ff. ohne weiteres ein Pfandrecht an der Forderung.[57] Das gilt für den der Bank treuhänderisch überlassenen Vorschuss für Bürokosten des **Architekten** bei begonnenem Bau,[58] bei zweckgebundener Zahlung für Erschließungskosten[59] und treuhänderischen Zahlungen zur Weiterleitung an Dritte.[60] **Bloße Zweckbestimmung,** genügt für Abs. 1 aber nicht;[61] sie kann als Abtretungsausschluss wirken, so dass Abs. 2 gilt. Sie ist bei Einzahlungen für Straf-[62] und Untersuchungsgefangene[63] angenommen worden, s. a. § 850 Rn. 8. Die **Rechtsschutzform** allein ist weder geeignet, die Zweckbindung zu begründen (Geldleistung auf Grund einstwVfg. zur Behebung einer Notlage),[64] noch lässt sie die Bindung mit Verfahrensbeendigung entfallen (Prozesskostenvorschuss auf Grund einstwAnO).[65] **Trotz Zweckbezogenheit pfändbar** sind alle **Entgeltansprüche** für höchstpersönliche Leistungen, **auch Miete** und **Pacht** (s. aber § 851b Rn. 2f.), außer wg. der Zweckbindung der Anteil des Miteigentümers an der Mietforderung.[66] Ansprüche auf Mietnebenkosten sind zum Schutz des Mieters nur im Rahmen der Zweckbindung pfändbar.[67]

c) **Unselbständige Nebenrechte** und akzessorische Ansprüche sind mangels selbständiger Übertragbarkeit **absolut unpfändbar.** Ihre Pfändung ist weder möglich noch nötig, denn die Beschlagnahme des Hauptrechts erstreckt sich ohne weiteres auf alle Nebenrechte, die nach §§ 412, 401 BGB auf den Gläubiger über- 7

---

[40] BGHZ 53, 71, 72f. = NJW 1970, 469; aA (unbeschränkt pfändbar, weil die Rspr. das insolvenzrechtliche Verbot der Einzelzwangsvollstreckung unzulässig vorverlagert u. dadurch gegen das Prioritätsgebot verstößt): *Wertenbruch*, S. 355ff.; *K. Schmidt*, Gesellschaftsrecht, 3. Aufl. 1997, 1117; *Volmer* GmbHR 1998, 579; Berger ZZP 107 (1994), 29, 33ff.

[41] OLG Köln (Fn. 39), OLG Hamm (Fn. 39).

[42] BGH (Fn. 39); OLG Celle (Fn. 39).

[43] BGH NJW 1980, 2253.

[44] BGH NJW 2006, 908; *Weiss* BB 2006, 401.

[45] BGH NJW-RR 2006, 254.

[46] BGH NJW 2001, 304.

[47] BGH NJW-RR 2005, 720; MK/*Smid* Rn. 7; *St/J/Brehm* Rn. 21; wohl für den Gläubiger der beihilfefähigen Kosten: BAG DB 1970, 1327; LG Hannover AnwBl. 1993, 355.

[48] LG Würzburg MDR 1952, 172.

[49] BGH LM ZPO § 549 Nr. 81 = MDR 1970, 210 (Flutschadenbeihilfe); BGHZ 25, 211, 213 = NJW 1957, 1759 (Aufbauhilfedarlehen).

[50] AG Essen Rpfleger 1956, 324.

[51] G v. 1. 6. 1909 (RGBl. S. 448), geändert durch BGBl. 1969 I S. 645, 1974 I S. 469; RGZ 84, 193; OLG München OLGRspr. 33, 117; MK/*Smid* (Fn. 45); *St/J/Brehm* (Fn. 47); z. Begriff: „Empfänger von Baugeld": BGH NJW 1982, 1037.

[52] *Stöber* Rn. 83.

[53] OLG Stuttgart BB 1956, 1012 (nur mit Zustimmung der Bausparkasse).

[54] AG Hechingen FamRZ 1990, 1127.

[55] BGH NJW 2000, 1270; NJW 1998, 746 m. weit. Nachw.; MK/*Smid* Rn. 7; aA *St/J/Brehm* Rn. 20 (Abs. 2 iVm. § 399 Alt. 2 BGB).

[56] BGHZ 11, 37 = NJW 1954, 190.

[57] BGH NJW 1998, 2969 = *Walker* LM H. 11/1998 § 66 BGB Nr. 21.

[58] BGH LM Nr. 3 = MDR 1978, 747 = Rpfleger 1978, 248.

[59] OLG Hamm NJW-RR 1992, 22.

[60] RG HRR 1931 Nr. 604 (für sog. Unterangestellte des Zahlenden).

[61] BGH (Fn. 58); aA BGHZ 94, 316, 322 = NJW 1985, 2263; offen gelassen: BGH NJW 2000, 1270.

[62] LG Berlin Rpfleger 1966, 311.

[63] LG Frankfurt Rpfleger 1989, 33; LG Düsseldorf Rpfleger 1960, 304.

[64] OLG Düsseldorf OLGZ 1966, 315 = JMBlNRW 1966, 63; *St/J/Brehm* Rn. 22; aA MK *Smid* Rn. 7 aE.

[65] BGHZ 94, 216, 323 = NJW 1985, 2263.

[66] MK/*Smid* Rn. 5.

[67] OLG Celle InVo 1999, 358; LG Frankfurt Rpfleger 1989, 294; *Lützenrath* ZMR 1999, 699; aA *Schmid* ZMR 2000, 144 (§ 851b Abs. 1

gehen.[68] Die **Bürgschaftsforderung** kann nicht ohne Hauptforderung abgetreten werden;[69] Gleiches gilt für **Pfandrechte** und **Hypotheken** (§§ 1250 Abs. 1, 1153 Abs. 2), für Folgerechte wie die aus §§ 985, 894 BGB;[70] für den Anspruch auf **Quittung,**[71] **Vorlegung von Urkunden. Ansprüche auf Auskunft**[72] und **Rechnungslegung**[73] sind **ggf.** im Rahmen ihrer Zweckbindung **pfändbar,** s. a. § 850k Rn. 18 aE. Akzessorische **Gestaltungsrechte** sind **unpfändbar;**[74] nicht aber die aus ihrer Ausübung entstehenden Ansprüche. Zinsansprüche und Vertragsstrafen sind auch schon vor Fälligkeit pfändbar.

8 **2. Bedingt pfändbare Ansprüche (Abs. 2, § 399 Alt. 2 BGB).** Wenn die Unabtretbarkeit nur auf einem zwischen Schuldner und Drittschuldner vereinbarten Abtretungsausschluss beruht, kann die Forderung für jeden Gläubiger gepfändet werden, **falls der geschuldete Gegenstand pfändbar ist.** Grund: Der Schuldner soll vermögenswerte Ansprüche nicht durch Vereinbarung mit dem Drittschuldner der Zwangsvollstreckung entziehen.[75] Es kommt nicht darauf an, ob der Ausschluss mit Entstehen der Forderung oder später vereinbart wurde, ob er auf individueller oder kollektiver Absprache (Tarifvertrag,[76] Betriebsvereinbarung[77]) oder auf einer Satzung[78] beruht. So auch für das Abtretungsverbot in der Kraftfahrtversicherung (§ 3 Abs. 4 AKB).[79] Die Pfändbarkeit des geschuldeten Gegenstandes bestimmt sich nach §§ 811, 850ff. Einer **Aufhebung des Abtretungsverbots** durch spätere Vereinbarung oder Zustimmung des Drittschuldners kommt **keine Rückwirkung** zu. Pfändungen, die zwischen Abtretungserklärung und Wegfall des Abtretungsverbots erfolgt sind, bleiben daher wirksam.[80] Abs. 2 gestattet **nur Überweisung zur Einziehung,** nicht an Zahlungs statt, weil dies einer Abtretung gleichkäme.

III. Rechtsfolgen

9 Soweit die Anwendung des § 851 von materiellrechtlichen Voraussetzungen abhängt, darf die Pfändung nur abgelehnt werden, wenn Unpfändbarkeit nach jeder vertretbaren Ansicht feststeht;[81] Rechtsbehelf: § 11 Abs. 1 RpflG, § 793.[82] Bei einem Verstoß gegen das Pfändungsverbot ist die Pfändung nicht wirkungslos, es entsteht aber – ggf. zunächst – kein Pfandrecht. Schuldner und Drittschuldner können sich mit der Erinnerung wehren (§ 766).[83] Die materiellrechtlich begründete Unpfändbarkeit kann der Drittschuldner aber auch im **Einziehungsprozess** (s. § 835 Rn. 18) einredeweise geltend machen, wenn es bei Abs. 1 um die Unübertragbarkeit wg. Zweckbindung des Anspruchs geht.[84] Über die Pfändbarkeit nach Abs. 2 entscheidet der Rechtspfleger allein auf Grund der §§ 811, 850ff.; eine Abwägung von Gläubiger- und Schuldnerinteressen darf nicht erfolgen.

851a

Pfändungsschutz für Landwirte **(1) Die Pfändung von Forderungen, die einem die Landwirtschaft betreibenden Schuldner aus dem Verkauf von landwirtschaftlichen Erzeugnissen zustehen, ist auf seinen Antrag vom Vollstreckungsgericht insoweit aufzuheben, als die Einkünfte zum Unterhalt des Schuldners, seiner Familie und seiner Arbeitnehmer oder zur Aufrechterhaltung einer geordneten Wirtschaftsführung unentbehrlich sind.**

(2) Die Pfändung soll unterbleiben, wenn offenkundig ist, dass die Voraussetzungen für die Aufhebung der Zwangsvollstreckung nach Absatz 1 vorliegen.

I. Normzweck

1 Die Norm schützt Landwirte über § 811 Nr. 4 hinaus dadurch, dass deren Forderungen der Beschlagnahme entzogen werden, wenn die Einkünfte unentbehrlich sind, um die Fortführung des Betriebs zu sichern.[1]

II. Voraussetzungen

2 **1. Geschützte Personen und Forderungen.** Der Schuldner muss Landwirtschaft betreiben, s. § 811 Rn. 15. Geschützt sind alle Familienmitglieder, die mit ihm zusammen wohnen und von ihm unterhalten

---

[68] BGH WM 2003, 1891, 1892; WM 2000, 2555.
[69] BGHZ 115, 177, 181 = NJW 1991, 3025; BGHZ 95, 88, 93 = NJW 1985, 2528.
[70] BGH WM 1972, 384.
[71] OLG Köln OLGZ 1971, 151, 153.
[72] BGH NJW 1989, 1601.
[73] LG Itzehoe NJW-RR 1988, 1394.
[74] BGH NJW 1973, 1794; anders für Abtretung des Rücktrittsrechts an Zessionar: BGH NJW 1985, 2640.
[75] BGHZ 95, 99, 102 = NJW 1985, 2927.
[76] BAG BB 1958, 448; LAG Frankfurt DB 1972, 243.
[77] BAG AP § 399 BGB Nr. 4 = Rpfleger 1961, 15.
[78] OLG München OLGZ 1991, 342, 343 = MDR 1991, 453 (Anstalt öff. Rechts); LG Oldenburg Rpfleger 1985, 449 (Ärztekammer Niedersachsen).
[79] LG Frankfurt VersR 1978, 1058.
[80] BGHZ 108, 172 = NJW 1990, 109; BGHZ 102, 293, 301 = NJW 1988, 1210; BGHZ 70, 299, 303 = NJW 1978, 813.
[81] *St/J/Brehm* Rn. 8.
[82] *T/P/Hüßtege* Rn. 5.
[83] OLG Koblenz NJW 1999, 508.
[84] HM; BGH LM Nr. 3 = MDR 1978, 747 = Rpfleger 1978, 248; aA *Schuschke/Walker* Rn. 12.
[1] MK/*Smid* Rn. 1.

werden sowie gewerbliche und nichtgewerbliche Arbeitnehmer. Die verkauften Erzeugnisse müssen aus dem Betrieb des Schuldners stammen.[2] Der Getreideausgleichsanspruch u. ähnliche Subventionen stehen dem Kaufpreis gleich, weil sie ihn letztlich ergänzen.[3] Bankguthaben und Bargeld werden hier nicht geschützt, auch nicht Ansprüch auf Miete und Pacht, für Altenteil s. aber § 850b Rn. 6.

2. Unentbehrlichkeit der Einkünfte. Sie müssen für Unterhalt oder Betriebsfortführung unentbehrlich sein. Gesichert wird nicht angemessener, sondern **nur notwendiger Unterhalt,** s. § 850d Rn. 5ff. Der Aufrechterhaltung des Betriebes dienen auch Zahlungen von Löhnen, Steuern, Pacht- und Hypothekenzinsen, dringende Instandsetzungen und der Kauf v. Dünger.[4] Es kommt auch hier darauf an, ob Vollstreckungsschutz nach dem konkreten Zuschnitt des Betriebes unbedingt nötig ist. Andere ausreichende Mittel dürfen also weder vorhanden noch zu erwarten sein. Für Anschaffungen, die der Schuldner gewöhnlich mit Kredit finanziert, können Forderungen nicht pfändungsfrei gestellt werden.[5] Ggf. ist nur ein Teil der Forderung für unpfändbar zu erklären, oder bei Pfändung mehrerer Forderungen durch denselben Gläubiger sind einzelne Pfändungen aufzuheben.[6] Es findet **keine Abwägung** mit Gläubigerinteressen statt.[7] Nach seinem Normzweck ist § 851a aber **unanwendbar,** wenn wg. Ansprüchen vollstreckt wird, deren Erfüllung gerade gesichert werden soll,[8] wie Hypothekenzins- oder laufende Pacht,[9] es sei denn, es besteht ein noch dringenderer Bedarf, zB für laufende Arbeitslöhne.[10] Besteht **Gläubigerkonkurrenz,** weil zB der eine Tiere, der andere Forderungen des Schuldners gepfändet hat, und entsteht dadurch eine Lage, die Unpfändbarkeit entweder nach § 811 Nr. 4 oder nach § 851a bewirkt, ist das zuerst entstandene Pfandrecht zu schonen.[11] 3

III. Verfahren und Entscheidung

Zuständig ist der Rechtspfleger des Vollstreckungsgerichts, nicht der Richter (§§ 20 Nr. 17 RPflG, 828).[12] Die **Verfahrensvoraussetzungen** entsprechen denen nach § 850i, s. dort Rn. 5ff. Die Voraussetzungen des Abs. 1 müssen im Zeitpunkt der Entscheidung vorliegen.[13] Entschieden wird regelmäßig ohne mündliche Verhandlung (§ 764 Abs. 3) durch **Beschluss.** Dessen **Zustellung** erfolgt vAw. (§ 329 Abs. 3). Eine **einstwAnO** ist möglich (§§ 766 Abs. 1 S. 2, 732 Abs. 2 entspr.). Nur wenn die Voraussetzungen des Abs. 1 offenkundig bestehen (§ 291), ist gemäß Abs. 2 schon der Pfändungsantrag des Gläubigers – ohne vorherige Anhörung des Schuldners (§ 834) – abzuweisen. **Rechtsbehelf:** Sofortige Beschwerde (§§ 11 RPflG, 793). 4

IV. Gebühren und Kosten

1. Rechtsanwaltsgebühren. Vgl. § 765a Rn. 29. 5

2. Gerichtskosten. Gerichtsgebühren werden nicht erhoben. 6

851b

Pfändungsschutz bei Miet- und Pachtzinsen **(1) [1]Die Pfändung von Miete und Pacht ist auf Antrag des Schuldners vom Vollstreckungsgericht insoweit aufzuheben, als diese Einkünfte für den Schuldner zur laufenden Unterhaltung des Grundstücks, zur Vornahme notwendiger Instandsetzungsarbeiten und zur Befriedigung von Ansprüchen unentbehrlich sind, die bei einer Zwangsvollstreckung in das Grundstück dem Anspruch des Gläubigers nach § 10 des Gesetzes über die Zwangsversteigerung und die Zwangsverwaltung vorgehen würden. [2]Das Gleiche gilt von der Pfändung von Barmitteln und Guthaben, die aus Miet- oder Pachtzahlungen herrühren und zu den in Satz 1 bezeichneten Zwecken unentbehrlich sind.**

(2) [1]Die Vorschriften des § 813b Abs. 2, 3 und Abs. 5 Satz 1 und 2 gelten entsprechend. [2]Die Pfändung soll unterbleiben, wenn offenkundig ist, dass die Voraussetzungen für die Aufhebung der Zwangsvollstreckung nach Absatz 1 vorliegen.

I. Normzweck

Miete und Pacht sind nach §§ 828ff. pfändbar (s. § 851 Rn. 6), sofern sie nicht für Grundpfandrechte haften (s. § 865 Rn. 6, 9). Die Pfändung umfasst die gesamte Nutzungsmiete, nicht aber getrennt ausgewiesene Nebenkostenvorauszahlungen, weil diese erkennbar zweckgebunden sind (§ 851 Abs. 1).[1] I. Ü. werden Miete und Pacht unter bestimmten Voraussetzungen der Pfändungsbeschlagnahme entzogen werden, damit das Grundstück erhalten und auf ihm ruhende Lasten bezahlt werden können. Nur der Überschuss soll gepfändet werden.[2] 1

---

[2] LG Koblenz NJOZ 2003, 1125 (Pfändungsschutz für Bullenprämie).
[3] OLG Schleswig RdL 1969, 240 = SchlHA 1969, 122; *Schuschke/Walker* Rn. 2.
[4] *St/J/Brehm* Rn. 2.
[5] MK/*Smid* Rn. 5 aE; *B/L/H* Rn. 2.
[6] *St/J/Brehm* Rn. 3.
[7] *Zö/Stöber* Rn. 5.
[8] weiter gehend: MK/*Smid* Rn. 5 (kein Schutz gegen Ansprüche, die im Betrieb entstanden sind).
[9] Anders bei erheblichen Rückständen: OLG Hamm RdL 1955, 53.
[10] MK/*Smid* Rn. 5; *St/J/Brehm* Rn. 4.
[11] LG Bonn DGVZ 1983, 153.
[12] HM; MK/*Smid* Rn. 8.
[13] *St/J/Brehm* Rn. 6; *Zö/Stöber* Rn. 6; aA OLG Köln JurBüro 1989, 878 (Antragstellung).
[1] *Behr* JurBüro 1998, 9.
[2] OLG Köln OLGZ 1992, 81 = Rpfleger 1991, 427 = JurBüro 1991, 1402.

II. Voraussetzungen

2 **1. Geschützte Personen und Gegenstände.** Der Schuldner muss verpflichtet sein, die Grundstückslasten zu tragen. Geschützt werden daher Grundstückseigentümer, auch Wohnungseigentümer (§ 16 WEG), Erbbauberechtigte (§ 11 ErbbauVO), Nießbraucher (§ 1041 BGB)[3] und Wohnberechtigte (§ 1093 BGB). Erfasst werden nicht nur Forderungen (S. 1), sondern auch Bargeld und Guthaben, die aus Miet- oder Pachtzahlungen herrühren (S. 2). § 851 b gilt **nicht** für **Untermiete,**[4] es sei denn, sie ist unmittelbar an den Vermieter zu zahlen;[5] auch nicht für Einkünfte aus Vermietung von beweglichen Sachen oder aus Verpachtung von Rechten. Miete und Pacht sind nach BGH **außerhalb von § 851 b** grds. **uneingeschränkt pfändbar,** weil nur Arbeitseinkommen u. bestimmte gleichgestellte Bezüge geschützt werden, aber nicht Einkommen aus Kapitalvermögen, Vermietung u. Verpachtung oder Verkaufserlöse.[6]

3 **2. Unentbehrlichkeit der Einkünfte.** Dem Schuldner dürfen andere Mittel nicht zur Verfügung stehen,[7] die notwendig sind für:

- **laufende Unterhaltung** des Grundstücks; das sind Kosten für Anliegerbeiträge, Müllabfuhr, Straßenreinigung, Entwässerung, Feuerversicherung, auch Wassergeld, Gemeinschaftsstrom und -gas, Sammelheizung (Fernwärme), Hausmeister (zur Unpfändbarkeit entspr. Umlagen s. § 851 Rn. 6). Weit zurückliegende Rückstände bleiben außer Betracht.[8]
- **notwendige Instandsetzungsarbeiten,** die der Werterhaltung und ordnungsgemäßen Benutzung der Mietsache dienen. Sie müssen nicht unmittelbar bevorstehen, es genügt, dass eine Rücklage erforderlich ist. Zu schützen sind daher auch Einkünfte aus anderen Monaten als dem der Ausführung. Für Verbesserungen oder Modernisierung ist kein Einbehalt gerechtfertigt.[9]
- **Ansprüche, die dem Anspruch des Gläubigers vorgehen:** Dadurch soll vermieden werden, dass bevorrechtigte Gläubiger die Zwangsvollstreckung in das Grundstück betreiben, nur um ihren Vorrang zu sichern. Einschlägig ist § 19 Nr. 2–4 ZVG.[10] Grundpfandrechte (Nr. 4), mit denen das Grundstück erst nach der Pfändung belastet wurde, haben keinen Vorrang.[11] I. Ü. geht es hier nur um die laufenden Zins- und Tilgungsraten der letzten zwei Jahre, nicht um das Grundschuld- oder Hypothekenkapital.[12] Ist der pfändende Gläubiger selbst bevorrechtigt, ergibt sich die Rangfolge aus §§ 10, 11 Abs. 1, 155 Abs. 2 ZVG.

4 **3. Verfahren und Entscheidung.** Die Ausführungen zu § 851 a gelten weitgehend auch hier, s. dort Rn. 4 und § 850 i Rn. 5 ff. Ein Erwerber ist wg. der höchstpersönlichen Natur des Pfändungsschutzes nicht Rechtsnachfolger, muss daher einen neuen Antrag stellen.[13] Die Verweisung in **Abs. 2 S. 1** hat zur Folge: Der Antrag wird ohne sachliche Prüfung zurückgewiesen, wenn er später als zwei Wochen nach der Pfändung gestellt wird und das Vollstreckungsgericht überzeugt ist, dass der Schuldner in Verschleppungsabsicht oder aus grober Nachlässigkeit zugewartet hat, s. § 813 a Rn. 5. Das Gericht kann seinen Beschluss je nach Lage der Verhältnisse ändern (§ 813 a Abs. 3). Abweichend von § 851 a genügt Glaubhaftmachung (§ 294); der Gläubiger ist stets vor der Entscheidung zu hören (§ 813 a Abs. 5). **Rechtsbehelf:** Sofortige Beschwerde (§§ 11 RPflG, 793).

III. Gebühren und Kosten

5 **1. Rechtsanwaltsgebühren.** Vgl. § 765 a Rn. 29.

6 **2. Gerichtskosten.** Gerichtsgebühren werden nicht erhoben.

851c

Pfändungsschutz bei Altersrenten **(1) Ansprüche auf Leistungen, die auf Grund von Verträgen gewährt werden, dürfen nur wie Arbeitseinkommen gepfändet werden, wenn**

1. die Leistung in regelmäßigen Zeitabständen lebenslang und nicht vor Vollendung des 60. Lebensjahres oder nur bei Eintritt der Berufsunfähigkeit gewährt wird,
2. über die Ansprüche aus dem Vertrag nicht verfügt werden darf,
3. die Bestimmung von Dritten mit Ausnahme von Hinterbliebenen als Berechtigte ausgeschlossen ist und
4. die Zahlung einer Kapitalleistung, ausgenommen eine Zahlung für den Todesfall, nicht vereinbart wurde.

(2) [1]Um dem Schuldner den Aufbau einer angemessenen Alterssicherung zu ermöglichen, kann er unter Berücksichtigung der Entwicklung auf dem Kapitalmarkt, des Sterblichkeitsrisikos und der

---

[3] OLG Hamm JurBüro 1960, 24 (aber nicht im Verhältnis zum Eigentümer).
[4] OLG Hamm NJW 1957, 313; OLG Frankfurt MDR 1956, 41; LG Berlin NJW 1955, 310; MK/*Smid* Rn. 15; *St/J/Brehm* Rn. 3; aA OLG München MDR 1957, 103 (LS); *T/P/Hüßtege* Rn. 1.
[5] *Noack* ZMR 1973, 290.
[6] BGHZ 161, 371, 373 f. = NJW 2005, 681 = FamRZ 2005, 436 m. abl. Anm. *Gottwald; Schuschke* LMK 2005, 64.
[7] KG OLGZ 1970, 36 = NJW 1969, 1860.
[8] MK/*Smid* Rn. 7; *B/L/H* Rn. 3; aA *St/J/Brehm* Rn. 5 Fn. 14.
[9] *Schuschke/Walker* Rn. 3; zweifelnd: MK/*Smid* Rn. 8.
[10] *Zö/Stöber* Rn. 3.
[11] LG Berlin Rpfleger 1990, 377.
[12] LG Berlin (Fn. 11).
[13] KG OLGZ 1970, 36 = NJW 1969, 1860.

Höhe der Pfändungsfreigrenze, nach seinem Lebensalter gestaffelt, jährlich einen bestimmten Betrag unpfändbar auf der Grundlage eines in Absatz 1 bezeichneten Vertrags bis zu einer Gesamtsumme von 238 000 Euro ansammeln. [2]Der Schuldner darf vom 18. bis zum vollendeten 29. Lebensjahr 2 000 Euro, vom 30. bis zum vollendeten 39. Lebensjahr 4 000 Euro, vom 40. bis zum vollendeten 47. Lebensjahr 4 500 Euro, vom 48. bis zum vollendeten 53. Lebensjahr 6 000 Euro, vom 54. bis zum vollendeten 59. Lebensjahr 8 000 Euro und vom 60. bis zum vollendeten 65. Lebensjahr 9 000 Euro jährlich ansammeln. [3]Übersteigt der Rückkaufwert der Alterssicherung den unpfändbaren Betrag, sind drei Zehntel des überschießenden Betrags unpfändbar. [4]Satz 3 gilt nicht für den Teil des Rückkaufwerts, der den dreifachen Wert des in Satz 1 genannten Betrags übersteigt.

(3) § 850e Nr. 2 und 2a gilt entsprechend.

I. Normzweck

Die neue Norm[1] schützt Lebensversicherungen u. private Rentenversicherungen und darüber hinaus sämtliche Ansprüche auf Leistungen, die der **Altersvorsorge Selbstständiger** dienen, wie Arbeitseinkommen nach §§ 850 bis 850g, wenn die Verträge die Voraussetzungen des Abs. 1 erfüllen; Abs. 2 schützt das angesammelte Deckungskapital, das erforderlich ist, um eine in Höhe der Pfändungsfreigrenzen unpfändbare Rente zu erhalten.[2] 1

II. Zweckbindung (Abs. 1)

1. Voraussetzungen. Um den Missbrauch des Pfändungsschutzes zu Lasten der Gläubiger zu verhindern, müssen die Voraussetzungen des Nrn. 1–4 kumulativ vorliegen;[3] die Leistung aus dem angesammelten Deckungskapital darf erst mit Eintritt des Versicherungsfalles erfolgen[4]. **Nr. 1:** Außer bei Berufsunfähigkeit, darf die Rente erst ab Vollendung des 60. Lebensjahres gewährt werden. **Nr. 2:** Eine Verfügung über die Ansprüche muss vertraglich ausgeschlossen sein, **Nr. 3:** Auszuschließen ist auch die Bestimmung von Dritten mit Ausnahme von Hinterbliebenen – das sind in Anlehnung an das Versorgungsrecht der Ehegatte, die Kinder und Pflegekinder[5], wohl auch der Lebenspartner (§§ 2, 5 LPartG)[6] – als Berechtigte. **Nr. 4:** Außer für den Todesfall darf kein Kapitalwahlrecht vereinbart werden. Für bereits abgeschlossene **Altverträge**, die den Voraussetzungen des Abs. 1 nicht genügen, schafft die Neufassung der §§ 165 Abs. 3, 173 VVG einen Rechtsanspruch auf Umwandlung, vorausgesetzt, dass die Ansprüche nicht bereits abgetreten oder gepfändet sind.[7] 2

2. Rechtsfolgen. Erlebt der Schuldner den Versicherungsfall, ist seine Rente wie Arbeitseinkommen insb nach § 850c geschützt.[8] Wird sie auf sein Girokonto überwiesen, hilft ihm § 850k, s. dort Abs. 1. **Stirbt der Schuldner,** bevor er die Altersvorsorge erhält, fällt die Kapitalleistung, soweit Vererblichkeit nicht vertraglich ausgeschlossen wurde, in den Nachlass und damit den für die Schulden des Erblasser nach § 1967 BGB haftenden Erben zu, so dass die Gläubiger wieder auf das ursprünglich als Vorsorgekapital gedachte Vermögen zugreifen können. 3

III. Pfändungsschutz für das Vorsorgekapital (Abs. 2)

Grundfreibetrag (S. 1): Das Vorsorgekapital ist pfändungsgeschützt bis zu 238 000.– €. Da sich die Berechnungswerte ändern, ist der Betrag regelmäßig zu überprüfen und ggfs. anzupassen.[9] **Annuitäten (S. 2):** Die Höhe ist progressiv ausgestaltet. Mit zunehmendem Alter erhöhen sich der absolut unpfändbare Betrag und die Annuitäten, die pfändungssicher angesammelt werden können. Bei regelmäßiger Beitragszahlung soll mit Vollendung des 65. Lebensjahres eine Rente erwirtschaftet werden, deren Höhe etwa den Pfändungsfreigrenzen entspricht. Andererseits soll verhindert werden, dass ein Schuldner in jungen Jahren durch eine hohe Einmalzahlung Vermögen vollständig dem Gläubigerzugriff entzieht. Ältere Versicherungsnehmer können fehlendes Vorsorgekapital durch höhere Zahlungen ausgleichen.[10] **Höherer Rückkaufwert (S. 3 u. 4):** Von dem den Grundfreibetrag übersteigenden sog. Rückkaufwert sind 3/10 entspr. § 850c Abs. 2 S. 1 unpfändbar, um dem Schuldner einen Anreiz zu geben, für eine finanzielle Absicherung im Alter zu sorgen (S. 3). Das gilt aber nicht für den Teil des Rückkaufwerts, der derzeit 714 000.– € übersteigt (S. 4).[11] 4

IV. Zusammenrechnung (Abs. 3)

Für die Zusammenrechnung mehrerer laufender Leistungen gelten die Ausführungen zu § 850e Rn. 8–13 entsprechend. 5

---

[1] Eingefügt durch Art. 1 des G. v. 26. 3. 2007 (BGBl I S. 368) mit Wirkung vom 31. 3. 2007.
[2] BT-Drucks. 16/886, S. 10; eingehend: *Pape* ZAP Fach 14, 803; zum Zugewinnausgleich: *Kogel* FamRZ 2007, 870.
[3] *T/P/Hüßtege* Rn. 3; *Helwich* JurBüro 2007, 286, 288; *Kogel* (Fn. 2), S. 871, 1152.
[4] BT-Drucks. 16/886, S. 9.
[5] BT-Drucks. 16/3844, S. 12
[6] *Pape* (Fn. 2), S. 806; *Wimmer* ZInsO 2007, 281, 283.
[7] *Helwich* (Fn. 3), S. 289.
[8] *Helwich* (Fn. 3), S. 287.
[9] BT-Drucks. 16/886, S. 10.
[10] BT-Drucks. 16/886, S. 10.
[11] *T/P/Hüßtege* Rn. 11.

851d ***Pfändungsschutz bei steuerlich gefördertem Altersvorsorgevermögen*** **Monatliche Leistungen in Form einer lebenslangen Rente oder monatliche Ratenzahlungen im Rahmen eines Auszahlungsplans nach § 1 Abs. 1 Satz 1 Nr. 4 des Altersvorsorgeverträge-Zertifizierungsgesetzes aus steuerlich gefördertem Altersvorsorgevermögen sind wie Arbeitseinkommen pfändbar.**

I. Normzweck

1 Die ebenfalls neue Norm[1] schließt eine Lücke, weil **Selbstständige, Freiberufler** und **Nichterwerbstätige** den Pfändungsschutz aus § 850 Abs. 3b nicht in Anspruch nehmen können und weil die hier genannten Leistungen regelmäßig auch nicht § 851c unterfallen, da die steuerliche Förderung an andere Voraussetzungen knüpft.[2]

II. Voraussetzungen

2 **Leistungen aus steuerlich gefördertem Altersvorsorgevermögen.** Das sind Rentenzahlungen aus einer Basisrentenversicherung gem. § 10 Abs. 1 Nr. 2b) EStG und laufende Leistungen, die auf einem nach § 10a EStG und Abschnitt XI EStG gefördertem Altervorsorgevermögen beruhen. Der Pfändungsschutz für diese laufenden Leistungen gilt unabhängig davon, ob es sich um solche aus Rentenversicherungen, Bank- oder Fondssparplänen handelt. Entscheidend ist, dass die Leistungen auf steuerlich gefördertem Kapital beruhen.[3]

III. Pfändungsschutz

3 **Laufende Leistungen.** Nur sie unterliegen dem Pfändungsschutz, allerdings auch dann, wenn bis zwölf Monatsleistungen zu einer Auszahlung zusammengefasst werden. **Kein Pfändungsschutz** besteht demgemäß für **Einmalkapitalauszahlungen,** die in gewissem Umfang zu Beginn der Auszahlungsphase nach dem Altersvorsorgeverträge-Zertifizierungsgesetz möglich sind, und für die **Kleinbetragsrenten-Abfindung.**[4]

Das nach § 10a EStG und Abschnitt XI EStG geförderte **Altersvorsorgevermögen** einschl. seiner Erträge, die geförderten laufenden Altersvorsorgungsbeiträge und der Anspruch auf Zulage sind nicht übertragbar, § 97 EStG, und deshalb unpfändbar, § 851 Abs. 1.[5] Ein entspr. Pfändungsschutz ist für das gem. § 10 Abs. 1 Nr. 2b) EStG steuerlich geförderte Altersvorsorgevermögen (Rürup-Rente) selbst nicht vorgesehen.[6]

852 ***Beschränkt pfändbare Forderungen*** **(1) Der Pflichtteilsanspruch ist der Pfändung nur unterworfen, wenn er durch Vertrag anerkannt oder rechtshängig geworden ist.**

(2) Das Gleiche gilt für den nach § 528 des Bürgerlichen Gesetzbuchs dem Schenker zustehenden Anspruch auf Herausgabe des Geschenkes sowie für den Anspruch eines Ehegatten auf den Ausgleich des Zugewinns.

I. Normzweck

1 Ansprüche auf Pflichtteil und Zugewinnausgleich sind übertragbar (§§ 2317 Abs. 2, 1378 Abs. 3 S. 1 BGB), sie könnten daher ohne weiteres gepfändet werden (§ 851); wie auch der Rückgabeanspruch des Schenkers im Rahmen der Zweckbindung, s. § 851 Rn. 6. Wg. der persönlichen Beziehung der Beteiligten soll aber der Berechtigte allein entscheiden, ob er seinen Anspruch geltend machen will.[1] Das gilt auch für Unterhaltsgläubiger.[2] Die Entscheidung des Berechtigten darf nicht durch Gläubigeranfechtung (§ 1 AnfG) wg. unterlassener Geltendmachung des Pflichtteilsanspruchs unterlaufen werden.[3]

II. Voraussetzungen bei Pflichtteilsansprüchen (Abs. 1)

2 Sie entstehen erst mit dem Erbfall. Vorher besteht auch noch keine pfändbare Anwartschaft. Geschützt wird nur der ursprünglich Berechtigte. Wenn er den Anspruch abtritt, so hat er sich damit für dessen Durchsetzung entschieden; § 852 ist nicht mehr anwendbar; der Anspruch kann daher von Gläubigern des Zessionars ohne weiteres gepfändet werden. Pflichtteilsansprüche (§ 2303ff. BGB) sind auch die auf Pflichtteilsergänzung (§§ 2325, 2329 BGB) und die des ausgeschlossenen Abkömmlings (§ 1511 Abs. 2 BGB), nicht aber Vermächtnisansprüche, selbst wenn ihr Wert dem des Pflichtteils entspricht oder ihn unterschreitet (§§ 2305–2307 BGB),[4] auch nicht die Einsetzung als Miterbe. **Anerkenntnis** erfolgt durch Einigung des Erben mit dem pflichtteilsberechtigten Schuldner, wobei seitens des Erben dessen schuldbestäti-

---

1 Eingefügt durch Art. 1 des G. v. 26. 3. 2007 (BGBl I S. 368) mit Wirkung vom 31. 3. 2007.
2 BT-Drucks. 16/886, S. 10.
3 BT-Drucks. 16/886, S. 10.
4 BT-Drucks. 16/886, S. 10.
5 BT-Drucks. 16/886, S. 10.
6 BT-Drucks. 16/886, S. 11; *T/P/Hüßtege* Rn. 3.
1 BGH ZIP 2003, 1217, 1219; BGHZ 123, 183, 186 = NJW 1993, 2876.
2 OLG Celle OLGR 2004, 414.
3 BGH NJW 1997, 2384.
4 BayObLGZ 8, 261, 263.

gende (deklaratorische) Erklärung ausreicht, auch wenn die Höhe offen bleibt.[5] Schriftform (§ 781 BGB) ist nicht erforderlich,[6] erst recht keine notarielle Beurkundung. Ein einseitiges Anerkenntnis des Erben oder ein Vertrag zwischen Erbe und Gläubiger genügt aber nicht,[7] weil der Berechtigte und nicht der Verpflichtete über die Geltendmachung zu entscheiden hat.[8] **Rechtshängigkeit** wird begründet durch Zustellung der Klageschrift (§ 261 Abs. 1) oder mit Widerklage (§ 261 Abs. 2); nach vorausgegangenem Mahnverfahren vgl. §§ 696 Abs. 3, 700 Abs. 2. **Nicht genügend** sind Arrest und einstwVfg. (§§ 916, 935), weil ihr Streitgegenstand nicht der (Zahlungs-) Anspruch, sondern dessen Sicherung ist. Die einseitige Erklärung des Vollstreckungsschuldners, den Anspruch durchsetzen zu wollen, würde dem Normzweck entsprechen, sie genügt aber nicht dem formellen Erfordernis der Rechtshängigkeit. **Anhängigkeit** (s. a. § 253 Rn. 11, § 261 Rn. 3) durch bloße Klageeinreichung, Eingang eines Mahn- oder Prozesskostenhilfeantrags reichen daher ebenfalls nicht, wohl aber Anmeldung im Insolvenzverfahren (§§ 174ff. InsO).[9] Eine Klage, die vor wirksamer Pfändung (§ 829 Abs. 3) zurückgenommen wurde, genügt nicht; Rücknahme nach Pfändung ist trotz der Fiktion des § 269 Abs. 3 aber unbeachtlich.

III. Verfahren und Entscheidung

Vor Anerkenntnis oder Rechtshängigkeit kann der Pflichtteilsanspruch als bereits bestehender Anspruch gepfändet werden; nur seine zwangsweise Verwertbarkeit ist aufschiebend bedingt. Die Verwertungsbefugnis entsteht erst, wenn eine der in Abs. 1 genannten Voraussetzungen eingetreten ist.[10] Antrag und Beschluss müssen nicht angeben, ob die Bedingung bereits eingetreten ist.[11] Das Pfandrecht entsteht eingeschränkt für den Fall, dass Anerkenntnis oder Rechtshängigkeit eintreten; sein **Rang** bestimmt sich aber nach dem Zeitpunkt der Pfändung.[12] Einziehung, Abtretung oder Verpfändung durch den Schuldner ist schon nach eingeschränkter Pfändung dem Gläubiger gegenüber unwirksam (§ 829 Abs. 1 S. 2). Auch die Überweisung zur Einziehung kann schon vor Bedingungseintritt erfolgen, ein **einheitlicher Pfändungs- und Überweisungsbeschluss** ist also möglich.[13] Er gibt dem Gläubiger das Auskunftsrecht (§ 836 Abs. 3);[14] weitere Rechte bestehen jedoch nur im Umfang der Pfändung. Die **Pfändung als Geldforderung** (§§ 2303 Abs. 1, 2317 Abs. 2, 1967 Abs. 1 BGB) erfolgt nach § 829. **Zuständig** ist der Rechtspfleger des Vollstreckungsgerichts (§§ 20 Nr. 17 RPflG, 828). Eine Anhörung des Schuldners unterbleibt (§ 834). **Drittschuldner** ist der Erbe, auch der Testamentsvollstrecker (§ 2213 BGB). **Rechtsbehelfe:** § 766 für Schuldner, Drittschuldner und benachteiligte Dritte; sofortige Beschwerde (§§ 11 RPflG, 793), wenn sie angehört wurden und für Gläubiger. Da der Pfändungs- und Überweisungsbeschluss erlassen werden kann, bevor der Pflichtteilsanspruch anerkannt oder rechtshängig geworden ist, lässt sich die Erinnerung nicht auf das Fehlen dieser Verwertungsbedingung stützen. Erst im **Einziehungsprozess** (s. § 835 Rn. 18) muss der Gläubiger darlegen und ggf. beweisen, dass sie eingetreten ist. 3

IV. Entsprechende Anwendung (Abs. 2)

Vorstehendes gilt auch für den Rückgabeanspruch des Schenkers aus § 528 BGB, (zur Zweckbindung s. § 851 Rn. 6) und für den Zugewinnausgleichsanspruch (§§ 1372ff., 1378 BGB); nicht aber für Ansprüche gegen Dritte (§ 1390 BGB). Ist der Anspruch rechtshängig geworden, kann er gepfändet werden,[15] Der Erbe kann den Anspruch des Schenkers weiterverfolgen, wenn er noch vom Schenker geltend gemacht worden und ein Dritter für den Unterhalt des Schenkers bis zu seinem Tode in Vorlage getreten ist.[16] Hat der Schenker **Sozialhilfe** bezogen, kann der Anspruch aus § 528 BGB ebenfalls noch nach dem Tode des Schenkers verfolgt werden. Das gilt, wenn er vorher auf einen Träger der Sozialhilfe übergeleitet worden oder wirksam abgetreten war,[17] wg. des Nachrangs der Sozialhilfe (§ 2 SGB XII) aber auch bei fehlender Überleitung zu Lebzeiten des Schenkers.[18] In diesem Fall tritt auch kein Erlöschen durch Konfusion ein, wenn der Beschenkte zugleich der Erbe des Schenkers ist.[19] § 852 Abs. 2 gilt nicht entspr., wenn der Schuldner ein Grundstück unentgeltlich auf seine Ehefrau übertragen, sich aber das Recht vorbehalten hat, es jederzeit ohne weiteres zurückzuverlangen. Der Gläubiger kann das **Rückforderungsrecht** jedenfalls zusammen mit dem künftigen oder aufschiebend bedingten u. durch Vormerkung gesicherten Rückauflassungsanspruch pfänden u. sich zur Einziehung überweisen lassen, weil es keinen stärkeren Schutz verdient 4

---

5 *St/J/Brehm* Rn. 5 Fn. 12; aA *Kuchinke* NJW 1994, 1769, 1771 (Einigsein über den Grund genügt nicht).
6 HM; MK/*Smid* Rn. 3; aA LG Köln VersR 1973, 679.
7 OLG Düsseldorf InVo 2000, 62 = FamRZ 2000, 367.
8 Anders: MK/*Smid* Rn. 3 („Anerkennung" durch den Berechtigten).
9 *Stöber* Rn. 270.
10 BGH (Fn. 1 u. 3); *St/J/Brehm* Rn. 7; *Zö/Stöber* Rn. 3; *Kuchinke* NJW 1994, 1769; abl. *B/L/H* Rn. 3.
11 *Stöber* Rn. 268, 273a; *Greve* ZIP 1996, 699, 701; aA *Kuchinke* (Fn. 10) S. 1770; *Behr* JurBüro 1996, 65f.
12 BGHZ (Fn. 1) S. 187.
13 LG Münster NJW-RR 2006, 1020; *Zö/Stöber* Rn. 3; *Stöber* Rn. 273b; *Greve* (Fn. 11); aA *Kuchinke* (Fn. 11); *Behr* (Fn. 11).
14 *Kuchinke* (Fn. 10: § 836 Abs. 3 entspr.).
15 BGH NJW 2007, 60, 62 = JuS 2007, 386 (*K. Schmidt*).
16 BGHZ 123, 264, 266 = NJW 1994, 256.
17 BGHZ 96, 380, 382 = NJW 1986, 1606.
18 BGH NJW 1995, 2287, 2288; *Haarmann* FamRZ 1996, 522; aA OLG Frankfurt/M NJW 1994, 1805, 1806.
19 BGH (Fn. 18); *Haarmann* (Fn. 18) S. 525.

als das Eigentum des Schuldners an dem Grundstück, denn darauf könnte der Gläubiger selbst dann zugreifen, wenn es die wirtschaftliche Grundlage der ehelichen Lebensgemeinschaft wäre, s. § 857 Rn. 9.[20]

853 *Mehrfache Pfändung einer Geldforderung*

Ist eine Geldforderung für mehrere Gläubiger gepfändet, so ist der Drittschuldner berechtigt und auf Verlangen eines Gläubigers, dem die Forderung überwiesen wurde, verpflichtet, unter Anzeige der Sachlage und unter Aushändigung der ihm zugestellten Beschlüsse an das Amtsgericht, dessen Beschluss ihm zuerst zugestellt ist, den Schuldbetrag zu hinterlegen.

I. Normzweck

1 Wenn eine Geldforderung für mehrere Gläubiger gepfändet wurde, muss der Drittschuldner nicht das Risiko tragen, womöglich an den falschen zu zahlen. Er ist befugt, sich durch Hinterlegung zu befreien und auf Verlangen eines Überweisungsgläubigers dazu verpflichtet.

II. Voraussetzungen

2 **1. Hinterlegungsbefugnis.** Die Geldforderung muss für mehr als einen Gläubiger wirksam gepfändet (§ 829 Abs. 3) worden sein (zur Hinterlegungsbefugnis aus § 372 BGB s. § 829 Rn. 19). Überweisung (§ 835) ist nicht erforderlich. Daher genügen Sicherungsvollstreckung (§ 720a) und Arrestpfändung (§ 930). Die Befugnis des Drittschuldners ergibt sich allein aus der mehrfachen Pfändung.[1] Sie besteht für jeden Drittschuldner, auch für Notare[2] und die öff. Hand. Im Fall des § 73 Abs. 1 S. 2 StGB kann die Bank mit Zustimmung des die Beschlagnahme anordnenden Gerichts hinterlegen.[3] Die Befugnis besteht auch, wenn die Pfandforderung größer ist als die Summe der Vollstreckungsforderungen.[4] Sind hinsichtlich derselben Forderung **Abtretung und Pfändung** erfolgt, kann der Drittschuldner nicht nach § 853, sondern nur nach § 372 BGB hinterlegen.[5] Der Zessionar muss sein besseres Recht nach § 771 geltend machen, der Pfändungsgläubiger nach § 812 BGB.[6] Wurde die Forderung **teilweise** abgetreten, insow. nach § 372 BGB hinterlegt und teilweise gepfändet, gilt § 853 nur für den Restbetrag.[7] Beruft sich der Drittschuldner auf seine Hinterlegungsbefugnis, kann er nur zur Zahlung oder Hinterlegung verurteilt werden,[8] es sei denn, der Kläger weist das Einverständnis der übrigen Gläubiger mit einer Zahlung an ihn nach.[9] Der Drittschuldner **muss nicht hinterlegen,** wenn kein Überweisungsgläubiger Hinterlegung verlangt (Abs. 2). Er kann – nach Überweisung (§ 835) – an die Gläubiger ihrem Rang entsprechend (§§ 804 Abs. 3, 829 Abs. 3) zahlen, s. § 835 Rn. 16. Sein Vertrauen auf die Rechtmäßigkeit des Überweisungsbeschlusses und auf den durch die Pfändung bestimmten Rang wird nach hM entspr. § 836 Abs. 2 auch gegenüber Pfändungsgläubigern geschützt (s. dort Rn. 4), aber nur so lange, wie noch keine Hinterlegungsverpflichtung besteht.[10]

3 **2. Hinterlegungsverpflichtung.** Sie besteht, wenn die Forderung für mehrere Gläubiger wirksam gepfändet wurde (§ 829 Abs. 3), ein **Überweisungsgläubiger Hinterlegung verlangt** (§ 835), die Leistung fällig, eine etwaige Vor- oder Gegenleistung erbracht, ein Wechsel ausgehändigt worden ist (Art. 39 WG). Der **Drittschuldner** hat **keine Prüfungspflicht.**[11] **Die Aufforderung zu hinterlegen sollte zum Nachweis** schriftlich zugestellt werden. Jeder Überweisungsgläubiger kann auf Erfüllung der Verpflichtungen aus § 853 klagen (§ 856); geschieht das ohne vorherige Aufforderung, muss er ggf. die Kosten tragen (§ 93). Der Drittschuldner kann die Hinterlegungskosten (§ 788) von dem Hinterlegungsbetrag abziehen. Hat ein Überweisungsgläubiger Hinterlegung verlangt, kann keiner mehr Zahlung an sich verlangen.[12] Ist die gepfändete Forderung bereits tituliert, kann der Drittschuldner **Vollstreckungsgegenklage** erheben, wenn die Voraussetzungen des § 853 nach dem Zeitpunkt des § 767 Abs. 2 eingetreten sind.[13] Die **Hinterlegungspflicht entfällt** durch Zahlung an den bestberechtigten Gläubiger (§ 362 BGB).[14] Auch eine bereits nach § 372 BGB vorgenommene Hinterlegung befreit von der Pflicht nach § 853, wenn die Anzeige erfolgt.[15]

4 **3. Durchführung der Hinterlegung.** Ausschließlich **zuständig** ist das Amtsgericht als Hinterlegungsstelle (§§ 1 HintO, 374 BGB, 802), dessen Pfändungsbeschluss als erster dem Drittschuldner zugestellt wurde.[16]

---

[20] BGHZ 154, 64, 70 = NJW 2003, 1858 = DNotZ 2003, 393 m. Anm. *Oertel; Schuschke* LMK 2003, 113; *Berringer* DNotZ 2004, 245.
[1] *St/J/Brehm* Rn. 3.
[2] *St/J/Brehm* Rn. 2 m. krit. Hinweis auf OLG Hamm DNotZ 1983, 61 ff.
[3] OLG Düsseldorf NStZ 1992, 203.
[4] *Zö/Stöber* Rn. 2.
[5] AllgM; RGZ 144, 393, 394 = JW 1934, 2333; LG Stuttgart DAVorm. 1984, 628; LG Berlin Rpfleger 1981, 1981, 453.
[6] *Schuschke/Walker* Rn. 3.
[7] AG Köln MDR 1966, 931; MK/*Smid* Rn. 4.
[8] *Zö/Stöber* Rn. 3.
[9] MK/*Smid* Rn. 3.
[10] *Zö/Stöber* (Fn. 8).
[11] *B/L/H* Rn. 6.
[12] *St/J/Brehm* Rn. 5; MK/*Smid* Rn. 14 (ab Klageerhebung); aA wohl: *Zö/Stöber* (Fn. 8).
[13] *St/J/Brehm* (Fn. 12).
[14] RAG JW 1936, 2666; MK/*Smid* Rn. 5; krit. *St/J/Brehm* Rn. 6.
[15] *St/J/Brehm* (Fn. 14).
[16] HM; MK/*Smid* Rn. 7; aA *Zö/Stöber* Rn. 4 (Gericht des Leistungsortes, § 374 Abs. 1 BGB).

Wurde der Beschluss vom LG oder OLG als Arrest- oder Beschwerdegericht erlassen, kann die **Anzeige** auch dort erfolgen;[17] sie wird – Gleiches gilt für ein unzuständiges Gericht – an das nach § 872 zuständige AG weitergeleitet.[18] Der Drittschuldner muss dem Gericht die Sachlage anzeigen; § 374 Abs. 2 BGB gilt nicht. Mit Anzeige der Mehrfachpfändung sind Art und Höhe der Forderung anzugeben, alle Pfändungs- und Überweisungsbeschlüsse auszuhändigen, ggf. auch das Hinterlegungsverlangen. **Rechtsbehelf:** Wird die Annahme der Anzeige verweigert, steht dem Drittschuldner und allen Gläubigern die sofortige Beschwerde (§§ 11 RPflG, 793) zu.

III. Rechtsfolgen

Wenn der Drittschuldner zur Leistung berechtigt ist und auch die übrigen Voraussetzungen des § 853 vorliegen, – die Anzeige ist Wirksamkeitsvoraussetzung[19] – wird er durch Hinterlegung befreit (§ 378 BGB). Der hinterlegte Betrag scheidet endgültig aus seinem Vermögen aus. Die Erklärung eines Rücknahmeverzichts ist unnötig, weil selbstverständlich. Auf Grund der Anzeige findet das **Verteilungsverfahren** (§§ 872ff.) vAw. statt, wenn der hinterlegte Betrag nicht zur vollständigen Befriedigung aller Gläubiger ausreicht. Hat der Drittschuldner mehr hinterlegt, als er schuldet, stehen ihm gegen die Pfändungsgläubiger Bereicherungsansprüche zu. 5

854 *Mehrfache Pfändung eines Anspruchs auf bewegliche Sachen*

(1) [1]Ist ein Anspruch, der eine bewegliche körperliche Sache betrifft, für mehrere Gläubiger gepfändet, so ist der Drittschuldner berechtigt und auf Verlangen eines Gläubigers, dem der Anspruch überwiesen wurde, verpflichtet, die Sache unter Anzeige der Sachlage und unter Aushändigung der ihm zugestellten Beschlüsse dem Gerichtsvollzieher herauszugeben, der nach dem ihm zuerst zugestellten Beschluss zur Empfangnahme der Sache ermächtigt ist. [2]Hat der Gläubiger einen solchen Gerichtsvollzieher nicht bezeichnet, so wird dieser auf Antrag des Drittschuldners von dem Amtsgericht des Ortes ernannt, wo die Sache herauszugeben ist.

(2) [1]Ist der Erlös zur Deckung der Forderungen nicht ausreichend und verlangt der Gläubiger, für den die zweite oder eine spätere Pfändung erfolgt ist, ohne Zustimmung der übrigen beteiligten Gläubiger eine andere Verteilung als nach der Reihenfolge der Pfändungen, so hat der Gerichtsvollzieher die Sachlage unter Hinterlegung des Erlöses dem Amtsgericht anzuzeigen, dessen Beschluss dem Drittschuldner zuerst zugestellt ist. [2]Dieser Anzeige sind die Dokumente beizufügen, die sich auf das Verfahren beziehen.

(3) In gleicher Weise ist zu verfahren, wenn die Pfändung für mehrere Gläubiger gleichzeitig bewirkt ist.

I. Normzweck

Die Norm trifft für die Ansprüche des § 847 eine dem § 853 vergleichbare Regelung um sicherzustellen, dass die herauszugebende Sache für alle Gläubiger verwertet werden kann. 1

II. Verfahren

1. Bei mehrfacher Pfändung (Abs. 1). Für Befugnis und Verpflichtung des Drittschuldners gilt grds. dasselbe wie bei § 853, s. dort Rn. 2f. An die Stelle der Hinterlegung tritt die Herausgabe von Sache und Urkunden nebst Anzeige an den GV, der nach dem zuerst zugestellten Beschluss gemäß § 847 zur Empfangnahme der Sache ermächtigt ist, s. dort Rn. 2. Bezeichnet dieser Beschluss keinen GV, wird er auf Antrag des Drittschuldners, den er bei Verlangen eines Gläubigers stellen muss, vom Amtsgericht des Leistungsortes (§ 269 BGB) ernannt. Das gilt auch, wenn nur ein bestimmter GV in Betracht kommt. Zuständig ist der Rechtspfleger (§ 20 Nr. 17 RPflG). 2

2. Weiteres Verfahren (Abs. 2). Mit Herausgabe und Anzeige wird der Drittschuldner befreit (s. § 853 Rn. 5), und es entstehen zu Gunsten der beteiligten Gläubiger in der Reihenfolge der Anspruchspfändungen (§ 804 Abs. 3) Pfandrechte an der Sache, sofern sie dem Schuldner gehört (s. § 847 Rn. 5). Die Verwertung erfolgt, als ob die Sache bei ihm gepfändet worden wäre, nach §§ 814–825 (s. § 847 Rn. 6). Reicht der Erlös aus oder wird bei nicht ausreichendem Erlös keine von der Reihenfolge der Pfändungen abw. Verteilung verlangt, verteilt ihn der GV (s. § 827 Rn. 4f.). Andernfalls hinterlegt er ihn unter Anzeige der Sachlage bei dem Amtsgericht, dessen Beschluss dem Drittschuldner zuerst zugestellt wurde (s. § 853 Rn. 4), und das Verteilungsverfahren beginnt (§§ 872ff.). 3

3. Gleichzeitige Pfändung (Abs. 3). Wurden mehrere Beschlüsse gleichzeitig zugestellt, entstehen gleichrangige Pfandrechte. Bei gleichzeitiger Erstpfändung kann der Drittschuldner unter den bezeichneten Gerichtsvollziehern wählen. 4

III. Gebühren und Kosten

1. Rechtsanwaltsgebühren. Vgl. § 827 Rn. 8. 5

2. Gerichtskosten. Gerichtsgebühren werden für die Ernennung des Gerichtsvollziehers nicht erhoben. 6

---

[17] *T/P/Hüßtege* Rn. 5.

[18] MK/*Smid* Rn. 7; *T/P/Hüßtege* Rn. 5.

[19] AllgM; OLG Köln InVo 1998, 329 = JMBlNRW 1998, 52; LG Berlin Rpfleger 1981, 453.

855 ***Mehrfache Pfändung eines Anspruchs auf eine unbewegliche Sache*** **Betrifft der Anspruch eine unbewegliche Sache, so ist der Drittschuldner berechtigt und auf Verlangen eines Gläubigers, dem der Anspruch überwiesen wurde, verpflichtet, die Sache unter Anzeige der Sachlage und unter Aushändigung der ihm zugestellten Beschlüsse an den von dem Amtsgericht der belegenen Sache ernannten oder auf seinen Antrag zu ernennenden Sequester herauszugeben.**

1 Normzweck ist, für die Ansprüche des § 848 eine den §§ 853, 854 entspr. Regelung zu treffen. Die Voraussetzungen für Befugnis und Verpflichtung des Drittschuldners sind grds. dieselben wie dort (s. § 853 Rn. 2f.). Herausgabe und Anzeige erfolgen an den nach § 848 vom Rechtspfleger des Amtsgerichts (§ 20 Nr. 17 RPflG), in dessen Bezirk das Grundstück liegt, bereits benannten oder auf Antrag des Drittschuldners noch zu ernennenden Sequester (s. § 848 Rn. 2). Dessen Aufgaben und die Rechtswirkungen entsprechen denen bei § 848 (s. dort Rn. 2ff.). Bei gleichzeitiger Anspruchspfändung entsteht Gleichrang (s. § 848 Rn. 6). Beansprucht ein später pfändender Gläubiger Vorrang, kann er ihn durch Widerspruch (§ 899 BGB) sichern. Zur Verwertung des Grundstücks s. § 848 Rn. 10.

2 **Anwaltsgebühren.** Vgl. § 827 Rn. 8.

3 **Gerichtskosten.** Gerichtsgebühren werden für die Ernennung des Sequesters nicht erhoben.

855 a ***Mehrfache Pfändung eines Anspruchs auf ein Schiff*** **(1) Betrifft der Anspruch ein eingetragenes Schiff, so ist der Drittschuldner berechtigt und auf Verlangen eines Gläubigers, dem der Anspruch überwiesen wurde, verpflichtet, das Schiff unter Anzeige der Sachlage und unter Aushändigung der Beschlüsse dem Treuhänder herauszugeben, der in dem ihm zuerst zugestellten Beschluss bestellt ist.**

(2) Absatz 1 gilt sinngemäß, wenn der Anspruch ein Schiffsbauwerk betrifft, das im Schiffsbauregister eingetragen ist oder in dieses Register eingetragen werden kann.

856 ***Klage bei mehrfacher Pfändung*** **(1) Jeder Gläubiger, dem der Anspruch überwiesen wurde, ist berechtigt, gegen den Drittschuldner Klage auf Erfüllung der nach den Vorschriften der §§ 853 bis 855 diesem obliegenden Verpflichtungen zu erheben.**

(2) Jeder Gläubiger, für den der Anspruch gepfändet ist, kann sich dem Kläger in jeder Lage des Rechtsstreits als Streitgenosse anschließen.

(3) Der Drittschuldner hat bei dem Prozessgericht zu beantragen, dass die Gläubiger, welche die Klage nicht erhoben und dem Kläger sich nicht angeschlossen haben, zum Termin zur mündlichen Verhandlung geladen werden.

(4) Die Entscheidung, die in dem Rechtsstreit über den in der Klage erhobenen Anspruch erlassen wird, ist für und gegen sämtliche Gläubiger wirksam.

(5) Der Drittschuldner kann sich gegenüber einem Gläubiger auf die ihm günstige Entscheidung nicht berufen, wenn der Gläubiger zum Termin zur mündlichen Verhandlung nicht geladen worden ist.

I. Normzweck

1 Die Norm ermöglicht jedem Überweisungsgläubiger gegen Drittschuldner die Verpflichtungen aus §§ 853–855a mittels Klage durchzusetzen. Sie regelt zugleich das Verfahren und seine Rechtsfolgen. § 856 gilt nicht, wenn der Schuldner auf Hinterlegung oder wenn ein Gläubiger auf Zahlung klagt.

II. Verfahren und Rechtswirkungen

2 **1. Klage auf Hinterlegung**[1] oder Herausgabe (Abs. 1). Sie verpflichtet den Gläubiger zur Streitverkündung an den Schuldner (s. § 841 Rn. 1ff.), aber nicht zur Beiladung der anderen Gläubiger. Klagt er ohne vorherige Aufforderung, gilt § 93.

3 **2. Anschlussbefugnis (Abs. 2).** Sie hat jeder Pfändungsgläubiger, damit dem Drittschuldner eine mehrfache Prozessführung erspart bleibt. Sie besteht auch, wenn eine Überweisung nicht möglich ist (§§ 720a, 930). Wg. der Rechtsähnlichkeit mit der Streithilfe genügt Erklärung in der mündlichen Verhandlung (§ 261 Abs. 2), auch zu Protokoll der Geschäftsstelle (§ 496) oder Zustellung eines Schriftsatzes (§ 70 Abs. 1). Treten weitere Gläubiger dem Kläger bei, sind sie wg. Abs. 4 notwendige Streitgenossen (§ 62), nicht nur Streithelfer.[2] Aus der Anschlussbefugnis folgt die **Unzulässigkeit weiterer Klagen,** richtigerweise nicht mangels Rechtsschutzinteresses, sondern wg. der Rechtskraftwirkung nach Abs. 4 auf Grund eines sachlich dem § 261 Abs. 3 Nr. 1 entspr. Prozesshindernisses.[3]

4 **3. Beiladung (Abs. 3).** Die Beiladung weiterer Gläubiger, die eine Pfändung erlangt haben, erfolgt im Hinblick auf Abs. 4 wg. ihres Anspruchs auf rechtliches Gehör (Art. 103 Abs. 1 GG). Die Benennung obliegt dem Drittschuldner, weil er sie auf Grund der ihm zugestellten Pfändungen kennt. Die Ladung geschieht vAw. (§§ 214, 495). Geladen wird nur zur ersten mündlichen Verhandlung, die der Klageerhebung oder einer späteren Pfändung folgt.

---

[1] BGH WM 1983, 13 = ZIP 1983, 35 (Bezifferung nötig).
[2] *T/P/Hüßtege* Rn. 1; *St/J/Brehm* Rn. 4.
[3] MK/*Smid* Rn. 5; *T/P/Hüßtege* Rn. 2; *St/J/Brehm* Rn. 2.

4. Einreden des Drittschuldners. Einreden **gegen das Hinterlegungs- oder Herausgabeverlangen** haben keinen Erfolg, wenn mindestens zwei Überweisungsgläubiger übrig bleiben, bei denen die Voraussetzungen der §§ 853–855 a vorliegen. Die Gläubiger, zu deren Gunsten zu hinterlegen oder herauszugeben ist, sind dann im Urteil zu bezeichnen. Einreden **gegen den Bestand der gepfändeten Forderung** kann der Drittschuldner gegenüber jedem Gläubiger geltend machen. Die Klage ist daher unbegründet, wenn der angebliche Anspruch des Schuldners im Zeitpunkt der Pfändung nicht bestanden hat oder erloschen ist, etwa durch Aufrechnung oder Leistung an den Bestberechtigten, s. a. § 853 Rn. 3 aE. 5

5. Urteilswirkungen (Abs. 4 und 5). Die Rechtskraft wirkt in sachlicher Hinsicht so weit, wie über die Gesamtheit der Pfändungen entschieden wurde. Sie wirkt zu Gunsten sämtlicher Pfändungsgläubiger, auch wenn sie nicht beigeladen wurden oder nicht beigetreten sind. Zu Ungunsten eines Gläubigers wirkt das Urteil nur, wenn er beigetreten (§ 62) oder unter Einhaltung der Ladungsfrist geladen war.[4] Das Urteil ist gem. den Anträgen aus §§ 853–855 a für alle Gläubiger vollstreckbar; für die nicht teilnehmenden gelten §§ 727, 730 entspr.[5] Im Verhältnis zum Schuldner erzeugt das Urteil keine Rechtskraftwirkungen. 6

III. Gebühren und Kosten

1. Rechtsanwaltsgebühren. Für den Anwalt fallen die Gebühren aus Nrn. 3100 ff. VV RVG an. 7

2. Gerichtskosten. Für die Klage gegen den Drittschuldner gelten die allgemeinen Bestimmungen für das Prozessverfahren erster Instanz (KV Nr. 1210, 1211). 8

857 *Zwangsvollstreckung in andere Vermögensrechte*

(1) Für die Zwangsvollstreckung in andere Vermögensrechte, die nicht Gegenstand der Zwangsvollstreckung in das unbewegliche Vermögen sind, gelten die vorstehenden Vorschriften entsprechend.

(2) Ist ein Drittschuldner nicht vorhanden, so ist die Pfändung mit dem Zeitpunkt als bewirkt anzusehen, in welchem dem Schuldner das Gebot, sich jeder Verfügung über das Recht zu enthalten, zugestellt ist.

(3) Ein unveräußerliches Recht ist in Ermangelung besonderer Vorschriften der Pfändung insoweit unterworfen, als die Ausübung einem anderen überlassen werden kann.

(4) [1]Das Gericht kann bei der Zwangsvollstreckung in unveräußerliche Rechte, deren Ausübung einem anderen überlassen werden kann, besondere Anordnungen erlassen. [2]Es kann insbesondere bei der Zwangsvollstreckung in Nutzungsrechte eine Verwaltung anordnen; in diesem Fall wird die Pfändung durch Übergabe der zu benutzenden Sache an den Verwalter bewirkt, sofern sie nicht durch Zustellung des Beschlusses bereits vorher bewirkt ist.

(5) Ist die Veräußerung des Rechts selbst zulässig, so kann auch diese Veräußerung von dem Gericht angeordnet werden.

(6) Auf die Zwangsvollstreckung in eine Reallast, eine Grundschuld oder eine Rentenschuld sind die Vorschriften über die Zwangsvollstreckung in eine Forderung, für die eine Hypothek besteht, entsprechend anzuwenden.

(7) Die Vorschrift des § 845 Abs. 1 Satz 2 ist nicht anzuwenden.

I. Normzweck

Die Norm regelt die Vollstreckung wg. Geldforderungen in anderes bewegliches Vermögen als Sachen (§§ 808 ff.), Geldforderungen (§§ 829 ff.) und Herausgabeansprüche (§§ 846 ff.) durch grds. Verweisung auf das Pfändungsverfahren nach §§ 828 ff. Für einzelne Rechte gelten die §§ 858–863. 1

II. Voraussetzungen und Verfahren im Allgemeinen

1. Gegenstand der Pfändung. a) Abgrenzung (Abs. 1). Pfändbar sind nur selbständige Vermögensrechte, dh. geldwerte Rechte.[1] Nicht von § 857 erfasst und **unpfändbar sind:** eine **bloße Befugnis,**[2] zB **Einziehungsermächtigung,**[3] **Einziehungsbefugnis** (§ 835 Abs. 1)[4] oder **Vollmacht,**[5] auch die, eine günstigere Lohnsteuerklasse zu wählen,[6] (s. auch § 850 e Rn. 3). Gleiches gilt für die Arzneimittelzulassung (§ 21 Abs. 1 S. 1 AMG), die nur zusammen mit dem privatrechtlichen Herstellungs- und Vertriebsrecht gepfändet werden kann.[7] Unpfändbar sind auch **tatsächliche Verhältnisse,** etwa die Stellung als Alleinerbe,[8] und **Vermögensinbegriffe,** 2

---

[4] *St/J/Brehm* Rn. 8 Fn. 10.
[5] OLG Saarbrücken NJW-RR 1990, 1472.
[1] BGH NJW 1998, 2969 (Anspruch auf Abtretung einer Forderung); NJW 1990, 2931, 2932.
[2] FG Kassel WM 1998, 2430 (Befugnis über ein Konto zu verfügen); LG Hannover NJW 1959, 1279 (Antrag auf Herabsetzung der Vertragsstrafe); AG Sinzig NJW-RR 1986, 967 (Bestimmung der Bezugsberechtigung einer Versicherung, aber ggf. mitgepfändet).
[3] BAG AP § 829 Nr. 6 = DB 1980, 835 = MDR 1980, 522.
[4] OLG Nürnberg MDR 2001, 1133; LG Leipzig Rpfleger 2000, 401.
[5] MK/*Smid* Rn. 10; *St/J/Brehm* Rn. 3; *Stöber* Rn. 1782; *Vortmann* NJW 1991, 1038 (Kontovollmacht); Ausnahme: Sie dient einem Vermögenserwerb des Schuldners vom Vollmachtgeber: BayObLGZ 1978, 194 = Rpfleger 1978, 372.
[6] *St/J/Brehm* Rn. 9.
[7] BGH NJW 1990, 2931, 2932.
[8] BGH DNotZ 1968, 358 („Recht" des Alleinerben; auch: Miterbe, der alle übrigen Erbteile hinzuerworben hat).

wie das Unternehmen als solches,[9] auch der good will,[10] der Gewinn des Kaufmanns,[11] der Kundenstamm,[12] ebenso **Persönlichkeitsrechte,** personenbezogene familienrechtliche Ansprüche und Mitgliedsrechte in einem Idealverein, weil sie Teil der Persönlichkeit des Schuldners, nicht seines Vermögens sind.[13] Abs. 3 gilt daher selbst dann nicht, wenn der Schuldner sie vermarkten kann, wie das **Recht am eigenen Bild** oder die gewerbliche Nutzung seines Namens (§§ 4 Abs. 1 AktG, 4 Abs. 1 GmbHG).[14] **Pfändbar** sind **aber Ansprüche,** die auf Grund der Ausübung von Befugnissen oder durch Vermarktung entstanden sind oder womöglich als künftige entstehen,[15] ebenso abtrennbare Forderungen, zB **Zinsen.** Der Wert der **Milchreferenzmenge** (s. auch § 864 Rn. 2) ist dadurch zu realisieren, dass auf Antrag des Gläubigers (Abs. 5) der Verkauf des Kontingents angeordnet u. der Erlös an ihn ausgekehrt wird.[16]

3 **b) Unselbständige Nebenrechte.** Sie sind **nicht isoliert pfändbar,** weil der Gläubiger sie nicht isoliert verwerten kann.[17] Sie werden von der Pfändung des Rechts miterfasst. Das gilt u. a. für akzessorische Rechte wie Bürgschaft, Vormerkung, Pfandrecht,[18] einschl. Pfändungspfandrecht,[19] für Gestaltungsrechte wie Kündigungs-,[20] Rücktritts- und Anfechtungsrechte nach AnfG[21] und §§ 129ff. InsO, das Recht auf Umwandlung oder Änderung der Bezugsberechtigung bei einer Versicherung,[22] den Rangvorbehalt des Grundstückseigentümers (§ 881 BGB)[23] und für Nebenforderungen, wie Ansprüche auf Auskunft und Rechnungslegung,[24] Grundbuchberichtigung[25] oder auf Erteilung einer löschungsfähigen Quittung und Briefherausgabe. Bei ihnen kann aber uU eine **Hilfspfändung** erfolgen (s. a. §§ 821 Rn. 2, 836 Rn. 8), wenn sie zur Pfändung des Hauptrechts oder dessen Verwertung nötig ist, wie beim Grundbuchberichtigungsanspruch, um die Voreintragung des Schuldners zu bewirken (§ 39 GBO).[26] § 840 steht der Hilfspfändung nicht entgegen, weil er keine Auskunftsklage ermöglicht (s. dort Rn. 8).[27] Der Pfändungsbeschluss wird wirksam mit Zustellung an den Schuldner der Nebenforderung (§ 829 Abs. 3). Dieser muss nicht mit dem Schuldner des Hauptrechts identisch sein. Gibt es beim Hauptrecht keinen Drittschuldner, wie zB bei der Eigentümergrundschuld (s. u. Rn. 17), ist der Schuldner der Nebenforderung gleichwohl Drittschuldner.[28] Hilfspfändung nach § 857 erfolgt auch beim Anspruch auf Mitwirkung zur Öffnung unter gemeinschaftlichem Verschluss befindlicher Schrankfächer, Banksafes und Automaten (s. § 808 Rn. 8).

4 **c) Unveräußerliche Rechte (Abs. 3).** Gesetzlich nicht übertragbare Rechte sind grundsätzlich unpfändbar (s. § 851 Rn. 2ff.). Dazu gehören auch das Recht zur Anfechtung (§§ 2078ff. BGB) oder zur Geltendmachung der Erbunwürdigkeit (§§ 2339ff. BGB)[29] und die Befugnis, am Grundstück des Drittschuldners Pfandrechte für eigene Forderungen zu bestellen.[30] Abs. 3 lässt aber die Pfändung der **Nutzungsrechte** zu, wenn die Ausübung einem anderen überlassen werden kann, s. u. Rn. 14. Die unveräußerliche Rechtsstellung als Vertragsarzt kann keinem Dritten überlassen werden, weil dadurch Bedarfsplanung und Eignungsprüfung unterlaufen würden.[31]

5 **2. Pfändungsverfahren.** §§ 828–856 gelten entspr. (Abs. 1). Der Pfändungsbeschluss wird vom Rechtspfleger des Vollstreckungsgerichts (§§ 20 Nr. 17 RPflG, 828) erlassen (s. § 829 Rn. 2ff.). Er wird wirksam mit **Zustellung an den Drittschuldner** (Abs. 1, § 829 Abs. 3), Folge: § 840. Drittschuldner ist jeder, dessen Recht von der Pfändung berührt wird,[32] wie der Eigentümer bei Nießbrauch und Dauerwohnrecht, der Miteigentümer und der Miterbe (s. § 859 Rn. 20), die Gesellschaft beim Aktienbezugsrecht, der Käufer beim Wiederkaufsrecht (s. u. Rn. 23). Ist kein Drittschuldner vorhanden (zum Anwartschaftsrecht s. Rn. 7), wie bei Schutzrechten (s. i. e. Rn. 11ff.) und Eigentümergrundschulden (s. u. Rn. 17), genügt als Wirksamkeitsvoraussetzung die Zustellung des Gebots **an den Schuldner** (Abs. 2), sich jeder beeinträchti-

---

9 BGH LM KO § 37 Nr. 6 = MDR 1963, 308.
10 MK/*Smid* Rn. 7.
11 *St/J/Brehm* Rn. 2.
12 OLG Frankfurt BB 1980, 179 (LS).
13 Vgl. auch: *Schuschke/Walker* Rn. 2.
14 LG Hechingen FamRZ 1990, 1127.
15 *St/J/Brehm* Rn. 76.
16 BGH NJW-RR 2007, 1219; OLG Celle OLGR 2005, 476, 477; *Schnekenburger* AgarR 2003, 133, 136; aA Voraufl.
17 OLG Stuttgart InVo 2002, 431, 432 (Gebrauchszuweisungsrecht nach §§ 10, 15 WEG).
18 BGHZ 82, 323, 326 = NJW 1982, 875 (Ausnahme: wenn die Hauptschuld wegen Vermögensverfalls der Gesellschaft untergeht).
19 OLG Nürnberg MDR 2001, 1133; LG Leipzig Rpfleger 2000, 401.
20 BGHZ 45, 162, 168 = NJW 1966, 1073 (Lebensversicherung).
21 Seit 1. 1. 1999 Neufassung gem. Art. 1 EGInsO.
22 AG Sinzig NJW 1986, 967.
23 BGHZ 12, 238, 243 = NJW 1954, 954 und 1291 m. Anm. *Jansen.*
24 HM; LG Stuttgart Rpfleger 1994, 471; LG Itzehoe NJW-RR 1988, 1394 (wg. § 851 Abs. 1); aA AG Rendsburg NJW-RR 1987, 819.
25 BGHZ 33, 76, 83 = NJW 1960, 2094.
26 BGH (Fn. 23); OLG Köln OLGZ 1971, 151 = Rpfleger 1969, 171; *Brox/Walker* Rn. 722.
27 AG Dorsten Rpfleger 1984, 425.
28 *Stöber* Rn. 707.
29 *Brox/Walker* Rn. 724.
30 *St/J/Brehm* Rn. 13; anders für Einzelanspruch bei bestimmter Forderung: OLG Bremen NJW 1984, 2478; MK/*Smid* Rn. 31; krit. *Dubischar* NJW 1984, 2440.
31 LSG Essen MDR 1997, 756.
32 BGHZ 49, 197, 204 m. weit. Nachw. = NJW 1968, 493.

genden Verfügung zu enthalten (s. § 829 Rn. 11). Weil dadurch die Zustellung an den Drittschuldner ersetzt wird, gilt das dort zur Zustellung Ausgeführte entspr. (s. § 829 Rn. 13). Der Beschluss muss deshalb auch dann ergehen, wenn der Schuldner im Ausland wohnt. Weil er jetzt „Partei" ist, kann ihm öffentlich zugestellt werden (§ 203), nicht aber durch Aufgabe zur Post (§ 829 Abs. 2 S. 4).[33] Ist zu befürchten, dass Dritte das gepfändete Recht beeinträchtigen, oder ist zweifelhaft, ob sie Drittschuldner sind, sollte ihnen vorsorglich zugestellt werden.[34] Wenn Verwaltung angeordnet ist, erfolgt die **Pfändung durch Übergabe** (Abs. 4),[35] falls nicht schon vorher durch Zustellung gepfändet wurde. Für die **Pfändung von Grundschulden** usw. (Abs. 6) gilt § 830 entsprechend, s. u. Rn. 16 ff. **Vorpfändung** ist möglich (Abs. 1, § 845);[36] der GV ist aber nicht verpflichtet, selbst die Benachrichtigung anzufertigen (Abs. 7).

6 **3. Verwertung.** Sie erfolgt gem. Abs. 1 grds. nach §§ 835, 844. **Überweisung zur Einziehung** (s. § 835 Rn. 7 ff.) ist ausgeschlossen, wenn der Gläubiger dadurch keine Befriedigungsmöglichkeit erhält (zum Geschäftsanteil einer GmbH s. § 859 Rn. 13 f.), Überweisung **an Zahlungs statt** (s. § 835 Rn. 14), wenn das Recht keinen Nennwert hat (s. § 835 Rn. 2), weil es von einer Gegenleistung abhängt oder sich nicht mit einem bestimmten Geldbetrag beziffern lässt.[37] Eine **andere Art der Verwertung** (§ 844) wird angeordnet, wenn Überweisung nicht möglich ist oder die Einziehung der gepfändeten Forderung schwierig wäre; nach Abs. 5 bei veräußerlichen Rechten auch deren Verwertung durch Überweisung an Zahlungs statt zu einem Schätzwert, öff. Versteigerung oder freihändigen Verkauf (s. § 844 Rn. 5). Sind unveräußerliche Rechte pfändbar, weil die Ausübung einem anderen überlassen werden kann (Abs. 3), kann das Gericht nach Abs. 4 besondere Anordnungen treffen, zB bei Nutzungsrechten (s. u. Rn. 14 ff.) eine Verwaltung anordnen.

III. Pfändung und Verwertung im Einzelnen

7 **1. Anwartschaftsrechte an beweglichen Sachen.** Bei pfändbaren Sachen[38] sind die Anwartschaftsrechte[39] des Vorbehaltskäufers (vgl. §§ 449, 929, 158 Abs. 1 BGB) oder des Sicherungsgebers bei auflösend bedingter Übereignung (§§ 929, 158 Abs. 2 BGB) als vermögenswerte Rechte durch Zustellung des Pfändungsbeschlusses an Veräußerer oder Sicherungsnehmer pfändbar (Abs. 1).[40] Deren Drittschuldnerstellung wird aus dem Verhältnis von Noch- zu künftigem Eigentum und aus ihrer Nebenpflicht abgeleitet, alles zu unterlassen, was den Bedingungseintritt hindert.[41] Ob dies genügt, mag zweifelhaft sein (für Grundstücksveräußerer verneint s. § 848 Rn. 7). Zur Sicherheit sollte deshalb umgehend auch dem Schuldner zugestellt werden (Abs. 2).[42] Das Anwartschaftsrecht als solches ist aber praktisch nicht verwertbar,[43] weil es mit Bedingungseintritt erlischt[44] und weil sich das Pfandrecht am Recht bei Bedingungseintritt nicht ohne weiteres in eines an der Sache umwandelt.[45] §§ 1287 BGB, 847 passen nicht, weil die für eine Umwandlung unverzichtbare Offenkundigkeit fehlt.[46] Auch durch Sachpfändung entsteht vor Bedingungseintritt kein Pfandrecht an der schuldnerfremden Sache (s. § 804 Rn. 7).[47] Der Eigentümer kann i. Ü. ihrer Verwertung widersprechen (§ 771),[48] der Schuldner den Bedingungseintritt verhindern (§ 267 Abs. 2 BGB). Die hM verlangt deshalb eine **Doppelpfändung**[49] des Rechts und der Sache. Mit der **Rechtspfändung** entsteht ein Pfandrecht an der Anwartschaft, und der Schuldner verliert sein Widerspruchsrecht (Abs. 1, § 829 Abs. 1 S. 2). Die zusätzliche **Sachpfändung** muss zZ des Bedingungseintritts bestehen. Sie kann vor, mit oder nach der Rechtspfändung erfolgen. Da sie nur die Publizität für die Umwandlung des Pfandrechts schafft, greift sie nicht in das Eigentum ein. Ein Widerspruch des Eigentümers gegen die bloße Sachpfändung (§ 771) ist daher ausgeschlossen.[50] Mit Bedingungseintritt setzt sich das Pfandrecht, das am Anwartschaftsrecht bestand, an der gepfändeten Sache fort. Für den **Rang** ist mithin die Pfändung des Anwartschaftsrechts maßgeblich.[51] Der vom Gläubiger gezahlte Rest-

---

[33] MK/*Smid* Rn. 6; *St/J/Brehm* Rn. 98.
[34] MK/*Smid* Rn. 3; *B/L/H* Rn. 11 aE; *St/J/Brehm* Rn. 99.
[35] LG Lübeck Rpfleger 1993, 360.
[36] *St/J/Brehm* Rn. 104; *Zö/Stöber* Rn. 4; aA (unzulässig): *T/P/Hüßtege* Rn. 15.
[37] *Brox/Walker* Rn. 731.
[38] Wg. dieser Einschränkung vgl. LG Berlin DGVZ 1965, 91; *St/J/Brehm* Rn. 84.
[39] BGH NJW 1984, 1184, 1185.
[40] BGH LM Nr. 2 (LS) = NJW 1954, 1325, 1326; aA *Brox/Walker* Rn. 812; *Brox* JuS 1984, 657, 664 ff. (Theorie der Rechtspfändung in Form der Sachpfändung durch den Gerichtsvollzieher); dagegen wieder: MK/*Smid* Rn. 22; *Lackmann* Rn. 371.
[41] BGH (Fn. 40).
[42] MK/*Smid* Rn. 18; *St/J/Brehm* Rn. 84 dort Fn. 324; *Stöber* Rn. 1489.
[43] *Brox* JuS 1984, 657, 666 (allenfalls nach Abs. 5 durch Übertragung auf den Gläubiger).
[44] *Brox/Walker* Rn. 808.
[45] BGHZ 125, 334, 340 f. = NJW 1994, 3099; BGH NJW 1954, 1325, 1327.
[46] AA *Baur/Stürner* ZwV Rn. 550 (Theorie der Rechtspfändung).
[47] AA sog. öff.-rechtliche Theorie: *St/J/Brehm* Rn. 86; *Zö/Stöber* Rn. 6.
[48] MK/*Smid* Rn. 18; aA OLG Braunschweig MDR 1972, 57 (Sachpfändung beim Sicherungsgeber).
[49] BGH (Fn. 45); MK/*Smid* Rn. 22; *T/P/Hüßtege* Rn. 4; *St/J/Brehm* Rn. 84 ff.; *Lackmann* (Fn. 41); *Schuschke/Walker* Rn. 10; krit. *Hübner* NJW 1980, 729, 733; *Raacke* NJW 1975, 248.
[50] *Lackmann* (Fn. 40); *Brox/Walker* Rn. 815; *Schuschke/Walker* Rn. 11; aA *Zö/Stöber* Rn. 6.
[51] *St/J/Brehm* Rn. 88; *Lackmann* (Fn. 40); *Brox/Walker* (Fn. 50); *Geißler* DGVZ 1990, 81, 87 ff.; *Reinicke* MDR 1959, 613, 616 f.; aA *Zö/Stöber* Rn. 6; *Stöber* Rn. 1496 (keine Umwandlung: Rechtspfändung ist nur Hilfspfändung für den Zugriff auf die Sache).

kaufpreis fällt, weil für die Durchführung der Vollstreckung nötig, unter § 788.[52] Die Verwertung der Sache erfolgt nach §§ 814ff.

8 **2. Bruchteilsgemeinschaften.**[53] **a) Miteigentum an beweglichen Sachen.** Pfändung des übertragbaren Anteils (§ 747 S. 1 BGB) erfolgt durch Zustellung des Beschlusses an die übrigen Miteigentümer als Drittschuldner (Abs. 1, § 829 Abs. 3). Sie ist unzulässig bei unpfändbaren Sachen (§ 811). Die Überweisung zur Einziehung (Abs. 1, § 835) berechtigt den Gläubiger, wenn sein Titel nicht nur vorläufig vollstreckbar ist, Aufhebung der Gemeinschaft zu verlangen (§ 751 S. 2 BGB). Zur Sammelverwahrung von Wertpapieren s. § 821 Rn. 5.

9 **b) Miteigentum an Grundstücken, grundstücksgleiche Rechte, Wohnungseigentum:**[54] Pfändung und Überweisung des Anteils (§§ 829, 835) sind ausgeschlossen (§ 864 Abs. 2). Die Vollstreckung erfolgt nach § 866. Der Gläubiger kann sich aber den isoliert nicht pfändbaren Anspruch des Miteigentümers auf Aufhebung der Gemeinschaft (§ 749 BGB Versteigerung des ganzen Grundstücks) zusammen mit dem künftigen Anspruch auf eine dem Anteil entspr. Teilung und Auskehr des Erlöses (§ 753 BGB) pfänden und überweisen lassen (Abs. 1, §§ 829, 835).[55] Grund: Der Auseinandersetzungsanspruch kann dem zur Ausübung überlassen werden (Abs. 3), dem das übertragbare Recht auf den anteiligen Erlös abgetreten wurde. Der Gläubiger ist dadurch in der Lage, die Teilungsversteigerung des ganzen Grundstücks zu betreiben (§§ 180ff. ZVG), nicht nur die Versteigerung des Anteils.[56] Bei Eheleuten bietet § 1365 BGB dem nicht schuldenden Ehegatten keinen Schutz.[57] Bei der Wohnungseigentümergemeinschaft besteht dagegen kein Anspruch auf Aufhebung (§ 11 WEG), s. a. § 864 Rn. 5.

10 **c) Mitberechtigung an Forderungen und Rechten.** Erfasst werden zB Mietforderung von Miteigentümern,[58] Ansprüche von Ehegatten auf Übereignung eines Grundstücks zu hälftigem Miteigentum:[59] Pfändung und Überweisung erfolgt wie bei Miteigentum an beweglichen Sachen (s. o. Rn. 8). Der Schuldner der Forderung und die anderen Teilhaber sind Drittschuldner. Auseinandersetzung: durch gemeinschaftliche Einziehung oder Verkauf nicht fälliger Forderung und Erlösteilung (§ 754 BGB).[60]

11 **3. Immaterialgüter- und andere Schutzrechte. a) Urheberrechte.** Gegen den Urheber von Werken der **Literatur, Wissenschaft und Kunst** (§§ 1f. UrhG) und gleichgestellte Verfasser wissenschaftlicher Ausgaben und Lichtbildner (§ 118 UrhG) sowie deren Rechtsnachfolger ist die Vollstreckung wg. Geldforderungen **in das Urheberrecht** nur mit seiner Einwilligung oder – solange das Werk nicht erschienen ist (§ 115 S. 2 UrhG) – der seines Rechtsnachfolgers und auch nur insow. zulässig, als er Nutzungsrechte einräumen kann (§§ 113, 115, 31 UrhG). Unpfändbar ist daher das Urheberpersönlichkeitsrecht (§§ 12–14 UrhG); pfändbar sind Verwertungsrechte (§§ 15ff. UrhG). Die Pfändung erfolgt nach Abs. 2, weil kein Drittschuldner vorhanden ist. Überweisung an Zahlungs statt scheidet mangels Nennwert des Rechts aus (s. § 835 Rn. 2). **In Geldforderungen** des Urhebers (Honorare, Tantiemen, Schadenersatz- und Bereicherungsansprüche, Folgerecht gem. § 26 UrhG[61]) wird dagegen unmittelbar nach §§ 829ff. unter Beachtung von § 850i vollstreckt (s. dort Rn. 3). Das gilt auch für das Urheberrecht an **Computersoftware,** s. auch § 808 Rn. 24. Einwilligung ist bei Kundgabe der Verwertungsabsicht entbehrlich; Verweigerung i. Ü. regelmäßig treuwidrig.[62] Verwertung: Abs. 4, 5, § 844.[63] Der Erhöhungsanspruch aus § 32 Abs. 1 S. 3 UrhG ist als höchstpersönliches Recht nicht übertragbar. Er kann auch nicht einem anderen zur Ausübung überlassen werden (Abs. 3) und ist deswegen unpfändbar. Pfändbar ist dagegen der aus der Vertragsänderung erwachsende höhere Vergütungsanspruch.[64] § 833 (s. dort Rn. 1) greift hier nur ein, falls es sich um eine dem Arbeitseinkommen vergleichbare Vergütung handelt.[65] **Gebrauchs- und Geschmacksmusterrechte** sind übertragbar (§§ 13 GebrMG, 3 GeschmMG), daher pfändbar (§ 851 Abs. 1), ebenfalls nach Abs. 2.

12 **b) Patente.** Pfändbar sind das Recht auf das Patent (§ 6 PatG), der Anspruch auf Erteilung des Patents für die angemeldete Erfindung (§§ 7, 35 PatG) und die Befugnis, gewerbsmäßig den Gegenstand der Erfindung herzustellen und zu vermarkten (§ 9 PatG).[66] Vor Anmeldung ist das aus persönlichkeits- und vermögensrechtlichen Bestandteilen bestehende Erfinderrecht nach hM nur pfändbar, wenn eine im Wesentlichen

---

[52] LG Aachen Rpfleger 1968, 60; *Petermann* Rpfleger 1958, 173; MK/*Smid* Rn. 23; *Stöber* Rn. 1500; aA *St/J/Brehm* Rn. 86.

[53] Gesamthandsgemeinschaften: § 859.

[54] Zum „isolierten“ Miteigentum: OLG Hamm NJW-RR 1991, 335; zur Pfändbarkeit des Sondernutzungsrechts: *Schuschke* NZM 1999, 831.

[55] BGH NJW 2006, 849, 850; BGHZ 154, 64, 69 = NJW 2003, 1858; BGHZ 90, 207, 214 = NJW 1984, 1969.

[56] BGHZ 90, 207, 215 = NJW 1984, 1969; OLG Hamm NJW-RR 1992, 665.

[57] BGH NJW 2006 (Fn. 56); BGHZ 143, 356, 361f. = NJW 2000, 1947; OLG Karlsruhe Rpfleger 2004, 235; OLG Köln NJW-RR 1989, 325.

[58] *Brox/Walker* Rn. 805.

[59] BayObLG NJW-RR 1992, 1369, 1370.

[60] *Brox/Walker* (Fn. 58).

[61] *Münzberg* DGVZ 1998, 17 (Veräußerung durch Zwangsvollstreckung); zur Neuregelung seit 2002: *Jacobs* NJW 2002, 1905.

[62] *St/J/Brehm* Rn. 22a.

[63] *Weimann* Rpfleger 1996, 12, 13f.; *Paulus* ZIP 1996, 2, 4.

[64] *Berger* NJW 2003, 853, 854.

[65] AA: *Berger* (Fn. 64).

[66] BGHZ (Fn. 45).

abgeschlossene Erfindung vorliegt und der Schuldner seinen Verwertungswillen geäußert hat.[67] Das Pfändungspfandrecht an der durch die Anmeldung begründeten Anwartschaft setzt sich mit Erteilung des Patents an diesem fort (§ 1287 BGB), denn Offenkundigkeit wird hier – anders als bei Pfandrechten an Sachen (s. o. Rn. 7) – nicht verlangt. Für Pfändungen des Patents und der Patentanmeldung gilt Abs. 2. Das Patentamt ist nicht Drittschuldner, die Pfändung sollte ihm aber nachgewiesen werden, weil der Schuldner durch sie das Recht verliert, die Anmeldung zurückzunehmen (§ 829 Abs. 1 S. 2) und weil das Patent dann nur noch für Anmelder und Gläubiger gemeinsam erteilt werden darf.[68] Auch nach der Pfändung obliegt es dem Patentinhaber durch Zahlung der Jahresgebühren das Erlöschen des Patents zu verhindern,[69] der Gläubiger kann freilich als Dritter zahlen, § 267 Abs. 1 BGB. Verwertung erfolgt nach Abs. 4 und 5 durch Veräußerung oder Verwaltung (Lizenzerteilung).[70] **Geldforderungen** des Patentinhabers (aus Lizenzverträgen, Schadenersatz usw.) sind nach §§ 829 ff. pfändbar.

13 c) **Marken und sonstige Kennzeichen (Warenzeichen).**[71]. Nach Abs. 2 zu pfänden sind das durch Eintragung, Benutzung oder notorische Bekanntheit begründete Recht und die durch Anmeldung von Marken begründeten Rechte (§§ 29 Abs. 1 Nr. 2, 31 MarkenG). Das zur Anwartschaft beim Patent Ausgeführte gilt entspr. Die dem Patentamt nachgewiesene Pfändung kann in das Register eingetragen werden. Verwertung: Abs. 5.

13 a d) **Internet-Domain.**[72]. Eine aussagekräftige elektronische Adresse hat Vermögenswert,[73] der nach § 857 pfändbar ist.[74] **Pfandgegenstand** ist aber kein absolutes Immaterialrecht, sondern die auf einem werkvertraglich geprägten Dauerschuldverhältnis gründende Gesamtheit der schuldrechtlichen Ansprüche des Schuldners, insb. der Konnektierungs- u. der Registrierungsanspruch.[75] Bei der Top Level Domain „.de" besteht das Rechtsverhältnis zwischen dem Inhaber und der DENIC eG,[76] die alle.de-Domains registriert und verwaltet.[77] § 851 hindert die **Pfändbarkeit** nicht, denn die Ansprüche sind gem. § 6 Abs. 2 S. 1 der DENIC-Registrierungsbedingungen (DRB) übertragbar. Namens-, Marken- und Kennzeichenrechte des Schuldners stehen nur entgegen, wenn ein Rechtsverstoß offenkundig ist.[78] Für das **Pfändungsverfahren** kann es genügen, verkürzt die Domain als Pfändungsgegenstand anzugeben. Sicherer ist: „Die Ansprüche des Schuldners gegen die DENIC eG aus dem Vertrag über die Domain x.de werden gepfändet."[79] Der Pfändungsbeschluss ist der DENIC als Drittschuldnerin zuzustellen (§ 829 Abs. 2), weil deren Mitwirkung zur Änderung des gepfändeten Rechts erforderlich ist.[80] Pfändungsschutz analog § 811 Abs. 1 Nr. 5 wird in Betracht gezogen.[81] Die **Verwertung** soll nach §§ 857, 844 Abs. 1 durch Überweisung an Zahlungs Statt zu einem vom Vollstreckungsgericht festzusetzenden Schätzwert erfolgen.[82] Hat das Vollstreckungsgericht die Übertragung angeordnet, kann der Erwerber gem. § 6 Abs. 1 DRB von der DENIC Umregistrierung verlangen.[83] Es bleibt das Risiko, dass der Schuldner oder ein Dritter kraft besseren materiellen Rechts vom Erwerber Unterlassung verlangen kann.[84]

14 **4. Nutzungsrechte (Abs. 3). a) Nießbrauch.** Das Recht ist pfändbar (Abs. 3, § 1059 S. 2 BGB), auch wenn die Überlassung der Ausübung vertraglich ausgeschlossen ist (Abs. 1, § 851 Abs. 2).[85] Gegenstand der Pfändung ist der Nießbrauch selbst (§§ 1030 ff. BGB), nicht ein schuldrechtlicher Anspruch auf seine

---

[67] BGHZ 16, 172, 175 = NJW 1955, 629; OLG Hamm JMBlNRW 1951, 151; *St/J/Brehm* Rn. 20; *Stöber* Rn. 1720; aA *J. B. Zimmermann* GRUR 1999, 121 (Fertigstellung u. schriftliche Fixierung der Erfindung genügen).

[68] *St/J/Brehm* Rn. 99; *Stöber* Rn. 1721.

[69] OLG Karlsruhe OLGR 2004, 283.

[70] *St/J/Brehm* Rn. 108; *Stöber* Rn. 1725.

[71] Der Schutzbereich des MarkenG umfasst alle unterscheidungskräftigen Zeichen, auch Wörter, Form und Aufmachung von Waren: *Vogt* NJW 1995, 2819, 2821; *Schmieder* NJW 1994, 3335; vgl. auch: *Repenn* NJW 1994, 174.

[72] ZB „ambiente.de" BGHZ 148, 13 = NJW 2001, 3265; „mitwohnzentrale.de" BGHZ 148, 1 = NJW 2001, 3262; Übersichten: *Nägele* WRP 2002, 138; *Mulch* OLGR 2002, K 39; s. auch: *Beier,* Recht der Domainnamen, 1. Aufl. 2004, Rn. 123 ff.

[73] Zu sog. Domain-Grabbern vgl. *Plaß* WRP 2000, 1077; *Renck* NJW 1999, 3587, 3588 f.

[74] Erstmals LG Essen Rpfleger 2000, 453 = MMR 2000, 286 m. Anm. *Viefhues* = JurBüro 2000, 213 m. Anm. *Schmittmann;* ebenso: LG Düsseldorf InVo 2002, 116; AG Bad Berleburg CR 2003, 224.

[75] BVerfG NJW 2005, 589; BGH NJW 2005, 3353 = MMR 2005, 685 m. Anm. *Hoffmann* = BGHR 2005, 1484 m. Anm. *Hanloser; Empting* ZInsO 2006, 229; LG Mönchengladbach NJW-RR 2005, 439; *St/J/Brehm* Rn. 80; *Hombrecher* MMR 2005, 647, 652 f.; *Kazemi/Leopold* MMR 2004, 287, 290; *Berger* Rpfleger 2002, 181, 182; *Hanloser* CR 2001, 456; *Welzel* MMR 2001, 131; *Viefhues* MMR 2000, 286, 287; aA LG Düsseldorf JurBüro 2001, 548; LG Essen Rpfleger 2000, 453; *Schneider* ZAP 1999, 355, 356; *Schmittmann* DGVZ 2001, 177, 179 f.

[76] DENIC eG Domain Verwaltungs- und Betriebsgesellschaft, Wiesenhüttenplatz 26, 60329 Frankfurt a. M.

[77] Weitere TLD: country codes:.at,.ch,.es,.uk oder sog. generische wie zB.com (USA).

[78] *Lwowski/Dahm* WM 2001, 1135, 1140 ff.; *Schneider* ZAP Fach 14, S. 355 *Hoffmann* NJW 2001, Beilage zu Heft 14, S. 25; zur beschränkten Prüfungspflicht der DENIC vgl. BGH (Fn. 72); zum Vorrang überragender Verkehrsgeltung: BGH NJW 2002, 2031 „shell.de"; OLG Hamm MMR 1998, 214 „krupp.de".

[79] *Boecker* MDR 2007, 1234; *Welzel* (Fn. 77).

[80] *Stadler* MMR 2007, 71; *Hanloser* zu BGHR 2005, 1486; CR 2001, 342; *Plaß* (Fn. 75); abw *Viefhues* (Fn. 77) S. 289; *Welzel* (Fn. 77) S. 136.

[81] LG Mönchengladbach NJW-RR 2005, 439; *Boecker* (Fn. 79); *Berger* Rpfleger 2002, 185.

[82] BGH NJW 2005, 3353, 3354; *Boecker* (Fn. 79); *Berger* Rpfleger 2002, 181, 185; *Welzel* MMR 2001, 131, 138; krit. *Hanloser* zu BGHR 2005, 1486.

[83] *Berger* (Fn. 82) S. 185 f.

[84] *Fezer* Markenrecht, 2. Aufl. 1999 § 3 MarkenG Rn. 296 ff.; *Renck* (Fn. 73).

[85] BGHZ 95, 99, 101 = NJW 1985, 2827.

Ausübung.[86] Die Einschränkung in Abs. 3 („insoweit, als …") weist darauf hin, dass das Recht zum Zweck der Befriedigung nicht verwertet, sonder nur ausgeübt werden darf.[87] Der Grundstückseigentümer ist Drittschuldner.[88] Zustellung an ihn genügt (§ 829 Abs. 3). Grundbucheintragung ist nicht erforderlich,[89] aber möglich[90] und ratsam.[91] Zur Löschung des Nießbrauchs sind die Bewilligungen des Nießbrauchers und des Pfandgläubigers erforderlich.[92] Der Schuldner kann nach der Pfändung über den Nießbrauch ohne Bewilligung des Gläubigers nicht mehr durch Verzicht oder Aufhebung verfügen (§ 829 Abs. 1 S. 2).[93] Weil der Gläubiger das unveräußerliche Recht als solches nicht verwerten darf,[94] ist **ausgeschlossen** eine Überweisung des Stammrechts zur Einziehung oder an Zahlungs statt nach Abs. 1 ebenso wie eine anderweitige Verwertung durch Versteigerung oder freien Verkauf.[95] Als Verwertungsmöglichkeit bleibt **stattdessen** gem **Abs. 4** die Anordnung der Verwaltung, angelehnt an die §§ 146ff. ZVG.[96] Nicht schon die Pfändung, sondern erst die Anordnung gibt dem Gläubiger das Recht sich, notfalls mit Hilfe des Gerichtsvollziehers, den Besitz zu verschaffen und Grundstücksnutzungen in Geld umzusetzen.[97] Pfändet der Gläubiger den Nießbrauch an einem ideellen Grundstücksteil, **Bruchteilsnießbrauch,** kann er ggfs. mittels Leistungsklage eine ordnungsgemäße Nutzung erreichen.[98]

15 **b) Wohnungsrecht usw.** Das Wohnungsrecht (§ 1091 BGB) und andere **beschränkt persönliche Dienstbarkeiten** (§ 1090 BGB) sind, wenn sie der typengerechten Ausgestaltung entsprechen, grds. unpfändbar.[99] Pfändbarkeit besteht nur, wenn die Überlassung der Ausübung gestattet ist (§ 1092 Abs. 1 S. 2 BGB). Eine einseitige Erklärung des Eigentümers reicht nicht,[100] wohl dessen Einigung mit dem Schuldner. Eintragung ist nur nötig zur Wirkung gegenüber Rechtsnachfolger.[101] I. Ü. gelten die Ausführungen zum Nießbrauch entsprechend, s. o. Rn. 14. Der rein schuldrechtliche Anspruch auf Wertersatz ist ohne weiteres pfändbar.[102]

c) Mieter, Pächter, Leasingnehmer.[103] Deren Nutzungsrechte sind als höchstpersönliche Ansprüche idR unpfändbar (s. § 851 Rn. 4). Sie können aber gepfändet werden (Abs. 3), wenn generell und nicht nur im Einzelfall[104] die Überlassung gestattet ist,[105] zB durch Untervermietung (§ 540 BGB). Gleiches gilt für Nutzungsrechte des Schuldners an sicherungsübereigneten Sachen, zB Pkw.[106] Zum Dauerwohnrecht s. u. Rn. 19.

16 **5. Grundschulden usw. (Abs. 6).** Für deren Pfändung gelten §§ 829, 830; für die Verwertung §§ 835, 837, ggf. § 844.

a) Fremdgrundschuld:[107] Pfändung durch Eintragung oder Besitzübergabe (s. § 830 Rn. 2ff.) und Überweisung (s. § 837 Rn. 2f.) berechtigen den Gläubiger zur Einziehungsklage (s. § 835 Rn. 18) auf Duldung der Zwangsvollstreckung gem. § 1147 BGB und aus dem so erlangten Titel zur Vollstreckung in das Grundstück. Bei Titeln gem. § 794 Abs. 1 Nr. 5 genügt eine Klauselumschreibung nach § 727.[108] Der Eigentümer ist alleiniger Drittschuldner. Zum **Rückgewähranspruch** s. u. Rn. 22. Eine Sicherungsgrundschuld sollte der Gläubiger nur zusammen mit der gesicherten Forderung pfänden, damit der persönliche Schuldner nicht an den Vollstreckungsschuldner leistet und so die Durchsetzung der Grundschuld vereitelt (§§ 1192, 1157 S. 1 BGB).

17 **b) Eigentümergrundschuld.** Nach hM gilt Abs. 6 auch hier, Zustellung nach Abs. 2 genügt daher nicht,[109] denn das Fehlen eines Drittschuldners macht Eintragung oder Briefübergabe nicht entbehrlich (s. § 830 Rn. 2). Besteht eine **verdeckte Eigentümergrundschuld,** weil die Hypothekenforderung erloschen oder nicht entstanden ist (§§ 1163 Abs. 1, 1177 Abs. 1 BGB), muss vor Pfändung einer **Buch**grundschuld die Eintragung des Schuldners erfolgen (§ 39 GBO). Hat der die nötigen Urkunden, zB löschungsfähige Quittung (§ 29

---

[86] BGH NJW 2007, 149, 150; BGHZ 166, 1, 3 = NJW 2006, 1124; BGHZ 62, 133, 136 = NJW 1974, 796; BayObLG Rpfleger 1998, 69.
[87] BGHZ 166 (Fn. 86), S. 5.
[88] LG Bonn Rpfleger 1979, 349 = JurBüro 1979, 1725.
[89] BGHZ 62 (Fn. 86) S. 139f.
[90] LG Bonn (Fn. 88); *Panz* BWNotZ 1992, 43f.; *Hintzen* JurBüro 1991, 755, 756.
[91] LG Bonn (Fn. 88) S. 349f.; *Hintzen* (Fn. 90) S. 756f.
[92] BayObLG (Fn. 86).
[93] BGHZ 62 (Fn. 86) S. 139.
[94] BGHZ 62 (Fn. 86) S. 136f.; LG Aachen JurBüro 1982, 1900 m. Anm. *Mümmler; Hintzen* (Fn. 90) S. 755.
[95] BGHZ 166 (Fn. 86) S. 5.
[96] AllgM; vgl. *Hintzen* (Fn. 90) S. 757.
[97] BGHZ 166 (Fn. 86) S. 5.
[98] BGH NJW 2007, 149, 150.
[99] BGH WM 2007, 30; BGHZ 130, 314, 318 = NJW 1995, 2846.
[100] BGH NJW 1963, 2319.
[101] BGH WM 2006, 2226, 2227 = RPfleger 2007, 34); AG Köln InVo 2003, 490; aA KG NJW 1968, 1882; *Hintzen* (Fn. 90) S. 757.
[102] OLG Schleswig FGPrax 1997, 53.
[103] Für weit gehende Annäherung an das Anwartschaftsrecht beim Finanzierungsleasing: MK/*Smid* Rn. 26f.; *Baur/Stürner* Rn. 779; abl. MK/*K. Schmidt* § 771 Rn. 31; *Ro/G/Sch* § 41 VI 9c; *Lackmann* Rn. 601.
[104] OLG Frankfurt MDR 1964, 52.
[105] OLG Düsseldorf NJW 1988, 1676; AG Neuwied DGVZ 1996, 142 (Leasing) *Schwab* NZM 2003, 50, 51.; aA *Teubner/Lelley* ZMR 1999, 151f. (uneingeschränkt pfändbar: kein Fall des Abs. 3).
[106] OLG Schleswig SchlHA 1990, 55.
[107] Ausnahme: Inhabergrundschuld (§ 1195 BGB), vgl. § 821 Rn. 3.
[108] *Stöber* Rpfleger 1958, 339, 342.
[109] BGH NJW 1979, 2045; NJW 1961, 601; OLG Celle NJW 1968, 1682; MK/*Smid* Rn. 34 m. weit. Nachw.; aA LG Frankfurt NJW 1955, 169; vgl. auch: *St/J/Brehm* Rn. 60f.

GBO), kann der Gerichtsvollzieher sie wegnehmen (§ 836 Abs. 3 S. 2).[110] Sonst muss der Gläubiger den Anspruch des Schuldners gegen den Buchberechtigten auf Quittung (§ 1144 BGB) oder Berichtigung (§ 894 BGB) pfänden, sich überweisen lassen und notfalls einklagen. Bei einer verdeckten **Brief**grundschuld nimmt der Gerichtsvollzieher dem Schuldner den Brief weg. Die Pfändung wird damit wirksam (§ 830 Abs. 1 S. 2). Besitzt der frühere Hypothekengläubiger den Brief, muss der Gläubiger im Wege der Hilfspfändung vorgehen (s. o. Rn. 3). Besteht bei einer Briefhypothek nur eine **Teilgrundschuld,** muss der Gläubiger pfänden und sich überweisen lassen: das Miteigentum des Schuldners am Hypothekenbrief (§§ 1008, 952 BGB) und dessen Ansprüche gegen den Hypothekar auf Aufhebung der Gemeinschaft am Brief (§§ 749, 752 BGB), auf Vorlage des Briefes bei Grundbuchamt oder Notar (§ 61 GBO) zur Herstellung eines Teilbriefes (§ 1145 BGB), auf dessen Aushändigung (§§ 985, 952 BGB) und auf Grundbuchberichtigung (§ 894 BGB). Danach kann er gegen den Hypothekar auf Vorlage des Briefs klagen und Bildung und Aushändigung des Teilbriefes beantragen, mit dessen Erhalt die Pfändung schließlich bewirkt ist. Ein Pfändungsbeschluss für eine wg. demnächstigen Erlöschens der Hypothekenforderung **künftige Eigentümergrundschuld** ist möglich;[111] wirksam wird die Pfändung aber erst nach Entstehen der Grundschuld mit Briefübergabe oder Eintragung. Die **vorläufige Eigentümergrundschuld** (die Hypothek ist noch nicht entstanden) ist bei einer Briefgrundschuld pfändbar, aber nur falls der Schuldner den Brief besitzt,[112] denn gegen den Hypothekar besteht kein durchsetzbarer Herausgabeanspruch.[113] Eine Pfändung bei einer Buchgrundschuld scheitert daran, dass die Eintragung des durch Valutierung auflösend bedingten Rechts nicht durchsetzbar ist.[114] Soweit eine **Höchstbetragshypothek** (§§ 1190 Abs. 3, 1185 Abs. 1 BGB) nicht valutiert ist (zu deren Pfändung s. § 830 Rn. 2 aE), besteht eine auflösend bedingte Buchgrundschuld, die nur gegen den Nachweis (§ 29 GBO) eingetragen wird, dass keine Valutierung mehr erfolgt. Bei einer ohne diese Voraussetzungen vorgenommenen Eintragung wird die Pfändung gleichwohl für wirksam erachtet, weil entscheidend die materiellrechtliche Möglichkeit und nicht das Verfahrensrecht sei.[115] **Verwertung:** § 1197 Abs. 1 BGB beschränkt den Eigentümer, nicht aber dessen Gläubiger.[116] Zinsen kann der Gläubiger aber nur in der Zwangsverwaltung geltend machen (§ 1197 Abs. 2 BGB).

c) **Eigentümerhypothek.** Falls der Eigentümer Inhaber der gesicherten Forderung wurde, weil er, ohne persönlicher Schuldner zu sein, den Gläubiger befriedigt hat (§§ 1143, 1177 Abs. 2 BGB) – auch auf Grund sonstiger Konfusion durch Einzel- oder Gesamtrechtsnachfolge, ebenso bei § 1173 Abs. 2 BGB – steht ihm die hypothekarisch gesicherte Forderung zu (§ 1177 Abs. 2 BGB). § 830 gilt unmittelbar, s. dort Rn. 2. Drittschuldner ist der Schuldner der persönlichen Forderung (zur Zustellung § 830 Rn. 8). Der Eigentümer ist Schuldner und wg. des dinglichen Rechts auch Drittschuldner.[117] Bleibt unklar, ob eine Eigentümergrundschuld oder -hypothek entstanden ist, sollte alternativ („oder") gepfändet werden.[118] 18

d) **Reallast.** Sie ist als subjektiv-dingliche Reallast unübertragbar (§§ 1105, 1110 BGB), daher unpfändbar (§ 851 Abs. 1). Möglich ist die Pfändung der einzelnen Leistungen (§ 1107 BGB). Subjektiv-persönliche Reallasten (§ 1111 BGB) werden wie Buchhypotheken gepfändet (s. § 830 Rn. 7), wenn der Anspruch auf die einzelne Leistung übertragbar ist, andernfalls sind auch sie unpfändbar. **Rentenschuld** (§ 1199 BGB): Sie wird als Sonderform der Grundschuld wie diese gepfändet (s. Rn. 16); rückständige Leistungen (§ 1159 Abs. 1 BGB) aber wie gewöhnl. Forderungen durch Zustellung an den Eigentümer als Drittschuldner (§ 829 Abs. 3). Sichert das Recht eine Forderung, gilt das zur Sicherungsgrundschuld Ausgeführte (s. Rn. 16). **Dauerwohnrecht** (§§ 31 ff. WEG): Für die Pfändung gilt Abs. 6 entspr., für die Verwertung Abs. 5, § 844. Veräußerungsbeschränkungen (§ 35 WEG) sind zu beachten. Weil das Sondernutzungsrecht eines Wohnungseigentümers wg. § 6 WEG auf einen außerhalb der Gemeinschaft stehenden Dritten nicht übertragen werden kann, ist es für Dritte auch nicht pfändbar.[119] 19

6. Sonstige Rechte und Ansprüche. a) Anspruch auf den Zuschlag (§ 81 ZVG). Der Anspruch kann nach Abs. 1, 2 bis zur Verkündung – bei Erteilung durch das Beschwerdegericht bis zur Zustellung (§ 104 ZVG) – durch Gläubiger des Meistbietenden gepfändet werden;[120] letzterer, nicht das Gericht, ist Drittschuldner.[121] Mit Zuschlag entsteht eine Sicherungshypothek nachrangig zu den bestehen bleibenden Rechten, s. § 848 Rn. 5. 20

b) Erlösanspruch. Bis zum Zuschlag sind nur die Hypothek und die Grundschuldschuld nach Abs. 6 pfändbar.[122] Wenn eine Hypothek oder Grundschuld mit dem Zuschlag erlischt (§ 91 Abs. 1 ZVG), wandelt sie sich um in ein Recht auf Befriedigung aus dem Erlös (**Surrogation**).[123] Pfandrechte, die am dinglichen Recht bestanden, setzen sich am Erlösanspruch fort.[124] Dieser Ersatzanspruch ist kein Recht am 21

---

110 *Brox/Walker* Rn. 739.
111 OLG Celle InVo 2006, 499, 500.
112 BGHZ 53, 60.
113 OLG Frankfurt NJW 1955, 1483.
114 *Stöber* Rn. 1950.
115 RGZ 120, 110; MK/*Smid* Rn. 42.
116 HM; BGHZ 103, 30, 36 = NJW 1988, 1026; OLG Köln NJW 1959, 2167; aA OLG Düsseldorf NJW 1960, 1723.
117 *St/J/Brehm* Rn. 59.
118 *Stöber* Rn. 1935.
119 BGHZ 73, 145, 149 = NJW 1979, 548.
120 BGHZ 111, 14, 16 = NJW 1990, 989.
121 *Krammer* und *Riedel* Rpfleger 1989, 144, 145.
122 BGH NJW 1964, 813.
123 BGHZ 108, 237, 239 = NJW 1989, 2536; BGHZ 58, 298, 301 = NJW 1972, 1135.
124 BGHZ 58 (Fn. 123).

Grundstück, daher nicht nach Abs. 6, § 830, sondern ab Zuschlagerteilung nach § 829 pfändbar;[125] bei Eigentümergrundschulden durch Zustellung an den Schuldner als bisherigen Eigentümer (Abs. 2), bei Fremdgrundschulden und richtigerweise auch bei Hypotheken bis zur Hinterlegung an ihn als alleinigen Drittschuldner (Abs. 1), weil es nur um die dingliche Haftung geht;[126] vorsorglich sollte aber auch dem persönlichen Schuldner zugestellt werden.[127] Zustellung an den Ersteher ist weder erforderlich noch ausreichend.[128] Ab Einzahlung ist der Anspruch gegen die Hinterlegungsstelle als Drittschuldnerin zu pfänden.[129] Zustellung genügt für die Pfändung auch dann, wenn ein Hypotheken- oder Grundschuldbrief ausgestellt ist;[130] der Brief muss aber im Verteilungstermin vorliegen (§§ 126, 135ff. ZVG). Vor Rechtskraft des Zuschlags sollten wegen dessen möglicher Aufhebung Erlösanspruch und das Recht (Abs. 6, § 830) gepfändet werden,[131] ggf. sind bei Umdeutung die Erfordernisse von Abs. 6, §§ 830, 837 nachzuholen.[132]

22 c) **Rückgewähranspruch gegen Grundschuldgläubiger.** Der Anspruch des Sicherungsgebers besteht nach Wegfall des Sicherungszwecks aus dem Sicherungsvertrag oder § 812 BGB.[133] Er ist als durch Tilgung der gesicherten Forderung aufschiebend bedingter Anspruch[134] ab Vertragsschluss nach Abs. 1, § 829 – ohne Eintragung oder Briefbesitz – pfändbar,[135] muss aber hinreichend bezeichnet sein.[136] Der Sicherungsgeber kann wahlweise verlangen (§ 262 BGB): Abtretung oder Aufhebung der Grundschuld oder Verzicht auf sie;[137] die Pfändung kann und sollte so erfolgen.[138] Besteht nach dem Sicherungsvertrag eine Auskunftspflicht des Sicherungsnehmers, ist sie mitgepfändet; sie soll auch isoliert pfändbar sein.[139] Zur Verwertung des Pfandrechts, das sich kraft Surrogation mit Erfüllung der Rückübertragung an der Grundschuld fortsetzt (§ 1287 BGB),[140] ist auch deren Überweisung erforderlich,[141] die zugleich mit der des Anspruchs erfolgen kann. Die Pfändung des Rückgewähranspruchs des Schuldners hindert den Gläubiger nicht, die Grundschuld (durch Abtretung) zu verwerten.[142]

23 d) **Wiederkaufsrecht (§ 456 BGB).** Das Recht wird nach Abs. 1 gepfändet; der Käufer ist Drittschuldner. Der Gläubiger darf das Recht nicht ausüben, weil er nicht befugt ist, Verpflichtungen für den Schuldner einzugehen. Verwertung: § 844, ggf. durch entgeltlichen Verzichts- oder Erlassvertrag.[143] Übt der Schuldner das Recht selbst aus, setzt sich das Pfandrecht an den Ansprüchen fort, die Anordnungen nach § 846 sind nachzuholen. Gleiches gilt für sonstige **Optionsrechte,** falls sie nicht personengebunden, daher pfändbar sind.

IV. Gebühren und Kosten

24 **1. Rechtsanwaltsgebühren.** Der Anwalt erhält eine 0,3 Gebühr der Nr. 3309 VV RVG für die Tätigkeit **während** der Verwaltung, zusätzlich zu der Gebühr für die Tätigkeit im Rahmen der Pfändung **bis zur** Anordnung der Verwaltung (§ 18 Nr. 11 RVG).[144] Gegenstandswert: Betrag der Forderung oder der geringere Wert des verwalteten Gegenstandes, § 25 Abs. 1 Nr. 1 RVG.

25 **2. Gerichtskosten.** Es wird eine Festgebühr von 15 Euro nach KV Nr. 2111 erhoben. Zu mehreren Verfahren s. dort.

858 *Zwangsvollstreckung in Schiffspart* **(1) Für die Zwangsvollstreckung in die Schiffspart (§§ 489ff. des Handelsgesetzbuchs) gilt § 857 mit folgenden Abweichungen.**

(2) Als Vollstreckungsgericht ist das Amtsgericht zuständig, bei dem das Register für das Schiff geführt wird.

(3) [1]Die Pfändung bedarf der Eintragung in das Schiffsregister; die Eintragung erfolgt auf Grund des Pfändungsbeschlusses. [2]Der Pfändungsbeschluss soll dem Korrespondentreeder zugestellt werden; wird der Beschluss diesem vor der Eintragung zugestellt, so gilt die Pfändung ihm gegenüber mit der Zustellung als bewirkt.

(4) [1]Verwertet wird die gepfändete Schiffspart im Wege der Veräußerung. [2]Dem Antrag auf Anordnung der Veräußerung ist ein Auszug aus dem Schiffsregister beizufügen, der alle das Schiff und die Schiffspart betreffenden Eintragungen enthält; der Auszug darf nicht älter als eine Woche sein.

---

125 BGHZ 58 (Fn. 123) S. 302.
126 *St/J/Brehm* Rn. 52 Fn. 205; aA *Stöber* Rn. 1982; *Tempel* JuS 1967, 77 (persönlicher Schuldner und Grundstückseigentümer; Pfändung daher nur bei Zustellung an beide wirksam).
127 *St/J/Brehm* Rn. 52.
128 BGHZ 58 (Fn. 123) S. 298.
129 BGHZ 58 (Fn. 123) S. 301.
130 *Stöber* Rpfleger 1958, 254.
131 *Stöber* Rn. 1988.
132 *St/J/Brehm* Rn. 54.
133 BGH NJW 1991, 305; BGHZ 108, 237, 243 = NJW 1989, 2536.
134 BGH NJW 1991, 1821; BGHZ 106, 375, 378 = NJW 1989, 1349; NJW 1977, 247.
135 BGH NJW 1991, 1197, 1198.
136 BGH NJW-RR 1992, 612, 614.
137 BGH NJW-RR 1994, 847; BGHZ 108 (Fn. 133) S. 244.
138 *Stöber* Rn. 1890.
139 AG Dorsten Rpfleger 1984, 424; aA *Stöber* Rn. 1890a.
140 OLG Frankfurt JurBüro 1985, 790; OLG Hamm ZIP 1983, 806, 807.
141 *Dempewolf* NJW 1959, 558; *Stöber* Rpfleger 1959, 88.
142 OLG Hamburg FGPrax 1999, 6, 7; OLG Schleswig (Fn. 102).
143 *Stachels* JR 1954, 130.
144 *G/S/Müller-Rabe* VV 3309 Rn. 314.

(5) [1]Ergibt der Auszug aus dem Schiffsregister, dass die Schiffspart mit einem Pfandrecht belastet ist, das einem anderen als dem betreibenden Gläubiger zusteht, so ist die Hinterlegung des Erlöses anzuordnen. [2]Der Erlös wird in diesem Fall nach den Vorschriften der §§ 873 bis 882 verteilt; Forderungen, für die ein Pfandrecht an der Schiffspart eingetragen ist, sind nach dem Inhalt des Schiffsregister in den Teilungsplan aufzunehmen.

I. Normzweck

Die Schiffspart ist bewegliches Vermögen, nämlich der Gesellschaftsanteil an einer sog. Parten-Reederei,[1] die dadurch besteht, dass ein mehreren Personen gehörendes Seeschiff gemeinschaftlich zu Erwerbszwecken verwendet wird. § 858 gilt nicht für die Zwangsvollstreckung in eingetragene Binnenschiffe.[2] Sie unterliegen wie eingetragene Seeschiffe der Zwangsvollstreckung in das unbewegliche Vermögen (§§ 870a, 864 Abs. 2).[3] Ein nicht eingetragenes Schiff ist dagegen eine bewegliche Sache (s. § 803 Rn. 2ff.); zur Pfändung eines daran bestehenden Miteigentumsanteils s. § 857 Rn. 8. 1

II. Verfahrensbesonderheiten

1. Pfändung. Zuständig ist nach Abs. 2 ausschließlich das Amtsgericht bei dem das Seeschiffsregister geführt wird (§ 480 HGB, § 4 SchiffsRegO).[4] Die Pfändung wird wirksam mit der vom Gläubiger auf Grund des Pfändungsbeschlusses zu erwirkenden Eintragung in das Schiffsregister (Abs. 3 S. 1), nicht durch Zustellung (vgl. auch § 830 Rn. 8). Sie gilt aber gegenüber dem Korrespondentreeder als dem Vertreter der Reederei (§ 492 HGB) schon als bewirkt, wenn ihm der Beschluss vor Eintragung zugestellt wird (S. 2). Vorsorglich sollte dem Korrespondentreeder, allen Mitreedern u. auch dem Schuldner zugestellt werden.[5] Wird das Schiff veräußert, setzt sich das Pfandrecht an dem der Schiffspart entspr. Erlösanteil fort. Nach hM erfasst es auch den Gewinnanteil,[6] der aber auch gesondert pfändbar ist (§§ 829ff.) und vorsorglich ausdrücklich mitgepfändet werden sollte; insow. ist der Korrespondentreeder, wenn nicht vorhanden, sind die Mitreeder Drittschuldner (§ 829 Abs. 3). 2

2. Verwertung. Eine Überweisung der Schiffspart ist ausgeschlossen. Die Verwertung erfolgt durch Veräußerung (Abs. 4 S. 1)[7] oder durch Verwaltung.[8] Damit bestehende Pfandrechte berücksichtigt werden können, ist dem Antrag der zeitnahe Registerauszug beizufügen (S. 2). Str. ist, ob Bezugnahme auf das Register genügt, wenn Vollstreckungs- und Registergericht identisch ist (entspr. § 17 Abs. 2 ZVG).[9] Ergeben sich aus dem Auszug Pfandrechte Dritter, ist der Erlös zu hinterlegen (Abs. 5 S. 1) und ein Verteilungsverfahren durchzuführen, bei dem abw. v. § 874 Abs. 3 auch noch nicht berechnete Forderungen (§ 873) anhand des Schiffsregisters berücksichtigt werden (S. 2). 3

III. Gebühren und Kosten

1. Rechtsanwaltsgebühren. Der Anwalt erhält die Vollstreckungsgebühr von 0,3 gemäß Nr. 3309 VV RVG. Zu den Gebühren im Verteilungsverfahren vgl. § 872 Rn. 10. 4

2. Gerichtskosten. Es wird eine Festgebühr von 15 Euro nach KV Nr. 2111 erhoben. Zu mehreren Verfahren s. dort. 5

859 *Pfändung von Gesamthandanteilen*

(1) [1]Der Anteil eines Gesellschafters an dem Gesellschaftsvermögen einer nach § 705 des Bürgerlichen Gesetzbuchs eingegangenen Gesellschaft ist der Pfändung unterworfen. [2]Der Anteil eines Gesellschafters an den einzelnen zu dem Gesellschaftsvermögen gehörenden Gegenständen ist der Pfändung nicht unterworfen.

(2) Die gleichen Vorschriften gelten für den Anteil eines Miterben an dem Nachlass und an den einzelnen Nachlassgegenständen.

I. Normzweck

Abs. 1 eröffnet dem **Gläubiger eines Gesellschafters** entgegen §§ 851, 857 den Zugriff auf den nach der abdingbaren Regelung des § 719 Abs. 1 BGB[1] nicht übertragbaren Anteil am Gesellschaftsvermögen, auch wenn Anteilsübertragung laut Gesellschaftsvertrag von der Zustimmung der übrigen Gesellschafter abhängt.[2] **Gläubiger der Gesellschaft** können unmittelbar in das Gesamthandvermögen vollstrecken; für sie ist eine Anteilspfändung nach hM weitgehend zwecklos, weil ihnen das Kündigungsrecht (§§ 725 BGB, 1

---

[1] MK/*Smid* Rn. 2; *St/J/Brehm* Rn. 2; *Stöber* Rn. 1745; anders: *B/L/H* Rn. 1; *Zö/Stöber* Rn. 1 (Miteigentumsanteil), aber den meint § 474 HGB, nicht § 489 Abs. 1 HGB, vgl. *Stöber* Rn. 1745 Fn. 1.
[2] LG Würzburg JurBüro 1977.
[3] *Stöber* Rn. 1746 Fn. 3.
[4] SchiffsRegO v 26. 5. 1994, BGBl. I S. 1134; Nachw.: *Röder* DGVZ 2002, 17.
[5] *Diepold/Hintzen/Wolf* Muster 155 Rn. 12.
[6] MK/*Smid* Rn. 2; *St/J/Brehm* Rn. 2; *Stöber* Rn. 1750.
[7] Gerichtsvollzieher (§§ 844, 814).
[8] MK/*Smid* Rn. 6; aA *Schuschke/Walker* Rn. 3 (mangels Mitpfändung der Gewinnansprüche).
[9] Bejahend: *St/J/Brehm* Rn. 6; MK/*Smid* Rn. 6; aA *Zö/Stöber* Rn. 4 (eindeutige gesetzliche Regelung).
[1] BGHZ 97, 392, 394 = NJW 1986, 1991; OLG Köln NJW-RR 1994, 1517, 1518.
[2] OLG Köln (Fn. 1).

135 HGB) nicht zusteht.[3] Abs. 2 erstreckt die Regelung auf den ebenfalls gesamthänderisch gebundenen **Miterbenanteil** (§ 2032 Abs. 1 BGB).

II. Pfändung von Gesellschaftsanteilen

2 **1. Gesellschaft bürgerlichen Rechts** (GbR, §§ 705 ff. BGB).[4]

a) Anteil des Gesellschafters. Gepfändet wird aus heutiger Sicht die Mitgliedschaft als Inbegriff aller Rechte u. Pflichten aus dem Gesellschaftsverhältnis,[5] nicht das „Wertrecht", das die zum Gesellschaftsanteil gehörenden Vermögensrechte repräsentiert,[6] so dass der Gläubiger insbes. auf den Gewinnanspruch (§§ 721, 722 BGB) und auf das Guthaben bei Auflösung der Gesellschaft zugreifen kann (§ 717 S. 2 BGB).

3 **aa) Verfahren.** Der Pfändungsbeschluss (§§ 857, 829) muss deutlich machen, dass der Anteil des Gesellschafters gepfändet wird und nicht Einzelansprüche (s. dazu Rn. 6). **Drittschuldner** ist die Gesellschaft als Gesamthand.[7] Sie muss identifizierbar bezeichnet sein.[8] Die Angabe sämtlicher Gesellschafter ist dafür nicht erforderlich.[9] Es ist auch unschädlich, wenn sich die Gesellschaft in Auflösung befindet oder schon ein Abfindungsguthaben vereinbart war,[10] sofern der Vorgang noch nicht abgeschlossen ist.[11] **Zustellung** erfolgt gemäß § 170 Abs. 1 S. 1 an den gesetzlichen Vertreter (§§ 709 Abs. 1, 714 BGB), bei mehreren gesetzlichen Vertretern genügt die Zustellung an einen von ihnen (§ 170 Abs. 3).[12]

4 **bb) Wirkung.** Die Pfändung erfasst die Gesamtheit der pfändbaren Gesellschafterrechte des Schuldners, insbesondere den Gewinn- und den Auseinandersetzungsanspruch, nicht aber Auskunfts- und Verwaltungsrechte (Stimmrecht, Widerspruchs- und Kontrollrechte).[13] Das Pfandrecht erstreckt sich auch nicht auf die einzelnen Gegenstände des Gesellschaftsvermögens. Die Gesellschafter sind nicht gehindert, über sie zu verfügen.[14] Die Pfändung kann daher nicht in das Grundbuch eingetragen werden,[15] eine Verfügung des Schuldners kann aber nach AnfG anfechtbar sein.[16] Solange die Gesellschaft besteht, wenn auch nur in Liquidation,[17] kann der Gläubiger nur den Gewinnanteil geltend machen (§ 725 Abs. 2 BGB) oder – schon auf Grund der Pfändung[18] – die Gesellschaft fristlos kündigen,[19] vorausgesetzt, dass der Schuldtitel nicht nur vorläufig vollstreckbar ist (§ 725 Abs. 1 BGB). Auch unanfechtbare, aber auflösend bedingte Endurteile sind nur „vorläufig vollstreckbar".[20] Ein Arrest (§ 922) scheidet aus Vollstreckungstitel aus, weil er nicht zur Verwertung berechtigt. Die Kündigung ist gegenüber sämtlichen Gesellschaftern auszusprechen. Ist sie einem gegenüber erklärt, wird sie wirksam, sobald die Übrigen davon Kenntnis erlangen.[21] Dadurch wird die Gesellschaft sofort aufgelöst, es sei denn, der Gesellschaftsvertrag sieht nur das Ausscheiden des Schuldners vor (§ 736 BGB). Mitgesellschafter können die **Auflösung abwenden,** indem sie den Gläubiger befriedigen (§§ 1249, 1273, 268 BGB).[22] Nach Kündigung und Überweisung des Anteils darf der Gläubiger an Stelle des Schuldners die Auseinandersetzung betreiben.[23] Er kann, wenn sich zB der Gesellschaftszweck im Halten eines Grundstücks erschöpft, Teilungsversteigerung (§ 180 ZVG) verlangen, falls die übrigen Gesellschafter in angemessen kurzer Zeit keine bessere Verwertung anbieten oder sich jeder Auseinandersetzung widersetzen.[24] In diesem Fall muss der Gläubiger nicht erst auf Auseinandersetzung klagen, sondern kann den Antrag nach § 180 ZVG selbst stellen.[25] Der Gläubiger erhält dadurch **keine Auskunfts- und Verwaltungsrechte.** Unübertragbare Mitwirkungsrechte des Schuldners sind daher nicht

---

[3] HM; MK/*Ulmer* § 725 BGB Rn. 13; *Behr* NJW 2000, 1137, 1139.

[4] Zu deren Rechts- und Parteifähigkeit: BGH NJW 2002, 1207; BGHZ 146, 341 = NJW 2001, 1056; *Wertenbruch* NJW 2002, 324.

[5] MK/*Smid* Rn. 4; *Wertenbruch* S. 487 ff.; *Ulmer,* Gesellschaft bürgerlichen Rechts und Partnerschaftsgesellschaft, 3. Aufl. 1997 § 725 Rn. 8.

[6] BGH (Fn. 1); *St/J/Brehm* Rn. 3; *Stöber* Rn. 1557; aA *T/P/Hüßtege* Rn. 1; *K. Schmidt* JR 1977, 177 (globale Pfändung der abtretbaren Forderungen aus dem Gesellschaftsverhältnis).

[7] HM; BGH (Fn. 1); *K. Schmidt* (Fn. 6) S. 179; aA *B/L/H* Rn. 2; *St/J/Brehm* (Fn. 6): die von der Pfändung betroffenen Mitgesellschafter; krit. auch: *Stöber* Rn. 1557.

[8] BGH MDR 1961, 408.

[9] AA *Smid* JuS 1988, 613.

[10] BGH NJW 1972, 259.

[11] OLG Frankfurt JurBüro 1977, 103.

[12] BGH NJW 2007, 995, 996; 2006, 2191, 2192; 2006, 2189; *Wertenbruch* (Fn. 4), S. 326.

[13] BGHZ 116, 222, 229 = NJW 1992, 830.

[14] BayObLGZ 1990, 306, 311 = NJW-RR 1990, 361; OLG Stuttgart OLGR 2000, 151; OLG Hamm OLGZ 1987, 175 = NJW-RR 1987, 723; OLG Zweibrücken OLGZ 1982, 406 = Rpfleger 1982, 413; einschränkend: *Rupp/Fleischmann* Rpfleger 1984, 223 (wenn freie Übertragbarkeit des Anteils vereinbart ist, Gleichstellung mit Erbengemeinschaft).

[15] OLG Stuttgart (Fn. 14); OLG Hamm (Fn. 14); OLG Zweibrücken (Fn. 14); aA *Hintzen* Rpfleger 1992, 262.

[16] BGH (Fn. 13) S. 226; *Gerhardt* JZ 1992, 724.

[17] *St/J/Brehm* Rn. 4.

[18] HM; MK/*Smid* Rn. 10; *St/J/Brehm* Rn. 5; aA *Stöber* Rn. 1567 (Unterschied zu § 135 HGB nicht gerechtfertigt).

[19] BGH (Fn. 1); OLG Hamm (Fn. 14); OLG Zweibrücken (Fn. 14); LG Hamburg MDR 1982, 1028.

[20] LG Lübeck NJW-RR 1986, 836.

[21] BGH (Fn. 1).

[22] *Zö/Stöber* Rn. 4.

[23] BGH (Fn. 13); LG Hamburg Rpfleger 2002, 532 = ZMR 2002, 625 m. Anm *Schmidt; T/P/Hüßtege* Rn. 4; *Stöber* Rn. 1571; *Gerhardt* JZ 1992, 724, 725.

[24] BGH (Fn. 13) S. 228.

[25] LG Hamburg (Fn. 23): Aufgabe von Rpfleger 1989, 519 u. 1983, 35; LG Konstanz NJW-RR 1987, 1023; *Stöber* Rn. 1572; *Hintzen* (Fn. 15) S. 264; aA *St/J/Brehm* Rn. 7; *Mümmler* JurBüro 1990, 308, 310.

betroffen.[26] Ist der Gläubiger außerstande, allein auf Grund der Auskünfte des Schuldners (§ 836 Abs. 3 S. 1), ohne Mithilfe der anderen Gesellschafter, eine der sachlichen Rechtslage entspr. Auseinandersetzung zu fordern, kann er gegen die Gesellschafter **Klage auf Durchführung der Auseinandersetzung** erheben,[27] bei schuldhafter Verzögerung vom Schuldner auch **Schadenersatz** verlangen und dessen Ansprüche gegen die Mitgesellschafter pfänden.[28] Das Pfandrecht am Anteil erstreckt sich auf das gesamte Auseinandersetzungsguthaben, auch auf einen evtl. Abfindungsanspruch.[29]

cc) Verwertung. Die **Überweisung zur Einziehung** (§ 835) ist Voraussetzung für das Verlangen nach Durchführung der Auseinandersetzung und für die Auszahlung des Gewinnanteils und des Auseinandersetzungsguthabens. **Veräußerung des Anteils** kann ausnahmsweise angeordnet werden (§§ 857 Abs. 5, 844), wenn er entgegen § 719 Abs. 1 BGB vereinbarungsgemäß frei übertragbar ist.[30] 5

b) Einzelansprüche. Die Ansprüche auf den **Gewinnanteil** (§ 721 BGB) und auf das künftige **Auseinandersetzungsguthaben** (§§ 730 ff. BGB) sind übertragbar (§ 717 S. 2 BGB), daher **selbständig pfändbar** (§ 829). Bereits die Pfändung des künftigen Auseinandersetzungsguthabens, nicht erst die Überweisung, soll auch das Recht umfassen, die Auseinandersetzung durch Kündigung herbeizuführen.[31] Für den **Rang** ist es gleichgültig, ob Pfandrechte durch Pfändung des Anteils oder von Einzelansprüchen entstehen. Weil die Pfändung des Gesellschaftsanteils sofort wirksam wird, geht sie aber der Pfändung des erst künftigen, mithin auch noch nicht als Anwartschaftsrecht bestehenden,[32] Anspruchs auf das Auseinandersetzungsguthaben in der Weise vor, dass jener mit dem Pfändungspfandrecht belastet entsteht.[33] Beim **Aufwendungsersatzanspruch** des Schuldners kommt Pfändungsschutz in Betracht (s. § 850 Rn. 5 und 9). 6

c) Innengesellschaft. Bei dieser Sonderform der GbR durch Beteiligung an einem nichtkaufmännischen Unternehmen tritt nach außen nur ein Gesellschafter als Einzelperson auf. Es besteht kein Gesamthandvermögen,[34] sondern nur ein schuldrechtlicher Anspruch des „stillen" gegen den tätigen Gesellschafter, so gestellt zu werden, als ob er gesamthänderisch beteiligt wäre.[35] **Pfändbar** (§ 829) sind daher **nur Einzelansprüche:** der Gewinnanteil und das künftige Auseinandersetzungsguthaben, s. o. Rn. 6. Die Auseinandersetzung führt regelmäßig zum Geldabfindungsanspruch,[36] an dem sich das Pfandrecht fortsetzt. Zur kaufmännischen stillen Gesellschaft s. u. Rn. 10. 7

2. Offene Handelsgesellschaft (OHG, §§ 105 ff. HGB). Die Ausführungen zur GbR (s. o. Rn. 2 ff.) gelten weitgehend auch hier (§ 105 Abs. 2 HGB). **Abweichend** geregelt ist nicht die Pfändung, sondern nur das **Kündigungsrecht** in § 135 HGB. Wg. dessen Wortlaut wird empfohlen, sowohl den Anteil (§ 859) als auch das Auseinandersetzungsguthaben (§§ 717 S. 2 BGB, 135 HGB) zu pfänden,[37] wenn auch die Anteilspfändung, wie bei der GbR, bereits die des Guthabens umfasst.[38] Kündigungsbefugt sind **nur Privatgläubiger,** s. Rn. 1. Der Anspruch darf also nicht aus dem Gesellschaftsverhältnis herrühren, auch nicht aus § 128 HGB; wohl aus Prozesskosten, wenn Gesellschaftsansprüche im Streit waren.[39] Der Titel darf wie bei § 725 BGB nicht nur vorläufig vollstreckbar sein, s. o. Rn. 4. Außer der **Pfändung** (§ 829) muss vor Kündigung auch die **Überweisung** (§ 835) des Rechts erfolgen. Schließlich muss die Zwangsvollstreckung in das sonstige bewegliche Vermögen des Schuldners innerhalb der letzten sechs Monate vor Zustellung des Pfändungs- und Überweisungsbeschlusses durch irgendeinen Gläubiger nicht zur vollständigen Befriedigung geführt haben.[40] Die Reihenfolge des Eintritts der Voraussetzungen ist entgegen dem Wortlaut gleichgültig.[41] Sind sie erfüllt, kann der Gläubiger die Gesellschaft sechs Monate vor Ende des Geschäftsjahres zu diesem Zeitpunkt kündigen; Adressaten sind alle Gesellschafter. 8

3. Kommanditgesellschaft (KG, §§ 161 ff. HGB). Die Ausführungen zur OHG gelten entspr. (§ 161 Abs. 2 HGB), gleich, ob in den Anteil des Komplementärs oder des Kommanditisten vollstreckt wird.[42] ImmobilienKG: ein auf ein bestimmtes Projekt bezogener geschlossener Immobilienfonds, s. § 821 Rn. 3.[43] 9

---

[26] BGH (Fn. 13); aA RGZ 95, 231, 232 ff.

[27] *Schmidt* (Fn. 23); *Behr* NJW 2000, 1137, 1140: Klage auf Abgabe der Willenserklärung auf Zustimmung z. Auseinandersetzungsvertrag; ggfs. aktive Vornahme der Auseinandersetzung nach § 888.

[28] MK/*Smid* Rn. 12; *St/J/Brehm* (Fn. 26).

[29] BGH LM Nr. 5 = Rpfleger 1972, 91.

[30] BGH WM 1961, 303; MK/*Smid* Rn. 13; *St/J/Brehm* Rn. 8; *Stöber* Rn. 1573, anders Rn. 1575 (höchstpersönliches Recht, wenn Schuldner ermächtigt ist, Gesellschaftsvertrag mit Abtretung zu ändern).

[31] *St/J/Brehm* Rn. 9; *Stöber* Rn. 1576; *K. Schmidt* JR 1977, 177, 181; aA (mE zutreffend): *Smid* JuS 1988, 613, 615 (erst nach Überweisung).

[32] *Müller* ZIP 1994, 342.

[33] OLG Köln (Fn. 1): GbR; BGHZ 105, 206 = NJW 1989, 458 (GmbH-Abfindungsanspruch); BGH NJW-RR 1987, 989 (KG); *Wertenbruch* S. 638.

[34] BGH (Fn. 13) S. 227; zT abw. *K. Schmidt* JuS 1988, 444 (Verfassung der Gesellschaft entscheidend).

[35] BGH WM 1973, 296.

[36] BGH (Fn. 13); BGH NJW 1983, 2375.

[37] *St/J/Brehm* Rn. 12; *Zö/Stöber* Rn. 7.

[38] *Baumbach/Hopt* § 135 Rn. 7.

[39] BGH DB 1978, 1395 = WM 1978, 675.

[40] *Baumbach/Hopt* § 135 Rn. 6.

[41] BGH NJW 1982, 2773; OLG Düsseldorf DB 1981, 2600 = ZIP 1981, 1210.

[42] *Schuschke/Walker* Rn. 11.

[43] *Claussen/Erne* Bank- und Börsenrecht 2. Aufl. 2000 § 9 Rn. 194 a; *Kaiser* InVo 2001, 46 f.

10 **4. Stille Gesellschaft** (§ 230 HGB). Sie entsteht durch stille Beteiligung an dem Handelsgewerbe eines anderen. Pfändbar (§ 829) sind die Gewinnansprüche, wodurch der Drittschuldner verpflichtet wird, deren Höhe mitzuteilen,[44] und das künftige Auseinandersetzungsguthaben, was die Auflösung der Gesellschaft nach §§ 135, 234 HGB erfordert. Zur **nichtkaufmännischen Innengesellschaft** s. o. Rn. 7.

11 **5. Partnerschaftsgesellschaft.** Sie ist eine nur Angehörigen freier Berufe zugängliche rechtsfähige Personengesellschaft mit Gesamthandeigentum,[45] für die weitgehend §§ 705 ff. BGB (§ 1 Abs. 4 PartGG) und teilweise §§ 105 ff. HGB gelten, vgl. auch PRV. Drittschuldner ist auch hier die Gesamthand. Zustellung an den geschäftsführenden Partner genügt, s. o. Rn. 3. Kündigung: § 135 HGB, sie bewirkt nur das Ausscheiden des Schuldners (§ 9 PartGG).

12 **6. Europäische wirtschaftliche Interessenvereinigung (EWIV).**[46] Für die supranationale Gesellschaftsform zur Erleichterung grenzüberschreitender Zusammenarbeit von Unternehmen und Angehörigen freier Berufe in der EG gilt weitgehend OHG-Recht (§ 1 EWIV-AG). Die Geschäftsführung obliegt aber nicht den Gesellschaftern, sondern bestellten Geschäftsführern (Art. 19 EWG-VO). Drittschuldner ist die Gesamthand; Zustellung erfolgt an einen der Geschäftsführer. Kündigung: § 135 HGB; sie führt nur zum Ausscheiden des Schuldners (§ 9 EWIV-AG).[47]

13 **7. Gesellschaft mit beschränkter Haftung** (GmbH). Pfändung des veräußerlichen Geschäftsanteils (§ 15 GmbHG) – auch des verpfändeten durch Pfandgläubiger[48] – erfolgt nach §§ 857, 829 auch bei der Einpersonen-GmbH[49] und Vorgesellschaft;[50] nicht aber bei Vorgründungsgesellschaft,[51] die idR GbR ist (s. o. Rn. 2). Pfändbarkeit besteht auch dann, wenn die GmbH einer Übertragung zustimmen müsste.[52] Pfändung kann durch Satzung weder ausgeschlossen noch erschwert werden.[53] Regelung über Einziehung des Geschäftsanteils (§ 34 GmbHG) ist nur wirksam bei gleichwertigem Entgelt.[54] Wird die Abfindung aber durch Satzung „in allen Fällen" auf den Buchwert statt den Verkehrswert beschränkt, gilt die Beschränkung auch gegenüber dem Pfändungsgläubiger.[55] Zur Pfändung der **Einlageforderung** (§ 19 GmbHG), des **Erstattungsanspruchs** (§ 31 GmbHG) u. des Anspruchs aus **Unterbilanzhaftung** s. § 851 Rn. 6.

14 **a) Verfahren und Wirkung.** Die Gesellschaft ist Drittschuldner,[56] auch wenn der Schuldner alle Anteile hält.[57] Das Verfügungsverbot hindert den Schuldner nicht, seinen Anteil zu veräußern, weil das Pfandrecht daran bestehen bleibt,[58] auch nicht, sein Stimmrecht auszuüben.[59] Hängt die Einziehung von seiner Zustimmung ab, darf er sie nicht gegen den Willen des Gläubigers erteilen.[60] Pfändung erfasst alle vermögensrechtlichen Ansprüche aus dem Gesellschaftsverhältnis, einschließlich der Surrogate des Anteils wie den **Abfindungsanspruch** bei Austritt oder Ausschluss und das **Auseinandersetzungsguthaben,** s. Rn. 16.[61]

15 **b) Verwertung.** Sie erfolgt regelmäßig nach §§ 844, 857 Abs. 5 **durch Veräußerung** (s. a. § 844 Rn. 5).[62] Überweisung an Zahlungs statt scheidet aus, weil der Anteil keinen objektiven Nennwert hat,[63] die zur Einziehung ist regelmäßig unzulässig,[64] weil keine den §§ 725 BGB, 135 HGB entspr. Kündigungsmöglichkeit besteht, es sei denn, dass der Gesellschaftsvertrag sie bei Pfändung vorsieht (§ 60 Abs. 2 GmbHG).[65] Gesellschaftsvertragliche Beschränkungen gelten nicht,[66] erst recht nicht eine Satzungsänderung nach Pfändung.[67] Formzwang (§ 15 Abs. 3 GmbHG) gilt nur bei freihändigem Verkauf.[68]

---

[44] BGH NJW 1976, 189.

[45] *K. Schmidt* NJW 1995, 1 ff.; *Hornung* Rpfleger 1995, 481 ff.; *Schaub* NJW 1996, 625 ff. (zur PRV).

[46] *Baumbach/Hopt* Anh. § 160; *Gloria/Karbowski* WM 1990, 1313; *Zuck* NJW 1990, 954 (Zusammenarbeit von Anwälten).

[47] *Baumbach/Hopt* Anh. § 160 Rn. 49, 53.

[48] *Reymann* DNotZ 2005, 425, 450.

[49] Gleich bedeutend: Ein-Mann-GmbH, dh. es ist nur ein Gesellschafter vorhanden; *Baumbach/Hueck* § 1 Rn. 48 ff.

[50] Zwischen Errichtung durch Gesellschaftsvertrag und Eintragung: BGHZ 80, 129, 132 = NJW 1981, 1373; *Baumbach/Hueck* § 11 Rn. 3 ff.; *St/J/Brehm* Rn. 26 (§ 15 GmbHG gilt noch nicht für Vorgesellschaft, der nicht übertragbare Anteil ist aber bereits pfändbar).

[51] Vor Abschluss des notariellen Gesellschaftsvertrages: BGH GmbHR 1998, 633; BGHZ 91, 151 = NJW 1984, 2164; *Baumbach/Hueck* § 11 Rn. 32 ff.

[52] RGZ 142, 373, 375.

[53] BGHZ 65, 22, 24 f. = NJW 1975, 1835.

[54] BGH (Fn. 53).

[55] BGH ZIP 2002, 258, 259; BGHZ 116, 359, 365 = NJW 1992, 892.

[56] HM; *Baumbach/Hueck* § 11 Rn. 59 m. weit. Nachw.; aA *Schuler* NJW 1961, 2281; 1960, 1423 (drittschuldnerloses Recht: § 857 Abs. 2).

[57] *St/J/Brehm* Rn. 18.

[58] HM: *Baumbach/Hueck* § 11 Rn. 61; *Ulmer* ZHR 149 (1985), 28, 34 ff.; aA *Heuer* ZIP 1998, 405, 408.

[59] HM *Baumbach/Hueck* § 15 Rn. 61; aA *Heuer* (Fn. 58) S. 410 (nur mit Zustimmung des Gläubigers); s. auch: *Rieder/Ziegler* ZIP 2004, 481 (Auswirkungen auf Strukturmaßnahmen).

[60] *St/J/Brehm* Rn. 22; *Baumbach/Hueck* (Fn. 58).

[61] BGH BB 1972, 10; OLG Hamburg DB 1982, 2344.

[62] *Polzius* DGVZ 1987, 17 ff., 33 ff. (Versteigerung von GmbH-Anteilen).

[63] *Schuschke/Walker* § 857 Rn. 33.

[64] LG Berlin MDR 1987, 592.

[65] *St/J/Brehm* Rn. 20.

[66] *Baumbach/Hueck* § 11 Rn. 62.

[67] LG Gießen MDR 1986, 155.

[68] *Baumbach/Hueck* § 11 Rn. 26.

c) **Einzelansprüche.** Der **Gewinnanspruch** (§ 29 GmbHG) ist selbständig pfändbar (§§ 828ff.). Er wird nach hM nicht ohne weiteres von der Anteilspfändung erfasst,[69] sollte deshalb wie auch etwaige Ansprüche auf Dienstleistungsvergütungen und Aufwendungsersatz vorsorglich mitgepfändet werden.[70] Auch Ansprüche auf das **Auseinandersetzungsguthaben** bei Auflösung der Gesellschaft oder der **Abfindungsanspruch** bei Ausscheiden des Gesellschafters sind als künftige Ansprüche pfändbar. Die Pfändung bleibt aber wirkungslos, wenn der Schuldner seinen Geschäftsanteil abtritt, bevor der Anspruch in seiner Person entstehen kann.[71] Sie ist nachrangig, wenn vor Entstehen des Anspruchs der Geschäftsanteil gepfändet wurde. Die Anteilspfändung geht auch einer früheren Abtretung der erst künftigen Ansprüche vor.[72] Personengebundene Mitgliedschaftsrechte, insbesondere das Stimmrecht des Gesellschafters, sind unpfändbar.[73] 16

8. **Genossenschaft.** Der Geschäftsanteil (§ 7 Nr. 1 GenG) bei den Erwerbs- und Wirtschaftsgenossenschaften (§ 1 GenG) ist nur Rechengröße, kein Wertrecht, daher nicht pfändbar.[74] Nach § 829 pfändbar sind nur **Ansprüche,** die von der Mitgliedschaft getrennt werden können. Die Genossenschaft ist Drittschuldner; zuzustellen ist dem Vorstand (§§ 24, 26 GenG). Der Anspruch auf **Gewinnauszahlung** (§ 19 GenG) entsteht bedingt und damit bereits pfändbar mit Einzahlung auf den Geschäftsanteil.[75] Soweit er dem Geschäftsguthaben zugeschrieben werden muss (§ 19 Abs. 1 S. 3 GenG), kann er nur mit diesem zusammen gepfändet werden. Die **Pfändung des Geschäftsguthabens** bei Ausscheiden (§ 73 GenG) kann, wenn der Schuldner mehrere Anteile innehat, zwar auf das auf einen entfallende Teilguthaben beschränkt werden,[76] das ist aber oft nicht ratsam.[77] Der Anspruch entsteht durch Auseinandersetzung, wenn der Gläubiger nach dessen Pfändung und Überweisung die Mitgliedschaft des Schuldners gekündigt hat. Der Gläubiger hat zwar, abw. v. §§ 725 BGB, 135 HGB, kein eigenes Kündigungsrecht; er kann aber aufgrund rechtskräftigen Schuldtitels nach dem durch die Novelle 2006 sprachlich neu gefassten § 66 GenG unter den dort genannten weiteren Voraussetzungen das Kündigungsrecht des Schuldners aus § 65 Abs. 1, 2 GenG an dessen Stelle ausüben, nicht jedoch das an subjektive Umstände gebundene außerordentliche Kündigungsrecht des § 65 Abs. 3 GenG.[78] Gleiches gilt, wenn der Schuldner Mitglied einer **Baugenossenschaft** ist, selbst wenn er eine Genossenschaftswohnung bewohnt.[79] Für die Auszahlung bestehen in diesem Fall Sonderregelungen.[80] 17

9. **Aktiengesellschaft** (AG). **Inhaber- und Namensaktien** (§ 10 AktG) werden vom GV gepfändet und verwertet (§§ 808, 821); Gleiches gilt für Zwischenscheine (§ 8 Abs. 4 AktG), für Wandel- und Gewinnschuldverschreibungen (§ 221 AktG) sowie Genuss- und Gewinnanteilscheine. Zwangsvollstreckung in gebundene **(vinkulierte) Namensaktien** (§ 68 Abs. 2 AktG) erfolgt nach § 857. **Vor Eintragung** in das Handelsregister können Anteilsrechte nicht übertragen werden, sie sind daher unpfändbar (§§ 41 Abs. 4 AktG, 851 Abs. 1); möglich ist aber die Pfändung des künftigen oder aufschiebend bedingten Rechts (s. a. § 829 Rn. 6).[81] Ist die **Gesellschaft eingetragen,** sind aber weder Zwischenscheine noch Aktien ausgegeben, wird das Anteilsrecht nach § 857 gepfändet. Das allg. **Bezugsrecht** des Aktionärs wird von der Pfändung der Aktie erfasst, ist aber nicht selbständig pfändbar, auch nicht als künftiges Recht. Der nach Ausübung des Bezugsrechts entstehende persönliche Bezugsanspruch des Aktionärs gegen die Gesellschaft kann nach §§ 847, 857 gepfändet werden.[82] Der Gewinnanteil des Aktionärs (**Dividende**) ist selbständig pfändbar. Der Dividendenschein (Coupon) verbrieft den Anspruch; Pfändung erfolgt daher nach §§ 808, 821. 18

III. Pfändung des Miterbenanteils

Der **Miterbenanteil** an dem gesamten Nachlass, nicht der an den einzelnen Nachlassgegenständen, ist übertragbar (§ 2033 BGB) und damit pfändbar. Pfändung ist erst möglich **ab Eintritt des Erbfalls,** denn vorher besteht eine bloße Aussicht, keine Anwartschaft, auch kein künftiges Recht. Eigengläubiger können auch schon vor Annahme der Erbschaft pfänden; für Nachlassgläubiger (§ 2059 BGB) gilt aber die Sperre der §§ 1958 BGB, 778 Abs. 1. Pfändung ist nur möglich **bis zur Nachlassteilung,** denn danach ist kein Anteil mehr vorhanden.[83] 19

1. **Verfahren.** Pfändung des Anteils erfolgt nach §§ 857, 829, auch wenn Grundstücke zum Nachlass gehören.[84] Der Beschluss muss den Anteil bezeichnen, erkennbare Fehlbezeichnungen (Erbrecht, Recht auf Teilung, Forderung am Nachlass, Auseinandersetzungsguthaben) sind umzudeuten. **Drittschuldner** sind 20

---

69 *Baumbach/Hueck* § 11 Rn. 61; *Noack* DB 1969, 471; aA *Fischer* GmbHR 1961, 22.
70 *St/J/Brehm* Rn. 18.
71 BGHZ 104, 351, 353 = NJW 1989, 458; BGHZ 88, 205, 206 = NJW 1984, 492.
72 BGH (Fn. 71); aA *Marotzke* ZIP 1988, 1509.
73 LG Köln Rpfleger 1989, 511.
74 *Stöber* Rn. 1633; *Wiecz/Sch/Lüke* Rn. 17.
75 LG Düsseldorf NJW 1968, 753; *Stöber* Rn. 1633.
76 *St/J/Brehm* Rn. 19.
77 Eingehend: *Stöber* Rn. 1635.
78 *Schulte* in: *Lang/Weidenmüller* GenG, 35. Aufl. 2006 § 66 GenG, Rn. 1; aA *Beuthien* GenG 14. Aufl. 2004 § 66 Rn. 1.
79 LG Stuttgart JurBüro 2007, 47 (Änderung der bish. Rspr.).
80 Gesetze v. 20. 7. 1933 und 15. 6. 1935 (RGBl. I S. 525 und 745).
81 *St/J/Brehm* Rn. 26.
82 *St/J/Brehm* § 857 Rn. 96; *Stöber* Rn. 1607.
83 Eingehend: *Behr* Rpfleger 2002, 2, 7ff.; 510f.; *Westphal* Rpfleger 2002, 509, 510.
84 BGHZ 52, 99, 105 = NJW 1969, 1347; OLG Köln JMBlNRW 1997, 44; OLG Frankfurt Rpfleger 1979, 205.

die übrigen Miterben,[85] bei Nacherbschaft die Mitnacherben.[86] Drittschuldner müssen namentlich bezeichnet sein. Ist ein Testamentsvollstrecker oder ein Nachlassverwalter bestellt, ist nur er Drittschuldner. Bei Nachlasspflegschaft sollte dem -pfleger und den Miterben zugestellt werden.[87] Bei mehreren Drittschuldnern entscheidet die letzte **Zustellung** (§ 829 Abs. 3).

21 **2. Wirkung.** Der Gläubiger kann auf Grund der Pfändung (§§ 1273 Abs. 2, 1258 BGB, 804 Abs. 2) außer den höchstpersönlichen alle Rechte des Schuldners ausüben: Verwaltungs- und Verfügungsrechte (§§ 2038ff. BGB) sowie die Nebenrechte auf Auskunft und Rechnungslegung (§§ 2027f. BGB). Mitwirkung bei der Auseinandersetzung (§ 2042 BGB) und den Anspruch auf anteiligen Erlös (§ 2047 BGB) kann er bei nicht nur vorläufig vollstreckbarem Titel nach Überweisung zur Einziehung (§ 835) durchsetzen (§§ 2042 Abs. 2, 2044 Abs. 1, 751 S. 2 BGB),[88] auch wenn die Auseinandersetzung nach § 2044 BGB[89] ausgeschlossen oder von einer Kündigungsfrist abhängig ist.[90] Diese Rechte können klarstellend ausdrücklich mitgepfändet werden;[91] das künftige Auseinandersetzungsguthaben ist mangels einer dem § 717 BGB entspr. Vorschrift nicht isoliert pfändbar, zur evtl. Umdeutung s. o. Rn. 20. Die Befugnis des Testamentsvollstreckers, den Nachlass zu verwalten und über einzelne Nachlassgegenstände zu verfügen (§ 2205 BGB), wird durch die Pfändung nicht geschmälert.[92] Der Schuldner oder ein anderer Miterbe können Nachlassforderungen mit dem Ziel der Hinterlegung einziehen (§ 2039 BGB). Ohne Zustimmung des Gläubigers können die Miterben aber weder den Nachlass auseinander setzen (§ 2042 BGB), noch gemeinschaftlich über einzelne Nachlassgegenstände verfügen (§ 2040 Abs. 1 BGB). Gleichwohl getroffene Verfügungen sind dem Gläubiger gegenüber unwirksam (§ 136 BGB). Weil bei Gegenständen, die nach §§ 873, 929 oder 1154 BGB übertragen werden, gutgläubiger lastenfreier Erwerb droht (§§ 878, 892, 936 BGB) und bei Belastung Erwerb des Vorrangs (§§ 1032, 1208 BGB), kann die **Verfügungsbeschränkung** auf Antrag des Gläubigers berichtigend (§§ 13 Abs. 1 S. 2, 22 GBO) im Grundbuch und im Schiffsregister **eingetragen** werden,[93] auch schon bei Vorpfändung (Frist: § 845 Abs. 2).[94] Zur erforderlichen (§ 39 GBO) Voreintragung der Erbengemeinschaft genügt Vorlage des Erbscheins (§ 792) oder des öff. Testaments (§ 2232 BGB) nebst Eröffnungsniederschrift (§ 35 GBO); zum Nachweis der Verfügungsbeschränkung genügt Vorlage des Pfändungsbeschlusses nebst Zustellungsnachweis für Drittschuldner.

22 **3. Verwertung.** Sie kann sowohl gem. §§ 857 Abs. 1, 835 durch **Überweisung zur Einziehung** als auch gem. §§ 857 Abs. 5, 844 durch Anordnung der **Veräußerung** erfolgen. Der Gläubiger kann an Stelle des Schuldners die Auseinandersetzung durch Versilberung des Nachlasses vorbereiten (§§ 2042 Abs. 2, 2046, 753, 1233, 1235, 383 BGB). Bei **Grundstücken** hat er ein eigenes Recht, Teilungsversteigerung zu beantragen (§ 181 ZVG).[95] Die übrigen Miterben können dem im Wege des Zurückbehaltungsrechts nur Ansprüche aus dem Gemeinschaftsverhältnis entgegenhalten (§ 404 BGB), im Fall der Aufrechnung ist § 392 BGB zu beachten.[96] **Bewegliche Sachen** werden durch den GV öff. versteigert (§§ 753, 1233ff., 383 Abs. 3 BGB); die Erben sind ggf. auf Zustimmung zu verklagen.[97] Erfolgt dagegen die Auseinandersetzung in der Weise, dass dem Schuldner **bestimmte Gegenstände** zugeteilt werden, soll sich nach hM das Pfandrecht am Anteil als Surrogat an ihnen fortsetzen; Befriedigung entspr. §§ 847, 848.[98] Das kann so aber nur für Forderungen gelten. An beweglichen Sachen entsteht ein Pfandrecht nur, wenn der Gläubiger zusätzlich die Anordnung nach § 847 erwirkt hat und sie dem GV herausgegeben werden.[99] Bei Grundstücken ist Sequesterbestellung für die Bewilligung der Sicherungshypothek erforderlich (§ 848). Verwertung kann schließlich durch Anordnung der Veräußerung der Erbschaft als Ganzes oder des Miterbenanteils erfolgen (§§ 857, 844).[100] Sie geschieht durch freihändigen Verkauf oder Versteigerung nach ZPO, auch wenn ein Grundstück zum Nachlass gehört nicht nach ZVG, weil der Erbteil und nicht die Immobilie veräußert wird.[101] Ein älteres Vertragspfandrecht am Anteil bleibt auch am Auseinandersetzungserlös vorrangig.[102] Gehört eine (frühere) **Heimstätte** zum Nachlass, ist die Anteilspfändung unwirksam, soweit sie gegen § 20 RHeimstG verstößt.[103] Diese Beschränkung gilt trotz Aufhebung des RHeimstG bis zum 31. 12. 1998 für Forderungen,

---

85 OLG Frankfurt (Fn. 84).
86 *St/J/Brehm* Rn. 28.
87 Vgl. LG Kassel MDR 1997, 1032 m. Anm. *Avenarius*.
88 *St/J/Brehm* Rn. 31.
89 § 2045 BGB hindert auch den Gläubiger.
90 *Stöber* Rn. 1691; aA *B/L/H* Rn. 6 (vorläufig vollstreckbarer Titel genügt).
91 *Behr* JurBüro 1995, 233.
92 BayObLGZ 1982, 459 = Rpfleger 1983, 112 = JurBüro 1984, 277.
93 OLG Frankfurt Rpfleger 1979, 205; obiter: OLG Hamm OLGZ 1987, 175 = NJW 1987, 723.
94 *Stöber* Rn. 1682.
95 BGH NJW-RR 1999, 504 = WuB VI F. § 181 ZVG 1.99 (*Muth*).
96 BGH (Fn. 95).
97 *Behr* (Fn. 91) S. 234f.
98 BGH NJW 1972, 1045; BGH (Fn. 84); BayObLG (Fn. 92); OLG Karlsruhe FamRZ 1986, 378, 379; *Liermann* NJW 1962, 2189; *Ripfel* NJW 1958, 692; aA *Zö/Stöber* Rn. 17; *Stöber* Rn. 1692f. (nur Anspruch auf Bestellung eines Pfandrechts).
99 *T/P/Hüßtege* Rn. 10; *St/J/Brehm* Rn. 32; *Liermann* (Fn. 98).
100 *B/L/H* Rn. 9.
101 OLG Frankfurt JR 1954, 183; *Eickmann* DGVZ 1984, 65.
102 BGH (Fn. 84); aA *Lehmann* NJW 1971, 1545.
103 OLG Frankfurt DNotZ 1959, 474; OLG Köln NJW 1957, 834; *Hornung* Rpfleger 1967, 220.

die bereits am 1. 10. 1993 bestanden haben, wenn der Eigentümer nicht auf die Anwendung verzichtet hat (Art. 6 § 1 G v. 17. 6. 1993).[104]

860

Pfändung von Gesamtgutanteilen **(1) [1]Bei dem Güterstand der Gütergemeinschaft ist der Anteil eines Ehegatten an dem Gesamtgut und an den einzelnen dazu gehörenden Gegenständen der Pfändung nicht unterworfen. [2]Das Gleiche gilt bei der fortgesetzten Gütergemeinschaft von den Anteilen des überlebenden Ehegatten und der Abkömmlinge.**

(2) Nach der Beendigung der Gemeinschaft ist der Anteil an dem Gesamtgut zugunsten der Gläubiger des Anteilsberechtigten der Pfändung unterworfen.

I. Normzweck

Gläubiger des/der verwaltenden Ehegatten können in das Gesamtgut vollstrecken (§§ 740, 745 Abs. 1). Die anderen trifft Abs. 1, der § 851 Abs. 1 entspricht: Die unübertragbaren Anteile (§§ 1419, 1487 BGB) sind unpfändbar. Abs. 2 macht eine Ausnahme vom Pfändungsverbot, um eine Benachteiligung der Gläubiger zu vermeiden, deren Forderungen erst nach Beendigung der Gemeinschaft entstanden sind und die keinen Titel gegen beide Ehegatten haben (vgl. § 743). Auf die Eigentums- und Vermögensgemeinschaft nach §§ 13–16 FGB (DDR) ist § 860 entsprechend anzuwenden (§ 744 a).[1] 1

II. Voraussetzungen und Wirkungen

1. Abs. 1. Das Verbot schließt nicht nur die Pfändung während bestehender Gemeinschaft aus, sondern auch die aufschiebend bedingte Pfändung für den Fall der Beendigung der Gemeinschaft (arg. Abs. 2). Ausgeschlossen ist auch die des Anspruchs auf Aufhebung der Gütergemeinschaft,[2] weil dessen Geltendmachung höchstpersönliche Entscheidung der Ehegatten[3] und dadurch unlösbar mit dem Anteil verbunden ist.[4] Unpfändbar ist nach hM auch das künftige Auseinandersetzungsguthaben.[5] Eine verbotswidrige Pfändung ist nichtig.[6] 2

2. Abs. 2. Ab Beendigung der Gemeinschaft durch Ehevertrag, Eheauflösung, Tod des überlebenden Ehegatten (§ 1494 BGB) oder Aufhebungsurteil (§§ 1447–1449, 1496 f. BGB) sind die nach wie vor unübertragbaren Anteile am Gesamtgut pfändbar, s. Rn. 1. Drittschuldner sind die übrigen Mitglieder der beendeten Gemeinschaft. Die Anteilspfändung kann berichtigend im Grundbuch eingetragen werden, s. § 859 Rn. 21. Die Pfändung berechtigt den Gläubiger, beim Nachlassgericht Vermittlung der Auseinandersetzung (§§ 1471 ff., 1497 BGB) zu beantragen (§§ 86 Abs. 2, 99 FGG).[7] Verwertung erfolgt durch Überweisung zur Einziehung (§§ 857 Abs. 1, 835); Veräußerung (§ 844) ist wg. §§ 1471 Abs. 2, 1419 BGB unzulässig.[8] 3

861 und 862

(weggefallen)

863

Pfändungsbeschränkungen bei Erbschaftsnutzungen **(1) [1]Ist der Schuldner als Erbe nach § 2338 des Bürgerlichen Gesetzbuchs durch die Einsetzung eines Nacherben beschränkt, so sind die Nutzungen der Erbschaft der Pfändung nicht unterworfen, soweit sie zur Erfüllung der dem Schuldner seinem Ehegatten, seinem früheren Ehegatten, seinem Lebenspartner, einem früheren Lebenspartner oder seinen Verwandten gegenüber gesetzlich obliegenden Unterhaltspflicht und zur Bestreitung seines standesmäßigen Unterhalts erforderlich sind. [2]Das Gleiche gilt, wenn der Schuldner nach § 2338 des Bürgerlichen Gesetzbuchs durch die Ernennung eines Testamentsvollstreckers beschränkt ist, für seinen Anspruch auf den jährlichen Reinertrag.**

(2) Die Pfändung ist unbeschränkt zulässig, wenn der Anspruch eines Nachlassgläubigers oder ein auch dem Nacherben oder dem Testamentsvollstrecker gegenüber wirksames Recht geltend gemacht wird.

(3) Diese Vorschriften gelten entsprechend, wenn der Anteil eines Abkömmlings an dem Gesamtgut der fortgesetzten Gütergemeinschaft nach § 1513 Abs. 2 des Bürgerlichen Gesetzbuchs einer Beschränkung der im Absatz 1 bezeichneten Art unterliegt.

Ist ein Vorerbe alleiniger Erbe, können Gläubiger nach §§ 778 ff. vollstrecken; ist er Miterbe, gilt § 859 Abs. 2. Nach **Abs. 1** werden Erbschaftsnutzungen geschützt, wenn der Erbe Pflichtteilsberechtigter ist, der wg. Verschwendung oder Überschuldung durch Nacherbschaft (S. 1) oder Testamentsvollstreckung (S. 2) 1

---

[104] BGBl. 1993 I S. 912.
[1] *Arnold* DtZ 1991, 80, 85 (zum Auseinandersetzungsverfahren).
[2] Vgl. §§ 1447, 1448, 1469, 1495 BGB.
[3] MK/*Smid* Rn. 2.
[4] LG Frankenthal Rpfleger 1981, 241.
[5] *St/J/Brehm* Rn. 1; *Stöber* Rn. 1639; aA MK/*Smid* Rn. 1; wohl auch BGH MDR 1966, 750 (Abtretbarkeit bejaht).
[6] *Schuschke/Walker* Rn. 3.
[7] HM; MK/*Smid* Rn. 3; *B/L/H* Rn. 3; aA *Schuschke/Walker* Rn. 5 (nur Anspruch gg Schuldner; ggf. § 888).
[8] MK/*Smid* Rn. 4; *St/J/Brehm* Rn. 3; *Stöber* Rn. 1643.

in guter Absicht beschränkt wurde (§ 2338 BGB). Dieser Grund muss in der Verfügung von Todes wegen, wenn auch nicht ausdrücklich, angegeben sein.[1] Standesgemäß bedeutet angemessen (§ 1610 Abs. 1 BGB); bei gesetzlichen Unterhaltsgläubigern mithin im Rahmen von § 850d, s. dort Rn. 5ff.[2] Nach **Abs. 2** gelten die Beschränkungen nicht für Nachlassgläubiger (§§ 1967–1969 BGB) und für Gläubiger, die ihre Forderungen auch gegenüber Nacherben (§ 326 Abs. 2) oder Testamentsvollstrecker (§§ 2213 BGB, 327) geltend machen können. Die **Pfändungsbeschränkungen treffen** daher regelmäßig nur **persönliche Gläubiger.** § 863 gilt nach **Abs. 3** entspr., wenn der Anteil am Gesamtgut in guter Absicht beschränkt wurde. § 863 ist **von Amts wegen** zu beachten. Schuldner und Testamentsvollstrecker[3] können die Pfändungsbeschränkungen nach **§ 766** geltend machen; **Beweislast:** Erinnerungsführer. Abs. 1 geändert durch G v. 22. 2. 2001 (BGBl. I S. 266).

Titel 2. Zwangsvollstreckung in das unbewegliche Vermögen

864 *Gegenstand der Immobiliarvollstreckung* **(1) Der Zwangsvollstreckung in das unbewegliche Vermögen unterliegen außer den Grundstücken die Berechtigungen, für welche die sich auf Grundstücke beziehenden Vorschriften gelten, die im Schiffsregister eingetragenen Schiffe und die Schiffsbauwerke, die im Schiffsbauregister eingetragen sind oder in dieses Register eingetragen werden können.**

(2) Die Zwangsvollstreckung in den Bruchteil eines Grundstücks, einer Berechtigung der im Absatz 1 bezeichneten Art oder eines Schiffes oder Schiffsbauwerks ist nur zulässig, wenn der Bruchteil in dem Anteil eines Miteigentümers besteht oder wenn sich der Anspruch des Gläubigers auf ein Recht gründet, mit dem der Bruchteil als solcher belastet ist.

I. Normzweck

1 **Allgemeines:** Abs. 1 und § 865 bestimmen, welche Gegenstände unabhängig von ihrer materiellrechtlichen Zuordnung nach §§ 808ff., 829ff. gepfändet werden und für welche § 866 gilt.[1] Miteigentumsanteile an einem Grundstück unterliegen nicht der Rechtspfändung (§ 857), weil bei einer Verwertung nach §§ 835, 844 Abs. 1 Belastungen des Anteils untergehen würden. Abs. 2 regelt die selbständige Vollstreckung in Bruchteil oder Berechtigung. Zum abw. Begriff „unbeweglich" in § 24, s. dort Rn. 2. **Anwendungsbereich:** Aus §§ 864–871 ergeben sich nur die Grundsätze der Vollstreckung wg. Geldforderungen in das Immobiliarvermögen.[2] ZwVerst. und ZwVerw. werden gesondert durch das ZVG geregelt, das als Teil der ZPO gilt (§ 869). Die Regelung der Zwangshypothek (§ 867) wird durch die GBO ergänzt. §§ 864ff. finden **keine Anwendung** auf die Zwangsvollstreckung in **Grundpfandrechte** (Grundschulden, Hypotheken, Reallasten); sie erfolgt nach §§ 830, 857 Abs. 6 ZPO durch Pfändung und Überweisung (s. § 857 Rn. 16ff.; § 830 Rn. 1). **Teilungsversteigerung** zur Aufhebung der Gemeinschaft an einem Grundstück (§§ 180–185 ZVG) ist keine Zwangsvollstreckung. Nur das Verfahren folgt den Regeln der ZwVerst.[3] Zur Pfändung des Anspruchs auf Aufhebung der Gemeinschaft zusammen mit dem künftigen Anspruch auf eine dem Anteil entspr. Teilung und Auskehr des Erlöses s. § 857 Rn. 9.

II. Voraussetzungen der Immobiliarvollstreckung

2 **1. Grundstücke** sowie **gleichgestellte Rechte** und **Sachen (Abs. 1). Selbständiges Grundstück** im Rechtssinne (vgl. § 867 Abs. 2) ist ein begrenzter Teil der Erdoberfläche, der im Grundbuch als rechtliche Einheit auf einem besonderen Blatt (§ 3 Abs. 1 GBO) oder unter einer besonderen Nummer (§ 4 Abs. 1 GBO) eingetragen ist.[4] Unerheblich sind katastermäßige Bezeichnungen mit mehreren Flurstücknummern,[5] wirtschaftliche Nutzung und optischer Eindruck.[6] Bei Vereinigung (§ 890 BGB) oder Zuschreibung (§ 6 GBO) entfällt die Selbständigkeit; zur Auflassungsanwartschaft s. § 848 Rn. 7. **Wesentliche Bestandteile** eines Grundstücks iSd. **§ 93 BGB** sind nicht sonderrechtsfähig. Sie unterliegen mit dem Grundstück der Immobiliarvollstreckung. Werden sie gepfändet, ist die Maßnahme aber nur anfechtbar, nicht nichtig, falls die Bestandteilseigenschaft nicht offensichtlich ist.[7] Eigentumserwerb nach §§ 817, 825 durch Zuweisung des mittelbaren Besitzes und Erteilung der Befugnis, die Sache zu trennen und abzuholen, ist aber ausgeschlossen.[8] Für die begriffliche Abgrenzung ist bei **Sachen** entscheidend, ob der Bestandteil nach Trennung, ggf.

---

[1] OLG Bremen FamRZ 1984, 213 = JurBüro 1983, 1572.
[2] MK/*Smid* Rn. 4; *St/J/Brehm* Rn. 2.
[3] OLG Bremen (Fn. 1).

[1] *St/J/Münzberg* Rn. 1.
[2] *Meier* JuS 1992, 650.
[3] *Lackmann* Rn. 435.
[4] RGZ 84, 265, 270; BayObLGZ 1954, 258, 262.
[5] MK/*Eickmann* Rn. 2; *Zö/Stöber* Rn. 1.
[6] *B/L/H* Rn. 2; *Schuschke/Walker* Rn. 2.
[7] *Brox/Walker* Rn. 207; *Schuschke/Walker* Rn. 8; *Gaul* NJW 1989, 2509, 2514; offen gelassen: BGHZ 104, 298, 302 = NJW 1988, 2789 (Blockhaus mit festem Fundament); aA OLG München MDR 1957, 428; OLG Bamberg JR 1955, 25; RGZ 153, 257, 259; RGZ 135, 197, 206.
[8] BGH (Fn. 7); *Schuschke/Walker* (Fn. 7); krit.: *Gaul* (Fn. 7).

in Verbindung mit einer anderen Sache, noch wie bisher wirtschaftlich genutzt werden kann.[9] Geringe Wertminderungen sind unerheblich.[10] **§ 94 Abs. 1 BGB** erweitert den Begriff auf die mit dem Grund und Boden fest verbundenen Sachen wie Häuser (ausgenommen mobile Fertighäuser),[11] Tief-[12] und Fertiggaragen,[13] auch Mauern und Zäune,[14] ein im Freien anbetoniertes Fertigschwimmbecken.[15] Keine wesentlichen Bestandteile sind aber Baumschulenpflanzen (s. auch § 803 Rn. 3).[16] **§ 94 Abs. 2 BGB** bezieht auch ohne feste Verbindung Bestandteile von Gebäuden ein. Entscheidend ist der Zweck.[17] Wesentliche Bestandteile sind zur Gebäudeherstellung bereits eingefügte Sachen[18] (vorher können sie Zubehör sein)[19] wie Fenster und Türen,[20] Badewannen und Waschbecken, zugeschnittene Teppichböden,[21] besonders angepasste Beleuchtungs-,[22] Be- und Entlüftungs-[23] und Heizungsanlagen,[24] Notstromaggregate,[25] die Maschinenanlage eines Elektrizitätswerks[26] und ein dem Bauwerk angepasster Aufzug im Hotel.[27] **Einbauküchen** rechnen dazu, wenn sie besonders angepasst wurden.[28] Ob i. Ü. heute noch regionale Besonderheiten gelten, ist eher zweifelhaft.[29] Ausstattungen und Einrichtungen wie Maschinen in Fabrikgebäuden sind ggf. Zubehör (s. § 865 Rn. 5f.); hierher zählen sie nur, wenn sie dem Gebäude eine besondere Eigenart geben oder so angepasst sind, dass sie mit ihm eine Einheit bilden.[30] **Rechte,** die mit dem Eigentum an einem Grundstück verbunden sind, gelten als wesentliche Bestandteile (§ 96 BGB), wenn sie nicht vom Eigentum des herrschenden Grundstücks getrennt werden können wie Grunddienstbarkeiten (§ 1018 BGB),[31] zu Gunsten des Grundstückseigentümers bestellte Reallasten (§ 1105 Abs. 2 BGB)[32] und Vorkaufsrechte (§ 1094 Abs. 2 BGB), auch das entspr. Anwartschaftsrecht,[33] Überbau- und Notwegerechte nebst Rentenrecht des Duldungspflichtigen (§§ 912f., 917 BGB), Heimfallansprüche (§§ 3 ErbbauVO, 36 Abs. 1 S. 2 WEG),[34] auch das Jagdrecht (§ 3 BJagdG). **Nicht wesentliche Bestandteile** als Teile einer nach der Verkehrsauffassung einheitlichen Sache, bei denen die zusätzlichen Erfordernisse der §§ 93, 94 BGB nicht vorliegen, die aber zum Haftungsverband des § 1120 BGB gehören,[35] unterliegen auch der Immobiliarvollstreckung.[36] Sie können jedoch bis zur Beschlagnahme gepfändet werden (s. § 865 Rn. 9). **Scheinbestandteile** eines Grundstücks (§ 95 BGB) werden dagegen ausnahmslos als bewegliche Sachen gepfändet (s. § 803 Rn. 3). Für **Zubehör** (§ 97 BGB) gilt § 865 (s. dort Rn. 5f.), für Früchte auf dem Halm § 810 (s. dort Rn. 2ff.).

Neue Länder: Häufig besteht bei ehemals volkseigenen Grundstücken (§ 288 Abs. 4 ZGB-DDR) oder genossenschaftlichen Bodenflächen (§ 292 Abs. 3 ZGB-DDR) noch Immobiliar-Sondereigentum unabhängig vom Grundeigentum. Das ist abw. v. §§ 93, 94 BGB persönliches Eigentum des Nutzungsberechtigten an Gebäuden, Baulichkeiten, Anlagen, Anpflanzungen oder Einrichtungen (Art. 231 § 5 Abs. 1 EGBGB). Es endet mit Grundstücksveräußerung nach dem 31. 12. 1996, es sei denn, dass das Nutzungsrecht oder das selbständige Gebäudeeigentum im Grundbuch des veräußerten Grundstücks eingetragen oder dass dem Erwerber das nicht eingetragene Recht bekannt war (Art. 231 § 5 Abs. 3 EGBGB). Auch bei Belastungen setzt sich seither der öffentliche Glaube des Grundbuchs gegenüber dem Sondereigentum am Gebäude durch (Art. 231 3

---

[9] BGHZ 18, 226, 229 = NJW 1955, 1793; BGHZ 61, 80, 81 = NJW 1973, 1454.
[10] OLG Köln NJW 1991, 2570; Einzelfälle: *Palandt/Heinrichs* § 93 BGB Rn. 5.
[11] AG/LG Bochum DGVZ 1988, 156.
[12] BGH NJW 1982, 756.
[13] BFH NJW 1979, 392; OLG Karlsruhe Justiz 1983, 13 (Holzfertighaus).
[14] LG Hannover NJW-RR 1987, 208.
[15] BGH NJW 1983, 567, 568.
[16] LG Bayreuth DGVZ 1985, 42.
[17] BGHZ 36, 46, 50 = NJW 1962, 149.
[18] *Costede* NJW 1977, 2340.
[19] *St/J/Münzberg* Rn. 6 Fn. 30.
[20] LG Lübeck NJW 1986, 2514.
[21] LG Köln NJW 1979, 1608; LG Frankenthal VersR 1978, 1106; aA LG Oldenburg VersR 1988, 1285.
[22] RGZ 58, 341.
[23] OLG Hamm NJW-RR 1986, 376.
[24] BGH NJW-RR 1990, 158 (einschl. Wärmepumpe); BGHZ 53, 324, 326 = NJW 1970, 895; OLG Koblenz WM 1989, 535.
[25] BGH NJW 1987, 3178.
[26] BayObLG Rpfleger 1999, 86.
[27] RGZ 90, 198, 200.
[28] OLG Zweibrücken NJW-RR 1989, 84; LG Hagen Rpfleger 1999, 341 (Zubehör); ggf. auch Einbaumöbel: OLG Köln NJW-RR 1991, 1077, 1081; *Holch* DGVZ 1998, 65, 68.
[29] *Holch* (Fn. 28); früher bejaht für Norddeutschland: BGH NJW-RR 1990, 587; OLG Celle NJW-RR 1989, 914; anders für West- und Süddeutschland (weder wesentlicher Bestandteil noch Zubehör): OLG Düsseldorf NJW-RR 1994, 1039 m. Anm. *Jaeger* NJW 1995, 432; OLG Hamm NJW-RR 1989, 333; OLG Karlsruhe NJW-RR 1988, 459; vgl. aber auch (fallbezogen zu entscheiden): BGH NJW-RR 1990, 914, 915.
[30] BGH NJW-RR 1990, 586; OLG Köln (Fn. 29); weitere Einzelfälle: *Palandt/Heinrichs* § 93 Rn. 5–8.
[31] BayObLGZ 1990, 124, 127 = NJW-RR 1990, 1044; OLG Köln NJW-RR 1993, 982 (Recht zur Garagenbenutzung auf Nachbargrundstück).
[32] BayObLGZ 1990, 212, 215 (Erbbauzinsreallast).
[33] OLG Köln OLGZ 1968, 453, 455.
[34] BGH ZIP 1980, 654; nicht aber: Brennrecht nach Branntweinmonopol (BGH LM BGB § 96 Nr. 1); schuldrechtliches Rübenlieferungsrecht (BGHZ 111, 110, 113 = NJW 1990, 1723).
[35] Zusätzliche Ölfeuerungsanlage eines Hausgrundstücks (OLG Celle NJW 1958, 632); Kühlanlagen eines Hotelgrundstücks (RG JW 1932, 1200).
[36] MK/*Eickmann* Rn. 9; MK/*Gruber* § 803 Rn. 14; *T/P/Hüßtege* Rn. 2; *St/J/Münzberg* Rn. 10.

§ 5 Abs. 4 EGBGB). Baulichkeiten auf Grundstücken, die Kleingärtnern zur Erholung und Freizeitgestaltung überlassen waren (§§ 312, 313 Abs. 3 ZGB-DDR), sind dagegen bewegliche Sachen (§ 296 Abs. 1 S. 2 ZGB-DDR; Art. 232 § 4 EGBGB), deshalb nach §§ 803ff. pfändbar. Ist ein Gebäude **vor Entstehen der DDR** als Scheinbestandteil auf fremdem Grund und Boden errichtet worden, hat sich das rechtliche Schicksal des Gebäudes weder mit Inkrafttreten des ZGB-DDR noch mit Wiederinkrafttreten des BGB geändert.[37]

4 **Gleichgestellte Rechte.** Das sind Erbbaurecht (§ 11 ErbbauVO), Bergwerkseigentum (§§ 9 Abs. 1, 149, 151 BBergG),[38] Kohleabbau- (§§ 149, 156 BBergG) und sonstige Mineralgewinnungsrechte (Art. 67f. EGBGB), Fischerei- und Realgemeinderechte (Art. 69, 164 EGBGB). Ob **Wohnungs- und Teileigentum** (§ 1 WEG) und entspr. Erbbaurechte (§ 30 WEG) hierher gehören[39] oder zu Abs. 2[40] ist str., aber letztlich ohne Belang;[41] zum Dauerwohnrecht (§ 31 WEG) s. § 857 Rn. 19. Beim Erbbaurecht sind Gebäude, die der Eigentümer errichtet hat, Bestandteil des Grundstücks, die vom Erbbauberechtigten errichteten sind Bestandteil des Rechts bis zu dessen Erlöschen (§ 12 ErbbauVO).[42] **Neue Länder:** Sondereigentum (Gebäudeeigentum) ist gleichgestellt (Art. 233 § 4 Abs. 1 EGBGB)[43]. **Gleichgestellte Sachen** sind Schiffe, Schiffsbauwerke und Luftfahrzeuge (vgl. § 870a).

5 **2. Bruchteile (Abs. 2).** Die Immobiliarvollstreckung darf als selbstständige Vollstreckung in den Bruchteil eines Grundstücks oder einer gleichgestellten Berechtigung durchgeführt werden, wenn der Bruchteil in dem **Anteil eines Miteigentümers** besteht (§§ 741ff., 1008 BGB).[44] Das gilt auch, wenn er erst nach Belastung des Grundstücks mit Grundschuld, Hypothek usw. entstanden ist.[45] Der Anteil muss sich aus dem Grundbuch ergeben (§§ 891 BGB, 47 GBO), sonst ist vorherige Berichtigung erforderlich.[46] Auch das **Wohnungseigentum** zählt hierher, wenn man es nicht unter Abs. 1 rechnet (s. o. Rn. 4). **Unanwendbar** ist Abs. 2 bei Gesamthandsgemeinschaften wie GbR (§ 705 BGB), OHG (§ 105 HGB), KG (§ 161 HGB), nichtrechtsfähigem Verein (§ 54 BGB), Erbengemeinschaft (§ 2032 BGB), ehelicher (§ 1415 BGB) und fortgesetzter Gütergemeinschaft (§ 1483 BGB).[47] Zwangsvollstreckung in Gesamthands- und Gesamtgutsanteile ist ggf. durch Pfändung nach §§ 859, 860 möglich. In eine **Grundstücksteilfläche** (§ 7 GBO) kann nicht selbständig vollstreckt werden.[48] **Neue Länder:** Nach Art. 234 § 4a Abs. 3 EGBGB wird widerleglich vermutet, dass ursprünglich gemeinschaftliches Eigentum von Ehegatten hälftiges Bruchteilseigentum ist.[49] Bei fortgesetzter Eigentums- und Vermögensgemeinschaft gilt § 860 entspr. (s. dort Rn. 1).

6 Gleiches gilt, wenn wegen eines Rechts vollstreckt wird, mit dem der Bruchteil als solcher belastet ist. Das ist der Fall, wenn der jetzige Alleineigentümer zZ der **Bruchteilsbelastung** (§§ 1106, 1114, 1192, 1199 BGB, 867) nur Anteilseigentümer war.[50] Dann wird der Fortbestand des Bruchteils fingiert.[51] Ebenso ist es bei Belastung eines nach § 3 Abs. 6 GBO gebuchten Bruchteils eines Alleineigentümers (§ 1114 BGB); auch bei nachträglichem Zuerwerb eines weiteren Bruchteils nur als Vorerbe, wenn der bisherige oder der erworbene Bruchteil gesondert belastet war;[52] uU bei Vollstreckung in einen Bruchteil des gesamtbelasteten Grundstücks, wenn der jetzige Alleineigentümer nur beschränkt haftet;[53] wenn die Sicherungshypothek für eine übertragene Forderung (§ 128 ZVG) an einem früheren Anteil eingetragen wurde.[54] In diesen Fällen kommen nur ZwVerst. oder ZwVerw. bezüglich des als bestehend fingierten Bruchteils auf Grund sog. dinglicher Titel (s. § 865 Rn. 9) in Betracht.[55] Von vorstehenden Ausnahmen abgesehen ist die **originäre Belastung** nur eines Bruchteils des Alleineigentums oder eines Miteigentumsanteils **nichtig.**[56] Ist eine Zwangshypothek auf einen Miteigentumsanteil eingetragen und vereinigen sich die Miteigentumsanteile durch Erbfall, ist eine Erstreckung der Sicherungshypothek auf das Gesamtgrundstück nicht ohne weiteres möglich (s. dazu § 867 Rn. 11).[57]

7 **3. Anfechtbarer Anteilserwerb.** Hat der spätere Alleineigentümer einen Anteil anfechtbar erworben (§ 3 AnfG), muss er alle Maßnahmen so dulden, als gehöre der erworbene Anteil noch dem Veräußerer.[58]

---

[37] BGH Rpfleger 1996, 280, 281.
[38] G v. 13. 8. 1980 (BGBl. I S. 1310).
[39] OLG Celle NJW 1960, 295.
[40] OLG Hamm OLGZ 1981, 53, 54 = Rpfleger 1980, 468; OLG Frankfurt Rpfleger 1979, 149; OLG Düsseldorf JMBlNRW 1963, 189; *Sauren* NJW 1985, 180.
[41] Vgl. MK/*Eickmann* Rn. 19; unentschieden: *St/J/Münzberg* Rn. 11.
[42] *B/L/H* Rn. 7; *St/J/Münzberg* (Fn. 42).
[43] OLG Jena FGPrax 1997, 208.
[44] OLG Frankfurt NJW-RR 1988, 463, 464; *App* JurBüro 2000, 290.
[45] *Zö/Stöber* Rn. 6.
[46] LG Berlin Rpfleger 1994, 247.
[47] MK/*Eickmann* Rn. 29; *St/J/Münzberg* Rn. 16a.
[48] *Zö/Stöber* Rn. 8.
[49] LG Neubrandenburg Rpfleger 1995, 250; zur Widerlegung: *Böhringer* Rpfleger 1994, 283; vgl. a. *Rellemeyer* Rpfleger 1995, 324.
[50] BayObLG DNotZ 1971, 659.
[51] BGHZ 90, 207, 213 = NJW 1984, 1968; OLG Koblenz MDR 1978, 669f.
[52] BayObLGZ 1968, 104, 109 = NJW 1968, 1431.
[53] BGHZ 106, 19, 27 = NJW 1989, 831 (Teilnichtigkeit einer Sicherungsabrede mit Eheleuten).
[54] AllgM; MK/*Eickmann* Rn. 8.
[55] *St/J/Münzberg* Rn. 17 aE.
[56] MK/*Eickmann* Rn. 31.
[57] OLG Oldenburg Rpfleger 1996, 242 = ZIP 1996, 175.
[58] BGHZ 90, 207, 215 = NJW 1984, 1968; MK/*Eickmann* Rn. 33.

Gehen das gesamte Grundstück belastende Rechte dem Gläubiger vor, kann er nach §§ 11 AnfG, 180 ZVG verfahren und den auf den fingierten Miteigentumsanteil entfallenden Erlös erlangen.[59]

865 *Verhältnis zur Mobiliarvollstreckung* **(1) Die Zwangsvollstreckung in das unbewegliche Vermögen umfasst auch die Gegenstände, auf die sich bei Grundstücken und Berechtigungen die Hypothek, bei Schiffen oder Schiffsbauwerken die Schiffshypothek erstreckt.**

(2) [1]Diese Gegenstände können, soweit sie Zubehör sind, nicht gepfändet werden. [2]Im Übrigen unterliegen sie der Zwangsvollstreckung in das bewegliche Vermögen, solange nicht ihre Beschlagnahme im Wege der Zwangsvollstreckung in das unbewegliche Vermögen erfolgt ist.

I. Normzweck

Die wirtschaftliche Einheit von Grundstück und mithaftenden Gegenständen (Haftungsverband, §§ 1120 ff. BGB) soll ungeteilt bleiben, damit die Zwangsvollstreckung einen angemessenen Erlös ergibt. Für dinglich gesicherte Gläubiger wird dadurch das Verfahren erleichtert. Das Interesse der Übrigen berücksichtigt Abs. 2 S. 2. 1

II. Voraussetzungen

1. Gegenstände, auf die sich die Hypothek erstreckt. Das sind außer dem Grundstück mit seinen wesentlichen Bestandteilen (s. § 864 Rn. 2) unter den Voraussetzungen des § 1120 BGB auch die vom Grundstück getrennten Erzeugnisse und sonstigen Bestandteile sowie das Zubehör. 2

a) **Vom Grundstück getrennte Erzeugnisse und sonstige Bestandteile (§§ 93–96 BGB).** Grundstückserzeugnisse (§ 99 BGB) sind vor der Trennung wesentliche Bestandteile des Grundstücks (§ 94 Abs. 1 BGB). Dazu zählen: Obst, Pflanzen, Bäume und sonstige Ausbeute wie Torf, Sand, Kohle, Mineralwasser. Sie werden erfasst, soweit sie nicht nach §§ 954–957 BGB in das Eigentum eines anderen als des Eigentümers oder des Eigenbesitzers (§ 872 BGB) des Grundstücks gelangt sind. **Ausnahme: Enthaftung** (§§ 1121 f. BGB). Auch Erzeugnisse und Bestandteile, die dem Eigentümer oder Eigenbesitzer zufallen, sind der Immobiliarvollstreckung entzogen und nach §§ 803 ff. pfändbar, wenn sie vor Beschlagnahme des Grundstücks (§§ 20 ff., 148 ZVG) veräußert und vom Grundstück entfernt wurden (§ 1121 Abs. 1 BGB) oder wenn der Erwerber hins. der Beschlagnahme gutgläubig ist (§ 1121 Abs. 2 BGB) oder wenn sie ohne Veräußerung vor der Beschlagnahme entfernt wurden, falls die Trennung von Grund und Boden innerhalb der Grenzen einer ordnungsgemäßen Wirtschaft lag und nicht nur zu einem vorübergehenden Zweck erfolgte (§ 1122 Abs. 1 BGB). 3

b) **Zubehör (§§ 97, 98 BGB).** Das sind rechtlich selbständige, bewegliche Sachen, die dem wirtschaftlichen, nicht notwendig gewerblichen Zweck einer Hauptsache auf Dauer zu dienen bestimmt sind,[1] in einem ihrem Zweck entsprechenden räumlichen Verhältnis zur Hauptsache stehen[2] und die im Verkehr als Zubehör angesehen werden. Zubehör dient dem Zweck der Hauptsache, wenn es bei wirtschaftlicher Beurteilung[3] deren zweckentsprechende Verwendung ermöglicht oder fördert.[4] Zweckbestimmung auf Lebensdauer des Zubehörs genügt.[5] Auch verbrauchbare Sachen (Kohlevorrat) kommen in Betracht.[6] **Hauptsache** können das Grundstück selbst oder auf ihm errichtete Gebäude/Gebäudeteile als dessen Bestandteil sein. Ein Gebäude kann nicht durch seine Gliederung, Einteilung, Eigenart oder Bauart, sondern auch aufgrund seiner Ausstattung mit betriebsdienlichen Maschinen u. Geräten als für eiieb dauernd eingerichtet angesehen werden.[7] Nur zu einem vorübergehenden Zweck in ein Gebäude eingefügte Sachen sind weder wesentlicher Bestandteil noch Zubehör des Gebäudes (§ 97 Abs. 2 S. 1 BGB). **Scheinbestandteile** sind daher regelmäßig kein Zubehör (§ 95 BGB);[8] s. a. § 803 Rn. 3. Gleiches gilt für vom Mieter oder Pächter eingebrachte Sachen, weil deren Nutzung auf die Miet- oder Pachtzeit beschränkt ist. § 98 stellt beispielhaft klar, welche Sachen in Gewerbe oder Landwirtschaft dem wirtschaftlichen Zweck der Hauptsache dienen. **Fremde Sachen** können Zubehör sein (arg. § 1120 BGB). Zubehör, das nie in das Eigentum des Grundstückseigentümers gelangt ist, unterliegt aber nicht dem **Haftungsverband** der Hypothek, mithin auch nicht der Immobiliarvollstreckung. War andererseits dieselbe Person zu irgendeinem Zeitpunkt Eigentümer von Grundstück und Zubehör, unterliegt das Zubehör der Immobiliarvollstreckung, es sei denn, dass Enthaftung (§§ 1121 f. BGB) eingetreten ist (s. Rn. 2). Die Rspr. neigt inzwischen zu einer eher **restriktiven Auslegung.**[9] Soweit nach **Höferecht** auch Rechte Zubehör sein können, gilt das nur, wenn sie als Betriebsmittel anzusehen sind. Die **Milchreferenzmenge** ist pfändbar, s. § 857 Rn. 2. 4

---

[59] BGH NJW 1984, 2890, 2892.
[1] BGH NJW 1969, 2135.
[2] BGH LM BGB § 97 Nr. 3 = BB 1979, 1740.
[3] BGH NJW 1994, 864, 866 („im hohen Maße Tatfrage").
[4] *Palandt/Heinrichs* § 97 Rn. 5.
[5] BGH NJW-RR 1990, 587.
[6] RGZ 77, 36, 38.
[7] BGH WM 2006, 1106; BGHZ 62, 49, 51 = NJW 1974, 270.
[8] BGH NJW 1962, 1498 (Elektro-Überlaufspeicher).
[9] BGHZ 85, 234, 237 = NJW 1983, 746; MK/*Eickmann* Rn. 17.

5 **Beispiele** für Gebäude- oder Grundstückszubehör: Besteht ein **Anwartschaftsrecht am Zubehör,**[10] ist nach dem Zweck des § 1120 BGB auch die (noch fremde) Sache unpfändbar (Abs. 2 S. 1);[11] Zubehör ist die **Alarmanlage** in einer Eigentumswohnung;[12] **Anschlussgleise** und -leitungen auf fremdem Grundstück sind Zubehör des Fabrikgrundstücks;[13] **Ausstellungsstück** ist kein Zubehör eines Möbelgeschäfts;[14] wohl aber der **Bagger** eines Kiesgewinnungsbetriebes, auch auf benachbartem Ort;[15] **Baugeräte,**[16] auch Maschinen auf Fabrikgrundstück,[17] auch schon vor Inbetriebnahme der Fabrik,[18] anders, wenn das Grundstück hauptsächlich der Verwaltung dient,[19] Ersatzteile,[20] Vorräte für Betrieb und Wartung,[21] nicht aber Rohstoffe und Materialvorräte zur Herstellung von Erzeugnissen[22]; **Baugeschäftsinventar** ist kein Zubehör;[23] wohl **Brennstoffvorräte** eines Betriebes;[24] **Einbauküchen:** (s. § 864 Rn. 2); **Fahrzeuge:** ja für Hotelomnibus,[25] Pkw eines Baugeschäfts,[26] Unternehmensfahrzeuge für Zu- und Auslieferungen;[27] nein bei Transportunternehmen, weil dessen wirtschaftlicher Schwerpunkt nicht auf dem Grundstück liegt;[28] **Fertighäuser:** ja, wenn einfach demontierbar;[29] sonst: ggf. wesentlicher Bestandteil (s. § 864 Rn. 2); **Inventar** von Cafés, Gaststätten: ja, wenn Grundstück auf entspr. dauernde Nutzung angelegt ist;[30] heute eher zweifelhaft bei Apothekeneinrichtung;[31] **Mastvieh:** ja bei Landgut[32] (s. a. § 811 Rn. 15); **Sauna:** nein, wenn in Rasterbauweise erstellt;[33] **Schwimmbecken** mit Heiz- und Filteranlage: ja für Saunaclub;[34] **Zuchthengst:** ja für Reiterhof.[35]

6 **c) Erfasste Forderungen. aa) Miet- und Pachtforderungen** für Grundstücke (§§ 535, 581 BGB) sind nach §§ 828 ff. pfändbar, s. § 851 b Rn. 1 f. Sie unterliegen, auch die für die Überlassung von Zubehör,[36] aber der Immobiliarvollstreckung, wenn sich die Hypothekenhaftung auf sie erstreckt (Abs. 1 iVm. §§ 1123 ff. BGB) und ihre Beschlagnahme im Wege der Immobiliarvollstreckung erfolgt ist (Abs. 2). **Hypothekenhaftung** (Abs. 1): Der Grundsatz des § 1123 Abs. 1 BGB, dass sich „die Hypothek" auf Miet- und Pachtforderungen erstreckt, gilt nach Abs. 1 unabhängig davon, ob das Grundstück tatsächlich mit einer Hypothek belastet ist. Er gilt auch dann, wenn an Stelle des Eigentümers der Eigenbesitzer oder ein nachrangiger Nießbraucher vermietet hat. Solange Ansprüche gegen den Hauptmieter bestehen, werden die gegen den Untermieter aber nicht erfasst.[37] Die Hypothekenhaftung **entfällt durch Zeitablauf** nach § 1123 Abs. 2 S. 1 BGB für Rückstände, die länger als ein Jahr vor der Beschlagnahme fällig wurden. Nur für Vorauszahlungspflichten, die über ein Jahr hinausgehen, schafft § 1123 Abs. 2 S. 2 BGB eine Ausnahme: Die Haftungsbefreiung endet mit dem zZ der Beschlagnahme laufenden Monat. War die Beschlagnahme erst nach dem 15. des Monats, gilt die Haftungsbefreiung auch noch für den nächsten Monat. Beschlagnahme iSd. § 1123 BGB kann durch Anordnung der ZwVerw. (§§ 20, 146, 148 ZVG) auf Antrag eines persönlichen oder dinglichen Gläubigers oder durch Forderungspfändung (§§ 829, 835) wg. dinglicher Ansprüche (§ 1147 BGB) erfolgen.[38] Die Haftung entfällt darüber hinaus **durch Vorausverfügung** nach § 1124 Abs. 1 BGB, wozu auch die Pfändung (§§ 829, 835) auf Grund eines persönlichen Titels zählt. Mit Beschlagnahme wird die Pfändung jedoch gegenüber der ZwVerw. relativ unwirksam und ruht für deren Dauer (§ 1124 Abs. 2 BGB).[39] Die Pfändung wirkt nur noch für den zZ der Beschlagnahme laufenden Monat und wenn die Beschlagnahme nach dem 15. des Monats erfolgt, auch noch für den nächsten Monat. Das gilt auch, wenn die ZwVerw. auf Antrag eines persönlichen Gläubigers angeordnet wird, gegenüber der früheren Pfändung wg. eines dinglichen Anspruchs.[40] **Beschlagnahme durch Immobiliarvollstreckung**

---

[10] BGH NJW 1965, 1475; BGHZ 35, 85, 88 = NJW 1961, 1349; *v. Lübtow* JuS 1963, 171.
[11] *Lackmann* Rn. 251; *Brox/Walker* Rn. 216; *Liermann* JZ 1962, 658, 659; aA *Baur/Stürner* ZwV Rn. 442.
[12] OLG München MDR 1979, 934.
[13] BGHZ 37, 353, 356 = NJW 1962, 1817.
[14] AG Viechtach DGVZ 1989, 30.
[15] RG DR 1942, 137.
[16] OLG Hamm MDR 1985, 494.
[17] BGH NJW 1979, 2514 (Verpackungsmaschinen); RG JW 1916, 321 (Druckereimaschinen).
[18] BGH NJW 1969, 36, 38.
[19] BGH NJW 1994, 864, 866.
[20] RGZ 66, 356, 358.
[21] RG (Fn. 6).
[22] RGZ 86, 326, 329 = JW 1915, 499; KG JW 1934, 435.
[23] BGHZ (Fn. 7): beliebig veränderbare Grundstücksnutzung.
[24] RG (Fn. 6).
[25] RGZ 47, 197, 200.
[26] OLG Hamm JMBlNRW 1953, 244.
[27] BGH WM 1980, 1384.
[28] BGH (Fn. 9).
[29] AG/LG Bochum DGVZ 1988, 156.
[30] BGHZ (Fn. 7); OLG Schleswig Rpfleger 1988, 76.
[31] *St/J/Münzberg* Rn. 9; bejaht von: RG WarnR 1909, Nr. 491.
[32] AG Itzehoe DGVZ 1993, 61.
[33] AG Ludwigsburg DGVZ 1991, 95.
[34] AG Betzdorf 1989, 189.
[35] AG Oldenburg DGVZ 1980, 94.
[36] RGZ 136, 407, 410.
[37] LG Bonn ZIP 1981, 730.
[38] RGZ 103, 137, 139; OLG Saarbrücken Rpfleger 1993, 80.
[39] RGZ 64, 415, 420; OLG Hamm NJW-RR 1994, 711.
[40] RG JW 1933, 1658.

(Abs. 2): Selbst wenn Zinsansprüche der Hypothekenhaftung unterfallen, bleiben sie pfändbar, solange sie nicht im Wege der ZwVerw. (§§ 20, 146, 148 ZVG) beschlagnahmt worden sind, s. i. e. Rn. 9. Nach **Eröffnung des Insolvenzverfahrens** ist die Pfändung mithaftender Miet- oder Pachtforderungen des Schuldners durch absonderungsberechtigte Grundpfandgläubiger nicht mehr zulässig; sie sind auf die Zwangsverwaltung verwiesen (§ 49 InsO i. V. m. ZVG).[41]

bb) Wiederkehrende Leistungen aus einem mit dem Grundstückseigentum verbundenen Recht (§ 96 BGB) zB Erbbauzins (§ 9 ErbbauVO), Renten für Überbau- und Notwegrechte, Unterhaltspflichten, Einzelleistungen aus Reallasten (§§ 912 Abs. 2, 917 Abs. 2, 1021 Abs. 2, 1022 Abs. 2, 1105 Abs. 2 BGB) werden nach § 1126 BGB erfasst.

cc) **Versicherungsforderungen** werden erfasst, wenn der Eigentümer oder Eigenbesitzer des Grundstücks dessen Bestandteile oder Zubehör versichert hat (Gebäude-, Glas-, Hagel-, Kaskoversicherung; §§ 1127–1130 BGB). Nicht erfasst werden Schadenersatzansprüche wg. einer Beschädigung des Grundstücks, denn § 1127 BGB ist eine Ausnahmeregelung, da sich die Hypothek nicht an einem Ersatzanspruch fortsetzt.[42] Für die Bergschadenentschädigung ist die Hypothekenhaftung wg. der nach § 117 Abs. 3 BBergG entspr. geltenden Art. 52, 53 EGBGB gleichwohl zu bejahen.[43]

2. Grundstücken gleichgestellte Gegenstände. Rechte (s. § 864 Rn. 4): Weil das auf Grund eines Erbbau- 7
rechts errichtete Bauwerk als wesentlicher Bestandteil des Rechts gilt (§ 12 ErbbauVO), erstreckt sich die Erbbaurechtshypothek entspr. § 1120 BGB auf Zubehör und Forderungen (§§ 1123, 1127ff. BGB).[44] **Schiffe** und **Luftfahrzeuge:** Für die Schiffshypothek haftende Gegenstände sind das Schiffszubehör, soweit es in das Eigentum des Schiffseigentümers gelangt ist (§ 13 SchiffsRG) und Versicherungsforderungen (§§ 32ff. SchiffsRG).

III. Vollstreckungsverfahren

1. Zubehör (Abs. 2 S. 1). Es ist **unpfändbar,**[45] soweit und solange es zum Haftungsverband der Hypo- 8
thek gehört (§§ 1120ff. BGB). Das Verbot gilt auch für dingliche Gläubiger[46] und **auch bei unbelastetem Grundstück.**[47] Die Herausgabevollstreckung (§ 883) wird dadurch nicht ausgeschlossen; Grundpfandgläubiger können aber widersprechen (§§ 1135 BGB, 771).[48] Der Eigentümer enthafteten oder fremden Zubehörs muss bei beschlagnahmten Grundstücken wg. §§ 55 Abs. 2, 90 ZVG sein Recht nach § 37 Nr. 5 anmelden.[49] Hat das Versteigerungsgericht mit Zustimmung aller betreibenden Gläubiger das Verfahren in einzelnes Zubehör aufgehoben und ist zwischenzeitlich dem Ersteher des Grundstücks der Zuschlag erteilt worden, ist die Zubehöreigenschaft beendet; die Gegenstände unterliegen der Mobiliarvollstreckung.[50]

2. Übrige Gegenstände (Abs. 2 S. 2). Sie unterliegen der **Pfändung** nach §§ 808ff., 829ff., solange sie 9
nicht durch Zwangsvollstreckung in das unbewegliche Vermögen beschlagnahmt worden sind.[51] Dadurch lässt sich oft eine ZwVerw. vermeiden. Ein **dinglicher Titel** (§§ 1147 BGB, 794 Abs. 1 Nr. 5 S. 2) **genügt** zur Pfändung, weil Grundpfandgläubiger Befriedigung aus dem Grundstück und aus den Gegenständen des § 1120 BGB suchen können.[52] **Beschlagnahme** erfolgt durch Anordnung der ZwVerst. oder ZwVerw. (§§ 20 Abs. 1, 146 ZVG). Auch Pfändung auf Grund dinglichen Titels (§ 1147 BGB)[53] ist Beschlagnahme zu Gunsten des (Hypotheken-)Gläubigers (§§ 1121ff. BGB).[54] Sie ist aber keine Zwangsvollstreckung in das unbewegliche Vermögen (Abs. 2 S. 2),[55] schließt daher weitere Pfändungen nicht aus.[56] Keine Beschlagnahme nach Abs. 2 ist auch die Anordnung von ZwVerw. oder ZwVerst. auf Antrag des Insolvenzverwalters (§ 173 ZVG), eines Erben (§ 176 ZVG) oder zum Zweck der Aufhebung einer Gemeinschaft (§ 180 ZVG). **Umfang:** Die Verweisung des § 20 Abs. 2 ZVG auf die §§ 1120ff. BGB gilt unabhängig davon, ob Grundpfandrechte bestehen, also auch, wenn die Zwangsvollstreckung von einem persönlichen Gläubiger betrieben wird.[57] Von der Anordnung der **ZwVerw.** werden alle Gegenstände erfasst, auf die sich die Hypothek erstreckt (§§ 148 Abs. 1, 20 Abs. 2 ZVG). Bei Anordnung der **ZwVerst.** erfasst die Beschlagnahme dagegen weder Miet- und Pachtforderungen (§ 1123 BGB)[58] noch wiederkehrende Leistungen (§ 1126 BGB); land- und forstwirtschaftliche Erzeugnisse nur, soweit sie noch mit dem Boden verbunden oder Zubehör

[41] BGH NJW 2006, 3356 = NZI 2006, 579 m. Anm. *Stapper/Schädlich* = *Walker/Wrobel* LMK 2006, 191883.
[42] BGHZ 107, 255, 256 = NJW 1989, 2123.
[43] LG Saarbrücken Rpfleger 1998, 532.
[44] *St/J/Münzberg* Rn. 17.
[45] Anschaulich: *Wieser* NJW 1990, 1971 (Gartenzwerge).
[46] RGZ 135, 160; *Plander* JuS 1975, 345, 346.
[47] HM; RGZ 59, 91; OLG München DGVZ 1956, 57; MK/*Eickmann* Rn. 25; *St/J/Münzberg* Rn. 20; aA *Bruns/Peters* § 27 IV 1.
[48] MK/*Eickmann* Rn. 27.
[49] BGH NJW 1996, 835.
[50] OLG Hamm Rpfleger 1994, 176.
[51] *St/J/Münzberg* Rn. 24.
[52] OLG Saarbrücken Rpfleger 1993, 80.
[53] RGZ 103, 137, 139; OLG Saarbrücken (Fn. 52) S. 80f.
[54] MK/*Eickmann* Rn. 12.
[55] OLG Saarbrücken (Fn. 52).
[56] MK/*Eickmann* Rn. 36; *St/J/Münzberg* Rn. 22; *Stöber* Rn. 229; aA *B/L/H* Rn. 13.
[57] BGH NJW 1996, 835.
[58] OLG Saarbrücken (Fn. 52).

sind. Das Recht des Pächters auf Fruchtgenuss bleibt unberührt (§ 21 ZVG). **Wirkung:** Die Beschlagnahme erstreckt sich auch auf **Erzeugnisse,** die bereits gepfändet, aber noch nicht verwertet worden sind,[59] das Pfandrecht bleibt aber unberührt.[60] Wg. §§ 23 ZVG, 772 darf jedoch keine Verwertung durch Mobiliarvollstreckung mehr erfolgen.[61] Der Pfandgläubiger muss vielmehr sein Recht anmelden (§ 37 Nr. 4 ZVG). Vorrangige Grundpfandgläubiger können ihr besseres Recht auch ohne vorherige Beschlagnahme nach § 805 geltend machen oder, wenn sie gepfändet haben, auch nach § 772 vorgehen.[62] Für **Miete** und **Pacht** s. a. Rn. 6. **Rang:** Für dingliche Gläubiger untereinander ist der Rang maßgeblich, der ihnen an dem Grundstück zukommt (§ 879 BGB). Sie haben Vorrang vor persönlichen Gläubigern, falls ihr dingliches Recht älter ist, auch wenn die Beschlagnahme erst später erfolgte (§ 10 ZVG). Für persönliche Gläubiger gilt bei Pfändung und Grundstücksbeschlagnahme die Priorität.

IV. Rechtsfolgen bei Verstößen und Rechtsbehelfe

10 **1. Pfändung von Zubehör.** Pfändet der GV Zubehör, das der Hypothekenhaftung unterliegt (s. Rn. 5 f.), handelt er funktionell unzuständig (s. a. § 803 Rn. 4 und 10). Die Pfändung ist nach richtiger Ansicht gleichwohl nur anfechtbar, nicht nichtig (s. auch vor § 704 Rn. 32).[63] Es besteht nämlich nur eine sog. **relative funktionelle Unzuständigkeit,** keine absolute, da GV grds. zur Pfändung beweglicher Sachen berufen sind. Auch lassen sich die Voraussetzungen der §§ 97, 98, 1120 BGB kaum schnell genug feststellen. I. Ü. ist selbst die Pfändung absolut unpfändbarer Sachen (§ 811) nur anfechtbar (s. § 811 Rn. 31). Außer wirksamer Verstrickung entsteht nach zutreffender Ansicht auch ein Pfandrecht am Zubehör,[64] das zum Behaltendürfen des Erlöses aber nur berechtigt (s. § 817 Rn. 9 ff.), soweit die Befriedigung nicht auf Kosten vorrangiger Gläubiger erfolgte. Bei **Pfändung von Mieteund Pacht** durch den Rechtspfleger nach Anordnung der ZwVerw. gilt das Gleiche.[65]

11 **2. Rechtsbehelfe. § 766** ist gegeben gegen unzulässige Pfändungen für den Schuldner, alle betroffenen Gläubiger und den Zwangsverwalter (§ 151 ZVG). Bei Pfändung von Zubehör kann der Sicherungseigentümer[66] gem. **§ 771** klagen, aus praktischen Gründen auch der Grundpfandgläubiger.[67] Die Klagemöglichkeit aus **§ 805** besteht für vorrangige dingliche Gläubiger, wenn ein Gegenstand des § 1120 BGB gepfändet wurde;[68] falls auch sie gepfändet haben: § 872 (s. dort Rn. 4 f.).

866 *Arten der Vollstreckung* **(1) Die Zwangsvollstreckung in ein Grundstück erfolgt durch Eintragung einer Sicherungshypothek für die Forderung, durch Zwangsversteigerung und durch Zwangsverwaltung.**

(2) Der Gläubiger kann verlangen, dass eine dieser Maßregeln allein oder neben den übrigen ausgeführt werde.

(3) [1]Eine Sicherungshypothek (Absatz 1) darf nur für einen Betrag von mehr als 750 Euro eingetragen werden; Zinsen bleiben dabei unberücksichtigt, soweit sie als Nebenforderung geltend gemacht sind. [2]Auf Grund mehrerer demselben Gläubiger zustehender Schuldtitel kann eine einheitliche Sicherungshypothek eingetragen werden.

I. Normzweck

1 Die drei allein möglichen Arten der Immobiliarvollstreckung (Abs. 1) sind hinsichtlich ihrer Auswahl (Abs. 2) in das Belieben des Gläubigers gestellt. Für Zwangshypotheken (Sicherungshypotheken) gilt eine Mindesthöhe (Abs. 3), damit das Grundbuch übersichtlich bleibt. Abs. 3 geändert durch das Siebte Gesetz zur Änderung der Pfändungsfreigrenzen.

II. Voraussetzungen

2 **1. Arten (Abs. 1). Zwangsversteigerung** bezweckt Befriedigung des Gläubigers aus dem Erlös der Verwertung des Grundstücks nebst mithaftenden Gegenständen (§ 864).[1] **Zwangsverwaltung** verschafft ihm Befriedigung aus den Erträgen des Grundstücks (§§ 152, 155 ZVG).[2] **Zwangshypothek** (Abs. 3, § 867) ist

---

[59] OLG Celle JR 1955, 267.
[60] MK/*Eickmann* Rn. 50.
[61] Einschränkend: *St/J/Münzberg* Rn. 28 (bei Pfändung durch rangbesseren dinglichen Gläubiger).
[62] *St/J/Münzberg* Rn. 33.
[63] MK/*Eickmann* Rn. 61; *T/P/Hüßtege* Rn. 5; *St/J/Münzberg* Rn. 36; *Lackmann* Rn. 259; *Brox/Walker* Rn. 207; *Schuschke/Walker* Rn. 5; *Gaul* NJW 1989, 2512; aA (Nichtigkeit) RGZ 153, 257, 259; OLG München MDR 1957, 428; *B/L/H* Rn. 13; *Zö/Stöber* Rn. 11; offen: BGHZ 104, 298, 302 = NJW 1988, 2789; BGH WM 1987, 74, 76.
[64] Bejahend: *Schuschke/Walker* Rn. 8; aA *Baur/Stürner* ZwV Rn. 442.
[65] MK/*Eickmann* (Fn. 63); *Schuschke/Walker* (Fn. 63); aA RGZ 135, 197, 206; OLG Hamburg OLGRspr. 26, 408; *Zö/Stöber* (Fn. 63).
[66] BGH WM 1987, 74, 76.
[67] OLG Bamberg JR 1955, 25 (Pfändung von Bestandteilen); *T/P/Hüßtege* Rn. 7; *Zö/Stöber* Rn. 12; *Schuschke/Walker* Rn. 9; krit. (kein Recht iSv. § 771) MK/*Eickmann* Rn. 64; *B/L/H* Rn. 14; *St/J/Münzberg* Rn. 36.
[68] *St/J/Münzberg* Rn. 33.
[1] *Schreiber/Becker* Immobilienrecht 2. Aufl. 2005, Kapitel 15 (Zwangsvollstreckung in das unbewegliche Vermögen – Immobiliarvollstreckung –) Rn. 14 ff.
[2] *Schreiber/Becker* (Fn. 1) Rn. 95 ff.

nur Vorstufe der Verwertung.[3] Wird aus ihr vollstreckt (s. § 867 Rn. 11), geht sie in der Rangklasse 4 des § 10 Abs. 1 ZVG den Ansprüchen nur persönlicher Gläubiger der Rangklasse 5 vor. I. Ü. dient sie der Sicherung des Gläubigers, falls ZwVerst. oder ZwVerw. durch andere Gläubiger erfolgen.[4] Der Inhaber einer Zwangshypothek kann zudem Löschung einer vorrangig eingetragenen Eigentümergrundschuld (§ 1179a BGB) und auch einer nichtigen Vormerkung verlangen.[5]

2. Auswahl (Abs. 2). Gläubiger von Geldforderungen (s. vor § 803 Rn. 2f.) können Mobiliarvollstreckung und Immobiliarvollstreckung nebeneinander betreiben und bei letzterer auch die drei Arten kumulieren. Mittels ZwVerw. kann der Gläubiger auf Mieterträge zugreifen; frühere Forderungspfändungen werden nach § 1124 Abs. 2 BGB unwirksam.[6] ZwVerst. und ZwVerw. zu verbinden ist meist sinnvoll wg. des unterschiedlichen Umfangs der Beschlagnahme (s. § 865 Rn. 9). Die Zwangshypothek nutzt dem persönlichen Gläubiger uU auch dann, wenn er sogleich die ZwVerst. beantragt, denn sie wahrt den Rang, falls sein Recht als beitreibender Gläubiger durch Aufhebung der ZwVerst. erlischt. **Ausnahmen:** Bei Steuerforderungen und Bußgeldern der Finanzbehörden ist die Mobiliarvollstreckung vorher auszuschöpfen (§§ 322 Abs. 4, 412 Abs. 2 AO). Für Privatgläubiger besteht auch bei sog. Bagatellforderungen jedenfalls dann keine derartige Beschränkung (Art. 14 GG),[7] wenn der Schuldner wiederholt zur Zahlung aufgefordert wurde. 3

3. Mindesthöhe (Abs. 3). Mehrere Forderungen desselben Gläubigers, auch derselben Gläubigermehrheit (§§ 428, 432 BGB), können für die Eintragung einer einheitlichen Hypothek zusammengerechnet werden, um die Mindesthöhe v. 750,01 € für die **Zwangshypothek** zu erreichen,[8] nicht aber verschiedene Forderungen mehrerer Gläubiger, selbst wenn ein einheitlicher Titel besteht. Eine Ausnahme gilt für Steuergläubiger, wenn eine einheitliche Hypothek für Bund oder Land beantragt wird (§ 252 AO).[9] Nebenforderungen iSd. § 4 werden hinzugerechnet, insbes. titulierte **Kosten** des Mahnverfahrens, auch bisherige Vollstreckungskosten (§ 788), nicht aber die des Eintragungsverfahrens (§ 867 Abs. 1 S. 3). **Zinsen,** die nur als Nebenforderung geltend gemacht werden, bleiben grds. unberücksichtigt. Sie werden selbständige Hauptforderungen, wenn der Anspruch, von dem sie abhängen, erledigt ist, sei es auch nur hinsichtlich des betreffenden Teils[10] und auch, wenn ein anderer Teil noch rechtshängig ist.[11] **Kapitalisierte Zinsrückstände,** die in der Zwangsvollstreckung betragsmäßig geltend gemacht werden, sind dagegen als Hauptsache zu vollstrecken, also für den Mindestbetrag mit anderen Hauptsacheforderungen zusammenzurechnen, denn das Vollstreckungsverfahren ist vom Erkenntnisverfahren unabhängig.[12] Auch wenn sie allein die Mindesthöhe des Abs. 3 erreichen, ist eine gesonderte Eintragung zulässig.[13] Eine besondere Zwangshypothek für nur als Nebenforderung geltend gemachte Zinsen ist aber nicht möglich. Hat der Gläubiger versehentlich die Zwangshypothek nur wg. der Hauptforderung beantragt, kann er jedoch entspr. § 1119 BGB Zinsen bis zu 5 vH mit Rang der Hypothek eintragen lassen, ohne dass Abs. 3 entgegensteht.[14] **Unanwendbar** ist die Wertgrenze für Einzelhypotheken nach § 867 Abs. 2, für die durch Urteil oder einstwVfg. angeordnete Eintragung einer Hypothek nach § 648 BGB, bei Verurteilung zur Bestellung einer Sicherungshypothek (§ 232 BGB), wenn auf Beschwerde ein zurückgewiesener Betrag nachträglich einzutragen ist[15] und in den Fällen der §§ 128 ZVG, 848. **Nichtigkeit:** Die Zwangshypothek ist nichtig, wenn die eingetragene Forderung unter 750,01 € liegt.[16] Sie ist vAw. zu löschen. Eine Eigentümergrundschuld entsteht nicht (s. a. § 867 Rn. 7).[17] 4

III. Gebühren und Kosten

1. Rechtsanwaltsgebühren. Zu den Anwaltsgebühren bei Zwangsversteigerung und Zwangsverwaltung vgl. Nrn. 3311, 3312 VV RVG. 5

2. Gerichtskosten. Für die Gerichtsgebühren im Verfahren der Zwangsversteigerung und -verwaltung gelten KV Nrn. 2210 bis 2221. 6

---

3 *Schreiber/Becker* (Fn. 1) Rn. 125ff.; *Böttcher* JurBüro 1997, 399ff. u. 461ff.

4 *St/J/Münzberg* Rn. 1.

5 BGH NJW 1996, 3147, 3150.

6 Anschaulich: *Fischer* JuS 2006, 707.

7 LG Düsseldorf JurBüro 1997, 324; MK/*Eickmann* Rn. 9; *St/J/Münzberg* vor § 864 Rn. 5 *Kirchner* Rpfleger 2004, 395; aA LG Frankenthal Rpfleger 1979, 433; krit. auch *Götte* ZZP 100 (1987), 412.

8 MK/*Eickmann* Rn. 11; *Schuschke/Walker* Rn. 6; *T/P/Hüßtege* Rn. 5; *Zö/Stöber* Rn. 5; abw. *Sae/Kindl* ZPO § 867 Rn. 1.

9 Vgl.: §§ 322 Abs. 1 S. 2 AO, 6 Abs. 1 Nr. 1 JBeitrO.

10 BGHZ 26, 174, 176 = NJW 1958, 342; OLG Karlsruhe JurBüro 1988, 1723; aA OLG Köln MDR 1992, 410.

11 BGH NJW 1994, 1869, 1870.

12 MK/*Eickmann* Rn. 10; *Schuschke/Walker* Rn. 6; *Zeller/Stöber* Einl. Rn. 66 (66.2); aA *St/J/Münzberg* Rn. 6.

13 LG Bonn Rpfleger 1982, 75; MK/*Eickmann* (Fn. 12); *Schuschke/Walker* (Fn. 12); *Zeller/Stöber* (Fn. 12); „gerade noch vertretbar": *St/J/Münzberg* (Fn. 12); aA OLG Schleswig Rpfleger 1982, 301 m. Anm. *Hellmig; T/P/Hüßtege* Rn. 5; *Hintzen* ZIP 1991, 479; *Löscher* JurBüro 1982, 1792, 1798.

14 *St/J/Münzberg* Rn. 6 aE; *Löscher* (Fn. 13); aA AG Pinneberg Rpfleger 1969, 171 m. abl. Anm. *Haegele; Zeller/Stöber* (Fn. 12).

15 LG Ellwangen BWNotZ 1982, 68 m. Anm. *Böhringer.*

16 BayObLGZ 1975, 398, 403; OLG Frankfurt OLGZ 1981, 261 = JurBüro 1982, 1098.

17 MK/*Eickmann* Rn. 13; *Zö/Stöber* Rn. 5 aE.

867 *Zwangshypothek* (1) **[1]Die Sicherungshypothek wird auf Antrag des Gläubigers in das Grundbuch eingetragen; die Eintragung ist auf dem vollstreckbaren Titel zu vermerken. [2]Mit der Eintragung entsteht die Hypothek. [3]Das Grundstück haftet auch für die dem Schuldner zur Last fallenden Kosten der Eintragung.**

(2) [1]Sollen mehrere Grundstücke des Schuldners mit der Hypothek belastet werden, so ist der Betrag der Forderung auf die einzelnen Grundstücke zu verteilen. [2]Die Größe der Teile bestimmt der Gläubiger; für die Teile gilt § 866 Abs. 3 Satz 1 entsprechend.

(3) Zur Befriedigung aus dem Grundstück durch Zwangsversteigerung genügt der vollstreckbare Titel, auf dem die Eintragung vermerkt ist.

I. Normzweck

1 Das Antragsrecht (Abs. 1 S. 1 Halbs. 1) folgt aus der Dispositionsbefugnis des Gläubigers. Der Titelvermerk (Halbs. 2) schützt den Schuldner gegen weitere Eintragungen, die unter Missachtung von Abs. 2 vorgenommen werden. Die dingliche Haftung für die Kosten der Eintragung (S. 2) beruht darauf, dass sie mittelbar der Gläubigerbefriedigung dient (vgl. § 1118 BGB). Das Verbot der Gesamthypothek (Abs. 2), das hins. der seit 1999 beantragten Eintragungen bei Forderungsaufteilungen auch für die jeweiligen Teilforderungen gilt, soll wie § 803 Abs. 1 S. 2 den Schuldner vor übermäßiger Belastung und andere Gläubiger vor Rangnachteilen bewahren.[1] Abs. 3 lässt das Erfordernis eines bes. dinglichen Duldungstitels als Voraussetzung für die Zwangsvollstreckung aus einer Zwangshypothek im Interesse der Verfahrensbeschleunigung und zur Vermeidung oft nicht beitreibbarer Verfahrenskosten entfallen.

II. Voraussetzungen (Abs. 1 S. 1)

2 **1. Allgemeines.** Die Eintragung ist ein Vollstreckungsakt, der durch ein Grundbuchgeschäft vollzogen wird (**Doppelnatur**).[2] Das Verfahren richtet sich daher nach der GBO, soweit sich aus § 867 oder dem Vollstreckungszweck nichts anderes ergibt.[3] **Antragsteller** kann nur der Gläubiger sein, abw. v. § 13 Abs. 1 S. 2 GBO nicht der Schuldner,[4] auch nicht das Vollstreckungsgericht.[5] **Adressat** ist das GBA als funktionell zuständiges Vollstreckungsorgan.[6] Schriftform (oder Niederschrift zu Protokoll) ist erforderlich (§§ 13 Abs. 2, 30 GBO),[7] aber auch ausreichend, idR auch für die **Vollmacht** (§ 80). Überprüfung vAw. erfolgt nur, wenn der Bevollmächtigte nicht Rechtsanwalt ist (§ 88 Abs. 2). Weil die Prozessvollmacht zur Antragstellung ermächtigt (§§ 81, 82), genügt die Angabe im Urteil; anders (s. § 703) für den Nichtanwalt beim Vollstreckungsbescheid. **Gesetzliche Vertretungsmacht** fällt nicht unter § 30 GBO; für deren Nachweis ist daher § 29 Abs. 1 S. 2 GBO zu beachten. Formzwang gilt auch, wenn ein (gemischter) Antrag eine Erklärung ersetzt (§ 30 GBO) und für die **Rücknahme** des Antrags (§ 31 GBO),[8] die bis zur Eintragung möglich ist (§ 44 GBO). Fehlt eine formgerechte Rücknahme, ist einzutragen oder bei Eintragungshindernissen zurückzuweisen.

3 **2. Vollstreckungsrechtliche Erfordernisse.** Mit dem Antrag müssen dem GBA, dem insow. ggfs. Hinweispflichten obliegen,[9] die förmlichen Voraussetzungen der Zwangsvollstreckung nachgewiesen werden.[10] Erforderlich ist, dass ein **Titel** gegen den Schuldner[11] auf Zahlung, auch Hinterlegung von Geld[12] oder Duldung der Zwangsvollstreckung wg. einer Geldforderung (zB §§ 704, 794) vorgelegt wird. Die grundrechtsfähige **GbR**,[13] zu deren Vermögen auch Grundeigentum gehören kann,[14] ist nach umstr. Ansicht grundbuchfähig und gem. § 47 GBO mit den Namen ihrer Gesellschafter u. einem Gesellschaftszusatz einzutragen.[15] Erfolgt die Eintragung in dieser Weise, ist die Gesellschaft als Eigentümerin ausgewiesen.[16]

---

[1] MK/*Eickmann* Rn. 4.

[2] HM; BGH NJW 2001, 3627; BGHZ 27, 310, 313 = NJW 1958, 1090; BayObLGZ 1975, 396 = Rpfleger 1976, 67; OLG Saarbrücken Rpfleger 2003, 416; OLG Zweibrücken JurBüro 2001, 271; eingehend: *Böttcher* JurBüro 1997, 399ff., 461ff.; aA (reines Vollstreckungsverfahren) *Habermeier*, Die Zwangshypothek der ZPO, 1988, 23ff.; krit. auch MK/*Eickmann* Rn. 5.

[3] OLG Köln Rpfleger 1990, 65; LG Bonn Rpfleger 1995, 747; LG Aachen Rpfleger 1994, 496; *St/J/Münzberg* Rn. 17.

[4] *Böttcher* (Fn. 2).

[5] *B/L/H* Rn. 7; aA (zum ZVG) OLG Düsseldorf Rpfleger 1989, 339.

[6] *Brox/Walker* Rn. 1037.

[7] BayObLG Rpfleger 1977, 135.

[8] OLG Zweibrücken (Fn. 2); OLG Hamm Rpfleger 1985, 231.

[9] OLG Jena FGPrax 2002, 100.

[10] BayObLG FGPrax 2005, 57, 58; OLG Hamm FGPrax 2005, 192 = Rpfleger 2005, 532; OLG Köln Rpfleger 1991, 149.

[11] BayObLG NJW-RR 2002, 991; *Pohlmann* WM 2002, 1421 (keine Zwangshypothek auf Gesellschaftergrundstück aus Titel gegen die Gesellschaft), s. auch § 736 Rn. 4ff.

[12] LG Essen Rpfleger 2001, 543.

[13] BVerfG NJW 2002, 3533.

[14] BGH NJW 2006, 3716 = *Berger* LMK 2006, 201330 = Rpfleger 2007, 23 m. Anm. *Dümig*.

[15] *Wertenbruch* WM 2003, 1785; NJW 2002, 324; *Pohlmann* WM 2002, 1421; *Demuth* BB 2002, 1555; wohl auch: BayObLG (3. ZS) NJW-RR 2002, 1363; aA OLG Celle NJW 2006, 2194: BayObLG (2. ZS) NJW 2003, 70; *Demharter* § 19 Rn. 108; Rpfleger 2002, 538; 2001, 329; *Heil* NJW 2002, 2158; *Stöber* MDR 2001, 544.

[16] BGH (Fn. 14); aA LG München NZM 2007, 64.

Die GbR soll auch unter ihrem Namen eingetragen werden können, sofern sie nur unterscheidbar bezeichnet wird.[17] Aus einem **Duldungstitel** (§ 11 AnfG) kann eine Zwangshypothek nicht vor Rechtskraft des Titels eingetragen werden.[18] Ein solcher Titel reicht mangels hinreichender Bestimmtheit zur Eintragung einer Sicherungshypothek nicht aus, wenn in ihm die Leistungstitel nur mit Gericht, Datum und Aktenzeichen in Bezug genommen worden sind.[19] Falls eine **Klausel** nicht ausnahmsweise entbehrlich ist (vgl. §§ 724ff., 796), muss auch sie nebst Nachweis der **Zustellung** (§§ 750 Abs. 2, 751 Abs. 2)[20] vorliegen, auch bei der Sicherungsvollstreckung (§ 720a).[21] Die **besonderen Vollstreckungsvoraussetzungen** müssen erfüllt sein (s. vor § 753 Rn. 13). Sicherheitsleistung (§ 751 Abs. 2) entfällt aber bei Sicherungsvollstreckung gem. § 720a. Annahmeverzug (§ 765) ist nach § 29 GBO nachzuweisen.[22] Braucht der Schuldner nur gegen Aushändigung von Urkunden (Wechsel, Scheck, Quittung) zu leisten, müssen sie vorliegen. Erst **künftig fällige** Hauptforderungen (Unterhalt usw.) lassen sich wg. § 751 Abs. 1 nicht nach Abs. 1 sichern, ggf. aber durch Eintragung einer Arresthypothek (§ 932).[23] § 751 Abs. 1 steht der Eintragung fortlaufender **Zinsen** als Nebenforderungen nicht entgegen. Bei **variablen** Zinsen muss bei rechtsgeschäftlich bestellten Grundpfandrechten ein Höchstzinssatz nicht angegeben werden, wenn sich der Zinssatz aus der Bezugnahme auf eine gesetzlich bestimmte Bezugsgröße (§ 288 Abs. 1 BGB) ergibt.[24] Die Grundbuchpraxis verfährt ebenso bei Zwangshypotheken.[25] Wg. des Anfangszeitpunkts kann Bezugnahme auf den Titel erfolgen (§ 874 BGB). Für **Kosten** der bisherigen Vollstreckung, auch die der Zustellung des Titels, ist eine Titulierung entbehrlich (§ 788). Glaubhaftmachung genügt (§§ 104 Abs. 2, 294). Die Form des § 29 GBO entfällt, weil der Nachweis nach der ZPO zu führen ist.[26] Prozesskosten müssen jedoch tituliert sein (§§ 103ff., 794 Abs. 1 Nr. 2).[27] Zu beachten sind ferner das Aufteilungsgebot (Abs. 2) und der Mindestbetrag (§ 866 Abs. 3 S. 1). **Vollstreckungshindernisse,** zB Einstellung der Zwangsvollstreckung (§§ 707, 719, 732, 766, 769, 771 Abs. 3, 785f.), sind vAw. zu beachten und hindern die Eintragung.[28] Falls bereits eingetragen wurde, gilt § 868 Abs. 2. Das **Rechtsschutzinteresse** fehlt, wenn die Forderung bereits dinglich gesichert ist und der Eigentümer sich der persönlichen Haftung unterworfen hat.[29] Die **sachliche Berechtigung** von Titel und Klausel ist nicht zu prüfen (s. u. Rn. 6).[30] Einwendungen, die der Schuldner gegen die Vollstreckungsvoraussetzungen oder gegen den vollstreckbaren Anspruch geltend macht oder die Dritte erheben, bleiben unbeachtet, solange keine Einstellung der Zwangsvollstreckung nach §§ 732 Abs. 2, 769, 771 Abs. 3 erfolgt ist. Die Eintragung wird **auf dem Titel vermerkt** (Abs. 1 S. 1 Halbs. 2), um auszuschließen, dass entgegen Abs. 2 weitere Zwangshypotheken eingetragen werden. Der Gläubiger erhält den Titel zurück, zu den Grundakten werden beglaubigte Abschriften genommen (§ 10 Abs. 1 GBO). Unterlassen des Vermerks hindert das Entstehen der Hypothek nicht, s. u. Rn. 7. **Vollstreckungsbehörden** (§ 249 Abs. 1 S. 2 AO) prüfen die Voraussetzungen der Zwangsvollstreckung selbstständig und bestätigen deren Vorliegen für das GBA bindend in ihrem Antrag (§§ 322 AO, 7 JBeitrO), der als Ersuchen genügt (§ 38 GBO).[31] Der Antrag ist gegenüber dem Schuldner Verwaltungsakt,[32] dessen fehlende Bekanntgabe ihn lt. BFH im Verhältnis zum Schuldner zunächst unwirksam sein lässt,[33] was seine grundbuchrechtliche Wirksamkeit aber nicht hindert

3. Grundbuchrechtliche Erfordernisse. Deren Nachweis ist zusätzlich erforderlich.[34] Die **Bezeichnung des Grundstücks** muss grundbuch- oder katastermäßig erfolgen (§ 28 S. 1 GBO). **Geldbeträge** können auf Euro, Schweizer Franken oder US-Dollar lauten oder in dänischer, britischer oder schwedischer Währung angegeben werden (§ 28 S. 2 GBO),[35] s. vor § 803 Rn. 2. Für DM-Titel wie für Fremdwährungsschulden, die nach dem Kurs am Tag der Zahlung in € gezahlt werden können, errechnet das GBA den bei Eintragung aktuellen €-Betrag (§ 29 Abs. 1 S. 2 GBO) und trägt eine entspr. Höchstbetragshypothek ein.[36] Lautet 4

---

17 OLG Stuttgart OLGR 2007, 332 = FGPrax 2007, 66m abl. Anm. *Demharter;* offen gelassen von: BGH (Fn. 14).

18 *Zeller/Stöber* Einl. Rn. 64 (64.6).

19 OLG Schleswig SchlHA 1996, 161.

20 BayObLG FGPrax 2005, 58 = OLGR 2005, 596; BayObLGZ 1983, 189 = Rpfleger 1983, 407.

21 OLG Karlsruhe Rpfleger 1991, 51; OLG Stuttgart NJW-RR 1989, 1535; KG Rpfleger 1988, 359.

22 OLG Celle Rpfleger 1990, 112 m. krit. Anm. *Münzberg* 253; OLG Hamm Rpfleger 1983, 393; LG Wuppertal Rpfleger 1988, 153.

23 *B/L/H* Rn. 3.

24 BGH NJW 2006, 1341, 1342 = Rpfleger 2006, 313 m. Anm. *Wagner;* OLG Hamm OLGR 2005, 622; *Zimmer* NJW 2006, 1325.

25 Abl. *Klawikowski* Rpfleger 2007, 388.

26 LG Regensburg Rpfleger 1979, 147; MK/*Eickmann* Rn. 20; *Zö/Stöber* Rn. 2; aA (Form des § 29 Abs. 1 S. 2 GBO) OLG Celle NJW 1972, 1902.

27 MK/*Eickmann* Rn. 11.

28 OLG Frankfurt/M JurBüro 1997, 664.

29 OLG Köln FG Prax 1996, 13.

30 BayObLG Rpfleger 1982, 99; OLG Köln Rpfleger 1991, 149; OLG Hamm Rpfleger 1973, 440.

31 OLG Frankfurt/M JurBüro 1998, 48 (Gerichtskasse); OLG Hamm Rpfleger 1983, 481 (auch bei Duldungsbescheid, wenn Eigentümer nicht Steuerschuldner ist).

32 BFH ZIP 1990, 408; *Schwarz/App* ZIP 1990, 358, 360.

33 BFH (Fn. 32); aA: *Schwarz/App* (Fn. 32) S. 360f.

34 BGH NJW 2001, 3627, 3628; OLG Frankfurt/M. NZM 2004, 503; LG Saarbrücken Rpfleger 2003, 416; OLG Köln Rpfleger 1990, 65; OLG Hamm MDR 1988, 865; LG Bonn MDR 1995, 747; LG Aachen (Fn. 3).

35 *Demharter* FG Prax 1999, 166; *Rellemeyer* Rpfleger 1999 45, 49f.; *Ottersbach* Rpfleger 1999, 51; eingehend: *Böhringer* BWNotZ 1999, 137.

36 BGH WM 1991, 723 (Beispiel); *K. Schmidt* ZZP 98 (1985), 32, 47.

ein **arbeitsgerichtlicher Titel** auf Zahlung eines Bruttobetrages nebst Zinsen von dem sich daraus ergebenden Nettobetrag, genügt das dem Bestimmtheitserfordernis; der genaue Betrag wird ggf. im Verteilungstermin ermittelt.[37] § 39 GBO verlangt die **Eintragung des Schuldners als Eigentümer,** es sei denn, er ist Erbe des Eingetragenen und der Titel richtet sich gegen den Erblasser, Nachlasspfleger oder Testamentsvollstrecker (§ 40 GBO).[38] Ist der Titelschuldner als Kaufmann unter seiner **Firma** (§ 17 Abs. 2 HGB) bezeichnet, muss der Antragsteller die Identität mit dem unter seinem bürgerlichen Namen eingetragenen Grundstückseigentümer (§ 15 GBVfg.) nachweisen, zB durch Handelsregisterauszug.[39] Der Gläubiger muss die Eintragung des Schuldners ggf. durch **Grundbuchberichtigung** herbeiführen (§§ 14, 22 GBO). Die erforderlichen Urkunden (Erbschein, § 35 GBO) erhält er nach § 792. Er kann den Berichtigungsanspruch des Schuldners pfänden, sich überweisen lassen (§§ 829, 835) und einklagen.[40] Stirbt der Schuldner nach Beginn der Zwangsvollstreckung (§ 779), kann er gleichwohl noch eingetragen werden.[41] Richtet sich der Antrag gegen den **noch nicht eingetragenen Ersteher** des Grundstücks, verwahrt das GBA den Antrag und vollzieht ihn nach Erledigung des Eintragungsersuchens des Vollstreckungsgerichts (§ 130 ZVG).[42]

5 **4. Verfahren bei Eintragungshindernissen.** Fehlen **grundbuchrechtliche** Voraussetzungen, erlässt das GBA bei behebbaren Mängeln eine **rangwahrende Zwischenverfügung** (§ 18 Abs. 1 GBO), der Rang des Antrags kann dabei durch Eintragung einer Vormerkung gewahrt werden (§ 18 Abs. 2 GBO).[43] Das gilt, wenn zB zunächst die Voreintragung des Schuldners erfolgen muss (§ 39 GBO)[44] oder wenn die Zustimmung des Grundstückseigentümers nach § 3 Abs. 2 ErbbauVO zwar vorliegt, aber nicht in der Form des § 29 GBO.[45] Liegen **vollstreckungsrechtliche** Mängel vor, darf die Zwangsvollstreckung nicht beginnen. Eine rangwahrende Zwischenverfügung nach § 18 GBO ist grds. unzulässig,[46] nach zutr. Ansicht aber ausnahmsweise zu erlassen, wenn der Gläubiger schlüssig behauptet, die noch nicht nachgewiesene Voraussetzung sei erfüllt.[47] Stellt sich später heraus, dass die Voraussetzung erst nach Antragstellung eingetreten ist, wird die Zwischenverfügung aufgehoben (§ 18 FGG) und eine evtl. eingetragene Vormerkung gelöscht. Wird allerdings das Vorhandensein der Voraussetzung nicht einmal behauptet, ergeht nur eine **nicht rangwahrende Aufklärungsverfügung** (§§ 139, 278 Abs. 3) mit der Aufforderung, den Mangel innerhalb bestimmter Frist zu beheben. Verstreicht die Frist fruchtlos, wird der Antrag zurückgewiesen. Andernfalls ist für die Reihenfolge der Eintragung (§ 17 GBO) der Eingang des mangelfreien Antrags beim GBA (§ 13 Abs. 1 GBO) maßgeblich. Zwischenzeitlich eingegangene mangelfreie Anträge werden vollzogen und gehen im Rang vor.[48] Betrifft die Aufklärungsverfügung nur einen **ausscheidbaren Teil** (zB Vollstreckungskosten), ist i. Ü. die Rangfolge der §§ 17, 45 GBO gewahrt.[49] Werden **Mängel übersehen,** richtet sich der Rang der eingetragenen Hypothek nach dem Zeitpunkt des Eingangs, auch wenn die Eintragung fehlerhaft war und erst nachträglich geheilt wurde, s. u. Rn. 9.

III. Eintragung (Abs. 1 S. 2)

6 **1. Inhalt.** Erforderlich ist die **Bezeichnung** als Sicherungshypothek (§§ 1115 Abs. 1, 1184 Abs. 2 BGB) und wg. § 868, dass es sich um eine Zwangshypothek handelt; üblich: **Zwangssicherungshypothek** oder „... im Wege der Zwangsvollstreckung ...“. Die Eintragung ist vom GBA auf dem Vollstreckungstitel zu vermerken (Abs. 1 S. 1 Halbs. 2); ein Unterlassen hindert das Entstehen der Zwangshypothek aber nicht (s. u. Rn. 8). Auf § 720a ist ggf. hinzuweisen, um klarzustellen, dass Verwertung vor Sicherheitsleistung oder Rechtskraft nicht verlangt werden kann.[50] **Gläubiger** sind mit Namen, Beruf, Wohnort oder Geburtsdatum (§ 15 GBVfg.) zu bezeichnen, der Einzelkaufmann, auch wenn er im Titel mit seiner Firma bezeichnet ist (§ 17 Abs. 2 HGB), daher mit bürgerlichem Namen.[51] Lautet der Titel auf Leistung an einen Dritten, ist neben dem Gläubiger auch der Leistungsempfänger einzutragen.[52] Bei einer **Mehrheit** von Gläubigern ist entweder die Berechtigung in Bruchteilen anzugeben oder das für die Gemeinschaft maßgebliche konkrete Rechtsverhältnis (§ 47 GBO); „als Gesamtberechtigte“ reicht nicht.[53] Nachholung ist möglich, der Formzwang des § 29 GBO gilt hierfür nicht.[54] **GbR** (s. Rn. 3) oder Gemeinschaften kann ein Schlagwort beigefügt werden.[55] Für Zwangs-

---

[37] LG Bonn MDR 1995, 747.
[38] *St/J/Münzberg* Rn. 21.
[39] BayObLG Rpfleger 1981, 192.
[40] *B/L/H* Rn. 6.
[41] MK/*Eickmann* Rn. 27; *Zö/Stöber* Rn. 3; *Hagena* Rpfleger 1975, 390; aA KG Rpfleger 1975, 133.
[42] LG Lahn-Gießen Rpfleger 1979, 352 m. zust. Anm. *Schiffhauer; Meyer-Stolte* Rpfleger 1983, 241.
[43] HM; LG Ellwangen BWNotZ 1982, 68 m. weit. Nachw.; MK/*Eickmann* Rn. 28; *St/J/Münzberg* Rn. 26; *Demharter* § 18 Rn. 9 und 26ff.; aA *Habermeier* (Fn. 2) S. 64f.
[44] *Löscher* JurBüro 1982, 1617.
[45] OLG Celle MDR 1985, 331.
[46] AllgM; BGH (Fn. 2); BayObLG FGPrax 2005, 57, 58.
[47] MK/*Eickmann* Rn. 31; *St/J/Münzberg* Rn. 26; aA *Zö/Stöber* Rn. 4; *Böttcher* (Fn. 2) S. 463.
[48] HM; BGH (Fn. 2); OLG Frankfurt Rpfleger 1974, 443; LG Mainz Rpfleger 1991, 302.
[49] MK/*Eickmann* Rn. 33; *Zö/Stöber* Rn. 4.
[50] MK/*Eickmann* Rn. 37; aA *Zö/Stöber* Rn. 7.
[51] BayObLG NJW-RR 1988, 980.
[52] BayObLGZ 1980, 258 = Rpfleger 1980, 429; *St/J/Münzberg* Rn. 10a.
[53] BayObLG ZMR 1995, 498; LG Essen Rpfleger 2001, 543 (ggf. Auslegung).
[54] OLG Köln Rpfleger 1986, 91; aA wohl LG Essen (Fn. 53).
[55] OLG Hamm Rpfleger 1983, 432; *Eickmann* Rpfleger 1985, 88.

geld (§ 888) ist der Kläger als Gläubiger einzutragen, die Gerichtskasse als Zahlungsempfänger anzugeben.[56] Die **Wohnungseigentümergemeinschaft ist teilrechtsfähig,** soweit sie im Rahmen der Verwaltung des gemeinschaftlichen Eigentums Rechte erwirbt und Pflichten eingeht. Die Neuregelung in § 10 Abs. 6 WEG[57] entspricht der neueren Rspr., wonach die Wohnungseigentümergemeinschaft als Gläubigerin einer Zwangshypothek im Grundbuch eingetragen werden.[58] Sie ist dabei als „Wohnungseigentümergemeinschaft" gefolgt von der bestimmten Angabe des gemeinschaftlichen Grundstücks zu bezeichnen (§ 10 Abs. 6 S. 4 WEG). Falls die **Wohnungseigentümer** entspr. der bisherigen Rechtsauffassung eingetragen wurden, bleibt es bei ihrer sachenrechtlichen Befugnis; eine Unrichtigkeit des Grundbuchs auf Grund geänderter Rspr. wird nicht anzunehmen sein.[59] Hat der **Verwalter von Wohnungseigentum** im eigenen Namen einen auf Zahlung an ihn lautenden Titel erwirkt, ist er als Berechtigter im Grundbuch einzutragen, unabhängig davon, ob er materiell-rechtlicher Forderungsinhaber oder gewillkürter Prozessstandschafter ist,[60] s. dazu § 51 Rn. 28. Es genügt, dass Titel oder Klausel ihn als Inhaber der titulierten Forderung ausweisen. § 1113 Abs. 1 BGB ist wg. Vorrangs des Vollstreckungsrechts nicht anwendbar.[61] Das dürfte auch bei dem Zusatz „inkassobefugter Verwalter der Eigentümergemeinschaft" gelten.[62] Wird bei § 1629 Abs. 3 BGB ein **Elternteil** als Gläubiger ausgewiesen, kann er eingetragen werden.[63] Bei **Nachlassverwaltung** werden die Erben eingetragen.[64] Der einzutragende **Geldbetrag** (§ 1115 BGB) muss mindestens 750,01 € ausmachen (§ 866 Abs. 3). Er ist nebst Zinsen, Kosten und allen Nebenleistungen anzugeben (s. o. Rn. 3). Bezugnahme auf den vollstreckbaren Schuldtitel, der die Eintragungsbewilligung (§ 19 GBO) ersetzt, ist zulässig (§ 44 Abs. 2 GBO). Weil das Grundstück ohne weiteres für die Kosten des Eintragungsverfahrens haftet (Abs. 1 S. 3), sind sie nicht eintragungsbedürftig und deshalb auch nicht eintragungsfähig.

2. Sicherungshypothek. a) Entstehen der Sicherungshypothek. Voraussetzung ist, dass der Schuldner **Eigentümer** des Grundstücks ist und nicht nur sog. Buchberechtigter,[65] § 892 BGB gilt nicht im Rahmen der Zwangsvollstreckung. Mit **ordnungsgemäßer Eintragung** (§ 44 GBO) entsteht zu Gunsten des Gläubigers eine bürgerlich-rechtliche Sicherungshypothek (§§ 1115, 1184 BGB),[66] die ihm dieselben Rechte verschafft wie eine durch Rechtsgeschäft bestellte, mithin einen (dinglichen) Anspruch auf Zahlung des Hypothekenbetrages aus dem Grundstück; i. Ü. auch das Ablösungsrecht (§§ 268, 1150 BGB) und den Löschungsanspruch (§ 1179a BGB).[67] § 1163 BGB wird durch § 868 nicht ausgeschlossen, sondern ergänzt,[68] s. a. dort Rn. 5. Die Sicherungshypothek ist immer **Buchhypothek** (§ 1185 Abs. 1 BGB). Sie ist **streng akzessorisch,** der Gläubiger kann sich gem. § 1185 Abs. 2 BGB zum Nachweis seiner Forderung nicht auf die Eintragung (§§ 891, 1138 BGB) berufen (zur Duldungsklage s. u. Rn. 9). **Verfahrensmängel** führen nur ausnahmsweise zur endgültigen **Nichtigkeit** der Hypothek (s. a. § 803 Rn. 10),[69] insbes. **bei ihrem Inhalt nach unzulässigen Eintragungen** (§ 53 Abs. 1 S. 2 GBO) wie bei Verstößen gegen das Gesamtbelastungsverbot (Abs. 2)[70] oder das Mindesthöhegebot (§ 866 Abs. 3).[71] Diese Eintragungen sind unwirksam, daher vAw. zu löschen (§ 53 Abs. 1 GBO). Sie können auch nicht Grundlage weiterer Eintragungen sein; solche müssten ebenfalls als unzulässig gelöscht werden.[72] Daher ist auch kein gutgläubiger Erwerb der Sicherungshypothek durch einen Dritten nach §§ 892, 1138 BGB möglich.[73] Auch nach Löschung der übrigen, unter Verstoß gegen Abs. 2 eingetragenen Hypotheken bleibt die nur noch auf einem Grundstück eingetragene Hypothek nichtig.[74] Bei **anderen Mängeln,** soweit es sich nicht um bloße Verstöße gegen grundbuchrechtliche Voraussetzungen oder Ordnungsvorschriften handelt, ist die Hypothek nach zutr. Ansicht vorläufig unwirksam, aber durch Nachholen der Vollstreckungsvoraussetzungen **rückwirkend heilbar.**[75] Die Gegenmeinung, die Hypothek sei auflösend bedingt wirksam,[76] verwischt den Unterschied zu einer ordnungsgemäß entstandenen Hypothek, 7

---

[56] AG Hamburg Rpfleger 1982, 31.
[57] G. v. 26. 3. 2007, BGBl. I S. 370; BT-Drucks. 16/3843 S. 24.
[58] BGH NJW 2007, 1952, 1953; NJW 2007, 1957, 1958; BGHZ 163, 154, 172, 177 = NJW 2005, 2061; *Bärmann* DNotZ 1985, 395; krit. *Demharter* NZM 2006, 81; aA früher: BGH NJW 1998, 3279; BayObLG FGPrax 2001, 93.
[59] *Hügel* DNotZ 2005, 753, 768.
[60] BGHZ 148, 392, 395 = NJW 2001, 3627 = EWiR § 45 WEG 1/02, 41 (*Schuschke*); BayObLG NZM 2005, 439; KG Rpfleger 2001, 340.
[61] BGH (Fn. 60) S. 397.
[62] *Zö/Stöber* Rn. 3.
[63] LG Konstanz NJW-RR 2002, 6.
[64] OLG Hamm OLGZ 1988, 390, 391 f. = Rpfleger 1989, 17.
[65] Ganz hM; BGH WM 1963, 219; OLG Hamm Rpfleger 1983, 393; MK/*Eickmann* Rn. 49 m. weit. Nachw.; aA (öff.-rechtliche Pfandrechtsheorie gilt auch hier): *Lüke* NJW 1954, 1669 ff.; s. dazu § 804 Rn. 1.
[66] OLG Hamm Rpfleger 2005, 533.
[67] *St/J/Münzberg* Rn. 33.
[68] *Schuschke/Walker* Rn. 18.
[69] OLG Hamm FGPrax 2005, 192, 193; *Dümig* Rpfleger 2004, 1.
[70] OLG Stuttgart Rpfleger 1971, 191; OLG Köln NJW 1961, 368; z. unzulässigen Eintragung einer 2. Zwangshypothek: BayObLG Rpfleger 1986, 372.
[71] BayObLGZ 1975, 403 = Rpfleger 1976, 66; OLG Frankfurt OLGZ 1961, 261.
[72] BayObLG (Fn. 71); *Demharter* § 53 Rn. 52.
[73] St. Rspr. seit RGZ 88, 21, 27 (Hypothek an einem Miterbenanteil entgegen § 1114 BGB); BGH MittBayNot. 1995, 379, 381; BayObLG Rpfleger 1995, 455; MK/*Eickmann* Rn. 50.
[74] *Zeller/Stöber* Einl. Rn. 68; aA *Streuer* Rpfleger 1988, 513.
[75] HM; OLG Hamm FGPrax 2005, 192, 193; 1997, 86; OLG Schleswig NJW-RR 1988, 700; MK/*Eickmann* Rn. 51; *T/P/Hüßtege* Rn. 10; *St/J/Münzberg* Rn. 14 f.; jedenfalls heilbar: BayObLG NJW-RR 2003, 1668, 1669.
[76] OLG Frankfurt MDR 1956, 111; *Zö/Stöber* Rn. 21.

weil es – wg. der Nichtanwendbarkeit der §§ 766, 793 – keinen Rechtsbehelf gibt, der es ermöglichte, die als auflösend angenommene Bedingung eintreten zu lassen, s. u. Rn. 12. Erfolgt die **Eintragung ohne jeglichen Nachweis,** liegt zwar keine inhaltlich unzulässige Eintragung vor, das Grundbuch kann gleichwohl unrichtig sein.[77] Zu den Auswirkungen der **Insolvenz des Schuldners** allgemein s. § 804 Rn. 17f. Eine bereits eingetragene Zwangshypothek berechtigt den Insolvenzgläubiger grds. zur **abgesonderten Befriedigung** (§ 49 InsO). Sie wird mit Eröffnung des Verfahrens aber unwirksam, wenn sie erst im letzten Monat vor dem Antrag auf Verfahrenseröffnung oder sogar nach diesem Antrag eingetragen worden ist: **befristete Rückschlagsperre** (§ 88 InsO),[78] s. § 868 Rn. 3. Der Verwalter darf von der ihm zu erteilenden Löschungsbewilligung aber nur Gebrauch machen, soweit dies zur Verwertung des Grundstücks im Rahmen des Insolvenzverfahrens nötig ist.[79]

8 **b) Rang.** Die Zwangshypothek wird an der nächstbereiten Stelle eingetragen (§ 879 BGB). Der Gläubiger kann einen Rangvorbehalt des Schuldners (§ 881 Abs. 1 BGB) nicht zum Nachteil des mit dem Vorbehalt belasteten Rechts nutzen, denn der Vorbehalt ist weder übertragbar, noch kann seine Ausübung Dritten überlassen werden (arg. § 851).[80] Wird ein heilbarer Mangel (s. Rn. 7 aE) behoben, erhält die Hypothek entspr. § 879 Abs. 2 BGB rückwirkend den Rang, der dem Zeitpunkt ihrer Eintragung entspricht, denn die vollstreckungsrechtlichen Voraussetzungen treten bei der Zwangseintragung an die Stelle der sonst nach § 873 BGB erforderlichen Einigung.[81] Insow. kommt es also nicht darauf an, ob man bei Verfahrensmängeln, die nicht zur Nichtigkeit führen (s. o. Rn. 7 aE), eine auflösend bedingt wirksame[82] oder eine vorläufig unwirksame Hypothek annimmt.[83] Der Inhaber der Zwangshypothek kann Löschung einer vorrangigen, auf Grund nichtigen Rechtsgeschäfts eingetragenen Auflassungsvormerkung verlangen.[84] Hat der Gläubiger einen Titel in der Hauptsache erlangt, ist die **Umschreibung einer Arresthypothek** in eine Zwangshypothek auch bei Eigentümerwechsel ohne neuen Titel möglich, denn der Erwerber erhält das Eigentum bereits mit einer vollwertigen Hypothek belastet.[85]

IV. Verbot der Gesamthypothek (Abs. 2)

9 **1. Verteilung.** Sollen mehrere selbständige Grundstücke (s. § 864 Rn. 2) des Schuldners belastet werden, muss der Gläubiger die Forderung aufteilen und mit seinem **Antrag** die Größe der Teile bestimmen.[86] Vollstreckt der Gläubiger wg. mehrerer Forderungen aus mehreren Titeln in mehrere Grundstücke, muss jede Eintragung die Aufteilung erkennen lassen.[87] Eine **Gesamtbelastung** ist unzulässig. Befinden sich aber Grundstücks- und Gebäudeeigentum (s. § 864 Rn. 4) in einer Hand, können sie mit einer Gesamthypothek belastet werden.[88] Schriftform, auch Erklärung zu Protokoll des GBA genügt, s. o. Rn. 2. Die **Einzelhypotheken** können, abweichend von der bisherigen Praxis,[89] auf Grund der Neufassung des S. 2 Halbs. 2 (s. Rn. 1) nur für Beträge eingetragen werden, die 750 € übersteigen. Die Regelung gilt aber nicht für Eintragungen, die vor 1999 beantragt wurden.[90] **Fehlende Verteilung** ist ein Vollstreckungsmangel.[91] Daher ergeht keine rangwahrende ZwischenVfg. (§ 18 GBO), sondern eine sog. AufklärungsVfg. (§§ 139, 278 Abs. 3), s. o. Rn. 5. Der **Rang** der nach Verteilung mit Eintragung entstehenden Einzel-Zwangssicherungshypotheken (s. o. Rn. 8) bestimmt sich nach dem Eingang der nachträglichen Erklärung beim GBA (§§ 17, 45 GBO), die Ergänzung des ursprünglichen Antrags ist nicht teilweise Rücknahme, so dass Schriftform genügt und öff. Beglaubigung (§§ 29, 31 GBO) nicht erforderlich ist.[92] Eine **Rangfolge** der Teile braucht der Gläubiger nicht anzugeben; trifft der Schuldner keine Bestimmung, wird nach § 366 BGB verrechnet.[93]

10 **2. Belastung mehrerer Grundstücke.** Die Eintragung einer Zwangshypothek ist nach hM auch dann möglich, wenn wg. derselben Forderung bereits auf einem anderen Grundstück desselben Schuldners rechtsgeschäftlich eine **Verkehrshypothek** (§ 1113 BGB)[94] oder eine Grundschuld (§ 1191 BGB)[95] zu Gunsten des Gläubigers bestellt worden ist. **Unzulässig** ist aber die Eintragung einer **weiteren Zwangshypothek** für dieselbe Forderung auf einem anderen Grundstück des Schuldners,[96] auch als sog. Ausfallzwangshypo-

---

[77] BayObLGZ 1995, 249 = NJW-RR 1996, 80.
[78] BGHZ 166, 74, 77 = NJW 2006, 1286 = *Lüke/Stengel* LMK 2006, 180525; OLG Düsseldorf Rpfleger 2003, 647.
[79] OLG Brandenburg DtZ 1997, 33 (zu § 22 GBO).
[80] BGHZ 12, 238, 241= NJW 1954, 954.
[81] OLG Schleswig (Fn. 75); BayObLG Rpfleger 1976, 66; MK/*Eickmann* (Fn. 75); *T/P/Hüßtege* (Fn. 75); *St/J/Münzberg* Rn. 15a; aA (ex nunc) *Furtner* MDR 1964, 460.
[82] Wie Fn. 75.
[83] Wie Fn. 76.
[84] BGH NJW 1996, 3147.
[85] LG Zweibrücken NJW-RR 1995, 512.
[86] BGH NJW 1991, 2022.
[87] OLG Zweibrücken OLGR 2001, 443.
[88] OLG Jena FGPrax 1997, 208; OLG Brandenburg FGPrax 1997, 9; aA LG Frankfurt/O Rpfleger 1997, 212.
[89] Seit RGZ 84, 265, 276; vgl. MK/*Eickmann* Rn. 60.
[90] Art. 3 Abs. 7 des 2. ZwVÄndG.
[91] BGH (Fn. 2); OLG Düsseldorf OLGZ 1990, 16 = MDR 1990, 62.
[92] MK/*Eickmann* Rn. 61.
[93] BGH NJW 1991, 2022.
[94] HM; BayObLG Rpfleger 1991, 53 = MDR 1991, 163; aA (Gefahr der Vervielfältigung des Gläubigerrechts) MK/*Eickmann* Rn. 69.
[95] BayObLGZ 1995, 249 = NJW-RR 1996, 80; LG Lübeck Rpfleger 1985, 287.
[96] OLG Düsseldorf OLGZ 1990, 16 = Rpfleger 1990, 60 = MDR 1990, 62.

thek.[97] Wird sie gleichwohl eingetragen, bleibt die Wirksamkeit der ersteingetragenen Hypothek davon unberührt.[98] Ist eine unzulässige Zwangshypothek auf Grund des Mithaftungsvermerks nach § 48 GBO zu erkennen, wird sie gem. § 53 Abs. 1 S. 2 GBO vAw. gelöscht.[99] Eine Eintragung auf einem weiteren Grundstück ist nur möglich, wenn der Gläubiger seine Forderung nachträglich aufteilt und hins. des ersten Grundstücks auf den Teil verzichtet, für den auf dem weiteren Grundstück eine Zwangshypothek eingetragen werden soll. Die Eintragung einer **Gesamthypothek** ist als inhaltlich unzulässige Eintragung erkennbar (§ 48 GBO) nichtig (s. o. Rn. 7),[100] daher stets vAw. zu löschen (§ 53 Abs. 1 S. 2 GBO). Sind mehrere Eigentümer als **Gesamtschuldner** verurteilt, können Zwangshypotheken für dieselbe Forderung bei jedem von ihnen auf je einem Grundstück[101] oder auf je einem ideellen Grundstücksbruchteil[102] eingetragen werden. Sollen mehrere Grundstücke desselben Gesamtschuldners belastet werden, ist die Forderung auf die einzelnen Grundstücke zu verteilen. Vorstehendes gilt nach § 864 Abs. 2 entspr., wenn Schuldner Miteigentümer mehrerer Grundstücke nach Bruchteilen[103] oder von Wohnungseigentumsanteilen (s. § 857 Rn. 9) sind. Ist eine Zwangshypothek auf einen **Miteigentumsanteil** eingetragen und hat der Schuldner durch Erbfall auch den weiteren Miteigentumsanteil erworben, bleibt die Hypothek auf den früheren, jetzt fiktiven Anteil beschränkt,[104] s. auch § 864 Rn. 6. Der Gläubiger kann eine Sicherungshypothek am ganzen Grundstück nur erlangen, wenn er zumindest teilweise auf seine bereits eingetragene Hypothek verzichtet und für den frei gewordenen Teil der Forderung eine Zwangshypothek am Gesamtgrundstück eintragen lässt; i. Ü. bleibt ihm der erworbene Rang erhalten.[105] Getrenntes **Grundstücks- und Gebäudeeigentum** kann mit einer einheitlichen Sicherungshypothek belastet werden.[106] Da die **Sicherungshypothek des Bauunternehmers** (§ 648 BGB) keine Zwangshypothek iSd. § 867 ist, kann auf Grund einstwVfg. eine Vormerkung zu Lasten mehrerer Grundstücke ohne Verteilung des Betrages eingetragen werden.[107]

V. Entbehrlichkeit der Duldungsklage (Abs. 3)

11 Mit Eintragung der Sicherungshypothek ist diese Einzelvollstreckungsmaßnahme zwar formell beendet,[108] der Gläubiger ist aber noch nicht befriedigt. Er oder sein Rechtsnachfolger (Klausel erforderlich, § 727) kann daher wg. seines persönlichen Anspruchs aus dem Vollstreckungstitel noch die ZwVerst. oder ZwVerw. in das Grundstück betreiben (s. § 866 Rn. 3). Zur Durchsetzung des rangbesseren dinglichen Anspruchs (s. § 10 Abs. 1 Nr. 4 u. 5 ZVG) auf Zahlung des Hypothekenbetrages aus dem Grundstück (§§ 1113, 1184 BGB), dh. für eine **ZwVerst. mit dem Rang der Sicherungshypothek** genügt gem. Abs. 3 der vollstreckbare Titel, auf dem die Eintragung vermerkt ist. Ein besonderer Duldungstitel ist nicht erforderlich,[109] so dass für eine Duldungsklage das Rechtsschutzinteresse fehlt, es sei denn, dass der Schuldner mit Einwendungen gem. § 767 droht. Abs. 3 ist aber **unanwendbar, wenn der Schuldner nicht mehr** eingetragener **Eigentümer** ist. Dann verlangt § 17 ZVG einen besonderen Titel.[110] Gleiches gilt, wenn die Sicherungshypothek durch **Pfändung des Anwartschaftsrechts** oder des Übereignungsanspruchs entstanden ist (s. § 848 Rn. 5, 8) oder wenn die ZwVerst. auf Grund der **Pfändung eines Grundpfandrechts** erfolgt (s. § 830 Rn. 2 ff.), wobei hier eine Klauselumschreibung (§ 727) in Betracht kommt.[111] Abs. 3 gilt darüber hinaus nicht für die **Arresthypothek** (vgl. §§ 931 Abs. 6, 932 Abs. 2). I. Ü. ist str., ob der Gläubiger vor **Klageerhebung** zur Duldung oder nur zur Zahlung auffordern muss, um Klageveranlassung iSv. § 93 zu haben (s. dort Rn. 2). Trotz der strengen Akzessorietät der Sicherungshypothek (s. o. Rn. 7) braucht der Gläubiger im Duldungsprozess seine Forderung nicht darzulegen und nachzuweisen, da sie durch den rechtskräftigen Zahlungstitel bewiesen wird,[112] es sei denn, dass dem Titel die Beweiskraft fehlt, weil nicht erkennbar ist, worüber das Gericht entschieden hat.[113] Die für eine titulierte Forderung eingetragene Zwangshypothek sichert idR auch die Forderung aus einem **Vergleich,** der später über diese Forderung geschlossen wird, weil er idR keine schuldumschaffende Wirkung hat.[114] Schuldner und Eigentümer, der das mit der Zwangshypothek belastete Grundstück erworben hat, können **Einwendungen** oder Einreden gegen die Forderung grds. nur in den Grenzen der §§ 767 Abs. 2, 796 Abs. 2 geltend machen.[115] Ist die Forderung nachgewiesen,

---

97 LG Hechingen Rpfleger 1993, 169.
98 BayObLG Rpfleger 1986, 372.
99 BayObLG (Fn. 95).
100 RGZ 163, 121, 125; BayObLG (Fn. 95); OLG Düsseldorf (Fn. 96).
101 LG Duisburg JurBüro 1981, 624; *Deimann* Rpfleger 2000, 193.
102 OLG Düsseldorf Rpfleger 2004, 39 m. Anm. *Deimann.*
103 BGH NJW 1961, 1352; LG Duisburg (Fn. 101).
104 BayObLGZ 1996, 41, 45.
105 OLG Oldenburg Rpfleger 1996, 242.
106 OLG Brandenburg Rpfleger 1997, 60 = JurBüro 1997, 103; LG Leipzig VIZ 1996, 482.
107 OLG Frankfurt/M NJW-RR 1995, 1359.
108 BGHZ 130, 347, 349 f. = NJW 1995, 2715.
109 Früher ganz hM; vgl. BGH NJW 1966, 2009; OLG Düsseldorf NJW-RR 1993, 1430, 1431 m. weit. Nachw.
110 OLG München MDR 1984, 674; *St/J/Münzberg* Rn. 49; *T/P/Hüßtege* Rn. 18; aA *Dümig*Rpfleger 2004, 3, 10: Titelumschreibung, § 727; offen gelassen: BGH NJW 2007, 2993, 2994.
111 *Behr* JurBüro 2000, 230, 232.
112 BGH NJW 1988, 828; OLG Karlsruhe OLGR 2000, 183, 184.
113 BGHZ 124, 164, 166 = NJW 1994, 460.
114 OLG Karlsruhe (Fn. 112).
115 BGHZ 12, 238, 241 = NJW 1954, 954.

gilt für die Hypothek § 891 BGB. Ist der durch **Vormerkung** gesicherte Anspruch noch nicht entstanden, muss der Grundstückserwerber die Zwangsvollstreckung aus einer später eingetragenen Sicherungshypothek dulden.[116]

VI. Rechtsbehelfe

12 Der **Gläubiger** kann sich gegen die Zurückweisung seines Antrags mit der nicht fristgebundenen (einfachen) Beschwerde (§§ 11 RPflG, 71 Abs. 1 GBO) wehren. Wird die Zurückweisung aufgehoben, leben die Wirkungen des Antrags (§§ 13, 17 GBO) wieder auf; zwischenzeitlich eingetragene Rechte bleiben aber in ihrem Rang unberührt.[117] Dem **Schuldner** stehen wg. der Besonderheiten des Grundbuchrechts nicht die auf Aufhebung des Vollstreckungsakts zielenden Rechtsbehelfe der §§ 766, 793 zu.[118] Er kann aber mit dem gem. §§ 11 Abs. 3 S. 1 RPflG, 71 Abs. 2 S. 2 GBO modifizierten unbefristeten **Rechtsbehelf** anregen, das GBA anzuweisen, wg. Verletzung gesetzlicher Vorschriften einen **Widerspruch** einzutragen oder eine **Löschung** vorzunehmen (§ 53 GBO). Die Unrichtigkeit muss sich aus der Eintragung selbst oder aus der zulässigerweise in Bezug genommenen Eintragungsbewilligung ergeben; andere dem Grundbuchamt nicht erkennbare Umstände[119] oder sonstige Beweismittel dürfen nicht verwertet werden.[120] Löschung kann der Schuldner nur verlangen, wenn die Möglichkeit eines gutgläubigen Erwerbs rechtlich ausgeschlossen ist (s. dazu Rn. 7).[121] Durch diese Beschränkung soll verhindert werden, dass eine Hypothek gelöscht wird, die womöglich nach §§ 892, 1138 BGB als Recht eines gutgläubigen Dritten entstanden ist. Die **weitere Beschwerde** gegen die eine Eintragung betreffende Beschwerdeentscheidung bedarf der Form des § 80 Abs. 1 GBO.[122] Zur **Klage** aus §§ 894 BGB, 767 s. § 868 Rn. 6. Macht ein **Dritter** geltend, er, nicht der Schuldner sei Eigentümer des Grundstücks, kann er auch nach Eintragung der Sicherungshypothek noch gem. § 771 klagen, weil die Zwangsvollstreckung durch die Eintragung der Sicherungshypothek noch nicht beendet ist (s. o. Rn. 7).[123]

VII. Gebühren und Kosten

13 **1. Rechtsanwaltsgebühren.** Der Anwalt erhält die Vollstreckungsgebühr von 0,3 gemäß Vorbem. 3.3.3 und Nr. 3309 VV RVG (besondere Angelegenheit, § 18 Nr. 13 RVG).

14 **2. Gerichtskosten.** Gerichtsgebühren werden für die Eintragung der Sicherungshypothek nach §§ 62, 63 iVm. § 32 KostO erhoben.

868

Erwerb der Zwangshypothek durch den Eigentümer **(1) Wird durch eine vollstreckbare Entscheidung die zu vollstreckende Entscheidung oder ihre vorläufige Vollstreckbarkeit aufgehoben oder die Zwangsvollstreckung für unzulässig erklärt oder deren Einstellung angeordnet, so erwirbt der Eigentümer des Grundstücks die Hypothek.**

(2) Das Gleiche gilt, wenn durch eine gerichtliche Entscheidung die einstweilige Einstellung der Vollstreckung und zugleich die Aufhebung der erfolgten Vollstreckungsmaßregeln angeordnet wird oder wenn die zur Abwendung der Vollstreckung nachgelassene Sicherheitsleistung oder Hinterlegung erfolgt.

I. Normzweck

1 Die Norm regelt die Verbindung von Vollstreckungsrecht und materiellem Recht (s. § 867 Rn. 7f.) für den Fortbestand des eingetragenen Rechts. Sie stellt den nachträglichen Wegfall zwingender Vollstreckungserfordernisse dem Erlöschen der gesicherten Forderung in § 1163 Abs. 1 S. 2 BGB gleich: Der Eigentümer des Grundstücks erwirbt die Hypothek.

II. Erwerb aus verfahrensrechtlichen Gründen

2 **1. Allgemeines.** Der **Rechtsübergang** erfolgt kraft Gesetzes **mit Wirksamwerden** der Entscheidung oder Eintritt des sonstigen Ereignisses, nicht erst mit ihrer Ausfertigung oder deren Vorlegung beim GBA (§ 22 GBO), erst recht nicht mit Eintragung.[1] Voraussetzung ist, dass die Entstehung der Hypothek nicht aus verfahrensrechtlichen Gründen ausgeschlossen war (s. § 867 Rn. 7). Neuer Rechtsinhaber wird, wer zZ des Eintritts des Ereignisses **Eigentümer** ist, bei Wechsel des Eigentums also nicht derjenige, der zZ der Eintragung Eigentümer war, auch nicht ein sog. Buchberechtigter.[2] Der Eigentümer erwirbt das Recht mit Haupt- und Nebenforderungen. In seiner Person wandelt sich die Hypothek in eine **Eigentümergrundschuld** (§ 1177 Abs. 1 S. 1 BGB) mit der Beschränkung aus § 1197 Abs. 1 BGB. Liegen die Voraussetzungen nur

---

[116] BGH NJW-RR 2007, 1247.
[117] BayObLG Rpfleger 1983, 101.
[118] OLG Zweibrücken (Fn. 2); OLG Frankfurt/M (Fn. 31).
[119] OLG Hamm FGPrax 2005, 192 = Rpfleger 2005, 532; aA OLG Celle Rpfleger 1990, 112.
[120] BayObLGZ 1987, 393 = Rpfleger 1988, 102; OLG Hamm OLGZ 1993, 43.
[121] BGHZ 64, 194, 196 = NJW 1975, 1282; BayObLG NJW-RR 2003, 1668, 1669.
[122] OLG Köln Rpfleger 1996, 189.
[123] BGH WM 1988, 99, 101.
[1] *St/J/Münzberg* Rn. 3.
[2] MK/*Eickmann* Rn. 13.

für einen Teil vor, ist der Übergang darauf beschränkt; das Restrecht des Gläubigers hat Vorrang (§ 1176 BGB).[3] Bei späterer **Aufhebung** der Entscheidung (zB des Versäumnisurteils nach Einspruch oder in höherer Instanz nach Berufung oder Revision) lebt die Zwangshypothek nicht wieder auf.[4] Dem Gläubiger steht **kein Schadenersatzanspruch** aus § 717 Abs. 3 zu, wenn die Hypothek auf Grund Berufungsurteils auf den Schuldner übergegangen ist und das Revisionsgericht das Berufungsurteil später aufhebt.[5] Weil § 868 selbst Rechtsgrund für den Rechtsübergang ist, steht dem Gläubiger gegen den Schuldner auch dann **kein Anspruch aus § 812 BGB** zu, wenn das Urteil, das die Zwangsvollstreckung für unzulässig erklärt hat, in Unkenntnis der bestehenden Sicherungshypothek erging.[6] Zur **Rangwahrung** kann der Gläubiger die Eigentümergrundschuld pfänden (s. § 857 Rn. 17), falls sie noch seinem Schuldner zusteht;[7] andernfalls muss er erneut Eintragung beantragen. § 868 gilt nicht für **Vormerkungen** (§ 885 BGB).[8]

2. Einzelfälle. a) Abs. 1. Aufhebung des Titels durch Urteil oder Beschluss nach § 794 Abs. 1 Nr. 3, auch eines Arrestbefehls,[9] – bei Kostenfestsetzungsbeschlüssen kommt deren oder die Aufhebung der Kostengrundentscheidung (zB nach § 99 Abs. 2) in Betracht[10] – oder **seiner vorläufigen Vollstreckbarkeit** nach § 718 (s. § 775 Rn. 4), **Unzulässigerklärung** der Zwangsvollstreckung nach §§ 732, 767, 768, 771 oder **Einstellung** der Zwangsvollstreckung insbes. nach §§ 765 a, 766 (s. § 775 Rn. 5), auf Grund einer vorläufig vollstreckbaren Entscheidung nach §§ 708 ff. Erlischt die Zwangshypothek mit **Insolvenzeröffnung** infolge der Rückschlagsperre (§ 88 InsO), entsteht keine Eigentümergrundschuld,[11] s. § 867 Rn. 7. **Nicht ausreichend** ist ein **Prozessvergleich** (s. § 775 Rn. 3 u. § 867 Rn. 11). Ein Vollstreckungsverzicht begründet aber eine dauernde Einrede, die den Gläubiger zum Verzicht auf die Hypothek verpflichtet.[12] 3

b) Abs. 2. Die gerichtliche Entscheidung muss die **einstweilige Einstellung** nach §§ 707, 719, 769, 771 Abs. 3 anordnen **und zugleich** die **Aufhebung** der erfolgten Vollstreckungsmaßregel (Halbs. 1). Entspr. gilt nach § 322 Abs. 1 S. 3 AO für Stundung und Aussetzung. Der Schuldner muss eine ihm nach §§ 711 f., 720 a Abs. 3 zur Abwendung der Vollstreckung nachgelassene **Sicherheitsleistung** erbracht haben, bevor der Gläubiger Sicherheit geleistet hat (Halbs. 2); beim Arrest entspr. § 923.[13] 4

III. Erwerb nach bürgerlichem Recht

§ 1163 BGB wird durch § 868 nicht ausgeschlossen. Daher steht **bei fehlender Forderung** die Hypothek dem Eigentümer zu, zB wenn die titulierte Forderung bei Eintragung nicht (mehr) bestand (§ 1163 Abs. 1 S. 1 BGB) oder wenn sie nachträglich erloschen ist (§ 1163 Abs. 1 S. 2 BGB), etwa durch freiwillige Zahlung oder durch zwangsweise Beitreibung der titulierten Forderung. Das Grundbuch ist in all diesen Fällen unrichtig.[14] Auch bei **Verzicht des Gläubigers** auf die Hypothek erwirbt sie der Eigentümer (§ 1168 BGB), ebenso, wenn der unbekannte Gläubiger durch Aufgebot ausgeschlossen wird (§§ 1170, 1171 BGB). 5

IV. Berichtigung des Grundbuchs

Beim **Erwerb aus verfahrensrechtlichen Gründen** genügt zum **Nachweis** der Unrichtigkeit bei Abs. 1 und Abs. 2 Halbs. 1, dem GBA die Ausfertigung der gerichtlichen Entscheidung vorzulegen oder ggf. auf die Insolvenz-, Vergleichs- oder Konkursakten (s. a. § 804 Rn. 17 ff.) zu verweisen (§ 22 GBO).[15] Bei Abs. 2 Halbs. 2 ist der Nachweis erbrachter Sicherheitsleistung zwar durch Vorlage der Hinterlegungsbescheinigung möglich (§ 29 Abs. 1 S. 2 GBO), es ist aber kaum nachzuweisen, dass der Gläubiger nicht vorher Sicherheit geleistet hat. Notfalls muss der Schuldner deshalb nach § 894 BGB klagen. Lässt sich jedoch der Nachweis nach § 22 GBO erbringen, fehlt der Klage das Rechtsschutzbedürfnis.[16] Beim **Erwerb nach materiellem Recht** reicht es nicht, dass der Schuldner den ihm vom Gläubiger oder vom GV ausgehändigten Vollstreckungstitel vorlegt, zusätzlich **muss der Gläubiger** als Betroffener die Berichtigung **bewilligen** (§ 19 GBO).[17] Gibt er die Erklärung nicht freiwillig ab, muss der Schuldner seine Einwendung, der durch die Zwangshypothek gesicherte Anspruch sei vollständig erfüllt, im Wege der **Vollstreckungsgegenklage** (§ 767) geltend machen,[18] um die Vollstreckungsfähigkeit des Titels zu beseitigen, die selbst bei materieller Unwirksamkeit des Titels nicht entfällt.[19] Die Beschränkungen aus §§ 767 Abs. 2, 796 Abs. 2 sind daher zu beachten.[20] Mit der 6

---

[3] *Deimann* Rpfleger 2000, 193.
[4] KG Rpfleger 1981, 119 = JurBüro 1981, 298.
[5] BGH MDR 1971, 578.
[6] BGH NJW 1977, 48.
[7] OLG Köln NJW 1960, 440.
[8] BayObLG Rpfleger 1980, 294.
[9] *St/J/Münzberg* Rn. 5.
[10] *Schuschke/Walker* Rn. 4.
[11] BGHZ 166, 74, 78 = NJW 2006, 1286 = *Lüke/Stengel* LMK 2006, 180525; aA OLG Düsseldorf NJW-RR 2004, 138.
[12] BayObLG NJW-RR 1999, 506.
[13] BayObLG NJW 1955, 145; LG Darmstadt KTS 1974, 243.
[14] BGH NJW 1977, 48; *St/J/Münzberg* Rn. 7; MK/*Eickmann* Rn. 9; aA (obiter dictum): BGH NJW 1995, 1162, 1163.
[15] BayObLG Rpfleger 1980, 347; OLG Brandenburg OLGR 2001, 525.
[16] OLG Zweibrücken MDR 1957, 840.
[17] BayObLG MDR 1976, 830.
[18] BGH NJW 1988, 828, 829.
[19] BGH NJW 1995, 1162, 1163; BGHZ 118, 229, 233 f. = NJW 1992, 2160; *Münzberg* Rpfleger 1995, 367, 369.
[20] MK/*Eickmann* Rn. 22; *St/J/Münzberg* Rn. 8.

Klage aus § 767 kann er die Klage auf Abgabe der Löschungsbewilligung (§ 894 BGB) verbinden.[21] In gleicher Weise beschränkt sind Eigentümer, die als Rechtsnachfolger des Schuldners das belastete Grundstück erworben haben.[22] Eine Klage aus **§ 894 BGB allein** ist nur möglich, wenn die Hypothek wg. Unwirksamkeit des Titels[23] oder wg. Verstoßes gegen das Mindesthöhegebot (§ 866 Abs. 3) oder das Gesamtbelastungsverbot (§ 867 Abs. 2) nichtig ist (s. § 867 Rn. 7).[24] Weil in diesen Fällen auch keine Eigentümergrundschuld entstehen konnte (s. § 867 Rn. 7), kann der Eigentümer nur Bewilligung der Löschung der Zwangssicherungshypothek verlangen.

869 ***Zwangsversteigerung und Zwangsverwaltung*** **Die Zwangsversteigerung und die Zwangsverwaltung werden durch ein besonderes Gesetz geregelt.**

1 Der Hinweis stellt klar, dass das ZVG Teil der ZPO ist und dass die ZPO gilt, soweit das ZVG keine entgegenstehenden eigenen Regeln enthält; zu den Arten der Vollstreckung s. § 866 Rn. 2.

870 ***Grundstücksgleiche Rechte*** **Auf die Zwangsvollstreckung in eine Berechtigung, für welche die sich auf Grundstücke beziehenden Vorschriften gelten, sind die Vorschriften über die Zwangsvollstreckung in Grundstücke entsprechend anzuwenden.**

1 Gleichgestellte Rechte s. § 864 Rn. 4. § 322 Abs. 1 S. 1 und 2 AO trifft eine entspr. Regelung.

870 a ***Zwangsvollstreckung in ein Schiff oder Schiffsbauwerk*** **(1) Die Zwangsvollstreckung in ein eingetragenes Schiff oder in ein Schiffsbauwerk, das im Schiffsbauregister eingetragen ist oder in dieses Register eingetragen werden kann, erfolgt durch Eintragung einer Schiffshypothek für die Forderung oder durch Zwangsversteigerung.**

(2) § 866 Abs. 2, 3, § 867 gelten entsprechend.

(3) [1]Wird durch eine vollstreckbare Entscheidung die zu vollstreckende Entscheidung oder ihre vorläufige Vollstreckbarkeit aufgehoben oder die Zwangsvollstreckung für unzulässig erklärt oder deren Einstellung angeordnet, so erlischt die Schiffshypothek; § 57 Abs. 3 des Gesetzes über Rechte an eingetragenen Schiffen und Schiffsbauwerken vom 15. November 1940 (RGBl. I S. 1499) ist anzuwenden. [2]Das Gleiche gilt, wenn durch eine gerichtliche Entscheidung die einstweilige Einstellung der Zwangsvollstreckung und zugleich die Aufhebung der erfolgten Vollstreckungsmaßregeln angeordnet wird oder wenn die zur Abwendung der Vollstreckung nachgelassene Sicherheitsleistung oder Hinterlegung erfolgt.

I. Normzweck

1 Die Norm ergänzt die §§ 864–870 durch Besonderheiten des Schiffsrechts.

II. Voraussetzungen

2 **1. Abs. 1.** Eingetragen werden **Seeschiffe** (§ 3 Abs. 2 SchiffsRegO), wenn sie ausschließlich **Deutschen** gehören oder im Eigentum von Handelsgesellschaften, KG, jur. Personen, Partenreedereien und Erbengemeinschaften stehen, an denen Deutsche die Mehrheit haben;[1] außerdem zur Güterbeförderung bestimmte **Binnenschiffe** (§ 3 Abs. 3 SchiffsRegO), deren größte Tragfähigkeit mindestens 10 t beträgt und auch Schiffe, deren Wasserverdrängung bei größter Eintauchung mindestens 5 cbm beträgt sowie alle Schlepper, Tankschiffe und Schubboote. Erfasste **Schiffsbauwerke** sind im Bau befindliche See- und Binnenschiffe der vorgenannten Art; **Schwimmdocks** gehören ebenfalls hierher, weil auch an ihnen Schiffshypotheken bestellt werden können.[2] Wg. **Bruchteilen** von Schiffen s. § 864 Rn. 5–7, zur Zwangsvollstreckung in Schiffsparten s. a. § 858. Zulässige **Vollstreckungsmaßnahmen** sind allein Zwangsversteigerung (§§ 162 ff. ZVG), sofern sich das Schiff in einem Hafen befindet (§ 482 HGB), und Zwangseintragung einer Schiffshypothek (Abs. 3); Zwangsverwaltung ist unzulässig. Die anzuordnende Bewachung (§ 165 ZVG) ist nur Schutzmaßnahme. **Nicht eingetragene Schiffe** unterliegen der Zwangsvollstreckung in bewegliches Vermögen (s. § 803 Rn. 2 ff.). **Ausländische Schiffe**, die als deutsche eingetragen werden müssten, unterliegen nur der Zwangsversteigerung (§ 171 ZVG); Zwangseintragungen scheiden aus.[3]

3 **2. Abs. 3.** Die Eintragung einer **Zwangsschiffshypothek** ist wie bei Grundstücken Vollstreckungsmaßnahme und zugleich Akt der freiwilligen Gerichtsbarkeit,[4] s. § 867 Rn. 2 ff. Gegen die Ablehnung der Eintragung ist die unbefristete Beschwerde nach § 75 Abs. 1 SchiffsRegO gegeben. Abs. 3 bestimmt für die **verfahrensrechtlichen** Sachverhalte des § 868 eine andere Rechtsfolge: Die Hypothek erlischt und ist im

---

[21] BGH NJW 1995 (Fn. 19).
[22] BGH (Fn. 18).
[23] BGH NJW 1995 (Fn. 19); BGHZ 121, 98, 101 = NJW 1993, 735, 757.
[24] *St/J/Münzberg* Rn. 7 aE; *Münzberg* (Fn. 19) S. 367; *Münch* DNotZ 1995, 749, 757.
[1] §§ 1, 2 FlaggenrechtsG v. 8. 11. 1951 (BGBl. I S. 79).
[2] Im Einzelnen: *Hornung* Rpfleger 2003, 232.
[3] LG Hamburg MDR 1978, 764.
[4] BayObLG Rpfleger 1992, 28.

Grundbuch zu löschen, weil es bei Schiffen **keine Eigentümerhypothek** gibt. Aus **materiellrechtlichen** Gründen erlischt die Hypothek mit Wegfall der Forderung (§§ 57, 59 SchiffsRG), Verzicht des Gläubigers (§ 57 SchiffsRG), Konfusion (§ 64 SchiffsRG) und Ausschlussurteil (§ 66 SchiffsRG). Solange sie nicht gelöscht ist, kann der Eigentümer im Rang und bis zur Höhe der bisherigen Belastung eine neue Schiffshypothek bestellen (§ 57 Abs. 3 SchiffsRG).

3. Luftfahrzeuge. Für sie gilt § 870a außer Abs. 3 S. 1 Halbs. 2 nach § 99 LuftfzRG entspr., wenn sie in die Luftfahrzeugrolle oder im Pfandrechtsregister eingetragen sind. Zuständig ist das AG Braunschweig (§ 171b ZVG iVm. § 78 LuftfzRG). 4

III. Gebühren und Kosten

1. Rechtsanwaltsgebühren. Vgl. § 867 Rn. 13. 5

2. Gerichtskosten. Gerichtsgebühren werden gemäß §§ 84 Abs. 3, 62, 63 KostO iVm. § 32 KostO erhoben. 6

871 *Landesrechtlicher Vorbehalt bei Eisenbahnen* **Unberührt bleiben die landesgesetzlichen Vorschriften, nach denen, wenn ein anderer als der Eigentümer einer Eisenbahn oder Kleinbahn den Betrieb der Bahn kraft eigenen Nutzungsrechts ausübt, das Nutzungsrecht und gewisse dem Betriebe gewidmete Gegenstände in Ansehung der Zwangsvollstreckung zum unbeweglichen Vermögen gehören und die Zwangsvollstreckung abweichend von den Vorschriften des Bundesrechts geregelt ist.**

Die Vorschrift berücksichtigt, dass nach Art. 112 EGBGB Landesgesetze unberührt bleiben, welche die Grundstücke u. a. Vermögen von Eisenbahn- und Kleinbahnunternehmen als Bahneinheit behandeln.[1] Sie erweitert den Vorbehalt auf den Fall, dass ein Dritter auf Grund dinglichen oder persönlichen Rechts die Nutzung ausübt. § 871 gilt nicht für Bahnen, die vom Reich übernommen wurden.[2] Weiteren Vollstreckungsschutz bietet § 3 des G zur Aufrechterhaltung des Betriebs von Bahnunternehmen.[3] 1

Titel 3. Verteilungsverfahren

872 *Voraussetzungen* **Das Verteilungsverfahren tritt ein, wenn bei der Zwangsvollstreckung in das bewegliche Vermögen ein Geldbetrag hinterlegt ist, der zur Befriedigung der beteiligten Gläubiger nicht hinreicht.**

I. Normzweck

Das Verteilungsverfahren bezweckt, bei unzureichendem Erlös aus der Verwertung gepfändeter Sachen und bei mehrfacher Pfändung einer Geldforderung vor Verteilung des hinterlegten Betrages die Rangfolge der Gläubiger zu klären, um Haftungs- und Bereicherungsprozesse zu vermeiden, wenn sich die beteiligten Gläubiger nicht einigen. 1

II. Verfahrensvoraussetzungen

1. Vorausgegangene Zwangsvollstreckung. Dem Verfahren muss eine Zwangsvollstreckung wg. Geldforderungen in das **bewegliche** Vermögen vorausgegangen sein (§§ 803–863). Dazu zählt auch die Pfändung auf Grund eines dinglichen Titels (s. § 865 Rn. 9). Pfändung von Forderungen reicht aus, Überweisung ist nicht verlangt.[1] Bei einer Zwangsvollstreckung in das **unbewegliche** Vermögen (§§ 864–871) richtet sich das Verteilungsverfahren nicht nach §§ 872ff., sondern nach §§ 105ff., 156ff. ZVG. Auf die Verhandlung über den Teilungsplan (§§ 113f. ZVG) sowie auf die Erledigung erhobener Widersprüche und die Ausführung des Planes finden aber die §§ 876–882 entspr. Anwendung (§ 115 Abs. 1 S. 2 ZVG). 2

2. Hinterlegung. In Betracht kommen folgende Fälle:[2] die Hinterlegung **durch den Gerichtsvollzieher** bei unzureichendem Erlös, wenn eine bewegliche Sache für mehrere Gläubiger gepfändet und versteigert worden ist (§ 827 Abs. 2) oder wenn ein Anspruch auf Herausgabe oder Leistung einer beweglichen Sache für mehrere Gläubiger gepfändet, die Sache von dem Drittschuldner herausgegeben oder geleistet und von dem GV versteigert worden ist (§§ 847, 854 Abs. 2) und ein Gläubiger ohne Zustimmung der übrigen Beteiligten verlangt, abw. von § 804 Abs. 3 vor den vorpfändenden befriedigt zu werden oder bei gleichzeitiger Pfändung, dass der Erlös anders als im Verhältnis der Forderungen zueinander aufgeteilt wird (§§ 827 Abs. 3, 854 Abs. 3); außerdem die Hinterlegung **durch den Drittschuldner,** wenn eine Geldforderung für mehrere Gläubiger gepfändet wurde (§ 853). Fehlt die zur Eröffnung des Verteilungsverfahrens zwingend erforderliche **Anzeige,**[3] kann der GV nach § 766 zu deren Erstellung angehalten, gegen den Drittschuldner 3

---

[1] *St/J/Münzberg* Rn. 1.
[2] Staatsvertrag v. 31. 3. 1920 (RGBl. I S. 774).
[3] G v. 7. 3. 1934 (RGBl. II S. 91); vgl. a. *Kurz* BayVBl. 1971, 454 Fn. 14.

[1] MK/*Eickmann* Rn. 2; *St/J/Münzberg* Rn. 1.
[2] Vgl. *Brox/Walker* Rn. 477; *Wieser* ZZP 103 (1990), 171f.
[3] LG Berlin Rpfleger 1981, 453.

aus einer Überweisung (§ 835) weiter vorgegangen werden (s. § 853 Rn. 5). Hinterlegung kommt auch in Betracht nach § 930 Abs. 2; ausreichend ist schließlich eine Hinterlegung, die ursprünglich nach § 769 oder § 805 Abs. 4 erfolgte.[4] **Nicht** hierher gehört aber die Hinterlegung nach **§ 372 BGB** wg. Annahmeverzugs oder Ungewissheit über die Person des Gläubigers.[5]

4 **3. Mehrere beteiligte Gläubiger.** Mindestens zwei Pfändungsgläubiger müssen beteiligt sein.[6] Sicherungsvollstreckung (§ 720a), Pfändung (§ 829) ohne Überweisung (§ 835), Vorpfändung (§ 845) und Arrestpfändung (§ 930) genügen. Es muss noch kein Gläubiger zur Befriedigung berechtigt sein,[7] denn das Verfahren dient der Klärung des Vorrangs. In den Teilungsplan ist ggf. eine entspr. Bedingung aufzunehmen (s. § 874 Rn. 4). **Nicht beteiligte Dritte** sind Gläubiger mit einem gesetzlichen oder vertraglichen Pfandrecht; sie können nach § 805 vorzugsweise Befriedigung verlangen oder ein die Veräußerung hinderndes Recht nach § 771 geltend machen,[8] s. a. § 878 Rn. 9. Treffen **Abtretung und Pfändungen** zusammen (s. a. § 853 Rn. 2), ist nach wohl hM das Verfahren nur zulässig, soweit die hinterlegte Summe die Abtretungen übersteigt.[9] Das sollte so aber nur gelten, wenn die Abtretung vor den Pfändungen erfolgte.[10] Erfolgte sie nach den Pfändungen, erfasst das Verteilungsverfahren den gesamten Betrag; dem Zessionar bleibt, nach § 771 vorzugehen; eine evtl. Einstellung nach §§ 769, 771 Abs. 3 gilt dann auch für das Verteilungsverfahren.

5 **4. Unzureichende Hinterlegungsmasse.** Der hinterlegte Betrag darf nicht ausreichen, um sämtliche Ansprüche (Hauptforderungen, Zinsen, Kosten und sonstige Nebenforderungen) aller beteiligten Gläubiger zu befriedigen. Ein Verteilungsverfahren ist nicht überflüssig, wenn eine unzureichende Hinterlegungsmasse letztlich an nur einen von mehreren Gläubigern auszuzahlen ist; auch in diesem Fall ist die Rangordnung der Gläubiger festzulegen. Ist aber der vom GV hinterlegte **Erlös ausreichend** (§§ 827, 854), weil zB ein Gläubiger weggefallen ist, oder reicht der vom Drittschuldner hinterlegte Schuldbetrag aus (§ 853), genügt es, dass alle beteiligten Gläubiger die Auszahlung des jeweiligen Betrages an die einzelnen Gläubiger bewilligen (§ 13 Abs. 2 Nr. 1 HintO). Weigert sich einer, führt das Gericht ein vereinfachtes Verfahren durch, in dem es nur die Wirksamkeit der Pfändungen prüft (s. § 874 Rn. 4) und entspr. der Forderungsberechnung (§ 873) gem. § 13 Abs. 1 HintO die Auszahlung verfügt.[11]

6 **5. Keine Einigung.** Einigen sich sämtliche Gläubiger und der Schuldner, ist das Gericht daran gebunden. Es verfügt die entspr. Auszahlung, bei §§ 827, 854 an den GV, bei § 853 an die Beteiligten.

III. Rechtsfolgen

7 Wenn die Verfahrensvoraussetzungen vorliegen (s. o. Rn. 2–6), tritt das **Verteilungsverfahren kraft Gesetzes** ein; das Gericht betreibt es vAw.; die Beteiligten erhalten durch die Aufforderung nach § 873 Kenntnis. Bis zur Ausführung des Verteilungsplans sind **materiellrechtliche Klagen** auf Zustimmung zur Auszahlung oder auf Verzicht der durch die Hinterlegung erlangten Sperrposition (§ 812 BGB) unzulässig.[12] Klagen aus §§ 767, 768 bleiben zulässig. **Nach** abgeschlossenem Verteilungsverfahren kommen Bereicherungsansprüche in Betracht (s. § 878 Rn. 9).

IV. Rechtsbehelfe

8 **1. Gläubiger.** Sie können **Verfahrensfehler des Rechtspflegers** (s. § 873 Rn. 2) – zB Unzuständigkeit des Gerichts (§ 873); Ablehnung, das Verfahren durchzuführen (s. o. Rn. 7); Nichtbeachten von Fristen und Ladungen (§ 875); Weigerung, den Teilungsplan auszuführen, obwohl die Widerspruchsklage versäumt wurde (§ 878) – nach § 766 geltend machen, wenn sie vorher nicht gehört wurden, andernfalls nach §§ 11 RPflG, 793 mit der sofortigen Beschwerde.[13] **Sachliche Mängel** des Verteilungsplans, zB Einwendungen gegen die Rangfolge, sind – wenn die Beteiligten sich im Verteilungstermin nicht einigen (s. § 876 Rn. 7) – nur mit der Widerspruchsklage (§ 878) geltend zu machen.[14] Dadurch wird nach zutr. Ansicht aber nicht ausgeschlossen, **Pfändungsmängel** bei konkurrierenden Gläubigern noch bis zum Verteilungstermin nach § 766 zu rügen, um einen Wegfall ihrer Pfändungen und so ihre Nichtberücksichtigung zu erreichen. Das gilt nicht nur für bloße Ordnungsverstöße, die im Verteilungsverfahren unberücksichtigt bleiben,[15] sondern auch für sonstige Mängel, weil sich so Widerspruchsklagen vermeiden lassen.[16]

9 **2. Schuldner.** Er kann gegen das Verteilungsverfahren selbst und etwaige Verfahrensfehler keinen Rechtsbehelf einlegen.[17] Pfändungsmängel kann er nach § 766 bis zur Auskehr des Erlöses rügen.[18] Wg. der Rechtsschutzmöglichkeiten für **Dritte** s. o. Rn. 4.

---

[4] MK/*Eickmann* Rn. 3; *St/J/Münzberg* Rn. 5.
[5] LG Berlin (Fn. 3).
[6] LG Münster Rpfleger 1995, 78.
[7] MK/*Eickmann* Rn. 4; aA (mindestens einer) *St/J/Münzberg* (Fn. 1).
[8] MK/*Eickmann* Rn. 8.
[9] So, ohne nachstehende Einschränkung: LG Gießen NJW 1967, 1138; *T/P/Hüßtege* Rn. 3.
[10] MK/*Eickmann* Rn. 6.
[11] *Brox/Walker* Rn. 480 aE.
[12] AllgM; MK/*Eickmann* Rn. 15; *St/J/Münzberg* Rn. 8; *Zö/Stöber* Rn. 5; *Schuschke/Walker* Rn. 3.
[13] *Wieser* (Fn. 2) S. 177.
[14] OLG Köln MDR 1969, 401.
[15] *Lackmann* Rn. 377.
[16] MK/*Eickmann* Rn. 16; *T/P/Hüßtege* Rn. 6; *Münzberg* Rpfleger 1986, 252; aA OLG Koblenz DGVZ 1984, 58.
[17] *Lackmann* Rn. 362; aA (soweit der Schuldner betroffen ist: § 766) *Schuschke/Walker* Rn. 4; vgl. aber § 874 Rn. 5.
[18] *Lackmann* Rn. 361; *Brox/Walker* Rn. 499.

V. Gebühren und Kosten

1. Rechtsanwaltsgebühren. Für die Vertretung im Verteilungsverfahren erhält der Anwalt die 0,4 Gebühr aus Nr. 3333 VV RVG,[19] ggf. eine Terminsgebühr nach Nr. 3310 VV RVG. Der Wert bestimmt sich nach § 26 Abs. 1 Nr. 1 und 2 RVG.[20] 10

2. Gerichtskosten. Für das Verteilungsverfahren wird eine halbe Gebühr gemäß KV Nr. 2117 erhoben. 11

873

Aufforderung des Verteilungsgerichts **Das zuständige Amtsgericht (§§ 827, 853, 854) hat nach Eingang der Anzeige über die Sachlage an jeden der beteiligten Gläubiger die Aufforderung zu erlassen, binnen zwei Wochen eine Berechnung der Forderung an Kapital, Zinsen, Kosten und sonstigen Nebenforderungen einzureichen.**

I. Normzweck

Die Aufforderung soll sicherstellen, dass dem Teilungsplan der aktuelle Forderungsbestand zu Grunde liegt. 1

II. Voraussetzungen

1. Zuständigkeit. Als **Verteilungsgericht** sachlich und örtlich ausschließlich zuständig (§ 802) ist das Amtsgericht (Vollstreckungsgericht gem. § 764), an das GV oder Drittschuldner nach §§ 827 Abs. 2 S. 1, 853, 854 Abs. 2 S. 1 die Anzeige zu richten haben. Das Verfahren ist dem Rechtspfleger übertragen (§ 20 Nr. 17 RPflG). 2

2. Aufforderung. Sobald die Anzeige eingeht, erlässt der Rechtspfleger an die beteiligten Gläubiger die Aufforderung, eine nach Kapital, Zinsen, Kosten und sonstigen Nebenforderungen getrennte Berechnung ihres Anspruchs einzureichen, damit bei Erstellung des Teilungsplans (§ 874) Veränderungen, zB durch Teilzahlungen oder Entstehen weiterer Kosten, berücksichtigt werden können. Die Aufforderung sollte erklären, dass das Verteilungsverfahren durchgeführt wird und auch auf die Folgen nicht rechtzeitiger Anmeldung (§ 874 Abs. 3) hinweisen. Die **Berechnung** kann schriftlich oder zur Niederschrift des Urkundsbeamten erfolgen. Soweit dem Gericht für die Berechnung erforderliche Unterlagen noch nicht vorliegen, müssen sie beigefügt werden.[1] Die **2-Wochen-Frist** beginnt mit Zustellung der Aufforderung (§§ 221, 329 Abs. 2 S. 2); Fristberechnung: § 222. Sie kann weder abgekürzt noch verlängert werden.[2] Sie ist auch keine Notfrist (§ 224 Abs. 1 S. 2); Wiedereinsetzung daher nicht möglich (§ 233). Die Berechnung kann bis zur Anfertigung des Teilungsplans nachgeholt werden; bleibt sie aus, wird die Forderung vom Gericht nach der Anzeige und den ihr beigefügten Unterlagen berechnet (§ 874 Abs. 3). 3

874

Teilungsplan **(1) Nach Ablauf der zweiwöchigen Fristen wird von dem Gericht ein Teilungsplan angefertigt.**

(2) Der Betrag der Kosten des Verfahrens ist von dem Bestand der Masse vorweg in Abzug zu bringen.

(3) [1]Die Forderung eines Gläubigers, der bis zur Anfertigung des Teilungsplanes der an ihn gerichteten Aufforderung nicht nachgekommen ist, wird nach der Anzeige und deren Unterlagen berechnet. [2]Eine nachträgliche Ergänzung der Forderung findet nicht statt.

I. Normzweck

Mit dem Teilungsplan trifft das Gericht eine vorläufige Entscheidung über die Rangfolge der Pfandrechte. Er ist nach Verhandlung (§ 875) Grundlage der Verteilung, kann freilich durch Einigung der Beteiligten, anerkannten Widerspruch (§ 876 S. 3) oder auf Widerspruchsklage (§ 878 Abs. 1) geändert werden. Ein nachträglicher Bereicherungsausgleich bleibt unberührt (§ 878 Abs. 2). 1

II. Anfertigung des Teilungsplans

1. Verfahren. Nach Ablauf der zweiwöchigen Frist des § 873 stellt der Rechtspfleger den Plan vAw. ohne mündliche Verhandlung auf. Grundlage sind die Anzeige nebst beigefügten Unterlagen und von beteiligten Gläubigern eingereichte Berechnungen und Unterlagen. Die Beteiligten erfahren von dem Plan durch die Terminsbestimmung (§ 875 Abs. 1 S. 1). Er muss spätestens drei Tage vor dem Verteilungstermin zur Einsicht auf der Geschäftsstelle niedergelegt werden (§ 875 Abs. 1 S. 2). 2

2. Teilungsmasse. Als Erstes ist der zu verteilende Betrag festzustellen. Die Teilungsmasse besteht aus dem **Hinterlegungsbetrag** nebst Hinterlegungszinsen (§ 8 HintO) abzüglich der Verfahrenskosten (Abs. 2). Wg. § 8 Nr. 1 HintO sind zwar bis zum Verteilungstermin meist noch keine **Hinterlegungszinsen** angefallen; weil sich aber nicht absehen lässt, wann die Auszahlung erfolgt, sollte schon im Plan bestimmt werden, dass noch nicht verteilte Zinsen dem letztrangig berücksichtigten, aber noch nicht voll gedeckten Gläubiger 3

---

[19] AA Zö/*Herget* § 872 Rn. 8: VV 3309 RVG.

[20] Zur Vertretung mehrerer Gläubiger s. *Zö/Stöber* Rn. 8.

[1] *Schuschke/Walker* Rn. 2.

[2] *Brox/Walker* Rn. 483.

gebühren,[1] nicht den Gläubigern im Verhältnis ihrer Ansprüche auf die Hinterlegungsmasse.[2] **Verfahrenskosten** (Abs. 2) sind die Gerichtskosten (Gebühren und Auslagen) des Verteilungsverfahrens, die vAw. berechnet werden. Die Versteigerungskosten wurden vom GV vor der Hinterlegung entnommen (§ 6 GVKostG), falls nicht, sind auch sie abzuziehen. Zu berücksichtigen sind auch Aufwendungen, die ein Gläubiger im Interesse aller gehabt hat, um die Verwertung der Pfandsache zu ermöglichen, zB Ablösung eines Eigentumsvorbehalts.[3] Kosten, die dem Gläubiger durch die Teilnahme am Verfahren entstehen (§ 788), gehören nicht hierher; sie werden mit dem Rang seiner Forderung berücksichtigt.

4 **3. Gläubigeransprüche.** In den Plan sind **alle beteiligten Gläubiger** aufzunehmen (s. § 872 Rn. 4), die ein Recht auf Befriedigung aus der Teilungsmasse haben. Arrestforderungen sind aufzunehmen, solange der Arrest besteht oder wenn er durch einen Hauptsachetitel ersetzt worden ist. Der auf die Arrestforderung entfallende Betrag bleibt hinterlegt,[4] s. § 876 Rn. 8. Für den Fall, dass die Arrestforderung wegfällt, kann ein Hilfsplan aufgestellt werden.[5] Entspr. gilt bei §§ 720a, 845. Das Verteilungsgericht darf die titulierte Forderung und die Berechtigung der gepfändeten Forderung nicht überprüfen, muss aber prüfen, ob nach Lage der Akten gegen die **Wirksamkeit der Pfändung** Bedenken bestehen.[6] Nichtige Pfändungen (s. allg. vor § 704 Rn. 32 und § 803 Rn. 10) bleiben unberücksichtigt.[7] Von der Berechtigung der angeblichen Forderung des Schuldners gegen den Drittschuldner muss das Verteilungsgericht freilich ausgehen (s. § 829 Rn. 8 und 16). Anfechtbarkeit von Pfändungen ist unerheblich. Zu berücksichtigen sind **Ansprüche,** derentwegen ausweislich der **vorliegenden Unterlagen** gepfändet wurde, es sei denn, der Gläubiger meldet zB wg. Teilzahlungen geringere Forderungen an. Soweit sich Ansprüche nicht aus den der Anzeige beigefügten Unterlagen ergeben, können sie nur bei rechtzeitiger **Anmeldung** berücksichtigt werden (Abs. 3 S. 1). Das gilt insb. für die Kosten, die dem Gläubiger durch die Teilnahme am Verfahren entstanden sind (Rechtsanwaltskosten, Auslagen). Auch die Kosten, die durch die letzte Vollstreckung, die die Hinterlegung auslösende Pfändung, entstanden sind, werden bei rechtzeitiger Anmeldung berücksichtigt. Andere bisher nicht geltend gemachte Vollstreckungskosten finden dagegen keine Berücksichtigung, weil ihretwegen kein Pfandrecht besteht.[8] Für die beteiligten Gläubiger untereinander gilt das **Prioritätsprinzip** (§ 804 Abs. 3). Hat ein Pfändungsgläubiger angemeldet, dass ihm abw. von der zeitlichen Reihenfolge der Pfändungen auf Grund eines älteren gesetzlichen oder vertraglichen Pfandrechts ein besserer Rang zusteht (s. § 804 Rn. 15), sollte das mit dem Ziel einer ranggerechten Befriedigung bereits im Teilungsplan berücksichtigt werden.[9] Für die **Tilgungsverrechnung** der einzelnen Forderungen gilt § 367 BGB oder § 497 Abs. 3 S. 1 BGB, wenn dessen Voraussetzungen für das Vollstreckungsorgan erkennbar sind.[10]

III. Änderung des Teilungsplans

5 Bis zur **„Anfertigung"** kann der Teilungsplan auf Grund nachgereichter Berechnungen ergänzt oder berichtigt werden. Nach dem Schutzzweck des § 875 Abs. 1 S. 2 ist maßgeblicher Zeitpunkt die Niederlegung zur Einsicht.[11] Eine nachträgliche **Ergänzung der Forderung** ist dann ausgeschlossen (Abs. 3 S. 2), damit auch eine Rangänderung.[12] Es bleibt den Gläubigern unbenommen, sich im Verteilungstermin über eine Änderung des Plans zu einigen (§ 876 S. 3).[13] Bei vollständiger oder teilweiser **Rücknahme der Anmeldung** durch einen Gläubiger ändert der Rechtspfleger den Teilungsplan auch schon vor dem Termin. Weil dies zu Gunsten der übrigen Gläubiger geschieht und der Schuldner nicht betroffen ist, braucht die Frist des § 875 Abs. 1 S. 2 nicht gewahrt zu werden.[14]

IV. Fortlaufende Bezüge

6 Das Verteilungsverfahren ist auch bei fortlaufenden Bezügen (§ 832) zulässig und entspr. § 156 Abs. 2 S. 2 ZVG durchzuführen.[15] Der Teilungsplan enthält keine Feststellung der Teilungsmasse, sondern listet nur die Gesamt-Schulden auf. Zu jedem Leistungs- = Hinterlegungstermin erlässt das Gericht eine Zahlungsanordnung zu Gunsten des Bestberechtigten bis zu dessen vollständiger Befriedigung, dann zu Gunsten des Nächstberechtigten usw. Entspr. §§ 156, 159 ZVG ist ein Gläubiger auch dann nicht mit der Widerspruchsklage (§ 878) hins. der nach dem Verteilungstermin hinterlegten Beträge ausgeschlossen, wenn er

---

[1] MK/*Eickmann* Rn. 5.
[2] AA OLG Karlsruhe OLGR 2006, 943.
[3] LG Aachen Rpfleger 1968, 60; LG Hamburg MDR 1953, 433; *Schuschke/Walker* Rn. 2.
[4] RGZ 121, 349, 351.
[5] *B/L/H* Rn. 2.
[6] HM; MK/*Eickmann* Rn. 7; *B/L/H* Rn. 3; *St/J/Münzberg* Rn. 2; *Schuschke/Walker* Rn. 4; *Zö/Stöber* Rn. 3; *Wieser* ZZP 103 (1990), S. 171, 174.
[7] *Wieser* (Fn. 6).
[8] MK/*Eickmann* Rn. 3; *Zö/Stöber* Rn. 4 aE.
[9] MK/*Eickmann* Rn. 11; aA (§ 878) *St/J/Münzberg* Rn. 2.
[10] BGH WM 2007, 1328; *Braun/Raab-Gaudin* DGVZ 1992, 1, 3.
[11] HM; MK/*Eickmann* Rn. 13; *T/P/Hüßtege* Rn. 3; *St/J/Münzberg* Rn. 5; *Zö/Stöber* Rn. 5; aA *B/L/H* Rn. 6 („Hinausgabe").
[12] MK/*Eickmann* Rn. 15; aA *St/J/Münzberg* § 873 Rn. 3.
[13] *Schuschke/Walker* Rn. 3.
[14] MK/*Eickmann* Rn. 14.
[15] AllgM; MK/*Eickmann* Rn. 12; *St/J/Münzberg* Rn. 3; *Zö/Stöber* Rn. 8.

dem Teilungsplan nicht widersprochen hatte; anders aber, wenn wg. weiterer Pfändungen in einem neuen Termin ein Nachtrag gem. § 873ff. festgestellt wurde.[16]

875 *Terminsbestimmung* (1) [1]**Das Gericht hat zur Erklärung über den Teilungsplan sowie zur Ausführung der Verteilung einen Termin zu bestimmen.** [2]**Der Teilungsplan muss spätestens drei Tage vor dem Termin auf der Geschäftsstelle zur Einsicht der Beteiligten niedergelegt werden.**

(2) **Die Ladung des Schuldners zu dem Termin ist nicht erforderlich, wenn sie durch Zustellung im Ausland oder durch öffentliche Zustellung erfolgen müsste.**

I. Normzweck

1 Die Beteiligten können ihre Interessen in mündlicher Verhandlung darstellen und mit Hilfe des Gerichts ggf. eine Einigung herbeiführen. Niederlegung des Teilungsplanes ist dessen Bekanntgabe an die Beteiligten.[1]

II. Voraussetzungen

2 **1. Terminsbestimmung (Abs. 1 S. 1).** Termin ist zur Erklärung über den Teilungsplan anzuberaumen mit dem Hinweis, wann und wo er stattfindet (Gebäude, Zimmer) und ab wann und wo (Gebäude, Zimmer-Nr. der Geschäftsstelle) der Plan zur Einsicht ausliegt. Die Terminsbestimmung ist unanfechtbar.[2]

3 **2. Niederlegung des Teilungsplans (Abs. 1 S. 2).** Sie muss auf der Geschäftsstelle und spätestens 3 Tage vor dem Termin erfolgen. Unterlassung oder Fristverstoß berechtigen nicht zur Anfechtung des Verfahrens;[3] die Beteiligten können nur Vertagung verlangen; auch dieses Recht geht durch vorbehaltlose Erklärung verloren (§ 295). Die Beteiligten können eine Abschrift des Plans verlangen.

4 **3. Ladung (Abs. 2).** Sie erfolgt vAw. (§ 214) an alle beteiligten **Gläubiger,** ggf. mit öff. Zustellung (§§ 185ff.), und an den **Schuldner,** wenn ihm in Deutschland zugestellt werden kann und keine öff. Zustellung erforderlich ist. Auf die Säumnisfolgen (§ 877) braucht nicht hingewiesen zu werden. Die Ladungsfrist beträgt 3 Tage (§ 217).

5 **4. Terminsdurchführung.** Der Verteilungstermin ist keine Verhandlung vor dem erkennenden Gericht iSv. § 169 GVG; deshalb dürfen nur die Beteiligten teilnehmen, im Fall des § 853 auch der Drittschuldner, nicht aber die Öffentlichkeit.

876 *Termin zur Erklärung und Ausführung* [1]**Wird in dem Termin ein Widerspruch gegen den Plan nicht erhoben, so ist dieser zur Ausführung zu bringen.** [2]**Erfolgt ein Widerspruch, so hat sich jeder dabei beteiligte Gläubiger sofort zu erklären.** [3]**Wird der Widerspruch von den Beteiligten als begründet anerkannt oder kommt anderweit eine Einigung zustande, so ist der Plan demgemäß zu berichtigen.** [4]**Wenn ein Widerspruch sich nicht erledigt, so wird der Plan insoweit ausgeführt, als er durch den Widerspruch nicht betroffen wird.**

I. Normzweck

1 Die Masse (s. § 874 Rn. 3) soll zügig, möglichst ohne Rechtsstreit verteilt werden. Soweit Gläubiger mit Rang und Höhe der für sie im Teilungsplan vorgesehenen Beträge nicht einverstanden sind, lassen sich Widersprüche bei Einigung der Beteiligten durch Änderung des Plans erledigen; soweit Widersprüche den Plan nicht betreffen, wird er ausgeführt.

II. Widerspruch

2 **1. Gegenstand.** Der Widerspruch (ggf. die Klage nach § 878) ist der einzigeRechtsbehelf, mit dem **materiell-rechtliche Einwendungen gegen** nach dem Teilungsplan **vorgehende Forderungen anderer** Gläubiger hinsichtlich Rang, Bestand und Höhe geltend zu machen sind.[1] Nach str., aber zutr. Ansicht kann ein Gläubiger darüber hinaus auch wg. völliger oder teilweiser **Nichtberücksichtigung eigener** Forderungen widersprechen, wenn er eine Änderung zum Nachteil der anderen erstrebt.[2] Er ist insow. nicht auf §§ 11 RPflG, 793[3] oder § 766[4] zu verweisen. Grund: Rang und Betrag lassen sich nicht sinnvoll trennen; die zusätzliche Durchführung eines Erinnerungsverfahrens würde das Verfahren unnütz verzögern.[5]

3 Bei **verfahrensrechtlichen Rügen,** die nicht die Anfertigung des Teilungsplans selbst betreffen,[6] sondern zB die Unzuständigkeit des Gerichts,[7] Nichtberücksichtigung eines Widerspruchs (die Zulassung ist unan-

---

16 *Zö/Stöber* (Fn. 14).
1 MK/*Eickmann* Rn. 1.
2 *Zö/Stöber* Rn. 3.
3 MK/*Eickmann* Rn. 6; *Zö/Stöber* Rn. 4.
1 BGH NJW-RR 2007, 782, 783 (Zwangsverwaltung).
2 MK/*Eickmann* Rn. 3; *St/J/Münzberg* Rn. 2; *Wieser* ZZP 103 (1990), 171, 179f.
3 AA *T/P/Hüßtege* Rn. 3, falls eigene Forderung zu niedrig angesetzt wird.
4 OLG Köln MDR 1969, 401 (Widerspruch oder § 766).
5 MK/*Eickmann* (Fn. 2); *St/J/Münzberg* (Fn. 2).
6 *St/J/Münzberg* Rn. 4.
7 *Baur/Stürner* ZwV Rn. 565.

fechtbar),[8] Anmaßung einer materiellen Prüfung (s. § 874 Rn. 4)[9] ist hins. der **Rechtsbehelfe** zu unterscheiden: Bestand noch keine Gelegenheit zu rechtlichem Gehör: § 766, andernfalls: §§ 11 RPflG, 793.[10] Zur Zuständigkeit des Verteilungsgerichts wird ein Gläubiger bereits mit der Aufforderung zur Anspruchsanmeldung gehört. Unberührt bleiben die Rechtsschutzmöglichkeiten nach §§ 732, 767, 768, 771, 805.[11]

4 **2. Berechtigung.** Jeder beteiligte **Gläubiger** kann mit dem Ziel widersprechen, einen besseren Rang für oder eine höhere Zuteilung auf seine Forderung zu erhalten. Wer zwar einen Titel vorgelegt, nach Lage der Akten aber keine Pfändung nachgewiesen hat, ist mangels Pfandrechts (§ 804) nicht beteiligt, daher auch nicht widerspruchsberechtigt. Der **Schuldner** hat kein Widerspruchsrecht. Einwendungen gegen die vollstreckbaren Ansprüche kann er nur außerhalb des Verteilungsverfahrens geltend machen, zB nach §§ 732, 767, 768. Sein nicht berechtigter Widerspruch ist ggf. als Antrag nach § 769 auszulegen,[12] sonst durch vAw. zuzustellenden Beschluss zurückzuweisen,[13] gegen den – weil der „Widerspruch" rechtliches Gehör ist – die sofortige Beschwerde (§§ 11 RPflG, 793) gegeben ist. **Dritte** haben ebenfalls kein Widerspruchsrecht; sie können ggf. nach §§ 771, 805 vorgehen.

5 **3. Verfahren.** a) **Form, Frist** und **Inhalt.** Der Widerspruch kann ab Niederlegung des Plans vor dem Termin schriftlich (§ 877 Abs. 1) oder zu Protokoll der Geschäftsstelle und im Termin ebenfalls schriftlich (auch nach Terminsbeginn per Telefax o. ä.)[14] oder mündlich bis zum Schluss des Termins erhoben werden. Ein vor Terminsschluss eingehender schriftlicher Widerspruch schließt entspr. § 220 Abs. 2 die Säumnisfolgen (§ 877) aus.[15] Der Widerspruch braucht nicht begründet zu werden. Er muss aber erkennen lassen, welche Änderung des Verteilungsplanes verlangt wird.

6 **b) Erklärung (S. 2).** Zu dem Widerspruch muss sich jeder dabei Beteiligte erklären. Gemeint sind die **betroffenen Gläubiger,** dh. diejenigen, deren Anspruch oder Vorrang in Frage gestellt wird, die also bei Erfolg des Widerspruchs nicht oder nicht in dem angegebenen Ausmaß befriedigt würden. Für Abwesende gilt § 877 Abs. 2. **Sofort** bedeutet, bis zum Schluss des Termins; wer zwar erscheint, sich aber bis zum Terminsschluss nicht erklärt, wird als säumig behandelt (s. § 877 Rn. 2).

7 **c) Einigung (S. 3).** Sie kann darin bestehen, dass **alle** betroffenen Gläubiger den Widerspruch anerkennen oder sich anderweit mit dem Widersprechenden durch Vergleich oder Rücknahme des Widerspruchs vorbehaltlos einigen; Zustimmung zur Rücknahme ist entbehrlich. Eine Einigung zu Lasten nicht erschienener Gläubiger ist ausgeschlossen (s. a. § 877 Rn. 2). Ist eine vom Teilungsplan abw. Einigung erfolgt, so ist der Plan entspr. zu berichtigen.

III. Ausführung des Teilungsplans

8 **1. Ohne Widerspruch (S. 1).** Ist weder vor (§ 877 Abs. 1) noch im Termin Widerspruch erhoben oder ein erhobener Widerspruch vor Schluss des Termins zurückgenommen worden oder ist er unzulässig, weist der Rechtspfleger die Hinterlegungsstelle schriftlich an, den hinterlegten Betrag entspr. dem Verteilungsplan an die Gläubiger auszuzahlen (§§ 13, 15 HintO). Für **noch nicht befriedigungsberechtigte** Gläubiger – §§ 720a Abs. 2, 845 Abs. 2, 930 Abs. 2, Pfändung (§ 829) ohne Überweisung (§ 835) – bleibt Hinterlegung angeordnet mit der Maßgabe, dass Auszahlung gegen den Nachweis der konkret zu bezeichnenden Bedingungen erfolgen soll[16]. Zur einstw. Einstellung der Zwangsvollstreckung s. u. Rn. 11. Wurde der Widerspruch **als unzulässig** zurückgewiesen (s. o. Rn. 3) oder pflichtwidrig übergangen, kann der Widersprechende die Ausführung des Teilungsplans nur verhindern, wenn er vor Absendung der Anweisung an die Hinterlegungsstelle die Nichtberücksichtigung anficht und eine einstw AnO (§ 572 Abs. 2, 3) erreicht. Ein verspäteter Widerspruch führt nicht zu einer Änderung des Verteilungsplans,[17] ein nachträglicher Widerspruch gegenüber der Hinterlegungsstelle ist ebenfalls unbeachtlich.

9 **2. Nach Widerspruch. a) Teilweise Ausführung (S. 4).** Ihren Streit um den materiellen Vorrang müssen die Parteien nach § 878 austragen. Der Rechtspfleger darf über einen Widerspruch nicht sachlich entscheiden (bei Verstoß: sofortige Beschwerde nach §§ 11 RPflG, 793). Er hat vielmehr den Teilungsplan auszuführen, soweit er durch den Widerspruch nicht betroffen wird, dh. es ist insoweit auszuzahlen; i. Ü. bleibt es bei der Hinterlegung. Beispiele:[18] Richtet sich der Widerspruch gegen die **Aufnahme** eines anderen Gläubigers, bleibt der für diesen Gläubiger bestimmte Betrag hinterlegt. Richtet er sich gegen die **Nichtaufnahme** einer eigenen Forderung, wird der begehrte Betrag von der rangletzten Zuteilung abgesetzt und bleibt hinterlegt. Richtet er sich gegen den besseren **Rang** eines anderen Gläubigers, bleibt der Betrag hinterlegt, der auf den Widersprechenden entfiele, wenn sein Widerspruch Erfolg hätte.

10 **b) Restliche Ausführung.** Wird die Klagefrist versäumt (§ 878 Abs. 1 S. 2) oder wird der Widerspruch zulässigerweise (vgl. § 881) nach dem Termin zurückgenommen oder durch Urteil für unbegründet (§ 880)

[8] OLG Hamm JMBlNRW 1962, 97; LG Münster MDR 1966, 101.
[9] OLG Hamm (Fn. 8); LG Mannheim MDR 1960, 319.
[10] BGH (Fn. 1); *St/J/Münzberg* (Fn. 6); *Wieser* (Fn. 2) S. 178.
[11] *Wieser* (Fn. 2) S. 180.
[12] *Zö/Stöber* Rn. 4.
[13] MK/*Eickmann* Rn. 6; aA (Zurückweisung unterbleibt) *Zö/Stöber* Rn. 4.
[14] MK/*Eickmann* Rn. 7.
[15] MK/*Eickmann* (Fn. 14).
[16] *St/J/Münzberg* Rn. 12.
[17] BGH NJW 1989, 890, 891.
[18] MK/*Eickmann* Rn. 16–18.

oder zurückgenommen erklärt (§ 881), ist der Verteilungsplan ohne Rücksicht auf den Widerspruch auch hins. des Restbetrages auszuführen. Hat das Gericht (§ 878) den Widerspruch insgesamt oder zT für begründet erklärt, ist die Auszahlung des Restbetrages nach Maßgabe des rechtskräftigen Urteils anzuordnen (§ 882), sofern in dem Urteil nicht die Anfertigung eines neuen Planes und ein anderweites Verteilungsverfahren angeordnet worden sind (§ 880).

IV. Auswirkungen der Einstellung der Zwangsvollstreckung

Weil das Verteilungsverfahren Zwangsvollstreckung ist, ist es in den Fällen des § 775 einzustellen, sofern die Einstellung **alle Gläubiger** betrifft. Bei einstw. Einstellung (§ 775 Nr. 4) wird auch das Verteilungsverfahren einstw. nicht fortgeführt. Wurde die Zwangsvollstreckung für unzulässig erklärt (§§ 767, 768, 771) und ist die Zwangsvollstreckung daher endgültig einzustellen (§ 775 Nr. 1, 776), wird auch das Verteilungsverfahren endgültig eingestellt und die Auszahlung der Masse an den Schuldner oder bei § 771 an den Drittberechtigten angeordnet.[19] Betrifft die Einstellung nur **einzelne Gläubiger**, bleibt der auf sie entfallende Betrag bei einstw. Einstellung einstw. hinterlegt; bei endgültiger Einstellung ist das Verteilungsverfahren mit den nicht betroffenen Gläubigern durchzuführen oder die Masse, falls sie für die verbliebenen reicht, formlos zu verteilen (s. § 872 Rn. 5).[20] 11

877 *Säumnisfolgen* **(1) Gegen einen Gläubiger, der in dem Termin weder erschienen ist noch vor dem Termin bei dem Gericht Widerspruch erhoben hat, wird angenommen, dass er mit der Ausführung des Planes einverstanden sei.**

(2) Ist ein in dem Termin nicht erschienener Gläubiger bei dem Widerspruch beteiligt, den ein anderer Gläubiger erhoben hat, so wird angenommen, dass er diesen Widerspruch nicht als begründet anerkenne.

I. Normzweck

Die Norm trifft in Abs. 1 und 2 **unwiderlegliche Vermutungen** für das Verhalten der beteiligten Gläubiger. 1

II. Voraussetzungen

Abs. 1: Die Vermutung gilt auch, wenn ein Gläubiger im Termin erscheint, aber zum Teilungsplan keine Erklärung abgibt.[1] **Abs. 2:** Der durch einen vor oder im Termin erhobenen Widerspruch betroffene Gläubiger (s. § 876 Rn. 6) verhindert allein dadurch, dass er nicht erscheint oder sich nicht erklärt, die sofortige vollständige Ausführung des Teilungsplans. Der Plan wird nur insoweit ausgeführt, als er durch den Widerspruch nicht betroffen ist (s. § 876 Rn. 9). Haben die übrigen Gläubiger den Widerspruch im Termin als begründet anerkannt, sollte der Rechtspfleger einen **Hilfsplan** aufstellen, nach dem auszuzahlen ist, falls der säumige Gläubiger noch innerhalb der Monatsfrist des § 878 Abs. 1 S. 1 zustimmt. Gibt er die Erklärung nicht rechtzeitig ab, sollte der widersprechende Gläubiger ihn vorsorglich zur Zustimmung auffordern, weil die wohl hM,[2] wenn auch mE zu Unrecht,[3] bei sofortigem Anerkenntnis § 93 anwendet. 2

878 *Widerspruchsklage* **(1) [1]Der widersprechende Gläubiger muss ohne vorherige Aufforderung binnen einer Frist von einem Monat, die mit dem Terminstag beginnt, dem Gericht nachweisen, dass er gegen die beteiligten Gläubiger Klage erhoben habe. [2]Nach fruchtlosem Ablauf dieser Frist wird die Ausführung des Planes ohne Rücksicht auf den Widerspruch angeordnet.**

(2) Die Befugnis des Gläubigers, der dem Plan widersprochen hat, ein besseres Recht gegen den Gläubiger, der einen Geldbetrag nach dem Plan erhalten hat, im Wege der Klage geltend zu machen, wird durch die Versäumung der Frist und durch die Ausführung des Planes nicht ausgeschlossen.

I. Normzweck

Die Norm regelt die Voraussetzungen für die Ausführung des Teilungsplanes, wenn sich die Gläubiger im Verteilungstermin nicht geeinigt haben (§ 876). Die Widerspruchsklage nach Abs. 1 ermöglicht dem widersprechenden Gläubiger, sein materiell besseres Recht auf den Erlös geltend zu machen und dadurch vorrangige Auszahlung zu erlangen (§ 880).[1] Abs. 2 stellt klar, dass durch Versäumung der Frist und Ausführung des Teilungsplans Bereicherungsansprüche nicht ausgeschlossen sind. 1

II. Nachweis der Klageerhebung

Durch rechtzeitigen Nachweis der Klageerhebung wahrt der Widersprechende die **aufschiebende Wirkung** des Widerspruchs; die vom Widerspruch betroffene Teilungsmasse bleibt hinterlegt (s. § 876 Rn. 9). 2

---

[19] *Wieser* (Fn. 2) S. 181.
[20] *Wieser* (Fn. 2) S. 182.
[1] RGZ 125, 133, 137.
[2] KG JW 1931, 2176; OLG Kiel OLGRspr. 35, 41; *St/J/Münzberg* Rn. 2.
[3] So auch: MK/*Eickmann* Rn. 4; *Schuschke/Walker* Rn. 2.
[1] BGH NJW 2001, 2477 = LM § 261 Nr. 17 m. Anm. *Becker* (Anfechtungsklage des Insolvenzverwalters).

Die **Frist** beginnt mit dem Terminstag, der nach dem Wortlaut des Abs. 1 mitgezählt wird, so dass § 187 Abs. 1 BGB nicht gilt.[2] Wurde der Widerspruch aber erst auf einen Rechtsbehelf hin anerkannt, beginnt die Frist mit Zustellung dieser Entscheidung.[3] Sie ist keine Notfrist (§ 224 Abs. 1 S. 2), Wiedereinsetzung (§ 233) ist daher ausgeschlossen. Die Frist kann weder abgekürzt noch verlängert werden,[4] Berechnung: § 222. Sie wird nur durch rechtzeitigen **Nachweis** gewahrt; Klageerhebung allein genügt nicht. Weil die Klagezustellung (§ 253) vAw. erfolgt, der Widersprechende sie also nicht selbst bewirken kann, muss er innerhalb der Frist nur Einreichung der Klage und Bezahlung des Kostenvorschusses (§ 65 GKG) oder Einreichung eines Prozesskostenhilfeantrags nachweisen,[5] nicht auch noch die „demnächste" Zustellung iSv. § 270 Abs. 3.[6] Der Nachweis ist **unaufgefordert** durch schriftliche Mitteilung oder Erklärung zu Protokoll des Verteilungsgerichts zu erbringen. Ist dieses Gericht zugleich Prozessgericht (s. u. Rn. 4), genügt eine Bezugnahme auf die Akten.[7] Zur **Prüfung** des Gerichts gehört auch, ob die Klage gegen alle vom Widerspruch betroffenen Gläubiger (s. § 876 Rn. 6) erhoben wurde, nur dann hat sie aufschiebende Wirkung. Liegen **unheilbare Klagemängel** vor, ist die Frist versäumt.[8]

III. Widerspruchsklage (Abs. 1)

3 Die Klage ist eine **prozessuale Gestaltungsklage,** mit der nicht nur die Feststellung des besseren Rechts begehrt wird, sondern die Anordnung einer vom unrichtigen Plan abweichenden Erlöszuteilung.[9] Die Widerspruchsklage kann auch mit einer Zahlungsklage verbunden[10] oder als Widerklage erhoben werden.[11] Ein nicht rechtzeitiger Nachweis (s. Rn. 2), ein unterbliebener oder zurückgenommener Widerspruch hat ebenso wie die Versäumung der Widerspruchsklage **keine materiellrechtliche Wirkung** (Abs. 2). Zum klageabweisenden Sachurteil s. § 880 Rn. 2.

4 **1. Zulässigkeit.** Zur **Zuständigkeit** s. § 879 Rn. 2ff. **Klagebefugt** ist nur ein Gläubiger, der dem Plan rechtzeitig widersprochen hat (s. § 876 Rn. 5). Richtiger **Beklagter** ist der, gegen den sich der Widerspruch richtet und der ihn weder anerkannt noch sich in sonstiger Weise mit dem Widersprechenden geeinigt hat (s. § 876 Rn. 7), ggf. auch der Schuldner.[12] Haben **mehrere** widersprochen, können sie gemeinsam klagen (§§ 59ff.), wenn sie denselben Widerspruchsgrund geltend machen.[13] Sind mehrere von dem Widerspruch betroffen (s. § 876 Rn. 6), müssen sie sämtlich verklagt werden, aber nicht notwendig in einem Prozess. Mehrere Beklagte sind einfache Streitgenossen (§ 61).[14] Eine **Umkehrung** der Parteirollen wird für zulässig erachtet;[15] ein Prozess, der bei dem Gericht des § 879 anhängig ist, kann durch Klageänderung, die hier sachdienlich ist (§ 263), zur Widerspruchsklage werden.[16] Die Frist des Abs. 1 ist **keine Ausschlussfrist,**[17] s. a. Rn. 2. Die Klage kann daher auch noch nach Fristablauf erhoben werden, allerdings hindert sie dann nicht mehr die Ausführung des Plans. Die kann der Gläubiger nur noch durch einstw. Einstellung der Zwangsvollstreckung erreichen, sofern Gründe dafür vorliegen. **Das Rechtsschutzbedürfnis** für die Widerspruchsklage besteht ab Ende des Verteilungstermins, in dem zwischen den Gläubigern über den Widerspruch des Klägers keine Einigung erzielt wurde (§ 876). Es entfällt mit Ausführung des Verteilungsplans.[18] Der Kläger kann dann den Rechtsstreit in der Hauptsache für erledigt erklären oder durch zulässige Klageänderung (§ 264 Nr. 3)[19] vom Beklagten Herausgabe der Bereicherung verlangen (Abs. 2).[20] Mit dem **Klageantrag** muss der Kläger die erstrebte Änderung des Teilungsplans so genau wie möglich bezeichnen, damit das Gericht ggf. bestimmen kann, an welche Gläubiger und in welchen Beträgen der streitige Teil der Masse auszuzahlen ist (§ 880 S. 1), zB „... das Gericht möge anordnen, dass der Kläger mit seiner Forderung von ... € vor der des Beklagten in Höhe von ... € zu befriedigen sei".[21]

5 **2. Begründetheit.** Die Klage ist begründet, wenn der Kläger Tatsachen darlegt und nachweist, aus denen sich ergibt, dass der Verteilungsplan unrichtig ist und dass ihm im Verhältnis zum Beklagten eine **relativ bessere Berechtigung** auf den Erlös zusteht.[22] Maßgebend ist die Sachlage am **Schluss des Verteilungstermins** (§ 876), weil der in diesem Zeitpunkt zu Recht Begünstigte ein Recht auf Zuteilung hat, das durch

---

[2] MK/*Eickmann* Rn. 9; *Zö/Stöber* Rn. 6.
[3] MK/*Eickmann* (Fn. 2).
[4] AG Hannover Rpfleger 1993, 296.
[5] OLG Hamm NJW 1965, 825; MK/*Eickmann* Rn. 7; *T/P/Hüßtege* Rn. 2; *St/J/Münzberg* Rn. 3.
[6] MK/*Eickmann* (Fn. 5); aA OLG Bremen MDR 1982, 762.
[7] MK/*Eickmann* Rn. 8.
[8] Vgl. auch: *Schuler* NJW 1961, 1601.
[9] *B/L/H* Rn. 7; *St/J/Münzberg* Rn. 34; *Schuler* (Fn. 8).
[10] *B/L/H* (Fn. 9).
[11] *Zö/Stöber* Rn. 2.
[12] OLG Celle FamRZ 1996, 1228, 1231.
[13] MK/*Eickmann* Rn. 3.
[14] *Brox/Walker* Rn. 490.
[15] *B/L/H* Rn. 8; *St/J/Münzberg* Rn. 1.
[16] *St/J/Münzberg* Rn. 35; vgl. auch *Zö/Stöber* Rn. 2 (durch Vereinbarung).
[17] *Brox/Walker* Rn. 491 aE.
[18] BGH NJW-RR 1987, 890, 891.
[19] MK/*Eickmann* Rn. 30.
[20] *Lackmann* Rn. 381.
[21] *Zö/Stöber* Rn. 2; *Brox/Walker* Rn. 492.
[22] BGH NJW 1969, 1428.

spätere Ereignisse nicht mehr beeinträchtigt werden kann;[23] i. Ü. ist er auf die Bereicherungsklage verwiesen.[24] Das bessere Recht kann seine Grundlage im Verhältnis des Schuldners zum Beklagten und in dem des Klägers zum Beklagten haben.

a) Gründe aus dem Recht des Schuldners. aa) Wegfall der Titelforderung. Damit erlischt nach der gemischten Theorie das Pfandrecht des Beklagten (s. § 804 Rn. 2 und 10); die öff.-rechtliche Theorie (s. § 804 Rn. 1) kommt zu demselben Ergebnis, da das Pfandrecht im Verteilungsverfahren nach materiellem Recht korrigiert wird.[25] Weil der Kläger hier praktisch die Vollstreckungsgegenklage für den Schuldner erhebt,[26] ist er mit Einwendungen ausgeschlossen, mit denen auch der Schuldner nach § 767 Abs. 2 und 3 präkludiert wäre. **Nicht** befugt ist der Kläger, echte **Einreden** (zB Verjährung)[27] oder **Gestaltungsrechte** an Stelle des Schuldners geltend zu machen.[28] 6

bb) Mängel der Pfändung. Sie kommen ebenfalls dem Kläger zugute. Das gilt nicht nur, wenn das Verteilungsgericht die Pfändung des Beklagten trotz **Nichtigkeit** berücksichtigt hat (s. § 874 Rn. 4), sondern auch bei **Anfechtbarkeit** der Pfändung, wenn nach der gemischten Theorie wg. Nichtbeachtung wesentlicher Verfahrensvorschriften kein Pfandrecht entstand (s. § 804 Rn. 5), nach der öff.-rechtlichen Theorie ein Mangel vorliegt, der zur Aufhebung der Pfändung berechtigen würde.[29] Bei nachträglicher **Heilung einer fehlerhaften Pfändung** (zB nachträgliche Zustellung des Titels, § 750) kommen beide Theorien zT zu unterschiedlichen Ergebnissen. Nach der gemischten Theorie entsteht das Pfandrecht erst ex nunc; nach der öff.-rechtlichen Theorie entstand das Pfandrecht bereits mit wirksamer Verstrickung und wurde durch die spätere Zustellung nur noch gesichert.[30] Der Gläubiger kann sich nach der öff.-rechtlichen Theorie aus Gründen materieller Gerechtigkeit aber auf einen besseren Pfändungsrang nicht berufen, wenn er den formellen Mangel selbst verursacht hat, zB durch vorzeitige Vollstreckung (§§ 751 Abs. 1, 798),[31] s. a. § 804 Rn. 8. Der Kläger kann schließlich seine Widerspruchsklage regelmäßig nicht mit Erfolg darauf stützen, dass eine **schuldnerfremde Sache** gepfändet wurde. Nach der gemischten Theorie ist dann zwar kein Pfandrecht entstanden, und nach der öff.-rechtlichen fehlt es am materiellen Verwertungsrecht (s. § 804 Rn. 7; § 817 Rn. 10). Das gilt aber für beide Parteien; der Kläger macht also kein relativ besseres Recht geltend. Beim **nachträglichen Erwerb** der Sache durch den Schuldner bleibt es nach hM bei der Rangfolge des § 804 Abs. 3: Nach der gemischten Theorie entstehen die Pfandrechte zwar gleichzeitig im Zeitpunkt des Erwerbs entspr. § 185 Abs. 2 S. 1 Alt. 2 BGB, für ihren Rang kommt es aber entspr. § 185 Abs. 2 S. 2 BGB auf die Reihenfolge der Pfändungen (Publizitätsprinzip) an.[32] Auch nach der öff.-rechtlichen Theorie ist die Priorität der Pfändung maßgeblich.[33] 7

b) Gründe aus eigenem Recht. Der Kläger kann auch geltend machen, dass der Beklagte ihm zB aus Rechtsgeschäft[34] oder nach den Regeln des AnfG[35] zur Einräumung des Vorrangs verpflichtet ist oder weil der Beklagte den Vorrang gegenüber dem Kläger durch unerlaubte Handlung erlangt habe[36] oder dadurch, dass er die öff. Zustellung des Titels erschlichen habe.[37] 8

IV. Bereicherungsklage (Abs. 2)

Ein **Gläubiger,** der dem Teilungsplan nicht rechtzeitig widersprochen hat (§ 876) oder im Verteilungstermin nicht erschienen ist (§ 877) oder die Frist für die Widerspruchsklage versäumt hat (keine Ausschlussfrist s. Rn. 4), kann gem. § 812 Abs. 1 S. 1 Alt. 2 BGB (Eingriffskondiktion) vor Ausführung des Plans von dem ungerechtfertigt bereicherten Mitgläubiger Einwilligung in die Auszahlung des Erlöses, danach dessen Herausgabe verlangen.[38] Zum klageabweisenden Sachurteil s. aber § 880 Rn. 2. Ein **Dritter,** dem ein außerhalb der Zwangsvollstreckung erlangtes Recht iSd. §§ 771, 805 zustand, der aber beim Verteilungsverfahren damit nicht berücksichtigt werden konnte (s. § 872 Rn. 4), kann ebenfalls auf Herausgabe klagen. 9

V. Gebühren und Kosten

1. Rechtsanwaltsgebühren. Für den Anwalt fallen die Gebühren der Nrn. 3100ff. VV RVG an. 10

2. Gerichtskosten. Gerichtsgebühren für die Widerspruchsklage werden nach den allgemeinen Bestimmungen für das Prozessverfahren erster Instanz erhoben (KV Nr. 1210, 1211). 11

---

[23] St. Rspr. seit RGZ 65, 62, 66; BGHZ 113, 169, 174 = NJW 1991, 1063; BGH NJW 1974, 702; OLG Düsseldorf NJW-RR 1989, 599.
[24] Deswegen krit. *St/J/Münzberg* Rn. 29.
[25] *St/J/Münzberg* Rn. 23.
[26] *Lackmann* Rn. 382; *Gerhardt* ZZP 109 (1996), 534, 538.
[27] BGHZ 63, 61, 62 = NJW 1974, 2284.
[28] MK/*Eickmann* Rn. 21; *St/J/Münzberg* Rn. 23.
[29] *St/J/Münzberg* Rn. 13.
[30] *Brox/Walker* Rn. 497.
[31] *St/J/Münzberg* Rn. 14f.; *Zö/Stöber* Rn. 11.
[32] MK-BGB/*Thiele* § 185 Rn. 66; *Brox/Walker* Rn. 497 aE; *K. Schmidt* ZZP 87 (1974), 316, 325.
[33] *St/J/Münzberg* Rn. 32.
[34] RGZ 71, 424, 426.
[35] *Lackmann* Rn. 382.
[36] RG JW 1902, 170.
[37] BGHZ 57, 108, 110 = NJW 1971, 2226; zum Einwand des Grundpfandgläubigers als Prozessstandschafter vgl. BGH NJW-RR 1991, 1197.
[38] BGH NJW 2001, 2477, 2479 = LM § 261 Nr. 17 m. Anm. *Becker.*

879 ***Zuständigkeit für die Widerspruchsklage*** **(1) Die Klage ist bei dem Verteilungsgericht und, wenn der Streitgegenstand zur Zuständigkeit der Amtsgerichte nicht gehört, bei dem Landgericht zu erheben, in dessen Bezirk das Verteilungsgericht seinen Sitz hat.**

(2) Das Landgericht ist für sämtliche Klagen zuständig, wenn seine Zuständigkeit nach dem Inhalt der erhobenen und in dem Termin nicht zur Erledigung gelangten Widersprüche auch nur bei einer Klage begründet ist, sofern nicht die sämtlichen beteiligten Gläubiger vereinbaren, dass das Verteilungsgericht über alle Widersprüche entscheiden solle.

I. Normzweck

1 Die Norm bestimmt wg. der Sachnähe und um widersprechende Entscheidungen möglichst zu vermeiden, einen einheitlichen Gerichtsstand.[1] **Anwendungsbereich:** Die Regelung gilt für die Widerspruchsklage des § 878 Abs. 1. Die Zuständigkeit bleibt gem. § 261 Abs. 3 Nr. 2 bestehen, wenn die Klage wg. zwischenzeitlicher Ausführung des Teilungsplans in eine Bereicherungsklage geändert wird (s. § 878 Rn. 4).[2] Wird sogleich Bereicherungsklage erhoben (§ 878 Abs. 2), gilt § 879 nicht.

II. Voraussetzungen

2 **1. Rechtsweg.** Der Zivilrechtsweg ist auch dann gegeben, wenn die titulierten Forderungen des klagenden Gläubigers im öff. Recht[3] oder im Arbeitsrecht[4] wurzeln; Grund: nicht die Forderungen sind Streitgegenstand, sondern die rangbessere Berechtigung des Klägers am Vollstreckungserlös.[5]

3 **2. Zuständigkeit.** Sachlich und örtlich zuständig ist bis zu einem **Streitwert** von 5000 € (§ 23 Nr. 1 GVG) das Amtsgericht, bei dem das Verteilungsverfahren anhängig ist, sonst das übergeordnete Landgericht. Streitwert ist der von dem Kläger abw. vom Teilungsplan verlangte Mehrbetrag, ohne Rücksicht darauf, ob es sich um die Hauptforderung, Zinsen, Kosten oder sonstige Nebenforderungen handelt; § 4 Abs. 1 Halbs. 2 gilt nicht (**Abs. 1**).[6] Bei mehreren Widerspruchsklagen ist das Landgericht für alle zuständig, wenn nur bei einer der Streitwert über 5000 € liegt, sofern nicht sämtliche beteiligten Gläubiger die Zuständigkeit des Verteilungsgerichts vereinbaren (**Abs. 2**). Allein durch Zusammenrechnung der Streitwerte aller Klagen lässt sich die Zuständigkeit des Landgerichts nicht begründen.[7] Da Abs. 2 die Wahl zulässt, ist nach dem Zweck der Regelung (s. Rn. 1) in Fällen, die sämtlich vor das Verteilungsgericht gehören, trotz §§ 40 Abs. 2, 802 nach hM auch die Vereinbarung der landgerichtlichen Zuständigkeit zulässig.[8] Die Kammer für Handelssachen ist aber nie zuständig, da Ansprüche gem. § 95 GVG nicht Streitgegenstand sind. Mehrere Klagen sind zu verbinden (§ 147).

880 ***Inhalt des Urteils*** **[1]In dem Urteil, durch das über einen erhobenen Widerspruch entschieden wird, ist zugleich zu bestimmen, an welche Gläubiger und in welchen Beträgen der streitige Teil der Masse auszuzahlen sei. [2]Wird dies nicht für angemessen erachtet, so ist die Anfertigung eines neuen Planes und ein anderweites Verteilungsverfahren in dem Urteil anzuordnen.**

I. Normzweck

1 Die Norm regelt die Wirkungen des Urteils für das Verteilungsverfahren.

II. Entscheidungen

2 **1. Änderung des Verteilungsplans (S. 1).** Bei einem **stattgebenden** Urteil hat das Prozessgericht (§ 879), sofern es keine Anordnung nach S. 2 trifft, zugleich zu bestimmen, was von dem restlichen Hinterlegungsbetrag (s. § 876 Rn. 9) konkret an welche Gläubiger auszuzahlen ist, zB: „Der Kläger ist im Verteilungsverfahren des AG … (Aktenzeichen) mit seiner Forderung in Höhe von … € vor der des Beklagten in Höhe von … € zu befriedigen".[1] Wenn für den Fall der Begründetheit des Widerspruchs bereits ein Hilfsplan (s. § 877 Rn. 3) aufgestellt worden war, kann die Anweisung entfallen.[2] Bei einer **klageabweisenden** Entscheidung ist ebenfalls eine Anweisung möglich, entgegen dem überschießenden Wortlaut des S. 1 aber entbehrlich.[3]

3 **2. Anordnung, einen neuen Plan aufzustellen (S. 2).** Das Prozessgericht ordnet die Aufstellung eines neuen Plans für die Verteilung der restlichen Masse (s. § 876 Rn. 9) an, wenn zB noch nicht alle Klagen hins. desselben Widerspruchs entscheidungsreif sind oder mehrere Widersprechende miteinander konkurrieren, nach seinem Ermessen auch, wenn es die Errechnung dem Verteilungsgericht überlassen will.[4] Dem

---

[1] MK/*Eickmann* Rn. 1.
[2] MK/*Eickmann* Rn. 7; *St/J/Münzberg* Rn. 1.
[3] RGZ 116, 368, 369.
[4] *Grunsky* ArbGG § 62 Rn. 11.
[5] MK/*Eickmann* Rn. 2.
[6] MK/*Eickmann* Rn. 4; *St/J/Münzberg* Rn. 3.
[7] *Zö/Stöber* Rn. 1.
[8] MK/*Eickmann* Rn. 5 m. weit. Nachw.; *B/L/H* Rn. 3; *St/J/Münzberg* Rn. 4.
[1] *Schuschke/Walker* Rn. 1.
[2] Vgl. BGH NJW 1987, 132 (zu § 124 ZVG).
[3] MK/*Eickmann* Rn. 2; *St/J/Münzberg* Rn. 1.
[4] MK/*Eickmann* Rn. 4.

neuen Plan sind die rechtskräftigen Urteile über die Widerspruchsklagen zu Grunde zu legen (§ 882), eine neue Aufforderung nach § 873 ist entbehrlich.[5] **Widerspruch** gegen den neuen Plan können nur die noch beteiligten Gläubiger erheben; er kann nur darauf gestützt werden, dass der Plan nicht den Urteilen der Widerspruchsprozesse entspreche.[6] S. 2 ist wg. der Spezialregelung des § 124 ZVG bei der Zwangsversteigerung unanwendbar.[7]

3. Rechtswirkungen. Ein **stattgebendes Urteil** ist als Gestaltungsurteil (s. § 878 Rn. 3) in der Hauptsache erst mit **Rechtskraft** vollstreckbar, wg. der Kosten ist es für vorläufig vollstreckbar zu erklären.[8] Die Rechtskraft wirkt nur zwischen den Parteien, nicht zu Gunsten des Schuldners oder anderer Gläubiger. Durch ein **klageabweisendes** Prozessurteil (s. dazu § 300 Rn. 11) ist der Kläger nicht gehindert, Bereicherungsklage zu erheben (s. § 878 Rn. 9). Ein Sachurteil schließt eine spätere Bereicherungsklage aus;[9] zum Versäumnisurteil s. § 881. 4

4. Sonstige Erledigung. Bei **Klagerücknahme** wird der Plan entspr. § 878 Abs. 1 S. 2 ausgeführt. Ein **Vergleich** muss die Änderung des Verteilungsplans so konkret wie ein Urteil bezeichnen, s. o. Rn. 2. 5

III. Gerichtskosten

Eine Urteilsgebühr wird nicht erhoben; sie ist mit der erhöhten Verfahrensgebühr nach KV Nr. 1210 abgegolten. 6

881 *Versäumnisurteil* **Das Versäumnisurteil gegen einen widersprechenden Gläubiger ist dahin zu erlassen, dass der Widerspruch als zurückgenommen anzusehen sei.**

§§ 331–337 gelten auch hier. Abw. von § 330 ergeht bei Säumnis des Klägers aber **kein klageabweisendes Sachurteil,** sondern das Urteil lautet, dass der Widerspruch des Klägers gegen den Verteilungsplan als zurückgenommen gilt. Die Norm beschränkt die Rechtskraftwirkung dementsprechend auf den schlechteren Rang bei der Verteilung. Ab Rechtskraft erfolgt die Auszahlung so, als ob kein Widerspruch erhoben worden wäre. Bereicherungsklage (s. § 878 Rn. 9) bleibt daher möglich.[1] 1

882 *Verfahren nach dem Urteil* **Auf Grund des erlassenen Urteils wird die Auszahlung oder das anderweite Verteilungsverfahren von dem Verteilungsgericht angeordnet.**

Die Anordnung erfolgt erst ab Rechtskraft des Urteils (s. § 880 Rn. 4), die der Gläubiger nachweisen muss. 1

Titel 4. Zwangsvollstreckung gegen juristische Personen des öffentlichen Rechts

882a *Zwangsvollstreckung wegen einer Geldforderung* **(1) [1]Die Zwangsvollstreckung gegen den Bund oder ein Land wegen einer Geldforderung darf, soweit nicht dingliche Rechte verfolgt werden, erst vier Wochen nach dem Zeitpunkt beginnen, in dem der Gläubiger seine Absicht, die Zwangsvollstreckung zu betreiben, der zur Vertretung des Schuldners berufenen Behörde und, sofern die Zwangsvollstreckung in ein von einer anderen Behörde verwaltetes Vermögen erfolgen soll, auch dem zuständigen Minister der Finanzen angezeigt hat. [2]Dem Gläubiger ist auf Verlangen der Empfang der Anzeige zu bescheinigen. [3]Soweit in solchen Fällen die Zwangsvollstreckung durch den Gerichtsvollzieher zu erfolgen hat, ist der Gerichtsvollzieher auf Antrag des Gläubigers vom Vollstreckungsgericht zu bestimmen.**

(2) [1]Die Zwangsvollstreckung ist unzulässig in Sachen, die für die Erfüllung öffentlicher Aufgaben des Schuldners unentbehrlich sind oder deren Veräußerung ein öffentliches Interesse entgegensteht. [2]Darüber, ob die Voraussetzungen des Satzes 1 vorliegen, ist im Streitfall nach § 766 zu entscheiden. [3]Vor der Entscheidung ist der zuständige Minister zu hören.

(3) [1]Die Vorschriften der Absätze 1 und 2 sind auf die Zwangsvollstreckung gegen Körperschaften, Anstalten und Stiftungen des öffentlichen Rechtes mit der Maßgabe anzuwenden, dass an die Stelle der Behörde im Sinne des Absatzes 1 die gesetzlichen Vertreter treten. [2]Für öffentlich-rechtliche Bank- und Kreditanstalten gelten die Beschränkungen der Absätze 1 und 2 nicht.

(4) (weggefallen)

(5) Der Ankündigung der Zwangsvollstreckung und der Einhaltung einer Wartefrist nach Maßgabe der Absätze 1 und 3 bedarf es nicht, wenn es sich um den Vollzug einer einstweiligen Verfügung handelt.

---

[5] *Zö/Stöber* Rn. 1.
[6] *St/J/Münzberg* Rn. 2; *Zö/Stöber* (Fn. 5).
[7] BGHZ 96, 332, 336 = NJW 1987, 131.
[8] *Lackmann* Rn. 383.
[9] MK/*Eickmann* Rn. 3; *St/J/Münzberg* § 878 Rn. 36.
[1] MK/*Eickmann* Rn. 2; *St/J/Münzberg* Rn. 1; *Brox/Walker* Rn. 498; *Schuschke/Walker* Rn. 2; aA *B/L/H* Rn. 2; *Zö/Stöber* Rn. 1.

I. Normzweck

1 Bezweckt wird, einerseits die Erfüllung öff. Aufgaben zu sichern und dem Schuldner Gelegenheit zur freiwilligen Leistung zu geben,[1] andererseits Gläubigerrechte nicht mehr als dazu nötig zu beschneiden.[2]

II. Anwendungsbereich und Verfahren (Abs. 1 und 3)

2 **1. Allgemeines** Zwangsvollstreckung **wg. Geldforderungen.** Die Norm gilt gem. ihrer Stellung im 2. Abschnitt des 8. Buches **nur** für die Zwangsvollstreckung nach §§ 803–882a, einschl. der aus §§ 887 Abs. 2, 888.[3] I. Ü., auch soweit § 882a wg. Geldforderungen keine Sonderregeln trifft, gelten die allg. Vorschriften. Wg. anderer als zivilgerichtlicher Titel vgl. die entspr. Regelungen in §§ 170 VwGO, 198 Abs. 1 SGG, 151 Abs. 1 FGO. § 882a erfasst Vollstreckungen gegen den **Bund,** einschl. dessen selbständigen Sondervermögens,[4] ein **Land** (Abs. 1) oder eine **Körperschaft,** auch **kirchliche**[5] (s. u. Rn. 6) **Anstalt,** zB Rundfunk- und Fernsehanstalt,[6] oder **Stiftung** des öff. Rechts (Abs. 3). Für **Gemeinden** und **Gemeindeverbände** gilt nach § 15 Nr. 3 EGZPO die Gemeindegesetzgebung der Länder, die entspr. Regelungen in Gemeinde- und Landkreisordnungen getroffen haben.[7] Nach Abs. 3 S. 2 scheidet bei öff.-rechtlichen Bank- und Kreditanstalten eine Besserstellung schon aus Wettbewerbsgründen aus.[8] Nachdem Abs. 4 entfallen ist und im AEG eine entspr. Regelung fehlt, besteht für Eisenbahnen Pfändungsschutz nur noch nach allg. Vorschriften, zB §§ 811, 813a, 765a, soweit sie bei jur. Personen eingreifen.[9] Ob § 882a auch für **ausländische Staaten** und **jur. Personen** gilt, ist str..[10] Soweit **dingliche Rechte,** zB aus § 1147 BGB, verfolgt werden, gilt § 882a nach Abs. 1 S. 1 nicht. Das Recht (Eigentum, Hypothek, Grundschuld usw.) muss schon bestehen und als solches geltend gemacht werden; § 867 bleibt deshalb unberührt.[11] **EinstwVfg.,** nicht Arreste,[12] sind von der Pflicht zur Anzeige und Beachtung der Wartefrist (Abs. 1, 3) ausgenommen; Pfändungsverbote (Abs. 2) gelten aber auch hier.

3 **2. Anzeige.** Sie ist auch bei Vollstreckung von Zwangsgeld (s. § 888 Rn. 4ff.) erforderlich.[13] Eine **Form** schreibt Abs. 1 S. 1 nicht vor, telefonische Anzeige genügt zur Wirksamkeit;[14] Schriftform und Zustellung sind aber zum Nachweis des Fristablaufs angeraten, insbes. wenn die Empfangsbestätigung (Abs. 1 S. 2) verweigert wird. Der Schuldner muss dem **Inhalt** der Anzeige zwar nicht Ort und Zeit der Vollstreckung, wohl aber die ernsthafte Absicht des Gläubigers entnehmen können, dass Vollstreckung alsbald nach Fristablauf droht. Deshalb muss sie den vollstreckbaren Titel, Gläubiger, Schuldner und Schuldgrund identifizierbar bezeichnen und erkennen lassen, dass Vollstreckungsreife vorliegt, mithin der Fälligkeitstag (§ 751 Abs. 1) abgelaufen, eine vom Gläubiger zu beweisende Tatsache nachgewiesen ist (§ 726) und die Voraussetzungen für eine Klauselerteilung (§§ 724, 727, 729) erfüllt sind.[15] Die hM verlangt darüber hinaus, dass **alle Vollstreckungsvoraussetzungen,** zB auch einfache Klausel (§ 724), Zustellung (§ 750), Nachweis des Annahmeverzugs (§ 756), zZ der Anzeige vorliegen, sonst sei sie wirkungslos.[16] Dagegen wird mE zutr. eingewandt, dass diese vom Wortlaut und Sinn der Norm nicht gedeckten Anforderungen – die Anzeige ist nur Vorbereitung, noch kein Vollstreckungsbeginn – die Frist gesetzwidrig verlängern.[17] Der Gläubiger muss den Schuldner jedenfalls nicht vorher auf dessen leistungsverzögernde Bearbeitungsfehler hinweisen.[18] **Adressat** der Anzeige ist die zur Vertretung berufene Behörde. Bei jur. Personen erfolgt die Anzeige an den gesetzlichen Vertreter. Empfangszuständig ist auch der **Prozessbevollmächtigte** (§ 81), aber nicht ausschließlich wie bei § 172.[19] Wenn die Vollstreckung in ein von einer anderen Behörde verwaltetes Vermögen erfolgen soll, ist Adressat **auch der Finanzminister** des Bundes oder Landes.

4 **3. Wartefrist** (Abs. 1 S. 1). Die vierwöchige Frist (Berechnung: § 222) ermöglicht dem Schuldner, ohne Zwangsmaßnahmen zu leisten oder durch Rechtsbehelfe die Einstellung der Vollstreckung zu erreichen. Sind zwei Anzeigen nötig (s. Rn. 3 aE), ist der Zugang der zweiten Anzeige maßgeblich. Die Frist gilt auch für die **Vorpfändung.** Der Gläubiger muss dem Vollstreckungsorgan durch Empfangsbescheinigung (Abs. 1

---

1 BVerfG NJW 1999, 778; eingehend: *Gundlach/Frenzel/Schmidt* InVo 2001, 227.
2 BVerfGE 60, 135, 157 = NJW 1982, 2860.
3 LG Freiburg DGVZ 1993, 11.
4 MK/*Eickmann* Rn. 2.
5 BVerfGE 66, 1, 23 = NJW 1984, 2402.
6 BVerfGE 89, 144, 151 = NJW 1994, 1466; BVerwG NJW 1987, 3017, 3018 (auch zur Insolvenzfähigkeit).
7 Vgl. zB § 127 GemO Baden-Württemberg; Art. 77 GemO Bayern; § 146 GemO Hessen; § 114 GemO NRW; § 128 GemO Rheinland-Pfalz; § 122 GemO Sachsen; vgl. *Willenbruch* ZIP 1998, 817.
8 MK/*Eickmann* Rn. 3.
9 *St/J/Münzberg* Rn. 23.
10 Verneinend: *St/J/Münzberg* Rn. 5; bejahend: KG OLGR 2002, 356; *Weller* Rpfleger 2006, 364, 371; unentschieden: BVerfG 46, 359 = NJW 1978, 485, 486.
11 *St/J/Münzberg* Rn. 7.
12 MK/*Eickmann* Rn. 5; *B/L/H* Rn. 13; *St/J/Münzberg* Rn. 7; aA *Bauer* DGVZ 1961, 73, 76.
13 LG Freiburg (Fn. 3).
14 *Schneider* MDR 1988, 807.
15 MK/*Eickmann* Rn. 8; *St/J/Münzberg* Rn. 10 Fn. 24.
16 OLG Frankfurt Rpfleger 1981, 158 = JurBüro 1981, 571 m. Anm. *Mümmler;* AG Hamm JMBlNRW 1976, 138f.; *B/L/H* Rn. 7; *T/P/Hüßtege* Rn. 3.
17 MK/*Eickmann* Rn. 9; *St/J/Münzberg* Rn. 10; *Gundlach/Frenzel/Schmidt* InVo 2001, 227, 229.
18 OLG Zweibrücken Rpfleger 1973, 68 = JurBüro 1973, 138; LAG Hamm AnwBl. 1984, 162.
19 MK/*Eickmann* Rn. 10.

S. 2) oder Zustellungsurkunde den **Nachweis** erbringen, dass die Anzeige ordnungsgemäß erfolgt (s. o. Rn. 3) und die Wartefrist abgelaufen ist. Das Vollstreckungsorgan prüft diese Voraussetzungen vAw.

5 **4. Gerichtsvollzieherbestellung** (Abs. 1 S. 3). Ist zur Vollstreckung ein GV nötig, wird er auf Antrag des Gläubigers durch den Rechtspfleger (§ 20 Nr. 17 RPflG) des Vollstreckungsgerichts (§ 764 Abs. 2) bestellt. Der Gläubiger kann den Antrag schon vor Ablauf der Wartefrist stellen; er sollte ihn zweckmäßigerweise mit dem Vollstreckungsantrag (§ 753) verbinden, den das Gericht an den GV weiterleitet. Der GV darf erst vollstrecken, wenn er bestellt worden ist.

III. Pfändungsverbote (Abs. 2)

6 Gemeint sind körperliche **Sachen** iSd. § 808. Sie sind für die Erfüllung öff. Aufgaben **unentbehrlich** (Alt. 1), wenn sie zum Verwaltungs-, nicht zum Finanzvermögen gehören[20] und eine besondere Dringlichkeit des Bedarfs besteht,[21] weil die Aufgabenerfüllung sonst unmöglich oder unzumutbar ist.[22] Sachen, deren **Veräußerung ein öff. Interesse entgegensteht** (Alt. 2), sind Kunstgegenstände aus öff. Sammlungen, Archiv- und Bibliotheksbestände; in Betracht kommen zB wg. Geheimhaltungsinteressen auch Sachmittel von Polizei und Bundeswehr.[23] **Kirchliche Körperschaften** des öff. Rechts (Art. 140 GG iVm. Art. 137 Abs. 5 WRV) sind nicht nur hins. der sakralen Gegenstände geschützt, sondern auch hins. aller Sachen (Mittel), die für ihre kirchliche Tätigkeit insgesamt unentbehrlich sind,[24] es sei denn, dass es sich bei Krankenanstalten oder Altenheimen trotz kirchenrechtlicher Aufsicht um rein privatrechtlich als e. V. oder GmbH organisiertes Sondervermögen handelt. Die Regelung des Abs. 2 entspricht sachlich dem auf jur. Personen des öff. Rechts selten anwendbaren Katalog des § 811 und erlaubt mit der Alt. 2 im Einzelfall, die Vollstreckung zur Vermeidung unbilliger Härten auszuschließen.[25] GV und Vollstreckungsgericht (§ 846) müssen die Voraussetzungen vAw. prüfen. Im Streitfall entscheidet nach S. 2 der Richter (§§ 766, 793). Vorher ist gem. S. 3 der Bundes- oder Landesminister zu hören, dem das Vermögen untersteht, in das vollstreckt werden soll.

IV. Gebühren und Kosten

7 **1. Rechtsanwaltsgebühren.** Die Anzeige der Vollstreckungsabsicht löst die Vollstreckungsgebühr der Nr. 3309 VV RVG aus (ist aber keine besondere Angelegenheit, § 18 Nr. 3, 19 Abs. 2 Nr. 3 RVG), auch wenn es nicht zur Vollstreckung kommt, weil bezahlt wird.

8 **2. Gerichtskosten.** Gerichtsgebühren werden für die Bestimmung des Gerichtsvollziehers durch das Vollstreckungsgericht nicht erhoben.

Abschnitt 3. Zwangsvollstreckung zur Erwirkung der Herausgabe von Sachen und zur Erwirkung von Handlungen oder Unterlassungen

883 *Herausgabe bestimmter beweglicher Sachen* **(1) Hat der Schuldner eine bewegliche Sache oder eine Menge bestimmter beweglicher Sachen herauszugeben, so sind sie von dem Gerichtsvollzieher ihm wegzunehmen und dem Gläubiger zu übergeben.**

(2) Wird die herauszugebende Sache nicht vorgefunden, so ist der Schuldner verpflichtet, auf Antrag des Gläubigers zu Protokoll an Eides statt zu versichern, dass er die Sache nicht besitze, auch nicht wisse, wo die Sache sich befinde.

(3) Das Gericht kann eine der Sachlage entsprechende Änderung der eidesstattlichen Versicherung beschließen.

(4) Die Vorschriften der §§ 478 bis 480, 483 gelten entsprechend.

I. Normzweck

1 **1. Normzweck.** Die Vorschrift regelt das Verfahren bei der Zwangsvollstreckung zur Erwirkung der Herausgabe bestimmter beweglicher Sachen oder einer Menge davon. Der Gläubiger soll sein Interesse auf die Sache selbst befriedigen können. Wird diese nicht gefunden, kann er versuchen, ihr Verbleiben durch die eidesstattliche Versicherung des Schuldners zu klären. Die Möglichkeit, seinen Schaden ersetzt zu verlangen, behält er (§ 893).

2 **2. Anwendungsbereich.** Die **Art des Titels** ist ohne Bedeutung (§ 795), soweit in ihm überhaupt eine Herausgabepflicht begründet werden kann. In Betracht kommen neben Urteilen u. a. Vergleiche, einstweilige Verfügungen, notarielle Urkunden, Anordnungen über Hausrat nach § 620 Nr. 7, 8 und §§ 13, 16 Abs. 3 HausratsVO, Überweisungsbeschlüsse (§ 836 Abs. 3 S. 3) oder Pfändungsbeschlüsse für die Herausgabe des Hypothekenbriefes (§ 830 Abs. 1 S. 1). Im Rahmen des § 836 Abs. 3 kann es in zwei Fällen zur Ver-

[20] BVerfGE 64, 1, 44 = NJW 1983, 2768; LG Mainz Rpfleger 1974, 166.
[21] *St/J/Münzberg* Rn. 20; *Zö/Stöber* Rn. 6.
[22] *B/L/H* Rn. 11.
[23] MK/*Eickmann* Rn. 17.
[24] BVerfG (Fn. 6).
[25] *St/J/Münzberg* (Fn. 22).

pflichtung zur Abgabe der eidesstattlichen Versicherung kommen, nämlich einmal dann, wenn der Schuldner die Auskunft nach § 836 Abs. 3 S. 1 nicht erteilt (§ 836 Abs. 3 S. 2), zum anderen dann, wenn die Herausgabevollstreckung bzgl. im Überweisungsbeschluss genannter Urkunden betrieben wird (§§ 836 Abs. 3 S. 3, 883 Abs. 2). Bei Titeln auf **Kindesherausgabe** findet nicht § 883, sondern § 33 FGG Anwendung.[1] Zu Urkunden, Auskunftsverpflichtungen und zur Wahlschuld s. Rn. 7.

3 a) **Herausgabe.** Die Norm ist anwendbar, wenn der Titel auf Herausgabe einer bestimmten beweglichen Sache (Stückschuld, Abs. 1 Alt. 1) oder auf Herausgabe einer Menge bestimmter beweglicher Sachen (Abs. 1 Alt. 2) gerichtet ist. Hierunter wird zutreffend auch die begrenzte Gattungsschuld („Vorratsschuld") gerechnet.[2] Aber auch Titel, durch die der Schuldner zur Hinterlegung von Sachen (zur Hinterlegung von Geld s. § 887 Rn. 3),[3] Verbringung (Versendung)[4], Vorlegung[5] bestimmter Sachen oder Gewährung der Einsicht in Unterlagen[6] verurteilt ist, werden wie Herausgabetitel vollstreckt,[7] solange eine neben der Herausgabe geschuldete Leistung **unselbstständigen** Charakter hat. Der Beschluss über die Anordnung der Zwangsverwaltung ermöglicht die Herausgabevollstreckung bzgl. der von der Beschlagnahme erfassten Gegenstände.[8] Dagegen ist § 888 anwendbar, wenn nur der Schuldner als Eigentümer die Hinterlegung einer Sache (hier: Wertpapiere) bewirken kann,[9] oder wenn die Vorlegung im Rahmen einer umfassenden Auskunftserteilung oder Rechnungslegung erzwungen werden soll (s. a. Rn. 7; zur Bestimmtheit des Titels s. § 704 Rn. 9).[10] Die Vollstreckung auf Leistung einer bestimmten **Menge vertretbarer Sachen** oder Wertpapiere (Gattungsschuld) ist in § 884 geregelt, während bei Gattungsschulden über **unvertretbare** Sachen nur nach § 893 vorgegangen werden kann.[11] Ein Titel auf Herausgabe von Aktien, die sich in Sammelverwahrung befinden, ist nach § 884 zu vollstrecken.[12] Zur Vollstreckung, wenn sich die Aktien im Besitz eines Dritten befinden, s. § 886 Rn. 1.

4 b) **Weitere Verpflichtung.** Ist der Schuldner neben der Übergabe auch zur **Übereignung** verpflichtet, wird die Herausgabe nach §§ 883f. und die Abgabe der Willenserklärung nach §§ 894ff. vollstreckt. § 897 ist zu beachten. Ist neben der Herausgabe eine **selbstständige** weitere Verpflichtung tituliert, ist zunächst durch Auslegung zu ermitteln, ob der Titel doppelte zur Vollstreckung geeignete Verpflichtungen enthält.[13] Betrifft die Verpflichtung nicht die herauszugebende Sache, ist getrennt zu vollstrecken. Bei **sachbezogenen Handlungen** (zB Lieferung herzustellender Reifen, eines Maßanzuges) besteht Einigkeit über die Anwendung des § 883, soweit es um die Herausgabe der Sache geht, Streit aber über die Anwendung der §§ 887f. Diese wird zT wegen § 887 Abs. 3 für unzulässig gehalten.[14] Die Vorschrift ist aber restriktiv auszulegen[15] und steht der Anwendung des § 883 nicht entgegen.[16] Richtigerweise ist anzunehmen, dass **selbstständige Handlungspflichten** neben der Herausgabe nach §§ 887f. vollstreckt werden können.[17] Dies gilt namentlich für die Verurteilung zur Beschaffung unvertretbarer Sachen.[18] Bei der Beschaffung vertretbarer Sachen findet § 884 Anwendung.[19] S. zu diesen Problemen auch § 887 Rn. 4. Der Anspruch auf **Herausgabe von Software** kann auf Kopieren und Löschen des Ursprungsprogramms gerichtet sein und ist dann nach § 887 zu vollstrecken.[20]

II. Voraussetzungen des Absatzes 1

5 **1. Zulässigkeit der Zwangsvollstreckung.** Die Voraussetzungen der Zulässigkeit der Zwangsvollstreckung müssen vorliegen (s. vor § 704 Rn. 19ff.). Der **Titel** muss zur Herausgabe, also körperlichen Übergabe,[21] verurteilen und inhaltlich hinreichend bestimmt sein (s. im Einzelnen § 704 Rn. 9). Ist der Herausgabetitel zu unbestimmt, kann auch dann nicht statt nach § 883 nach § 888 vollstreckt werden, wenn der Schuldner dem Titel entnehmen kann, welche Sachen er herauszugeben hat.[22] Neben den systematischen Bedenken (s. d. auch § 887 Rn. 6, § 894 Rn. 6) spricht hiergegen entscheidend, dass der Titel auch bei der Vollstreckung nach § 888 hinreichend bestimmt sein muss. Das Erbringen der geschuldeten Leistung ver-

---

1 BGHZ 88, 113, 118ff. = NJW 1983, 2775; BayObLGZ 1991, 45, 49; *St/J/Brehm* Rn. 30; *Zö/Stöber* Rn. 7; aA OLG Zweibrücken FamRZ 1980, 1038.
2 *Schilken* DGVZ 1988, 49, 51; *St/J/Brehm* Rn. 16; MK/*Gruber* Rn. 9; aA *Jahnke* ZZP 93 (1980), 43, 54ff.
3 MK/*Gruber* Rn. 12 m. weit. Nachw.
4 OLG Frankfurt NJW 1983, 1685, 1686.
5 OLG Hamm OLGZ 1974, 251ff. = NJW 1974, 653; anders (§ 888) OLG Jena InVo 2002, 66.
6 OLG Frankfurt/M InVo 2003, 445.
7 MK/*Gruber* Rn. 12f.
8 BGH NJW-RR 2005, 1032.
9 OLG Celle OLGR 2002, 128f.
10 OLG Köln NJW-RR 1996, 382; OLG Hamm (Fn. 5); KG NJW 1967, 636.
11 *Zö/Stöber* Rn. 3.
12 BGH NJW 2004, 3340ff.
13 BGH NJOZ 2003, 858, 858 m. weit. Nachw.; *Schilken* DGVZ 1988, 49, 53.
14 RGZ 58, 160, 161f.; OLG Köln NJW 1958, 1355f.; *Brox/Walker* Rn. 1068.
15 S. ausführlich MK/*Gruber* Rn. 20.
16 OLG Zweibrücken JurBüro 2001, 48.
17 BGH NJW-RR 2005, 212, NZM 2007, 852, 853; *St/J/Brehm* Rn. 4; *Zö/Stöber* Rn. 9.
18 OLG Hamm JMBlNRW 1957, 200; *St/J/Brehm* Rn. 7; *Zö/Stöber* Rn. 9.
19 OLG Kiel JR 1948, 340; *St/J/Brehm* Rn. 6; *Zö/Stöber* Rn. 9.
20 *Zö/Stöber* Rn. 2; anders (§ 883 analog) *St/J/Brehm* Rn. 11.
21 *Zö/Stöber* Rn. 2.
22 AA KG InVo 1998, 108, 109f.

bietet wegen des Beugecharakters des § 888 die Vollstreckung eines verhängten Zwangsgeldes (s. § 888 Rn. 15). Dann muss nicht nur der Schuldner, sondern auch das Vollstreckungsorgan erkennen können, was geschuldet ist. Deshalb muss der Zwangsgeldbeschluss die vorzunehmende Handlung genau bezeichnen (§ 888 Rn. 13).

6 **2. Bewegliche Sache.** Zu den beweglichen Sachen (körperliche Gegenstände, § 90 BGB) gehören auch solche, die erst durch die Wegnahme, zB einen Abbau, beweglich werden. Die Sache muss individuell bestimmt sein. Unter eine **Menge** bestimmter beweglicher Sachen fallen Sachgesamtheiten (zB die Einrichtung eines Ladens) oder eine bestimmte Menge aus einem bestimmten Gegenstand (1000 Liter Heizöl aus einem bestimmten Tank). Im Gegensatz zur Gattungsschuld (§ 884) ist eine Vorratsschuld (zB Teil eines Lagerbestandes) nach § 883 zu vollstrecken (s. Rn. 3).

7 **3. Herausgabeverpflichtung.** Herausgabe bedeutet körperliche Übergabe (s. Rn. 5). Ein auf **Vorlage von Urkunden** gerichteter Titel ist nach § 883 zu vollstrecken.[23] Dies gilt auch für die durch Vorlage einer Urkunde zu erteilende **Auskunft;**[24] anders aber, wenn die Urkundenvorlage nur Nebenpflicht einer umfassenden Auskunftspflicht ist oder zur Rechnungslegung verurteilt wurde (s. Rn. 3). Die Verurteilung zur Herausgabe von **Arbeitspapieren** wird nach § 883 vollstreckt; sind sie erst auszufüllen, nach § 888, s. a. § 887 Rn. 12 „Arbeitspapiere".[25] Hat der **Gläubiger** nach dem Titel die **Wahl** zwischen mehreren **bestimmten Sachen,** kann er sie treffen und den Gerichtsvollzieher entsprechend anweisen; wählt er trotz Aufforderung durch den Gerichtsvollzieher nicht, darf dieser wählen.[26] Hat der **Schuldner** die Wahl und nimmt er sie nicht vor, können Gläubiger bzw. Gerichtsvollzieher wählen. Bis zum Empfang der Sache durch den Gläubiger kann sich der Schuldner nach §§ 262, 264 BGB aber noch durch Leistung anderer Stücke befreien.[27]

III. Verfahren bei Absatz 1

8 **1. Zuständigkeit, Gewahrsam.** Funktionell **zuständig** ist der Gerichtsvollzieher, Abs. 1. Zur örtlichen Zuständigkeit s. § 753 Rn. 5. Er darf aufgrund des Titels nur gegen den Schuldner vollstrecken. Befindet sich die herauszugebende Sache nicht in dessen **Gewahrsam** (s. dazu § 808 Rn. 3 f.), so darf sie bei einem **Dritten** nur dann weggenommen werden, wenn dieser zur Herausgabe bereit ist (§ 809 analog).[28] Anderenfalls kann der Gläubiger den Herausgabeanspruch, den der Schuldner gegen den Dritten hat, pfänden und sich überweisen lassen, § 886. Bei **Ehegatten** und eingetragenen Lebenspartnerschaften gilt § 739 (s. § 739 Rn. 2).

9 **2. Durchführung.** Der Gerichtsvollzieher hat die Sachen dem Schuldner wegzunehmen und dem Gläubiger zu übergeben, Abs. 1. Für eine Wohnungsdurchsuchung ist gem. § 758a Abs. 1, 2 (s. a. § 758a Rn. 2) im Fall der Vollstreckung eines auf Herausgabe beweglicher Sachen gerichteten Titels eine **Durchsuchungsanordnung** erforderlich. Die **Pfändungsschutzvorschriften** (§§ 811 f.) finden auf die Herausgabevollstreckung keine Anwendung (s. a. § 811 Rn. 3).[29] Die **Wegnahme** richtet sich nach §§ 754 ff. Sie wirkt als Beschlagnahme und Verstrickung zur Übergabe an den Gläubiger.[30] Sie verschafft dem Gläubiger Besitz (s. dazu § 808 Rn. 19) und führt zum Übergang der Gefahr auf ihn (arg. § 897 Abs. 1; s. § 897 Rn. 3). Ist der Gläubiger anwesend, ist ihm die Sache sofort zu **übergeben,** wenn nicht nur Hinterlegung oder Vorlegung geschuldet ist (s. Rn. 3). Anderenfalls kann der Gerichtsvollzieher sie übersenden (s. a. § 179 Nr. 2 GVGA), wozu er aber mangels anderer Angaben im Titel nicht verpflichtet ist, sodass es sich nur bei Anordnung im Titel um notwendige Vollstreckungskosten iSd. § 788 handelt (s. a. § 788 Rn. 12 „Handlungsvollstreckung").[31] Mit der Übergabe ist der Titel verbraucht,[32] sodass bei Rückkehr der Sache zum Schuldner eine neue Klage nötig ist. Zu einem evtl. Eigentumsübergang s. § 897 und Rn. 4.

10 **3. Rechtsbehelfe.** Rechtsbehelf gegen Verfahrensfehler und die Weigerung des Gerichtsvollziehers, die Vollstreckung durchzuführen, ist die **Vollstreckungserinnerung,** § 766. Ein durch die Herausgabe in seinen Rechten betroffener Dritter kann Drittwiderspruchsklage (§ 771) erheben, auch schon vor Durchführung der Vollstreckung (s. § 771 Rn. 9); bei einer Gewahrsamsverletzung (§ 809) auch Vollstreckungserinnerung.

IV. Voraussetzungen und Verfahren des Absatzes 2

11 **1. Voraussetzungen, Verfahren.** Findet der Gerichtsvollzieher die Sache nicht vor, hat der Schuldner auf **Antrag** des Gläubigers die eidesstattliche Versicherung abzugeben. Es reicht, wenn aufgrund einer einstweiligen Verfügung erfolglos vollstreckt wurde.[33] **Verpflichtet** zur Abgabe der eidesstattlichen Versicherung ist der Schuldner, ggf. sein gesetzlicher Vertreter (s. im Einzelnen § 807 Rn. 8 ff.). Der gesetzliche Vertreter

[23] OLG Frankfurt/M NJW-RR 1992, 171; OLG Köln OLGZ 1989, 230 = NJW-RR 1989, 567; OLG Hamm (Fn. 5); anders (§ 888) OLG Jena (Fn. 5).
[24] OLG Köln OLGZ 1988, 382 f. = NJW-RR 1988, 1210.
[25] LAG Düsseldorf JurBüro 1985, 1429 f.; LAG Frankfurt DB 1981, 534 f.
[26] *B/L/H* Rn. 5.
[27] *Zö/Stöber* Rn. 6.
[28] MK/*Gruber* Rn. 24.
[29] MK/*Gruber* Rn. 26; *St/J/Brehm* Rn. 17.
[30] MK/*Gruber* Rn. 25; *St/J/Brehm* Rn. 26.
[31] OLG Düsseldorf DGVZ 1995, 86 f.; OLG Koblenz DGVZ 1990, 40; *St/J/Brehm* Rn. 27.
[32] MK/*Gruber* Rn. 28; aA (Wegnahme) *Zö/Stöber* Rn. 10.
[33] OLG Karlsruhe Rpfleger 1993, 79.

muss die Versicherung sowohl über eigene Handlungen und Wahrnehmungen als auch über die des Schuldners abgeben.[34] Ist ein Schuldner zur Herausgabe, der andere zur **Duldung** der Zwangsvollstreckung verurteilt, sind beide zur Abgabe der eidesstattlichen Versicherung verpflichtet.[35] **Das Verfahren** richtet sich nach §§ 899ff. Zusätzlich ist Abs. 4 zu beachten. **Zuständig** ist der Gerichtsvollzieher (§ 899 Abs. 1). Nach **Abs. 2** hat der Verpflichtete zu versichern, „dass er die Sache nicht besitze, auch nicht wisse, wo die Sache sich befinde". Nach **Abs. 3** kann ein der Sachlage entsprechender anderer Wortlaut beschlossen werden. Hierfür ist das Gericht (Rechtspfleger beim Vollstreckungsgericht, § 764 Abs. 2, § 20 Nr. 17 RPflG) zuständig, das Gläubiger oder Gerichtsvollzieher ggf. zur Beschlussfassung anrufen müssen. Gibt der Schuldner die Versicherung ab, hat er die Richtigkeit an Eides statt versichern, und zwar auch dann, wenn er Auskunft über den Verbleib der Sache macht.[36]

12 **2. Rechtsbehelfe.** Einwendungen gegen die Verpflichtung zur Abgabe der Versicherung und gegen Anordnungen nach Abs. 2, 3 sind vom Schuldner mit dem Widerspruch nach § 900 Abs. 4 geltend zu machen. Die Weigerung des Gerichtsvollziehers, das Verfahren durchzuführen, kann der Gläubiger mit der Erinnerung nach § 766 anfechten. Ist es ihm nicht möglich, anhand der Angaben des Schuldners die Herausgabevollstreckung weiter zu betreiben, kann er das Interesse fordern, § 893. Erfährt er davon, dass der Schuldner den Besitz wieder erlangt hat, ist stattdessen die erneute Beauftragung des Gerichtsvollziehers zulässig. Ist dessen Vollstreckung wieder erfolglos, kann der Gläubiger die Abgabe der eidesstattlichen Versicherung verlangen, wenn er glaubhaft macht, dass der Schuldner zwischenzeitlich Besitz hatte.[37]

V. Gebühren und Kosten

13 **1. Rechtsanwaltsgebühren.** Der Anwalt erhält die Gebühren aus Nr. 3309 VV RVG. Das Verfahren zur Abgabe der eidesstattlichen Versicherung gilt als besondere Angelegenheit, löst also zusätzlich die Vollstreckungsgebühr der Nr. 3309 VV RVG aus (§ 18 Nr. 18 RVG).

14 **2. Gerichtsvollziehergebühren.** Sie entstehen für die Wegnahme bewegl. Sachen einschl. ihrer Übergabe nach KVGv Nr. 221; für die Abnahme der eidesstattlichen Versicherung nach KVGv Nr. 260.

884 *Leistung einer bestimmten Menge vertretbarer Sachen* **Hat der Schuldner eine bestimmte Menge vertretbarer Sachen oder Wertpapiere zu leisten, so gilt die Vorschrift des § 883 Abs. 1 entsprechend.**

I. Normzweck

1 Die Vorschrift erklärt wegen der Vollstreckung von Gattungsschulden § 883 Abs. 1, die Herausgabevollstreckung durch den Gerichtsvollzieher, für entsprechend anwendbar. Das Verfahren auf Abgabe der eidesstattlichen Versicherung nach § 883 Abs. 2 findet nicht statt. Der Gläubiger wird auf das Interesse verwiesen (§ 893), weil er sich anderweitig eindecken kann. Zum **Anwendungsbereich** und zur Abgrenzung zu § 883 s. dort Rn. 2ff.

II. Voraussetzungen, Verfahren

2 **1. Voraussetzungen.** Die Verurteilung muss sich auf **vertretbare Sachen** (s. § 91 BGB) oder **Wertpapiere** beziehen. Die Vorschrift meint Wertpapiere im engeren Sinne, bei denen die Ausübung des Rechts von der Inhaberschaft abhängt, gleich ob Inhaber- oder Rektapapiere.[1] Ein Titel auf Herausgabe von Aktien, die sich in Sammelverwahrung befinden, ist nach § 884 zu vollstrecken[2] (s. auch § 886 Rn. 1). Keine Wertpapiere in diesem Sinne sind Versicherungs-, Schuld- oder Pfandscheine.[3] Die Verurteilung kann sich auf **Herausgabe oder Lieferung** (Anschaffung oder Herstellung und Herausgabe) beziehen.[4]

3 **2. Verfahren.** Der Gerichtsvollzieher nimmt vorgefundene Sachen weg und übergibt sie dem Gläubiger, §§ 884, 883 Abs. 1. Unter mehreren vorgefundenen vertretbaren Sachen hat er solche mittlerer Art und Güte auszuwählen, § 243 Abs. 1 BGB. Werden die Sachen beim Schuldner nicht vorgefunden, findet mangels Verweisung auf § 883 Abs. 2 kein Verfahren auf Abgabe der eidesstattlichen Versicherung statt. Auch eine Ermächtigung nach § 887 ist wegen § 887 Abs. 3 nicht zulässig.[5] Dem Gläubiger bleibt nur der Weg des § 893. S. im Übrigen § 883 Rn. 8f. und zu den Rechtsbehelfen § 883 Rn. 10.

885 *Herausgabe von Grundstücken oder Schiffen* **(1) [1]Hat der Schuldner eine unbewegliche Sache oder ein eingetragenes Schiff oder Schiffsbauwerk herauszugeben, zu überlassen oder zu räumen, so hat der Gerichtsvollzieher den Schuldner aus dem Besitz zu setzen und den Gläubiger in den Besitz einzuweisen. [2]Der Gerichtsvollzieher hat den Schuldner aufzufordern, eine An-**

---

[34] *Zö/Stöber* Rn. 13.
[35] *Zö/Stöber* Rn. 13.
[36] *Zö/Stöber* Rn. 13.
[37] *Zö/Stöber* Rn. 13.
[1] MK/*Gruber* Rn. 3.
[2] BGH NJW 2004, 3340ff.
[3] *Zö/Stöber* Rn. 1.
[4] *Zö/Stöber* Rn. 2.
[5] *Zö/Stöber* Rn. 2.

schrift zum Zweck von Zustellungen oder einen Zustellungsbevollmächtigten zu benennen. [3]Bei einer einstweiligen Anordnung nach dem § 620 Nr. 7, 9 oder dem § 621g Satz 1, soweit Gegenstand des Verfahrens Regelungen nach der Verordnung über die Behandlung der Ehewohnung und des Hausrats sind, ist die mehrfache Vollziehung während der Geltungsdauer möglich. [4]Einer erneuten Zustellung an den Schuldner bedarf es nicht.

(2) Bewegliche Sachen, die nicht Gegenstand der Zwangsvollstreckung sind, werden von dem Gerichtsvollzieher weggeschafft und dem Schuldner oder, wenn dieser abwesend ist, einem Bevollmächtigten des Schuldners oder einer zu seiner Familie gehörigen oder in dieser Familie dienenden erwachsenen Person übergeben oder zur Verfügung gestellt.

(3) [1]Ist weder der Schuldner noch eine der bezeichneten Personen anwesend, so hat der Gerichtsvollzieher die Sachen auf Kosten des Schuldners in das Pfandlokal zu schaffen oder anderweit in Verwahrung zu bringen. [2]Unpfändbare Sachen und solche Sachen, bei denen ein Verwertungserlös nicht zu erwarten ist, sind auf Verlangen des Schuldners ohne weiteres herauszugeben.

(4) [1]Fordert der Schuldner nicht binnen einer Frist von zwei Monaten nach der Räumung ab oder fordert er ab, ohne die Kosten zu zahlen, verkauft der Gerichtsvollzieher die Sachen und hinterlegt den Erlös; Absatz 3 Satz 2 bleibt unberührt. [2]Sachen, die nicht verwertet werden können, sollen vernichtet werden.

I. Normzweck

1 **1. Normzweck.** Die Vorschrift regelt das Verfahren bei einer Zwangsvollstreckung auf Herausgabe, Überlassung oder Räumung einer unbeweglichen Sache oder eines Schiffs(-bauwerks), und zwar Abs. 1 das Räumungsverfahren. Der Gläubiger soll sein Interesse an der unbeweglichen Sache realisieren können. Das Problem der Unauffindbarkeit stellt sich im Gegensatz zu beweglichen Sachen (§ 883 Abs. 2) nicht. Abs. 2 bis 4 regeln das Verfahren bzgl. der nicht der Vollstreckung unterliegenden beweglichen Sachen, die sich im herauszugebenden Bereich befinden. Abs. 3 S. 2 soll unter teilweisem Verzicht auf die Kostenerstattung die Herausgabe von Räumungsgut, Abs. 4 das Verfahren bis zum Verkauf des Räumungsgutes erleichtern.

2 **2. Anwendungsbereich. a) Titel.** Die Vorschrift gilt für Titel, gleich welcher Art (§ 795), die auf Räumung, Herausgabe oder Überlassung eines Grundstücks oder Schiffs(-bauwerks) oder eines körperlichen Teils hiervon gerichtet sind. Es kann sich neben Urteilen um einstweilige Verfügungen (zu Wohnraum s. § 940a), Prozessvergleiche, notarielle Urkunden (wenn es nicht um Wohnraum geht), um einen Zuschlagsbeschluss zur Zwangsvollstreckung gegen den Besitzer nach § 93 Abs. 1 ZVG oder einen Räumungsbeschluss gegen den Schuldner bei Zwangsverwaltung handeln.[1] Der Titel kann dinglich oder persönlich sein. Zum Titelinhalt s. Rn. 4.

3 **b) Anwendbarkeit.** Die Norm gilt auch für bewohnte eingetragene Schiffe und **entsprechend** für bewegliche, Wohnzwecken dienende Sachen wie Wohnwagen und Behelfsheime sowie bewohnte, nicht eingetragene Schiffe.[2] Ein Titel auf Herausgabe eines Grundstücks berechtigt zur Räumung eines auf ihm errichteten Gebäudes.[3] Eine einstweilige Anordnung über die Benutzung der Ehewohnung (§ 620 Nr. 7, 9, § 621g) wird nach § 885 vollstreckt, wenn sie zur Räumung, Herausgabe oder Überlassung verpflichtet. Die bloße **Zuweisung der Ehewohnung** zur alleinigen Nutzung für einen Ehegatten gibt keine Grundlage für eine Vollstreckung nach § 885 gegen den anderen.[4] Anders ist es, wenn gleichzeitig aufgegeben wurde, die Wohnung zu räumen oder zu verlassen.[5] **Keine Anwendung** findet die Vorschrift auf unbewohnte, nicht eingetragene Schiffe, deren Herausgabe nach § 883, und auf einen Titel auf **Beseitigung** von Gebäuden, der nach § 887 zu vollstrecken ist.[6] Ein auf Verlassen der ehelichen Wohnung gerichteter Titel ist nach § 888 zu vollstrecken.[7] Zu ideellen Grundstücksteilen s. Rn. 5.

II. Voraussetzungen des Absatzes 1 Satz 1

4 **1. Allgemeines.** Der Gläubiger muss einen Vollstreckungsantrag gestellt haben, die Voraussetzungen der Zwangsvollstreckung müssen vorliegen (s. vor § 704 Rn. 19ff.). Zu den für diese Vollstreckungsart geltenden besonderen Zulässigkeitsvoraussetzungen s. Rn. 13. Der **Titel** muss auf Räumung, Herausgabe oder Überlassung einer unbeweglichen Sache oder eines Schiffs(-bauwerks) lauten. Es muss zur Anwendung des § 885 nur eine dieser Verpflichtungen im Titel genannt sein.[8] Ist dies der Fall und enthält er keine weitere Verpflichtung, richtet sich die Zwangsvollstreckung ausschließlich nach §§ 885f.[9] Auch wenn die Räumung, die über die Besitzverschaffung hinaus das Wegschaffen von Sachen des Schuldners beinhaltet, nicht ausdrücklich erwähnt ist, ist sie mit umfasst, weil Abs. 2 bis 4 insoweit nicht differenzieren.[10] Bei der Voll-

---

[1] Zö/*Stöber* Rn. 3.
[2] Zö/*Stöber* Rn. 1.
[3] OLG Hamm NJW 1965, 2207f.; OLG Celle NJW 1962, 595; aA OLG Düsseldorf MDR 1959, 215, 216.
[4] OLG Stuttgart FamRZ 2002, 559; MK/*Gruber* Rn. 3 m. weit. Nachw.; *Zö/Stöber* Rn. 2.
[5] OLG Saarbrücken OLGR 2005, 905.
[6] OLG Celle (Fn. 3).
[7] OLG Köln FamRZ 1983, 1231.
[8] MK/*Gruber* Rn. 9.
[9] BGH NJW-RR 2007, 1091.
[10] MK/*Gruber* Rn. 9; aA KG MDR 1988, 152 (für den Scheidungsvergleich).

streckung eines Anspruchs auf Räumung und Herausgabe eines Grundstücks ist der Gerichtsvollzieher nicht berechtigt, Bauwerke und Anpflanzungen beseitigen zu lassen, selbst wenn der Schuldner nach dem Inhalt des Titels zur Beseitigung verpflichtet ist. Der Beseitigungsanspruch ist vielmehr nach § 887 ZPO zu vollstrecken.[11] Eine nach §§ 721, 794a oder 765a bewilligte Räumungsfrist muss abgelaufen sein.

5 **2. Betroffene Sachen.** Es muss sich um unbewegliche Sachen, Schiffe oder Schiffsbauwerke handeln. Ideelle Teile fallen nicht hierunter, da § 885 die Besitzentziehung regelt;[12] die Einweisung in den ideellen Teil kann zwangsweise nur nach §§ 887ff. erfolgen. Die Vollstreckung erstreckt sich auf das Zubehör (§ 97 BGB) der unbeweglichen Sache,[13] sofern insoweit nicht ein besonderer, nach § 883 zu vollstreckender Titel vorliegt.[14] S. im Übrigen Rn. 3, 4.

6 **3. Titelschuldner.**[15] Voraussetzung ist ein Herausgabe-, Überlassungs- oder Räumungstitel gegen den Schuldner oder dessen namentliche Bezeichnung in der Vollstreckungsklausel. Grundsätzlich muss gegen jeden Vollstreckungsschuldner ein Titel vorliegen, §§ 704, 750. Aus § 886 wird deutlich, dass der Schuldner Gewahrsamsinhaber sein muss. Also muss gegen jeden, der an dem Räumungsobjekt Gewahrsam oder Mitgewahrsam hat, also **nicht nur Besitzdiener** (s. dazu auch Rn. 9 und § 808 Rn. 4) ist, ein Vollstreckungstitel vorliegen, soll gegen ihn vollstreckt werden. Insbesondere Ehegatten bei ungestörter Ehe,[16] Partner einer eingetragenen Lebenspartnerschaft oder nichtehelichen Lebensgemeinschaft oder Mitglieder einer Wohngemeinschaft sind aber, auch wenn sie nicht Mietvertragsparteien sind, Mitgewahrsamsinhaber, nicht lediglich Besitzdiener. Diese (auch nachfolgend) erörterten Fragen hat der Gerichtsvollzieher anhand von äußerlich erkennbaren Umständen (s. § 808 Rn. 3) zu untersuchen.

7 a) **Mitvollstreckung gegen Nichtmieter.** Gegen diejenigen, die selbst **nicht Mieter** sind, kann nach früher hM aufgrund eines **nur gegen den Mieter** ergangenen Titels vollstreckt werden. Dies wird zT damit begründet, der aus der (ehelichen) Lebensgemeinschaft abgeleitete Mitbesitz sei als „abgeschwächter Mitbesitz" von der Fortdauer des Besitzrechts des Mieters abhängig.[17] Andere begründen das Ergebnis mit Abs. 2, 3, der die Familienangehörigen des Schuldners in die Zwangsvollstreckung mit einbezieht.[18] Sind die Gewahrsamsinhaber gleichzeitig Mieter, ist nach ganz hM ein Titel gegen jeden Einzelnen erforderlich, gegen den vollstreckt werden soll. Die herrschende Rechtsprechung geht inzwischen zutreffend wie ein Teil der Literatur[19] davon aus, dass ein **Titel gegen jeden, der (Mit-)Gewahrsam hat,** erforderlich ist.[20]

8 b) **Ehegatte, Lebenspartner.** Gegen jeden Ehegatten einer **ungestörten Ehe** ist ein Räumungstitel erforderlich, gleich ob er Mieter ist[21] oder nicht (s. Rn. 7). Dies führt faktisch dazu, dass eine Räumungsvollstreckung überhaupt nicht möglich ist, wenn nur ein Ehegatte Mieter ist und nur gegen ihn ein Titel vorliegt, weil der Vermieter den Mieter nach der Räumung wieder in die Wohnung aufnehmen müsste.[22] Nach allgM muss ein Titel gegen den im herauszugebenden Objekt **getrennt lebenden** Ehegatten erwirkt werden, auch wenn ein Titel gegen den anderen (Mieter) vorliegt.[23] Bei Trennung nach Rechtshängigkeit ist eine Titelumschreibung nicht möglich,[24] denn es liegt keine Besitznachfolge vor. Der Besitz bestand schon bei Rechtshängigkeit. Anders ist es nur dann, wenn der andere Ehegatte aus der Wohnung ausgezogen ist, weil dann aus Mit- Alleinbesitz geworden ist. Das Gesagte gilt entsprechend für Partner einer **Lebenspartnerschaft** iSd. LPartG.

9 c) **Andere Familienangehörige, sonstige Dritte.** Minderjährigen **Kindern** sind Mieträume in der Regel nicht zu selbstständigem Gebrauch zugewiesen, sodass sie Besitzdiener sind. Es ist daher nur ein Titel gegen die Eltern erforderlich.[25] Mit Volljährigkeit ändert sich an den Besitzverhältnissen nichts.[26] Anderes kann gelten, wenn die Kinder nach Volljährigkeit und zwischenzeitlichem Auszug einen selbstständigen Teil der Wohnung übernehmen und einen eigenen Haushalt führen. **Sonstige Angehörige** werden in der Regel Mit- oder Teilbesitz haben, sodass ein eigener Titel gegen sie erforderlich ist. **Hausangestellte** oder Betriebsangehörige, die sich in herauszugebenden Räumen befinden, sind Besitzdiener, sodass gegen sie kein Titel vorliegen muss.[27] Gegen **Untermieter** oder Unterpächter darf nur vollstreckt werden, wenn sie selbst zur Räumung oder Herausgabe verurteilt sind.[28]

---

[11] BGH NJW-RR 2005, 212.
[12] MK/*Gruber* Rn. 7; *St/J/Brehm* Rn. 3.
[13] LG Berlin DGVZ 1964, 136, 137; *St/J/Brehm* Rn. 2; s. auch § 180 Nr. 3 GVGA.
[14] OLG Hamm JurBüro 1956, 31.
[15] S. hierzu ausführlich *Schuschke* NZM 2004, 207f.
[16] BGHZ 12, 380, 398ff. = NJW 1954, 918.
[17] OLG Frankfurt MDR 1969, 852, 853; OLG Köln NJW 1958, 598; OLG Hamm NJW 1956, 1681ff.; *Geißler* DGVZ 1987, 65, 67.
[18] *Schuschke* (Fn. 15); *Schuschke/Walker* Rn. 9; *Brox/Walker* Rn. 1047; *Ro/G/Sch* § 70 II 2b aa.
[19] MK-BGB/*Wacke* § 1362 Rn. 36; MK/*Gruber* Rn. 14; *St/J/Brehm* Rn. 15; *T/P/Hüßtege* Rn. 4a; *Zö/Stöber* Rn. 6.
[20] BGH NJW 2004, 3041f. m. weit. Nachw.
[21] Insoweit heute wohl unstreitig; vgl. MK/*Gruber* Rn. 16.
[22] OLG Oldenburg NJW-RR 1994, 715.
[23] LG Münster DGVZ 1988, 76, 77; *B/L/H* Rn. 11.
[24] AA LG Mannheim NJW 1962, 815f.; *B/L/H* Rn. 11; *Zö/Stöber* Rn. 6.
[25] KG NJW-RR 1994, 713, 714; einschränkend (Kinder in einem Alter von mehr als 14 Jahren sind Mitbesitzer) *Schuschke* NZM 2005, 10ff.
[26] OLG Hamburg NJW-RR 1991, 909; vgl. auch BVerfG NJW-RR 1991, 1101.
[27] KG (Fn. 25); *St/J/Brehm* Rn. 8; *Zö/Stöber* Rn. 9.
[28] BGH NJW-RR 2003, 1450, 1451; OLG Celle NJW-RR 1988, 913; *St/J/Brehm* Rn. 16; *T/P/Hüßtege* Rn. 5; anders (wenn die Untervermietung ohne Zustimmung des Vermieters erfolgte) KG NZM 2003, 105.

d) Lebensgemeinschaften, Wohngemeinschaften. Bei Vermietung an alle liegt Mitbesitz vor, der einen Titel gegen alle Mitmieter erforderlich macht. Dies gilt in der Regel auch dann, wenn nur einer oder einige der Hausgenossen Mieter sind.[29] Auf die materiell-rechtliche Frage der Gestattung durch den Vermieter kommt es nicht an.[30] Anderes kann bei bloßer Mitbenutzung der Räume unter Anerkennung des alleinigen Besitzes des Mieters gelten.[31] Maßgeblich für den Gerichtsvollzieher sind die Gewahrsamsverhältnisse, wie sie sich für ihn objektiv darstellen. 10

e) Fehlender Widerspruch. Das Fehlen eines Titels soll entsprechend §§ 809, 886 unschädlich sein, wenn der mitbesitzende Dritte der Räumungsvollstreckung gegen ihn nicht widerspricht.[32] Dies ist unzutreffend, weil es nicht wie bei § 809 um die Vollstreckung gegen den Schuldner mit Erlaubnis des Dritten geht, sondern um eine Vollstreckung ohne Titel. Auch § 886 lässt nur die Überweisung des Herausgabeanspruchs des Schuldners an den Gläubiger zu, ermöglicht aber ohne eigenen Titel die Vollstreckung nicht. Daher kann von dem Titelerfordernis nur dann abgesehen werden, wenn der Dritte seinen Besitz ausdrücklich aufgibt.[33] Hiernach hat der Gerichtsvollzieher zu fragen.[34] 11

III. Vollstreckungsverfahren

1. Allgemeines. Die Zeit der beabsichtigten Vollstreckung soll rechtzeitig, in der Regel auch dem Schuldner, mitgeteilt werden.[35] Wegen § 765a Abs. 3 sollte die Mitteilung spätestens drei Wochen vor dem Räumungstermin erfolgt sein (so auch § 180 Nr. 2 GVGA). Die Vollstreckung erfolgt in der Weise, dass der Gerichtsvollzieher, ggf. unter Gewaltanwendung (§ 758 Abs. 1, 3), den Schuldner **aus dem Besitz** (§ 854 BGB) setzt und den Gläubiger in den Besitz einweist, Abs. 1 S. 1. Zum Grundstück gehört, auch wenn nicht ausdrücklich im Titel erwähnt, dessen Zubehör (s. Rn. 5). Dagegen gehört zur Räumung eines Grundstücks nicht die Beseitigung einer vom Schuldner geschaffenen bewachsenen Erdaufschüttung,[36] eines Bauwerks oder einer Anpflanzung (s. Rn. 4). Auch nicht selbst besitzende Personen (s. Rn. 6ff.) müssen aus dem Besitz gesetzt werden. Zu Tieren auf dem Grundstück s. Rn. 14. Ist der Gläubiger abwesend, kann die **Besitzeinräumung** so erfolgen, dass er (zB durch Schlüsselübergabe) dazu in die Lage versetzt wird, die tatsächliche Gewalt auszuüben (§ 180 Nr. 2 GVGA). Bei nicht bewohnten Grundstücken genügt die Erklärung des Gerichtsvollziehers und ihre Aufnahme in das Protokoll, dass der Schuldner aus dem Besitz und der Gläubiger in den Besitz gesetzt werden.[37] Nach **Abs. 1 S. 2** hat der Gerichtsvollzieher zur Erleichterung späterer Zustellungen zur Angabe der neuen Anschrift oder eines Zustellungsbevollmächtigten aufzufordern. Eine Sanktion für den Fall der Nichterfüllung ist nicht vorgesehen. Nach **Abs. 1 S. 3** können einstweilige Anordnungen nach §§ 620 Nr. 7, 9 oder 621g, sofern sie Regelungen nach der HausratsVO beinhalten, ohne neue Zustellung (Abs. 1 S. 4) während ihrer Geltungsdauer mehrfach vollzogen werden. Dies soll einen Titelverbrauch bei einer Vollziehung ausschließen und die Vollstreckung gegen den nach der Vollziehung erneut in die Wohnung zurückkehrenden Schuldner aufgrund der bereits ergangenen Anordnung ermöglichen. Unzulässig ist die erneute Vollstreckung, wenn die in der Anordnung genannte Zeit abgelaufen ist. 12

2. Richterliche Anordnung, Schuldnerschutz. Eine richterliche Durchsuchungsanordnung ist gem. § 758a Abs. 2 (s. dazu § 758a Rn. 2) nicht erforderlich. Bei der Vollstreckung auf Räumung von **Wohnraum** sind folgende **Schutzvorschriften** zugunsten des Schuldners zu beachten: Er kann eine Räumungsfrist und ggf. ihre Verlängerung beantragen (§ 721 für ein Urteil, § 794a für einen Vergleich). Stellt die Vollstreckung eine unzumutbare Härte dar, kann er bis zwei Wochen vor dem festgesetzten Räumungstermin einen Vollstreckungsschutzantrag nach § 765a stellen. Zum Räumungsaufschub durch den Gerichtsvollzieher s. § 765a Abs. 2. Zu den **Kosten** s. die Anm. § 788 Rn. 13 „Räumungsvollstreckung“. 13

IV. Bewegliche Sachen, Absatz 2 bis 4

1. Anwesenheit des Schuldners, Absatz 2. Bewegliche Sachen außer Grundstückszubehör, die sich auf dem zu räumenden Grundstück (Grundstücksteil, Schiff) befinden, sind wegzuschaffen und dem Schuldner bzw. seinem Bevollmächtigten oder einer anderen Person iSd. Abs. 2 (s. dazu § 178 Rn. 3a) zu übergeben. Dies setzt voraus, dass sie hierzu bereit sind; sonst ist nach Abs. 3 zu verfahren.[38] Unzulässig ist ein Auftrag des Gläubigers, die beweglichen Sachen auf dem Grundstück zu lassen;[39] zum Vermieterpfandrecht s. Rn. 17. Auch **Müll** ist zu entfernen[40] und zu vernichten.[41] S. hierzu auch Abs. 4 S. 2; aus der Vorschrift ist aber nicht zu folgern, dass der Müll zunächst zu verwahren ist und erst nach Ablauf der Frist des Abs. 4 S. 1 vernichtet werden darf. Wenn der Schuldner die Kosten vorschießt, hat der Gerichtsvollzieher die Sa- 14

---

29 *B/L/H* Rn. 15; *Zö/Stöber* Rn. 11; aA LG Lübeck JurBüro 1992, 196; LG Darmstadt DGVZ 1980, 110.
30 KG (Fn. 25); aA LG Mönchengladbach DGVZ 1996, 74; *T/P/Hüßtege* Rn. 4b.
31 *Zö/Stöber* Rn. 11.
32 *St/J/Brehm* Rn. 18.
33 *Zö/Stöber* Rn. 13.
34 *Schuschke* (Fn. 25).
35 *Zö/Stöber* Rn. 14; s. a. § 180 Nr. 2 GVGA.
36 OLG Düsseldorf DGVZ 1999, 155f.
37 LG Trier DGVZ 1972, 93, 94.
38 OLG Karlsruhe DGVZ 1974, 114, 115; OLG Hamburg NJW 1966, 2319, 2320.
39 LG Baden-Baden DGVZ 2003, 24; LG Hildesheim DGVZ 1987, 78, 79; aA LG Arnsberg DGVZ 1984, 30, 31.
40 LG Berlin DGVZ 1980, 154, 156.
41 OLG Zweibrücken InVo 1998, 299, 300; OLG Karlsruhe (Fn. 38); MK/*Gruber* Rn. 38 m. weit. Nachw.

chen in eine neue Wohnung des Schuldners zu bringen.[42] Eine Vorschusspflicht des Gläubigers hierfür besteht nicht.[43] Befinden sich dem Schuldner gehörende **Haustiere** in der Wohnung oder auf dem Grundstück und ist der Schuldner weder anwesend noch zur Übernahme der Tiere bereit oder in der Lage, soll die Vollstreckung einzustellen und die zuständige Ordnungsbehörde zu benachrichtigen sein.[44] Dies erscheint zweifelhaft, solange ein Anspruch des Gläubigers auf Einschreiten der Ordnungsbehörde verneint wird,[45] der Räumungsanspruch könnte nicht vollständig vollstreckt werden. Alternativ wäre die Verpflichtung des Gerichtsvollziehers denkbar, Haustiere in ein Tierheim zu schaffen oder schaffen zu lassen und später zu verwerten.[46] **Pfändbare bewegliche Sachen** hat der Gerichtsvollzieher wegen der Vollstreckungskosten (§ 788) oder eines Zahlungstitels nach § 808 Abs. 1 in Besitz zu nehmen. Zu den **Kosten** s. die Anm. § 788 Rn. 13 „Räumungsvollstreckung".

15 **2. Abwesenheit des Schuldners, Absatz 3.** Ist keine der in Abs. 2 genannten Personen anwesend oder weigert sich der Schuldner, die Sachen entgegenzunehmen, hat der Gerichtsvollzieher die Sachen in die Pfandkammer zu schaffen oder anderweitig in Verwahrung zu bringen. Zu Haustieren und Müll s. Rn. 14. Einen Verwahrungsvertrag schließt der Gerichtsvollzieher mangels ausdrücklicher Erklärungen nicht im eigenen Namen, sondern als Vertreter des Justizfiskus ab (s. a. § 808 Rn. 14),[47] sodass ein klagbarer Anspruch des Schuldners gegen den Verwahrer nur besteht, wenn ausdrücklich ein Vertrag zu seinen Gunsten iSd. § 328 BGB geschlossen wurde.[48] Der Verwahrungsvertrag kann auch mit dem Gläubiger geschlossen werden.[49] Die Kosten, soweit notwendig, fallen unter § 788 (s. a. § 788 Rn. 13 „Räumungsvollstreckung"). **Unpfändbare** (§§ 811, 812) Sachen und solche, bei denen ein Verwertungserlös nicht zu erwarten ist, sind nach Abs. 3 S. 1, wenn dessen Voraussetzungen vorliegen, in das Pfandlokal zu schaffen oder anderweitig zu verwahren; sie sind aber nach Abs. 3 S. 2 auf Verlangen des Schuldners ohne weiteres, also insbesondere ohne Kostenerstattung, herauszugeben.

16 **3. Verkauf, Vernichtung, Absatz 4.** Gem. Abs. 4 S. 1 hat der Gerichtsvollzieher bei Vorliegen der Voraussetzungen von Amts wegen vorzugehen. **Voraussetzung** ist, dass der Schuldner (oder ein Dritter als Eigentümer[50]) die Sachen nicht binnen einer Frist von zwei Monaten nach der Räumung unter Zahlung der Verwahrungskosten abfordert. Da nur objektiv auf den Fristablauf abgestellt wird und die Vorschrift kein subjektives Element enthält, setzt dies die Kenntnis des Schuldners von der Verwahrung nicht voraus.[51] Die vor Fristablauf ausgesprochene endgültige Verweigerung der Übernahme des Räumungsgutes durch den Schuldner[52] reicht aus. Unzulässig ist der Verkauf, wenn der Schuldner vor Fristablauf die bisherigen Lagerkosten zahlt und einen eigenen Verwahrungsvertrag schließt.[53] Besteht eine gesetzliche Aufbewahrungspflicht (zB nach § 257 HGB) für den Schuldner, sind Maßnahmen nach Abs. 4 unzulässig.[54] Der **Verkauf** ist als Selbsthilfeverkauf iSd. § 383 BGB anzusehen und richtet sich nach den §§ 383 ff. BGB.[55] Möglich ist aber auch eine öffentliche Versteigerung nach § 814.[56] Die §§ 803 Abs. 2, 811 f., 813 a, 813 b, 817 a sind nicht anwendbar, da es nicht um die Versteigerung gepfändeter Sachen geht. Unpfändbare und unverwertbare Sachen allerdings sind ohne Kostenerstattung nach Abs. 3 S. 2 dem Schuldner auf Verlangen herauszugeben. § 765 a ist anwendbar, weil es sich um eine Vollstreckungsmaßnahme handelt.[57] Der Verkaufserlös ist zu hinterlegen. **Unverwertbare Sachen,** die der Schuldner nicht abgefordert hat, **sollen** nach Fristablauf vernichtet werden; die Vorschrift ist bewusst nicht als Muss-Vorschrift ausgestaltet worden, um dem Gerichtsvollzieher in Ausnahmefällen ein anderes Vorgehen zu gestatten. Vor der Vernichtung ist ein Verwertungsversuch nicht vorgeschrieben; wie bei der Frage des voraussichtlichen Erlöses in §§ 812, 813 steht dem Gerichtsvollzieher bei der Frage der Verwertbarkeit ein Beurteilungsspielraum zur Verfügung.

17 **4. Vermieter-, Verpächterpfandrecht.** Der Inhaber eines Vermieter- oder Verpächterpfandrechts kann die dem Pfandrecht unterliegenden (pfändbaren) Sachen gem. §§ 562 b, 581 Abs. 2 BGB grundsätzlich ohne Titel wegnehmen. Er kann auch den Vollstreckungsauftrag dahin beschränken, dass der Gerichtsvollzieher die Sachen nicht wegnimmt.[58] Selbst bei Streit über das Pfandrecht soll der Gerichtsvollzieher nicht räumen dürfen.[59]

18 **5. Kosten.** Der Gläubiger haftet als Kostenschuldner (§ 3 GVKostG) nicht für Mehrkosten, die dadurch entstehen, dass abweichend von Abs. 2 bis 4 bewegliche Habe in eine Ersatzwohnung des Schuldners ge-

---

[42] *Zö/Stöber* Rn. 17.
[43] LG Essen MDR 1974, 762 f.
[44] OLG Karlsruhe NJW 1997, 1789 f.
[45] So VGH Mannheim NJW 1997, 1798; aA VG Freiburg NJW 1997, 1796 ff.
[46] So auch *Zö/Stöber* Rn. 19; s. ausführlich *Rigol* MDR 1999, 1363 ff.
[47] BGH NJW 1999, 2597 ff.; aA RGZ 102, 77, 79; OLG Köln DGVZ 1994, 171.
[48] RG (Fn. 47).
[49] OLG Stuttgart DGVZ 1966, 41, 42.
[50] LG Berlin Rpfleger 1974, 409.
[51] AA MK/*Gruber* Rn. 44.
[52] LG Berlin DGVZ 1970, 54, 55.
[53] KG DGVZ 1961, 39.
[54] *B/L/H* Rn. 34 m. weit. Nachw.
[55] *T/P/Hüßtege* Rn. 23.
[56] *Zö/Stöber* Rn. 25.
[57] KG Rpfleger 1986, 439 ff.; *Zö/Stöber* Rn. 28; aA MK/*Gruber* Rn. 46.
[58] BGH NJOZ 2003, 858, 859.
[59] BGH NJW 2006, 3273 f. m. Anm. *Flatow* und *Karsten Schmidt* in JuS 2007, 288 ff.; NJW 2006, 848; kritisch *Flatow* NJW 2006, 1396 ff.; s. a. *Riecke* NZM 2006, 919 ff.

schafft wird.[60] Der Gläubiger ist nach § 5 GVKostG vorschusspflichtig. Der Schuldner kann die weggeschafften Sachen nur gegen Erstattung der Transport- und Verwahrungskosten (nicht aber Räumungskosten[61]) verlangen,[62] auch dann, wenn sie durch den Vorschuss des Gläubigers gedeckt sind.[63] S. im Übrigen die Anm. § 788 Rn. 13 „Räumungsvollstreckung".

V. Ordnungsbehördliche Maßnahmen

Eine ordnungsbehördliche Einweisung des Schuldners in die zu räumende Wohnung hemmt die Räumung.[64] Ist symbolisch geräumt und wieder eingewiesen worden, hat der Gläubiger einen Anspruch gegen die Ordnungsbehörde, den Schuldner nach Entfallen der Voraussetzungen der Einsetzung zu entfernen.[65] Ungeachtet dessen kann nach Entfallen der Voraussetzungen der Gläubiger die Zwangsvollstreckung wieder betreiben. Ein Titelverbrauch tritt durch die symbolische Räumung nicht ein.[66] 19

VI. Rechtsbehelfe

Gegen das Verfahren des Gerichtsvollziehers findet für Gläubiger, Schuldner und in eigenen Vollstreckungsverfahrensrechten betroffene Dritte die Vollstreckungserinnerung nach § 766 statt. Dritte können gegen die Herausgabevollstreckung wegen besserer Rechte oder gegen den Verkauf oder die Vernichtung ihres Eigentums nach Abs. 4 mit der Drittwiderspruchsklage (§ 771) vorgehen. Vermieter-, Verpächterpfandrecht sind im Streitfall (s. Rn. 17) mit der Vorzugsklage nach § 805 geltend zu machen. Zu § 765 a s. Rn. 4, 13. 20

VII. Gerichtskosten

Für **Gerichtsvollziehergebühren** ist KVGv Nr. 240 einschlägig; für Versteigerung und Verkauf KVGv Nr. 300. 21

886 *Herausgabe bei Gewahrsam eines Dritten* **Befindet sich eine herauszugebende Sache im Gewahrsam eines Dritten, so ist dem Gläubiger auf dessen Antrag der Anspruch des Schuldners auf Herausgabe der Sache nach den Vorschriften zu überweisen, welche die Pfändung und Überweisung einer Geldforderung betreffen.**

I. Normzweck

Wegen eines auf eine Geldforderung gerichteten Titels kann der Gläubiger einen Herausgabeanspruch des Schuldners pfänden und sich überweisen lassen, um durch die Verwertung zu Geld zu kommen, §§ 846 bis 849. Bei § 886 geht es um den Anspruch des Gläubigers auf Herausgabe. **Die Norm ermöglicht** die Überweisung des (angeblichen) Herausgabeanspruchs des Schuldners, gibt dem Gläubiger freilich keinen Titel gegen den Dritten. Andererseits schützt sie den Gewahrsam des Dritten. Sie findet **Anwendung,** soweit §§ 883 bis 885 anwendbar sind, unabhängig von der Titelart. Sie gilt wie § 809 nicht bei einer bloßen Besitzdienerschaft. Befinden sich sammelverwahrte Aktien im Besitz eines Dritten (etwa der verwahrenden Bank), kann der Gläubiger entsprechend § 886 den Anspruch des Schuldners aus §§ 7, 8 DepotG gegen die Depotbank pfänden und sich überweisen lassen.[1] Zur Herausgabebereitschaft des Dritten s. § 883 Rn. 8 und § 885 Rn. 11. 1

II. Voraussetzungen, Rechtsfolge

1. Voraussetzungen. Die herauszugebende Sache muss sich im (Mit-) **Gewahrsam eines Dritten** befinden, der zur **Herausgabe nicht bereit** ist (§ 809). Der Gläubiger, der im Besitz eines zur Vollstreckung nach den §§ 883 ff. geeigneten Titels ist, muss einen § 886 entsprechenden **Antrag** stellen. 2

2. Rechtsfolge. Der Herausgabeanspruch des Schuldners kann nach den §§ 829, 835 gepfändet und dem Gläubiger zur Einziehung überwiesen werden. Eine Überweisung an Zahlungs statt ist nicht möglich, weil der Gläubiger keinen Zahlungsanspruch hat. Der Herausgabeanspruch des Schuldners kann wie bei der Pfändung aufgrund von Geldforderungen betagt, bedingt oder künftig sein (s. ausführlich § 829 Rn. 5 f.). Leistet der Dritte nach der Pfändung und Überweisung nicht, kann der Gläubiger gegen ihn **auf Herausgabe klagen** und bei Erhalt eines Titels aus diesem die Herausgabevollstreckung nach §§ 883 bis 885 betreiben. 3

---

[60] LG Bochum Rpfleger 1968, 127 f.
[61] LG Berlin DGVZ 1990, 71.
[62] *St/J/Brehm* Rn. 39.
[63] KG Rpfleger 1986, 439, 440; *Zö/Stöber* Rn. 23; aA LG Essen DGVZ 1989, 153, 154 f.; *St/J/Brehm* Rn. 40.
[64] *Zö/Stöber* Rn. 36.
[65] VGH Mannheim NJW 1990, 2770.
[66] OLG Frankfurt MDR 1969, 852 f.; OLG Hamm NJW 1960, 1016 ff.; OLG Stuttgart NJW 1956, 1844; OLG Nürnberg NJW 1953, 1398; aA AG Langen DGVZ 1988, 47; *Pawlowski* DGVZ 1992, 97 ff.
[1] BGH NJW 2004, 3340 ff.

III. Verfahren, Rechtsbehelfe

4 **Zuständig** ist das Vollstreckungsgericht, §§ 886, 828, das durch den Rechtspfleger entscheidet, § 20 Nr. 17. **Rechtliches Gehör** ist nicht zu gewähren, § 834. Der **Pfändungs- und Überweisungsbeschluss** ergeht wie bei der Pfändung wegen Geldforderungen. Auch hier reicht es, wenn der Gläubiger einen Herausgabeanspruch des Schuldners behauptet; gepfändet wird nur dessen angeblicher Anspruch. Eine Überweisung an Zahlungs statt ist genauso wenig möglich wie die Anordnung, dass der Gegenstand an den Gerichtsvollzieher zur Verwertung herauszugeben sei (§ 847 Abs. 1), da nicht verwertet wird. Als **Rechtsbehelf** kommt, wenn Schuldner und Dritter nicht gehört wurden (§ 834), für sie die Erinnerung nach § 766 in Betracht, für den Gläubiger, wenn seinem Antrag nicht entsprochen wurde, gem. § 11 Abs. 1 RPflG die sofortige Beschwerde (§ 793). Entsprechendes gilt für den Drittschuldner. S. im Einzelnen § 829 Rn. 23 ff.

IV. Gebühren und Kosten

5 1. **Rechtsanwaltsgebühren.** Der Anwalt erhält die Vollstreckungsgebühr gemäß aus Nr. 3309 VV RVG.

6 2. **Gerichtskosten.** Nach KV Nr. 2111 wird eine Festgebühr von 15 Euro erhoben.

887 *Vertretbare Handlungen* **(1) Erfüllt der Schuldner die Verpflichtung nicht, eine Handlung vorzunehmen, deren Vornahme durch einen Dritten erfolgen kann, so ist der Gläubiger von dem Prozessgericht des ersten Rechtszuges auf Antrag zu ermächtigen, auf Kosten des Schuldners die Handlung vornehmen zu lassen.**

(2) Der Gläubiger kann zugleich beantragen, den Schuldner zur Vorauszahlung der Kosten zu verurteilen, die durch die Vornahme der Handlung entstehen werden, unbeschadet des Rechts auf eine Nachforderung, wenn die Vornahme der Handlung einen größeren Kostenaufwand verursacht.

(3) Auf die Zwangsvollstreckung zur Erwirkung der Herausgabe oder Leistung von Sachen sind die vorstehenden Vorschriften nicht anzuwenden.

I. Normzweck

1 1. **Systematik und Normzweck.** Lautet der Titel darauf, dass der Schuldner eine bestimmte Handlung (kein Rechtsgeschäft) zu erbringen hat, so kann in der Regel der Gerichtsvollzieher oder das Vollstreckungsgericht die Handlung nicht anstelle des Schuldners vornehmen, wenn dieser untätig bleibt. Das Gesetz musste hier also andere Vollstreckungsformen anbieten und dabei das Interesse des Gläubigers an seinem Vollstreckungserfolg und das Interesse des Schuldners an einem möglichst geringfügigen Eingriff in seine Rechte berücksichtigen.[1] Kann die geschuldete Handlung von einem anderen als dem Schuldner vorgenommen werden, darf der Gläubiger einen anderen mit der Durchführung beauftragen. Kann die geschuldete Leistung allerdings nur vom Schuldner selbst erbracht werden, bleibt keine andere Möglichkeit, als ihn durch Zwangsmittel zur Vornahme der Handlung anzuhalten (§ 888). Obwohl auch Zahlungen, Herausgabe oder die Abgabe von Willenserklärungen Handlungen sind, werden diese grundsätzlich nach anderen Vorschriften erzwungen (§§ 803 ff., §§ 883 ff., §§ 894 f.). **Absatz 2** lässt die Beitreibung eines Vorschusses zu, sodass eine Vorfinanzierung durch den Gläubiger vermieden und das Risiko für ihn vermindert werden kann.[2]

2 2. **Anwendungsbereich.** Die Vorschrift gilt für **Urteile** und alle **anderen Titel** (§ 795), soweit in ihnen die Vornahme vertretbarer Handlungen tituliert werden kann (besonders Prozessvergleiche, evtl. einstweilige Verfügung). Sie ist anwendbar auf die Zwangsvollstreckung zur Erwirkung **vertretbarer Handlungen.** S. zum Begriff Rn. 8, zur Abgrenzung zu § 888 sowie zu Einzelbeispielen Rn. 9 ff. Kommt eine Handlungs- oder Unterlassungsvollstreckung in Betracht, ist maßgebend für die Frage der Vollstreckungsart nicht die Formulierung des Tenors, sondern ob – bei verständiger Auslegung des Titels – ein Gebot zum Unterlassen oder zum Handeln ausgesprochen worden ist.[3] Müssen **Dritte** bei der titulierten Handlung **mitwirken oder dulden,** wird nach § 888 vollstreckt, wenn ein entsprechender durchsetzbarer Anspruch des Schuldners besteht.[4] Einem Ermächtigungsbeschluss steht aber nicht entgegen, dass zu einer begehrten Baumaßnahme eine behördliche Genehmigung eingeholt werden muss.[5] Ist der Abschluss von Rechtsgeschäften für den Schuldner notwendig, scheidet eine Vollstreckung nach § 887 aus, weil die Ermächtigung nach Abs. 1 keine Vertretungsmacht des Dritten für den Schuldner gibt.[6] Weiter ist die Vollstreckung nach § 887 ausgeschlossen, wenn eine Verurteilung nach § 510b **auf Zahlung einer Entschädigung** bei Nichtvornahme der Handlung erfolgt ist, § 887a. Die Untersagung oder Einstellung laufender Zwangsvollstreckungsmaßnahmen gem. § 21 Abs. 2 Nr. 3 InsO umfasst nicht die Vollstreckung einer vertretbaren Handlung iSd § 887 ZPO.[7]

3 a) **Abgrenzung zur Geldvollstreckung.** Ansprüche auf Zahlung von Geld werden nach den speziellen Vorschriften der § 803 ff. vollstreckt. Dies gilt auch bei Titeln auf Zahlung in ausländischer Währung, an

---

1 BGH NJW-RR 2007, 213, 214.
2 MK/*Gruber* Rn. 1.
3 OLG Saarbrücken NJW-RR 2001, 163 f.
4 OLG Düsseldorf OLGR 2001, 281, 282; OLG Zweibrücken NJW-RR 1998, 1767, 1768; BayObLG WuM 1993, 766, 767; *T/P/Hüßtege* Rn. 1 a.
5 OLG Düsseldorf (Fn. 4) S. 283; OLG Koblenz InVo 1999, 126, 127.
6 OLG Zweibrücken OLGZ 1992, 77, 80; OLG Koblenz DGVZ 1986, 138; OLG Bamberg MDR 1983, 499; OLG Hamm MDR 1966, 769; s. ausführlich *St/J/Brehm* Rn. 13; aA RGZ 55, 57, 59 f.
7 LG Mainz NZI 2002, 444

einen Dritten oder auf Hinterlegung von Geld,[8] s. im Einzelnen vor § 803 Rn. 3. Ansprüche auf **Befreiung von einer Verbindlichkeit**[9] (s. auch Rn. 10 „Befreiung") oder **Sicherheitsleistung**[10] werden dagegen nach § 887 vollstreckt, nicht nach §§ 803ff., auch wenn sie auf Geld gerichtet sind.

4 **b) Herausgabe und Leistung.** Keine Anwendung findet die Vorschrift gem. Abs. 3 auf die Verurteilung zur Herausgabe und Leistung von Sachen; es gelten die §§ 883ff. Dies gilt grundsätzlich auch bei Verurteilungen auf Vorlegung oder Hinterlegung einer Sache, s. § 883 Rn. 3. Streitig ist, wie bei Verurteilungen zu Herausgabe und Leistungen zu vollstrecken ist; s. hierzu § 883 Rn. 4.

5 **c) Abgabe einer Willenserklärung.** Insoweit ist, obwohl es sich bei der Abgabe einer Willenserklärung um eine Handlung handelt, § 894 in seinem Anwendungsbereich vorrangig.[11] Danach findet die Vollstreckung nach § 888 statt, wenn es sich um einen nicht der Rechtskraft fähigen Titel handelt, s. § 894 Rn. 7. Sind neben der Abgabe der Willenserklärung Handlungen durchzuführen, richtet sich die Verurteilung zur Abgabe der Willenserklärung nach § 894, die weitere nach §§ 887, 888.[12] Zur Ausübung des Stimmrechts eines Gesellschafters s. § 894 Rn. 4 „Aktien-, Gesellschaftsrecht". Kann weder nach §§ 887f. noch nach § 894 vollstreckt werden, bleibt nur eine Klage auf Leistung des Interesses, § 893.

6 **3. Vollstreckung von Dauerverpflichtungen.** Hier liegen die Probleme (zB bei der Verurteilung zur Schaffung bestimmter Raumtemperaturen in bestimmten Zeiten) eher im praktischen Bereich. Normalerweise ist eine Vollstreckung nach § 887 im Wege der Ersatzvornahme möglich und auch allein zulässig. Da der Gerichtsvollzieher aber nicht zu allen Zeiten zur Verfügung steht, um bei der Vollstreckung der an sich möglichen Ersatzvornahme nach § 892 Widerstand zu brechen, ist effektiver Rechtsschutz nicht zu erhalten, wenn der Schuldner renitent ist und der Verpflichtung nicht nachkommt. Gleichwohl ist bei einem nur auf Vornahme einer Handlung gerichteten Titel eine Vollstreckung nach § 888 oder § 890 wegen der am Titel orientierten Ausschließlichkeit der Vollstreckungsarten nicht zulässig.[13] Der Gläubiger muss ggf. einen zusätzlichen Unterlassungstitel erwirken, mit dem im genannten Beispiel dem Schuldner untersagt wird, die einmal erreichte Temperatur wieder zu senken.

II. Voraussetzungen

7 **1. Zulässigkeit der Zwangsvollstreckung.** Die Voraussetzungen der Zwangsvollstreckung (s. vor § 704 Rn. 19ff.) müssen vorliegen. Die Vollstreckung erfolgt nur auf **Antrag** des Gläubigers. Der Antrag muss die Handlung, zu deren Vornahme das Gericht den Gläubiger ermächtigen soll, konkret bezeichnen.[14] Es muss aber nicht jeder Arbeitsschritt angegeben werden.[15] Die ausführende Person muss nicht angegeben werden. Der Gläubiger muss aber darlegen, dass er im Stande wäre, die Handlung vorzunehmen oder eine geeignete Person zu finden.[16] Ein Antrag nach § 888 kann nicht in einen Antrag nach § 887 **umgedeutet** werden, wenn dem Gläubigervortrag hierzu keine Anhaltspunkte zu entnehmen sind.[17] Das **Rechtsschutzinteresse** fehlt, wenn (unstreitig) der Schuldner schon erfüllt[18] oder der Gläubiger die Ersatzvornahme bereits durchgeführt hat.[19] Der Wortlaut des Abs. 1 ist nicht dahin zu verstehen, dass der Gläubiger **die Nichterfüllung** durch den Schuldner im Rahmen seines Vollstreckungsantrags beweisen müsse. Es reicht vielmehr die Behauptung der Nichterfüllung.[20] S. weiter und zum Erfüllungseinwand des Schuldners Rn. 19. Zum Anwaltszwang s. Rn. 18.

8 **2. Vertretbare Handlung.** Eine **vertretbare Handlung** liegt vor, wenn sie irgendein anderer als der Schuldner in der Weise vornehmen kann, dass rechtlich und wirtschaftlich der gleiche Erfolg erzielt wird, als hätte sie der Schuldner vorgenommen. Bei der Abgrenzung ist in erster Linie auf die Interessen des Gläubigers abzustellen, also darauf, ob er ein rechtlich geschütztes Interesse daran hat, dass gerade der Schuldner die Handlung vornimmt (§ 888), oder ob es ihm wirtschaftlich gleichgültig und vom Standpunkt des Schuldners rechtlich zulässig ist, dass ein anderer die Handlung vornimmt.[21] Dass verschiedene Möglichkeiten zur Erfüllung der titulierten Verpflichtung zur Verfügung stehen, ist ohne Bedeutung.[22] Im Einzelfall kann die Abgrenzung schwierig sein. Deshalb bietet es sich an, zunächst den weniger schweren Eingriff, die Ersatzvor-

---

8 KG NJW-RR 2000, 1409, 1410; MK/*Gruber* Rn. 3.

9 BGH NJW 1983, 2438, 2439; OLG Köln InVo 2002, 245f.; OLG Stuttgart OLGR 2000, 21; KG NJW-RR 1999, 793; OLG München NJW-RR 1998, 1769f.; MK/*Gruber* Rn. 4; aA *Geißler* JuS 1988, 452, 455ff. m. weit. Nachw.

10 RGZ 19, 204, 207; OLG Düsseldorf FamRZ 1984, 704 m. weit. Nachw.

11 MK/*Gruber* Rn. 7 m. weit. Nachw.

12 MK/*Gruber* § 888 Rn. 8 m. weit. Nachw.

13 OLG Düsseldorf FamRZ 1997, 648, 649; OLG Köln MDR 1995, 95; OLG Hamm OLGZ 1973, 249, 251 = NJW 1973, 1135; differenzierend, in der Sache aber ähnlich *St/J/Brehm* Rn. 11; aA OLG Hamm JMBlNRW 1962, 196f.; LG Berlin WuM 1994, 552; LG Koblenz NJW-RR 1986, 506; MK/*Gruber* Rn. 16.

14 OLG Köln NJW-RR 1990, 1087f.; OLG Frankfurt JurBüro 1988, 259f.; MK/*Gruber* Rn. 24; s. auch OLG Bamberg NJW-RR 2000, 358, 359 (konkrete Angaben in der Begründung reichen aus).

15 OLG Frankfurt (Fn. 14); OLG Zweibrücken MDR 1983, 500.

16 OLG Hamm NJW 1959, 891.

17 OLG Hamm OLGZ 1984, 184, 187 = NJW 1985, 274.

18 *Schneider* MDR 1975, 279, 281.

19 LG Essen MDR 1959, 399.

20 MK/*Gruber* Rn. 18; *T/P/Hüßtege* Rn. 4; *Zö/Stöber* Rn. 4; aA (Beweislast vor der Beweisaufnahme Gläubiger, danach Schuldner) *Schuschke* InVo 2005, 396, 397f.

21 MK/*Gruber* Rn. 9; *St/J/Brehm* Rn. 6; *Zö/Stöber* Rn. 2.

22 OLG München NJW-RR 1988, 22; OLG Hamm MDR 1983, 850; OLG Zweibrücken OLGZ 1974, 317, 319; aA OLG München NJW-RR 1992, 768; OLG Düsseldorf OLGZ 1988, 83, 85 = NJW-RR 1988, 63.

nahme nach § 887, zuzulassen und erst dann, wenn diese nicht zum Erfolg führt, Zwangsmittel nach § 888 anzuwenden.[23] Ist die Vollstreckung auf eine im **Ausland** vorzunehmende Handlung gerichtet, soll der Gläubiger gleichwohl nach § 888 vorgehen können, weil die Vollstreckung nach § 887 zu unzumutbaren Erschwerungen und Verzögerungen führe;[24] dies ist nicht unzweifelhaft, weil die Vollstreckungsart sich grundsätzlich am Titel zu orientieren hat, nicht an potenziellen Vollstreckungsschwierigkeiten. Man wird die Vollstreckung nach § 888 nur zulassen dürfen, wenn die Vollstreckung nach § 887 im Ausland unmöglich ist (s. Rn. 10 „Buchauszug").

9 **3. Beispiele zur Vollstreckung nach §§ 887 f. Vertretbar** bedeutet nach § 887, **unvertretbar** nach § 888 zu vollstreckende Handlung bei einem auf die im Folgenden genannte Leistung gerichteten Titel. **Abbruch** vertretbar, s. Abriss; **Ablösungsverpflichtung** für Stellplätze vertretbar, wenn der Bauherr eine entsprechende Baulast übernommen hat;[25] **Abnahmeverpflichtung** beim Kauf (als Befreiung vom Besitz) vertretbar;[26] s. aber Annahme als Erfüllung; **Abriss** vertretbar;[27] **Aktienrecht** s. Auskunft; **Annahme** als Erfüllung unvertretbar, weil die Ware (Leistung) zu prüfen ist;[28] **Anwaltsbeauftragung,** die Erteilung einer Vollmacht an einen bei einem Gericht zugelassen Anwalt ist unvertretbar;[29] **Arbeitsleistung** grundsätzlich vertretbar;[30] unvertretbar ist ein Anspruch auf Beschäftigung eines Arbeitnehmers;[31] **Arbeitspapiere** unvertretbar, wenn noch zu erstellen (s. a. § 883 Rn. 7),[32] anderenfalls Vollstreckung nach § 883; **Auseinandersetzungsguthaben,** Ermittlung, vertretbar;[33] **Auskunft** unvertretbar, wenn sie nur der Schuldner erbringen kann.[34] So auf Antrag eines Aktionärs nach § 132 AktG[35] oder eines GmbH-Gesellschafters nach § 51 b GmbHG[36] (anders bei Verurteilung zur Gewährung der Einsicht, insoweit § 883[37], s. dort Rn. 3); über Anzahl hergestellter Videobänder;[38] über Einkünfte;[39] den Nachlass;[40] durch notarielles Bestandsverzeichnis;[41] durch Wohnungseigentumsverwalter.[42] Dagegen vertretbar, wenn die Erfüllung durch einen Sachverständigen ohne Mitwirkung des Schuldners persönlich möglich ist.[43] **Auslandsvollstreckung** s. Rn. 8.

10 **Baumängel** vertretbar,[44] s. auch Nachbesserung, Rn. 14. Ist der Schuldner zur Herbeiführung eines bestimmten Erfolges verurteilt, soll die Handlung unvertretbar sein,[45] zweifelhaft; **Bauwerk** (Beseitigung vertretbar; s. „Beseitigung", Mängel s. „Baumängel"); **Befreiung von einer Verbindlichkeit** (auch von Unterhaltsforderungen)[46] vertretbar (s. Rn. 3). Die Verbindlichkeit muss bestimmt bezeichnet sein (s. a. § 253 Rn. 32);[47] bei Geldforderungen ist der Betrag anzugeben;[48] **Beheizung** grundsätzlich vertretbar, so Änderung der Anlage zur richtigen Erwärmung,[49] Inbetriebnahme einer Sammelheizung,[50] bestimmter Wärmegrad zu bestimmten Zeiten s. Rn. 6 (Dauerverpflichtung); unvertretbar die Verpflichtung des Vermieters einer Eigentumswohnung, für eine Beheizung der Wohnung Sorge zu tragen;[51] **Belege,** Vorlage, s. § 883 Rn. 7; **Beschaffung** durch Tausch unvertretbar;[52] **Beseitigung** (Bauwerk vertretbar,[53] Überbau vertretbar,[54] überhängender Zweige vertretbar,[55] Haustiere s. „Entfernen eines –„, Rn. 11, Immissionen s. dort, Rn. 12); **Betrieb** eines Einzelhandelsgeschäfts (Postfiliale) unvertretbar;[56] **Bilanzvorlage** grundsätzlich unvertretbar,

---

23 *Brox/Walker* Rn. 1066.
24 OLG Köln OLGR 2002, 446 f.
25 OLG Zweibrücken OLGZ 1992, 77, 80.
26 OLG Köln MDR 1975, 586.
27 OLG Köln JurBüro 1992, 702, 703.
28 *B/L/H* Rn. 20 „Annahme als Erfüllung".
29 BGH NJW 1995, 463, 464.
30 *B/L/H* Rn. 20 „Arbeitsleistung".
31 LAG München BB 1994, 1083; LAG Berlin BB 1986, 1368; LAG Hamm BB 1980, 160 m. Anm. *Fohner.*
32 LAG Düsseldorf JurBüro 1985, 1429 f.; LAG Frankfurt DB 1981, 534, 535.
33 OLG Köln OLGR 2002, 307 f.
34 BGH MDR 1986, 657; BayObLG MDR 1996, 740.
35 BayObLGZ 1974, 484, 487 = NJW 1975, 740.
36 BayObLG NJW-RR 1997, 489; BayObLGZ 1988, 413, 416 f.; OLG Frankfurt/M NJW-RR 1992, 171, 172.
37 OLG Frankfurt/M InVo 2003, 445.
38 OLG München NJW-RR 1992, 704.
39 OLG Frankfurt Rpfleger 1980, 226.
40 OLG Brandenburg FamRZ 1998, 179; OLG Saarbrücken OLGZ 1991, 225 f.
41 OLG Celle InVo 2002, 383 f.
42 KG NJW 1972, 2093 f.
43 OLG Köln JurBüro 1995, 550.
44 OLG Stuttgart NJW-RR 1999, 792; OLG Koblenz NJW-RR 1998, 1770; OLG München NJW-RR 1988, 22.
45 OLG Düsseldorf BauR 1995, 423.
46 OLG Hamburg FamRZ 1983, 212.
47 OLG Saarbrücken JurBüro 1990, 1681, 1682.
48 OLG Stuttgart OLGR 2000, 21.
49 OLG Frankfurt JW 1925, 2346.
50 LG Kiel SchlHA 1987, 155.
51 OLG Hamm WuM 1996, 568 f.
52 *Zö/Stöber* § 888 Rn. 3.
53 OLG Hamm NJW 1965, 2207; OLG Celle NJW 1962, 595.
54 OLG Köln JurBüro 1969, 364.
55 OLG Köln NJW 1985, 274.
56 OLG Celle NJW-RR 1996, 585 f.; OLG Hamm OLGZ 1973, 249, 250 = NJW 1973, 1135; LG Mainz NJW-RR 2001, 637, 638 f. (zur Postfiliale).

wenn der Schuldner mitwirken muss.[57] Vertretbar, wenn deren Erstellung nur noch von der Zahlung eines Vorschusses an den Steuerberater abhängt;[58] **Buchauszug** vertretbar,[59] anders, wenn im Ausland zu vollstrecken[60] und die Vollstreckung dort nicht möglich;[61] Wahlrecht des Gläubigers, ob § 887 oder § 87c Abs. 4 HGB,[62] unvertretbar, wenn noch ergänzende, rechnergestützte Abrechnung zu erstellen ist.[63] **Bürgschaft** (Befreiung von – vertretbar,[64] Sicherheitsleistung durch – s. „Sicherheitsleistung", Rn. 15).

Darlehensbeschaffung vertretbar;[65] **Dauerverpflichtung** s. Rn. 6; **Dienstleistungen** grundsätzlich vertretbar; unvertretbar sind höhere Dienste; das Bewirken der **Eintragung ins Grundbuch** ist vertretbar;[66] **Einzelhandelsgeschäft** s. „Betrieb eines –", Rn. 10; **Entfernen** (Haustier vertretbar,[67] Personen, soweit nicht die Räumungsvollstreckung zu betreiben ist, unvertretbar);[68] **Erbvertrag,** es gilt § 888 Abs. 3;[69] **Fernsehen** s. „Werbespot", Rn. 17; **Feuchtigkeit,** Verhinderung durch geeignete Maßnahmen, vertretbar;[70] Beseitigung vertretbar, anders wenn Arbeiten am Gemeinschaftseigentum notwendig sind.[71] 11

Gegendarstellung unvertretbar;[72] **Geistige Leistung** grundsätzlich unvertretbar. Anders kann es sein bei der Erstellung von Inhaltsangaben oder Sachregistern wissenschaftlicher Werke.[73] Zur Frage, ob überhaupt eine Vollstreckungsmöglichkeit besteht, s. § 888 Rn. 6; **Geräusche, Gerüche** s. „Immissionen"; **Handwerkerleistungen** grundsätzlich vertretbar.[74] Anders kann es sein, wenn besondere geistige oder körperliche Befähigungen verlangt sind;[75] **Haustier, Entfernen** vertretbar, s. Rn. 11 „Entfernen"; **Heizung** s. „Beheizung", Rn. 10; **Hinterlegung** von Geld s. Rn. 3, von Sachen s. Rn. 4; **Hypothekenlöschung** s. „Löschung der –", Rn. 14; **Immissionen** vertretbar;[76] **Instandsetzung** vertretbar;[77] **Inventarerstellung** regelmäßig unvertretbar; **Jahresabrechnung** der Wohnungseigentümergemeinschaft vertretbar.[78] 12

Kauf zum Listenpreis vertretbar;[79] **Kfz-Papiere** für einen bestimmten PKW unvertretbar;[80] **Klageerhebung** s. „Prozess", Rn. 14; **Konkurrenzschutz** unvertretbar, wenn die Verurteilung auf ein positives Tun gerichtet ist;[81] die Ausnutzung des Anspruchs auf **Kontoüberziehung** ist unvertretbar (s. aber auch § 888 Rn. 5);[82] die Verpflichtung zur künftigen **Kündigung** ist unvertretbar;[83] **Künstlerische Leistung** unvertretbar, s. „geistige Leistung", Rn. 12; **Kunsturheberrecht** s. „Vernichtung". 13

Die Herstellung der **Lastenfreiheit** eines Grundstücks ist vertretbare Handlung.[84] Die Bestimmung des Bezugsberechtigten einer **Lebensversicherung** ist unvertretbar;[85] **Lohnabrechnung** vertretbar, wenn betriebliche Lohnunterlagen zur Verfügung stehen;[86] Eintragung in eine **Lohnsteuerkarte** ist vollstreckbar;[87] grundsätzlich vertretbar; **Löschung der Hypothek** eines Dritten vertretbar;[88] **Mängelbeseitigung** vertretbar, s. „Baumängel" (Rn. 10), „Nachbesserung"; **Nachbesserung** vertretbar;[89] s. auch „Baumängel" (Rn. 10); **Nachlassverzeichnis** unvertretbar, s. „Auskunft", Rn. 9; **Namensänderung,** Annahme des Namens vor Eheschließung unvertretbar;[90] **Nebenkosten-/Betriebsabrechnung** unvertretbar;[91] **Öffentliche Beglaubigung,** unvertretbar;[92] **Personen** s. „Entfernen von –", Rn. 11; **Provisionsabrechnung** grundsätzlich vertret- 14

---

57 OLG Köln NJW-RR 1998, 716; OLG Zweibrücken NJW-RR 1998, 715; *Zö/Stöber* § 888 Rn. 3.
58 OLG Zweibrücken JurBüro 1987, 466.
59 BGH NJW-RR 2007, 1475, 1476.
60 OLG Frankfurt/M OLGR 2002, 102.
61 So überzeugend OLG Düsseldorf NJOZ 2004, 3377ff.
62 OLG Koblenz NJW-RR 1994, 358, 359; OLG Hamm MDR 1967, 770.
63 OLG Hamm NJW-RR 1994, 489, 490.
64 RGZ 150, 77, 80.
65 RG JW 1901, 366.
66 *B/L/H* Rn. 25 „Eintragung ins Grundbuch".
67 OLG Hamm NJW 1966, 2415f.; aA LG Köln MDR 1963, 228.
68 BGH FamRZ 1963, 553, 556.
69 OLG Frankfurt Rpfleger 1980, 117, 118.
70 OLG Dresden WuM 2002, 34.
71 OLG Düsseldorf NJW-RR 2002, 1663f.
72 OLG Köln NJW 1969, 755.
73 *B/L/H* Rn. 27 „Geistige Leistung".
74 BGH NJW 1993, 1394.
75 *B/L/H* Rn. 28 „Handwerksmäßige Leistung".
76 OLG Düsseldorf NJW-RR 1998, 1768, 1769; OLG Köln NJW-RR 1990, 1087; OLG Hamm MDR 1983, 850.
77 *Zö/Stöber* Rn. 3 „Instandsetzung".
78 So überzeugend OLG Düsseldorf NJW-RR 1999; 1029; aA OLG Köln InVo 1999, 29, 30ff.
79 OLG Köln MDR 1975, 586.
80 OLG Hamm JMBlNRW 1957, 200.
81 BGH NJW-RR 1996, 460.
82 *Grunsky* ZZP 95 (1982), 264, 269ff.
83 OLG Frankfurt NJW 1953, 1029, 1030.
84 OLG Naumburg OLGR 2000, 297.
85 OLG Köln MDR 1975, 586.
86 LAG Köln MDR 1991, 650, 651; LAG Hamm DB 1983, 2257; aA LAG Hamburg NZA-RR 1996, 422.
87 LAG Düsseldorf MDR 1990, 1044; aA LAG Hamm MDR 1972, 900.
88 BGH NJW 1986, 1676, 1677.
89 BGH NJW 1993, 1394; s. ausführlich *Quadbeck* MDR 2000, 570ff.
90 OLG Schleswig SchlHA 1953, 184.
91 BGH NJW 2006, 2706, 2707; im Ergebnis zustimmend *Timme* NJW 2006, 2668ff.
92 BayObLG NJW-RR 1997, 1015, 1016.

bar;[93] anders, wenn der Titel auf Mitteilung der für die Provision wesentlichen Umstände lautet;[94] **Prozess,** Klageerhebung und Prozessführung sind grundsätzlich unvertretbar.[95]

15 **Rechnungslegung** grundsätzlich unvertretbar; vertretbar, wenn die Rechnungslegung durch einen Sachverständigen ohne Mitwirkung des Schuldners persönlich erfolgen kann,[96] wie zB beim Wechsel des Verwalters einer Wohnungseigentümergemeinschaft;[97] **Reinigung** vertretbar; **Rundfunk** s. „Werbespot", Rn. 17; **Sachteilung** vertretbar bei gemeinschaftlicher Sache;[98] **Sachverständigengutachten** vertretbar, wenn es nicht auf ungewöhnliche Fachkenntnisse ankommt;[99] **Schlüsselfertiges Haus** vertretbar;[100] **Sicherheitsleistung** § 232 BGB vertretbar,[101] Bürgschaft vertretbar[102], s. a. Rn. 4; **Softwarelöschung** vertretbar;[103] **Stellplatz** s. „Ablöseverpflichtung", Rn. 9; **Steuererklärung,** Mitwirken des Ehegatten unvertretbar;[104] der Vollstreckungsgläubiger kann nach Pfändung des Steuererstattungsanspruchs vom Vollstreckungsgericht deklaratorisch ermächtigt werden, die Antragsbefugnis des steuerpflichtigen Vollstreckungsschuldners gem. § 46 Abs. 2 Nr. 8 EStG an seiner Statt auszuüben;[105] **Stromlieferung** vertretbar;[106] **Tausch** s. „Beschaffung durch –", Rn. 10; **Transport** vertretbar; **Treppenhausreinigung** vertretbar.[107]

16 **Überbau** s. „Beseitigung eines –", Rn. 10; **Überhang** s. „Beseitigung eines –", Rn. 10; **Übersetzung** (Urkunde vertretbar,[108] Buch unvertretbar[109]); **Umgangsrecht** unvertretbar;[110] **Unterhaltsleitung** regelmäßig vertretbar,[111] auch bei Naturalunterhalt;[112] **Unterzeichnung** eines Wechsels unvertretbar;[113] **Veräußerungsverpflichtung** unvertretbar, weil die Bedingungen ausgehandelt werden müssen;[114] **Vermieter,** ist die Mitwirkung des Mieters erforderlich, unvertretbar (s. Rn. 2), s. auch „Treppenhausreinigung" (Rn. 15), „Beheizung" (Rn. 10), „Nebenkostenabrechnung" (Rn. 14); **Vernichtung** nach dem Kunsturhebergesetz vertretbar;[115] **Veröffentlichung** eines fertigen Werkes vertretbar;[116] **Versorgungsausgleich,** Auskunft über die Voraussetzungen unvertretbar;[117] **Versetzung** eines Baumes vertretbar;[118] **Versteigerung** gemeinschaftlicher Sache unvertretbar;[119] **Vollmacht des Schuldners,** eine Ermächtigung nach § 887 ersetzt die Vollmacht nicht, s. Rn. 2.

17 **Wechselausstellung** s. „Unterzeichnung", Rn. 16; **Weiterbeschäftigung** unvertretbar (s. „Arbeitsleistung", Rn. 9); **Werbespot,** Ausstrahlung unvertretbar;[120] **Wertermittlung** (§ 1379 Abs. 1 S. 2 BGB) vertretbar;[121] **Widerruf** unvertretbar (s. a. § 894 Rn. 5 „Widerruf");[122] **Willenserklärung,** grundsätzlich § 894. Soweit diese Vorschrift nicht anwendbar ist (s. § 894 Rn. 2, 7), grundsätzlich unvertretbar.[123] Vertretbar dann, wenn kein Einfluss auf den Inhalt besteht.[124] S. auch Rn. 5; **Wissenschaftliche Leistung** s. „geistige Leistung", Rn. 12. **Wohnungszuweisung,** Vollstreckung einer einstweiligen Anordnung unvertretbar;[125] **Zeugnis,** die Ausstellung ist unvertretbar;[126] **Zugangsgewährung** unvertretbar.[127]

---

[93] OLG Köln NJW-RR 1996, 100; OLG Hamm OLGZ 1967, 410, 412.
[94] OLG Frankfurt/M (Fn. 60).
[95] *Zö/Stöber* § 888 Rn. 3.
[96] OLG Köln NJW-RR 1992, 633, 634; KG NJW 1972, 2093.
[97] OLG Düsseldorf (Fn. 76).
[98] KG OLGRspr. 9, 129.
[99] MK/*Gruber* Rn. 45 „Sachverständiger"
[100] OLG Köln ZMR 1973, 253.
[101] KG JW 1936, 677.
[102] KG InVo 1998, 22; OLG Karlsruhe MDR 1991, 454; OLG Köln MDR 1989, 169.
[103] *Zö/Stöber* Rn. 3 „Vernichtung" m. weit. Nachw.
[104] LG Zweibrücken MDR 1976, 144, 145.
[105] BGH NJW 2004, 954, 955f.
[106] *B/L/H* Rn. 31 „Lieferung".
[107] *B/L/H* Rn. 38 „Vermieter"; aA LG Berlin WuM 1994, 552f.
[108] *B/L/H* Rn. 27 „Geistige Leistung".
[109] *B/L/H* Rn. 27 „Geistige Leistung".
[110] OLG Zweibrücken FamRZ 1979, 842f.; OLG Koblenz FamRZ 1978, 605, 606.
[111] MK/*Gruber* Rn. 45 „Unterhaltsleistung".
[112] Vgl. OLG Hamburg FamRZ 1983, 212; MK/*Gruber* Rn. 45 „Unterhaltsleistung".
[113] *B/L/H* Rn. 37 „Unterzeichnung"; *Zö/Stöber* § 888 Rn. 3.
[114] OLG Hamm MDR 1965, 584.
[115] OLG Frankfurt/M NJW-RR 2007, 485f.
[116] OLG München MDR 1955, 682f.
[117] OLG Hamm Rpfleger 1980, 351.
[118] AG Mönchengladbach DGVZ 1998, 91.
[119] *Zö/Stöber* § 888 Rn. 3.
[120] LG Hannover NJW 1994, 2237.
[121] OLG Bamberg NJW-RR 1999, 577 m. weit. Nachw.; anders (§ 888) OLG Naumburg NJOZ 2004, 3561, 3562.
[122] BVerfGE 28, 1, 9 = NJW 1970, 651; BGHZ 37, 187, 190 = NJW 1962, 1438; OLG Celle InVo 2002, 301f.; OLG Frankfurt/M InVo 1999, 28; OLG Köln MDR 1992, 184; OLG Zweibrücken NJW 1991, 304; MK/*Gruber* § 888 Rn. 10 m. weit. Nachw.; aA OLG Hamm NJW-RR 1992, 634; OLG Karlsruhe OLGZ 1985, 125 (§ 894 entsprechend); OLG Frankfurt NJW 1982, 113; *St/J/Brehm* § 888 Rn. 5.
[123] BGH NJW 1995, 463, 464; BGHZ 98, 127, 129 = NJW 1986, 2704.
[124] OLG Köln MDR 1975, 586.
[125] LG Aachen DGVZ 1994, 175.
[126] BAG AP TVALII§ 48 Nr. 2; LAG Nürnberg BB 1993, 365, 366.
[127] KG NJW-RR 2007, 1311; OLG Frankfurt/M InVo 1997, 271.

III. Verfahren, Erfüllungseinwand

1. Verfahren. Funktionell, örtlich und sachlich **zuständig** ist das Prozessgericht des ersten Rechtszugs (s. § 767 Rn. 17), auch bei einstweiligen Verfügungen des Amtsgerichts nach § 942.[128] In Familiensachen entscheidet das Familiengericht,[129] in Wohnungseigentumssachen das für diese zuständige Gericht, §§ 43, 45 Abs. 3, 51f. WEG,[130] in Patentsachen das BPatG.[131] Bei Entscheidungen nach § 794 Abs. 1 Nr. 4a (Vollstreckbarerklärung von Schiedssprüchen), bei Beschlüssen nach § 796b und bei für vollstreckbar erklärten Urteilen ist das Gericht zuständig, das die Vollstreckung zugelassen hat, bei notariellen Urkunden und Vergleichen nach § 796c gem. § 797 Abs. 3, 6 das Gericht, in dessen Bezirk der Notar seinen Sitz hat. Handelt es sich bei dem Prozessgericht des ersten Rechtszugs um ein Landgericht oder ein Familiengericht in den Sachen des § 78 Abs. 2, muss ein **Anwalt** den Antrag stellen, auch bei einer einstweiligen Verfügung.[132] Eine Befreiung vom Anwaltszwang ist in diesen Fällen gesetzlich nicht vorgesehen. Dem Schuldner ist vor der Entscheidung zwingend **rechtliches Gehör** zu gewähren, § 891 S. 2; eine **mündliche Verhandlung** ist fakultativ. S. im Übrigen die Anmerkungen zu § 891. 18

2. Erfüllungseinwand. Streitig ist, ob der Schuldner in dem Verfahren nach §§ 887f. mit dem Einwand gehört werden darf, er habe die geschuldete Leistung bereits erbracht, und ob darüber ggf. Beweis zu erheben ist. **Die hM** lässt den Erfüllungseinwand unter Berufung auf den Wortlaut des Abs. 1 (Nichterfüllung) und aus prozessökonomischen Gründen zu.[133] Dies überzeugt nicht,[134] dürfte sich angesichts der BGH-Entscheidung aber in der Rechtsprechung durchsetzen. Die Beweislast (für die fehlende Unmöglichkeit) soll vor der Beweisaufnahme den Gläubiger treffen, danach den Schuldner;[135] dies weicht teilweise von allgemeinen Beweislastregeln und denen der Vollstreckungsabwehrklage ab und zeigt weiter die (folgt man dieser Beweislastverteilung erhebliche) Problematik der BGH-Entscheidung. Nicht geltend gemacht werden kann, dass die geschuldete Handlung unzumutbar ist oder nicht zum Erfolg führt.[136] 19

IV. Entscheidung nach Absatz 1, Rechtsmittel

1. Entscheidung. Die Entscheidung lautet auf die **Ermächtigung** des Gläubigers, die Handlung selbst durchzuführen oder durch einen anderen auf Kosten des Schuldners vornehmen zu lassen, Abs. 1. Wer beauftragt werden kann, muss nicht angegeben werden. Es kann dem zur Erteilung eines Buchauszuges verurteilten Schuldner aufgegeben werden, ungehinderten Zutritt zu Geschäftsräumen und benötigten Unterlagen zu verschaffen.[137] Im Fall einer Widerstandsleistung kann nach § 892 ZPO ein Gerichtsvollzieher hinzugezogen werden. Die Entscheidung ergeht durch **Beschluss,** der den Gegenstand der Vollstreckung bestimmt bezeichnen muss (s. Rn. 7). § 891 S. 3 ist zu entnehmen, dass eine Kostenentscheidung erforderlich ist; diese ergeht nach §§ 91ff. (s. § 891 Rn. 1, 3). Der stattgebende Beschluss ist dem Schuldner, der teilweise ablehnende auch dem Gläubiger, der ganz ablehnende dem Gläubiger **zuzustellen** (§ 329 Abs. 3), da Rechtsmittel die sofortige Beschwerde nach § 793 ist (s. Rn. 21). 20

2. Rechtsmittel gegen den Beschluss des Prozessgerichts ist die **sofortige Beschwerde nach § 793.** Nach Durchführung der Ersatzvornahme ist die Beschwerde unzulässig.[138] In der Beschwerdeinstanz darf nicht über einen erstmals hier gestellten neuen Antrag entschieden werden.[139] Die Rechtsbeschwerde findet nur im Fall ihrer Zulassung statt (§ 574 Abs. 1 Nr. 2). 21

V. Durchführung der Zwangsvollstreckung

1. Duldungspflicht. Der Schuldner hat die Ersatzvornahme zu dulden. Leistet er Widerstand, so kann dieser mithilfe des Gerichtsvollziehers gebrochen werden, § 892. Eine richterliche Anordnung gem. § 758a ist bei Maßnahmen in der Wohnung des Schuldners nicht erforderlich, weil diese nicht durchsucht werden soll. Der Beschluss nach § 887 hindert den Schuldner nicht daran, die geschuldete Leistung zuvor **freiwillig,** auch in anderer Weise, selbst **zu erfüllen.**[140] 22

2. Kosten der Ersatzvornahme. Der Gläubiger darf Verträge zur Durchführung der Ersatzvornahme im eigenen Namen abschließen; die notwendigen Kosten (s. a. § 104 Rn. 7) hat der Schuldner zu tragen. Sofern notwendig, sind auch Gutachter-, Architekten-[141] und Finanzierungskosten[142] nach § 788 zu ersetzen, s. im 23

---

128 *Zö/Stöber* Rn. 6.
129 OLG Düsseldorf FamRZ 1981, 577 m. weit. Nachw.
130 BayObLG NJW-RR 1988, 640; SchlHOLG OLGR 2000, 108.
131 BPatG GRUR 1996, 402.
132 OLG Köln NJW-RR 1995, 644f.; OLG Düsseldorf MDR 1987, 506; aA zur einstweiligen Verfügung OLG Jena OLG-NL 1995, 185.
133 BGH NJW 2005, 367, 369 m. weit. Nachw.; *Bischoff* NJW 1988, 1957f.; *St/J/Brehm* Rn. 25; *Zö/Stöber* Rn. 7.
134 *Kannowski/Distler* NJW 2005, 865ff.; MK/*Gruber* Rn. 17; zum Nachweis der Gegenauffassung und zur Kritik an der hM s. 4. Auflage.
135 *Schuschke* InVo 2005, 396, 397.
136 BGH NZM 2005, 678.
137 OLG Düsseldorf NJW-RR 2000, 1298, 1299.
138 BayObLG InVo 1999, 58, 59.
139 OLG Köln OLGR 2000, 270, 271f.
140 BGH NJW 1995, 3189, 3190.
141 OLG Düsseldorf JurBüro 1985, 471.
142 OLG Düsseldorf MDR 1984, 323, 324.

Einzelnen dort Rn. 8ff. Hat der Gläubiger trotz Titels die Ersatzvornahme nach bürgerlichem Recht durchgeführt, ohne einen Beschluss nach § 887 herbeizuführen, kann er die Kosten nicht nach § 788 beitreiben, sondern muss sie gegen den Schuldner einklagen.[143] Zur Vorschusspflicht s. Rn. 24f.

VI. Kostenvorschuss, Absatz 2

24 **1. Voraussetzungen, Höhe, Kosten.** Auf **Antrag** des Gläubigers kann der Schuldner zur Zahlung der voraussichtlichen Kosten der Ersatzvornahme verurteilt werden, Abs. 2. Dies setzt voraus, dass gleichzeitig oder zuvor die Ersatzvornahme nach Abs. 1 angeordnet wurde. **Die Höhe** der Vorauszahlung setzt das Gericht im Rahmen des vom Gläubiger beantragten Betrages (§ 308 Abs. 1) nach billigem Ermessen fest, wobei die **voraussichtlichen Kosten der Ersatzvornahme** als Grundlage zu schätzen sind.[144] Die Schätzungsgrundlagen muss der Gläubiger möglichst genau darlegen, in der Regel durch Vorlage eines Kostenvoranschlages.[145] Vorsteuerabzugsberechtigte Gläubiger können die Mehrwertsteuer nicht verlangen.[146] Schuldet der Gläubiger eine Gegenleistung Zug um Zug, kann er nur die Mehrkosten für die Ersatzvornahme verlangen.[147] Zum **Verfahren** und zur **Entscheidung** s. Rn. 20; Besonderheiten bestehen nicht. Der Beschluss, der die Vorauszahlung anordnet, ist **Vollstreckungstitel** nach § 794 Abs. 1 Nr. 3. Die Vollstreckung erfolgt nach §§ 803ff. Der Beschluss ist mit der **sofortigen Beschwerde** nach § 793 anfechtbar, wenn der Wert des § 567 Abs. 2 S. 2 erreicht ist. Zur Rechtsbeschwerde s. Rn. 21.

25 **2. Nachforderung, Abrechnung.** Übersteigen die Kosten voraussichtlich einen gezahlten Vorschuss, kann der Gläubiger einen erneuten Antrag nach Abs. 2 stellen oder die überschießenden Kosten nach § 788 beitreiben. Die Angemessenheit ist selbstständig zu prüfen.[148] Nach Durchführung der Ersatzvornahme kann nicht mehr zur Vorschusszahlung verurteilt werden; der Gläubiger muss die Kosten dann nach § 788 geltend machen oder beitreiben. Übersteigt der Vorschuss die tatsächlichen Kosten, findet § 788 Abs. 2 keine Anwendung, der Schuldner muss notfalls auf Rückzahlung klagen.[149]

VII. Gebühren und Kosten

26 **1. Rechtsanwaltsgebühren.** Die Anträge nach Abs. 1 und Abs. 2 sind für die Anwaltsgebühren eine Angelegenheit; die Vollstreckung der Entscheidung, durch die der Schuldner zur Kostenvorauszahlung verurteilt wurde, ist eine weitere Angelegenheit, § 18 Nr. 14 RVG, sodass die Vollstreckungsgebühren doppelt anfallen. **Gegenstandswert:** Nach dem Wert der zu erzwingenden Handlung, § 25 Abs. 1 Nr. 3 RVG. Für die Vollstreckung der Entscheidung gemäß Abs. 2 ist der Gegenstandswert die Höhe des Vorschusses (§ 25 Abs. 1 Nr. 1 RVG).

27 **2. Gerichtskosten.** Gerichtsgebühren werden nach KV Nr. 2111 in Höhe von 15 Euro erhoben. Für **Gerichtsvollziehergebühren** ist KVGv Nr. 250 einschlägig, sofern der Gerichtsvollzieher zugezogen wird, um einen Widerstand des Schuldners gegen die Vornahme der Handlung zu beseitigen.

888

Nicht vertretbare Handlungen **(1) [1]Kann eine Handlung durch einen Dritten nicht vorgenommen werden, so ist, wenn sie ausschließlich von dem Willen des Schuldners abhängt, auf Antrag von dem Prozessgericht des ersten Rechtszuges zu erkennen, dass der Schuldner zur Vornahme der Handlung durch Zwangsgeld und für den Fall, dass dieses nicht beigetrieben werden kann, durch Zwangshaft oder durch Zwangshaft anzuhalten sei. [2]Das einzelne Zwangsgeld darf den Betrag von 25 000 Euro nicht übersteigen. [3]Für die Zwangshaft gelten die Vorschriften des Vierten Abschnitts über die Haft entsprechend.**

(2) Eine Androhung der Zwangsmittel findet nicht statt.

(3) Diese Vorschriften kommen im Falle der Verurteilung zur Eingehung einer Ehe, im Falle der Verurteilung zur Herstellung des ehelichen Lebens und im Falle der Verurteilung zur Leistung von Diensten aus einem Dienstvertrag nicht zur Anwendung.

I. Normzweck

1 **1. Normzweck.** Die Vorschrift regelt die Zwangsvollstreckung unvertretbarer Handlungen, die, da sie nur vom Schuldner erbracht werden können, durch Ausübung von Zwang auf ihn erwirkt werden sollen. Weil das Mittel der Vollstreckung die Ausübung von Zwang auf den Willen des Schuldners ist, scheidet diese Zwangsvollstreckungsart aus, wenn die unvertretbare Handlung nicht ausschließlich vom Willen des Schuldners abhängt.[1] S. weiter und zur Gesetzessystematik § 887 Rn. 1. **Absatz 2** verbietet zur Verfahrensbeschleunigung die Androhung von Zwangsmitteln; Absatz 3 erklärt die Vollstreckung bestimmter unvertretbarer Handlungen für unzulässig.

---

[143] BGH NJW-RR 2007, 213, 214 m. weit. Nachw.
[144] BGH NJW 1993, 1394f.
[145] OLG Köln JurBüro 1997, 159.
[146] OLG Hamm BauR 1996, 900, 902f.
[147] BGHZ 90, 354, 360 = NJW 1984, 1679.
[148] OLG Frankfurt JurBüro 1976, 397f.
[149] *B/L/H* Rn. 19.
[1] MK/*Gruber* Rn. 1.

2. Anwendungsbereich. Zu den **Titelarten** s. § 887 Rn. 2. Der Titel muss zu einer unvertretbaren Handlung verpflichten, die nicht in der Abgabe einer Willenserklärung besteht (s. aber § 894 Rn. 7). Zu den **unvertretbaren Handlungen** s. Rn. 5 und § 887 Rn. 9 ff. Die Vorschrift findet auch Anwendung, wenn eine an sich vertretbare Handlung vom **Mitwirken eines Dritten** abhängig ist (s. § 887 Rn. 2). Dessen Mitwirken muss der Schuldner notfalls gerichtlich erzwingen;[2] zu dieser unvertretbaren Handlung kann der Schuldner nach § 888 angehalten werden. Ist eine unvertretbare Handlung von der Mitwirkung eines Dritten abhängig, findet § 888 Anwendung, wenn nur der Wille des Schuldners zu beugen ist.[3] **Ausgeschlossen** ist die Zwangsvollstreckung nach § 888 gem. Abs. 1 S. 1, wenn die Vornahme der Handlung nicht allein vom Willen des Schuldners abhängt (s. dazu Rn. 6). Dann bleibt nur der Weg des § 893. Ein Titel auf Aufnahme eines Ehegatten in die Ehewohnung und Gestattung des Verbleibs ist, ohne dass Abs. 3 gilt, nach Abs. 1 zu vollstrecken.[4] Zu Verurteilungen nach § 510 b auf Zahlung eines Entschädigung s. § 888 a; zur Verurteilung auf Abgabe einer eidesstattlichen Versicherung nach bürgerlichem Recht s. § 889. Verurteilungen auf Abgabe von **Willenserklärungen** werden nach § 894 vollstreckt. Die Vorschrift setzt voraus, dass der Schuldner zur Abgabe einer Willenserklärung **verurteilt** worden ist. Ist die Verpflichtung zur Abgabe der Willenserklärung in einem anderen Titel enthalten (Vergleich, notarielle Urkunde), findet die Vollstreckung nach Abs. 1 statt,[5] s. § 894 Rn. 2. 2

3. Absatz 3 verbietet die Vollstreckung einer Verurteilung zur Eingehung einer Ehe, zur Leistung von **unvertretbaren** (sonst § 887) Diensten aus einem Dienstvertrag (auch entgeltliche Geschäftsbesorgung und Auftrag[6]) und zur Herstellung des ehelichen Lebens (s. dazu § 606 Rn. 2, 7 ff.). Letzteres schließt die Vollstreckung eines Urteils auf Entfernung eines Störers aus der Ehewohnung nicht aus (s. a. § 606 Rn. 10).[7] Abs. 3 gilt auch für den Erbvertrag (s. § 887 Rn. 11 „Erbvertrag"). Eine Verpflichtung, an einer kultisch-religiösen Handlung teilzunehmen, darf wegen Art. 4 GG nicht vollstreckt werden.[8] Auf die Vollstreckung des titulierten Anspruchs auf Nennung des Namens des Vaters des nichtehelichen Kindes findet Abs. 3 keine entsprechende Anwendung;[9] die insoweit auftretenden Probleme sind im Erkenntnis-, nicht im Vollstreckungsverfahren zu lösen. 3

II. Voraussetzungen

1. Zulässigkeit der Zwangsvollstreckung. Die Voraussetzungen der Zulässigkeit der Zwangsvollstreckung müssen vorliegen (s. vor § 704 Rn. 19 ff.), insbesondere auch der Titel bestimmt genug sein (s. hierzu § 704 Rn. 6 ff. und § 883 Rn. 5). Der **Antrag** muss die Handlung, die der Schuldner vornehmen soll, konkret bezeichnen und erkennen lassen, dass der Gläubiger nach § 888 vorgehen will.[10] Die Art oder Höhe des Zwangsmittels muss nicht angegeben werden. Geschieht dies, darf die Höhe nicht überschritten werden, § 308 Abs. 1. Die Nichterfüllung durch den Schuldner muss behauptet werden (s. § 887 Rn. 7); zum Erfüllungseinwand s. Rn. 8. Das **Rechtsschutzinteresse** fehlt, wenn der Schuldner die Handlung unstreitig bereits vorgenommen hat. 4

2. Unvertretbare Handlung. Eine unvertretbare Handlung liegt vor, wenn sie ein anderer als der Schuldner gar nicht oder nicht mit dem gleichen rechtlichen oder wirtschaftlichen Erfolg wie eine Handlung des Schuldners vornehmen könnte, s. a. § 887 Rn. 8.[11] **Handlung** erfordert aktives Tun im Gegensatz zum Unterlassen (§ 890).[12] Die Vornahme durch einen Dritten kann etwa dann ausgeschlossen sein, wenn er sie überhaupt nicht oder nicht so wie der Schuldner vornehmen kann oder nach dem Titel darf.[13] Typische unvertretbare Handlungen sind Verpflichtungen zur Auskunftserteilung und Rechnungslegung, die Erstellung wissenschaftlicher oder künstlerischer Werke. S. dazu und zu weiteren **Beispielen** § 887 Rn. 9 ff. Der Schuldner darf nicht über § 888 dazu gezwungen werden, einen Kredit aufzunehmen, um eine Geldforderung zu befriedigen.[14] 5

3. Abhängigkeit vom Willen des Schuldners. Nach Abs. 1 S. 1 dürfen Zwangsmittel dann nicht verhängt werden, wenn die Handlung nicht **ausschließlich** vom Willen des Schuldners abhängig ist. Dies ist der Fall bei höchstpersönlichen Leistungen, etwa wenn die Vornahme der Handlung besondere künstlerische oder wissenschaftliche Fähigkeiten voraussetzt,[15] also nicht nur vom Willen abhängig ist. Dies gilt auch, wenn der Schuldner die für die Vornahme der Handlung erforderlichen Kosten weder aus vorhandenen Mitteln noch durch eine Kreditaufnahme bestreiten kann.[16] Weiter fehlt diese Abhängigkeit vom Willen des Schuldners, wenn ein **Dritter mitwirken** muss, auf den der Schuldner keinen Einfluss ausüben kann (s. Rn. 2) oder 6

---

2 OLG Karlsruhe FamRZ 1999, 1436, 1437; BayObLGZ 1988, 440, 442 f. = NJW-RR 1989, 462.
3 OLG Hamm MDR 1978, 586.
4 OLG Hamm MDR 1965, 577.
5 OLG Hamm NJW 1956, 918.
6 *St/J/Brehm* Rn. 40; *Zö/Stöber* Rn. 18.
7 BGHZ 6, 360, 366 ff. = NJW 1952, 975; OLG Karlsruhe FamRZ 1980, 139, 140.
8 OLG Köln MDR 1973, 768, 769.
9 OLG Hamm NJW-RR 2001, 1870, 1871; OLG Bremen NJW 2000, 963 f.; aA LG Münster NJW 1999, 3787 f.
10 OLG Hamm JurBüro 1983, 1726, 1727; OLG Köln MDR 1982, 589; MK/*Gruber* Rn. 17.
11 *St/J/Brehm* Rn. 4; ähnlich MK/*Gruber* Rn. 2.
12 OLG München OLGZ 1982, 101 f.
13 *Zö/Stöber* Rn. 2.
14 S. ausführlich MK/*Schilken* (2. Aufl.) Rn. 6 m. weit. Nachw.
15 MK/*Gruber* Rn. 2; *Brox/Walker* Rn. 1078.
16 OLG Hamm JMBlNRW 1957, 200; MK/*Gruber* Rn. 15; *St/J/Brehm* Rn. 12.

vergeblich ausgeübt hat.[17] Steht die Mitwirkungsbereitschaft des Dritten fest, kann nach § 888 vollstreckt werden;[18] ist sie zweifelhaft, muss der Schuldner seine tatsächlichen und rechtlichen Möglichkeiten ausschöpfen (einschließlich rechtlicher Maßnahmen gegen den Dritten) und kann dazu im Wege des Zwangs angehalten werden.[19] Die Beweislast (s. § 286 Rn. 32ff.) dafür, dass die Handlung nicht ausschließlich vom Willen des Schuldners abhängt, trägt der Gläubiger,[20] die Behauptungslast (s. § 286 Rn. 33) schon deshalb der Schuldner, weil es sich um „negative Tatsachen" handelt.[21] Zur Unmöglichkeit s. Rn. 9.

III. Verfahren, Erfüllungseinwand

7 **1. Verfahren.** Zur **Zuständigkeit** s. zunächst § 887 Rn. 18. In Familiensachen entscheidet das Familiengericht,[22] in Wohnungseigentumssachen das für diese zuständige Gericht.[23] Geht es um eine Auskunft nach § 131 AktG oder § 51a GmbHG, ist das Landgericht und, wenn eingerichtet, die Kammer für Handelssachen zuständig, § 132 AktG bzw. § 51b GmbHG iVm. § 132 AktG. S. im Übrigen § 887 Rn. 18 und die Anmerkungen zu § 891.

8 **2. Erfüllungseinwand.** Ist die Erfüllung unstreitig oder liquide zu beweisen, ist sie zu beachten (Rn. 4, § 887 Rn. 7), auch der unstreitige Eintritt einer auflösenden Bedingung.[24] Im Rahmen des Verfahrens nach § 887 hat sich der BGH der Auffassung angeschlossen, dass der **Erfüllungseinwand zu berücksichtigen** ist (s. § 887 Rn. 19). Die Entscheidung[25] verhält sich nicht über das Verfahren nach § 888. Es ist aber davon auszugehen, dass der BGH, wenn er mit der Frage befasst wird, nicht anders entscheiden wird, weil im Rahmen des § 888 mehr für die Zulassung des Einwands spricht (auch die Unmöglichkeit ist zu prüfen, s. Rn. 9).[26] Zum bisherigen Meinungsstand s. 4. Auflage. Ausgeschlossen ist der Schuldner aber jedenfalls mit dem Erfüllungseinwand, wenn bereits ein unanfechtbarer Zwangsgeldbeschluss vorliegt;[27] dann hilft nur die Vollstreckungsabwehrklage.

9 **3. Unmöglichkeit der Erfüllung.** Die Handlung muss vom Schuldner noch erbracht werden können. Ist unstreitig, dass dies nicht der Fall ist, können Zwangsmittel nicht angeordnet werden.[28] Hier spricht der Wortlaut des Abs. 1 S. 1 „ausschließlich von dem **Willen** des Schuldners abhängt" dafür, den grundsätzlich mit der Vollstreckungsabwehrklage geltend zu machenden Einwand der **nachträglichen Unmöglichkeit** im Verfahren nach § 888 zuzulassen. Hier hat zudem der Gläubiger nach dem Wortlaut des Abs. 1 S. 1 die Beweislast (s. Rn. 6); bei einer Vollstreckungsabwehrklage hätte sie der Schuldner (zur Beweislastverteilung bei § 767 s. dort Rn. 29). Nähme man an, die Vollstreckungsabwehrklage sei der richtige Rechtsbehelf, müsste man, um eine im Fall der Unmöglichkeit permanent mögliche Vollstreckung immer neuer Zwangsmittel (s. Rn. 12) zu vermeiden, die Beweislast entsprechend Abs. 1 S. 1 dem beklagten Gläubiger auferlegen. Deshalb ist mit der wohl hM[29] anzunehmen, dass der Einwand der **Unmöglichkeit** im Verfahren nach § 888 geltend gemacht werden kann. Dazu bedarf es aber eines substanziierten und nachprüfbaren Vorbringens des Schuldners.[30] Problematisch ist weiter der Fall der **ursprünglichen Unmöglichkeit,** die schon eine Verurteilung verboten hätte. Ein auf eine ursprünglich unmögliche Leistung gerichteter Titel ist nicht vollstreckungsfähig (s. § 704 Rn. 5). Damit wird im vereinfachten Verfahren nach § 888 einem Titel die Vollstreckbarkeit genommen, was bei einer Vollstreckungsabwehrklage wegen § 767 Abs. 2 nicht möglich wäre. Dies ist aber wegen des Wortlauts des Abs. 1 S. 1 so geregelt und hinzunehmen. Soweit § 767 Abs. 2 nicht entgegensteht, kann auch Vollstreckungsabwehrklage erhoben werden.

IV. Entscheidung, Rechtsmittel

10 **1. Entscheidung. a) Allgemeines.** Zulässig ist es grundsätzlich, Inhalt und Umfang des Urteilsausspruchs im Wege der Auslegung im Verfahren nach § 888 zu verdeutlichen.[31] Die Zwangsmittel dürfen nach Abs. 2 im Gegensatz zu § 890 vor ihrer Verhängung **nicht angedroht** werden. Es liegt kein Verstoß gegen § 308 Abs. 1 vor, wenn das Gericht trotz einer beantragten Androhung sofort Zwangsmittel festsetzt.[32] Da es sich um Zwangsmittel handelt, kommt es **nicht auf ein Verschulden** an.[33] Ein Zwangsgeld

---

[17] *Zö/Stöber* Rn. 2; *Brox/Walker* Rn. 1078; vgl. OLG Düsseldorf NJW-RR 2002, 1663f.
[18] MK/*Gruber* Rn. 15; *St/J/Brehm* Rn. 15.
[19] OLG Frankfurt/M NJW-RR 1997, 567; BayObLG NJW-RR 1989, 462, 463; MK/*Gruber* Rn. 15.
[20] OLG Hamm NJW-RR 1988, 1087, 1088; KG NJW 1972, 2093, 2094f.; *St/J/Brehm* Rn. 9.
[21] Im Ergebnis ebenso *St/J/Brehm* Rn. 9.
[22] OLG Frankfurt/M OLGZ 1991, 340f.
[23] KG NJW-RR 1987, 840.
[24] OLG Frankfurt FamRZ 1989, 1320f.
[25] NJW 2005, 367, 369.
[26] So nimmt jetzt auch *T/P/Hüßtege* Rn. 7 an, der Erfüllungseinwand könne geltend gemacht werden; ebenso *Schuschke* InVo 2005, 396.
[27] OLG Karlsruhe FamRZ 2006, 284f.
[28] OLG Düsseldorf FamRZ 2000, 1168; OLG Köln InVo 1998, 360, 361; OLG Hamm NJW-RR 1988, 1087, 1088.
[29] OLG Rostock NJOZ 2006, 1655, 1659; OLG Köln (Fn. 28); OLG Jena InVo 2002, 66; OLG Frankfurt/M OLGR 2002, 102; OLG Celle InVo 1998, 360; OLG Düsseldorf FamRZ 1997, 830; OLG Hamm (Fn. 28); *T/P/Hüßtege* Rn. 7.
[30] OLG Brandenburg OLGR 2007, 39, 40.
[31] BGH NJW-RR 1993, 1154.
[32] OLG Köln NJW-RR 1995, 1405, 1406.
[33] OLG Köln MDR 1982, 589; OLG Hamm (Fn. 28).

darf auch dann verhängt werden, wenn es im Ausland vollstreckt werden muss.[34] Bei **Prozessunfähigkeit** ist das **Zwangsgeld** gegen den einzusetzen, dessen Wille tatsächlich zu beugen ist; dies kann der Schuldner (insoweit steht sein Schutzbedürfnis nicht entgegen) oder der gesetzliche Vertreter sein.[35] Eine **Zwangshaft** ist gegen den gesetzlichen Vertreter zu verhängen, da die unmittelbare Willensbeugung dem Prozessunfähigen gegenüber nicht erfolgen darf.[36] Bei juristischen Personen wird Zwangsgeld gegen diese, Zwangshaft gegen ihre Organe festgesetzt.[37]

b) Zwangsmittel. Das Zwangsmittel ist durch **Beschluss** festzusetzen. **Zwangsgeld** beträgt mindestens fünf Euro (Art. 6 Abs. 1 S. 1 EGStGB), höchstens fünfundzwanzigtausend Euro, Abs. 1 S. 2. Es muss auf eine bestimmte Höhe lauten. Dabei muss sich das Gericht am Interesse des Gläubigers an der titulierten Forderung zumindest mit orientieren,[38] zB 20 000 DM bei Verschleppung einer Auskunft über die Verbreitung von Videobändern.[39] Für den Fall, dass das Zwangsgeld nicht beigetrieben werden kann, ist eine **Ersatzzwangshaft** festzusetzen (Abs. 1 S. 1), und zwar, wie aus dem Gesetzeswortlaut folgt, von Amts wegen.[40] Dies kann entsprechend Art. 8 EGStGB auch nachträglich geschehen.[41] Anstelle des Zwangsgeldes kann auch eine **Zwangshaft** angeordnet werden, deren Dauer nicht festgelegt werden muss. Das Mindestmaß beträgt einen Tag (Art. 6 Abs. 2 S. 1 EGStGB), das Höchstmaß sechs Monate (§§ 888 Abs. 1 S. 3, 913). Die Europäische Menschenrechtskonvention steht nicht entgegen.[42] 11

c) Wahl des Zwangsmittels. Zwischen einem Zwangsgeld und der Zwangshaft hat das Gericht die Wahl, es entscheidet nach pflichtgemäßem Ermessen.[43] Dabei ist allerdings der Grundsatz der Verhältnismäßigkeit zu beachten. Die Höhe des Zwangsmittels richtet sich nach dem Vollstreckungsinteresse des Gläubigers und der Hartnäckigkeit, mit der der Schuldner die Erfüllung seiner Verpflichtung unterlässt.[44] Eine Haft wird als erstes Zwangsmittel nur dann in Betracht kommen können, wenn sichere Anhaltspunkte dafür vorliegen, dass der Schuldner sich allein durch die Verhängung eines Zwangsgeldes nicht beugen lassen wird. Wer einen Anspruch auf Erstattung von Einkommensteuern gepfändet und zur Einziehung überwiesen erhalten hat, kann den Hilfsanspruch auf Abgabe der Steuererklärung aus diesem Titel grundsätzlich durch Haftantrag gegen den Schuldner vollstrecken.[45] Die Verhängung der Zwangsmittel ist – nach Vollstreckung des zuvor verhängten[46] – **mehrfach** möglich, wenn der Schuldner die Handlung nicht vornimmt. Art. 100 Abs. 3 GG steht nicht entgegen, weil es sich nicht um Straf-, sondern um **Beugemaßnahmen** handelt. 12

d) Entscheidungsform. Die Entscheidung ergeht durch **Beschluss,** der das **Zwangsmittel** und die **vorzunehmende Handlung** bestimmt bezeichnen muss (s. Rn. 4). Zum Erfordernis einer **Kostenentscheidung** s. § 887 Rn. 20, § 891 Rn. 1, 3. Der stattgebende Beschluss ist dem Schuldner, der teilweise ablehnende auch dem Gläubiger, der ganz ablehnende dem Gläubiger **zuzustellen** (§ 329 Abs. 3), da Rechtsmittel die sofortige Beschwerde nach § 793 ist (s. Rn. 14). 13

2. Rechtsmittel gegen den Beschluss des Prozessgerichts ist die **sofortige Beschwerde nach § 793.** Sie hat aufschiebende Wirkung (§ 570 Abs. 1).[47] Die Rechtsbeschwerde findet nur im Fall ihrer Zulassung statt (§ 574 Abs. 1 Nr. 2). Ist die geschuldete Handlung vorgenommen worden, wird der Zwangsgeldbeschluss gegenstandslos (s. Rn. 15); dann fehlt das Rechtsschutzbedürfnis für einen Antrag auf Aufhebung des Beschlusses.[48] Gegen eine (nach Abs. 2 unzulässige) **Androhung** ist ein Rechtsmittel des Schuldners nicht statthaft.[49] Abs. 2 soll nicht den Schuldner schützen, sondern den Gläubiger vor einer Verzögerung der Vollstreckung. Deshalb steht dem Gläubiger die sofortige Beschwerde (§ 793) zu, wenn gegen seinen Antrag unzulässig ein Zwangsmittel nur angedroht statt festgesetzt wurde. 14

V. Durchführung der Zwangsvollstreckung

Vollstreckt werden die Zwangsmittel **durch den Gläubiger** bei der Festsetzung eines Zwangsgelds nach den Vorschriften über die Zwangsvollstreckung wegen Geldforderungen (nicht JBeitrO)[50] und bei der Anordnung der Zwangshaft nach den Vorschriften über die Haft (§§ 904 bis 913) aufgrund eines Haftbefehls des Prozessgerichts, der nach § 171 StVollzG zu vollziehen ist. Der stattgebende Beschluss ist **Vollstreckungstitel** nach § 794 Abs. 1 Nr. 3 und mit der Klausel zu versehen. Das beigetriebene Zwangsgeld steht 15

---

34 OLG Köln OLGR 2002, 446f.
35 *St/J/Brehm* Rn. 43; aA (nur gegen Schuldner) MK/*Gruber* Rn. 26; *Zö/Stöber* Rn. 8.
36 *Zö/Stöber* Rn. 8; aA (gegen Schuldner) MK/*Gruber* Rn. 26.
37 MK/*Gruber* Rn. 26; *St/J/Brehm* Rn. 43.
38 OLG Brandenburg OLGR 2007, 39, 41; LAG Frankfurt/M DB 1993, 1248.
39 OLG München NJW-RR 1992, 704; s. a. OLG Köln InVo 1999, 219, 220.
40 *B/L/H* Rn. 10; aA OLG Frankfurt/M OLGR 2001, 72, 73.
41 *St/J/Brehm* Rn. 28.
42 *Zö/Stöber* Rn. 7 m. weit. Nachw.
43 OLG Köln (Fn. 32).
44 OLG Karlsruhe NJW-RR 2000, 1312.
45 BGH NJW 2004, 954, 955f.
46 BGH NZI 2005, 391, 392 m. weit. Nachw.
47 AA (contra legem) OLG Köln NJW-RR 2003, 716f.
48 OLG Zweibrücken InVo 1998, 330, 331.
49 OLG Bremen OLGR 2000, 127.
50 BGH NJW 1983, 1859f. m. weit. Nachw.; OLG Stuttgart FamRZ 1997, 1495; MK/*Gruber* Rn. 31; *Zö/Stöber* Rn. 13; aA OLG München NJW 1983, 947; *B/L/H* Rn. 18.

der **Staatskasse,** nicht etwa dem Gläubiger zu. Deshalb ist bei einer Forderungspfändung im Überweisungsbeschluss Zahlung an die Gerichtskasse anzuordnen.[51] Kann der Gläubiger das Zwangsgeld nicht beitreiben, kann er die ersatzweise festgesetzte Zwangshaft vollstrecken, ohne dass strenge Anforderungen an den Nachweis der Nichtbeitreibbarkeit zu stellen wären.[52] Stundung und Ratenzahlung sind nicht zulässig, weil sie dem Beugecharakter widersprechen würden. Aus dem Beugecharakter der Zwangsmaßnahmen folgt, dass aus etwa ergangenen Beschlüssen nicht mehr vollstreckt werden darf, wenn der Schuldner vor der Vollstreckung **die geschuldete Handlung vornimmt.** Zur Rückzahlung des Zwangsgeldes s. § 890 Rn. 16.

VI. Gebühren und Kosten

16 **1. Rechtsanwaltsgebühren.** Das gesamte Verfahren einschließlich der Vollstreckung des Zwangsgeldes/der Zwangshaft ist eine Angelegenheit, die gemäß § 18 Nr. 15 RVG als besondere Angelegenheit gilt, also gesonderte Vollstreckungsgebühren auslöst. **Gegenstandswert:** Wert der zu erzwingenden Handlung (§ 25 Abs. 1 Nr. 3 RVG).

17 **2. Gerichtskosten.** Gerichtsgebühren entstehen in Höhe von 15 Euro gemäß KV Nr. 2111. **Gerichtsvollziehergebühren** fallen bei der Vollziehung des Beschlusses für die einzelne Vollstreckungsmaßnahme an.

888 a

Keine Handlungsvollstreckung bei Entschädigungspflicht **Ist im Falle des § 510b der Beklagte zur Zahlung einer Entschädigung verurteilt, so ist die Zwangsvollstreckung auf Grund der Vorschriften der §§ 887, 888 ausgeschlossen.**

1 § 510b erlaubt für den Fall der Verurteilung zu einer Handlung, gleich ob vertretbar oder unvertretbar, die Zahlung einer Entschädigung für den Fall, dass die Handlung nicht fristgerecht vorgenommen wird (s. im Einzelnen die Kommentierung dort). § 888a verbietet für diesen Fall die Handlungsvollstreckung nach §§ 887f. Die Vorschrift gilt auch für die Abgabe der eidesstattlichen Versicherung nach bürgerlichem Recht (§ 889), wie aus §§ 889 Abs. 2, 888 folgt. Wird trotz Verurteilung nach § 510b nach §§ 887ff. vollstreckt, kann der Schuldner dies mit der sofortigen Beschwerde (§ 793) angreifen.

889

Eidesstattliche Versicherung nach bürgerlichem Recht **(1) [1]Ist der Schuldner auf Grund der Vorschriften des bürgerlichen Rechts zur Abgabe einer eidesstattlichen Versicherung verurteilt, so wird die Versicherung vor dem Amtsgericht als Vollstreckungsgericht abgegeben, in dessen Bezirk der Schuldner im Inland seinen Wohnsitz oder in Ermangelung eines solchen seinen Aufenthaltsort hat, sonst vor dem Amtsgericht als Vollstreckungsgericht, in dessen Bezirk das Prozessgericht des ersten Rechtszuges seinen Sitz hat. [2]Die Vorschriften der §§ 478 bis 480, 483 gelten entsprechend.**

(2) Erscheint der Schuldner in dem zur Abgabe der eidesstattlichen Versicherung bestimmten Termin nicht oder verweigert er die Abgabe der eidesstattlichen Versicherung, so verfährt das Vollstreckungsgericht nach § 888.

I. Normzweck

1 **1. Normzweck.** Die eidesstattliche Versicherung nach bürgerlichem Recht (Einzelfälle s. Rn. 2) ist eine unvertretbare Handlung. Sie hat mit der eidesstattlichen Versicherung zur Offenbarung der Vermögensverhältnisse nach §§ 897, 899 nichts gemeinsam.[1] Die Vorschriften werden auch nicht für anwendbar erklärt. Vielmehr regelt Abs. 1 die Zuständigkeit und das Eidesverfahren, Letzteres durch Verweisung auf §§ 478 bis 480, 483; Abs. 2 ordnet eine Terminierung an und verweist im Übrigen auf die Vollstreckung unvertretbarer Handlungen, § 888.

2 **2. Materielle Rechtslage und Anwendungsbereich.** Nach materiellem Recht besteht eine Verpflichtung zur Abgabe der eidesstattlichen Versicherung zB in den Fällen der §§ 259f., 666, 681, 2006, 2028, 2057 BGB. Erklärt sich der Schuldner **freiwillig** zur Abgabe der Versicherung bereit, ist sie vor dem Gericht der freiwilligen Gerichtsbarkeit abzugeben, §§ 79, 163 FGG. Anderenfalls muss er auf Abgabe verklagt werden. Die **Vollstreckung** erfolgt dann nach § 889. Dies schließt es nicht aus, dass sich die Parteien noch nach Erlass des Titels auf das Verfahren nach dem FGG einigen.[2] Über die Kosten eines solchen Verfahrens kann nicht das Prozessgericht entscheiden,[3] schon gar nicht das nach Abs. 1 zuständige Gericht; sie sind vielmehr, gestützt auf § 261 Abs. 3 BGB, gesondert einzuklagen. Als **Titel** kommt nach dem Wortlaut des Abs. 1 S. 1 „verurteilt" und wegen des Fehlens einer § 795 entsprechenden Verweisungsnorm nur ein Urteil in Betracht;[4] im Vergleich kann der Schuldner die Verpflichtung zur Abgabe nach dem FGG übernehmen.

---

[51] *Zö/Stöber* Rn. 13.
[52] OLG Köln OLGR 2002, 67; OLG Düsseldorf JurBüro 1989, 277, 278.
[1] OLG Düsseldorf MDR 1994, 306.
[2] *B/L/H* Rn. 1; *Zö/Stöber* Rn. 1.
[3] KG JurBüro 1993, 353.
[4] AA (auch Prozessvergleich) MK/*Gruber* Rn. 3.

II. Voraussetzungen

Die **Voraussetzungen der Zwangsvollstreckung** müssen vorliegen (s. vor § 704 Rn. 19ff.). Die Verurteilung (s. a. Rn. 2) muss auf Abgabe der eidesstattlichen Versicherung aufgrund einer bürgerlich rechtlichen Vorschrift lauten. Ein **vorläufig vollstreckbares** Urteil ist ausreichend.[5] Die Fassung der eidesstattlichen Versicherung sollte in dem Titel enthalten sein. Ist dies nicht der Fall, ist das Gericht befugt, den Inhalt und Umfang des Urteilsausspruchs im Wege der Auslegung zu verdeutlichen (s. § 888 Rn. 10). Es darf auch die Formel ändern, wenn die Abgabe mit dem festgelegten Inhalt den Schuldner zu einer inhaltlich falschen Erklärung zwingen würde.[6] Beides sollte im Beschlusswege erfolgen.[7] 3

III. Verfahren

1. Zuständigkeit. Funktionell zuständig ist das Amtsgericht als Vollstreckungsgericht (§ 764 Abs. 2), dort zunächst der Rechtspfleger, § 20 Nr. 17 RPflG. Maßnahmen nach § 888 darf nur der Richter anordnen, weil die Möglichkeit einer Haftanordnung besteht, § 4 RPflG.[8] Die Zuständigkeit des Vollstreckungsgerichts erstreckt sich auch auf Familiensachen und arbeitsgerichtliche Titel.[9] **Örtlich** und **sachlich** zuständig ist nach Abs. 1 S. 1 das Amtsgericht des inländischen Wohnsitzes (s. § 13 Rn. 2), hilfsweise das des Aufenthaltsortes (s. § 16 Rn. 3). Bei einer juristischen Person ist das Amtsgericht des Sitzes (§ 17) zuständig.[10] Gibt es keinen Wohnsitz (Geschäftssitz) und keinen Aufenthaltsort, ist das Amtsgericht zuständig, in dessen Bezirk das Prozessgericht des ersten Rechtszuges seinen Sitz hat. Die Zuständigkeit ist **ausschließlich,** § 802. 4

2. Terminbestimmung. Auf Antrag des Gläubigers (kein Anwaltszwang, § 78 Abs. 5) bestimmt der Rechtspfleger einen Termin zur Abgabe der eidesstattlichen Versicherung. Dies steht einer Aufforderung zur freiwilligen Erfüllung gleich und ist noch keine Maßnahme der Zwangsvollstreckung,[11] wie aus Abs. 2 folgt. Die Voraussetzungen der Zwangsvollstreckung müssen deshalb vom Gläubiger zu diesem Zeitpunkt noch nicht nachgewiesen werden. 5

3. Abgabe der eidesstattlichen Versicherung. Zur Abgabe verpflichtet ist der Schuldner, ggf. sein gesetzlicher Vertreter. Der gesetzliche Vertreter muss auch dann die Versicherung abgeben, wenn er im Titel nicht benannt ist.[12] §§ 478 bis 480, 483 gelten für die Eidesleistung entsprechend. Der Inhalt der Versicherung richtet sich nach dem – ggf. konkretisierten oder berichtigten, s. Rn. 3, – Titel. Erscheint der Schuldner, der auch um die Versicherung vor einem anderen Gericht nachsuchen kann (§ 479), nicht oder verweigert er die Abgabe, ist auf Antrag die Vollstreckung nach Abs. 2 durchzuführen. 6

IV. Vollstreckung bei Nichterscheinen oder Weigerung (Abs. 2)

1. Voraussetzungen, Verfahren, Entscheidung. Abs. 2 iVm. § 888 verlangt einen Antrag des Gläubigers auf Durchführung der Vollstreckung, der im Termin, aber auch danach schriftlich gestellt werden kann.[13] Anwaltszwang besteht wegen § 78 Abs. 5 nicht. Zuständig bleibt das Gericht des Abs. 1 S. 1 (s. Rn. 4); allerdings muss der Rechtspfleger die Sache nunmehr an den zuständigen Richter abgeben (s. Rn. 4). Der Richter hat die Voraussetzungen der Zwangsvollstreckung, das Vorliegen eines zur Abgabe der eidesstattlichen Versicherung nach bürgerlichem Recht verpflichtenden Titels sowie die – nicht schuldlose[14] – Säumnis des Schuldners bzw. dessen Weigerung zu prüfen. Ohne Säumnis oder Weigerung im Termin darf ein Zwangsmittel nicht verhängt werden.[15] Das rechtliche Gehör (§ 891) ist durch die Ladung zur Abgabe der Versicherung gewahrt. Zur Entscheidung s. § 888 Rn. 10ff. Eine angeordnete Haft kann der Schuldner jederzeit durch Abgabe der eidesstattlichen Versicherung am Ort der Inhaftierung abwenden, § 902 entsprechend. 7

2. Rechtsbehelfe. Der Schuldner kann, da es sich wegen der Gewährung rechtlichen Gehörs (s. Rn. 7) um eine „Entscheidung" handelt (s. § 766 Rn. 11f.), gegen die Verhängung von Zwangsmitteln mit der sofortigen Beschwerde nach § 793 vorgehen,[16] nicht aber gegen die Terminanberaumung, die noch keine Zwangsvollstreckung ist (s. auch Rn. 5).[17] Eine falsche oder unvollständige Auskunft muss er vor Abgabe der Versicherung berichtigen.[18] Er kann die Abgabe nicht mit der Begründung ablehnen, er könne die von seinem Steuerberater erstellte Auskunft nicht nachprüfen.[19] Ist die Abgabe der begehrten Versicherung dem Schuldner unmöglich, gleich ob nachträglich oder ursprünglich, kann der Schuldner dies im Verfahren 8

---

[5] BGH NJW-RR 2005, 221; MK/*Gruber* Rn. 3.
[6] OLG Düsseldorf FamRZ 1997, 1495, 1496; *St/J/Brehm* Rn. 9.
[7] *Zö/Stöber* Rn. 3.
[8] *St/J/Brehm* Rn. 11; *Zö/Stöber* Rn. 4.
[9] OLG Frankfurt/Main FamRZ 2004, 129; *Zö/Stöber* Rn. 2.
[10] *Zö/Stöber* Rn. 2.
[11] OLG Düsseldorf MDR 1994, 306; MK/*Gruber* Rn. 7; *St/J/Brehm* Rn. 4; aA *Zö/Stöber* Rn. 2.
[12] MK/*Gruber* Rn. 7; *St/J/Brehm* Rn. 12.
[13] MK/*Gruber* Rn. 10.
[14] OLG Düsseldorf MDR 1994, 306.
[15] OLG Düsseldorf FamRZ 1997, 1495, 1496.
[16] AA (§ 766) *Zö/Stöber* Rn. 4.
[17] LG Berlin Rpfleger 1975, 374; MK/*Gruber* Rn. 12.
[18] OLG Köln FamRZ 1990, 1128, 1129.
[19] LG Köln NJW-RR 1986, 360.

nach § 889 geltend machen; wegen der Verweisung in Abs. 2 auf § 888 gilt hier nichts anderes als beim Verfahren nach § 888 (s. dort Rn. 9).

V. Gebühren und Kosten

9 **1. Rechtsanwaltsgebühren.** Vgl. § 888 Rn. 16.

10 **2. Gerichtskosten.** Für das Verfahren über den Antrag auf Abnahme der eidesstattlichen Versicherung wird eine Festgebühr von 30 Euro gemäß KV Nr. 2114 erhoben. Für die Abnahme der eidesstattlichen Versicherung durch den Gerichtsvollzieher fällt eine Festgebühr nach KVGv Nr. 260 an.

890 *Erzwingung von Unterlassungen und Duldungen*

(1) [1]Handelt der Schuldner der Verpflichtung zuwider, eine Handlung zu unterlassen oder die Vornahme einer Handlung zu dulden, so ist er wegen einer jeden Zuwiderhandlung auf Antrag des Gläubigers von dem Prozessgericht des ersten Rechtszuges zu einem Ordnungsgeld und für den Fall, dass dieses nicht beigetrieben werden kann, zur Ordnungshaft oder zur Ordnungshaft bis zu sechs Monaten zu verurteilen. [2]Das einzelne Ordnungsgeld darf den Betrag von 250 000 Euro, die Ordnungshaft insgesamt zwei Jahre nicht übersteigen.

(2) Der Verurteilung muss eine entsprechende Androhung vorausgehen, die, wenn sie in dem die Verpflichtung aussprechenden Urteil nicht enthalten ist, auf Antrag von dem Prozessgericht des ersten Rechtszuges erlassen wird.

(3) Auch kann der Schuldner auf Antrag des Gläubigers zur Bestellung einer Sicherheit für den durch fernere Zuwiderhandlungen entstehenden Schaden auf bestimmte Zeit verurteilt werden.

I. Normzweck

1 Die Vorschrift ermöglicht die Zwangsvollstreckung wegen einer Verpflichtung zum Dulden oder Unterlassen. Dies ist praktisch nur machbar durch Ausübung von Zwang gegen den anderen Willen des Schuldners. Notwendig ist die Vollstreckung erst bei pflichtwidrigem Handeln. Durch die Androhung soll der Verstoß – präventiv – abgewendet werden. Die Vollstreckung erfolgt durch Ordnungsmittel und hat repressiven Charakter.[1] Die Vorschrift **findet Anwendung** bei einer durch Urteil oder, soweit möglich, durch einen anderen Titel (§ 795, einstweilige Verfügung, Prozessvergleich, notarielle Urkunde) auferlegten Verpflichtung, eine Handlung zu unterlassen oder die Vornahme einer Handlung zu dulden. Ein Feststellungsurteil kommt mangels vollstreckbaren Inhalts nicht in Betracht. Ein „schlicht hoheitliches" Unterlassungsgebot ist nach § 890 ZPO und nicht nach § 172 VwGO zu vollstrecken.[2] Maßgeblich für die Frage, ob ein Unterlassungstitel vorliegt, ist allein dessen Wortlaut. Ist dieser nur auf Unterlassung gerichtet, kommt eine Handlungsvollstreckung nach §§ 887f. nicht in Betracht.[3] Eine Untersagungsanordnung nach **§ 1 GewSchG** ist nach § 890 zu vollstrecken.[4] S. zu § 1 GewSchG auch § 892a. Zur Begriffsbestimmung und Abgrenzung s. Rn. 2ff.

II. Voraussetzungen

2 **1. Unterlassen** iSd. Abs. 1 ist ein untätiges Verhalten, das einen bestimmten Kausalverlauf nicht mitbestimmend beeinflusst.[5] Dies kann in zwei Formen möglich sein: Einmal kann der Schuldner verpflichtet sein, durch ein Untätigbleiben einen bestimmten Geschehensablauf nicht zu beeinflussen. Zum anderen kann er aber auch zu einem aktiven Tun verpflichtet sein, wenn er bestehende Beeinträchtigungen aufrecht erhält und nach wie vor ausnutzt.[6] So liegt es zB, wenn der Schuldner zum Unterlassen einer bestimmten Reklame verurteilt wird, ein entsprechendes Schild aber schon vorher auch in seinem Ladenlokal aufgestellt hatte; ebenso beinhaltet die Pflicht, Fahrten zu unterlassen, auch die Verpflichtung, solche Fahrten durch Dritte zu verhindern.[7] Hier kann in der Aufrechterhaltung des Zustandes eine Zuwiderhandlung gegen ein Unterlassungsgebot liegen, es kann aber auch ein Beseitigungsanspruch bestehen. Die Vollstreckung richtet sich nach dem Titelinhalt (s. Rn. 1). Ist dieser auf ein Unterlassen beschränkt, ist auch der in der Aufrechterhaltung des Zustandes liegende Titelverstoß nach § 890 zu vollstrecken;[8] ist dem Schuldner ausdrücklich aufgegeben, den Zustand zu beseitigen, kommt insoweit nur die Handlungsvollstreckung nach §§ 887f. in Betracht. Kommt eine Handlungs- oder Unterlassungsvollstreckung in Betracht, ist maßgebend für die Frage der Vollstreckungsart nicht die Formulierung des Tenors, sondern ob – bei verständiger Auslegung des Titels – ein Gebot zum Unterlassen oder zum Handeln ausgesprochen worden ist.[9] Es kann auch nicht in Ausnahmefällen angenommen werden, dass ein auf eine Handlung gerichteter Titel

---

[1] MK/*Gruber* Rn. 2; *St/J/Brehm* Rn. 3.
[2] OVG Berlin NVwZ-RR 2001, 99f.
[3] OLG Hamburg WRP 1989, 402, 403; OLG Zweibrücken WRP 1989, 63, 64; OLG Düsseldorf NJW 1969, 1817; MK/*Gruber* Rn. 7; *Brox/Walker* Rn. 1093; aA OLG Hamm OLGZ 1974, 62, 63f.; OLG München WRP 1972, 540, 541; *St/J/Brehm* Rn. 5f.; *T/P/Hüßtege* Rn. 4.
[4] OLG Bremen NJW-RR 2007, 662.
[5] *Brehm* ZZP 89 (1976), 178, 180ff.; MK/*Gruber* Rn. 4; *Zö/Stöber* Rn. 2.
[6] BGH NJW-RR 2007, 863, 864; s. ausführlich *St/J/Brehm* Rn. 5f.
[7] BGH NJW-RR 2003, 1235, 1236.
[8] MK/*Gruber* Rn. 7.
[9] OLG Saarbrücken NJW-RR 2001, 163f.

nach § 890 vollstreckt wird; insbesondere rechtfertigt dies die Tatsache nicht, dass wegen Zeitablaufs nicht mehr nach § 888 vollstreckt werden kann.[10] Das läuft auf eine nach § 888 nicht gerechtfertigte „Bestrafung" des Schuldners hinaus, die nur bei einem Titel nach § 890 wegen des repressiven Charakters des Ordnungsmittels möglich sein kann (s. Rn. 14). **Dulden** ist eine in der Verpflichtung des Schuldners, die Vornahme der Handlung eines anderen nicht zu behindern, zu sehende Unterform des Unterlassens.[11]

2. Einzelfälle. Hauptsächlich findet die Norm Anwendung bei Verurteilungen zum Unterlassen von Besitz- und Eigentumsstörungen, der Verwendung von AGB-Klauseln, Tatsachenbehauptungen und Wettbewerbsverstößen. Auch Verurteilungen zu „negativen Geboten" enthalten in Wahrheit Unterlassungsverpflichtungen, etwa das Gebot, geeignete Maßnahmen gegen störendes Hundegebell zu treffen.[12] Entsprechendes gilt, wenn der Titel „Verbote" ausspricht,[13] statt zur Unterlassung des entsprechenden Tuns zu verurteilen, oder es untersagt, gegen eine Verpflichtung zu verstoßen. Der Begriff „Gestattung" kann Duldung bedeuten, die Begriffe „Einstellung" oder „Stilllegung" Unterlassen (etwa von Bauarbeiten[14]). 3

3. Verstoß gegen die titulierte Verpflichtung. Das Unterlassungsgebot muss in dem Vollstreckungstitel bestimmt bezeichnet sein (s. § 704 Rn. 9). Die Entscheidungsgründe können zur Auslegung und auch zur Ermittlung etwaiger Umgehungstatbestände herangezogen werden.[15] Unproblematisch ist diese Voraussetzung, wenn die Handlung, die der Schuldner trotz seiner Unterlassungsverpflichtung vornimmt, schon nach dem Wortlaut des Titels verboten ist. Untersagt sind aber auch alle Handlungen, die nach der Verkehrsauffassung der Verbotenen gleichwertig sind; das sind solche, die im **Kern** mit der Verletzungshandlung übereinstimmen (s. a. § 322 Rn. 47).[16] Ein **Versuch** reicht nur dann aus, wenn dies in dem Titel vorgesehen ist.[17] Eine eigene Zuwiderhandlung des Schuldners kann bei einem **Verstoß eines Dritten** dann vorliegen, wenn sein Verhalten für den Verstoß des Dritten ursächlich ist (nicht unterbundenes Klavierspielen des 9-jährigen Kindes[18]).[19] Das gegen den Schuldner persönlich gerichtete Verbot erfasst auch Handlungen, die er als Organ einer juristischen Person oder Handelsgesellschaft vornimmt.[20] Ist dem Schuldner eine Tatsachenbehauptung untersagt, kann gleichwohl kein Ordnungsgeld verhängt werden, wenn er die Behauptung bei einer Zeugenvernehmung im Rahmen des Beweisthemas wiederholt.[21] 4

4. Verschulden. Der Verstoß muss schuldhaft erfolgt sein. Dies folgt daraus, dass § 890 neben dem prozessualen Beugecharakter auch Straffunktion hat.[22] Fahrlässigkeit reicht aus.[23] Es muss ein persönliches Verschulden des Schuldners vorliegen, das allerdings in einer unzureichenden Belehrung und Überwachung seiner Angestellten liegen kann.[24] Der Schuldner muss alle erforderlichen und zumutbaren Maßnahmen treffen, um Zuwiderhandlungen von Bediensteten zu verhindern.[25] Unterlassene Kenntnisverschaffung[26] oder Vorsorge für die Zeit der Erkrankung eines Geschäftsführers[27] können eine Verurteilung rechtfertigen. Die Nichtkenntnisnahme von einem Ordnungsmittelbeschluss wegen mangelnder Sprachkenntnisse ist schuldhaft.[28] Bei einer **juristischen Person** ist ein Verschulden der für sie verantwortlich handelnden Personen,[29] bei Handelsgesellschaften der für sie handelnden Gesellschafter erforderlich. Das Verschulden eines Dritten kann nicht (zB über § 278 BGB) zugerechnet werden.[30] Anwaltlicher Rat kann grundsätzlich allein nicht entlasten.[31] Die Grundsätze über den **Verbotsirrtum** finden Anwendung.[32] Bei **Prozessunfähigkeit** muss der gesetzliche Vertreter schuldhaft gehandelt haben, soll gegen ihn ein Ordnungsmittel verhängt werden (s. dazu Rn. 12).[33] Soll gegen den Schuldner vorgegangen werden (s. Rn. 12), muss er selbst schuldfähig sein und schuldhaft gehandelt haben.[34] 5

---

10 AA OLG Düsseldorf FamRZ 1997, 648, 649 f.
11 MK/*Gruber* Rn. 5; *T/P/Hüßtege* Rn. 3.
12 OLG München MDR 1990, 442 f.
13 Vgl. BayObLG NJW-RR 1987, 1040.
14 BGHZ 120, 73, 76 = NJW 1993, 1076.
15 BGH NJW 1994, 246, 247.
16 BGH NJW 1994, 2820; OLG Frankfurt/M NJW-RR 1996, 1071; MK/*Gruber* Rn. 10; die Kerntheorie ist verfassungsrechtlich unbedenklich, BVerfG NJW-RR 2007, 860, 861.
17 OLG Köln JurBüro 1993, 627.
18 OLG München NJW-RR 1986, 638.
19 OLG Frankfurt/M NJW-RR 1990, 639, 640; OLG Köln NJW-RR 1986, 1191 f.; OLG München (Fn. 18).
20 OLG Hamm WRP 1979, 802; OLG Koblenz WRP 1978, 833, 834.
21 OLG Frankfurt/M NJW-RR 2001, 1364.
22 Ganz hM; BVerfG NJW-RR 2007, 860, 861; BVerfGE 84, 82, 87 = NJW 1991, 3139; BGH NJW 1994, 45, 46; OLG Celle OLGR 2001, 94; SchlHOLG OLGR 2000, 108; OVG Berlin (Fn. 2) S. 100; aA nur noch *B/L/H* Rn. 21.
23 OLG Stuttgart MDR 1958, 523; MK/*Gruber* Rn. 21; *Zö/Stöber* Rn. 5.
24 AllgM; OLG Schleswig OLGR 2001, 235; vgl. auch BVerfG NJW-RR 2007, 860, 861.
25 OLG Karlsruhe InVo 2002, 384, 385; OLG Hamburg NJW-RR 1993, 1392.
26 OLG Frankfurt JurBüro 1983, 1737, 1738.
27 OLG Hamm OLGZ 1989, 470 f.
28 OLG Brandenburg NJW-RR 2007, 70.
29 BVerfGE 20, 323, 335 f. = NJW 1967, 195; BGH BB 1991, 1446; s. auch OLG Jena NJOZ 2002, 1558.
30 BVerfG NJW-RR 2007, 860, 861; BVerfGE 20, 323, 334 f. = NJW 1967, 195; OLG Stuttgart OLGR 2001, 248, 251.
31 OLG Stuttgart (Fn. 30); OLG Frankfurt/M (Fn. 19); OLG Hamburg NJW-RR 1989, 1087, 1088.
32 OLG Stuttgart (Fn. 30); MK/*Gruber* Rn. 23; *St/J/Brehm* Rn. 24; *Zö/Stöber* Rn. 5.
33 MK/*Gruber* Rn. 24.
34 MK/*Gruber* Rn. 24; *St/J/Brehm* Rn. 59 ff.

6 **5. Zeitpunkt des Verstoßes.** Die Zuwiderhandlung muss der Androhung von Ordnungsmitteln zeitlich nachfolgen, Abs. 2.[35] Der Titel muss vollstreckbar, eine erforderliche Sicherheit also geleistet sein.[36] Hat im Fall des § 711 der Schuldner Sicherheit geleistet, aber noch nicht der Gläubiger, kann eine Zuwiderhandlung wegen §§ 775 Nr. 3, 776 nicht geahndet werden.[37] Erfolgte die Androhung bereits im Urteil, muss dieses verkündet, nicht bereits zugestellt worden sein (dann muss der Schuldner aber Kenntnis haben[38]),[39] wohl aber vor der Festsetzung von Ordnungsmitteln. Bei **zeitlich befristeten Titeln** muss der Verstoß in dem im Titel genannten Zeitraum begangen worden sein. Wegen des repressiven Charakters des § 890 (s. Rn. 14, 16) kann dann ein Ordnungsmittel auch noch nach Ablauf dieser Zeit beantragt und verhängt werden.[40] Da die Vollziehung einer einstweiligen Verfügung nicht zwangsläufig in der Parteizustellung liegen muss, sondern auch in einem Antrag auf Verhängung eines Ordnungsmittels liegen kann (s. a. § 936 Rn. 5),[41] kann bei durch Urteil erlassenen einstweiligen Verfügungen auf Unterlassung auch eine Zuwiderhandlung vor der Zustellung geahndet werden,[42] wenn der Schuldner Kenntnis hat. Ein während der Dauer einer **Einstellung** nach § 719 begangener Verstoß kann nicht geahndet werden.[43] Ist der Titel oder seine Vollstreckbarkeit zur Zeit der Zuwiderhandlung **aufgehoben** oder danach, aber **vor Erlass** des Ordnungsmittelbeschlusses, ist mangels vollstreckbaren Titels eine Vollstreckungsmaßnahme unzulässig,[44] was mit der sofortigen Beschwerde (§ 793) geltend gemacht werden kann (s. Rn. 20). Der Grund der Aufhebung, zB übereinstimmende Erledigungserklärung (s. § 91a Rn. 11ff., 18), Prozessvergleich (§ 794 Abs. 1 Nr. 1) oder Klagerücknahme (§ 269), ist ohne Bedeutung, wenn sich nicht daraus ergibt, dass der Titel bis zu einem bestimmten späteren Zeitpunkt Bestand haben soll (s. a. Rn. 16).[45] Zur Aufhebung **nach Erlass** des Ordnungsmittelbeschlusses s. Rn. 16.

7 **6. Vorherige Androhung, Absatz 2.** Die Verurteilung zu Ordnungsmitteln setzt eine entsprechende vorherige Androhung voraus. Diese kann in einem Urteil (s. Abs. 2) oder in einer einstweiligen Verfügung enthalten sein.[46] Eine „Androhung" in einem **Prozessvergleich** reicht nicht aus, weil sie wegen ihres öffentlich-rechtlichen Charakters der Verfügung der Parteien entzogen und dem Richter vorbehalten ist.[47] Zur Nachholung der Androhung und zu den inhaltlichen Anforderungen s. Rn. 17; zum Adressaten Rn. 18.

8 **7. Voraussetzungen der Zwangsvollstreckung.** Die Voraussetzungen der Zwangsvollstreckung müssen vorliegen (s. vor § 704 Rn. 19ff. sowie Rn. 6). Die Vollstreckung durch Verhängung von Ordnungsmitteln (zur Androhung s. Rn. 7, 17f.) setzt weiter einen **Antrag** des Gläubigers voraus, Abs. 1 S. 1. Der Antrag braucht kein bestimmtes Ordnungsmittel zu bezeichnen oder dessen Höhe anzugeben. Der Gläubiger hat sich anwaltlich vertreten zu lassen, wenn in dem Ursprungsprozess **Anwaltszwang** bestand (s. § 887 Rn. 18). Ein besonderes Rechtsschutzbedürfnis ist angesichts der Verurteilung nicht notwendig.[48] Das Rechtsschutzbedürfnis fehlt auch dann nicht, wenn der Schuldner eine strafbewehrte Unterlassungserklärung abgegeben hat (s. a. Rn. 9). Zur Geltendmachung eines Rechtsmissbrauchs s. Rn. 20.

9 **8. Strafverfolgung, Vertragsstrafe.** Die Verhängung eines Ordnungsmittels ist auch wegen des gleichen Sachverhalts neben einer Strafverfolgung zulässig.[49] Das Verbot der Doppelbestrafung (Art. 103 Abs. 3 GG) steht nicht entgegen,[50] weil weder Titel noch § 890 allgemeine Strafgesetze iSd. Norm sind. Dies gilt auch für die Verhängung einer Vertragsstrafe,[51] ob sie bereits tituliert ist[52] oder gerade gerichtlich geltend gemacht wird. Dies folgt schon aus der nicht im Ermessen des Gerichts stehenden Verpflichtung, einen Verstoß zu sanktionieren, und daraus, dass die Vollstreckungsmaßnahme und eine vertragliche Verpflichtung nichts gemeinsam haben. Allerdings ist bei der Höhe des Ordnungsgeldes eine titulierte Vertragsstrafe zu berücksichtigen.[53]

III. Ordnungsmittelverfahren

10 **1. Verfahren.** Funktionell **zuständiges** Vollstreckungsorgan ist das Prozessgericht des ersten Rechtszugs, Abs. 1. S. dazu § 887 Rn. 18. Bei einem in einem Privatklageverfahren geschlossenen Vergleich sind die Zivilgerichte zur Vollstreckung zuständig.[54] Der Schuldner ist vor der Entscheidung **anzuhören,** § 891 S. 2. Die Entscheidung kann ohne mündliche Verhandlung ergehen, §§ 891 S. 1, 128 Abs. 4. Bestreitet der

---

[35] OLG Stuttgart MDR 1962, 995.
[36] BGH NJW 1996, 397, 398.
[37] OLG Frankfurt/M NJW-RR 1990, 124.
[38] OLG Jena InVo 2002, 68.
[39] OLG München WRP 1975, 458; MK/*Gruber* Rn. 16; *St/J/Brehm* Rn. 21.
[40] OLG Düsseldorf OLGR 2001, 350; OLG Stuttgart (Fn. 30) S. 249f.
[41] BGHZ 120, 73, 79 = NJW 1993, 1076; BGH NJW 1990, 122, 124.
[42] Anders MK/*Gruber* Rn. 16.
[43] BGH NJW 1990, 122, 125; *Zö/Stöber* Rn. 9.
[44] KG NJW-RR 2004, 68, 69; OLG Frankfurt JurBüro 1982, 465.
[45] Vgl. BGH NJW 2004, 506, 508f.; KG (Fn. 44).
[46] MK/*Gruber* Rn. 25.
[47] OLG Hamm MDR 1988, 506; KG NJW-RR 1987, 507; LAG München MDR 1987, 348; aA OLG Hamm GRUR 1985, 82.
[48] OLG Karlsruhe MDR 1994, 728f.; MK/*Gruber* Rn. 26; *Zö/Stöber* Rn. 11.
[49] BGH NJW 1998, 1138, 1139 m. weit. Nachw.
[50] BGH (Fn. 49); *St/J/Brehm* Rn. 53; *Zö/Stöber* Rn. 7; aA *Schulz* NJW 1963, 1095ff.
[51] OLG Düsseldorf NJW-RR 1988, 1216; OLG Köln NJW-RR 1987, 360; NJW-RR 1986, 1191; OLG Hamm MDR 1967, 223; aA LG Frankenthal MDR 1992, 362f.
[52] OLG Düsseldorf (Fn. 51); OLG Köln NJW-RR 1986, 1191.
[53] BGH (Fn. 49); OLG Düsseldorf (Fn. 50); OLG Köln (Fn. 52).
[54] OLG Hamburg MDR 1958, 434.

Schuldner eine Zuwiderhandlung, muss der Gläubiger sie **beweisen.** Ggf. muss durch eine Beweisaufnahme geklärt werden, ob der Schuldner den behaupteten Verstoß tatsächlich begangen hat; eine Glaubhaftmachung (§ 294) ist nicht zulässig.[55] Für die Vollstreckung einer Unterlassungsverfügung gilt nichts anderes,[56] weil es keine Vorschrift gibt, die im Vollstreckungsverfahren die Glaubhaftmachung zulässt (vgl. § 294) oder insoweit nach der Titelart differenziert. Auch das Verschulden ist vom Gläubiger darzulegen und zu beweisen, wobei Beweiserleichterungen gelten können.[57] Die Anwendung der Regeln über den Anscheinsbeweis ist zulässig.[58] S. im Übrigen die Anmerkungen zu § 891.

2. Entscheidung. Das Ordnungsmittel wird **durch Beschluss** festgesetzt (§ 891 S. 1). Die titulierte Ver- 11
pflichtung, gegen die verstoßen wurde, sollte in den Beschlusstenor aufgenommen werden: „Gegen den Schuldner wird wegen einer Zuwiderhandlung gegen die Verpflichtung, es zu unterlassen, die Gläubigerin anzurufen, ein Ordnungsgeld …, ersatzweise … Ordnungshaft, festgesetzt." Der Beschluss ist **zu begründen,** auch wenn der Schuldner sich nicht geäußert hat. Ist wegen derselben Handlung eine Kriminalstrafe verhängt worden (zur Zulässigkeit s. Rn. 9), ist dies bei der Höhe des Ordnungsmittels zu berücksichtigen.[59] Das **Ordnungsgeld** beträgt mindestens 5 Euro (Art. 6 Abs. 1 S. 1 EGStGB) und höchstens 250 000 Euro je Zuwiderhandlung (Abs. 1 S. 2). Enthält die Androhung ein geringeres Ordnungsgeld, so darf dieses nicht überschritten werden. Für den Fall, dass das Ordnungsgeld nicht beigetrieben werden kann, ist von Amts wegen[60] eine Ersatzordnungshaft anzuordnen. Insoweit gilt nach Abs. 1 S. 1 abweichend von Art. 6 Abs. 2 EGStGB ebenfalls die Höchstgrenze von sechs Monaten.[61] Ist die Ersatzordnungshaft nicht angeordnet worden, kann das Ordnungsgeld nachträglich in Ordnungshaft umgewandelt werden, Art. 8 Abs. 1 EGStGB. Die Bewilligung von **Ratenzahlung** oder einer Zahlungsfrist ist nach Art. 7 EGStGB zulässig.[62] Die **Ordnungshaft** beträgt mindestens einen Tag (Art. 6 Abs. 2 S. 1 EGStGB) und höchstens sechs Monate je Zuwiderhandlung (Abs. 1 S. 1), insgesamt höchstens zwei Jahre, Abs. 1 S. 2. Zur Wahl und zur Bemessung des Ordnungsmittels s. § 888 Rn. 12, zur Berücksichtigung einer Vertragsstrafe Rn. 9. Zur **Kostenentscheidung** s. § 887 Rn. 20, § 891 Rn. 1, 3.

3. Verpflichteter. In dem Beschluss ist anzugeben, wer Verpflichteter des Ordnungsmittels ist. Dies ist 12
grundsätzlich der Titelschuldner. Zu seiner Haftung für Zuwiderhandlungen Dritter s. Rn. 5. Bei **Geschäftsunfähigkeit** kann, sofern die maßgebliche Person schuldhaft gehandelt hat (s. Rn. 5), das Ordnungsmittel gegen den gerichtet werden, **dessen Willen bestimmt werden soll;** das kann sowohl der Geschäftsunfähige als auch der gesetzliche Vertreter sein[63] und gilt für Ordnungsgeld und Ordnungshaft.[64] Geht es um die Unterlassung tatsächlicher Handlungen, wird in der Regel allerdings ein Ordnungsmittel gegen den gesetzlichen Vertreter nicht in Betracht kommen.[65] Bei **juristischen Personen** und Personenhandelsgesellschaften kann Ordnungsgeld gegen die Schuldnerin oder auch gegen das schuldhaft handelnde Organ verhängt werden, primäre Haft nur gegen das Organ.[66] Der organschaftliche Vertreter einer juristischen Person oder Handelsgesellschaft, der gesetzliche Vertreter oder Betreuer, der zu (Ersatz-) Ordnungshaft verurteilt wird, ist im Vollstreckungsverfahren, nicht im Titel, namentlich zu benennen.[67] Er muss für die verbotenerweise begangene Handlung als **verantwortlich** in Betracht kommen; sind mehrere verantwortlich, kommt Ordnungshaft gegen alle diese konkret zu benennenden Personen in Betracht.[68] Gegen den namentlich benannten Geschäftsführer einer GmbH kann das Ordnungsmittel auch dann noch vollstreckt werden, wenn er später als Geschäftsführer abberufen wurde.[69] Wer als Angestellter eines Unternehmens Titelschuldner ist, haftet nur, wenn er selbst Störer ist.[70]

4. Mehrere Verstöße. Mehrfache Verstöße gegen das Unterlassungs- bzw. Duldungsgebot können mit je 13
bis zu zweihundertfünfzigtausend Euro Ordnungsgeld oder je bis zu sechs Monaten Haft belegt werden. Insgesamt darf die Haft aber zwei Jahre nicht überschreiten, Abs. 1 S. 2. Dabei sind die **Grundsätze des Fortsetzungszusammenhangs** in seiner für die Vertragsstrafe entwickelten Bedeutung zu beachten:[71] Mehrere hierfür geeignete Einzelakte sind ohne Rücksicht auf einen verbindenden Gesamtvorsatz auch bei nur fahrlässiger Begehung zusammenzufassen.[72] Dies soll der Gefahr unangemessener Bestrafungen durch die

---

55 OLG Bremen NJW-RR 2007, 662, 663; OLG Celle (Fn. 22); SchlHOLG OLGR 2000, 108; aA OLG Bremen InVo 2003, 298.
56 KG FPR 2005, 267 (zum Gewaltschutzgesetz); aA *Dahm* MDR 1996, 1100f.
57 OLG Schleswig (Fn. 24).
58 BVerfGE 84, 82, 87ff. = NJW 1991, 3139; OLG Schleswig (Fn. 24); *Zö/Stöber* Rn. 15; aA KG GRUR 1991, 707f.
59 OLG Schleswig NJW 2006, 3578.
60 BGH NJW-RR 1992, 1453, 1454.
61 MK/*Gruber* Rn. 35; *St/J/Brehm* Rn. 42; *Zö/Stöber* Rn. 18; aA *B/L/H* Rn. 17.
62 *Zö/Stöber* Rn. 21.
63 S. ausführlich *St/J/Brehm* Rn. 59ff.; *Brox/Walker* Rn. 1106.
64 Wie hier *St/J/Brehm* Rn. 59f.; *Brox/Walker* Rn. 1106; aA (Ordnungsgeld nur gegen das Vermögen und Haft nur gegen den gesetzlichen Vertreter) OLG Braunschweig JZ 1959, 94; MK/*Gruber* Rn. 24.
65 Vgl. OLG Düsseldorf NJW-RR 1996, 211.
66 OLG Jena NJOZ 2002, 1558; *St/J/Brehm* Rn. 61; *Brox/Walker* Rn. 1106; aA (Ordnungsgeld nur gegen das Vermögen) OLG Braunschweig JZ 1959, 94; (Ordnungsgeld gegen den Schuldner) MK/*Gruber* Rn. 24.
67 BGH NJW 1992, 749, 750; KG MDR 1997, 195.
68 BGH (Fn. 67).
69 OLG Nürnberg InVo 2003, 298f.
70 OLG Stuttgart NJWE-WettbR 1997, 59f.
71 *Zö/Stöber* Rn. 20.
72 BGHZ 121, 13, 16 = NJW 1993, 721.

Vervielfachung der im Gesetz für Einzelverstöße vorgesehenen Sanktionen begegnen und ist Ausdruck des allgemeinen Gerechtigkeitsgebots.[73] An dieser zivilrechtlichen Wertung ist auch nach der Änderung der strafrechtlichen Rechtsprechung festzuhalten.[74] Der Fortsetzungszusammenhang wird **unterbrochen** durch Zustellung eines Ordnungsmittelbeschlusses.[75] Die Vorschriften der §§ 53ff. StGB zur Gesamtstrafenbildung sind bei rechtlich selbstständigen Zuwiderhandlungen nicht entsprechend anwendbar.[76] Verstößt eine Handlung gegen **mehrere Unterlassungstitel,** können unabhängig voneinander Ordnungsmittel festgesetzt werden.[77] Die **Vollstreckung** ist insgesamt jedoch nur in Höhe eines schuldangemessenen Ordnungsgeldes zulässig.[78]

14 **5. Einmalige oder zeitlich begrenzte Verpflichtung.** Der Verhängung eines Ordnungsmittels steht nicht entgegen, dass gegen ein Unterlassungsgebot nur einmal, nur bis zu einem bestimmten Zeitpunkt verstoßen wurde oder in Zukunft nicht mehr verstoßen werden kann (s. auch Rn. 6).[79] Dies folgt daraus, dass in erster Linie nur die Androhung präventiven, die Ordnungsmittel aber repressiven und nur bei der Möglichkeit wiederholter Verstöße präventiven Charakter haben.[80]

IV. Ordnungsmittelvollstreckung

15 **1. Vollstreckung.** Die Vollstreckung der Ordnungsmittel erfolgt nicht durch den Gläubiger, sondern von Amts wegen nach § 1 Abs. 1 Nr. 3 JBeitrO auf Veranlassung des Vorsitzenden des Prozessgerichts durch den zuständigen Rechtspfleger, §§ 4 Abs. 2 Nr. 2a, 31 Abs. 3 RPflG. Dies gilt auch für die Vollstreckung der Ordnungshaft.[81] Mit der Verhaftung kann der Rechtspfleger den Gerichtsvollzieher beauftragen. Für die **Verfolgungsverjährung** gilt die zweijährige Frist des Art. 9 Abs. 1 S. 2 EGStGB, die durch die Einleitung des Ordnungsmittelverfahrens nicht unterbrochen wird.[82] Sie beginnt nicht, solange der Schuldner, der auch zu aktivem Tun verpflichtet ist (s. Rn. 2), untätig bleibt.[83] Mit Erlass des Beschlusses endet der Lauf der Verfolgungsverjährung,[84] mit seiner Zustellung an den Schuldner wird er vollstreckbar; damit beginnt gem. Art. 9 Abs. 2 EGStGB die **Vollstreckungsverjährung.** Beide schließen sich gegenseitig aus, sodass ab Beginn der Vollstreckungsverjährung die Verfolgungsverjährungsfrist nicht mehr gleichzeitig laufen kann.[85] Die Verjährungsvorschriften sind von Amts wegen zu beachten.

16 **2. Aufhebung des Urteils, Einstellung der Zwangsvollstreckung.** Wirkt die Titelaufhebung, wie in der Regel, **ex tunc,** gelten §§ 775, 776; der Ordnungsmittelbeschluss ist meistens aufzuheben (§§ 775 Nr. 1, 776) oder seine Vollziehung einzustellen (§§ 775 Nr. 5, 776). Dies gilt für eine Aufhebung im Rechtsmittelverfahren, die Aufhebung einer einstweiligen Verfügung im Widerspruchsverfahren,[86] eine Klagerücknahme (§ 269 Abs. 3 S. 1; s. § 269 Rn. 10) und die übereinstimmende Erledigungserklärung (s. a. § 91a Rn. 18).[87] Im Fall der Anfechtung ist der Ordnungsmittelbeschluss vom Rechtsmittelgericht aufzuheben. Ist der Beschluss rechtskräftig oder nicht angefochten, hat das Prozessgericht nach §§ 775f. zu verfahren und den Ordnungsmittelbeschluss aufzuheben, auch wenn das Ordnungsgeld bereits gezahlt ist.[88] Fällt der Titel nach einem Verstoß **ohne Rückwirkung** weg (zB nach §§ 936, 927), ist wegen des repressiven Charakters des Ordnungsmittels dieses noch zu vollstrecken.[89] Dies gilt auch dann, wenn bei einer übereinstimmenden Erledigungserklärung[90] oder im Vergleich die Verpflichtung ab einem bestimmten, nach dem Verstoß liegenden Zeitpunkt entfallen soll.[91] Nach Aufhebung eines Ordnungsgeldbeschlusses hat die Staatskasse das Ordnungsgeld **zurückzuzahlen.**[92] Dies kann durch das Prozessgericht angeordnet werden.[93]

---

[73] BGHZ 33, 163, 168 = NJW 1960, 2332.

[74] OVG Berlin (Fn. 2) S. 100; OLG München OLGR 2000, 86, 87; KG InVo 1998, 110, 111; *Zö/Stöber* Rn. 20; anders („Gesamtschau") MK/*Gruber* Rn. 13; aA OLG Nürnberg NJW-RR 1999, 723, 724f.; *St/J/Brehm* Rn. 41.

[75] KG (Fn. 74); OLG Koblenz InVo 1998, 111; OLG Stuttgart NJW-RR 1993, 24, 25.

[76] OLG Köln OLGR 2007, 64, 65f.

[77] OLG Frankfurt JurBüro 1983, 1905f.; OLG Hamm NJW 1977, 1203, 1204; OLG Köln WRP 1976, 185, 186f.

[78] OLG Hamm (Fn. 77).

[79] OLG Stuttgart (Fn. 30) S. 249f.; OLG Koblenz InVo 1999, 123, 125; BayObLG KTS 1997, 687, 688; OLG Düsseldorf (Fn. 10) S. 649; OLG Hamm NJW-RR 1990, 1086f.; OLG Frankfurt/M NJW-RR 1990, 639, 640; OLG Hamburg MDR 1973, 323f.; aA LAG Hamburg MDR 1990, 365f.; OLG Düsseldorf NJW-RR 1988, 510.

[80] MK/*Gruber* Rn. 31.

[81] OLG München NJW-RR 1988, 1407.

[82] BayObLG WuM 1995, 443, 444.

[83] BGH NJW-RR 2007, 863, 864.

[84] BGH NJW 2005, 509f.

[85] OLG Nürnberg (Fn. 74) S. 725.

[86] OLG Hamburg MDR 1997, 394, 395.

[87] BGH (Fn. 45); KG (Fn. 44); OLG Jena InVo 2002, 386f.; aA OLG Düsseldorf InVo 2002, 69; OLG Frankfurt/M OLGZ 1994, 603, 604.

[88] KG NJW-RR 2000, 1523.

[89] OLG Hamm NJW-RR 1990, 1086f.; OLG Zweibrücken MDR 1988, 871; OLG Köln JMBlNRW 1983, 118ff.; OLG Frankfurt OLGZ 1980, 336, 338; vgl. auch BayObLG NJW-RR 1995, 1040; aA *St/J/Brehm* Rn. 28.

[90] BGH (Fn. 45); aA OLG Düsseldorf (Fn. 10) S. 648; s. hierzu ausführlich *Hees* GRUR 1999, 128ff.

[91] *Zö/Stöber* Rn. 25.

[92] BAG NJW 1990, 2579, 2580 = AP ArbGG 79 § 62 Nr. 5 m. Anm. *Stöber; Baur* JZ 1967, 763, 764; MK/*Gruber* Rn. 20; *St/J/Brehm* Rn. 48; *Zö/Stöber* Rn. 26 (auch zu den möglichen Anspruchsgrundlagen); *Ro/G/Sch* § 14 IV 1.

[93] OLG Zweibrücken OLGR 2000, 565 (zu § 888); OLG Frankfurt JurBüro 1991, 1554, 1555; aA *Stöber* in Anm. zu BAG (Fn. 92).

V. Androhungsverfahren

17 **1. Androhung.** Ist die Androhung eines Ordnungsmittels nicht bereits in dem Titel enthalten, ist sie auf Antrag vom Prozessgericht des ersten Rechtszugs (s. Rn. 10) auszusprechen, Abs. 2. Dem Schuldner ist zuvor rechtliches Gehör zu gewähren, § 891 S. 2. Da die Androhung den Beginn der Zwangsvollstreckung darstellt,[94] müssen die Voraussetzungen der Zwangsvollstreckung vorliegen. Es ist nicht erforderlich, dass bereits eine Zuwiderhandlung des Schuldners vorliegt.[95] Das Rechtsschutzinteresse kann nicht allein deshalb verneint werden, weil zwischen Verurteilung und Androhung ein längerer Zeitraum (zB neun Jahre[96]) liegt. Die Ordnungsmittel, die dem Schuldner auferlegt werden können, sind **konkret zu bezeichnen.** Ausreichend ist die Angabe der Art und des Höchstmaßes:[97] „Für jeden Fall der Zuwiderhandlung wird dem Schuldner die Verhängung eines Ordnungsgeldes bis zu 250 000,– Euro oder einer Ordnungshaft bis zu 6 Monaten angedroht", nicht aber etwa die Androhung „der gesetzlichen Ordnungsmittel gem. § 890".[98] Wird nur ein geringeres Höchstmaß angegeben, darf dieses bei Erlass des Ordnungsmittels nicht überschritten werden. Ordnungsgeld und Ordnungshaft dürfen gleichzeitig nur alternativ, nicht kumulativ angeordnet werden, ohne dass ein Verstoß hiergegen die Festsetzung des Ordnungsmittels hindert.[99] Zur Kostenentscheidung s. § 887 Rn. 20, § 891 Rn. 1, 3. Der Beschluss ist nach § 329 Abs. 3 **zuzustellen.**

18 **2. Adressat.** Das Ordnungsmittel ist dem Titelschuldner, also ggf. auch einer Handelsgesellschaft oder juristischen Person anzudrohen. Wird die (Ersatz-) Ordnungshaft einem organschaftlichen Vertreter angedroht, ist dies auch dann zulässig und nicht zu unbestimmt, wenn mehrere Vertreter vorhanden sind.[100] Wird der Vertreter namentlich benannt, kann nur gegen ihn vollzogen werden.[101] Dies gilt entsprechend bei Geschäftsunfähigen oder Betreuten zur Vollziehung an dem gesetzlichen Vertreter oder Betreuer.[102]

VI. Sicherheitsleistung, Absatz 3

19 Die Verurteilung zur Sicherheitsleistung setzt eine Androhung nach Abs. 2, eine mindestens einmalige Zuwiderhandlung („fernere") und einen Antrag des Gläubigers voraus, nicht aber eine Verurteilung nach Abs. 1 S. 1, eine Androhung eines Kautionsbeschlusses[103] oder die Angabe der Höhe der Kaution im Antrag.[104] Das Ob der Anordnung („kann", Abs. 3) und das Wie der Sicherheitsleistung (§ 108 Abs. 1 S. 1) stehen im **pflichtgemäßen Ermessen** des Gerichts. Die **Höhe** soll den durch künftige Zuwiderhandlungen entstehenden Schaden des Gläubigers abdecken, der in den Kosten weiterer Zuwiderhandlungen, nicht aber eventuellen Ordnungsgeldern liegt, die der Staatskasse zustehen. Die Kosten, sofern es sich nicht um Vollstreckungskosten handelt (§ 788), muss der Gläubiger ggf. nach § 893 Abs. 2 einklagen. Das Prozessgericht des ersten Rechtszuges (s. Rn. 10) **entscheidet** nach Anhörung des Schuldners (§ 891 S. 2) durch Beschluss. Die Zeit der Sicherheitsleistung ist anzuordnen und nach einer Prognose über die voraussichtliche Zuwiderhandlungsgefahr zu bemessen.[105]

VII. Rechtsmittel

20 Die **im Titel enthaltene** Strafandrohung kann nur mit einem Rechtsmittel in der Hauptsache angegangen werden, denn dabei handelt es sich nicht um Zwangsvollstreckung.[106] Gegen den **Ordnungsmittel-** und den **Sicherheitsleistungsbeschluss** ist die sofortige Beschwerde nach § 793 statthaft. Dasselbe Rechtsmittel steht dem Gläubiger gegen die Ablehnung seines Antrags und auch mit dem Ziel, dass das Ordnungsmittel oder auch die Ersatzordnungshaft **verschärft** wird,[107] zu. Die Beschwerde hat aufschiebende Wirkung (§ 570 Abs. 1). Ein Rechtsmissbrauch durch die Vollstreckung des Gläubigers ist mit der Vollstreckungsabwehrklage einzuwenden (s. § 767 Rn. 26 „Verstoß gegen Treu und Glauben"). Die **selbstständige Androhung** (s. Rn. 17) kann wie ihr Unterbleiben mit der sofortigen Beschwerde (§ 793) angefochten werden,[108] ebenso die nachträgliche Bewilligung von Ratenzahlung (s. Rn. 11).[109] Eine Rechtsbeschwerde gegen die Entscheidung über die sofortige Beschwerde ist nur im Fall ihrer Zulassung möglich (§ 574 Abs. 1 Nr. 2).

---

94 BGH NJW 1979, 217 m. weit. Nachw.; BayObLG NJW-RR 1996, 780; OLG Karlsruhe InVo 2002, 384, 385.
95 OLG Frankfurt/Main OLGR 2001, 152 f.
96 KG NJW-RR 1987, 507.
97 OLG Hamm NJW-RR 1988, 960.
98 BGH NJW 1995, 3177, 3181.
99 BGH (Fn. 45) S. 507.
100 BGH (Fn. 67).
101 *Zö/Stöber* Rn. 12.
102 *Zö/Stöber* Rn. 12.
103 OLG Frankfurt JurBüro 1978, 771.
104 OLG Frankfurt (Fn. 103) S. 772.
105 MK/*Gruber* Rn. 41.
106 BGH (Fn. 67); *Zö/Stöber* Rn. 28; aA OLG Hamm NJW-RR 1988, 960 (sofortige Beschwerde).
107 OLG München OLGR 2000, 86.
108 BGH (Fn. 67); OLG München InVo 2002, 288, 289.
109 OLG Karlsruhe NJW-RR 1997, 1567.

VIII. Gebühren und Kosten

21 **1. Rechtsanwaltsgebühren.** Der Androhungsantrag im Hauptsacheprozess ist von der Gebühr aus Nr. 3100 VV RVG umfasst. Der nachträgliche Androhungsantrag ist Zwangsvollstreckungsmaßnahme und löst die Gebühr aus Nr. 3309 VV RVG aus. Für den Antrag auf Verlängerung des Ordnungsgelds fällt keine zusätzliche Vollstreckungsgebühr an, wenn sie schon durch die Androhung verdient war (§§ 18 Nr. 3, 19 Abs. 2 Nr. 4 RVG). Jede neue Verurteilung zu einem Ordnungsgeld iSd. Abs. 1 ist für die Anwaltsgebühren eine neue Angelegenheit (§ 18 Nr. 16 RVG), wenn eine erneute Zuwiderhandlung vorliegt und nicht nur ein Fortsetzungszusammenhang mit den früheren Verstoß.[110] Das Verfahren gemäß **Abs. 3** ist eine besondere Angelegenheit gemäß § 18 Nr. 17 RVG. **Gegenstandswert** für Abs. 1 und Abs. 2 ist der Wert der zu erzwingenden Unterlassung oder Duldung (§ 25 Abs. 1 Nr. 3 RVG), des Verfahrens gemäß Abs. 3 die Höhe des gemäß § 3 zu schätzenden eventuell entstehenden Schadens.

22 **2. Gerichtskosten.** Gerichtsgebühren werden nach KV Nr. 2111 in Höhe einer Festgebühr von 15 Euro erhoben.

891 *Verfahren; Anhörung des Schuldners; Kostenentscheidung*

[1]Die nach den §§ 887 bis 890 zu erlassenden Entscheidungen ergehen durch Beschluss. [2]Vor der Entscheidung ist der Schuldner zu hören. [3]Für die Kostenentscheidung gelten die §§ 91 bis 93, 95 bis 100, 106, 107 entsprechend.

I. Normzweck

1 Die Vorschrift regelt das Verfahren einer Entscheidung des Prozessgerichts als Vollstreckungsorgan bei der Vollstreckung nach §§ 887 bis 890 insoweit, als sie eine mündliche Verhandlung freistellt und das rechtliche Gehör anordnet. Die Bestimmung eines Termins zur Abgabe der eidesstattlichen Versicherung nach bürgerlichem Recht ist keine Vollstreckungsmaßnahme iSd. § 891 (s. a. § 889 Rn. 5).[1] **Satz 3** sollte nach der Begründung des Entwurfs zum 2. ZwVÄndG, durch das er eingefügt wurde, nur die Möglichkeit einer angemessenen Kostenentscheidung in den Fällen schaffen, in denen Anträge des Gläubigers nur **teilweise** Erfolg haben. Diese Einschränkung kommt aber in der Vorschrift nicht zum Ausdruck; im Gegenteil betrifft gerade § 91 den Fall des Teilunterliegens nicht. Man muss daher die Vorschrift nach dem eindeutigen Wortlaut als Sondervorschrift insbesondere auch zu § 788 ansehen. § 788 bleibt aber anwendbar für Kosten, die durch den Entscheidungen nach §§ 877ff. folgende Vollstreckungsmaßnahmen entstehen.

II. Regelungsgehalt

2 **1. Verfahren des Prozessgerichts.** Die **mündliche Verhandlung** ist für alle Entscheidungen im Vollstreckungsverfahren der §§ 887 bis 890 fakultativ (S. 1 iVm. § 128 Abs. 4). Die Entscheidungen ergehen immer durch Beschluss (S. 1). Ladungen erfolgen von Amts wegen nach § 214; zum Anwaltszwang s. § 887 Rn. 18. Die **Anhörung des Schuldners** ist gem. S. 2 zwingend vorgeschrieben. Sie kann in der mündlichen Verhandlung oder durch Gelegenheit zur schriftlichen Äußerung erfolgen. Die Entscheidung hängt nicht davon ab, dass der Schuldner sich geäußert hat.[2] Bei einer Fristsetzung zur Stellungnahme sind verspätete Äußerungen noch zu berücksichtigen, wenn eine Entscheidung noch nicht existent geworden ist (s. dazu § 329 Rn. 7ff.). Eine **Zurückweisung von Vorbringen** als verspätet ist unzulässig.[3] § 138 Abs. 3 ist anwendbar.[4] Dies setzt aber eine Zustellung der Aufforderung zur Stellungnahme und bei Anwaltszwang eine Belehrung über diesen voraus.[5] Streitige Tatsachen sind zu **beweisen;** eine Glaubhaftmachung reicht nicht (s. a. § 890 Rn. 10).[6]

3 **2. Kostenentscheidung.** Satz 3 ordnet nach dem eindeutigen Wortlaut eine Kostenentscheidung in Verfahren nach den §§ 887, 888, 890 an. Wegen der Verweisung auf § 91 gilt dies nicht nur, wie gewollt (s. Rn. 1), im Falle des Teilunterliegens des Gläubigers. Es hat daher eine Kostenentscheidung nach den §§ 91 bis 93, 95 bis 100, 106, 107 zu ergehen; § 788 ist nicht mehr anwendbar,[7] soweit die Vorschrift eine Kostenbeitreibung ohne Grundentscheidung zulässt. Die Bedeutung des § 788 bleibt darin zu sehen, dass die Vorschrift, wenn eine Grundentscheidung vorliegt, die Kostenvollstreckung ohne Festsetzung zulässt. Zu nachfolgenden Vollstreckungsmaßnahmen s. Rn. 1. Für die Kostengrundentscheidung kommt es auf die Frage der Notwendigkeit der Kosten nicht an;[8] diese Frage ist im Rahmen der Festsetzung oder Beitreibung nach § 788 zu klären. Ist einem Vollstreckungsantrag entsprochen worden, kommt eine isolierte Anfechtung der Kostenentscheidung durch den Gläubiger nicht in Betracht.[9]

---

[110] G/S/*Müller-Rabe* VV 3309 Rn. 302 m. weit. Nachw.
[1] MK/*Gruber* Rn. 2.
[2] KG OLGZ 1979, 366f.
[3] OLG München MDR 1981, 1025; aA KG (Fn. 2); *St/J/Brehm* Rn. 2.
[4] OLG Düsseldorf NJW-RR 1991, 1088; *St/J/Brehm* Rn. 2 m. weit. Nachw.; aA *Zö/Stöber* Rn. 1.
[5] OLG Düsseldorf (Fn. 4).
[6] OLG Celle OLGR 2001, 94; SchlHOLG OLGR 2000, 108; *Zö/Stöber* Rn. 1.
[7] Ebenso *B/L/H* Rn. 7.
[8] Anders *B/L/H* Rn. 7.
[9] OLG Zweibrücken NJW 2002, 2722.

892 *Widerstand des Schuldners* **Leistet der Schuldner Widerstand gegen die Vornahme einer Handlung, die er nach den Vorschriften der §§ 887, 890 zu dulden hat, so kann der Gläubiger zur Beseitigung des Widerstandes einen Gerichtsvollzieher zuziehen, der nach den Vorschriften des § 758 Abs. 3 und des § 759 zu verfahren hat.**

I. Normzweck

§ 229 BGB erlaubt die Selbsthilfe für den Gläubiger nur in einem sehr eingeschränkten Umfang. § 892 gibt ihm einen effektiven und unkomplizierten Weg, um im Fall der Vollstreckung nach §§ 887, 890 bei einem Widerstand des Schuldners erforderliche staatliche Hilfe zu erhalten. Die **Vorschrift umfasst** die Zwangsvollstreckung zur Erwirkung vertretbarer Handlungen nach § 887 und die Duldungsvollstreckung nach § 890. Für den letzten Fall gibt sie einen häufiger noch effektiveren Weg[1] zur Vollstreckung als § 890. §§ 890, 892 stehen dem Gläubiger zur Wahl.[2] 1

II. Voraussetzungen und Verfahren

1. Voraussetzungen. Es muss ein Duldungstitel iSd. § 890 vorliegen oder die Ersatzvornahme nach § 887 angeordnet sein, bei der ein Widerstand des Schuldners die Zwangsvollstreckung beeinträchtigen kann. Die Voraussetzungen der Zwangsvollstreckung müssen vorliegen (s. vor § 704 Rn. 19 ff.) und dem Gerichtsvollzieher nachgewiesen werden, im Fall des § 887 wegen der Prüfung durch das Prozessgericht aber nur der Ermächtigungsbeschluss.[3] Eine **Widerstandshandlung** muss nur als zumindest bevorstehend behauptet, nicht aber nachgewiesen werden.[4] Zu den Kosten s. Rn. 3. Eine Durchsuchungsanordnung (§ 758a) ist nur erforderlich, wenn tatsächlich, was selten sein wird, die Wohnung des Schuldners durchsucht (s. dazu § 758 Rn. 3) werden soll.[5] 2

2. Verfahren. Der Gläubiger kann den Gerichtsvollzieher unmittelbar ohne Zuhilfenahme des Gerichts einschalten, sodass für einen entsprechenden Antrag an das Gericht kein Rechtsschutzbedürfnis besteht.[6] Tatsächlichen **Widerstand** darf der Gerichtsvollzieher unter Beachtung des § 759 nach § 758 Abs. 3 brechen, also Gewalt anwenden oder sich polizeilicher Hilfe bedienen (oder beides). **Grundlage seines Einschreitens** ist der Ermächtigungsbeschluss nach § 887[7] oder der Duldungstitel nach § 890. Obwohl auf § 758 Abs. 2 nicht verwiesen ist, darf er auch verschlossene Türen öffnen (lassen),[8] muss aber das zur Beseitigung des Widerstandes notwendige Maß einhalten. Es ist ein Protokoll anzufertigen (s. § 185 Nr. 3 GVGA). **Kosten** des Gerichtsvollziehers (Nr. 250 der Anlage zu § 9 GVKostG) sind solche der Zwangsvollstreckung iSd. § 788; sie sind nur zu erstatten, wenn sie objektiv notwendig waren, wobei die Frage bedeutsam wird, ob (ex post) objektiv Widerstand geleistet wurde oder (ex ante) mit ihm objektiv zu rechnen war (s. Rn. 2). **Rechtsbehelf** ist für den beschwerten Gläubiger oder Schuldner die Vollstreckungserinnerung nach § 766. 3

III. Gebühren und Kosten

Für die Zuziehung des Gerichtsvollziehers wird eine Festgebühr von 40 Euro erhoben (KVGv Nr. 250), ggf. daneben ein Zeitzuschlag nach KVGv Nr. 500. 4

892a *Unmittelbarer Zwang in Verfahren nach dem Gewaltschutzgesetz* **¹Handelt der Schuldner einer Verpflichtung aus einer Anordnung nach § 1 des Gewaltschutzgesetzes zuwider, eine Handlung zu unterlassen, kann der Gläubiger zur Beseitigung einer jeden andauernden Zuwiderhandlung einen Gerichtsvollzieher zuziehen. ²Der Gerichtsvollzieher hat nach § 758 Abs. 3 und § 759 zu verfahren. ³§§ 890 und 891 bleiben daneben anwendbar.**

I. Normzweck

Die Norm soll bei einem Zuwiderhandeln des Schuldners gegen Anordnungen nach § 1 GewSchG unbeschadet der Möglichkeit von Ordnungsmitteln nach § 890 unmittelbaren Zwang durch den Gerichtsvollzieher ermöglichen. 1

II. Voraussetzungen

1. Unterlassungstitel nach dem GewSchG. Der Vollstreckungstitel muss eine Anordnung nach § 1 GewSchG enthalten. Als **Titel** kommen Urteile, vor allem aber einstweilige Verfügungen oder einstweilige Anordnungen nach §§ 620 Nr. 7, 9, 621g in Betracht. Aus dem Titel muss sich gem. Satz 1 ergeben, dass er eine **Anordnung nach § 1 GewSchG** trifft. Dazu dürfte Voraussetzung sein, dass die Norm in dem Titel aus- 2

---

1 MK/*Gruber* Rn. 2.
2 LG Berlin DGVZ 1992, 91, 92; *Zö/Stöber* Rn. 1; aA AG Berlin-Wedding DGVZ 1987, 63 (zuerst § 890).
3 AA („auch") wohl *Zö/Stöber* Rn. 1.
4 LG Berlin (Fn. 2); LG Braunschweig DGVZ 1988, 140, 141.
5 *St/J/Brehm* Rn. 2; ähnlich MK/*Gruber* Rn. 3; aA (generell entbehrlich) *B/L/H* Rn. 3.
6 *B/L/H* Rn. 4.
7 OLG Köln DGVZ 1992, 170, 171.
8 LG Braunschweig DGVZ 1988, 140, 141 f.

drücklich genannt ist, denn ähnliche Maßnahmen sind auch nach § 1004 BGB möglich. Möglich sind nach § 1 GewSchG nur Unterlassungsanordnungen.

3 **2. Weitere Voraussetzungen.** Die Voraussetzungen der Zwangsvollstreckung (s. vor § 704 Rn. 19ff.) müssen vorliegen. Der Schuldner muss gegen die titulierte Verpflichtung verstoßen (s. § 890 Rn. 4) haben. Dabei ist die „Kerntheorie" (s. § 890 Rn. 4) anwendbar.[1] **Verschulden** ist nicht erforderlich.[2] Der Verstoß muss nach Satz 1 noch **andauern** (zB hält sich der mit einem Verbot des Betretens der Wohnung der Gläubigerin belegte Schuldner noch in dieser auf). Satz 1 verlangt ferner, dass der Gläubiger den Gerichtsvollzieher zuzieht; ein Einschreiten von Amts wegen oder eine Beauftragung des Gerichtsvollziehers durch die Polizei ist daher nicht möglich. Die Voraussetzungen sind dem Gerichtsvollzieher insbesondere durch Vorlage des Titels **nachzuweisen.** Wegen § 755 Satz 1 muss dem Gerichtsvollzieher der Titel übergeben worden sein, bevor er einschreitet. Entgegen § 890 ordnet die Vorschrift keine Androhung solcher Maßnahmen im Titel oder die Androhung von Ordnungsmitteln iSd. § 890 Abs. 2 an.

III. Vollstreckungsverfahren

4 **1. Verfahren.** Der vom Gläubiger zugezogene (s. Rn. 3) Gerichtsvollzieher darf die andauernde Zuwiderhandlung beseitigen (Satz 1), dabei Gewalt anwenden und ggf. die Polizei hinzuziehen (Satz 2 iVm. § 758 Abs. 3). Ihm sind die Maßnahmen erlaubt, durch die die Zuwiderhandlung beseitigt wird (zB Entfernung des Schuldners aus der Wohnung, deren Betreten ihm untersagt wurde). Nach Satz 2, § 759 sind Zeugen hinzuzuziehen. S. im Einzelnen § 758 Rn. 8 sowie die Anmerkungen zu § 759. Ordnungsmittel nach § 890 können ungeachtet der Zwangsmaßnahmen nach § 892a festgesetzt werden (Satz 3); nur hierauf bezieht sich der Hinweis auf § 891.

5 **2. Rechtsbehelfe.** Der Gläubiger kann sich gegen die Weigerung des Gerichtsvollziehers, Maßnahmen nach Satz 1, 2 zu treffen, mit der Erinnerung nach § 766 Abs. 1 wenden. Dabei wird der Schuldner mit seiner Erinnerung in der Regel zu spät kommen, weil die Gewaltmaßnahmen abgeschlossen sein dürften. Es wird von der Schwere des Eingriffs, der Fortwirkung der Maßnahmen oder der Wiederholungsgefahr abhängen, ob die Erinnerung gleichwohl zulässig ist.

IV. Gerichtskosten

6 Für die Gebühren des Gerichtsvollziehers ist KVGv Nr. 250 einschlägig. Es wird eine Festgebühr von 40 Euro erhoben, ggf. ein Zeitzuschlag nach Nr. 500.

893 *Klage auf Leistung des Interesses*

(1) Durch die Vorschriften dieses Abschnitts wird das Recht des Gläubigers nicht berührt, die Leistung des Interesses zu verlangen.

(2) Den Anspruch auf Leistung des Interesses hat der Gläubiger im Wege der Klage bei dem Prozessgericht des ersten Rechtszuges geltend zu machen.

I. Normzweck

1 **Absatz 1** stellt klar, dass die Möglichkeit der Zwangsvollstreckung dem Gläubiger nicht einen bestehenden materiell-rechtlichen Anspruch nimmt, begründet aber keinen unabhängig davon oder stattdessen bestehenden prozessualen Anspruch.[1] In Frage kommende materiell-rechtliche Ansprüche sind etwa die aus §§ 280f., 286 BGB. **Absatz 2** regelt die Zuständigkeit für eine solche Klage; auch die internationale der deutschen Gerichte.[2] Nach ihrem Wortlaut **gilt die Norm** für den Dritten Abschnitt des Achten Buches, also die §§ 883 bis 898. Aus ihrer Stellung und der Fiktionswirkung des § 894 folgt aber, dass sie auf § 894 nicht anwendbar ist.[3] Sie gilt auch für den Prozessvergleich. Die Vorschrift findet nur dann Anwendung, wenn das Interesse anstelle der titulierten Leistung, nicht aber Leistung und Interesse verlangt werden.[4]

II. Schadensersatzklage

2 **Zuständig** ist das Prozessgericht des ersten Rechtszuges, Abs. 2. S. dazu § 887 Rn. 18. Dies kann auch das Familiengericht sein. So ist für die Entscheidung über eine Klage auf Leistung des Interesses anstelle der in einem Hausratsbeschluss/Verbundurteil titulierten Herausgabepflicht das Familiengericht zuständig.[5] Die Zuständigkeit ist ausschließlich, § 802. Keine Voraussetzung der Klage ist, dass der Gläubiger zunächst versucht hat, seinen Erfüllungsanspruch im Wege der Zwangsvollstreckung durchzusetzen.[6] Die Vorschrift verbietet es nicht, den materiell-rechtlichen Anspruch zur Aufrechnung zu stellen. Dann gilt Abs. 2 nicht.[7] Die **Begründetheit** der Klage richtet sich nach materiellem Recht.

---

[1] MK/*Gruber* Rn. 4.
[2] MK/*Gruber* Rn. 5.

[1] OLG Koblenz FamRZ 1982, 507, 508.
[2] BGH NJW 1997, 2245f. = LM Nr. 1 m. Anm. *Geimer.*
[3] AllgM; RGZ 76, 409, 412; MK/*Gruber* Rn. 2 m. weit. Nachw.
[4] *St/J/Brehm* Rn. 3.
[5] OLG Karlsruhe FamRZ 2000, 1168.
[6] MK/*Gruber* Rn. 3; *St/J/Brehm* Rn. 2.
[7] RGZ 35, 379, 380f.

894 *Fiktion der Abgabe einer Willenserklärung* (1) [1]**Ist der Schuldner zur Abgabe einer Willenserklärung verurteilt, so gilt die Erklärung als abgegeben, sobald das Urteil die Rechtskraft erlangt hat.** [2]**Ist die Willenserklärung von einer Gegenleistung abhängig gemacht, so tritt diese Wirkung ein, sobald nach den Vorschriften der §§ 726, 730 eine vollstreckbare Ausfertigung des rechtskräftigen Urteils erteilt ist.**

(2) **Die Vorschrift des ersten Absatzes ist im Falle der Verurteilung zur Eingehung einer Ehe nicht anzuwenden.**

I. Normzweck

1. Normzweck. Die Abgabe einer Willenserklärung ist eine unvertretbare Handlung. Hier hat das Gesetz eine gegenüber § 888 einfachere Spezialregelung getroffen. Die Abgabe der Willenserklärung durch den Schuldner wird gem. Abs. 1 S. 1 mit der Rechtskraft des Urteils fingiert. Die Fiktion ist nicht Inhalt des Urteils, vielmehr seine rechtsgestaltende Wirkung.[1] Ihr Eintritt ist Vollstreckungswirkung und damit Zwangsvollstreckung.[2] Die für den Erwerb des Eigentums an beweglichen Sachen erforderliche Übergabe gilt als erfolgt, wenn der Gerichtsvollzieher die Sache zum Zwecke der Ablieferung an den Gläubiger wegnimmt, § 897 Abs. 1. Eine Verurteilung zur Übereignung enthält auch die Herausgabepflicht; die Vollstreckung erfolgt insoweit nach § 883. 1

2. Anwendungsbereich. § 894 findet nur Anwendung bei **Titeln,** die in **Rechtskraft** erwachsen. Die in einem **Prozessvergleich** oder einer **notariellen Urkunde** enthaltene Verpflichtung des Schuldners, eine Willenserklärung abzugeben, muss daher nach § 888 vollstreckt werden (s. im Einzelnen Rn. 7). Die Verurteilung muss auf **Abgabe einer Willenserklärung** lauten (s. Rn. 3 f.). **Absatz 2** findet wegen § 1297 BGB nur auf **ausländische Urteile** Anwendung. 2

II. Voraussetzungen

1. Abgabe einer Willenserklärung. Der Titel muss auf Abgabe einer Willenserklärung gerichtet sein. Es kommen rechtsgeschäftliche Erklärungen jeder Art, rechtsgeschäftsähnliche Rechtshandlungen und Prozesshandlungen in Betracht.[3] Eine Formbedürftigkeit spielt keine Rolle.[4] Ohne Bedeutung ist, ob die Erklärung gegenüber dem Gläubiger, einem Dritten oder einer Behörde abzugeben ist.[5] 3

Beispiele aus der Rechtsprechung zur Anwendbarkeit des § 894: **Aktien-, Gesellschaftsrecht:** § 894 gilt bei Verurteilungen zur Ausübung des Stimmrechts;[6] Entlastung des Vorstands einer Aktiengesellschaft;[7] auf Zustimmung eines Gesellschafters einer GmbH zur Änderung des Gesellschaftsvertrages;[8] zu einem Kapitalerhöhungsbeschluss und der Übernahme eines weiteren Geschäftsanteils;[9] zur Bestellung eines Geschäftsführers;[10] zu einem Gesellschafterbeschluss;[11] **Arbeitsrecht:** Verurteilung des Arbeitgebers zur Urlaubsbewilligung;[12] Einwilligung nach § 12 Abs. 4 ArbnErfG;[13] **Eherecht:** Mitwirkung nach § 1561 BGB;[14] Zustimmung zum Realsplitting;[15] **Genehmigung, Vollmacht:** Auf die Verurteilung zur Genehmigung, zB bei schwebender Unwirksamkeit, ist § 894 anwendbar,[16] ebenso bei der auf Erteilung einer Vollmacht, wenn die Person des Bevollmächtigten und die Sache feststehen, sonst § 888;[17] **Grundbucherklärungen:** Auflassung, Eintragungsbewilligung, Löschung von Grundeigentum;[18] Bewilligung oder Löschung von Grundpfandrechten; Auflassung einer Grundstücksteilfläche vor der Teilung;[19] keine Klage auf Auflassung von Wohnungseigentum vor Anlegung des Grundbuchs;[20] Berichtigung des Grundbuchs. 4

Kauf-, Mietrecht: Zustimmung zu einer Wandlung[21] oder Mieterhöhung.[22] S. auch „Vertragsschluss"; **Prozessuale Erklärungen:** Verurteilungen zur Rücknahme einer Klage, einer Privatklage oder eines Strafantrags;[23] Einwilligung in die Auszahlung eines hinterlegten Betrages;[24] **Registererklärungen:** Eintragungs- 5

---

1 MK/*Gruber* Rn. 1.
2 BGH LM § 739 aF Nr. 3; MK/*Gruber* Rn. 1 m. weit. Nachw.
3 MK/*Gruber* Rn. 2 f.
4 MK/*Gruber* Rn. 2.
5 BGHZ 120, 239, 248 = NJW 1993, 925; *Zö/Stöber* Rn. 2.
6 BGH NJW-RR 1989, 1056; BGHZ 48, 163, 169 ff. = NJW 1967, 1963; OLG Köln NJW-RR 1989, 352.
7 OLG Hamburg BB 1960, 996.
8 OLG Bremen NJW 1972, 1952.
9 BGHZ 98, 276, 277 f. = NJW 1987, 189.
10 BGH NJW-RR 1989, 1056.
11 BGH NJW-RR 1987, 285, 286.
12 BAG NJW 1962, 270.
13 BGH LM ArbnErfG § 12 Nr. 5.
14 OLG Köln OLGZ 1983, 267, 268.
15 BGH NJW-RR 1998, 1153, 1154; BFH NJW 1989, 1504; KG FamRZ 1984, 1122, 1123.
16 *B/L/H* Rn. 7 „Genehmigung".
17 BGH NJW 1995, 463, 464.
18 BayObLG Rpfleger 1983, 480.
19 BGHZ 90, 323, 326 f. = NJW 1984, 1959.
20 BGH NJW-RR 1993, 840.
21 OLG Düsseldorf MDR 1990, 628.
22 BayObLG NJW-RR 1989, 1172 f. m. weit. Nachw. zu § 2 MHG.
23 OLG München MDR 1967, 223.
24 *Zö/Stöber* Rn. 2.

oder Löschungserklärungen zu einem Register;[25] Mitwirkung nach § 1561 BGB (s. „Eherecht"); **Vertragsschluss:** In Frage kommen alle Erklärungen, die auf einen Vertragsschluss, seine Änderung wie seine Aufhebung[26] zielen, also Übereignung einer beweglichen Sache, Auflassung eines Grundstücks, Abtretung einer Forderung; Abschluss eines Hauptvertrages;[27] **Widerruf:** Beim Widerruf tatsächlicher Erklärungen findet § 894 keine (entsprechende) Anwendung, da die Vorschrift mit ihrer Fiktion dem Interesse des Gläubigers nicht ausreichend Rechnung trägt (s. § 887 Rn. 17 „Widerruf").

6 **2. Verurteilung.** § 894 setzt einen der Rechtskraft fähigen, iSd. § 705 **formell rechtskräftigen** Titel (s. Rn. 7, aber auch § 895 S. 1) und eine unbedingte sowie vorbehaltlose Verurteilung (s. Rn. 8) voraus. Die abzugebende Willenserklärung muss in dem Urteil **bestimmt und eindeutig** bezeichnet sein. Genügt sie nach einer möglichen Auslegung, bei der auch Tatbestand und Entscheidungsgründe herangezogen werden können, diesem Erfordernis nicht, tritt die Fiktion nicht ein. Auch ist entgegen der hM[28] der Versuch einer Klärung im Verfahren nach § 888 unzulässig.[29] Einmal ist § 894 eine Spezialregelung gegenüber § 888; zum anderen wäre auch eine Vollstreckung nach § 888 wegen des auch dort geltenden Gebotes der Bestimmtheit des Titels unzulässig.

7 **a) Titel.** Absatz 1 S. 1 spricht von Verurteilung und knüpft an die Rechtskraft an, sodass, obwohl auch von dem **Urteil** die Rede ist, nach dem Normzweck jede rechtskraftfähige Entscheidung in Frage kommt.[30] An rechtskraftfähigen **Beschlüssen** kommen in Betracht die Verurteilung zur Übertragung von Vermögensgegenständen im Rahmen des Zugewinnausgleichs nach § 1383 BGB[31] und in Beschlussform ergangene **einstweilige Verfügungen.** In Letzteren sind Verurteilungen auf Abgabe einer Willenserklärung allerdings nur eingeschränkt zur vorläufigen Regelung oder Sicherung zulässig.[32] Da sie aber bei einem Verstoß gegen diese Beschränkung nicht unwirksam sind, gilt dann auch § 894. Ein **Schiedsspruch** ist eine § 894 entsprechende Verurteilung; wegen § 1060 Abs. 1 setzt seine Anwendung aber eine rechtskräftige Vollstreckbarkeitserklärung voraus, §§ 1064f.[33] In **vollstreckbaren Urkunden** (§ 794 Abs. 1 Nr. 5) und **Prozessvergleichen** (s. § 794 Rn. 9) können Willenserklärungen zwar abgegeben und dadurch wirksam werden; die Verpflichtung zur Abgabe der Willenserklärung ist aber nicht nach § 894 zu vollstrecken, weil keine Rechtskraft entfaltet wird.[34] Hier kann die Vollstreckung nur nach § 888 erfolgen; dies schließt wegen der Unsicherheit des Erfolges dieses Weges eine auf Abgabe der Willenserklärung gerichtete Klage nicht aus.[35]

8 **b) Vorbehalte.** Die Verurteilung muss **unbedingt und vorbehaltlos** sein.[36] Bei einem Urteil unter Vorbehalt der Erbenhaftung (§ 780) gilt deshalb nicht § 894, sondern § 888.[37] Entsprechendes gilt bei der Verurteilung mit Wahlrecht des Schuldners (§ 262 BGB) wegen der aus §§ 263f. BGB resultierenden Unsicherheit; es ist nach § 887 zu vollstrecken.[38] Zur Abhängigkeit von einer Gegenleistung s. Rn. 13.

9 **3. Voraussetzungen der Zwangsvollstreckung.** § 894 knüpft den Eintritt der Vollstreckungswirkungen allein an die (formelle, § 705) **Rechtskraft** an. Die Zustellung des Urteils ist als Vollstreckungsvoraussetzung (§ 750 Abs. 1 S. 1) nicht erforderlich, freilich meistens zur Herbeiführung der Rechtskraft. Auch eine vollstreckbare Ausfertigung muss von den Fällen des Abs. 1 S. 2 abgesehen (s. Rn. 13) nicht erteilt werden. Zur Bedeutung der vorläufigen Vollstreckbarkeit s. § 895 und § 16 HGB.

III. Wirkungen

10 **1. Fiktion der Abgabe der Willenserklärung.** Liegen die Voraussetzungen vor, gilt die Willenserklärung mit Eintritt der Rechtskraft (zum Zeitpunkt s. § 705 Rn. 2ff.) als abgegeben. Die Fiktion bewirkt sämtliche Rechtsfolgen, die eine im selben Zeitpunkt abgegebene wirksame Willenserklärung des Schuldners mit entsprechendem Inhalt hätte.[39] Sie ist als dem richtigen Empfänger gegenüber abgegeben anzusehen;[40] s. aber auch Rn. 11f.

11 **2. Form- und sonstige Erfordernisse.** Das rechtskräftige Urteil ersetzt die Willenserklärung des Schuldners in der notwendigen Form.[41] Dies gilt für Schriftform, gerichtliche oder notarielle Form und eine notwendige Beglaubigung.[42] Zur Erklärung des Gläubigers s. Rn. 12. Die Verurteilung ersetzt eine etwa fehlende Geschäftsfähigkeit oder Verfügungsbefugnis[43] des Schuldners. Ist die Abgabe der Willenserklärung

---

25 *B/L/H* Rn. 9 „Registermäßige Erklärung".
26 Vgl. BAG VersR 1989, 766, 767.
27 BGH NJW 1962, 1812, 1813.
28 OLG Braunschweig NJW 1959, 1929; *B/L/H* Rn. 4; *St/J/Brehm* Rn. 5; *Zö/Stöber* Rn. 2.
29 MK/*Gruber* Rn. 11.
30 AllgM; MK/*Gruber* Rn. 5 m. weit. Nachw.
31 MK/*Gruber* Rn. 6 m. weit. Nachw.
32 *St/J/Brehm* Rn. 4; anders (etwa unter den Voraussetzungen einer Leistungsverfügung) OLG Köln NJW-RR 1997, 59, 60.
33 BGH BB 1961, 264; MK/*Gruber* Rn. 7 m. weit. Nachw.
34 AllgM; BGHZ 98, 127f. = NJW 1986, 2704; MK/*Gruber* Rn. 8f. m. weit. Nachw.
35 BGHZ 98, 127, 129f. = NJW 1986, 2704.
36 MK/*Gruber* Rn. 12; *Zö/Stöber* Rn. 2.
37 RGZ 49, 415, 417f.; MK/*Gruber* Rn. 12; *Zö/Stöber* Rn. 2.
38 RGZ 53, 80, 84; MK/*Gruber* Rn. 12; aA *St/J/Brehm* Rn. 33.
39 MK/*Gruber* Rn. 14; *St/J/Brehm* Rn. 21.
40 MK/*Gruber* Rn. 15.
41 AllgM; BayObLG Rpfleger 1983, 390, 391 mit Anm. *Meyer-Stolte;* MK/*Gruber* Rn. 15; *Zö/Stöber* Rn. 5.
42 MK/*Gruber* Rn. 15.
43 MK/*Gruber* Rn. 15.

durch den Schuldner von einer vormundschaftsgerichtlichen Genehmigung abhängig, darf eine Verurteilung nur erfolgen, wenn die Genehmigung erteilt wurde. Demnach ist sie bei Vorliegen eines rechtskräftigen Urteils nicht mehr gesondert nachzuweisen.[44] S. im Übrigen Rn. 12.

3. Sonstige rechtsgeschäftliche Voraussetzungen. Sonstige zur Vollendung des Rechtsgeschäfts erforderliche Voraussetzungen werden durch die Fiktion des § 894 nicht ersetzt.[45] **Empfangsbedürftige Willenserklärungen** müssen dem Erklärungsempfänger iSd. §§ 130ff. BGB zugehen. Da die Vollstreckung mit Eintritt der Rechtskraft abgeschlossen ist und damit weitere Vollstreckungsakte unzulässig sind, ist im Falle des Abs. 1 S. 1 (zu Abs. 1 S. 2 s. Rn. 13) die Zustellung einer vollstreckbaren Ausfertigung nicht erforderlich. Ist die Willenserklärung des Schuldners gegenüber oder vor einem Dritten oder einer Behörde abzugeben, muss der Gläubiger dem Erklärungsempfänger das rechtskräftige Urteil vorlegen, übersenden oder nach § 132 BGB zustellen.[46] Ist der Gläubiger Erklärungsempfänger, genügt seine Kenntnisnahme von dem Urteil, zB bei der Verkündung in seiner Anwesenheit (nicht in Abwesenheit[47]), bei einer Übermittlung oder Zustellung des Urteils.[48] Notwendige **Grundbuch- oder Registereintragungen** werden genauso wenig ersetzt wie etwa die Übergabe einer Sache (s. § 897) oder eine materiell-rechtlich erforderliche **Willenserklärung des Gläubigers** selbst oder eines Dritten. Eine fingierte Auflassungserklärung muss der Gläubiger daher noch in notariell beurkundeter Form annehmen;[49] eine von ihm vor Rechtskraft abgegebene Auflassungserklärung genügt § 925 Abs. 1 S. 1 BGB nicht.[50] 12

IV. Zug-um-Zug-Verurteilung, Absatz 1 Satz 2

Ist **nach dem Titel** die Abgabe der Willenserklärung von einer Gegenleistung abhängig gemacht, tritt die Fiktion des Abs. 1 S. 1 erst ein, sobald nach §§ 726, 730 eine vollstreckbare Ausfertigung des rechtskräftigen Titels erteilt ist, Abs. 1 S. 2. Vor Erteilung der Ausfertigung muss dem zuständigen Rechtspfleger nachgewiesen werden, dass die **Gegenleistung erbracht** ist oder der Gläubiger der Gegenleistung, also der Schuldner der Abgabe der Willenserklärung, sich in **Annahmeverzug** befindet, § 726 Abs. 2. Damit ist der Gläubiger zwar vorleistungspflichtig, aber durch die Fiktionswirkung geschützt. Zum Schutz des Schuldners wird die Fiktion auf den Zeitpunkt der Erteilung der vollstreckbaren Ausfertigung verlagert. Liegt dieser vor der Rechtskraft, ist der Eintritt der Rechtskraft maßgeblich.[51] Erforderlichenfalls muss der Vollstreckungsgläubiger auf Erteilung der Klausel klagen, § 731; die Fiktion tritt dann erst mit Rechtskraft dieses Urteils ein.[52] **Abs. 1 S. 2 gilt entsprechend,** wenn die Vollstreckung von einer **Bedingung** abhängig ist, (§ 726 Abs. 1) oder wenn eine **Rechtsnachfolge** vorliegt.[53] 13

V. Rechtsanwaltsgebühren

Der Antrag auf Vornahme der Eintragung im Grundbuch nach Verurteilung ist keine Vollstreckungsmaßnahme, wird also nicht nach Nr. 3309 VV RVG, sondern als Grundbuchverfahren nach Nr. 2300 VV RVG vergütet.[54] 14

895 *Willenserklärung zwecks Eintragung bei vorläufig vollstreckbarem Urteil*

[1]Ist durch ein vorläufig vollstreckbares Urteil der Schuldner zur Abgabe einer Willenserklärung verurteilt, auf Grund deren eine Eintragung in das Grundbuch, das Schiffsregister oder das Schiffsbauregister erfolgen soll, so gilt die Eintragung einer Vormerkung oder eines Widerspruchs als bewilligt. [2]Die Vormerkung oder der Widerspruch erlischt, wenn das Urteil durch eine vollstreckbare Entscheidung aufgehoben wird.

I. Normzweck

Die Norm bezweckt eine vorläufige Sicherung des Gläubigers, der gegen den Schuldner eine vorläufig vollstreckbare Verurteilung auf Abgabe einer Willenserklärung erlangt hat, die eine Grundbuch- oder Schiffs(-bau)registereintragung möglich macht. Mittel sind die materiell-rechtlichen Institute der Vormerkung (§ 883 BGB) bzw. des Widerspruchs (§ 899 BGB). **Die Norm findet Anwendung** bei Verurteilungen auf Abgabe einer Willenserklärung (s. § 894 Rn. 6f.), aufgrund deren eine Registereintragung erlangt werden kann. Hier kommen das Grundbuch, das Schiffsregister, das Schiffsbauregister, aber auch die Luftfahrzeugrolle (§ 99 Abs. 1 LuftfzRG)[1] in Betracht. Die Verurteilung zur Bewilligung einer **Vormerkung** wird von § 895 S. 1 nicht erfasst.[2] 1

---

[44] BayObLGZ 1953, 111, 115ff.; *T/P/Hüßtege* Rn. 8; *Zö/Stöber* Rn. 7; aA MK/*Gruber* Rn. 16; *St/J/Brehm* Rn. 24.
[45] BGHZ 82, 292, 297 = NJW 1982, 881.
[46] RGZ 160, 321, 324f.; MK/*Gruber* Rn. 17.
[47] RG (Fn. 46) S. 325; MK/*Gruber* Rn. 17 m. weit. Nachw.
[48] MK/*Gruber* Rn. 17.
[49] OLG Celle DNotZ 1979, 308f.
[50] BayObLGZ 1983, 181, 184f.
[51] MK/*Gruber* Rn. 20.
[52] MK/*Gruber* Rn. 20; *Zö/Stöber* Rn. 8.
[53] *St/J/Brehm* Rn. 26; *T/P/Hüßtege* Rn. 6; aA bzgl. der Rechtsnachfolge MK/*Gruber* Rn. 19 m. weit. Nachw.
[54] *G/S/Müller-Rabe* VV 3309 Rn. 240.
[1] MK/*Gruber* Rn. 5.
[2] BayObLG NJW-RR 1997, 1445, 1446.

II. Voraussetzungen

2 Es muss ein **vorläufig vollstreckbares Urteil** iSd. §§ 708, 709, 537, 558 vorliegen. Weder **notarielle Urkunden** noch **Prozessvergleiche** erfüllen diese Voraussetzungen (arg. §§ 894 S. 1, 895 S. 2), auch nicht in Beschlussform ergangene einstweilige Verfügungen.[3] Ein Feststellungsurteil kann mangels Leistungsverpflichtung keine Fiktion auslösen (s. Rn. 3) und damit auch nicht Grundlage der Eintragung sein.[4] Der Gläubiger muss eine erforderliche Sicherheitsleistung (zB nach § 709) erbracht haben,[5] der Schuldner kann durch Leistung einer ihm nachgelassenen Sicherheit (zB nach § 711) die Wirkung des § 895 abwenden.[6] Die Verurteilung zu einer Willenserklärung (s. § 894 Rn. 6 f.) muss eine **Registereintragung durch Vormerkung oder Widerspruch ermöglichen,** deren Art unerheblich ist.

III. Wirkungen, Verfahren, Urteilsaufhebung

3 **1. Wirkung, Verfahren. Satz 1** sieht als **Wirkung die Fiktion** vor, dass die Eintragung einer Vormerkung oder eines Widerspruchs als bewilligt gilt, was sich danach richtet, ob sich die Willenserklärung auf einen schuldrechtlichen Anspruch auf eine dingliche Rechtsänderung (Vormerkung, § 883 BGB) oder eine Berichtigung (Widerspruch, § 899 BGB) bezieht. **Die Eintragung** der Vormerkung bzw. des Widerspruchs erfolgt auf Antrag des Gläubigers, der eine Urteilsausfertigung vorlegen muss. Eine vollstreckbare Ausfertigung ist nicht erforderlich, weil es sich nicht um eine Zwangsvollstreckung handelt;[7] diese besteht allein in der Fiktion. Ggf. muss die Sicherheitsleistung nachgewiesen werden. Das Verfahren richtet sich, auch hinsichtlich der **Rechtsmittel,** nach der GBO.[8]

4 **2. Rechtskraft, Urteilsaufhebung.** Bei **Eintritt der Rechtskraft** des Urteils tritt die Fiktion des § 894 der Abgabe der Willenserklärung selbst ein. Die Eintragung ist dann, wenn andere erforderliche Voraussetzungen vorliegen, auf Antrag in eine endgültige umzuwandeln.[9] Wird das Urteil durch eine vollstreckbare Entscheidung **aufgehoben, erlischt nach Satz 2** die Vormerkung oder der Widerspruch. Der Schuldner kann nach § 25 GBO ohne Einverständnis des Gläubigers die Löschung beantragen. § 717 findet Anwendung.[10] Eine Einstellung der Zwangsvollstreckung berührt die Wirkung der Eintragung nicht.[11] Wird das aufgehobene Urteil im Rechtsmittelverfahren wiederhergestellt, ist der Rang der Eintragung verloren.[12]

IV. Rechtsanwaltsgebühren

5 Der Antrag auf Eintragung einer Vormerkung oder eines Widerspruchs ist keine Vollstreckungsmaßnahme, der Anwalt erhält die Geschäftsgebühr aus Nr. 2300 VV RVG.

896 *Erteilung von Urkunden an Gläubiger* **Soll auf Grund eines Urteils, das eine Willenserklärung des Schuldners ersetzt, eine Eintragung in ein öffentliches Buch oder Register vorgenommen werden, so kann der Gläubiger an Stelle des Schuldners die Erteilung der im § 792 bezeichneten Urkunden verlangen, soweit er dieser Urkunden zur Herbeiführung der Eintragung bedarf.**

1 Da die Eintragung in das Grundbuch keine Zwangsvollstreckung ist, schafft § 896 bei der Verurteilung zur Abgabe einer Willenserklärung eine dem § 792 entsprechende Norm. Sie bezieht sich auf die Fälle des § 894 und des § 895 und die daran anknüpfende Absicht, eine Eintragung in ein öffentliches Buch oder Register herbeizuführen. In Betracht kommen vor allem Fälle, in denen der Schuldner nicht als Berechtigter eingetragen ist. S. im Übrigen die Anmerkungen zu § 792.

897 *Übereignung; Verschaffung von Grundpfandrechten* **(1) Ist der Schuldner zur Übertragung des Eigentums oder zur Bestellung eines Rechts an einer beweglichen Sache verurteilt, so gilt die Übergabe der Sache als erfolgt, wenn der Gerichtsvollzieher die Sache zum Zwecke der Ablieferung an den Gläubiger wegnimmt.**

(2) Das Gleiche gilt, wenn der Schuldner zur Bestellung einer Hypothek, Grundschuld oder Rentenschuld oder zur Abtretung oder Belastung einer Hypothekenforderung, Grundschuld oder Rentenschuld verurteilt ist, für die Übergabe des Hypotheken-, Grundschuld- oder Rentenschuldbriefs.

I. Normzweck

1 **Die Norm regelt den Zeitpunkt,** zu dem die Übergabe bei einer Verurteilung zu einer mit einer Besitzverschaffung verknüpften dinglichen Rechtsänderung eintritt. Die Abgabe der Willenserklärung wird nach § 894 fingiert; die Herausgabe selbst nach § 883 vollstreckt.

---

[3] BayObLG Rpfleger 1980, 294.
[4] Anders *B/L/H* Rn. 3.
[5] MK/*Gruber* Rn. 3; *Zö/Stöber* Rn. 1; aA *Brox/Walker* Rn. 1118.
[6] MK/*Gruber* Rn. 3.
[7] BGH Rpfleger 1969, 425; MK/*Gruber* Rn. 7; *Zö/Stöber* Rn. 1.
[8] KG ZMR 1979, 218; MK/*Gruber* Rn. 7.
[9] MK/*Gruber* Rn. 8.
[10] *Zö/Stöber* Rn. 2.
[11] MK/*Gruber* Rn. 9.
[12] AA MK/*Gruber* Rn. 9.

II. Voraussetzungen

Die Vorschrift ist gem. Abs. 1 anwendbar bei sämtlichen **dinglichen Rechtsänderungen** bei **beweglichen Sachen** (§§ 929, 1032, 1205 BGB) und gem. Abs. 2 bei **Grundpfandrechten** (§§ 1117, 1154, 1192, 1199 BGB) einschließlich der Bestellung. Zu dem erforderlichen Titel s. § 894 Rn. 7. Sie findet **keine Anwendung,** wenn der Schuldner zur Bestellung eines Grundpfandrechts und Einwilligung in die Aushändigung des noch zu bildenden Grundpfandbriefes durch das Grundbuchamt (§ 1117 Abs. 2 BGB) verurteilt worden ist. Bei Zug-um-Zug-Verurteilungen sind die §§ 726 Abs. 2, 756, 894 Abs. 1 S. 2 zu beachten.[1] 2

III. Rechtsfolge

Die Übergabe gilt als bewirkt, wenn der Gerichtsvollzieher die Sache bzw. den Brief zum Zwecke der Ablieferung an den Gläubiger wegnimmt, also nicht erst bei Übergabe an den Gläubiger. Das Verfahren richtet sich nach §§ 883f. bzw. § 886. Von diesem Zeitpunkt an trägt der **Gläubiger die Gefahr,** der Schuldner wird frei. Ist die Fiktion des § 894 bereits eingetreten, vollzieht sich damit auch der Rechtserwerb, andernfalls mit Rechtskrafteintritt und Einigungserklärung des Gläubigers.[2] 3

898 *Gutgläubiger Erwerb* **Auf einen Erwerb, der sich nach den §§ 894, 897 vollzieht, sind die Vorschriften des bürgerlichen Rechts zugunsten derjenigen, die Rechte von einem Nichtberechtigten herleiten, anzuwenden.**

I. Normzweck

§ 894 ersetzt die Abgabe der Willenserklärung durch den Schuldner durch eine Fiktion. Sie und die Übergabe nach § 897 sollen aber **wie ein rechtsgeschäftlicher Vorgang** wirken, auf den die Gutglaubensregeln (s. Rn. 2) Anwendung finden. In den **Anwendungsbereich** des § 898 fallen die Fälle des § 897 (s. dort Rn. 1) und die des § 894, soweit es um einen Rechtserwerb geht, also Übereignung einer beweglichen Sache oder dingliche Rechtsänderungen an Grundstücken bzw. Rechten an Grundstücken. Auch ein gutgläubiger Erwerb einer Vormerkung ist möglich.[1] Auf § 895 ist die Vorschrift entsprechend anwendbar.[2] Dass diese Vorschrift in § 898 nicht erwähnt ist, steht nicht entgegen, da die Möglichkeit dieses Erwerbs erst nach Inkrafttreten des § 898 entwickelt wurde.[3] 1

II. Voraussetzungen und Rechtsfolge

Voraussetzung ist ein Rechtserwerb nach §§ 894, 897 oder § 895 (s. Rn. 1). Die Gutglaubensregeln, etwa §§ 892f., 932ff. BGB, §§ 366f. HGB, finden Anwendung; Voraussetzungen und Rechtsfolge richten sich nach ihnen. Der für den guten Glauben **maßgebliche Zeitpunkt** ist ihnen, modifiziert durch die §§ 894, 897, zu entnehmen. Bei Übereignung **beweglicher Sachen** kommt es auf den jeweils letzten Teil des Erwerbsvorgangs an.[4] Beim Erwerb eines **Grundstücks** ist die Stellung des Umschreibungsantrags (§ 892 Abs. 2 BGB) maßgeblich, wenn die Fiktion des § 894 bereits eingetreten ist. Für die Frage, auf wessen Kenntnis es ankommt, gilt allein das materielle Recht; auf den öffentlich-rechtlich handelnden Gerichtsvollzieher kommt es weder bei einer zwangsweisen Wegnahme (allgM) noch bei einer freiwilligen Übergabe an.[5] 2

Abschnitt 4. Eidesstattliche Versicherung und Haft

899 *Zuständigkeit* **(1) Für die Abnahme der eidesstattlichen Versicherung in den Fällen der §§ 807, 836 und 883 ist der Gerichtsvollzieher bei dem Amtsgericht zuständig, in dessen Bezirk der Schuldner im Zeitpunkt der Auftragserteilung seinen Wohnsitz oder in Ermangelung eines solchen seinen Aufenthaltsort hat.**

(2) [1]Ist das angegangene Gericht nicht zuständig, gibt es die Sache auf Antrag des Gläubigers an das zuständige Gericht ab. [2]Die Abgabe ist nicht bindend.

I. Normzweck

Die §§ 899ff. regeln das praktisch sehr wichtige[1] Verfahren zur Abnahme einer eidesstattlichen Versicherung und die Möglichkeiten zu ihrer Erzwingung. Die Verpflichtung des Schuldners zur Abgabe einer solchen Versicherung ergibt sich aus anderen Vorschriften (dazu näher in Rn. 2). Das Verfahren liegt seit 1

---

[1] MK/*Gruber* Rn. 4.
[2] MK/*Gruber* Rn. 4.
[1] MK/*Gruber* Rn. 2.
[2] *Reinicke* NJW 1964, 2373, 2380; MK/*Gruber* Rn. 3; *St/J/Brehm* Rn. 1.
[3] S. ausführlich MK/*Gruber* Rn. 3.
[4] MK/*Gruber* Rn. 4 m. weit. Nachw.
[5] MK/*Gruber* Rn. 5; aA *St/J/Brehm* Rn. 4.
[1] Im Jahr 2005 wurden über 1 Million eidesstattliche Versicherungen abgegeben, in fast 670 000 Verfahren wurde Haft beantragt, vgl. Statistisches Bundesamt, Fachserie 10, Reihe 2.1, 2007, S. 12f.

der Neuregelung durch das Zweite Gesetz zur Änderung zwangsvollstreckungsrechtlicher Vorschriften[2] in weiten Teilen in den Händen des Gerichtsvollziehers.[3] Geplant ist eine umfassende gesetzliche Neuregelung des Verfahrens durch das Gesetz zur Reform der Sachaufklärung in der Zwangsvollstreckung.[4] Der Gesetzesentwurf, der das Verfahren in noch weiterem Umfang in die Hände der Gerichtsvollzieher legen will und zugleich die Frist zur erneuten Abgabe einer eidesstattlichen Versicherung auf 12 Monate verkürzt, soll im Herbst eingebracht werden.[5]

II. Anwendungsbereich der Regelungen über die eidesstattliche Versicherung und Haft

2 Die §§ 899–915h betreffen drei Fälle: Die Offenlegung des Vermögens bei **Scheitern** oder Sinnlosigkeit **eines Pfändungsversuchs** (§ 807, sog. Offenbarungsversicherung), die Verpflichtung zur Information des Gläubigers über Umstände, deren Kenntnis dieser zur Geltendmachung einer ihm **überwiesenen Forderung** benötigt (§ 836 Abs. 3) und die Versicherung bei Nichtauffinden einer **herauszugebenden Sache**, dass der Schuldner diese nicht besitzt und auch nicht weiß, wo sie sich befindet (§ 883 Abs. 2). Über diese Fälle hinaus wird die Anwendbarkeit der §§ 899ff. durch Verweisungen in anderen Bestimmungen begründet. Diese **entsprechende Anwendung** ordnen an: § 33 Abs. 2 S. 6 FGG (Vollstreckung eines Titels auf Herausgabe einer Sache oder Person; Verweisung auf § 900 Abs. 1, §§ 901, 902, 904 bis 910, 913), § 83 Abs. 2 FGG (Testamentsablieferung; Verweisung auf § 900 Abs. 1, §§ 901, 902, 904 bis 910, 912, 913), § 90 Abs. 3 S. 3 OWiG (Herausgabe einer einzuziehenden Sache; Verweisung auf §§ 899, 900 Abs. 1, 3 und 5, §§ 901, 902, 904 bis 910 und 913); § 463b Abs. 3 S. 2 StPO (Herausgabe des Führerscheins bzw. der Fahrerlaubnis; Verweisung auf §§ 899, 900 Abs. 1 und 4, §§ 901, 902, 904 bis 910 und 913); § 25 Abs. 4 S. 2 StVG (Herausgabe des Führerscheins bzw. der Fahrerlaubnis; Verweisung auf §§ 899, 900 Abs. 1, 4, §§ 901, 902, 904 bis 910 und 913). Die InsO verweist in § 153 Abs. 2 S. 2, § 98 Abs. 1 S. 2 auf §§ 478 bis 480, 483 und nicht auf die §§ 899ff. ZT sehen auch **Landesgesetze** eine Verweisung vor. So zB § 27 Abs. 3, § 77 Abs. 3 S. 2 HessVwVG. Soweit dort vor dem Hintergrund der bisherigen Regelung von einer Zuständigkeit der Amtsgerichte ausgegangen wird, tritt an deren Stelle nach Maßgabe der §§ 899ff. der Gerichtsvollzieher (vgl. Rn. 3). Zu beachten ist, dass das Landesrecht zum Teil hinsichtlich der Verpflichtung zur Abgabe eines Vermögensverzeichnisses nicht auf die Regelung in § 807 verweist, sondern diese inhaltlich wiederholt. Wurde eine solche Norm nicht an die Erweiterung des § 807 angepasst, so bildet zB das wiederholte Nichtantreffen des Schuldners in seiner Wohnung keinen Grund zur Abgabe der eidesstattlichen Versicherung.[6] **Unanwendbar** sind die §§ 899ff. auf materiellrechtlich begründete Verpflichtungen zur Abgabe einer eidesstattlichen Versicherung (zB §§ 259, 260, 2006, 2028, 2057 BGB), vgl. dazu §§ 79, 163 FGG und – nach Verurteilung – § 889. Ebenfalls unanwendbar sind sie bei eidesstattlichen Versicherungen zum Zweck der Glaubhaftmachung (§ 294). Eine auf die **entsprechende Anwendung** der **Vorschriften über die Haft** beschränkte Verweisung sehen folgende bundesgesetzliche Regelungen vor: § 390 Abs. 2 S. 2; § 888 Abs. 1 S. 3; § 889 Abs. 2 (jeweils zur Zwangshaft); § 933 S. 1 (persönlicher Arrest, Verweisung auf §§ 901, 904 bis 913); § 98 Abs. 3 S. 1, § 153 Abs. 2 S. 2 InsO (Auskunft des Schuldners, Bestätigung der Vollständigkeit einer Vermögensübersicht; Verweisung auf §§ 904 bis 910, 913);[7] § 16 Abs. 3 VwVG (Ersatzzwangshaft; Verweisung auf §§ 901, 904 bis 911); § 33 Abs. 3 S. 5 FGG (Zwangshaft; Verweisung auf §§ 901, 904 bis 906, 909 Abs. 1 und 2, §§ 910, 913); § 284 Abs. 8 S. 2, § 315 Abs. 2 und 3 AO[8] (Verweisung auf §§ 901, 902, 904 bis 906, 909 Abs. 1 S. 2, Abs. 2, §§ 910 und 913 bis 915h); § 334 Abs. 3 AO (Ersatzzwangshaft; Verweisung auf §§ 904 bis 906, 909 und 910). Auf die Regelungen der AO wird wiederum verwiesen in § 169 Abs. 1 VwGO iVm. § 5 Abs. 1 VwVG, in § 150 S. 1 FGO und in § 200 SGG iVm. § 5 Abs. 1 VwVG. Für die Ordnungshaft nach §§ 380, 390, 890 gelten die Regelungen in §§ 904ff. nicht.[9] Zu den Besonderheiten des arbeitsgerichtlichen Verfahrens vgl. § 85 Abs. 1 S. 3 ArbGG.

---

[2] BGBl. 1997 I S. 3039. Begründungen zu den die §§ 899ff. betreffenden Entwürfen: BR-Drucks. 134/94 S. 125ff.; BT-Drucks. 12/8314 S. 41ff.; BT-Drucks. 13/341 S. 41ff.; BT-Drucks. 13/9088 (Stellungnahme des Rechtsausschusses mit gravierenden Änderungen). Überblicke über die Neuregelungen geben *Seip* DGVZ 1998, 1ff.; *Funke* NJW 1998, 1029ff.; *Gillessen/Polzius* DGVZ 1998, 97ff.; *Hornung* Rpfleger 1998, 381ff.; *Steder* Rpfleger 1998, 409ff.

[3] Zu Bedenken wegen der gerichtsverfassungsrechtlichen Stellung des Gerichtsvollziehers vgl. *Behr* JurBüro 1998, 231; *Steder* Rpfleger 1998, 409, 410; derartige Bedenken für unbegründet erachtend *Seip* JurBüro 1998, 457; zu der vor dem Inkrafttreten geführten Diskussion vgl. *Brehm* DGVZ 1983, 101, 106ff.; 1986, 97, 100ff.; *Eich* DGVZ 1989, 49, 53ff. und *Schilken* DGVZ 1991, 97, 99ff.; vgl. auch den Vorschlag des Deutschen Gerichtsvollzieherbundes DGVZ 1987, 129, 132; zu den als positiv angesehenen Erfahrungen vgl. *Däumichen* DGVZ 2000, 183f.; vgl. auch *Schilken* DGVZ 2003, 65, 66.

[4] Gesetzentwurf abrufbar unter www.justiz.bayern.de, vgl. dazu *Seip* ZRP 2007, 23ff.; *Schilken* Rpfleger 2006, 629ff.; *Fischer* WuM 2007, 239, 241ff.; zur Kritik an dem Entwurf (zu lange Zeit bis zur Einholung von Auskünften, Beschränkung auf Forderungen über 500 € nicht sachgerecht) vgl. *Hess/Vollkommer* in Festschr. f. Vollkommer, 2006, 349ff.

[5] Ankündigung der Bundesjustizministerin vom 15. 6. 2007 beim Bundeskongress des Deutschen Gerichtsvollzieherbundes, vgl. www.BMJ.Bund.de.

[6] AG Burgdorf DGVZ 2006, 79 (zu § 22 Abs. 1 NVwVG).

[7] Zur Zuständigkeit des Insolvenzgerichtes vgl. *Schmerbach* NZI 2002, 538.

[8] *Röder* DGVZ 2000, 65ff.; vgl. auch *Bowitz* DGVZ 1978, 177ff.; *Seip* DGVZ 1994, 54f.

[9] Vgl. nur *St/J/Münzberg* vor § 899 Rn. 5.

III. Zuständigkeit des Gerichtsvollziehers

3 Im Grundsatz ist für das Verfahren der Gerichtsvollzieher zuständig. Für die Entscheidung über den **Widerspruch des Schuldners** nach § 900 Abs. 4 ist allerdings der **Rechtspfleger** zuständig (§ 20 Nr. 17 RPflG; vgl. auch § 900 Rn. 26); die **Anordnung der Haft** wegen § 4 Abs. 2 Nr. 2 RPflG bleibt dem **Richter** überlassen (vgl. § 901 Rn. 6). Sofern Regelungen in **anderen Gesetzen auf § 899** verweisen, ist der Gerichtsvollzieher für diese Verfahren im selben Umfang zuständig.[10] Nicht ganz unproblematisch ist die Rechtslage im **Bereich der VwGO.** § 167 VwGO verweist auf das Achte Buch der ZPO und bestimmt als Vollstreckungsgericht das (Verwaltungs-)Gericht des ersten Rechtszugs. Daraus wurde für das bis zum 31. 12. 1998 geltende Recht die Zuständigkeit des Verwaltungsgerichts für die Abnahme der eidesstattlichen Versicherung bei der Vollstreckung von Titeln aus dem Bereich der Verwaltungsgerichte, einschließlich verwaltungsgerichtlicher Kostenfestsetzungsbeschlüsse, abgeleitet.[11] Dagegen wurde für die Vollstreckung eines Vergütungsfestsetzungsbeschlusses nach § 11 RVG die Zuständigkeit des Amtsgerichts angenommen, auch wenn es um Ansprüche wegen eines verwaltungsgerichtlichen Verfahrens geht.[12] Die hL schreibt dies fort.[13] Dabei wird jedoch übersehen, dass es nach § 899 an der Zuständigkeit eines Vollstreckungsgerichts fehlt, so dass die Anknüpfung für die Zuweisung an die Verwaltungsgerichte erster Instanz insoweit ins Leere geht. Zuständig ist damit auch in verwaltungsgerichtlichen Verfahren zunächst der **Gerichtsvollzieher** nach § 899.[14] Wenn der Schuldner seine Verpflichtung bestreitet und deshalb nach § 900 Abs. 4 das **Gericht zur Entscheidung** berufen ist, wird dort die Zuständigkeit des Vollstreckungsgerichts bestimmt (vgl. § 900 Abs. 4 S. 2 Halbs. 2). Damit sind über § 167 Abs. 1 S. 2 VwGO die **Verwaltungsgerichte** erster Instanz zuständig. Das gilt dann auch für den Erlass des Haftbefehls nach § 901, obwohl diese Bestimmung den Begriff des Vollstreckungsgerichts nicht verwendet. Dafür spricht, dass die generelle Zuweisung der Aufgaben im Rahmen der Abnahme der eidesstattlichen Versicherung an das Vollstreckungsgericht durch § 899 aF erst auf Veranlassung des Rechtsausschusses gestrichen wurde und damit eine Beschneidung der Zuständigkeit der Verwaltungsgerichte nicht beabsichtigt war. Für die Vollstreckung zu Gunsten der öffentlichen Hand verweist § 169 VwGO auf das Verwaltungsvollstreckungsgesetz, welches in § 5 Abs. 1 auf die §§ 281 bis 317 AO verweist. Damit ist die Vollstreckungsbehörde und deshalb der Vorsitzende des Gerichts des ersten Rechtszugs (§ 169 Abs. 1 S. 2 VwGO) zuständig, wobei dieser für die Ausführung der Vollstreckung eine andere Vollstreckungsbehörde oder einen Gerichtsvollzieher in Anspruch nehmen kann. Die Eintragung in das Schuldnerverzeichnis ist nach § 915 Abs. 1 dann möglich, wenn die eidesstattliche Versicherung von der Verwaltungsvollstreckungsbehörde ohne Einschaltung eines Gerichtsvollziehers abgenommen wurde. Unabhängig von dieser Frage ist für die Vollstreckung aus einer Urkunde iSv. § 794 Abs. 1 Nr. 5 über eine öffentlich-rechtliche Forderung das ordentliche Gericht zuständig.[15]

4 Die **örtliche** Zuständigkeit bestimmt sich nach dem Wohnsitz (§§ 7–11 BGB), hilfsweise nach dem Aufenthaltsort des Schuldners. Maßgebend ist der Amtsgerichtsbezirk, nicht der Gerichtsvollzieherbezirk nach §§ 16ff. GVO (zur Abgabe vgl. Rn. 5). Bei mehreren Wohnsitzen hat der Gläubiger entsprechend § 35 die Wahl.[16] Ist der genaue Wohnort unbekannt,[17] so ist grds. die öffentliche Zustellung der Ladung möglich (vgl. § 900 Rn. 12). Bei juristischen Personen und Prozessunfähigen entscheidet deren (Wohn-)Sitz, nicht der der organschaftlichen bzw. gesetzlichen Vertreter.[18] Dies gilt auch dann, wenn die Gesellschaft an diesem Ort kein Büro und keinen Geschäftsbetrieb unterhält.[19] Hat die juristische Person ihren Hauptsitz im Ausland, so ist das Gericht einer Niederlassung im Inland zuständig, wenn am Ort des Hauptsitzes die Abgabe einer entsprechenden Versicherung nicht erzwungen werden kann.[20] Bei unbekannten Erben kommt es auf den Wohnsitz des Nachlasspflegers an.[21] Maßgebend sind die Umstände zum **Zeitpunkt der Antragstellung,**[22]

---

[10] Für die Abnahme der eidesstattlichen Versicherung nach dem VwVG und der AO ist die Vollstreckungsbehörde zuständig, vgl. § 284 Abs. 5 AO, § 315 Abs. 2 und 3 AO, § 5 VwVG; zum Landesrecht vgl. *Röder* DGVZ 2000, 65, 66.

[11] OVG Münster NJW 1980, 2373; 1984, 2484; AG Oberburg Rpfleger 1979, 112; *Sommer* Rpfleger 1978, 406.

[12] OVG Münster Rpfleger 1986, 152; OVG Koblenz NJW 1980, 1541; OVG Lüneburg NJW 1984, 2485; VG Berlin NJW 1981, 884; LG Berlin MDR 1982, 679f.; LG Heilbronn Rpfleger 1993, 252; aA OVG Münster NJW 1984, 2484f.; 1986, 1190f.; LG Bochum Rpfleger 1978, 426.

[13] *Schuschke* in *Schuschke/Walker* vor § 899–915 Rn. 3 und § 899 Rn. 1; *Wiecz/Sch/Storz* vor §§ 899–915h Rn. 13; *Zö/Stöber* Rn. 1.

[14] So auch MK/*Eickmann* Rn. 21; aA *Zö/Stöber* Rn. 1.

[15] BGH Rpfleger 2006, 139.

[16] Vgl. MK/*Eickmann* Rn. 4; *Sae/Rathmann* Rn. 3; *Wiecz/Sch/Storz* Rn. 2; *Zö/Stöber* Rn. 2.

[17] Abmeldung ist nur Indiz für die Aufgabe des Wohnsitzes, LG Mönchengladbach Rpfleger 2002, 529, 530; *B/L/H* Rn. 3.

[18] OLG Stuttgart OLGZ 1977, 378ff. = Rpfleger 1977, 220 (zur GmbH); LG Bochum RPfleger 2001, 442f. (ggf. Rechtshilfe über Gerichtsvollzieher am Wohnort des Geschäftsführers); MK/*Eickmann* Rn. 2; *Wiecz/Sch/Storz* Rn. 5.

[19] AG Magdeburg JurBüro 2001, 112.

[20] LG Zwickau Rpfleger 1995, 371 (§ 21 analog); *Gottwald* Rn. 2; aA (Zuständigkeit des Gerichts, in dessen Bezirk später vollstreckt werden soll; aber es geht im Verfahren zur Abgabe der eidesstattlichen Versicherung gerade um die Kenntniserlangung hins. der Vollstreckungsmöglichkeit) *Hess* Rpfleger 1996, 89ff.; MK/*Eickmann* Rn. 3; *Zö/Stöber* Rn. 5; *Sae/Rathmann* Rn. 4.

[21] *Zö/Stöber* Rn. 2; aA (Anknüpfung an die Zuständigkeit des Nachlassgerichts) LG Berlin JR 1954, 464; MK/*Eickmann* Rn. 2; *Wiecz/Sch/Storz* Rn. 6.

[22] MK/*Eickmann* Rn. 11; *Wiecz/Sch/Storz* Rn. 4; *Schuschke* in *Schuschke/Walker* Rn. 3.

nicht der Ladung.[23] Die Zuständigkeit besteht entsprechend § 261 Abs. 3 Nr. 2 fort.[24] Das gilt auch für spätere Ergänzungen oder Nachbesserungen eines unvollständigen Vermögensverzeichnisses[25] (zu den Voraussetzungen vgl. § 903 Rn. 8). Zur Möglichkeit der Rechtshilfe vgl. § 900 Rn. 11 aE. Die **internationale Zuständigkeit** bestimmt sich nicht nach der EGVVO, sondern nach § 899, so dass es auch insoweit auf den allgemeinen Gerichtsstand oder den Gerichtsstand der Niederlassung ankommt.[26] Die Möglichkeit der **Ablehnung eines Gerichtsvollziehers** wegen der Besorgnis der Befangenheit besteht nicht, weil ihm keine Aufgabe der Streitentscheidung zukommt.[27]

IV. Folgen der Unzuständigkeit

5 Abs. 2 betrifft nur die Unzuständigkeit des Gerichts. Wird dagegen ein **unzuständiger Gerichtsvollzieher** beauftragt, dessen Bezirk aber **innerhalb des Bezirks des zuständigen Amtsgerichts** liegt, so enthält das Gesetz keine Regelung, weil dies auf dem Verwaltungswege geregelt werden sollte.[28] Dementsprechend sieht § 185c Nr. 2 S. 3 GVGA vor, dass die Sache ohne besonderen Antrag des Gläubigers an den zuständigen Gerichtsvollzieher im selben Amtsgerichtsbezirk abgegeben wird.[29] Wird ein Gerichtsvollzieher im Bezirk eines **Amtsgerichts** beauftragt, das **örtlich unzuständig** ist, sieht Abs. 2 S. 1 die Abgabe durch das örtlich unzuständige Gericht an das örtlich zuständige vor. Zuständig für die Abgabe ist damit das **Gericht,** nicht der Gerichtsvollzieher.[30] Funktionell ist der Rechtspfleger zuständig (vgl. § 20 Nr. 17 RPflG), obwohl § 899 vom Amtsgericht spricht und nicht vom Amtsgericht als Vollstreckungsgericht.[31] Die Abgabe erfolgt nur auf **Antrag des Gläubigers.**[32] Wird er nicht gestellt, ist der Antrag auf Abnahme der eidesstattlichen Versicherung vom Gerichtsvollzieher abzulehnen. Vor dem Verweisungsbeschluss braucht dem Schuldner rechtliches Gehör nicht gewährt zu werden, da der Verweisungsbeschluss das Gericht, an welches verwiesen wird, nach Abs. 2 S. 2 nicht bindet[33] und damit der Schuldner durch die Verweisung nicht belastet wird.[34] Wird das Verfahren trotz Unzuständigkeit durchgeführt, berührt diese die Wirksamkeit der abgegebenen eidesstattlichen Versicherung nicht;[35] sie rechtfertigt auch nicht die sofortige Beschwerde (Rechtsgedanke des § 571 Abs. 2 S. 2). Wird die Unzuständigkeit festgestellt, ist die Eintragung der Abgabe der Versicherung auch in das Schuldnerverzeichnis des an sich zuständigen Gerichts zu veranlassen[36] (zur Doppeleintragung bei Wohnsitzwechsel vgl. § 915 Rn. 4). Hat der Schuldner die eidesstattliche Versicherung noch nicht abgegeben, wird die Unzuständigkeit durch Widerspruch (§ 900 Rn. 24ff.), nicht durch Erinnerung nach § 766 geltend gemacht.[37]

900

Verfahren zur Abnahme der eidesstattlichen Versicherung **(1) [1]Das Verfahren beginnt mit dem Auftrag des Gläubigers zur Bestimmung eines Termins zur Abgabe der eidesstattlichen Versicherung. [2]Der Gerichtsvollzieher hat für die Ladung des Schuldners zu dem Termin Sorge zu tragen. [3]Er hat ihm die Ladung zuzustellen, auch wenn dieser einen Prozessbevollmächtig-**

---

[23] So der Entwurf zu § 899 Abs. 1 BT-Drucks. 13/341 S. 7, zu den Gründen für diesen Vorschlag vgl. BT-Drucks. 13/341 S. 41 f.

[24] BayObLG Rpfleger 1994, 471; OLG Hamm OLGZ 1986, 341, 344 = MDR 1984, 854; vgl. auch § 185c Nr. 3 GVGA (Rechtshilfe durch den Gerichtsvollzieher des jetzigen Wohnsitzes oder Aufenthaltsorts).

[25] MK/*Eickmann* Rn. 11; zu der Ausnahme, dass bei Antrag auf Vervollständigung eines nach der AO erstellten Verzeichnisses durch einen Drittgläubiger sich die Zuständigkeit nach § 899 bestimmt, vgl. *St/J/Münzberg* § 903 Rn. 10.

[26] OLGR Köln 2004, 157, 158.

[27] BGH Rpfleger 2005, 36.

[28] BT-Drucks. 13/9088 S. 23.

[29] *Sae/Rathmann* Rn. 7; *Zö/Stöber* Rn. 2; eine solche formlose Abgabe ohne Antrag des Gläubigers wurde auch vor der Änderung der GVGA für zulässig gehalten, vgl. *Behr* JurBüro 1998, 231, 232; *Seip* JurBüro 1998, 457, 458; *Wiecz/Sch/Storz* Rn. 10.

[30] MK/*Eickmann* Rn. 14; *Wiecz/Sch/Storz* Rn. 11; anders § 185c Nr. 2 S. 4 GVGA; *Behr* JurBüro 2000, 178, 180; *Zö/Stöber* Rn. 3; *Schuschke* in *Schuschke/Walker* Rn. 4; *Sae/Rathmann* Rn. 6; *T/P/Hüßtege* Rn. 4a.

[31] *Steder* Rpfleger 1998, 409, 412; *Wiecz/Sch/Storz* Rn. 11; aA *Gillessen/Polzius* DGVZ 1998, 97, 99 (Zuständigkeit der Verteilungsstelle; bei Antrag unmittelbar an den Gerichtsvollzieher eines örtlich unzuständigen Amtsgerichts keine Verweisung, sondern Ablehnung); so auch *Schuschke* in *Schuschke/Walker* Rn. 4 (berichtigende Auslegung).

[32] *Steder* JurBüro 1998, 573, 574; *Sae/Rathmann* Rn. 6; anders *Behr* JurBüro 1998, 231, 232, der – in Abweichung von der gesetzlichen Regelung – eine formlose Weiterleitung ohne Antrag vorschlägt; für eine Weiterleitung (durch die Verteilungsstelle des örtlich unzuständigen Amtsgerichts) ohne Antrag auch *Gillessen/Polzius* DGVZ 1998, 97, 99; *St/J/Münzberg* Rn. 12 (Weiterleitung durch die Verteilerstelle des örtlich unzuständigen Gerichts oder durch den Gerichtsvollzieher § 185c Nr. 2 S. 4 GVGA); *T/P/Hüßtege* Rn. 4a (Weiterleitung durch den Gerichtsvollzieher § 185c Nr. 2 S. 4 GVGA).

[33] Anders die bisher hL, vgl. BayObLG Rpfleger 1994, 471; NJW-RR 1986, 421 = MDR 1986, 526, allerdings wurde die Bindung nur angenommen, wenn der Schuldner vor der Verweisung angehört worden war, vgl. nur *St/J/Münzberg* Rn. 10, einschränkend Rn. 12.

[34] So auch die Begründung des Entwurfs, vgl. BT-Drucks. 13/341 S. 42.

[35] Ganz hM vgl. nur MK/*Eickmann* Rn. 8; *St/J/Münzberg* Rn. 16; zu einem Sonderfall (keine Anwendung des § 903, wenn Schuldner die Zuständigkeit des Gerichts erschleicht [Anmeldung in anderer Stadt, ohne dort einen Wohnsitz tatsächlich zu begründen und ohne sich am vorherigen und tatsächlich beibehaltenen Wohnsitz abzumelden]) vgl. KG JW 1932, 184.

[36] *Sae/Rathmann* Rn. 8; *St/J/Münzberg* Rn. 16; *Zö/Stöber* Rn. 4.

[37] AA *T/P/Hüßtege* Rn. 7.

ten bestellt hat; einer Mitteilung an den Prozessbevollmächtigten bedarf es nicht. [4]Dem Gläubiger ist die Terminsbestimmung nach Maßgabe des § 357 Abs. 2 mitzuteilen.

(2) [1]Der Gerichtsvollzieher kann die eidesstattliche Versicherung abweichend von Absatz 1 sofort abnehmen, wenn die Voraussetzungen des § 807 Abs. 1 vorliegen. [2]Der Schuldner und der Gläubiger können der sofortigen Abnahme widersprechen. [3]In diesem Fall setzt der Gerichtsvollzieher einen Termin und den Ort zur Abnahme der eidesstattlichen Versicherung fest. [4]Der Termin soll nicht vor Ablauf von zwei Wochen und nicht über vier Wochen hinaus angesetzt werden. [5]Für die Ladung des Schuldners und die Benachrichtigung des Gläubigers gilt Absatz 1 entsprechend.

(3) [1]Macht der Schuldner glaubhaft, dass er die Forderung des Gläubigers binnen einer Frist von sechs Monaten tilgen werde, so setzt der Gerichtsvollzieher den Termin zur Abgabe der eidesstattlichen Versicherung abweichend von Absatz 2 unverzüglich nach Ablauf dieser Frist an oder vertagt bis zu sechs Monaten und zieht Teilbeträge ein, wenn der Gläubiger hiermit einverstanden ist. [2]Weist der Schuldner in dem neuen Termin nach, dass er die Forderung mindestens zu drei Vierteln getilgt hat, so kann der Gerichtsvollzieher den Termin nochmals bis zu zwei Monaten vertagen.

(4) [1]Bestreitet der Schuldner im Termin die Verpflichtung zur Abgabe der eidesstattlichen Versicherung, so hat das Gericht durch Beschluss zu entscheiden. [2]Die Abgabe der eidesstattlichen Versicherung erfolgt nach dem Eintritt der Rechtskraft der Entscheidung; das Vollstreckungsgericht kann jedoch die Abgabe der eidesstattlichen Versicherung vor Eintritt der Rechtskraft anordnen, wenn bereits ein früherer Widerspruch rechtskräftig verworfen ist, wenn nach Vertagung nach Absatz 3 der Widerspruch auf Tatsachen gestützt wird, die zur Zeit des ersten Antrags auf Vertagung bereits eingetreten waren, oder wenn der Schuldner den Widerspruch auf Einwendungen stützt, die den Anspruch selbst betreffen.

(5) Der Gerichtsvollzieher hat die von ihm abgenommene eidesstattliche Versicherung unverzüglich bei dem Vollstreckungsgericht zu hinterlegen und dem Gläubiger eine Abschrift zuzuleiten.

Übersicht

I. Normzweck

1 Die Bestimmung regelt in ihren ersten beiden Absätzen die Voraussetzungen und den Ablauf des Verfahrens zur Abgabe einer eidesstattlichen Versicherung. Abs. 3 ermöglicht es, das Verfahren zu vertagen, um dem Schuldner die Abgabe der Versicherung zu ersparen und dadurch einen Anreiz zur Befriedigung des Gläubigers zu geben. In Abs. 4 wird ein besonderes Verfahren bestimmt, mit dem der Schuldner Einwendungen gegen die Verpflichtung zur Abgabe der Versicherung geltend machen kann. Zum Anwendungsbereich des § 900 vgl. § 899 Rn. 2. Ein Referentenentwurf zur Änderung der Bestimmungen sieht vor, dass der Gerichtsvollzieher zu Beginn der Zwangsvollstreckung eine Vermögensauskunft verlangt und Auskünfte von Amts wegen einziehen kann.[1]

[1] *Seip* DGVZ 2006, 1, 3f.

II. Verfahrensvoraussetzungen

2 **1. Auftrag. a) Notwendigkeit.** Das Verfahren setzt stets einen Auftrag des Gläubigers voraus.[2] Dies gilt auch im Fall des § 807, so dass der Gerichtsvollzieher ohne einen solchen Auftrag nicht gehalten ist, die Voraussetzungen für ein Verfahren nach Abs. 2, § 807 zu schaffen.[3]

3 **b) Auftragsberechtigung, Form.** Der Auftrag kann von jedem durch den **Vollstreckungstitel** oder die **Vollstreckungsklausel ausgewiesenen Gläubiger** oder seinem bevollmächtigten Vertreter (vgl. § 753 Rn. 7f.) erteilt werden. Der Auftrag unterliegt keinem Anwaltszwang.[4] Soweit nicht Haftbefehlsanträge oder Stellungnahmen im Widerspruchsverfahren in Rede stehen, werden **Inkassounternehmen** ganz überwiegend als antragsberechtigt angesehen.[5]. Unzweifelhaft ist dies wegen Art. 1 § 1 Abs. 1 S. 2 Nr. 5 RBerG nicht, weil es sich trotz der Zuständigkeit des Gerichtsvollziehers um ein gerichtliches Verfahren handelt.[6] Der **Entwurf eines Rechtsdienstleistungsgesetzes** lässt die Vertretung durch registrierte Inkassounternehmen im Verfahren zur Abgabe der eidesstattlichen Versicherung ausdrücklich zu.[7] Die **mündliche** Beauftragung des Gerichtsvollziehers reicht aus (vgl. § 753 Rn. 6).[8] Bei schriftlicher Beauftragung ist eine Unterschrift nicht zwingend erforderlich, sofern nur der Wille zur Auftragserteilung unzweifelhaft erklärt wird[9] (aA *Lackmann* § 753 Rn. 6). Bei schriftlicher Auftragserteilung sind Abschriften, die dem Schuldner zugestellt werden können, sinnvoll. Fehlen sie, kann der Gerichtsvollzieher diese fertigen und – nach überwiegender Auffassung – dem Auftraggeber in Rechnung stellen,[10] er darf aber jedenfalls nicht die Ausführung des Auftrags vom Nachreichen der Abschriften abhängig machen.[11] Der Antrag kann ohne Zustimmung des Schuldners bis zur Beendigung des Verfahrens **zurückgenommen** werden.[12] Durch die Erteilung des Auftrags wird im Fall des § 807 Abs. 1 S. 1 die Offenbarungspflicht des Schuldners begründet. Ein über den Auftrag nach § 900 Abs. 1 hinausgehender Antrag ist nicht erforderlich. Die Pflicht des Schuldners, die Informationen über eine gepfändete und ihm überwiesene Forderung zu Protokoll zu geben,[13] setzt nach § 836 Abs. 3 S. 2 ebenfalls einen Antrag des Gläubigers voraus. Diesen wird man in dem Auftrag nach § 900 Abs. 1 sehen können.

4 **c) Inhalt des Auftrags.** In dem Auftrag muss der **Schuldner mit Anschrift** genau bezeichnet werden; zu Nachforschungen ist der Gerichtsvollzieher nicht verpflichtet (vgl. auch § 753 Rn. 9).[14] Bei einem prozessunfähigen Schuldner muss neben diesem auch der offenbarungspflichtige Vertreter angegeben werden.[15] Dabei ist die Frage, wer zur Abgabe für den Prozessunfähigen verpflichtet ist, unabhängig von den Angaben des Gläubigers zu beurteilen.[16] Die **zu vollstreckende Forderung** ergibt sich aus dem Vollstreckungstitel und bedarf keiner besonderen Angabe (vgl. § 753 Rn. 10; zur Konkretisierung der Auskunftspflichten im Fall des § 836 Abs. 3 vgl. Rn. 6).[17] Zweifelhaft ist, ob das Verfahren in der Zeit zwischen Auftrag und Abnahme der Versicherung auf **weitere titulierte Forderungen** des Gläubigers gegen den Schuldner erstreckt werden kann.[18] Dagegen spricht, dass dem Schuldner die geltend gemachte Forderung in der Regel mit

---

[2] AG Wiesbaden DGVZ 2000, 31; *Behr* JurBüro 1998, 231, 232; *Steder* Rpfleger 1998, 409, 412.

[3] LG Tübingen DGVZ 2000, 120; LG Kassel DGVZ 2000, 170, 171; LG Ravensburg DGVZ 2001, 46; LG Kempten DGVZ 2001, 118, 119.

[4] *Gottwald* Rn. 2.

[5] *Behr* JurBüro 2000, 178, 180; LG Bremen MDR 2001, 351, 352 = JurBüro 2001, 272 = DGVZ 2001, 62; AG Hamburg-Blankenese MDR 2000, 663f. = DGVZ 2000, 120, 121f.; AG Zerbst DGVZ 2000, 172; *Nies* MDR 2000, 625, 627; *Caliebe* NJW 2000, 1623ff.; *Viertelhausen* DGVZ 2000, 55, 57ff.; *Ormanschick/Riecke* DGVZ 2000, 181, 183 (mit Abdruck einer entsprechenden Stellungnahme des Justizministeriums); MK/*Eickmann* § 899 Rn. 17; *Sae/Rathmann* Rn. 2; *St/J/Münzberg* Rn. 19; *Schuschke* in *Schuschke/Walker* Rn. 2; unproblematisch, wenn konkrete Erlaubnis des Inkassoinstituts den Verkehr mit Vollstreckungsgerichten umfasst, vgl. AG Rheinberg DGVZ 2000, 92; AG Mönchengladbach DGVZ 2000, 92, 93; *Gottwald* Rn. 2; *B/L/H* Rn. 3.

[6] BVerfG NJW 2002, 285 (aus verfassungsrechtlicher Sicht spreche vieles dafür, das Verfahren nicht als gerichtliches anzusehen); dies wird durch die Entscheidung des BVerfG NJW 2002, 1190, 1192 nicht in Frage gestellt, weil sich diese Entscheidung allein auf die Rechtsberatung im außergerichtlichen Bereich bezieht, so auch *Riecke* DGVZ 2002, 90.

[7] BT-Drucks. 16/3655 (§ 79 Abs. 2 S. 1 Nr. 4 ZPO).

[8] *T/P/Hüßtege* Rn. 5; *Wiecz/Sch/Storz* Rn. 4.

[9] LG Berlin MDR 1976, 148; *Vollkommer* Rpfleger 1975, 419, 420; *Dempewolf* MDR 1977, 801, 803; *Zö/Stöber* Rn. 3 (freie Würdigung); aA LG Aurich Rpfleger 1984, 323 (Faksimilestempel nicht ausreichend); LG Augsburg DGVZ 1989, 75 (zwar formfrei, bei schriftlichem Antrag aber Unterschrift erforderlich); *Müller* DGVZ 1993, 7, 8 (Unterschrift erforderlich); *Nies* MDR 1999, 525; *Schuschke* in *Schuschke/Walker* Rn. 1; *St/J/Münzberg* Rn. 19, vor § 704 Rn. 75 (Fn. 115: arg. bestimmender Schriftsatz; für das neue Recht trifft dies nicht mehr zu).

[10] AG Sinzig DGVZ 2000, 142; AG Mainz DGVZ 2000, 156 = JurBüro 2000, 665.

[11] AA AG Lahr DGVZ 2000, 124f.

[12] KG OLGZ 1991, 101, 103f. = MDR 1991, 163 = JurBüro 1991, 281 (auch nach Widerspruch des Schuldners); *B/L/H* Rn. 5; *Gottwald* Rn. 2; MK/*Eickmann* Rn. 2; *Schuschke* in *Schuschke/Walker* Rn. 23.

[13] Davon zu unterscheiden ist die Auskunftspflicht als solche, die bereits mit Erlass des Überweisungsbeschlusses entsteht, vgl. *Wertenbruch* DGVZ 2001, 65f.

[14] OLG Frankfurt MDR 1988, 153 = Rpfleger 1988, 110f.; *St/J/Münzberg* Rn. 20.

[15] LG Essen JurBüro 1972, 76; MK/*Eickmann* Rn. 3; *Zö/Stöber* Rn. 3.

[16] OLG Frankfurt Rpfleger 1976, 27; NJW-RR 1988, 807.

[17] LG Hamburg DGVZ 2004, 77 (Abschriften und Forderungsaufstellung keine Voraussetzung für Terminsbestimmung); LG Bonn DGVZ 1978, 116, 117; LG Oldenburg Rpfleger 1980, 353 mit zust. Anm. *Damerau/Meyer-Stolte; St/J/Münzberg* Rn. 21f.; aA LG Deggendorf DGVZ 2006, 116f.; LG Düsseldorf JurBüro 1987, 1101; LG Dortmund DGVZ 1977, 169; LG Lübeck JurBüro 1978, 1410; LG Darmstadt Rpfleger 1985, 119, 120; *Mümmler* JurBüro 1987, 1301, 1308f.; MK/*Eickmann* Rn. 4; *Schuschke* in *Schuschke/Walker* Rn. 3; *Wiecz/Sch/Storz* Rn. 12; *Zö/Stöber* Rn. 3.

[18] So LG Bonn JurBüro 1998, 102f.

der Ladung mitgeteilt wird (vgl. Rn. 12) und er mit einer Erweiterung des Antrags im Termin nicht zu rechnen braucht. Es käme zu einer Beeinträchtigung, weil er die Frage, ob er die Verpflichtung zur Abgabe der eidesstattlichen Versicherung bestreiten will (§ 900 Abs. 4), ohne Überlegungszeit zu beantworten hat. Außerdem will er möglicherweise einen Aufschub nach § 900 Abs. 3 erreichen und kann die Tilgung der nunmehr für ihn überraschend erhöhten Forderung mangels Vorbereitung nicht glaubhaft machen (vgl. auch Rn. 12 zur Angabe der Forderung in der Ladung). Eine solche Ausdehnung ist deshalb ohne Zustimmung des Schuldners nur dann zulässig, wenn sie dem Schuldner rechtzeitig (vgl. § 900 Abs. 2 S. 4) unter Angabe des weiteren Vollstreckungstitels mitgeteilt wird. Wenn der Vollstreckungsgläubiger das Verfahren nur wegen eines **Teilbetrages** betreiben will,[19] muss dies, nicht aber die Höhe der Gesamtforderung, klargestellt werden; auch eine Aufstellung über die Zusammensetzung des Teilbetrages ist entbehrlich (vgl. auch § 753 Rn. 11). Die Höhe der Forderung, wegen derer das Verfahren durchgeführt werden soll, muss bei Beschränkung auf einen Teil der titulierten Forderung angegeben werden, damit die Voraussetzungen des Abs. 3 beurteilt werden können oder das Verfahren wegen Erfüllung der dem Verfahren zu Grunde liegenden (Teil-)Forderung eingestellt werden kann.[20] **Bedingte Aufträge** sind nach allgemeinen Regeln unzulässig (vgl. § 753 Rn. 9). Ein Auftrag unter der Bedingung, dass der Schuldner die Zahlung dem Gericht bis zu einem bestimmten Tag nicht nachweist, wurde nach dem früher geltenden Recht wegen der Möglichkeit der Terminaufhebung mit Einverständnis des Gläubigers (§ 900 Abs. 3 S. 4 aF) für zulässig gehalten.[21] Obwohl das jetzt geltende Recht eine entsprechende ausdrückliche Bestimmung nicht enthält, wird man angesichts der Möglichkeit der Antragsrücknahme seitens des Gläubigers (vgl. Rn. 3) ebenso entscheiden. Es handelt sich in dem genannten Fall dann nicht um einen bedingten Auftrag, sondern um die bedingte Rücknahme desselben verbunden mit der Weisung (vgl. dazu § 753 Rn. 12), das Verfahren nicht vor dem angegebenen Termin durchzuführen.

Der Gläubiger kann mit dem Auftrag den **Haftbefehlantrag** verbinden. Zwar ist dieser an das Gericht, nicht an den Gerichtsvollzieher zu richten, dies sollte im Interesse der Verfahrensökonomie jedoch nicht dazu führen, eine zusätzliche Antragstellung bei Gericht zu verlangen.[22] Ein entsprechender Antrag in dem Auftrag an den Gerichtsvollzieher ist vielmehr als an das Gericht gerichtet zu verstehen, so dass der Gerichtsvollzieher ihn zuständigkeitshalber weiterleitet. Soweit der Haftbefehl beantragt wird, ist zu beachten, dass in diesem Fall nach § 902 Abs. 1 S. 3 das **Teilnahmerecht** des Gläubigers bei der Abgabe der eidesstattlichen Versicherung von einem **Antrag abhängt** (vgl. § 902 Rn. 5). Auch dieser kann bereits in diesem Verfahrensstadium gestellt werden. Die Grundsätze der Weiterleitung an das Vollstreckungsgericht gelten auch, wenn der Gläubiger für den Fall, dass der Schuldner wegen § 903 zur wiederholten Abgabe einer eidesstattlichen Versicherung nicht verpflichtet ist, bereits jetzt unter Zurücknahme des Hauptantrags um **Auskunft nach § 915b Abs. 1** bittet (zum Recht des Drittgläubigers auf Abschriften aus dem Schuldnerverzeichnis vgl. § 903 Rn. 5). Falls gegen den Schuldner **Haft angeordnet**, aber noch **nicht vollstreckt** ist, wird das Verfahren auch ohne besonderen Antrag des Gläubigers fortgesetzt (anders § 900 Abs. 2 S. 2 aF). Weiterhin kann der Gläubiger anregen, dem Schuldner bestimmte **Fragen** zu seinen **Vermögensverhältnissen** vorzulegen (näher Rn. 22f.). Auch der **Widerspruch des Gläubigers gegen** eine **Sofortabnahme** der eidesstattlichen Versicherung (Abs. 2 S. 2) kann bereits im Auftrag erklärt werden.[23] Weiterhin kann sich der Gläubiger bereits im Antrag zur Frage der **Einziehung von Raten** durch den Gerichtsvollzieher nach Abs. 3 S. 1 äußern. 5

d) **Beizufügende Urkunden und Anlagen zum Auftrag.** Dem Auftrag ist der **Titel** beizufügen (§ 753 Rn. 9).[24] Die **vorläufige Vollstreckbarkeit** des Titels reicht aus, sofern nicht die Zwangsvollstreckung eingestellt wurde (§ 707 Rn. 11). Sicherheit braucht unter den Voraussetzungen des § 720a nicht geleistet zu sein (§ 720a Rn. 4),[25] zu beachten ist dann aber die Wartefrist des § 750 Abs. 3 (zur Löschung der Eintragung bei Aufhebung des Titels vgl. § 915a Rn. 4). Diese kann durch die Teilvollstreckung gegen Teilsicherheitsleistung, (vgl. § 752), vermieden werden. Der Nachweis der **Zustellung** des Titels ist nicht notwendig, wenn der Gerichtsvollzieher zugleich mit der Zustellung beauftragt wird. Soweit die Zwangsvollstreckung erst nach **Ablauf einer Wartefrist** beginnen darf, muss deren Einhaltung und damit auch die Zustellung nachgewiesen werden. Die **Kosten der Zwangsvollstreckung** bedürfen weder des Nachweises noch der Glaubhaft- 6

---

[19] Zur Zulässigkeit der Beschränkung OLG Schleswig Rpfleger 1976, 224; LG Landau DGVZ 1988, 28; LG München DGVZ 1983, 45; LG Paderborn NJW 1957, 28; *Oerke* DGVZ 1992, 130, 131.

[20] LG Düsseldorf JurBüro 1987, 1101; LG München DGVZ 1983, 45; *St/J/Münzberg* Rn. 21, 23.

[21] *Wieser* NJW 1988, 665, 670.

[22] So iE auch *Wiecz/Sch/Storz* § 901 Rn. 19; *Zö/Stöber* § 901 Rn. 2; aA *T/P/Hüßtege* § 901 Rn. 2 (Antrag im Termin oder später).

[23] *T/P/Hüßtege* Rn. 5.

[24] *B/L/H* Rn. 4; *Schuschke* in *Schuschke/Walker* Rn. 5; *Zö/Stöber* Rn. 4. Im Verwaltungszwangsverfahren: Leistungsbescheid iVm. Bescheinigung über die Vollstreckbarkeit der Forderung, vgl. auch AG Saarbrücken DGVZ 2001, 90, 91; *Röder,* DGVZ 2000, 65, 66f.

[25] BGH NJW-RR 2007, 416; vgl. auch BGH NJW-RR 2006, 996, 997 (Abgabeverpflichtung trotz Aussetzung des Verfahrens nach Art. 46 Abs. 1 EuGVVO und trotz Beschränkung der Vollstreckung nach § 22 Abs. 3 AVAG) m. zust. Anm. *Hölk* MDR 2006, 841; bejahend OLG München Rpfleger 1991, 66; OLG Koblenz Rpfleger 1991, 66f.; OLG Düsseldorf NJW 1980, 2717; OLG Hamm MDR 1982, 416; OLG Stuttgart NJW 1980, 1698; LG Stuttgart DGVZ 2003, 91; KG DGVZ 1989, 89f. = MDR 1989, 745; *Behr* Rpfleger 1988, 1, 2ff.; *Mümmler* JurBüro 1987, 926, 927; *Steder* Rpfleger 1998, 409, 413; *Baur/Stürner* ZwV 48.9; *St/J/Münzberg* Rn. 3; MK/*Krüger* § 720a Rn. 4; aA OLG Koblenz NJW 1979, 2521; LG Mainz JurBüro 1987, 926; LG Berlin Rpfleger 1980, 352; *Fahlbusch* Rpfleger 1979, 248f.; im Fall des § 720a insgesamt ablehnend *Dressel* Rpfleger 1991, 43ff.

machung, solange das Verfahren nicht nur wegen dieser Forderung betrieben wird.[26] Letzterenfalls ist ein Kostenfestsetzungsbeschluss erforderlich.[27] Welche weiteren Anlagen erforderlich sind, hängt von der Art der geforderten eidesstattlichen Versicherung ab: Bei der eidesstattlichen Versicherung nach **§ 807 Abs. 1** ist im Fall der **Nr. 1** eine Glaubhaftmachung der Pfandlosigkeit nicht erforderlich, wenn der mit der Abnahme der eidesstattlichen Versicherung beauftragte Gerichtsvollzieher bereits die Pfändung versucht und diese nicht zur vollständigen Befriedigung des Gläubigers geführt hat. Dabei steht es der Verpflichtung zur Abgabe der eidesstattlichen Versicherung nicht entgegen, wenn der Schuldner Drittschuldner benennt, gegen die ihm angeblich Forderungen zustehen (vgl. § 807 Rn. 7).[28] Sofern ein anderer Gerichtsvollzieher mit der Abnahme der eidesstattlichen Versicherung beauftragt wird, ist die Erfolglosigkeit eines Pfändungsversuchs durch eine aktuelle Pfandlosigkeitsbescheinigung nachzuweisen. Soweit sich die Abgabepflicht lediglich aus **§ 807 Abs. 1 Nr. 2** ergibt, ist erforderlich, dass der Gläubiger glaubhaft macht, durch die Pfändung keine vollständige Befriedigung erlangen zu können (zu den Anforderungen vgl. auch § 807 Rn. 4). Relevant wird dies vor allem dann, wenn der Gläubiger **ohne vorherigen Versuch einer Sachpfändung** unmittelbar die Durchführung des Verfahrens nach Abs. 1 beantragt. Praktisch bedeutsam bleibt dabei die Möglichkeit der Glaubhaftmachung durch **Bezugnahme auf Fruchtlosigkeitsbescheinigungen** aus anderen Verfahren und auf noch offene Haftbefehle gegen den Schuldner.[29] Allein die Höhe der Forderung macht den Pfändungsversuch nicht ohne weiteres entbehrlich.[30] In den Fällen des § 807 Abs. 1 Nr. 3 und 4 werden die Voraussetzungen dem Gerichtsvollzieher in der Regel aus seiner Tätigkeit bekannt sein, so dass sich ein Nachweis erübrigt (zu Besonderheiten landesrechtlicher Bestimmungen vgl. § 899 Rn. 2). Im Falle des **§ 883 Abs. 2** ist ein **erfolgloser Vollstreckungsversuch** erforderlich (vgl. § 883 Rn. 11). Ein Nachweis erübrigt sich, wenn derselbe Gerichtsvollzieher beauftragt wird. Im Fall des **§ 836 Abs. 3** sind der Titel und der **Überweisungsbeschluss** beizufügen. § 836 Abs. 3 verlangt weiterhin den Nachweis der **Nichterteilung der Auskunft.**[31] Dies muss dem Gerichtsvollzieher **nachgewiesen** werden; eine Glaubhaftmachung reicht angesichts des Gesetzeswortlauts nicht aus.[32] Als ausreichend ist es anzusehen, wenn der Gerichtsvollzieher auf der Grundlage der glaubhaft gemachten Behauptung des Gläubigers den Schuldner zugleich mit der Ladung zum Termin zur Erteilung der Auskunft zu Protokoll dazu auffordert, die Auskunft bis zum Termin noch zu erteilen, und zwar an den Gerichtsvollzieher als Empfangsvertreter des Gläubigers. § 836 Abs. 3 verpflichtet zu den **notwendigen Auskünften.** Dazu gehören auch Auskünfte zu denkbaren Einwendungen oder Einreden des Drittschuldners. Der Gläubiger muss im Einzelnen darlegen, welche Angaben er für die Geltendmachung der Forderung benötigt.[33] Hält der Gerichtsvollzieher die Angaben ebenfalls für erforderlich, während der Schuldner der Auffassung ist, dass diese Angaben nach § 836 Abs. 3 nicht verlangt werden können, kann er dies nach § 900 Abs. 4 geltend machen.[34]

7 **2. Weitere Verfahrensvoraussetzungen. a) Allgemeine Verfahrensvoraussetzungen.** Die allgemeinen Verfahrensvoraussetzungen sind **vom Gerichtsvollzieher zu beurteilen;** der Schuldner ist nicht auf das Verfahren nach Abs. 4 zu verweisen, da nicht sein Bestreiten der Verpflichtung zur Abgabe, sondern das Fehlen einer Verfahrensvoraussetzung in Rede steht. Die **Prozessfähigkeit** des Schuldners (wie auch die weiteren Verfahrensvoraussetzungen) hat der Gerichtvollzieher zu beurteilen, wenn das Gericht diese nicht geprüft und bejaht hat (vgl. vor § 704 Rn. 22; zur Abgabe der eidesstattlichen Versicherung durch den Betreuer vgl. Rn. 22).[35] Neben

---

[26] LG Berlin DGVZ 1992, 28; *Damerau/Meyer-Stolte* Rpfleger 1980, 353; *St/J/Münzberg* Rn. 14; aA LG Dortmund DGZV 1977, 169; LG Darmstadt Rpfleger 1985, 119, 120; LG Düsseldorf JurBüro 1987, 1101; *Zö/Stöber* Rn. 4; vgl. auch OLG Stuttgart NJW-RR 1987, 1405 (Glaubhaftmachung erforderlich, wenn Gläubiger unstreitige Zahlung auf Kosten verrechnet und sich allein deshalb Restforderung ergeben kann); LG Landau DGVZ 1988, 28 (Prüfung der Erforderlichkeit der Vollstreckungskosten).

[27] KG DGVZ 1991, 170, 171f. = MDR 1992, 300 = Rpfleger 1992, 31f.; LG Hannover JurBüro 1988, 1250; DGVZ 1989, 42.

[28] AG Villingen-Schwenningen DGVZ 2001, 125; AG Ellwangen DGVZ 1999, 121f.; AG Osnabrück DGVZ 1999, 122; AG Wipperfürth DGVZ 1999, 122.

[29] LG Oldenburg JurBüro 2004, 157; AG Verden JurBüro 2006, 441; AG Bremerhaven JurBüro 2006, 608, 609; AG Oberhausen JurBüro 2006, 46; AG Bremen JurBüro 2004, 157; AG Bochum DGVZ 2000, 141 (mit krit. Anmerkung der Schriftleitung); aA AG Strausberg DGVZ 2005, 187 (Hinweis auf mehrere in der Schuldnerkartei eingetragene Haftbefehle reicht nicht aus); AG Freyung DGVZ 2002, 142 (Bezugnahme auf Haftbefehle nicht ausreichend); LG Kassel DGVZ 2003, 190f. = Rpfleger 2004, 55f. (Haftbefehl könne im anderen Verfahren auf Nichtantreffen in der Wohnung beruhen und erlaube deshalb keinen Schluss auf Pfandlosigkeit).

[30] AA LG Gotha JurBüro 2005, 326, 327 (Forderung von 40 000 €).

[31] *Wertenbruch* DGVZ 2001, 65, 66 (wobei die Erteilung der Auskunft durch den Drittschuldner den Anspruch nicht ausschließt).

[32] Von einer Glaubhaftmachung geht die Begründung des Entwurfs aus, BT-Drucks. 13/341 S. 35; einen Nachweis hält für erforderlich *Zö/Stöber* Rn. 4; die Erklärung des Gläubigers halten für ausreichend: *David* MDR 2000, 195, 197; *Steder* MDR 2000, 438, 441.

[33] Vgl. LG Hildesheim DGVZ 2001, 87, 88 (Auskunft über Abtretung und über Umstände, welche die Pfändungsfreigrenzen betreffen, nicht aber hins. der Steuerklasse und einer nicht pfändbaren betrieblichen Direktversicherung); vgl. auch *Wertenbruch* DGVZ 2001, 65, 66; abweichend (Konkretisierung im Pfändungs- und Überweisungsbeschluss, aber nicht im Verfahren nach §§ 899ff.) *Behr* JurBüro 2000, 230, 231; LG Verden JurBüro 2004, 499 m. zust. Anm. *Behr;* eine Konkretisierung nicht für erforderlich haltend *Stöber* MDR 2001, 301, 303.

[34] *St/J/Münzberg* Rn. 17.

[35] AG Strausberg DGVZ 2006, 79; MK/*Heßler* § 750 Rn. 20; weiter gehend MK/*Eickmann* Rn. 6 (keinerlei Bindung); *Behr* Rpfleger 1978, 41; *Limberger* DGVZ 1984, 129; vgl. auch AG Wuppertal DGVZ 1999, 187 (Prozessfähigkeit im Zweifel vom Gläubiger nachzuweisen); ausführlich zum weiteren Vorgehen *Harnacke* DGVZ 2000, 161, 165ff.

der Prozessfähigkeit ist in entsprechender Anwendung des § 393 auch zu prüfen, ob der Schuldner **körperlich und seelisch in der Lage** ist, eine eidesstattliche Versicherung abzugeben (zur Berücksichtigung von Gründen nach § 765a vgl. Rn. 17).[36] So kann eine Verpflichtung zur Aufstellung eines Vermögensverzeichnisses entfallen, wenn der Schuldner auf Grund seines Gesundheitszustands keine Übersicht über seine Vermögensverhältnisse hat und auch nicht in der Lage ist, sie sich zu verschaffen.[37] Kann der Schuldner wegen körperlicher Gebrechen einen Termin außerhalb seiner Wohnung nicht wahrnehmen, kann der Gerichtsvollzieher den Termin auch ohne besonderen Antrag in dessen **Wohnung** stattfinden lassen (§ 219).[38] Verweigert der Schuldner unter Berufung auf sein Hausrecht den Zutritt, ist er nach hL als säumig anzusehen mit der Folge des § 901.[39] Mit Recht wird demgegenüber darauf hingewiesen, dass § 219 das Hausrecht unberührt lässt (vgl. § 219 Rn. 3) und damit keine Grundlage für die Einschränkung des Grundrechts auf Unverletzlichkeit der Wohnung gibt. Untersagt der Schuldner allein dem Gläubiger die Teilnahme am Termin, dann gilt die Offenbarungsversicherung nach hL ebenfalls als grundlos verweigert (vgl. § 901 Rn. 3).[40] Das für das Verfahren erforderliche **Rechtsschutzbedürfnis**[41] besteht auch bei sehr geringen Forderungen (vgl. § 901 Rn. 1). Die angebliche Kenntnis des Gläubigers von der Vermögenslosigkeit des Schuldners schließt das Rechtsschutzbedürfnis schon deshalb nicht aus, weil dieses Wissen nicht durch eine strafbewehrte und in das Schuldnerverzeichnis einzutragende eidesstattliche Bekräftigung des Schuldners gesichert ist;[42] allerdings wird in einem solchen Fall die Anordnung der Haft von einigen als unverhältnismäßig angesehen (vgl. § 901 Rn. 1). Hat der Gläubiger Kenntnis von pfändbarem Vermögen in ausreichender Höhe, fehlt es am Rechtsschutzbedürfnis[43] (vgl. auch Rn. 6). **Vollstreckungshindernisse** (vgl. vor § 704 Rn. 26) werden von Amts wegen berücksichtigt, soweit sie dem Gerichtsvollzieher bekannt sind.[44] Das Stellen eines **Insolvenzantrags** durch den Schuldner bildet kein Vollstreckungshindernis, solange nicht das Insolvenzgericht nach § 21 Abs. 2 Nr. 3 InsO Maßnahmen der Zwangsvollstreckung untersagt hat.[45] Nach Eröffnung des Verfahrens entsteht nach § 89 InsO ein Vollstreckungshindernis, das sich aber nur auf Titel auf Grund solcher Forderungen bezieht, wegen derer die Zwangsvollstreckung ausgeschlossen ist, also regelmäßig nicht wegen Forderungen von Massegläubigern, § 90 InsO, und von Neugläubigern hinsichtlich eines nicht zur Masse gehörenden Neuerwerbs.[46] In der Rechtsprechung wird die Auffassung vertreten, **nach Eröffnung des Insolvenzverfahrens** könne die Abgabe der eidesstattlichen Versicherung auch wegen anderer Forderung uneingeschränkt verlangt werden, weil diese nicht zu einer Verminderung der Insolvenzmasse führe und deshalb diese Form der Zwangsvollstreckung dem Zweck des Insolvenzverfahrens nicht entgegenstehe.[47] Außerdem käme eine Vollstreckung nach Abschluss des Verfahrens in Betracht. Diese Auffassung ist abzulehnen.[48] Der Schuldner ist im Rahmen des Insolvenzverfahrens nach §§ 97, 98 InsO zur Offenbarung seines Vermögens

---

[36] KG NJW 1967, 59 = MDR 1966, 1011; LG Göttingen MDR 1956, 176; LG München MDR 1964, 154; 1965, 53; *St/J/Münzberg* Rn. 5 (gestützt auf eine Analogie zu § 393); vgl. auch BayVerfGH 25. 4. 2007 Vf. 14-VI-07 (zur Hinweispflicht, wenn das Attest als nicht ausreichend angesehen wird); zum (strengen) Maßstab vgl. OLG Köln BB 1977, 1524 = MDR 1978, 59; OLG Frankfurt NJW 1968, 1194; LG Verden DGVZ 2007, 14f. (auch bei latenter Suizidgefahr ist eine Abwägung erforderlich); AG Göppingen JurBüro 2005, 551 (Haftunfähigkeit nicht ausreichend; Möglichkeit der Abgabe in der Wohnung einzubeziehen).

[37] KG OLGRspr. 35, 186; *St/J/Münzberg* Rn. 5.

[38] OLG Jena Rpfleger 1997, 446f.; OLG Frankfurt Rpfleger 1977, 146; LG Nürnberg-Fürth JurBüro 1982, 140; *St/J/Münzberg* Rn. 6; wesentlich zurückhaltender § 185b Nr. 2 S. 2 GVGA.

[39] *St/J/Münzberg* Rn. 6; *B/L/H* Rn. 47; *Zö/Stöber* Rn. 12.

[40] *St/J/Münzberg* Rn. 6; *Zö/Stöber* § 219 Rn. 4.

[41] HM vgl. nur *Baur/Stürner* ZwV 48.6; *Wiecz/Sch/Storz* vor §§ 899–915h Rn. 22ff.; aA *St/J/Münzberg* Rn. 9 (keine Prüfung des Rechtsschutzbedürfnisses von Amts wegen).

[42] LG Flensburg DGVZ 2000, 89 (freiwillige eidesstattliche Versicherung vor dem Notar schließt Rechtsschutzbedürfnis nicht aus); ebenso LG Detmold DGVZ 2007, 72; *Jauernig/Berger* ZVR § 30 Rn. 14, 16 (auch feststehende Leistungsunfähigkeit schließt Rechtsschutzbedürfnis nicht aus); *Baur/Stürner* ZwV 48.6; *St/J/Münzberg* Rn. 9; aA LG Itzehoe Rpfleger 1985, 153; LG Braunschweig FamRZ 2000, 613, 614 = NdsRpfl. 1999, 212 (Kenntnis jedoch verneint, wenn der mit der Vermögenssorge betraute Betreuer Vermögenslosigkeit mitteilt); *Brox/Walker* Rn. 1135; *Bittmann* Rpfleger 1983, 261, 262.

[43] LG Frankenthal Rpfleger 1985, 33f. (obiter dictum); LG Berlin Rpfleger 1979, 112; vgl. auch LG Kassel Rpfleger 1995, 263 (zum Antrag nach § 850c Abs. 4); aA *St/J/Münzberg* Rn. 9 (Rechtsmissbrauch).

[44] *St/J/Münzberg* Rn. 6 (keine Amtsermittlung).

[45] LG Tübingen DGVZ 2000, 39; *Viertelhausen* DGVZ 2001, 36ff.; *Steder* NZI 2000, 456ff.; *Gottwald* Rn. 6; *Schuschke* in: *Schuschke/Walker* Rn. 11; weiter gehend (auch bei einstweiliger Einstellung des Vollstreckungsverfahrens nach § 21 Abs. 2 Nr. 3 InsO besteht Pflicht zur Abgabe der eidesstattlichen Versicherung fort) AG Rostock DGVZ 2000, 76, 77 = NJW-RR 2000, 716; LG Würzburg NJW-RR 2000, 781 (entgegen dieser Entscheidung fehlt es für eine solche Reduktion des § 21 Abs. 2 Nr. 3 InsO an einem Bedürfnis, da die eidesstattliche Versicherung der Vorbereitung von Vollstreckungsmaßnahmen dient und diese gerade unzulässig sind); wird die Abgabe der eidesstattlichen Versicherung verlangt, nachdem das Insolvenzverfahren eröffnet ist, so muss dies nach § 900 Abs. 4 durch Widerspruch, nicht durch eine auf § 89 InsO gestützte Erinnerung geltend gemacht werden, AG Regensburg ZInsO 2000, 118 (LS); aA **(zweifelnd)** AG Hamburg NZI 2006, 646 (zur Abgrenzung der Zuständigkeit von Rechtspfleger und Insolvenzrichter).

[46] AG Göttingen ZInsO 2007, 1165f.; zur Zuständigkeit des Insolvenzgerichts für diese Entscheidung vgl. auch BGH ZInsO 2007, 1226ff. (dort auch zur Vollstreckungseinschränkung für Neugläubiger durch § 89 Abs. 2 InsO).

[47] AG Westerburg DGVZ 2006, 119 (kein Vollstreckungshindernis, weil Gläubiger möglicherweise nach Abschluss des Verfahrens vollstrecken könne); AG Hainichen JurBüro 2002, 605; LG Würzburg NJW-RR 2000, 781 (zur Anordnung nach § 21 InsO; vgl. auch AG Hamburg NZI 2006, 646.

[48] *Breuer* in MK-InsO § 89 Rn. 12; FK-InsO/*App* § 89 Rn. 11; HK-InsO/*Eickmann* § 89 Rn. 4; *Uhlenbruck/Uhlenbruck* § 89 Rn. 3.

verpflichtet, so dass für eine staatliche Zwangsmaßnahme, die bis hin zur Haft reichen kann, kein Bedürfnis besteht. Die verfassungsrechtlichen Grundrechte stehen deshalb einer teleologischen Reduktion des § 89 InsO entgegen. Dagegen führt das Schuldenbereinigungsverfahren nach § 305 InsO nicht zu einem Vollstreckungsverbot. Im Übrigen sind die Angaben nach § 305 Abs. 1 Nr. 3 InsO nicht an Eides statt zu versichern, so dass die Gläubiger nicht auf diese Angaben verwiesen werden können. Zeitliche Einschränkungen des Vollstreckungstitels (zB § 751 Abs. 1, §§ 798, 798a, 750 Abs. 3) sind ebenfalls vom Gerichtsvollzieher zu beachten.

8 **b) Auswirkungen der Dreijahresfrist des § 903.** Nach ganz hL hat der Gerichtsvollzieher von Amts wegen anhand des Schuldnerverzeichnisses zu prüfen, ob der Schuldner in den letzten drei Jahren eine eidesstattliche Versicherung abgegeben hat oder gegen ihn die Haft zur Erzwingung angeordnet wurde (zur Gegenansicht vgl. 4. Auflage).[49] Die Verpflichtung zur Abgabe der eidesstattlichen Versicherung entfällt auch dann, wenn der Schuldner in **mehrere Verfahren** zur Abgabe der eidesstattlichen Versicherung involviert ist und in einem der Verfahren seiner Verpflichtung nachkommt (vgl. Rn. 15). Ist in dem jetzt betriebenen Verfahren zur Abgabe einer eidesstattlichen Versicherung bereits ein **Haftbefehl ergangen,** so ist ein weiterer Terminantrag des Gläubigers ohne Zustimmung des Schuldners idR unzulässig, soweit nicht der Haftbefehlsantrag zurückgenommen wurde (vgl. § 901 Rn. 13). Von der Aufhebung des Termins bzw. von der Nichtausführung des Auftrags im Hinblick auf § 903 ist der Gläubiger unverzüglich zu informieren, damit er ggf. die Tatsachen, wegen derer der Schuldner zur erneuten Abgabe einer eidesstattlichen Versicherung verpflichtet ist, glaubhaft machen oder die Entscheidung des Gerichtsvollziehers mit der Erinnerung nach § 766 überprüfen lassen kann (vgl. Rn. 10).

9 **3. Berücksichtigung von Einwendungen des Schuldners gegen den titulierten Anspruch.** Die Entscheidung über Einwendungen des Schuldners gegen den titulierten Anspruch (Erfüllung, Erlass, Verzicht, Stundung etc.) obliegt nach Abs. 4 dem Vollstreckungsgericht. Derartige Einwendungen werden vom Gerichtsvollzieher nicht von Amts wegen beachtet, sondern müssen vom Schuldner durch **Widerspruch im Termin** geltend gemacht werden (näher Rn. 25).[50] Dabei ist die mit dem Versuch einer **Sachpfändung verbundene Aufforderung** zur Abgabe der eidesstattlichen Versicherung nach Abs. 2 **als Termin anzusehen,** sofern der Schuldner zwar der Abgabe ohne vorherige Terminsbestimmung nicht widerspricht, wohl aber die Verpflichtung zur Abgabe der eidesstattlichen Versicherung bestreitet. Angesichts der unterschiedlichen Folgen des Widerspruchs nach Abs. 2 S. 2 (Bestimmung eines Termins nach Abs. 2 S. 3) und des Bestreitens nach Abs. 4 (Entscheidung des Gerichts) muss der Schuldner **vom Gerichtsvollzieher aufgeklärt** werden.

10 **4. Entscheidung bei Fehlen einer Voraussetzung; Rechtsbehelf gegen die Zurückweisung des Auftrags.** Fehlt es an einer Voraussetzung für die Einleitung des Verfahrens auf Abnahme der eidesstattlichen Versicherung, muss der Gerichtsvollzieher vor der Zurückweisung des Auftrags auf seine Bedenken hinweisen und unter Androhung der Zurückweisung eine Frist zur Behebung des Mangels setzen.[51] Die Ablehnung ist dem Auftraggeber unverzüglich mitzuteilen (vgl. § 753 Rn. 13). Als Rechtsbehelf steht ihm die Erinnerung nach § 766 offen. Ist der Antrag nur für einen **Teil der Forderung begründet,** ist Termin zu bestimmen.[52] Da die Höhe der Forderung auf die Verpflichtung zur Abgabe der eidesstattlichen Versicherung keinen Einfluss hat, erübrigt sich nach überwiegend vertretener Auffassung eine Ablehnung in Bezug auf den Restbetrag.[53] Da jedoch die Höhe der Forderung für die unter den Voraussetzungen des Abs. 3 zwingend anzuordnende Vertagung (vgl. Rn. 18) von zentraler Bedeutung ist, sprechen die besseren Gründe dafür, eine Ablehnung für erforderlich zu halten, um dem Gläubiger die Möglichkeit einer Erinnerung einzuräumen. Ist der Schuldner wegen einer **bereits abgegebenen Versicherung** in das Schuldnerverzeichnis eingetragen, wird der Antrag nicht zurückgewiesen, sondern der Gläubiger wird über diesen Umstand informiert (vgl. auch Rn. 8). Es ist dann Sache des Gläubigers, sich dazu zu erklären, ob das Verfahren mit dem Ziel einer Ergänzung des Verzeichnisses oder mit dem Ziel der Abgabe einer neuen eidesstattlichen Versicherung fortgesetzt werden soll.[54] Ist im Schuldnerverzeichnis die **Anordnung der Haft** aus einem anderen Verfahren eingetragen, steht dies der Fortsetzung des Verfahrens nicht entgegen; ein Fortsetzungsantrag ist nicht erforderlich. Der Gerichtsvollzieher muss deshalb grundsätzlich Termin bestimmen. Da angesichts des noch offenen Haftbefehls wenig Aussicht darauf besteht, dass sich der Schuldner im Termin einfindet, wird man es trotz der Pflicht zur unverzüglichen Ausführung des Auftrags für sachgerecht halten, wenn der Gerichtsvollzieher dem Gläubiger diesen Umstand mitteilt und anfragt, ob der Auftrag aufrechterhalten werden soll.

---

[49] *Behr* JurBüro 1998, 231, 233; *ders.* JurBüro 2000, 178, 181; *Steder* Rpfleger 1998, 409, 413; *dies.* JurBüro 1998, 573, 574f.; *Gillessen/Polzius* DGVZ 1998, 97, 101 unter Bezug auf die amtliche Begründung (BT-Drucks. 13/341 S. 44) zu dem Entwurf der 2. Zwangsvollstreckungsnovelle, der aber insoweit gerade nicht Gesetz geworden ist; *B/L/H* Rn. 8; MK/*Eickmann* Rn. 8; *Schuschke* in *Schuschke/Walker* Rn. 10; *Zö/Stöber* Rn. 5; *Hornung* Rpfleger 1998, 381, 406; *T/P/Hüßtege* § 903 Rn. 1a.

[50] LG Koblenz DGVZ 2001, 44 (Absprache mit Gläubiger über Ratenzahlung); vgl. MK/*Heßler* § 753 Rn. 48; zum früher geltenden Recht vgl. auch LG Koblenz Rpfleger 1997, 489 = JurBüro 1997, 547 (zu § 765a).

[51] So auch *Zö/Stöber* Rn. 7 (entsprechende Anwendung von § 139); *Gottwald* Rn. 7; *Sae/Rathmann* Rn. 4; vgl. auch *St/J/Münzberg* Rn. 27; eine Anhörung lediglich als zweckmäßig ansehend *T/P/Hüßtege* Rn. 9.

[52] LG Lüneburg JurBüro 1988, 1418f.

[53] *St/J/Münzberg* Rn. 21; aA *Zö/Stöber* Rn. 7.

[54] Vgl. *Zö/Stöber* Rn. 5.

III. Terminsbestimmung und Ladung

11 **1. Terminsbestimmung; Berücksichtigung von Einwendungen des Schuldners.** Der Gerichtsvollzieher bestimmt Ort (zur Bestimmung der Wohnung des Schuldners als Terminort vgl. Rn. 7) und Zeitpunkt (zur Ladungsfrist vgl. Rn. 12; zum Aufschub bei Tilgungszusage vgl. Rn. 18) eines Termins zur Abnahme der eidesstattlichen Versicherung. Während die Ablehnung des Auftrags durch den Gerichtsvollzieher der Erinnerung unterliegt (vgl. Rn. 10), ist die Terminsbestimmung als solche **nicht anfechtbar**[55] (zur Ausnahme bei Nichteinhaltung der Frist des Abs. 2 S. 4 vgl. Rn. 14). Erhebt der Schuldner Bedenken gegen die Verpflichtung zur Abgabe der eidesstattlichen Versicherung, sieht Abs. 4 ein besonderes Verfahren vor. Nach dieser Regelung muss der Schuldner **im Termin** die Verpflichtung zur Abgabe der eidesstattlichen Versicherung **bestreiten** (vgl. dazu näher Rn. 24ff.). Damit ist eine vom Schuldner eingelegte Erinnerung unzulässig. Erscheint der Schuldner im Termin und nimmt er auf seinen (unzulässigen) Rechtsbehelf Bezug, ist dies als Widerspruch nach Abs. 4 zu verstehen.[56] Erscheint dagegen der Schuldner im Termin nicht, ist das schriftlich Vorgetragene als unerheblich anzusehen.[57] Trägt der Schuldner in einer solchen Erinnerung Gründe vor, die von Amts wegen zu berücksichtigen sind, wird dadurch die Erinnerung nicht statthaft, aber der Gerichtsvollzieher ist im Rahmen seiner Amtspflichten zur Berücksichtigung dieser Gründe verpflichtet. Übergeht er sie, ist dies durch Widerspruch zu rügen.[58] Zur Vertagung wegen Glaubhaftmachen der Voraussetzungen des Abs. 3 vgl. Rn. 18. Kann der Schuldner vor dem zuständigen Gerichtsvollzieher nicht erscheinen, weil er sich an einem **weit entfernten Ort** aufhält und ihm die Anreise aus besonderen Gründen, zB Krankheit, nicht zuzumuten ist, ermöglicht es die Verweisung auf § 479 in § 807 Abs. 3 S. 2 bzw. in § 883 Abs. 4, die eidesstattliche Versicherung vor dem Gerichtsvollzieher eines anderen Gerichts leisten zu lassen.[59] Gegen diese Entscheidung ist die Erinnerung statthaft.[60] Dabei steht § 479 unter dem Vorbehalt, dass nicht eine Eidesleistung im Wege der Bild- und Tonübertragung nach § 128a stattfindet. Dies ist im Verfahren nach § 900 wohl unanwendbar, denn § 128a setzt das Einverständnis der Parteien voraus. Im Unterschied zu einem kontradiktorischen Verfahren berührt aber die Abnahme der eidesstattlichen Versicherung nicht nur die Interessen des Schuldners und des antragstellenden Gläubigers, sondern auch die anderer Gläubiger, die wegen § 903 gehindert sind, die Abnahme einer eidesstattlichen Versicherung zu beantragen. Damit ist der beantragende Gläubiger nicht allein dispositionsbefugt, so dass eine Abnahme der Versicherung über § 128a nicht in Betracht kommt. Diese Grundsätze sind auf die eidesstattliche Versicherung nach § 836 Abs. 3 entsprechend anzuwenden, obwohl dort eine ausdrückliche Verweisung auf § 479 fehlt.[61]

12 **2. Ladung.** Der **Schuldner** bzw. sein zur Abgabe verpflichteter gesetzlicher Vertreter (vgl. Rn. 21) wird zum Termin nach Abs. 1 S. 2 und 3 **selbst** (Ersatzzustellung nach §§ 178ff. ist möglich[62]), nicht über seinen Prozessbevollmächtigten **geladen** (öffentliche Zustellung ist zulässig, vgl. § 185 Rn. 1). Das wird vom Gerichtsvollzieher von Amts wegen veranlasst, wie der Gesetzgeber durch Einfügung des S. 2 in den Abs. 1 klargestellt hat (vgl. auch § 166 Abs. 2).[63] Eine besondere, von § 217 abweichende **Ladungsfrist** sieht das Gesetz nicht ausdrücklich vor. Es ist aber sachgerecht, die Regelung in § 900 Abs. 2 S. 4 entsprechend heranzuziehen, denn die Gründe, die für diese Bestimmung angeführt werden (einerseits Überlegungsfrist für den Schuldner, andererseits keine Gefährdung der Befriedigung des Gläubigers durch zu lange Frist[64]), gelten hier ebenso. Die Ladung enthält die Angabe, auf welcher **rechtlichen Grundlage** die Verpflichtung zur Abgabe beruht. Ein etwaiges Fehlen dieser Angabe führt zur Unwirksamkeit der Ladung; dieser Mangel wird aber – wie jeder Ladungsmangel – durch Nichtrüge des erschienenen Schuldners geheilt (vgl. § 214 Rn. 7). Für zweckmäßig, aber nicht für zwingend erforderlich werden **Angaben über den Schuldtitel** gehalten.[65] Dies ist insofern bedenklich, als der Schuldner wissen muss, die Tilgung welcher Forderung er glaubhaft zu machen hat, um nach Abs. 3 eine Vertagung zu erreichen. Zur effektiven Wahrnehmung der Rechte des Schuldners ist deshalb auch die Forderung, wegen derer das Verfahren durchgeführt wird, zu bezeichnen. Da die Vertagung nicht im Ermessen des Vollstreckungsorgans steht (vgl. Rn. 18), kann der Schuldner auf die Vertagung vertrauen, wenn er ein entsprechendes Tilgungsangebot unterbreitet. Um dieses vorzuberei-

---

55 OLG Zweibrücken DGVZ 2001, 117, 118 = JurBüro 2001, 493, 494 = Rpfleger 2001, 441; LG Berlin Rpfleger 2007, 407; LG Stuttgart DGVZ 2003, 91; MK/*Eickmann* Rn. 50.

56 *Münzberg* Rpfleger 1987, 269, 278.

57 Vgl. MK/*Eickmann* Rn. 19 m. weit. Nachw.; vgl. auch LG Koblenz Rpfleger 1997, 489 = JurBüro 1997, 547 (zum Antrag auf Vollstreckungsschutz nach § 765a; nach der Neuregelung ist der Gerichtsvollzieher zuständig, so dass § 765a Abs. 2 einschlägig ist).

58 MK/*Eickmann* Rn. 19; *Zö/Stöber* Rn. 22.

59 *Pinnel/Rodemann* DGVZ 2005, 97f.; weiter gehend AG Reinbek DGVZ 2001, 46, 47 (Rechtshilfe bereits dann, wenn der Schuldner seinen Wohnort außerhalb des Gerichtsvollzieherbezirks verlegt hat).

60 AA *Pinnel/Rodemann* DGVZ 2005, 97, 98 (unanfechtbar entsprechend § 355 Abs. 2).

61 So auch MK/*Eickmann* § 899 Rn. 16.

62 LG Berlin Rpfleger 1997, 120; 1978, 30; *Haase* JR 1971, 369; vgl. auch LG Stade DGVZ 2006, 76f. (Ablegen der Ladung bei Verweigerung der Entgegennahme).

63 Eingefügt durch das EGInsOÄndG vom 19. 12. 1998, BGBl. I S. 3836; vgl. dazu *Hornung* DGVZ 1999, 33f.; wie hier (Zustellung von Amts wegen) MK/*Eickmann* Rn. 13; aA (Zustellung der Ladung im Parteibetrieb) AG Bernau DGVZ 2001, 136 (unter Hinweis auf Nr. 100 der Anlage zu § 9 GVKostG; der entsprechende Zusatz deutet jedoch nicht zwingend auf eine Einordnung als Parteizustellung hin, sondern kann auch als eigenständiger Gebührentatbestand verstanden werden); *Hornung* DGVZ 2007, 58, 59f.; *B/L/H* Rn. 15; *Schuschke* in *Schuschke/Walker* Rn. 15; *Zö/Stöber* Rn. 8 (es handele sich um eine Parteizustellung nach § 191ff.).

64 BT-Drucks. 13/9088 S. 24; zu den Bedenken gegen eine zu kurze Frist vgl. MK/*Eickmann* Rn. 12.

65 *St/J/Münzberg* Rn. 35.

ten, muss er die Höhe der dem Verfahren zu Grunde liegenden Forderung kennen. Die Beifügung einer **Abschrift des Gläubigerantrags** ist nicht erforderlich, wenn dieser kein neues Vorbringen enthält.[66] Ein Formular zur Aufstellung des Vermögensverzeichnisses ist sinnvoll, sein Fehlen hat jedoch auf die Wirksamkeit der Ladung keinen Einfluss.[67] Nach bisher allgM braucht die Ladung **keinen Hinweis** auf die Anforderungen an einen **Vertagungsantrag** oder die Folgen eines **Widerspruchs** zu enthalten.[68] Das erscheint nicht unproblematisch, insbesondere deshalb, weil die Ladung dem Schuldner selbst und nicht seinem Prozessbevollmächtigten zugestellt wird.[69] Der **Prozessbevollmächtigte des Schuldners** wird weder geladen, noch wird ihm die Ladung des Schuldners zugestellt. Auch eine Mitteilung ist nicht erforderlich (Abs. 1 S. 2 Halbs. 2). Hat allerdings der Prozessbevollmächtigte um eine Mitteilung gebeten (um als Beistand zugegen zu sein), wird die Erfüllung dieser Bitte als nobile officium anzusehen sein. Dem **Gläubiger** wird der Termin nach Abs. 1 S. 4 iVm. § 357 Abs. 2 formlos mitgeteilt. Nicht ausdrücklich geregelt ist, ob die Versicherung noch einmal abgegeben werden muss, wenn dem **Gläubiger** die **Möglichkeit der Teilnahme** am Termin durch eine dem Gläubiger nicht mitgeteilte Vorverlegung des Termins **genommen wird.** Da der Schuldner in einem solchen Fall sein Vermögen bereits offenbart hat und dem Gläubiger die Möglichkeit bleibt, im Wege des Nachbesserungsverfahrens dem Schuldner ergänzende Fragen vorzulegen, wird man den Schuldner aus verfassungsrechtlichen Gründen nicht mit staatlichen Zwangsmitteln bis hin zur Haft zur nochmaligen Abgabe der Versicherung zwingen können, solange nicht die Erforderlichkeit dieser Maßnahme feststeht.[70]

IV. Entfallen der Terminsbestimmung und der Ladung im Verfahren nach Absatz 2

13 Die Regelung des Abs. 2 ermöglicht eine erhebliche Verfahrensstraffung, indem die Notwendigkeit einer Terminsbestimmung und einer Ladung des Schuldners entfällt (zum Auftragserfordernis vgl. Rn. 2). Die Regelung ist nur auf Fälle anzuwenden, in denen sich die Pflicht zur Abgabe der eidesstattlichen Versicherung **aus § 807 ableitet.** Auf die Pflicht zur Abgabe der eidesstattlichen Versicherung nach § 836 und § 883 ist die Regelung nicht anzuwenden. Weiterhin setzt Abs. 2 voraus, dass der mit der Sachpfändung beauftragte Gerichtsvollzieher zugleich der **nach § 899 Abs. 1** für die Abnahme der eidesstattlichen Versicherung **örtlich zuständige Gerichtsvollzieher** ist, denn die Regelung in § 900 Abs. 2 lässt die Bestimmungen über die örtliche Zuständigkeit nach § 899 unberührt. Sind weiterhin die Voraussetzungen des § 807 Abs. 1 erfüllt, kann die eidesstattliche Versicherung **ohne besondere Terminsbestimmung und Ladung** abgenommen werden. Durch dieses Verfahren können die Belange des Schuldners und des Gläubigers beeinträchtigt werden, da eine Vorbereitungszeit für den Schuldner entfällt und auch das Recht des Gläubigers auf Teilnahme an dem Termin beschnitten wird.[71] Dem wird Rechnung getragen, indem beiden ein **Widerspruchsrecht** eingeräumt wird (Abs. 2 S. 2). Ein gesonderter Antrag des Gläubigers auf Sofortabnahme der eidesstattlichen Versicherung ist deshalb nicht erforderlich. Der Schuldner ist auf die Möglichkeit des Widerspruchs **hinzuweisen,** auch wenn dies im Gesetz nicht ausdrücklich gefordert wird.[72] Unterbleibt ein Hinweis, ist im Interesse des Schuldners, der sich überraschend einer Situation ausgesetzt sieht, in der die Abgabe der eidesstattlichen Versicherung unausweichlich zu sein scheint, die eidesstattliche Versicherung als nicht wirksam abgegeben anzusehen. Die eidesstattliche Versicherung muss dann wiederholt werden, wobei die Bezugnahme auf das bereits erstellte Vermögensverzeichnis zulässig ist.

14 **Widerspricht** der Schuldner oder der Gläubiger der sofortigen Abnahme der eidesstattlichen Versicherung, wird vom Gerichtsvollzieher **von Amts wegen Termin** und Ort zur Abnahme der Versicherung festgelegt. Der Termin soll frühestens zwei Wochen nach dem Widerspruch des Schuldners und nicht länger als vier Wochen danach angesetzt werden. Ein Verstoß gegen diese Regelung kann durch Erinnerung nach § 766 geltend gemacht werden, er berührt aber die Wirksamkeit der im Termin abgegebenen eidesstattlichen Versicherung nicht. Wird die Frist erheblich unterschritten, ist der Termin zu vertagen, wenn der Schuldner geltend macht, er habe sich wegen der kurzen Frist noch keinen vollständigen Überblick über seine Vermögensverhältnisse verschaffen können; wird nicht vertagt, hat der Schuldner nicht grundlos die Abgabe der eidesstattlichen Versicherung verweigert, so dass Haft nach § 901 nicht angeordnet werden darf.[73] Zum Widerspruch des Schuldners gegen die Verpflichtung zur Abgabe der eidesstattlichen Versicherung vgl. Rn. 24f., zur Weigerung des Schuldners vgl. § 901 Rn. 2, 3.

V. Besonderheiten bei mehreren Verfahren

15 Haben mehrere Gläubiger den Gerichtsvollzieher beauftragt, dem Schuldner die eidesstattliche Versicherung abzunehmen, kann der **Schuldner auswählen,** in welchem Verfahren er die eidesstattliche Versiche-

---

[66] OLG Frankfurt Rpfleger 1977, 417; weiter gehend LG Hamburg MDR 1964, 424 (auch bei neuem Vorbringen nicht erforderlich); aA MK/*Eickmann* Rn. 11.

[67] OLG Karlsruhe DGVZ 1979, 72; *Schuschke* in *Schuschke/Walker* Rn. 15; aA (bezüglich der Pflicht zur Beifügung des Formulars) MK/*Eickmann* Rn. 11.

[68] *St/J/Münzberg* Rn. 35 (zweckmäßig, aber nicht vorgeschrieben).

[69] Vgl. auch (zu den verfassungsrechtlichen Vorgaben an eine Rechtsbehelfsbelehrung im Zivilprozess) BVerfGE 93, 99, 107ff., 112 = NJW 1995, 3173; krit. zur Erforderlichkeit von Rechtsmittelbelehrungen *Greger* JZ 2000, 131ff.

[70] AA AG Bochum DGVZ 2006, 120 (Pflicht zur nochmaligen Abgabe).

[71] Es wird deshalb dem Gläubiger von manchen geraten, dem Sofortverfahren zu widersprechen, vgl. *Behr* JurBüro 1998, 231, 233.

[72] MK/*Eickmann* Rn. 43.

[73] LG Saarbrücken DGVZ 2004, 29.

rung abgibt.[74] Für die anderen Verfahren entfällt damit die Verpflichtung des Schuldners nach § 903 (zu Sonderfragen bei Vertagung in einem Verfahren vgl. Rn. 18). Da die Eintragung im Schuldnerverzeichnis nach § 915 a Abs. 2 Nr. 1 vorzeitig gelöscht wird, wenn der Schuldner nachweist, dass er denjenigen Gläubiger befriedigt hat, der das Verfahren auf Abgabe der eidesstattlichen Versicherung gegen den Schuldner betrieben hat, muss der Schuldner über die Möglichkeit, die eidesstattliche Versicherung in nur einem Verfahren abgeben zu können, **aufgeklärt** werden. Das Wahlrecht und die Hinweispflicht müssen auch gelten, wenn der Gerichtsvollzieher von mehreren Gläubigern mit der Sachpfändung beauftragt ist und die eidesstattliche Versicherung nach Abs. 2 abnimmt. Sofern parallel dazu auch noch Aufträge nach Abs. 1 vorliegen (zB von Gläubigern, die lediglich die Abnahme der eidesstattlichen Versicherung wünschen, nicht aber Sachpfändungen), müssen auch diese in die Wahlmöglichkeit des Schuldners einbezogen werden. Zum Anwesenheitsrecht der Gläubiger bei Durchführung mehrerer Verfahren vgl. Rn. 20.

VI. Aufhebung und Vertagung des Termins

1. Mit Zustimmung des Gläubigers. Die Aufhebung oder Vertagung des Termins ist mit Zustimmung 16
des Gläubigers auf der Grundlage des diesem zustehenden Weisungsrechts (vgl. § 753 Rn. 12) möglich. Anders verhält es sich nur, wenn die wiederholte Gewährung eines nur kurzen Aufschubs vom Gläubiger auf Kosten der zügigen Verfahrensabwicklung missbraucht wird.[75] Dies ist nicht schon dann der Fall, wenn Druck auf den Schuldner zum Zweck der Schuldtilgung ausgeübt wird.[76] Auch in Missbrauchsfällen ist es ausgeschlossen, einen längeren Aufschub zu gewähren als den, dem der Gläubiger zugestimmt hat.[77] Nicht unbedenklich, aber gerade vor dem Hintergrund des § 813a doch tolerabel ist es, bei dem ernst zu nehmenden Angebot einer **Ratenzahlung** durch den Schuldner, das nicht den Anforderungen des Abs. 3 S. 1 entspricht, mangels anderer Anzeichen davon auszugehen, dass der im Termin nicht anwesende Gläubiger damit einverstanden ist, seinen Auftrag zunächst nicht auszuführen.[78] Ihm wird dann unter Mitteilung des Ratenzahlungsangebots anheim gestellt, die Fortsetzung des Verfahrens zu beantragen (zu Folgeproblemen beim Haftbefehlsantrag vgl. § 901 Rn. 4).

2. Ohne Zustimmung des Gläubigers. a) Vertagung aus erheblichen Gründen. Ohne Zustimmung des 17
Gläubigers kann der Termin entweder nach der Regelung des Abs. 3 oder aber in entsprechender Anwendung des § 227 dann aufgeschoben bzw. vertagt werden, wenn erhebliche Gründe die Verlegung oder die Vertagung des Termins erfordern.[79] **Beispiele** sind: Erkrankung des Schuldners[80] (zu Erkrankungen, die die Verfahrensvoraussetzungen in Frage stellen, vgl. Rn. 7), uU auch nicht zu verschiebender Urlaub[81] (insoweit ist Zurückhaltung geboten[82]). **Keine solchen Gründe** sind: Schuldner hat bereits private Einladung angenommen und ist deshalb verreist;[83] Schuldner hat Teilleistungen erbracht (ggf. Vertagung nach Abs. 3, vgl. dazu Rn. 18), Persönlichkeit des Schuldners lässt Tätlichkeiten für den Fall der Termindurchführung befürchten,[84] Schuldner nennt erstmals seinen Arbeitgeber und verweist den Gläubiger auf diese Vollstreckungsmöglichkeit.[85] Hat der Schuldner ein **unvollständiges Verzeichnis** vorgelegt und ist die Vervollständigung kurzfristig zu erwarten, kann der Termin in entsprechender Anwendung der Regelung in § 902 Abs. 3 vertagt werden, wenn die Unvollständigkeit nicht auf einem Verschulden des Schuldners beruht.[86] Bei Verschulden wird nicht vertagt, denn der Schuldner hätte es sonst in der Hand, die Vertagung zu erzwingen. Die Angabe, sich (schuldhaft) nicht informiert zu haben und deshalb keine Auskünfte geben zu können, ist vielmehr als grundlose Verweigerung der eidesstattlichen Versicherung mit der Folge des § 901 zu werten. Weiterhin muss vertagt werden, wenn der nicht erschienene Schuldner nicht ordnungsgemäß ge-

---

74 *Zö/Stöber* Rn. 43 (unter der Voraussetzung der Zusammenfassung in einem Termin am selben Tag) und für das bisher geltende Recht: LG Berlin Rpfleger 1977, 35; *Brinkmann* Rpfleger 1990, 331, 333; *ders.* Rpfleger 1994, 89 ff.; *St/J/Münzberg* Rn. 32; aA (Abgabe zugleich in allen Verfahren) *T/P/Hüßtege* Rn. 4; *Viertelhausen* DGVZ 2002, 53 ff. (mit ausführlicher Begründung); wohl auch § 185e GVGA und für das bisher geltende Recht LG Arnsberg DGVZ 1994, 6 ff. = Rpfleger 1994, 76; *Hornung* Rpfleger 1995, 233, 234; wiederum anders (Abgabe nur in einem Verfahren, das dem Schuldner jedoch vorgegeben wird) hins. mehrerer Haftbefehle MK/*Eickmann* § 902 Rn. 5.

75 LG Nürnberg-Fürth Rpfleger 1985, 309; *Zö/Stöber* Rn. 13; vgl. LG Köln JurBüro 1977, 413.

76 LG Detmold Rpfleger 1991, 212 f. (mehrfache Verschiebung); LG Köln JurBüro 1977, 413; vgl. auch (Zustimmung des Gläubigers für den Fall der Teilerfüllung) LG Nürnberg-Fürth Rpfleger 1985, 309.

77 So aber LG Nürnberg-Fürth Rpfleger 1985, 309; *St/J/Münzberg* Rn. 77.

78 *Steder* JurBüro 1998, 573, 575; so zum bisher geltenden Recht LG Wuppertal Rpfleger 1981, 25; *Ro/G/Sch* § 60 II 3; MK/*Eickmann* Rn. 37 f. (anders aber für das jetzt geltende Recht, da dieses keine Parallele zu § 900 Abs. 3 S. 4 aF enthalte); aA *Haase* JR 1968, 444 f.; *St/J/Münzberg* Rn. 80; zurückhaltend auch (Vertagung nur bei Anzeichen für Zustimmung des Gläubigers) *Gillessen/Polzius* DGVZ 1998, 97, 108. *Behr* (JurBüro 1998, 231, 234) ist der Auffassung, wegen der Verlängerung der Tilgungsfrist durch die 2. Zwangsvollstreckungsnovelle sei nunmehr diese Form des Aufschubs unzulässig. Ob sich durch die Fristverlängerung die Beurteilung ändert, erscheint jedoch zweifelhaft, denn es stellt sich jetzt wie auch nach früherem Recht die Frage, ob dem Gläubiger Teilleistungen, die zur Tilgung der Gesamtforderung erst nach Fristablauf führen, lieber sind als die Abgabe der eidesstattlichen Versicherung.

79 *B/L/H* Rn. 32; *Zö/Stöber* Rn. 13.

80 OLG Jena Rpfleger 1997, 446, 447; LG Düsseldorf Rpfleger 1989, 73; *Schneider* JurBüro 1977, 1673; OLG Frankfurt Rpfleger 1977, 146.

81 Vgl. OLG Hamm Rpfleger 1977, 111.

82 LG Berlin Rpfleger 1973, 374.

83 LG Berlin Rpfleger 1973, 374.

84 LG Düsseldorf Rpfleger 1989, 73.

85 LG Berlin Rpfleger 1975, 373 f.

86 Weiter gehend (ohne Beschränkung auf fehlendes Verschulden) *St/J/Münzberg* Rn. 76.

laden war oder der Termin unter Verletzung des **rechtlichen Gehörs** für den Gläubiger bestimmt wurde.[87] In seltenen Ausnahmefällen wurde für das früher geltende Recht eine Vertagung nach **§ 765 a** zugelassen, beispielsweise dann, wenn die Forderung bis auf einen verschwindenden Rest erfüllt wurde und die Abgabe der Versicherung den Schuldner aus besonderen Gründen unverhältnismäßig beeinträchtigte[88] oder bei nachgewiesener ernsthafter Suizidgefahr (vgl. auch § 765 a Rn. 7).[89] Da die Entscheidung über den Antrag nach § 765 a grundsätzlich dem Vollstreckungsgericht (Rechtspfleger) obliegt, kann der Gerichtsvollzieher Gründe iSd. § 765 a grundsätzlich nicht berücksichtigen.[90] Fälle, in denen dem Schuldner die rechtzeitige Anrufung des Vollstreckungsgerichts nicht möglich war (§ 765 a Abs. 2), sind schwer denkbar, weil der Schuldner den Widerspruch im Termin gegenüber dem Gerichtsvollzieher erklären kann, Rn. 24.

18 b) **Aufschub bei Tilgungszusage.** Die Regelung des Abs. 3 S. 1 erlaubt die Vertagung eines nach Abs. 1 oder Abs. 2 S. 2 angesetzten Termins oder das Hinausschieben des Termins in Abweichung von Abs. 2 S. 4, wenn der Schuldner glaubhaft macht (zu den Anforderungen vgl. § 294), dass er die Forderung innerhalb einer **Frist von sechs Monaten tilgen** werde (zu Ratenzahlungsangeboten, die dem nicht genügen, vgl. Rn. 16). Entgegen dem etwas missverständlichen Wortlaut ist ein **Einverständnis des Gläubigers** nur für die Einziehung von Teilbeträgen, aber **nicht** für die Vertagung bzw. für die Terminsbestimmung nach Ablauf von sechs Monaten **erforderlich.**[91] Die Vertagung erfordert einen **Antrag** des Schuldners.[92] Die Regelung des Abs. 2 S. 1 sieht einen solchen zwar nicht ausdrücklich vor, das Gesetz setzt ihn aber in Abs. 4 S. 2 voraus. In aller Regel wird in der Glaubhaftmachung des Vertagungsgrundes zugleich ein Antrag zu sehen sein. Die **Glaubhaftmachung** kann im Fall des Abs. 2 S. 1 anlässlich der Sachpfändung erfolgen, sie kann aber auch in der Zeit zwischen der Anordnung des Termins und dem Termin oder erst im Termin selbst stattfinden.[93] Es ist weiterhin zulässig, dass der Schuldner eine andere Person bevollmächtigt, für ihn die Tilgung innerhalb der nächsten sechs Monate geltend zu machen und die für die Glaubhaftmachung erforderlichen Nachweise vorzulegen. Ob die Tilgung durch den Schuldner selbst geschehen wird, ist entgegen dem Wortlaut gleichgültig. Die **Zusicherung eines Dritten,** die Forderung zu erfüllen, muss ihrerseits glaubhaft gemacht werden. Behauptet der **Schuldner,** die Forderung selbst tilgen zu wollen, wird die eidesstattliche Versicherung dieser Absicht zur Glaubhaftmachung nicht ausreichen. Erforderlich ist vielmehr eine substantiierte Darlegung, aus welchen Mitteln die Forderung beglichen werden soll und warum nunmehr Zahlungsbereitschaft besteht.[94] Die sechsmonatige Frist, innerhalb derer die Tilgung erfolgen soll, beginnt mit dem angesetzten Termin bzw. im Fall des Abs. 2 S. 1 mit dem Termin der Sachpfändung.[95] Das **Hinausschieben des Abgabetermins** nach Abs. 3 S. 1 (anders bei der weiteren Vertagung, vgl. Rn. 19) wird vom Gesetz **zwingend** angeordnet.[96] Die für das frühere Recht anerkannte Möglichkeit, am Termin festzuhalten, wenn eine Aufhebung oder Vertagung in Anbetracht des bisherigen Verfahrensverlaufs dem Gläubiger nicht zuzumuten ist, oder sich die Vorverlegung des aufgeschobenen Termins vorzubehalten, wenn die Zahlung der vom Schuldner angebotenen Raten nicht erfolgt,[97] besteht damit nicht mehr.[98] Der Gerichtsvollzieher darf auch nicht mit der Entscheidung über die Terminierung abwarten, um zu sehen, ob der Schuldner seine Ratenzahlungszusage einhält.[99] Wird glaubhaft gemacht, dass die Schuld innerhalb der nächsten sechs Monate getilgt wird, setzt der Gerichtsvollzieher im Verfahren nach Abs. 2 einen Termin unmittelbar nach Ablauf der Sechsmonatsfrist (Beginn: Tag des Pfändungsversuchs) fest. Im Verfahren nach Abs. 1 wird ein bereits bestimmter Termin vertagt, wobei der neue Termin nicht später als sechs Monate nach dem bisher angesetzten bestimmt werden darf. Hat der Schuldner Widerspruch erhoben, ist für den Fristbeginn auf den Termin abzustellen, der nach rechtskräftiger Verwerfung des Widerspruchs zur Abgabe der eidesstattlichen Versicherung angesetzt wurde (vgl. Abs. 4 S. 2).[100] Wird nach der Vertagung ein **weiterer Antrag** auf Abgabe der eidesstatt-

---

[87] *St/J/Münzberg* Rn. 77 (heilbare Vollstreckungsmängel) Fn. 408 (nicht ordnungsgemäße Ladung des Schuldners).

[88] LG Koblenz Rpfleger 1997, 489 = JurBüro 1997, 547; LG Essen FamRZ 2000, 363, 364 (iE Härte verneinend); *St/J/Münzberg* Rn. 75, 57 m. weit. Nachw.; krit. (Höhe der Forderung unerheblich) *Morgenstern* NJW 1979, 2277, 2278 f. m. weit. Nachw.

[89] Zur Einstellung der Zwangsvollstreckung nach § 765 a in einem solchen Fall vgl. BVerfG DGVZ 1994, 71 f.; JurBüro 2007, 494 f.; restriktiv BGH NJW 2005, 1859 (Suizidgefahr eines nahen Angehörigen des Schuldners); diesen restriktiven Ansatz fortsetzend *Schuschke* NJW 2006, 874, 876.

[90] LG Düsseldorf DGVZ 2000, 119 (Berücksichtigung allein auf Antrag des Schuldners nach § 765 a vom Vollstreckungsgericht oder im Widerspruchsverfahren); LG Rostock JurBüro 2003, 549 (Berücksichtigung nur im Widerspruchsverfahren, soweit nicht der Antragsgrund gerade das Erscheinen im Termin betrifft).

[91] AG Kleve DGVZ 2004, 172, 173; AG Ansbach DGVZ 2003, 175; *Schilken* DGVZ 1998, 145, 153; *Harnacke* DGVZ 2002, 108, 110; *Helwich* DGVZ 2000, 105, 110; *T/P/Hüßtege* Rn. 24; *Schuschke* in *Schuschke/Walker* Rn. 24; *Sae/Rathmann* Rn. 10; *St/J/Münzberg* Rn. 67; vgl. auch Rechtsausschuss, BT-Drucks. 13/9088 S. 24, und Begründung des ursprünglichen Entwurfs, BT-Drucks. 13/341 S. 45; aA *Gillessen/Polzius* DGVZ 1998, 97, 107.

[92] So auch *T/P/Hüßtege* Rn. 20.

[93] *St/J/Münzberg* Rn. 67.

[94] *St/J/Münzberg* Rn. 71; zum (strengen) Maßstab vgl. *Schilken* DGVZ 1998, 145, 153.

[95] So auch *T/P/Hüßtege* Rn. 20, 16.

[96] *Sae/Rathmann* Rn. 11; *Schilken* DGVZ 1998, 145, 154; *T/P/Hüßtege* Rn. 19.

[97] LG Essen JurBüro 1972, 925; ähnlich *Schuschke* in *Schuschke/Walker* Rn. 27 (Vorverlegung des Termins nach § 227 Abs. 1, wenn Schuldner Raten nicht bezahlt).

[98] *Schilken* DGVZ 1998, 145, 154; aA *Gillessen/Polzius* DGVZ 1998, 97, 108.

[99] Für eine sofortige Entscheidung *Münzberg* DGVZ 2000, 53, 54; *T/P/Hüßtege* Rn. 21; *Schuschke* in *Schuschke/Walker* Rn. 22; wohl auch *Zö/Stöber* Rn. 17; für die Zulässigkeit des Abwartens, sofern Gläubiger Rateninkasso nicht abgelehnt hat, *Harnacke* DGVZ 1999, 81, 87.

[100] *Zö/Stöber* Rn. 20.

lichen Versicherung gestellt und gelingt es dem Schuldner nicht, auch hinsichtlich dieser Forderung die Tilgung glaubhaft zu machen, lässt dies die Vertagung im Erstverfahren unberührt. Allein im Zweitverfahren ist dann ein Termin zur Abgabe der eidesstattlichen Versicherung zu bestimmen.[101] Die **Ladung** des Schuldners zu dem Termin und die Benachrichtigung des Gläubigers bestimmen sich nach Abs. 2 S. 5 iVm. Abs. 1. Wird im Termin vertagt und ist der Schuldner persönlich anwesend, ist in entsprechender Anwendung des § 218 die Ladung entbehrlich. Dies gilt nicht, wenn nur ein Vertreter den Termin für den Schuldner wahrgenommen hat (§§ 218, 141 Abs. 2 analog).[102] Die Entscheidung des Gerichtsvollziehers über das Hinausschieben des Termins insgesamt und die Dauer des Aufschubs unterliegt der **Erinnerung** nach § 766. Dabei unterliegt die Frage, ob die Tilgung glaubhaft gemacht wurde, in vollem Umfang der Nachprüfung. Ein nicht kontrollierbarer Beurteilungsspielraum des Gerichtsvollziehers besteht nicht.[103] Der Gerichtsvollzieher kann während der Zeit bis zum Termin für den Gläubiger **Teilbeträge einziehen,** wenn der Gläubiger einverstanden ist. Ein Antrag des Gläubigers ist nicht erforderlich. Der Gerichtsvollzieher muss von sich aus anfragen, ob das erforderliche Einverständnis besteht, soweit dieses nicht bereits im Auftrag an den Gerichtsvollzieher erklärt wurde (vgl. § 813a Abs. 2). Bietet der Schuldner glaubhaft die Tilgung innerhalb der Frist an, widerspricht er aber zugleich der Verpflichtung zur Abgabe der eidesstattlichen Versicherung insgesamt, ist zunächst über den Widerspruch zu entscheiden, denn der Schuldner ist in der Regel erst nach rechtskräftiger Entscheidung über den Widerspruch zur Abgabe der eidesstattlichen Versicherung verpflichtet, Abs. 4 S. 2, so dass auch erst dann über die Vertagung zu entscheiden ist.[104]

c) **Weiterer Aufschub.** Nach Abs. 3 S. 2 kann der bereits hinausgeschobene Termin zur Abgabe der eides- 19
stattlichen Versicherung nochmals um bis zu zwei Monate vertagt werden. Erforderlich ist dazu der **Nachweis,** nicht bloß die Glaubhaftmachung der Tilgung von drei Vierteln der Forderung. Dabei sind die Zinsen und die Kosten der Forderung zuzurechnen. Die Tilgung muss **im Termin** nachgewiesen werden. Erscheint der Schuldner oder sein Vertreter im Termin nicht, scheidet eine Vertagung dem Wortlaut des Abs. 3 S. 2 zufolge aus. Man wird aber der für das bisher geltende Recht vertretenen Auffassung folgen können, die auch den Nachweis der Dreivierteltilgung vor dem Termin zugelassen hat.[105] Die Entscheidung wird dann aber spätestens in dem angesetzten Termin getroffen (auch bei Säumnis des Schuldners). Die Entscheidung über die weitere Vertagung steht im **Ermessen** des Gerichtsvollziehers. Dabei wird neben den Gründen, die der Schuldner dafür anführt, dass entgegen der Zusage bei der ersten Verschiebung die Forderung nicht vollständig getilgt wurde, auch zu berücksichtigen sein, ob der weitere Aufschub dem Gläubiger in Anbetracht der Gesamtsituation und des Zahlungsverhaltens des Schuldners zuzumuten ist. Der Termin kann um bis zu zwei Monate vertagt werden; eine Mindestfrist besteht nicht. Da es sich um eine Ermessensentscheidung handelt, kann sich der Gerichtsvollzieher vorbehalten, den Termin vorzuziehen, wenn zugesagte Ratenzahlungen ausbleiben. Gegen die Entscheidung des Gerichtsvollziehers ist die Erinnerung nach § 766 statthaft.

VII. Abnahme der eidesstattlichen Versicherung

1. Anwendbarkeit der allgemeinen Vorschriften. Der nach Abs. 1 bestimmte Termin ist kein Verfahren 20
vor dem „erkennenden Gericht" im Sinne des § 169 GVG und deshalb der **Öffentlichkeit nicht zugänglich.**[106] Ein Beistand des Schuldners (vgl. Rn. 21) ist zum Termin zuzulassen. Der beantragende **Gläubiger** kann, muss aber nicht teilnehmen. Ist der Schuldner in mehreren Verfahren zur Abgabe der eidesstattlichen Versicherung verpflichtet, können diese nicht verbunden werden.[107] Für zulässig wird es jedoch gehalten, wenn der Termin für alle Verfahren gemeinsam angesetzt wird. Der Schuldner kann dann wählen, für welches oder für welche Verfahren er die Versicherung abgeben möchte (vgl. Rn. 15). Hat er gewählt, wird das Anwesenheitsrecht für die Vollstreckungsgläubiger der anderen Verfahren enden. Soweit diese Gläubiger angeregt haben, dem Schuldner Fragen zu stellen, können ihre Fragen auch weiterhin gestellt werden, denn es geht darum, ein vollständiges Verzeichnis zu erhalten. Außerdem können die Gläubiger über § 903 die Ergänzung des Verzeichnisses verlangen, wenn es unvollständig ist. Über den Termin ist – unabhängig davon, ob die Versicherung nach Abs. 1 oder nach Abs. 2 abgenommen wird – ein **Protokoll** anzufertigen, §§ 762f. Daraus muss sich auch ergeben, ob und mit welcher Begründung der Schuldner der Abgabe der Versicherung widersprochen (vgl. Rn. 24ff.) und ob er Fragen des Gerichtsvollziehers oder solche, die der Gläubiger zulässigerweise gestellt hat (vgl. Rn. 22f.), nicht beantwortet hat. Spätestens im Termin (zur Mitteilung in der Ladung zum Termin vgl. Rn. 12) ist dem **Schuldner mitzuteilen,** wegen welcher Forderung und wegen welchen Vollstreckungstitels das Verfahren betrieben wird.[108]

2. Person des Erklärungspflichtigen. Die Versicherung kann nur der **Schuldner persönlich** abgeben. Dies 21
folgt für die Abgabe der Versicherung an Eides statt nach § 807 aus § 807 Abs. 3 S. 2 iVm. § 478 und für die

---

101 *Helwich* DGVZ 2000, 105, 110; aA *Harnacke,* DGVZ 2002, 108, 111 (zur Vermeidung von Rangnachteilen der Altgläubiger gegenüber den Neugläubigern).

102 *Sae/Rathmann* Rn. 11; *Zö/Stöber* Rn. 14.

103 AA *Harnacke* DGVZ 1999, 81, 87.

104 *Zö/Stöber* Rn. 20; aA *Harnacke* DGVZ 1999, 81, 88.

105 *Sae/Rathmann* Rn. 12; *St/J/Münzberg* Rn. 74.

106 *Steder* Rpfleger 1998, 409, 415; *Zö/Stöber* Rn. 16.

107 *Brinkmann* Rpfleger 1990, 331, 332; *Sae/Rathmann* Rn. 2; *Zö/Stöber* Rn. 43; vgl. auch *St/J/Münzberg* Rn. 32 (freiwillig – unter Inkaufnahme der Nachteile bei § 915a – könne der Schuldner die Versicherung auch in mehreren Verfahren zugleich abgeben); aA (Verbindungszwang) LG Stuttgart Rpfleger 1996, 167f.; DGVZ 1996, 121f.; vgl. auch LG Arnsberg DGVZ 1994, 6ff.

108 OLG Frankfurt Rpfleger 1977, 417.

Herausgabevollstreckung aus § 883 Abs. 4 iVm. § 478. Entsprechendes gilt aber auch für § 836 Abs. 3. Das Fehlen einer entsprechenden Verweisung in § 836 Abs. 3 ist nur als Redaktionsversehen anzusehen. Trotz der Pflicht zur Abgabe der Versicherung an Eides statt durch den Schuldner selbst kann ein Dolmetscher nach § 185 GVG zugezogen werden. Wegen der dabei entstehenden Kosten ist beim Auftraggeber vor der Beauftragung des Dolmetschers Rückfrage zu halten;[109] dieser hat die Kosten ggf. vorzuschießen.[110] Eine Vertretung – auch durch Rechtsanwälte – ist ausgeschlossen; der Vertreter kann aber als Beistand an dem Termin teilnehmen.[111] Für einen nicht prozessfähigen Schuldner sowie für juristische Personen und Personenmehrheiten, die als solche Schuldner der Zwangsvollstreckung sind (zB OHG, § 124 Abs. 2 HGB, nach neuer Rechtsprechung des BGH auch die Gesellschaft bürgerlichen Rechts[112]), muss der zur Vermögenssorge berufene Betreuer[113] bzw. **das kraft Gesetzes zur Vertretung berufene Organ** die Erklärung abgeben (vgl. § 807 Rn. 8ff.).[114] Maßgebender Zeitpunkt für die Bestimmung der Person des Vertreters ist richtiger Ansicht nach nicht der des Zugangs der Ladung,[115] sondern der Zeitpunkt des **Termins,**[116] denn die ordnungsgemäße Vertretung stellt eine stets zu beachtende Verfahrensvoraussetzung dar. Eine als Vertretungsorgan abberufene Person ist richtiger Ansicht zufolge nicht zur Abgabe der Versicherung an Eides statt verpflichtet.[117] Die Sonderregelung in § 153 Abs. 2, § 101 Abs. 1 S. 2 InsO, die die Abgabepflicht auf Mitglieder des Vertretungs- oder Aufsichtsorgans und auf persönlich haftende Gesellschafter des Schuldners erstreckt, die nicht früher als zwei Jahre vor dem Stellen des Antrags auf Eröffnung des Insolvenzverfahrens aus ihrer Stellung ausgeschieden sind, ist auf die Verpflichtung zur Abgabe der eidesstattlichen Versicherung aus anderem Grunde (§§ 807, 836, 883) nicht entsprechend anwendbar. Anderes gilt nur bei Scheinabberufungen, von denen auch bei engem zeitlichen Zusammenhang mit der Ladung nur dann ausgegangen werden kann, wenn das Verfahren zur Neubestellung nicht ernsthaft betrieben wird. Das ernsthafte Betreiben des Bestellungsverfahrens ist gegebenenfalls vom Vollstreckungsschuldner darzulegen.[118] **Andere Verfahrenshandlungen** als die Abgabe der Versicherung an Eides statt braucht der Schuldner nicht persönlich vorzunehmen, sondern kann sie durch **Vertreter** vornehmen lassen. Das betrifft insbesondere die Glaubhaftmachung der Tilgung mit dem Ziel einer Hinausschiebung des Termins nach Abs. 3 (vgl. Rn. 18f.). Auch der Widerspruch nach Abs. 2 S. 2 und das Bestreiten der Abgabeverpflichtung mit der Folge des Abs. 4 (vgl. Rn. 24f.) kann durch Bevollmächtigte erfolgen.

22 **3. Belehrungs- und Beratungspflichten.** Der Gerichtsvollzieher muss den Erklärenden über die Bedeutung dieser Erklärung **belehren** (§ 807 Abs. 3 S. 2 bzw. § 883 Abs. 4 iVm. § 480; zur Belehrung hinsichtlich der Widerspruchsmöglichkeiten vgl. Rn. 13). Das gilt auch bei einer eidesstattlichen Versicherung nach § 836 Abs. 3, obwohl dort eine Verweisung auf § 480 fehlt (vgl. Rn. 21). Zur Abgabe der Versicherung kann ein Formblatt verwendet werden, das vom Schuldner – nicht vom Gerichtsvollzieher[119] – auszufüllen und dann mit dem Gerichtsvollzieher durchzusprechen ist.[120] Der Gerichtsvollzieher kann dem Schuldner

---

[109] LG Berlin JurBüro 2000, 376.

[110] LG Amberg DGVZ 2006, 181.

[111] *B/L/H* Rn. 21.

[112] BGH NJW 2001, 1056; *K. Schmidt* NJW 2001, 993; mit Recht eine Vorlage an den großen Senat für erforderlich haltend, *Jauernig* NJW 2001, 2231, 2232.

[113] LG Osnabrück DGVZ 2005, 128 (§ 53 analog, falls Schuldner noch verfahrensfähig ist); *Harnacke* DGVZ 2000, 161ff.; sehr restriktiv AG Haßfurt DGVZ 2003, 46, 47 (Betreuung mit Vermögenssorge schließt Betreuten nicht aus, ggf. sei eine Erweiterung des Aufgabenbereichs um den Punkt „Abgabe der eidesstattlichen Versicherung“ erforderlich); vgl. auch BayObLG MDR 1991, 443; *Wiecz/Hausmann* § 53 Rn. 2.

[114] Zur Bestimmung dieser Person vgl. *Gillessen/Polzius* DGVZ 1998, 97, 98; *Limberger* DGVZ 1984, 129ff.; sind mehrere vertretungsberechtigt, so kann auch zunächst auch nur einer von ihnen geladen werden, vgl. LG Mainz Rpfleger 2000, 283, 284.

[115] So aber *B/L/H* Rn. 20 (damit sich der Vertreter nicht durch Niederlegung des Amtes der Verpflichtung entziehen kann); *Sae/Rathmann* Rn. 15; iE auch *Baur/Stürner* ZwV 48.7 Fn. 23; vgl. auch OLG Stuttgart MDR 1984, 239; LG Düsseldorf JurBüro 1988, 1580f.

[116] BGH NJW-RR 2007, 185; OLG Köln JurBüro 2000, 599f. = Rpfleger 2000, 399; LG Bochum DGVZ 2002, 22, 23; LG Aschaffenburg DGVZ 1998, 75f.; OLG Düsseldorf MDR 1961, 328; OLG Schleswig Rpfleger 1979, 73; *Behr* JurBüro 1994, 65, 66; *Wiecz/Sch/Storz* Rn. 9; zum Meinungsstand vgl. KG DGVZ 1996, 58 = Rpfleger 1996, 253.

[117] BGH NJW-RR 2007, 185 (anders bei rechtsmissbräuchlicher Amtsniederlegung; offen lassend, ob der Missbrauch vermutet wird); OLG Köln JurBüro 2000, 599, 600 = Rpfleger 2000, 399f. (anders nur bei Scheinabberufung; im Fall bejaht); LG Bochum DGVZ 2002, 22, 23; LG Aschaffenburg DGVZ 1998, 75f.; so im Grundsatz auch, aber in weiterem Umfang Scheinabberufungen annehmend *St/J/Münzberg* § 807 Rn. 54; *Wiecz/Sch/Storz* Rn. 9; *Limberger* DGVZ 1984, 129, 130. Das gilt auch für den Fall der Löschung nach dem Löschungsgesetz (nunmehr § 141a FGG), so dass ein (ggf. zu bestellender) Liquidator auskunftspflichtig ist; vgl. OLG Stuttgart Rpfleger 1995, 168 m. abl. Anm. *B. Schmidt;* LG Berlin Rpfleger 1990, 374f.; MK/*Eickmann* § 807 Rn. 37; *St/J/Münzberg* § 807 Rn. 53; aA (Fortbestehen der Verpflichtung) LG Zweibrücken Rpfleger 1996, 209 (sogar trotz vorheriger Amtsniederlegung); LG Braunschweig NJW-RR 1999, 1265; *Gillessen/Polzius* DGVZ 1998, 97, 99; *Wiecz/Sch/Storz* Rn. 11; zum Erlass des Haftbefehls bei Abberufung vgl. § 901 Rn. 8; zur Frage der Verhaftung des nach dem Termin zur Abgabe der eidesstattlichen Versicherung Abberufenen vgl. § 909 Rn. 3.

[118] Vgl. BGH NJW-RR 2007, 185 (Amtsniederlegung unmittelbar vor dem Termin nach erfolglosem Widerspruch); MK/*Eickmann* § 807 Rn. 35; vgl. auch *Behr* JurBüro 1994, 65, 66f.

[119] Hilfestellung ist nur bei erkennbarer Überforderung des Schuldners geboten, vgl. MK/*Eickmann* Rn. 15; auch der Bericht des Rechtsausschusses geht von einer Hilfestellung durch den Gerichtsvollzieher aus, BT-Drucks. 13/9088 S. 24.

[120] *Gillessen/Polzius* DGVZ 1998, 97, 105; MK/*Eickmann* Rn. 16; *Behr* Rpfleger 1988, 1, 7; die in § 899 Abs. 3 des Entwurfs, BT-Drucks. 13/441 S. 7, vorgesehene Ermächtigung zur Einführung eines einheitlichen Formblatts ist nicht Gesetz geworden.

auch **andere als die formularmäßig vorgesehenen Fragen** zur Beantwortung vorlegen (vgl. auch § 185b Nr. 2, § 185d Nr. 1 GVGA).[121] Diese Fragen sind bei der Versicherung nach § 807 jedoch nur insoweit zulässig, als sie sich auf die Feststellung des Istbestandes des Vermögens beziehen und eine vollständige Erklärung des Schuldners über sein Vermögen erreichen sollen. Zu diesem Zweck ist es auch zulässig, den Schuldner nach einzelnen Vermögensgegenständen zu fragen. Dabei müssen die Angaben so präzise sein, dass der Gläubiger ohne weitere Nachfragen die Vollstreckung betreiben kann.[122] Unterlässt es der Gerichtsvollzieher pflichtwidrig, unpräzise Angaben konkretisieren zu lassen, kann gebührenfrei die Ergänzung der Angaben verlangt werden.[123] Erklärt der Schuldner, den Gegenstand nicht (mehr) zu besitzen, sind Nachforschungen zum Verbleib unzulässig, denn insoweit ist der Schuldner nach § 807 nicht auskunftspflichtig (anders bei § 883).[124] Zur Auskunft verpflichtet ist der Schuldner aber, soweit die Fragen darauf abzielen, mögliche Rückforderungsansprüche aufzudecken,[125] denn diese Rückforderungsansprüche sind Bestandteil des dem Schuldner im Zeitpunkt der Abgabe der Versicherung zustehenden Vermögens. Fragen zu künftigem Vermögenserwerb sind nicht zulässig.[126] Nach herrschender Auffassung ist der Schuldner auch dann zur Angabe verpflichtet, wenn er sich damit einer Straftat bezichtigt,[127] vgl. § 807 Rn. 20. Unzulässig ist es, dem Schuldner einen vom Gläubiger erstellten **pauschalen Fragenkatalog** vorlegen zu lassen.[128] Es ist vielmehr für jede Frage gesondert zu prüfen, ob ein konkreter Anhaltspunkt besteht und ob ihre Beantwortung angesichts der ohnehin zu beantwortenden Fragen noch erforderlich ist.[129]

4. Position des Gläubigers. Der Gläubiger, für den das Verfahren durchgeführt wird (vgl. Rn. 15), kann 23
im Termin oder auch durch ein vorbereitendes Schreiben konkrete, auf den Einzelfall bezogene Fragen seitens des Gerichtsvollziehers anregen, nicht aber ohne Anhaltspunkte pauschale Fragenkataloge vorlegen (vgl. Rn. 22). Nimmt der Gläubiger – oder sein Vertreter – den Termin wahr, kann ihm auch gestattet werden, Fragen unmittelbar an den Schuldner zu richten; ein eigenes **Fragerecht des Gläubigers** besteht jedoch entgegen der untergesetzlichen Regelung in § 185d Nr. 1 Abs. 2 GVGA nicht,[130] denn der Gläubiger kann lediglich verlangen, dass der Schuldner dem Gerichtsvollzieher und nicht ihm gegenüber ein vollständiges Verzeichnis vorlegt. Es verhält sich insoweit nicht anders als bei § 397. Unzulässige Fragen (vgl. Rn. 22) sind nicht zurückzuweisen, sondern – nach Aufnahme in das Protokoll – schlicht zu übergehen.[131] Wird dadurch das Vermögensverzeichnis nach Ansicht des Gläubigers unvollständig, kann er Nachbesserung verlangen (vgl. § 903 Rn. 8). Lehnt der Gerichtsvollzieher es ab, einen Termin zur Ergänzung des nach An-

---

[121] LG Koblenz JurBüro 2006, 548 (Frage nach Schwarzarbeit nur bei konkreten Anhaltspunkten); LG Heilbronn Rpfleger 1996, 34 = JurBüro 1996, 46; LG Mannheim DGVZ 1994, 118f. = JurBüro 1994, 501; zu vom Formblatt abweichenden Fragen des Gläubigers vgl. LG Göttingen NJW 1994, 1164f.; LG Freiburg DGVZ 1994, 118 = JurBüro 1994, 407; LG Stade JurBüro 1997, 325; LG Bonn JurBüro 2000, 101; *Schuschke* in *Schuschke/Walker* Rn. 18. Zur Zulässigkeit einzelner Fragen vgl. auch § 807 Rn. 14; vgl. auch *Bardohl* KTS 1998, 191ff.

[122] LG Berlin JurBüro 1995, 331; LG Augsburg JurBüro 1995, 442; LG Konstanz JurBüro 1996, 492 (Name, Anschrift, Einkommen der unterhaltspflichtigen Ehefrau des Schuldners); LG Landau JurBüro 1998, 211 (Name und Adresse der getrennt lebenden Ehefrau, auch wenn ein pfändbarer Unterhaltsanspruch gegen sie sehr zweifelhaft ist); vgl. auch LG Ravensburg JurBüro 1996, 492f.; LG Bielefeld JurBüro 1996, 441 (Angaben zu verschleiertem Arbeitseinkommen); LG Köln JurBüro 1996, 50 (Angabe über Zuwendungen Dritter im Hinblick auf § 903 bei Wegfall der Zuwendungen), dazu auch LG Freiburg JurBüro 1998, 272; LG Münster JurBüro 1995, 328 (Lebensgefährte); LG Saarbrücken JurBüro 1997, 325f. (Angaben zum Arbeitseinkommen des Ehegatten wegen Vollstreckung in den Taschengeldanspruch); LG Bremen JurBüro 2005, 605 (Vorpfändungen).

[123] AG Hamburg JurBüro 2000, 598; vgl. auch LG Göttingen JurBüro 2006, 661 (Möglichkeit des Gläubigers, ergänzende Fragen zu stellen, steht späterem Ergänzungsverlangen nicht entgegen).

[124] Vgl. LG Tübingen JurBüro 1995, 326, 327 mit krit. Anm. *Enders* = Rpfleger 1995, 221; *Stöber* Rpfleger 1994, 321, 322f.; aA *Spring* NJW 1994, 1108ff. = DGVZ 1994, 68.

[125] *Schuschke* in *Schuschke/Walker* Rn. 18.

[126] LG Bremen JurBüro 2000, 154, 155 (keine Benennung der Stammkunden eines Selbständigen) m. krit. Anm. *Enders* JurBüro 2000, 155f.

[127] Mit Recht gegen eine solche Verpflichtung LG Marburg DGVZ 2000, 152.

[128] Zur Unzulässigkeit pauschaler Kataloge: LG Rostock Rpfleger 2000, 310, 311; LG Marburg DGVZ 2000, 152; LG Münster DGVZ 2000, 90f.; LG Cottbus JurBüro 2000, 326f.; LG Tübingen JurBüro 1995, 326, 327 mit krit. Anm. *Enders* = Rpfleger 1995, 221; LG Bochum JurBüro 2000, 44 (nur Frage bei konkretem Anhaltspunkt); AG Verden DGVZ 2003, 60; AG Reinbek DGVZ 2004, 190; *Stöber* Rpfleger 1994, 321, 322; *Sae/Rathmann* Rn. 14; *Wiecz/Schl/Storz* Rn. 41; *Zö/Stöber* Rn. 29; aA (für die Zulässigkeit von Fragekatalogen) LG Göttingen NJW 1994, 1164f.; LG Hamburg JurBüro 1996, 325; LG Stade JurBüro 1997, 325; *Spring* NJW 1994, 1108ff. = DGVZ 1994, 68; *Behr* JurBüro 1996, 289, 290 und 403 (zurückhaltender noch *ders.* JurBüro 1995, 330); *Bardohl* KTS 1998, 191ff. (unter Behandlung einzelner Fragen eines solchen Katalogs); *Goebel* DGVZ 2001, 49, 53 (pauschale Fragen zulässig, solange nicht missbräuchlich, indem sie allein dazu dienen, den Schuldner unter Druck zu setzen); vgl. auch (jedenfalls keine Ergänzung einer bereits abgegebenen Versicherung) LG Mainz Rpfleger 1996, 208 = JurBüro 1996, 326; vgl. auch die Übersicht bei *David* MDR 2000, 195f.

[129] LG Koblenz JurBüro 2006, 548f.

[130] LG Augsburg JurBüro 1993, 751 = Rpfleger 1993, 454; LG Heilbronn Rpfleger 1996, 34 = JurBüro 1996, 46; LG Tübingen JurBüro 1995, 326, 327 mit krit. Anm. *Enders* = Rpfleger 1995, 221; LG Konstanz JurBüro 1996, 330f.; *Wiecz/Schl/Storz* Rn. 41; aA KG DGVZ 1981, 75f.; LG Göttingen NJW 1994, 1164f.; LG Freiburg DGVZ 1994, 118 = JurBüro 1994, 407; LG Mannheim DGVZ 1994, 118, 119; AG Remscheid JurBüro 1994, 372; LG Stade JurBüro 1997, 325; *Behr* JurBüro 1994, 193, 194; *Behr* DGVZ 1994, 119; *Spring* NJW 1994, 1108ff. = DGVZ 1994, 68; *Gottwald* Rn. 29; MK/*Eickmann* Rn. 17; wohl auch *Zö/Stöber* Rn. 28.

[131] LG Tübingen JurBüro 1995, 326, 328; LG Berlin Rpfleger 1995, 75; LG Arnsberg MDR 1997, 501f. = Rpfleger 1997, 206; *Stöber* Rpfleger 1994, 321, 324; *St/J/Münzberg* Rn. 42; *Zö/Stöber* Rn. 28; offen LG Heilbronn Rpfleger 1996, 34, 35; aA *Steder* Rpfleger 1998, 409, 412 (Erinnerung nach § 766).

sicht des Gläubigers unvollständigen Verzeichnisses festzusetzen, steht die Erinnerung nach § 766 offen (vgl. Rn. 10).[132] Ob der Gläubiger statt des Antrags auf Nachbesserung des Verzeichnisses sogleich wegen der unvollständigen Abnahme Erinnerung einlegen kann, wird unterschiedlich beurteilt.[133] Man muss dabei unterscheiden: Die Erinnerung ist statthaft, wenn der Gerichtsvollzieher verfahrensfehlerhaft vorgegangen ist. Sie steht deshalb vor allem dann offen, wenn der Gerichtsvollzieher Fragen nicht gestellt hat, die der amtliche Vordruck enthält oder deren Beantwortung der Gläubiger im Termin oder schriftsätzlich vor dem Termin zulässigerweise verlangt hat. Will der Gläubiger dagegen neue, dem Gerichtsvollzieher bisher nicht vorliegende Fragen stellen lassen, bleibt nur der Weg über den Antrag auf Nachbesserung.

VIII. Bestreiten der Verpflichtung zur Abgabe der eidesstattlichen Versicherung

24 **1. Bestreiten im Termin.** Nach Abs. 4 S. 1 hat das Gericht zu entscheiden, wenn der Schuldner oder sein Vertreter[134] die Verpflichtung zur Abgabe der eidesstattlichen Versicherung bestreitet. Damit verweist das Gesetz den Schuldner mit seinen Einwendungen allein auf dieses Verfahren. Die Erinnerung nach § 766 ist deshalb wegen dieser Gründe nicht statthaft.[135] Abs. 4 S. 1 verlangt den Widerspruch des Schuldners **im Termin,** so dass Einwendungen, die nicht im Termin erhoben werden, grundsätzlich unbeachtlich sind, solange nicht der im Termin erschienene Schuldner auf die Einwendungen Bezug nimmt.[136] Anders verhält es sich, wenn der Schuldner außerhalb des Termins Umstände vorbringt, die zu einer Einstellung des Verfahrens oder Aufhebung oder Vertagung von Amts wegen Anlass geben (vgl. Rn. 11).[137] Die Voraussetzung des Widerspruchs im Termin ist auch dann erfüllt, wenn der Gerichtsvollzieher nach § 900 Abs. 2 zugleich mit dem Versuch einer Sachpfändung zur Abgabe der eidesstattlichen Versicherung auffordert.[138] Soweit der Schuldner zwar dem sofortigen Termin nicht widerspricht, wohl aber die Verpflichtung zur Abgabe der eidesstattlichen Versicherung (begründet, vgl. Rn. 25) bestreitet, hat er im Termin widersprochen.

25 **2. Gründe für das Bestreiten.** Eine gerichtliche Entscheidung nach Abs. 4 ist nur dann erforderlich, wenn der Schuldner für seinen Widerspruch gegen die Verpflichtung zur Abgabe der eidesstattlichen Versicherung Gründe angibt, die zumindest aus seiner Sicht nachvollziehbar sind.[139] Die grundlose Weigerung kann nach § 901 zum Erlass eines Haftbefehls führen (§ 901 Rn. 3), ohne dass eine gesonderte Entscheidung über den Widerspruch erforderlich ist. Darauf ist der Schuldner hinzuweisen,[140] bevor die Akten dem Richter zur Entscheidung nach § 901 vorgelegt werden. Zur Frage, ob der Schuldner der Verpflichtung noch nach Erlass der Haftanordnung widersprechen kann, vgl. § 901 Rn. 12. **Beispiele** für stichhaltige Gründe: **Fehlen der Verfahrensvoraussetzungen** (vgl. Rn. 2 ff.)[141] einschließlich der Vollstreckungsvoraussetzungen[142] (insbesondere Klausel und Zustellung)[143], Einstellung der Zwangsvollstreckung (ggf. nach Nachweis der Sicherheitsleistung);[144] **Härtefall** nach § 765 a (vgl. Rn. 17),[145] **ausreichende Sicherung** nach § 777,[146] Abgabe der Erklärung innerhalb der letzten drei Jahre, ohne dass die Voraussetzungen für eine **wiederholte Abgabe** nach § 903 erfüllt sind (vgl. Rn. 8), Abschluss einer **vollstreckungsbeschränkenden Vereinbarung** (vgl. § 807 Rn. 19).[147] Bemühungen um eine Schuldenbereinigung nach § 305 InsO stehen der Abgabepflicht nicht ent-

---

132 *Schuschke* in *Schuschke/Walker* Rn. 45; *Behr* JurBüro 1998, 231, 233 (der jedoch die Erinnerung auch dann zulässt, wenn einzelne Fragen des Gläubigers vom Gerichtsvollzieher abgelehnt werden).

133 LG Chemnitz DGVZ 2000, 37, 38 (Erinnerung wegen Unvollständigkeit der abgenommenen Versicherung); ebenso *Gottwald* Rn. 45; für ein Wahlrecht des Gläubigers zwischen der Erinnerung und dem Nachbesserungsverfahren *B. Schmidt* DGVZ 2000, 35; vgl. auch *ders.* DGVZ 2005, 180, 181 (§ 766 zur Vervollständigung bei unzureichenden Angaben).

134 LG München MDR 2004, 837 = Rpfleger 2004, 509.

135 LG Berlin Rpfleger 2007, 407, 408; LG Hannover DGVZ 1999, 90; AG Regensburg ZInsO 2000, 118 (Verletzung des § 9 InsO); OVG Niedersachsen DGVZ 2002, 168; MK/*Eickmann* Rn. 19; vgl. auch (zum alten Recht) OLG Hamm NJW 1968, 2247; LG Limburg Rpfleger 1982, 434, 435.

136 BGH Rpfleger 2006, 139 f.; LG Mönchengladbach Rpfleger 2002, 529.

137 BGH Rpfleger 2006, 139 f.; *Behr* JurBüro 1998, 231, 234; *B/L/H* Rn. 38; *Schuschke* in *Schuschke/Walker* Rn. 32.

138 So auch MK/*Eickmann* Rn. 49; *Zö/Stöber* Rn. 22.

139 Unzulässige oder nicht durchgreifende Gründe reichen aus, OLG Düsseldorf Rpfleger 1996, 359 f. = MDR 1996, 1185; LG Wuppertal Rpfleger 1981, 25; LG Düsseldorf Rpfleger 1980, 484; zu streng OLG Frankfurt/M DGVZ 2004, 92 (pauschale Behauptung des Fehlens der Voraussetzungen des § 807 sei grundloser Verweigerung gleichzustellen) m. abl. Anm. *Abramenko.*

140 LG Düsseldorf Rpfleger 1980, 484 (zum alten Recht).

141 LG Limburg Rpfleger 1982, 434, 435 (kein Rechtsschutzbedürfnis); LG Kiel MDR 1957, 237 (fehlende Prozessfähigkeit).

142 Vgl. KG NJW 1956, 1115 (Geltendmachung der Unwirksamkeit der Fruchtlosigkeitsbescheinigung; ist aber jedenfalls auch durch Erinnerung nach § 766 möglich, vgl. *Keller* NJW 1956, 1115).

143 OLG Düsseldorf Rpfleger 1993, 412; *B/L/H* Rn. 24.

144 LG Heilbronn DGVZ 2006, 116.

145 LG Dresden DGVZ 2003, 57 (mögliche Vereitelung von Sanierungsbemühungen nicht ausreichend); AG Waiblingen JurBüro 2002, 48, 49 (Härte verneinend, wenn durch Eintragung die Bedienung eines Schuldenbereinigungsplans erschwert wird); OLG Hamm NJW 1968, 2247; MDR 1965, 494; LG Lübeck DGVZ 1980, 26; LG München Rpfleger 1974, 371 Nr. 353.

146 LG Stuttgart Rpfleger 2000, 28; vgl. auch LG Detmold Rpfleger 1990, 432, 433 (nicht, wenn zugleich umstrittene Forderungen gesichert werden).

147 BGH NJW-RR 2006, 645, 646; *Zö/Stöber* Rn. 25.

gegen;[148] zum Insolvenzantrag vgl. Rn. 7. Die Gewährung einer Teilzahlungsmöglichkeit im Rahmen des § 806b schließt eine Verpflichtung nach § 807 aus, sofern der Gläubiger mit dieser Form der Stundung einverstanden war und der Schuldner die übernommenen Verpflichtungen erfüllt (anders *Becker* § 806b Rn. 3). Auch die **persönliche Unfähigkeit** zur Abgabe der Erklärung auf Grund einer Gefahr für Gesundheit oder gar Leben des Schuldners (von der Haftunfähigkeit zu unterscheiden) kann diesen von der Verpflichtung befreien (vgl. Rn. 7). Dasselbe kann für einzelne Angaben gelten, soweit der Schuldner durch diese **Berufsgeheimnisse** offenbaren müsste[149] (vgl. auch Rn. 22f.). Der bereits wegen Meineides vorbestrafte Schuldner kann sich nicht auf § 452 Abs. 4 berufen.[150] Die Berufung darauf, man sei wegen der Insolvenz Dritter zur Erteilung von Auskünften nicht in der Lage, reicht nicht aus.[151] Einwendungen, die sich gegen den **Bestand des zu vollstreckenden Anspruchs** richten, sind nur beachtlich, wenn sie in der Form des § 775 nachgewiesen sind.[152] Andernfalls muss der Schuldner nach § 767 mit § 769 Abs. 2 vorgehen. Dasselbe gilt, wenn der Gläubiger die Voraussetzungen für eine Einstellung nach § 775 Nr. 4 oder 5 bestreitet (vgl. § 775 Rn. 13).[153] Soweit nach diesen Grundsätzen eine Zahlung des Schuldners zu berücksichtigen ist, ist zu beachten, dass nur die **vollständige Erfüllung einschließlich der Kosten** die Voraussetzungen für die Abgabe der eidesstattlichen Versicherung beseitigt. Es reicht trotz unstreitiger Zahlung deshalb für das Fortbestehen der Abgabepflicht aus, wenn ein Rest der Verfahrenskosten noch offen ist.[154] Im Fall der Erfüllung braucht der Gläubiger nicht von sich aus die Einstellung des Verfahrens zu beantragen,[155] sofern mit dem Schuldner nichts anderes vereinbart wurde.[156] Auch der in der Form des § 775 nachgewiesene **Verzicht** des Gläubigers auf die Durchführung des Verfahrens kann nur im Widerspruchsverfahren berücksichtigt werden.[157] Der nach § 503 Abs. 2 S. 4 BGB fingierte und nicht in der Form des § 775 nachgewiesene Rücktritt des Schuldners kann nur nach § 767 geltend gemacht werden.[158] Gleiches gilt für den Verlust der Sachlegitimation des Gläubigers zB infolge einer Abtretung oder einer Überweisung nach Pfändung der Forderung (vgl. § 775 Rn. 7).[159] **Zurückzuweisen** ist der Widerspruch, wenn die angegebenen Gründe in einem anderen Verfahren geltend gemacht werden müssen. Beispiele: Einwendungen gegen den titulierten Anspruch, soweit diese nur nach § 767 geltend gemacht werden können, oder Einwendungen gegen die Erteilung der Klausel (§§ 732, 768).[160] In diesen Fällen ist eine Anordnung nach § 769 Abs. 2 möglich. Das Widerspruchsverfahren **präkludiert** Gründe, die im Zeitpunkt des Termins, an dem der Schuldner der Verpflichtung widersprochen hat, bereits vorhanden waren. Deshalb kann der Schuldner in einem späteren Termin, der nach rechtskräftiger Verwerfung des Widerspruchs oder auf Grund einer Anordnung nach Abs. 4 S. 2 bestimmt wird, einen weiteren Widerspruch nicht auf Gründe stützen, die im Termin bereits entstanden waren, auf dessen Grundlage über den früheren Widerspruch entschieden wurde.[161] Dies gilt jedoch nur bezogen auf das konkrete Verfahren. Eine Entscheidung über Widerspruchsgründe, die auf der Grundlage eines anderen Titels ergangen ist, schließt einen auf dieselben Gründe gestützten Widerspruch nicht aus.[162]

3. Weiteres Verfahren. Wird im Termin vor dem Gerichtsvollzieher der Verpflichtung (unter Angabe 26
von Gründen, vgl. Rn. 25) widersprochen, legt der Gerichtsvollzieher den Widerspruch dem Vollstreckungsgericht zur Entscheidung vor.[163] Dies gilt auch dann, wenn der Schuldner widerspricht und zugleich die Tilgung innerhalb von sechs Monaten glaubhaft macht (vgl. Rn. 18 aE). Für die Entscheidung über den Widerspruch ist funktionell der Rechtspfleger zuständig. Er entscheidet durch **Beschluss.** Eine mündliche Verhandlung ist nicht erforderlich. Findet sie statt, ist der Beschluss nach § 329 Abs. 1 S. 1 zu verkünden.[164] Der Beschluss ist von Amts wegen (§ 329 Abs. 3) **zuzustellen.** Die Zustellung erfolgt – anders als die Ladung nach Abs. 3 S. 1 – an den Prozessbevollmächtigten (§ 172 Abs. 1).[165] Vom Fortbestand seiner Vollmacht ist in der Regel auszugehen, auch wenn der Schuldner im Termin ohne ihn erschienen ist und darin

---

148 AG Heilbronn DGVZ 1999, 187; wohl aber die Eröffnung des Insolvenzverfahrens, vgl. AG Regensburg ZInsO 2000, 118 (LS).

149 LG Mainz DGVZ 2001, 78 (Name und Anschrift sind zu offenbaren, nicht aber der Gegenstand der Behandlung); LG Aurich NJW 1971, 252 (je nach Umständen des Einzelfalls, Benennung von Patientennamen durch Arzt); LG Leipzig JurBüro 2004, 501 (Honorarforderungen und Mandantennamen durch Rechtsanwalt).

150 *B/L/H* Rn. 26.

151 LG Rostock Rpfleger 2003, 93 = JurBüro 2003, 105.

152 *Schuschke* in *Schuschke/Walker* Rn. 32; vgl. auch AG Offenbach 11. 4. 2003 61 M 3472/03 = KKZ 2003, 192.

153 *Behr* JurBüro 1998, 231, 234; *Steder* Rpfleger 1998, 409, 417; MK/*Eickmann* Rn. 30; *Sae/Rathmann* Rn. 23; *St/J/Münzberg* Rn. 57.

154 Vgl. OLG Stuttgart DGVZ 1987, 139 = JurBüro 1987, 1813 = NJW-RR 1987, 1405; *St/J/Münzberg* Rn. 10, 48.

155 KG NJW 1973, 860; OLG Frankfurt OLGZ 1981, 112f. (auch nicht bei nachträglicher vollstreckungsbeschränkender Vereinbarung) = JurBüro 1981, 461.

156 BGH NJW 1985, 3080, 3081.

157 *St/J/Münzberg* Rn. 10.

158 *St/J/Münzberg* Rn. 13.

159 MK/*K. Schmidt* § 775 Rn. 19, § 767 Rn. 66; aA (bei Überweisung an Zahlungs statt) LG Augsburg Rpfleger 1997, 120.

160 OLG Frankfurt JurBüro 1977, 1462, 1463; OLG Hamm FamRZ 1981, 199, 200; *B/L/H* Rn. 27; aA LG Limburg Rpfleger 1982, 434, 435; AG Bonn MDR 1964, 424.

161 *Gillessen/Polzius* DGVZ 1998, 97, 106; *Baur/Stürner* ZwV 48.16; *Brox/Walker* Rn. 1151; *Ro/G/Sch* § 60 II 4b; MK/*Eickmann* Rn. 28; *St/J/Münzberg* Rn. 53; *Zö/Stöber* Rn. 26.

162 LG Saarbrücken 2. 4. 2004 5 T 623/03 juris.

163 *Schuschke* in *Schuschke/Walker* Rn. 32; *Behr* JurBüro 1998, 231, 234; *Münzberg* DGVZ 1999, 177.

164 *St/J/Münzberg* Rn. 49.

165 OLG Düsseldorf JMBl. NRW 1962, 93; OLG Celle DGVZ 1969, 167, 168; *St/J/Münzberg* Rn. 49.

Widerspruch erhoben hat.[166] Der Beschluss unterliegt der **sofortigen Beschwerde** nach § 793.[167] Werden in der Beschwerdeinstanz tragfähige Gründe nachgewiesen, so kann ein Haftbefehl nicht mehr erlassen werden.[168]

27 Der Schuldner ist grundsätzlich erst **nach dem Eintritt der Rechtskraft** des den Widerspruch verwerfenden Beschlusses zur Abgabe der eidesstattlichen Versicherung verpflichtet (Abs. 4 S. 2). S. 2 sieht aber die Möglichkeit einer **abweichenden Anordnung** des Vollstreckungsgerichts vor, wenn ein früherer Widerspruch bereits rechtskräftig verworfen wurde oder wenn der Schuldner bereits eine Vertagung erreicht hat und die Widerspruchsgründe bei Stellen des ersten Vertagungsantrags bereits gegeben waren. Damit soll einer Verzögerung durch den Schuldner vorgebeugt werden. Weiterhin kann die Abgabe der Versicherung nach der Neuregelung vor Eintritt der Rechtskraft angeordnet werden, wenn der Schuldner seinen Widerspruch auf **Einwendungen** stützt, die den **Anspruch selbst betreffen.** Werden derartige Einwendungen erhoben, kann der Schuldner den Erlass der Anordnung durch eine Vollstreckungsgegenklage und einen Antrag auf Erlass einer einstweiligen Anordnung nach § 769 zu verhindern suchen. Die Regelung des Abs. 4 S. 2 über die Anordnung der Abgabe der eidesstattlichen Versicherung vor Eintritt der Rechtskraft der den Widerspruch verwerfenden Entscheidung ist richtiger Ansicht nach **abschließend,** so dass eine Anordnung in anderen Fällen der missbräuchlichen Verfahrensverzögerung ausscheidet.[169] Die Abgabe der eidesstattlichen Versicherung vor Eintritt der Rechtskraft kann in dem den Widerspruch zurückweisenden Beschluss oder auch gesondert von diesem, jedoch zeitlich nicht vor ihm ergehen. Die Anordnung unterliegt als verfahrensleitende Verfügung nicht der sofortigen Beschwerde,[170] wohl aber der **befristeten Erinnerung** nach § 11 Abs. 2 RPflG, wenn der Rechtspfleger sie erlassen hat.[171] Der Termin zur Abgabe der eidesstattlichen Versicherung wird nach dem Erlass einer Anordnung nach Abs. 4 S. 2 Halbs. 2 vom Gerichtsvollzieher von Amts wegen bestimmt.[172] Bedenklich erscheint es, im Einvernehmen zwischen Gericht und Gerichtsvollzieher einen Termin zur Verkündung einer Entscheidung und zugleich zur Abnahme der eidesstattlichen Versicherung anzuordnen,[173] denn zu einem solchen Termin kann kaum vor der Wirksamkeit der Anordnung des Gerichts geladen werden.

28 Wird dem Widerspruch des Schuldners **stattgegeben,** so endet mit Rechtskraft des Beschlusses das Verfahren. Auf der Grundlage desselben Titels ist ein erneutes Verfahren zur Abnahme der eidesstattlichen Versicherung unzulässig, es sei denn, dass der Widerspruchsgrund nach der Entscheidung über den Widerspruch entfallen ist – etwa deshalb, weil nunmehr die Frist des § 903 vorüber ist oder der Schuldner nach diesem Zeitpunkt neues Vermögen erworben hat.[174] War der Widerspruch erfolgreich, da es an einer Verfahrensvoraussetzung fehlte, ist ein weiteres Verfahren auf der Grundlage desselben Titels nach Behebung des Mangels zulässig.

IX. Weiterleitung der abgenommenen eidesstattlichen Versicherung

29 Hat der Schuldner die eidesstattliche Versicherung abgegeben, leitet der Gerichtsvollzieher diese nach Abs. 5 dem Vollstreckungsgericht zu. Hat der Gerichtsvollzieher eine eidesstattliche Versicherung nach § 479 abgenommen, weil der Schuldner nach der Antragstellung seinen Wohnsitz gewechselt hat und ihm das Erscheinen vor dem nach § 899 trotz des Wechsels noch zuständigen Gerichtsvollzieher nicht zuzumuten ist (vgl. Rn. 11), so ist die eidesstattliche Versicherung nach § 915 Abs. 1 bei dem Vollstreckungsgericht des ehemaligen Wohnsitzes und nach § 915 Abs. 2 zusätzlich bei dem Vollstreckungsgericht des neuen Wohnsitzes einzutragen. Aus Gründen der Verfahrensvereinfachung ist es deshalb sinnvoll, wenn der Gerichtsvollzieher die eidesstattliche Versicherung in diesem Fall nicht dem Vollstreckungsgericht zuleitet, bei dem das Verfahren anhängig ist, sondern dem Vollstreckungsgericht des neuen Wohnsitzes, welches dann die Versicherung nach Eintragung in das Schuldnerverzeichnis an das Vollstreckungsgericht des früheren Wohnsitzes weiterleitet. Der Gerichtsvollzieher erteilt dem Gläubiger, auf Grund dessen Titel das Verfahren betrieben wurde (zu den Besonderheiten bei mehreren Anträgen vgl. Rn. 15), eine Abschrift und leitet sie dem Gläubiger zu.

---

[166] *St/J/Münzberg* Rn. 49 (Klärung entsprechend § 139); aA (konkludenter Widerruf der Vollmacht) LG Berlin JW 1938, 2233; offen *Zö/Stöber* Rn. 22a; zu den Anforderungen an einen konkludenten Widerruf vgl. auch LG Trier Rpfleger 1988, 29 (Widerruf, indem Schuldner persönlich, nicht durch Prozessbevollmächtigten, Erinnerung einlegt).

[167] OLG Düsseldorf NJW-RR 2001, 68, 69 = Rpfleger 2000, 27, 28 = JurBüro 2000, 100; *Zö/Stöber* Rn. 42; so jetzt auch *B/L/H* Rn. 42; kritisch zu dieser Entscheidung des Gesetzgebers *Schuschke* in *Schuschke/Walker* Rn. 41; vgl. auch LG Frankfurt Rpfleger 1991, 449 (Zustellung einer unbeglaubigten Abschrift löst die Frist nicht aus).

[168] LG Lübeck DGVZ 2006, 139f.

[169] MK/*Eickmann* Rn. 27; *Schuschke* in *Schuschke/Walker* Rn. 37; wohl auch *St/J/Münzberg* Rn. 55; aA AG Groß-Gerau Rpfleger 1985, 245, 246; *B/L/H* Rn. 49; *Wiecz/Sch/Storz* Rn. 112.

[170] KG MDR 1962, 582; LG Berlin Rpfleger 1972, 325.

[171] MK/*Eickmann* Rn. 53; *Zö/Stöber* Rn. 42.

[172] Vgl. MK/*Eickmann* Rn. 26.

[173] So aber MK/*Eickmann* Rn. 29.

[174] *St/J/Münzberg* Rn. 51 (auch bei Anträgen, die auf einen Teil der Forderung beschränkt waren, vgl. auch Rn. 48); *Schuschke* in *Schuschke/Walker* Rn. 42.

X. Gebühren und Kosten

1. Ausgangspunkt. Die Kosten des Verfahrens sind solche der Zwangsvollstreckung; sie sind nach § 788 zu behandeln (vgl. § 788 Rn. 10). Bei Antragsrücknahme seitens des Gläubigers ist § 269 Abs. 3 entsprechend anwendbar. 30

2. Rechtsanwaltsgebühren. Das Verfahren gilt als besondere Angelegenheit (§ 18 Nr. 18 RVG). Die Gebühr nach Nr. 3309 VV RVG gilt die gesamte Tätigkeit vom Antrag bis zum Erlass des Haftbefehls einschließlich Verhaftungsauftrag ab.[175] Sie fällt an für Antrag auf Auskunft aus dem Schuldnerverzeichnis und auf Abschrift des Vermögensverzeichnisses.[176] Bei Teilnahme des Anwalts an einem Termin vor dem Gerichtsvollzieher zur Abnahme der eidesstattlichen Versicherung entsteht die Terminsgebühr aus Nr. 3310 VV RVG. Anders als bei Nr. 3104 VV RVG genügen Besprechungen, die auf die Erledigung der Sache zielen, hier nicht für den Anfall der Terminsgebühr.[177] Der Antrag auf **Ergänzung wegen Ungenauigkeit** ist keine neue Angelegenheit.[178] Eine neue Angelegenheit ist dagegen ein Antrag gemäß § 903.[179] **Gegenstandswert:** Die noch geschuldete Forderung nebst Zinsen und Kosten, maximal 1500,00 € im Fall des § 807, § 25 Abs. 1 Nr. 4 RVG. Für Fälle des § 883 gilt § 25 Abs. 1 Nr. 2 RVG. 31

3. Gerichtsgebühren. Sie fallen nach KV Nr. 2115, 2116 in Höhe von 15 € an, wenn ein Drittgläubiger die Erteilung einer Abschrift eines mit eidesstattlicher Versicherung abgegebenen Vermögensverzeichnisses beantragt bzw. Einsicht in ein solches Verzeichnis begehrt. Wird beim Gerichtsvollzieher die Abnahme einer eidesstattlichen Versicherung beantragt, erwächst die Gebühr nach KVGv Nr. 260. Für die Zustellung der Ladung zum Termin zur Abnahme der eidesstattlichen Versicherung wird eine Gebühr nur im Fall der persönlichen Zustellung erhoben (KVGv Nr. 100). 32

901 *Erlass eines Haftbefehls*

[1]Gegen den Schuldner, der in dem zur Abgabe der eidesstattlichen Versicherung bestimmten Termin nicht erscheint oder die Abgabe der eidesstattlichen Versicherung ohne Grund verweigert, hat das Gericht zur Erzwingung der Abgabe auf Antrag einen Haftbefehl zu erlassen. [2]In dem Haftbefehl sind der Gläubiger, der Schuldner und der Grund der Verhaftung zu bezeichnen. [3]Einer Zustellung des Haftbefehls vor seiner Vollziehung bedarf es nicht.

I. Normzweck

1 Die Bestimmung erlaubt die Haft als Mittel zur Erzwingung der Offenlegung. Diese ist im Grundsatz erforderlich und in Anbetracht der Tatsache, dass ihre Anordnung allein auf das Verhalten des Schuldners zurückzuführen ist und der Schuldner es jederzeit in der Hand hat, durch Abgabe der Versicherung die Voraussetzungen für seine Entlassung zu schaffen (§ 902), auch verhältnismäßig. **Verfassungsrechtliche Bedenken** werden erhoben, wenn der Gläubiger weiß, dass der Schuldner ohnehin über kein pfändbares Vermögen verfügt, oder das Vollstreckungsgericht von der Leistungsunfähigkeit des Schuldners überzeugt ist.[1] Beides wird kaum jemals der Fall sein. Im Übrigen entspricht es gerade dem Sinn des Verfahrens, den Schuldner zur Offenbarung von Vermögensgegenständen anzuhalten, von deren Existenz der Gläubiger keine Kenntnis hat oder die in anfechtbarer Weise weggegeben wurden. Der Gläubiger hat deshalb Anspruch darauf, dass auch der leistungsunfähige Schuldner die eidesstattliche Versicherung abgibt.[2] Weiter werden Bedenken bei der Vollstreckung wegen einer sehr geringen Geldforderung geltend gemacht.[3] Da der Schuldner sich auch bei kleinen Beträgen der Entrichtung nicht ohne Grund entziehen darf, bestehen diese Bedenken zu Unrecht;[4] gegebenenfalls ist über § 765 a Abhilfe zu schaffen.[5]

II. Nichterscheinen des Schuldners

2 Die Haftanordnung setzt das Nichterscheinen des Schuldners in einem zur Abgabe der Versicherung bestimmten **Termin** (vgl. § 900 Abs. 1) voraus. Dies kann auch der Termin sein, auf welchen die Abgabe nach § 900 Abs. 3 vertagt wurde. Hat der Gerichtsvollzieher verfahrenswidrig nicht vertagt, sondern den Termin zunächst offen gelassen (vgl. § 900 Rn. 18), ist der dann bestimmte Termin ebenfalls Termin iSd. § 901.[6] Verbindet der Gerichtsvollzieher den Versuch einer Sachpfändung mit der Aufforderung, die eidesstattliche Versicherung abzugeben, rechtfertigt die Abwesenheit des Schuldners nicht den Erlass eines Haftbefehls, denn es fehlt an dem Nichterscheinen an einem im Vorhinein bestimmten Termin. Das gilt auch dann, wenn der Gerichtsvollzieher sein Erscheinen angekündigt hat, ohne dabei die Voraussetzungen einer La-

[175] G/S/*Müller-Rabe* VV 3309 Rn. 190.
[176] Str. G/S/*Müller-Rabe* VV 2309 Rn. 184 m. weit. Nachw.
[177] *Schneider/Mock* § 18 Rn. 23.
[178] Schon im bisherigen Recht str., vgl. *Hartung/Römermann* § 18 Rn. 92
[179] G/S/*Müller-Rabe* VV 3309 Rn. 188.
[1] BVerfGE 61, 126, 134 = NJW 1983, 559; *Bittmann* Rpfleger 1983, 261; *B/L/H* Rn. 1; *Schuschke* in *Schuschke/Walker* Rn. 7 (Rechtsschutzbedürfnis fehlt, wenn Zahlungsunfähigkeit unzweifelhaft feststeht).
[2] HM *Baur/Stürner* ZwV 48.18; *Jauernig/Berger* ZVR § 30 Rn. 14, 16; *Ro/G/Sch* § 60 II 4c.
[3] Vgl. BVerfGE 48, 396, 401 = NJW 1978, 2023.
[4] Vgl. *Morgenstern* NJW 1979, 2277ff.; LG Düsseldorf JurBüro 1997, 324f. (Antrag nach § 900 auch bei Restforderung von 6,22 DM zulässig; Antrag nach § 765 a war nicht gestellt).
[5] BVerfG 48, 396, 401 = NJW 1978, 2023.
[6] *Münzberg* DGVZ 2000, 53, 55; aA AG Dillenburg DGVZ 2000, 62.

dung zum Termin nach § 900 Abs. 1 zu erfüllen. An einem Nichterscheinen im Termin fehlt es auch dann, wenn der Gerichtsvollzieher den Schuldner bei dem Versuch der Sachpfändung antrifft, dieser sich jedoch entfernt, nachdem er dem Verfahren nach § 900 Abs. 2 widersprochen hat (zur Frage, ob der Schuldner, der der sofortigen Abnahme nicht widersprochen hat, der Verpflichtung zur Abgabe widersprechen kann, vgl. § 900 Rn. 24). Der Schuldner muss zu dem Termin **ordnungsgemäß geladen**[7] (vgl. § 900 Rn. 12) und darf **nicht ohne sein Verschulden** an der Wahrnehmung des Termins gehindert sein (Rechtsgedanke des § 337).[8] Letzteres ist bei unabwendbarem Zufall[9] oder ernsthafter Erkrankung der Fall, soweit dadurch die Wahrnehmung des Termins ausgeschlossen wird.[10] Ein **schriftlicher Widerspruch** beseitigt die Säumnis im Termin nicht[11] (vgl. § 900 Rn. 24). Abwesenheit wegen Urlaubs, Reise u. ä. entschuldigt nur, sofern eine Unterbrechung unzumutbar ist[12] (vgl. auch § 900 Rn. 17). Im Fall des unverschuldeten Nichterscheinens wird – wie bei § 337 S. 1 – von Amts wegen ein neuer Termin bestimmt.[13] Ein trotz schuldloser Verhinderung ergangener Haftbefehl ist auf sofortige Beschwerde (vgl. Rn. 10ff.) oder auf Antrag (vgl. Rn. 13f.) hin aufzuheben.[14]

III. Grundlose Verweigerung

3 Dem Nichterscheinen des Schuldners steht die Verweigerung ohne Angabe von Gründen (vgl. § 900 Rn. 25) im Termin (vgl. Rn. 2) gleich. In Bezug auf die grundlose Verweigerung ist auch die **Sofortabnahme** nach § 900 Abs. 2 als Termin iSd. § 901 anzusehen, sofern nicht Schuldner oder Gläubiger der Durchführung dieses Verfahrens widersprochen haben (vgl. § 900 Rn. 13, 25).[15] Dies ergibt sich zum einen aus der Funktion des Verfahrens nach § 900 Abs. 2, zum anderen folgt es daraus, dass eine förmliche Terminsbestimmung ohne Sinn ist, wenn der Schuldner der Sofortabnahme nicht widerspricht, aber die Abgabe der eidesstattlichen Versicherung verweigert. Der Schuldner **verweigert die Erklärung,** wenn er das Vermögensverzeichnis **nicht** oder **nur unvollständig** abgibt,[16] wozu auch die Nichtbeantwortung einzelner (zulässiger, vgl. § 900 Rn. 22) Fragen zählt.[17] Verweigert ist die Erklärung nach hA auch, wenn der Termin in der Wohnung des Schuldners stattfinden soll (dazu vgl. § 900 Rn. 7) und dieser dem **Gläubiger den Zutritt verwehrt.**[18] Das erscheint im Hinblick auf das Hausrecht des Schuldners nicht unbedenklich; richtigerweise wird man an die Versagung des Zutritts nicht die Folgen eines Haftbefehls knüpfen können, denn der Schuldner macht nur von einer ihm zustehenden und grundgesetzlich geschützten Rechtsposition Gebrauch. Die Verweigerung ist **grundlos,** wenn der Schuldner keine Gründe oder nur solche angibt, die auch aus seiner Sicht vernünftigerweise die Nichtabgabe nicht rechtfertigen können.[19] Über alle anderen Gründe ist **zunächst nach § 900 Abs. 4 zu entscheiden** (vgl. § 900 Rn. 25) mit der Folge, dass – vorbehaltlich einer besonderen Anordnung (vgl. § 900 Rn. 27) – die Versicherung erst nach Eintritt der Rechtskraft des den Widerspruch verwerfenden Beschlusses abzugeben ist.[20]

---

[7] LG Karlsruhe DGVZ 2000, 89, 90 (mündliche Ladung reicht nicht aus); OLG Düsseldorf Rpfleger 1993, 412 (öffentliche Zustellung, obwohl Adresse nicht unbekannt); KG DGVZ 1996, 58 (bei juristischer Person reicht ordnungsgemäße Ladung des Vorgängers des gesetzlichen Vertreters nicht aus) = Rpfleger 1996, 253f. m. zust. Anm. *Gleußner.*

[8] KG NJW 1967, 59; OLG Frankfurt MDR 1956, 686; NJW 1968, 1194; KG OLGZ 1993, 358f. (dort auch zur Prüfungskompetenz des AG im Falle des § 284 Abs. 7 AO [jetzt Abs. 8]).

[9] OLG Frankfurt Rpfleger 1975, 67f.; KG OLGZ 1993, 358, 360; LG Dortmund DGVZ 1967, 110, 111 (jeweils Unkenntnis bei Ersatzzustellung).

[10] OLG Frankfurt MDR 1956, 686f.; KG MDR 1965, 53; KG OLGZ 1967, 47, 48f.; OLG Köln MDR 1978, 59 (nicht bei allgemeinen Herz-/Kreislaufbeschwerden); OLG Jena Rpfleger 1997, 446f. und LG Wuppertal DGVZ 2006, 113, 114 (Arbeitsunfähigkeitsbescheinigung reicht nicht aus); OLG Frankfurt Rpfleger 1977, 146 (Terminort bei Gehunfähigkeit); LG München I MDR 1965, 53f. (nicht bei allgemeinem nervösen Erschöpfungszustand); LG Berlin Rpfleger 1997, 34 (nicht bei durch psychotherapeutisches Gutachten belegten schweren Depressionen); LG Berlin Rpfleger 1998, 167 (bei Verdacht eines Gefälligkeitsattests kann ein Attest mit ausführlicher Begründung verlangt werden); AG Neuruppin DGVZ 2005, 43 (Multiinfektsyndrom); AG Göppingen JurBüro 2005, 551, 552 (Haftunfähigkeit nach § 906 reicht nicht ohne weiteres aus); zum erforderlichen Zusammenhang zwischen Termin und Gesundheitsgefährdung OLG Frankfurt NJW 1968, 1194.

[11] *Zö/Stöber* Rn. 4.

[12] OLG Hamm Rpfleger 1977, 111 (Kur); LG München I MDR 1964, 156 (Ausland); KG OLGRspr. 17, 201f. (Ausland); nicht als entschuldigt angesehen: LG Koblenz JurBüro 1998, 212, 213 (niedergelegte Ladung wegen urlaubsbedingter Abwesenheit nicht abgeholt).

[13] AG Neuruppin DGVZ 2005, 43; vgl. OLG Hamm Rpfleger 1977, 111 (Kur); *Zö/Stöber* Rn. 4.

[14] OLG Hamm MDR 1975, 939f.; OLG Hamm Rpfleger 1977, 111 (Kur); KG OLGZ 1993, 358, 360; LG Koblenz MDR 1985, 418 (LS); aA (Aussetzung der Haftanordnung) OLG Frankfurt MDR 1956, 686.

[15] AA MK/*Eickmann* § 900 Rn. 49 (da es im Fall des § 900 Abs. 2 an einem Termin fehle; diesen verlangt S. 1 Fall 2 nicht zwingend, denn die Worte „im Termin" können auch allein auf Fall 1 bezogen werden); so wohl auch *T/P/Hüßtege* Rn. 4.

[16] MK/*Eickmann* Rn. 9; *Sae/Rathmann* Rn. 5.

[17] Zur Ergänzung des Verzeichnisses vgl. OLG Düsseldorf JurBüro 1984, 947; LG Oldenburg NdsRpfl. 1958, 212; *Bauer* JurBüro 1966, 546; *Finkelnburg* DGVZ 1977, 1, 6; zur Verweigerung einer vom Gericht geforderten Präzisierung vgl. MK/*Eickmann* Rn. 9.

[18] OLG Frankfurt Rpfleger 1977, 146; MK/*Eickmann* Rn. 9; *Sae/Rathmann* § 900 Rn. 5.

[19] LG Rostock JurBüro 2003, 106, 107 (Widerspruch mit Ankündigung einer schriftlichen Begründung, die nicht eintrifft); zu streng OLG Frankfurt/M DGVZ 2004, 92 (pauschale Behauptung des Fehlens der Voraussetzungen des § 807 sei grundloser Verweigerung gleichzustellen) m. abl. Anm. *Abramenko.*

[20] LG Wuppertal DGVZ 2007, 31; LG Saarbrücken 5. 2. 2004 5 T 623/03 juris.

Hat der Schuldner in einem früheren Termin desselben Verfahrens **bereits Widerspruch erhoben** und wurde dieser rechtskräftig **verworfen,** ist er mit solchen Gründen **ausgeschlossen,**[21] die im Zeitpunkt des Termins, auf dessen Grundlage die verwerfende Entscheidung erging, bereits entstanden waren (vgl. § 900 Rn. 25). Das gilt nicht nur bei rechtskräftiger Zurückweisung des Widerspruchs, sondern auch bei Erlass einer Anordnung nach § 900 Abs. 4 S. 2, soweit es um die Abgabe der eidesstattlichen Versicherung auf der Grundlage eben dieser Anordnung geht. Bestreitet der Schuldner die Verpflichtung zur Abgabe der eidesstattlichen Versicherung unter Hinweis auf das **Fehlen von Verfahrensvoraussetzungen,** sind diese Gründe zwar nicht präkludiert, es besteht aber eine Bindung an die den früheren Widerspruch verwerfende Entscheidung, sofern darin zur Frage der entsprechenden Verfahrensvoraussetzungen Stellung genommen wurde (vgl. § 900 Rn. 7, dort auch zu den Auffassungen, die eine weiter gehende Bindung annehmen). Unter dieser Voraussetzung muss auch die Anordnung nach § 900 Abs. 4 S. 2 Halbs. 2 binden,[22] wenn sie ihren Sinn behalten soll. Bringt der Schuldner in dem Termin, der nach der Verwerfung des Widerspruchs oder nach einer Anordnung nach § 900 Abs. 4 S. 2 Halbs. 2 bestimmt wurde, Gründe vor, die präkludiert sind, so kann die Situation eintreten, dass der Schuldner nicht in der Lage ist, die Versicherung abzugeben, weil er im Hinblick auf die nunmehr vorgebrachten Gründe mit einer Abgabeverpflichtung bereits im Termin nicht gerechnet hat und deshalb die erforderlichen Angaben nicht machen kann. Um der Gefahr der Verschleppung entgegenzuwirken, wird man dennoch die Verweigerung als grundlos ansehen müssen, so dass auf Antrag des Gläubigers Haftbefehl ergehen kann. Der Schuldner kann dem entgegentreten, indem er einen Termin zur Abgabe der eidesstattlichen Versicherung mit dem Gerichtsvollzieher vereinbart und zugleich beim Vollstreckungsgericht Vollstreckungsschutz nach § 765a beantragt. Der Schuldner verweigert auch dann grundlos die Abgabe der eidesstattlichen Versicherung im Termin, wenn die **Glaubhaftmachung der Tilgung** (vgl. § 900 Abs. 3) **scheitert** und der Gerichtsvollzieher deshalb von einer Vertagung des Termins absieht.[23] Gleiches gilt bei einem **Ratenzahlungsangebot** des Schuldners, das die Voraussetzungen des § 900 Abs. 3 nicht erfüllt. Der Gerichtsvollzieher kann in derartigen Fällen aber beim Gläubiger nachfragen, ob dieser seinen Auftrag trotz des Ratenzahlungsangebots aufrechterhält (vgl. § 900 Rn. 16).[24] Verlangt der Gläubiger, nachdem der Gerichtsvollzieher auf das Ratenzahlungsangebot des Schuldners auf der Grundlage einer mutmaßlichen Zustimmung des Gläubigers eingegangen ist, die Fortsetzung des Verfahrens, dann darf der Haftbefehl nicht ohne neuen Termin erlassen werden, in dem wiederum die Voraussetzungen des § 901 (einschließlich der ordnungsgemäßen Ladung des Schuldners, vgl. § 900 Rn. 12) erfüllt sein müssen.[25] Wegen des damit verbundenen Aufschubs für den Schuldner wird dieses in der Praxis verbreitete Verfahren zT für unzulässig gehalten.[26] 4

IV. Verfahren zum Erlass des Haftbefehls

1. Verfahrenseinleitung. Der Haftbefehl wird nur auf **Antrag des Gläubigers**[27] erlassen (zur Antragsbefugnis von Inkassounternehmen vgl. § 900 Rn. 3; zur Verbindung mit dem Antrag auf Abgabe der Versicherung vgl. § 900 Rn. 5). Er kann auf einen Haftbefehl wegen eines Teilbetrages beschränkt werden[28] (zum beschränkten Auftrag zur Verhaftung vgl. § 909 Rn. 2; zur Folge für die Bestimmung der Lösungssumme vgl. § 909 Rn. 6; zur Löschung der Eintragung in das Schuldnerverzeichnis bei Zahlung des Teilbetrages vgl. § 915a Rn. 3). Obwohl die Zuständigkeit beim Vollstreckungsgericht liegt, kann der Antrag auch im Termin vor dem Gerichtsvollzieher gestellt werden, der ihn dann an das Vollstreckungsgericht weiterleitet (vgl. auch § 900 Rn. 5). Wird der Antrag nach dem Termin schriftlich oder zu Protokoll der Geschäftsstelle gestellt,[29] ist er dem Schuldner zur Gewährung rechtlichen Gehörs unter Fristsetzung zur Stellungnahme mitzuteilen.[30] Anwaltszwang besteht nach § 13 RPflG, § 78 Abs. 5 nicht, weil der Antrag gegenüber dem Rechtspfleger bzw. dem Gerichtsvollzieher gestellt werden kann (vgl. auch Rn. 6). Wird der **Antrag nicht gestellt,** tritt Verfahrensstillstand ein.[31] Unzulässig ist es, das Ruhen des Verfahrens anzuordnen.[32] Der Antrag kann bis zur Rechtskraft der den Haftbefehl erlassenden Entscheidung **zurückgenommen** werden.[33] Nach diesem Zeitpunkt ist er als Aufhebungsantrag zu verstehen (vgl. Rn. 13). Wurde der Antrag im Hinblick auf eine Raten- 5

---

[21] LG Düsseldorf JurBüro 1985, 1737; KG MDR 1963, 143 = NJW 1963, 866f.; LG Saarbrücken 2. 2. 2004 5 T 623/03 juris (anders, wenn derselbe Weigerungsgrund in einem Widerspruchsverfahren zurückgewiesen wurde, das auf Grund eines anderen Titels betrieben wurde); *Pohle* MDR 1952, 513; MK/*Eickmann* Rn. 7; *Zö/Stöber* Rn. 14.

[22] AA MK/*Eickmann* Rn. 9 (die Anordnung binde im Haftanordnungsverfahren nicht).

[23] Vgl. LG Landau Rpfleger 1991, 27 (zur Rechtslage vor dem 1. 1. 1999).

[24] LG Paderborn Rpfleger 1993, 254; LG Wuppertal Rpfleger 1981, 25; aA *St/J/Münzberg* § 900 Rn. 67, 80, 81.

[25] LG Hannover JurBüro 1987, 1426; LG Paderborn Rpfleger 1993, 254.

[26] *St/J/Münzberg* § 900 Rn. 81.

[27] *Seip* DGVZ 1998, 1, 6; Nachweis der Vollmacht kann vom Vollstreckungsgericht verlangt werden, vgl. LG Nürnberg/Fürth Rpfleger 2002, 632 (Vertretung der Sparkasse).

[28] Vgl. nur *Schilken* DGVZ 1989, 33, 34.

[29] Zur Zulässigkeit vgl. nur *St/J/Münzberg* Rn. 3; *Zö/Stöber* Rn. 2.

[30] *St/J/Münzberg* Rn. 3, 10; aA *Wiecz/Sch/Storz* Rn. 20; *Zö/Stöber* Rn. 2.

[31] *St/J/Münzberg* Rn. 3.

[32] LG Kassel MDR 1956, 686; vgl. LG Paderborn Rpfleger 1993, 254; *H.-J. Schmidt* Rpfleger 1971, 134, 141; *Zö/Stöber* § 900 Rn. 36; aA LG Hamburg MDR 1964, 681.

[33] *St/J/Münzberg* Rn. 3.

zahlungsvereinbarung zurückgenommen, kann er bei Ausbleiben der Raten erneut gestellt werden. Dabei ist ein erneuter Zwangsvollstreckungsversuch nicht erforderlich.[34]

6 **2. Zuständigkeit.** Zuständig ist das **Vollstreckungsgericht,** wobei nur der **Richter** den Haftbefehl erlassen kann (vgl. § 4 Abs. 2 Nr. 2 RPflG). Die Ablehnung des Antrags kann durch einen Rechtspfleger erfolgen,[35] denn § 901 weist die Aufgaben dem Vollstreckungsgericht und damit wegen § 20 Nr. 17 RPflG dem Rechtspfleger zu, der nach § 4 Abs. 3 RPflG die Sache allein zur Anordnung der Haft, nicht aber zur Erledigung insgesamt dem Richter vorzulegen hat. Es ist deshalb zunächst vom **Rechtspfleger** zu prüfen, ob die Voraussetzungen für den Erlass eines Haftbefehls erfüllt sind.[36] Die **örtliche Zuständigkeit** richtet sich nach dem Wohnsitz des Schuldners an dem nach § 899 maßgebenden Zeitpunkt (vgl. § 899 Rn. 4), ein späterer Wohnsitzwechsel ist unbeachtlich.[37]

7 **3. Weiteres Verfahren.** Neben dem Antrag des Gläubigers sind die allgemeinen Verfahrens- und Vollstreckungsvoraussetzungen[38] unter Einschluss der Verhandlungsfähigkeit des Schuldners[39] zu beachten (zum Fehlen deutscher Gerichtsbarkeit vgl. § 904 Rn. 3; die Haftunfähigkeit steht dem Haftbefehl nicht entgegen,[40] vgl. § 906). Damit darf weder der zu vollstreckende Titel noch die rechtskräftige Entscheidung über den Widerspruch des Schuldners in Frage gestellt werden[41] (vgl. aber § 900 Rn. 7, zu prüfen sind auch §§ 913, 914). Auch wenn die Erzwingung der Abgabe einer eidesstattlichen Versicherung auf Antrag des Finanzamts, § 284 Abs. 8 AO, beantragt ist, ist der Richter zur eigenständigen Überprüfung der Vollstreckungsvoraussetzungen berechtigt und verpflichtet.[42] Weiterhin ist die Säumnis bzw. die grundlose Verweigerung der Offenbarungsversicherung im Termin[43] zu prüfen (vgl. dazu § 900 Rn. 24 ff.). Zur Verhältnismäßigkeit der Anordnung bei Leistungsunfähigkeit des Schuldners vgl. Rn. 1. Ein **Antrag nach § 765 a** kann auch jetzt noch gestellt werden.[44] Sind die **Voraussetzungen** für den Erlass eines Haftbefehls **nicht erfüllt,** ist zu unterscheiden: Fehlt es lediglich an den Voraussetzungen für einen ordnungsgemäßen Antrag, ist dem Gläubiger Gelegenheit zu geben, behebbare Mängel zu beseitigen. Fehlt es an der Voraussetzung des Nichterscheinens im Termin, ist die Sache an den Gerichtsvollzieher abzugeben. Dieser bestimmt von Amts wegen einen Termin zur Abgabe der eidesstattlichen Versicherung. Eine Abweisung des Haftbefehlsantrags findet nicht statt, da dieser für den Fall des Nichterscheinens in dem nunmehr zu bestimmenden Termin fortgilt. Hat der Schuldner der Abgabeverpflichtung widersprochen und hat der Gerichtsvollzieher zu Unrecht das Verfahren nach § 900 Abs. 4 nicht eingeschlagen, kann das Vollstreckungsgericht (Rechtspfleger) nunmehr nach § 900 Abs. 4 über das Bestreiten des Schuldners entscheiden. Ggf. ist dann vom Gerichtsvollzieher ein neuer Termin zur Abgabe der eidesstattlichen Versicherung zu bestimmen (vgl. § 900 Rn. 27). Bei unbehebbaren Mängeln weist das Vollstreckungsgericht neben dem Haftbefehlsantrag auch den Auftrag auf Abnahme der eidesstattlichen Versicherung ab. Gegen diese **ablehnenden Entscheidungen** ist die sofortige Beschwerde nach § 793 statthaft.[45] Sind die Voraussetzungen für den Erlass des Haftbefehls erfüllt, **legt** der Rechtspfleger die Sache **dem Richter vor** (§ 4 Abs. 3 RPflG). Gegen die Vorlage ist ein Rechtsbehelf nicht statthaft. Der Richter entscheidet durch Beschluss idR. nach Aktenlage; ein Vorführungsbefehl zur Anhörung des Schuldners ist unzulässig.[46] Die Voraussetzungen sind vom Richter zu prüfen; ggf. gibt er die Sache an den Gerichtsvollzieher ab, der einen neuen Termin zur Abgabe der Versicherung bestimmt.[47] Gegen die ablehnende Entscheidung des Richters ist für den Gläubiger die sofortige Beschwerde nach § 793 statthaft.

---

[34] LG Hannover 28. 4. 2003 11 T 55/03 = ZVI 2003, 398 f.; aA *Schuschke* in *Schuschke/Walker* Rn. 17 (alle Voraussetzungen müssen erneut vorliegen); aA *Zö/Stöber* Rn. 12 (nach Antragsrücknahme besteht für erneuten Antrag kein Rechtsschutzbedürfnis).

[35] Vgl. nur *St/J/Münzberg* Rn. 8 Fn. 60 m. weit. Nachw., Rn. 28 Fn. 178.

[36] AG Heinsberg DGVZ 1999, 159 = Rpfleger 1999, 550, 551 m. abl. Anm. *Schniguda; B/L/H* Rn. 9; aA *Behr* JurBüro 2000, 178, 183 sowie (Vorlage durch den Gerichtsvollzieher an den Richter) *Gillessen/Polzius* DGVZ 1998, 97, 107; *Schuschke* in *Schuschke/Walker* Rn. 10; *T/P/Hüßtege* Rn. 7; wohl auch *Zö/Stöber* Rn. 7.

[37] LG Mönchengladbach Rpfleger 2002, 529, 530.

[38] Vgl. nur *Jelinsky* Rpfleger 1991, 410; *Sae/Rathmann* Rn. 3; *St/J/Münzberg* Rn. 4, 6 (Rechtsschutzbedürfnis auch bei geringen Beträgen); aA *B/L/H* Rn. 7 (nur formelle Zulässigkeit des Haftantrags und Verhältnismäßigkeit).

[39] LG Heilbronn DGVZ 1991, 39.

[40] OLG Karlsruhe DGVZ 1999, 116 = Rpfleger 1999, 284.

[41] *Sae/Rathmann* Rn. 3; *St/J/Münzberg* Rn. 7, 21; zur Rechtskraftwirkung der Entscheidung über den Widerspruch *Ro/G/Sch* § 60 II 4.

[42] OLG Köln JurBüro 2001, 494, 495 = Rpfleger 2000, 461 f. (Berechtigung und Verpflichtung zur Prüfung der Vollstreckungsvoraussetzungen); so auch LG Potsdam Rpfleger 2000, 558 f.; LG Braunschweig Rpfleger 2001, 506 f.; LG Stendal DGVZ 2003, 188, 189; *Tipke/Kruse,* AO, FGO, 16. Aufl. Stand 95. Lieferung, August 2001, § 284 AO Rn. 33 f. (Nachprüfung der Abgabepflicht einschl. der Frage der Unverhältnismäßigkeit der Erzwingungshaft); *Schuschke* in *Schuschke/Walker* § 899 Rn. 2; aA OLG Zweibrücken NJW-RR 1988, 695 f. (lediglich Unanfechtbarkeit der Entscheidung nach § 284 AO); LG Detmold Rpfleger 2001, 507 (Prüfung nur auf Verhältnismäßigkeit und Säumnis); LG Kassel DGVZ 1996, 27 f. (Durchschrift der Anordnung der Vollstreckungsbehörde bei § 284 AO reicht aus); LG Dresden Rpfleger 1999, 501 (inhaltliche Prüfung der Voraussetzungen einer Anordnung nach § 284 AO ohne Rücksicht auf die Unanfechtbarkeit zwar nicht geboten, aber auch nicht verfahrensfehlerhaft).

[43] OLG Frankfurt/M DGVZ 1992, 155 = Rpfleger 1991, 449 (nicht erfüllt, wenn im Termin Widerspruch noch nicht rechtskräftig verworfen ist).

[44] LG München Rpfleger 1974, 371.

[45] *B/L/H* Rn. 15; MK/*Eickmann* Rn. 18.

[46] LG Paderborn Rpfleger 2005, 208, 209.

[47] Vgl. *Zö/Stöber* Rn. 7.

Der **Haftbefehl,** der sich bei Prozessunfähigen gegen den gesetzlichen Vertreter richtet (vgl. auch § 900 Rn. 21),[48] wird vom Richter erlassen; die Unterzeichnung eines Formulars, das von der Geschäftsstelle mittels Textbausteinen ergänzt wird, reicht als richterliche Anordnung nicht aus.[49] Zur Verhältnismäßigkeit der Haft vgl. Rn. 1. Über Anträge des Schuldners nach § 765 a, die dieser erst jetzt stellt, wird vom Richter mitentschieden;[50] ein erst jetzt eingelegter und deshalb unzulässiger Widerspruch kann bei entsprechender Begründung in einen solchen Antrag umzudeuten sein. Zur Frage, ob vor der Verhaftung des Schuldners ein **weiterer Antrag** auf Bestimmung eines Termins zur Abgabe der Versicherung zulässig ist, vgl. Rn. 13. Möglich bleibt, die Aufhebung des Haftbefehls zu beantragen und dann ein neues Verfahren zur Abgabe der Versicherung einzuleiten.[51] Der Haftbefehl muss nach S. 2 den Gläubiger, den Schuldner und den Grund der Verhaftung bezeichnen. Dabei sind Gläubiger und Schuldner ggf. mit ihren Prozessbevollmächtigten anzugeben. Bei Prozessunfähigen sind die gesetzlichen Vertreter als zu verhaftende Personen auch zu nennen.[52] Weiter ist der **„Grund der Verhaftung"** anzuführen. Es ist deshalb ebenfalls aufzunehmen, ob eine Versicherung nach § 807, eine Ergänzung oder Nachbesserung einer bereits abgegebenen Versicherung oder eine erneute eidesstattliche Versicherung nach § 903[53] abzugeben ist. Bei eidesstattlicher Versicherung nach § 836 Abs. 3 ist der Umfang der zu erteilenden Auskünfte (vgl. § 900 Rn. 6) im Haftbefehl klarzustellen.[54] Diese Angaben sind schon deshalb erforderlich, weil möglicherweise der Gerichtsvollzieher am Haftort (§ 902 Abs. 1) die eidesstattliche Versicherung abnehmen und den Schuldner bei vollständiger Erklärung entlassen muss. Erforderlich ist außerdem die Angabe des **Vollstreckungstitels,**[55] nicht aber die der Lösungssumme.[56] Der Gerichtsvollzieher benötigt vor der Verhaftung des Schuldners zwar ohnehin die vollstreckbare Ausfertigung des Titels (vgl. § 909 Rn. 3), die Angabe des Titels im Antrag muss ihm aber zur Verfügung stehen, damit er prüfen kann, ob das Offenbarungsverfahren wegen dieses Titels betrieben wird. Die Höhe der Lösungssumme kann der Gerichtsvollzieher in eigener Verantwortung dem Titel entnehmen. Ihre Angabe kann sich wegen der Möglichkeit von Teilleistungen, die auf der vollstreckbaren Ausfertigung des Titels (§ 757 Abs. 1), nicht aber auf dem Haftbefehl vermerkt werden, sogar schädlich auswirken. Wenn der Gläubiger das Verfahren zur Abgabe der Offenbarungsversicherung nur wegen eines Teilbetrages durchführt, muss das vermerkt werden. Eine **Vollstreckungsklausel** ist für den Haftbefehl nicht erforderlich. 8

Der Haftbefehl ist dem Schuldner wegen der Regelung in S. 3 **nicht zuzustellen,** sondern nach § 909 Abs. 1 S. 2 nur zu übergeben.[57] Verfassungsrechtlich ist dies unbedenklich, denn der Schuldner hatte durch die Ladung zum Termin ausreichend Gelegenheit, dem Haftbefehl schon im Vorfeld zu begegnen.[58] Der Gläubiger kann die Zustellung des Haftbefehls beantragen, damit die Rechtsmittelfrist (vgl. Rn. 10) in Gang gesetzt wird.[59] 9

4. Rechtsbehelfe gegen den Haftbefehl. Gegen den Haftbefehl ist die **sofortige Beschwerde** (§ 793) statthaft,[60] wobei nach § 570 Abs. 2 und 3 die Aussetzung der Vollziehung angeordnet werden kann. Die Zweiwochenfrist des § 569 Abs. 1 beginnt mit der (fakultativen, vgl. Rn. 9) Zustellung an den Schuldner, wobei 10

---

[48] OLG Köln OLGZ 1988, 380, 381 f. = NJW-RR 1988, 697 (keine Umdeutung bei Anordnung gegen den Schuldner); bei Wechsel des gesetzlichen Vertreters kann gegen den neuen Vertreter kein Haftbefehl wegen des Nichterscheinens des früheren gesetzlichen Vertreters ergehen, vgl. KG DGVZ 1996, 58 = Rpfleger 1995, 253; *Zö/Stöber* Rn. 8; abzulehnen ist die Auffassung, LG Nürnberg-Fürth DGVZ 1994, 172; 1996, 139 f., die Abberufung des Vertretungsorgans nach dem Termin zur Abgabe der eidesstattlichen Versicherung sei irrelevant, so dass dieses weiterhin zur Abgabe der eidesstattlichen Versicherung verpflichtet sei und deshalb Haftbefehl erlassen werden könne, zu Ausnahmen bei Scheinabberufungen vgl. § 900 Rn. 21; zur Verhaftung des Abberufenen vgl. § 909 Rn. 3.

[49] OLG Köln DGVZ 1990, 22, 24 = MDR 1990, 346.

[50] LG München I Rpfleger 1974, 371.

[51] LG Hannover DGVZ 1965, 114, 115; *St/J/Münzberg* § 902 Rn. 13; aA LG Köln DGVZ 1966, 154.

[52] LG Lübeck DGVZ 2007, 140 f.; LG Freiburg Rpfleger 1980, 117; AG Bamberg DGVZ 1979, 31.

[53] LG Bonn DGVZ 1980, 87 f.

[54] *Steder* MDR 2000, 438, 441.

[55] AG Westernburg DGVZ 2004, 174 (genaue Bezeichnung bei mehreren Vollstreckungstiteln).

[56] *B/L/H* Rn. 10; *Sae/Rathmann* Rn. 8; *Wiecz/Sch/Storz* Rn. 27; differenzierend *St/J/Münzberg* Rn. 13 (keine Angabe des Betrages), Rn. 12 (Bezeichnung des Titels nur erforderlich, soweit Haftbefehl die Titelforderung nicht enthält); weiter gehend *Haase* JR 1968, 444, 446; strenger (Titel und Lösungssumme erforderlich) MK/*Eickmann* Rn. 13; *Zö/Stöber* Rn. 8; vgl. auch LG Düsseldorf MDR 1961, 607 (Titel erforderlich, Lösungssumme feststellbar).

[57] *Kessel* DGVZ 2004, 51, 53; *Winterstein* DGVZ 2004, 54 f.; *Zö/Stöber* § 909 Rn. 2; so wohl auch *Wiecz/Sch/Storz* § 909 Rn. 8; aA MK/*Eickmann* Rn. 15, 17; vgl. *Schwörer* DGVZ 2003, 152 (der die Übergabe nach § 909 Abs. 1 S. 2 als Zustellung versteht); so auch *Blaskowitz* DGVZ 2004, 55, 56 f.

[58] Bedenken äußert *Behr* JurBüro 1998, 231, 234; 2000, 178, 183, da wegen dieser Form der Bekanntgabe der mögliche Rechtsbehelf der Freiheitsentziehung erst nachfolge. Dies ist jedoch bei Haftbefehlen nicht ungewöhnlich, vgl. nur § 114 a StPO.

[59] LG Ulm NJW 1963, 867; *St/J/Münzberg* Rn. 15 m. weit. Nachw.; *Schuschke* in *Schuschke/Walker* Rn. 12; aA *Zö/Stöber* Rn. 13; *Schwörer* DGVZ 2003, 152 (Übergabe nach § 909 Abs. 1 S. 2 sei eine Parteizustellung).

[60] ThürOLG DGVZ 2002, 90, 91; LG Münster MDR 1999, 890 = Rpfleger 1999, 405; vgl. auch (zum alten Recht) OLG München DGVZ 1987, 73 f. = Rpfleger 1987, 319; KG MDR 1966, 849; OLG Hamm MDR 1975, 939 f.; OLG Koblenz JurBüro 1990, 537; LG Lübeck Rpfleger 1981, 153; *Gottwald* Rn. 12; *Schuschke* in *Schuschke/Walker* Rn. 13; *Zö/Stöber* Rn. 13; aA (stets § 766, aber abzulehnen, da Schuldner im Termin Gelegenheit hatte, sich rechtliches Gehör zu verschaffen) *Wieser* Rpfleger 1990, 97, 99 f. (§ 766, falls Schuldner Termin nicht wahrgenommen hat; zum alten Recht); *St/J/Münzberg* Rn. 17 (§ 766 bei Haftantrag nach Termin und Verletzung des rechtlichen Gehörs); zur Unzulässigkeit eines Widerspruchs nach § 900 Abs. 4 nach Erlass des Haftbefehls vgl. LG Rostock JurBüro 2003, 107 = Rpfleger 2003, 203.

ggf. an den Prozessbevollmächtigten zuzustellen ist.[61] Unterbleibt die Zustellung, beginnt die Frist mit der Übergabe einer beglaubigten Abschrift nach § 909 Abs. 1 S. 2.[62] Wegen der gravierenden Folgen der Haftanordnung ist mit der Annahme von Unanfechtbarkeit infolge Fristablaufs Zurückhaltung geboten. Deshalb dürfen die §§ 517, 548 nicht analog angewendet werden, wenn der im schriftlichen Verfahren erlassene Beschluss nicht zugestellt wurde, auch wenn der Schuldner anderweitig Kenntnis von seinem Inhalt erlangt hat.[63]

11 **Gibt der Schuldner die Versicherung ab,** obwohl er sofortige Beschwerde eingelegt hat (zur Frage der Vollziehung des Haftbefehls in einem solchen Fall vgl. § 909 Rn. 4), ist umstritten, ob die Beschwerde mangels Beschwer unzulässig wird[64] oder ob sie mit dem Ziel aufrechterhalten werden kann, die Löschung der Eintragung im Schuldnerverzeichnis zu erreichen.[65] Da nach § 915a Abs. 2 Nr. 2 die Löschung der Eintragung beantragt werden kann, wenn der Eintragungsgrund weggefallen ist, besteht das Rechtsschutzbedürfnis für die sofortige Beschwerde auch nach Abgabe der Versicherung.[66] Es ändert sich lediglich ihr Inhalt, denn sie ist nunmehr auf Feststellung zu richten, dass eine Verpflichtung zur Abgabe der Versicherung bzw. zur gerichtlichen Anordnung der Haft nicht bestand. Die Beschwer ergibt sich aus der Eintragung der Offenbarungsversicherung in das Schuldnerverzeichnis. Die Beschwerde mit dem Ziel der Löschung (§ 915a Abs. 2 Nr. 2) ist ausgeschlossen, da das Beschwerdegericht auch bei unterstellter Ablehnung des Lösungsantrags durch das erstinstanzliche Gericht wegen § 915c für eine solche Entscheidung nicht zuständig wäre.

12 Die sofortige Beschwerde kann darauf **gestützt** werden, dass die Verfahrensvoraussetzungen nicht gegeben sind,[67] dass der Schuldner im Termin nicht säumig war[68] bzw. er die Versicherung nicht grundlos verweigert hat; zu Einwendungen gegen den titulierten Anspruch vgl. § 900 Rn. 25. Ein Tilgungsangebot nach § 900 Abs. 3, dem der Gerichtsvollzieher nicht gefolgt ist, rechtfertigt keine sofortige Beschwerde (vgl. Rn. 4).[69] Ein durchgeführtes **Widerspruchsverfahren** präkludiert alle Gründe, die im Zeitpunkt des Termins, auf dessen Grundlage der Widerspruch verworfen wurde, bereits bestanden (vgl. Rn. 4, § 900 Rn. 25). Wurde dagegen bisher kein Widerspruch erhoben, muss der Schuldner in der Beschwerdeinstanz auch mit solchen Gründen gehört werden, die er durch Widerspruch hätte geltend machen können,[70] denn eine Präklusion sieht das Gesetz insoweit nicht vor und eine Pflicht des Schuldners zur Einlegung eines Widerspruchs besteht nicht. Bis zur Entscheidung über die sofortige Beschwerde kann nach § 570 Abs. 2 die **Vollziehung ausgesetzt** werden.[71] Zustellungen sind an den Prozessbevollmächtigten erster Instanz zu richten (§ 172 Abs. 1). **Nach Fristablauf** ist die sofortige Beschwerde unzulässig, auch wenn die geltend zu machenden Gründe erst später entstanden sind. Es ist dann in entsprechender Anwendung des § 766 das Vollstreckungsgericht (mit der Entscheidung durch den Richter) mit dem Ziel anzurufen, die Zwangsvollstreckung aus dem Haftbefehl für unzulässig zu erklären (vgl. Rn. 14).[72]

V. Aufhebung des Haftbefehls

13 Die Aufhebung des Haftbefehls durch den Rechtspfleger[73] ist auf **Antrag des Gläubigers**[74] oder auf Antrag des Schuldners im Einverständnis mit dem Gläubiger[75] zulässig. Die Frage, ob der Gläubiger nach An-

---

[61] LG Kaiserslautern Rpfleger 1989, 116; *St/J/Münzberg* Rn. 18.

[62] *B/L/H* Rn. 16; *Sae/Rathmann* Rn. 10; *Zö/Stöber* Rn. 13; aA (Fristbeginn erst mit stets erforderlicher Zustellung § 569 Abs. 1 S. 2) MK/*Eickmann* Rn. 17f.; *T/P/Hüßtege* Rn. 9 (spätestens mit Übergabe).

[63] OLG Koblenz JurBüro 1990, 537ff.; iE auch LG Dortmund DGVZ 1967, 110f.; *St/J/Münzberg* Rn. 18; aA KG OLGZ 1971, 429 = MDR 1971, 496; KG MDR 1961, 153; *B/L/H* Rn. 16; für den ohnehin kaum denkbaren Fall der Verkündung in Abwesenheit des Schuldners scheidet die Analogie ebenfalls aus vgl. OLG Stuttgart OLGZ 1968, 305, 307 = NJW 1968, 2248; OLG Oldenburg MDR 1965, 212; *Noack* MDR 1969, 524, 527; aA OLG Hamm NJW 1969, 1721f.; LG Düsseldorf MDR 1961, 1023; LG Dortmund DGVZ 1967, 110f.; *Herpers* Rpfleger 1969, 372f.

[64] *B/L/H* Rn. 18.

[65] *St/J/Münzberg* Rn. 19.

[66] LG Nürnberg-Fürth DGVZ 2006, 74; LG Limburg DGVZ 1985, 44f.; *St/J/Münzberg* Rn. 19; *Schuschke* in *Schuschke/Walker* Rn. 13; *Zö/Stöber* Rn. 14.

[67] LG Aschaffenburg DGVZ 1993, 76f. (Fehlen der Fruchtlosigkeitsbescheinigung); *Pohle* MDR 1952, 513; *Zö/Stöber* Rn. 14.

[68] OLG Frankfurt Rpfleger 1975, 67f. (Ladung wurde verheimlicht); *Zö/Stöber* Rn. 14.

[69] LG Saarbrücken 21. 10. 2004 5 T 506/04 juris.

[70] LG Saarbrücken DGVZ 2004, 29; KG MDR 1963, 143 = NJW 1963, 866f.; OLG Frankfurt Rpfleger 1976, 27; NJW-RR 1988, 807f.; OLG Stuttgart Rpfleger 1962, 25f. (zu § 765a); OLG Hamm NJW 1968, 2247f. (zu § 765a); *Göppinger* AcP 158 (1959/60), 336, 347f.; *Pohle* MDR 1952, 513; *St/J/Münzberg* Rn. 25; MK/*Eickmann* Rn. 20; aA (auch insoweit präkludiert) LG Mönchengladbach MDR 1952, 368; LG Lübeck SchlHA 1955, 225; *Hill* MDR 1959, 545; *Haase* NJW 1966, 1109, 1110; *B/L/H* Rn. 17; *Baur/Stürner* ZwV 48.19.

[71] LG Frankfurt/M MDR 1990, 256; *Zö/Stöber* Rn. 14.

[72] *St/J/Münzberg* Rn. 21; iE auch LG Wuppertal MDR 1962, 996; LG Hildesheim NdsRpfl. 1964, 223; *Pohle* MDR 1952, 513, S. 524; vgl. auch (Erinnerung analog §§ 794 Abs. 1 Nr. 3, 795, 767, was aber nach § 20 Nr. 17 RPflG zur Zuständigkeit des Rechtspflegers führen müsste) *Göppinger* AcP 158 (1959/60), 336, 346; MK/*Eickmann* Rn. 21; *Wiecz/Sch/Storz* Rn. 36.

[73] *St/J/Münzberg* Rn. 28; aA *Schuschke* in *Schuschke/Walker* Rn. 17 (zuständig sei der Richter).

[74] LG Frankfurt NJW 1961, 1217; zweifelnd *Zö/Stöber* Rn. 12 (kein Bedürfnis, weil Gläubiger den Haftbefehl zu den Akten geben oder dem Schuldner aushändigen kann).

[75] LG Frankenthal Rpfleger 1986, 268.

ordnung der Haft Termin zur Abgabe der eidesstattlichen Versicherung beantragen kann,[76] entschärft sich damit.[77] Nach Verbrauch des Haftbefehls durch Zeitablauf (vgl. § 909 Abs. 2) ist ein solcher Terminantrag ohne Rücknahme möglich.[78] Wird der Haftbefehl auf Antrag des Gläubigers aufgehoben, fehlt es für die Feststellung, dass die Anordnung nicht hätte ergehen dürfen, am Rechtsschutzbedürfnis,[79] denn die Hafteintragung wird gelöscht, wenn die Haftanordnung aufgehoben wird (§ 915 a Abs. 2 Nr. 2).

Auf **Antrag des Schuldners**[80] ist der Haftbefehl aufzuheben, wenn die Voraussetzungen für seinen Erlass entfallen, vor allem dann, wenn der Schuldner in einem anderen Verfahren die Versicherung abgegeben hat.[81] Nach Ablauf der Beschwerdefrist[82] wird das Aufhebungsverfahren in entsprechender Anwendung des § 766 durch das Vollstreckungsgericht durchgeführt (vgl. Rn. 12);[83] insoweit ist der Richter zuständig.[84] Der Antrag richtet sich darauf, die Zwangsvollstreckung aus dem Haftbefehl für unzulässig zu erklären. Ein besonderer Antrag auf Aufhebung des Haftbefehls ist nicht erforderlich;[85] wird er dennoch gestellt, ist dies als Erinnerung auszulegen. Gegen die Entscheidung des Gerichts ist die sofortige Beschwerde statthaft. Erhebt der Schuldner Einwendungen gegen den **Bestand des titulierten Anspruchs,** ohne dass der Gläubiger mit der Aufhebung des Haftbefehls einverstanden ist, kann der Schuldner nur nach § 767 (mit § 769) vorgehen,[86] denn der Gläubiger kann in den Fällen des § 775 Nr. 4 und Nr. 5 Fortsetzung der Vollstreckung beantragen, und Vollstreckungsmaßregeln sind nach § 776 nicht aufzuheben. In den Fällen des § 775 Nr. 1 und 3 sind die Vollstreckungsmaßregeln nach § 776 S. 1 aufzuheben. Dies kann auf Antrag des Schuldners geschehen, hat aber auch dann stattzufinden, wenn das Vollstreckungsorgan auf andere Weise Kenntnis erlangt. Zuständig ist der Gerichtsvollzieher (anders Vorauflage).[87] 14

902 *Eidesstattliche Versicherung des Verhafteten* (1) [1]**Der verhaftete Schuldner kann zu jeder Zeit bei dem zuständigen Gerichtsvollzieher des Amtsgerichts des Haftortes verlangen, ihm die eidesstattliche Versicherung abzunehmen. [2]Dem Verlangen ist ohne Verzug stattzugeben. [3]Dem Gläubiger ist die Teilnahme zu ermöglichen, wenn er dies beantragt hat und die Versicherung gleichwohl ohne Verzug abgenommen werden kann.**

(2) Nach Abgabe der eidesstattlichen Versicherung wird der Schuldner aus der Haft entlassen und der Gläubiger hiervon in Kenntnis gesetzt.

(3) [1]Kann der Schuldner vollständige Angaben nicht machen, weil er die dazu notwendigen Unterlagen nicht bei sich hat, so kann der Gerichtsvollzieher einen neuen Termin bestimmen und die Vollziehung des Haftbefehls bis zu diesem Termin aussetzen. [2]§ 900 Abs. 1 Satz 2 bis 4 gilt entsprechend.

I. Normzweck

Das Ziel der Haft ist mit Abgabe der Versicherung erreicht. Daraus erklärt sich die Möglichkeit, diese jederzeit mit der Folge der Entlassung des Schuldners abgeben zu können, womit zugleich die Verhältnismäßigkeit des mit der Haft verbundenen massiven Eingriffs gewährleistet wird. 1

II. Verlangen der Abnahme der eidesstattlichen Versicherung

Die eidesstattliche Versicherung ist dem verhafteten **Schuldner** nach § 902 auf **Verlangen** unverzüglich abzunehmen. Die Regelung privilegiert nur den **verhafteten Schuldner.** Über den Wortlaut hinaus ist die Regelung aber auch dann anzuwenden, wenn der Schuldner **anlässlich seiner Verhaftung** die Abnahme der eidesstattlichen Versicherung verlangt.[1] Das Teilnahmerecht des Gläubigers besteht dann nur im Rahmen 2

---

[76] Dafür: LG Aachen MDR 1956, 45 (LS); LG Dortmund MDR 1954, 490f.; LG Duisburg JMBlNRW 1955, 175f.; LG Essen MDR 1955, 238f. Dagegen: LG Bielefeld MDR 1956, 686; LG Düsseldorf MDR 1955, 301f.; LG Oldenburg MDR 1957, 556f.; LG Berlin JR 1957, 263f.; LG Essen Rpfleger 1961, 307; *Zö/Stöber* Rn. 11.

[77] Vgl. *St/J/Münzberg* Rn. § 902 Rn. 16; zur Möglichkeit der Wiederholung des Haftbefehlsantrags nach Antragsrücknahme vgl. LG Hannover 28. 4. 2003 11 T 55/03 = ZVI 2003, 398 (vgl. dazu auch Rn. 5); aA *Zö/Stöber* Rn. 12 (Rücknahme des Haftbefehlsantrags schließt Fortsetzung des Verfahrens und neue Haftanordnung aus).

[78] LG Essen DGVZ 1986, 155f. = JurBüro 1987, 459; *Zö/Stöber* Rn. 11.

[79] OLG Düsseldorf MDR 1995, 312f.

[80] Nicht von Amts wegen, LG Duisburg JurBüro 1961, 398 (Prozessunfähigkeit des Schuldners); *St/J/Münzberg* Rn. 28; *Zö/Stöber* Rn. 12.

[81] *Sae/Rathmann* Rn. 9; *Zö/Stöber* Rn. 12; vgl. auch (jedenfalls bei Antrag des Schuldners und Einverständnis des Gläubigers) LG Frankenthal Rpfleger 1986, 268; *T/P/Hüßtege* Rn. 10; vgl. auch LG Berlin Rpfleger 1977, 35 = JurBüro 1977, 1291 (in der Zwischenzeit keine Vollziehung des Haftbefehls, dazu § 909 Rn. 4); aA *B/L/H* Rn. 14 (keine Aufhebung des Haftbefehls, sondern nur Aussetzung der Vollziehung).

[82] Zur Aufhebung im Beschwerdeweg LG Düsseldorf JurBüro 1984, 1424f.; LG München I MDR 1964, 156f.; LG Wuppertal MDR 1962, 996f.

[83] *St/J/Münzberg* Rn. 21.

[84] AA *T/P/Hüßtege* Rn. 11 (auch durch den Rechtspfleger).

[85] *St/J/Münzberg* Rn. 22.

[86] *St/J/Münzberg* Rn. 23; *Zö/Stöber* Rn. 12.

[87] MK/*Eickmann* Rn. 24.

[1] AG Hildesheim DGVZ 2005, 30 (Verhaftung nur, wenn der Schuldner sich ohne Abgabe der Versicherung wieder entfernt); *Wiedemann* DGVZ 2004, 129; MK/*Eickmann* Rn. 4; *Sae/Rathmann* Rn. 2; *Wiecz/Sch/Storz* Rn. 5; aA *Seip* DGVZ 2004, 182ff. (Verhaftung erforderlich); *Zö/Stöber* Rn. 2.

des Abs. 1 S. 3. Zweifelhaft ist, ob auch dann in dieser Weise zu verfahren ist, wenn die **Verhaftung** des Schuldners **noch aussteht,** dieser aber zur Abwendung der Verhaftung die eidesstattliche Versicherung abgeben möchte. Überwiegend wird dann vorgeschlagen, der Schuldner müsse beim Gerichtsvollzieher anregen, nach § 900 Abs. 1 vorzugehen.[2] Diese Auffassung hat zwar den Vorteil, dem Gläubiger die Teilnahme zu ermöglichen, sie übersieht aber, dass der Schuldner jederzeit die Möglichkeit hat, sich zum Gerichtsvollzieher zu begeben und sich von diesem verhaften zu lassen. Es ist deshalb nicht recht einsichtig, warum eine Terminsbestimmung erforderlich sein sollte. Auch in diesem Fall kann deshalb die eidesstattliche Versicherung unmittelbar abgenommen werden.[3] Wird die Versicherung unter **Verletzung** des **Teilnahmerechts des Gläubigers** nach Abs. 1 S. 3 abgenommen, darf der Schuldner nicht verhaftet werden, der Gläubiger kann aber zur Wahrnehmung seines Fragerechts einen weiteren Termin zur Abgabe der eidesstattlichen Versicherung verlangen.[4] **Zuständig** für die Abnahme nach § 902 ist der Gerichtsvollzieher des Amtsgerichts des Haftorts (zur Zuständigkeit bei Vollstreckung nach der AO vgl. § 284 Abs. 8 S. 5 AO). Ist der Schuldner verhaftet, aber noch nicht in eine Vollzugsanstalt eingewiesen, weil er sogleich die Versicherung abgeben möchte, kann der ihn verhaftende Gerichtsvollzieher die eidesstattliche Versicherung abnehmen, denn das Amtsgericht am Verhaftungsort kann nach neuem wie nach altem Recht im Interesse einer raschen Abwicklung als Amtsgericht des Haftortes angesehen werden.[5] Entsprechendes gilt, wenn der Schuldner zur Abwendung der Verhaftung die eidesstattliche Versicherung abgibt.

3 Der Schuldner kann allein die unverzügliche Abnahme der Versicherung verlangen, **nicht** dagegen einen unverzüglich anzusetzenden Termin, in welchem er **Einwendungen** erheben möchte. Macht der Schuldner derartige Einwendungen geltend, ist dies als sofortige Beschwerde gegen die Haftanordnung oder als Antrag auf Aufhebung derselben zu verstehen, worüber das Vollstreckungsgericht bzw. das Beschwerdegericht zu entscheiden hat (vgl. § 901 Rn. 10, 14). Das Gericht des Haftortes (Rechtspfleger) kann auf Antrag des Schuldners den Vollzug des Haftbefehls aussetzen (§ 570 Abs. 2, § 573 Abs. 1 in entsprechender Anwendung).[6]

III. Abnahme der Versicherung an Eides statt

4 **1. Unverzügliche Abnahme.** Der Gerichtsvollzieher muss dem Verlangen **ohne Verzug** (nicht sofort, nicht zur Nachtzeit oder bei kurzfristiger Verhinderung) nachkommen. Benötigt der Schuldner zur Abgabe der Versicherung einen **Dolmetscher,** begründet die Verzögerung bis zu seinem Eintreffen keinen Verzug. Da aber der Schuldner ohne den Dolmetscher nicht die Möglichkeit hat, die Haft durch Abgabe der Versicherung zu beenden, gebietet der Verhältnismäßigkeitsgrundsatz eine Haftunterbrechung (keine Entlassung),[7] wenn der Dolmetscher nicht innerhalb des nächsten Tages verfügbar ist. Es wird dann in entsprechender Anwendung des Abs. 3 vom Gerichtsvollzieher Termin zur Abgabe der eidesstattlichen Versicherung bestimmt und die Vollziehung des Haftbefehls bis zum Termin ausgesetzt.

5 **2. Position des Gläubigers.** Das Recht des Gläubigers auf **Teilnahme** am Termin setzt einen **Antrag** voraus, der zusammen mit dem Antrag auf Haftbefehl nach § 901 Abs. 1 S. 1 oder auch bereits im Auftrag an den Gerichtsvollzieher nach § 900 Abs. 1 gestellt werden kann. Das Teilnahmerecht des Gläubigers hängt weiterhin davon ab, ob die eidesstattliche Versicherung trotz seiner Teilnahme **ohne Verzug** abgenommen werden kann. Kurze Verzögerungen[8] sind dabei vom Schuldner hinzunehmen. Allein die räumliche Entfernung des Gläubigers vom Haftort rechtfertigt es nicht, von der Benachrichtigung abzusehen,[9] denn der Gläubiger kann auch telefonisch anregen, bestimmte Fragen zu stellen, oder er kann sich im Termin durch einen Ortsansässigen vertreten lassen. Ein Verstoß gegen die Benachrichtigungspflicht kann Amtshaftungsansprüche begründen,[10] nicht aber zur Wiederholung des Termins führen (vgl. § 900 Rn. 12). Scheitert die

---

[2] *Wiedemann* DGVZ 2004, 129, 131; MK/*Eickmann* Rn. 16, *Zö/Stöber* Rn. 2; *Schuschke* in: *Schuschke/Walker* Rn. 6 (bis zum Termin Aufschub der Verhaftung, weil Rechtsschutzbedürfnis fehlt).

[3] *Sae/Rathmann* Rn. 2; *Wiecz/Sch/Storz* Rn. 5; weiter gehend AG Augsburg DGVZ 2003, 191 (Schuldner kann auch bei freiwilligem Erscheinen und Bereitschaft zur Abgabe der Versicherung verhaftet werden mit der Folge einer entsprechenden Gebühr).

[4] KG OLG Rspr. 14, 190, 192; *St/J/Münzberg* Rn. 4.

[5] *Gottwald* Rn. 3; *Wiecz/Sch/Storz* Rn. 6; *Zö/Stöber* Rn. 3; so iE auch *Funke* NJW 1998, 1029, 1032; *Seip* DGVZ 1998, 1, 7; *Gillessen/Polzius* DGVZ 1998, 97, 111; abweichend MK/*Eickmann* Rn. 4, 11 (§ 899 sei anwendbar mit der Folge, dass der Schuldner ggf. dem zuständigen Gerichtsvollzieher vorzuführen sei).

[6] *Wiecz/Sch/Storz* Rn. 16; vgl. auch (Aussetzung am Haftort, jedoch durch den Gerichtsvollzieher; dem steht jedoch entgegen, dass dieser nach den auch dort für entsprechend anwendbar gehaltenen § 572 Abs. 2, § 576 [jetzt § 570 Abs. 2, § 573 Abs. 1] gerade nicht für die Entscheidung über den Widerspruch zuständig ist; zur Aussetzung der Vollstreckung des Haftbefehls ist er nur unter den in Abs. 3 S. 1 genannten Voraussetzungen befugt) *B/L/H* Rn. 6; *Zö/Stöber* Rn. 3 (Gerichtsvollzieher des Haftortes); aA *St/J/Münzberg* Rn. 8 (Vorlage an das Vollstreckungsgericht); differenzierend MK/*Eickmann* Rn. 9f. (Entscheidung des Vollstreckungsgerichts bei Einwendungen gegen die Verpflichtung zur Abgabe; Entscheidung des Haftgerichts bei Einwänden, die die Offenbarung in der konkreten Situation betreffen, zB Erkrankung).

[7] So iE auch AG Kirchheim u. Teck DGVZ 1983, 63; *Wiecz/Sch/Storz* Rn. 11.

[8] Einige Stunden, so auch *Gottwald* Rn. 4; *Schuschke* in *Schuschke/Walker* Rn. 2; *T/P/Hüßtege* Rn. 5; *Wiecz/Sch/Storz* Rn. 13; strenger LG Oldenburg DGVZ 2003, 156, 157 (nicht länger als zwei Stunden, eher kürzer); MK/*Eickmann* Rn. 5 (zwei Stunden); differenzierend *St/J/Münzberg* Rn. 3 (nur wenige Stunden, falls nicht ein Aufschub nötig ist, bei nicht eingeliefertem Schuldner wird der Zeitraum besonders kurz zu bemessen sein).

[9] *Finkelnburg* DGVZ 1977, 1f.; *Sae/Rathmann* Rn. 5; *St/J/Münzberg* Rn. 4; aA AG Kronach DGVZ 2003, 157, 158.

[10] BGHZ 7, 287, 291 = NJW 1953, 261; *Schuschke* in *Schuschke/Walker* Rn. 2; *Zö/Stöber* Rn. 5.

telefonische Benachrichtigung, sollte der Gläubiger schriftlich informiert werden, um sich über das Ergebnis des Termins noch vor Erhalt des Protokolls telefonisch informieren zu können.[11]

3. Besonderheiten bei fehlenden Unterlagen. Benötigt der Schuldner **Unterlagen,** um die Versicherung abgeben zu können, kann der Gerichtsvollzieher die Vollziehung des Haftbefehls aussetzen. Dabei handelt es sich um eine Ermessensentscheidung. Möglich ist es auch, die Unterlagen auf Veranlassung des Schuldners durch Dritte beschaffen zu lassen.[12] Kann der Schuldner nur zu einzelnen Punkten keine Angaben machen, kann der Gerichtsvollzieher die Aussetzung der Vollziehung davon abhängig machen, dass der Schuldner zunächst die Angaben macht, die ihm ohne die fehlenden Unterlagen möglich sind.[13] Zugleich mit der Aussetzung der Vollziehung wird ein neuer Termin zur Abgabe der Versicherung bestimmt, Abs. 3 S. 1 (zur Ladung des Schuldners und zur Terminsmitteilung an den Gläubiger nach Abs. 3 S. 2 vgl. § 900 Rn. 12). Dies kann nicht dadurch ersetzt werden, dass der Schuldner Unterlagen schriftlich nachreicht.[14] Wird im neuen Termin die eidesstattliche Versicherung nicht vollständig abgegeben, weil der Schuldner nicht oder unvorbereitet erscheint, kann der Schuldner auf der Grundlage des bereits erlassenen Haftbefehls erneut in Haft genommen werden.[15] Der Haftbefehl verbleibt zu diesem Zweck beim Gerichtsvollzieher. Wurde die Haft bereits unterbrochen, um dem Schuldner Gelegenheit zu geben, sich die erforderlichen Unterlagen zu beschaffen, wird nach einer erneuten Verhaftung des Schuldners für eine zweite Unterbrechung nur selten Raum sein.[16] Sie wird nur dann in Betracht kommen, wenn dies unter Ausschöpfung aller anderen Mittel die einzige Möglichkeit für den Schuldner ist, die erforderlichen Unterlagen einzusehen, und der Schuldner darlegt, warum er diese Möglichkeit während der ersten Unterbrechung nicht genutzt hat, sie aber bei einer erneuten Unterbrechung wahrnehmen wird. 6

4. Verhaftung auf Grund mehrerer Haftbefehle. Wurde der Schuldner auf Grund mehrerer Haftbefehle verhaftet, ist er nicht verpflichtet, die Versicherung allen Gläubigern gegenüber abzugeben, denn durch die Abgabe gegenüber einem der Gläubiger entfällt nach § 903 eine Voraussetzung für die weiteren Haftbefehle, so dass diese aufzuheben sind. Das entspricht für die Zeit vor der Verhaftung der hL (vgl. § 900 Rn. 15) und es gibt keinen Grund dafür, den verhafteten Schuldner anders zu behandeln.[17] 7

IV. Weiteres Verfahren

Nach Abgabe der Versicherung wird der Schuldner auf Veranlassung des Gerichtsvollziehers aus der Haft entlassen. Dies wird dem Gläubiger vom Gerichtsvollzieher mitgeteilt. Gegen die Entscheidung steht dem Gläubiger **vor der tatsächlichen Entlassung** des Schuldners die Erinnerung (§ 766) zu,[18] mit der der Gläubiger insbesondere die Unvollständigkeit der Versicherung geltend machen kann. Die Erinnerung nach § 766 steht auch dem Schuldner offen, wenn er die Versicherung abgegeben hat, aber die Entlassung (idR. wegen Unvollständigkeit der Erklärung) nicht angeordnet wird.[19] 8

Mit der tatsächlichen Entlassung **verbraucht** sich der Haftbefehl. Seine Aufhebung ist nicht erforderlich;[20] Rechtsbehelfe gegen den Haftbefehl sind nun nicht mehr zulässig; sind sie bereits erhoben, werden sie unzulässig (zu den Fällen, in denen der Schuldner die Abgabeverpflichtung weiterhin bestreitet und nur zur Abwendung der Haft die Versicherung abgegeben hat, vgl. § 901 Rn. 11). Vor weiterer Vollstreckung schützt neben § 775 Nr. 4 (Protokoll über Abgabe der Versicherung) und § 903 vor allem der Umstand, dass der Gläubiger keinen Zugriff auf den Haftbefehl hat, weil dieser bei den Akten des Gerichtsvollziehers oder der Haftanstalt verbleibt[21] oder nach § 187 Nr. 7 S. 3 GVGA dem entlassenen Schuldner ausgehändigt wird.[22] Hat der Gläubiger den Haftbefehl ausnahmsweise in Besitz, muss ein Antrag auf (deklaratorische) Aufhebung durch das Vollstreckungsgericht zugelassen werden.[23] 9

903 ***Wiederholte eidesstattliche Versicherung*** **[1]Ein Schuldner, der die in § 807 dieses Gesetzes oder in § 284 der Abgabenordnung bezeichnete eidesstattliche Versicherung abgegeben hat, ist, wenn die Abgabe der eidesstattlichen Versicherung in dem Schuldnerverzeichnis noch nicht gelöscht ist, in den ersten drei Jahren nach ihrer Abgabe zur nochmaligen eidesstattlichen Versiche-**

---

11 *St/J/Münzberg* Rn. 4 Fn. 21.
12 So zum früheren Recht *Finkelnburg* DGVZ 1977, 1, 3.
13 *Wiecz/Sch/Storz* Rn. 21.
14 LG Berlin Rpfleger 1973, 34; *St/J/Münzberg* Rn. 5; *Zö/Stöber* Rn. 8.
15 LG München II DGVZ 1968, 137f.; *Behr* DGVZ 1976, 129, 131.
16 *Sae/Rathmann* Rn. 7; *Zö/Stöber* Rn. 10.
17 LG Berlin Rpfleger 1977, 35; *Brinkmann* Rpfleger 1990, 331, 333; 1994, 89ff.; *B/L/H* Rn. 5; *Schuschke* in *Schuschke/Walker* Rn. 7; MK/*Eickmann* Rn. 5 (mit dem Unterschied, dass dem Schuldner das Verfahren vorgegeben werden kann, in welchem er die Versicherung abgibt; vgl. dazu hier § 900 Rn. 15); *St/J/Münzberg* Rn. 3; aA LG Arnsberg DGVZ 1994, 6ff. = Rpfleger 1994, 76; *Viertelhausen* DGVZ 2002, 53, 55f.; *Hornung* Rpfleger 1995, 233, 234; *Zö/Stöber* Rn. 6.
18 *St/J/Münzberg* Rn. 12; aA (nicht rechtsbehelfsfähige prozessleitende Verfügung) *B/L/H* Rn. 9.
19 *B/L/H* Rn. 9; *T/P/Hüßtege* Rn. 1a; da der Gerichtsvollzieher tätig wird, scheidet eine sofortige Beschwerde nach § 793 aus; so aber für das bisher geltende Recht *St/J/Münzberg* Rn. 13.
20 LG Koblenz MDR 1987, 944; AG Rotenburg/Wümme DGVZ 1979, 47; *B/L/H* Rn. 6; MK/*Eickmann* Rn. 15; *Zö/Stöber* Rn. 7.
21 LG Koblenz MDR 1987, 944; AG Rotenburg/Wümme DGVZ 1979, 47.
22 *Sae/Raathmann* Rn. 6.
23 *St/J/Münzberg* Rn. 10.

rung einem Gläubiger gegenüber nur verpflichtet, wenn glaubhaft gemacht wird, dass der Schuldner später Vermögen erworben hat oder dass ein bisher bestehendes Arbeitsverhältnis mit dem Schuldner aufgelöst ist. [2]Der in § 807 Abs. 1 genannten Voraussetzungen bedarf es nicht.

I. Normzweck

1 Die Vorschrift verhindert sowohl im Interesse des Schuldners als auch im Interesse der Entlastung der Rechtspflege, dass mehrfach eidesstattliche Versicherungen über **denselben Vermögensstand** abgegeben werden müssen. Deshalb wird die nochmalige Abgabe der Versicherung nicht ausgeschlossen, wenn Vermögenserwerb glaubhaft gemacht wird oder wenn ein bestehendes Arbeitsverhältnis aufgelöst ist, denn dann ist der Schuldner möglicherweise ein neues Arbeitsverhältnis eingegangen, aus welchem ihm eine pfändbare Forderung zusteht. Wegen der genannten Zielsetzung steht § 903 der **Nachbesserung** einer unvollständig abgegebenen Versicherung nicht entgegen (vgl. Rn. 8). Eine Verkürzung der Frist auf 12 Monate wird in einem Referentenentwurf vorgeschlagen.[1]

II. Ausschluss nochmaliger eidesstattlicher Versicherung

2 Die Regelung ist anwendbar, wenn eine **Versicherung** nach **§ 807** oder nach **§ 284 AO** abgegeben wurde; auf die Abgabe der eidesstattlichen Versicherung nach anderen Bestimmungen ist die Regelung nicht anzuwenden.[2] Die Versicherung nach § 807 oder nach § 284 AO braucht weder in demselben Verfahren noch vor dem jetzt mit der Sache befassten Gericht abgegeben worden zu sein; auch auf die Eintragung im Schuldnerverzeichnis kommt es nicht an (zu gelöschten Eintragungen vgl. aber Rn. 3). Die Abgabe vor einem deutschen[3] örtlich unzuständigen Gericht[4] begründet ebenfalls die Folgen des § 903.[5] Für den Fall, dass der Schuldner die eidesstattliche Versicherung nicht abgegeben, aber eine sechsmonatige Haft zur Erzwingung einer Offenbarungsversicherung nach § 807 bzw. § 284 AO verbüßt hat, enthält § 914 eine besondere Regelung, die es aber lediglich ausschließt, den Schuldner durch Haft zur Abgabe der eidesstattlichen Versicherung anzuhalten. Hat der Schuldner im Rahmen eines persönlichen Arrests sein Vermögen offenbart, um so die Aufhebung des Arrests zu erreichen, steht die Vollständigkeit des Verzeichnisses weniger im Vordergrund als bei der Versicherung nach § 807. Der Schuldner muss deshalb die eidesstattliche Versicherung nach § 807 noch abgeben, auch wenn die besonderen Voraussetzungen des § 903 nicht erfüllt sind.[6]

3 Die Versicherung darf **nicht gelöscht** sein (vgl. § 915a) oder als gelöscht gelten (§ 915b Abs. 2), und der Tag der Abgabe darf nicht mehr als **drei Jahre** zurückliegen. Die Frist, die sich nach § 222 berechnet, **beginnt** mit der Abgabe der eidesstattlichen Versicherung.[7] Dies gilt auch dann, wenn die Versicherung später ergänzt wird (vgl. dazu Rn. 8),[8] denn die Ergänzung umfasst nur Teilaspekte und nicht das Vermögen insgesamt. Entscheidend für die Frage, ob die Frist abgelaufen ist, ist der **Zeitpunkt der Prüfung durch den Gerichtsvollzieher** bzw. im Fall des Widerspruchs der Prüfung durch das Vollstreckungsgericht, nicht dagegen die Antragstellung durch den Gläubiger.[9] Wird der Gerichtsvollzieher **entgegen § 903** mit der Abnahme einer eidesstattlichen Versicherung beauftragt, ist dieser Auftrag nach hL (§ 900 Rn. 8) von Amts wegen zurückzuweisen. Ein bereits bestimmter Termin wird vom Gerichtsvollzieher ohne besonderen Antrag aufgehoben (§ 900 Rn. 8). Ein bereits ergangener **Haftbefehl** wird nicht von Amts wegen aufgehoben,[10] zur Vollstreckung vgl. § 909 Rn. 4. Der Schuldner kann aber die Aufhebung vor Eintritt der Rechtskraft mit sofortiger Beschwerde gegen den Haftbefehl und nach Eintritt der Rechtskraft durch einen Antrag auf Aufhebung erreichen (vgl. § 901 Rn. 10f., 14).

III. Nochmalige eidesstattliche Versicherung vor Fristablauf

4 Eine eidesstattliche Versicherung über das gesamte Vermögen (nicht nur über Veränderungen) ist vor Ablauf der Dreijahresfrist abzugeben, wenn neues **pfändbares Vermögen**[11] hinzuerworben[12] wird. Bei laufenden Bezügen entscheiden über die Frage der Pfändbarkeit die Grenzen der §§ 850ff. unter Beachtung

---

1 *Seip* DGVZ 2006, 1, 2.
2 BGH NJW 2004, 2905 (zu § 95 AO).
3 Nicht vor ausländischem Gericht, KG JW 1932, 3196; AG Opladen DGVZ 1969, 75.
4 Nicht vor dem Notar, LG Detmold Rpfleger 1987, 165f.; LG Frankenthal Rpfleger 1985, 33f.
5 KG JW 1938, 2685 (anders noch KG JW 1932, 3196); *St/J/Münzberg* § 899 Rn. 16; *Zö/Stöber* § 899 Rn. 4.
6 LG Stade DGVZ 1999, 8, 10.
7 LG Mönchengladbach JurBüro 1979, 612; *T/P/Hüßtege* Rn. 3.
8 LG Lübeck Rpfleger 1991, 119; anders bei Neuabgabe der eidesstattlichen Versicherung, auch wenn dabei auf die alte Versicherung Bezug genommen wird, vgl. AG Dortmund DGVZ 2002, 175.
9 AA *Zö/Stöber* Rn. 3; vgl. auch AG Meißen JurBüro 2006, 330 (Sonderfall zum Gebührenrecht; Antrag auf Neuabgabe der Versicherung unter Glaubhaftmachung der Voraussetzungen des § 903 innerhalb der Frist eingegangen, nach Fristablauf zurückgewiesen und Gebühren wegen nicht erledigter Amtshandlung erhoben; richtigerweise wäre der Antrag umzudeuten in einen Antrag auf Abnahme der eidesstattlichen Versicherung ohne die Besonderheiten des § 903).
10 *B/L/H* § 901 Rn. 14; *St/J/Münzberg* § 901 Rn. 28; aA AG Neuruppin Rpfleger 2004, 617.
11 OLG Stuttgart DGVZ 2001, 116, 117 = JurBüro 2001, 434, 435 = Rpfleger 2001, 441, 442; LG Krefeld BB 1980, 602; *B/L/H* Rn. 9; *St/J/Münzberg* Rn. 14; *Wiecz/Sch/Storz* Rn. 10; *Zö/Stöber* Rn. 7; aA (ohne Rücksicht auf Pfändbarkeit) MK/*Eickmann* Rn. 6; vermittelnd *Sae/Rathmann* Rn. 5 (entscheidend sei, ob erkennbar eine Unpfändbarkeit vorliegt).
12 Umschichtung durch Verkauf bleibt außer Betracht, solange nicht das pfändbare Vermögen gemehrt wird, *St/J/Münzberg* Rn. 14.

der §§ 850d, 850f. Abs. 2. Der Vermögenserwerb ist vom **Antragsteller glaubhaft** zu machen.[13] Der Hinweis auf die Wahrscheinlichkeit der Aufnahme einer neuen Beschäftigung infolge der allgemeinen Besserung der Wirtschaftslage reicht dazu nicht aus[14] (vgl. auch Rn. 6). Ebenso wenig genügt der Hinweis, dass ein Gewerbetreibender oder Selbständiger seine Tätigkeit fortsetzt, ohne dass ein konkreter Vermögenserwerb glaubhaft gemacht wird.[15] Andernfalls wäre die Frist des § 903 bei diesem Personenkreis sinnlos. Die von der Gegenauffassung[16] betonten Schwierigkeiten für den Antragsteller dürfen nicht überbewertet werden. Wenn der Schuldner seinen Betrieb fortsetzt, dürfte es keine unüberwindlichen Schwierigkeiten bereiten, den Erwerb zumindest eines neuen pfändbaren Vermögensgegenstandes glaubhaft zu machen. Dies reicht aus, um eine erneute eidesstattliche Versicherung über das Gesamtvermögen erreichen zu können.

Um festzustellen, ob der Schuldner neues Vermögen erworben hat, müssen **Vollstreckungsgläubiger,** die 5
ohne die Beschränkung durch § 903 die Abgabe der eidesstattlichen Versicherung verlangen könnten,[17] eine **Abschrift des Vermögensverzeichnisses** und des Protokolls erhalten[18] (vgl. § 299; der Antrag kann hilfsweise zusammen mit dem nach § 900 gestellt werden, vgl. § 900 Rn. 5) sowie **Einsicht** in die übrigen **Akten** bekommen.[19] Dazu müssen die Vollstreckungsvoraussetzungen nach § 750 erfüllt sein. Die Vorlage einer **Fruchtlosigkeitsbescheinigung** ist **nicht erforderlich,** denn nach § 903 S. 2 brauchen die Voraussetzungen des § 807 Abs. 1 bei einem Antrag auf Abgabe einer weiteren eidesstattlichen Versicherung nicht erfüllt zu sein. Über die Anträge soll nach § 12 Abs. 4 GKG erst nach Zahlung der Gebühren entschieden werden. Über den Antrag entscheidet der Urkundsbeamte der Geschäftsstelle.[20] Die **Versendung der Akten** – insoweit entscheidet der Rechtspfleger[21] – ist in der Regel nicht sachdienlich.[22] Sind die **Akten nicht mehr zugänglich,** kann auch bei Fehlen der Voraussetzungen des § 903 erneut die Abgabe einer eidesstattlichen Versicherung verlangt werden.[23] Dem Neuerworbenen steht solches **Vermögen** gleich, das bei Abgabe der

---

[13] LG Landshut JurBüro 2002, 271 (Angabe in einem zwei Jahre alten Verzeichnis, von Zuwendungen Dritter zu leben und keine Sozialhilfe beantragt zu haben); LG Landshut JurBüro 2000, 376 (konkrete Anhaltspunkte erforderlich; betr. Vermutung der Schwarzarbeit); LG Gießen DGVZ 1995, 42; LG Düsseldorf JurBüro 1987, 467f. (ausreichend sind mehrfache Teilzahlungen einer GmbH); LG Köln JurBüro 1987, 1812f. (wiederholte Heimreisen in die Türkei reichen nicht aus); LG Bielefeld MDR 1987, 416 (Rückgewähr eines sicherungsübereigneten Gegenstands an den Schuldner reicht aus); AG Ludwigsburg DGVZ 2001, 31 (Zahlung eines größeren Betrages auf eine Schuld); AG Lindau DGVZ 2003, 173 (Versicherung des Gläubigeranwalts über Anruf des Schuldners mit der Mitteilung einer Erbschaft); LG Kassel Rpfleger 1997, 74 = JurBüro 1997, 48 (Auflösung des Girokontos reicht nicht aus); zu weitgehend MK/*Eickmann* Rn. 14 (Besuch teurer Lokale); ebenfalls zu weitgehend AG Warburg DGVZ 2001, 11f. und LG Kassel Rpfleger 2005, 39 (Wohnungswechsel reiche zur Glaubhaftmachung aus, weil erfahrungsgemäß eine Kaution geleistet werde); zutreffend LG Frankfurt/M DGVZ 2004, 44 (Wohnungswechsel reicht nicht aus); LG Münster DGVZ 2002, 186, 187 (Verdacht schon dann begründet, wenn der Schuldner nicht mietfrei wohnt und nur einen Betrag von 322 € als Einkommen angibt).

[14] OLG München NJW 1962, 497f.; LG Heidelberg DGVZ 2006, 70f. (Umzug in ein Bundesland mit deutlich niedrigerer Arbeitslosenquote nicht ausreichend); LG Berlin Rpfleger 1978, 228f.; LG Frankfurt/M DGVZ 2004, 44; AG Flensburg DGVZ 1999, 45 (maßgebend ist nicht die abstrakte Lage am Arbeitsmarkt, sondern die konkret festzustellende Vermittelbarkeit des Schuldners); *B/L/H* Rn. 10; *St/J/Münzberg* Rn. 23; aA (Schuldner war jeweils arbeitslos, Besserung der Wirtschaftslage soll ohne konkreten Nachweis für Arbeitsaufnahme sprechen) OLG Stuttgart JurBüro 1978, 1726; LG Hannover Rpfleger 1991, 410f. (m. zust. Anm. *Jelinsky*); LG Heilbronn JurBüro 1979, 292; LG Kleve MDR 1975, 766; LG Nürnberg-Fürth Rpfleger 1996, 416 m. zust. Anm. *Zimmermann* (Schuldner hat frühere Versicherung kurz nach Verlust des Arbeitsplatzes abgegeben und ist zwischenzeitlich umgezogen); noch weiter gehend LG Detmold DGVZ 1990, 90 (Schuldner hat Beruf, in dem zurzeit gute Chancen bestehen); LG Hechingen JurBüro 2002, 383; LG Chemnitz Rpfleger 1995, 512 (Schuldner übt gefragten Beruf aus und hat drei minderjährige Kinder, so dass von besonderen Bemühungen um einen Arbeitsplatz auszugehen ist, deshalb Antrag auf zweite Versicherung nach einem Jahr zulässig) der Entscheidung zustimmend *Zö/Stöber* Rn. 9; LG Köln JurBüro 2001, 659.

[15] LG Lüneburg DGVZ 2006, 92; LG Köln DGVZ 2004, 172; OLG Frankfurt/M JurBüro 2002, 442 = Rpfleger 2002, 466f.; OLG Stuttgart DGVZ 2001, 116f. = JurBüro 2001, 434, 435 = Rpfleger 2001, 441f.; LG Münster DGVZ 2000, 27; LG Düsseldorf JurBüro 1987, 466f.; AG Ludwigsburg DGVZ 2003, 28, 29; AG Bergisch-Gladbach DGVZ 2002, 79; AG Ludwigsburg DGVZ 2001, 47; *T/P/Hüßtege* Rn. 5; *Wiecz/Sch/Storz* Rn. 33; aA AG Hamburg DGVZ 1999, 158 (arg.: sei mit der Aufgabe des Arbeitsplatzes vergleichbar); LG Heilbronn DGVZ 2000, 38, 39 = Rpfleger 2000, 170 (Lebenserfahrung spricht für neue Einkünfte; nach einer Mindestfrist von sechs Monaten muss erneut offenbart werden); LG Köln DGVZ 2005, 182 (jedenfalls bei hohen Auftrags- und Forderungsbeständen und Fortführung; anders bei Kleingewerbetreibenden); *Schmidt* DGVZ 1999, 158f. (von Selbständigen sei ohne weiteres alle sechs Monate eine erneute Versicherung zu verlangen); *Zimmermann* Rpfleger 1996, 441; vgl. auch LG Koblenz JurBüro 1997, 272 (Vermögenserwerb glaubhaft, wenn Schuldner angibt, aus Gewerbebetrieb monatlich 2000 DM zu beziehen, den Betrieb fortführt und der Gläubiger die neuen Auftraggeber erfahren will).

[16] Vgl. *Schmidt* DGVZ 1999, 158f.

[17] Zur Rechtslage bei Gläubigern, die nicht gegen den Eingetragenen vollstrecken wollen, aber unter Berufung auf ein rechtliches Interesse nach § 299 Abs. 2 Akteneinsicht verlangen, vgl. bejahend: OLG Hamm NJW 1989, 533; KG NJW 1989, 534f.; verneinend: LG Mönchengladbach NJW 1989, 3164f.

[18] OLG Celle Rpfleger 1983, 160f.; OLG Hamm NJW 1990, 843f.; *Meyer-Stolte* Rpfleger 1990, 28; *St/J/Münzberg* Rn. 4; *Zö/Stöber* § 900 Rn. 38.

[19] *St/J/Münzberg* Rn. 4 m. weit. Nachw.; aA MK/*Eickmann* § 915 Rn. 9.

[20] *Zö/Stöber* § 900 Rn. 38.

[21] Vgl. *St/J/Münzberg* Rn. 4.

[22] LG Berlin Rpfleger 1989, 468f.; LG Berlin Rpfleger 1991, 428; LG Bonn Rpfleger 1993, 354; *Zö/Stöber* § 900 Rn. 38; vgl. auch *St/J/Münzberg* Rn. 4 (Ermessen); stets ablehnend LG Oldenburg Rpfleger 1992, 31; so iE auch (Ablehnung der Versendung mit der Begründung, die Akten müssten jederzeit zur Verfügung stehen, nicht zu beanstanden) LG Nürnberg-Fürth JurBüro 1993, 241.

[23] LG Hamburg NdsRpfl. 1948, 245; *St/J/Münzberg* Rn. 12.

früheren Versicherung **verschwiegen** wurde (vgl. auch Rn. 8).[24] Es ist dann ein vollständig neues Vermögensverzeichnis zu erstellen, denn der Schuldner kann sich bei noch nicht offen gelegtem Vermögen der Verpflichtung zur nochmaligen Abgabe nicht entziehen, indem er sich auf sein eigenes Verschweigen dieser Vermögenswerte beruft.

6 Eine neue Versicherung kann auch verlangt werden, wenn ein bisher bestehendes **Arbeitsverhältnis aufgelöst** ist.[25] Der Gläubiger braucht nicht glaubhaft zu machen, dass eine neue Beschäftigung aufgenommen wurde, aus welcher dem Schuldner pfändbares Vermögen erwächst.[26] Die Abgabepflicht besteht auch, wenn der Gläubiger das neue Arbeitsverhältnis kennt.[27] Die Aufgabe einer **Nebentätigkeit** reicht für § 903 nur dann aus, wenn diese einen bedeutenderen Umfang hatte, denn nur dann ist die Vermutung berechtigt, dass an die Stelle der Nebentätigkeit eine andere Beschäftigung getreten ist.[28] Der Begriff des Arbeitsverhältnisses wird **weit ausgelegt,** so dass auch die **Aufgabe einer gewerblichen oder selbständigen Tätigkeit** darunter gefasst wird.[29] Darüber hinaus ist die Bestimmung analog anzuwenden, wenn im Zeitpunkt der Abgabe der letzten eidesstattlichen Versicherung **kein Arbeitsverhältnis** bestand, aber Anhaltspunkte dafür bestehen, dass nunmehr eine Beschäftigung aufgenommen wurde.[30] Die Vergleichbarkeit der Fälle ergibt sich dabei daraus, dass das Gesetz die Auflösung eines Arbeitsverhältnisses lediglich als Indiz für die Aufnahme einer neuen Tätigkeit ansieht. Dies ist auch gerechtfertigt, wenn Anlass zu der Vermutung besteht, dass der im Zeitpunkt der Abgabe der Versicherung **arbeitslose Schuldner** eine neue Arbeit gefunden hat, weil er beim Arbeitsamt nicht mehr gemeldet ist[31] und keine Arbeitslosenhilfe beantragt oder weil Zahlungen von Witwenpensionen oder Sozialrenten eingestellt werden.[32] Wegen der schwierigen Arbeitsmarktlage reicht das Ende einer Umschulungsmaßnahme zu Recht nicht aus.[33] Bei Auflösung eines Bankkontos kann die Regelung nicht analog angewendet werden, so dass ein Vermögensneuerwerb glaubhaft zu machen ist.[34]

---

[24] KG OLGZ 1991, 108 ff. = MDR 1990, 1124; OLG Köln MDR 1975, 498; LG Düsseldorf MDR 1977, 586 (LS); MK/*Eickmann* Rn. 10; *Zö/Stöber* Rn. 7; missverständlich LG Koblenz MDR 1990, 1124 (Ergänzung); vgl. auch (Nachbesserung oder Neuerstellen) LG Detmold Rpfleger 1997, 537. Anders verhält es sich, wenn der Vermögensgegenstand nicht verschwiegen wurde, wohl aber unrichtige Angaben über einen bevorstehenden Verkauf gemacht wurden; zu der dann erforderlichen Ergänzung des Verzeichnisses LG Koblenz MDR 1998, 369 = JurBüro 1998, 212.

[25] LG Aschaffenburg MDR 1971, 497; LG Darmstadt MDR 1970, 771; LG Stade Rpfleger 1982, 193; aA AG Groß Gerau Rpfleger 1982, 193 (Ergänzung; nicht tragend); bei ständig wechselnder Aushilfstätigkeit kann Ergänzung ausreichen, LG Heilbronn MDR 1992, 711.

[26] OLG Düsseldorf MDR 1976, 587 (LS); *St/J/Münzberg* Rn. 24; modifizierend (bei Arbeitslosigkeit zum Zeitpunkt der Abgabe der Versicherung Glaubhaftmachung fordernd) LG Berlin Rpfleger 1978, 228 f.; OLG Stuttgart JurBüro 1978, 1726; LG Heilbronn JurBüro 1979, 282; LG Nürnberg-Fürth NJW 1961, 1633; LG Lübeck SchlHA 1970, 117.

[27] LG Bonn NJW-RR 2003, 72; KG OLGZ 1968, 307 = MDR 1968, 674; *Zö/Stöber* Rn. 12; aA AG Limburg DGVZ 1972, 11, 12 (Rechtsschutzbedürfnis fehlt); differenzierend LG Mosbach JurBüro 2002, 549 (Rechtsschutzbedürfnis besteht, wenn im Zusammenhang mit dem Arbeitsverhältnis mögliche neue Bankverbindungen erfragt werden sollen).

[28] weiter gehend LG Schweinfurt DGVZ 2002, 155 (Nebentätigkeit steht gleich, sofern nicht Umstände die Vermutung der Aufnahme einer neuen Nebentätigkeit entkräften); dem zustimmend *Schmidt* DGVZ 2002, 149 f.; nicht erfasst wird die Aufgabe eines geringfügigen Nebenverdienstes, vgl. OLG Hamm JMBlNRW 1962, 294; enger aber: LG Lübeck SchlHA 1966, 205 f.; *Schmidt* NJW 1963, 2306 ff.

[29] OLG Frankfurt/M JurBüro 1990, 404 = Rpfleger 1990, 174 (Unternehmensaufgabe); OLG Bremen JurBüro 1978, 608; LG Augsburg JurBüro 1998, 325 (Angabe des Schuldners, sein Gewerbe werde am nächsten Tag abgemeldet, löst Verpflichtung zur nochmaligen Abgabe nach Verstreichen dieses Termins aus); LG Frankfurt/O MDR 1998, 369 f. (Aufgabe eines Gewerbebetriebs); LG Hamburg Rpfleger 1990, 31 (GmbH-Geschäftsführer); LG Darmstadt JurBüro 1996, 274 (Unternehmensaufgabe); AG Melsungen JurBüro 2002, 442; vgl. auch (analoge Anwendung) OLG Hamm JurBüro 1983, 1738 f. = Rpfleger 1983, 322 (Witwerpension); KG OLGZ 1968, 307 ff. (Handelsvertreter); LG München II JurBüro 1990, 1522 (Freiberufler).

[30] LG Heilbronn JurBüro 2001, 153; Ankündigung, Arbeitslosengeld zu beantragen, während man bislang von Verwandten unterstützt wurde, steht nicht gleich, LG Stuttgart DGVZ 2002, 93.

[31] OLG Stuttgart OLGZ 1979, 116, 118 = JurBüro 1978, 1726; OLG Hamm JurBüro 1983, 1738 f. = Rpfleger 1983, 322; OLG München DGVZ 2001, 84 f. (anders, wenn statt Arbeitslosenhilfe Krankengeld in geringerem Umfang gezahlt wird; obiter dictum); LG Stuttgart JurBüro 2000, 438 (Ende befristeter Arbeitslosenhilfe); LG Koblenz JurBüro 1998, 44 f. = DGVZ 1998, 10 f. (Hinweis auf allgemeine Arbeitsmarktlage reicht nicht aus; bei 51-jährigem Installateur, der vor 18 Monaten die Versicherung abgegeben hat, ist dennoch von der Aufnahme einer Beschäftigung auszugehen); AG Flensburg DGVZ 1999, 45; vgl. auch LG Dresden JurBüro 1998, 214 (43-jährige Gärtnerin, Abgabe der eidesstattlichen Versicherung vor 8 Monaten); *St/J/Münzberg* Rn. 24; aA LG Berlin Rpfleger 1991, 118 (aufgegeben durch LG Berlin Rpfleger 1997, 221); *T/P/ Hüßtege* Rn. 5.

[32] OLG Hamm JurBüro 1983, 1738 f. = Rpfleger 1983, 322; LG Berlin Rpfleger 1997, 221; vgl. auch LG Hannover NdsRpfl 2000, 171 (Verlust des Unterhaltsanspruchs).

[33] *St/J/Münzberg* Rn. 16; so bereits früher LG Hamburg MDR 1974, 850; AG Hamburg Rpfleger 1985, 499; vgl. auch LG Koblenz JurBüro 1998, 44 f. = DGVZ 1998, 10 f.

[34] BGH NJW-RR 2007, 1007; LG Marburg DGVZ 2006, 180, 181; LG Göttingen DGVZ 2003, 41 = Rpfleger 2003, 255 (mit irreführendem Leitsatz); LG Bochum DGVZ 2002, 76; AG Emmendingen DGVZ 2001, 94; AG Wiesloch DGVZ 2001, 13 f.; AG Warburg DGVZ 2001, 124; vgl. (Glaubhaftmachung weiteren Vermögenserwerbs erforderlich) *Wiecz/Sch/Storz* Rn. 33; aA AG Braunschweig DGVZ 2005, 190; LG Münster Rpfleger 1999, 230, 231; AG Perleberg DGVZ 2002, 174 f.

IV. Verfahrensablauf

Das Verfahren richtet sich auf die Abgabe einer **umfassenden eidesstattlichen Versicherung,** nicht auf Ergänzung einer bereits vorhandenen Erklärung.[35] Hinsichtlich einzelner Positionen, nicht aber pauschal, kann auf eine dem Gerichtsvollzieher vorliegende[36] frühere eidesstattliche Versicherung Bezug genommen werden;[37] die erneute Versicherung an Eides statt (und die Belehrung durch den Gerichtsvollzieher) bezieht sich dann inhaltlich auch auf diese bereits abgegebene Erklärung. Weil es sich um eine umfassende Versicherung handelt, ist ein **Antrag des Gläubigers** erforderlich, der den **Voraussetzungen des § 900** (vgl. dort Rn. 2 ff.) genügt. Eine **Ausnahme** gilt nach S. 2 für die Voraussetzungen des § 807 Abs. 1, also insbesondere auch für die Vorlage einer **Pfandlosigkeitsbescheinigung.** Diese Voraussetzungen sind bei dem Antrag auf Abgabe einer erneuten eidesstattlichen Versicherung innerhalb der Dreijahresfrist unbeachtlich, so dass sie auch keines Nachweises mehr bedürfen. Soweit der Schuldner zwischenzeitlich pfändbares Vermögen erworben hat, ist es an ihm, dies dem Gerichtsvollzieher anzugeben oder seine Schuld zu zahlen, um so die Abgabe einer erneuten Versicherung an Eides statt abzuwenden.[38] Weiterhin muss der Gläubiger die **Voraussetzungen des § 903 glaubhaft** machen. Erst wenn dies erfolgt ist und dem Schuldner Gelegenheit zur Stellungnahme gegeben wurde (auch schriftlich[39]), wird ein Termin bestimmt.[40] Die örtliche Zuständigkeit des Gerichtsvollziehers ist neu zu beurteilen; die Zuständigkeit des früheren Verfahrens wirkt nicht fort (anders bei der Nachbesserung, vgl. Rn. 8). Wird der Antrag abgelehnt, steht die Erinnerung nach § 766 offen (vgl. § 900 Rn. 10). Wird der Termin nicht aufgehoben, obwohl der Schuldner die Glaubhaftmachung nicht für ausreichend hält, so muss der Schuldner der Verpflichtung im Termin widersprechen (vgl. § 900 Rn. 8). 7

V. Verfahren zur Ergänzung oder Nachbesserung

§ 903 steht dem Antrag auf **Vervollständigung** einer bereits abgegebenen eidesstattlichen Versicherung **nicht entgegen.** Ein solcher Antrag kann aber nur bei unvollständigen oder unklaren Erklärungen Erfolg haben.[41] Er setzt voraus, dass der Schuldner zulässige Fragen (vgl. § 900 Rn. 22) nicht oder zu unbestimmt beantwortet hat oder Anlass für die Annahme besteht, dass der Schuldner über Vermögen verfügt, nach dem nicht gefragt wurde (zur Abgrenzung gegenüber der Erinnerung vgl. § 900 Rn. 23). Er hat dann seiner Offenbarungspflicht noch nicht genügt, so dass das ursprüngliche Verfahren (ohne weitere Kosten[42]) **fortzusetzen** ist (zum Rechtsschutzbedürfnis vgl. § 900 Rn. 7). Das gilt auch, wenn ein **anderer Gläubiger** die Vervollständigung begehrt.[43] Ein zeitlicher Zusammenhang mit der Abgabe der unvollständigen Versicherung ist nicht erforderlich.[44] Das Nachbesserungsverfahren ist **nicht** anzuwenden, wenn der Schuldner bei der Abgabe der eidesstattlichen Versicherung die Fragen unrichtig beantwortet hat, indem er **Vermögenswerte verschwiegen hat.**[45] Ein solches Verschweigen ist vielmehr dem Erwerb neuen Vermögens iSd. § 903 8

---

[35] AllgM; Gläubiger kann Beschränkung beantragen, *Noack* MDR 1969, 524 f.; *St/J/Münzberg* Rn. 25; *Zö/Stöber* Rn. 10.

[36] Sonst unzulässig, LG Stuttgart DGVZ 1992, 158.

[37] LG Darmstadt MDR 1979, 771; LG Waldshut-Tiengen JurBüro 2003, 547; OLG Koblenz MDR 1977, 323; AG Mettmann DGVZ 2004, 127; MK/*Eickmann* Rn. 16; *St/J/Münzberg* Rn. 26.

[38] Vgl. *Seip* DGVZ 1998, 1, 6.

[39] MK/*Eickmann* Rn. 17; *St/J/Münzberg* Rn. 20.

[40] MK/*Eickmann* Rn. 17; *Sae/Rathmann* Rn. 8; *St/J/Münzberg* Rn. 20; aA Zö/Stöber Rn. 11 (keine Anhörung des Schuldners, dieser ist auf § 900 Abs. 4 zu verweisen).

[41] BGH NJW 2004, 2979, 2980 (Angaben zum Einkommen minderjähriger Unterhaltsberechtigter); BGH DGVZ 2004, 135, 136 (Nettoeinkommen des Ehegatten wegen Taschengeldanspruch); LG Leipzig DGVZ 2006, 28, 29 (Gericht, Datum, Aktenzeichen bei titulierter Forderung); LG Kassel DGVZ 2004, 185 (Sozialversicherungsnummer); LG Stuttgart JurBüro 2004, 205 (Angaben ermöglichen nicht die Prüfung, ob verschleiertes Einkommen nach § 850 h gegeben ist; Konkretisierung der Arbeitszeit im Wege der Nachbesserung); ähnlich LG Koblenz DGVZ 2006, 59; LG Stuttgart JurBüro 2004, 105 = DGVZ 2003, 154; LG Frankfurt/O. JurBüro 2004, 216, 217 (Begründung, warum Forderungen der Schuldner-GmbH durch Geschäftsführer nicht beigetrieben wurden, damit ggf. Ersatzansprüche gegen Geschäftsführer geltend gemacht werden können); LG Verden DGVZ 2006, 138; LG Stuttgart DGVZ 2000, 152, 153 (widersprüchliche Angaben, die zu Nachfragen durch den Gerichtsvollzieher Anlass gaben); AG Bad Liebenwerda JurBüro 2006, 157 f. (Angaben der Vornamen und der Adresse bei Kunden eines Installateurs); AG Neustadt a. d. Aisch DGVZ 2005, 110 f. (Fehlen der Angabe einer Bankverbindung nicht ausreichend); *St/J/Münzberg* Rn. 5; *Schuschke* in *Schuschke/Walker* § 900 Rn. 44 mit Beispielen in Rn. 47; vgl. auch die Beispiele bei *Sturm* JurBüro 2004, 62 ff.

[42] LG Frankenthal JurBüro 1985, 623, 626; LG Hamburg JurBüro 2004, 334; AG Bremen JurBüro 2007, 438, 439; JurBüro 2007, 498; Ausnahme AG Wuppertal DGVZ 2007, 77, 78 f. (Vervollständigung eines vom Finanzamt abgenommenen Verzeichnisses durch den Gerichtsvollzieher).

[43] LG Verden JurBüro 2005, 163, 164; LG Frankfurt/O. JurBüro 2004, 216, 217; LG Karlsruhe DGVZ 1999, 156, 157; *Mümmler* JurBüro 1989, 387 f.; *Gottwald* Rn. 14; MK/*Eickmann* Rn. 19; *St/J/Münzberg* Rn. 5; *Zö/Stöber* Rn. 14; aA LG Berlin JurBüro 1991, 286 ff. m. abl. Anm. *Mümmler.*

[44] AG Brake JurBüro 2004, 502; aA LG Bonn DGVZ 2006, 92, 93.

[45] LG Nürnberg-Fürth DGVZ 2007, 71 f. (Angabe eines sehr niedrigen Arbeitseinkommens); LG Oldenburg DGVZ 2006, 138 f. (keine Nachbesserung, wenn Schuldner Fragen klar mit „nein" beantwortet hat); LG Heilbronn JurBüro 2003, 104 (Angabe, als Hausmann von Freunden unterstützt zu werden, rechtfertigt keinen Nachbesserungsantrag); LG Potsdam DGVZ 2001, 86, 87; *T/P/Hüßtege* Rn. 6; *Schuschke* in *Schuschke/Walker* Rn. 3; aA LG Stuttgart DGVZ 2007, 126, 127 (detaillierte Angaben stehen im Widerspruch zu den Lebensverhältnissen); LG Koblenz DGVZ 1998, 76 (betreffend den Grenzfall, dass durch die falsche Bezeichnung eines Forderungsschuldners die Frage nach dem wirklichen Schuldner nicht beantwortet wurde); LG Berlin DGVZ 2001, 87 (Grenzfall, weil offenbare Unvollständigkeit Anlass zu Nachfragen gab); LG Stendal JurBüro 2000, 45 (Unwahrheit und Unvollständigkeit seien nicht zu

gleichzustellen mit der Folge, dass nicht das bestehende Verzeichnis zu ergänzen, sondern das gesamte Vermögen erneut zu offenbaren ist (vgl. Rn. 5). Durch die Aufdeckung einer Unrichtigkeit wird das Vertrauen des Gläubigers in die Richtigkeit der abgegebenen Versicherung im Übrigen erschüttert, so dass der Schutz des § 903 dem Schuldner nicht mehr zugute kommt. Der Schuldner, der Vermögen verschwiegen hat, darf nicht besser stehen als der, der nach Abgabe einer eidesstattlichen Versicherung neues Vermögen erworben hat. Für das Nachbesserungsverfahren ist der **Gerichtsvollzieher** am Amtsgericht des **früheren Verfahrens** zuständig.[46] Bei einer Abnahme nach § 902 bestimmt sich die Zuständigkeit nicht nach dem Haftort, sondern nach § 899.[47] Der Gerichtsvollzieher ist zuständig, wenn die Versicherung nach § 284 Abs. 5 AO von der Vollstreckungsbehörde abgenommen wurde und ein Drittgläubiger die Ergänzung verlangt.[48] Eine bereits vorgelegte **Fruchtlosigkeitsbescheinigung wirkt fort,**[49] auch wenn ein dritter Gläubiger das Nachbesserungsverfahren betreibt.[50] Ergänzung kann mehrfach nacheinander begehrt werden,[51] soweit nicht die Rechtskraft einer zurückweisenden Entscheidung entgegensteht.[52] Die abzugebende eidesstattliche Versicherung bezieht sich allein auf die Ergänzung;[53] sie ist im Termin vor dem Gerichtsvollzieher abzugeben.[54] Lehnt der Gerichtsvollzieher es ab, den Schuldner zur Ergänzung der eidesstattlichen Versicherung zu laden, steht dem Gläubiger die Erinnerung nach § 766 zu.[55] Der Schuldner kann sich durch Widerspruch nach § 900 Abs. 4 zur Wehr setzen.[56]

904 *Unzulässigkeit der Haft* Die Haft ist unstatthaft:

1. gegen Mitglieder des Bundestages, eines Landtages oder einer zweiten Kammer während der Tagung, sofern nicht die Versammlung die Vollstreckung genehmigt;
2. (weggefallen)
3. gegen den Kapitän, die Schiffsmannschaft und alle übrigen auf einem Seeschiff angestellten Personen, wenn sich das Schiff auf der Reise befindet und nicht in einem Hafen liegt.

I. Anwendungsbereich der §§ 904–913

1 Die §§ 904–913 gelten nicht nur für die Erzwingung der Abgabe einer eidesstattlichen Versicherung in den in § 899 genannten Fällen, sondern sie gelten **entsprechend** für **andere Formen der Zwangshaft** (§ 390 Abs. 2, § 888 Abs. 1, § 889 Abs. 2) und beim **persönlichen Arrest** (§ 933). Darüber hinaus werden sie auch in Regelungen außerhalb der ZPO für entsprechend anwendbar erklärt (Beispiele dazu in § 899 Rn. 2). Dagegen sind sie **nicht anwendbar,** soweit **Ordnungshaft** in Rede steht (§ 380 Abs. 1, § 390 Abs. 1, § 890).

II. Einzelerläuterungen

2 Die Bestimmung bezieht sich allein auf die **Vollstreckung** der Zwangshaft, nicht auf den Erlass eines Haftbefehls (§ 901). Der Regelung geht Art. 46 Abs. 3 GG für **Bundestagsabgeordnete** vor; für **Landtagsabgeordnete** gilt allein § 904[1]. Seit der Abschaffung des Senats in Bayern gibt es für die in Nr. 1 genannte zweite Kammer keinen Anwendungsfall mehr.[2] Zur Haft gegen **Soldaten** der Bundeswehr vgl. Erlass des Bundesministeriums der Verteidigung über Zustellungen, Ladungen, Vorführungen und Zwangsvollstre-

---

trennen); LG Chemnitz DGVZ 2002, 154f. = JurBüro 2002, 383 (begründeter Verdacht der Unrichtigkeit, wenn Schuldner Aufträge und Außenstände verneint und keine Angaben darüber macht, wie er den Lebensunterhalt bestreitet); zust. *Schmidt* DGVZ 2002, 149; LG Verden JurBüro 2005, 163, 164 (keine Angabe über Lebensgrundlage): AG Aachen JurBüro 2002, 270 (Angabe, bei der Ehefrau gegen geringes Entgelt zu arbeiten; Grenzfall, weil Unvollständigkeit im Hinblick auf § 850h gegeben sein kann); ähnlich AG Leer JurBüro 2006, 549f.; AG Plön JurBüro 2006, 551 (kein Einkommen, Unterstützung durch Lebensgefährtin); LG Frankfurt/M Rpfleger 2002, 273 (Angabe, von Bekannten unterstützt zu werden ohne genaue Angaben der Namen und des Betrages); LG Wiesbaden JurBüro 2004, 103f.; *Goebel* DGVZ 2001, 49, 52 (unrichtige Auskunft dürfe den Schuldner nicht begünstigen; damit wird aber übersehen, dass die Wiederholung der eidesstattlichen Versicherung zur erneuten Offenbarung des gesamten jetzt vorhandenen Vermögens verpflichtet und damit für den Gläubiger vorteilhafter ist als die Nachbesserung in einem einzelnen Punkt); Angaben zu Konten des Ehegatten können nicht verlangt werden, LG Berlin DGVZ 2006, 201f.

[46] AG Kirchheim unter Teck DGVZ 2002, 78; *Gillessen/Polzius* DGVZ 1998, 97, 109; so zum früheren Recht auch LG Stuttgart Justiz 1969, 66f.; *Behr* Rpfleger 1988, 1f.; *St/J/Münzberg* Rn. 9; *Zö/Stöber* Rn. 16.

[47] *Zö/Stöber* Rn. 16.

[48] LG Stuttgart DGVZ 2003, 58 = JurBüro 2002, 495, 496 m. Anm. *App* EWiR § 899 ZPO 1/03, 735f.; LG Aachen Rpfleger 1991, 327; LG Bielefeld Rpfleger 1991, 327f.; AG Wuppertal DGVZ 2007, 77, 78f. (mit neuer Gebühr); *St/J/Münzberg* Rn. 10.

[49] *Zö/Stöber* Rn. 16; aA LG Konstanz JurBüro 1996, 661f. m. abl. Anm. *Behr.*

[50] LG Deggendorf JurBüro 2003, 159, 160; *Zö/Stöber* Rn. 16; aA LG Kiel JurBüro 1997, 271 m. abl. Anm. *Behr.*

[51] LG Hannover MDR 1979, 237; LG Freiburg MDR 1981, 151.

[52] LG Kassel Rpfleger 1991, 118.

[53] OLG Frankfurt MDR 1976, 320f.; MK/*Eickmann* Rn. 23; vgl. auch OLG Köln Rpfleger 1975, 180.

[54] LG Berlin Rpfleger 1973, 34 (nicht schriftlich).

[55] *Zö/Stöber* Rn. 17 iVm. § 900 Rn. 39; *Schmidt* DGVZ 2005, 180, 181; aA (sofortige Beschwerde) *Wiecz/Sch/Storz* Rn. 51.

[56] AG Hannover DGVZ 1999, 90f.; *Wiecz/Sch/Storz* Rn. 52; *Zö/Stöber* Rn. 17.

[1] *St/J/Münzberg* Rn. 2.

[2] Abschaffung des Senats durch Gesetz v. 20. 2. 1998, BayGVBl. S. 42; zur Rechtslage vor der Auflösung des Senats vgl. *St/J/Münzberg* Rn. 2.

ckungen in der Bundeswehr vom 16. 3. 1982.[3] Haft ist gegen Mitglieder der Streitkräfte und ihre Angehörigen nur unter den Voraussetzungen des Art. 34 Abs. 2 des Zusatzabkommens zum **Nato-Truppenstatut**[4] zulässig.[5] Nr. 3 erfasst nicht Besatzungsmitglieder von Flussschiffen.[6]

Bereits die Anordnung der Haft ist unzulässig gegen Personen, die der **deutschen Gerichtsbarkeit nicht** 3
unterliegen (vgl. §§ 18 ff. GVG). Konsularbeamte sind nach Art. 41 Abs. 2 des Wiener Übereinkommens vom 24. 4. 1963[7] nicht von der Zwangshaft befreit.

905 *Haftunterbrechung* **Die Haft wird unterbrochen:**
1. gegen Mitglieder des Bundestages, eines Landtages oder einer zweiten Kammer für die Dauer der Tagung, wenn die Versammlung die Freilassung verlangt;
2. (weggefallen)

Für Bundestagsabgeordnete wird die Bestimmung durch Art. 46 Abs. 4 GG verdrängt. Die Abgeordne- 1
ten sind auf Ersuchen der Versammlung sofort zu entlassen; die Anhörung des Gläubigers ist nur zulässig, wenn sie ohne Verzögerung stattfinden kann.

906 *Haftaufschub* **Gegen einen Schuldner, dessen Gesundheit durch die Vollstreckung der Haft einer nahen und erheblichen Gefahr ausgesetzt wird, darf, solange dieser Zustand dauert, die Haft nicht vollstreckt werden.**

I. Normzweck

Die Vorschrift trägt dem Vorrang des Grundrechts des Schuldners auf körperliche Unversehrtheit (Art. 2 1
Abs. 2 S. 1 GG) vor den finanziellen Interessen des vollstreckenden Gläubigers Rechnung und ist insofern auch **Ausdruck des Rechtsstaatsprinzips.**[1] Zu ihrem Anwendungsbereich vgl. § 904 Rn. 1.

II. Voraussetzungen

Vorausgesetzt wird eine **nahe und erhebliche Gefahr** für die Gesundheit des Schuldners. Da der Schuldner 2
durch Abgabe der Versicherung die Haft jederzeit vermeiden bzw. beenden kann, ist ein **strenger Maßstab** anzulegen.[2] Dass dem Schuldner auch unabhängig von seiner Gesundheitsgefährdung daran gelegen ist, die Versicherung nicht abzugeben, schließt den Haftaufschub nicht aus.[3] **Beispiele** für Haftaufschub: 82-jährige Schuldnerin mit schwerer Herzkrankheit;[4] 87-jähriger Schuldner mit kritischen Altersbeschwerden;[5] (nachgewiesene) erhebliche seelische Schädigung für den Fall der Vollstreckung; ernst zu nehmende Suizidgefahr;[6]

---

[3] Der entsprechende Abschnitt des Erlasses des Bundesministeriums der Verteidigung vom 16. 3. 1982 (VMBl. 1982, 130; 1983, 182) lautet: „Zivilprozessuale Haft gegen Soldaten: 39. Die ZPO kennt eine nichtkriminelle Erzwingungshaft. Sie wird insbesondere gegen Schuldner verhängt, die sich weigern, eine eidesstattliche Versicherung nach §§ 807, 884 ZPO (Offenbarungsversicherung) abzugeben. Diese Haftart ist auf Grund richterlichen Haftbefehls auch gegen Soldaten zulässig. Verhaftet wird der Schuldner im Auftrag des Gläubigers durch den Vollstreckungsbeamten (Gerichtsvollzieher). 40. Nach § 910 ZPO hat der Gerichtsvollzieher vor der Verhaftung eines Soldaten der vorgesetzten Dienstbehörde Mitteilung zu machen. Es ist davon auszugehen, dass § 910 ZPO trotz seines Wortlauts auch auf Soldaten wenigstens entsprechend anzuwenden ist. Der Gerichtsvollzieher darf den Schuldner erst verhaften, nachdem dessen vorgesetzte Dienstbehörde für Vertretung gesorgt hat. Die Behörde ist verpflichtet, ohne Verzug die erforderlichen Anordnungen zu treffen und den Gerichtsvollzieher hiervon in Kenntnis zu setzen. 41. Zeigt ein Gerichtsvollzieher die bevorstehende Verhaftung eines Soldaten an, hat der Vorgesetzte für dessen Vertretung zu sorgen und den Gerichtsvollzieher zu benachrichtigen, sobald sie sichergestellt ist. 42. Will ein Gerichtsvollzieher einen Soldaten ohne vorherige Benachrichtigung von dessen Vorgesetzten verhaften, weil er eine entsprechende Anwendung des § 910 ZPO nicht für gerechtfertigt hält, ist mir zu berichten. 43. Für Angehörige der Besatzung eines Schiffes der Marine findet darüber hinaus § 904 Nr. 3 ZPO Anwendung, wonach die Erzwingungshaft gegen die zur Besatzung eines Schiffes gehörenden Personen unstatthaft ist, wenn sich das Schiff auf der Reise befindet und nicht in einem Hafen liegt. Die Reise ist angetreten, wenn das Schiff mit dem Ablegen begonnen hat. Lehnt es ein Gerichtsvollzieher ab, § 904 Nr. 3 ZPO anzuwenden, gilt Nummer 42 entsprechend. 44. Die vorstehende Regelung gilt auch für sonstige Erzwingungshaft, auf die die Erzwingungshaftbestimmungen der Zivilprozessordnung anzuwenden sind, zum Beispiel bei der Vollstreckung nach § 6 Abs. 1 Nr. 1 der Justizbeitreibungsordnung, nach § 85 des Arbeitsgerichtsgesetzes und nach § 334 Abs. 3 der Abgabenordnung sowie für die Ersatzzwangshaft nach § 16 Abs. 3 des Verwaltungsvollstreckungsgesetzes des Bundes, nach § 24 Abs. 3 des Verwaltungsvollstreckungsgesetzes für Baden-Württemberg, nach Artikel 33 Abs. 3 des Bayerischen Verwaltungszustellungs- und Vollstreckungsgesetzes, nach § 61 Abs. 2 des Verwaltungsvollstreckungsgesetzes für das Land Nordrhein- Westfalen und nach § 67 Abs. 3 des Verwaltungsvollstreckungsgesetzes für Rheinland-Pfalz. Sie gilt nicht für die Vollstreckung anderer, insbesondere strafprozessualer Haftbefehle."

[4] BGBl. 1961 II S. 1183, 1218, 1246 idF vom 28. 9. 1994 BGBl. II S. 2594.

[5] Vgl. zur Rechtslage vor dem Gesetz vom 28. 9. 1994: LG Hagen DGVZ 1976, 138; *Gottwald* Rn. 2.

[6] *Gottwald* Rn. 3; *St/J/Münzberg* Rn. 4.

[7] BGBl. 1969 II S. 1585, 1629.

[1] BVerfGE 52, 214 = NJW 1979, 2607 (zu § 765 a).

[2] OLG Düsseldorf DGVZ 1996, 27; OLG Hamm DGVZ 1983, 137 f.; LG Kassel DGVZ 1975, 169 f.; *Schneider* JR 1978, 182 f.

[3] OLG Düsseldorf DGVZ 1996, 27.

[4] LG Braunschweig DGVZ 1989, 28 f.; vgl. auch AG Berlin-Schöneberg DGVZ 1982, 14 (81-jähriger Schuldner); OLG Bamberg DGVZ 1990, 39 (Herzleiden).

[5] AG Koblenz DGVZ 1986, 126.

[6] Vgl. BVerfG DGVZ 1994, 71 f. (Einstellung nach § 765 a).

Bluthochdruck mit lebensbedrohenden Spitzenwerten in Stresssituationen[7]. **Nicht ausreichend** ist die Notwendigkeit einer Dialysebehandlung dreimal in der Woche,[8] denn sollte die Haft tatsächlich länger als einen Tag vollstreckt werden, kann der Schuldner zur medizinischen Behandlung gebracht werden. Soweit allerdings die Haft nur in einem Anstaltskrankenhaus vollstreckt werden kann, ist sie unzulässig.[9] Die Regelung ist nicht entsprechend anzuwenden, wenn der Schuldner minderjährige Kinder zu versorgen hat, deren Gesundheit durch die Vollstreckung der Haft gefährdet ist[10] (vgl. § 909 Rn. 7).

3 Die **Gesundheitsgefährdung** ist vom Gerichtsvollzieher **von Amts wegen festzustellen** und im Protokoll nachvollziehbar darzulegen.[11] Sofern sie nicht für Laien offensichtlich ist, wird dazu ein (neueres[12]) **ärztliches Attest**[13] erforderlich sein, das vom Schuldner beizubringen und zu bezahlen ist (§ 788).[14] Dazu muss der Gerichtsvollzieher dem Schuldner jedoch nur dann Gelegenheit geben (sei es durch Aufschub der Verhaftung, sei es durch Vorführung bei einem Arzt), wenn Anzeichen für eine Haftunfähigkeit bestehen.[15] Im Übrigen bleibt es dem Schuldner unbenommen, schon vor der Verhaftung seine Haftunfähigkeit geltend zu machen (vgl. Rn. 5). Lässt sich nach den ärztlichen Gutachten eine erhebliche Gesundheitsgefährdung weder nachweisen noch ausschließen, darf wegen der Höherrangigkeit des Rechtsguts der Gesundheit die Haft nicht vollstreckt werden.[16] Sieht im Erinnerungsverfahren das Gericht das vorgelegte ärztliche Attest als unzureichend an, so erfordert der Grundsatz des rechtlichen Gehörs, dass vor der Zurückweisung der Erinnerung auf diesen Umstand hingewiesen wird.[17]

III. Folgen

4 Es ist nicht nur der Haftvollzug unzulässig, sondern bereits die **Verhaftung** mit dem Ziel der Vorführung des Schuldners.[18] Wird der Schuldner nach Beginn der Haft haftunfähig, muss diese unterbrochen werden. Nach Beendigung der Haftunfähigkeit wird die Haft auf Grundlage der bestehenden Haftanordnung fortgesetzt.

IV. Rechtsbehelfe

5 Der Schuldner kann seine Haftunfähigkeit bereits vor der Verhaftung mit der **Erinnerung** (§ 766 mit § 732 Abs. 2) geltend machen, sofern der Vollzug des Haftbefehls droht.[19] Bei Ablehnung der Vollstreckung steht dem Gläubiger die Erinnerung nach § 766 offen. In beiden Fällen ist vom Gericht die Haftfähigkeit zu prüfen; es darf sich nicht auf eine Überprüfung der Entscheidung des Gerichtsvollziehers auf Ermessensfehler beschränken.[20]

907 und 908 *(weggefallen)*

909 *Verhaftung*

(1) [1]Die Verhaftung des Schuldners erfolgt durch einen Gerichtsvollzieher. [2]Dem Schuldner ist der Haftbefehl bei der Verhaftung in beglaubigter Abschrift zu übergeben.

(2) Die Vollziehung des Haftbefehls ist unstatthaft, wenn seit dem Tage, an dem der Haftbefehl erlassen wurde, drei Jahre vergangen sind.

---

[7] OLG Düsseldorf DGVZ 1996, 27.

[8] So aber AG Pirmasens DGVZ 1983, 127 (bei geringfügiger Forderung und pflegebedürftigem Schuldner); *Sae/Rathmann* Rn. 3; *Zö/Stöber* Rn. 2.

[9] OLG Karlsruhe DGVZ 1993, 8f.; OLG Bamberg DGVZ 1990, 39; LG Coburg DGVZ 1989, 95; AG Wuppertal DGVZ 1977, 30 (Haftanstalt mit Krankenabteilung); *St/J/Münzberg* Rn. 1; strenger LG Frankenthal JurBüro 1985, 792 (Vollstreckung in einer Haftanstalt mit Krankenabteilung; Schuldner hatte Haftunfähigkeit aber nicht zur Überzeugung des Gerichts nachgewiesen).

[10] OLG München NJW 1977, 1822; LG Kleve DGVZ 1987, 90; *Schuschke* in *Schuschke/Walker* Rn. 1.

[11] LG Berlin DGVZ 1975, 167; ausführlich *Midderhoff* DGVZ 1982, 81, 82.

[12] Vgl. LG Aachen DGVZ 1999, 43 (bis zu einem Jahr, sofern der Amtsarzt im Attest bestätigt, dass eine Besserung des Gesundheitszustands nicht zu erwarten ist).

[13] Privatärztliche Atteste genügen nur bei konkreter und nachvollziehbarer Begründung, LG Braunschweig DGVZ 1989, 28f., und scheiden aus, wenn sie eine dauerhafte Haftunfähigkeit bescheinigen, LG Frankenthal JurBüro 1985, 792; LG Hannover JurBüro 1985, 1747; *Schneider* JR 1978, 182f.; zur Prüfung durch den Gerichtsvollzieher vgl. auch *Midderhoff* DGVZ 1982, 81, 82f.

[14] *Schuschke* in *Schuschke/Walker* Rn. 2; *Wiecz/Sch/Storz* Rn. 6.

[15] AG Hochheim DGVZ 1981, 15.

[16] MK/*Eickmann* Rn. 5; *Wiecz/Sch/Storz* Rn. 6.

[17] BayVerfGH 25. 4. 2007 Vf. 14-VI-07.

[18] OLG Bamberg DGVZ 1990, 39; OLG Hamm DGVZ 1983, 137, 139; LG Coburg DGVZ 1989, 95; AG Wuppertal DGVZ 1977, 30f.; AG Kiel DGVZ 1979, 78; *E. Schneider* DGVZ 1979, 49; aA (Vorführung zulässig, wenn nicht auch insoweit Gesundheitsgefährdung droht) OLG Köln JurBüro 1995, 218f. = Rpfleger 1995, 220; LG Hildesheim DGVZ 1974, 30; AG München MDR 1993, 471.

[19] OLG Hamm DGVZ 1983, 137f.; BayVerfGH 25. 4. 2007 Vf. 14-VI-07; *Zö/Stöber* Rn. 4.

[20] OLG Köln JurBüro 1995, 218f. = Rpfleger 1995, 220; *Gaul* ZZP 87 (1974), 243, 257; *Schilken* AcP 181 (1981), 355, 364; *Stürner* DGVZ 1985, 6, 12; *Gottwald* Rn. 8; MK/*Eickmann* Rn. 4; *Sae/Rathmann* Rn. 6; *St/J/Münzberg* Rn. 6; *Zö/Stöber* Rn. 4; *Jauernig/Berger* ZVR § 8 Rn. 14; *Ro/G/Sch* § 60 III 1; anders aber LG Düsseldorf DGVZ 1981, 171; LG Göttingen DGVZ 1981, 10f.; LG Hannover DGVZ 1982, 119; LG Hannover DGVZ 1990, 59; AG Hochheim DGVZ 1981, 15.

I. Normzweck

1 Die Vorschrift regelt die Zuständigkeit und garantiert die rechtsstaatlich gebotene **Information des Schuldners** über den Anlass der Freiheitsentziehung. Die Einfügung einer zeitlichen Grenze in Abs. 2 sichert die Verhältnismäßigkeit des Haftbefehls und beantwortet damit eine auf der Grundlage des früher geltenden Rechts kontrovers behandelte Frage.

II. Zuständigkeit

2 Zuständig ist – auch bei einer Anordnung auf der Grundlage der AO[1] (§ 284 Abs. 8 S. 1, 3 AO) oder bei der Vollstreckung einer durch Strafbefehl angeordneten Herausgabeverpflichtung unter den Voraussetzungen des § 883 Abs. 2[2] – der **Gerichtsvollzieher,** und zwar derjenige des Ortes, an welchem die **Verhaftung** durchgeführt werden soll[3] (vgl. § 16 GVO; zur Abnahme der eidesstattlichen Versicherung durch den verhaftenden Gerichtsvollzieher vgl. § 902 Rn. 2). Eine **Ablehnung des Gerichtsvollziehers** durch den Gläubiger wegen einer Bekanntschaft zum Schuldner kommt nicht in Betracht.[4] Der Gerichtsvollzieher wird nur auf **Antrag des Gläubigers** tätig. Der Antrag auf „Vorführung" ist im Zweifel als ein solcher Antrag zu verstehen.[5] Der Antrag kann bei Zuständigkeit des Gerichtsvollziehers mit einem zusätzlichen Antrag auf Sachpfändung verbunden werden.[6] Letzterer ist wegen der Kostenfolge[7] aber nicht ohne weiteres stillschweigend gestellt.[8] Eine Beschränkung des Haftantrags auf einen **Teilbetrag** der Forderung ist zulässig[9] (zu den Folgen der Erfüllung dieses Teilbetrages vgl. Rn. 6). **Bedingte Haftanträge,** nach denen der Schuldner zunächst verhaftet, jedoch wieder entlassen werden soll, auch wenn er die Offenbarungsversicherung nicht abgibt, sind wegen Missbrauchsgefahr unzulässig.[10] Diese Frage kann vom Gerichtsvollzieher geprüft werden (anders bei der Frage, ob wiederholte Haftanträge nach Teilleistungen missbräuchlich sind,[11] zu derartigen beschränkten Anträgen vgl. Rn. 6).

III. Prüfungsumfang

3 Es müssen die **Vollstreckungsvoraussetzungen** erfüllt sein, wobei der Prüfungsumfang des Gerichtsvollziehers durch den Erlass des Haftbefehls eingeschränkt ist. Ob das Gericht die Voraussetzungen der Haftanordnung zu Recht bejaht hat, ist nicht zu überprüfen[12] (zu Rechtsbehelfen gegen den Haftbefehl vgl. § 901 Rn. 10). Der Gerichtsvollzieher muss neben dem Haftbefehl auch eine vollstreckbare Ausfertigung des zu vollstreckenden Titels in Besitz haben (§§ 754f.; vgl. auch § 186 Nr. 2 GVGA; zur Frage, ob eine Forderungsaufstellung erforderlich ist, vgl. § 900 Rn. 4).[13] Bei Vertretern einer juristischen Person ist deren **Abberufung** nach dem Termin, auf dessen Grundlage der Haftbefehl ergangen ist, vom Gerichtsvollzieher zu berücksichtigen (zur Frage der Abgabepflicht vgl. § 900 Rn. 21).[14] Bei Abberufung vor Erlass des Haftbe-

---

[1] LG Kassel DGVZ 1993, 189; *St/J/Münzberg* Rn. 1; *Schuschke* in *Schuschke/Walker* Rn. 1 Fn. 1; bei Weigerung Dienstaufsichtsbeschwerde, nicht Erinnerung nach § 766, vgl. AG Hannover DGVZ 1997, 76f.; *Gottwald* Rn. 2; *Wiecz/Sch/Storz* Rn. 9; aA Sächs. OVG SächsVBl. 2002, 250.

[2] AG Rastatt DGVZ 1996, 190.

[3] *Gillessen/Polzius* DGVZ 1998, 97, 111; *Sae/Rathmann* Rn. 2; *Wiecz/Sch/Storz* Rn. 10.

[4] AG Bad Vilbel DGVZ 1999, 13; vgl. auch LG Köln DGVZ 2001, 118.

[5] OLG Schleswig Rpfleger 1976, 224 (die dort erwähnte Vorschusspflicht hins. der Haftkosten ist aufgehoben); *St/J/Münzberg* Rn. 1 Fn. 1 (Umdeutung).

[6] *B/L/H* Rn. 3.

[7] Kosten eines Pfändungsversuchs werden bei Aussichtslosigkeit von § 788 nicht erfasst, vgl. LG Heilbronn DGVZ 1994, 172f.

[8] AA AG Büdingen DGVZ 1985, 78, 79; vgl. auch LG Berlin DGVZ 1985, 59f.; *Cirullies* DGVZ 1986, 83, 85f. (in der Regel kein solcher Auftrag, Ausnahme bei pfändbarem Vermögen, dessen Verwertung keine Schwierigkeiten bereiten wird).

[9] OLG Schleswig Rpfleger 1976, 224f.; LG Frankfurt/M DGVZ 2000, 171f.; LG Hanau DGVZ 1993, 113f. (Vorlage einer Abrechnung dazu nicht erforderlich); *Oerke* DGVZ 1992, 130, 131f.; *Schilken* DGVZ 1989, 33, 34ff.; *Wiecz/Sch/Storz* Rn. 5; krit. *Wieser* NJW 1988, 665, 672.

[10] LG Kiel DGVZ 1968, 134; *Behr* Rpfleger 1988, 1, 10; *Schneider* DGVZ 1979, 49; MK/*Eickmann* Rn. 5; anders bei Anträgen unter der aufschiebenden Bedingung des Ausbleibens einer Teilzahlung, vgl. LG Landau DGVZ 1993, 62; *Gillessen/Polzius* DGVZ 1998, 97, 112; *Schilken* DGVZ 1989, 33, 35ff. m. weit. Nachw.; auch insoweit für Unzulässigkeit: *Wieser* NJW 1988, 665, 671; *ders.* DGVZ 1990, 177, 180f.; *Behr* Rpfleger 1988, 1, 10; *T/P/ Hüßtege* Rn. 2; zur Frage des Vollstreckungsmissbrauchs vgl. auch AG Hannover DGVZ 1968, 60, 61 (mehrfache Aufhebung eines Räumungstermins als Druckmittel für Zahlungen).

[11] Zum Fehlen der Prüfungskompetenz vgl. *St/J/Münzberg* Rn. 24 m. Nachw. auch zur Gegenauffassung.

[12] *St/J/Münzberg* Rn. 5; *T/P/Hüßtege* Rn. 3.

[13] LG Ludwigshafen DGVZ 1977, 191; LG Würzburg DGVZ 1978, 138, 139; *B/L/H* Rn. 8; *St/J/Münzberg* Rn. 6; anders, wenn Vollstreckung auf der Grundlage der § 251 Abs. 1, §§ 254, 284 Abs. 7 AO beruht, vgl. LG Wiesbaden DGVZ 1978, 43f.; *Querfeld* DGVZ 1978, 22; *Bowitz* DGVZ 1978, 177, 180f.; *Röder* DGVZ 2000, 65, 68; soweit der Gerichtsvollzieher deshalb keinen Titel in den Händen hält, muss die Behörde eine Lösungssumme angeben, LG Limburg NJW-RR 1988, 704; *Bowitz* DGVZ 1978, 177, 181; *Tipke/Kruse*, AO, FGO, 16. Aufl. Stand 95. Lieferung, August 2001, § 284 AO Rn. 38; einschränkend (nur praktisches Bedürfnis) *Querfeld* aaO; auch hier müssen Betrag und Schuldgrund angegeben werden, im Fall des § 252 AO auch der Gläubiger, damit der Schuldner durch die Zahlung die Haft abwenden kann *St/J/Münzberg* Rn. 6.

[14] LG Bremen DGVZ 1990, 139 (jedenfalls nicht nach Abberufung und Bestellung eines anderen gesetzlichen Vertreters); erheblich weiter gehend LG Nürnberg-Fürth DGVZ 1994, 172 (Haftbefehl gegen abberufenen Geschäftsführer;

fehls ist der Gerichtsvollzieher an die Beurteilung durch den Haftbefehl gebunden. Ggf. ist Gelegenheit zu geben, einen Rechtsbehelf gegen den Haftbefehl einzulegen (vgl. Rn. 4). Bei der Vollstreckung eines Arrestes sind die Fristen des § 929 vom Gerichtsvollzieher nicht zu prüfen.[15] Der Schuldner kann die Nichteinhaltung durch Erinnerung nach § 766 rügen. Anträge nach **§ 765 a** sind vom Gerichtsvollzieher nur im Rahmen des § 765 a Abs. 2 zu berücksichtigen.[16] Zur Verhaftung von Soldaten vgl. § 904 Rn. 2. Die Verhaftung von Personen in Untersuchungs- oder Strafhaft ist ausgeschlossen,[17] da der Schuldner nicht in Zwangshaft genommen werden kann, wenn er die eidesstattliche Versicherung nicht abgibt. Der **Haftbefehl** darf nicht durch Zeitablauf (vgl. Rn. 5) oder durch Verhaftung und anschließende Entlassung **verbraucht** sein[18] (vgl. § 902 Rn. 9), dagegen kann nach einer Unterbrechung der Haft auf der Grundlage des früheren Haftbefehls weiter vollstreckt werden (vgl. § 902 Rn. 6).

4 Hat der Schuldner zwischenzeitlich in einem anderen Verfahren eine **eidesstattliche Versicherung abgegeben,** verliert damit der Haftbefehl nicht automatisch seine Vollstreckbarkeit.[19] Der Gerichtsvollzieher kann diesen Umstand – wie alle anderen Einwendungen gegen die Offenbarungspflicht – nur im Rahmen des § 775 berücksichtigen. Auf Antrag des Gläubigers muss auch hier die Vollstreckung weiter betrieben werden.[20] Es obliegt dann dem Schuldner, den Haftbefehl aufheben zu lassen (vgl. § 901 Rn. 11, 14, dort auch zur Möglichkeit einer einstweiligen Anordnung); dazu ist ihm durch den Gerichtsvollzieher oder den Beamten der Haftanstalt unverzüglich Gelegenheit zu geben.[21]

5 Der Haftbefehl ist nach Abs. 2 **nicht mehr vollstreckbar,** wenn sein Erlass **drei Jahre** oder länger **zurückliegt.** Zur Fristwahrung genügt nach Auffassung des BGH[22] die Antragstellung ebenso, wie das bei § 929 der Fall ist. Dem ist im konkreten Fall zuzustimmen, weil eine mehrjährige Prüfung der Haftunfähigkeit dem Gläubiger dort faktisch die Vollstreckungsmöglichkeit genommen hat. Eine Verallgemeinerung ist angesichts des Wortlauts der Bestimmung bedenklich und sie entspricht auch nicht dem Gedanken, dass nach einer Frist von drei Jahren sich die Vermögensverhältnisse möglicherweise verändert haben, so dass eine Vollstreckung des Haftbefehls nicht mehr gerechtfertigt ist. Es bleibt den Gläubigern unbenommen, ein neues Verfahren nach §§ 899 ff. einzuleiten.

IV. Abwendung der Vollstreckung durch Leistung

6 Der Zweck des Haftbefehls entfällt, wenn der Schuldner die Verpflichtung, deren Befriedigung durch die Abgabe der eidesstattlichen Versicherung ermöglicht werden soll, einschließlich Zinsen und Vollstreckungskosten[23] **vollständig erfüllt.** Erfolgt dies nicht durch Zahlung an den Gerichtsvollzieher, sondern wird die Erfüllung nur in der in § 775 Nr. 4, 5 beschriebenen Art nachgewiesen, wird die Vollstreckung auf Antrag des Gläubigers fortgesetzt.[24] Der Schuldner muss dann nach § 767 vorgehen (vgl. § 901 Rn. 14).[25] Die Behauptung des Schuldners, er werde die Schuld innerhalb einer Frist von sechs Monaten tilgen, steht der Verhaftung nicht entgegen, auch wenn sie glaubhaft gemacht wird. Der Gläubiger kann sich aber in einem solchen Fall mit der Aussetzung der Vollziehung einverstanden erklären.[26] In folgenden Fällen reicht eine **Teilleistung** aus: Der Gläubiger hat den Antrag nach § 900 auf einen Teilbetrag beschränkt;[27] der Gläubiger hat den Haftantrag nur wegen eines Teilbetrages gestellt;[28] der Gläubiger hat den Auftrag zur Vollziehung des Haftbefehls auf einen Teilbetrag beschränkt bzw. erklärt, ihn für den Fall der Teilleistung zurückzunehmen.[29] In den beiden zuerst genannten Fällen ist eine erneute Verhaftung des Schuldners nur auf der Grund-

---

keine Angaben über Bestellung eines anderen Geschäftsführers); DGVZ 1996, 139 f. (maßgebend, wer im Zeitpunkt des Termins Geschäftsführer war); so auch LG Aschaffenburg DGVZ 1998, 75 (Abberufung nach Erlass des Haftbefehls, obiter dictum); vgl. auch § 901 Rn. 8 (zum Erlass des Haftbefehls).

15 *Noack* DGVZ 1981, 164, 166; zur Fristwahrung vgl. OLG Koblenz NJW 1958, 387; OLG München MDR 1952, 498.

16 *Noack* DGVZ 1981, 164, 166 ff.; zur Zuständigkeit des Gerichts für derartige Anträge vgl. *St/J/Münzberg* Rn. 24.

17 LG Berlin DGVZ 1994, 11; LG Essen DGVZ 1995, 89 f.; AG Essen DGVZ 1995, 28 f.

18 Strenger *St/J/Münzberg* Rn. 28 (nur, wenn Haftbefehl nach Entlassung vom Gericht einbehalten wurde).

19 LG Berlin DGVZ 1989, 60; *Behr* Rpfleger 1988, 1, 9; MK/*Eickmann* Rn. 3; *St/J/Münzberg* Rn. 29; aA (Haftbefehl wird gegenstandslos) LG München MDR 1964, 156; LG Frankenthal Rpfleger 1986, 268; *Noack* MDR 1969, 524 f.; *T/P/Hüßtege* Rn. 3 (Gerichtsvollzieher hat Verbrauch bei Anhaltspunkten zu beachten); vgl. auch OLG Hamm Rpfleger 1974, 31 (durch Verzicht des Gläubigers werde Haftbefehl gegenstandslos); für ein Vollziehungshindernis *Frohn* DGVZ 1989, 87; *Zö/Stöber* Rn. 3 (Aufhebung erforderlich, bis dahin keine Vollziehung); ähnlich auch AG Hagen DGVZ 1996, 15 (Haftbefehl sei nicht verbraucht, aber Rechtsschutzbedürfnis für die Verhaftung fehle).

20 *Noack* DGVZ 1981, 164, 165; *St/J/Münzberg* Rn. 29; aA AG Hagen DGVZ 1996, 15 (Rechtsschutzbedürfnis fehle; das darf jedoch nur das Gericht prüfen).

21 Zust. *Sae/Rathmann* Rn. 3; Weniger streng *St/J/Münzberg* Rn. 30 („sollten" Gelegenheit geben).

22 BGH NJW 2006, 1290.

23 Bezifferung durch Gläubiger in der Regel nicht erforderlich, vgl. *St/J/Münzberg* Rn. 18, 20.

24 *St/J/Münzberg* Rn. 16 (uU nach fernmündlicher Nachfrage beim Gläubiger).

25 Großzügiger *St/J/Münzberg* Rn. 18 Fn. 59 (Einstellung der Vollstreckung aus Haftbefehl durch Erinnerung nach § 766 ohne § 767).

26 *Harnacke* DGVZ 1999, 81, 89 (jedenfalls nicht gegen den Widerspruch des Gläubigers, ggf. Nachfrage); vgl. auch § 186 Nr. 6 GVGA (mit unterstelltem Einverständnis des Gläubigers).

27 AG Wiesbaden DGVZ 1997, 141; AG München DGVZ 1983, 45.

28 *Schilken* DGVZ 1989, 33, 34.

29 LG Heidelberg Justiz 1964, 40, 41 f.; *Schilken* DGVZ 1989, 33, 34; krit. *Wieser* NJW 1988, 665, 671 f. (unzulässig, wenn Druckmittel); zur Zulässigkeit von Verhaftungsaufträgen, die durch die Nichtzahlung von Raten bedingt sind, vgl. Fn. 9.

lage eines neuen Antrages nach § 900 bzw. § 901 möglich. In der zuletzt genannten Fallgruppe kann der Gläubiger hinsichtlich der weiteren Verpflichtung erneut Verhaftung auf der Grundlage des früheren Haftbefehls beantragen (vgl. auch § 911 Rn. 2),[30] sofern man seine Erklärung nicht als Verzicht auf die Durchführung auslegt, was eine Frage des Einzelfalls ist.

V. Durchführung der Verhaftung

Der Gerichtsvollzieher kann auf der Grundlage des Haftbefehls zum Zweck der Verhaftung die **Wohnung** des Schuldners **ohne weitere richterliche Anordnung durchsuchen** (§ 758a Abs. 2). Durch § 758a ist die Frage des Mitgewahrsams Dritter an der zu durchsuchenden Wohnung für den Fall des Haftbefehls nicht beantwortet, denn die Duldungspflicht nach § 758a Abs. 3 bezieht sich nicht auf die Fälle des § 758a Abs. 2. Dennoch wird man der gesetzgeberischen Wertung entnehmen können, dass eine Duldungspflicht der Mitgewahrsamsinhaber besteht. Die **Wohnung eines Dritten** darf auf dieser Grundlage aber nicht durchsucht werden. Es darf auch keine dazu berechtigende **Durchsuchungsanordnung** ergehen (vgl. § 758a Rn. 7).[31] Wegen der Aufhebung des § 761 erfordert die **Verhaftung an Sonn- und Feiertagen** oder zur Nachtzeit grundsätzlich keine besondere Anordnung mehr. Dagegen ist nach Auffassung des BGH ein solcher Antrag erforderlich, wenn der Schuldner zu den genannten Zeiten **in seiner Wohnung** verhaftet werden soll (vgl. auch § 758a Rn. 17).[32] Unter den Voraussetzungen des § 759 sind Zeugen zuzuziehen. Vgl. im Einzelnen auch § 187 GVGA. Bei Schuldnern, deren Sprachkenntnisse nicht ausreichen, muss ein Dolmetscher zugezogen werden.[33] Wenn **minderjährige Kinder** zu versorgen sind, ist in entsprechender Anwendung des § 910 die Verhaftung des Schuldners erst zulässig, wenn eine adäquate Lösung (notfalls durch das Jugendamt) für die Betreuung der Kinder gefunden ist.[34] Für die Unterbringung von Haustieren in einem Tierheim muss gesorgt werden.[35] Der Gerichtsvollzieher ist nicht verpflichtet, den verhafteten Schuldner im eigenen PKW zur Justizvollzugsanstalt zu bringen, sondern kann Hilfspersonen hinzuziehen und die dadurch entstehenden Kosten dem Gläubiger in Rechnung stellen.[36] Die Durchführung der Verhaftung kann von einem entsprechenden Kostenvorschuss abhängig gemacht werden.[37] Befindet sich der Schuldner in Straf- oder Untersuchungshaft, wird der Vollzug des Haftbefehls aus dem Offenbarungsverfahren entgegen § 188 Abs. 3 GVGA durch Notierung der Überhaft durch die Justizvollzugsanstalt sichergestellt.[38] Ist der Schuldner unter dem Eindruck der bevorstehenden Verhaftung zur Abgabe der eidesstattlichen Versicherung bereit, kann diese in entsprechender Anwendung des § 902 auch ohne vorherige Verhaftung abgenommen werden (§ 902 Rn. 2). 7

VI. Übergabe einer beglaubigten Abschrift des Haftbefehls

Dem Schuldner muss bei der Verhaftung der Haftbefehl in beglaubigter Abschrift übergeben werden. Dies stellt keine Zustellung im Sinne des Gebührenrechts dar.[39] Die Regelung knüpft an die Verhaftung an und gilt deshalb **auch** dann, wenn der Haftbefehl auf Antrag des Gläubigers[40] **bereits zugestellt** wurde (vgl. § 901 Rn. 9; dort auch zur Zustellung im Übrigen). Ein Verstoß führt zur Rechtswidrigkeit der Verhaftung; er wird nach § 295 geheilt, wenn er vom Schuldner nicht alsbald gerügt wird.[41] Wird die Haft von **mehreren Gläubigern** beantragt, wird die Verhaftung für alle durchgeführt. Es ist deshalb für jeden Haftbefehl 8

---

[30] LG Frankfurt/M DGVZ 2000, 171, 172; LG Stade DGVZ 1988, 28 (LS) = JurBüro 1988, 927 mit abl. Anm. *Mümmler;* AG Augsburg DGVZ 1991, 61; *Noack* DGVZ 1981, 164, 165; *Oerke* DGVZ 1992, 130, 132; *Schilken* DGVZ 1989, 33, 34f.; *Gottwald* Rn. 6; *St/J/Münzberg* Rn. 24; *Zö/Stöber* Rn. 3; aA LG Bonn DGVZ 1987, 28 = JurBüro 1988, 926; LG Freiburg DGVZ 1992, 15; LG Lübeck DGVZ 1989, 72f. = JurBüro 1989, 1312; *B/L/H* Rn. 5; MK/*Eickmann* Rn. 6; *Baur/Stürner* ZwV 48.22.

[31] *Fischer/Weinert* DGVZ 2006, 33, 41f.; vgl. *Zö/Stöber* Rn. 2; *St/J/Münzberg* Rn. 14.

[32] BGH MDR 2004, 1379 = Rpfleger 2004, 315; LG Koblenz DGVZ 2000, 170; LG Frankfurt/O DGVZ 2001, 85f.; *Gillessen/Polzius* DGVZ 1998, 97, 110; *Schuschke* in *Schuschke/Walker* Rn. 3; *Wiecz/Sch/Storz* Rn. 12; inzident auch *Münzberg,* Festschr. f. Schütze, 1999, S. 569, 576f. (unter Befürwortung eines engen Begriffs der Wohnung); von der Notwendigkeit einer solchen Anordnung geht auch § 187 Nr. 5 Abs. 2 GVGA aus; aA Vorauflage; AG Nürtingen NJW-RR 2003, 1146ff. (ausführlich); AG Tostedt DGVZ 2003, 62 (m. abl. Anm. der Schriftleitung); AG Leipzig DGVZ 2000, 190 m. abl. Anm. der Schriftleitung; AG Bad Doberan DGVZ 2001, 92.

[33] LG Wuppertal DGVZ 1983, 60.

[34] OLG München NJW 1977, 1822 = MDR 1977, 413; LG Kaiserslautern JurBüro 1984, 1262; *St/J/Münzberg* Rn. 3 (auch bei sonstigen Pflegebedürftigen); ähnlich auch *Schuschke* in *Schuschke/Walker* § 906 Rn. 1; vgl. auch (Versorgung der Kinder Aufgabe des Staates; damit wird iE eine Vorschusspflicht des Gläubigers verneint) AG München DGVZ 1984, 30; LG Kleve DGVZ 1987, 90; AG Friedberg DGVZ 1989, 175 (Vorschusspflicht allenfalls für zwei Tage).

[35] *Schuschke* in *Schuschke/Walker* § 906 Rn. 1; zu weitgehend aber AG Oldenburg DGVZ 1991, 174f. (Kostenvorschuss von 2000 DM zur Unterbringung eines Hundes).

[36] AG Frankfurt/M DGVZ 1998, 15.

[37] LG Kassel DGVZ 2003, 25.

[38] AG Berlin-Tiergarten DGVZ 2000, 63 (GVGA kann als interne Dienstanweisung gesetzliche Rechte des Gläubigers nicht einschränken); *Schuschke* DGVZ 1999, 129, 131f.; aA OLG Celle DGVZ 1999, 73.

[39] AG Westerburg DGVZ 2003, 142; *Kessel* DGVZ 2004, 51, 53; *Winterstein* DGVZ 2004, 54f.; *Schuschke* in *Schuschke/Walker* Rn. 4 und § 901 Rn. 12; aA AG Northeim DGVZ 2003, 14, 15; *Schwörer* DGVZ 2003, 152; *Winter* DGVZ 2003, 137; *Blaskowitz* DGVZ 2004, 55, 56f.

[40] Auch ohne Haftantrag, LG Ulm NJW 1963, 867 (zum alten Recht).

[41] *St/J/Münzberg* Rn. 7.

gesondert die Zulässigkeit der Verhaftung zu prüfen; es sind dementsprechend alle Haftbefehle dem Schuldner in beglaubigter Abschrift zu übergeben.[42]

VII. Rechtsbehelfe

9 Den Gläubigern und dem Schuldner steht die **Erinnerung** nach § 766 mit anschließender **sofortiger Beschwerde** (§ 793) offen, auch dann, wenn Vollstreckungshindernisse nach §§ 903, 904, 906, 765 a geltend gemacht werden sollen.[43]

VIII. Gerichtskosten

10 Für die Gerichtsvollziehergebühren gilt KVGv Nr. 270.

910

Anzeige vor der Verhaftung **[1]Vor der Verhaftung eines Beamten, eines Geistlichen oder eines Lehrers an öffentlichen Unterrichtsanstalten ist der vorgesetzten Dienstbehörde von dem Gerichtsvollzieher Anzeige zu machen. [2]Die Verhaftung darf erst erfolgen, nachdem die vorgesetzte Behörde für die dienstliche Vertretung des Schuldners gesorgt hat. [3]Die Behörde ist verpflichtet, ohne Verzug die erforderlichen Anordnungen zu treffen und den Gerichtsvollzieher hiervon in Kenntnis zu setzen.**

I. Normzweck

1 Die Vorschrift dient der **Funktionsfähigkeit öffentlicher Einrichtungen.** Die Regelung gilt entsprechend für Soldaten[1], Richter und Angestellte im öffentlichen Dienst,[2] jedoch nach hL nicht für Lehrer an Privatschulen.[3] Das ist bei Schulen, die an die Stelle einer öffentlichen Lehranstalt treten, zweifelhaft,[4] zumal die analoge Anwendung auf Fälle befürwortet wird, in denen minderjährige Kinder von dem Schuldner zu betreuen sind (vgl. § 909 Rn. 7).[5] § 910 statuiert lediglich eine Anzeigepflicht; die Anordnung der Haft ist ohne Einschränkung zulässig.

II. Rechtsbehelfe

2 Durch die Verhaftung ist die Funktionsfähigkeit des Dienstbetriebs bereits beeinträchtigt, so dass ein Verstoß gegen § 910 **nicht zur Entlassung des Schuldners** führen soll.[6] Dies ist nicht richtig, wenn im Zeitpunkt der Entscheidung über die Rechtmäßigkeit der Verhaftung trotz Bemühungen nach S. 3 noch nicht für Vertretung gesorgt werden konnte. In diesem Fall muss die Erinnerung (§ 766) der vorgesetzten Behörde statthaft sein[7] und zur Entlassung führen. Der Schuldner ist – da es nicht um den Schutz seiner Person geht – nicht erinnerungsbefugt.[8] Ist für Vertretung gesorgt, fehlt es am Rechtsschutzbedürfnis für die Erinnerung seitens der vorgesetzten Behörde; es bleibt dann die Dienstaufsichtsbeschwerde.[9] Kommt die vorgesetzte Dienststelle der Verpflichtung nach S. 3 nicht nach, muss der Gläubiger im Verwaltungsrechtsweg vorgehen.[10]

911

Erneuerung der Haft nach Entlassung **Gegen den Schuldner, der ohne sein Zutun auf Antrag des Gläubigers aus der Haft entlassen ist, findet auf Antrag desselben Gläubigers eine Erneuerung der Haft nicht statt.**

I. Normzweck

1 Die Norm soll **Schikane** seitens des Gläubigers **verhindern** und selbstwidersprüchliches Verhalten ausschließen. Der praktische Anwendungsbereich des § 911 ist gering, zumal der Begriff „ohne sein Zutun" eng auszulegen ist (vgl. Rn. 2).

---

[42] *Zö/Stöber* Rn. 6.
[43] *Zö/Stöber* Rn. 5.
[1] So der nur klarstellende Erlass des Bundesministers der Verteidigung vom 16. 3. 1982 und vom 20. 6. 1983, VMBl. 1982, S. 130 und 1983, S. 182 (abgedruckt bei § 904 Rn. 2).
[2] MK/*Eickmann* Rn. 3; enger *St/J/Münzberg* Rn. 2 (keine uneingeschränkte Analogie für Angestellte im öffentlichen Dienst).
[3] *B/L/H* Rn. 1.
[4] Vgl. auch *St/J/Münzberg* Rn. 2 (wenn Verhaftung Gefahren für Dritte begründe, sei rechtzeitige Mitteilung an die entsprechende Stelle tunlich, damit diese Vorsorge treffen könne).
[5] OLG München NJW 1977, 1822; *St/J/Münzberg* § 909 Rn. 3.
[6] *St/J/Münzberg* Rn. 3; *Zö/Stöber* Rn. 1.
[7] *Schuschke* in *Schuschke/Walker* Rn. 2; aA wohl MK/*Eickmann* Rn. 2 (Dienstaufsichtsbeschwerde).
[8] *Gottwald* Rn. 5; MK/*Eickmann* Rn. 2; *Sae/Rathmann* Rn. 1; aA *B/L/H* Rn. 8 mit § 909 Rn. 10; *St/J/Münzberg* Rn. 3; *Schuschke* in *Schuschke/Walker* Rn. 2; *Wiecz/Sch/Storz* Rn. 3.
[9] MK/*Eickmann* Rn. 2.
[10] *Gottwald* Rn. 2; MK/*Eickmann* Rn. 2; *St/J/Münzberg* Rn. 3.

II. Voraussetzungen im Einzelnen

Der Schuldner muss **ohne sein Zutun auf Antrag des Gläubigers** entlassen worden sein. Entscheidend dafür ist, ob der Gläubiger in irgendeiner Weise, beispielsweise durch ein Ratenzahlungsangebot, vom Schuldner zum Antrag auf Haftentlassung veranlasst wurde.[1] Wird der Schuldner von Amts wegen entlassen, ist § 911 unanwendbar.[2] § 911 schließt nur die Haft (und auch schon die Verhaftung) auf Antrag **desselben Gläubigers** aus. Dieser Begriff ist auf das betriebene Verfahren, nicht auf die Person zu beziehen. Wenn derselbe Gläubiger wegen unterschiedlicher Titel mehrere Offenbarungsversicherungsverfahren betreibt, ist § 911 nur innerhalb eines Verfahrens anwendbar. Zulässig ist die erneute Haft auch dann, wenn der Gläubiger **wegen derselben Forderung nach § 903** ein Verfahren auf erneute Abgabe der Versicherung eingeleitet hat.[3] Eine erneute Haft ist zulässig, wenn der Gläubiger wegen eines Teilbetrages das Verfahren betrieben hat und nun wegen der Restforderung die Verhaftung erneut betrieben werden soll (vgl. § 909 Rn. 6). Eine Verletzung des § 911 wird mit der Erinnerung (§ 766) und gegebenenfalls mit der Beschwerde nach § 793 geltend gemacht. 2

III. Gerichtskosten

Gerichtsvollziehergebühren: Es entsteht erneut die Festgebühr nach KVGv Nr. 270. 3

912 *(weggefallen)*

913 *Haftdauer* [1]**Die Haft darf die Dauer von sechs Monaten nicht übersteigen.** [2]**Nach Ablauf der sechs Monate wird der Schuldner von Amts wegen aus der Haft entlassen.**

Um die **Verhältnismäßigkeit** der Haft zu gewährleisten, ist die Haftdauer auf sechs Monate begrenzt. Der Schuldner ist nach Verstreichen der Hafthöchstdauer durch den Leiter der Vollzugsanstalt, der den Ablauf der Frist zu überwachen hat, zu entlassen. Als Rechtsbehelf steht § 766 und anschließend § 793 offen.[1] Die Entlassung wegen sechsmonatiger Haft wird nach § 915 Abs. 1 S. 3 in das Schuldnerverzeichnis eingetragen. Die Beschränkung bezieht sich nur auf das **betriebene Verfahren,** so dass die Haft auf Veranlassung anderer Gläubiger oder auch desselben Gläubigers wegen eines weiteren Verfahrens zur Abgabe der eidesstattlichen Versicherung (vgl. § 911 Rn. 2) auch länger als sechs Monate dauern kann. Hinsichtlich dieser Verfahren greift aber § 914 ein. 1

Wird die Haft wegen einer wiederholten unberechtigten **Zeugnis- oder Eidesverweigerung** angeordnet, sind § 390 Abs. 2 und § 913 nebeneinander anwendbar. Die Haft endet also mit der Beendigung des Prozesses in diesem Rechtszug, spätestens aber nach sechs Monaten.[2] Bei Anordnung mehrerer persönlicher Arreste sind diese nacheinander zu verbüßen, so dass die Frist von sechs Monaten insgesamt überschritten werden kann.[3] 2

914 *Wiederholte Verhaftung* (1) **Ein Schuldner, gegen den wegen Verweigerung der Abgabe der eidesstattlichen Versicherung nach § 807 dieses Gesetzes oder nach § 284 der Abgabenordnung eine Haft von sechs Monaten vollstreckt ist, kann auch auf Antrag eines anderen Gläubigers von neuem zur Abgabe einer solchen eidesstattlichen Versicherung durch Haft nur angehalten werden, wenn glaubhaft gemacht wird, dass der Schuldner später Vermögen erworben hat oder dass ein bisher bestehendes Arbeitsverhältnis mit dem Schuldner aufgelöst ist.**

(2) **Diese Vorschrift ist nicht anzuwenden, wenn seit der Beendigung der Haft drei Jahre verstrichen sind.**

I. Normzweck

Die Regelung entspricht § 903 mit dem Unterschied, dass dort der Schuldner sein Vermögen offenbart hat, während hier die Offenbarung wegen **Erreichens der Hafthöchstdauer** des § 913 nicht weiter erzwungen werden soll. Unzulässig ist allein das Anhalten des Schuldners durch Haft, nicht die Ladung zum Termin zur Abgabe der eidesstattlichen Versicherung. Auf die Eintragung der Haft in das Schuldnerverzeichnis kommt es nicht an.[1] 1

II. Einzelerläuterungen

Durch § 914 ausgeschlossen ist nicht nur der Vollzug der Haft, sondern bereits der Haftbefehl,[2] denn dieser dient dazu, den Schuldner durch Haft zur Abgabe der eidesstattlichen Versicherung anzuhalten und 2

---

1 AG Düsseldorf MDR 1956, 494; *St/J/Münzberg* Rn. 2; *Zö/Stöber* Rn. 2.
2 AG Kirchheim/Teck DGVZ 1983, 63; *Sae/Rathmann* Rn. 2; *St/J/Münzberg* Rn. 2; *Zö/Stöber* Rn. 2.
3 LG Freiburg MDR 1981, 151 f.; *B/L/H* Rn. 5; *T/P/Hüßtege* Rn. 3; *Zö/Stöber* Rn. 2.

1 *St/J/Münzberg* Rn. 1; *Zö/Stöber* Rn. 1.
2 *Sae/Rathmann* Rn. 1; *Wiecz/Sch/Storz* Rn. 2, 5; *Zö/Greger* § 390 Rn. 7.
3 KG DGVZ 2000, 59, 60.

1 *St/J/Münzberg* Rn. 2.
2 MK/*Eickmann* Rn. 2; *Wiecz/Sch/Storz* Rn. 2.

eben dieses wird durch § 914 ausgeschlossen (vgl. § 901 Rn. 7). Bereits ergangene Haftbefehle dürfen nicht vollstreckt werden, es sei denn, sie wurden unter Bejahung der besonderen Voraussetzungen des § 914 erlassen. Vom Gerichtsvollzieher wird der Verstoß gegen § 914 berücksichtigt, wenn ihm die sechsmonatige Haft bekannt[3] oder in einer dem § 775 genügenden Weise nachgewiesen wird (vgl. § 909 Rn. 4). Hat der Schuldner nach der Vollstreckung der Haft die eidesstattliche Versicherung abgegeben, ist diese aber **unvollständig,** soll nach hL[4] § 914 einer weiteren Haft zur Erzwingung einer Ergänzung **nicht entgegenstehen.** Das erscheint nicht unzweifelhaft, da damit derjenige Schuldner benachteiligt wird, der zumindest einen Teil seines Vermögens offenbart hat. Dagegen muss über den Wortlaut des § 914 hinaus die Anordnung nach Vollstreckung der Haft auch darauf gestützt werden können, dass der Schuldner **während der Haft** neues Vermögen erworben hat; andernfalls wäre beispielsweise bei einer während der Haft anfallenden Erbschaft der Gläubiger für die Zeit von drei Jahren außerstande, die Offenlegung zu erzwingen. Zu den Anforderungen an die **Glaubhaftmachung** des Erwerbs neuen Vermögens oder der Auflösung eines Arbeitsverhältnisses sowie zu der weiten Auslegung des letzteren Begriffs vgl. § 903 Rn. 6.

3 Nach **Ablauf von drei Jahren** seit Beendigung der Haft ist erneute Haftanordnung uneingeschränkt (vgl. aber § 913 Rn. 1) zulässig; der entsprechende Antrag kann vor Fristablauf gestellt werden.[5] Bei unberechtigter Ablehnung der Verhaftung durch den Gerichtsvollzieher ist die Erinnerung (§ 766) mit anschließender sofortiger Beschwerde (§ 793) statthaft. Bei Verhaftung unter Verstoß gegen § 914 steht die Erinnerung offen;[6] verstößt die Haftanordnung gegen § 914, ist die sofortige Beschwerde statthaft (vgl. § 901 Rn. 10).[7] Zu den Rechtsbehelfen des Gläubigers bei Ablehnung des Haftbefehls vgl. § 901 Rn. 7.

915 *Schuldnerverzeichnis* (1) [1]**Das Vollstreckungsgericht führt ein Verzeichnis der Personen, die in einem bei ihm anhängigen Verfahren die eidesstattliche Versicherung nach § 807 abgegeben haben oder gegen die nach § 901 die Haft angeordnet ist. [2]In dieses Schuldnerverzeichnis sind auch die Personen aufzunehmen, die eine eidesstattliche Versicherung nach § 284 der Abgabenordnung oder vor einer Verwaltungsvollstreckungsbehörde abgegeben haben. [3]Die Vollstreckung einer Haft ist in dem Verzeichnis zu vermerken, wenn sie sechs Monate gedauert hat. [4]Geburtsdaten der Personen sind, soweit bekannt, einzutragen.**

(2) Wer die eidesstattliche Versicherung vor dem Gerichtsvollzieher eines anderen Amtsgerichts abgegeben hat, wird auch in das Verzeichnis dieses Gerichts eingetragen, wenn er im Zeitpunkt der Versicherung in dessen Bezirk seinen Wohnsitz hatte.

(3) [1]Personenbezogene Informationen aus dem Schuldnerverzeichnis dürfen nur für Zwecke der Zwangsvollstreckung verwendet werden, sowie um gesetzliche Pflichten zur Prüfung der wirtschaftlichen Zuverlässigkeit zu erfüllen, um Voraussetzungen für die Gewährung von öffentlichen Leistungen zu prüfen oder um wirtschaftliche Nachteile abzuwenden, die daraus entstehen können, dass Schuldner ihren Zahlungsverpflichtungen nicht nachkommen, oder soweit dies zur Verfolgung von Straftaten erforderlich ist. [2]Die Informationen dürfen nur für den Zweck verwendet werden, für den sie übermittelt worden sind. [3]Nichtöffentliche Stellen sind darauf bei der Übermittlung hinzuweisen.

I. Normzweck

1 Das Schuldnerverzeichnis dient zum einen dazu, die Handhabung der Regeln über die erneute Abgabe der eidesstattlichen Versicherung (§ 903) und die erneute Verhaftung (§ 914) zu erleichtern (vgl. aber § 903 Rn. 2, § 914 Rn. 1), zum anderen trägt es den **Interessen des Rechtsverkehrs** daran Rechnung, sich bei Zweifeln an der Kreditwürdigkeit eines Schuldners informieren zu können.[1] Aus **datenschutzrechtlichen Gründen** hat der Gesetzgeber die Anforderungen an dieses Interesse durch Abs. 3 konkretisiert und zugleich die Verwendung der Daten an die Wahrung dieses Interesses gekoppelt. Abs. 2 ermöglicht bei Wohnsitzwechsel im Zeitraum zwischen dem Auftrag an den Gerichtsvollzieher und der tatsächlichen Abgabe der eidesstattlichen Versicherung eine Eintragung in das Verzeichnis des Amtsgerichts des neuen Wohnsitzes. Die geplante Neuregelung durch das Gesetz zur Reform der Sachaufklärung im Zwangsvollstreckungsrecht sieht auch Änderungen beim Schuldnerverzeichnis vor. Geplant sind ein landesweites Verzeichnis sowie eine Trennung von Verzeichnis und Auskunftsrecht.[2]

---

[3] MK/*Eickmann* Rn. 3; *St/J/Münzberg* Rn. 2.
[4] *St/J/Münzberg* Rn. 1.
[5] *B/L/H* Rn. 3; *Zö/Stöber* Rn. 5.
[6] MK/*Eickmann* Rn. 3; *Wiecz/Sch/Storz* Rn. 4.
[7] *T/P/Hüßtege* Rn. 3; *Zö/Stöber* Rn. 6 und § 901 Rn. 13.
[1] BT-Drucks. 12/193 S. 7; *St/J/Münzberg* Rn. 1; vgl. dazu *Schauf* DGVZ 1994, 185 ff.; *Hornung* Rpfleger 1995, 233 ff.; auch BVerfG NJW 1988, 3009 (zu § 107 KO) unter Betonung des Allgemeininteresses; zu neuerlichen Reformvorschlägen vgl. *Suda* Rpfleger 1997, 193 f.
[2] Gesetzentwurf abrufbar unter www.justiz.bayern.de, zur Kritik an dem Entwurf (Trennung von Verzeichnis und Auskunft sei zu begrüßen, aber es sei ein bundes- oder europaweites Register vorzuziehen) vgl. *Hess/Vollkommer* in Festschr. f. Vollkommer, 2006, 349, 357.

II. Inhalt der Eintragung

Der Inhalt der Eintragung ergibt sich aus § 1 der Schuldnerverzeichnisverordnung des Bundes (SchuVVO),[3] die insoweit auf der Ermächtigung in § 915h Abs. 1 Nr. 1 beruht. Eingetragen wird der **Schuldner, nicht** dessen **Vertreter** (§ 1 Abs. 3 SchuVVO). Das gilt auch, wenn der gesetzliche Vertreter offenbarungspflichtig ist, denn es geht um die Kreditwürdigkeit des Schuldners, nicht um die des Vertreters. Der gesetzliche Vertreter (Geschäftsführer, Vorstand) ist auch nicht zusätzlich neben dem Schuldner aufzuführen.[4] Nichts anderes gilt bei Haftanordnung oder sechsmonatiger Haftvollstreckung, obwohl sich Anordnung und Haft allein gegen den Vertreter richten.[5] Zur Identifizierung des Schuldners ist dessen **Geburtsdatum** einzutragen, wenn es dem Gericht bekannt ist (§ 915 Abs. 1 S. 4); ein späteres Nachtragen dieses Datums sieht das Gesetz nicht vor.[6] Nachforschungen sind nicht erforderlich; die bloße Angabe des Datums im Antrag des Gläubigers reicht jedoch nicht aus. In Betracht kommen in erster Linie eigene Angaben des Schuldners (zu denen er nicht verpflichtet ist) und Angaben im Vollstreckungstitel. Einzutragen sind nach § 1 Abs. 1 Nr. 1 SchuVVO die Angaben so, wie sie der Vollstreckungstitel enthält; offenbare Unrichtigkeiten können nach § 1 Abs. 4 SchuVVO berichtigt werden. Spätere Veränderungen (zB Adresswechsel) können nur in der Spalte „Bemerkungen" vermerkt werden.[7] Die Aufnahme sonstiger Angaben über den Schuldner ist unzulässig.[8] Weiter ist das **Verfahren** (Aktenzeichen und Vollstreckungsgericht oder Vollstreckungsbehörde, § 1 Abs. 1 Nr. 4 SchuVVO, nicht dagegen der Gläubiger[9]) zu **bezeichnen,** in dem die Versicherung abgegeben wurde bzw. abzugeben war, und es wird ggf. das Datum der Abgabe der eidesstattlichen Versicherung, das Datum der Haftanordnung und das der Vollstreckung der Haft vermerkt (vgl. § 1 Abs. 1 Nr. 3 SchuVVO). 2

Die **nachträgliche Ergänzung** einer unvollständigen Versicherung (vgl. § 903 Rn. 8) wird dieser beigeschrieben; eine **wiederholte Versicherung** (vgl. § 903 Rn. 4ff.) ist selbständig einzutragen. Wird in mehreren Verfahren Haft gegen den Schuldner angeordnet, so sind alle Verfahren anzugeben.[10] Das berührt aber nicht das Recht des Schuldners, allein in einem der Verfahren die eidesstattliche Versicherung abzugeben (vgl. § 902 Rn. 7). 3

III. Eintragungsverfahren

Zuständig ist das Vollstreckungsgericht, auch wenn die Versicherung vor einem ersuchten Gerichtsvollzieher oder demjenigen am Haftort abgegeben wurde. Es handelt sich um eine Aufgabe der Gerichtsbarkeit im weiteren Sinn, nicht um eine solche der Justizverwaltung,[11] für die die funktionelle Zuständigkeit bei dem **Urkundsbeamten der Geschäftsstelle** liegt, der auch im Übrigen für die Registerführung zuständig ist. Die **örtliche Zuständigkeit** bestimmt sich nach § 899 (vgl. auch § 899 Rn. 5);[12] es besteht aber nach § 915h Abs. 2 Nr. 1 innerhalb eines OLG-Bezirks die Möglichkeit der Zentralisierung (zu den Rechtsverordnungen der Länder vgl. § 915h Rn. 2). Auf der Grundlage des **Abs. 2** erfolgt die Eintragung **zusätzlich** bei dem Amtsgericht, bei dem die eidesstattliche Versicherung abgegeben wurde, sofern dies ein anderes als das nach § 899 zuständige Amtsgericht ist und der Schuldner im Zeitpunkt der Abgabe der Versicherung seinen Wohnsitz im Bezirk dieses Amtsgerichts hat. Gibt der Schuldner trotz des Wohnsitzwechsels die eidesstattliche Versicherung vor dem nach § 899 zuständigen Gerichtsvollzieher an seinem früheren Wohnsitz ab, wird die Abgabe nur bei diesem Amtsgericht eingetragen. Die Eintragung erfolgt durch den Urkundsbeamten **von Amts wegen** ohne anordnende Verfügung des Richters oder Rechtspflegers[13] (vgl. § 17 Abs. 3 AktO[14]). Die Eintragung ist unabhängig vom Einverständnis des Gläubigers.[15] Der Gläubiger ist nicht zur Mitteilung verpflichtet, wenn seine **Forderung vom Schuldner erfüllt** wurde, um auf diese Weise die Eintragung zu verhindern[16] (zur Löschung in derartigen Fällen vgl. § 915a Abs. 2). Eingetragen werden die Abgabe der eidesstattlichen Versicherung, die Anordnung der Haft oder deren sechsmonatige Vollstreckung 4

---

[3] Verordnung vom 15. 12. 1994, in Kraft getreten am 1. 1. 1995, BGBl. I S. 3822 zuletzt geändert durch Gesetz vom 13. 12. 2001, BGBl. I S. 1638.

[4] LG Bonn MDR 1964, 418; LG Braunschweig NdsRpfl. 1982, 139f.; LG Frankfurt Rpfleger 1988, 528f.; *B/L/H* Rn. 3; *Schuschke* in *Schuschke/Walker* Rn. 3; *Zö/Stöber* Rn. 3.

[5] *St/J/Münzberg* Rn. 2; missverständlich *B/L/H* Rn. 4.

[6] *Zö/Stöber* Rn. 6; aA *Hornung* Rpfleger 1995, 233, 234; *T/P/Hüßtege* Rn. 3; vgl. auch MK/*Eickmann* Rn. 7 (sollte bei häufig vorkommenden Namen noch vermerkt werden).

[7] *St/J/Münzberg* Rn. 2; aA (neue Adresse einzutragen, da mit der sinnwidrigen Regelung des § 1 Abs. 1 Nr. 1 SchuVVO die Ermächtigungsgrundlage überschritten wurde) MK/*Eickmann* Rn. 6; *Zö/Stöber* Rn. 5.

[8] *Hornung* Rpfleger 1995, 233, 234f. (zB „Justizvollzugsanstalt" neben Adresse).

[9] So aber vor Inkrafttreten der SchuVVO, vgl. *Brinkmann* Rpfleger 1994, 89, 93; auch jetzt noch *B/L/H* Rn. 3; *Wiecz/Sch/Storz* Rn. 18.

[10] LG Arnsberg DGVZ 1994, 6, 7 = Rpfleger 1994, 76.

[11] OLG Hamm NJW 1961, 737f. = Rpfleger 1961, 203 m. abl. Anm. *Scherübl;* KG NJW 1971, 848f. = MDR 1971, 309; OLG Oldenburg Rpfleger 1978, 267; LG Arnsberg DGVZ 1994, 6, 7 = Rpfleger 1994, 76; *T/P/Hüßtege* Rn. 1; *Zö/Stöber* Rn. 2.

[12] Auch wenn der Gerichtsvollzieher eines örtlich unzuständigen Gerichts die eidesstattliche Versicherung abgenommen hat, vgl. *T/P/Hüßtege* Rn. 1; vgl. auch *St/J/Münzberg* Rn. 3.

[13] *T/P/Hüßtege* Rn. 2; *Zö/Stöber* Rn. 2, 7; aA (Verfügung des Rechtspflegers) *Gottwald* Rn. 2 (§ 20 Nr. 17 RPflG); *St/J/Münzberg* Rn. 4; *Schauf* DGVZ 1994, 185ff.; anders bei Anträgen auf vorzeitige Löschung vgl. § 915a Rn. 5.

[14] Vgl. zB NdsRpfl. 1995, 5, 6.

[15] LG Freiburg Rpfleger 1986, 187; *B/L/H* Rn. 3.

[16] KG NJW 1973, 860; *B/L/H* Rn. 3; anders bei Zusage des Gläubigers, BGH NJW 1985, 3080, 3081.

nur, soweit es sich um ein Offenbarungsverfahren auf der Grundlage des § 807, um ein Verfahren nach § 284 AO oder um ein solches vor einer Verwaltungsvollstreckungsbehörde handelt. Fehler können **Schadensersatzansprüche** des Eingetragenen wegen Amtspflichtverletzung begründen,[17] wobei ein Mitverschulden anzunehmen ist, wenn eine zumutbare Nachprüfung der Richtigkeit der Eintragung unterbleibt.[18]

IV. Zweckbindung

5 Abs. 3 beschränkt die **Verwendung der Eintragungen** im Schuldnerverzeichnis auf bestimmte Zwecke. Diese Regelung gilt – anders als Abs. 1 – kraft ausdrücklicher Verweisung auch für Eintragungen in das weitere Verzeichnis, in welchem vermerkt wird, wenn das **Insolvenzverfahren mangels Masse** nicht eröffnet wurde (§ 26 Abs. 2 S. 2 InsO). Bei der Auslegung der Zweckbindung ist die datenschutzrechtliche Zielsetzung zu berücksichtigen. Sie trägt der heutigen Grundauffassung Rechnung, dass Informationen über persönliche Umstände nicht ohne triftigen Grund und nicht ohne Abwägung mit den Belangen des Betroffenen weitergegeben werden dürfen. Zu den der Zweckbindung unterliegenden Informationen gehören alle Angaben aus dem Schuldnerverzeichnis, auch die über das Datum der Abgabe der eidesstattlichen Versicherung und die Anordnung der Haft.[19] Die sehr dehnbaren Begriffe „wirtschaftliche Zuverlässigkeit prüfen" und „wirtschaftliche Nachteile abwenden" sind deshalb **eng auszulegen.**[20]

6 Die Verwendung zu **Zwecken der Zwangsvollstreckung** einschließlich der Verwaltungszwangsvollstreckung[21] verlangt nicht, dass das Vollstreckungsverfahren vom Antragsteller selbst betrieben wird. Es reicht ein eigenes vollstreckungsrechtliches Interesse aus,[22] das auch hinsichtlich der Entscheidung besteht, ob ein Vollstreckungsversuch unternommen werden soll. Bei der Verwendung zur **Prüfung der wirtschaftlichen Zuverlässigkeit** ist eine gesetzliche **Prüfungspflicht** und nicht nur eine Prüfungsbefugnis erforderlich.[23] Diese muss sich auf die Zuverlässigkeit, also auf die Zahlungswilligkeit und -fähigkeit, beziehen.[24] Die Absicht einer reinen Solvenzprüfung berechtigt nicht zur Einsicht. Die Verwendung zur Prüfung der Voraussetzungen für die **Gewährung öffentlicher Leistungen** ermöglicht insbesondere die Auskunft gegenüber dem Arbeitsamt, das ermittelt, ob die Voraussetzungen für die Gewährung von Insolvenzgeld erfüllt sind und deshalb eine Eintragung nach § 26 Abs. 2 InsO erfragt.[25] (Bei der Auskunft zur **Abwendung wirtschaftlicher Nachteile** sind an den Nachweis strenge Anforderungen zu stellen. Die pauschale Behauptung, es sei ein Vertragsschluss beabsichtigt, sollte nicht ausreichen. Erforderlich ist bei einer Einzelanfrage die Darlegung, dass ohne die Auskunftserteilung nicht völlig unerhebliche wirtschaftliche Nachteile drohen. Soweit Antragsteller Abdrucke erhalten (§ 915e), kann die gebotene Zweckbindung kaum erreicht werden. Nicht ohne Grund wird deshalb die Verfassungsmäßigkeit der Regelung bezweifelt. Zumindest sind die gesetzlichen Kontrollmechanismen (insbesondere § 915e) streng zu handhaben.[26] Bei der Auskunft zur **Verfolgung von Straftaten** muss die Auskunft zur Verfolgung einer Straftat (nicht einer Ordnungswidrigkeit) erforderlich, nicht nur hilfreich sein.[27]

7 Die Verwendung einer Auskunft ist **nur zu dem Zweck** zulässig, zu dem sie erteilt wurde. Damit ist auch die Verwendung für einen anderen, ebenfalls zulässigen Zweck ausgeschlossen. Um das sicherzustellen, sollte bei der Auskunftserteilung der Verwendungszweck präzise bezeichnet werden.[28] Bei Auskunft an nichtöffentliche Stellen ist nach Abs. 3 S. 3 auf die Zweckbindung hinzuweisen.

8 Schließlich sind die Regelungen des **Bundesdatenschutzgesetzes** zu beachten. § 9 BDSG verpflichtet dazu, die erforderlichen technischen und organisatorischen Maßnahmen zu treffen, um im Rahmen des BDSG den Betroffenen vor Beeinträchtigung seines Persönlichkeitsrechts zu schützen, wozu insbesondere auch die Sicherung der Daten gegen unberechtigte Einsichtnahme gehört (vgl. Anl. zu § 9 S. 1 BDSG).[29] Die mit der Datenverarbeitung befassten Personen müssen nach § 5 BDSG das Datengeheimnis wahren. Für die Übermittlung von Daten in das Ausland ist § 4b iVm. § 4c Abs. 1 S. 1 Nr. 6 BDSG anzuwenden.[30]

915a

Löschung **(1) [1]Eine Eintragung im Schuldnerverzeichnis wird nach Ablauf von drei Jahren seit dem Ende des Jahres gelöscht, in dem die eidesstattliche Versicherung abgegeben, die Haft angeordnet oder die sechsmonatige Haftvollstreckung beendet worden ist. [2]Im Falle des § 915 Abs. 2 ist die Eintragung auch im Verzeichnis des anderen Gerichtes zu löschen.**

(2) Eine Eintragung im Schuldnerverzeichnis wird vorzeitig gelöscht, wenn

---

17 RGZ 118, 241, 242f.
18 RGZ 140, 152, 154f.; *B/L/H* Rn. 6.
19 AA (nur personenbezogene Daten) *T/P/Hüßtege* Rn. 7.
20 OLG Hamm Rpfleger 2006, 481, 482; pointiert *B/L/H* Übers. vor §§ 915–915h Rn. 4, 6; krit. zu der weiten Fassung des Gesetzes auch *Straub,* Das Schuldnerverzeichnis, Diss. Regensburg 1995, S. 137f.
21 *Zö/Stöber* Rn. 9.
22 *B/L/H* Rn. 8.
23 *St/J/Münzberg* Rn. 7.
24 *B/L/H* Rn. 9.
25 *Wiecz/Sch/Storz* Rn. 24; *Zö/Stöber* Rn. 9.
26 Für eine strenge Prüfung auch *B/L/H* Rn. 11, Übers. vor §§ 915–915h Rn. 6f.; *Wiecz/Sch/Storz* Rn. 26.
27 *B/L/H* Rn. 12; *St/J/Münzberg* Rn. 10.
28 *B/L/H* Rn. 13.
29 *Zö/Stöber* Rn. 10.
30 *Hess* Rpfleger 1996, 89, 93f. (zu § 17 BDSG idF vor der Änderung durch das Gesetz vom 18. 5. 2001).

1. die Befriedigung des Gläubigers, der gegen den Schuldner das Verfahren zur Abnahme der eidesstattlichen Versicherung betrieben hat, nachgewiesen worden ist oder
2. der Wegfall des Eintragungsgrundes dem Vollstreckungsgericht bekannt geworden ist.

I. Normzweck

1 Die Regelung beschränkt die Dauer der Eintragung des Schuldners in das Verzeichnis. Die Eintragung wegen Ablehnung der **Eröffnung des Insolvenzverfahrens** mangels Masse wird erst nach **fünf Jahren** gelöscht (§ 26 Abs. 2 S. 2 InsO). Die **vorzeitige Löschung** war unter Geltung der Konkursordnung (§ 107 KO) nur im Fall des Abs. 2 Nr. 2 möglich, während § 26 Abs. 2 InsO insgesamt auf die Vorschriften der ZPO über das Schuldnerverzeichnis Bezug nimmt. Ob damit nach der InsO bei einer Befriedigung des Gläubigers, der die Eröffnung des Insolvenzverfahrens beantragt hatte und mit seinem **Antrag mangels Masse abgewiesen** wurde, die Eintragung nach Nr. 1 vorzeitig zu löschen ist, ist aber zweifelhaft. Richtigerweise wird diese Frage zu verneinen sein,[1] denn im Gegensatz zu einer Eintragung auf der Grundlage einer Einzelzwangsvollstreckung steht bei der Abweisung des Insolvenzantrages mangels Masse auf der Grundlage der Prüfung durch das Insolvenzgericht fest, dass das Schuldnervermögen zumindest so gering ist, dass es die Kosten des Insolvenzverfahrens nicht deckt. Weiterhin wird vertreten, eine vorzeitige Löschung sei zulässig, wenn der Schuldner nachweist, dass **alle Gläubiger befriedigt** wurden.[2] Diese Auffassung ist zumindest kaum praktikabel, denn bei der Abweisung mangels Masse ergeht gerade keine Aufforderung zur Anmeldung von Forderungen, so dass sich nicht klären lässt, ob der Schuldner alle Gläubiger befriedigt hat. Bei der Regelung in Abs. 1 S. 2 handelt sich um eine Folgeänderung zu § 915 Abs. 2. Sie ist auch im Fall der vorzeitigen Löschung nach Abs. 2 anzuwenden.[3]

II. Regelmäßige Löschung

2 **Regelmäßig** wird die Eintragung nach drei Jahren (zur Fünfjahresfrist im Insolvenzrecht vgl. Rn. 1) von Amts wegen gelöscht. Zuständig ist der Urkundsbeamte der Geschäftsstelle. § 915a vereinfacht das Löschungsverfahren, indem die Eintragungen nur jeweils zum Jahresende gelöscht werden.[4] Durch die Fiktion des § 915b Abs. 2 wird erreicht, dass taggenau nach Ablauf der Dreijahresfrist keine Auskünfte über Eintragungen mehr erteilt werden. Die **Frist** des § 915a Abs. 1 S. 1 **beginnt** regelmäßig mit Ablauf des Jahres, in dem die eidesstattliche Versicherung abgegeben wurde, auch wenn die Versicherung unvollständig war und deshalb ein Verfahren zur Ergänzung oder Nachbesserung betrieben wird. Soweit in diesem Ergänzungsverfahren Haft angeordnet wird, beginnt keine neue Frist, sondern die ergänzende Eintragung (vgl. § 915 Rn. 4) wird mitgelöscht, wenn die Eintragung über die Abgabe der lückenhaften Versicherung gelöscht wird. Anders verhält es sich, wenn ein Verfahren zur Abgabe einer vollständig neuen eidesstattlichen Versicherung betrieben wird (zur Abgrenzung vgl. § 903 Rn. 4ff.). In diesem Fall sind die Fristen neu zu bestimmen.[5] Weiter beginnt die Frist mit Ablauf des Jahres, in dem die **Haft angeordnet** wurde. Der Fristablauf und die Löschung im Schuldnerverzeichnis betreffen allein die Eintragung der Haftanordnung, nicht aber die Wirksamkeit des Haftbefehls.[6] Dieser ist jedoch durch § 909 Abs. 2 zeitlich begrenzt. Das Ende des Jahres, in dem die **Haftvollstreckung** geendet hat, ist nur entscheidend, wenn die Haft sechs Monate vollstreckt wurde.

III. Vorzeitige Löschung

3 Wenn die **Befriedigung des Gläubigers** nachgewiesen ist, der das Offenbarungsverfahren betrieben hat, wird die Eintragung vorzeitig gelöscht (zur Anwendung im Fall des § 26 Abs. 2 S. 2 InsO vgl. Rn. 1). Ein **Antrag** auf Löschung ist im Gesetz nicht vorgesehen;[7] wird er gestellt, ist er als Anregung aufzufassen. In der Regel wird das Verfahren wegen der Notwendigkeit des Nachweises (nicht nur der Glaubhaftmachung; keine Amtsermittlung[8]) vom Schuldner oder vom Gläubiger betrieben werden, denkbar ist aber auch die Anregung durch einen Dritten.[9] Zuständig ist der Rechtspfleger (§ 3 Nr. 3 Buchst. a, § 20 Nr. 17 RPflG).[10] Der Nachweis muss sich auf **Befriedigung**[11] richten, nicht nur auf Stundung oder auf Einverständnis des

---

1 AG Köln NJW-RR 2003, 1421; AG Duisburg ZinsO 2001, 573, 574 (obiter dictum); Heidelberger Kommentar/*Kirchhof*, InsO, 2. Aufl. 2001, § 26 Rn. 29; *Kübler/Prütting/Pape* InsO § 26 Rn. 40; vgl. auch *Robrecht* KTS 2000, 529, 531f. (iE einen Anspruch des Schuldners verneinend, aber eine vorzeitige Löschung doch für rechtmäßig haltend); vgl. zum alten Recht auch BVerfG NJW 1988, 3009f. (einen verfassungsrechtlich verbürgten Anspruch des Schuldners auf vorzeitige Löschung verneinend).

2 *Hess*, InsO, Bd. 1, 1999, § 26 Rn. 48.

3 MK/*Eickmann* Rn. 16; *Zö/Stöber* Rn. 9.

4 *St/J/Münzberg* Rn. 2; *Zö/Stöber* Rn. 2; aA (Berechnung nach §§ 187, 188 Abs. 2 S. 1 BGB, dies ist jedoch mit dem Gesetzeswortlaut unvereinbar) *B/L/H* Rn. 3.

5 *St/J/Münzberg* Rn. 2; vgl. auch *Zö/Stöber* Rn. 2.

6 *Zö/Stöber* Rn. 2.

7 Zu Bedenken, weil durch die Löschung von Amts wegen dem zahlenden (aber gleichwohl kaum schutzbedürftigen) Schuldner der Schutz des § 903 genommen wird, vgl. MK/*Eickmann* Rn. 3; *St/J/Münzberg* Rn. 1.

8 MK/*Eickmann* Rn. 13; *Zö/Stöber* Rn. 5

9 Vgl. *Zö/Stöber* Rn. 5 (Kenntniserlangung auf irgendeine Weise).

10 *T/P/Hüßtege* Rn. 1; *Zö/Stöber* Rn. 6.

11 Erlass der Forderung steht gleich, LG Hannover Rpfleger 1970, 442; *T/P/Hüßtege* Rn. 4; *Zö/Stöber* Rn. 3; abweichend *B/L/H* Rn. 10 (Erlass als Fall des Abs. 2 Nr. 2).

Gläubigers mit der Löschung,[12] denn diese beseitigen das Informationsbedürfnis des Geschäftsverkehrs nicht. Der Nachweis wird in nicht völlig eindeutigen Fällen nicht ohne Anhörung des Gläubigers der Forderung zu erbringen sein.[13] Wird zu Unrecht gelöscht, kann eine erneute Eintragung erfolgen.

4 Der **Eintragungsgrund fällt weg,** wenn die Voraussetzungen des § 776 erfüllt sind (Aufhebung des zu vollstreckenden Titels,[14] Aufhebung der vorläufigen Vollstreckbarkeit dieses Titels, Unzulässigerklärung der Vollstreckung aus diesem Titel nach § 767[15]), wenn die Haftanordnung aufgehoben[16] oder der Widerspruch gegen die Offenbarungspflicht nach Abgabe der Versicherung für begründet erklärt wird. Der Wegfall des Eintragungsgrundes muss dem Vollstreckungsgericht in sicherer Form, in der Regel durch öffentliche Urkunde,[17] bekannt werden. Das kann durch den Schuldner oder durch Dritte geschehen; Amtsermittlung findet nicht statt.[18] Wenn die Eintragung in **mehreren Verfahren** erfolgt ist (vgl. § 915 Rn. 4), ist nur die Eintragung zu löschen, hinsichtlich derer die Voraussetzungen des § 915a Abs. 2 Nr. 1 oder 2 erfüllt sind.[19]

IV. Durchführung der Löschung

5 Die Löschung geschieht durch Vernichtung des Karteiblatts oder durch Unkenntlichmachen des Namens des Schuldners (vgl. § 17 Abs. 5 AktO),[20] nicht etwa durch den Zusatz „gelöscht" neben dem weiterhin gut lesbaren Namen. Bei gespeicherten Daten gilt § 3 Abs. 4 Nr. 5 BDSG.

V. Rechtsanwaltsgebühren

6 Antrag auf Löschung im Schuldnerverzeichnis ist für den Anwalt des Schuldners und, falls beteiligt, den Gläubigervertreter eine eigene Angelegenheit (§ 18 Nr. 19 RVG). Gegenstandswert ist das Interesse des Schuldners an der Löschung, § 25 Abs. 2 RVG.

915b

Auskunft; Löschungsfiktion **(1) [1]Der Urkundsbeamte der Geschäftsstelle erteilt auf Antrag Auskunft, welche Angaben über eine bestimmte Person in dem Schuldnerverzeichnis eingetragen sind, wenn dargelegt wird, dass die Auskunft für einen der in § 915 Abs. 3 bezeichneten Zwecke erforderlich ist. [2]Ist eine Eintragung vorhanden, so ist auch das Datum des in Absatz 2 genannten Ereignisses mitzuteilen.**

(2) Sind seit dem Tage der Abgabe der eidesstattlichen Versicherung, der Anordnung der Haft oder der Beendigung der sechsmonatigen Haftvollstreckung drei Jahre verstrichen, so gilt die entsprechende Eintragung als gelöscht.

I. Normzweck

1 Durch die Norm wird Dritten ein **Auskunftsrecht** gewährt. Es setzt die Darlegung voraus, dass die Auskunft für einen nach § 915 Abs. 3 **zulässigen Verwendungszweck** erforderlich ist. Es handelt sich dabei um eine Sonderregelung gegenüber § 299.

II. Voraussetzungen für die Auskunftserteilung

2 Der Antrag ist **nicht formbedürftig.** Zweifelhaft ist, welche Anforderungen an den Begriff **„erforderlich"** in Abs. 1 S. 1 zu stellen sind. Nach der Begründung des Gesetzgebers sollte damit zum Ausdruck gebracht werden, dass die Einholung der Auskunft „angezeigt" ist, sie braucht aber nicht das einzige oder letzte Mittel zur Erreichung des Zwecks zu sein.[1] Daran ist richtig, dass private Schuldnerauskunfteien in der Regel zur Verfügung stehen, so dass es stets andere Mittel zur Feststellung der Zahlungsfähigkeit und -willigkeit geben wird. Andererseits muss die Koppelung der Auskunft an bestimmte Zwecke ernst genommen werden. Deshalb wird bei einer geringfügigen Forderung eine Auskunft nicht erforderlich sein, sofern auch keine konkreten Zweifel an der wirtschaftlichen Zuverlässigkeit des Schuldners bestehen. Die geforderte **Darlegung** verlangt weniger als den Nachweis oder die Glaubhaftmachung. Es reicht aus, wenn schlüssig, in sich widerspruchsfrei und überzeugend vorgetragen wird.[2] Ob der Antrag diese Anforderungen erfüllt, entscheidet nach Abs. 1 S. 1 der Urkundsbeamte der Geschäftsstelle. Auch diesbezüglich werden Bedenken gegen die Umsetzung der datenschutzrechtlichen Zielsetzung angemeldet,[3] die jedoch überzogen

---

[12] LG Tübingen Rpfleger 1986, 24f.; LG Freiburg Rpfleger 1986, 187; *Gottwald* Rn. 4 (der Erlass sei ausreichend); ebenso *Sae/Rathmann* Rn. 2; *St/J/Münzberg* Rn. 3.

[13] Eine Anhörungspflicht besteht nicht, *Zö/Stöber* Rn. 5.

[14] Vgl. LG Münster (Aufhebung des Vollstreckungstitels einer öffentlich-rechtlichen Körperschaft durch diese selbst) Rpfleger 1996, 168 = ZIP 1995, 1760.

[15] Vgl. *Lent* NJW 1959, 178f.; *B/L/H* Rn. 10.

[16] LG Düsseldorf MDR 1995, 312f.; LG Dortmund NJW 1959, 2269f.

[17] *St/J/Münzberg* Rn. 3 (Ausfertigungen gerichtlicher Entscheidungen; Beiziehen von Akten).

[18] MK/*Eickmann* Rn. 13 (faktische Beibringungspflicht des Schuldners); *Zö/Stöber* Rn. 5; weiter gehend (Amtsermittlung bei Anhaltspunkten) *T/P/Hüßtege* Rn. 6.

[19] *Zö/Stöber* Rn. 8.

[20] *Schauf* DGVZ 1994, 185, 186; *Schuschke* in *Schuschke/Walker* Rn. 5; *St/J/Münzberg* Rn. 2; *Zö/Stöber* Rn. 7.

[1] BT-Drucks. 12/193 S. 9; so auch *St/J/Münzberg* Rn. 2; *Zö/Stöber* Rn. 2.

[2] BT-Drucks. 12/193 S. 9; *Zö/Stöber* Rn. 2.

[3] *B/L/H* Rn. 3.

erscheinen. Der **Eingetragene** selbst kann nach § 19 BDSG unabhängig von den Voraussetzungen des § 915b Auskunft verlangen.[4]

III. Inhalt der Auskunft

Die Auskunft wird schriftlich oder mündlich erteilt (zu den Rechtsbehelfen vgl. § 915c). Sie enthält für den Fall der **Eintragung** die Angaben über den Schuldner, das Datum der Abgabe der eidesstattlichen Versicherung oder das der Anordnung der Haft oder das Ende der sechsmonatigen Haftvollstreckung sowie das Aktenzeichen des Verfahrens. Sind wegen mehrerer Verfahren Eintragungen über die Anordnung der Haft vorhanden, sind alle Verfahren zu bezeichnen. Wie sich aus Abs. 1 S. 2 ergibt, muss die Auskunft auch die Angabe des **Datums** enthalten, an dem die Eintragung **als gelöscht gelten wird.**[5] 3

IV. Löschungsfiktion

Die Regelung in Abs. 2 bewirkt, dass **taggenau** (§ 187 Abs. 1, § 188 Abs. 2 BGB iVm. § 222) mit Ablauf der Dreijahresfrist die Eintragung als gelöscht gilt. Auf ein Auskunftsbegehren hin ist deshalb mitzuteilen, dass keine Eintragung besteht.[6] Das gilt auch dann, wenn das Auskunftsbegehren noch vor Fristablauf gestellt wurde.[7] 4

915c

Ausschluss der Beschwerde **Gegen Entscheidungen über Eintragungen, Löschungen und Auskunftsersuchen findet die Beschwerde nicht statt.**

Durch die Regelung wird die Beschwerde ausgeschlossen,[1] statthaft ist aber die **Erinnerung** Bei Entscheidungen des **Urkundsbeamten** über die Eintragung (vgl. § 915 Rn. 4) oder über die Ablehnung eines Auskunftsersuchens (vgl. § 915b Rn. 2) kann innerhalb einer Notfrist von zwei Wochen die Entscheidung des Richters nach § 573 Abs. 1 verlangt werden; bei Anordnungen des **Rechtspflegers,** insbesondere bei vorzeitiger Löschung (vgl. § 915a Rn. 3), ist die Erinnerung nach § 11 Abs. 2 RPflG statthaft, über die der Richter entscheiden muss.[2] Auch bei **abändernder Entscheidung des Richters** schließt § 915c die Beschwerde aus.[3] Bei Entscheidungen, die jeder Grundlage entbehren, wird man angesichts der möglicherweise massiven Beeinträchtigung des Schuldners an die Anwendung der Grundsätze der außerordentlichen sofortigen Beschwerde oder der befristeten Gegenvorstellung (vgl. § 567 Rn. 15ff.) denken müssen.[4] Bei Entscheidungen des Präsidenten des Amtsgerichts oder des Landgerichts auf der Grundlage der SchuVVO eröffnet § 20 SchuVVO den Rechtsweg zu den ordentlichen Gerichten nach §§ 23 bis 30 EGGVG. 1

Die **vollstreckungsrechtlichen Rechtsbehelfe** (insbes. § 766) sind **nicht einschlägig,**[5] weil es sich bei der Führung des Registers nicht um Maßnahmen der Zwangsvollstreckung handelt. Es geht nicht um die Interessen des vollstreckenden Gläubigers, sondern um die des Schuldners und des Geschäftsverkehrs. 2

915d

Erteilung von Abdrucken **(1) [1]Aus dem Schuldnerverzeichnis können nach Maßgabe des § 915e auf Antrag Abdrucke zum laufenden Bezug erteilt werden, auch durch Übermittlung in einer nur maschinell lesbaren Form. [2]Bei der Übermittlung in einer nur maschinell lesbaren Form gelten die von der Landesjustizverwaltung festgelegten Datenübertragungsregeln.**

(2) Die Abdrucke sind vertraulich zu behandeln und dürfen Dritten nicht zugänglich gemacht werden.

(3) Nach der Beendigung des laufenden Bezugs sind die Abdrucke unverzüglich zu vernichten; Auskünfte dürfen nicht mehr erteilt werden.

I. Normzweck

Mit der Zulassung von Abdrucken zum laufenden Bezug wird ein **generelles Informationsinteresse** des in § 915e näher bestimmten Personenkreises anerkannt, dem ohne Nachweis der Erfordernisse des § 915 Abs. 3 im Einzelfall die Eintragungen fortlaufend zugänglich gemacht werden. Dass damit der durch die Abschaffung des früher geltenden allgemeinen Einsichtsrechts beabsichtigte Schuldnerschutz weitgehend illusorisch wird, liegt auf der Hand. Nicht ganz zu Unrecht werden verfassungsrechtliche Bedenken geäußert.[1] 1

---

4 Vgl. *St/J/Münzberg* Rn. 2.

5 *B/L/H* Rn. 5; *Wiecz/Sch/Storz* Rn. 11; aA *St/J/Münzberg* Rn. 3; *Zö/Stöber* Rn. 3 (anzugeben sei das Datum des Ereignisses, welches die Frist nach Abs. 2 auslöst).

6 *St/J/Münzberg* Rn. 5.

7 *Zö/Stöber* Rn. 6.

1 Zur Anwendung auf Altfälle (vor dem 1. 1. 1995) vgl. OLG Köln NJW-RR 1995, 1343 = Rpfleger 1995, 370.

2 *Schuschke* in *Schuschke/Walker* Rn. 4.

3 *Zö/Stöber* Rn. 2.

4 *Schuschke* in *Schuschke/Walker* Rn. 4.

5 *Baur/Stürner* ZwV 48.27; *B/L/H* Rn. 2f.; MK/*Eickmann* Rn. 5; *St/J/Münzberg* Rn. 1; aA *Wiecz/Sch/Storz* Rn. 4.

1 *B/L/H* Übers. vor §§ 915–915h Rn. 6f.

II. Erteilung und Behandlung der Abdrucke

2 Abdrucke können auch in **nur maschinell lesbarer** Form erteilt werden, womit auch die Datenfernübertragung ohne Austausch körperlicher Datenträger gemeint ist.[2] Das Nähere regeln die Landesjustizverwaltungen; die Regeln in §§ 17ff. SchuVVO über das automatisierte Abrufverfahren sind dabei nicht anwendbar. Wenn die vorzeitige Löschung einer Eintragung nach § 915a Abs. 2 verfügt ist, darf ein Abdruck selbst dann nicht erteilt werden, wenn er mit einer Mitteilung über die Löschung versehen ist.[3]

3 Datenübertragungsregeln nach Abs. 1 S. 2 sind bisher von Bayern[4], Niedersachsen[5], Nordrhein-Westfalen[6] und Mecklenburg-Vorpommern[7] erlassen worden. Weiterhin hat sich die Bund-Länder-Kommission für Datenverarbeitung und Rationalisierung auf Datenübertragungsregeln verständigt.[8]

4 Die Abdrucke müssen wegen des Geheimhaltungsinteresses des Schuldners **vertraulich** behandelt werden. Dazu gehört, dass die Bezieher die notwendigen technischen und organisatorischen Maßnahmen zur Gewährleistung der Vertraulichkeit treffen (vgl. § 915 Rn. 8). Das betrifft insbesondere auch Daten, die mittels elektronischer Datenverarbeitung erfasst sind. Nach § 7 Abs. 2 SchuVVO können der Bewilligung des laufenden Bezugs Nebenbestimmungen zur Einhaltung dieser Regelung beigefügt werden. Dritten dürfen die Daten nur nach § 915e Abs. 2, § 915f zugänglich gemacht werden. **Nach Beendigung** des laufenden Bezugs (vgl. § 8 SchuVVO, nicht im Fall des § 11 SchuVVO[9]) sind die Abdrucke zu vernichten. Die in maschinell lesbarer Form gespeicherten Daten sind zu **löschen.** Auskünfte über Eintragungen dürfen dann nicht mehr erteilt werden, selbst wenn die Informationen unabhängig von der Speicherung noch zur Verfügung stehen sollten.[10]

III. Verfahrensfragen

5 Das Verfahren zur Erteilung von Abdrucken zum laufenden Bezug ist in §§ 2ff. SchuVVO geregelt. Zuständig für die Entscheidung ist nach § 3 S. 1 und 2 SchuVVO der Präsident des Amtsgerichts; soweit dieses nicht mit einem Präsidenten besetzt ist, der Präsident des Landgerichts. Erstreckt sich die Entscheidung des LG-Präsidenten auf mehrere Amtsgerichtsbezirke, so fällt die Gebühr nur einmal an.[11] Wird der Antrag abgelehnt, steht dem Antragsteller der Rechtsweg nach § 20 SchuVVO offen.

915e *Empfänger von Abdrucken; Auskünfte aus Abdrucken; Listen; Datenschutz*

(1) Abdrucke erhalten

a) Industrie- und Handelskammern sowie Körperschaften des öffentlichen Rechts, in denen Angehörige eines Berufes kraft Gesetzes zusammengeschlossen sind (Kammern),

b) Antragsteller, die Abdrucke zur Errichtung und Führung zentraler bundesweiter oder regionaler Schuldnerverzeichnisse verwenden, oder

c) Antragsteller, deren berechtigtem Interesse durch Einzelauskünfte, insbesondere aus einem Verzeichnis nach Buchstabe b, oder durch den Bezug von Listen (§ 915f) nicht hinreichend Rechnung getragen werden kann.

(2) [1]Die Kammern dürfen ihren Mitgliedern oder den Mitgliedern einer anderen Kammer Auskünfte erteilen. [2]Andere Bezieher von Abdrucken dürfen Auskünfte erteilen, soweit dies zu ihrer ordnungsgemäßen Tätigkeit gehört. [3]§ 915d gilt entsprechend. [4]Die Auskünfte dürfen auch im automatisierten Abrufverfahren erteilt werden, soweit diese Form der Datenübermittlung unter Berücksichtigung der schutzwürdigen Interessen der Betroffenen wegen der Vielzahl der Übermittlungen oder wegen ihrer besonderen Eilbedürftigkeit angemessen ist.

(3) [1]Die Kammern dürfen die Abdrucke in Listen zusammenfassen oder hiermit Dritte beauftragen. [2]Sie haben diese bei der Durchführung des Auftrages zu beaufsichtigen.

(4) [1]In den Fällen des Absatzes 1 Satz 1 Buchstabe b und c gilt für nicht-öffentliche Stellen § 38 des Bundesdatenschutzgesetzes mit der Maßgabe, dass die Aufsichtsbehörde auch die Verarbeitung und Nutzung dieser personenbezogenen Daten in oder aus Akten überwacht und auch überprüfen kann, wenn ihr keine hinreichenden Anhaltspunkte dafür vorliegen, dass eine Vorschrift über den Datenschutz verletzt ist. [2]Entsprechendes gilt für nichtöffentliche Stellen, die von den in Absatz 1 genannten Stellen Auskünfte erhalten haben.

I. Normzweck

1 Die in Abs. 1 genannten Stellen können Abdrucke beziehen und damit Informationen über die Eintragung im Schuldnerverzeichnis erhalten, und zwar unabhängig davon, ob hinsichtlich jeder Einzeleintra-

[2] BT-Drucks. 12/193 S. 16.
[3] *St/J/Münzberg* Rn. 1; MK/*Eickmann* Rn. 4; *Zö/Stöber* Rn. 1; vgl. auch AG Nordenham DGVZ 1993, 63.
[4] Bekanntmachung des Bayerischen Staatsministeriums der Justiz vom 7. 2. 2000, JMBl. S. 18ff.
[5] Allgemeine Verfügung des Niedersächsischen Justizministeriums, Nds. Rpfl. 2001, S. 6f.
[6] VO des Justizministeriums v. 17. 7. 2002, GVBl. S. 301.
[7] Erlass des Justizministeriums vom 22. 10. 2001, Amtsbl. S. 1175.
[8] http://www.justiz.de/BLK/regelungen/datenuebertragung.pdf.
[9] *St/J/Münzberg* Rn. 5.
[10] *Schuschke* in *Schuschke/Walker* Rn. 3.
[11] LG Paderborn Rpfleger 1997, 396f.

gung die Voraussetzungen des § 915 Abs. 3 erfüllt sind. Die erheblichen Beeinträchtigungen des Schuldners, die mit der Ausgabe solcher Abdrucke verbunden sind, sollen durch eine Begrenzung des Bezieherkreises und durch die **erweiterte Kontrollmöglichkeit** nach Abs. 4 ausgeglichen werden. Sie lässt eine Datenschutzkontrolle ohne besondere Anhaltspunkte zu.

II. Kreis der Berechtigten

Die **Kammern,** das sind neben den in Abs. 1 Buchst. a ausdrücklich genannten auch Ärzte-, Handwerks- und Rechtsanwaltskammern,[1] können ohne weiteres Abdrucke erhalten; bei ihnen unterstellt das Gesetz ein besonderes Interesse. Auch sie benötigen aber nach § 2 Abs. 1 SchuVVO eine Bewilligung.[2] Rechtsgrundlage für diese in § 915e selbst nicht verankerte Notwendigkeit ist § 915h Abs. 1 Nr. 1, der zum Erlass einer Rechtsverordnung hinsichtlich eines Bewilligungsverfahrens ermächtigt. Bei den **Beziehern nach Abs. 1 Buchst. b** vermutet der Gesetzgeber ebenfalls ein besonderes Interesse, das nicht näher dargelegt zu werden braucht. Die Zulässigkeit derartiger Unternehmen ist damit außer Frage gestellt. Auch insoweit richtet sich das Bewilligungsverfahren nach den §§ 2 ff. SchuVVO (vgl. auch § 915d Rn. 5). 2

Andere Antragsteller müssen nicht nur die Erforderlichkeit der Auskunft und die Verwendung der Daten zu einem in § 915 Abs. 3 genannten Zweck darlegen, sondern darüber hinaus ein **berechtigtes Interesse** nachweisen. Es besteht dann ein Anspruch auf Genehmigung.[3] Nach der Gesetzesbegründung ist an Behörden wie das Gewerbeamt, an Handelsauskunfteien oder an Gewerbetreibende mit einer großen Zahl von Kreditnehmern gedacht.[4] Dem Wortlaut ist nicht zu entnehmen, auf welchen Punkt sich das berechtigte Interesse richten muss. In Anbetracht der gebotenen engen Auslegung (vgl. § 915 Rn. 5) sollte der Begriff zunächst auf die Einzelauskünfte und nicht nur auf die Gesamtdatenmenge bezogen werden.[5] Antragsteller nach Abs. 1 Buchst. c müssen demnach in einer großen Zahl von Einzelfällen jeweils ein berechtigtes Interesse an der Auskunft nachweisen. Darüber hinaus ist erforderlich, dass dieses durch Einzelauskünfte nicht ausreichend zu wahren ist, weil den Antragstellern nicht zugemutet werden kann, für jeden Einzelfall eine Auskunft zu beantragen. Dadurch ist sichergestellt, dass sich Gewerbetreibende nicht routinemäßig Zugang zu den Schuldnerverzeichnissen verschaffen, wenn sie zwar insgesamt über eine hohe Zahl an Kreditnehmern verfügen, in dem Bezirk des entsprechenden registerführenden Gerichts jedoch keine oder nur eine geringe Anzahl von Kreditnehmern haben. 3

Weiterhin darf das Interesse der Antragsteller nicht schon dadurch hinreichend zu befriedigen sein, dass diese sich an eine Kammer oder an einen Antragsteller nach Abs. 1 Buchst. b wenden. Wegen der Möglichkeit des Listenbezugs nach § 915f und vor allem des automatisierten Abrufverfahrens nach § 915e Abs. 2 S. 4 wird es aber **in aller Regel zumutbar** sein, sich an derartige Stellen zu wenden. Dass dies mit Kosten verbunden ist, muss vom Antragsteller hingenommen werden. 4

III. Weitergabe von Daten

Die **Kammern** dürfen nach Abs. 2 S. 4 ihren Mitgliedern oder denen anderer Kammern **Auskünfte erteilen.** Dies ist nur unter den Voraussetzungen der allgemeinen Regelung des § 915 Abs. 3[6] und nur innerhalb der Frist des § 915b Abs. 2[7] zulässig. Abs. 3 erlaubt den Kammern auch die Zusammenfassung von Abdrucken in **Listen.** Mit der Erstellung können auch private Dritte beauftragt werden. Das ist datenschutzrechtlich nicht unbedenklich, auch wenn die Kammer zur Aufsicht über den Dritten verpflichtet ist.[8] Die Listen können Kammermitgliedern unter den Voraussetzungen des § 915f überlassen werden. Im Unterschied zur Einzelauskunft brauchen bei den Listen die Voraussetzungen des § 915 Abs. 3 nicht hinsichtlich aller einzelnen Angaben erfüllt zu sein. Außerdem müssen sich die Listen nicht an dem Schuldnerverzeichnis des jeweiligen Vollstreckungsgerichts orientieren, sondern können die Angaben auch landes- oder bundesweit zusammenführen. 5

Personen, die nach **Abs. 1 Buchst. b oder c** zum Bezug von Abdrucken zugelassen sind, dürfen **Auskünfte** nur im Rahmen ihrer ordnungsgemäßen Tätigkeit erteilen. Die Erstellung und Weitergabe von Listen ist diesem Personenkreis nicht gestattet.[9] So dürfen Schuldnerauskunfteien ihren Auftraggebern nur Einzelauskünfte geben.[10] Damit soll erreicht werden, dass nur in den Fällen tatsächlich Auskunft erteilt wird, in denen die Erfordernisse des § 915 Abs. 3 erfüllt sind. Da aber unter den Voraussetzungen des Abs. 2 S. 4 Einzelauskünfte auch im automatisierten Abrufverfahren (vgl. §§ 17 ff. SchuVVO) erteilt werden können, lässt sich diese Zielsetzung kaum verwirklichen. Als Sanktion ist § 19 SchuVVO zu beachten. Zu der Kontrolle nach Abs. 4 vgl. Rn. 1. 6

---

1 Vgl. *St/J/Münzberg* Rn. 1.
2 Zur Entstehungsgeschichte vgl. *Hornung* Rpfleger 1995, 233, 237.
3 OLG Brandenburg Rpfleger 2003, 201 = ZInsO 2003, 81 f.
4 BT-Drucks. 12/193 S. 11.
5 OLG Hamm Rpfleger 2006, 481, 482.
6 *B/L/H* Rn. 5; *Zö/Stöber* Rn. 6.
7 *Zö/Stöber* Rn. 6.
8 *B/L/H* Rn. 6.
9 *Hornung* Rpfleger 1995, 233, 239; *St/J/Münzberg* Rn. 10; *Zö/Stöber* Rn. 10; missverständlich *Lappe* NJW 1994, 3067, 3068.
10 Zur unzulässigen Weitergabe entsprechender Daten über den Ehegatten der nachgefragten Person durch eine Schuldnerauskunftei vgl. OLG Hamm NJW 1996, 131.

915f *Überlassung von Listen; Datenschutz* (1) [1]**Die nach § 915 e Abs. 3 erstellten Listen dürfen den Mitgliedern von Kammern auf Antrag zum laufenden Bezug überlassen werden.** [2]**Für den Bezug der Listen gelten die §§ 915 d und 915 e Abs. 1 Buchstabe c entsprechend.**

(2) Die Bezieher der Listen dürfen Auskünfte nur jemandem erteilen, dessen Belange sie kraft Gesetzes oder Vertrags wahrzunehmen haben.

(3) Listen sind unverzüglich zu vernichten, soweit sie durch neue ersetzt werden.

(4) § 915 e Abs. 4 gilt entsprechend.

I. Normzweck

1 Die Kammern dürfen nach § 915 e Abs. 3 Listen über Eintragungen in Schuldnerverzeichnissen erstellen und diese nach § 915 f Abs. 1 an ihre Mitglieder **weitergeben.** Anders als im Fall des § 915 e Abs. 2 S. 1 ist die Weitergabe an die Mitglieder anderer Kammern nicht zulässig.[1] Die Befugnis zur Weitergabe von Listen setzt voraus, dass dem berechtigten Auskunftsinteresse des Listenbeziehers durch Einzelauskünfte nicht ausreichend Rechnung getragen werden kann (Abs. 1 S. 2 iVm. § 915 e Abs. 1 Buchst. c). Auch hier ist erforderlich, dass der Bezieher für eine größere Zahl von Einzelanfragen ein berechtigtes Interesse nachweist (vgl. § 915 e Rn. 3).

II. Einzelerläuterung

2 Eine **Bewilligung** für den Listenbezug ist **nicht erforderlich,** die Kammern sind aber verpflichtet, Bezieher vom Bezug auszuschließen, wenn die Bewilligung zum Bezug von Abdrucken zu versagen wäre, § 14 Abs. 1 SchuVVO. Die Bezieher der Listen sind zur **vertraulichen Behandlung** der Daten verpflichtet (Abs. 1 S. 2 iVm. § 915 d Abs. 2, vgl. i. e. § 915 d Rn. 4). Sie dürfen Auskünfte aus diesen Listen an Dritte nur dann weitergeben, wenn sie deren Belange kraft Gesetzes oder Vertrages wahrzunehmen haben – was angesichts der Möglichkeit, einen entsprechenden Vertrag zu schließen, letztlich keine Einschränkung bedeutet.[2] Die Bezieher der Listen müssen bei der Auskunftserteilung die Zweckbindung des § 915 Abs. 3 und die Löschung nach § 915 b beachten.[3] Wenn die Kammermitglieder den Listenbezug einstellen, müssen die Listen vernichtet werden; Auskünfte dürfen nicht mehr erteilt werden (Abs. 1 S. 2 iVm. § 915 d Abs. 3). Die Listen sind zu vernichten, sobald sie durch neue ersetzt werden (Abs. 3). Bezieher der Listen und Personen, denen die Listenbezieher Auskünfte erteilt haben, unterliegen über Abs. 4 iVm. § 915 e Abs. 4 der erweiterten Kontrolle nach § 38 BDSG.[4]

915g *Löschung in Abdrucken, Listen und Aufzeichnungen* **(1) Für Abdrucke, Listen und Aufzeichnungen über eine Eintragung im Schuldnerverzeichnis, die auf der Verarbeitung von Abdrucken oder Listen oder auf Auskünften über Eintragungen im Schuldnerverzeichnis beruhen, gilt § 915 a Abs. 1 entsprechend.**

(2) [1]**Über vorzeitige Löschungen (§ 915 a Abs. 2) sind die Bezieher von Abdrucken innerhalb eines Monats zu unterrichten.** [2]**Sie unterrichten unverzüglich die Bezieher von Listen (§ 915 f Abs. 1 Satz 1).** [3]**In den auf Grund der Abdrucke und Listen erstellten Aufzeichnungen sind die Eintragungen unverzüglich zu löschen.**

I. Normzweck

1 Die Vorschrift stellt sicher, dass Abdrucke, Listen und auch die eigenen Aufzeichnungen nach Ablauf der für die Eintragung geltenden Frist des § 915 a **gelöscht** werden. Zu diesem Zweck statuiert Abs. 2 im Fall der vorzeitigen Löschung eine Benachrichtigungspflicht. Die Löschungspflichten werden durch § 15 SchuVVO näher konkretisiert.

II. Benachrichtigungs- und Löschungspflichten

2 **Gelöscht** wird durch Unkenntlichmachen des Namens (vgl. § 915 a Rn. 5). Dabei sind nicht nur die erhaltenen Abdrucke und Listen zu löschen, sondern auch Aufzeichnungen, die vom Datenempfänger angefertigt wurden. Die **Benachrichtigungspflicht** besteht nur bei vorzeitiger Löschung. Bei regelmäßiger Löschung gilt die Löschungsregelung des § 915 a entsprechend. Sie wird auch auf die Empfänger von (Einzel-)Auskünften erstreckt. Systemfremd ist, dass diese Empfänger die Daten bis zum Ablauf des Kalenderjahres verwenden dürfen, denn eine entsprechende Anwendung des § 915 b Abs. 2 ist nicht vorgesehen. Zu den Folgen möglicher Pflichtverstöße vgl. § 16 SchuVVO.

---

[1] *Zö/Stöber* Rn. 2; aA *Wiecz/Sch/Storz* Rn. 1.

[2] *B/L/H* Rn. 3; strenger *St/J/Münzberg* Rn. 5 (Vertrag müsse über Informationsweitergabe hinausgehen; aber auch das ist angesichts der Möglichkeit von Beratungsverträgen kaum eine Einschränkung); enger *Schuschke* in *Schuschke/Walker* Rn. 2 (Bezug zur Aufgabe des Kammermitglieds; dieser ist aber je nach Tätigkeitsfeld kaum jemals zu verneinen).

[3] MK/*Eickmann* Rn. 6, 8; *Wiecz/Sch/Storz* Rn. 8.

[4] *Zö/Stöber* Rn. 5.

915h *Verordnungsermächtigungen* (1) [1]Das Bundesministerium der Justiz wird ermächtigt, durch Rechtsverordnung mit Zustimmung des Bundesrates

1. Vorschriften über den Inhalt des Schuldnerverzeichnisses, über den Bezug von Abdrucken nach den §§ 915d, 915e und das Bewilligungsverfahren sowie den Bezug von Listen nach § 915f Abs. 1 zu erlassen,
2. Einzelheiten der Einrichtung und Ausgestaltung automatisierter Abrufverfahren nach § 915e Abs. 2 Satz 4, insbesondere der Protokollierung der Abrufe für Zwecke der Datenschutzkontrolle, zu regeln,
3. die Erteilung und Aufbewahrung von Abdrucken aus dem Schuldnerverzeichnis, die Anfertigung, Verwendung und Weitergabe von Listen, die Mitteilung und den Vollzug von Löschungen und den Ausschluss vom Bezug von Abdrucken und Listen näher zu regeln, um die ordnungsgemäße Behandlung der Mitteilungen, den Schutz vor unbefugter Verwendung und die rechtzeitige Löschung von Eintragungen sicherzustellen,
4. zur Durchsetzung der Vernichtungs- und Löschungspflichten im Falle des Widerrufs der Bewilligung die Verhängung von Zwangsgeldern vorzusehen; das einzelne Zwangsgeld darf den Betrag von 25 000 Euro nicht übersteigen.

(2) [1]Die Landesregierungen werden ermächtigt, durch Rechtsverordnung zu bestimmen, dass

1. anstelle des Schuldnerverzeichnisses bei den einzelnen Vollstreckungsgerichten oder neben diesen ein zentrales Schuldnerverzeichnis für die Bezirke mehrerer Amtsgerichte bei einem Amtsgericht geführt wird und die betroffenen Vollstreckungsgerichte diesem Amtsgericht die erforderlichen Daten mitzuteilen haben;
2. bei solchen Verzeichnissen automatisierte Abrufverfahren eingeführt werden, soweit dies unter Berücksichtigung der schutzwürdigen Belange des betroffenen Schuldners und der beteiligten Stellen angemessen ist; die Rechtsverordnung hat Maßnahmen zur Datenschutzkontrolle und Datensicherung vorzusehen.

[2]Sie werden ermächtigt, diese Befugnisse auf die Landesjustizverwaltungen zu übertragen.

I. Verordnungen nach Absatz 1

Auf der Grundlage des Abs. 1 ist die SchuVVO[1] ergangen, auf deren Bestimmungen in den §§ 915ff. an entsprechender Stelle verwiesen wird. Sie ist abgedruckt in der Gesetzessammlung von Schönfelder unter der Ordnungsnummer 102. 1

II. Verordnungen nach Absatz 2 Nr. 1

An Rechtsverordnungen der Länder zur Errichtung zentraler Schuldnerverzeichnisse sind bisher erlassen worden:[2] **Berlin** VO v. 7.2. 1995, GVBl. S. 52; 25. 5. 1995, GVBl. S. 328 idF der VO v. 23. 1. 1997, GVBl. S. 21: zentrales Schuldnerverzeichnis bei dem AG Schöneberg; **Brandenburg** VO v. 2. 6. 2003 GVBl. S. 341: Übertragung auf das für die Justiz zuständige Mitglied der Landesregierung; VO v. 06. 09. 2007, GVBl. S. 309: zentrales Schuldnerverzeichnis bei dem AG Nauen; **Hamburg** VO v. 20. 9. 1994, GVBl. S. 263: zusätzliches zentrales Schuldnerverzeichnis bei dem Amtsgericht Hamburg; **Hessen** VO v. 15.08. 2007, GVBl. S. 538: Übertragung auf das für die Justiz zuständige Mitglied der Landesregierung; **Nordrhein-Westfalen** VO v. 17. 7. 2002, GVBl S. 301: zusätzliches zentrales Schuldnerverzeichnis beim AG Hagen; **Schleswig-Holstein** VO v. 4. 12. 1996, GVBl. S. 720: Übertragung auf das Ministerium für Justiz, Bundes- und Europaangelegenheiten, von der Ermächtigung wurde bislang kein Gebrauch gemacht; **Thüringen** VO v. 21. 7. 1998, GVBl. S. 265 idF der VO v. 8. 7. 1999, GVBl. S. 459: Übertragung auf das für Justiz zuständige Ministerium. 2

III. Verordnungen nach Absatz 2 Nr. 2

An Rechtsverordnungen nach Abs. 2 Nr. 2 sind bisher erlassen worden: Nordrhein-Westfalen VO v. 17. 7. 2002, GVBl S. 310; zur Rechtslage in Schleswig-Holstein und Thüringen vgl. Rn. 2. 3

Abschnitt 5. Arrest und einstweilige Verfügung

916 *Arrestanspruch* (1) Der Arrest findet zur Sicherung der Zwangsvollstreckung in das bewegliche oder unbewegliche Vermögen wegen einer Geldforderung oder wegen eines Anspruchs statt, der in eine Geldforderung übergehen kann.

(2) Die Zulässigkeit des Arrestes wird nicht dadurch ausgeschlossen, dass der Anspruch betagt oder bedingt ist, es sei denn, dass der bedingte Anspruch wegen der entfernten Möglichkeit des Eintritts der Bedingung einen gegenwärtigen Vermögenswert nicht hat.

---

[1] Verordnung vom 15. 12. 1994, BGBl. I S. 3822.
[2] Zur Forderung nach zentralen Verzeichnissen in weiteren Bundesländern vgl. *Stamm* ZRP 2003, 95ff.

I. Normzweck

1 **1. Einstweiliger Rechtsschutz.** Der in §§ 916–945 geregelte einstweilige Rechtsschutz dient der Sicherung materieller Rechte durch einstweilige Maßnahmen vor Abschluss des sie betreffenden Prozesses. Der Gläubiger soll nach Durchführung des Hauptsacheverfahrens nicht feststellen müssen, dass der titulierte Anspruch jetzt praktisch wertlos ist, weil wegen der Dauer des Rechtsstreits zu seinen Lasten vollendete Tatsachen eingetreten sind, der Schuldner inzwischen insolvent wurde oder den Vollstreckungsgegenstand bzw. Vermögen beiseite geschafft hat. Abzuwenden ist also durch effektiven Rechtschutz im Eilverfahren innerhalb angemessener Zeit die Schaffung vollendeter Tatsachen, die dann, wenn sich eine Maßnahme bei (endgültiger) richterlicher Prüfung als rechtswidrig erweist, nicht mehr rückgängig gemacht werden können.[1] Allerdings müssen auch die Interessen des Gegners beachtet werden, dessen Leistungspflicht gerade noch nicht feststeht, der also durch Sicherungsmaßnahmen persönlich und wirtschaftlich beeinträchtigt wird und dadurch Schaden erleiden kann. **Zweck** des einstweiligen Rechtsschutzes ist also die Sicherung der Durchsetzung des materiellen Rechts und damit die Verwirklichung des Justizgewährungsanspruches (Einl. Rn. 6ff.) bei Offenhalten der Entscheidungsmöglichkeiten im Hauptprozess; nur ausnahmsweise ist bei einer Leistungsverfügung eine ganze oder teilweise Befriedigung des Gläubigers zulässig (§ 940 Rn. 1). Im offenen Ausgang des Hauptsacheprozesses liegt der Unterschied zum vorläufigen Rechtsschutz, zB der vorläufigen Vollstreckbarkeit nach §§ 704ff., bei dem vollstreckungsrechtlich voller, jedoch abänderbarer oder aufhebbarer Rechtsschutz gewährt wird.[2]

2 **2. Formen des einstweiligen Rechtsschutzes und Zweck des Arrestes.** Die ZPO gewährt einstweiligen Rechtsschutz durch Arrest (§§ 916–934) und einstweilige Verfügung (§§ 935ff.).[2a] Beide Formen stimmen in der beschriebenen Funktion (Rn. 1) und – von einigen Ausnahmen abgesehen – im Verfahren (Rn. 8ff., § 936 Rn. 2ff.) überein, unterscheiden sich jedoch in der Zielrichtung. Während durch einstweilige Verfügung ein Individualanspruch auf gegenständliche Leistung (§ 935) oder der Rechtsfriede (§ 940) gesichert wird (Sicherungs- bzw. Regelungsverfügung; zum Ausnahmefall der Leistungsverfügung § 940 Rn. 1, 2, 12ff.), betrifft der Arrest eine Geldforderung oder einen Anspruch, der in eine Geldforderung übergehen kann. Es ist **Normzweck des § 916 Abs. 1** sowohl die Sicherungsfunktion des Arrestes („zur Sicherung der Zwangsvollstreckung in das bewegliche und unbewegliche Vermögen") wie auch seine Zielrichtung, also die von ihm erfassbaren Ansprüche („wegen einer Geldforderung oder eines Anspruchs, der in eine Geldforderung übergehen kann"), festzulegen. **Abs. 2** behandelt betagte und bedingte Ansprüche. Die Arrestarten und -gründe sind in §§ 917, 918 geregelt.

II. Grundsätze des einstweiligen Rechtsschutzes

3 **1. Streitgegenstand und Verhältnis zum Hauptsacheprozess.** Mit Arrest und einstweiliger Verfügung betreibt der Gläubiger ein summarisches Verfahren zur Sicherung eines Anspruchs bzw. zur einstweiligen Regelung eines Rechtsverhältnisses. **Streitgegenstand** ist also nicht dieser Anspruch bzw. dieses Rechtsverhältnis, sondern lediglich die Zulässigkeit der zwangsweisen Sicherung[3]; daraus folgt in der Regel, dass der Streitwert im einstweiligen Rechtsschutzverfahren niedriger als im Hauptsacheprozess sein wird (§ 3 Rn. 22, 25). Der zu Grunde liegende Anspruch oder das streitige Rechtsverhältnis werden nicht rechtshängig. Antragsrücknahme, Verzicht, Erledigungserklärung oder Anerkenntnis im einstweiligen Rechtsschutzverfahren beziehen sich deshalb ausschließlich auf die Frage der Zulässigkeit der zwangsweisen Sicherung des Gläubigers[4], die Rechtsverteidigung des Schuldners im Hauptsacheprozess wird dadurch nicht eingeschränkt; ein umfassender Vergleich nach § 794 Abs. 1 Nr. 1 über die zu Grunde liegenden Rechte ist jedoch möglich.[5] Umgekehrt hat der Antrag auf Erlass eines Arrestes oder einer einstweiligen Verfügung materiell-rechtliche Wirkungen auf die **Verjährung** (näher § 920 Rn. 4).

4 Wegen der unterschiedlichen Streitgegenstände (Rn. 3) gilt für das **Verhältnis eines einstweiligen Rechtsschutzverfahrens zum Hauptsacheprozess:** Beide sind grundsätzlich nebeneinander möglich,[6] wie auch § 926 Abs. 1 zeigt. Ein Rechtsschutzbedürfnis für Arrest oder einstweilige Verfügung fehlt jedoch, wenn der Hauptsacheprozess bereits durch rechtskräftiges Urteil abgeschlossen ist, weil dann der Gläubiger daraus ohne weiteres vollstrecken kann, außer das Vollstreckungsorgan lehnt die Zwangsvollstreckung wegen Unklarheit des Titels ab, weil es materiell-rechtliche Fragen nicht zu prüfen habe[7] (weitere Ausnahme: Rn. 15); problematisch wird es, wenn dort eine nur vorläufig vollstreckbare Entscheidung ergangen ist (Rn. 6). Der Übergang vom einstweiligen Rechtsschutzverfahren in den Hauptsacheprozess und umgekehrt ist nach

---

[1] BVerfGE 93, 1, 13f. = NJW 1995, 2477.

[2] *Berger* Kap. 1 Rn. 22.

[2a] Das österreichische Recht kennt diese Trennung nicht, *König*, Einstweilige Verfügungen im Zivilverfahren, 3. Aufl. 2007, Rn. 1/3; 1/5; 9/1.

[3] BGH NJW 1980, 191; hM vgl. nur *Schuschke/Walker* vor § 916 Rn. 15; MK/*Drescher* vor § 916 Rn. 12, 13.

[4] OLG München OLGZ 1988, 230; *Zö/Vollkommer* vor § 916 Rn. 5. Ausführl. *Skamel* in: Berger Kap. 6 Rn. 46ff.

[5] AllgM, vgl. nur MK/*Drescher* vor § 916 Rn. 23, 24.

[6] OLG Köln NJW-WettbR 1999, 92.

[7] Beispiel: Es ist zweifelhaft, ob die vom Gerichtsvollzieher wegzunehmende Sache als Zubehör vom Titel (zB Zuschlagsbeschluss, § 93 ZVG) erfasst wird; dazu *Kannowski* JuS 2001, 482, 484. Im Anwendungsbereich des § 766 geht dieser aber vor (Rn. 17).

herrschender und richtiger Ansicht unzulässig[8]; dafür besteht auch kein praktisches Bedürfnis, weil Eilanträge jederzeit angebracht oder zurückgenommen werden können.

2. Abgrenzungen. a) Arrest und einstweilige Verfügung. Wegen der unterschiedlichen Zielrichtungen (Rn. 2) schließen sich beide für ein und denselben Anspruch gegenseitig aus.[8a] Der falsch gewählte Antrag ist unzulässig[9], eine Umdeutung grundsätzlich nicht möglich. Allerdings kann der Gläubiger von einem Arrestgesuch in einen Antrag auf Erlass einer einstweiligen Verfügung und umgekehrt übergehen, auch noch durch Rechtsmittel gegen eine Antragszurückweisung, weil es sich in beiden Fällen um einstweiligen Rechtsschutz handelt (Rn. 1, 3).[10] Die Vorschriften zur Klageänderung gelten nicht entsprechend[11]; die Gegenauffassung hat keine praktischen Auswirkungen, weil die Sachdienlichkeit (§ 263) stets zu bejahen sein wird. Bei verschiedenen Ansprüchen, auch auf Grund eines einzigen Lebenssachverhaltes, kommen Arrest und einstweilige Verfügung nebeneinander in Betracht; so kann zB ein Bauunternehmer seinen Anspruch auf Werklohn (§§ 631, 641 BGB) durch Arrest gemäß §§ 916, 917 und gleichzeitig seinen Anspruch auf Einräumung einer Sicherungshypothek (§ 648 BGB) durch einstweilige Verfügung gemäß § 935 (dort Rn. 12; vgl. auch § 885 Abs. 1 S. 2 BGB) sichern lassen.[12] Schwierigkeiten können auftreten, wenn die Sicherung eines Individualanspruches, für den §§ 935, 940 zur Verfügung stehen, erstrebt wird, der in eine Geldforderung übergehen kann (Rn. 14). Dann darf der Gläubiger zwischen beiden einstweiligen Rechtsschutzformen wählen oder sie sogar nebeneinander begehren, falls sowohl der Individual- wie der Ersatzanspruch gefährdet sind, und die Sicherung des einen alleine nicht ausreicht.[13] Die **Anwendbarkeit der Arrestvorschriften auf einstweilige Verfügungen** ist im Einzelnen bei § 936 Rn. 2ff. erläutert. 5

b) Vorläufige Vollstreckbarkeit. Ist im Hauptsacheprozess bereits eine vorläufig vollstreckbare Entscheidung nach §§ 704ff. (bei rechtskräftiger Entscheidung vgl. Rn. 4) ergangen, so kommt es für das Verhältnis zwischen Arrest und einstweiliger Verfügung darauf an: Hängt die Zwangsvollstreckung von keiner Sicherheitsleistung ab oder ist das zwar der Fall, kann sie der Gläubiger aber aufbringen, so bedarf es keines einstweiligen Rechtsschutzes.[14] Ein Rechtsschutzbedürfnis für Arrest oder einstweilige Verfügung muss jedoch bejaht werden, wenn der Gläubiger zur Sicherheitsleistung nicht in der Lage ist; das hat er in der Antragsschrift glaubhaft zu machen und ist die Schutzbedürftigkeit vom Gericht sorgfältig zu prüfen, vor allem dann, wenn der Gläubiger Vollstreckungsschutzanträge nach § 714 hätte stellen können oder jetzt eine Sicherungsvollstreckung nach § 720a in Betracht kommt.[15] 6

c) Einstweilige Einstellungen/Anordnungen und Arrest nach anderen Gesetzen. Besteht die Möglichkeit, die Zwangsvollstreckung aus einem Titel einstweilen einstellen oder nur gegen Sicherheitsleistung fortsetzen zu lassen (zB §§ 707, 719, 732 Abs. 2, 766 Abs. 1 S. 2, 769, 771 Abs. 3, 805 Abs. IV S. 2), oder ist sonst der Erlass von einstweiligen Anordnungen vorgesehen (zB §§ 127a, 620ff., 641d, 644), so gehen solche Vorschriften den §§ 916ff. grundsätzlich vor (näher § 620 Rn. 16; § 935 Rn. 16). Zukünftiger Kindes- und Ehegattenunterhalt kann aber auch dann durch dinglichen Arrest gesichert werden, wenn er (nur) auf einer einstweiligen Anordnung beruht[16] (s. auch Rn. 16). In **Wohnungseigentumsverfahren** alten Rechts (§ 43 aF WEG) gibt es keinen dinglichen Arrest, jedoch können durch eine einstweilige Anordnung (§ 44 Abs. 3 S. 1 aF WEG) Wirkungen erreicht werden, die einem Arrest vergleichbar sind;[17] nach dem neuen WEG[18] richtet sich das Verfahren ohnehin nach der ZPO, gelten also §§ 916ff. direkt. Im **Strafprozess** gibt es zu Gunsten des Staates Beschlagnahme von Vermögensgegenständen (vgl. zB §§ 111b, 111c, 290 StPO) und Arrest (§§ 111d ff. StPO), zu Gunsten des Verletzten die Arrestpfändung in einen von der Staatsanwaltschaft beschlagnahmten Gegenstand (näher § 917 Rn. 3 – „Straftaten", § 929 Rn. 6). 7

3. Verfahren (Überblick). a) Systematische Einteilung. Die Regelung im achten Buch (Zwangsvollstreckung) ist nach allgM systemwidrig. Denn über den Antrag auf Erlass eines Arrestes oder einer einstweiligen Verfügung wird in einem summarischen Erkenntnisverfahren befunden, nur die Vollziehung des Titels gehört zur Zwangsvollstreckung. Bei den Vorschriften der §§ 916ff. lässt sich folglich eine **Zweiteilung** vornehmen in Bestimmungen zum Anordnungs-(Erkenntnis-)verfahren, das mit Erlass von Arrest oder einstweiliger Verfügung oder der Zurückweisung entsprechender Anträge endet, und zum Vollziehungs-(Vollstreckungs-)verfahren, mit dem die zwangsweise Sicherung durchgesetzt wird. 8

Für das **Anordnungs-(Erkenntnis-)verfahren** gelten neben §§ 916–923, 935–942 grundsätzlich die allgemeinen Regeln. Auch hier ist folglich zwischen Zulässigkeit und Begründetheit zu unterscheiden (§ 921 9

---

8 MK/*Drescher* § 920 Rn. 8 m. weit. Nachw.; OLG München bei *Deubner* JuS 1994, 1050, 1053. AA (Übergang ist Klageänderung) OLG Frankfurt FamRZ 1989, 296.

8a AA *Schlosser* FS Odersky, 1996, S. 669ff.; dagegen überzeugend *Gaul* FS Alangoya, 2007, S. 109, 145ff.

9 OLG Köln NJW 1977, 1828; *T/P/Reichold* vor § 916 Rn. 8.

10 OLG Düsseldorf NJW 1991, 2030; KG NJW 1961, 1978.

11 MK/*Drescher* vor § 916 Rn. 38.

12 Zur Tenorierung in beiden Fällen vgl. *Huber* Rn. 537, 554.

13 OLG Köln JMBlNRW 1984, 9; *Schuschke/Walker* vor § 916 Rn. 9.

14 AllgM *Skamel* in Berger Kap. 4 R. 34. Vgl. auch OLG Karlsruhe NJW-RR 1996, 960.

15 Sehr str., wie hier zB OLG Schleswig NJWE-WettbR 1998, 116; *Zö/Vollkommer* § 917 Rn. 13; *Kannowski* JuS 2001, 482f. Nach *R/G/Schilken* (§ 75 II 2) fehlt es in diesen Fällen am Arrest-/Verfügungsgrund. AA MK/*Drescher* § 917 Rn. 15 (einstweiliger Rechtsschutz trotz § 720a).

16 OLG Düsseldorf NJW-RR 1994, 450 (Sicherung auf 5 Jahre im Voraus); KG FamRZ 1985, 731.

17 Zum alten WEG: OLG Hamburg MDR 1999, 1220 (dort auch zur Anfechtbarkeit einer solchen Entscheidung in Ausnahme zu § 44 Abs. 3 S. 2 aF WEG); BayObLG Rpfleger 1975, 245. Ausf. *Keller* in: Berger Kap. 13 Rn 50ff.; zur Sicherung von auf Geldforderungen in Wohnungseigentumsverfahren *Schuschke* ZfIR 1999, 885.

18 Aufgrund Gesetzes v. 26. 3. 2007, BGBl. I S. 370, in Kraft getreten am 1. 7. 2007.

Rn. 1). Das Verfahren wird gemäß dem Dispositionsgrundsatz (Einl. Rn. 35, 36) nur auf Antrag/Gesuch eingeleitet (§§ 920, 936), in dem ein Arrest-/Verfügungsanspruch und ein Arrest-/Verfügungsgrund behauptet werden müssen (§ 920 Rn. 5 ff.); die Rechtshängigkeit tritt allerdings schon mit Einreichung des Gesuchs ein, nicht erst mit dessen Zustellung (§ 920 Rn. 2, 3; § 91 Rn. 47; § 261 Rn. 3).[19] Auch die Vorschriften zu Antragsrücknahme, Anerkenntnis, Erledigungserklärung und Vergleich sind anwendbar (zur Wirkung s. Rn. 3), ebenso die zur Prozesskostenhilfe und bei Säumnis einer Partei im Falle einer mündlichen Verhandlung. Aus dem Zweck des einstweiligen Rechtsschutzes ergeben sich jedoch verschiedene Besonderheiten. So ist der Richter zu möglichst kurzfristigen Terminierungen im Rahmen der §§ 217, 226 verpflichtet, bei mündlichen Verhandlungen über ein Gesuch gilt § 274 Abs. 3 nicht; eine Aussetzung (zB nach §§ 148 ff., Art. 100 GG, § 96 Abs. 2 GWB) kommt grundsätzlich nicht in Betracht.[20] Die **Vollziehung** eines Arrestes richtet sich nach §§ 928–934; eine einstweilige Verfügung wird nach ihrem jeweiligen Inhalt grundsätzlich wie ein entsprechender Titel im Hauptsacheprozess vollstreckt (§ 936 Rn. 4).

10 **b) Rechtsbefehle.** Es kommen mehrere mit unterschiedlichen Voraussetzungen, Verfahren und Zielrichtungen in Betracht. Ist **nach mündlicher Verhandlung durch Urteil** entschieden worden, so findet **Berufung** nach allgemeinen Regeln statt, § 511; insoweit ist unerheblich, ob der Antrag auf Erlass eines Arrestes oder einer einstweiligen Verfügung Erfolg hatte oder nicht. Die Berufungsurteile von LG oder OLG sind mit der Revision nicht anfechtbar, § 542 Abs. 2 S. 1; es gibt folglich auch keine Zulassung nach § 543 Abs. 2. Wird die Berufung durch Beschluss als unzulässig verworfen, findet (entgegen § 522 Abs. 1 S. 4) keine Rechtsbeschwerde statt[21] (s. auch § 922 Rn. 10). Ist **ohne mündliche Verhandlung durch Beschluss** entschieden worden, so kommt es darauf an: Bei Zurückweisung des Antrags gibt es sofortige **Beschwerde,** § 567 Abs. 1 Nr. 2 (Einzelheiten § 922 Rn. 10). Hatte der Antrag Erfolg, wurde also der Arrestbefehl oder die einstweilige Verfügung erlassen, so findet nur **Widerspruch** statt, §§ 924 Abs. 1, 936; stammt die einstweilige Verfügung vom Amtsgericht der belegenen Sache (§ 942), so gehen jedoch die Regelungen in § 942 Abs. 1, Abs. 2 S. 2 vor (Ladung des Gegners zur mündlichen Verhandlung über die Rechtmässigkeit der einstweiligen Verfügung vor dem Hauptsachegericht).

11 Der Gegner kann sich aber – in anderen Fällen als des § 942 – gegen den Arrestbefehl oder die einstweilige Verfügung auch durch **Antrag auf Anordnung der Klageerhebung** nach §§ 926 Abs. 1, 936 verteidigen. Schließlich kommt auch noch ein **Antrag auf Aufhebung wegen veränderter Umstände** nach §§ 927, 936 in Betracht.

III. Arrestanspruch

12 **1. Absatz 1. a) Geldforderungen.** Die Vorschrift beschreibt, ergänzt durch Abs. 2, den Arrestanspruch, der – neben einem Arrestgrund (§§ 917, 918) – Voraussetzung für die Anordnung ist (Rn. 9, § 917 Rn. 1, 2). Danach gilt: Erfasst wird jede Geldforderung, dh. jeder auf Zahlung einer bestimmten Geldsumme gerichtete Anspruch, selbst wenn er von einer Gegenleistung abhängt[22], oder wenn lediglich Sicherheitsleistung geschuldet wird, weshalb auch der Anspruch auf vorzeitigen Ausgleich des Zugewinns, der auf Hinterlegung gerichtet ist (§ 1389 BGB), hierher gehört[23] (s. auch Rn. 16). Die Geldforderung muss genau nach Höhe und Schuldgrund bezeichnet werden (§ 922 Rn. 6); der dem (späteren) Arrestbefehl zu Grunde liegende Anspruch kann nämlich nicht ausgetauscht werden (§ 925 Rn. 2).

13 Entgegen der hM stehen Ansprüche auf **Duldung der Zwangsvollstreckung** (§§ 1147, 2213 Abs. 3 BGB) Geldforderungen nicht gleich; sie sind als Individualansprüche durch einstweilige Verfügung, nämlich durch ein Verfügungsverbot (vgl. § 938 Abs. 2), zu sichern. Die Gegenmeinung[24] räumt zwar ein, dass es sich um keine Geldforderung handelt und keine weitere Eintragung gemäß § 932 erfolgen kann; sie hält aber gleichwohl einen Arrest für notwendig, um den Gläubiger gegebenenfalls durch Pfändung davor zu sichern, dass der Schuldner des Duldungsanspruchs mithaftende Gegenstände veräußert und so die Haftungsmasse schmälert.[25] Das überzeugt nicht, weil dieser Gefahr ebenfalls durch ein entsprechendes Veräußerungs- und Verfügungsverbot ausreichend begegnet werden kann (§ 935 Rn. 12). Für den **Anfechtungsanspruch** auf Grund Einzelgläubigeranfechtung nach §§ 3 ff., 11 AnfG bzw. Insolvenzanfechtung nach §§ 129 ff., 143 InsO muss man unterscheiden: Richtet er sich bei der Einzelgläubigeranfechtung gemäß § 11 Abs. 1 S. 1 AnfG darauf, das anfechtbar Weggegebene dem Gläubiger zum Zugriff wieder zur Verfügung zu stellen (im Regelfall also auf Duldung der Zwangsvollstreckung[26]), bzw. bei der Insolvenzanfechtung auf Rückgewähr in Natur gemäß § 143 Abs. 1 S. 1 InsO, so kommt grundsätzlich einstweilige Verfü-

---

[19] HM, vgl. nur OLG Düsseldorf NJW 1981, 2824 f.

[20] Einzelheiten bei *B/L/H* vor § 916 Rn. 13, 14; *Schuschke/Walker* vor § 916 Rn. 42 ff.; *Zö/Vollkommer* vor § 916 Rn. 7 ff.; *St/J/Grunsky* vor § 916 Rn. 33 ff.

[21] BGH NJW 2003, 69.

[22] RGZ 54, 162; *R/G/Schilken* § 75 II 1.

[23] OLG Karlsruhe NJW 1997, 1017; OLG Hamm NJWE-FER 1997, 44; OLG Düsseldorf NJW-RR 1994, 453, unter Aufgabe der früher (NJW 1991, 2028) vertretenen Gegenauffassung. HM auch im Schrifttum, vgl. nur *MK/Drescher* Rn. 5 m. Nachw. zu anderen Meinungen.

[24] *MK/Drescher* Rn. 6 (widersprüchlich dazu aber § 935 Rn. 25: Einstweilige Verfügung bei Duldungsanspruch nach § 11 AnfG); *St/J/Grunsky* Rn. 12; *Zö/Vollkommer* Rn. 6; *Brox/Walker* Rn. 1495. *Wieczorek/Thümmel* Rn. 9. Ebenso jetzt Gaul KTS 2007, 133 ff. (zum Primär-/Duldungsanspruch nach § 11 Abs. 1 S. 1 AnfG).

[25] *Schuschke/Walker* Rn. 2.

[26] Näher *Huber* AnfG § 11 Rn. 14 ff.

gung in Betracht[27] (§ 935 Rn. 12); Arrest ist nur ausnahmsweise denkbar, wenn der Anfechtungsanspruch von vornherein auf eine Geldforderung geht, zB bei einer anfechtbaren Geldentnahme. Wird Wertersatz (§ 11 Abs. 1 S. 2 AnfG; § 143 Abs. 1 S. 2 InsO) geschuldet, zB weil der anfechtbar weggegebene Gegenstand untergegangen ist, so handelt es sich stets um einen Zahlungsanspruch, der durch Arrest gesichert werden kann.

b) Ansprüche, die in eine Geldforderung übergehen können. Unter § 916 fällt weiter jeder Anspruch, der in eine Geldforderung übergehen kann. Damit werden alle Individualansprüche, die selbst durch einstweilige Verfügung zu sichern sind (Rn. 2), erfasst, sofern ihre Verletzung, zB durch Nicht- oder Schlechterfüllung, zu einem Verlangen auf Zahlung einer Geldsumme berechtigt, und sofern dieser Ersatzanspruch gefährdet ist. Besteht für beide Ansprüche ein Sicherungsbedürfnis, so hat der Gläubiger die Wahl oder kann sogar einstweilige Verfügung und Arrest nebeneinander begehren (Rn. 5); Beispiel: Sicherung des Erfüllungsanspruchs auf Übergabe und Übereignung einer Sache (§ 433 Abs. 1 S. 1 BGB) durch einstweilige Verfügung (Herausgabe an einen Sequester oder Veräußerungs- und Verfügungsverbot) und des Anspruches wegen Nichterfüllung (§ 437 Nr. 3 iVm. §§ 280 ff. BGB) durch Arrest. Hierher gehören zB weiter der Anspruch nach § 818 Abs. 2 BGB oder die Forderungen aus §§ 887 Abs. 2, 893. 14

2. Absatz. a) Betagte und bedingte Ansprüche. Erstere sind solche, die zwar schon bestehen, jedoch erst zu einem späteren, kalendermäßig schon festgelegten oder durch Kündigung herbeizuführenden, Zeitpunkt fällig werden; Arrest ist (ausnahmsweise, vgl. Rn. 4) auch statthaft, wenn über solche Ansprüche zwar schon ein rechtskräftiges Urteil vorliegt, das aber wegen §§ 726 Abs. 1, 751 noch nicht vollstreckt werden kann. Bei bedingten Ansprüchen macht das Gesetz eine Einschränkung für den Fall der aufschiebenden Bedingung (§ 158 Abs. 1 BGB); sie sind nicht sicherbar, wenn sie wegen der entfernten Möglichkeit des Bedingungseintritts noch keinen gegenwärtigen Vermögenswert haben (zur Behauptungs- und Beweislast § 920 Rn. 6). Für auflösend bedingte Ansprüche (§ 158 Abs. 2 BGB) ist ein Arrest stets zulässig. 15

b) Künftige Ansprüche. Sie sind in § 916 Abs. 2 nicht genannt, grundsätzlich also nicht arrestfähig, weil es noch am materiellen Bestand fehlt; deshalb könnte es zu keiner Hauptsacheklage kommen, die ein Schuldner zu seiner Interessenwahrung (Rn. 1) aber bei jedem Arrest nach § 926 zu erzwingen in der Lage sein muss. Etwas anderes gilt folglich, wenn der künftige Anspruch gemäß §§ 257–259 oder durch Feststellungsantrag einklagbar ist; durch Arrest gesichert werden können daher Ansprüche auf künftigen Unterhalt (Rn. 7), Kostenerstattung im Prozess (§ 91) und auf künftigen Zugewinnausgleich (Rn. 12). 16

IV. Gerichtskosten

Für Verfahren über den Antrag auf Anordnung eines Arrestes oder einer einstweiligen Verfügung sowie deren Aufhebung oder Abänderung in den Fällen des § 926 Abs. 2 und der §§ 927, 936 werden Gebühren nach KV Nr. 1410 bis 1418 erhoben (zu den Rechtsanwaltsgebühren § 922 Rn. 12 ff.). Für die **erste Instanz** gilt: Die Gebühren werden für Verfahren über den Antrag auf Anordnung eines Arrestes oder einer einstweiligen Verfügung und für Verfahren über den Antrag auf Aufhebung oder Abänderung (§ 926 Abs. 2, §§ 927, 936) jeweils gesondert erhoben, s. KV vor Nr. 1410. Im Falle des § 942 gilt das Verfahren vor dem Amtsgericht und dem Gericht der Hauptsache als ein Rechtsstreit. Für das **Verfahren über den Antrag** wird eine Gebühr in Höhe von 1,5 erhoben (KV Nr. 1410), die sich auf 3,0 erhöht, wenn in einer der Alternativen der KV Nr. 1412 entschieden wird. Ermäßigungstatbestände kommen nach KV Nr. 1411 in Betracht. Im **Berufungsverfahren** wird nach KV Nr. 1413 für das Verfahren im Allgemeinen eine Gebühr von 4,0 erhoben. Endet das gesamte Verfahren in einer der in KV Nrn. 1414 bis 1416 genannten Arten, ermäßigt sich die Gebühr, es sei denn, eine der dort genannten Ausschlussgründe liegt vor. 17

Für Verfahren über **Beschwerden gegen die Zurückweisung** eines Antrags auf Anordnung eines Arrestes oder einer einstweiligen Verfügung wird nach KV Nr. 1417 unabhängig vom Inhalt der Entscheidung eine Gebühr von 1,5 erhoben; eine etwaige Rücknahme des Rechtsmittels für zu einer Ermäßigung auf 1,0 (KV Nr. 1418). 18

917 *Arrestgrund bei dinglichem Arrest* **(1) Der dingliche Arrest findet statt, wenn zu besorgen ist, dass ohne dessen Verhängung die Vollstreckung des Urteils vereitelt oder wesentlich erschwert werden würde.**

(2) Als ein zureichender Arrestgrund ist es anzusehen, wenn das Urteil im Ausland vollstreckt werden müsste und die Gegenseitigkeit nicht verbürgt ist.

I. Normzweck

Der Erlass eines Arrestes setzt – neben einem Arrestanspruch (§ 916 Rn. 12 ff.) – einen Arrestgrund voraus. Er besteht in der Gefährdung der Rechtsdurchsetzung ohne Anordnung der einstweiligen Rechtsschutzmaßnahme (§ 916 Rn. 1). Zweck des § 917 Abs. 1 ist es, den Arrestgrund für den dinglichen Arrest 1

---

[27] BGH ZIP 2007, 1577 = ZInsO 2007, 943 = NZI 2007, 540 (zu § 11 AnfG; Bestätigungen von RGZ 63, 39); BGH NJW-RR 1992, 733, 736; OLG Köln VersR 1997, 466. AllgM im insolvenzrechtlichen Schrifttum, vgl. nur *Kreft* in: HK-InsO § 129 Rn. 103; zum AnfG *Huber* § 2 Rn. 40 ff. Ebenso *B/L/H* Rn. 5; *Skamel* in: Berger Kap. 4 Rn. 3; wie hier (trotz der aA zum Problem bei Fn. 22) auch *Zö/Vollkommer* Rn. 6 aE. AA (Arrest) die übrigen in Fn. 24 Genannten, die aber zT – anders und sehr ausführlich freilich *Gaul* aaO – nicht zwischen den verschiedenen Anspruchsinhalten des Anfechtungsrechts unterscheiden.

näher zu beschreiben; Abs. 2 enthält eine Sondervorschrift für die Auslandsvollstreckung.[1] Der Arrestgrund für den persönlichen Sicherheitsarrest ist in § 918 geregelt. Bei diesen Vorschriften handelt es sich nach hM nicht um eine Sonderform des Rechtsschutzinteresses (§ 922 Rn. 2).

II. Arrestgrund nach Absatz 1

2 Die Vorschrift verlangt die **Besorgnis der Vereitelung oder wesentlichen Erschwerung** der Vollstreckung eines Titels ohne die Verhängung des Arrestes. Ein solcher Zugriff kommt aber nur in Betracht, wenn das der Gesamtheit der Gläubiger zur Verfügung stehende Schuldnervermögen durch Abflüsse – und nicht nur durch Umschichtungen, etwa zur Tilgung von Verbindlichkeiten des Schuldners – verringert zu werden droht[2]; dass solche Veränderungen unmittelbar bevorstehen oder jedenfalls noch nicht abgeschlossen sind, muss durch konkrete Tatsachen vorgetragen werden. Ein Rechtsanwalt, der seine Honorarforderung gegenüber dem Mandanten durch Arrest sichern will, darf dabei keine ihm im Rahmen des Mandats „anvertraute" Tatsachen verwerten, die der Schweigepflicht (§ 43a Abs. 2 BRAO) unterliegen;[3] das gilt bei entsprechender Problemlage auch für andere Berufsgruppen (zB Ärzte). In aller Regel wird freilich der Richter den Verstoß gegen die Verschwiegenheitspflicht kaum erkennen. Ob die Besorgnis iS des § 917 Abs. 2 droht, hat das Gericht nicht aus Sicht des Gläubigers, sondern aus der eines verständigen, gewissenhaft prüfenden Dritten zu beurteilen.[4]

3 In den **Anwendungsbereich** des dinglichen Arrestes gehören hauptsächlich:

- **Vereitelungshandlungen des Schuldners.** Unerheblich ist, ob sie schuldhaft begangen oder rechtswidrig sind (allgM); es genügt, dass solche Handlungen bevorstehen, mit der Realisierung muss nicht begonnen sein.[5] Beispiele: Verschleuderung oder Beiseiteschaffen von Vermögen[6]; Verschleierung der Vermögenslage, zB durch Falschauskunft[7]; verdächtige Veräußerung oder Belastung von Vermögensgegenständen ohne ausreichenden Gegenwert; häufiger Wechsel des Wohnsitzes; Verschwendungssucht. Wird wegen Vereitelungshandlungen ein Anfechtungsanspruch nach AnfG/InsO geltend gemacht, der gesichert werden soll, ist die Abgrenzung zur einstweiligen Verfügung zu beachten (§ 916 Rn. 13).
- **Naturereignisse oder Handlungen Dritter.** Beispiele: Überschwemmung, Feuer, Sturm, Boykott des Gewerbebetriebes des Schuldners, Streik; sie genügen, wenn dadurch ein Vermögensverfall droht.[8]
- **Straftaten des Schuldners.** Sind sie aufgedeckt und weiß das der Schuldner, so lässt sich nicht ohne weiteres annehmen, auch zur Vereitelung der wegen der Ersatzforderung drohenden Zwangsvollstreckung sei mit Unredlichkeiten zu rechnen.[9] Straftaten können jedoch berücksichtigt werden, wenn sie auf eine Vollstreckungsbeeinträchtigung hindeuten;[10] lässt sich das feststellen, ist die verschiedentlich zusätzlich geforderte Wiederholungsgefahr[11] indiziert. Die von der Staatsanwaltschaft erwirkte Beschlagnahme von Vermögen eines einer vermögensbezogenen Straftat Verdächtigen (§ 916 Rn. 7 aE; 929 Rn. 6 aE) begründet für sich allein jedoch keinen Arrestgrund zu Gunsten eines durch die fragliche Straftat geschädigten Gläubigers, der vielmehr selbst die Voraussetzungen nach § 917 Abs. 1 ihm gegenüber (vgl. Rn. 4: drohende Konkurrenz; Rn. 8) glaubhaft machen muss.[12] Mit dem Ziel einer Vollstreckungsbeeinträchtigung wird ein Schuldner freilich idR bei vorsätzlicher Schädigung des Gläubigervermögens handeln; jedoch besteht kein Arrestgrund bei (angeblichem) Betrug (Eingehungs-/Erfüllungsbetrug), wenn über längere Zeit hinweg Verhandlungen über die streitige Forderung zwischen Gläubiger und Schuldner geführt werden.[13] Diese Grundsätze gelten entsprechend bei Inhaftierung des Schuldners.[14]

4 **Keine Arrestgründe** (zum Ausschluss des Arrestes Rn. 8) sind: Die unverändert schlechte Vermögenslage des Schuldners; dessen bloß vertragswidriges Verhalten, sofern nicht ausnahmsweise im Einzelfall konkrete Anhaltspunkte einen anderen Schluss (vgl. Rn. 3) zulassen;[15] Ungewissheit über künftige Vermögenslage oder Berufsaussichten des Schuldners; Wohnsitzwechsel und bloße Behauptung, der Schuldner sei unbekannten Aufenthalts,[16] außer es kann daraus auf eine Vereitelungshandlung geschlossen werden (Rn. 3). Nicht genügt außerdem – entgegen einer im Schrifttum verbreiteten Auffassung[17] – die **drohende Konkur-**

---

[1] Neufassung durch Art. 1 Nr. 4 des EG-BeweisaufnahmedurchführungsG v. 4. 11. 2003 mit Wirkung ab 1. 1. 2004 (BGBl. 2003, I S. 2166).
[2] BGHZ 131, 95, 105f. = NJW 1996, 321.
[3] *Everts* NJW 2002, 3136, 3139.
[4] RGZ 67, 369; BGH WM 1988, 1352, 1354.
[5] OLG Karlsruhe NJW 1997, 1017.
[6] OLG Düsseldorf NJW-RR 1994, 454.
[7] OLG Frankfurt/M FamRZ 1996, 747 (Zugewinnausgleich).
[8] Ausf. *Foerste* ZZP 106 (1993), 155ff.; vgl. auch *Mathäser* JuS 1995, 442, 445.
[9] OLG Köln NJW-RR 2000, 69.
[10] OLG Düsseldorf NJW-RR 1999, 1592; 1986, 1192. Ausf. *Mathäser* JuS 1995, 442, 444; *Fischer* MDR 1995, 988. Zahlreiche Beispiele bei MK/*Drescher* Rn. 6.
[11] *T/P/Reichold* Rn. 1 m. Rspr.-Nachw.
[12] OLG Hamm OLGR 2004, 55; ausf. zum Problem *Köper* NJW 2004, 2485.
[13] OLG Saarbrücken NJW-RR 1999, 143.
[14] OLG Köln MDR 1986, 595.
[15] BGH WM 1983, 614; MK/*Drescher* Rn. 6.
[16] OLG Koblenz NJW-RR 2002, 575.
[17] *Skamel* in: Berger Kap. 4 Rn. 18; *Schuschke/Walker* Rn. 5; *Walker* Rn. 236f.; *Hoefler,* Die drohende Konkurrenz anderer Gläubiger als Arrestgrund, Diss. Erlangen/Nürnberg 1991, S. 137f., 160f.

renz anderer Gläubiger.[18] Denn ein Arrest soll nicht vor Tilgung von Verbindlichkeiten, sondern nur vor anderweiten Vermögensabflüssen schützen (Rn. 2). Folge der Gegenauffassung wäre in der Praxis, dass jeder Schuldner mit mehreren Gläubigern allein wegen dieses Umstandes Arrestverfahren zu befürchten hätte und nach Vollziehung von Arrestbefehlen (§ 928 Rn. 1) in aller Regel selbst bei sonst günstiger Zukunftsprognose Zahlungsunfähigkeit (§ 17 InsO) einträte oder mindestens drohte (§ 18 InsO), es also zwangsläufig zu Insolvenzverfahren käme; als Konsequenz davon wären dann jedenfalls Arrestgesuche von Gläubigern „wegen drohender Gläubigerkonkurrenz" ohnehin unzulässig (Rn. 8). Folgerichtig ergibt sich ein Arrestgrund auch nicht allein aus dem Umstand, dass der Schuldner zu 100 % einem Konzern angehört, dessen Muttergesellschaft insolvent ist.[19] Ein **Arrestgrund entfällt** auch bei anderweiten Sicherungen (Rn. 8) oder im Insolvenzeröffnungsverfahren, wenn dem Schuldner ein allgemeines Verfügungsverbot auferlegt und ein vorläufiger Insolvenzverwalter bestellt wurde (§§ 21 Abs. 2 Nr. 2, 22 Abs. 1 InsO; zur entsprechenden Rechtslage nach Insolvenzeröffnung Rn. 8).

III. Arrestgrund nach Absatz 2

Danach liegt in der **Notwendigkeit einer Auslandsvollstreckung** ein „zureichender Arrestgrund", falls die Gegenseitigkeit nicht verbürgt ist (Rn. 7). Es handelt sich um eine unwiderlegliche Vermutung; eine konkrete Gefährdung (Rn. 2) braucht also nicht dargelegt zu werden, andererseits dürfen aber auch hier keine anderweiten Sicherungen bestehen (Rn. 8). Der Schuldner muss nicht Ausländer sein und sich auch nicht im Ausland aufhalten; erforderlich ist nur, dass zureichendes inländisches Vermögen fehlt, oder, wenn ein solches vorhanden ist, dass seine Wegschaffung ins Ausland droht.[20] Für den Begriff der Vollstreckung im Ausland reicht es nicht aus, wenn dort (nur) der Drittschuldner seinen (Wohn-) Sitz hat.[21] 5

Die Notwendigkeit einer Auslandsvollstreckung allein genügt allerdings nicht, vielmehr setzt § 917 Abs. 2 weiter voraus, dass die **Gegenseitigkeit nicht verbürgt** ist (dazu § 328 Rn. 30). Diese Regelung unterscheidet sich grundlegend von der früheren Rechtslage, nach der die Vermutungswirkung einerseits nicht davon abhing, ob die Vollstreckung im Ausland verbürgt war, andererseits aber nicht im Verhältnis zu den Vertragsstaaten von EuGVVO, EuGVÜ und LugÜ galt (näher 3. Aufl. Rn. 6). Jetzt knüpft das Gesetz einheitlich beim Merkmal der Gegenseitigkeit an: Ist diese **nicht** verbürgt, genügt als Arrestgrund die Notwendigkeit der Auslandsvollstreckung (Rn. 5) in einem solchen Staat, ohne dass es auf eine konkrete Besorgnis oder Erschwerung (Rn. 2, 3) ankäme; ist sie **verbürgt,** kann ein Arrest nur unter den Voraussetzungen des § 917 Abs. 1 (Rn. 2ff.) beantragt werden, wobei tatsächliche Schwierigkeiten bei der Vollstreckung (trotz Verbürgung der Gegenseitigkeit) berücksichtigt werden dürfen.[22] 6

Mit **Urteil** meint § 917 Abs. 2 nicht nur das eines inländischen Gerichts. Erfasst werden jetzt unzweifelhaft auch Gerichtsurteile aus den Vertragsstaaten von EuGVVO/EuGVÜ/LugÜ. Ein Gläubiger, der den späteren Hauptsacheprozess in einem dieser Vertragsstaaten zu führen hat, kann sich also in seinem Gesuch an ein deutsches Gericht – mit dem er den Zugriff auf hier belegenes Vermögen sichern will – auf den Arrestgrund der Auslandsvollstreckung berufen, wenn das Urteil in einem Drittstaat zu vollstrecken wäre, dem gegenüber die Gegenseitigkeit nicht verbürgt ist. 7

IV. Ausschluss eines Arrestes

Ein **Arrest ist unzulässig** während der Dauer eines Insolvenzverfahrens über das Vermögen des Schuldners nach § 89 InsO.[23] Ein **Rechtsschutzbedürfnis fehlt**[24] sowohl bei Abs. 1 wie bei Abs. 2, wenn der Gläubiger anderweit gesichert ist, mag sich die Sicherheit auch im Ausland befinden[25] (zur Konkurrenz mit einem vorläufig vollstreckbaren Titel § 916 Rn. 6). In Betracht kommen Sicherungseigentum, vorbehaltenes Eigentum, Faust- und Grundpfandrechte, Hinterlegung, auch eine staatsanwaltschaftliche Beschlagnahme als Maßnahme der Rückgewinnungshilfe[26] (vgl. auch Rn. 3 – Straftaten). Nicht entgegenstehen idR das besitzlose Vermieterpfandrecht[27] oder eine Bürgschaft[28], außer sie ist tauglich im Sinne des § 108 Abs. 1 S. 2. Eine **Schiedsvereinbarung** hindert den Erlass eines Arrestes aber nicht (§ 1033 Rn. 1). 8

---

[18] BGHZ 131, 95, 105f. (Fn. 2); OLG Hamm OLGR 2004, 55; RGZ 67, 22, 26; wie hier zB *T/P/Reichold* Rn. 2; *Zö/Vollkommer* Rn. 9; *R/G/Schilken* § 75 II 2a; *Buciek* NJW 1987, 1063f. Jetzt auch MK/*Drescher* Rn. 8 (aA noch *Heinze* in der Vorauflage).

[19] OLG Frankfurt/M ZIP 2004, 777 = ZInsO 2004, 398.

[20] OLG Stuttgart NJW-RR 1996, 775.

[21] OLG Frankfurt MDR 1986, 321 *Schuschke/Walker* Rn. 6.

[22] *Zö/Vollkommer* Rn. 16; ebenso zu § 917 Abs. 2 aF BT-Drucks. 13/10871 S. 78.

[23] Die Vorschrift erwähnt den Arrest bloß irrtümlich nicht, weil sie nur auf die Vollstreckung (hier: Arrestvollzug) abstellt, *Jauernig/Berger* ZV- und InsolvenzR § 47 Rn. 3; KG ZInsO 2005, 1047. Ausführlich MK-InsO/*Breuer* § 89 Rn. 13.

[24] Nach aA fehlt der Arrestgrund, *S/J/Grunsky* Rn. 21; praktische Folgen hat die unterschiedliche Einordnung nicht.

[25] BGH NJW 1972, 1044.

[26] Näher *Köper* NJW 2004, 2485; aA MK/*Drescher* Rn. 16.

[27] LG Augsburg NJW 1975, 2350; Zusti. MK/*Drescher* Rn. 13.

[28] OLG Hamm OLGZ 1993, 331.

918 ***Arrestgrund bei persönlichem Arrest*** **Der persönliche Sicherheitsarrest findet nur statt, wenn er erforderlich ist, um die gefährdete Zwangsvollstreckung in das Vermögen des Schuldners zu sichern.**

I. Normzweck

1 Die ZPO unterscheidet für den Arrestgrund – der neben einem Arrestanspruch (§ 916 Rn. 12 ff.) Voraussetzung für den Erlass eines Arrestes ist – zwischen dinglichem (§ 917) und persönlichem Arrest (§ 918). Beide stehen nicht gleichrangig nebeneinander. **Zweck** des § 918 ist es, die Voraussetzungen des persönlichen Sicherheitsarrestes und damit zugleich das Verhältnis zum dinglichen Arrest festzulegen. Der Eingriff in die Rechte des Schuldners wiegt bei beiden Arrestarten unterschiedlich schwer.

II. Arrestgrund

2 Einstweiliger Rechtsschutz nach § 918 setzt voraus, dass er zur Sicherung der gefährdeten Zwangsvollstreckung in das Vermögen des Schuldners „erforderlich" ist. Daran fehlt es nicht nur, wenn der Gläubiger anderweit gesichert ist (§ 917 Rn. 8), sondern auch, wenn ein dinglicher Arrest zu seiner Sicherung ausreicht. Man spricht deshalb von der **doppelten Subsidiarität** des persönlichen Arrestes.[1] Da Vereitelungshandlungen des Schuldners schon von § 917 (dort Rn. 3) erfasst werden, kommt ein persönlicher Sicherheitsarrest folglich nur in Betracht, wenn der Gläubiger nicht weiß, wo sich das Schuldnervermögen befindet,[2] oder eine schon erfolgte Beschlagnahme zu seiner Sicherung nicht ausreicht und der Verbleib weiterer Zugriffsstücke unbekannt ist. Nur dann kann – gegebenenfalls zugleich mit dem dinglichen Arrestgesuch – der persönliche Sicherheitsarrest beantragt werden; er besteht in Beschränkungen der persönlichen Freiheit (Meldepflicht, Beschlagnahme von Ausweispapieren) bis hin zur Haft (Anordnung: § 922 Rn. 6; Vollziehung: § 933). Die Staatsangehörigkeit des Schuldners hat keine Bedeutung, weil das deutsche Vollstreckungsrecht In- und Ausländer gleichstellt (Art. 26 HZPÜ 1954).[3] Ist der Schuldner eine juristische Person, wird der persönliche Arrest gegenüber dem gesetzlichen Vertreter angeordnet.

3 Der Hauptanwendungsfall des § 918 in der Praxis besteht im **Haftarrest** zur Sicherung der Abnahme der eidesstattlichen Versicherung nach §§ 807, 899 ff.[4] Hierfür müssen sowohl die Voraussetzungen der eidesstattlichen Versicherung wie die des persönlichen Arrestes erfüllt sein.[5] Da eine Haftanordnung auch nach § 901 getroffen werden kann, darf dem Gläubiger ein Vorgehen über § 900 Abs. 4, 5 nicht zumutbar sein; letzteres setzt voraus, dass Grund zu der Annahme besteht, der Schuldner werde sich der Abgabe der eidesstattlichen Versicherung entziehen.

4 Ein persönlicher Arrest ist **unzulässig,** um den Schuldner zur Herbeischaffung von Vermögen, das sich zB im Ausland befindet[6], oder zur Erzielung von Einkünften[7] anzuhalten. Auch die Vornahme von Handlungen oder Unterlassungen oder die Herausgabe von Sachen kann nicht auf diese Weise erzwungen werden; denn § 918 setzt die Zwangsvollstreckung „in das Vermögen" voraus. Die hM verlangt beim persönlichen Arrest außerdem mit Recht eine Verhältnismäßigkeitsprüfung; die Verhaftung des Schuldners als schwerste Maßnahme scheidet deshalb bei Bagatellforderungen grundsätzlich aus.[8] Aus Verhältnismäßigkeitsgründen scheidet auch eine Anordnung gegen Sicherheitsleistung bei fehlender Glaubhaftmachung aus (§ 921 Rn. 12).

919 ***Arrestgericht*** **Für die Anordnung des Arrestes ist sowohl das Gericht der Hauptsache als das Amtsgericht zuständig, in dessen Bezirk der mit Arrest zu belegende Gegenstand oder die in ihrer persönlichen Freiheit zu beschränkende Person sich befindet.**

I. Normzweck

1 Die Vorschrift regelt die Zuständigkeit für die Entscheidung über ein Arrestgesuch und stellt dem Gläubiger im Interesse eines schnellen und überraschenden Zugriffs zwei Gerichtsstände zur Wahl (Rn. 2). Allerdings betrifft sie nur das **Anordnungsverfahren** (§ 916 Rn. 8, 9). Die einmal begründete Zuständigkeit besteht jedoch grundsätzlich in den **weiteren Verfahrensabschnitten** fort. Das Arrestgericht entscheidet über einen Widerspruch (§ 924), einen Antrag auf Anordnung der Klageerhebung einschließlich Arrestaufhebung infolge Fristablaufs (§ 926) und über den Antrag auf Aufhebung des Arrestes wegen veränderter Umstände (§ 927; Ausnahme: § 927 Abs. 2 aE); entsprechendes gilt für die Rückgabe einer Sicherheit nach § 109 (außer: § 943 Abs. 2) und die Klage auf Erteilung einer Vollstreckungsklausel bei Parteiwechsel gemäß §§ 929 Abs. 1, 731. Im Vollziehungsverfahren (§ 916 Rn. 8, 9) ist das Arrestgericht zuständig bei Forderungspfändungen (§ 930 Abs. 1 S. 3) und Pfändung eines eingetragenen Schiffes (§ 931 Abs. 3); im Übrigen gelten die allgemeinen Vorschriften des Vollstreckungsrechts.

---

[1] MK/*Drescher* Rn. 1; *Ritter* ZZP 88 (1975), 126, 140 f. Ausführlich *Gaul* in: FS Beys, Bd. I, 2003, S. 327, 333 ff.
[2] OLG Karlsruhe NJW-RR 1997, 450.
[3] *Gaul* aaO S. 377; MK/*Drescher* Rn. 5.
[4] OLG München NJW-RR 1988, 382.
[5] Ausf. *Mathäser* JuS 1995, 442, 446.
[6] LG Frankfurt NJW 1960, 2006.
[7] LG Itzehoe SchlHA 1966, 90.
[8] *Zö/Vollkommer* Rn. 2; *Schuschke/Walker* Rn. 3; vgl. außerdem OLG Karlsruhe NJW-RR 1997, 450. AA *Gaul* aaO S. 362 f.; MK/*Drescher* Rn. 7.

II. Arrestgericht

Es besteht eine **sachliche und örtliche Zuständigkeit** sowohl des Gerichtes der Hauptsache als auch des Amtsgerichts, in dessen Bezirk der mit dem Arrest zu belegende Gegenstand oder die in ihrer persönlichen Freiheit zu beschränkende Person sich befindet; es handelt sich wegen § 802 um ausschließliche Gerichtsstände, zwischen denen der Gläubiger gemäß § 35 wählen kann (Rn. 1, 4). Auch die **internationale Zuständigkeit** ergibt sich aus § 919.[1] Allerdings ist für den Geltungsbereich der EuGVVO streitig, in welchem Umfang das Hauptsachegericht nach nationalen Rechtsgrundsätzen bestimmt werden kann (§ 943 Rn. 4, 8). Im Arrestverfahren kann ein Gläubiger diesem Problem jedoch ausweichen, wenn er das Amtsgericht (Rn. 4) anruft, das in jedem Falle international zuständig ist.[2] Insoweit steht die Zuständigkeitsordnung der Art. 2ff. EuGVVO nicht entgegen, weil diese Vorschriften nur den Hauptsacheprozess betreffen; einstweilige Maßnahmen können demgegenüber gemäß Art. 31 EuGVVO auch bei einem anderen national für zuständig erklärten Gericht – hier dem Amtsgericht gemäß § 919 Alt. 2 – beantragt werden. 2

Was **Gericht der Hauptsache** ist, regelt § 943 Abs. 1 für Arrest und einstweilige Verfügung gemeinsam (§ 943 Rn. 2ff.). Der **Begriff der Hauptsache** wird gesondert bestimmt. Er bezieht sich hier auf den Arrestanspruch (§ 916 Rn. 12ff.); im Falle einer Anspruchshäufung kommt es auf den zu sichernden Anspruch an. Zur Hauptsache gehören auch vorbereitende Maßnahmen, die den Rechtsstreit erst ermöglichen sollen, wie zB das Verlangen nach Prozesskosten (s. a. § 937 Rn. 3). 3

Der Gläubiger darf sich nach seiner Wahl (§ 35) auch an das **Amtsgericht** wenden, in dessen Bezirk der mit dem Arrest zu belegende Gegenstand oder die in ihrer Freiheit zu beschränkende Person sich befindet; handelt es sich bei dem Gegenstand um eine Forderung, so „befindet" sie sich am Wohnort des Drittschuldners und, falls eine Sache als Sicherheit haftet, auch an dem Ort, an dem sich die Sache befindet (§ 23 S. 2). Für die genannten Voraussetzungen ist der Zeitpunkt der Antragstellung, bei einer – in der Praxis jedoch seltenen – mündlichen Verhandlung über ein Arrestgesuch derjenige der Entscheidung maßgeblich. Auf die Höhe des Streitwerts oder eine besondere Dringlichkeit kommt es nicht an. Das Amtsgericht kann nach allgM selbst dann angerufen werden, wenn die Hauptsache bereits bei einem anderen Gericht anhängig ist, was jedoch idR wenig prozessökonomisch sein wird. Der angeordnete Arrest erfasst nicht nur den belegenen Gegenstand, sondern das gesamte Vermögen des Schuldners, auch wenn es sich außerhalb des Amtsgerichtsbezirkes befindet.[3] 4

920 *Arrestgesuch* **(1) Das Gesuch soll die Bezeichnung des Anspruchs unter Angabe des Geldbetrages oder des Geldwertes sowie die Bezeichnung des Arrestgrundes enthalten.**

(2) Der Anspruch und der Arrestgrund sind glaubhaft zu machen.

(3) Das Gesuch kann vor der Geschäftsstelle zu Protokoll erklärt werden.

I. Normzweck

Die Bestimmung befasst sich in **Abs. 1** mit dem Inhalt des Arrestgesuches, allerdings nur unvollständig. Sie ist zwingend zu beachten, trotz ihrer Fassung als „Soll"-Vorschrift; das Gesetz will durch diese Formulierung nur zum Ausdruck bringen, dass Ergänzungen, gegebenenfalls nach richterlichem Hinweis, bis zur Entscheidung, also auch noch in einer mündlichen Verhandlung, möglich sind. **Abs. 3** erleichtert die Anbringung des Gesuches. Schließlich regelt die Bestimmung, über ihre insoweit zu enge Überschrift hinaus, in **Abs. 2** die Beweismaßanforderungen für das einstweilige Rechtsschutzverfahren insgesamt. 1

II. Arrestgesuch (Absätze 1 und 3)

1. Grundsätze. Das Gesuch leitet gemäß dem Dispositionsgrundsatz das Arrestverfahren ein (§ 916 Rn. 9), hat also eine der Klageschrift (§ 253) entsprechende Bedeutung. Für Antragsrücknahme, Erledigungserklärung, Anerkenntnis, Vergleich, Prozesskostenhilfe und Säumnis gelten die allgemeinen Regeln (§ 916 Rn. 3, 9). Die **Rücknahme** des Arrestgesuches bedarf aber nach hM[1] in keinem Falle der Zustimmung des Schuldners, auch nicht nach mündlicher Verhandlung oder im Widerspruchs- oder sonstigen Rechtsmittelverfahren; der Kostenerstattungsanspruch des Gegners entsteht – unabhängig von einer Zustellung oder anderweiten Kenntniserlangung – schon mit Antragseinreichung, weil diese die Rechtshängigkeit herbeiführt.[2] Nach **Abs. 3** kann das Arrestgesuch auch zu Protokoll der Geschäftsstelle erklärt werden; wegen § 78 Abs. 5 besteht folglich kein Anwaltszwang für die Einreichung beim Landgericht als Gericht der Hauptsache, wohl aber im sonstigen landgerichtlichen Verfahren, also bei mündlicher Verhandlung, Widerspruchseinlegung oder Beschwerde (vgl. § 569 Abs. 3 Nr. 1). 2

Bereits mit Eingang des Arrestgesuches tritt **Rechtshängigkeit** ein (Rn. 2; § 916 Rn. 9); auf die Zustellung kommt es nicht an, weil die Entscheidung auch ohne vorheriges rechtliches Gehör des Schuldners ergehen kann (§ 128 Abs. 4; vgl. auch § 922 Abs. 2, 3). Der zu sichernde Anspruch selbst wird jedoch nicht rechtshängig (§ 916 Rn. 3); ein Übergang in den Hauptsacheprozess ist nicht möglich, wohl aber in das einstwei- 3

---

[1] OLG Karlsruhe MDR 2002, 231; OLG Frankfurt ZIP 1980, 922. Ausführl. dazu *Berger* Kap. 3 Rn. 27ff.

[2] OLG Hamburg MDR 2000, 786; *T/P/Reichold* Rn. 2; *Thümmel* NJW 1996, 1930f.

[3] MK/*Drescher* Rn. 8; *S/J/Grunsky* Rn. 13; *B/L/H* Rn. 9; *Schuschke/Walker* Rn. 11; *Sae/Kemper* Rn. 8; *Thümmel* NJW 1985, 472.

[1] MK/*Drescher* Rn. 11 m. weit. Nachw.

[2] OLG Hamburg MDR 2000, 786; *S/J/Grunsky* Rn. 2.

lige Verfügungsverfahren (§ 916 Rn. 4, 5). Als Folge der Rechtshängigkeit wird die Zuständigkeit des angerufenen Gerichts (§ 919 Rn. 2 ff.) durch eine Veränderung der sie begründenden Umstände nicht berührt und kann keine Partei dasselbe einstweilige Rechtsschutzbegehren anderweit anhängig machen (§ 261 Abs. 3). Die Stellung als Beteiligter des einstweiligen Rechtsschutzverfahrens erlangt der Antragsgegner aber nicht schon mit dem Eintritt der (vorgezogenen) Rechtshängigkeit, sondern erst mit seiner tatsächlichen Beteiligung.[3]

4 Während früher die **Verjährung** des zu sichernden Anspruchs durch den Antrag auf Erlass eines Arrestes oder einer einstweiligen Verfügung nicht, sondern erst durch einen Vollstreckungsauftrag oder eine Vollziehungshandlung unterbrochen wurde (§ 209 Abs. 2 Nr. 5 aF BGB), gilt jetzt: Gemäß § 204 Abs. 1 Nr. 9 BGB **tritt Hemmung der Verjährung ein** (Wirkung: § 209 BGB) mit der Zustellung des Antrages auf Erlass eines Arrestes oder einer einstweiligen Verfügung, was aber nur bei gleichzeitiger Anberaumung einer mündlichen Verhandlung über das Gesuch (§ 921 Rn. 3) in Betracht kommt; die Rückwirkung auf den Zeitpunkt des Antragseingangs folgt dann aus § 167. Wird der Antrag nicht zugestellt, hemmt er die Verjährung ab Einreichung, wenn der Arrestbefehl bzw. die einstweilige Verfügung innerhalb eines Monats seit Verkündung der Zustellung an den Gläubiger dem Antragsgegner zugestellt wird; die Hemmungswirkung ist folglich auflösend bedingt (§ 158 Abs. 2 BGB). Eine Hemmung tritt **nicht** ein, wenn der Antrag nicht zugestellt, sondern – folglich ohne mündliche Verhandlung (§ 921 Rn. 5) – zurückgewiesen wird. **Die Hemmung der Verjährung endet** gemäß § 204 Abs. 2 BGB sechs Monate nach der rechtskräftigen Entscheidung (§ 922 Rn. 10, 11) oder anderweiten Beendigung (Rn. 2) des eingeleiteten Verfahrens.

5 Die **Behauptungs- und Beweislast** (zum Beweismaß Rn. 8, 9) richtet sich nach allgemeinen Regeln, wenn der Schuldner rechtliches Gehör zum Arrestgesuch hatte. Wird – wie regelmäßig – ohne dessen Anhörung entschieden, so gilt nach allgM eine Einschränkung, falls sich aus dem eigenen Vortrag des Gläubigers ergibt, dass dem zu sichernden Anspruch Einwendungen entgegenstehen können oder sich der Schuldner schon auf Einreden (zB § 214 Abs. 1 BGB) berufen hat. In solchen Fällen muss der Gläubiger darlegen und glaubhaft machen (Rn. 8, 9), dass der Arrestanspruch gleichwohl besteht; geschieht das – trotz eines Hinweises (Rn. 1) – nicht, so wird eine mündliche Verhandlung anzuberaumen sein, falls nicht eine Anordnung gegen Sicherheitsleistung nach § 921 in Betracht kommt. Der Umfang der Darlegungspflicht hängt im Übrigen vom Inhalt des Arrestgesuches ab (Rn. 6, 7).

6 **2. Inhalt.** Das Arrestgesuch hat wegen seiner verfahrenseinleitenden Wirkung (Rn. 2) grundsätzlich den **allgemeinen Anforderungen** entsprechend § 253 Abs. 2 zu genügen. Deshalb müssen die **Parteien** genau bezeichnet werden; teilt der Gläubiger seine Anschrift von Anfang an unzutreffend mit und behebt er diesen Mangel auch auf Rüge hin nicht, so ist das Gesuch unzulässig.[4] Dem Gericht sind alle zuständigkeitsbegründenden Umstände (§ 919 Rn. 2 ff.) vorzutragen. Erforderlich ist schließlich ein bestimmter **Antrag** auf Erlass eines dinglichen oder persönlichen Arrests oder beider gleichzeitig; wird die Arrestart nicht genannt, so gilt wegen der Subsidiarität (§ 918 Rn. 2) nur der dingliche Arrest als gewollt. Dagegen braucht ein bestimmter Arrestgegenstand nicht bezeichnet zu werden[5]; denn über den Vollzug des dinglichen Arrestes entscheidet der Gläubiger erst in der Vollstreckung nach §§ 930 ff. Allerdings kann mit dem Arrestgesuch bereits ein Antrag auf Forderungspfändung verbunden werden (§ 922 Rn. 8).

7 Darüber hinaus verlangt § 920 Abs. 1, dass der **Arrestanspruch** (§ 916 Rn. 12 ff.) unter Angabe des Geldbetrages oder – falls der Anspruch in eine Geldforderung übergehen kann – des Geldwertes bezeichnet wird; diese Merkmale sind außerdem bedeutsam für die Lösungssumme (§ 923) und den Umfang der späteren Arrestvollziehung (§§ 928, 803 Abs. 1 S. 2, 930 Abs. 1 S. 2, 932 Abs. 1). Zugleich muss der Gläubiger alle anspruchsbegründenden Tatsachen behaupten, damit eine Schlüssigkeitsprüfung erfolgen kann (zur Glaubhaftmachung Rn. 8, 9). Ist der zu sichernde Anspruch aufschiebend bedingt (§ 916 Rn. 15), so darf nichts für eine nur entfernte Möglichkeit des Bedingungseintritts sprechen, während das Fehlen eines Vermögenswertes der Schuldner darzulegen hat (Rn. 4).[6]

8 Entsprechendes gilt für den **Arrestgrund** (§§ 917, 918). Folglich müssen die Tatsachen mitgeteilt werden, aus denen die Besorgnis der Vereitelung oder wesentlichen Erschwerung einer späteren Vollstreckung (§ 917 Rn. 2 ff.) oder die Notwendigkeit einer Auslandsvollstreckung (§ 917 Rn. 5 ff.) folgt; ob die Gegenseitigkeit verbürgt ist, hat das Arrestgericht vAw. zu prüfen. Beim persönlichen Arrest ist darzulegen, warum ein dinglicher Arrest zur Sicherung nicht ausreicht (§ 918 Rn. 2); wird die Verhaftung des Schuldners verlangt, so muss der Vortrag eine Verhältnismäßigkeitsprüfung ermöglichen (§ 918 Rn. 4).

III. Glaubhaftmachung (Absatz 2)

9 Die Vorschrift enthält eine **Beweismaßreduzierung.** Glaubhaftmachung bedeutet, dass für die richterliche Überzeugung von einer Tatsache – anders als bei § 286 Abs. 1 – nur eine überwiegende Wahrscheinlichkeit erforderlich ist (§ 294 Rn. 3); es muss also wahrscheinlicher sein, dass Anspruch und Arrestgrund bestehen als umgekehrt. Diese Beweiserleichterung gilt im gesamten Arrestprozess (Rn. 1), also auch bei mündlicher Verhandlung über das Gesuch oder nach Widerspruch bzw. Berufung gegen den Arrestbefehl. Sie hindert aber keine Partei, Vollbeweis zu erbringen, zB im Arrestgesuch durch Vorlage einer den Anspruch beweisenden Urkunde oder in der mündlichen Verhandlung durch einen mitgebrachten Zeugen.

---

[3] OLG Brandenburg NJW-RR 1996, 1470.
[4] OLG Frankfurt/M NJW 1992, 1178.
[5] Näher *Schuschke/Walker* Rn. 7, auch zur Beschränkung auf einen bestimmten Arrestgegenstand.
[6] MK/*Drescher* § 916 Rn. 9; *B/L/H* § 916 Rn. 8; *Zö/Vollkommer* § 916 Rn. 7.

Für die **Art** der Glaubhaftmachung gilt § 294 (s. dort Rn. 4, 5). Danach sind statthaft zB eidesstattliche Versicherung des Gläubigers[7] oder Dritter, anwaltliche Versicherung[8], schriftliche Zeugenaussagen, Privatgutachten[9], oder Verweisung auf die Hauptsacheakten.[10] Bei **unzureichender** Glaubhaftmachung ist, sofern nicht nach § 921 verfahren wird, dem Gläubiger Gelegenheit zur Nachbesserung zu geben (Rn. 1) bzw. mündliche Verhandlung anzuberaumen; entsprechendes gilt beim Vorliegen einer **Schutzschrift** (§ 937 Rn. 7), welche die Glaubhaftmachung im Arrestgesuch erschüttert (§ 921 Rn. 3). **Keiner** Glaubhaftmachung bedürfen, wie im Hauptsacherechtsstreit, offenkundige (§ 291) und vermutete (§ 292) sowie vom Schuldner bei seiner Anhörung zugestandene (§ 288) oder nicht bestrittene (§ 138 Abs. 3) Tatsachen. 10

921 *Entscheidung über das Arrestgesuch*

[1]Das Gericht kann, auch wenn der Anspruch oder der Arrestgrund nicht glaubhaft gemacht ist, den Arrest anordnen, sofern wegen der dem Gegner drohenden Nachteile Sicherheit geleistet wird. [2]Es kann die Anordnung des Arrestes von einer Sicherheitsleistung abhängig machen, selbst wenn der Anspruch und der Arrestgrund glaubhaft gemacht sind.

I. Normzweck

Nach der Vorschrift kann **Sicherheitsleistung** an Stelle (S. 1) bzw. trotz (S. 2) einer Glaubhaftmachung angeordnet werden; die zuerst genannte Alternative will den Erlass des Arrestbefehles erleichtern, die andere den Schuldner schützen. 1

II. Verfahren

Ob von einer **mündlichen Verhandlung** abgesehen wird, entscheidet das Gericht, nicht der Vorsitzende, sofern dieser nicht ohnehin eine Alleinentscheidung gemäß § 944 trifft. Die Wahl der Verfahrensart hat nach pflichtgemäßem Ermessen zu erfolgen. Das Interesse des Gläubigers geht in zwei Richtungen: Zum einen sollen Verzögerungen ausgeschlossen werden, die bei Anberaumung und Durchführung eines Verhandlungstermins zwangsläufig auftreten. Andererseits vermeidet das Beschlussverfahren (Rn. 6) eine Vorwarnung des Schuldners, der von einem erfolglosen Arrestgesuch nichts erfährt (§ 922 Abs. 3), umgekehrt aber durch einen Arrestbefehl überrascht werden kann, was dem Gläubiger einen wirkungsvollen Zugriff ermöglicht (vgl. § 929 Abs. 3 S. 1). Demgegenüber stehen der Anspruch des Gegners auf rechtliches Gehör (Art. 103 Abs. 1 GG; Einl. Rn. 28) und die möglicherweise schwer wiegenden Nachteile eines Arrestbefehls (Rn. 3). Ohne mündliche Verhandlung darf deshalb nur entschieden werden, wenn der Zweck des Arrestes (§ 916 Rn. 1) eine den Schuldner überraschende Entscheidung gebietet, was bei drohenden Vereitelungshandlungen (§ 916 Rn. 3) allerdings stets zu bejahen ist. Damit sind die Unterschiede zu § 937 Abs. 2, der eine abweichende Regelung für das einstweilige Verfügungsverfahren enthält, im Ergebnis gering. 2

Die **Anordnung einer mündlichen Verhandlung** wird zu erfolgen haben bei besonders schwieriger Sachlage oder zweifelhaften bzw. von den Parteien ersichtlich für unerheblich gehaltenen Rechtsfragen (vgl. § 139 Abs. 2), schwerwiegenden Nachteilen eines Arrestbefehles, denen durch die Anordnung einer Sicherheitsleistung (Rn. 7, 8) nicht ausreichend begegnet werden kann, zB auf Grund einer Rufschädigung im Geschäftsverkehr, und bei einer im Bereich des EuGVO notwendigen Arrestvollziehung, weil dort eine ohne Ladung des Schuldners erlassene Entscheidung nicht anerkannt wird (Art. 32 EuGVO Rn. 5). Entsprechendes gilt bei Vorliegen einer Schutzschrift, welche die Glaubhaftmachung im Arrestgesuch erschüttert (§ 920 Rn. 9); ist letzteres nicht der Fall, so kann ohne mündliche Verhandlung entschieden werden, weil sich der Schuldner schon selbst sozusagen im Vorgriff rechtliches Gehör verschafft hat. 3

Uneinigkeit besteht darüber, wie bei **„Arrestgesuch nur für den Fall einer Entscheidung ohne mündliche Verhandlung"** zu verfahren ist. Einen solchen Antrag hält eine Meinung[1] für bedingt und damit unzulässig. Eine andere Ansicht[2] sieht darin ein unbedingtes Gesuch, zulässigerweise verbunden mit einer Rücknahmeerklärung für den Fall der mündlichen Verhandlung; letzteres lässt eine dritte Meinung[3] nicht zu, weil die Antragsrücknahme als Prozesshandlung nur unbedingt erklärt werden könne. Auf diesen Streit sollte sich ein Gericht gerade wegen der Eilbedürftigkeit der Entscheidung nicht einlassen. Hält es eine mündliche Verhandlung für unverzichtbar, so empfiehlt es sich, den Gläubiger darauf telefonisch oder durch Telefax oder E-Mail aufmerksam zu machen (§ 139) und ihm Gelegenheit zur Ergänzung zu geben; der Gläubiger kann dann, falls er sich von einer Nachbesserung keinen Erfolg verspricht, die Antragsrücknahme erklären[4]. Geschieht nichts von beidem, so muss mündlich verhandelt werden. Nicht möglich ist es demgegenüber, das „bedingte Arrestgesuch" von vornherein als bloße Anregung zum Verzicht auf eine mündliche Verhandlung zu behandeln; eine solche Auslegung missachtet das im Gesetz geschützte Interesse des Gläubigers an einer Geheimhaltung eines erfolglosen Antrages bzw. an einer Überraschungsentscheidung (Rn. 2). 4

---

[7] OLG Celle NJW-RR 1987, 447f. Zur Strafbarkeit nach § 156 StGB vgl. BayObLG NJW 1996, 406.
[8] BGH VersR 1974, 1021; OLG München Rpfleger 1985, 457.
[9] KG Rpfleger 1987, 262; *Krüger* WRP 1991, 68.
[10] *Schuschke/Walker* Rn. 16.
[1] MK/*Drescher* § 922 Rn. 3; *Zö/Vollkommer* Rn. 1; *Wieczorek/Thümmel* Rn. 7.
[2] *Schuschke/Walker* Rn. 8; *St/J/Grunsky* Rn. 2.
[3] *B/L/H* Rn. 3.
[4] Ob dann die Hinweise auch dem Schuldner mitzuteilen sind, ist noch ungeklärt, *Teplitzky* GRUR 2008, 34ff.

5 Findet **mündliche Verhandlung** statt, so gelten die allgemeinen Regeln für das **Urteilsverfahren,** sofern sich nicht Besonderheiten aus dem Zweck des Arrestprozesses ergeben (§ 916 Rn. 9); die – wegen § 329 Abs. 2 zuzustellende – Anordnung ist nach allgM unanfechtbar. Bei mündlicher Verhandlung vor einem Landgericht besteht Anwaltszwang gemäß § 78 Abs. 1 (§ 920 Rn. 2). Die gesetzliche Verpflichtung zur **Güteverhandlung** nach § 278 Abs. 2 besteht auch hier (str. bei §§ 926, 927; zum Problem § 926 Rn. 21); an sie muss sich aber wegen der Eilbedürftigkeit (entgegen der Soll-Bestimmung des § 279 Abs. 1 S. 1) die mündliche Verhandlung unmittelbar anschließen. In der Praxis sind im Übrigen die Parteien gerade wegen der Dringlichkeit ihrer Sache sehr oft zu einer vergleichsweisen Gesamtbereinigung von einstweiligem Rechtschutzverlangen und Hauptsache bereit (zur Güterverhandlung nach Widerspruch § 924 Rn. 7).

Zulässig sind nur präsente Beweismittel (§ 294 Abs. 2). Vorbringen nach Ablauf einer gemäß § 273 Abs. 2 Nr. 1 gesetzten Frist darf nicht nach § 296 Abs. 1 zurückgewiesen werden,[5] falls es im Termin ergänzt oder erläutert und nachgewiesen wird; fehlt letzteres, so hat das Gesuch ohnehin keinen Erfolg (§ 922 Rn. 5). Eine Zurückweisung verspäteten Vorbringens kommt deshalb nur gemäß § 296 Abs. 2 in Betracht.[6] An der in § 920 Abs. 2 angeordneten Beweismaßreduzierung ändert sich nichts (§ 920 Rn. 5, 9f.). Die Entscheidung erfolgt, sofern keine anderweite Erledigung eintritt (§ 916 Rn. 3, § 920 Rn. 2), durch Endurteil (Einzelheiten § 922 Rn. 3, 5ff.; zum Verhältnis zum Hauptsacheprozess § 916 Rn. 4).

6 Kommt es zu **keiner mündlichen Verhandlung,** so wird durch **Beschluss** entschieden (Einzelheiten § 922 Rn. 4ff.), vor dessen Erlass dem Schuldner kein rechtliches Gehör gewährt wird. Die hM[7] lässt allerdings eine schriftliche Anhörung zu. Dem muss entgegengetreten werden.[8] Ist eine Überraschungsentscheidung geboten (Rn. 2), so darf der Schuldner in keiner Weise vorgewarnt werden. Umgekehrt muss bei vorherigem rechtlichen Gehör zwangsläufig mündlich verhandelt werden, weil sich sonst in den oben genannten Fällen (Rn. 3) kein sachgerechtes Ergebnis erzielen lässt. Außerdem darf dem Gläubiger nicht die Möglichkeit genommen werden, im Verhandlungstermin Vollbeweis zu erbringen, wenn der Schuldner durch seine Äußerung eine Glaubhaftmachung erschüttert hat (§ 920 Rn. 8); eine Zurückweisung des Arrestgesuches nach schriftlicher Anhörung des Schuldners ist folglich unzulässig. In den genannten Fällen muss daher das Urteilsverfahren eingeleitet werden, weshalb für eine schriftliche Anhörung im Beschlussverfahren auch kein Bedürfnis besteht.

III. Sicherheitsleistung

7 Die Vorschrift entspricht § 921 Abs. 2 aF (Rn. 1). Sie befasst sich mit der Anordnung einer Sicherheitsleistung im Arrestbeschluss und gilt sowohl für das Urteils- wie für das Beschlussverfahren (Rn. 5, 6). **Voraussetzung bei S. 1** ist fehlende Glaubhaftmachung des Anspruchs oder des Arrestgrundes; zu beiden muss aber schlüssig vorgetragen sein[9] (§ 922 Rn. 1). Gemeint sind also Fälle, in denen lediglich das erforderliche Beweismaß (§ 920 Rn. 9f.) nicht erbracht wurde, zB weil eine eidesstattliche Erklärung eines Zeugen nicht rechtzeitig beschafft werden konnte, und in denen dem Gläubiger ein Zuwarten mit dem Arrestgesuch bis zur Behebung des Hindernisses nicht zumutbar ist. Nach allgM kann S. 1 über seinen Wortlaut hinaus auch angewendet werden, wenn Anspruch *und* Arrestgrund oder wenn sonst Zulässigkeitsvoraussetzungen nicht glaubhaft gemacht sind. **Voraussetzung bei S. 2** ist, dass trotz Glaubhaftmachung zum Schutz des Schuldners die Anordnung einer Sicherheitsleistung erforderlich erscheint, zB wegen der schlechten Vermögensverhältnisse des Gläubigers, welche die Durchsetzung eines späteren Schadensersatzanspruches (§ 945) gefährdet. **Keine Anwendung** findet § 921 bei Anordnung eines persönlichen Arrestes (§ 918 Rn. 4).

8 Die **Anordnung der Sicherheitsleistung** steht im Ermessen, unabhängig davon, ob sich der Gläubiger dazu erboten hat; für Art und Höhe gilt § 108. Sie erfolgt entweder – wovon S. 2 ausgeht – durch vorherigen Beschluss, der dem Schuldner nicht mitgeteilt wird (§ 922 Abs. 3); der Arrestbefehl wird dann erst erlassen, wenn der Gläubiger die Sicherheit erbracht hat. Oder es wird – wovon S. 1 ausgeht und was in der Praxis die Regel ist – nur die Arrestvollziehung von der Sicherheitsleistung abhängig gemacht. Die entsprechende Anordnung enthält in diesem Fall der Arrestbefehl selbst; eine Fristsetzung ist nicht notwendig, weil der Titel ohnehin in den zeitlichen Grenzen gemäß § 929 Abs. 2, 3 benutzt werden muss. Als **Rechtsbefehl** gegen die Anordnung von Sicherheitsleistung steht dem Gläubiger sofortige Beschwerde zu (§ 567 Abs. 1 Nr. 2), weil darin eine teilweise Antragszurückweisung liegt (§ 922 Rn. 5, 10), weshalb auch das Rechtsmittel unzulässig ist, wenn er sich zur Leistung einer Sicherheit erboten hatte;[10] eine unterbliebene Anordnung kann der Schuldner mit Widerspruch (§ 924) bzw. Berufung (§ 916 Rn. 10) rügen.

922

Arresturteil und Arrestbeschluss **(1) [1]Die Entscheidung über das Gesuch ergeht im Falle einer mündlichen Verhandlung durch Endurteil, andernfalls durch Beschluss. [2]Die Entscheidung, durch die der Arrest angeordnet wird, ist zu begründen, wenn sie im Ausland geltend gemacht werden soll.**

(2) Den Beschluss, durch den ein Arrest angeordnet wird, hat die Partei, die den Arrest erwirkt hat, zustellen zu lassen.

---

5 So aber zu Unrecht LG Aachen NJW-RR 1997, 380.
6 OLG Koblenz GRUR 1987, 319; *T/P/Reichold* § 922 Rn. 2. AA (§ 296 unawendbar) MK/*Drescher* § 922 Rn. 22.
7 Vgl. nur: MK/*Drescher* Rn. 4; *Schuschke/Walker* Rn. 6; *Zö/Vollkommer* § 922 Rn. 1.
8 Ähnlich wie hier *S/J/Grunsky* § 911 Rn. 1 (keine Anhörung bei Gefährdung des Arrestzwecks).
9 OLG Frankfurt/O Rpfleger 1995, 468.
10 *Schuschke/Walker* Rn. 15.

(3) Der Beschluss, durch den das Arrestgesuch zurückgewiesen oder vorherige Sicherheitsleistung für erforderlich erklärt wird, ist dem Gegner nicht mitzuteilen.

I. Prüfungsumfang und Entscheidungsform

1. Prüfungsumfang. Das Gericht prüft im Anordnungsverfahren (§ 916 Rn. 8, 9) grundsätzlich nach allgemeinen Regeln, ob das Arrestgesuch zulässig und begründet ist. 1

a) Formelle Voraussetzungen: Es müssen die allgemeinen Prozessvoraussetzungen (vor § 253 Rn. 4ff.) samt den inhaltlichen Anforderungen an das Gesuch (§ 920 Rn. 6) erfüllt sein; für die Antragstellung besteht kein Anwaltszwang (§ 920 Rn. 2). Erforderlich ist außerdem die Behauptung eines Arrestanspruches und eines Arrestgrundes (§ 920 Rn. 7, 8); der Vortrag dazu (zur Darlegungslast § 920 Rn. 5) muss so substantiiert sein, dass eine Schlüssigkeitsprüfung erfolgen kann. Das Rechtsschutzbedürfnis ergibt sich dann idR von selbst. Einer sorgfältigen Prüfung bedarf es jedoch, wenn eine anderweite Sicherheit besteht (§ 917 Rn. 8) oder bereits eine vorläufig vollstreckbare Hauptsacheentscheidung ergangen (§ 916 Rn. 6) bzw. eine einstweilige Einstellung oder Anordnung (§ 916 Rn. 7) erreichbar ist, oder, wenn ein persönlicher Arrest erstrebt wird (§ 918 Rn. 2, 4).

b) Materielle Voraussetzungen. Das Gesuch ist begründet, wenn Arrestanspruch und Arrestgrund glaubhaft gemacht sind (§ 920 Rn. 9, 10); fehlt es an der Glaubhaftmachung, so kann ein Arrestbefehl nur unter den Voraussetzungen des § 921 ergehen (§ 921 Rn. 7, 8). Der Richter weist das Gesuch auch dann als unbegründet (nicht als unzulässig) zurück, wenn er einen Arrestgrund (§§ 917, 918) verneint. Denn dabei handelt es sich nach hM[1] um eine Sachurteilsvoraussetzung, nicht um eine besondere Form des Rechtsschutzinteresses[2]; folglich darf der Arrestgrund offen bleiben, wenn das Gesuch am Arrestanspruch scheitert, und umgekehrt. 2

2. Form und Begründung der Entscheidung. a) Endurteil. Ist über das Arrestgesuch mündlich verhandelt worden (§ 921 Rn. 3–5), so ergeht – sofern keine Rücknahme erfolgt oder Erledigung eintritt (§ 916 Rn. 3, 9, § 920 Rn. 2) – Endurteil, § 922 Abs. 1 S. 1 Alt. 1. Für dessen Abfassung gelten die allgemeinen Regeln; das Urteil besteht folglich aus Rubrum – wobei die Parteien zweckmäßigerweise als „Gläubiger" und „Schuldner" bezeichnet werden –, Tenor (Rn. 5ff.), Tatbestand und Entscheidungsgründe[3], gleichviel ob das Arrestgesuch Erfolg hat oder nicht. Ist eine Partei säumig, wird durch Versäumnisurteil (§§ 330, 331) erkannt; bei Verzicht oder Anerkenntnis sind §§ 306, 307 anzuwenden. 3

b) Beschluss. Hat keine mündliche Verhandlung stattgefunden (§ 921 Rn. 2, 6), so wird durch Beschluss entschieden, § 922 Abs. 1 S. 1 Alt. 2. Es handelt sich um ein „urteilsvertretendes Erkenntnis" iSd. § 839 BGB, das folglich dem Spruchrichterprivileg des § 839 Abs. 2 S. 1 BGB unterfällt.[4] Der Beschluss besteht in jedem Falle aus Rubrum (Fassung wie beim Urteil) und Tenor (Rn. 5ff.). Wegen der Gründe ist zu unterscheiden: Hat das Arrestgesuch keinen Erfolg, so muss stets eine Begründung – gegliedert in Sachbericht und rechtliche Erörterungen (entsprechend Tatbestand und Entscheidungsgründe) – gegeben werden, weil sofortige Beschwerde stattfindet (Rn. 10).[5] Wird dem Antrag stattgegeben, also Arrestbefehl erlassen, so bedarf es nach § 922 Abs. 1 S. 2 keiner Begründung, es sei denn, die Entscheidung soll im Ausland (§ 917 Rn. 5, § 921 Rn. 3) oder im Geltungsbereich des EuGVVO (§ 917 Rn. 6) in einem anderen Vertragsstaat geltend gemacht werden; im zuletzt genannten Fall ist der Arrestbefehl gegebenenfalls nachträglich zu vervollständigen (§ 30 Abs. 4 AVAG). Zur Begründung gilt im Übrigen: Ist die Sach- und Rechtslage durchschaubar, weil der Schuldner auf Grund seines Verhaltens, zB von Vereitelungshandlungen, Anlass und Grund des Arrestes kennt oder kennen kann, so bedarf es schon deshalb keiner Begründung. In allen anderen Fällen genügt es, der gerichtlichen Entscheidung das Gesuch als Anlage beizufügen[6] oder den Beschluss entsprechend § 313b Abs. 2 auf die Antragsschrift zu setzen. Ist die Sach- und/oder Rechtslage schwierig, so gebieten es die Grundsätze eines fairen Verfahrens, eine stattgebende Entscheidung mit Gründen zu versehen, sofern nicht ohnehin mündlich verhandelt wurde (§ 921 Rn. 3). 4

II. Inhalt (Tenor), Mitteilung und Anfechtung der Entscheidung

1. Zurückweisung des Gesuches. Fehlt eine der Voraussetzungen, von denen der Erlass eines Arrestes abhängt (Rn. 1, 2), so wird der Antrag „zurückgewiesen" (zum Fall des § 921 vgl. Rn. 7); des Zusatzes „als unzulässig" oder „als unbegründet" bedarf es nicht, weil die Entscheidung ohnehin in den Gründen gerechtfertigt werden muss (Rn. 4). Zugleich wird über die **Kosten** nach § 91 befunden. Wegen der **vorläufigen Vollstreckbarkeit** – die sich nur auf die Kostenentscheidung bezieht – kommt es darauf an, ob durch Urteil oder Beschluss entschieden wurde. Im zuerst genannten Falle gelten §§ 708 Nr. 6, 711, 713. In letzterem unterbleibt ein Ausspruch, weil Beschlüsse nicht für vorläufig vollstreckbar erklärt werden; insoweit findet die Zwangsvollstreckung gemäß § 794 Abs. 1 Nr. 3 statt. Schließlich muss gemäß § 63 Abs. 2 S. 1 5

---

[1] OLG Frankfurt/M. (5. Senat) NJW 2002, 903; *B/L/H* vor § 916 Rn. 12; *Zö/Vollkommer* § 917 Rn. 3; *Schuschke/Walker* § 917 Rn. 1; *R/G/Schilken* § 75 II 2; *Mathäser* JuS 1995, 442f.; *Berger* Kap. 2 Rn. 32. Ebenso jetzt MK/*Drescher* § 917 Rn. 2.

[2] So OLG Frankfurt/M. (16. Senat) NJW 2005, 3222; *Wieczorek/Thümmel* § 917 Rn. 2; AK-ZPO/*Damrau* § 917 Rn. 4; *Teplitzky* DRiZ 1982, 43.

[3] Näher dazu *Huber* Rn. 530, 562ff.

[4] BGH NJW 2005, 436; dazu *Meyer* NJW 2005, 864.

[5] LAG Nürnberg NZA-RR 1997, 188.

[6] So auch *S/J/Grunsky* Rn. 5; *Zö/Vollkommer* Rn. 10.

GKG auch der **Gebührenstreitwert** (Höhe vgl. § 916 Rn. 3) festgesetzt werden. Ist durch Beschluss entschieden worden, so erhält der Tenor nur eine weitere Ziffer; denn auch die Wertfestsetzung erfolgt durch Beschluss (§ 63 Abs. 1 S. 1 GKG). Genauso verfährt man zweckmäßigerweise auch beim Urteil[7]; jedoch kann auch gesonderter Streitwertbeschluss ergehen.

6 **2. Anordnung des Arrestes. a) Hauptsacheentscheidung.** Hat der Antrag auf Erlass eines Arrestes Erfolg, so gelten für die Abfassung des Tenors – bei Urteil und Beschluss – folgende Regeln: Der **Hauptsacheausspruch** beginnt, was die Sicherungsfunktion des Arrestes hervorhebt, mit der Einleitungsformel: „Zur Sicherung der Zwangsvollstreckung wegen …". Anschließend müssen der Arrestanspruch, also die Geldforderung nach Grund und Betrag bzw. der Anspruch, der in eine Geldforderung übergehen kann (§ 916 Rn. 12ff.), und die Arrestart (§§ 917, 918) genannt werden; fehlen diese Angaben, so ist der Arrestbefehl unwirksam[8], was der Schuldner durch Widerspruch bzw. Berufung beanstanden kann. Der dingliche Arrest wird allgemein „in das bewegliche und unbewegliche Vermögen des Schuldners" angeordnet, über die Art der Vollziehung (§§ 928ff.) entscheidet später der Gläubiger (§ 920 Rn. 6). Beim persönlichen Arrest muss allerdings wegen des Eingriffs in die Freiheitsrechte des Schuldners die Art der Beschränkung (§ 918 Rn. 2) ausgesprochen werden; unterbleibt das, so bedarf es im Vollziehungsverfahren einer gesonderten Entscheidung (§ 933 Rn. 1).

7 **b) Kosten, vorläufige Vollstreckbarkeit, Anordnung einer Sicherheit, Lösungssumme, Streitwert.** Im Tenor folgt sodann die **Kostenentscheidung** nach allgemeinen Regeln (§ 91 Rn. 3); § 788 ist nicht einschlägig, weil davon nur die „Kosten der Zwangsvollstreckung" erfasst werden, die Anordnung des Arrestes aber zum Erkenntnisverfahren gehört (§ 916 Rn. 8). Ein Ausspruch zur **vorläufigen Vollstreckbarkeit** wird nicht getroffen (allgM), unabhängig davon, ob Urteil oder Beschluss ergeht (anders bei der Antragszurückweisung, Rn. 5); denn es ergibt sich aus der Natur der Sache, dass die einstweiligen Rechtsschutz gewährende Entscheidung sofort vollstreckbar sein muss. Davon zu unterscheiden ist die **Anordnung einer Sicherheit** (§ 921 Rn. 7, 8); in einem solchen Falle wird bestimmt, dass die Vollziehung des Arrestes von der nach Art und Höhe zu bezeichnenden vorherigen Sicherheitsleistung abhängt. Schließlich werden noch die **Lösungssumme** gemäß § 923 (Einzelheiten s. dort) und der **Streitwert** (Rn. 5) festgesetzt.

8 **c) Verbindung mit Pfändungsbeschluss.** Nach § 929 Abs. 3 S. 1 darf die Vollziehung des Arrestbefehles vor dessen Zustellung erfolgen, was hauptsächlich im Zusammenhang mit einer Forderungspfändung vorkommt. Bei entsprechendem Antrag (§ 920 Rn. 6) kann folglich die Entscheidung mit einem Pfändungsbeschluss (§ 829) verbunden werden (§ 930 Rn. 3); eine Überweisung der Forderung (§ 835) darf nicht erfolgen, weil das den Gläubiger zur Einziehung berechtigen, ihm folglich eine im einstweiligen Rechtsschutzverfahren grundsätzlich nicht erlaubte Befriedigung (§ 916 Rn. 1) verschaffen würde. Die Kosten des Pfändungsbeschlusses gehören zur Vollziehung, weshalb insoweit § 788 gilt (Rn. 7).

9 **3. Mitteilung der Entscheidung.** Ein **Urteil** (Rn. 3) wird von Amts wegen beiden Parteien zugestellt (§§ 317, 166 Abs. 2); enthält es die Arrestanordnung, so liegt darin noch keine Vollziehung (§ 929 Rn. 6), während umgekehrt die Zustellung (anders als bei § 750 Abs. 1 S. 1) nicht Voraussetzung der Vollstreckung ist (§ 929 Abs. 3 S. 1). Bei Entscheidung durch **Beschluss** gilt: Die **Zurückweisung** des Arrestgesuches ist dem Gläubiger gemäß § 329 Abs. 3 zuzustellen, weil sofortige Beschwerde stattfindet (Rn. 10). Der Schuldner erhält keine Mitteilung, § 922 Abs. 3; Zweck dieser Bestimmung ist es, eine Vorwarnung des Gegners zu vermeiden und dem Antragsteller die Überraschungsmöglichkeit, zB für den Fall einer erfolgreichen sofortigen Beschwerde gegen die Antragszurückweisung (Rn. 10) zu erhalten (vgl. auch § 921 Rn. 4 aE). Der **Arrestbefehl** wird dem Gläubiger von Amts wegen zugestellt (§§ 929 Abs. 2, 329 Abs. 2 S. 2, Abs. 3 Alt. 1), der ihn erst anschließend dem Schuldner im Parteibetrieb zustellen lässt, § 922 Abs. 2. Der Gläubiger kann so entscheiden, zu welchem Zeitpunkt (innerhalb der Grenzen des § 929 Abs. 2) er von dem Titel Gebrauch machen will, und außerdem durch eine Vollziehung vor Zustellung (§ 929 Abs. 3) den Zugriff wirkungsvoll gestalten. Die ordnungsgemäße Zustellung durch den Gläubiger ist Wirksamkeitsvoraussetzung für den Arrestbefehl; ist sie unwirksam, so kann der Mangel gem. § 189 jedoch geheilt werden (näher § 929 Rn. 9). Für Zustellungen im Ausland gilt § 183.

10 **4. Anfechtung der Entscheidung. a) Grundsätze.** Wegen der **unterschiedlichen Rechtsbehelfe,** insbes. wegen der **Berufung** gegen ein Endurteil (Rn. 2) bzw Widerspruch gegen Arrestbefehl, wird zunächst auf die frühere Übersicht verwiesen (§ 916 Rn. 10, 11) und ergänzt: Es findet gemäß § 567 Abs. 1 Nr. 2 **sofortige Beschwerde** gegen den ein Arrestgesuch zurückweisenden Beschluss erster Instanz (Rn. 5) statt, der deshalb zuzustellen ist (Rn. 9). Das Ausgangsgericht kann der sofortigen Beschwerde abhelfen (§ 572 Abs. 1) und Arrestbeschluss erlassen; zur Anberaumung einer mündlichen Verhandlung ist es jedoch nach allgM nicht befugt. Die Beschwerde ist in entsprechender Anwendung des § 511 Abs. 2 Nr. 1 unzulässig, wenn die Beschwer 600 € nicht übersteigt[9], weil die Entscheidung, falls sie durch Urteil ergangen wäre, ebenfalls nicht angefochten werden könnte; ein Fall des § 511 Abs. 2 Nr. 2, Abs. 4 ist nicht denkbar, weil dann mündlich zu verhandeln gewesen wäre (§ 921 Rn. 3). Soweit dagegen eingewendet wird, dem Gläubiger müsse wegen des Fehlens einer mündlichen Verhandlung eine 2. Instanz offen stehen,[10] überzeugt das

---

[7] Zu dieser Methode *Huber* Rn. 186, 188.

[8] RGZ 78, 332 (zum Schuldgrund). HM, vgl. nur MK/*Drescher* Rn. 6; *Zö/Vollkommer* Rn. 2; *S/J/Grunsky* Rn. 31; aA *Wiecz/Sch/Thümmel* Rn. 6.

[9] LG Köln MDR 2003, 831; LG Konstanz NJW-RR 1995, 1102 (zu § 511a aF). AA die hM im Schrifttum: MK/*Drescher* Rn. 15; *T/P/Reichold* Rn. 7; *Sae/Kemper* Rn. 12; *Heiderhoff* in: Berger Kap. 8 Rn. 87.

[10] MK/*Drescher* Rn. 15; *Zö/Vollkommer* Rn. 13.

nicht, weil sogar außerhalb des einstweiligen Rechtsschutzes eine nicht berufungsfähige Entscheidung ohne mündliche Verhandlung möglich ist (vgl. § 495a). Für die Einlegung besteht kein Anwaltszwang (§§ 569 Abs. 3 Nr. 1, 78 Abs. 5).[11]

Nach Zurückweisung des Arrestgesuches (ohne mündliche Verhandlung) durch Beschluss – sofern das überhaupt in Betracht kommt (§ 920 Rn. 6) – kann der Antragsteller nicht sofortige Beschwerde ausschließlich mit dem Ziel einlegen, die **Erledigung** (dazu § 916 Rn. 3, 9; § 920 Rn. 2) festzustellen und dem Antragsgegner die Kosten aufzuerlegen.[12] In einem solchen Falle hilft auch § 269 Abs. 3 S. 3 entsprechend nicht, weil Rechtshängigkeit schon mit Einreichung des Gesuches eingetreten ist (§ 920 Rn. 3). 10a

b) **Entscheidung des Beschwerdegerichts.** Insoweit kommt es darauf an: Wird ohne mündliche Verhandlung das Rechtsmittel zurückgewiesen, gibt es gem. § 574 Abs. 1 S. 2 keine Rechtsbeschwerde, eine Zulassung (vgl. § 574 Abs. 1 Nr. 2) bindet nicht;[13] das gilt auch für eine im Beschwerdeverfahren ergangene Kostenentscheidung nach Erledigung (§ 91a)[14] oder Antragsrücknahme (§ 269 Abs. 5).[15] Wird (ohne mündliche Verhandlung) Arrestbefehl erlassen, so steht dem Schuldner Widerspruch zu (§ 924; Zuständigkeit: § 924 Rn. 6). Bestimmt das Beschwerdegericht Termin zur mündlichen Verhandlung, so leitet es in das Urteilsverfahren über (§ 921 Rn. 5) und muss folglich durch Endurteil wie auf Berufung hin entscheiden, gegen das kein Rechtsmittel zulässig (§ 916 Rn. 10) ist.[16] 10b

III. Rechtskraft

Die **formelle Rechtskraft** richtet sich nach allgemeinen Regeln (§ 705 Rn. 2ff.); Arrestbeschlüsse können jedoch nicht formell rechtskräftig werden, weil dagegen unbefristet Widerspruch stattfindet (§ 924 Rn. 5). Inwieweit Entscheidungen im Arrestverfahren in **materielle Rechtskraft** erwachsen, ist zwar nach wie vor umstritten.[17] Über folgende Fallgruppen herrscht aber weitgehend Einigkeit: Konnte der Gläubiger seinen Vortrag nicht glaubhaft machen, so kann das Gesuch mit anderen Mitteln der Glaubhaftmachung wiederholt werden; hat der Richter Arrestanspruch oder Arrestgrund mit einer anderen Begründung verneint, so darf ein erneutes Gesuch nur auf nach der früheren Entscheidung entstandene neue Tatsachen gestützt werden.[18] Wurde der Arrest – aus welchen Gründen auch immer – innerhalb der Frist des § 929 Abs. 2 nicht vollzogen, kommt ein Neuerlass in Betracht, sofern die Voraussetzungen dafür noch bestehen (§ 929 Rn. 6).[19] **Keine** materielle Rechtskraftwirkung besteht wegen der unterschiedlichen Streitgegenstände gegenüber Hauptsacheprozess und Schadensersatzverlangen nach § 945.[20] 11

IV. Rechtsanwaltsgebühren

Im Anordnungsverfahren (zu den Gerichtskosten § 916 Rn. 17, 18) entstehen die Gebühren der Nrn. 3100ff. VV RVG, im Vollziehungsverfahren die 0,3 Verfahrensgebühr aus Nr. 3309 VV RVG (§ 18 Nr. 4 RVG). Das Anordnungsverfahren ist im Verhältnis zum Hauptsacheverfahren eine eigene Angelegenheit (§ 17 Nr. 4a, b, d RVG). Das Anordnungsverfahren einschließlich **Abänderungs- und Aufhebungsverfahren,** ist gebührenrechtlich eine Angelegenheit. Auch das Widerspruchsverfahren (§§ 924, 925) gehört dazu. Die Gebühren der Nrn. 3100ff. VV RVG fallen (höchstens) einmal an (zB nur einmal die Verfahrensgebühr, auch wenn mehrfach Aufhebungsanträge gestellt werden, § 16 Nr. 6 RVG, auch wenn lange zeitliche Zwischenräume zwischen den Anträgen liegen).[21] **Mehrere Widersprüche** gegen Teile des Arrestbefehls dürfen nicht mehr Gebühren bringen, als ein Widerspruch gegen den gesamten Arrestbefehl, § 15 Abs. 3 RVG entsprechend. Das Gleiche gilt bei mehreren teilweisen Aufhebungsverträgen. 12

Wird im selben Verfahren **dinglicher und persönlicher** Arrest beantragt oder Arrest und einstweilige Verfügung, liegt gebührenrechtlich eine Angelegenheit mit mehreren Gegenständen vor, auch wenn nur ein Anspruch gesichert werden soll.[22] Ist eines der Sicherungsmittel nur hilfsweise beantragt, gilt § 45 Abs. 1 S. 2 GKG mit § 23 Abs. 1 RVG. 13

Werden dagegen **mehrere Verfahren** eingeleitet, liegen gebührenrechtlich auch dann mehrere Angelegenheiten vor, wenn nur ein Anspruch gesichert werden soll (§ 15 Abs. 2 S. 1 RVG), etwa wenn Antrag wegen Versäumung der Vollziehungsfrist erneuert wird. 14

Der Anwalt erhält zunächst einmal die **Verfahrensgebühr** aus Nr. 3100 VV RVG. Sie erhöht sich für jeden weiteren Auftraggeber um 0,3 mit der Obergrenze aus Nr. 1008 VV RVG. Bei vorzeitiger Erledigung 15

---

11 Sehr str., wie hier (zu § 569 Abs. 2 aF) zB BGH NJW 1984, 2313; OLG Dresden NJWE-WettbR 1997, 184; OLG München NJW 1984, 2134; KG NJW-RR 1992, 576; *Schuschke/Walker* Rn. 20 m. weit. Nachw. AA zB OLG Hamm NJW 1982, 1711; OLG Düsseldorf OLGZ 1983, 358.

12 OLG Bamberg OLGR 2002, 464 m. weit. Nachw.; *Wiecz/Sch/Thümmel* Rn. 4. Sehr str.; aA *Zö/Vollkommer* Rn. 4 m. weit. Nachw.

13 BGHZ 154, 102 = NJW 2003, 1531; BAG NJW 2003, 1621.

14 BGH NJW-RR 2003, 1075.

15 BGH NJW 2003, 3565.

16 Näher *Schuschke/Walker* Rn. 21.

17 Ausf. MK/*Drescher* vor § 916 Rn. 27ff., § 922 Rn. 27; vgl. auch *Bongen/Renaud* NJW 1991, 2886.

18 KG MDR 1979, 64.

19 KG NJW-RR 1992, 318.

20 KG NJW-RR 1987, 448; näher *Schuschke/Walker* Rn. 24, § 945 Rn. 19.

21 AnwK-RVG/*Mock/Schneider/Wahlen* § 16 RVG Rn. 58.

22 G/S/*Müller-Rabe* § 18 Rn. 10.

gilt Nr. 3101 VV RVG mit der Reduktion auf 0,8. Für die Teilnahme an Gerichtsterminen oder außergerichtlichen Besprechungen zur Beilegung des Rechtsstreit fällt die **Terminsgebühr** aus Nr. 3104 VV RVG an. Daneben kann auch die **Einigungsgebühr** der Nr. 1003 VV RVG entstehen; bei nicht anhängigen Gegenständen aus Nr. 1000 VV RVG.

16 **Schutzschrift:** Für das Einreichen einer Schutzschrift erhält der Anwalt eine volle 1,3 Verfahrensgebühr aus Nr. 3100 VV RVG.[23] Kommt es anschließend zum Verfügungs- oder Arrestverfahren, erstarkt sie zur vollen 1,3 Verfahrensgebühr der Nr. 3100 VV RVG (§ 15 Abs. 3 RVG). Der Anwalt erhält die Gebühr für die Schutzschrift also nicht zusätzlich, da das Einreichen der Schutzschrift zum Rechtszug des einstweiligen Verfahrens gehört.[24]

17 Für das **Beschwerdeverfahren** fallen die Gebühren der Nrn. 3500 ff. VV RVG an. Der Anwalt erhält eine 0,5 Verfahrensgebühr aus Nr. 3500 VV RVG. Für die Teilnahme an außergerichtlichen Besprechungen zur Streitbeilegung fällt die 0,5 Terminsgebühr gemäß Nr. 3513 VV RVG an. Findet im Beschwerdeverfahren eine mündliche Verhandlung statt, entsteht eine 1,2 Terminsgebühr der Nr. 3514 VV RVG.

923 *Abwendungsbefugnis* **In dem Arrestbefehl ist ein Geldbetrag festzustellen, durch dessen Hinterlegung die Vollziehung des Arrestes gehemmt und der Schuldner zu dem Antrag auf Aufhebung des vollzogenen Arrestes berechtigt wird.**

I. Normzweck

1 Im Arrestbefehl ist ein allgemein als „Lösungssumme" bezeichneter Geldbetrag festzusetzen. Der Schuldner kann dann wählen, ob er durch Hinterlegung dieser Summe die Vollziehung des Arrestes abwendet bzw. einen schon vollzogenen Arrest aufheben lässt, oder, ob er den Arrest zunächst hinnimmt. Entscheidet er sich für die zuerst genannte Möglichkeit, so erhält der Gläubiger die mit seinem Gesuch erstrebte Sicherung. Die Vorschrift verwirklicht so den Zweck des einstweiligen Rechtsschutzes bei möglichst umfassender Wahrung der Schuldnerinteressen (§ 916 Rn. 1).

II. Lösungssumme

2 Die **Festsetzung der Lösungssumme** erfolgt von Amts wegen („ist") im Arresturteil oder Arrestbeschluss (§ 922 Rn. 3, 4, 7); fehlt es daran, so ist der Arrestbefehl zwar nicht unwirksam, jedoch gemäß § 321 oder auf Rechtsbehelf hin zu ergänzen.[1] Die Höhe entspricht dem Wert des zu sichernden Anspruchs samt Nebenforderungen (§ 4), wie er sich aus dem Gesuch ergibt (§ 920 Rn. 6). Darüber hinaus kann zusätzlich eine Kostenpauschale für die Kosten des Hauptsacheprozesses mitaufgenommen werden, insoweit jedoch nur auf Antrag; der Richter ist zur Berechnung künftiger Kosten nicht verpflichtet. Die Kosten des Arrestverfahrens sind nicht Gegenstand der Kostenpauschale[2]; sie können auf Grund des Arrestbefehls festgesetzt und sofort beigetrieben werden (§ 794 Abs. 1 Nr. 2), weshalb kein Sicherungsbedürfnis besteht. Die Höhe der festgesetzten Lösungssumme können Gläubiger und Schuldner je nach Entscheidungsart durch sofortige Beschwerde, Berufung oder Widerspruch als zu hoch bzw. zu niedrig beanstanden. Nach dem Wortlaut des § 923 hat die Sicherheitsleistung durch Hinterlegung – nach den Vorschriften der HintO – zu erfolgen; das Gericht kann jedoch nach allgM eine andere Art der Sicherheit bestimmen, also sozusagen § 108 Abs. 1 S. 2 umgekehrt anwenden.

3 Als **Wirkung der Hinterlegung** erlangt der Gläubiger ein Pfandrecht gemäß § 233 BGB, auch dann, wenn ein Dritter (§§ 267 Abs. 2, 268 BGB) die Sicherheit erbracht hat. Die Vollziehung des Arrestes darf nicht mehr erfolgen, wenn der Schuldner die Sicherheitsleistung gemäß § 775 Nr. 3 nachweist oder beim Vollstreckungsversuch die Lösungssumme dem Gerichtsvollzieher übergibt, der sie dann zu hinterlegen hat (§ 193 Nr. 1 e GVGA). Wird die Sicherheit erst nach Arrestvollziehung geleistet, so ist der Schuldner zum Antrag auf Aufhebung der Vollstreckungsmaßnahmen gemäß § 934 berechtigt (Einzelheiten s. dort). Der Bestand des Arrestbefehles wird davon jedoch nicht berührt; der Schuldner kann aber die Aufhebung mit Widerspruch bzw. Berufung oder nach § 927 betreiben (§ 927 Rn. 2, 7).

924 *Widerspruch* **(1) Gegen den Beschluss, durch den ein Arrest angeordnet wird, findet Widerspruch statt.**

(2) [1]Die widersprechende Partei hat in dem Widerspruch die Gründe darzulegen, die sie für die Aufhebung des Arrestes geltend machen will. [2]Das Gericht hat Termin zur mündlichen Verhandlung von Amts wegen zu bestimmen. [3]Ist das Arrestgericht ein Amtsgericht, so ist der Widerspruch unter Angabe der Gründe, die für die Aufhebung des Arrestes geltend gemacht werden sollen, schriftlich oder zum Protokoll der Geschäftsstelle zu erheben.

(3) [1]Durch Erhebung des Widerspruchs wird die Vollziehung des Arrestes nicht gehemmt. [2]Das Gericht kann aber eine einstweilige Anordnung nach § 707 treffen; § 707 Abs. 1 Satz 2 ist nicht anzuwenden.

---

[23] OLG Nürnberg AGS 2005, 339.
[24] *Schneider/Mock* § 16 Rn. 76.
[1] OLG Hamburg NJW 1958, 1145. AllgM im Schrifttum.
[2] MK/*Drescher* Rn. 2; Zö/*Vollkommer* Rn. 2; *Schuschke/Walker* Rn. 4.

I. Normzweck

Die Vorschrift setzt einen durch Beschluss, also ohne mündliche Verhandlung erlassenen Arrestbefehl voraus. Wäre dagegen – wie bei dem ein Arrestgesuch zurückweisenden Beschluss (§ 922 Rn. 10) – sofortige Beschwerde statthaft, so müsste das im Rechtszug höhere Gericht entscheiden und hätte der Schuldner, der vorher nicht angehört worden war (§ 921 Rn. 6), erst dort nachträglich rechtliches Gehör. Um das zu vermeiden, begründet **Abs. 1** mit dem Widerspruch einen eigenen Rechtsbefehl, der die Überprüfung der Entscheidung innerhalb der Instanz bezweckt. Außerdem bestimmt **Abs. 2 S. 2** weiter, dass im Widerspruchsverfahren mündlich zu verhandeln ist, was eine Beteiligung des Gegners sicherstellt. Die Formalien des Rechtsbehelfes sind in **Abs. 2 S. 1, 3** geregelt, während **Abs. 3** seine Wirkung auf die Arrestvollziehung betrifft. Mit Form und Inhalt der auf Widerspruch zu treffenden Entscheidung befasst sich sodann § 925. 1

II. Widerspruch

1. Verhältnis zu anderen Rechtsbefehlen. Der Schuldner kann sich gegen die **Anordnung des Arrestes** nach seiner Wahl (Rn. 3) außer durch Widerspruch bzw. Berufung (§ 916 Rn. 10) auch mit einem Antrag auf Anordnung der Klageerhebung (§ 926) oder einem Verlangen nach Aufhebung wegen veränderter Umstände (§ 927) verteidigen. Er darf diese Möglichkeiten auch nebeneinander ergreifen, sofern für jede von ihnen ein Rechtsschutzinteresse besteht.[1] Im Verhältnis zu § 926 ist das stets der Fall, weil keine Überschneidungen auftreten; denn dort geht es ausschließlich um die fristgerechte Erhebung der Hauptsacheklage (§ 926 Rn. 3, 18). Wird der Widerspruch bzw. die Berufung auf veränderte Umstände gestützt, zB den Wegfall des Arrestgrundes oder den Ablauf der Vollziehungsfrist (§ 927 Rn. 7),[2] so kann damit aber nicht gleichzeitig ein Antrag nach § 927 gerechtfertigt werden; in einem solchen Falle ist vielmehr das Aufhebungsverfahren von Anfang an unzulässig[3] (§ 927 Rn. 2). Nach rechtskräftiger Aufhebung des Arrestes scheidet jeder andere Rechtsbefehl aus. Umgekehrt kann ein Rechtsbefehl nicht auf Gründe gestützt werden, mit welchen der Schuldner in einem anderen Rechtsbefehlsverfahren schon rechtskräftig unterlegen ist (§ 922 Rn. 11). Einer **Vollstreckungsabwehrklage** (§ 767) oder einer **Abänderungsklage** (§ 323) mit dem Ziel der Arrestaufhebung gehen die §§ 924, 926, 927 nach allgM vor. Gegen die **Vollziehung des Arrestes** kann sich der Schuldner über §§ 923, 934 wenden oder Vollstreckungserinnerung (§ 766) einlegen; letztere steht auch einem Dritten offen, der außerdem nach §§ 771, 805 vorgehen kann. 2

Die **Wahl** zwischen den Rechtsbehelfen nach §§ 924, 926, 927 trifft der Schuldner danach, wie sich das erstrebte Ziel am einfachsten erreichen lässt, wobei auch der Kostenbelastung Bedeutung zukommt. Beispiele:[4] Soll der Arrestanspruch bestritten werden, so ist Widerspruch der richtige Rechtsbefehl; hat dieser Erfolg, so trägt der Gläubiger die gesamten Kosten, also sowohl die des Anordnungs- wie die des Widerspruchsverfahrens. Allerdings gilt das in § 920 Abs. 2 angeordnete Beweismaß fort (§ 920 Rn. 1, 9); erkennt der Schuldner, dass er die Glaubhaftmachung durch den Gläubiger nicht wird entkräften können, so empfiehlt es sich, den Arrestbefehl zunächst hinzunehmen und eine Frist zur Klageerhebung nach § 926 Abs. 1 setzen zu lassen. Wurde der Arrestanspruch nach Zustellung des Arrestbefehls bezahlt, so führt der einfachste Weg über einen Aufhebungsantrag nach § 927; der Schuldner bleibt dann zwar weiter mit den Kosten des Anordnungsverfahrens belastet (§ 927 Rn. 12), jedoch ließe sich daran auch nichts bei einem Widerspruch ändern. Möchte der Schuldner trotz der nachträglichen Zahlung geltend machen, dass von Anfang kein Arrestgrund vorlag, so muss er jedoch Widerspruch einlegen (Rn. 9); denn nur damit kann er die Freistellung von allen Kosten erreichen. 3

Ein **Verzicht** auf diese Rechtsbehelfe ist entsprechend §§ 515, 565 möglich. Der Richter muss jedoch darauf achten, dass Klarheit über den Umfang einer solchen Erklärung herrscht. Denn der Verzicht kann sich nur auf den Widerspruch beziehen, zugleich aber auch die Befugnis nach § 927 betreffen oder alle Rechtsbehelfe erfassen (Einzelheiten § 926 Rn. 5, 21, § 927 Rn. 4). 4

2. Verfahren bei Widerspruch. Zum Widerspruch **berechtigt** ist nur der Schuldner oder sein Rechtsnachfolger, im Insolvenzverfahren auch der Insolvenzverwalter, sofern sich dieser nicht mit einer Insolvenzanfechtung begnügt (vgl. § 141 InsO) oder sich nur auf die Unwirksamkeit einer durch Arrestvollziehung erlangten Sicherung beruft (§ 88 InsO). Die **Einlegung** erfolgt beim Amtsgericht schriftlich oder zu Protokoll der Geschäftsstelle (§ 924 Abs. 2 S. 3); vor dem Landgericht muss die Schriftform eingehalten werden und herrscht Anwaltszwang, denn die Erleichterung des § 920 Abs. 3 gilt nur für das Gesuch selbst (zum Inhalt des Widerspruchs Rn. 8). Eine bestimmte **Frist** braucht nicht gewahrt zu werden. Während des Hauptsacheprozesses muss der Gläubiger stets mit einem Widerspruch rechnen[5], später hauptsächlich mit dem Einwand des nunmehr entfallenen Arrestgrundes (§ 916 Rn. 6). Nach längerem Zeitablauf kommt eine **Verwirkung** in Betracht, wenn der Schuldner unter Verhältnissen untätig bleibt, unter denen vernünf- 5

---

[1] Str., wie hier zB: OLG Hamm WM 1966, 291; GRUR 1988, 611f.; *B/L/H* Rn. 6; *T/P/Reichold* Rn. 6. Einschränkend MK/*Drescher* Rn. 4 (nur, falls der Aufhebungsgrund im ersten Verfahren nicht geltend gemacht werden konnte). AA (nach der Wahl eines Rechtsbehelfes sind die anderen ausgeschlossen) zB *Schuschke/Walker* Rn. 5; *R/G/Schilken* § 77 II 4.

[2] LG Düsseldorf NJW-RR 1999, 383 (Aufhebung einer einstweiligen Verfügung auf Eintragung einer Vormerkung zur Sicherung des Anspruches nach § 648 BGB).

[3] OLG Düsseldorf NJW-RR 1988, 188f.

[4] Beispiel zu Widerspruch oder Aufhebungsantrag wegen Ablaufs der Vollziehungsfrist *Meiski* JuS 2006, 887.

[5] BGH NJW 1992, 2297f.

tigerweise etwas zur Wahrung des Rechts unternommen zu werden pflegt.[6] Die **Zurücknahme** des Widerspruchs ist jederzeit möglich, auch ohne Zustimmung des Gegners; dann gilt § 516 Abs. 3 entsprechend.

6 **Zuständig** ist, wie aus dem Normzweck (Rn. 1) folgt, das Arrestgericht (§ 919). Stammt der Arrestbefehl vom Beschwerdegericht (§ 922 Rn. 10b), so befindet über den Widerspruch nach ganz hM[7] gleichwohl die erste Instanz. Dagegen wird vorgebracht, dieser Standpunkt erwecke „Unbehagen",[8] weil das erstinstanzliche Gericht in seiner Entscheidung über den Widerspruch die Arrestanordnung des übergeordneten Gerichtes aufheben könne; außerdem sei das Beschwerdegericht mit der Sache bereits vertraut. Das überzeugt nicht. Denn auch das Gericht erster Instanz war mit dem Arrestgesuch schon befasst; darüber hinaus bestehen verfahrensrechtliche Unterschiede, weil der Arrest ohne mündliche Verhandlung durch Beschluss angeordnet wurde, über seine Rechtmäßigkeit jetzt aber auf Grund mündlicher Verhandlung durch Urteil zu entscheiden ist (§ 925).

7 Nach Eingang des Widerspruchs hat das Gericht von Amts wegen Termin zur **mündlichen Verhandlung** zu bestimmen (§ 924 Abs. 2 S. 2), der auch hier grundsätzlich eine **Güteverhandlung** nach § 278 Abs. 2 vorauszugehen hat (näher § 921 Rn. 5). Für die Ladungsfrist gilt § 217, wegen einer Abkürzung § 226. Findet das Verfahren vor dem Landgericht statt und war der Gläubiger bislang nicht durch einen Rechtsanwalt vertreten, so wird an ihn, wie auch an den Schuldner, die Aufforderung nach § 271 Abs. 2 gerichtet. Für die Darlegungs- und Beweislast gelten keine Besonderheiten (§ 920 Rn. 5); die Beweismaßanforderungen bleiben unverändert (§ 920 Rn. 1, 9f.). Eine Entscheidung auf Grund Säumnis oder Anerkenntnis einer Partei oder übereinstimmender Erledigungserklärung richtet sich nach allgemeinen Regeln (§ 916 Rn. 3; zur einseitigen Erledigungserklärung § 925 Rn. 1; zur Rücknahme des Widerspruchs Rn. 5). Ein Übergang in den Hauptsacheprozess ist nicht möglich (§ 916 Rn. 4).

8 **3. Inhalt des Widerspruchs.** Nach § 924 Abs. 2 S. 1, 3 sind im Widerspruch die **Gründe** darzulegen, die für die Aufhebung des Arrestes geltend gemacht werden sollen. Nach allgM handelt es sich lediglich um Sollvorschriften, weshalb ein ohne Begründung eingereichter Widerspruch nicht als unzulässig verworfen werden darf; für Vorbringen erst in der mündlichen Verhandlung gelten aber §§ 296 Abs. 2, 282 Abs. 2 (vgl. auch § 921 Rn. 5). Der Schuldner kann nicht nur die formellen oder materiellen Voraussetzungen für den Erlass eines Arrestes (§ 922 Rn. 1, 2) bestreiten, sondern sich auch auf veränderte Umstände (§ 927) oder darauf berufen, dass die Hauptsacheklage nicht fristgerecht erhoben wurde (§ 926 Abs. 2). Das Verlangen nach Aufhebung einer Arrestvollziehung oder nach Schadensersatz kann nicht Gegenstand des Widerspruchs sein (Rn. 2; § 945 Rn. 10).

9 Der Schuldner kann sich auch nur gegen die Kostenentscheidung im Arrestbefehl wenden.[9] Mit einem solchen **Kostenwiderspruch** wird geltend gemacht, dass die Voraussetzungen für die Anordnung des Arrestes ursprünglich nicht vorlagen, zugleich aber eingeräumt, dass sie jetzt gegeben sind, zB weil vorher eine anderweite Sicherheit bestand (§ 917 Rn. 8), die zwischenzeitlich wertlos wurde (zum Rechtsmittel gegen das Kostenurteil § 925 Rn. 9). Ein sofortiges Anerkenntnis mit der für den Schuldner günstigen Kostenfolge des § 93 setzt aber eine entsprechende Beschränkung des Widerspruchs bei dessen Einlegung voraus; schon dort muss unmissverständlich erklärt (nicht nur angekündigt) werden, dass die Arrestanordnung als solche hingenommen wird.[10] Ein Übergang vom schriftsätzlich eingelegten Kostenwiderspruch auf einen Voll-Widerspruch ist unzulässig, weil der Kostenwiderspruch einen Verzicht auf einen weiter gehenden Widerspruch enthält (Rn. 4).[11]

10 **4. Wirkung auf Arrestvollziehung.** Der Widerspruch hat nach § 924 Abs. 3 S. 1 keine aufschiebende Wirkung, hemmt also weder die Vollziehung des Arrestes noch die Kostenfestsetzung auf Grund des Arrestbeschlusses. Nach S. 2 der Vorschrift kann das Gericht jedoch eine einstweilige Anordnung gemäß § 707 – ohne die Beschränkung des § 707 Abs. 1 S. 2 – treffen. Dadurch darf der Zweck der einstweiligen Rechtsschutzmaßnahme (§ 916 Rn. 1) jedoch nicht unterlaufen werden[12], zumal der Schuldner in aller Regel wegen § 923, unter Umständen auch über § 921, ausreichend geschützt ist. Eine einstweilige Anordnung vor Arrestvollziehung unterbricht die Frist des § 929 Abs. 2.

III. Gebühren und Kosten

11 **1. Anwaltsgebühren.** Vgl. § 707 Rn. 15.

12 **2. Gerichtskosten.** Für das Verfahren nach Widerspruch wird keine erneute Verfahrensgebühr erhoben. Ein Beschluss nach § 922 Abs. 1 steht jedoch Ermäßigungen nach KV Nr. 1411 entgegen.

---

[6] BVerfGE 32, 305, 308f. = NJW 1972, 675.

[7] RGZ 37, 368f.; OLG Hamburg MDR 1957, 105; OLG Düsseldorf MDR 1984, 324; OLG Hamm OLGZ 1987, 492f.; *B/L/H* Rn. 11; *Zö/Vollkommer* Rn. 6; MK/*Drescher* Rn. 10 m. weit. Nachw.

[8] So *Schuschke/Walker* Rn. 9 m. weit. Nachw.

[9] BGH NJW 1986, 1815; OLG Koblenz NJW-RR 1997, 893 (Unzulässigkeit einer sofortigen Kostenbeschwerde). AllgM auch im Schrifttum.

[10] Anders (Kostenwiderspruch soll stets Anerkenntnis beinhalten) OLG Frankfurt/M NJW-RR 1996, 1535.

[11] BGH NJW-RR 2003, 1293; OLG Hamburg NJW-RR 2000, 1238.

[12] *Schuschke/Walker* Rn. 19; OLG Frankfurt/M NJW 2003, 2688 (zugleich zu einem Ausnahmefall: „Argentinien-Anleihen").

925 ***Entscheidung nach Widerspruch*** **(1) Wird Widerspruch erhoben, so ist über die Rechtmäßigkeit des Arrestes durch Endurteil zu entscheiden.**

(2) Das Gericht kann den Arrest ganz oder teilweise bestätigen, abändern oder aufheben, auch die Bestätigung, Abänderung oder Aufhebung von einer Sicherheitsleistung abhängig machen.

I. Gegenstand und Form der Entscheidung

1. Gegenstand der Entscheidung (Abs. 1). Zu beurteilen ist die **Rechtmäßigkeit des Arrestes** (§ 924 Rn. 8), und zwar bei Schluss der mündlichen Verhandlung. Der Richter darf deshalb offen lassen, ob bei Erlass des Arrestbefehles die Voraussetzungen dafür gegeben waren, sofern sie jetzt bestehen. Davon gibt es zwei Ausnahmen: Hat der Schuldner nur Kostenwiderspruch eingelegt (§ 924 Rn. 9), so kommt es darauf an, ob die Arrestanordnung rechtens war. Entsprechendes gilt, wenn der Gläubiger das Verfahren, zB wegen Wegfalls des Arrestgrundes, für erledigt erklärt, der Schuldner dem jedoch widerspricht (zur übereinstimmenden Erledigungserklärung § 924 Rn. 7); dann muss nach den Regeln der einseitigen Erledigungserklärung beantwortet werden, ob das Gesuch im Zeitpunkt des erledigenden Ereignisses zulässig und begründet war (§ 91a Rn. 40ff.). 1

Zur **Auswechslung von Arrestgrund und Arrestanspruch** gilt: Der Gläubiger darf zwar nachträglich einen anderen Arrestgrund vorbringen,[1] sich zB anstatt auf § 917 Abs. 1 jetzt auf die Notwendigkeit einer Auslandsvollstreckung (§ 917 Abs. 2) berufen. Der Arrestanspruch (§ 916 Rn. 12ff.) kann jedoch nicht ausgetauscht werden.[2] Denn Streitgegenstand ist nicht die Zulässigkeit der zwangsweisen Sicherung schlechthin, sondern nur die eines konkreten Anspruchs (§ 916 Rn. 3), von dem auch die Lösungssumme (§ 923), eine Sicherheitsleistung (§ 921), der Streitwert und die Frage einer ausreichenden anderweiten Sicherung (§ 917 Rn. 8) abhängen. Außerdem darf die Vollziehung des bei Erlass nicht rechtmäßigen Arrestes zu keinem Rangvorteil führen (vgl. zB §§ 929 Abs. 3, 930 Abs. 1, 804 Abs. 3). 2

2. Form der Entscheidung. Da zwingend mündliche Verhandlung stattfindet (§ 924 Abs. 2 S. 2), ergeht – sofern keine anderweite Erledigung eintritt (§ 924 Rn. 7) – stets **Endurteil;** bei einem Kostenwiderspruch (§ 924 Rn. 9) ist wegen § 128 Abs. 3 eine mündliche Verhandlung entbehrlich. Die Entscheidung entspricht der Form nach grundsätzlich dem Arresturteil (§ 922 Rn. 3); die Parteirollen ändern sich durch den Widerspruch nicht. Für die Abfassung des Tatbestandes gelten jedoch Sonderregeln. Denn nun liegt bereits eine Entscheidung vor, über deren Fortbestand die Parteien streiten. Da der Widerspruch nach seinem Zweck (§ 924 Rn. 1) mit dem Einspruch gegen ein Versäumnisurteil vergleichbar ist, empfiehlt sich ein Aufbau wie dort.[3] 3

II. Inhalt (Tenor) der Entscheidung (Absatz 2)

1. Entscheidung bei unzulässigem Widerspruch. Dazu kommt es bei Verzicht oder Verwirkung (§ 924 Rn. 4, 5) oder wenn der Arrest schon auf einen anderen Rechtsbefehl hin aufgehoben wurde (§ 924 Rn. 2), nicht aber beim Fehlen einer Begründung (§ 924 Rn. 8). Dann wird der Widerspruch verworfen. Der Schuldner trägt die weiteren Kosten entsprechend § 97 Abs. 1; ein Ausspruch zur vorläufigen Vollstreckbarkeit unterbleibt, weil die Entscheidung wie eine Bestätigung des Arrestes (Rn. 7) wirkt. 4

2. Entscheidung bei Unzuständigkeit. Stellt sich erst jetzt die Unzuständigkeit des um einstweiligen Rechtsschutz angerufenen Gerichts heraus, so werden durch Prozessurteil der Arrestbefehl aufgehoben und das Gesuch zurückgewiesen (Kosten und vorläufige Vollstreckbarkeit wie Rn. 6), sofern nicht der Gläubiger Verweisung gemäß § 281 beantragt. In dem zuletzt genannten Falle will die eine Meinung[4] die Arrestanordnung bestehen lassen, während andere Stimmen[5] deren vorherige Aufhebung verlangen. Der zuletzt genannten Ansicht ist zuzustimmen. War das angerufene Gericht nicht zuständig, so hätte keine Sachentscheidung getroffen werden dürfen. Der Arrestbefehl ist folglich nicht rechtmäßig im Sinn des § 925 Abs. 1 ergangen; würde er nicht aufgehoben, so könnte er (weiter) vollzogen werden (§ 924 Abs. 2) und so zu einem unberechtigten Rangvorteil führen (Rn. 2 aE). 5

3. Entscheidung bei zulässigem Widerspruch und Zuständigkeit des Gerichts. Verneint der Richter die Rechtmäßigkeit des Arrestes (Rn. 1, 2), so werden **der Arrestbefehl aufgehoben und das Arrestgesuch zurückgewiesen;** die Kosten des gesamten Verfahrens treffen den Gläubiger gemäß § 91, auch wenn die Aufhebung wegen veränderter Umstände erfolgt (§ 927 Rn. 12), für die vorläufige Vollstreckbarkeit gelten §§ 708 Nr. 6, 711, 713. Die Aufhebung des Arrestes wirkt – mit der Folge eines Rangverlustes – bereits ab Verkündung[6], wie aus dem Normzweck des Widerspruchs (§ 924 Rn. 1) folgt, nicht erst ab Rechtskraft[7] (vgl. auch Rn. 10); dem Interesse des Gläubigers muss gegebenenfalls durch Anordnung einer Sicherheits- 6

---

[1] So schon RGZ 5, 364f. AllgM auch im Schrifttum, vgl. *R/G/Schilken* § 77 II 1b.

[2] BFH ZIP 1983, 853 m. Anm. *Weiß* (kein Austausch der Steuerforderung); OLG Frankfurt NJW-RR 1988, 319; MK/*Drescher* Rn. 4; *B/L/H* Rn. 2; *Zö/Vollkommer* Rn. 4. AA *Rinze* DRiZ 1995, 106.

[3] Formulierungsbeispiel bei *Huber* Rn. 564.

[4] OLG Hamm OLGZ 1989, 338, 340; OLG Stuttgart MDR 1958, 171; *B/L/H* Rn. 7; MK/*Drescher* § 924 Rn. 10; *T/P/Reichold* Rn. 1; *Sae/Kemper* Rn. 4.

[5] LG Arnsberg NJW-RR 1993, 318f.; *Schuschke/Walker* § 924 Rn. 10; *Teplitzky* DRiZ 1982, 41f.

[6] OLG Köln MDR 2003, 352; OLG Düsseldorf NJW-RR 2002, 138; OLG Bremen MDR 1998, 667f.; OLG Schleswig NJW-RR 1992, 317; MK/*Drescher* Rn. 10; *S/J/Grunsky* Rn. 19; *T/P/Reichold* Rn. 2; *Schuschke/Walker* Rn. 11.

[7] So aber: OLG Celle NJW-RR 1987, 511f.; OLG Düsseldorf NJW 1971, 812, 814; OLG Hamburg MDR 1977, 148; *Wieczorek/Thümmel* Rn. 10; *R/G/Schilken* § 77 II 4.

leistung Rechnung getragen werden (Rn. 8). Der Schuldner kann die Einstellung bzw. Beseitigung einer Arrestvollziehung nach §§ 775 Nr. 1, 3, 776 verfolgen.

7 Bejaht das Gericht die Rechtmäßigkeit des Arrestes (Rn. 1, 2), so wird **der Arrestbefehl bestätigt,** samt der dort getroffenen Kostenentscheidung; dem Schuldner müssen folglich nur die weiteren Kosten auferlegt werden, ob nach § 97 Abs. 1 entsprechend oder – wie nach hM – gemäß § 91 ist ohne Bedeutung. Ein Ausspruch zur vorläufigen Vollstreckbarkeit kommt aus der Natur der Sache heraus nicht in Betracht (§ 922 Rn. 8). Der Bestätigung steht ein inzwischen über das Vermögen des Schuldners eröffnetes **Insolvenzverfahren** nicht entgegen;[8] wurde der Arrest allerdings noch nicht vollzogen, so muss er wegen § 89 InsO ohne weitere Sachprüfung aufgehoben werden (Entscheidung wie Rn. 6; vgl. auch § 927 Rn. 7).

8 Auch **gemischte Entscheidungen** kommen in Betracht, wie § 925 Abs. 2 zeigt. Der Arrest kann nur zum Teil bestätigt und im Übrigen aufgehoben werden; bei der Fassung der Urteilsformel sind die obigen Regeln (Rn. 6, 7) gemeinsam anzuwenden. Der Richter darf außerdem die Bestätigung, Abänderung oder Aufhebung von einer Sicherheitsleistung abhängig machen (Entscheidung wie bei § 921 Rn. 7, 8).[9]

III. Rechtsmittel

9 Für **Berufung und Revision** gelten dieselben Regeln wie für die Anfechtung eines von vornherein auf Grund mündlicher Verhandlung erlassenen Arresturteils (§ 916 Rn. 10); gegen das auf **Kostenwiderspruch** (§ 924 Rn. 9) hin getroffene Endurteil ist nach hM[10] sofortige Beschwerde entsprechend § 99 Abs. 2 statthaft (§ 99 Rn. 9). Ein im Widerspruchsverfahren ergangenes **Versäumisurteil** wird durch Einspruch (§ 338) angegriffen.

10 In der **Berufungsinstanz** können neue Tatsachen vorgetragen werden; daran ändert sich auch nach neuem Berufungsrecht wegen der besonderen Regeln des Arrestverfahrens (§ 921 Rn. 5) nichts. Für die mündliche Verhandlung gelten keine Besonderheiten (§ 924 Rn. 7). Ist der Gläubiger im Widerspruchsverfahren unterlegen, so soll er zugleich mit der Einlegung der Berufung eine einstweilige Einstellung der Zwangsvollstreckung gemäß §§ 719, 707 beantragen können.[11] Ein solches Vorgehen ist indessen nicht möglich;[12] denn nach Aufhebung des Arrestbefehles samt Antragszurückweisung darf der Gläubiger unter Berücksichtigung des Normzwecks eines Widerspruchs (§ 924 Rn. 1) nicht günstiger stehen als bei einem von Anfang an zurückgewiesenen Gesuch. Außerdem wirkt die Aufhebung bereits ab Verkündung (Rn. 6). Deshalb kann ein auf Widerspruch hin aufgehobener Arrest im Berufungsurteil nicht bestätigt,[13] sondern nur neu erlassen werden.[14]

926 *Anordnung der Klageerhebung*

(1) Ist die Hauptsache nicht anhängig, so hat das Arrestgericht auf Antrag ohne mündliche Verhandlung anzuordnen, dass die Partei, die den Arrestbefehl erwirkt hat, binnen einer zu bestimmenden Frist Klage zu erheben habe.

(2) Wird dieser Anordnung nicht Folge geleistet, so ist auf Antrag die Aufhebung des Arrestes durch Endurteil auszusprechen.

I. Normzweck

1 Ist Arrest angeordnet, die Hauptsache aber noch nicht anhängig, so besteht für den Gläubiger wegen der erlangten Sicherung oft keine Eile, seinen Anspruch einzuklagen; er kann sogar ein Interesse daran haben, die Erhebung der Hauptsacheklage zu verzögern, zB weil er – über die Glaubhaftmachung hinaus (§ 920 Abs. 2) – Vollbeweis nicht oder noch nicht anzutreten vermag. Einem solchen Verhalten kann der Schuldner nach allgemeinen Vorschriften nicht wirksam begegnen. Zwar wäre eine negative Feststellungsklage möglich (Rn. 3), jedoch hätte er die kostenrechtlichen Nachteile der gerichtlichen Geltendmachung zu tragen (§ 12 Abs. 1 S. 1 GKG). Außerdem könnte der Gläubiger trotz seiner Untätigkeit weiter Vorteile aus der Arrestanordnung ziehen.

2 Diese Folgen lassen sich über § 926 verhindern. Nach **Abs. 1** dieser Vorschrift hat das Gericht dem Gläubiger auf Verlangen des Schuldners eine Frist zur Erhebung der Hauptsacheklage zu setzen; wird dieser Anordnung nicht Folge geleistet, so muss gemäß **Abs. 2** auf Antrag des Schuldners der Arrest aufgehoben werden. Die Bestimmung dient dem Schutz des Schuldners, weil der Fortbestand des Arrestes formal mit der Durchführung des Hauptsacheverfahrens verknüpft werden kann. Bemüht sich der Gläubiger nicht um einen Titel für seinen Anspruch, dessen zwangsweise Beitreibung durch den Arrest gesichert werden soll, so dürfen dem Schuldner die Beschränkungen, die auf einer bloß summarischen Prüfung im einstweiligen Rechtsschutzverfahren beruhen, nicht länger zugemutet werden.

---

[8] BGH MDR 1962, 400f.

[9] Näher dazu *Schuschke/Walker* Rn. 12.

[10] OLG Brandenburg NJW-RR 2000, 1668; 1994, 1022; OLG Bremen NJW-RR 1988, 625; OLG Karlsruhe NJW-RR 1987, 105; MK/*Drescher* Rn. 12; *T/P/Reichold* Rn. 4; *Zö/Vollkommer* Rn. 11.; *Heiderhoff* in Berger Kap. 8 Rn. 18. AA (keine Anfechtbarkeit) *B/L/H* Rn. 15.

[11] Sehr str., vgl. *Zö/Vollkommer* Rn. 11 m. weit. Nachw.

[12] Ebenso OLG Düsseldorf NJW-RR 1987, 511f.; *Schuschke/Walker* Rn. 13; MK/*Drescher* Rn. 13.

[13] So aber OLG Celle NJW-RR 1987, 64; KG MDR 1994, 727 (zur einstweiligen Verfügung).

[14] OLG Köln MDR 2003, 352; OLG Düsseldorf NJW-RR 2002, 138; OLG Hamburg NJWE-WettbR 1997, 92; OLG Schleswig NJW-RR 1992, 317f.; *Zö/Vollkommer* Rn. 12. *Schuschke/Walker* Rn. 15.

II. Anordnung der Klageerhebung (Absatz 1)

1. Verhältnis zu anderen Rechtsbehelfen. Gegen den angeordneten Arrest kann sich der Schuldner wahlweise, zT auch nebeneinander mit Widerspruch (§ 924) bzw. Berufung (§ 916 Rn. 10), einem Antrag auf Anordnung der Klageerhebung (§ 926) und/oder dem Verlangen nach Aufhebung wegen veränderter Umstände (§ 927) verteidigen (§ 924 Rn. 2, 3). Der Weg über § 926 ist jedoch verschlossen, wenn der Schuldner den Wegfall des Arrestanspruches behauptet, weil dann der Gläubiger nicht zur Erhebung der Hauptsacheklage gezwungen sein kann; in einem solchen Falle ist Widerspruch bzw. Berufung einzulegen oder die Arrestaufhebung nach § 927 zu betreiben (Rn. 8). Der Schuldner kann statt eines Antrags auf Anordnung der Klageerhebung selbst die Hauptsache durch **negative Feststellungsklage** anhängig machen,[1] was sich aus Kostengründen idR jedoch nicht empfiehlt (Rn. 1); obsiegt er, so liegt darin ein veränderter Umstand iSd. § 927 Abs. 1. Ein Feststellungsinteresse (§ 256) fehlt, wenn sich die Hauptsache erledigt hat und der Schuldner nur die ihn belastende Kostenentscheidung im Arrestbefehl beseitigen möchte; dafür bietet der Kostenwiderspruch (§ 924 Rn. 9) den einfacheren Weg. 3

2. Voraussetzungen. a) Antrag. Die Erhebung der Hauptsacheklage darf nicht von Amts wegen angeordnet werden. Erforderlich ist stets ein Antrag des Schuldners, der schriftlich oder zu Protokoll des Urkundsbeamten (§ 496) oder des Rechtspflegers (Rn. 9; vgl. §§ 24 Abs. 2 Nr. 3, 26 RpflG) gestellt werden kann; Anwaltszwang besteht nicht (§ 78 Abs. 5; § 13 RpflG). Um die Anordnung der Klageerhebung darf schon in einer Stellungnahme zum Arrestantrag nachgesucht werden; ein solches Verlangen ist wirksam innerprozessual bedingt für den Fall der Arrestanordnung und wird dann dort erledigt (Rn. 9). 4

Ein **Verzicht** auf das Antragsrecht nach Abs. 1 ist möglich (§ 924 Rn. 4). Er liegt schlüssig in der Erhebung des Kostenwiderspruchs (§ 924 Rn. 9), wenn der materielle Anspruch selbst – nicht nur dessen Glaubhaftmachung – unstreitig gestellt, also nur das anfängliche Fehlen eines Arrestgrundes beanstandet wird. Ein trotz Verzichts gestellter Antrag ist unzulässig. Das Rechtsschutzbedürfnis für die Hauptsacheklage bleibt grundsätzlich unberührt; denn der Gläubiger hat ein berechtigtes Interesse daran, einen Titel zu erlangen, der auch Angriffen nach §§ 924, 927 nicht ausgesetzt ist.[2] Etwas anderes gilt, wenn der Schuldner zugleich auf diese Rechtsbehelfe verzichtet und die Entscheidung im einstweiligen Rechtsschutzverfahren als endgültig hinnimmt, zB sich der sofortigen Zwangsvollstreckung unterwirft (§ 794 Abs. 1 Nr. 5; zum Abschlussschreiben in Wettbewerbssachen § 936 Rn. 3). 5

b) Bestehende Arrestanordnung. Ob sie auf Urteil oder Beschluss beruht (§ 922 Rn. 3, 4), schon vollzogen oder in der Vollziehung gehemmt (§ 923) oder mit anderen Rechtsbehelfen angefochten (Rn. 3) ist, hat keine Bedeutung. Erst die rechtskräftige Aufhebung des Arrestbefehles macht das Verfahren nach § 926 unzulässig (§ 924 Rn. 2; zum Verzicht des Gläubigers auf seine Rechte aus dem Arrest Rn. 8). 6

c) Keine Anhängigkeit der Hauptsache. Andernfalls würde der Gläubiger zu einer Klageerhebung gezwungen, welcher der Einwand nach § 261 Abs. 3 Nr. 1 entgegenstünde. „Hauptsache" meint den Arrestanspruch (§ 916 Rn. 12 ff.), dessen spätere Vollstreckung gesichert werden soll (näher zum Klagegegenstand Rn. 14). Der Anhängigkeit vor einem inländischen Gericht steht die vor einem Schiedsgericht oder einem ausländischen Gericht, dessen Entscheidung anerkannt wird,[3] gleich. Auch ein Mahnverfahren hindert eine Antragstellung,[4] weil der Schuldner dort wegen § 696 die Überleitung in das streitige Verfahren erreichen kann. Entsprechendes gilt für einen Prozesskostenhilfeantrag mit bloßem Klageentwurf – trotz des Wortlauts von § 926 Abs. 1 („Klage zu erheben") – jedenfalls jetzt wegen § 204 Abs. 1 Nr. 14 BGB und der dort vom Gesetzgeber zum Ausdruck gebrachten Wertung.[5] Auf die Anhängigkeit muss sich nach allgM der Gläubiger berufen; er – nicht der Schuldner – trägt hierfür die Beweislast. 7

d) Rechtsschutzbedürfnis. Es ist zu bejahen, solange der Arrest besteht (Rn. 6) und die Hauptsache noch nicht anhängig ist (Rn. 7). Es fehlt bei Wegfall des Anspruchs (Rn. 3) – zB durch Erfüllung (§ 362 Abs. 1 BGB)[6] oder Erlass (§ 397 BGB) –, Beendigung der einstweiligen Rechtsschutzmaßnahme infolge Befristung,[7] Verzicht des Gläubigers auf seine Rechte aus Arrest bzw. einstweiliger Verfügung oder bei einer Unterlassungsverfügung, wenn keine Wiederholungsgefahr mehr besteht.[8] In diesen Fällen kann der Schuldner die Aufhebung nur über § 927 erreichen; das ist auch der richtige Rechtsbehelf, wenn der Gläubiger zwischenzeitlich eine Entscheidung in der Hauptsache erlangt hat (§ 927 Rn. 7). 8

3. Verfahren. a) Zuständigkeit. Ausschließlich (§ 802) zuständig ist das Arrestgericht (§ 919 Rn. 1) erster Instanz (§ 924 Rn. 6). Es entscheidet der Rechtspfleger (§ 20 Nr. 14 RpflG), der Richter ausnahmsweise dann, wenn der Schuldner den Antrag schon bei einer Anhörung zum Arrestgesuch gestellt hatte (Rn. 4; §§ 6, 8 RpflG). 9

b) Prüfungsumfang und Entscheidung. Zu prüfen sind die formellen Voraussetzungen für den Antrag (Rn. 4–8) und die allgemeinen Prozessvoraussetzungen; auf die Erfolgsaussichten der Hauptsacheklage 10

---

[1] BGH NJW 1986, 1815. AllgM auch im Schrifttum.
[2] BGH NJW-RR 1989, 426.
[3] OLG Frankfurt Rpfleger 1981, 118.
[4] OLG Köln OLGZ 1979, 118 f.
[5] *B/L/H* Rn. 3. AA *T/P/Reichold* Rn. 7.
[6] OLG Frankfurt NJW 1972, 1330.
[7] OLG Karlsruhe NJW-RR 1988, 251 f.
[8] BGH NJW 1974, 503.

kommt es nicht an.[9] Dem Gläubiger muss entgegen der hM[10] vor der Entscheidung rechtliches Gehör gewährt werden; sonst kann weder er eine bereits erfolgte Klageerhebung einwenden (Rn. 7), noch das Gericht diese Frage sachgerecht prüfen. Wird die Hauptsache nach Eingang des Antrags anhängig gemacht, so kommt eine Erledigungserklärung durch den Schuldner in Betracht. Auch im Verfahren nach Abs. 1 genügt Glaubhaftmachung (§ 920 Rn. 1).

11 Die Entscheidung ergeht ohne mündliche Verhandlung durch mit Gründen zu versehenden **Beschluss,** der entweder den Antrag zurückweist oder dem Gläubiger eine bestimmte Frist (idR zwei, höchstens jedoch vier Wochen) zur Erhebung der Hauptsacheklage setzt; das Hauptsachegericht (§ 943 Rn. 2 ff.) wird nicht bezeichnet. Bei Zurückweisung wird dem Schuldner wegen § 329 Abs. 3 zugestellt (Rn. 12 aE), der Gläubiger erhält eine formlose Mitteilung (§ 329 Abs. 2 S. 1). Hat der Antrag Erfolg, so wird die Entscheidung dem Gläubiger gemäß § 329 Abs. 2 S. 2 zugestellt, dem Schuldner formlos mitgeteilt. Die Zustellung setzt die Frist in Lauf; eine Abkürzung oder Verlängerung der Frist kann nach § 224 Abs. 2 beantragt werden.

12 c) **Rechtsbehelfe.** Ist die **Fristsetzung** ausnahmsweise durch den Richter erfolgt (Rn. 4, 9), findet keine Anfechtung statt; § 567 Abs. 1 scheidet nach seinem Wortlaut aus und § 793 deshalb, weil das Verfahren nicht zur Vollziehung gehört (§ 916 Rn. 9, 10). Gegen die Entscheidung durch den Rechtspfleger steht dem Gläubiger befristete Erinnerung gemäß § 11 Abs. 2 S. 1 RpflG zu;[11] der Rechtspfleger kann der Erinnerung abhelfen, andernfalls entscheidet das Gericht, dem der Rechtspfleger angehört, endgültig, § 11 Abs. 2 S. 2, 3 RpflG. Der Gläubiger kann aber auch im Verfahren nach § 926 Abs. 2 vorbringen, dass eine Fristsetzung nicht hätte erfolgen dürfen (Rn. 20). Gegen die **Zurückweisung** des Antrags auf Anordnung der Klageerhebung steht dem Schuldner sofortige Beschwerde zu (§ 11 Abs. 1 RpflG); denn sein Verlangen beinhaltete ein das Verfahren betreffendes Gesuch iSd. § 567 Abs. 1 Nr. 2.

III. Fristgerechte Klageerhebung

13 1. **Klageerhebung.** Nach Abs. 1 ist die Hauptsacheklage von der Partei zu erheben, die den Arrestbefehl erwirkt hat, Beklagter ist der Schuldner. Die gerichtliche Geltendmachung erfolgt grundsätzlich durch Leistungsklage. Einer Feststellungsklage fehlt idR das nach § 256 erforderliche Interesse; sie ist aber einschlägig, wenn künftige Ansprüche gesichert wurden (§ 916 Rn. 16). Die Klage muss zulässig sein, weil sonst keine Sachentscheidung über den Arrestanspruch ergehen kann (zur Fristwahrung bei Unzuständigkeit des Gerichts Rn. 15); die Anordnung der Klageerhebung (Rn. 11) macht aber keine Klage zulässig, die bereits anderweit rechtshängig oder über die schon rechtskräftig entschieden ist (Rn. 20).

14 Der **Gegenstand der Klage** hat mit dem im einstweiligen Rechtsschutzverfahren gesicherten Anspruch übereinzustimmen. Im Falle einer Teilklage kommt ein Vorgehen nach § 926 hinsichtlich des nicht eingeklagten Teils in Betracht. Ein weiter gehender Klageantrag schadet nicht, wenn eine Inzidententscheidung ergeht.[12] Es muss sich aber um die „richtige" Hauptsacheklage handeln, was beim Arrest in aller Regel unproblematisch ist, für eine einstweilige Verfügung aber Schwierigkeiten aufwerfen kann. So ist bei einer Unterlassungsverfügung der Klageantrag auf dasselbe Unterlassungsgebot zu richten.[13] Wurde der Anspruch auf Eintragung einer Sicherungshypothek nach § 648 BGB gesichert (§ 916 Rn. 5), so muss die Hauptsacheklage nach hM[14] auf Bewilligung dieser Eintragung lauten, nicht auf Zahlung von Werklohn; letzteres wäre die Hauptsache zum Arrest wegen des Vergütungsanspruchs (§ 631 BGB). Bei einer einstweiligen Verfügung im Falle des § 1615 o BGB (§ 935 Rn. 19) ist Hauptsacheklage sowohl die auf Unterhalt wie die auf Feststellung der Vaterschaft.[15]

15 2. **Fristwahrung.** Die Frist (zum Lauf Rn. 11) wird gewahrt duch Klageerhebung vor einem inländischen Gericht oder einem ausländischen, dessen Entscheidung anerkannt wird, sowie durch Mahnbescheid oder Einleitung eines schiedsgerichtlichen Verfahrens, und jedenfalls nun auch durch einen Prozesskostenhilfeantrag mit bloßem Klageentwurf (Rn. 7). Erforderlich ist Zustellung; ob sie „demnächst" (§ 167) erfolgt, darf nicht berücksichtigt werden, weil das in dem für die Entscheidung maßgeblichen Zeitpunkt (Rn. 16) noch nicht feststeht.[16] Die Unzuständigkeit des angerufenen Gerichts (zum Hauptsachegericht § 943 Rn. 2 ff.) schadet nicht, falls Verweisung (§ 281, § 17 a GVG) erfolgen kann.

16 **Maßgeblicher Zeitpunkt** für die Beurteilung der Rechtzeitigkeit ist der Schluss der mündlichen Verhandlung im Aufhebungsverfahren erster Instanz (Rn. 21). Bis dahin lässt sich die Versäumung der gesetzten Frist nach allgM durch nachträgliche Klageerhebung heilen (§ 231 Abs. 2); der Schuldner kann das von ihm eingeleitete Verfahren des § 926 Abs. 2 sodann für erledigt erklären. Eine Nachholung im zweiten Rechtszug scheidet aus; denn das Berufungsgericht kann an der schon erfolgten Aufhebung des Arrestes nichts mehr ändern (§ 925 Rn. 10).

---

[9] OLG Köln Rpfleger 1981, 26; *Zö/Vollkommer* Rn. 14. AA (für offensichtliche Aussichtslosigkeit) *Schuschke/Walker* Rn. 10; *B/L/H* Rn. 6.

[10] *Zö/Vollkommer* Rn. 15; *Schuschke/Walker* Rn. 9. Einschränkend („zweckmäßig") *T/P/Reichold* Rn. 4. Wie hier MK/*Drescher* Rn. 4.

[11] BGH NJW-RR 1987, 685. AllgM im Schrifttum.

[12] OLG Düsseldorf MDR 1988, 976.

[13] BGHZ 122, 172, 176 = NJW 1993, 2685.

[14] OLG Celle MDR 2004, 111; OLG Düsseldorf NJW-RR 1986, 322; OLG Frankfurt NJW 1983, 1129; *T/P/Reichold,* Rn. 14; *B/L/H* Rn. 11. AA zB *Schuschke/Walker* Rn. 30 m. weit. Nachw. zum Streitstand.

[15] MK/*Drescher* Rn. 13; *Holzhauer* FamRZ 1982, 109 f.

[16] Sehr str.; wie hier zB OLG Koblenz NJW-RR 1995, 443; OLG Frankfurt GRUR 1987, 650 f. AA zB KG BauR 2004, 122; OLG Hamm OLGZ 1989, 322 f.; MK/*Drescher* Rn. 15 m. weit. Nachw. zum Streitstand.

3. Rechtsfolgen. Wird die Hauptsache fristgerecht erhoben, scheidet ein Verfahren nach § 926 Abs. 2 aus; ein gleichwohl gestellter Antrag ist unbegründet (Rn. 20). Hat die Klage Erfolg, so wird davon der Bestand des Arrestes nicht berührt. Wird sie abgewiesen, so kann der Schuldner eine Arrestaufhebung nach § 927 betreiben oder die Klageabweisung als veränderten Umstand im Widerspruchsverfahren vorbringen (§ 924 Rn. 8, § 927 Rn. 2). 17

IV. Arrestaufhebung (Absatz 2)

1. Verhältnis zu anderen Rechtsbefehlen. Die nicht fristgerechte Klageerhebung kann zwar auch in den Verfahren nach §§ 924, 927 vorgebracht werden. Gleichwohl empfiehlt sich ein Vorgehen nach § 926 Abs. 2 stets, weil ein obsiegendes Urteil die Schadensersatzpflicht des Gläubigers nach § 945 auslöst (§ 927 Rn. 3). Im Übrigen gelten die Erörterungen unter Rn. 3 entsprechend. 18

2. Aufhebungsantrag. a) Zulässigkeit. Das Aufhebungsverfahren darf nicht von Amts wegen angeordnet werden. Erforderlich ist stets ein schriftlicher **Antrag** des Schuldners, der beim Amtsgericht auch zu Protokoll des Urkundsbeamten (§ 496) gestellt werden kann; beim Landgericht herrscht Anwaltszwang gemäß § 78 Abs. 1. Es handelt sich um einen Sachantrag iSd. § 297, der dem Gläubiger zuzustellen ist. Das **Rechtsschutzbedürfnis** fehlt, wenn die Arrestanordnung bereits aufgehoben ist sowie bei Wegfall des Anspruchs bzw. einer Wiederholungsgefahr, Beendigung der einstweiligen Rechtsschutzmaßnahme oder Verzicht des Gläubigers (Rn. 6, 8). Außerdem müssen die **allgemeinen Prozessvoraussetzungen** gegeben sein. Die **Parteirollen** ändern sich, anders als beim Widerspruch (§ 925 Rn. 3); Kläger ist hier der Schuldner, Beklagter der Gläubiger, bzw. jeweils der Rechtsnachfolger. 19

b) **Begründetheit.** Der Antrag hat Erfolg, wenn die Hauptsacheklage (Rn. 13, 14) nicht fristgerecht bzw. nicht bis zum Schluss der mündlichen Verhandlung erhoben (Rn. 15, 16) oder wieder zurückgenommen oder als unzulässig abgewiesen wurde. Voraussetzung ist weiter, dass die Frist rechtmäßig angeordnet wurde. Die dazu ergangene Entscheidung (Rn. 11) bindet nicht, weshalb der Gläubiger einwenden kann, dass die Hauptsache bereits anderweit anhängig war, eine Frist zur Klageerhebung daher nicht hätte gesetzt werden dürfen[17] (Rn. 13). Die Beweislast für die Rechtzeitigkeit der Klageerhebung und den richtigen Klagegegenstand (Rn. 14) trägt der Gläubiger, die für eine Rücknahme oder Abweisung als unzulässig der Schuldner. Auch im Verfahren nach § 926 Abs. 2 genügt Glaubhaftmachung (§ 920 Rn. 1). Das Verlangen nach Schadensersatz kann nicht Gegenstand des Aufhebungsverfahrens sein (§ 945 Rn. 10). 20

3. Verfahren. Ausschließlich (§ 802) **zuständig** ist das Gericht, das die Frist nach Abs. 1 gesetzt hat (Rn. 9). Daran ändert sich nach hM[18] nichts, wenn der Arrestprozess aus anderen Gründen in der Beschwerde- oder Berufungsinstanz schwebt; denn Anordnungs- und Aufhebungsverfahren des § 926 bilden eine Einheit. Da durch Endurteil zu entscheiden ist (Rn. 22), muss zwingend **mündliche Verhandlung** anberaumt werden. Ob es auch hier einer **Güteverhandlung** nach § 278 Abs. 2 bedarf (§ 921 Rn. 5; § 924 Rn. 7), wird mit dem Argument bezweifelt, die Wertung in § 15a Abs. 2 Nr. 6 EGZPO zur Entbehrlichkeit einer außergerichtlichen Schlichtung bei Klagen wegen vollstreckungsrechtlicher Maßnahmen gelte auch für die obligatorische Güteverhandlung.[19] Ein wirkliches praktisches Problem folgt daraus aber nicht: Entweder sieht der Richter wegen der Besonderheiten des Aufhebungsverfahrens (unterbliebene Klageerhebung) eine Güteverhandlung als aussichtslos an (was freilich im Termin eine gültige Einigung gem. § 278 Abs. 1 nicht hindert), oder er verfährt nach den Grundsätzen § 921 Rn. 5. 21

Terminsbestimmung und Ladung der Parteien erfolgen von Amts wegen (zum Beweismaß Rn. 20). Für Anerkenntnis, Verzicht, Klagerücknahme – die wie beim Widerspruch (§ 924 Rn. 5) jederzeit möglich ist – und Erledigungserklärung gelten die allgemeinen Regeln. Auch eine Entscheidung auf Grund Säumnis kommt in Betracht, wobei die umgekehrten Parteirollen zu beachten sind. Bei Säumnis des Schuldners wird dessen Antrag abgewiesen (§ 330); ist der Gläubiger (Beklagte) säumig, so gilt der Vortrag des Schuldners (Rn. 20) als zugestanden (§ 331). Während des Aufhebungsverfahrens kann eine **einstweilige** Einstellung gemäß § 924 Abs. 3 S. 2 entsprechend erfolgen.

4. Entscheidung und Rechtsmittel. Sie ergeht nach Abs. 2 – sofern keine anderweite Erledigung eintritt (Rn. 21) – durch **Endurteil.** Ist der **Aufhebungsantrag begründet,** so werden der Arrest aufgehoben und das Arrestgesuch zurückgewiesen; die Aufhebung wirkt zurück auf den Zeitpunkt der Arrestanordnung. Der Gläubiger (Beklagte) hat die Kosten nicht nur des Aufhebungs-, sondern die des gesamten Verfahrens nach § 91 zu tragen;[20] für die vorläufige Vollstreckbarkeit gilt § 708 Nr. 6 (iVm. §§ 711, 713). Bei einer Teilaufhebung (Rn. 14) sind die Kosten gemäß § 92 zu verteilen und der Ausspruch zur vorläufigen Vollstreckbarkeit entsprechend zu ändern. Ist der **Aufhebungsantrag unzulässig oder unbegründet,** so wird er zurückgewiesen. Die Kostenentscheidung betrifft dann nur das Aufhebungsverfahren, weil der Arrestbeschluss bzw. das Arresturteil samt dem Kostenausspruch bestehen bleibt; die Entscheidung zur vorläufigen Vollstreckbarkeit richtet sich nach § 708 Nr. 11 (iVm. §§ 711, 713) bzw. § 709 S. 1. Wegen der **Rechtsmittel** gilt: Es findet Berufung nach allgemeinen Regeln statt; Revision ist nicht zulässig (§ 542 Abs. 2). Ein Versäumnisurteil (Rn. 21) wird mit Einspruch angefochten (§ 338). 22

---

[17] BGH ZIP 1987, 566.
[18] MK/*Drescher* Rn. 19; *Wiecz/Sch/Thümmel* Rn. 13; *Schuschke/Walker* Rn. 20. AA *T/P/Reichold* Rn. 10.
[19] *B/L/H* § 927 Rn. 8. AA *Zö/Greger* § 278 Rn. 10.
[20] OLG München NJW-RR 1997, 832 (auch die einer erfolglosen Berufung im Anordnungsverfahren).

V. Gerichtskosten

23 Gerichtsgebühren werden für die Anordnung nach Abs. 1 nicht erhoben. Erhebt die Partei, gegen welche die Anordnung nach Abs. 1 ergangen ist, Klage, so gelten die allgemeinen Bestimmungen für das erstinstanzliche Verfahren (KV Nr. 1210, 1211). Hat das Gericht es abgelehnt, nach Abs. 1 eine Frist zur Klageerhebung zu bestimmen, so ist für das Beschwerdeverfahren KV Nr. 1812 einschlägig. Das Verfahren nach Abs. 2 löst eine erneute Verfahrensgebühr nach KV Nr. 1410 aus (KV Vorbemerkung 1.4.1).

927 *Aufhebung wegen veränderter Umstände*

(1) Auch nach der Bestätigung des Arrestes kann wegen veränderter Umstände, insbesondere wegen Erledigung des Arrestgrundes oder auf Grund des Erbietens zur Sicherheitsleistung die Aufhebung des Arrestes beantragt werden.

(2) Die Entscheidung ist durch Endurteil zu erlassen; sie ergeht durch das Gericht, das den Arrest angeordnet hat, und wenn die Hauptsache anhängig ist, durch das Gericht der Hauptsache.

I. Normzweck

1 Mit dem Rechtsbehelf kann der Schuldner vorbringen, dass sich die Umstände nach Erlass des Arrestes verändert haben, also die **Rechtmäßigkeit der Fortdauer** – nicht die der Anordnung – zur Überprüfung stellen. Ob die einstweilige Rechtsschutzmaßnahme durch Beschluss oder Urteil getroffen wurde (§ 922 Rn. 3, 4), ist unerheblich. Auch eine Bestätigung des Arrestes im Widerspruchs- bzw. Berufungsverfahren steht nicht entgegen, wie aus dem Wortlaut des § 927 folgt. Die Vorschrift dient auf diese Weise einem umfassenden Schutz des Schuldners während der gesamten Dauer der Arrestanordnung.

II. Aufhebungsantrag (Absatz 1)

2 **1. Abgrenzung zu anderen Rechtsbefehlhelfen.** Außer dem Antrag auf Aufhebung wegen veränderter Umstände (§ 927) stehen Widerspruch bzw. Berufung (§ 916 Rn. 10) und das Verlangen nach Anordnung der Klageerhebung (§ 926) wahlweise, zT auch nebeneinander zur Verfügung (§ 924 Rn. 2, 3). Im Einzelnen gilt für das **Verhältnis zu Widerspruch bzw. Berufung:** Nur mit diesen Rechtsbehelfen kann vorgebracht werden, dass der Arrest nicht hätte ergehen dürfen, sofern es darauf ankommt (§ 925 Rn. 1); Gegenstand des § 927 ist ausschließlich der Fortbestand der einstweiligen Rechtsschutzmaßnahme (Rn. 1). Will sich der Schuldner auf den nachträglichen Wegfall von Arrestanspruch oder -grund berufen, so hat er ein Wahlrecht.[1] Beide Rechtsbehelfe können aber nicht nebeneinander durchgeführt werden (§ 924 Rn. 2). Für das gemäß § 927 betriebene Verfahren entfällt das Rechtsschutzbedürfnis, sobald Widerspruch bzw. Berufung erhoben wird,[2] weil der Prüfungsumfang dort – wie dargelegt – weiter reicht. Wird der Antrag nach § 927 später eingereicht, so fehlt ein Rechtsschutzinteresse, weil der Schuldner den veränderten Umstand in dem schon anhängigen Widerspruchs- bzw. Berufungsverfahren vorbringen kann; ist das ohnehin schon geschehen, so steht dem Aufhebungsverfahren die anderweite Rechtshängigkeit entgegen. Die Bestätigung des Arrestes im Widerspruchs- bzw. Berufungsverfahren hindert jedoch einen Aufhebungsantrag nach § 927 Abs. 1 nicht (Rn. 1), sofern eine Voraussetzung für den Fortbestand nachträglich entfällt (Rn. 6); veränderte Umstände, über die bereits rechtskräftig entschieden wurde (§ 916 Rn. 10, § 925 Rn. 9), können nicht mehr vorgebracht werden.

3 Für das **Verhältnis zu § 926** gilt: Neben einem schon anhängigen Aufhebungsverfahren nach § 927 kann unstreitig Fristsetzung zur Erhebung der Hauptsacheklage gemäß § 926 Abs. 1 verlangt werden. Einen fruchtlosen Fristablauf soll der Schuldner dann aber nur in dem zuerst genannten Verfahren vorbringen, ein (weiteres) Aufhebungsverfahren nach § 926 Abs. 2 jedoch nicht einleiten dürfen.[3] Dem muss widersprochen werden. An der auf § 926 Abs. 2 beruhenden Entscheidung besteht ein Rechtsschutzbedürfnis, weil nur sie die Schadensersatzpflicht des Gläubigers nach § 945 auslöst (§ 926 Rn. 18, § 945 Rn. 7). Dieses Verfahren wird folglich erst unzulässig, wenn in dem des § 927 Abs. 2 eine rechtskräftige Entscheidung ergeht (§ 924 Rn. 2); ebenso ist es umgekehrt für das zuletzt genannte Verfahren, wenn die Aufhebung des Arrestes schon rechtskräftig nach § 926 Abs. 2 ausgesprochen wurde. Einer **Vollstreckungsabwehrklage** (§ 767) oder einer **Abänderungsklage** (§ 323) geht das Verfahren nach § 927 vor (§ 924 Rn. 2).

4 **2. Zulässigkeit des Aufhebungsantrages.** Das Verfahren wird nicht von Amts wegen, sondern nur auf schriftlichen **Antrag** des Schuldners eingeleitet, beim Amtsgericht auch zu Protokoll des Urkundsbeamten (§ 496); ist das Landgericht zuständig (Rn. 10), so herrscht Anwaltszwang nach § 78 Abs. 1. Die **Parteirollen** ändern sich, anders als beim Widerspruch (§ 925 Rn. 3); Kläger (Antragsteller) ist hier der Schuldner, Beklagter der Gläubiger, bzw. jeweils der Rechtsnachfolger. Die **allgemeinen Prozessvoraussetzungen** müssen gegeben sein. Ein **Verzicht** auf den Rechtsbehelf (§ 924 Rn. 4) macht den Antrag unzulässig; eine solche Erklärung erfasst aber nur Umstände, die der Schuldner bei ihrer Abgabe kannte.[4] Vor Stellung des Aufhebungsantrages empfiehlt es sich, den Gläubiger auf den Aufhebungsgrund (zB den Ablauf der Vollziehungs-

---

[1] HM; vgl. nur *R/G/Schilken* § 77 II 4. AA (Vorrang des § 924) *Mädrich,* Das Verhältnis der Rechtsbehelfe des Antragsgegners im einstweiligen Verfügungsverfahren, 1980, S. 87ff.

[2] OLG Hamburg FamRZ 1995, 824; OLG Koblenz GRUR 1989, 373; OLG Düsseldorf NJW-RR 1988, 188.

[3] *Schuschke/Walker* Rn. 4.

[4] Ausf. MK/*Drescher* Rn. 13.

frist; Rn. 7) hinzuweisen und ihm Gelegenheit zum Verzicht der Rechte aus Arrestbefehl/einstweiliger Verfügung zu geben[5] (vgl. auch Rn. 11).

Ein **Rechtsschutzbedürfnis** ist zu bejahen, so lange der Arrestbefehl besteht und der veränderte Umstand nicht zugleich Gegenstand von Widerspruch bzw. Berufung ist oder sein kann (Rn. 2). Es fehlt nach rechtskräftiger Aufhebung des Arrestes (Rn. 3, § 924 Rn. 2), bei Beendigung der einstweiligen Rechtsschutzmaßnahme durch Befristung oder Verzicht des Gläubigers auf seine Rechte unter gleichzeitiger Herausgabe des Titels. Im zuletzt genannten Falle muss der Schuldner aber wegen seiner außergerichtlichen Kosten im Anordnungsverfahren befriedigt werden, falls er eine für sich günstige Kostenentscheidung im Verfahren nach § 927 erreichen könnte (Rn. 11, 12); verweigert das der Gläubiger, so besteht das Rechtsschutzinteresse am Aufhebungsverfahren weiter fort[6] (s. auch Rn. 11). 5

3. Begründetheit des Aufhebungsantrages. Der Antrag hat Erfolg, wenn sich die Umstände nach **Erlass des Arrestes** verändert haben, nun also eine Voraussetzung für die einstweilige Rechtsschutzmaßnahme fehlt. Die ursprüngliche Rechtmäßigkeit ist nicht Gegenstand des Verfahrens (Rn. 1, 2). Der Schuldner kann sich aber nach allgM auf einen Grund berufen, der zwar bei Erlass des Arrestes schon bestand, ihm jedoch unbekannt war, oder, zu dessen Nachweis er erst jetzt in der Lage ist,[7] zB zur Vorlage einer Versicherung an Eides statt. Dass er die Sach- oder Rechtslage jetzt lediglich anders beurteilt, genügt nicht, außer bei Änderung der höchstrichterlichen Rechtsprechung[8] oder Nichtigerklärung der dem einstweiligen Rechtsschutzbegehren zu Grunde liegenden Norm durch das Bundesverfassungsgericht.[9] Der Schuldner hat als Kläger die veränderten Umstände glaubhaft zu machen (§ 920 Rn. 1).[10] Das Verlangen nach Schadensersatz kann mit dem Aufhebungsantrag nicht verbunden werden (§ 945 Rn. 10). 6

Für **veränderte Umstände** gibt das Gesetz selbst zwei Beispiele. Das Erste betrifft die **Erledigung des Arrestgrundes,** zB durch: Wegfall der Notwendigkeit einer Auslandsvollstreckung (§ 917 Rn. 5); Abgabe der eidesstattlichen Versicherung beim persönlichen Arrest (§ 918 Rn. 3); Ablauf der Frist für die Erhebung der Hauptsacheklage (Rn. 3, § 926 Rn. 18); Obsiegen des Gläubigers im Hauptsacheprozess, sofern das Leistungsurteil bereits rechtskräftig ist, weil dann die Umwandlung des Arrestpfandrechts ohne Rangverlust in ein Vollstreckungspfandrecht endgültig ist (§ 930 Rn. 8), nicht aber schon bei einem lediglich vorläufig vollstreckbaren Urteil, weil dieses aufgehoben oder die Zwangsvollstreckung daraus einstweilen eingestellt werden kann (§ 916 Rn. 6); rechtskräftiges Obsiegen des Gläubigers im Unterlassungsprozess, dessen Streitgegenstand sich mit dem der Unterlassungsverfügung deckt;[11] Eröffnung des Insolvenzverfahrens über das Vermögen des Schuldners wegen § 89 Abs. 1 InsO, aber nur, wenn der Arrest noch nicht vollzogen ist (§ 917 Rn. 8; § 925 Rn. 7); Ablauf der Vollziehungsfrist des § 929 Abs. 2, weil dann kraft Gesetzes unwiderleglich vermutet wird, dass sich die Umstände verändert haben;[12] nachträgliche Bestellung einer anderweiten ausreichenden Sicherheit (§ 916 Rn. 8) oder Hinterlegung der Lösungssumme gemäß § 923 (zum Erbieten zur Sicherheitsleistung Rn. 8). 7

Als weiteres Beispiel ist das **Erbieten zur Sicherheitsleistung** genannt. Anders als bei der Lösungssumme (Rn. 7), deren Hinterlegung (§ 923 Rn. 3) der Schuldner schon in der Antragsschrift (Rn. 4) darzulegen hat, genügt hier für einen schlüssigen Antrag das bloße Erbieten; die Sicherheitsleistung braucht ihrer Art nach nicht näher bestimmt zu sein, weil darüber das Gericht befindet (§ 923 Rn. 2 aE). Lehnt der Gläubiger das Angebot ab, so zeigt dieses Verhalten, dass er der Sicherung durch einstweiligen Rechtsschutz nicht bedarf; der Arrest wird folglich ohne weiteres aufgehoben. Nimmt der Gläubiger das Angebot an, so setzt die Aufhebung jedoch die vorherige Leistung der Sicherheit durch den Schuldner voraus.[13] Eine für den Fall der Sicherheitsleistung aufschiebend bedingte Arrestaufhebung darf nicht erfolgen;[14] tritt nämlich die Bedingung – was bei Urteilserlass gerade ungewiss ist – nicht ein, so könnte der Aufhebungsantrag im Endurteil durch Zurückweisung (Rn. 12) nicht erledigt werden. 8

Die veränderten Umstände können auch den **Arrestanspruch** betreffen, zB durch dessen Wegfall bzw. den der Wiederholungsgefahr bei einer Unterlassungsverfügung (§ 926 Rn. 3, 8); rechtskräftige Abweisung der Hauptsacheklage als unbegründet (§ 926 Rn. 17),[15] während es bei einem nur vorläufig vollstreckbaren Urteil auf die Erfolgsaussichten eines Rechtsmittels des Gläubigers ankommt;[16] rechtskräftige Abweisung der Hauptsacheklage als unzulässig nur, falls sie nicht innerhalb der Frist des § 926 Abs. 1 mit Aussicht auf Erfolg erneuert werden kann; rechtskräftiges vom Schuldner erstrittenes negatives Feststellungsurteil (§ 926 Rn. 3). 9

---

5 OLG Frankfurt/M NJW-RR 1999, 1742 hält das für geboten.
6 BGHZ 122, 172, 179 = NJW 1993, 2685; dazu vgl. *Vollkommer* WM 1994, 51.
7 Näher dazu *Burgard/Fresemann* DRiZ 2000, 195.
8 KG WRP 1990, 330.
9 BGH NJW 1989, 106 f.
10 OLG Frankfurt/M NJW-RR 2000, 1236 (nicht rechtzeitiger Zustellungsauftrag).
11 OLG Hamm OLGZ 1988, 321 f.
12 OLG Düsseldorf NJW-RR 2000, 68; vgl. auch BVerfG NJW 1988, 3141.
13 Ebenso MK/*Drescher* Rn. 8; *Zö/Vollkommer* Rn. 8; *Schuschke/Walker* Rn. 19.
14 So aber *T/P/Reichold* Rn. 14; *B/L/H* Rn. 6.
15 BGH NJW 1988, 2157 f.
16 BGH WM 1976, 134; OLG Düsseldorf NJW-RR 1987, 993.

III. Verfahren und Entscheidung (Absatz 2)

10 **1. Verfahren.** Ausschließlich (§ 802) **zuständig** ist bei schon anhängiger Hauptsache das damit befasste Gericht (§ 943 Rn. 3ff.). Schwebt der Hauptsacheprozess vor dem Revisionsgericht, greift die Zuständigkeit des Hauptsachegerichts erster Instanz ein.[17] In allen anderen Fällen ist das Arrestgericht (§ 919) zuständig; das gilt – entsprechend der Rechtslage beim Widerspruch (§ 924 Rn. 6) – auch, wenn der Arrest erst im Berufungsrechtszug angeordnet wurde.[18]

11 Da durch Endurteil zu entscheiden ist (Rn. 12), muss zwingend **mündliche Verhandlung** anberaumt werden; wegen einer **Güteverhandlung** nach § 278 Abs. 2 wird auf die Erläuterungen in § 926 Rn. 21 verwiesen. Terminsbestimmung und Ladung der Parteien erfolgen von Amts wegen (zum Beweismaß Rn. 6). Für Verzicht, Klagerücknahme (die jederzeit möglich ist, § 926 Rn. 21), Erledigungserklärung und Anerkenntnis gelten die allgemeinen Regeln. Allerdings kann bei übereinstimmender Erledigungserklärung der Aufhebungskläger die Kostenentscheidung des Anwendungsverfahrens isoliert als Hauptsache des Rechtsstreits weiterverfolgen;[19] bei einem Anerkenntnis setzt die Anwendung des § 93 voraus, dass der Gläubiger (Beklagte) auf seine Rechte aus dem Arrest unter Herausgabe des Titels verzichtet hat und die außergerichtlichen Kosten des Schuldners im Anordnungsverfahren übernimmt, sofern letzterer eine entsprechende Kostenentscheidung im Prozess nach § 927 erreichen könnte[20] (Rn. 5, 12). Auch eine Entscheidung auf Grund Säumnis kommt in Betracht, wobei die umgekehrten Parteirollen zu beachten sind (§ 926 Rn. 21). Während des Aufhebungsverfahrens kann eine **einstweilige Einstellung** gemäß § 924 Abs. 3 S. 2 entsprechend erfolgen.

12 **2. Entscheidung.** Sie ergeht – sofern keine anderweite Erledigung eintritt (Rn. 11) – durch **Endurteil.** Ist der **Aufhebungsantrag begründet,** so werden der Arrest aufgehoben und das Arrestgesuch zurückgewiesen; die Aufhebung wirkt nicht auf den Zeitpunkt der Anordnung zurück. Der Gläubiger (Beklagte) hat die Kosten gemäß § 91 auch dann zu tragen, wenn der veränderte Umstand durch den Schuldner, zB infolge Befriedigung des Anspruchs (Rn. 9), herbeigeführt wurde; der Gläubiger kann dem durch ein sofortiges Anerkenntnis mit der Folge des § 93 begegnen (Rn. 11). Die Kostenentscheidung (vgl. dazu auch § 91 Rn. 47) betrifft grundsätzlich nur das Aufhebungsverfahren, weil es um die Rechtmäßigkeit des Fortbestandes der einstweiligen Rechtsschutzmaßnahme – nicht um die ihrer Anordnung – geht (Rn. 1). Allerdings werden nach allgM dem Gläubiger – wie im Tenor ausdrücklich zu formulieren ist – „die Kosten sowohl des Anordnungs- wie des Aufhebungsverfahrens auferlegt", wenn die Entscheidung auf dem Ablauf der Klageerhebungsfrist (§ 926 Rn. 4) oder auf einem Umstand beruht, der schon bei Erlass des Arrestes vorlag, damals vom Schuldner aber nicht vorgebracht werden konnte (Rn. 6). Ob das auch gilt, wenn die Aufhebung wegen Versäumung der Vollziehungsfrist (§ 929 Abs. 2) erfolgt, ist streitig,[21] jedoch zu verneinen;[22] in einem solchen Falle wird nämlich nur vermutet, dass sich die Umstände verändert haben (Rn. 7), was über die Rechtmäßigkeit der Anordnung nichts besagt. Die vorläufige Vollstreckbarkeit richtet sich nach § 708 Nr. 6 (iVm. §§ 711, 713). Ist der **Aufhebungsantrag unzulässig oder unbegründet,** so wird er zurückgewiesen. Die Kostenentscheidung betrifft dann nur das Aufhebungsverfahren, weil Arrestbeschluss bzw. -urteil samt dem Kostenausspruch dort bestehen bleiben; wegen der vorläufigen Vollstreckbarkeit wird § 708 Nr. 11 (iVm. §§ 711, 713) bzw. § 709 S. 1 angewendet. Wegen der **Rechtsmittel** gilt: Es findet Berufung nach allgemeinen Regeln statt; Revision ist nicht zulässig (§ 542 Abs. 2). Ein Versäumnisurteil (Rn. 11) wird mit Einspruch angefochten (§ 338).

IV. Gebühren und Kosten

13 **1. Rechtsanwaltsgebühren.** Für das **wettbewerbsrechtliche Abschlussschreiben** fallen je nach Auftrag Anwaltsgebühren gemäß Nr. 3101 VV RVG (bei Klageauftrag) oder Nr. 2300 VV RVG (es besteht kein Klageauftrag) an. Die Geschäftsgebühr ist dann auf die Verfahrensgebühr des nachfolgenden Prozesses teilweise anzurechnen (Vorbem. 3 Abs. 4 VV RVG).

14 **2. Gerichtskosten.** Kostenrechtlich ist das Aufhebungsverfahren gegenüber dem Anordnungsverfahren ein eigenes Verfahren; die Gebühren nach KV Nr. 1410ff. werden (erneut) erhoben (s. Vorbemerkung 1.4.1).

928 *Vollziehung des Arrestes* **Auf die Vollziehung des Arrestes sind die Vorschriften über die Zwangsvollstreckung entsprechend anzuwenden, soweit nicht die nachfolgenden Paragraphen abweichende Vorschriften enthalten.**

1 Der Arrestbefehl hat dem Gläubiger einen Titel, noch nicht aber die erstrebte Sicherung verschafft (§ 916 Rn. 9). Hierzu bedarf es der **Vollziehung** des Arrestes, die § 928 regelt (zur Vollziehung einer einst-

---

[17] BGH WM 1976, 1201.

[18] OLG Hamm OLGZ 1987, 493.

[19] OLG Karlsruhe NJW-WettbR 1999, 39.

[20] OLG Karlsruhe WRP 1996, 120.

[21] Dafür zB: OLG Frankfurt/M MDR 2002, 602; OLG Düsseldorf NJW-RR 2000, 68; OLG Hamm NJW-RR 1990, 1214; MK/*Drescher* Rn. 17; *T/P/Reichold* Rn. 8.

[22] Ebenso OLG Karlsruhe WRP 1996, 120; OLG München OLGZ 1986, 452, 457 = NJW-RR 1986, 998; *Schuschke/Walker* Rn. 22; *Zö/Vollkommer* Rn. 12. Ausf. zum Problem *Ulrich* WRP 1996, 84.

weiligen Verfügung § 936 Rn. 4). Danach gelten die Vorschriften über die Zwangsvollstreckung, jedoch nur entsprechend und lediglich insofern, als die §§ 929–934 keine abweichenden Bestimmungen treffen. Diese Einschränkungen beruhen auf dem Zweck des einstweiligen Rechtsschutzes, weil der Gläubiger gesichert, nicht jedoch befriedigt werden darf. Die Vollziehung ist gem. § 89 Abs. 1 InsO **unzulässig,** wenn über das Vermögen des Schuldners ein Insolvenzverfahren eröffnet wurde (vgl. § 917 Rn. 8); zu den Auswirkungen eines Insolvenzverfahrens auf einen schon vollzogenen Arrest vgl. § 930 Rn. 4 aE.

Sonderregelungen enthalten § 929 für die Klausel (Abs. 1), Vollziehungsfrist (Abs. 2) und Zustellung 2 (Abs. 3), § 930 zur Pfändung beweglicher Sachen und Forderungen, § 931 hinsichtlich eingetragener Schiffe, § 932 für die Arresthypothek, § 933 wegen der Vollziehung des persönlichen Arrestes (§ 918) und § 934 für die Aufhebung der Arrestvollziehung. Im Übrigen gilt das allgemeine **Vollstreckungsrecht,** zB für die inhaltlichen Anforderungen an den Titel, eine Titelumschreibung (§§ 727ff.), den Schuldnerschutz (§§ 811ff., 850ff.), eine eidesstattliche Versicherung (§§ 807, 883 Abs. 3, 899ff.) oder wegen der Rechtsbehelfe (§ 924 Rn. 2); eine einstweilige Einstellung der Vollziehung erfolgt nach § 924 Abs. 3 S. 2 (§ 924 Rn. 10, § 926 Rn. 21, § 927 Rn. 21) bzw. §§ 719, 707 bei Berufung. Die Kosten der Arrestvollziehung werden nach § 788 beigetrieben.

Rechtsanwaltsgebühren. Anordnungs- und Vollziehungsverfahren verhalten sich zueinander wie Rechts- 3 streit und Zwangsvollstreckung.[1] Dem trägt § 18 Nr. 4 RVG Rechnung. Es entsteht jeweils die 0,3 Verfahrensgebühr gemäß Nr. 3309 VV RVG. Wird zugleich mit dem Antrag auf Arrest der Antrag auf Vollziehung (zB durch Erlass eines Pfändungs- und Überweisungsbeschlusses) bedingt gestellt, fällt im Fall des Erlasses des Arrestes die 0,3 Gebühr aus Nr. 3309 VV RVG neben der 1,3 Gebühr der Nr. 3100 VV RVG an. Die Zustellung der einstweiligen Verfügung löst keine Vollziehungsgebühr aus. Sie ist entweder durch die Gebühr der Nr. 3100 VV RVG abgegolten, oder durch die Vollstreckungsgebühr (§§ 19 Nr. 15, 18 Nr. 4 RVG).

Gerichtskosten. Gerichtsgebühren werden für die einzelnen Vollstreckungsakte nach den jeweiligen Be- 4 stimmungen erhoben; Besonderheiten ergeben sich nicht deshalb, weil der Vollstreckung ein Arrest zu Grunde liegt.

929 *Vollstreckungsklausel; Vollziehungsfrist* **(1) Arrestbefehle bedürfen der Vollstreckungsklausel nur, wenn die Vollziehung für einen anderen als den in dem Befehl bezeichneten Gläubiger oder gegen einen anderen als den in dem Befehl bezeichneten Schuldner erfolgen soll.**

(2) Die Vollziehung des Arrestbefehls ist unstatthaft, wenn seit dem Tag, an dem der Befehl verkündet oder der Partei, auf deren Gesuch er erging, zugestellt ist, ein Monat verstrichen ist.

(3) [1]Die Vollziehung ist vor der Zustellung des Arrestbefehls an den Schuldner zulässig. [2]Sie ist jedoch ohne Wirkung, wenn die Zustellung nicht innerhalb einer Woche nach der Vollziehung und vor Ablauf der für diese im vorhergehenden Absatz bestimmten Frist erfolgt.

I. Vollstreckungsklausel (Absatz 1)

Da der Arrestbefehl aus der Natur der Sache heraus sofort vollziehbar sein muss, bedarf es weder eines 1 Ausspruches zur vorläufigen Vollstreckbarkeit (§ 922 Rn. 7) noch einer vollstreckbaren Ausfertigung. Ausnahmsweise ist nach Abs. 1 eine Vollstreckungsklausel erforderlich, wenn die Vollziehung für oder gegen eine andere als im Arrestbefehl bezeichnete Person erfolgen soll, also bei Rechtsnachfolge (§ 727), Nacherbschaft oder Testamentsvollstreckung (§ 728) und Vermögens- oder Firmenübernahme (§ 729 Rn. 1), sowie – in der Praxis selten – in den Fällen der §§ 738, 742, 744, 745, 749; entsprechendes gilt, falls zwischenstaatliche Verträge die Vollziehung im Ausland gestatten (§ 328 Rn. 4) und insbesondere für die Vollziehung im Geltungsbereich der EuGVO (s. § 31 AVAG). Zuständig für die Erteilung der Vollstreckungsklausel ist das Arrestgericht (§ 919 Rn. 1).

II. Vollziehungsfrist (Absatz 2)

1. Bedeutung. Einstweiliger Rechtsschutz wird gewährt, weil die spätere Durchsetzung materieller 2 Rechte ohne sofortige Sicherung gefährdet wäre (§ 916 Rn. 1, 2). Der Erlass des Arrestes ändert an dieser Eilbedürftigkeit nichts, weil der Gläubiger erst durch eine Vollziehung die erstrebte Sicherheit erlangt (§ 928 Rn. 1). Folglich hat er von dem Arrestbefehl alsbald Gebrauch zu machen, um das behauptete Sicherungsbedürfnis nicht selbst zu widerlegen. Außerdem darf für denjenigen Schuldner, der im Anordnungsverfahren Gehör hatte (§ 921 Rn. 2ff.), nicht ungewiss sein, wie lange eine Inanspruchnahme aus dem Titel droht. **Zweck** der in Abs. 2 bestimmten Vollziehungsfrist ist es, hierzu Rechtsklarheit zu schaffen. Sie verhindert, dass die auf Grund eines summarischen Eilverfahrens erlassene Entscheidung über längere Zeit und trotz möglicherweise veränderter Verhältnisse vollziehbar bleibt.[1] Nach Fristablauf wird deshalb unwiderleglich die Erledigung des Arrestgrundes vermutet (§ 927 Rn. 7), mit der **Folge,** dass eine Vollziehung nicht mehr statthaft, eine gleichwohl durchgeführte unwirksam ist (Rn. 7).

Der **Rechtsnatur** nach handelt es sich um eine gesetzliche Frist, nicht um eine Notfrist (§ 224 Abs. 1 3 S. 2); wird sie versäumt, darf Wiedereinsetzung in den vorigen Stand nicht gewährt werden (§ 233). Eine Verkürzung durch Parteivereinbarung ist möglich, wie § 224 Abs. 1 zeigt,[2] kommt aber in der Praxis nicht

---

[1] *Hartung/Römermann* § 18 Rn. 26; *G/S/E* § 40 Rn. 21.

[1] BGHZ 112, 356, 361 = NJW 1991, 497; vgl. auch BVerfG NJW 1988, 3141.

[2] So auch MK/*Drescher* Rn. 8; *Zö/Vollkommer* Rn. 3. AA offenbar BGHZ 120, 73, 86 = NJW 1993, 1076.

vor; es gibt aber keine Verlängerung durch den Richter (§ 224). Die Vollziehungsfrist gilt nur für den Titel selbst, nicht die dort getroffene Kostenentscheidung; die Kosten des Anordnungsverfahrens können festgesetzt und beigetrieben werden, solange der Arrestbefehl besteht.

4 **2. Lauf der Vollziehungsfrist.**[3] Die Frist **beginnt** beim Arresturteil (§ 922 Rn. 3, 6ff.) mit Verkündung, nicht mit der Amtszustellung (§ 317); das gilt auch, wenn trotz Antrages keine Urteilsausfertigung erteilt wurde.[4] Beim Arrestbeschluss (§ 922 Rn. 4, 6ff.) kommt es auf die Zustellung an den Gläubiger (§ 922 Rn. 9) an. Wird ihm der Arrestbefehl, wie häufig, auf der Geschäftsstelle ausgehändigt (§ 173), so setzt nach allgM schon das die Frist in Lauf. Die Vollziehungsfrist wird **unterbrochen** durch die einstweilige Einstellung der Zwangsvollstreckung (§ 924 Rn. 10), nicht aber durch das bloße Einlegen von Widerspruch (§ 924 Abs. 3 S. 1) bzw. Berufung oder einem anderen Rechtsbehelf (vgl. § 926 Rn. 21, § 927 Rn. 11) oder einem Berichtigungsantrag (§§ 319ff.). Sie **endet** gemäß § 222 Abs. 1 iVm. §§ 187 Abs. 1, 188 Abs. 2, 3 BGB; fällt das Fristende auf einen Sonntag, einen allgemeinen Feiertag oder einen Sonnabend, gilt § 222 Abs. 2.

5 Eine **neue Frist** mit der **Notwendigkeit einer erneuten Arrestvollziehung** läuft bei Beendigung der einstweiligen Einstellung (Rn. 3), Aufhebung des Arrestes im Widerspruchsverfahren und Neuerlass durch das Berufungsgericht[5] (§ 925 Rn. 10), Abweisung eines Aufhebungsantrages des Schuldners nach § 927,[6] Bestätigung des Arrestes im Widerspruchs- bzw. Berufungsverfahren mit wesentlichen Änderungen, zB der erstmaligen Anordnung einer Sicherheitsleistung.[7] Das gilt aber **nicht** – nach herrschender, aber streitiger Meinung[8] – bei unveränderter Bestätigung,[9] oder unwesentlicher Änderung, wenn zB lediglich die rechtliche Begründung bei voller Bestätigung im Ergebnis ausgewechselt[10] oder im Falle des § 648 BGB nur die zu sichernde Forderung herabgesetzt wird;[11] jedoch empfiehlt sich für den Gläubiger wegen der unklaren Rechtslage stets vorsorglich eine erneute Arrestvollziehung. Nach bloßer Berichtigung des Arrestbeschlusses (ohne inhaltliche Änderung) bedarf es keiner erneuten Vollziehung.[12] Davon zu unterscheiden ist die Frage, ob nach uneingeschränkter Bestätigung des Arrestes im Widerspruchs-/Berufungsverfahren oder nach vollständiger Zurückweisung des Aufhebungsantrages (§ 927) zu Gunsten des Gläubigers (innerhalb neu laufender Frist) eine **neue Vollziehung möglich** ist, zB wenn ihm nun werthaltige Forderungen bekannt werden, auf die er mittels Pfändung zugreifen möchte. Das ist zu gestatten, weil der Schuldner durch sein Verhalten selbst die Ursache für die Arrestbestätigung gesetzt hat.[13]

6 **3. Wahrung der Vollziehungsfrist.** Innerhalb der Vollziehungsfrist muss der Gläubiger entsprechend ihrem Zweck (Rn. 2) seinen Vollziehungswillen betätigen. Dazu genügt beim Arrest (zu Besonderheiten bei **einstweiliger Verfügung** § 936 Rn. 4ff.) die bloße Parteizustellung des Titels an den Schuldner (Anforderungen: Rn. 9) nicht (Umkehrschluss § 929 Abs. 3 S. 1). Erforderlich ist nach höchstrichterlicher Rechtsprechung[14] zusätzlich die Einleitung einer bestimmten Vollziehungsmaßnahme nach §§ 930–933 durch entsprechenden Antrag beim zuständigen Vollstreckungsorgan, falls sie anschließend ohne vom Arrestgläubiger zu verantwortende Verzögerung durchgeführt wird; die Vollstreckungsmaßnahme selbst muss innerhalb der Vollziehungsfrist nicht begonnen haben.[15] Notwendig sind also innerhalb der Vollziehungsfrist Parteizustellung **und** Eingang des Vollziehungsantrags beim Vollstreckungsorgan. Für letzteres sind **Beispiele:** Antrag auf Pfändung einer beweglichen, in Gewahrsam des Schuldners befindlichen Sache oder einer ausreichend beschriebenen Forderung, wobei im zuletzt genannten Falle die spätere Zustellung an den Schuldner genügt[16] (vgl. aber Rn. 10); Eintragungsantrag für Sicherungshypothek (§ 932 Abs. 3), wobei nach BGH[17] der rechtzeitige Eingang bei dem Amtsgericht, zu dem das für die Eintragung zuständige Grundbuchamt gehört, genügt, während es auf den Eingang beim Grundbuchamt (nur) wegen der Rangwahrung ankommt;[18] Vorpfändung (§ 845).[19] Unter den genannten Voraussetzungen kann nach Ablauf

---

[3] Ausf. dazu *Matthey*, Probleme bei der Vollziehung von Arrest und einstweiliger Verfügung gemäß § 929 Absatz 2 ZPO, Diss. Bonn 1999; *Gleußner*, Die Vollziehung von Arrest und einstweiliger Verfügung in ihren zeitlichen Grenzen, Diss. Erlangen/Nürnberg, 1999; *Treffer* MDR 1998, 951.

[4] OLG Hamm OLGZ 1987, 458, 460.

[5] OLG Frankfurt/M MDR 2002, 602; OLG Düsseldorf NJW-RR 2000, 68; OLG Celle NJW-RR 1987, 64.

[6] AllgM, vgl. nur MK/*Drescher* Rn. 6.

[7] OLG Frankfurt OLGZ 1980, 258f.; OLG Hamm OLGZ 1994, 243f.; OLG Düsseldorf BauR 1995, 424. Vgl. auch OLG Karlsruhe NJW-WettbR 1999, 39 (teilweise Änderung).

[8] Übersicht s. *Heiderhoff* in: Berger Kap. 9 Rn. 14.

[9] OLG Hamm NJW-RR 1999, 631; *Schuschke/Walker* Rn. 11; *Hintzen* Rpfleger 2004, 561. AA OLG Zweibrücken Rpfleger 2003, 36; OLG Frankfurt NJW-RR 1986, 64.

[10] KG NJWE-WettbR 2000, 197.

[11] OLG Hamm NJW-RR 2000, 971.

[12] OLG Celle NJWE-WettbR 1998, 19.

[13] Str.; wie hier *Schuschke/Walker* Rn. 13a m. Nachw. zur Gegenauffassung.

[14] BGHZ 112, 356, 359 = NJW 1991, 496. Ausf. *Pohlmann* KTS 1994, 49; *ders.* WM 1994, 1277.

[15] BGHZ aaO u. seitdem hM, vgl. OLG Frankfurt/M NJW-RR 2000, 1236; *Schuschke/Walker* Rn. 19; *Zö/Vollkommer* Rn. 10.

[16] OLG Frankfurt FamRZ 1980, 477; *Zö/Vollkommer* Rn. 11. AA (Drittschuldnerzustellung erforderlich) OLG Köln FamRZ 1985, 1064; *Zi* Rn. 7.

[17] BGHZ 146, 361 = NJW 2001, 1134 = LM H.7/2001, § 1 GBO Nr. 1 (*Huber*) = JuS 2001, 715 Nr. 15 (*K. Schmidt*); OLG Frankfurt/M NJW 2003, 2688.

[18] Zu Haftungsrisiken ausführl. *Huber* LM-Urteilsanmerkung aaO.

[19] AG Berling-Charlottenburg NJW-RR 1988, 639.

der Vollziehungsfrist nicht nur die begonnene Vollziehungsmaßnahme zu Ende geführt, sondern auch der Mangel einer fehlerhaften, aber nicht unwirksamen Pfändung behoben[20] oder eine fehlgeschlagene Pfändung wiederholt,[21] nicht aber eine völlig neue Vollstreckungsmaßnahme beantragt[22] werden. Letzteres ist gegeben bei einem neuen Antrag, zB auf Forderungspfändung nach erfolgloser Sachpfändung oder auf Pfändung einer anderen Forderung, nicht aber bei nur rechtlich konsequenter Fortsetzung der vorangegangenen Vollziehungsmaßnahme, wie zB beim Verfahren gemäß §§ 807, 900 nach fruchtloser Mobiliarpfändung.[23] Die Arrestpfändung des durch eine Straftat verletzten Gläubigers in einen von der Staatsanwaltschaft gemäß § 111b StPO beschlagnahmten Vermögensgegenstandes des Schuldners (Täters) setzt zu ihrer Wirksamkeit nicht voraus, dass innerhalb der Vollziehungsfrist (§ 929 Abs. 2) die Arrestvollziehung gemäß § 111g Abs. 2 S. 1 StPO zugelassen oder ein darauf ausgerichteter Antrag gestellt wird.[24] Eine **Neuvornahme** von Vollziehung und Zustellung innerhalb der Frist des § 929 Abs. 2 ist möglich.

4. Folgen einer Fristversäumung. Eine nach Ablauf der Vollziehungsfrist beantragte und durchgeführte Vollziehung (Rn. 5) ist unwirksam.[25] Wegen des gleichwohl erzeugten Rechtsscheins stehen dem Schuldner jedoch **Rechtsbehelfe** zu; er kann gegen Vollstreckungsmaßnahmen Erinnerung nach § 766 einlegen, Vollstreckungsentscheidungen mit sofortiger Beschwerde (§ 793 bzw. § 11 Abs. 1 RpflG) anfechten und Entscheidungen des Grundbuchamtes gemäß § 71 GBO, § 11 Abs. 1 RpflG beanstanden. Die Unwirksamkeit der Vollziehung ist aber unabhängig von einem Rechtsbehelf zu beachten (Rn. 11; § 932 Rn. 2, 3). Der Arrestbefehl selbst wird auf Widerspruch bzw. Berufung oder im Verfahren nach § 927 aufgehoben (§ 927 Rn. 1, 7). Gegebenenfalls muss ein **neuer Arrest** erwirkt werden, sofern die Voraussetzungen dafür weiter vorliegen (§ 922 Rn. 11); hat der Gläubiger aus von ihm zu verantwortenden Gründen die Vollziehungsfrist versäumt, so wird es jedoch meist am Arrestgrund fehlen. 7

III. Vollziehung vor Zustellung (Absatz 3)

Nach **Satz 1** ist in Ausnahme von §§ 750, 751 die **Vollziehung vor Zustellung** des Arrestbefehles an den Schuldner zulässig (§ 750 Rn. 15); Zweck dieser Sondervorschrift ist es, dem Gläubiger einen überraschenden Zugriff zu ermöglichen (§ 921 Rn. 2, 4, § 922 Rn. 9). Alle übrigen Voraussetzungen für eine Vollstreckung müssen erfüllt, also zB eine gemäß §§ 921 Abs. 2, 925 Abs. 2 angeordnete Sicherheit schon erbracht und das dem Vollstreckungsorgan nachgewiesen sein (§ 921 Rn. 8); auch vom Zustellungserfordernis an den Drittschuldner als Voraussetzung einer wirksamen Pfändung ist der Gläubiger nicht befreit.[26] 8

Wegen **Satz 2** muss die **Zustellung des vollständigen Arrestbefehles**[27] – samt der vom Gericht beigefügten Anlagen (§ 922 Rn. 4)[28] und den in §§ 750 Abs. 2, 751 Abs. 2 genannten Urkunden – innerhalb einer Woche nach Vollziehung und vor Ablauf der Frist des § 929 Abs. 2 nachgeholt werden. Innerhalb der Wochenfrist (Beginn Rn. 10) muss die Zustellung an den Schuldner im Parteibetrieb über den Gerichtsvollzieher gem. § 192 bewirkt sein; nur letzterer – nicht etwa der Schuldner oder sein Anwalt – kann mittels Einschreiben/Rückschein zustellen.[29] Ist der Schuldner anwaltlich vertreten, hat die Zustellung an seinen Prozessbevollmächtigten (§ 172 Abs. 1)[30] zu erfolgen. Sie muss auch an denjenigen Anwalt bewirkt werden, der sich in einer Schutzschrift (§ 937 Rn. 7) als Verfahrensbevollmächtigter angezeigt hat, wenn die Schutzschrift für den Gläubiger (zB aus dem Beschlussrubrum) erkennbar vom Gericht berücksichtigt wurde;[31] die Zustellung an den Schuldner persönlich ist dann nicht möglich.[32] Entsprechendes gilt, wenn der Antragsgegner bereits im Abmahnverfahren (§ 940 Rn. 25), anwaltschaftlich vertreten war und dieser Rechtsanwalt seine Vertretung auch für ein eventuelles einstweiliges Verfügungsverfahren angezeigt hatte.[33] Die Zustellung von Anwalt zu Anwalt nach § 195 ist ohne Beurkundung durch den Empfangsanwalt unwirksam; ob der Gläubigervertreter dieses Risiko eingehen will, bedarf sorgfältiger Prüfung.[34] Eine **Heilung von Zustellungsmängeln** ist nach § 189, der den Zugang fingiert, möglich.[35] 9

Für den **Beginn der Zustellungsfrist des S. 2** ist und anders als bei § 929 Abs. 2 (Rn. 6) – nicht die Einleitung einer Vollziehungsmaßnahme maßgeblich.[36] Die einwöchige Frist für die Zustellung des Arrestbe- 10

---

20 LG Berlin Rpfleger 1971, 445.

21 Str., wie hier zB OLG Celle NJW 1968, 1682 f.; *R/G/Schilken* § 78 I 1, wonach eine neue Monatsfrist ab erfolglosem Vollstreckungsversuch läuft.

22 BGHZ 112, 356, 359 = NJW 1991, 496.

23 *Schuschke/Walker* Rn. 20.

24 BGHZ 144, 185 = NJW 2000, 2027 = JuS 2000, 1024 Nr. 9 (*K. Schmidt*); ausführl. *Hess/Albeck* ZIP 2000, 871; LG Kempten ZIP 2003, 548 = EWiR 2003, 543 (*Malitz*). Zum Problem in der Insolvenz des Straftäters s. *Hess* ZIP 2004, 298.

25 BGHZ 112, 356, 359 = NJW 1991, 496.

26 BayObLG Rpfleger 1985, 59.

27 OLG Köln WRP 1995, 506. Die Übermittlung des Verhandlungsprotokolls samt Tenor per Fax genügt nicht, OLG Frankfurt/M NJW-RR 1995, 445.

28 OLG München NJW-RR 2003, 1722.

29 OLG Dresden NJW-RR 2003, 1721.

30 OLG Hamburg NJW-RR 1995, 444.

31 KG NJW-RR 1999, 71; weiter gehend (Zustellung stets an „Schutzschriftanwalt") OLG Köln GRUR 2001, 71.

32 So aber OLG Köln WRP 1994, 332.

33 OLG Köln GRUR 2001, 456.

34 Vgl. den Fall von LG Stuttgart NJW 2001, 3791.

35 OLG Dresden NJW-RR 2003, 1721.

36 So aber *Schuschke/Walker* Rn. 44.

fehls an den Schuldner wird vielmehr erst durch den Zugriff auf das Schuldnervermögen als Ganzes in Gang gesetzt;[37] für eine Forderungspfändung bedeutet das, dass auf die Zustellung des Pfändungsbeschlusses an den Drittschuldner abgestellt werden muss weil erst damit der Zugriff auf das Schuldnervermögen nach §§ 829 Abs. 3, 930 als bewirkt anzusehen ist. Die Erklärung für diese Unterschiede ergibt sich aus folgendem: Die Anknüpfung der Vollziehungsfrist an den Antrag auf Vollziehung beim zuständigen Vollstreckungsorgan (Rn. 6) will den Gläubiger begünstigen, sofern Verzögerungen bis zu Beginn der Vollstreckung von ihm nicht zu vertreten und deshalb auch nicht zu beeinflussen sind. Wäre dieser Zeitpunkt auch maßgeblich bei der Zustellungsfrist des § 929 Abs. 3 S. 2, würde der Gläubiger benachteiligt; er müsste zB bei der Forderungspfändung wegen der von ihm (durch den Pfändungsantrag) in Lauf gesetzten Wochenfrist dem Schuldner den Arrestbefehl zustellen lassen, ohne Klarheit darüber zu haben, ob das Arrestatorium (§ 829 Abs. 1 S. 1) bereits bewirkt ist, was dem Schuldner die Möglichkeit zu gläubigerschädlichen Handlungen eröffnen würde, die das Gesetz durch die Befugnis zur Vollziehung vor Zustellung aber gerade verhindern will (§ 922 Rn. 9).

11 Bei **Versäumung der Zustellungsfrist des S. 2** wird die Vollziehung – ebenso wie bei Versäumung der Vollziehungsfrist des § 929 Abs. 2 (Rn. 7) – unwirksam[38] und ist auf Rechtsbehelf des Schuldners hin (Rn. 7) aufzuheben. Die Unwirksamkeit muss – unabhängig von Rechtsbehelfen – beachtet werden (vgl. auch Rn. 7, § 932 Rn. 5), zB im Prozess des Klägers auf Einräumung einer Sicherungshypothek im Rang der im einstweiligen Verfügungsverfahren von ihm erwirkten Vormerkung, die jedoch mit Fristversäumung ihre rangwahrende Wirkung verloren hatte.

930 *Vollziehung in bewegliches Vermögen und Forderungen*

(1) ¹Die Vollziehung des Arrestes in bewegliches Vermögen wird durch Pfändung bewirkt. ²Die Pfändung erfolgt nach denselben Grundsätzen wie jede andere Pfändung und begründet ein Pfandrecht mit den im § 804 bestimmten Wirkungen. ³Für die Pfändung einer Forderung ist das Arrestgericht als Vollstreckungsgericht zuständig.

(2) Gepfändetes Geld und ein im Verteilungsverfahren auf den Gläubiger fallender Betrag des Erlöses werden hinterlegt.

(3) Das Vollstreckungsgericht kann auf Antrag anordnen, dass eine bewegliche körperliche Sache, wenn sie der Gefahr einer beträchtlichen Wertverringerung ausgesetzt ist oder wenn ihre Aufbewahrung unverhältnismäßige Kosten verursachen würde, versteigert und der Erlös hinterlegt werde.

I. Normzweck

1 Einstweiliger Rechtsschutz dient der Sicherung, nicht der Befriedigung des Gläubigers (§ 916 Rn. 1, 2). Mit der Vollziehung eines dinglichen Arrestes (zum persönlichen Arrest vgl. § 933) darf deshalb nur die Beschlagnahme des Schuldnervermögens durchgesetzt, dieses jedoch nicht verwertet werden. Folgerichtig lässt **Abs. 1** nur eine Pfändung zu. Forderungen dürfen also nicht überwiesen, körperliche Sachen nicht versteigert werden, sofern nicht im zuletzt genannten Falle die Ausnahme des **Abs. 3** eingreift; gepfändetes Geld und ein im Verteilungsverfahren auf den Gläubiger entfallender Teil des Erlöses werden gemäß **Abs. 2** hinterlegt, nicht etwa ausgekehrt. Die Arrestvollziehung in ein eingetragenes Schiff oder Schiffsbauwerk regelt § 931, die in unbewegliches Vermögen § 932.

II. Arrestvollziehung

2 **1. Pfändung.** Die Vollziehung des Arrestes wird durch Pfändung nach allgemeinen Regeln bewirkt (Abs. 1 S. 1, 2). Auch eine Vorpfändung (§ 845) ist zulässig; die rangwahrende Wirkung einer Vorpfändung beschränkt sich im Fall einer weiter gehenden endgültigen Pfändung aber auf die vorgepfändete Forderung.[1] Für die **Sachpfändung** gelten daher §§ 808 ff. Verweigert der Schuldner dem Gerichtsvollzieher den Zutritt, so darf eine Wohnungsdurchsuchung wegen § 758 iVm. Art. 13 Abs. 2 GG ohne richterliche Anordnung nur bei Gefahr in Vollzug erfolgen (§ 758 Rn. 15). Letzteres muss für die Vollziehung eines Arrestbefehles (§ 922 Rn. 4) stets bejaht werden,[2] weil – wie der Verzicht auf eine mündliche Verhandlung über das Arrestgesuch zeigt – der Zugriff schnell und überraschend erfolgen muss (§ 921 Rn. 2). Anders ist es, wenn Arresturteil (§ 922 Rn. 3) erlassen wurde; in einem solchen Fall werden sich wegen der ohnehin schon erfolgten Vorwarnung des Schuldners aus einem richterlichen Verfahren gemäß § 758 grundsätzlich keine weiteren Nachteile für den Gläubiger ergeben.[3] Gepfändete Sachen sind vom Gerichtsvollzieher zu verwahren bzw. einzulagern,[4] eine Verwertung darf grundsätzlich nicht erfolgen (Ausnahme Rn. 7). Bargeld, das durch Wegnahme

---

37 OLG Frankfurt/M NJW-RR 1999, 1446 ff.; dazu *Deubner* JuS 1999, 581, 584 f. Wie hier auch MK/*Drescher* Rn. 18; *Zö/Vollkommer* Rn. 24; *St/J/Grunsky* Rn. 21.

38 BGH NJW 1999, 3494.

1 BGH NJW 2001, 2976.

2 Sehr str. wie hier zB LG Kaiserslautern DGZV 1986, 62; AG Mönchengladbach-Reydt DGZV 1980, 94; MK/*Heinze* Rn. 2; *Behr* NJW 1992, 2125, 2128. AA zB OLG Karlsruhe DGVZ 1983, 139; LG Düsseldorf DGVZ 1985, 60; *Schuschke/Walker* Rn. 2 m. weit. Nachw. zum Streitstand.

3 AA (Unterscheidung nicht erforderlich) MK/*Drescher* Rn. 2. Wie hier jetzt aber *Zö/Vollkommer* Rn. 2.

4 Zum Abschluss des Lagervertrages vgl. BGHZ 89, 82 = NJW 1984, 1759.

gepfändet wird (§ 808 Abs. 2), wird zu Gunsten von Gläubiger und Schuldner hinterlegt, § 930 Abs. 3; eine spätere Verteilung erfolgt nach §§ 872ff. Zur Pfändung des durch eine Straftat verletzten (Arrest-)Gläubigers in einen von der Staatsanwaltschaft beschlagnahmten Vermögensgegenstand des Schuldners (Täters) s. § 929 Rn. 6 aE.

Die **Pfändung von Forderungen, Herausgabeansprüchen und anderen Vermögensrechten** richtet sich nach §§ 829ff., 846ff., 857ff.; ausschließlich (§ 802) zuständig ist jedoch – abweichend von den allgemeinen Regeln (§ 828) – das Arrestgericht (§ 919) als Vollstreckungsgericht, § 930 Abs. 1 S. 3. 3

- Das Pfändungsgesuch kann schon zusammen mit dem Arrestantrag gestellt werden (§ 922 Rn. 8). Über beide befindet dann der **Richter,** der den Arrestbefehl erlässt (§ 20 Nr. 16 RpflG). Wird über den Arrestantrag ohne mündliche Verhandlung durch Beschluss (§ 922 Rn. 4) entschieden, so lässt sich die Pfändungsanordnung ohne Schwierigkeiten in diese Entscheidung („Arrest- und Pfändungsbeschluss") einbinden;[5] ergeht nach mündlicher Verhandlung Arresturteil (§ 922 Rn. 3), so sollte der Richter, um Verwirrungen zu vermeiden, gesonderten Pfändungsbeschluss erlassen (und verkünden, § 329 Abs. 1 S. 1), eine Aufnahme des Pfändungsausspruchs in die Urteilsformel also vermeiden. Erlässt das Beschwerdegericht den Arrestbefehl (§ 922 Rn. 106), so ist es auch Vollstreckungsgericht iSd. § 930 Abs. 1 S. 3, kann also – bei entsprechendem Antrag (§ 922 Rn. 8) – auch Pfändungsbeschluss erlassen.[6]
- Der **Rechtspfleger** ist demgegenüber zuständig, wenn das Pfändungsgesuch erst nach Erlass des Arrestes angebracht wird oder darüber nicht entschieden werden konnte, weil die Arrestvollziehung von einer Sicherheitsleistung abhängig gemacht wurde (§ 921 Rn. 8).
- Die **Überweisung** der Forderung (§ 835) darf nicht erfolgen (Rn. 1, § 922 Rn. 8); ein gleichwohl getroffener Überweisungsbeschluss ist nichtig,[7] berührt jedoch die Wirksamkeit der Pfändung nicht (näher § 836 Rn. 3). Zur Herausgabe von Urkunden über die Forderung Rn. 4.

2. Wirkungen. Die Pfändung begründet ein Pfandrecht mit den in § 804 bezeichneten Wirkungen (§ 930 Abs. 1 S. 2 Halbs. 2), jedoch ohne Verwertungsrecht (Rn. 1); deshalb spricht man von einem **Arrestpfandrecht.** Es hat gemäß § 804 Abs. 3 Vorrang vor später entstehenden Pfandrechten, selbst dann, wenn diesen ein endgültiger Vollstreckungstitel zu Grunde liegt (Rn. 8). Nach einer Forderungspfändung kann der Drittschuldner zur Erklärung gemäß § 840 aufgefordert, nicht jedoch auf Auskunft verklagt werden.[8] Wurde über die Forderung ein Sparbuch oder eine andere Beweisurkunde, zB ein Hypothekenbrief, ausgestellt, so hat der Gläubiger schon auf Grund der Pfändung Anspruch auf Herausgabe der Urkunde an den Gerichtsvollzieher;[9] einer „Überweisung" dieses Herausgabeanspruchs[10] bedarf es nicht. Ist die gepfändete Forderung fällig, so muss der Drittschuldner an Gläubiger und Schuldner gemeinsam leisten bzw. für beide hinterlegen (§ 1281 S. 2 BGB). Nach Eröffnung des **Insolvenzverfahrens** über das Vermögen des Schuldners wird ein im letzten Monat – in der Verbraucherinsolvenz in den letzten drei Monaten (§ 312 Abs. 1 S. 3 InsO) – vor dem Eröffnungsantrag (Fristberechnung: § 139 InsO) erlangtes[11] Arrestpfandrecht gemäß § 88 InsO unwirksam, was – falls der Gläubiger auf das Recht nicht freiwillig verzichtet – mit der Vollstreckungserinnerung (§ 766) vom Insolvenzverwalter geltend zu machen ist; im Übrigen, dh. außerhalb der Monatsfrist, kommt eine Insolvenzanfechtung in Betracht (§§ 141, 129ff., insbes. § 131 InsO).[12] Bei der **Einzelgläubigeranfechtung** nach dem AnfG gibt es keine § 88 InsO entsprechende Vorschrift, also ausschließlich Anfechtung nach §§ 10, 1, 3ff. AnfG.[13] 4

3. Rechtsmittel. Dem **Gläubiger** steht sofortige Beschwerde (§ 793) zu, wenn der Richter zwar den Arrestbefehl erlassen, das Pfändungsgesuch jedoch zurückgewiesen hat; die Ablehnung der Pfändung durch den Rechtspfleger kann mit sofortiger Beschwerde (§ 11 Abs. 1 RpflG) angefochten werden. Verweigert der Gerichtsvollzieher die Vornahme einer Pfändung, findet Untätigkeitserinnerung nach § 766 Abs. 2 statt. Der **Schuldner** kann gegen den Pfändungsbeschluss – gleichviel ob vom Richter oder Rechtspfleger erlassen – Erinnerung nach § 766 Abs. 1 einlegen. Für die beiden zuletzt genannten Fälle greift die Zuständigkeitsregel des § 930 Abs. 1 S. 3 ein; über die Vollstreckungserinnerungen entscheidet folglich das Arrestgericht. Das Vollstreckungsgericht ist jedoch zuständig, wenn der Schuldner mit dem Rechtsbefehl nach § 766 Vollstreckungsmaßnahmen des Gerichtsvollziehers beanstandet. 5

Soweit danach eine Zuständigkeit des Arrestgerichtes besteht, ist dieses auch zur **Aufhebung der Vollziehung** befugt, die dadurch in Wegfall kommt (§§ 928, 766, 775). Eine aufgehobene Vollziehungsmaßnahme ist endgültig beseitigt, sofern mit der Aufhebung nicht eine Anordnung nach § 570 Abs. 2 verbunden war; sie lebt bei Wegfall des Aufhebungsbeschlusses nicht wieder auf, sondern muss neu vollzogen werden, weshalb gemäß § 804 Abs. 3 zwischenzeitlich ein Rangverlust eintreten kann.[14] 6

---

5 Tenorierungsbeispiel *Huber* Rn. 540.

6 OLG München MDR 2004, 1383; str., aA Zö/*Vollkommer* Rn. 3.

7 BGHZ 121, 98, 101 = NJW 1993, 735.

8 BGHZ 68, 289, 292 = NJW 1977, 1199.

9 *Schuschke/Walker* Rn. 9.

10 So aber MK/*Drescher* Rn. 6; *B/L/H* Rn. 2; *R/G/Schilken* § 78 II 2.

11 Vgl. §§ 808 Abs. 1; 829 Abs. 3, 846; 847 Abs. 2. Näher MK-InsO/*Breuer* § 88 Rn. 21, 22.

12 Für die alte Rechtslage (Art. 103, 110 Abs. 1 EGInsO) gilt: Im Gesamtvollstreckungsverfahren kennt die (§ 88 InsO) entsprechende Vorschrift des § 7 Abs. 3 GesO keine zeitliche Grenze, haben also Arrestpfandrecht u. Arresthypothek (§ 932 Rn. 4, 7) keinen Bestand, vgl. BGHZ 128, 365 = NJW 1995, 1159; 130, 347 = NJW 1995, 2715. Im Konkursverfahren gibt es keine entsprechende Regelung, also nur Konkursanfechtung (§§ 35, 29ff., insbes. 30 Nr. 2 KO).

13 Näher *Huber* AnfG § 10 Rn. 8; § 2 Rn. 40, 42; § 11 Rn. 9.

14 BGHZ 66, 394, 395 = NJW 1976, 1453.

7 **4. Versteigerung und Hinterlegung** (Abs. 3). Nach dieser Vorschrift kann das Vollstreckungsgericht (§ 764 Abs. 2) auf Antrag des Gläubigers oder Schuldners – nicht des Gerichtsvollziehers –[15] ausnahmsweise (Rn. 2) anordnen, dass eine bewegliche körperliche Sache, wenn sie der Gefahr einer beträchtlichen Wertverringerung ausgesetzt ist oder wenn ihre Aufbewahrung unverhältnismäßige Kosten verursachen würde, versteigert und der Erlös hinterlegt werde; zuständig ist der Rechtspfleger (§ 20 Nr. 17 RpflG), gegen dessen Entscheidung sofortige Beschwerde stattfindet (§ 11 Abs. 1 RpflG, § 793). Betrifft die Pfändung einen Anspruch auf Herausgabe einer beweglichen Sache (§ 847), so darf eine Anordnung nach § 930 Abs. 3 erst ergehen, wenn an den Gerichtsvollzieher herausgegeben wurde; letzteres muss der Gläubiger durch Klage erzwingen.

III. Entscheidung im Hauptsacheverfahren

8 Erlangt der Gläubiger einen **vollstreckbaren Titel**, für den alle Vollstreckungsvoraussetzungen (zB Klausel, Zustellung, Nachweis einer Sicherheitsleistung) vorliegen, so wandelt sich das Arrestpfandrecht (Rn. 4) unter Beibehaltung des Ranges in ein Vollstreckungspfandrecht um,[16] allerdings nur in Höhe der Arrestsumme;[17] zur Sicherungsfunktion des Arrestpfandrechtes (Rn. 1) tritt jetzt die Verwertungsbefugnis wie bei einem gewöhnlichen Pfändungspfandrecht hinzu.[18] Die nachträgliche einstweilige Einstellung der Zwangsvollstreckung aus dem Hauptsachetitel, zB nach §§ 719, 769, ändert an der rangwahrenden Wirkung des Arrestpfandrechts nichts, solange der Arrestbefehl besteht.[19] Wird der Arrestbefehl im Widerspruchs- oder Berufungsverfahren bzw. nach §§ 926, 927 aufgehoben, nachdem sich das Arrestpfandrecht bereits in ein Vollstreckungspfandrecht umgewandelt hatte, so geht der ursprüngliche Rang verloren;[20] maßgeblich für § 804 Abs. 3 ist dann der oben beschriebene Zeitpunkt, in dem das Vollstreckungspfandrecht entstand. Die **Abweisung der Hauptsacheklage** lässt das Arrestpfandrecht unberührt. Der Schuldner muss in einem solchen Falle zunächst die Aufhebung des Arrestes betreiben (§ 926 Rn. 17, § 927 Rn. 2) und kann erst anschließend gemäß §§ 775 Nr. 1, 776 die Arrestpfändung beseitigen lassen.

IV. Gerichtskosten

9 Für die Pfändung nach Abs. 1 wird eine Festgebühr von 20 Euro nach KVGv Nr. 205 erhoben; die Entscheidung nach Abs. 3 ergeht gebührenfrei.

931 *Vollziehung in eingetragenes Schiff oder Schiffsbauwerk* (1) **Die Vollziehung des Arrestes in ein eingetragenes Schiff oder Schiffsbauwerk wird durch Pfändung nach den Vorschriften über die Pfändung beweglicher Sachen mit folgenden Abweichungen bewirkt.**

(2) Die Pfändung begründet ein Pfandrecht an dem gepfändeten Schiff oder Schiffsbauwerk; das Pfandrecht gewährt dem Gläubiger im Verhältnis zu anderen Rechten dieselben Rechte wie eine Schiffshypothek.

(3) Die Pfändung wird auf Antrag des Gläubigers vom Arrestgericht als Vollstreckungsgericht angeordnet; das Gericht hat zugleich das Registergericht um die Eintragung einer Vormerkung zur Sicherung des Arrestpfandrechts in das Schiffsregister oder Schiffsbauregister zu ersuchen; die Vormerkung erlischt, wenn die Vollziehung des Arrestes unstatthaft wird.

(4) Der Gerichtsvollzieher hat bei der Vornahme der Pfändung das Schiff oder Schiffsbauwerk in Bewachung und Verwahrung zu nehmen.

(5) Ist zur Zeit der Arrestvollziehung die Zwangsversteigerung des Schiffes oder Schiffsbauwerks eingeleitet, so gilt die in diesem Verfahren erfolgte Beschlagnahme des Schiffes oder Schiffsbauwerks als erste Pfändung im Sinne des § 826; die Abschrift des Pfändungsprotokolls ist dem Vollstreckungsgericht einzureichen.

(6) [1]Das Arrestpfandrecht wird auf Antrag des Gläubigers in das Schiffsregister oder Schiffsbauregister eingetragen; der nach § 923 festgestellte Geldbetrag ist als der Höchstbetrag zu bezeichnen, für den das Schiff oder Schiffsbauwerk haftet. [2]Im Übrigen gelten der § 867 Abs. 1 und 2 und der § 870a Abs. 3 entsprechend, soweit nicht vorstehend etwas anderes bestimmt ist.

1 Die Vorschrift regelt die Vollziehung des Arrestes in ein eingetragenes **Schiff oder Schiffsbauwerk** (Ausnahme Rn. 2); für nicht eingetragene Schiffe gilt § 930. Die Arrestvollziehung erfolgt gemäß § 931 Abs. 1 – anders als die Zwangsvollstreckung, §§ 864ff., 870a – wie bei beweglichen Sachen durch **Pfändung**, allerdings **mit folgenden Abweichungen:** Die Anordnung der Pfändung obliegt nach Abs. 3 dem Vollstreckungsgericht (§ 764 Abs. 2); das Pfändungsgesuch kann wie bei einer Forderungspfändung schon zusammen mit dem Arrestantrag gestellt werden, weshalb für die Entscheidung die dort erörterten Regeln entsprechend gelten (§ 930 Rn. 3). Zugleich mit der Anordnung wird das Registergericht von Amts wegen um die Eintragung einer Vormerkung ersucht, die erst erlischt, wenn die Arrestvollziehung unstatthaft wird. Der Vollzug

---

15 BGHZ 89, 82, 86 = NJW 1984, 1759.
16 BGHZ 66, 394, 397) NJW 1976, 1453; BGH WM 1992, 1040, 1045.
17 BGHZ 114, 315, 324 = NJW 1991, 2147.
18 *R/G/Schilken* § 78 II 3a m. weit. Nachw.
19 MK/*Drescher* Rn. 10; *Schuschke/Walker* Rn. 13.
20 MK/*Drescher* Rn. 11; *Schuschke/Walker* Rn. 14.

der Pfändung geschieht nach Abs. 4 durch den Gerichtsvollzieher (§ 134 Nr. 2, 3 GVGA). Damit entsteht das Arrestpfandrecht,[1] das dem Gläubiger gemäß Abs. 2 im Verhältnis zu anderen Rechten dieselben Rechte wie eine Schiffshypothek gewährt; zu Rechtsfolgen der Insolvenzeröffnung wegen § 88 InsO gelten die Erörterungen in § 930 Rn. 4 und § 932 Rn. 4, 7 entsprechend. Auf eine Registereintragung kommt es insoweit nicht an (Ausnahme zu § 8 SchiffsRG); nach Abs. 6 kann der Gläubiger aber einen Eintragungsantrag stellen, was sich stets empfiehlt, um einen gutgläubigen lastenfreien Erwerb Dritter zu verhindern. Gemäß Abs. 5 ist die Arrestpfändung auch noch möglich, wenn bereits die Zwangsversteigerung des Schiffes eingeleitet wurde (Ausnahme zu § 865 Abs. 2); sie wird dann als Anschlusspfändung (§ 826) durchgeführt.

Besonderheiten gelten für **segelfertige Seeschiffe**[2] – gleichviel ob eingetragen oder nicht – wegen § 482 HGB und **ausländische Schiffe;**[3] danach ist die Arrestvollziehung unzulässig, wenn sich das Schiff auf Reise befindet und nicht in einem Hafen liegt. Bei einem inländischen eingetragenen **Luftfahrzeug** erfolgt die Arrestvollziehung – abweichend von § 931 – dadurch, dass es der Gerichtsvollzieher in Bewachung und Verwahrung nimmt und ein Registerpfandrecht eingetragen wird; für nicht eingetragene Luftfahrzeuge gilt § 930. Eine Arrestvollziehung in ausländische Luftfahrzeuge kommt selten vor.[4] 2

932 *Arresthypothek* **(1) [1]Die Vollziehung des Arrestes in ein Grundstück oder in eine Berechtigung, für welche die sich auf Grundstücke beziehenden Vorschriften gelten, erfolgt durch Eintragung einer Sicherungshypothek für die Forderung; der nach § 923 festgestellte Geldbetrag ist als der Höchstbetrag zu bezeichnen, für den das Grundstück oder die Berechtigung haftet. [2]Ein Anspruch nach § 1179a oder § 1179b des Bürgerlichen Gesetzbuchs steht dem Gläubiger oder im Grundbuch eingetragenen Gläubiger der Sicherungshypothek nicht zu.**

(2) Im Übrigen gelten die Vorschriften des § 866 Abs. 3 Satz 1, des § 867 Abs. 1 und 2 und des § 868.

(3) Der Antrag auf Eintragung der Hypothek gilt im Sinne des § 929 Abs. 2, 3 als Vollziehung des Arrestbefehls.

I. Normzweck

Die Vorschrift lässt als Vollziehung in Grundstücke, Grundstücksmiteigentumsanteile und grundstücksgleiche Rechte nur die Eintragung einer Sicherungshypothek zu; eine Zwangsverwaltung (§§ 146 ff. ZVG, § 869) mit dem Ziel der Hinterlegung von Überschüssen (§ 155 ZVG) ist nicht möglich. Mit diesen Beschränkungen der Zugriffsmöglichkeit betont das Gesetz die Sicherungsfunktion des Arrestes (§ 916 Rn. 1, 2, § 930 Rn. 1). Die Vollziehung in das bewegliche Vermögen und Forderungen regelt § 930, die in Schiffe oder Schiffsbauwerke § 931; den persönlichen Arrest betrifft § 933. 1

II. Arrestvollziehung

1. Verfahren zur Eintragung. Es folgt auf Grund der Verweisung in Abs. 2 grundsätzlich denselben Regeln wie bei einer Zwangshypothek (§ 867 Rn. 2 ff.). Notwendig ist ein **Antrag,** der schriftlich oder zur Niederschrift des zuständigen Grundbuchbeamten gestellt werden kann, § 29 GBO gilt nicht; die Bevollmächtigung eines für den Gläubiger tätigen Rechtsanwalts kann aus dessen Bezeichnung im Rubrum des Arrestbefehles entnommen werden. Der Arrestbefehl ist als der zu Grunde liegende Vollstreckungstitel mitvorzulegen; da der Gläubiger ihn dem Schuldner zuzustellen hat (§ 929 Abs. 2, Abs. 3), empfiehlt es sich, bei Gericht von vornherein um zwei Ausfertigungen nachzusuchen. Der Antrag hat das Grundstück des Schuldners gemäß § 28 GBO und die nach § 923 festgestellte Summe als Höchstbetrag, der 750 übersteigen muss (§ 866 Abs. 3 S. 1), zu bezeichnen. Sollen mehrere Grundstücke belastet werden, so ist der Betrag der Forderung gemäß § 867 Abs. 2 zu verteilen,[1] damit einzelne Arresthypotheken mit Teilbeträgen – jeweils über 750 – eingetragen werden können; diese Höchstbeträge gelten dann als Lösungssumme für das jeweilige Grundstück im Falle einer Hinterlegung durch den Schuldner[2] (Rn. 7). Schließlich muss der Eintragungsantrag innerhalb der **Vollziehungsfrist,** die auf diese Weise gewahrt wird (Abs. 3), eingereicht werden, wobei aber der Eingang bei dem Amtsgericht, zu dem das zuständige Grundbuchamt gehört, genügt (§ 929 Rn. 6). 2

Das **Grundbuchamt** prüft, ob der Antrag den genannten Voraussetzungen entspricht, **nicht** aber, ob das Arrestgericht zuständig war, die Voraussetzungen für den einstweiligen Rechtsschutz vorlagen oder ob die Zustellungsfrist nach § 929 Abs. 3 S. 2 gewahrt wurde[3] (s. aber Rn. 5). Bei vollstreckungsrechtlichen Hindernissen – zB Fehlen der Klausel im Falle des § 929 Abs. 1, die nicht innerhalb der Vollziehungsfrist des § 929 Abs. 2 behoben werden, oder bei Ablauf der Vollziehungsfrist (Rn. 2 aE) – ist der Antrag zurückzu- 3

---

[1] *Schuschke/Walker* Rn. 4; *S/J/Grunsky* Rn. 5. AA (mit der Zustellung des Beschlusses an den Schuldner) *B/L/H* Rn. 3.
[2] Ausf. dazu *Noack* JurBüro 1982, 165 ff.
[3] Internationales Übereinkommen zur Vereinheitlichung von Regeln über den Arrest in Seeschiffe v. 10. 5. 1952, BGBl. II 1972, S. 653; dazu *Kerameus,* Festschr. f. Nagel, 1987, S. 133 ff.
[4] MK/*Drescher* Rn. 6; ausf. *St/J/Grunsky* § 928 Rn. 6 ff.
[1] Gesamthypothek ist unzulässig, RGZ 163, 121, 124; LG Hechingen Rpfleger 1993, 169.
[2] LG Bremen Rpfleger 1994, 163.
[3] BayObLG Rpfleger 1993, 397 f.

weisen. Grundbuchrechtliche Mängel, zB das Fehlen der Voreintragung (§ 39 GBO), können durch rangwahrende Zwischenverfügung (§ 18 GBO) beanstandet werden.[4]

4 **2. Eintragung und Wirkung.** Falls alle Eintragungsvoraussetzungen gegeben sind (Rn. 2, 3), wird in Abt. III des Grundbuchs eine Sicherungshypothek mit der im Arrestbefehl genannten Lösungssumme (§ 923 Rn. 2) als Höchstbetrag eingetragen (§ 932 Abs. 1 S. 1), außer der Gläubiger beantragt die Vollziehung nur zum Teil (Verteilung auf mehrere Grundstücke Rn. 2). Mit der Eintragung entsteht die **Arresthypothek.** Dieser Zeitpunkt – nicht der des § 932 Abs. 3 – ist maßgeblich für alle Rechtsfolgen, die an die Entstehung des Grundbuchrechtes anknüpfen. Das gilt auch nach **Insolvenzeröffnung** über das Vermögen des Schuldners für die Bestimmung der (nach § 139 InsO) zu berechnenden Sperrfrist des § 88 InsO[5] und im Verbraucherinsolvenzverfahren des § 312 Abs. 1 S. 3 InsO (zu den Rechtsfolgen Rn. 7; zur Rechtslage in Gesamtvollstreckungs-/Konkursverfahren § 930 Fn. 12); die Gegenauffassung, die schon von jeher auf den Eintragungsantrag abstellt,[6] lässt sich jedenfalls seit Inkrafttreten der InsO nicht mehr aufrechterhalten, weil in § 88 (§ 312 Abs. 1 S. 3) InsO eine Sonderregelung wie in § 140 Abs. 2 InsO und § 8 Abs. 2 AnfG gerade fehlt,[7] so dass es nur bei Insolvenzanfechtung nach §§ 141, 129ff. (insbes. § 131) InsO (außerhalb der Monatsfrist) und der Einzelgläubigeranfechtung nach §§ 10, 1, 3ff. AnfG (dazu gilt § 930 Rn. 4 aE ohne Besonderheit) auf den Zeitpunkt des § 932 Abs. 3 ankommt.[8] Der Gläubiger hat keinen Anspruch nach §§ 1179a, 1179b BGB auf Löschung vor- oder gleichrangiger Grundpfandrechte, die sich mit dem Eigentum in einer Person vereinigt haben (§ 932 Abs. 1 S. 2); diese Schlechterstellung gegenüber Gläubigern von rechtsgeschäftlich oder nach § 867 bestellten Hypotheken rechtfertigt sich nach allgM aus der Sicherungsfunktion des Arrestes (Rn. 1) und ist deshalb unbedenklich.[9] Weitere Beschränkungen gelten nicht. Der Gläubiger kann deshalb aus der Arresthypothek gemäß § 1147 BGB auf **Duldung der Zwangsvollstreckung klagen.**[10] Das bedeutet keine dem einstweiligen Rechtsschutz widersprechende Verwertung und keine Gefahr für den Schuldner, weil der Gläubiger im Duldungsprozess den – bislang nur glaubhaft gemachten (§ 920 Abs. 2) – Arrestanspruch (wie im Hauptsacheprozess) voll beweisen muss;[11] erst aus dem dort erstrittenen Titel kann er das Grundstück zwangsversteigern lassen. Ein Duldungstitel ist nicht wegen § 867 Abs. 3 entbehrlich, weil diese Vorschrift für die Arresthypothek nicht gilt (vgl. Wortlaut des § 932 Abs. 2; § 867 Rn. 11); anders ist die Rechtslage nach Entscheidung in der Hauptsache (Rn. 6). Betreiben andere Gläubiger die Zwangsversteigerung, so wird die Arresthypothek – falls sie den betriebenen Rechten vorgeht – in das geringste Gebot aufgenommen (§§ 44, 48 ZVG).[12]

5 **3. Rechtsbehelfe.** Gegen die Zurückweisung des Eintragungsantrages steht dem Gläubiger Erinnerung gemäß § 71 Abs. 1 GBO, § 11 Abs. 1 RpflG zu. Hält der Schuldner die Eintragung aus vollstreckungs- oder grundbuchrechtlichen Gründen für unzulässig, so kann er nur versuchen, durch das Grundbuchamt von Amts wegen einen Widerspruch eintragen oder die Löschung vornehmen zu lassen (vgl. § 71 Abs. 2 GBO). War bei Eintragung die Vollziehungsfrist des § 929 Abs. 2 bereits abgelaufen oder wurde die Zustellung nicht innerhalb der Frist des § 929 Abs. 3 S. 2 nachgeholt, so ist nach ganz hM kein dingliches Recht – auch kein Eigentümergrundpfandrecht – entstanden; das Grundbuch ist folglich unrichtig, die Arresthypothek zu löschen (§§ 894, 899 BGB, §§ 22, 28 GBO). Wegen der Rechtsfolge bei § 88 (§ 312 Abs. 1 S. 3) InsO (Rn. 4) wird auf Rn. 7 verwiesen.

III. Entscheidung im Hauptsacheverfahren

6 Erlangt der Gläubiger einen **vollstreckbaren Titel,** für den alle Vollstreckungsvoraussetzungen (zB Klausel, Zustellung, Nachweis einer Sicherheitsleistung) vorliegen, so wandelt sich – anders als beim Arrestpfandrecht (§ 930 Rn. 8) – die Arresthypothek nicht automatisch um. Vielmehr muss beim Grundbuchamt entweder durch Einigung und Eintragungsbewilligung (§ 877 BGB) oder im Vollstreckungswege (§§ 876 Abs. 1, 932 Abs. 2) unter Vorlage des Hauptsacheurteils die Umschreibung in eine Zwangshypothek nach §§ 1186, 1190 BGB beantragt werden, die den Rang der Arresthypothek wahrt.[13] Diese Umwandlung bedeutet keine inhaltliche Veränderung, weshalb ein Erwerber des Grundstücks dieses mit einer vollwertigen Hypothek belastet erhält.[14] Aus der so entstandenen Zwangshypothek kann der Gläubiger unter Vorlage des Hauptsachetitels (mit dem Vermerk des § 867 Abs. 1 S. 1 Hs. 2) unmittelbar die Zwangsversteigerung im Rang des § 10 Abs. 1 Nr. 4 ZVG betreiben, eines zusätzlichen Duldungstitels nach § 1147 BGB bedarf es jetzt (anders als bei der Arresthypothek, Rn. 4 aE) wegen § 867 Abs. 3 nicht mehr. Bei **Abweisung der Hauptsacheklage** erwirbt der Schuldner als Eigentümer die Hypothek (Rn. 7).

---

[4] AllgM, vgl. nur MK/*Drescher* Rn. 4. Weiter gehend OLG Karlsruhe NJW-RR 1998, 523 (Rangwahrung auch bei dem Vollstreckungsrecht zuzurechenden Eintragungshindernis, das das Grundbuchamt beseitigen kann).
[5] Wie hier zB BayObLG NJW 1955, 144 (zu §§ 28, 87 VerglO); *T/P/Reichold* Rn. 3; *Zö/Vollkommer* Rn. 6; *Schuschke/Walker* Rn. 9. So jetzt auch MK/*Drescher* Rn. 5.
[6] Entspr. § 878 BGB, so *St/J/Grunsky* Rn. 8; *R/G/Schilken* § 78 II 3c.
[7] HM im insolvenzrechtlichen Schrifttum, vgl. zB: MK-InsO/*Breuer* § 88 Rn. 22 (auch nicht § 140 Abs. 2 InsO analog).
[8] *Gottwald/Huber* § 46 Rn. 35ff., 39ff.; *Huber* AnfG § 8 Rn. 11ff.
[9] Vgl. nur *R/G/Schilken* § 78 II 3d; *Brox/Walker* Rn. 1551.
[10] BGH NJW 1997, 3230, 3233.
[11] BGH NJW 1986, 53; *Schuschke/Walker* Rn. 11.
[12] Näher *Schuschke/Walker* Rn. 12.
[13] BGH NJW 1997, 3230, 3233.
[14] LG Zweibrücken NJW-RR 1995, 512.

IV. Erwerb durch Eigentümer

Auf Grund der Verweisung in Abs. 2 erwirbt der Eigentümer des Grundstücks die Hypothek unter den Voraussetzungen des § 868. Vollstreckbare Entscheidungen nach dieser Vorschrift sind das klageabweisende Hauptsacheurteil (Rn. 6) und diejenigen Urteile, durch welche der Arrestbefehl auf Widerspruch bzw. Berufung oder auf Anträge gemäß §§ 926, 927 aufgehoben wurde. In diesen Fällen wandelt sich die Arresthypothek automatisch in eine Eigentümergrundschuld um. Entsprechendes gilt, wenn der Schuldner nach Eintragung die Lösungssumme hinterlegt. Voraussetzung ist aber stets, dass die Arresthypothek wirksam entstanden war; § 868 findet folglich keine Anwendung in den oben Rn. 5 aE beschriebenen Fällen. In entsprechende Anwendung des § 868 geht die Arresthypothek auch im Fall des § 88 (§ 312 Abs. 1 S. 3) InsO (Rn. 4) auf den Eigentümer über.[15] 7

V. Gerichtskosten

Es wird eine volle Gebühr nach §§ 62 Abs. 1, 32 KostO erhoben; s. a. § 867 Rn. 14. 8

933 *Vollziehung des persönlichen Arrestes* **[1]Die Vollziehung des persönlichen Sicherheitsarrestes richtet sich, wenn sie durch Haft erfolgt, nach den Vorschriften der §§ 901, 904 bis 913 und, wenn sie durch sonstige Beschränkung der persönlichen Freiheit erfolgt, nach den vom Arrestgericht zu treffenden besonderen Anordnungen, für welche die Beschränkungen der Haft maßgebend sind. [2]In den Haftbefehl ist der nach § 923 festgestellte Geldbetrag aufzunehmen.**

Die Vorschrift befasst sich mit der Vollziehung des persönlichen Arrestes (Anordnung: § 917). Allerdings sollte die **Art der Vollziehung**[1] schon bei Anordnung (Arrestbefehl/-urteil) geregelt werden (§ 922 Rn. 6). Ist das nicht geschehen, muss im Vollziehungsverfahren gesonderter Beschluss ergehen. Wegen des Eingriffs in die Freiheitsrechte des Schuldners hat das Gericht zu prüfen, ob mildere freiheitsbeschränkende Maßnahmen als Haft ausreichen, zB Gebot, einen bestimmten Ort oder Bezirk nicht zu verlassen, Reiseverbot ins Ausland mit Beschlagnahme des Passes, Meldepflicht, Hausarrest mit Beschlagnahme des Personalausweises. Vollstreckt werden solche Anordnungen auf Antrag des Gläubigers durch den Gerichtsvollzieher; der Gläubiger muss die Kosten vorschießen (andernfalls: § 934 Abs. 2). 1

Für die **Haft** gelten auf Grund der Verweisung in § 933 S. 1 die Vorschriften der §§ 901, 904–913. Erforderlich ist also ein Haftbefehl (§ 901), in den die Lösungssumme (§ 923) aufzunehmen ist, § 933 S. 2; durch ihre Hinterlegung kann der Schuldner den Vollzug abwenden. Die Verhaftung erfolgt durch den Gerichtsvollzieher (§ 909), der Vollzug richtet sich nach §§ 171–175 StVollzG. 2

Wegen **Rechtsbehelfe** gilt: Folgt das Gericht einem Antrag des Gläubigers zur Art der Vollziehung nicht, so findet nach allgM keine Anfechtung statt. Der Schuldner kann sich gegen die Anordnung nur zusammen mit Widerspruch bzw. Berufung gegen den Arrestbefehl wenden. Gläubiger und Schuldner können die Art und Weise der Vollziehung durch den Gerichtsvollzieher mit Erinnerung nach § 766 beanstanden, worüber nach allgemeinen Regeln das Vollstreckungsgericht (§ 764 Abs. 2) entscheidet. 3

Gerichtskosten. Für Gerichtsvollziehergebühren gilt KVGv Nr. 270. 4

934 *Aufhebung der Arrestvollziehung* **(1) Wird der in dem Arrestbefehl festgestellte Geldbetrag hinterlegt, so wird der vollzogene Arrest von dem Vollstreckungsgericht aufgehoben.**

(2) Das Vollstreckungsgericht kann die Aufhebung des Arrestes auch anordnen, wenn die Fortdauer besondere Aufwendungen erfordert und die Partei, auf deren Gesuch der Arrest verhängt wurde, den nötigen Geldbetrag nicht vorschießt.

(3) Die in diesem Paragraphen erwähnten Entscheidungen ergehen durch Beschluss.

(4) Gegen den Beschluss, durch den der Arrest aufgehoben wird, findet sofortige Beschwerde statt.

Die Vorschrift regelt die **Aufhebung der Arrestvollziehung** (nicht die des Arrestbefehles; dazu § 916 Rn. 10, 11) für zwei Fälle: **Abs. 1** betrifft die Hinterlegung der Lösungssumme durch den Schuldner (§ 923 Rn. 3), was ihn zum Antrag auf Aufhebung berechtigt (§ 923 aE). Das Gesuch kann zu Protokoll der Geschäftsstelle erklärt werden, Anwaltszwang besteht nicht; ihm muss der Hinterlegungsnachweis beigefügt werden. Ausschließlich (§ 802) zuständig ist das Vollstreckungsgericht (§ 764), bei einer Forderungspfändung das Arrestgericht (§ 930 Abs. 1 S. 3); es entscheidet jeweils der Rechtspfleger (§ 20 Nr. 15 RpflG). **Abs. 2** gestattet eine Aufhebung bei fehlendem Vorschuss für die Vollziehungskosten, zB hinsichtlich einer Einlagerung von Sachen oder der Verhaftung des Schuldners (§§ 918, 933). Ausschließlich (§ 802) zuständig ist auch hier das Vollstreckungsgericht; es entscheidet der Richter von Amts wegen oder auf formloses Gesuch des Schuldners hin; der Gerichtsvollzieher ist nicht antragsberechtigt (§ 930 Rn. 7). 1

Stets ergeht gemäß **Abs. 3** ein **Beschluss;** eine mündliche Verhandlung ist freigestellt, § 128 Abs. 4. Die Kosten fallen nach allgM unter § 788, weshalb es keiner Kostenentscheidung bedarf. Wegen **Rechtsmittel** gilt: Wird der Antrag des Schuldners abgelehnt, so steht ihm gemäß § 567 Abs. 1 Nr. 2 sofortige Beschwerde zu, ebenso bei Entscheidung des Rechtspflegers (§ 11 Abs. 1 RpflG). Die Aufhebung der Arrest- 2

---

[15] MK-InsO/*Breuer* § 88 Rn. 23.

[1] Ausf. Zum Vollzug des persönlichen Sicherheitsarrestes *Schuschke* DGVZ 1999, 129.

vollziehung kann vom Gläubiger gemäß Abs. 4 mit sofortiger Beschwerde angefochten werden, ebenso bei Entscheidung des Rechtspflegers (§ 11 Abs. 1 RpflG).

3 **Rechtsanwaltsgebühren.** Das Aufhebungsverfahren ist für den **Gläubigervertreter** Teil des Vollziehungsverfahrens und bildet anwaltsgebührenrechtlich gemäß § 19 Abs. 2 Nr. 5 RVG zusammen mit der Vollziehung eine Angelegenheit.[1] Der **Schuldnervertreter** erhält für den Aufhebungsantrag Gebühren gemäß Nr. 3309 VV RVG (§ 18 Nr. 4 RVG). Zum **Beschwerdeverfahren** vgl. § 922 Rn. 17.

4 **Gerichtskosten.** Gerichtsgebühren werden für das Verfahren nach Abs. 1 und 2 nicht erhoben. Für das Beschwerdeverfahren gilt KV Nr. 1811.

935 ***Einstweilige Verfügung bezüglich Streitgegenstand*** **Einstweilige Verfügungen in Bezug auf den Streitgegenstand sind zulässig, wenn zu besorgen ist, dass durch eine Veränderung des bestehenden Zustandes die Verwirklichung des Rechts einer Partei vereitelt oder wesentlich erschwert werden könnte.**

I. Normzweck

1 Die Bestimmung vollzieht – zusammen mit § 940 – die Trennung zwischen Arrest und einstweiliger Verfügung, den beiden in der ZPO vorgesehenen Arten von einstweiligem Rechtsschutz (§ 916 Rn. 2). Die das Arrestverfahren beherrschende bloße Sicherungsfunktion der Maßnahme kennzeichnet auch die in § 935 geregelte einstweilige Verfügung, die deshalb Sicherungsverfügung heißt. Sie will verhindern, dass „die Verwirklichung des Rechtes einer Partei vereitelt oder wesentlich erschwert werden könnte". Das Rechtsschutzziel bei § 940 (dort Rn. 1) ist abweichend zu bestimmen.

II. Grundsätze des einstweiligen Verfügungsverfahrens

2 **1. Arten von einstweiligen Verfügungen.** Das Gesetz unterscheidet **Sicherungsverfügung** (§ 935) und **Regelungsverfügung** (940). Über das Verhältnis beider zueinander besteht Uneinigkeit;[1] verschiedene Autoren wollen sie klar voneinander trennen, andere meinen, die Grenze sei nicht scharf zu bestimmen, und eine weitere Auffassung sieht allein in § 935 die Rechtsgrundlage für den Erlass einer einstweiligen Verfügung, während § 940 nur eine Ergänzungsnorm sei. Richtig erscheint die zuerst genannte Meinung, weil sie den Unterschieden bei den Rechtsschutzzielen (Rn. 1, § 940 Rn. 1) am besten entspricht, obgleich es in der Praxis auf eine genaue Abgrenzung wegen § 938 meist nicht ankommt; ist die Zuordnung zu der einen oder anderen Gruppe nicht offensichtlich, so wird der Richter die einstweilige Verfügung „gemäß §§ 935, 940" erlassen. Als dritte Art wurde von der Rechtspraxis die **Leistungs- (Befriedigungs-)verfügung** entwickelt (§ 940 Rn. 112 ff.).

3 **2. Abgrenzungen.** Einstweilige Verfügungen sind **unzulässig**, soweit einstweilige Anordnungen oder die einstweilige Einstellung der Zwangsvollstreckung aus einem Titel in Betracht kommen[2] (§ 916 Rn. 7), bereits ein vorläufig vollstreckbares Hauptsacheurteil vorliegt (§ 916 Rn. 6), in FGG-Sachen, insbes. Wohnungseigentumsverfahren nach altem Recht (anders nach neuer Rechtslage) wegen § 44 Abs. 3 S. 1 aF WEG (dazu vgl. schon § 916 Rn. 7 aE), sowie im Fall des § 18 a HausratsVO,[3] und bei der Möglichkeit eines selbständigen Beweisverfahrens;[4] zur Zuständigkeit bei Maßnahmen nach dem Gewaltschutzgesetz Rn. 16. In Unterhaltssachen ist eine einstweilige Verfügung seit der Neuregelung in § 644 nur noch ausnahmsweise möglich (§ 940 Rn. 19). **Statthaft** ist eine einstweilige Verfügung während eines Insolvenzverfahrens gegen den Verwalter zur Sicherung von Aussonderungs-, Absonderungs- und Masseansprüchen. Ein vor Verfahrenseröffnung ausgesprochenes Veräußerungsverbot ist den Insolvenzgläubigern gegenüber unwirksam (§ 80 Abs. 2 InsO). Für **Streitgegenstand und Verhältnis zum Hauptsacheprozess** wird auf die früheren Erörterungen (§ 916 Rn. 3, 4) verwiesen, ebenso wegen der **Abgrenzung zum Arrest** samt der Möglichkeit eines Übergangs von dem einen in das andere einstweilige Rechtsschutzverfahren (§ 916 Rn. 5).

4 **3. Voraussetzung jeder einstweiligen Verfügung.** Der Erlass einer einstweiligen Verfügung gleich welcher Art (Rn. 2) setzt einen **Verfügungsanspruch** voraus. Es darf sich nicht um eine Geldforderung oder einen Anspruch handeln, der in eine Geldforderung übergehen kann (§ 916 Rn. 12–14), weil hierfür nur Arrest in Betracht kommt (zu Besonderheiten bei der Leistungsverfügung § 940 Rn. 12 ff.); im Übrigen ist der Inhalt verschieden, je nachdem ob es um Sicherung eines Individualanspruchs (Rn. 12), einstweilige Regelung eines Rechtsverhältnisses (§ 940 Rn. 3) oder Befriedigung des Antragstellers (§ 940 Rn. 13) geht. Weitere Voraussetzung ist ein **Verfügungsgrund.** Auch insoweit gibt es Unterschiede bei den einzelnen Verfügungsarten, obgleich oft nur ganz allgemein von der „Dringlichkeit" gesprochen wird. Dieser Begriff darf im Übrigen nicht verwechselt werden mit dem des „dringenden Falles" in §§ 937 Abs. 2, 942 Abs. 1, 944, die wiederum selbst verschiedene Inhalte haben.

5 **4. Anordnungsverfahren. a) Gesuch.** Auch im einstweiligen Verfügungsrecht wird das Anordnungsverfahren (§ 936 Rn. 2) durch ein **Gesuch** eingeleitet, für das die beim Arrest erörterten Regeln entsprechend gelten (§ 920 Rn. 2, 6), auch zum Eintritt der Rechtshängigkeit (§ 920 Rn. 3), zur **Hemmung der Verjäh-**

---

[1] AnwK-RVG/*Mock/Schneider/Wolf* § 19 Rn. 132.

[1] Überblick bei MK/*Drescher* Rn. 4 ff.; *S/J/Grunsky* vor § 935 Rn. 29 f.; *Berger* Kap. 2 Rn. 12, 13.

[2] MK/*Drescher* Rn. 11; *Zö/Vollkommer* Rn. 3; *R/G/Schilken* § 76 III. AA OLG Köln NJW-RR 1995, 576.

[3] OLG Düsseldorf FamRZ 1994, 390.

[4] OLG Köln ZfBR 1995, 313; OLG Nürnberg NJW 1972, 2138; OLK Köln CR 1994, 350. Krit. *Weise* Rn. 59 ff.

rung (§ 920 Rn. 4) und zur Behauptungs- und Beweislast (§ 920 Rn. 5). Die Parteien werden üblicherweise als Antragsteller und Antragsgegner bezeichnet, später im Urteilsverfahren auch als Verfügungskläger und Verfügungsbeklagter. Das Gesuch muss einen Antrag enthalten, für den § 938 gewisse Erleichterungen vorsieht, sowie Verfügungsanspruch und Verfügungsgrund (Rn. 4) bezeichnen und glaubhaft machen (§ 920 Rn. 9, 10); in bestimmten materiell-rechtlichen Vorschriften ist auf eine Glaubhaftmachung des Verfügungsgrundes aber verzichtet (Rn. 13). Das **Gericht prüft** sodann nach allgemeinen Grundsätzen die Zulässigkeit und Begründetheit, also ob die formellen und materiellen Voraussetzungen für die Anordnung des begehrten einstweiligen Rechtsschutzes vorliegen (§ 922 Rn. 1, 2), wobei auch eine Schutzschrift zu berücksichtigen ist (§ 937 Rn. 7).

b) Verfahren und Entscheidung. Grundsätzlich hat eine mündliche Verhandlung stattzufinden, sofern 6
davon nicht ausnahmsweise abgesehen werden kann (§ 937 Rn. 1, 4–6) oder das Amtsgericht der belegenen Sache entscheidet (§ 942 Rn. 5). Für das Urteilsverfahren bzw. das Beschlussverfahren und die daraus folgenden Entscheidungsformen sind dieselben Regeln wie beim Arrest anzuwenden, ebenso für Rücknahme des Gesuchs, Anerkenntnis, Verzicht, Vergleich, Erledigungserklärung und Säumnis (§ 921 Rn. 5, 6, § 922 Rn. 3, 4).

5. Inhalt (Tenor), Mitteilung und Anfechtung der Entscheidung sowie Rechtskraft. a) Zurückweisung 7
des Verfügungsgesuches. Es sind keine Besonderheiten gegenüber dem Arrestverfahren zu beachten, weshalb auf die früheren Erörterungen verwiesen wird (§ 922 Rn. 5, 9, 10 ff.).

b) Erlass der einstweiligen Verfügung. Ist das Gesuch begründet, so gilt: Wegen der unterschiedlichen 8
Verfügungsarten (Rn. 2) und der Vielzahl von Rechtsschutzzielen kann die Abfassung des **Hauptsacheausspruchs** nicht – wie beim Arrest (§ 922 Rn. 6) – nach einem einheitlichen Grundmodell erfolgen. Vielmehr kommt es auf die Besonderheiten des Einzelfalles an (bei Maßnahmen zum Schutz vor Gewalt und Nachstellungen § 935 Rn. 15 ff.); das Gericht bestimmt nach § 938, welche Anordnungen zur Erreichung des Zwecks erforderlich sind.

- Eine **Sicherungsverfügung** (§ 935) beginnt mit der Einleitungsformel; anschließend wird der Anspruch zusammen mit der zur Abwendung der Gefährdung getroffenen Maßnahme genannt; es heißt also zB: „Zur Sicherung des Anspruchs auf Übergabe und Übereignung des Bildes … wird die Herausgabe der Sache durch den Antragsgegner an einen vom Antragsteller beauftragten Gerichtsvollzieher zur Verwahrung angeordnet".
- Bei einer **Regelungsverfügung** (§ 940) müssen das streitige Rechtsverhältnis, zB ein Mietverhältnis über Geschäftsräume, und die Art der vorläufigen Regelung, zB ein vorläufiges Benutzungsverbot eines bestimmten Raumes, genau bezeichnet werden. Ähnlich verhält es sich für **Verfügungen mit Gestaltungswirkung** (§ 940 Rn. 9), zB wenn die Geschäftsführungs- und Vertretungsbefugnis des Antragsgegners als Geschäftsführer einer bestimmten Gesellschaft vorläufig beschränkt oder entzogen wird.
- Bei einer **Leistungsverfügung** (§ 940 Rn. 12 ff.), hauptsächlich auf Geldzahlung, wird wie bei einem Leistungsurteil tenoriert, wobei jedoch Zahlungsobergrenzen oder zeitliche Schranken zu bestimmen sind; so wird zB der Antragsgegner verpflichtet, „an den Antragsteller als Unterhalt für die ersten drei Monate nach dessen Geburt jeweils €… zu zahlen".

Nach dem Hauptsacheausspruch folgt sodann eine **Ordnungsmittelandrohung** (§ 890 Abs. 2), falls dem 9
Antragsgegner eine Unterlassung oder Duldung auferlegt wurde. Wegen **Kosten, Anordnung einer Sicherheit** und **Streitwert** ist wie beim Arrest zu verfahren, eine Entscheidung zur **vorläufigen Vollstreckbarkeit** kommt auch hier nicht in Betracht (§ 922 Rn. 7). Bei einstweiligen Verfügungen gibt es wegen § 939 **keine Lösungssumme** (§ 936 Rn. 2).

Für **Mitteilung** und **Anfechtung** der Entscheidung sowie deren **Rechtskraft** gelten dieselben Regeln wie 10
beim Arrest (§ 922 Rn. 9–11); Besonderheiten zur Wirkung der Amtszustellung eines Urteils im Zusammenhang mit der Vollziehung sind bei § 936 Rn. 4 ff. erörtert.

6. Rechtsbehelfe und Vollziehung. Für die Rechtsbehelfe gelten grundsätzlich §§ 924–927 entspre- 11
chend, jedoch mit Abweichungen bei Entscheidungen des Amtsgerichts der belegenen Sache (§ 942) und den aus § 939 folgenden Einschränkungen; Einzelheiten dazu, auch wegen einer presserechtlichen Gegendarstellung und einem wettbewerbsrechtlichen Abschlussschreibens sind bei § 936 Rn. 3 vermerkt. Bei der Vollziehung einer einstweiligen Verfügung sind je nach Verfügungsart zahlreiche Besonderheiten zu beachten, die in § 936 Rn. 4–7 zusammengefasst sind.

III. Sicherungsverfügung (§ 935)

1. Voraussetzungen. a) Verfügungsanspruch. Erfasst werden mit dem Ziel der Sicherung (Rn. 1) Indivi- 12
dualansprüche auf Handlung, Duldung oder Unterlassung, die bei einem Hauptsacheurteil nach §§ 883–898 zu vollstrecken wären, unabhängig davon, auf welchem Rechtsgrund (schuldrechtlich, dinglich, familienrechtlich, erbrechtlich) sie beruhen; betagte, bedingte oder künftige Ansprüche werden wie im Arrestverfahren behandelt (§ 916 Rn. 15, 16). Kann der Individualanspruch in eine Geldforderung übergehen (Rn. 4), kommt ein Wahlrecht zwischen Arrest und einstweiliger Verfügung, unter Umständen auch eine doppelte Sicherung in Betracht (§ 916 Rn. 5). Der ordentliche Rechtsweg muss gegeben sein, weshalb zB eine staatliche Beschlagnahme nicht Gegenstand einer einstweiligen Verfügung sein kann.[5] **Beispiele für § 935** (zum GewaltschutzG und Stalking Rn. 15–17; Beispiele zu § 940 vgl. dort Rn. 6 ff., 17 ff.): Ansprüche

[5] *R/G/Schilken* § 76 III. Nach KG NJW-RR 1995, 62 fehlt am Verfügungsgrund.

auf Herausgabe[6] (Rn. 8; § 940 Rn. 21), Übergabe und Übereignung, Bearbeitung einer Sache; Bestellung einer Sicherheit; Duldung der Zwangsvollstreckung und Ansprüche auf Grund Insolvenz-/Einzelgläubigeranfechtung, sofern diese nicht auf Geldzahlung gehen wie insbes. der Wertersatzanspruch (näher – auch zur Gegenauffassung – § 916 Rn. 13); Erwerbsverbote, zB einen Eintragungsantrag beim Grundbuchamt zu stellen, und Verfügungsverbote, zB eine Forderung abzutreten, eine Sache zu verpfänden oder das Eigentum an ihr zu übertragen (§ 938 Rn. 8); hierher gehören auch Sachverhalte, in denen schon nach materiellem Recht ein Anspruch auf Sicherung besteht, zB nach § 648 BGB auf Eintragung einer Sicherungshypothek für einen Werkunternehmer (vgl. auch § 916 Rn. 5) oder nach § 899 BGB auf Eintragung eines Widerspruchs für einen dinglich Berechtigten.

13 b) **Verfügungsgrund.** Es muss zu besorgen sein, dass durch eine Veränderung des bestehenden Zustandes die Verwirklichung des Rechtes einer Partei vereitelt oder wesentlich erschwert werden könnte (Rn. 4). **Beispiele:** drohende Verarbeitung, Verschlechterung, Zerstörung, starke Beanspruchung, Belastung, Veräußerung oder sonstiges Beiseiteschaffen der herauszugebenden Sache; Wegschaffen von dem Vermieterpfandrecht unterliegenden Sachen;[7] Notwendigkeit einer Auslandsvollstreckung (§ 917 Rn. 5 ff.). In bestimmten Fällen hält das Gesetz eine Gefährdung ohne weiteres für gegeben, weshalb es auf die Glaubhaftmachung des Verfügungsgrundes verzichtet, so zB nach § 885 Abs. 1, 899 Abs. 2, 1615 o Abs. 3 BGB; allerdings ist die dort enthaltene Vermutung widerleglich, weshalb zB für einen Antrag auf Erlass einer einstweiligen Verfügung bei § 648 BGB eine Dringlichkeit fehlt, wenn der Bauhandwerker die Schlussrechnung erst lange nach Fertigstellung des Werkes erteilt und dann weitere erhebliche Zeit bis zum einstweiligen Verfügungsgesuch verstreichen lässt.[8] Die Grundsätze zur **Selbstwiderlegung** bei der Regelungsverfügung (§ 940 Rn. 4; zu § 12 Abs. 2 UWG s. § 940 Rn. 25) gelten auch hier.[9]

14 **Kein Verfügungsgrund** besteht bei unverändert schlechter Vermögenslage des Schuldners oder drohender Konkurrenz anderer Gläubiger (§ 917 Rn. 4), bloßer Weiterbenutzung unter Missachtung einer Rückgabeverpflichtung[10] bzw. trotz Wegfalles eines Nutzungsrechtes[11] oder bei Verleihen der herauszugebenden Sache.[12] Im Insolvenzeröffnungsverfahren obliegen Anordnungen zur Sicherung oder Regelung hinsichtlich Gegenstände, die zur späteren Insolvenzmasse gehören (§§ 35–37 InsO), oder bezüglich Geschäftsräume im Verhältnis zwischen Insolvenzschuldner (samt dessen Vertreter und Gesellschafter) und dem vorläufigen Insolvenzverwalter ausschließlich dem Insolvenzgericht (§ 21 Abs. 1 InsO).[13] Die Eilbedürftigkeit entfällt, wenn der Antragsteller im Anordnungsverfahren Versäumnisurteil gegen sich ergehen lässt, um sich bis zur Verhandlung über seinen Einspruch weitere Mittel zur Glaubhaftmachung beschaffen zu können.[14] Auch die Nichtvollziehung der Erstverfügung lässt idR die Dringlichkeit für ein neues Gesuch entfallen;[15] nach aA soll eine Zweitverfügung nur bei Nachteilen in Betracht kommen, deren Gewicht das für den Erlass der Erstverfügung Erforderliche übersteigt.[16]

15 c) **Maßnahmen nach dem Gewaltschutzgesetz und bei Stalking.** Das Gesetz zum zivilrechtlichen Schutz vor Gewalttaten und Nachstellungen (Gewaltschutzgesetz – GewSchG)[17] enthält eine Rechtsgrundlage für Maßnahmen des Zivilgerichts bei bestimmten vorsätzlichen und widerrechtlichen Handlungen, nämlich bei Verletzung von Körper, Gesundheit oder Freiheit einer Person (§ 1 Abs. 1 S. 1 GewSchG) einschließlich der Drohung damit (§ 1 Abs. 2 Nr. 1 GewSchG) sowie bei Eindringen in die Wohnung oder das befriedete Besitztum, unzumutbaren Belästigungen, wiederholten Nachstellungen und Verfolgungen unter Verwendung von Fernkommunikationsmitteln (§ 1 Abs. 2 Nr. 2 GewSchG); das gilt auch, wenn der Täter bei Begehung – zB infolge Alkoholgenusses – vorübergehend unzurechnungsfähig war (§ 1 Abs. 3 GewSchG). Auch **Stalking**[18] fällt unter diese Vorschriften.[19]

16 **Zuständig** für den Erlass einer entsprechenden einstweiligen Verfügung gemäß §§ 935, 940 (Rn. 2) sind (streitwertabhängig) die allgemeinen Prozessabteilungen der AG und LG, sofern es sich um Taten außerhalb des so genannten sozialen Nahbereichs handelt. Das Familiengericht entscheidet demgegenüber durch einstweilige Anordnung, wenn die Parteien einen auf Dauer angelegten gemeinsamen Haushalt führen oder innerhalb von sechs Monaten vor der Antragstellung geführt haben (§§ 23 a Nr. 7, 23 b Nr. 8 GVG; § 621 Rn. 1, 4). In die Zuständigkeit des Familiengerichts fällt außerdem die ebenfalls neu geregelte Überlassung einer gemeinsam genutzten Wohnung (§ 2 GewSchG, § 1361 b BGB, § 14 LebenspartnerschaftsG; § 620

---

6 Ausf. dazu *Bornhorst* WM 1998, 1668; *Saenger* JZ 1999, 970.

7 OLG Stuttgart NJW-RR 1997, 521; OLG Celle NJW-RR 1987, 447.

8 OLG Hamm NJW-RR 2004, 379; OLG Düsseldorf NJW-RR 2000, 825 = NZBau 2000, 293.

9 KG NJW-RR 2001, 1201.

10 OLG Köln ZIP 1988, 445.

11 OLG Düsseldorf MDR 1995, 635.

12 KG NJW 1993, 1480.

13 LG Duisburg NZI 1999, 328.

14 OLG Frankfurt/M WRP 1995, 502.

15 LAG Hamm DB 1995, 1871.

16 KG NJW-RR 1992, 318; vgl. auch OLG Köln NJW-RR 1996, 368.

17 In Kraft getreten am 1. 1. 2002. Spezialliteratur: *Löhning/Sachs,* Zivilrechtlicher Gewaltschutz, 2. Aufl. 2004; *Schumacher/Janzen,* Gewaltschutz in der Familie, 2003.

18 Gesetz zur Strafbarkeit beharrlicher Nachstellungen, in Kraft getreten am 31. 3. 2007; vgl. auch den neuen § 238 StGB.

19 *Löhning* FamRZ 2007, 518, 519 ff.; *v. Pechstaedt* NJW 2007, 1233 ff.

Rn. 9, 72; § 621 Rn. 88g); ist ein minderjähriges Kind Opfer von Gewalt oder Nachstellung, gilt § 1666 BGB.

Der **Verfügungsanspruch** ergibt sich aus § 823 oder § 1004 analog BGB. **Verfügungsgrund** ist nach § 1 Abs. 1 S. 1 GewSchG die Erforderlichkeit von Maßnahmen zur Abwendung weiterer Verletzungen; die durch die früheren Handlungen begründete tatsächliche Vermutung für eine Wiederholung hat der Täter zu widerlegen. Die Entscheidung wird in der Regel ohne mündliche Verhandlung ergehen können (§ 937 Rn. 4). **Inhalt** einer einstweiligen Verfügung kann insbesondere sein, dass der Täter es gegenüber der verletzten Person zu unterlassen hat, deren Wohnung zu betreten oder sich in einem bestimmten Umkreis dazu oder an anderen Orten aufzuhalten oder Verbindung mit dieser Person aufzunehmen oder mit ihr zusammenzutreffen, sofern dies nicht zur Wahrnehmung berechtigter Interressen (zB bei Umgangsrecht mit einem gemeinsamen Kind) erforderlich ist (§ 1 Abs. 1 S. 3 GewSchG). Eine solche Anordnung soll **befristet** werden, bei einer Möglichkeit zur Verlängerung (§ 1 Abs. 1 S. 2 GewSchG). Die **Vollziehung** einer Unterlassungsverfügung richtet sich nach § 890 (Rn. 18) und daneben nach dem neuen § 892a (§ 936 Rn. 5); der Verstoß gegen die Anordnung ist außerdem stafbewehrt (§ 4 GewSchG). Bei konkreter Gefahr für Leib oder Leben kann nach der Änderung des § 940a auch die Räumung von Wohnraum angeordnet werden (§ 940a Rn. 1, 3). 17

2. Verfahren und Entscheidung. Zum Anordnungsverfahren, zu Inhalt (Tenor), Mitteilung und Anfechtung der Entscheidung sowie zu ihrer Rechtskraft gelten die schon dargestellten Regeln (Rn. 5–10). Die für die Vollziehung der Sicherungsverfügung anwendbaren Arrestvorschriften sowie die zu beachtenden Besonderheiten sind bei den Erläuterungen zu § 936 (dort Rn. 3ff.) vermerkt. 18

936 *Anwendung der Arrestvorschriften*

Auf die Anordnung einstweiliger Verfügungen und das weitere Verfahren sind die Vorschriften über die Anordnung von Arresten und über das Arrestverfahren entsprechend anzuwenden, soweit nicht die nachfolgenden Paragraphen abweichende Vorschriften enthalten.

I. Normzweck

Die ZPO gewährt einstweiligen Rechtsschutz durch Arrest und einstweilige Verfügung, die in ihrer Funktion übereinstimmen, sich jedoch hinsichtlich der zu sichernden Ansprüche unterscheiden (§ 916 Rn. 2). Letzteres bedingt zwar gewisse Unterschiede, gleichwohl rechtfertigt der gemeinsame Zweck (§ 916 Rn. 1) ein grundsätzlich einheitliches Rechtsschutzverfahren. Der Gesetzgeber hat deshalb Anordnung, Rechtsbehelfe und Vollziehung beim Arrest im Einzelnen geregelt und darauf für die einstweilige Verfügung in § 936 verwiesen. Bei der entsprechenden Anwendung der Arrestvorschriften sind aber diejenigen Besonderheiten zu beachten, die aus den unterschiedlichen Zielrichtungen der einstweiligen Verfügungen folgen und die sich aus §§ 935, 937–942 ergeben. Die §§ 943–945 gelten wiederum für beide einstweiligen Rechtsschutzmaßnahmen gemeinsam. 1

II. Anwendbare Arrestvorschriften

1. Anordnungsverfahren. Bei **§ 916** ist Abs. 1 wegen §§ 935, 940 nicht anwendbar, wohl aber Abs. 2. Entsprechendes gilt für **§ 917.** Gegenüber **§ 918** enthält § 940 eine Sondervorschrift. **§ 919** findet wegen §§ 937, 942 keine Anwendung. **§ 920** gilt, jedoch brauchen wegen § 938 die konkreten Maßnahmen idR nicht ganz genau angegeben zu werden (§ 938 Rn. 3); außerden ordnen bestimmte materiell-rechtliche Vorschriften Erleichterungen zur Glaubhaftmachung an (§ 935 Rn. 13). **§ 921** ist anwendbar, den dort Rn. 2ff. erörterten Regeln wegen des Absehens von einer mündlichen Verhandlung geht jedoch § 937 vor. **§ 922** gilt. Gegenüber **§ 923** enthält § 939 eine Sondervorschrift. 2

2. Rechtsbehelfe: § 924 findet Anwendung; für Entscheidungen des Amtsgerichts der belegenen Sache gelten Besonderheiten wegen des dort geregelten Rechtfertigungsverfahrens (§ 942 Abs. 1, Abs. 2 S. 2). Bei **§ 925** gilt Abs. 1, jedoch Abs. 2 nur mit den aus § 939 folgenden Einschränkungen. **§ 926** ist anwendbar; bei **presserechtlichen Gegendarstellungen** schließen aber die meisten Pressegesetze der Länder[1] eine Hauptsacheklage aus.[2] **§ 927** gilt, jedoch nur mit den sich aus § 939 ergebenden Einschränkungen; gibt der Verletzte nach Erlass der einstweiligen Verfügung eine Unterlassungserklärung entsprechend dem Tenor innerhalb der Frist des § 929 Abs. 2 ab und unterbleibt deshalb die Vollstreckung (Rn. 5), so führt dies nicht zur Aufhebung wegen Versäumung der Vollziehungsfrist[3] (zum Verhältnis zur Drittwiderspruchsklage Rn. 7). 3

Als Besonderheit in Wettbewerbssachen ist auf das **Abschlussschreiben**[4] hinzuweisen, das einen Verzicht auf Widerspruch bzw. Berufung (§ 924 Rn. 4), das Verlangen zur Anordnung der Erhebung der Hauptsacheklage (§ 926 Rn. 5) und den Antrag auf Aufhebung wegen veränderter Umstände (§ 927 Rn. 4), unter Umständen aber auch nur auf die beiden zuerst genannten Rechtsbefehle, enthält; der Schuldner unterwirft

---

[1] Vgl. zB § 11 Abs. 4 der Pressegesetze von Baden-Württemberg, Bremen, Nordrhein-Westfalen; ebenso ist die Rechtslage in Hamburg, BGH NJW 1974, 642. Anders (kein Ausschluss von § 926) in Art. 10 Abs. 3 des bayerischen und in Art. 10 Abs. 4 des hessischen PresseG.

[2] Zu den Motiven der Gesetzgeber *Walker* Rn. 30.

[3] OLG München GRUR 1994, 83.

[4] Ausf. dazu *Ahrens,* Der Wettbewerbsprozess, 5. Aufl. 2005, Kap. 58 (Abschlusserklärung und Abschlussschreiben); *Schmukle* in: *Schuschke/Walker* § 935 Anh. D.

sich damit endgültig, so dass der Antragsteller im Ergebnis einen ebenso wirksamen Titel erhält wie durch das Urteil im Hauptsacheprozess.

4 **3. Vollziehung nach §§ 928, 929.** Diese Vorschriften gelten mit folgenden Abweichungen: Eine einstweilige Verfügung wird gemäß ihrem Inhalt grundsätzlich wie ein entsprechender Titel im Hauptsacheprozess vollstreckt, also regelmäßig nach §§ 883ff. und bei Leistungsverfügungen (§ 940 Rn. 12ff.) nach §§ 804ff. (s. auch Rn. 6, 7). Zur **Vollziehungsfrist,** ihren Beginn, der Notwendigkeit einer erneuten Vollziehung und den sonstigen allgemeinen Fragen wird auf die früheren Erörterungen (§ 929 Rn. 2ff.) verwiesen. Für ihre Wahrung ist zunächst – wie beim Arrest – eine **Parteizustellung (Anforderungen: § 929 Rn. 9)** erforderlich. Eine vom Antragsteller mündlich unter Berufung auf den Titel vorgebrachte Leistungsaufforderung genügt ebenso wenig wie die Übersendung des Entwurfs eines Abschlussschreibens (Rn. 3) verbunden mit der Androhung eines Ordnungsmittelantrages[5] oder die Übermittlung einer Urteilsausfertigung vor Urteilsverkündung[6] oder wie die von Amts wegen an den Gegner bewirkte Zustellung.[7] Denn eine vom Richter auf Grund Gesetzes (§ 317 Abs. 1) veranlasste Zustellung kann schon begrifflich keine Vollziehung sein. Gleichwohl wird wegen angeblicher Besonderheiten im Verfügungsrecht mit unterschiedlichen Begründungen die Auffassung vertreten, dass bei gewissen auf Grund mündlicher Verhandlung durch Urteil getroffenen einstweiligen Verfügungen nach der Amtszustellung eine Vollziehungshandlung des Antragstellers entbehrlich sei.[8] Nach herrschender und richtiger Meinung[9] kann aber auch in diesen Fällen grundsätzlich nicht auf eine Parteizustellung an den Gegner bzw. dessen Rechtsanwalt[10] gemäß § 172 Abs. 1 verzichtet werden (Ausnahmen Rn. 5, 6, 7); eine Heilung von Zustellungsmängeln ist nun möglich (ausführl. § 929 Rn. 9). Denn der Antragsteller muss seinen Vollziehungswillen und damit die Bereitschaft zur Übernahme des Haftungsrisikos (§ 945) eindeutig bekunden. Streit herrscht außerdem darüber, ob die Parteizustellung in gewissen Fällen genügt oder ob darüber hinaus stets innerhalb der Vollziehungsfrist (§ 929 Rn. 4, 5) eine bestimmte Vollstreckungsmaßnahme (§ 929 Rn. 6) einzuleiten ist (Begriff der Einleitung: § 929 Rn. 6). **Im Einzelnen gilt:**

5 – Für auf **Unterlassung oder Duldung** gerichtete einstweilige Verfügungen[11] reicht die Parteizustellung zwangsläufig aus, wenn sie der Antragsgegner befolgt, jedoch nur dann, falls der Titel bereits die Zwangsmittelandrohung (§ 890 Abs. 2) enthält (§ 945 Rn. 11). Bei Zuwiderhandlungen muss die Vollstreckung eingeleitet, also die Verhängung eines Ordnungsmittels beantragt werden; bei einer einstweiligen Verfügung nach dem Gewaltschutzgesetz (§ 935 Rn. 15ff.) reicht stattdessen die Zuziehung des Gerichtsvollziehers gemäß § 829a. Diese Anträge genügen zur Wahrung der Vollziehungsfrist, wenn die einstweilige Verfügung durch Urteil erlassen wurde, das von Amts wegen gemäß § 317 Abs. 1 zugestellt ist; eine (zusätzliche) Parteizustellung ist dann ausnahmsweise entbehrlich, weil der Antrag nach § 890 Abs. 1 hinreichend erkennen lässt, dass vom Titel Gebrauch gemacht werden soll.[12] So ist es auch bei einem durch Urteil angeordneten Verfügungsverbot (§ 938 Rn. 8); bei einer durch Beschluss erlassenen einstweiligen Verfügung (§ 937 Rn. 3) entsteht die Verfügungsbeschränkung jedoch erst mit Zustellung des Beschlusses.[13]

– Entsprechendes gilt für einstweilige Verfügungen, die auf **Vornahme von Handlungen** (zB vorläufige Abnahme eines Werbeschildes oder Abdruck einer Gegendarstellung[14]) oder auf **Sicherstellung von Sachen** (zB Wegnahme eines angeblich zu übereignenden Gegenstandes) gerichtet sind. Neben der Parteizustellung ist folglich ein Antrag nach §§ 887, 888[15] bzw. ein Vollstreckungsauftrag gemäß §§ 883–885 erforderlich, falls der Gegner untätig bleibt; für die unvertretbare Handlung enthält zudem der Titel keine Androhung (§ 888 Abs. 2), weshalb sich auch deshalb der Wille zur Vollziehung erst aus einem entsprechenden Antrag ergibt. Bei einem von Amts wegen zugestellten Urteil, das dem Verfügungsgesuch entsprochen hat, genügt die Vollstreckungseinleitung innerhalb der Vollziehungsfrist.

– Einstweilige Verfügungen mit **Gestaltungswirkung** (zB in gesellschaftsrechtlichen Streitigkeiten; § 940 Rn. 9) werden durch Parteizustellung vollzogen,[16] ebenso bei **Abgabe einer Willenserklärung**[17] (§ 940 Rn. 18, 26); eine Zwangsvollstreckung ieS gibt es in beiden Fällen nicht.

---

5 OLG Hamburg NJWE-WettbR 2000, 51.

6 Kurioser Fall OLG Düsseldorf NJW-RR 2003, 353: Rechtsanwalt übermittelt Urteilsentwurf, der freilich dem später verkündeten Urteil entspricht.

7 BGHZ 120, 73, 79 = NJW 1973, 1076; KG WRP 1995, 325.

8 Ausf. zum Problem, wie einstweilige Verfügungen zu vollziehen sind: *Matthey,* Probleme bei Vollziehung von Arrest und einstweiliger Verfügung gemäß § 929 Absatz 2 ZPO, Diss. Bonn, 1999; *Addicks* MDR 1994, 225; *Pohlmann* KTS 1994, 49; ders. WM 1994, 1277. Übersicht zum Streitstand auch bei *Schuschke/Walker* § 929 Rn. 22ff.

9 ZB BGH WRP 1993, 308; OLG Schleswig SchlHA 1997, 74; OLG Hamburg NJWE-WettbR 1997, 92; OLG Celle OLGZ 1992, 354; OLG München NJW-WettbR 1998, 282; NJW-RR 1989, 180; näher *Schuschke/Walker* § 929 Rn. 25 m. Nachw. auch zur Gegenauffassung. AA zB OLG München MDR 2005, 1244; OLG Stuttgart NJWE-WettbR 1997, 43; OLG Oldenburg MDR 1992, 903; OLG Stuttgart OLGZ 1994, 364.

10 OLG Celle NJWE-WettbR 1998, 1 (Zustellung an Geschäftsführer der Antragsgegnerin anstatt an deren Prozessbevollmächtigten genügt nicht).

11 Ausf. dazu *Schuschke* InVO 1998, 277ff. Vgl. auch *Heiderhoff* in Berger Kap. 9 Rn. 26ff.

12 BGH NJW 1990, 122, 124; OLG Stuttgart NJW-RR 1998, 622; *Altmeppen* WM 1989, 1157, 1163.

13 BayObLG Rpfleger 2004, 93.

14 Dazu vgl. OLG Jena OLG-NL 1994, 58.

15 OLG Hamm NJW-RR 1993, 959; OLG Zweibrücken OLGZ 1983, 406. Str., wie hier zB *T/P/Reichold* Rn. 9; *Schuschke/Walker* § 929 Rn. 33. AA (Parteizustellung genügt) zB OLG München OLGR 2002, 390 = MDR 2003, 53.

16 Str., wie hier *Zi* § 929 Rn. 12b, c; aA *Pohlmann* KTS 1994, 49, 58.

17 Ausf. zur Vollziehung einer einstweiligen Verfügung auf Auskunftserteilung *Teplitzky* FS Kreft, 2004, S. 163.

- Bei einer auf **Eintragung im Register oder Grundbuch** gerichteten einstweiligen Verfügung sind erforderlich Parteizustellung und Eintragungsantrag des Gläubigers oder Ersuchen des Gerichts (§ 941) auf Bitte des Gläubigers; Beispiele: Antrag auf Eintragung von Vormerkung (§ 885 BGB), Widerspruch (§ 899 BGB) oder Hypothek (vgl. auch Rn. 7).

Beruht bei einer **Leistungsverfügung** (§ 940 Rn. 1, 12 ff.) die Zahlungspflicht auf einem von Amts wegen zugestellten Urteil, so genügt die Vollstreckungseinleitung innerhalb der Vollziehungsfrist.[18] Im Übrigen muss man unterscheiden: 6

- Ist eine einmalige Zahlung zu erbringen, muss der Antragsteller wie bei einem Arrest gemäß § 929 Abs. 2, 3 vorgehen (näher zu Vollziehung einschließlich Wahrung von Vollziehungs- und Zustellungsfrist § 929 Rn. 6–11); die §§ 930–932 gelten mit den sich aus Rn. 7 ergebenden Besonderheiten.
- Lautet der Titel auf **fortlaufende Zahlungen,** zB monatlichen Unterhalt, ist die Vollziehungsfrist für die erste Rate durch Parteizustellung und Vollstreckungseinleitung (§ 929 Rn. 6) zu wahren; wird das versäumt, so kann die einstweilige Verfügung hinsichtlich der später fällig werdenden Raten nicht mehr wirksam vollzogen werden,[19] weil der Antragsteller durch sein Verhalten zeigt, dass er einstweiligen Rechtsschutzes nicht bedarf. Die Zustellung der einstweiligen Verfügung durch ihn muss jedoch zwangsläufig genügen, wenn die erste Rate erst nach Ablauf der Vollziehungsfrist fällig ist. Für die künftigen Raten läuft dann die Monatsfrist des § 929 Abs. 2 jeweils bei Fälligkeit neu.

4. Übrige Vollziehungsvorschriften. Bei Leistungsverfügungen (Rn. 6) findet **§ 930** insoweit keine Anwendung, als er nur die Pfändung zulässt und eine Befriedigung des Gläubigers ausschließt, weshalb die Verwertung der gepfändeten Sache und die Einziehung der gepfändeten Forderung zulässig sind; wegen dieser Besonderheiten steht hier – anders als beim Arrest (§ 927 Rn. 3) – neben §§ 924, 927 auch die Vollstreckungsabwehrklage (§ 767) zur Wahl (§ 767 Rn. 7). Von **§ 931** können Abs. 3 und 4 bei Sequestration eines Schiffes einschlägig sein. Die Anwendung von **§ 932** ist bei einer Leistungsverfügung (Rn. 6) denkbar; Abs. 3 der Vorschrift gilt für jede eine Grundbuch- oder Registereintragung betreffende einstweilige Verfügung (Rn. 5 aE), der Eingang bei dem Amtsgericht, zu dem die für die Eintragung zuständige Abteilung (Grundbuchamt, Registerabteilung) gehört, genügt (§ 929 Rn. 6). Da es freiheitsbeschränkende Maßnahmen durch einstweilige Verfügung nicht gibt, kommt **§ 933** nicht in Betracht. Bei **§ 934** ist Abs. 1 wegen § 939 nicht anwendbar, möglicherweise Abs. 2 (dann in Verbindung mit Abs. 3 und 4). 7

937 *Zuständiges Gericht* (1) Für den Erlass einstweiliger Verfügungen ist das Gericht der Hauptsache zuständig.

(2) Die Entscheidung kann in dringenden Fällen sowie dann, wenn der Antrag auf Erlass einer einstweiligen Verfügung zurückzuweisen ist, ohne mündliche Verhandlung ergehen.

I. Normzweck

Die Bestimmung enthält zwei vom Arrestverfahren abweichende Regelungen: **Abs. 1** erklärt grundsätzlich das Gericht der Hauptsache für zuständig, während das Amtsgericht der belegenen Sache nur in besonderen Fällen entscheiden kann (§ 942); beim Arrest besteht demgegenüber eine gleichrangige und wahlweise Zuständigkeit (§ 919). **Abs. 2** bestimmt, dass eine einstweilige Verfügung nur ausnahmsweise („in dringenden Fällen") ohne mündliche Verhandlung erlassen werden darf; ein Arrestbefehl kann demgegenüber auf Grund freigestellter mündlicher Verhandlung ergehen, obgleich die Unterschiede nach der hier vertretenen Auffassung im Ergebnis gering sind (§ 921 Rn. 2, 3). 1

II. Zuständigkeit (Absatz 1)

Es besteht eine **sachliche und örtliche Zuständigkeit** des Gerichtes der Hauptsache, die wegen § 802 ausschließlich ist, sofern nicht das Amtsgericht der belegenen Sache angerufen werden kann (§ 942) oder Sondervorschriften eingreifen, zB §§ 12, 14 UWG. Allerdings betrifft § 937 Abs. 1 nur das Anordnungsverfahren. Die einmal begründete Zuständigkeit besteht jedoch in den weiteren Verfahrensabschnitten fort (vgl. § 919 Rn. 1); für die Vollziehung einer einstweiligen Verfügung gelten die Vorschriften des Vollstreckungsrechts (§ 936 Rn. 4 ff.). Auch die **internationale Zuständigkeit** ergibt sich aus § 937 Abs. 1. Insoweit hat – anders als beim Arrest (§ 919 Rn. 2) – die Streitfrage größere Bedeutung, ob im Geltungsbereich der EuGVVO das Gericht der Hauptsache nach nationalen Rechtsgrundsätzen bestimmt werden kann (§ 943 Rn. 4, 8). 2

Was **Gericht der Hauptsache** ist, regelt § 943 Abs. 1 für Arrest und einstweilige Verfügung gemeinsam (§ 943 Rn. 2 ff.). Der **Begriff der Hauptsache** wird gesondert bestimmt. Er bezieht sich bei der einstweiligen Verfügung auf den Verfügungsanspruch (§ 935 Rn. 4) bzw. das streitige Rechtsverhältnis (§ 940 Rn. 3). Was „Hauptsache" ist, wenn durch einstweilige Verfügung die Zahlung eines Prozesskostenvorschusses – für den §§ 127a, 620 S. 1 Nr. 9 nicht einschlägig sind – durchgesetzt werden soll, wird unterschiedlich beantwortet; während auch hier eine Ansicht auf den zu bevorschussenden Prozess abstellt (§ 919 Rn. 3),[1] 3

---

[18] Vgl. auch OLG Hamm NJW-RR 1994, 521.

[19] OLG Hamburg FamRZ 1988, 521; OLG Köln FamRZ 1985, 508 u. 1063. Str., wie hier *Schuschke/Walker* § 929 Rn. 32; *T/P/Reichold* (Rn. 14) lassen Parteizustellung genügen. AA (Vollziehung für künftige Raten möglich) OLG Hamm FamRZ 1991, 573; OLG Köln FamRZ 1992, 75.

[1] OLG Düsseldorf FamRZ 1968, 208; OLG Braunschweig MDR 1959, 2310; *T/P/Reichold* § 919 Rn. 2.

geht die überwiegende Meinung[2] wegen der Anspruchsgrundlage von einem gesetzlichen Unterhaltsanspruch mit der Folge der Zuständigkeit des Amtsgerichtes (FamG, §§ 23a Nr. 2, 23b Nr. 5, 6 GVG) aus. Das Gericht, bei dem eine negative Feststellungsklage anhängig ist, ist Gericht der Hauptsache für einen den identischen Streitgegenstand betreffenden Antrag auf Erlass einer einstweiligen Verfügung, den der Beklagte der negativen Feststellungsklage als Antragsteller des Eilverfahrens verfolgt.[3] In Wettbewerbssachen ist § 14 UWG einschlägig.

III. Entscheidung ohne mündliche Verhandlung (Absatz 2)

4 **1. Verfahren und Entscheidung.** Grundsätzlich hat – anders als beim Arrest (Rn. 1) – eine mündliche Verhandlung stattzufinden. Von dieser Regel gibt es nach Abs. 2 nur zwei Ausnahmen (zum Sonderfall beim Amtsgericht der belegenen Sache s. § 942 Rn. 5). Die erste betrifft **dringende Fälle** (nicht zu verwechseln mit der Dringlichkeit, die den Verfügungsgrund bei einer einstweiligen Verfügung ausmacht, § 935 Rn. 4). Ein „dringender Fall" im Sinne dieser Vorschrift setzt voraus, dass die Durchführung eines selbst kurzfristig anberaumten Termins (§ 916 Rn. 9) wegen der daraus folgenden Verzögerung den Zweck des einstweiligen Rechtsschutzes gefährden würde (zur weiter erforderlichen Dringlichkeit für eine Alleinentscheidung des Vorsitzenden s. § 944). Das hat der Antragsteller glaubhaft zu machen, auch bei einem Unterlassungsbegehren; denn nach § 25 UWG wird nur die auf den Verfügungsgrund bezogene Dringlichkeit vermutet. Ein „Gesuch nur für den Fall einer Entscheidung ohne mündliche Verhandlung" wird wie beim Arrest behandelt (§ 921 Rn. 4).

5 Die andere Fallgruppe betrifft die **Zurückweisung des Antrages.** Das Gesetz ermöglicht auf diese Weise – unabhängig von einer Dringlichkeit – eine rasche und kostengünstige Erledigung. Da die Entscheidung dem Gegner nicht mitgeteilt wird (§§ 936, 922 Abs. 3), unterbleibt dessen Vorwarnung und behält der Antragsteller zugleich die Überraschungsmöglichkeit, zB für den Fall einer erfolgreichen Beschwerde gegen die Antragszurückweisung. Wurde bei Gericht eine Schutzschrift (Rn. 7) eingereicht, welche dem Erlass der einstweiligen Verfügung entgegensteht, so darf das Gesuch nicht sofort zurückgewiesen werden; vielmehr ist in einem solchen Falle mündliche Verhandlung anzuberaumen und dem Antragsteller rechtliches Gehör zu gewähren (Art. 103 Abs. 1 GG).

6 Daraus ergeben sich folgende **Entscheidungsalternativen:** Verneint der Richter einen „dringenden Fall" (Rn. 4), ist das Gesuch andererseits jedoch nicht zurückzuweisen (Rn. 5), so wird durch unanfechtbare Anordnung **mündliche Verhandlung** anberaumt; die gesetzliche Verpflichtung zur **Güteverhandlung** nach § 278 Abs. 2 besteht auch hier (näher § 921 Rn. 5). Fehlt eine der Voraussetzungen, von denen der Erlass einer einstweiligen Verfügung abhängt (§ 935 Rn. 4, 5), wird das Gesuch durch **Beschluss** zurückgewiesen (§ 935 Rn. 7). Dagegen findet gemäß § 567 Abs. 1 Nr. 2 sofortige Beschwerde statt (§ 922 Nr. 10); sie ist aber unzulässig, wenn die Beschwerde des Antragstellers 600 Euro nicht übersteigt (§ 922 Rn. 10)[4] oder wenn der Beschwerdeführer sein Gesuch sachlich nicht mehr weiterverfolgt, sondern nur dessen Zurückweisung als unzulässig (statt unbegründet) erstrebt.[5]

7 **2. Schutzschrift.**[6] Dabei handelt es sich um ein hauptsächlich in Wettbewerbssachen üblich gewordenes, vorbeugendes Verteidigungsmittel gegen einen erwarteten Antrag auf Erlass einer einstweiligen Verfügung (oder eines Arrests, § 920 Rn. 10). Mit der Einreichung einer Schutzschrift, die den voraussichtlichen Antragsteller und den möglichen Streitgegenstand bezeichnet, versucht der potenzielle Gegner, sich sozusagen im Vorgriff bei einem oder mehreren (vgl. § 32) Gerichten rechtliches Gehör zu verschaffen. Er will damit verhindern, dass ein „dringender Fall" angenommen und dem Gesuch ohne mündliche Verhandlung stattgegeben wird; zugleich werden meist auch Tatsachen vorgetragen, die dem angeblichen Verfügungsanspruch und/oder Verfügungsgrund entgegenstehen oder wenigstens deren erwartete Glaubhaftmachung erschüttern sollen. Der Richter ist nach inzwischen AllgM[7] verpflichtet, eine bei ihm eingereichte Schutzschrift zur Kenntnis zu nehmen; Anwaltszwang für die Einreichung einer Schutzschrift besteht aus Gründen der Waffengleichheit (vgl. § 920 Abs. 3) nicht. Besonderheiten ergeben sich nicht, wenn sie weder die Annahme eines dringenden Falles noch sonst den Erlass der einstweiligen Verfügung hindert. Im umgekehrten Falle wird mündliche Verhandlung anberaumt, das Gesuch darf nicht etwa sogleich durch Beschluss zurückgewiesen werden (Rn. 5). Die Schutzschrift wird dann dem Antragsteller zusammen mit der Ladung übermittelt;[8] vor Beantragung der einstweiligen Verfügung kann der spätere Antragsteller aber vom Gericht weder Auskunft fordern, ob eine Schutzschrift vorliegt, noch diese einsehen (§ 299 Rn. 2). Ob und unter welchen Voraussetzungen der Gegner die ihm entstandenen **Kosten der Schutzschrift** ersetzt verlangen kann, wenn der Antragsteller unterliegt, ist streitig (§ 91 Rn. 64).

---

[2] MK/*Drescher* Rn. 3; *St/J/Grunsky* Rn. 3; *Schuschke/Walker* Rn. 2; OLG Hamm NJWE-FER 2001, 80. Offen gelassen in BGH FamRZ 1989, 847.

[3] HM, vgl. zB OLG Frankfurt/M WRP 1996, 27; *Zö/Vollkommer* Rn. 1. Ausführl. zum Problem *Steinbeck* NJW 2007, 1783.

[4] AA LG Zweibrücken NJW-RR 1987, 1199; *Zö/Vollkommer* Rn. 3a.

[5] OLG Düsseldorf GmbHR 1994, 556.

[6] Ausf. dazu zB *Ahrens/Spätgens,* der Wettbewerbsprozess, 5. Aufl. 2005, Kap. 6 und *Schmuckle* in: *Schuschke/Walker* § 935 Anh. B. m. weit. Nachw. zu Schrifttum und Rechtsprechung. Vgl. auch *Hilgard,* Die Schutzschrift im Wettbewerbsrecht, 1985; *May,* Die Schutzschrift im Arrest- und Einstweiligen-Verfügungs-Verfahren, 1983.

[7] MK/*Drescher* Rn. 9; *S/J/Grunsky* Rn. 7; *Zö/Vollkommer* Rn. 4; *Schuschke/Walker* Rn. 13.

[8] Im Ergebnis ebenso OLG Karlsruhe MDR 2007, 853.

938 *Inhalt der einstweiligen Verfügung* **(1) Das Gericht bestimmt nach freien Ermessen, welche Anordnungen zur Erreichung des Zweckes erforderlich sind.**

(2) Die einstweilige Verfügung kann auch in einer Sequestration sowie darin bestehen, dass dem Gegner eine Handlung geboten oder verboten, insbesondere die Veräußerung, Belastung oder Verpfändung eines Grundstücks oder eines eingetragenen Schiffes oder Schiffsbauwerks untersagt wird.

I. Normzweck

Während es im einstweiligen Verfügungsverfahren beim Arrest nur zwei Sicherungsmittel gibt (§§ 917, 1
918), die außerdem untereinander subsidiär sind (§ 918 Rn. 2), steht eine Vielzahl von Anordnungsmöglichkeiten zur Verfügung. **Abs. 1** überlässt es deshalb dem Gericht, nach freiem Ermessen zu bestimmen, welche Anordnungen zur Erreichung des Zwecks der einstweiligen Verfügung erforderlich sind; **Abs. 2** nennt dafür Beispiele. Zugleich folgen aus der Vorschrift Erleichterungen für die Formulierung eines „bestimmten Antrags" (vgl. § 253 Abs. 2 Nr. 2) im Gesuch und Abweichungen vom Prinzip der strengen Antragsbindung (§ 308 Abs. 1).

II. Inhalt der einstweiligen Verfügung (Absatz 1)

1. Anwendungsbereich. Die Vorschrift erfasst nach hM[1] sowohl Sicherungs- wie Regelungsverfügun- 2
gen. Die Gegenauffassung, welche die Bestimmung nur auf § 935 anwenden will,[2] hat keine praktischen Auswirkungen. Denn sie entnimmt das Entscheidungsermessen des Gerichts bei einer Regelungsverfügung unmittelbar § 940, weil dort nur eine zur Zweckerreichung „nötige" Maßnahme zugelassen sei. Besonderheiten für Leistungsverfügungen sind im Folgenden vermerkt.

2. Erleichterungen für den Antrag. Das Gesuch auf Erlass einer einstweiligen Verfügung, das eine der 3
Klageschrift entsprechende Bedeutung hat (§ 920 Rn. 2, § 935 Rn. 5), muss gemäß § 253 Abs. 2 Nr. 2 zwar einen „bestimmten Antrag" enthalten. Die Anforderungen nach dieser Bestimmung sind jedoch durch § 938 Abs. 1 eingeschränkt (Rn. 1). Der Antragsteller braucht nur sein Rechtsschutzziel anzugeben, darüber hinaus aber keine bestimmte Maßnahme zu beantragen; gleichwohl empfehlen sich in aller Regel Angaben dazu, was er selbst als zur vorläufigen Sicherung oder Regelung geeignet ansieht. Wird eine Leistungsverfügung erstrebt (§ 940 Rn. 12 ff.), so muss allerdings das auf Befriedigung gerichtete Begehren genau bezeichnet, also zB der verlangte Notunterhalt der Höhe nach beziffert oder die zu unterlassende Handlung in ihren Einzelheiten beschrieben werden.

3. Grenzen der Entscheidungsbefugnis. a) Hauptsacheentscheidung. Die einstweilige Verfügung darf die 4
Hauptsache nicht vorwegnehmen, sondern muss stets ein minus und aliud zugleich sein.[3] Soweit eine teilweise Befriedigung durch Regelungsverfügung erfolgt (§ 940 Rn. 1 ff.), darf sie folglich keine endgültige Wirkung haben; aus diesem Grunde kommt zB nur die vorläufige Entziehung der Vertretungsbefugnis eines Gesellschafters, nicht aber dessen Ausschluss in Betracht (§ 940 Rn. 9). Entsprechendes gilt für die meisten Fälle einer Leistungsverfügung (§ 940 Rn. 12 ff.). Ist diese auf Geldzahlung gerichtet (§ 940 Rn. 19), so tritt freilich in aller Regel eine jedenfalls faktisch endgültige Befriedigung ein; die Interessenabwägung gebietet deshalb hier grundsätzlich eine zeitliche bzw. betragsmäßige Begrenzung oder eine gleichzeitige Anordnung zur Erhebung der Hauptsacheklage (§ 940 Rn. 14).

b) Antragsbindung. Trotz der beschriebenen Erleichterungen (Rn. 3) ist der Richter auch im einstweili- 5
gen Verfügungsverfahren nicht befugt, einer Partei etwas zuzusprechen, was diese nicht beantragt hat, § 308 Abs. 1. Wird lediglich eine Sicherung erstrebt, so darf deshalb keine auch nur vorläufige Befriedigung erfolgen; wird eine bestimmte Sicherungsmaßnahme bezeichnet, zB die Herausgabe an den Gerichtsvollzieher zur Verwahrung, so darf die Anordnung nicht weitergehen, zB also nicht die Herausgabe an den Antragsteller zur eigenen Aufbewahrung beinhalten. Wohl aber kann das Gericht bei einer Sicherungs- oder Regelungsverfügung unter gleichwertigen Maßnahmen eine andere als die im Gesuch bezeichnete wählen, ohne dass dem Antragsteller daraus kostenrechtliche Nachteile in Form eines Teilunterliegens (§ 92 Abs. 1) erwachsen. So darf zB statt des im Antrag genannten Widerspruchs die Eintragung eines Verfügungsverbotes angeordnet werden;[4] hat der Vermieter, um Druck zur Zahlung rückständiger Nebenkosten auszuüben, das Schloss an der Türe zur Mietwohnung ausgewechselt, so kann ihm statt der verlangten Aushändigung des Schlüssels auch die Wiederherstellung des ursprünglichen Zustandes geboten werden. Bei einer Leistungsverfügung, die einen genau bestimmten Antrag voraussetzt (Rn. 4), kommt demgegenüber die Ersetzung der verlangten Maßnahme durch eine andere gleichwertige nicht in Betracht; nur sprachliche Korrekturen oder Umformulierungen zwecks besserer Verständlichkeit sind erlaubt. Das Gericht kann aber ein minus, zB also einen geringeren monatlichen Unterhaltsbetrag, zusprechen; das Gesuch ist dann im Übrigen mit der Kostenfolge des § 92 Abs. 1 zurückzuweisen.

c) Besonderheiten des Eilverfahrens. Die Entscheidungsbefugnis des Gerichts wird im Übrigen von Um- 6
fang und Stärke des jeweiligen Verfügungsgrundes begrenzt. Die oft anzutreffende Verwendung des Begriffs der „Dringlichkeit" als Voraussetzung für den Erlass einer einstweiligen Verfügung darf nicht da-

---

[1] Vgl. nur MK/*Drescher* § 935 Rn. 5, § 940 Rn. 1; *Zö/Vollkommer* § 940 Rn. 3. Auch *Schuschke/Walker* gehen bei ihren Erläuterungen (zB § 938 Rn. 3–5) davon aus.

[2] *R/G/Schilken* § 76 II 2d m. weit. Nachw.

[3] *Baur* Studien S. 49, 72 ff.

[4] BVerfGE 86, 46, 49 = NJW-RR 1992, 898.

rüber hinwegtäuschen, dass bei den einzelnen Verfügungsarten (§ 935 Rn. 2) wichtige Unterschiede im Verfügungsgrund bestehen (§ 935 Rn. 13, 14, § 940 Rn. 4, 14, 15); so kann zB die Interessenabwägung ganz unterschiedlich ausfallen, je nachdem, ob sich die einstweilige Regelung eines Zustandes mit oder ohne Befriedungsbewirkung ausgestalten lässt. Schließlich muss der Richter noch den Grundsatz der Verhältnismäßigkeit beachten.

III. Beispiele (Absatz 2)

7 Die Vorschrift nennt beispielhaft („auch") einige besonders typische Maßnahmen: **Sequestration**[5] meint – anders als die Herausgabe einer Sache zur bloßen Sicherstellung (§ 935 Rn. 8, 12) – Verwahrung und Verwaltung. Sie betrifft bewegliche oder unbewegliche Sachen sowie Forderungen; wird zB die Sequestration eines Handelsgeschäftes angeordnet, so bedeutet das nicht nur die Sicherstellung der Waren und Forderungen, sondern auch dessen Fortführung. Der Sequester hat deshalb die einem Verwalter ähnliche Stellung. Das Gericht wählt ihn aus und bestimmt seinen Aufgabenbereich, entweder schon in der einstweiligen Verfügung oder in einem gesonderten Beschluss. Es (nicht das Vollstreckungsgericht) ist auch zuständig für die Überwachung und Festsetzung der Vergütung (§§ 675, 612, 632 BGB), deren Höhe sich nach den für einen Zwangsverwalter (§ 153 ZVG) üblichen Sätzen richtet;[6] Umfang der Tätigkeit und Wert der zu verwaltenden Sache sind zu berücksichtigen.[7] Gegen den Festsetzungsbeschluss (Zuständigkeit: Gericht, das die einstweilige Verfügung erlassen hat, und zwar Richter, nicht Rechtspfleger[8]) findet nach allgM sofortige Beschwerde statt (§§ 95, 153 ZVG, § 793); dazu berechtigt sind die Parteien und der Sequester.[9] Die Kosten für Sicherstellung, Verwahrung, Verwaltung und Vergütung muss der Antragsteller vorschießen, geschieht das nicht, so darf der Sequester sein Amt niederlegen;[10] auch eine Aufhebung der einstweiligen Verfügung gemäß §§ 936, 934 Abs. 2 kommt in Betracht. Wird ein **Gerichtsvollzieher als Sequester** bestellt, so gilt:[11] Übernimmt er das Amt, wozu er freilich nicht verpflichtet ist, bleibt die Wegnahme selbst gleichwohl hoheitlicher Akt, kommt insoweit also eine Amtshaftung gemäß Art. 34 GG, § 839 BGB in Betracht. Erst mit der Wegnahme beginnt die Sequestration, handelt der Gerichtsvollzieher also in der Folgezeit auf Grund des privatrechtlichen Sequestrationsvertrages (nicht als Vollstreckungsorgan, sondern) als Privatperson mit persönlicher Haftung; seine Tätigkeit wird folglich – außerhalb des GVKostG – wie die jedes anderen Sequesters vergütet.[12] Wegen der zur Durchführung einer Sequestration erforderlichen Kenntnisse und des damit verbundenen Haftungsrisikos empfiehlt sich meist die Bestellung eines **Rechtsanwalts.**

8 Häufig sind ferner **Verfügungsverbote,** also Verbote zur Vornahme von Rechtsgeschäften, die unmittelbar darauf gerichtet sind, ein bestehendes Recht zu verändern, zu übertragen, aufzuheben oder zu belasten (Vollziehung: § 936 Rn. 5); Beispiele: Eigentumsübertragung/-aufgabe, Forderungsabtretung, Verfügung über Anwartschaftsrecht, Sicherheitenbestellung, Grundstücksbelastung, Verpfändung. Verfügungsverbote hierzu haben die Wirkung der §§ 135 Abs. 1 S. 1, 136 BGB, allerdings eingeschränkt wegen der Möglichkeit eines gutgläubigen Erwerbs (§ 135 Abs. 2 BGB). Anders ist das bei im Grundbuch durch Vormerkung (§§ 883 ff. BGB) oder Widerspruch (§ 899 BGB) eingetragenen Verboten (zur Eintragung § 941 Rn. 1). Ein **Veräußerungsverbot**[13] wird bei einer durch Beschluss erlassenen einstweiligen Verfügung erst mit deren Zustellung im Parteibetrieb (§ 929 Abs. 2) wirksam, die also nicht durch den Antrag auf Grundbucheintragung ersetzt wird; denn das Veräußerungsverbot entsteht und besteht außerhalb des Grundbuches, die Eintragung schließt lediglich die Möglichkeit des gutgläubigen Erwerbs aus.

9 In Betracht kommen auch **Erwerbsverbote,** zB das Verbot Eintragungsantrag zu stellen, das zwar nicht eintragungsfähig, vom Grundbuchamt jedoch von Amts wegen als Eintragungshindernis zu beachten ist,[14] sonstige **Handlungs- oder Unterlassungsgebote,** vornehmlich im Presse- und Wettbewerbsrecht (§ 940 Rn. 22, 25), oder **Duldungsgebote,** hauptsächlich im Nachbarrecht (zB Duldung des Betretens des Nachbargrundstücks zwecks Reparaturarbeiten).

10 **Weitere Beispiele** enthalten die Erläuterungen zu § 940 Rn. 6 ff., 17 ff., insbes. zu: AGB, Bankrecht, Ehe und Familie, Gesellschaftsrecht, gewerblicher Rechtsschutz, Mietrecht, Arbeitsrecht, Auskunft, Handlungen, Urheberrecht; zum Inhalt einer einstweiligen Maßnahme nach dem **Gewaltschutzgesetz** § 935 Rn. 17.

939 *Aufhebung gegen Sicherheitsleistung* Nur unter besonderen Umständen kann die Aufhebung einer einstweiligen Verfügung gegen Sicherheitsleistung gestattet werden.

I. Normzweck

1 Die Bestimmung erklärt sich aus der unterschiedlichen Interessenlage je nach Art des einstweiligen Rechtsschutzes. Beim Arrest kann dem Sicherungsbedürfnis des Gläubigers wegen seiner Geldforderung

---

[5] Ausf. *Gleußner* DGVZ 1996, 33.
[6] OLG Frankfurt NJW-RR 1987, 63 m. weit. Nachw.
[7] LG Dortmund DGVZ 1995, 74; LG Göttingen DGVZ 1995, 42.
[8] LG Offenburg DGVZ 1993, 11.
[9] OLG Saarbrücken DGVZ 1977, 189.
[10] LG Saarbrücken DGVZ 1995, 189.
[11] BGHZ 146, 17 = NJW 2001, 434.
[12] LG Saarbrücken (Fn. 9); LG Heilbronn DGVZ 1995, 74.
[13] BayObLG NJW-RR 2004, 736.
[14] BayObLG Rpfleger 1982, 14.

oder seines Anspruchs, der in eine Geldforderung übergehen kann, schon aus der Natur der Sache heraus durch eine ebenfalls auf Geld gerichtete Sicherheitsleistung Rechnung getragen werden. Etwas anderes gilt für einstweilige Verfügungen. Sie dienen der Sicherung eines Individualanspruches auf Handlung, Duldung oder Unterlassung (§ 935 Rn. 12), der vorläufigen Regelung eines streitigen Rechtsverhältnisses (§ 940 Rn. 3) oder – ausnahmsweise – der teilweisen Befriedigung (§ 940 Rn. 12ff.). In allen diesen Fällen reicht die Leistung einer Sicherheit regelmäßig nicht aus, weil auch der Erfüllungsanspruch nicht auf Geld gerichtet bzw. der Antragsteller wegen seiner Notlage auf eine sofortige Befriedigung angewiesen ist. Folgerichtig bestimmt deshalb § 939, dass die Aufhebung einer einstweiligen Verfügung gegen Sicherheitsleistung nur unter besonderen Umständen gestattet werden kann. Die Vorschrift ersetzt damit §§ 923, 934 Abs. 1 und teilweise §§ 925 Abs. 2, 927 (näher § 936 Rn. 2, 3, 7).

II. Aufhebung gegen Sicherheitsleistung

Die Aufhebung gegen Sicherheitsleistung setzt **besondere Umstände** voraus, also dass der Zweck des einstweiligen Rechtsschutzes ausnahmsweise (Rn. 1) auch durch Leistung einer Sicherung vollständig verwirklicht werden kann.[1] Das kommt hauptsächlich in Betracht bei einstweiligen Verfügungen wegen einer Bauhandwerkersicherungshypothek nach § 648 BGB (§ 935 Rn. 12)[2] oder eines Verbotes der Wegschaffung von dem Vermieterpfandrecht (§ 562 BGB) unterliegenden Sachen (§ 935 Rn. 13, § 940 Rn. 11); dann genügt auch die Hinterlegung der streitigen Werklohn- bzw. Mietzinsforderung. Auf Seiten des Antragsgegners müssen nicht zusätzlich besondere Umstände vorliegen;[3] kann das Interesse des Antragstellers anders als durch Aufrechterhaltung oder Vollziehung der einstweiligen Verfügung befriedigt werden, so entfällt der Verfügungsgrund, ohne dass es auf eine besondere Schutzbedürftigkeit des Gegners ankäme. 2

Die **Entscheidung** ergeht, sofern nicht ausnahmsweise schon in der einstweiligen Verfügung selbst enthalten, nach mündlicher Verhandlung durch Urteil (vorläufige Vollstreckbarkeit: § 708 Nr. 6), im Widerspruchs-[4] bzw. Berufungsverfahren[5] oder im Verfahren gemäß § 927; ein selbständiges (Beschluss-)Verfahren über einen Antrag nach § 939 ist nicht vorgesehen. Für Art und Höhe der Sicherheit gilt § 108. Bei Sicherheitsleistung vor der Entscheidung wird die einstweilige Verfügung sofort aufgehoben, andernfalls die Aufhebung für diesen Fall ausgesprochen; die einstweilige Verfügung tritt dann von selbst außer Kraft, sobald die Sicherheit erbracht wird. Vollziehungsmaßnahmen werden nach § 775 Nr. 1, 3 bzw. § 776 beseitigt. Die Entscheidung nach § 939 ist nach rechtskräftigem Abschluss nicht mehr möglich, insbesondere nicht mehr nach Erlass des Berufungsurteils (vgl. § 542 Abs. 2).[6] 3

940 *Einstweilige Verfügung zur Regelung eines einstweiligen Zustandes* **Einstweilige Verfügungen sind auch zum Zwecke der Regelung eines einstweiligen Zustandes in Bezug auf ein streitiges Rechtsverhältnis zulässig, sofern diese Regelung, insbesondere bei dauernden Rechtsverhältnissen zur Abwendung wesentlicher Nachteile oder zur Verhinderung drohender Gewalt oder aus anderen Gründen nötig erscheint.**

I. Normzweck

Die Bestimmung vollzieht – zusammen mit § 935 – die Trennung zwischen Arrest und einstweiliger Verfügung, den beiden in der ZPO vorgesehenen Arten von einstweiligem Rechtsschutz (§ 916 Rn. 2). Sie heißt **Regelungsverfügung,** weil der Streit zwischen Beteiligten von Rechtsverhältnissen, dessen Fortdauer bis zur Entscheidung in der Hauptsache unzumutbar wäre, vorläufig geregelt wird (Rn. 2–11). Dieser Normzweck schließt eine vorläufige Befriedigung während der Dauer der einstweiligen Regelung nicht aus. Nicht ganz zu Unrecht wird deshalb auch die **Leistungsverfügung,** welche die vorläufige, zT auch endgültige Befriedigung des Gläubigers erstrebt (Rn. 13), als Unterfall der Regelungsverfügung aufgefasst,[1] während die hM sie als eigenständige, dritte Art von einstweiligem Rechtsschutz versteht[2] (§ 935 Rn. 2). Praktische Auswirkungen hat dieser Meinungsstreit nicht. Man sollte jedoch auf sprachliche Klarheit achten, weshalb es sich nicht empfiehlt, an Stelle des Begriffs der Leistungsverfügung (auch) den der Befriedigungsverfügung zu verwenden; denn eine vorläufige Befriedigung kann, wie dargelegt, auch Folge einer Regelungsverfügung sein. 1

II. Regelungsverfügung (§ 940)

1. Abgrenzungen. Die einstweilige Verfügung nach § 935 (Sicherungsverfügung) erkennt man an ihrer bloßen Sicherungsfunktion entsprechend dem Zweck des Arrestes (§ 935 Rn. 1). Darin liegt ein wesentlicher Unterschied zur Regelungsverfügung, bei der außerdem an Stelle des Individualanspruchs (§ 935 Rn. 12) das zu regelnde Rechtsverhältnis tritt (Rn. 3). Da die Regelungs- und die Leistungsverfügung in 2

---

[1] OLG Köln NJW 1975, 454.
[2] RGZ 55, 140, 142ff.; OLG Saarbrücken BauR 1993, 348. AA LG Hamburg MDR 1971, 851.
[3] Sehr str, wie hier zB *Schuschke/Walker* Rn. 2. AA zB *T/P/Reichold* Rn. 2.
[4] LG Aachen VersR 1992, 338.
[5] OLG Frankfurt MDR 1983, 585f.
[6] OLG Köln JMBlNRW 2003, 115.
[1] *R/G/Schilken* § 76 II 2.
[2] *Schuschke/Walker* vor § 935 Rn. 30 empfehlen, ganz auf die Unterscheidung selbständiger Typen zu verzichten.

der – möglichen bzw. bezweckten – Befriedigung des Antragstellers übereinstimmen (Rn. 1), ist eine genaue Abgrenzung oft schwierig, letztlich jedoch ohne Bedeutung; in manchen Rechtsgebieten, zB im Arbeitsrecht kommen beide nebeneinander vor, die Grenzen sind fließend.

3 **2. Voraussetzungen. a) Verfügungsanspruch.** Erfasst wird an Stelle eines konkreten Individualanspruchs (§ 935 Rn. 12) das zwischen den Parteien bestehende Rechtsverhältnis. Es muss auf gewisse Dauer angelegt, braucht aber nicht notwendigerweise vermögensrechtlicher oder vertraglicher Natur zu sein, weshalb auch nachbar-, familien- oder erbrechtliche Beziehungen oder gesetzliche Schuldverhältnisse, zB aus unerlaubter Handlung, in Betracht kommen (zu Maßnahmen nach dem Gewaltschutzgesetz § 935 Rn. 15 ff.; weitere Beispiele Rn. 6 ff.). Der Begriff des Rechtsverhältnisses ist nach allgM ähnlich weit auszulegen wie bei der Feststellungsklage (§ 256 Rn. 2 ff.). Bestimmte Ansprüche müssen noch nicht entstanden sein, jedoch entstehen können.[3] Weiter wird vorausgesetzt, dass der Streit gerade zwischen den Parteien des einstweiligen Verfügungsverfahrens herrscht. Damit sind nicht nur Fälle gemeint, in denen der Antragsgegner Rechte oder Ansprüche ausdrücklich bestreitet; es genügt, wenn in das Rechtsverhältnis eingegriffen wird, zB durch den Nachbar mit Abgrabungsarbeiten, oder eine Verletzungshandlung unmittelbar droht, nicht bloß allgemein zu befürchten ist.

4 **b) Verfügungsgrund.** Die Regelung des einstweiligen Zustandes muss „zur Abwendung wesentlicher Nachteile oder zur Verhinderung drohender Gewalt oder aus anderen Gründen **nötig**" erscheinen. Hierzu hat eine Interessenabwägung unter Berücksichtigung des Verhältnismäßigkeitsgrundsatzes zu erfolgen. Da die einstweilige Maßnahme über die bloße Sicherung hinausgeht (Rn. 1, 2), sollte der Richter sorgfältig prüfen, ob wegen der Nachteile für den Antragsgegner eine Sicherheitsleistung nach § 921 Abs. 2 anzuordnen ist. Die Notwendigkeit (Dringlichkeit) für eine Regelungsverfügung entfällt infolge **Selbstwiderlegung,** dh. durch längeres Zuwarten in Kenntnis der sie rechtfertigenden Umstände (zu § 12 Abs. 2 UWG s. Rn. 25); für die noch hinzunehmende Zeitspanne (idR vier Wochen im Wettbewerbsrecht, sonst bis zu drei Monaten) sind die Besonderheiten des Einzelfalles unter Berücksichtigung der Schwierigkeit tatsächlicher und rechtlicher Art maßgeblich.[4] Einer Glaubhaftmachung des Verfügungsgrundes bedarf es auf Grund materiell-rechtlicher Sondervorschriften bei bestimmten Sachverhalten nicht (§ 935 Rn. 13). Zum Fehlen des Verfügungsgrundes gelten die Erörterungen bei der Sicherungsverfügung entsprechend (§ 935 Rn. 14).

5 **3. Verfahren und Entscheidung.** Zum **Anordnungsverfahren,** zu Gesuch (zur der **Hemmung der Verjährung** s. § 920 Rn. 4), Inhalt (Tenor), Mitteilung und Anfechtung der Entscheidung sowie zur Rechtskraft gelten die schon dargestellten Grundsätze (§ 935 Rn. 5–10). Die für **Vollziehung und Rechtsbefehle** anwendbaren Arrestvorschriften samt Besonderheiten sind bei § 936 (dort Rn. 3 ff.) vermerkt.

6 **4. Typische Beispiele. a) Allgemeine Geschäftsbedingungen** (§§ 305 ff. BGB). Auf Gesuch eines klagebefugten Verbandes (§ 3 UKlaG) kann dem Verwender oder Empfehler von allgemeinen Geschäftsbedingungen vorläufig deren Verwendung oder Empfehlung bis zur Durchsetzung des Unterlassungsanspruches (§ 1 UKlaG) untersagt werden.[5] Eine Dringlichkeitsvermutung entsprechend § 12 Abs. 2 UWG gibt es zwar im Verbandsklageverfahren (§ 5 UKlaG), nicht jedoch allgemein. Der Erlass einer einstweiligen Verfügung wird idR nicht „nötig" (Rn. 4) sein, wenn die allgemeinen Geschäftsbedingungen seit längerer Zeit verwendet werden und der Antragsteller das hätte erkennen können. Der Antrag auf Erlass einer einstweiligen Verfügung setzt eine vorherige Abmahnung[6] voraus (vgl. auch Rn. 25).

7 **b) Bankrecht.** Neben Ansprüchen auf Geldzahlung, die durch Arrest gesichert werden, gibt es zahlreiche Rechtsverhältnisse, die einer Regelung durch einstweilige Verfügung zugänglich sind,[7] zB wegen Nichteinlösung eines Schecks oder Wechsels oder im Zusammenhang mit Garantieversprechen und Bürgschaften. Inwieweit in den zuletzt genannten Fällen ein Zahlungsverbot gegenüber der Bank erlassen werden kann, ist streitig;[8] jedoch kommt ein Vorgehen des Schuldners gegen den Begünstigten bzw. Bürgschaftsgläubiger in Betracht. So kann der Hauptschuldner vom Bürgschaftsgläubiger im Wege der einstweiligen Verfügung Unterlassung der Inanspruchnahme des Bürgen aus einer **Bürgschaft auf erstes Anfordern** verlangen, wenn der Gläubiger keinen Anspruch auf eine solche Bürgschaft hatte – zB wegen unwirksamer AGB[9] oder § 17 Nr. 4 S. 3 VOB/B – oder sich in masseloser Insolvenz befindet, weil dann das Recht, Zahlung auf erstes Anfordern zu verlangen, entfallen ist.[10]

Im Überweisungs- und Lastschriftverkehr ist der Kunde idR durch sein Stornorecht hinreichend geschützt, weshalb einstweiliger Rechtsschutz kaum erforderlich sein wird. Nach der **Kündigung eines Girokontos** – in der Rechtsprechung für NPD/DVU-Konten besonders aktuell geworden – kann die Bank zur vorläufigen Fortführung des Kontos nur verpflichtet werden, wenn der Kunde (Antragsteller) eine (faktische) Monopolstellung der Bank (Antragsgegnerin) bzw. die fehlende Möglichkeit zur Eröffnung eines

---

[3] OLG Koblenz NJW-RR 1986, 1039; OLG Stuttgart NJW-RR 1986, 1448.

[4] Vgl. zB OLG München MDR 1991, 157; WRP 1981, 50.

[5] OLG Düsseldorf NJW 1989, 1487; ausf. *Marly* NJW 1989, 1472.

[6] Ausf. dazu *Schmukle* in: *Schuschke/Walker* § 935 Anh. A; zu § 12 Abs. 1 UWG: *Ahrens/Deutsch,* Der Wettbewerbsprozess, 5. Aufl. 2005, Kap. 1.

[7] Ausf. MK/*Drescher* § 935 Rn. 26 ff.

[8] Problemübersicht: *Schuschke/Walker* vor § 935 Rn. 70 ff.

[9] BGHZ 150, 229 = NJW 2002, 2388 (AGB Privater); BGH NJW-RR 2004, 880 (AGB eines öffentlichen Auftraggebers). Zur Verpflichtung, dann von der Bürgschaft auf erstes Anfordern keinen Gebrauch zu machen: BGHZ 154, 378 = NJW 2003, 2605.

[10] BGHZ 151, 236 = NJW 2002, 3170.

Girokontos bei einer anderen Bank glaubhaft machen kann (Verfügungsgrund);[11] nur dann käme es im einstweiligen Verfügungsverfahren auf die Frage der (Wirksamkeit) Unwirksamkeit der Kündigung an (Verfügungsanspruch),[12] die jedenfalls nicht alleine mit der Verfolgung verfassungsfeindlicher Ziele durch die Partei (Kunde, Antragsteller) begründet werden kann, solange das BVerfG die Verfassungswidrigkeit der Partei nicht festgestellt hat.[13]

c) **Ehe und Familie.** Zu beachten ist der Vorrang spezieller Regelungen (§ 935 Rn. 3; §§ 620ff., 641b; §§ 13 Abs. 4, 18a HausratsVO), weshalb zB bei eigenmächtiger Fortschaffung von Hausratsgegenständen nur eine einstweilige Anordnung nach den genannten Vorschriften der HausratsVO, jedoch keine einstweilige Verfügung beantragt werden kann;[14] der Anspruch auf Zugewinnausgleich wird durch Arrest gesichert (§ 916 Rn. 12). Im Übrigen kommen einstweilige Verfügungen in Betracht unter Ehegatten, zwischen denen ein Ehescheidungsverfahren schwebt, wegen gegenseitiger Belästigungen,[15] zum Schutz der Ehewohnung gegen den Ehestörer,[16] wegen Wirtschaftsgeldes[17] oder eines Veräußerungsverbotes im Hinblick auf § 1365 BGB[18] sowie zur Beschränkung des Umgangsrechtes Dritter, zB mit einer minderjährigen Tochter.[19] Zum GewaltschutzG § 935 Rn. 15ff. 8

d) **Gesellschaftsrecht.** Einstweilige Verfügungen[20] betreffen hauptsächlich die vorläufige Entziehung der Geschäftsführungs- oder Vertretungsbefugnis[21] (§ 935 Rn. 8) und die Übertragung auf Dritte, die Regelung von Streitigkeiten zwischen Gesellschaftern, zB wegen Einsichtsrechte, und die Vollziehung von Gesellschafterbeschlüssen.[22] Auch der die Abberufung eines GmbH-Geschäftsführers betreibende Gesellschafter kann diesem Geschäftsführung und Vertretung der GmbH bis zu dem Zeitpunkt verbieten lassen, in dem die Gesellschafterversammlung über die Abberufung beschließt.[23] Ein Gesellschafter kann die Weiterbenutzung von Betriebsmitteln, die er an die Gesellschaft verpachtet hat, untersagen lassen, wenn auf Grund eines Mehrheitsbeschlusses die Pachtzahlung an ihn eingestellt wird.[24] Die Willensbildung einer Gesellschaft kann, zB durch ein Verbot zur Beschlussfassung, idR nicht beeinflusst werden,[25] außer bei ganz besonderer Schutzwürdigkeit des Antragstellers.[26] Eine Ausschließung eines Gesellschafters[27] oder eine Abberufung von Liquidatoren[28] durch einstweilige Verfügung ist nicht möglich. Der gleichberechtigte Mitgesellschafter einer von zwei Gesellschaftern getragenen GmbH kann im Falle der Einziehung seines Geschäftsanteils bis zur Entscheidung über deren Rechtmäßigkeit die Wahrung seiner aktiven Mitgliedsrechte jedenfalls dann nicht erzwingen, wenn die Pattsituation zur schadensträchtigen Handlungsunfähigkeit der Gesellschaft führt.[29] 9

e) **Kartellrecht/gewerblicher Rechtsschutz.** Ein **Verlangen nach Belieferung** wegen Diskriminierung gemäß §§ 19, 20, 21 GWB kann nach überwiegender Meinung mit einstweiliger Verfügung durchgesetzt werden;[30] einer unzulässigen Aufforderung zur Bezugssperre (§ 20 Abs. 1 GWB) kann mit einer Verpflichtung zum vorläufigen Widerruf begegnet werden.[31] Ein Gesuch auf Zulassung zu einer internationalen Messe kann nur ausnahmsweise Erfolg haben, wenn das Entstehen einer existenziellen Notlage bei Nichtteilnahme dargelegt wird.[32] Grundsätzlich zulässig ist einstweiliger Rechtsschutz auch im Patent[33] – und Markenrecht sowie Geschmacksmuster- und Gebrauchsmustersachen[34] (zum Urheberrecht Rn. 24, zum Wettbewerbsrecht Rn. 25). Erforderlich ist stets eine Abmahnung (Rn. 6 aE), § 12 Abs. 2 UWG (Rn. 25) gilt entsprechend. 10

---

[11] OLG Brandenburg NJW 2001, 450 (Vorinstanz: LG Frankfurt/O NJW 2001, 82); OLG Köln NJW 2001, 452. Die Verfassungsbeschwerden gegen diese OLG-Entscheidungen hatten keinen Erfolg, BVerfG NJW 2001, 1413.

[12] In den angesprochenen NPD/DVU-Fällen für Wirksamkeit der Kündigung zB die in der vorigen Fn. genannten Tatgerichte u. *Eicholt* NJW 2001, 1400. AA (Unwirksamkeit) zB OLG Dresden ZIP 2001, 2169; NJW 2001, 1433; *Boemke* NJW 2001, 43 (Verstoß gegen Parteienprivileg).

[13] BGHZ 154, 146 = NJW 2003, 1658 (Unwirksamkeit der Kündigung von NPD-Girovertrag durch Sparkasse); BGH NJW 2004, 1031 (Konto der „Republikaner" bei Postbank).

[14] OLG Düsseldorf FamRZ 1994, 390.

[15] OLG Düsseldorf FamRZ 1995, 183.

[16] *Palandt/Diederichsen* vor § 1353 Rn. 7; *Smid* NJW 1990, 1344.

[17] OLG Düsseldorf FamRZ 1983, 1121.

[18] OLG Frankfurt NJW-RR 1986, 1332.

[19] OLG Frankfurt NJW 1979, 2052.

[20] Ausf. MK/*Drescher* § 935 Rn. 63ff.; *Schuschke/Walker* vor § 935 Rn. 58ff.

[21] OLG Karlsruhe NJW-RR 1993, 1505.

[22] OLG Koblenz NJW-RR 1986, 1039.

[23] OLG Frankfurt/M NJW-RR 1999, 257.

[24] OLG Karlsruhe ZIP 1994, 1183.

[25] OLG Koblenz NJW 1991, 1119; *Zö/Vollkommer* Rn. 8. AA OLG Hamburg NJW 1992, 187. Vgl. auch OLG Düsseldorf NJW-RR 1995, 171.

[26] OLG Stuttgart GmbHR 1997, 312; NJW 1987, 2449.

[27] OLG Saarbrücken NJW-RR 1989, 1512. AA LG München ZIP 1994, 1858.

[28] OLG Frankfurt NJW-RR 1989, 98 (Zuständigkeit des Registergerichts nach § 145 FGG iVm. §§ 146, 147 HGB).

[29] OLG Hamm NJW-RR 2001, 105.

[30] OLG Stuttgart NJW-RR 1990, 940; OLG Koblenz WRP 1991, 412. AA OLG Saarbrücken WuW 1982, 377.

[31] OLG Stuttgart WRP 1989, 202.

[32] OLG Hamburg NJWE-WettbR 1997, 286; OLG Düsseldorf NJW-RR 1996, 123 m. Anm. *Flohr* WiB 1995, 915.

[33] Ausführl. dazu *Holzapfel* GRUR 2003, 287.

[34] Näher *Schuschke/Walker* vor § 935 Rn. 92ff.

11 **f) Mietrecht.**

- Der **Vermieter** kann verlangen: Verbot der Wegschaffung von dem Vermieterpfandrecht unterliegenden Sachen (§ 935 Rn. 13); Zustimmung des Mieters zu unaufschiebbaren Erhaltungsmaßnahmen (§ 554 Abs. 1 BGB), nicht aber zu bloßen Verbesserungen (§ 554 Abs. 2 BGB) oder Schönheitsreparaturen;[35] Entfernung von auf Außentüren oder Fenstern angebrachter Plakate oder Parolen mit anstößigem (zB ausländerfeindlichem) Inhalt, welche den Hausfrieden nachhaltig stören;[36] bei Geschäftsräumen Durchsetzung eines vertraglichen Konkurrenzschutzes;[37] Unterlassen eines unangemessen starken Gebrauchs, der eine Beschädigung der Mietsache über den vertraglich oder gesetzlich zulässigen Gebrauch hinaus befürchten lässt.[38] Der Vermieter kann eine mietvertragliche Betriebspflicht nicht durchsetzen, weil diese nicht nach §§ 887, 888 vollziehbar ist und nur vollstreckungsfähige Ansprüche Gegenstand einer einstweiligen Verfügung sein können.[39] Die bloße Weiterbenutzung der Mietsache nach Mietende rechtfertigt keine einstweilige Verfügung auf deren Sequestration.[40]
- Der **Mieter** kann verlangen: Vorläufige ordnungsgemäße Versorgung der Wohnräume mit Energie[41] (Heizung, Wasser, Gas, Strom), soweit der Vermieter die Zufuhr abgestellt hat, zB als Sanktion für Miet- und Nebenkostenrückstände; vorläufiger Zugang zu Gemeinschaftsräumen. Bei Gläubigerkonkurrenz kann der Anspruch eines Gläubigers aus einem Mietvorvertrag nicht durch einstweilige Verfügung gesichert werden.[42] Der Mieter kann eine Außenmodernisierungsmaßnahme nicht durch einstweilige Verfügung untersagen lassen, um so den Vermieter zur Duldungsklage zu zwingen.[43]
- **Mieter untereinander** können die Benutzung von Gemeinschaftsräumen oder das Unterlassen eines bestimmten Verhaltens (Musizieren zu bestimmten Zeiten) vorläufig regeln lassen, wobei es freilich meist an der Dringlichkeit fehlen wird.

III. Leistungsverfügung

12 **1. Abgrenzung zum Arrest.** Zweck der Leistungsverfügung (zum Begriff Rn. 1; Abgrenzung zur Regelungsverfügung Rn. 2) ist eine vorläufige, zT auch endgültige Befriedigung des Antragstellers. Soweit sie Geldforderungen oder Ansprüche, die in eine Geldforderung übergehen können, betrifft, liegt darin zugleich der Unterschied zum Arrest, weil diese Rechte dort lediglich gesichert werden dürfen. Ausschließlich mit einer Leistungsverfügung vermag der Gläubiger folglich eine Befriedigung zu erlangen.

13 **2. Voraussetzungen. a) Verfügungsanspruch.** Entwickelt wurde die Leistungsverfügung im Unterhaltsrecht.[44] Kann eine Partei nämlich die erforderlichen Mittel zur Existenzsicherung nicht aufbringen, so hilft ihr weder eine Sicherung der Ansprüche durch Arrest noch eine Verweisung auf den Klageweg. Sie benötigt einen schnell zu beschaffenden und sofort vollziehbaren Titel, um sich bis zum Urteil im Hauptsacheprozess „über Wasser halten“[45] zu können. Diesen Zweck erfüllt die Leistungsverfügung. Sie ist heute nicht mehr auf Unterhaltsansprüche beschränkt, sondern erfasst jeden materiell-rechtlichen Anspruch auf Handlung, Duldung oder Unterlassen; wichtige Fallgruppen sind unten (Rn. 17ff.) erörtert. Für die **Räumung von Wohnraum** gilt § 940a.

14 **b) Verfügungsgrund.** Er besteht unter folgenden drei Voraussetzungen:[46] Der Antragsteller (Gläubiger) bedarf dringend der sofortigen Erfüllung seines Anspruchs; zum anderen muss die geschuldete Handlung, soll sie nicht ihren Sinn verlieren, so kurzfristig zu erbringen sein, dass die Verwirkung eines Titels im ordentlichen Verfahren nicht mehr möglich erscheint; schließlich müssen die dem Antragsteller aus der Nichtleistung drohenden Nachteile (s. auch Rn. 15) schwer wiegen und außer Verhältnis stehen zu dem Schaden, den der Antragsgegner erleiden kann. Bei einer Geldleistungsverfügung (Rn. 19) ist außerdem zu berücksichtigen, dass wegen des zuerst genannten Umstandes die Anordnung einer Sicherheitsleistung (§ 921 Abs. 2) bei Erlass der Maßnahme zwangsläufig ausscheidet; erweist sich die Leistungsverfügung später als unrechtmäßig, so wird außerdem der Antragsteller wegen seiner Notlage zur Erstattung erbrachter Zahlungen oder sonst zum Schadensersatz (§ 945) kaum in der Lage sein. Der Richter ist deshalb zu einer sorgfältigen Prüfung sowie zu einer zeitlichen oder betragsmäßigen Begrenzung verpflichtet (Beispiel: § 935 Rn. 8). Oft empfiehlt sich eine Verknüpfung der Fortdauer der einstweiligen Verfügung mit einer Klageerhebung in der Hauptsache, zB also eine Anordnung für zunächst drei Monate mit automatischer Verlängerung bis zur Entscheidung in der ersten Instanz, falls innerhalb der ursprünglich bestimmten Geltungsdauer Hauptsacheklage erhoben wird.

15 **Kein Verfügungsgrund** besteht, wenn lediglich vermögensrechtliche Nachteile – außer bei Notunterhalt (Rn. 19) – drohen oder einsetzbares Vermögen vorhanden ist; eine Befriedigungsverfügung zwecks Abwen-

---

[35] LG Hamburg WuM 1986, 243; AG Neuss NJW-RR 1986, 314.
[36] AG Ludwigshafen WuM 1989, 618.
[37] OLG Hamm NJW-RR 1990, 1236.
[38] AG Bad Homburg NJW-RR 1992, 335.
[39] OLG Naumburg NJW-RR 1998, 873.
[40] OLG Brandenburg MDR 2001, 1185.
[41] OLG Köln ZMR 1994, 325; LG Osnabrück WuM 1980, 198; AG Ludwigsburg NZM 1999, 122.
[42] KG NJW-RR 2007, 1167; OLG Hamm NJW-RR 2004, 521; aA *Katzenstein* ZZP 116 (2003), 696. Ausführl. zum Problem *Hinz* NZM 2005, 841, 843f.
[43] LG Berlin NJWE-MietR 1996, 244 = WuM 1996, 407 = MDR 1996, 899 (unter Aufgabe von MDR 1984, 669).
[44] Ausf. *Schilken,* Die Befriedungsverfügung, 1976, S. 30ff.
[45] So treffend *Grunsky* JuS 1976, 277, 283.
[46] Vgl. zB OLG Köln NJW-RR 1995, 1088.

dung von Überschuldung oder Insolvenz ist daher nicht statthaft.[47] Für eine Geldleistungsverfügung fehlt es idR an einer Dringlichkeit bei einem feststehenden Anspruch auf Arbeitslosengeld oder Sozialversicherungsrente.[48] Auf die Inanspruchnahme von Sozialhilfe braucht sich der Antragsteller nicht verweisen zu lassen;[49] bezieht er sie bereits, so muss das jedoch berücksichtigt werden. Gehen Unterhaltsansprüche (dazu Rn. 19) nach § 91 Abs. 1 S. 1 BSHG auf den Sozialhilfeträger über, so entfällt insoweit ein Verfügungsgrund.[50] Auch bei einer Leistungsverfügung kann der Verfügungsgrund infolge **Selbstwiderlegung,** insbes. im Presse-, Urheber- und Wettbewerbsrecht (Rn. 22, 24, 25) entfallen (Rn. 4); im Übrigen gelten die Erörterungen zur Sicherungsverfügung entsprechend (§ 935 Rn. 14).

3. Verfahren und Entscheidung. Zum Anordnungsverfahren, zu Gesuch (zur **Hemmung der Verjährung** 16 s. § 920 Rn. 4), Inhalt (Tenor), Mitteilung und Anfechtung der Entscheidung sowie zur Rechtskraft gelten die schon dargestellten Regeln (§ 935 Rn. 5–10). Die für **Vollziehung und Rechtsbefehle** anwendbaren Arrestvorschriften und die dabei zu beachtenden Besonderheiten sind bei den Erläuterungen zu § 936 (dort Rn. 3 ff.) vermerkt.

4. Typische Beispiele. a) Arbeitsrecht.[51] Einstweilige Verfügungen kommen sowohl im arbeitsgerichtli- 17 chen Urteils- (§§ 2, 46 ff. ArbGG) wie dem Beschlussverfahren (§§ 2a, 80 ff. ArbGG) vor (vgl. §§ 62 Abs. 2, 85 Abs. 2 ArbGG).

- Der **Arbeitgeber** kann von seinem Arbeitnehmer die gesetzlich (§§ 60, 61 HGB) oder vertraglich geschuldete Unterlassung von Konkurrenztätigkeiten und Auskunft dazu[52] verlangen, nicht aber Leistung geschuldeter Dienste, weil es hinsichtlich vertretbarer Tätigkeiten am Verfügungsgrund fehlt und bei unvertretbaren Leistungen § 888 Abs. 2 entgegensteht. Ob von einem anderen Arbeitgeber nach Abwerbung Unterlassung der Beschäftigung des Arbeitnehmers gefordert werden kann, ist streitig.[53]
- Der **Arbeitnehmer** kann verlangen: Urlaubsgewährung nur ausnahmsweise;[54] Herausgabe der Arbeitspapiere und Erteilung eines Arbeitszeugnisses, falls Bewerbungen oder Neueinstellungen wegen Fehlens dieser Unterlagen zu scheitern drohen; Lohnfortzahlung, soweit zur Existenzsicherung erforderlich, meist also unterhalb des geschuldeten Entgelts;[55] Weiterbeschäftigung nach § 112 Abs. 5 BetrVG; Beschäftigung nach Ablauf der Kündigungsfrist nur unter engen Voraussetzungen,[56] ebenso für Beschäftigung innerhalb der Kündigungsfrist[57] oder während eines Kündigungsschutzprozesses oder für Zuweisung bestimmter Tätigkeiten.[58]
- Auch betriebsverfassungsrechtliche **Beteiligungsrechte des Betriebsrates** können grundsätzlich durch einstweilige Verfügung gesichert werden.[59]
- Streitig ist, ob bei einem **Beförderungswettkampf** die vorläufige Nichtbesetzung der umstrittenen Stelle entsprechend den für den Konkurrentenstreit im Beamtenrecht geltenden Regeln angeordnet werden kann.[60]

b) Auskunft (sonst zu Willenserklärungen Rn. 26). Dazu kann der Antragsgegner nach allgM durch 18 einstweilige Verfügung grundsätzlich nicht angehalten werden, sofern nicht Sondervorschriften das gestatten (zB § 140b Abs. 3 PatG, § 111a Abs. 3 UrhG, § 19 Abs. 3 MarkenG).[61] Eine Ausnahme gilt weiter (zur Vollziehung in solchen Fällen § 936 Rn. 5–3. Spiegelstrich), wenn der Gläubiger aus existenziellen Gründen auf die Auskunft angewiesen, effektiver Rechtsschutz durch Auskunftsklage nicht gewährleistet und die Entscheidung für den Hauptsacheprozess nicht vorgreiflich ist; Beispiel: Der Antragsteller muss die Kunden des Antragsgegners kennen, dem er Waren unter verlängertem Eigentumsvorbehalt geliefert hat, um diese von der Vorausabtretung unterrichten zu können, weil gegen den Antragsgegner bereits Insolvenzantrag gestellt wurde.[62] Eine auf Auskunft lautende einstweilige Verfügung scheidet von vornherein aus, wenn die Auskunft nur der Vorbereitung des Hauptanspruches dient und deshalb ohne Nachteile im Wege der Stufenklage verfolgt werden kann.[63]

---

[47] AA OLG Rostock OLG-NL 1996, 283.
[48] OLG Frankfurt FamRZ 1987, 1164; *Zö/Vollkommer* Rn. 6; *R/G/Schilken* § 76 II 2c aa.
[49] OLG Bamberg NJW-RR 1995, 579; OLG Nürnberg NJW-RR 1995, 264; OLG Düsseldorf FamRZ 1994, 387; OLG Celle NJW-RR 1991, 137. AA (Inanspruchnahme von Sozialhilfe) OLG Hamm OLGR 2001, 70; OLG Koblenz FamRZ 1988, 189. Ausf. zum Problem *Thran* FamRZ 1993, 1395.
[50] KG NJW-RR 1998, 1381.
[51] Ausf. MK/*Drescher* § 935 Rn. 108 ff.; *Schuschke/Walker* vor § 935 Rn. 111 ff.
[52] LAG Nürnberg NZA-RR 1997, 188.
[53] Vgl. OLG Frankfurt/M NJW-RR 1994, 628.
[54] LAG Köln NZA 1991, 396.
[55] LAG Bremen NZA 1998, 902. Ausf. *Kessler* AuA 1996, 419.
[56] BAG NJW 1985, 2968; vgl. auch LAG Niedersachsen NZA 1995, 1176; ArbG Köln NZA-RR 1997, 186. Ausführl. zur Weiterbeschäftigung *Reidel* NZA 2000, 454.
[57] LAG Hamm NZA 1998, 902.
[58] LAG Köln NZA 1999, 1008.
[59] LAG Düsseldorf NZA 1991, 29; LAG Hamm BB 1995, 260 u. LAG BaWü NZA-RR 1997, 141 (Abbruch der Betriebsratswahl). Einschränkend LAG Köln NZA-RR 1999, 247 (bei „mit Sicherheit" vorliegendem Wahlmangel). Vgl. außerdem *Ehrich* BB 1993, 356; *Pahle* NZA 1990, 51.
[60] Bejahend zB LAG Hamm NZA 1994, 528. Verneinend zB LAG Berlin BB 1994, 1083.
[61] OLG Schleswig GRUR-RR 2001, 70.
[62] OLG Karlsruhe NJW 1984, 1905.
[63] Bedenklich deshalb LG Berlin NZG 2001, 375 (Auskunftsanspruch des Gesellschafters eines geschlossenen Immobilienfonds gegen Treuhänder).

19 c) **Geldleistungsverfügung.** Die Gewährung von **Unterhalt** für ein nichteheliches Kind und dessen Mutter durch einstweilige Verfügung ist gemäß § 1615 o BGB – zeitlich beschränkt – ausdrücklich zulässig; ab Erhebung der Vaterschaftsfeststellungsklage greift § 641 d ein (zum Vorrang einstweiliger Anordnungen auf Grund Sondervorschrift § 935 Rn. 3). Davon ausgehend lässt die Rechtsprechung weitere Unterhaltsverfügungen (wegen Konkurrenz zur Sozialhilfe Rn. 15) zu, grundsätzlich allerdings nur auf künftigen Notunterhalt;[64] ein auf zusätzlichen Unterhalt gerichtetes Verfügungsgesuch ist jedoch unzulässig, wenn die Hauptsache allein im Wege der Abänderungsklage geltend gemacht werden kann.[65] Der Verfügungsgrund (Rn. 14), der durch Leistungen Dritter entfallen kann (Rn. 15), bedarf stets sorgfältiger Prüfung; für Rückstände scheidet er aus, weshalb auch das Rechtsmittelgericht, das die vom Erstgericht abgelehnte einstweilige Verfügung erlassen möchte, Unterhalt nur für den noch nicht abgelaufenen erstinstanzlichen Antragszeitraum zusprechen darf.[66]

Für **Ehegatten- und Kindesunterhalt** ist seit der Neuregelung in § 644 eine einstweilige Verfügung nicht mehr zulässig (näher § 644 Rn. 1; § 620 Rn. 16 ff.), es sei denn, die Hauptsache kann aus besonderen Gründen nicht gleichzeitig anhängig gemacht werden, was in der Antragsschrift darzulegen ist;[67] eine Umdeutung des Antrages auf Erlass einer einstweiligen Verfügung in die Einleitung eines Unterhalts-Hauptsacheverfahrens verbunden mit einem Verlangen nach Erlass einer einstweiligen Anordnung gemäß § 644 kann nicht erfolgen.[68] Bei einer Gütergemeinschaft kann Notunterhalt regelmäßig nur in Form der Mitwirkung an der ordnungsgemäßen Verwaltung des Gesamtgutes (§ 1420 BGB) verlangt werden.[69]

Diese Grundsätze gelten auch für **Abschlagszahlungen** auf periodisch wiederkehrende Leistungen wie **Lohn** (Rn. 17) oder **Miete,** welche das einzige Einkommen des Vermieters darstellt, oder **Geldrente bzw. Kapitalabfindung** wegen Verletzung einer Person nach §§ 842, 843 BGB, außer der Geschädigte hat die Notlage durch nicht rechtzeitige klageweise Geltendmachung seiner Ansprüche schuldhaft (mit-)verursacht.[70] Gegenstand einer einstweiligen Verfügung können **Heilungskosten** zur Wiederherstellung der Gesundheit sein, sofern kein Anspruch gegen einen Versicherungsträger besteht, jedoch grundsätzlich **nicht Kurkosten**[71] oder **Schmerzensgeldansprüche.**[72]

20 d) **Handlungen.** Eine einstweilige Verfügung zur Vornahme einer vertretbaren Handlung wird idR am Verfügungsgrund scheitern (zur Rechtslage im Arbeitsrecht Rn. 17). Etwas anderes gilt, wenn der Antragsteller eine Ersatzvornahme (§ 887) nicht ohne Titel betreiben kann, weil der Antragsgegner mitwirken, zB das Betreten seiner Räume dulden muss.[73] Bei unvertretbaren Handlungen scheidet einstweiliger Rechtsschutz wegen der schwerwiegenden Eingriffe bei einer Vollstreckung (§ 888) grundsätzlich aus; Besonderheiten gelten für Auskunftsverlangen (Rn. 18) und presserechtliche Gegendarstellung (Rn. 22).

21 e) **Herausgabe/Besichtigung einer Sache.** Die Sicherung eines Herausgabeanspruchs erfolgt durch Sicherungsverfügung (§ 935 Rn. 8, 12). Eine Herausgabe zum Verbrauch darf nicht angeordnet werden, wohl aber eine solche zum Gebrauch durch Leistungsverfügung, hauptsächlich im Rahmen des Besitzschutzes[74] (§§ 858, 861 BGB; vgl. auch § 940 a). Möglich ist auch eine Anordnung zur Herausgabe von Arbeitsunterlagen[75] (Herausgabe von Arbeitspapieren Rn. 17) oder sonstigen Akten.[76] Der Anspruch auf Besichtigung einer Sache (§ 809 BGB) kann Gegenstand einer einstweiligen Verfügung sein, die allerdings nicht dem Antragsteller gestattet werden darf, weil das eine Befriedigung wäre, vielmehr ist damit ein Sachverständiger zu beauftragen, der die Besichtigungsergebnisse zunächst zu verwahren hat.[77]

22 f) **Presserecht.**[78] Gegenstand einer einstweiligen Verfügung kann der **vorbeugende Unterlassungsanspruch** gegen eine unerlaubte Handlung sein, zB die Verletzung der persönlichen Ehre (zur Wiederholungsgefahr Rn. 25). In solchen Fällen wird die Veröffentlichung zunächst verboten (§ 935 Rn. 12); der Antragsteller muss die Unwahrheit der angegriffenen Behauptung glaubhaft machen, die Beweislastverteilung des § 186 StGB gilt nicht entsprechend.[79]

Der Anspruch auf **Widerruf** nach Veröffentlichung ist nach überwiegender Meinung nicht im Wege des einstweiligen Rechtsschutzes durchsetzbar. Etwas anderes gilt für einen eingeschränkten Widerruf, also die Erklärung, beanstandete Tatsachenbehauptungen bis zur Entscheidung in der Hauptsache nicht aufrechtzuerhalten;[80] dazu verpflichtet sich der Antragsgegner in der Praxis häufig vergleichsweise.

---

64 OLG Karlsruhe NJWE-FER 1997, 29; NJW 1995, 1908; OLG Köln FamRZ 1995, 824.
65 OLG Celle FamRZ 1997, 182.
66 OLG Celle NJW-RR 1996, 257.
67 OLG Nürnberg NJW 1998, 3787; OLG Köln NJWE-FER 1999, 304.
68 OLG Köln NJW-RR 1999, 795.
69 OLG München NJW-RR 1996, 903.
70 OLG Frankfurt/M. NJW 2007, 851.
71 OLG Köln NJW-RR 1995, 546.
72 Ausf. *Spickhoff* VersR 1994, 1155.
73 *R/G/Schilken* § 76 II 2 e cc.
74 OLG Hamm NJW-RR 1991, 1526; OLG Saarbrücken NJW-RR 2003, 1717 (Herausgabe eines PKW nach Besitzentziehung). Ausführl. zu possessorischen Besitzschutzansprüchen und petitorischen Einwendungen im einstweiligen Rechtschutz *Lehmann-Richter* NJW 2003, 1717.
75 OLG Köln NJW-RR 1998, 1097 (Bauunterlagen); OLG Frankfurt BauR 1980, 193.
76 OLG Köln NJW-RR 1997, 57 („Lebenslaufakte" eines Luftfahrzeuges).
77 KG NJW 2001, 233.
78 Ausführlich *Schuschke/Walker* vor § 935 Rn. 103 ff.; vgl. auch *Soering* NJW 1994, 16 ff.
79 OLG München NJW-RR 1996, 926; OLG Hamburg NJW 1996, 37.
80 *Schuschke/Walker* vor § 935 Rn. 23, 109. AA *Teplitzky* JuS 1980, 885.

Eine presserechtliche **Gegendarstellung**[81] wird durch Leistungsverfügung gemäß den Vorschriften der Landespressegesetze angeordnet (zu Besonderheiten wegen der Hauptsacheklage vgl. § 936 Rn. 3); der Tenor enthält im Hauptsacheausspruch den Text der Gegendarstellung, die in Überschrift und Schriftgröße nicht unangemessen sein darf, sowie die Einzelheiten des verlangten Abdrucks hinsichtlich Zeitpunkt, Aufnahme in das Inhaltsverzeichnis und gegebenenfalls Ort der Veröffentlichung nach Seitenzahl oder Rubrik.[82] Das Gericht (Zuständigkeit vgl. § 23 GVG Rn. 3, 4) darf den Text wegen des höchstpersönlichen Charakters jedenfalls nicht wesentlich ändern.[83] Bei einem aus mehreren voneinander trennbaren Teilen bestehenden Gegendarstellungsverlangen ist es nicht von vornherein ausgeschlossen, dass das Gericht dem Begehren nur teilweise stattgibt.[84] Der Abdruck muss rechtzeitig verlangt werden, idR binnen weniger Wochen bis zu einem Vierteljahr nach Veröffentlichung, sofern der Meldung noch Aktualität zukommt;[85] andernfalls entfällt der Verfügungsgrund infolge Selbstwiderlegung (Rn. 4, 15).

g) **Rückerstattung von Vermögen in den neuen Bundesländern;** s. dazu Vorauflage. 23

h) **Urheberrecht.**[86] Wegen der schwierigen Fragen in tatsächlicher und rechtlicher Hinsicht gewährt die 24
Praxis einstweiligen Rechtsschutz nur sehr zurückhaltend.[87]

- Eine **Verbotsverfügung** kommt – nach vorheriger erfolgloser Abmahnung (Rn. 6) – idR nur in Betracht, wenn keine gewichtigen Zweifel an der Urheberrechtsverletzung bestehen;[88] der Antragsteller hat in seinem Gesuch außerdem die Schutzfähigkeit des Werkes, seine Urheber- oder Rechtsinhaberschaft, das Fehlen einer etwaigen Nutzungsberechtigung des Antragsgegners nach §§ 44a ff. UrhG und die mangelnde Abwendungsbefugnis gemäß § 101 UrhG glaubhaft zu machen[89] (zur Wiederholungsgefahr gilt insoweit Rn. 25 entsprechend). Einstweilige Verfügungen, die auf ein Softwarevertriebsverbot hinauslaufen, werden nur in einfach gelagerten Fällen erlassen.[90]
- Einstweilige Verfügungen auf Einräumung einer **Zwangslizenz** (§ 42a UrhG) können auch ohne glaubhaft gemachten Verfügungsgrund erlassen werden (§ 42a Abs. 6 S. 2 UrhG); jedoch empfiehlt sich regelmäßig die Anordnung einer Sicherheitsleistung (§ 921; vgl. § 936 Rn. 2) zur Absicherung der Vergütungsansprüche des Urhebers.[91]
- Auf urheberrechtliche **Unterlassungsansprüche** (§ 97 Abs. 1 S. 1 UrhG) ist § 12 Abs. 2 UWG nicht entsprechend anwendbar;[92] auch hier kann ein Verfügungsgrund infolge Selbstwiderlegung (Rn. 4, 15) entfallen.

i) **Wettbewerbsrecht.**[93] In diesem Bereich sind Gerichte – Sondervorschrift zur Zuständigkeit: § 14 25
UWG – sehr häufig mit einstweiligen Rechtsschutzverfahren befasst, deren Ergebnis von den Parteien oft als endgültig hingenommen wird. Durch **Abschlussschreiben** wird dann auf Rechtsbefehle verzichtet (§ 936 Rn. 3); denn nur eine schnelle Regelung bringt Rechtsklarheit für das künftige Verhalten im kaufmännischen Geschäftsverkehr. Vor Einreichung eines Verfügungsgesuches muss eine **Abmahnung** (Verwarnung; Rn. 6)[94] zur Begrenzung des Kostenrisikos erfolgen; nach allgM gibt nämlich der Schuldner einer Unterlassungserklärung nur Anlass zur Klageerhebung iSd. § 93, wenn er erfolglos abgemahnt wurde. Unterwirft er sich nicht, so sollte er eine **Schutzschrift** einreichen (§ 937 Rn. 7). Eine Abmahnung gehört jedoch nicht zu den materiell-rechtlichen Voraussetzungen des Verfügungsanspruchs (zB nach § 3 UWG); fehlt sie, so wird idR das Rechtsschutzbedürfnis für das einstweilige Verfügungsgesuch zu verneinen sein.

Die **Wiederholungsgefahr** für ein wettbewerbswidriges Verhalten – aus dem der Antragsteller den Verfügungsanspruch (Rn. 3) herleitet – wird nach einem bereits erfolgten Verstoß vermutet;[95] sie ist ausgeschlossen bei einer durch Vertragsstrafeversprechen ausreichend gesicherten Unterlassungserklärung.[96] Die **Begehungsgefahr** für einen erst bevorstehenden Eingriff muss der Antragsteller glaubhaft machen.

Zum Verfügungsgrund greift § 12 Abs. 2 UWG als Sondervorschrift ein, die eine **Dringlichkeitsvermutung** enthält und auf sämtliche Unterlassungsansprüche des Wettbewerbsrechts anwendbar ist (vgl. auch Rn. 6, 10, 24); sie entfällt infolge Selbstwiderlegung bei Zuwarten über vier Wochen hinaus[97] in Kenntnis aller Umstände (Rn. 4), was der Antragsgegner glaubhaft zu machen hat. Bei einem rechtsmissbräuchlichen **„forum shopping"** (Zurücknahme des Antrags bei demjenigen Gericht, das mündliche Verhandlung anberaumt hat, und neuen Antrag bei einem anderen Gericht) fehlt es an der Dringlichkeit, weil der Antragsteller durch dieses Verfahren zeigt, dass ihm an einer zeitnahen Klärung der Berechtigung seiner Ansprüche

---

[81] Ausf. *Seitz/Schmidt/Schoener,* Der Gegendarstellungsanspruch in Presse, Film, Funk und Fernsehen, 3. Aufl. 1998.
[82] Vgl. *Tempel* Bd II Muster 169.
[83] OLG Hamburg NJW-RR 1995, 1053; OLG München NJW-RR 1989, 350.
[84] OLG Brandenburg NJW-RR 2000, 326.
[85] OLG Brandenburg NJW 1996, 666.
[86] Ausf. zum vorläufigen Rechtsschutz im Urheberrecht *Gutsche,* Festschr. f. Nordemann, 1999, S. 75.
[87] Ausf. *Bork* NJW 1997, 1665, 1668, 1671 (auch zur Vollziehung).
[88] KG BB 1994, 1596.
[89] Näher *Gutsche* aaO S. 75, 85 ff.
[90] OLG Celle CR 1994, 748.
[91] *Schuschke/Walker* vor § 935 Rn. 98a.
[92] KG NJW 2003, 1126; 1997, 330 m. Anm. *Berger* NJW 1997, 300; *Gutsche* aaO S. 75, 81 f. m. weit. Nachw.
[93] Ausf. MK/*Drescher* § 935 Rn. 95 ff.; *Ahrens,* Der Wettbewerbsprozess, 5. Aufl. 2005, Kap. 43 ff.; *Schuschke/Walker* vor § 935 Rn. 75 ff.; *Berneke,* Die einstweilige Verfügung in Wettbewerbssachen, 1995; *Holzapfel* GRUR 2003, 287.
[94] Ausf. *Schmukle* in: *Schuschke/Walker* § 935 Anh. A.
[95] BGH NJW 1986, 2503, 2505 (zu einem presserechtlichen Unterlassungsanspruch).
[96] BGH NJW 1990, 3147 f.
[97] OLG München OLGR 2002, 223; OLG Nürnberg OLGR 2002, 153.

nicht wirklich gelegen ist;[98] wird das vom Gericht erkannt und gibt es einen entsprechenden Hinweis, ist der Gegner davon zu unterrichten.[99] Anders ist ein Antragsteller bei „fliegendem Gerichtsstand" von vornherein das Gericht anruft, bei dem er sich wegen dessen bekannten oder veröffentlichten Rechtsprechung die größten Erfolgsaussichten verspricht. Ist die Dringlichkeitsvermutung widerlegt, muss der Antragsteller den Verfügungsgrund (Rn. 4) glaubhaft machen (§§ 936, 920 Abs. 2). Stets ist davon die Dringlichkeit des § 937 Abs. 2 zu unterscheiden (§ 937 Rn. 4). Ist Antragsteller ein **Wettbewerbsverein** iSd § 8 Abs. 3 Nr. 2 UWG (für qualifizierte Einrichtungen gilt § 8 Abs. 3 Nr. 3 UWG), so muss das Gesuch ausreichende Angaben zur Mitgliederstruktur enthalten.[100]

26 j) **Willenserklärungen** (zur Auskunft Rn. 18). Eine auf Abgabe einer Willenserklärung gerichtete einstweilige Verfügung ist – abgesehen von den gesetzlich geregelten Fällen der §§ 885, 899 BGB (§ 935 Rn. 13, § 938 Rn. 8) – wegen der Vorwegnahme der Hauptsache nicht möglich; schon deshalb kann zB die Zustimmung zur Übertragung einer **Internet-Domain** nicht auf diese Weise verfolgt werden.[101] Eine einstweilige Verfügung kommt nur in Betracht, wenn die erstrebte Willenserklärung selbst nur einen vorläufigen und sichernden Zustand herbeiführt (zum Gesellschaftsrecht Rn. 9). Im Übrigen stehen auch die den §§ 894, 895 zu Grunde liegenden Wertungen entgegen, und zwar nicht nur einer Beschlussverfügung, die ohnehin nicht formell rechtskräftig werden kann (§ 922 Rn. 11), sondern grundsätzlich auch einer durch Urteil zu erlassenden einstweiligen Verfügung.[102]

940a *Räumung von Wohnraum* Die Räumung von Wohnraum darf durch einstweilige Verfügung nur wegen verbotener Eigenmacht oder bei einer konkreten Gefahr für Leib oder Leben angeordnet werden.

I. Anwendungsbereich

1 Die Vorschrift, die durch das Gewaltschutzgesetz (§ 935 Rn. 15 ff.) ergänzt wurde (Rn. 3), regelt die Voraussetzungen für einstweiligen Rechtsschutz zwecks Räumung von Wohnraum. Sie gilt nur für einstweilige Verfügungen, **nicht** also für einstweilige Anordnungen des Familiengerichts hinsichtlich Ehewohnung und Hausrat (§§ 620 Nr. 7, 621 Abs. 1 Nr. 7; §§ 18a, 13 HausratsVO) und **nicht** bezüglich der Überlassung einer gemeinsamen genutzten Wohnung zum Schutz vor Gewalt und Nachstellungen im sozialen Nahbereich (§ 2 GewSchG, § 14 LebenspartnerschaftsG; § 935 Rn. 16), wohl aber außerhalb (Rn. 3).

II. Voraussetzungen

2 Die **1. Alt.** des § 940a lässt in ihrem Anwendungsbereich (Rn. 1) eine einstweilige Verfügung auf Räumung von Wohnraum **wegen verbotener Eigenmacht** zu; in allen anderen Fällen bedarf der Gläubiger eines mindestens vorläufig vollstreckbaren Räumungsurteils. Der Verfügungsgrund folgt aus der verbotenen Eigenmacht (§ 858 BGB), durch die sich der Antragsgegner den Besitz verschafft hat.[1] Diese ist ein „anderer Grund" iSd. § 940; einstweiliger Rechtsschutz muss also nicht zusätzlich „zur Abwendung wesentlicher Nachteile oder zur Verhinderung drohender Gewalt nötig" erscheinen.[2]

Zur Abgrenzung zwischen **Wohn- und Gewerberaummiete** bei Mischmietverhältnissen ist die von den Parteien bei Vertragsschluss getroffene Zweckbestimmung maßgeblich, nicht die tatsächliche Nutzung der Räume, solange die Parteien den Nutzungszweck nicht einvernehmlich ändern;[3] handelt es sich danach um Gewerberaum, ist der Erlass einer einstweiligen Verfügung nicht durch § 940a eingeschränkt. Der **Begriff des Wohnraums** ist nicht auf Mietwohnungen beschränkt, sondern weit zu fassen (§ 721 Rn. 2).

Die Vorschrift gilt entsprechend, wenn das **Wiederbetreten von Wohnraum** verboten werden soll,[4] zB nach Scheitern einer nichtehelichen Lebensgemeinschaft,[5] Lebenspartnerschaft. Sie gilt **nicht** bei einem Streit unter Mitbesitzern über die Nutzungsbefugnisse innerhalb der Wohnung (§ 866 BGB) und auch nicht bei anderen (als Wohn-) Räumen; in diesen Fällen kann nach §§ 935, 940 vorgegangen werden.

3 Die **2. Alt.** gestattet in ihrem Anwendungsbereich (Rn. 1) darüber hinaus eine einstweilige Verfügung auf Räumung von Wohnraum **bei einer konkreten Gefahr für Leib oder Leben.** Mit dieser Rechtsänderung durch das GewSchG (Rn. 1) hat der Gesetzgeber die schon bisher hM bestätigt, die eine solche Anordnung in verfassungskonformer Auslegung der früheren Bestimmung erlaubte. Erfasst werden Sachverhalte außerhalb des sozialen Nahbereichs (Rn. 1), zB wenn der Mieter/Untermieter von Wohnraum den Vermieter bedroht, auch Fälle von Stalking (§ 935 Rn. 16). Diese Grundsätze gelten entsprechend für das Betreten/Wiederbetreten von Wohnraum bei damit verbundener konkreten Gefahr für Leib oder Leben; ist schon

---

98 OLG Hamburg NJW-RR 2007, 763.
99 *Teplitzky* GRUR 2008, 34, 38.
100 OLG Hamburg NJWE-WettbR 1996, 113 = WRP 1996, 218.
101 Vgl. auch LG München I MMR 2001, 61.
102 Vgl. die ausführliche und umfassende Untersuchung von *Grau,* Die Bedeutung der §§ 894, 895 ZPO für die Vollstreckung von Willenserklärungen, Diss. Bonn 2001, S. 178 ff., 197–228.
1 MK/*Drescher* Rn. 2; *Zö/Vollkommer* Rn. 2; *Schuschke/Walker* Rn. 6.
2 So aber LG Frankfurt NJW 1980, 1758 m. abl. Anm. *Wolf; B/L/H* Rn. 4; *Zi* Rn. 1.
3 LG Karlsruhe ZMR 2005, 869.
4 LG Mannheim WM 1986, 351.
5 Str.; zum Problem *Helle* NJW 1991, 212. AA (§ 620 S. 1 Nr. 7 analog) LG München I NJW-RR 1991, 834. Ausf. zum vorläufigen Rechtsschutz unter Lebensgefährten *Schuschke* NZM 1999, 481.

eine Verletzungshandlung vorausgegangen, kommt eine einstweilige Verfügung gemäß § 1 GewSchG in Betracht (§ 935 Rn. 15ff.).

3. Die **Räumungsverfügung** muss den Wohnraum und den Antragsgegner genau bezeichnen. Letzteres ist bei Hausbesetzungen meist nicht möglich. Der Antragsteller darf bei solchen Sachverhalten gleichwohl nicht rechtlos gestellt sein, zumal öffentlich-rechtliche Zwangsmaßnahmen[6] oft nicht erreichbar sind. Die einstweilige Verfügung kann dann zwar nicht „gegen Unbekannt"[7] gerichtet werden, wohl aber „gegen die bei Vollziehung angetroffenen Personen", deren Identität dann feststellbar ist.[8] Die **Räumung** erfolgt gemäß § 885; eine Räumungsfrist (§ 721) wird nicht gewährt.[9] 4

941 *Ersuchen um Eintragungen im Grundbuch usw* **Hat auf Grund der einstweiligen Verfügung eine Eintragung in das Grundbuch, das Schiffsregister oder das Schiffsbauregister zu erfolgen, so ist das Gericht befugt, das Grundbuchamt oder die Registerbehörde um die Eintragung zu ersuchen.**

Die Vorschrift gilt für Grundbuch und Schiffsregister oder Schiffsbauregister sowie entsprechend für Register für Pfandrecht an Luftfahrzeugen (§ 99 Abs. 1 LuftfzRG). Ist die Eintragung einer **Vormerkung,** eines **Widerspruchs** oder eines **Veräußerungs/-Verfügungsverbotes** (§ 938 Rn. 8) oder die Eintragung einer **Löschung** Gegenstand der einstweiligen Verfügung, so kann ein entsprechendes **richterliches** Ersuchen von Amts wegen an Grundbuchamt oder Registerbehörde gerichtet werden.[1] Zuständig ist der Vorsitzende, weil es sich lediglich um eine verfahrensbegleitende Maßnahme handelt; verschiedentlich wird das Ersuchen jedoch auch in den Tenor aufgenommen, was unschädlich ist. Enthält, wie in der Praxis üblich, das Gesuch die Bitte, nach § 941 zu verfahren, will das Gericht dem aber nicht nachkommen, so muss der Antragsteller bei Übergabe der einstweiligen Verfügung davon unterrichtet werden. Das gerichtliche Ersuchen wahrt die **Vollziehungsfrist** (§§ 929 Abs. 2, 932 Abs. 3, 936); die einstweilige Verfügung muss innerhalb der Frist des § 929 Abs. 3 S. 2, die nach der hier vertretenen (in § 929 Rn. 10 näher begründeten) Auffassung – entgegen hM – nicht mit Eingang des Ersuchens (§ 929 Rn. 6), sondern mit der Registereintragung beginnt, zugestellt werden. Der Prüfungsumfang des Grundbuchamtes entspricht dem bei der Arresthypothek (§ 932 Rn. 3). Nach Eröffnung des **Insolvenzverfahrens** über das Vermögen des Schuldners verlieren wegen § 88 InsO die im letzten Monat vor dem Eröffnungsantrag eingetragenen Rechte, insbes. eine Vormerkung ihre Wirksamkeit;[2] hierzu (auch zur Rechtslage im Gesamtvollstreckungs-/Konkursverfahren und nach Einzelgläubigeranfechtung) gelten die Erörterungen in § 930 Rn. 4 und § 932 Rn. 4, 7 entsprechend. 1

Lehnt das Grundbuchamt eine Eintragung ab, so steht nach allgM nicht nur dem Antragsteller, sondern auch dem Gericht des einstweiligen Verfügungsverfahrens **Beschwerde** zu (§ 71 GBO, § 11 Abs. 1 RpflG). Letzteres erscheint als Denkansatz allenfalls vertretbar, wenn im Gesuch ausdrücklich um ein gerichtliches Vorgehen nach § 941 gebeten worden war; dann könnte man den Richter als gesetzlichen Vertreter des Antragstellers ansehen. Jedoch fehlt es an der Notwendigkeit einer „gerichtlichen Beschwerde", weil keine Frist zu wahren ist und der Antragsteller selbst eigenverantwortlich zu entscheiden hat, ob das Eintragungsersuchen aufrechterhalten bleibt. Für Rechtsbefehle des Schuldners gelten die Erörterungen bei der Arresthypothek entsprechend (§ 932 Rn. 5). 2

Rechtsanwaltsgebühren. Die Anregung, nach § 941 zu verfahren, löst keine Gebühr aus.[3] Die Vollziehungsgebühr fällt aber an, wenn der **Rechtsanwalt** den Eintragungsantrag unmittelbar beim Grundbuchamt oder Registergericht stellt.[4] Der Antrag auf Grundbuchberichtigung nach Aufhebung der Verfügung wird über Nr. 2400 VV RVG vergütet. 3

Gerichtskosten. Für die Eintragung ins Grundbuch wird eine volle Gebühr nach §§ 62 Abs. 1, 32 KostO erhoben; die Eintragung ist nicht gebührenfrei, obwohl sie auf gerichtliches Ersuchen erfolgt (§ 69 Abs. 2 Halbs. 2 KostO). Bei Eintragungen ins Schiffs- oder Schiffsbauregister gelten §§ 84 Abs. 3, 85 KostO. 4

942 *Zuständigkeit des Amtsgerichts der belegenen Sache* **(1) In dringenden Fällen kann das Amtsgericht, in dessen Bezirk sich der Streitgegenstand befindet, eine einstweilige Verfügung erlassen unter Bestimmung einer Frist, innerhalb der die Ladung des Gegners zur mündlichen Verhandlung über die Rechtmäßigkeit der einstweiligen Verfügung bei dem Gericht der Hauptsache zu beantragen ist.**

(2) [1]**Die einstweilige Verfügung, auf Grund deren eine Vormerkung oder ein Widerspruch gegen die Richtigkeit des Grundbuchs, des Schiffsregisters oder des Schiffsbauregisters eingetragen werden soll, kann von dem Amtsgericht erlassen werden, in dessen Bezirk das Grundstück belegen ist oder der Heimathafen oder der Heimatort des Schiffes oder der Bauort des Schiffsbauwerks sich befindet,**

---

6 Darauf will den Gläubiger jedoch *Schuschke* § 885 Rn. 6 verweisen.
7 So *Schuschke/Walker* § 920 Rn. 13 (anders in § 940a Rn. 7).
8 Ähnlich LG Krefeld NJW 1982, 289; vgl. auch *Lisken* NJW 1982, 1136.
9 LG Hamburg WM 1994, 707.
1 Ausf. zur Grundbucheintragung auf Ersuchen des Prozessgerichts *Demharter* Rpfleger 1998, 133.
2 BGH NJW 1999, 3122f.
3 AnwR-RVG/*Wolf* VV 3309–3310 Rn. 40.
4 OLG Hamm, Rpfleger 2002, 541.

auch wenn der Fall nicht für dringlich erachtet wird; liegt der Heimathafen des Schiffes nicht im Inland, so kann die einstweilige Verfügung vom Amtsgericht in Hamburg erlassen werden. 2Die Bestimmung der im Absatz 1 bezeichneten Frist hat nur auf Antrag des Gegners zu erfolgen.

(3) Nach fruchtlosem Ablauf der Frist hat das Amtsgericht auf Antrag die erlassene Verfügung aufzuheben.

(4) Die in diesem Paragraphen erwähnten Entscheidungen des Amtsgerichts ergehen durch Beschluss.

I. Normzweck

1 Die Vorschrift begründet unter engen Voraussetzungen eine Zuständigkeit des Amtsgerichts der belegenen Sache, das nicht – wie beim Arrest (§ 919) – wahlweise neben dem Hauptsachegericht, sondern nur ausnahmsweise angerufen werden kann (§ 937 Rn. 1), sofern nicht Sondervorschriften eingreifen (§ 24 UWG, § 23 BauFdgG). **Abs. 1** betrifft dringende Fälle, **Abs. 2** die auf Eintragung einer Vormerkung oder eines Widerspruchs lautenden Gesuche. Als Folge dieser „Notzuständigkeit" ergeben sich weitere Beschränkungen. Zur Entscheidung über einen Widerspruch (§§ 924, 925) ist ausschließlich das Gericht der Hauptsache zuständig, ebenso bei den Rechtsbehelfen nach §§ 926, 927. Der Amtsrichter kann die einstweilige Verfügung nur gemäß **Abs. 3** aufheben, wenn die durch ihn von Amts wegen (Abs. 1) oder auf Antrag (Abs. 2 S. 2) gesetzte Frist zur Einleitung des Rechtfertigungsverfahrens vor dem Hauptsachegericht fruchtlos verstrichen ist. Nach **Abs. 4** entscheidet das Amtsgericht der belegenen Sache durch Beschluss, also bei freigestellter mündlicher Verhandlung (Rn. 5).

II. Zuständigkeit des Amtsgerichts und Verfahren

2 **1. Dringende Fälle (Abs. 1).** Die Vorschrift meint etwas anderes als die Dringlichkeit des Verfügungsgrundes (§ 935 Rn. 4) oder die dringenden Fälle bei § 937 Abs. 2 (dort Rn. 4). Ein dringender Fall nach § 942 Abs. 1 setzt voraus, dass die Anrufung des Hauptsachegerichtes an Stelle des Amtsgerichts der belegenen Sache nur mit erheblichen Verzögerungen erfolgen könnte und aus diesem Grund der Zweck des einstweiligen Rechtsschutzes gefährdet wäre. Das wird wegen der modernen Kommunikationsmittel (Einreichung des Gesuches durch Fax; auf elektronischem Weg, § 130 a) nur selten in Betracht kommen. Für die – nach § 802 ausschließliche – örtliche Zuständigkeit ist maßgeblich, wo sich der Streitgegenstand befindet. Bei einer Sache oder einer Forderung gelten die Erörterungen zum Arrest entsprechend (§ 919 Rn. 4); wegen Handlungen oder Unterlassungen kommt es darauf an, wo sie vorgenommen werden sollen.

3 **2. Vormerkung oder Widerspruch (Abs. 2).** Diese Vorschrift erfordert ausweislich ihres Wortlauts keinen dringenden Fall. Örtlich – ausschließlich (§ 802) – zuständig ist das Amtsgericht, in dessen Bezirk das Grundstück belegen ist. Bei einem Schiff oder Schiffsbauwerk kommt es darauf an, wo sich der Heimathafen oder Heimatort des Schiffes (§ 480 HGB, § 6 BinnSchG) oder der Bauort des Schiffsbauwerkes befindet; liegt der Heimathafen im Ausland, so kann die einstweilige Verfügung vom Amtsgericht in Hamburg erlassen werden. Bei Luftfahrzeugen ist das Amtsgericht Braunschweig (am Sitz des Luftfahrt-Bundesamtes) zuständig (§ 99 Abs. 3 LuftfzRG).

4 **3. Verfahren.** Das **Gesuch,** mit dem der Erlass jeder Art von einstweiliger Verfügung (§ 935 Rn. 2) erstrebt werden kann, muss den schon erörterten Anforderungen entsprechen (§ 935 Rn. 5); zur **Hemmung der Verjährung** s. § 920 Rn. 4. Neben Verfügungsantrag und Verfügungsgrund ist, soweit der Antragsteller nach § 942 Abs. 1 vorgeht, ein „dringender Fall" (Rn. 2) glaubhaft zu machen; wird die Anordnung zur Eintragung einer Vormerkung oder eines Widerspruchs erstrebt (Rn. 3), so bedarf es der Glaubhaftmachung des Verfügungsgrundes nicht (§§ 885 Abs. 1, 899 Abs. 2 BGB; näher § 935 Rn. 13). Für den **Prüfungsumfang des Gerichts** gelten die allgemeinen Regeln (§ 922 Rn. 1, 2).

5 Eine **mündliche Verhandlung** ist gem. § 128 Abs. 4 freigestellt. Bejaht allerdings der nach § 942 Abs. 1 angerufene Amtsrichter einen dringenden Fall, so ergibt sich daraus in aller Regel zugleich die besondere Eilbedürftigkeit, die einen Verzicht auf eine mündliche Verhandlung gebietet. Wird ein dringender Fall verneint, so sollte das dem Antragsteller unverzüglich telefonisch oder durch Fax mitgeteilt werden. Er kann dann, um weitere Verzögerungen zu vermeiden, das Gesuch zurücknehmen und das Hauptsachegericht anrufen; geschieht das nicht, erfolgt Zurückweisung entsprechend § 937 Abs. 2 ohne mündliche Verhandlung. In den Fällen des § 942 Abs. 2 gelten wegen einer (Güteverhandlung und) mündlichen Verhandlung die allgemeinen Regeln (§ 937 Rn. 4 ff.).

6 **4. Entscheidung.** Sie ergeht nach § 942 Abs. 4 stets durch **Beschluss,** selbst wenn mündlich verhandelt wurde;[1] der Erlass eines Versäumnisurteils scheidet folglich aus. Der **Inhalt** (Tenor) richtet sich nach allgemeinen Regeln (§ 935 Rn. 7 ff.), jedoch mit folgenden Besonderheiten: Im Fall des § 942 Abs. 1 muss das Gericht (nicht der Rechtspfleger) von Amts wegen im Tenor – zweckmäßigerweise nach der Kostenentscheidung – eine Frist setzen, innerhalb der die Ladung des Gegners zur mündlichen Verhandlung über die Rechtmäßigkeit der einstweiligen Verfügung bei dem Gericht der Hauptsache zu beantragen ist (Rn. 8). Angemessen wird idR eine Zeitspanne von einer Woche, höchstens zwei Wochen sein, die mit Zustellung (§ 329 Abs. 2) des Beschlusses an den Antragsteller beginnt; eine Verlängerung ist zwar gemäß § 224 Abs. 2 möglich, ein Grund dafür aber kaum vorstellbar. Unterbleibt die Fristsetzung versehentlich, so muss sie gemäß § 321 nachgeholt werden; die Wirksamkeit der einstweiligen Verfügung wird dadurch

[1] So schon RGZ 147, 129, 132.

nicht berührt.[2] Wurde die Eintragung einer Vormerkung oder eines Widerspruchs angeordnet, so erfolgt eine Fristsetzung zur Einleitung des Rechtfertigungsverfahrens jedoch nur auf Antrag, § 942 Abs. 2 S. 2; zuständig ist stets das Amtsgericht,[3] weil es auch über den Aufhebungsantrag nach Abs. 3 zu entscheiden hat. Für ein richterliches Eintragungsgesuch gilt § 941. **Mitteilung und Vollziehung** der einstweiligen Verfügung erfolgen wie bei Erlass durch das Hauptsachegericht (§ 935 Rn. 15).

5. Rechtsbehelfe. Bei Zurückweisung des Gesuches gemäß § 567 Abs. 1 Nr. 2 findet sofortige Beschwerde statt (§ 922 Rn. 10). Gegen die einstweilige Verfügung steht dem Antragsgegner Widerspruch (§ 924) zu, über den jedoch stets das Hauptsachegericht (§ 943) zu entscheiden hat (Rn. 1), an das auf Antrag (auch des Antragsgegners) gemäß § 281 verwiesen wird.[4] Nach aA soll auch der Gegner befugt sein, das Rechtfertigungsverfahren (Rn. 8) zu beantragen und ein Widerspruch als entsprechender Antrag ausgelegt werden,[5] was im Ergebnis keinen Unterschied macht. Jedenfalls kann dem Antragsgegner nicht zugemutet werden, die Einhaltung der nach § 942 Abs. 1, Abs. 2 S. 2 gesetzten Frist abwarten zu müssen, um dann nach § 943 Abs. 3 vorzugehen; eine solche Beschränkung seiner Rechte findet im Gesetz keine Stütze, weil das Rechtfertigungsverfahren nur Folge der Notzuständigkeit des Amtsgerichtes der belegenen Sache ist (Rn. 1). Der Antragsgegner kann sich auch der Rechtsbefehle nach §§ 926, 927 bedienen; zur Entscheidung darüber ist ebenfalls das Gericht der Hauptsache zuständig (Rn. 1). 7

III. Rechtfertigungsverfahren

Das Gericht der Hauptsache verhandelt und entscheidet im Rechtfertigungsverfahren wie auf Widerspruch hin (vgl. die Erläuterungen zu §§ 924, 925). Es prüft also die Rechtmäßigkeit der einstweiligen Verfügung bei Schluss der mündlichen Verhandlung. Daher hat keine Bedeutung mehr, ob bei Erlass ein dringender Fall iSd. § 942 Abs. 1 gegeben war; hatte der Amtsrichter das fälschlich bejaht, so darf seine Entscheidung allein deshalb nicht aufgehoben werden. Entsprechendes gilt für die zu Unrecht angenommene örtliche Zuständigkeit, sofern nur jetzt das angerufene Hauptsachegericht zuständig ist. 8

IV. Aufhebung nach Fristsetzung (Absatz 3)

Wird das Rechtfertigungsverfahren nicht fristgerecht eingeleitet (Rn. 6, 8), so hat das Amtsgericht die erlassene Verfügung auf Verlangen des Antragsgegners, also nicht etwa von Amts wegen aufzuheben; der Antrag gemäß § 942 Abs. 1 (Ladung des Gegners vor das Hauptsachegericht) kann nach allgM aber bis zum Erlass der Entscheidung nachgeholt werden (§ 231 Abs. 2). Eine mündliche Verhandlung ist auch hier freigestellt (Rn. 5). Die **Entscheidung** ergeht, selbst wenn mündlich verhandelt wurde, durch Beschluss (Rn. 6). Ist der Aufhebungsantrag begründet, so werden die einstweilige Verfügung aufgehoben und das Gesuch zurückgewiesen; der Antragsteller (Gläubiger) hat die Kosten nicht nur des Aufhebungs-, sondern die des gesamten Verfahrens nach § 91 zu tragen. Hat der Antrag keinen Erfolg, so wird er zurückgewiesen; die Kostenentscheidung zum Nachteil des Antragsgegners (Schuldner) betrifft dann nur die des Aufhebungsverfahrens. Wegen der **Rechtsbehelfe** gilt: Die Zurückweisung des Aufhebungsantrages kann mit sofortiger (§ 567 Abs. 1 Nr. 2), der Aufhebungsbeschluss entsprechend § 934 Abs. 4 ebenfalls mit sofortiger Beschwerde angefochten werden. Gegen die Entscheidung des LG als Beschwerdegericht gibt es keine Rechtsbeschwerde (§ 922 Rn. 10b). 9

V. Gerichtskosten

Das Verfahren vor dem Amtsgericht und dem Gericht der Hauptsache gilt als ein (einziger) Rechtsstreit (KV Vorbemerkung 1.4.1). Für das Beschwerdeverfahren gegen den Beschluss nach Abs. 3 ist KV Nr. 1811 einschlägig. Vgl. im Übrigen § 916 Rn. 17, 18. 10

943 *Gericht der Hauptsache* **(1) Als Gericht der Hauptsache im Sinne der Vorschriften dieses Abschnitts ist das Gericht des ersten Rechtszuges und, wenn die Hauptsache in der Berufungsinstanz anhängig ist, das Berufungsgericht anzusehen.**

(2) Das Gericht der Hauptsache ist für die nach § 109 zu treffenden Anordnungen ausschließlich zuständig, wenn die Hauptsache anhängig ist oder anhängig gewesen ist.

I. Normzweck

Die Vorschrift bestimmt in **Abs. 1** für Arrest und einstweilige Verfügung, was als Gericht der Hauptsache (im Sinn der §§ 919, 927 Abs. 2, 937 Abs. 1, 942 Abs. 1) anzusehen ist. **Abs. 2** begründet darüber hinaus unter bestimmten Voraussetzungen die Zuständigkeit des Hauptsachegerichtes für die Anordnung der Rückgabe einer Sicherheit. 1

---

[2] OLG München MDR 1960, 681.

[3] AA OLG Schleswig NJW-RR 1997, 829 (streitwertabhängige Zuständigkeit des LG).

[4] OLG Hamm OLGZ 1989, 338, 340; AG Düsseldorf MDR 1985, 151; OLG Koblenz NJW 1963, 1460; LG Frankfurt NJW 1975, 1933; *Zö/Vollkommer* Rn. 4.

[5] *Schuschke/Walker* Rn. 8 m. weit. Nachw.

II. Gericht der Hauptsache (Absatz 1)

2 **1. Grundsätze.** Der **Begriff der Hauptsache** beurteilt sich beim Arrest nach dem Arrestanspruch (§ 919 Rn. 3), bei der einstweiligen Verfügung nach dem Verfügungsanspruch bzw. dem zu sichernden Rechtsverhältnis (§ 937 Rn. 3). Da eine zur Aufrechnung gestellte Forderung nicht anhängig wird (§ 145 Rn. 20), kann das damit befasste Gericht nicht Gericht der Hauptsache sein. Etwas anderes gilt für den Richter, bei dem eine Widerklage eingereicht wurde; er ist für eine Sicherung der damit geltend gemachten Ansprüche gemäß § 943 Abs. 1 zuständig. Gehört die Hauptsache vor das **Familiengericht** (vgl. schon § 937 Rn. 3), so ist dieses auch Gericht der Hauptsache im einstweiligen Rechtsschutzverfahren;[1] entsprechendes gilt für die **Kammer für Handelssachen** (§ 94 GVG). Ein von den Parteien vereinbartes **Schiedsgericht** kann gemäß § 1041 einstweiligen Rechtsschutz gewähren. Die Schiedsvereinbarung schließt aber die Anrufung eines ordentlichen Gerichts wegen § 1033 nicht aus (§ 917 Rn. 8). Ist also in der Hauptsache ein Schiedsgericht zuständig, so gilt als Hauptsachegericht (nicht das gemäß § 1062 Abs. 1 Nr. 4 zuständige OLG, sondern) dasjenige Amts- oder Landgericht, das als Hauptsachegericht vereinbart wurde oder nach allgemeinen Regeln ohne die Schiedsvereinbarung zuständig wäre;[2] das ist aber nicht automatisch das Gericht am Ort des schiedsrichterlichen Verfahrens (§ 1043).[3]

3 **2. Anhängigkeit der Hauptsache** (andernfalls: Rn. 7). Die Frage der Anhängigkeit wird nach allgemeinen Regeln beurteilt; bei klageweiser Geltendmachung eines Anspruchs kommt es auf die Einreichung der Klageschrift (§ 253 Rn. 10), im Mahnverfahren auf den Eingang des Antrages auf Erlass eines Mahnbescheides an.[4] Wurde die Hauptsache (Rn. 2) auf diese Weise bereits anhängig gemacht, so ist das damit befasste Gericht gemäß § 943 Abs. 1 als Gericht der Hauptsache anzusehen. Bei einem **Landgericht** als Gericht erster Instanz (zum Berufungsgericht Rn. 6) ist „Hauptsachegericht" der originäre Einzelrichter (§ 348 Abs. 1 S. 1) oder derjenige obligatorische Einzelrichter, auf den die Zivilkammer die Sache bereits übertragen hat (§ 348 a Abs. 1); ist die Kammer zuständig (§ 348 Abs. 2 S. 2), kann der Vorsitzende unter den Voraussetzungen des § 944 an ihrer Stelle entscheiden. Die Vorschrift des § 943 stellt also formal auf die Anhängigkeit ab. Der Hauptsacherichter ist folglich zur Entscheidung über einen Antrag auf Erlass eines Arrestes oder einer einstweiligen Verfügung selbst dann **zuständig,** wenn ihm die Zuständigkeit zur Hauptsache fehlen sollte. Nach hM muss allerdings der Rechtsweg gegeben sein.[5]

4 Im einstweiligen Rechtsschutzverfahren wird die Zuständigkeit für den schon anhängigen Hauptsacheprozess folglich nicht geprüft (allgM; Ausnahme: Rn. 5). Ob das auch für die **internationale Zuständigkeit** im Bereich der EuGVVO[6] gilt, ist streitig (zur Zuständigkeit des Amtsgerichts der belegenen Sache beim Arrest § 919 Rn. 2). Die hM[7] bejaht das; Art. 31 EuGVVO lasse nationales Zuständigkeitsrecht bei einstweiligen Maßnahmen gänzlich unberührt, weshalb auch hier der Richter im einstweiligen Rechtsschutzverfahren seine internationale Zuständigkeit nicht zu prüfen habe, sofern nur die Hauptsache bei ihm anhängig sei. Eine andere Auffassung[8] legt die Vorschrift einschränkend aus; für die internationale Zuständigkeit genüge die formale Anknüpfung an die Anhängigkeit beim Hauptsachegericht nicht, weshalb ein Gericht nicht als Gericht der Hauptsache angesehen werden könne, das sich für international unzuständig erklären müsste. Dem zuletzt genannten Standpunkt ist, auch wegen seiner integrationsfreundlichen Rechtsanwendung (vgl. schon § 917 Rn. 6, 7), zuzustimmen. Die hM überzeugt nicht, weil sie bei der Rechtswegezuständigkeit anders entscheidet (Rn. 3). Dort soll der Richter des einstweiligen Rechtsschutzverfahrens trotz der bei ihm anhängigen Hauptsache prüfen, ob der Rechtsweg zu ihm gegeben sei, damit ein Arrest oder eine einstweilige Verfügung nicht mittels Klageerhebung vor einem unzuständigen Gericht „erschlichen" werden könne. Warum das bei der internationalen Zuständigkeit anders sein soll, leuchtet nicht ein.

5 Die – bei Eingang des Antrags schon erfolgte – rechtskräftige Abweisung der Hauptsacheklage wegen (örtlicher, sachlicher oder internationaler) **Unzuständigkeit** muss allerdings stets beachtet werden.[9] Der um einstweiligen Rechtsschutz angerufene Richter ist dann nicht mehr als Gericht der Hauptsache zuständig; beim Amtsgericht kann sich seine Zuständigkeit jedoch aus § 919 Alt. 2 bzw. § 942 ergeben. Entsprechendes gilt, wenn der Rechtsstreit bereits nach § 281 verwiesen oder im Mahnverfahren gemäß §§ 696 Abs. 1, 700 Abs. 3 abgegeben und bei dem Empfangsgericht anhängig geworden ist (§§ 281 Abs. 2 S. 4, 696 Abs. 1 S. 4). Alle vor den genannten Zeitpunkten im einstweiligen Rechtsschutzverfahren getroffenen Entscheidungen, auch ein Arrestbefehl oder eine einstweilige Verfügung, bleiben jedoch nach allgM wirksam; eine Aufhebung nach § 927 kommt nicht in Betracht, weil die dort vorausgesetzten „veränderten Umstände" den zu Grunde liegenden Anspruch bzw. den Arrest-/Verfügungsgrund betreffen müssen.[10]

---

[1] BGH NJW 1980, 191.
[2] *S/J/Grunsky* vor § 916 Rn. 30; *Schuschke/Walker* Rn. 1 a.
[3] So aber *Zö/Vollkommer* § 919 Rn. 3 und – allerdings zum alten Recht – OLG Hamburg NJW 1997, 749.
[4] MK/*Drescher* § 919 Rn. 5.
[5] BAG NJW 2000, 2524.
[6] Ausführlich dazu *Otte* in Berger Kap. 18 Rn. 1–55.
[7] OLG Düsseldorf ZIP 1999, 1521; OLG Düsseldorf NJW 1977, 2034; OLG Karlsruhe OLGZ 1973, 58; LG Frankfurt NJW 1990, 652; *Schuschke/Walker* § 919 Rn. 3; *Otte* ZIP 1991, 1048 m. weit. Nachw. zum Streitstand.
[8] OLG Koblenz ZIP 1991, 1098; NJW 1976, 2081; MK/*Drescher* § 919 Rn. 5; *Zö/Vollkommer* § 919 Rn. 8; *Eilers,* Maßnahmen des einstweiligen Rechtsschutzes im europäischen Zivilrechtsverkehr – Internationale Zuständigkeit, Anerkennung und Vollstreckung, 1990, 1 B III 2 c.
[9] HM, vgl. nur MK/*Drescher* § 919 Rn. 5; *Zö/Vollkommer* § 919 Rn. 8; *B/L/H* § 919 Rn. 8.
[10] *Schuschke/Walker* § 919 Rn. 5.

Das Gericht **erster Instanz** ist als Hauptsachegericht im einstweiligen Rechtsschutzverfahren bis zur Einlegung der Berufung gegen sein Hauptsacheurteil zuständig. Dann wird der Rechtsstreit beim **Berufungsgericht** anhängig, also dessen Zuständigkeit nach § 943 Abs. 1 begründet. Zuständig ist die Kammer (LG) bzw der Senat (OLG), der Vorsitzende an Stelle dieser Kollegialgerichte unter den Voraussetzungen des § 944; bei schon erfolgter Übertragung auf den Einzelrichter (§ 526) ist dieser zuständig. Die Zuständigkeit des Berufungsgerichts dauert fort bis zur rechtskräftigen Entscheidung bzw. Revisionseinlegung. Nach den beiden zuletzt genannten Zeitpunkten wird das Gericht des ersten Rechtszuges erneut zuständig;[11] das Revisionsgericht entscheidet nie über Arrest und einstweilige Verfügung, wie der Umkehrschluss aus § 943 zeigt. Wurde in der ersten Instanz ein Grund-, Zwischen- oder Vorbehaltsurteil (§§ 304, 280 Abs. 2, 302) erlassen und dagegen Berufung eingelegt, so sind beide Gerichte als Hauptsachegerichte anzusehen.[12] Ist ein Teilurteil ergangen und angefochten, so ist das Berufungsgericht zuständig, wenn sich das Arrest- oder Verfügungsgesuch auf den bereits abgeurteilten Anspruch beziehen, andernfalls das Gericht erster Instanz. 6

3. Keine Anhängigkeit der Hauptsache. Ist bei Eingang des Gesuches um einstweiligen Rechtsschutz (§§ 920, 936) die Hauptsache (Rn. 2) noch nicht anhängig (Rn. 3), so kann der Gläubiger nach seiner Wahl (§ 35) jedes erstinstanzliche Gericht anrufen, das für den Hauptsacheprozess nach allgemeinen Regeln oder auf Grund einer wirksamen Gerichtsstandsvereinbarung (§§ 38, 40) zuständig wäre; ist ein Landgericht zuständig, gelten für die Abgrenzung zwischen Einzelrichter und Kammer die Erörterungen Rn. 3. Dem steht § 802 nicht entgegen. Die dort geregelte ausschließliche Zuständigkeit bezieht sich bei Arrest und einstweiliger Verfügung nur auf den Begriff des Hauptsachegerichts; wer für die Hauptsache zuständig ist, ergibt sich aber nicht aus dem 8. Buch, weshalb insoweit auch § 802 nicht eingreifen kann. 7

Die **internationale Zuständigkeit** richtet sich ebenfalls mittelbar nach ZPO; bei ausländischen Schuldnern (ohne Wohnsitz im Inland) sind folglich §§ 23, 29, 32 oder ein vereinbarter Gerichtsstand (§ 38) einschlägig. Entsprechendes gilt im Bereich des EuGVO (vgl. dessen Art. 5 Nr. 1, 5 Nr. 3, 23), nach hM[13] wegen Art. 31 EuGVO (trotz des Ausschlusses in Art. 3 Abs. 2 S. 2 Spielgelstrich 2) auch für den besonderen Gerichtsstand des Vermögens (§ 23; Art. 31 EuGVO Rn. 4); nach höchstrichterlicher Rechtsprechung[14] setzt § 23 allerdings neben der Vermögensbelegenheit einen Inlandsbezug des Rechtsgeschäftes voraus, hier folglich des zu sichernden Verfügungsanspruchs. Die Streitfrage hat – anders als beim Arrest (§ 919 Rn. 2) – praktische Bedeutung, weil im einstweiligen Verfügungsverfahren keine wahlweise Zuständigkeit des Amtsgerichtes der belegenen Sache besteht (§ 937 Rn. 1); § 942 Abs. 1 ändert daran nichts, weil diese Vorschrift gerade einen inländischen Hauptsachegerichtsstand voraussetzt.[15] 8

III. Rückgabe einer Sicherheit (Absatz 2)

Ist im einstweiligen Rechtsschutzverfahren eine Sicherheitsleistung (nach §§ 921 Abs. 2, 923, 925 Abs. 2, 927, 934, 939) angeordnet worden, die Veranlassung dafür jetzt aber entfallen, so kommt eine Rückgabe der Sicherheit unter den Voraussetzungen des § 109 in Betracht. Für die danach zu treffenden Entscheidungen begründet § 943 Abs. 2 eine ausschließliche **Zuständigkeit** des Hauptsachegerichts, falls die Hauptsache anhängig ist oder war; das gilt auch, falls die Anordnung der Sicherheitsleistung vom Amtsgericht (§§ 919 Alt. 2, 942 Abs. 1) stammt. Im Einzelnen ist zu unterscheiden: 9

Die Veranlassung für eine **Sicherheitsleistung des Gläubigers** entfällt, wenn kein Schadensersatzanspruch des Schuldners nach § 945 entstanden sein kann, weil Arrest oder einstweilige Verfügung nicht fristgerecht (§§ 929 Abs. 2, 936) vollzogen worden sind oder der Gläubiger in der Hauptsache rechtskräftig obsiegt hat oder vom Schuldner freiwillig mit Erfüllungswirkung befriedigt wurde; bloß längerer Zeitablauf seit Aufhebung der einstweiligen Rechtsschutzmaßnahme genügt nicht.[16] Die Veranlassung für eine **Sicherheitsleistung des Schuldners** entfällt, wenn der Schuldner in der Hauptsache rechtskräftig obsiegt[17] oder den Gläubiger freiwillig mit Erfüllungswirkung befriedigt hat. Entsprechendes gilt bei Aufhebung von Arrest bzw. einstweiliger Verfügung gemäß § 926 oder wegen veränderter Umstände nach § 927,[18] sofern diese nicht selbst auf dem Erbieten zur Sicherheitsleistung beruhen. 10

IV. Rechtsanwaltsgebühren

Für die Anwaltsgebühren verbleibt es bei den Gebühren der Nrn. 3100 ff. VV RVG, wenn das Berufungsgericht Gericht der Hauptsache ist. Der Anwalt erhält nicht die erhöhten Gebühren der Nr. 3200 VV RVG (Vorbem. 3.2 Abs. 2 VV RVG). 11

---

[11] BGH WM 1976, 134, 1201; OLG Schleswig NJW-RR 1992, 318.

[12] MK/*Drescher* § 919 Rn. 6; *Zö/Vollkommer* § 919 Rn. 4. Ebenso zum Grundurteil OLG Köln ZZP 71 (1958), 243; OLG Karlsruhe MDR 1954, 425. AA nur hinsichtlich des Zwischenurteils *Schuschke/Walker* § 919 Rn. 7. Stets für Zuständigkeit des Gerichtes erster Instanz: *B/L/H* § 919 Rn. 7; *R/G/Schilken* § 77 I 1 a.

[13] Vgl. die Nachw. in Fn. 6.

[14] BGH NJW 1991, 3092.

[15] *Thümmel* NJW 1996, 1931 f.

[16] Str., vgl. MK/*Drescher* Rn. 4 m. weit. Nachw.

[17] OLG München BB 1975, 764.

[18] OLG Düsseldorf NJW-RR 1987, 511 f.

944 *Entscheidung des Vorsitzenden bei Dringlichkeit* **In dringenden Fällen kann der Vorsitzende über die in diesem Abschnitt erwähnten Gesuche, sofern deren Erledigung eine mündliche Verhandlung nicht erfordert, anstatt des Gerichts entscheiden.**

1 Ist kein Einzelrichter, sondern das Kollegialgericht zuständig (§ 943 Rn. 3, 6, 7), so besteht ein Alleinentscheidungsrecht des Vorsitzenden im Arrest- und einstweiligen Verfügungsverfahren unter zwei Voraussetzungen: Zum einen muss ein **dringender Fall** gegeben sein, wie aus dem Wortlaut des Gesetzes folgt, während insoweit die neue amtliche Überschrift missverständlich ist. Die Vorschrift meint damit etwas anderes als die Dringlichkeit des Verfügungsgrundes (§ 935 Rn. 4) oder die dringenden Fälle bei § 937 Abs. 2 (dort Rn. 4), weil sie sonst keinen Sinn hätte. Ein dringender Fall iSd. § 944 erfordert deshalb, dass das Zusammentreten des Kollegialgerichtes zu einer erheblichen Verzögerung führen würde und aus diesem Grunde der Zweck des einstweiligen Rechtsschutzes gefährdet wäre; in der Praxis hat das hauptsächlich Bedeutung bei der Kammer für Handelssachen (§§ 94, 105 Abs. 1 GVG). Die Dringlichkeitsvermutung des § 12 Abs. 2 UWG gilt auch hier nicht (§ 937 Rn. 4).

2 Weiter wird vorausgesetzt, dass zur Entscheidung über das Gesuch **keine mündliche Verhandlung** notwendig ist (§§ 921, 922, 926 Abs. 1, 930 Abs. 1 S. 3, 934 Abs. 3, 937 Abs. 2, 943 Abs. 2; wegen § 941 s. dort Rn. 1). Muss mündliche Verhandlung stattfinden (§§ 924 Abs. 2, 925, 926 Abs. 2, 927, sowie im Rechtfertigungsverfahren infolge Fristsetzung gemäß § 942 Abs. 1, Abs. 2 S. 2, s. dort Rn. 8), besteht keine Entscheidungsbefugnis des Vorsitzenden. **Rechtsbehelfe** sind statthaft wie bei einer Entscheidung durch das Kollegialgericht.

945 *Schadensersatzpflicht* **Erweist sich die Anordnung eines Arrestes oder einer einstweiligen Verfügung als von Anfang an ungerechtfertigt oder wird die angeordnete Maßregel auf Grund des § 926 Abs. 2 oder des § 942 Abs. 3 aufgehoben, so ist die Partei, welche die Anordnung erwirkt hat, verpflichtet, dem Gegner den Schaden zu ersetzen, der ihm aus der Vollziehung der angeordneten Maßregel oder dadurch entsteht, dass er Sicherheit leistet, um die Vollziehung abzuwenden oder die Aufhebung der Maßregel zu erwirken.**

I. Normzweck

1 Die Vorschrift gilt in gleicher Weise für **Arrest und einstweilige Verfügung,** was zu beachten ist, wenn im Folgenden aus Vereinfachungsgründen oft nur von „Arrest, Arrestanspruch, Arrestgrund, Gläubiger, Schuldner" gesprochen wird. Sie begründet zum Schutz des Schuldners einen materiell-rechtlichen, **verschuldensunabhängigen Schadensersatzanspruch,** der – wie § 717 Abs. 2 – auf dem allgemeinen Rechtsgedanken beruht, dass der Gläubiger aus einem noch nicht endgültigen Titel auf eigenes Risiko vollstreckt.[1] Letzteres hat hier besonders Gewicht, weil einstweiliger Rechtsschutz auf Grund eines summarischen Verfahrens mit vermindertem Beweismaß und häufig ohne vorherige Anhörung des Gegners gewährt wird. Folgerichtig verpflichtet § 945 den Gläubiger zum Ersatz des Vollziehungsschadens. Ob es sich dabei um eine Gefährdungshaftung,[2] Haftung aus unerlaubter Handlung im weiteren Sinne,[3] Risikohaftung[4] oder privatrechtliche Aufopferung[5] handelt, ist streitig, jedoch ohne praktische Bedeutung (Rn. 8, 10). In Kindschaftssachen gilt bei Aufhebung einer einstweiligen Anordnung (§ 916 Rn. 7) als **Sondervorschrift** § 641 g.

II. Voraussetzungen der Schadensersatzpflicht

2 **1. Von Anfang an ungerechtfertigte Anordnung. a) Grundsätze.** Nach dieser Alternative muss sich die einstweilige Rechtsschutzmaßnahme als **von Anfang an** ungerechtfertigt erweisen. Es kommt also auf den Zeitpunkt der Anordnung an, nicht auf den der Vollziehung oder den der Entscheidung im Schadensersatzprozess; dem Gläubiger hilft also einerseits weder der nachträgliche Erwerb des Anspruchs, noch schadet ihm andererseits dessen späterer Wegfall. **Ungerechtfertigt** war der Arrest, wenn er bei richtiger Beurteilung der tatsächlichen und rechtlichen Gegebenheiten nicht hätte erlassen werden dürfen, weil die Voraussetzungen dafür im Zeitpunkt der Anordnung objektiv nicht vorlagen,[6] also Arrest-/Verfügungsanspruch oder Arrest-/Verfügungsgrund fehlten; bei § 940 tritt an die Stelle des materiell-rechtlichen Anspruchs das angeblich streitige Rechtsverhältnis.

3 Der Gläubiger (Beklagter des Schadensersatzprozesses) trägt die **Beweislast** dafür, dass sein Antrag auf Erlass der einstweiligen Rechtsschutzmaßnahme von Anfang gerechtfertigt war.[7] Seine Schadensersatzpflicht lässt sich aber nicht damit begründen, das Gesuch hätte wegen Fehlens einer Sachurteilsvorausset-

---

[1] BGHZ 131, 141, 143 = NJW 1996, 198. Zu Grundfragen des Schadensanspruchs nach § 945 ausführl. *Schilken,* Festg. für BGH III, S. 593; zu solchen nach einstweiligem Rechtschutz im Ausland *Freitag* IPRax 2002, 267.

[2] So zB BGHZ 85, 110, 113 = NJW 1983, 232; BGH NJW 1994, 1413, 1416 (insoweit in BGHZ 124, 237 nicht abgedruckt); *Saenger* JZ 1997, 222, 224.

[3] So zB *Zö/Vollkommer* Rn. 3; *B/L/A/Hartmann* Rn. 1.

[4] So zB BGH NJW 1990, 2689 f.; MK/*Drescher* Rn. 3; *R/G/Schilken* § 80 vor I. Sympatisierend *Becker-Eberhard* in Berger Kap. 10 Rn. 6, 7.

[5] *Baur* Studien S. 110.

[6] BGH NJW 1988, 3268 f.

[7] BGH NJW-RR 1992, 998, 1001.

zung[8] oder mangelnder Glaubhaftmachung[9] keinen Erfolg haben dürfen. Denn es kommt nur darauf an, ob der Arrest im Zeitpunkt seines Erlasses der materiellen Rechtslage entsprach.

b) **Bindungswirkung und Bindungsfreiheit des Schadensersatzrichters.** Die Voraussetzungen (Rn. 2) prüft der Richter des Schadensersatzprozesses frei, wenn im Hauptsacheprozess (noch) keine rechtskräftige Entscheidung ergangen ist, sich das einstweilige Rechtsschutzverfahren anderweit erledigt hat, zB durch spätere Antragsrücknahme oder Vergleich, oder die dort durch Beschluss angeordnete Maßnahme (Arrestbefehl bzw. einstweilige Verfügung) nicht angefochten wurde. Im Übrigen muss man unterscheiden: Ein **rechtskräftiges Sachurteil im Hauptsacheprozess,** auch ein Versäumnisurteil, bindet im Rahmen seiner Rechtskraft den Schadensersatzrichter;[10] stellt dieses Urteil im Vergleich zur einstweiligen Verfügung ein „minus" dar, so greift die Bindungswirkung nur ein, wenn das durch die Hauptsacheentscheidung verbotene Handeln im Rahmen des § 945 die Schadensursache bildete.[11] Allerdings befasst sich das Hauptsachegericht zwangsläufig nur mit dem materiellen Recht, nicht auch mit dem Arrestgrund. Hat es den materiellen Anspruch verneint, so kann der Schadensersatzrichter die Frage der Eilbedürftigkeit offen lassen, weil dann einstweiliger Rechtsschutz ohnehin nicht gewährt werden durfte; hat es den Arrestanspruch bejaht, so muss im Schadensersatzprozess der Arrestgrund beurteilt werden. 4

Sehr streitig ist die Wirkung eines **rechtskräftigen Urteils im einstweiligen Rechtsschutzverfahren,** wenn also über das Gesuch mündlich verhandelt wurde oder eine Entscheidung im Widerspruchs- bzw. Berufungsverfahren ergangen ist; eine Bindung an den Arrestbeschluss scheidet wegen fehlender formeller Rechtskraft von vornherein aus. Die inzwischen wohl hM[12] verneint zu Recht jede Bindungswirkung, weil dem einstweiligen Rechtsschutzverfahren ein ganz anderer Streitgegenstand zu Grunde liegt (§ 916 Rn. 3). Die Gegenauffassung[13] bejaht eine Bindung uneingeschränkt bei Aufhebung der Eilmaßnahme wegen von Anfang an fehlender Voraussetzungen,[14] nicht aber – insoweit richtig (Rn. 2) – bei deren nachträglichem Wegfall. Die Gegenmeinung überzeugt auch aus folgendem Grund nicht: Wird zB eine einstweilige Verfügung, die ein auf einem Unterlassungsanspruch beruhendes Verbot zum Gegenstand hatte, auf Widerspruch hin aufgehoben, so muss der Schadensersatzrichter die materielle Rechtslage gleichwohl prüfen, weil durch die Vollziehung der (aufgehobenen) einstweiligen Verfügung kein Schaden entstanden sein kann, wenn der Antragsgegner (Kläger des Schadensersatzprozesses) nach materiellem Recht tatsächlich verpflichtet war, die ihm untersagte Handlung zu unterlassen.[15] Beim bestätigenden Urteil verneint auch die Gegenauffassung eine Bindung, soweit die Entscheidung den Arrestanspruch betrifft; insoweit besteht im Ergebnis kein Unterschied zu dem hier vertretenen Standpunkt. Soweit eine Bindung an die Entscheidung über den Arrestgrund bejaht wird,[16] kann dieser Auffassung aus dem schon genannten Grunde (unterschiedlicher Streitgegenstand) konsequenterweise nicht gefolgt werden. 5

c) **Entsprechende Anwendung.** Die erörterten Regeln gelten auch, wenn die der einstweiligen Rechtsschutzmaßnahme zu Grunde liegende Norm vom Bundesverfassungsgericht für nichtig erklärt wird[17] oder sich die in einem echten WEG- Streitverfahren nach altem Recht (vgl. § 916 Rn. 7) getroffene einstweilige Anordnung als von Anfang an ungerechtfertigt erweist,[18] sowie bei einer einstweiligen Anordnung im Verwaltungsgerichtsprozess nach § 123 Abs. 3 VwGO[19] und einem dinglichen Arrest nach § 324 AO.[20] Ein Schuldner kann die ihm wegen einer – nach der Entscheidung im Hauptsacheprozess – zu Unrecht erlassenen einstweiligen Verfügung entstandenen außergerichtlichen Kosten des Verfügungsverfahrens **nicht** als Schadensersatz gemäß § 945 Alt. 1 fordern;[21] eine solche über den Wortlaut hinausgehende erweiternde Auslegung ist wegen des Ausnahmecharakters der Vorschrift (Rn. 1) nicht möglich. Erstattungsansprüche können jedoch im Aufhebungsverfahren nach § 927 verfolgt werden (§ 927 Rn. 5). 6

Keine entsprechende Anwendung ist möglich auf einstweilige Anordnungen nach §§ 127a, 620ff.[22] (zur Sondervorschrift des § 641g vgl. Rn. 1). Schließlich verbietet der schuldnerschützende Normzweck (Rn. 1) eine entsprechende Anwendung **im umgekehrten Fall,** wenn ein Gläubiger nach Zurückweisung seines einstweiligen Rechtsschutzgesuches später im Hauptsacheprozess obsiegt.[23]

2. Aufhebung der Maßregel wegen Fristversäumnis. Wird die Hauptsacheklage nicht rechtzeitig erhoben oder bei einer vom Amtsgericht der belegenen Sache erlassenen einstweiligen Verfügung das Rechtfer- 7

---

8 OLG Düsseldorf MDR 1961, 606; MK/*Drescher* Rn. 12; *Zö/Vollkommer* Rn. 8; *Schuschke/Walker* Rn. 12. AA *Fischer* FS Merz, 1992, S. 82, 90.
9 BGH (Fn. 7); noch offen gelassen in BGH NJW 1990, 122f.
10 BGHZ 122, 172, 175 = NJW 1993, 2685; BGH NJW 1988, 3268f.
11 *Gehrlein* MDR 2000, 687.
12 KG NJW-RR 1987, 448; OLG Karlsruhe GRUR 1984, 156. Aus dem Schrifttum vgl. nur MK/*Drescher* Rn. 16ff.; *S/J/Grunsky* Rn. 28, 32; *T/P/Reichold* Rn. 9; *Zö/Vollkommer* Rn. 9; *Schuschke/Walker* Rn. 19.
13 *Fischer* (Fn. 8) S. 82ff. m. weit. Nachw. und ausf. Darstellung zum Streitstand.
14 BGH NJW 1992, 2297f. (Urteil des IX. Zivilsenats); *B/L/H* Rn. 12; *Fischer* (Fn. 8).
15 So mit Recht BGHZ 126, 368, 374 = NJW 1994, 2765 (Urteil des I. Zivilsenats).
16 OLG Hamburg MDR 1956, 304f.; *B/L/H* Rn. 13 m. weit. Nachw.
17 BGHZ 54, 76, 79 = NJW 1970, 1459.
18 BGHZ 120, 261 = NJW 1993, 593.
19 Ausf. dazu *Retzlaff* NJW 1999, 3224ff.
20 BGHZ 63, 277 = NJW 1975, 540.
21 BGHZ 122, 172, 177 = NJW 1993, 2685; BGH NJW-RR 1995, 495.
22 BGHZ 143, 65, 73ff. = FamRZ 2000, 751ff.; BGH NJW 1985, 1074f.; 1984, 2095, 2097. Näher und krit. *Gaul* FamRZ 2003, 1137, 1152f.
23 BGH NJW-RR 1995, 495; *Sae/Kemper* Rn. 3; *T/P/Reichold* Rn. 6.

tigungsverfahren nicht fristgerecht eingeleitet und der Arrestbefehl bzw. die einstweilige Verfügung deshalb gemäß §§ 926 Abs. 2, 942 Abs. 3 aufgehoben, so haftet der Gläubiger bzw. Antragsteller schon alleine aus diesem formalen Grunde. Daran ist der Schadensersatzrichter gebunden; auf die ursprüngliche Rechtmäßigkeit der einstweiligen Verfügung kommt es nach hM nicht an.[24] Eine erweiterte Anwendung des § 945 Alt. 2 über den gesetzlich geregelten Fall hinaus ist auch hier nicht möglich (Rn. 6). Die Vorschrift gewährt also keinen Schadensersatz, wenn eine Aufhebung nach den genannten Bestimmungen unterblieben ist, mögen auch deren Voraussetzungen vorgelegen haben.[25] Sie kann außerdem nicht auf die Fälle einer nach § 929 Abs. 2, Abs. 3 verspäteten Vollziehung angewendet werden.[26] Wurde die einstweilige Rechtsschutzmaßnahme wegen Versäumung der Vollziehungsfrist der § 929 Abs. 2 aufgehoben, so wird ohnehin in der Regel noch kein Schaden entstanden sein, weil § 945 die Vollziehung voraussetzt.[27]

III. Schadensersatzanspruch

8 **1. Grundsätze.** Rechtsfolge der genannten Voraussetzungen (Rn. 2–7) ist ein Anspruch auf Ersatz des durch die Vollziehung entstandenen Schadens (Rn. 11, 12). **Anspruchsberechtigt** ist der Schuldner, gegen den der Arrest oder die einstweilige Verfügung vollzogen wurde; Gegner ist der Gläubiger oder Antragsteller. Trotz des Streits zur Rechtsnatur des Anspruchs (Rn. 1) besteht Einigkeit darüber, dass für die **Bemessung des Schadens** die allgemeinen Grundsätze der §§ 249 ff. BGB gelten,[28] einschließlich §§ 252 S. 2, 254 BGB und den Regeln zur Vorteilsausgleichung (Rn. 12); auch § 287 ist anzuwenden.[29] Ein **Mitverschulden** des Schuldners (Kläger im Schadensersatzprozess) kann sich zB daraus ergeben, dass er ganz wesentlich Anlass für die einstweilige Rechtsschutzmaßnahme gegeben hat (zB durch gläubigerschädliche – nach §§ 129 ff. InsO oder AnfG anfechtbare – Vermögensverschiebung[30]) oder dass er nicht auf einen ungewöhnlich hohen Schaden hingewiesen oder eine in Vollziehung des Arrestes gepfändete Forderung nicht zinsgünstig angelegt hat. Zugleich kann aber auch dem Vollstreckungsgläubiger (Beklagter des Schadensersatzprozesses) ein mitwirkendes Verschulden vorzuwerfen sein; so hat der BGH in dem zuletzt genannten Beispiel entschieden, dass der Gläubiger auf die Möglichkeit der Geldanlage unbeschadet der Arrestvollziehung hinweisen oder dazu mitwirken hätte müssen.[31] Bei solchen Sachverhaltsgestaltungen hat dann eine Verschuldensabwägung stattzufinden. Der Schadensersatzanspruch des § 945 kann deshalb nur bei alleinigem Verschulden des Schuldners ganz entfallen. Auch das Unterlassen eines (aussichtsreichen) Widerspruchs kann ein Mitverschulden begründen.[32]

9 Die **Verjährung** richtete sich nach §§ 195, 199 BGB. Kenntnis im Sinne dieser Vorschriften von der Person des Schuldners und den den Anspruch begründenden Umständen hat der Gläubiger, sobald ihm auf Grund hinreichender Erfolgsaussicht die Erhebung einer Schadensersatzklage – sei es auch nur in Form eines Feststellungsbegehrens – zumutbar ist.[33] Das ist regelmäßig erst mit Abschluss des einstweiligen Rechtsschutzverfahrens gegeben.[34] Letzteres liegt nicht schon vor mit Aufhebung der Vollziehungsmaßnahme auf Grund außergerichtlicher Vereinbarung, zB einer einvernehmlichen Löschung eines Verfügungsverbotes, wenn trotzdem eine streitige gerichtliche Entscheidung über die Rechtmäßigkeit der Anordnung, zB auf Widerspruch hin, möglich bleibt.[35] Ruht das einstweilige Rechtsschutzverfahren, weil kein Rechtsbehelf eingelegt wurde, streiten die Parteien aber über den zu Grunde liegenden Anspruch in der Hauptsache, so beginnt die Verjährungsfrist idR nicht vor rechtskräftigem Abschluss dieses Prozesses.[36] Wurde die einstweilige Rechtsschutzmaßnahme aufgehoben, beginnt die Verjährung aber spätestens dann, wenn der vormalige Antragsgegner im Hauptsacheverfahren ein noch nicht rechtskräftiges Urteil zu seinen Gunsten erzielt, das in hohem Maße dafür spricht, dass der Arrest bzw. die einstweilige Verfügung von Anfang an nicht gerechtfertigt war.[37] Dieses – noch zu § 852 aF BGB ergangene – Urteil gilt für das neue Verjährungsrecht umso mehr, als jetzt nicht ausschließlich (wie nach altem Recht) Kenntnis erforderlich ist, sondern grob fahrlässige Unkenntnis genügt (§ 199 Abs. 1 Nr. 2 BGB).

10 **2. Gerichtliche Geltendmachung.** Der Schadensersatz wird grundsätzlich durch Leistungsklage verfolgt. Eine Geltendmachung im Arrest- oder Verfügungsprozess scheidet wegen des summarischen Charakters dieser Verfahren aus, zudem fehlt eine § 717 Abs. 2 S. 2 entsprechende Vorschrift. Deshalb ist auch die Meinung[38] abzulehnen, die ausnahmsweise bei einer Geldleistungsverfügung (§ 940 Rn. 19) das Rückzahlungsverlangen des Schuldners im Widerspruchsverfahren erledigen möchte; die angeblich besondere Interessenlage ändert nichts daran, dass der zu Grunde liegende Anspruch, zB auf Unterhalt, nicht gemäß den

---

24 Krit. *Schuschke/Walker* Rn. 21, 23 für den Fall, dass der Hauptsacheprozess noch eingeleitet werden kann.
25 BGH NJW-RR 1992, 998 f.
26 BGH MDR 1964, 224.
27 BGH NJW 2003, 2610, 2611.
28 BGH NJW 2006, 2557 (Rn. 27); BGHZ 122, 172, 179 = NJW 1993, 2685.
29 BGH NJW 1993, 2685, 2688 (insoweit in BGHZ 122, 172 nicht abgedruckt).
30 BGH NJW 2006, 2557.
31 BGH NJW 1990, 2689 f.; vgl. auch *Grunsky* JuS 1976, 277, 285.
32 OLG München WRP 1996, 784.
33 BGHZ 122, 317, 324 f. = NJW 1993, 2303; BGH NJW 1999, 2374, 2375; BAG NJW 2002, 1066, 1067.
34 So schon BGHZ 75, 1 = NJW 1980, 189.
35 BGH NJW 1992, 2297, 2298.
36 BGH NJW 1993, 863.
37 BGH NJW 2003, 2610; dazu abl. *Wax* (Beginn erst mit rechtskräftigem Abschluss) LMK 2003, 173.
38 Vgl. nur *T/P/Reichold* Rn. 12; *Zö/Vollkommer* Rn. 7; *Schuschke/Walker* Rn. 39.

Anforderungen des § 286 geprüft wird. Der Schuldner kann seinen Schadensersatzanspruch auch durch Widerklage oder im Wege der Aufrechnung geltend machen. Dem Gläubiger steht negative Feststellungsklage zu (auf Nichtbestehen eines Schadensersatzanspruches).[39] Die **Zuständigkeit** richtet sich nach allgemeinen Regeln. Wegen der Abgrenzung zwischen Amtsgericht und Landgericht kommt es auf den Streitwert an (§§ 23 Nr. 1, 71 Abs. 1 GVG); für den Gerichtsstand ist § 13 oder – unabhängig vom Streit zur Rechtsnatur (Rn. 1) – § 32 einschlägig. Zur **Güteverhandlung** § 926 Rn. 21; § 921 Rn. 5.

3. Vollziehungsschaden. Ersatzfähig ist der **durch Vollziehung** adäquat kausal verursachte unmittelbare oder mittelbare Schaden, zB der durch eine unterbliebene Veräußerung der sichergestellten Sache entgangene Gewinn (Rn. 8, § 252 BGB) oder Verluste durch Produktionseinstellung. Es genügt, wenn der Gläubiger mit der Vollziehung begonnen, also einen über die bloße Erwirkung des Titels hinausgehenden **Vollstreckungsdruck** erzeugt hat[40] (vgl. § 936 Rn. 4ff.); dann schadet freiwillige Leistung zur Abwendung der Vollstreckung nicht. Der von einer Unterlassungsverfügung ausgehende Vollstreckungsdruck wird durch die Abgabe einer strafbewehrten Unterlassungserklärung beseitigt, weil damit die Wiederholungsgefahr ausgeräumt und der einstweiligen Verfügung die Grundlage entzogen wird.[41] Unterwirft sich der Antragsgegner über den objektiven Verbotsumfang des Unterlassungstitels hinaus weiter gehenden Beschränkungen, so kann er einen daraus entstehenden Schaden nicht auf der Grundlage des § 945 ersetzt verlangen.[42] Der sog **Anordnungsschaden,** also der aus der bloßen Anordnung der Maßregel oder ihrem Bekanntwerden folgende Schaden – zB auf Grund freiwilligen Verzichts auf Veräußerung bei noch nicht zugestelltem Veräußerungsverbot[43] – fällt nicht unter § 945.[44] So lange die auf Unterlassung gerichtete einstweilige Verfügung keine Strafandrohung (§ 890 Abs. 2) enthält, entsteht aus deren Erfüllung auch dann kein Schadensersatzanspruch, wenn sie im Parteibetrieb zugestellt ist, unabhängig vom Sitz des Gegners im Inland oder Ausland.[45] Die Vollziehung muss **gegen den Schuldner** gerichtet gewesen sein; die nur mittelbar durch Arrestvollzug gegen einen anderen Schuldner entstandenen Schäden sind nicht ersatzfähig.[46] Erweist sich die einstweilige Verfügung als **teilweise berechtigt, teilweise unberechtigt,** so kann der Schuldner nur Ersatz der Nachteile fordern, die ihm aus der Befolgung der einstweiligen Verfügung in deren rechtswidrigem Bereich erwachsen sind.[47] 11

Der Schadensersatzanspruch **umfasst** gemäß §§ 249ff. BGB (Rn. 8): Kosten einer Sicherheitsleistung (§§ 923, 927 Abs. 1, 939), bei einer Geldleistungsverfügung auch die zur freiwilligen Leistungserbringung;[48] Nachteile aus der zu weiten Fassung eines Unterlassungsgebotes;[49] Aufwendungen zur Schadensabwendung oder -minderung,[50] zB erhöhte Kosten durch Umstellung der Werbung.[51] Der Schadensersatzanspruch wird **gemindert** durch Mitverschulden (Rn. 8) oder Vorteilsausgleichung, zB wenn das Grundstück wegen der Verbotsverfügung erst später, dann aber wegen der zwischenzeitlich erfolgten Wertsteigerung günstiger veräußert werden kann.[52] **Nicht** erstattungsfähig sind außergerichtliche Kosten des Verfügungsverfahrens (Rn. 6) oder Nachteile, die unabhängig von der Vollziehung eingetreten wären.[53] 12

---

39 BGHZ 126, 368 = NJW 1994, 2765.
40 BGH NJW 1990, 122, 124.
41 OLG Karlsruhe NJW-RR 2003, 1708.
42 OLG München OLGR 2004, 59.
43 OLG Saarbrücken NJW 1998, 1039.
44 BGH NJW 1988, 3268; näher *Gehrlein* MDR 2000, 687f.
45 BGHZ 131, 141 = NJW 1996, 198; 120, 73 = NJW 1973, 1076.
46 BGHZ 124, 237 = NJW 1994, 1413.
47 *Gehrlein* MDR 2000, 687, 689.
48 BGH NJW 1974, 642, 644 (insoweit in BGHZ 62, 7 nicht abgedruckt).
49 BGH NJW 1981, 2579.
50 BGHZ 122, 172, 179 = NJW 1993, 2685.
51 BGH NJW 1993, 2685, 2687 (insoweit in BGHZ 122, 172 nicht abgedruckt).
52 BGHZ 77, 151 = NJW 1980, 2187.
53 BGHZ 96, 1, 3 = NJW 1986, 1007.

BUCH 9. AUFGEBOTSVERFAHREN

946 *Statthaftigkeit; Zuständigkeit* **(1) Eine öffentliche gerichtliche Aufforderung zur Anmeldung von Ansprüchen oder Rechten findet mit der Wirkung, dass die Unterlassung der Anmeldung einen Rechtsnachteil zur Folge hat, nur in den durch das Gesetz bestimmten Fällen statt.**

(2) Für das Aufgebotsverfahren ist das durch das Gesetz bestimmte Gericht zuständig.

I. Normzweck

1 Die Bestimmung leitet die allgemeinen Vorschriften über das Aufgebotsverfahren ein. Abs. 1 definiert den Begriff des Aufgebots und beschränkt den Anwendungsbereich des Aufgebotsverfahrens auf die gesetzlich geregelten Fälle. Ziel des Aufgebotsverfahrens ist es, durch die Herbeiführung von Rechtsnachteilen, insbesondere durch den Ausschluss von Rechten, eine klare Rechtslage zu schaffen.[1] Das Verfahren ist nicht beliebig einsetzbar; es findet vielmehr nur in den durch das Gesetz, dh. das materielle Recht, bestimmten Fällen statt. Abs. 2 lässt ein Aufgebotsverfahren nur bei dem nach dem Gesetz zuständigen Gericht zu.

II. Überblick über das Aufgebotsverfahren

2 **1. Gesetzessystematik.** §§ 946 bis 959 enthalten allgemeine Regeln für das Aufgebotsverfahren, die grundsätzlich für alle Aufgebotsarten gelten.[2] Im Anschluss daran sind Besonderheiten für die wichtigsten bundesgesetzlich geregelten Aufgebotsfälle normiert. Sie finden sich in §§ 977 bis 981 für die Ausschließung des Grundstückseigentümers, in § 981a für die Ausschließung des Schiffseigentümers, in den §§ 982 bis 987 für die Ausschließung von Grundpfandrechtsgläubigern, in § 988 für die Ausschließung anderer dinglicher Berechtigter an Grundstücken und Schiffen, in §§ 989 bis 1000 für die Ausschließung von Nachlassgläubigern, in § 1001 für die Ausschließung von Gesamtgutsgläubigern der fortgesetzten Gütergemeinschaft, in § 1002 für die Ausschließung von Schiffsgläubigern und in §§ 1003 bis 1023 für die Kraftloserklärung von Urkunden.

3 **2. Bundesrechtliche Sonderregelungen** bestehen für das Zwangsversteigerungs- und Zwangsverwaltungsverfahren (§§ 136, 138, 140, 157 Abs. 2 ZVG) sowie für die Kraftloserklärung und Neuerteilung von Grundpfandrechtsbriefen, die infolge Kriegseinwirkung oder Enteignungsmaßnahmen verloren gegangen sind[3]. Die früher für Postsparbücher geltende bundesrechtliche Sonderregelung der Postsparkassenordnung ist mit deren Aufhebung zum 1. 7. 1991 weggefallen (§ 1003 Rn. 9).[4]

4 **3. Landesrechtliche Sonderregelungen.** Auf der Grundlage der Ermächtigungen der §§ 1023 S. 2, 1024 sowie der Art. 102 Abs. 2, 174 EGBGB und des § 11 EGZPO bestehen für bestimmte Aufgebotsverfahren daneben zahlreiche landesrechtliche Sonderregelungen.[5]

5 **4. Verfahrensablauf.** Das Aufgebot wird vom Amtsgericht erlassen, wenn eine antragsberechtigte Person einen zulässigen Antrag gestellt hat (§ 947). Nach der öffentlichen Bekanntmachung des Aufgebots (§§ 948f.) und dem Ablauf der Aufgebotsfrist (§ 950) findet der Aufgebotstermin statt (§§ 952 bis 955). Sofern keine Anmeldung erfolgt ist, ergeht auf Antrag das Ausschlussurteil (§ 952). Werden Rechte oder Ansprüche angemeldet, so ist je nach deren Auswirkung auf die Rechtsposition des Antragstellers entweder das Verfahren auszusetzen oder das angemeldete Recht im Ausschlussurteil vorzubehalten (§ 953). Das Ausschlussurteil ist mit seinem Erlass rechtskräftig (§ 957 Abs. 1). Seine Wirkung kann nur mit Hilfe der Anfechtungsklage (§ 957 Abs. 2) beseititigt werden.

6 **5. Ergänzend anwendbare Vorschriften.** Das Aufgebotsverfahren gehört der Sache nach zum Bereich der freiwilligen Gerichtsbarkeit,[6] ist aber durch seine Aufnahme in die ZPO als Verfahren der ordentlichen streitigen Gerichtsbarkeit ausgestaltet. Allein das Verfahren der Todeserklärung (früher §§ 960 bis 976) ist aus dem Geltungsbereich der ZPO herausgenommen worden und folgt den Regeln der freiwilligen Gerichtsbarkeit (§§ 13ff. VerschG). Im Übrigen sind daher nicht die Vorschriften des FGG, sondern die der ZPO ergänzend heranzuziehen.[7]

III. Das Aufgebot

7 Abs. 1 definiert das Aufgebot iSd. §§ 946ff. als öffentliche gerichtliche Aufforderung an unbestimmte oder unbekannte Beteiligte zur Anmeldung von Rechten, verbunden mit der Androhung, dass das Unterlassen der Anmeldung Rechtsnachteile zur Folge hat.[8] Kein Aufgebot in diesem Sinne ist das Privataufgebot der Nachlassgläubiger nach § 2061 BGB, da es nicht vom Gericht ausgeht.[9] Auch das standesamtliche

---

[1] BGH NJW 1980, 2529; *St/J/Schlosser* vor § 946 Rn. 1.

[2] MK/*Eickmann* Rn. 4; *St/J/Schlosser* vor § 946 Rn. 1.

[3] Näher MK/*Eickmann* Rn. 9f.

[4] *Wiecz/Sch/Weber* vor § 946 Rn. 22.

[5] Zusammenstellung bei *Wiecz/Sch/Weber* vor § 946 Rn. 17ff., § 1024 Rn. 4ff.

[6] LG Frankenthal Rpfleger 1983, 412, 413; *B/L/H* vor § 946 Rn. 1; MK/*Eickmann* Rn. 2; *St/J/Schlosser* vor § 946 Rn. 8; aA *Wiecz/Sch/Weber* vor § 946 Rn. 48f.

[7] MK/*Eickmann* Rn. 3; *St/J/Schlosser* vor § 946 Rn. 8; *Wiecz/Sch/Weber* vor § 946 Rn. 44ff.

[8] MK/*Eickmann* Rn. 14; *St/J/Schlosser* vor § 946 Rn. 1; *R/S/G/* § 170 I 1, 2.

[9] MK/*Eickmann* Rn. 13; *Wiecz/Sch/Weber* vor § 946 Rn. 24.

Aufgebot (§ 12 EheG iVm. § 3 PStG), das Aufgebot von Kraftfahrzeugbriefen (§ 25 Abs. 2 StVZO) und als „Aufgebot" bezeichnete öffentliche Aufforderungen, die nicht alle Begriffsmerkmale des Abs. 1 erfüllen,[10] gehören nicht hierher.[11]

IV. Zuständigkeit

Sachlich zuständig ist nach § 23 Nr. 2h GVG das Amstsgericht ohne Rücksicht auf die Höhe des Gegenstandswertes. Die Anfechtungsklage ist dagegen stets beim Landgericht zu erheben (§ 957 Abs. 2). Die örtliche Zuständigkeit ist für die einzelnen Aufgebotsarten jeweils gesondert geregelt (§§ 978, 983, 990, 1002 Abs. 2, 1005). Das zuständige Gericht ist gegebenenfalls nach § 36 zu bestimmen.[12] Das Aufgebotsverfahren ist weitgehend dem Rechtspfleger übertragen. Die Durchführung des Aufgebotstermins und die dort zu treffenden Entscheidungen sind dem Richter vorbehalten (§ 20 Nr. 2 RPflG). Auch für das Anfechtungsverfahren ist der Richter zuständig. Das Verfahren kann nach § 281 an das zuständige Gericht verwiesen werden.[13] Die fehlende Zuständigkeit berührt die Wirksamkeit und die Rechtskraft des Ausschlussurteils nicht; sie ist auch kein Anfechtungsgrund nach § 957. 8

947

Antrag; Inhalt des Aufgebots **(1) [1]Der Antrag kann schriftlich oder zum Protokoll der Geschäftsstelle gestellt werden. [2]Die Entscheidung kann ohne mündliche Verhandlung ergehen.**

(2) [1]Ist der Antrag zulässig, so hat das Gericht das Aufgebot zu erlassen. [2]In das Aufgebot ist insbesondere aufzunehmen:
1. die Bezeichnung des Antragstellers;
2. die Aufforderung, die Ansprüche und Rechte spätestens im Aufgebotstermin anzumelden;
3. die Bezeichnung der Rechtsnachteile, die eintreten, wenn die Anmeldung unterbleibt;
4. die Bestimmung eines Aufgebotstermins.

I. Normzweck

Die Vorschrift gestaltet das Aufgebotsverfahren als Antragsverfahren aus. Sie regelt ferner das Verfahren bis zum Erlass des Aufgebots sowie dessen notwendigen Inhalt. 1

II. Antrag

1. Antragserfordernis, Antragsberechtigung. Das Aufgebotsverfahren wird in allen bundesgesetzlich geregelten Fällen nur auf Antrag eingeleitet.[1] Welche Personen antragsberechtigt sind, hängt von der Art des jeweiligen Aufgebots ab. Die Antragsberechtigung ist deshalb bei den einzelnen Aufgebotsarten jeweils gesondert geregelt (§§ 979, 984, 988, 991, 999, 1000, 1004). Der notwendige Inhalt des Antrags richtet sich nach dem materiellen Recht. Für einzelne Aufgebotsarten schreibt das Gesetz darüber hinaus die Glaubhaftmachung bestimmter Aufgebotsvoraussetzungen und die Vorlage bestimmter Unterlagen vor (§§ 980, 985, 986, 992, 1002 Abs. 4, 1007). 2

2. Mehrheit von Antragsberechtigten. Verfolgen mehrere Antragsberechtigte gleichgerichtete Interessen, so gelten für ihr Verhältnis zueinander die Vorschriften über die Streitgenossenschaft (§§ 59ff.).[2] Ein am Verfahren zunächst nicht beteiligter Antragsberechtigter kann diesem nachträglich beitreten.[3] Dies gilt auch für antragsberechtigte Personen, die mit dem Antragsteller konkurrieren.[4] Da über den Aufgebotsantrag nur einheitlich entschieden werden kann, sind nachträglich gestellte Anträge weiterer Antragsberechtigter stets als Beitritt zu behandeln.[5] 3

III. Zulässigkeitsprüfung

Die Zulässigkeit des Antrags ist von Amts wegen zu prüfen.[6] Prüfungspunkte sind die gesetzliche Zulässigkeit der beantragten Aufgebotsart, die Zuständigkeit des angerufenen Gerichts, die Antragsberechtigung des Antragstellers, der vorgeschriebene Inhalt des Antrags sowie eine etwa zusätzlich erforderliche Glaubhaftmachung (Rn. 2). Vor der Zurückweisung eines unzureichenden Antrags ist dem Antragsteller Gelegenheit zu geben, Mängel nachzubessern.[7] 4

---

[10] Beispiele bei MK/*Eickmann* Rn. 13; *Wiecz/Sch/Weber* vor § 946 Rn. 27ff.
[11] *Wiecz/Sch/Weber* vor § 946 Rn. 23ff.
[12] MK/*Eickmann* Rn. 21; *St/J/Schlosser* vor § 946 Rn. 8.
[13] MK/*Eickmann* Rn. 24; *St/J/Schlosser* Rn. 2.
[1] *St/J/Schlosser* Rn. 1.
[2] *Wiecz/Sch/Weber* vor § 946 Rn. 50.
[3] MK/*Eickmann* Rn. 8; *St/J/Schlosser* vor § 946 Rn. 10; *Wiecz/Sch/Weber* vor § 946 Rn. 51.
[4] MK/*Eickmann* Rn. 8; *St/J/Schlosser* vor § 946 Rn. 10.
[5] *Wiecz/Sch/Weber* vor § 946 Rn. 51.
[6] *Wiecz/Sch/Weber* Rn. 7.
[7] *St/J/Schlosser* Rn. 4; *Wiecz/Sch/Weber* Rn. 8.

IV. Entscheidung

5 Über den Antrag kann ohne mündliche Verhandlung entschieden werden, Abs. 1 S. 2. Die Entscheidung ergeht in jedem Falle durch Beschluss. Ist der Antrag zulässig, so erlässt der Rechtspfleger durch Beschluss das Aufgebot. Sofern der Beschluss nicht ausnahmsweise verkündet wird, ist er dem Antragsteller nach § 329 Abs. 2 S. 2 förmlich zuzustellen. Ein unzulässiger Antrag ist durch zu begründenden Beschluss zurückzuweisen; die Entscheidung unterliegt gemäß § 11 Abs. 1 RPflG der einfachen Beschwerde nach § 567 Abs. 1 (dazu § 576 Rn. 6 ff.). Ein zurückgewiesener Antrag kann unter Meidung des Mangels jederzeit wiederholt werden.[8]

V. Inhalt des Aufgebots

6 Abs. 2 S. 2 zählt die wesentlichen Punkte auf, die in keinem Aufgebot fehlen dürfen.[9] Die Fassung des Aufgebots richtet sich im Übrigen nach dem materiellen Recht und dem vom Antragsteller verfolgten Interesse.[10] Entsprechend dem Zweck des Aufgebots ist sein Inhalt möglichst konkret und verständlich zu gestalten. Ein Hinweis auf die Regelung des § 951 ist zulässig[11] und zur Vermeidung von Irrtümern geboten.[12]

VI. Gebühren und Kosten

7 **1. Rechtsanwaltsgebühren.** Für die Vertretung im Aufgebotsverfahren erhält der Anwalt nunmehr eine einheitliche 1,0 Verfahrensgebühr der Nr. 3324 VV RVG. Hinzu kommt ggf. eine 0,5 Terminsgebühr aus Nr. 3332 VV RVG. Das Aufgebotsverfahren und das Verfahren über den Antrag auf Anordnung einer Zahlungssperre gemäß § 1020 bilden dieselbe Angelegenheit (§ 16 Nr. 8 RVG).

8 **2. Gerichtskosten.** Es wird gemäß KV Nr. 1630 eine halbe Gebühr für das Verfahren erhoben.

948 *Öffentliche Bekanntmachung*

(1) [1]Die öffentliche Bekanntmachung des Aufgebots erfolgt durch Anheftung an die Gerichtstafel und durch einmalige Einrückung in den elektronischen Bundesanzeiger, sofern nicht das Gesetz für den betreffenden Fall eine abweichende Anordnung getroffen hat. [2]Zusätzlich kann die öffentliche Bekanntmachung in einem von dem Gericht für Bekanntmachungen bestimmten elektronischen Informations- und Kommunikationssystem erfolgen.

(2) Das Gericht kann anordnen, dass die Einrückung noch in andere Blätter und zu mehreren Malen erfolge.

I. Normzweck

1 Die Vorschrift regelt die Mindesterfordernisse der öffentlichen Bekanntmachung des Aufgebots. Die Regelung gilt nur subsidiär, da ihr auf Grund des Vorbehalts nach Abs. 1 sowie der Ermächtigungen nach §§ 1023, 1024 zahlreiche bundes- und landesrechtliche Sonderregelungen vorgehen.[1]

II. Öffentliche Bekanntmachung

2 **1. Regelform.** Zur öffentlichen Bekanntmachung des Aufgebots ist – vorbehaltlich abweichender gesetzlicher Regelungen – mindestens die Anheftung an die Gerichtstafel (§ 204 Abs. 2) und die einmalige Einrückung des vollständigen Aufgebots – nicht bloß eines Auszuges wie nach § 204 – in den elektronischen Bundesanzeiger erforderlich.

3 **2. Zusätzliche Formen** der Bekanntmachung nach Abs. 2 stehen im Ermessen des Gerichts. Insoweit kommen vor allem die Bekanntmachung in der örtlichen Presse oder in Fachblättern in Betracht.

4 **3. Gesonderte Mitteilungen** an bekannte Interessenten sind neben der öffentlichen Bekanntmachung vorgeschrieben in §§ 986 Abs. 5, 994 Abs. 2 und 1001.

5 **4. Verstöße** gegen die jeweils gesetzlich vorgeschriebene Form der öffentlichen Bekanntmachung hindern den Erlass des Ausschlussurteils und begründen nach § 957 Abs. 2 Nr. 2 die Anfechtungsklage.[2]

III. Gerichtskosten

6 Zu den **Auslagen** vgl. KV Nr. 9004.

---

[8] MK/*Eickmann* Rn. 15; *St/J/Schlosser* Rn. 4; *Wiecz/Sch/Weber* Rn. 8.
[9] MK/*Eickmann* Rn. 17; *St/J/Schlosser* Rn. 5.
[10] *St/J/Schlosser* Rn. 5.
[11] MK/*Eickmann* Rn. 19; *St/J/Schlosser* Rn. 5.
[12] *Wiecz/Sch/Weber* Rn. 12.
[1] MK/*Eickmann* Rn. 1; *St/J/Schlosser* Rn. 2; Zusammenstellung bei *Wiecz/Sch/Weber* § 1024 Rn. 4 ff.
[2] MK/*Eickmann* Rn. 5; *Wiecz/Sch/Weber* Rn. 7.

949 *Gültigkeit der öffentlichen Bekanntmachung* **Auf die Gültigkeit der öffentlichen Bekanntmachung hat es keinen Einfluss, wenn das anzuheftende Schriftstück von dem Ort der Anheftung zu früh entfernt ist oder wenn im Falle wiederholter Bekanntmachung die vorgeschriebenen Zwischenfristen nicht eingehalten sind.**

Die Vorschrift will verhindern, dass die aufwendige öffentliche Bekanntmachung (§ 948) wegen geringfügiger Fehler der Geschäftsstelle wiederholt werden muss. Zwischenfristen sind nur die Fristen, die bei mehrmaliger Bekanntmachung zwischen den einzelnen Bekanntmachungen liegen müssen. Die Aufgebotsfrist (§ 950 Rn. 2) und die Fristen nach §§ 1010 bis 1014 sind keine Zwischenfristen. 1

950 *Aufgebotsfrist* **Zwischen dem Tage, an dem die Einrückung oder die erste Einrückung des Aufgebots in den elektronischen Bundesanzeiger erfolgt ist, und dem Aufgebotstermin muss, sofern das Gesetz nicht eine abweichende Anordnung enthält, ein Zeitraum (Aufgebotsfrist) von mindestens sechs Wochen liegen.**

I. Normzweck

Die Bestimmung will mit der Festlegung einer Mindestfrist zwischen öffentlicher Bekanntmachung und Aufgebotstermin den Beteiligten ausreichend Gelegenheit geben, von dem Aufgebot Kenntnis zu erlangen und ihre Rechte anzumelden. 1

II. Aufgebotsfrist

1. Begriff. Das Gesetz definiert als Aufgebotsfrist den Zeitraum, der zwischen der ersten oder einmaligen Einrückung des Aufgebots im elektronischen Bundesanzeiger und dem Aufgebotstermin mindestens verstrichen sein muss. Der Sechswochenzeitraum des § 950 gilt angesichts zahlreicher Sonderbestimmungen (§§ 987 Abs. 3, 988, 994 Abs. 1, 1001, 1002 Abs. 5, 1010 bis 1015; Art. 59 ScheckG) und Vorbehalte (§§ 1023, 1024; § 11 EGZPO)[1] nur subsidiär. 2

2. Verletzung. Die Nichteinhaltung der Aufgebotsfrist hindert den Erlass des Ausschlussurteils und begründet nach § 957 Abs. 2 Nr. 3 die Anfechtungsklage.[2] 3

951 *Anmeldung nach Aufgebotstermin* **Eine Anmeldung, die nach dem Schluss des Aufgebotstermins, jedoch vor Erlass des Ausschlussurteils erfolgt, ist als rechtzeitig anzusehen.**

I. Normzweck

Die Bestimmung will vermeiden, dass Rechte ausgeschlossen werden, die zwar erst nach dem Aufgebotstermin, aber noch vor Erlass des Ausschlussurteils angemeldet worden sind. 1

II. Anmeldung

Anmeldung ist die dem Aufgebotsgericht gegenüber abzugebende Erklärung, dass dem Anmeldenden ein Recht zustehe, das durch das Aufgebotsverfahren ausgeschlossen oder beeinträchtigt werden soll.[1] Die Anmeldung ist Prozesshandlung.[2] Wird die Erklärung im Aufgebotstermin abgegeben, so ist sie zu protokollieren.[3] Vor dem Termin und nach demselben bis zur Verkündung des Ausschlussurteils kann die Anmeldung schriftlich oder zu Protokoll der Geschäftsstelle erklärt werden.[4] Die Anmeldung muss gegenüber dem Aufgebotsgericht erfolgen; Erklärungen in anderen Verfahren – selbst bei demselben Amtsgericht – genügen nicht.[5] Die Anmeldung kann sich in einer bloßen Rechtsbehauptung erschöpfen, eine Begründung ist nicht erforderlich.[6] Rechtzeitig ist die Anmeldung, wenn sie nur vor der – aus welchen Gründen auch immer hinausgeschobenen – Verkündung des Ausschlussurteils erfolgt.[7] 2

952 *Ausschlussurteil; Zurückweisungs des Antrags* **(1) Das Ausschlussurteil ist in öffentlicher Sitzung auf Antrag zu erlassen.**

(2) Einem in der Sitzung gestellten Antrag wird ein Antrag gleichgeachtet, der vor dem Aufgebotstermin schriftlich gestellt oder zum Protokoll der Geschäftsstelle erklärt worden ist.

(3) Vor Erlass des Urteils kann eine nähere Ermittlung, insbesondere die Versicherung der Wahrheit einer Behauptung des Antragstellers an Eides statt angeordnet werden.

---

1 Zusammenstellung bei *Wiecz/Sch/Weber* § 1024 Rn. 4ff.
2 MK/*Eickmann* Rn. 4; *Wiecz/Sch/Weber* Rn. 5.
1 MK/*Eickmann* Rn. 2; *St/J/Schlosser* Rn. 1.
2 LG Frankenthal Rpfleger 1981, 412; *St/J/Schlosser* Rn. 1; *Wiecz/Sch/Weber* Rn. 3.
3 MK/*Eickmann* Rn. 5; *St/J/Schlosser* Rn. 1; *Wiecz/Sch/Weber* Rn. 3.
4 *Wiecz/Sch/Weber* Rn. 3.
5 MK/*Eickmann* Rn. 4; *St/J/Schlosser* Rn. 1.
6 MK/*Eickmann* Rn. 6; *St/J/Schlosser* Rn. 1; *Wiecz/Sch/Weber* Rn. 3.
7 *Wiecz/Sch/Weber* Rn. 4.

(4) Gegen den Beschluss, durch den der Antrag auf Erlass des Ausschlussurteils zurückgewiesen wird, sowie gegen Beschränkungen und Vorbehalte, die dem Ausschlussurteil beigefügt sind, findet sofortige Beschwerde statt.

I. Normzweck

1 Die Vorschrift regelt gemeinsam mit §§ 953, 954 den Ablauf des Aufgebotstermins, die dort zu treffenden Entscheidungen und deren Voraussetzungen.

II. Der Aufgebotstermin

2 **1. Öffentliche Verhandlung.** Der Aufgebotstermin ist als öffentliche Verhandlung abzuhalten. Die Durchführung des Aufgebotstermins und der Erlass der daraufhin zu treffenden Entscheidung sind dem Richter vorbehalten (§ 20 Nr. 2 RPflG).

3 **2. Antragserfordernis.** Der Erlass eines Ausschlussurteils setzt einen weiteren Antrag voraus, der neben dem verfahrenseinleitenden Antrag auf Erlass des Aufgebots gestellt werden muss. Dies kann schon vor dem Termin schriftlich oder zur Protokoll der Geschäftsstelle geschehen (Abs. 2). Der Antrag auf Urteilserlass kann auch mit dem verfahrenseinleitenden Antrag verbunden werden.[1] Ist der Antrag schriftlich oder zur Protokoll der Geschäftsstelle gestellt worden, so ist er Entscheidungsgrundlage, auch wenn der Antragsteller im Termin nicht erscheint (Abs. 2; arg. § 954).[2]

4 **3. Prüfungsumfang. a) Urteilsvoraussetzungen.** Ist mündlich, schriftlich oder zu Protokoll der Geschäftsstelle der Erlass eines Ausschlussurteils beantragt, so prüft das Gericht zunächst erneut die Zulässigkeit des Aufgebots[3] unter Einbeziehung aller bis zum Schluss der Verhandlung eingetretenen neuen Tatsachen.[4] Ferner ist zu prüfen, ob die Voraussetzungen für den Erlass eines Ausschlussurteils erfüllt sind. Über all dies kann der Richter nach Abs. 3 nähere Ermittlungen anstellen, von dem Antragsteller Darlegungen und Nachweise fordern, Beweisantritte anregen und Beweise jeder Art erheben.[5] Abweichend vom regulären Zivilprozess lässt Abs. 3 auch die eidesstattliche Versicherung des Antragstellers als Beweismittel zu.

5 **b) Anmeldungen.** Sind im Termin oder vor demselbem Rechte oder Ansprüche angemeldet worden, so ist auch über die Anmeldungen zu verhandeln. Dass der Anmeldende hierzu im Termin erscheint, ist nicht erforderlich. Eine Nachprüfung oder gar eine Entscheidung über ein angemeldetes Recht ist ausgeschlossen. Das Gericht hat vielmehr lediglich die Anmeldung zur Kenntnis zu nehmen und danach zu entscheiden, ob das Verfahren auszusetzen oder das angemeldete Recht im Ausschlussurteil vorzubehalten ist (§ 953).

III. Die Entscheidung

6 **1. Zurückweisung des Antrags.** Ist das Aufgebot unzulässig oder das Verfahren fehlerhaft oder haben die näheren Ermittlungen des Gerichts nach Abs. 3 nicht zu einem für den Antragsteller positiven Ergebnis geführt, so ist der Antrag auf Erlass des Ausschlussurteils durch zu verkündenden Beschluss zurückzuweisen. Hiergegen kann der Antragsteller sofortige Beschwerde (§ 567) einlegen, Abs. 4. Die zweiwöchige Notfrist (§ 569 Abs. 1) beginnt mit Zustellung des Zurückweisungsbeschlusses.

7 **2. Ausschlussurteil. a) Keine Anmeldung.** Ist das Verfahren nicht zu beanstanden und keine Anmeldung erfolgt, so erlässt das Gericht Ausschlussurteil, durch das die zuvor angedrohten Rechtsnachteile auszusprechen sind. Das Ausschlussurteil ist Gestaltungsurteil.[6] Es ist in jedem Falle zu verkünden (Abs. 2 S. 1) und wird mit seiner Verkündung rechtskräftig (§ 957 Abs. 1). Seine Zustellung (§ 317) ist entbehrlich, da durch sie keine Rechtsmittelfristen in Gang gesetzt werden (§§ 957 Abs. 1). Rechtsmitteln unterliegt das Ausschlussurteil nur, soweit es Beschränkungen und Vorbehalte enthält (Abs. 4). Die Gestaltungswirkung tritt bereits mit der Verkündung des Urteils ein.[7] Sie kann nur mit Hilfe der Anfechtungsklage (§ 957) beseitigt werden.

8 **b) Anmeldungen.** Sind rechtzeitig (§ 951) Rechte oder Ansprüche angemeldet worden, so ist nach § 953 zu verfahren. Eine materiell-rechtliche Nachprüfung der angemeldeten Rechte durch das Aufgebotsgericht ist ausgeschlossen. Gegen Beschränkungen und Vorbehalte, die in das Ausschlussurteil aufgenommen werden, steht dem Antragsteller nach Abs. 4 die sofortige Beschwerde (§ 567) zu. Auch im Beschwerdeverfahren wird nicht geprüft, ob dem Anmeldenden das behauptete Recht zusteht.[8]

IV. Gerichtskosten

9 Gerichtsgebühren werden für das Ausschlussurteil nicht erhoben.

---

1 MK/*Eickmann* Rn. 3; *St/J/Schlosser* Rn. 1; *Wiecz/Sch/Weber* Rn. 3.
2 *Wiecz/Sch/Weber* Rn. 6.
3 *B/L/H* Rn. 1; MK/*Eickmann* Rn. 9; *St/J/Schlosser* Rn. 3; *Wiecz/Sch/Weber* Rn. 7; *R/S/G/* § 172 II 7.
4 MK/*Eickmann* Rn. 10; *St/J/Schlosser* Rn. 3.
5 *St/J/Schlosser* Rn. 3.
6 MK/*Eickmann* Rn. 13; *St/J/Schlosser* Rn. 6; *Wiecz/Sch/Weber* vor § 946 Rn. 51; *R/S/G/* § 172 II 7.
7 BGHZ 76, 169, 170 = NJW 1980, 1521; *St/J/Schlosser* Rn. 6.
8 *St/J/Schlosser* Rn. 6; *Wiecz/Sch/Weber* Rn. 14; MK/*Eickmann* § 953 Rn. 6, 12.

953 *Wirkung einer Anmeldung* **Erfolgt eine Anmeldung, durch die das von dem Antragsteller zur Begründung des Antrags behauptete Recht bestritten wird, so ist nach Beschaffenheit des Falles entweder das Aufgebotsverfahren bis zur endgültigen Entscheidung über das angemeldete Recht auszusetzen oder in dem Ausschlussurteil das angemeldete Recht vorzubehalten.**

I. Normzweck

Die Vorschrift regelt, wie das Aufgebotsgericht zu verfahren und zu entscheiden hat, wenn ein Recht angemeldet wird, das mit dem des Antragstellers kollidiert. Sie verweist den Streit über das angemeldete Recht ins ordentliche Verfahren. 1

II. Wirkung der Anmeldung

Schränkt das angemeldete Recht das behauptete Recht des Antragstellers lediglich ein, ohne es auszuschließen, so ist es im Ausschlussurteil vorzubehalten[1] oder durch eine Beschränkung des Ausschlussurteils (§ 952 Abs. 4) von der Ausschlusswirkung auszunehmen.[2] Ist ein Recht angemeldet, welches das behauptete Recht des Antragstellers ausschließt (rechtsbestreitende Anmeldung),[3] so hat das Gericht nach Lage des Falles entweder das Aufgebotsverfahren auszusetzen oder das angemeldete Recht im Ausschlussurteil vorzubehalten. Eine Klärung der materiellen Berechtigung des Anmeldenden (oder des Antragstellers) im Aufgebotsverfahren ist in jedem Falle ausgeschlossen.[4] Vorbehalte und Beschränkungen können nach § 952 Abs. 4 mit der sofortigen Beschwerde angefochten werden. Eine sachliche Nachprüfung des angemeldeten Rechts ist aber auch im Beschwerdeverfahren nicht möglich. Der Antragsteller kann lediglich geltend machen, es fehle an einer wirksamen Anmeldung.[5] 2

III. Aussetzung oder Vorbehalt

1. Aussetzung. Kollidieren das vom Antragsteller behauptete und das angemeldete Recht dergestalt, dass nur eines von beiden bestehen kann, so wird das Aufgebotsverfahren regelmäßig auszusetzen sein.[6] Die Aussetzung geschieht durch Beschluss, der zu verkünden oder nach § 329 Abs. 2 den Beteiligten formlos mitzuteilen ist. Er unterliegt gemäß § 252 der sofortigen Beschwerde nach § 567. Der Streit um die sachliche Berechtigung kann nicht im Beschwerdeverfahren geklärt werden (vgl. Rn. 2). Er ist vielmehr in einem gesonderten Prozess über das angemeldete Recht im ordentlichen Verfahren auszutragen[7] (dazu weiter Rn. 5). 3

2. Vorbehalt. Kommt nach Lage des Falles ein Ausschluss weiterer Beteiligter, die keine Rechte angemeldet haben, in Betracht, so wird im Interesse des Antragstellers und im Hinblick auf den Zweck des Aufgebotsverfahrens (§ 946 Rn. 1) regelmäßig Ausschlussurteil zu erlassen und das angemeldete Recht vorzubehalten sein.[8] Durch den Vorbehalt erlangt der Anmeldende keine materielle Rechtsposition; diese wird vielmehr nur gegenüber dem Antragsteller gewahrt, soweit sie besteht.[9] Der Vorbehalt unterliegt nach § 952 Abs. 4 der sofortigen Beschwerde. Eine materiell-rechtliche Klärung im Beschwerdeverfahren ist auch hier ausgeschlossen (vgl. Rn. 2). Ob das dem Anmeldenden vorbehaltene Recht besteht, ist in einem gesonderten Prozess im ordentlichen Verfahren zu klären (dazu weiter Rn. 5). 4

IV. Rechtsstreit um das angemeldete Recht

1. Klärung der Berechtigung des Anmeldenden. Gegenstand des gesonderten Prozesses nach Aussetzung des Aufgebotsverfahrens oder nach Erlass eines Vorbehaltsausschlussurteils ist das Recht des Anmeldenden, nicht das des Antragstellers.[10] Dies folgt aus dem Ziel des Aufgebotsverfahrens, klare Rechtsverhältnisse dadurch zu schaffen, dass ein Dritter, der ein Recht angemeldet hat, zum Nachweis dieses Rechts gezwungen oder ausgeschlossen wird.[11] Freilich kann der Prozess auch vom Antragsteller durch Erhebung einer negativen Feststellungsklage initiiert werden.[12] Auf die Beweislastverteilung in diesem Rechtsstreit hat das ausgesetzte Aufgebotsverfahren bzw. das Vorbehaltsausschlussurteil keinen Einfluss; sie richtet sich nach allgemeinen Grundsätzen.[13] Im Prozess über die materielle Berechtigung des Anmeldenden kann nicht mehr nachgeprüft werden, ob die materiell-rechtlichen Voraussetzungen für den Erlass des Ausschlussurteils vorgelegen haben.[14] 5

---

1 *R/S/G* § 172 Rn. 18; *B/L/H* Rn. 1.
2 So MK/*Eickmann* Rn. 3, 5; *St/J/Schlosser* Rn. 1.
3 MK/*Eickmann* Rn. 1, 4.
4 BGHZ 76, 169, 171 f. = NJW 1980, 1521; MK/*Eickmann* Rn. 7; *St/J/Schlosser* Rn. 2; *Wiecz/Sch/Weber* Rn. 9.
5 MK/*Eickmann* Rn. 6.
6 *B/L/H* Rn. 1; MK/*Eickmann* Rn. 8; *St/J/Schlosser* Rn. 2; aA *Wiecz/Sch/Weber* Rn. 7 (regelmäßig Vorbehaltsausschlussurteil).
7 BGH (Fn. 4); MK/*Eickmann* Rn. 9; *St/J/Schlosser* Rn. 3; *Wiecz/Sch/Weber* Rn. 10.
8 *Wiecz/Sch/Weber* Rn. 7.
9 BGH (Fn. 4) S. 170; MK/*Eickmann* Rn. 12; *St/J/Schlosser* Rn. 2; *Wiecz/Sch/Weber* Rn. 9.
10 MK/*Eickmann* Rn. 9, 12; *St/J/Schlosser* Rn. 3; *Wiecz/Sch/Weber* Rn. 10.
11 *St/J/Schlosser* Rn. 3.
12 *B/L/H* Rn. 3; MK/*Eickmann* Rn. 9; *St/J/Schlosser* Rn. 3; *Wiecz/Sch/Weber* Rn. 10.
13 AA *Wiecz/Sch/Weber* Rn. 10.
14 BGH (Fn. 4) S. 170.

6 **2. Auswirkungen auf das Aufgebotsverfahren.** Obsiegt der Anmeldende, so ist im Falle der Aussetzung des Aufgebotsverfahrens in einem neuen Termin des Aufgebotsgerichts (§ 955) der Antrag auf Erlass des Ausschlussurteils zurückzuweisen; unterliegt er, so ist vorbehaltloses Ausschlussurteil zu erlassen.[15] Obsiegt der Anmeldende in dem Prozess über ein ihm vorbehaltenes Recht, so tritt die Ausschlusswirkung ihm gegenüber endgültig nicht ein. Unterliegt er, so entfällt mit Eintritt der Rechtskraft des (Feststellungs-) Urteils der Vorbehalt des Ausschlussurteils.[16]

V. Gerichtskosten

7 Gerichtsgebühren werden nicht erhoben.

954

Fehlender Antrag **[1]Wenn der Antragsteller weder in dem Aufgebotstermin erschienen ist noch vor dem Termin den Antrag auf Erlass des Ausschlussurteils gestellt hat, so ist auf seinen Antrag ein neuer Termin zu bestimmen. [2]Der Antrag ist nur binnen einer vom Tag des Aufgebotstermins laufenden Frist von sechs Monaten zulässig.**

I. Normzweck

1 Die Bestimmung regelt das Verfahren bei Säumnis des Antragstellers abweichend von § 330. Die Wirkung des aufwendigen Aufgebots soll nicht schon bei einmaliger Säumnis entfallen.[1]

II. Verfahren bei Säumnis des Antragstellers

2 Der Antragsteller ist säumig, wenn er weder im Aufgebotstermin noch vor demselben schriftlich oder zu Protokoll der Geschäftsstelle den Erlass eines Ausschlussurteils beantragt hat. Die Säumnis führt lediglich zum Stillstand des Verfahrens.[2] Der binnen sechs Monaten zulässige Antrag auf Bestimmung eines neuen Termins kann nur einmal gestellt werden.[3] Geschieht dies nicht, so erlischt die Wirkung des Aufgebots. Eine Versäumnisentscheidung kann nicht ergehen, Wiedereinsetzung ist ausgeschlossen.[4]

955

Neuer Termin **Wird zur Erledigung des Aufgebotsverfahrens ein neuer Termin bestimmt, so ist eine öffentliche Bekanntmachung des Termins nicht erforderlich.**

1 Die Bestimmung befreit für Folgetermine von der aufwendigen öffentlichen Bekanntmachung (§ 948). Sie gilt für alle Fortsetzungstermine, auch nach Aussetzung des Aufgebotsverfahrens (§ 953) und nach Säumnis des Antragstellers (§ 954).[1] § 955 befreit nicht von der Pflicht, dem Antragsteller und anderen bekannten Beteiligten eine nicht verkündete Terminsbestimmung von Amts wegen zuzustellen (§ 329 Abs. 2 S. 2).[2]

956

Öffentlich Bekanntmachung des Ausschlussurteils **Das Gericht kann die öffentliche Bekanntmachung des wesentlichen Inhalts des Ausschlussurteils durch einmalige Einrückung in den elektronischen Bundesanzeiger anordnen.**

1 Da sich das Ausschlussurteil typischerweise gegen unbestimmte oder unbekannte Beteiligte richtet, stellt § 956 die öffentliche Bekanntmachung des wesentlichen Inhalts des Urteils in das Ermessen des Gerichts. Bei der Kraftloserklärung von Urkunden ist sie obligatorisch (§ 1017 Abs. 2).

957

Anfechtungsklage **(1) Gegen das Ausschlussurteil findet ein Rechtsmittel nicht statt.**

(2) Das Ausschlussurteil kann bei dem Landgericht, in dessen Bezirk das Aufgebotsgericht seinen Sitz hat, mittels einer gegen den Antragsteller zu erhebenden Klage angefochten werden:

1. wenn ein Fall nicht vorlag, in dem das Gesetz das Aufgebotsverfahren zulässt;
2. wenn die öffentliche Bekanntmachung des Aufgebots oder eine in dem Gesetz vorgeschriebene Art der Bekanntmachung unterblieben ist;
3. wenn die vorgeschriebene Aufgebotsfrist nicht gewahrt ist;
4. wenn der erkennende Richter von der Ausübung des Richteramts kraft Gesetzes ausgeschlossen war;
5. wenn ein Anspruch oder ein Recht ungeachtet der Anmeldung nicht dem Gesetz gemäß in dem Urteil berücksichtigt ist;
6. wenn die Voraussetzungen vorliegen, unter denen die Restitutionsklage wegen einer Straftat stattfindet.

---

[15] MK/*Eickmann* Rn. 10; *Wiecz/Sch/Weber* Rn. 11.

[16] *Wiecz/Sch/Weber* Rn. 12; MK/*Eickmann* Rn. 12; *St/J/Schlosser* Rn. 3; *Zö/Geimer* Rn. 2; anders *B/L/H* Rn. 4 (Verurteilung zum Verzicht erforderlich).

[1] MK/*Eickmann* Rn. 1.

[2] MK/*Eickmann* Rn. 3.

[3] *B/L/H* Rn. 1; MK/*Eickmann* Rn. 4; *St/J/Schlosser* Rn. 1.

[4] *B/L/H* Rn. 1; *Zö/Geimer* Rn. 1.

[1] MK/*Eickmann* Rn. 1, 2.

[2] *B/L/H* Rn. 1; MK/*Eickmann* Rn. 3; abw. *Wiecz/Sch/Weber* Rn. 3.

I. Normzweck

Die Bestimmung schließt Rechtsmittel gegen das Ausschlussurteil aus (Abs. 1) und setzt an deren Stelle die Anfechtungsklage (Abs. 2) als besondere Gestaltungsklage mit dem Ziel, die Gestaltungswirkung des Ausschlussurteils zu beseitigen. Die Regelung erklärt sich aus der Schwierigkeit, gegenüber unbekannten und am Aufgebotsverfahren nicht beteiligten Betroffenen Rechtsmittelfristen in Gang zu setzen.[1] 1

II. Rechtskraft des Ausschlussurteils

Das Ausschlussurteil wird mit seiner Verkündung formell rechtskräftig.[2] Nicht angemeldete Rechte und Ansprüche sind gegenüber jedermann mit materieller Rechtskraftwirkung ausgeschlossen. Das Urteil schafft zugleich den Rechtsgrund für den Vermögensvorteil, den der Antragsteller infolge des Ausschlusses erlangt; ausgeschlossenen Berechtigten steht daher auch kein Bereicherungsanspruch zu.[3] Abweichendes gilt für das Aufgebot der Nachlassgläubiger (§§ 989 bis 1000) und für das Urkundenaufgebot (§§ 1003 bis 1018), denn diese bezwecken nicht den (völligen) Ausschluss nicht angemeldeter Rechte (näher § 989 Rn. 1, 3, § 1018 Rn. 4). Eine weitere Ausnahme regelt § 114 SachenRBerG.[4] Gegenüber einem Ausschlussurteil ist auch eine Wiederaufnahmeklage nicht statthaft.[5] 2

III. Die Anfechtungsklage

1. Funktion, Zulässigkeit. Die Anfechtungsklage ist der einzig mögliche Rechtsbehelf gegen das Ausschlussurteil (§ 952 Rn. 7). Sie ist Gestaltungsklage mit dem Ziel der rückwirkenden Beseitigung des durch das Urteil ausgesprochenen Rechtsnachteils.[6] Sie kann von jedem erhoben werden, dessen Rechtsstellung durch das Urteil berührt wird.[7] Eines besonderen Rechtsschutzbedürfnisses bedarf es daneben nicht.[8] Ausschließlich zuständig ist ohne Rücksicht auf die Höhe des Streitwerts das dem Aufgebotsgericht übergeordnete Landgericht,[9] auch wenn das Amtsgericht sich zu Unrecht für zuständig gehalten hat.[10] Besondere Zulässigkeitsvoraussetzung ist die Wahrung der Klagefrist (§ 958). 3

2. Anfechtungsgründe. Die Anfechtungsklage kann nur auf die in Abs. 2 als Anfechtungsgründe abschließend aufgeführten formellen Mängel des Aufgebotsverfahrens gestützt werden.[11] Andere, selbst schwerwiegende Verfahrensfehler verhelfen der Klage nicht zum Erfolg.[12] Auch eine materiell-rechtliche Nachprüfung ist ausgeschlossen.[13] 4

a) **Nr. 1** betrifft den Fall, dass ein Aufgebotsverfahren durchgeführt worden ist, obwohl es gesetzlich nicht vorgesehen ist.[14] Das ist auch dann der Fall, wenn das Ausschlussurteil auf einen gesetzlich nicht vorgesehenen Rechtsnachteil erkennt.[15] Gesetzwidrige Verfahrensweisen im Rahmen eines vom Gesetz zugelassenen Aufgebotsverfahrens genügen dagegen nicht.[16] 5

b) **Nr. 2** betrifft neben den Fällen der öffentlichen Bekanntmachung nach §§ 948 Abs. 1, 949, 1006 Abs. 2, 1009 jede andere vorgeschriebene Art der Bekanntmachung, auch solche nach landesrechtlichen Vorschriften, die gemäß §§ 1023 S. 2, 1024, § 11 EGZPO vorbehalten sind.[17] Auch Verstöße gegen die Sollvorschriften der §§ 994 Abs. 2, 1001 begründen die Anfechtungsklage.[18] Unter Nr. 2 fallen ferner Verletzungen der Vorschriften über den Inhalt der Bekanntmachung (§ 947 Abs. 2).[19] Ein Anfechtungsgrund nach Nr. 2 ist daher auch dann gegeben, wenn das Ausschlussurteil einen anderen als den im Aufgebot angedrohten Rechtsnachteil ausspricht.[20] 6

c) **Nr. 3** betrifft die Mindestfrist nach § 950 bzw. die ihr vorgehenden speziellen Aufgebotsfristen (vgl. § 950 Rn. 2). Verstöße gegen § 1015 S. 2 gehören nicht hierher.[21] **Nr. 4** entspricht der Regelung in §§ 551 7

---

[1] MK/*Eickmann* Rn. 1; *St/J/Schlosser* Rn. 1.
[2] BGHZ 76, 169, 170 = NJW 1980, 1521; BGH NJW 1980, 2529; DtZ 1994, 214; allgM.
[3] LG Koblenz NJW 1963, 254, 255; *B/L/H* Rn. 1; MK/*Eickmann* Rn. 3; *St/J/Schlosser* Rn. 3; *Wiecz/Sch/Weber* Rn. 7; *Zö/Geimer* Rn. 1.
[4] *Wiecz/Sch/Weber* Rn. 7.
[5] BGH DtZ 1994, 214, 215; *B/L/H* Rn. 1; MK/*Eickmann* Rn. 5; *St/J/Schlosser* Rn. 1; *Wiecz/Sch/Weber* Rn. 4; *Zö/Geimer* Rn. 1.
[6] MK/*Eickmann* Rn. 5; *Wiecz/Sch/Weber* Rn. 24.
[7] MK/*Eickmann* Rn. 6; *St/J/Schlosser* Rn. 3; *Wiecz/Sch/Weber* Rn. 30.
[8] BGH LM Nr. 1 = NJW 1956, 1320 (LS); MK/*Eickmann* Rn. 7; *Wiecz/Sch/Weber* Rn. 30.
[9] MK/*Eickmann* Rn. 8; *St/J/Schlosser* Rn. 10.
[10] *Wiecz/Sch/Weber* Rn. 25.
[11] BGH NJW 1980, 2529; DtZ 1994, 214; *B/L/H* Rn. 2; MK/*Eickmann* Rn. 10; *St/J/Schlosser* Rn. 3.
[12] MK/*Eickmann* Rn. 10; *St/J/Schlosser* Rn. 3.
[13] BGH NJW 1980, 2529; *B/L/H* Rn. 2; MK/*Eickmann* Rn. 10; *St/J/Schlosser* Rn. 3.
[14] BGH (Fn. 13); MK/*Eickmann* Rn. 11; *St/J/Schlosser* Rn. 4.
[15] MK/*Eickmann* Rn. 11; *St/J/Schlosser* Rn. 4.
[16] BGH (Fn. 13); aA *Wiecz/Sch/Weber* Rn. 14 (für die Durchführung bzw. Fortsetzung des Aufgebotsverfahrens unter Verstoß gegen § 993 Abs. 2 bzw. § 1015 S. 2).
[17] MK/*Eickmann* Rn. 12; *St/J/Schlosser* Rn. 5; *Wiecz/Sch/Weber* Rn. 15.
[18] *R/S/G* § 172 Rn. 24; MK/*Eickmann* Rn. 12; *St/J/Schlosser* Rn. 5; *Wiecz/Sch/Weber* Rn. 16; *T/P/Reichold* Rn. 5; aA *B/L/H* Rn. 5; *Zö/Geimer* § 994 Rn. 2.
[19] MK/*Eickmann* Rn. 12; *St/J/Schlosser* Rn. 5.
[20] MK/*Eickmann* Rn. 12; *St/J/Schlosser* Rn. 5; *Wiecz/Sch/Weber* Rn. 15.
[21] AA *St/J/Schlosser* Rn. 6; anders dagegen *dies.* § 1015 Rn. 2; *B/L/H* § 1015 Rn. 1; abw. auch *Wiecz/Sch/Weber* Rn. 14, 17 (Fall des Abs. 2 Nr. 1).

Nr. 2, 579 Abs. 1 Nr. 2. Gemeint ist der Richter, der das Ausschlussurteil erlassen hat. **Nr. 5** betrifft den Fall, dass eine wirksame Anmeldung (§ 951 Rn. 2), die zur Aussetzung oder zu einem Vorbehalt hätte führen müssen (§ 953), unberücksichtigt geblieben ist. **Nr. 6** fasst die in § 580 Nr. 1 bis 5 genannten Restitutionsgründe zusammen. § 581 findet auf die Anfechtungsklage entsprechende Anwendung.[22]

IV. Entscheidung

8 In den Fällen der Nr. 1 bis 4 und Nr. 6 kommen als Entscheidungsalternativen nur Klageabweisung und Aufhebung des Ausschlussurteils in Betracht.[23] Eine inhaltliche Änderung des Ausschlussurteils ist nur im Falle der Nr. 5 statthaft, sofern der zu Unrecht nicht berücksichtigten Anmeldung mit einer Beschränkung des Ausschlussurteils oder mit einem Vorbehalt Genüge getan ist.[24] Das Urteil wirkt, auch soweit es das Ausschlussurteil aufhebt, nur unter den Parteien.[25] Gegen das Urteil finden Berufung und Revision nach allgemeinen Regeln statt.[26]

V. Gebühren und Kosten

9 **1. Rechtsanwaltsgebühren.** Für den Anwalt entstehen die Gebühren der Nrn. 3100 ff. VV RVG.

10 **2. Gerichtskosten.** Gerichtsgebühren werden nach den allgemeinen Bestimmungen für das Prozessverfahren erster Instanz (KV Nr. 1210, 1211) erhoben.

958

Klagefrist **(1) [1]Die Anfechtungsklage ist binnen der Notfrist eines Monats zu erheben. [2]Die Frist beginnt mit dem Tage, an dem der Kläger Kenntnis von dem Ausschlussurteil erhalten hat, in dem Falle jedoch, wenn die Klage auf einem der im § 957 Nr. 4, 6 bezeichneten Anfechtungsgründe beruht und dieser Grund an jenem Tage noch nicht zur Kenntnis des Klägers gelangt war, erst mit dem Tage, an dem der Anfechtungsgrund dem Kläger bekannt geworden ist.**

(2) Nach Ablauf von zehn Jahren, von dem Tage der Verkündung des Ausschlussurteils an gerechnet, ist die Klage unstatthaft.

I. Normzweck

1 Die Vorschrift ist § 586 Abs. 1 und 2 nachgebildet und beruht auf ähnlichen Erwägungen wie diese Bestimmungen (vgl. dort Rn. 1).[1]

II. Notfrist (Absatz 1)

2 Die Frist zur Erhebung der Anfechtungsklage ist als Notfrist ausgestaltet. Sie kann weder verkürzt noch verlängert werden (§ 224 Abs. 1 und 2), gegen ihre Versäumnis ist Wiedereinsetzung möglich (§ 233). Die Frist beginnt mit Erlangung der Kenntnis von dem Ausschlussurteil, in den Fällen des § 957 Abs. 2 Nr. 4 und 6 mit dem späteren Zeitpunkt des Bekanntwerdens des Anfechtungsgrundes. Entscheidend ist die tatsächliche Kenntnis, Kennenmüssen genügt nicht.[2] Die Bekanntmachung im Bundesanzeiger besagt nichts über die Kenntnis von dem Ausschlussurteil.[3]

III. Ausschlussfrist (Absatz 2)

3 Abs. 2 entspricht bis auf die Länge der Frist der Vorschrift des § 586 Abs. 2 S. 2 für die Wiederaufnahmeklage. Gegen die Versäumung der Ausschlussfrist ist keine Wiedereinsetzung möglich.[4] Ihr Ablauf war auch gegenüber Ausschlussurteilen von Gerichten der ehemaligen DDR nicht analog § 203 BGB, § 447 Abs. 1 Nr. 4 ZGB-DDR gehemmt.[5]

959

Verbindung mehrerer Aufgebote **Das Gericht kann die Verbindung mehrerer Aufgebote anordnen, auch wenn die Voraussetzungen des § 147 nicht vorliegen.**

1 Die erweiterte Möglichkeit der **Verbindung mehrerer Aufgebote** dient dem Interesse der Kostenersparnis.[1] Die Verbindung ist nur sinnvoll bei Gleichartigkeit der Aufgebote; eine Aufhebung der Verbindung ist gemäß § 150 möglich.

---

[22] *B/L/H* Rn. 9; MK/*Eickmann* Rn. 16; *St/J/Schlosser* Rn. 9; *T/P/Reichold* Rn. 5.
[23] *Wiecz/Sch/Weber* Rn. 31.
[24] MK/*Eickmann* Rn. 17; *St/J/Schlosser* Rn. 11.
[25] *R/S/G* § 172 Rn. 29; MK/*Eickmann* Rn. 19; *Wiecz/Sch/Weber* Rn. 32; *Zö/Geimer* Rn. 2; aA *St/J/Schlosser* Rn. 11 (Gestaltungswirkung für und gegen alle).
[26] *Wiecz/Sch/Weber* Rn. 33.
[1] BGH DtZ 1994, 214, 215; MK/*Eickmann* Rn. 1.
[2] MK/*Eickmann* Rn. 6; *St/J/Schlosser* Rn. 1; *Wiecz/Sch/Weber* Rn. 3.
[3] *St/J/Schlosser* Rn. 1.
[4] *St/J/Schlosser* Rn. 3; *Wiecz/Sch/Weber* Rn. 6.
[5] BGH (Fn. 1).
[1] MK/*Eickmann* Anm. zu § 959; *St/J/Schlosser* Anm. zu § 959.

960–976 *(weggefallen)*

977 ***Aufgebot des Grundstückseigentümers*** **Für das Aufgebotsverfahren zum Zwecke der Ausschließung des Eigentümers eines Grundstücks nach § 927 des Bürgerlichen Gesetzbuchs gelten die nachfolgenden besonderen Vorschriften.**

I. Normzweck

§§ 977 bis 981 regeln das Verfahren für das Aufgebot des Grundstückseigentümers nach § 927 BGB. Entsprechende Anwendung finden die Bestimmungen auf das Aufgebotsverfahren nach § 114 SachenRBerG (§ 114 Abs. 2 SachenRBerG).[1] 1

II. Materiell-rechtliche Aufgebotsvoraussetzungen

Nach § 927 BGB kann der Eigentümer eines Grundstücks im Wege des Aufgebotsverfahrens mit seinem Recht ausgeschlossen werden, wenn ein anderer das Grundstück seit 30 Jahren in Eigenbesitz hat. Besitzzeiten von Rechtsvorgängern werden hinzugerechnet (§ 943 BGB). Weitere Voraussetzung ist, dass im Grundbuch ein Nichtberechtigter – das kann auch der Eigenbesitzer selbst sein – oder kein Eigentümer eingetragen[2] oder dass das Grundbuch inhaltlich unzulässig ist.[3] Ist das Grundbuch dagegen richtig, so tritt stattdessen als weiteres Erfordernis hinzu, dass der eingetragene Eigentümer verstorben oder verschollen und dass seit 30 Jahren keine Eintragung im Grundbuch erfolgt ist, die seiner Zustimmung bedurfte (§ 927 Abs. 1 S. 3 BGB). 2

III. Anwendungsbereich

§ 927 BGB gilt auch für Miteigentumsanteile und für grundstücksgleiche Rechte.[4] Ob die Vorschrift auch auf Gesamthandsanteile an Grundbesitz Anwendung findet, ist umstritten.[5] Für das in den neuen Bundesländern fortbestehende Gebäudeeigentum (Art. 231 § 5 Abs. 1 EGBGB) ist die Anwendbarkeit des § 927 BGB gesetzlich ausgeschlossen (Art. 233 § 4 Abs. 1 S. 1 EGBGB). 3

IV. Wirkung des Ausschlussurteils

Ist der Antragsteller im Grundbuch als Eigentümer eingetragen, so erwirbt er mit Verkündung des Ausschlussurteils Eigentum.[6] Andernfalls wird das Grundstück herrenlos; der Antragsteller erwirbt das Eigentum, indem er sich ins Grundbuch eintragen lässt (§ 927 Abs. 2 BGB). Ist im Ausschlussurteil ein angemeldetes Recht vorbehalten, so setzt der Eigentumserwerb des Antragstellers voraus, dass auf das vorbehaltene Recht verzichtet oder dieses anderweit in einem Rechtsstreit rechtskräftig verneint worden ist.[7] Das Urteil wirkt nicht gegen einen Dritten, der vor Erlass des Ausschlussurteils seine Eintragung als Eigentümer oder die Eintragung eines Widerspruchs ins Grundbuch erwirkt hat (§ 927 Abs. 3 BGB).[8] 4

978 ***Zuständigkeit*** **Zuständig ist das Gericht, in dessen Bezirk das Grundstück belegen ist.**

1. Ausschließlich zuständig ist das Gericht der belegenen Sache. Reicht das Grundstück über die Grenzen eines Gerichtsbezirks hinaus, so ist das zuständige Gericht nach § 36 Nr. 4 zu bestimmen. 1

979 ***Antragsberechtigter*** **Antragsberechtigt ist derjenige, der das Grundstück seit der im § 927 des Bürgerlichen Gesetzbuchs bestimmten Zeit im Eigenbesitz hat.**

1. Antragsberechtigt ist nur der Eigenbesitzer, der das Grundstück – unter Einrechnung der Besitzzeiten seiner Rechtsvorgänger (§ 943 BGB) – seit mindestens 30 Jahren in Eigenbesitz hat. 1

2. Gerichtskosten. Zu den Gerichtsgebühren vgl. § 947 Rn. 8. 2

980 ***Glaubhaftmachung*** **Der Antragsteller hat die zur Begründung des Antrags erforderlichen Tatsachen vor der Einleitung des Verfahrens glaubhaft zu machen.**

Glaubhaft zu machen sind sämtliche materiell-rechtlichen Aufgebotsvoraussetzungen (vgl. § 977 Rn. 2).[1] Der Antragsteller muss daher auch glaubhaft machen, dass es sich bei dem eingetragenen Eigentü- 1

---

[1] *Wiecz/Sch/Weber* Rn. 2.
[2] BGH WM 1978, 194, 195.
[3] MK/*Eickmann* §§ 977–981 Rn. 3.
[4] MK/*Eickmann* §§ 977–981 Rn. 1 m. Nachw.; allgM.
[5] Bejahend MK/*Kanzleiter* § 927 BGB Rn. 3; *Soergel/Stürner* § 927 Rn. 1; verneinend *Palandt/Bassenge* § 927 Rn. 1; *St/J/Schlosser* Rn. 1; differenzierend *Wiecz/Sch/Weber* Rn. 4.
[6] MK/*Eickmann* §§ 977–981 Rn. 13; *Wiecz/Sch/Weber* Rn. 13.
[7] BGHZ 76, 169, 171 f. = NJW 1980, 1521; MK/*Eickmann* §§ 977–981 Rn. 13.
[8] Dazu ausführlich *Wiecz/Sch/Weber* Rn. 11.
[1] *Wiecz/Sch/Weber* Rn. 3.

mer in Wahrheit um einen Nichtberechtigten handelt.[2] Die Glaubhaftmachung richtet sich nach § 294. Einer förmlichen Todeserklärung nach § 2 VerschG bedarf es nicht.[3]

981 *Inhalt des Aufgebots* **In dem Aufgebot ist der bisherige Eigentümer aufzufordern, sein Recht spätestens im Aufgebotstermin anzumelden, widrigenfalls seine Ausschließung erfolgen werde.**

1 Die Vorschrift ergänzt § 947 Abs. 2 und beschreibt den anzudrohenden Rechtsnachteil. Aufgebotsfrist und Art der öffentlichen Bekanntmachung sind landesrechtlich (vgl. § 1024 Abs. 1) vielfach abweichend von §§ 948, 950 geregelt.[1] Meldet sich der angebliche Eigentümer, so ist ohne sachliche Nachprüfung des angemeldeten Rechts nach § 953 zu verfahren.[2] Andere Rechte und obligatorische Ansprüche auf Eigentumsübertragung sind unbeachtlich.[3]

981a *Aufgebot des Schiffseigentümers* **[1]Für das Aufgebotsverfahren zum Zwecke der Ausschließung des Eigentümers eines eingetragenen Schiffes oder Schiffsbauwerks nach § 6 des Gesetzes über Rechte an eingetragenen Schiffen und Schiffsbauwerken vom 15. November 1940 (RGBl. I S. 1499) gelten die §§ 979 bis 981 entsprechend. [2]Zuständig ist das Gericht, bei dem das Register für das Schiff oder Schiffsbauwerk geführt wird.**

1 Das Verfahren zum Aufgebot des Schiffseigentümers richtet sich nach §§ 979 bis 981. Die materiellrechtlichen Aufgebotsvoraussetzungen ergeben sich aus § 6 SchiffsRG. § 981a gilt nur für eingetragene, nicht für bloß eintragungsfähige Schiffe oder Schiffsbauwerke.[1] Landesrechtliche Sonderregelungen der Aufgebotsfrist und der öffentlichen Bekanntmachung für das Aufgebot des Grundstückseigentümers (§ 981 Rn. 1) gelten hier nicht.[2]

982 *Aufgebot des Grundpfandgläubigers* **Für das Aufgebotsverfahren zum Zwecke der Ausschließung eines Hypotheken-, Grundschuld- oder Rentenschuldgläubigers auf Grund der §§ 1170, 1171 des Bürgerlichen Gesetzbuchs gelten die nachfolgenden besonderen Vorschriften.**

I. Normzweck

1 §§ 982 bis 987 regeln das Verfahren für das Aufgebot zum Zwecke des Ausschlusses von Grundpfandgläubigern. Soll dagegen allein ein abhanden gekommener Grundpfandbrief aufgeboten werden, so richtet sich das Verfahren nach §§ 1003ff. Die Bestimmungen der §§ 982 bis 987 gelten auch für Pfandrechte an grundstücksgleichen Rechten,[1] nicht für solche an beweglichen Sachen.[2] §§ 983 bis 986 finden entsprechende Anwendung auf das Aufgebot gegen den Nutzer nach § 18 SachenRBerG (§ 18 Abs. 3 SachenRBerG).

II. Materiell-rechtliche Aufgebotsvoraussetzungen

2 **1. Aufgebot nach § 1170 BGB.** Nach § 1170 BGB kann ein Grundpfandgläubiger im Wege des Aufgebotsverfahrens ausgeschlossen werden, wenn er unbekannt oder zwar bekannt, aber unbekannten Aufenthalts ist.[3] Weitere Voraussetzung ist, dass seit der letzten das Grundpfandrecht betreffenden Grundbucheintragung oder seit der letzten Handlung des Eigentümers, mit der das Gläubigerrecht anerkannt worden ist, zehn Jahre verstrichen sind (§ 1170 Abs. 1 S. 1 BGB). Die Frist beginnt nicht vor dem kalendermäßig bestimmten Eintritt der Fälligkeit (§ 1170 Abs. 1 S. 2 BGB).

3 **2. Aufgebot nach § 1171 BGB.** Voraussetzung ist auch hier, dass der Gläubiger unbekannt ist (Rn. 2). Das Aufgebot nach § 1171 BGB setzt weiter voraus, dass dem Grundstückseigentümer entweder ein Befriedigungsrecht (§§ 271, 1142 BGB) oder ein vertragliches oder gesetzliches (§§ 609, 609a, 1193 BGB) Kündigungsrecht zusteht (§ 1171 Abs. 1 S. 1 BGB) und er den geschuldeten Betrag einschließlich der Zinsen für die letzten vier Jahre (§ 1171 Abs. 1 S. 2 BGB) für den Gläubiger unter Verzicht auf das Recht zur Zurücknahme hinterlegt. Für den Erlass des Aufgebots genügt das Anerbieten zur Hinterlegung; die Hinterlegung selbst ist Voraussetzung erst für den Erlass des Ausschlussurteils (§ 987 Abs. 1, 4).

---

[2] BGH WM 1978, 194, 195; *Wiecz/Sch/Weber* Rn. 3.
[3] *St/J/Schlosser* § 977 Rn. 1.
[1] Übersicht bei MK/*Eickmann* §§ 977–981 Rn. 10f.; *Wiecz/Sch/Weber* § 1024 Rn. 4ff.
[2] BGHZ 76, 169, 171 = NJW 1980, 1521.
[3] BGH (Fn. 2) S. 172; *Wiecz/Sch/Weber* Rn. 4.
[1] MK/*Eickmann* Rn. 2; *St/J/Schlosser* Anm. zu § 981a.
[2] MK/*Eickmann* Rn. 5; *St/J/Schlosser* Anm. zu § 981a.
[1] *Wiecz/Sch/Weber* Rn. 5.
[2] *Wiecz/Sch/Weber* Rn. 6.
[3] LG Erfurt Rpfleger 1994, 310, 311; LG Aachen NJW-RR 1998, 87; MK/*Eickmann* §§ 982–987 Rn. 2; *Wiecz/Sch/Weber* Rn. 15; *St/J/Schlosser* § 985 Rn. 2; *B/L/H* § 985 Rn. 1; aA BGH NJW-RR 2004, 664, 665f.; LG Bückeburg Rpfleger 1958, 320; *Palandt/Bassenge* § 1170 Rn. 2; *Zö/Geimer* § 985 Rn. 1.

III. Wirkung des Ausschlussurteils

1. Ausschlussurteil nach § 1170 BGB. a) Regelfall. Mit Verkündung des Ausschlussurteils nach § 1170 BGB erwirbt der Grundstückseigentümer das Grundpfandrecht (§ 1170 Abs. 2 S. 1 BGB), auch wenn ein anderer das Ausschlussurteil erwirkt hat oder ein Nichtberechtigter als Eigentümer im Grundbuch eingetragen ist.[4] Ein für das Grundpfandrecht erteilter Brief wird kraftlos (§ 1170 Abs. 2 S. 2 BGB). Dingliche Berechtigungen (Pfandrecht, Nießbrauch) am Grundpfandrecht gehen unter, sofern sie nicht angemeldet und vorbehalten werden.[5] Keine Auswirkungen hat das Ausschlussurteil auf die gesicherte Forderung.[6] Ist ein Recht angemeldet und vorbehalten worden, so tritt die Wirkung des § 1170 Abs. 2 BGB erst nach Beseitigung des Vorbehalts (durch Verzicht oder rechtskräftige Verneinung, vgl. § 953 Rn. 6) ein. 4

b) Ausnahme. Hypotheken nach dem ZGB der ehemaligen DDR gehen nicht als Eigentümergrundschulden auf den Eigentümer über, da das ZGB-DDR eine Eigentümergrundschuld nicht kennt. Das Ausschlussurteil führt in diesen Fällen zum Erlöschen der Hypothek.[7] 5

2. Ausschlussurteil nach § 1171 BGB. Mit Verkündung des Ausschlussurteils nach § 1171 BGB gilt der Gläubiger als befriedigt, sofern diese Wirkung nicht bereits nach § 378 BGB durch die Hinterlegung des geschuldeten Betrages (§ 1171 Abs. 1 BGB) eingetreten war (§ 1171 Abs. 2 S. 1 BGB).[8] Mit Eintritt der Befriedigungsfiktion geht das dingliche Recht auf den Grundstückseigentümer über.[9] Der Brief wird in jedem Falle mit Erlass des Ausschlussurteils kraftlos (§ 1171 Abs. 2 S. 2 BGB).[10] Der ausgeschlossene Gläubiger kann Befriedigung nicht mehr aus dem Grundstück, sondern nur noch aus dem hinterlegten Betrag verlangen.[11] Meldet sich der Gläubiger nicht, so erlischt das Befriedigungsrecht nach 30 Jahren (§ 1171 Abs. 3 BGB). Der hinterlegte Betrag ist dann trotz des Verzichts auf die Rücknahme (§ 1171 Abs. 1 S. 1 BGB) an den Hinterleger zurückzuzahlen (§ 1171 Abs. 3 Halbs. 2 BGB). 6

IV. Gerichtskosten

Zu den Gerichtsgebühren vgl. § 947 Rn. 8. 7

983 *Zuständigkeit* **Zuständig ist das Gericht, in dessen Bezirk das belastete Grundstück belegen ist.**

Ausschließlich zuständig ist das Gericht der belegenen Sache. Liegen bei einer Gesamthypothek die Grundstücke in verschiedenen Gerichtsbezirken, so ist das zuständige Gericht nach § 36 Nr. 4 zu bestimmen.[1] 1

984 *Antragsberechtigter* **(1) Antragsberechtigt ist der Eigentümer des belasteten Grundstücks.**

(2) Im Falle des § 1170 des Bürgerlichen Gesetzbuchs ist auch ein im Range gleich- oder nachstehender Gläubiger, zu dessen Gunsten eine Vormerkung nach § 1179 des Bürgerlichen Gesetzbuchs eingetragen ist oder ein Anspruch nach § 1179a des Bürgerlichen Gesetzbuchs besteht, und bei einer Gesamthypothek, Gesamtgrundschuld oder Gesamtrentenschuld außerdem derjenige antragsberechtigt, der auf Grund eines im Range gleich- oder nachstehenden Rechtes Befriedigung aus einem der belasteten Grundstücke verlangen kann, sofern der Gläubiger oder der sonstige Berechtigte für seinen Anspruch einen vollstreckbaren Schuldtitel erlangt hat.

In allen Fällen ist der Eigentümer des belasteten Grundstücks antragsberechtigt, bei einem Gesamtgrundpfandrecht jeder Eigentümer für sich (Abs. 1).[1] In den Fällen des § 1170 BGB sind nach Abs. 2 ferner antragsberechtigt die im Rang gleich- oder nachstehenden dinglichen Berechtigten, denen ein durch Vormerkung gesicherter (§ 1179 BGB) oder gesetzlicher (§ 1179a BGB) Löschungsanspruch zusteht. Bei einem Gesamtgrundpfandrecht ist jeder dingliche Berechtigte[2] antragsberechtigt, der an einem der belasteten Grundstücke ein Recht auf Befriedigung hat, das nach § 10 ZVG dem Gesamtrecht im Rang gleich- oder nachsteht.[3] Voraussetzung der Antragsberechtigung ist in allen Fällen des Abs. 2 der Besitz eines vollstreckbaren Titels über den dinglichen Anspruch.[4] 1

---

4 *Wiecz/Sch/Weber* Rn. 25.
5 MK/*Eickmann* §§ 982–987 Rn. 25; *St/J/Schlosser* Rn. 2; *Zö/Geimer* Rn. 1; *B/L/H* § 986 Rn. 2.
6 MK/*Eickmann* §§ 982–987 Rn. 25; *St/J/Schlosser* Rn. 2; *Zö/Geimer* Rn. 2; *B/L/H* § 986 Rn. 2.
7 MK/*Eickmann* §§ 982–987 Rn. 32; *St/J/Schlosser* Rn. 5.
8 MK/*Eickmann* §§ 982–987 Rn. 26 ff.
9 MK/*Eickmann* §§ 982–987 Rn. 27 f.
10 MK/*Eickmann* §§ 982–987 Rn. 27.
11 MK/*Eickmann* §§ 982–987 Rn. 30.
1 MK/*Eickmann* §§ 982–987 Rn. 9; *St/J/Schlosser* Anm. zu § 983.
1 MK/*Eickmann* §§ 982–987 Rn. 10; *St/J/Schlosser* Rn. 1; *Wiecz/Sch/Weber* Rn. 4.
2 *B/L/H* Rn. 1; *St/J/Schlosser* Rn. 2; weiter gehend MK/*Eickmann* §§ 982–987 Rn. 12 (auch wer durch Beschlagnahme ein Befriedigungsrecht in der Rangklasse 5 des § 10 ZVG erworben hat).
3 *B/L/H* Rn. 1; MK/*Eickmann* §§ 982–987 Rn. 12; *St/J/Schlosser* Rn. 2; *Wiecz/Sch/Weber* Rn. 7.
4 MK/*Eickmann* §§ 982–987 Rn. 12; *St/J/Schlosser* Rn. 2; *Wiecz/Sch/Weber* Rn. 7.

985 *Glaubhaftmachung* **Der Antragsteller hat vor der Einleitung des Verfahrens glaubhaft zu machen, dass der Gläubiger unbekannt ist.**

1 Zur Unbekanntheit des Gläubigers s. § 982 Rn. 2. Der Antragsteller muss darlegen, dass er sich ohne Erfolg um die Ermittlung des richtigen Gläubigers bemüht hat oder dass der Gläubiger verschollen oder dessen Aufenthaltsort nicht ausfindig zu machen ist. Für die Glaubhaftmachung gilt § 294.

986 *Besonderheiten im Fall des § 1170 des Bürgerlichen Gesetzbuchs* **(1) Im Falle des § 1170 des Bürgerlichen Gesetzbuchs hat der Antragsteller vor der Einleitung des Verfahrens auch glaubhaft zu machen, dass nicht eine das Aufgebot ausschließende Anerkennung des Rechtes des Gläubigers erfolgt ist.**

(2) [1]Ist die Hypothek für die Forderung aus einer Schuldverschreibung auf den Inhaber bestellt oder der Grundschuld- oder Rentenschuldbrief auf den Inhaber ausgestellt, so hat der Antragsteller glaubhaft zu machen, dass die Schuldverschreibung oder der Brief bis zum Ablauf der im § 801 des Bürgerlichen Gesetzbuchs bezeichneten Frist nicht vorgelegt und der Anspruch nicht gerichtlich geltend gemacht worden ist. [2]Ist die Vorlegung oder die gerichtliche Geltendmachung erfolgt, so ist die im Absatz 1 vorgeschriebene Glaubhaftmachung erforderlich.

(3) Zur Glaubhaftmachung genügt in den Fällen der Absätze 1, 2 die Versicherung des Antragstellers an Eides statt, unbeschadet der Befugnis des Gerichts, anderweitige Ermittlungen anzuordnen.

(4) In dem Aufgebot ist als Rechtsnachteil anzudrohen, dass der Gläubiger mit seinem Recht ausgeschlossen werde.

(5) Wird das Aufgebot auf Antrag eines nach § 984 Abs. 2 Antragsberechtigten erlassen, so ist es dem Eigentümer des Grundstücks von Amts wegen mitzuteilen.

I. Glaubhaftmachung

1 Bei einem Aufgebot nach § 1170 BGB muss der Antragsteller nach Abs. 1 zusätzlich zu den Voraussetzungen des § 985 glaubhaft machen, dass innerhalb der Zehnjahresfrist (§ 1170 Abs. 1 S. 1 BGB) keine Anerkennungshandlung des Eigentümers erfolgt ist. Bei Inhaberrechten muss nach Abs. 2 glaubhaft gemacht werden, dass die Vorlegungsfrist des § 801 BGB abgelaufen ist, ohne dass die Urkunde vorgelegt oder der Anspruch gerichtlich geltend gemacht worden ist (Abs. 2 S. 1), oder dass seit der Vorlegung oder gerichtlichen Geltendmachung nach § 801 BGB Verjährung eingetreten ist (Abs. 2 S. 2). Als Mittel der Glaubhaftmachung lässt Abs. 3 die eidesstattliche Versicherung des Antragstellers zu. Das Gericht muss sich mit ihr freilich nicht begnügen, sondern kann von Amts wegen weitere Ermittlungen anstellen, insbesondere den Eigentümer als Zeugen vernehmen, wenn eine andere Person Antragsteller ist.[1]

II. Das Aufgebot

2 In dem Aufgebot nach § 1170 BGB ist als Rechtsnachteil anzudrohen, dass der Gläubiger mit seinem Recht ausgeschlossen werde (Abs. 4). Aufgebotsfrist und Form der öffentlichen Bekanntmachung sind weitgehend durch Landesrecht von §§ 948, 950 abweichend geregelt.[2] Ist das erlassene Aufgebot nicht vom Eigentümer des Grundstücks beantragt worden (§ 984 Abs. 2), so ist es diesem von Amts wegen formlos mitzuteilen (Abs. 5).

987 *Besonderheiten im Fall des § 1171 des Bürgerlichen Gesetzbuchs* **(1) Im Falle des § 1171 des Bürgerlichen Gesetzbuchs hat der Antragsteller sich vor der Einleitung des Verfahrens zur Hinterlegung des dem Gläubiger gebührenden Betrages zu erbieten.**

(2) In dem Aufgebot ist als Rechtsnachteil anzudrohen, dass der Gläubiger nach der Hinterlegung des ihm gebührenden Betrages seine Befriedigung statt aus dem Grundstück nur noch aus dem hinterlegten Betrag verlangen könne und sein Recht auf diesen erlösche, wenn er sich nicht vor dem Ablauf von dreißig Jahren nach dem Erlass des Ausschlussurteils bei der Hinterlegungsstelle melde.

(3) Hängt die Fälligkeit der Forderung von einer Kündigung ab, so erweitert sich die Aufgebotsfrist um die Kündigungsfrist.

(4) Das Ausschlussurteil darf erst dann erlassen werden, wenn die Hinterlegung erfolgt ist.

I. Glaubhaftmachung

1 Das Gesetz sieht für das Aufgebot nach § 1171 BGB eine über § 985 hinausgehende Glaubhaftmachung nicht vor. Gleichwohl wird allgemein angenommen, der Antragsteller müsse auch glaubhaft machen, dass ihm ein Befriedigungs- oder ein Kündigungsrecht zustehe.[1]

---

[1] MK/*Eickmann* §§ 982–987 Rn. 16; *St/J/Schlosser* Rn. 3.
[2] Übersicht bei MK/*Eickmann* §§ 982–987 Rn. 22 f.; *Wiecz/Sch/Weber* § 1024 Rn. 4 ff.
[1] MK/*Eickmann* §§ 982–987 Rn. 17; *Zö/Geimer* Rn. 1.

II. Hinterlegung

Der Erlass des Aufgebots nach § 1171 BGB setzt nach Abs. 1 voraus, dass der Antragsteller sich zur Hinterlegung des dem Gläubiger gebührenden Betrages erbietet. Die Hinterlegung selbst kann auch nach dem Aufgebot erfolgen; sie ist Voraussetzung erst für den Erlass des Ausschlussurteils (Abs. 4). 2

III. Das Aufgebot

Das Aufgebot nach § 1171 BGB hat gemäß Abs. 2 als Rechtsnachteil anzudrohen, dass der Gläubiger sich nur noch aus dem hinterlegten Betrag befriedigen kann und dass er auch dieses Recht nach Ablauf von 30 Jahren verliert. Abs. 3 verlängert die Aufgebotsfrist um die Dauer einer gegebenenfalls zu wahrenden Kündigungsfrist. Im Übrigen gelten für die Dauer der Aufgebotsfrist ebenso wie für die Form der öffentlichen Bekanntmachung des Aufgebots weitgehend landesrechtliche Sonderregelungen.[2] 3

987a *Aufgebot des Schiffshypothekengläubigers*

[1]Für das Aufgebotsverfahren zum Zwecke der Ausschließung eines Schiffshypothekengläubigers auf Grund der §§ 66, 67 des Gesetzes über Rechte an eingetragenen Schiffen und Schiffsbauwerken vom 15. November 1940 (RGBl. I S. 1499) gelten die §§ 984 bis 987 entsprechend; an die Stelle der §§ 1170, 1171, 1179 des Bürgerlichen Gesetzbuchs treten die §§ 66, 67, 58 des genannten Gesetzes. [2]Zuständig ist das Gericht, bei dem das Register für das Schiff oder Schiffsbauwerk geführt wird.

Die §§ 66, 67 SchiffsRG regeln die materiell-rechtlichen Voraussetzungen des Aufgebotsverfahrens zum Zwecke der Ausschließung eines Schiffshypothekengläubigers inhaltlich übereinstimmend mit §§ 1170, 1171 BGB. Das Aufgebotsverfahren richtet sich nach §§ 984 bis 987[1] ohne die dort geltenden landesrechtlichen Besonderheiten.[2] Unterschiede bestehen insofern, als die Schiffshypothek mit dem Erlass des Ausschlussurteils bzw. mit dem Eintritt der Befriedigungsfiktion erlischt.[3] 1

988 *Aufgebot des Berechtigten bei Vormerkung, Verkaufsrecht, Reallast*

[1]Die Vorschriften des § 983, des § 984 Abs. 1, des § 985, des § 986 Abs. 1 bis 4 und der §§ 987, 987a gelten entsprechend für das Aufgebotsverfahren zum Zwecke der in den §§ 887, 1104, 1112 des Bürgerlichen Gesetzbuchs, § 13 des Gesetzes über Rechte an eingetragenen Schiffen und Schiffsbauwerken vom 15. November 1940 (RGBl. I S. 1499) für die Vormerkung, das Vorkaufsrecht und die Reallast bestimmten Ausschließung des Berechtigten. [2]Antragsberechtigt ist auch, wer auf Grund eines im Range gleich- oder nachstehenden Rechtes Befriedigung aus dem Grundstück oder dem Schiff oder Schiffsbauwerk verlangen kann, sofern er für seinen Anspruch einen vollstreckbaren Schuldtitel erlangt hat. [3]Das Aufgebot ist dem Eigentümer des Grundstücks oder des Schiffes oder Schiffsbauwerks von Amts wegen mitzuteilen.

Das Aufgebotsverfahren zum Ausschluss unbekannter Vormerkungsberechtigter, dinglicher Vorkaufsberechtigter, Reallastgläubiger (§§ 887, 1104, 1112 BGB) und durch Vormerkung im Schiffs- oder Schiffsbauregister gesicherter Gläubiger (§§ 13, 77 SchiffsRG) richtet sich mit geringfügigen Abweichungen nach §§ 983 bis 987. Ausgenommen ist das Drittantragsrecht nach § 984 Abs. 2. Das Ausschlussurteil führt in allen Fällen zum Erlöschen des Rechts.[1] 1

989 *Aufgebot von Nachlassgläubigern*

Für das Aufgebotsverfahren zum Zwecke der Ausschließung von Nachlassgläubigern auf Grund des § 1970 des Bürgerlichen Gesetzbuchs gelten die nachfolgenden besonderen Vorschriften.

I. Normzweck

§§ 989 bis 1000 regeln das Verfahren für das Aufgebot der Nachlassgläubiger nach § 1970 BGB. Das Aufgebot der Nachlassgläubiger dient zunächst dem Zweck, dem noch nicht unbeschränkt haftenden Erben einen Überblick über die Nachlassverbindlichkeiten zu verschaffen, damit er entscheiden kann, ob Maßnahmen zur Beschränkung seiner Haftung geboten sind.[1] Das Aufgebot ist ferner Voraussetzung der Erschöpfungseinrede nach § 1973 BGB (vgl. § 995). Bei einer Mehrheit von Erben kann außerdem durch das Aufgebotsverfahren die gesamtschuldnerische Haftung (§ 2058 BGB) für die Zeit nach der Teilung des Nachlasses ausgeschlossen werden (§ 2061 BGB; vgl. § 997 Abs. 1 S. 2). 1

---

[2] Übersicht bei MK/*Eickmann* §§ 982–987 Rn. 22 f.; *Wiecz/Sch/Weber* § 1024 Rn. 4 ff.

[1] Ausführlich *Wiecz/Sch/Weber* Rn. 4 ff.

[2] MK/*Eickmann* Rn. 5.

[3] MK/*Eickmann* Rn. 6; *St/J/Schlosser* Anm. zu § 987a.

[1] *B/L/H* Rn. 1; *St/J/Schlosser* Rn. 1; *Wiecz/Sch/Weber* Rn. 6; *Zö/Geimer* Rn. 1; aA MK/*Eickmann* Rn. 6 sowie MK/*Joost* § 1112 BGB Rn. 2 für § 1112 BGB (Entstehung einer Eigentümerreallast).

[1] MK/*Eickmann* §§ 989–1000 Rn. 1; *St/J/Schlosser* Rn. 1; *Wiecz/Sch/Weber* Rn. 2; *Zö/Geimer* Rn. 1.

II. Aufgebotsadressaten

2 Das Aufgebot richtet sich an alle Nachlassgläubiger, auch soweit sie dem Erben bekannt (§ 992) oder Inhaber rechtshängiger oder bereits titulierter Ansprüche sind.[2] Ausgenommen sind die in §§ 1971, 1972 BGB bezeichneten Gläubiger.[3] Den Ausschluss der Gesamthaftung nach § 2060 Nr. 1 BGB kann der Erbe aber auch ihnen entgegenhalten.[4]

III. Das Ausschlussurteil

3 Der Inhalt des Ausschlussurteils richtet sich nach §§ 995, 997 Abs. 1 S. 2. Von dem Aufgebot betroffene (Rn. 2) Nachlassgläubiger, die ihre Forderungen nicht angemeldet haben, können nur auf einen etwaigen Überschuss zugreifen, der nach Befriedigung der nicht ausgeschlossenen Gläubiger (mit Ausnahme der Pflichtteils-, Vermächtnis- und Auflagenberechtigten) verbleibt, § 1973 BGB. Für Miterben tritt mit der Teilung des Nachlasses Bruchteilhaftung ein, §§ 2060 Nr. 1, 2061 BGB. Ist das Aufgebotsverfahren innerhalb eines Jahres nach Annahme der Erbschaft beantragt worden, so kann der Erbe ferner die Berichtigung von Nachlassverbindlichkeiten bis zur Beendigung des Aufgebotsverfahrens verweigern, § 2015 BGB.

IV. Gerichtskosten

4 Zu den Gerichtsgebühren vgl. § 947 Rn. 8.

990 *Zuständigkeit* **[1]Zuständig ist das Amtsgericht, dem die Verrichtungen des Nachlassgerichts obliegen. [2]Sind diese Verrichtungen einer anderen Behörde als einem Amtsgericht übertragen, so ist das Amtsgericht zuständig, in dessen Bezirk die Nachlassbehörde ihren Sitz hat.**

1 Die örtliche Zuständigkeit des Aufgebotsgerichts knüpft an die Zuständigkeit des Nachlassgerichts an. Das gilt auch im Falle einer Bestimmung des zuständigen Nachlassgerichts nach § 5 FGG.[1] Sie richtet sich nach dem letzten Wohnsitz, in Ermangelung eines solchen nach dem letzten Aufenthalt des Erblassers (§ 73 Abs. 1 FGG). Fehlt es an Wohnsitz und Aufenthalt im Inland, so ist das Amtsgericht Berlin-Schöneberg (§ 73 Abs. 2 FGG), bei Ausländern jedes Amtsgericht zuständig, in dessen Bezirk sich Nachlassgegenstände befinden (§ 73 Abs. 3 FGG).

991 *Antragsberechtigter* **(1) Antragsberechtigt ist jeder Erbe, sofern er nicht für die Nachlassverbindlichkeiten unbeschränkt haftet.**

(2) Zu dem Antrag sind auch ein Nachlasspfleger und ein Testamentsvollstrecker berechtigt, wenn ihnen die Verwaltung des Nachlasses zusteht.

(3) Der Erbe und der Testamentsvollstrecker können den Antrag erst nach der Annahme der Erbschaft stellen.

I. Antragsrecht der Erben

1 **1. Voraussetzungen.** Jeder Erbe, sei er Allein- oder Miterbe, Vor- oder Nacherbe, ist antragsberechtigt, ein Miterbe ohne Rücksicht auf die übrigen.[1] Ausgenommen ist der Erbe, der bereits **allen** Nachlassgläubigern gegenüber unbeschränkt haftet, denn für ihn ist der mit dem Aufgebotsverfahren verfolgte Zweck nicht mehr erreichbar (§ 2013 Abs. 1 iVm. § 1973 BGB). Er kann nur noch das beschränkte Aufgebot nach § 997 Abs. 2 iVm. Abs. 1 S. 2 beantragen. Der Eintritt der unbeschränkten Haftung des Erben **einzelnen** Gläubigern gegenüber lässt das Antragsrecht dagegen unberührt.[2]

2 **2. Folgen fehlender Antragsberechtigung.** Ob die unbeschränkte Haftung des Erben nach § 1994 Abs. 1 oder nach § 2005 Abs. 1 S. 2 BGB eingetreten ist, ist aus den Nachlassakten ersichtlich. Dagegen kann das Aufgebotsgericht regelmäßig nicht nachprüfen, ob der Erbe wegen Errichtung eines absichtlich unrichtigen Inventars (§ 2005 Abs. 1 S. 1 BGB) unbeschränkt haftet. Ein in Unkenntnis dessen erlassenes Ausschlussurteil gewährt dem Antragsteller nicht die Erschöpfungseinrede (§ 2013 Abs. 1 iVm. § 1973 BGB).[3] Die Verkennung oder fehlerhafte Bejahung der Antragsberechtigung des bereits unbeschränkt haftenden Erben ist **kein Anfechtungsgrund** iSd. § 957 Abs. 2 Nr. 1,[4] denn der Fehler betrifft nur eine Verfahrensvoraussetzung innerhalb eines nach dem Gesetz statthaften Aufgebotsverfahrens (vgl. § 957 Rn. 5).

3 **3. Wegfall der Antragsberechtigung.** Entfällt die Antragsberechtigung wegen Eintritts der unbeschränkten Haftung des Antragstellers während des Aufgebotsverfahrens, so kann ein anderer Antragsberechtigter in das Verfahren eintreten und dieses fortführen.[5]

---

[2] *B/L/H* Rn. 1; MK/*Eickmann* §§ 989–1000 Rn. 4; *St/J/Schlosser* Rn. 2; *Wiecz/Sch/Weber* Rn. 8.
[3] I. e. *St/J/Schlosser* Rn. 2; *Wiecz/Sch/Weber* Rn. 4f.
[4] MK/*Eickmann* §§ 989–1000 Rn. 25; *St/J/Schlosser* Rn. 1.
[1] *Wiecz/Sch/Weber* Rn. 5.
[1] *B/L/H* Rn. 1; *St/J/Schlosser* Rn. 1; *Wiecz/Sch/Weber* Rn. 3.
[2] *B/L/H* Rn. 1; *St/J/Schlosser* Rn. 1; *Wiecz/Sch/Weber* Rn. 4.
[3] *St/J/Schlosser* Rn. 2; *Wiecz/Sch/Weber* Rn. 6.
[4] AA *B/L/H* Rn. 1; differenzierend *Wiecz/Sch/Weber* Rn. 6.
[5] *St/J/Schlosser* Rn. 2; *Wiecz/Sch/Weber* Rn. 15.

II. Weitere Antragsberechtigte

4 Antragsberechtigt ist nach Abs. 2 der Nachlasspfleger (§§ 1960, 1961 BGB), mithin auch der Nachlassverwalter (§ 1975 BGB),[6] ferner der Testamentsvollstrecker, dem die Verwaltung des Nachlasses zusteht (§§ 2209 ff., 2213 BGB). Das Antragsrecht dieser Personen hängt nach hM nicht davon ab, ob der Erbe unbeschränkt haftet.[7]

III. Zeitliche Grenzen des Antragsrechts

5 Das Antragsrecht des Erben und des Testamentsvollstreckers entsteht nach Abs. 3 erst mit der Annahme der Erbschaft.[8] Für den Nachlasspfleger und den Nachlassverwalter gilt diese Beschränkung nicht. Das Antragsrecht ist nicht befristet; nur die aufschiebende Einrede nach § 2015 BGB hängt davon ab, dass der Antrag innerhalb eines Jahres nach Annahme der Erbschaft gestellt wird.

992 *Verzeichnis der Nachlassgläubiger* **Dem Antrag ist ein Verzeichnis der bekannten Nachlassgläubiger mit Angabe ihres Wohnortes beizufügen.**

1 Da das Aufgebot auch gegenüber den bekannten Nachlassgläubigern wirkt, muss der Antragsteller diese mit Anschrift benennen, damit ihnen das Aufgebot zugestellt werden kann (§ 994 Abs. 2). Soweit der Erbe diese Pflicht verletzt, ist ihm die Einrede nach § 1973 BGB verwehrt.[1]

993 *Nachlassinsolvenzverfahren* **(1) Das Aufgebot soll nicht erlassen werden, wenn die Eröffnung des Nachlassinsolvenzverfahrens beantragt ist.**

(2) Durch die Eröffnung des Nachlassinsolvenzverfahrens wird das Aufgebotsverfahren beendigt.

1 Die **Eröffnung** des Nachlassinsolvenzverfahrens führt nach § 1975 BGB zur Beschränkung der Haftung des Erben auf den Nachlass. Das Aufgebotsverfahren verliert dadurch seinen Sinn und endet deshalb mit der Nachlassinsolvenzeröffnung (Abs. 2). Ein gleichwohl noch ergehendes Ausschlussurteil unterliegt der Anfechtung nach § 957 Abs. 2 Nr. 1.[1] Nach Beendigung des Nachlassinsolvenzverfahrens ist das Aufgebot wieder zulässig.[2] Ist das Nachlassinsolvenzverfahren lediglich **beantragt,** so ist nach Abs. 1 die Entscheidung über die Eröffnung abzuwarten.[3] Vor dem 1. 1. 1999 galt § 993 entsprechend für das **Vergleichsverfahren** zur Abwendung des Nachlasskonkurses (vgl. § 113 Nr. 4 VerglO).[4] Der Begriff des Nachlassinsolvenzverfahrens hat den des Nachlasskonkurses in § 993 ersetzt mit Wirkung vom 1. 1. 1999, s. Art 18 Nr. 9 EGInsO.

994 *Aufgebotsfrist* **(1) Die Aufgebotsfrist soll höchstens sechs Monate betragen.**

(2) [1]Das Aufgebot soll den Nachlassgläubigern, die dem Nachlassgericht angezeigt sind und deren Wohnort bekannt ist, von Amts wegen zugestellt werden. [2]Die Zustellung kann durch Aufgabe zur Post erfolgen.

I. Aufgebotsfrist (Absatz 1)

1 Die Aufgebotsfrist beträgt mindestens sechs Wochen (§ 950) und höchstens sechs Monate (Abs. 1). Landesrechtliche Sonderregelungen bestehen nicht. Eine Fristüberschreitung ist kein Anfechtungsgrund nach § 957 Abs. 2 Nr. 3.[1]

II. Zustellung des Aufgebots (Absatz 2)

2 Die Zustellung soll den bekannten Nachlassgläubigern Gelegenheit geben, ihre Forderungen anzumelden. „Dem Nachlassgericht angezeigt" sind die in das Verzeichnis nach § 992 aufgenommenen Gläubiger.[2] Wegen der Zustellung durch Aufgabe zur Post s. § 184. Obwohl Abs. 2 S. 1 als Sollvorschrift ausgestaltet ist, begründet die Verletzung der Benachrichtigungspflicht die Anfechtungsklage nach § 957 Abs. 2 Nr. 2 (§ 957 Rn. 6).

---

[6] *B/L/H* Rn. 2; MK/*Eickmann* §§ 989–1000 Rn. 7; *St/J/Schlosser* Rn. 4; *Wiecz/Sch/Weber* Rn. 9; *Zö/Geimer* Rn. 2.
[7] MK/*Eickmann* §§ 989–1000 Rn. 2; *Wiecz/Sch/Weber* Rn. 10; aA *St/J/Schlosser* Rn. 4, je m. weit. Nachw.
[8] AA für den Testamentsvollstrecker *Wiecz/Sch/Weber* Rn. 11 (mit Annahme der Testamentsvollstreckung).
[1] *St/J/Schlosser* Rn. 1; *Wiecz/Sch/Weber* Rn. 6; *Palandt/Bassenge* § 1970 Rn. 8; *Staudinger/Marotzke* § 1970 Rn. 11.
[1] *B/L/H* Rn. 3; *St/J/Schlosser* Rn. 1; *Wiecz/Sch/Weber* Rn. 5; *Zö/Geimer* Rn. 2.
[2] *B/L/H* Rn. 1; *St/J/Schlosser* Rn. 1; *Wiecz/Sch/Weber* Rn. 6; *Zö/Geimer* Rn. 2.
[3] MK/*Eickmann* §§ 989–1000 Rn. 13; *Wiecz/Sch/Weber* Rn. 11.
[4] MK/*Eickmann* §§ 989–1000 Rn. 15; *St/J/Schlosser* Rn. 1; *Wiecz/Sch/Weber* Rn. 13 f.; *Zö/Geimer* Rn. 1.
[1] MK/*Eickmann* §§ 989–1000 Rn. 22; *St/J/Schlosser* Rn. 1; *Wiecz/Sch/Weber* Rn. 3.
[2] MK/*Eickmann* §§ 989–1000 Rn. 21; *St/J/Schlosser* Rn. 2.

995 *Inhalt des Aufgebots* **In dem Aufgebot ist den Nachlassgläubigern, die sich nicht melden, als Rechtsnachteil anzudrohen, dass sie, unbeschadet des Rechtes, vor den Verbindlichkeiten aus Pflichtteilsrechten, Vermächtnissen und Auflagen berücksichtigt zu werden, von dem Erben nur insoweit Befriedigung verlangen können, als sich nach Befriedigung der nicht ausgeschlossenen Gläubiger noch ein Überschuss ergibt.**

1 Die Vorschrift ergänzt § 947 Abs. 2 und beschreibt den anzudrohenden Rechtsnachteil. Dieser ergibt sich aus § 1973 BGB.

996 *Forderungsanmeldung* (1) **[1]Die Anmeldung einer Forderung hat die Angabe des Gegenstandes und des Grundes der Forderung zu enthalten. [2]Urkundliche Beweisstücke sind in Urschrift oder in Abschrift beizufügen.**

(2) Das Gericht hat die Einsicht der Anmeldungen jedem zu gestatten, der ein rechtliches Interesse glaubhaft macht.

1 **1.** Zur Anmeldung einer Forderung ist deren Individualisierung erforderlich. Es gilt Entsprechendes wie bei der Anmeldung im Insolvenzverfahren (§ 174 InsO).[1] Beigefügte Belegabschriften müssen nicht beglaubigt sein.[2] Abs. 2 ist § 299 Abs. 2 nachgebildet. Zum Begriff des rechtlichen Interesses s. § 299 Rn. 3. Wird es glaubhaft gemacht (§ 294), so besteht ein Recht auf Einsicht. Über das Einsichtsbegehren entscheidet abweichend von § 299 Abs. 2 nicht der Gerichtsvorstand, sondern das Aufgebotsgericht (§ 946 Rn. 8).

2 **2. Rechtsanwaltsgebühren.** Vgl. § 947 Rn. 7.

997 *Mehrheit von Erben* (1) **[1]Sind mehrere Erben vorhanden, so kommen der von einem Erben gestellte Antrag und das von ihm erwirkte Ausschlussurteil, unbeschadet der Vorschriften des Bürgerlichen Gesetzbuchs über die unbeschränkte Haftung, auch den anderen Erben zustatten. [2]Als Rechtsnachteil ist den Nachlassgläubigern, die sich nicht melden, auch anzudrohen, dass jeder Erbe nach der Teilung des Nachlasses nur für den seinem Erbteil entsprechenden Teil der Verbindlichkeit haftet.**

(2) Das Aufgebot mit Androhung des im Absatz 1 Satz 2 bestimmten Rechtsnachteils kann von jedem Erben auch dann beantragt werden, wenn er für die Nachlassverbindlichkeiten unbeschränkt haftet.

I. Normzweck

1 Die Bestimmung erstreckt die Wirkung des Aufgebotsantrags und des Ausschlussurteils in Fällen, in denen eine Mehrheit von Erben vorhanden ist, auf die Miterben (Abs. 1 S. 1). Abs. 1 S. 2 ergänzt § 995. Abs. 2 sieht ein beschränktes Aufgebot auch für bereits unbeschränkt haftende Erben vor.

II. Wirkung für Miterben (Absatz 1 Satz 1)

2 Das von einem Miterben durchgeführte Aufgebotsverfahren wirkt auch für die übrigen Miterben, soweit diese nicht bereits unbeschränkt haften. Auf den Antrag eines Miterben können alle anderen die aufschiebende Einrede des § 2015 BGB gründen. Das von einem Miterben erwirkte Ausschlussurteil gibt allen Miterben die Erschöpfungseinrede des § 1973 BGB.

III. Androhung des Wegfalls der Gesamthaftung (Absatz 1 Satz 2)

3 Bei einer Mehrheit von Erben ist über § 995 hinaus als weiterer Rechtsnachteil die Beschränkung der Erbenhaftung auf den Bruchteil (§ 2060 Nr. 1 BGB) anzudrohen. Da diese Haftungsbeschränkung auch den Pflichtteils-, Vermächtnis- und Auflagenberechtigten gegenüber eingreift, sind auch diese Gläubiger in das Verzeichnis nach § 992 aufzunehmen und nach § 994 Abs. 2 zu benachrichtigen, falls mehrere Erben vorhanden sind.[1]

IV. Beschränktes Aufgebot (Absatz 2)

4 Abs. 2 regelt eine Unterart des Aufgebots der Nachlassgläubiger, die im BGB nicht vorgesehen ist. Ein bereits unbeschränkt haftender Miterbe kann an Stelle der öffentlichen Aufforderung nach § 2061 BGB das beschränkte Aufgebot nach Abs. 2 beantragen, um die Gesamthaftung nach der Teilung des Nachlasses zu beseitigen. Auch die Wirkungen dieses Aufgebots kommen nach Abs. 1 S. 1 allen Miterben zugute.[2] Wird allein das beschränkte Aufgebot nach Abs. 2 beantragt, so ist nur der in Abs. 1 S. 2 bestimmte Rechtsnachteil anzudrohen.

---

[1] MK/*Eickmann* §§ 989–1000 Rn. 24; *St/J/Schlosser* Rn. 1; *Wiecz/Sch/Weber* Rn. 3.
[2] *B/L/H* Rn. 1; *St/J/Schlosser* Rn. 1; *Wiecz/Sch/Weber* Rn. 4.
[1] *B/L/H* Rn. 1; *Wiecz/Sch/Weber* Rn. 6.
[2] *B/L/H* Rn. 2; *St/J/Schlosser* Rn. 3.

998 *Nacherbfolge* **Im Falle der Nacherbfolge ist die Vorschrift des § 997 Abs. 1 Satz 1 auf den Vorerben und den Nacherben entsprechend anzuwenden.**

Das vom Vorerben erwirkte Ausschlussurteil wirkt auch für den Nacherben. Dessen ungeachtet kann der Nacherbe auch selbst das Aufgebot beantragen, sobald er die Nacherbschaft angenommen hat (§ 2142 BGB). 1

999 *Gütergemeinschaft* **[1]Gehört ein Nachlass zum Gesamtgut der Gütergemeinschaft, so kann sowohl der Ehegatte, der Erbe ist, als auch der Ehegatte, der nicht Erbe ist, aber das Gesamtgut allein oder mit seinem Ehegatten gemeinschaftlich verwaltet, das Aufgebot beantragen, ohne dass die Zustimmung des anderen Ehegatten erforderlich ist. [2]Die Ehegatten behalten diese Befugnis, wenn die Gütergemeinschaft endet. [3]Der von einem Ehegatten gestellte Antrag und das von ihm erwirkte Ausschlussurteil kommen auch dem anderen Ehegatten zustatten.**

S. 1 erweitert die Antragsberechtigung für die Fälle der Gütergemeinschaft auf den Ehegatten, der allein oder gemeinschaftlich mit dem anderen Ehegatten das Gesamtgut verwaltet, auch wenn der andere Ehegatte Erbe ist. Grund hierfür ist die gemeinschaftliche Haftung der Ehegatten für Verbindlichkeiten eines Nachlasses, der zum Gesamtgut gehört, nach §§ 1437 Abs. 2, 1459 Abs. 2 BGB. S. 2 trägt der fortwirkenden Haftung nach § 1480 BGB Rechnung. S. 3 entspricht § 997 Abs. 1 S. 1. 1

1000 *Erbschaftskäufer* **(1) [1]Hat der Erbe die Erbschaft verkauft, so kann sowohl der Käufer als der Erbe das Aufgebot beantragen. [2]Der von dem einen Teil gestellte Antrag und das von ihm erwirkte Ausschlussurteil kommen, unbeschadet der Vorschriften des Bürgerlichen Gesetzbuchs über die unbeschränkte Haftung, auch dem anderen Teil zustatten.**

(2) Diese Vorschriften gelten entsprechend, wenn jemand eine durch Vertrag erworbene Erbschaft verkauft oder sich zur Veräußerung einer ihm angefallenen oder anderweit von ihm erworbenen Erbschaft in sonstiger Weise verpflichtet hat.

Der Erbschaftskäufer haftet den Nachlassgläubigern wie ein Erbe (§§ 2382, 2383 BGB). Ihm steht deshalb neben dem Erben ein Antragsrecht zu (Abs. 1 S. 1). Abs. 1 S. 2 entspricht § 997 Abs. 1 S. 1. 1

1001 *Aufgebot der Gesamtgutsgläubiger* **Die Vorschriften der §§ 990 bis 996, 999, 1000 sind im Falle der fortgesetzten Gütergemeinschaft auf das Aufgebotsverfahren zum Zwecke der nach dem § 1489 Abs. 2 und dem § 1970 des Bürgerlichen Gesetzbuchs zulässigen Ausschließung von Gesamtgutsgläubigern entsprechend anzuwenden.**

Die Vorschrift regelt das Aufgebotsverfahren für die Fälle, in denen bei fortgesetzter Gütergemeinschaft der überlebende Ehegatte seine Haftung gemäß § 1489 Abs. 2 BGB auf den Bestand des Gesamtgutes beschränken kann. Für das Verfahren gelten die §§ 990 bis 1000 entsprechend, soweit sie nicht – wie §§ 991 Abs. 2, 997, 998 – erbrechtliche Besonderheiten zum Gegenstand haben, die hier nicht eingreifen können.[1] 1

1002 *Aufgebot der Schiffsgläubiger* **(1) Für das Aufgebotsverfahren zum Zwecke der Ausschließung von Schiffsgläubigern auf Grund des § 110 des Gesetzes, betreffend die privatrechtlichen Verhältnisse der Binnenschifffahrt, gelten die nachfolgenden besonderen Vorschriften.**

(2) Zuständig ist das Gericht, in dessen Bezirk sich der Heimathafen oder der Heimatort des Schiffes befindet.

(3) Unterliegt das Schiff der Eintragung in das Schiffsregister, so kann der Antrag erst nach der Eintragung der Veräußerung des Schiffes gestellt werden.

(4) Der Antragsteller hat die ihm bekannten Forderungen von Schiffsgläubigern anzugeben.

(5) Die Aufgebotsfrist muss mindestens drei Monate betragen.

(6) In dem Aufgebot ist den Schiffsgläubigern, die sich nicht melden, als Rechtsnachteil anzudrohen, dass ihre Pfandrechte erlöschen, sofern nicht ihre Forderungen dem Antragsteller bekannt sind.

1. Die Vorschrift regelt das **Verfahren für das** in § 110 BinnSchG vorgesehene **Aufgebot** der Schiffspfandrechtsgläubiger. § 110 BinnSchG räumt dem rechtsgeschäftlichen Erwerber eines Binnenschiffs die Möglichkeit ein, die Ausschließung der unbekannten Schiffsgläubiger mit ihren Pfandrechten zu beantragen. Antragsberechtigt ist nur der Erwerber, bei registrierungsbedürftigen Schiffen erst nach Eintragung der Veräußerung. Die Aufgebotsfrist beträgt mindestens drei Monate (Abs. 5). Sie kann ebenso wie die öffentliche Bekanntmachung landesrechtlich geregelt werden (§ 1024 Abs. 1). 1

2. **Gerichtskosten.** Zu den Gerichtsgebühren vgl. § 947 Rn. 8. 2

---

[1] I. e. *Wiecz/Sch/Weber* Rn. 7ff.

1003 ***Aufgebot zur Kraftloserklärung von Urkunden*** **Für das Aufgebotsverfahren zum Zwecke der Kraftloserklärung einer Urkunde gelten die nachfolgenden besonderen Vorschriften.**

I. Normzweck

1 §§ 1003 bis 1018 regeln das Aufgebotsverfahren zum Zwecke der Kraftloserklärung solcher Urkunden, die nach Bundesrecht zu diesem Zweck aufgeboten werden können (dazu Rn. 2ff.). § 1023 trifft für die qualifizierten Legitimationspapiere iSd. § 808 BGB eine Sonderregelung, die – mit landesrechtlichen Regelungsvorbehalten – nur eingreift, soweit für die Kraftloserklärung dieser Papiere das Aufgebotsverfahren nicht landesgesetzlich durch ein anderes Verfahren ersetzt ist (Art. 102 Abs. 2 EGBGB). §§ 1019 bis 1022 sehen ein der einstweiligen Verfügung vergleichbares Verfahren des einstweiligen Rechtsschutzes vor.

II. Aufgebotsfähige Urkunden

Nach Bundesrecht können folgende Urkunden zum Zwecke der Kraftloserklärung aufgeboten werden:

2 1. **Schuldverschreibungen auf den Inhaber** mit Ausnahme der Zins-, Renten- und Gewinnanteilscheine sowie der auf Sicht zahlbaren unverzinslichen Schuldverschreibungen (§ 799 Abs. 1 BGB), sofern die Kraftloserklärung nicht in der Urkunde ausgeschlossen ist. Gemäß § 1195 S. 2 BGB stehen ihnen Inhabergrundschuldbriefe gleich. Nicht aufgebotsfähig sind Inhaberkarten und -marken iSd. § 807 BGB (Fahrkarten, Eintrittskarten, Essenmarken u. ä.).[1]

3 2. **Hypotheken-, Grundschuld- und Rentenschuldbriefe** (§§ 1162, 1192 Abs. 1, 1199 BGB).

4 3. **Wechsel** (Art. 90 WG). Ob der Wechsel akzeptiert, protestiert, verfallen oder verjährt ist, macht keinen Unterschied.[2] Auch ein Wechselblankett kann aufgeboten werden, um zu verhindern, dass durch dessen unbefugte Vervollständigung eine wirksame Wechselverpflichtung entsteht.[3]

5 4. **Schecks** (Art. 59 ScheckG), auch Blankoschecks.[4] Für abhanden gekommene nicht unterschriebene Euroscheckvordrucke und Euroscheckkarten gilt Art. 59 ScheckG nicht.[5]

6 5. **Aktien** und **Zwischenscheine**, sofern nicht in der Urkunde das Gegenteil bestimmt ist (§ 72 AktG).

7 6. **Kaufmännische Orderpapiere** (§ 365 Abs. 2 HGB). Hierzu zählen kaufmännische Anweisungen und Verpflichtungsscheine (§ 363 Abs. 1 HGB) sowie an Order lautende Konnossemente, Ladescheine und Lagerscheine der staatlich ermächtigten Anstalten, ferner Transportversicherungspolicen (§ 363 Abs. 2 HGB).

8 7. Auf den Namen oder an Order lautende **Schuldverschreibungen** und **Schatzanweisungen** des **Reiches** und des **Bundes**, sofern nicht in der Urkunde das Gegenteil bestimmt ist (§ 14 BundesSchuldenO).

9 8. **Qualifizierte Legitimationspapiere** („hinkende" Inhaberpapiere) iSd. § 808 BGB (§ 808 Abs. 2 BGB), zB auf den Namen ausgestellte Fahr- und Flugscheine,[6] Pfandscheine und **Sparbücher.** Für letztere bestehen auf Grund des Vorbehalts in Art. 102 Abs. 2 EGBGB vielfach landesrechtliche Sonderregelungen, die das Aufgebotsverfahren durch ein ihm nachgebildetes Verfahren der Sparkassen ersetzen.[7] Das bundesrechtlich besonders geregelte Aufgebotsverfahren für **Postsparbücher** ist mit der Aufhebung der Postsparkassenordnung zum 1. 7. 1991 (Art. I § 65 Abs. 1 PostStruktG) weggefallen. Postsparbücher werden nunmehr in einem vereinfachten Verfahren nach Nr. 36 der Allgemeinen Geschäftsbedingungen der Postbank, bei Widerspruch des Sparers im Verfahren nach §§ 1003ff. aufgeboten.[8]

III. Aufgebotsgründe

10 Voraussetzung aller Urkundenaufgebote ist, dass die Urkunde abhanden gekommen oder vernichtet ist. **Abhanden gekommen** ist eine Urkunde, wenn der Besitzer den Besitz derart verloren hat, dass er nicht mehr auf sie zugreifen, sie auch im Wege der Zwangsvollstreckung nicht wieder erlangen kann.[9] **Vernichtet** ist die Urkunde, wenn sie in ihrer Substanz zerstört oder so beschädigt ist, dass ihr wesentlicher Inhalt nicht mehr feststellbar ist[10] oder wenn die Beschädigung Zweifel an ihrer Echtheit begründet.[11]

IV. Gerichtskosten

11 Zu den Gerichtsgebühren vgl. § 947 Rn. 8.

---

[1] *Wiecz/Sch/Weber* Rn. 13.
[2] MK/*Eickmann* §§ 1003–1024 Rn. 1; *St/J/Schlosser* Rn. 2.
[3] OLG Hamm WM 1976, 198, 199; *St/J/Schlosser* Rn. 2.
[4] *Pleyer/Müller-Wüsten* WM 1975, 1102f.
[5] *Kümpel* NJW 1975, 1549; *Pleyer/Müller-Wüsten* (Fn. 4) S. 1104ff.; *B/L/H* Vorb. Rn. 3; MK/*Eickmann* §§ 1003–1024 Rn. 2; *St/J/Schlosser* Rn. 10; *Wiecz/Sch/Weber* Rn. 19; aA *Zö/Geimer* Rn. 1.
[6] BGHZ 62, 71, 75f. = NJW 1974, 852; MK/*Eickmann* §§ 1003–1024 Rn. 7.
[7] Zusammenstellung bei RGRK/*Steffen* § 808 Rn. 80f.; *Wiecz/Sch/Weber* § 1024 Rn. 4ff.
[8] *Wiecz/Sch/Weber* vor § 946 Rn. 22.
[9] OLG Stuttgart NJW 1955, 1154, 1155; LG Koblenz NJW 1955, 506; LG Frankfurt/M Rpfleger 1986, 187; MK/*Eickmann* Rn. 9; *Wiecz/Sch/Weber* Rn. 40; ähnlich *St/J/Schlosser* Rn. 10.
[10] MK/*Eickmann* §§ 1003–1024 Rn. 10; *St/J/Schlosser* Rn. 10.
[11] *Wiecz/Sch/Weber* Rn. 44.

1004 *Antragsberechtigter* **(1) Bei Papieren, die auf den Inhaber lauten oder die durch Indossament übertragen werden können und mit einem Blankoindossament versehen sind, ist der bisherige Inhaber des abhanden gekommenen oder vernichteten Papiers berechtigt, das Aufgebotsverfahren zu beantragen.**

(2) Bei anderen Urkunden ist derjenige zu dem Antrag berechtigt, der das Recht aus der Urkunde geltend machen kann.

I. Grundsatz (Absatz 2)

Nach Abs. 2 ist grundsätzlich antragsberechtigt, wer das Recht aus der Urkunde geltend machen kann. 1
Dies richtet sich nach dem materiellen Recht (zB Art. 16 WG; Art. 5, 19 ScheckG; § 10 AktG; § 365 Abs. 1 HGB). Bei Grundpfandrechtsbriefen kann dies auch der Eigentümer des Grundstücks oder der persönliche Schuldner sein (zB §§ 1163, 1164 BGB), bei der Verpfändung der Pfandgläubiger (§ 1294 BGB), bei Pfändung und Überweisung des verbrieften Rechts der Pfändungsgläubiger (§ 836 Abs. 1).[1]

II. Inhaberpapiere (Absatz 1)

Bei Inhaberpapieren und blanko indossierten Orderpapieren ist nach Abs. 2 der bisherige Inhaber antragsberechtigt; dies kann auch der Verpflichtete sein.[2] Auf seine Legitimation kommt es nicht an.[3] 2

1005 *Gerichtsstand* **(1) [1]Für das Aufgebotsverfahren ist das Gericht des Ortes zuständig, den die Urkunde als den Erfüllungsort bezeichnet. [2]Enthält die Urkunde eine solche Bezeichnung nicht, so ist das Gericht zuständig, bei dem der Aussteller seinen allgemeinen Gerichtsstand hat, und in Ermangelung eines solchen Gerichts dasjenige, bei dem der Aussteller zur Zeit der Ausstellung seinen allgemeinen Gerichtsstand gehabt hat.**

(2) Ist die Urkunde über ein im Grundbuch eingetragenes Recht ausgestellt, so ist das Gericht der belegenen Sache ausschließlich zuständig.

I. Allgemeine Zuständigkeitsregelung (Absatz 1)

Die örtliche Zuständigkeit des sachlich zuständigen Amtsgerichts (§ 23 Nr. 1 h GVG) richtet sich in erster Linie nach dem Erfüllungsort, der in der Urkunde bezeichnet ist oder sich nach ihrem Inhalt (zB nach § 269 BGB, Art. 4 WG) bestimmen lässt.[1] Liegt der Erfüllungsort im Ausland, so kann sich die Zuständigkeit eines deutschen Gerichts nur aus Abs. 1 S. 2 ergeben.[2] Geht aus der Urkunde kein Erfüllungsort hervor oder beurkundet diese (wie zB die Aktie) keine Verpflichtung, so entscheidet der gegenwärtige, hilfsweise der frühere allgemeine Gerichtsstand des Ausstellers, Abs. 1 S. 2.[3] 1

II. Im Grundbuch eingetragene Rechte (Absatz 2)

Für das Aufgebot von Urkunden über im Grundbuch eingetragene Rechte (Hypotheken-, Grundschuld-, Rentenschuldbriefe) ist das Gericht der belegenen Sache (§ 24) ausschließlich zuständig. § 36 Nr. 4 findet entsprechende Anwendung.[4] 2

1006 *Bestelltes Aufgebotsgericht* **(1) [1]Die Landesregierungen werden ermächtigt, durch Rechtsverordnung einem Amtsgericht für die Bezirke mehrerer Amtsgerichte die Zuständigkeit zu übertragen für die Erledigung der Anträge, das Aufgebot zum Zwecke der Kraftloserklärung eines auf den Inhaber lautenden Papiers zu erlassen. [2]Die Landesregierungen können die Ermächtigung durch Rechtsverordnungen auf die Landesjustizverwaltungen übertragen. [3]Auf Verlangen des Antragstellers wird der Antrag durch das nach § 1005 zuständige Gericht erledigt.**

(2) Wird das Aufgebot durch ein anderes als das nach § 1005 zuständige Gericht erlassen, so ist das Aufgebot auch durch Anheftung an die Gerichtstafel oder Einstellung in das Informationssystems des letzteren Gerichts öffentlich bekannt zu machen.

(3) Unberührt bleiben die landesgesetzlichen Vorschriften, durch die für das Aufgebotsverfahren zum Zwecke der Kraftloserklärung von Schuldverschreibungen auf den Inhaber, die ein deutsches Land oder früherer Bundesstaat oder eine ihm angehörende Körperschaft, Stiftung oder Anstalt des öffentlichen Rechts ausgestellt oder für deren Bezahlung ein deutsches Land oder früherer Bundesstaat die Haftung übernommen hat, ein bestimmtes Amtsgericht für ausschließlich zuständig erklärt wird.

---

1 MK/*Eickmann* §§ 1003–1024 Rn. 18.
2 *B/L/H* Rn. 2; *St/J/Schlosser* Rn. 2; *Wiecz/Sch/Weber* Rn. 4.
3 *B/L/H* Rn. 2; MK/*Eickmann* §§ 1003–1024 Rn. 19; *St/J/Schlosser* Rn. 2.
1 *B/L/H* Rn. 1; MK/*Eickmann* §§ 1003–1024 Rn. 11; *St/J/Schlosser* Rn. 1; *Wiecz/Sch/Weber* Rn. 5.
2 *St/J/Schlosser* Rn. 1; enger *Wiecz/Sch/Weber* Rn. 8.
3 *Wiecz/Sch/Weber* Rn. 6.
4 BayObLG Rpfleger 1977, 448; MK/*Eickmann* Rn. 14; *St/J/Schlosser* Rn. 3; *Wiecz/Sch/Weber* Rn. 4.

1 § 1006 gilt nur für Inhaberpapiere einschließlich der qualifizierten Legitimationspapiere iSd. § 808 BGB (§ 1023).

1007 *Antragsbegründung* **Der Antragsteller hat zur Begründung des Antrags:**
1. entweder eine Abschrift der Urkunde beizubringen oder den wesentlichen Inhalt der Urkunde und alles anzugeben, was zu ihrer vollständigen Erkennbarkeit erforderlich ist;
2. den Verlust der Urkunde sowie diejenigen Tatsachen glaubhaft zu machen, von denen seine Berechtigung abhängt, das Aufgebotsverfahren zu beantragen;
3. sich zur Versicherung der Wahrheit seiner Angaben an Eides statt zu erbieten.

1 Die Bestimmung regelt den notwendigen Inhalt des Antrags. Daneben ist § 947 zu beachten. Fehlt ein wesentliches Erfordernis, so ist der Antrag zurückzuweisen.[1] Nr. 1 verlangt eine möglichst genaue und vollständige Kennzeichnung der aufzubietenden Urkunde. Bei Aktien gehört dazu die Angabe der Aktiennummern.[2] Eine beigebrachte Abschrift der Urkunde muss nicht beglaubigt sein. Der Aussteller der verlorenen bzw. vernichteten Urkunde ist nach §§ 799 Abs. 2 BGB, 72 Abs. 1 S. 2 AktG, in anderen Fällen auf Grund einer Nebenpflicht aus dem Begebungsvertrag[3] zur Erteilung von Auskünften und Zeugnissen verpflichtet.[4] Zum Begriff des Verlusts der Urkunde s. § 1003 Rn. 10, zur Antragsberechtigung § 1004 Rn. 1f. Die Glaubhaftmachung (Nr. 2) richtet sich nach § 294. Nr. 3 ergänzt die Regelung der Nr. 2, soweit der Antragsteller nicht bereits zur Glaubhaftmachung eine eigene eidesstattliche Versicherung vorgelegt hat.[5] Ausreichend ist nach Nr. 3, dass der Antragsteller sich zur eidesstattlichen Versicherung erbietet; deren Abnahme steht im Ermessen des Gerichts.[6]

1008 *Inhalt des Aufgebots* **[1]In dem Aufgebot ist der Inhaber der Urkunde aufzufordern, spätestens im Aufgebotstermin seine Rechte bei dem Gericht anzumelden und die Urkunde vorzulegen. [2]Als Rechtsnachteil ist anzudrohen, dass die Urkunde für kraftlos erklärt werde.**

1009 *Ergänzende Bekanntmachung in besonderen Fällen* **[1]Betrifft das Aufgebot ein auf den Inhaber lautendes Papier und ist in der Urkunde vermerkt oder in den Bestimmungen, unter denen die erforderliche staatliche Genehmigung erteilt worden ist, vorgeschrieben, dass die öffentliche Bekanntmachung durch bestimmte andere Blätter zu erfolgen habe, so muss die Bekanntmachung auch durch Einrückung in diese Blätter erfolgen. [2]Das Gleiche gilt bei Schuldverschreibungen, die von einem deutschen Land oder früheren Bundesstaat ausgegeben sind, wenn die öffentliche Bekanntmachung durch bestimmte Blätter landesgesetzlich vorgeschrieben ist. [3]Zusätzlich kann die öffentliche Bekanntmachung in einem von dem Gericht für Bekanntmachungen bestimmten elektronischen Informations- und Kommunikationssystem erfolgen.**

1010 *Wertpapiere mit Zinsscheinen* **(1) Bei Wertpapieren, für die von Zeit zu Zeit Zins-, Renten- oder Gewinnanteilscheine ausgegeben werden, ist der Aufgebotstermin so zu bestimmen, dass bis zu dem Termin der erste einer seit der Zeit des glaubhaft gemachten Verlustes ausgegebenen Reihe von Zins-, Renten- oder Gewinnanteilscheinen fällig geworden ist und seit seiner Fälligkeit sechs Monate abgelaufen sind.**

(2) Vor Erlass des Ausschlussurteils hat der Antragsteller ein nach Ablauf dieser sechsmonatigen Frist ausgestelltes Zeugnis der betreffenden Behörde, Kasse oder Anstalt beizubringen, dass die Urkunde seit der Zeit des glaubhaft gemachten Verlustes ihr zur Ausgabe neuer Scheine nicht vorgelegt sei und dass die neuen Scheine an einen anderen als den Antragsteller nicht ausgegeben seien.

I. Normzweck

1 §§ 1010 bis 1013 dienen dem Schutz des redlichen Besitzers vor einer vorschnellen Kraftloserklärung der aufgebotenen Urkunde.

II. Überblick

2 §§ 1010 bis 1013 schreiben besondere Fristen für das Aufgebot solcher Wertpapiere vor, für die Zins-, Renten- oder Gewinnanteilscheine ausgegeben worden sind. In diesen Fällen soll der Aufgebotstermin erst stattfinden, nachdem der Besitzer des Papiers Anlass und ausreichend Gelegenheit hatte, der Behörde, Kasse oder Anstalt die Zinsscheine usw. oder bei Neuausgabe solcher Scheine die Urkunde vorzulegen.[1] Das Gesetz sieht dafür einen Zeitraum von sechs Monaten seit Eintritt der Fälligkeit als ausreichend an. Der Erlass des Ausschlussurteils setzt ferner voraus, dass der Antragsteller durch ein Zeugnis der Behörde,

---

[1] *B/L/H* Rn. 1; *Zö/Geimer* Rn. 1.
[2] BGH NJW-RR 1990, 166, 168; *Wiecz/Sch/Weber* Rn. 3.
[3] *Wiecz/Sch/Weber* Rn. 3.
[4] Vgl. BGH (Fn. 2); *B/L/H* Rn. 1; *Wiecz/Sch/Weber* Rn. 3.
[5] *Wiecz/Sch/Weber* Rn. 8.
[6] *B/L/H* Rn. 1; *Zö/Geimer* Rn. 1.
[1] *Wiecz/Sch/Weber* Rn. 2.

Kasse oder Anstalt nachweist, dass die Urkunde bzw. die Zinsscheine usw. bis zum Ablauf der verlängerten Aufgebotsfrist nicht vorgelegt worden sind. Die Regelung unterscheidet zwischen Wertpapieren, für die Zinsscheine usw. periodisch für längstens vier Jahre ausgegeben werden, und solchen, bei denen die Ausgabe zu Beginn für die gesamte Laufzeit oder periodisch für mehr als vier Jahre erfolgt (§§ 1010, 1011). § 1012 regelt den Fall, dass nur die Stammurkunde verloren gegangen ist. § 1013 betrifft Papiere, für die Zinsscheine usw. für längstens vier Jahre vorhanden sind und keine neuen Scheine mehr ausgegeben werden.

III. Aufgebotsfrist (Absatz 1)

Für die Berechnung der Aufgebotsfrist nach Abs. 1 ist vom glaubhaft gemachten Zeitpunkt des Verlusts der Urkunde auszugehen und anhand des Emissionsplans festzustellen, wann neue Scheine ausgegeben werden und wann der erste Schein fällig wird.[2] Vom Fälligkeitstag bis zum Aufgebotstermin müssen sechs Monate verstrichen sein. Beträgt die Aufgebotsfrist danach mehr als ein Jahr, so ist das Aufgebot nach § 1015 S. 2 noch nicht zulässig. 3

IV. Zeugnis (Absatz 2)

Das Zeugnis muss von einer Behörde oder von einer öffentlichen oder privaten Kasse oder Anstalt ausgestellt sein, der nach Gesetz oder Satzung die Ausgabe und die Einlösung der ganzen Gattung von Papieren obliegt. Das Zeugnis eines einzelnen Emissionshauses oder einer Zahlstelle genügt nicht.[3] Der Aussteller der Urkunde ist nach § 799 Abs. 2 BGB zur Erteilung des Zeugnisses verpflichtet. Die Kosten hat der Antragsteller zu tragen und vorzuschießen (§ 799 Abs. 2 S. 2 BGB). Eines Zeugnisses bedarf es nicht, wenn die Voraussetzungen des § 1012 oder des § 1021 erfüllt sind. Ein Verstoß gegen Abs. 2 begründet nicht die Anfechtungsklage nach § 957.[4] 4

1011

Zinsscheine für mehr als vier Jahre **(1) [1]Bei Wertpapieren, für die Zins-, Renten- oder Gewinnanteilscheine zuletzt für einen längeren Zeitraum als vier Jahre ausgegeben sind, genügt es, wenn der Aufgebotstermin so bestimmt wird, dass bis zu dem Termin seit der Zeit des glaubhaft gemachten Verlustes von den zuletzt ausgegebenen Scheinen solche für vier Jahre fällig geworden und seit der Fälligkeit des letzten derselben sechs Monate abgelaufen sind. [2]Scheine für Zeitabschnitte, für die keine Zinsen, Renten oder Gewinnanteile gezahlt werden, kommen nicht in Betracht.**

(2) [1]Vor Erlass des Ausschlussurteils hat der Antragsteller ein nach Ablauf dieser sechsmonatigen Frist ausgestelltes Zeugnis der betreffenden Behörde, Kasse oder Anstalt beizubringen, dass die für die bezeichneten vier Jahre und später etwa fällig gewordenen Scheine ihr von einem anderen als dem Antragsteller nicht vorgelegt seien. [2]Hat in der Zeit seit dem Erlass des Aufgebots eine Ausgabe neuer Scheine stattgefunden, so muss das Zeugnis auch die im § 1010 Abs. 2 bezeichneten Angaben enthalten.

I. Aufgebotsfrist (Absatz 1)

Sind für ein Wertpapier Zins-, Renten- oder Gewinnanteilscheine von vornherein für die gesamte Laufzeit oder periodisch für einen längeren Zeitraum als vier Jahre ausgegeben worden, so muss nicht der Verfalltag oder der nächste Erneuerungstermin abgewartet werden. Es genügt, wenn seit dem glaubhaft gemachten Zeitpunkt des Verlusts des Papiers bis zum Aufgebotstermin vier Jahrgänge fällig geworden und seit der Fälligkeit des letzten Scheins sechs Monate verstrichen sind (Abs. 1 S. 1). Einzurechnen sind nur Zeitabschnitte, für die Zinsen usw. gezahlt werden (Abs. 1 S. 2). Standen bei Verlust des Papiers Scheine nur noch für weniger als vier Jahre aus, so findet § 1011 keine Anwendung.[1] In diesem Fall ist die Aufgebotsfrist nach § 1010 bzw. § 1013 zu berechnen.[2] Auch bei einem Ausgabezeitraum von mehr als vier Jahren ist die Aufgebotsfrist nicht nach § 1011, sondern nach § 1010 zu berechnen, wenn die zur Einlösung vorgelegten Zinsscheine usw. nicht registriert werden.[3] 1

II. Zeugnis (Absatz 2)

S. zunächst § 1010 Rn. 4. Das Zeugnis muss den Vierjahreszeitraum des Abs. 1 und etwaige spätere Fälligkeitstermine abdecken (Abs. 2 S. 1).[4] Fehlt es bei der verwaltenden Stelle an einer Kontrolle der eingelösten Zinsscheine usw. und kann aus diesem Grunde das Zeugnis nach Abs. 2 S. 1 nicht erteilt werden, so ist § 1011 unanwendbar.[5] Sofern nicht § 1012 eingreift, ist das Aufgebot dann erst zu dem aus § 1010 bzw. § 1013 sich ergebenden Zeitpunkt zulässig. 2

---

[2] *B/L/H* Rn. 2; MK/*Eickmann* §§ 1003–1024 Rn. 30; *St/J/Schlosser* Rn. 2; *Wiecz/Sch/Weber* Rn. 4.
[3] *B/L/H* Rn. 3; *St/J/Schlosser* Rn. 3; *Wiecz/Sch/Weber* Rn. 6.
[4] *St/J/Schlosser* Rn. 3; *Wiecz/Sch/Weber* Rn. 8.
[1] *B/L/H* Rn. 1; MK/*Eickmann* §§ 1003–1024 Rn. 31; *St/J/Schlosser* Rn. 1.
[2] *St/J/Schlosser* Rn. 1; *Wiecz/Sch/Weber* Rn. 4.
[3] OLG München NJW 1979, 2317 (LS) = WM 1979, 816, 818; *Wiecz/Sch/Weber* Rn. 2.
[4] *St/J/Schlosser* Rn. 2; *Wiecz/Sch/Weber* Rn. 7.
[5] *B/L/H* Rn. 2; *St/J/Schlosser* Rn. 2; *Wiecz/Sch/Weber* Rn. 2.

1012 *Vorlegung der Zinsscheine* **[1]Die Vorschriften der §§ 1010, 1011 sind insoweit nicht anzuwenden, als die Zins-, Renten- oder Gewinnanteilscheine, deren Fälligkeit nach diesen Vorschriften eingetreten sein muss, von dem Antragsteller vorgelegt werden. [2]Der Vorlegung der Scheine steht es gleich, wenn das Zeugnis der betreffenden Behörde, Kasse oder Anstalt beigebracht wird, dass die fällig gewordenen Scheine ihr von dem Antragsteller vorgelegt worden seien.**

1 Die nach §§ 1010, 1011 zu berechnende Aufgebotsfrist muss nicht eingehalten werden, wenn der Antragsteller die Zins-, Renten- oder Gewinnanteilscheine, die nach diesen Vorschriften fällig geworden sein müssten, selbst vorlegt oder durch ein Zeugnis nach S. 2 nachweist, dass er selbst die fällig gewordenen Scheine der verwaltenden Behörde, Kasse oder Anstalt vorgelegt hat. § 1012 betrifft also den Fall, dass nur die Stammurkunde (der Mantel) verloren gegangen ist. In diesem Falle richtet sich die Aufgebotsfrist allein nach § 1015.

1013 *Abgelaufene Ausgabe der Zinsscheine* **Bei Wertpapieren, für die Zins-, Renten- oder Gewinnanteilscheine ausgegeben sind, aber nicht mehr ausgegeben werden, ist, wenn nicht die Voraussetzungen der §§ 1010, 1011 vorhanden sind, der Aufgebotstermin so zu bestimmen, dass bis zu dem Termin seit der Fälligkeit des letzten ausgegebenen Scheines sechs Monate abgelaufen sind.**

1 Wenn für ein Wertpapier keine neuen Zins-, Renten- oder Gewinnanteilscheine mehr ausgegeben werden und solche Scheine für nicht mehr als vier Jahre vorhanden sind, ist für die Berechnung der Aufgebotsfrist vom Zeitpunkt der Fälligkeit des zuletzt fällig gewordenen Scheins auszugehen. Der Antragsteller muss durch ein Zeugnis entsprechend §§ 1010 Abs. 2, 1011 Abs. 2 nachweisen, dass seit dem Verlust der Urkunde keiner der Scheine von einem anderen als ihm selbst vorgelegt worden ist.[1]

1014 *Aufgebotstermin bei bestimmter Fälligkeit* **Ist in einer Schuldurkunde eine Verfallzeit angegeben, die zur Zeit der ersten Einrückung des Aufgebots in den elektronischen Bundesanzeiger noch nicht eingetreten ist, und sind die Voraussetzungen der §§ 1010 bis 1013 nicht vorhanden, so ist der Aufgebotstermin so zu bestimmen, dass seit dem Verfalltag sechs Monate abgelaufen sind.**

1 § 1014 regelt die Aufgebotsfrist für Papiere mit einer bestimmten Fälligkeitszeit, für die – wie zB für Wechsel und Schatzanweisungen – keine Zins-, Renten- oder Gewinnanteilscheine ausgegeben werden.[1] § 1015 S. 2 gilt auch hier. Für das Aufgebot von Grundpfandsrechtsbriefen können durch Landesrecht abweichende Regelungen getroffen werden (§ 1024 Abs. 2).

1015 *Aufgebotsfrist* **[1]Die Aufgebotsfrist muss mindestens sechs Monate betragen. [2]Der Aufgebotstermin darf nicht über ein Jahr hinaus bestimmt werden; solange ein so naher Termin nicht bestimmt werden kann, ist das Aufgebot nicht zulässig.**

1 Für das Urkundenaufgebot beträgt die Aufgebotsfrist mindestens sechs Monate und höchstens ein Jahr. Für das Scheckaufgebot ist die Mindestfrist auf zwei Monate verkürzt (Art. 59 Abs. 1 S. 2 ScheckG). Die Jahresfrist beginnt mit der Terminsbestimmung.[1] Für das Aufgebot von Grundpfandrechtsbriefen kann das Landesrecht abweichende Regelungen treffen (§ 1024 Abs. 2). Die Verletzung von S. 1 begründet die Anfechtungsklage nach § 957 Abs. 2 Nr. 3.[2] Ein Verstoß gegen S. 2 ist dagegen kein Anfechtungsgrund (§ 957 Rn. 7).[3]

1016 *Anmeldung der Rechte* **[1]Meldet der Inhaber der Urkunde vor dem Aufgebotstermin seine Rechte unter Vorlegung der Urkunde an, so hat das Gericht den Antragsteller hiervon zu benachrichtigen und ihm die Einsicht der Urkunde innerhalb einer zu bestimmenden Frist zu gestatten. [2]Auf Antrag des Inhabers der Urkunde ist zu ihrer Vorlegung ein Termin zu bestimmen.**

I. Vorlegungstermin

1 Meldet sich der Inhaber vor dem Aufgebotstermin unter Vorlegung der Urkunde, so ist dem Antragsteller unter Fristsetzung Gelegenheit zu geben, auf der Geschäftsstelle Einsicht in die Urkunde zu nehmen (S. 1). Will der Inhaber die Originalurkunde nicht aus der Hand geben oder diese nur in Gegenwart des

---

[1] *B/L/H* Rn. 1; *St/J/Schlosser* Anm. zu § 1013; ebenso offenbar *Wiecz/Sch/Weber* Rn. 4, wo fälschlich vom „Aussteller" die Rede ist.

[1] MK/*Eickmann* §§ 1003–1024 Rn. 34; *St/J/Schlosser* Rn. 1; *Wiecz/Sch/Weber* Rn. 2.

[1] *B/L/H* Rn. 1; *St/J/Schlosser* Rn. 1; *Zö/Geimer* Rn. 1; aA *Wiecz/Sch/Weber* Rn. 4 (mit der ersten Einrückung im Bundesanzeiger).

[2] AA *Wiecz/Sch/Weber* Rn. 5 (§ 957 Abs. 2 Nr. 1).

[3] AA *St/J/Schlosser* Rn. 2.

Richters vorlegen, so ist auf seinen Antrag vor dem Aufgebotstermin ein Termin zur Vorlegung der Urkunde zu bestimmen (S. 2). Der Antragsteller hat kein Recht auf einen Vorlegungstermin.[1]

II. Vorlegung der Urkunde im Aufgebotstermin

Meldet sich der Inhaber unter Vorlegung der aufgebotenen Urkunde im Aufgebotstermin und erkennt der Antragsteller die vorgelegte Urkunde als die verlorene an, so ist damit das Verfahren erledigt.[2] Ein etwaiger Streit um den Besitz der Urkunde ist im ordentlichen Verfahren auszutragen.[3] Erkennt der Antragsteller die vorgelegte Urkunde nicht an oder meldet sich ein angeblich besser Berechtigter, ohne die Urkunde vorzulegen, so ist nach § 953 zu verfahren. Der Streit um die Echtheit der Urkunde und um die an ihr oder aus ihr geltend gemachten Rechte ist im ordentlichen Verfahren auszutragen.[4] 2

1017 *Ausschlussurteil* **(1) In dem Ausschlussurteil ist die Urkunde für kraftlos zu erklären.**
(2) [1]Das Ausschlussurteil ist seinem wesentlichen Inhalt nach durch den elektronischen Bundesanzeiger bekannt zu machen. [2]Die Vorschriften des § 1009 Abs. 3 gelten entsprechend.

(3) In gleicher Weise ist nach eingetretener Rechtskraft das auf die Anfechtungsklage ergangene Urteil, soweit dadurch die Kraftloserklärung aufgehoben wird, bekannt zu machen.

I. Ausschlussurteil

Das Ausschlussurteil soll lediglich den Nachteil des Urkundenverlusts ausgleichen.[1] Es lautet deshalb nur auf Kraftloserklärung der aufgebotenen Urkunde (Abs. 1), nicht auf Ausschluss unbekannter Dritter.[2] Erst die Gestaltungswirkung des Urteils beseitigt die alte Urkunde und macht den Weg für eine Neuerteilung frei.[3] 1

II. Bekanntmachung

Die Bekanntmachung des wesentlichen Inhalts des Ausschlussurteils durch einmalige Einrückung in den elektronischen Bundesanzeiger ist nach Abs. 2 abweichend von § 956 obligatorisch. Die besonderen Bekanntmachungsformen für das Aufgebot nach § 1009 Abs. 3 gelten auch für das Ausschlussurteil (Abs. 2 S. 2). Wird das Ausschlussurteil auf Anfechtungsklage hin aufgehoben, so ist diese Entscheidung nach Eintritt der Rechtskraft in gleicher Weise bekannt zumachen (Abs. 3). 2

III. Gerichtskosten

Gerichtsgebühren werden für das Ausschlussurteil nicht erhoben. Für die Anfechtungsklage gelten die allgemeinen Bestimmungen für das Prozessverfahren erster Instanz (KV Nr. 1210, 1211). 3

1018 *Wirkung des Ausschlussurteils* **(1) Derjenige, der das Ausschlussurteil erwirkt hat, ist dem durch die Urkunde Verpflichteten gegenüber berechtigt, die Rechte aus der Urkunde geltend zu machen.**

(2) Wird das Ausschlussurteil infolge einer Anfechtungsklage aufgehoben, so bleiben die auf Grund des Urteils von dem Verpflichteten bewirkten Leistungen auch Dritten, insbesondere dem Anfechtungskläger, gegenüber wirksam, es sei denn, dass der Verpflichtete zur Zeit der Leistung die Aufhebung des Ausschlussurteils gekannt hat.

I. Normzweck

Abs. 1 regelt die Wirkung des Ausschlussurteils im Verhältnis des Antragstellers zu dem aus der Urkunde Verpflichteten. Abs. 2 soll den redlichen Verpflichteten vor der Gefahr doppelter Inanspruchnahme schützen. 1

II. Wirkungen des Ausschlussurteils (Absatz 1)

1. Negative Wirkung. Das Ausschlussurteil beseitigt die Legitimationswirkung der für kraftlos erklärten Urkunde.[1] Es schließt auch einen gutgläubigen Erwerb des verbrieften Rechts aus.[2] Ob der Antragsteller die Erteilung einer neuen Urkunde an Stelle der für kraftlos erklärten verlangen kann, richtet sich nach materiellem Recht (zB § 808 BGB, § 67 GBO,[3] § 73 Abs. 3 AktG). 2

---

[1] *St/J/Schlosser* Rn. 3; *Zö/Geimer* Rn. 1; unklar *B/L/H* Rn. 2.
[2] *B/L/H* Rn. 1; MK/*Eickmann* §§ 1003–1024 Rn. 40; *St/J/Schlosser* Rn. 1; *Wiecz/Sch/Weber* Rn. 9.
[3] MK/*Eickmann* §§ 1003–1024 Rn. 40.
[4] *B/L/H* Rn. 1; MK/*Eickmann* §§ 1003–1024 Rn. 39; *St/J/Schlosser* Rn. 1; aA *Wiecz/Sch/Weber* Rn. 10 für den Streit um die Identität der vorgelegten mit der aufgebotenen Urkunde.
[1] *St/J/Schlosser* § 1018 Rn. 2.
[2] *B/L/H* Rn. 1; *St/J/Schlosser* Rn. 1.
[3] BayObLGZ 1987, 345, 347; *St/J/Schlosser* Rn. 1; *Wiecz/Sch/Weber* § 1018 Rn. 3.
[1] *St/J/Schlosser* Rn. 1; *Wiecz/Sch/Weber* Rn. 5; *Hueck/Canaris,* Recht der Wertpapiere, 12. Aufl. 1986, § 16 III 1.
[2] *St/J/Schlosser* Rn. 1; *Hueck/Canaris* (Fn. 1) § 16 I.
[3] Dazu i. e. BayObLG Rpfleger 1987, 363; 1987, 493; MK/*Eickmann* §§ 1003–1024 Rn. 44; *Wiecz/Sch/Weber* Rn. 11.

3 **2. Wirkung gegenüber dem Verpflichteten.** Im Verhältnis zu dem aus der Urkunde Verpflichteten ersetzt das Urteil für den Antragsteller den Besitz der Urkunde.[4] Er kann aus dem Urteil aber nicht mehr Rechte herleiten, als ihm aus der für kraftlos erklärten Urkunde zustanden.[5] Der Verpflichtete kann alle Einwendungen erheben, die er dem Antragsteller als dem Besitzer der Urkunde entgegenhalten könnte.[6] Wird ein Wechselblankett für kraftlos erklärt, so verhindert das Ausschlussurteil lediglich dessen missbräuchliche Ausfüllung; die zur Entstehung einer Wechselverpflichtung erforderliche Vervollständigung des Blanketts ist nach dessen Kraftloserklärung nicht mehr möglich.[7] Das Ausschlussurteil hat nicht die Wirkung eines Wechselakzepts.[8]

4 **3. Wirkung gegenüber Dritten.** Rechte Dritter aus der Urkunde oder an derselben werden durch das Ausschlussurteil nicht berührt.[9] Zweck des Urkundenaufgebots ist nicht der Ausschluss von Rechten, sondern allein der Ausgleich des Nachteils, der dem Antragsteller im Verhältnis zu dem Verpflichteten aus dem Verlust der Urkunde entsteht.[10] Dritten gegenüber hat das Ausschlussurteil daher nicht die in Abs. 1 beschriebene Wirkung.

III. Schutz des Verpflichteten (Absatz 2)

5 Abs. 2 schützt den aus der Urkunde Verpflichteten vor doppelter Inanspruchnahme. Wird das Ausschlussurteil auf die Anfechtungsklage hin aufgehoben, so entfällt mit dem Eintritt der Rechtskraft die in Abs. 1 beschriebene Wirkung des Ausschlussurteils rückwirkend. Leistungen, die der Verpflichtete auf Grund des Ausschlussurteils erbracht hat, bleiben Dritten, insbesondere dem Anfechtungskläger gegenüber gleichwohl wirksam. Abs. 2 schützt den Verpflichteten darüber hinaus – ähnlich wie § 836 Abs. 2 – auch hinsichtlich solcher Leistungen, die er nach Aufhebung des Ausschlussurteils in deren Unkenntnis an den Antragsteller erbracht hat. Fahrlässige Unkenntnis und Kenntnis vom Anfechtungsprozess schaden ihm nicht.[11]

IV. Bereicherungsausgleich

6 Hat der Inhaber des verbrieften Rechts das Ausschlussurteil mit Erfolg angefochten, so schuldet ihm der Antragsteller nach § 816 Abs. 2 BGB Herausgabe der von dem Verpflichteten empfangenen Leistungen.[12] Der Bereicherungsausgleich zwischen dem Inhaber des verbrieften Rechts und dem Antragsteller hängt freilich nicht von der erfolgreichen Anfechtung des Ausschlussurteils ab. Da das Ausschlussurteil nach Abs. 1 nur im Verhältnis zu dem aus der Urkunde Verpflichteten den Urkundenbesitz ersetzt (Rn. 3) und die Rechte des materiell Berechtigten unberührt lässt (Rn. 4), kann dieser vom Antragsteller gemäß § 816 Abs. 2 BGB[13] Herausgabe der Leistungen des Verpflichteten verlangen, auch wenn er das Ausschlussurteil nicht angefochten hat.[14]

1019

Zahlungssperre (1) [1]**Bezweckt das Aufgebotsverfahren die Kraftloserklärung eines auf den Inhaber lautenden Papiers, so hat das Gericht auf Antrag an den Aussteller sowie an die in dem Papier und die von dem Antragsteller bezeichneten Zahlstellen das Verbot zu erlassen, an den Inhaber des Papiers eine Leistung zu bewirken, insbesondere neue Zins-, Renten- oder Gewinnanteilscheine oder einen Erneuerungsschein auszugeben (Zahlungssperre); mit dem Verbot ist die Benachrichtigung von der Einleitung des Aufgebotsverfahrens zu verbinden.** [2]**Das Verbot ist in gleicher Weise wie das Aufgebot öffentlich bekannt zu machen.**

(2) Das an den Aussteller erlassene Verbot ist auch den Zahlstellen gegenüber wirksam, die nicht in dem Papier bezeichnet sind.

(3) Die Einlösung der vor dem Verbot ausgegebenen Zins-, Renten- oder Gewinnanteilscheine wird von dem Verbot nicht betroffen.

I. Normzweck

1 Die Zahlungssperre (§§ 1019 bis 1022) soll denjenigen, dem ein Inhaberpapier abhanden gekommen ist, davor schützen, dass vor der Kraftloserklärung des Papiers an den nicht berechtigten Inhaber desselben geleistet wird.

---

[4] OLG Hamm WM 1976, 198, 199; *B/L/H* Rn. 1; MK/*Eickmann* §§ 1003–1024 Rn. 42; *St/J/Schlosser* Rn. 2; *Wiecz/Sch/Weber* Rn. 6; vgl. auch BGH NJW-RR 1990, 166, 168; NJW 2005, 1774.

[5] OLG Hamm (Fn. 4); *Wiecz/Sch/Weber* Rn. 6.

[6] MK/*Eickmann* §§ 1003–1024 Rn. 42; *St/J/Schlosser* Rn. 2; *Wiecz/Sch/Weber* Rn. 17.

[7] OLG Hamm (Fn. 4); *Wiecz/Sch/Weber* Rn. 14.

[8] OLG Hamm (Fn. 4).

[9] *B/L/H* Rn. 1; MK/*Eickmann* §§ 1003–1024 Rn. 43; *St/J/Schlosser* Rn. 2; *Wiecz/Sch/Weber* Rn. 16.

[10] MK/*Eickmann* §§ 1003–1024 Rn. 43; *Wiecz/Sch/Weber* Rn. 6.

[11] *B/L/H* Rn. 4; MK/*Eickmann* §§ 1003–1024 Rn. 45; *Wiecz/Sch/Weber* Rn. 18.

[12] MK/*Eickmann* §§ 1003–1024 Rn. 45; *St/J/Schlosser* Rn. 4; *Zö/Geimer* Rn. 2.

[13] MK/*Eickmann* §§ 1003–1024 Rn. 45; *St/J/Schlosser* Rn. 4; abw. *Wiecz/Sch/Weber* Rn. 16 (§ 812 Abs. 1 S. 1 Alt. 2 BGB).

[14] MK/*Eickmann* §§ 1003–1024 Rn. 45; *St/J/Schlosser* Rn. 4; *Wiecz/Sch/Weber* Rn. 16.

II. Anwendungsbereich der Zahlungssperre

1. Anwendbarkeit. Die Zahlungssperre kann bei allen Aufgeboten von **Inhaberpapieren** (Schuldverschreibungen, §§ 799 Abs. 2, 802 BGB; Inhaberschecks, Art. 5 Abs. 2 ScheckG; Inhaberaktien, § 10 Abs. 1 AktG; Grundpfandrechtsbriefen, §§ 1195, 1199 BGB) angeordnet werden.[1] Vorbehaltlich landesgesetzlicher Sonderregelungen gilt sie gemäß § 1023 auch für **qualifizierte Legitimationspapiere** iSd. § 808 BGB. 2

2. Keine Anwendung finden §§ 1019 bis 1022 auf Wechsel, Schecks (mit Ausnahme der Inhaberschecks, Rn. 2) und kaufmännische **Orderpapiere,** auch wenn diese blanko indossiert sind.[2] Hier kann der Antragsteller stattdessen Zahlung gegen Sicherheitsleistung verlangen (§ 365 Abs. 2 S. 2 HGB; Art. 90 Abs. 1 S. 2 WG; Art. 59 Abs. 1 S. 3 ScheckG). 3

III. Gegenstand und Adressaten der Zahlungssperre

Die Zahlungssperre ist das vom Aufgebotsgericht ausgesprochene, an den Aussteller und die Zahlstellen gerichtete Verbot, an den Inhaber des Papiers zu leisten, dh. zu zahlen oder neue Zins-, Renten- oder Gewinnanteilscheine oder einen Erneuerungsschein auszugeben. Das Verbot erfasst nicht die vor Erlass der Zahlungssperre ausgegebenen Zins-, Renten- und Gewinnanteilscheine (Abs. 3). Sie dürfen daher eingelöst werden, auch wenn sie erst nach Erlass der Zahlungssperre fällig werden.[3] Das Verbot wirkt gegenüber den Personen, gegen die es erlassen ist, das gegen den Aussteller erlassene Verbot gemäß Abs. 2 auch gegenüber den Zahlstellen, die nicht in dem Papier bezeichnet sind. 4

IV. Wirkungen der Zahlungssperre

1. Verfügungsverbot. Die Zahlungssperre hat die Wirkung eines richterlichenVerfügungsverbots iSd. §§ 135, 136 BGB.[4] Verbotswidrige Leistungen sind dem Antragsteller gegenüber unwirksam (§ 135 Abs. 1 BGB). Der Leistungsempfänger genießt Gutglaubensschutz nach § 135 Abs. 2 BGB. 5

2. Ablaufhemmung. Gemäß § 802 BGB hemmt die Zahlungssperre Beginn und Lauf der Vorlegungsfrist und der Verjährung für Inhaberschuldverschreibungen einschließlich solcher iSd. § 808 BGB (§ 808 Abs. 2 S. 3 BGB). 6

V. Verfahren

Die Anordnung einer Zahlungssperre setzt einen Antrag voraus, der regelmäßig mit dem Aufgebotsantrag zu verbinden ist, aber auch nachträglich gestellt werden kann. Die Zurückweisung des Antrags unterliegt gemäß § 11 Abs. 1 RPflG der sofortigen Beschwerde nach § 567 Abs. 1 (s. dazu § 573 Rn. 11ff.). Wird die Zahlungssperre erlassen, so ist sie dem Aussteller des Papiers und den bekannten Zahlstellen (Abs. 1 S. 1 Halbs. 1) von Amts wegen formlos bekannt zugeben. Diese sind zugleich von der Einleitung des Aufgebotsverfahrens zu benachrichtigen (Abs. 1 S. 1 Halbs. 2). Ferner ist die Zahlungssperre in gleicher Weise wie das Aufgebot und in der Regel zusammen mit diesem öffentlich bekannt zumachen (Abs. 1 S. 2). 7

1020

Zahlungssperre vor Einleitung des Verfahrens **[1]Ist die sofortige Einleitung des Aufgebotsverfahrens nach § 1015 Satz 2 unzulässig, so hat das Gericht die Zahlungssperre auf Antrag schon vor der Einleitung des Verfahrens zu verfügen, sofern die übrigen Erfordernisse für die Einleitung vorhanden sind. [2]Auf den Antrag sind die Vorschriften des § 947 Abs. 1 anzuwenden. [3]Das Verbot ist durch Anheftung an die Gerichtstafel und durch einmalige Einrückung in den elektronischen Bundesanzeiger öffentlich bekannt zu machen.**

1. Ist ein Aufgebotsverfahren gemäß § 1015 S. 2 noch nicht zulässig, weil der Aufgebotstermin wegen der Wartefristen der §§ 1010 bis 1014 über ein Jahr hinaus anberaumt werden müsste, so kann die Zahlungssperre vorab erlassen werden, wenn allen übrigen Antragserfordernissen genügt ist (S. 1). 1

2. Gebühren und Kosten. Die Anwaltsgebühren gemäß § 45 Abs. 1 Nr. 3 BRAGO fallen nur für den Antrag auf Zahlungssperre im Falle des isolierten Verfahrens nach § 1020 an. Gerichtskosten werden nicht erhoben. 2

1021

Entbehrlichkeit des Zeugnisses nach § 1010 Abs. 2 **Wird die Zahlungssperre angeordnet, bevor seit der Zeit des glaubhaft gemachten Verlustes Zins-, Renten- oder Gewinnanteilscheine ausgegeben worden sind, so ist die Beibringung des im § 1010 Abs. 2 vorgeschriebenen Zeugnisses nicht erforderlich.**

Da nach Verhängung der Zahlungssperre keine neuen Zins-, Renten- oder Gewinnanteilscheine ausgegeben werden dürfen (§ 1019 Abs. 1 S. 1), bleibt dem Inhaber der aufgebotenen Urkunde nur deren Vorlage an das Gericht, um die Aufhebung der Zahlungssperre zu erwirken (§ 1022 Abs. 1 S. 1). Unterlässt er diese, 1

---

[1] MK/*Eickmann* §§ 1003–1024 Rn. 46; *St/J/Schlosser* Rn. 1; *Wiecz/Sch/Weber* Rn. 4.
[2] *B/L/H* Rn. 1; *St/J/Schlosser* Rn. 1; *Wiecz/Sch/Weber* Rn. 6.
[3] *Wiecz/Sch/Weber* Rn. 8.
[4] *B/L/H* Rn. 1; MK/*Eickmann* §§ 1003–1024 Rn. 47; *St/J/Schlosser* Rn. 2; *Wiecz/Sch/Weber* Rn. 9; *Zö/Geimer* Rn. 1.

so ist der Verdacht begründet, dass er die Urkunde nicht in gutem Glauben erworben hat.[1] Dann bedarf es der Vorlage eines Zeugnisses nach § 1010 Abs. 2 nicht, denn diese dient allein dem Schutz des redlichen Besitzers (§ 1010 Rn. 1 f.).

1022 *Aufhebung der Zahlungssperre* (1) [1]**Wird das in Verlust gekommene Papier dem Gericht vorgelegt oder wird das Aufgebotsverfahren in anderer Weise ohne Erlass eines Ausschlussurteils erledigt, so ist die Zahlungssperre von Amts wegen aufzuheben. [2]Das Gleiche gilt, wenn die Zahlungssperre vor der Einleitung des Aufgebotsverfahrens angeordnet worden ist und die Einleitung nicht binnen sechs Monaten nach der Beseitigung des ihr entgegenstehenden Hindernisses beantragt wird. [3]Ist das Aufgebot oder die Zahlungssperre öffentlich bekannt gemacht worden, so ist die Erledigung des Verfahrens oder die Aufhebung der Zahlungssperre von Amts wegen durch den elektronischen Bundesanzeiger bekannt zu machen.**

(2) Im Falle der Vorlegung des Papiers ist die Zahlungssperre erst aufzuheben, nachdem dem Antragsteller die Einsicht nach Maßgabe des § 1016 gestattet worden ist.

(3) Gegen den Beschluss, durch den die Zahlungssperre aufgehoben wird, findet sofortige Beschwerde statt.

I. Normzweck

1 Die Bestimmung regelt Voraussetzungen und Verfahren der Aufhebung einer nach §§ 1019, 1020 erlassenen Zahlungssperre.

II. Aufhebungsgründe

2 **1. Vorlegung der Urkunde.** Die Zahlungssperre ist aufzuheben, wenn dem Gericht die Urkunde gemäß § 1016 vorgelegt worden ist, der Antragsteller Gelegenheit zur Einsicht hatte (Abs. 2) und die Urkunde nach der Einschätzung des Gerichts echt ist, mag der Antragsteller sie auch nicht anerkannt haben.[1] Mit der Aufhebung der Zahlungssperre endet auch die Ablaufhemmung nach § 802 S. 1 BGB.[2]

3 **2. Verfahrenserledigung.** Die Zahlungssperre ist ferner aufzuheben, wenn sich das Verfahren auf andere Weise als durch Erlass eines Ausschlussurteils erledigt, insbesondere durch Antragsrücknahme, Fristablauf nach § 954 S. 2 oder rechtskräftige Zurückweisung des Antrags auf Erlass des Ausschlussurteils (§ 952 Abs. 4). Mit der Aufhebung der Zahlungssperre endet auch die Ablaufhemmung nach § 802 S. 1 BGB.[3]

4 **3. Vorgezogene Zahlungssperre.** Eine nach § 1020 angeordnete Zahlungssperre ist aufzuheben, wenn das Aufgebot nicht binnen sechs Monaten nach dem Zeitpunkt beantragt wird, in dem das Verfahrenshindernis nach § 1015 S. 2 weggefallen ist. Die Ablaufhemmung nach § 802 S. 1 BGB endet in diesem Falle bereits mit Ablauf der Sechsmonatsfrist (§ 802 S. 2 BGB).

III. Entscheidung

5 Zuständig ist der Rechtspfleger, im Aufgebotstermin der Richter (§ 20 Nr. 2 RPflG). Der die Zahlungssperre aufhebende Beschluss ist wegen Abs. 3 den Beteiligten förmlich zuzustellen (§ 329 Abs. 3).[4] Die öffentliche Bekanntmachung durch den elektronischen Bundesanzeiger nach Eintritt der Rechtskraft ist nur erforderlich, wenn das Aufgebot oder die Zahlungssperre öffentlich bekannt gemacht worden sind (Abs. 1 S. 3).

IV. Rechtsbehelfe

6 Der die Zahlungssperre aufhebende Beschluss unterliegt nach Abs. 3 der sofortigen Beschwerde (§ 567). Wird die Aufhebung der Zahlungssperre abgelehnt, so ist gegen die Entscheidung gleichfalls die sofortige Beschwerde statthaft (§ 567 Abs. 1 Nr. 2). Dies gilt gleichermaßen für Entscheidungen des Richters wie für solche des Rechtspflegers (§ 11 Abs. 1 RPflG; s. dazu § 573 Rn. 11).

V. Gebühren und Kosten

7 **1. Rechtsanwaltsgebühren.** Für den Anwalt entstehen für die Beschwerde die Gebühr aus Nr. 3500 VV RVG.

8 **2. Gerichtskosten.** Gerichtsgebühren werden in der ersten Instanz nicht erhoben; für die Beschwerdeinstanz gilt KV Nr. 1812.

---

[1] *B/L/H* Rn. 1; *St/J/Schlosser* Anm. zu § 1021; *Zö/Geimer* Rn. 1.
[1] *B/L/H* Rn. 1; *St/J/Schlosser* Rn. 1; *Wiecz/Sch/Weber* Rn. 5; aA MK/*Eickmann* §§ 1003–1024 Rn. 50.
[2] *Wiecz/Sch/Weber* Rn. 6.
[3] *Wiecz/Sch/Weber* Rn. 7.
[4] *B/L/H* Rn. 4; MK/*Eickmann* §§ 1003–1024 Rn. 52; *St/J/Schlosser* Rn. 3.

1023 ***Hinkende Inhaberpapiere*** **[1]Bezweckt das Aufgebotsverfahren die Kraftloserklärung einer Urkunde der im § 808 des Bürgerlichen Gesetzbuchs bezeichneten Art, so gelten die Vorschriften des § 1006, des § 1009 Abs. 3, des § 1017 Abs. 2 Satz 2 und der §§ 1019 bis 1022 entsprechend. [2]Die Landesgesetze können über die Veröffentlichung des Aufgebots und der im § 1017 Abs. 2, 3 und in den §§ 1019, 1020, 1022 vorgeschriebenen Bekanntmachungen sowie über die Aufgebotsfrist abweichende Vorschriften erlassen.**

Für die Kraftloserklärung der qualifizierten Legitimationspapiere iSd. § 808 BGB sind der Landesgesetzgebung weit gehende Regelungsvorbehalte eingeräumt. Nach Art. 102 Abs. 2 EGBGB kann durch Landesgesetz ein anderes Verfahren vorgesehen werden. Nur wenn das nicht geschehen ist, findet das Aufgebotsverfahren nach §§ 1003ff. in dem aus S. 1 ersichtlichen Umfang statt. Hierbei können für die Aufgebotsfrist und für die Art der Bekanntmachung des Aufgebots, des Ausschlussurteils, des auf die Anfechtungsklage ergehenden Urteils, der Zahlungssperre und der Aufhebung derselben durch Landesgesetz abweichende Regelungen getroffen werden (S. 2). 1

1024 ***Vorbehalt für die Landesgesetzgebung*** **(1) Bei Aufgeboten auf Grund der §§ 887, 927, 1104, 1112, 1162, 1170, 1171 des Bürgerlichen Gesetzbuchs, des § 110 des Gesetzes betreffend die privatrechtlichen Verhältnisse der Binnenschifffahrt, der §§ 6, 13, 66, 67 des Gesetzes über Rechte an eingetragenen Schiffen und Schiffsbauwerken und der §§ 13, 66, 67 des Gesetzes über Rechte an Luftfahrzeugen können die Landesgesetze die Art der Veröffentlichung des Aufgebots und des Ausschlussurteils sowie die Aufgebotsfrist anders bestimmen, als in §§ 948, 950, 956 vorgeschrieben ist.**

(2) Bei Aufgeboten, die auf Grund des § 1162 des Bürgerlichen Gesetzbuchs ergehen, können die Landesgesetze die Art der Veröffentlichung des Aufgebots, des Ausschlussurteils und des im § 1017 Abs. 3 bezeichneten Urteils sowie die Aufgebotsfrist auch anders bestimmen, als in den §§ 1009, 1014, 1015, 1017 vorgeschrieben ist.

Die Aufgebotsfrist und die Form der öffentlichen Bekanntmachung des Aufgebots sowie des Ausschlussurteils können mit Rücksicht auf die Verschiedenheit der örtlichen Verhältnisse durch Landesgesetz abweichend von §§ 948, 950, 956 geregelt werden.[1] Davon ausgenommen sind nur das Aufgebot der Nachlassgläubiger (§§ 989 bis 1000) und das der Gesamtgläubiger bei fortgesetzter Gütergemeinschaft (§ 1001). 1

[1] Zusammenstellung bei *Wiecz/Sch/Weber* Rn. 4ff.

BUCH 10. SCHIEDSRICHTERLICHES VERFAHREN

Abschnitt 1. Allgemeine Vorschriften

1025 *Anwendungsbereich* **(1) Die Vorschriften dieses Buches sind anzuwenden, wenn der Ort des schiedsrichterlichen Verfahrens im Sinne des § 1043 Abs. 1 in Deutschland liegt.**

(2) Die Bestimmungen der §§ 1032, 1033 und 1050 sind auch dann anzuwenden, wenn der Ort des schiedsrichterlichen Verfahrens im Ausland liegt oder noch nicht bestimmt ist.

(3) Solange der Ort des schiedsrichterlichen Verfahrens noch nicht bestimmt ist, sind die deutschen Gerichte für die Ausübung der in den §§ 1034, 1035, 1037 und 1038 bezeichneten gerichtlichen Aufgaben zuständig, wenn der Beklagte oder der Kläger seinen Sitz oder seinen gewöhnlichen Aufenthalt in Deutschland hat.

(4) Für die Anerkennung und Vollstreckung ausländischer Schiedssprüche gelten die §§ 1061 bis 1065.

I. Normzweck

1 Das zehnte Buch der ZPO ermöglicht die **nichtstaatliche Streitentscheidung** und damit den Ausschluss staatlicher Gerichtsbarkeit durch Vereinbarung der Parteien (vgl. § 1032 Abs. 1; zu Ausnahmen vgl. § 1030 Rn. 3). Gegen die Zulassung der Schiedsgerichtsbarkeit und die Gleichstellung des Schiedsspruchs mit dem rechtskräftigen Urteil eines staatlichen Gerichts bestehen im Kernbereich der Schiedsgerichtsbarkeit **keine verfassungsrechtlichen Bedenken,**[1] denn soweit die Parteien ihren Streit durch einen Vergleich beilegen können, können sie sich auch darauf verständigen, dass Private eine Entscheidung treffen, die an die Stelle einer Einigung tritt. Problematisch und in seiner Legitimation fragwürdig ist dagegen der Bereich, in dem die ZPO die Schiedsgerichtsbarkeit zulässt, obwohl das materielle Recht den Parteien eine vergleichsweise Einigung versagt (vgl. § 1030 Rn. 1).[2]

2 Die **Vorteile privater Schiedsgerichtsbarkeit** werden in angeblichen oder tatsächlichen Mängeln des Prozessrechts gesehen. Als Vorzüge werden vor allem genannt:[3] Besondere Sachkunde der Schiedsrichter, kürzere Verfahrensdauer, im Vergleich zu einem mehrinstanzlichen Rechtsstreit geringere Kosten, größere Freiheit in der Verfahrensgestaltung, keine Zulassung der Öffentlichkeit, Beschränkbarkeit des Verfahrensgegenstandes auf einzelne Elemente eines Rechtsverhältnisses ohne Überprüfung im Übrigen[4] und die Vermeidung von Grundsatzentscheidungen staatlicher Gerichte.[5] Hinzu kommen Vorteile des Schiedsspruchs gegenüber dem Urteil eines staatlichen Gerichts bei der Vollstreckung im Ausland. Neben diese im staatlichen Verfahrensrecht wurzelnden Gründe treten solche, die sich aus dem Bestreben der Parteien erklären, gerade den Staat von einer Streitentscheidung auszuschließen. So berufen Kirchen, Vereine und Verbände Schiedsgerichte, um Interna vor staatlicher Kenntnisnahme und Beeinflussung zu schützen und ihre Autonomie gegenüber dem Staat zu wahren. Weiterhin soll durch die Einsetzung eines Schiedsgerichts sichergestellt werden, dass die besonderen Ziele und Wertvorstellungen solcher Vereine bei der Entscheidung berücksichtigt werden.

II. Anwendbarkeit deutschen Schiedsverfahrensrechts bei inländischem Schiedsort (Abs. 1)

3 **1. Ausschluss der Wahl des Schiedsverfahrensrechts.** Nach Abs. 1 gilt deutsches Schiedsverfahrensrecht, wenn der **Schiedsort in Deutschland** liegt (**Territorialitätsprinzip**).[6] Dabei bestimmt sich der Schiedsort nach § 1043 (zur Bedeutung der Ortsangabe im Schiedsspruch vgl. § 1054 Rn. 7 f.). Die Parteien können nicht be-

---

[1] AllgM, *Distler,* Private Schiedsgerichtsbarkeit und Verfassung, 2000, S. 43 ff.; *Schütze,* Ausgewählte Probleme, 2005, S. 2 ff.; MK/*Münch* Vor § 1025 Rn. 2; *Zö/Geimer* Vor § 1025 Rn. 3, 4; aA *Hesselbarth,* Schiedsgerichtsbarkeit und Grundgesetz, 2004, S. 174; zum alten Recht vgl. nur BGHZ 65, 59, 61 = NJW 1976, 109; *Sonnauer,* Die Kontrolle der Schiedsgerichte durch die staatlichen Gerichte, 1992, S. 21 ff.; *Osterthun,* Schadensfälle im Schiedsverfahren, 2002, S. 17 ff.; *Wiecz/Sch/Schütze* § 1025 aF Rn. 1 m. weit. Nachw.

[2] Vgl. *Voit* JZ 1997, 120, 124; *Hesselbarth* (Fn. 1, wegen verfassungsrechtlicher Probleme); im Grundsatz auch *Solomon,* Die Verbindlichkeit von Schiedssprüchen in der internationalen privaten Schiedsgerichtsbarkeit, 2007, S. 319 ff.; vgl. zur hL, die ebenfalls zentral auf Privatautonomie abstellt, ohne aber deren Grenzen ernst zu nehmen, *Böckstiegel,* Festschr. f. Schütze, 1999, S. 141, 142, 145 ff.; *Schlosser,* in: Revision des EuGVÜ – Neues Schiedsverfahrensrecht, 2000, S. 163, 180; *Prütting,* Festschr. f. Schlosser, 2005, 705, 707; *Schütze* SchiedsVZ 2007, 121, 122; MK/*Münch* Vor § 1025 Rn. 2; *Zö/Geimer* Vor § 1025 Rn. 3.

[3] *Kreindler/Schäfer/Wolff* Rn. 7 ff.; *Schwab/Walter* Kap. 1 Rn. 8; *Bietz* NZBau 2003, 177 ff. (zu den Vorteilen der Bauschiedsgerichtsbarkeit); *Eberl/Friedrich,* BauR 2002, 250 ff. (zu unterschiedlichen Formen der alternativen Streitbeilegung im Baurecht); MK/*Münch* Vor § 1025 Rn. 29 ff.; *Schütze* (Fn. 1) S. 4 ff.; zum alten Recht: *Stumpf,* Festschr. f. Bülow, 1981, S. 217 ff.; *Schütze/Tscherning/Wais* Rn. 2 ff.; *Nicklisch* RIW 1991, 89; vgl. auch *Lionnet,* Festschr. f. Sandrock, 2000, S. 603 ff., der bei internationalen Schiedsverfahren die Neutralität des Gerichts hervorhebt; vgl. auch *Ebbing,* Private Zivilgerichte, 2003, S. 39 ff. (mit Befragung der Betroffenen zur Akzeptanz der Schiedsgerichtsbarkeit).

[4] Zu diesem letzten Gesichtspunkt, bezogen auf den Bestandsschutz notarieller Urkunden vor gerichtlicher Inhaltskontrolle, vgl. *Keim,* Das notarielle Beurkundungsverfahren, 1990, S. 196.

[5] Dazu (zum alten Recht) *Wiecz/Sch/Schütze* § 1025 aF Rn. 6.

[6] Kritisch zu dieser Entscheidung des Gesetzgebers *Solomon* (Fn. 2) S. 432 ff., 700.

stimmen, dass auf ihr in Deutschland stattfindendes Schiedsverfahren ein anderes Verfahrensrecht Anwendung findet (zur Rechtswahl hinsichtlich der Schiedsabrede vgl. § 1029 Rn. 28; zur Rechtswahl hinsichtlich des in der Sache anzuwendenden Rechts vgl. § 1051 Rn. 2f.). Zu bedenken ist aber, dass sich das zehnte Buch der ZPO an den staatlichen Richter richtet, der anlässlich des Vollstreckbarerklärungsverfahrens, der Aufhebung oder einer Hilfestellung für das Schiedsgericht mit dem Schiedsverfahren befasst wird.[7] Für die Schiedsrichter dagegen ist allein die Parteivereinbarung maßgebend. Die Regelung des § 1025 Abs. 1 schließt es deshalb keineswegs aus, dass private **Schiedsrichter** auf der Grundlage einer entsprechenden Parteivereinbarung auch **anderes Schiedsverfahrensrecht** anwenden (beispielsweise mit dem Ziel einer Vollstreckung im Ausland; vgl. Rn. 4).

2. Folge abweichender Verfahrensrechtsvereinbarungen. Haben die Parteien trotz eines Schiedsorts im Inland ein anderes Schiedsverfahrensrecht bestimmt (vgl. Rn. 3), so sind die Regeln des vereinbarten Schiedsverfahrensrechts **innerhalb der Dispositionsfreiheit der Parteien** nach § 1042 Abs. 3 als **Parteivereinbarungen** anzusehen (vgl. § 1042 Rn. 32). Dies hat zur Folge, dass – so weit diese mittelbare Anerkennung der Verfahrensrechtswahl reicht – ein Verstoß gegen das **vereinbarte Schiedsverfahrensrecht** zur **Aufhebung** des Schiedsspruchs nach § 1059 Abs. 2 Nr. 1 Buchst. d führen kann. Im **Verhältnis zwischen den Parteien und dem Schiedsgericht** ist die Verfahrensrechtsvereinbarung bindend, auch wenn sie Vorgaben enthält, die den §§ 1025ff. nicht entsprechen, denn das deutsche Recht hat bis zur Grenze der §§ 134, 138 BGB kein Interesse daran, solchen materiellrechtlichen Vereinbarungen die Wirksamkeit zu versagen. Das Schiedsgericht muss in solchen Fällen zwar darauf hinweisen, dass die Vollstreckbarerklärung in Deutschland auf Schwierigkeiten stoßen kann. Da die Parteien aber ein Interesse daran haben können, den in Deutschland auf der Grundlage eines anderen Schiedsverfahrensrechts ergehenden Schiedsspruch in einem anderen Land, das eine Wahl des Schiedsverfahrensrechts zulässt, zu vollstrecken, darf das Schiedsgericht nicht unter Berufung auf das Territorialitätsprinzip von dem vereinbarten Schiedsverfahrensrecht abweichen. Weiterhin besteht die Möglichkeit, durch eine **Verlagerung des Schiedsorts in das Ausland** das Verfahren einem anderen Schiedsverfahrensrecht zu unterstellen. Darauf hat das Schiedsgericht ggf. hinzuweisen.[8] 4

III. Partielle Anwendbarkeit deutschen Schiedsverfahrensrechts bei ausländischem oder noch nicht bestimmtem Schiedsort (Abs. 2 und 3)

Die Absätze 2 bis 4 enthalten Erweiterungen zu Abs. 1, indem die Geltung bestimmter Regelungen des zehnten Buches auch dann angeordnet wird, wenn die Voraussetzungen des Abs. 1 nicht erfüllt sind. Damit wird zugleich die **internationale Zuständigkeit** deutscher Gerichte über die Fälle eines Schiedsverfahrens mit Schiedsort in Deutschland hinaus erweitert (vgl. § 1062 Rn. 1). Die Regelung in **Abs. 2** hat zur Folge, dass die **Einrede der Schiedsvereinbarung** einem Verfahren vor einem deutschen staatlichen Gericht auch dann entgegengesetzt werden kann (§ 1032), wenn das Schiedsgericht das **Verfahren im Ausland durchführt** oder der Schiedsort **noch nicht bestimmt** ist[9] und deshalb regelmäßig ein anderes als das deutsche Schiedsverfahrensrecht anwendbar sein wird. Weiterhin folgt aus dieser Bestimmung, dass auch bei einem Schiedsort im Ausland vor deutschen staatlichen Gerichten (zur Zuständigkeit vgl. § 1062 Abs. 1 Nr. 2) ein **Antrag auf Feststellung der Zulässigkeit oder Unzulässigkeit des schiedsrichterlichen Verfahrens** bis zur Bildung des Schiedsgerichts gestellt werden kann (§ 1032 Abs. 2) und dass deutsche staatliche Gerichte auch bei einem Schiedsverfahren mit Verfahrensort im Ausland **vorläufige oder sichernde Maßnahmen** ergreifen können (§ 1033). Weiterhin ordnet Abs. 2 die Zuständigkeit deutscher staatlicher Gerichte an, wenn es um die **Unterstützung von Schiedsgerichten** mit Schiedsort im Ausland auf der Grundlage des § 1050 geht.[10] 5

Durch die Regelung in **Abs. 3** werden Rechtsschutzlücken verhindert, indem die die Konstituierung des Schiedsgerichts unterstützenden Tätigkeiten des staatlichen Gerichts nach §§ 1034, 1035, 1037 und 1038 auch dann gewährt werden, wenn noch nicht feststeht, ob der Schiedsort in Deutschland liegt und damit die Voraussetzungen für die Anwendung des deutschen Schiedsverfahrensrechts gegeben sind.[11] Voraussetzung für das Eingreifen des deutschen Schiedsverfahrensrechts ist insoweit, dass der Kläger oder der Beklagte seinen Sitz oder gewöhnlichen Aufenthalt in Deutschland hat. Soll Deutschland in einem internationalen Verfahren neutrales Schiedsland sein, so muss ein inländischer Schiedsort vereinbart werden, um die Hilfestellung staatlicher Gerichte bei der Bildung des Schiedsgerichts in Anspruch nehmen zu können.[12] 6

IV. Ausländische Schiedssprüche (Abs. 4)

Die Qualifikation des Schiedsspruchs als ausländischer richtet sich allein nach dem **Ort des Schiedsverfahrens**, nicht nach dem angewendeten Schiedsverfahrensrecht. Hat ein Schiedsgericht mit **Schiedsort außerhalb Deutschlands** deutsches Schiedsverfahrensrecht angewendet, so ist sein Schiedsspruch in Deutschland als ausländischer anzusehen. Die Anerkennung und Vollstreckung ausländischer Schiedssprüche 7

---

[7] *Voit* JZ 1997, 120, 122; vgl. auch *Solomon* RIW 1997, 981, 987; *Nappenbach,* Parteiautonomie im Internationalen Gesellschaftsrecht, 2002, S. 126.

[8] *Solomon* (Fn. 2) S. 431.

[9] Eingefügt durch Art. 18 Handelsrechtsreformgesetz BGBl. 1998 I S. 1474.

[10] Zu Vorteilen vgl. den Erfahrungsbericht von *Wirth/Hoffmann-Nowotny* SchiedsVZ 2005, 66ff.

[11] Vgl. BayObLG SchiedsVZ 2004, 316 m. krit. Anm. *Wagner.*

[12] Dies aus rechtspolitischer Sicht bedauernd *Berger* DZWIR 1998, 45, 47.

bestimmt sich nach § 1061. Zu beachten ist, dass völkerrechtlichen Verträgen über die Anerkennung und Vollstreckung von Schiedssprüchen Vorrang vor den Regelungen des deutschen Schiedsverfahrensrechts gebührt (vgl. § 1061 Rn. 7).

V. Übergangsregelungen

8 Die maßgebenden Übergangsregelungen enthält § 33 EGZPO[13]:

§ 33 Überleitungsvorschriften zum Schiedsverfahrens-Neuregelungsgesetz

(1) Die Wirksamkeit von Schiedsvereinbarungen, die vor dem Inkrafttreten des Schiedsverfahrens-Neuregelungsgesetzes vom 22. Dezember 1997 (BGBl. I S. 3224) am 1. Januar 1998 geschlossen worden sind, beurteilt sich nach dem bis zu diesem Zeitpunkt geltenden Recht.

(2) Für schiedsrichterliche Verfahren, die am 1. Januar 1998 noch nicht beendet waren, ist das bis zu diesem Zeitpunkt geltende Recht mit der Maßgabe anzuwenden, dass an die Stelle des schiedsrichterlichen Vergleichs der Schiedsspruch mit vereinbartem Wortlaut tritt. Die Parteien können jedoch die Anwendung des neuen Rechts vereinbaren.

(3) Für gerichtliche Verfahren, die bis zum 1. Januar 1998 anhängig geworden sind, ist das bis zu diesem Zeitpunkt geltende Recht weiter anzuwenden.

(4) Aus für vollstreckbar erklärten schiedsrichterlichen Vergleichen, die vor dem 1. Januar 1998 geschlossen worden sind, findet die Zwangsvollstreckung statt, sofern die Entscheidung über die Vollstreckbarkeit rechtskräftig oder für vorläufig vollstreckbar erklärt worden ist. Für die Entscheidung über die Vollstreckbarkeit gilt das bis zum Inkrafttreten des Schiedsverfahrens-Neuregelungsgesetzes vom 22. Dezember 1997 (BGBl. I S. 3224) geltende Recht.

9 **1. Wirksamkeit der vor dem 1. 1. 1998 geschlossenen Schiedsvereinbarungen.** Nach Art. 4 § 1 Abs. 1 SchiedsVfG bestimmt sich die Wirksamkeit einer Schiedsvereinbarung, die vor dem Inkrafttreten des SchiedsVfG geschlossen wurde, nach dem früher geltenden Recht. Damit sind die Erweiterungen der **Schiedsfähigkeit** (§ 1030 Rn. 1 f.) auf **Altvereinbarungen nicht anzuwenden.** Weiterhin wird die Frage nach der Wirksamkeit der Schiedsvereinbarung bei den **Formanforderungen** relevant. Das früher geltende Recht, das teils strenger, teils weniger streng war, bleibt anwendbar.[14] Damit scheidet eine Heilung aus, wenn eine Schiedsvereinbarung nach früher geltendem Recht formunwirksam war, jedoch den Formanforderungen des nun geltenden Rechts genügt. Soweit eine Beurteilung der Wirksamkeit der Schiedsvereinbarung auf der Grundlage einer **anderen Rechtsordnung** in Betracht kommt, ist zu beachten, dass die Parteien zwar nach neuem wie nach altem Recht das auf die Schiedsvereinbarung anzuwendende Recht wählen können (vgl. § 1059 Abs. 2 Nr. 1 Buchst. a, vgl. dazu § 1029 Rn. 28), dass nach der jetzt geltenden Regelung jedoch die Formvorschriften des deutschen Rechts durch die Wahl eines anderen Rechts nicht abbedungen werden können (vgl. § 1031 Rn. 17). Diese insofern strengere Regelung gilt nicht für Vereinbarungen, die vor dem Inkrafttreten des SchiedsVfG geschlossen wurden, so dass sich die Parteien in solchen Vereinbarungen durch entsprechende Wahl des auf die Schiedsvereinbarung anzuwendenden Rechts über die Formvorschriften des deutschen Rechts hinwegsetzen konnten. Scheitert das in der Schiedsvereinbarung vorgesehene Verfahren zur Bestimmung des Schiedsgerichts, so steht dies der Wirksamkeit der Schiedsabrede nicht entgegen; es ist dann nach § 1035 Abs. 4 vorzugehen (vgl. auch § 1029 Rn. 10).[15]

10 **2. Schiedsverfahrensrecht.** Zum Übergangsrecht bei Verfahren, die am 1. 1. 1998 bereits begonnen hatten, vgl. Vorauflage.

Auch bei Verfahren, die vor dem 1. 1. 1998 eingeleitet wurden, kann ein **Schiedsvergleich** nach § 1044 aF nicht mehr wirksam geschlossen werden, Art. 4 § 1 Abs. 2 S. 1 SchiedsVfG. Ist dies dennoch geschehen, so ist seine Vollstreckbarerklärung angesichts der genannten Übergangsregelung nicht möglich.[16] Soweit auf beiden Seiten Rechtsanwälte tätig wurden, kann an die Aufrechterhaltung des Schiedsvergleichs als Anwaltsvergleich gedacht werden (vgl. auch Vorauflage). Wurde das Schiedsverfahren nach altem Recht begonnen und fortgeführt, so ist für die Frage der **Niederlegung des Schiedsspruchs** zu unterscheiden: Soweit in der Schiedsvereinbarung auf die Niederlegung nicht verzichtet wurde, sollte sie durchgeführt werden, denn erst mit der Niederlegung ist dann das Schiedsverfahren ordnungsgemäß beendet. Haben die Parteien auf die Niederlegung verzichtet, so dürfte sie – entgegen § 1039 Abs. 3 aF – auch zur Vollstreckbarerklärung des Schiedsspruchs nicht mehr erforderlich sein, da das nach dem 1. 1. 1998 beginnende Vollstreckbarerklärungsverfahren bereits nach dem neuen Recht durchgeführt wird. Es ist dann lediglich der Schiedsspruch bzw. eine beglaubigte Abschrift desselben nach § 1064 Abs. 1 dem Antrag auf Vollstreckbarerklärung beizufügen.

11 **3. Gerichtliches Verfahren.** Für das gerichtliche Verfahren stellt Art. 4 § 1 Abs. 3 SchiedsVfG (vgl. Rn. 8) auf die **Anhängigkeit bei Inkrafttreten** des Gesetzes ab. Damit gilt auch für Schiedssprüche, die vor diesem Zeitpunkt erlassen, aber erst nach diesem Zeitpunkt für vollstreckbar erklärt oder aufgehoben werden sollen, das neue Recht.[17] Über Anträge auf Feststellung der Zulässigkeit oder Unzulässigkeit des schiedsrich-

---

13 IdF durch Art. 49 Nr. 5 G v. 19. 4. 2006, BGBl. 2006 I S. 866 mWv 25. 4. 2006.

14 Die Begründung des Entwurfs verweist darauf, dass bislang unter Vollkaufleuten Schiedsvereinbarungen einer Form nicht unterlagen und die Wirksamkeit formlos geschlossener Vereinbarungen durch die Neuregelung nicht beseitigt werden dürfe, BT-Drucks. 13/5274 S. 71.

15 BayObLG BB 2000, Beil. 12, S. 21 f.

16 OLG Frankfurt/M OLGR 1999, 294 f.

17 Zur Verfassungsmäßigkeit vgl. BayObLGZ 1998, 219, 222 = NJW-RR 1999, 644 (zur Aufhebung ausländischer Schiedssprüche nach § 1061 und nicht nach § 1044 aF; vgl. dazu hier § 1061 Rn. 7).

terlichen Verfahrens entscheidet das OLG, auch wenn sich die Wirksamkeit der Schiedsabrede nach altem Recht bestimmt.[18] Zu weiteren Übergangsfragen vgl. die Vorauflage.

1026 *Umfang gerichtlicher Tätigkeit* **Ein Gericht darf in den in den §§ 1025 bis 1061 geregelten Angelegenheiten nur tätig werden, soweit dieses Buch es vorsieht.**

Die Bestimmung hat deklaratorischen Charakter. Im Interesse der Attraktivität des Schiedsverfahrens und der damit verbundenen Entlastung staatlicher Gerichte wird klargestellt, dass staatliche Gerichte nur in den im zehnten Buch selbst geregelten Fällen tätig werden dürfen.[1] Damit wird das Vertrauen derjenigen gestärkt, die eine Entscheidung durch ein privates Schiedsgericht wünschen und die staatliche Gerichtsbarkeit von der Entscheidung des Rechtsstreits ausschließen wollen. Die Fälle, in denen das staatliche Gericht tätig wird, sind in § 1062 im Einzelnen aufgeführt. 1

1027 *Verlust des Rügerechts* **[1]Ist einer Bestimmung dieses Buches, von der die Parteien abweichen können, oder einem vereinbarten Erfordernis des schiedsrichterlichen Verfahrens nicht entsprochen worden, so kann eine Partei, die den Mangel nicht unverzüglich oder innerhalb einer dafür vorgesehenen Frist rügt, diesen später nicht mehr geltend machen. [2]Dies gilt nicht, wenn der Partei der Mangel nicht bekannt war.**

I. Normzweck

Die Regelung dient der **Beschleunigung** des schiedsgerichtlichen Verfahrens, zugleich stärkt sie den **Bestand der schiedsgerichtlichen Entscheidung,** indem die Rüge auch in einem späteren gerichtlichen Vollstreckbarerklärungsverfahren bzw. einem Aufhebungsverfahren vor dem staatlichen Gericht ausgeschlossen wird.[1] 1

II. Anwendungsbereich

Der Verlust des Rügerechts greift ein, wenn von einer Verfahrensregel abgewichen wurde, die von den **Parteien vereinbart** war, oder wenn eine Regelung des zehnten Buches missachtet wurde, die zur **Disposition der Parteien** steht. **Beispiele:** zu knappe Ladungsfristen, Abweichungen vom vorgesehenen Schiedsort oder der Sprache des Schiedsverfahrens, Verwertung unzulässiger Beweismittel. Die Verletzung von Vorschriften, deren Beachtung **nicht zur Disposition der Parteien** stehen, wird von § 1027 nicht erfasst. Insoweit kommt aber im Fall des **Formmangels** eine Heilung nach § 1031 Abs. 6, im Fall der **Unzuständigkeit** des Schiedsgerichts eine Heilung nach § 1040 Abs. 2 in Betracht. Der in der Begründung des Entwurfs[2] erwähnte Fall des **verspäteten Vorbringens** lässt sich **nicht unter § 1027** fassen. Als Grundlage für die Zurückweisung verspäteten Vorbringens ist deshalb § 1046 Abs. 2 anzusehen. 2

III. Voraussetzungen

Sofern nicht eine besondere Frist von den Parteien vereinbart oder vom Schiedsgericht gesetzt wurde, tritt der Verlust des Rügerechts ein, wenn der Mangel nicht **unverzüglich gerügt** wird. Dazu heißt es in der Begründung des Gesetzentwurfs, dies bedeute im Allgemeinen, „dass die Rüge entweder wie nach § 295 ZPO bei der nächsten mündlichen Verhandlung oder, wenn keine mündliche Verhandlung (mehr) festgesetzt ist, in einem sofortigen Schriftsatz vorzubringen ist".[3] Damit wird es den Parteien regelmäßig gestattet, ihre Rüge bis zur nächsten mündlichen Verhandlung zurückzustellen, sofern eine solche stattfinden wird. Nach allgemeinem juristischen Sprachgebrauch (vgl. § 121 Abs. 1 S. 1 BGB) versteht man demgegenüber unter dem Begriff „unverzüglich", dass **ohne schuldhaftes Zögern** die Rüge erhoben wird.[4] Es muss deshalb **noch in der mündlichen Verhandlung selbst** gerügt werden, wobei man bei nicht einfachen Fragen der Partei im Rahmen der Auslegung des Verschuldensbegriffs eine Frist zur Prüfung zugestehen muss. Kann eine Partei einen Verfahrensmangel in der mündlichen Verhandlung nicht rügen (beispielsweise mangels Kenntnis oder weil die Rechtslage noch einmal geprüft werden soll), so muss grundsätzlich **schriftsätzlich** gerügt werden.[5] Diese strenge Handhabung ist schon deshalb geboten, weil über die Frage, ob noch eine mündliche Verhandlung stattfindet, durchaus Unsicherheit bestehen kann. Der Sinn der Regelung würde aber verfehlt, wenn die Präklusion mit der Begründung vermieden werden könnte, man habe angenommen, es werde noch mündlich verhandelt. 3

Der Verlust des Rügerechts setzt voraus, dass die Partei in **Kenntnis des Mangels** die Rüge nicht rechtzeitig erhebt. Damit verliert die Präklusionsvorschrift ihre Schärfe und bleibt hinter dem in § 295 für die 4

---

[18] BayObLGZ 2000, 57ff.

[1] Vgl. die Übersicht von *Harbst,* Die Rolle der staatlichen Gerichte im Schiedsverfahren, 2002.

[1] OLG Stuttgart SchiedsVZ 2003, 84, 86 m. zust. Anm. *Nacimiento/Geimer;* vgl. auch OLG Frankfurt/M 17 Sch 3/01 = IHR 2003, 93 = OLGR 2003, 186.

[2] BT-Drucks. 13/5274 S. 32; wie hier MK/*Münch* Rn. 3.

[3] BT-Drucks. 13/5274 S. 32; so auch *Zö/Geimer* Rn. 2; noch großzügiger *St/J/Schlosser* Rn. 3 (außerhalb mündlicher Verhandlung Unverzüglichkeit gewahrt, wenn gemeinsam mit nächster Prozesshandlung gerügt wird).

[4] Gegen die Anwendung dieses Maßstabs MK/*Münch* Rn. 7.

[5] Ähnlich (unter Hinweis auf § 128 Abs. 2 und 3) *Schwab/Walter* Kap. 16 Rn. 27.

staatliche Gerichtsbarkeit geschaffenen Maßstab zurück. Erforderlich ist **positive Kenntnis**, so dass Unkenntnis infolge grober Fahrlässigkeit nicht ausreicht. Man wird es aber nach den allgemeinen Regeln von Treu und Glauben der positiven Kenntnis gleichstellen können, wenn die Partei die Augen vor der Kenntnisnahme bewusst verschließt.[6] Die Kenntnis des Verfahrensvertreters wird zugerechnet. Das Fehlen positiver Kenntnis hat derjenige **darzulegen** und **zu beweisen**, der den Verfahrensfehler trotz der Verspätung rügen will.

1028 *Empfang schriftlicher Mitteilungen bei unbekanntem Aufenthalt* **(1) Ist der Aufenthalt einer Partei oder einer zur Entgegennahme berechtigten Person unbekannt, gelten, sofern die Parteien nichts anderes vereinbart haben, schriftliche Mitteilungen an dem Tag als empfangen, an dem sie bei ordnungsgemäßer Übermittlung durch Einschreiben gegen Rückschein oder auf eine andere Weise, welche den Zugang an der letztbekannten Postanschrift oder Niederlassung oder dem letztbekannten gewöhnlichen Aufenthalt des Adressaten belegt, dort hätten empfangen werden können.**

(2) Absatz 1 ist auf Mitteilungen in gerichtlichen Verfahren nicht anzuwenden.

I. Normzweck

1 Die Regelung dient der Vereinfachung und Beschleunigung des schiedsgerichtlichen Verfahrens, indem sie die Zustellung bei unbekanntem Aufenthalt ermöglicht, ohne dass eine öffentliche Zustellung erforderlich ist. Sie entspricht inhaltlich Klauseln, die sich auch in Schiedsordnungen finden.[1]

II. Einzelerläuterungen

2 Die Regelung erfasst Fälle, in denen der Aufenthalt einer **Partei** oder einer zur **Entgegennahme berechtigten Person** unbekannt ist. Entscheidend ist dabei, ob der Aufenthalt derjenigen Person unbekannt ist, an die nach der Schiedsvereinbarung die schriftliche Mitteilung zu richten ist. Wurde ein **Empfangsbevollmächtigter** bestimmt, so kommt es zunächst auf seine Person an. Ist sein Aufenthaltsort unbekannt, während der der Partei bekannt ist, so wird regelmäßig (stillschweigend) vereinbart sein, dass an die Partei selbst zugestellt wird, bevor von der Möglichkeit des Abs. 1 Gebrauch gemacht wird.[2] Die Parteien können jedoch eine Zustellung an die Partei auch für diesen Fall ausschließen, so dass § 1028 zur Anwendung kommt, obwohl der Aufenthaltsort der Partei bekannt ist. Weiterhin verlangt § 1028, dass der **Aufenthalt** unbekannt ist. Von einem der Partei bekannten Aufenthalt iSd. § 1028 kann man angesichts der Notwendigkeit der Zustellung nur dann sprechen, wenn er von einiger Dauer ist.[3]

3 Der Aufenthalt darf dem Absender weder bekannt sein, noch darf er sich von ihm mit zumutbaren Recherchen ermitteln lassen.[4] Eine Pflicht zur Mitteilung eines Wechsels des Aufenthalts sieht die Regelung nicht vor. Es kann aber **vereinbart** werden, dass an eine Adresse solange wirksam zugestellt werden kann, wie die Partei ihre **neue Adresse nicht mitgeteilt** hat.[5] Die Fiktion des Empfangs der Mitteilung setzt weiterhin voraus, dass das Schreiben an die **letztbekannte** Postanschrift oder Niederlassung oder den letztbekannten gewöhnlichen Aufenthalt übermittelt wird. Die Übersendung an eine frühere Adresse reicht deshalb nicht aus, wenn ein späterer Aufenthaltsort bekannt ist oder mit zumutbarem Aufwand recherchiert werden kann. § 1028 verlangt weiterhin, dass der Adressat das Schriftstück an dieser Adresse hätte empfangen können. Es muss deshalb der **Zugang** an die genannte Adresse **belegt** werden.[6] Dabei reicht der Nachweis des Übermittlungsversuchs aus, auch wenn das Schreiben nicht entgegengenommen wurde.

4 Sind diese Voraussetzungen erfüllt, so wird **fingiert**, dass der Adressat die Mitteilung an dem Tag **empfangen hat**, an dem sie an dem genannten Ort hätte empfangen werden können. Das wird in der Regel der Tag des Eingangs, kann aber – insbesondere bei Einwurf eines Benachrichtigungsscheins über ein Einschreiben – nach allgemeinen Zugangsregeln[7] auch der folgende (Werk-)Tag sein.

5 Im **gerichtlichen Verfahren** verbleibt es für die öffentliche Zustellung bei den Zustellungsregeln der §§ 185ff. Das gilt nicht nur für das Verfahren zur Vollstreckbarerklärung oder zur Aufhebung des Schiedsspruchs, sondern auch, wenn das Gericht im Verlauf des Schiedsverfahrens beispielsweise nach §§ 1032, 1033, 1035 Abs. 4, § 1050 tätig wird.

---

[6] So wohl auch MK/*Münch* Rn. 8 Fn. 14a.

[1] Vgl. Art. 3 Abs. 2 der ICC-Schiedsgerichtsordnung.

[2] AA MK/*Münch* Rn. 4.

[3] AA MK/*Münch* Rn. 5 (Kenntnis von kurzzeitigem Aufenthalt reicht aus).

[4] BT-Drucks. 13/5274 S. 33; für eine subjektivierte Auslegung (tatsächliche Unkenntnis ohne persönliches Verschulden) MK/*Münch* Rn. 5; aA (keine Ermittlungspflicht) OLG Dresden SchiedsVZ 2006, 166.

[5] Weiter gehend (Mitteilungspflicht sei stets vereinbart) OLG Dresden SchiedsVZ 2006, 166.

[6] BT-Drucks. 13/5274 S. 33; *T/P/Reichold* Rn. 3; *Zö/Geimer* Rn. 1; *St/J/Schlosser* Rn. 3.

[7] MK/*Einsele* § 130 BGB Rn. 21; dazu, dass der Zugang des Benachrichtigungsscheins den Zugang des Schreibens nicht ersetzt, vgl. BGH NJW 1998, 976f.

Abschnitt 2. Schiedsvereinbarung

1029 *Begriffsbestimmung* **(1) Schiedsvereinbarung ist eine Vereinbarung der Parteien, alle oder einzelne Streitigkeiten, die zwischen ihnen in Bezug auf ein bestimmtes Rechtsverhältnis vertraglicher oder nichtvertraglicher Art entstanden sind oder künftig entstehen, der Entscheidung durch ein Schiedsgericht zu unterwerfen.**

(2) Eine Schiedsvereinbarung kann in Form einer selbständigen Vereinbarung (Schiedsabrede) oder in Form einer Klausel in einem Vertrag (Schiedsklausel) geschlossen werden.

Übersicht

I. Normzweck

Die Regelung definiert die Begriffe der Schiedsvereinbarung und der Schiedsklausel. Sie enthält damit zugleich die wesentlichen Anforderungen, die an eine Schiedsvereinbarung zu stellen sind. Dies sind: Vereinbarung der Parteien (vgl. Rn. 2 ff.; zur Einbeziehung Dritter vgl. Rn. 8 f.), Bestimmtheit der betroffenen Streitigkeiten (vgl. Rn. 16) und die Unterwerfung unter die Entscheidung des Schiedsgerichts (vgl. Rn. 17 ff.). 1

II. Vereinbarung der Parteien

1. Übersicht über die Wege zur Begründung schiedsgerichtlicher Entscheidungskompetenz. Der Ausschluss der staatlichen Gerichtsbarkeit berührt den **Justizgewährungsanspruch** (vgl. § 1025 Rn. 1). Der Staat darf den Zugang zu seinen Gerichten deshalb nur versagen, wenn die Parteien dies vereinbart haben oder wenn ihnen die Anordnung einer schiedsgerichtlichen Entscheidungskompetenz zumindest zuzurechnen ist. In erster Linie ist dabei an **Parteivereinbarungen** zu denken (vgl. Rn. 4 ff.); eine entsprechende Schiedsklausel kann sich aber auch aus **Satzungen privater Verbände** ergeben (vgl. § 1066 Rn. 7 ff.). Die Zuständigkeit privater Schiedsgerichtsbarkeit unter Derogation der staatlichen Gerichtsbarkeit kann weiter dadurch begründet werden, dass die Parteien eine Rechtsposition einnehmen, die von vornherein der Entscheidung durch staatliche Gerichte entzogen ist. So verhält es sich bei Schiedsgerichten, die durch **letztwillige Verfügung, Stiftung, Auslobung** oder durch einen **Vertrag zu Gunsten eines Dritten** eingesetzt werden (vgl. dazu Rn. 8 und § 1066 Rn. 2 ff.). Zur Allgemeinverbindlicherklärung von Tarifverträgen mit Schiedsabreden vgl. § 1066 Rn. 11. 2

2. Qualifikation der Schiedsvereinbarung als vertragliche und verfahrensrechtliche Vereinbarung. Die Schiedsvereinbarung ist die Abrede der Parteien, im Streitfall die Entscheidung eines privaten Gerichts herbeizuführen und sich dieser zu unterwerfen. Diese Vereinbarung ist – wie auch das Verfahren vor dem Schiedsgericht insgesamt – legitimiert durch die **Privatautonomie** der Parteien.[1] Es handelt sich insoweit um nichts anderes als um einen Mechanismus, den die Parteien auf der Grundlage des materiellen Rechts 3

---

[1] *Solomon*, Die Verbindlichkeit von Schiedssprüchen in der internationalen privaten Schiedsgerichtsbarkeit, 2007, S. 319 ff., 698; *Zö/Geimer* Vor § 1025 Rn. 3, vgl. aber auch *Zö/Geimer* Rn. 15 (Prozessvertrag); vgl. zum Ganzen auch MK/*Münch* Rn. 6 ff. (Unterfall des Prozessvertrages mit materiellrechtlichen und prozessualen Nebenwirkungen, der letztlich nach materiellrechtlichen Regeln zu behandeln sei); der Gesetzgeber der CPO hat ebenfalls auf die Möglichkeit verwiesen, nach materiellem Recht einen Vergleich zu schließen, vgl. *Hahn*, S. 490; zu den Problemen wegen der Abkoppelung der Schiedsfähigkeit von der Vergleichsfähigkeit vgl. § 1030 Rn. 1. Zum alten Recht vgl. *Nicklisch* RIW 1991, 89, 90.

vereinbaren, um eine Lösung herbeizuführen, die sie auch durch eine vergleichsweise Einigung erreichen könnten (vgl. dazu auch § 1030 Rn. 1).[2] **Verfahrensrechtlich** bedeutsam wird diese Abrede zum einen dadurch, dass der Gesetzgeber das Ergebnis des Schiedsverfahrens in § 1055 einem rechtskräftigen Urteil gleichsetzt, zum anderen dadurch, dass der Gesetzgeber Rechtsschutz durch die staatlichen Gerichte versagt, wenn sich der Beklagte auf die Schiedsvereinbarung beruft, § 1032 Abs. 1. Dieser verfahrensrechtliche Aspekt ist jedoch für das Verhältnis zwischen den Parteien und dem Schiedsgericht allenfalls von mittelbarer Bedeutung. Die Funktionsweise des Schiedsgerichts ändert sich nicht grundlegend, wenn dieser verfahrensrechtliche Aspekt entfällt und die Parteien ihn ersetzen, indem sie ein pactum de non petendo schließen und sich verpflichten, den Spruch des Schiedsgerichts in einem vollstreckbaren Anwaltsvergleich festzuhalten. Aus dieser Trennung des privatautonom begründeten Entscheidungsmechanismus des Schiedsgerichts einerseits und der legislativen Entscheidung, das Ergebnis des Verfahrens einem rechtskräftigen Urteil gleichzustellen und den Zugang zu den staatlichen Gerichten zu versagen, wenn sich der Beklagte auf die Schiedsabrede beruft, andererseits folgt auch die unterschiedliche Sicht der Rechtsnatur der Schiedsvereinbarung: **Aus Sicht des Schiedsverfahrens** bestimmen sich die Voraussetzungen an die Schiedsvereinbarung nach dem **materiellen Recht.** Insofern steht die ältere Rechtsprechung zu Recht auf dem Standpunkt, der Schiedsvertrag sei als materiellrechtlicher Vertrag anzusehen.[3] Hinsichtlich solcher Fragen, die beispielsweise die Anfechtbarkeit, den Rücktritt oder den Wegfall der Geschäftsgrundlage betreffen, sind deshalb die **Regeln des BGB** ohne weiteres **anwendbar** (näher dazu in Rn. 11f.). Auf der anderen Seite führt der Schiedsvertrag wegen § 1032 und wegen seiner Gleichstellung mit einem rechtskräftigen Urteil zu einer Einschränkung des Rechtsschutzes durch staatliche Gerichte. Da damit der Justizgewährungsanspruch tangiert ist, ist der Schiedsvertrag aus Sicht des staatlichen Gerichts zugleich ein Vertrag auf **prozessrechtlichem Gebiet,**[4] so dass insoweit die Anforderungen heranzuziehen sind, die das Verfahrensrecht an derartige Vereinbarungen stellt. Deshalb kann aus Sicht der staatlichen Rechtsordnung – nicht für das private Schiedsgericht, das allein auf privatrechtlicher Grundlage tätig wird – der Schiedsabrede eine Doppelnatur zugesprochen werden.

4 **3. Konsequenzen aus der Einordnung.** Da mit der Bezugnahme auf die Grundsätze der Verfahrenshandlungen weitgehend auf die Regeln des materiellen Rechts verwiesen wird, wirkt sich die Ambivalenz der Schiedsabrede nur dann aus, wenn das materielle Recht und das Verfahrensrecht unterschiedliche Anforderungen stellen.

5 **a) Anforderungen an die Partei einer Schiedsvereinbarung.** Die Partei muss **rechtsfähig** sein oder über die Fähigkeit verfügen, im eigenen Namen Rechte und Pflichten zu begründen (§ 124 Abs. 1 HGB). Die **Gesellschaft bürgerlichen Rechts** wird nach der neuen Rechtsprechung des BGH als parteifähig angesehen, soweit sie durch Teilnahme am Rechtsverkehr eigene Rechte und Pflichten begründet. Damit kann sie auch Partei eines Schiedsverfahrens sein (zur Bindung der Gesellschafter vgl. Rn. 8).[5] Die Bezeichnung der GbR erfolgt durch ihren Namen, notfalls durch den der Gesellschafter mit entsprechendem auf die Gesellschaftsform hinweisenden Zusatz (vgl. § 50 Rn. 22b). Die Vertretung im Schiedsverfahren obliegt den gesetzlichen Vertretern, die im Aktivprozess namentlich angegeben werden sollten (vgl. § 50 Rn. 22e). Hinsichtlich des **nichtrechtsfähigen Vereins** steht aus Sicht des staatlichen Verfahrensrechts mit Rücksicht auf § 50 einer Schiedsvereinbarung dann nichts im Wege, wenn dieser im Schiedsverfahren die Beklagtenrolle einnimmt.[6] Eine entsprechende Einrede nach § 1032 Abs. 1 ist deshalb beachtlich, während aus Sicht des staatlichen Gerichts der nichtrechtsfähige Verein jedenfalls nach traditioneller Ansicht nicht Kläger eines Schiedsverfahrens sein kann.[7] Auf der Grundlage der mit § 736 schwer vereinbaren neuen Rechsprechung zur Parteifähigkeit der Gesellschaft bürgerlichen Rechts hat der BGH nunmehr auch dem nichtrechtsfähigen Verein entgegen dem Wortlaut des § 50 Abs. 2 auch die aktive Parteifähigkeit zugesprochen (vgl. § 50 Rn. 29).[8] Der Abschluss der Schiedsvereinbarung setzt weiterhin die **Geschäftsfähigkeit** der Parteien voraus. Dabei ist jedoch zu bedenken, dass durch die Schiedsabrede auf Rechtsschutz durch staatliche Gerichte verzichtet wird, so dass bei der Beurteilung, ob die Schiedsabrede ein Verfahren vor den staatlichen Gerichten ausschließt (§ 1032), zusätzlich auf die **Prozessfähigkeit** abzustellen ist.[9] Fehlt es daran, so kommt eine Genehmigung seitens des gesetzlichen Vertreters (auch durch rügeloses Verhandeln vor dem

---

[2] Näher dazu und zum Folgenden *Voit* JZ 1997, 120ff.

[3] Materiellrechtlicher Vertrag über prozessrechtlichen Gegenstand; vgl. (zum alten Recht) BGHZ 23, 198, 200 = NJW 1957, 589; BGHZ 40, 320, 322 = NJW 1964, 591; *Wiecz/Sch/Schütze* § 1025 aF Rn. 36.

[4] *Solomon* (Fn. 1) S. 331ff.; *Schwab/Walter* Kap. 1 Rn. 1 und Kap. 7 Rn. 37; für die Einordnung als Prozessvertrag *St/J/Schlosser* Rn. 1; *Zö/Geimer* Rn. 15; *Wagner,* Prozessverträge, 1998, S. 582; MK/*Münch* Rn. 7; zum alten Recht BGH NJW 1987, 651, 652; vgl. zum Verständnis des Schiedsvertrags als prozessualem Vertrag bereits *Hellwig* § 260 II 2a (Bd. 2 S. 103); zur Einordnung als Prozessvertrag aus Sicht des Rechts der Schweiz vgl. *Stacher,* Die Rechtsnatur der Schiedsvereinbarung, Zürich, 2007, vgl. insbes. S. 34 (Doppelnatur, die aber aufgrund Besonderheiten des Schweizer Rechts hinter der Einordnung als Prozessvertrag zurücktritt).

[5] BGH NJW 2001, 1056; *K. Schmidt* NJW 2001, 993; *Wiegand* SchiedsVZ 2003, 52ff.; *Wertenbruch,* Die Haftung von Gesellschaften und Gesellschaftsanteilen in der Zwangsvollstreckung, 2000, S. 211ff., 349ff.; vgl. auch *Westermann,* Festschr. f. Baur, 1981, S. 723, 732 (Schiedsfähigkeit der Gesellschafter in ihrer gesamthänderischen Verbundenheit).

[6] Wohl aA MK/*Münch* Rn. 8; wie hier: *St/J/Schlosser* § 1030 Rn. 7; vgl. auch *St/J/Leipold* Vor § 128 Rn. 239.

[7] *Wagner* ZZP 117 (2004), S. 305, 358f.; zum alten Recht: MK/*Maier,* 1. Aufl. 1992, § 1034 aF Rn. 33; aA *Siegert* KTS 1956, 35.

[8] BGH BB 2007, 2310.

[9] *Schwab/Walter* Kap. 4 Rn. 3; *Zö/Geimer* Rn. 19 (alternativ auf Geschäftsfähigkeit oder Prozessfähigkeit abstellend); *St/J/Schlosser* § 1030 Rn. 7.

Schiedsgericht[10]) in Betracht.[11] Rügeverlust nach § 1027 tritt nicht ein, da es um die Wirksamkeit der Schiedsvereinbarung und nicht um eine Abweichung von verzichtbaren Regeln des Schiedsverfahrens geht. Wurde die Genehmigung nicht erteilt, so ist ein dennoch ergehender Schiedsspruch nach § 1059 Abs. 2 Nr. 1 Buchst. a aufhebbar. Diese Regelung ist auf die Prozessfähigkeit zu beziehen, da andernfalls durch die Gleichstellung des Schiedsspruchs mit einem rechtskräftigen Urteil (§ 1055) der Rechtsschutz des Nichtprozessfähigen durch staatliche Gerichte unterlaufen würde. Der **Vormund** bedarf zum Abschluss einer Schiedsvereinbarung nach § 1822 Nr. 12 BGB ab einem Wert von 3000 Euro der vormundschaftsgerichtlichen Genehmigung.[12] Der **Insolvenzverwalter** muss unter den Voraussetzungen des § 160 Abs. 2 Nr. 3 InsO die Zustimmung des Gläubigerausschusses bzw. der Gläubigerversammlung einholen, deren Fehlen jedoch auf die Wirksamkeit der Vereinbarung keinen Einfluss hat, § 164 InsO.[13] Soweit das auf die Partei anwendbare Recht Einschränkungen der Fähigkeit, Partei eines Schiedsverfahrens zu sein, vorsieht, sind diese zu beachten (vgl. auch § 1059 Rn. 6).[14] Dies gilt auch für die Frage der Börsentermingsgeschäftsfähigkeit (vgl. dazu § 1030 Rn. 3).

Die Partei kann sich bei dem Abschluss des Schiedsvertrags **vertreten lassen.** Die Voraussetzungen für die Wirksamkeit der Vertretung richten sich nach dem materiellen Recht.[15] Bei Auslandsberührung ist die Frage der Vollmachtserteilung selbständig anzuknüpfen.[16] Eine Prozessvollmacht ermächtigt nach § 81 nicht zum Abschluss eines Schiedsvertrags. Eine Genehmigung vollmachtlosen Auftretens kann darin gesehen werden, dass der angeblich Vertretene sich vor dem Schiedsgericht zur Hauptsache einlässt.[17] Eine **anwaltliche Vertretung** verlangt § 78 nur vor dem Gericht, also nur, wenn die Schiedsvereinbarung nach Anhängigkeit des Rechtsstreits durch Erklärungen gegenüber dem Gericht geschlossen wird.[18] Es bleibt den Parteien unbenommen, außerhalb des gerichtlichen Verfahrens ohne anwaltliche Vertretung eine Schiedsvereinbarung zu treffen und diese dem Fortgang des Verfahrens vor dem staatlichen Gericht entgegenzuhalten (§ 1032 Abs. 1). 6

b) Einigung der Parteien. Die Schiedsvereinbarung setzt eine Einigung der Parteien voraus. Daran kann es fehlen, wenn zweisprachig gefasste Schiedsklauseln unterschiedlichen Inhalt haben.[19] Die Einigung kann auch durch eine **Schiedsklausel innerhalb eines Vertragswerks zustandekommen,** Abs. 2. **Schiedsklauseln in AGB** sind im Grundsatz zulässig, vgl. § 1031 Abs. 3, werden jedoch gegenüber Verbrauchern in aller Regel an § 1031 Abs. 5 scheitern. Die Schiedsvereinbarung ist in ihrem Bestand **von der Wirksamkeit des Vertrags,** auf den sie sich bezieht, **unabhängig,** § 1040 Abs. 1 S. 2. In der vertraglichen Einigung können auch **mehr als zwei Parteien** die Entscheidung durch ein Schiedsgericht vereinbaren. Zur Besetzung derartiger Mehrparteienschiedsgerichte vgl. § 1035 Rn. 7. Zu der Frage, ob **satzungsmäßig begründete Schiedsgerichte** als vertraglich oder als außervertraglich angeordnete Schiedsgerichte anzusehen sind, vgl. § 1066 Rn. 7. 7

c) Einbeziehung Dritter in die Schiedsvereinbarung. aa) Rechtsnachfolger und Mithaftende. Die Schiedsvereinbarung bindet auch die Rechtsnachfolger der Parteien, sofern nichts Gegenteiliges vereinbart ist (zur Bindung an Ergebnisse eines bereits betriebenen Schiedsverfahrens vgl. § 1055 Rn. 7). Gebunden sind **Gesamtrechtsnachfolger**[20] sowie Testamentsvollstrecker[21] und Insolvenzverwalter (auch soweit Feststellung zur Tabelle begehrt wird sowie nach Erfüllungswahl),[22] soweit nicht eine Insolvenzanfechtung in Rede steht[23] (zur Schiedsfähigkeit insolvenzrechtlicher Streitigkeiten vgl. § 1030 Rn. 2). Die Schiedsvereinbarung bindet auch den Nachfolger in einen Gesellschaftsanteil und den Erben des verstorbenen Gesell- 8

---

[10] Vgl. (zum vollmachtlosen Auftreten rechtsgeschäftlicher Vertreter) *Schwab/Walter* Kap. 4 Rn. 3; *Zö/Geimer* Rn. 20.

[11] Vgl. (zur Rechtslage vor dem staatlichen Gericht) *St/J/Bork* § 56 Rn. 3 m. weit. Nachw.

[12] Vgl. OLG Hamm FGPrax 2000, 228, 229.

[13] MK/*Münch* § 1030 Rn. 19.

[14] Zum alten Recht: BGH RIW 1998, 628 = LM § 1041 Nr. 18 m. krit. Anm. *Geimer* (fehlende subjektive Schiedsfähigkeit staatlicher Unternehmen in Jugoslawien/Kroatien).

[15] *Schwab/Walter* Kap. 4 Rn. 3; MK/*Münch* Rn. 9; *Zö/Geimer* Rn. 20.

[16] *Schwab/Walter* Kap. 44 Rn. 19; *Zö/Geimer* § 1025 Rn. 16.

[17] *Schwab/Walter* Kap. 4 Rn. 3; *Zö/Geimer* Rn. 20.

[18] Vgl. dazu *St/J/Bork* § 38 Rn. 54; *Zö/Greger* Vor § 128 Rn. 28, 32.

[19] OLG Hamburg ZIP 1981, 170, 172.

[20] *Lachmann* Rn. 514 (auch im Fall des Formwechsels, der Verschmelzung oder Spaltung oder der Vermögensübertragung nach den Vorschriften des Umwandlungsgesetzes); *St/J/Schlosser* Rn. 35; vgl. auch BayObLG SchiedsVZ 2004, 163, 165 (Bindung der Kapitalgesellschaft an Schiedsvereinbarung der Vorgesellschaft); zur Erstreckung der Schiedsabrede der von einem Strohmann geschlossenen Schiedsvereinbarung auf den Hintermann im Wege eines „funktionellen Durchgriffs" vgl. *Holeweg,* Schiedsvereinbarungen und Strohmanngesellschaften, 1997, S. 67 f.; demggü. mit Recht eine differenzierende Lösung vorschlagend *Frank,* Der Durchgriff im Schiedsvertrag, 2000, S. 289 ff.

[21] Zum alten Recht: BGH NJW 1979, 2567.

[22] BGH ZInsO 2004, 88; *Flöther* DZWIR 2001, 89, 93; *ders.,* Auswirkungen des inländischen Insolvenzverfahrens auf Schiedsverfahren und Schiedsabrede, 2001, S. 64 ff.; vgl. dazu *Bork* ZZP 111 (2002), 522 ff.; *Heidbrink/von der Groeben* ZIP 2006, 265 ff.; *Ehricke* ZIP 2006, 1847, 1849; *St/J/Schlosser* Rn. 35; *Schwab/Walter* Kap. 7 Rn. 33; MK/*Münch* Rn. 22; *Zö/Geimer* Rn. 70; zum alten Recht: BGHZ 24, 15, 18 = NJW 1957, 791.

[23] BGH ZInsO 2004, 88; *Flöther* DZWIR 2001, 89, 93 f. (Rückgewährsanpruch wegen Anfechtbarkeit entstehe originär in der Hand des Insolvenzverwalters, nicht aus dem der Schiedsabrede unterliegenden Rechtsgeschäft); MK/*Münch* Rn. 22; *Zö/Geimer* Rn. 63; *Nerlich/Römermann* § 129 InsO Rn. 120; enger (nur soweit die Schiedsabrede selbst anfechtbares Rechtsgeschäft ist) *Schwab/Walter* Kap. 7 Rn. 33; wie hier zum alten Recht: BGH NJW 1956, 1920, 1921; 1957, 790, 791; *Lüke* ZZP 101 (1988), 92, 96.

schafters.[24] **Einzelrechtsnachfolger**[25] werden gebunden, sofern aus der Schiedsvereinbarung nichts anderes hervorgeht.[26] Bei Einzelrechtsnachfolge auf Gläubigerseite ist die Zustimmung des Schuldners dazu, dass ein Personenwechsel in der Schiedsabrede stattfindet, nicht erforderlich,[27] denn die Abrede bezieht sich auf die Forderung selbst, so dass diese mit der prozessual zu qualifizierenden Abrede belastet auf den neuen Gläubiger in entsprechender Anwendung des § 401 BGB übergeht.[28] Der Zessionar braucht nicht zuzustimmen, denn er erwirbt die Forderung bereits als eine, die der Schiedsgerichtsbarkeit unterliegt (vgl. § 1031 Rn. 3). Das gilt auch für den Fall der Schuldübernahme,[29] die Vertragsübernahme,[30] den Eintritt in einen Mietvertrag nach § 566 BGB[31] und den Rechtserwerb eines Dritten auf Grund eines Vertrags zu Gunsten Dritter (vgl. auch Rn. 2)[32] sowie für die **Übertragung eines Anteils** an einer Personenhandelsgesellschaft.[33] Der übertragende Gesellschafter bleibt der Schiedsabrede unterworfen, soweit gerade aus der Übertragung Ansprüche gegen ihn abgeleitet oder sonst Ansprüche aus dem Gesellschaftsverhältnis gegen ihn erhoben werden.[34] Diese Besonderheit gegenüber der Anwendung des § 401 BGB ergibt sich aus der Auslegung der Schiedsabrede, da diese gerade auch die Fälle erfassen soll, in denen der Gesellschaftsanteil übertragen wurde (vgl. zur parallelen Frage bei satzungsmäßiger Schiedsklausel § 1066 Rn. 9 aE). Gegenüber **Wechselnehmern** gilt die Schiedsabrede (zum Umfang vgl. Rn. 23), soweit sich aus den Regeln des Wechselrechts über den einredefreien Erwerb nichts anderes ergibt.[35] Die Schiedsvereinbarung einer **OHG** bindet trotz der Vermögenstrennung auch deren **Gesellschafter,**[36] da sie für die Schuld der OHG wie diese einstehen müssen, § 128 HGB.[37] Dasselbe gilt bei einer KG auch hinsichtlich der Kommanditisten,[38] denn sie haften, wenn auch summenmäßig beschränkt, ebenfalls für die Gesellschaftsschuld. Die **Gesellschaft bürgerlichen Rechts** ist nach Auffassung des BGH parteifähig (vgl. Rn. 5), so dass ihre Gesellschafter wie die der OHG gebunden sind.[39] Ist die GbR verklagt, so kann kein Schiedsspruch gegen ihre Gesellschafter ergehen.[40] Auch Vorgesellschafter einer GmbH bindet deren Schiedsabrede.[41] Dagegen begründet die **Bürgschaft** eine eigene Schuld, die nicht der Schiedsabrede des Hauptvertrags unterfällt.[42] Gleiches gilt für Garanten. Die Schuld des **vollmachtlosen Vertreters** bei Wahl des Erfüllungsanspruchs (§ 179 Abs. 1 Fall 1 BGB) durch den Geschäftspartner hat kraft Gesetzes den Inhalt der vollmachtlos vereinbarten Schuld und

---

[24] Zum alten Recht: BGH BB 1971, 369, 370; dazu *Habscheid* KTS 1972, 209.

[25] Das sind auch neu eintretende Gesellschafter, vgl. zum alten Recht: BGH NJW 1980, 1797 (OHG); 1979, 2567 (GmbH); Pfändungspfandgläubiger, *Zö/Geimer* Rn. 70; zum alten Recht: BGH MDR 1962, 564 = ZZP 75 (1962), 261.

[26] MK/*Münch* Rn. 21; zum alten Recht: BGH NJW 1998, 371; MDR 1962, 564 = ZZP 75 (1962), 261 mit zust. Anm. *Schwab;* BGHZ 68, 356, 359 = NJW 1977, 1397; BGHZ 71, 162, 164f. = NJW 1978, 1585; BGHZ 77, 32, 35f. = NJW 1980, 2022; BGH NJW 1976, 852; *St/J/Schlosser* Rn. 36; modifizierend *Schricker,* Festschr. f. Quack, 1991, S. 99ff.; aA *Martens,* Wirkungen der Schiedsvereinbarung und des Schiedsverfahrens auf Dritte, 2005, S. 61ff., 136f.

[27] *St/J/Schlosser* Rn. 36; aA *Schwab/Walter* Kap. 7 Rn. 32; zum alten Recht: aA *Baur,* Festschr. f. Fasching, 1988, S. 81, 91; *Schricker* (Fn. 26) S. 99, 104f.

[28] Für eine unmittelbare Anwendung des § 401 BGB: BGH NJW 2000, 2346 (obiter dictum); *Schütze,* Schiedsverf., Rn. 92; aA *Schwab/Walter* Kap. 7 Rn. 32; MK/*Münch* Rn. 21 (Bindung folge nicht aus § 401 BGB, sondern aus der Abtretung selbst); *St/J/Schlosser* Rn. 36 (§ 404 BGB); zum alten Recht wie hier: BGH NJW 1986, 2765; 1998, 371; vgl. auch BGHZ 71, 162, 164f. = NJW 1978, 1585; *Ebbing* NZG 1998, 281, 282; iE ähnlich (jedoch auf den Willen der ursprünglichen Parteien abstellend) *von Baum,* Die prozessuale Modifizierung von Wertpapieren durch Gerichtsstands- und Schiedsvereinbarungen, 1998, S. 84ff.; aA *Schricker* (Fn. 26) S. 99, 105 (kein Übergang nach § 401 BGB, aber die Zustimmung des Zessionars zum Eintritt in die Schiedsabrede kann als Voraussetzung für die Abtretbarkeit vereinbart sein); krit. auch *Terlau* MDR 1998, 432; *K. Schmidt* ZHR 162 (1998), 265, 279f.

[29] *St/J/Schlosser* Rn. 36.

[30] BGH NJW 2000, 2346 (obiter dictum); *Schwab/Walter* Kap. 7 Rn. 32; *St/J/Schlosser* Rn. 36; zum alten Recht: BGH MDR 1979, 382 = NJW 1979, 1166 (LS).

[31] BGH NJW 2000, 2346.

[32] *Lachmann* Rn. 502.

[33] AA *Schwab/Walter* Kap. 7 Rn. 32; wie hier zum alten Recht: BGH NJW 1998, 371 (Publikums-KG); anders beim Beitritt ohne Übernahme eines Anteils vom Rechtsvorgänger, vgl. OLG Oldenburg 31. 5. 2001 1 U 21/01.

[34] BGH NJW-RR 2002, 1462, 1463 m. zust. Anm. *Kröll* EWiR 1032 1/02, 1023f.; OLG Düsseldorf SchiedsVZ 2004, 161, 162f.; *Haas/Beckmann* DStR 2002, 557f.; BayObLG NJW-RR 2002, 323, 324 (Vorinstanz).

[35] Zum alten Recht: *von Baum* (Fn. 28) S. 84ff., 185; aA (keine Geltung) MK/*Maier*, 1. Aufl. 1992, § 1025 aF Rn. 26.

[36] *Schwab/Walter* Kap. 7 Rn. 35 m. weit. Nachw.; *Kreindler/Schäfer/Wolff* Rn. 176; MK/*Münch* Rn. 22a; *Zö/Geimer* Rn. 71; zum alten Recht: BGH NJW-RR 1991, 423, 424; zur Erstreckung der Schiedsabrede der von einem Strohmann geschlossenen Schiedsvereinbarung auf den Hintermann vgl. *Holeweg* (Fn. 20).

[37] OLG Köln NJW 1961, 1312f.; BGH NJW 1981, 2644, 2646 (Akzessorietät bestehe auch hins. der Modalitäten des Anspruchs und damit auch in Bezug auf die Gerichtszuständigkeit); kritisch hins. der Begründung, aber regelmäßig für eine Erstreckung der Abrede auf Gesellschafter: *St/J/Schlosser* Rn. 34 (die Bindung der Gesellschafter ergebe sich durch Auslegung der Schiedsvereinbarung); *Müller/Keilmann* SchiedsVZ 2007, 113, 115; auf der Grundlage des alten Rechts: *K. Schmidt* DB 1989, 2315, 2317ff.; *ders.* ZHR 162 (1998), 265, 273; *Weber/v. Schlabrendorff,* Festschr. f. Glossner, 1994, S. 477, 483ff. (hins. nichtgeschäftsführender Gesellschafter nur bei Einhaltung der Form des § 1027 Abs. 1 aF wirksam).

[38] *Kreindler/Schäfer/Wolff* Rn. 176; anders (nur Komplementäre) die hM, *Lachmann* Rn. 504; *Schwab/Walter* Kap. 7 Rn. 35; *Müller/Keilmann* SchiedsVZ 2007, 113, 116; *Zö/Geimer* Rn. 71; zur Bindung des Komplementärs vgl. BayObLG SchiedsVZ 2004, 45, 46.

[39] *Lachmann* Rn. 505; *Schwab/Walter* Kap. 7 Rn. 35; *Wagner* ZZP 117 (2004), 305, 346f.; *Wiegand* SchiedsVZ 2003, 52, 56ff.; *K. Schmidt* ZHR 162 (1998), 265, 273.

[40] OLG München NJW 2007, 2129f. (Schiedsspruch wegen ordre-public-Verstoß aufhebbar).

[41] *Zö/Geimer* Rn. 65.

[42] *Schwab/Walter* Kap. 7 Rn. 34; *St/J/Schlosser* Rn. 33; zum alten Recht: BGH VersR 1983, 776; OLG Hamburg VersR 1982, 1096.

unterliegt damit auch der Schiedsabrede. Die hM entscheidet gegenteilig.[43] Zur Begründung wird angeführt, der Vertragspartner könne zwischen Erfüllung und Schadensersatz wählen; da aber bei Wahl des Schadensersatzes die staatliche Gerichtsbarkeit zur Entscheidung berufen sei, sei Unsicherheit bei der Bestimmung der Zuständigkeit zu befürchten. Diese Unsicherheit ist indes hinzunehmen. Bei der GmbH in Gründung soll eine Schiedsvereinbarung auch nach hL die Handelndenhaftung erfassen.[44] Die **Organwalter einer juristischen Person** sind einer Schiedsabrede, die von der juristischen Person geschlossen wurde, nicht unterworfen, solange sie nicht selbst bei Abschluss der Vereinbarung für die juristische Person tätig geworden sind und die Auslegung ergibt, dass die Abrede auch sie selbst binden sollte.[45] Klauseln, die dem Organwalter die Möglichkeit geben, sich der Entscheidung durch das Schiedsgericht zu unterwerfen, sind wirksam.[46] Rechtlich selbständige, aber in einem **Konzern** oder faktischen Konzern verbundene Unternehmen unterliegen nicht ohne besondere Abrede der Schiedsvereinbarung, die ein anderer Rechtsträger innerhalb des Konzerns geschlossen hat.[47] Im Fall der Durchgriffshaftung unterliegt der Gesellschafter der Schiedsbindung, denn er kann sich dann auf die Verselbständigung der juristischen Person nicht berufen, so dass ihn die schiedsgebundene Verpflichtung selbst trifft.[48] Der Anspruch zwischen juristischer Person und Sachwalter, der sich aus einem pflichtwidrig abgeschlossenen Geschäft des Organwalters oder aus einem existenzvernichtenden Eingriff der Gesellschafter in die Gesellschaft ergibt,[49] unterliegt nicht der Schiedsbindung und zwar auch dann nicht, wenn er an den Geschädigten abgetreten wurde.

bb) Andere Dritte. Andere Dritte sind grundsätzlich nicht in die Schiedsvereinbarung einbezogen. 9
Möchte sich ein Dritter am Schiedsverfahren als Partei beteiligen, so ist dies durch Vereinbarung möglich. Da das Schiedsverfahren auch wegen seiner Vertraulichkeit vereinbart wird, muss die Einbeziehung des Dritten mit **allen am Schiedsverfahren beteiligten Parteien** vereinbart werden (vgl. § 1042 Rn. 10). Dies kann bereits in der Schiedsabrede selbst festgelegt oder aber auch später vereinbart werden.[50] Dabei reicht es aus, wenn die Vereinbarung eine **Öffnungsklausel** für die Beteiligung eines beliebigen Dritten enthält.[51] Nicht ausreichend ist dagegen, dass eine der Parteien mit den beiden anderen jeweils die Entscheidung durch ein Schiedsgericht vereinbart hat.[52] Eine **ergänzende Auslegung der Schiedsvereinbarung** ist nur mit Zurückhaltung vorzunehmen.[53] Kann der Streit sachgerecht **nur unter Beteiligung eines Dritten entschieden werden,** fehlt es aber an einer entsprechenden Vereinbarung, so kann die Verfahrensförderungspflicht der Schiedsvertragsparteien es diesen gebieten, einer Anpassung der Schiedsvereinbarung zuzustimmen.[54] Auch insoweit ist aber äußerste Zurückhaltung geboten (zur Undurchführbarkeit der Schiedsabrede, wenn der Streit nur unter Einbeziehung eines Dritten erledigt werden kann und sich dieser weigert, am Verfahren teilzunehmen, vgl. Rn. 12). Neben der Frage der Einbeziehung des Dritten in die Schiedsabrede stellen sich bei Mehrparteienschiedsgerichten Probleme bei der Besetzung des Schiedsgerichts (dazu vgl. § 1035 Rn. 7) und bei der Frage, inwieweit ein durch **Parteierweiterung, Nebenintervention** oder **Streitverkündung** später hinzutretender Dritter an Verfahrensergebnisse und Verfahrensvereinbarungen gebunden ist (vgl. § 1042 Rn. 11). Zur Frage, ob die **Zustimmung der Schiedsrichter** bei einer nachträglichen Erweiterung des Kreises der am Verfahren Beteiligten erforderlich ist, vgl. § 1042 Rn. 11.

d) Wirksamkeit der auf den Abschluss einer Schiedsabrede gerichteten Erklärungen. aa) Nichtigkeitsgründe. Die Schiedsabrede muss der Formvorschrift des § 1031 genügen (zur Heilung vgl. § 1031 Rn. 13ff.) und sich auf einen schiedsfähigen Gegenstand beziehen (vgl. § 1030). Sie ist wegen Verstoßes gegen die guten Sitten nichtig, wenn eine Partei unter Ausnutzung einer überlegenen Position die andere zum Abschluss der Vereinbarung genötigt hat. Insoweit wirkt der Unwirksamkeitsgrund des § 1025 Abs. 2 aF über § 138 BGB fort.[55] Zu beachten ist dabei, dass die Ausnutzung bloßer wirtschaftlicher oder sozialer Überlegenheit allein noch keine Sittenwidrigkeit begründet, sondern dass darüber hinaus die Ausübung des Drucks auf den Vertragspartner als anstößig beurteilt werden muss. Das ist keineswegs immer der Fall; in Grenzen kann vielmehr auch mit Mitteln wirtschaftlicher oder sozialer Überlegenheit versucht werden, den Vertragspartner zum Abschluss eines Schiedsvertrags zu bewegen.[56] Wird die Überlegenheit 10

---

43 *Kreindler/Schäfer/Wolff* Rn. 178; *Lachmann* Rn. 529; *Schwab/Walter* Kap. 7 Rn. 26; Zö/*Geimer* Rn. 64; BGHZ 68, 356, 360ff. = NJW 1977, 1397 (zum alten Recht); wie hier MK/*Münch* Rn. 23.

44 *Lachmann* Rn. 507.

45 *Müller/Keilmann* SchiedsVZ 2007, 113, 116; *Kreindler/Schäfer/Wolff* Rn. 180f.; aA (zum alten Recht) OLG München NJW-RR 1998, 198 (gegen die Geschäftsführer persönlich geltend gemachter Unterlassungsanspruch; Geschäftsführer hatten sich im Verfahren vor der staatlichen Gerichtsbarkeit auf § 1027a aF berufen); offen lassend OLG Bremen 20. 12. 2005 2 Sch 2/2005 = OLGR Bremen 2006, 263.

46 OLG Düsseldorf SchiedsVZ 2006, 331, 333f.

47 *Müller/Keilmann* SchiedsVZ 2007, 113, 118; vgl. Zö/*Geimer* Rn. 72; einen Durchgriff der Schiedsabrede für möglich haltend *Massuras,* Dogmatische Strukturen der Mehrparteienschiedsgerichtsbarkeit, 1998, S. 213 (zum alten Recht); zur Erstreckung auf Dritte im internationalen Bereich vgl. *Busse* SchiedsVZ 2005, 118ff.

48 *Gross* SchiedsVZ 2006, 194, 195f.; vgl. auch *Holeweg* (Fn. 20); aA *Müller/Keilmann* SchiedsVZ 2007, 113, 117 (kein Verpflichtungswille des Gesellschafters).

49 Zur Konstruktion der Innenhaftung bei existenzvernichtendem Eingriff vgl. BGH NJW 2007, 2689, 2691.

50 *Kleinschmidt* SchiedsVZ 2006, 142, 144f.

51 Für eine Ableitung aus § 328 BGB: Zö/*Geimer* § 1025 Rn. 15, § 1031 Rn. 18.

52 Zum alten Recht: *Massuras* (Fn. 47) S. 266ff.

53 Zutreffend (zum alten Recht) *Massuras* (Fn. 47) S. 271.

54 Vgl. auch *St/J/Schlosser* § 1042 Rn. 27.

55 *K. Schmidt* ZHR 162 (1998), 265, 282.

56 *Huber* SchiedsVZ 2004, 280, 284 (Eheverträge); vgl. auch MK/*Münch* Rn. 10.

dazu verwendet, sich maßgebenden Einfluss auf die Besetzung des Schiedsgerichts zu sichern, so ist wegen § 1034 Abs. 2 der Besetzungsmodus zu ändern. Die Schiedsvereinbarung bleibt in diesem Fall also bestehen.[57] Wird eine **Schiedsklausel durch AGB** vereinbart, so unterliegt sie der Kontrolle nach § 307 BGB (vgl. auch § 1031 Rn. 6; dort auch zur Kollision zwischen AGB mit Schiedsvereinbarung und **AGB der Gegenseite** mit einer **Gerichtsstandsvereinbarung**). Die unter der Geltung des früheren Rechts genannten Unwirksamkeitsgründe bei Benennung einer nichtexistenten Person zum Schiedsrichter[58] oder der fehlenden Bestimmbarkeit des zuständigen Schiedsgerichts[59] sind durch § 1035 weitgehend beseitigt (zu Ausnahmen vgl. § 1035 Rn. 12; § 1039 Rn. 2).

11 **bb) Anfechtung wegen Willensmängeln.** Die Schiedsvereinbarung unterliegt der Anfechtung wegen Irrtums, Drohung und arglistiger Täuschung (§§ 119, 123 BGB). Soweit allerdings die Fehlvorstellung durch **Ablehnung** des Schiedsrichters geltend zu machen ist, schließt die Sonderregelung der §§ 1036f. die Anfechtung der Schiedsabrede nach Beginn des Schiedsverfahrens aus.[60] Ob die Anfechtung der Schiedsabrede **nach Einlassung zur Hauptsache generell ausgeschlossen** werden sollte,[61] ist zweifelhaft. Für einen Ausschluss spricht, dass es nicht der zur Anfechtung berechtigten Partei überlassen werden darf, ein ihr ungünstiges Verfahrensergebnis wieder zu beseitigen. Ein Wahlrecht, das es einer Partei ermöglicht, einen Schiedsspruch zu akzeptieren oder ihm durch Anfechtung der Schiedsabrede die Grundlage zu entziehen und auf eine günstigere Entscheidung des staatlichen Gerichts zu hoffen, wäre mit rechtsstaatlichen Grundsätzen nicht zu vereinbaren. Ein solches Wahlrecht besteht aber angesichts der Notwendigkeit einer unverzüglich zu erklärenden Anfechtung (§ 121 Abs. 1 S. 1 BGB) ohnehin regelmäßig nicht. In den verbleibenden Fällen lässt es sich vermeiden, indem Mängel der Schiedsvereinbarung unter den Voraussetzungen des § 1027 als heilbar angesehen werden (vgl. auch § 1031 Rn. 15).[62] Der Vorteil dieser Lösung gegenüber dem generellen Ausschluss der Anfechtung liegt darin, dass die Anfechtung möglich bleibt, soweit die anfechtungsberechtigte Partei den Anfechtungsgrund nicht kannte. Im Fall der Anfechtung nach § 123 BGB wegen **Drohung** scheidet eine Heilung gemäß § 1027 aus, solange die Drohung fortwirkt.

12 **e) Beendigung der Schiedsvereinbarung.** Ein **Rücktrittsrecht** wird in der Schiedsabrede meist nicht ausdrücklich vorgesehen. Mit der hM[63] ist ein solches in entsprechender Anwendung des § 323 BGB anzuerkennen, wenn die Gegenpartei ihre Pflicht zur Förderung der Streitbeilegung im Wege des Schiedsverfahrens verletzt. Mit Beginn des Schiedsverfahrens tritt an die Stelle des Rücktritts die **Kündigung aus wichtigem Grund,**[64] die ihre Grundlage nunmehr in einer entsprechenden Anwendung des § 314 BGB findet.[65] Zur Kündigung berechtigt auch die **Undurchführbarkeit** des Schiedsvertrags[66] (vgl. auch § 1032 Abs. 1 aE). Ein wichtiger Grund für die Kündigung besteht auch bei **Verarmung einer Partei,** wenn sie den Kostenvorschuss für das Schiedsgericht[67] (vgl. § 1035 Rn. 29) oder die Kosten einer erforderlichen anwaltlichen Vertretung nicht aufbringen kann[68] und die andere Partei zur Kostenübernahme nicht bereit

---

[57] BGH NZBau 2007, 298, 299; für eine Anwendung des § 138 BGB auf der Grundlage des alten Rechts: BGHZ 106, 336, 338 = NJW 1989, 1477 = JZ 1989, 588 m. Anm. *Walter* (Schiedsklausel nach freier Wahl einer Partei bei gleichzeitigem Übergewicht dieser Partei hins. der Besetzung des Schiedsgerichts, Ausschluss von Verfahrensvertretern und Streitwertbegrenzung); MK/*Maier,* 1. Aufl. 1992, § 1025 aF Rn. 8.

[58] Zum alten Recht: *Hochbaum,* Missglückte internationale Schiedsvereinbarungen, 1995, S. 71 ff.; OLG Kiel OLGRspr. 33, 141; MK/*Maier,* 1. Aufl. 1992, § 1025 aF Rn. 12.

[59] Vgl. zum alten Recht BGH NJW 1983, 1267; OLG Hamm RIW 1995, 681, 682; vgl. auch OLG Dresden BB 1995, Beil. 5, S. 18f. (keine Unwirksamkeit bei unrichtiger, aber auslegungsfähiger Bezeichnung – „IHK in Wien“) m. Anm. *Hochbaum* BB 1995, Beil. 14, S. 14ff.; vgl. auch *dens.* (Fn. 58) S. 50ff.; BayObLG BB 2000, Beil. 8, S. 15, 16 (Unwirksamkeit einer nach altem Recht zu beurteilenden Schiedsabrede bei mehrdeutiger Bezeichnung des Schiedsgerichts; richtigerweise steht aber wegen des Verfahrens nach dem nunmehr anwendbaren § 1035 Abs. 4 die fehlende Bestimmung des Schiedsgerichts der Wirksamkeit nicht entgegen; vgl. § 1025 Rn. 9); *Berger* RIW 2001, 7, 10; auch nach altem Recht ist die Vereinbarung nicht unwirksam, soweit Art. IV Abs. 5 EuÜ eingreift, vgl. OLG Hamburg RIW 1996, 510, 511.

[60] *Schwab/Walter* Kap. 8 Rn. 9; *St/J/Schlosser* Rn. 3; vgl. auch BGHZ 17, 7, 8f. = NJW 1965, 709 (zumindest für die Zeit nach Niederlegung).

[61] So *Schwab/Walter* Kap. 8 Rn. 9; aA (auch nach Niederlegung Anfechtung nicht generell ausgeschlossen; zum alten Recht) BGH KTS 1966, 246, 248; aA (Anfechtung bis zur Vollstreckbarerklärung möglich) *Zö/Geimer* Rn. 24.

[62] So *St/J/Schlosser* Rn. 3; iE ähnlich MK/*Münch* Rn. 8 (Weiterverhandeln als Bestätigung der unwirksamen Vereinbarung nach § 144 BGB).

[63] *Zö/Geimer* Rn. 97; *St/J/Schlosser* Rn. 38a; aA *Schwab/Walter* Kap. 8 Rn. 10; MK/*Münch* Rn. 56; aA zum alten Recht: *Habscheid* KTS 1980, 285, 291; *Schiedermair* ZZP 74 (1961), 142, 143f.

[64] *Schwab/Walter* Kap. 8 Rn. 11; *St/J/Schlosser* Rn. 38a; *Zö/Geimer* Rn. 97; Verstöße gegen die Wahrheitspflicht (auch grobe Verstöße) reichen nicht aus, BGHZ 23, 198, 201ff. = NJW 1957, 589.

[65] Für eine direkte Anwendung des § 314 BGB *Lachmann* Rn. 617.

[66] *Schwab/Walter* Kap. 8 Rn. 11; zum alten Recht: BGHZ 77, 65 = NJW 1980, 2136; LG Kassel NJW 1992, 3107 (kriegerische Ereignisse), krit. dazu *Habscheid,* Festschr. f. Walder, 1994, S. 323ff. (Anpassung der Schiedsvereinbarung); einen automatischen Wegfall der Schiedsvereinbarung annehmend: *Zö/Geimer* Rn. 98; vgl. auch BGHZ 94, 92, 95 = NJW 1985, 1903; BGHZ 145, 116 (118) = NJW 2000, 3720, dazu *Wagner* SchiedsVZ 2003, 206; OLG Köln SchiedsVZ 2003, 238, 239.

[67] *Schwab/Walter* Kap. 8 Rn. 11; zum alten Recht: BGHZ 41, 104, 108ff. = NJW 1964, 1129; BGH WM 1988, 478, 479. Das gilt im Interesse eines effektiven Rechtsschutzes auch dann, wenn die Mittellosigkeit bereits bei Abschluss der Schiedsvereinbarung vorhanden war; vgl. dazu BGH NJW 2000, 3720, 3722 (unter dem Gesichtspunkt der Undurchführbarkeit); zur Kündigung einer Schiedsvereinbarung, die einem anderen als dem deutschen Recht unterliegt, vgl. *Schütze,* Festschr. f. Schlosser, 2005, S. 867, 871ff.

[68] *St/J/Schlosser* Rn. 38; zum alten Recht: BGHZ 51, 79, 81 = NJW 1969, 277; BGH NJW 1988, 1215; *Raeschke-Kessler* NJW 1988, 3041, 3044.

ist[69] (vgl. auch § 114 Rn. 8). § 1032 steht der Behandlung der Verarmung einer Partei als Kündigungsgrund nicht entgegen, denn diese Regelung bezieht sich allein auf die Frage, ob das staatliche Gericht trotz der Berufung des Beklagten auf die Schiedsabrede Rechtsschutz gewährt und enthält keine Aussage darüber, ob die Schiedsvereinbarung durch Kündigung beendet werden kann (vgl. auch § 1032 Rn. 4). Für die Annahme einer Kündigungsmöglichkeit im Fall der Undurchführbarkeit wegen Verarmung der Partei spricht auch der Gedanke der Rechtsklarheit.[70] Wenn eine Partei trotz Mahnung den Kostenvorschuss längere Zeit nicht entrichtet, berechtigt dies die Gegenpartei zur Kündigung, ist aber in aller Regel nicht als konkludenter Antrag auf Aufhebung des Schiedsvertrags zu verstehen.[71] Auch das Nichtbetreiben des Verfahrens kann nicht als Aufhebungsantrag verstanden werden.[72] Die Abtretung eines Gesellschaftsanteils beseitigt nicht die Schiedsbindung des Abtretenden hinsichtlich der Ansprüche der Mitgesellschafter wegen der Übertragung (vgl. Rn. 8). Die Eröffnung des **Insolvenzverfahrens** über das Vermögen einer Partei hat auf die Abrede keinen Einfluss, sie bindet dann den Insolvenzverwalter (Rn. 8). In Betracht kommt aber eine Kündigung der Schiedsabrede wegen der Undurchführbarkeit des Schiedsvertrags infolge der Mittellosigkeit einer Partei. Dies scheidet aus, wenn der Insolvenzverwalter erklärt, die vorhandenen Mittel reichten zur Durchführung des Verfahrens aus.[73] Neben der Kündigung kann die einverständliche **Aufhebung**[74] oder der Eintritt einer auflösenden Bedingung oder Befristung[75] den Schiedsvertrag beenden. Eine Schiedsabrede, die im Hinblick auf das Nebeneinander der beiden deutschen Staaten geschlossen wurde, entfällt durch die **Wiedervereinigung** nicht ohne weiteres (vgl. § 1035 Rn. 15).[76] Die Schiedsvereinbarung kann auch dann undurchführbar (vgl. § 1032 Abs. 1 aE) sein, wenn die **Beilegung des Streits** die **Beteiligung eines Dritten** erfordert und dieser sich nicht der Schiedsvereinbarung unterwirft.[77] Dies gilt zum einen, wenn aus materiellrechtlichen Gründen eine gemeinsame Klage auf Aktiv- oder Passivseite erforderlich ist. Es gilt aber auch bei notwendiger Streitgenossenschaft wegen Rechtskrafterstreckung, da andernfalls die Rechtskraftkollision bei Verfahren der übrigen Streitgenossen vor dem staatlichen Gericht einerseits und Verfahren der Parteien des Schiedsverfahrens andererseits droht.[78] Soweit man die Anfechtung von Beschlüssen im Recht der Kapitalgesellschaft für schiedsfähig hält (vgl. § 1030 Rn. 2), darf die entsprechend § 248 Abs. 1 S. 1, § 249 Abs. 1 S. 1 AktG eintretende Rechtskrafterstreckung nicht zu einer Erstreckung auf Gesellschafter führen, die ihre Rechte im Schiedsverfahren nicht angemessen zur Geltung bringen konnten. Ist dafür nicht Sorge getragen, so kann der in einem solchen Verfahren ergehende Schiedsspruch vor der staatlichen Rechtsordnung keinen Bestand haben (vgl. auch § 1035 Rn. 7)[79] und die Schiedsabrede ist undurchführbar.

f) Unabhängigkeit von der Wirksamkeit oder dem Fortbestand des Hauptvertrags. Die Unwirksamkeit des Hauptvertrags lässt die Wirksamkeit der Schiedsvereinbarung unberührt (vgl. § 1040 Abs. 1 S. 2), solange die Parteien nichts anderes vereinbart haben. In der Regel werden durch die Schiedsvereinbarung auch die Ansprüche wegen der Folgen der Unwirksamkeit des Vertrags der Entscheidung des Schiedsgerichts überantwortet (vgl. Rn. 23). Je nach Einzelfall kann der Grund, der zur Unwirksamkeit des Hauptvertrags geführt hat, zugleich als wichtiger Grund zur Kündigung des Schiedsvertrags berechtigen. 13

g) Gerichtliche Klärung der Wirksamkeit. Die Wirksamkeit der Schiedsvereinbarung kann entweder im Verfahren nach § 1032 Abs. 1 (Klage aus dem Hauptvertrag) oder vor der Bildung des Schiedsgerichts nach § 1032 Abs. 2 vor dem staatlichen Gericht geklärt werden. Im Übrigen gelten die Regeln des § 1040. Die Vereinbarung, dass allein das Schiedsgericht über die Wirksamkeit der Schiedsvereinbarung befinden darf, ist nicht möglich (näher § 1040 Rn. 2).[80] 14

III. Essentialia der Schiedsvereinbarung

1. Rechtsstreitigkeit. Durch eine Schiedsvereinbarung unterwerfen sich die Parteien wegen Streitigkeiten, die zwischen ihnen in Bezug auf ein bestimmtes Rechtsverhältnis entstanden sind oder künftig entstehen, der Entscheidung durch das Schiedsgericht. Dabei ist der Begriff der **Streitigkeit** weit zu verstehen. So 15

---

[69] *Lachmann* Rn. 594, 620; *Kreindler/Schäfer/Wolff* Rn. 228; zum alten Recht: BGHZ 77, 65 = NJW 1980, 2136; *Wiecz/Sch/Schütze* § 1025 aF Rn. 61.

[70] *Wagner* LM § 1032 Nr. 11.

[71] *St/J/Schlosser* Rn. 37 (möglicherweise anders, wenn beide Seiten den Kostenvorschuss nicht bezahlen); vgl. *Lachmann* Rn. 620; zurückhaltender *Fasching* (ö) JBl. 1993, 545, 552, 557.

[72] BayObLG BB 1999, Beil. 4, S. 18, 19; *Kreindler/Schäfer/Wolff* Rn. 227.

[73] Vgl. zum alten Recht: (zum Vergleichsverwalter) OLG Hamburg ZIP 1995, 1903, 1904f. = RIW 1996, 510, 511f.

[74] MK/*Münch* Rn. 53; *Zö/Geimer* Rn. 103; zum alten Recht: *Fasching* (ö) JBl. 1993, 545, 552; *Wiecz/Sch/Schütze* § 1025 aF Rn. 58; zu ihrer Formfreiheit vgl. § 1031 Rn. 2.

[75] *Zö/Geimer* Rn. 103; zum alten Recht: OLG Saarbrücken KTS 1961, 108, 110; *Wiecz/Sch/Schütze* § 1025 aF Rn. 59.

[76] Zum alten Recht: OLG Dresden BB 1995, Beil. 5, S. 18f. m. zust. Anm. *Hochbaum* BB 1995, Beil. 14, S. 14, 15f.

[77] *Kreindler/Schäfer/Wolff* Rn. 229; MK/*Münch* Rn. 29; vgl. auch (staatliches Gericht muss entscheiden) *Schwab/Walter* Kap. 7 Rn. 27.

[78] *Schwab/Walter* Kap. 7 Rn. 27.

[79] BGHZ 132, 278, 285ff. = NJW 1996, 1753 = JZ 1996, 1017 (zum alten Recht) m. insoweit zust. Anm. *Schlosser* (mit Lösungsvorschlägen, dazu vgl. § 1030 Rn. 2); weiter gehend *Lachmann* Rn. 308, der meint, nach § 1032 sei eine Erstreckung auch auf nicht an der Abrede beteiligte Personen (Gesellschaft bei Abrede der Gesellschafter) möglich; ähnlich *Lüke/Blenske* ZGR 1998, 253, 263ff.; mit anderem Ansatz (kein Problem der Einbeziehung des Dritten, sondern eines der Legitimationswirkung des gestaltenden Schiedsspruchs) *K. Schmidt* ZHR 162 (1998), 265, 286f.

[80] S. Begründung des Gesetzentwurfs, BT-Drucks. 13/5274 S. 44; vgl. auch (zum alten Recht) *Ahrendt*, Der Zuständigkeitsstreit im Schiedsverfahren, 1996, S. 91ff.; aA *Schütze*, Schiedsverf., Rn. 136.

kann ein Schiedsverfahren auch dann durchgeführt werden, wenn der Gegner den Anspruch bereits anerkannt hat und es deshalb an einer Streitigkeit im eigentlichen Sinne fehlt.[81] Das Verfahren dient dann dem Ziel, unabhängig von den staatlichen Gerichten einen Schiedsspruch zu erlangen, der für vollstreckbar erklärt werden kann. Möglich ist es auch, einem Schiedsgericht die Leistungsbestimmung nach §§ 315ff. BGB zu übertragen.[82]

16 **2. Bestimmtheit.** Das Rechtsverhältnis, aus welchem der Streit entstanden ist oder entstehen kann, muss in der Schiedsvereinbarung bestimmt sein. Innerhalb des bezeichneten Rechtsverhältnisses können alle oder einzelne Streitigkeiten der Entscheidung des Schiedsgerichts unterstellt werden. Nicht wirksam ist dagegen eine Schiedsvereinbarung, die das Rechtsverhältnis selbst nicht hinreichend genau bezeichnet, so zB eine Vereinbarung, die ein Schiedsverfahren für alle Streitfragen zwischen zwei Parteien vorsieht. Der Grund für diese Regelung liegt darin, dass die Parteien durch die Schiedsvereinbarung auf den Justizgewährungsanspruch verzichten und sich deshalb darüber klar sein müssen, hinsichtlich welcher Streitigkeiten der Weg zum staatlichen Gericht möglicherweise versperrt wird. Deshalb wurden folgende Klauseln als **unwirksam** angesehen: „alle Streitigkeiten aus künftigen Lieferungen“;[83] „alle Ansprüche aus der Geschäftsverbindung“;[84] „alle Streitigkeiten aus der Berufstätigkeit der Mitglieder einer Börse“.[85] Wirksam sind Abreden, bei denen ein bestimmter Regelungskomplex festgelegt wird, aus dem die künftige Streitigkeit entspringen muss, damit sie von der Schiedsvereinbarung erfasst wird: Streitigkeiten aus der Auseinandersetzung eines bestimmten Nachlasses;[86] Streitigkeiten aus einem Sukzessivlieferungsvertrag;[87] Streitigkeiten aus gemeinsamen Kommissionsgeschäften;[88] Streitigkeiten aus der Lieferung von Importkohle;[89] alle Ansprüche aus einem näher bestimmten Gesellschaftsverhältnis.[90] Wirksam sind auch Satzungsbestimmungen, die für alle Streitigkeiten zwischen dem Verein oder der Gesellschaft und ihren Mitgliedern ein Schiedsgericht vorsehen.[91] Die Schiedsvereinbarung kann sich auch auf ein **Rechtsverhältnis** beziehen, das erst **später entsteht,** solange es nur im Zeitpunkt des Abschlusses der Schiedsvereinbarung hinreichend bestimmt ist. Dies entspricht der Regelung des § 1026 aF und es ist nicht anzunehmen, dass durch die Neuregelung die Anforderungen verschärft werden sollten. Wenn auf die Abrede das Europäische Abkommen über die internationale Handelsschiedsgerichtsbarkeit (EuÜ; abgedruckt in § 1061 Rn. 32) Anwendung findet, sind die dort geregelten Anforderungen zu beachten.[92] Da Art. I EuÜ auf ein Bestimmtheitserfordernis verzichtet, darf dies nicht durch Rückgriff auf § 1029 eingeführt werden.[93]

17 **3. Übertragung zur Entscheidung. a) Abgrenzung zum Schiedsgutachten.** Der Unterschied zwischen Schiedsabrede und Vereinbarung eines **Schiedsgutachtens** liegt darin, dass das Schiedsgericht über den Rechtsstreit als solchen entscheidet, während der Schiedsgutachter Tatsachen feststellt, ohne über die daraus folgenden rechtlichen Konsequenzen zu entscheiden (zur Auswirkung auf einen Prozess vgl. § 1032 Rn. 2).[94] In der Rechtsprechung wird die Schiedsgutachterklausel gegenüber der Schiedsklausel als weniger weitgehend angesehen, so dass **im Zweifelsfall nur ein Schiedsgutachterverfahren** vereinbart ist.[95] Dies ist zwar richtig, wenn man allein den Ausschluss staatlicher Gerichtsbarkeit in den Blick nimmt. Zweifelhaft wird es aber, wenn man die geringeren verfahrensrechtlichen Sicherungen im Schiedsgutachterverfahren einbezieht. Auf Schiedsgutachten sind nach **hM** die **Regelungen des Schiedsverfahrensrechts nicht anwendbar.**[96] Demgegenüber wird in der Literatur eine entsprechende Anwendung vorgeschlagen, sofern das Schiedsgutachten im Wege der Rechtsklärung die Feststellung von Leistungen oder Elementen einer Entscheidung zum Gegenstand hat, während eine Analogie ausscheide, wenn es sich um eine materiellrechtlich wirkende Vereinbarung zu einer Rechtsgestaltung nach Billigkeit iSd. §§ 317ff. BGB handelt.[97] Auf diese

---

81 Vgl. *Schwab/Walter* Kap. 3 Rn. 3; zum alten Recht: OLG Düsseldorf MDR 1977, 762, 763.

82 Zum alten Recht: BGH NJW 1998, 1388, 1389 (Bühnenschiedsgericht, Festsetzung der Vergütung).

83 MK/*Münch* Rn. 33; zum alten Recht: *Wiecz/Sch/Schütze* § 1025 aF Rn. 5.

84 *Kreindler/Schäfer/Wolff* Rn. 95; zum alten Recht: RG JW 1908, 458; RGZ 36, 421 (nicht unzweifelhaft).

85 Zum alten Recht: OLG Celle OLGRspr. 33, 138; OLG Hamm OLGRspr. 15, 123; zweifelnd MK/*Münch* Rn. 33.

86 Zum alten Recht: RGZ 100, 76, 79f.

87 Zum alten Recht: BGH KTS 1964, 104, 106.

88 Zum alten Recht: RG JW 1908, 458.

89 Zum alten Recht: BGH KTS 1964, 46f.

90 Zum alten Recht: *Wiecz/Sch/Schütze* § 1026 aF Rn. 4; aA KG MDR 1961, 240.

91 Vgl. BGH NJW 1994, 51, 52 (zu Art. 17 Abs. 1 S. 1 EuGVÜ).

92 *St/J/Schlosser* Rn. 13.

93 *Schwab/Walter* Kap. 44 Rn. 5; *St/J/Schlosser* Anh. § 1061 Rn. 173; zum alten Recht: BGH NJW 1980, 2022, 2023 (zur Handelsschiedsgerichtsbarkeit).

94 Vgl. OLG München MDR 2005, 1186 (Schiedsgutachten der Rechtsanwaltskammer); KG OLGR 1998, 409, 410; MK/*Münch* Rn. 41 mit Fn. 176; *Zö/Geimer* Rn. 4; ausführlich (krit. zur Abgrenzung) *St/J/Schlosser* Vor § 1025 Rn. 21ff.; vgl. zum alten Recht auch BGH ZIP 1981, 1097; OLG Hamm NZG 1999, 1099 m. zust. Anm. *Ebbing* NZG 1999, 1100; vgl. auch *Lachmann* Rn. 78, der ein Schiedsgutachten annimmt, wenn die Parteien eine Billigkeitskontrolle durch das staatliche Gericht zulassen wollten; vgl. auch (im Zweifel sei Schiedsgutachten vereinbart, da dieses die Rechte der Parteien weniger beschneide) OLG Düsseldorf EWiR BGB § 317 1/98, S. 1019, 1020 (krit. *Kröll*).

95 OLG München SchiedsVZ 2006, 286, 288.

96 MK/*Münch* Vor § 1025 Rn. 25; vgl. *Palandt/Heinrichs* § 317 BGB Rn. 8f.; zum alten Recht: BGHZ 6, 335, 341 = NJW 1952, 1296; RGRK/*Ballhaus* § 317 BGB Rn. 19; vgl. auch BGHZ 9, 138, 145 = NJW 1953, 825; BGH KTS 1963, 47, 49.

97 Für eine weit gehende analoge Anwendung sprechen sich aus: *Schwab/Walter* Kap. 2 Rn. 5ff.; *St/J/Schlosser* Vor § 1025 Rn. 32ff.; *Zö/Geimer* Rn. 5; vgl. zum alten Recht auch *Nicklisch,* Festschr. f. Bülow, 1981, S. 159, 174ff.; *Habscheid,* Festschr. f. Lehmann, 1956, S. 789ff. (prozessrechtlich zu qualifizierender Beweisvertrag, soweit Rechtsklärung

Weise können die Sicherungsmechanismen der ZPO für die Unparteilichkeit der Schiedsperson und das angewendete Verfahren herangezogen werden.[98] Misst man dagegen Schiedsgutachtenvereinbarungen ausschließlich am materiellen Recht, insbesondere an den §§ 317ff. BGB, so wird das Gericht auf die Prüfung der Wirksamkeit der Vereinbarung und die der offenbaren Unbilligkeit des Ergebnisses beschränkt.[99]

Richtigerweise wird man bei diesen Fragen zu unterscheiden haben. Zum einen können die **Parteien vereinbaren,** dass ein Dritter eine Leistung nach **billigem Ermessen** bestimmt. Anwendbar sind dann allein §§ 317ff. BGB. Die gerichtliche Kontrolle bezieht sich dann allein auf die Billigkeit des Ergebnisses, nicht auf die des Verfahrens. Möglich ist es in diesen Fällen auch, die gerichtliche Kontrolle noch weiter zu reduzieren und die Festlegung der Leistung einem Schiedsgericht zu übertragen (vgl. Rn. 15), auf welches dann die Regeln des Schiedsverfahrensrechts ohne weiteres anzuwenden sind. Wollen die Parteien mit ihrer Vereinbarung erreichen, dass der Schiedsgutachter **keine billige,** sondern die **richtige Feststellung** trifft, so ist zu unterscheiden, ob der Schiedsgutachter zur Entscheidung **wertende Grundlagen** benötigt oder nicht. Erschöpft sich seine Aufgabe in einer reinen Feststellung, so ist weder eine Neutralität des Schiedsgutachters erforderlich, noch braucht man besondere Verfahrensgarantien. Anders verhält es sich dagegen, wenn die Schiedsperson nicht nur eine billige, sondern eine richtige Entscheidung treffen soll und diese auch Wertungen erfordert. Soll etwa ein Gutachter eine „angemessene" Vergütung festlegen, so soll er gerade nicht eine billige Regelung treffen, sondern er soll feststellen, welcher Betrag angemessen ist. Ebenso verhält es sich, wenn der Schiedsgutachter „Tatsachen" mit bindender Wirkung für einen künftigen Rechtsstreit entscheiden soll, die zugleich Wertentscheidungen erfordern, oder wenn er über rechtliche Vorfragen mitentscheiden soll (zB Schiedsgutachten über die Höhe des ersatzfähigen Schadens bei Ausfall einer Maschine, soweit dabei auch Fragen der Vorteilsausgleichung etc. behandelt werden). In diesen Fällen ist es angesichts der Kompetenzen des Schiedsgutachters und der nur eingeschränkten Kontrolle durch staatliche Gerichte im Grundsatz richtig, **verfahrensrechtliche Mindestanforderungen** aufzustellen, auch wenn die Vereinbarung die staatliche Gerichtsbarkeit nicht derogiert, sondern nur den Beurteilungsmaßstab auf die Abweichung auf grobe Unbilligkeit beschränkt. Dies gilt sowohl bei feststellender wie auch bei rechtsgestaltender Aufgabe des Schiedsgutachters, solange nicht die Parteien vereinbart haben, dass der Dritte lediglich eine „billige" Leistungsbestimmung nach §§ 317ff. BGB treffen sollte. Da die Parteien den Entscheidungsrahmen des Gerichts verengen, spricht viel dafür, Verträge über Schiedsgutachten als Prozessverträge anzusehen.[100] Auf der anderen Seite richten sich diese Verträge nicht primär auf den Ausschluss der staatlichen Gerichtsbarkeit (zur Auswirkung der Schiedsgutachtenvereinbarung auf die Anrufung staatlicher Gerichte vgl. § 1032 Rn. 2), sondern dienen dazu, im **Vorfeld einer gerichtlichen** oder auch **außergerichtlichen Streitbeilegung** Sachverhaltsfragen aufzuklären. Die Bindung an die Festlegung im Gutachten hat die Aufgabe, das Gutachten als Weg zur Streitvermeidung praktikabel werden zu lassen, nicht aber, die staatliche Gerichtsbarkeit auszuschließen. Wegen dieses Unterschieds fehlt es an der Vergleichbarkeit der Vereinbarung über ein Schiedsgutachten mit der über ein Schiedsgericht, so dass eine umfassende Analogie zu den Regelungen des Schiedsverfahrensrechts nicht gerechtfertigt ist. **Einzelne Bestimmungen** können dagegen entsprechend herangezogen werden. Das gilt insbesondere für die Regeln über die Gewährung **rechtlichen Gehörs,**[101] soweit das Ergebnis des Schiedsgutachtens nicht offenbar von der Anhörung unabhängig sein muss, und für die Bestimmungen über die **Ablehnung** befangener Schiedsgutachter.[102] Die **Formvorschrift** des § 1031 sollte jedoch nicht analog angewendet werden, denn die Vereinbarung tangiert den Justizgewährungsanspruch nicht in dem Maße, in dem dies bei einer Schiedsvereinbarung der Fall ist.[103] Werden **Schiedsgutachtenklauseln in AGB** vereinbart, so sind diese nach der zutreffenden Auffassung des BGH unwirksam, 18

---

oder Feststellung von Tatbestandselementen und nicht Rechtsbegründung oder Rechtsänderung in Frage steht); *ders.,* Festschr. f. Kralik, 1986, S. 189ff. (rechtsvergleichend).

[98] Vgl. *Schwab/Walter* Kap. 2 Rn. 5 und Rn. 12.

[99] So die Konsequenzen in BGH NJW 1996, 452, 453; 2001, 3775, 3776f.; OLG Hamm NJW-RR 1994, 1551f.; vgl. aber auch (Gutachten eines nicht neutralen Schiedsrichters unverbindlich) BGH NJW-RR 1994, 1314; 2003, 727 (Unwirksamkeit eines Schiedsgutachtens, das die ortsübliche und nicht die im konkreten Einzelfall angemessene Miete festlegt); weiter gehend *Nicklisch,* Festschr. f. Bülow, 1981, S. 159, 173f.; vgl. auch § 64 Abs. 1 S. 1 VVG.

[100] Vgl. nur MK/*Gottwald* § 317 BGB Rn. 40 m. weit. Nachw.; aA *Koeble* BauR 2007, 1116, 1118 (Geschäftsbesorgung mit werkvertraglichem Charakter).

[101] *Schwab/Walter* Kap. 2 Rn. 11; aA MK/*Münch* Vor § 1025 Rn. 25; *Lachmann* Rn. 77; wie hier zum alten Recht: LG Frankfurt ZIP 1988, 1260, 1262; *Habscheid,* Festschr. f. Kralik, 1986, S. 189, 202; *Straatmann,* Festschr. f. Stödter, 1979, S. 99, 124f.; aA zum alten Recht BGHZ 6, 335, 341 = NJW 1952, 1296; BGH NJW 1996, 452, 454 (Verfahren des Gutachters ohne Bedeutung); OLG Celle NJW-RR 1995, 1046.

[102] MK/*Gottwald* § 317 BGB Rn. 43; *Schlosser* Festschr. f. Horn, 2006, S. 1023, 1031; offen lassend OLG München SchiedsVZ 2006, 286, 288; vgl. auch *Koeble* BauR 2007, 1116, 1118 (jedenfalls Kündigung der Schiedsgutachtervereinbarung); aA MK/*Münch* Vor § 1025 Rn. 25; wie hier zum alten Recht: *Habscheid,* Festschr. f. Kralik, 1986, S. 189, 202; *Straatmann,* Festschr. f. Stödter, 1979, S. 99, 123f.; vgl. auch *Prölss/Martin,* Versicherungsvertragsgesetz, 27. Aufl. 2004, § 64 VVG Rn. 49 (Unverbindlichkeit bei Befangenheit des Sachverständigen); aA LAG Frankfurt DB 1962, 574; vgl. auch (Schiedsgutachten eines nicht neutralen Schiedsgutachters unverbindlich; Entscheidung des Gerichts nach § 319 Abs. 1 S. 2 Halbs. 2 BGB) BGH NJW-RR 1994, 1314f.; gegen eine analoge Anwendung des § 1030 aF OLG Nürnberg NJW-RR 1995, 544.

[103] MK/*Münch* Vor § 1025 Rn. 25; MK/*Gottwald* § 317 BGB Rn. 41; *St/J/Schlosser* Vor § 1025 Rn. 33; aA *Schwab/Walter* Kap. 2 Rn. 6; wie hier zum alten Recht: BGH NJW 1975, 1556f.; OLG Hamm NJW-RR 1994, 1551 (Auslegung eines Prozessvergleichs).

wenn es sich um wirtschaftlich sehr bedeutende Objekte handelt, weil sich eine Partei sonst in möglicherweise existenzgefährdender Weise einem Schiedsgutachter ausliefern würde, dessen Feststellungen vom staatlichen Gericht nur eingeschränkt überprüft werden können.[104]

19 b) **Abgrenzung gegenüber internen Entscheidungsmechanismen.** Von einer schiedsgerichtlichen Streitentscheidung sind Fälle zu unterscheiden, in denen ein Entscheidungsprozess über die **Willensbildung eines Gremiums** in Rede steht, **ohne** dass damit der spätere Weg zu den staatliche**n Gerichten ausgeschlossen** sein soll. Das betrifft zunächst Mechanismen, die in Kollegialgremien eine Pattsituation aufheben sollen, indem eine Person oder ein weiteres Gremium entscheidet. Es betrifft aber auch **Vereins-** oder **Verbandsgerichte,** die einseitig gegenüber einem Mitglied Maßnahmen mit Sanktionscharakter verhängen. Sie sind keine Schiedsgerichte, sofern sie nur auf Seiten des Vereins eine Maßnahme festlegen, über deren Berechtigung dann ein Rechtsstreit vor den staatlichen Gerichten oder auch vor einem (Vereins-) Schiedsgericht geführt wird. Anders verhält es sich, wenn das Vereinsgericht die Sanktion festlegt und dabei abschließend unter Ausschluss des Rechtsweges zu den staatlichen Gerichten entscheiden soll.[105] Es handelt sich bei einem solchen Vereinsgericht um ein Schiedsgericht mit der Folge, dass die im Schiedsverfahrensrecht gestellten Anforderungen an die Neutralität des Gerichts und an die Wahrung von Verfahrensgarantien zu beachten sind. Die Abgrenzung zwischen verbandsinternem Entscheidungsprozess und Schiedsgericht hängt nach **Auffassung des BGH**[106] nicht nur vom Ausschluss des Rechtswegs, sondern **auch von der Besetzung des Gremiums** und der Vollziehung seiner Entscheidungen ab. So wurde ein durch die Mitgliederversammlung eines Vereins bestelltes Gremium, dessen Entscheidungen über den Ausschluss durch die Streichung aus der Mitgliederliste und damit durch den Verein selbst vollzogen werden sollten, nicht als Schiedsgericht angesehen, obwohl die Satzung den Rechtsweg ausschloss. Der Entscheidung ist darin zuzustimmen, dass bei einer klar vereinsinternen Entscheidung der Rechtswegausschluss diese nicht ohne weiteres zum Schiedsspruch werden lässt. Maßgebend ist dann, ob sich das Gremium wegen seiner Ausgestaltung als Institution des Vereins und nicht als vom Verein unabhängige Rechtsschutzmöglichkeit darstellt. Dafür sind die Besetzung des Schiedsgerichts und die Vollziehung der Entscheidung innerhalb des Vereins als Indiz heranzuziehen.[107] Wegen der Rechtsunsicherheit in der Abgrenzung ist zur Fristwahrung des § 1059 Abs. 3 ein Aufhebungsantrag anzuraten.[108] Bei „Schiedsgerichten" der **politischen Parteien** auf der Grundlage des § 14 PartG entscheidet die nähere Ausgestaltung, ob es sich um Schiedsgerichtsbarkeit handelt.[109]

20 c) **Abgrenzung gegenüber Vorschaltverfahren; Ausschluss staatlicher Gerichtsbarkeit. Güte- und Schlichtungsstellen oder Mediationseinrichtungen** werden im Vorfeld einer staatlichen oder schiedsgerichtlichen Streitentscheidung tätig, ohne dass dadurch die Überprüfung durch die staatliche Gerichtsbarkeit oder durch ein Schiedsgericht ausgeschlossen wird.[110] Das **Dispute-Adjudication-Verfahren** wird in aller Regel nicht als Schiedsverfahren ausgestaltet, weil die angestrebte Schnelligkeit bei Einhaltung der zwingenden verfahrensrechtlichen Sicherungen (zB Ablehnungsverfahren) nicht erreicht werden kann.[111] Mit der Gleichstellung des Schiedsspruchs mit einem rechtskräftigen Urteil ist es auch unvereinbar, dass im Schiedsverfahren auf vorläufiger Tatsachengrundlage entschieden und den Parteien freigestellt wird, weitere Tatsachen im Verfahren zur Vollstreckbarerklärung oder durch eine Vollstreckungsgegenklage vor dem staatlichen Gericht vorzubringen.[112] Anders verhält es sich, wenn die Parteien nur hinsichtlich solcher

---

[104] Zum alten Recht: BGH NJW 1992, 433, 434; krit. *Raeschke-Kessler* BB 1993, Beil. 17, S. 19; vgl. auch BGHZ 101, 307, 319 = NJW 1987, 2818 (Unwirksamkeit einer Schiedsgutachtenklausel in AGB, die keinen Hinweis auf gerichtliche Überprüfbarkeit enthielt).

[105] BGH NJW 2004, 2226, 2227 = SchiedsVZ 2004, 205, 206; OLG Hamburg SpuRt 2001, 247; OLG Koblenz NJW-RR 2000, 1365; OLG Frankfurt/M OLGR 2001, 302ff. (Satzung maßgebend); BayObLG MDR 2003, 1132, 1133 (eindeutiger Ausschluss staatlicher Gerichtsbarkeit durch die Satzung); *Lachmann* Rn. 28f.; *St/J/Schlosser* Vor § 1025 Rn. 5; ausführlich (auch zum eingeschränkten Prüfungsmaßstab der ordentlichen Gerichtsbarkeit hins. solcher Maßnahmen des Vereins) *Buchberger,* Die Überprüfbarkeit sportverbandsrechtlicher Entscheidungen durch die ordentliche Gerichtsbarkeit, 1999; vgl. auch *Stommel,* Die Vereins- und Verbandsgerichtsbarkeit unter besonderer Berücksichtigung der Berufsverbände, 2002, S. 84ff. (maßgebend sei Gesamtschau der Ausgestaltung); *Fenn,* Festschr. f. Henckel, 1995, S. 173ff.

[106] BGH NJW 2004, 2226, 2227 = SchiedsVZ 2004, 205, 206; OLG Braunschweig SchiedsVZ 2005, 262, 263; für eine solche Indizwirkung auch *Adolphsen,* Internationale Dopingstrafen, 2003, S. 503ff. (zur Abgrenzung nach UNÜ); aA *Reichert* SpuRt 2004, 50ff. (stets Vereinsorgan und nicht Schiedsgericht); zur vereinsrechtlichen Zulässigkeit der Übertragung der Vereinsstrafgewalt auf eine vom Verein unabhängige Einrichtung vgl. Sportschiedsgericht Frankfurt SpuRt 2003, 212ff.; aA *Reichert,* Handbuch des Vereins- und Verbandsrechts, 9. Aufl. 2003, Rn. 2561a.

[107] *Elsing* JR 2005, 199, 201; krit. *Kröll* ZIP 2005, 13, 18 (nicht jedes Ungleichgewicht mache Schiedsgericht zu Vereinsgericht); *Grunsky,* Festschr. f. Röhricht, 2005, S. 1137, 1144 (DFB-Gerichte seien Schiedsgerichte).

[108] *Schlosser* LMK 2004, 169ff.

[109] *Schwab/Walter* Kap. 32 Rn. 18; dazu eingehend (zum alten Recht): *Kressel,* Parteigerichtsbarkeit und Staatsgerichtsbarkeit, 1998, S. 133ff. (iE Einordnung als Schiedsgericht wegen fehlender Vergleichsbefugnis verneinend, S. 165f.); *Vollkommer,* Festschr. f. Nagel, 1987, S. 474ff.; *Fenn,* Festschr. f. Henckel, 1995, S. 173ff.; vgl. auch OLG Köln NVwZ 1991, 1116 = NJW 1992, 122 (LS); OLG Frankfurt NJW 1970, 2250, 2252; OLG Düsseldorf NJW-RR 2003, 142 (Landesschiedskommission kein Schiedsgericht).

[110] Vgl. *Kreindler/Schäfer/Wolff* Rn. 34ff.; *Friedrich* MDR 2004, 481ff.; *Zö/Geimer* Rn. 29; vgl. zum alten Recht: BGH NJW 1984, 669 = ZZP 99 (1986), 90; zum Vorschlag einer Mediatons-Richtlinie durch die EG-Kommission vgl. SchiedsVZ 2005, 41ff.

[111] *Lembke* NZBau 2007, 273, ausführlich dazu *Boldt,* Vorläufige baubegleitende Streitentscheidung durch ein Dispute Adjudication Board (DAB) in Deutschland (erscheint 2008).

[112] OLG Stuttgart 18. 8. 2006 1 Sch 1/06 Tz. 48 (Verstoß gegen den ordre public); BGH 8. 11. 2007 III ZB 95/06 (Verfahrensfehler).

Einwendungen auf die Vollstreckungsgegenklage verwiesen werden, die erst nach dem Schluss des Schiedsverfahrens entstehen.[113] Vereinbaren die Parteien die Zuständigkeit eines **Schiedsgerichts** und sehen **zugleich** vor, dass gegen seine Entscheidung der **Rechtsweg zu den staatlichen Gerichten** eröffnet ist, dann ist die Vereinbarung nicht als Schiedsabrede zu verstehen.[114] Die gegenteilige Auffassung des BGH[115] wird der Konzeption des Schiedsverfahrens als Mechanismus zur Entscheidung des Rechtsstreits und der Gleichstellung des Schiedsspruchs mit einem rechtskräftigen Urteil nicht gerecht.[116] Eine solche Klausel ist nicht unwirksam, sondern als Vereinbarung eines Vorschaltverfahrens anzusehen.[117] Wendet sich eine Partei sogleich an das staatliche Gericht, so begründet eine solche Schiedsgutachtenabrede zwar nicht die Rüge nach § 1032 Abs. 1, die klagende Partei verstößt aber gegen ein pactum de non petendo, so dass die Klage als zurzeit unzulässig abzuweisen ist.[118]

d) **Vereinbarungen mit Wahlrecht.** Überlässt die Vereinbarung den Parteien die **Wahl,** ob sie den **Rechtsstreit vor einem Schiedsgericht oder einem staatlichen Gericht austragen,** so stellt dies die Qualifikation der Abrede als Schiedsvereinbarung nicht in Frage,[119] solange das Schiedsgericht für den Fall seiner Anrufung unter Ausschluss des Rechtsweges entscheiden soll. Die Wahl ist endgültig. Wird nur **einer Partei** ein **Wahlrecht** eingeräumt, während die andere Partei auf den Weg zum staatlichen Gericht verwiesen wird, muss die nicht zur Wahl berechtigte Partei der anderen vor der Klageerhebung beim staatlichen Gericht eine Frist entsprechend § 264 Abs. 2 BGB setzen, um zu verhindern, dass der zur Wahl Berechtigte die Rüge nach § 1032 Abs. 1 erheben kann. Räumt sich der **Verwender von AGB** ein solches Wahlrecht ein, so ist dies mit § 307 BGB nur zu vereinbaren, wenn sich der Verwender ausdrücklich verpflichtet, sich vorprozessual innerhalb einer bestimmten Frist nach Aufforderung der Gegenpartei zu entscheiden, ob er die Sache vom staatlichen Gericht oder vom Schiedsgericht entscheiden lassen will.[120] Ob nach Verstreichen der Frist das Wahlrecht auf die Gegenpartei übergeht, so dass dieser auch der Weg zum Schiedsgericht eröffnet wird,[121] erscheint zweifelhaft, denn der Gegenpartei steht der Weg zu den staatlichen Gerichten offen, so dass kein Bedürfnis dafür besteht, ihr ein Wahlrecht einzuräumen. Richtigerweise ist mit Fristablauf lediglich die Berufung auf die Schiedsabrede ausgeschlossen. Wirksam ist es auch, dem Kläger die **Wahl zwischen zwei Schiedsgerichten** zu überlassen (vgl. auch § 1035 Rn. 2).[122] 21

e) **Schiedsvereinbarungen über Teile eines Streits.** Die Parteien können nach Abs. 1 alle Streitigkeiten aus einem Rechtsverhältnis der Entscheidung eines Schiedsgerichts unterstellen oder auch nur einzelne solcher Streitigkeiten. Darüber hinaus steht aber auch nichts einer Schiedsvereinbarung entgegen, die nur einen trennbaren Teil einer Streitigkeit betrifft (zB den Anspruchsgrund oder die Schadenshöhe) und im Übrigen den Weg zu den staatlichen Gerichten unter Bindung an die Entscheidung des Schiedsgerichts über den diesem zugewiesenen Teil des Streits eröffnet (zu Rechtskraftfragen vgl. § 1055 Rn. 4).[123] 22

IV. Reichweite der Schiedsvereinbarung

1. Erfasste Ansprüche. Welche Ansprüche von der Schiedsvereinbarung erfasst werden, ist durch **Auslegung** festzustellen. **In der Regel** ist davon auszugehen, dass die Parteien einen Streit **umfassend** dem Schiedsgericht zuweisen wollen.[124] Da es sich um eine Auslegungsfrage handelt, ist die Prüfungskompetenz des staatlichen Gerichts in der Rechtsbeschwerde, § 1065, eingeschränkt.[125] Sofern die Parteien dem Schiedsgericht ein vertragliches Verhältnis zur Entscheidung zugewiesen haben, ohne näheres zu vereinbaren, umfasst die schiedsgerichtliche Zuständigkeit auch die Frage folgender Punkte: Wirksamkeit des Hauptvertrags[126] und 23

---

113 BGH 8. 11. 2007 III ZB 95/06.

114 OLG Frankfurt 20. 12. 2005 26 Sch 29/05.

115 BGH NJW-RR 2007, 1511 f. = SchiedsVZ 2007, 160.

116 *Wolff* ZZP 120 (2007), 371, 372 ff.

117 *Kreindler/Schäfer/Wolff* Rn. 107 f., 111; MK/*Münch* Rn. 41; *Zö/Geimer* Rn. 29; aA (zum alten Recht) OLG Düsseldorf MDR 1956, 750.

118 KG BauR 2005, 1782, 1783; *Friedrich* MDR 2004, 481, 484; zum alten Recht iE BGH NJW 1984, 669 = ZZP 99 (1986), 90, 93 m. krit. Anm. *Prütting;* BGH NJW 1999, 647, 648; BayObLG NJW-RR 1996, 910 (WEG-Verfahren); zu den Besonderheiten eines Schiedsstellenverfahrens nach §§ 14, 16 WahrnG vgl. LG Mannheim NJW 1998, 1417; zustimmend *Kappel,* Die Klageabweisung „zur Zeit", 1999, S. 102 ff.

119 MK/*Münch* Rn. 43; *Zö/Geimer* Rn. 35; *St/J/Schlosser* Rn. 15; vgl. auch OLG Oldenburg SchiedsVZ 2006, 223, 224 („falls die Seiten nicht einig werden, müssen die Streitfragen [...] entschieden werden"); zum alten Recht: BGH NJW 1976, 852; zur Zulässigkeit von Klauseln, die nur einer Partei die Anrufung eines Schiedsgerichts ermöglichen, vgl. BGHZ 115, 324, 325 = NJW 1992, 575; zur Grenze des § 138 BGB in derartigen Fällen vgl. BGH NJW 1989, 1477 f.; ausführlich *Hochbaum* (Fn. 58) S. 100 ff.

120 BGH NJW 1999, 282 f.; vgl. auch OLG Bremen SchiedsVZ 2007, 51, 52 (wirksames Wahlrecht des Verwenders, falls Gegenpartei, ohne Einwendungen zu erheben, nicht bezahlt); aA (Klauseln, die allein dem Verwender ein Wahlrecht einräumen, auch ohne ausdrückliche Regelung über eine Frist zur Ausübung mit § 9 AGBG aF [jetzt § 307 BGB] vereinbar) *Schlosser,* in: Revision des EuGVÜ – Neues Schiedsverfahrensrecht, 2000, S. 163, 189 f.

121 So *Schwab/Walter* Kap. 3 Rn. 24; wohl auch MK/*Münch* Rn. 43 Fn. 199.

122 BGH 30. 1. 2003 III ZB 6/02 = IHR 2003, 90 f.; Schiedsspruch Handelskammer Hamburg SchiedsVZ 2007, 55, 56 (zwei sich widersprechende Schiedsklauseln in einem Vertrag; Auslegung als Wahlrecht des Klägers).

123 Zum alten Recht: MK/*Maier,* 1. Aufl. 1992, § 1025 aF Rn. 15 (Betragsverfahren vor dem staatlichen Gericht).

124 *Schwab/Walter* Kap. 3 Rn. 19; *Lachmann* Rn. 472; zum alten Recht: BGH NJW 1970, 1046 f.; OLG Hamburg RIW 1989, 574, 578; LG Mönchengladbach NJW-RR 1994, 425.

125 Zum alten Recht: BGH NJW 1988, 3090, 3091; *Raeschke-Kessler* NJW 1988, 3041, 3043.

126 Zum alten Recht: BGH NJW 1991, 2215, 2216; BGHZ 53, 315 = NJW 1970, 1046; OLG Frankfurt OLGZ 1967, 435, 437.

Bereicherungsansprüche bei seiner Unwirksamkeit;[127] deliktische Ansprüche, aber nur, soweit die schädigende Handlung in einem einheitlichen Lebensvorgang mit einer Vertragsverletzung steht;[128] Schadensersatzanspruch wegen Nichterfüllung, wenn die Schiedsklausel hinsichtlich Zahlungsansprüchen die Anrufung der ordentlichen Gerichte zulässt;[129] je nach Gestaltung der Abrede auch bei Streitigkeiten aus einem Vergleich, der über eine Forderung geschlossen wurde, die der Schiedsvereinbarung unterlag;[130] uU auch Streitigkeiten über einen zweiten, wirtschaftlich untrennbar verbundenen Vertrag zwischen denselben Parteien;[131] Regressanspruch eines GmbH-Gesellschafters gegen einen Mitgesellschafter aus Bürgschaft, wenn der GmbH-Vertrag eine umfassende Schiedsklausel enthält.[132] Wird nach Kündigung eines schiedsgebundenen Vertrages ein Folgevertrag ohne Schiedsklausel geschlossen, so ist durch Auslegung des Folgevertrages festzustellen, ob die Fortgeltung der Schiedsklausel dem Parteiwillen entspricht. Beansprucht der Folgevertrag eine abschließende Neuregelung, so gilt die Schiedsbindung nicht fort.[133] Wurde ein **Wechsel** ausgestellt, so kann aber nicht ohne weiteres davon ausgegangen werden, dass die Parteien die Vorteile des Wechselprozesses vor den staatlichen Gerichten aufgeben wollten (vgl. § 1032 Rn. 5). Im Zweifel ist das Schiedsgericht aber zur Entscheidung im Nachverfahren berufen (vgl. § 602 Rn. 9).[134] Die Schiedsabrede umfasst auch die Einreden des Beklagten einschließlich der des **Zurückbehaltungsrechts.**[135] Das Schiedsgericht kann aber über das Recht zur Zurückhaltung der Leistung nur entscheiden, wenn die Forderung, wegen derer dieses Recht geltend gemacht wird, der Schiedsabrede unterliegt, was bei einer konnexen Forderung häufig dem Willen der Parteien entsprechen wird.[136] Fehlt es hinsichtlich der Forderung, die zur Zurückhaltung der Leistung berechtigen soll, an einer Zuständigkeit des Schiedsgerichts, so stellen sich in der Sache ganz ähnliche Probleme wie bei der Aufrechnung (vgl. Rn. 24f.). Die Geltendmachung eines nicht der Schiedsabrede unterfallenden Zurückbehaltungsrechts ist deshalb nur dann zuzulassen, wenn die zu Grunde liegende Forderung unstreitig oder rechtskräftig festgestellt ist. Fehlt es daran, so muss der Schuldner die das Zurückbehaltungsrecht begründende Forderung vor den staatlichen Gerichten durchsetzen.[137] Verpflichtet sich eine Partei in der Schiedsabrede, durch Benennung eines Rechtsanwalts an der **Bestimmung des Alleinschiedsrichters mitzuwirken,** so unterliegt diese Mitwirkungspflicht nicht der Schiedsabrede.[138] Zu der Frage, ob auch Maßnahmen des einstweiligen Rechtsschutzes dem Schiedsgericht übertragen sind, vgl. § 1041, zur parallelen Entscheidungszuständigkeit der staatlichen Gerichte vgl. § 1033. In **Fällen mit Auslandsbezug** bestimmt sich die Reichweite der Schiedsvereinbarung nach dem auf die Schiedsvereinbarung anwendbaren Recht (vgl. Rn. 28).[139]

24 **2. Sonderfragen der Aufrechnung.** Die Schiedsabrede enthält grundsätzlich kein materiellrechtliches Aufrechnungsverbot.[140] Wenn gegen die **im Schiedsverfahren erhobene Hauptforderung** aufgerechnet wird, dann darf ohne besondere, auch hinsichtlich der Gegenforderung hinreichend bestimmte[141] Schiedsvereinbarung nicht über die Gegenforderung entschieden werden (zum rügelosen Einlassen vgl. § 1031 Rn. 13f.; zur Erstreckung der Schiedsabrede auf eine wirtschaftlich eng verbundene Gegenforderung im Wege der Auslegung vgl. Rn. 23).[142] Dies ergibt sich aus dem Justizgewährungsanspruch, denn die Parteien haben hinsichtlich der Gegenforderung nicht auf den Zugang zum staatlichen Gericht verzichtet. Da die Vorzüge der Schiedsgerichtsbarkeit aber unter anderem in der Schnelligkeit des Verfahrens liegen, ent-

---

127 *St/J/Schlosser* Rn. 18; *Zö/Geimer* Rn. 80, 91, 75.

128 *St/J/Schlosser* Rn. 19; *Zö/Geimer* Rn. 80; zum alten Recht: BGH NJW 1965, 300; 1988, 1215; OLG Hamburg RIW 1989, 574, 578.

129 *Schwab/Walter* Kap. 3 Rn. 19; zum alten Recht: OLG Hamburg MDR 1958, 521.

130 *Schwab/Walter* Kap. 3 Rn. 19; zum alten Recht: BGHZ 40, 320, 325 = NJW 1964, 591.

131 OLG München NJW 2005, 832f. (Prozessfinanzierung und Darlehensvertrag); weiter gehend (jeweils zur Aufrechnung) *Kreindler/Schäfer/Wolff* Rn. 187; *Stolzke,* Aufrechnung und Widerklage in der Schiedsgerichtsbarkeit, 2006, S. 56f.

132 *Schwab/Walter* Kap. 3 Rn. 19; zum alten Recht: LG Mönchengladbach NJW-RR 1994, 425; anders, wenn Schiedsklausel Streitigkeiten aus dem Gesellschaftsvetrag erfasst und ein privater Darlehensanspruch zwischen den Gesellschaftern geltend gemacht wird, BGH NJW-RR 2002, 387.

133 OLG München 4. 9. 2006 34 SchH 6/06 Tz. 30 = BauR 2007, 1290 (LS).

134 *Lachmann* Rn. 491ff.; *St/J/Schlosser* Rn. 23; vgl. auch (Auslegungsfrage) *Schwab/Walter* Kap. 7 Rn. 16; zum alten Recht: BGH NJW 1994, 136, 137 m. zust. Anm. *Schütze* JZ 1994, 371ff.; *Czempiel/Kurth* NJW 1987, 2118, 2122f.; aA (Zuständigkeit des staatlichen Gerichts auch für das Nachverfahren) *Wiecz/Sch/Schütze* § 1025 aF Rn. 71.

135 Zum alten Recht: *Wiecz/Sch/Schütze* § 1025 aF Rn. 69.

136 So auch *Lachmann* Rn. 500; vgl. auch *Berger* RIW 1998, 426, 427f. (zur Aufrechnung); zum alten Recht: *Wiecz/Sch/Schütze* § 1025 aF Rn. 69.

137 *Lachmann* Rn. 500; aA MK/*Münch* § 1046 Rn. 24.

138 *Zö/Geimer* Rn. 83; zum alten Recht: LG Gießen NJW-RR 1996, 500f. = FamRZ 1995, 890.

139 *Zö/Geimer* Rn. 77; vgl. zum alten Recht OLG Düsseldorf RIW 1996, 239f. (Einbeziehung des wahren Rechtsträgers bei Schiedsabrede des Strohmanns; nach dem Recht des Schiedsvertrags zu entscheiden).

140 Zum alten Recht: BGHZ 23, 17, 22f. = NJW 1957, 591; insoweit zustimmend auch BGHZ 38, 254, 257 = NJW 1963, 243; aA RGZ 123, 348.

141 Die bloße Klausel, das Schiedsgericht entscheide auch über eine zur Aufrechnung gestellte Gegenforderung, dürfte zu unbestimmt sein; anders wohl zum alten Recht: *Nagel,* Festschr. f. Schwab, 1990, S. 368, 374.

142 *Stolzke* (Fn. 131) S. 112; *Köhne/Langner* RIW 2003, 361, 362f.; *St/J/Schlosser* Rn. 31; *Zö/Geimer* Rn. 85; *Lachmann* Rn. 497ff.; so wohl auch MK/*Münch* § 1046 Rn. 23; *Kreindler/Schäfer/Wolff* Rn. 187 (Auslegung ergibt in der Regel Erstreckung auf wirtschaftlich eng verwandte Verträge); aA *B/L/H* Rn. 22 (nach Wahl des Schiedsgerichts); *Schwab/Walter* Kap. 3 Rn. 12; zum alten Recht: wie hier *Wiecz/Sch/Schütze* § 1025 aF Rn. 68; so im Grundsatz auch (weiter gehend, wenn Partei vorprozessual Aufrechnung nicht widersprochen hat) *Berger* RIW 1998, 426, 430; so für einen Fall der treuwidrigen Berufung auf die Schiedsabrede auch BGHZ 23, 17, 22f., 26 = NJW 1957, 591, aufgegeben durch BGHZ 38, 254, 256f. = NJW 1963, 243.

spricht es regelmäßig nicht dem Willen der Parteien, das Verfahren auszusetzen und die Entscheidung des staatlichen Gerichts über die Gegenforderung einzuholen.[143] Der Schiedsvereinbarung ist deshalb im Wege der Auslegung regelmäßig zu entnehmen, dass die **Aufrechnung** mit einer der **Schiedsabrede nicht unterliegenden Forderung** vom Schiedsgericht nur dann zu beachten ist, wenn eine Aussetzung nicht erforderlich ist, weil die Gegenforderung **rechtskräftig festgestellt oder unstreitig** ist. Die Geltendmachung der Aufrechnung auch für diese Fälle auszuschließen[144] ist nicht erforderlich und angesichts der Wertung des § 309 Nr. 3 BGB, der über § 307 BGB auch im kaufmännischen Bereich gilt,[145] nicht unbedenklich. Wird die Forderung unstreitig oder rechtskräftig festgestellt, nachdem der Schiedsspruch gefällt ist, so steht die Vollstreckungsgegenklage zur Geltendmachung der Aufrechnung offen. Die Gegenforderung kann im Falle einer vom Schiedsgericht nicht zu beachtenden Aufrechnung vor den staatlichen Gerichten klageweise geltend gemacht werden (zur Geltendmachung im Vollstreckbarerklärungsverfahren vgl. § 1060 Rn. 12); es gilt hier nichts anderes als bei einer Aufrechnung vor staatlichen Gerichten, die aus prozessualen Gründen nicht beachtet wird.[146] Wenn die Aufrechnung aus den genannten Gründen vom Schiedsgericht nicht zu berücksichtigen ist, wird sie so behandelt, als ob sie nicht vorgetragen worden wäre. Das Schiedsgericht entscheidet also über die Hauptforderung nicht durch Vorbehaltsschiedsspruch[147] (vgl. dazu § 1042 Rn. 19), sondern durch vorbehaltlosen Schiedsspruch.[148]

Diese Grundsätze gelten entsprechend, wenn bei einem Verfahren **vor dem staatlichen Gericht** mit einer Forderung aufgerechnet wird, die einer Schiedsabrede unterliegt. Mangels Entscheidungszuständigkeit kann das Gericht, sofern sich der Aufrechnungsgegner auf die Schiedsvereinbarung beruft, die **Aufrechnung nicht berücksichtigen,**[149] wenn die Gegenforderung nicht **unstreitig** oder über sie durch Schiedsspruch **entschieden** ist. Über die Hauptforderung muss dann ein Endurteil, kein Vorbehaltsurteil ergehen.[150] Die Gegenforderung ist nicht erloschen, da die Aufrechnung unter der aufschiebenden Bedingung prozessualer Beachtung erklärt wurde.[151] Nach Entscheidung des Schiedsgerichts kann ggf. die Vollstreckungsgegenklage erhoben werden[152] (vgl. § 1060 Rn. 13). Nichts anderes gilt, wenn für Haupt- und Gegenforderung **unterschiedliche Schiedsgerichte** vereinbart sind.[153] 25

V. Wirkung der Schiedsabrede

Die Schiedsabrede begründet die **Zuständigkeit des Schiedsgerichts** und gibt die Möglichkeit, im Fall der Klage vor dem staatlichen Gericht nach § 1032 Abs. 1 dessen Unzuständigkeit zu rügen. Darüber hinaus begründet die Schiedsabrede ein besonderes **Pflichtenverhältnis** zwischen den Parteien. Um Zweifel an der Zuständigkeit auszuschließen, können die Parteien vor dem Schiedsgericht in der nach § 1031 erforderlichen Form die **Entscheidungskompetenz** des Schiedsgerichts für diese Angelegenheit **bestätigen** und die Besetzung des Gerichts außer Streit stellen.[154] In dieser Übereinkunft können zugleich Verfahrensregelungen getroffen werden, soweit diese nicht bereits in der Schiedsabrede enthalten sind. Zum Inhalt solcher Verfahrensabreden vgl. § 1042 Rn. 33. Mit Abschluss des Schiedsvertrags versprechen sich die Parteien wechselseitig, das für die Durchführung des Schiedsverfahrens Notwendige zu tun. Vereinbart ist damit eine **Verfahrensförderungspflicht,** nicht nur eine entsprechende Last,[155] auch wenn die Pflicht nicht klagbar sein mag, weil das Schiedsgericht selbst die Konsequenzen aus der Nichterfüllung ziehen kann. **Schadensersatzansprüche** wegen Verletzung der Pflicht sind grundsätzlich denkbar, insbesondere wenn eine Partei die Schiedsrichterbenennung **schuldhaft hinauszögert,**[156] den erforderlichen Vorschuss nicht bezahlt[157] oder in sonstiger Weise das Verfahren schuldhaft verschleppt. In derartigen Fällen ist die andere Partei **vor Beginn des Verfahrens** zum **Rücktritt nach § 323 BGB** berechtigt; nach Verfahrensbeginn kann sie die Schiedsabrede kündigen, soweit die Pflichtverletzung der Gegenseite als wichtiger Grund anzusehen ist (vgl. Rn. 12). Ob die Schiedsabrede einen **Anspruch** darauf begründet, **nicht vor staatlichen Gerichten** – auch nicht vor 26

---

143 So auch *Stolzke* (Fn. 131) S. 80f.

144 So wohl *St/J/Schlosser* Rn. 31.

145 BGHZ 92, 312, 316 = NJW 1984, 2404.

146 Vgl. dazu *Musielak* JuS 1994, 817, 820ff.

147 So aber *Zö/Geimer* Rn. 90; *B/L/H* Rn. 22; *St/J/Schlosser* Rn. 31 (endgültige Entscheidung gegen Zusage des Klägers möglich, Vollstreckung nicht vor Erlass der Entscheidung über die Gegenforderung zu betreiben); einschränkend (Möglichkeit eines Vorbehaltsschiedsspruchs): *Schwab/Walter* Kap. 3 Rn. 14.

148 So auch *Stolzke* (Fn. 131) S. 84.

149 OLG München MDR 2005, 1244; *Schwab/Walter* Kap. 3 Rn. 13; *St/J/Schlosser* Rn. 31; *Zö/Geimer* Rn. 89; zum alten Recht: BGHZ 38, 254, 258 = NJW 1963, 243.

150 AA *Zö/Geimer* Rn. 90; *St/J/Schlosser* Rn. 31; *B/L/H* Rn. 22 aE (soweit nicht ausgesetzt wird); einschränkend (Möglichkeit eines Vorbehaltsurteils): *Schwab/Walter* Kap. 3 Rn. 14.

151 Vgl. *Musielak* JuS 1994, 817, 821; aA *St/J/Schlosser* Rn. 31 (deshalb sei Vorbehaltsurteil anzunehmen).

152 *Zö/Geimer* Rn. 89.

153 *Lionnet,* Handbuch der internationalen und nationalen Schiedsgerichtsbarkeit, 3. Aufl. 2005, Kap. 5 VII 2b (2); zum alten Recht: *Wiecz/Sch/Schütze* § 1025 aF Rn. 68.

154 *Zö/Geimer* Rn. 12; *St/J/Schlosser* Rn. 7.

155 *MK/Münch* Rn. 51; *St/J/Schlosser* Rn. 30; aA *Schwab/Walter* Kap. 7 Rn. 20.

156 AA *Schwab/Walter* Kap. 7 Rn. 20 (wegen der Möglichkeit des § 1035 Abs. 3; aber damit wird nur ein Notbehelf geschaffen).

157 *Schwab/Walter* Kap. 7 Rn. 21; *St/J/Schlosser* Rn. 30; vgl. zu dieser Pflicht (zum alten Recht): BGH NJW 1985, 1903, 1904; OLG Oldenburg NJW 1971, 1461.

ausländischen – **verklagt** zu werden,[158] hängt von der Ausgestaltung der Abrede im Einzelfall ab. In der Regel wird man einen solchen Anspruch bejahen können.

27 Neben den Verfahrensförderungspflichten begründet die Schiedsvereinbarung eine **Loyalitätspflicht.** Diese verpflichtet im Grundsatz auch zu **wahrheitsgemäßem Vorbringen.** An eine so begründete Wahrheitspflicht sind im Schiedsverfahren jedoch keine strengeren Maßstäbe anzulegen als im staatlichen Verfahren.[159] Nur in Ausnahmefällen und nur bei sehr groben Verletzungen berechtigt ein Verstoß zur Kündigung der Schiedsabrede oder rechtfertigt Schadensersatzansprüche. Haben die Parteien vereinbart, dass sich das Verfahren nach der Schiedsordnung einer Schiedsinstitution bestimmt, so kann die Loyalitätspflicht gebieten, sich bei **Änderung der Schiedsordnung** auf die neue Fassung **einzulassen.**[160] Eine Verpflichtung der Parteien zur Vertraulichkeit über das Schiedsverfahren besteht nicht ohne weiteres, kann aber vereinbart werden.[161]

VI. Vereinbarungen mit Auslandsbezug

28 Bei Fällen mit Auslandsbezug ist zu unterscheiden zwischen dem **Hauptvertrag,** aus dem sich die zu entscheidende Rechtsstreitigkeit ergibt, der **Schiedsvereinbarung,** also der Abrede, dass ein Schiedsgericht über diesen Streit entscheiden soll, und dem **Verfahrensrecht,** das von dem Schiedsgericht angewendet werden soll. In allen drei Komplexen stellt sich die Frage nach dem anwendbaren Recht. Die Frage, nach welchem Recht die aus dem Hauptvertrag resultierende Frage zu entscheiden ist, wird in § 1051 Rn. 2f. näher behandelt. Zum anzuwendenden Verfahrensrecht vgl. Rn. 29; zu dem auf den Schiedsrichtervertrag anwendbaren Recht vgl. § 1035 Rn. 21. Hinsichtlich des **auf die Schiedsvereinbarung** anwendbaren Rechts besteht Einigkeit darüber, dass die Parteien eine **Rechtswahl** treffen und so die Voraussetzungen, nach denen sich die Wirksamkeit der Vereinbarung bestimmt, beeinflussen können.[162] Die Möglichkeit der Rechtswahl wird durch § 1059 Abs. 2 Nr. 1 Buchst. a bestätigt. Soweit die Zulässigkeit einer Rechtswahl an die Voraussetzung eines **Auslandsbezugs** geknüpft wird, wird Auslandsbezug schon dann bejaht, wenn die Parteien einen ausländischen Schiedsrichter benennen.[163] Weiterhin soll der Bezug zu irgendeinem anderen Staat ausreichen, um das Recht jedes beliebigen Staates wählen zu können.[164] Hinsichtlich der **Form der Rechtswahl** ist nach hM Art. 11 EGBGB anwendbar.[165] **Fehlt es an einer Rechtswahl,** so beurteilt sich wegen der ausdrücklichen Regelung in § 1059 Abs. 2 Nr. 1 Buchst. a im Aufhebungsverfahren die Wirksamkeit der Schiedsvereinbarung nach dem deutschen Sachrecht.[166] Damit wird für das Aufhebungsverfahren von der Bestimmung des anwendbaren Rechts nach der **engsten Verbindung** in Anlehnung an Art. 28 EGBGB **abgewichen** und eine **gesonderte Bestimmung** des anzuwendenden Rechts in Anlehnung an Art. V Abs. 1 Buchst. a UNÜbkSchdG getroffen. Mit Recht wird vorgeschlagen, diese Regelung als besondere Kollisionsnorm auch außerhalb des Aufhebungsverfahrens zu verstehen.[167] Da die Ausübung der Rechtswahl **nicht ausdrücklich** zu erfolgen braucht[168] und die Beurteilung der Wirksamkeit der Schiedsvereinbarung nach deutschem Sachrecht nicht immer zu einem interessengerechten Ergebnis führen wird, wird sowohl im Aufhebungsverfahren als auch im übrigen Schiedsverfahrensrecht die Frage, ob die Parteien nicht doch **stillschweigend eine Rechtswahl** getroffen haben, erheblich an Bedeutung gewinnen. Eine solche stillschweigende Rechtswahl wird zT dann angenommen, wenn die Parteien hinsichtlich des auf den Hauptvertrag anzuwendenden Rechts eine Wahl getroffen haben.[169] Haben jedoch die Parteien ein Schiedsverfahrensrecht ausdrücklich oder durch die Bestimmung des Schiedsorts gewählt (zur Vereinbarkeit einer Verfahrensrechtswahl mit § 1025 vgl. § 1025 Rn. 3f.), so ist dieses Recht im Zweifel auch als das auf den Schiedsvertrag anwendbare Recht gewählt worden.[170] Dies führt bei deutschem Schiedsort zum deutschen

---

158 *Kurth,* Inländischer Rechtsschutz gegen Verfahren vor ausländischen Gerichten, 1989, S. 71ff. (ausgehend von einem prozessualen Verständnis dieser Pflicht; zum alten Recht); *Schütze,* Schiedsverf., Rn. 156; zurückhaltend *Zö/Geimer* Rn. 93.

159 *St/J/Schlosser* Rn. 30.

160 Vgl. auch BGH NJW 1988, 1215 (arglistiges Erheben der Schiedseinrede).

161 *Prütting,* Festschr. f. Böckstiegel, 2001, S. 629, 634f.

162 *Moller* NZG 2000, 57, 60 (ohne Grenzen des EGBGB); *Lachmann* Rn. 268; MK/*Münch* Rn. 14, 15 aE (Grenzen des EGBGB sollten analog herangezogen werden); *Zö/Geimer* Rn. 114; zum alten Recht vgl. auch *Hochbaum* (Fn. 58), S. 28f., 32.

163 Vgl. zum alten Recht: *Schlosser,* Recht der internationalen privaten Schiedsgerichtsbarkeit, 2. Aufl. 1989, Rn. 231.

164 Vgl. zum alten Recht *Schlosser* (Fn. 163) Rn. 231; für die Aufgabe des Auslandsbezugs als Voraussetzung *Lachmann* Rn. 268.

165 Zum alten Recht: *Schlosser* (Fn. 146) Rn. 363, 365; aA (hins. der Derogation deutscher staatlicher Gerichte allein deutsches Prozessrecht, dh. § 1031, oder staatsvertraglich vereinbartes Sachrecht) *Hausmann,* in: *Reithmann/Martiny,* Internationales Vertragsrecht, Das internationale Privatrecht der Schuldverträge, 6. Aufl. 2004, Rn. 3431.

166 *Epping,* Die Schiedsvereinbarung im internationalen privaten Rechtsverkehr nach der Reform des deutschen Schiedsverfahrensrechts, 1999, S. 46 (zur Verweisung auf das Sachrecht, nicht das Kollisionsrecht); *Zö/Geimer* Rn. 114.

167 *Epping* (Fn. 166) S. 46; *Geimer* IPRax 2006, 233, 234; MK/*Münch* Rn. 14.

168 *Epping* (Fn. 166) S. 50 m. weit. Nachw.

169 Sehr restriktiv hins. der stillschweigenden Rechtswahl im Vertrag oder durch Verhalten im Verfahren *Epping* (Fn. 166) S. 51ff. m. umfangreichen Nachw.; grundsätzlich für einen entsprechenden Parteiwillen (zum alten Recht) vgl. BGHZ 40, 320, 323; vgl. auch OLG München RIW 1990, 585, 586; gegen einen solchen Parteiwillen *Schlosser* (Fn. 163) Rn. 254; *Geimer* Rn. 3724, 3789.

170 *St/J/Schlosser* Rn. 41 und Anh. § 1061 Rn. 40; *Zö/Geimer* Rn. 118; *Geimer* IPRax 2006, 233, 234; *Lachmann* Rn. 269; *Lionnet* (Fn. 153) Kap. 3 II 2; zum alten Recht: *Geimer* Rn. 3725, 3789; vgl. (Wahl des Schiedsverfahrensrechts

Recht, so dass in diesem Fall das Ergebnis mit der Regelung des § 1059 Abs. 2 Nr. 1 Buchst. a übereinstimmt. Soweit die Anwendbarkeit des § 1059 noch offen ist, weil der Schiedsort noch nicht bestimmt ist (vgl. § 1025 Rn. 5f.), wird weiterhin das auf die Schiedsvereinbarung anwendbare Recht nach der engsten Verbindung, Art. 28 Abs. 1 EGBGB, bestimmt.[171] Bei der Aufrechnung gelten diese Grundsätze entsprechend. Das auf die zur Aufrechnung gestellten Forderung anzuwendende Recht bestimmt sich nach den Grundsätzen des § 1051 (vgl. § 1051 Rn. 2f.), während sich die Zulässigkeit der Aufrechnung nach dem Schiedsverfahrensrecht bestimmt (bei deutschem Schiedsverfahrensrecht vgl. Rn. 24). Die Frage der Schiedsgebundenheit der Gegenforderung bestimmt sich nach dem auf die Schiedsabrede anzuwendenden Recht (bei Anwendbarkeit deutschen Rechts vgl. Rn. 24f.).[172]

Bei der Frage, ob die Parteien das Recht wählen können, nach dem sich das **Verfahren vor dem Schiedsgericht** bestimmt, ist zu beachten, dass § 1025 zwar aus Sicht des staatlichen Gerichts die Anwendung des deutschen Schiedsverfahrensrechts zwingend vorschreibt, dass aber dennoch eine Verfahrensrechtswahl nicht unwirksam ist (vgl. § 1025 Rn. 4). Die Wahl des Verfahrensrechts ist eine Verfahrensrechtsvereinbarung (vgl. § 1042 Rn. 32) und unterliegt als solche nicht dem Formstatut des Art. 11 EGBGB.[173] 29

1030 *Schiedsfähigkeit*

(1) [1]**Jeder vermögensrechtliche Anspruch kann Gegenstand einer Schiedsvereinbarung sein.** [2]**Eine Schiedsvereinbarung über nichtvermögensrechtliche Ansprüche hat insoweit rechtliche Wirkung, als die Parteien berechtigt sind, über den Gegenstand des Streites einen Vergleich zu schließen.**

(2) [1]**Eine Schiedsvereinbarung über Rechtsstreitigkeiten, die den Bestand eines Mietverhältnisses über Wohnraum im Inland betreffen, ist unwirksam.** [2]**Dies gilt nicht, soweit es sich um Wohnraum der in § 549 Abs. 2 Nr. 1 bis 3 des Bürgerlichen Gesetzbuchs bestimmten Art handelt.**

(3) **Gesetzliche Vorschriften außerhalb dieses Buches, nach denen Streitigkeiten einem schiedsrichterlichen Verfahren nicht oder nur unter bestimmten Voraussetzungen unterworfen werden dürfen, bleiben unberührt.**

I. Normzweck

Die Regelung bestimmt die **objektive Schiedsfähigkeit** und damit die Frage, welche Gegenstände der Entscheidung durch ein privates Schiedsgericht wirksam unterstellt werden können. Dabei wird im Interesse einer Stärkung Deutschlands als Schiedsort eine **umfassende Schiedsfähigkeit in vermögensrechtlichen Streitigkeiten** angeordnet. Diese Entscheidung des Gesetzgebers führt in den Bereichen, in denen den Parteien das materielle Recht eine vergleichsweise Einigung versagt, zu Legitimationsdefiziten der Schiedsgerichtsbarkeit.[1] Denn in diesen Bereichen geht die Schiedsgerichtsbarkeit über einen Mechanismus, der an die Stelle der Einigung der Parteien tritt, hinaus und wird zur Rechtsprechung, die nach Art. 92 GG jedoch den Gerichten – und das sind die staatlichen Gerichte – vorbehalten bleibt. Ob die Schiedsgerichtsbarkeit in diesem Bereich mit Art. 92 GG vereinbar ist, ist deshalb zweifelhaft.[2] Der Sache nach wäre eine **einschränkende Interpretation** wünschenswert (zu Sonderfragen bei Schiedssprüchen mit vereinbartem Wortlaut vgl. § 1053 Rn. 1).[3] Die folgende Kommentierung orientiert sich unter Zurückstellung dieser Bedenken am Wortlaut der Regelung und der Zielsetzung des Reformgesetzgebers. 1

II. Umfang der Schiedsfähigkeit

1. Innerhalb der Zuständigkeit der ordentlichen Gerichtsbarkeit. a) Vermögensrechtliche Streitigkeiten. Abs. 1 S. 1 erklärt vermögensrechtliche Streitigkeiten für schiedsfähig. Begrenzt wird dies nach Abs. 3 durch gesetzliche Regelungen außerhalb des Schiedsverfahrensrechts, die den Gegenstand des Streits einem schiedsgerichtlichen Verfahren entziehen oder es nur unter besonderen Voraussetzungen zulassen. Dies ist nach der Begründung des Gesetzentwurfs nur dann anzunehmen, wenn sich der Staat das **Rechtsprechungsmonopol vorbehalten** hat, nicht aber schon dann, wenn er den Gegenstand einer vergleichsweisen Einigung entzieht (zu verfassungsrechtlichen Bedenken vgl. Rn. 1). Auch die Regelungen im Interesse der Verbraucher hindern eine schiedsgerichtliche Entscheidung nicht (zur AGB-Kontrolle vgl. § 1031 Rn. 10).[4] Nach der Regelung des § 1030 Abs. 1 sind über den Bereich hinaus, in dem die Parteien eine vergleichs- 2

---

erstreckt sich idR auch auf das auf die Schiedsvereinbarung anzuwendende Recht) BGH NJW 1998, 2452; zur durch Abwägung bestimmenden Bedeutung des Rechts des Hauptvertrags vgl. BGHZ 40, 320, 322f. = NJW 1964, 591.

[171] *Epping* (Fn. 166) S. 46f.

[172] *Stolzke* (Fn. 131) S. 23ff., 43.

[173] Vgl. zum alten Recht: *Schlosser* (Fn. 163) Rn. 365; vgl. auch BGH NJW 1986, 1436 (Verfahrensrechtswahl durch Verhandeln nach Übersendung einer Mitteilung, dass nach deutschem Verfahrensrecht verhandelt werde).

[1] *Voit* JZ 1997, 120ff.; ausführlich *Hesselbarth*, Schiedsgerichtsbarkeit und Grundgesetz, 2004, S. 174; aA *Gottwald/Adolphsen* DStR 1998, 1017, 1018; ähnlich *Ebbing*, Private Zivilgerichte, 2003, S. 25f.; *Harder*, Das Schiedsverfahren im Erbrecht, 2007, S. 29ff., vgl. aber auch S. 71f., wo zur Bestimmung des Rechtsprechungsmonopols das Kriterium der Vergleichsfähigkeit als maßgebend angesehen wird; *Prütting*, Festschr. f. Schlosser, 2005, S. 705, 708; *Schulze*, Grenzen der objektiven Schiedsfähigkeit im Rahmen des § 1030 ZPO, 2002, S. 34ff.; MK/*Münch* Rn. 1; vgl. auch *Papmehl*, Die Schiedsfähigkeit gesellschaftsrechtlicher Streitigkeiten, 2001, S. 26, 30f., 210ff.

[2] *Sachs/Detterbeck*, Grundgesetz, 4. Aufl. 2007, Art. 92 Rn. 29; *Hesselbarth* (Fn. 1).

[3] Für eine restriktive Auslegung des § 1030 auf das Maß, das die Parteien durch eine gemeinschaftliche Vereinbarung erreichen könnten, auch *Schwab*, Festschr. f. Gaul, 1997, S. 729, 733; krit. *Papmehl* (Fn. 1) S. 64ff., 211f.

[4] *Weihe*, Der Schutz der Verbraucher im Recht der Schiedsgerichtsbarkeit, 2005, S. 83ff., 120.

weise Regelung herbeiführen können, auch **schiedsfähig:** Rechtsverhältnisse, die nach **§§ 134, 138 BGB nichtig** sind[5] und auch nicht im Wege der Novation wirksam werden können; **Unterhaltsansprüche** unter Verwandten und Ehegatten (auch getrennt lebenden, § 1361 Abs. 4 S. 3 BGB) für die Zukunft (§§ 1614, 1360a Abs. 3 BGB);[6] Streitigkeiten über **Aussonderung, Absonderung** und **Insolvenzanfechtung** (vgl. auch § 1029 Rn. 5 und 8);[7] Klagen gegen den Schuldner oder den Insolvenzverwalter auf **Feststellung zur Insolvenztabelle;**[8] Ersatzansprüche, auch soweit sie nach §§ 50, 302 Abs. 3 AktG nicht verzichtbar sind, sowie die entsprechenden Ersatzansprüche nach **§§ 9a, b, 43 GmbHG;**[9] Auskunfts- und Einsichtsrechte nach § 51a, b GmbHG[10] sowie der Anspruch der GmbH gegen ihren Gesellschafter auf Erbringung der Stammeinlage.[11] Auch der Ausgleichsanspruch des Handelsvertreters ist schiedsfähig.[12] **Kartellrechtliche Streitigkeiten** sind nach der Aufhebung der Einschränkung durch § 91 GWB aF uneingeschränkt schiedsfähig.[13] Die **Beschlussanfechtung** oder die Geltendmachung der Nichtigkeit eines Beschlusses ist im Grundsatz schiedsfähig.[14] Da die stattgebende Entscheidung gegenüber allen Gesellschaftern Wirkung entfaltet – sei es im Fall der Beschlussnichtigkeitsfeststellung im Wege der Rechtskrafterstreckung, sei es bei der Beschlussanfechtung wegen Gestaltungswirkung und der damit verbundenen Auswirkung auf die Gesellschafter –,[15] müssen alle Gesellschafter der Schiedsabrede unterworfen sein und es muss sichergestellt sein, dass die Beteiligungsrechte der betroffenen Gesellschafter gewahrt werden (vgl. auch § 1029 Rn. 12; zur Besetzung des Schiedsgerichts vgl. § 1035 Rn. 7; zur Verfahrensgestaltung vgl. § 1042 Rn. 10f.; zur Satzungsänderung durch Mehrheitsentscheidung vgl. § 1066 Rn. 8).[16]

3 Trotz der Erweiterung der Schiedsfähigkeit gibt es im Bereich der vermögensrechtlichen Streitigkeiten der ordentlichen Gerichtsbarkeit **nicht schiedsfähige** Streitigkeiten. Dies betrifft nach herrschender, wenn

---

[5] *Zö/Geimer* Rn. 8; *St/J/Schlosser* Rn. 2.

[6] *Huber* SchiedsVZ 2004, 280, 281 (nicht der Versorgungsausgleich); Schumacher FamRZ 2004, 1677, 1681 (auch Versorgungsausgleich); *Wagner,* Festschr. f. Schlosser, 2005, S. 1025, 1042 (Versorgungausgleich, soweit nicht Rentenversicherungsträger beteiligt); *Zö/Geimer* Rn. 8 (zu § 1614 BGB); vgl. auch *Schulze* (Fn. 1) S. 72, bei Unterhalt Minderjähriger nur mit Zustimmung des Vormundschaftsgerichts, S. 75; zum Süddeutschen Familienschiedsgericht vgl. *Kloster-Harz* FamRZ 2007, 99f.

[7] MK/*Münch* Rn. 19; *Zö/Geimer* Rn. 11; anders nach altem Recht BGH NJW 1956, 1920; OLG Köln VersR 1998, 112, 113.

[8] *Ehricke* ZIP 2006, 1847, 1884 (nicht bei Klagen gegen andere widersprechende Gläubiger).

[9] *Papmehl* (Fn. 1) S. 132ff., 223f.; *Zö/Geimer* Rn. 8; vgl. auch *St/J/Schlosser* Rn. 4; zur fehlenden Schiedsfähigkeit eines Anspruchs nach §§ 56a, 19 Abs. 5, § 5 Abs. 4 GmbHG vgl. (zum alten Recht) OLG Köln VersR 1998, 112, 113f.

[10] OLG Hamm BB 2000, 1159, 1160 m. zust. Anm. *Ebbing* NZG 2000, 1184; *Papmehl* (Fn. 1) S. 111ff., 224f.; *K. Schmidt* BB 2001, 1857; *Bayer* ZIP 2003, 881, 884; *Ebbing* (Fn. 1) S. 186f.

[11] BGH NJW 2004, 2898 (zum alten Recht) = SchiedsVZ 2004, 259 m. zust. Anm. *Habersack* = GmbHR 2004, 1217 m. zust. Anm. *Papmehl;* OLG Frankfurt/M SchiedsVZ 2004, 97, 98 (zum alten Recht, mit Argumentation zum neuen Recht); zum alten Recht die Schiedsfähigkeit verneinend OLG Düsseldorf SchiedsVZ 2004, 262, 263.

[12] *Quinke* SchiedsVZ 2007, 246, 247; aA *Rühl* IPRax 2007, 294, 300f. (wegen zwingenden Charakters der Handelsvertreterrichtlinie) und unter Berufung auf OLG München WM 2006, 1556; vgl. auch *Lachmann* Rn. 317.

[13] *Sachslehner,* Schiedsvereinbarungen in wettbewerbsbeschränkenden Verträgen, 2001, S. 37f., vgl. aber auch S. 93f., wo bei Verstoß gegen Art. 81 EG die Nichtigkeit nicht nur des Hauptvertrages, sondern auch der Schiedsabrede angenommen wird; letzteres ist kaum zutreffend, denn dem Schiedsgericht kann auch gerade die Beurteilung der Wirksamkeit des Vertrages überlassen werden; zur Möglichkeit der Aufhebung wegen Verstoßes gegen den ordre public vgl. § 1059 Rn. 25ff.; *Eilmansberger* SchiedsVZ 2006, 5, 8; *Schwab/Walter* Kap. 3 Rn. 22; Kap. 4 Rn. 7; *Voit,* Schiedsvereinbarungen in Patent- und Kartellrechtsstreitigkeiten, in: Strategien zum Schutz von Verfahren und Ergebnissen der Arzneimittelforschung, 2005, S. 58ff., 59 (auch zu den Verfahrensfragen nach der EG-KartellVO); dazu auch *Kreindler/Schäfer/Wolff* Rn. 133.

[14] *K. Schmidt* BB 2001, 1857, 1858; *ders.* ZHR 162 (1998), 265, 271, 285; *Schröder,* Schiedsgerichtliche Konfliktbeilegung bei aktienrechtlichen Beschlussmängelklagen, 1999, S. 91f. (zum alten Recht differenzierend, vgl. dort S. 82ff.); *Papmehl* (Fn. 1) S. 74f., 225; *Lachmann* Rn. 309; *Trittmann* ZGR 1999, 340, 350ff.; *Bayer* ZIP 2003, 881, 884; *Reichert,* Festschr. f. Ulmer, 2003, 511, 515ff.; *Ebbing* (Fn. 1) 176ff.; *Wolff,* Münchener Handbuch des Gesellschaftsrechts, Bd. 3, 2. Aufl. 2003, § 40 Rn. 116; *Zö/Geimer* Rn. 9; vgl. auch BGH NJW 2001, 2176f. (zur Feststellungsklage vor dem Schiedsgericht mit Inter-partes-Wirkung; dazu WuB VII A § 1032 1.01 [*Voit*]); *Zilles* BB 1999, Beil. 4, S. 2ff. (mit Klauselvorschlag zur Sicherung der Beteiligungsrechte); *ders.,* Schiedsgerichtsbarkeit im Gesellschaftsrecht, 2001 (mit Klauselvorschlag S. 43ff.); *Bender* DB 1998, 1900ff.; *Kühn,* Festschr. f. Böckstiegel, 2001, S. 443ff.; *Nicklisch,* Festschr. f. Böckstiegel, 2001, S. 567ff.; *Auer,* Jahrbuch Junger Zivilrechtswissenschaftler, 2002, S. 127ff.; mit Recht zurückhaltend, da Beteiligungsrechte kaum sicherzustellen sind, *Schneider* GmbHR 2005, 86; *Schütze,* Schiedsverf., Rn. 118; zweifelnd auch *T/P/Reichold* Rn. 2; zum alten Recht: BGHZ 132, 278, 282ff. = NJW 1996, 1753 = JZ 1996, 1017 m. zust. Anm. *Schlosser;* vgl. auch BGH NJW 1991, 2215, 2216; *Bork* ZHR 160 (1996), 374, 378; zur Rechtslage in Österreich vgl. OGH NZG 1999, 307, 308 (Schiedsfähigkeit bejahend).

[15] Vgl. *Chr. Berger* ZHR 164 (2000), 295, 317 (maßgebend sei die Gestaltungswirkung, nicht die Rechtskrafterstreckung; dem ist für die Feststellung der Nichtigkeit nicht zuzustimmen; bei der Anfechtung berühren sich beide Fragen, wobei die Frage der Schiedsfähigkeit Probleme nicht wegen der gestaltenden Wirkung als solcher bereitet – auch die Genehmigung eines Vertrags ist rechtsgestaltend und kann dennoch durch Schiedsspruch ersetzt werden –, sondern die Auswirkung der gestaltenden Entscheidung auf die am Streit nicht beteiligten Gesellschafter); vgl. auch *Papmehl* (Fn. 1) S. 82ff., 232f.; *Zöllner* AG 2000, 145, 150 (die Problematik als Frage der Rechtskrafterstreckung begreifend); gegen das Abstellen auf die Gestaltungswirkung auch *Schröder* (Fn. 14) S. 104, 156ff.

[16] *Schneider* GmbHR 2005, 86; iE auch MK/*Münch* Rn. 20; zur Möglichkeit, diese Probleme durch eine allgemeine Feststellungsklage mit Rechtskraftwirkung inter partes zu vermeiden, vgl. BGH NJW 2001, 2176f. m. Anm. WuB VII A § 1032 1.01 (*Voit*) sowie LM § 282 Nr. 42 (*Thöni*); mit einem Verbot des Schiedsverfahrens hat das nicht einmal im Ansatz etwas zu tun, in diese Richtung aber *Chr. Berger* ZHR 164 (2000), 295, 298.

auch zunehmend angezweifelter Meinung **Patentstreitigkeiten,** soweit es um die Nichtigerklärung, Rücknahmen und Zwangslizenzen nach § 81 PatG geht.[17] Im Übrigen sind Schiedsvereinbarungen hier wie auch im Bereich des gewerblichen Rechtsschutzes zulässig.[18] Im Bereich der **Börsengeschäfte** räumt § 37h WpHG die Möglichkeit, Schiedsvereinbarungen vor Entstehen des Streits zu schließen, nur Kaufleuten und juristischen Personen des öffentlichen Rechts ein.[19] Da diese Norm eine Schiedsvereinbarung nach Entstehen der Streitigkeit auch für andere als Kaufleute zulässt, ist die Zuständigkeitsbegründung durch rügeloses Verhandeln grundsätzlich möglich (vgl. dazu § 1031 Rn. 15).[20]

b) Besonderheiten bei Wohnraummietverträgen. Wegen Abs. 2 sind Streitigkeiten über die **Wohnraummiete** regelmäßig **nicht schiedsfähig.** Dabei muss es sich um Miet- oder Untermietverträge[21] über einen **in Deutschland** gelegenen **Wohnraum** handeln. Bei Mietverträgen, die zugleich **Wohn- und Geschäftsraum** zum Gegenstand haben, ist der Schwerpunkt des Vertrags entscheidend,[22] wobei die Aufteilung der Fläche und die Bestimmung des Mietzinses lediglich als Indizien heranzuziehen sind.[23] Ausgenommen von der Schiedsunfähigkeit sind Mietverhältnisse der in § 549 Abs. 2 Nr. 1 bis 3 BGB genannten Art. Damit sind im Wesentlichen kurzfristige Wohnungsüberlassungen sowie Überlassungen von möbliertem Wohnraum innerhalb der Wohnung des Vermieters schiedsfähig. Für Wohnraum in Studenten- und Jugendwohnheimen (§ 549 Abs. 3 BGB) bleibt es bei der Schiedsunfähigkeit. Streitigkeiten über **Werks- oder Dienstwohnungen** sind ebenfalls schiedsunfähig. Nach dem Wortlaut des Abs. 2 muss das auch im Fall des § 576a Abs. 2 BGB gelten. Wegen des engen Zusammenhangs mit dem Dienstverhältnis sollte aber – soweit dieses selbst der Schiedsabrede unterliegt – eine Reduktion des Abs. 2 unter den Voraussetzungen des § 576a Abs. 2 BGB erwogen werden (zu den dann zu beachtenden Besonderheiten arbeitsrechtlicher Schiedsverfahren vgl. Rn. 8).[24] 4

Gegenstand der Rechtsstreitigkeit muss der **Bestand oder Nichtbestand des Mietverhältnisses** sein. Dies ist auch der Fall, wenn das behauptete Nichtbestehen lediglich **Vorfrage** für den geltend gemachten Anspruch – insbesondere einen Räumungsanspruch – ist.[25] Wenn die Gegenauffassung darauf verweist, dass der Mieter dann durch die Behauptung des Nichtbestehens des Mietverhältnisses jede Streitigkeit dem Schiedsgericht entziehen könne,[26] dann berücksichtigt sie nicht ausreichend, dass der Mieter in aller Regel am Bestand des Mietverhältnisses interessiert ist und eine solche Behauptung schon im eigenen Interesse 5

[17] So die hM (wegen der Sonderzuständigkeit der Patentgerichte und der besonderen Wirkung der Entscheidungen), vgl. *Lachmann* Rn. 311ff.; vgl. auch BT-Drucks. 13/5274 S. 35; MK/*Münch* Rn. 18 (wegen der öffentlich-rechtlichen Natur des Streits); aA (Schiedsfähigkeit bejahend) BayObLG EWiR § 1059 1/2000 S. 199, 200 (*Berger*); *Schlosser,* in: Revision des EuGVÜ – Neues Schiedsverfahrensrecht, 2000, S. 163, 182f.; *Berger* RIW 2001, 7, 12; *Schwab/Walter* Kap. 4 Rn. 11; *St/J/Schlosser* Rn. 3; *Zö/Geimer* Rn. 14; ausführlich dazu *Frost,* Schiedsgerichtsbarkeit im Bereich des geistigen Eigentums nach deutschem und US-amerikanischem Schiedsrecht, 2001, S. 40ff. (Schiedsfähigkeit bejahend, S. 41ff., jedoch die Rechtskraft grundsätzlich auf die Parteien beschränkend, vgl. S. 71, und den Eintritt der Patentnichtigkeit von der Vollstreckbarerklärung abhängig machend, S. 78); *Holzner,* Die objektive Schiedsfähigkeit von Immaterialgüterrechtsstreitigkeiten, 2001, S. 95ff. (Schiedsfähigkeit bei Patentnichtigkeitsklagen bejahend, aber Schiedsspruch entfaltet erst nach Vollstreckbarerklärung durch das Bundespatentgericht Wirksamkeit); *Schulze* (Fn. 1) S. 212f. (umfassende Schiedsfähigkeit, aber keine Möglichkeit der Nichtigerklärung des Patents durch das Schiedsgericht, S. 219); *Ebbing* (Fn. 1) S. 196f. (keine Schiedsfähigkeit bei Zwangslizenzen nach § 24 Abs. 1 PatentG, im Übrigen schiedsfähig); zum alten Recht (Schiedsfähigkeit verneinend): *Wiecz/Sch/Schütze* § 1025 aF Rn. 17; aA (Schiedsfähigkeit bejahend) *Pfaff,* Festschr. f. Nagel, 1987, S. 278, 288ff.

[18] *Lachmann* Rn. 311; *Frost* (Fn. 17) S. 96ff. (Urheberrecht), 111ff. (Markenrecht); ausführlich *Holzner* (Fn. 17) S. 111ff., 128f. (Schiedsfähigkeit grundsätzlich bejahend, Ausnahme: Löschungsverfahren nach § 54 Abs. 1 S. 1, § 50 Abs. 1 MarkenG); *Voit* (Fn. 13) S. 58ff.

[19] Vgl. dazu *Samtleben* ZBB 2003, 69, 76f.; *Weihe* (Fn. 4) S. 136ff.; kritisch zu dieser gesetzgeberischen Entscheidung *Berger* ZBB 2003, 77ff.; *Lehmann* SchiedsVZ 2003, 219ff. (mit Bedenken wegen eines Verstoßes gegen Art. 49 EG und das UNÜ bei internationalen Schiedsvereinbarungen); *Ebbing* (Fn. 1) S. 193f. Zur Rechtslage **vor Inkrafttreten des § 37h WpHG:** Es wurde die objektive Schiedsfähigkeit bejaht, vgl. *Ebbing* WM 1999, 1264, 1268; *Schwab/Walter* Kap. 4 Rn. 9; *Lachmann* Rn. 314ff.; *St/J/Schlosser* Rn. 8; zur Voraussetzung der Börsentermingeschäftsfähigkeit als Einschränkung der subjektiven Schiedsfähigkeit vgl. *Ebbing* WM 1999, 1264, 1268; *Lachmann* Rn. 233f.; *Schwark,* Börsengesetz, 2. Aufl. 1994, § 28 Rn. 6; vgl. auch *Schwab/Walter* Kap. 4 Rn. 9f. (bei Vereinbarung eines Schiedsgerichts mit Sitz im Ausland oder bei Wahl ausländischen Rechts könne diese Voraussetzung umgangen werden); zum alten Schiedsverfahrensrecht: BGH RIW 1991, 674; *Hochbaum,* Missglückte internationale Schiedsvereinbarungen, 1995, S. 239ff.; zu Sonderfragen bei **Anwendbarkeit ausländischen Rechts** in diesem Zusammenhang BGH NJW 1987, 3193, 3194; 1991, 2215; NJW-RR 1991, 757, 758; 1993, 1519, 1520; WM 1995, 100, 101; OLG Düsseldorf 27. 10. 2006 I 16 U 186/05; *Schwab/Walter* Kap. 4 Rn. 10; krit. *Samtleben* IPRax 1992, 362, 364; *St/J/Schlosser* Rn. 4; zum ordre public international bei Börsengeschäften im Ausland (Verstoß verneinend) BGH NJW 1998, 2358f.; vgl. auch (Unwirksamkeit einer Schiedsklausel bei unzureichender Aufklärung über Risiken eines Börsentermingeschäfts iVm. einer Rechtswahlklausel) OLG Düsseldorf RIW 1995, 769f. (krit. dazu *Ebbing* WM 1999, 1264, 1268f.); OLG Düsseldorf RIW 1996, 681, 683 (krit. dazu *Aden* RIW 1997, 723ff.; *Pfeiffer* NJW 1999, 3674, 3685 [iE Verstoß der Schiedsklausel gegen § 9 AGBG aF [jetzt § 307 BGB] bejahend]); OLG Düsseldorf NJW-RR 1997, 372, 373 (Wirksamkeit einer Schiedsklausel bei Anwendbarkeit deutschen Rechts; Bejahung der Schiedsfähigkeit von Börsengeschäften).

[20] *Ebbing* (Fn. 1) S. 193f.

[21] *St/J/Schlosser* Rn. 13.

[22] Zum alten Recht: OLG Karlsruhe NJW-RR 1988, 401.

[23] *St/J/Schlosser* Rn. 14; zum alten Recht: BGH NJW-RR 1986, 877, 878 (zum Begriff des Wohnraums im Sinne des MHRG aF); *Wiecz/Sch/Schütze* § 1025 a aF Rn. 2.

[24] Zustimmend *St/J/Schlosser* Rn. 15.

[25] *T/P/Reichold* Rn. 4; *Zö/Geimer* Rn. 21; *St/J/Schlosser* Rn. 11; aA MK/*Münch* Rn. 15; *Wiecz/Sch/Schütze* § 1025 a aF Rn. 3 (zum alten Recht).

[26] Zum alten Recht: *Wiecz/Sch/Schütze* § 1025 a aF Rn. 3.

kaum jemals aufstellen wird. Ohne Bedeutung ist, ob der Anspruch aus Mietvertrag oder aus einer anderen Anspruchsgrundlage, zB § 985 BGB, abgeleitet wird.[27] **Nicht erfasst** werden Rechtsstreitigkeiten, die den Bestand des Mietvertrags nicht in Frage stellen oder die sich erst aus der unstreitigen Beendigung des Mietverhältnisses ergeben. Damit sind Schadensersatzansprüche, Ansprüche auf Zustimmung zu einem Mieterhöhungsverlangen[28] und Ansprüche wegen Nichterfüllung der Überlassungs- oder der Mietzinszahlungspflicht einer Schiedsabrede zugänglich, soweit der Bestand des Mietverhältnisses außer Streit steht.

6 c) **Nichtvermögensrechtliche Streitigkeiten.** Nichtvermögensrechtliche Streitigkeiten sind nur dann schiedsfähig, wenn die Parteien über den Gegenstand des Streits vergleichsfähig sind. **Schiedsfähig** sind der Ausschluss aus einem Idealverein[29] oder auch ein presserechtlicher Gegendarstellungsanspruch.[30] **Nicht schiedsfähig** sind insbesondere Ehe- und Kindschaftssachen (zu vermögensrechtlichen Folgesachen vgl. Rn. 2).[31] Hängt die Erhaltung erbrechtlicher Ansprüche von der Genehmigung einer Eheschließung durch einen Dritten ab, so ist der Streit um die Erteilung der Genehmigung schiedsfähig, denn die Parteien sind in dieser Frage dispositionsbefugt.[32] Auf die Frage, ob es sich bei dem Streit um einen vermögensrechtlichen handelt, kommt es deshalb nicht an.

7 d) **Besonderheiten vollstreckungsrechtlicher Streitigkeiten.** Der Gegenstand der **Vollstreckungsgegenklage,** § 767, ist schiedsfähig, wenn die geltend gemachte materiellrechtliche Einrede der Schiedsvereinbarung unterliegt (vgl. auch § 1029 Rn. 25).[33] Das gilt sowohl in Fällen, in denen über die zu vollstreckende Forderung selbst durch Schiedsspruch entschieden wurde, als auch in Fällen, in denen sich die Schiedsklage gegen ein durch staatliche Gerichte erlassenes Urteil richtet (zB Aufrechnung gegen eine titulierte Forderung mit einer Forderung, die der Schiedsabrede unterliegt). Denn es wäre nicht sinnvoll, die Einrede durch Schiedsspruch feststellen zu lassen, um dann die Vollstreckungsgegenklage vor den staatlichen Gerichten unter Bindung an die Entscheidung des Schiedsgerichts (§ 1055) zu verlangen. Das staatliche Gericht kann bis zur Entscheidung des Schiedsgerichts Maßnahmen in entsprechender Anwendung der §§ 769, 770 treffen.[34] Die **Drittwiderspruchsklage,** § 771, ist – bei wirksamer Einbeziehung des Dritten in die Schiedsabrede – ebenfalls schiedsfähig.[35] Zwar kann der private Schiedsrichter dem staatlichen Vollstreckungsorgan keine Anweisungen geben,[36] aber der Vollstreckungsgläubiger kann, ebenso wie er die Freigabe erklären kann, diese Entscheidung dem Schiedsgericht überlassen. Entsprechendes muss auch im **Verteilungsverfahren,** § 878, gelten.[37] **Abänderungsklagen** nach § 323 sind grundsätzlich einem Schiedsverfahren auch dann zugänglich, wenn das abzuändernde Urteil vom staatlichen Gericht erlassen wurde.[38]

8 **2. Außerhalb der ordentlichen streitigen Gerichtsbarkeit.** Angelegenheiten der **freiwilligen Gerichtsbarkeit** sind schiedsfähig, soweit es sich um Streitverfahren handelt (zum Erbscheinsverfahren vgl. § 1066 Rn. 2).[39] Gegenstände aus der Zuständigkeit der **Arbeitsgerichte** sind nach § 4 ArbGG zwar schiedsfähig, aber § 101 Abs. 3 ArbGG schließt die Anwendung der zivilprozessualen Regelungen über das schiedsrichterliche Verfahren aus. An ihre Stelle treten die §§ 101 bis 110 ArbGG.[40] Das gilt auch für Künstlerschiedsverfahren.[41] Dabei ist zu beachten, dass die Sonderregelungen der §§ 101ff. ArbGG wegen § 4 ArbGG nur

---

27 *St/J/Schlosser* Rn. 11.

28 *St/J/Schlosser* Rn. 12.

29 MK/*Münch* Rn. 11.

30 BT-Drucks. 13/5274 S. 35; MK/*Münch* Rn. 11.

31 *Schulze* (Fn. 1) S. 55ff. (bei Ehesachen auch nicht hins. der Folgesachen, soweit Zwangsverbund); *Huber* SchiedsVZ 2004, 280, 281; *Schumacher* FamRZ 2004, 1677, 1680; *Wagner,* Festschr. f. Schlosser, 2005, S. 1025, 1034; für eine Erweiterung der Schiedsfähigkeit *Ebbing* (Fn. 1) S. 168ff.

32 BayObLGZ 1999, 255, 267f. = BB 2000, Beil. 8, S. 16, 19f.

33 *Schwab/Walter* Kap. 7 Rn. 15; MK/*Münch* § 1029 Rn. 36; *Zö/Geimer* Rn. 17; vgl. (obiter dictum) BGH 8. 11. 2007 III ZB 95/06; *Lüke* NVwZ 2001, Sonderheft, S. 35, 36; so im Ergebnis auch *St/J/Schlosser* Rn. 2 und § 1029 Rn. 22 (maßgebend sei nicht die Frage der Einrede, sondern ob die Vollstreckungsgegenklage von der Schiedsvereinbarung erfasst sein soll, was regelmäßig anzunehmen ist); zum alten Recht: BGHZ 99, 143 = NJW 1987, 651 = ZZP 100 (1987), 452, 454 m. zust. Anm. *Schwab;* BGH NJW-RR 1996, 508; *Lüke,* Festschr. 150 Jahre LG Saarbrücken, 1985, S. 297, 304ff.

34 *St/J/Schlosser* § 1029 Rn. 23; vgl. auch zum alten Recht (Einstellung der Zwangsvollstreckung bis zur Entscheidung des Schiedsgerichts) LG Köln MDR 1995, 959f.

35 *Zö/Geimer* Rn. 17; zum alten Recht *Lüke,* Festschr. 150 Jahre LG Saarbrücken, 1985, S. 297, 305f.; aA *Schwab/Walter* Kap. 7 Rn. 15.

36 So der Einwand bei *Schwab/Walter* Kap. 7 Rn. 15.

37 *Zö/Geimer* Rn. 17; aA *Schwab/Walter* Kap. 7 Rn. 15; zum alten Recht offen BGH ZZP 75 (1962), 261.

38 MK/*Münch* § 1029 Rn. 36; zum alten Recht: *St/J/Schlosser* Rn. 2; vgl. auch *Lüke,* Festschr. 150 Jahre LG Saarbrücken, 1985, S. 297, 304ff.

39 *St/J/Schlosser* Vor § 1025 Rn. 19; *Zö/Geimer* Rn. 6; zum alten Recht BGHZ 6, 248, 253ff. = NJW 1952, 1057 (LS) (Landpachtrecht); BayObLG MDR 1979, 317 (Verfahren nach § 166 Abs. 3 HGB); OLG Koblenz NJW-RR 1990, 1374 (Verfahren nach § 54 GmbHG); OLG Zweibrücken ZMR 1986, 63 (WEG); *Schlosser,* in: Schiedsgerichtsbarkeit in gesellschaftsrechtlichen und erbrechtlichen Angelegenheiten, DIS Bd. 11, 1996, S. 97ff. (dort auch zu Register-, Grundbuch- und Erbscheinssachen); *Wiecz/Sch/Schütze* § 1025 aF Rn. 11; *Keidel/Kuntze/Winkler/Schmidt* FGG § 1 Rn. 9; zu den Grenzen der Entscheidungsbefugnis des Schiedsgerichts in Erbscheinsverfahren BayObLG ZEV 1997, 461, 462; aA BayObLG NJWE-FER 2001, 50f. = FamRZ 2001, 873, 874; LG Hechingen FamRZ 2001, 721, 723; ebenfalls aA MK/*Münch* § 1029 Rn. 34 (vgl. aber auch dort Rn. 35).

40 Vgl. dazu *Suhr,* Das Schiedsgerichtsverfahren in Arbeitsstreitigkeiten, 1997; *Opolony,* Arbeitsrechtliche Streitigkeiten außerhalb der Arbeitsgerichte, Festschr. f. Leinemann, 2006, S. 607ff.

41 Zum alten Recht: *Wiecz/Sch/Schütze* § 1025 aF Rn. 16; eine Übersicht über die Bühnenschiedsgerichtsbarkeit gibt *Germelmann* NZA 1994, 12ff.; ausführlich (und krit.) dazu *Reupke,* Bühnenschiedsgerichte in der Bewährung, 1997; kritisch auch *Opolony,* Festschr. f. Leinemann, 2006, S. 607, 621ff.

die Fälle der Zuständigkeit nach § 2 Abs. 1 und 2 ArbGG betreffen. Im Bereich der fakultativen Zuständigkeit nach § 2 Abs. 3 und 4 bleibt es, da insoweit Sonderregelungen nicht bestehen, bei den Bestimmungen der ZPO.[42]

Öffentlichrechtliche Streitigkeiten sind schiedsfähig, wenn dies eigens vorgesehen ist (zB § 30 Abs. 2 VermG) oder wenn die Parteien über den Streitgegenstand verfügen können.[43] Im Zuständigkeitsbereich der Finanz- und Sozialgerichtsbarkeit kann angesichts des dort bestehenden Vertragsformverbots ein Schiedsgericht in der Regel nicht vereinbart werden.[44] 9

3. Auslandsberührung. In Fällen mit Auslandsberührung richtet sich die Frage der Schiedsfähigkeit **im Aufhebungsverfahren** wegen § 1059 Abs. 2 Nr. 2 Buchst. a nach **deutschem Recht.** Da nach § 1059 Abs. 2 Nr. 1 Buchst. a aber auch die Unwirksamkeit der Schiedsabrede nach dem auf diese anwendbaren Recht zur Aufhebung führt, ist **zusätzlich** auf die Schiedsfähigkeit nach dem auf die **Schiedsabrede anwendbaren Recht** abzustellen.[45] Die Gegenauffassung versteht § 1059 Abs. 2 Nr. 2 Buchst. a als Sonderregelung und beschränkt so § 1059 Abs. 2 Nr. 1 Buchst. a auf andere Unwirksamkeitsgründe als den der fehlenden Schiedsfähigkeit nach dem gewählten Recht.[46] Damit wird verkannt, dass die Parteien bei einer Rechtswahl sich auch an den Unwirksamkeitsgründen des gewählten Rechts festhalten lassen müssen. Wenn das von ihnen gewählte Recht den Gegenstand ihrer Vereinbarung als nicht schiedsfähig ansieht, ist es aber schwer verständlich, warum die nach dem gewählten Recht ungültige Schiedsvereinbarung in Deutschland als wirksam angesehen werden sollte, nur weil ihr Gegenstand in Deutschland schiedsfähig wäre. Diese kumulative Prüfung der Schiedsfähigkeit sollte über den Anwendungsbereich des § 1059 hinaus **als allgemeine Regelung** für das gesamte Schiedsverfahrensrecht verstanden werden, soweit der Schiedsort im Inland liegt und deshalb das deutsche Schiedsverfahrensrecht Anwendung findet. Zu der parallelen Frage bei der Anerkennung und Vollstreckbarerklärung ausländischer Schiedssprüche nach § 1061 vgl. § 1061 Rn. 22. Die ausschließliche internationale Zuständigkeit deutscher Gerichte steht der Entscheidung durch Schiedsgerichte nicht entgegen.[47] 10

1031 *Form der Schiedsvereinbarung* **(1) Die Schiedsvereinbarung muss entweder in einem von den Parteien unterzeichneten Dokument oder in zwischen ihnen gewechselten Schreiben, Fernkopien, Telegrammen oder anderen Formen der Nachrichtenübermittlung, die einen Nachweis der Vereinbarung sicherstellen, enthalten sein.**

(2) Die Form des Absatzes 1 gilt auch dann als erfüllt, wenn die Schiedsvereinbarung in einem von der einen Partei der anderen Partei oder von einem Dritten beiden Parteien übermittelten Dokument enthalten ist und der Inhalt des Dokuments im Falle eines nicht rechtzeitig erfolgten Widerspruchs nach der Verkehrssitte als Vertragsinhalt angesehen wird.

(3) Nimmt ein den Formerfordernissen des Absatzes 1 oder 2 entsprechender Vertrag auf ein Dokument Bezug, das eine Schiedsklausel enthält, so begründet dies eine Schiedsvereinbarung, wenn die Bezugnahme dergestalt ist, dass sie diese Klausel zu einem Bestandteil des Vertrages macht.

(4) Eine Schiedsvereinbarung wird auch durch die Begebung eines Konnossements begründet, in dem ausdrücklich auf die in einem Chartervertrag enthaltene Schiedsklausel Bezug genommen wird.

(5) [1]Schiedsvereinbarungen, an denen ein Verbraucher beteiligt ist, müssen in einer von den Parteien eigenhändig unterzeichneten Urkunde enthalten sein. [2]Die schriftliche Form nach Satz 1 kann durch die elektronische Form nach § 126a des Bürgerlichen Gesetzbuchs ersetzt werden. [3]Andere Vereinbarungen als solche, die sich auf das schiedsrichterliche Verfahren beziehen, darf die Urkunde oder das elektronische Dokument nicht enthalten; dies gilt nicht bei notarieller Beurkundung.

(6) Der Mangel der Form wird durch die Einlassung auf die schiedsgerichtliche Verhandlung zur Hauptsache geheilt.

---

42 Vgl. *B/L/H* Grundz § 1025 Rn. 5; *Hauck/Helml,* ArbGG, 2. Aufl. 2003, § 4 ArbGG Rn. 8; *St/J/Schlosser* Vor § 1025 Rn. 18; zum alten Recht *Wiecz/Sch/Schütze* § 1025 aF Rn. 15.

43 *Kopp/Schenke* § 40 VwGO Rn. 56 iVm. § 106 VwGO Rn. 12ff.; letzlich auch MK/*Münch* § 1029 Rn. 35; *St/J/Schlosser* Vor § 1025 Rn. 20; *Zö/Geimer* Rn. 23; vgl. auch BT- Drucks. 13/5274 S. 35; zum alten Recht: *Schlosser,* Festschr. f. Bülow, 1981, S. 189ff.; enger (Hoheitsakte sind Schiedsvertrag unzugänglich) BVerwG NJW 1959, 1985; vgl. aber auch BVerwG NJW 1990, 1926, 1928 (Schiedsgutachtenabrede bei Gleichordnung zulässig).

44 *Schwab/Walter* Kap. 1 Rn. 3; großzügiger bei sozialrechtlichen Streitigkeiten (zum alten Recht): *Ramm* ZRP 1989, 136, 140, Fn. 29.

45 MK/*Gottwald* Art. II UNÜ Rn. 9; *T/P/Reichold* § 1059 Rn. 8; vgl. auch die Nachw. bei *Epping,* Die Schiedsvereinbarung im internationalen privaten Rechtsverkehr nach der Reform des deutschen Schiedsverfahrensrechts, 1999, S. 213; aA (allein Recht der Schiedsvereinbarung) *Schütze,* Schiedsverf., Rn. 119; wiederum anders (allein deutsches Recht) MK/*Münch* Rn. 12; *Frost* (Fn. 17) S. 38ff.

46 *Epping* (Fn. 45) S. 202f., 214ff. (bei Auslandssachverhalten sei der Grund der Schiedsunfähigkeit aus deutscher Sicht häufig nicht gegeben, so dass das Gericht ein Schiedsgericht unterstützen könne, wenn der Gegenstand der Schiedsabrede nach deutschem Recht an sich nicht schiedsfähig wäre und auch das auf die Schiedsabrede anwendbare Recht die Schiedsfähigkeit verneine; das erscheint sehr weitgehend); differenzierend (grundsätzlich Schiedsvereinbarungsstatut; bei der Beurteilung der Einrede dagegen Beurteilung nach deutschem Recht) *Zö/Geimer* Rn. 25f.

47 *Zö/Geimer* § 1029 Rn. 58f.

I. Normzweck

1 Die Schiedsvereinbarung kann zur **Beschneidung** des **Justizgewährungsanspruchs** führen, § 1032 Abs. 1, so dass der Gesetzgeber bei Beteiligung eines Verbrauchers eine besonders strenge Form als **Warnung** anordnet. Soweit kein Verbraucher beteiligt ist, reicht die Beachtung der Schriftform aus, wobei diese durch Erleichterungen besonders ausgestaltet ist, so dass sich ihre Aufgabe – trotz der gesetzlichen Ausgestaltung als Wirksamkeitsvoraussetzung (vgl. Rn. 16) – letztlich auf eine reine **Nachweisfunktion** beschränkt.[1]

II. Anwendungsbereich

2 **1. Sachlicher Anwendungsbereich.** Die Formvorschrift des § 1031 betrifft **Schiedsvereinbarungen, nicht** dagegen **Schiedsgutachtenverträge** (vgl. § 1029 Rn. 17f.).[2] Sie betrifft **nicht die Aufhebung einer Schiedsvereinbarung,** denn damit wird die Möglichkeit des Rechtsschutzes durch staatliche Gerichte wieder eröffnet. Weiterhin gilt sie **nicht** für Vereinbarungen, die nur das **Verfahren** vor dem Schiedsgericht betreffen (zur Formfreiheit derartiger Abreden vgl. § 1042 Rn. 33). Unbedenklich ist es deshalb, wenn in einer sonst formgültigen Schiedsvereinbarung auf eine **Schiedsverfahrensordnung** verwiesen wird, ohne dass hinsichtlich dieser Verfahrensordnung die Form des § 1031 beachtet wird (zu Besonderheiten bei beurkundungspflichtigen Geschäften vgl. Rn. 6). Auf Schiedsklauseln in **Satzungen** oder durch **letztwillige Verfügung** bestimmte Schiedsgerichte ist § 1031 unanwendbar (vgl. § 1066; zu **Gesellschaftsverträgen** von Personenhandelsgesellschaften vgl. Rn. 9; zur Frage der Anwendbarkeit des § 1066 vgl. § 1066 Rn. 7). Formbedürftig sind auch Schiedsvereinbarungen, die über **bereits entstandene Rechtsstreitigkeiten** geschlossen werden.[3] Zu Schiedsvereinbarungen über arbeitsrechtliche Streitigkeiten vgl. § 1030 Rn. 8. Die **Vollmacht** zum Abschluss einer Schiedsvereinbarung (vgl. § 1029 Rn. 6) ist **nicht formbedürftig**[4] (§ 167 Abs. 2 BGB), sofern sie nicht unwiderruflich ist.[5] Zu Schiedsabreden, die vor dem 1. 1. 1998 geschlossen wurden, vgl. § 1025 Rn. 9.

3 **2. Persönlicher Anwendungsbereich. Rechtsnachfolger** einer Partei treten in eine formwirksam abgeschlossene Schiedsvereinbarung ein (vgl. § 1029 Rn. 8), ohne dass der Übertragungsakt (zB die Abtretung) der Form des § 1031 bedarf.[6] **Sonstige Dritte** sind an Schiedsvereinbarungen regelmäßig nicht gebunden. Soweit dem Dritten lediglich die **Möglichkeit** eingeräumt wird, Klage vor dem Schiedsgericht zu erheben, jedoch der Weg zur staatlichen Gerichtsbarkeit nicht ausgeschlossen wird, ist eine solche Vereinbarung zwar hinsichtlich der Parteien formbedürftig, die sich nach der Wahl des Dritten der Entscheidung des Schiedsgerichts unterwerfen, nicht aber hinsichtlich des Dritten selbst, denn ihm wird lediglich zusätzlicher Rechtsschutz gewährt.[7] Wird dem Dritten durch einen Vertrag zu seinen Gunsten ein Forderungsrecht zugewendet (§ 328 BGB), dessen Durchsetzung einer Schiedsvereinbarung unterliegt, so gilt diese gegenüber dem Dritten auch ohne seine Mitwirkung (vgl. § 1029 Rn. 2, 8).[8] Das ergibt sich bereits daraus, dass die Parteien die Klagbarkeit des Rechts auch ganz hätten ausschließen können.

III. Anforderungen bei Vereinbarungen ohne Beteiligung eines Verbrauchers

4 **1. Abgeschwächte Schriftform nach Abs. 1.** Abs. 1 verlangt eine Form der Nachrichtenübermittlung, die einen Nachweis der Vereinbarung sicherstellt. Ausreichend ist damit ein **Briefwechsel, Telefaxe** oder **E-Mail,**[9] denn bei diesem Verfahren kann der gesendete Text, der Name des Empfängers und seine Antwort gespeichert werden, so dass der erforderliche Nachweis des Inhalts der Vereinbarung[10] geführt werden kann. Die Einhaltung der Form des § 126a BGB ist dabei nicht erforderlich, da Abs. 5 S. 2 nur auf Schiedsvereinbarungen unter Beteiligung von Verbrauchern anzuwenden ist. Ob der Empfänger die Nachricht ausdruckt und in herkömmlicher schriftlicher Form in Händen hält, ist dann ohne Bedeutung. Die Kommunikation muss dem Wortlaut der Bestimmung nach **zwischen den Parteien** stattfinden. Damit wäre eine Schiedsvereinbarung unwirksam, wenn die Parteien diese zunächst mündlich treffen und sie dann in schriftlicher Form zB gegenüber dem Schiedsgericht oder einer Schiedsinstitution bestätigen. Da dies mit der Zielsetzung der Bestimmung nicht vereinbar ist, muss der Wortlaut hinsichtlich der Worte „zwischen ihnen gewechselten Schreiben" für diese Fälle **teleologisch reduziert** werden. Haben die Parteien verein-

---

[1] *Lüttmann/Breyer* ZZP 119 (2006), 475.

[2] Zum alten Recht: RGZ 152, 201, 204; *Wiecz/Sch/Schütze* § 1027 aF Rn. 3.

[3] AA *St/J/Schlosser* Rn. 16.

[4] *Zö/Geimer* Rn. 13; zum alten Recht: *Wiecz/Sch/Schütze* § 1027 aF Rn. 11.

[5] *St/J/Schlosser* Rn. 1; einschränkend MK/*Münch* Rn. 7 (Unwiderruflichkeit führt nur bei Verbrauchern zur Formbedürftigkeit).

[6] *Zö/Geimer* Rn. 17; aA *Schwab/Walter* Kap. 7 Rn. 32; wie hier zum alten Recht: BGHZ 71, 162, 164f. = NJW 1978, 1585; BGH NJW 1979, 2567, 2568; 1980, 2022, 2023; *Massuras,* Dogmatische Strukturen der Mehrparteienschiedsgerichtsbarkeit, 1998, S. 120; vgl. auch BGH NJW 1980, 1797 (Eintritt in OHG); 1998, 371 (Übernahme eines Kommanditanteils einer Publikums-KG).

[7] Vgl. *Zö/Geimer* Rn. 18f.

[8] MK/*Münch* Rn. 9; *Zö/Geimer* Rn. 18f.; zum alten Recht: *Massuras* (Fn. 6) S. 108f.

[9] *Moller* NZG 2000, 57, 58; *Schwab/Walter* Kap. 5 Rn. 4; *Thümmel,* Festschr. f. Schütze, 1999, S. 935, 944; *Splittgerber,* Online-Schiedsgerichtsbarkeit in Deutschland und den USA, 2003, S. 30ff.; *Baldus,* Der elektronisch geschlossene Vertrag mit Schiedsabrede, 2004, S. 46f.; vgl. auch Begründung zum JKomG, BR-Drucks. 609/04 S. 56, 85.

[10] So auch *Splittgerber* (Fn. 9) S. 30ff. Der Nachweis ist auf den Inhalt, nicht nur auf die Existenz der Vereinbarung zu beziehen, vgl. *Winkler/Weinand* BB 1998, 597, 601; so iE auch *Moller* NZG 2000, 57, 58.

bart, die Schiedsabrede in einer gesonderten Urkunde zu treffen, so fehlt es an einer wirksamen Abrede, wenn diese Urkunde nicht unterzeichnet wird.[11]

2. Vereinbarung durch widerspruchslose Hinnahme, Abs. 2. Eine Schiedsvereinbarung nach Abs. 2 setzt zunächst voraus, dass **eine Partei der anderen** oder ein **Dritter beiden Parteien** ein Schriftstück mit einer entsprechenden Vereinbarung übermittelt. Dabei wird man entgegen dem Wortsinn des Begriffs **„Schriftstück"** jede nach Abs. 1 zugelassene Form der Übermittlung ausreichen lassen. Weiterhin muss nach der Verkehrssitte die Schiedsklausel Vertragsbestandteil werden, wenn diesem Schriftstück nicht widersprochen wurde. Erforderlich ist es damit nicht, dass die Parteien sich bereits vorher mündlich auf eine Schiedsklausel verständigt hatten und diese lediglich bestätigt wird, sondern auch die **nachträgliche einseitige Einführung** einer Schiedsklausel ist wirksam, wenn nur eine entsprechende **Verkehrssitte** besteht.[12] Dies hängt vom Sinn des Schreibens als Bestätigung des Vertragsinhalts[13] und von den Üblichkeiten in der Branche ab. Letzteres muss gegebenenfalls durch einen Sachverständigen geklärt werden. Eine solche Verkehrssitte kann auch **außerhalb des kaufmännischen Verkehrs** beachtlich sein, zB unter freiberuflich Tätigen. Stillschweigend wird in der Vorschrift vorausgesetzt, dass der Empfänger des Schriftstücks **nicht innerhalb angemessener Frist widersprochen** hat. 5

3. Vereinbarung durch Verweisung auf andere Schriftstücke, Abs. 3. Nach Abs. 3 genügt auch die Bezugnahme auf andere Schriftstücke, in welchen sich eine Schiedsklausel befindet. Damit sind insbesondere **AGB** gemeint, es kommen aber auch **andere Schriftstücke** in Betracht. Diese müssen eindeutig bestimmt sein.[14] Bei der Inbezugnahme braucht auf die Schiedsvereinbarung nicht besonders hingewiesen zu werden.[15] Die Einbeziehung in den Vertrag im Wege der Verweisung kann sowohl in den Fällen des Abs. 1 wie auch in denen des Abs. 2 geschehen. Als anderes Schriftstück in diesem Sinne sind auch AGB anzusehen, die sich auf der Rückseite des von den Parteien unterschriebenen Vertrags befinden, selbst aber nicht unterschrieben wurden.[16] Durch Abs. 3 kann auch durch **widerspruchslose Hinnahme** eines Schreibens, das lediglich auf ein anderes Schriftstück verweist, in welchem sich eine Schiedsklausel befindet, eine Schiedsvereinbarung getroffen werden.[17] Kenntnis des anderen Teils vom Inhalt des in Bezug genommenen Schriftstücks ist dabei nicht erforderlich.[18] Stehen AGB mit einer Schiedsklausel solche mit einer Gerichtsstandsvereinbarung gegenüber, so wird die Gerichtsstandsvereinbarung im Zweifel nicht als ausschließliche zu verstehen sein, so dass der Schiedsklausel nicht widersprochen wurde.[19] Soweit die Regeln der §§ 305ff. BGB über allgemeine Geschäftsbedingungen anwendbar sind, sind die allgemeinen Regeln über die **Einbeziehung der Klausel** anzuwenden, also auch die Bestimmung über überraschende Klauseln.[20] Ausgeschlossen ist nach der Formulierung des Abs. 3 eine Einbeziehung ohne Bezugnahme auf das Schriftstück, in welchem die Schiedsvereinbarung enthalten ist, selbst wenn die AGB branchenüblich sind.[21] Im Übrigen unterliegt die Klausel der **Kontrolle nach § 307 BGB.**[22] Dabei führt die Schiedsvereinbarung als solche nicht zu einer unangemessenen Benachteiligung, denn der Gesetzgeber geht von einer Gleichwertigkeit des schiedsgerichtlichen Rechtsschutzes mit dem durch staatliche Gerichte aus und hinsichtlich der Ausgestaltung des Verfahrens regelt die ZPO die Angemessenheit (zu Sonderfragen bei einseitigem Wahlrecht des Verwenders vgl. § 1029 Rn. 21).[23] Bei der Beurteilung, ob die Ausgestaltung des Schiedsverfahrens den Vertragspartner unbillig benachteiligt, sind die Schutzmechanismen der ZPO einzubeziehen. So führt eine unbillige Regelung über das Besetzungsverfahren nicht zur Unwirksamkeit der Schiedsklausel, sondern be- 6

---

11 OLG Köln MDR 2006, 201, 202.

12 So auch OLG Bremen TranspR 2002, 405, 407f. (Aushändigung eines Konnossements mit Schiedsklausel); *St/J/Schlosser* Rn. 4; enger OLG Hamburg 7. 8. 2003 6 Sch 4/03 = OLGR Hamburg 2004, 66ff.; (keine Einführung nach schriftlicher Erklärung einer Seite, der Vertrag sei verbindlich); aA *Ramming* TranspR 2002, 392ff.

13 BGH NJW 2005, 3499, 3500 (Schiedsklausel auf Rechnung nicht ausreichend).

14 Vgl. OLG München BauR 2000, 1779, 1780 (Unwirksamkeit der Klausel „Das nähere regelt eine Schiedsgerichtsvereinbarung nach beiligendem Muster", wenn dieses nicht beiliegt).

15 *Hanefeld/Wittinghofer* SchiedsVZ 2005, 217, 219.

16 *Spieker* ZIP 1999, 2138, 2139.

17 Abwehrklauseln stehen dem entgegen, *Hanefeld/Wittinghofer* SchiedsVZ 2005, 217, 219.

18 BT-Drucks. 13/5274 S. 37.

19 BGH NZBau 2007, 301, 302 = SchiedsVZ 2007, 273, 275f.

20 BGH SchiedsVZ 2005, 95, 97 (bei Verbraucherbeteiligung wegen besonderer Urkunde) m. zust. Anm. *Huber/Bach; Hanefeld/Wittinghofer* SchiedsVZ 2005, 217, 222f.; *St/J/Schlosser* Rn. 5; einschränkend MK/*Münch* § 1029 Rn. 11.

21 So aber MK/*Münch* Rn. 19.

22 *Haas/Hauptmann* SchiedsVZ 2004, 175, 178, 180; *Tröder* MittRhNotK 2000, 379, 382; *Lachmann* Rn. 546ff.; *K. Schmidt* ZHR 162 (1998), 265, 282; MK/*Münch* § 1029 Rn. 11; *Zö/Geimer* Rn. 31; vgl. auch (mit einzelnen Klauselbeispielen deutscher und US-amerikanischer Anbieter) *Alexander,* Gerichtsstands- und Schiedsvereinbarungen im E-Commerce sowie außergerichtliche Streitbelegung, 2006, 355ff., 493ff.; aA *Schlosser,* in: Revision des EuGVÜ – Neues Schiedsverfahrensrecht, 2000, S. 163, 189; offen lassend BGH SchiedsVZ 2007, 163, 164; wie hier (zum alten Recht) BGHZ 115, 324, 325 = NJW 1992, 575; NJW 1999, 282 (Klausel, die dem Verwender allein die Wahl einräumt, ob ein Schiedsgericht entscheiden soll oder nicht, vgl. dazu hier § 1029 Rn. 21); vgl. auch *Raeschke-Kessler,* in: Revision des EuGVÜ – Neues Schiedsverfahrensrecht, 2000, S. 211, 224ff., der bei Verbraucherbeteiligung einen AGB-Schiedsvertrag jedenfalls dann wegen § 9 AGBG aF [jetzt § 307 BGB] als unwirksam ansieht, wenn dieser der Regelung des § 1031 Abs. 5 zwar entspricht, aber mit einem weiteren, äußerlich getrennten AGB-Vertrag kombiniert wird, der den Kunden benachteiligt; vgl. auch *dens.* (bezogen auf Börsentermingeschäfte) WM 1998, 1205, 1207ff.

23 BGH SchiedsVZ 2007, 163, 164; 2005, 95, 97; *Kreindler/Schäfer/Wolff* Rn. 155; *Tröder* MittRhNotK 2000, 379, 382; *Baldus* (Fn. 9) S. 57.

rechtigt zum Vorgehen nach § 1034 Abs. 2.[24] Diese Grundsätze gelten auch dann, wenn die Klausel gegenüber **Gewerbetreibenden** verwendet wird, die **keine Kaufleute** sind. Die vom Gesetz eigens zugelassene Form der Einbeziehung einer Schiedsklausel in Verträge auch innerhalb dieses Personenkreises kann als solche keinen Verstoß gegen § 307 Abs. 2 Nr. 1 BGB begründen.[25] Soweit der **Vertrag beurkundungspflichtig** ist, muss bei der Verweisung die Frage der Beurkundungspflicht der Nebenabrede beachtet werden (vgl. Rn. 10).

7 **4. Vereinbarung durch Bezugnahme in Konnossement, Abs. 4.** Obwohl der Chartervertrag als solcher bei Begebung des Konnossements regelmäßig nicht bekannt ist, lässt Abs. 4 die Begründung einer Schiedsvereinbarung durch Verweisung auf den Chartervertrag zu. Erforderlich ist dazu aber, dass im Konnossement ausdrücklich auf die im Chartervertrag enthaltene **Schiedsklausel Bezug genommen** wird. Eine wörtliche Wiedergabe ist nicht erforderlich, es reicht aus, wenn sich die Existenz der Klausel und ihre Geltung für die durch das Konnossement übertragenen Rechte und Pflichten klar ergibt. Eine pauschale Verweisung auf ein Klauselwerk ohne Hinweis auf die darin enthaltene Schiedsklausel reicht nicht aus.[26] Soweit den **Parteien bekannt** ist, dass in dem Klauselwerk eine Schiedsklausel enthalten ist, kann in engen Ausnahmen die Berufung auf die Unwirksamkeit der Vereinbarung gegen Treu und Glauben verstoßen.[27]

IV. Anforderungen bei Beteiligung eines Verbrauchers, Abs. 5

8 **1. Verbraucher.** Die **strengeren Formvorschriften** des Abs. 5 sind anzuwenden, wenn an der Schiedsvereinbarung zumindest ein Verbraucher im Sinne des § 13 BGB beteiligt ist. **Verbraucher** können nur **natürliche Personen** sein. Bei Personenmehrheiten, die selbst nicht Träger von Rechten und Pflichten sein können, ist auf deren Mitglieder abzustellen. Juristische Personen und Handelsgesellschaften sind – anders als die Gesellschaft bürgerlichen Rechts[28] – kraft Rechtsform keine Verbraucher. Auch juristische Personen des öffentlichen Rechts, bei denen die Gewinnerzielung durch Satzung ausgeschlossen ist und die deshalb kein Gewerbe betreiben, fallen nicht unter Abs. 5.[29] Schließen sich Personen zusammen, um eine Personenmehrheit oder eine juristische Person **entstehen zu lassen** und wird hinsichtlich dieses Aktes eine Schiedsvereinbarung getroffen, so ist Abs. 5 im Grundsatz anwendbar (vgl. aber Rn. 9).

9 Der Verbraucher muss bei dem Geschäft, das Gegenstand der Streitigkeit ist, zu einem Zweck gehandelt haben, der **weder seiner gewerblichen** noch **selbständigen beruflichen Tätigkeit** zugerechnet werden kann. Damit sind Gewerbetreibende und Selbständige hinsichtlich solcher Geschäfte Verbraucher, die außerhalb ihrer gewerblichen oder selbständigen beruflichen Tätigkeit liegen. Zweifelhaft ist die Behandlung von Schiedsklauseln, die im **Gründungsvertrag einer Personenhandelsgesellschaft** enthalten sind. Einerseits handeln die Gründer bei Abschluss dieses Vertrags in der Regel nicht in Ausübung einer gewerblichen oder selbständigen beruflichen Tätigkeit.[30] Andererseits ist die Bezeichnung der Gründer als Verbraucher kaum sachgerecht. Mit der Rechtsprechung des BGH ist die Verbrauchereigenschaft von Gesellschaftern einer Personenhandelsgesellschaft bei Abschluss des Gesellschaftsvertrags zu verneinen.[31] Dafür spricht nicht zuletzt auch, dass die damit anzuwendenden Abs. 1 bis 4 immerhin eine (wenn auch erleichterte) Schriftform verlangen, so dass auch das sachgerechte Ergebnis erzielt wird, bei Schiedsklauseln im Gründungsvertrag einer Personenhandelsgesellschaft zwar Schriftform, nicht aber die besonders strenge Form des Abs. 5 zu fordern. Das gilt auch für andere Verträge im Zusammenhang mit der Existenzgründung.[32] Anders wird bei den Gesellschaftern einer **Publikumsgesellschaft** zu entscheiden sein, denn dort befinden sich die Kommanditisten der Sache nach eher in der Rolle von Verbrauchern als von Unternehmern (zur nicht formbedürftigen Übernahme eines Gesellschaftsanteils vgl. Rn. 3).[33]

10 **2. Anforderungen an die Schriftform.** Die **Vereinbarung** braucht nicht als Schiedsvertrag bezeichnet zu werden; es reicht vielmehr aus, wenn der Wille zum Ausdruck gebracht wird, die staatliche Gerichtsbarkeit auszuschließen und an ihre Stelle ein privates Schiedsgericht zu setzen. Der Wille muss sich **aus der Erklärung selbst** und **nicht** erst **aus Verweisungen** ergeben. Deshalb erfüllt eine Schiedsvereinbarung die Form des Abs. 5 **nicht,** wenn sie lediglich in den **in Bezug genommenen AGB** enthalten ist, und zwar auch dann nicht, wenn diese wirksam in den Vertrag einbezogen sind. Es muss vielmehr aus der Verweisung in der Ur-

---

[24] BGH SchiedsVZ 2007, 163, 164; *Lachmann* Rn. 562 f.

[25] BGH SchiedsVZ 2005, 95, 97; so auch OLG Oldenburg NJW-RR 2002, 641; MK/*Münch* § 1029 Rn. 11 f.; für eine intensive Inhaltskontrolle bei Verbraucherbeteiligung *Wagner/Quinke* JZ 2005, 932, 936 ff.; aA *Spieker* ZIP 1999, 2138, 2141; vgl auch *Mäsch,* Festschr. f. Schlosser, 2005, S. 529, 534.

[26] MK/*Münch* Rn. 20; *St/J/Schlosser* Rn. 6.

[27] Mit Recht zur Zurückhaltung mahnend *K. Schmidt,* Festschr. f. Herber, 1999, S. 281, 302 f.

[28] *Kreindler/Schäfer/Wolff* Rn. 158; vgl. MK/*Micklitz* § 13 BGB Rn. 15 f.

[29] Zum alten Recht: OLG Stuttgart NJW-RR 1999, 1557, 1558 (keine Anwendung des § 1027 Abs. 2 aF auf gemeindlichen Schlachthof, der wegen Ausschlusses der Gewinnerzielung nicht Vollkaufmann ist).

[30] *Baumbach/Hopt* HGB § 105 Rn. 21.

[31] BGH NJW 2005, 1273, 1274 = SchiedsVZ 2005, 157 (Erwerb eines Anteils an einer Gemeinschaftspraxis); OLG Düsseldorf NJW 2004, 3192, 3193 (Vorinstanz); *Kreindler/Schäfer/Wolff* Rn. 159; aA (Abschluss eines Gesellschaftsvertrags regelmäßig nicht auf eine gewerbliche Tätigkeit der Gesellschafter selbst gerichtet) *Lachmann* Rn. 339; *Ebbing* NZG 1998, 281, 282; *Prasse* MDR 2005, 961, 962 f.

[32] BGH NJW 2005, 1273, 1274 (Franchisevertrag, obiter dictum); OLG Oldenburg NJW-RR 2002, 641 f. (Franchisevertrag).

[33] OLG Oldenburg 31. 5. 2001 1 U 21/01 (Beitritt zur Partenreederei); *Kreindler/Schäfer/Wolff* Rn. 159; *Zö/Geimer* Rn. 35 a.

kunde selbst erkennbar sein, dass ein Schiedsgericht tätig werden soll.[34] Die strenge Schriftform gilt auch dann, wenn der Verbraucher die AGB mit der Schiedsklausel eingeführt hat; es kann sich die Gegenpartei auch dann auf die Formunwirksamkeit berufen, wenn sie selbst kein Verbraucher ist.[35] Bei mehreren wirtschaftlich zusammenhängenden Einzelverträgen kann auf die formwirksame Vereinbarung in einem der Verträge verwiesen werden; die Verweisung selbst muss aber der Form des Abs. 5 genügen.[36] Die Vereinbarung muss in **einer Urkunde** enthalten sein, die **beide Parteien unterschrieben** haben. Briefwechsel oder zwei wortgleiche Urkunden, die jeweils nur eine Unterschrift tragen, reichen anders als nach § 126 Abs. 2 BGB nicht aus,[37] da das Gesetz über das Erfordernis der Schriftform hinausgeht (anders, soweit das EuÜ[38] [zur Beschränkung auf Handelssachen vgl. Art. I Abs. 1 Buchst. 1] oder das UNÜbkSchdG [Vorbehalt nach Art. I Abs. 3 S. 2 wurde von Deutschland nicht erklärt] eingreifen, vgl. Rn. 18f.). Die Urkunde ist **eigenhändig** zu unterschreiben. Damit ist ein Faksimile oder eine Paraphe ausgeschlossen. Zulässig bleibt die **Stellvertretung** (vgl. § 1029 Rn. 6).[39] Den Anforderungen des Abs. 5 S. 1 genügt nach bisher hM auch eine **Blankounterschrift.**[40] Angesichts der Rechtsprechung zur Blankobürgschaft[41] kündigt sich aber eine Änderung an. Eine **notarielle Beurkundung** der Vereinbarung ist auch dann **nicht erforderlich,** wenn der Hauptvertrag, aus dem ggf. Streitigkeiten entstehen können, beurkundungspflichtig ist, sofern die Parteien die Schiedsvereinbarung nicht als Bestandteil des Hauptvertrags angesehen haben.[42] Letzteres ist nicht der Fall, wenn die Parteien – wie regelmäßig – dem Schiedsgericht auch die Entscheidung über die Wirksamkeit des Vertrages übertragen wollten.[43] Ist die Schiedsvereinbarung ausnahmsweise beurkundungspflichtig, so sind auch an sich formfrei zu vereinbarende Verfahrensvereinbarungen letztlich beurkundungspflichtig.[44] Seit der Änderung des Abs. 5 durch das Gesetz über rechtliche Rahmenbedingungen für den elektronischen Geschäftsverkehr vom 14. 12. 2001[45] sind Schiedsvereinbarungen, an denen ein Verbraucher beteiligt ist, auch bei **Abschluss in elektronischer Form** nach § 126a BGB formwirksam (zu Schiedsvereinbarungen in elektronischer Form ohne Beteiligung eines Verbrauchers vgl. Rn. 4). Wurde die Vereinbarung vor dem Inkrafttreten des Gesetzes vom 14. 12. 2001 geschlossen, so ist in Ermangelung einer Übergangsregelung im Gesetz von der Unwirksamkeit der Schiedsvereinbarung auszugehen. Dies entspricht der Wertung, die der Gesetzgeber in Art. 4 § 1 Abs. 1 SchiedsVfG vorgenommen hat (vgl. § 1025 Rn. 9).

3. Gesonderte Vereinbarung. Um zu vermeiden, dass die Schiedsabrede in einem Klauselwerk versteckt wird, darf die Urkunde oder das elektronische Dokument **keine anderen Vereinbarungen** als die Schiedsabrede und Verfahrensregelungen enthalten, **sofern die Erklärung nicht notariell beurkundet** wird.[46] Dem genannten Zweck wird auch dann genügt, wenn die Abrede mit anderen Vereinbarungen zwar auf demselben Blatt, aber **räumlich deutlich getrennt** getroffen und **gesondert unterschrieben** wird.[47] Bei notarieller Beurkundung ist eine gesonderte Unterschrift unter der als Anlage beigefügten Schiedsvereinbarung nicht erforderlich.[48] 11

4. Spätere Änderungen. Der bereits unterschriebene Text kann bei Einvernehmen der Parteien verändert werden, ohne dass der Vorgang der Veränderung formbedürftig ist; erneute Unterschriften sind deshalb nicht erforderlich.[49] Jede andere Form der Änderung, insbesondere durch spätere Zusatzvereinbarungen, unterliegt der Formvorschrift des Abs. 5, wobei zu beachten ist, dass bloße Regelungen des Verfahrens nicht formbedürftig sind (vgl. Rn. 2). Die **Aufhebung** oder **Einschränkung** einer Schiedsvereinbarung ist 12

---

[34] *St/J/Schlosser* Rn. 10; für eine strenge AGB-Kontrolle in Verbraucherverträgen MK/*Münch* § 1029 Rn. 12; *Wagner/Quinke* JZ 2005, 932, 936ff.; *Weihe*, Der Schutz der Verbraucher im Recht der Schiedsgerichtsbarkeit, 2005, S. 266ff.

[35] OLG Hamm NZBau 2007, 311, 312.

[36] *Zö/Geimer* Rn. 37; aA (schriftlicher Hinweis ohne Form des § 1027 Abs. 1 aF) OLG Oldenburg MDR 1951, 690, 691.

[37] AA *Kreindler/Schäfer/Wolff* Rn. 160.

[38] Zur Möglichkeit der Überschneidung vgl. *Moller* NZG 2000, 57, 59, der mit Recht dazu rät, die Schiedsvereinbarung in der Form des § 1031 Abs. 5 bestätigen zu lassen, um die Gefahr eines ordre-public-Verstoßes von vornherein auszuschließen.

[39] AA *B/L/H* Rn. 9.

[40] *Schwab/Walter* Kap. 5 Rn. 2; MK/*Münch* Rn. 25; *St/J/Schlosser* Rn. 12.

[41] BGH VersR 1996, 761, 762f.

[42] *Lachmann* Rn. 362ff.; zum alten Recht: BGHZ 69, 260, 263 = NJW 1978, 212; vgl. auch OLG Koblenz AcP 150 (1949) 453, 458 (Zusammenhang im konkreten Fall bejaht; Beurkundung der Vereinbarung über einen außerhalb der Urkunde zu schließenden Schiedsvertrages ausreichend); weiter gehend (Beurkundungspflichtigkeit der Schiedsvereinbarung als Nebenabrede) *Soergel/Wolf* § 313 BGB Rn. 66; *Tröder* MittRhNotK 2000, 379, 381.

[43] BGHZ 69, 260, 264 = NJW 1978, 212 (zum alten Recht).

[44] *Tröder* MittRhNotK 2000, 379, 381 (dort auch zur Möglichkeit des § 13a BeurkG bei Bezugnahmen nach § 1031 Abs. 3).

[45] BGBl. I S. 3721.

[46] Vgl. zum alten Recht: OLG Koblenz NJW-RR 1996, 970 (Unwirksamkeit einer mit einer den Hauptvertrag betreffenden salvatorischen Klausel verbundenen Schiedsabrede); OLG Düsseldorf NJW-RR 1997, 372, 373 (Bezugnahme im gesonderten Schiedsvertrag auf Hauptvertrag ist unschädlich); vgl. auch – sehr weitgehend – (Schiedsklausel im Vertrag, gesonderte Urkunde über Modalitäten des Schiedsverfahrens; Formwirksamkeit verneint) OLG Düsseldorf BB 1997, Beil. 3, S. 21f.; richtigerweise unterliegen Verfahrensvereinbarungen nicht dem Beurkundungszwang, die Frage ist aber streitig, vgl. DNotI-Report 1999, Beil. zu Heft 23, S. 2.

[47] MK/*Münch* Rn. 27; *St/J/Schlosser* Rn. 14; zum alten Recht: BGHZ 38, 155, 165 = NJW 1963, 203.

[48] *Tröder* MittRhNotK 2000, 379, 380; aA *B/L/H* Rn. 4.

[49] Zum alten Recht: BGH NJW 1994, 2300, 2301.

formlos möglich,[50] da auf diesem Weg der Zugang zum staatlichen Gericht nicht beschnitten, sondern gerade eröffnet wird.

V. Heilung durch rügeloses Einlassen, Abs. 6

13 **1. Voraussetzungen.** Nach Abs. 6 wird der Formmangel durch Einlassung auf die schiedsgerichtliche Verhandlung zur Hauptsache geheilt. Die Heilung tritt auch ein, wenn zwar Vorbehalte gegen die Zuständigkeit geltend gemacht werden, die sich aber nicht auf die Formunwirksamkeit beziehen.[51] Auf die **Kenntnis der Partei** von dem Formmangel oder den Folgen der Einlassung kommt es nicht an.[52] Eine Belehrung über die Folgen der Einlassung sieht das Gesetz nicht vor. Da die mündliche Verhandlung nicht obligatorisch ist, reicht bereits die Einlassung zur Hauptsache durch **Schriftsatz** aus.[53] Hat sich eine Partei auf die Unwirksamkeit der Schiedsvereinbarung berufen, so kann es wegen § 1040 Abs. 3 S. 3 erforderlich sein, sich vorsorglich zur Sache zu erklären. Ein solches vorsorgliches Vorbringen führt nicht zur Heilung;[54] dasselbe gilt für die Ernennung eines Schiedsrichters.[55]

14 **2. Umfang.** Die Heilung bezieht sich auf den Inhalt der formunwirksamen Schiedsvereinbarung, reicht aber **nicht weiter** als der vor dem **Schiedsgericht geltend gemachte Anspruch.**[56] Für weitere Verfahren, die zwar denselben Vertrag, jedoch einen anderen prozessualen Anspruch betreffen, ist die Formwirksamkeit deshalb neu zu prüfen.[57] Die Heilung bezieht sich allein auf den Formmangel; andere Nichtigkeitsgründe – etwa Sittenwidrigkeit – bleiben unberührt (vgl. aber auch Rn. 15).[58] Entspricht die Besetzung des Schiedsgerichts nicht der formunwirksamen Schiedsvereinbarung, so wird der Formmangel in Bezug auf das Verfahren zwar geheilt, ohne dass damit aber das Schiedsgericht zuständig wird.[59]

15 **3. Sonderfragen bei Fehlen einer Schiedsabrede.** Abs. 6 bezieht sich nicht auf Fälle, in denen es an einem **Schiedsvertrag fehlt.** Lässt sich der Schiedsbeklagte in einem solchen Fall ohne Rüge der Unzuständigkeit des Schiedsgerichts zur Hauptsache ein, so kann das Fehlen der Zuständigkeit wegen § 1040 Abs. 2 nicht mehr gerügt werden (vgl. auch § 1040 Rn. 5). Auf die Frage, ob in der Einlassung zur Hauptsache der Abschluss eines neuen Schiedsvertrages gesehen werden kann, kommt es deshalb regelmäßig nicht mehr an.[60] Im Hinblick auf die Möglichkeit, eine verspätete Rüge nach § 1040 Abs. 2 S. 4 zuzulassen, empfiehlt es sich aber weiterhin, in der ersten Verhandlung des Schiedsgerichts die Parteien zu einer der Form des Abs. 1 genügenden Erneuerung der Schiedsabrede zu veranlassen, um alle Zweifel an der Zuständigkeit des privaten Schiedsgerichts auszuschließen.

VI. Fehlerfolgen

16 Eine Schiedsabrede, die der Form nicht genügt, ist nach § 125 BGB **nichtig.** Auf die Formunwirksamkeit kann sich **jede Partei berufen,** im Fall des Abs. 5 also auch die Partei, die nicht Verbraucher ist, sofern dies nicht nach allgemeinen Regeln[61] als arglistig anzusehen ist.[62] **Entscheidet das Schiedsgericht** trotz der Formunwirksamkeit, so ist – sofern weder Heilung noch Präklusion eingetreten ist – der Schiedsspruch nach § 1059 Abs. 2 Nr. 1 Buchst. a aufhebbar. Wird bei einer **Klage vor dem staatlichen Gericht** die **Rüge der Schiedsvereinbarung** erhoben, so ist vom Gericht deren Formwirksamkeit zu prüfen (vgl. § 1032 Rn. 3).

VII. Auslandsberührung

17 **1. Anwendung des § 1031.** Haben die Parteien die **Schiedsvereinbarung einem fremden Recht** unterstellt, so ergibt sich aus § 1059 Abs. 2 Nr. 1 Buchst. a, dass die Rechtswahlfreiheit erst dann eingreift, wenn eine Schiedsvereinbarung nach §§ 1029, 1031 getroffen wurde. Damit ist die **Formwirksamkeit** nach **deutschem Recht** Voraussetzung für die weitere Beurteilung der Wirksamkeit nach § 1059 Abs. 2 Nr. 1 Buchst. a.[63] Da diese Regelung zugleich die Wirksamkeit nach dem gewählten Recht voraussetzt, be-

---

[50] Zum alten Recht: *Wiecz/Sch/Schütze* § 1027 aF Rn. 13.

[51] BGH NJW-RR 2005, 1659, 1660 = SchiedsVZ 2005, 259, 260.

[52] OLG München MDR 2005, 1186, 1187; *Zö/Geimer* Rn. 42; zum alten Recht: BGHZ 48, 35, 45 f. = NJW 1967, 2057; vgl. zum neuen Recht auch *St/J/Schlosser* Rn. 3.

[53] MK/*Münch* Rn. 30; *Zö/Geimer* Rn. 42; zum alten Recht: BGHZ 48, 35, 45 f. = NJW 1967, 2057; BGH NJW 1983, 1267, 1269; strenger *Wiecz/Sch/Schütze* § 1027 aF Rn. 14 (erst, wenn sich Gegner geäußert hat oder das Schiedsgericht tätig geworden ist).

[54] MK/*Münch* Rn. 31; *St/J/Schlosser* Rn. 17.

[55] MK/*Münch* Rn. 31; zum alten Recht: *Wiecz/Sch/Schütze* § 1027 aF Rn. 14.

[56] Zum alten Recht: BGH MDR 1963, 380, 381.

[57] MK/*Münch* Rn. 32; zum alten Recht: BGH MDR 1963, 380, 381.

[58] *Schwab/Walter* Kap. 5 Rn. 6; *St/J/Schlosser* § 1059 Rn. 17.

[59] *St/J/Schlosser* Rn. 18.

[60] Vgl. *St/J/Schlosser* Rn. 19; vgl. auch MK/*Münch* § 1040 Rn. 18 f., der den Willen zum Neuabschluss zwar verlangt, diesen jedoch stets in Klageerhebung und Einlassung sieht; ähnlich großzügig auch *Kröll* ZZP 117 (2004), 453, 482.

[61] Vgl. MK/*Einsele* § 125 BGB Rn. 53 ff.

[62] OLG Hamm NZBau 2007, 311 f. = MDR 2006, 1165 f.; *Lachmann* Rn. 361; vgl. BGH NJW-RR 1987, 1194 (Unternehmenskaufvertrag; *zum alten Recht*); aA (§ 242 BGB unanwendbar) MK/*Münch* Rn. 4.

[63] *Epping,* Die Schiedsvereinbarung im internationalen Rechtsverkehr nach der Reform des deutschen Schiedsverfahrensrechts, 1999, S. 95; vgl. auch BT-Drucks. 13/5274 S. 59; MK/*Münch* Rn. 9; aA *Ebbing* NZG 1998, 281, 288 (Wahl des Rechts der Schiedsvereinbarung kann über Art. 11 EGBGB auch Form des § 1031 entbehrlich werden lassen); *Thümmel* (Fn. 9) S. 935, 940 f.; *B/L/H* Rn. 2.

stimmt sich im Aufhebungsverfahren die Formwirksamkeit in Fällen der Rechtswahl **kumulativ** nach § 1031 und dem gewählten Recht.[64] Die großzügigere Regelung des Art. 11 EGBGB wird durch diese Sonderregelungen verdrängt. Steht der Schiedsort und damit die Anwendbarkeit des § 1059 noch nicht fest und kommt es anlässlich der Rüge des § 1032 Abs. 1 oder wegen Anträgen, für die deutsche Gerichte nach § 1025 Abs. 2 und 3 international zuständig sind, auf die Formwirksamkeit der Abrede an, so ist diese weiterhin nach Art. 11 EGBGB zu beurteilen.[65] Zur Formfrage bei Anerkennung ausländischer Schiedssprüche vgl. § 1061 Rn. 14.

2. Vereinbarungen nach UNÜbkSchdG. Art. II UNÜbkSchdG (abgedruckt in § 1061 Rn. 8) verlangt für 18
die Schiedsvereinbarung den Austausch **schriftlicher Erklärungen.**[66] Dazu genügt nach Art. II Abs. 2 UNÜbkSchdG ein Brief- oder Telegrammwechsel. Erforderlich ist aber, dass die Schiedsabrede dem anderen Teil zur Kenntnis gegeben wird. Die **Bezugnahme auf AGB,** die dem Schriftwechsel nicht beiliegen, reicht dazu **nicht** aus,[67] wohl aber der Abdruck von AGB auf der Rückseite des übersendeten Schriftstücks.[68] Das UNÜbkSchdG lässt die Anerkennung eines Schiedsspruchs auf der Grundlage eines günstigeren Landesrechts unberührt (Art. VII). Daraus wird geschlossen, dass die Parteien nach § 1031 auch Vereinbarungen treffen können, ohne dass die Form des Art. II UNÜbkSchdG eingehalten wird.[69] Dies ist für Schiedsgerichte mit Schiedsort im Inland zutreffend. Für Schiedssprüche mit Schiedsort im Ausland verweist das deutsche Recht in § 1061 hingegen gerade auf das UNÜbkSchdG, so dass eine Berufung auf die allein für Schiedsgerichte mit Schiedsort in Deutschland geltende Regelung des § 1031 ausgeschlossen ist.[70] Lässt sich der Schiedsbeklagte rügelos auf das Schiedsverfahren ein, so wird der Formmangel geheilt. Auch wenn dies in Art. II UNÜbkSchdG – anders als in § 1031 Abs. 6 – nicht eigens erwähnt ist, folgt doch aus dem Gedanken des Verbots widersprüchlichen Verhaltens, dass sich der Schiedsbeklagte nicht im Aufhebungsverfahren auf den Formmangel berufen kann.[71] Der rügelosen Einlassung kann das Unterlassen jeder Stellungnahme gegenüber dem Schiedsgericht nicht gleichgestellt werden.[72]

3. Vereinbarungen nach EuÜ. Entsprechende Formvorschriften enthält Art. I Abs. 2 Buchst. a EuÜ (ab- 19
gedruckt in § 1061 Rn. 32).[73] Danach ist zwar Schriftform, nicht aber eine separate Urkunde erforderlich.[74] Die nachträgliche schriftliche Zustimmung reicht aus.[75] Dabei ist zu beachten, dass das Schriftformerfordernis in Art. I Abs. 2 Buchst. a EuÜ durch den Nachsatz am Ende dieser Bestimmung aufgegeben wird, soweit die beteiligten Personen ihren Sitz oder ihren gewöhnlichen Aufenthalt in Staaten haben, deren Rechtsordnung keine Schriftform vorsieht[76] und die getroffene Vereinbarung nach diesen Rechtsordnungen wirksam ist.[77] Damit sind auch solche Vereinbarungen gültig, die der abgeschwächten Schriftform des § 1031 genügen, ohne die Anforderungen des Art. I Abs. 2 Buchst. a EuÜ zu erfüllen.

1032 *Schiedsvereinbarung und Klage vor Gericht*

(1) Wird vor einem Gericht Klage in einer Angelegenheit erhoben, die Gegenstand einer Schiedsvereinbarung ist, so hat das Gericht die Klage als unzulässig abzuweisen, sofern der Beklagte dies vor Beginn der mündlichen Verhandlung zur Hauptsache rügt, es sei denn, das Gericht stellt fest, dass die Schiedsvereinbarung nichtig, unwirksam oder undurchführbar ist.

---

64 *Baldus* (Fn. 9), S. 97ff.; aA *Epping* (Fn. 63) S. 95f.; MK/*Münch* Rn. 9.

65 *Epping* (Fn. 63) S. 96f., 227; *St/J/Schlosser* Rn. 8 (analoge Anwendung des Art. 11 EGBGB bei ausländischem und noch nicht feststehendem Schiedsort).

66 BayObLG NJW-RR 2003, 719, 720; *Schütze* BB 1992, 1877, 1878; vgl. auch OLG Hamm BB 1995, Beil. 14, S. 21; OLG Hamburg NJW-RR 1999, 1738, 1739 (schriftliche Bestätigung der formunwirksamen Vereinbarung anlässlich der Schiedsrichterbestellung); vgl. auch *Baldus* (Fn. 9) S. 66f. (gegen einen Gleichlauf mit § 1031 Abs. 1).

67 OLG München RIW 1996, 854, 855; OLG Frankfurt 26. 6. 2006 26 Sch 28/05 Tz. 18 = IHR 2007, 42; vgl. auch *Schlosser* ZEuP 1994, 682, 692 (unter Hinweis auf die Möglichkeit einer Einbeziehung nach deutschem Recht kraft Handelsbrauchs); *Sieg* RIW 1998, 102, 106.

68 BayObLGZ 1998, 219, 223 = NJW-RR 1999, 644; OLG Schleswig RIW 2000, 706, 707 (Hinweis unterhalb der Unterschriftszeile auf umseitig abgedruckte AGB); zu den Anforderungen vgl. *Hanefeld/Wittinghofer* SchiedsVZ 2005, 217, 221.

69 *Kröll* ZZP 117 (2004), 453, 473ff., 478 (im Exequaturverfahren); *Kröll* SchiedsVZ 2006, 203, 213; in diese Richtung *Schwab/Walter* Kap. 44 Rn. 12; MK/*Münch* Rn. 10f.; *St/J/Schlosser* Anh. § 1061 Rn. 159; in der Tendenz auch BGH SchiedsVZ 2005, 306, 307; wohl auch *Thümmel* (Fn. 9) S. 935, 938f.; offen lassend OLG Frankfurt 26. 6. 2006 26 Sch 28/05 Tz. 18; zum alten Recht (§ 1044 aF) BGH NJW 1993, 1798.

70 So auch *Moller* NZG 1999, 143, 145f.; *Mallmann* SchiedsVZ 2004, 152, 156; für die Anerkennung derartiger Schiedssprüche auf der Grundlage eines richterlichen Ermessens *Schlosser* (Fn. 22) S. 163, 198; tendenziell auch BGH NJW 2005, 3499, 3500; vgl. dazu aber § 1061 Rn. 28.

71 OLG Schleswig RIW 2000, 706, 707f.; *St/J/Schlosser* Anh. zu § 1061 Rn. 55; *Schwab/Walter* Kap. 44 Rn. 10; *Haas* IPRax 1993, 382, 384; MK/*Gottwald* Art. II UNÜ Rn. 16 (rügelose schriftliche Einlassung als konkludente Willenserklärung, auf Schiedsvereinbarung gerichtet).

72 BayObLG NJW-RR 2003, 719, 720.

73 BGBl. 1964 II S. 425; in Kraft getreten am 25. 1. 1965, vgl. BGBl. 1965 II S. 107.

74 OLG Frankfurt RIW 1986, 379, 380; vgl. *Zö/Geimer* Rn. 22.

75 BGH NJW 1983, 1267, 1268; OLG Köln RIW 1992, 760.

76 *St/J/Schlosser* Anh. § 1061 Rn. 171 (auf das durch das Kollisionsrecht dieser Staaten berufene Sachrecht kommt es dabei nicht an).

77 *St/J/Schlosser* Anh. § 1061 Rn. 171 (die Wirksamkeit aus Sicht des Rechts eines Drittstaats, der geringere Anforderungen stellt, rechtfertigt keine Anerkennung auf der Grundlage des EuÜ); vgl. auch OLG Hamburg RIW 1979, 482, 483 m. krit. Anm. *Metzger.*

(2) Bei Gericht kann bis zur Bildung des Schiedsgerichts Antrag auf Feststellung der Zulässigkeit oder Unzulässigkeit eines schiedsrichterlichen Verfahrens gestellt werden.

(3) Ist ein Verfahren im Sinne des Absatzes 1 oder 2 anhängig, kann ein schiedsrichterliches Verfahren gleichwohl eingeleitet oder fortgesetzt werden und ein Schiedsspruch ergehen.

I. Normzweck

1 § 1032 **sichert** den vereinbarten **Vorrang eines Verfahrens vor dem Schiedsgericht,** indem er die Abweisung der Klage vor einem staatlichen Gericht anordnet, falls dort abredewidrig Klage erhoben wird und der Beklagte vor seiner Einlassung zur Hauptsache die Unzuständigkeit des staatlichen Gerichts rügt. Ein solcher Vorrang des schiedsgerichtlichen Verfahrens besteht nur bei Wirksamkeit der Schiedsvereinbarung, so dass das Verfahren vor dem staatlichen Gericht fortgesetzt wird, wenn die Schiedsabrede nichtig oder unwirksam ist. Um dem Interesse des Klägers an der Gewährung effektiven Rechtsschutzes Rechnung zu tragen, stellt der Gesetzgeber der Unwirksamkeit der Schiedsabrede ihre Undurchführbarkeit gleich. Mit Abs. 2 wird ein Verfahren geschaffen, das es erlaubt, im **Vorfeld eines Schiedsverfahrens** die Zulässigkeit oder Unzulässigkeit eines Schiedsverfahrens aus Sicht des staatlichen Gerichts zu klären. Dabei wird dieses Verfahren auf den Zeitraum vor der Bildung des Schiedsgerichts beschränkt.

II. Abweisung als unzulässig

2 **1. Schiedsvereinbarung. a) Qualifikation als Schiedsvereinbarung.** Vorausgesetzt wird eine Schiedsvereinbarung, denn nur diese schließt die staatliche Gerichtsbarkeit aus. Gleichzustellen ist die Einsetzung eines Schiedsgerichts nach § 1066. Auf Vereinbarungen über die Einholung eines **Schiedsgutachtens** (vgl. § 1029 Rn. 17f.) ist die Regelung nicht anwendbar.[1] Wird Klage erhoben, bevor das Schiedsgutachten eingeholt wurde, so sind die §§ 431, 356 entsprechend anzuwenden.[2] Verstreicht die nach diesen Bestimmungen durch Beschluss zu setzende Frist fruchtlos, so wird die Klage als unbegründet abgewiesen, weil die vorgetragenen Behauptungen nicht in der vereinbarten Weise bewiesen wurden.[3] Abs. 1 gilt weiterhin nicht, wenn die Parteien vereinbart haben, vor der Klage eine **Schlichtungsstelle** anzurufen.[4] Die abredewidrige Klageerhebung ist aber regelmäßig mit dem Grundsatz von Treu und Glauben unvereinbar und – sofern der Beklagte sich auf die Schlichtungsabrede beruft[5] – als unzulässig abzuweisen (vgl. § 1029 Rn. 20).[6] Der Verstoß gegen Treu und Glauben entfällt, wenn die Schlichtungsabrede undurchführbar ist; die in Rn. 4 genannten Grundsätze gelten entsprechend.[7] Wegen § 1025 Abs. 2 begründet auch eine Schiedsvereinbarung, die einen **Schiedsort im Ausland** vorsieht, die Rüge des Abs. 1.

3 **b) Wirksamkeit der Schiedsvereinbarung.** Die Wirksamkeit der Schiedsvereinbarung (vgl. § 1029 Rn. 10f.; zum Entfallen der Schiedsvereinbarung vgl. § 1029 Rn. 12; zu Fällen mit Auslandsbezug vgl. § 1029 Rn. 28; § 1031 Rn. 17ff.) wird vom staatlichen Gericht vor der Abweisung der Klage geprüft, ohne dass sich der Kläger auf ihre Unwirksamkeit zu berufen braucht. Die Parteien können nicht wirksam vereinbaren, dass das staatliche Gericht auf diese Prüfung verzichtet. Es bleibt ihnen aber unbenommen, noch während des Verfahrens vor dem staatlichen Gericht eine Schiedsvereinbarung zu treffen. Eine Vereinbarung, durch welche die Entscheidung über die Wirksamkeit der Schiedsvereinbarung auf das Schiedsgericht verlagert wird (**Kompetenz-Kompetenz-Klausel**), steht der Prüfung der Schiedsabrede durch das staatliche Gericht nicht mehr entgegen.[8] Nach Abs. 1 reicht es aus, wenn der **Beklagte** den **Abschluss der Schiedsvereinbarung** darlegt und beweist, während der **Kläger** die **Unwirksamkeit, Nichtigkeit oder Undurchführbar-**

---

[1] *Schwab/Walter* Kap. 2 Rn. 7; zum alten Recht: BGH NJW 1982, 1878, 1879; *Kappel,* Die Abweisung „zur Zeit", 1999, S. 80f.; aA *Walter* JZ 1988, 1083, 1084, vgl. aber auch *dens.* ZZP 103 (1990), 141, 154; iE ebenfalls anders *Wagner* NJW 2001, 182, 183 (Abweisung als unzulässig unabhängig von § 1032 auf der Grundlage der Parteiabrede).

[2] OLG München OLGR 2000, 43f.; zum alten Recht: *Kappel* (Fn. 1) S. 81f.; *St/J/Schlosser* Vor § 1025 Rn. 40; vgl. auch (Fristsetzung im Ermessen des Gerichts) BGH NJW-RR 1988, 1405 = JZ 1988, 1080, 1083 m. abl. Anm. *Walter;* aA *Walchshöfer,* Festschr. f. Schwab, 1990, S. 521, 528f. (Abweisung ohne Fristsetzung als zurzeit unbegründet); wiederum anders *Koeble* BauR 2007, 1116, 1120 (gerichtliche Beweisaufnahme durch den von den Parteien festgelegten Gutachter; damit wird aber die Bindungswirkung der Schiedsgutachterabrede nicht erreicht).

[3] *Schwab/Walter* Kap. 2 Rn. 7; *St/J/Schlosser* Vor § 1025 Rn. 40; zum alten Recht: *Walter* ZZP 103 (1990), 141, 154; für eine Abweisung als zurzeit unbegründet BGH NJW-RR 1988, 1405; OLG Zweibrücken NJW 1971, 943, 944; differenzierend *Kappel* (Fn. 1) S. 83ff. (bei Ausbleiben von Schiedsgutachten zum Anspruchsgrund Abweisung als unbegründet; bei Ausbleiben von Schiedsgutachten zur Anspruchshöhe und bei gestaltenden Schiedsgutachten – insbes. Leistungsbestimmungen – Abweisung als zurzeit unbegründet); zur Frage, ob die Schiedsgutachtenabrede einem selbständigen Beweisverfahren entgegensteht, *v. Bernuth* ZIP 1998, 2081ff. (verneinend, wenn Gegner zustimmt oder besondere Verlust- oder Erschwerungsgefahr hins. eines Beweismittels besteht; Durchführung des selbständigen Beweisverfahrens soll Erforderlichkeit des Gutachtens nicht berühren).

[4] *St/J/Schlosser* Rn. 10; zum alten Recht vgl. BayObLG NJW-RR 1996, 910 (WEG-Verfahren); OLG Hamburg OLGRspr. 25, 235; *Wiecz/Sch/Schütze* § 1027a aF Rn. 6.

[5] Zu diesem Erfordernis vgl. BGH NJW 1999, 647, 648; anders, wenn das Gesetz die Durchführung des Schlichtungsverfahrens als Prozessvoraussetzung ausgestaltet, vgl. BGH NJW 2001, 228 (zu § 16 WahrnG).

[6] So zum alten Recht iE BGH ZZP 99 (1986), 90, 93; BayObLG NJW-RR 1996, 910; OLG Nürnberg OLGZ 1975, 439; OLG Celle NJW 1971, 288, 289; vgl. auch zum neuen Recht *St/J/Schlosser* Rn. 10 (Nichtanrufung eines Vereinsgerichts könne zu fehlender Klagbarkeit führen).

[7] Vgl. BGH NJW 1999, 647, 648 (Verweigerung der Leistung des anteiligen Gebührenvorschusses durch den Beklagten).

[8] BGH Schieds VZ 2005, 95, 97; vgl. BT-Drucks. 13/5247 S. 44; *Lachmann* Rn. 692; *St/J/Schlosser* Rn. 11.

keit des Schiedsverfahrens darlegen und beweisen muss.[9] Die damit verbundene Stärkung der Schiedsgerichtsbarkeit entspricht auch dem Anliegen des Neuregelungsgesetzes, so dass dieses dem Wortlaut entsprechende Ergebnis keiner Korrektur bedarf. Hat sich der Beklagte vor dem Schiedsgericht auf die Unwirksamkeit der Schiedsabrede berufen, so handelt er in der Regel **rechtsmissbräuchlich**, wenn er sich vor dem staatlichen Gericht auf den Schiedsvertrag beruft (vgl. auch Rn. 8).[10] Ebenso verhält es sich, wenn sich der Beklagte vorprozessual eindeutig und nachdrücklich auf den Schiedsvertrag berufen hat.[11]

Abs. 1 stellt der Unwirksamkeit der Schiedsabrede ihre **Undurchführbarkeit** gleich. Diese ist vor allem 4
dann anzunehmen, wenn nach dem substantiierten Vortrag des Klägers[12] der **Beklagte verarmt** ist und deshalb das Schiedsverfahren nur auf der Grundlage eines Vorschusses des Klägers durchgeführt werden könnte (zum Ausschluss der Prozesskostenhilfe vgl. § 1042 Rn. 12).[13] Eine Kündigung der Schiedsvereinbarung ist in diesen Fällen möglich (§ 1029 Rn. 12), aber nicht erforderlich.[14] Gravierende Verstöße der Gegenpartei gegen **Treu und Glauben** können eine Durchführung des Schiedsverfahrens unzumutbar werden lassen, so dass es undurchführbar iSd. § 1032 ist.[15] Weiterhin ist die Schiedsabrede richtiger Ansicht nach undurchführbar, wenn das Schiedsgericht zu dem Ergebnis gekommen ist, dass die Schiedsabrede unwirksam ist (vgl. Rn. 8). Zu Fällen, in denen der Schiedsrichter nicht tätig wird oder nicht tätig werden kann, vgl. § 1038 Rn. 5f. Streitigkeiten über das vereinbarte Verfahren zur Besetzung des Schiedsgerichts führen nicht zur Undurchführbarkeit der Schiedsabrede, sondern werden nach § 1035 Abs. 4 entschieden (vgl. § 1035 Rn. 14).[16]

**c) Umfang der Schiedsabrede; Zuständigkeit der staatlichen Gerichtsbarkeit in besonderen Verfahrens- 5
arten.** Die staatliche Gerichtsbarkeit ist nur in dem Maße ausgeschlossen, wie dies durch die Schiedsabrede vereinbart ist. Dies betrifft zum einen den **Umfang der Schiedsabrede** hinsichtlich der dem Schiedsgericht **zugewiesenen Ansprüche** (vgl. § 1029 Rn. 23; zur Schiedsfähigkeit von Streitigkeiten außerhalb der ordentlichen streitigen Gerichtsbarkeit vgl. § 1030 Rn. 8f.), es betrifft aber auch die Frage, ob die Parteien auch hinsichtlich vor dem staatlichen Gericht gegebener **besonderer Verfahrensarten** die Zuständigkeit des staatlichen Gerichts ausschließen wollten. Dabei ist mit der hL davon auszugehen, dass die beschleunigte Rechtsdurchsetzung im Wege eines **Wechsel- oder Scheckprozesses** vor dem staatlichen Gericht zulässig bleibt, auch wenn die Schiedsvereinbarung die Wechsel- bzw. Scheckforderung umfasst (vgl. § 602 Rn. 9). Anders verhält es sich dagegen beim Urkundenprozess (vgl. § 592 Rn. 15; zur Frage, ob im Schiedsverfahren ein Urkundenprozess vereinbart werden kann vgl. § 1042 Rn. 29). Abweichendes kann aber vereinbart werden (zum Umfang der Schiedsabrede bei Anwendbarkeit fremden Verfahrensrechts vgl. § 1029 Rn. 23). Für das Nachverfahren ist auch ohne besondere Vereinbarung das Schiedsgericht zuständig (vgl. § 1029 Rn. 23; zur Geltung gegenüber weiteren Wechselnehmern vgl. § 1029 Rn. 8).[17] Verfahren vor dem staatlichen Gericht mit dem Ziel einer **einstweiligen Verfügung** oder eines **Arrestes** sind nach § 1033 trotz der Schiedsabrede zulässig. Zum **selbständigen Beweisverfahren** vgl. § 1033 Rn. 2; § 1042 Rn. 28; zu **Vollstreckungsschutzanträgen** nach § 769 vgl. § 1030 Rn. 7. Wird in einem Verfahren vor dem staatlichen Gericht einem Dritten der **Streit verkündet,** so kann der Dritte dieser Streitverkündung die Rüge nach Abs. 1 nicht entgegenhalten,[18] denn andernfalls würde den vor dem staatlichen Gericht streitenden Parteien die Möglichkeit genommen, eine Entscheidung mit Interventionswirkung gegenüber dem Dritten herbeizuführen. Handelt es sich um eine einheitliche Schiedsvereinbarung, welche neben den Parteien auch den Dritten umfasst, so kann allerdings die Streitverkündung rechtsmissbräuchlich sein, wenn die Parteien auf diesem Weg dem Dritten ein

---

[9] AA (an der Rechtsprechung zum alten Recht weiterhin festhaltend) *B/L/H* Rn. 3.

[10] Zum alten Recht: BGHZ 50, 191, 193ff. = NJW 1968, 1928; BGH NJW-RR 1987, 1194, 1195.

[11] *Illmer,* Der Arglisteinwand an der Schnittstelle von staatlicher Gerichtsbarkeit und Schiedsgerichtsbarkeit, 2007, S. 138, 154; zum alten Recht: BGH NJW-RR 1987, 1194, 1195; OLG Düsseldorf ZIP 2004, 1956, 1962 (vermögenslose GmbH) m. insoweit abl. Anm. *Leibner* EWiR 2004, 623, 624 (maßgebend sei erst Löschung).

[12] OLG Naumburg BauR 2005, 1509, 1510.

[13] BGH NJW 2000, 3720, 3721; MK/*Münch* Rn. 5; *Zö/Geimer* Rn. 20 (jeweils über Treu und Glauben begründet); aA (nur durch Kündigung geltend zu machen) *Risse* BB 2001, Beil. 6, S. 11; zum alten Recht (über Arglisteinrede begründet): BGHZ 102, 199, 203 = NJW 1988, 1215 = EWiR § 1027a aF 1/88 S. 519 (*Schlosser*); OLG Hamm RIW 1995, 681, 682.

[14] Vgl. (zur Entbehrlichkeit der Kündigung) BGH NJW 2000, 3720, 3721; KG SchiedsVZ 2003, 239f. (Prozesskostenhilfeantrag der verarmten Partei scheitert deshalb bei nicht gekündigter Schiedsabrede nicht an Unzulässigkeit der Klage); *Wagner* LM § 1032 Nr. 11; *Kremer/Weimann* MDR 2004, 181ff.; MK/*Münch* Rn. 5 (Kündigungsrecht oder Undurchführbarkeit); letztlich auch *Schlosser* JZ 2001, 260 (Aufgabe des Kündigungserfordernisses sei zwar vorschnell, aber man könne damit leben, zumal in der Klageerhebung vor dem staatlichen Gericht die Kündigung gesehen werden könne); aA *Risse* BB 2001, Beil. 6, S. 11; *Walter* ZZP 114 (2001), 99, 102.

[15] *Illmer* (Fn. 11) S. 156; *Kreindler/Schäfer/Wolff* Rn. 201; *Zö/Geimer* Rn. 20; zum alten Recht vgl. auch BGH NJW-RR 1987, 1194.

[16] *Kröll* SchiedsVZ 2003, 81, 82; vgl. auch OLG Dresden BB 2001 Beil. 6, S. 18, 19.

[17] *Lachmann* Rn. 494f.; *Schwab/Walter* Kap. 7 Rn. 16; *St/J/Schlosser* Rn. 6 iVm. § 1029 Rn. 23; *Zö/Geimer* Rn. 10 (im Regelfall jedoch bereits einen Willen zum Ausschluss der staatlichen Gerichtsbarkeit für den Wechsel- bzw. Scheckprozess annehmend); zur Bindungswirkung des staatlichen Vorbehaltsurteils im nachfolgenden schiedsgerichtlichen Verfahren und zur Möglichkeit, die Zwangsvollstreckung aus dem Vorbehaltsurteil durch das Schiedsgericht nach § 1041 zu untersagen, vgl. *Annen/Schmidt* SchiedsVZ 2007, 304, 307ff.; zum alten Recht (Zuständigkeit des Schiedsgerichts allein für Nachverfahren): BGH NJW 1994, 136; weiter gehend (Zuständigkeit des staatlichen Gerichts auch für das Nachverfahren) *Wiecz/Sch/Schütze* § 1025 aF Rn. 71.

[18] *Zö/Geimer* Rn. 18; vgl. auch *Elsing* SchiedsVZ 2004, 88, 89f. (jedoch eine Interventionswirkung ablehnend, wenn die Schiedsabrede – wie regelmäßig – entsprechend auszulegen sei; die Disponibilität der Interventionswirkung wird jedoch nicht anders als die der Rechtskraft zu beurteilen sein, vgl. dazu § 1059 Rn. 28).

Verfahren vor dem staatlichen Gericht aufzwingen und so gegen ihre Nebenpflichten aus der Schiedsvereinbarung verstoßen.

6 **d) Besonderheiten bei Aufrechnung und Zurückbehaltungsrechten.** Unterliegt in einem Verfahren vor den staatlichen Gerichten die zur Aufrechnung gestellte Gegenforderung einer Schiedsabrede, so kann gegen die Aufrechnung die Rüge nach Abs. 1 erhoben werden,[19] weil das staatliche Gericht andernfalls auch über die Gegenforderung rechtskräftig entscheiden kann (§ 322 Abs. 2). Die Berufung auf die Schiedsabrede hat zur Folge, dass die Aufrechnung vom Gericht nicht berücksichtigt wird, soweit die Forderung nicht unstreitig oder vom Schiedsgericht bereits zugesprochen ist (vgl. § 1029 Rn. 25). Das Verfahren vor dem staatlichen Gericht wird in einem solchen Fall nicht ausgesetzt und es ergeht auch kein Vorbehaltsurteil, sondern das Gericht entscheidet abschließend über die der Schiedsabrede nicht unterliegende Hauptforderung (vgl. § 1029 Rn. 25). Zurückbehaltungsrechte werden vom staatlichen Gericht berücksichtigt, auch wenn sie sich aus Forderungen ergeben, die Gegenstand einer Schiedsabrede sind.[20] Der Unterschied zur Aufrechnung rechtfertigt sich daraus, dass über diese Frage nicht rechtskräftig entschieden wird.

7 **2. Rüge des Beklagten.** Die Klage wird nur nach Rüge des Beklagten als unzulässig abgewiesen. Die Parteien können nicht vereinbaren, dass die Rüge entbehrlich ist.[21] Die Rüge muss **vor Beginn der mündlichen Verhandlung zur Hauptsache** (vgl. § 39 Rn. 3; zum Urkundenprozess vgl. § 592 Rn. 15) erhoben werden. Andernfalls ist die staatliche Gerichtsbarkeit zur Entscheidung berufen. Dies gilt richtiger Ansicht nach auch dann, wenn der Beklagte **verspätet rügt** und die Verspätung genügend **entschuldigt.** Die Regelung der § 282 Abs. 3, § 296 Abs. 3 ist nicht anwendbar, da § 1032 gegenüber diesen Bestimmungen als Sonderregelung anzusehen ist.[22] Dafür spricht insbesondere die Parallele zu § 39 (zur Unanwendbarkeit des § 296 Abs. 3 in diesem Fall vgl. § 39 Rn. 3), die auch in der Begründung des Gesetzentwurfs betont wird. Wurde dem Beklagten eine Klageerwiderungsfrist gesetzt, so reicht nach dem klaren Wortlaut des Abs. 1 und anders als bei § 282 Abs. 3 S. 2 die Rüge **in der mündlichen Verhandlung** aus.[23] **Rügt** der Beklagte die Unzuständigkeit **nicht,** so kann in der Klageerhebung vor dem staatlichen Gericht und der Nichterhebung der Rüge im Einzelfall zugleich eine **konkludente Aufhebung der Schiedsvereinbarung** liegen. Dies wird relevant, wenn das Verfahren vor dem staatlichen Gericht ohne Sachurteil endet (etwa durch Klagerücknahme) und nun die Sache vor dem Schiedsgericht ausgetragen werden soll oder aber einer erneuten Klage vor dem staatlichen Gericht die Rüge der Unzuständigkeit entgegengehalten wird. An den Nachweis des Willens der Parteien zur Aufhebung der Schiedsvereinbarung sind aber hohe Anforderungen zu stellen.[24]

8 **3. Besonderheiten bei bereits betriebenem Schiedsverfahren.** Nicht explizit geregelt ist die Situation, dass im Zeitpunkt der Entscheidung des staatlichen Gerichts über die Berechtigung der Rüge des § 1032 das **Schiedsgericht** seine **Zuständigkeit bejaht** hat. Hier ist zu unterscheiden: Ist bereits ein **Schiedsspruch ergangen,** so steht dieser nach § 1055 einem rechtskräftigen Urteil gleich. Damit darf das staatliche Gericht diese Entscheidung nicht ignorieren, sondern muss durch Aussetzung entsprechend §§ 148 ff. Gelegenheit geben, die Aufhebung des Schiedsspruchs zu erreichen (zur Berücksichtigung von Amts wegen vgl. § 1055 Rn. 5).[25] Hat das Schiedsgericht noch **keinen Schiedsspruch** erlassen, so steht die Schiedshängigkeit einer Klage vor dem staatlichen Gericht nicht entgegen;[26] in der Beurteilung der Wirksamkeit des Schiedsvertrags ist das staatliche Gericht frei. Problematisch ist nur der Fall, dass das Schiedsgericht sich durch **Zwischenentscheid nach § 1040 Abs. 3 S. 1** für zuständig erklärt hat und die Frist des § 1040 Abs. 3 S. 2 bereits abgelaufen ist. In diesen Fällen ist das staatliche Gericht in einem Aufhebungs- oder Vollstreckbarerklärungsverfahren regelmäßig nicht mehr zur Prüfung der Zuständigkeit des Schiedsgerichts befugt. Folgt man dem (dazu näher § 1040 Rn. 13), so darf diese Wertung nicht dadurch unterlaufen werden, dass das staatliche Gericht die Wirksamkeit der Schiedsabrede inzident bei der Zulässigkeitsprüfung einer Klage in der Hauptsache prüft. Das staatliche Gericht muss deshalb von der Wirksamkeit der Schiedsabrede ausgehen. Hat das **Schiedsgericht** seine **Zuständigkeit** bereits **verneint** und die Schiedsklage abgewiesen, weil der Schiedsvertrag unwirksam ist, so ist das Schiedsverfahren undurchführbar geworden.[27] Damit kann die Rüge nach § 1032 nicht mehr erhoben werden. Dabei kommt es angesichts der Undurchführbarkeit des Schiedsverfahrens infolge der Entscheidung des Schiedsgerichts nicht darauf an, ob das staatliche Gericht die Schiedsvereinbarung als unwirksam ansieht (zur Unzulässigkeit des Aufhebungsvertrags bei Abweisung der Schiedsklage wegen Fehlens der schiedsgerichtlichen Zuständigkeit vgl. § 1040 Rn. 8).

---

[19] MK/*Münch* Rn. 7; *Schwab/Walter* Kap. 3 Rn. 13; einschränkend *Illmer* (Fn. 11) S. 84 f., 160 (wegen Arglist keine Berufung auf die Schiedsabrede, wenn der Kläger mittellos ist und deshalb die Aufrechnung als alleinige Möglichkeit der Befriedigung bleibt); zum alten Recht: BGHZ 38, 254, 257 = NJW 1963, 243; vgl. auch BGHZ 60, 85, 89 f. = NJW 1973, 421.

[20] MK/*Münch* Rn. 7; aA (zum alten Recht) *Schütze/Tscherning/Wais* Rn. 134.

[21] MK/*Münch* Rn. 2; *Zö/Geimer* Rn. 2.

[22] BGH NJW 2001, 2176, vgl. dazu auch WuB VII A 1.01 (*Voit*); zustimmend auch LM § 282 Nr. 42 (*Thöni*); *Huber* SchiedsVZ 2003, 73; *Kreindler/Schäfer/Wolff* Rn. 197; *Kröll* NJW 2003, 791, 792; *St/J/Schlosser* Rn. 2; aA MK/*Münch* Rn. 2; *Schwab/Walter* Kap. 7 Rn. 1.

[23] AA *Schwab/Walter* Kap. 7 Rn. 1.

[24] *Kreindler/Schäfer/Wolff* Rn. 196; großzügiger *Zö/Geimer* Rn. 5.

[25] *Triebel/Coenen* BB 2003, IDR-Beil. (Beil. 5) S. 2, 6; *Zö/Geimer* Rn. 13.

[26] *Triebel/Coenen* BB 2003, IDR-Beil. (Beil. 5) S. 2, 4.

[27] *Schwab/Walter* Kap. 7 Rn. 11; so im Erg auch *Illmer* (Fn. 11) S. 110 ff., 153 (mit der Begründung der Rechtskraft des abweisenden Prozessschiedsspruchs).

4. Entscheidung des Gerichts. Über die Zulässigkeit der Klage kann nach § 280 in abgesonderter Verhandlung entschieden werden.[28] Sind die Voraussetzungen des § 1032 Abs. 1 erfüllt, so **weist** das Gericht die Klage **als unzulässig ab.** Im anschließenden Schiedsverfahren hindern Treu und Glauben den Beklagten daran, sich auf die Unwirksamkeit der Schiedsabrede zu berufen (vgl. auch Rn. 3).[29] Die Verjährung ist auch in diesem Fall gehemmt worden.[30] Die Abweisung kann auch noch in der Rechtsmittelinstanz geschehen, wenn das erstinstanzliche Gericht über die rechtzeitig erhobene Rüge nicht entschieden hat.[31] Eine Aussetzung des Verfahrens mit dem Ziel, einen Antrag nach § 1032 Abs. 2 zu stellen, ist unzulässig, wenn dieses Verfahren noch nicht anhängig ist (vgl. § 148 Rn. 6, vgl. auch hier Rn. 12).[32] Mit der Abweisung als unzulässig hat sich der Gesetzgeber gegen die Möglichkeit einer Aussetzung des Verfahrens[33] und auch gegen eine Verweisung in das Schiedsverfahren entschieden.[34] Durch die Abweisung der Klage als unzulässig wird richtiger Ansicht nach **nicht rechtskräftig** über das **Bestehen der Schiedsvereinbarung** entschieden (zur Rechtskraft des Prozessurteils hinsichtlich des Bestehens des Abweisungsgrundes[35] vgl. § 322 Rn. 44f.).[36] Hat das staatliche Gericht die Klage wegen der Rüge nach § 1032 Abs. 1 als unzulässig abgewiesen und sieht nun das Schiedsgericht die Vereinbarung als unwirksam an, so kann wegen der zeitlichen Rechtskraftgrenzen des Prozessurteils erneut Klage vor dem staatlichen Gericht erhoben werden. Diesem Verfahren kann die Rüge der Schiedsvereinbarung nicht entgegengehalten werden, weil diese undurchführbar geworden ist.[37] Hält das Gericht die Rüge für **unbegründet,** so steht die staatliche Entscheidung einer Entscheidung des Schiedsgerichts entgegen. Wird die Entscheidung des staatlichen Gerichts rechtskräftig, bevor im Schiedsverfahren entschieden wurde, so ist ein später ergehender Schiedsspruch nichtig,[38] denn angesichts des Urteils des staatlichen Gerichts wäre es nicht sachgerecht, von dem im Schiedsverfahren Unterlegenen noch die Durchführung eines Aufhebungsverfahrens zu verlangen (vgl. auch Rn. 14). Dasselbe gilt, wenn das Gericht in einem Zwischenurteil nach § 280 die Zulässigkeit der Klage bejaht, damit die Rüge der Zuständigkeit der Schiedsgerichte verworfen hat und diese Entscheidung vor Erlass des Schiedsspruchs rechtskräftig wird.[39] 9

III. Antrag auf Feststellung der Zulässigkeit oder Unzulässigkeit eines schiedsrichterlichen Verfahrens, Abs. 2

1. Zulässigkeitsfragen. Über die Frage der Zulässigkeit oder Unzulässigkeit des schiedsrichterlichen Verfahrens wird vom staatlichen Gericht auf Antrag einer der Parteien entschieden (zur Zuständigkeit vgl. § 1062 Rn. 2f.). Dieser Weg steht nach § 1025 Abs. 2 auch dann offen, wenn der **Schiedsort im Ausland** liegt. Der Antrag braucht sich nicht auf die Zulässigkeit oder Unzulässigkeit des gesamten schiedsrichterlichen Verfahrens zu beziehen, sondern kann auch die Frage der Einziehung eines Streitpunktes in die Schiedsabrede zum Gegenstand haben, denn der Zweck der Regelung, die eine frühzeitige Klärung der Zuständigkeitsfrage beabsichtigt, deckt auch ein solches Verfahren.[40] Es muss aber bei dem Verfahren um die Zulässigkeit oder Unzulässigkeit des schiedsgerichtlichen Verfahrens gehen und nicht nur um die Frage des Besetzungsmodus, auch wenn dieser Zweifel an einem rechtsstaatlichen Verlauf des Verfahrens weckt (vgl. auch Rn. 4).[41] Der Antrag muss **vor Bildung des Schiedsgerichts** gestellt werden. Dabei wird man angesichts der amtlichen Überschrift zum Abschnitt 3 von der „Bildung des Schiedsgerichts" von dem Zeitpunkt an sprechen können, in welchem **sämtliche Schiedsrichter bestellt** sind (vgl. § 1035).[42] Obwohl in diesem Abschnitt auch die Ablehnungsgründe geregelt sind, sind diese für den in Abs. 2 maßgebenden Zeit- 10

[28] MK/*Münch* Rn. 10; *B/L/H* Rn. 76; zum alten Recht vgl. BGH NJW-RR 1986, 61, 62 (zur Beschränkung des Devolutiveffekts).

[29] Schiedsgericht der IHK Kassel SchiedsVZ 2006, 167, 168.

[30] *v. Bernuth/Hoffmann* SchiedsVZ 2006, 127, 128ff.

[31] Brandenburgisches OLG BauR 2002, 1890.

[32] Vgl. *Bredow* BB 1999, Beil. 11, S. 13, der daraus die Konsequenz zieht, dass der Feststellungsantrag unzulässig ist. Das ist unzutreffend, weil das aussetzende Gericht nur inzident über die Wirksamkeit der Schiedsabrede entscheidet, so dass diese Frage nicht rechtshängig wird.

[33] Aussetzung des Verfahrens verlangt Art. VI Abs. 3 EuÜ (abgedruckt in § 1061 Rn. 32), sofern das schiedsrichterliche Verfahren bereits eingeleitet ist. Durch diese Regelung soll aber wohl die (im Interesse der Förderung der Schiedsgerichtsbarkeit noch weiter gehende) Abweisung der Klage vor dem staatlichen Gericht nicht ausgeschlossen sein, aA (Vorrang des EuÜ) *Moller* NZG 2000, 57, 65.

[34] BT-Drucks. 13/5274 S. 38.

[35] Vgl. auch *St/J/Leipold* § 322 Rn. 141; aA BGH NJW 1985, 2535 (Rechtskraftwirkung eines Prozessurteils bei Abweisung einer Unterhaltsklage mangels Rechtsschutzbedürfnisses) m. krit. Anm. *Dunz.*

[36] AA (Bindung des Schiedsgerichts wegen Rechtskraft der Entscheidung) *Schwab/Walter* Kap. 7 Rn. 3; MK/*Münch* Rn. 10; (Bindung sui generis) *Zö/Geimer* Rn. 12; ähnlich (Bindung zur Vermeidung von Rechtsschutzlücken) Schiedsgericht der IHK Kassel SchiedsVZ 2006, 167, 168; zweifelnd *St/J/Schlosser* Rn. 19; *Schlosser,* Festschr. f. Nagel, 1987, S. 352, 359f.; aA (rechtskräftige Entscheidung über Wirksamkeit) RGZ 40, 401, 404; OLG Celle 31. 5. 2007 8 Sch 6/06 Tz. 31 OLGR Celle 2007, 665 (zu einem ausländischen Schiedsspruch); *St/J/Leipold* § 322 Rn. 143.

[37] *Schwab/Walter* Kap. 7 Rn. 3; zum alten Recht: RAGE 12, 116, 118ff. = JW 1933, 274; *St/J/Schlosser* Rn. 19.

[38] *Zö/Geimer* Rn. 14; *St/J/Schlosser* Rn. 12; vgl. zum alten Recht auch *Schlosser,* Festschr. f. Nagel, 1987, S. 352, 359f.; zur Aufhebbarkeit nach § 1059 Abs. 2 Nr. 2 Buchst. b vgl. *Gaul,* Festschr. f. Sandrock, 2000, S. 285, 310ff.

[39] *Zö/Geimer* Rn. 16.

[40] AA OLG Jena NJW-RR 2003, 1506f.; mit abl. Anm. *Braun* EWiR 1/04, 207f.; *Schroeter* SchiedsVZ 2004, 288, 294.

[41] OLG Dresden BB 2001, Beil. 6, S. 18, 19.

[42] MK/*Münch* Rn. 11.

punkt unbeachtlich. Denn nach der Konzeption des Gesetzes soll in den Fällen, in denen das Verfahren bereits so weit fortgeschritten ist, dass das Schiedsgericht selbst über seine Zuständigkeit entscheiden kann (§ 1040), zunächst dieser Weg beschritten werden. **Maßgebender Zeitpunkt** für die Frage, ob das Schiedsgericht bereits gebildet ist, ist der Zeitpunkt der Antragstellung bei dem staatlichen Gericht,[43] also der dortige Eingang des Antrags. Dies ergibt sich aus dem Wortlaut des Abs. 2 und daraus, dass auch Abs. 3 auf die Anhängigkeit eines solchen Antrags abstellt. Wird das Schiedsgericht später gebildet, so kommt es zu einem Nebeneinander der Verfahren vor dem staatlichen Gericht und vor dem Schiedsgericht.

11 Wenn das **Schiedsgericht bereits gebildet** ist, kann die Unzulässigkeit des schiedsgerichtlichen Verfahrens in dem in § 1040 Abs. 2 und Abs. 3 geregelten Verfahren vor dem Schiedsgericht geltend gemacht werden. Dieses Verfahren sieht vor, dass das Schiedsgericht über die Rüge der eigenen Unzuständigkeit in der Regel durch einen Zwischenentscheid befindet (§ 1040 Abs. 3), gegen welchen der Antrag auf gerichtliche Entscheidung zum OLG statthaft ist (§ 1040 Abs. 3, § 1062 Abs. 1 Nr. 2). Dabei ist zu beachten, dass der Gesetzgeber das private Schiedsgericht nicht zu einem Zwischenentscheid über seine Zuständigkeit zwingen kann. Erlässt das **Schiedsgericht keinen Zwischenentscheid,** obwohl es einen Grund zur Abweichung von der Regel des § 1040 Abs. 3 nicht gibt, so sollte man zur Vermeidung von Rechtsschutzlücken einen Antrag auf Feststellung der Unzulässigkeit des Schiedsverfahrens trotz der Einschränkung in Abs. 2 **auch nach Bildung des Schiedsgerichts** für **zulässig** halten.[44] Andernfalls beschneidet man den Rechtsschutz der Schiedsparteien auf der Grundlage eines Verfahrensfehlers des Schiedsgerichts. Zugleich zwingt man damit die Partei zu einer Rechtsverteidigung in einem Verfahren, das sie selbst für unzulässig hält, ohne ihr die Möglichkeit einer Überprüfung durch das staatliche Gericht einzuräumen. Da die Frage einer wirksamen Schiedsvereinbarung dabei gerade in Rede steht, ist dies mit dem Justizgewährungsanspruch der Partei kaum vereinbar. Die Bildung des Schiedsgerichts steht einem Antrag zum staatlichen Gericht nur **in dem Umfang** entgegen, in dem vor dem **Schiedsgericht Klage erhoben** wurde.[45] Einer drohenden Klageerweiterung, Klageänderung oder Widerklage kann deshalb mit dem Antrag nach Abs. 2 entgegengetreten werden. Ein Vorrang des § 1040 ist in diesen Fällen nicht sachgerecht, denn der Beklagte bzw. Widerbeklagte darf nicht gezwungen sein, von sich aus das Schiedsgericht wegen der Frage anzurufen, ob es für die geänderte oder erweiterte Klage zuständig ist, obwohl er selbst das Schiedsgericht gerade für unzuständig hält.

12 **Zuständig** ist das Oberlandesgericht (vgl. § 1062 Abs. 1 Nr. 2); ein **besonderes Feststellungsinteresse ist nicht erforderlich.** Der Antrag ist auch dann zulässig, wenn ein konkretes Schiedsverfahren noch nicht in Rede steht, denn auch dann besteht ein Interesse an der Feststellung, ob der staatliche Rechtsschutz wirksam ausgeschlossen ist oder nicht.[46] Eine Schiedsabrede hinsichtlich der Entscheidung über die Wirksamkeit der Schiedsvereinbarung steht einer Entscheidung durch das staatliche Gericht nicht entgegen (zu diesen Kompetenz-Kompetenz-Klauseln bereits in Rn. 3). Ist bereits im Verfahren vor dem staatlichen Gericht die Einrede nach Abs. 1 erhoben, so fehlt es regelmäßig am Rechtsschutzbedürfnis für einen Feststellungsantrag.[47] Obwohl die Entscheidung im Hauptsacheverfahren keine Rechtskraft hinsichtlich der Wirksamkeit der Schiedsvereinbarung entfaltet (vgl. Rn. 9), ist doch regelmäßig die Unsicherheit über die Wirksamkeit der Schiedsabrede tatsächlich beseitigt. Endet das Verfahren vor dem staatlichen Gericht ohne Entscheidung über die Einrede nach Abs. 1, so ist der Antrag nach Abs. 2 wieder zulässig. Wird während der Anhängigkeit des Feststellungsantrags Klage in der Hauptsache vor dem staatlichen Gericht erhoben und dort die Einrede nach § 1032 Abs. 1 geltend gemacht, so entfällt das Feststellungsinteresse, wenn die Klage in der Hauptsache nicht mehr einseitig zurückgenommen werden kann und deshalb der Beklagte eine Entscheidung über die Einrede nach Abs. 1 erzwingen kann.[48] Der Streitwert des Feststellungsantrags bestimmt sich nach einem Drittel der Hauptsache.[49]

13 **2. Auswirkung der Entscheidung.** Der Antrag nach Abs. 2 hemmt die Verjährung nicht, weil er noch keinen Rechtsverfolgungswillen im Hinblick auf einen konkreten Anspruch voraussetzt.[50] Hat das staatliche Gericht in einem **Verfahren nach Abs. 2** die **Wirksamkeit** der Schiedsvereinbarung festgestellt, so ist diese Feststellung Hauptfrage der Entscheidung und damit für ein späteres **Aufhebungsverfahren präjudiziell.** Ob das **Schiedsgericht** an diese Feststellung gebunden ist, ist fraglich.[51] Richtigerweise wird man eine solche **Bindung ablehnen** müssen: Adressat des staatlichen Verfahrensrechts – und dazu gehört auch die Frage der Bindungswirkung gerichtlicher Entscheidungen – sind die staatlichen Gerichte, nicht die privaten Schiedsgerichte, denn letztere werden auf der Grundlage einer Übereinkunft der Parteien tätig und sind

---

[43] So auch MK/*Münch* Rn. 11 aE.

[44] AA *Schroeter* SchiedsVZ 2004, 288, 291; *Zö/Geimer* Rn. 25.

[45] AA MK/*Münch* Rn. 11.

[46] Offenbar anders (erst wenn Verfahren möglicherweise auf die Partei zukommt; dann soll der Antrag zum staatlichen Gericht aber – wie hier – auch dann zulässig sein, wenn sich das Schiedsverfahren zunächst nur auf einen Teilaspekt beschränkt) *St/J/Schlosser* Rn. 21; *Hilger* NZG 2003, 575, 576.

[47] BayObLG NJW-RR 2003, 354, 355 = SchiedsVZ 2003, 187, 188 m. zust. Anm. *Busse; Schroeter* SchiedsVZ 2004, 288, 291; *Kreindler/Schäfer/Wolff* Rn. 209; *Zö/Geimer* Rn. 23; so im Ergebnis auch *Hilger* NZG 2003, 575f. (Feststellungsverfahren sei nur im Vorfeld einer schiedsgerichtlichen Auseinandersetzung eröffnet); aA *St/J/Schlosser* Rn. 21; OLG Hamm BB 1999, Beil. 11, S. 10.

[48] *Busse* SchiedsVZ 2003, S. 189, 190f.; *Haas,* Festschr. f. Rechberger, 2005, 187, 198.

[49] OLG München SchiedsVZ 2007, 330.

[50] *Schroeter* SchiedsVZ 2004, 288, 293; aA *Windthorst* SchiedsVZ 2004, 230, 232f. (Analogie zu § 204 Abs. 1 Nr. 13 BGB).

[51] Bejahend *Zö/Geimer* § 1040 Rn. 4; für eine Bindung im „praktischen Ergebnis" *Schroeter* SchiedsVZ 2004, 288, 296.

allein diesen verantwortlich.[52] Verweigert das Schiedsgericht eine Entscheidung in der Sache, obwohl das staatliche Gericht die **Wirksamkeit der Schiedsabrede festgestellt** hat, so ist die Schiedsabrede undurchführbar, so dass der Weg zur staatlichen Gerichtsbarkeit offen steht (vgl. Rn. 8).[53] Für eine Aufhebung dieser Entscheidung des Schiedsgerichts ist kein Raum (vgl. § 1040 Rn. 8). Auch die Bestellung anderer Schiedsrichter nach §§ 1038, 1039 ist nicht möglich (vgl. auch § 1040 Rn. 8).[54] Die Parteien können auch in einem solchen Fall eine erneute Schiedsvereinbarung treffen und auf diese Weise den Streit der Zuständigkeit der staatlichen Gerichte entziehen.

Hat das staatliche Gericht in einem Verfahren nach Abs. 2 die **Unzulässigkeit** des schiedsrichterlichen Verfahrens **festgestellt,** so steht für ein nachfolgendes Verfahren vor den staatlichen Gerichten in der eigentlichen, den Gegenstand des Schiedsverfahrens betreffenden Streitsache fest, dass die Rüge nach Abs. 1 nicht erfolgreich erhoben werden kann.[55] Entscheidet das **Schiedsgericht,** obwohl das staatliche Gericht die Unzulässigkeit des schiedsrichterlichen Verfahrens festgestellt hat, so ist der Schiedsspruch nach hM nicht nur aufhebbar, sondern nichtig, sofern dieser nach Rechtskraft der die Unzulässigkeit feststellenden Entscheidung ergeht, andernfalls wird der Schiedsspruch mit Rechtskraft des staatlichen Urteils nichtig.[56] Damit wird dem Vorrang der staatlichen Gerichtsbarkeit in der Frage der Kompetenz-Kompetenz Rechnung getragen und zugleich den Parteien der aufwendige Weg des Aufhebungsverfahrens erspart. Dieser Auffassung ist auch deshalb zu folgen, weil der Aufhebungsantrag nur innerhalb der Frist des § 1059 Abs. 3 gestellt werden kann, so dass Rechtskraftkollisionen drohen, wenn die Frist für den Aufhebungsantrag im Zeitpunkt der Rechtskraft des Urteils, das die Unzulässigkeit des Schiedsverfahrens feststellt, bereits abgelaufen ist. Soweit die Frist des § 1059 Abs. 3 noch nicht abgelaufen ist, kann der nichtige Schiedsspruch im Interesse der Rechtsklarheit (deklaratorisch) aufgehoben werden (vgl. § 1059 Rn. 5). Nach Fristablauf ist die Klage auf Feststellung der Nichtigkeit des Schiedsspruchs zulässig.[57] 14

IV. Einleitung und Fortsetzung des Schiedsverfahrens trotz Verfahrens vor der staatlichen Gerichtsbarkeit

Die Regelung in Abs. 3 stellt klar, dass ein Verfahren vor den staatlichen Gerichten **weder der Einleitung noch der Fortsetzung** eines **Schiedsverfahrens entgegensteht.** Damit wird eine mögliche Blockade durch eine Partei vermieden. Die Möglichkeit, das Verfahren fortzusetzen und es mit einem Schiedsspruch abzuschließen, endet erst, wenn das staatliche Gericht in einem Verfahren nach Abs. 2 zu dem Ergebnis kommt, dass das Schiedsverfahren unzulässig ist. Ist in diesem Zeitpunkt bereits ein **Schiedsspruch ergangen,** so wird dieser mit der Rechtskraft der die Unzulässigkeit des Schiedsverfahrens feststellenden Entscheidung des staatlichen Gerichts **nichtig** (vgl. Rn. 14).[58] Ein Aufhebungsverfahren hat nur noch deklaratorischen Charakter. Eine **einstweilige Verfügung** des staatlichen Gerichts auf Einstellung des schiedsgerichtlichen Verfahrens ist angesichts der durch Abs. 3 gerade gewährten Befugnis zur Fortsetzung des schiedsrichterlichen Verfahrens im Grundsatz ausgeschlossen.[59] Wenn allerdings ernsthafte Zweifel an der Zulässigkeit des Verfahrens bestehen und die Folgen des Schiedsspruchs irreversibel sind – zB weil er im Ausland anerkannt wird und dort vollstreckt werden kann –, sollte eine einstweilige Verfügung zugelassen werden.[60] 15

Das **Schiedsgericht** kann das Verfahren bis zur Entscheidung des staatlichen Gerichts **ruhen lassen,**[61] um unnötige Kosten für die Parteien zu vermeiden. Das wird vor allem dann angezeigt sein, wenn das staatliche Gericht das **schiedsrichterliche** Verfahren **für unzulässig hält,** aber diese Entscheidung noch nicht rechtskräftig ist.[62] 16

1033 *Schiedsvereinbarung und einstweilige gerichtliche Maßnahmen* **Eine Schiedsvereinbarung schließt nicht aus, dass ein Gericht vor oder nach Beginn des schiedsrichterlichen Verfahrens auf Antrag einer Partei eine vorläufige oder sichernde Maßnahme in Bezug auf den Streitgegenstand des schiedsrichterlichen Verfahrens anordnet.**

I. Normzweck

Durch die Bestimmung wird klargestellt, dass das **staatliche Gericht vorläufige und sichernde Maßnahmen ergreifen** kann, obwohl § 1041 auch dem Schiedsgericht diese Möglichkeit einräumt. Die Regelung dient der **Verwirklichung effektiven Rechtsschutzes,** denn nicht immer ist es möglich, in Eilfällen eine Entscheidung des Schiedsgerichts herbeizuführen. Vor allem bedarf eine vorläufige oder sichernde Maßnahme 1

---

[52] Vgl. *Voit* JZ 1997, 120, 122.
[53] *Schwab/Walter* Kap. 7 Rn. 3; *Schroeter* SchiedsVZ 2004, 288, 296.
[54] So aber *Zö/Geimer* § 1040 Rn. 4.
[55] *Huber* SchiedsVZ 2003, 73, 74; *Schroeter* SchiedsVZ 2004, 288, 295.
[56] *Haas,* Festschr. f. Rechberger, 2005, 187, 208; *Kreindler/Schäfer/Wolff* Rn. 217; vgl. *Zö/Geimer* § 1059 Rn. 17; zur Möglichkeit nichtiger Schiedssprüche *Schlosser,* Recht der internationalen privaten Schiedsgerichtsbarkeit, 2. Aufl. 1989, Rn. 756; aA (Aufhebbarkeit) MK/*Münch* Rn. 12 aE; *Lachmann* Rn. 685 f.
[57] *Haas,* Festschr. f. Rechberger, 2005, 187, 209.
[58] *T/P/Reichold* Rn. 5.
[59] *Schroeter* SchiedsVZ 2004, 288, 296; MK/*Münch* Rn. 14; *Zö/Geimer* Rn. 26.
[60] AA *Schroeter* SchiedsVZ 2004, 288, 296; *St/J/Schlosser* Rn. 22 und § 1026 Rn. 1.
[61] *Kreindler/Schäfer/Wolff* Rn. 210.
[62] *St/J/Schlosser* Rn. 22; vgl. auch MK/*Münch* Rn. 14 (bei ernsthaften Zweifeln an der Wirksamkeit der Vereinbarung).

des Schiedsgerichts der Zulassung der Vollziehung durch das staatliche Gericht, was weitere Zeit in Anspruch nimmt und die Effektivität des Rechtsschutzes mindert. Der Gesetzgeber stellte deshalb bei derartigen Maßnahmen stets auch den Rechtsschutz durch das staatliche Gericht zur Verfügung. Das auf diese Weise begründete **Nebeneinander staatlicher Gerichtsbarkeit und privater Schiedsgerichtsbarkeit** kann jedoch in der Praxis zu erheblichen **Schwierigkeiten** führen, vgl. dazu Rn. 5, die sich vermeiden lassen, wenn bei vorläufigen oder sichernden Maßnahmen sogleich beim staatlichen Gericht und nicht beim Schiedsgericht um eine Entscheidung nachgesucht wird. Die 2006 beschlossene Änderung des UNCITRAL-Modellgesetzes über die internationale Handelsschiedsgerichtsbarkeit[1] hat in Art. 17 bis 17 I ein neues System des einstweiligen Rechtsschutzes geschaffen. Bis zu einer Umsetzung durch den deutschen Gesetzgeber können diese Bestimmungen allenfalls bei der Auslegung des § 1033 berücksichtigt werden.

II. Einzelerläuterungen

2 **1. Vorläufige und sichernde Maßnahmen.** Welche Maßnahmen vom staatlichen Gericht erlassen werden können, bestimmt sich nach den allgemeinen Vorschriften der ZPO. In Betracht kommen insbesondere der Arrest, die einstweilige Verfügung, das selbständige Beweisverfahren (vgl. § 1042 Rn. 28)[2] und in Unterhaltsstreitigkeiten einstweilige Anordnungen nach § 644.[3]

3 **2. Zuständigkeit der staatlichen Gerichte.** Die Zuständigkeit ist zur Verwirklichung eines effektiven Rechtsschutzes (vgl. Rn. 1) **zwingend** angeordnet.[4] In einem vor den staatlichen Gerichten anhängigen, auf Erlass einer vorläufigen oder sichernden Maßnahme gerichteten Verfahren führt die Rüge der Schiedsvereinbarung deshalb nicht zur Abweisung als unzulässig, selbst dann nicht, wenn die Parteien anderes vereinbart haben. Die **sachliche** und **örtliche Zuständigkeit** der staatlichen Gerichte bestimmt sich nach den allgemeinen Regeln; § 1062 ist insoweit nicht einschlägig. Soweit die Parteien einen Schiedsort vereinbart haben, ist dieser Ort als Ort des Hauptsache(schieds)gerichts im Zweifel auch für die Zuständigkeit des staatlichen Gerichts im einstweiligen Rechtsschutz maßgebend.[5] Liegt der vereinbarte Schiedsort außerhalb Deutschlands, so ist damit idR kein Ausschluss der internationalen Zuständigkeit deutscher Gerichte verbunden (vgl. auch § 1025 Abs. 2).[6] Die Entscheidung des staatlichen Gerichts unterliegt den gegen sie nach allgemeinen Grundsätzen statthaften **Rechtsmitteln,** ohne dass diese durch §§ 1062 ff. eingeschränkt sind.

4 Erlässt das staatliche Gericht vor der Einleitung des Schiedsverfahrens einen Arrest oder eine einstweilige Verfügung und ordnet es dabei **Klageerhebung nach § 926 Abs. 1** an, so ist die Klage regelmäßig vor dem **Schiedsgericht** zu erheben.[7] Zur Fristwahrung reicht es aus, den einleitenden Schriftsatz nach § 1044 zuzustellen.[8] Die Klage kann aber auch fristwahrend vor dem **staatlichen Gericht** erhoben werden. Dies betrifft zum einen Fälle, in denen die Wirksamkeit der Schiedsabrede zweifelhaft ist,[9] es gilt darüber hinaus aber auch ganz allgemein, denn der Fortbestand des gewährten einstweiligen Rechtsschutzes darf nicht davon abhängig gemacht werden, dass der Kläger Rechtsschutz durch das Schiedsgericht und nicht durch das staatliche Gericht in Anspruch nimmt, obwohl seine Klage vor dem staatlichen Gericht für den Fall, dass der Beklagte die Rüge nach § 1032 nicht erhebt, durchaus zulässig ist.

5 **3. Konkurrierende Anträge beim Schiedsgericht.** § 1033 einerseits und § 1041 andererseits führen zu einem **Nebeneinander von staatlichem Gericht und Schiedsgericht,** soweit es um vorläufige und sichernde Maßnahmen geht. Der Gefahr sich widersprechender Entscheidungen soll dadurch entgegengetreten wer-

---

[1] Text, Änderungen und erläuternder Hinweis abrufbar unter http://www.uncitral.org/pdf/english/texts/arbitration/ml-arb/07-86998_Ebook.pdf.

[2] BT-Drucks. 13/5274 S. 38 f.; MK/*Münch* Rn. 6 (nur bis zur Konstituierung des Schiedsgerichts; danach Tätigwerden des staatlichen Gerichts nur nach § 1050); vgl. auch OLG Koblenz MDR 1999, 502, 503 (jedenfalls vor Bildung des Schiedsgerichts); *Schwab/Walter* Kap. 7 Rn. 14 (wenn das Schiedsgericht noch nicht gebildet ist und auch nicht schnell gebildet werden kann; da jedoch der Antrag im Einzelfall in hohem Maße eilbedürftig sein kann, sollte die Zuständigkeit der staatlichen Gerichte nicht in dieser Weise eingeschränkt werden); OLG Düsseldorf EWiR § 485 2/99, S. 235, 236 (*v. Bernuth*) (auch nach Bildung des Schiedsgerichts); ebenso *Knoblach,* Sachverhaltsermittlung in der internationalen Wirtschaftsschiedsgerichtsbarkeit, 2003, S. 129.

[3] *B/L/H* Rn. 45.

[4] LG Berlin 6. 2. 2006 5 O 39/06; LG München SpuRt 2000, 155, 156; *Scheef,* Der einstweilige Rechtsschutz und die Stellung der Schiedsrichter bei dem Abschluss von Schiedsvergleichen nach dem deutschen und englischen Schiedsverfahrensrecht, 2000, S. 151; *Thümmel* DZWIR 1997, 133, 135; *Wolf* DB 1999, 1101, 1103; *B/L/H* Rn. 32; MK/*Münch* Rn. 14; *St/J/Schlosser* Rn. 1; in diese Richtung auch (letztlich offen lassend) OLG München SpuRt 2001, 64, 65 = NJW-RR 2001, 711 (LS); vgl. auch OLG Köln GRUR-RR 2002, 309 f. (Schiedsklausel, die einstweiligen Rechtsschutz durch andere staatliche Gerichte als die am Schiedsort ausschließt, ist im Interesse des effektiven Rechtsschutzes für die Gewährung einstweiligen Rechtsschutzes durch deutsche Gerichte unbeachtlich); aA *Adolphsen* SpuRt 2000, 159; *Bandel,* Einstweiliger Rechtsschutz im Schiedsverfahren, 2000, S. 309 ff., 337; *Leitzen,* Die Anordnung vorläufiger oder sichernder Maßnahmen durch Schiedsgerichte nach § 1041 ZPO, 2002, S. 241 f.; *Schütze* BB 1998, 1650; *Schwab/Walter* Kap. 17 a Rn. 24; *Zö/Geimer* Rn. 6.

[5] *T/P/Reichold* Rn. 2; MK/*Münch* Rn. 15; *St/J/Schlosser* Rn. 3; zum alten Recht: OLG Hamburg NJW 1997, 749 = RIW 1996, 857 m. zust. Anm. *Trappe;* aA wohl *Bandel* (Fn. 3) S. 286 (Zuständigkeitsbestimmung ohne Rücksicht auf Schiedsvereinbarung).

[6] *Zö/Geimer* Rn. 6; aA OLG Nürnberg SchiedsVZ 2005, 50, 51 f. m. abl. Anm. *Geimer.*

[7] *Schwab/Walter* Kap. 7 Rn. 13.

[8] Ähnlich MK/*Münch* Rn. 17 (Antrag nach § 1044 und Mitwirkung an der Besetzung des Schiedsgerichts); *St/J/Schlosser* Rn. 4. Die bei *Schwab/Walter* Kap. 7 Rn. 13 befürchteten Schwierigkeiten entfallen damit.

[9] *St/J/Schlosser* Rn. 4.

den, dass das staatliche Gericht vor dem Erlass einer Maßnahme eine **strenge Prüfung des Rechtsschutzbedürfnisses** vornimmt. Dies erscheint jedoch problematisch, da Maßnahmen des Schiedsgerichts der Vollziehbarerklärung durch das staatliche Gericht bedürfen[10] und bei dieser Entscheidung wiederum zu berücksichtigen sein soll, ob vor dem staatlichen Gericht der Erlass einer vorläufigen oder sichernden Maßnahme beantragt wurde (vgl. § 1041 Rn. 6). Damit besteht die Gefahr, dass der einstweilige Rechtsschutz möglicherweise ganz versagt wird, wenn zugleich die Vollziehbarerklärung abgelehnt und der Weg zu den staatlichen Gerichten wegen fehlenden Rechtsschutzbedürfnisses versperrt wird. Richtigerweise wird man deshalb dem Antrag vor dem staatlichen Gericht **nicht das Rechtsschutzbedürfnis** mit der Begründung absprechen dürfen, beim **Schiedsgericht** sei eine **entsprechende Maßnahme beantragt** worden (näher zum Begriff der entsprechenden Maßnahme § 1041 Rn. 6).[11] Widersprechende Entscheidungen sind dabei nicht zu befürchten, denn der Antrag auf Vollziehbarerklärung der schiedsrichterlichen Anordnung ist nur zulässig, wenn nicht bereits ein Antrag auf einstweilige Maßnahmen beim staatlichen Gericht gestellt wurde.

Abschnitt 3. Bildung des Schiedsgerichts

1034 *Zusammensetzung des Schiedsgerichts* **(1) Die Parteien können die Anzahl der Schiedsrichter vereinbaren. Fehlt eine solche Vereinbarung, so ist die Zahl der Schiedsrichter drei.**

(2) [1]Gibt die Schiedsvereinbarung einer Partei bei der Zusammensetzung des Schiedsgerichts ein Übergewicht, das die andere Partei benachteiligt, so kann diese Partei bei Gericht beantragen, den oder die Schiedsrichter abweichend von der erfolgten Ernennung oder der vereinbarten Ernennungsregelung zu bestellen. [2]Der Antrag ist spätestens bis zum Ablauf von zwei Wochen, nachdem der Partei die Zusammensetzung des Schiedsgerichts bekannt geworden ist, zu stellen. [3]§ 1032 Abs. 3 gilt entsprechend.

I. Normzweck

Die Zusammensetzung des Schiedsgerichts kann für den **Ausgang des Verfahrens** und für die **Wahrung der Verfahrensinteressen der Parteien** von zentraler Bedeutung sein. Dabei ist zu bedenken, dass sich die Mechanismen zur Sicherstellung einer neutralen und damit verfahrensmäßig korrekten Entscheidung beim Schiedsgericht von denen beim staatlichen Gericht unterscheiden. Während im staatlichen Gericht der vom Gesetz abstrakt festgelegte Richter tätig werden muss (Art. 101 Abs. 1 S. 2 GG), kann im Schiedsverfahren das Schiedsgericht gerade im Hinblick auf den zu entscheidenden Streit besetzt werden. Deshalb ist bei der Zusammensetzung des Schiedsgerichts auf die **Gleichbehandlung der Parteien** zu achten. Der Vorrang der Parteivereinbarung bei der Festlegung der Zusammensetzung des Schiedsgerichts findet deshalb seine Grenze, wenn die Vereinbarung einer Partei ein Übergewicht bei der Besetzung des Schiedsgerichts einräumt. Die Schiedsrichter sind dann vom Gericht zu bestimmen. 1

II. Anzahl der Schiedsrichter

Die Parteien können durch Verfahrensvereinbarung, die nicht der Form des § 1032 bedarf, die Anzahl der Schiedsrichter vereinbaren. Möglich ist auch die Bestimmung der Zahl durch Verweis auf eine Schiedsverfahrensordnung. Die Parteien können auch erst nach dem Abschluss der Schiedsvereinbarung eine entsprechende Vereinbarung über die Besetzung des Schiedsgerichts abschließen. Treffen die Parteien **keine Regelung,** so besteht das Schiedsgericht nach Abs. 1 S. 2 aus **drei Schiedsrichtern.** Das Verfahren zur Bestellung der Schiedsrichter richtet sich nach §§ 1035 ff. Zu der Frage, welche Anforderungen an die zum Schiedsrichter bestimmten Personen zu stellen sind, vgl. § 1035 Rn. 3 ff.; zum Schiedsrichtervertrag vgl. § 1035 Rn. 20 ff.; zu der Frage der Besetzung in einem Verfahren mit mehr als zwei Parteien vgl. § 1035 Rn. 7. 2

III. Fehlendes Gleichgewicht der Parteien bei der Besetzung des Schiedsgerichts

Abs. 2 regelt den Fall, dass die Schiedsvereinbarung einer Partei ein Übergewicht bei der Zusammensetzung des Schiedsgerichts einräumt. Im Gegensatz zu den Regeln über die Ablehnung oder den Ausschluss eines Schiedsrichters (vgl. § 1036 Rn. 1) geht es bei Abs. 2 um die Beseitigung einer **strukturellen Gefährdung einer neutralen Entscheidung.** Während bei der Ablehnung die Neubestellung nach denselben Regeln erfolgt, ermöglicht Abs. 2 gerade die Abweichung von dem vereinbarten Besetzungsmodus. Ein solches **Ungleichgewicht** besteht insbesondere dann, wenn eine Partei den Alleinschiedsrichter oder bei einem Kollegialschiedsgericht eine höhere Zahl der Schiedsrichter bestellen darf. Ein Ungleichgewicht ist aber auch anzunehmen, wenn der Personenkreis, aus dem die Schiedsrichter zu benennen sind, in einer Weise einge- 3

---

[10] Zu den damit verbundenen Problemen *Hobeck/Weyhreter* SchiedsVZ 2005, 238, 241.

[11] *Schroth* SchiedsVZ 2003, 102, 105; *Leitzen* (Fn. 3) S. 223 ff.; vgl. zur Rechtsmissbräuchlichkeit eines Antrags vor dem staatlichen Gericht, wenn dieselbe Partei bereits einen Antrag vor dem Schiedsgericht gestellt hat, *St/J/Schlosser* Rn. 2.

engt wird, die der einen Partei einen Vorteil einräumt.[1] Denkbar ist auch, dass durch Veränderung der Umstände eine ursprünglich neutrale Besetzung sich bei Beginn des Verfahrens als Übergewicht zu Gunsten einer Partei erweist.[2] Zu Fällen, in denen die Schiedsvereinbarung eine Besetzung des Schiedsgerichts mit Personen vorsieht, die wegen ihrer besonderen Nähe zu einer Partei vom Schiedsrichteramt ausgeschlossen sind, vgl. § 1036 Rn. 5f.; zu Klauseln, die einer Partei ein Übergewicht einräumen, wenn die andere Partei nicht fristgerecht einen Schiedsrichter benennt, vgl. § 1035 Rn. 4; zur Benennung des Schiedsrichters in AGB vgl. § 1031 Rn. 6. Haben die Parteien keine Abrede über die Besetzung des Schiedsgerichts getroffen oder haben sie vorgesehen, dass im Falle eines Zweiparteienschiedsgerichts jede Partei eine gleiche Zahl von Schiedsrichtern bestimmt, so will eine in der Literatur vertretene Ansicht für den Fall, dass es **später zu einem Mehrparteienschiedsverfahren** kommt (vgl. § 1035 Rn. 7), die Regelung in **Absatz 2 analog** anwenden, da sich eine Partei nicht auf ihr alleiniges Benennungsrecht für einen der Schiedsrichter berufen könne, während die anderen vor der Notwendigkeit stünden, sich auf einen Schiedsrichter zu einigen.[3] Für diese Auffassung lässt sich weniger die Treuwidrigkeit anführen als die Überlegung, dass der Gesetzgeber durch die Neuregelung des Schiedsverfahrensrechts den Willen der Parteien zum Ausschluss staatlicher Gerichtsbarkeit und zur Entscheidung durch ein Schiedsgericht auch dann respektiert, wenn das vereinbarte Verfahren auf Schwierigkeiten stößt, § 1035 Abs. 4. Dennoch sollte eine Analogie zu § 1034 Abs. 2 **abgelehnt** werden. Zum einen ist der Fall eines Ungleichgewichts in der Abrede selbst kaum mit der Situation eines Ungleichgewichts zu vergleichen, das entsteht, wenn bei Fehlen einer Schiedsabrede ein Mehrparteienschiedsgericht stattfinden soll. Zum anderen würde man bei einer analogen Anwendung des Abs. 2 die Parteien mit einem Besetzungsverfahren konfrontieren, das sie nicht vereinbart haben und das auch nicht dem Regelfall des § 1035 Abs. 3 S. 2 entspricht. Dies zeigt sich nicht zuletzt daran, dass bei entsprechender Anwendung des Abs. 2 auch der Schiedsrichter ausgetauscht werden soll, der von der Gegenpartei allein benannt wurde.[4] Lehnt man deshalb die Analogie ab, so ist die Schiedsabrede undurchführbar (vgl. § 1035 Rn. 7), sofern die Parteien sich nicht auf eine Besetzung oder ein Besetzungsverfahren einigen.

4 An die in Abs. 2 genannte **Benachteiligung** der anderen Partei sind keine strengen Anforderungen zu stellen. Ähnlich wie bei der Ablehnung eines Schiedsrichters reicht es aus, wenn die Partei angesichts des Übergewichts Grund für die Annahme hat, die Ausgewogenheit der Zusammensetzung des Schiedsgerichts sei nicht sichergestellt, so dass ihr Nachteile entstehen können.[5] Soweit ein Übergewicht der einen Partei besteht, wird es deshalb in der Regel an einem Nachteil nur dann fehlen, wenn das Übergewicht der einen Partei durch besondere Umstände auf Seiten der anderen Partei kompensiert wird.

5 Die Schiedsvereinbarung ist in derartigen Fällen **nicht unwirksam** (anders nach § 1025 aF Abs. 2), sondern es wird lediglich die Zusammensetzung des Schiedsgerichts durch das staatliche Gericht geändert.[6] Aus welchem Grund die Besetzungsregelung unausgewogen ist, ist ohne Bedeutung. Eine besondere Einwirkung der einen Partei auf die andere, um diese zum Abschluss der sie benachteiligenden Regelung zu bestimmen, ist nicht erforderlich. Auch für Fälle, in denen in **sittenwidriger Weise** auf die andere Partei der Schiedsvereinbarung eingewirkt wurde, wird man Abs. 2 als abschließende Regelung ansehen müssen, sofern das anstößige Verhalten allein auf die Besetzung des Schiedsgerichts abzielte.[7] Ist dagegen der Abschluss der Schiedsvereinbarung als solcher betroffen, so kann die **Schiedsvereinbarung nach § 138 BGB nichtig** sein (zur Anwendung des § 138 BGB auf Schiedsvereinbarungen vgl. § 1029 Rn. 10).[8]

IV. Verfahren zur Ernennung durch das Gericht

6 **1. Zuständigkeit.** Die Zuständigkeit bestimmt sich nach § 1062 Abs. 1 Nr. 1, sie ist unter den in § 1025 Abs. 3 genannten Voraussetzungen auch dann gegeben, wenn der Schiedsort noch nicht bestimmt ist.

7 **2. Frist.** Der Antrag kann bereits **vor der Ernennung** des Schiedsrichters durch die andere Partei gestellt werden. Der Antrag muss innerhalb der **Zweiwochenfrist** des Abs. 2 S. 2 gestellt werden. Die **Frist beginnt,** wenn der antragstellenden Partei die Zusammensetzung des Schiedsgerichts, dh. die Namen aller Mitglieder des Schiedsgerichts, bekannt geworden ist,[9] denn erst dann hat sie Anlass, sich mit der Frage der Neutralität des Schiedsgerichts und der Angemessenheit des Besetzungsmodus zu befassen. Maßgebend für die **Einhaltung** der Frist ist das Stellen des Antrags und damit der Zeitpunkt, in welchem der Antrag bei Gericht eingeht. **Nach Ablauf der Frist** ist ein Antrag auf gerichtliche Bestellung eines Schiedsrichters nach

---

[1] *Schwab/Walter* Kap. 9 Rn. 11 (Verbandsmitglieder bei Streit mit Nichtverbandsmitglied); *St/J/Schlosser* Rn. 4 (Beschränkung auf Verbandsmitglieder auch ggü. Nichtmitgliedern tolerierbar, soweit nicht bereits auf Grund wirtschaftspolitischer Ausrichtung des Verbands eine Benachteiligung von Außenseitern zu befürchten); vgl. auch zum alten Recht BGHZ 51, 255, 258ff. = NJW 1969, 750.

[2] *Lachmann* SchiedsVZ 2005, 102; KG SchiedsVZ 2005, 100, 101.

[3] *Berger* RIW 2001, 7, 13; *Kreindler/Schäfer/Wolff* Rn. 427; ähnlich auch *Schlosser,* in: Revision des EuGVÜ – Neues Schiedsverfahrensrecht, 2000, S. 163, 187f.; *St/J/Schlosser* Rn. 11ff., insbes. Rn. 17 (unmittelbare Anwendung des Abs. 2 soweit nicht den Parteien in bestimmten Fallgruppen eine gemeinsame Bestellung zumutbar ist); *Wolff,* Münchener Handbuch des Gesellschaftsrechts, Bd. 3, 2. Aufl. 2003, § 40 Rn. 123; mit Recht skeptisch *K. Schmidt* BB 2001, 1857, 1859f.

[4] *St/J/Schlosser* Rn. 17.

[5] MK/*Münch* Rn. 7.

[6] Zu verfassungsrechtlichen Bedenken, weil die Freiwilligkeit nicht mehr gewährleistet ist, vgl. *Hesselbarth,* Schiedsgerichtsbarkeit und Grundgesetz, 2004, S. 222.

[7] Vgl. BGH NJW-RR 2007, 1466= SchiedsVZ 2007, 163.

[8] So auch MK/*Münch* Rn. 8.

[9] *Lachmann* Rn. 951.

einer anderen als der vereinbarten Ernennungsregelung unzulässig. Nicht ausgeschlossen ist es aber, dass der Schiedsspruch, der von einem unausgewogen besetzten Schiedsgericht erlassen wird, wegen des Verstoßes gegen das Gebot der überparteilichen Rechtspflege (vgl. dazu § 1059 Rn. 26) nach § 1059 Abs. 2 Nr. 2 Buchst. b aufgehoben wird (vgl. auch § 1036 Rn. 10).[10] Die Nichteinhaltung der Zweiwochenfrist ist in diesem Fall unschädlich, während der Fristablauf die Geltendmachung von Verstößen unterhalb dieser Grenze auch für das Aufhebungsverfahren präkludiert.[11] Entschiede man anders, so wäre die Frist des Abs. 2 S. 2 sinnlos.

3. Ernennung eines Schiedsrichters durch das Gericht. Abs. 2 ordnet an, dass das Gericht den oder die Schiedsrichter unabhängig von der vereinbarten Ernennungsregelung bestellt. Soweit allerdings die Parteien mehrere, voneinander trennbare Vorgaben für die Bestellung der Schiedsrichter gemacht haben, ist § 1035 Abs. 5 entsprechend heranzuziehen[12] mit Ausnahme der Vorgaben, die das Übergewicht der Partei begründeten. Stets ist es aber das Gericht, das den Schiedsrichter bestimmt. Die Übertragung des Bestellungsrechts an eine Schiedsorganisation sieht das Gesetz nicht vor.[13] Zur Frage, ob das Gericht die Wirksamkeit der Schiedsvereinbarung zu prüfen hat, vgl. § 1035 Rn. 11. 8

V. Fortgang des schiedsrichterlichen Verfahrens

Die Verweisung in Abs. 2 S. 3 auf § 1032 Abs. 3 ermöglicht es, ohne Rücksicht auf ein anhängiges Verfahren zur Bestellung eines Schiedsrichters vor dem staatlichen Gericht das **schiedsrichterliche Verfahren einzuleiten oder fortzusetzen.** Soweit das staatliche Gericht das Schiedsgericht im Hinblick auf den Antrag nach Abs. 2 anders besetzt, wird das bisherige Verfahren hinfällig. Bereits gewonnene Verfahrensergebnisse (Sachverständigengutachten, Zeugenaussagen) dürfen von dem nunmehr gebildeten Schiedsgericht nicht verwertet werden, wenn nicht beide Parteien einer Verwertung dieser verfahrensfehlerhaft gewonnenen Ergebnisse zustimmen. Hat das Schiedsgericht vor der Entscheidung des staatlichen Gerichts bereits einen Schiedsspruch erlassen, so kann dieser nach § 1059 Abs. 2 Nr. 1 Buchst. d aufgehoben werden. 9

1035

Bestellung der Schiedsrichter **(1) Die Parteien können das Verfahren zur Bestellung des Schiedsrichters oder der Schiedsrichter vereinbaren.**

(2) Sofern die Parteien nichts anderes vereinbart haben, ist eine Partei an die durch sie erfolgte Bestellung eines Schiedsrichters gebunden, sobald die andere Partei die Mitteilung über die Bestellung empfangen hat.

(3) [1]Fehlt eine Vereinbarung der Parteien über die Bestellung der Schiedsrichter, wird ein Einzelschiedsrichter, wenn die Parteien sich über seine Bestellung nicht einigen können, auf Antrag einer Partei durch das Gericht bestellt. [2]In schiedsrichterlichen Verfahren mit drei Schiedsrichtern bestellt jede Partei einen Schiedsrichter; diese beiden Schiedsrichter bestellen den dritten Schiedsrichter, der als Vorsitzender des Schiedsgerichts tätig wird. [3]Hat eine Partei den Schiedsrichter nicht innerhalb eines Monats nach Empfang einer entsprechenden Aufforderung durch die andere Partei bestellt oder können sich die beiden Schiedsrichter nicht binnen eines Monats nach ihrer Bestellung über den dritten Schiedsrichter einigen, so ist der Schiedsrichter auf Antrag einer Partei durch das Gericht zu bestellen.

(4) Haben die Parteien ein Verfahren für die Bestellung vereinbart und handelt eine Partei nicht entsprechend diesem Verfahren oder können die Parteien oder die beiden Schiedsrichter eine Einigung entsprechend diesem Verfahren nicht erzielen oder erfüllt ein Dritter eine ihm nach diesem Verfahren übertragene Aufgabe nicht, so kann jede Partei bei Gericht die Anordnung der erforderlichen Maßnahmen beantragen, sofern das vereinbarte Bestellungsverfahren zur Sicherung der Bestellung nichts anderes vorsieht.

(5) [1]Das Gericht hat bei der Bestellung eines Schiedsrichters alle nach der Parteivereinbarung für den Schiedsrichter vorgeschriebenen Voraussetzungen zu berücksichtigen und allen Gesichtspunkten Rechnung zu tragen, die die Bestellung eines unabhängigen und unparteiischen Schiedsrichters sicherstellen. [2]Bei der Bestellung eines Einzelschiedsrichters oder eines dritten Schiedsrichters hat das Gericht auch die Zweckmäßigkeit der Bestellung eines Schiedsrichters mit einer anderen Staatsangehörigkeit als derjenigen der Parteien in Erwägung zu ziehen.

Übersicht

[10] AA MK/*Münch* Rn. 10; wohl auch *Habscheid* JZ 1998, 445, 447f.
[11] OLG Frankfurt SchiedsVZ 2006, 219, 222.
[12] MK/*Münch* Rn. 11; vgl. auch BT-Drucks. 13/5274 S. 39.
[13] AA *Schlosser* (Fn. 3) S. 188 (Übertragung an Schiedsorganisation).

I. Normzweck

1 § 1035 bestimmt, nach welchen **Regeln die Schiedsrichter benannt** werden. Auch insoweit überlässt es das Gesetz den Parteien, eine Vereinbarung zu treffen (zu Vereinbarungen, die ein Übergewicht einer Partei begründen, vgl. § 1034 Rn. 3ff.). Kommt diese nicht zu Stande oder scheitert ihre Durchführung, so wird auf Antrag einer Partei das staatliche Gericht tätig, wobei dieses unter Berücksichtigung eventuell getroffener Vorgaben der Parteien entscheidet (zur Anwendung auf Vereinbarungen vor dem 1. 1. 1998 vgl. § 1025 Rn. 9). Ein Scheitern der Schiedsabrede insgesamt, weil das Besetzungsverfahren nicht durchzuführen ist, kommt nach dem nunmehr geltenden Recht nur in seltenen Ausnahmefällen in Betracht (vgl. Rn. 12).

II. Vereinbarung über das Verfahren der Schiedsrichterbestellung

2 **1. Anforderungen an die Parteivereinbarung.** Die Vereinbarung über das Verfahren zur Schiedsrichterbestellung bedarf **keiner** besonderen **Form.**[1] Die Vereinbarung kann auch später als die Schiedsvereinbarung getroffen werden. Von ihr zu unterscheiden ist die Benennung des Schiedsrichters und der Abschluss des Schiedsrichtervertrags. Enthalten verbundene Verträge unterschiedliche Regeln über die Besetzung des Schiedsgerichts, so stehen diese im Zweifel nebeneinander, so dass dem Kläger die Wahl überlassen bleibt (vgl. auch § 1029 Rn. 21).[2]

3 **2. Bestimmung der Schiedsrichter in der Schiedsvereinbarung.** Die Parteien können bereits in der Schiedsabrede den oder die Schiedsrichter **namentlich festlegen.** Bei nicht eindeutigen Formulierungen ist die Vereinbarung auszulegen (zur Anwendung des Abs. 4 vgl. Rn. 14).[3] Wollen die Parteien eine Schiedsabrede nur dann treffen, wenn die namentlich benannte Person als Schiedsrichter tätig wird, so kann die Schiedsabrede unter diese **Bedingung** gestellt werden. Die Einordnung als Bedingung sollte ausdrücklich festgelegt werden. Eine solche Abrede, die zum Entfallen der Schiedsvereinbarung führen kann, ist nicht formbedürftig (vgl. § 1031 Rn. 2). Die Parteien können den Schiedsrichter in der Schiedsvereinbarung **durch seine Funktion** (zB Vorsitzender der Kammer für Handelssachen des Landgerichts in X) benennen. Wird eine **Behörde** als Schiedsrichter benannt, so ist dies in eine Benennung des Behördenleiters oder eines von ihm zu benennenden Behördenangehörigen umzudeuten (vgl. Rn. 16).[4]

4 **3. Benennung anlässlich des bevorstehenden Verfahrens durch die Parteien selbst.** Häufig vereinbaren die Parteien, dass die Schiedsrichter erst benannt werden, wenn das **Schiedsgericht tätig** werden soll. Dabei wird regelmäßig vorgesehen, dass jede Partei einen Schiedsrichter benennt und die Schiedsrichter sich auf einen Vorsitzenden einigen. Ist dies geschehen, so bleibt der Vorsitzende im Amt, auch wenn die Schiedsrichter, die ihn gewählt haben, ausscheiden.[5] Wird vereinbart, dass **eine Partei allein** die Schiedsrichter oder den Vorsitzenden bestimmt, so steht der anderen Partei in aller Regel der Weg nach § 1034 Abs. 2 offen. Wird davon kein Gebrauch gemacht und erlässt das derart besetzte Gericht einen Schiedsspruch, so verstößt dieser regelmäßig gegen den ordre public und kann nach § 1059 Abs. 2 Nr. 2 Buchst. b aufgehoben werden. Gleiches gilt, wenn der von der einen Partei ernannte Schiedsrichter allein entscheiden soll, wenn die andere Partei von ihrem Benennungsrecht nicht fristgerecht Gebrauch macht (vgl. auch Rn. 5).[6] Nach Abs. 2 ist die Partei an die von ihr vorgenommene **Benennung eines Schiedsrichters gebunden,** sobald die andere Partei die Mitteilung über die Bestellung empfangen hat. Diese Regelung steht unter dem Vorbehalt einer **abweichenden Vereinbarung.** Eine solche Vereinbarung kann vorsehen, dass die Bindung erst zu

---

[1] OLG München 25. 4. 2007 34 SchH 10/06 Tz. 17 OLGR München 2007, 681; MK/*Münch* Rn. 3; *Zö/Geimer* Rn. 1; *St/J/Schlosser* Rn. 1; aA (Form der §§ 1029, 1031) *B/L/H* Rn. 32.

[2] OLG Hamm SchiedsVZ 2003, 79, 80.

[3] KG BB 2000, Beil. 8, S. 13, 14 (Auslegung des Begriffs „Deutsche zentrale Handelskammer" als Bezeichnung der Deutschen Institution für Schiedsgerichtsbarkeit e. V.); zustimmend *Berger* RIW 2001, 7, 10.

[4] Vgl. *Schwab/Walter* Kap. 10 Rn. 4 (kann auch durch Geschäftsverteilung der Behörde geregelt werden); (keine Benennung einer Behörde als solche möglich) *Schütze,* Schiedsverf., Rn. 43; aA (Behörde könne als solche benannt werden) *Zö/Geimer* Rn. 7.

[5] Zum alten Recht: RG HRR 1933, Nr. 544.

[6] Zum alten Recht: BGHZ 54, 392 = NJW 1971, 139; vgl. aber auch (bei ausländischem Schiedsspruch kein ordre-public-Verstoß) BGHZ 98, 70, 73ff. = NJW 1986, 3027; vgl. § 1061 Rn. 24; *Hochbaum,* Missglückte internationale Schiedsvereinbarungen, 1995, S. 96f. und *Schwab/Walter* Kap. 9 Rn. 10 (bereits zum neuen Recht) sehen darin – wohl zu Unrecht – eine Änderung der Rechtsprechung auch für das nationale Recht.

einem späteren Zeitpunkt eintritt, so dass sich die Partei in der Zwischenzeit noch umentscheiden kann. Mit der Stellung des Schiedsrichters als von den Parteien unabhängige Entscheidungsperson unvereinbar ist es aber, seine einseitige Abberufung auch nach Beginn des Schiedsverfahrens zuzulassen.[7] Haben die Parteien vereinbart, sich auf einen **Schiedsrichter zu einigen,** so ist die Schiedsabrede bei Fehlschlagen einer Einigung nur dann hinfällig, wenn anzunehmen ist, dass für die Parteien das Einvernehmen über die Person des Schiedsrichters Bedingung für die Wirksamkeit der Schiedsvereinbarung war.[8]

4. Benennung der Schiedsrichter durch einen Dritten. Die Parteien können auch einem **Dritten** die Benennung überlassen. Als ein solcher Dritter kommt eine namentlich benannte Person in Betracht, aber auch eine Schiedsinstitution[9] oder eine der Funktion nach bestimmte Person (der Vorsitzende einer bestimmten Zivilkammer[10] oder der Präsident eines bestimmten OLG[11]; vgl. auch Rn. 3). Möglich ist auch die Benennung des Schiedsrichters durch eine von den Parteien zu benennende Person.[12] Für den Fall der Weigerung oder des Wegfalls des Dritten durch Versterben bzw. Auflösung kann eine Ersatzperson bestimmt werden. Dem Dritten kann die **Benennung aller Schiedsrichter** übertragen werden oder auch nur die **Benennung des Vorsitzenden,** wenn sich die von den Parteien benannten Schiedsrichter nicht auf einen Vorsitzenden einigen können. Um nicht einer Partei mittelbar ein Übergewicht bei der Besetzung des Schiedsgerichts einzuräumen, muss der **Dritte von den Parteien unabhängig** sein.[13] Deshalb ist die Vereinbarung über die Besetzung eines Vereinsschiedsgerichts (vgl. § 1029 Rn. 16) unwirksam, wenn nicht alle Parteien dem Verein angehören, jedoch im Fall der nicht fristgerechten Benennung der Vereinsvorsitzende Schiedsrichter und Obmann bestimmen kann (zu der gebotenen Unabhängigkeit der Schiedsrichter vgl. § 1036 Rn. 5).[14] In derartigen Fällen ist die Schiedsabrede selbst nicht unwirksam, sondern es ist nach § 1034 Abs. 2 vorzugehen. 5

Der **Dritte** ist in Anwendung der Gedanken der § 317 Abs. 1, § 315 Abs. 1 BGB im Zweifel verpflichtet, sein Recht zur Bestimmung des Schiedsrichters nach **billigem Ermessen** und nicht nach freiem Belieben auszuüben.[15] Dies gilt jedenfalls bei Anwendbarkeit deutschen Rechts,[16] wobei die Parteien hinsichtlich des Ernennungsverfahrens durch den Dritten auch ein anderes Recht wählen können.[17] Wird die Grenze der Billigkeit überschritten, so ist die Bestimmung des Schiedsrichters unverbindlich. Der Schiedsspruch unterliegt der Aufhebung nach § 1059 Abs. 2 Nr. 1 Buchst. d und je nach Fallgestaltung auch nach § 1059 Abs. 2 Nr. 2 Buchst. b. Die **Selbstbenennung des Dritten** ist im Zweifel ausgeschlossen,[18] denn die Parteien hätten die Möglichkeit gehabt, dem Dritten das Amt anzutragen und ihm im Fall der Ablehnung die Bezeichnung eines anderen Schiedsrichters anzusinnen. Wenn dies nicht vereinbart wurde, spricht die Auslegung dafür, dass eine andere Person als der Benennende Schiedsrichter sein soll. Sind **mehrere Dritte** zur Bestimmung der Schiedsrichter berufen und kommt eine Einigung nicht zu Stande, so bestimmt sich das weitere Vorgehen nach Abs. 4. Verstößt der Dritte gegen **Vorgaben der Parteien** über wesentliche **Verfahrensbestimmungen** (zB Anhörung der Parteien) oder über die **Anforderungen an die Person des Schiedsrichters,** so ist die Bestimmung unverbindlich. Bevor das Gericht nach Abs. 4 tätig wird, muss durch **Auslegung der Parteivereinbarung** ermittelt werden, ob der Dritte die **Benennung zu wiederholen** hat.[19] Eine solche Auslegung der Schiedsvereinbarung entspricht häufig dem Willen der Parteien auch in Fällen, in denen der benannte Schiedsrichter wegfällt.[20] Die Unverbindlichkeit der Benennung kann jedenfalls durch **Ablehnung des Schiedsrichters** und im **Verfahren nach § 1040 Abs. 3** vor dem staatlichen Gericht geltend gemacht werden. Man wird es aber auch zulassen müssen, dass die Partei auf Feststellung der Unverbindlichkeit der Ernennung klagt, denn in einem solchen Fall braucht sich die Partei auf ein Schiedsverfahren nicht einzulassen. Durch **rügeloses Verhandeln** vor dem nicht ordnungsgemäß bestimmten Schiedsgericht kann nach § 1027 der Mangel bei der Besetzung des Schiedsgerichts geheilt werden, soweit durch die Besetzung nur von Parteivorgaben abgewichen wird. Wird dagegen in einer Weise verfahren, die die Neutralität des Schiedsgerichts gefährdet, kommt ein Verlust des Rügerechts nicht in Betracht. 6

5. Besetzungsverfahren bei Verfahren mit mehr als zwei Parteien. Bei Mehrparteienschiedsverfahren bereitet die Frage nach einer allen Belangen entsprechenden Besetzung des Schiedsgerichts Probleme (zur 7

---

7 So iE auch MK/*Münch* Rn. 9.

8 Weiter gehend *Schwab/Walter* Kap. 10 Rn. 9 (Schiedsvereinbarung sei durch Einigung bedingt).

9 *Schwab/Walter* Kap. 10 Rn. 5.

10 *Schwab/Walter* Kap. 10 Rn. 3; zum alten Recht: RGZ 26, 371, 373; 53, 1, 2f.; *Glossner/Bredow/Bühler,* Das Schiedsgericht in der Praxis, 3. Aufl. 1990, Rn. 182; vgl. auch RGZ 53, 387 (Handelskammer).

11 *St/J/Schlosser* Rn. 8 (Ermächtigung als Privatperson).

12 Vgl. LG Gießen NJW-RR 1996, 500f. = FamRZ 1995, 890 (zur Frage, ob diese Benennungspflicht der Parteien der Schiedsabrede unterfällt, vgl. § 1029 Rn. 23).

13 Vgl. (Unparteilichkeit des Dritten) *Schwab/Walter* Kap. 10 Rn. 3; *St/J/Schlosser* Rn. 8; aA *Zö/Geimer* Rn. 8a.

14 *Schwab/Walter* Kap. 9 Rn. 11; vgl. auch *B/L/H* Rn. 54; zum alten Recht: BGHZ 51, 255, 258ff. = NJW 1969, 750 (wegen § 134 BGB und wegen § 306 BGB).

15 Zum alten Recht: *Sieg* JZ 1958, 719; *Wiecz/Sch/Schütze* § 1028 aF Rn. 8; aA *Frenz,* Auswahl und Bestellung von Schiedsrichtern durch Dritte, Diss. Bonn 1980, S. 84ff.

16 Über die Anwendbarkeit entscheidet das Schiedsverfahrensstatut, *Zö/Geimer* Rn. 12; vgl. zum alten Recht *Klein* IPRax 1986, 53, 55.

17 *Zö/Geimer* Rn. 12; vgl. zum alten Recht *Klein* IPRax 1986, 53, 55.

18 *St/J/Schlosser* Rn. 8; *Zö/Geimer* Rn. 8.

19 Zum alten Recht: *Sieg* JZ 1958, 719, 720.

20 *St/J/Schlosser* Rn. 8 (für Fälle, in denen der Schiedsrichter das Amt nicht annimmt); zum alten Recht: *Sieg* JZ 1958, 719, 720; vgl. auch § 1039 Abs. 1 aF.

Schiedsabrede vgl. § 1029 Rn. 7; vgl. auch § 1034 Rn. 3).[21] Einerseits ist das Interesse einer jeden Partei anzuerkennen, selbständig und ohne Absprache mit anderen auf die Besetzung des Schiedsgerichts Einfluss nehmen zu können. Andererseits kann es zu zufälligen Mehrheiten in der Besetzung des Gerichts führen, wenn alle Beteiligten unabhängig von ihrer Rolle in dem zu entscheidenden Streit einen Schiedsrichter bestellen dürften.[22] Häufig wird auch die Zahl der Schiedsrichter in der Schiedsvereinbarung festgelegt, so dass eine nachträgliche Erhöhung im Fall eines Mehrparteienverfahrens auf erhebliche Schwierigkeiten stößt. Eine Lösung besteht darin, die Parteien in **zwei Gruppen zusammenzufassen,** soweit sich die Interessen auf zwei gegenläufige Richtungen beschränken lassen und sich die Parteien also nicht in einem wirklich mehrseitigen Streit befinden. Soweit sich solche Gruppen bilden lassen (zB Streit um die Wirksamkeit eines Vertrags;[23] Gesamtschuldner[24]), müssen sich nach dieser Lösung die Parteien innerhalb der Gruppen auf den von der Gruppe zu ernennenden Schiedsrichter einigen;[25] scheitert dies, wird dieser (und nur dieser) Schiedsrichter nach Abs. 4 vom staatlichen Gericht bestimmt. Eine solche Gruppenbildung scheidet auch nach dieser Lösung aus, wenn es sich um einen **mehrseitigen Konflikt** (alternativ haftende Beklagte, Regressschuldner)[26] handelt, bei dem jede Partei bei der Bestimmung der Schiedsrichter für sich agieren muss.[27] Da sich bei Beginn des Schiedsverfahrens die Frage, ob sich der Streit zu einem mehrseitigen Konflikt entwickeln wird, kaum abschließend beurteilen lässt, ist dieser Weg problematisch. Ein anderer Vorschlag besteht darin, durch Vereinbarung die **Benennung (aller) Schiedsrichter einer neutralen Instanz** (vgl. Rn. 6) zu überlassen, um so einen Einfluss der Parteien auf die Besetzung des Schiedsgerichts auszuschließen und damit zu erreichen, dass Dritte nicht benachteiligt werden (zur analogen Anwendung des § 1034 Abs. 2, wenn es an einer solchen Vereinbarung fehlt, vgl. § 1034 Rn. 3).[28] Durch eine derartige Vereinbarung lässt sich die Frage der Besetzung des Schiedsgerichts befriedigend lösen, wenn auch um den Preis, von der Figur des „Parteischiedsrichters" (vgl. § 1036 Rn. 7) Abschied nehmen zu müssen. Wird das Verfahren zunächst nur zwischen zwei Parteien geführt und treten dann weitere Parteien hinzu, so reicht die Besetzung des Schiedsgerichts durch eine neutrale Instanz nicht ohne weiteres aus, um die Verfahrens-

---

[21] *Hamann/Lennarz* SchiedsVZ 2006, 289 (auch zu Vorteilen paralleler Schiedsverfahren an Stelle eines Mehrparteienschiedsverfahrens); zum alten Recht vgl. (Übersicht über die maßgebenden Gesichtspunkte, iE offen gelassen) BGHZ 132, 278, 287ff. = NJW 1996, 1753; vgl. auch *Berger* RIW 1993, 702ff.; ausführlich *Massuras,* Dogmatische Strukturen der Mehrparteienschiedsgerichtsbarkeit, 1998, S. 316ff.

[22] So auch MK/*Münch* Rn. 34.

[23] Vgl. *St/J/Schlosser* § 1034 Rn. 12; zum alten Recht: KG KTS 1966, 100; *Massuras* (Fn. 21) S. 331.

[24] Vgl. *St/J/Schlosser* § 1034 Rn. 14 (nur soweit Gesamtschuld unstreitig, falls Haftung zu bejahen ist); zum alten Recht: *Laschet,* Festschr. f. Bülow, 1981, S. 85, 108f.; *Massuras* (Fn. 21) S. 331f.

[25] Vgl. *Weber,* Festschr. f. Schlosser, 2005, S. 1063, 1072ff.; *Schwab/Walter* Kap. 10 Rn. 14f.; MK/*Münch* Rn. 35; *St/J/Schlosser* § 1034 Rn. 11ff.; so auch für den Fall der Beschlussanfechtung im Gesellschaftsrecht OLG Frankfurt SchiedsVZ 2006, 219, 222 (Ausscheiden eines Gesellschafters; Zusammenfassung der verbleibenden Gesellschafter); *Bender* DB 1998, 1900, 1902; enger *Lionnet,* Handbuch der internationalen und nationalen Schiedsgerichtsbarkeit, 3. Aufl. 2005, Kap. 7 I 2c (1); vgl. auch *Chr. Berger* ZHR 164 (2000), 295, 309 (bei Beschlussstreitigkeit könne auf der Klägerseite eine Mehrheitswahl des Schiedsrichters vereinbart werden, andernfalls werde durch Dritte benannt; seitens der Gesellschaft soll auch bei Drittbenennung auf Klägerseite eine Wahl des Schiedsrichters möglich sein, wobei allein die widersprechenden Gesellschafter abstimmungsbefugt seien); mit Recht zurückhaltend dazu *K. Schmidt* BB 2001, 1857, 1859; ebenfalls krit. *Zöllner* AG 2000, 145, 151; *Bayer* ZIP 2003, 881, 889; ähnlich *Reichert,* Festschr. f. Ulmer, 2003, S. 511, 527f. (Mehrheitsentscheidung durch Satzung festzulegen); zum alten Recht (ggf. Anwendung des § 1029 Abs. 2 aF): *Koussoulis* ZZP 107 (1994), 195, 201ff.; *Weber,* in: Schiedsgerichtsbarkeit in gesellschaftsrechtlichen und erbrechtlichen Angelegenheiten, DIS Bd. 11, 1996, S. 49, 59f. (mit einem Gestaltungsvorschlag, S. 62f., der auf die Voraussetzung der Interessenparallelität innerhalb einer Gruppe nicht eingeht); *H. Westermann,* Festschr. f. Fischer, 1979, S. 853, 861f. (für notwendige Streitgenossen in gesellschaftsrechtlichen Schiedsgerichten); für einen solchen Einigungszwang bei Beschlussmängelklagen auch *Schröder,* Schiedsgerichtliche Konfliktbeilegung bei aktienrechtlichen Beschlussmängelklagen, 1999, S. 260ff., 294; enger (Zwang zur Einigung auf Schiedsrichter nur bei notwendiger Streitgenossenschaft; in anderen Fällen ist Streitgenossenschaft bei fehlender Einigung unzulässig) *Schwab,* Festschr. f. Habscheid, 1989, S. 285, 293; *ders.* BB 1992, Beil. 15, S. 17, 18; gegen einen Einigungszwang bei notwendiger Streitgenossenschaft *Lüke/Blenske* ZGR 1998, 253, 283ff.; mit Recht sehr restriktiv *Massuras* (Fn. 21) S. 328f. (Gruppenbildung nur dann, wenn keine reale Möglichkeit des Interessenkonflikts besteht, wobei auch die Möglichkeit der Widerklage zu bedenken ist).

[26] *St/J/Schlosser* § 1034 Rn. 13, 15.

[27] *St/J/Schlosser* § 1034 Rn. 11; zu möglichen Besetzungsmodi (jeweils zum alten Recht) *Luther,* Festschr. f. v. Caemmerer, 1978, S. 571, 578ff.; vgl. auch *Markfort,* Mehrparteien-Schiedsgerichtsbarkeit im deutschen und ausländischen Recht, 1994, dazu *Schwab* ZZP 108 (1995), 559f.; *Diesselhorst,* Mehrparteienschiedsverfahren, 1994; vgl. *Lionnet* (Fn. 25) Kap. 7 I 1 unter Verweisung auf den Bericht der ICC Commission vom 28. 4. 1994, ICC-Bulletin Vol. 6, S. 26ff.

[28] *Schwab/Walter* Kap. 10 Rn. 15; *Bayer* ZIP 2003, 881, 889; *Ebbing,* Private Zivilgerichte, 2003, S. 185; vgl. auch (Vereinbarung eines subsidiären Benennungsrechts einer dritten Stelle vorschlagend): *Trittmann* ZGR 1999, 340, 357; *Zilles* BB 1999, Beil. 4, S. 2, 5f.; zum alten Recht: *Massuras* (Fn. 21) S. 316ff.; *Schlosser* JZ 1996, 1020, 1022 (zur Beschlussanfechtung); *Bork* ZHR 160 (1996), 374, 382f.; *Ebbing* NZG 1998, 281, 286f.; *K. Schmidt* ZHR 162 (1998), 265, 287; weiter gehend (ergänzende Auslegung der Schiedsabrede für den Fall, dass auf einer Seite des Schiedsverfahrens mehrere Beteiligte stehen) *Berger* RIW 1993, 702, 707; ähnlich auch *ders.* RIW 2001, 7, 13 (Anwendung von § 1034 Abs. 2 mit der Folge, dass staatliches Gericht ein neutral besetztes Schiedsgericht benennt); vgl. auch (Bestimmung der Schiedsrichter durch den Schiedsgerichtshof) Art. 10 Abs. 2 ICC-Schiedsgerichtsordnung, vgl. *Lachmann* Rn. 2821, 3116; *Weigand* NJW 1998, 2081ff.; vgl. auch den Formulierungsvorschlag bei *Luther,* Festschr. f. v. Caemmerer, 1978, S. 571, 579; schon aus Kostengründen wenig praktikabel ist der Vorschlag (*Lüke/Blenske* ZGR 1998, 253, 290ff.), zunächst ein vorläufiges Schiedsgericht einzusetzen und erst dann zu einer endgültigen Besetzung zu kommen, wenn sich alle Dritten, die sich beteiligen möchten, erklären konnten; abzulehnen ist die Lösung, die Schiedsrichter könnten durch die Mehrheit in einer Abstimmung bestimmt werden, so (neben anderen Vorschlägen) *Bender* DB 1998, 1900, 1901.

rechte der neu hinzutretenden Dritten zu wahren: Die Frage, ob die neu hinzutretende Partei an die von den bisher am Verfahren Beteiligten getroffenen Vereinbarungen gebunden ist, ist durch Auslegung der Schiedsvereinbarung mit dieser Partei zu beantworten. In der Regel wird es – in Ermangelung einer abweichenden Vereinbarung – nicht interessengerecht sein, den neu hinzutretenden Dritten an Vereinbarungen zu binden, durch die die Parteien das Verfahren bereits maßgebend beeinflusst haben. In der Praxis wird für GmbH-Beschlussstreitigkeiten vorgeschlagen, in der Satzung den Gesellschaftern eine Frist zum Beitritt zu einem Schiedsverfahren vor Bestellung der Schiedsrichter auf Seiten des Klägers oder des Beklagten zu ermöglichen; kommt es innerhalb der Gruppen nicht zur Einigung auf einen Schiedsrichter, so sollen alle Schiedsrichter von einer neutralen Stelle – etwa einer Schiedsorganisation – ernannt werden.[29] Nicht ausreichend ist es dagegen, dem Dritten die streitgenössische **Nebenintervention zu eröffnen** und ihn an die bereits erfolgte Benennung der Schiedsrichter und die vorgefundenen Verfahrensvereinbarungen zu binden.[30] Ein Mehrparteienschiedsgericht wird deshalb ausscheiden, wenn ein später hinzutretender Dritter sich nicht dem Verfahren mit den vorgefundenen Regeln unterwirft. Kann der Streit ohne Beteiligung des Dritten nicht entschieden werden, so wird die Schiedsabrede undurchführbar.

III. Verfahren bei Fehlen von Vereinbarungen, Abs. 3

1. Anwendungsbereich des Abs. 3. Haben die Parteien keine Vereinbarungen getroffen, so setzt sich das Schiedsgericht nach § 1034 Abs. 1 S. 2 aus **drei Schiedsrichtern** zusammen. Von diesen ernennt nach § 1035 Abs. 3 S. 2 jede der Parteien einen und die so ernannten Schiedsrichter bestimmen den Vorsitzenden. Haben die Parteien zwar eine andere Anzahl der Schiedsrichter bestimmt, jedoch kein Verfahren zu ihrer Bestimmung festgelegt, so wird auf Antrag das staatliche Gericht tätig, wenn die Parteien kein Einvernehmen über die Besetzung des Schiedsgerichts erzielen. Dies regelt Abs. 3 S. 1 für den Fall, dass die Parteien einen **Einzelschiedsrichter** vorgesehen haben. Haben die Parteien ein Fünfpersonenschiedsgericht bestimmt, so ist durch Auslegung zu ermitteln, ob jede Partei für sich allein ein Benennungsrecht haben soll und deshalb die Regelung des Abs. 3 S. 2 entsprechend heranzuziehen ist, oder ob hinsichtlich jedes einzelnen Schiedsrichters Einvernehmen bestehen muss, so dass Abs. 3 S. 1 analog angewendet werden muss. Im Regelfall wird dem Parteiwillen eher ein dem S. 2 entsprechendes Verfahren entsprechen. 8

2. Verfahrensfragen. Die **Zuständigkeit** des staatlichen Gerichts für die Bestellung eines Schiedsrichters bestimmt sich nach § 1062 Abs. 1 Nr. 1. Das Gericht wird auf **Antrag einer der Parteien** tätig. Die bereits ernannten Schiedsrichter sind nicht antragsbefugt. Wird die Bestellung eines **Einzelschiedsrichters** beantragt, so setzt der Antrag voraus, dass eine Einigung über die Bestellung nicht zu Stande gekommen ist. Eine Frist ist insoweit nicht einzuhalten. Man kann aber auch hier die Monatsfrist als Anhaltspunkt für eine angemessene Zeit zur Einigung nehmen,[31] wobei die Frist mit der Aufforderung beginnt, sich am Verfahren zur Bestellung des Einzelschiedsrichters zu beteiligen. Ist ein **Dreipersonenschiedsgericht** vorgesehen und wird beantragt, die Benennung eines der Schiedsrichter an Stelle der untätig gebliebenen Partei vorzunehmen, so ist die in Abs. 3 S. 3 genannte **Monatsfrist** zu beachten. Die Parteien können diese Frist durch Vereinbarung verkürzen oder verlängern.[32] Das weitere Verfahren richtet sich dann nach Abs. 4. Die Frist **beginnt** mit dem Zugang der **Aufforderung** durch die Gegenpartei, einen **Schiedsrichter zu benennen.** Für den Nachweis des Zugangs ist **Zustellung** zweckmäßig, auch wenn die Aufforderung an sich **keiner Form** bedarf. Bei **unbekanntem Aufenthaltsort** macht § 1028 Abs. 1 eine öffentliche Zustellung in der Regel entbehrlich. Ist die Gegenpartei verstorben und sind die Erben unbekannt, so ist nicht die öffentliche Zustellung, sondern im Hinblick auf die Gleichstellung des Schiedsverfahrens mit einem rechtskräftigen Urteil die Bestellung eines Nachlasspflegers nach §§ 1960, 1961 BGB der richtige Weg.[33] Die Aufforderung setzt **nicht voraus,** dass der **Auffordernde seinerseits** einen **Schiedsrichter benennt.**[34] Wenn die überwiegende Auffassung dieses Ergebnis durch Anwendung des tu-quoque-Gedankens korrigiert, so erschwert sie nicht nur gegen den Wortlaut des Gesetzes die Handhabung der Regelung für denjenigen, der einen Schiedsspruch nach deutschem Recht erlangen will, sondern sie verschiebt auch die Wertung des Gesetzes, denn damit muss er den von ihm gewählten Schiedsrichter bekannt geben, bevor er den der Gegenpartei kennt. Für eine solche Vorleistung 9

---

[29] *Schneider* GmbHR 2005, 86, 88.

[30] So aber *Ebenroth/Bohne* BB 1996, 1393, 1397 (zum alten Recht); *Berger* RIW 2001, 7, 14; *Chr. Berger* ZHR 164 (2000) 295, 315 f.; *Zilles* BB 1999, Beil. 4, S. 2 ff. versucht, durch Vereinbarungen in der Schiedsabrede alle interessierten Beteiligten in einem Verfahren zusammenzufassen und die zunächst nicht am Verfahren Beteiligten auf die Nebenintervention zu verweisen; abzulehnen ist die Auffassung von *Bender* DB 1998, 1900, 1902 f., der meint, eine Standardschiedsklausel mit der Möglichkeit der Nebenintervention sei ausreichend; ebenfalls abzulehnen ist die Auffassung *Benders* (aaO), die Gesellschaft sei im Interesse der Sicherung der Schiedsabrede verpflichtet, sich in einem Verfahren vor dem staatlichen Gericht auf die Schiedsabrede zu berufen. Unbedenklich ist es dagegen, wenn vor der Bestimmung von Verfahrensgrundsätzen die Gelegenheit zum Verfahrensbeitritt und damit zur gleichberechtigten Einflussnahme auf die Grundsätze der Verfahrensgestaltung gegeben wird, vgl. *Wolff*, Münchener Handbuch des Gesellschaftsrechts, Bd. 3, 2. Aufl. 2003, § 40 Rn. 120.

[31] *Kreindler/Schäfer/Wolff* Rn. 430; aA MK/*Münch* Rn. 20 aE (keine Frist); *St/J/Schlosser* Rn. 3.

[32] MK/*Münch* Rn. 24; zur Möglichkeit der Verkürzung der Frist vgl. BT-Drucks. 13/5274 S. 40; die Anwendung des Abs. 4 folgt dann aus dem Umstand, dass eine Parteivereinbarung über das Bestellungsverfahren gegeben ist.

[33] Zur passiven Prozessführungsbefugnis MK/*Leipold* § 1960 BGB Rn. 56; anders (öffentliche Zustellung; zum alten Recht) MK/*Maier*, 1. Aufl. 1992, § 1029 aF Rn. 1.

[34] MK/*Münch* Rn. 24; aA KG 13. 8. 2007 20 SchH 2/07; *Schwab/Walter* Kap. 10 Rn. 18; *St/J/Schlosser* Rn. 5; *Zö/Geimer* Rn. 14.

besteht aber kein Anlass. Auch eine **Fristsetzung** verlangt das nunmehr geltende Recht nicht.[35] Soweit mit der Aufforderung zugleich das Schiedsverfahren als solches beginnen soll – was insbesondere für die Frage der **Verjährungshemmung** relevant ist – muss die Aufforderung den Voraussetzungen des § 1044 genügen (vgl. dazu auch § 1044 Rn. 2). Haben die Parteien jeweils einen Schiedsrichter benannt, können sich diese aber nicht auf einen **Vorsitzenden** einigen, so gilt ebenfalls eine Monatsfrist, wobei diese beginnt, sobald der Letzte der von den Parteien jeweils gesondert zu bestellenden Schiedsrichter ernannt ist.

10 Die Monatsfrist ist richtiger Ansicht nach **keine Ausschlussfrist,** so dass eine Benennung des Schiedsrichters auch **nach Fristablauf noch möglich** ist.[36] Dies gilt zumindest bis zur Antragstellung bei Gericht,[37] wohl aber auch noch bis zur rechtskräftigen Entscheidung des Gerichts,[38] denn mit der verspäteten Benennung durch die Partei ist dem Zweck des gerichtlichen Verfahrens Rechnung getragen und zugleich wird der erhebliche Eingriff in die Position einer Partei vermieden, nicht selbst einen Schiedsrichter benennen zu können. Das Benennungsrecht erlischt auch nicht, wenn **ungeeignete Personen benannt** werden.[39] Die Gegenpartei kann dann nach Abs. 3 S. 3 vorgehen,[40] wobei aber die Benennung einer geeigneten Person durch die Partei noch erfolgen kann.

11 **3. Entscheidung des Gerichts.** Das Gericht entscheidet durch **Beschluss** (§ 1063 Abs. 1 S. 1), der **nicht anfechtbar** ist (§ 1065 Abs. 1 S. 2). Da nur im Fall einer wirksamen Schiedsvereinbarung Anlass zur Bestellung eines Schiedsrichters besteht, wird die Frage, ob die **Schiedsvereinbarung** wirksam ist und den Gegenstand des Schiedsverfahrens umfasst, vom Gericht geprüft.[41] Es handelt sich bei dieser Frage um eine Vorfrage, so dass durch die Bestellung des Schiedsrichters **nicht rechtskräftig** über die Wirksamkeit der Schiedsvereinbarung **entschieden** wird.[42] Deshalb wird vorgeschlagen, dass das Gericht auch bei **Zweifeln an der Wirksamkeit des Schiedsvertrags** einen **Schiedsrichter benennen** darf.[43] Dafür spricht nicht so sehr, dass damit widersprüchliche Entscheidungen über den Bestand der Schiedsabrede vermieden werden,[44] als vielmehr, dass eine umfassende Überprüfung des Schiedsvertrags auf seine Wirksamkeit der Aufgabe des Verfahrens nach Abs. 3 nicht entspricht.[45] Bejaht man die gerichtliche Bestellungsbefugnis auch ohne Prüfung der Wirksamkeit des Schiedsvertrags, so kann der Gegner allerdings einem Schiedsverfahren ausgesetzt werden, obwohl eine wirksame Schiedsvereinbarung nicht besteht. Eine Rechtsschutzlücke besteht gleichwohl nicht, denn die **Unwirksamkeit der Schiedsvereinbarung** kann im **Verfahren nach § 1040** oder durch einen entsprechenden **Widerantrag** im gerichtlichen Bestellungsverfahren[46] geltend gemacht werden. Es ist deshalb der Auffassung zu folgen, dass das Gericht nur prüfen sollte, ob das **Nichtbestehen des Schiedsvertrags offensichtlich** ist.[47]

12 Wird der Antrag auf Ernennung eines Schiedsrichters vom Gericht **abgelehnt,** weil es den Schiedsvertrag für unwirksam erachtete (vgl. Rn. 11), so soll damit der **Schiedsvertrag außer Kraft** treten.[48] Da der Entscheidung insoweit aber keine Rechtskraft zukommt (vgl. Rn. 11, dort auch zur Möglichkeit eines Feststellungsantrags), ist diese Ansicht unrichtig; es bleibt den Parteien unbenommen, auch jetzt noch Schiedsrichter zu ernennen. Erst wenn davon kein Gebrauch gemacht wird, ist der Schiedsvertrag undurchführbar (§ 1032 Abs. 1). Auch unabhängig von der Frage der Undurchführbarkeit kann sich der Beklagte im Verfahren vor dem staatlichen Gericht nicht auf die Schiedsabrede berufen, wenn er sich seinerseits der Mitwirkung an der Konstituierung des Schiedsgerichts entzogen hat (zur Arglisteinrede vgl. § 1032 Rn. 3).

---

[35] OLG München 25. 4. 2007 34 SchH 10/06 Tz. 23 OLGR München 2007, 681; MK/*Münch* Rn. 24; damit ist eine zu knapp bemessene Frist unschädlich, so im Ergebnis auch *Kröll* SchiedsVZ 2004, 113, 116; aA KG 17. 3. 2003 23 Sch 8/03 (zitiert nach *Kröll* SchiedsVZ 2004, 113, 116, Fn. 23).

[36] MK/*Münch* Rn. 24; *St/J/Schlosser* Rn. 4; in diese Richtung auch OLG Naumburg SchiedsVZ 2003, 235, 236; aA OLG München MDR 2006, 1308; *Kröll* SchiedsVZ 2004, 113, 116; *ders.* SchiedsVZ 2006, 203, 207 (Benennung eines Schiedsrichters unter der Bedingung, dass die Partei nicht innerhalb eines Monats einen Schiedsrichter ernennt, sei unzulässig); *Schütze,* Schiedsverf., Rn. 47; *Zö/Geimer* Rn. 15 (der auch eine Wiedereinsetzung bei Fristversäumung ablehnt), vgl. aber auch dort Rn. 17.

[37] So die Begründung des Gesetzentwurfs, BT-Drucks. 13/5274 S. 40; *B/L/H* Rn. 9; *T/P/Reichold* Rn. 8; aA BayObLG NJW-RR 2002, 933 (Verhinderung von Hinhalte- und Blockadetaktik).

[38] *Kreindler/Schäfer/Wolff* Rn. 432; *Lachmann* Rn. 905; *Schwab/Walter* Kap. 10 Rn. 21; *St/J/Schlosser* Rn. 4; zum alten Recht: LG Heilbronn Justiz 1974, 460.

[39] So aber zum alten Recht: *Wiecz/Sch/Schütze* § 1029 aF Rn. 17.

[40] *Schwab/Walter* Kap. 10 Rn. 21.

[41] Vgl. *Lachmann* Rn. 897 (einschränkend auf offensichtliche Mängel; es sei denn, der Mangel der Schiedsvereinbarung beruhe auf einem Verstoß gegen eine der Parteidisposition entzogene Norm); einschränkend (nur auf Rüge, soweit die der Wirksamkeit der Schiedsvereinbarung entgegenstehende Norm zur Disposition der Parteien steht) *Schwab/Walter* Kap. 10 Rn. 24; MK/*Münch* Rn. 25 aE (Rechtsmissbrauch bei offensichtlich unwirksamer Schiedsvereinbarung); aA (keine Prüfung, auch nicht auf offensichtliche Mängel) *Bredow,* Festschr. f. Schlosser, 2005, S. 75, 80; zum alten Recht: OLG Hamburg MDR 1964, 684; *Wiecz/Sch/Schütze* § 1029 aF Rn. 21.

[42] *Lachmann* Rn. 829; *Schwab/Walter* Kap. 10 Rn. 24; MK/*Münch* Rn. 31; *Zö/Geimer* Rn. 18; zum alten Recht: BGH NJW 1969, 978, 979.

[43] *St/J/Schlosser* Rn. 6 (anders nur bei offensichtlichem Mangel).

[44] So aber zum alten Recht: *St/J/Schlosser,* 21. Aufl. 1994, § 1029 aF Rn. 5.

[45] Vgl. zum alten Recht: auch BGH NJW 1969, 978, 979.

[46] OLG München 4. 9. 2006 34 SchH 6/06 Tz. 20.

[47] So auch BayObLG BB 1999, 1785; MDR 2001, 780; *B/L/H* Rn. 510; *Lachmann* Rn. 897; MK/*Münch* Rn. 25 aE (Rechtsschutzbedürfnis fehle dann); *St/J/Schlosser* Rn. 6; vgl. auch BayObLG EWiR § 1034 1/2000, S. 359 (*Rabe*) (offensichtliches Überschreiten der Schiedsklausel); *Schwab/Walter* Kap. 10 Rn. 24 Fn. 54.

[48] Vgl. (zum alten Recht) MK/*Maier,* 1. Aufl. 1992, § 1029 aF Rn. 7; *Wiecz/Sch/Schütze* § 1029 aF Rn. 22.

Ernennt das Gericht einen Schiedsrichter, so entfaltet diese Entscheidung keine Rechtskraft in Bezug auf die Wirksamkeit des Schiedsvertrags (vgl. Rn. 11f.). Auch über die Sachurteilsvoraussetzungen wird nicht mit Bindungswirkung für spätere Verfahren entschieden.[49] Durch die rechtskräftige Ernennung sind in einem späteren Aufhebungsverfahren lediglich Einwendungen ausgeschlossen, die die Voraussetzungen für die Ernennung des Schiedsrichters durch das Gericht betreffen. Der vom Gericht ernannte **Schiedsrichter** kann unter den Voraussetzungen des § 1036 **abgelehnt** werden, soweit nicht die Ablehnungsgründe durch das Ernennungsverfahren präkludiert sind.[50] Dabei wird für die Frage der Präklusion als maßgebend angesehen, ob die Einwendungen im Ernennungsverfahren behandelt wurden. Fällt der vom Gericht ernannte Schiedsrichter durch Ablehnung oder aus anderen Gründen weg, so ist vorrangig die Partei zur Bezeichnung eines Ersatzschiedsrichters berufen (str., vgl. § 1039 Rn. 3). 13

IV. Verfahren bei Schwierigkeiten in der Durchführung eines vereinbarten Bestellungsverfahrens, Abs. 4

Während sich die Regelung in Abs. 3 auf Fälle bezieht, in denen die Parteien keine Vereinbarung über die Bestellung der Schiedsrichter getroffen haben, behandelt Abs. 4 Fälle, in denen eine solche **Vereinbarung** zwar **getroffen** wurde, jedoch ihre **Durchführung scheitert,** weil eine Partei oder ein Dritter seine **Mitwirkung** an der Bestellung **verweigert,**[51] weil Streit darüber herrscht, ob der Dritte für die Benennung des Schiedsrichters **zuständig** war[52] oder weil eine erforderliche **Einigung nicht erzielt** wird. Zur Beurteilung der Frage, ob eine Einigung nicht erzielt oder die Mitwirkung eines Dritten durch diesen verweigert wurde, sollte die Wertung des Abs. 3 mit der dort enthaltenen Monatsfrist herangezogen werden, sofern die Parteien keine anderen Fristen vereinbart haben.[53] Die Regelung des Abs. 4 ist auch anzuwenden, wenn bei einem Dreierschiedsgericht der von einer Partei allein zu benennende Schiedsrichter nach dem Vertrag über eine bestimmte Eigenschaft verfügen muss, die niemand mehr aufweisen kann; so zB die, Mitglied in einem Verein zu sein, der zwischenzeitlich aufgelöst wurde,[54] oder wenn die Parteien ein Schiedsgericht so ungenau bezeichnet haben, dass sich die Entscheidung zwischen zwei in Betracht kommenden Schiedsgerichten nicht treffen lässt (zur Auslegung vgl. Rn. 3).[55] Haben die Parteien nichts anderes vereinbart, so wird auch in diesem Fall das staatliche Gericht tätig (vgl. Rn. 9ff.). 14

Obwohl Abs. 4 aE nur eine Parteivereinbarung über die Sicherung der Bestellung eines Schiedsrichters erwähnt, kann durch Parteivereinbarung auch bestimmt werden, dass für den Fall der **Weigerung oder des Wegfalls des Dritten** die **Schiedsvereinbarung außer Kraft** tritt. Sollte nach der Schiedsvereinbarung die **Kammer für Außenhandel der ehemaligen DDR** tätig werden, so ist bei der Beurteilung ihrer Wirksamkeit neben dem Gedanken des Wegfalls der Geschäftsgrundlage infolge der Wiedervereinigung der beiden deutschen Staaten auch der Frage nachzugehen, ob sich der Schiedsvereinbarung im Wege der ergänzenden Vertragsauslegung für den Fall des Wegfalls der genannten Institution ein Außerkrafttreten entnehmen lässt.[56] Auf der Grundlage des früher geltenden Rechts hat der BGH sich für eine Anwendung des § 1033 Nr. 1 aF ausgesprochen, so dass bei Wegfall der zur Ernennung der Schiedsrichter vorgesehenen Schiedsinstitution die Schiedsvereinbarung entfällt, sofern der Vereinbarung nicht – ggf. im Wege ergänzender Auslegung – anderes zu entnehmen ist.[57] Die Literatur spricht sich in diesen Fällen überwiegend für eine Fortgeltung der Schiedsabrede aus, soweit nicht infolge des Beitritts der ehemaligen DDR die Geschäftsgrundlage für die Schiedsvereinbarung entfallen ist.[58] Insbesondere in Fällen, in denen sich Mitglieder von Drittstaaten auf die Zuständigkeit des 15

---

[49] Vgl. aber zum alten Recht: RG ZZP 59 (1939), 312; *Wiecz/Sch/Schütze* § 1029 aF Rn. 22.

[50] MK/*Münch* Rn. 32.

[51] Beispiel: BayObLG NJW-RR 1999, 1085.

[52] OLG Hamm SchiedsVZ 2003, 79ff. (Antrag auf Feststellung, dass Benennung unwirksam ist; Rechtsschutzbedürfnis für Antrag auf Feststellung eines Benennungsrechts eines anderen Dritten, wenn dieser über seine Zuständigkeit noch nicht entschieden hat, muss gesondert begründet werden) m. zust. Anm. *Kröll;* BayObLG NJW-RR 2002, 1437, 1438 (Ausspruch, dass Partei der Benennung des Schiedsrichters durch einen Dritten zustimmen muss; keine Ernennung durch das Gericht, solange durch Verpflichtung der Partei zur Anerkennung des Benennungsrechts des Dritten dem Parteiwillen noch zur Geltung verholfen werden kann).

[53] BayObLG NJW-RR 2002, 933, 934; aA MK/*Münch* Rn. 17 (Frist müsse vereinbart werden).

[54] Zum alten Recht vgl. (Anwendung des § 1033 Nr. 1 aF) OLG Darmstadt OLGRspr. 23, 243; vgl. auch KG SchiedsVZ 2003, 185 (Benennung von Berufsrichtern durch jeweils eine Partei ohne Zustimmung der Gegenseite; vgl. dazu hier Rn. 17).

[55] AA (Nichtigkeit der Schiedsvereinbarung; dazu aber § 1029 Rn. 9) BayObLG BB 2000, Beil. 8, S. 15, 16; vgl. dazu *Berger* RIW 2001, 7, 10.

[56] Vgl. (mögliche Undurchführbarkeit der Schiedsabrede) *Zö/Geimer* Rn. 19.

[57] Vgl. (zum alten Recht) BGHZ 125, 7, 11 = NJW 1994, 1008; ebenso OLG Frankfurt/M DtZ 1993, 183; KG DtZ 1994, 177, 179; *Hochbaum* (Fn. 6) S. 201; für eine Auslegung als Berufung der Nachfolgeorganisation „Schiedsgericht Berlin" LG Itzehoe DtZ 1993, 184; LG Berlin DtZ 1993, 91; vgl. auch BGH EWiR § 1033 aF 1/95, S. 623, 624 (*Smid*); bei Streitigkeiten zwischen Unternehmen der ehemaligen DDR und anderer RWG-Staaten wegen des Charakters als staatlich angeordnete Zwangsschieds- und damit Sondergerichtsbarkeit gegen eine entsprechende Anwendung des § 1033 Nr. 1 aF BGHZ 128, 380, 386f. = DtZ 1995, 246; diese Vorschriften gelten jedoch nach der Wiedervereinigung nicht fort, sofern das gerichtliche oder schiedsgerichtliche Verfahren im Beitrittszeitpunkt noch nicht anhängig war, vgl. BGH BauR 1998, 627, 628; krit. (eigenständige Bedeutung der Schiedsabrede trotz Schiedsgerichtszwangs; Zuständigkeit des „Schiedsgerichts Berlin") *Schlosser* IPRax 1995, 360, 361; zur Doppelfunktion der Kammer für Außenhandel als Schiedsgericht und als staatliches Sondergericht vgl. *Ernemann,* Zur Anerkennung und Vollstreckung ausländischer Schiedssprüche nach § 1044 ZPO, 1979, S. 15ff.

[58] Einen solchen Wegfall nehmen an (zum alten Recht): *Walter/Hauck* ZZP 107 (1994), 541, 549ff.; BGH EWiR § 1033 aF 1/94, S. 415, 416 *(C. Wolf);* im Ansatz ebenso, aber Wegfall der Geschäftsgrundlage verneinend *Habscheid*

Schiedsgerichts bei der Kammer für Außenhandel verständigt haben, wird eine Fortgeltung der Schiedsvereinbarung gefordert.[59] Dem kann nur dann zugestimmt werden, wenn durch die Aufrechterhaltung der Schiedsabrede den Erwartungen der Parteien entsprochen wird und die Abrede nicht unter Druck wirtschaftlicher oder politischer Erfordernisse abgeschlossen wurde. Letzterenfalls wird bei Entfallen dieser Erfordernisse der Wegfall der Schiedsabrede dem Willen der Parteien eher entsprechen als ihre Aufrechterhaltung.

V. Anforderungen an die Person des Schiedsrichters

16 **1. Beschränkung auf natürliche Personen.** Schiedsrichter kann nur eine **natürliche Person** sein.[60] Die Ernennung einer **juristischen Person** ist auszulegen: Handelt es sich um eine Schiedsinstitution, so wird die Erklärung als Ermächtigung zu verstehen sein, ein Schiedsgericht zu bilden. Bei anderen juristischen Personen oder auch Personenmehrheiten, die unter einem Namen bezeichnet sind, wird man mangels anderer Anzeichen die Mitglieder des nach der Satzung zuständigen Vertretungsorgans als zu Schiedsrichtern bestellt ansehen können,[61] wobei sich die Willensbildung innerhalb des Schiedsgerichts dann nach den Regeln der jeweiligen Satzung bzw. Geschäftsordnung bestimmen soll. Ist eine **Behörde** benannt, so ist der Behördenleiter oder ein von ihm zu benennender Behördenangehöriger zum Schiedsrichter berufen, wobei diese Personen als Privatpersonen tätig werden.[62] Bei Bezeichnung eines Gerichts sind die Mitglieder des bezeichneten Spruchkörpers benannt.

17 **2. Allgemeine Voraussetzungen.** Der Schiedsrichter muss **unbeschränkt geschäftsfähig** sein (zur Beendigung des Amtes, wenn die Geschäftsfähigkeit entfällt, § 1038 Rn. 5). Eine Verpflichtung des Schiedsrichters, sich auf seine Geschäftsfähigkeit untersuchen zu lassen, besteht nicht.[63] Er braucht grundsätzlich **nicht über juristische Kenntnisse** zu verfügen.[64] **Richter und Beamte** bedürfen nach § 40 DRiG, § 65 Abs. 1 BBG und den entsprechenden landesrechtlichen Bestimmungen einer Genehmigung[65] für die Übernahme des Schiedsrichteramtes, die aber weder auf die Wirksamkeit der Ernennung zum Schiedsrichter noch auf die eines gefällten Schiedsspruchs Einfluss hat.[66] Richtern darf die Genehmigung nur erteilt werden, wenn sie von beiden Parteien gemeinsam beauftragt werden; über den Wortlaut des § 40 Abs. 1 DRiG hinaus sollte aber auch ein ausdrückliches Einverständnis der Gegenpartei ausreichen.[67] Die Genehmigung wird versagt, wenn der Richter mit der Sache dienstlich befasst ist oder nach der Geschäftsverteilung befasst werden kann (§ 40 Abs. 1 S. 2 DRiG). **Notare** benötigen nach § 8 Abs. 4 BNotO keine Genehmigung.

18 **3. Vereinbarung über weitere Voraussetzungen.** Die **Parteien** können **weitere Vorgaben** vereinbaren. Eine solche Vereinbarung bedarf **keiner Form.** Führen die Vorgaben dazu, dass eine Partei ein **Übergewicht** bei der Besetzung des Schiedsgerichts erhält, so ist der Weg zu § 1034 Abs. 2 eröffnet. Genügt ein von einer **Partei benannter Schiedsrichter** den Vorgaben nicht, so kann er nach § 1036 Abs. 2 S. 1 **abgelehnt** werden.

19 **4. Besonderheiten bei Benennung durch das Gericht, Abs. 5.** Benennt das staatliche Gericht einen Schiedsrichter, so ist es nach Abs. 5 verpflichtet, dabei nicht nur auf dessen **Unabhängigkeit und Unparteilichkeit** zu achten, sondern bei der Auswahl des Schiedsrichters auch die **Parteivereinbarung** und die in ihr festgelegten Kriterien zu berücksichtigen. Genügt der Schiedsrichter den Vorgaben nicht, kann er auch bei Bestellung durch das Gericht von jeder der Parteien **abgelehnt** werden. Die Regelung in Abs. 5 S. 2, die das Gericht verpflichtet, einen Schiedsrichter mit einer **anderen Staatsangehörigkeit** als derjenigen der Parteien in Betracht zu ziehen, bezieht sich nur auf Einzelschiedsrichter und den Vorsitzenden eines mit drei Schiedsrichtern besetzten Schiedsgerichts. Zweckmäßig wird die Bestellung eines Schiedsrichters mit anderer Staatsangehörigkeit nur dann sein, wenn die Parteien unterschiedlicher Staatsangehörigkeit sind.[68] Die Verletzung dieser Bestimmung durch das staatliche Gericht begründet **keinen Ablehnungsgrund.**

DtZ 1993, 174; *ders.,* Festschr. f. Walder, 1994, S. 323 ff.; vgl. auch (Fortgeltung der Schiedsabrede unter Entfallen der Bindung an die Liste der Schiedsrichter) *Habscheid/Habscheid* JZ 1994, 945, 950; vgl. auch (Anpassung; bereits zum neuen Recht) *Schwab/Walter* Kap. 8 Rn. 13; *Habscheid/Habscheid* IPRax 2002, 138, 141 (Anpassung, betrifft Außenhandelsarbitrage der UdSSR nach Zusammenbruch der Sowjetunion).

[59] *Schlosser* IPRax 1995, 360, 362 (insoweit höchstrichterlich noch nicht entschieden).

[60] *Schlosser,* Festschr. f. Horn, 2006, S. 1023, 1025; *T/P/Reichold* Rn. 1; aA *Schwab/Walter* Kap. 9 Rn. 1; *Schütze,* Schiedsverf., Rn. 43; wie hier *St/J/Schlosser* § 1036 Rn. 2 (zum alten Recht); aA *Strieder,* Rechtliche Einordnung und Behandlung des Schiedsrichtervertrages, 1984, S. 69 f. (mit Ausnahme der juristischen Personen des öffentlichen Rechts); *Wiecz/Sch/Schütze* § 1032 aF Rn. 3.

[61] Vgl. *Schwab/Walter* Kap. 9 Rn. 1.

[62] *Schwab/Walter* Kap. 9 Rn. 1; vgl. *T/P/Reichold* Rn. 1 (Organ der Behörde werde tätig); vgl. auch *St/J/Schlosser* § 1036 Rn. 2 (öffentlich-rechtlicher Schiedsrichtervertrag mit der Behörde; betrifft aber nur das Verpflichtungsverhältnis, nicht die Frage der Ernennbarkeit der „Behörde" als solcher); aA *Zö/Geimer* Rn. 7.

[63] *St/J/Schlosser* Vor § 1025 Rn. 13; *Zö/Geimer* Rn. 6; zum alten Recht: BGHZ 98, 32 = NJW 1986, 3077.

[64] Vgl. zum Rechtstatsächlichen *MK/Maier,* 1. Aufl. 1992, § 1028 aF Rn. 28, bezogen auf LG Frankfurt: 50 % Rechtsanwälte, 30 % Richter, 20 % sonstige Personen.

[65] Zu Fragen der Behinderung seitens der Verwaltung vgl. *Timm* ZRP 1995, 328 ff.

[66] *Lachmann,* Festschr. f. Schlosser, 2005, S. 477, 487; MK/*Münch* Vor § 1034 Rn. 28; *St/J/Schlosser* § 1036 Rn. 1; *Zö/Geimer* Rn. 33; *Kröll* SchiedsVZ 2004, 113, 116; so auch *Lachmann* Rn. 859; aA (Verstoß gegen Verbotsgesetz; Nichtigkeit der Bestellung) *Schwab/Walter* Kap. 9 Rn. 3; *Wiecz/Sch/Schütze* § 1028 aF Rn. 12 (zum alten Recht).

[67] AA KG SchiedsVZ 2003, 185, 186 (§ 40 DRiG schütze das Ansehen der Richter, die nur bei einverständlicher Beauftragung tätig werden, kein Tätigwerden als „Parteischiedsrichter"; gerade bei Klauseln, die für beide Parteien ernannte Schiedsrichter ausschließlich die Besetzung durch Richter vorsehen, erscheint diese Befürchtung jedoch als unbegründet) m. zust. Anm. *Mecklenbrauck; Kröll* SchiedsVZ 2004, 113, 115.

[68] MK/*Münch* Rn. 29 (bei Inlandssachverhalten, solange nicht über § 1051 Auslandsrecht anzuwenden ist).

VI. Das Rechtsverhältnis zum Schiedsrichter

1. Grundlage der Rechtsbeziehungen. Der Schiedsrichtervertrag, also der Vertrag zwischen den Schiedsrichtern und den Parteien, ist von der Schiedsabrede unabhängig.[69] Der Schiedsrichtervertrag ist ein materiellrechtlicher Vertrag,[70] wobei die genaue Einordnung unterschiedlich beurteilt wird. Verlangt man für die Qualifikation eines Vertrags als Auftrag bzw. als Geschäftsbesorgungsvertrag, dass das übernommene Geschäft ein solches des Auftraggebers oder Geschäftsherrn ist,[71] so unterfällt der Schiedsrichtervertrag diesen Vertragstypen nicht, denn die Streitentscheidung ist nicht Sache der Parteien, sondern Sache eines von den Parteien notwendigerweise verschiedenen Richters. Es bleibt dann nur die Qualifikation als Dienstvertrag (im Falle der Entgeltlichkeit) oder als Vertrag sui generis.[72] Der Sache nach sind spürbare Unterschiede zwischen diesen Auffassungen nicht festzustellen. 20

In Fällen mit Auslandsbezug kann das auf den **Schiedsrichtervertrag anwendbare materielle Recht** gewählt werden.[73] In der Regel wird es dem Willen der Parteien entsprechen, wenn der Schiedsrichtervertrag dem Recht unterliegt, das auch auf das **schiedsgerichtliche Verfahren** Anwendung findet.[74] Die Vermutung des Art. 28 Abs. 2 EGBGB, der auf die charakteristische Leistung, hier also auf die Dienstleistung abstellt, greift nach Art. 28 Abs. 5 EGBGB nicht ein, da der Schiedsrichtervertrag in der Regel eine engere Verbindung mit dem Staat aufweist, dessen Recht auf das schiedsrichterliche Verfahren anzuwenden ist.[75] 21

Der Vertrag bedarf **keiner Form.**[76] Als Vertragspartner steht der **Schiedsrichter** auf der einen Seite **allen** am Schiedsgerichtsverfahren **beteiligten Parteien** auf der anderen Seite gegenüber.[77] Das Benennungsrecht einer Partei oder auch eines Dritten enthält zugleich die **Bevollmächtigung** zum Abschluss des Schiedsrichtervertrags.[78] Eine Gegenauffassung[79] nimmt an, dass der Schiedsrichtervertrag kraft Gesetzes in dem Zeitpunkt zu Stande kommt, zu welchem dem Gegner die Ernennungsanzeige zugeht, denn wegen Abs. 2 sei der Benennende vor diesem Zeitpunkt an seine Wahl nicht gebunden. Dabei wird aber zu wenig berücksichtigt, dass der Schiedsrichtervertrag von der Ernennung zum Schiedsrichter zu unterscheiden ist.[80] Der Schiedsrichtervertrag unterliegt den allgemeinen Regeln des Bürgerlichen Rechts und ist damit auch nach §§ 119, 123 BGB **anfechtbar,** wobei nach Aufnahme der Tätigkeit die Kündigung an die Stelle der Anfechtung tritt.[81] Gründe, die durch **Ablehnung** nach § 1036 geltend zu machen sind, können wegen des Vorrangs dieser Regelung keine Anfechtung rechtfertigen. Deshalb ist die Anfechtung des Schiedsrichtervertrags wegen Irrtums über wesentliche Eigenschaften des Schiedsrichters ausgeschlossen.[82] Wird zur Durchführung des Schiedsverfahrens eine **Schiedsinstitution** benannt, so entstehen vertragliche Beziehungen in der Regel nur zwischen 22

---

[69] OLG München 21. 12. 2006 34 SchH 12/06 = OLGR München 2007, 410 (Klage auf Mitwirkung vor dem staatlichen Gericht); zum alten Recht: BGH LM § 1025 aF Nr. 5.

[70] *Lachmann* Rn. 1155; *Schütze,* Schiedsverf., Rn. 62; MK/*Münch* Vor § 1034 Rn. 4; *St/J/Schlosser* Vor § 1025 Rn. 7; *Zö/Geimer* Rn. 23; aA (Vertrag mit Doppelwirkung, da zugleich Begründung des Schiedsrichteramts) *Schwab/Walter* Kap. 11 Rn. 9; wie hier zum alten Recht: *Strieder* (Fn. 60) S. 12ff.; *Wiecz/Sch/Schütze* § 1028 aF Rn. 15; aA (Vertrag mit Doppelwirkung) *Real,* Der Schiedsvertrag; Inhalt und rechtliche Regelung im deutschen Recht mit rechtsvergleichenden Ausblicken, 1983, S. 65ff.

[71] Vgl. nur BGHZ 45, 223, 229; *Palandt/Thomas* § 675 Rn. 4.

[72] Stets Vertrag sui generis: MK/*Münch* Vor § 1034 Rn. 5; bei Entgeltlichkeit für einen Dienstvertrag mit Geschäftsbesorgungscharakter *B/L/H* Anh. § 1035 Rn. 1; für einen Vertrag mit materiellrechtlichem und prozessrechtlichem Charakter *Schwab/Walter* Kap. 11 Rn. 9; bei Entgeltlichkeit für einen Dienstvertrag, bei Unentgeltlichkeit für einen Auftrag *St/J/ Schlosser* Vor § 1025 aF Rn. 7; zum alten Recht: Bei Entgeltlichkeit für einen Geschäftsbesorgungsvertrag mit Dienstvertragscharakter MK/*Maier,* 1. Aufl. 1992, § 1028 aF Rn. 5; für einen Vertrag sui generis BGH LM § 1025 Nr. 5; dazu, dass die Leistung des Schiedsrichters der eines Anwalts iSd. Art. 9 Abs. 2 Buchst. e der 6. Richtlinie 77/388/EWG (Umsatzsteuer) nicht vergleichbar ist, vgl. EuGH RIW 1997, 965f.

[73] *Lachmann* AG 1997, 170f.; *ders.* Rn. 4141 zur nachträglichen Vereinbarung des anwendbaren Rechts; MK/*Münch* Vor § 1034 Rn. 9; *Zö/Geimer* Rn. 23; vgl. auch *Müller-Freienfels,* Festschr. f. Cohn, 1975, S. 147ff.

[74] *Zö/Geimer* Rn. 23; anders, wenn die Schiedsrichter das Verfahrensrecht erst festlegen sollen, *Lachmann* Rn. 4150; vgl. auch *Osterthun,* Schadensfälle im Schiedsverfahren, 2002, S. 299ff. (für eine differenzierende Lösung).

[75] *Kronke* RIW 1998, 257, 258 (Recht des Verfahrensorts); *St/J/Schlosser* Vor § 1025 Rn. 17; zum alten Recht: vgl. *Basedow,* Jahrbuch für die Praxis der Schiedsgerichtsbarkeit, Bd. 1 (1987), S. 3, 21 (widerlegliche Vermutung); im iE ähnlich MK/*Münch* Vor § 1034 Rn. 9 (im Grundsatz Art. 28 Abs. 2 EGBGB, aber Abs. 5 möglich, wenn sonst unterschiedliche Rechtsordnungen für Schiedsverfahren und die verschiedenen Schiedsrichterverträge berufen wären); ähnlich auch (Akzessorietät des Schiedsrichtervertrags zum Schiedsverfahrensrecht auf der Grundlage der Zustimmung der Schiedsrichter zur Konkretisierung ihres Vertrags durch die Schiedsvereinbarung) *von Hoffmann,* Festschr. f. Glossner, 1994, S. 143, 152f.; zustimmend *Lachmann* Rn. 4156ff.; vgl. auch OGH BB 1999, Beil. 11, S. 7, 8; tendenziell für Recht des Schiedsorts, aber (konkludente) Wahl durch Verfahrensrechtswahl zulassend *Liebscher* BB 1999, Beil. 11, S. 2, 3.

[76] MK/*Münch* Vor § 1034 Rn. 10; strenger (idR erst durch Unterzeichnung des schriftlichen Schiedsrichtervertrags) *Lachmann* Rn. 4118; wie hier zum alten Recht: BGH ZZP 66 (1953), 152, 154 = BB 1953, 7.

[77] *Schwab/Walter* Kap. 11 Rn. 1; zum alten Recht: BGHZ 55, 344, 347 = NJW 1971, 888; RGZ 94, 210, 211.

[78] *St/J/Schlosser* Vor § 1025 Rn. 8; zum alten Recht: *Strieder* (Fn. 60) S. 47ff.

[79] *B/L/H* Anh. § 1035 Rn. 3; *Schwab/Walter* Kap. 11 Rn. 2ff. (vorher nur Vorvertrag mit der ernennenden Partei), vgl. auch (während der Bestellungsphase lediglich ein dem eigentlichen Schiedsrichtervertrag vorgeschaltetes Auftragsverhältnis) *Lachmann* Rn. 4119.

[80] *St/J/Schlosser* Vor § 1025 Rn. 7; aA *Schwab/Walter* Kap. 11 Rn. 9; wie hier zum alten Recht: *Strieder* (Fn. 59) S. 14ff.; *Wolf,* Die institutionelle Handelsschiedsgerichtsbarkeit, 1992, S. 77ff., 83; aA *Schwab,* Festschr. f. Schiedermair, 1976, S. 499ff.; *Ro/S/Go* § 177 Rn. 15f.

[81] MK/*Münch* Vor § 1034 Rn. 11 (zur Anfechtungsmöglichkeit); *St/J/Schlosser* Vor § 1025 Rn. 11.

[82] MK/*Münch* Vor § 1034 Rn. 11; *St/J/Schlosser* Vor § 1025 Rn. 11.

den Parteien und der Organisation sowie im Verhältnis der Organisation zu den Schiedsrichtern.[83] Richter und Beamte benötigen zur Übernahme des Schiedsrichteramts einer Genehmigung, dazu Rn. 17.

23 **2. Pflichten des Schiedsrichters.** Der Schiedsrichter muss nach besten Kräften an dem Verfahren mitwirken und den Streitfall nach Maßgabe der Schiedsabrede in einem rechtsstaatlichen Verfahren einer **zügigen Erledigung** zuführen. Nicht zuletzt deshalb ist der Schiedsrichter nach § 1036 verpflichtet, auf einen **möglichen Ablehnungsgrund hinzuweisen.**[84] Obwohl der Schiedsrichter auf die Durchsetzbarkeit des Schiedsspruchs bedacht sein muss, ist er nicht verpflichtet, sich im Interesse der Durchsetzung des Schiedsspruchs auf seinen Geisteszustand untersuchen zu lassen (zur Voraussetzung der Geschäftsfähigkeit vgl. Rn. 17).[85] Eine **zeitliche Befristung** des Schiedsrichtervertrags mit dem Ziel, die rasche Behandlung des Streites zu erreichen, ist möglich;[86] ein nach Ablauf der Frist ergangener Schiedsspruch ist dennoch wirksam, denn die Befristung dient der Verfahrensbeschleunigung und nicht dazu, einen später ergehenden Schiedsspruch zu verhindern.[87] Anders verhält es sich, wenn das Amt des Schiedsrichters beendet wurde. Die Pflichten des Schiedsrichters sind **nicht übertragbar** und gehen auf Rechtsnachfolger des Schiedsrichters nicht über. Die Verpflichtungen können nicht vollstreckt werden, § 888 Abs. 3 (zu den Folgen der Weigerung vgl. §§ 1038f.).[88] Bei schuldhafter Nichterfüllung ist Schadensersatz zu leisten. Zur Weigerung, den Schiedsspruch zu unterschreiben, vgl. § 1054 Abs. 1.

24 Der Schiedsrichter ist verpflichtet, sich über den Sachstand in tatsächlicher und rechtlicher Hinsicht **umfassend zu informieren,** an Terminen teilzunehmen und den Schiedsspruch zügig abzufassen.[89] Für den Schiedsrichter gelten auch die allgemeinen **Pflichten aus Geschäftsbesorgungsverhältnissen.** Er ist deshalb den Parteien als Auftraggebern zur **Auskunft** über den Stand des Verfahrens verpflichtet[90] und muss nach Abschluss seiner Tätigkeit – soweit erforderlich – Rechnung legen. Nimmt das Schiedsgericht oder sein Vorsitzender Vorschüsse entgegen, so sind diese treuhänderisch zu verwalten.[91] **Weisungen** sind zu beachten, sofern sie von beiden Parteien gemeinsam erteilt werden, das Geforderte zumutbar ist und die Weisungen nicht den eigentlichen Bereich der Rechtsfindung betreffen.[92] Bei Letzterem ist zu beachten, dass die Parteien nicht gehindert sind, dem Schiedsgericht das auf den Rechtsstreit anzuwendende Recht oder auch einzelne Rechtsregeln vorzugeben und so maßgebenden Einfluss auf die Entscheidung zu nehmen (vgl. § 1051 Abs. 1). Weiterhin trifft den Schiedsrichter eine **Verschwiegenheitspflicht** nicht nur hinsichtlich des Inhalts und des Gangs der Beratungen (vgl. § 1052 Rn. 3), sondern auch hinsichtlich aller Umstände, die ihm in der Eigenschaft als Schiedsrichter bekannt wurden. Diese Pflicht besteht auch bei Nichtigkeit des Schiedsrichtervertrags, denn sie knüpft an die Funktion als Schiedsrichter, nicht an die Wirksamkeit der Willenserklärungen an.[93] Werden im Schiedsverfahren Straftatbestände offenbar, so besteht keine Verpflichtung des Schiedsrichters zur Offenbarung an staatliche Behörden. Geben die Schiedsrichter solche Umstände dennoch weiter, so verletzen sie aber nicht widerrechtlich ihre Verschwiegenheitspflichten.[94]

25 **3. Haftung bei Pflichtverletzung.** Bei der eigentlichen **streitentscheidenden Tätigkeit** haften die Schiedsrichter nach hM nur nach **Maßgabe des § 839 Abs. 2 BGB.**[95] Als in diesem Sinne streitentscheidend wird man neben der Feststellung des Sachverhalts und der Anwendung des Rechts auch die Verfahrensleitung ansehen müssen,[96] soweit diese den Schiedsrichtern nach § 1042 Abs. 3 zusteht. **Nicht** unter die **Haftungsprivilegierung** fällt die Pflicht des Schiedsrichters, auf die zügige Abwicklung des Verfahrens hinzuwirken.[97] Deshalb haftet der Schiedsrichter uneingeschränkt, wenn er unter Verstoß gegen § 1036 Abs. 1 Gründe nicht

---

[83] MK/*Münch* Vor § 1034 Rn. 33; vgl. *St/J/Schlosser* Vor § 1025 aF Rn. 7; ausführlich *Wolf* (Fn. 80).

[84] *Lachmann* AG 1997, 170, 173f. (dort auch zu weiteren Pflichten des Schiedsrichters); *ders.* Rn. 4273 (zu weiteren Pflichten vgl. dort Rn. 4256ff.); *St/J/Schlosser* § 1036 Rn. 35ff.; vgl. auch (Pflicht zur zügigen Erledigung) BGHZ 98, 32, 34f. = NJW 1986, 3077.

[85] Zum alten Recht: BGHZ 98, 32, 36 = NJW 1986, 3077.

[86] *Schütze,* Schiedsverf., Rn. 68; zum alten Recht: *Laschet,* Festschr. f. Nagel, 1987, S. 167, 181f.; vgl. auch BGH NJW 1988, 3090, 3092 (zu § 18 IHKVfO).

[87] Zum alten Recht: BGH NJW 1988, 3090, 3092.

[88] *B/L/H* Anh. 1035 Rn. 5; aA MK/*Münch* Vor § 1034 Rn. 14 (Unklagbarkeit der Pflichten, nicht nur fehlende Vollstreckbarkeit).

[89] Vgl. zu diesen Pflichten MK/*Münch* Vor § 1034 Rn. 13.

[90] MK/*Münch* Vor § 1034 Rn. 15; zum alten Recht: BGHZ 98, 35 = NJW 1986, 3077; *Wiecz/Sch/Schütze* § 1028 aF Rn. 20 m. weit. Nachw.

[91] Vgl. *Schlosser* SchiedsVZ 2004, 21, 22ff. (eigennützige Treuhand hinsichtlich des eigenen Honoraranteils, fremdnützige hinsichtlich der Vergütung der Beisitzer und der weiteren Kosten).

[92] MK/*Münch* Vor § 1034 Rn. 12.

[93] Vgl. (zum alten Recht) *Prütting,* Festschr. f. Schwab, 1990, S. 409, 413ff. m. weit. Nachw. auch zu anderen Auffassungen; für eine vertragliche Grundlage BGHZ 98, 35 = NJW 1986, 3077; allgemein zur Verschwiegenheitspflicht *Geiben,* Die Privatsphäre und Vertraulichkeit im Schiedsverfahren, 2001, S. 79ff.; MK/*Münch* Vor § 1034 Rn. 15; *Prütting,* Festschr. f. Böckstiegel, 2001, S. 629, 632f.

[94] *Höttler,* Das fingierte Schiedsverfahren, 2007, S. 110f.

[95] *St/J/Schlosser* Vor § 1025 Rn. 15; MK/*Münch* Vor § 1034 Rn. 16 (soweit nicht bereits durch Vertrag die Haftung beschränkt wurde); für eine entsprechende Auslegung des Schiedsrichtervertrags *Schwab/Walter* Kap. 12 Rn. 9; zum alten Recht BGHZ 15, 12, 15 = NJW 1954, 1763; iE auch (Gewohnheitsrecht) *Lachmann* AG 1997, 170, 178f.; *Osterthun* (Fn. 74) S. 357ff., 367 (an sich nicht zu begründen, aber gewohnheitsrechtlich anerkannt); vgl. auch rechtsvergleichend *Domke,* Festschr. f. Luther, 1976, S. 39ff.; strenger *Moschel* KTS 1957, 154ff.

[96] Vgl. MK/*Münch* Vor § 1034 Rn. 16.

[97] MK/*Münch* Vor § 1034 Rn. 16 (soweit dies nicht mit Entscheidungsfindung zusammenfällt; zB schleppende Beweisaufnahmen).

offenbart, die ihn als Schiedsrichter ausscheiden lassen.[98] Ebenfalls nicht privilegiert ist die rein **administrative Tätigkeit** einer Schiedsinstitution.[99] Beim Erlass **vorläufiger und sichernder Maßnahmen** wendet der BGH unter Aufgabe der bisherigen Rechtsprechung die Haftungsprivilegierung nach § 839 Abs. 2 beim staatlichen Richter an.[100] Regelmäßig ergibt die Auslegung des Schiedsrichtervertrags, dass dieser nicht strenger als der staatliche Richter haften soll. Damit wirkt sich die Ausweitung der Privilegierung durch den BGH auch zu Gunsten des Schiedsrichters aus. Wenn die Auslegung ergibt, dass die Haftung des Schiedsrichters nicht strenger als die des staatlichen Richters ist, muss dies auch für den Schiedsrichter gelten.

4. Vergütung. Der Honoraranspruch **entsteht** auch ohne besondere Abrede, sofern nichts Gegenteiliges vereinbart wurde, vgl. § 612 BGB. Der Anspruch wird mit der Bekanntgabe des Schiedsspruchs **fällig,** üblich ist ein Vorschuss (Rn. 27). Die **Höhe der Vergütung** kann für die einzelnen Mitglieder des Schiedsgerichts auch unterschiedlich vereinbart werden. Wurde die Höhe nicht festgelegt, dann ist die übliche Vergütung vereinbart. Werden Rechtsanwälte als Schiedsrichter tätig, so sind nach der durch den Deutschen Anwaltsverein im Einvernehmen mit dem Deutschen Richterbund ausgearbeiteten Vereinbarung über die Vergütung der Schiedsrichter[101] regelmäßig die Rechtsanwaltsgebühren zweiter Instanz zugrundezulegen (Verfahrensgebühr, Terminsgebühr, ggf. Einigungsgebühr).[102] Dies gilt auch als Richtschnur für die Vergütung anderer Personen.[103] **Vorsitzende und Alleinschiedsrichter** erhalten nach dieser Vereinbarung den Satz von 2,0 der Gebühren.[104] Falls ein Schiedsspruch mit vereinbartem Wortlaut erlassen wird, wird auch eine Einigungsgebühr fällig.[105] Bei Beendigung des Verfahrens ohne Schiedsspruch sieht die Vereinbarung eine Reduzierung der Gebühren vor.[106] Die Gebühren, die die Schiedsinstitutionen vorsehen, sind je nach Streitwert teils niedriger, teils höher.[107] In Zweifelsfällen kann der Schiedsrichter seine Vergütung nach §§ 315, 316 BGB selbst bestimmen, jedoch nicht durch Schiedsspruch festlegen. Der mittelbare Einfluss über die Streitwertfestsetzung wird hingenommen.[108] Für die **Entscheidung** über die Angemessenheit des Vergütungsanspruchs ist vielmehr das **staatliche Gericht** zuständig.[109] Eine Schiedsvereinbarung über den Vergütungsanspruch ist möglich, darf aber keine Entscheidungszuständigkeit der Schiedsrichter über ihren eigenen Vergütungsanspruch begründen[110] (vgl. § 1036 Rn. 4 f.; § 1057 Rn. 5). Die Vergütung wird auch geschuldet, wenn sich nach Beginn des Schiedsverfahrens die **Unwirksamkeit des Schiedsvertrags** herausstellt.[111] Der Anspruch richtet sich gegen **alle Parteien** als Gesamtschuldner, auch wenn der Schiedsrichter von einer Partei allein benannt wurde.[112] Hat sich eine Partei von Anfang an unter Berufung auf das Fehlen oder die offensichtliche Unwirksamkeit des Vertrags gegen die Zuständigkeit des Schiedsgerichts verwahrt und hat sie weder den Schiedsrichtervertrag geschlossen noch zum Abschluss bevollmächtigt und auch nicht einen vollmachtlos geschlossenen Vertrag genehmigt, dann besteht gegen diese Partei kein Vergütungsanspruch.[113] 26

Die Schiedsrichter können von den Parteien anteilig einen angemessenen **Vorschuss** verlangen, der auch die gesamten Gebühren einschließlich der Kosten umfassen kann.[114] Dies ist in so hohem Maße üblich, dass es auch ohne besondere Vereinbarung Vertragsbestandteil wird.[115] Bei Vereinbarung des RVG ist ein Vorschuss in Höhe von zwei Gebühren üblich.[116] Der Anspruch auf Vorschuss kann nach wohl nur gewohnheitsrechtlich begründbarer hM **nicht klageweise geltend** gemacht werden.[117] Die Schiedsrichter dürfen bis zur 27

---

[98] OGH BB 1999, Beil. 11, S. 7, 8 f. (Freizeichnung durch AGB nach § 9 Abs. 2 Nr. 2 AGBG unwirksam); vgl. auch *Häberlein* BB 2003, IDR-Beil. (Beil. 8), S. 7, 9.

[99] MK/*Münch* Vor § 1034 Rn. 16; vgl. (letztlich offen lassend) *Schwab/Walter* Kap. 12 Rn. 9 Fn. 15; zum alten Recht (für eine weiter gehende Privilegierung) *Wolf* (Fn. 80) S. 258, 266 ff.

[100] BGH NJW 2005, 436; zur bisherigen Rechtsprechung vgl. BGHZ 10, 55, 60.

[101] Stand 10. 3. 2006; vgl. http://www.anwaltverein.de/downloads/praxis/mustervertrag/Schiedsrichterverguetung-DAVDRiB.pdf

[102] § 1 Abs. 2 der Vereinbarung (Fn. 101); *Kreindler/Schäfer/Wolff* Rn. 587 ff.; vgl. auch *Kröll* SchiedsVZ 2007, 145, 150; *Schwab/Walter* Kap. 12 Rn. 12.

[103] *Buchwaldt* NJW 1994, 638; einschränkend *Schwab/Walter* Kap. 12 Rn. 12.

[104] § 1 Abs. 2 der Vereinbarung (Fn. 101); zu anderen Modellen vgl. LG Mönchengladbach SchiedsVZ 2007, 104, 106 (Satz von 1,8); MK/*Münch* Vor § 1034 Rn. 32, restriktiver aber Vor § 1034 Rn. 19 (insgesamt 15/10); für eine erhöhte Gebühr nach VV 3200 *Schwab/Walter* Kap. 12 Rn. 12; für eine Vergütung von 45/10 (Vorsitzender) bzw. 39/10 (Beisitzer) *Bischof* SchiedsVZ 2004, 252, 253.

[105] *Schwab/Walter* Kap. 12 Rn. 12.

[106] § 3 der Vereinbarung; vgl. auch LG Mönchengladbach SchiedsVZ 2007, 104, 106.

[107] Vgl. *Lachmann* Rn. 4180 ff.; *Kreindler/Schäfer/Wolff* Rn. 587 ff.; MK/*Münch* Vor § 1034 Rn. 20.

[108] Näher *Wolff* SchiedsVZ 2006, 131, 137.

[109] MK/*Münch* Vor § 1034 Rn. 18; *Schwab/Walter* Kap. 12 Rn. 13.

[110] Zum alten Recht: BGH NJW 1985, 1903.

[111] *St/J/Schlosser* Vor § 1025 aF Rn. 10; vgl. *Lachmann* Rn. 4177 (der im Grundsatz bei allen Beendigungsgründen aus der Sphäre der Parteien die volle Vergütung zuspricht; anders jedoch bei Kündigung des Schiedsrichtervertrags, vgl. Rn. 1967 [nur bereits angefallenes Honorar zuzüglich entgangener Gewinn]); zum alten Recht: BGH ZZP 66 (1953), 152, 154 = BB 1953, 7.

[112] MK/*Münch* Rn. 17; *Schwab/Walter* Kap. 12 Rn. 10; Zö/*Geimer* Rn. 24; zum alten Recht: RGZ 94, 210, 212.

[113] Vgl. *St/J/Schlosser* Vor § 1025 Rn. 10, 14.

[114] §§ 1, 5 der Vereinbarung (Fn. 101), zur treuhänderischen Verwaltung dieses Geldes durch den Vorsitzenden des Schiedsgerichts vgl. *Schlosser* SchiedsVZ 2004, 21 ff.

[115] MK/*Münch* Vor § 1034 Rn. 22; *Schwab/Walter* Kap. 12 Rn. 16 spricht von Gewohnheitsrecht.

[116] *B/L/H* Anh. § 1035 Rn. 13 aE.

[117] Gegen eine Klagemöglichkeit *St/J/Schlosser* Vor § 1025 Rn. 14; aA (Klagemöglichkeit besteht) MK/*Münch* Vor § 1034 Rn. 22; gegen eine Klagemöglichkeit (zum alten Recht): BGHZ 94, 92, 95 = NJW 1985, 1903.

Vorschussleistung ihre Tätigkeit einstellen, nicht aber an das Ausbleiben des Gebührenvorschusses Verfahrenshandlungen mit negativen Auswirkungen auf den Schiedsspruch knüpfen.[118] Möglich ist es, dass eine Partei von der anderen die Entrichtung des anteiligen Vorschusses verlangt (zu dieser Verpflichtung zwischen den Parteien vgl. § 1029 Rn. 26); für die Entscheidung hierüber ist mangels besonderer Vereinbarung das staatliche Gericht zuständig.[119] Werden die **Kosten für eine Beweiserhebung** nicht entrichtet, so kann darin ein Verzicht der beweisbelasteten Partei auf die Durchführung der Beweisaufnahme liegen (vgl. § 1049 Rn. 9).

28 **5. Beendigung des Schiedsrichtervertrags.** Der Schiedsrichtervertrag endet regelmäßig mit der Beendigung des Schiedsverfahrens, vgl. § 1056 Abs. 3, zu Ausnahmen vgl. § 1056 Rn. 9. Der **Tod einer Partei** hat auf den Bestand des Schiedsrichtervertrags keinen Einfluss.[120] Sowohl der Schiedsrichtervertrag als auch das Schiedsverfahren werden mit den Rechtsnachfolgern fortgesetzt. Entsprechendes gilt bei der Eröffnung des **Insolvenzverfahrens.**[121] Die Kosten der Fortsetzung des Schiedsverfahrens sind Masseschulden. **Verstirbt der Schiedsrichter,** so endet der Schiedsrichtervertrag. Wird der Schiedsrichter auf Dauer zur Ausübung des Amtes unfähig, so richtet sich die Beendigung seiner Schiedsrichterstellung nach § 1038 Abs. 1; der Schiedsrichtervertrag ist dann kündbar.

29 Die **Kündigung** des Schiedsrichtervertrags ist bei Vorliegen eines wichtigen Grundes möglich.[122] Fehlt es an einem solchen Grund, so ist **der Schiedsrichter** nicht zur Kündigung gemäß § 627 Abs. 2, § 671 BGB befugt, denn seine Kündigung stellt den Erfolg des Schiedsgerichts insgesamt in Frage. Anders als bei einem Dienstverpflichteten oder einem Auftragnehmer entwertet er durch die vorzeitige Beendigung seine eigene Leistung und vor allem auch die der anderen Schiedsrichter. Der Schiedsrichtervertrag ist deshalb **für den Schiedsrichter nur aus wichtigem Grund kündbar** (zum Rücktritt vgl. § 1037 Rn. 4).[123] Dabei sind an den **wichtigen Grund strenge Anforderungen** zu stellen. Die Provokation des Schiedsrichters durch eine Partei reicht nicht aus.[124] Auch die Parteilichkeit der Mitschiedsrichter oder das Überstimmtwerden rechtfertigen keine Kündigung.[125] Ebenso wenig die Vermutung einer ernsthaften Rechtsverletzung durch eine Partei.[126] Dagegen berechtigen zur Kündigung:[127] mangelnde Vorschusszahlung, erfolgversprechender Ablehnungsantrag durch eine Partei, ernstlich beleidigende Äußerungen, Verhinderung durch ernsthafte Krankheit oder unerwartete dienstliche Versetzung. Zugelassen wird auch die Kündigung bei Erkenntnis der eigenen Überforderung.[128] Ohne einen wichtigen Grund bleibt nur die Aufhebung des Vertrags im Einvernehmen mit den Parteien.[129] Die **unberechtigte Kündigung** kann zum Ersatz des Verzögerungsschadens verpflichten.[130]

30 Für die **Parteien** wird die Möglichkeit einer Kündigung eines Schiedsrichters unter Berufung auf § 627 Abs. 1, § 671 Abs. 1 BGB ganz überwiegend **unabhängig vom Vorliegen eines wichtigen Grundes** bejaht.[131] Dem ist zuzustimmen, denn die Parteien können durch einverständliche Erklärung sowohl das Schiedsverfahren insgesamt beenden wie auch den einzelnen Schiedsrichter jederzeit seines Amtes entheben und damit seine Bestellung aufheben (vgl. dazu § 1037 Rn. 4). Ein Kündigungsrecht der Parteien besteht deshalb auch **ohne wichtigen Grund,** es kann aber nur von **beiden Schiedsverfahrensparteien gemeinsam** ausgeübt werden.[132] Eine einvernehmliche Kündigung ist auch erforderlich, wenn eine Partei einen wichtigen Grund für die Kündigung des Schiedsrichtervertrags behauptet. Gegebenenfalls ist die andere Partei auf Zustimmung zur Kündigung des Schiedsrichtervertrags in Anspruch zu nehmen. Eine Ausnahme vom Erfordernis der gemeinsamen Kündigung ist anzuerkennen, wenn ein Ablehnungsgesuch nach §§ 1036f. erfolgreich gewesen ist,[133] denn dann ist ein Interesse der anderen Schiedspartei, an einem Schiedsrichtervertrag festzuhalten, obwohl der Schiedsrichter sein Amt nicht mehr wahrnehmen kann, nicht erkennbar.

---

118 MK/*Münch* Vor § 1034 Rn. 22; zum alten Recht: BGHZ 94, 92 = NJW 1985, 1903 (Unterlassen einer Beweisaufnahme wegen Ausbleibens eines Gebührenvorschusses); zur Wirksamkeit einer vereinbarten Fiktion der Rücknahme einer schiedsrichterlichen Berufung bei nicht rechtzeitiger Zahlung des Vorschusses OLG Hamburg NJW-RR 2000, 806, 807.

119 AG Düsseldorf SchiedsVZ 2003, 240; aA *St/J/Schlosser* Vor § 1025 Rn. 14, § 1029 aF Rn. 30; zum alten Recht (wie hier): OLG Oldenburg NJW 1971, 1461; vgl. auch BGHZ 94, 92 = NJW 1985, 1903.

120 *Schwab/Walter* Kap. 13 Rn. 3.

121 *B/L/H* Anh. § 1035 Rn. 14.

122 *B/L/H* Anh. § 1035 Rn. 15; *St/J/Schlosser* Vor § 1025 Rn. 15.

123 *Schwab/Walter* Kap. 13 Rn. 10ff.; *Lachmann* Rn. 4376; gegen jede Kündigungsmöglichkeit *Zö/Geimer* Rn. 28; weiter gehend (nach § 627 Abs. 2 BGB ohne wichtigen Grund, soweit nicht zur Unzeit) MK/*Münch* Vor § 1034 Rn. 25; so auch zum alten Recht *Wiecz/Sch/Schütze* § 1028 aF Rn. 27; vgl. auch (zum neuen Recht) (Kündigung jederzeit möglich, aber ggf. Folge der §§ 627 Abs. 2 S. 2; 671 Abs. 2 S. 2, 628 BGB) *St/J/Schlosser* Vor §§ 1025 Rn. 15.

124 MK/*Münch* Vor § 1034 Rn. 27; zum alten Recht: *Schütze/Tscherning/Wais* Rn. 305.

125 MK/*Münch* Vor § 1034 Rn. 27 (jedenfalls dann, wenn die Partei in Kenntnis der Umstände keinen Befangenheitsantrag stellt); *St/J/Schlosser* Vor § 1025 Rn. 15; aA *Schwab/Walter* Kap. 13 Rn. 12 (betr. die Parteilichkeit eines Mitschiedsrichters); wie hier (zum alten Recht): RGZ 126, 379, 382; vgl. auch KG JW 1924, 1177, 1178 (Parteilichkeit im Gegensatz zum Überstimmtwerden Kündigungsgrund); OLG Kiel JW 1928, 1319 (Parteilichkeit).

126 *Kreindler,* Strafrechtsrelevante und andere anstößige Verträge als Gegenstand von Schiedsverfahren, 2005, S. 94f.

127 Vgl. dazu MK/*Münch* Vor § 1034 Rn. 27; vgl. auch (zum alten Recht) *Schütze/Tscherning/Wais* Rn. 305ff.; *Wiecz/Sch/Schütze* § 1028 aF Rn. 27.

128 *Schütze/Tscherning/Wais* Rn. 309f. (zum alten Recht); aA MK/*Münch* Vor § 1034 Rn. 24 (werde durch § 1038 ausgeglichen; diese Regelung lässt jedoch den Schiedsrichtervertrag unberührt).

129 *B/L/H* Anh. § 1035 Rn. 15; zum alten Recht: BGH NJW 1954, 1605.

130 *B/L/H* Anh. § 1035 Rn. 15.

131 *Lachmann* Rn. 4368 (zu § 627 Abs. 1 BGB); *Schwab/Walter* Kap. 13 Rn. 8; MK/*Münch* Vor § 1034 Rn. 25; *St/J/Schlosser* Vor § 1025 Rn. 15; zum alten Recht: *Wiecz/Sch/Schütze* § 1028 aF Rn. 26.

132 *Lachmann* Rn. 4368; *Schwab/Walter* Kap. 13 Rn. 8; zum alten Recht: *Wiecz/Sch/Schütze* § 1028 aF Rn. 26.

133 *Schwab/Walter* Kap. 13 Rn. 8.

VII. Gebühren und Kosten

31 **1. Rechtsanwaltsgebühren.** Für die Tätigkeit des Rechtsanwalts bei der Bestellung und Zusammensetzung des Schiedsgerichts fällt eine 0,75 Verfahrensgebühr (Nr. 3327 VV RVG) an. Nach der amtlichen Begründung soll Nr. 3327 nämlich trotz des unklaren Wortlauts dem alten § 46 Abs. 4 BRAGO entsprechen.[134] Es kann auch eine 0,5 Terminsgebühr nach Nr. 3332 VV RVG entstehen. Diese Gebühren fallen nur dann an, wenn die anwaltliche Tätigkeit nicht zugleich die Vertretung im Schiedsverfahren selbst umfasst (vgl. § 16 Nr. 10 RVG); s. dazu § 1040 Rn. 14.

32 **2. Gerichtskosten.** Für das Verfahren bei der Bestellung eines Schiedsrichters oder Ersatzschiedsrichters wird eine halbe Gebühr berechnet (KV Nr. 1623).

1036 *Ablehnung eines Schiedsrichters* (1) [1]**Eine Person, der ein Schiedsrichteramt angetragen wird, hat alle Umstände offen zu legen, die Zweifel an ihrer Unparteilichkeit oder Unabhängigkeit wecken können.** [2]**Ein Schiedsrichter ist auch nach seiner Bestellung bis zum Ende des schiedsrichterlichen Verfahrens verpflichtet, solche Umstände den Parteien unverzüglich offen zu legen, wenn er sie ihnen nicht schon vorher mitgeteilt hat.**

(2) [1]**Ein Schiedsrichter kann nur abgelehnt werden, wenn Umstände vorliegen, die berechtigte Zweifel an seiner Unparteilichkeit oder Unabhängigkeit aufkommen lassen, oder wenn er die zwischen den Parteien vereinbarten Voraussetzungen nicht erfüllt.** [2]**Eine Partei kann einen Schiedsrichter, den sie bestellt oder an dessen Bestellung sie mitgewirkt hat, nur aus Gründen ablehnen, die ihr erst nach der Bestellung bekannt geworden sind.**

I. Normzweck

1 Die Regelung dient dazu, in einem möglichst frühen Verfahrensstadium Bedenken gegen die Neutralität der Schiedsrichter zu klären, um eine spätere Verfahrensverzögerung oder sogar eine Aufhebung des bereits erlassenen Schiedsspruchs zu vermeiden. Die als Schiedsrichter vorgesehene Person muss deshalb von sich aus Gründe offen legen, die Zweifel an der Unparteilichkeit oder Unabhängigkeit wecken können. Der Unterschied zum staatlichen Gericht, bei dem eine derartige Pflicht des Richters nicht normiert ist, rechtfertigt sich daraus, dass der Schiedsrichter von den Parteien gerade im Hinblick auf einen bestimmten Streit ausgewählt wird, während der staatliche Richter den Parteien vorgegeben ist. Um die im Schiedsverfahren notwendige Auswahl des Schiedsrichters sachgerecht vornehmen zu können, ist deshalb eine umfassende Darlegung der in Betracht kommenden Gründe durch den Schiedsrichter erforderlich.[1]

II. Offenlegungspflicht

2 **1. Umfang.** Es sind alle Umstände zu offenbaren, die Zweifel an der Unparteilichkeit oder Unabhängigkeit wecken können. Wie die unterschiedliche Formulierung im Vergleich zu den Ablehnungsgründen nach Abs. 2 zeigt, reicht diese **Pflicht** insoweit **weiter als die Ablehnungsmöglichkeit,**[2] als die Ablehnung nur möglich ist, wenn die Umstände berechtigte Zweifel an der Unparteilichkeit oder Unabhängigkeit aufkommen lassen. Zu offenbaren sind **geschäftliche** und engere **gesellschaftliche Beziehungen** zu einer **Partei,** derartige Beziehungen zu **Mitschiedsrichtern,** Vorkenntnisse über den Rechtsstreit sowie andere Verpflichtungen, welche die Verfügbarkeit des Schiedsrichters für das Schiedsverfahren einengen.[3] Soweit ein **Berufsgeheimnis** (zB Name von Mandanten, die nicht von der Schweigepflicht entbunden haben) offenbart werden müsste, rechtfertigt dies nicht das Verschweigen des Umstandes. Der Schiedsrichter muss dann das Amt ablehnen.[4] Die Verpflichtung besteht auch nach der Bestellung **bis zum Ende des schiedsrichterlichen Verfahrens** fort.

3 **2. Folgen bei Verletzung.** Die Verletzung der Offenlegungspflicht führt bei Verschulden zur **Haftung des Schiedsrichters** nach den Grundsätzen der culpa in contrahendo oder der positiven Forderungsverletzung. Da es sich insoweit nicht um eine streitentscheidende Tätigkeit handelt, kommt dem Schiedsrichter die **Haftungsprivilegierung** des § 839 Abs. 2 BGB **nicht zugute** (vgl. § 1035 Rn. 25). Ist den **Parteien** der Ablehnungsgrund **bekannt,** so fehlt es an der Kausalität für den Schadenseintritt. Der Schaden **umfasst** die Kosten des Verfahrens sowie den Verzögerungsschaden. Ergeht unter Verstoß gegen die Offenlegungspflicht ein Schiedsspruch, so ist bei der Frage der Aufhebbarkeit dieser Verstoß als solcher kein Aufhebungsgrund.[5] Entscheidend ist, ob der verschwiegene Umstand selbst so gravierend ist, dass das Schiedsgericht nicht ordnungsgemäß besetzt ist. Dabei ist die **Aufhebung des Schiedsspruchs** wegen einer im Schiedsver-

[134] *Hartung/Römermann* § 36 Rn. 17ff.

[1] OLG Karlsruhe 14. 7. 2006 10 Sch 1/06 Tz. 5; kritisch *Zö/Geimer* Rn. 1.

[2] OLG Karlsruhe 14. 7. 2006 10 Sch 1/06 Tz. 5; *Kröll* ZZP 116 (2003), S. 195, 199ff.; MK/*Münch* Rn. 10 (Verringerung des Abstands durch das Erfordernis plausibler Zweifel); OLG Naumburg NZBau, 2002, 448, 450f. (Offenlegungspflicht nur für solche Umstände, die bei vernünftiger Betrachtung Zweifel an Unbefangenheit und Unparteilichkeit wecken können; ausreichende Anhaltspunkte dafür erforderlich, dass Zweifel entstanden wären).

[3] Vgl. auch die Standesrichtlinien der International Bar Association, in deutscher Übersetzung abgedruckt im Jahrbuch für die Praxis der Schiedsgerichtsbarkeit 1 (1987), S. 192ff.; für eine restriktive Interpretation dieser Grundsätze *Schütze,* Schiedsverf., Rn. 54.

[4] *St/J/Schlosser* Rn. 35; *Lachmann* Rn. 1045; *Liebscher* BB 1999, Beil. 11, S. 2, 3.

[5] MK/*Münch* Rn. 12; vgl. auch OLG Bremen SchiedsVZ 2007, 53, 54 (Verschweigen kann Ablehnungsgrund sein; letztlich offen lassend); zum alten Recht: BGH NJW 1999, 2370, 2371f.; aA *Schlosser* LM § 1032 aF Nr. 9; *St/J/Schlosser* Rn. 38.

fahren nicht geltend gemachten Befangenheit des Schiedsrichters auf besonders schwerwiegende und eindeutige Fälle beschränkt (vgl. Rn. 4f.), um nicht die Gleichstellung eines Schiedsspruchs mit einem Urteil durch eine umfassende Aufklärung der Befangenheit im Aufhebungsverfahren zu unterlaufen (vgl. Rn. 10, § 1037 Rn. 6 und § 1059 Rn. 16).[6] Die Tätigkeit des als Schiedsrichter tätig gewordenen Rechtsanwalts in einer Kanzlei, die ständig mit der Konzernmutter einer Partei zusammenarbeitet, reicht dazu nicht aus.[7]

III. Ablehnungsgründe

4 **1. Bestimmung des Beurteilungsmaßstabs.** Die Regelung in Abs. 2 verweist zwar nicht auf die Gründe für den **Ausschluss oder die Ablehnung eines Richters am staatlichen Gericht,** §§ 41, 42, diese Gründe können aber **als Anhaltspunkt** dafür dienen, in welchen Fällen Zweifel an der Unparteilichkeit und Unabhängigkeit eines Schiedsrichters bestehen und deshalb eine Ablehnung gerechtfertigt ist. Unabhängig von der Ablehnung durch die Partei ist ein Schiedsrichter nach der hM nur dann ausgeschlossen, wenn er in eigener Sache tätig wird (vgl. Rn. 5).[8] Jedenfalls in diesem Fall verstößt der Schiedsspruch gegen den verfahrensrechtlichen ordre public und ist unabhängig von einer Rüge durch die Parteien aufzuheben (vgl. § 1059 Rn. 26).[9] Zu den Besonderheiten, wenn ein Ablehnungsgrund erst nach Beendigung des Schiedsverfahrens bekannt wird, vgl. § 1037 Rn. 6.

5 **2. Unverzichtbare Mindestanforderungen.** Gegen das Verbot, Richter in eigener Sache zu sein, wird verstoßen, wenn eine Partei sich selbst oder einen **gesetzlichen Vertreter** zum Schiedsrichter ernennt.[10] Ebenso wenig kann der wahre Rechtsträger im Streit zwischen seinem Strohmann und einem Dritten Schiedsrichter sein.[11] Ist eine **juristische Person** Partei des Schiedsverfahrens, so sind die Mitglieder ihrer Vertretungsorgane vom Schiedsrichteramt ausgeschlossen,[12] und zwar auch dann, wenn sie erst nach Entstehen des Streits ernannt werden.[13] Das sollte auch für Personen gelten, die dem Aufsichtsrat angehören.[14] **Mitglieder** einer als Partei **beteiligten juristischen Person** sind nicht ohne weiteres ausgeschlossen, entscheidend ist vielmehr der Einzelfall. So kann in größeren Vereinen (zB ADAC) ein Vereinsmitglied zum Schiedsrichter ernannt werden, und zwar auch dann, wenn an dem Verfahren Nichtmitglieder beteiligt sind (zu Vereinbarungen, die die Mitgliedschaft als Voraussetzung für das Schiedsrichteramt vorsehen, vgl. 1035 Rn. 5).[15] Anders verhält es sich, wenn dieses Mitglied im Verein eine herausgehobene Position hat oder wenn die Mitglieder eines Vereinsorgans entscheiden sollen.[16] Bei **Personengesellschaften** wird wegen der personalen Beziehung in aller Regel anzunehmen sein, dass die Gesellschafter nicht Schiedsrichter im Streit zwischen einem Gesellschafter und der Gesellschaft sein können.[17]

6 Weitgehend anerkannt ist, dass die in **§ 41 Nr. 4 genannten Personen,** also insbesondere die **Prozessbevollmächtigten der Parteien,** nicht zum Schiedsrichter in der Sache bestellt werden können, in der sie tätig geworden sind;[18] in einer anderen Angelegenheit führt ihr Tätigwerden nicht ohne Rücksicht auf die Durchführung eines Ablehnungsverfahrens zu einem Aufhebungsgrund wegen Verstoßes gegen den ordre public, die Personen können aber wegen der Besorgnis der Befangenheit abgelehnt werden (näher Rn. 8).[19] Die Benennung eines (leitenden) **Angestellten** einer der Parteien verstößt nicht zwingend gegen das Gebot überparteilicher Rechtspflege,[20] rechtfertigt aber stets die Ablehnung. Der **Testamentsvollstrecker** ist wegen seiner gegenüber den Erben unabhängigen Position nicht vom Schiedsamt ausgeschlossen;[21] wenn er allerdings zu-

---

6 MK/*Münch* Rn. 12; zum alten Recht: BGH NJW 1999, 2370, 2371f.

7 Zum alten Recht: BGH NJW 1999, 2370, 2371f.

8 *Schwab/Walter* Kap. 9 Rn. 5f.; MK/*Münch* Rn. 6; vgl. *St/J/Schlosser* Rn. 4ff.; vgl. OLG Frankfurt SchiedsVZ 2006, 329, 331; weiter gehend zum alten Recht (Übertragung der Ausschlussgründe) *Kornblum,* Probleme der schiedsrichterlichen Unabhängigkeit, 1968.

9 *Lachmann* Rn. 2310; OLG Frankfurt SchiedsVZ 2006, 329, 331; enger *B/L/H* § 1037 Rn. 67 (nur nach § 1037 geltend zu machen); *Schwab/Walter* Kap. 24 Rn. 18 (in der Regel müssen auch Ausschließungsgründe durch Ablehnung geltend gemacht werden und begründen nicht ohne weiteres die Unzulässigkeit des Verfahrens); dafür, die Gründe des § 41 Nr. 1 als zum ordre public gehörend anzusehen, *St/J/Schlosser* Rn. 9.

10 MK/*Münch* Rn. 6; *St/J/Schlosser* Rn. 5; *Zö/Geimer* Rn. 10; zum alten Recht: *Wiecz/Sch/Schütze* § 1032 aF Rn. 3; vgl. zu diesem Problemkreis auch *Albers,* Der parteibestellte Schiedsrichter im schiedsgerichtlichen Verfahren der ZPO und das Gebot überparteilicher Rechtspflege, 1995.

11 Zum alten Recht: MK/*Maier,* 1. Aufl. 1992, § 1025 aF Rn. 22.

12 *Schwab/Walter* Kap. 9 Rn. 6; MK/*Münch* Rn. 6; *St/J/Schlosser* Rn. 6.

13 *Schwab/Walter* Kap. 9 Rn. 6; aA BGHZ 65, 59, 65ff. = NJW 1976, 109 (für den Fall, dass sich beide Parteien nach Entstehen des Streits auf einen Schiedsrichter einigen); zustimmend *Schlosser,* Festg. für BGH, Bd. III, 2000, S. 399, 422f.

14 Insoweit aA *St/J/Schlosser* Rn. 8.

15 BGH NJW-RR 2003, 281 (zum staatlichen Richter); *Schwab/Walter* Kap. 9 Rn. 8.

16 *Schwab/Walter* Kap. 9 Rn. 7; zum alten Recht: RGZ 57, 154, 156f. (Generalversammlung der Genossenschaft); 55, 326 (GmbH-Gesellschafter).

17 *Schwab/Walter* Kap. 9 Rn. 7; *St/J/Schlosser* Rn. 9 (auf die Vertretungsberechtigung abstellend); zum alten Recht: LG Hamburg MDR 1951, 177 (GbR).

18 *St/J/Schlosser* Rn. 5, anders aber für parteiernannte Schiedsrichter (Bestellung der jeweiligen Anwälte durch die Parteien unbedenklich) Rn. 16; zum alten Recht: RG JW 1893, 459, 460; OLG Hamburg JZ 1956, 226; *Habscheid* KTS 1956, 154; *Kornblum* (Fn. 8) S. 148f.; aA (nur Ablehnungsgrund) RG JW 1904, 495; vgl. auch (Sozius des Parteivertreters nicht ausgeschlossen, sondern nur abzulehnen) LG Bautzen BB 1996, Beil. 5, S. 29f.; wohl auch (zum neuen Recht) *Schwab/Walter* Kap. 14 Rn. 5.

19 *Schwab/Walter* Kap. 14 Rn. 5; vgl. auch (kein Aufhebungsgrund; zum alten Recht) BGH NJW 1999, 2370, 2371f.

20 Zum alten Recht: MK/*Maier,* 1. Aufl. 1992, § 1025 aF Rn. 21.

21 *Schwab/Walter* Kap. 9 Rn. 8; *St/J/Schlosser* Rn. 5.

gleich Miterbe ist, kann er nur bei einem Streit unter anderen Miterben das Schiedsamt ausüben. Da der **Insolvenzverwalter** interessengebunden ist, kann er nicht Schiedsrichter sein.[22] Die in § 41 Nr. 2 und 3 genannten Gründe berechtigen zur Ablehnung, führen aber in der Regel nicht ohne weiteres zum Ausschluss des Schiedsrichters.[23] Hinsichtlich der Gründe der Nr. 5 (Zeuge oder Schiedsgutachter in derselben Sache) und Nr. 6 (Schiedsrichtertätigkeit in mehreren Instanzen eines Schiedsgerichtszuges) ist die Frage, ob die Person unabhängig von ihrer Ablehnung durch die Parteien ausgeschlossen ist, umstritten;[24] die Ablehnung wird in diesen Fällen stets möglich sein.

3. Ablehnungsgründe. a) Differenzierung nach dem Benennungsmodus. Bei der Ablehnung wegen der 7
Besorgnis der Befangenheit ist zu berücksichtigen, dass die Person des Schiedsrichters durch die Parteien selbst bestimmt wird. Soweit jede Partei jeweils **einseitig** einen Schiedsrichter benennt, ist damit eine gewisse Sonderbeziehung zu diesem Schiedsrichter vorgegeben. Man wird sie deshalb bei den Beisitzern in einem Kollegialschiedsgericht eher tolerieren können als bei dem Obmann oder einem Alleinschiedsrichter (zum Ausschluss bekannter Befangenheitsgründe bei Mitwirkung an der Benennung vgl. Rn. 10).[25] Dabei ist auch zu berücksichtigen, ob der andere Beisitzer der ablehnenden Partei nahe steht und so das Gleichgewicht in der Entscheidungsfindung gewahrt bleibt. Nicht sachgerecht ist es jedoch, die Neutralität allein auf das Schiedsgericht insgesamt zu beziehen[26] und den Schiedsrichtern eine parteinahe Rolle zuzuweisen, denn der Schiedsrichter ist immer noch als Richter, nicht als Interessenvertreter bestellt.

b) Einzelfälle. In folgenden Fällen wurde die **Ablehnung für begründet** gehalten, wobei sich eine schema- 8
tische Behandlung aus den in Rn. 7 genannten Gründen verbietet: **Wirtschaftliche Interessenverflechtung:** Rechtsanwalt wird in anderen Sachen regelmäßig als Rechtsbeistand für die Partei tätig;[27] Einzelschiedsrichter wird zugleich in anderer Sache von einer Partei benannt (anders bei ehrenamtlichen Schiedsrichtern);[28] Schiedsrichter ist am Ausgang des Verfahrens nicht unerheblich interessiert, weil er durch eine Partei wiederholt als Schiedsrichter beauftragt wurde,[29] weil er Aktionär einer Partei ist und im Fall des Unterliegens dieser erhebliche Vermögenseinbußen drohen,[30] weil er in vertraglichen Beziehungen zu einer Partei steht oder stand, die aus seiner Sicht nicht völlig unerheblich sind,[31] weil er eine Honorarvereinbarung mit nur einer Partei getroffen hat[32] oder weil er ihr Angestellter ist. Angesichts der in der Regel hohen Gebühren eines Schiedsgerichts sollte die Bewirtung der Schiedsrichter durch eine der Parteien nicht überbewertet werden; nicht jede Annahme einer über Erfrischungen hinausgehenden Bewirtung begründet bei gut verdienenden Schiedsrichtern die Besorgnis, sie stünden dem Streit nicht mehr unbefangen gegenüber.[33] **Persönliche Beziehungen:** Schiedsrichter steht in Bezug auf den konkreten Streit zu einer der Parteien in Kontakt,[34] steht ihr

---

[22] IE auch *St/J/Schlosser* Rn. 5.

[23] *St/J/Schlosser* Rn. 13.

[24] Verneinend (aber Ablehnungsgrund) *St/J/Schlosser* Rn. 13; ebenfalls verneinend *Schwab/Walter* Kap. 9 Rn. 5 (Ausschlussgründe des § 41 nicht ohne weiteres übertragbar); bejahend (zum alten Recht) *Kornblum* (Fn. 8) S. 162.

[25] LG Mannheim BauR 1998, 403, 404f. zum parteiernannten Schiedsrichter; *Chr. Berger* ZHR 164 (2000) 295, 304f.; *Lotz* AnwBl 2002, 202ff.; *Mankowski* SchiedsVZ 2004, 304, 307, 309; *Schwab/Walter* Kap. 14 Rn. 7; *St/J/Schlosser* Rn. 16 (Ablehnung der Beisitzer nur bei sehr intensiver Verbundenheit, sofern Neutralität des Schiedsgerichts insgesamt gewahrt ist; sehr weitgehend); gegen eine solche Differenzierung MK/*Münch* Rn. 15; *T/P/Reichold* Rn. 2; *Häberlein* BB 2003, IDR-Beil. (Beil. 8), S. 7, 8; vgl. dazu auch die Standesregeln für Internationale Schiedsrichter der Internationalen Anwaltsvereinigung (IBA), Jahrbuch für die Praxis der Schiedsgerichtsbarkeit Bd. 1 (1987), S. 192, 193f. (ohne diese Differenzierung).

[26] So aber *St/J/Schlosser* Rn. 16; wie hier *Albers* (Fn. 10) S. 63ff.; *Häberlein* BB 2003, IDR-Beil. (Beil. 8), S. 7, 8.

[27] OLG Dresden SchiedsVZ 2005, 159, 162 (Schiedsrichter als Prozessvertreter einer Partei in einem parallelen Verfahren vor dem staatlichen Gericht); *B/L/H* Rn. 4; DIS-SV-217/02 SchiedsVZ 2003, 94, 96 (Sozietät mit Rechtsberater einer Partei); vgl. auch *Lachmann,* Festschr. f. Geimer, 2002, S. 513, 518ff.; *ders.* Rn. 986 (kein Ablehnungsgrund bei seit längerer Zeit abgeschlossenem Mandat); OLG Hamburg SchiedsVZ 2003, 191, 192 = TranspR 2003, 206, 207 m. zust. Anm. *Herber* (keine Ablehnung eines Schiedsrichters, der in früheren ähnlich gelagerten Verfahren als Bevollmächtigter gegen eine Partei aufgetreten ist); so auch OLG Hamburg SchiedsVZ 2006, 55 (jedenfalls bei endgültiger Beendigung der beratenden Tätigkeit ohne nachwirkende Bindungen); sehr großzügig *St/J/Schlosser* Rn. 16 (Anwälte der Parteien als Schiedsrichter); zum alten Recht: OLG Hamburg JZ 1956, 226; vgl. auch RGZ 152, 9 (Ablehnung, kein Ausschluss, eines ehemaligen Justizministers als staatlicher Richter in einem Prozess gegen den Fiskus); KG ZZP 55 (1930), 333.

[28] *B/L/H* Rn. 4 (Einzelschiedsrichter wird in anderer Sache als Beisitzer benannt); zum alten Recht: BGH NJW 1972, 827 (von beiden Parteien beauftragter Schiedsgutachter kann abgelehnt werden, wenn er in anderer Sache von einer Partei als Schiedsrichter ernannt wird).

[29] Vgl. *Wiecz/Sch/Schütze* § 1032 aF Rn. 9 (bei Häufung; zum alten Recht); aA *St/J/Schlosser* Rn. 16 (anders hins. des Einzelschiedsrichters oder Obmanns, der in anderer Sache als Parteischiedsrichter benannt wird, Rn. 18); *Mankowski* SchiedsVZ 2004, 304, 309.

[30] *St/J/Schlosser* Rn. 18; anderes wird bei Kleinstaktionären gelten, so auch *St/J/Schlosser* Rn. 20; ebenfalls anders bei relativ geringfügiger Beteiligung an PublikumsKG im Verhältnis zum Mitkommanditisten OLG Naumburg NZBau 2002, 448, 450 = SchiedsVZ 2003, 134ff. m. Anm. *Kröll/Mallmann.*

[31] *St/J/Schlosser* Rn. 18 (bei auffälligen nachträglichen Kontakten Verstoß gegen den ordre public, vgl. dort Rn. 22); vgl. zum alten Recht auch (aus der Spruchpraxis des Internationalen Schiedsgerichtshofs der Internationalen Handelskammer) *Kuckenberg* BB 1996, Beil. 15, S. 2, 6; aA *Mankowski* SchiedsVZ 2004, 304, 307, 309.

[32] *St/J/Schlosser* Rn. 18.

[33] So aber *Schwab/Walter* Kap. 14 Rn. 8; zum alten Recht: OLG Schleswig SchlHA 1956, 186; OLG München BB 1971, 886; ähnlich wie hier MK/*Münch* Rn. 19 (zum geltenden Recht); *Mankowski* SchiedsVZ 2004, 304, 310.

[34] Sehr streng (Beschränkung telefonischer Kontakte auf ein Minimum; unverzügliche und vollständige Information der Gegenseite) *Lachmann* Rn. 1019; *St/J/Schlosser* Rn. 16 (großzügiger hins. parteiernannter Schiedsrichter; dennoch

persönlich nahe,[35] steht in einem besonderen kollegialen Verhältnis[36] oder hat sich durch schwere persönliche Attacken in einem anderen Verfahren gegenüber einer der Parteien oder ihrem Verfahrensvertreter negativ voreingenommen gezeigt.[37] **Voreingenommenheit in Bezug auf den Verfahrensgegenstand:** Schiedsrichter wurde bereits in anderer Sache als Zeuge über im Schiedsverfahren relevante Tatsachen vernommen.[38] Befangen können auch Schiedsrichter sein, die sich bereits öffentlich oder in einem früheren Schiedsverfahren auf eine bestimmte Auffassung festgelegt haben, die im nun anstehenden Verfahren von Bedeutung ist, sofern es sich nicht um Problemabhandlungen ohne Zusammenhang mit dem zur Entscheidung anstehenden Fall handelte.[39] Der Schiedsrichter eines für den Kläger erfolglosen Verfahrens kann in einem Folgeverfahren gegen einen Dritten befangen sein,[40] wenn er dort die dem Erstverfahren zu Grunde liegenden Feststellungen (etwa den Mangel einer Sache) im Zweitverfahren neu zu beurteilen hat. Im Einzelfall können auch **gravierende Verfahrensfehler** ein Indiz dafür sein, dass die Schiedsrichter sich ihre Meinung nicht verfahrensmäßig korrekt bilden, so dass die Vermutung nahe liegt, sie seien voreingenommen.[41] **Verfahrensverzögerungen** durch den Schiedsrichter sind nicht durch Ablehnung, sondern durch einen Antrag nach § 1038 geltend zu machen. **Nicht als Ablehnungsgrund ausreichen** sollte dagegen, dass eine Partei eine kurze Sachdarstellung an den Schiedsrichter gibt, die dieser entgegennimmt,[42] oder Vorschläge für die Bestimmung des Obmanns einreicht,[43] der Schiedsrichter in einer gleichliegenden Sache schon einmal gegen die Partei entschieden[44] oder in einem ähnlich gelagerten Verfahren zwischen anderen Parteien einen der ablehnenden Partei ungünstigen Rechtsstandpunkt eingenommen hat.[45]

9 **4. Erweiterung der Ablehnungsmöglichkeit durch Vereinbarung.** Abs. 2 S. 1 lässt die Ablehnung zu, wenn der Schiedsrichter nicht über die von den Parteien vereinbarten Voraussetzungen verfügt. Dies ist auf die formale Qualifikation des Schiedsrichters, nicht auf allgemeine Erwartungen an Qualität und Geschwindigkeit zu beziehen.[46] Vereinbarungen über die **Anforderungen an den Schiedsrichter** unterliegen als Verfahrensvereinbarungen nicht der Form des § 1031. Sie können auch später als die Schiedsvereinbarung getroffen werden. Nach Bestellung eines Schiedsrichters bleibt den Parteien die Möglichkeit, diesen einvernehmlich abzuberufen (vgl. § 1038 Rn. 4) und für den dann zu Berufenden besondere Voraussetzungen zu vereinbaren. Die Vereinbarung besonderer Voraussetzungen, die an den Schiedsrichter zu stellen sind, darf **nicht** dazu führen, dass eine **Partei ein Übergewicht** bei der Besetzung des Schiedsgerichts enthält. Andernfalls ist nach § 1034 Abs. 2 zu verfahren.

10 **5. Einschränkung der Ablehnungsmöglichkeit. a) Mitwirkung an der Bestellung.** Abs. 2 S. 2 beschränkt die Ablehnung, wenn die ablehnende Partei den Schiedsrichter bestellt oder an seiner Bestellung mitgewirkt hat, auf solche Gründe, die der Partei erst nach der Bestellung bekannt geworden sind. Für die **Mitwirkung an der Bestellung** reicht es aus, wenn sich die Partei mit diesem Schiedsrichter einverstanden erklärt hat. Das bloße Schweigen auf die Mitteilung, eine bestimmte Person ernennen zu wollen, reicht dagegen nicht aus, denn Schweigen ist weder Zustimmung noch Mitwirkung. Maßgebender **Zeitpunkt** für die Kenntnis ist der letzte Mitwirkungsakt der ablehnenden Partei. Die Beweislast für die Unkenntnis in diesem Zeitpunkt liegt bei ihr.[47] Erforderlich ist **positive Kenntnis** des Umstandes, der die Ablehnung rechtfertigt. Da der Ausschluss des Ablehnungsrechts trotz berechtigter Zweifel an der Neutralität eines Schiedsrichters die Parteiinteressen erheblich beeinträchtigen kann, wird man an die Voraussetzung der Kenntnis des Grundes **strenge**

---

keine Kontakte hinter dem Rücken der Mitschiedsrichter); zum alten Recht: OLG Hamburg OLGRspr. 31, 16 (Schiedsrichter hat einer Partei bereits in Vorgespräch Recht gegeben); OLG Hamburg OLGRspr. 15, 298 (Ortsbesichtigung mit nur einer Partei); OLG Dresden JW 1938, 3055 (Sozietätsverhältnis zwischen Schiedsrichter und früherem Privatgutachter der Partei; DIS-SV-217/02 SchiedsVZ 2003, 94, 96 = BB 2003, IDR-Beil. (Beil. 8) S. 24ff. (Sozietät mit Rechtsberater einer Partei); vgl. auch MK/*Münch* Rn. 18 (zum geltenden Recht); OLG München JW 1929, 3175 (Schiedsrichter bezeichnet sich in einem Schreiben als Vertreter einer der Parteien.

[35] Vgl. MK/*Münch* Rn. 17.

[36] Vgl. (zum staatlichen Richter) LG Göttingen NJW 1999, 2826, 2827 (Mitautorenschaft von Richter und Insolvenzverwalter in einem Kommentar begründet keine Befangenheit); OLG Naumburg NZBau 2002, 448, 450 (länger zurückliegende gemeinsame Tätigkeit des Schiedsrichters mit dem Geschäftsführer einer Partei).

[37] *B/L/H* Rn. 4; *St/J/Schlosser* Rn. 25; zum alten Recht: LG Duisburg ZIP 1982, 229 (persönliche Attacken in anderem Verfahren und deswegen Zerwürfnisse); vgl. auch OLG Stuttgart JR 1950, 760 (schwere Verstimmung zwischen Schiedsrichter und Verfahrensbevollmächtigtem); zu streng OLG Bremen NJW-RR 2007, 968 = SchiedsVZ 2007, 53, 54 (unangemessene Reaktion auf den Ablehnungsantrag).

[38] Zum alten Recht: RG WarnR 1933 Nr. 160; aA *Mankowski* SchiedsVZ 2004, 304, 309.

[39] *Schwab/Walter* Kap. 14 Rn. 8; differenziert *Lachmann* Rn. 1012, 1021 (keine Ablehnung bei Äußerung zu Rechtsfragen im Rahmen von Vergleichsvorschlägen); großzügiger *St/J/Schlosser* Rn. 25; wie hier (zum alten Recht) *Wiecz/Schl Schütze* § 1032 aF Rn. 9.

[40] AA *St/J/Schlosser* Rn. 25.

[41] *B/L/H* Rn. 4; *Mankowski* SchiedsVZ 2004, 304, 311; zum alten Recht: OLG Frankfurt BauR 1988, 637 (Entscheidungsfindung ohne Beratung im Umlaufverfahren, wobei Obmann den Schiedsspruch als fertigen vorformulierte).

[42] Zum alten Recht: OLG Neustadt MDR 1955, 616; anders bei Hinzutreten besonderer Umstände, OLG München BB 1971, 886 (Bewirtung), vgl. dazu aber oben im Text.

[43] Vgl. (zum alten Recht) OLG München BB 1971, 886.

[44] AA *B/L/H* Rn. 4; *Schwab/Walter* Kap. 14 Rn. 7.

[45] *Schwab/Walter* Kap. 14 Rn. 8 (wird jedoch der Schiedsrichter als Einzelschiedsrichter eines Verbandes mehrfach mit gleichliegenden Fragen beschäftigt, soll Befangenheit in Betracht kommen); zum alten Recht: LG Bonn NJW 1996, 2168f.; OLG Köln VersR 1996, 1125.

[46] *Kröll* ZZP 116 (2003), S. 195, 205f.

[47] MK/*Münch* Rn. 21.

Anforderungen stellen müssen. Erforderlich ist aber nur die Kenntnis der die Ablehnung rechtfertigenden Gründe, nicht, dass die Partei den Schluss auf die Ablehnungsmöglichkeit zieht.[48] Unkenntnis infolge grober Fahrlässigkeit kann der positiven Kenntnis nicht gleichgestellt werden. Erfährt die Partei **nachträglich Einzelheiten** über einen ihr bereits bekannten Grund, so ist maßgebend, ob dieser dadurch sein Gepräge oder sein Gewicht so wesentlich ändert, dass das Verbot des selbstwidersprüchlichen Verhaltens der Ablehnung nicht entgegensteht. Bei Umständen, die in einer so schwerwiegenden Weise die Neutralität des Schiedsgerichts in Frage stellen, dass das (unverzichtbare) **Gebot der Überparteilichkeit der Rechtspflege** verletzt ist, steht Abs. 2 S. 2 der Aufhebung des Schiedsspruchs nach § 1059 Abs. 2 Nr. 1 Buchst. d oder § 1059 Abs. 2 Nr. 2 Buchst. b nicht entgegen (vgl. Rn. 4).[49] Da es in einem solchen Fall aber kaum sinnvoll ist, ein Schiedsverfahren fortzusetzen, muss man der Partei entweder unter Reduktion des Abs. 2 S. 2 ein Ablehnungsrecht zugestehen oder aber einen Antrag nach § 1038 Abs. 1 S. 2 über die Beendigung des Amtes zulassen, weil der Schiedsrichter aus rechtlichen Gründen außerstande ist, seine Aufgaben zu erfüllen.

b) **Verzicht.** Möglich ist es, auf ein Ablehnungsrecht zu **verzichten,** wenn die Partei den in Frage stehenden **Ablehnungsgrund kennt.** Ebenso wie sie sich durch Verstreichenlassen der Frist des § 1037 Abs. 2 ihres Ablehnungsrechts begeben kann (vgl. § 1037 Rn. 5), kann dies auch durch Verzicht geschehen. Auch insoweit gilt eine Ausnahme bei Umständen, die das Gebot der Überparteilichkeit der Rechtspflege verletzen (Rn. 10). Die Vereinbarung einer **Ausschlussfrist** zur Mitteilung darüber, **ob Ablehnungsgründe bekannt sind,** wird man als zulässig ansehen können,[50] solange die Ablehnung bei neu bekannt gewordenen Gründen noch möglich bleibt und die Frist angemessen ist. Werden solche Klauseln, die das Ablehnungsrecht beschneiden, allerdings formularmäßig vereinbart, dürften sie als überraschend iSd. § 305c BGB anzusehen sein.[51] **Unzulässig** ist es, **von vornherein** auf die Ablehnungsmöglichkeit zu verzichten.[52] Grund dafür ist weniger das Gebot der überparteilichen Rechtspflege – das dann auch bei Verstreichenlassen der Frist des § 1037 Abs. 2 verletzt sein müsste – als der allgemeine Grundsatz, dass sich niemand in dieser Form seinem späteren Verfahrensgegner ausliefern darf. Deshalb ist auch eine **Einschränkung der Ablehnungsgründe** durch Parteivereinbarung in § 1036 **nicht** vorgesehen. Als zulässig sollte es angesehen werden, wenn die Parteien in Randbereichen auf bestimmte Ablehnungsgründe – wie die vormalige Sozietätszugehörigkeit – verzichten.[53] 11

1037 *Ablehnungsverfahren* **(1) Die Parteien können vorbehaltlich des Absatzes 3 ein Verfahren für die Ablehnung eines Schiedsrichters vereinbaren.**

(2) [1]Fehlt eine solche Vereinbarung, so hat die Partei, die einen Schiedsrichter ablehnen will, innerhalb von zwei Wochen, nachdem ihr die Zusammensetzung des Schiedsgerichts oder ein Umstand im Sinne des § 1036 Abs. 2 bekannt geworden ist, dem Schiedsgericht schriftlich die Ablehnungsgründe darzulegen. [2]Tritt der abgelehnte Schiedsrichter von seinem Amt nicht zurück oder stimmt die andere Partei der Ablehnung nicht zu, so entscheidet das Schiedsgericht über die Ablehnung.

(3) [1]Bleibt die Ablehnung nach dem von den Parteien vereinbarten Verfahren oder nach dem in Absatz 2 vorgesehenen Verfahren erfolglos, so kann die ablehnende Partei innerhalb eines Monats, nachdem sie von der Entscheidung, mit der die Ablehnung verweigert wurde, Kenntnis erlangt hat, bei Gericht eine Entscheidung über die Ablehnung beantragen; die Parteien können eine andere Frist vereinbaren. [2]Während ein solcher Antrag anhängig ist, kann das Schiedsgericht einschließlich des abgelehnten Schiedsrichters das schiedsrichterliche Verfahren fortsetzen und einen Schiedsspruch erlassen.

I. Normzweck

Die Regelung überlässt die Frage, in welcher Weise die **Ablehnung** eines Schiedsrichters **geltend zu machen ist, vorrangig** der **Parteivereinbarung.** Zugleich eröffnet aber Abs. 3 stets den Weg zu den **staatlichen Gerichten,** wenn das vereinbarte oder das in Abs. 2 für den Fall des Fehlens einer Vereinbarung vorgesehene Verfahren **erfolglos** bleibt. Damit wird der besonderen Bedeutung Rechnung getragen, die der Neutralität des Schiedsgerichts zukommt. Weiterhin wird in Abs. 2 die Möglichkeit der **Präklusion** eines Ablehnungsrechts geregelt, wobei zu beachten ist, dass durch diese Regelung das Gebot überparteilicher Rechtspflege nicht zur Disposition der Parteien gestellt werden darf. 1

II. Ablehnungsverfahren

1. Parteivereinbarung, Abs. 1. Vereinbarungen der Parteien über das Ablehnungsverfahren bedürfen als Verfahrensvereinbarungen keiner Form.[1] Durch Vereinbarung können die Parteien jedoch eine **Form** und auch eine **Frist zur Ablehnung** gegenüber dem Schiedsgericht bestimmen. Haben die Parteien eine Frist fest- 2

[48] MK/*Münch* Rn. 22.
[49] Vgl. auch (zum alten Recht) *Wiecz/Sch/Schütze* § 1032 aF Rn. 13.
[50] *St/J/Schlosser* Rn. 27.
[51] Vgl. auch (zum alten Recht) *St/J/Schlosser* § 1032 aF Rn. 30.
[52] BGHZ 24, 1, 3f. = NJW 1957, 791 (zum alten Recht); *St/J/Schlosser* Rn. 26; auch nicht nach Entstehen der Streitigkeit, missverständlich *Kröll* ZZP 116 (2003), S. 195, 197 (zutreffend S. 198).
[53] *Hanefeld/Wittinghofer* SchiedsVZ 2005, 217, 226.
[1] *Zö/Geimer* Rn. 1.

gelegt, so ist durch Auslegung zu ermitteln, ob diese Frist für die Geltendmachung von Ablehnungsgründen vereinbart sein soll oder ob die Parteien eine Frist setzen wollten, innerhalb derer ein Schiedsrichter auch ohne besondere Gründe abgelehnt werden kann.[2] Die Parteien können auch vereinbaren, dass nicht das Schiedsgericht, sondern ein Dritter (zB ein Organ einer Schiedsinstitution) über die Ablehnung entscheiden soll.[3] **Nicht möglich** ist es, den **Weg zum staatlichen Gericht** nach Abs. 3 **auszuschließen.** Die Frist zur Anrufung des staatlichen Gerichts kann aber nach Abs. 3 S. 1 aE durch Parteivereinbarung verkürzt oder verlängert werden. Dabei darf die Frist nicht so kurz bemessen werden, dass der Partei faktisch der Weg zum staatlichen Gericht genommen wird. Unbedenklich ist es, die Entscheidung über das Ablehnungsgesuch **sogleich dem staatlichen Gericht** zu übertragen, ohne dass zunächst das Schiedsgericht tätig werden muss.[4]

3 **2. Verfahren bei Fehlen einer Parteivereinbarung, Abs. 2.** Haben die Parteien nichts anderes vereinbart, so ist **zunächst das Schiedsgericht** zur Entscheidung über den Ablehnungsantrag berufen; eine ohne dieses Verfahren beim staatlichen Gericht gestellter Antrag ist unzulässig.[5] Der Ablehnungsantrag muss beim Schiedsgericht **schriftlich** unter **Darlegung der Ablehnungsgründe** gestellt werden. Dabei sieht Abs. 2 eine **Frist von zwei Wochen** vor. Diese Frist darf ausgeschöpft werden, auch wenn in der Zwischenzeit eine Verhandlung stattfindet. Die **rügelose Einlassung** führt angesichts des besonderen Verfahrens nach Abs. 2 nicht zum Verlust des Ablehnungsrechts. Die **Frist beginnt** in dem Zeitpunkt, in welchem der ablehnenden Partei die Besetzung des Schiedsgerichts bekannt wird. Dabei ist maßgebend die Kenntnis von der Zusammensetzung des Schiedsgerichts, dh. die Kenntnis der **Namen aller Schiedsrichter,** auch wenn der Name des abgelehnten Schiedsrichters früher bekannt war. Dies ist sachgerecht, da andernfalls die Frist vor Konstituierung des Schiedsgerichts abgelaufen sein kann. Erfährt die ablehnende Partei erst später von dem Umstand, auf den die Ablehnung gestützt wird, so beginnt die Frist mit positiver Kenntnis von diesem Umstand (vgl. § 1036 Rn. 4ff.). Die Frist wird nur durch den rechtzeitigen **Zugang** des Antrags gewahrt. Wird die Frist versäumt, so ist der **Ablehnungsgrund** auch **im Verfahren vor dem staatlichen Gericht** nach Abs. 3 präkludiert.[6] Andernfalls wäre es möglich, in Kenntnis des Ablehnungsgrundes das Verfahren fortzusetzen und erst dann den Schiedsrichter abzulehnen, wenn das Verfahren eine ungünstige Wendung nimmt. Eine Ausnahme von der präkludierenden Wirkung des Fristablaufs ist anzuerkennen, wenn die Partei vom Gegner derart unter Druck gesetzt wird, dass ihr die Ablehnung nicht zuzumuten ist.[7]

4 Das **Schiedsgericht** entscheidet über die Ablehnung erst dann, wenn weder der **Schiedsrichter zurückgetreten** ist noch die **andere Partei** der Ablehnung **zugestimmt** hat. Die Möglichkeit der Zustimmung zu einer Ablehnung entspricht dem vereinbarten Ende des Schiedsrichteramtes nach § 1038 Abs. 1 S. 1.[8] Auf die Frage, ob ein Ablehnungsgrund bestand, kommt es dann nicht an. Wird eine Entscheidung des Schiedsgerichts erforderlich, so wird diese – anders als vor dem staatlichen Gericht (§ 45 Abs. 1) – von **allen Schiedsrichtern einschließlich** des **Abgelehnten** getroffen.[9] Der Grundsatz, nicht in eigener Sache Richter sein zu können, wird damit durchbrochen,[10] was angesichts des nachgeschalteten Verfahrens vor dem staatlichen Gericht aber unschädlich ist.[11]

5 **3. Entscheidung des staatlichen Gerichts bei erfolglosem Ablehnungsgesuch, Abs. 3.** Die Zuständigkeit des staatlichen Gerichts bestimmt sich nach § 1062. Der Antrag richtet sich auf Beendigung des Amts des Schiedsrichters, nicht auf Feststellung eines Ablehnungsrechts, denn erst die Entscheidung des Gerichts beendet das Amt.[12] Der Antrag muss innerhalb einer **Frist** von **einem Monat** gestellt werden. Eine andere Frist kann vereinbart werden. Die Frist beginnt, wenn die ablehnende Partei von der Entscheidung des Schiedsgerichts, mit der die Ablehnung verweigert wird, Kenntnis erhält. Auf welchem Weg diese Kenntnis vermittelt wird, ist ohne Bedeutung. Die Kenntnis des Prozessvertreters wird zugerechnet, nicht aber die seines Hilfspersonals.[13] Mit Fristablauf wird der Ablehnungsgrund **präkludiert,** soweit nicht ein Verstoß gegen das Gebot der überparteilichen Rechtspflege gegeben ist (vgl. § 1036 Rn. 10).[14] Erlässt das Schiedsgericht einen Schiedsspruch, bevor der Antrag beim staatlichen Gericht gestellt wurde,[15] so ist über die

---

[2] Vgl. auch *St/J/Schlosser* § 1036 Rn. 27 (meist sei eine befristete Möglichkeit der Ablehnung ohne Begründung gewollt).

[3] MK/*Münch* Rn. 3.

[4] OLG Hamburg SchiedsVZ 2003, 191, 192 = TranspR 2003, 206, 207 (Zweier-Schiedsgericht) m. zust. Anm. *Herber;* OLG Hamburg SchiedsVZ 2006, 55, 56; *Mankowski* SchiedsVZ 2004, 304, 305; aA MK/*Münch* Rn. 3; *St/J/Schlosser* Rn. 2.

[5] OLG München 28. 6. 2006 34 SchH 2/06; aA OLG Dresden BB 2001, Beil. 6, S. 18 (Antrag unbegründet).

[6] *Zö/Geimer* Rn. 6.

[7] Vgl. zum alten Recht: BGHZ 24, 1, 6 = NJW 1957, 791; vgl. auch (zum neuen Recht) *St/J/Schlosser* Rn. 3.

[8] Vgl. MK/*Münch* Rn. 7.

[9] OLG München 6. 2. 2006 34 SchH 10/05 zust. *Schroeter* EWiR 1/06, 479, 480; so auch *Lachmann* Rn. 1068; *St/J/Schlosser* Rn. 4; jetzt auch *T/P/Reichold* Rn. 4; anders bei Ablehnung des Vorsitzenden im Einigungsstellenverfahren BAG BB 2002, 576, 577 m. zust. Anm. *Caspers; Schaub* EWiR § 76 BetrVG 2/02.

[10] Kritisch zu dieser Entscheidung des Gesetzgebers *Schwab/Walter* Kap. 14 Rn. 22; *Mankowski* SchiedsVZ 2004, 304, 306; zur Bedeutung dieses Verbots bei der Entscheidung über die eigene Ablehnung vgl. BVerfG FamRZ 2007, 1953f.

[11] MK/*Münch* Rn. 8.

[12] *Kröll* ZZP 116 (2003) S. 195, 204.

[13] OLG München SchiedsVZ 2006, 286, 287.

[14] So wohl auch (zum Verbot, Richter in eigener Sache zu sein) *Zö/Geimer* Rn. 8; aA (auch insoweit Präklusion) *B/L/H* Rn. 76.

[15] Vgl. *Schwab/Walter* Kap. 14 Rn. 17f. (Einreichen des Gesuchs bei Gericht).

Frage des Ablehnungsgrundes im Aufhebungsverfahren zu entscheiden.[16] Die Ablehnungsgründe sind in diesem Verfahren nicht präkludiert, wenn die Partei **gegenüber dem Schiedsgericht** die Ablehnung erklärt hatte und die Frist zur Anrufung des staatlichen Gerichts bei Erlass des Schiedsspruchs noch nicht abgelaufen ist. Wurde der Schiedsspruch in einem Zeitpunkt erlassen, als ein Ablehnungsantrag beim staatlichen Gericht bereits gestellt war, so wird das Ablehnungsverfahren vor dem staatlichen Gericht fortgesetzt.[17] Der Schiedsspruch kann dann ggf. aufgehoben werden (vgl. Rn. 7).

4. Ausschluss des Ablehnungsrechts durch Beendigung des Schiedsverfahrens. Hat die Partei im Zeitpunkt des Erlasses des Schiedsspruchs weder vor dem Schiedsgericht noch vor dem staatlichen Gericht den Ablehnungsgrund geltend gemacht, so ist die Berufung auf diesen Grund auch im Aufhebungs- oder Vollstreckbarerklärungsverfahren ausgeschlossen, auch wenn der Ablehnungsgrund der Partei erst jetzt bekannt wird.[18] Da der Schiedsspruch nach § 1055 einem rechtskräftigen Urteil gleichsteht, Rechtssicherheit und Rechtsfrieden schaffen soll und auch bei dem Urteil des staatlichen Gerichts ein Wiederaufnahmeverfahren nur unter den Voraussetzungen des § 579 Abs. 1 Nr. 3 möglich wäre, werden Ausnahmen nur bei besonders schwerwiegenden und offensichtlichen Befangenheitsgründen zugelassen.[19] Die Verletzung der Offenlegungspflicht nach Abs. 1 reicht nicht aus.[20] Verstößt die Besetzung des Schiedsgerichts gegen den verfahrensrechtlichen ordre public, so ist der Schiedsspruch nach § 1059 Abs. 2 Nr. 2 Buchst. b aufzuheben,[21] ohne dass es auf die Frage der Geltendmachung im Schiedsverfahren ankommt (vgl. § 1059 Rn. 25 ff.). 6

5. Besonderheiten bei Fortsetzung des schiedsgerichtlichen Verfahrens. Während des Verfahrens vor dem staatlichen Gericht kann das Schiedsgericht seine Tätigkeit fortsetzen und auch einen Schiedsspruch erlassen. Dieser führt nicht zur Erledigung des Ablehnungsverfahrens vor dem staatlichen Gericht (vgl. Rn. 5). Kommt das staatliche Gericht zur Ablehnung des Schiedsrichters, so ist der Schiedsspruch nicht nichtig, wohl aber nach § 1059 Abs. 2 Nr. 1 Buchst. d oder nach § 1059 Abs. 2 Nr. 2 Buchst. b aufhebbar.[22] 7

III. Rechtsanwaltsgebühren

Durch das Ablehnungsverfahren fallen zusätzliche Rechtsanwaltsgebühren aus Nrn. 3327, 3332 VV RVG (s. auch § 1035 Rn. 31) nur an, wenn der Anwalt im Übrigen nicht mit dem Schiedsverfahren befasst ist. 8

IV. Gerichtskosten

Für das gerichtliche Verfahren fällt eine halbe Gebühr nach KV Nr. 1624 an; der Streitwert bestimmt sich nach einem Drittel des Hauptsachewerts.[23] 9

1038 *Untätigkeit oder Unmöglichkeit der Aufgabenerfüllung*

(1) [1]Ist ein Schiedsrichter rechtlich oder tatsächlich außerstande, seine Aufgaben zu erfüllen, oder kommt er aus anderen Gründen seinen Aufgaben in angemessener Frist nicht nach, so endet sein Amt, wenn er zurücktritt oder wenn die Parteien die Beendigung seines Amtes vereinbaren. [2]Tritt der Schiedsrichter von seinem Amt nicht zurück oder können sich die Parteien über dessen Beendigung nicht einigen, kann jede Partei bei Gericht eine Entscheidung über die Beendigung des Amtes beantragen.

(2) Tritt ein Schiedsrichter in den Fällen des Absatzes 1 oder des § 1037 Abs. 2 zurück oder stimmt eine Partei der Beendigung des Schiedsrichteramtes zu, so bedeutet dies nicht die Anerkennung der in Absatz 1 oder § 1036 Abs. 2 genannten Rücktrittsgründe.

---

[16] OLG Stuttgart SchiedsVZ 2003, 84, 87 m. zust. Anm. *Naciniento/Geimer* = NJW-RR 2003, 495, 497; BAG BB 2002, 576, 578; *B/L/H* Rn. 56; *Schwab/Walter* Kap. 14 Rn. 18 (missverständlich in Rn. 17); abweichend *St/J/Schlosser* Rn. 5 (Erlass des Schiedsspruchs stehe Ablehnungsantrag nicht entgegen; gerichtliche Entscheidung über Ablehnung binde im Aufhebungsverfahren); zum alten Recht wie hier (jeweils zu § 1039 aF, dem zufolge Niederlegung des Schiedsspruchs erforderlich war) BGHZ 24, 1, 5 = NJW 1957, 791; BGH NJW 1973, 98, 99; vgl. auch BGHZ 40, 342, 343 = NJW 1964, 593; OLG Düsseldorf OLGZ 1984, 436, 437 = WM 1984, 1209 (zum Zeitraum nach Zustellung aber vor der Niederlegung auf der Grundlage des § 1039 aF).

[17] Vgl. MK/*Münch* Rn. 12, 17; *Schwab/Walter* Kap. 14 Rn. 17 f.; *Zö/Geimer* Rn. 4; zum alten Recht: BGHZ 40, 342, 344 f. = NJW 1964, 593; vgl. auch RGZ 145, 171; 148, 1; *St/J/Schlosser* Rn. 3; aA *Kröll* ZZP 116 (2003) S. 195, 220 (Erledigung des Ablehnungsverfahrens bzw. Umdeutung in Aufhebungsantrag).

[18] *Kröll* ZZP 116 (2003) S. 195, 211; *Mankowski* SchiedsVZ 2004, 304, 312; aA *B/L/H* Rn. 76; *St/J/Schlosser* Rn. 3 (Ausschluss nur solcher Gründe, die der Partei im Ablehnungsverfahren bekannt waren); wie hier zum alten Recht: BGH NJW 1999, 2370, 2371; RGZ 148, 1, 2; OLG Frankfurt BB 1977, 17.

[19] OLG München 20. 12. 2006 34 Sch 16/06 Tz. 40; *Mankowski* SchiedsVZ 2004, 304, 312; *Schwab/Walter* Kap. 14 Rn. 19; BGH NJW 1999, 2370, 2371 (zum alten Recht); zustimmend BGH EWiR § 1041 1/99 S. 1087, 1088 (*Kröll*); *St/J/Schlosser* Rn. 3 und § 1036 Rn. 3 ff. (für Ausschlussgründe).

[20] BGH NJW 1999, 2370, 2371 (zum alten Recht); zustimmend BGH EWiR § 1041 1/99 S. 1087, 1088 (*Kröll*); weiter gehend (Aufhebung, wenn ernsthafter Ablehnungsgrund verschwiegen wurde) *Weigel* MDR 1999, 1360, 1362.; so auch *Schlosser,* in: Revision des EuGVÜ – Neues Schiedsverfahrensrecht, 2000, S. 163, 171.

[21] *Kröll* ZZP 116 (2003) S. 195, 214; zum alten Recht: BGHZ 65, 59, 62 = NJW 1976, 109 (Verstoß gegen das Gebot überparteilicher Rechtspflege); BGHZ 54, 392, 399 f. = NJW 1971, 139; BGHZ 51, 255, 258 ff. = NJW 1969, 750.

[22] *Schwab/Walter* Kap. 14 Rn. 25.

[23] OLG München SchiedsVZ 2007, 280; OLG Karlsruhe 14. 7. 2007 10 Sch 1/06 Tz. 7.

I. Normzweck

1 Die Bestimmung regelt Gründe zur **Beendigung des Schiedsrichteramtes** außerhalb der Ablehnung wegen Zweifeln an der Unparteilichkeit oder Unabhängigkeit. Neben dem Rücktritt des Schiedsrichters und seiner Abberufung durch eine Vereinbarung der Parteien kommt dabei auch die Amtsbeendigung durch eine **Entscheidung des staatlichen Gerichts** in Betracht, sofern der Schiedsrichter rechtlich oder tatsächlich außerstande ist, seine Aufgaben zu erfüllen, oder diesen Aufgaben aus anderen Gründen nicht in angemessener Frist nachkommt. Nach Abs. 2 wird der Rücktritt **nicht als Anerkennung eines Ablehnungsgrundes** oder eines Grundes zur Amtsbeendigung gewertet. Damit wird dem Schiedsrichter der Rücktritt erleichtert, denn ihm drohen möglicherweise Schadensersatzansprüche, wenn er seine Pflicht zur Offenlegung eines möglichen Ablehnungsgrundes oder zur zügigen Erledigung seiner Aufgaben schuldhaft verletzt hat. Ebenso wird der Partei, die den Schiedsrichter bestellt hat, die Zustimmung zur Beendigung des Schiedsrichteramts erleichtert, da ihr der Vorwurf, einen befangenen Schiedsrichter benannt zu haben, erspart bleibt.

II. Beendigung des Amts

2 Das Amt des Schiedsrichters endet nicht mit der Unausführbarkeit seiner Aufgaben, sondern dadurch, dass der Schiedsrichter zurücktritt, die Parteien ihn abberufen oder das Gericht das Amt für beendet erklärt. Diese Entscheidungen sind im Interesse der Rechtssicherheit als konstitutiv zu verstehen.[1]

3 **1. Rücktritt des Schiedsrichters.** Der Schiedsrichter kann jederzeit von seinem Amt zurücktreten (vgl. § 1039 Abs. 1 S. 1 Fall 2). Ein **wichtiger Grund** ist **nicht erforderlich.** Da der Schiedsrichtervertrag für den Schiedsrichter nur aus wichtigem Grund kündbar ist (§ 1035 Rn. 29), setzt sich der Schiedsrichter **Schadensersatzansprüchen** aus, wenn er unberechtigt von seinem Amt zurücktritt.

4 **2. Abberufung.** Die Parteien können vereinbaren, dass das Amt eines Schiedsrichters endet (vgl. § 1039 Abs. 1 S. 1 Fall 3). Eine derartige Vereinbarung bedarf **keiner Form.** Sie ist zugleich als Kündigung des Schiedsrichtervertrags anzusehen (vgl. § 1035 Rn. 30). Es steht den Parteien frei, auch im Vorhinein bestimmte Gründe zu vereinbaren, bei deren Eintritt das Schiedsrichteramt endet.

5 **3. Gerichtliche Entscheidung. a) Voraussetzungen nach Abs. 1 S. 1.** Da die Parteien ohne weiteres die Abberufung des Schiedsrichters vereinbaren können (Rn. 4), wird die Regelung des Abs. 1 S. 1 nur relevant, wenn eine gerichtliche Entscheidung nach Abs. 1 S. 2 beantragt wird. **Tatsächlich außerstande** ist ein Schiedsrichter insbesondere bei schwerer Krankheit oder bei längerer Auslandsreise, sofern er nicht bereit ist, diese zu unterbrechen.[2] Unter den Begriff des tatsächlichen Außerstandeseins wird man auch die mangelnde fachliche Qualifikation fassen müssen,[3] sofern nicht in der Schiedsabrede besondere (niedrige) Anforderungen vereinbart wurden. **Rechtlich** ist der Schiedsrichter zur Erfüllung der Aufgaben **außerstande,** wenn ein institutionelles Schiedsgericht aufgelöst wird[4] oder wenn ein Schiedsrichter seine Geschäftsfähigkeit verliert[5] (vgl. auch § 1035 Rn. 17). Zur Aufgabenerfüllung rechtlich außerstande ist an sich auch ein Schiedsrichter, der über eine Qualifikation, die nach der Parteivereinbarung für das Schiedsrichteramt erforderlich ist, nicht verfügt oder sie verliert.[6] Angesichts der besonderen Regelung in § 1036 Abs. 2, § 1037 wird man dies jedoch allein durch Ablehnung des Schiedsrichters geltend machen können.[7]

6 Weiterhin endet das Amt durch gerichtliche Entscheidung, wenn der Schiedsrichter seinen **Aufgaben** nicht in **angemessener Frist nachkommt.** Bei der Frage der Angemessenheit muss die Komplexität des Streits berücksichtigt werden. Wird die angemessene Frist überschritten, so kommt es auf den Grund und ein Verschulden des Schiedsrichters nicht an.[8] So reichen zB Einreiseschwierigkeiten in das Land, in welchem das Schiedsgericht tagen soll, aus.[9] Eine Ausnahme gilt nur dann, wenn der Schiedsrichter zur Verweigerung seiner Tätigkeit berechtigt ist. Unerheblich ist die Behauptung des Schiedsrichters, Verzögerungen seien künftig ausgeschlossen, denn der dann erfolglose Antrag auf Feststellung der Amtsbeendigung würde nicht ohne Einfluss auf das Verhältnis zwischen Partei und Schiedsrichter bleiben. Kommt es durch die Schlechterfüllung der schiedsrichterlichen Pflichten zu einer ungebührlichen Verfahrensverzögerung, sind die Voraussetzungen der Amtsbeendigung ebenfalls erfüllt.[10] Verweigert der Schiedsrichter wegen eines **nicht geleisteten Vorschusses das Tätigwerden** (vgl. § 1035 Rn. 27), so können beide Parteien gemeinsam ihn vom Amt entbinden – was einverständlich jederzeit auch ohne sachliche Gründe möglich ist (vgl. Rn. 4). Geschieht dies nicht, so ist in seinem Abwarten bis zur Zahlung des Vorschusses keine unangemessene Verzögerung zu sehen. Die Weigerung eines der Schiedsrichter, den **Schiedsspruch zu unterschreiben,** zieht bei Kollegialschiedsgerichten mit mehr als zwei Mitgliedern die Rechtsfolgen des § 1054 Abs. 1 S. 2

---

[1] Vgl. (gestaltende, nicht feststellende gerichtliche Entscheidung) *Schütze,* Schiedsverf., Rn. 59.

[2] Vgl. auch *St/J/Schlosser* Rn. 4 (längere Haft); zum alten Recht: RGZ 88, 297 (Einberufung zum Heer); 114, 62 (Tod); RG SeuffA 75 (1902), 100 (Krieg); OLG Hamburg OLGRspr. 30, 361 (Kriegsdienst); OLG Hamburg DR 1939, 2178 (Reise).

[3] Vgl. zur Ablehnung nach altem Recht: *Wiecz/Sch/Schütze* § 1032 aF Rn. 12.

[4] MK/*Münch* Rn. 9; *T/P/Reichold* Rn. 3; zum alten Recht vgl. den Fall in BGHZ 125, 7 ff.

[5] So auch die Begründung des Entwurfs, BT-Drucks. 13/5274 S. 42; *Lachmann* Rn. 1122; *Zö/Geimer* Rn. 2.

[6] *St/J/Schlosser* Rn. 4.

[7] MK/*Münch* Rn. 8 aE; anders wohl *St/J/Schlosser* Rn. 4.

[8] AllgM, vgl. nur *Schütze,* Schiedsverf., Rn. 58.

[9] Vgl. *Schütze,* Schiedsverf., Rn. 58.

[10] *St/J/Schlosser* Rn. 4 (wiederholt unverständliche oder undurchführbare verfahrensleitende Anordnungen).

nach sich und rechtfertigt deshalb nicht die Beendigung des Amts.[11] Erst wenn dieser Weg scheitert, weil angesichts der Weigerung mehrerer Schiedsrichter die nach § 1054 Abs. 1 erforderliche Mehrheit nicht erreicht wird, ist § 1038 anwendbar. Verzögern die bereits bestellten Schiedsrichter die **Auswahl und die Bestellung des Vorsitzenden,** so geht das Verfahren nach § 1035 Abs. 4 demjenigen nach § 1038 vor.[12]

b) **Verfahrensfragen. Antragsbefugt** ist jede Partei. Eine **Frist** sieht das Gesetz nicht vor, es kann aber Verwirkung eintreten.[13] Die **Zuständigkeit** des Gerichts bestimmt sich nach § 1062 Abs. 1 Nr. 1; die Entscheidung ist unanfechtbar, § 1065 Abs. 1 S. 2. Ein **Rechtsschutzbedürfnis** besteht nur, wenn der Schiedsrichter vergeblich zum Rücktritt aufgefordert wurde und die andere Partei ihre Zustimmung zur Beendigung des Amtes des Schiedsrichters verweigert hat. Durch die Entscheidung des Gerichts wird über die Wirksamkeit der Schiedsvereinbarung nicht mit Bindungswirkung für spätere Vollstreckbarerklärungs- oder Aufhebungsverfahren entschieden, da das Gericht die Wirksamkeit der Schiedsvereinbarung nur als Vorfrage des Verfahrens zur Beendigung des Schiedsrichteramtes zu beurteilen hat (vgl. § 1035 Rn. 11). Ein Antrag auf Feststellung der Zulässigkeit oder Unzulässigkeit des schiedsrichterlichen Verfahrens kann in diesem Verfahren regelmäßig nicht gestellt werden, da nach Bildung des Schiedsgerichts vorrangig dieses zur Prüfung dieser Frage berufen ist (vgl. § 1032 Abs. 2; § 1040 Abs. 3). Während des Verfahrens kann das Schiedsgericht seine Tätigkeit in entsprechender Anwendung des § 1037 Abs. 3 S. 2 fortsetzen. Die damit möglicherweise verbundene Beendigung der Untätigkeit des Schiedsrichters lässt den Grund für die gerichtliche Beendigung des Amts nicht entfallen (vgl. Rn. 6). 7

III. Keine Anerkennung des Rücktrittsgrundes

Die Regelung in Abs. 2 ist in erster Linie bei der Frage des **Honoraranspruchs** des Schiedsrichters (§ 628 BGB, vgl. § 1035 Rn. 26) und bei der Frage einer **Pflichtverletzung** des Schiedsrichters wegen unterlassener Aufklärung über Ablehnungsgründe (§ 1036 Abs. 1) oder wegen zögerlicher Behandlung des Verfahrens (vgl. § 1035 Rn. 23) von Bedeutung. Um das Schiedsverfahren von diesen Fragen zu befreien und die Beendigung des Schiedsrichteramtes ohne gerichtliche Entscheidung zu erleichtern, stellt das Gesetz klar, dass der Rücktritt bzw. die Zustimmung der Gegenpartei zur Beendigung des Amtes keine Anerkennung des Rücktrittsgrundes bedeutet. Die Frage, ob der Schiedsrichter seine Pflichten verletzt hat, kann dann anlässlich eines späteren Verfahrens über den Vergütungsanspruch oder einen Schadensersatzanspruch unabhängig davon beurteilt werden, ob der Schiedsrichter zurückgetreten ist bzw. ob die Gegenpartei der Beendigung seines Amtes zugestimmt hat. 8

IV. Gebühren und Kosten

1. **Rechtsanwaltsgebühren.** Eine Verfahrensgebühr von 0,75 (Nr. 3327 VV RVG) und die 0,5 Terminsgebühr (Nr. 3332 VV RVG) fallen nur an, wenn die anwaltliche Tätigkeit nicht zugleich die Vertretung im Schiedsverfahren selbst umfasst, s. auch § 1035 Rn. 31. 9

2. **Gerichtskosten.** Das gerichtliche Verfahren löst nach KV Nr. 1624 eine halbe Gebühr aus. 10

1039 *Bestellung eines Ersatzschiedsrichters*

(1) [1]Endet das Amt eines Schiedsrichters nach den §§ 1037, 1038 oder wegen seines Rücktritts vom Amt aus einem anderen Grund oder wegen der Aufhebung seines Amtes durch Vereinbarung der Parteien, so ist ein Ersatzschiedsrichter zu bestellen. [2]Die Bestellung erfolgt nach den Regeln, die auf die Bestellung des zu ersetzenden Schiedsrichters anzuwenden waren.

(2) Die Parteien können eine abweichende Vereinbarung treffen.

I. Normzweck

Die Regelung dient der **Aufrechterhaltung** der **Schiedsvereinbarung.** Im Gegensatz zu der früher geltenden Regelung in § 1033 Nr. 1 aF tritt die Schiedsabrede deshalb nicht außer Kraft, wenn der in dem Schiedsvertrag bestimmte Schiedsrichter wegfällt (zu Ausnahmen vgl. Rn. 2). 1

II. Einzelerläuterungen

Immer wenn das Amt eines Schiedsrichters vorzeitig endet, ordnet § 1039 die Bestellung eines Ersatzschiedsrichters an. Diese Regelung steht nach Abs. 2 zur **Disposition der Parteien.**[1] Dabei kann sich eine abweichende Regelung auch durch Auslegung ergeben. Haben die Parteien der Person des Schiedsrichters entscheidende Bedeutung zugemessen und endet dessen Amt vorzeitig, so kann dies deshalb auch nach dem nunmehr geltenden Recht zum Entfallen der Schiedsabrede führen (zum Wegfall einer Schiedsinstitution vgl. § 1035 Rn. 15).[2] 2

Die **Bestellung des Ersatzschiedsrichters** erfolgt nach den Regeln, welche die Parteien für die Bestellung der Schiedsrichter vereinbart haben (§ 1035 Rn. 2ff.). Das staatliche Gericht ist auf die Zuständigkeit nach 3

---

11 *Schwab/Walter* Kap. 10 Rn. 32; *St/J/Schlosser* Rn. 4; aA (zum alten Recht) *Wiecz/Sch/Schütze* § 1031 aF Rn. 7.
12 *Zö/Geimer* Rn. 2.
13 *Lachmann* Rn. 1135; MK/*Münch* Rn. 14.
1 Abs. 2 bezieht sich auf Abs. 1 S. 1 und S. 2, vgl. Begründung des Entwurfs, BT-Drucks. 13/5274 S. 43.
2 *Zö/Geimer* Rn. 1.

§ 1035 Abs. 3, 4 beschränkt (näher § 1035 Rn. 8ff.). Möglich ist es nach Abs. 2 aber, dass die Parteien für die Bestellung eines Ersatzschiedsrichters ein anderes Verfahren vereinbaren, welches auch die Bestellung durch Dritte oder durch das staatliche Gericht vorsehen kann. Eine solche Vereinbarung bedarf nicht der Form des § 1031.[3] Die Vereinbarung der Parteien darf nicht zu einem Übergewicht einer Partei bei der Besetzung des Schiedsgerichts führen (vgl. § 1034 Rn. 3).

III. Gebühren und Kosten

4 **1. Rechtsanwaltsgebühren.** Eine Verfahrensgebühr von 0,75 (Nr. 3327 VV RVG) und ggf. eine 0,5 Terminsgebühr (Nr. 3332 VV RVG) fallen nur an, wenn die anwaltliche Tätigkeit nicht zugleich die Vertretung im Schiedsverfahren selbst umfasst, s. auch § 1035 Rn. 31.

5 **2. Gerichtskosten.** Das gerichtliche Verfahren löst nach KV Nr. 1623 eine halbe Gebühr aus. Zum Streitwert vgl. § 1037 Rn. 9.

Abschnitt 4. Zuständigkeit des Schiedsgerichts

1040 *Befugnis des Schiedsgerichts zur Entscheidung über die eigene Zuständigkeit*

(1) [1]Das Schiedsgericht kann über die eigene Zuständigkeit und im Zusammenhang hiermit über das Bestehen oder die Gültigkeit der Schiedsvereinbarung entscheiden. [2]Hierbei ist eine Schiedsklausel als eine von den übrigen Vertragsbestimmungen unabhängige Vereinbarung zu behandeln.

(2) [1]Die Rüge der Unzuständigkeit des Schiedsgerichts ist spätestens mit der Klagebeantwortung vorzubringen. [2]Von der Erhebung einer solchen Rüge ist eine Partei nicht dadurch ausgeschlossen, dass sie einen Schiedsrichter bestellt oder an der Bestellung eines Schiedsrichters mitgewirkt hat. [3]Die Rüge, das Schiedsgericht überschreite seine Befugnisse, ist zu erheben, sobald die Angelegenheit, von der dies behauptet wird, im schiedsrichterlichen Verfahren zur Erörterung kommt. [4]Das Schiedsgericht kann in beiden Fällen eine spätere Rüge zulassen, wenn die Partei die Verspätung genügend entschuldigt.

(3) [1]Hält das Schiedsgericht sich für zuständig, so entscheidet es über eine Rüge nach Absatz 2 in der Regel durch Zwischenentscheid. [2]In diesem Fall kann jede Partei innerhalb eines Monats nach schriftlicher Mitteilung des Entscheids eine gerichtliche Entscheidung beantragen. [3]Während ein solcher Antrag anhängig ist, kann das Schiedsgericht das schiedsrichterliche Verfahren fortsetzen und einen Schiedsspruch erlassen.

I. Normzweck

1 Die Regelung stellt klar, dass das **Schiedsgericht** über die **Wirksamkeit der Schiedsabrede** im Rahmen der Prüfung seiner Zuständigkeit entscheiden kann. Zugleich wird aber sichergestellt, dass die **Letztentscheidung** über diese Frage stets **dem staatlichen Gericht** überlassen bleibt. Damit wird dem Umstand Rechnung getragen, dass die Schiedsabrede den Justizgewährungsanspruch der Parteien tangiert (vgl. § 1029 Rn. 2).

II. Zuständigkeitsentscheidung des Schiedsgerichts

2 Abs. 1 S. 1 ist deklaratorischer Natur, denn es ist selbstverständlich, dass ein privates Schiedsgericht über seine Zuständigkeit und über das Bestehen und die Gültigkeit der Schiedsvereinbarung (zu den Voraussetzungen vgl. § 1059 Abs. 2 Nr. 1 Buchst. a) entscheiden kann und inzident auch entscheiden muss.[1] Die Frage, ob eine solche Entscheidung für das staatliche Gericht bindend ist, ist auf der Grundlage der Neuregelung zu verneinen. Die nach dem früher geltenden Recht bestehende Möglichkeit einer **Kompetenz-Kompetenz-Klausel**[2] wird durch Abs. 3 S. 2 ausgeschlossen,[3] denn nach dieser Regelung sind die staat-

---

[3] AA *T/P/Reichold* Rn. 4.

[1] *Schwab/Walter* Kap. 16 Rn. 10; aA *Schütze,* Schiedsverf., Rn. 136; *Zö/Geimer* Rn. 1 (Kompetenz-Kompetenz wird durch diese Regelung dem Schiedsgericht übertragen; damit wird aber übersehen, dass auch nach früher geltendem Recht das Schiedsgericht sich für unzuständig erklären konnte und musste, wenn es zu dem Ergebnis kam, dass die Schiedsabrede unwirksam ist).

[2] Zum alten Recht, auf dessen Grundlage die Kompetenz-Kompetenz-Klauseln als Schiedsabrede über die Wirksamkeit der Schiedsvereinbarung verstanden wurden: BGHZ 68, 356, 366ff. = NJW 1977, 1397; BGH NJW-RR 1988, 1526; NJW 1991, 2215; OLG Düsseldorf RIW 1990, 401, 402; NJW 1996, 400; NJW-RR 1997, 372, 374 (Vereinbarkeit mit Richtlinie 93/13/EWG); vgl. auch *Ahrendt,* Der Zuständigkeitsstreit im Schiedsverfahren, 1996, S. 18ff.; *Habscheid,* Festschr. f. Baur, 1981, S. 425, 431ff.; *Gehrlein* ZIP 1995, 964ff.; in neuerer Zeit gegen die Zulässigkeit derartiger Abreden *Bosch* JZ 1989, 202; *Heiermann,* Festschr. f. Glossner, 1994, S. 129, 132; *Schwab/Walter* Kap. 6 Rn. 9; ausführlich dazu auch *Schäfer,* Festschr. f. Henckel, 1995, S. 723ff.

[3] BGH SchiedsVZ 2005, 95, 96; zweifelnd *Wagner/Quinke* JZ 2005, 932, 933; *Schwab/Walter* Kap. 6 Rn. 9f. (dort auch zu der mE bedenklichen Möglichkeit, durch Verzicht auf den Aufhebungsantrag ein ähnliches Ergebnis zu erzielen), Kap. 16 Rn. 10; vgl. auch die Begründung des Gesetzentwurfs, BT-Drucks. 13/5274 S. 44; vgl. auch *Ahrendt* (Fn. 2) S. 91ff.

lichen Gerichte zuständig, wenn das Schiedsgericht seine Zuständigkeit bejaht. Damit ist die Übertragung der Entscheidung über die Wirksamkeit der Schiedsvereinbarung auf das Schiedsgericht unter Ausschluss der staatlichen Gerichtsbarkeit aus Sicht der staatlichen Gerichte unbeachtlich.[4]

Die Regelung des § 1040 wird hinsichtlich des Verhältnisses zwischen schiedsgerichtlicher Entscheidung und Entscheidung durch das staatliche Gericht durch § 1032 Abs. 2 ergänzt. Dieser schließt einen Antrag auf **Feststellung der Zulässigkeit oder Unzulässigkeit des schiedsgerichtlichen Verfahrens** an das **staatliche Gericht aus,** sofern das Schiedsgericht bereits gebildet ist (näher dazu § 1032 Rn. 10ff.). Damit wird ab diesem Zeitpunkt dem Schiedsgericht ein Erstentscheidungsrecht über die Frage der Wirksamkeit der Schiedsvereinbarung eingeräumt. 3

III. Unabhängigkeit der Schiedsklausel von der Wirksamkeit der übrigen Vertragsbestimmungen

Nach Abs. 1 S. 2 ist die Schiedsklausel, dh. die in einen **Vertrag aufgenommene Schiedsvereinbarung** als eine von den **übrigen Vertragsbestimmungen unabhängige Vereinbarung** zu behandeln. Damit ist das Schiedsgericht bei einer im Übrigen wirksamen Schiedsvereinbarung auch dann zur Entscheidung berufen, wenn der Vertrag selbst unwirksam ist.[5] Von der Wirksamkeit der Schiedsabrede ist die Frage zu unterscheiden, welche Ausgleichsansprüche von der Schiedsabrede erfasst sind. Regelmäßig ist eine umfassende Einbeziehung zu bejahen (vgl. § 1029 Rn. 23).[6] 4

IV. Unzuständigkeit des Schiedsgerichts

1. Prüfung durch das Schiedsgericht. Die (wirksame) Schiedsvereinbarung ist die Grundlage des Schiedsverfahrens. Obwohl die Regelung in Abs. 2 dafür spricht, dass die Unzuständigkeit des Schiedsgerichts nur auf Rüge hin geprüft wird, darf dem Schiedsgericht angesichts der grundlegenden Bedeutung der Schiedsabrede die Prüfung ihres Zustandekommens und ihrer Wirksamkeit nicht versagt sein.[7] Für ein solches rügeunabhängiges Prüfungsrecht spricht auch, dass bei unheilbaren Mängeln der Schiedsabrede – etwa fehlender Schiedsfähigkeit des Verfahrensgegenstandes oder bei mangelnder Geschäftsfähigkeit – der Schiedsspruch trotz rügeloser Einlassung aufhebbar sein kann. Schließlich spricht für dieses Ergebnis auch die Verfahrensökonomie, denn die Rüge der Unzulässigkeit des Verfahrens kann bei genügender Entschuldigung auch später noch erhoben werden (Abs. 2 S. 4). Damit das Schiedsgericht in diesem Fall nicht ein später sinnlos werdendes Verfahren durchführen muss, ist ihm **ein Prüfungsrecht** zuzugestehen,[8] das seine Grundlage in Abs. 1 S. 1 findet und damit unabhängig von der Rüge nach Abs. 2 besteht. Kommt das Schiedsgericht zu dem Ergebnis der Unzulässigkeit des Schiedsverfahrens, so ist den Parteien Gelegenheit zu geben, noch jetzt eine Schiedsvereinbarung zu schließen bzw. diese zu erweitern.[9] Dies kann bei entsprechendem Erklärungsbewusstsein der Parteien auch dadurch geschehen, dass der Schiedskläger seinen Antrag aufrechterhält und sich der Schiedsbeklagte auf das Verfahren weiterhin einlässt (vgl. auch § 1031 Rn. 15).[10] Werden **neue Ansprüche** in das Schiedsverfahren eingeführt, so ist auch hinsichtlich dieser zu prüfen, ob sie von der Schiedsabrede erfasst werden. 5

2. Rüge einer der Parteien, Abs. 2. Die Regelung des Abs. 2 ordnet im Interesse der Verfahrensbeschleunigung an, dass die Rüge der Unzuständigkeit **spätestens mit der Klagebeantwortung** (vgl. § 1046) vorzubringen ist und dass die **Bestellung eines Schiedsrichters** bzw. die Mitwirkung der Partei an einer solchen Bestellung die Erhebung der Rüge nicht ausschließt. Wird durch eine Erweiterung des Verfahrensgegenstands die **Zuständigkeit des Schiedsgerichts überschritten,** so ist dies nach Abs. 2 S. 3 zu rügen, sobald die Angelegenheit zur Erörterung kommt. Dazu muss der Gegenstand behandelt werden, was bereits dadurch geschieht, dass die Gegenpartei zur Stellungnahme aufgefordert wird.[11] 6

Wird die Rüge **verspätet erhoben,** so kann das Schiedsgericht sie nach Abs. 2 S. 4 zulassen, wenn die Verspätung **genügend entschuldigt** wird (vgl. auch § 296 Rn. 25). Dabei wird man insbesondere bei der Erweiterung des Verfahrensgegenstands in einer mündlichen Verhandlung nicht zu strenge Maßstäbe anlegen dürfen, denn die Parteien müssen Zeit zur Prüfung der Rechtslage haben, bevor sie sich zu der Rüge der Unzuständigkeit des Schiedsgerichts entschließen. Ergibt sich die gerügte Unzuständigkeit des Schiedsgerichts daraus, dass die Schiedsabrede formunwirksam ist, so ist die Heilung dieses Mangels nach § 1031 7

---

[4] BGH SchiedsVZ 2005, 95, 96.

[5] Vgl. dazu *St/J/Schlosser* Rn. 3ff.; *Schlosser,* Festschr. f. Böckstiegel, 2001, S. 697, 704ff.; *Kreindler,* Strafrechtsrelevante und andere anstößige Verträge als Gegenstand von Schiedsverfahren, 2005, S. 33.

[6] Weiter *Zö/Geimer* Rn. 3.

[7] *Schwab/Walter* Kap. 16 Rn. 10.

[8] *Schwab/Walter* Kap. 16 Rn. 10; so iE auch *T/P/Reichold* Rn. 1f. (zumindest Hinweis auf Notwendigkeit einer Rüge).

[9] Vgl. auch MK/*Münch* Rn. 2 (Hinweis an Beklagten angezeigt, damit dieser Unzuständigkeit des Schiedsgerichts rügen kann).

[10] Vgl. zum konkludenten Neuabschluss MK/*Münch* § 1040 Rn. 19 (Erklärungsbewusstsein sei aber wegen § 1044 S. 2 stets anzunehmen); *Zö/Geimer* § 1031 Rn. 44f. (entbehrlich, wenn der Wille bei Abschluss der unwirksamen Vereinbarung vorhanden war); ähnlich *B/L/HAlbers* § 1031 Rn. 14; *St/J/Schlosser* Rn. 19 und § 1059 Rn. 17ff.; zum alten Recht: *K. Schmidt,* Festschr. f. Nagel, 1987, S. 373ff.; vgl. auch BGHZ 88, 314, 318f. (konkludenter Neuabschluss durch Einlassung bei entsprechendem Erklärungsbewusstsein möglich); offen lassend BGHZ 48, 35, 45f. = NJW 1967, 2057.

[11] *Zö/Geimer* Rn. 6: aA MK/*Münch* Rn. 12 (Einführung auf Betreiben einer Partei reicht aus [Klageänderung, Klageerweiterung]; damit wird dieser Punkt zwar zur Erörterung gestellt, ohne die Aufforderung zur Stellungnahme wird er aber noch nicht erörtert und letzteres entscheidet).

Abs. 6 zu berücksichtigen. Auf eine Entschuldigung der verspäteten Rüge kommt es dann nicht mehr an. Berücksichtigt das Schiedsgericht die **verspätete Rüge,** obwohl die Verspätung nicht entschuldigt wird, und erklärt es sich deshalb für **unzuständig,** so endet das Schiedsverfahren. Die Schiedsvereinbarung wird undurchführbar (zur Frage der Aufhebung vgl. Rn. 8) und dem Verfahren vor dem staatlichen Gericht steht die Rüge nach § 1032 nicht entgegen. Berücksichtigt das Schiedsgericht die **verspätete Rüge nicht,** obwohl die Verspätung entschuldigt war, so ist die Partei im Verfahren nach Abs. 3 oder in einem späteren Aufhebungsverfahren mit der Rüge der Unzuständigkeit des Schiedsgerichts nicht ausgeschlossen (vgl. Rn. 13; zur Notwendigkeit eines Zwischenentscheids vgl. Rn. 9). Da aus diesem Grund die schuldlos verspätete Rüge letztlich erhoben werden kann, ist das dem Schiedsgericht eingeräumte Ermessen bei der Zulassung entschuldigt verspäteter Rügen mit dem Anspruch auf Gewährung rechtlichen Gehörs vereinbar.[12]

8 **3. Entscheidung des Schiedsgerichts.** Hält sich das **Schiedsgericht für unzuständig,** so stellt es die Beendigung des Verfahrens durch einen **Beschluss** nach § 1056 Abs. 2 Nr. 3 fest. Dieser Beschluss ist – da es an der Kompetenz des Schiedsgerichts zum Erlass eines Schiedsspruchs gerade fehlt – richtiger Ansicht nach kein Schiedsspruch und er unterliegt damit auch nicht dem Aufhebungsverfahren.[13] Durch den Beschluss wird die Schiedsabrede undurchführbar, so dass einer Klage vor dem staatlichen Gericht die Rüge des § 1032 nicht entgegengehalten werden kann. Auch für ein Verfahren zur Bestellung von Ersatzschiedsrichtern ist dann kein Raum. Es bleibt den Parteien aber unbenommen, erneut eine Schiedsabrede zu treffen.

9 **Bejaht** das Schiedsgericht seine **Zuständigkeit,** so ist eine gesonderte Entscheidung über diese Frage nur erforderlich, wenn die **Unzuständigkeit gerügt** wurde. Nach Abs. 3 S. 1 ist dann in der Regel vom Schiedsgericht ein **Zwischenentscheid** zu erlassen, der mit einem Antrag auf gerichtliche Entscheidung nach Abs. 3 S. 2 zur Überprüfung durch das staatliche Gericht gestellt werden kann. Auf diesen Zwischenentscheid ist § 1054 nicht anwendbar (vgl. § 1054 Rn. 2). Da das Gesetz einen Zwischenentscheid nur in der Regel verlangt, ist es auch zulässig, die Zuständigkeit erst im Schiedsspruch selbst zu bejahen.[14] Ein Zwischenentscheid sollte auch dann erlassen werden, wenn das Schiedsgericht die **Rüge als verspätet zurückweist** und deshalb eine Prüfung der Zuständigkeit ablehnt. Erlässt das Schiedsgericht **keinen Zwischenentscheid,** obwohl es seine Zuständigkeit bejaht und die Unzuständigkeit gerügt wurde, so kann die Unzuständigkeit im Verfahren zur Vollstreckbarerklärung bzw. zur Aufhebung des Schiedsspruchs geltend gemacht werden.[15] Zur Zulässigkeit eines Antrags nach § 1032 Abs. 2 vgl. § 1032 Rn. 11.

V. Gerichtliche Entscheidung

10 **1. Anwendungsbereich.** Gegen den **Zwischenentscheid,** durch welchen das Schiedsgericht seine Zuständigkeit bejaht, ist der **Antrag auf gerichtliche Entscheidung** statthaft. Gesetzlich nicht geregelt ist der Fall, dass das Schiedsgericht zwar seine Zuständigkeit bejaht, jedoch eine **Zwischenentscheidung nicht ergeht,** obwohl diese geboten wäre. In engen Ausnahmefällen ist dann zur Vermeidung von Rechtsschutzlücken ein Antrag in entsprechender Anwendung des § 1032 Abs. 2 zulässig (vgl. auch § 1032 Rn. 11; zur Aufhebbarkeit des Schiedsspruchs vgl. Rn. 9).[16]

11 **2. Verfahrensfragen.** Die **Zuständigkeit des Gerichts** bestimmt sich nach § 1062 Abs. 1 Nr. 2. Antragsbefugt sind beide Parteien, nicht nur diejenige, die die Rüge erhoben hat. Der Antrag ist **innerhalb eines Monats** zu stellen, wobei die Klageerhebung bei einem unzuständigen Gericht zur Fristwahrung ausreicht.[17] Als Fristbeginn nennt das Gesetz den Zeitpunkt, an dem die Entscheidung **schriftlich mitgeteilt** wurde. Anders als bei § 1037 Abs. 3 reicht die bloße Kenntnis von der Entscheidung nicht aus. Maßgebend ist vielmehr die schriftliche Mitteilung, wobei es auf den Zugang dieser Mitteilung bei der antragstellenden Partei ankommt.

12 **3. Auswirkungen der Entscheidung.** Hat das **staatliche Gericht** in einem Verfahren nach Abs. 3 entschieden und die **Rüge der Unzuständigkeit** des Schiedsgerichts oder der Überschreitung der Zuständigkeit **zurückgewiesen,** so entfaltet diese Entscheidung **Bindungswirkung** für ein späteres Aufhebungs- oder Vollstreckbarerklärungsverfahren. Hat das staatliche Gericht die Rüge für **begründet erklärt,** so steht fest, dass das Schiedsgericht unzuständig ist bzw. es seine Zuständigkeit überschreitet. Ein die Rechtskraft dieser Entscheidung missachtender Schiedsspruch ist nichtig (vgl. § 1032 Rn. 14); ergeht der Schiedsspruch – was wegen Abs. 3 S. 3 möglich ist – vor dem Eintritt der Rechtskraft der Entscheidung des staatlichen Gerichts, so ist er jedenfalls aufhebbar, richtiger Ansicht nach wird er nichtig (vgl. § 1032 Rn. 15).

---

12 Vgl. auch *St/J/Schlosser* Rn. 9 (Ermessen nur hinsichtlich der Beweisanforderungen an den Entschuldigungsgrund).

13 OLG Hamburg NJW-RR 2000, 806 (obiter dictum); ausführlich *Voit,* Festschr. f. Musielak, 2004, S. 595 ff.; aA BGH NJW 2002, 3031, 3032 = SchiedsVZ 2003, 39 ff. m. zust. Anm. *Münch; Huber* SchiedsVZ 2003, 73, 75; *Kröll* NJW 2003, 791, 793; *Kremer/Weimann* SchiedsVZ 2007, 238, 240; *B/L/H* Rn. 4; MK/*Münch* Rn. 16; *Schwab/Walter* Kap. 7 Rn. 11; *St/J/Schlosser* Rn. 12 und Rn. 1; *T/P/Reichold* Rn. 9; *Zö/Geimer* Rn. 10 (Prozessschiedsspruch, der der Aufhebung zugänglich ist); wie hier zum alten Recht: RGZ 114, 165, 170; aA (bei Vereinbarung der Parteien über die Zulässigkeit eines Zwischenschiedsspruchs über die Zuständigkeit des Schiedsgerichts) *Ahrendt,* Der Zuständigkeitsstreit im Schiedsverfahren, 1996, S. 11 f.

14 Vgl. Schiedsspruch Handelskammer Hamburg SchiedsVZ 2007, 55, 56.

15 *Zö/Geimer* Rn. 8.

16 AA MK/*Münch* Rn. 14; *St/J/Schlosser* Rn. 12 (kritisch zur fehlenden Möglichkeit, eine Zwischenentscheidung zu erzwingen).

17 OLG Frankfurt/M OLGR 2001, 302 ff.

VI. Folgen des Fristablaufs ohne Antrag auf gerichtliche Entscheidung

Hat das Schiedsgericht durch **Zwischenentscheid entschieden** und wurde der **Antrag auf gerichtliche Entscheidung nicht gestellt**, so ist die Rüge der Unzuständigkeit in einem späteren Verfahren zur Aufhebung oder zur Vollstreckbarerklärung des Schiedsspruchs ausgeschlossen.[18] Hat das Schiedsgericht **keinen Zwischenentscheid** erlassen, obwohl die **Rüge im Schiedsverfahren fristgerecht** erhoben wurde, so tritt keine Präklusion ein,[19] da das verfahrensfehlerhafte Verhalten des Schiedsgerichts sich nicht zu Lasten der Partei auswirken darf. Wurde die Rüge **verspätetet** erhoben, so bestimmt sich die Frage der Präklusion der Rüge nach den in Abs. 2 genannten Kriterien, wobei das staatliche Gericht ggf. darüber befindet, ob die Rüge entgegen der Auffassung des Schiedsgerichts noch zuzulassen ist.[20] Wurde die Rüge im Schiedsverfahren verspätet oder gar **nicht erhoben,** ohne dass dies entschuldigt wird, so ist sie im Verfahren vor dem staatlichen Gericht ausgeschlossen.[21] Hat sich der Beklagte am Schiedsverfahren insgesamt nicht beteiligt, so ist er auch nicht präkludiert, denn niemand ist gehalten, sich an einem Schiedsverfahren zu beteiligen, nur um die Unzulässigkeit dieses Verfahrens rügen zu können.[22] 13

VII. Gebühren und Kosten

1. Rechtsanwaltsgebühren. Der Rechtsanwalt erhält als Vertreter einer Partei im schiedsrichterlichen Verfahren gem. § 36 Abs. 1 Nr. 1 RVG die Gebühren aus den Nrn. 3100ff. VV RVG. Neben der Verfahrensgebühr (Nr. 3100 VV RVG) kommt die Terminsgebühr (Nr. 3104 VV RVG) in Betracht. Die Terminsgebühr erhält der Rechtsanwalt auch dann, wenn der Schiedsspruch ohne mündliche Verhandlung erlassen wird und schriftlich Sacherklärungen erfolgt sind.[23] Die 1,5 Einigungsgebühr der Nr. 1000 VVRVG kann ebenfalls entstehen, obwohl § 36 Abs. 1 RVG nicht ausdrücklich auf Teil 1 VV RVG verweist.[24] Für die in Nr. 3327 VV RVG genannten Tätigkeiten s. § 1035 Rn. 31. 14

2. Gerichtskosten. Für das gerichtliche Verfahren nach Abs. 3 S. 2 fallen nach KV Nr. 1622 zwei Gebühren an. Der Streitwert bestimmt sich nach einem Drittel der Hauptsache.[25] 15

1041 ***Maßnahmen des einstweiligen Rechtsschutzes*** (1) **[1]Haben die Parteien nichts anderes vereinbart, so kann das Schiedsgericht auf Antrag einer Partei vorläufige oder sichernde Maßnahmen anordnen, die es in Bezug auf den Streitgegenstand für erforderlich hält. [2]Das Schiedsgericht kann von jeder Partei im Zusammenhang mit einer solchen Maßnahme angemessene Sicherheit verlangen.**

(2) **[1]Das Gericht kann auf Antrag einer Partei die Vollziehung einer Maßnahme nach Absatz 1 zulassen, sofern nicht schon eine entsprechende Maßnahme des einstweiligen Rechtsschutzes bei einem Gericht beantragt worden ist. [2]Es kann die Anordnung abweichend fassen, wenn dies zur Vollziehung der Maßnahme notwendig ist.**

(3) **Auf Antrag kann das Gericht den Beschluss nach Absatz 2 aufheben oder ändern.**

(4) **[1]Erweist sich die Anordnung einer Maßnahme nach Absatz 1 als von Anfang an ungerechtfertigt, so ist die Partei, welche ihre Vollziehung erwirkt hat, verpflichtet, dem Gegner den Schaden zu ersetzen, der ihm aus der Vollziehung der Maßnahme oder dadurch entsteht, dass er Sicherheit leistet, um die Vollziehung abzuwenden. [2]Der Anspruch kann im anhängigen schiedsrichterlichen Verfahren geltend gemacht werden.**

I. Normzweck

Die Regelung räumt dem **Schiedsgericht** vorbehaltlich einer abweichenden, nicht formbedürftigen Parteivereinbarung[1] die Zuständigkeit für die **Anordnung vorläufiger und sichernder Maßnahmen** ein. Die Vollziehung derartiger Maßnahmen im Wege der Zwangsvollstreckung hängt von einer Entscheidung des staatlichen Gerichts nach Abs. 2 ab. Im Unterschied zur Entscheidung in der Hauptsache ist bei vorläufigen und sichernden Maßnahmen die Zuständigkeit des staatlichen Gerichts nicht ausgeschlossen (§ 1033). Es entsteht deshalb ein **Nebeneinander zweier Zuständigkeiten.** Dabei empfiehlt es sich angesichts der Verzögerung durch das Verfahren nach Abs. 2 und der Gefahr wechselseitiger Blockade der Verfahren (vgl. Rn. 6), von der Möglichkeit des § 1041 keinen Gebrauch zu machen und den **einstweiligen Rechtsschutz vor dem staatlichen Gericht zu suchen.**[2] 1

---

[18] BGH MDR 2003, 890 = SchiedsVZ 2003, 133; MK/*Münch* Rn. 25; *Borges* ZZP 111 (1998), 487, 490 (für das Aufhebungsverfahren).
[19] *Zö/Geimer* Rn. 8.
[20] AA MK/*Münch* Rn. 23 (nicht nachprüfbare Ermessensentscheidung des Schiedsgerichts).
[21] *Borges* ZZP 111 (1998), 487, 490; MK/*Münch* Rn. 15 aE, 22; *Schwab/Walter* Kap. 16 Rn. 11; wohl aA *B/L/H* § 1059 Rn. 65.
[22] *Zö/Geimer* Rn. 12.
[23] G/S/*Madert* § 36 RVG Rn. 11.
[24] G/S/*Madert* § 36 RVG Rn. 12.
[25] OLG München SchiedsVZ 2007, 330.
[1] Zum Ausschluss durch Vereinbarung der Parteien vgl. *Bandel,* Einstweiliger Rechtsschutz im Schiedsverfahren, 2000, S. 16ff., zur Formfreiheit dort S. 25; *Leitzen,* Die Anordnung vorläufiger oder sichernder Maßnahmen durch Schiedsgerichte nach § 1041 ZPO, 2002, S. 28, 29f.
[2] *Schütze* BB 1998, 1650, 1653; *Lachmann* Rn. 2933ff.; *Schwab/Walter* Kap. 17a Rn. 23; *Zö/Geimer* Rn. 1.

II. Einstweiliger Rechtsschutz durch das Schiedsgericht, Abs. 1

2 **1. Antragstellung.** Die Gewährung einstweiligen Rechtsschutzes durch das Schiedsgericht setzt den **Antrag** einer Partei voraus. Ist bereits einstweiliger Rechtsschutz vor dem staatlichen Gericht beantragt, so ist der Antrag an das Schiedsgericht, eine entsprechende Maßnahme anzuordnen, zwar nicht unzulässig, aber wenig sinnvoll, da die Entscheidung des Schiedsgerichts durch das staatliche Gericht nicht für vollziehbar erklärt werden darf (Rn. 6). In dem Antrag kann die Auswahl der vorläufigen oder sichernden Maßnahme dem Schiedsgericht überlassen werden. Es verhält sich hier nicht anders als bei § 938 Abs. 1. Auch einstweilige Maßnahmen, die zur Befriedigung des Antragstellers führen, können von einem Schiedsgericht angeordnet werden, wenn auf anderem Wege effektiver einstweiliger Rechtsschutz nicht gewährt werden kann.[3]

3 **2. Verfahrensfragen.** Das Schiedsgericht[4] kann – wie die Wertung des § 1063 Abs. 3 zeigt – im Interesse der Effektivität des Rechtsschutzes trotz § 1047 auch ohne mündliche Verhandlung und **ohne Anhörung der Gegenpartei** entscheiden,[5] soweit die Parteien nichts anderes vereinbart haben. § 1042 Abs. 1 S. 2 steht dem nicht entgegen, denn das rechtliche Gehör wird dadurch nicht in größerem Umfang als vor dem staatlichen Gericht gewährt. Es reicht deshalb aus, wenn das Schiedsgericht nach Erlass der Anordnung rechtliches Gehör gewährt und gegebenenfalls die Maßnahme aufhebt oder ändert (zur Änderungsmöglichkeit bei Anordnung des Arrests ohne mündliche Verhandlung vgl. § 925 Abs. 2 iVm. § 924 Abs. 1, § 922 Abs. 1, § 128 Abs. 4). Zur Glaubhaftmachung kann das Schiedsgericht **nicht** auf eine **eidesstattliche Versicherung** zurückgreifen, da es zu ihrer Abnahme nicht befugt ist (vgl. auch § 1042 Rn. 23).[6] Bei Kollegialschiedsgerichten ist die Verlagerung der **Anordnungskompetenz auf den Vorsitzenden** durch Parteivereinbarung möglich, denn es verhält sich dann nicht anders, als wenn die Parteien hinsichtlich dieser Frage eine gesonderte Schiedsvereinbarung getroffen hätten.[7] Nicht möglich ist es aber, dass die Schiedsrichter nach § 1052 Abs. 3 den Vorsitzenden zu einer solchen Maßnahme ermächtigen, denn es handelt sich dabei um mehr als um eine einzelne Verfahrensfrage im Sinne dieser Bestimmung.[8]

4 **3. Entscheidung, Sicherheitsleistung. Formelle Anforderungen** an die Anordnung der Maßnahmen durch das Schiedsgericht enthält das Gesetz nicht. Eine entsprechende Anwendung des § 1054[9] belastet das Verfahren mit Förmlichkeiten, die das Gesetz nicht vorsieht. Die Maßnahmen werden auch bei nur mündlicher Bekanntgabe wirksam.[10] Zum Betreiben des Verfahrens zur Vollziehbarerklärung ist eine schriftliche Fassung erforderlich. Als sichernde Maßnahme iSd. Abs. 1 kommt neben der einstweiligen Verfügung, die auch wegen Geldforderungen zulässig ist, der **Arrest** in Betracht.[11] Dabei ist die Anordnung persönlichen Arrests im Grundsatz denkbar;[12] den Anforderungen des Art. 104 Abs. 2 S. 1 GG wird durch die gerichtliche Vollziehbarerklärung Rechnung getragen. Das Schiedsgericht kann auch **Maßnahmen** anordnen, deren **Vollstreckung in Deutschland nicht möglich** wäre.[13] Dies ergibt sich nach der hier vertretenen Auffassung (vgl. § 1025 Rn. 3) bereits daraus, dass das Schiedsgericht nicht Adressat der Normen ist, die der Gesetzgeber allein den staatlichen Gerichten vorgibt. Die hL verweist zur Begründung auf die Möglichkeit der freiwilligen Befolgung durch die Parteien und darauf, dass die Vollstreckung dieser Maßnahme im Ausland in Betracht kommt. Dabei ist auch nach hL das Schiedsgericht an den Vorbehalt des deutschen ordre public (Art. 6 EGBGB) nicht gebunden.[14] Nach der Regelung des Abs. 1 S. 2 kann das Schiedsgericht von jeder Partei, also auch von derjenigen, die den Antrag nicht gestellt hat, eine **angemessene Sicherheit** verlangen. Ein Antrag der Parteien ist nicht erforderlich. Sinnvoll ist eine solche Anordnung bezüglich der

---

[3] OLG Frankfurt/M NJW-RR 2001, 1078; *Bandel* (Fn. 1) S. 189ff.; *Leitzen* (Fn. 1) S. 58ff.

[4] Für eine Entscheidungskompetenz auch noch nach Erlass des Schiedsspruchs *Leitzen* (Fn. 1) S. 33ff.

[5] Vgl. *Bandel* (Fn. 1) S. 99 (bei besonderer Dringlichkeit und Nachholung des rechtlichen Gehörs); *Leitzen* (Fn. 1) S. 115ff.; *Lachmann* Rn. 2907; *Schwab/Walter* Kap. 17a Rn. 20; *St/J/Schlosser* Rn. 11; aA *Gottwald/Adolphsen* DStR 1998, 1017, 1020; *Schütze* BB 1998, 1650, 1651; MK/*Münch* Rn. 16; *Schütze*, Schiedsverf., Rn. 258; *Thümmel* DZWIR 1997, 133, 135; *Wolf* DB 1999, 1101, 1102 (sofern nicht anderes vereinbart); vgl. zum Meinungsstand *Hobeck/Weyhreter* SchiedsVZ 2005, 238, 240.

[6] MK/*Münch* Rn. 15; *St/J/Schlosser* Rn. 11 (vgl. dort auch zur Berücksichtigung einer notariell beurkundeten eidesstattlichen Versicherung und zur Frage der analogen Anwendung des § 22 Abs. 2 BNotO); weiter gehend *Leitzen* (Fn. 1) S. 148 (erhöhter Beweiswert).

[7] So auch *Bandel* (Fn. 1) S. 76ff.; *Leitzen* (Fn. 1) S. 126.

[8] So auch *Leitzen* (Fn. 1) S. 125f.; aA *Schwab/Walter* Kap. 17a Rn. 17.

[9] *Bandel* (Fn. 1) S. 65ff. (kein Schiedsspruch, aber Anlehnung an §§ 1054, 1064); *Leitzen* (Fn. 1) S. 167ff.; wie hier (Entscheidung durch Beschluss) MK/*Münch* Rn. 17; *St/J/Schlosser* Rn. 12; aA *Zö/Geimer* Rn. 2.

[10] AA *Bandel* (Fn. 1) S. 69f.

[11] *Thümmel* DZWIR 1997, 133, 135; vgl. auch BT-Drucks. 13/5274 S. 45; zur einstweiligen Verfügung wegen Geldforderungen vgl. *Schlosser,* in: Revision des EuGVÜ – Neues Schiedsverfahrensrecht, 2000, S. 163, 176; *Schroth* SchiedsVZ 2003, 102, 103 (auch Leistungsverfügungen).

[12] *Bandel* (Fn. 1) S. 168; *St/J/Schlosser* Rn. 5 (in extremen Ausnahmefällen); *Zö/Geimer* Rn. 2; aA *Scheef,* Der einstweilige Rechtsschutz und die Stellung der Schiedsrichter bei dem Abschluss von Schiedsvergleichen nach dem deutschen und englischen Schiedsverfahrensrecht, 2000, S. 42; *Schwab/Walter* Kap. 17a Rn. 4; MK/*Münch* Rn. 9.

[13] Vgl. *Bandel* (Fn. 1) S. 133ff., vgl. auch S. 36ff. (zu Empfehlungen des Schiedsgerichts mit Recht krit., weil diese einer Entscheidung des Schiedsgerichts nach § 1041 nicht bedürfen und deshalb außerhalb des Verfahrens nach § 1041 ergehen können); *Scheef* (Fn. 12) S. 38ff., 50 (zur Anordnung von Maßnahmen, die dem deutschen Recht unbekannt sind); *Leitzen* (Fn. 1) S. 77ff. (Freezing Injunctions nicht generell ordre-public-widrig; dort auch zu Zahlungen auf Sperrkonten etc.); ausführlich (insbes. im internationalen Vergleich) *Schroeder,* Die lex mercatoria arbitralis, 2007, S. 311ff.; vgl. auch *St/J/Schlosser* Rn. 2ff.

[14] *Schwab/Walter* Kap. 17a Rn. 5, zu der Möglichkeit, dies durch Sanktionen abzusichern, vgl. dort Rn. 16.

Partei, zu deren Lasten die Maßnahme ergeht, wohl nur, wenn man die Sicherheit als Möglichkeit der Abwendung der Maßnahme versteht.[15] Hinsichtlich der antragstellenden Partei entspricht die Regelung § 936 iVm. § 921. Die Frage der Angemessenheit richtet sich nach dem möglicherweise eintretenden Schaden.

4. Interimsschiedssprüche. Das Schiedsgericht kann an Stelle einer einstweiligen Maßnahme auch eine endgültige Entscheidung für einen befristeten Zeitraum treffen,[16] soweit die Parteien dem Schiedsgericht auch insoweit eine Entscheidungskompetenz eingeräumt haben. Dazu ist eine eindeutige Erklärung der Parteien erforderlich, da endgültige Maßnahmen getroffen werden und ein finanzieller Ausgleich des durch die Entscheidung entstehenden Schadens angesichts der Rechtskraft dieser Entscheidung ausscheidet. In Betracht kommen solche Interimsschiedssprüche zB für zeitlich begrenzte Unterlassungspflichten oder Geschäftsführungsregelungen. Das Schiedsgericht entscheidet für den fraglichen Zeitraum durch einen Schiedsspruch, der nach § 1060 oder – bei vereinbartem Wortlaut – nach § 1053 Abs. 4 für vollstreckbar erklärt werden kann und nicht den Regeln des § 1041 Abs. 2 und 3 unterliegt. Zweifelhaft ist, ob die Entscheidung auf Grund einer nur summarischen Prüfung zulässig ist.[17] Dies ist richtiger Ansicht nach abzulehnen, da die Partei, die ihre Behauptungen nicht mit liquiden Beweismitteln nachweisen kann, nicht nur vorübergehend, sondern endgültig im Anspruch auf Gewährung rechtlichen Gehörs beschränkt ist, denn eine Korrektur des Schiedsspruchs ist wegen § 1055 ausgeschlossen. 5

III. Anordnung der Vollziehung durch das staatliche Gericht, Abs. 2

1. Zulässigkeit des Antrags. Antragsbefugt ist jede Partei. Die **Zuständigkeit** des Gerichts ergibt sich aus § 1062 Abs. 1 Nr. 3. Anwendbar ist die Regelung nur auf Anordnung vorläufiger oder sichernder Maßnahmen durch ein **Schiedsgericht mit Sitz im Inland,** § 1025 Abs. 1. Anordnungen zur Gewährung einstweiligen Rechtsschutzes durch ein **ausländisches Schiedsgericht** sind weder nach § 1041 noch nach § 1061 in Deutschland für vollstreckbar zu erklären (vgl. § 1061 Rn. 3).[18] Der Antrag ist nach einer in der Literatur vertreten Ansicht[19] nur dann zulässig, wenn das Schiedsgericht feststellt, dass der durch die Anordnung Belastete dieser **nicht freiwillig nachkommt.** Dem ist nicht zu folgen, denn wie bei dem Antrag auf Vollstreckbarerklärung auch ist es das gute Recht jeder Partei, sich die Möglichkeit der Zwangsvollstreckung einräumen zu lassen. Die Zulässigkeit des Antrags setzt weiterhin voraus, dass **nicht** schon eine **entsprechende Maßnahme** des einstweiligen Rechtsschutzes bei **einem staatlichen Gericht beantragt** worden ist. Da das staatliche Gericht gemäß § 938 Abs. 1 nach freiem Ermessen die Maßnahmen bestimmt, die zur Gewährung des einstweiligen Rechtsschutzes erforderlich sind, kann es bei der Auslegung des Begriffs „entsprechende Maßnahme" nicht darauf ankommen, welche konkrete Maßnahme bei dem staatlichen Gericht beantragt ist.[20] Entscheidend muss vielmehr sein, ob wegen **desselben Sicherungs- oder Regelungsbedürfnisses** um Gewährung einstweiligen Rechtsschutzes bei dem staatlichen Gericht nachgesucht wurde. Ein Antrag bei einem staatlichen Gericht steht der Vollziehbarerklärung auch dann entgegen, wenn er nach dem Antrag auf Vollziehbarerklärung, aber vor der Entscheidung über diesen Antrag gestellt wird,[21] denn die Regelung in Abs. 2 stellt auf den **Zeitpunkt der Vollziehbarerklärung** ab. Anderes gilt nur dann, wenn das staatliche Gericht den Antrag auf einstweiligen Rechtsschutz mit Rücksicht auf die Anordnung des Schiedsgerichts mangels Rechtsschutzbedürfnisses unrichtigerweise (vgl. § 1033 Rn. 5) bereits abgelehnt hat. 6

2. Prüfungsumfang. Bei der Entscheidung über den Antrag auf Anordnung der Vollziehung (zur Zuständigkeit und zur Entscheidung ohne Anhörung des Gegners vgl. § 1063 Abs. 3) prüft das staatliche Gericht **inzident** die **Wirksamkeit der Schiedsabrede**[22] (zur Bindung an Vorentscheidungen und zur Präklusion vgl. § 1040 Rn. 6f., 12). Dies geschieht **unabhängig von der Rüge** der Unzuständigkeit des Schiedsgerichts. Zum einen kann das staatliche Gericht, das ohne mündliche Verhandlung entscheiden kann, kaum prüfen, ob die Rüge erhoben wurde, zum anderen kann bei genügender Entschuldigung die Rüge auch später noch erhoben werden. Das Gericht kann sich auch nicht – wie bei der Schiedsrichterbestellung (vgl. § 1035 Rn. 11) – mit einer überschlägigen Prüfung der Wirksamkeit der Schiedsvereinbarung und der Zuständigkeit des Schiedsgerichts zufrieden geben, da mit der Anordnung der Vollziehbarkeit in ähnlicher Weise wie bei der Vollstreckbarerklärung eines Schiedsspruchs in Rechtspositionen einer der Parteien eingegriffen werden kann, ohne dass die Möglichkeit eines eigenen gerichtlichen Verfahrens als Korrektiv bestünde. Man wird deshalb in Fortentwicklung der Grundsätze des einstweiligen Rechtsschutzes durch ein staat- 7

---

[15] So auch *Bandel* (Fn. 1) S. 112; weiter gehend *Leitzen* (Fn. 1) S. 102 (Sicherheitsleistung für potenziellen Schadensersatzanspruch wegen Nichterfüllung der angeordneten Maßnahme; eine solche Doppelung der Maßnahmen geht aber über das zur Rechtsdurchsetzung erforderliche Maß hinaus).

[16] *Bandel* (Fn. 1) S. 60f.; Schroeder (Fn. 13), S. 363; MK/*Heinze* Vor § 916 Rn. 25, 24; *St/J/Schlosser* Rn. 2; *Zö/Geimer* Rn. 6; zum alten Recht: BGH ZZP 71 (1958), 427, 436; vgl. auch *H. Westermann,* Festschr. f. Fischer, 1979, S. 853, 864f.

[17] So *Zö/Geimer* Rn. 7; zum alten Recht: *St/J/Schlosser,* 21. Aufl. 1994, § 1034 aF Rn. 38.

[18] Vgl. *Gottwald/Adolphsen* DStR 1998, 1017, 1020; aA *Bandel* (Fn. 1) S. 362ff. (Analogie zu § 1041 Abs. 2, 3, 4 S. 1); MK/*Münch* Rn. 19; *Schwab/Walter* Kap. 30 Rn. 12; *St/J/Schlosser* Rn. 20; für eine Ausweitung der Zuständigkeit *Schlosser* (Fn. 11) S. 201.

[19] *Schwab/Walter* Kap. 17a Rn. 28; wie hier MK/*Münch* Rn. 20.

[20] Offenbar enger *Schroth* SchiedsVZ 2003, 102, 107f., der deshalb zu einem weit gehenden Nebeneinander schiedsgerichtlicher und staatlicher Maßnahmen kommt; ähnlich OLG Saarbrücken SchiedsVZ 2007, 323, 325.

[21] MK/*Münch* Rn. 26.

[22] OLG Saarbrücken SchiedsVZ 2007, 323, 325; vgl. auch *Schütze,* Schiedsverf., Rn. 261; *Thümmel* DZWIR 1997, 133, 136; *T/P/Reichold* Rn. 3; enger *Zö/Geimer* Rn. 3 (Prüfung nur bei Rüge und nur soweit keine Präklusion eingetreten ist); für eine nur summarische Prüfung *Leitzen* (Fn. 1) S. 200; gegen eine Prüfungskompetenz *B/L/H* Rn. 4.

liches Gericht (§ 920 Abs. 2) eine **Glaubhaftmachung auch hinsichtlich der Schiedsvereinbarung** verlangen müssen.[23] Ordnet das staatliche Gericht die **Vollziehung an,** so entfaltet diese Entscheidung **keine Bindungswirkung** hinsichtlich der Wirksamkeit der Schiedsabrede für ein späteres Vollstreckbarerklärungsverfahren oder für ein Aufhebungsverfahren (vgl. auch § 1035 Rn. 13).[24]

8 **3. Entscheidung.** Nach Abs. 2 steht die Anordnung der Vollziehbarkeit im **pflichtgemäßen Ermessen** des Gerichts. Die Begründung des Gesetzentwurfs[25] führt dazu unter Hinweis auf § 769 aus, es handele sich bei einer solchen Ermessensentscheidung nicht um einen Fremdkörper im Zwangsvollstreckungsrecht. Man wird aber annehmen müssen, dass das Gericht regelmäßig ermessensfehlerhaft handelt, wenn es die Vollziehbarkeit nicht anordnet, obwohl die Voraussetzungen für die Vollziehbarerklärung erfüllt sind. Die erforderliche Abwägung zwischen den Interessen der Parteien beim Erlass einer einstweiligen Maßnahme hat das Schiedsgericht bereits vorgenommen, so dass insoweit für eine eigene Entscheidung des staatlichen Gerichts wenig Raum bleibt.[26] Zulässig ist es, die Vollstreckbarerklärung von Maßnahmen zu verweigern, die dem ordre public widersprechen.[27] Wird die Vollstreckbarerklärung angeordnet, so ist sie Grundlage der Zwangsvollstreckung;[28] der Katalog des § 794, in welchem diese Anordnung nicht genannt ist, ist nicht abschließend. Eine Vollstreckungsklausel ist nur in den Fällen des § 929 Abs. 1 erforderlich.

9 Das staatliche Gericht ist nach Abs. 2 S. 2 befugt, die **Anordnung anders zu fassen,** wenn dies zur Vollziehung der Maßnahme erforderlich ist. Eine inhaltliche Umgestaltung oder die Anordnung anderer Maßnahmen als derjenigen, die vom Schiedsgericht für erforderlich gehalten wurden, ist dagegen unzulässig.[29]

10 Die Entscheidung des OLG über den Antrag auf Anordnung der Vollziehung ist mit der Rechtsbeschwerde **nicht anfechtbar** (§ 1065 Abs. 1 S. 2 iVm. § 1062 Abs. 1 Nr. 3). Zu der Möglichkeit einer außerordentlichen Beschwerde bei greifbarer Gesetzeswidrigkeit vgl. § 567 Rn. 15ff.

IV. Aufhebung oder Änderung des die Vollziehbarkeit anordnenden Beschlusses, Abs. 3

11 Auf Antrag einer Partei kann das Gericht nach Abs. 3 den Beschluss über die Anordnung der Vollziehbarkeit **aufheben oder ändern.** Dabei setzt diese Regelung eine **Änderung der Umstände nicht voraus** (anders § 927), so dass eine Änderung im Grundsatz ebenfalls erfolgen kann, wenn sich die angeordnete Maßnahme als unzweckmäßig erweist. Auch eine Änderung auf der Grundlage einer geänderten Rechtsauffassung wird für zulässig gehalten,[30] was jedoch dem Rechtsfrieden wenig förderlich ist.

12 Noch ungeklärt ist die Frage, ob und in welchem Maß das staatliche Gericht bei der **Änderung** an die **Vorgaben des Schiedsgerichts** durch die zu ändernde Entscheidung **gebunden** ist. Da das staatliche Gericht im Rahmen der Entscheidung nach Abs. 2 keine anderen Maßnahmen anordnen kann als die vom Schiedsgericht festgesetzten, darf diese Wertung bei der Auslegung der Regelung des Abs. 3 kaum außer Betracht bleiben.[31] Auf der anderen Seite muss bei veränderten Umständen eine Anpassung der einstweilen angeordneten Maßnahme möglich sein. Zur Lösung sind zwei Wege denkbar: Das staatliche Gericht ist nur bei unveränderter Sachlage an die vom Schiedsgericht festgesetzten Maßnahmen gebunden und kann auf der Grundlage veränderter Umstände eine eigene Entscheidung darüber treffen, welche Maßnahmen nunmehr erforderlich sind. Oder aber das staatliche Gericht ist auch bei einer Änderung der Umstände an die Entscheidung des Schiedsgerichts gebunden und darf diese nur in der Weise ändern, wie es auch bei einem Verfahren nach Abs. 2 zulässig wäre. Es darf dann nur hinter dem vom Schiedsgericht Angeordneten zurückbleiben oder die Anordnung umformulieren, nicht aber etwas anderes anordnen. Wenn andere Maßnahmen erforderlich werden, so muss diese das Schiedsgericht nach Abs. 1 anordnen (mit der Möglichkeit der Vollziehbarerklärung).[32] Im Interesse der Gewährung effektiven einstweiligen Rechtsschutzes wird man den ersten Weg zumindest dann für gangbar halten müssen, wenn das Schiedsgericht trotz Antrags der Partei nicht erneut tätig geworden ist.[33] Hat dagegen das Schiedsgericht seine ursprünglich angeordnete Maßnahme aufgehoben oder geändert, so wird das Gericht diese später angeordnete Maßnahme nach Abs. 2 für vollziehbar erklä-

---

[23] So auch *Bandel* (Fn. 1) S. 89f., 218 der aber eine überschlägige Prüfung für ausreichend hält (Zuständigkeit prima facie). Richtigerweise ist jedoch zwischen der Prüfungsdichte und der Absenkung der Anforderungen an den Nachweis der Tatsachen auf das Maß der Glaubhaftmachung zu unterscheiden.

[24] *Bandel* (Fn. 1) S. 89.

[25] BT-Drucks. 13/5274 S. 45.

[26] OLG Saarbrücken SchiedsVZ 2007, 323, 325; *Leitzen* (Fn. 1) S. 200; *Thümmel* DZWIR 1997, 133, 136; *Schwab/Walter* Kap. 17a Rn. 29f.; weiter gehend (eigene Ermessensentscheidung des staatlichen Gerichts) *Bandel* (Fn. 1) S. 220f. (wie hier jedoch, wenn das Schiedsgericht die Interessen bereits abgewogen hat); *Schütze* BB 1998, 1650, 1652; *Zö/Geimer* Rn. 3; *St/J/Schlosser* Rn. 14.

[27] *Schwab/Walter* Kap. 17a Rn. 30.

[28] *Bandel* (Fn. 1) S. 127; MK/*Münch* Rn. 19; vgl. auch *St/J/Schlosser* Rn. 14.

[29] OLG Saarbrücken SchiedsVZ 2007, 323, 327; wohl aA MK/*Münch* Rn. 29; weiter gehend als hier auch *Scheef* (Fn. 12) S. 53 (umfassendes „Transformationsrecht" des staatlichen Gerichts).

[30] *B/L/H* Rn. 5.

[31] Bedenken *Lachmann* Rn. 2921; *Thümmel* DZWIR 1997, 133, 137; wie hier OLG Jena BB 2000, Beil. 12, S. 22, 23; MK/*Münch* Rn. 28, anders jedoch Rn. 29 (aliud sei möglich).

[32] Vgl. OLG Jena BB 2000, Beil. 12, S. 22, 23 (keine Änderung des die Vollziehbarkeit anordnenden Beschlusses, solange Antragsteller nicht geltend macht, dass er sich vergeblich an das Schiedsgericht gewandt habe); aA *Lachmann* Rn. 2921, der eine Änderung der angeordneten Maßnahmen durch das Schiedsgericht für ausgeschlossen hält.

[33] So auch OLG Jena BB 2000, Beil. 12, S. 22, 23; *St/J/Schlosser* Rn. 14; aA *Bandel* (Fn. 1) S. 228 mit Fn. 1219 (unter Verweisung auf die Möglichkeit, nach § 1033 vorzugehen; damit ist indes die bestehende Anordnung nicht zu modifizieren); *Leitzen* (Fn. 1) S. 211.

ren und den zuvor gefassten Beschluss über die Vollziehbarkeit der vom Schiedsgericht inzwischen aufgehobenen oder abgeänderten Maßnahme nach Abs. 3 seinerseits aufheben bzw. abändern. Hat das Schiedsgericht eine Änderung oder Aufhebung der Maßnahme abgelehnt, so kommt eine Änderung oder Aufhebung durch das staatliche Gericht in aller Regel nicht in Betracht.[34]

V. Schadensersatzpflicht, Abs. 4

Abs. 4 ordnet eine Schadensersatzpflicht an, die der Sache nach § 945 entspricht. Der Anspruch kann nach Abs. 4 S. 2 in dem **laufenden schiedsrichterlichen Verfahren** geltend gemacht werden. Damit wird die Zuständigkeit des Schiedsgerichts für die Entscheidung über diesen Anspruch begründet, ohne dass diese durch Parteivereinbarung ausgeschlossen werden kann. Möglich ist es auch, den Anspruch **vor den staatlichen Gerichten** geltend zu machen, was sich schon deshalb empfehlen kann, weil es sich um einen Schaden aus einer Anordnung eben dieses Schiedsgerichts handelt. § 1032 steht der Geltendmachung vor dem staatlichen Gericht nicht entgegen, denn Abs. 4 S. 2 räumt ein einseitiges Wahlrecht ein, auf welches sich die Gegenpartei nicht berufen kann.[35] 13

Die Regelung des Abs. 4 verpflichtet **diejenige Partei** zum Schadensersatz, die die **Vollziehung der Maßnahme erwirkt** hat. Es geht dabei um den Akt der Vollziehung, nicht um den Antrag auf Anordnung der Vollziehbarerklärung nach Abs. 2. Entscheidend ist damit, dass die Maßnahme vom staatlichen Gericht für vollziehbar erklärt wurde und von einer Partei die Zwangsvollstreckung eingeleitet wurde. Wurde der Anordnung des Schiedsgerichts Folge geleistet, ohne dass diese Voraussetzungen erfüllt sind, so ist der Schaden nicht aus der Vollziehung der Maßnahme entstanden, so dass Abs. 4 keinen Anspruch gewährt.[36] Ein Schadensersatzanspruch kann sich jedoch aus materiellem Recht ergeben, wird aber bei Fehlen einer besonderen Vereinbarung nicht der Zuständigkeit des Schiedsgerichts unterfallen. 14

VI. Gebühren und Kosten

Zu den Rechtsanwaltsgebühren vgl. §§ 17 Nr. 6, 16 Nr. 9 RVG; zu den Gerichtskosten in Höhe von zwei Gebühren vgl. KV Nr. 1626. 15

Abschnitt 5. Durchführung des schiedsrichterlichen Verfahrens

1042 *Allgemeine Verfahrensregeln* **(1) Die Parteien sind gleich zu behandeln. Jeder Partei ist rechtliches Gehör zu gewähren.**

(2) Rechtsanwälte dürfen als Bevollmächtigte nicht ausgeschlossen werden.

(3) Im Übrigen können die Parteien vorbehaltlich der zwingenden Vorschriften dieses Buches das Verfahren selbst oder durch Bezugnahme auf eine schiedsrichterliche Verfahrensordnung regeln.

(4) [1]Soweit eine Vereinbarung der Parteien nicht vorliegt und dieses Buch keine Regelung enthält, werden die Verfahrensregeln vom Schiedsgericht nach freiem Ermessen bestimmt. [2]Das Schiedsgericht ist berechtigt, über die Zulässigkeit einer Beweiserhebung zu entscheiden, diese durchzuführen und das Ergebnis frei zu würdigen.

Übersicht

[34] *Leitzen* (Fn. 1) S. 214.
[35] *Leitzen* (Fn. 1) S. 220; MK/*Münch* Rn. 35; aA *Schütze* BB 1998, 1650, 1653.
[36] MK/*Münch* Rn. 31; näher *Bandel* (Fn. 1) S. 247 ff.; *St/J/Schlosser* Rn. 16; aA *Schütze* BB 1998, 1650, 1653.

I. Normzweck

1 Im schiedsrichterlichen Verfahren stellen sich im Grundsatz alle Fragen, die auch im Verfahren vor den staatlichen Gerichten relevant werden. Zu ihrer Beantwortung beschränkt sich § 1042 darauf, drei elementare Regeln aufzustellen (Gleichbehandlung, rechtliches Gehör, anwaltliche Vertretung) und es im Übrigen den Parteien und bei Fehlen einer Parteivereinbarung dem Schiedsgericht zu überlassen, die Regeln festzulegen. Die Freiheit in der Verfahrensgestaltung findet ihre Grenze in den zwingenden Regeln der §§ 1025ff.

II. Zwingend angeordnete Grundregeln des Schiedsverfahrens, Abs. 1

2 **1. Gleichbehandlung der Parteien, Abs. 1 S. 1.** Der **Gleichbehandlungsgrundsatz** will die verfahrensrechtliche Chancengleichheit der Parteien sicherstellen.[1] Relevant wird er insbesondere bei der Bestimmung von Schriftsatz- und Einlassungsfristen, bei der Möglichkeit, Schriftsätze nachzureichen,[2] und bei der Frage, in welchem Ausmaß und mit welchen Mitteln Beweis zu erheben ist. Die Verletzung des Gleichbehandlungsgrundsatzes kann zur Aufhebung des Schiedsspruchs nach § 1059 Abs. 2 Nr. 1 Buchst. b und d, Nr. 2 Buchst. b führen.[3]

3 **2. Gewährung rechtlichen Gehörs, Abs. 1 S. 2. a) Anwendungsbereich.** Die Achtung vor den Parteien gebietet es, diese nicht zu behandeln, sondern mit ihnen zu verhandeln. Die Parteien müssen die Möglichkeit haben, an einer solchen Verhandlung teilnehmen und so ihre Rechte wahren zu können. Dies sicherzustellen ist die Aufgabe des Grundsatzes des rechtlichen Gehörs. Dabei muss das rechtliche Gehör im Schiedsverfahren im Wesentlichen den für die staatlichen Gerichte entwickelten Maßstäben (vgl. Einl. Rn. 28) genügen.[4] Beispiele: Die Parteien müssen vom **Beginn und vom Fortgang des Schiedsverfahrens** rechtzeitig und in angemessener Form erfahren (vgl. auch § 1047 Abs. 2) und Gelegenheit haben, sich zu allen von ihnen für maßgebend gehaltenen Punkten **zu äußern.**[5] Dazu müssen ihnen der **Tatsachenvortrag** der Gegenpartei und die **Beweisergebnisse** zur Kenntnis gebracht werden (vgl. § 1047 Abs. 3).[6] Konnte eine Partei an einer **Beweisaufnahme nicht teilnehmen,** so muss ihr das Ergebnis mitgeteilt werden. Wurde festgelegt, welche Fragen im Termin erörtert werden, so darf in Abwesenheit einer Partei der **Themenkreis nicht erweitert** werden.[7]

4 Rechtliches Gehör ist in der Sache selbst, **nicht in Verfahrensfragen** zwingend geboten. Die Schiedsrichter sind nicht verpflichtet, den geplanten Verfahrensverlauf offen zu legen oder über einzelne Verfahrensschritte vorab zu informieren.[8] Bezüglich **Rechtsfragen** gilt der Grundsatz des rechtlichen Gehörs nur eingeschränkt. Das Schiedsgericht muss Rechtsansichten zur Kenntnis nehmen, braucht sie aber nicht in einem Rechtsgespräch zu diskutieren.[9] Äußert das Schiedsgericht Rechtsansichten und kanalisiert so den Parteivortrag, dann kann der Anspruch auf rechtliches Gehör verletzt sein, wenn das Schiedsgericht ohne Gelegenheit zur Stellungnahme seine Entscheidung auf andere Gesichtspunkte stützt, zu denen die Parteien nichts oder nicht umfassend vorgetragen haben (zur Frage der Hinweispflicht, § 139, vgl. Rn. 13).[10] Die Frage, ob die Parteien ein **anderes als das deutsche Recht vereinbart** haben, ist keine Rechtsfrage, sondern betrifft die Auslegung des Schiedsvertrags bzw. einer Verfahrensvereinbarung. Es muss deshalb rechtliches Gehör gewährt werden. Haben die Schiedsrichter ein **Rechtsgutachten zum Inhalt des fremden Rechts** in Auftrag gegeben, so ist dessen Inhalt zwar keine Sachfrage im eigentlichen Sinne, die Parteien müssen aber den Inhalt des Gutachtens kennen, um sachgerecht vortragen zu können. Das Gutachten ist deshalb den Parteien entweder zur Kenntnis zu geben[11] oder aber das Schiedsgericht klärt die Parteien über die Punkte auf, die auf der Grundlage des Gutachtens entscheidungserheblich sind.

5 **b) Gewährung des Gehörs.** Ausreichend ist es, den Parteien in zumutbarer Weise **Gelegenheit zur Äußerung** zu geben. Das kann in aller Regel durch die Möglichkeit schriftlicher Äußerungen geschehen; eine mündliche Verhandlung ist nicht obligatorisch, soweit nicht anderes vereinbart wurde (vgl. § 1047 Rn. 2). Versäumt eine Partei die gesetzte Frist, so ist **Präklusion** möglich; bei schuldloser Versäumung ist aber Wiedereinsetzung zu gewähren oder von der Zurückweisung abzusehen. Zu den Einzelheiten vgl. Rn. 18. Wei-

---

[1] MK/*Münch* Rn. 12f.; *Zö/Geimer* Rn. 2.

[2] AA MK/*Münch* Rn. 14 (der auf der Grundlage eines rein formalen Verständnisses des Gleichbehandlungsgrundsatzes bei Einlassungsfristen etc. für eine differenzierende Lösung plädiert); *St/J/Schlosser* Rn. 7a (formale Gleichbehandlung sei nicht erforderlich, solange rechtliches Gehör gewahrt ist).

[3] *Schwab/Walter* Kap. 15 Rn. 1; MK/*Münch* Rn. 12.

[4] Vgl. *St/J/Schlosser* Rn. 7; (für völlige Identität der Anforderungen) *Schwab/Walter* Kap. 15 Rn. 1f.; *Zö/Geimer* Rn. 5; wie hier (zum alten Recht): BGHZ 31, 43, 45 = NJW 1959, 2213; BGHZ 85, 288, 291 = NJW 1983, 867; *Wiecz/Sch/Schütze* § 1034 aF Rn. 20; vgl. auch BGH NJW 1990, 2199.

[5] MK/*Münch* Rn. 21ff.; *St/J/Schlosser* Anh. § 1061 Rn. 89; *Zö/Geimer* Rn. 6; zum alten Recht: BGHZ 3, 215, 218 = NJW 1952, 27; BGHZ 85, 288 = NJW 1983, 867.

[6] Vgl. hier nur MK/*Münch* Rn. 23f.

[7] *B/L/H* Rn. 4; zum alten Recht: RGZ 123, 355, 356ff.

[8] *St/J/Schlosser* Rn. 1; aA MK/*Münch* Rn. 25; wie hier zum alten Recht: BGHZ 104, 178, 184; RGZ 47, 424, 426f.; RG JW 1900, 525; OLG München OLGRspr. 25, 94f. (Festlegung des Verfahrensorts).

[9] Zum alten Recht: MK/*Maier*, 1. Aufl, § 1034 aF Rn. 9.

[10] *Schlosser,* Festg. für BGH, Bd. III, 2000, S. 399, 407; *Lachmann* Rn. 1325; *Schütze,* Schiedsverf., Rn. 157; *Zö/Geimer* Rn. 12.

[11] *Zö/Geimer* Rn. 12; aA (zum alten Recht) BGH ZZP 71 (1958), 427.

terhin erfordert die Gewährung rechtlichen Gehörs, dass das Schiedsgericht die **Ausführungen der Parteien** vor der Entscheidung[12] **zur Kenntnis** nimmt und sie in Erwägung zieht.[13]

c) **Folgen der Verletzung.** Die Verletzung des rechtlichen Gehörs kann zur Aufhebung des Schiedsspruchs nach § 1059 Abs. 2 Nr. 1 Buchst. b und in gravierenden Fällen nach § 1059 Abs. 2 Nr. 2 Buchst. b führen (näher dazu § 1059 Rn. 27). Dagegen ist die **Verfassungsbeschwerde gegen den Schiedsspruch** nicht gegeben;[14] je nach Einzelfall kann diese gegen die Entscheidung des staatlichen Gerichts eingelegt werden, wenn dieses trotz des Fehlers die Aufhebung des Schiedsspruchs verweigert.[15] 6

3. Anwaltliche Vertretung, Abs. 2. Vor dem Schiedsgericht herrscht **kein Anwaltszwang,** sofern nicht anderes vereinbart wurde.[16] Möchte sich eine Partei durch einen (auch ausländischen)[17] Anwalt vertreten lassen, so darf dieser nicht zurückgewiesen werden, Abs. 2. Von diesem Grundsatz kann nicht durch Vereinbarung abgewichen werden. Bei Verstoß gegen Abs. 2 kommt eine Aufhebung des Schiedsspruchs nach § 1059 Abs. 2 Nr. 1 Buchst. b und d sowie nach § 1059 Abs. 2 Nr. 2 Buchst. b in Betracht. **Beschränkungen in der Wahl des Anwalts** (Fachanwalt, OLG-Anwalt, ortsansässige Anwälte) sind zulässig, sofern das Auswahlkriterium kein Übergewicht einer Partei (zB Verbandsangehörigkeit des Anwalts bei Verfahren gegen Verband) begründet.[18] Hinsichtlich des Umfangs der dem Anwalt erteilten Vollmacht können die §§ 81 ff. als Auslegungshilfe herangezogen werden.[19] 7

III. Verfahrensfragen

Der Regelungsbedarf im Schiedsverfahren unterscheidet sich von dem der Verfahren vor den staatlichen Gerichten kaum. Da die Sachfragen identisch sind, folgt ihre Behandlung hier der **gewohnten Anordnung in der ZPO.** Die Frage, ob Verfahrensfehler zur **Aufhebbarkeit des Schiedsspruchs** führen, wird bei § 1059 erörtert. Im Einzelfall kann ein Verfahrensfehler – vor allem dann, wenn das Schiedsgericht sich weigert, ihn als solchen anzusehen und zu korrigieren – auch zur **Ablehnung eines Schiedsrichters** berechtigen, soweit der Fehler bzw. die Verweigerung einer Abhilfe den Eindruck rechtfertigt, dass Einzelne oder auch alle Schiedsrichter einer Partei nicht unparteiisch gegenüberstehen (vgl. § 1036 Rn. 8).[20] 8

1. Den §§ 1–49 entsprechende Verfahrensfragen. Die **Zuständigkeit** des Schiedsgerichts muss von diesem geprüft werden (vgl. § 1040 Rn. 2). Hat das staatliche Gericht seine Zuständigkeit wegen der Schiedsabrede verneint, so steht nur dessen Unzuständigkeit bindend fest, nicht aber die Zuständigkeit des Schiedsgerichts (vgl. § 1032 Rn. 9). Das Schiedsgericht hat die Wirksamkeit der Schiedsabrede zwar zu prüfen, kann sie aber nicht mit bindender Wirkung gegenüber den staatlichen Gerichten bejahen (vgl. § 1040 Rn. 2). In jedem Fall ist dem Schiedsgericht **zu empfehlen,** seine Zuständigkeit zu Beginn des Verfahrens in der Form des § 1031 von den Parteien bestätigen zu lassen (vgl. § 1029 Rn. 26). Dabei sollte sich das Schiedsgericht auch die Ordnungsmäßigkeit der Besetzung bestätigen lassen. Verneint das Schiedsgericht die Wirksamkeit der Abrede, so ist die Unzuständigkeitserklärung des Schiedsgerichts nicht als Schiedsspruch anzusehen (str., vgl. § 1040 Rn. 8). – Vor dem Schiedsgericht ist eine **Widerklage** zulässig, näher dazu § 1046 Rn. 14 ff. – Zur **Ablehnung** von Schiedsrichtern vgl. §§ 1036 f. 9

2. Den §§ 50–127a entsprechende Verfahrensfragen. Partei- und Prozessfähigkeit beurteilen sich nach den §§ 50 ff.[21] Zur Parteistellung des nichtrechtsfähigen Vereins etc. vgl. § 1029 Rn. 5. Maßnahmen nach § 57 werden auf Antrag nach § 1050 vom zuständigen Amtsgericht, § 1062 Abs. 4, vorgenommen.[22] – Die **Streitgenossenschaft** wird – unabhängig von den Voraussetzungen der §§ 59 ff. – für zulässig gehalten, soweit die Schiedsabrede alle Beteiligten erfasst[23] (vgl. § 1029 Rn. 9; zur Besetzung vgl. § 1035 Rn. 7). Dem ist im Grundsatz zuzustimmen. Wurden aber die Schiedsabreden in unterschiedlichen Verträgen vereinbart und besteht kein Einvernehmen über die Streitgenossenschaft, so kann diese nicht ohne weiteres zugelassen 10

---

12 Anders beim Schiedsspruch mit vereinbartem Wortlaut, vgl. (zum Schiedsvergleich nach altem Recht) BGH NJW 1971, 755, 757.

13 *St/J/Schlosser* Anh. § 1061 Rn. 95; *Zö/Geimer* Rn. 11; so im Grundsatz auch MK/*Münch* Rn. 27; zum alten Recht: BGH NJW 1992, 2299; 1986, 1436, 1438 m. weit. Nachw.

14 MK/*Münch* Rn. 34; vgl. BVerfG NVwZ-RR 1995, 232 (kein Akt öffentlicher Gewalt).

15 *St/J/Schlosser* Rn. 7; *Zö/Geimer* Rn. 18; zum alten Recht: *Wiecz/Sch/Schütze* § 1034 aF Rn. 21 Fn. 76.

16 *Zö/Geimer* Rn. 21.

17 *Schwab/Walter* Kap. 15 Rn. 4; MK/*Münch* Rn. 38; *St/J/Schlosser* Rn. 16; *Zö/Geimer* Rn. 19; vgl. auch BT-Drucks. 13/5274 S. 46.

18 *St/J/Schlosser* Rn. 16; *Zö/Geimer* Rn. 20; aA MK/*Münch* Rn. 36.

19 Zum alten Recht: BGH NJW 1994, 2155, 2156.

20 Vgl. zum alten Recht: *Wiecz/Sch/Schütze* § 1034 aF Rn. 9.

21 Weiter gehend (durch Vereinbarung abweichend zu regeln) *Zö/Geimer* Rn. 38; wie hier *St/J/Schlosser* Rn. 24 und (zum alten Recht): MK/*Maier,* 1. Aufl. 1992, § 1034 aF Rn. 33; *Wiecz/Sch/Schütze* § 1034 aF Rn. 25 f.

22 *Schwab/Walter* Kap. 16 Rn. 14.

23 *Schütze,* Schiedsverf., Rn. 86; *Zö/Geimer* Rn. 37 (jedoch nur bei Einverständnis auch hins. der Besetzung des Schiedsgerichts); ebenfalls einschränkend (Einigkeit aller Beteiligten oder Vereinbarung im jeweiligen Schiedsvertrag und Sicherung des Gleichgewichts bei der Besetzung erforderlich) *St/J/Schlosser* Rn. 20; *Martens,* Wirkungen der Schiedsvereinbarung und des Schiedsverfahrens auf Dritte, 2005, S. 252 ff.; zum alten Recht: *Laschet,* Festschr. f. Bülow, 1981, S. 85, 92; vgl. *Koussoulis* ZZP 107 (1994), 195 ff.; vgl. auch (Aufnahme einer Klausel in Anlehnung an §§ 59, 60) *Weber,* in: Schiedsgerichtsbarkeit in gesellschaftsrechtlichen und erbrechtlichen Angelegenheiten, DIS Bd. 11, 1996, S. 49, 58 f.; ausführlich *Massuras,* Dogmatische Strukturen der Mehrparteienschiedsgerichtsbarkeit, 1998, S. 278 ff., 305 ff., 358 ff.

werden,[24] denn die Parteien vereinbaren die Zuständigkeit eines Schiedsgerichts auch deshalb, weil sie an Vertraulichkeit interessiert sind. Diese wäre nicht gewährleistet, wenn ein Streitgenosse gegen den Willen einer Partei in das Verfahren hineingezogen werden kann. Anders verhält es sich, wenn die Parteien bei Abschluss der Schiedsabrede mit der Möglichkeit einer Streitgenossenschaft ernsthaft rechnen mussten und sich mit dieser – ggf. in ergänzender Auslegung der Schiedsabrede – einverstanden erklärt haben. Das ist anzunehmen, wenn die Verträge, in denen das Schiedsgericht vereinbart ist, aufeinander Bezug nehmen, nicht dagegen, wenn es sich lediglich um gleich lautende Verträge handelt.[25]

11 Die **Streitverkündung** ist auch gegenüber nicht der Schiedsabrede unterworfenen Dritten zulässig.[26] Da aber der Dritte sich am Verfahren nicht beteiligen kann, wenn die Gegenpartei dem widerspricht, kann eine **Interventionswirkung** nur dann eintreten, wenn sich der Dritte der Schiedsabrede unterwirft und ihm die Möglichkeit geboten wird, sich im allseitigen Einverständnis an dem Verfahren zu beteiligten.[27] Dagegen tritt die **Hemmung der Verjährung** durch die Streitverkündung in analoger Anwendung des § 204 Abs. 1 Nr. 6 BGB unabhängig von diesen Voraussetzungen ein.[28] – Bei der **Nebenintervention** ist wegen der Vertraulichkeit des Verfahrens die Zustimmung aller Beteiligten erforderlich.[29] Auch die Zustimmung der Schiedsrichter ist erforderlich,[30] da sich für sie die Gegenpartei des Schiedsrichtervertrags ändert. Die Interventionswirkung tritt nur bei (konkludenter) Unterwerfung des Dritten unter die Schiedsabrede ein.[31] Wenn ein der Schiedsabrede nicht unterworfener notwendiger Streitgenosse am Verfahren nicht beteiligt ist (vgl. § 1029 Rn. 9), sollte das Schiedsgericht ihm Gelegenheit zur Beteiligung am Schiedsverfahren unter Anerkennung der Besetzung des Schiedsgerichts und der getroffenen Verfahrensvereinbarungen geben, um die Aufhebbarkeit des Schiedsspruchs nach § 1059 Abs. 2 Nr. 1 Buchst. c, Nr. 2 Buchst. b zu vermeiden. Die Parteien können auf Grund ihrer Verfahrensförderungspflicht verpflichtet sein, ihre Zustimmung zu dieser Umgestaltung des Schiedsverfahrens in ein Mehrparteienschiedsverfahren zu erteilen. Der Nebenintervenient ist auch berechtigt, die Aufhebung des Schiedsspruchs zu beantragen (vgl. § 1059 Rn. 1). Zur **anwaltlichen Vertretung** vgl. Rn. 7.

12 Über die Verteilung der **Kosten** entscheidet das Schiedsgericht nach § 1057 Abs. 1, soweit die Parteien nichts anders vereinbart haben (näher dazu § 1057 Rn. 2). – Die Leistung einer **Sicherheit**, §§ 110ff., kann ohne entsprechende Vereinbarung nicht gefordert werden,[32] denn die Parteien hätten bei Abschluss des Schiedsvertrags selbst das Risiko der Insolvenz absichern können. – Die Gewährung von **Prozesskostenhilfe** für die Durchführung des Schiedsverfahrens ist ausgeschlossen.[33] Mittellosigkeit kann zur Kündigung der Schiedsabrede berechtigen (vgl. § 1029 Rn. 12).

13 **3. Den §§ 128–252 entsprechende Verfahrensfragen.** Eine **mündliche Verhandlung** ist nicht obligatorisch, muss aber, soweit nichts anderes vereinbart wurde, auf Antrag einer Partei stattfinden (§ 1047

---

[24] Zum alten Recht: *Massuras* (Fn. 23) S. 270ff.; *Schlosser,* Das Recht der internationalen privaten Schiedsgerichtsbarkeit, 2. Aufl. 1989, Rn. 561; so iE (jedoch den Gesichtspunkt der Vertraulichkeit vernachlässigend) auch *Lionnet,* Handbuch der internationalen und nationalen Schiedsgerichtsbarkeit, 3. Aufl. 2005, Kap. 7 I 2b und 3a sowie Kap. 3 I 4d; aA (im Zweifel Einverständnis mit Mehrparteienschiedsgericht, wenn Mehrparteienstreit vorhersehbar) *Berger* RIW 1993, 702, 705; großzügiger auch *Weber* (Fn. 23) S. 56f.

[25] *St/J/Schlosser* § 1034 Rn. 20; vgl. auch *Massuras* (Fn. 23) S. 275ff.

[26] *B/L/H* Rn. 14; *Schwab/Walter* Kap. 16 Rn. 19; zum alten Recht: *Massuras* (Fn. 23) S. 501f.

[27] *Kreindler/Schäfer/Wolff* Rn. 797; vgl. auch *St/J/Schlosser* Rn. 28 (Zulassung des Dritten nur dann, wenn er Aussagen des Schiedsgerichts als bindend akzeptiert, die auch außerhalb des Umfangs der Rechtkraft liegen können); strenger (auch Beitritt des Dritten erforderlich) *B/L/H* Rn. 14; großzügiger (zum alten Recht): (Einverständnis des Verkündungsgegners) MK/*Maier,* 1. Aufl. 1992, § 1034 aF Rn. 39; vgl. auch BGH ZZP 79 (1966), 121, 122 (jedenfalls nicht ohne Einverständnis des Dritten); *Elsing* SchiedsVZ 2004, 88, 92 (der Dritte werde aber nur nach Einräumung der Beitrittsmöglichkeit zustimmen, welche die Zustimmung aller Beteiligten erfordere); vgl. auch *Massuras* (Fn. 23) S. 514ff. (Bindung des Dritten, soweit er Schiedsabrede unterworfen ist); differenzierend *Hamann/Lennarz* SchiedsVZ 2006, 289, 292 (Zustimmung der Gegenpartei nicht immer erforderlich); zur **Bindung des Schiedsgerichts** an die **Interventionswirkung des Urteils** eines staatlichen Gerichts vgl. *Bartels* BB 2001, Beil. 7, S. 20ff. und TranspR 2002, 19ff.; vgl. auch OLG Hamburg BB 2002, 1170f. (Berücksichtigung der Interventionswirkung und Ablehnung einer Beweisaufnahme durch das Schiedsgericht kein Aufhebungsgrund wegen Verletzung des rechtlichen Gehörs) m. zust. Anm. *Kraft/Looks.*

[28] *Schwab/Walter* Kap. 16 Rn. 19; zum alten Recht: *Massuras* (Fn. 23) S. 502f.; vgl. auch *Staudinger/Peters,* 13. Bearb., § 209 Rn. 92 (Streitverkündung in ausländischen Verfahren reicht aus, auch wenn der Entscheidung keine Interventionswirkung zukommt).

[29] *Hamann/Lennarz* SchiedsVZ 2006, 289, 291; *B/L/H* Rn. 14; *Schwab/Walter* Kap. 16 Rn. 18; zum alten Recht: *Massuras* (Fn. 23) S. 423ff., 460; aA *Martens* (Fn. 23), S. 254ff., 282.

[30] *Schwab/Walter* Kap. 16 Rn. 18; einschränkend *St/J/Schlosser* Rn. 27 (allenfalls Kündigung des Schiedsrichtervertrages auf Grund Mehrbelastung); *Gross* SchiedsVZ 2006, 194, 196 (nur Recht zur Kündigung aus wichigem Grund); *Hamann/Lennarz* SchiedsVZ 2006, 289, 291; aA *Kleinschmidt* SchiedsVZ 2006, 142, 148f.; (zum alten Recht) *Massuras* (Fn. 23) S. 472ff.

[31] *Schwab/Walter* Kap. 16 Rn. 18 (Wille nicht ohne weiteres im Beitritt zu sehen); *St/J/Schlosser* Rn. 28 (Erklärung des Dritten erforderlich, Aussagen des Schiedsgerichts als bindend anzusehen, wobei diese auch außerhalb des Bereichs der Rechtskraft liegen können); *Müller/Keilmann* SchiedsVZ 2007, 113, 119, 121; *Hamann/Lennarz* SchiedsVZ 2006, 289, 291; zum alten Recht weiter gehend (bereits die Zulassung des Dritten begründet Interventionswirkung) *St/J/Schlosser* § 1034 aF Rn. 32; erheblich weiter gehend *Markfort,* Mehrparteien-Schiedsgerichtsbarkeit im deutschen und ausländischen Recht, 1994, S. 60ff.; mit Recht krit. dazu *Massuras* (Fn. 23) S. 418ff., vgl. auch dort S. 468.

[32] *Zö/Geimer* Rn. 40 (Schiedsgericht kann aber im Verfahren Kostensicherheit einfordern); aA *B/L/H* § 110 Rn. 9; *Schütze,* Schiedsverf., Rn. 247; *Schwab/Walter* Kap. 16 Rn. 23; zum alten Recht *Haase* BB 1995, 1252, 1254; *Wiecz/Schl/Schütze* § 1034 aF Rn. 28.

[33] *B/L/H* Rn. 13; *Zö/Geimer* Rn. 39.

Rn. 2). Eine Verhandlung im Wege der Bild- und Tonübertragung (§ 128a) ist bei Einverständnis der Parteien möglich, wobei unter diesen Voraussetzungen auch eine Aufzeichnung zulässig ist (anders § 128a Abs. 3 S. 1). – **Schriftsätze** (auch bestimmende) unterliegen nicht den Anforderungen der **§§ 129ff.** – Bezüglich der **Urkundeneinsicht** sind **§§ 131, 134** nicht entsprechend anwendbar,[34] es muss aber zumindest auf Verlangen[35] im Termin Einsichtnahme in das Originaldokument ermöglicht werden. Weiterhin müssen die von einer Partei vorgelegten Schriftstücke der Gegenpartei und andere schriftlich vorliegende Beweismittel beiden Parteien zur Kenntnis gebracht werden (§ 1047 Abs. 3; näher § 1047 Rn. 5). – Die **Verfahrensleitung** obliegt dem Vorsitzenden,[36] gegen dessen Entscheidungen das Kollegialschiedsgericht angerufen werden kann. – Die **Wahrheitspflicht** des **§ 138 Abs. 1** gilt auch im Schiedsverfahren.[37] – Die **Aufklärungspflicht** des Schiedsgerichts geht über die des staatlichen Gerichts nach **§ 139 Abs. 1** hinaus.[38] Das Schiedsgericht darf deshalb Beweise erheben, ohne an Beweisanträge der Parteien gebunden zu sein,[39] sofern keine Verfahrensvereinbarungen der Parteien entgegenstehen. Eine **Hinweispflicht** des Schiedsgerichts in entsprechender Anwendung des § 139 wird überwiegend nur angenommen, wenn die Parteien eigens ein Verfahren nach den Regeln des deutschen staatlichen Gerichts vereinbart haben.[40] Richtigerweise muss man unterscheiden. Auch im Schiedsverfahren spricht nichts dagegen, Hinweise nach § 139 zu verlangen. Das gilt insbesondere dann, wenn die Parteien um entsprechende Hinweise bitten. Bei der Frage, ob das Fehlen eines Hinweises einen Aufhebungsgrund nach § 1059 Abs. 2 Nr. 1 Buchst. d begründet, ist dagegen zu berücksichtigen, dass die Parteien ein privates Schiedsgericht mit der Entscheidung betraut haben. Vor allem dann, wenn Nichtjuristen als Schiedsrichter bestellt werden, kann man einen aufklärenden Hinweis gegenüber anwaltlich vertretenen Parteien kaum erwarten.[41] Dagegen gilt das Verbot der **Überraschungsentscheidung** nach § 139 Abs. 2 auch in diesem Fall uneingeschränkt, denn es konkretisiert nur den Anspruch auf Gewährung rechtlichen Gehörs.[42] – Das persönliche Erscheinen der Parteien, **§ 141,** vor dem Schiedsgericht kann nicht erzwungen werden, auch nicht auf dem Weg des § 1050.[43] – Eine **Verfahrensverbindung, § 147,** ist wegen der Vertraulichkeit des Schiedsverfahrens nur mit Zustimmung aller Parteien und der Schiedsrichter zulässig (vgl. auch Rn. 11).[44]

Die Zurückweisung ungeeigneter Vertreter, **§ 157,** ist zulässig, sofern diese nicht willkürlich geschieht.[45] **14**
– Ein **Protokoll, §§ 160ff.,** ist nicht zwingend vorgesehen, so dass auch keine Vorschriften über Form und Inhalt des Protokolls existieren. Die Protokollierung ist aber in der Praxis unumgänglich, wobei die Regelungen der ZPO als Anhaltspunkt dienen können. Anzuraten ist, das Protokoll nicht nur vom Vorsitzenden und dem Protokollführer, sondern auch von den Parteien unterzeichnen zu lassen. Die Beweisvermutung des § 165 gilt nicht.[46] Folgende Punkte sind **zweckmäßigerweise in das Protokoll aufzunehmen,**[47] wobei es sich empfehlen wird, sie zT bereits zu Beginn der schiedsgerichtlichen Tätigkeit zu klären: Besetzung des Gerichts, Ort, Datum, Parteien mit Vertretern etc., Erklärung der Parteien, dass das Schiedsgericht zuständig und der Vereinbarung gemäß besetzt ist, Vergütung der Schiedsrichter, Streitwert, Angaben zum geplanten Verfahrensablauf, Angaben zur Bekanntgabe des Schiedsspruchs, Anträge, Verlauf einer etwaigen Beweisaufnahme, Erklärung der Parteien, dass ihnen zu allen Punkten rechtliches Gehör gewährt wurde, Schiedsspruch.

Zustellungsregeln, §§ 166ff., kennt das Schiedsverfahrensrecht (mit Ausnahme des § 1028) nicht, ein **15**
Zustellungsnachweis empfiehlt sich aber, zB wenn das Schiedsgericht Zweifel daran vermeiden will, dass

---

[34] *Zö/Geimer* Rn. 9.

[35] Vgl. *Zö/Geimer* Rn. 9; zum alten Recht: BGH ZZP 71 (1958), 427, 432.

[36] Vgl. *St/J/Schlosser* Rn. 33.

[37] *B/L/H* Rn. 16; *Schütze,* Schiedsverf., Rn. 156 (Ableitung aus der Schiedsabrede); zum alten Recht offen gelassen in BGHZ 23, 198, 201 = NJW 1957, 589.

[38] *Knoblach,* Sachverhaltsermittlung in der internationalen Wirtschaftsschiedsgerichtsbarkeit, 2003, S. 85ff. (Untersuchungsbefugnis, aber keine Untersuchungspflicht); *Hilger* BB 2000, Beil. 8, S. 2, 3 (beschränkter Untersuchungsgrundsatz); MK/*Münch* Rn. 61; *Schwab/Walter* Kap. 15 Rn. 5 (unter Hinweis darauf, dass die Parteien vom Gericht ihres Vertrauens intensivere Unterstützung als vom staatlichen Gericht erwarten können); etwas weitgehend *Lachmann* Rn. 1281ff. (es gelte ein gemäßigtes Amtsermittlungsprinzip; Verpflichtung des Schiedsgerichts zur Sachverhaltsaufklärung auch außerhalb des Parteivortrags jedenfalls bei möglichem ordre-public-Verstoß); *Kreindler,* Strafrechtsrelevante und andere anstößige Verträge als Gegenstand von Schiedsverfahren, 2005, S. 45ff., 79.

[39] *Hilger* BB 2000, Beil. 8, S. 2, 5, *St/J/Schlosser* Rn. 9; vgl. *Schwab/Walter* Kap. 15 Rn. 8; *B/L/H* Rn. 10; vgl. auch (Ermittlungspflicht des Schiedsgerichts) *Zö/Geimer* Rn. 30; zum alten Recht: wie hier BGH WM 1983, 1207, 1208; aA (Beibringungsgrundsatz) *Wiecz/Sch/Schütze* § 1034 aF Rn. 19.

[40] *Lachmann* Rn. 1300ff. (Mindeststandard werde über rechtliches Gehör gewährt); *B/L/H* Rn. 5; aA (Anwendbarkeit des § 139 aF) *Hilger* BB 2000, Beil. 8, S. 2, 6; *Schwab/Walter* Kap. 15 Rn. 5; aA (Anwendbarkeit des § 278 Abs. 3 aF) *Zö/Geimer* Rn. 12, 13; vgl. auch (Verstoß gegen §§ 139, 278 Abs. 3 aF kein Aufhebungsgrund nach § 1041 Abs. 1 Nr. 4 aF) OLG Hamburg BB 1997, Beil. 3, S. 19, 20 (zum alten Recht).

[41] Wohl anders MK/*Münch* Rn. 22 mit Fn. 68 (Aufklärungs- und Hinweispflicht nur bei entsprechender Vereinbarung; dann aber Aufhebung nach § 1059 Abs. 1 Nr. 2 Buchst. b möglich).

[42] MK/*Münch* Rn. 22 aE; restriktiver BGHZ 85, 288, 291f. = NJW 1983, 867 (nur bei entsprechender Vereinbarung).

[43] *Schwab/Walter* Kap. 15 Rn. 6.

[44] *Hamann/Lennarz* SchiedsVZ 2006, 289, 293f.; *Zö/Geimer* Rn. 44; zum alten Recht: *Laschet* IPRax 1986, 182, 186; ausführlich *Massuras* (Fn. 23) S. 278ff. (der aber die Zustimmung der Schiedsrichter für entbehrlich hält).

[45] Vgl. *Lachmann* Rn. 1369; vgl. auch BT-Drucks. 13/5274 S. 46.

[46] *B/L/H* Rn. 13; zum alten Recht: BGH ZZP 71 (1958), 427, 431.

[47] *Schwab/Walter* Kap. 16 Rn. 41; Tonbandmitschnitte sind – bei Einverständnis aller Beteiligten – zulässig, aber häufig nicht empfehlenswert, vgl. *Lachmann* Rn. 1601.

den Parteien auf schriftlichem Wege rechtliches Gehör gewährt wurde. – Die **Ladung** der Parteien zu allen Terminen ist erforderlich (vgl. auch § 1047 Abs. 2), sie kann formlos erfolgen. Die Bekanntgabe im vorangehenden Termin reicht aus; im Übrigen ist ein Ladungsnachweis, beispielsweise durch Einschreiben mit Rückschein, anzuraten (zu Mitteilungen bei unbekanntem Aufenthalt vgl. § 1028).[48] Die **Ladungsfrist** muss die sachgerechte Vorbereitung des Termins durch die Parteien und ihre Bevollmächtigten ermöglichen. – Einem Antrag auf **Terminsverlegung** ist zur Gewährung rechtlichen Gehörs in der Regel stattzugeben, wenn der Prozessvertreter verhindert ist[49] oder wenn die Partei selbst nicht erscheinen kann und ihr Erscheinen zur Sachaufklärung erforderlich ist. – Der **Ort des Schiedsgerichts** ergibt sich aus der Vereinbarung der Parteien oder wird vom Schiedsgericht festgelegt (näher dazu § 1043); ein Ortswechsel ist ohne weiteres möglich. Bei der Wahl des Ortes ist zu beachten, dass bei einem deutschen Schiedsort stets deutsches Verfahrensrecht anwendbar ist (vgl. aber auch § 1025 Rn. 3) und der Schiedsort über das Verfahren zur Aufhebungs- und zur Vollstreckbarerklärung bzw. zur Anerkennung des Schiedsspruchs entscheidet (vgl. §§ 1059f.; § 1061). – Hinsichtlich der vom Schiedsgericht gesetzten **Fristen** gelten **§§ 221f.** entsprechend.[50] Das Schiedsgericht kann Fristen verlängern, auch wenn diese bereits abgelaufen sind, soweit damit nicht Verfahrenspositionen der Gegenpartei beeinträchtigt werden (vgl. Rn. 18). – Die Regeln der **§§ 239ff.** über **Aussetzung und Unterbrechung** gelten nicht,[51] das Schiedsgericht kann das Verfahren aber ruhen lassen, was zur Gewährung rechtlichen Gehörs geboten sein kann[52] (zB bei Vorbereitungsbedarf des Rechtsnachfolgers).

16 **4. Den §§ 253–299a entsprechende Verfahrensfragen.** Der **Klageerhebung, § 253,** entspricht die Einleitung des Verfahrens, die sich aus dem Antrag an die Gegenpartei, die Sache einem Schiedsgericht vorzulegen (§ 1044 Rn. 2), und der Klage vor dem Schiedsgericht (vgl. § 1046; zur Frage der Bestimmtheit vgl. § 1046 Rn. 2) zusammensetzt. – Objektive Klagehäufung nach **§ 260** ist bei Zuständigkeit des Schiedsgerichts für alle geltend gemachten Ansprüche möglich.[53] – **Rechtshängigkeit, § 261,** im eigentlichen Sinne tritt durch Erhebung der Schiedsklage (vgl. § 1044 Rn. 2) nicht ein,[54] weil das staatliche Gericht das schiedsgerichtliche Verfahren wegen § 1032 nur auf Rüge hin beachtet und das Schiedsgericht trotz der Anhängigkeit vor dem staatlichen Gericht tätig werden kann (näher § 1032 Rn. 15). Bei einem Nebeneinander zweier Schiedsgerichtsverfahren gilt § 261 Abs. 3 Nr. 1 entsprechend.[55] In **materiellrechtlicher Hinsicht** hat die Klage vor dem Schiedsgericht (nicht vor einer Schlichtungsstelle)[56] weitgehend die Folgen der Rechtshängigkeit des Anspruchs. Das gilt nach § 204 Abs. 1 Nr. 11 BGB für die Hemmung der Verjährung, wird aber darüber hinaus zB auch für §§ 291, 292, 562b Abs. 2, §§ 864, 941, 987, 989, 994 BGB angenommen.[57] Zum maßgebenden Zeitpunkt vgl. § 1044 Rn. 6.

17 Anders als nach **§ 263** ist die **Klageänderung** ohne Zustimmung des Beklagten und ohne Sachdienlichkeitsentscheidung des Schiedsgerichts zulässig, soweit das Gericht diese nicht wegen Verspätung zurückweist (§ 1046 Abs. 2; näher § 1046 Rn. 11ff.). – Über die Auswirkungen der **Einzelrechtsnachfolge** nach Eintritt der Schiedshängigkeit herrscht Uneinigkeit. Die wohl überwiegende Auffassung[58] wendet **§§ 265, 266** entsprechend an. Das Verfahren ist dann zwischen den ursprünglichen Parteien fortzusetzen, bei Rechtsnachfolge auf Klägerseite ist die Klage auf Leistung an den Nachfolger umzustellen.[59] Demgegenüber verweist die Gegenansicht darauf, dass der Rechtsnachfolger die Verfahrenssituation übernehmen und deshalb als Partei das Schiedsverfahren fortführen müsse, soweit er die ursprüngliche Partei nicht zur Prozessführung ermächtige.[60] Beide Wege sind jedoch zweifelhaft: Soweit die **Schiedsabrede auch den Rechtsnachfolger erfasst** (vgl. § 1029 Rn. 8), besteht zwar die Möglichkeit, diesen vor einem Schiedsgericht in Anspruch zu nehmen. Davon zu unterscheiden ist aber die Frage, ob der Rechtsnachfolger an die **bestehende Verfahrenssituation** vor dem bereits konstituierten Schiedsgericht gebunden ist. Dies ist zu verneinen, denn der Rechtsnachfolger hat insbesondere auf die Ernennung der Schiedsrichter und auf die Ausgestaltung des Schiedsrichtervertrags sowie der Verfahrensvereinbarungen keinen Einfluss nehmen können.

---

[48] Vgl. (zum alten Recht) *Nagel,* Festschr. f. Schwab, 1990, S. 367, 377.
[49] MK/*Münch* Rn. 31; zum alten Recht: BGHZ 27, 163 = NJW 1958, 1186; anders bei Prozessverschleppung BGH EWiR § 1041 aF 1/89 S. 311, 312 (*Bredow*).
[50] Vgl. *B/L/H* Rn. 11 (zu § 222).
[51] *B/L/H* Rn. 9, 15; *Schwab/Walter* Kap. 16 Rn. 48, 50; auch keine Unterbrechung durch Eröffnung des Insolvenzverfahrens, OLG Dresden SchiedsVZ 2005, 159, 160; *Schwab/Walter* Kap. 16 Rn. 49; *St/J/Schlosser* Rn. 35; *Zö/Geimer* Rn. 48, 50; aA *Lenzen* NZBau 2003, 428, 430.
[52] Vgl. *Flöther* DZWIR 2001, 89, 91f.; *ders.,* Auswirkungen des inländischen Insolvenzverfahrens auf Schiedsverfahren und Schiedsabrede, 2001, S. 49f. (jeweils zum Insolvenzverwalter); *B/L/H* Rn. 9; *St/J/Schlosser* Rn. 35.
[53] *Schwab/Walter* Kap. 16 Rn. 3.
[54] *Ro/S/Go* § 178 Rn. 41; *Schwab/Walter* Kap. 16 Rn. 4; *Zö/Geimer* § 1044 Rn. 5; zum alten Recht: BGH NJW 1958, 950; BGHZ 41, 104, 107 = NJW 1964, 1129; aA *Beitzke* ZZP 60 (1936/1937), 317f.; *Bosch,* Rechtskraft und Rechtshängigkeit im Schiedsverfahren, 1991, S. 163ff., 182ff.
[55] *Schwab/Walter* Kap. 16 Rn. 4; vgl. zum alten Recht: *Baur,* Festschr. f. Fasching, 1988, S. 81, 88.
[56] *Zö/Geimer* § 1044 Rn. 4; zum alten Recht: BGH NJW-RR 1993, 1059, 1060 (Güteantrag).
[57] *v. Bernuth/Hoffmann,* SchiedsVZ 2006, 127, 128f.; *Schwab/Walter* Kap. 16 Rn. 5, 6; vgl. auch *St/J/Schlosser* § 1044 Rn. 3f.; aA BAGE 38, 383, 392 (zu § 291 BGB).
[58] *Schwab/Walter* Kap. 16 Rn. 7; aA *St/J/Schlosser* Rn. 25; zum alten Recht: OLG Hamm RIW 1983, 698, 699; *Loritz* ZZP 105 (1992), 15f.; aA *Bosch* (Fn. 54) S. 137ff.
[59] AA *Schwab/Walter* Kap. 16 Rn. 7; zu der Notwendigkeit der Klageumstellung (zum alten Recht): RGZ 56, 301, 308.
[60] *St/J/Schlosser* Rn. 25 und § 1055 Rn. 23.

So wäre es nicht sachgerecht, dass er zB eine Vereinbarung der Entscheidung nach Billigkeit hinnehmen muss, an der er nicht beteiligt war. Stimmt der Rechtsnachfolger nicht zu, ist die Schiedsklage vielmehr abzuweisen, soweit die Klage nicht auf Schadensersatz umgestellt und zwischen den bisherigen Parteien fortgeführt werden kann. Die Abweichung zu der Regel des § 265 rechtfertigt sich dadurch, dass bei einem staatlichen Gericht das Verfahren standardisiert ist und die Richter gesetzlich bestimmt sind, während beim Schiedsverfahren die Parteien maßgebenden Einfluss nehmen. Der Rechtsnachfolger ist deshalb zwar an die Vereinbarung einer Entscheidung durch ein Schiedsgericht gebunden, denn diese ist eine Modalität des Rechts, das er erworben hat, er ist aber **nicht verpflichtet,** das bereits **begonnene Schiedsverfahren fortzuführen.** Wegen der maßgebenden Bedeutung der Auswahl der Schiedsrichter und der Verfahrensgestaltung durch Abreden der Schiedsparteien ist es auch nicht sachgerecht, wenn der Rechtsvorgänger das Schiedsverfahren mit Wirkung für den Rechtsnachfolger weiterführt; § 265 sollte deshalb nicht entsprechend angewendet werden.[61] Ist **bereits ein Schiedsspruch ergangen,** so ist wegen der Gleichstellung des Schiedsspruchs mit dem Urteil durch § 1055 dieser auch dem Rechtsnachfolger gegenüber wirksam. Auf das Stadium vor dem Erlass des Schiedsspruchs ist diese Gleichstellung dagegen nicht anwendbar. Der Gefahr, dass eine Partei sich durch Übertragung der streitbefangenen Sache einer ungünstigen Verfahrenssituation entledigt, ist auf materiellrechtlichem Wege zu begegnen: Durch die Schiedsvereinbarung verpflichten sich die Parteien, das Schiedsverfahren zu fördern, so dass eine **Partei zum Schadensersatz** verpflichtet ist, wenn sie während des anhängigen Verfahrens die streitbefangene Sache überträgt, ohne dass der Rechtsnachfolger in alle Verfahrensvereinbarungen eintritt. Wird das Schiedsverfahren durchgeführt, ohne dass der Gegner von der Rechtsnachfolge weiß, ist § 407 Abs. 2 BGB analog heranzuziehen.[62]

Die **Rücknahme der Klage, § 269,** ist ohne Einwilligung des Gegners zulässig (näher dazu § 1056 Rn. 4). – 18
Die **§§ 270 f.** sind nicht entsprechend anzuwenden (vgl. Rn. 15). – Die **Verfahrensförderungspflichten** für das Gericht (§§ 272 f.; zur Aufklärungs- und Hinweispflicht vgl. Rn. 13) und die Parteien (§ 282) gelten in besonderem Maße, zum einen, weil das Schiedsverfahren oft gerade wegen seiner Schnelligkeit gewählt wird, zum anderen, weil sich die Parteien durch die Schiedsabrede auch obligatorisch verbunden haben. – Zur Beweiswürdigung vgl. Rn. 21 ff. **Geständnisse** haben im Schiedsverfahren nicht die Wirkung der **§§ 288–290.**[63] Beide Parteien gemeinsam können dem Schiedsgericht den Sachverhalt vorgeben. – Über **§ 291** hinaus kann (nach Gewährung rechtlichen Gehörs) **privates Wissen** der Schiedsrichter verwertet werden.[64] – Die allgemeine Heilungsvorschrift des **§ 295** wird durch § 1027 verdrängt. – Zur **Präklusion** verspäteten Vorbringens, **§ 296,** vgl. § 1046 Rn. 9 f. Zur Nichtvorlage von Beweismitteln vgl. § 1048 Abs. 3. – Die Führung von **Akten des Schiedsgerichts** ist nicht zwingend vorgeschrieben, wird sich aber bei allen etwas umfangreicheren Schiedsverfahren als unumgänglich erweisen. Die Pflicht zur Aktenführung ist dann – wie auch die Pflicht zur Verwahrung eingereichter Dokumente – Nebenpflicht aus dem Schiedsrichtervertrag.[65] Die **Verwahrung der Unterlagen** nach Abschluss des Schiedsverfahrens ist Sache des Vorsitzenden, dabei wird, soweit nicht anderes vereinbart ist, eine Aufbewahrungsfrist von 5 Jahren für angemessen gehalten.[66] Üblich und sachgerecht ist es, dass der Vorsitzende den Parteien mitteilt, wann er die Akten zu vernichten gedenkt, und sie bei Widerspruch so lange verwahrt, wie das von einer Partei gewünscht wird. **Einsicht in diese Unterlagen** wird den Parteien regelmäßig zu gewähren sein.[67] Dritten darf sie nur gestattet werden, wenn die Parteien einverstanden sind; **§ 299** Abs. 2 gilt nicht entsprechend.[68] In persönliche Aufzeichnungen und Notizen der Schiedsrichter besteht kein Einsichtsrecht.[69]

5. Den §§ 300–329 entsprechende Verfahrensfragen. Der Schiedsspruch (zu den Förmlichkeiten vgl. 19
§ 1054) über einen abtrennbaren **Teil des Streits** ist zulässig (näher dazu § 1054 Rn. 2). – Im Fall der **Aufrechnung** kann ein Vorbehaltsschiedsspruch entsprechend **§ 302** Abs. 1 ergehen,[70] er kann in der Regel nicht für vollstreckbar erklärt werden (vgl. § 1054 Rn. 2; zum möglichen Ausschluss der Aufrechnung mit einer Gegenforderung, die von der Schiedsvereinbarung nicht erfasst wird, vgl. § 1029 Rn. 24). Erlässt das Schiedsgericht einen **Zwischenentscheid**[71] – zB über die Berücksichtigung einzelner Angriffs- oder Verteidigungsmittel –, so ist es an diese Entscheidung gebunden[72] (zu der davon zu unterscheidenden Frage, ob der Zwischenschiedsspruch als Schiedsspruch iSd. § 1054 anzusehen ist, vgl. § 1054 Rn. 2; zur Entscheidung

[61] So iE auch *Martens,* Wirkungen der Schiedsvereinbarung und des Schiedsverfahrens auf Dritte, 2005, S. 168 ff.; (zum alten Recht) *Baur,* Festschr. f. Fasching, 1988, S. 81, 91 f.; aA (ausgehend von einer materiellen Bindung, ohne Anwendung des § 265) MK/*Münch* § 1055 Rn. 13 (zum geltenden Recht).

[62] *St/J/Schlosser* § 1055 Rn. 23.

[63] AA *Schwab/Walter* Kap. 16 Rn. 52; wie hier *St/J/Schlosser* Rn. 15.

[64] *B/L/H* Rn. 10; MK/*Münch* Rn. 62; zum alten Recht: BGH NJW 1964, 593, 595; zu Sonderfragen (Kenntnis des Inhalts des anwendbaren Rechts allein bei parteiernanntem Schiedsrichter) *Schütze,* Festschr. f. Böckstiegel, 2001, S. 715, 722 f. (Beweisaufnahme erforderlich).

[65] So iE (nicht gestützt auf den Schiedsrichtervertrag) *Schwab/Walter* Kap. 16 Rn. 39; vgl. auch MK/*Münch* Vor § 1034 Rn. 31.

[66] *St/J/Schlosser* Rn. 36.

[67] *St/J/Schlosser* Rn. 36.

[68] AA (Zustimmung oder rechtliches Interesse) *Schwab/Walter* Kap. 16 Rn. 39; zum alten Recht wie hier MK/*Maier,* 1. Aufl. 1992, § 1034 aF Rn. 26.

[69] Vgl. auch (für rein interne Dokumente, die unter das Beratungsgeheimnis fallen) *St/J/Schlosser* Rn. 36.

[70] So auch *Stolzke,* Aufrechnung und Widerklage in der Schiedsgerichtsbarkeit, 2006, S. 101 f.

[71] Vgl. (dort als Zwischenschiedsspruch bezeichnet) *Schwab/Walter* Kap. 18 Rn. 9; *St/J/Schlosser* Rn. 38.

[72] *Schwab/Walter* Kap. 18 Rn. 10; *St/J/Schlosser* Rn. 38 (soweit als Zwischenschiedsspruch bezeichnet oder sonst Bindungswille zum Ausdruck kommt); zum alten Recht: *Wiecz/Sch/Schütze* § 1034 aF Rn. 35.

über den Anspruchsgrund vgl. § 1055 Rn. 4). – **Verzicht und Anerkenntnis** werden im Schiedsspruch berücksichtigt, einen Verzichts- oder Anerkenntnisschiedsspruch kennt das Schiedsverfahren aber nicht.[73] – Das Schiedsgericht darf über das **Beantragte nicht hinausgehen,**[74] wobei zu beachten ist, dass ein bestimmter Antrag richtiger Ansicht nach nicht notwendig ist (§ 1046 Rn. 2) und zumindest auch stillschweigend gestellt werden kann (str., vgl. § 1046 Rn. 2).[75] – Zur Bekanntgabe, Inhalt und Form des Schiedsspruchs vgl. § 1054. – Zur **Berichtigung** des Schiedsspruchs vgl. § 1058 Rn. 2. – Eine Abhilfe bei Verletzung des Anspruchs auf rechtliches Gehör durch das Schiedsgericht entsprechend § 321 a ist im Schiedsverfahrensrecht nicht vorgesehen. Mit Einverständnis beider Parteien wird man eine Abhilfe dennoch zulassen. Dies ist unproblematisch, wenn man den Schiedsspruch ohnehin zur Disposition der Parteien stellt (kritisch dazu vgl. § 1055 Rn. 5 f.), aber auch dann, wenn man dies – richtigerweise – nicht zulässt, kann man in entsprechender Anwendung des § 321 a bei Einverständnis der Parteien eine Abhilfe durch das Schiedsgericht zulassen. Fehlt es an einem Einverständnis der Parteien, so ist die Verletzung des Anspruchs auf rechtliches Gehör im Aufhebungsverfahren geltend zu machen (vgl. § 1059 Rn. 27). Hinsichtlich der **Rechtskraft** steht der Schiedsspruch einem Urteil gleich, näher dazu bei § 1055. Zur Anerkennung ausländischer Schiedssprüche vgl. § 1061.

20 **6. Den §§ 330–350 entsprechende Verfahrensfragen.** Zur **Säumnis** einer Partei vgl. § 1048. Die Entscheidung des Rechtsstreits durch einen der Schiedsrichter an Stelle des Kollegialschiedsgerichts in entsprechender Anwendung der **§§ 348, 348 a** ist nicht zulässig, denn die Parteien haben in diesen Fällen gerade die Entscheidung durch ein Kollegialschiedsgericht und nicht durch einen Alleinschiedsrichter vereinbart.[76]

21 **7. Den §§ 355–510b entsprechende Verfahrensfragen. a) Umfang der Beweisaufnahme.** Das Schiedsgericht entscheidet darüber, welche Beweise erhoben werden. Dabei bindet **übereinstimmender Tatsachenvortrag** das Schiedsgericht jedenfalls dann, wenn die Parteien eine weitere Aufklärung nicht wünschen.[77] Das Schiedsgericht ist **nicht an Beweisanträge** gebunden (vgl. Rn. 13). Werden Beweisanträge gestellt, so kann das Schiedsgericht nach Abs. 4 S. 2 über die **Zulässigkeit der Beweiserhebung entscheiden.**[78] Dabei muss das Schiedsgericht den Beweis in der Regel erheben, soweit es die zu beweisende Tatsache für erheblich hält.[79] Ausnahmen gelten bei nicht beweisbedürftigen Tatsachen (unstreitige, offenkundige, als wahr zu unterstellende)[80] und bei nicht ordnungsgemäßem Beweisantritt (unzulässiges, ungeeignetes[81] oder unerreichbares Beweismittel, fehlender Kostenvorschuss).[82] **Ausforschende Beweisanträge** sind unzulässig, sofern die Parteien nichts anders vereinbart haben (zum discovery-Verfahren vgl. Rn. 25).[83] Die Beurteilung, ob ein Beweisantritt geeignet ist, die Auffassung des Schiedsgerichts zu ändern, ist dessen eigene Entscheidung; sie kann vom staatlichen Gericht nur eingeschränkt nachgeprüft werden.[84] Insofern kann ein Beweisantrag in engen Grenzen auch unter **Vorwegnahme der Beweiswürdigung** abgelehnt werden,[85] denn das Schiedsgericht ist zur Ermittlung des Sachverhalts nur im Rahmen dessen verpflichtet, was es selbst für erforderlich hält. Hat dagegen das Schiedsgericht angenommen, eine Tatsache sei unstreitig, weil es das Vorbringen einer Partei nicht zur Kenntnis genommen hat, so ist rechtliches Gehör nicht gewährt worden,[86] was zur Aufhebung des Schiedsspruchs nach § 1059 Abs. 2 Nr. 1 Buchst. b und d oder auch nach Nr. 2 Buchst. b führen kann (vgl. Rn. 6). Im Einzelfall ist die Abgrenzung, ob das Schiedsgericht ein Vorbringen unter Verletzung des rechtlichen Gehörs nicht in seine Erwägungen einbezogen oder ob es das Vorbringen zwar beachtet hat, es aber für nicht beweisbedürftig hielt, schwierig. Die Rechtsprechung ist in der Annahme, das Schiedsgericht habe das Vorbringen berücksichtigt, sei ihm jedoch trotz eines Beweisantrages nicht weiter nachgegangen, mit Recht großzügig,[87] denn andernfalls wäre durch geschicktes Stellen von Beweisanträgen ein Schiedsspruch häufig aufhebbar. Jedoch verletzt das willkürliche Zurückweisen eines Beweisantrags, dessen Inhalt das Schiedsgericht angesichts der Willkür der Zurückweisung nicht ernsthaft erwogen hat, re-

---

[73] *Schwab/Walter* Kap. 18 Rn. 15; MK/*Münch* § 1056 Rn. 10; letztlich auch KG SchiedsVZ 2007, 276 f. (Anerkenntnis materiellrechtlich beachtlich; mit unrichtiger Abgrenzung zum prozessualen Anerkenntnis); zum alten Recht: *Wiecz/Schl Schütze* § 1034 aF Rn. 38.

[74] MK/*Münch* Rn. 56; zum alten Recht: BGH NJW 1959, 1493 f.

[75] Zum alten Recht: BGH NJW 1959, 1493 f.

[76] MK/*Münch* Rn. 29.

[77] *Schwab/Walter* Kap. 16 Rn. 52; vgl. *St/J/Schlosser* Rn. 15 (Vereinbarung, dass das Schiedsgericht von bestimmten Tatsachen auszugehen hat, ist zulässig).

[78] Die Begründung des Gesetzentwurfs hebt hervor, dass es sich um eine Bestätigung des geltenden Rechts handelt, BT-Drucks. 13/5274 S. 46; zu den IBA-Rules über die Beweisaufnahme in internationalen Schiedsverfahren vgl. *Raeschke-Kessler,* in: Beweiserhebung in internationalen Schiedsverfahren, DIS Bd. 14, 2001, S. 41 ff.; vgl. dazu auch *Knoblach* (Fn. 38).

[79] Zum alten Recht: BGH NJW-RR 1993, 444, 445.

[80] Zum alten Recht: BGHZ 53, 245, 259 f. = NJW 1970, 946.

[81] Vgl. zum alten Recht: BGHZ 53, 245, 260 = NJW 1970, 946; BGH DRiZ 1959, 252; RG JW 1930, 1061; zu den (strengen) Anforderungen vgl. BVerfG NJW 1993, 254 f.

[82] Vgl. zum alten Recht: MK/*Maier,* 1. Aufl. 1992, § 1034 aF Rn. 20.

[83] *Schwab/Walter* Kap. 15 Rn. 11; *Schütze,* Schiedsverf., Rn. 152; aA (für eine Zulassung des Ausforschungsbeweises bis zur Grenze des ordre public) *St/J/Schlosser* Rn. 9.

[84] Vgl. zum alten Recht: MK/*Maier,* 1. Aufl. 1992, § 1034 aF Rn. 21.

[85] *Schlosser,* in: Revision des EuGVÜ – Neues Schiedsverfahrensrecht, 2000, S. 163, 175; *Zö/Geimer* Rn. 34; *St/J/Schlosser* Rn. 10.

[86] Vgl. *Zö/Geimer* Rn. 11, 30.

[87] BayObLG EWiR § 1059 1/2000 S. 199, 200 (*Berger*); BGH NJW 1992, 2299 (zum alten Recht); MK/*Münch* Rn. 62; *Sandrock* BB 2001, 2173, 2177; krit. *Schwab/Walter* Kap. 15 Rn. 9.

gelmäßig den Anspruch auf rechtliches Gehör und rechtfertigt die Aufhebung nach § 1059 Abs. 2 Nr. 1 Buchst. b. Die Zurückweisung kann in den Gründen des Schiedsspruchs erfolgen, ein **Zurückweisungsbeschluss** ist **nicht** erforderlich.[88]

b) **Durchführung der Beweisaufnahme.** Die Informationsgewinnung kann vom Schiedsgericht dessen **einzelnen Mitgliedern** übertragen werden;[89] der **Unmittelbarkeitsgrundsatz** des **§ 355 Abs. 1** gilt nicht.[90] Das Schiedsgericht ist – soweit nichts anderes vereinbart ist[91] – **nicht auf die Beweismittel der ZPO** beschränkt, sondern es gilt der Grundsatz des **Freibeweises.**[92] Die Schiedsrichter können private Sachkunde verwerten.[93] Das **Geständnis einer Partei** hat zwar nicht die Wirkung der §§ 288, 290, das Schiedsgericht kann aber die zugestandene Tatsache ohne eigene Ermittlungen als richtig ansehen (vgl. Rn. 18). Die Parteien können auch übereinstimmend erklären, dass ein einzelner Beweis nicht erhoben werden soll; dagegen ist eine abstrakte Beschränkung der Beweismittel – etwa allein auf Urkunden – jedenfalls in einer vor Entstehung des Rechtsstreits geschlossenen Vereinbarung bedenklich (vgl. näher Rn. 29). Ein **förmlicher Beweisbeschluss** ist **nicht erforderlich.**[94] Der **Ort der Beweisaufnahme** wird mangels besonderer Vereinbarung vom Schiedsgericht bestimmt (§ 1043 Abs. 2). In der Regel unzulässig ist eine Beweisaufnahme in den Räumen einer Partei[95] oder in denen eines von ihr allein benannten Schiedsrichters, soweit sich nicht die Gegenpartei mit der Wahl des Ortes ausdrücklich einverstanden erklärt. Die Parteien haben das Recht, an der Beweisaufnahme teilzunehmen (§ 1047 Abs. 2) und sich zu ihrem Ergebnis zu äußern (vgl. Rn. 3). 22

aa) **Zeugen.** Zeugen können auch **schriftlich** vernommen werden, wenn dies dem Schiedsgericht ausreichend erscheint und die Parteien nichts anderes vereinbart haben.[96] Wird der Zeuge angehört, so muss den Parteien auf Antrag die Möglichkeit eingeräumt werden, Fragen an den Zeugen zu richten.[97] Eine **Belehrung** der Zeugen ist nicht erforderlich, sie kann aber im Hinblick auf eine mögliche Strafbarkeit wegen Betruges oder wegen Beihilfe hierzu erfolgen; die Falschaussage vor dem Schiedsgericht ist dagegen als solche nicht strafbewehrt, weil das Schiedsgericht keine zur eidlichen Vernehmung von Zeugen oder Sachverständigen zuständige Stelle ist (vgl. § 153 StGB). Regeln über die Art und Weise der **Vernehmung des Zeugen** bestehen nicht, so dass auch die Vernehmung durch die Parteien bzw. durch ihre Prozessvertreter im Wege eines **Kreuzverhörs** zulässig ist. Da diese Vernehmungsmethode in Deutschland ungebräuchlich ist, sollte dem Zeugen Gelegenheit gegeben werden, sich auf diese Art der Vernehmung einzustellen.[98] Auch Vorbereitungen des Zeugen durch einen Parteivertreter sind – sofern dies auf Frage offen gelegt wird – zulässig.[99] Über die Zulässigkeit von Fragen, die eine Partei oder ihr Vertreter an Zeugen oder Sachverständige richtet, entscheidet – wie beim staatlichen Gericht auch, § 397 Abs. 3 – das Gericht, nicht der Vorsitzende allein.[100] Gelegentlich wird versucht, die fehlende Beeidungsmöglichkeit dadurch zu ersetzen, dass der Zeuge vor einem Notar[101] eine **eidesstattliche Versicherung** abgibt (vgl. bereits § 1041 Rn. 3). Wenn das Schiedsgericht eine solche Versicherung verlangt und der derart bekräftigten Aussage besonderes Gewicht beimisst, so wird damit das in § 1050 vorgesehene Verfahren missachtet und der Schiedsspruch ist ebenso aufhebbar[102] wie derjenige, der sich auf einen unzulässigerweise abgenommenen Eid stützt.[103] Das gilt auch dann, wenn das Schiedsgericht eine eidesstattliche Versicherung als solche verwertet, die der Zeuge unverlangt eingereicht hat, soweit diese Erklärung eigens zum Zweck der Vorlage beim Schiedsgericht abgegeben wurde. Eine solche eidesstattliche Versicherung muss als unzulässiges Beweismittel zurückgewiesen werden; das Schiedsgericht darf die Aussage aber **inhaltlich als schriftliche Zeugenaussage verwerten.** Hat der Zeuge die Erklärung 23

---

[88] *Zö/Geimer* Rn. 11; zum alten Recht: OLG Köln RIW 1993, 501.

[89] MK/*Münch* Rn. 57; *Zö/Geimer* Rn. 33; weiter gehend (auch an Dritte) *St/J/Schlosser* Rn. 11; zum alten Recht: OLG Celle OLGRspr. 15, 300; *Wiecz/Sch/Schütze* § 1034 aF Rn. 19.

[90] *Zö/Geimer* Rn. 33; *St/J/Schlosser* Rn. 11; aA *Schwab/Walter* Kap. 15 Rn. 8 und Kap. 16 Rn. 33; zum alten Recht: wie hier RG JW 1909, 421.

[91] Zur Parteivereinbarung über das Beweisverfahren vgl. *Schütze,* Festschr. f. Großfeld, 1999, S. 1067, 1068 ff.

[92] *Schütze,* in: Beweiserhebung in internationalen Schiedsverfahren, 2001, DIS Bd. 14, S. 31, 33 f.; MK/*Münch* § 1049 Rn. 22; *St/J/Schlosser* Rn. 11.

[93] *Schwab/Walter* Kap. 15 Rn. 8; *St/J/Schlosser* Anh. § 1061 Rn. 92; MK/*Münch* § 1049 Rn. 6 (auch wenn nur ein parteiernannter Schiedsrichter sachkundig ist); insoweit abweichend (zum alten Recht) *St/J/Schlosser* § 1035 aF Rn. 4.

[94] Enger *Schütze* (Fn. 92) S. 31, 33 (Beweisbeschluss erforderlich, der aber nicht notwendigerweise schriftlich abzusetzen ist).

[95] Vgl. MK/*Münch* § 1049 Rn. 30 (zur Zeugenvernehmung).

[96] *Schwab/Walter* Kap. 15 Rn. 14; MK/*Münch* § 1049 Rn. 32; *Knoblach* (Fn. 38) S. 173; weiter gehend (Kreuzverhör bei internationalen Schiedsverfahren Regelfall) Art. 8 Abs. 2 der IBA-Rules über die Beweisaufnahme in internationalen Schiedsverfahren, zu Fragen des Zeugenbeweises vgl. auch Art. 4 dieser Regeln, zu beidem *Raeschke-Kessler* (Fn. 78) S. 41, 63 ff., 74.

[97] *Lachmann* Rn. 1508.

[98] Vgl. auch *Schäffler,* Zulässigkeit und Zweckmäßigkeit der Anwendung angloamerikanischer Beweismethoden in deutschen und internationalen Schiedsverfahren, 2004, S. 96; zurückhaltend auch MK/*Münch* § 1049 Rn. 34.

[99] *Schlosser* SchiedsVZ 2004, 225, 228.

[100] *Lachmann* Rn. 1508; MK/*Münch* § 1049 Rn. 31 aE.

[101] Die Abnahme durch das Schiedsgericht ist ohnehin ausgeschlossen, vgl. (zum alten Recht) MK/*Maier,* 1. Aufl, § 1035 aF Rn. 12.

[102] *Schwab/Walter* Kap. 15 Rn. 25 f.; zum alten Recht: KG JW 1926, 2219 f.; vgl. aber auch *St/J/Schlosser* § 1041 Rn. 11, der die Einreichung derartiger Erklärungen als praktikable Lösung ansieht; vgl. auch *Leitzen,* Die Anordnung vorläufiger oder sichernder Maßnahmen durch Schiedsgerichte nach § 1041 ZPO, 2002, S. 148 (eidesstattliche Versicherung vor Schiedsgericht unterliegt zwar keiner Strafandrohung, es könne aber ein erhöhter Beweiswert angenommen werden).

[103] *Schwab/Walter* Kap. 15 Rn. 26 (anders, wenn Gericht die Aussage als uneidliche gewertet hat).

in einem anderen staatlichen Verfahren an Eides statt versichert, so kann das Schiedsgericht bei der Beweiswürdigung berücksichtigen, dass die Erklärung in diesem Verfahren unter einer erhöhten Strafandrohung abgegeben wurde.[104] Das Schiedsgericht sollte sich aber auf den erhöhten Beweiswert nur dann stützen, wenn eine eidliche Vernehmung des Zeugen durch das staatliche Gericht nach § 1050 nicht möglich ist. Da das Schiedsverfahrensrecht eine **Entschädigung der Zeugen** nicht vorsieht, sind entsprechende Aufwendungsersatzansprüche materiellrechtlich zu begründen (vgl. auch § 1049 Rn. 8f.): Wenn eine Partei eine Person um eine Zeugenaussage vor einem Schiedsgericht bittet, wird man darin zugleich das Versprechen sehen können, die notwendigen Auslagen zu erstatten. Eine Honorierung des Zeugen durch eine Partei ist unüblich, führt aber nicht ohne weiteres zur Unverwertbarkeit der Aussage.[105] Tritt ein Schiedsrichter an die Person heran, so handelt er regelmäßig als Vertreter beider Parteien.[106]

24 **bb) Sachverständige.** Zum Beweis durch Sachverständige vgl. § 1049 Rn. 2ff.

25 **cc) Urkunden, Augenschein, Parteivernehmung.** Der **Urkunden- und Augenscheinsbeweis** ist im Schiedsverfahren zulässig. Verweigert die Partei oder ein ihr zuzurechnender Dritter die Vorlage der Urkunde oder die Duldung der Inaugenscheinnahme, so kann dies in der Beweiswürdigung berücksichtigt werden (vgl. auch Rn. 27). Die Schiedsrichter werden für befugt gehalten, von den Parteien **Listen** zu verlangen, auf denen alle **Schriftstücke** aufgeführt sind, die mit dem Verfahrensgegenstand zu tun haben.[107] Dieses dem angloamerikanischen Recht entlehnte Vorgehen kann zwar nach § 1042 Abs. 3 vereinbart werden, fehlt es jedoch an einer entsprechenden Abrede, so ist die Anforderung solcher Listen nicht unbedenklich,[108] denn hinsichtlich des vergleichbaren Verfahrens nach Art. 23 HaagBeweisÜbk. hat der deutsche Gesetzgeber einen Vorbehalt erklärt[109] und so zum Ausdruck gebracht, dass diese Form der Beweiserhebung wesentlichen Grundsätzen des deutschen Verfahrensrechts widerspricht. Auch wird in der Begründung des Gesetzentwurfs zu § 1050 zumindest ein Beweisantrag an das staatliche Gericht in der Form der discovery of documents für unzulässig gehalten.[110] Auf der anderen Seite kann nicht unberücksichtigt bleiben, dass der Gesetzgeber nach Auffassung des BGH[111] durch § 142 die Anordnung der Urkundenvorlage durch den Gegner schon bei einer gewissen Wahrscheinlichkeit zugelassen und damit die Grenzen zum Ausforschungsbeweis verschoben hat.[112] Wenn eine Partei einer Aufforderung nicht nachkommt und das Schiedsgericht daraus nachteilige Konsequenzen zieht, kommt die Aufhebung nach § 1059 Abs. 2 Nr. 1 Buchst. d und wohl auch § 1059 Abs. 2 Nr. 2 Buchst. b in Betracht. – Das Schiedsgericht kann die Parteien nicht nur anhören, sondern auch förmlich vernehmen, ohne dass dabei die Voraussetzungen der **Parteivernehmung** vor einem staatlichen Gericht, **§§ 445ff.**, erfüllt zu sein brauchen.[113] Dabei sollte das Schiedsgericht klarstellen, wenn eine Partei nicht angehört, sondern vernommen wird.[114]

26 **c) Beweiswürdigung.** Das Schiedsgericht ist in seiner Beweiswürdigung frei, Abs. 4 S. 2. **Beweisregeln** des staatlichen Verfahrensrechts (zB § 438 Abs. 2) gelten nicht, soweit dies nicht vereinbart wurde.[115] Die **Beweislastregeln** sind zu beachten, soweit nichts anderes vereinbart ist (vgl. § 1051 Rn. 2).[116] Geht das Schiedsgericht zu Unrecht in einer entscheidungserheblichen Frage von einer Bindung an Beweisregeln aus, so ist der Schiedsspruch aufhebbar.[117] Bei der **Würdigung einer Zeugenaussage** muss das Schiedsgericht berücksichtigen, dass der Zeuge zwar einer Wahrheitspflicht unterliegt, die Falschaussage aber als solche nicht strafbewehrt ist. Das Schiedsgericht kann sich zwar dennoch mit der Zeugenaussage zufrieden geben; wenn jedoch eine Partei auf ihrer von der Zeugenaussage abweichenden Darstellung beharrt und die Zeugenaussage deshalb von besonderem Gewicht ist, empfiehlt sich das Verfahren nach § 1050. Dem staatlichen Gericht kann auch die uneidliche Vernehmung des Zeugen überlassen werden[118] (vgl. § 1050

---

[104] MK/*Münch* § 1049 Rn. 44.

[105] *Schlosser* SchiedsVZ 2004, 225, 229f.

[106] MK/*Münch* § 1049 Rn. 29.

[107] *St/J/Schlosser* Rn. 9 (Berücksichtigung in der Beweiswürdigung nur mit Vorsicht zulässig); *Triebel/Zons* BB 2002, IDR-Beil. (Beil. 7), S. 26ff.

[108] Vgl. auch *Schütze*, Schiedsverf., Rn. 152 (nur bei entsprechender Parteivereinbarung verfahrensgemäß); *Weigand* RIW 1992, 361, 365 (nur bei Parteivereinbarung zulässig, sofern nicht beide Parteien aus dem angloamerikanischen Rechtskreis stammen; zum alten Recht); *Schäffler* (Fn. 98) S. 89; *Varga,* Beweiserhebung in transatlantischen Schiedsverfahren, 2006, S. 126 (im ganzen Werk auch ausführlich zu den IBA-Rules); vgl. zum ganzen auch *Tief,* Discovery und Informationspflichten der Parteien in der Internationalen Schiedsgerichtsbarkeit, 2000 (eine differenzierende, auf die Interessenlage der Parteien abgestimmte Lösung befürwortend); *Schroeder,* Die lex mercatoria arbitralis, 2007, S. 245, 253 (für eine weitergenden Anordnungsbefugnis); *Krapfl,* Die Dokumentenvorlage im internationalen Schiedsverfahren, 2006, S. 143ff., 147 (Vorlageanordnung eines bestimmten Dokuments zulässig; restriktiver aber auf S. 146); vgl. auch Art. 3 Abs. 2 bis 9 der IBA-Rules über die Beweisaufnahme in internationalen Schiedsverfahren, dazu *Raeschke-Kessler* (Fn. 78) S. 41, 48ff. (auch zu weiteren Fragen des Urkundenbeweises); *Triebel/Zons* BB 2002, IDR-Beil. (Beil. 7), S. 26, 30 (Ermessensentscheidung).

[109] Vgl. *Geimer* Rn. 2357, 2489.

[110] BT-Drucks. 13/5274 S. 51.

[111] BGH NJW-RR 2007, 106, 107.

[112] Zur Abgrenzung zwischen der Vorlagepflicht nach § 142 und Ausforschungsbeweis vgl. *Wagner* JZ 2007, 706ff.

[113] *Lachmann* Rn. 1583; für eine Angleichung der Voraussetzungen MK/*Münch* § 1049 Rn. 40.

[114] MK/*Münch* § 1049 Rn. 41.

[115] *Schütze* (Fn. 92) S. 31, 39; MK/*Münch* Rn. 64 und § 1049 Rn. 36.

[116] *Knoblach* (Fn. 38) S. 222f.; vgl. auch *St/J/Schlosser* Rn. 13.

[117] *St/J/Schlosser* Rn. 15.

[118] Zum alten Recht: KG JW 1931, 1826; OLG Hamburg OLGRspr. 23, 251; MK/*Maier,* 1. Aufl. 1992, § 1035 aF Rn. 2; *St/J/Schlosser* § 1050 Rn. 3, 5; aA OLG Jena JW 1937, 2236.

Rn. 2); das gilt – im Rahmen der Zulässigkeit eines solchen Verfahrens (vgl. § 1030 Rn. 8) – auch bei arbeitsgerichtlichen Schiedsverfahren.

27 **Verweigert** eine Partei oder ein ihr nahe stehender Dritter die **Mitwirkung an der Beweisaufnahme,** indem Beweismittel nicht vorgelegt werden oder eine Aussage unterbleibt, so kann dies bei der Beweiswürdigung berücksichtigt werden (vgl. auch § 1048 Rn. 6 bei Versäumung einer Vorlegungsfrist für ein Schriftstück). Da die Parteien einander in stärkerem Maße als im staatlichen Verfahren zur Verfahrensförderung verpflichtet sind, kann die Sanktion bei der Beweiswürdigung über die des staatlichen Gerichts hinausgehen.[119] Vorrangig muss das Schiedsgericht aber auf die Aufklärung des Sachverhalts bedacht sein. Ermittlungen, die das Schiedsgericht für erforderlich hält, müssen auch angestellt werden (zu Ausnahmen, wenn die Parteien den Kostenvorschuss nicht leisten, vgl. Rn. 21; zu den Besonderheiten bei Sachverständigen vgl. § 1049 Rn. 2). Andernfalls ergeht der Schiedsspruch gesetzwidrig und unterliegt der Aufhebung nach § 1059 Abs. 2 Nr. 1 Buchst. d.[120] Das Gebot, sich nicht voreilig auf Sanktionen bei der Beweiswürdigung zurückzuziehen, gilt insbesondere dann, wenn die **fehlende Mitwirkungsbereitschaft Dritter** einer Partei nachteilig zugerechnet werden soll. Solange die Möglichkeit des § 1050 nicht ausgeschöpft wurde, darf die Aussageverweigerung eines Zeugen, der einer Partei nahe steht, bei der Beweiswürdigung nicht berücksichtigt werden.

28 **d) Selbständiges Beweisverfahren.** Ein selbständiges Beweisverfahren ist vor dem Schiedsgericht entsprechend §§ 485 ff. zulässig, sofern die Hauptsache bei dem Schiedsgericht anhängig ist. Andernfalls ist das staatliche Gericht nach § 486 Abs. 2 oder 3 zuständig (vgl. auch § 1033 Rn. 2).[121]

29 **8. Den §§ 511–605 a entsprechende Verfahrensfragen. Rechtsmittel** zum staatlichen Gericht stehen der Qualifikation der Abrede als Schiedsvereinbarung entgegen (vgl. § 1029 Rn. 20). Als wirksam wird es aber angesehen, einen Schiedsspruch unter der aufschiebenden Bedingung zu erlassen, dass keine Partei innerhalb einer festgesetzten Frist Klage vor dem staatlichen Gericht erhebt.[122] Die Parteien können ein **Oberschiedsgericht** vereinbaren.[123] Dies kann nur bis zum Erlass des Schiedsspruchs geschehen,[124] da der Bestand des Schiedsspruchs richtiger Ansicht nach nicht zur Disposition der Parteien steht (§ 1055 Rn. 6). Wird ein Oberschiedsgericht eingesetzt, so ist dieses im Zweifel zur Überprüfung in sachlicher und rechtlicher Hinsicht berufen.[125] Fehlt eine besondere Vereinbarung, muss das Oberschiedsgericht innerhalb der **Monatsfrist** des § 517 angerufen werden.[126] Anschlussrechtsmittel sind zulässig. Die vorläufige Vollstreckbarkeit des erstinstanzlichen Schiedsspruchs kann nicht vereinbart werden,[127] da § 1055 nur den endgültigen Schiedsspruch dem Urteil gleichstellt und erst dieser Grundlage der Vollstreckbarerklärung ist. Für vollstreckbar kann damit erst der Spruch des Oberschiedsgerichts erklärt werden oder aber der des erstinstanzlichen Schiedsgerichts, soweit die Frist zur Anrufung des Oberschiedsgerichts abgelaufen ist oder beide Schiedsparteien auf die Anrufung des Oberschiedsgerichts verzichtet haben (§ 1060 Rn. 5). Wenn eine Partei von der Möglichkeit der Anrufung des **Oberschiedsgerichts keinen Gebrauch** macht, wird sie im Aufhebungsverfahren mit der Berufung auf Verfahrensfehler **ausgeschlossen,** soweit durch das Rechtsmittelverfahren Abhilfe hätte geschaffen werden können (vgl. § 1059 Rn. 19).[128] – Die Regelungen über die **Wiederaufnahme des Verfahrens** durch das staatliche Gericht, **§§ 578 ff.,** sind im Schiedsverfahren nicht anwendbar. An ihre Stelle tritt das Aufhebungsverfahren (vgl. § 1059 Rn. 28).[129] Die Parteien können auch nichts anderes vereinbaren, da der Schiedsspruch nach § 1055 einem rechtskräftigen Urteil gleichsteht und die Parteien über die Rechtskraft nicht disponieren können (vgl. § 1055 Rn. 6). – Die Regeln des **Urkunden- und Wechselprozesses** gelten nicht. Die Auffassung, die Parteien könnten vereinbaren, dass auf der Grundlage einer entsprechend eingeschränkten Beweisführung einstweiliger Rechtsschutz gewährt wird,[130] verkennt, dass auf diesem Wege nur vorläufige und sichernde Maßnahmen angeordnet werden können, während der Urkundenprozess auf die Befriedigung, wenn auch unter dem Vorbehalt des Nachverfahrens, abzielt. Die Parteien können entgegen der hL auch **nicht die Beweismittel** im Schiedsverfahren insgesamt **auf die des Urkundenprozesses beschränken.**[131] Im Unterschied

---

119 Vgl. auch MK/*Münch* § 1049 Rn. 38; *St/J/Schlosser* Rn. 14; zurückhaltender *Lachmann* Rn. 1548 (Beweiswürdigung).

120 *Schwab/Walter* Kap. 15 Rn. 9: vgl. auch *St/J/Schlosser* Rn. 8; wegen der Ermittlungspflicht des Schiedsgerichts für eine sehr moderate Handhabung bei der Beweiswürdigung *Varga* (Fn. 108) S. 230.

121 OLG Koblenz MDR 1999, 502, 503; enger (staatliches Gericht bei Rüge nach § 1032 unzuständig, wenn Schiedsgericht gebildet ist oder schnell gebildet werden kann) *Schwab/Walter* Kap. 15 Rn. 27; zum alten Recht vgl. auch OLG Frankfurt BauR 1993, 504, 505.

122 *Zö/Geimer* Rn. 47.

123 *Schwab/Walter* Kap. 22 Rn. 1; zu den Vor- und Nachteilen vgl. *Weber,* Festschr. f. Geimer, 2002, S. 1445 ff. (Berufungsschiedsgericht grundsätzlich nicht zu empfehlen); zum alten Recht: RGZ 146, 262, 269; zur vereinbarten Fiktion der Rücknahme, wenn der Kostenvorschuss nicht rechtzeitig eingezahlt wird, OLG Hamburg NJW-RR 2000, 806 f.

124 AA BGH BB 1961, 224; *Schwab/Walter* Kap. 22 Rn. 3; *Weber,* Festschr. f. Geimer, 2002, S. 1445, 1456.

125 *Schwab/Walter* Kap. 22 Rn. 5; *Weber,* Festschr. f. Geimer, 2002, S. 1445, 1458.

126 *Schwab/Walter* Kap. 22 Rn. 8; *Weber,* Festschr. f. Geimer, 2002, S. 1445, 1457.

127 *Schwab/Walter* Kap. 22 Rn. 11.

128 *St/J/Schlosser* Rn. 4; zum alten Recht: RG JW 1895, 505; *Wiecz/Sch/Schütze* § 1034 aF Rn. 6; aA *Schwab/Walter* Kap. 24 Rn. 27 (zum geltenden Recht); MK/*Maier,* 1. Aufl. 1992, § 1034 aF Rn. 35; vgl. (Bedenken gegen generelle Präklusion) RGZ 159, 92, 96.

129 *B/L/H* Rn. 16; zum alten Recht: MK/*Maier,* 1. Aufl. 1992, § 1034 aF Rn. 41.

130 *Wolf* DB 1999, 1101, 1106.

131 *Kölbl,* Schiedsklauseln in Vereinssatzungen, 2004, S. 180 f.; aA *Schütze,* Schiedsverf., Rn. 250; MK/*Münch* Rn. 42; zum alten Recht: *Holland/Hantke,* Festschr. f. Bülow, 1981, S. 75 (aber im Interesse der Parteien dringend abratend, vgl. S. 77); so auch *Varga* (Fn. 108), S. 172.

zum Urkundenprozess, bei dem im Nachverfahren (§ 600) die Einschränkungen in der Beweisführung entfallen, ist das Ergebnis im Schiedsverfahren ein endgültiges. Eine solche endgültige Entscheidung erscheint aber im Hinblick auf den Anspruch auf rechtliches Gehör der Partei, die die für sie vorteilhaften Beweismittel in keinem Verfahrensstadium präsentieren kann, jedenfalls dann bedenklich, wenn die Beschränkung in einer vor Entstehen des Rechtsstreits geschlossenen Abrede vereinbart wurde. Da in diesem Zeitpunkt die künftige Beweislage kaum abschätzbar sein wird, ist ein Verzicht auf rechtliches Gehör in diesem frühen Stadium wohl unwirksam, so dass ein Schiedsspruch, der in einem solchen Verfahren ergeht, nach § 1059 Abs. 2 Nr. 1 Buchst. b aufzuheben ist. Anders kann es sich verhalten, wenn die Parteien im Schiedsverfahren selbst auf die Inanspruchnahme rechtlichen Gehörs verzichten, indem sie in Kenntnis der Beweissituation eine entsprechende, die Beweismittel beschränkende Vereinbarung treffen.

30 **9. Den §§ 704–945 entsprechende Verfahrensfragen.** Zur Vollstreckbarerklärung vgl. § 1060; zur vorläufigen Vollstreckbarkeit bei Vereinbarung eines Oberschiedsgerichts vgl. Rn. 29. Der Vollstreckung aus einem Schiedsspruch kann die **Vollstreckungsgegenklage** nach **§ 767** entgegengesetzt werden, wobei auch insoweit die Zuständigkeit des Schiedsgerichts vereinbart werden kann (vgl. § 1030 Rn. 7; zur Abgrenzung gegenüber dem Aufhebungsantrag vgl. § 1060 Rn. 12f.); § 767 Abs. 2 ist anwendbar (vgl. § 1060 Rn. 12). – Das Schiedsgericht kann **einstweiligen Rechtsschutz** gewähren (näher § 1041 Rn. 2ff.) und die Parteien zur **Sicherheitsleistung** verpflichten. Eine Parteivereinbarung über die Gewährung einstweiligen Rechtsschutzes durch das Schiedsgericht schließt die Zuständigkeit der staatlichen Gerichte für die Gewährung einstweiligen Rechtsschutzes nicht aus (vgl. § 1033 Rn. 1).

31 **10. Den Regelungen des GVG entsprechende Verfahrensfragen.** Die **§§ 18ff. GVG** sind zumindest im Hinblick auf das Aufhebungs- bzw. das Vollstreckbarerklärungsverfahren anzuwenden. Es kann jedoch im Abschluss einer Schiedsvereinbarung ein Verzicht auf diesen Schutz liegen,[132] wobei zur Wirksamkeit des Verzichts die Zustimmung der zuständigen ausländischen Stellen erforderlich sein kann. Die Verhandlung vor dem Schiedsgericht ist **nicht öffentlich, § 169 GVG** ist unanwendbar; Ausnahmen sind nur mit Einverständnis beider Parteien zulässig.[133] Die Schiedsrichter sind aus dem Schiedsrichtervertrag heraus verpflichtet, das Beratungsgeheimnis zu wahren (vgl. auch § 1052 Rn. 3; zur Beteiligung juristischer Berater vgl. § 1052 Rn. 2). – Die **Verhandlungssprache** kann von den Parteien, sonst durch das Schiedsgericht festgelegt werden (vgl. § 1045 Rn. 1).

IV. Disponibilität

32 **1. Verfahrensrechtsbestimmung.** Nach § 1025 Abs. 1 ist auf Schiedsverfahren mit einem Schiedsort im Inland stets deutsches Verfahrensrecht anzuwenden, so dass eine Wahl des Verfahrensrechts ausscheidet. Dies gilt jedoch richtiger Ansicht nach nur im Verhältnis zu dem deutschen staatlichen Gericht (näher dazu § 1025 Rn. 3). Folgt man der hL, so ist eine von den Parteien getroffene Verfahrensrechtswahl[134] unzulässig[135] und in eine **Verfahrensvereinbarung umzudeuten.** Damit wird hinsichtlich der Regeln, die nach deutschem Schiedsverfahrensrecht disponibel sind, der Inhalt des fremden Schiedsverfahrensrechts als Parteivereinbarung beachtlich.[136] Richtiger Ansicht nach können die Parteien das Schiedsgericht aber auch anweisen, über diesen Bereich hinaus nach fremdem Schiedsverfahrensrecht vorzugehen, auch wenn der Schiedsspruch in Deutschland nicht für vollstreckbar erklärt werden kann (vgl. § 1025 Rn. 3). Denn die Regelungen der §§ 1025ff. richten sich nur an das staatliche Gericht, das im Zusammenhang mit einem Schiedsverfahren zu entscheiden hat (vgl. § 1025 Rn. 3). Deshalb gibt es im Verhältnis zwischen den Parteien und dem Schiedsgericht keinen Grund, eine Verfahrensrechtswahl auszuschließen, wenn zwar der Schiedsort in Deutschland liegt, etwa der Schiedsspruch aber in einem anderen Land vollstreckt werden soll. Dafür, dass ein Interesse an der Durchführung eines solchen Verfahrens besteht, spricht nicht zuletzt die Regelung in Art. V Abs. 1 Buchst. d UNÜbkSchdG, denn dort wird als Anerkennungsversagungsgrund hinsichtlich des angewendeten Verfahrens der Parteivereinbarung der Vorrang vor dem Verfahrensrecht des Entscheidungsstaates eingeräumt. Unabhängig davon, ob die Wahl eines anderen Verfahrensrechts für

---

[132] BGH SchiedsVZ 2006, 44, 46 (idR kein Verzicht auf Vollstreckungsimmunität) m. insoweit zust. Anm. *Raeschke-Kessler;* BGH NJW-RR 2006, 425, 427; OLG Köln SchiedsVZ 2004, 99, 102 (Verzicht auf Vollstreckungsimmunität verneint); zustimmend *Kröll* IPrax 2004, 223, 228f. (Verzicht auf Vollstreckungsimmunität angesichts der Interessenlage der Staaten nur bei eindeutig erklärtem Willen anzunehmen); KG SchiedsVZ 2004, 103, 106 (Verzicht auf Vollstreckungsimmunität verneint); KG SchiedsVZ 2004, 109, 111 (Verzicht hinsichtlich der Vollstreckbarerklärung) weiter gehend *Schütze,* Schiedsverf., Rn. 82 (kein Schutz durch Immunität; jedenfalls aber Verzicht); ausführlich *Theodorou,* Investitionsschutzverträge vor Schiedsgerichten, 2001, S. 97ff. (mit Recht darauf hinweisend, dass sich die Frage im Vollstreckbarerklärungsverfahren erneut stellt und in den verschiedenen Ländern unterschiedlich beantwortet wird; in Deutschland wird der Verzicht auch auf Vollstreckbarerklärungsverfahren, nicht aber auf das Vollstreckungsverfahren selbst bezogen, vgl. dort S. 128f. m. weit. Nachw.); ebenso *Happ,* Schiedsverfahren zwischen Staaten und Investoren nach Artikel 26 Energiechartavertrag, 2000, S. 95.

[133] *Prütting,* Festschr. f. Böckstiegel, 2001, S. 629, 632; *B/L/H* Rn. 12; vgl. auch *Geiben,* Die Privatsphäre und Vertraulichkeit im Schiedsverfahren, 2001.

[134] Zur Wahl des Verfahrensrechts nach dem alten Recht vgl. BGH NJW 1986, 1436; *Geimer* Rn. 3831; *Wiecz/Schl Schütze* § 1034 aF Rn. 2ff.; so auch in den meisten anderen Rechtsordnungen, vgl. *Böckstiegel,* Festschr. f. Beitzke, 1979, S. 443, 445; *Schlosser,* Das Recht der internationalen privaten Schiedsgerichtsbarkeit, 1989, Rn. 230.

[135] *Schütze,* Schiedsverf., Rn. 165.

[136] *Lepschy,* § 1051 ZPO – Das anwendbare materielle Recht in internationalen Schiedsverfahren, 2003, S. 80f.; *Zö/Geimer* § 1025 Rn. 4f.

das Schiedsgericht unmittelbar oder nur eingeschränkt im Wege einer Umdeutung bindend ist, stellt sich die Frage nach den **Anforderungen** an eine solche Verfahrensrechtswahl der Parteien. Dabei kann an die Grundsätze angeknüpft werden, die auch für ausländische Schiedsgerichte als maßgebend angesehen werden: Die Verfahrensrechtswahl unterliegt damit als solche nicht dem Formstatut des Art. 11 EGBGB.[137] Sie braucht auch **nicht ausdrücklich** zu erfolgen.[138] Die Wahl des auf den Hauptvertrag anwendbaren Rechts erstreckt sich jedoch nicht ohne besondere Anzeichen auch auf das Verfahrensrecht.[139] Unterstellen die Parteien die Schiedsvereinbarung einem anderen Recht als dem des Hauptvertrags, so ist regelmäßig das **Recht der Schiedsvereinbarung auch für das Verfahrensrecht** maßgebend.[140] Haben die Parteien einen Schiedsort vereinbart, so ist dies regelmäßig zugleich als Wahl des Verfahrensrechts zu verstehen.[141] Damit wird durch die Bestimmung eines Schiedsortes im Inland in der Regel das deutsche Schiedsverfahrensrecht maßgebend, wobei die Auslegung des Parteiwillens aber auch anderes ergeben kann.

2. Verfahrensvereinbarungen. Die Parteien können nach Abs. 3 Bestimmungen über das Verfahren treffen, indem sie Verfahrensregeln festlegen oder auf eine **Schiedsverfahrensordnung**[142] verweisen. Entscheidend ist dann in der Regel die im **Zeitpunkt der Vereinbarung** geltende Fassung der berufenen Verfahrensordnung[143] (vgl. aber auch § 1029 Rn. 27 [zur Frage, ob die Loyalitätspflicht zur Zustimmung bei einer Änderung der Verfahrensordnung verpflichtet]). Haben die Parteien nicht nur eine Verfahrensordnung in Bezug genommen, sondern die **Schiedsinstitution** als solche mit der **Durchführung des Schiedsverfahrens betraut,** so soll im Zweifel die jeweils aktuelle Fassung der Schiedsordnung gelten.[144] Die Parteien können auch eine **eigene Verfahrensordnung** aufstellen. Derartige Vereinbarungen unterliegen **nicht der Form des § 1031.**[145] Zu denken ist vor allem an Parteiabreden hinsichtlich folgender Punkte:[146] Form der Klageerhebung; Fristen für Erwiderung und weitere Schriftsätze; Zulassung von Vertretern; Protokollführer; Berater; mündliches oder schriftliches Verfahren; Säumnisfolgen; Oberschiedsgericht; Sprache des Verfahrens (vgl. Rn. 31); Ort des Schiedsgerichts; Sachverständige; anzuwendendes materielles Recht (näher dazu § 1051 Rn. 2 ff.); Zulässigkeit von Beweismitteln und Erhebung der Beweise;[147] Verzicht auf Begründung des Schiedsspruchs; zu Vereinbarungen über die Besetzung des Schiedsgerichts vgl. § 1034. Verfahrensregeln oder Entscheidungsmaßstäbe, die die Parteien dem Schiedsgericht einvernehmlich vorgeben, sind für das **Schiedsgericht bindend,** auch wenn sie unserer Rechtsordnung nicht entsprechen, da es sich bei der Schiedsgerichtsbarkeit um private Gerichtsbarkeit handelt.[148] Erst im Vollstreckbarerklärungs- bzw. im Aufhebungsverfahren ist zu entscheiden, ob sich der Schiedsspruch mit der staatlichen Rechtsordnung vereinbaren lässt.[149] Werden Verfahrensvereinbarungen erst nach Abschluss des Schiedsrichtervertrags geschlossen und sind sie für den Schiedsrichter von nicht nur technischer Bedeutung, so können sie sich als Änderung des Schiedsrichtervertrags darstellen, so dass ihre Geltung von der Zustimmung des Schiedsrichters abhängt.[150] Wird diese nicht erteilt, so bleibt den Parteien die einverständliche Abberufung des Schiedsrichters (vgl. § 1037 Abs. 2 S. 2 und § 1038 Abs. 1 S. 1). Zur Inhaltskontrolle von Verfahrensregelungen in AGB vgl. § 1031 Rn. 6; zur Inhaltskontrolle in Satzungen vgl. § 1066 Rn. 6. 33

1043 *Ort des schiedsrichterlichen Verfahrens*

(1) [1]**Die Parteien können eine Vereinbarung über den Ort des schiedsrichterlichen Verfahrens treffen.** [2]**Fehlt eine solche Vereinbarung, so wird der Ort des schiedsrichterlichen Verfahrens vom Schiedsgericht bestimmt.** [3]**Dabei sind die Umstände des Falles einschließlich der Eignung des Ortes für die Parteien zu berücksichtigen.**

(2) Haben die Parteien nichts anderes vereinbart, so kann das Schiedsgericht ungeachtet des Absatzes 1 an jedem ihm geeignet erscheinenden Ort zu einer mündlichen Verhandlung, zur Vernehmung von Zeugen, Sachverständigen oder der Parteien, zur Beratung zwischen seinen Mitgliedern, zur Besichtigung von Sachen oder zur Einsichtnahme in Dokumente zusammentreten.

---

[137] Zum alten Recht: *Schlosser* (Fn. 134) Rn. 365; vgl. auch BGH NJW 1986, 1436 (Verfahrensrechtswahl durch Verhandeln nach Übersendung einer Mitteilung, dass nach deutschem Verfahrensrecht verhandelt werde).

[138] Zö/*Geimer* § 1025 Rn. 9; zum alten Recht: BGHZ 96, 40 = NJW 1986, 1436.

[139] *Geimer* Rn. 3790.

[140] Zö/*Geimer* § 1025 Rn. 9.

[141] Zö/*Geimer* § 1025 Rn. 10 (Recht des Schiedsorts, wenn ausdrückliche oder konkludente Verfahrensrechtswahl fehlt).

[142] Ausführlich zu den unterschiedlichen Verfahrensordnungen *Schütze,* Institutionelle Schiedsgerichtsbarkeit, 2006.

[143] Zö/*Geimer* Rn. 25; aA *St/J/Schlosser* Rn. 3; zum alten Recht: (wie hier) vgl. OLG Hamburg KTS 1983, 499; zur aA vgl. auch OLG München KTS 1985, 154, 157.

[144] MK/*Münch* Rn. 49; zum alten Recht: BGH NJW-RR 1986, 1059, 1060.

[145] MK/*Münch* Rn. 43; § 1031 Rn. 5; *St/J/Schlosser* Rn. 3; Zö/*Geimer* Rn. 23; zum alten Recht: BGH NJW 1994, 2155, 2156.

[146] Vgl. *Schwab/Walter* Kap. 6 Rn. 4; Zö/*Geimer* Rn. 24; vgl. auch *Lionnet* (Fn. 24) Kap. 3 I 2,3 (mit Mustern in Abschn. VIII).

[147] *Schütze,* Festschr. f. Großfeld, 1999, S. 1067, 1068 f.; ausführlich dazu *Varga* (Fn. 108), S. 128 ff., 187 ff., 206 ff.

[148] Näher dazu *Voit* JZ 1997, 120 ff.

[149] Vgl. *Voit* JZ 1997, 120, 122; iE auch zum alten Recht: *Wiecz/Sch/Schütze* § 1034 aF Rn. 9; aA BGH NJW 1959, 720.

[150] AA MK/*Münch* Rn. 44 (freie Änderungsmöglichkeit, Schiedsrichter können ggf. kündigen).

I. Normzweck

1 Dem **Schiedsort** kommt für die **Geltung des deutschen Schiedsverfahrensrechts** entscheidende Bedeutung zu (vgl. § 1025 Rn. 3). Er entscheidet auch über die Qualifikation des Schiedsspruchs als inländischer oder ausländischer (mit der Folge der Anwendbarkeit von §§ 1059, 1060 oder § 1061) und über die örtliche Zuständigkeit des staatlichen Gerichts (§ 1062 Abs. 1). Abs. 1 räumt den **Parteien** den Vorrang bei der Bestimmung des Schiedsortes ein. Nur wenn eine solche Vereinbarung fehlt, bestimmt das **Schiedsgericht** den Schiedsort. Im Schiedsspruch ist der Schiedsort nach § 1054 Abs. 3 S. 1 anzugeben. Abs. 2 ermöglicht die Trennung von **Tagungsort** und Schiedsort und so die Festlegung eines fiktiven Schiedsorts (näher Rn. 4).

II. Schiedsort

2 Die **Vereinbarung der Parteien** über den Schiedsort bedarf **keiner besonderen Form.**[1] Die Festlegung des Schiedsorts kann sich auch durch Auslegung ergeben. So wird in der Vereinbarung der „Hamburger Freundschaftlichen Arbitrage" die Festlegung Hamburgs als Schiedsort gesehen.[2] Möglich ist es auch, den Schiedsort einzugrenzen, ohne ihn genau lokal zu fixieren („Schiedsgericht mit Sitz in Deutschland").[3] Die Parteien können den Schiedsort nach Abschluss der Schiedsvereinbarung, ggf. nach einem entsprechenden Hinweis des Schiedsgerichts, festlegen.[4] Möglich ist auch die Vereinbarung, dass eine Schiedsinstitution den Schiedsort bestimmt.[5]

3 Fehlt eine Parteivereinbarung, so legt das **Schiedsgericht** den Ort fest. Ggf. entscheidet das **Kollegium;** eine Übertragung auf den Vorsitzenden nach § 1052 Abs. 3 ist nicht möglich.[6] Bei der Auswahl des Schiedsorts ist das Schiedsgericht frei, es muss aber der Eindruck eines Näheverhältnisses zu einer Partei vermieden werden, andernfalls kommt die Ablehnung der Schiedsrichter in Betracht. Wenn der Sachverhalt keinen Auslandsbezug aufweist, werden die Schiedsrichter ohne Einverständnis der Parteien einen **Schiedsort im Ausland** nicht bestimmen dürfen.[7] Geschieht dies dennoch und nimmt deshalb eine Partei an dem Verfahren nicht teil, so ist nach § 1061 Abs. 2 iVm. Art. V Abs. 1 Buchst. d UNÜbkSchdG die Vollstreckbarerklärung wegen Verstoßes gegen eine (stillschweigend getroffene) Vereinbarung der Parteien abzulehnen und die Feststellung zu treffen, dass der Schiedsspruch im Inland nicht anzuerkennen ist. Haben die Parteien ein anderes als das deutsche Schiedsverfahrensrecht gewählt, so muss das Schiedsgericht auf die Möglichkeit aufmerksam machen, einen ausländischen Schiedsort zu bestimmen und auf die Folgen einer solchen Wahl hinweisen (vgl. § 1025 Rn. 5f.). Wurde kein Schiedsort festgelegt, so wird in der Regel der Ort der letzten mündlichen Verhandlung als Schiedsort angesehen.[8] Die Parteien sind entgegen der wohl hL nicht gehindert, einvernehmlich einen von der Bestimmung durch das Schiedsgericht abweichenden Schiedsort festzulegen.[9] Der Zustimmung der Schiedsrichter bedarf dies nur dann, wenn damit nachträglich das Verfahrensrecht geändert wird.

III. Tagungsort

4 Abs. 2 trennt zwischen dem vereinbarten Schiedsort, der für die Anwendung des Schiedsverfahrensrechts maßgebend ist, und dem Ort, an dem das Schiedsgericht tatsächlich zusammentritt. Er ermöglicht damit die Vereinbarung **fiktiver Schiedsorte,** die keinen Bezug zu der tatsächlichen Durchführung des Schiedsverfahrens haben und nur dem Zweck dienen, die Wahl des Schiedsverfahrensrechts zu ermöglichen oder auf die Qualifikation des Schiedsspruchs als inländischer oder ausländischer Einfluss zu nehmen.[10] Zu beachten ist dabei, dass aus Sicht des deutschen Rechts in einem Verfahren mit einem Schiedsort

---

[1] *B/L/H* Rn. 2; MK/*Münch* Rn. 4 (beschränkt auf Vereinbarungen nach Abschluss der Schiedsvereinbarung: die Parteien sind jedoch nicht gehindert, zeitgleich mit der Schiedsvereinbarung eine – formfreie – Verfahrensvereinbarung zu treffen).

[2] Vgl. Schiedsgericht Hamburger freundschaftliche Arbitrage NJW-RR 1999, 780, 781.

[3] Vgl. *Schwab/Walter* Kap. 15 Rn. 40 (die dort angesprochenen Bedenken wegen der Zuständigkeitsbestimmung des staatlichen Gerichts lassen sich durch Auslegung der § 1025 Abs. 3, § 1062 Abs. 3 ausräumen); vgl. auch *St/J/Schlosser* Rn. 2 (im Zweifel Zuständigkeit des KG).

[4] Vgl. *Lachmann* Rn. 1396; *Borges* ZZP 111 (1998), 487, 505; *St/J/Schlosser* Rn. 3 (bis zum Erlass des Schiedsspruchs möglich, sofern nur Ort in Deutschland in Betracht kommt); vgl. aber auch *Lionnet,* Festschr. f. Böckstiegel, 2001, S. 477ff., der die Vereinbarung eines Schiedsorts als notwendigen Inhalt der Schiedsvereinbarung ansieht, weil § 1043 die Geltung deutschen Schiedsverfahrenrechts voraussetze und dieses gerade vom Schiedsort abhänge.

[5] *Schwab/Walter* Kap. 15 Rn. 42; aA MK/*Münch* Rn. 4.

[6] BT-Drucks. 13/5247 S. 47; *Lachmann* Rn. 1396; MK/*Münch* Rn. 5.

[7] Vgl. zum alten Recht auch *Wiecz/Sch/Schütze* § 1034 aF Rn. 11.

[8] OLG München SchiedsVZ 2005, 308, 309; *Kreindler/Schäfer/Wolff* Rn. 244.

[9] AA MK/*Münch* Rn. 6; einschränkend *Schütze,* Schiedsverf., Rn. 161 (nach Bildung des Schiedsgerichts Änderung des Schiedsorts nur noch mit Zustimmung der Schiedsrichter möglich).

[10] *Schwab/Walter* Kap. 15 Rn. 39; *Schlosser,* in: Revision des EuGVÜ – Neues Schiedsverfahrensrecht, 2000, S. 163, 192f.; MK/*Münch* Rn. 2, 7; *St/J/Schlosser* Rn. 4; *Lepschy,* § 1051 ZPO – Das anwendbare materielle Recht in internationalen Schiedsverfahren, 2003, S. 82ff.; einschränkend (Schiedsort darf nicht nur Fiktion sein) *Kronke* RIW 1998, 257, 261; ähnlich auch *Schütze,* Schiedsverf., Rn. 162 (abzustellen ist auf den effektiven Schiedsort, wenn tatsächlicher und angegebener Schiedsort nicht nur gelegentlich auseinander fallen); kritisch *Solomon,* Die Verbindlichkeit von Schiedssprüchen in der internationalen privaten Schiedsgerichtsbarkeit, 2007, S. 427 (die damit verkappt zugelassene Wahl des Schiedsverfahrens solle besser unmittelbar zugelassen werden).

im Ausland der Schiedsspruch stets ein ausländischer iSd. § 1061 ist und zwar auch dann, wenn das Schiedsgericht trotz des ausländischen Schiedsortes deutsches Schiedsverfahrensrecht angewendet hat. Umgekehrt ergeht ein Schiedsspruch bei einem Schiedsort im Inland stets nach Maßgabe des deutschen Schiedsverfahrensrechts (zu abweichenden Parteivereinbarungen vgl. § 1042 Rn. 32), wobei sich seine Vollstreckbarerklärung bzw. seine Aufhebung nach den §§ 1059, 1060 richten. Das gilt auch dann, wenn der Ort des tatsächlichen Zusammentretens des Schiedsgerichts im Ausland lag.

Soweit die **Parteien** einen **Tagungsort festgelegt** haben, darf das Schiedsgericht nur mit Zustimmung beider Parteien von dieser Vereinbarung abweichen. Die Vereinbarung der Parteien über den Schiedsort ist in der Regel nicht als Festlegung des Tagungsorts zu verstehen. Dies folgt aus der Systematik des § 1043. Fehlt es – wie regelmäßig – an einer Festlegung durch die Parteien, so entscheidet das **Schiedsgericht.** Eine Übertragung der Entscheidung auf den Vorsitzenden nach § 1052 Abs. 3 ist zulässig.[11] Gegen einen Tagungsort im Ausland bestehen keine Bedenken, sofern damit nicht eine der Parteien benachteiligt wird (zB wegen eines Einreiseverbots oder wegen unverhältnismäßiger Kosten). 5

1044 *Beginn des schiedsrichterlichen Verfahrens* **[1]Haben die Parteien nichts anderes vereinbart, so beginnt das schiedsrichterliche Verfahren über eine bestimmte Streitigkeit mit dem Tag, an dem der Beklagte den Antrag, die Streitigkeit einem Schiedsgericht vorzulegen, empfangen hat. [2]Der Antrag muss die Bezeichnung der Parteien, die Angabe des Streitgegenstandes und einen Hinweis auf die Schiedsvereinbarung enthalten.**

I. Normzweck

Da das Schiedsgericht in der Regel bei Beginn des Verfahrens noch nicht konstituiert ist, ist die Einleitung eines Schiedsverfahrens zweiaktig ausgestaltet. In einem ersten Schritt wird lediglich beantragt, die Streitigkeit einem Schiedsgericht vorzulegen. Dabei ist eine Darlegung der Streitigkeit noch nicht erforderlich. Diese erfolgt dann in der Klagebegründung (dazu näher § 1046 Rn. 2). 1

II. Beginn des Schiedsverfahrens

1. Anforderungen an den Antrag. Nach § 1044 beginnt das Verfahren, wenn der Beklagte den **Antrag** empfangen hat, die **Streitigkeit einem Schiedsgericht vorzulegen.** Eine bestimmte Form ist nicht vorgeschrieben,[1] kann aber vereinbart werden. Dringend zu empfehlen ist eine Übermittlungsform, durch die sich der Zugangszeitpunkt nachweisen lässt. Der Antrag muss nach S. 2 neben der **Bezeichnung der Parteien** auch den **Streitgegenstand** angeben. Eine schlagwortartige Kennzeichnung des Lebenssachverhalts reicht aus. Maßgebend ist, ob sich der Beklagte auf Grund der Kennzeichnung darüber klar werden kann, um welchen Gegenstand es geht. Damit liegt es nahe, die in anderen Fällen zu der erforderlichen Individualisierung eines Anspruchs (beispielsweise im Mahnverfahren, vgl. § 690 Rn. 6) entwickelten Grundsätze heranzuziehen.[2] Die in der Begründung des Entwurfs[3] geäußerte Auffassung, zu fordern seien die zur Schlüssigkeit des Antrags erforderlichen Angaben, findet im Gesetz keine Stütze. Einen **bestimmten Antrag,** wie das Schiedsgericht in der Sache entscheiden möge, braucht der Antrag nach § 1044 **noch nicht** zu enthalten.[4] S. 2 verlangt weiterhin einen Hinweis auf die **Schiedsvereinbarung.** Diese braucht weder im Wortlaut beigefügt noch näher (durch Datum etc.) gekennzeichnet zu werden.[5] 2

2. Zeitpunkt des Verfahrensbeginns. Nach dem Wortlaut der Bestimmung beginnt das Schiedsverfahren mit dem Empfang des Antrags, dh mit seinem Zugang. Bei **unbekanntem Aufenthalt** ist § 1028 anwendbar. Angesichts der möglicherweise gravierenden Einschränkung des rechtlichen Gehörs sind an die Voraussetzung, dass der Aufenthalt einer Partei unbekannt ist, strenge Anforderungen zu stellen. Diese werden kaum geringer sein können als die an eine öffentliche Zustellung. Werden die Anforderungen nicht beachtet, so kommt die Aufhebung des Schiedsspruchs nach § 1059 Abs. 2 Nr. 1 Buchst. b und Nr. 2 Buchst. b in Betracht. 3

Soweit in einem **Scheck-** oder **Wechselprozess** das Schiedsgericht für das Nachverfahren zuständig ist (vgl. § 1029 Rn. 23), beginnt das Schiedsverfahren mit dem Antrag an das Schiedsgericht, dieses Verfahren zu betreiben (zur Notwendigkeit eines Antrags vgl. § 600 Rn. 2). 4

III. Hemmung der Verjährung

Die Hemmung der Verjährung bestimmt sich nach § 204 Abs. 1 Nr. 11 BGB (zum Übergangsrecht vgl. Art. 229 § 6 EGBGB). Diese Bestimmung stellt auf den **Beginn des schiedsrichterlichen Verfahrens** ab und verweist damit auf § 1044. Maßgebend ist damit der Zeitpunkt, in welchem der Beklagte den Antrag, die Streitigkeit dem Schiedsgericht vorzulegen, empfangen hat. Nicht erforderlich ist es, dass das Schiedsgericht bereits konstituiert ist oder der Kläger seinerseits bereits alles Erforderliche getan hat, um die Konstituierung 5

---

[11] MK/*Münch* Rn. 9.

[1] Vgl. *Schütze,* Schiedsverf., Rn. 166; MK/*Münch* Rn. 6; *St/J/Schlosser* Rn. 2; vgl. auch *Splittgerber,* Online-Schiedsgerichtsbarkeit in Deutschland und den USA, 2003, S. 41 ff., 44 f. (Klageerhebung per e-mail bei Vereinbarung der Entscheidung durch Cybercourt möglich); aA *B/L/H* Rn. 2 (Schriftform).

[2] MK/*Münch* Rn. 11.

[3] BT-Drucks. 13/5274 S. 48.

[4] AA MK/*Münch* Rn. 12 (wobei es ausreichen soll, wenn der Antrag dem Vortrag des Klägers zu entnehmen ist).

[5] MK/*Münch* Rn. 13.

voranzutreiben.[6] Auf der anderen Seite reicht es zur Hemmung der Verjährung nicht aus, die Konstituierung des Schiedsgerichts zu betreiben,[7] solange der Gegenpartei der Antrag nach § 1044 nicht zugegangen ist. Gerät das Verfahren in Stillstand, etwa deshalb, weil eine der Parteien ihren Schiedsrichter nicht benennt und der Gegner den Weg des § 1035 Abs. 3 S. 3 nicht beschreitet, so endet die Hemmung sechs Monate nach der letzten Verfahrenshandlung, § 204 Abs. 2 S. 2 BGB. Haben die Parteien eine von § 1044 **abweichende Regelung** getroffen (vgl. Rn. 8), so ist diese auch für den Beginn der Verjährungshemmung maßgebend. So kann der Eingang des Schiedsantrags bei einer Schiedsorganisation ausreichen, um die Verjährung zu hemmen.[8] Die in § 204 Abs. 1 Nr. 11 des Regierungsentwurfs des Schuldrechtsmodernisierungsgesetzes niedergelegte gegenteilige Formulierung[9] ist nicht Gesetz geworden. Reicht das Schiedsgericht die Schiedsklage ohne Zustellung zurück, weil es die Schiedsvereinbarung für unwirksam hält, so wird in der Literatur die Hemmung verneint.[10] Dem ist, sofern die Verfahrensvereinbarung wirksam ist, nicht zu folgen, denn § 204 BGB stellt auf den Beginn des Verfahrens und nicht auf die Zustellung ab. Auch in der Sache selbst spricht mehr für die Annahme einer Hemmung, wie der Vergleich mit der Klage vor einem offensichtlich unzuständigen staatlichen Gericht zeigt. Das Fehlen der Zustellung steht nicht entgegen, denn diese ist auch bei anderen Hemmungstatbständen nicht erforderlich, wie sich beispielsweise an § 204 Abs. 1 Nr. 8 BGB zeigt, der die Beauftragung eines Gutachters nach § 641 a BGB als Hemmungstatbestand ausreichen lässt.

IV. Weitere Folgen der Geltendmachung

6 Die Folgen, die **das materielle Recht neben der Hemmung der Verjährung** an den Eintritt der Rechtshängigkeit knüpft (zB §§ 286 Abs. 1 S. 2 Fall 1; 291, 292, 562b Abs. 2, §§ 864, 941, 987, 989, 994 BGB), treten ebenfalls mit dem Antrag nach § 1044 ein.[11] Dafür spricht nicht zuletzt die Überlegung, dass andernfalls der Beklagte durch zögerliche Besetzung des Schiedsgerichts den Eintritt der für ihn nachteiligen Folgen der Rechtshängigkeit hinauszögern könnte.

7 Nach Beginn des Schiedsverfahrens steht dieses der **Einleitung eines zweiten Schiedsverfahrens** über denselben Gegenstand entgegen (vgl. § 1042 Rn. 16).[12]

V. Parteivereinbarungen

8 Die Regelung steht zur Disposition der Parteien. Neben Vereinbarungen über die **Form des Antrags** ist insbesondere an Vereinbarungen zu denken, die das Verfahren mit der Einreichung der Schiedsklage **bei einer Schiedsinstitution** beginnen lassen. Soweit ein Ereignis als Beginn vereinbart wird, dessen Eintritt dem Beklagten nicht bekannt ist – etwa der Eingang des Antrags bei einer Schiedsinstitution – wird man die materiellrechtlichen Folgen (vgl. Rn. 6) erst mit dem Zeitpunkt eintreten lassen können, in welchem dem Beklagten die Mitteilung über die Durchführung des Schiedsverfahrens zugeht. Insbesondere die **materiellrechtlichen Regelungen** über die Haftungsverschärfung (zB § 818 Abs. 4 BGB) knüpfen daran an, dass der Beklagte angesichts der Rechtshängigkeit zu besonderer Sorgfalt verpflichtet ist. Dies setzt aber voraus, dass er von dem Beginn des Schiedsverfahrens Kenntnis erlangt.

1045 *Verfahrenssprache*

(1) [1]Die Parteien können die Sprache oder die Sprachen, die im schiedsrichterlichen Verfahren zu verwenden sind, vereinbaren. [2]Fehlt eine solche Vereinbarung, so bestimmt hierüber das Schiedsgericht. [3]Die Vereinbarung der Parteien oder die Bestimmung des Schiedsgerichts ist, sofern darin nichts anderes vorgesehen wird, für schriftliche Erklärungen einer Partei, mündliche Verhandlungen, Schiedssprüche, sonstige Entscheidungen und andere Mitteilungen des Schiedsgerichts maßgebend.

(2) Das Schiedsgericht kann anordnen, dass schriftliche Beweismittel mit einer Übersetzung in die Sprache oder die Sprachen versehen sein müssen, die zwischen den Parteien vereinbart oder vom Schiedsgericht bestimmt worden sind.

I. Normzweck

1 Gerade bei internationalen Schiedsverfahren kommt der Verfahrenssprache eine wesentliche Bedeutung zu. Die Regelung räumt der Parteivereinbarung den Vorrang ein; fehlt es an einer Vereinbarung, so bestimmt das Schiedsgericht die Verfahrenssprache.

---

[6] *Schroeter* SchiedsVZ 2004, 288, 292; *Wilke* RIW 2007, 189, 190; *Lachmann* Rn. 765; vgl. BT-Drucks. 14/6040 S. 116; zum bisher geltenden Recht vgl. auch *Sandrock*, Festschr. f. Böckstiegel, 2001, S. 671, 682 ff.; aA (zu § 220 BGB aF) *Berger* RIW 2001, 7, 11 (Verjährungsunterbrechung nach § 220 Abs. 2 BGB setze die Benennung des Schiedsrichters voraus); *Schreiber*, Festschr. f. Schütze, 1999, S. 807, 813; MK/*Münch* Rn. 17 (erforderlich sei Antragstellung und Mitwirkung an der Schiedsrichterbestimmung); *Schütze*, Schiedsverf., Rn. 166.

[7] So noch die Begründung des Entwurfs des SchiedsVfG BT-Drucks. 13/5274 S. 47 f.

[8] Vgl. Stellungnahme des Bundesrats, BT-Drucks. 14/6857 Anl. 2, S. 6, 8 und Gegenäußerung der Bundesregierung, BT-Drucks. 14/6857 Anl. 3, S. 42, 44 f.

[9] Danach stellte § 204 Abs. 1 Nr. 11 BGB auf den Empfang des Antrags, die Streitigkeit einem Schiedsgericht vorzulegen, ab, vgl. BT-Drucks. 14/6040.

[10] *Wilke* RIW 2007, 189, 193 f.

[11] *Schwab/Walter* Kap. 16 Rn. 6; *St/J/Schlosser* Rn. 4; *Zö/Geimer* Rn. 4; *Lachmann* Rn. 763.

[12] AA MK/*Münch* Rn. 15 (Schiedshängigkeit trete erst ein, wenn auch das Schiedsgericht konstituiert ist).

II. Verfahrenssprache

1. Bestimmung der Sprache. Eine Vereinbarung zwischen den **Parteien** bedarf keiner Form. Die Vereinbarung kann auch noch während des Verfahrens und auch in Änderung einer bereits durch das Schiedsgericht getätigten Festlegung getroffen werden.[1] Werden **mehrere Verhandlungssprachen** festgelegt, so sind sie im Zweifel alternativ vereinbart, so dass eine Übersetzung zwischen diesen Sprachen nicht erforderlich ist.[2] Fehlt es an einer Parteivereinbarung, so legt das **Schiedsgericht,** bei Kollegialschiedsgerichten das Kollegium, die Verfahrenssprache fest.[3] Eine Übertragung der Entscheidung auf den Vorsitzenden, § 1052 Abs. 3, ist zulässig. Eine Sprache, die nicht beiden Parteien geläufig ist, darf dabei vom Schiedsgericht nur bestimmt werden, wenn ein nur diese Sprache sprechender Schiedsrichter einverständlich bestellt wurde oder wenn der in Streit stehende Vertrag in dieser Sprache verfasst ist.[4] Bei der Auswahl der Verfahrenssprache muss zur Wahrung eines fairen Verfahrens ein Übergewicht einer Partei vermieden werden. 2

2. Umfang. Die Verfahrenssprache ist nach Abs. 1 S. 3 für die mündliche Verhandlung, für den Schriftwechsel mit dem Schiedsgericht und auch für die Abfassung des **Schiedsspruchs** maßgebend. Auch insoweit kann anderes vereinbart werden. Sofern der Schiedsspruch in einer anderen als der deutschen Sprache abgefasst ist, muss die **Vollstreckbarerklärung** den Inhalt des Schiedsspruchs in **deutscher Sprache** wiedergeben, denn für den durch das staatliche Gericht geschaffenen Vollstreckungstitel ist § 184 GVG maßgebend. 3

3. Fehlerfolgen. Wird in einer **anderen als der vereinbarten Sprache verhandelt** und wird dieser Mangel nicht geheilt, § 1027,[5] so kann durch die Wahl einer Sprache, deren nur eine der beiden Parteien mächtig ist, ein Aufhebungsgrund nach § 1059 Abs. 2 Nr. 1 Buchst. d gegeben sein. Dasselbe gilt, wenn eine Partei in einer mündlichen Verhandlung auf einen **Dolmetscher** angewiesen ist und dieser nicht zugelassen wird.[6] 4

III. Übersetzung schriftlicher Beweismittel

Abs. 2 räumt dem Schiedsgericht die Möglichkeit ein, bei schriftlichen Beweismitteln, die in einer anderen Sprache als der Verfahrenssprache verfasst sind, die **Beifügung einer Übersetzung** zu verlangen. Sind **mehrere Sprachen** als Verfahrenssprache vereinbart, so reicht mangels anderweitiger Vereinbarung die Übersetzung in eine der Sprachen aus.[7] Die dabei anfallenden **Kosten** sind Verfahrenskosten, während die Kosten für die Übersetzung aus der Verfahrenssprache in die Muttersprache einer Partei nicht zu den Kosten des Verfahrens zählen.[8] Wenn nicht alle Parteien der Sprache, in welcher das Beweismittel verfasst ist, mächtig sind, wird sich eine Anordnung nach Abs. 2 stets empfehlen. Unterbleibt sie, so muss der anderen Partei zumindest ausreichend Zeit gegeben werden, eine Übersetzung zu veranlassen.[9] 5

1046

Klage und Klagebeantwortung (1) [1]**Innerhalb der von den Parteien vereinbarten oder vom Schiedsgericht bestimmten Frist hat der Kläger seinen Anspruch und die Tatsachen, auf die sich dieser Anspruch stützt, darzulegen und der Beklagte hierzu Stellung zu nehmen.** [2]**Die Parteien können dabei alle ihnen erheblich erscheinenden Dokumente vorlegen oder andere Beweismittel bezeichnen, derer sie sich bedienen wollen.**

(2) **Haben die Parteien nichts anderes vereinbart, so kann jede Partei im Laufe des schiedsrichterlichen Verfahrens ihre Klage oder ihre Angriffs- und Verteidigungsmittel ändern oder ergänzen, es sei denn, das Schiedsgericht lässt dies wegen Verspätung, die nicht genügend entschuldigt wird, nicht zu.**

(3) **Die Absätze 1 und 2 gelten für die Widerklage entsprechend.**

I. Normzweck

Abs. 1 S. 1 zieht die Konsequenz daraus, dass zur Einleitung des schiedsgerichtlichen Verfahrens nach § 1044 ein Antrag ausreicht, der den Anforderungen an eine Klageerhebung nicht zu genügen braucht (vgl. § 1044 Rn. 2).[1] Durch Abs. 2 wird zum einen die **Zurückweisung verspätetet vorgebrachter Angriffs- und Verteidigungsmittel** zugelassen, zum anderen wird dem Schiedskläger eine sehr weit gehende Freiheit in der **Klageänderung** eingeräumt. 1

II. Klagebegründung und Klageerwiderung

Die Anforderungen an die Darlegung des Klägers **entsprechen** denen des **§ 253.** Da das Schiedsgericht zur Aufklärung des Sachverhalts befugt ist (vgl. § 1042 Rn. 21), setzt § 1046 Abs. 1 die **Schlüssigkeit** der 2

---

[1] AA MK/*Münch* Rn. 3 (weil damit die Zeitplanung durch das Schiedsgericht gefährdet sei; aber: die Parteien sind Herren des Verfahrens).

[2] Vgl. *Lachmann* Rn. 1409 (Übersetzung schriftlicher Beweismittel in eine der Sprachen reicht aus); MK/*Münch* Rn. 8.

[3] MK/*Münch* Rn. 4.

[4] Zum alten Recht: *St/J/Schlosser,* 21. Aufl. 1994, § 1034 aF Rn. 35.

[5] AA (keine Möglichkeit der Heilung) MK/*Münch* Rn. 9.

[6] Vgl. (Schiedsgericht muss Dolmetscher hinzuziehen) *Schwab/Walter* Kap. 16 Rn. 42.

[7] *Lachmann* Rn. 1409; *St/J/Schlosser* Rn. 3.

[8] *Schütze,* Schiedsverf., Rn. 192; *St/J/Schlosser* Rn. 3.

[9] *Schütze,* Schiedsverf., Rn. 192; zum alten Recht: BGH WM 1977, 948, 949.

[1] AA MK/*Münch* Rn. 2f. (Antrag nach § 1044 erfordere bereits diese Angaben).

Schiedsklage **nicht voraus.**[2] Sind die erforderlichen Angaben bereits im Antrag nach § 1044 enthalten, ist § 1046 für die Klagebegründung gegenstandslos. Ein **bestimmter Antrag** braucht **nicht** gestellt zu werden. Es reicht aus, wenn das Rechtsschutzbegehren klar wird,[3] denn Abs. 1 S. 1 verlangt zwar die Angabe des Anspruchs, nicht aber einen bestimmten Antrag. Es reicht aus, wenn sich durch Auslegung ergibt, dass ein Anspruch (zB ein Zinsanspruch) geltend gemacht wird.[4] Die Klage kann auf Leistung, Feststellung oder Gestaltung lauten, wobei durch die Schiedsabrede die Möglichkeiten der Gestaltung der schuldrechtlichen Beziehungen zwischen den Parteien durch den Schiedsspruch über das den staatlichen Gerichten erlaubte Maß erweitert werden können.[5] Die Feststellungsklage setzt zwar ein Rechtsschutzbedürfnis, nicht aber ein Feststellungsinteresse iSd. § 256 Abs. 1 voraus,[6] da eine Rücksichtnahme auf die knappen Ressourcen der staatlichen Rechtspflege bei der privaten Schiedsgerichtsbarkeit nicht erforderlich ist. Ein wirtschaftliches Interesse an der Feststellung reicht deshalb aus. Auf ein Feststellungsinteresse ganz zu verzichten, wäre nicht sachgerecht, da damit die Gegenpartei ohne Anlass einem Streit ausgesetzt wäre.[7]

3 Die **Frist zur Klagebegründung** kann von den Parteien formlos vereinbart werden oder wird vom Vorsitzenden des Schiedsgerichts gesetzt (vgl. § 1052 Rn. 10). Die Frist muss zur Wahrung rechtlichen Gehörs **angemessen** sein (zur Fehlerfolge vgl. Rn. 9; § 1048 Rn. 2). Es handelt sich **nicht um eine Ausschlussfrist** (zur Frage der Präklusion nach Abs. 2 vgl. Rn. 9f.). Die Ausgestaltung als Ausschlussfrist im Wege der Parteivereinbarung ist grundsätzlich möglich, muss aber dem Schiedskläger die Möglichkeit einräumen, auf die Klageerwiderung zu replizieren. Andernfalls ist der Anspruch auf rechtliches Gehör verletzt.

4 Geht die **Klagebegründung insgesamt** nicht fristgerecht ein, so wird das Verfahren nach § 1048 Abs. 1, § 1056 Abs. 2 Nr. 1 Buchst. a durch Beschluss beendet (vgl. dazu § 1056 Rn. 3), sofern nicht die Fristüberschreitung genügend entschuldigt wird oder die Parteien für den Fall der Fristüberschreitung etwas anderes vereinbart haben (vgl. § 1048 Rn. 1). Den zuletzt genannten Ausnahmen steht es gleich, wenn die vom Schiedsgericht (nicht die von den Parteien selbst) gesetzte Frist zu kurz war. Dabei ist zu berücksichtigen, dass die Initiative vom Kläger ausgegangen ist und er deshalb regelmäßig genug Gelegenheit hatte, die Klagebegründung vorzubereiten. In dem Beschluss wird zugleich über die Kosten des Verfahrens entschieden.[8]

III. Klagebeantwortung

5 Das Schiedsgericht kann – vorbehaltlich einer Parteivereinbarung – auch eine Frist zur **Klagebeantwortung** setzen. Diese Frist kann ihren Lauf **erst nach Eingang der Klagebegründung beginnen,** denn Abs. 1 S. 1 spricht davon, dass der Beklagte „hierzu" Stellung zu nehmen habe, und dies bezieht sich auf die Darlegung des geltend gemachten Anspruchs und der Tatsachen, auf die der Anspruch gestützt wird.

6 Geht die **Klageerwiderung insgesamt** nicht ein, so ist der Beklagte in einem Verfahren ohne mündliche Verhandlung an sich säumig, wobei die Säumnis außer Betracht bleibt, wenn sie genügend entschuldigt ist (§ 1048 Abs. 4). Dennoch ordnet § 1048 Abs. 2 an, dass in dem vom Schiedsgericht fortgesetzten Verfahren die vom Kläger aufgestellten und mangels Klageerwiderung unwidersprochen gebliebenen Behauptungen **nicht als zugestanden** gelten (vgl. § 1048 Rn. 3). Obwohl damit eine Zugeständnisfiktion ausgeschlossen ist, verletzt eine zu **kurz bemessene Klageerwiderungsfrist** den Grundsatz des rechtlichen Gehörs, denn das Schiedsgericht entscheidet nicht über Einwendungen, die der Beklagte bei ausreichend bemessener Frist möglicherweise in seiner Klageerwiderung vorgebracht hätte. Um sich auf die Verletzung des rechtlichen Gehörs später berufen zu können, ist eine **Rüge des Beklagten** notwendig, die der Präklusion nach § 1027 unterliegt.[9]

IV. Änderung oder Ergänzung der Angriffs- und Verteidigungsmittel

7 Wenn die Klagebegründung oder die Klagebeantwortung zwar fristgerecht eingehen, jedoch **maßgebender Tatsachenvortrag fehlt,** legt die Systematik des Gesetzes eine Zurückweisung des später Vorgebrachten nach Abs. 2 aE nahe. Eine Auslegung, die jedes Vorbringen als verspätet ansieht, das nicht bereits in der Klagebegründung oder der Klagebeantwortung enthalten ist, ist aber mit der moderaten Formulierung des Abs. 1 S. 2 kaum vereinbar. Diese strenge Folge war nach der Begründung des Entwurfs auch nicht gewollt. Dort wird im Gegenteil betont, dass häufig erst nach der Klagebeantwortung abzusehen ist, über welche Punkte im Einzelnen gestritten werden soll.[10] Man sollte deshalb die Regelung in Abs. 2 (dazu näher in Rn. 9ff.) unabhängig von Abs. 1 verstehen.

---

[2] *Zö/Geimer* Rn. 1; *St/J/Schlosser* Rn. 2; aA MK/*Münch* Rn. 4 (weit gehende Schlüssigkeit sei erforderlich).

[3] *T/P/Reichold* Rn. 2; *St/J/Schlosser* Rn. 2; aA (nach neuem Recht bestimmter Antrag erforderlich) *Lachmann* Rn. 1443; *Schwab/Walter* Kap. 16 Rn. 2; *B/L/H* Rn. 2; zum alten Recht wie hier *Wiecz/Sch/Schütze* § 1034 aF Rn. 27.

[4] Zum alten Recht: BGH DB 1959, 789; RGZ 149, 45, 49.

[5] *St/J/Schlosser* § 1029 Rn. 25; zum alten Recht: BGH WM 1976, 910, 911 (Festlegung der Miethöhe); NJW 1959, 1493, 1494 (Übereignungspflichten bei Erbauseinandersetzung); DB 1959, 789f.; LM § 1025 aF Nr. 14; vgl. auch OLG Koblenz MDR 1959, 130 (Gesellschaftsvertrag).

[6] *Schwab/Walter* Kap. 16 Rn. 1 (wirtschaftliches Interesse reicht als Feststellungsinteresse aus); zum alten Recht: RGZ 100, 118, 121; BGH WM 1976, 910, 912.

[7] *Schwab/Walter* Kap. 16 Rn. 1; vgl. auch *St/J/Schlosser* § 1042 Rn. 26.

[8] *Zö/Geimer* § 1056 Rn. 1.

[9] MK/*Münch* Rn. 9.

[10] BT-Drucks. 13/5274 S. 48.

Nach der Regelung in Abs. 1 S. 2 können die Parteien **Schriftstücke** vorlegen oder **andere Beweismittel** bezeichnen, deren sie sich bedienen wollen (zu den Besonderheiten der Aufrechnung vgl. § 1029 Rn. 24). Diese Bestimmung ist mit Rücksicht auf die Gepflogenheiten im angelsächsischen Rechtskreis aufgenommen worden; aus Sicht des deutschen Rechts enthält sie keine Besonderheiten. Werden derartige Beweismittel nicht in der Klagebegründung oder der Klagebeantwortung bezeichnet, so ist eine **Zurückweisung nach Abs. 2 nicht möglich** (vgl. Rn. 7).[11] § 1048 Abs. 3 greift ebenfalls nicht ein,[12] da jedenfalls durch § 1046 Abs. 1 S. 2 eine Frist zur Vorlegung des Schriftstücks nicht festgelegt wird. 8

V. Zurückweisung vorgebrachter Angriffs- und Verteidigungsmittel als verspätet

Nach Abs. 2 kann das Schiedsgericht Angriffs- und Verteidigungsmittel wegen Verspätung zurückweisen. Obwohl im Gesetz nicht ausdrücklich erwähnt, setzt dies angesichts des Anspruchs auf Gewährung rechtlichen Gehörs (§ 1042 Abs. 1 S. 2) voraus, dass die Partei nicht in einer vom Gericht gesetzten **angemessenen Frist** vorgetragen oder sie in grob nachlässiger Weise gegen die Last zur Verfahrensförderung verstoßen hat.[13] Das Nichtvorbringen in der Klagebegründung oder Klageerwiderung rechtfertigt nicht die Zurückweisung (vgl. Rn. 7). Anderes kann vereinbart werden. Die Verlängerung einer bereits versäumten Frist durch das Schiedsgericht stößt auf Bedenken,[14] soweit der Gegenpartei damit eine für sie günstige Verfahrenssituation entzogen wird. So verhält es sich, wenn die Fristverlängerung dazu dient, den Eintritt der Präklusionswirkung gegen den Willen der Gegenpartei zu vermeiden. 9

Nach Fristablauf vorgebrachte Angriffs- und Verteidigungsmittel dürfen nicht zurückgewiesen werden, wenn die **Verspätung** genügend **entschuldigt** ist. Zur Auslegung dieses Begriffs können die zu § 296 entwickelten Grundsätze (§ 296 Rn. 24 f.) herangezogen werden.[15] Im Gegensatz zu einem Zurückweisen durch das staatliche Gericht setzt die Regelung in Abs. 2 eine **Verzögerung** der Erledigung des Rechtsstreits **nicht voraus.** Tritt aber eine Verzögerung offenkundig nicht ein, so wird das Schiedsgericht den Grundsatz des rechtlichen Gehörs missachten, wenn es allein wegen der für die Erledigung der Sache folgenlosen Verspätung und damit ohne rechtfertigenden sachlichen Grund ein Vorbringen nicht zulässt.[16] 10

VI. Klageänderung

Abs. 2 knüpft die Klageänderung anders als § 263 **weder an die Zustimmung des Beklagten noch an eine Sachdienlichkeitsentscheidung des Schiedsgerichts.**[17] Hinsichtlich des neuen Klageziels muss die **Zuständigkeit des Schiedsgerichts** begründet sein (zum Antrag nach § 1032 Abs. 2 vgl. § 1032 Rn. 11). Jedoch ist § 1031 Abs. 6 anwendbar, wenn sich der Beklagte auf die geänderte Klage eingelassen hat. 11

Erfordert die Klageänderung neues Verteidigungsvorbringen, so muss dem **Beklagten** ausreichend **Zeit zur Vorbereitung** eingeräumt werden. Andernfalls droht die Aufhebung des Schiedsspruchs nach § 1059 Abs. 2 Nr. 1 Buchst. b. Führt die Klageänderung dazu, dass ein **Gegenstand des Schiedsverfahrens** aus dem Verfahren **ausscheidet,** so wird damit das Recht des Beklagten auf eine Entscheidung über den geltend gemachten Anspruch beeinträchtigt, da er die Abweisung der Klage in dem bereits laufenden Schiedsverfahren nicht mehr erreichen kann. Die in § 1056 Abs. 2 Nr. 1 Buchst. b enthaltene Wertung über die **Klagerücknahme** ist deshalb **ergänzend heranziehen** mit der Folge, dass das Schiedsgericht bei einer Klageänderung, der der Beklagte widersprochen hat, über den ursprünglich geltend gemachten Anspruch noch entscheiden kann, wenn es ein Interesse des Beklagten an der endgültigen Beilegung der Streitigkeit anerkennt (zu der entsprechenden Frage bei der Klageänderung nach § 263 vgl. § 264 Rn. 6). 12

Nach Abs. 2 kann die Klageänderung **wegen Verspätung zurückgewiesen** werden. Da eine Frist insoweit nicht gesetzt wird, kommt es für die Frage der Verspätung darauf an, ob bei sorgfältiger und auf Verfahrensförderung bedachter Prozessführung die Klage früher hätte geändert werden müssen.[18] Wird die Klage einverständlich geändert, scheidet eine solche Zurückweisung angesichts der Vorrangstellung der Parteien in der privaten Schiedsgerichtsbarkeit aus.[19] Fehlt es an der Zustimmung des Beklagten, so wird eine sachdienliche Klageänderung auch bei Verspätung kaum vom Schiedsgericht zurückgewiesen werden können.[20] 13

---

[11] MK/*Münch* Rn. 10.

[12] So die Bergründung BT-Drucks. 13/5274 S. 48; der Entwurf hatte in § 1046 Abs. 1 S. 2 den Begriff „sollen" vorgesehen; im Gesetz heißt es „können".

[13] MK/*Münch* Rn. 18; *Zö/Geimer* Rn. 3; *St/J/Schlosser* Rn. 4; *T/P/Reichold* Rn. 9.

[14] Restriktiv auch *Schwab/Walter* Kap. 16 Rn. 37; deutlich großzügiger *St/J/Schlosser* Rn. 4 (Präklusion nur, wenn auf diese Folge ausdrücklich hingewiesen wurde, sonst erst nach Rüge und erfolgloser Aufforderung durch das Schiedsgericht).

[15] Für eine großzügige Handhabung (keine Beweiserhebung) *Lachmann* Rn. 1671.

[16] So iE auch (im Maßstab großzügiger: wenn Zulassung voraussichtlich nicht verzögert) *Zö/Geimer* Rn. 3.

[17] MK/*Münch* Rn. 14; *Schwab/Walter* Kap. 16 Rn. 29; *St/J/Schlosser* Rn. 4; aA *Lachmann* Rn. 1452.

[18] *T/P/Reichold* Rn. 9; *St/J/Schlosser* Rn. 4 (Sachdienlichkeit der Änderung könne im Rahmen des Zulassungsermessens trotz Verspätung berücksichtigt werden).

[19] Vgl. BT-Drucks. 13/5274 S. 49.

[20] Vgl. *Lachmann* Rn. 1452; MK/*Münch* Rn. 14.

VII. Widerklage

14 **1. Voraussetzungen.** Für die Widerklage erklärt Abs. 3 die Regelungen in Abs. 1 und 2 für entsprechend anwendbar. Die Widerklage ist zulässig, sofern die **schiedsgerichtliche Zuständigkeit** auch für den widerklagend geltend gemachten Anspruch besteht[21] oder begründet wird und die Besetzung des Schiedsgerichts den Anforderungen auch dieser Schiedsabrede entspricht.[22] Sofern für den widerklagend geltend gemachten Anspruch Verfahrensvereinbarungen bereits getroffen wurden – etwa durch Verweisung in der Schiedsvereinbarung auf eine Schiedsordnung – ist die Widerklage nur zulässig, wenn diese Vorgaben in dem bereits anhängigen Verfahren beachtet werden können. Zur Frage, ob rügeloses Einlassen auf die Widerklage ausreicht,[23] vgl. § 1031 Rn. 14. Die Widerklage gegen Dritte[24] ist nur zulässig, wenn alle Beteiligten zustimmen oder die in § 1029 Rn. 9 genannten Voraussetzungen erfüllt sind. Die **Zustimmung der Schiedsrichter** ist nach der Regelung des § 1046 **nicht erforderlich.**[25] Man wird aber den Schiedsrichtern das Recht zur Kündigung des Schiedsrichtervertrags aus wichtigem Grund einräumen müssen, wenn ihnen angesichts der Erweiterung des Streits eine Fortsetzung der Schiedsrichtertätigkeit nicht zugemutet werden kann.

15 Die **Erhebung der Widerklage** selbst kann **nicht nach Abs. 2 als verspätet zurückgewiesen** werden.[26] Die Verweisung in Abs. 3 auf Abs. 2 ist vielmehr nur auf die Änderung der Widerklage zu beziehen. Weist das Schiedsgericht die Widerklage dennoch als verspätet erhoben zurück, so wird eine Aufhebung des Schiedsspruchs über die Hauptklage gleichwohl kaum in Betracht kommen, da es sich bei der Widerklage nicht um ein Angriffs- oder Verteidigungsmittel handelt und § 1059 Abs. 2 Nr. 1 Buchst. b damit nicht anwendbar ist. Angesichts der Wertung in § 1059 Abs. 2 Nr. 1 Buchst. c Halbs. 2 ist es auch konsequent, dass eine Aufhebung bei einem teilbaren Streitgegenstand unterbleibt, wenn der Mangel nur den Teil betrifft, dessen Aufhebung nicht beantragt wird.

16 **2. Entscheidung.** Über Haupt- und Widerklage kann gesondert durch **Teilschiedsspruch** entschieden werden, vgl. auch § 1054 Rn. 2.

17 **3. Disponibilität.** Die Parteien können vereinbaren, dass im Schiedsverfahren Widerklagen ausgeschlossen sind.

1047 *Mündliche Verhandlung und schriftliches Verfahren*

(1) [1]Vorbehaltlich einer Vereinbarung der Parteien entscheidet das Schiedsgericht, ob mündlich verhandelt werden soll oder ob das Verfahren auf der Grundlage von Dokumenten und anderen Unterlagen durchzuführen ist. [2]Haben die Parteien die mündliche Verhandlung nicht ausgeschlossen, hat das Schiedsgericht eine solche Verhandlung in einem geeigneten Abschnitt des Verfahrens durchzuführen, wenn eine Partei es beantragt.

(2) Die Parteien sind von jeder Verhandlung und jedem Zusammentreffen des Schiedsgerichts zu Zwecken der Beweisaufnahme rechtzeitig in Kenntnis zu setzen.

(3) Alle Schriftsätze, Dokumente und sonstigen Mitteilungen, die dem Schiedsgericht von einer Partei vorgelegt werden, sind der anderen Partei, Gutachten und andere schriftliche Beweismittel, auf die sich das Schiedsgericht bei seiner Entscheidung stützen kann, sind beiden Parteien zur Kenntnis zu bringen.

I. Normzweck

1 Die Bestimmung konkretisiert den Grundsatz des **rechtlichen Gehörs** (vgl. § 1042 Abs. 1 S. 2) für die Frage der mündlichen Verhandlung und der Information der Parteien.

II. Anordnung einer mündlichen Verhandlung

2 **1. Entscheidung über die Durchführung einer mündlichen Verhandlung.** Die **Parteien** können festlegen, ob eine mündliche Verhandlung stattfinden soll oder nicht (anders im arbeitsrechtlichen Schiedsverfahren, § 105 Abs. 2 S. 1 ArbGG).[1] Ist nichts vereinbart, so entscheidet das **Schiedsgericht,** ob mündlich verhandelt wird oder nicht, wobei eine mündliche Verhandlung stattfinden muss, wenn **eine Partei** dies **beantragt** (zur

---

[21] *Stolzke,* Aufrechnung und Widerklage in der Schiedsgerichtsbarkeit, 2006, S. 121; MK/*Münch* Rn. 21; vgl. *Schwab/Walter* Kap. 16 Rn. 31, der aber eine Widerklage nur bei einem – nicht notwendigerweise rechtlichen – Zusammenhang zulassen will, wobei das Unterfallen unter eine einheitliche Schiedsabrede ausreichen soll; weiter gehend (bei rechtlichem oder tatsächlichem Zusammenhang kann Widerbeklagter sich nicht darauf berufen, dass Schiedsabrede für diesen Anspruch nicht besteht) *Zö/Geimer* Rn. 5; wie hier (zum alten Recht): BGH WM 1976, 910, 912; OLG Hamburg MDR 1965, 54.

[22] *Zö/Geimer* Rn. 4; *St/J/Schlosser* Rn. 3 (wenn Besetzung der Abrede entspricht, sei die Berufung darauf ausgeschlossen, der Kläger habe den Schiedsrichter nur für die Klage ernannt); vgl. zum alten Recht: OLG Hamburg RIW 1975, 645.

[23] So die Begründung des Entwurfs BT-Drucks. 13/5274 S. 49.

[24] Ausführlich *Kleinschmidt* SchiedsVZ 2006, 142 ff.; vgl. auch *Hamann/Lennarz* SchiedsVZ 2006, 289, 293 (aber keine isolierte Drittwiderklage).

[25] Vgl. *Schwab/Walter* Kap. 16 Rn. 31 (jedenfalls nicht bei Zusammenhang zwischen Klage und Widerklage).

[26] *Stolzke,* Aufrechnung und Widerklage in der Schiedsgerichtsbarkeit, 2006, S. 128 (mit Nachweisen zu strengeren Schiedsverfahrensordnungen); MK/*Münch* Rn. 20 aE.

[1] Die dort vorgesehene mündliche Anhörung zwingt iE zur mündlichen Verhandlung, vgl. zum alten Recht: *St/J/Schlosser* § 1034 aF Rn. 46.

Nichtöffentlichkeit der Verhandlung vgl. § 1042 Rn. 31).[2] Dabei reicht es aus, wenn in einem geeigneten Verfahrensabschnitt eine mündliche Verhandlung stattfindet, es muss nicht insgesamt mündlich verhandelt werden. Kommt das Schiedsgericht dem entsprechenden **Antrag** einer Partei **nicht nach,** so kann dies das rechtliche Gehör beeinträchtigen mit der Folge der Aufhebbarkeit des Schiedsspruchs nach § 1059 Abs. 2 Nr. 1 Buchst. d.[3] Die Verhandlung vor dem Schiedsgericht im Wege der Bild- und Tonübertragung kann eine mündliche Verhandlung ersetzen, wenn beide Parteien einverstanden sind (vgl. auch § 1042 Rn. 13).[4] Soweit eine mündliche Verhandlung nicht erforderlich ist, kann das Schiedsgericht auch ohne dieses Einverständnis eine Verhandlung im Wege der Bild- und Tonübertragung anordnen.

2. Vortrag durch Schriftsätze. Auch wenn mündlich verhandelt wird, ist das **schriftsätzlich Vorgetragene** ohne weitere Bezugnahme in das Verfahren **eingeführt.**[5] Das vor dem staatlichen Gericht geltende Mündlichkeitsprinzip gilt vor dem Schiedsgericht nicht. 3

3. Verstoß gegen Parteivereinbarungen. Haben die **Parteien** eine mündliche Verhandlung **ausgeschlossen** und verhandeln beide Parteien in einer dennoch anberaumten mündlichen Verhandlung, so liegt darin eine stillschweigende Änderung der Vereinbarung;[6] jedenfalls fehlt es im Aufhebungsverfahren an der Kausalität des Verfahrensverstoßes für den Inhalt der Entscheidung. Weigert sich eine Partei, an einer solchen abredewidrig anberaumten Verhandlung teilzunehmen, so dürfen daran Rechtsnachteile (insbesondere § 1048) nur geknüpft werden, wenn die Partei nach Treu und Glauben verpflichtet war, sich auf eine Änderung der Vereinbarung einzulassen. Das wird insbesondere dann der Fall sein, wenn andernfalls rechtliches Gehör nicht ausreichend gewährt werden kann und deshalb die Gefahr der Aufhebung des Schiedsspruchs besteht.[7] 4

III. Information der Parteien

Die Regelungen in Abs. 2 und 3 dienen dazu, den Parteien die Wahrnehmung ihrer Interessen im Schiedsverfahren zu ermöglichen. Sie verwirklichen den Grundsatz des rechtlichen Gehörs (vgl. § 1042 Rn. 3 ff.) und unterliegen **nicht der Parteidisposition.**[8] Bei Missachtung der Regelungen kommt die **Aufhebung des Schiedsspruchs** nach § 1059 Abs. 2 Nr. 1 Buchst. b in Betracht. Die **Beweisaufnahme** selbst ist im Gesetz nicht näher geregelt; zu Einzelfragen vgl. § 1042 Rn. 21 ff. 5

1048 *Säumnis einer Partei*

(1) Versäumt es der Kläger, seine Klage nach § 1046 Abs. 1 einzureichen, so beendet das Schiedsgericht das Verfahren.

(2) Versäumt es der Beklagte, die Klage nach § 1046 Abs. 1 zu beantworten, so setzt das Schiedsgericht das Verfahren fort, ohne die Säumnis als solche als Zugeständnis der Behauptungen des Klägers zu behandeln.

(3) Versäumt es eine Partei, zu einer mündlichen Verhandlung zu erscheinen oder innerhalb einer festgelegten Frist ein Dokument zum Beweis vorzulegen, so kann das Schiedsgericht das Verfahren fortsetzen und den Schiedsspruch nach den vorliegenden Erkenntnissen erlassen.

(4) [1]Wird die Säumnis nach Überzeugung des Schiedsgerichts genügend entschuldigt, bleibt sie außer Betracht. [2]Im Übrigen können die Parteien über die Folgen der Säumnis etwas anderes vereinbaren.

I. Normzweck

Die Vorschrift regelt die Folgen, wenn eine Partei **Fristen versäumt.** Auch in dieser Frage räumt das Gesetz der **Parteivereinbarung Vorrang** ein. Diese kann die Folgen der Säumnis festlegen, wobei es nach Abs. 4 S. 1 ausgeschlossen ist, an die **unverschuldete Fristversäumnis** Folgen zu knüpfen. Geschieht dies dennoch, so ist in der Regel der Anspruch auf Gewährung rechtlichen Gehörs verletzt (vgl. § 1059 Rn. 13). 1

II. Versäumung der Klagebegründungsfrist, Abs. 1

Fehlt es an einer Parteivereinbarung, so soll das Schiedsgericht nach Abs. 1 das Schiedsverfahren beenden (vgl. § 1056 Rn. 3), wenn der Kläger es versäumt, seine **Klage** nach § 1046 Abs. 1 **einzureichen** und die Säumnis nicht genügend entschuldigt wird (Abs. 4 S. 1). Durch die Verweisung auf § 1046 Abs. 1 wird auch die dort genannte Frist in Bezug genommen, so dass die Voraussetzungen für die Beendigung des Schiedsverfahrens auch dann erfüllt sind, wenn die Klageschrift nach Fristablauf noch eingeht. Da mit der Beendi- 2

---

[2] Zum alten Recht: BGH NJW 1994, 2155, 2156 (nachträglicher Verzicht möglich); sehr weitgehend *Schwab/Walter* Kap. 16 Rn. 32 (in aller Regel mündliche Verhandlung, nur bei besonderem sachlichen Grund entbehrlich).

[3] *Schwab/Walter* Kap. 16 Rn. 32; MK/*Münch* Rn. 1; im konkreten Fall verneinend OLG Naumburg NJW-RR 2003, 71, 72 (keine Versagung des rechtlichen Gehörs, wenn Gelegenheit zur schriftlichen Äußerung bestand).

[4] *Splittgerber,* Online-Schiedsgerichtsbarkeit in Deutschland und den USA, 2003, S. 75 (Videokonferenz könne mündliche Verhandlung ersetzen); vgl. MK/*Münch* Rn. 4 (mangels besonderer Vereinbarung besteht Anspruch auf Möglichkeit des Erscheinens, nicht nur des virtuellen Präsentseins).

[5] MK/*Münch* Rn. 2; *St/J/Schlosser* Rn. 1.

[6] Vgl. MK/*Münch* Rn. 3 (rügelose Einlassung nach § 1027).

[7] Vgl. auch BT-Drucks. 13/5274 S. 49 (in Ausnahmefällen könne auch bei Ausschluss einer mündlichen Verhandlung durch Parteivereinbarung zur Wahrung des rechtlichen Gehörs eine mündliche Verhandlung geboten sein).

[8] MK/*Münch* Rn. 5, 7; *St/J/Schlosser* Rn. 3.

gung des Schiedsverfahrens erhebliche Konsequenzen verbunden sind (vergeblich aufgewendete Kosten, Undurchführbarkeit der Schiedsabrede), widerspricht dieses Ergebnis der Interessenlage aller Beteiligten. Das Schiedsgericht muss deshalb zum einen der Frage der **Entschuldigung** der Säumnis (Abs. 4) sorgfältig nachgehen, zum anderen muss es den Parteien **Gelegenheit geben,** auch in diesem Verfahrensstadium noch eine **Vereinbarung** nach Abs. 4 S. 2 zu schließen, um so die Beendigung des Verfahrens zu vermeiden.[1] Hält das Schiedsgericht die Versäumung **zu Unrecht für entschuldigt,** so kann dies die Aufhebung des Schiedsspruchs nicht rechtfertigen.

III. Versäumung der Klagebeantwortungsfrist, Abs. 2

3 Die Versäumung der Frist zur Klagebeantwortung führt nach Abs. 2 **nicht** dazu, dass die vom Kläger behaupteten **Tatsachen als zugestanden** angesehen werden dürfen. Das Schiedsgericht muss deshalb die Behauptungen des Klägers auch **in tatsächlicher Hinsicht prüfen** und ggf. die zur Bildung der erforderlichen Überzeugung notwendigen **Beweise erheben.** Im Einzelfall kann sich jedoch aus den Umständen ergeben, dass der Beklagte auf die Klage nicht geantwortet hat, weil er dem Vortrag des Klägers nicht widersprechen will.[2] Geht die Klagebeantwortung **nach Fristablauf ein,** so ist dies regelmäßig sanktionslos, denn weder ist der Beklagte mit diesem Vorbringen ausgeschlossen (vgl. § 1046 Rn. 6), noch gilt das vom Kläger Behauptete als zugestanden.

IV. Fortsetzung des Verfahrens trotz Säumnis in mündlicher Verhandlung, Abs. 3

4 Die Regelung in Abs. 3 sieht vor, dass das Schiedsgericht bei **Säumnis einer Partei** in der mündlichen Verhandlung das Verfahren fortsetzen kann. Die damit verbundene Benachteiligung der abwesenden Partei ist nur gerechtfertigt, wenn sie rechtzeitig nach § 1047 Abs. 2 von dem Termin **in Kenntnis gesetzt** wurde[3] und ohne genügende **Entschuldigung** (Abs. 4 S. 1) nicht erschienen ist. Wird in Abwesenheit einer Partei verhandelt, obwohl diese Voraussetzungen nicht erfüllt sind, und ist der Mangel auch nicht geheilt worden, so kommt eine Aufhebung des Schiedsspruchs nach § 1059 Abs. 2 Nr. 1 Buchst. b und d in Betracht.

5 Bei der in Abs. 3 weiterhin vorgesehenen Möglichkeit, einen **Schiedsspruch nach den vorliegenden Erkenntnissen** zu erlassen, ist zu beachten, dass die vom Schiedskläger behaupteten Tatsachen **nicht als zugestanden angesehen** werden.[4] Soweit das Schiedsgericht eine entscheidungserhebliche Tatsache als streitig ansieht, ist deshalb Beweis zu erheben (vgl. Rn. 3). Durch die Formulierung, das Schiedsgericht könne auf der Grundlage der vorliegenden Erkenntnisse entscheiden, wird nur klargestellt, dass trotz der Säumnis entschieden werden kann, es sollte aber nicht zum Ausdruck gebracht werden, dass eine solche Beweisaufnahme entbehrlich ist (zur Beweiswürdigung, wenn die Mitwirkung an der Beweisaufnahme verweigert wird, vgl. § 1042 Rn. 27; zum rechtlichen Gehör über das Ergebnis der Beweisaufnahme vgl. § 1042 Rn. 3). Da § 330 nicht anwendbar ist, kann der Schiedsklage auch bei **Säumnis des Klägers** auf der Grundlage der vorliegenden Erkenntnisse stattgegeben werden, sofern die Säumnis nicht als Klagerücknahme oder als Klageverzicht zu werten ist. Bei **Säumnis des Beklagten** muss das Schiedsgericht den geltend gemachten Anspruch unter Berücksichtigung des früheren – auch außerprozessualen – Vorbringens des Beklagten prüfen.[5]

6 Entsprechendes gilt für den Fall, dass ein **Schriftstück** entgegen einer vom Schiedsgericht gesetzten oder von den Parteien vereinbarten Frist nicht zum Beweis vorgelegt wird (vgl. § 1042 Rn. 25, 27). Das Schiedsgericht kann das **Schriftstück unberücksichtigt** lassen, soweit die Vorlegungsfrist angemessen war und die Säumnis nicht genügend entschuldigt wird (Abs. 4 S. 1).

V. Entschuldigung der Säumnis, Abs. 4 S. 1

7 Die Säumnis bleibt nach Abs. 4 S. 1 außer Betracht, wenn sie nach Überzeugung des Schiedsgerichts genügend entschuldigt ist. Dies trägt dem Anspruch auf Gewährung rechtlichen Gehörs Rechnung, so dass durch Parteivereinbarung **nicht abgewichen** werden kann. Entscheidend für die Frage der Entschuldigung ist die Überzeugung des Schiedsgerichts, so dass auch der **Maßstab vom Schiedsgericht bestimmt** wird.[6] Die zu § 296 entwickelten Grundsätze (§ 296 Rn. 24f.) können als Anhaltspunkte herangezogen werden. Hält das Schiedsgericht die **Säumnis für entschuldigt,**[7] so werden Schriftstücke, die nicht fristgerecht iSd. Abs. 3 vorgelegt wurden, noch berücksichtigt, eine Verhandlung, die in Abwesenheit einer Partei durchgeführt wurde, wird wiederholt oder es wird zumindest Gelegenheit gegeben, zu den gewonnenen Ergebnis-

---

[1] MK/*Münch* Rn. 23 aE; die dort geforderte Gewährung rechtlichen Gehörs bezüglich des Entschuldigungsgrunds ist in dieser Aufforderung letztlich enthalten.

[2] Diesen Fall hebt die Begründung des Gesetzentwurfs hervor, BT-Drucks. 13/5274 S. 50; so auch *Lachmann* Rn. 1658; ähnlich *Schwab/Walter* Kap. 16 Rn. 53 (Beweiserhebung nur, wenn Grund zum Zweifel); MK/*Münch* Rn. 5; enger *St/J/Schlosser* Rn. 3 (Kernaussagen der Klage müssen durch Unterlagen belegt oder durch Beweisaufnahme nachgewiesen werden).

[3] MK/*Münch* Rn. 6.

[4] MK/*Münch* Rn. 10.

[5] BT-Drucks. 13/5274 S. 50; so auch *Lachmann* Rn. 1660ff.; Schiedsordnungen sehen ergänzend zT vor, das Schiedsgericht dürfe annehmen, dass die säumige Partei keine weiteren Erklärungen abzugeben hat, vgl. *Nagel,* Festschr. f. Schwab, 1990, S. 367, 377 (zum alten Recht).

[6] AA MK/*Münch* Rn. 21 (überwiegende Wahrscheinlichkeit); *Lachmann* Rn. 1669 (verkehrsübliche Sorgfalt).

[7] Für eine großzügige Handhabung (keine Beweisaufnahme zur Frage des Entschuldigungsgrundes) *Lachmann* Rn. 1671; ebenso *St/J/Schlosser* Rn. 5.

sen Stellung zu nehmen und darüber noch einmal zu verhandeln. Hält das Schiedsgericht die **Säumnis für nicht entschuldigt** und weist es deshalb Vorbringen oder Beweise zurück, so kommt eine Aufhebung des Schiedsspruchs wegen Verletzung des Anspruchs auf Gewährung rechtlichen Gehörs in Betracht, wenn das Schiedsgericht den Begriff der Entschuldigung verkannt hat.

Problematisch sind die Fälle, in denen sich erst **nach der Entscheidung** des Schiedsgerichts herausstellt, dass ein Entschuldigungsgrund iSd. Abs. 4 gegeben war. Soweit ein **Beendigungsbeschluss nach Abs. 1** ergangen ist, kann das Schiedsgericht diesen trotz § 1056 Abs. 3 jedenfalls bei allseitigem Einverständnis aufheben, denn es handelt sich um ein privates Schiedsverfahren und nichts steht entgegen, seine Fortsetzung zu vereinbaren. Man sollte es aber auch zulassen, dass das Schiedsgericht in diesem Fall seinen Beendigungsbeschluss auf Antrag der nur scheinbar säumigen Partei aufhebt,[8] denn dieser ist zu Unrecht ergangen und da es sich nicht um einen Schiedsspruch handelt, steht § 1059 einer Aufhebung durch das Schiedsgericht nicht entgegen. Soweit eine Frist versäumt wurde, ohne dass das Schiedsgericht das Verfahren beendet hat, kann das unberechtigt Zurückgewiesene nunmehr noch berücksichtigt werden. Ist allerdings bereits ein **Schiedsspruch ergangen,** kann das Schiedsgericht diesen nicht wieder beseitigen und neu entscheiden, denn der Schiedsspruch steht einem rechtskräftigen Urteil gleich und unterliegt damit richtiger Ansicht nach auch nicht der Disposition der Parteien (vgl. § 1055 Rn. 6). Es bleibt in diesen Fällen nur die Aufhebung des Schiedsspruchs durch das staatliche Gericht.[9] 8

VI. Parteivereinbarungen, Abs. 4 S. 2

Die Parteien können die **Folgen der Säumnis** anderweitig regeln, Abs. 4 S. 2. Die Vereinbarung bedarf keiner Form (§ 1031 Rn. 2). Sie kann auch noch nach Eintritt der Säumnis geschlossen werden. Die Möglichkeit der Entschuldigung und die damit verbundene Beseitigung möglicher negativer Folgen der Säumnis kann nach Abs. 4 S. 2 nicht wirksam abbedungen werden. Die Vereinbarung, bei unentschuldigter Säumnis sei nach §§ 330, 331 vorzugehen, ist wirksam, auch wenn sie wegen des Fehlens der Einspruchsmöglichkeit deutlich gravierendere Folgen hat als im Verfahren vor dem staatlichen Gericht.[10] 9

1049 ***Vom Schiedsgericht bestellter Sachverständiger*** (1) [1]**Haben die Parteien nichts anderes vereinbart, so kann das Schiedsgericht einen oder mehrere Sachverständige zur Erstattung eines Gutachtens über bestimmte vom Schiedsgericht festzulegende Fragen bestellen.** [2]**Es kann ferner eine Partei auffordern, dem Sachverständigen jede sachdienliche Auskunft zu erteilen oder alle für das Verfahren erheblichen Dokumente oder Sachen zur Besichtigung vorzulegen oder zugänglich zu machen.**

(2) [1]**Haben die Parteien nichts anderes vereinbart, so hat der Sachverständige, wenn eine Partei dies beantragt oder das Schiedsgericht es für erforderlich hält, nach Erstattung seines schriftlichen oder mündlichen Gutachtens an einer mündlichen Verhandlung teilzunehmen.** [2]**Bei der Verhandlung können die Parteien dem Sachverständigen Fragen stellen und eigene Sachverständige zu den streitigen Fragen aussagen lassen.**

(3) **Auf den vom Schiedsgericht bestellten Sachverständigen sind die §§ 1036, 1037 Abs. 1 und 2 entsprechend anzuwenden.**

I. Normzweck

Die Regelung betrifft die Zuziehung von Sachverständigen. Dabei wird zum einen die **Information des Sachverständigen** behandelt (Abs. 1 S. 2), zum anderen werden die zur **Sicherung des rechtlichen Gehörs** der Parteien notwendigen Bestimmungen getroffen (Abs. 2). Abs. 3 ermöglicht die **Ablehnung** vom Gericht bestellter Sachverständiger, wobei dieses Verfahren vor dem Schiedsgericht stattfindet. Das staatliche Gericht wird mit der Befangenheit des Sachverständigen erst im Aufhebungs- bzw. Vollstreckbarerklärungsverfahren befasst (vgl. Rn. 7). Durch die Regelung in Abs. 2 S. 2 und die Beschränkung der Ablehnungsmöglichkeit auf Sachverständige, die vom Gericht bestellt wurden, deutet das Gesetz den Unterschied zu den **Parteisachverständigen** an. Zu allgemeinen Fragen der Beweisaufnahme vgl. § 1042 Rn. 21 ff. (dort auch zur Verwertung von Privatwissen des Schiedsrichters). 1

II. Sachverständigenverfahren

1. Beauftragung durch das Gericht. Soweit es sich nicht um Parteisachverständige handelt (vgl. Rn. 11), erteilt das Gericht dem Sachverständigen den Gutachtenauftrag.[1] Ein **Antrag einer Partei** ist **nicht erforderlich.** Zugleich mit der Beauftragung schließt der Schiedsrichter als Vertreter beider Parteien den Werkvertrag über die Erstattung des Gutachtens (dazu näher Rn. 8 f.). Die Parteien können die Beauftragung eines Sachverständigen durch **formlose Vereinbarung ausschließen** (vgl. Abs. 2 S. 1). Fehlt dem Schiedsgericht die Sachkunde (zur Verwertung privaten Wissens vgl. § 1042 Rn. 18), schließen die Parteien zugleich ein 2

---

[8] AA MK/*Münch* Rn. 23; *Lachmann* Rn. 1667.

[9] MK/*Münch* Rn. 20.

[10] *Raeschke-Kessler/Berger* Rn. 719; MK/*Münch* Rn. 13; *Zö/Geimer* Rn. 5 (der aber offenbar ein Einspruchsverfahren zulassen möchte); zum alten Recht: *Massuras,* Dogmatische Strukturen der Mehrparteienschiedsgerichtsbarkeit, 1998, S. 371.

[1] Zu praktischen Problemen vgl. *Lörcher,* Festschr. f. Böckstiegel, 2001, S. 485 ff.

Gutachten aus und bestellen auch keinen Parteisachverständigen, so besteht ein wichtiger Grund zur Kündigung des Schiedsrichtervertrags, sofern die Parteien die zu klärende Frage nicht unstreitig stellen. Die Parteien können vereinbaren, dass Sachverständige nur **zu bestimmten Fragen** gehört werden oder nur Personen als Sachverständige in Betracht kommen, die über bestimmte Qualifikationen verfügen. Begründet eine solche Vereinbarung ein **Übergewicht einer Partei** – zB weil nur bestimmte, einer Partei nahe stehende Sachverständige beauftragt werden dürfen – so wird man die Wertung § 1034 Abs. 2 entsprechend heranziehen müssen. Da die Besetzung des Schiedsgerichts selbst von dieser Vereinbarung nicht betroffen ist, entscheidet anders als im unmittelbaren Anwendungsbereich des § 1034 Abs. 2 nicht das staatliche Gericht, sondern das Schiedsgericht über die Beauftragung eines anderen Sachverständigen (vgl. Rn. 7). Im Übrigen kann ein solcher Sachverständiger abgelehnt werden (vgl. Rn. 6 f.).

3 **2. Gegenstand des Sachverständigengutachtens.** Über jede Frage, die im Verfahren vor dem staatlichen Gericht dem Sachverständigengutachten zugänglich ist, kann auch im Schiedsverfahren ein Gutachten eingeholt werden. Die Beauftragung **juristischer Berater** ist unbedenklich, soweit sie als Sachverständige Gutachten erstatten.[2] Da die Parteien regelmäßig davon ausgehen dürfen, dass das Schiedsgericht selbst die Rechtsfragen beantwortet, muss das Schiedsgericht vor Erteilung eines Rechtsgutachtens den Parteien zumindest Gelegenheit geben, durch Vereinbarung ein solches Gutachten auszuschließen.[3] Bedenklich ist es, juristische Sachverständige als Berater der Schiedsrichter in der Weise zu verstehen, dass sie allein dem Schiedsgericht oder einzelnen Schiedsrichtern, nicht aber den Parteien ihr Gutachten eröffnen (näher dazu § 1052 Rn. 2). Zur Abfassung der Begründung des Schiedsspruchs durch juristische Berater auf der Grundlage einer vom Schiedsgericht getroffenen Entscheidung vgl. § 1054 Rn. 5.

4 **3. Information des Sachverständigen.** Das Schiedsgericht kann nach Abs. 1 S. 2 eine Partei zur Verschaffung der für den Sachverständigen erforderlichen Informationen auffordern. Kommt die Partei einer solchen Aufforderung nicht nach, so kann dies in der **Beweiswürdigung** berücksichtigt werden (vgl. § 1042 Rn. 27). Über die **Verpflichtung einer Partei** oder eines Dritten zur Vorlage bestimmter Schriftstücke oder zur Auskunft über bestimmte Fragen kann das Schiedsgericht durch Schiedsspruch nur entscheiden, wenn auch insoweit eine Schiedsvereinbarung getroffen wurde und die Besetzung des Schiedsgerichts sowie ggf. bereits festgelegte Verfahrensregeln dieser Vereinbarung entsprechen. Andernfalls muss das staatliche Gericht bzw. ein neu zu bildendes Schiedsgericht entscheiden. Das Schiedsverfahren kann ggf. bis zur Entscheidung ausgesetzt werden.

5 **4. Rechtliches Gehör der Parteien, Abs. 2.** Der Sachverständige muss auf Antrag einer Partei oder auf Betreiben des Schiedsgerichts an einer **mündlichen Verhandlung teilnehmen**, in der ihm die Parteien Fragen stellen und die Parteisachverständigen zu den streitigen Fragen Stellung nehmen können. Über den Wortlaut hinaus wird man es auch zulassen müssen, dass eine Partei durch ihren Parteisachverständigen den vom Schiedsgericht bestellten Sachverständigen befragen lässt. Lehnt der Sachverständige es ab, an einer mündlichen Verhandlung teilzunehmen und die Frage zu beantworten, so ist sein Gutachten unverwertbar und es muss ein anderer Sachverständiger bestellt werden.[4] Die Regelung des Abs. 2 steht unter dem Vorbehalt einer anderweitigen Vereinbarung. Diese darf das rechtliche Gehör nicht beschneiden (vgl. § 1042 Rn. 3). Die Parteien können zwar vereinbaren, dass der Sachverständige nicht in mündlicher Verhandlung für Fragen zur Verfügung steht, sie müssen aber Gelegenheit haben, zu dem Sachverständigengutachten Stellung nehmen zu können, und ergänzende Fragen über das Schiedsgericht dem Sachverständigen vorlegen lassen zu können.

6 **5. Ablehnung des Sachverständigen.** Für gerichtlich bestellte Sachverständige verweist Abs. 3 auf § 1036 und § 1037 Abs. 1 und 2. Die Sachverständigen müssen deshalb **mögliche Ablehnungsgründe** ungefragt **offenbaren** (§ 1036 Abs. 1) und können bei **Zweifeln an der Unparteilichkeit** oder Unabhängigkeit sowie dann abgelehnt werden, wenn sie den Anforderungen einer **Parteivereinbarung** nicht entsprechen (§ 1036 Abs. 2).

7 Für das **Ablehnungsverfahren** verweist Abs. 3 nur auf die Abs. 1 und 2 des § 1037. Soweit die Parteien nichts anderes vereinbart haben, entscheidet damit das **Schiedsgericht** über die Ablehnung, ohne dass bei Erfolglosigkeit des Ablehnungsgesuchs das staatliche Gericht angerufen werden kann. Hat das Schiedsgericht dem Ablehnungsgesuch zu Unrecht nicht entsprochen, so kann dies zur Aufhebung des Schiedsspruchs nach § 1059 Abs. 2 Nr. 1 Buchst. d führen.[5] Trotz der Ablehnung des Sachverständigen sind die von ihm erstatteten Gutachten nach Auffassung des BGH nicht ohne Weiteres unverwertbar.[6]

III. Honorar und Haftung des Sachverständigen

8 **1. Honoraranspruch.** Das schiedsgerichtliche Verfahren kennt keine verfahrensrechtlichen **Entschädigungsansprüche** für Zeugen und Sachverständige. Der **Honoraranspruch des Sachverständigen** ergibt sich aber aus einem Vertrag zwischen dem Sachverständigen und den Parteien.[7] Diesen schließen die Parteien entweder selbst oder durch die Schiedsrichter als ihre Vertreter ab. Die entsprechende Bevollmächtigung

---

[2] So auch MK/*Münch* Rn. 5.
[3] Insoweit aA MK/*Münch* Rn. 5 mit Fn. 12 a.
[4] Vgl. *St/J/Schlosser* Rn. 4; vgl. auch (zur staatlichen Gerichtsbarkeit) BGH MDR 1998, 58 f.
[5] MK/*Münch* Rn. 17.
[6] BGH NJW-RR 2007, 1293 f. (jedenfalls bei rechtsmissbräuchlich provoziertem Ablehnungsgrund verwertbar).
[7] AA *St/J/Schlosser* Rn. 2 (nur zu Lasten der Partei, die den Beweis angetreten ist); aA MK/*Münch* Rn. 11 (mit der Folge, dass die Schiedsrichter persönlich für die Honorarforderung aufkommen müssen); wie hier zum alten Recht BGHZ 42, 313, 315 = NJW 1965, 298; RGZ 74, 323 f.

der Schiedsrichter liegt regelmäßig im Abschluss des Schiedsrichtervertrags. Anderes soll gelten, wenn die Parteien mit der Beauftragung eines Sachverständigen nicht rechnen mussten oder wenn sie eine Höchstsumme für Sachverständigenkosten vereinbart haben und diese überschritten ist.[8] Dem wird man nur zustimmen können, wenn die Parteien vereinbart haben, von der Beauftragung eines Sachverständigen Abstand zu nehmen oder sein Honorar zu limitieren und dies dem Schiedsgericht bekannt ist. In allen anderen Fällen bevollmächtigen die Parteien mit der Benennung der Schiedsrichter diese zum Abschluss der Verträge mit Sachverständigen, die das Schiedsgericht für erforderlich hält. Haben die Parteien eine **Schiedsinstitution** eingeschaltet, so kann im Einzelfall der Vertrag auch zwischen dieser und dem Sachverständigen zu Stande gekommen sein.[9]

2. Kostenvorschuss. Obwohl die Parteien angesichts der vertraglichen Beziehungen als Gesamtschuldner für die Vergütung des Sachverständigen einstehen müssen, empfiehlt es sich, allein von der beweisbelasteten Partei einen **Kostenvorschuss** einzufordern; die **Durchführung der Beweisaufnahme** kann dabei von der **Zahlung des Vorschusses abhängig** gemacht werden.[10] Eine **Festsetzung der Kosten** durch das Schiedsgericht ist bei umstrittener Kostenhöhe nicht zulässig,[11] da es insoweit an einer Schiedsabrede fehlen wird. § 1057 Abs. 2 sieht deshalb eine Kostenfestsetzung nur dann vor, wenn die Höhe der Kosten feststeht. 9

3. Haftung des Sachverständigen. Der Sachverständige haftet nach den Grundsätzen des Werkvertragsrechts für Fehler in seinem Gutachten. Dabei beschränkt sich nach hL der Verschuldensmaßstab auf grobe Fahrlässigkeit.[12] Anderes sollte zumindest vereinbart werden können. 10

Anhang: Parteisachverständige

Während der vom Schiedsgericht bestellte Sachverständige eine neutrale Stellung einnehmen muss und deshalb auch nach Abs. 3 der Ablehnung unterliegt, ist der **Parteisachverständige nicht notwendigerweise neutral.** Er kann **nicht abgelehnt** werden.[13] Auf der anderen Seite muss die parteinahe Stellung des Sachverständigen bei der **Beweiswürdigung** berücksichtigt werden; dem Gutachten des Parteisachverständigen wird deshalb kein wesentlich höherer Beweiswert als dem Parteivortrag beizumessen sein. Die Parteigutachter können nach Abs. 2 S. 2 zu den streitigen Fragen aussagen. Diese Regelung verbietet nicht, dass sie auch ein umfassendes Gegengutachten erstatten.[14] Bei der **Haftung des Parteisachverständigen** ist zu berücksichtigen, dass vertragliche Beziehungen zur Gegenpartei nicht bestehen und eine Einbeziehung des Gegners in den Schutzbereich des Gutachtervertrags angesichts der konträren Stellung der Parteien kaum zu begründen ist. Auch aus diesem Grund ist der Inhalt eines solchen Gutachtens nur mit Vorsicht zu verwerten. Auch die **Auskunftspflicht** nach Abs. 1 S. 2 ist auf schiedsgerichtlich bestellte Sachverständige zu beschränken. 11

1050 *Gerichtliche Unterstützung bei der Beweisaufnahme und sonstige richterliche Handlungen*

[1]Das Schiedsgericht oder eine Partei mit Zustimmung des Schiedsgerichts kann bei Gericht Unterstützung bei der Beweisaufnahme oder die Vornahme sonstiger richterlicher Handlungen, zu denen das Schiedsgericht nicht befugt ist, beantragen. [2]Das Gericht erledigt den Antrag, sofern es ihn nicht für unzulässig hält, nach seinen für die Beweisaufnahme oder die sonstige richterliche Handlung geltenden Verfahrensvorschriften. [3]Die Schiedsrichter sind berechtigt, an einer gerichtlichen Beweisaufnahme teilzunehmen und Fragen zu stellen.

I. Normzweck

Da dem Schiedsgericht keine Hoheitsbefugnisse zukommen, räumt der Gesetzgeber ihm die Möglichkeit ein, die Hilfe der staatlichen Gerichtsbarkeit in Anspruch zu nehmen. 1

II. Unterstützende Handlungen des staatlichen Gerichts

Dem Schiedsgericht **fehlt die Befugnis** zu folgenden Handlungen, deren Vornahme deshalb zulässigerweise bei dem staatlichen Gericht beantragt werden kann: Gesuche um **Zustellungen im Ausland,** soweit eine Postzustellung nicht möglich oder nicht ausreichend ist;[1] Anordnung öffentlicher Zustellung nach §§ 185ff., soweit diese trotz § 1028 erforderlich ist;[2] Bestellung eines Zustellungsbevollmächtigten nach § 184;[3] Bestellung eines Vertreters nach § 57;[4] **Auskunftsersuchen** an Behörden, die ohne ein solches keine 2

---

[8] So iE MK/*Münch* Rn. 16 (ausgehend von vertraglichen Beziehungen zwischen Sachverständigem und Schiedsgericht); *St/J/Schlosser* Rn. 2 (Vollmacht besteht nur ggü. der Partei, die den Sachverständigenbeweis beantragt hat).

[9] Vgl. Art. 20 Abs. 4, Art. 30 und 31 Abs. 1 ICC-Schiedsgerichtsordnung. Danach ist ein Kostenvorschuss zu entrichten, der auch die Honorare der Sachverständigen umfasst. Das Schiedsgericht ernennt nach Anhörung der Parteien die Sachverständigen.

[10] *Schwab/Walter* Kap. 12 Rn. 19 Fn. 42.

[11] *Schwab/Walter* Kap. 15 Rn. 12; zum alten Recht: RGZ 74, 324.

[12] *Schwab/Walter* Kap. 15 Rn. 18; MK/*Münch* Rn. 15; zum alten Recht: BGHZ 42, 313, 316 = NJW 1965, 298.

[13] Vgl. BT-Drucks. 13/5274 S. 50f.

[14] AA *B/L/H* Rn. 3.

[1] *Lachmann* Rn. 1621; *Schwab/Walter* Kap. 17 Rn. 3; *St/J/Schlosser* Rn. 4; zum alten Recht: OLG Hamburg SeuffA 58, 247 (Exterritorialer im Ausland); OLGRspr. 25, 244.

[2] *Lachmann* Rn. 1621; *Schwab/Walter* Kap. 17 Rn. 3.

[3] *Schwab/Walter* Kap. 17 Rn. 3; MK/*Münch* Rn. 5.

[4] *Lachmann* Rn. 1621; *Schwab/Walter* Kap. 17 Rn. 3.

Auskunft geben;[5] **Vernehmung von Zeugen,** die vor dem Schiedsgericht nicht erscheinen oder aussagen wollen (vgl. § 1042 Rn. 26)[6] oder denen eine erforderliche Genehmigung[7] nur für eine Aussage vor dem staatlichen Gericht erteilt wurde; **Beeidigung von Zeugen** oder einer Partei, wenn das Schiedsgericht den erhöhten Beweiswert einer solchen Aussage verwerten will; Einholung einer an Eides statt versicherten schriftlichen Zeugenerklärung; Vernehmung und Beeidigung von **Zeugen im Ausland** im Wege der Rechtshilfe, um deren Beantragung das staatliche Gericht gebeten wird.[8] § 1050 wird auch angewendet, wenn das Schiedsgericht eine **Vorlage an den EuGH** nach Art. 234 EG (früher Art. 177 EGV)[9] oder an das **BVerfG** nach Art. 100 GG[10] für geboten hält. Daran ist richtig, dass das Schiedsgericht nicht selbst zur Vorlage berechtigt ist (vgl. § 1051 Rn. 10). Zu bedenken ist aber, dass das Schiedsgericht anders als ein staatliches Gericht nicht daran gehindert ist, eine Norm, die es für verfassungswidrig hält, auch ohne Vorlageverfahren nicht anzuwenden, denn an die Vorlagepflicht nach Art. 100 GG ist das private Schiedsgericht ebenso wenig gebunden wie an die Vorlagepflicht nach Art. 234 EG (früher Art. 177 EGV). Dennoch wird man ein entsprechendes Ersuchen an das staatliche Gericht jedenfalls dann für zulässig halten müssen, wenn im Rahmen des Aufhebungsverfahrens durch das staatliche Gericht eine Vorlage in Betracht kommt. Dies ist bezogen auf das Gemeinschaftsrecht der Fall, wenn bei der Beurteilung, ob ein Verstoß gegen den ordre public gegeben ist, die Voraussetzungen für ein Vorabentscheidungsverfahren vor dem EuGH erfüllt sind.[11] In Kartellsachen kann auch die Vorlage an die Kommission nach Art. 15 EG-KartVO unter § 1050 fallen.[12] Zumindest in diesen Fällen wäre es wenig sinnvoll, ein Vorlageverfahren erst anlässlich der Aufhebung des Schiedsspruchs durchzuführen und einen Antrag des Schiedsgerichts nach § 1050 für unzulässig zu erklären. In jedem Fall setzt Abs. 1 die **fehlende Befugnis** des Schiedsgerichts voraus; die bloße Unbequemlichkeit einer Verfahrenshandlung reicht nicht aus.[13] Über seinen Wortlaut hinaus wird Abs. 1 in Fällen angewendet, in denen ein staatliches Gericht nach § 375 ein anderes Gericht im Wege der **Rechtshilfe** ersuchen könnte.[14] Dagegen spricht nicht nur der Wortlaut des S. 1, sondern auch der Umstand, dass die Parteien sich durch die Schiedsvereinbarung gerade gegen die Einschaltung staatlicher Gerichte entschieden haben.[15]

III. Verfahren

3 **1. Antrag, Zuständigkeit.** Das staatliche Gericht wird auf Antrag tätig. Antragsbefugt ist das **Schiedsgericht** sowie jede **Partei,** soweit das Schiedsgericht dem Antrag der Partei zugestimmt hat. Letzteres ist gegenüber dem Gericht als Zulässigkeitsvoraussetzung von der Partei nachzuweisen (zur Vorlage der Schiedsvereinbarung vgl. Rn. 5).[16] Der Antrag kann auch von einem **ausländischen Schiedsgericht** ausgehen (§ 1025 Abs. 2). Zuständig ist das **Amtsgericht** nach § 1062 Abs. 4; bei örtlicher Unzuständigkeit sollte § 158 Abs. 2 S. 2 GVG entsprechend herangezogen werden.

4 **2. Prüfung durch das staatliche Gericht.** Das Gericht ist zur **Überprüfung** der **Erforderlichkeit** der Maßnahme **nicht berechtigt,**[17] wohl aber prüft es, ob das Schiedsgericht die Maßnahme selbst durchführen kann (vgl. Rn. 2). Soweit sich das Schiedsgericht aus Rechtsgründen gehindert sieht, eine Handlung vorzunehmen, bedürfen diese Gründe – da Rechtsfragen – keiner Darlegung.[18] Fehlt es dagegen an der Mitwirkungsbereitschaft eines Zeugen, so ist dies im Verfahren, nicht schon im Antrag, glaubhaft zu machen.[19] Dabei reicht es aus, wenn der Zeuge vor dem Schiedsgericht mit einiger Wahrscheinlichkeit nicht erscheinen oder nicht aussagen wird.[20]

---

[5] *Schwab/Walter* Kap. 17 Rn. 3; *B/L/H* Rn. 1; MK/*Münch* Rn. 4; *St/J/Schlosser* Rn. 4; *Zö/Geimer* Rn. 8 (für Mitteilung einer Urkunde nach § 432).

[6] In der Regel wird ein Versuch erforderlich sein, es sei denn, er erscheint aussichtslos, *St/J/Schlosser* Rn. 3.

[7] Genehmigung für Aussage vor dem Schiedsgericht kann von diesem beantragt werden, vgl. *St/J/Schlosser* Rn. 4.

[8] Die Parteien oder das Schiedsgericht können auch versuchen, sich unmittelbar an das ausländische Gericht zu wenden, vgl. *St/J/Schlosser* Rn. 14; vgl. auch § 363 Rn. 6.

[9] *Sachslehner,* Schiedsvereinbarungen in wettbewerbsbeschränkenden Verträgen, 2001, S. 106ff.; *Schütze,* Schiedsverf., Rn. 200; *Schütze* SchiedsVZ 2007, 121, 122; MK/*Münch* Rn. 6; *St/J/Schlosser* Rn. 4; *Lachmann* Rn. 1626; zum alten Recht: EuGH NJW 1982, 1207, 1208; vgl. auch *Koenig/Sander,* Eu-/EG-Prozessrecht, 2. Aufl. 2002, Rn. 783; aA *Beulker,* Die Eingriffsnormenproblematik in internationalen Schiedsverfahren, 2005, S. 339ff.

[10] *Lachmann* Rn. 1621; *B/L/H* Rn. 1; MK/*Münch* Rn. 6.

[11] EuGH NJW 1999, 3549 (LS); kritisch *Zobel,* Schiedgerichtsbarkeit und Gemeinschaftsrecht, 2005, S. 128ff., 165, 174ff. (eine Vorlage durch das Schiedsgericht zulassend).

[12] Vgl. dazu *Voit,* Schiedsvereinbarungen in Patent- und Kartellrechtsstreitigkeiten, in: Strategien zum Schutz von Verfahren und Ergebnissen der Arzneimittelforschung, pmi Verlag Frankfurt, 2005, S. 58ff., 68ff.

[13] *Schwab/Walter* Kap. 17 Rn. 4 und 6; MK/*Münch* Rn. 6; großzügiger *Zö/Geimer* Rn. 8 aE; *St/J/Schlosser* Rn. 3 und 5 (zulässig bis zur Grenze des Rechtsmissbrauchs; diese ist erreicht, wenn Schiedsrichter offensichtlich selbst hätte tätig werden können).

[14] *T/P/Reichold* Rn. 1; *Zö/Geimer* Rn. 8 (zur auswärtigen Vernehmung).

[15] *Lachmann* Rn. 1627; so iE auch *Schwab/Walter* Kap. 17 Rn. 4; ähnlich auch MK/*Münch* Rn. 6.

[16] *Schwab/Walter* Kap. 17 Rn. 7; *St/J/Schlosser* Rn. 7.

[17] *Schwab/Walter* Kap. 17 Rn. 8; MK/*Münch* Rn. 13; *St/J/Schlosser* Rn. 7; zum alten Recht: KG JW 1931, 1826 (keine Ablehnung der Beeidigung, weil uneidliche Aussage ausreiche); *Wiecz/Sch/Schütze* § 1036 aF Rn. 9; aA OLG Jena JW 1937, 2236 (Ablehnung der Beeidigung, wenn Aussage – nach Ansicht des staatlichen Gerichts – unerheblich).

[18] Vgl. MK/*Münch* Rn. 12; *St/J/Schlosser* Rn. 7.

[19] Vgl. dazu *St/J/Schlosser* Rn. 8.

[20] *B/L/H* Rn. 3, 4.

Da das staatliche Gericht auf Betreiben des Schiedsgerichts oder der Schiedsparteien tätig wird, bildet letztlich die Schiedsvereinbarung auch die Grundlage für die Maßnahmen des staatlichen Gerichts. Man wird deshalb eine **Prüfung der Wirksamkeit der Schiedsvereinbarung** zumindest insoweit zulassen müssen, wie die Unwirksamkeit der Vereinbarung unschwer erkennbar ist.[21] Um dies zu beurteilen, ist die **Vorlage des Schiedsvertrags** erforderlich.[22] Weiterhin prüft das Gericht, ob die beantragte **Maßnahme inhaltlich zulässig** ist.[23] Maßstab dafür ist das für das staatliche Gericht geltende Verfahrensrecht (vgl. Rn. 7). An der Zulässigkeit der Maßnahme fehlt es beispielsweise, wenn das Schiedsgericht die Beeidigung beider Parteien zu derselben Frage oder die Beeidigung eines Eidesunfähigen beantragt. 5

3. Entscheidung. Das Gericht entscheidet über den Antrag auf Vornahme einer Handlung durch Beschluss. Soweit nur eine Partei den Antrag gestellt hat, ist der Gegenpartei rechtliches Gehör zu gewähren.[24] Ob ein Rechtsmittel statthaft ist, bestimmt sich nach den allgemeinen Regeln, denn § 1065 Abs. 1 S. 2 bezieht sich allein auf § 1062 Abs. 1 und enthält damit für die Fälle des § 1062 Abs. 4 iVm. § 1050 keine Regelung. In der Regel ist damit die Beschwerde statthaft.[25] 6

4. Durchführung der unterstützenden Handlung. Besteht die Unterstützung durch das staatliche Gericht in einer **Beweisaufnahme,** so richtet sich diese nach den allgemeinen Regeln der §§ 355 ff. (vgl. S. 2). Die Parteien können insoweit kein anderes Beweisverfahrensrecht vereinbaren. Der Termin für die Beweisaufnahme ist den Parteien und den Schiedsrichtern[26] mitzuteilen, um ihnen die Anwesenheit zu ermöglichen. Den Schiedsrichtern gewährt S. 3 ein Anwesenheitsrecht, für die Parteien ergibt es sich aus § 357 Abs. 1. Die Schiedsrichter können nach S. 3 in der Beweisaufnahme Fragen stellen. Die **schriftliche Beantwortung** der Beweisfrage nach § 377 Abs. 3 darf nur im Einverständnis mit dem Schiedsgericht angeordnet werden, denn sie hat auf den Beweiswert Einfluss und ob diese Form der Beweisaufnahme als Entscheidungsgrundlage ausreicht, kann nur das Schiedsgericht selbst beurteilen. Bei **Zeugnisverweigerung** gelten die Vorschriften der §§ 387, 390. Das Gericht kann einen **Kostenvorschuss** nach § 379 anfordern.[27] 7

5. Verwertung des Ergebnisses durch das Schiedsgericht. Das Ergebnis der Beweisaufnahme wird durch eine Abschrift des Protokolls in das Schiedsverfahren eingeführt. Das Schiedsgericht kann eine solche Abschrift beantragen, auch wenn es nicht selbst, sondern eine Partei den Antrag nach § 1050 gestellt hat.[28] Die **Würdigung des Ergebnisses** der Beweisaufnahme einschließlich der Folgen der Nichterweislichkeit ist dem Schiedsgericht vorbehalten. Nur diese Verwertung seitens des Schiedsgerichts, nicht die Durchführung der Beweisaufnahme ist Teil des Verfahrens vor dem Schiedsgericht, so dass die Aufhebung des Schiedsspruchs nur insoweit auf Verfahrensfehler gestützt werden kann.[29] **Fehler bei der Beweisaufnahme** selbst haben auf den Bestand des Schiedsspruchs dagegen keinen Einfluss. 8

IV. Gebühren und Kosten

Rechtsanwaltsgebühren. Eine Verfahrensgebühr von 0,75 (Nr. 3327 VV RVG) und ggf. eine 0,5 Terminsgebühr (Nr. 3332 VV RVG) fallen nur an, wenn die anwaltliche Tätigkeit nicht zugleich die Vertretung im Schiedsverfahren selbst umfasst; s. auch § 1035 Rn. 31. Das **gerichtliche Verfahren** löst nach KV Nr. 1625 eine halbe Gebühr aus. 9

Abschnitt 6. Schiedsspruch und Beendigung des Verfahrens

1051 *Anwendbares Recht* (1) **¹Das Schiedsgericht hat die Streitigkeit in Übereinstimmung mit den Rechtsvorschriften zu entscheiden, die von den Parteien als auf den Inhalt des Rechtsstreits anwendbar bezeichnet worden sind. ²Die Bezeichnung des Rechts oder der Rechtsordnung eines bestimmten Staates ist, sofern die Parteien nicht ausdrücklich etwas anderes vereinbart haben, als unmittelbare Verweisung auf die Sachvorschriften dieses Staates und nicht auf sein Kollisionsrecht zu verstehen.**

---

[21] *Haas,* Festschr. f. Rechberger, 2005, 187, 192; *Lachmann* Rn. 1634; *St/J/Schlosser* Rn. 7; aA *Schwab/Walter* Kap. 17 Rn. 10 (umfassende Prüfung, aber nur auf Einrede, sofern die Unwirksamkeit nicht auf einem der Parteidisposition entzogenen Grund beruht); aA (keine Prüfung) MK/*Münch* Rn. 11 (mit beachtlichen Argumenten); *T/P/Reichold* Rn. 2; *Zö/Geimer* Rn. 6; zum alten Recht wie hier: OLG Stuttgart NJW 1958, 1048; vgl. auch (keine Prüfungspflicht, es sei denn, das Gericht soll Schiedsrichter ernennen) OLG Hamburg ZZP 42 (1912), 200; weiter gehend (Prüfung insgesamt entbehrlich) KG LZ 1919, 215; aA (umfassende Prüfung, aber nur auf Einrede) *Wiecz/Sch/Schütze* § 1036 aF Rn. 9.

[22] *Schwab/Walter* Kap. 17 Rn. 7; MK/*Münch* Rn. 12 (obwohl Prüfungskompetenz ablehnend); aA (Vorlage nicht erforderlich) *St/J/Schlosser* Rn. 8; zum alten Recht: (Vorlage stets erforderlich) *Wiecz/Sch/Schütze* § 1036 aF Rn. 7.

[23] MK/*Münch* Rn. 13; *Zö/Geimer* Rn. 6; zum alten Recht: KG LZ 1919, 215; vgl. auch OLG Jena JW 1937, 2236; *Wiecz/Sch/Schütze* § 1036 aF Rn. 9.

[24] *Schwab/Walter* Kap. 17 Rn. 13.

[25] So auch MK/*Münch* Rn. 14 (Anfechtung in Anlehnung an § 159 GVG).

[26] *Schwab/Walter* Kap. 17 Rn. 17 (Benachrichtigung des Schiedsgerichts; Mitteilung unmittelbar an Schiedsrichter empfehlenswert).

[27] *Schwab/Walter* Kap. 17 Rn. 15.

[28] *Zö/Geimer* Rn. 6 aE.

[29] *Schwab/Walter* Kap. 17 Rn. 14; MK/*Münch* Rn. 17; *St/J/Schlosser* Rn. 11; weiter gehend zum alten Recht *Wiecz/Sch/Schütze* § 1036 aF Rn. 19 (Verwertung fehlerbehafteter Beweisaufnahmen rechtfertigt Aufhebung nach § 1041 Abs. 1 Nr. 6 aF).

(2) Haben die Parteien die anzuwendenden Rechtsvorschriften nicht bestimmt, so hat das Schiedsgericht das Recht des Staates anzuwenden, mit dem der Gegenstand des Verfahrens die engsten Verbindungen aufweist.

(3) [1]Das Schiedsgericht hat nur dann nach Billigkeit zu entscheiden, wenn die Parteien es ausdrücklich dazu ermächtigt haben. [2]Die Ermächtigung kann bis zur Entscheidung des Schiedsgerichts erteilt werden.

(4) In allen Fällen hat das Schiedsgericht in Übereinstimmung mit den Bestimmungen des Vertrages zu entscheiden und dabei bestehende Handelsbräuche zu berücksichtigen.

I. Normzweck

1 Im Unterschied zum staatlichen Gericht, das stets deutsches Recht einschließlich des Kollisionsrechts anwendet, bedarf es für das Schiedsgericht einer Regelung darüber, welchen Maßstab es der Sachentscheidung zu Grunde zu legen hat. Dabei lässt § 1051 nicht nur zu, dass die Parteien eine andere Rechtsordnung als Entscheidungsmaßstab wählen, sondern die Parteien können auch eigene Rechtsvorschriften vorgeben oder auch das Schiedsgericht von der Anwendung von Rechtsvorschriften freistellen, indem es lediglich nach Billigkeit entscheiden soll (Abs. 3). Als Grenze bestimmt Abs. 4 lediglich, dass bei der Entscheidung unabhängig vom gewählten Entscheidungsmaßstab die Bestimmungen des Vertrags und die Handelsbräuche zu berücksichtigen sind. Auf die Frage, welches Recht auf die Schiedsvereinbarung und auf das Schiedsverfahren anzuwenden ist, gibt § 1051 keine Antwort (vgl. dazu § 1029 Rn. 3f.; § 1042 Rn. 32f.).

II. Bestimmung des Entscheidungsmaßstabs durch die Parteien, Abs. 1

2 **1. Bestimmungsrecht der Parteien.** Die Parteien können **formlos** das **anwendbare Recht vereinbaren.** Die Vereinbarung einer Rechtsordnung bezieht sich im Zweifel auf das Sachrecht, nicht auf ihr Kollisionsrecht (Abs. 1 S. 2). Eine Vereinbarung kann sich aus dem verfahrensgegenständlichen Hauptvertrag ergeben, die Parteien können aber auch in der Schiedsvereinbarung oder durch eine schlichte Verfahrensvereinbarung die Rechtsvorschriften festlegen.[1] Dabei kann eine **andere Rechtsordnung** als maßgebend bestimmt werden, die Parteien können aber auch **einzelne Rechtssätze** aus unterschiedlichen Rechtsordnungen selbst zusammensetzen oder **Rechtsregeln selbst aufstellen** und diese als Entscheidungsmaßstab vorgeben.[2] Dies wird durch den Begriff der „Rechtsvorschrift" in Abs. 1 zum Ausdruck gebracht. Deshalb können die Parteien bis zur Grenze des ordre public vereinbaren, dass die Entscheidung lediglich zwischen dem letzten Angebot des Klägers und dem des Beklagten fallen soll.[3] Das von den Parteien bestimmte Recht schließt mangels anderer Vereinbarungen auch die **Beweislastregeln** ein, nicht aber etwa bestehende gesetzliche Beweisregeln,[4] denn diese sind zum Verfahrensrecht, nicht zum Sachrecht zu zählen. Vereinbaren die Parteien, das **Schiedsgericht** möge **das anwendbare Recht bestimmen,**[5] so ist das Schiedsgericht dabei nicht frei, sondern muss das Recht nach Abs. 2 festlegen. Angesichts der Regelung des Abs. 3 können die Parteien das Schiedsgericht durch ausdrückliche Vereinbarung von diesen Kriterien freistellen.

3 **2. Grenzen des Bestimmungsrechts.** Nach dem eindeutigen Wortlaut des § 1051 unterliegen die Parteien bei der Bestimmung des Entscheidungsmaßstabs **nicht den Grenzen,** die das **EGBGB der Rechtswahl** zieht. Daran ändert nichts, dass der Gesetzgeber ausweislich der Begründung des Gesetzentwurfs gerade anderes bestimmen wollte.[6] Es wäre auch mit der Zielrichtung des Schiedsverfahrensrechts, das im Interesse der Stärkung Deutschlands als Schiedsort internationaler Schiedsverfahren eine möglichst einfache und für die Parteien leicht überschaubare Regelung treffen wollte, unvereinbar, wenn die scheinbar grenzenlos gewährte Wahlfreiheit durch das nationale Kollisionsrecht doch wieder eingeschränkt würde. Die Grenzen der Art. 29 und 34 EGBGB finden deshalb keine Anwendung.[7] Aus dem selben Grund ist auch eine Aus-

---

[1] Vgl. Schiedsgericht Hamburger freundschaftliche Arbitrage NJW-RR 1999, 780, 781 (stillschweigende Wahl des anwendbaren materiellen [deutschen] Rechts durch Vereinbarung der Hamburger freundschaftlichen Arbitrage).

[2] BT-Drucks. 13/5274 S. 52; *Lachmann* Rn. 1672; *Sandrock* RIW 2000, 321, 322 (zur Wahl außerstaatlicher Rechtssätze wie internationalen Regelwerken oder der lex mercatoria); *ders.*, Festschr. f. Stoll, 2001, S. 661, 679; *Schroeder,* Die lex mercatoria arbitralis, 2007, S. 121f.; *Zumbansen* RabelsZ 67 (2003), S. 638ff.; *Ritlewski* SchiedsVZ 2007, 130ff. (wählbare Rechtsordnung); zur Entscheidung nach der lex mercatoria im Rahmen einer Billigkeitsentscheidung vgl. auch Rn. 4.

[3] Dazu *Eberl/Friedrich* BauR 2002, 250, 254.

[4] MK/*Münch* Rn. 6; *St/J/Schlosser* § 1042 Rn. 1.

[5] Zur Möglichkeit, die Wahl dem Schiedsgericht zu überlassen, vgl. *Zö/Geimer* Rn. 3.

[6] BT-Drucks. 13/5274 S. 52.

[7] Vgl. *Solomon* RIW 1997, 981, 983; *Voit* JZ 1997, 120, 123; *Beulker,* Die Eingriffsnormenproblematik in internationalen Schiedsverfahren, 2005, S. 225ff.; *Handorn,* Das Sonderkollisionsrecht der deutschen internationalen Schiedsgerichtsbarkeit, 2005, S. 74f.; *Zobel,* Schiedsgerichtsbarkeit und Gemeinschaftsrecht, 2005, S. 18, 107; *Moller* NZG 2000, 57, 68; *Martiny,* Festschr. f. Schütze, 1999, S. 529, 533, 537ff., 541 (Orientierung an Art. 29 EGBGB, aber keine Bindung); *Nappenbach,* Parteiautonomie im Internationalen Gesellschaftsrecht, 2002, S. 134ff.; *Lepschy,* § 1051 ZPO – Das anwendbare materielle Recht in internationalen Schiedsverfahren, 2003, S. 102, 141f., 162 (aber ordre public-Kontrolle); *Schlosser,* in: Revision des EuGVÜ – Neues Schiedsverfahrensrecht, 2000, S. 163, 198f.; *Junker,* Festschr. f. Sandrock, 2000, S. 443, 450ff. (Bindung inländischer Schiedsgerichte allein an § 1051, dessen Auslegung unabhängig von EuGVÜ und EGBGB erfolgen kann); iE auch *Schütze,* Schiedsverf., Rn. 197; zweifelnd *B/L/H* Rn. 2 und *Pfeiffer* NJW 1999, 3674, 3678; aA *Weigand* WiB 1997, 1273, 1276f.; *Ebbing,* Private Zivilgerichte, 2003, S. 264; *Lachmann*

landsberührung für die Rechtswahl nicht erforderlich.[8] Die Parteien können auch **außerhalb vertraglicher Streitigkeiten** den Entscheidungsmaßstab frei bestimmen.[9] Die Grenze ist erst beim Verstoß gegen den ordre public erreicht (vgl. § 1059 Abs. 2 Nr. 2 Buchst. b). Dabei kann der Verstoß auch darin liegen, dass sich das Schiedsgericht bei der Anwendung einer Rechtsordnung oder im Rahmen einer Billigkeitsentscheidung über **zwingendes deutsches Recht** hinwegsetzt, mag dies auch im Einverständnis mit den Parteien geschehen sein (vgl. Rn. 9 und § 1059 Rn. 29ff.).[10]

3. Entscheidung nach Billigkeit, Abs. 3. Die Parteien können das Schiedsgericht zu einer Entscheidung 4 nach Billigkeit ermächtigen.[11] Da bei dieser Entscheidung eine anhand abstrakter Regeln rational nachvollziehbare Begründung nicht zu erwarten ist, verlangt das Gesetz eine **ausdrückliche Ermächtigung** der Parteien. Damit wird eine stillschweigende Ermächtigung ausgeschlossen, nicht erforderlich ist, dass der Begriff der Entscheidung nach Billigkeit verwendet wird. Die Beachtung der Form des § 1031 ist nicht erforderlich (vgl. § 1031 Rn. 2).[12] Die Vereinbarung kann auch nach Beginn des Schiedsverfahrens getroffen werden (Abs. 3 S. 2).

Entscheidet das Schiedsgericht nach **Billigkeit,** obwohl es an einer **Ermächtigung** dazu **fehlt,** so kann der 5 Schiedsspruch aufgehoben werden (vgl. § 1059 Abs. 2 Nr. 1 Buchst. d und Abs. 2 Nr. 2).[13] Entscheidet es unter **Anwendung einer Rechtsordnung,** obwohl es zur **Billigkeitsentscheidung ermächtigt** war, so rechtfertigt dies in aller Regel nicht die Aufhebung, da die Regeln einer Rechtsordnung zu einem der Billigkeit entsprechenden Ergebnis führen werden.[14]

III. Entscheidungsmaßstab bei Fehlen einer Parteivereinbarung, Abs. 2

Fehlt eine Parteivereinbarung über den Entscheidungsmaßstab, so müssen die Schiedsrichter dieses nach 6 der **engsten Verbindung** zum Gegenstand des Verfahrens bestimmen. Damit wird für das Schiedsverfahren von den allgemeinen Kollisionsregeln des EGBGB abgewichen und allein die engste Verbindung für maßgebend erklärt. Die Regeln des EGBGB sind nur als Auslegungshilfe zur Bestimmung dieser engsten Verbindung heranzuziehen, die engste Verbindung kann sich aber auch nach anderen als den dort genannten Kriterien bestimmen.[15]

Innerhalb der Rechtsordnung, zu welcher der Gegenstand des Verfahrens die engste Verbindung auf- 7 weist, ist nach dem Willen des Gesetzgebers[16] das **Sachrecht** dieser Rechtsordnung, nicht ihr Kollisionsrecht maßgebend. Dies kommt jedoch in der gesetzlichen Regelung nicht hinreichend deutlich zum Ausdruck. Die Frage ist deshalb nach allgemeinen Grundsätzen zu beantworten. Soweit das Schiedsverfahren **vertragliche Streitigkeiten** betrifft, steht die Einordnung als Verweisung auf das Sachrecht mit der Regelung des Art. 35 Abs. 1 EGBGB in Übereinstimmung. Man sollte die Verweisung deshalb in diesem Bereich als Sachrechtsverweisung ansehen. **Außerhalb des Bereichs** der auf Vertrag beruhenden Streitigkeiten wird man dagegen im Einklang mit den Regeln des EGBGB Abs. 2 als **Verweisung auf das Kollisionsrecht** der Rechtsordnung, zu welcher der Streit die engste Verbindung aufweist, verstehen müssen. Zu dem anzu-

---

Rn. 1673 (für Art. 34 EGBGB); MK/*Münch* Rn. 10f.; *Wagner,* Festschr. f. Schumann, 2001, S. 535ff.; *Zö/Geimer* Rn. 3; *Baldus,* Der elektronisch geschlossene Vertrag mit Schiedsabrede, 2004, S. 144, 146; *Weihe,* Der Schutz der Verbraucher im Recht der Schiedsgerichtsbarkeit, 2005, S. 299ff. (zu Art. 29 EGBGB); vgl. auch *Aden* RIW 1997, 723, 726.

[8] AA *Handorn* (Fn. 7) S. 163.

[9] *Solomon* RIW 1997, 981, 986; *Zö/Geimer* Rn. 2; *Lepschy* (Fn. 7) S. 87f.; zu einer Reduktion auf das Vertragsrecht neigend *Kronke* RIW 1998, 257, 262; für eine solche Reduktion auch *Pfeiffer* NJW 1999, 3674, 3678; *Beulker,* Die Eingriffsnormenproblematik in internationalen Schiedsverfahren, 2005, S. 188; für eine Rückführung der Rechtwahlfreiheit anhand rechtsvergleichender Standards *Handorn* (Fn. 7) S. 179f.

[10] Vgl. *Beulker,* Die Eingriffsnormenproblematik in internationalen Schiedsverfahren, 2005, S. 300f.; vgl. auch *St/J/Schlosser* Rn. 5; zum alten Recht vgl. auch BGHZ 29, 120, 124f. = NJW 1959, 720 (Nichtigkeit einer Schiedsabrede, durch die zwingendes Recht umgangen werden sollte).

[11] Vgl. dazu *St/J/Schlosser* Rn. 9; zum alten Recht: *Wiecz/Sch/Schütze* § 1034 aF Rn. 17; in der Praxis wird eine Entscheidung nach Billigkeit kaum vereinbart, vgl. *Lionnet,* Handbuch der internationalen und nationalen Schiedsgerichtsbarkeit, 3. Aufl. 2005, Kap. 6 I 1; *Ebbing* (Fn. 7) S. 253ff. (das Erfordernis einer ausdrücklichen Ermächtigung für nationale Sachverhalte begrüßend, krit. dagegen hins. internationaler Streitfälle); zur Vereinbarung einer Entscheidung nach der **lex mercatoria** vgl. *Weise,* Lex mercatoria – materielles Recht vor der internationalen Handelsschiedsgerichtsbarkeit, 1990; *Lepschy* (Fn. 7) S. 105ff.; *Ritlewski* SchiedsVZ 2007, 130, 135; *Schroeder* (Fn. 2) S. 121; zum Verhältnis der Billigkeitsentscheidung zur Entscheidung nach der lex mercatoria vgl. *Dasser,* Internationale Schiedsgerichte und lex mercatoria, Diss. Zürich 1989, S. 151ff.; *Ebbing* (Fn. 7) S. 247ff. (Konzept sei richtig und erforderlich, wenn auch inhaltlich noch zu unbestimmt); *Ritlewski* SchiedsVZ 2007, 130, 135 (Rechtswahl, keine Billigkeitsentscheidung; problematisch wegen fehlender Transparenz und Bestimmtheit); dringend von derartigen Vereinbarungen abratend *Schütze,* Schiedsverf., Rn. 202f.; krit. auch *von Breitenstein,* Festschr. f. Sandrock, 2000, S. 111ff.

[12] MK/*Münch* Rn. 21; aA *T/P/Reichold* Rn. 4.

[13] OLG München SchiedsVZ 2005, 308, 310; *St/J/Schlosser* Rn. 9; *Zö/Geimer* Rn. 7; zum alten Recht: BGHZ 96, 40, 45 = NJW 1986, 1436, 1437; krit. *Sandrock* JZ 1986, 370, 373.

[14] *Zö/Geimer* Rn. 8.

[15] Vgl. *Solomon* RIW 1997, 981, 985; *Voit* JZ 1997, 120, 123f.; *Beulker,* Die Eingriffsnormenproblematik in internationalen Schiedsverfahren, 2005, S. 191; *Handorn* (Fn. 7) S. 136ff.; *Moller* NZG 2000, 57, 68f.; *Junker,* Festschr. f. Sandrock, 2000, S. 443, 462; *Schütze,* Festschr. f. Böckstiegel, 2001, S. 715, 717; *Lepschy* (Fn. 7) S. 64ff., 100; *Baldus* (Fn. 7) S. 172; wohl auch MK/*Münch* Rn. 15; *Kronke* RIW 1998, 257, 263; auch insoweit anders die Begründung des Entwurfs, BT-Drucks. 13/5274 S. 52 und *Lachmann* Rn. 1676.

[16] BT-Drucks. 13/5274 S. 53; *Lachmann* Rn. 1676.

wendenden Recht gehören – wie Abs. 4 noch eigens betont – auch außerstaatliche Regelungen und Handelsbräuche, die in der anwendbaren Rechtsordnung anerkannt sind.[17]

IV. Vertragliche Bestimmungen und Handelsbräuche, Abs. 4

8 Mit Abs. 4 räumt der Gesetzgeber den vertraglichen Bestimmungen und den Handelsbräuchen eine stets beachtliche, bevorrechtigte Stellung ein. Dabei differenziert Abs. 4 zwischen vertraglichen Bestimmungen, mit denen die Entscheidung übereinstimmen muss, und den Handelsbräuchen, die lediglich berücksichtigt werden müssen. Bei der Bedeutung der **vertraglichen Bestimmungen** scheint der Wortlaut des Gesetzes dabei von einem Vorrang dieser Bestimmungen des Hauptvertrags vor der anzuwendenden Rechtsordnung auszugehen. Ein solcher Vorrang, der dazu führen müsste, dass sich die Parteien durch die vertraglichen Bestimmungen über die Rechtsordnung hinwegsetzen können, ist indessen nicht anzuerkennen.[18] Die Regelung des Abs. 4 ist deshalb in vollem Umfang nur bei einer Billigkeitsentscheidung nach Abs. 3 anzuwenden, während sie im Übrigen zu reduzieren ist, so dass die Entscheidung mit den vertraglichen Bestimmungen nur dann in Übereinstimmung zu stehen braucht, wenn diese Bestimmungen nach der anzuwendenden Rechtsordnung wirksam sind.[19] Dies schließt es nicht aus, dass die Parteien diese Rechtsordnung oder einzelne Rechtssätze durch Verfahrensvereinbarung für unanwendbar erklären und auf diese Weise den Widerspruch zwischen der vertraglichen Vereinbarung und dem anzuwendenden Recht beseitigen (vgl. Rn. 2f.).

V. Bindung des Schiedsgerichts an den Entscheidungsmaßstab

9 Legt das Schiedsgericht **andere** als die nach § 1051 maßgebenden **Rechtsvorschriften** der Entscheidung zu Grunde, so ist der Schiedsspruch in der Regel nach § 1059 Abs. 2 Nr. 1 Buchst. d aufhebbar (vgl. § 1059 Rn. 18). In Betracht kommt je nach Fallgestaltung auch eine Aufhebung nach § 1059 Abs. 2 Nr. 2 Buchst. b. Zu Besonderheiten bei einer Billigkeitsentscheidung vgl. Rn. 3f. Wendet das Schiedsgericht die **maßgebenden Rechtsvorschriften** an, verkennt aber deren Inhalt, übersieht es Bestimmungen oder wendet es zwingendes Recht nicht an, so führt dies erst bei einem Verstoß gegen den ordre public zur Aufhebbarkeit (§ 1059 Rn. 29ff.). Das gilt auch dann, wenn das Schiedsgericht das Kollisionsrecht unrichtig anwendet und deshalb zu einer anderen als der maßgebenden Rechtsordnung gelangt, denn auch in diesem Fall handelt es sich um Fehler der Rechtsanwendung und nicht um eine Abweichung vom vereinbarten Verfahren.[20] Führen die anwendbaren und auch angewendeten Rechtsvorschriften zu einem **Ergebnis,** das mit **zwingendem deutschen Recht unvereinbar** ist, so kommt eine Aufhebung wegen Verstoßes gegen den ordre public in Betracht (§ 1059 Rn. 29ff.). Bei Fällen mit Auslandsbezug kann auch das **ausländische zwingende Wirtschaftsrecht** in den Maßstab des ordre public einbezogen werden (näher § 1059 Rn. 29ff.; § 1061 Rn. 27).[21]

10 Hält das Schiedsgericht bei Anwendbarkeit deutschen Sachrechts eine Regelung für **verfassungswidrig,** so ist es – da es sich lediglich um ein privates „Gericht" handelt – zur Vorlage nach Art. 100 GG nicht befugt.[22] Möglich ist aber ein Antrag nach § 1050 (vgl. § 1050 Rn. 2).[23] Entsprechendes gilt für Art. 234 Abs. 3 EG (früher Art. 177 Abs. 3 EGV).[24]

1052 ***Entscheidung durch ein Schiedsrichterkollegium*** **(1) Haben die Parteien nichts anderes vereinbart, so ist in schiedsrichterlichen Verfahren mit mehr als einem Schiedsrichter jede Entscheidung des Schiedsgerichts mit Mehrheit der Stimmen aller Mitglieder zu treffen.**

(2) [1]Verweigert ein Schiedsrichter die Teilnahme an einer Abstimmung, können die übrigen Schiedsrichter ohne ihn entscheiden, sofern die Parteien nichts anderes vereinbart haben. [2]Die Absicht, ohne den verweigernden Schiedsrichter über den Schiedsspruch abzustimmen, ist den Parteien vorher mitzuteilen. [3]Bei anderen Entscheidungen sind die Parteien von der Abstimmungsverweigerung nachträglich in Kenntnis zu setzen.

(3) Über einzelne Verfahrensfragen kann der vorsitzende Schiedsrichter allein entscheiden, wenn die Parteien oder die anderen Mitglieder des Schiedsgerichts ihn dazu ermächtigt haben.

---

[17] *Sandrock* RIW 2000, 321, 324ff. (dort auch zur Unanwendbarkeit transnationaler Regelungswerke, die vom anwendbaren Recht nicht als Handelsbrauch anerkannt sind; anders, wenn deren Geltung durch Auslegung als von den Parteien vereinbart angesehen werden kann).

[18] So auch die Begründung des Gesetzesentwurfs, BT-Drucks. 13/5274 S. 53.

[19] *Solomon* RIW 1997, 981, 985f.; MK/*Münch* Rn. 18; *St/J/Schlosser* Rn. 10; *Lepschy* (Fn. 7) S. 199; vgl. auch (Vorrang des staatlichen Rechts ggü. den Handelsbräuchen) *Schütze,* Schiedsverf., Rn. 198.

[20] *Zö/Geimer* Rn. 9.

[21] *Zö/Geimer* Rn. 4 (zur Anwendung vertragsstatutsfremden zwingenden Wirtschaftsrechts); vgl. zum alten Recht: *Schlosser,* Recht der internationalen privaten Schiedsgerichtsbarkeit, Rn. 740; *Schiffer,* Normen ausländischen „öffentlichen" Rechts in internationalen Handelsschiedsverfahren, 1990.

[22] *St/J/Schlosser* Rn. 12; *Zö/Geimer* Rn. 18; vgl. auch *B/L/H* § 1050 Rn. 1.

[23] *B/L/H* § 1050 Rn. 1; *Zö/Geimer* Rn. 18.

[24] EuGH NZBau 2005, 278 (keine Vorlage durch privates Schiedsgericht); BayObLG SchiedsVZ 2004, 316; *St/J/Schlosser* Rn. 12; *Zö/Geimer* Rn. 18; zum alten Recht: EuGHE 1982, 1095f. = NJW 1982, 1207; *Raeschke-Kessler* EuZW 1990, 145, 147; vgl. auch *Koenig/Sander,* EU-/EG-Prozessrecht, 2. Aufl. 2002, Rn. 783; aA *Zobel,* Schiedsgerichtsbarkeit und Gemeinschaftsrecht, 2005, S. 174ff.

I. Beratung

Auf die Beratung des privaten Schiedsgerichts sind die Regeln des GVG nicht anwendbar. Im Rahmen der Vereinbarungen der Parteien (§ 1042 Abs. 3 und 4) kann das Schiedsgericht selbst bestimmen, in welcher Form die Beratung stattfinden soll. Eine **schriftliche oder fernmündliche Beratung** ist bei Einverständnis aller Schiedsrichter zulässig.[1] Auch gegen Videokonferenzen bestehen keine Bedenken. Bei mündlicher Beratung wird es für zulässig gehalten, **Parteiöffentlichkeit** zu vereinbaren.[2] Das ist gerade bei Schiedsgerichten, deren Mitglieder zT einseitig von jeweils einer Partei benannt wurden, wenig sachgerecht, denn die ohnehin zweifelhafte Objektivität eines solchen Schiedsrichters wird bei Anwesenheit „seiner" Partei noch weiter abnehmen. Auf das Einverständnis der Schiedsrichter kann in dieser von Parteiinteressen geprägten Situation kaum abgestellt werden. Soweit allerdings allseitiges Einvernehmen über die Parteiöffentlichkeit der Beratung besteht, dürfte diese den Bestand des Schiedsspruchs in einem Aufhebungsverfahren nicht gefährden. 1

Dritte können nach hL[3] bei Einverständnis der Schiedsrichter an der Beratung teilnehmen, sofern sie verpflichtet werden, das Beratungsgeheimnis zu wahren, und sie keinen Einfluss auf das Ergebnis nehmen (vgl. auch § 1042 Rn. 18).[4] Letzteres ist vor allem bei **juristischen Beratern** problematisch. Ihre Anwesenheit wird jedoch ganz überwiegend toleriert,[5] wobei zugleich betont wird, der Berater dürfe weder die Sachverhaltsfeststellung noch die rechtliche Würdigung übernehmen.[6] Andere wollen die Zuziehung eines Beraters jedenfalls dann als unzulässig ansehen, wenn der Schiedsrichter die Entscheidung insgesamt dem Berater überlässt und sie lediglich billigt.[7] Die Möglichkeit, einen Berater abzulehnen,[8] und das Verbot, denselben Berater auch in einem eventuellen Oberschiedsgericht beizuziehen,[9] zeigen das Unbehagen, das die hM bei dieser Lösung verspürt; sie sollte trotz der weiten Verbreitung dieses Verfahrens aufgegeben werden. Wenn die Schiedsrichter Aufklärung in rechtlicher oder technischer Hinsicht benötigen, so steht dafür die den Parteien zugängliche Beweisaufnahme (vgl. § 1049 Rn. 2ff.), nicht die geheime Beratung zur Verfügung.[10] Dafür spricht zudem der Anspruch auf rechtliches Gehör, denn anlässlich der Beratung durch einen Dritten werden nicht selten Fragen relevant werden, die dem Schiedsgericht bisher weniger relevant erschienen und die deshalb von den Parteien ebenfalls nicht in ihrer Bedeutung erkannt werden. Auch bei Rechtsgutachten zu einem fremden Recht, die in der Beratung den Schiedsrichtern, nicht aber den Parteien bekannt gegeben werden, bestehen diese Bedenken (vgl. § 1042 Rn. 4). Zur Frage, ob die Begründung des Schiedsspruchs einem Dritten in Absprache mit dem Schiedsgericht überlassen werden kann, vgl. § 1054 Rn. 5. 2

Die Schiedsrichter sind zur Wahrung des **Beratungsgeheimnisses** verpflichtet (vgl. § 1035 Rn. 24).[11] Vor dem staatlichen Gericht ist deshalb ihre **Vernehmung als Zeuge** zu Fragen unzulässig, deren Beantwortung die Verletzung des Geheimnisses erfordern. Das gilt auch dann, wenn die Parteien die Schiedsrichter von der Schweigepflicht entbinden, denn das Beratungsgeheimnis schützt auch Interessen der Schiedsrichter.[12] Das Beratungsgeheimnis tritt zurück, wenn bei der Beratung gravierende Verstöße gegen ein rechtsstaatlich vertretbares Verfahren zu Tage treten. Das kann bei Mitwirkung eines offensichtlich befangenen Schiedsrichters der Fall sein,[13] wobei der Modus für die Ernennung der Schiedsrichter zu berücksichtigen ist (vgl. § 1036 Rn. 7). Mangels Kausalität hat die **nachträgliche Verletzung** des Beratungsgeheimnisses auf den Be- 3

---

[1] MK/*Münch* Rn. 2; *Zö/Geimer* Rn. 2; *Lachmann* Rn. 1680; wie hier (zum alten Recht) OLG Hamburg MDR 1965, 54; KG OLGRspr. 27, 196, 197.

[2] *Schwab/Walter* Kap. 19 Rn. 2; *St/J/Schlosser* § 1042 Rn. 37 (bei allseitigem Einverständnis); abratend MK/*Münch* Rn. 4.

[3] *Schwab/Walter* Kap. 19 Rn. 3; zum alten Recht: vgl. BGH ZZP 71 (1958), 427, 435 (Rechtsreferendar; iE aber offen lassend).

[4] *Schwab/Walter* Kap. 19 Rn. 3.

[5] *Schütze*, Schiedsverf., Rn. 218; *Schwab/Walter* Kap. 19 Rn. 3; *St/J/Schlosser* § 1042 Rn. 2 (Vereinbarung nicht erforderlich, Kenntnis der Partei von dem Tätigwerden des Beraters reiche aus); zum alten Recht: BGHZ 110, 104 = NJW 1990, 2199 (unter ausdrücklicher Beschränkung auf ausländische Schiedssprüche); OLG Düsseldorf BB 1976, 251; zurückhaltend auch *Lachmann* AG 1997, 170, 176.

[6] *Schwab/Walter* Kap. 19 Rn. 3; *Zö/Geimer* § 1049 Rn. 3; zum alten Recht: BGH ZZP 71 (1958), 427, 435; *Wiecz/Sch/Schütze* § 1038 aF Rn. 5; weiter gehend (bei entsprechender Vereinbarung kann „Berater" auch mit beratender Stimme Einfluss nehmen) MK/*Maier,* 1. Aufl. 1992, § 1038 aF Rn. 9; vgl. auch (zu ausländischem Schiedsspruch) BGHZ 110, 104, 107f.

[7] *St/J/Schlosser* § 1042 Rn. 2.

[8] *Schwab/Walter* Kap. 19 Rn. 3; *St/J/Schlosser* § 1042 Rn. 2.

[9] *Schwab/Walter* Kap. 19 Rn. 3; zum alten Recht: OLG Düsseldorf BB 1976, 251.

[10] So auch MK/*Münch* Rn. 4 (letztlich aber doch die Beratung in der Beratung zulassend).

[11] *Geiben*, Die Privatsphäre und Vertraulichkeit im Schiedsverfahren, 2001, S. 65ff.; *Prütting*, Festschr. f. Böckstiegel, 2001, S. 629, 632f.; MK/*Münch* Rn. 3; *St/J/Schlosser* § 1042 Rn. 37; *Zö/Geimer* Rn. 5; zum alten Recht: RGZ 129, 15, 17; BGHZ 23, 138, 140 = NJW 1957, 592; *Prütting,* Festschr. f. Schwab, 1990, S. 409ff.

[12] *Schwab/Walter* Kap. 19 Rn. 5; MK/*Münch* Rn. 3; *T/P/Reichold* Rn. 2 (bei allseitigem Einverständnis offen lassend); zum alten Recht: BGHZ 23, 138, 141 = NJW 1957, 592 (offen gelassen bei allseitigem Einverständnis); OLG Düsseldorf EWiR § 1038 aF 1/88, S. 623, 624 (*Körber*); *Prütting*, Festschr. f. Schwab, 1990, S. 409, 419 (auch nicht bei allseitigem Einverständnis, da Allgemeininteressen der Rechtspflege betroffen sind); *Wiecz/Sch/Schütze* § 1038 aF Rn. 2; anders für den Fall des allseitigen Einverständnisses (Vernehmung dann zulässig) *Lachmann* Rn. 1695.

[13] MK/*Münch* Rn. 5; zum alten Recht: vgl. RGZ 89, 13, 16; OLG Kiel JW 1927, 1656; vgl. *T/P/Reichold* Rn. 2 (Rechtsbeugung; zum geltenden Recht).

stand des Schiedsspruchs keinen Einfluss.[14] Die Abfassung einer Dissenting Opinion berührt deshalb den Bestand des Schiedsspruchs nicht, kann aber eine Verletzung des Schiedsrichtervertrags sein.[15]

II. Abstimmung

4 Die Parteien können den **Abstimmungsmodus** festlegen, solange dadurch nicht ein Übergewicht einer Partei entsteht oder gegen das Verbot der überparteilichen Rechtspflege verstoßen wird. So kann beispielsweise bei Stimmengleichheit ein Stichentscheid durch die Stimme des Vorsitzenden vorgesehen werden.[16] Die Vereinbarung einer einstimmigen Entscheidung ist möglich, aber unpraktikabel.

5 Fehlt eine Parteivereinbarung, so reicht nach Abs. 1 die Mehrheit der Stimmen aller Mitglieder, also die **absoluten Mehrheit** aus. Das **Abstimmungsverfahren** wird vom Vorsitzenden bestimmt, der auch die Fragen formuliert, über die abgestimmt wird. Ein Umlaufverfahren ohne mündliche Beratung ist nicht ausgeschlossen, aber meist unzweckmäßig.[17] Bei Abstimmungen über unterschiedliche Beträge der Klageforderung kann die Regelung des § 196 Abs. 2 GVG entsprechend herangezogen werden.[18] Die Abstimmung bezieht sich nur auf das Ergebnis, nicht auf die Begründung.

6 Eine **Stimmenthaltung** ist mit dem Amt als Schiedsrichter unvereinbar;[19] weigert sich der Schiedsrichter, seine Stimme abzugeben, so ist nach Abs. 2 zu verfahren. **Mängel im Abstimmungsverfahren** können nach der Unterschrift aller Schiedsrichter und dem Wirksamwerden des Schiedsspruchs im Aufhebungsverfahren nicht mehr geltend gemacht werden.[20]

7 Verweigert ein Schiedsrichter die **Teilnahme an der Abstimmung,** so kann das Schiedsgericht, soweit nichts anderes vereinbart ist, nach Abs. 2 ohne ihn entscheiden. Über den Wortlaut hinaus wird man verlangen müssen, dass die Weigerung des Schiedsrichters **unberechtigt** ist. Daran kann es fehlen, wenn der Streit aus der Sicht des die Abstimmung verweigernden Schiedsrichters noch nicht entscheidungsreif ist.[21] Auch in den Fällen des Abs. 2 ist mangels anderer Vereinbarung die **absolute Stimmenmehrheit** bezogen auf die gesamte Zahl der Schiedsrichter erforderlich.[22] Verweigert der Schiedsrichter nicht nur die Abstimmung, sondern auch die **Teilnahme an den abschließenden Beratungen,** so ist Abs. 2 entsprechend anwendbar.[23]

8 Über den **Schiedsspruch** darf erst dann ohne den sich weigernden Schiedsrichter abgestimmt werden, wenn die **Weigerung den Parteien mitgeteilt** wurde (Abs. 2), während bei der Abstimmung über andere Fragen die nachträgliche Mitteilung an die Parteien ausreicht. Soweit erforderlich, muss die Mitteilung so **rechtzeitig** erfolgen, dass die Parteien die Möglichkeit haben, auf den Schiedsrichter vor der Abstimmung einzuwirken oder ihn auch abzuberufen. Stimmt das Schiedsgericht ohne den sich weigernden Schiedsrichter über den Schiedsspruch ab, ohne dass die Weigerung den Parteien mitgeteilt wurde, so ist der Schiedsspruch nach § 1059 Abs. 2 Nr. 1 Buchst. d aufhebbar.[24] Die Voraussetzung einer rechtzeitigen Mitteilung gilt dem Wortlaut des Abs. 2 nach allein für die Abstimmung über den Schiedsspruch. Man wird diese Regelung aber **entsprechend heranziehen** müssen, wenn das Schiedsgericht über **bindende Zwischenentscheide** oder über **verfahrensbeendende Beschlüsse** abstimmt.

9 Ergibt sich **Stimmengleichheit** und haben die Parteien für diesen Fall nichts anderes geregelt (vgl. Rn. 4), so ergeht ein Beschluss des Schiedsgerichts über die Beendigung des Verfahrens (§ 1056 Abs. 2 Nr. 3).[25] Die Schiedsvereinbarung ist dann undurchführbar, so dass sie einem Verfahren vor dem staatlichen Gericht nicht mehr entgegengesetzt werden kann (§ 1032 Abs. 1).[26]

III. Entscheidungskompetenz des Vorsitzenden, Abs. 3

10 Abs. 3 ermöglicht es, dem Vorsitzenden einzelne Verfahrensfragen zur Alleinentscheidung zu übertragen, über die an sich das Kollegium zu entscheiden hätte. Als Beispiel nennt die Begründung des Entwurfs[27] die Entscheidung, ob eine mündliche Verhandlung stattfinden soll. Dagegen kann die Festlegung des Schiedsorts wegen ihrer großen Bedeutung für das Verfahren nicht dem Vorsitzenden überlassen werden (vgl. § 1043 Rn. 3). Die Ermächtigung nach Abs. 3 kann von den Parteien oder von den anderen Mitglie-

---

[14] Zum alten Recht: RG JW 1932, 2877.

[15] Ausführlich *Peltzer,* Die Dissenting Opinion in der Schiedsgerichtsbarkeit, 2000 (de lege ferenda für die Zulassung votierend); abratend *Lionnet,* Handbuch der internationalen und nationalen Schiedsgerichtsbarkeit, 3. Aufl. 2005, Kap. 6 II 2; MK/*Münch* Rn. 3 und § 1054 Rn. 12; *St/J/Schlosser* Rn. 1; strenger (Aufhebung des Schiedsspruchs nach § 1059 Abs. 2 Nr. 1 Buchst. d) *Schütze,* Schiedsverf., Rn. 222; vgl. auch (nur bei allseitigem Einverständnis auch der Mitschiedsrichter zulässig) *Lachmann* Rn. 1775.

[16] *Zö/Geimer* Rn. 3.

[17] *Lachmann* Rn. 1680 (Umlaufverfahren nicht zu empfehlen).

[18] *Schwab/Walter* Kap. 19 Rn. 1; MK/*Münch* Rn. 7; *St/J/Schlosser* Rn. 1; aA zum alten Recht (Anwendung des § 1033 Nr. 2 aF, wenn sich keine Mehrheit für ein bestimmtes Ergebnis findet) *Wiecz/Sch/Schütze* § 1038 aF Rn. 8.

[19] MK/*Münch* Rn. 6.

[20] Vgl. *Schwab/Walter* Kap. 19 Rn. 5; *St/J/Schlosser* Rn. 3; zum alten Recht: RGZ 38, 410, 412.

[21] Vgl. *Schütze,* Schiedsverf., Rn. 218; aA *Lachmann* Rn. 1690.

[22] Vgl. BT-Drucks. 13/5274 S. 54; MK/*Münch* Rn. 12; *Zö/Geimer* Rn. 6.

[23] *Winkler/Weinand* BB 1998, 597, 603.

[24] Saarländisches OLG SchiedsVZ 2003, 92, 93.

[25] *Schwab/Walter* Kap. 8 Rn. 14; BT-Drucks. 13/5274 S. 57.

[26] MK/*Münch* Rn. 7.

[27] BT-Drucks. 13/5274 S. 54.

dern des Schiedsgerichts ausgesprochen werden. Von Abs. 3 zu unterscheiden sind **verfahrensleitende Entscheidungen,** die der Vorsitzende ohnehin aus eigenem Recht und damit ohne Mitwirkung der anderen Schiedsrichter treffen kann, wie beispielsweise die Terminierung oder die Sitzungsleitung.[28] Seine Stellung entspricht insoweit der des Vorsitzenden eines staatlichen Kollegialgerichts. Hinsichtlich dieser Fragen ist eine besondere Ermächtigung des Vorsitzenden nicht erforderlich.

1053 *Vergleich* (1) [1]**Vergleichen sich die Parteien während des schiedsrichterlichen Verfahrens über die Streitigkeit, so beendet das Schiedsgericht das Verfahren.** [2]**Auf Antrag der Parteien hält es den Vergleich in der Form eines Schiedsspruchs mit vereinbartem Wortlaut fest, sofern der Inhalt des Vergleichs nicht gegen die öffentliche Ordnung (ordre public) verstößt.**

(2) [1]**Ein Schiedsspruch mit vereinbartem Wortlaut ist gemäß § 1054 zu erlassen und muss angeben, dass es sich um einen Schiedsspruch handelt.** [2]**Ein solcher Schiedsspruch hat dieselbe Wirkung wie jeder andere Schiedsspruch zur Sache.**

(3) **Soweit die Wirksamkeit von Erklärungen eine notarielle Beurkundung erfordert, wird diese bei einem Schiedsspruch mit vereinbartem Wortlaut durch die Aufnahme der Erklärungen der Parteien in den Schiedsspruch ersetzt.**

(4) [1]**Mit Zustimmung der Parteien kann ein Schiedsspruch mit vereinbartem Wortlaut auch von einem Notar, der seinen Amtssitz im Bezirk des nach § 1062 Abs. 1, 2 für die Vollstreckbarerklärung zuständigen Gerichts hat, für vollstreckbar erklärt werden.** [2]**Der Notar lehnt die Vollstreckbarerklärung ab, wenn die Voraussetzungen des Absatzes 1 Satz 2 nicht vorliegen.**

I. Normzweck

Die Parteien können auch im Schiedsverfahren ihren **Streit einvernehmlich beilegen.** Im Unterschied zum Prozessvergleich wird aber im Schiedsverfahren nicht nur die vergleichsweise Einigung protokolliert, sondern das Schiedsgericht kann bei Antrag der Parteien auf der Grundlage des Vergleichs einen **Schiedsspruch mit vereinbartem Wortlaut** erlassen, der wegen § 1055 einem rechtskräftigen Urteil gleichsteht (zum Übergangsrecht vgl. § 1025 Rn. 8 ff.). Der Grund für diese Abweichung zum früheren Recht (§ 1044 a aF) liegt darin, dass die **Vollstreckung** eines solchen Schiedsspruchs im Ausland wegen der entsprechenden Abkommen (näher § 1061 Rn. 7) **einfacher** ist als die eines Schiedsvergleichs.[1] Durch die Transformation des Vergleichs in einen Schiedsspruch mit vereinbartem Wortlaut wird den Parteien diese einfachere Vollstreckungsmöglichkeit eröffnet. Dieser Vorteil wird damit erkauft, dass ein solcher Schiedsspruch einem **rechtskräftigen Urteil gleichgestellt** wird, obwohl ein von den Parteien unabhängiges Gericht oder Schiedsgericht über die Sache nicht entschieden hat. Die **verfassungsrechtlichen Bedenken** gegen die Ausweitung der Schiedsfähigkeit auf solche Gegenstände, über welche die **Parteien materiellrechtlich nicht vergleichsbefugt** sind (vgl. dazu § 1030 Rn. 1), treten beim Schiedsspruch mit vereinbartem Wortlaut besonders deutlich zu Tage, denn es ist nicht erklärlich, warum die Parteien im Schiedsverfahren einen Vergleich in der Form eines Schiedsspruchs mit vereinbartem Wortlaut treffen können, dem außerhalb des Schiedsverfahrens der Gesetzgeber gerade die Wirksamkeit versagt. Die in Abs. 1 S. 2 vorgesehene Grenze des ordre public schützt zwar vor Vergleichen über Fragen, die der Schiedsfähigkeit entzogen sind, diese Grenze ist aber bei einem Schiedsspruch mit vereinbartem Wortlaut nicht schon dann erreicht, wenn der Gesetzgeber den Parteien die Vergleichsbefugnis abspricht. Dieser dogmatische Bruch[2] zwischen dem Vergleich außerhalb eines Schiedsverfahrens und während eines Schiedsverfahrens lässt sich beseitigen, wenn man – wohl entgegen der Zielsetzung des Abs. 1 S. 2 – die Vergleichsfähigkeit auch für den Schiedsspruch mit vereinbartem Wortlaut am materiellen Recht und nicht an der Schiedsfähigkeit orientiert.[3] Damit gibt es allerdings Schiedsstreitigkeiten, die von den Parteien nicht einvernehmlich beigelegt werden können (zur Möglichkeit der einverständlichen Beendigung des Verfahrens vgl. § 1056 Rn. 5). Dies ist der Preis für die systemfremde Ausweitung der Schiedsfähigkeit; die konsequentere Lösung wäre es, diese wieder auf das Maß der Vergleichsfähigkeit wie vor der Novellierung des Schiedsverfahrensrechts zurückzuführen. 1

Abs. 4 ermöglicht es, einen Schiedsspruch mit vereinbartem Wortlaut mit Zustimmung der Parteien von einem **Notar für vollstreckbar** erklären zu lassen, und vereinfacht und **verbilligt** damit das Verfahren (vgl. Rn. 14). 2

---

[28] *Lachmann* Rn. 1222, vgl. aber auch Rn. 1225.

[1] Vgl. BT-Drucks. 13/5274 S. 54.

[2] Besonders deutlich wird dieser Bruch bei Schlosser, der bei einem nicht vom Schiedsgericht in einen Schiedsspruch mit vereinbartem Wortlaut transformierten Vergleich auf die Vergleichsbefugnis abstellt, während bei der Überführung in einen Schiedsspruch mit vereinbartem Wortlaut die Schiedsfähigkeit ausreichen soll.; vgl. auch *Schulze,* Grenzen der objektiven Schiedsfähigkeit im Rahmen des § 1030 ZPO, 2003, S. 42 (Schiedsspruch mit vereinbartem Wortlaut sei kein Vergleich, sondern sei im Prinzip ein Sachschiedsspruch, dessen Inhalt die Parteien bestimmt hätten; zugleich anerkennt *Schulze,* dass sich die Wirksamkeit des Vergleichs nach § 1053 Abs. 1 S. 1 nach dem materiellen Recht bestimmt).

[3] So auch *Bilda* DB 2004, 171, 175; *Mankowski* ZZP 114 (2001), 37, 61 f. (wohl nur rechtspolitisch); *Papmehl,* Die Schiedsfähigkeit gesellschaftsrechtlicher Streitigkeiten, 2001, S. 64; aA *Schwab/Walter* Kap. 23 Rn. 10 (einzige Grenze sei der ordre public, wobei *Schwab* dazu neben der Schiedsfähigkeit auch §§ 134, 138 BGB zählt; dazu näher § 1059 Rn. 25 ff.); wohl auch MK/*Münch* Rn. 12; vgl. dazu aber auch dort § 1055 Rn. 10, wo das Unbehagen an einer rechtskraftfähigen Entscheidung auf der Grundlage einer Parteivereinbarung deutlich wird.

II. Voraussetzungen des Schiedsspruchs mit vereinbartem Wortlaut

3 **1. Vergleich. a) Zustandekommen.** Der Wortlaut des Abs. 1 deutet darauf hin, dass der Vergleich **während eines Schiedsverfahrens** geschlossen werden muss. Aus Praktikabilitätsgründen sollte man es jedoch ausreichen lassen, wenn die Parteien diesen **vor Erhebung der Schiedsklage** schließen[4] und dann beim Schiedsgericht beantragen, einen Schiedsspruch mit vereinbartem Wortlaut zu erlassen. Ließe man dies nicht zu, so würde man die Parteien zu einem Scheingefecht über die an sich bereits erzielte Einigung zwingen, das niemandem nutzt. Auf diesem Weg kann auch das Ergebnis eines Mediationsverfahrens in einem Schiedsspruch festgehalten werden.[5] Der Beginn des schiedsrichterlichen Verfahrens steht einem Vergleichsabschluss außerhalb des Verfahrens nicht entgegen.

4 b) **Wirksamkeit.** Die Anforderungen an einen Vergleich der Parteien ergeben sich aus dem **materiellen Recht.** Die Parteien können dieses jedenfalls in den Grenzen des EGBGB wählen. Im Hinblick darauf, dass der Vergleich Grundlage des Schiedsspruchs mit vereinbartem Wortlaut werden kann, sollte man aber auch die Erweiterungen des § 1051 gegenüber dem EGBGB zulassen. Andernfalls könnte sich die Wirksamkeit des Vergleichs unterschiedlich darstellen je nachdem, ob auf seiner Grundlage ein Schiedsspruch mit vereinbartem Wortlaut ergangen ist oder nicht. Bei Anwendbarkeit des deutschen Sachrechts reicht für das nach § 779 Abs. 1 BGB erforderliche **gegenseitige Nachgeben** der Parteien ein Nachgeben in einem Nebenpunkt oder in den Kosten aus.[6] Punkte, die der **Schiedsabrede nicht unterliegen,** können in den Vergleich ohne weiteres **einbezogen** werden.[7] Beantragen die Parteien auch für diese Punkte den Erlass eines Schiedsspruchs mit vereinbartem Wortlaut, so liegt darin eine entsprechende Erweiterung der Schiedsabrede.[8] Gegenstände, über die sich die Parteien nach dem materiellen Recht nicht vergleichen können, können richtiger Ansicht nach auch nicht im Schiedsverfahren einvernehmlich geregelt werden (vgl. Rn. 1). Soweit deutsches Recht maßgebend ist, sind die §§ 119, 123 BGB, wie auch die weiteren Bestimmungen des materiellen Rechts, bei der Beurteilung der Wirksamkeit des Vergleichs zu beachten.[9] Wird auf der Grundlage des Vergleichs ein Schiedsspruch mit vereinbartem Wortlaut erlassen, schließt die Gleichstellung des Schiedsspruchs mit einem rechtskräftigen Urteil die Berufung auf diese Mängel aus (vgl. Rn. 15).

5 c) **Beteiligung Dritter.** Dritte können sich an dem **Vergleich beteiligen, ohne** der **Schiedsvereinbarung beizutreten,** weil das Schiedsgericht beim Vergleich keine Entscheidung trifft und deshalb eine Unterwerfung entbehrlich ist.[10] Soll dagegen ein Schiedsspruch mit **vereinbartem Wortlaut** erlassen werden, der auch für und gegen den Dritten einem rechtskräftigen Urteil gleichsteht (§ 1055), so muss der Dritte der Schiedsabrede beitreten.[11] Dies ist zwar nicht zur Begründung einer Entscheidungskompetenz des Schiedsgerichts erforderlich, da dieses gerade keine Streitentscheidung zu treffen braucht, wohl aber deswegen, weil sich die Rechtskraft dann auf den Dritten erstreckt und ihm daher bei einer gerichtlichen Geltendmachung seiner im Vergleich geregelten Ansprüche der Einwand der res iudicata entgegensteht. Tritt der Dritte der Schiedsabrede nicht bei, so ist es an den Parteien zu entscheiden, ob dennoch ein Schiedsspruch mit vereinbartem Wortlaut über den Teil des Vergleichs ergehen soll, von welchem der Dritte nicht betroffen ist. Ein Schiedsspruch, der Ansprüche des Dritten einbezieht, obwohl der Dritte der Schiedsabrede nicht beigetreten ist, wäre jedenfalls auf Antrag des Dritten aufhebbar (§ 1059 Abs. 2 Nr. 1 Buchst. c).

6 d) **Kostenverteilung.** Soweit über die Kosten des Schiedsverfahrens im Vergleich nichts bestimmt ist, werden sie regelmäßig in Anlehnung an § 98 als **gegeneinander aufgehoben** anzusehen sein.[12] Wird kein Schiedsspruch mit vereinbartem Wortlaut beantragt, entscheidet das Schiedsgericht nach § 1056 Abs. 2 Nr. 2 iVm. § 1057 Abs. 2 über die Kosten des Verfahrens.[13] Die Parteien können anderes vereinbaren, wobei sich dies auch durch Auslegung des Vergleichs ergeben kann. Dies liegt vor allem dann nahe, wenn die Parteien von der gegenseitigen Aufhebung der Kosten ausgehen und deshalb gerade keine Entscheidung dieser Frage durch das Schiedsgericht wollen.

7 e) **Beendigung des Schiedsverfahrens.** Das Schiedsgericht beendet das Verfahren durch **Beschluss** nach § 1056 Abs. 2 Nr. 2, sofern nicht auf Antrag der Parteien ein Schiedsspruch mit vereinbartem Wortlaut er-

---

[4] AA *Grziwotz* MDR 2001, 305, 306; MK/*Münch* Rn. 6; vgl. auch *Schroeter* SchiedsVZ 2006, 298, 301.

[5] *Höttler,* Das fingierte Schiedsverfahren, 2007, S. 22ff., 61; *Lörcher* DB 1999, 789f.; deutlich enger aber *Lörcher* BB 2000, Beil. 12, S. 2, 5; krit. *Grziwotz* MDR 2001, 305, 307f. (Missbrauch des Schiedsspruchs mit vereinbartem Wortlaut mit der Folge einer Ablehnung der Vollstreckbarerklärung); zweifelnd auch *Berger* RIW 2001, 7, 16f.

[6] *Schwab/Walter* Kap. 23 Rn. 7; MK/*Münch* Rn. 4; *Schroeter* SchiedsVZ 2006, 298, 303; gegen die Anwendbarkeit des § 779 BGB *Schütze,* Festschr. f. Lorenz, 2001, S. 275, 277; *St/J/Schlosser* Rn. 2; strenger (völlige oder teilweise Aufgabe eines zuvor eingenommenen Standpunktes zu Gunsten des Gegners erforderlich) *Bilda* DB 2004, 171, 173f.

[7] Vgl. BGH NJW 1961, 1817, 1819 (zum Prozessvergleich); MK/*Münch* Rn. 7; aA (Parteien können Schiedsrichter nicht zur Erweiterung des Schiedsrichtervertrages zwingen) *Schütze,* Festschr. f. Lorenz, 2001, S. 275, 278.

[8] MK/*Münch* Rn. 7; *Mankowski* ZZP 114 (2001), 37, 62f. (Erweiterung der Schiedsabrede in der Form des § 1031 erforderlich; der Formmangel ist aber stets geheilt).

[9] Vgl. zum alten Recht: BGH NJW 1973, 98 (zu § 138 BGB); BGHZ 55, 313, 321 = NJW 1971, 755 (Wegfall der Geschäftsgrundlage, iE offen gelassen).

[10] Zum alten Recht: MK/*Maier,* 1. Aufl. 1992, § 1044a aF Rn. 2.

[11] So auch MK/*Münch* Rn. 5; einen solchen Beitritt regelmäßig annehmend *Schwab/Walter* Kap. 23 Rn. 8; *St/J/Schlosser* Rn. 4.

[12] MK/*Münch* Rn. 21; *Schwab/Walter* Kap. 33 Rn. 19.

[13] *Schwab/Walter* Kap. 33 Rn. 19.

lassen wird und deshalb das Verfahren nach § 1056 Abs. 1 Fall 1 endet.[14] Ein Vollstreckungstitel entsteht in diesem Fall nicht, es sei denn, der Vergleich wird als **Anwaltsvergleich** nach §§ 796aff. für vollstreckbar erklärt. Im Hinblick auf die vielfach vorgesehene Vergleichsgebühr für die Schiedsrichter kann sich dieser Weg empfehlen.[15]

2. Erlass eines Schiedsspruchs mit vereinbartem Wortlaut. a) Antrag. Der Erlass eines Schiedsspruchs 8
mit vereinbartem Wortlaut setzt nach Abs. 1 S. 2 einen **Antrag der Parteien** voraus; dieser braucht kein gemeinschaftlicher zu sein[16] und bedarf auch keiner Form. Bei mehr als zwei Parteien müssen alle den Antrag stellen. Der Antrag kann nicht einseitig zurückgenommen werden,[17] da die Gegenpartei mit der Möglichkeit, durch ihren Antrag einen Schiedsspruch mit vereinbartem Wortlaut herbeiführen zu können, bereits eine schützenswerte Verfahrensposition erlangt hat. Beantragt nur **eine Partei** den Erlass eines Schiedsspruchs mit vereinbartem Wortlaut und stellt die andere – ggf. auch nach Nachfrage – keinen entsprechenden Antrag, so darf kein Schiedsspruch mit vereinbartem Wortlaut erlassen werden; das Schiedsgericht kann die fehlende Antragstellung nicht ersetzen.[18] Bevor das Schiedsgericht das Schiedsverfahren in einem solchen Fall beendet (vgl. Rn. 7), sollte der Frage der Anfechtbarkeit des Vergleichsvertrags und des Wegfalls der Geschäftsgrundlage nachgegangen werden. Denn dies kommt in Betracht, wenn eine der Parteien davon ausging, dass auf der Grundlage des Vergleichs ein Schiedsspruch nach Abs. 2 ergeht und damit eine Vollstreckungsmöglichkeit geschaffen wird.

b) Erlass des Schiedsspruchs. Grundlage der Gleichstellung nach § 1055 und der Vollstreckbarerklä- 9
rung ist der Schiedsspruch. Wird lediglich der Vergleich protokolliert, ohne dass ein entsprechender Schiedsspruch ergeht, so scheidet deshalb eine Vollstreckbarerklärung aus.[19] Für den Erlass des Schiedsspruchs mit vereinbartem Wortlaut ist das Schiedsgericht in seiner **vereinbarten Besetzung** zuständig. Wird ein Schiedsspruch mit vereinbartem Wortlaut trotz Vereinbarung eines Kollegialschiedsgerichts vor nur einem der Schiedsrichter beantragt, so ist darin in der Regel eine konkludente Neuregelung der Besetzung des Schiedsgerichts zu sehen. Unschädlich ist es auch, wenn ein Schiedsrichter hätte **abgelehnt** werden können oder vom Schiedsrichteramt ausgeschlossen ist, denn die bei einer Streitentscheidung unerlässliche Neutralität ist bei einer vergleichsweisen Einigung entbehrlich. Eine **Begründung des Schiedsspruchs** entfällt nach § 1054 Abs. 2. Der Schiedsspruch mit vereinbartem Wortlaut muss **als Schiedsspruch bezeichnet** werden, Abs. 2 S. 1; ein Hinweis darauf, dass der Wortlaut vereinbart ist, ist wegen § 1054 Abs. 2 sinnvoll, aber entbehrlich.

Das Schiedsgericht **prüft** die **Wirksamkeit des Vergleichs** und die Frage, ob sein Inhalt gegen die **öffent-** 10
liche Ordnung verstößt. Der Maßstab entspricht dem des § 1059 Abs. 2 Nr. 2 Buchst. b (vgl. § 1059 Rn. 25ff.).[20] Wurde der **Vergleich unter Widerrufsvorbehalt** vereinbart, so ergeht der Schiedsspruch erst dann, wenn die Widerrufsfrist verstrichen ist,[21] denn die mit der Widerrufsmöglichkeit verbundene Ungewissheit ist mit der Gleichstellung des Schiedsspruchs mit einem rechtskräftigen Urteil nicht vereinbar. Entsprechendes gilt bei **bedingten Vergleichen.** Fehler bei der **Besetzung des Schiedsgerichts** können regelmäßig außer Betracht bleiben (vgl. auch Rn. 9). **Fehler im Schiedsverfahren** (insbesondere Nichtgewährung rechtlichen Gehörs) werden den Bestand des Schiedsvergleichs nur selten beeinträchtigen, denn er ist nicht das Ergebnis des Verfahrens, sondern das der Einigung der Schiedsparteien.[22] In gravierenden Fällen kann aber auch hier ein Anfechtungsgrund nach §§ 119, 123 BGB gegeben sein, wenn das Schiedsgericht auf den Willen einer der Parteien durch Täuschung oder Drohung Einfluss genommen hat (beispielsweise durch Vorenthaltung von Informationen unter Verletzung des rechtlichen Gehörs).

c) Ausländische Schiedsgerichte. Auf Schiedsgerichte mit Sitz im Ausland ist die Regelung nicht anwend- 11
bar, § 1025 Abs. 1. Die Vollstreckbarerklärung richtet sich dann nach § 1061, sofern ein Schiedsspruch mit vereinbartem Wortlaut erlassen wurde. Wurde in einem ausländischen Schiedsverfahren dagegen ein **Schiedsvergleich** geschlossen, der nicht in einen Schiedsspruch mit vereinbartem Wortlaut mündete, so scheidet die Vollstreckbarerklärung seit der Aufhebung des § 1044a aF aus. Es kommt dann nur eine Vollstreckbarerklärung nach § 796a in Betracht, soweit der Schiedsvergleich dessen Voraussetzungen erfüllt.[23] Soweit völkerrechtliche Verträge zur Vollstreckbarerklärung eines Schiedsvergleichs verpflichten, richtet sich die Vollstreckbarerklärung nach diesen Verträgen.[24]

---

14 Wohl aA MK/*Münch* Rn. 17 (Beendigung nur, wenn übereinstimmende Anträge aus Schiedsspruch mit vereinbartem Wortlaut vorliegen; letztlich aber doch wie hier in Rn. 26).

15 *Lachmann* Rn. 1801.

16 *Mankowski* ZZP 114 (2001), 37, 70f.

17 *Mankowski* ZZP 114 (2001), 37, 73f.; *Schütze,* Festschr. f. Lorenz, 2001, S. 275, 277.

18 *Schroeter* SchiedsVZ 2006, 298, 303; vgl. *Gottwald,* in: Konsensuale Streitbeilegung, 2001, S. 31, 36 (Nachweis, dass Vollstreckbarerklärung im wohlverstandenen Interesse beider Parteien liegt, reicht nicht aus).

19 OLG München NZBau 2007, 311 = MDR 2007, 854.

20 AA *Mankowski* ZZP 114 (2001), 37, 44ff. (materieller, an § 138 BGB orientierter ordre-public-Begriff); *Bilda* DB 2004, 171, 174f. (am nationalen Recht orientierter materieller ordre public, orientiert an §§ 134, 138, 826 BGB).

21 Vgl. *Gottwald,* in: Konsensuale Streitbeilegung, 2001, S. 31, 37; *Schwab/Walter* Kap. 23 Rn. 13; *Zö/Geimer* Rn. 3; aA *Mankowski* ZZP 114 (2001), 37, 70 (Erlass eines Schiedsspruchs unter der Bedingung, dass der Vergleich nicht innerhalb einer festgesetzten Frist widerrufen wird).

22 MK/*Münch* Rn. 19.

23 *Schwab/Walter* Kap. 30 Rn. 42.

24 Zu den Einzelheiten vgl. *Schwab/Walter* Kap. 59 Rn. 1ff.

III. Wirkung des Schiedsspruchs mit vereinbartem Wortlaut

12 **1. Gleichstellung mit rechtskräftigem Urteil.** Der Schiedsspruch mit vereinbartem Wortlaut hat nach Abs. 2 S. 2 dieselbe Wirkung wie jeder andere Schiedsspruch zur Sache. Er steht damit nach § 1055 einem rechtskräftigen Urteil gleich. Wegen dieser Gleichstellung kann dem Schiedsspruch mit vereinbartem Wortlaut **keine Doppelnatur** zukommen,[25] denn bei Annahme einer Doppelnatur berühren Mängel im Bereich des materiellrechtlichen Vergleichs zugleich den Bestand des Schiedsspruchs. Dies ist aber mit der Rechtskraft unvereinbar, die dem Schiedsspruch zukommt. Mängel im Vergleich müssen deshalb im **Vollstreckbarerklärungs**- oder im **Aufhebungsverfahren** geltend gemacht werden (vgl. § 1059 Rn. 3). Der Schiedsspruch mit vereinbartem Wortlaut kann auf der Grundlage EuVTVO im Verfahren nach §§ 1079ff. als europäischer Vollstreckungstitel anerkannt werden.

13 **2. Ersetzung der Formvorschriften, Abs. 3.** Nach der Regelung in Abs. 3 ersetzt die Aufnahme einer Erklärung in den Schiedsspruch mit vereinbartem Wortlaut eine ggf. erforderliche **notarielle Beurkundung.**[26] Diese Wirkung entfällt bei offensichtlichem Missbrauch.[27] Durch Abs. 3 nicht geregelt ist die Frage, ob **staatliche Stellen** – beispielsweise das Grundbuchamt – auf der Grundlage eines Schiedsspruchs mit vereinbartem Wortlaut **Eintragungen** vornehmen dürfen oder ob dazu die Vollstreckbarerklärung zu fordern ist (zum Meinungsstand vgl. § 1060 Rn. 3). Angesichts der Gleichstellung des Schiedsspruchs mit einem rechtskräftigen Urteil, § 1055, gibt es jedoch nach früher geltendem wie auch nach neuem Recht keinen Ansatzpunkt für die Forderung nach einer Vollstreckbarerklärung (vgl. § 1060 Rn. 3).[28]

IV. Besonderheiten bei der Vollstreckbarerklärung

14 Mit Zustimmung der Parteien kann ein **Notar** nach Abs. 4 den Schiedsspruch mit vereinbartem Wortlaut für vollstreckbar erklären. Diese Entscheidung ist – obwohl nicht eigens in dem als abschließend zu verstehenden Katalog des § 794 genannt – ein Vollstreckungstitel.[29] Da das Verfahren nach Abs. 4 auf der Einigung der Parteien basiert und nur bei Zustimmung aller Parteien stattfindet, handelt es sich dabei um eine Tätigkeit, die mit der des **Spruchrichters nicht vergleichbar** ist.[30] Weder sind die §§ 41ff. anzuwenden, noch kommt dem Notar das Haftungsprivileg des § 839 Abs. 2 BGB zugute.[31] **Zuständig** ist jeder Notar, der seinen Amtssitz innerhalb des Bezirks des nach § 1062 Abs. 1 und 2 zuständigen staatlichen Gerichts hat (zu Mitwirkungsverboten bei Beteiligung des Notars vgl. § 16 Abs. 1 BNotO iVm. § 3 BeurkG). Für eine Vollstreckungsgegenklage ist das sachlich zuständige Amts- oder Landgericht an seinem Sitz zuständig.[32] Die **Kosten** regelt § 148a Abs. 1 KostO; sie sind beträchtlich **niedriger als die der gerichtlichen Vollstreckbarerklärung** (vgl. § 1063 Rn. 12). Allerdings ist die Regelung des § 1059 Abs. 3 S. 4, die einen **Aufhebungsantrag ausschließt,** wenn der Schiedsspruch von einem deutschen Gericht für vollstreckbar erklärt wurde, auf die Vollstreckbarerklärung durch einen Notar **nicht,** auch nicht entsprechend **anwendbar,**[33] denn im Gegensatz zur gerichtlichen Entscheidung kommt der notariellen Entscheidung nach allgemeinen Regeln keine präkludierende Wirkung zu (vgl. auch § 796c Rn. 4). Die **Vorlage** einer **beglaubigten Abschrift** des Schiedsspruchs reicht für die Vollstreckbarerklärung aus (§ 1064 Abs. 1). Ein **Rechtsbehelf** gegen die Entscheidung des Notars ist nicht vorgesehen; es bleibt im Fall der Vollstreckbarerklärung der Weg des Aufhebungsverfahrens,[34] bei ihrer Ablehnung kann bei Gericht die Vollstreckbarerklärung beantragt werden.

V. Verfahren bei Zweifeln an der Wirksamkeit des Vergleichs

15 Bestehen Zweifel daran, ob der Vergleich materiellrechtlich wirksam abgeschlossen wurde, muss unterschieden werden: Wurde ein **Schiedsspruch** mit vereinbartem Wortlaut **erlassen,** so kann dies allein im Aufhebungsverfahren nach § 1059 bzw. im Verfahren zur Vollstreckbarerklärung geltend gemacht werden,[35] wobei eine Aufhebung nach § 1059 Abs. 2 Nr. 1 Buchst. d in Betracht kommt, wenn das Schiedsgericht auf

---

[25] Vgl. *Gottwald,* in: Konsensuale Streitbeilegung, 2001, S. 31, 38; *Mankowski* ZZP 114 (2001), 37, 64; *Schütze,* Schiedsverf., Rn. 230; MK/*Münch* Rn. 20; *St/J/Schlosser* Rn. 2; aA *Schwab/Walter* Kap. 23 Rn. 6; anders nach dem alten Recht (mit Recht Doppelnatur bejahend): BGH NJW 1980, 1753, 1754.

[26] MK/*Münch* Rn. 23; krit., da Unterscheidung zwischen öffentlicher Urkunde und Privaturkunde verwischt wird, Zö/*Geimer* Rn. 7.

[27] OLG München GmbHR 2005, 1568 (Schiedsvergleich, dem kein Streit voranging, und für den der „Schiedsrichter" ein Honorar von 10 € erhielt); zustimmend *Korte* EWiR § 1053 ZPO 1/06, 95f.; für eine differenzierte, am Schutzzweck der Formvorschriften orientierte Betrachtung *Schroeter* SchiedsVZ 2006, 298, 305.

[28] *Gottwald,* in: Konsensuale Streitbeilegung, 2001, S. 31, 41; aA *B/L/H* Rn. 5; *Zö/Geimer* Rn. 7; *Saenger* MDR 1999, 662, 663.

[29] AA MK/*Münch* Rn. 24f.

[30] So aber Zö/*Geimer* Rn. 9 (genuin richterliche Aufgabe); *Schütze,* Festschr. f. Lorenz, 2001, S. 275, 283.

[31] So aber Zö/*Geimer* Rn. 14; *Schütze,* Festschr. f. Lorenz, 2001, S. 275, 283.

[32] AA *Mack* IDR 2006, 36f.

[33] *Gottwald,* in: Konsensuale Streitbeilegung, 2001, S. 31, 42; MK/*Münch* Rn. 24; *St/J/Schlosser* Rn. 8; aA *B/L/H* Rn. 9 (aber: eine nichtrichterliche Entscheidung begründet auch dann keine Präklusion, wenn die Rechtslage zuvor geprüft wurde); *Mack* IDR 2006, 36, 41.

[34] *Zö/Geimer* Rn. 20 schlägt eine auf den ordre-public-Verstoß beschränkte Rechtsbeschwerde zum BGH in Analogie zu § 1065 vor; zustimmend *Gottwald,* in: Konsensuale Streitbeilegung, 2001, S. 31, 42; so auch *Mack* IDR 2006, 36, 41.

[35] Vgl. BGH NJW 2001, 373 m. zust. Anm. *Voit* ZZP 114 (2001), 355f.; *Schütze,* Festschr. f. Lorenz, 2001, S. 275, 281; *Schwab/Walter* Kap. 23 Rn. 13, 15; MK/*Münch* Rn. 19.

der Grundlage einer unwirksamen Vereinbarung der Parteien den Schiedsspruch mit vereinbartem Wortlaut erlassen hat.[36]

Wurde **kein Schiedsspruch mit vereinbartem Wortlaut** erlassen, scheidet ein Aufhebungsverfahren aus (vgl. Rn. 9). Da die Frage nach der Wirksamkeit des Vergleichs einen anderen Streit betrifft als den, der Gegenstand des Schiedsverfahrens war, ist das Schiedsgericht zu einer Entscheidung über die Wirksamkeit des Vergleichs im Wege eines Schiedsspruchs nur befugt, wenn insoweit eine Schiedsabrede getroffen wurde. Fehlt es daran, kann die **Unwirksamkeit des Schiedsvergleichs** durch **Feststellungsklage vor dem staatlichen Gericht** geltend gemacht werden.[37] Stellt das staatliche Gericht die Unwirksamkeit des Schiedsvergleichs fest, so ist an sich das Schiedsverfahren fortzusetzen. Da jedoch mit der Beendigung des Schiedsverfahrens das Amt der Schiedsrichter endet (§ 1056 Abs. 3), stößt dies grundsätzlich auf Hindernisse. In entsprechender Anwendung des § 1059 Abs. 5 lebt die Schiedsvereinbarung trotz der Beendigung des Amts der Schiedsrichter wieder auf, so dass wiederum ein Schiedsgericht zur Entscheidung berufen ist. Falls die Neukonstituierung des Schiedsgerichts nach der Schiedsvereinbarung nicht möglich ist, entfällt die Rüge aus § 1032 wegen Undurchführbarkeit der Schiedsvereinbarung und die staatlichen Gerichte sind zur Entscheidung berufen. 16

Wurde kein Schiedsspruch mit vereinbartem Wortlaut erlassen, wird die Unwirksamkeit des Vergleichs unmittelbar vor dem **Schiedsgericht geltend gemacht.** Hält dieses den Vergleich für unwirksam, so kann es das Verfahren zwar fortsetzen und in der Sache entscheiden. Die Entscheidung des Schiedsgerichts über die Wirksamkeit des Schiedsvergleichs ist aber für die staatlichen Gerichte nur bindend, wenn auch hinsichtlich dieser Frage eine wirksame Schiedsabrede getroffen wurde,[38] wobei die rügelose Verhandlung vor dem Schiedsgericht zur Frage der Wirksamkeit des Schiedsvergleichs die Formunwirksamkeit einer solchen Abrede heilen kann (vgl. § 1031 Rn. 15). Auch wenn eine solche Schiedsvereinbarung besteht, setzt die Bindung des staatlichen Gerichts an die Entscheidung des Schiedsgerichts über die Unwirksamkeit des Vergleichs einen entsprechenden Schiedsspruch voraus, denn nur dieser, nicht die Beurteilung einer Vorfrage erwächst in Rechtskraft (§ 1055). Hat das Schiedsgericht die Unwirksamkeit nicht im Schiedsspruch festgestellt, so kann ein Ergänzungsschiedsspruch nach § 1058 Abs. 1 Nr. 3 beantragt werden. Fehlt es an einer Schiedsvereinbarung, die das Schiedsgericht zur Entscheidung über die Wirksamkeit des Vergleichs ermächtigt, und entscheidet das Schiedsgericht dennoch durch einen Schiedsspruch, weil es den Vergleich für unwirksam hält, so ist dieser Schiedsspruch nach § 1059 Abs. 2 Nr. 1 Buchst. c aufhebbar, wenn das staatliche Gericht den Vergleich für wirksam hält, denn durch den wirksamen Vergleich entziehen die Parteien dem Schiedsgericht die Entscheidungskompetenz, indem sie ihren Streit gerade ohne gerichtliche Entscheidung beilegen.[39] 17

1054 ***Form und Inhalt des Schiedsspruchs*** **(1) [1]Der Schiedsspruch ist schriftlich zu erlassen und durch den Schiedsrichter oder die Schiedsrichter zu unterschreiben. [2]In schiedsrichterlichen Verfahren mit mehr als einem Schiedsrichter genügen die Unterschriften der Mehrheit aller Mitglieder des Schiedsgerichts, sofern der Grund für eine fehlende Unterschrift angegeben wird.**

(2) Der Schiedsspruch ist zu begründen, es sei denn, die Parteien haben vereinbart, dass keine Begründung gegeben werden muss, oder es handelt sich um einen Schiedsspruch mit vereinbartem Wortlaut im Sinne des § 1053.

(3) [1]Im Schiedsspruch sind der Tag, an dem er erlassen wurde, und der nach § 1043 Abs. 1 bestimmte Ort des schiedsrichterlichen Verfahrens anzugeben. [2]Der Schiedsspruch gilt als an diesem Tag und diesem Ort erlassen.

(4) Jeder Partei ist ein von den Schiedsrichtern unterschriebener Schiedsspruch zu übermitteln.

I. Normzweck

Die Bestimmung regelt die formellen Anforderungen an den Schiedsspruch. Ihr kommt wegen der Gleichstellung mit einem rechtskräftigen Urteil, § 1055, besondere Bedeutung zu. Durch Abs. 1 S. 2 wird bei Kollegialschiedsgerichten die Möglichkeit der Blockade durch einen der Schiedsrichter verhindert. 1

II. Anwendungsbereich

Die Bestimmung bezieht sich allein auf **Schiedssprüche,** während andere Entscheidungen mangels anderweitiger Vereinbarung auch bei mündlicher Bekanntgabe wirksam sind. Bei derartigen Entscheidungen ist es 2

---

36 Wesentlich enger *Gottwald,* in: Konsensuale Streitbeilegung, 2001, S. 31, 39 (materielle Mängel des Vergleichs können bis zur Grenze des ordre public nicht geltend gemacht werden).

37 Zum alten Recht: *Wiecz/Sch/Schütze* § 1044a aF Rn. 20; vgl. auch *St/J/Schlosser* Rn. 2 (bis zum Beschluss nach § 1056 Abs. 2 Nr. 2 habe das Schiedsgericht die Wirksamkeit des Vergleichs zu prüfen, denn nur bei Wirksamkeit sei das Verfahren zu beenden. Das ist jedoch nicht zutreffend, weil die einverständliche Verfahrensbeendigung, die Grundlage für einen Beschluss nach § 1056 Abs. 2 Nr. 2 ist, zwar an die Wirksamkeit des Vergleichs anknüpfen kann, aber nicht muss).

38 Das ist nach *St/J/Schlosser* § 1044a aF Rn. 10 (zum alten Recht) als Regelfall anzusehen; anders *Schwab/Walter,* 5. Aufl. 1995, Kap. 23 Rn. 20 (Frage der Wirksamkeit vor dem Schiedsgericht auszutragen, das aber nicht mit bindender Wirkung für das staatliche Gericht entscheiden kann).

39 AA *St/J/Schlosser* Rn. 2 (kein Aufhebungsgrund, wenn staatl. Gericht Vergleich für wirksam hält; dabei wird zu wenig berücksichtigt, dass durch einen wirksamen Vergleich die Entscheidungsbefugnis des Schiedsgerichts beendet wird, so dass es an einer Schiedsabrede fehlt); vgl. zum alten Recht wie hier OLG Hamburg MDR 1966, 851; *Ro/S/Go,* 15. Aufl., § 175 II 3 a.

auch unschädlich, wenn diese in Abweichung von Abs. 1 S. 2 allein vom Vorsitzenden schriftlich mitgeteilt werden. So unterliegt die Anordnung **vorläufiger oder sichernder Maßnahmen** nach § 1041 nicht der Formvorschrift des § 1054 (vgl. § 1041 Rn. 4).[1] Anders verhält es sich dagegen bei Interimsentscheidungen, denn diese sind Schiedssprüche, wenn auch mit zeitlich begrenzter Dauer (vgl. § 1041 Rn. 5). **Teilschiedssprüche** müssen der Form des § 1054 genügen,[2] da sie für den abschließend entschiedenen Teil einem Schiedsspruch gleichstehen. Wird über die Kosten eines Verfahrensabschnitts endgültig entschieden, so handelt es sich um einen (der Vollstreckbarerklärung zugänglichen) Teilschiedsspruch.[3] Für die Beurteilung der Frage, ob es sich um einen Zwischenschiedsspruch oder um einen Teilschiedsspruch handelt, ist der Wille des Schiedsgerichts zu einer abschließenden Entscheidung über einen Teil des Streits maßgebend; ob das Schiedsgericht mit der Vorabentscheidung dieses Teils Verfahrensregeln verletzt hat, ist ohne Bedeutung.[4] Schiedssprüche unter dem **Vorbehalt** einer vom Schiedsgericht zu entscheidenden Aufrechnung (vgl. § 1042 Rn. 19) binden zwar das Schiedsgericht, enthalten jedoch noch keine abschließende Entscheidung und fallen deshalb nicht unter § 1054.[5] Anders verhält es sich, wenn die Entscheidung über die Gegenforderung dem staatlichen Gericht obliegt und deshalb das Schiedsgericht innerhalb seiner Zuständigkeit abschließend entschieden hat.[6] Entscheidet das Schiedsgericht nur über **Vorfragen,** so ist dies **kein Schiedsspruch** im Sinne des § 1054.[7] Die Frage, ob eine solche Entscheidung für das weitere schiedsgerichtliche Verfahren Bindungswirkung entfalten soll, hängt vom Bindungswillen des Schiedsgerichts ab. Ein solcher Wille ist bei Erlass eines förmlichen Zwischenschiedsspruchs anzunehmen.[8] Zur Möglichkeit, **einen Zwischenschiedsspruch zum Anspruchsgrund** zu erlassen, vgl. § 1055 Rn. 4. Der **Zwischenentscheid** nach § 1040 Abs. 3 ist kein Schiedsspruch und unterliegt nicht den Regeln des § 1054.[9] Entscheidungen, durch die das Schiedsgericht **seine Zuständigkeit verneint,** sind entgegen der hL **keine Schiedssprüche,** näher dazu § 1040 Rn. 8. Wird die Schiedsklage dagegen aus einem anderen Grund als dem Fehlen einer wirksamen Schiedsvereinbarung als unzulässig abgewiesen, so geschieht dies durch Schiedsspruch.[10] Für arbeitsrechtliche Schiedsgerichte (vgl. § 1030 Rn. 8) enthält § 108 Abs. 2 ArbGG eine Sonderregelung zu Form und Inhalt des Schiedsspruchs. Sieht die Schiedsvereinbarung ein **Oberschiedsgericht** vor, so soll für die Entscheidung des erstinstanzlichen Schiedsgerichts § 1054 unanwendbar sein.[11] Diese Auffassung ist abzulehnen, denn andernfalls werden bei der Vollstreckbarerklärung Schwierigkeiten auftreten, wenn das Oberschiedsgericht nicht angerufen wird und deshalb der erstinstanzliche Schiedsspruch für vollstreckbar erklärt werden soll.

III. Anforderungen an den Schiedsspruch

3 **1. Tenor.** Obwohl § 1054 die Angabe einer Entscheidungsformel nicht ausdrücklich verlangt, empfiehlt sich im Hinblick auf § 1055 und ggf. wegen der Vollstreckung die Formulierung eines Tenors. Ist der Tenor **unklar formuliert,** kann die Auslegung des Schiedsspruchs nach § 1058 Abs. 1 Nr. 2 beantragt werden (zur Umformulierung im Vollstreckbarerklärungsverfahren vgl. § 1060 Rn. 14). Die **Berichtigung** von Rechen-, Schreib- oder Druckfehlern und Fehlern ähnlicher Art ist nach § 1058 Abs. 1 Nr. 1, Abs. 4 sowohl auf Antrag als auch unabhängig von einem Antrag möglich.

4 **2. Begründung, Abs. 2.** Der Schiedsspruch muss nach Abs. 2 in der Regel **schriftlich begründet** werden (zur Sprache vgl. § 1045). Dies kann durch eine formlos wirksame Parteivereinbarung abbedungen werden, die auch nach Erlass des Schiedsspruchs geschlossen werden kann.[12] In der Vereinbarung, dass jede gerichtliche Nachprüfung ausgeschlossen ist, liegt kein Verzicht auf die Begründung.[13] Der Schiedsspruch mit vereinbartem Wortlaut bedarf keiner Begründung. Die **Anforderungen an die Begründung** sind gering. Die Maßstäbe, die an die Begründung der Entscheidungen staatlicher Gerichte gestellt werden, sind nicht zu übernehmen.[14] Eine **Trennung von Tatbestand und Gründen** ist nicht erforderlich. Ob die **Gründe zutreffend** sind und den Schiedsspruch auch inhaltlich rechtfertigen, ist nicht entscheidend, denn die Beurteilung der Rechtslage haben die Parteien gerade dem Schiedsgericht und nicht dem staatlichen Gericht zugewiesen.[15] Die Begründung darf aber nicht widersinnig sein und muss zumindest in groben Zügen zu den

---

1 *Schütze,* Schiedsverf., Rn. 259; *B/L/H* § 1041 Rn. 2; aA *Zö/Geimer* Rn. 3.

2 *Zö/Geimer* Rn. 3; *St/J/Schlosser* Rn. 3.

3 BGH NJW-RR 2007, 1008 = MDR 2007, 864.

4 BGH NJW-RR 2007, 1008 = MDR 2007, 864.

5 Vgl. OLG Frankfurt SchiedsVZ 2007, 278, 279 (obiter dictum); vgl. auch (kein Schiedsspruch, der für vollstreckbar erklärt werden kann) *Schwab/Walter* Kap. 18 Rn. 7; *St/J/Schlosser* Rn. 4; *Zö/Geimer* Rn. 3 und § 1052 Rn. 4; zum alten Recht: BGHZ 10, 325, 327 = NJW 1953, 1913.

6 *Schwab/Walter* Kap. 18 Rn. 8; *St/J/Schlosser* Rn. 4.

7 *Schwab/Walter* Kap. 18 Rn. 9f.; zum alten Recht: *Wiecz/Sch/Schütze* § 1039 aF Rn. 4.

8 Vgl. *Schwab/Walter* Kap. 18 Rn. 10; MK/*Münch* Rn. 2; zum alten Recht: *Wiecz/Sch/Schütze* § 1034 aF Rn. 35.

9 MK/*Münch* Rn. 2.

10 *T/P/Reichold* Rn. 3.

11 *Schwab/Walter* Kap. 18 Rn. 13; *T/P/Reichold* Rn. 2; ähnlich auch *St/J/Schlosser* Rn. 5; zum alten Recht: RGZ 74, 307f.; 114, 165, 169; OLG Düsseldorf BB 1976, 251.

12 *Schwab/Walter* Kap. 19 Rn. 13.

13 *Schwab/Walter* Kap. 19 Rn. 13; aA *B/L/H* Rn. 3.

14 OLG München 20. 12. 2006 34 Sch 16/06 Tz. 46 = OLGR München 2007, 361; *Schwab/Walter* Kap. 19 Rn. 11; MK/*Münch* Rn. 17f.; *St/J/Schlosser* Rn. 9; zum alten Recht: BGHZ 30, 89, 92 = NJW 1959, 1438; BGH LM KWVO § 1a Nr. 1; RIW 1990, 495.

15 *Schwab/Walter* Kap. 19 Rn. 11f.; zum alten Recht: RGZ 23, 432, 436.

wesentlichen Punkten des Verteidigungsvorbringens Stellung nehmen.[16] Auch wenn die Begründungspflicht den Anspruch auf rechtliches Gehör berührt, so kann sie doch angesichts der Verzichtbarkeit nach Abs. 2 nicht die Aufgabe haben, dem staatlichen Gericht die Nachprüfung der Gewährung rechtlichen Gehörs zu ermöglichen;[17] eine solche Nachprüfbarkeit ist deshalb nicht Maßstab für die Begründungspflicht. Bezieht sich ein Begründungsdefizit auf einen abgrenzbaren Teil des Schiedsspruchs, so ist die Teilaufhebung des Schiedsspruchs möglich (vgl. § 1059 Rn. 21).[18]

Fehlt die erforderliche Begründung und wird sie auch nicht nachgeholt, so bejaht die hL die Aufhebbarkeit des Schiedsspruchs nach § 1059 Abs. 2 Nr. 1 Buchst. d.[19] Dies entspricht dem Sinn des Aufhebungsverfahrens. Ob allerdings die Voraussetzungen dieses Aufhebungsgrundes erfüllt sind, erscheint zweifelhaft, denn es wird kaum anzunehmen sein, dass sich das Fehlen der Begründung auf den Schiedsspruch ausgewirkt hat. Man wird deshalb eine Aufhebung nur bei erweiternder Auslegung des § 1059 Abs. 2 Nr. 1 Buchst. d bejahen können (vgl. § 1059 Rn. 21). Die **Abfassung der Begründung** obliegt dem Schiedsgericht. Dabei kann es **juristische Berater** zuziehen.[20] Es kann den juristischen Beratern auch die Formulierung der Begründung der vom Schiedsgericht gefassten Entscheidung überlassen und sich auf die Billigung dieser Begründung beschränken.[21] 5

3. Unterschrift, Abs. 1. Die Unterschrift ist von den Schiedsrichtern **persönlich und eigenhändig** zu leisten. Die Parteien haben einen Anspruch auf Unterschriftsleistung, der ggf. gegen die einzelnen Schiedsrichter vor dem staatlichen Gericht durchgesetzt werden kann.[22] Die Regelung geht in Abs. 1 S. 1 und Abs. 4 davon aus, dass der Schiedsspruch von allen Schiedsrichtern unterschrieben wird, so dass Einzelunterschriften auf gleich lautenden Urkunden nicht ausreichen. Blankounterschriften[23] sind zulässig, ebenso die einverständliche Änderung des bereits unterschriebenen Textes ohne erneute Unterzeichnung (vgl. Rn. 10). Bei Kollegialschiedsgerichten reicht nach **Abs. 1 S. 2** die **Unterschrift der Mehrheit der Mitglieder** des Schiedsgerichts aus. Dabei fordert diese nicht dispositive[24] Regelung, dass der Grund für das Fehlen der Unterschrift genannt wird. In der Begründung des Gesetzentwurfs wird dazu auf die Regelung für das Verfahren vor den staatlichen Gerichten in § 315 Abs. 1 S. 2 verwiesen.[25] Dies darf aber nicht darüber hinwegtäuschen, dass Gründe, die beim staatlichen Richter inakzeptabel wären (zB Verweigerung der Unterschrift), hier ohne weiteres angegeben werden können, denn das Gesetz verlangt nicht, dass der Schiedsrichter an der Unterschrift verhindert war. Mit der Angabe des Grundes „Unterschrift verweigert, weil überstimmt" wird gegen das Beratungsgeheimnis (vgl. § 1052 Rn. 3) verstoßen. Abs. 1 S. 2 erfasst auch Fälle, in denen der **Vorsitzende die Unterschrift verweigert** oder in denen bei einem mit fünf Schiedsrichtern besetzten Schiedsgericht zwei Schiedsrichter ihre Unterschrift unter dem Schiedsspruch verweigern. Stets ist aber die Unterschrift der **absoluten Mehrheit der Mitglieder** des Schiedsgerichts erforderlich; eine abweichende Vereinbarung der Parteien ist nicht wirksam. Zu Fällen, in denen der fehlende Schiedsrichter bereits an der Abstimmung nicht teilgenommen hat, vgl. § 1052 Rn. 7f. Die fehlende Unterschrift kann noch während eines Verfahrens zur Aufhebung oder zur Vollstreckbarerklärung nachgeholt werden.[26] 6

4. Angabe von Ort und Datum, Abs. 3. Nach dem Wortlaut des Abs. 3 ist die Angabe von **Ort und Datum** zwingend erforderlich. Ob ihr Fehlen zur Formunwirksamkeit des Schiedsspruchs führt, ist jedoch zweifelhaft. Nach dem früher geltenden Recht wurde die Angabe des Datums als verzichtbar angesehen, sofern nur die Identifikation des Schiedsspruchs sichergestellt war.[27] Da die Anforderungen an die Formwirksamkeit reduziert und nicht gesteigert werden sollten,[28] ist die Angabe des Datums – und jetzt auch des Ortes – nach neuem Recht ebenfalls **entbehrlich.**[29] 7

Abs. 3 S. 2 knüpft an die Angabe von Ort und Datum im Schiedsspruch eine entsprechende **unwiderlegbare Vermutung.**[30] Relevant wird die **Ortsangabe** bei der Bestimmung der **Zuständigkeit** des staatlichen Gerichts. Obwohl § 1062 Abs. 1 an den Ort des schiedsrichterlichen Verfahrens anknüpft, während die Vermutung in § 1054 Abs. 3 S. 2 den Ort des Erlasses des Schiedsspruchs betrifft, ist dieser Ort bei der Zu- 8

---

[16] *Schwab/Walter* Kap. 19 Rn. 12; zum alten Recht: BGHZ 96, 40, 47 = NJW 1986, 1436, 1437; vgl. dazu *Schlosser,* 50 Jahre BGH, Bd. III, 2000, S. 399, 401 ff. (rechtsvergleichend).

[17] *St/J/Schlosser* Rn. 9; vgl. zum alten Recht auch BGHZ 30, 89, 92 = NJW 1959, 1438.

[18] *Schwab/Walter* Kap. 24 Rn. 25.

[19] *Schwab/Walter* Kap. 19 Rn. 12; MK/*Münch* Rn. 10; *St/J/Schlosser* Rn. 9; vgl. auch BT-Drucks. 13/5274 S. 59f.

[20] *Lachmann* Rn. 4286; MK/*Münch* Rn. 11.

[21] AA *Schwab/Walter* Kap. 19 Rn. 8 (letztlich aber doch wenig streng, denn zulässig soll es sein, wenn der juristische Berater bei der Beratung anwesend war, die Gründe als Entwurf niederlegt und die Schiedsrichter diesen nach Lektüre unterzeichnen).

[22] AA *Schwab/Walter* Kap. 12 Rn. 2 ff. (Identifikation des Schiedsrichters mit dem Schiedsspruch könne nicht verlangt werden); wie hier die hM zum alten Recht, vgl. die Nachw. bei *Schwab/Walter* Kap. 12 Rn. 2.

[23] MK/*Münch* Rn. 6; *St/J/Schlosser* Rn. 6; zum alten Recht: vgl. BGHZ 40, 65, 68 = NJW 1963, 1971; BGHZ 53, 11, 15 = NJW 1970, 324; RGZ 78, 26, 29.

[24] *Lachmann* Rn. 1752.

[25] BT-Drucks. 13/5274 S. 55.

[26] *Zö/Geimer* Rn. 4; zum alten Recht: BGHZ 85, 288, 289 f. (zu der nach altem Recht erforderlichen Niederlegung).

[27] Zum alten Recht: MK/*Maier,* 1. Aufl. 1992, § 1039 aF Rn. 6; *St/J/Schlosser* § 1039 aF Rn. 2.

[28] BT-Drucks. 13/5274 S. 55.

[29] OLG Stuttgart NJW-RR 2003, 1438, 1439; *B/L/H* Rn. 5; *Schwab/Walter* Kap. 20 Rn. 13; *Zö/Geimer* Rn. 9; aA MK/*Münch* Rn. 21 f. (andernfalls Nichtschiedsspruch); *St/J/Schlosser* Rn. 9 (zwingende Voraussetzung, aber spätere Nachholung möglich).

[30] BT-Drucks. 13/5274 S. 56; aA (widerlegbare Vermutung) *Schütze,* Schiedsverf., Rn. 219.

ständigkeitsbestimmung nach § 1062 zu Grunde zu legen (vgl. § 1062 Rn. 3). Bezüglich des **Datums** fehlt es an einem Anwendungsfall für die Vermutung des Abs. 3 S. 2. In Betracht kommt allein der Beginn der Frist des § 1059 Abs. 3. Der Lauf dieser Frist beginnt jedoch nicht mit dem Erlass des Schiedsspruchs, sondern mit dem Tag, an dem der Antragsteller ihn empfangen hat. Die Vermutung des Abs. 3 S. 2 hat damit auch für diese Frage keine Bedeutung.

IV. Bekanntgabe durch Übersendung, Abs. 4

9 Die **Zustellung** des Schiedsspruchs ist **nicht erforderlich.** Es genügt die Übersendung an beide Parteien (Abs. 4), wobei sich ein Rückschein zum Nachweis des Zugangs empfiehlt (zur Übersendung bei unbekanntem Aufenthaltsort vgl. § 1028).[31] Weiter ist zu beachten, dass der **übersandte Schiedsspruch** von den Schiedsrichtern (unter Anwendung des § 1054 Abs. 1) – nicht nur vom Vorsitzenden – **unterschrieben** sein muss.[32] Die Übersendung einer vom Vorsitzenden allein unterschriebenen oder von einem Dritten beglaubigten Ausfertigung reicht nicht aus. Weichen die übersandten Exemplare voneinander ab, so ist die Abweichung im Wege der Berichtigung nach § 1058 zu beseitigen. Der Schiedsspruch kann an die Partei selbst oder an ihren Prozessbevollmächtigten übersandt werden.[33] Die Parteien können einen Übersendungsadressaten benennen. Unzulässig ist es aber, die Anforderungen des Abs. 4 zu reduzieren, auf die Bekanntmachung ganz zu verzichten oder sie durch eine Bekanntmachungsfiktion zu ersetzen.[34]

V. Änderbarkeit des Schiedsspruchs

10 Mit der Unterschriftsleistung durch die Schiedsrichter wird das Abstimmungsergebnis für sie **bindend.** Während sie in dem Zeitraum **zwischen Abstimmung und Unterschrift** mehrheitlich beschließen können, noch einmal in die Beratung einzutreten, kann ein solcher Beschluss **nach der Unterschrift** nur noch einstimmig gefasst werden, da sich die Schiedsrichter mit der Unterschrift gegenüber den Mitschiedsrichtern binden und deswegen kein Schiedsrichter verpflichtet ist, die Beratung ohne seine Zustimmung erneut aufzunehmen.[35] Mit der Bekanntmachung gegenüber einer der Parteien ist eine erneute Beratung und Abstimmung ausgeschlossen. Das **Schiedsverfahren endet erst,** wenn der Schiedsspruch in der vereinbarten Form ergangen ist.[36] In einem **späteren gerichtlichen Verfahren** ist die Einhaltung der Förmlichkeiten von Amts wegen (auch noch in der Rechtsbeschwerdeinstanz) zu prüfen;[37] Fehler können bis zum Schluss der letzten mündlichen Verhandlung in der Rechtsbeschwerdeinstanz behoben werden.[38]

1055 *Wirkungen des Schiedsspruchs* **Der Schiedsspruch hat unter den Parteien die Wirkungen eines rechtskräftigen gerichtlichen Urteils.**

I. Normzweck

1 Der Gesetzgeber misst einem Schiedsspruch, der auf der Grundlage eines privaten Schiedsverfahrens ergangen ist, die Wirkung eines Urteils zu, um so zu erreichen, dass der Schiedsspruch zwischen den Parteien Rechtssicherheit und Rechtsfrieden schafft.

II. Voraussetzungen

2 Die Regelung betrifft **inländische** Schiedssprüche, soweit sie endgültige Entscheidungen treffen und die Anforderungen des § 1054 erfüllen (vgl. Rn. 3; zu ausländischen Schiedssprüchen vgl. § 1061 Rn. 1 f.). Erfasst werden Teilschiedssprüche,[1] nicht dagegen Zwischenschiedssprüche[2] (vgl. § 1054 Rn. 2; zum Zwischenschiedsspruch über den Anspruchsgrund Rn. 4).

3 Die Regelung ist nur auf **endgültige Entscheidungen** des Schiedsgerichts anzuwenden. Maßgebend ist der **Zeitpunkt,** an welchem die **Voraussetzungen des § 1054** erfüllt sind. Dabei kommt es wegen der Übersendung des Schiedsspruchs (§ 1054 Abs. 4) auf den Zeitpunkt an, an welchem allen Parteien ein Schiedsspruch zugegangen ist.[3] Sieht die Schiedsabrede ein **Oberschiedsgericht** vor (vgl. § 1042 Rn. 29), so ist § 1055 nur auf dessen Entscheidung anwendbar, sofern nicht die Rechtsmittelfrist fruchtlos verstrichen ist.[4] Die Möglichkeit, den Eintritt der materiellen Rechtskraft auflösend bedingt durch eine abweichende

---

[31] Öffentliche Zustellung durch das Gericht ist nicht erforderlich, aA *Schütze,* Schiedsverf., Rn. 228.

[32] *Schwab/Walter* Kap. 20 Rn. 9.

[33] *Schwab/Walter* Kap. 20 Rn. 11.

[34] MK/*Münch* Rn. 26; vgl. zum alten Recht: *v. Hoffmann* IPRax 1986, 339.

[35] *Schwab/Walter* Kap. 20 Rn. 13; *St/J/Schlosser* Rn. 20; aA (Mehrheitsbeschluss) *Zö/Geimer* Rn. 7; wie hier zum alten Recht: *Wiecz/Sch/Schütze* § 1039 aF Rn. 15; anders beim staatlichen Gericht, vgl. MK/*Musielak* § 309 Rn. 8.

[36] *Schwab/Walter* Kap. 20 Rn. 3; zum alten Recht: BGH NJW-RR 1986, 61; *St/J/Schlosser* § 1039 aF Rn. 20.

[37] *Zö/Geimer* Rn. 4; zum alten Recht: BGH KTS 1980, 130, 131 = NJW 1980, 1284.

[38] *Zö/Geimer* Rn. 4; zum alten Recht: BGHZ 85, 288, 289 f. = NJW 1983, 867.

[1] *Zö/Geimer* Rn. 6; *St/J/Schlosser* Rn. 13; zum alten Recht: BGHZ 10, 325 f. = NJW 1953, 1913.

[2] *St/J/Schlosser* Rn. 17; zum alten Recht: BGHZ 10, 325, 327.

[3] Zum Erfordernis der Übersendung vgl. *Schwab/Walter* Kap. 21 Rn. 1; aA MK/*Münch* Rn. 3 (maßgebend erste Benachrichtigung [vor dem Hintergrund der Auffassung, dass der Schiedsspruch erst durch Entäußerung erlassen ist; dazu hier § 1054 Rn. 10]).

[4] *Schwab/Walter* Kap. 22 Rn. 11; zum alten Recht: RGZ 114, 165, 168; vgl. auch BGH Z10, 325, 326 f. (obiter dictum).

Entscheidung des Oberschiedsgerichts zu vereinbaren,[5] ist dem deutschen Recht fremd. Sie würde bei Gestaltungsschiedssprüchen erhebliche Schwierigkeiten bereiten (vgl. näher Rn. 11) und liefe bei Leistungsschiedssprüchen auf die Zulassung einer vorläufigen Vollstreckbarkeit hinaus, die im Schiedsgerichtsverfahren allgemein abgelehnt wird. Dass der Schiedsspruch möglicherweise der Aufhebung im Rahmen eines **Aufhebungsantrags** unterliegt, steht – da es sich bei dem Aufhebungsantrag nicht um Rechtsmittel handelt – der Anwendbarkeit des § 1055 **nicht entgegen.**

Eine Sonderform bilden Schiedssprüche, die auf der Grundlage einer Schiedsvereinbarung ergehen, die nur einen **Teilaspekt der Streitigkeit** der schiedsrichterlichen Entscheidung unterstellt, während im Übrigen die staatliche Gerichtsbarkeit berufen ist (zu Teilschiedssprüchen vgl. § 1054 Rn. 2; zu Vorbehaltsschiedssprüchen vgl. § 1054 Rn. 2, § 1042 Rn. 19). Zu denken ist dabei insbesondere an Vereinbarungen, die dem Schiedsgericht die Zuständigkeit für die Entscheidung über den **Anspruchsgrund** zuweisen, während die Anspruchshöhe vom staatlichen Gericht festgestellt werden soll. Da das Schiedsgericht hier eine endgültige und für das nachfolgende gerichtliche Verfahren bindende Entscheidung treffen soll, muss § 1055 auch auf diese Form von Schiedssprüchen angewendet werden.[6] Wenn dagegen das Schiedsgericht auch für die Entscheidung über die Anspruchshöhe zuständig ist, so ist zweifelhaft, ob eine **Zwischenentscheidung** allein **über den Anspruchsgrund** als Schiedsspruch iSd. § 1055 anzusehen ist. Da die Parteien auch zwei gesonderte Schiedsverfahren für Anspruchsgrund und Anspruchshöhe hätten vereinbaren können, muss man einen abschließenden und auch für das Schiedsgericht bindenden Zwischenschiedsspruch zumindest dann zulassen, wenn die Parteien mit einem solchen einverstanden sind.[7] Dieser Zwischenschiedsspruch muss dann auch den Anforderungen des § 1054 genügen. Sieht man von dieser Ausnahme ab, erlässt das Schiedsgericht in aller Regel nur eine Zwischenentscheidung, die nicht als Zwischenschiedsspruch ergeht.[8] Ihr kommt keine Rechtskraft zu, sie entfaltet aber Bindungswirkung für das weitere Verfahren. Ergeht ein Zwischenschiedsspruch über den Anspruchsgrund, auf den nach den soeben dargestellten Grundsätzen § 1055 anwendbar ist, so kann man hinsichtlich der **Bindungswirkung für das Betragsverfahren** auf die von Rechtsprechung und Literatur zu § 304 entwickelten Grundsätze zurückgreifen. Dabei ist zu beachten, dass die hM eine Bindungswirkung des Grundurteils für das Betragsverfahren hinsichtlich der Frage, ob die Sachurteilsvoraussetzungen erfüllt sind, verneint (vgl. § 304 Rn. 11). Überträgt man dies auf das schiedsgerichtliche Verfahren, so ist durch den Zwischenschiedsspruch über den Anspruchsgrund noch **nicht mit bindender Wirkung** über die **Wirksamkeit der Schiedsabrede** entschieden, und zwar auch dann nicht, wenn auf eine entsprechende Klage hin rechtskräftig festgestellt wurde, dass Aufhebungsgründe hinsichtlich des Zwischenschiedsspruchs nicht gegeben sind (zur Frage der Vollstreckbarerklärung derartiger Schiedssprüche ohne vollstreckbaren Inhalt vgl. § 1060 Rn. 2; zur Entscheidung des Schiedsgerichts über die Zulässigkeit des Schiedsverfahrens nach § 1040 Abs. 2 vgl. § 1040 Rn. 8f.). 4

III. Wirkungen der Gleichstellung

1. Wirkungen der materiellen Rechtskraft zwischen den Parteien. Der Schiedsspruch bewirkt, dass der Streit zwischen den Parteien nicht mehr (ne-bis-in-idem-Lehre) oder zumindest nicht mehr mit einem anderem Ergebnis (Bindungslehre) entschieden werden darf (zu der Wirkung der materiellen Rechtskraft vgl. § 322 Rn. 9ff.). Das betrifft im Rahmen der objektiven und subjektiven Grenzen der Rechtskraft (vgl. § 322 Rn. 14, 16ff.; § 325 Rn. 1ff.) sowohl Entscheidungen staatlicher Gerichte als auch solche privater Schiedsgerichte.[9] Bei der Feststellung einer Forderung zur Insolvenztabelle steht der Schiedsspruch auch ohne Vollstreckbarerklärung einem Endurteil iSd. § 179 Abs. 2 InsO gleich.[10] Dabei muss aber dem widersprechenden Gläubiger die Befugnis eingeräumt werden, die Aufhebung des Schiedsspruchs zu beantragen, ebenso wie er bei einem noch nicht rechtskräftigen Urteil ein Rechtsmittel einlegen oder bei einem rechtskräftigen Urteil die Wiederaufnahme des Verfahrens betreiben kann. Die infolge der Regelung des § 1055 eingetretene materielle Rechtskraft ist entgegen der hM[11] und der Begründung des Entwurfs[12] **von Amts wegen zu berücksichtigen**[13] (zur Frage, ob der Schiedsspruch von anderen staatlichen Stellen erst nach Vollstreckbarerklärung zu beachten ist, vgl. § 1060 Rn. 3). Sie ist deshalb weder durch § 282 Abs. 3, § 296 Abs. 3[14] noch als 5

---

[5] Vgl. die Überlegungen bei *St/J/Schlosser* Rn. 2 (unter Berufung auf das französische Recht); gegen diese Möglichkeit auch *Schwab/Walter* Kap. 22 Rn. 11.

[6] *St/J/Schlosser* Rn. 15; zum alten Recht: RGZ 99, 129, 130.

[7] *Kremer/Weimann* SchiedsVZ 2007, 238, 242ff.; weiter gehend MK/*Münch* Rn. 5 (vgl. aber auch dort § 1056 Rn. 5 [krit. zum Sinn derartiger Zwischenentscheidungen]); *St/J/Schlosser* Rn. 15; aA OLG Frankfurt SchiedsVZ 2007, 278, 279.

[8] OLG Frankfurt SchiedsVZ 2007, 278, 279; *St/J/Schlosser* Rn. 17; weiter gehend *Kremer/Weimann* SchiedsVZ 2007, 238, 244ff. (stets aufhebbare Zwischenentscheidung, sofern sich nicht das Schiedsgericht die weitere Prüfung einzelner, für den Fall relevanter Aspekte – zB von Gegenrechten – vorbehält).

[9] AA (zum alten Recht) *Bosch,* Rechtskraft und Rechtshängigkeit im Schiedsverfahren, 1991, S. 87ff., der bei Urteilen staatlicher Gerichte die ne-bis-in-idem-Lehre anwendet, während bei Schiedssprüchen der Zweck der materiellen Rechtskraft nicht im selben Maße tangiert sei, so dass die Bindungslehre anzuwenden sei.

[10] *Ristelhuber* ZInsO 2004, 427, 429f.; aA (Gleichstellung erst nach Vollstreckbarerklärung) MK-InsO/*Schumacher* § 179 Rn. 24.

[11] *Lachmann* Rn. 1785; *Schreiber,* Festschr. f. Schütze, 1999, S. 807, 818f.; *Triebel/Coenen* BB 2003, IDR-Beil. (Beil. 5) S. 2, 6f.; *B/L/H* Rn. 4; *T/P/Reichold* Rn. 2; *St/J/Schlosser* Rn. 5; MK/*Münch* Rn. 8 (anders nach Vollstreckbarerklärung, vgl. auch dort Rn. 15); zum alten Recht: BGH NJW 1958, 950 (obiter dictum); RGZ 146, 262, 267 (obiter dictum).

[12] BT-Drucks. 13/5274 S. 56f.

[13] *Gaul,* Festschr. f. Sandrock, 2000, S. 285, 321f.; *Schwab/Walter* Kap. 21 Rn. 6; *Zö/Geimer* Rn. 8.

[14] So aber MK/*Münch* Rn. 8.

Verteidigungsmittel durch § 296 Abs. 1 oder 2[15] präkludierbar, denn der Schiedsspruch ist nicht mehr nur das Ergebnis eines privaten Verfahrens, sondern steht kraft der Entscheidung des Gesetzgebers in § 1055 vorbehaltlich seiner Aufhebung durch das staatliche Gericht auf einer Stufe mit dem rechtskräftigen Urteil eines staatlichen Gerichts. Neben den Gesichtspunkten der Rechtssicherheit und des Rechtsfriedens, die bei einem Konsens der Parteien möglicherweise disponibel sein mögen, geht es auch darum, das Recht selbst nicht in das Belieben der Parteien zu stellen.

6 In der Sache ähnlich gelagert ist die Frage, ob die Parteien einen **Schiedsspruch** wieder **beseitigen** können.[16] Unzweifelhaft ist es möglich, dass die Parteien materiellrechtlich eine andere als die von den Schiedsrichtern ausgesprochene Gestaltung ihrer Rechtsbeziehungen vereinbaren und so den Schiedsspruch unterlaufen.[17] Probleme ergeben sich nur bei der Frage, ob sie dadurch die vom Schiedsgericht bereits beseitigte Rechtsunsicherheit wieder herstellen und so ihren Streit durch das Schiedsgericht oder auch durch ein staatliches Gericht erneut entscheiden lassen können. Ein solches Verfahren wird (unabhängig davon, ob man bei der Beseitigung der formellen oder der materiellen Rechtskraft ansetzt) jedenfalls bei rechtsgestaltenden Schiedssprüchen unzulässig sein (zB Auflösung einer Gesellschaft etc.).[18] In anderen Fällen scheint es zwar zunächst sachgerecht zu sein, dass die mit dem Schiedsspruch unzufriedenen Parteien den Streit erneut entscheiden lassen können. Bei diesem vermeintlich interessengerechten Ergebnis darf aber nicht vergessen werden, dass sich das Problem in gleicher Weise bei der staatlichen Gerichtsbarkeit stellt. Dort ist es aber – zumindest nach ganz überwiegend vertretener Auffassung[19] – ausgeschlossen, ein rechtskräftiges Urteil durch den Konsens der Parteien zu beseitigen und ein neues Verfahren durchzuführen. Ein struktureller Unterschied zum Schiedsverfahren ist in diesem Punkt – sieht man von dem im Vergleich zur Bedeutung der Rechtskraft für Rechtssicherheit und Rechtsfrieden kaum maßgebenden Umstand der Belastung der staatlichen Rechtspflege ab – nicht ersichtlich, so dass eine solche Aufhebungsmöglichkeit im Schiedsverfahrensrecht nicht besteht. Dafür spricht auch, dass Dritte – zB über § 325 (dazu Rn. 7) – von der Entscheidung des Schiedsgerichts betroffen sein können, deren Interessen nicht dadurch verletzt werden dürfen, dass die Parteien den Schiedsspruch aufheben. Wird in einem weiteren gerichtlichen oder schiedsgerichtlichen Verfahren eine Frage als Vorfrage relevant, über die zwischen den Parteien ein Schiedsspruch ergangen ist, so kommt diesem **präjudizielle** Wirkung zu. Diese ist ebenfalls von Amts wegen, nicht nur auf eine Einrede hin zu berücksichtigen.[20] Auch hier zeigt sich, dass die Aufhebbarkeit des Schiedsspruchs durch die Parteien zu Ergebnissen führt, die mit der Funktion der Rechtskraft unvereinbar sind. Denn es ist wenig sachgerecht, wenn die Parteien formlos eine Entscheidung aufheben können, an die das staatliche Gericht wegen § 1055 (noch) gebunden war.

7 **2. Wirkungen auf Dritte.** Dritte können betroffen sein, wenn sie die Rechtsnachfolge einer Partei antreten oder wenn ihnen ein der Schiedsabrede unterliegendes Recht zugewandt wurde (vgl. § 1029 Rn. 8). Soweit die Einzel- oder Gesamtrechtsnachfolge **nach Erlass** des einem Urteil gleichstehenden **Schiedsspruchs** eintritt, ist der Rechtsnachfolger an die Entscheidung gebunden[21] (vgl. auch § 325 Rn. 6); gutgläubiger bindungsfreier Erwerb ist entsprechend § 325 Abs. 2 möglich.[22] Die Vollstreckungsklausel kann nach den allgemeinen Regeln umgeschrieben werden (vgl. auch § 1060 Rn. 7).[23] Im Falle der Klauselumschreibung nach §§ 729, 738, 744 entscheidet der Eintritt der Rechtskraft und damit der nach § 1054 zu bestimmende Zeitpunkt.[24] Bei Rechtsnachfolge **während des Schiedsverfahrens** ist der **Gesamtrechtsnachfolger** stets an die später ergehende Entscheidung gebunden;[25] sein Anspruch auf Gewährung rechtlichen Gehörs wird nicht verletzt, da er auch insoweit in die Position seines Rechtsvorgängers eintritt.[26] Damit wird gewähr-

---

15 So aber *St/J/Schlosser* Rn. 6f. (solange keine Vollstreckbarerklärung erfolgt ist).

16 Bejahend BGH SchiedsVZ 2007, 299, 300 (obiter dictum); *Kreindler/Schäfer/Wolff* Rn. 1036; *Schreiber,* Festschr. f. Schütze, 1999, S. 807; *Lachmann* Rn. 1790; *B/L/H* Rn. 4; *T/P/Reichold* Rn. 2; MK/*Münch* Rn. 15 aE (bis zur Vollstreckbarerklärung); iE auch (Aufhebung der formellen Rechtskraft) *St/J/Schlosser* Rn. 4; *Zö/Geimer* Rn. 10; zum alten Recht: RG JW 1920, 703; RGZ 146, 262, 268f. (obiter dictum; mit deutlicher Tendenz, dass die staatliche Gerichtsbarkeit aus nationalsozialistischer Sicht ohnehin vorzugswürdig, die Aufhebung des Schiedsspruchs deshalb zu begrüßen sei); OLG Bremen NJW 1957, 1035, 1036; mit Recht verneinend *Gaul,* Festschr. f. Sandrock, 2000, S. 285, 322f.; *Schwab/Walter* Kap. 21 Rn. 7; zum alten Recht: *Bosch* (Fn. 9); vgl. auch OLG Stuttgart 18. 8. 2006 1 Sch 1/06 Tz. 48 OLGR Stuttgart 2006, 945 (wegen § 1055 kein Schiedsspruch auf vorläufiger Tatsachengrundlage möglich, der die Nachprüfung der Tatsachen dem staatlichen Gericht vorbehält).

17 Darauf stellt zum alten Recht RGZ 146, 262, 268 ab.

18 Vgl. zum alten Recht BayObLG MDR 1984, 496, das aber umgekehrt aus der Aufhebbarkeit schließt, die Gestaltungswirkung trete erst mit der Vollstreckbarerklärung ein.

19 *Ro/S/Go* § 150 Rn. 17.

20 So wohl auch MK/*Münch* Rn. 9; aA *St/J/Schlosser* Rn. 8; zur Aussetzung des Verfahrens mit Rücksicht auf ein präjudizielles Schiedsverfahren vgl. OLG Düsseldorf NJW-RR 1995, 832 (keine Aussetzung, wenn nicht alle Beteiligten auf den Fortgang des Schiedsverfahrens Einfluss nehmen können und deshalb unzumutbare Verzögerungen auftreten können; im Fall war der Versuch einer Schiedsrichterbenennung seit einem Jahr erfolglos).

21 *Schwab/Walter* Kap. 21 Rn. 3; aA (nicht § 325, aber Bindung, soweit Schiedsabrede Rechtsnachfolger erfasst) *B/L/H* Rn. 6; *Lachmann* Rn. 1786; MK/*Münch* Rn. 12; differenzierend (Bindung bei Rechtsnachfolge in Forderungen, nicht aber bei Nachfolge in dingliche Rechte) *St/J/Schlosser* Rn. 20f., 24; zum alten Recht für eine Bindung *Bosch* (Fn. 9) S. 125.

22 *Schwab/Walter* Kap. 21 Rn. 2f.; zum alten Recht: *Bosch* (Fn. 9) S. 126; aA MK/*Münch* Rn. 12.

23 *Schwab/Walter* Kap. 27 Rn. 5; zum alten Recht vgl. BGH WM 1969, 671.

24 *Schwab/Walter* Kap. 27 Rn. 5.

25 *Schwab/Walter* Kap. 21 Rn. 2; aA *St/J/Schlosser* Rn. 22 (nur bei Eintritt in das Verfahren oder wenn Anwaltsvollmacht weiterbesteht oder wenn ohnehin keine Prozesshandlungen mehr stattfinden dürfen).

26 AA MK/*Münch* Rn. 13.

leistet, dass bei Versterben einer Partei zwischen dem letzten Schriftsatz und dem Erlass des Schiedsspruchs dieser nicht der Aufhebung nach § 1059 Abs. 2 Nr. 2 Buchst. b unterliegt. Dagegen muss der Gesamtrechtsnachfolger angehört werden, wenn dem Rechtsvorgänger rechtliches Gehör noch nicht ausreichend gewährt wurde, weil dieser zu einzelnen Fragen nicht Stellung nehmen konnte oder weil Verfahrensergebnisse erst nach der Rechtsnachfolge gewonnen werden. Die Gleichstellung von Schiedsspruch und rechtskräftigem Urteil betrifft auch das Verhältnis vom Versicherungsnehmer und Haftpflichtversicherer im Deckungsprozess.[27]

Problematisch ist der Fall der **Einzelrechtsnachfolge während des Schiedsverfahrens.** Soweit die Schiedsabrede den Rechtsnachfolger nicht erfasst, scheidet eine Rechtskrafterstreckung aus.[28] Erstreckt sich die Schiedsabrede dagegen auf den Einzelrechtsnachfolger (vgl. § 1029 Rn. 8), so besteht die Möglichkeit, diesen vor einem Schiedsgericht in Anspruch zu nehmen, wobei der Rechtsnachfolger richtiger Ansicht nach nicht an die bestehende Verfahrenssituation vor dem bereits konstituierten Schiedsgericht gebunden ist (§ 1042 Rn. 17). Die unterschiedliche Behandlung im Vergleich zur Rechtsnachfolge nach Abschluss des Schiedsverfahrens (vgl. Rn. 7) beruht darauf, dass der Gesetzgeber zwar in § 1055 den Schiedsspruch dem Urteil gleichstellt, dass aber die Gleichwertigkeit im Stadium des Verfahrens angesichts der weit gehenden Freiheit der Parteien nicht gesichert ist (vgl. § 1042 Rn. 32f.). 8

IV. Weitere Rechtskraftfragen

1. Bestimmung des Inhalts. Wie beim Urteil beschränkt sich die Rechtskraft des Schiedsspruchs auf den Rechtsfolgeausspruch. Dabei ist zu beachten, dass die Parteien die Zuständigkeit des Schiedsgerichts in einer Weise beschränken können, die bei einem Verfahren vor der staatlichen Gerichtsbarkeit ausgeschlossen ist. So kann beispielsweise das Schiedsgericht nur für einzelne Anspruchsgrundlagen zur Entscheidung berufen sein. In solchen Fällen beschränkt sich die Rechtskraft auch bei einem an sich einheitlichen Streitgegenstand auf die zur Entscheidung gestellten Punkte.[29] Hat das Schiedsgericht die Schiedsabrede nicht ausgeschöpft und hat es seinen Schiedsspruch entsprechend beschränkt, so ist dieser Schiedsspruch rechtskraftfähig[30] und über den noch nicht entschiedenen Teil des Rechtsstreits kann durch einen Ergänzungsschiedsspruch nach § 1058 Abs. 1 Nr. 3 entschieden werden.[31] Dafür bleibt jedoch kein Raum, wenn das Schiedsgericht abschließend entscheiden wollte, dabei aber maßgebende rechtliche Gesichtspunkte oder mögliche Anspruchsgrundlagen übersehen hat (vgl. § 1058 Rn. 4). 9

2. Besonderheiten bei unklarer Entscheidungsformel. § 1058 Abs. 1 Nr. 2 sieht die Möglichkeit vor, bei dem **Schiedsgericht** die **Auslegung bestimmter Teile des Schiedsspruchs zu beantragen.** Unabhängig davon ist der Schiedsspruch aber auch als solcher einer **Auslegung** zugänglich. Dazu können die Entscheidungsgründe zur Auslegung herangezogen werden, soweit es darum geht, den Willen des Schiedsgerichts zu ermitteln. Durch die Auslegung darf aber nicht der zur Erreichung des mit dem Schiedsspruch beabsichtigten wirtschaftlichen Erfolges notwendige Wille des Schiedsgerichts erst gebildet werden, denn die Parteien haben es gerade dem Schiedsgericht vorbehalten, die Rechtsfolgen festzulegen. Deshalb kann ein Schiedsspruch, der das Grundbuchamt zur Löschung anweist und der deshalb nicht für vollstreckbar erklärt werden kann, nicht in eine Verpflichtung zur Auflassung oder in eine zur Zustimmung zur Grundbuchberichtigung umgedeutet werden, sofern nicht feststeht, zu welchem dieser Wege das Schiedsgericht verurteilen wollte.[32] Ist der Inhalt des Schiedsspruchs nicht **hinreichend bestimmbar** oder ist sein bestimmbarer Inhalt rechtlich nicht umsetzbar und scheitert der Weg über § 1058 Abs. 1 Nr. 2, so ist der Schiedsspruch wirkungslos;[33] aus Gründen der Rechtsklarheit kann er aufgehoben werden (vgl. § 1059 Rn. 5). Eine nähere Bestimmung des Inhalts des Schiedsspruchs durch eine Feststellungsklage[34] oder eine Leistungsklage auf der Grundlage des Schiedsspruchs[35] scheidet aus. Zum einen wird dies bei einem nicht bestimmbaren Inhalt wenig Erfolg versprechen; zum anderen wäre es nicht sachgerecht, das staatliche Gericht in seiner Entscheidung an einzelne Elemente eines insgesamt nicht verständlichen Schiedsspruchs zu binden. Unwirksam sind **bedingte Schiedssprüche,** nicht dagegen unbedingte Schiedssprüche, die zu einer bedingten Leistung verpflichten.[36] 10

3. Eintritt der Rechtskraftwirkungen bei rechtsgestaltenden Schiedssprüchen. Obwohl mit der Erfüllung der Voraussetzungen des § 1054 der Schiedsspruch existent ist und damit die Wirkung des § 1055 eintritt, wird von manchen unter Berufung auf die Notwendigkeit der Vollstreckbarerklärung der maßgebende Zeitpunkt bis zur Rechtskraft dieser gerichtlichen Entscheidung hinausgeschoben. Betroffen sind davon vor allem Schiedssprüche mit rechtsgestaltendem Inhalt.[37] Diese Auffassung ist abzulehnen (vgl. 11

---

27 *Koch* SchiedsVZ 2007, 281, 290 (dort auch zur Obliegenheit, die Prozessführung dem Versichererr zu überlassen).

28 *Schwab/Walter* Kap. 21 Rn. 3.

29 *St/J/Schlosser* Rn. 10; zur Bestimmung des Streitgegenstands vgl. zum alten Recht auch *Bosch* (Fn. 9) S. 101ff.

30 *St/J/Schlosser* Rn. 15.

31 *St/J/Schlosser* § 1058 Rn. 5.

32 Zum alten Recht: BGH ZZP 75 (1962), 119, 120ff.

33 Zum alten Recht: BGH MDR 1962, 397f.; vgl. zum neuen Recht *St/J/Schlosser* Rn. 11; *Rechberger* SchiedsVZ 2006, 169, 175.

34 So zum alten Recht: (Beschlussverfahren analog § 1045 aF) *St/J/Schlosser,* 21. Aufl. 1994, § 1042c aF Rn. 3.

35 Zum alten Recht: *St/J/Schlosser,* 21. Aufl. 1994, § 1042c aF Rn. 3.

36 *St/J/Schlosser* Rn. 13.

37 *B/L/H* Rn. 7; MK/*Münch* Rn. 17; zum alten Recht: BayObLGZ 1984, 45, 47f. = MDR 1984, 496; *K. Schmidt* ZGR 1988, 535f.; *ders.* AG 1995, 551, 554; *Wieser* ZZP 102 (1989), 261, 270f. (Bindung des Registergerichts); *Wiecz/Sch/Schütze* § 1042 aF Rn. 9.

auch § 1060 Rn. 2),[38] denn nach der Systematik des Gesetzes ist nicht zu bezweifeln, dass der Eintritt der Rechtskraft von der Vollstreckbarkeit zu unterscheiden ist. Für die Gegenansicht wird angeführt, die Gestaltungswirkung dürfe nicht der Disposition der Parteien unterliegen, auf Grund deren der Schiedsspruch noch einverständlich aufgehoben werden könnte. Dieses Argument entfällt, weil eine solche Aufhebungsmöglichkeit richtiger Auffassung nach nicht besteht (vgl. Rn. 6). Es ist auch nicht einzusehen, warum die Parteien auf das Verfahren der Vollstreckbarerklärung verwiesen werden sollen, wenn sie wegen der gestaltenden Wirkung eine Vollstreckung nicht benötigen. Zur Problematik, wann die Folge des § 894 eintritt, vgl. § 1060 Rn. 2.

12 **4. Zeitliche Grenzen der Rechtskraft.** Mit § 1059 verfügt das schiedsgerichtliche Verfahren über eine besonders ausgestaltete Möglichkeit der Beseitigung eines Schiedsspruchs. Nach Ablauf der Frist des § 1059 Abs. 3 kommt ein Wiederaufnahmeverfahren und eine Klage nach § 826 BGB in Betracht (vgl. § 1059 Rn. 26). Verfahren nach § 323 sind denkbar; sie sind im Zweifel von der Schiedsabrede umfasst, wobei das Schiedsgericht entsprechend der Schiedsvereinbarung neu konstituiert werden muss.[39] Im Verfahren nach § 767 präkludiert der Schiedsspruch Einwendungen in dem in § 767 Abs. 2 genannten Umfang[40] (vgl. dazu § 767 Rn. 30 ff.); wurde bereits ein Aufhebungs- oder Vollstreckbarerklärungsverfahren durchgeführt, so können Einwendungen auch durch diese Verfahren präkludiert sein (vgl. § 1060 Rn. 10).

1056

Beendigung des schiedsrichterlichen Verfahrens **(1) Das schiedsrichterliche Verfahren wird mit dem endgültigen Schiedsspruch oder mit einem Beschluss des Schiedsgerichts nach Absatz 2 beendet.**

(2) Das Schiedsgericht stellt durch Beschluss die Beendigung des schiedsrichterlichen Verfahrens fest, wenn

1. der Kläger

a) es versäumt, seine Klage nach § 1046 Abs. 1 einzureichen und kein Fall des § 1048 Abs. 4 vorliegt, oder

b) seine Klage zurücknimmt, es sei denn, dass der Beklagte dem widerspricht und das Schiedsgericht ein berechtigtes Interesse des Beklagten an der endgültigen Beilegung der Streitigkeit anerkennt; oder

2. die Parteien die Beendigung des Verfahrens vereinbaren; oder

3. die Parteien das schiedsrichterliche Verfahren trotz Aufforderung des Schiedsgerichts nicht weiter betreiben oder die Fortsetzung des Verfahrens aus einem anderen Grund unmöglich geworden ist.

(3) Vorbehaltlich des § 1057 Abs. 2 und der §§ 1058, 1059 Abs. 4 endet das Amt des Schiedsgerichts mit der Beendigung des schiedsrichterlichen Verfahrens.

I. Normzweck

1 Die Bestimmung regelt die **Beendigung des schiedsgerichtlichen Verfahrens** (Abs. 1 und 2) und des **Amts der Schiedsrichter** (Abs. 3). Neben der Verfahrensbeendigung durch Erlass eines Schiedsspruchs sieht sie die Beendigung durch Beschluss vor, wobei die Aufzählung in Abs. 2 nicht abschließend ist. Zum einen bleibt der Fall unerwähnt, in welchem das Schiedsgericht die Schiedsabrede für unwirksam hält. Da mangels Unterwerfung der Parteien unter die Entscheidung des Schiedsgerichts dann kein Schiedsspruch ergehen kann (vgl. § 1040 Rn. 8), muss das Verfahren auf andere Weise enden. Zum anderen trägt die Regelung dem Umstand nur unzureichend Rechnung, dass das Schiedsverfahren ein Verfahren auf der Grundlage einer Vereinbarung der Parteien ist. Aus diesem Umstand folgt, dass das Schiedsverfahren ohne weiteres auch ohne einen Beschluss nach § 1056 enden kann. Dies ist zB der Fall, wenn die Parteien das Verfahren durch eine Vereinbarung beenden und keinen Beschluss des Schiedsgerichts über diese Frage wünschen.[1] Umgekehrt kann die Schiedsabrede undurchführbar werden, wenn das Schiedsgericht das Verfahren für beendet erklärt, ohne dass ein Grund nach Abs. 2 gegeben ist.[2] Entsprechendes gilt, wenn das Schiedsgericht eine solche Entscheidung trifft, ohne diese als Beschluss zu erlassen. Durch eine solche unberechtigte Beendigung des Schiedsverfahrens wird dieses undurchführbar, so dass der Einwand der Schiedsvereinbarung entfällt.

II. Beendigung des Verfahrens

2 **1. Schiedsspruch, Abs. 1.** Das Verfahren endet mit einem Schiedsspruch, soweit dieser den formellen Anforderungen des § 1054 genügt. Zu Teilschiedssprüchen vgl. § 1054 Rn. 2. Haben die Parteien ein Oberschiedsgericht vereinbart, so wird durch den Schiedsspruch des unteren Schiedsgerichts das Verfahren nicht beendet. Wird das Oberschiedsgericht nicht angerufen, so endet das Verfahren mit Ablauf der für die Anrufung des Oberschiedsgerichts vorgesehenen Zeit (zum Ende des Schiedsrichteramts vgl. Rn. 9; zur Vollstreckbarerklärung vgl. § 1059 Rn. 3).

---

[38] *Schwab/Walter* Kap. 21 Rn. 12; *Lachmann* Rn. 1787; *Papmehl,* Die Schiedsfähigkeit gesellschaftsrechtlicher Streitigkeiten, 2001, S. 188; *Zö/Geimer* Rn. 2; zum alten Recht: *Lüke/Blenske* ZGR 1998, 253, 275 (jeweils bezogen auf rechtsgestaltende Schiedssprüche).

[39] *Lachmann* Rn. 1798; *Schwab/Walter* Kap. 21 Rn. 10.

[40] *Lachmann* Rn. 1793; MK/*Münch* Rn. 14; *Zö/Geimer* Rn. 9; zum alten Recht: *Wiecz/Sch/Schütze* § 1040 aF Rn. 9.

[1] Vgl. auch *Moller* NZG 2000, 57, 63, der die Regelung des § 1056 über die Anwendung des EuÜ für abdingbar hält; aA (Beendigung nur durch Beschluss des Schiedsgerichts) MK/*Münch* Rn. 1; *St/J/Schlosser* Rn. 2.

[2] Vgl. (zur Frage der unberechtigten Unzuständigkeitserklärung) *Schwab/Walter* Kap. 8 Rn. 2.

2. Säumnis des Klägers, Abs. 2 Nr. 1 Buchst. a. Das Verfahren darf bei Nichteinreichung der Schiedsklage nur beendet werden, wenn die Säumnis nicht genügend entschuldigt wird (§ 1048 Abs. 4 S. 1) und außerdem die Parteien nicht nach § 1048 Abs. 4 S. 2 anderes vereinbart haben. Wie die Regelung des Abs. 2 Nr. 1 Buchst. a zeigt, handelt es sich bei der Entscheidung in diesem Fall der Säumnis **nicht** um einen **Schiedsspruch.** Das gilt auch dann, wenn das Schiedsgericht ihn als solchen bezeichnet. Da § 1055 nur den Schiedsspruch einem rechtskräftigen Urteil gleichstellt, wird durch den Beschluss nach Abs. 2 Nr. 1 Buchst. a der geltend gemachte Anspruch **nicht rechtskräftig aberkannt.**[3] Weil durch diese Entscheidung – insbesondere wegen der Kosten des Schiedsverfahrens – beiden Parteien wenig gedient ist, muss das Schiedsgericht vor der Verfahrensbeendigung die Parteien auf die **Konsequenzen der Säumnis hinweisen** und ihnen Gelegenheit geben, eine Verfahrensvereinbarung zu treffen.[4] 3

3. Klagerücknahme, Abs. 2 Nr. 1 Buchst. b. Die Klagerücknahme führt zur Beendigung des Schiedsverfahrens, wenn der **Schiedsbeklagte** mit ihr **einverstanden** ist. Ein Beschluss des Schiedsgerichts ist angesichts dieser Vereinbarung der Parteien nur noch deklaratorisch; die Schiedshängigkeit endet auch ohne diesen Beschluss.[5] Gleiches gilt wegen eines vermuteten Einverständnisses, wenn der Schiedsbeklagte nicht innerhalb einer vom Schiedsgericht gesetzten Frist zur Stellungnahme seinen Widerspruch erklärt. Widerspricht der Schiedsbeklagte, so kann nach Abs. 2 Nr. 1 Buchst. b das Schiedsgericht durch konstitutiven Beschluss das Verfahren beenden, sofern es ein berechtigtes Interesse des Beklagten an der endgültigen Beilegung der Streitigkeit nicht anerkennt. Im Interesse des Beklagten erwägenswert ist der Vorschlag, ein berechtigtes Interesse bereits dann zu bejahen, wenn der Kläger die Möglichkeit hat, den Anspruch noch einmal geltend zu machen, so dass bei Widerspruch des Beklagten trotz Klagerücknahme zu entscheiden ist, sofern nicht der Kläger auf den Anspruch verzichtet.[6] Auf eine Einlassung in mündlicher Verhandlung kommt es für die Beurteilung des berechtigten Interesses nicht an,[7] da im Schiedsverfahren auch das schriftsätzlich Vorgetragene Entscheidungsgrundlage ist und deshalb auch außerhalb der mündlichen Verhandlung eine dem Beklagten günstige Verfahrenssituation entstanden sein kann, die es rechtfertigt, die Klagerücknahme an seine Zustimmung zu binden. 4

4. Parteivereinbarung, Abs. 2 Nr. 2. Die Vereinbarung der Parteien über die Beendigung des Verfahrens unterliegt keiner Form und bedarf auch keines Grundes. Ob eine solche Vereinbarung zugleich die Schiedsvereinbarung aufhebt, so dass der Streit nunmehr vor dem staatlichen Gericht ausgetragen werden kann, oder ob die Parteien zu seiner Entscheidung ein anderes, neu zu bildendes Schiedsgericht berufen wollen, ist durch Auslegung der Vereinbarung festzustellen. Der Beschluss des Schiedsgerichts ist lediglich **deklaratorisch,** da die Parteien als Herren des Verfahrens dieses einvernehmlich beenden können.[8] 5

5. Nichtbetreiben, Abs. 2 Nr. 3 Fall 1. Das Verfahren darf im Fall des Nichtbetreibens beendet werden, wenn die Parteien vom Schiedsgericht mit ausreichender Frist zum Betreiben aufgefordert wurden. Auf die Folgen der Fristversäumung sollte hingewiesen werden. Vom Nichtbetreiben des Verfahrens ist eine Verfahrensvereinbarung der Parteien über das Ruhen des Verfahrens zu unterscheiden. Wenn die Parteien übereinkommen, das Verfahren erst einige Zeit später fortzusetzen, so mögen die Schiedsrichter, die sich in ihrer Zeitplanung auf eine raschere Abwicklung des Verfahrens eingestellt haben, zur Kündigung des Schiedsrichtervertrags berechtigt sein,[9] sie dürfen das Verfahren aber nicht entgegen einer Vereinbarung der Parteien beenden. 6

6. Unmöglichkeit der Fortsetzung, Abs. 2 Nr. 3 Fall 2. Kann das Schiedsverfahren nicht durchgeführt werden, so kann jede Partei die Schiedsvereinbarung kündigen und so dem Schiedsverfahren den Boden entziehen. Daneben kann aber auch das Schiedsgericht von sich aus das Schiedsverfahren beenden. Zur Unmöglichkeit können tatsächliche und rechtliche Gründe führen. In Betracht kommt auch die Anfechtung oder die Aufhebung der Schiedsvereinbarung, denn das Schiedsgericht kann dann weder das Verfahren fortsetzen, noch kann es einen Schiedsspruch mit dem Inhalt der Abweisung der Schiedsklage als unzulässig erlassen. Auch die Stimmengleichheit bei der Abstimmung führt dazu, dass das Schiedsverfahren nicht durchgeführt werden kann.[10] In diesen Fällen wird in aller Regel zugleich die Schiedsvereinbarung undurchführbar iSd. § 1032 Abs. 1 aE sein. 7

III. Wiederaufnahme des Verfahrens

Die Möglichkeit, ein durch Beschluss des Schiedsgerichts beendetes Verfahren wieder aufzunehmen, ist im Gesetz nicht vorgesehen. Nichts hindert die Parteien aber daran, dies dennoch zu vereinbaren (anders nach Erlass eines Schiedsspruchs, vgl. § 1055 Rn. 6). Die Schiedsrichter müssen zustimmen, da ihr Amt nach Abs. 3 geendet hat. Auch ein neuer Schiedsrichtervertrag ist erforderlich, wenn nicht bereits im ursprüngli- 8

---

[3] MK/*Münch* Rn. 13.

[4] AA MK/*Münch* Rn. 13.

[5] AA MK/*Münch* Rn. 1, 9; *St/J/Schlosser* Rn. 2, § 1042 Rn. 31 (aber: die Anhängigkeit eines Verfahrens kann auch ohne Beschluss enden, wie § 269 Abs. 3 S. 1, Abs. 4 zeigt).

[6] *Lachmann* Rn. 1460, 1849; krit. dazu (Verstoß gegen das Wesen der Klagerücknahme) MK/*Münch* Rn. 11 mit Fn. 34 (aber im Zweifel ein berechtigtes Interesse des Beklagten annehmend, soweit dieser der Rücknahme widerspricht).

[7] In diese Richtung (berechtigtes Interesse nach Beginn einer mündlichen Verhandlung zu bejahen) *Zö/Geimer* Rn. 4; *Schwab/Walter* Kap. 23 a Rn. 6, vgl. aber auch Kap. 16 Rn. 30 (stets eine Einwilligung des Beklagten verlangend).

[8] AA *Schütze,* Schiedsverf., Rn. 214.

[9] MK/*Münch* Rn. 16 aE.

[10] *Schwab/Walter* Kap. 8 Rn. 14; vgl. BT-Drucks. 13/5274 S. 57; *Lachmann* Rn. 1863; MK/*Münch* Rn. 17; *St/J/Schlosser* Rn. 6.

chen Schiedsrichtervertrag die Möglichkeit der Wiederaufnahme des Verfahrens vorgesehen war. In dem neuen Verfahren wird an das beendete Verfahren angeknüpft. Bereits gewonnene Verfahrensergebnisse sind verwertbar. Letzteres scheidet aus, soweit die Besetzung des Schiedsgerichts sich geändert hat, es sei denn, die Parteien stellen den Sachverhalt auf der Grundlage der bisherigen Verfahrensergebnisse unstreitig.

IV. Ende des Schiedsrichteramts, Abs. 3

9 Die Regelung in Abs. 3 **verlängert das Amt der Schiedsrichter** über die Beendigung des Verfahrens hinaus für die Frage der Kostenfestsetzung (§ 1057 Abs. 2 S. 2), für die Berichtigung, Auslegung und Ergänzung des Schiedsspruchs (§ 1058) sowie für den Fall der Aufhebung des Schiedsspruchs, soweit das staatliche Gericht von der Möglichkeit der Zurückverweisung in das Schiedsverfahren (§ 1059 Abs. 4) Gebrauch macht.[11] Haben die Parteien ein **Oberschiedsgericht** vereinbart, so endet das Amt der erstinstanzlich tätigen Schiedsrichter mit dem dieses Verfahren abschließenden Schiedsspruch, auch wenn dieser noch keine abschließende Verbindlichkeit besitzt. In entsprechender Anwendung des Abs. 3 steht die Beendigung unter dem Vorbehalt der Zurückverweisung durch das Oberschiedsgericht.[12]

1057 *Entscheidung über die Kosten*

(1) [1]Sofern die Parteien nichts anderes vereinbart haben, hat das Schiedsgericht in einem Schiedsspruch darüber zu entscheiden, zu welchem Anteil die Parteien die Kosten des schiedsrichterlichen Verfahrens einschließlich der den Parteien erwachsenen und zur zweckentsprechenden Rechtsverfolgung notwendigen Kosten zu tragen haben. [2]Hierbei entscheidet das Schiedsgericht nach pflichtgemäßem Ermessen unter Berücksichtigung der Umstände des Einzelfalles, insbesondere des Ausgangs des Verfahrens.

(2) [1]Soweit die Kosten des schiedsrichterlichen Verfahrens feststehen, hat das Schiedsgericht auch darüber zu entscheiden, in welcher Höhe die Parteien diese zu tragen haben. [2]Ist die Festsetzung der Kosten unterblieben oder erst nach Beendigung des schiedsrichterlichen Verfahrens möglich, wird hierüber in einem gesonderten Schiedsspruch entschieden.

I. Normzweck

1 Zur endgültigen Beilegung der Streitigkeit gehört auch eine Entscheidung über die Kosten des Schiedsverfahrens. Abs. 1 begründet die Zuständigkeit des Schiedsgerichts für diese Entscheidung, sofern die Parteien nichts anderes vereinbart haben. Durch Abs. 2 wird auch eine Entscheidung des Schiedsgerichts über die Höhe der zu tragenden Kosten vorgesehen. Dies steht unter dem Vorbehalt, dass das Schiedsgericht nicht in eigener Sache entscheiden darf.

II. Kostenverteilung, Abs. 1

2 **1. Entscheidungskompetenz.** Die Parteien können in der Schiedsvereinbarung oder durch eine Verfahrensvereinbarung dem Schiedsgericht die Entscheidung hinsichtlich der Kostenverteilung entziehen. Die Vereinbarung bedarf keiner Form. Sie kann bis zur Entscheidung über die Kostenverteilung getroffen werden. Hält das Schiedsgericht die **Schiedsvereinbarung für unwirksam,** so kann auch keine Kostenentscheidung getroffen werden, denn die Parteien haben sich einer solchen Entscheidung gerade nicht unterworfen. Für die Geltendmachung eines Ausgleichsanspruchs wegen der aufgewendeten Kosten sind dann die staatlichen Gerichte zuständig. Es bleibt den Parteien unbenommen, für die Frage der Kostenverteilung eine gesonderte Schiedsvereinbarung zu treffen. Im Fall der Verfahrensbeendigung nach § 1056 Abs. 2 besteht mangels besonderer Vereinbarung die Zuständigkeit des Schiedsgerichts für den Kostenschiedsspruch fort.

3 **2. Entscheidungsmaßstab.** Über die Kostenverteilung wird nach **pflichtgemäßem Ermessen** entschieden, wobei dem Ausgang des Verfahrens besondere Bedeutung zukommt. Eine Entscheidung unter Anwendung der Grundsätze der §§ 91 ff. wird dem in aller Regel genügen. Das Schiedsgericht kann aber auch unter Berücksichtigung der Umstände des Falles (etwa der Verbundenheit der Parteien mit einer anderen Rechtsordnung) nach anderen Maßstäben entscheiden.[1] Die Parteien können auch insoweit Verfahrensvereinbarungen (zB über die Anwendung der §§ 91 ff.) treffen.

4 **3. Entscheidungsform.** Über die Kostenverteilung wird durch Schiedsspruch entschieden. Dieser unterliegt der Aufhebungsmöglichkeit nach § 1059 und kann ggf. nach § 1060 für vollstreckbar erklärt werden. Die Entscheidung kann zugleich mit dem Schiedsspruch in der Hauptsache ergehen oder auch als Ergänzungs- oder Nachtragsschiedsspruch. Endet das Verfahren in der Hauptsache ohne Schiedsspruch, so wird über die Kostenverteilung durch gesonderten Schiedsspruch entschieden, der ebenfalls den formellen Anforderungen des § 1054 genügen muss. Wird der Schiedsspruch aufgehoben, so wird über einen materiellrechtlichen Kostenerstattungsanspruch, der seine Grundlage auch in der (ggf. ergänzend auszulegenden) Schiedsvereinbarung finden kann, im folgenden Verfahren (vor einem Schiedsgericht oder vor dem staatlichen Gericht, vgl. § 1059 Rn. 40 ff.) entschieden.[2]

---

[11] MK/*Münch* Rn. 18; *Lachmann* Rn. 1871 (Amt lebe wieder auf).

[12] MK/*Münch* Rn. 18.

[1] *Schwab/Walter* Kap. 33 Rn. 1; MK/*Münch* Rn. 7; krit. zu der Regelung *Schütze,* Schiedsverf., Rn. 244; *St/J/Schlosser* Rn. 2 (gegen eine regelmäßige Orientierung an §§ 91 ff.).

[2] *Schwab/Walter* Kap. 33 Rn. 12; MK/*Münch* Rn. 5; bei der Kostenentscheidung des staatlichen Gerichts sind Parteivereinbarungen in der Schiedsabrede zu berücksichtigen, vgl. BGH NJW-RR 1998, 234, 235; vgl. *St/J/Schlosser* Rn. 14

III. Kostenfestsetzung, Abs. 2

5 **1. Entscheidungsgegenstand.** Das Schiedsgericht kann über die Höhe der von den Parteien zu tragenden Kosten entscheiden, **nicht** aber über die Höhe seines **eigenen Honorars** (vgl. § 1036 Rn. 4f.). Dies schließt eine zwischen den Parteien verbindliche Festsetzung des Streitwerts durch das Schiedsgericht nicht aus. Für die Bemessung des Schiedsrichterhonorars ist – wenn die Parteien ein streitwertabhängiges Honorar vereinbart und dem Schiedsgericht die Streitwertfestsetzung übertragen haben – diese im Rahmen des § 315 BGB verbindlich (vgl. § 1035 Rn. 26),[3] wobei für die Durchsetzung des Honoraranspruchs das staatliche Gericht berufen ist. Wird auf der Grundlage einer die Grenzen der Billigkeit übersteigenden Streitwertfestsetzung ein Kostenerstattungsbetrag zwischen den Partein festgelegt, so ist der Schiedsspruch in diesem Punkt nach § 1059 Abs. 2 Nr. 1 Buchst. d aufhebbar.[4] Über die Höhe des Honorars eines **Prozessbevollmächtigten** oder der **Entschädigung eines Zeugen oder Sachverständigen** kann das Schiedsgericht nicht entscheiden, wenn es – wie regelmäßig – insoweit an einer Schiedsvereinbarung fehlt.[5] Durch die Kostenfestsetzung kann deshalb in aller Regel nur über einen Ausgleichsanspruch zwischen den Parteien des Verfahrens entschieden werden; soweit dabei eine Streitwertfestsetzung als Vorfrage erforderlich ist, steht dies einer Entscheidung durch das Schiedsgericht nicht entgegen.[6] Dabei kann das Schiedsgericht auch über die Notwendigkeit der Kosten zur zweckentsprechenden Rechtsverfolgung entscheiden, wie sich aus der Regelung des Abs. 1 S. 1 ableiten lässt.[7]

6 **2. Parteivereinbarungen.** Die Parteien können vereinbaren, dass bestimmte Kosten (zB Honorare der Prozessbevollmächtigten) oder auch sämtliche Kosten nicht ersetzt werden.[8]

7 **3. Entscheidungsform.** Über die Höhe der Kosten wird nicht in einem gesonderten Festsetzungsbeschluss entschieden, sondern durch Schiedsspruch. Dies kann im Schiedsspruch zur Hauptsache geschehen oder nach Abs. 2 S. 2 durch einen Nachtragsschiedsspruch. Dieser unterliegt den Formanforderungen des § 1054 und den Regeln über das Aufhebungs- und Vollstreckbarerklärungsverfahren nach §§ 1059ff. Verweigert das Schiedsgericht eine Entscheidung über den Kostenerstattungsanspruch, so wird die Schiedsvereinbarung in diesem Punkt undurchführbar und der Kostenerstattungsanspruch kann vor dem staatlichen Gericht geltend gemacht werden.[9]

1058 *Berichtigung, Auslegung und Ergänzung des Schiedsspruchs*

(1) Jede Partei kann beim Schiedsgericht beantragen,

1. Rechen-, Schreib- und Druckfehler oder Fehler ähnlicher Art im Schiedsspruch zu berichtigen;
2. bestimmte Teile des Schiedsspruchs auszulegen;
3. einen ergänzenden Schiedsspruch über solche Ansprüche zu erlassen, die im schiedsrichterlichen Verfahren zwar geltend gemacht, im Schiedsspruch aber nicht behandelt worden sind.

(2) Sofern die Parteien keine andere Frist vereinbart haben, ist der Antrag innerhalb eines Monats nach Empfang des Schiedsspruchs zu stellen.

(3) Das Schiedsgericht soll über die Berichtigung oder Auslegung des Schiedsspruchs innerhalb eines Monats und über die Ergänzung des Schiedsspruchs innerhalb von zwei Monaten entscheiden.

(4) Eine Berichtigung des Schiedsspruchs kann das Schiedsgericht auch ohne Antrag vornehmen.

(5) § 1054 ist auf die Berichtigung, Auslegung oder Ergänzung des Schiedsspruchs anzuwenden.

I. Normzweck

1 Die Bestimmung räumt dem Schiedsgericht die Kompetenz zur Berichtigung und zur Auslegung des Schiedsspruchs ein. Hat das Schiedsgericht versehentlich über eine Teilfrage der Streitigkeit nicht entschieden, so kann die Ergänzung des Schiedsspruchs verlangt werden. Dabei zieht Abs. 2 eine zeitliche Grenze von einem Monat, der mangels anderer Vereinbarung eine Ausschlusswirkung zukommt (vgl. Rn. 5). Nach Abs. 5 ist die Formvorschrift des § 1054 auf die Berichtigung, Auslegung oder Ergänzung des Schiedsspruchs anzuwenden.

II. Berichtigung, Auslegung oder Ergänzung des Schiedsspruchs, Abs. 1

2 **1. Berichtigung, Abs. 1 Nr. 1. Rechen-, Schreib- und Druckfehler** oder Fehler ähnlicher Art können vom Schiedsgericht auch **ohne Antrag** einer Partei (vgl. Abs. 4) berichtigt werden. Zur Bestimmung dessen, was einer Berichtigung zugänglich ist, kann man – trotz des zT abweichenden Wortlauts – auf die zu § 319

(materiellrechtliche Beziehungen zwischen den Parteien einzig mögliche Grundlage für Kostenentscheidung, keine Rechtsgrundlage für Kostenentscheidung des staatlichen Gerichts hinsichtlich der Verfahrenskosten des Schiedsverfahrens).

[3] *Wolff* SchiedsVZ 2006, 131, 137; im Grundsatz auch MK/*Münch* Rn. 4.

[4] *Wolff* SchiedsVZ 2006, 131, 140.

[5] MK/*Münch* Rn. 6.

[6] OLG München SchiedsVZ 2007, 164, 166; OLG Dresden BB 2001, Beil. 6, S. 20, 21; BB 2001, Beil. 7, S. 22; ausführlich dazu *Wolff* SchiedsVZ 2006, 131, 137.

[7] Vgl. *Schwab/Walter* Kap. 33 Rn. 16.

[8] Vgl. MK/*Münch* Rn. 1, 9; zur Höhe der Anwaltskosten nach § 67 BRAGO (nunmehr nach § 36 RVG) vgl. *Enders* JurBüro 1998, 169, 170ff.

[9] Vgl. *St/J/Schlosser* Rn. 11 (für den Fall, dass das Schiedsgericht zur Bezifferung der Kosten nicht noch einmal zusammentreten kann); vgl. auch OLG Dresden BB 2001, Beil. 6, S. 20, 21.

Abs. 1 entwickelten Grundsätze (vgl. § 319 Rn. 4ff.) zurückgreifen.[1] Auch wenn die Frage der Offenkundigkeit des Fehlers in Abs. 1 Nr. 1 nicht angesprochen ist, spricht doch die Formulierung „Fehler ähnlicher Art" dafür, dass es sich um Punkte handeln muss, deren Unrichtigkeit ebenso auf der Hand liegt, wie dies bei Druck- oder Rechenfehlern der Fall ist. Eine Berichtigung ist nur möglich, wenn die vom Schiedsgericht getroffene **Entscheidung nicht verändert** wird. Andernfalls ist die „Berichtigung" als abändernder Schiedsspruch aufzufassen, der nach § 1059 Abs. 2 Nr. 1 Buchst. d aufgehoben werden kann.[2] Ist unzweifelhaft, dass die getroffene Entscheidung durch die Berichtigung nicht verändert wird, so kann die Berichtigung auch dazu führen, dass die Entscheidungsformel verändert oder sogar in ihr Gegenteil verkehrt wird.[3] Bleiben Zweifel am Inhalt der Entscheidung, so kommt nur die Auslegung, nicht die Berichtigung in Betracht. Die Berichtigung ist auch bei einem Schiedsspruch mit vereinbartem Wortlaut möglich.[4]

3 **2. Auslegung, Abs. 1 Nr. 2.** Nr. 2 räumt dem Schiedsgericht die Kompetenz zur **Auslegung des Schiedsspruchs** ein. Dabei darf die Auslegung nur klarstellen, was in der Entscheidung des Schiedsgerichts bereits enthalten war, sie darf aber den durch die Entscheidung formulierten Rahmen nicht verlassen, denn zu einer **Änderung des Schiedsspruchs** ist das Schiedsgericht **nicht** befugt.[5] Ein nicht vollstreckungsfähiger Inhalt kann unter dieser Voraussetzung konkretisiert werden.[6] Nicht ganz unzweifelhaft, aber wohl zu bejahen ist die Auslegungsfähigkeit in Fällen, in denen der Schiedsspruch lediglich das wirtschaftliche Ergebnis festlegt, aber nicht ausspricht, auf welchem rechtlichen Weg dieses Ziel erreicht werden soll. Weist beispielsweise der Schiedsspruch das Grundbuchamt zur Löschung einer Eintragung an – was als solches nicht vollstreckbar ist –, so kann das Schiedsgericht im Wege der Auslegung festlegen, ob damit eine Verpflichtung zur Auflassung oder eine Zustimmung zur Grundbuchberichtigung gemeint ist.[7]

4 **3. Ergänzung, Abs. 1 Nr. 3.** Ein **Ergänzungsschiedsspruch** ist möglich, wenn Ansprüche im Schiedsspruch nicht behandelt wurden, die im Schiedsverfahren geltend gemacht worden sind. Auf die Erwähnung des Antrags im Tatbestand des Schiedsspruchs kommt es nicht an.[8] Eine solche Ergänzung kommt nur in Betracht, wenn das Verfahren aus Sicht des Schiedsgerichts bei Erlass des Schiedsspruchs bereits vollständig erledigt ist. Hat das Schiedsgericht dagegen einen Teilschiedsspruch erlassen, so ist die Entscheidung über den verbleibenden Teil kein Ergänzungsschiedsspruch iSd. Nr. 3. Diese Entscheidung bedarf keines Antrags einer Partei und sie unterliegt auch nicht der Frist des Abs. 3.

III. Verfahrensfragen

5 **1. Antrag und Frist.** Das Schiedsgericht wird auf **Antrag einer Partei** tätig, wobei Abs. 4 die Berichtigung ohne Antrag zulässt. Der Antrag muss innerhalb einer **Monatsfrist** gestellt werden, sofern die Parteien keine andere Frist vereinbart haben.[9] Der Fristablauf beginnt für jede Partei gesondert mit Empfang des Schiedsspruchs.[10] Bei einem **nach Fristablauf gestellten Antrag** ist zu berücksichtigen, dass die verstrichene Frist zur Disposition der Parteien steht. Damit ist es den Parteien auch möglich, eine nachträgliche Vereinbarung über die Verlängerung der Frist zu treffen mit der Folge, dass das Schiedsgericht über den Antrag noch sachlich zu befinden hat. Kommt eine solche Vereinbarung nicht zu Stande, so ist zu bedenken, dass durch eine Ergänzung des Schiedsspruchs oder auch durch seine verbindliche Auslegung in verfahrensmäßig gesicherte Positionen einer Partei eingegriffen werden kann. Die Frist des **Abs. 2** ist deshalb **als zeitliche Begrenzung der Entscheidungskompetenz** des Schiedsgerichts aufzufassen. Damit ist das Schiedsgericht nach Fristablauf weder zu einer verbindlichen Auslegung noch zu einer Ergänzung des Schiedsspruchs befugt. Auch eine Fristverlängerung durch das Schiedsgericht ist ausgeschlossen. Ein trotz Verfristung ergehender Ergänzungsschiedsspruch oder ein Schiedsspruch über die Frage der Auslegung des erlassenen Schiedsspruchs ist nach § 1059 Abs. 2 Nr. 1 Buchst. c aufhebbar,[11] denn es fehlt die Grundlage für eine Entscheidungskompetenz des Schiedsgerichts. Richtet sich ein verfristeter Antrag auf die Berichtigung des Schiedsspruchs, so ist er als Anregung zu einer (an keine Frist gebundenen) Berichtigung auf der Grundlage des Abs. 4 zu verstehen.[12]

6 **2. Rechtliches Gehör.** Das Schiedsgericht muss dem Antragsgegner vor einer Ergänzung und einer Auslegung des Schiedsspruchs rechtliches Gehör gewähren, andernfalls unterliegt der Ergänzungs- bzw. Auslegungsschiedsspruch (vgl. Rn. 7) der Aufhebung nach § 1059 Abs. 2 Nr. 1 Buchst. b. Im Fall der Berichtigung offenbarer Unrichtigkeiten ist die Anhörung der Parteien empfehlenswert, aber nicht erforderlich (vgl. § 319 Rn. 15).[13]

---

1 *Schütze,* Schiedsverf., Rn. 239; *T/P/Reichold* Rn. 2.

2 OLG Stuttgart 20. 12. 2001 1 Sch 13/01 = OLGR Stuttgart 2002, 166; *Schwab/Walter* Kap. 21 Rn. 14; *St/J/Schlosser* Rn. 9.

3 *T/P/Reichold* Rn. 3.

4 Wohl aA MK/*Münch* § 1053 Rn. 22 (Berichtigung zulässig, aber keine Klärungen von Amts wegen); *T/P/Reichold* Rn. 3 (allenfalls bei Zustimmung beider Parteien).

5 MK/*Münch* Rn. 5.

6 OLG Frankfurt SchiedsVZ 2005, 311, 312.

7 Nach altem Recht, das keine Auslegung durch das Schiedsgericht kannte, wurde Nichtigkeit des Schiedsspruchs angenommen, vgl. BGH ZZP 75 (1962), 119, 120ff.

8 *Schwab/Walter* Kap. 21 Rn. 16.

9 Zur Möglichkeit einer Parteivereinbarung MK/*Münch* Rn. 8.

10 Für eine Harmonisierung mit dem Zugangsbegriff MK/*Münch* Rn. 8.

11 AA (Aufhebung nach § 1059 Abs. 2 Nr. 1 Buchst. d) MK/*Münch* Rn. 9; *Osterthun,* Schadensfälle im Schiedsverfahren, 2002, S. 260f.

12 *St/J/Schlosser* Rn. 7; *Kröll* SchiedsVZ 2006, 203, 208.

13 OLG Frankfurt SchiedsVZ 2005, 311, 312; aA *T/P/Reichold* Rn. 4; *Kröll* SchiedsVZ 2004, 113, 117.

3. Entscheidungsform, Abs. 5. Im Fall der **Berichtigung** ist nach Abs. 5 zwar die Form des § 1054 einzuhalten, es handelt sich bei der Entscheidung aber **nicht um einen Schiedsspruch.** Durch die Berichtigung wird nur der ursprüngliche Schiedsspruch betroffen, so dass sich auch ein Rechtsbehelf nur gegen diesen Schiedsspruch, nicht gegen seine Berichtigung als solche richten kann (zur Ausnahme bei Überschreiten der Grenzen der Berichtigung vgl. Rn. 2).[14] Für das Aufhebungsverfahren ist die Fristverlängerung in § 1059 Abs. 3 S. 3 zu beachten. Dagegen wird bei der **Ergänzung** eine neue Sachentscheidung getroffen, so dass es sich bei der Entscheidung um einen **Schiedsspruch** handelt.[15] Dieser ist vom ursprünglichen Schiedsspruch zu unterscheiden, so dass er gesondert Gegenstand des Verfahrens zur Aufhebung oder zur Vollstreckbarerklärung sein kann. Zur Frage, ob bei einem Ergänzungsschiedsspruch die Frist für einen Aufhebungsantrag durch § 1059 Abs. 3 S. 3 auf einen Monat verkürzt wird, vgl. § 1059 Rn. 36. Die **Auslegung** eines Schiedsspruchs durch das Schiedsgericht erfolgt durch **Schiedsspruch.** Dabei ist in der Regel nur der ursprüngliche Schiedsspruch mit dem Inhalt, den er durch die Auslegung erhalten hat, dem Aufhebungsverfahren zugänglich, denn die Auslegung verdeutlicht lediglich den Inhalt der bereits getroffenen Entscheidung, so dass eine separate Aufhebung nicht möglich ist. In Fällen, in denen ein als Auslegung bezeichneter Schiedsspruch die Grenzen der Auslegung überschreitet, sollte man jedoch eine gesonderte Aufhebung der Auslegung unter Aufrechterhaltung des ursprünglichen Schiedsspruchs zulassen, um so die Bindung des Schiedsgerichts an den erlassenen Schiedsspruch (vgl. § 1055 Rn. 5) sicherzustellen. 7

IV. Gebühren

Rechtsanwaltsgebühren für den Antrag entstehen in der Regel nicht. Soweit der Anwalt allein mit diesem Antrag beauftragt ist, ohne sonst im Schiedsverfahren tätig zu werden, ist fraglich, ob § 36 Abs. 1 Nr. 1 RVG iVm. Nrn. 3100ff. VV RVG zur Anwendung kommen oder Nr. 2300 VV RVG.[16] 8

Abschnitt 7. Rechtsbehelf gegen den Schiedsspruch

1059 *Aufhebungsantrag* **(1) Gegen einen Schiedsspruch kann nur der Antrag auf gerichtliche Aufhebung nach den Absätzen 2 und 3 gestellt werden.**

(2) Ein Schiedsspruch kann nur aufgehoben werden,

1. wenn der Antragsteller begründet geltend macht, dass
   a) eine der Parteien, die eine Schiedsvereinbarung nach den §§ 1029, 1031 geschlossen haben, nach dem Recht, das für sie persönlich maßgebend ist, hierzu nicht fähig war, oder dass die Schiedsvereinbarung nach dem Recht, dem die Parteien sie unterstellt haben oder, falls die Parteien hierüber nichts bestimmt haben, nach deutschem Recht ungültig ist oder
   b) er von der Bestellung eines Schiedsrichters oder von dem schiedsrichterlichen Verfahren nicht gehörig in Kenntnis gesetzt worden ist oder dass er aus einem anderen Grund seine Angriffs- oder Verteidigungsmittel nicht hat geltend machen können oder
   c) der Schiedsspruch eine Streitigkeit betrifft, die in der Schiedsabrede nicht erwähnt ist oder nicht unter die Bestimmungen der Schiedsklausel fällt, oder dass er Entscheidungen enthält, welche die Grenzen der Schiedsvereinbarung überschreiten; kann jedoch der Teil des Schiedsspruchs, der sich auf Streitpunkte bezieht, die dem schiedsrichterlichen Verfahren unterworfen waren, von dem Teil, der Streitpunkte betrifft, die ihm nicht unterworfen waren, getrennt werden, so kann nur der letztgenannte Teil des Schiedsspruchs aufgehoben werden; oder
   d) die Bildung des Schiedsgerichts oder das schiedsrichterliche Verfahren einer Bestimmung dieses Buches oder einer zulässigen Vereinbarung der Parteien nicht entsprochen hat und anzunehmen ist, dass sich dies auf den Schiedsspruch ausgewirkt hat; oder

2. wenn das Gericht feststellt, dass
   a) der Gegenstand des Streites nach deutschem Recht nicht schiedsfähig ist oder
   b) die Anerkennung oder Vollstreckung des Schiedsspruchs zu einem Ergebnis führt, das der öffentlichen Ordnung (ordre public) widerspricht.

(3) [1]Sofern die Parteien nichts anderes vereinbaren, muss der Aufhebungsantrag innerhalb einer Frist von drei Monaten bei Gericht eingereicht werden. [2]Die Frist beginnt mit dem Tag, an dem der Antragsteller den Schiedsspruch empfangen hat. [3]Ist ein Antrag nach § 1058 gestellt worden, verlängert sich die Frist um höchstens einen Monat nach Empfang der Entscheidung über diesen Antrag. [4]Der Antrag auf Aufhebung des Schiedsspruchs kann nicht mehr gestellt werden, wenn der Schiedsspruch von einem deutschen Gericht für vollstreckbar erklärt worden ist.

(4) Ist die Aufhebung beantragt worden, so kann das Gericht in geeigneten Fällen auf Antrag einer Partei unter Aufhebung des Schiedsspruchs die Sache an das Schiedsgericht zurückverweisen.

(5) Die Aufhebung des Schiedsspruchs hat im Zweifel zur Folge, dass wegen des Streitgegenstandes die Schiedsvereinbarung wiederauflebt.

---

[14] *T/P/Reichold* Rn. 5.
[15] Zu diesen Unterschieden vgl. auch MK/*Münch* Rn. 9.
[16] *Enders* JurBüro 1998, 281, 282.

Übersicht

I. Normzweck

1 Die Vereinbarung eines privaten Schiedsgerichts, die Besetzung dieses Gerichts und die Festlegung des von ihm anzuwendenden Verfahrens ist im Grundsatz Sache der Parteien. Da jedoch die staatliche Rechtsordnung dem Schiedsspruch die Wirkung eines rechtskräftigen Urteils beimisst (§ 1055), müssen bestimmte, aus Sicht der **staatlichen Rechtsordnung unabdingbare Voraussetzungen** erfüllt sein, damit der Schiedsspruch Bestand hat.[1] Diese müssen auch gegeben sein, damit staatliche Organe zur Vollstreckung des Schiedsspruchs zur Verfügung stehen, § 1060 Abs. 2. Ob das Aufhebungsverfahren angestrengt wird, bleibt den Parteien überlassen. Antragsberechtigt ist auch der Nebenintervenient (vgl. zur Nebenintervention § 1042 Rn. 11).[2] Wird **kein entsprechender Antrag** gestellt, so bleibt ein Schiedsspruch, der nach § 1054 wirksam geworden ist, bestehen, so dass auch der verfahrensrechtlich oder inhaltlich den Anforderungen des § 1059 nicht genügende Schiedsspruch zu beachten ist und einem rechtskräftigen Urteil gleichsteht (vgl. dazu § 1055 Rn. 5). Sofern der Schiedsspruch nicht nichtig ist (vgl. Rn. 5), sind Schiedsgericht und staatliche Gerichte in späteren Verfahren an den aufhebbaren Schiedsspruch gebunden und sind **nicht befugt,** ihn einer **Inzidentprüfung** zu unterziehen. So kann das staatliche Gericht in einem späteren Verfahren die Einrede der res iudicata nicht wegen der Aufhebbarkeit des Schiedsspruchs verwerfen (anders bei ausländischen Schiedssprüchen, § 1061 Rn. 2); ggf. ist das Verfahren auszusetzen, um Gelegenheit zur Durchführung des Aufhebungsverfahrens zu geben (vgl. § 1032 Rn. 8).[3]

2 Im Interesse der Rechtssicherheit und der möglichst weit gehenden Durchsetzung der schiedsgerichtlichen Entscheidung schränkt Abs. 3 die Möglichkeit der Aufhebung des Schiedsspruchs weiter ein. Danach ist ein Aufhebungsantrag mangels abweichender Parteivereinbarung nur innerhalb einer **Frist von drei Monaten** zulässig. Wird die Frist versäumt, so können Aufhebungsgründe nach § 1059 Abs. 2 Nr. 1 auch im Vollstreckbarerklärungsverfahren nicht mehr geltend gemacht werden (§ 1060 Abs. 2 S. 3). Wird auf den Antrag hin der Schiedsspruch aufgehoben, so lebt im Zweifel die Schiedsvereinbarung wieder auf (Abs. 5),

---

[1] Zur verfassungsrechtlichen Dimension vgl. *Sonnauer,* Die Kontrolle der Schiedsgerichte durch die staatlichen Gerichte, 1992.

[2] OLG Stuttgart SchiedsVZ 2003, 84, 86 m. zust. Anm. *Nacimiento/Geimer.*

[3] *Zö/Geimer* Rn. 19.

wobei es auch möglich ist, die Sache **an** das bisher tätige **Schiedsgericht zurückzuverweisen** (Abs. 4). Damit wird dem Willen der Parteien, die staatliche Gerichtsbarkeit auszuschließen, Rechnung getragen und im Fall der Zurückverweisung ermöglicht, unter Verwendung der bereits gefundenen Verfahrensergebnisse doch noch eine Entscheidung durch das Schiedsgericht herbeizuführen, die Bestand hat.

II. Gegenstand des Aufhebungsantrags

§ 1059 bezieht sich auf **Schiedssprüche,** auch solche mit vereinbartem Wortlaut,[4] die von einem Schiedsgericht mit einem **Schiedsort im Inland** erlassen wurden, § 1025 Abs. 1 (zu ausländischen Schiedssprüchen vgl. § 1061 Rn. 2),[5] und den **Anforderungen des § 1054** entsprechen[6] (zu Zwischenschiedssprüchen etc. vgl. § 1054 Rn. 2; zur Entscheidung über den Anspruchsgrund vgl. § 1055 Rn. 4; zu berichtigenden, auslegenden oder ergänzenden Schiedssprüchen vgl. § 1058 Rn. 7; zu vorläufigen und sichernden Maßnahmen vgl. § 1041 Rn. 4; zu Verstößen gegen § 1054 s. unten). Auch ein **Schiedsspruch,** der über die Rücknahme der Schiedsklage[7] oder allein **über die Kosten**[8] des Verfahrens entscheidet, ist dem Aufhebungsverfahren zugänglich. Sieht die Schiedsvereinbarung ein **Oberschiedsgericht** vor, so ist in der Regel nur der Schiedsspruch des Oberschiedsgerichts aufhebbar. Der Schiedsspruch des erstinstanzlichen Schiedsgerichts ist dem Aufhebungsverfahren jedoch dann zugänglich, wenn die Frist zur Anrufung des Oberschiedsgerichts verstrichen ist.[9] Dies muss bei der Frist nach Abs. 3 berücksichtigt werden, denn erst mit Fristablauf wird die erstinstanzliche Entscheidung zu einem Schiedsspruch, der einem rechtskräftigen Urteil gleichsteht (vgl. Rn. 36). Die Erfüllung der Voraussetzungen des **§ 1054** wird vom **staatlichen Gericht von Amts wegen** geprüft.[10] Da es sich um eine Verfahrensvoraussetzung handelt, ist dies auch im Rechtsbeschwerdeverfahren zu prüfen[11] (zur Möglichkeit der Nachholung vgl. § 1054 Rn. 10). Stehen Antragsgegner und Schiedsgericht trotz Fehlens der Voraussetzungen des § 1054 auf dem Standpunkt, dass es sich um einen formwirksamen Schiedsspruch handelt, so ist die Klage auf Feststellung der Unwirksamkeit des Schiedsspruchs zulässig,[12] für die in entsprechender Anwendung des § 1062 Abs. 1 Nr. 4, Abs. 5 das OLG zuständig ist. Das Aufhebungsverfahren ist nicht statthaft, wenn der Schiedsspruch **bereits für vollstreckbar erklärt** wurde, Abs. 3 S. 4 (vgl. Rn. 33). Eine Entscheidung des Schiedsgerichts einer **Glaubensgemeinschaft** über eine innere Angelegenheit unterliegt wegen Art. 140 GG iVm. Art. 137 WRV auch dann nicht der Aufhebung durch das staatliche Gericht, wenn die Entscheidung als Schiedsspruch bezeichnet und hinsichtlich des Verfahrens auf die ZPO Bezug genommen wird.[13] 3

Hat das **Schiedsgericht** eine Entscheidung in der Sache abgelehnt, weil es die **Schiedsvereinbarung für unwirksam** hält, so ist dies entgegen der Auffassung des BGH mangels Entscheidungskompetenz des Schiedsgerichts **nicht als Schiedsspruch** anzusehen (str., vgl. § 1040 Rn. 8), so dass ein Aufhebungsantrag nicht möglich ist (zu möglichen Aufhebungsgründen vgl. Rn. 14, 20).[14] In einem solchen Fall kann vor den staatlichen Gerichten die Feststellung der Zulässigkeit eines schiedsrichterlichen Verfahrens beantragt werden. Zur Frage, ob die Entscheidung des staatlichen Gerichts für ein dann neu zu konstituierendes Schiedsgericht bindend ist, vgl. § 1032 Rn. 13. Hat umgekehrt das **Schiedsgericht entschieden,** obwohl das staatliche Gericht die **Unwirksamkeit der Schiedsabrede rechtskräftig festgestellt** hat, so ist dieser Schiedsspruch **nichtig,**[15] nicht nur aufhebbar (vgl. § 1032 Rn. 14). Gleiches gilt, wenn das staatliche Gericht unter Verwerfung der Rüge der Schiedsvereinbarung zur Sache rechtskräftig entschieden hat (vgl. § 1032 Rn. 9). 4

Die Notwendigkeit einer Aufhebung entfällt, wenn der **Schiedsspruch nichtig** ist.[16] Dies ist nur **selten anzunehmen,** da der Gesetzgeber durch die Regelung in § 1059 zu erkennen gibt, dass auch bei schweren Verfahrensfehlern ein Aufhebungsverfahren erforderlich ist. Als Beispiel für einen nichtigen Schiedsspruch ist neben dem in Rn. 4 genannten Fall an Fälle zu denken, in denen ein Schiedsgericht nicht nur auf der Grundlage einer unwirksamen Schiedsabrede (§ 1059 Abs. 2 Nr. 1 Buchst. a) tätig geworden ist, sondern 5

---

[4] BGH NJW 2001, 373.

[5] MK/*Münch* Rn. 33.

[6] *Zö/Geimer* Rn. 1; zum alten Recht: BGHZ 96, 40, 43 = NJW 1986, 1436.

[7] OLG Hamburg NJW-RR 2000, 806 (Rücknahmefiktion wegen Nichtzahlung des Vorschusses für das schiedsrichterliche Berufungsverfahren).

[8] *Schwab/Walter* Kap. 24 Rn. 26; aA (zum alten Recht; Verstoß gegen das Verbot der isolierten Kostenanfechtung, § 99) BGH JZ 1957, 630.

[9] Vgl. *Schwab/Walter* Kap. 22 Rn. 2.

[10] BGH NJW 2004, 2226, 2228 = SchiedsVZ 2004, 205, 207; *Schwab/Walter* Kap. 25 Rn. 3.

[11] Zum alten Recht: BGHZ 85, 288, 290 = NJW 1983, 867; BGH NJW 1980, 1284.

[12] Vgl. zur Aufhebbarkeit von „Scheinschiedssprüchen" OLG Frankfurt/M 6. 9. 2001 3 Sch 2/00 = OLGR 2001, 302 ff.; *Schroeder* SchiedsVZ 2005, 244, 245 ff. (unter Hinweis auf das Meistbegünstigungsprinzip; wenn jedoch der Schiedsspruch nicht verbindlich ist, bedarf er auch keiner Aufhebung); gegen die Zulässigkeit eines Aufhebungsverfahrens BGH NJW 2004, 2226, 2227 = SchiedsVZ 2004, 205, 206.

[13] OLG Frankfurt NJW 1999, 3720 (Schieds- und Verwaltungsgericht beim Zentralrat der Deutschen Juden; Grenze erst, wenn der Schiedsspruch die staatliche Ordnung in Frage stellt); zur Beschränkung einer Kontrolle auf Willkür und Verstoß gegen fundamentale Rechtsprinzipien vgl. BGH NJW 2000, 1555, 1556 f.

[14] Näher dazu *Voit,* Festschr. f. Musielak, 2004, S. 595, 597 ff.; aA BGH NJW 2002, 3031, 3032 = SchiedsVZ 2003, 39 ff. m. zust. Anm. *Münch* = BGH JR 2003, 243 ff. m. zust. Anm. *Elsing; Huber* SchiedsVZ 2003, 73, 75; *Kröll* EWiR § 1059 1/03, S. 295 f.; *Sandrock* BB 2002, IDR-Beil. (Beil. 7) S. 42 f.; MK/*Münch* Rn. 32 iVm. § 1040 Rn. 16.

[15] MK/*Münch* Rn. 43; *St/J/Schlosser* Rn. 7; zum alten Recht: *Schlosser,* Festschr. f. Nagel, 1987, S. 352, 360; vgl. (referierend; zum neuen Recht) *Zö/Geimer* Rn. 17.

[16] MK/*Münch* Rn. 43.

das **Verfahren ohne jede Grundlage** betrieben wurde und sich der **Schiedsbeklagte** an dem Verfahren auch **nicht beteiligt** hat. Als weiteres Beispiel wird die **offensichtliche Schiedsunfähigkeit** angeführt.[17] Dem ist zuzustimmen, denn Abs. 2 Nr. 2 Buchst. a wird man keine abschließende Entscheidung des Gesetzgebers gegenüber der Nichtigkeit des Schiedsspruchs beimessen müssen. Entschiede man anders, so wäre der Schiedsspruch bis zu seiner Aufhebung verbindlich, und dies kann nicht dem Willen des Gesetzgebers bei der Schaffung des Abs. 2 Nr. 2 Buchst. a entsprechen wie etwa das Beispiel einer Ehescheidung durch Schiedsspruch zeigt. Auch aus Gründen der Rechtsklarheit kann der nichtige Schiedsspruch Gegenstand eines Aufhebungsantrags sein, wobei die aufhebende Entscheidung keine rechtsgestaltende, sondern nur deklaratorische Wirkung entfaltet.[18]

III. Geltend zu machende Aufhebungsgründe, Abs. 2 Nr. 1

6 **1. Mängel in der Person einer Partei, Abs. 2 Nr. 1 Buchst. a Fall 1.** Die Frage, welche Anforderungen an die Partei einer Schiedsvereinbarung zu stellen sind, bestimmt sich nach dem Recht, das **für diese Person maßgebend** ist. Dies bestimmt sich bei **natürlichen Personen** nach Art. 7 Abs. 1 S. 1, Art. 12 EGBGB[19] (übereinstimmend Art. V Abs. 1 Buchst. a UNÜbkSchdG [vgl. § 1061 Rn. 8] und Art. VI Abs. 2 S. 1 EuÜ [vgl. § 1061 Rn. 32]). Soweit danach **deutsches Recht** maßgebend ist, ist bei natürlichen Personen neben der Rechtsfähigkeit auf die **Geschäftsfähigkeit und die Prozessfähigkeit** abzustellen (vgl. § 1029 Rn. 5; zu Börsentermingeschäften vgl. § 1030 Rn. 3). Bei **juristischen Personen** ist für die Frage der Rechtsfähigkeit das Recht des Sitzes maßgebend;[20] innerhalb der europäischen Union und des EFTA-Raums fordert die Niederlassungsfreiheit jedoch die Anerkennung des Gründungsrechts (vgl. § 50 Rn. 31 ff.).[21] Verneint das anzuwendende Recht für die betreffende Person die Fähigkeit, eine Schiedsvereinbarung abzuschließen, so kann der Schiedsspruch aufgehoben werden.[22] Die Berufung auf die eigene Schiedsunfähigkeit verstößt regelmäßig nicht gegen Treu und Glauben.[23] Der Antragsteller ist nicht gehindert, sich auf die fehlende Schiedsfähigkeit der Gegenpartei zu berufen.[24] Es verhält sich hier nicht anders, als wenn im Verfahren vor dem staatlichen Gericht ein Rechtsmittel auf die fehlende Prozessfähigkeit der Gegenseite gestützt wird.

7 **2. Ungültigkeit der Schiedsvereinbarung, Abs. 2 Nr. 1 Buchst. a Fall 2. a) Formunwirksamkeit.** Die Frage der Formwirksamkeit der Schiedsabrede ist zunächst aus **Sicht des deutschen Rechts** zu beurteilen, was sich daraus ergibt, dass das Gesetz ausdrücklich und uneingeschränkt auf § 1031 Bezug nimmt (vgl. auch § 1031 Rn. 17; zu Art. II UNÜbkSchdG vgl. § 1031 Rn. 18; zur Heilung von Formmängeln vgl. § 1031 Rn. 13 ff.; zum Verbraucherschutz bei unbilliger Ausgestaltung des Schiedsverfahrens durch AGB vgl. Rn. 29). Die Berufung auf die Formunwirksamkeit verstößt gegen **Treu und Glauben,** wenn derjenige, der sich nun auf die Unwirksamkeit beruft, das Schiedsverfahren entweder selbst angestrengt oder sich gegenüber einer Klage vor dem staatlichen Gericht durch Berufung auf die Schiedsvereinbarung verteidigt hat. Dasselbe gilt, wenn sich der Schiedsbeklagte vorprozessual nachdrücklich und uneingeschränkt auf die Schiedsabrede gestützt hat.[25] Soweit die Schiedsabrede einem **anderen Recht** als dem deutschen untersteht, sind auch die Formanforderungen dieses Rechts zu erfüllen, denn Buchst. a verlangt auch die Wirksamkeit der Schiedsabrede nach dem auf diese anwendbaren Recht (vgl. § 1031 Rn. 17).

8 **b) Andere Ungültigkeitsgründe.** Die Frage der Ungültigkeit aus anderen Gründen bestimmt sich allein nach dem Recht, dem die Parteien die Schiedsvereinbarung unterstellt haben. Fehlt es an einer (auch stillschweigend möglichen, vgl. § 1029 Rn. 28) Vereinbarung über das auf die Schiedsvereinbarung anzuwendende Recht, so ist deutsches Recht maßgebend. Danach kommt insbesondere die **Kündigung** und die **Anfechtung** der Schiedsvereinbarung in Betracht (vgl. § 1029 Rn. 11 f.). Hat sich eine Partei bei dem Abschluss der Schiedsvereinbarung **vertreten** lassen, so ist das auf die Vertretung anzuwendende Recht gesondert anzuknüpfen (§ 1029 Rn. 6). Im Fall der **Schiedsunfähigkeit** des Verfahrensgegenstands enthält Abs. 2 Nr. 2 Buchst. a für die Schiedsunfähigkeit nach deutschem Recht eine vorrangige Regelung, die unabhängig vom im Übrigen anzuwendenden Recht ist. Soweit jedoch die Schiedsvereinbarung einem anderen als dem deutschen untersteht, ist die Frage der Schiedsfähigkeit nach diesem Recht bei der Anwendung des Abs. 2 Nr. 1 Buchst. a relevant (vgl. § 1030 Rn. 10).

---

17 *Zö/Geimer* Rn. 15 (Ehescheidung, Ernennung und Abberufung von Vormund, Pfleger oder Betreuer); *St/J/Schlosser* Rn. 7; aA MK/*Münch* Rn. 43.

18 MK/*Münch* Rn. 32; *Zö/Geimer* Rn. 16; *St/J/Schlosser* Rn. 8.

19 Vgl. BT-Drucks. 13/5274 S. 59; *Borges* ZZP 111 (1998), 487, 489; *Schwab/Walter* Kap. 44 Rn. 18 (zu Art. V Abs. 1 Buchst. a UNÜbkSchdG); *St/J/Schlosser* Anh. § 1061 Rn. 44; zum alten Recht: vgl. auch BGH NJW 1998, 2452 (zu Art. VI Abs. 2 S. 1 EuÜ). Das auf eine Vollmacht bei Abschluss des Schiedsvertrags anwendbare Recht ist gesondert anzuknüpfen, vgl. *Palandt/Heldrich* Anh. Art. 32 EGBGB Rn. 1.

20 Zum alten Recht: BGH NJW 1998, 2452 (dort auch zur Frage des Gutglaubensschutzes in analoger Anwendung des Art. 12 EGBGB); *Kegel/Schurig* § 17 II 1; *Schwab/Walter* Kap. 44 Rn. 18.

21 EuGH NJW 2003, 3331 („inspire art"); BGH NJW 2005, 3351.

22 Vgl. als Beispiel zum alten Recht: BGH NJW 1998, 2452; krit. *Schütze* IPrax 1999, 87 f.; *Geimer* LM § 1041 aF Nr. 18; *Zö/Geimer* § 1029 Rn. 19 c.

23 Anders für den Fall, dass sich ein Staat oder ein staatlich beherrschtes Unternehmen auf die Schiedsunfähigkeit nach dem von demselben Staat gesetzten Recht beruft, *Schwab/Walter* Kap. 24 Rn. 5.

24 AA *Schwab/Walter* Kap. 24 Rn. 5 Fn. 16.

25 *B/L/H* Rn. 5; zum alten Recht: BGH NJW-RR 1987, 1194, 1195 = WM 1987, 1084; *Wiecz/Sch/Schütze* § 1041 aF Rn. 8.

c) **Beurteilungszeitpunkt; Heilung.** Maßgebend für die Beurteilung des Bestandes der Schiedsvereinbarung ist grundsätzlich der **Zeitpunkt**, an dem das Schiedsgericht zum letzten Mal rechtliches Gehör gewährt hat.[26] Während des Verfahrens kann die Zuständigkeit des Schiedsgerichts deshalb noch durch eine ausdrücklich oder konkludent geschlossene Schiedsvereinbarung begründet werden. Dabei kommt der rügelosen Einlassung besondere Bedeutung zu (vgl. § 1031 Abs. 6). Die Parteien können auch **nach Abschluss des Schiedsverfahrens** noch einen Schiedsvertrag abschließen und so die Grundlage für das Verfahrensergebnis schaffen.[27] Es ist auch in diesem Zeitpunkt noch möglich, dass der vollmachtlos Vertretene den Abschluss der Schiedsvereinbarung genehmigt. 9

d) **Beweislast.** Die Beweislast für den behaupteten Aufhebungsgrund trägt nach dem Wortlaut des Einleitungssatzes zu Abs. 2 Nr. 1 derjenige, der die Aufhebung begehrt.[28] Die Anwendung dieser Regel auf das (Nicht-) Bestehen eines wirksamen Schiedsvertrags ist nicht unzweifelhaft, da die Schiedsabrede gerade Voraussetzung für die Durchführung des Schiedsverfahrens ist.[29] In den Fällen, in denen sich der Beklagte in keiner Weise an dem Schiedsverfahren beteiligt hat, sollte man deshalb die gesetzliche Regelung der Beweislast reduzieren und demjenigen die Beweislast auferlegen, der sich auf die Wirksamkeit der Schiedsvereinbarung beruft (zur Frage der Nichtigkeit eines solchen Schiedsspruchs vgl. Rn. 5). 10

e) **Einschränkung des Prüfungsmaßstabs durch Vorentscheidungen.** Hat das staatliche Gericht nach **§ 1032 Abs. 2** über die Zulässigkeit oder Unzulässigkeit des schiedsrichterlichen Verfahrens rechtskräftig entschieden, so ist diese Entscheidung für das Aufhebungsverfahren bindend.[30] Hat das Schiedsgericht nach **§ 1040 Abs. 3** seine Zuständigkeit in einem Zwischenentscheid bejaht, so führt die Nichtanrufung des staatlichen Gerichts zur Präklusion (vgl. § 1040 Rn. 13). Entscheidet das staatliche Gericht über den Zwischenentscheid, so ist dies ebenfalls für das Aufhebungsverfahren bindend. Wurde im **Schiedsverfahren** die **Unzuständigkeit nicht** gerügt, so führt dies unter den in § 1040 Rn. 7 genannten Voraussetzungen zur Präklusion. 11

3. Mangelnde Kenntnis vom Schiedsverfahren und von der Bestellung der Schiedsrichter, Abs. 2 Nr. 1 Buchst. b Fall 1. Als Aufhebungsgrund nach Abs. 2 Nr. 1 Buchst. b Fall 1 kommt ein Verstoß gegen § 1035 und gegen § 1047 Abs. 2 und 3 in Betracht. Ein Verstoß ist zB dann zu bejahen, wenn der Partei die Namen des von der Gegenpartei benannten Schiedsrichters oder des Vorsitzenden nicht benannt werden oder wenn die Fristen zur Benennung eines Schiedsrichters zu knapp bemessen werden. 12

4. Beschränkung der Angriffs- oder Verteidigungsmöglichkeiten, Abs. 2 Nr. 1 Buchst. b Fall 2. Eine Aufhebung nach Abs. 2 Nr. 1 Buchst. b Fall 2 kommt in folgenden Fällen in Betracht: Keine Bekanntgabe der Argumente der Gegenseite, so dass die Partei nicht qualifiziert Stellung nehmen kann; Zurückweisung von Vorbringen als verspätet, obwohl die Verspätung entschuldigt oder die gesetzte Frist zu kurz war (vgl. § 1046 Rn. 9 f.). Die Partei wird auch dann in ihren Angriffs- oder Verteidigungsmitteln beschränkt, wenn das Schiedsgericht einen Beweisantrag übergeht, ohne den vorgetragenen Umstand und ihren durch den gestellten Antrag angetretenen Beweis in Betracht zu ziehen (vgl. § 1042 Rn. 21). Dies ist nicht bereits dann der Fall, wenn eine Begründung für die Ablehnung fehlt oder die gegebene Begründung unrichtig ist.[31] Wird dagegen willkürlich und ohne inhaltliche Auseinandersetzung der Beweisantrag übergangen, so ist ein Aufhebungsgrund nach Nr. 1 Buchst. b und zugleich ein solcher nach Nr. 1 Buchst. d sowie nach Nr. 2 Buchst. b gegeben.[32] Der Wortlaut der Nr. 1 Buchst. b verlangt nicht, dass sich der Verstoß auf das Ergebnis des Schiedsspruchs ausgewirkt haben kann. Dennoch wird man einen Aufhebungsgrund verneinen müssen, wenn ein solcher Einfluss ausgeschlossen ist.[33] Es handelt sich bei dem Aufhebungsgrund des Buchst. b Fall 2 um eine Ausprägung des Grundsatzes der Gewährung rechtlichen Gehörs, so dass die dort entwickelten Grundsätze entsprechend herangezogen werden können (vgl. Rn. 27). 13

5. Überschreiten der Kompetenz des Schiedsgerichts, Abs. 2 Nr. 1 Buchst. c. a) Fälle des Überschreitens. Der Schiedsspruch ist nach Buchst. c aufhebbar, wenn er eine in der Schiedsvereinbarung nicht erwähnte Streitigkeit betrifft oder die Grenzen überschreitet, welche die Schiedsvereinbarung gezogen hat. Die Schiedsvereinbarung wird überschritten, wenn über einen **Verfahrensgegenstand** entschieden wird, der von der **Schiedsvereinbarung nicht erfasst** wird (vgl. § 1029 Rn. 23). Wurde dies im Schiedsverfahren nicht beanstandet, so kommt ein Ausschluss der Rüge nach § 1040 Abs. 2 S. 3 in Betracht (vgl. § 1040 Rn. 6 f.). Als Überschreiten der Schiedsabrede wird es von einigen auch angesehen, wenn das Schiedsgericht über die **Anträge des Schiedsklägers hinausgeht** oder über **nicht gestellte Anträge** entscheidet.[34] Diese Fälle werden richtigerweise nach Nr. 1 Buchst. d behandelt. Haben die Parteien die Schiedsabrede **zeitlich befristet** und diese Befristung auch nicht während des Verfahrens (stillschweigend) aufgehoben, so ist ein dennoch erge- 14

---

[26] *Schwab/Walter* Kap. 24 Rn. 8; *St/J/Schlosser* Rn. 17; aA MK/*Münch* Rn. 8 aE (maßgebend Erlass des Schiedsspruchs).

[27] *St/J/Schlosser* Rn. 17.

[28] So auch zum alten Recht BGH ZZP 69 (1956), 434; WM 1979, 1006, 1007; OLG Hamburg RIW 1979, 482, 485 f.

[29] Vgl. *St/J/Schlosser* Rn. 10; vgl. zum alten Recht: LG Hamburg RIW 1991, 419.

[30] OLG Naumburg 26. 3. 2002 10 Sch 4/01 = JMBl ST 2003, 4 ff.

[31] BayObLG BB 2000, Beil. 20, S. 16 = EWiR § 1059 1/2000 S. 199, 200 (*Berger*); zum alten Recht BGH NJW 1992, 2299; krit. *Schwab/Walter* Kap. 15 Rn. 9; *Zö/Geimer* § 1042 Rn. 11.

[32] *Berger* EWiR § 1059 1/2000, S. 199; zum alten Recht BGH NJW 1992, 2299, aA *Schwab/Walter* Kap. 24 Rn. 14 (nicht rügefähiger Mangel der Tatsachenfeststellung und Beweiswürdigung).

[33] Wohl aA MK/*Münch* Rn. 12.

[34] *Schwab/Walter* Kap. 24 Rn. 15; *Hausmann*, Festschr. f. Stoll, 2001, S. 593, 600; wie hier MK/*Münch* Rn. 10.

hender Schiedsspruch nicht nach Buchst. c, wohl aber nach Buchst. a aufhebbar.[35] Die Aufhebungsmöglichkeit nach Buchst. c kann nicht spiegelbildlich auf die Fälle angewendet werden, in denen das Schiedsgericht eine Sachentscheidung ablehnt und damit die Schiedsabrede unterschreitet, da es sich in diesem Fall zwar um einen Rechtsanwendungsfehler handelt, dieser aber nicht zur unberechtigten Entziehung des Rechtsschutzes durch staatliche Gerichte führt.[36]

15 b) **Besonderheiten bei teilbarem Verfahrensgegenstand.** Eine Teilaufhebung des Schiedsspruchs ist zulässig, wenn sich die Teile des Schiedsspruchs, denen keine wirksame Schiedsvereinbarung zugrundeliegt, klar abtrennen lassen.[37] Sieht man ein Übersteigen der gestellten Anträge als einen Fall des Buchst. c an (vgl. Rn. 14), so ist eine solche Teilbarkeit gegeben. Die Entscheidung des Schiedsgerichts kann dann auf das beantragte Maß reduziert werden.

16 **6. Mängel in der Bildung des Schiedsgerichts, Abs. 2 Nr. 1 Buchst. d Fall 1.** Der Aufhebungsgrund des Abs. 2 Nr. 1 Buchst. d Fall 1 ist erfüllt, wenn ein Schiedsrichter **nicht** den **Vereinbarungen**[38] oder den Regelungen des dritten Abschnitts entsprechend bestimmt wurde, wenn ein **nicht ernannter Schiedsrichter tätig** oder ein ernannter Schiedsrichter nicht tätig wurde.[39] Soweit es sich um Mängel handelt, auf deren Geltendmachung die Partei verzichten kann, ist der Verstoß zunächst durch Ablehnung des Schiedsrichters nach § 1034 Abs. 2 (zur Präklusion vgl. § 1034 Rn. 7) oder – wenn ein anderer als der ernannte Schiedsrichter tätig wird – durch Rüge nach § 1027 geltend zu machen.[40] In Betracht kommt auch eine stillschweigende Änderung der Parteivereinbarung über die Besetzung des Schiedsgerichts, wenn sich die Parteien in Kenntnis der Abweichung auf das Verfahren vor dem Schiedsgericht einlassen.[41] Ebenfalls fehlerhaft besetzt ist ein Schiedsgericht, an dem ein **erfolgreich abgelehnter** Schiedsrichter weiterhin teilnimmt.[42] Die Zurückweisung eines Ablehnungsgesuchs durch das staatliche Gericht präkludiert die Ablehnungsgründe im Aufhebungsverfahren;[43] wurde kein Ablehnungsverfahren durchgeführt, so kann der Ablehnungsgrund in Ausnahmefällen noch im Aufhebungsverfahren geltend gemacht werden (vgl. § 1037 Rn. 5). Allein die **Unwirksamkeit des Schiedsrichtervertrags** rechtfertigt nicht die Aufhebung des Schiedsspruchs,[44] ebenso wenig das Fehlen der dienstrechtlichen **Genehmigung** bei Tätigwerden eines **Richters oder Beamten** als Schiedsrichter (vgl. § 1035 Rn. 17).[45] Die **Geschäftsunfähigkeit** des Schiedsrichters steht seiner wirksamen Bestellung entgegen (vgl. § 1035 Rn. 17), so dass sie ohne Rücksicht auf die Geltendmachung im Schiedsverfahren zur Aufhebung des Schiedsspruchs führt.[46] Die Überforderung des Schiedsrichters mit seiner Aufgabe kann – je nach Parteivereinbarung – durch Ablehnung oder Antrag auf Beendigung des Amtes geltend gemacht werden (vgl. § 1038 Rn. 5), rechtfertigt aber nicht die Aufhebung des Schiedsspruchs ohne Rücksicht auf die unterlassene Ablehnung.[47] Die in Rn. 22 ausgeführten Grundsätze zum **Beruhen der Entscheidung** auf dem Verfahrensmangel gelten auch bei der fehlerhaften Besetzung des Schiedsgerichts, wobei die Anforderungen gering anzusetzen sind.

17 **7. Verstoß gegen Verfahrensregeln, Abs. 2 Nr. 1 Buchst. d Fall 2. a) Bestimmung der Verfahrensregeln.** Als Aufhebungsgrund kommt nach Abs. 2 Nr. 1 Buchst. d Fall 2 auch ein Verstoß gegen eine Verfahrensbestimmung der Parteien[48] oder die Verfahrensgrundsätze des zehnten Buches der ZPO[49] in Betracht (vgl. dazu die Übersicht in § 1042 Rn. 8 ff.). Als Verfahrensbestimmung ist dabei auch die Vereinbarung der Schiedsordnung eines institutionellen Schiedsgerichts zu verstehen (vgl. § 1042 Rn. 33). Es kann jedoch nicht jeder Fehler die Aufhebbarkeit des Schiedsspruchs begründen, denn andernfalls würde die private Schiedsgerichtsbarkeit (insbesondere bei Beteiligung von Nichtjuristen) ihre Funktionsfähigkeit weitgehend verlieren. Nur die Verletzung einer **wesentlichen Vorschrift** soll deshalb zur Aufhebung führen.[50] Mit Recht wird demgegenüber in der Literatur darauf hingewiesen, dass eine derartige Einschränkung im Gesetzeswortlaut keine Stütze findet und es Sache der Parteien ist, festzulegen, was ihnen wesentlich erscheint.

---

35 *Schwab/Walter* Kap. 24 Rn. 16; aA MK/*Münch* Rn. 10; BGH RIW 1976, 449, 450 (zu Art. V Abs. 1 Buchst. c UNÜbkSchdG).

36 Vgl. BGH NJW 2002, 3031, 3032 = SchiedsVZ 2003, 39, 40 m. insoweit abl. Anm. *Münch* = BGH JR 2003, 243 ff. m. zust. Anm. *Elsing;* näher dazu *Voit,* Festschr. f. Musielak, 2004, S. 595, 610; aA MK/*Münch* Rn. 16; *Kröll* EWiR § 1059 1/03, S. 295, 296.

37 *Schwab/Walter* Kap. 24 Rn. 17; vgl. auch *Zö/Geimer* Rn. 39 b.

38 BayObLG NJW-RR 2000, 360, 361; vgl. zum alten Recht: OLG Köln KTS 1971, 222, 225; zu der Frage des Besetzungsmodus bei Änderung einer in Bezug genommenen Schiedsordnung vgl. BGH NJW-RR 1986, 1059 f.

39 *St/J/Schlosser* Rn. 21.

40 Vgl. *B/L/H* Rn. 96.

41 *Kreindler/Schäfer/Wolff* Rn. 1095.

42 Zum alten Recht: RGZ 159, 92, 98; vgl. auch BayObLG NJW-RR 2000, 360 (Verfahrensfehler im Ablehnungsverfahren).

43 OLG München 20. 12. 2006 34 Sch 16/06 Tz. 36 OLGR München 2007, 361.

44 Zum alten Recht: *Wiecz/Sch/Schütze* § 1041 aF Rn. 13.

45 OLG Stuttgart SchiedsVZ 2003, 84, 87 m. zust. Anm. *Nacimiento/Geimer;* offen (zum alten Recht) BGHZ 55, 313, 319 f. = NJW 1971, 755.

46 *Schwab/Walter* Kap. 24 Rn. 18.

47 *Schwab/Walter* Kap. 24 Rn. 18; zum alten Recht: BGH NJW 1986, 3079, 3080 (Minderung der Geisteskraft).

48 Zum alten Recht: BGH NJW 1994, 2155.

49 Zum alten Recht: BGHZ 96, 40, 44 = NJW 1986, 1436, 1437; zur Bedeutung des Art. 6 Abs. 1 EMRK vgl. *Habscheid,* Festschr. f. Henckel, 1995, S. 341, 344; *Matscher,* Festschr. f. Nagel, 1987, S. 227, 237 ff.

50 *Schwab/Walter* Kap. 24 Rn. 21; aA *Borges* ZZP 111 (1998), 487, 493; MK/*Münch* Rn. 16; für eine solche Beschränkung zum alten Recht: BGH KTS 1956, 141 = ZZP 69 (1956), 434; RGZ 47, 424, 426; 119, 29, 31; 159, 92, 98.

Als Korrektiv dient vielmehr die Frage, inwieweit sich die Verletzung auf den Schiedsspruch ausgewirkt haben kann.[51] Im Ergebnis unterscheidet sich diese vorzuziehende Auffassung von der eingangs genannten nur selten, da die Verletzung unwesentlicher Vorschriften regelmäßig keinen Einfluss auf die Entscheidung haben wird.

Anerkannt ist, dass nur **Fehler im Verfahren, nicht** aber solche **in der Entscheidungsfindung** die Aufhebung rechtfertigen (Verbot der „révision au fond"), denn die Anwendung der von den Parteien bestimmten Rechtsregeln auf den dem Schiedsgericht zur Entscheidung vorgelegten Fall haben die Parteien gerade dem Schiedsgericht und nicht dem staatlichen Gericht übertragen.[52] Die **Unvereinbarkeit** des Schiedsspruchs mit dem **angewendeten Recht** begründet keine Aufhebung nach Buchst. d. Anders verhält es sich dagegen, wenn das Schiedsgericht die von den Parteien gesetzten **Entscheidungsmaßstäbe verkennt,** indem es eine Billigkeitsentscheidung fällt, obwohl die Parteien es dazu nicht ermächtigt hatten (vgl. § 1051 Rn. 4f.)[53] oder indem es sich über die Rechtswahl der Parteien hinwegsetzt.[54] Die Bestimmung des anwendbaren Rechts anhand kollisionsrechtlicher Regelungen ist dagegen Teil der Rechtsanwendung, so dass Unrichtigkeiten nicht die Aufhebung des Schiedsspruchs rechtfertigen.[55] 18

b) Ausschluss der Geltendmachung des Verfahrensverstoßes. Nicht jeder Verfahrensverstoß begründet einen Aufhebungsgrund. Neben dem **Verlust des Rügerechts** nach § 1027 (vgl. § 1027 Rn. 2ff.) kommt eine **Heilung** in Betracht. Diese kann innerhalb des schiedsrichterlichen Verfahrens stattfinden, indem zB Informationen, die einer Partei vorenthalten wurden, gegeben oder zu knapp bemessene Fristen verlängert werden. Sieht die Schiedsvereinbarung ein **Oberschiedsgericht** vor, so liegt im Verzicht auf die Anrufung des Oberschiedsgerichts der Verzicht auf die Geltendmachung solcher Verfahrensmängel, die im Verfahren vor dem Oberschiedsgericht geheilt werden können (vgl. § 1042 Rn. 29). Zur Präklusion durch Abweisung eines Aufhebungsantrags vgl. Rn. 40. 19

c) Beispiele. Ein **Aufhebungsgrund** nach Buchst. d Fall 2 ist zB in folgenden Fällen **anzunehmen:** Vereidigung von Zeuge oder Partei (vgl. aber § 1042 Rn. 23);[56] Verstoß gegen § 308 (zur Möglichkeit einer konkludenten Antragserweiterung vgl. § 1046 Rn. 2; zur Teilaufhebung vgl. Rn. 20);[57] unrechtmäßige Zurückweisung eines Prozessvertreters (vgl. § 1042 Rn. 7); schriftliches Verhandeln unter Verstoß gegen § 1047 (soweit der Fehler nicht geheilt wurde);[58] Verwendung von Gutachten, die ein offenbar ungeeigneter Sachverständiger erstellt hat;[59] unzulässige Beteiligung Dritter bei der Entscheidungsfindung (vgl. § 1052 Rn. 2).[60] Hat das Schiedsgericht seine Zuständigkeit zu Unrecht verneint, so liegt darin zwar ein Verstoß gegen Verfahrensvorschriften,[61] es fehlt aber an einem Schiedsspruch, so dass eine Aufhebung ausscheidet (vgl. § 1040 Rn. 8). **Nicht ausreichend** sind Fehler oder Lücken in der Begründung (zum Fehlen einer Begründung und gleichzustellenden Fällen vgl. Rn. 21); Fehler in der Kostenentscheidung (möglich ist aber die Aufhebung der Kostenentscheidung selbst,[62] wenn das Schiedsgericht Parteivereinbarungen missachtet, anders dagegen bei nur fehlerhafter Anwendung der Vorgaben). Bei Fehlen eines Hinweises iSd. § 139 ist eine differenzierende Betrachtung geboten (vgl. § 1042 Rn. 13).[63] Erfüllt der Schiedsspruch die **Anforderungen des § 1054** nicht, so kann dies nicht durch einen Aufhebungsantrag geltend gemacht werden, da es an einem aufzuhebenden Schiedsspruch fehlt.[64] Soweit das Schiedsgericht nicht bereit ist, dem Mangel noch abzuhelfen, und sich die Gegenpartei eines wirksamen Schiedsspruchs berühmt, kann die Unwirksamkeit durch eine Feststellungsklage vor dem staatlichen Gericht geltend gemacht werden (vgl. Rn. 5).[65] 20

d) Besonderheiten bei fehlender Begründung. Als Aufhebungsgrund wird es auch angesehen, wenn die Entscheidung unter Verstoß gegen § 1054 Abs. 2 nicht begründet wird (vgl. zu den Bedenken § 1054 Rn. 5; 21

---

[51] MK/*Münch* Rn. 16 aE, 18; *St/J/Schlosser* Rn. 24.

[52] *Schwab/Walter* Kap. 24 Rn. 22; *Sandrock* BB 2001, 2173, 2179f.; *St/J/Schlosser* Rn. 23; vgl. OLG Hamburg OLGR 2000, 19ff. (das dies aber – zu Unrecht – auch auf die Beurteilung der Wirksamkeit der Schiedsabrede beziehen will; insoweit liegt indes die Kompetenz-Kompetenz beim staatlichen Gericht); vgl. auch OLG Hamburg BB 2002, 1170f.

[53] *Schwab/Walter* Kap. 24 Rn. 22; zum alten Recht: BGHZ 96, 40, 44f., 46 = NJW 1986, 1437; für die Anwendung von § 1041 Abs. 1 Nr. 2 aF *Spickhoff* RabelsZ 56 (1992), 137; so auch bei der Anwendung der lex mercatoria entgegen einer Rechtswahl der Parteien, vgl. *Lionnet,* Handbuch der internationalen und nationalen Schiedsgerichtsbarkeit, 3. Aufl. 2005, Kap. 6 II 3c.

[54] *Schwab/Walter* Kap. 24 Rn. 22; *Lepschy,* § 1051 ZPO – Das anwendbare materielle Recht in internationalen Schiedsverfahren, 2003, S. 206f.; aA *Handorn,* Das Sonderkollisionsrecht der deutschen internationalen Schiedsgerichtsbarkeit, 2005, S. 150 (Aufhebung nach Buchst. c); zum alten Recht: BGHZ 96, 40, 45 = NJW 1986, 1437; dazu krit. *Gottwald,* Festschr. f. Nagel, 1987, S. 54, 62; OLG Frankfurt RIW 1984, 400, 401.

[55] Zum alten Recht: MK/*Maier*, 1. Aufl. 1992, § 1041 aF Rn. 12.

[56] Zum alten Recht: KG JW 1926, 2219, 2220.

[57] Zum alten Recht: RG JW 1920, 703, 704; RGZ 149, 45, 49; vgl. *St/J/Schlosser* § 1042 Rn. 19 (Stellen genau bestimmter Anträge nicht erforderlich, aber Bindung, soweit Anträge gestellt).

[58] Zum alten Recht: BGH NJW 1994, 2155 (obiter dictum); anders, wenn trotz Ankündigung einer Entscheidung auf der Grundlage schriftlicher Stellungnahmen ein Antrag auf mündliche Verhandlung nicht gestellt wurde OLG Frankfurt IHR 2003, 93 = OLGR Frankfurt 2003, 186.

[59] *St/J/Schlosser* Rn. 23; zum alten Recht: OLG München HRR 1940, Nr. 627.

[60] *St/J/Schlosser* Rn. 23 (der aber Beratung durch Dritte für zulässig hält).

[61] *Schwab/Walter* Kap. 24 Rn. 20.

[62] *Schwab/Walter* Kap. 24 Rn. 26; zum alten Recht: RGZ 165, 140, 142; aA BGH JZ 1957, 630 (wegen § 99).

[63] AA (kein Aufhebungsgrund) *B/L/H* Rn. 913; zum alten Recht: OLG Hamburg BB 1997, Beil. 3, S. 19, 20.

[64] *Schwab/Walter* Kap. 24 Rn. 29.

[65] *Schwab/Walter* Kap. 25 Rn. 2; *B/L/H* Grundz. § 1059 Rn. 1.

zum Verzicht auf eine Begründung ebendort).[66] Ob die Gründe zutreffend sind und den Schiedsspruch auch inhaltlich rechtfertigen, ist angesichts des Umstands, dass die Parteien gerade eine Entscheidung durch private Schiedsrichter und nicht durch das staatliche Gericht vereinbart haben, nicht entscheidend.[67] Die Begründung darf aber **nicht widersinnig** sein und muss zumindest in groben Zügen zu den **wesentlichen Punkten des Verteidigungsvorbringens Stellung** nehmen (vgl. auch § 1054 Rn. 4).[68] Die Anforderungen, die an die Begründung der Entscheidungen staatlicher Gerichte gestellt werden, sind nicht zu übernehmen.[69] Bezieht sich ein Begründungsdefizit auf einen abgrenzbaren Teil, so ist wie bei Buchst. c die Teilaufhebung des Schiedsspruchs möglich (vgl. Rn. 15).[70]

22 e) **Einfluss auf das Ergebnis.** Die Regelung in Buchst. d verlangt die Annahme, dass der Verstoß sich auf den Schiedsspruch ausgewirkt habe. Dabei reicht es nach hM aus, wenn die **Möglichkeit besteht**, dass **ohne den Verstoß anders entschieden** worden wäre.[71] An der möglichen Auswirkung auf das Ergebnis fehlt es zB dann, wenn unter Verstoß gegen eine Parteivereinbarung ein Zeuge nicht vor dem staatlichen Gericht beeidet wurde (vgl. § 1050 Rn. 2), die Entscheidung sich jedoch allein auf Rechtsgründe stützt, so dass es auf die Aussage nicht ankommt.[72]

23 **8. Anforderungen an die Geltendmachung.** Der Antragsteller muss nach dem Einleitungssatz der Nr. 1 den Aufhebungsgrund **begründet geltend** machen. Die Anforderungen können an die zu § 551 Abs. 3 S. 1 Nr. 2 entwickelten Grundsätze angelehnt werden (vgl. auch § 520 Abs. 3 S. 2 Nr. 2).[73] Da der Antragsteller den Aufhebungsgrund geltend machen muss, reicht es nicht aus, wenn dieser sich aus den Schiedsakten ergibt. Gegebenenfalls muss das Gericht einen Hinweis nach § 139 geben.[74] Die Zuordnung eines gerügten Verstoßes zu einem Aufhebungsgrund durch den Antragsteller ist nicht erforderlich.[75] Sie ist Sache des Gerichts, so dass der Schiedsspruch aufgehoben werden kann, wenn es den begründet geltend gemachten Verstoß einem anderen Aufhebungsgrund als der Antragsteller zuordnet.[76]

IV. Stets zu berücksichtigende Gründe, Abs. 2 Nr. 2

24 **1. Fehlende Schiedsfähigkeit, Abs. 2 Nr. 2 Buchst. a.** Nach Nr. 2 Buchst. a ist der Schiedsspruch aufzuheben, wenn der Gegenstand des Verfahrens nach **deutschem Recht nicht schiedsfähig** ist (vgl. § 1030 Rn. 2ff.). Dies gilt im Gegensatz zum Aufhebungsgrund nach Nr. 1 Buchst. a **unabhängig von einer Geltendmachung** durch die antragstellende Partei und unabhängig davon, welchem Recht die Parteien die Schiedsvereinbarung unterstellt haben (zur Geltendmachung nach Ablauf der Aufhebungsfrist vgl. § 1060 Rn. 11). Fehlt es an der Schiedsfähigkeit nach demjenigen Recht, dem die Parteien die Schiedsabrede unterstellt haben, so führt dies zur Unwirksamkeit der Schiedsabrede, so dass ein Aufhebungsgrund nach Nr. 1 Buchst. a gegeben ist (vgl. auch § 1030 Rn. 10).

25 **2. Verstoß gegen die öffentliche Ordnung, Abs. 2 Nr. 2 Buchst. b.** Führt die Anerkennung oder Vollstreckung des Schiedsspruchs zu einem Ergebnis, das der **öffentlichen Ordnung** (ordre public) widerspricht, kann dieser aufgehoben werden. Zur Auslegung dieser Bestimmung kann an die Grundsätze angeknüpft werden, die zum Aufhebungsgrund in § 1041 Abs. 1 Nr. 2 aF anerkannt waren. Dabei ist zu berücksichtigen, dass die nach altem Recht gesondert geregelten Aufhebungsgründe des § 1041 Abs. 1 Nr. 3, 4 und 6 aF nach dem nunmehr geltenden Recht als Teil der öffentlichen Ordnung anzusehen sind.[77] Maßgebend sind die in **Deutschland vorherrschenden Vorstellungen** von den Erfordernissen der öffentlichen Ordnung. Dieser Maßstab ist auch anzuwenden, wenn der (inländische) Schiedsspruch auf der Grundlage eines anderen materiellen Rechts ergangen ist.[78] Zur Bestimmung kann auch auf Rechtsprechung und Literatur zu § 328 Abs. 1 Nr. 4 zurückgegriffen werden (vgl. § 328 Rn. 23ff.).[79] Die Unvereinbarkeit mit dem ordre public kann sich aus gravierenden Verfahrensmängeln oder auch daraus ergeben, dass die angeordnete Rechtsfolge mit der öffentlichen Ordnung in Deutschland unvereinbar ist.

26 **a) Wesentliche Grundsätze des Verfahrensrechts. (1) Übersicht.** Zu diesen Grundsätzen zählt das Gebot der **überparteilichen Rechtspflege** und damit das der Unabhängigkeit und Unparteilichkeit der Schiedsrich-

---

[66] BT-Drucks. 13/5274 S. 59f.; *Lachmann* Rn. 2281; *Schwab/Walter* Kap. 24 Rn. 25.

[67] *Schwab/Walter* Kap. 24 Rn. 25; zum alten Recht: RGZ 23, 432, 436.

[68] OLG Frankfurt IHR 2003, 93 = OLGR 2003, 186; BGHZ 96, 40, 47 = NJW 1986, 1436 (zum alten Recht); vgl. dazu auch *Sandrock* BB 2001, 2173, 2176 (der restriktiven Handhabung zustimmend).

[69] OLG Frankfurt/M IHR 2003, 93 = OLGR 2003, 186; zum alten Recht: BGHZ 30, 89, 92 = NJW 1959, 1438; BGH LM KWVO § 1a Nr. 1; RIW 1990, 495.

[70] *Schwab/Walter* Kap. 24 Rn. 25.

[71] Saarländisches OLG SchiedsVZ 2003, 92, 94; *Schwab/Walter* Kap. 24 Rn. 30; MK/*Münch* Rn. 18; *St/J/Schlosser* Rn. 24; vgl. BT-Drucks. 13/5274 S. 59 (danach soll lediglich verhindert werden, dass aus rein formalen Gründen der Schiedsspruch aufgehoben und mit gleichem Ergebnis neu entschieden wird); strenger *Zö/Geimer* Rn. 44 (konkrete Darlegung; Wahrscheinlichkeitsmaßstab nach Schwere des Verstoßes).

[72] *Schwab/Walter* Kap. 24 Rn. 30.

[73] Weniger streng MK/*Münch* Rn. 26.

[74] *Zö/Geimer* Rn. 33.

[75] Wohl aA *Ehricke* ZZP 113 (2000), 453, 459.

[76] *Schlosser* LM § 1065 Nr. 1/2 Bl. 3; wohl aA *Ehricke* ZZP 113 (2000), 453, 459.

[77] Vgl. *Schwab/Walter* Kap. 24 Rn. 32ff., 48, 50f.

[78] *Schwab/Walter* Kap. 24 Rn. 37ff.; zum alten Recht: BGHZ 27, 249, 256 = NJW 1958, 1538.

[79] *Schwab/Walter* Kap. 24 Rn. 39; MK/*Münch* Rn. 21 (Parallelregelung); *St/J/Schlosser* Anh. § 1061 Rn. 142; einschränkend (soweit es allein um die Durchsetzung von Parteiinteressen geht) *Zö/Geimer* Rn. 70.

ter (vgl. § 1036 Rn. 4f.; zum Vorrang des Ablehnungsverfahrens vgl. Rn. 16)[80] sowie der Anspruch auf Gewährung rechtlichen Gehörs (vgl. § 1042 Rn. 3f.).[81] Ebenfalls aufhebbar sind Schiedssprüche, deren **Inhalt** auch nach entsprechender Auslegung widersprüchlich oder **unverständlich** bleibt (vgl. aber § 1058 Rn. 2ff.).[82] Ein Schiedsspruch, der die **Rechtskraft** eines Urteils oder eines anderen Schiedsspruchs **ignoriert,** ist regelmäßig nichtig (vgl. § 1032 Rn. 14); verneint man die Nichtigkeit, so kommt ein Verstoß gegen den ordre public in Betracht.[83] Auch die **sittenwidrige Herbeiführung** des Schiedsspruchs (dazu reicht der bloß unwahre Vortrag einer Partei nicht aus)[84] rechtfertigt seine Aufhebung nach Nr. 2 Buchst. b. Nach Ablauf der in § 1059 Abs. 3 genannten Frist ist ein schadensersatzrechtlicher Ausgleich über § 826 BGB zuzulassen.[85] Zum verfahrensrechtlichen ordre public gehört auch die **ordnungsgemäße Vertretung der Parteien** im Schiedsverfahren (vgl. auch § 328 Rn. 27).[86] Dies entspricht den § 547 Nr. 4, § 579 Nr. 4 für das Verfahren vor dem staatlichen Gericht. Erfasst wird das Auftreten nicht prozessfähiger Personen sowie vollmachtloser Vertreter für eine prozessfähige Partei. Die Anforderungen an die Bevollmächtigung und ihr Umfang können in Ermangelung besonderer Parteivereinbarungen den Regeln der §§ 80ff. entnommen werden.[87] Fehlt es an der Parteifähigkeit, so ist bereits ein Aufhebungsgrund nach Nr. 1 Buchst. a gegeben, sofern damit auch die Partei am Abschluss einer Schiedsvereinbarung gehindert ist (vgl. Rn. 6). Zusätzlich verstößt dies gegen den verfahrensrechtlichen ordre public.[88]

(2) **Unzureichende Gewährung des rechtlichen Gehörs.** Die Verletzung des Anspruchs auf rechtliches 27
Gehör (dazu näher § 1042 Rn. 3f.) kann dazu führen, dass der Schiedsspruch wegen Unvereinbarkeit mit der öffentlichen Ordnung aufzuheben ist (vgl. auch § 328 Rn. 26).[89] Dies gilt auch dann, wenn zugleich ein Aufhebungsgrund nach § 1059 Abs. 2 Nr. 1 Buchst. b gegeben ist. Zur Aufhebung nach Nr. 2 Buchst. b ist es – wie bei Nr. 1 Buchst. d aE auch – erforderlich, dass sich der Verstoß auf den Spruch **ausgewirkt haben kann,**[90] wobei jedoch geringe Anforderungen zu stellen sind.[91] Fehlt es dagegen an einer (möglichen) Auswirkung, so ist die Aufhebung sinnlos, da ein Schiedsspruch mit gleichem Inhalt ergehen müsste. Wie die Wertung des § 561 zeigt, ist eine Aufhebung zur Beseitigung eines folgenlos gebliebenen Fehlers nicht geboten. An einer möglichen Auswirkung fehlt es, wenn rechtliches Gehör zu Beweismitteln nicht gewährt wurde, die das Schiedsgericht nicht verwendet hat[92] (anders, wenn die beweisbelastete Partei nicht gehört wurde), wenn das Schiedsgericht seinen Spruch auf mehrere, jeweils für sich ausreichende Begründungen gestützt hat, wobei nur hinsichtlich einer der Begründungen rechtliches Gehör nicht gewährt wurde,[93] oder wenn sich das Schiedsgericht nicht mit Vorbringen auseinander gesetzt hat, das für den vom Schiedsgericht als maßgebend angesehenen Begründungsweg unerheblich ist.[94] Wenn sich die Nichtgewährung rechtlichen Gehörs auf den Schiedsspruch ausgewirkt haben kann, so soll es weiter darauf ankommen, was die **nicht gehörte Partei inhaltlich vorzutragen** hat. Wenn dieser Vortrag offenbar ungeeignet ist, den Schiedsspruch zu beeinflussen, so soll seine Aufhebung ausscheiden.[95] Daran erscheint problematisch, dass eine solche Entscheidung des staatlichen Gerichts über die Relevanz des Vortrags in die Kompetenz

---

80 *Lachmann* Rn. 2310; enger *Schwab/Walter* Kap. 24 Rn. 18 (nur Besetzungsfehler nach Nr. 1 Buchst. d); *St/J/Schlosser* Anh. § 1061 Rn. 151; zum alten Recht: BGH NJW 1986, 3027, 3028 (Entscheidung in eigener Sache; für das Honorar relevante Streitwertfestsetzung).

81 *Zö/Geimer* Rn. 68; *St/J/Schlosser* Anh. § 1061 Rn. 81.

82 *Rechberger* SchiedsVZ 2006, 169, 175; *Schwab/Walter* Kap. 24 Rn. 42; *St/J/Schlosser* Anh. § 1061 Rn. 143.

83 Vgl. OLG Stuttgart 18. 8. 2006 1 Sch 1/06 OLGR Stuttgart 2006, 945 (Schiedsspruch auf unsicherer Tatsachengrundlage und die Verlagerung von Tatsachenfeststellungen in die Vollstreckungsgegenklage als Verstoß gegen die Rechtskraft); aA *Zö/Geimer* Rn. 61 (keine Durchsetzung der materiellen Rechtskraft über den ordre public); wie hier (zum alten Recht) *Wiecz/Sch/Schütze* § 1041 aF Rn. 24; einschränkend (nicht bei redlichem Bemühen des Schiedgerichts) *St/J/Schlosser* Anh. § 1061 Rn. 154.

84 Kritisch zu dieser „Lösung" *Gaul*, Festschr. f. Sandrock, 2000, S. 285, 293ff.; *St/J/Schlosser* Anh. § 1061 Rn. 156; zum alten Recht: BGHZ 23, 198, 200ff. = NJW 1957, 589.

85 Vgl. die Begründung des Gesetzentwurfs, BT-Drucks. 13/5274 S. 60; BGH NJW 2001, 373, 374; *Boecker* EWiR § 1059 1/01, S. 345; *Voit* ZZP 114 (2001), 355, 357f.; *Schwab/Walter* Kap. 24 Rn. 2a; krit. *Weigand* LM § 1053 Nr. 1 Bl. 4 (nach Fristablauf Geltendmachung durch Einwand im Fall der Vollstreckbarerklärung; damit sind aber Fälle, in welchen eine Vollstreckbarerklärung im Inland nicht erforderlich ist, nicht zu lösen); ebenfalls krit. *Kröll* WuB VII A 1.01 (§ 826 BGB helfe bei arglistig erschlichenen ausländischen Schiedssprüchen nicht weiter, da im UNÜbkSchdG nicht als Anerkennungsversagungsgrund genannt. Dabei wird übersehen, dass mit § 826 BGB nicht die Aufhebung als solche verlangt, sondern ein Schadensersatzanspruch geltend gemacht wird, der – wie andere materiellrechtliche Einwendungen auch – dazu führt, dass eine Vollstreckbarerklärung nicht mehr erfolgt, auch wenn dem Schiedsspruch die Anerkennung nicht zu versagen ist); aA *Eckstein-Puhl*, Prozessbetrug im Schiedsverfahren, 2005, S. 273ff.

86 BT-Drucks. 13/5274 S. 59; *Schwab/Walter* Kap. 24 Rn. 48.

87 *Zö/Geimer* Rn. 68; so im Grundsatz auch, aber materiellrechtlich wirksame Vollmacht als ausreichend ansehend *Schwab/Walter* Kap. 24 Rn. 48.

88 AA (einen Fall der Missachtung von Verfahrensregeln nach Nr. 1 Buchst. d annehmend) *Schwab/Walter* Kap. 24 Rn. 49.

89 BT-Drucks. 13/5274 S. 59; *Lachmann* Rn. 2307 (zurückhaltend).

90 Zum alten Recht: BGHZ 3, 215, 218f. = NJW 1952, 27; BGHZ 31, 43, 46f. = NJW 1959, 2213; zustimmend (zum geltenden Recht) *Schlosser,* Festg. für BGH, Bd. III, 2000, S. 399, 416; wohl aA MK/*Münch* Rn. 12.

91 *St/J/Schlosser* Anh. § 1061 Rn. 82 („schwache Wahrscheinlichkeit").

92 Zum alten Recht: BGHZ 31, 43, 48 = NJW 1959, 2213.

93 *St/J/Schlosser* Anh. § 1061 Rn. 82.

94 OLG Hamburg OLGR 2000, 19, 21.

95 *St/J/Schlosser* Anh. § 1061 Rn. 82; vgl. zum alten Recht auch BGHZ 31, 43, 48 = NJW 1959, 2213; vgl. auch *Habscheid* ZZP 79 (1966), 452, 453.

des Schiedsgerichts eingreift, denn dieses, nicht das staatliche Gericht, befindet darüber, welche Punkte für seinen Schiedsspruch maßgebend sind. Von der Aufhebung kann deshalb nur dann abgesehen werden, wenn unter allen Gesichtspunkten ausgeschlossen werden kann, dass das Schiedsgericht anders entschieden hätte.[96] Dies muss aus der Entscheidungsperspektive des Schiedsgerichts heraus beurteilt werden; es reicht nicht aus, dass der vom Schiedsgericht nicht berücksichtigte Gesichtspunkt bei zutreffender Anwendung des materiellen Rechts irrelevant gewesen wäre. Auf die Gewährung rechtlichen Gehörs kann nicht pauschal verzichtet werden; zur Präklusion der Verfahrensrüge vgl. § 1027; zur Präklusion von Vorbringen vgl. § 1046 Rn. 9f.; zur Präklusion bei Nichtanrufung eines Oberschiedsgerichts vgl. § 1042 Rn. 29.[97]

28 (3) **Konkretisierung des verfahrensrechtlichen ordre public anhand der Restitutionsgründe.** Der Schiedsspruch war nach dem früher geltenden Recht wie das Urteil eines staatlichen Gerichts aufhebbar, wenn er auf der Grundlage einer widerrechtlichen Handlung iSd. § 580 Nr. 1–5 ergangen ist oder sich auf ein Urteil gründet, das durch ein anderes rechtskräftiges Urteil aufgehoben ist (§ 580 Nr. 6). Diese Regelungen sind als Ausformung der verfahrensrechtlichen Mindestanforderungen auch nach dem jetzt geltenden Recht zur Konkretisierung des verfahrensrechtlichen ordre public heranzuziehen.[98] Dabei unterliegt ihre Geltendmachung wie vor dem staatlichen Gericht auch den Einschränkungen der §§ 581, 582.[99] Unklar ist die Rechtslage im Fall des § 580 Nr. 7, also bei Auffinden einer **Urkunde** oder eines rechtskräftigen Urteils in derselben Sache. Nach dem früher geltenden Recht führte dies nicht zur Aufhebung,[100] denn § 1041 Abs. 1 Nr. 6 aF verwies gerade nicht auf § 580 Nr. 7. Dieses vom Wortlaut der alten Regelung geprägte Argument kann für das heute geltende Recht kaum Geltung beanspruchen. Maßgebend ist vielmehr, dass die Beurteilung, ob die Urkunde eine günstigere Entscheidung herbeigeführt haben würde, dem **staatlichen Gericht** gerade **entzogen** ist. Deshalb **scheidet** im Grundsatz eine **Aufhebung** wegen Auffindens einer Urkunde **aus.** Hat die Partei den Schiedsspruch allerdings durch Vorenthalten der Urkunde in **sittenwidriger Weise** erschlichen, so rechtfertigt dies die Aufhebung nach Nr. 2 Buchst. b, weil ein derartiges Vorgehen den Verstoß gegen den ordre public begründet.[101] Wenn in derselben Sache ein **rechtskräftiges Urteil** eines staatlichen Gerichts ergangen ist, das erst jetzt aufgefunden wird, dann soll nach hM[102] eine Aufhebung des Schiedsspruchs ausgeschlossen sein. Zu bedenken ist dabei zunächst, dass das Schiedsgericht für verpflichtet gehalten wird,[103] ein Urteil zu beachten, und dass ein die Rechtskraft des Urteils nicht beachtender Schiedsspruch als nichtig angesehen wird (vgl. § 1032 Rn. 9), so dass er keiner Aufhebung bedarf (vgl. auch § 580 Rn. 13). Im Übrigen werden durch eine solche Entscheidung wesentliche Verfahrensgrundsätze verletzt, weil das Schiedsgericht die negative Verfahrensvoraussetzung der res iudicata nicht beachtet hat.[104] Ist das aufgefundene Urteil lediglich präjudiziell für die vom Schiedsgericht entschiedene Sache (zur Anwendbarkeit des § 580 Nr. 7 Buchst. a vgl. § 580 Rn. 13), so scheidet eine Aufhebung ebenso aus, wie dies beim Auffinden einer Urkunde der Fall ist.[105] Dagegen wird man das bewusste Übergehen eines dem Schiedsgericht bekannten präjudiziellen Urteils als Verstoß gegen den ordre public ansehen müssen.

29 **b) Wesentliche Grundsätze des materiellen Rechts. (1) Grundlagen.** Bei der Aufhebung des Schiedsspruchs wegen Unvereinbarkeit mit wesentlichen Grundsätzen des materiellen Rechts geht es nicht um die der gerichtlichen Kontrolle entzogene (vgl. Rn. 18) Rechtsanwendung des Schiedsgerichts, sondern darum, ob das **Ergebnis** des Schiedsspruchs bei dessen Anerkennung diesen grundlegenden Rechtssätzen zuwiderläuft.[106] Dies ergibt sich aus dem Wortlaut der Nr. 2 Buchst. b. Prüfungsmaßstab sind dabei auch Regelungen, die vom Schiedsgericht nicht berücksichtigt oder unrichtig angewendet[107] wurden. Da die Rechtsauffassungen des Schiedsgerichts für das staatliche Gericht im Aufhebungsverfahren unerheblich sind,[108] ist eine Aufhebung nicht schon dann gerechtfertigt, wenn sich das Schiedsgericht über zwingende Normen des materiellen Rechts hinwegsetzt oder seinen Spruch auf Rechtsansichten stützt, die unvertretbar sind (anders § 110 Abs. 1 Nr. 2 ArbGG). Erst wenn der Schiedsspruch im Ergebnis Normen widerspricht, die die **Grundlagen des staatlichen oder wirtschaftlichen Lebens regeln,** oder wenn er in einem **untragbaren Widerspruch**

---

[96] Weiter gehend (zum alten Recht) BGHZ 31, 43, 48 = NJW 1959, 2213: Partei muss begründete Zweifel dartun, dass Schiedsspruch ebenso ausgefallen wäre.

[97] Gegen eine solche Wirkung *Schwab/Walter* Kap. 24 Rn. 50.

[98] BGH NJW 2001, 373f. m. zust. Anm. *Voit* ZZP 114 (2001), 355, 356f.; *Schwab/Walter* Kap. 24 Rn. 51; MK/*Münch* Rn. 23.

[99] BGH NJW 2001, 373, 374; *Schwab/Walter* Kap. 24 Rn. 51; MK/*Münch* Rn. 23; aA (Unanwendbarkeit des § 581) *Kröll* SchiedsVZ 2004, 113, 119; wie hier zum alten Recht: BGH NJW 1990, 2199, 2200 (insoweit nicht abgedruckt in BGHZ 110, 104ff.).

[100] Daran für das neue Recht festhaltend *Zö/Geimer* Rn. 67; aA *Schwab/Walter* Kap. 24 Rn. 51; zum alten Recht: RGZ 41, 251, 256; *St/J/Schlosser* § 1041 aF Rn. 38.

[101] *Vgl. Schwab/Walter* Kap. 24 Rn. 51; so zum alten Recht: *Wiecz/Sch/Schütze* § 1041 aF Rn. 46; vgl. auch *St/J/Schlosser* Anh. § 1061 Rn. 156 und 150; BGH NJW 1952, 1018; LM § 1039 aF Nr. 4 (Schiedsspruch auf Grund eines Prozessbetruges als Fall der Nr. 2).

[102] MK/*Münch* Rn. 23; *Zö/Geimer* Rn. 67; vgl. *St/J/Schlosser* Anh. § 1061 Rn. 154; wie hier *Gaul*, Festschr. f. Sandrock, 2000, S. 285, 315ff.; *Schwab/Walter* Kap. 24 Rn. 51.

[103] *St/J/Schlosser* § 1044 Rn. 6.

[104] Zum alten Recht: *Wiecz/Sch/Schütze* § 1041 aF Rn. 46.

[105] Wohl aA MK/*Münch* Rn. 23.

[106] *St/J/Schlosser* Anh. § 1061 Rn. 138; zum alten Recht: BGH NJW 1972, 2180, 2181; KTS 1970, 24, 28f.

[107] Zum alten Recht: BGHZ 27, 249, 254 = NJW 1958, 1538.

[108] Vgl. (zum alten Recht) BGHZ 30, 89, 95 = NJW 1959, 1438; BGHZ 46, 365, 370 = NJW 1967, 1178; BGH NJW 1973, 98, 100.

zu deutschen Gerechtigkeitsvorstellungen steht[109] und so den in rechtsstaatlicher Hinsicht unverzichtbaren Mindeststandard unterschreitet,[110] ist er aufzuheben. Bei der Ermittlung dieser Grundlagen ist auch das Recht der EU als Teil des deutschen ordre public einzubeziehen.[111] Zu diesen Grundsätzen zählt auch das **Verbraucherschutzrecht.** Dabei obliegt die Beurteilung einer Klausel als missbräuchlich im Sinne der Richtlinie 93/13 EWG dem nationalen Gericht. Wird ein solcher Verstoß gegen die den Verbraucher schützende Richtlinie festgestellt, so führt er nach Auffassung des EuGH[112] ohne weiteres zu einem Verstoß gegen den ordre public. Der Schiedsspruch ist dann ohne zeitliche Begrenzung und ohne die Möglichkeit einer Präklusion, weil der Verstoß nicht vor dem Schiedsgericht geltend gemacht wurde, aufhebbar. Damit entscheidet letztlich das nationale Gericht, das über die Missbräuchlichkeit einer Klausel zu befinden hat, zugleich über die Grenze des gemeinschaftsrechtlichen ordre public. Mit Recht wird in der Literatur deshalb eine Trennung zwischen Klauselunwirksamkeit und ordre-public-Verstoß gefordert,[113] denn nur dann kann die gebotene differenzierte Betrachtung der Klauseln und der Folgen ihrer Unbilligkeit stattfinden.

(2) **Feststellung des Verstoßes durch das staatliche Gericht.** Bei der **Ermittlung der Tatsachen,** die zur Beurteilung des ordre-public-Verstoßes erforderlich sind, ist das Gericht an die Feststellungen des Schiedsgerichts nicht gebunden.[114] Die Befürchtung, dass auf diesem Wege das staatliche Gericht den gesamten Streitstoff neu aufrollt und so zu einer Nachprüfung in der Sache unter dem Deckmantel des ordre-public-Verstoßes kommt,[115] ist nicht berechtigt, denn die bloße Feststellung eines anderen als des entschiedenen Sachverhalts rechtfertigt keine Aufhebung, und in den Fällen, in denen ein Verstoß gegen den ordre public festgestellt wird, war es auch sachgerecht, den Sachverhalt aufzuklären. Bei der Auslegung der Normen, die den ordre public verwirklichen, ist das staatliche Gericht frei. Dem Schiedsgericht steht auch **kein Auslegungsspielraum** zu, so dass ein Schiedsspruch aufzuheben ist, wenn sein Ergebnis mit den durch das staatliche Gericht konkretisierten Grundsätzen der öffentlichen Ordnung unvereinbar ist, mag es auch auf einer vertretbaren Auslegung der entsprechenden staatlichen Normen beruhen.[116] Diese Grundsätze gelten ebenfalls für Verstöße gegen Regeln der öffentlichen Ordnung, die nicht der Wahrung unmittelbarer Staatsinteressen dienen.[117] Denn eine solche Differenzierung lässt der Wortlaut des Gesetzes nicht zu und sie ist auch in der Sache nicht angemessen, denn es besteht seitens des Staates ein Interesse daran, innerhalb eines Aufhebungsverfahrens auch solche Schiedssprüche unabhängig von einer Rüge der Parteien aufzuheben, die mit rechtsstaatlichen Mindestanforderungen nicht im Einklang stehen, ohne dass unmittelbar Staatsinteressen inhaltlich berührt sind. 30

(3) **Einzelfälle.** Aufzuheben ist ein Schiedsspruch, der zu einer Leistung verpflichtet, deren Erbringung gegen ein Verbotsgesetz verstößt,[118] zu deren Erbringung sich die Partei nicht wirksam rechtsgeschäftlich verpflichten kann[119] oder die zu wirtschaftsrechtlichen Vorschriften in Widerspruch steht. Letzteres wird unter anderem angenommen bei Unvereinbarkeit mit Preisbindungsvorschriften,[120] wettbewerbsrechtlichen Bestimmungen,[121] Devisenrecht,[122] Export- oder Importbestimmungen,[123] Verbraucherschutzbestimmungen, Gläubigerschutzvorschriften (vgl. § 1030 Rn. 2) oder beim Verstoß gegen Art. 81 Abs. 1 EG (früher 31

[109] Zum alten Recht: BGH NJW 1990, 3210, 3211; zum ordre-public-Verstoß bei Eheverträgen mit Schiedsvereinbarungen vgl. *Huber* SchiedsVZ 2004, 280, 286.

[110] Vgl. *Schwab/Walter* Kap. 24 Rn. 37; vgl. *St/J/Schlosser* § 1061 Rn. 142.

[111] Vgl. EuGH EuZW 1999, 565, 567 = NJW 1999, 3549 (LS); EuGH NJW 2007, 135, 136; vgl. auch *Voit,* in: Strategien zum Schutz von Verfahren und Ergebnissen der Arzneimittelforschung, 2005, S. 58, 70f.; zum alten Recht BGH NJW 1969, 978, 979f. (zu Art. 81 EG [früher Art. 85 EGV]).

[112] EuGH NJW 2007, 135, 136; für eine zurückhaltende Anwendung der ordre-public-Kontrolle außerhalb des Verbraucherschutzrechts dagegen EuGH NJW 2000, 1853 (Krombach-Bamberski).

[113] *Bosch,* Festschr. f. Bechtold, 2006, S. 59, 67.

[114] *Schwab/Walter* Kap. 24 Rn. 46; *St/J/Schlosser* Rn. 10 und § 1063 Rn. 8a; aA (Bindung, soweit nicht unmittelbar Staatsinteressen berührt sind, es sei denn, es wurden bei der Sachverhaltsfeststellung Verfahrensvorschriften verletzt) *Zö/Geimer* Rn. 53; *Trappe* BB 2000, Beil. 8, S. 7, 8 (kein Vortrag von Tatsachen, die in Widerspruch zu den Feststellungen des Schiedsgerichts stehen, sofern diese verfahrensmäßig korrekt erfolgten); ähnlich *Harbst* SchiedsVZ 2007, 22, 26ff.; zum alten Recht gegen eine Bindung: BGH WM 1983, 1207, 1208; NJW 1972, 2180; 1973, 98, 100; BGHZ 46, 365, 370 = NJW 1967, 1178; BGHZ 30, 89, 95 = NJW 1959, 1438; *Habscheid* KTS 1973, 232, 235; für eine Bindung – aber auf der Grundlage der abweichenden Regelung des § 110 Abs. 2 ArbGG – BAGE 51, 374, 382.

[115] So *Zö/Geimer* Rn. 53.

[116] *Schwab/Walter* Kap. 24 Rn. 44.

[117] Für eine solche Differenzierung aber *Zö/Geimer* Rn. 35.

[118] *Schwab/Walter* Kap. 24 Rn. 41; *St/J/Schlosser* Anh. § 1061 Rn. 138; zum alten Recht: RGZ 57, 331, 334; OLG Hamburg NJW 1953, 1309f.

[119] Zum alten Recht: RGZ 131, 179, 182ff. (Abstimmungsverhalten in der Gesellschafterversammlung); dazu auch *St/J/Schlosser* Anh. § 1061 Rn. 139; die bloße Formbedürftigkeit der Handlung ist irrelevant, *St/J/Schlosser* Anh. § 1061 Rn. 135.

[120] Zum alten Recht: BGH LM § 1025 aF Nr. 7 = BB 1953, 811; NJW 1958, 1538, 1539; vgl. auch OLG Hamburg NJW 1953, 1309, 1311.

[121] Zum alten Recht: BGH NJW 1969, 978 (Art. 81 Abs. 1 EG [früher Art. 85 Abs. 1 EGV]), dazu *Raeschke-Kessler* EuZW 1990, 147; BGH NJW 1967, 1178 (GWB); 1969, 978; 1972, 2180f., dazu *Kornblum* ZZP 86 (1973), 216ff.; BGHZ 46, 365 = NJW 1967, 1178 (§ 20 GWB); BGHZ 88, 314, 316ff. = NJW 1984, 1355 (GWB); vgl. auch *Altenmüller,* Die schiedsrichterliche Entscheidung kartellrechtlicher Streitigkeiten, 1973; *K. Schmidt,* Festschr. f. Pfeiffer, 1987, S. 765, 770ff.; zu beachten ist die Aufhebung des § 91 GWB durch Art. 2 § 19 SchiedsVfG, vgl. dazu und zur Aufhebung wegen ordre-public-Verstoßes *K. Schmidt* ZHR 162 (1998), 265, 283f.

[122] Zum alten Recht: OLG Köln NJW 1952, 1420.

[123] Zum alten Recht: BGH KTS 1964, 172, 173.

Art. 85 Abs. 1 EGV).[124] Die Voraussetzung für eine **Freistellung vom Kartellverbot** hat das Schiedsgericht selbst zu berurteilen (zur Vorlage mit Hilfe des staatlichen Gerichts vgl. § 1050 Rn. 2).[125] Dabei steht ihm ein Beurteilungsspielraum zu, so dass nicht jede aus Sicht des staatlichen Gerichts unrichtige Beurteilung zu einem ordre-public-Verstoß führt (vgl. aber zur gegenteiligen Ansicht des EuGH beim Verbraucherschutz Rn. 29).[126] Nicht ausreichend für einen solchen Verstoß ist es, wenn die vom Schiedsgericht ausgeurteilte Forderung auf einer **anfechtbaren Rechtshandlung** beruht.[127] Fehlt es bereits an der objektiven Schiedsfähigkeit nach deutschem Recht, so ist der Schiedsspruch auch nach § 1059 Abs. 2 Nr. 2 Buchst. a aufzuheben. Die Börsentermingeschäftsfähigkeit gehört jedenfalls bei Auslandsgeschäften sachkundiger und informierter Kunden nicht mehr zum ordre public (zur Neuregelung in § 37h WpHG vgl. § 1030 Rn. 3).[128]

V. Verfahren

32 **1. Zulässigkeit des Aufhebungsantrags. a) Antragsgegenstand, Antragsbefugnis.** Der Antrag ist bei dem nach § 1062 Abs. 1 Nr. 4, Abs. 5 zuständigen OLG zu stellen. Er richtet sich auf **Aufhebung des Schiedsspruchs** (vgl. dazu Rn. 3), also auf eine Rechtsgestaltung. Der Antrag auf **Teilaufhebung** ist auch außerhalb der Nr. 1 Buchst. c bei Teilbarkeit möglich.[129] Dagegen kann eine **Änderung** des Schiedsspruchs nicht zulässigerweise beantragt werden.[130] Ein Antrag, der sich auf **Feststellung der Unwirksamkeit des Schiedsspruchs** richtet, ist nur bei nichtigem Schiedsspruch zulässig (zu Sonderfragen bei Nichtbeachtung der Form des § 1054 vgl. Rn. 20). Die Umdeutung eines solchen Antrags in einen Aufhebungsantrag ist zwar möglich, es fehlt aber regelmäßig an der Zuständigkeit, weil die Feststellungsklage nicht vor dem OLG erhoben werden wird. Gegebenenfalls ist nach § 281 zu verweisen. Der Aufhebungsantrag setzt entgegen der hM **keine Beschwer** voraus,[131] da die Aufhebung insbesondere einer iSd. Nr. 2 fehlerhaften Entscheidung auch im Interesse der in vollem Umfang obsiegenden Partei liegen kann, die einen derart fehlerhaften oder in grundrechtlich geschützte Positionen des Gegners eingreifenden Schiedsspruch nicht gelten lassen will. Es wäre nicht sachgerecht, von dieser Partei zu verlangen, ein Verfahren zur Vollstreckbarerklärung dieses ihrer Ansicht nach aufhebbaren Schiedsspruchs anzustrengen, nur um dort über § 1060 Abs. 2 die Aufhebung zu erreichen[132] (vgl. zur Klage auf Feststellung, dass Aufhebungsgründe nicht gegeben sind, Rn. 20). Soweit eine Beschwer verlangt wird, wird eine Beschwer in der Kostenfrage als ausreichend angesehen.[133]

33 **b) Ausschluss des Antrags nach Abs. 3 S. 4.** Der Aufhebungsantrag ist nach Abs. 3 S. 4 unstatthaft, wenn der Schiedsspruch von einem **deutschen Gericht für vollstreckbar erklärt** worden ist (zum Ausgleich durch § 826 BGB[134] und zur Möglichkeit einer Vollstreckungsgegenklage vgl. Rn. 26, § 1055 Rn. 12; zur Wiederaufnahme des Vollstreckbarerklärungsverfahrens vgl. § 1063 Rn. 8). Die Vollstreckbarerklärung durch ein ausländisches Gericht steht dem Aufhebungsantrag auch dann nicht entgegen, wenn die Entscheidung in Deutschland anerkennungsfähig ist. Auf die Vollstreckbarerklärung eines Schiedsspruchs mit vereinbartem Wortlaut durch einen **Notar,** § 1053 Abs. 4, ist die Regelung des Abs. 3 S. 4 schon ihrem Wortlaut nach nicht anwendbar (vgl. auch § 1053 Rn. 14). Wenn bereits ein **Verfahren zur Vollstreckbarerklärung anhängig** ist, so fehlt es für einen Aufhebungsantrag am Rechtsschutzbedürfnis,[135] da das Rechtsschutzziel des Aufhebungsantrags vollständig durch das Verfahren zur Vollstreckbarerklärung erreicht werden kann. Dagegen kann im Aufhebungsverfahren ein **Gegenantrag auf Vollstreckbarerklärung** gestellt werden (vgl. § 1063 Rn. 7).[136] Diesem Antrag steht die Rechtshängigkeit des Aufhebungsantrags nicht entgegen, denn der Antrag auf Vollstreckbarerklärung ist der weiter gehende Antrag. Durch diesen Antrag erledigt sich der Aufhebungsantrag, da das Rechtsschutzbedürfnis entfällt.[137] Wird die Vollstreckbarerklärung in einem gesonderten Ver-

---

[124] EuGH EuZW 1999, 565 = NJW 1999, 3549 (LS); *Sachslehner,* Schiedsvereinbarungen in wettbewerbsbeschränkenden Verträgen, 2001, S. 135 f., 138 (Verstoß gegen den ordre public nur dann, wenn nach der Praxis der Kommission eine Freistellung nicht in Betracht kommt); *Schwab/Walter* Kap. 24 Rn. 45; zu den Anforderungen *Pfeffer* in: *Böckstiegel/Berger/Bredow,* Schiedsgerichtsbarkeit und Kartellrecht, 2006, S. 45 ff.

[125] *Hermanns/Brück* SchiedsVZ 2004, 137, 140; *K. Schmidt* BB 2006, 1397, 1400; *Voit* (Fn. 111) S. 72; vgl auch *Heukamp,* Schiedszusagen in der Europäischen Fusionskontrolle, 2006, S. 135 f. (keine formelle oder informelle Anfrage bei der Kommission, wenn nicht beide Parteien einverstanden sind).

[126] Näher *Voit* (Fn. 111) S. 73. *Trittmann* in: *Böckstiegel/Berger/Bredow,* Schiedsgerichtsbarkeit und Kartellrecht, 2006, S. 57, 65 ff.; wohl strenger *Eilmansberger* im selben Werk, S. 11, 31; zur Fusionskontrolle durch Schiedsgerichte und ihre Bedeutung für die Kommission vgl. *Hermanns* im selben Werk, S. 33 ff.

[127] BayObLG SchiedsVZ 2004, 319, 320.

[128] BGH NJW 1998, 2358 f. (unter Aufgabe der bisherigen Rechtsprechung); vgl. dazu *Quinke,* Börsenschiedsvereinbarungen und prozessualer Anlegerschutz, 2005; BGH JR 2006, 340, 342.

[129] *Zö/Geimer* Rn. 6; zum alten Recht: BGH VersR 1982, 92 f.; KG NJW 1976, 1357.

[130] *Zö/Geimer* Rn. 6.

[131] So auch *B/L/H* Rn. 3; aA die hL, vgl. nur *Schwab/Walter* Kap. 25 Rn. 11; MK/*Münch* Rn. 27; *Zö/Geimer* Rn. 3.

[132] So aber *Zö/Geimer* Rn. 3.

[133] *St/J/Schlosser* Rn. 5; *Zö/Geimer* Rn. 3.

[134] Vgl. zum alten Recht: *Schlosser,* Festschr. f. Gaul, 1997, S. 679, 687 f., der – sehr weitgehend und iE zweifelhaft – die Zuständigkeit für die Klage aus § 826 BGB nach § 1062 bestimmen möchte und bei einem noch konstituierten Schiedsgericht dieses für zuständig hält.

[135] OLG Hamburg SchiedsVZ 2003, 284, 286; *Schwab/Walter* Kap. 25 Rn. 4; *Zö/Geimer* Rn. 4, 22; enger *B/L/H* Grundz. § 1059 Rn. 2 (wenn Gründe im Vollstreckbarerklärungsverfahren vorgebracht wurden); aA (Streitgegenstandsidentität zwischen Einwänden im Vollstreckbarerklärungsverfahren und Aufhebungsantrag oder zumindest „gleichlaufende Rechtshängigkeit") MK/*Münch* Rn. 41.

[136] So auch die hL, vgl. *Schwab/Walter* Kap. 25 Rn. 5; *Zö/Geimer* Rn. 4.

[137] *Schütze,* Schiedsverf., Rn. 278; zum alten Recht: *Wiecz/Sch/Schütze* § 1042 aF Rn. 24.

fahren beantragt, so will die hL das Aufhebungsverfahren entsprechend § 148 aussetzen.[138] Das ist wenig zweckmäßig, denn über die mit dem Aufhebungsantrag geltend gemachten Aufhebungsgründe kann ohnehin nicht mehr entschieden werden: Entweder wird der Schiedsspruch nach § 1060 Abs. 2 aufgehoben, dann erledigt sich auch nach hL der Aufhebungsantrag, oder er wird für vollstreckbar erklärt, dann sind die Aufhebungsgründe präkludiert (vgl. § 1059 Abs. 3 S. 4). Richtigerweise erledigt sich deshalb auch in diesem Fall der Aufhebungsantrag, sobald eine Entscheidung über den Antrag auf Vollstreckbarerklärung nicht mehr einseitig durch Antragsrücknahme verhindert werden kann (vgl. dazu § 1060 Rn. 6).

c) **Antragsgegner.** Der Antrag richtet sich gegen den Gegner des Schiedsverfahrens oder seinen Gesamt- 34
rechtsnachfolger. Tritt nach Abschluss des Schiedsverfahrens **Einzelrechtsnachfolge** ein, so kann der Antrag gegen die ursprüngliche Partei gerichtet werden;[139] als zulässig wird auch ein Antrag gegen den Rechtsnachfolger angesehen.[140] Die Gegenauffassung[141] sieht allein den Rechtsnachfolger als richtigen Antragsgegner an, da § 265 im Schiedsverfahren nicht anwendbar sei (dazu vgl. § 1042 Rn. 17; § 1055 Rn. 8). Es geht jedoch nicht darum, den Rechtsnachfolger in eine vorgegebene Verfahrenssituation einzubinden, sondern darum, ob der Verfahrensabschluss durch den Schiedsspruch Bestand hat. Deshalb ist es sachgerecht, dass der Antragsteller zumindest die Möglichkeit hat, sich an die Partei zu halten, mit der er das Schiedsverfahren durchgeführt hat. Wird ein Dritter, der nicht Partei ist, durch den Schiedsspruch (etwa im Wege der Rechtskrafterstreckung oder wegen unberechtigter Einbeziehung durch das Schiedsgericht) betroffen, so ist der Aufhebungsantrag des Dritten gegen beide Parteien des Schiedsverfahrens zu richten.[142]

d) **Bedeutung der Angabe des Aufhebungsgrundes.** Der Antrag muss im Fall des § 1059 Abs. 2 Nr. 1 den 35
Aufhebungsgrund angeben (zu den Anforderungen an die Rüge vgl. Rn. 23). Nach hM beschränkt sich der Streitgegenstand auf den angegebenen Grund. Dabei ist der vom Antragsteller bezeichnete Verfahrensverstoß maßgebend, nicht seine Zuordnung zu dem einen oder dem anderen Aufhebungsgrund des § 1059 Abs. 2 (vgl. Rn. 23). Aus dieser Bestimmung des Streitgegenstands folgt, dass die Änderung des Verstoßes, der die Aufhebung rechtfertigen soll, als (wohl stets sachdienliche)[143] **Klageänderung** zu verstehen ist.[144] Weiterhin folgt daraus, dass die **Abweisung** eines Aufhebungsantrags einem weiteren Antrag, der sich auf einen anderen Aufhebungsgrund stützt, nicht entgegensteht,[145] wobei konsequenterweise hinsichtlich des neu eingeführten Grundes die Wahrung der Antragsfrist (Rn. 36f.) gesondert zu prüfen ist. Im Unterschied zu den in Nr. 1 genannten Aufhebungsgründen sind die in **Nr. 2** genannten Gründe **unabhängig** von ihrer Geltendmachung zu berücksichtigen. Der Aufhebungsantrag hat insoweit nur die Funktion, die staatliche Kontrolle zu eröffnen. Entschließt sich der Antragsteller zur Antragstellung, so stehen die im öffentlichen Interesse liegenden Aufhebungsgründe nicht zu seiner Disposition. Eine andere Frage ist es, ob durch ein Aufhebungsverfahren **nicht geltend gemachte Gründe der Nr. 2 präkludiert** werden. Dies liegt nahe, weil das Gericht diese Gründe auch ohne Geltendmachung durch den Antragsteller zu prüfen hat. Damit würden aber durch die Abweisung des Aufhebungsantrags auch solche Gründe präkludiert, die im Erstverfahren gerade nicht behandelt wurden. Das wäre gerade bei den Fällen der Nr. 2 Buchst. b wenig sachgerecht, so dass die besseren Gründe gegen eine Präklusion sprechen (vgl. § 1060 Rn. 10).

e) **Antragsfrist.** Der Aufhebungsantrag muss nach Abs. 3 innerhalb einer **Frist von drei Monaten** gestellt 36
werden, wobei die Parteien eine andere Frist vereinbaren können.[146] Die Frist beginnt, wenn der spätere Antragsteller den Schiedsspruch empfangen hat (Abs. 3 S. 2).[147] Dabei ist bei der Auslegung des Begriffs „empfangen hat" auf den Zugang des in der Form des § 1054 Abs. 1 erlassenen Schiedsspruchs abzustellen.[148] Die Frist verlängert sich in den Fällen, in denen ein Antrag auf Berichtigung, Auslegung oder Ergänzung gestellt wurde, um höchstens einen Monat nach Empfang der Entscheidung über diesen Antrag (Abs. 3 S. 3). Aus dieser Formulierung ergibt sich nicht, in welchen Fällen sich die Frist um weniger als einen Monat verlängert. Ausweislich der Begründung des Gesetzentwurfs[149] ist gemeint, dass nach Empfang der Entscheidung noch eine Frist von mindestens einem Monat offen stehen soll und dass sich, soweit die Frist des Abs. 3 S. 1 früher abläuft, diese entsprechend verlängert.[150] Soweit die Parteien keine abweichenden Fristen bestimmt haben, wird diese Regelung also nur relevant, wenn die Entscheidung nach § 1058 mehr als zwei Monate nach dem Hauptschiedsspruch erlassen wurde. Die Fristverlängerung des

---

138 *Schwab/Walter* Kap. 25 Rn. 4; *B/L/H* Grundz. § 1059 Rn. 2; *Zö/Geimer* Rn. 23; vgl. auch OLG Naumburg JurBüro 2003, 389f; *St/J/Schlosser* Rn. 4.

139 *Schwab/Walter* Kap. 25 Rn. 8; *B/L/H* Rn. 4; *Zö/Geimer* Rn. 5; vgl. auch (zu § 579) BGHZ 29, 329, 332 = NJW 1959, 939; BGH ZZP 72 (1959), 443, 446.

140 *Schwab/Walter* Kap. 25 Rn. 8; *B/L/H* Rn. 4; *Zö/Geimer* Rn. 5.

141 *St/J/Schlosser* Rn. 9.

142 *Zö/Geimer* Rn. 5 (für den Fall der Rechtskrafterstreckung).

143 *Schwab/Walter* Kap. 25 Rn. 10.

144 *B/L/H* Rn. 4; *Lachmann* Rn. 2379; aA (einheitlicher Streitgegenstand) MK/*Münch* Rn. 30f.

145 *St/J/Schlosser* Rn. 4, 26; zum alten Recht: MK/*Maier*, 1. Aufl. 1992, § 1041 aF Rn. 6; vgl. BGH NJW 1981, 2306f.; aA MK/*Münch* Rn. 31.

146 Kritisch zur Möglichkeit der Verkürzung der Frist *Borges* ZZP 111 (1998), 487, 497f.

147 Der Gesetzentwurf hat die Zustellung als Voraussetzung des Fristbeginns vorgesehen, vgl. BT-Drucks. 13/5274 S. 11, 60.

148 MK/*Münch* Rn. 29; Zustellung ist nicht erforderlich, *Winkler/Weinand* BB 1998, 597, 603; *Lachmann* Rn. 2375; offen lassend BGH NJW 2001, 3787, 3788.

149 BT-Drucks. 13/5274 S. 60; vgl. *Lachmann* Rn. 2375.

150 MK/*Münch* Rn. 28; wohl aA *Schwab/Walter* Kap. 25 Rn. 12, der eine Verlängerung verneint, wenn das Schiedsgericht bis zum Ablauf der Dreimonatsfrist nicht entschieden hat.

S. 3 tritt unabhängig vom Ergebnis der Entscheidung über den Antrag auf Berichtigung, Ergänzung oder Auslegung ein. Hat das Schiedsgericht auf den Antrag hin einen **Ergänzungsschiedsspruch** erlassen, handelt es sich um einen neuen Schiedsspruch, so dass für einen Aufhebungsantrag die volle Dreimonatsfrist des Abs. 3 S. 1 und nicht nur die Frist des Abs. 3 S. 3 zur Verfügung steht. Das gilt richtigerweise auch dann, wenn ein Auslegungsschiedsspruch die Grenzen der Auslegung überschreitet (vgl. § 1058 Rn. 7).

37 **f) Folgen des Fristablaufs. Nach Fristablauf** sind die in § 1059 Abs. 2 Nr. 1 genannten Aufhebungsgründe **auch im Vollstreckbarerklärungsverfahren präkludiert,** während die von Amts wegen zu berücksichtigenden Aufhebungsgründe der Nr. 2 auch noch nach Fristablauf im Vollstreckbarerklärungsverfahren Beachtung finden (vgl. § 1060 Abs. 2 S. 3). Auch Restitutionsgründe können nach Fristablauf nicht mehr geltend gemacht werden.[151] Es bleibt allein die Klage aus § 826 BGB (dazu Rn. 26).

38 **2. Verhältnis zu anderen Möglichkeiten der Rechtsdurchsetzung.** Da der aufhebbare, aber noch nicht aufgehobene Schiedsspruch nicht inzident auf seine Wirksamkeit hin untersucht werden darf (Rn. 1), steht einer **Klage in der Sache** selbst die Einrede der res iudicata entgegen[152] (zur Berücksichtigung von Amts wegen vgl. § 1055 Rn. 5). Eine Verbindung des Aufhebungsantrags mit der Klage in der Hauptsache ist angesichts der Zuständigkeit des OLG für das Aufhebungsverfahren nicht zulässig.[153] Das Hauptsacheverfahren kann zur Durchführung des Aufhebungsverfahrens ausgesetzt werden. – Solange der Schiedsspruch die **Förmlichkeiten des § 1054 nicht erfüllt** und deshalb der Aufhebungsmöglichkeit nach § 1059 noch nicht unterliegt, steht der Weg nach § 1032 Abs. 2 bzw. nach § 1040 Abs. 2, 3 offen, wenn das Fehlen einer wirksamen Schiedsabrede geltend gemacht werden soll. – Die Klage auf **Feststellung der Wirksamkeit** des Schiedsspruchs ist unzulässig.[154] – Zur Klage auf Feststellung, dass ein Schiedsspruch nicht formwirksam ergangen ist, vgl. Rn. 20. – Für eine Klage auf Feststellung, dass **Aufhebungsgründe,** deren sich der Gegner berühmt, **nicht bestehen,** fehlt es in aller Regel an einem Rechtsschutzbedürfnis,[155] weil nach Ablauf der Frist des Abs. 3 Aufhebungsgründe nicht mehr geltend gemacht werden können. Soweit ausnahmsweise ein Bedürfnis besteht (zB deshalb, weil die Parteien die Frist des Abs. 3 abbedungen haben), muss hinsichtlich der Zuständigkeit des Gerichts § 1062 entsprechend angewendet werden, denn mit einem solchen Verfahren wird das kontradiktorische Gegenteil des Aufhebungsantrags begehrt.

39 **3. Disponibilität.** Es steht den Parteien zwar frei, die Aufhebung des Schiedsspruchs zu beantragen, sie können aber nicht von vornherein auf die Durchführung eines Aufhebungsverfahrens verzichten.[156] Das Aufhebungsverfahren kann auch nicht seinerseits einem Schiedsgericht zugewiesen werden, da mit § 1059 gerade die Voraussetzungen dafür geschaffen werden, dass der Staat private Schiedsgerichtsbarkeit unter Derogation der staatlichen Gerichtsbarkeit anerkennt. Hinsichtlich des **Verzichts** auf die Geltendmachung **einzelner Aufhebungsgründe** ist zu unterscheiden: Die Aufhebungsgründe der Nr. 2 sind der Disposition der Parteien entzogen, wie sich bereits daran zeigt, dass sie vom Gericht ohne Geltendmachung durch eine Partei zu berücksichtigen sind. Die Aufhebung wegen fehlender Schiedsfähigkeit und wegen ordre-public-Verstoßes kann deshalb durch Parteivereinbarung nicht ausgeschlossen werden.[157] Auf die in Nr. 1 genannten Aufhebungsgründe kann verzichtet werden, denn die Partei ist auch nicht gehindert, sie im Aufhebungsverfahren nicht geltend zu machen. Ein Verzicht ist aber erst **nach Erlass des Schiedsspruchs** und nur **in Kenntnis des Aufhebungsgrundes** wirksam.[158] Die Gegenauffassung[159] legt es nahe, routinemäßig vor dem Schiedsgericht auf die Geltendmachung verzichtbarer Aufhebungsgründe zu verzichten. Dies würde die Wertungen des § 1059 unterlaufen und der Bedeutung der Aufhebungsgründe, die an gravierende Verfahrensmängel anknüpfen, nicht gerecht.

40 **4. Entscheidung.** Das Gericht kann den Schiedsspruch ganz oder zu einem abgrenzbaren Teil aufheben, ihn aber **nicht abändern** (vgl. Rn. 32). Als **Rechtsmittel** ist die Rechtsbeschwerde eröffnet, § 1065 Abs. 1 S. 1. Das bereits Geleistete ist nach Bereicherungsrecht zurückzugewähren, § 1065 Abs. 2 S. 2 iVm. § 717 Abs. 3.[160] Ein Schadensersatzanspruch analog § 717 Abs. 2 kommt nicht in Betracht. Wird der Aufhebungsantrag **abgewiesen,** so erstreckt sich die Rechtskraft des Beschlusses allein auf die vorgetragenen Aufhebungsgründe (vgl. Rn. 35).[161] Diese Gründe (und nur sie) werden durch die rechtskräftige Abweisung eines Aufhebungsantrags auch für das Vollstreckbarerklärungsverfahren ausgeschlossen, § 1060 Abs. 2

---

151 Vgl. BT-Drucks. 13/5274 S. 60; *Zö/Geimer* Rn. 78; aA *Schütze* Rn. 87; krit. dazu *Borges* ZZP 111 (1998), 487, 498.

152 Vgl. *St/J/Schlosser* Rn. 28.

153 *Zö/Geimer* Rn. 28.

154 *Schwab/Walter* Kap. 24 Rn. 2; *Zö/Geimer* Rn. 24.

155 So iE *Zö/Geimer* Rn. 27.

156 *Schwab/Walter* Kap. 24 Rn. 53; MK/*Münch* Rn. 27; *Zö/Geimer* Rn. 79; BayObLG EWiR § 1059 1/2000 S. 199, 200 (*Berger*); zum alten Recht: BGHZ 96, 40, 42 = NJW 1986, 1436; OLG Frankfurt NJW 1984, 2768.

157 MK/*Münch* Rn. 27; *Schwab/Walter* Kap. 24 Rn. 53 (jedenfalls faktisch unverzichtbar); *St/J/Schlosser* Rn. 2 (bezogen auf ordre public); aA (Verzicht nur bei Berührung unmittelbarer staatlicher Interessen ausgeschlossen) *Zö/Geimer* Rn. 82.

158 BayObLG BB 2000, Beil. 12, S. 16, 17; *Schwab/Walter* Kap. 24 Rn. 53; so im Grundsatz auch (aber Verzicht auf Begründung zulassend; zum alten Recht) OLG Frankfurt NJW 1984, 2768 m. abl. Anm. *Geimer;* vgl. auch *St/J/Schlosser* Rn. 2 (nur in Kenntnis des Aufhebungsgrundes, aber auch vor Entscheidung des Schiedsgerichts).

159 *Zö/Geimer* Rn. 80 f. (vorheriger Verzicht auf einzelne Aufhebungsgründe möglich, soweit nicht Staatsinteressen betroffen sind, jedoch pauschaler Vorausverzicht unwirksam); noch anders *B/L/H* Rn. 2 (Gründe der Nr. 1 unabhängig von der Kenntnis und zu jedem Zeitpunkt verzichtbar).

160 *Schwab/Walter* Kap. 25 Rn. 15; *Zö/Geimer* Rn. 86.

161 *Schwab/Walter* Kap. 25 Rn. 16; *B/L/H* Rn. 1419; aA *Harbst* SchiedsVZ 2007, 22, 27; *Zö/Geimer* Rn. 9, 77.

S. 2. Zur Kostenverteilung vgl. § 1057 Rn. 2 ff. Eine Entscheidung über die Zulässigkeit des Aufhebungsantrags ist möglich und kann in entsprechender Anwendung des § 280 Abs. 2 selbständig mit der Rechtsbeschwerde angefochten werden.[162]

5. Möglichkeit der Zurückverweisung. Abs. 4 ermöglicht es, in geeigneten Fällen die Sache unter Aufhebung des Schiedsspruchs an das Schiedsgericht zurückzuverweisen.[163] Dies kann nur auf Antrag geschehen. Bei der Beurteilung der Eignung des Falles ist darauf abzustellen, ob der Streit durch Fortsetzung des Verfahrens schneller oder effektiver erledigt werden kann. Betrifft der Aufhebungsgrund das gesamte Verfahren (zB fehlerhafte Besetzung des Schiedsgerichts, fehlende fachliche Eignung eines Schiedsrichters,[164] Ablehnungsgrund hinsichtlich eines Schiedsrichters,[165] keine ordnungsgemäße Vertretung einer Partei), so eignet sich der Fall nicht für eine Zurückverweisung, da Verfahrensergebnisse nicht verwertbar sind. Der Widerspruch einer Partei steht der Zurückweisung nicht entgegen.[166] 41

Die Sache ist dann von dem **bereits konstituierten Schiedsgericht** noch einmal zu entscheiden; das Amt der Schiedsrichter besteht fort (vgl. § 1056 Abs. 3).[167] Eine Bindung des Schiedsgerichts an die Gründe der zurückverweisenden Entscheidung besteht nicht, da sich das private Schiedsgericht einer Einordnung in den staatlichen Instanzenzug entzieht.[168] Dennoch wird sich auch zur Vermeidung der Aufhebung des nunmehr ergehenden Schiedsspruchs die Berücksichtigung der Gründe des die Aufhebung des ersten Schiedsspruchs aussprechenden Beschlusses empfehlen. 42

VI. Wiederaufleben der Schiedsabrede

Abs. 5 sieht im Zweifel das Wiederaufleben der Schiedsabrede vor. Dabei ist im Gesetzestext nicht klar zum Ausdruck gekommen, dass der Begriff „Zweifel" auf den **Inhalt der ursprünglichen Schiedsabrede** zu beziehen ist. Bleiben nach ihrer Auslegung Zweifel daran, ob die Parteien für den Fall der Aufhebung wiederum die Entscheidung einem – dann neu zu konstituierenden – Schiedsgericht überlassen wollten, greift die Regelung des Abs. 5 ein. Soweit die Aufhebung erfolgte, weil die Schiedsvereinbarung unwirksam ist, gilt Abs. 5 nicht.[169] Da das Amt der Schiedsrichter durch den Erlass des Schiedsspruchs beendet ist und § 1056 Abs. 3 es für den Fall des § 1059 Abs. 5 auch nicht verlängert, muss ein Schiedsgericht neu bestellt werden. Dabei können dieselben Schiedsrichter bestellt werden. Ihre Ablehnung wegen der Besorgnis der Befangenheit ist nur unter besonderen Umständen gerechtfertigt.[170] Die Verwertung von Verfahrensergebnissen aus dem früheren Verfahren ist nicht zulässig. Es steht den Parteien frei, derartige Ergebnisse unstreitig zu stellen und dem Schiedsgericht auf diese Weise vorzugeben. 43

VII. Gebühren und Kosten

1. Rechtsanwaltsgebühren. Eine dem § 46 Abs. 1 BRAGO entsprechende Regelung für die im Aufhebungsverfahren anfallenden Gebühren fehlt im RVG. Es gelten die Nrn. 3100, 3104 VV RVG. Obwohl die Zuständigkeit des OLG gegeben ist, sind die erhöhten Gebühren der Nrn. 3200, 3202 VV RVG nicht anwendbar (vgl. Vorbem. 3.1 VV RVG).[171] 44

2. Gerichtskosten. Nach KV Nr. 1620 fallen zwei Gebühren an. 45

Abschnitt 8. Voraussetzungen der Anerkennung und Vollstreckung von Schiedssprüchen

1060 *Inländische Schiedssprüche* **(1) Die Zwangsvollstreckung findet statt, wenn der Schiedsspruch für vollstreckbar erklärt ist.**

(2) [1]Der Antrag auf Vollstreckbarerklärung ist unter Aufhebung des Schiedsspruchs abzulehnen, wenn einer der in § 1059 Abs. 2 bezeichneten Aufhebungsgründe vorliegt. [2]Aufhebungsgründe sind nicht zu berücksichtigen, soweit im Zeitpunkt der Zustellung des Antrags auf Vollstreckbarerklärung ein auf sie gestützter Aufhebungsantrag rechtskräftig abgewiesen ist. [3]Aufhebungsgründe nach § 1059 Abs. 2 Nr. 1 sind auch dann nicht zu berücksichtigen, wenn die in § 1059 Abs. 3 bestimmten Fristen abgelaufen sind, ohne dass der Antragsgegner einen Antrag auf Aufhebung des Schiedsspruchs gestellt hat.

---

162 BGH NJW 2001, 3787.
163 Kritisch dazu *Schütze,* Schiedsverf., Rn. 314 (nur bei Antrag einer Partei und Zustimmung der anderen Partei).
164 *Wolff* SchiedsVZ 2007, 254, 257.
165 *Wolff* SchiedsVZ 2007, 254, 257.
166 *Wolff* SchiedsVZ 2007, 254, 257; MK/*Münch* Rn. 39; *Zö/Geimer* Rn. 88; aA *Schwab/Walter* Kap. 25 Rn. 19.
167 *Lachmann* Rn. 1871; *Schwab/Walter* Kap. 25 Rn. 20.
168 *Schwab/Walter* Kap. 25 Rn. 20 (möglicherweise Schadensersatzansprüche ggü. den Schiedsrichtern; auch diese scheiden aus, wenn die Parteien übereinstimmend anweisen, die aufhebende Entscheidung nicht zu beachten); aA (Bindung entsprechend § 565) *B/L/H* Rn. 149.
169 *B/L/H* Rn. 1520.
170 *Wolff* SchiedsVZ 2007, 254, 258.
171 AA *Hartung/Römermann* § 36 Rn. 20; wie hier zum bisherigen Recht der BRAGO *Enders* JurBüro 1998, 281 f.; MK/*Münch* Rn. 12.

I. Normzweck

1 Der Staat überlässt es zwar den Parteien, die Aufhebung eines Schiedsspruchs zu beantragen, der unter Mängeln im Sinne des § 1059 leidet, er verweigert aber seine Mithilfe bei der zwangsweisen Durchsetzung, solange nicht der Schiedsspruch auf seine Vereinbarkeit mit den seitens der staatlichen Rechtsordnung vorgegebenen Anforderungen überprüft ist. Diesem Zweck dient das Vollstreckbarerklärungsverfahren, das als besonders ausgestaltetes Erkenntnisverfahren dem Klauselerteilungsverfahren noch vorgeschaltet ist. Hat der Antragsgegner von der Möglichkeit eines Aufhebungsantrags nicht fristgerecht Gebrauch gemacht, so sind die nur auf Rüge hin zu berücksichtigenden Aufhebungsgründe des § 1059 Abs. 2 Nr. 1 im Vollstreckbarerklärungsverfahren ausgeschlossen. Die Prüfung beschränkt sich dann nach Abs. 2 S. 3 auf die Aufhebungsgründe nach § 1059 Abs. 2 Nr. 2 (fehlende objektive Schiedsfähigkeit; Verstoß gegen den ordre public). Die Prüfung eines Aufhebungsgrundes entfällt, soweit ein auf diesen gestützter Aufhebungsantrag rechtskräftig abgewiesen wurde. Zum Verfahren vgl. § 1063.

II. Notwendigkeit der Vollstreckbarerklärung

2 **1. Vollstreckbarerklärung als Grundlage der Vollstreckungsmöglichkeit.** Das Verfahren ist nur zur **Durchführung der Zwangsvollstreckung** in Deutschland erforderlich. Über diesen eigentlichen Anwendungsbereich hinaus bietet die Vollstreckbarerklärung die Möglichkeit, den Antrag auf Aufhebung des Schiedsspruchs wegen § 1059 Abs. 3 S. 4 auszuschließen (vgl. dazu § 1059 Rn. 33). Wegen der damit zu erreichenden Rechtssicherheit will die hL das Vollstreckbarerklärungsverfahren auch solchen Schiedssprüchen öffnen, die **keinen vollstreckbaren Inhalt** haben, also für **abweisende, feststellende oder rechtsgestaltende Schiedssprüche.**[1] Dem ist nicht zu folgen. Nach dem Wortlaut des Abs. 1, der in Kenntnis der Problematik beibehalten wurde, dient das Verfahren nach § 1060 allein der Vorbereitung der Zwangsvollstreckung. Weiterhin ist zu bedenken, dass § 1059 Abs. 3 das Aufhebungsverfahren bei Fehlen einer abweichenden Parteivereinbarung an die Einhaltung einer Frist von drei Monaten bindet, so dass ohnehin nach Fristablauf über die Frage Gewissheit besteht, ob die Aufhebung beantragt wird. Der ausdehnenden Auslegung des § 1060 bedarf es zur Schaffung von Rechtssicherheit damit nicht. Die für das früher geltende Recht hL sollte deshalb aufgegeben werden.[2] Ob deshalb bei Schiedssprüchen ohne vollstreckbaren Inhalt die Klage auf Feststellung zulässig ist, dass Aufhebungsgründe nicht bestehen,[3] erscheint fraglich. Angesichts der Fristgebundenheit des Aufhebungsantrags wird es für eine solche Klage in der Regel an einem Bedürfnis fehlen (vgl. § 1059 Rn. 38). Abzulehnen ist auch die Auffassung,[4] dass bei rechtsgestaltenden Schiedssprüchen die **Gestaltungswirkung** erst mit ihrer **Vollstreckbarerklärung** eintritt.[5] Diese Auffassung hat sicherlich praktische Vorteile, weil das Risiko einer späteren Aufhebung des Schiedsspruchs mit den misslichen Folgen für die bereits eingetretene Rechtsgestaltung vermieden wird, aber sie ist mit der Regelung des § 1055 (vgl. § 1055 Rn. 11) unvereinbar und entspricht auch nicht dem Sinn des Vollstreckbarerklärungsverfahrens. Verpflichtet der Schiedsspruch zur **Abgabe einer Willenserklärung,** so setzt der Eintritt der Wirkung des § 894 eine Vollstreckbarerklärung voraus (vgl. § 894 Rn. 7),[6] denn es handelt sich bei der Fiktion des § 894 nur um eine besondere Form der Zwangsvollstreckung, so dass das Verfahren nach Abs. 1 eröffnet und seine Beachtung damit auch erforderlich ist.

3 **2. Vollstreckbarerklärung als Grundlage der Anerkennung durch staatliche Stellen.** Weiterhin wird vertreten, dass staatliche Stellen einen Schiedsspruch erst nach seiner Vollstreckbarerklärung als zwischen den Parteien endgültige Entscheidung zu beachten haben.[7] Diese Auffassung ist angesichts der eindeutigen Re-

---

[1] BGH NJW-RR 2006, 995, 996; zustimmend *Kröll* SchiedsVZ 2007, 145, 152; *Lachmann* Rn. 2403f.; *Schwab/Walter* Kap. 26 Rn. 7; *B/L/H* Rn. 5; *Ro/S/Go* § 181 Rn. 3; *St/J/Schlosser* Rn. 2; vgl. auch (Vollstreckbarerklärung ohne Rücksicht auf nicht vollstreckbaren Inhalt des Schiedsspruchs; Prüfung sei im Klauselerteilungsverfahren nachzuholen) BayObLG BB 1999, 1948; zum alten Recht (die Vollstreckbarerklärung zulassend): BGH FamRZ 1987, 268, 269 = NJW 1987, 651, 652; BB 1960, 302; BayObLG MDR 1984, 496; *K. Schmidt* ZGR 1988, 523, 535; *ders.* AG 1995, 551, 554; *Wiecz/Sch/Schütze* § 1042 aF Rn. 7f.

[2] KG SchiedsVZ 2005, 310 (aufgehoben durch BGH NJW-RR 2006, 995); *Wolff/Falk* SchiedsVZ 2006, 280f.; MK/*Münch* Rn. 4; *Zö/Geimer* Rn. 2; vgl. auch *Kröll* SchiedsVZ 2006, 203, 210.

[3] So *Zö/Geimer* Rn. 2; krit. auch MK/*Münch* Rn. 16.

[4] Vgl. nur (zum alten Recht): *K. Schmidt* ZGR 1988, 523, 536; *dens.* AG 1995, 551, 554.

[5] Wie hier OLG Dresden BB 2001, Beil. 7, S. 22f.; *Lachmann* Rn. 1787; *Lüke/Blenske* ZGR 1998, 253ff.; MK/*Münch* Rn. 3; *Ro/S/Go* § 181 Rn. 3; *St/J/Schlosser* Rn. 2; *Zö/Geimer* Rn. 2; zum alten Recht: *Walter,* Festschr. f. Schwab, 1990, S. 539, 544, 558f.; wiederum anders (zum geltenden Recht) *Chr. Berger* ZHR 164 (2000), 295, 319 (Eintritt der Gestaltungswirkung mit Ablauf der Frist für das Stellen eines Aufhebungsantrags; dies ist mit § 1055 kaum vereinbar, denn dieser stellt den Schiedsspruch mit einem rechtskräftigen Urteil gleich; im Übrigen könnte man dann für einen Leistungsschiedsspruch kaum anders entscheiden mit der misslichen Konsequenz, dass sich die Vollstreckung aus dem Schiedsspruch verzögert und einer der wesentlichen Vorzüge des Schiedsverfahrens beeinträchtigt wird).

[6] *Schwab/Walter* Kap. 28 Rn. 18; *Lachmann* Rn. 1788; MK/*Münch* Rn. 3; MK/*Schilken* § 894 Rn. 9; *B/L/H* Rn. 2; aA OLG Dresden BB 2001, Beil. 7, S. 22, f.; *St/J/Schlosser* Rn. 2; *Zö/Geimer* Rn. 12 und § 1055 Rn. 2 aE; zum alten Recht wie hier: BGH BB 1961, 264; *Walter,* Festschr. f. Schwab, 1990, S. 539, 557f.; aA *Schlosser,* in: Schiedsgerichtsbarkeit in gesellschaftsrechtlichen und erbrechtlichen Angelegenheiten, DIS Bd. 11, 1996, S. 105ff. (mit weit reichenden Konsequenzen für grundbuchrechtliche Fragen).

[7] *B/L/H* Rn. 2 (Registereintragung erst nach Vollstreckbarerklärung); zum alten Recht: BayObLG MDR 1984, 496.

gelung in § 1055 abzulehnen.[8] Diese Regelung stellt den Schiedsspruch einem rechtskräftigen Urteil gleich, und damit haben staatliche Stellen ihn wie ein Urteil ohne weitere Voraussetzungen zu beachten. Unzulässig ist es auch, seine Beachtung vom Ablauf der Frist zur Beantragung seiner Aufhebung (§ 1059 Abs. 3) abhängig zu machen. Nur soweit ein Aufhebungsverfahren anhängig ist oder unmittelbar bevorsteht, wird man anders entscheiden dürfen.

4 **3. Erfüllungsklage an Stelle der Vollstreckbarerklärung.** Bei der Frage, ob die Parteien an Stelle des Vollstreckbarerklärungsverfahrens auch eine Erfüllungsklage erheben können, ist zu unterscheiden:[9] Eine Klage, die sich auf die **Erfüllung des im Schiedsspruch zugesprochenen Anspruchs** stützt, ist in der Regel unzulässig. Dabei steht weniger das Fehlen des Rechtsschutzbedürfnisses entgegen als der Umstand, dass der Kläger sich bei der Erfüllungsklage auf die Wirkung des § 1055 berufen könnte, ohne das Risiko der Aufhebung nach § 1060 Abs. 2 einzugehen. Damit würde die besondere Ausgestaltung dieses Verfahrens, das der Gesetzgeber gerade für die Durchsetzung eines Schiedsspruchs vorgesehen hat, unterlaufen.[10] Stützt sich die Klage dagegen nicht auf den Schiedsspruch selbst, sondern auf den im **Schiedsverfahren geltend gemachten Anspruch,** so steht ihr grundsätzlich der Einwand der res iudicata entgegen (vgl. § 1055 Rn. 5, § 1059 Rn. 4). Nur in den Fällen, in denen auch bei dem Urteil eines staatlichen Gerichts ein zweites Verfahren als zulässig angesehen wird (vgl. § 322 Rn. 9), sollte ein solches Verfahren auch nach einem Schiedsspruch zugelassen werden. Dieses Verfahren ist angesichts der Wertung des § 1059 Abs. 5 im Zweifel vor einem Schiedsgericht zu führen.

III. Voraussetzungen

5 **1. Anforderungen an den Schiedsspruch.** Nach § 1060 kann nur ein **inländischer Schiedsspruch** für vollstreckbar erklärt werden (zu ausländischen Schiedssprüchen vgl. § 1061; zu vorläufigen und sichernden Maßnahmen des Schiedsgerichts vgl. § 1041 Rn. 2ff.; zu Zwischenschiedssprüchen vgl. § 1054 Rn. 2). Der Schiedsspruch muss die **Formvoraussetzungen des § 1054** erfüllen,[11] was vom Gericht von Amts wegen zu prüfen ist. Formelle Mängel können noch während des Verfahrens vor dem staatlichen Gericht bis zum Schluss der letzten mündlichen Tatsachenverhandlung beseitigt werden (vgl. § 1054 Rn. 10; zu protokollierten Vergleichen, die nicht als Schiedsspruch ergangen sind, vgl. § 1053 Rn. 9).[12] Sieht die Schiedsvereinbarung ein **Oberschiedsgericht** vor, so ist der Spruch des erstinstanzlichen Schiedsgerichts nur dann dem Vollstreckbarerklärungsverfahren zugänglich, wenn das Oberschiedsgericht nicht fristgerecht angerufen wurde.[13] Der Schiedsspruch muss zu einer Leistung verpflichten (vgl. Rn. 2), wobei es sich auch um eine künftige Leistung handeln kann[14] oder um eine bedingte[15] oder um eine solche, die erst nach Erteilung einer behördlichen Genehmigung erbracht werden darf.[16] Handelt es sich um einen **Schiedsspruch ohne vollstreckbaren Inhalt,** so ist die Vollstreckbarerklärung aus den in Rn. 2 genannten Gründen entgegen der hL[17] abzulehnen. Dies gilt auch dann, wenn der Schiedsspruch wegen fehlender Bestimmtheit nicht vollstreckbar ist,[18] denn es gibt keinen sachlichen Grund dafür, diese Problematik in das Klauselerteilungsverfahren zu verschieben (zur Möglichkeit der Konkretisierung des Schiedsspruchs durch das Schiedsgericht vgl. § 1058 Rn. 3). Auch selbständige Teile eines Schiedsspruchs können für vollstreckbar erklärt werden (vgl. zur Teilaufhebung § 1059 Rn. 15).

6 **2. Verfahrensfragen.** Der **Antrag** muss bei dem nach § 1062 Abs. 1 Nr. 4, Abs. 5 **zuständigen Gericht** gestellt werden (zu den Formalien vgl. § 1064 Rn. 2f.; zur Frage des Anwaltszwangs vgl. § 1063 Rn. 2). Eine **Frist** ist nicht zu beachten. Die allgemeinen Verfahrensvoraussetzungen (vgl. Vor § 253 Rn. 4ff.) müssen er-

---

[8] *Schwab/Walter* Kap. 28 Rn. 20; *St/J/Schlosser* Rn. 2; vgl. auch *Ehricke* ZIP 2006, 1847, 1852 (keine Voraussetzung für Berichtigung der Insolvenztabelle); zum alten Recht: *Loritz* ZZP 105 (1992), 1, 18; *Schlosser* (Fn. 6) S. 97, 104ff.

[9] Die hL behandelt das Problem allein unter dem Gesichtspunkt des fehlenden Rechtsschutzbedürfnisses, vgl. *Schwab/Walter* Kap. 26 Rn. 4; *Zö/Geimer* Rn. 3; vgl. auch zum alten Recht: BGH KTS 1970, 30, 32 = WM 1969, 671 = MDR 1969, 567 (Rechtsschutzbedürfnis besteht ausnahmsweise, wenn Verwendbarkeit des Schiedsspruchs zweifelhaft); vgl. auch *Bosch*, Rechtskraft und Rechtshängigkeit im Schiedsverfahren, 1991, S. 85ff. (Rechtsschutzbedürfnis sei zu bejahen, wenn der Schiedsspruch wegen vereinbarten Verzichts auf Niederlegung oder wegen gravierender Unklarheiten in seiner Formulierung nicht für vollstreckbar zu erklären sei); wie hier *St/J/Schlosser* Rn. 15.

[10] MK/*Münch* Rn. 16.

[11] *Schwab/Walter* Kap. 26 Rn. 5; *Zö/Geimer* Rn. 5; vgl. auch (als Schiedsspruch bezeichnete Abrechnung über die streitigen Beträge unter Verzicht auf Tatbestand und Gründe) BayObLG BB 2003, IDR-Beil. (Beil. 8), S. 26f. = EWiR § 1029 ZPO 1/03, 999f. (*Geimer*); zum alten Recht: vgl. RG JW 1921, 344, 345 (keine Vollstreckbarerklärung, wenn Schiedsspruch vor der Niederlegung verloren gegangen ist); zur Abgrenzung OLG Nürnberg BayJMBl. 1955, 38, 39 (Vollstreckbarerklärung, wenn niedergelegter Schiedsvergleich nicht mehr vorhanden).

[12] *B/L/H* Rn. 4; MK/*Münch* Rn. 5; zum alten Recht: BGH KTS 1980, 130, 131; BGHZ 85, 288, 289f. = NJW 1983, 867.

[13] MK/*Münch* Rn. 7; missverständlich *Schwab/Walter* Kap. 26 Rn. 5 (es sei allein der Spruch des Oberschiedsgerichts für vollstreckbar zu erklären); lehnt das (angerufene) Oberschiedsgericht eine Entscheidung ab, so kann die Schiedsabrede insgesamt hinfällig werden, vgl. *Schwab/Walter* Kap. 26 Rn. 5.

[14] *St/J/Schlosser* Rn. 6; zum alten Recht: *Wiecz/Sch/Schütze* § 1042 aF Rn. 7; vgl. auch RGZ 85, 391.

[15] *Schwab/Walter* Kap. 26 Rn. 6.

[16] *St/J/Schlosser* Rn. 6 (Prüfung der Erteilung nach § 726 Abs. 1).

[17] *St/J/Schlosser* Rn. 2.

[18] KG Berlin SchiedsVZ 2005, 310, 311; aA (im Klauselerteilungsverfahren zu prüfen) BayObLG BB 1999, 1948 = BB 2000, Beil. 12, S. 14; *St/J/Schlosser* Rn. 7; vgl. auch *Zö/Geimer* Rn. 12 (Bestimmtheitsgrundsatz gelte nicht für Schiedsspruch, sondern erst für die Vollstreckbarerklärung).

füllt sein; ggf. ist die Bevollmächtigung des Anwalts nachzuweisen.[19] Weder braucht eine **Sicherheit** nach § 110 geleistet zu werden (vgl. § 110 Rn. 2),[20] noch sind die **Gerichtskosten** vorzuschießen.[21] Sind **Mängel** hinsichtlich der Verfahrensvoraussetzungen **unbehebbar,** so will die hM den Antrag (ohne Aufhebung des Schiedsspruchs, vgl. Rn. 15) zurückweisen, ohne dem Gegner einen **Anspruch auf rechtliches Gehör** zuzubilligen, da dieser durch die Entscheidung nicht beeinträchtigt werde.[22] Damit wird nicht ausreichend berücksichtigt, dass der Gegner an der Aufhebung des Schiedsspruchs in dem bereits eingeleiteten Vollstreckbarerklärungsverfahren interessiert sein kann. Ihm muss deshalb Gelegenheit gegeben werden, zu der Zulässigkeit des Antrags Stellung zu nehmen. Aus diesem Grund ist auch die Antragsrücknahme in entsprechender Anwendung des § 269 Abs. 1 nur mit Einwilligung des Antragsgegners möglich, soweit dieser sich zur Sache bereits eingelassen hat.[23] Die Einwilligungsfiktion des § 269 Abs. 2 S. 4 ist entsprechend heranzuziehen. Für die Kosten gilt § 269 Abs. 3 entsprechend.[24]

7 Bei **Rechtsnachfolge** auf Seiten des Antragstellers ist der Rechtsnachfolger antragsbefugt; wird der Antrag von der anderen Partei gestellt, ist er der richtige Antragsgegner.[25] Die Rechtsgedanken der §§ 727, 731 gelten auch in diesem Verfahren, jedoch ohne die in § 727 angeordnete Beschränkung der Beweismittel[26] (zur Notwendigkeit einer mündlichen Verhandlung vgl. § 1063 Rn. 3); in Zweifelsfällen kann ein Rechtsschutzbedürfnis für eine Erfüllungsklage (vgl. Rn. 4) bestehen.[27] Tritt die Rechtsnachfolge erst **nach der Vollstreckbarerklärung** ein, so sind im Klauselerteilungsverfahren die §§ 795, 727, 731 anwendbar.[28] Kommt es für die Klauselumschreibung auf den Zeitpunkt der Rechtskraft des Schiedsspruchs an (§§ 729, 738, 744, 745), so bestimmt sich dieser wegen § 1055 nach den Voraussetzungen des § 1054.[29]

8 Im Fall der **Eröffnung des Insolvenzverfahrens** über das Vermögen des unterlegenen Teils kann ein auf Leistung gerichteter Schiedsspruch **nicht mehr für vollstreckbar** erklärt werden.[30] Der Anspruch ist zur Tabelle anzumelden, er kann wegen § 1055 allein im Wege eines Aufhebungsverfahrens in Frage gestellt werden (vgl. auch § 1055 Rn. 5).[31]

IV. Prüfungsmaßstab; Verhältnis zu § 767

9 **1. Zu prüfende Aufhebungsgründe, Abs. 2 S. 1.** Das Gericht prüft gemäß Abs. 2 S. 1, ob ein **Aufhebungsgrund** des § 1059 Abs. 2 vorliegt. Dabei können die Gründe des § 1059 Abs. 2 Nr. 2 stets berücksichtigt werden, während es bei den Aufhebungsgründen des § 1059 Abs. 2 Nr. 1 nach hL darauf ankommt, ob der Antragsgegner sie begründet geltend gemacht hat.[32] Obwohl diese Auslegung nicht zwingend geboten ist, sollte man ihr folgen. Für diese Auslegung spricht, dass die Gründe des § 1059 Abs. 2 Nr. 1 nach Ablauf der Aufhebungsfrist nicht mehr zu berücksichtigen sind. Werden sie vor Fristablauf unabhängig von ihrer Geltendmachung geprüft, legt man es nahe, den Antrag auf Vollstreckbarerklärung erst nach Fristablauf zu stellen und verzögert so die Durchsetzung des Schiedsspruchs. Unabhängig von dieser Frage ist die Vollstreckbarerklärung auf der Grundlage eines **Anerkenntnisses** des Antragsgegners nur möglich, wenn das Gericht nicht von Amts wegen die Aufhebungsgründe zu prüfen hat (vgl. § 1059 Rn. 39).[33]

10 **2. Ausschluss durch Abweisung des Aufhebungsantrags, Abs. 2 S. 2.** Wurde ein Aufhebungsantrag rechtskräftig abgewiesen, so können die im **Aufhebungsverfahren geltend gemachten Aufhebungsgründe** im Vollstreckbarerklärungsverfahren nicht mehr geltend gemacht werden, Abs. 2 S. 2. Darüber hinaus hat das Gericht im Aufhebungsverfahren die in § 1059 Abs. 2 Nr. 2 genannten Gründe auch ohne Geltendmachung zu berücksichtigen. Es kommt deshalb ein Ausschluss dieser Gründe durch die Abweisung des Aufhebungsantrags auch dann in Betracht, wenn der Antrag nicht auf diese Gründe gestützt war. Angesichts des Wortlauts der Regelung in Abs. 2 S. 2 liegt es jedoch näher, eine Präklusion dieser Gründe nur dann anzunehmen, wenn sie Gegenstand des Aufhebungsverfahrens gewesen sind (vgl. auch § 1059 Rn. 40). Als

---

[19] BGH NJW-RR 2002, 933.

[20] *Schwab/Walter* Kap. 27 Rn. 10; zum alten Recht: BGHZ 52, 321, 322 = NJW 1969, 2089; OLG Frankfurt RIW 1994, 686; aA *Wiecz/Sch/Schütze* § 1042 aF Rn. 17.

[21] AA (falls mündlich verhandelt wird) *Schwab/Walter* Kap. 34 Rn. 10.

[22] *Schwab/Walter* Kap. 27 Rn. 7; *B/L/H* Rn. 8; MK/*Münch* Rn. 8.

[23] AA *Schwab/Walter* Kap. 27 Rn. 24; wie hier zum alten Recht (Urteilsverfahren): *St/J/Schlosser* § 1042 b aF Rn. 3; *Wiecz/Sch/Schütze* § 1042 a aF Rn. 7.

[24] OLG München MDR 2006, 226.

[25] BGH NJW-RR 2007, 1366; *Schwab/Walter* Kap. 27 Rn. 5; zum alten Recht: BGH KTS 1970, 30, 32 = MDR 1969, 567; LG Hamburg RIW 1975, 223, 224; aA (bei Rechtsnachfolge auf Schuldnerseite Unterwerfung erforderlich) *Wiecz/Sch/Schütze* § 1042 aF Rn. 15.

[26] *Schwab/Walter* Kap. 27 Rn. 5; *St/J/Schlosser* Rn. 14; zum alten Recht: BGH KTS 1970, 30, 32 = MDR 1969, 567; *Wiecz/Sch/Schütze* § 1042 aF Rn. 15.

[27] Zum alten Recht: BGH KTS 1970, 30, 32 = MDR 1969, 567.

[28] *St/J/Schlosser* Rn. 14.

[29] *Schwab/Walter* Kap. 27 Rn. 5.

[30] BGH KTS 1966, 246 ff.; *Uhlenbruck,* InsO, § 85 Rn. 27; *Wittkowski,* in: *Nerlich/Römermann,* InsO, § 85 Rn. 4 (für den Fall des Aufhebungsverfahrens); aA *Zö/Geimer* Rn. 16 iVm. § 722 Rn. 4.

[31] Vgl. auch *St/J/Schlosser* Rn. 14.

[32] BGHZ 142, 204, 206 f. = NJW 1999, 2974; *Schlosser* LM § 1065 Nr. 1/2 Bl. 2 R; *Schwab/Walter* Kap. 27 Rn. 8; MK/*Münch* Rn. 9.

[33] *Schwab/Walter* Kap. 27 Rn. 29; *Zö/Geimer* Rn. 7 (Anerkenntnis, soweit keine unmittelbaren staatlichen Interessen von Amts wegen zu berücksichtigen sind); zur Beachtlichkeit eines Anerkenntnisses vgl. auch OLG Frankfurt BB 2001, Beil. 7, S. 23 (von Amts wegen zu prüfende Aufhebungsgründe standen im Fall nicht in Raum).

maßgebenden Zeitpunkt für den Ausschluss stellt Abs. 2 S. 2 darauf ab, ob bei Zustellung des Antrags auf Vollstreckbarerklärung der Aufhebungsantrag bereits rechtskräftig abgewiesen wurde. Dies ist sachgerecht, weil das Aufhebungsverfahren mit Rücksicht auf den Antrag auf Vollstreckbarerklärung im Regelfall entweder ausgesetzt oder für erledigt erklärt wird (vgl. § 1059 Rn. 33). Geschieht dies jedoch nicht und wird **nach der Zustellung** des Antrags auf Vollstreckbarerklärung der Aufhebungsantrag **rechtskräftig abgewiesen,** ist nach allgemeinen Regeln der Rechtskraft die abweisende Entscheidung präjudiziell, so dass auch in diesem Fall der geltend gemachte Aufhebungsgrund nicht im Verfahren zur Vollstreckbarerklärung berücksichtigt werden kann.[34] Der Wortlaut des Abs. 2 S. 2, der auf eine Zäsur hindeutet, ist deshalb irreführend.

3. Ausschluss durch Ablauf der Frist für einen Aufhebungsantrag, Abs. 2 S. 3. Der Prüfungsmaßstab des 11
Gerichts verengt sich auf die Aufhebungsgründe des § 1059 Abs. 2 Nr. 2, wenn die Frist für einen Aufhebungsantrag nach § 1059 Abs. 3 abgelaufen ist, ohne dass ein Antrag auf Aufhebung gestellt wurde. Wird das Vollstreckbarerklärungsverfahren anhängig, bevor diese Frist abläuft, tritt keine Präklusion ein, denn der Antrag auf Aufhebung ist unzulässig, wenn das Vollstreckbarerklärungsverfahren anhängig ist (vgl. § 1059 Rn. 33), so dass vom Antragsgegner nicht verlangt werden kann, diesen Antrag zur Fristwahrung zu stellen. Jedenfalls aber muss es ausreichen, wenn der Antragsgegner im Vollstreckbarerklärungsverfahren Aufhebungsgründe innerhalb der Frist des § 1059 Abs. 3 geltend macht. Keine Präklusion tritt ein, wenn derselbe Grund die Aufhebung sowohl nach § 1059 Abs. 2 Nr. 1 als auch nach § 1059 Abs. 2 Nr. 2 rechtfertigt.

4. Erweiterung des Prüfungsmaßstabs auf Einwendungen nach § 767. Über die Aufhebungsgründe des 12
§ 1059 Abs. 2 hinaus werden im Interesse einer Verfahrenskonzentration auch Einwendungen zugelassen, die an sich zum Anwendungsbereich der **Vollstreckungsgegenklage** nach § 767 gehören. Dieser zum früheren Recht herrschenden Auffassung ist auch nach dem nunmehr geltenden Recht zu folgen,[35] obwohl die sachliche Zuständigkeit für das Verfahren auf Vollstreckbarerklärung nunmehr beim OLG liegt, denn andernfalls müsste das Gericht die Vollstreckung eines erkanntermaßen nicht mehr bestehenden Anspruchs anordnen. Greift eine solche Einwendung durch, so weist das Gericht den Antrag auf Vollstreckbarerklärung zurück, ohne jedoch den Schiedsspruch nach Abs. 2 aufzuheben.[36] Der Schiedsspruch bleibt vielmehr – ebenso wie im Fall des § 767 Abs. 1 das Urteil – bestehen. Die Geltendmachung derartiger Einwendungen im Vollstreckbarerklärungsverfahren unterliegt der **Einschränkung des § 767 Abs. 2.**[37] Maßgebend für die Präklusion ist der Zeitpunkt, an dem das Schiedsgericht **letztmalig rechtliches Gehör** gewährt hat. Unterliegt die **Einwendung ihrerseits einer Schiedsvereinbarung** (vgl. § 1030 Rn. 7), so kann das staatliche Gericht sie im Vollstreckbarerklärungsverfahren nicht berücksichtigen, wenn sich die Gegenpartei auf die Abrede beruft.[38] Wird eine **Aufrechnung** geltend gemacht, so kann die Präklusion nur eintreten, wenn das Schiedsgericht auch zur Entscheidung über die Gegenforderung berufen war (vgl. § 1029 Rn. 24); andernfalls kann die Aufrechnung uneingeschränkt geltend gemacht werden.[39] Unterliegt die Gegenforderung einer Schiedsabrede, so scheidet die Aufrechnung vor dem staatlichen Gericht aus (vgl. § 1029 Rn. 25).[40]

5. Selbständige Vollstreckungsgegenklage. Der Schuldner kann gegen den Schiedsspruch auch eine selb- 13
ständige Vollstreckungsgegenklage erheben; er braucht nicht abzuwarten, ob die Vollstreckbarerklärung beantragt wird, um dann in diesem Verfahren seine Einwendungen geltend zu machen (Rn. 12).[41] Für die Entscheidung ist bei Fehlen einer abweichenden Schiedsvereinbarung[42] (zur Schiedsfähigkeit der Vollstreckungsgegenklage vgl. § 1030 Rn. 7) das staatliche Gericht zuständig. Die sachliche Zuständigkeit bestimmt

---

34 So auch *T/P/Reichold* Rn. 2.

35 BGH 8. 11. 2007 III ZB 95/06. OLG Köln SchiedsVZ 2005, 163 ff.; OLG Düsseldorf SchiedsVZ 2005, 214 ff.; OLG Dresden SchiedsVZ 2005, 210 ff.; OLG Koblenz SchiedsVZ 2005, 260, 262; OLG Hamm NJW-RR 2001, 1362 f.; *Köhne/Langner* RIW 2003, 361, 368 f.; *Mack* IDR 2006, 36, 37 f.; *Schwab/Walter* Kap. 27 Rn. 12; MK/*Münch* Rn. 14; *Zö/Geimer* Rn. 4; modifizierend St/J/Schlosser § 1063 Rn. 4 (Geltendmachung der Vollstreckungsgegeneinwände durch Gegenantrag, über den gesondert zu entscheiden ist); *Schütze,* Schiedsverf., Rn. 284 (der aber auch nach neuem Recht Präklusion annimmt); aA BayObLGZ 2000, 124 = BB 2000, 1109 f. = BB 2000, Beil. 12, S. 12 f. = NJW-RR 2001, 1363 f. = JZ 2000, 1170 m. krit. Anm. *Wagner* und ebenfalls krit. Anmerkung EWiR 1/2000, S. 891, 892 (*Günther*); BayObLG NJW-RR 2000, 1359, 1360 (offen lassend); OLG Stuttgart MDR 2001, 595 f.; *Borris/Schmidt* SchiedsVZ 2004, 273, 276 und SchiedsVZ 2005, 254 ff.; *Kawano* ZZPInt 4 (1999), 393, 406; *Kröll* NJW 2001, 1173, 1181; *Weigel* MDR 2000, 969, 970; zum alten Recht (Einwendungen berücksichtigend): BGH NJW 1961, 1627 = MDR 1961, 846; NJW 1990, 3210, 3211; NJW-RR 1997, 1689; BGHZ 34, 274, 277 = NJW 1961, 1067.

36 *Zö/Geimer* Rn. 4.

37 *Köhne/Langner* RIW 2003, 361, 364; zum alten Recht: BGHZ 34, 274, 278 = NJW 1961, 1067; BGH NJW 1961, 1627 = MDR 1961, 846; NJW 1965, 1138 f.; WM 1969, 72, 73; NJW 1990, 3211.

38 OLG München SchiedsVZ 2006, 165 f.; Saarländisches OLG 16. 9. 2005 4 Sch 2/05 OLGR Saarbrücken 2006, 220; vgl. auch *Illmer,* Der Arglisteinwand an der Schnittstelle von staatlicher Gerichtsbarkeit und Schiedsgerichtsbarkeit, 2007, S. 91, 161 (Aussetzung des Verfahrens in entsprechender Anwendung des § 148; die Aussetzung ist aber angesichts des Interesses der Schiedsparteien an einer Durchsetzung der Entscheidung des Schiedsgerichts in der Regel ausgeschlossen, vgl. § 1025 Rn. 24).

39 OLG Köln SchiedsVZ 2005, 163, 165; *Stolzke,* Aufrechnung und Widerklage in der Schiedsgerichtsbarkeit, 2006, 180; *Schwab/Walter* Kap. 27 Rn. 17 (für den Fall der Ablehnung einer Entscheidung des Schiedsgerichts über die Aufrechnung); zum alten Recht: BGHZ 38, 259 = NJW 1963, 538; BGH NJW 1965, 1138, 1139; *Wiecz/Sch/Schütze* § 1042 aF Rn. 20.

40 OLG München MDR 2005, 1244; *Köhne/Langner* RIW 2003, 361, 366.

41 *Schwab/Walter* Kap. 27 Rn. 13.

42 Beispiel: BGH FamRZ 1987, 268 (Unterhaltsvereinbarung).

sich nach den allgemeinen Regeln.[43] Die örtliche Zuständigkeit ist analog § 1062 Abs. 1 und 2 zu bestimmen.[44] Die Klage ist nur zulässig, wenn der Schiedsspruch den Anforderungen des § 1054 genügt. Da der Prüfungsmaßstab des Verfahrens nach § 1060 mit dem der Vollstreckungsgegenklage (teilweise) identisch ist, ist für letztere kein Raum, wenn ein **Vollstreckbarerklärungsverfahren bereits anhängig** ist.[45] Zur Vermeidung einander widersprechender Entscheidungen entfällt das Rechtsschutzbedürfnis für die Vollstreckungsgegenklage, wenn das in seinem Rechtsschutzziel darüber hinausgehende Verfahren auf Vollstreckbarerklärung eingeleitet wird.[46] Wird der **Schiedsspruch für vollstreckbar** erklärt und **anschließend eine Vollstreckungsgegenklage** erhoben, so bejahte die hL auf der Grundlage des früher geltenden Rechts eine **Präklusion der Gründe,** die im **Verfahren zur Vollstreckbarerklärung geltend gemacht werden konnten.**[47] Da nach dem nunmehr geltenden Recht für die Vollstreckbarerklärung das OLG zuständig ist, ist es jedoch nicht sachgerecht, den Antragsgegner auf diesem Wege zur Geltendmachung der Einwendungen im Verfahren zur Vollstreckbarerklärung zu zwingen, obwohl ihm dazu nur eine Instanz (und die Rechtsbeschwerdeinstanz) zur Verfügung steht, während er bei einer selbständigen Vollstreckungsgegenklage den regulären Instanzenzug ausschöpfen kann. Im Vollstreckbarerklärungsverfahren nicht geltend gemachte Einwendungen sind deshalb für eine nachfolgende Vollstreckungsgegenklage **nicht präkludiert.**[48]

V. Entscheidung

14 Der Tenor des Schiedsspruchs sollte in die Entscheidungsformel der Vollstreckbarerklärung aufgenommen werden, um die Zwangsvollstreckung zu erleichtern; zwingend ist dies nicht. Schiedssprüche in einer anderen Sprache als der deutschen sind bei der Vollstreckbarerklärung zu übersetzen (§ 1045 Rn. 3). Das Gericht kann den Tenor sprachlich anders fassen[49] oder – wenn der Schiedsspruch nicht zwischen der Entscheidung und den Gründen trennt – diesen erst formulieren. Dabei ist eine **inhaltliche Veränderung unzulässig.** Schiedssprüche, die keinen hinreichend bestimmbaren oder einen widersprüchlichen Inhalt haben, sind nach Abs. 2 S. 2, § 1059 Abs. 2 Nr. 2 Buchst. b aufzuheben[50] (vgl. § 1059 Rn. 26; zur Möglichkeit eines Auslegungsschiedsspruchs nach § 1058 vgl. § 1058 Rn. 3). Auch eine Klarstellung der Parteibezeichnung ist möglich.[51] Zur **vorläufigen Vollstreckbarkeit** der Entscheidung vgl. § 1064 Rn. 2f. Der die Vollstreckbarkeit anordnende Beschluss bedarf seinerseits einer Vollstreckungsklausel (vgl. § 794 Rn. 47).[52]

15 Der Antrag wird **abgelehnt,** wenn es an einer Verfahrensvoraussetzung (vgl. Rn. 6) fehlt, wenn eine nachträglich entstandene Einwendung (vgl. Rn. 12) durchgreift oder wenn ein Aufhebungsgrund (vgl. Rn. 9) gegeben ist. Im zuletzt genannten Fall wird der Schiedsspruch von Amts wegen aufgehoben, Abs. 2 S. 1; in den übrigen Fällen bleibt er bestehen. Die Aufhebung eines Schiedsspruchs muss auch dann erfolgen, wenn nur aus der Sicht deutscher Gerichte ein ordre-public-Verstoß gegeben ist, während im Ausland eine Vollstreckung des Schiedsspruchs möglich wäre.[53] Denn die Aufhebungsgründe bilden die Grenze dessen, was der Gesetzgeber an privater Schiedsgerichtsbarkeit toleriert, so dass ein Interesse der Allgemeinheit daran besteht, inländische Schiedssprüche, die diese Anforderungen nicht erfüllen, nach Abs. 2 aufzuheben, falls deren Vollstreckbarerklärung begehrt wird. Auch bei der Aufhebung im Vollstreckbarerklärungsverfahren ist im Zweifel das **Wiederaufleben der Schiedsabrede** anzunehmen, § 1059 Abs. 5. Eine **Zurückverweisung in das Schiedsverfahren** sollte in entsprechender Anwendung des § 1059 Abs. 4 zugelassen werden.[54]

VI. Gebühren und Kosten

16 **1. Rechtsanwaltsgebühren.** Es gelten die Nrn. 3100, 3104 VV RVG. Die Nrn. 3327, 3332 VV RVG erfassen das Verfahren auf Vollstreckbarerklärung trotz der unklaren Formulierung nicht (vgl. § 1035 Rn. 31 und § 1059 Rn. 44).

17 **2. Gerichtskosten.** Nach KV Nr. 1620 fallen zwei Gebühren an.

---

[43] KG 26. 2. 2007 20 Sch 1/07 Tz. 9; JurBüro 2007, 49; *Peters* JZ 2001, 598; MK/*Münch* Rn. 15 und § 1062 Rn. 7; aA (Annexkompetenz des OLG) OLG Hamm NJW-RR 2001, 1362 (obiter dictum); *Wagner* JZ 2000, 1171, 1173f. und *ders.* JZ 2001, 598ff.

[44] *Borris/Schmidt* SchiedsVZ 2004, 273, 279; offen lassend KG 26. 2. 2007 20 Sch 1/07 Tz. 9.

[45] *Schwab/Walter* Kap. 27 Rn. 13; zum alten Recht: *Wiecz/Sch/Schütze* § 1042 aF Rn. 22; vgl. auch BGHZ 38, 259, 262 = NJW 1963, 538; RGZ 165, 374.

[46] Vgl. zum parallelen Problem, ob bei Einlegen der Berufung die Vollstreckungsgegenklage unzulässig wird, MK/*K. Schmidt* § 767 Rn. 14; wohl aA *Schwab/Walter* Kap. 27 Rn. 13; wie hier zum alten Recht: *Wiecz/Sch/Schütze* § 1042 aF Rn. 22.

[47] *Zö/Geimer* Rn. 4; *St/J/Schlosser* § 1063 Rn. 4ff., 12 (wegen Möglichkeit der Geltendmachung von Vollstreckungsgegeneinwänden durch Gegenantrag gilt § 767 Abs. 3 entsprechend); so im Grundsatz auch (Präklusion nach § 767 Abs. 3 bei mündlicher Verhandlung) *Schwab/Walter* Kap. 27 Rn. 14; zur hL nach altem Recht: *Wiecz/Sch/Schütze* § 1042 aF Rn. 22.

[48] So auch MK/*Münch* Rn. 14f.; *Osterthun,* Schadensfälle im Schiedsverfahren, 2002, S. 75ff., insbes. 80f.

[49] MK/*Münch* Rn. 11.

[50] *Schwab/Walter* Kap. 26 Rn. 6; MK/*Münch* Rn. 11.

[51] OLG München SchiedsVZ 2006, 111, 112.

[52] OLG Hamburg BB 2000, Beil. 12, S. 13, 14; *Zö/Geimer* Rn. 12.

[53] AA *St/J/Schlosser* Rn. 10 (Aufhebung muss unterbleiben, wenn Anerkenntnishindernis so stark von nationalen Besonderheiten geprägt ist, dass im Ausland eine Vollstreckungsmöglichkeit besteht).

[54] MK/*Münch* Rn. 12.

1061 *Ausländische Schiedssprüche* **(1) [1]Die Anerkennung und Vollstreckung ausländischer Schiedssprüche richtet sich nach dem Übereinkommen vom 10. Juni 1958 über die Anerkennung und Vollstreckung ausländischer Schiedssprüche (BGBl. 1961 II S. 121). [2]Die Vorschriften in anderen Staatsverträgen über die Anerkennung und Vollstreckung von Schiedssprüchen bleiben unberührt.**

(2) Ist die Vollstreckbarerklärung abzulehnen, stellt das Gericht fest, dass der Schiedsspruch im Inland nicht anzuerkennen ist.

(3) Wird der Schiedsspruch, nachdem er für vollstreckbar erklärt worden ist, im Ausland aufgehoben, so kann die Aufhebung der Vollstreckbarerklärung beantragt werden.

Übersicht

I. Normzweck

1 Auch bei Schiedssprüchen aus dem Ausland ist zwischen dem Eintritt der Wirkung und der Frage der Vollstreckbarkeit zu unterscheiden. Die **Wirkung ausländischer Schiedssprüche** im Inland knüpft weder an die Vollstreckbarerklärung an, noch bedarf es eines Anerkennungsverfahrens. Soweit kein Grund für die Versagung der Anerkennung gegeben ist, werden vielmehr die Wirkungen des ausländischen Schiedsspruchs im Inland anerkannt, sobald er nach dem für ihn maßgebenden Recht (vgl. Rn. 5) verbindlich geworden ist. Dabei kommt es – anders als bei ausländischen Urteilen, § 328 Abs. 1 Nr. 5 – auf die Verbürgung der Gegenseitigkeit nicht an.[1]

2 Über die Frage, ob ein ausländischer Schiedsspruch im Inland Wirkungen entfaltet, wird in der Regel durch Behörden oder staatliche Gerichte **inzident entschieden** (anders bei inländischen Schiedssprüchen, § 1059 Rn. 1). Durch den **Antrag auf Anerkennung und Vollstreckbarerklärung** wird demgegenüber eine gerichtliche Entscheidung herbeigeführt, die hinsichtlich der Anerkennung **für weitere Verfahren bindend** ist. Um diese im Interesse der Rechtssicherheit und der Verfahrensökonomie erwünschte Bindung zu ermöglichen, lässt die hL auch bei ausländischen Schiedssprüchen mit **feststellendem** oder **gestaltendem** Inhalt einen Antrag auf Vollstreckbarerklärung zu;[2] richtiger erscheint es, einen solchen Antrag als Antrag auf Feststellung der Wirkungserstreckung auf das Inland zu verstehen, ihn aber nach den Regeln der §§ 1061 ff. zu behandeln[3] (vgl. zum Parallelproblem bei inländischen Schiedssprüchen § 1060 Rn. 2). An die Stelle des **Aufhebungsantrags** nach § 1059 tritt bei ausländischen Schiedssprüchen der Antrag auf **Feststellung,** dass der Schiedsspruch **im Inland nicht anzuerkennen** ist (Abs. 2).

II. Anwendungsbereich

3 **1. Schiedsspruch.** § 1061 betrifft ausländische Schiedssprüche. Ob es sich bei einer Entscheidung inhaltlich um einen **Schiedsspruch** (Teilschiedsspruch reicht aus)[4] oder um eine andere Entscheidung (zB Schiedsgutachten) handelt, ist grundsätzlich nach den Kriterien des deutschen Rechts zu bestimmen, da die Verweisung in § 1061 auf das UNÜbkSchdG einen ausländischen Schiedsspruch voraussetzt.[5] Da sich jedoch Deutschland durch das UNÜbkSchdG zur Anerkennung und Vollstreckung ausländischer Schieds-

[1] *Solomon,* Die Verbindlichkeit von Schiedssprüchen in der internationalen privaten Schiedsgerichtsbarkeit, 2007, S. 370, 698 (wegen der Legitimation des Schiedsverfahrens durch die Privatautonomie der Parteien eine Gleichbehandlung inländischer und ausländischer Schiedssprüche fordernd); zum alten Recht: BGHZ 55, 162, 171 = NJW 1971, 986.

[2] *Borges* ZZP 111 (1998), 487, 511 f.

[3] *Zö/Geimer* Rn. 18.

[4] BGH MDR 2007, 864.

[5] *Zö/Geimer* Rn. 4; *St/J/Schlosser* Anh. § 1061 Rn. 9; zum alten Recht: BGH NJW 1982, 1224, 1226 (Spruch muss einem deutschen Schiedsspruch äquivalent sein); *Ernemann,* Zur Anerkennung und Vollstreckung ausländischer Schiedssprüche nach § 1044 ZPO, 1979, S. 6 f., 38; zur Zulässigkeit von Teilschiedssprüchen nach deutschem Recht BGH ZZP 71 (1958), 427, 436; vgl. dazu auch *St/J/Schlosser* Anh. § 1061 Rn. 11 f.

sprüche[6] verpflichtet hat, sollte man bei der Beurteilung, ob es sich aus deutscher Sicht um einen Schiedsspruch handelt, die autonom auszulegenden[7] Regelungen des UNÜbkSchdG berücksichtigen.[8] Andernfalls käme es in Fällen, in denen eine Entscheidung zwar nach dem UNÜbkSchdG als Schiedsspruch anzusehen ist, nicht aber nach dem deutschen Recht, zu einer Überlagerung des § 1061 Abs. 1 S. 1 durch die staatsvertragliche Geltung des UNÜbkSchdG nach § 1061 Abs. 1 S. 2. Zur Abgrenzung können die in § 1029 Rn. 15 ff. dargelegten konstitutiven Merkmale einer Schiedsvereinbarung herangezogen werden. Die formellen Anforderungen des § 1054 gelten für ausländische Schiedssprüche nicht (§ 1025 Abs. 1). Mit Rücksicht auf die Praxis im Ausland werden von einigen auch **Zwischenschiedssprüche**[9] oder auch Schiedssprüche mit einstweiligen Regelungen für einen bestimmten Zeitraum[10] als Schiedssprüche verstanden. Letzteres ist für **Interimsschiedssprüche** unproblematisch (vgl. § 1041 Rn. 5). Hinsichtlich **vorläufiger oder sichernder Maßnahmen** ausländischer Schiedsgerichte scheidet dagegen die Vollstreckbarerklärung in Deutschland sowohl nach § 1061 als auch nach § 1041 Abs. 2 aus, denn mangels Endgültigkeit der Entscheidung handelt es sich nicht um Schiedssprüche und für ein Tätigwerden nach § 1041 Abs. 2 fehlt es an der internationalen Zuständigkeit, da § 1025 Abs. 2 bis 4 diese für derartige Verfahren nicht eröffnet (vgl. § 1041 Rn. 6).[11] Zwischenschiedssprüche über die Zulässigkeit des Schiedsverfahrens sind mangels Sachentscheidung nicht für vollstreckbar zu erklären.[12] **Völkerrechtliche oder verwaltungsrechtliche Schiedssprüche** sind keine Schiedssprüche nach § 1061. Die Eigenschaft eines Schiedsspruchs wird solchen Entscheidungen versagt, die den Streit nicht unter Ausschluss staatlicher Gerichtsbarkeit abschließend entscheiden (vgl. auch § 1029 Rn. 20), sondern lediglich als Grundlage für die Klage vor einem staatlichen Gericht dienen (zB ein **lodo di arbitrato irrituale** des italienischen Rechts).[13] Handelt es sich aus Sicht des deutschen Rechts um einen Schiedsspruch, gilt er aber nach dem ausländischen Verfahrensrecht als **Urteil eines staatlichen Gerichts,** so sind die §§ 328, 722 f., nicht jedoch § 1061 anwendbar.[14] Gegebenenfalls ist umzudeuten; dies gilt auch dann, wenn ein Antrag nach § 722 gestellt wurde, obwohl allein ein Antrag nach §§ 1061, 1063 f. zulässig ist.[15] Zur Anerkennung eines Exequaturürteils vgl. Rn. 6. Zu ausländischen Schiedsvergleichen vgl. § 1053 Rn. 11.

4 **2. Ausländischer Schiedsspruch.** Ob es sich bei einem Schiedsspruch um einen **ausländischen** handelt, bemisst sich wegen § 1025 nach dem **Ort des schiedsrichterlichen** Verfahrens. Auch wenn ein Schiedsgericht mit einem Verfahrensort im Ausland deutsches Schiedsverfahrensrecht anwendet, handelt es sich deshalb um einen ausländischen Schiedsspruch.[16] Die Parteien können dies durch Vereinbarung nicht beeinflussen, es sei denn, sie vereinbaren einen (fiktiven, § 1043 Rn. 4) Schiedsort im Inland. Hält man Schiedssprüche für zulässig, die sich nicht einem nationalen Verfahrensrecht unterworfen sehen wollen (sog. **anationale Schiedssprüche**),[17] so sind diese bei ausländischem Schiedsort nach § 1061 für vollstreckbar zu erklären. Bei inländischem Schiedsort sind §§ 1059, 1060 anzuwenden.

5 **3. Verbindlichkeit.** a) **Anforderungen an die Verbindlichkeit.** Der Schiedsspruch muss nach dem **für ihn maßgebenden Verfahrensrecht** für die Parteien **verbindlich** geworden sein,[18] was als Voraussetzung des Ver-

---

[6] Auch solche aus Nichtmitgliedsstaaten, da Deutschland den Vertragsstaatenvorbehalt zurückgezogen hat, BGBl. 1999 II S. 7.

[7] Vgl. BGH NJW 1982, 1224, 1225 (zum alten Recht); MK/*Gottwald* Art. I UNÜ Rn. 2.

[8] Vgl. *Schwab/Walter* Kap. 30 Rn. 11 (vorsichtige Aufweichung der Anknüpfung an das deutsche Recht durch die Maßstäbe des UNÜbkSchdG, da dieses wegen der Verweisung als Teil des deutschen Rechts anzusehen ist); für eine strengere „Doppelqualifikation" (Charakterstika eines Schiedsspruchs nach deutschem Recht [ohne Formerfordernisse] einerseits und Erfüllung der Voraussetzungen nach dem Heimatrecht) MK/*Münch* Rn. 5.

[9] *St/J/Schlosser* Anh. § 1061 Rn. 9 f.; so zum alten Recht: LG Köln IPRax 1984, 90 f.; *Haas,* Die Anerkennung und Vollstreckung ausländischer und internationaler Schiedssprüche, 1991, S. 151; *Ahrendt,* Der Zuständigkeitsstreit im Schiedsverfahren, 1996, S. 113 ff.; aA zum neuen Recht: *Schwab/Walter* Kap. 30 Rn. 11; MK/*Münch* Rn. 5; *Zö/Geimer* Rn. 14 (jedenfalls nicht solche über prozessuale Fragen, da keine Sachentscheidung); zum alten Recht: *Bülow* KTS 1970, 125, 130 f.; *Laschet* IPRax 1984, 72.

[10] *St/J/Schlosser* Anh. § 1061 Rn. 13; *Schwab/Walter* Kap. 30 Rn. 12.

[11] AA *Schwab/Walter* Kap. 30 Rn. 12.

[12] BGH NJW-RR 2007, 1008 (letztlich offen lassend).

[13] BayObLG NJW-RR 2003, 502, 503 f.; *Lachmann* Rn. 2516; *Schwab/Walter* Kap. 30 Rn. 11; *St/J/Schlosser* Anh. § 1061 Rn. 9; zum alten Recht: BGH NJW 1982, 1224 (lodo irrituale – Italien); krit. *Wiecz/Sch/Schütze* § 1044 aF Rn. 14.

[14] *Zö/Geimer* Rn. 5.

[15] AA *Zö/Geimer* Rn. 6 (Anträge – auch solchen nach Art. 31 ff. EuGVÜ, AVAG – seien wegen der unterschiedlichen sachlichen Zuständigkeit nicht in solche nach §§ 1061, 1064 umdeutbar; dies steht der Umdeutung indessen nicht entgegen, es muss nur anschließend nach § 281 verwiesen werden).

[16] MK/*Münch* Rn. 3.

[17] Kritisch zu der Möglichkeit anationaler Schiedssprüche *Solomon* (Fn. 1) S. 453, 467 ff.; *Schroeder,* Die lex mercatoria arbitralis, 2007, S. 410, 415 ff. (wohl aber weitgehende faktische Delokalisierung); *Sandrock,* Festschr. f. Stoll, 2001, S. 661, 671 f.; *Kronke* RIW 1998, 257, 261; *Beulker,* Die Eingriffsnormenproblematik in internationalen Schiedsverfahren, 2005, S. 158 f.; MK/*Münch* Rn. 3; MK/*Gottwald* Art. I UNÜ Rn. 6; *Zö/Geimer* Rn. 11; *St/J/Schlosser* Anh. § 1061 Rn. 8; restriktiv *Theodorou,* Investitionsschutzverträge vor Schiedsgerichten, 2001, S. 271; ablehnend auch *Happ,* Schiedsverfahren zwischen Staaten und Investoren nach Artikel 26 Energiechartavertrag, 2000, S. 81 f.; zum alten Recht: *Schlosser,* Recht der internationalen privaten Schiedsgerichtsbarkeit, 2. Aufl. 1989, Rn. 197; ausführlich dazu *Rensmann,* Anationale Schiedssprüche, 1997, der angesichts der Deregulierung der staatlichen Schiedsverfahrensrechte die Notwendigkeit, bei Schiedsverfahren zwischen Privaten anationale Schiedssprüche zuzulassen, zurückhaltend beurteilt (vgl. S. 68 ff.).

[18] *Schwab/Walter* Kap. 30 Rn. 10; MK/*Münch* Rn. 5; *Zö/Geimer* Rn. 24.

fahrens von Amts wegen zu prüfen ist.[19] Die Voraussetzung der Verbindlichkeit ergibt sich zum einen daraus, dass das Anerkennungsverfahren gerade auf Rechtssicherheit abzielt und das Vollstreckbarerklärungsverfahren einen endgültig festgestellten Rechtsfolgenausspruch voraussetzt. Die Voraussetzung der Verbindlichkeit ergibt sich aber auch mittelbar aus dem als Anerkennungsversagungsgrund formulierten Art. V Abs. 1 Buchst. e UNÜbkSchdG. Diese Regelung erlaubt es, ohne Verstoß gegen das Übereinkommen an der Verbindlichkeit des Schiedsspruchs als von Amts wegen zu prüfender Voraussetzung seiner Anerkennung festzuhalten (zur Bedeutung als ein nur auf Betreiben einer Partei zu prüfender Grund der Anerkennungsversagung vgl. Rn. 28). Die Voraussetzung der Verbindlichkeit verlangt, dass der Schiedsspruch **weder innerhalb der Schiedsgerichtsbarkeit** noch nach der auf ihn anwendbaren **staatlichen Rechtsordnung mit einem Rechtsbehelf** angegriffen werden kann.[20] Soweit diese Rechtsordnung eine **Bestätigung des Schiedsspruchs** von staatlicher Seite für notwendig erklärt (anders als das deutsche Recht in § 1055), muss diese erteilt worden sein.[21] Dagegen wird die **Vollstreckbarkeit** des Schiedsspruchs nach der anwendbaren Verfahrensordnung nicht vorausgesetzt.[22] Auch die Möglichkeit, nach dem ausländischen Verfahrensrecht einen verbindlich gewordenen Schiedsspruch auf anderem Wege als durch einen Rechtsbehelf (**Aufhebung, Wiederaufnahme** etc.) wieder zu beseitigen, hindert den **Eintritt der Verbindlichkeit nicht.**[23] Dies zeigt sich an Abs. 3 (vgl. Rn. 29f.). Anders verhält es sich, wenn die aufhebende oder beseitigende ausländische Entscheidung bereits getroffen wurde und zumindest vorläufig vollstreckbar ist,[24] denn dann sind die Wirkungen des Schiedsspruchs **einstweilen gehemmt** (vgl. Art. V Abs. 1 Buchst. e UNÜbkSchdG). Wenn ein derartiges Verfahren im Ausland betrieben wird, kann das inländische Gericht das Vollstreckbarerklärungsverfahren nach § 148 aussetzen.[25] Wurde der Schiedsspruch durch das ausländische Gericht **aufgehoben,** ist er nach dem maßgebenden Recht nicht mehr verbindlich, so dass er nicht für vollstreckbar erklärt werden kann (anders auf der Grundlage des EuÜ, vgl. Art. IX EuÜ, insoweit gilt das Günstigkeitsprinzip,[26] vgl. auch Rn. 7).[27] Dies muss unabhängig davon gelten, ob § 328 die Anerkennung des aufhebenden Urteils zulässt, denn sonst wäre ein Schiedsspruch in Deutschland vollstreckbar, obwohl er im Heimatstaat nicht vollstreckbar ist.[28]

b) Besonderheiten bei ausländischem Vollstreckbarkeitsurteil. Ist der Schiedsspruch im Ausland durch 6
ein **Urteil für vollstreckbar** erklärt worden, welches eine **selbständige Verurteilung enthält,** so kann nach Ansicht des BGH dieses Urteil nach § 722 für vollstreckbar erklärt werden, wobei diese Möglichkeit das Rechtsschutzbedürfnis für ein Verfahren nach § 1061 nicht ausschließe.[29] Diese Auffassung wird zu Recht kritisiert,[30] da die Anerkennungsvoraussetzungen des § 328 weniger streng sind als die des § 1061 iVm. UNÜbkSchdG (zB keine Prüfung der Wirksamkeit der Schiedsvereinbarung) und deshalb die spezielleren Anforderungen des § 1061 nicht über § 328 unterlaufen werden dürfen. Zur Erfüllungsklage vgl. § 1060 Rn. 4.

---

[19] *Schwab/Walter* Kap. 30 Rn. 10; aA MK/*Münch* Rn. 6.

[20] *Schwab/Walter* Kap. 30 Rn. 16; Zö/*Geimer* Rn. 24; zum alten Recht: BGHZ 52, 184, 188 = NJW 1969, 2093; vgl. BGH NJW 1984, 2763, 2764 = KTS 1984, 733; NJW-RR 1988, 572.

[21] BayObLG NJW-RR 2003, 502, 503 = SchiedsVZ 2003, 142ff. m zust Anm *Plaßmeier* SchiedsVZ 2004, 234, 236f.; zum alten Recht: *Schütze,* Jahrbuch für die Praxis der Schiedsgerichtsbarkeit, Bd. 3 (1989), S. 118ff.

[22] Anders in manchen Staatsverträgen, vgl. *St/J/Schlosser* Anh. § 1061 Rn. 220ff.; zum Verhältnis dieser Verträge zum UNÜbkSchdG vgl. *St/J/Schlosser* Anh. § 1061 Rn. 234ff.

[23] Vgl. BayObLG NJW-RR 2003, 502, 504; OLG Hamburg SchiedsVZ 2003, 284, 286 (Ablehnung der Vollstreckbarerklärung in einem dritten Staat reicht nicht aus); *Lachmann* Rn. 2529; vgl. auch *Schwab/Walter* Kap. 30 Rn. 16; MK/*Münch* Rn. 7; zum alten Recht wie hier: BGHZ 52, 184, 188 = NJW 1969, 2093; *v. Bernuth,* Die Doppelkontrolle von Schiedssprüchen durch staatliche Gerichte, 1994, S. 36; zur Möglichkeit, durch Vereinbarung das Risiko einer Anerkennung vor einer evtl. Aufhebung im Ursprungsstaat auszuschließen vgl. *Siehr* ZZP 115 (2002), S. 143, 153f.

[24] OLG Rostock BB 2000, Beil. 8, S. 20, 23; *Schwab/Walter* Kap. 30 Rn. 14; vgl. auch BGH NJW 2001, 1730 (rechtskräftige Abweisung des Aufhebungsantrags durch das ausländische Rechtsmittelgericht kann nach Erlass der die Vollstreckbarkeit ablehnenden Entscheidung des OLG im Rechtsbeschwerdeverfahren noch berücksichtigt werden).

[25] *Schwab/Walter* Kap. 30 Rn. 16; zum alten Recht: *Wiecz/Sch/Schütze* § 1044 aF Rn. 20.

[26] Vgl. auch OLG Dresden SchiedsVZ 2007, 327, 329 (zu Art. IX EuÜ, obiter dictum).

[27] *Solomon* (Fn. 1), S. 657, 701; vgl. auch *Michaels* ZfRV 1999, 5; zum Verhältnis des EuÜ zum UNÜbkSchdG vgl. *Schwab/Walter* Kap. 42 Rn. 35.

[28] *Schwab/Walter* Kap. 30 Rn. 14; MK/*Münch* Rn. 7; ebenso hierzu tendierend OLG Dresden SchiedsVZ 2007, 327, 329 (obiter dictum); aA *Solomon* (Fn. 1), S. 677f. (mit rechtspolitischer Kritik); *St/J/Schlosser* Anh. § 1061 Rn. 131a; Zö/*Geimer* Rn. 25; zum alten Recht: *v. Bernuth* (Fn. 23) S. 36f.; aA *Geimer,* Anerkennung ausländischer Entscheidungen in Deutschland, 1995, S. 209; *Wiecz/Sch/Schütze* § 1044 aF Rn. 20; *Ahrendt* (Fn. 8) S. 119.

[29] OLG Frankfurt 13. 7. 2005 20 W 239/04 = IHR 2006, 212; zum alten Recht: BGH NJW 1984, 2765 (Nordamerika; selbständige Verurteilung durch Exequaturuteil); OLG Hamburg RIW 1992, 939, 940; *Anderegg* RabelsZ 53 (1989), 171, 183; weiter gehend (§ 722 bei jeder durch Urteil erfolgten Vollstreckbarerklärung) *St/J/Schlosser* Rn. 4 (zum neuen Recht); *Borges,* Das Doppelexequatur von Schiedssprüchen, 1997; *ders.* ZZP 111 (1998), 487, 512; noch anders (stets § 722, wenn der Schiedsspruch inhaltlich in der Exequaturentscheidung aufgegangen ist, andernfalls Vollstreckbarerklärung nach § 1061 iVm. UNÜbkSchdG) *Lachmann* Rn. 2520; dazu, dass ein Vorrang dieses Weges nicht besteht, vgl. BGH NJW 1984, 2763, 2764; *Schlosser* IPRax 1985, 141; krit. *Metzger* RIW 1984, 647ff.

[30] *Schwab/Walter* Kap. 30 Rn. 15; MK/*Münch* Rn. 13; Zö/*Geimer* Rn. 8f.; *Dolinar,* Festschr. f. Schütze, 1999, S. 187, 196ff.; zum alten Recht: *Geimer* (Fn. 27) S. 200; aA *Solomon* (Fn. 1) S. 570ff., 609, 702 (Exequaturuteil enthalte eine Entscheidung über die Wirksamkeit des Schiedsspruchs, die bei einem Exequatur im Ursprungsstaat wegen dessen internationaler Zuständigkeit anerkennungsfähig sei); vgl. auch (Anerkennung des ausländischen Exequaturs berechtigt nicht zur Vollstreckung im Inland) *Kilgus,* Zur Anerkennung englischer Schiedssprüche in Deutschland, 1995, S. 129ff.; vgl. dazu *Bork* ZZP 109 (1996), 235.

7 **4. Staatsvertragliche Regelungen.** Die Anwendbarkeit des § 1061 steht unter dem Vorbehalt anderweitiger staatsvertraglicher Regelung (Abs. 1 S. 2). Der Vorrang des UN-Übereinkommens über die Anerkennung und Vollstreckung ausländischer Schiedssprüche (UNÜbkSchdG) vom 10. 6. 1958[31,32] (abgedruckt in Rn. 8) ist angesichts der Verweisung in § 1061 auf dieses Abkommen ohne größere Bedeutung. Als vorrangige Staatsverträge kommen insbesondere das **Europäische Übereinkommen**

---

[31] Das UNÜbkSchdG ist ggü. folgenden Ländern an dem jeweils genannten Datum mit Wirkung für und gegen die Bundesrepublik Deutschland wirksam geworden. Eine aktuelle Liste der Mitgliedsstaaten findet sich unter folgendem link: http://www.uncitral.org/uncitral/en/uncitral_texts/arbitration/NYConvention_status.html. Aus technischen Gründen muss die Aufzählung geteilt werden. Ländernamen von A-M: Afghanistan, 28. 2. 2005, BGBl. 2005 II S. 97; Ägypten, 28. 9. 1961, BGBl. 1962 II S. 102; Albanien, 25. 9. 2001, BGBl. II S. 790; Algerien, 8. 5. 1989, BGBl. II S. 639; Antigua und Barbuda, 3. 5. 1989, BGBl. II S. 639; Argentinien, 12. 6. 1989, BGBl. 1990 II S. 851; Armenien, 29. 3. 1998, BGBl. II S. 879; Aserbaidschan, 29. 5. 2000, BGBl. II S. 743; Australien, 24. 6. 1975, BGBl. II S. 842; Bahamas, 20. 3. 2007, BGBl. 2007 II, S. 342; Bahrein, 5. 7. 1988, BGBl. II S. 954; Bangladesch, 4. 8. 1992, BGBl. 1993 II S. 123; Barbados, 14. 6. 1993, BGBl. II S. 1239; Belarus, 28. 9. 1961, BGBl. 1962 II S. 102; Belgien, 16. 11. 1975, BGBl. II S. 1782; Benin, 14. 8. 1974, BGBl. II S. 1046; Bolivien, 27. 7. 1995, BGBl. II S. 667; Bosnien-Herzegowina, 6. 3. 1992, BGBl. 1995 II S. 274 (Rechtsnachfolge erklärt); Botsuana, 19. 3. 1972, BGBl. II S. 292; Brasilien, 5. 9. 2002, BGBl. II S. 1752; Brunei Darussalam, 23. 10. 1996, BGBl. II S. 2794; Bulgarien, 8. 1. 1962, BGBl. II S. 102; Burkina Faso, 21. 6. 1987, BGBl. II S. 612; Chile, 3. 12. 1975, BGBl. II S. 1782; China, 22. 4. 1987, BGBl. II S. 346; Costa Rica, 24. 1. 1988, BGBl. II S. 204; Côte d'Ivoire, 2. 5. 1991, BGBl. II S. 686; Dänemark, 22. 3. 1973, BGBl. II S. 551; Dominica, 26. 1. 1989, BGBl. II S. 292; Dominikanische Republik, 10. 7. 2002, BGBl. II S. 1752; Dschibuti, 27. 6. 1977, BGBl. 1985 II S. 50 (Notifikation der Rechtsnachfolge von Frankreich wegen Unabhängigkeit); Ecuador, 3. 4. 1962, BGBl. 1963 II S. 40; El Salvador, 27. 5. 1998, BGBl. II S. 1629; Estland, 28. 11. 1993, BGBl. 1994 II S. 2428; Finnland, 19. 4. 1962, BGBl. II S. 2170; Frankreich, 28. 9. 1961, BGBl. 1962 II S. 102; Gabun, 15. 3. 2007, BGBl. 2007 II, S. 342; Georgien, 31. 8. 1994, BGBl. II S. 3650; Ghana, 8. 7. 1968, BGBl. II S. 776; Griechenland, 14. 10. 1962, BGBl. 1963 II S. 40; Großbritannien s. Vereinigtes Königreich; Guatemala, 19. 6. 1984, BGBl. II S. 660; Guinea, 23. 4. 1991, BGBl. II S. 686; Haiti, 4. 3. 1984, BGBl. II S. 191; Heiliger Stuhl, 12. 8. 1975, BGBl. II S. 928; Honduras, 1. 1. 2001, BGBl. II S. 166; Indien, 28. 9. 1961, BGBl. 1962 II S. 102; Indonesien, 5. 1. 1982, BGBl. II S. 205; Iran, Islamische Republik, 13. 1. 2002, BGBl. II S. 157; Irland, 10. 8. 1981, BGBl. II S. 576; Island, 24. 4. 2002, BGBl. II S. 1752; Israel, 28. 9. 1961, BGBl. 1962 II S. 102; Italien, 1. 5. 1969, BGBl. II S. 1019; Jamaika, 8. 10. 2002, BGBl. II S. 2498, 17. 10. 2003, BGBl. II S. 1730 (Vorbehalt); Japan, 28. 9. 1961, BGBl. 1962 II S. 102; Jordanien, 13. 2. 1980, BGBl. II S. 52; Jugoslawien, 27. 4. 1992, BGBl. 2001 II S. 597 (Rechtsnachfolge notifiziert); Kambodscha, 28. 9. 1961, BGBl. 1962 II S. 102; Kamerun, 19. 5. 1988, BGBl. II S. 954; Kanada, 10. 8. 1986, BGBl. II S. 949; Kasachstan, 18. 2. 1996, BGBl. II S. 365; Katar, 30. 3. 2003, BGBl. II S. 121; Kenia, 11. 5. 1989, BGBl. II S. 639; Kirgisistan, 18. 3. 1997, BGBl. II S. 895; Kolumbien, 24. 12. 1979, BGBl. II S. 1206; Korea (Republik), 9. 5. 1973, BGBl. II S. 972; Kroatien, 8. 10. 1991, BGBl. 1994 II S. 2428 (Rechtsnachfolge notifiziert); Kuba, 30. 3. 1975, BGBl. II S. 842; Kuwait, 27. 7. 1978, BGBl. II S. 1212; Laos, 15. 9. 1998, BGBl. II S. 2630; Lesotho, 11. 9. 1989, BGBl. 1990 II S. 851; Lettland, 13. 7. 1992, BGBl. 1993 II S. 123; Libanon, 9. 11. 1998, BGBl. II S. 2949; Liberia, 15. 12. 2005, BGBl. 2006 II, 151; Litauen, 12. 6. 1995, BGBl. II S. 667; Luxemburg, 8. 12. 1983, BGBl. II S. 732; Macau, 10. 2. 2000, BGBl. II S. 173 (Erstreckung des Geltungsbereichs durch Portugal notifiziert); Madagaskar, 14. 10. 1962, BGBl. 1963 II S. 40; Malaysia, 3. 2. 1986, BGBl. II S. 542; Mali, 7. 12. 1994, BGBl. 1995 II S. 427; Malta, 20. 9. 2000, BGBl. II S. 1490; Marokko, 28. 9. 1961, BGBl. 1962 II S. 102; Marshallinseln, 21. 3. 2007, BGBl. 2007 II, S. 342; Mauretanien, 30. 4. 1997, BGBl. II S. 1152; Mauritius, 17. 9. 1996, BGBl. II S. 2653; Mazedonien, ehemalige jugoslawische Republik, 17. 9. 1991, BGBl. 1994 II S. 3650 (Rechtsnachfolge von Jugoslawien notifiziert); Mexiko, 13. 7. 1971, BGBl. II S. 968; Moldau, Republik, 17. 12. 1998, BGBl. 1999 II S. 124; Monaco, 31. 8. 1982, BGBl. II S. 1055; Mongolei, 22. 1. 1995, BGBl. II S. 427; Montenegro, 3. 6. 2006, BGBl. 2007 II, S. 342 (Rechtsnachfolge von Serbien und Montenegro notifiziert); Mosambik, 9. 9. 1998, BGBl. II S. 2630.

[32] Ländernamen der Mitgliedsstaaten N-Z: Nepal, 2. 6. 1998, BGBl. II S. 1629; Neuseeland, 6. 4. 1983, BGBl. II S. 320; Nicaragua, 23. 12. 2003, BGBl. II S. 1730; Niederlande, 23. 7. 1964, BGBl. II S. 1232; Niger, 12. 1. 1965, BGBl. II S. 143; Nigeria, 15. 6. 1970, BGBl. II S. 291; Norwegen, 28. 9. 1961, BGBl. 1962 II S. 102; Oman, 26. 5. 1999, BGBl. II S. 699; Österreich, 28. 9. 1961, BGBl. 1962 II S. 102, 2170; Panama, 8. 1. 1985, BGBl. II S. 50; Pakistan, 12. 10. 2005, BGBl. 2006 II, 151; Paraguay, 6. 1. 1998, BGBl. II S. 113; Peru, 5. 10. 1988, BGBl. II S. 954; Philippinen, 4. 10. 1967, BGBl. 1968 II S. 8; Polen, 1. 1. 1962, BGBl. II S. 102, 2170; Portugal, 16. 1. 1995, BGBl. II S. 427; Rumänien, 12. 12. 1961, BGBl. 1962 II S. 102; Russische Föderation, 24. 12. 1991, BGBl. 1992 II S. 1016 (Rechtsnachfolge der Sowjetunion notifiziert); Sambia, 12. 6. 2002, BGBl. II S. 1752; San Marino, 15. 8. 1979, BGBl. II S. 751; Saudi-Arabien, 18. 7. 1994, BGBl. II S. 2428; Schweden, 27. 4. 1972, BGBl. II S. 580; Schweiz, 30. 8. 1965, BGBl. II S. 1436; Senegal, 15. 1. 1995, BGBl. II S. 427; Simbabwe, 28. 12. 1994, BGBl. 1995 II S. 427; Singapur, 19. 11. 1986, BGBl. 1987 II S. 177; Slowakei, 1. 1. 1993, BGBl. 1995 II S. 274 (Rechtsnachfolge erklärt); Slowenien, 25. 6. 1991, BGBl. 1993 II S. 123 (Rechtsnachfolge notifiziert; zu Art. IV s. BGBl. 2000 II S. 554); Sowjetunion, ehemalige, 28. 9. 1961, BGBl. 1962 II S. 102; Spanien, 10. 8. 1977, BGBl. II S. 630; Sri Lanka, 8. 7. 1962, BGBl. II S. 2170; St. Vincent und die Grenadinen, 11. 12. 2000, BGBl. II S. 1490; Südafrika, 1. 8. 1976, BGBl. II S. 1216; Syrien, 28. 9. 1961, BGBl. 1962 II S. 102; Tansania, 11. 1. 1965, BGBl. II S. 143; Thailand, 28. 9. 1961, BGBl. 1962 II S. 102; Trinidad und Tobago, 15. 5. 1966, BGBl. II S. 597; Tschechische Republik, 1. 1. 1993, BGBl. 1995 II S. 274 (Rechtsnachfolge erklärt); Tschechoslowakei, ehemalige, 28. 9. 1961, BGBl. 1962 II S. 102; Tunesien, 15. 10. 1967, BGBl. 1968 II S. 8; Türkei, 30. 9. 1992, BGBl. 1993 II S. 123; Uganda, 12. 5. 1992, BGBl. 1993 II S. 123; Ukraine, 28. 9. 1961, BGBl. 1962 II S. 102; Ungarn, 3. 6. 1962, BGBl. II S. 2170; Uruguay, 28. 6. 1983, BGBl. II S. 462; Usbekistan, 7. 5. 1996, BGBl. II S. 966; Venezuela, 9. 5. 1995, BGBl. 2002 II S. 157; Vereinigte Arabische Emirate, 19. 11. 2006, BGBl. 2007 II, S. 342; Vereinigte Staaten, 29. 12. 1970, BGBl. 1971 II S. 15; Vereinigtes Königreich, 23. 12. 1975, BGBl. II S. 1782, Ausdehnung auf Jersey, 26. 8. 2002, BGBl. II S. 2489; Vietnam, 11. 12. 1995, BGBl. 1996 II S. 222; Weißrussland s. Belarus; Zentralafrikanische Republik, 13. 1. 1963, BGBl. II S. 154 sowie Zypern, 29. 3. 1981, BGBl. II S. 157. Zu beachten ist, dass Deutschland den Vertragsstaatenvorbehalt (Art. 1 Abs. 3 S. 1 UNÜbkSchdG) zurückgezogen hat, vgl. BGBl. 1999 II S. 7. Damit ist Deutschland staatsvertraglich zur Anwendung des UNÜbkSchdG auch bei Schiedssprüchen verpflichtet, die in anderen Staaten als einem Mitgliedsstaat des UNÜbkSchdG ergangen sind. Von Interesse bleibt die Frage, ob ein Land Vertragsstaat ist, für die Vollstreckung deutscher Schiedssprüche in diesem Land.

über die internationale Handelsschiedsgerichtsbarkeit (EuÜ) vom 21.4. 1961[33], die **Genfer Abkommen**[34], das Weltbank-Übereinkommen[35] sowie **bilaterale Verträge**[36] in Betracht. Mit Ausnahme des Weltbank-Übereinkommens schließen es diese Staatsverträge nach dem **Günstigkeitsprinzip** nicht aus, sich zur Anerkennung und Vollstreckbarerklärung auf das nationale Recht, hier also auf § 1061 zu berufen.[37] Das Günstigkeitsprinzip gilt nicht nur nach Art. 5 des Genfer Abkommens (soweit dies trotz Art. VII Abs. 2 UNÜbkSchdG fortgilt), sondern ist auch im Bereich des europäischen Übereinkommens[38] und der bilateralen Verträge[39] anerkannt. Die Anwendung des günstigeren Anerkennungsrechts kann nicht auf einzelne Punkte – etwa die Formfrage – beschränkt werden, sondern der Schiedsspruch muss dann insgesamt diesem Recht unterstellt werden.[40] Der Vorrang des anerkennungsfreundlicheren Rechts führt auch dazu, dass im Anwendungsbereich des EuÜ die Aufhebung eines Schiedsspruchs im Ausland nur unter den in Art. IX EuÜ genannten Voraussetzungen in Deutschland beachtlich ist.[41] Die Anwendung des anerkennungsfreundlicheren Rechts ist Sache des Gerichts; eine Berufung auf dieses Recht ist nicht erforderlich.[42]

III. Text des UNÜbkSchdG (Auszug)

Der Text des Übereinkommens über die Anerkennung und Vollstreckung ausländischer Schiedssprüche vom 10. 6. 1958[43] lautet: 8

[33] Das EuÜ lässt die Wirksamkeit anderer (auch früher abgeschlossener) Staatsverträge unberührt, Art. X Abs. 7 EuÜ. Es ist ggü. folgenden Ländern an dem jeweils genannten Datum mit Wirkung für und gegen die Bundesrepublik Deutschland wirksam geworden: Albanien, 25. 9. 2001, BGBl. II S. 864; Aserbaidschan, 17. 4. 2005, BGBl. 2005 II S. 559; Belarus, 25. 1. 1965, BGBl. II S. 107; Belgien, 7. 1. 1976, BGBl. II S. 138; Bosnien-Herzegowina, 6. 3. 1992, BGBl. 1994 II S. 978 (Rechtsnachfolge notifiziert); Bulgarien, 25. 1. 1965, BGBl. II S. 107; Burkina Faso s. Obervolta; Dänemark, 22. 3. 1973, BGBl. II S. 160; Frankreich, 16. 3. 1967, BGBl. II S. 1194; Italien, 1. 11. 1970, BGBl. 1971 II S. 230; Jugoslawien, ehemaliges, 25. 1. 1965, BGBl. II S. 107; Kasachstan, 18. 2. 1996, BGBl. II 1197; Kroatien, 8. 10. 1991, BGBl. 1994 II S. 978 (Rechtsnachfolge notifiziert); Kuba, 30. 11. 1965, BGBl. 1967 II S. 2156; Lettland, 18. 6. 2003, BGBl. 2003 II S. 505; Luxemburg, 24. 6. 1982, BGBl. II S. 671; Mazedonien, ehemalige jugoslawische Republik, 17. 9. 1991, BGBl. 1994 II S. 3691 (Rechtsnachfolge von Jugoslawien notifiziert); Moldau, Republik, 3. 6. 1998, BGBl. II S. 1175; Obervolta, 26. 4. 1965, BGBl. II S. 1598; Österreich, 25. 1. 1965, BGBl. II S. 107; Polen, 25. 1. 1965, BGBl. II S. 107; Rumänien, 25. 1. 1965, BGBl. II S. 107; Russische Föderation, 24. 12. 1991, BGBl. 1992 II S. 1016 (Rechtsnachfolge der Sowjetunion notifiziert); Slowakei, 1. 1. 1993, BGBl. 1994 II S. 978 (Rechtsnachfolge der Tschechoslowakei notifiziert, zu Art. IVs. BGBl. 2000 II S. 554); Slowenien, 25. 6. 1991, BGBl. 1993 II S. 196 (Rechtsnachfolge notifiziert; zu Art. IVs. BGBl. 2000 II S. 554); Sowjetunion, ehemalige, 25. 1. 1965, BGBl. II S. 107; Spanien, 10. 8. 1975, BGBl. II S. 929; Tschechische Republik, 1. 1. 1993, BGBl. 1994 II S. 978 (Rechtsnachfolge der Tschechoslowakei notifiziert); Tschechoslowakei, ehemalige, 25. 1. 1965, BGBl. II S. 107; Türkei, 23. 4. 1992, BGBl. 1993 II S. 14; Ukraine, 25. 1. 1965, BGBl. II S. 107 sowie Ungarn, 25. 1. 1965, BGBl. II S. 107; Weißrussland s. Belarus.

[34] Genfer Protokoll über Schiedsklauseln im Handelsverkehr vom 24. 9. 1923, RGBl. 1925 II S. 47, wegen Art. VII Abs. 2 UNÜbkSchdG für Deutschland nur noch gültig bezüglich Albanien (seit 12. 10. 1924, RGBl. 1925 II S. 47), Bahamas (seit 10. 7. 1973, BGBl. 1977 II S. 443), Brasilien (seit 17. 3. 1932, RGBl. II S. 131; BGBl. 1953 II S. 593), Irak (seit 9. 5. 1926, RGBl. II S. 791), Malta (seit 21. 9. 1964, BGBl. 1966 II S. 1525), Myanmar (seit 2. 12. 1938, RGBl. II S. 879) sowie Pakistan (BGBl. 1954 II S. 465). Genfer Abkommen zur Vollstreckung ausländischer Schiedssprüche vom 26. 9. 1927, RGBl. 1930 II S. 1067, wegen Art. VII Abs. 2 UNÜbkSchdG für Deutschland nur noch gültig bezüglich Anguilla (RGBl. 1930 II S. 1269; 1932 II S. 128; BGBl. 1953 II S. 116), Bahamas (seit 10. 7. 1973, BGBl. 1977 II S. 444), Malta (seit 21. 9. 1964, BGBl. 1966 II S. 1525), Myanmar (seit 19. 1. 1939, RGBl. 1938 II S. 879) sowie Pakistan (BGBl. 1954 II S. 465).

[35] Übereinkommen zur Beilegung von Investitionsstreitigkeiten zwischen Staat und Angehörigen anderer Staaten vom 18. 3. 1965, Beitritt Deutschlands durch Gesetz vom 25. 2. 1969, BGBl. II S. 369; ausführlich *Pagel,* Die Aufhebung von Schiedssprüchen in der ICSID-Schiedsgerichtsbarkeit, 1999; *Theodorou* (Fn. 17); vgl. auch *Happ* (Fn. 17) S. 96ff.; *Semler* SchiedsVZ 2003, 97ff.

[36] Verträge mit Belgien vom 30. 6. 1958 (BGBl. 1959 II S. 765; insbes. Art. 13); Griechenland vom 4. 11. 1961 (BGBl. II 1963 S. 109 [Geltung des UNÜbkSchdG und des Weltbankabkommens]); Italien vom 9. 3. 1936 (RGBl. 1937 II S. 145); Niederlande vom 30. 8. 1962 (BGBl. 1965 II S. 26 [Geltung des UNÜbkSchdG und des Weltbankabkommens]); Österreich vom 6. 6. 1959 (BGBl. 1960 II S. 1245, insbes. Art. 12, 15); Russische Föderation (BGBl. 1992 II S. 1016: Notifikation der Rechtsnachfolge der Sowjetunion am 24. 12. 1991); Schweiz vom 2. 11. 1929 (RGBl. 1930 II S. 1065); Sowjetunion, ehemalige vom 25. 4. 1958 (BGBl. 1959 II S. 222; Art. 8); Tunesien vom 19. 7. 1966 (BGBl. 1969 II S. 889; insbes. Art. 47ff.) sowie den Vereinigten Staaten vom 29. 10. 1954 (BGBl. 1956 II S. 487; insbes. Art. 6) mit den Ausführungsregelungen in der durch das SchiedsVfG neugeregelten Fassung. Zu den Verträgen und ihrem Verhältnis zum UNÜbkSchdG vgl. *Schwab/Walter* Kap. 41f.

[37] Eine Berufung auf die dem durch den Schiedsspruch Belasteten günstigeren Anerkennungsversagungsgründe lässt das Günstigkeitsprinzip nicht zu, denn es will die Anerkennung und Vollstreckung fördern, nicht erschweren, dies wird übersehen in BayObLGZ 1998, 219, 222 = NJW-RR 1999, 644 (Berufung auf Gründe des § 1044 aF; nicht tragend).

[38] Vgl. BGH WM 1976, 437.

[39] Vgl. im Einzelnen *Schwab/Walter* Kap. 30 Rn. 2 und Kap. 42 Rn. 24ff.

[40] *Schwab/Walter* Kap. 42 Rn. 25; *St/J/Schlosser* Anh. § 1061 Rn. 234; zum alten Recht vgl. auch (keine Aufteilung eines Vertrags in unterschiedliche Punkte) OLG Köln ZZP 91 (1978), 318, 320; OLG Frankfurt RIW 1989, 911.

[41] OLG Dresden SchiedsVZ 2007, 327, 328 (jedoch in der Begründung mit einer partiellen Anwendung des EuÜ innerhalb des § 1061).

[42] BGH NJW 2007, 772, 774.

[43] BGBl. 1961 II S. 121, vollständig abgedruckt in der Vorauflage; abgedruckt ist die im BGBl. veröffentlichte Übersetzung, die deutsche Fassung ist nicht amtlich (vgl. Art. XVI Abs. 1); zum Inkrafttreten am 28. 9. 1961 vgl. BGBl. 1962 II S. 102; der zunächst erklärte Vorbehalt nach Art. I Abs. 3 (vgl. BGBl. 1962 II S. 102) ist zurückgezogen worden, BGBl. 1999 II S. 7.

Artikel I. (1) Dieses Übereinkommen ist auf die Anerkennung und Vollstreckung von Schiedssprüchen anzuwenden, die in Rechtsstreitigkeiten zwischen natürlichen oder juristischen Personen in dem Hoheitsgebiet eines anderen Staates als desjenigen ergangen sind, in dem die Anerkennung und Vollstreckung nachgesucht wird. Es ist auch auf solche Schiedssprüche anzuwenden, die in dem Staat, in dem ihre Anerkennung und Vollstreckung nachgesucht wird, nicht als inländische anzusehen sind.
(2) Unter „Schiedssprüchen" sind nicht nur Schiedssprüche von Schiedsrichtern, die für eine bestimmte Sache bestellt worden sind, sondern auch solche eines ständigen Schiedsgerichtes, dem sich die Parteien unterworfen haben, zu verstehen.
(3) Jeder Staat, der dieses Übereinkommen unterzeichnet oder ratifiziert, ihm beitritt oder dessen Ausdehnung gemäß Artikel X notifiziert, kann gleichzeitig auf der Grundlage der Gegenseitigkeit erklären, dass er das Übereinkommen nur auf die Anerkennung und Vollstreckung solcher Schiedssprüche anwenden werde, die in dem Hoheitsgebiet eines anderen Vertragsstaates ergangen sind. Er kann auch erklären, dass er das Übereinkommen nur auf Streitigkeiten aus solchen Rechtsverhältnissen, sei es vertraglicher oder nichtvertraglicher Art, anwenden werde, die nach seinem innerstaatlichen Recht als Handelssachen angesehen werden.

Artikel II. (1) Jeder Vertragsstaat erkennt eine schriftliche Vereinbarung an, durch die sich die Parteien verpflichten, alle oder einzelne Streitigkeiten, die zwischen ihnen aus einem bestimmten Rechtsverhältnis, sei es vertraglicher oder nichtvertraglicher Art, bereits entstanden sind oder etwa künftig entstehen, einem schiedsrichterlichen Verfahren zu unterwerfen, sofern der Gegenstand des Streites auf schiedsrichterlichem Wege geregelt werden kann.
(2) Unter einer „schriftlichen Vereinbarung" ist eine Schiedsklausel in einem Vertrag oder eine Schiedsabrede zu verstehen, sofern der Vertrag oder die Schiedsabrede von den Parteien unterzeichnet oder in Briefen oder Telegrammen enthalten ist, die sie gewechselt haben.
(3) Wird ein Gericht eines Vertragsstaates wegen eines Streitgegenstandes angerufen, hinsichtlich dessen die Parteien eine Vereinbarung im Sinne dieses Artikels getroffen haben, so hat das Gericht auf Antrag einer der Parteien sie auf das schiedsrichterliche Verfahren zu verweisen, sofern es nicht feststellt, dass die Vereinbarung hinfällig, unwirksam oder nicht erfüllbar ist.

Artikel III. Jeder Vertragsstaat erkennt Schiedssprüche als wirksam an und lässt sie nach den Verfahrensvorschriften des Hoheitsgebietes, in dem der Schiedsspruch geltend gemacht wird, zur Vollstreckung zu, sofern die in den folgenden Artikeln festgelegten Voraussetzungen gegeben sind. Die Anerkennung oder Vollstreckung von Schiedssprüchen, auf die dieses Übereinkommen anzuwenden ist, darf weder wesentlich strengeren Verfahrensvorschriften noch wesentlich höheren Kosten unterliegen als die Anerkennung oder Vollstreckung inländischer Schiedssprüche.

Artikel IV. (1) Zur Anerkennung und Vollstreckung, die im vorangehenden Artikel erwähnt wird, ist erforderlich, dass die Partei, welche die Anerkennung und Vollstreckung nachsucht, zugleich mit ihrem Antrag vorlegt:
a) die gehörig legalisierte (beglaubigte) Urschrift des Schiedsspruches oder eine Abschrift, deren Übereinstimmung mit einer solchen Urschrift ordnungsgemäß beglaubigt ist;
b) die Urschrift der Vereinbarung im Sinne des Artikels II oder eine Abschrift, deren Übereinstimmung mit einer solchen Urschrift ordnungsgemäß beglaubigt ist.
(2) Ist der Schiedsspruch oder die Vereinbarung nicht in einer amtlichen Sprache des Landes abgefasst, in dem der Schiedsspruch geltend gemacht wird, so hat die Partei, die seine Anerkennung und Vollstreckung nachsucht, eine Übersetzung der erwähnten Urkunde in diese Sprache beizubringen. Die Übersetzung muss von einem amtlichen oder beeidigten Übersetzer oder von einem diplomatischen oder konsularischen Vertreter beglaubigt sein.

Artikel V. (1) Die Anerkennung und Vollstreckung des Schiedsspruchs darf auf Antrag der Partei, gegen die er geltend gemacht wird, nur versagt werden, wenn diese Partei der zuständigen Behörde des Landes, in dem die Anerkennung und Vollstreckung nachgesucht wird, den Beweis erbringt,
a) dass die Parteien, die eine Vereinbarung im Sinne des Artikels II geschlossen haben, nach dem Recht, das für sie persönlich maßgebend ist, in irgendeiner Hinsicht hierzu nicht fähig waren, oder dass die Vereinbarung nach dem Recht, dem die Parteien sie unterstellt haben, oder, falls die Parteien hierüber nichts bestimmt haben, nach dem Recht des Landes, in dem der Schiedsspruch ergangen ist, ungültig ist, oder
b) dass die Partei, gegen die der Schiedsspruch geltend gemacht wird, von der Bestellung des Schiedsrichters oder von dem schiedsrichterlichen Verfahren nicht gehörig in Kenntnis gesetzt worden ist oder dass sie aus einem anderen Grund ihre Angriffs- oder Verteidigungsmittel nicht hat geltend machen können, oder
c) dass der Schiedsspruch eine Streitigkeit betrifft, die in der Schiedsabrede nicht erwähnt ist oder nicht unter die Bestimmungen der Schiedsklausel fällt, oder dass er Entscheidungen enthält, welche die Grenzen der Schiedsabrede oder der Schiedsklausel überschreiten; kann jedoch der Teil des Schiedsspruches, der sich auf Streitpunkte bezieht, die dem schiedsrichterlichen Verfahren unterworfen waren, von dem Teil, der Streitpunkte betrifft, die ihm nicht unterworfen waren, getrennt werden, so kann der erstgenannte Teil des Schiedsspruches anerkannt und vollstreckt werden, oder
d) dass die Bildung des Schiedsgerichtes oder das schiedsrichterliche Verfahren der Vereinbarung der Parteien oder, mangels einer solchen Vereinbarung, dem Recht des Landes, in dem das schiedsrichterliche Verfahren stattfand, nicht entsprochen hat, oder
e) dass der Schiedsspruch für die Parteien noch nicht verbindlich geworden ist oder dass er von einer zuständigen Behörde des Landes, in dem oder nach dessen Recht er ergangen ist, aufgehoben oder in seinen Wirkungen einstweilen gehemmt worden ist.
(2) Die Anerkennung und Vollstreckung eines Schiedsspruches darf auch versagt werden, wenn die zuständige Behörde des Landes, in dem die Anerkennung und Vollstreckung nachgesucht wird, feststellt,
a) dass der Gegenstand des Streites nach dem Recht dieses Landes nicht auf schiedsrichterlichem Wege geregelt werden kann, oder
b) dass die Anerkennung oder Vollstreckung des Schiedsspruches der öffentlichen Ordnung dieses Landes widersprechen würde.

Artikel VI. Ist bei der Behörde, die im Sinne des Artikels V Absatz 1 Buchstabe e zuständig ist, ein Antrag gestellt worden, den Schiedsspruch aufzuheben oder ihn in seinen Wirkungen einstweilen zu hemmen, so kann die Behörde, vor welcher der Schiedsspruch geltend gemacht wird, sofern sie es für angebracht hält, die Entscheidung über den Antrag, die Vollstreckung zuzulassen, aussetzen; sie kann aber auch auf Antrag der Partei, welche die Vollstreckung des Schiedsspruches begehrt, der anderen Partei auferlegen, angemessene Sicherheit zu leisten.

Artikel VII. (1) Die Bestimmungen dieses Übereinkommens lassen die Gültigkeit mehrseitiger oder zweiseitiger Verträge, welche die Vertragsstaaten über die Anerkennung und Vollstreckung von Schiedssprüchen geschlossen haben, unberührt und nehmen keiner beteiligten Partei das Recht, sich auf einen Schiedsspruch nach Maßgabe des innerstaatlichen Rechts oder der Verträge des Landes, in dem er geltend gemacht wird, zu berufen.
(2) Das Genfer Protokoll über die Schiedsklauseln von 1923 und das Genfer Abkommen zur Vollstreckung ausländischer Schiedssprüche von 1927 treten zwischen den Vertragsstaaten in dem Zeitpunkt und in dem Ausmaß außer Kraft, in dem dieses Übereinkommen für sie verbindlich wird.

Artikel VIII–XV. *(nicht abgedruckt)*

Artikel XVI. (1) Dieses Übereinkommen, dessen chinesischer, englischer, französischer, russischer und spanischer Wortlaut in gleicher Weise maßgebend ist, wird in dem Archiv der Vereinten Nationen hinterlegt.
(2) Der Generalsekretär der Vereinten Nationen übermittelt den in Artikel VIII bezeichneten Staaten eine beglaubigte Abschrift dieses Übereinkommens.

IV. Verfahren

1. Verfahrensziele. Für das Verfahren zur **Anerkennung und Vollstreckbarerklärung** verweist § 1025 Abs. 4 auf die §§ 1062 bis 1065. Nach § 1061 Abs. 2 tritt an die Stelle der Aufhebung des Schiedsspruchs (§§ 1059, 1060 Abs. 2 S. 1) die **Feststellung,** dass der Schiedsspruch **im Inland nicht anzuerkennen** ist. Aus diesem Grund ist ein Aufhebungsantrag unzulässig; es kann jedoch die Feststellung beantragt werden, dass der Schiedsspruch im Inland nicht anzuerkennen ist.[44] Für eine Klage auf **Erfüllung des Schiedsspruchs** fehlt es am Rechtsschutzbedürfnis, soweit der einfachere Weg des § 1061 beschritten werden kann (vgl. zur parallelen Problematik bei inländischen Schiedssprüchen § 1060 Rn. 4).[45] Zu Schiedssprüchen mit **gestaltendem oder feststellendem Inhalt** vgl. Rn. 2. 9

2. Zuständigkeit. Die Zuständigkeit für Anträge auf Anerkennung und Vollstreckbarerklärung bestimmt sich nach § 1062 Abs. 1 Nr. 4, Abs. 2, 5. Diese Zuständigkeitsbestimmung ist auf Anträge entsprechend anzuwenden, mit denen die Feststellung der Nichtanerkennung im Inland begehrt wird. Dabei scheidet der in § 1062 Abs. 2 genannte Anknüpfungspunkt des Vermögens des Antragsgegners für die Zuständigkeitsbestimmung aus, denn dieser ist nur bei dem Antrag auf Vollstreckbarerklärung sinnvoll. 10

3. Antrag. Mit dem erforderlichen, nicht fristgebundenen[46] **Antrag** ist nach Maßgabe des § 1064 Abs. 3 der **Schiedsspruch** oder eine beglaubigte Abschrift des Schiedsspruchs **vorzulegen.** Diese Norm steht jedoch unter dem Vorbehalt einer anderen staatsvertraglichen Regelung. Eine solche Regelung enthält Art. IV Abs. 1 Buchst. a UNÜbkSchdG, der die gehörige Beglaubigung auch der Urschrift des Schiedsspruchs verlangt. Nach dieser Bestimmung muss durch amtliche Bestätigung die Authentizität der Unterschrift der Schiedsrichter nachgewiesen werden,[47] wobei es sich nach der Rechtsprechung des BGH um eine Beweisbestimmung, nicht um eine Zulässigkeitsvoraussetzung handelt.[48] Die Frage kann dahinstehen, da das Günstigkeitsprinzip Anwendung findet, vgl. Art. VII Abs. 1 UNÜbkSchdG, das deutsche Recht mit § 1064 eine solche günstigere Regelung enthält und sich der Antragsteller damit auf das deutsche Recht, §§ 1061 bis 1065, berufen kann.[49] Damit ist hinsichtlich der Gründe für die Versagung der Anerkennung über § 1061 wiederum das UNÜbkSchdG anzuwenden, während das Verfahren durch die §§ 1062 bis 1065 eigenständig geregelt wird. Wegen § 1064 ist deshalb eine **Bestätigung bei Vorlage der Urschrift des Schiedsspruchs nicht erforderlich.** Die ggf. erforderliche **Beglaubigung einer Abschrift** kann nach § 1064 Abs. 3 iVm. Abs. 1 S. 2 auch von dem für das gerichtliche Verfahren bevollmächtigten Rechtsanwalt vorgenommen werden.[50] Auch hinsichtlich der in Art. IV Abs. 1 Buchst. b UNÜbkSchdG geforderten **Vorlage der Schiedsvereinbarung** enthält das deutsche Recht mit § 1064 Abs. 3 günstigeres Recht iSd. Art. VII Abs. 1 UNÜbkSchdG.[51] Die in Art. IV Abs. 2 UNÜbkSchdG vorgesehene **Übersetzung** ist ebenfalls in Anbetracht des Günstigkeitsprinzips nach 11

---

[44] *St/J/Schlosser* Rn. 7; *Schwab/Walter* Kap. 30 Rn. 39 (der allerdings eine Klage, nicht einen Antrag für zulässig hält); so auch MK/*Münch* Rn. 11 (solange nicht Vollstreckbarerklärung beantragt ist); zum alten Recht: OLG Nürnberg KTS 1966, 111, 112; *Wiecz/Sch/Schütze* § 1044 aF Rn. 33.

[45] *Schwab/Walter* Kap. 30 Rn. 38.

[46] *St/J/Schlosser* Anh. § 1061 Rn. 64.

[47] *St/J/Schlosser* Anh. § 1061 Rn. 66.

[48] BGH NJW 2000, 3650, 3651; NJW-RR 2001, 1059 (noch unter Geltung des § 1044 aF).

[49] BGH SchiedsVZ 2003, 281, 282 m. zust. Anm. *Kröll;* OLG Hamm SchiedsVZ 2006, 106, 108; iE zustimmend, hinsichtlich der Begründung kritisch *Mallmann* EWiR § 1064 1/03, S. 1163f.; *ders.* SchiedsVZ 2004, 152, 154; BayObLG BB 2000, Beil. 12, S. 10, 11; OLG Schleswig SchiedsVZ 2003, 237; *Lachmann* BB 2000, Beil. 12, S. 8, 9; *Krapfl* IPrax 2001, 443, 445; aA *Moller* NZG 1999, 143, 144; MK/*Münch* § 1064 Rn. 2; zweifelnd *Kröll* NJW 2001, 1173, 1181.

[50] BGH SchiedsVZ 2003, 281, 282 m. zust. Anm. *Kröll; Schwab/Walter* Kap. 30 Rn. 26; aA (formelle Anforderungen des Art. IV UNÜbkSchdG müssen erfüllt werden) *Borges* ZZP 111 (1998), 487, 510; so im Ergebnis auch *Mallmann* SchiedsVZ 2004, 152, 154f.

[51] OLG Rostock BB 2000, Beil. 8, S. 20, 23; aA MK/*Münch* § 1064 Rn. 2.

§ 1064 Abs. 3 nicht zu fordern;[52] das Gericht kann sie nach allgemeinen Regeln (§ 142 Abs. 3) verlangen, ohne dass ihre Beifügung Zulässigkeitsvoraussetzung ist. Soweit eine Übersetzung den Anforderungen des Art. IV Abs. 2 UNÜbkSchdG genügt, schließt das Übereinkommen eine Anordnung nach § 142 Abs. 3 aus.

12 **4. Weitere Verfahrensfragen.** Eine **Sicherheit** nach § 110 braucht nicht geleistet zu werden (vgl. auch § 1063 Rn. 10).[53] Ein unklare Parteibezeichnung kann im Verfahren klargestellt werden.[54] Die **mündliche Verhandlung** ist unter den in § 1063 Abs. 2 genannten Voraussetzungen anzuordnen, wobei sich ihre Anordnung meist empfehlen wird, insbesondere dann, wenn wegen der Notwendigkeit einer Auslandszustellung eine nachträgliche Anordnung erhebliche Verzögerungen mit sich brächte.[55] Der Antragsgegner kann außer den Gründen, die der Anerkennung und Vollstreckbarerklärung entgegenstehen (vgl. Rn. 13ff.), auch **Einwendungen gegen den Bestand des Anspruchs** selbst geltend machen, soweit diese nicht präkludiert sind (vgl. Rn. 20).[56] Eine Präklusion dieser Gründe tritt durch den Schiedsspruch ein (zum maßgebenden Zeitpunkt im Einzelnen vgl. § 1063 Rn. 4; dort auch zu Sonderfragen bei der Aufrechnung). Die nachfolgende Entscheidung eines ausländischen Gerichts führt nur zur Präklusion, wenn sie nach § 328 anzuerkennen ist.[57] Ist im Ausland ein Verfahren anhängig, kann nach § 148 ausgesetzt werden.[58] Eine solche Aussetzung lässt auch Art. VI UNÜbkSchdG eigens zu. Die in dieser Regelung vorgesehene Möglichkeit, **Sicherheitsleistung von der Partei** zu verlangen, die sich der **Vollstreckbarerklärung widersetzt,** ist in Deutschland nicht gegeben.[59] Art. VI UNÜbkSchdG räumt auch dem deutschen Gericht keine über die ZPO hinausgehenden Kompetenzen ein, da es sich nicht um eine an den staatlichen Richter adressierte Kompetenznorm handelt, sondern um eine Norm, die eine derartige gesetzliche Regelung im Mitgliedsland als mit dem Übereinkommen vereinbar zulässt. Bestand die **fristgebundene Möglichkeit,** den **Schiedsspruch anzugreifen,** so ist die Partei nach hL präkludiert, wenn von dieser Möglichkeit kein Gebrauch gemacht wurde (vgl. auch Rn. 20).[60] Wird die **Vollstreckbarerklärung** eines ausländischen Schiedsspruchs beantragt, so kann auf Antrag nach § 1063 Abs. 3 das **Betreiben der Zwangsvollstreckung zugelassen** werden.

V. Gründe für die Nichtanerkennung bzw. die Versagung der Vollstreckbarerklärung

13 Die Vollstreckbarerklärung darf nach Art. V UNÜbkSchdG nur versagt werden, wenn das Vorliegen eines Versagungsgrundes nach Art. V Abs. 1 UNÜbkSchdG von der Partei bewiesen wird, gegen die der Schiedsspruch geltend gemacht wird, oder wenn das Gericht einen Aufhebungsgrund iSd. Art. V Abs. 2 UNÜbkSchdG feststellt.[61] Der Aufbau der Regelung entspricht also der des § 1059 Abs. 2. Auch inhaltlich decken sich die Aufhebungsgründe in wesentlichen Bereichen, so dass ergänzend die Kommentierung in § 1059 Rn. 6ff. herangezogen werden kann.

14 **1. Geltend zu machende Gründe. a) Art. V Abs. 1 Buchst. a.** Nach Art. V Abs. 1 Buchst. a UNÜbkSchdG kann die Vollstreckbarerklärung versagt werden, wenn die **Parteien** nach dem auf sie anwendbaren Recht zum Abschluss einer Schiedsvereinbarung **nicht fähig** waren (vgl. § 1059 Rn. 6), sowie dann, wenn die **Schiedsvereinbarung** nach dem für diese geltenden Recht **unwirksam** ist (zum Ausschluss der Einwendung, wenn die Klage vor einem staatlichen Gericht wegen der Schiedsabrede abgewiesen wurde, vgl. § 1032 Rn. 9). Letzteres bestimmt sich nach dem von den **Parteien gewählten Recht** (zur stillschweigenden Rechtswahl vgl. § 1029 Rn. 28) und in Ermangelung einer Rechtswahl nach dem **Recht des Schiedsorts.** Hinsichtlich der **Form der Schiedsvereinbarung** ist Art. II UNÜbkSchdG zu beachten (vgl. dazu § 1031 Rn. 18).[62] Das Meistbegünstigungsprinzip, Art. VII Abs. 1 UNÜbkSchdG, läuft in dieser Frage leer, weil das deutsche Recht nach der Neuregelung durch das SchiedsVfG für die Beurteilung ausländischer Schiedssprüche auf das UNÜbkSchdG verweist. In Abweichung vom Wortlaut des Einleitungssatzes des Art. V Abs. 1 UNÜbkSchdG wird man unter den in § 1059 Rn. 10 genannten Voraussetzungen den Antragsteller für die Frage, ob ein Schiedsvertrag zustandegekommen ist, als beweisbelastet ansehen können.[63]

---

[52] BGH NJW-RR 2004, 1504, 1505; OLG Schleswig SchiedsVZ 2003, 237, 238; *Kröll* IPrax 2002, 384, 388; *ders.* ZZP 117 (2004), 453, 457f.; *Schwab/Walter* Kap. 30 Rn. 26; *Zöller/Geimer* § 1064 Rn. 5; aA OLG Rostock IPrax 2002, 401, 403; wohl auch MK/*Münch* Rn. 10.

[53] Zum alten Recht: BGH NJW 1969, 2089f.

[54] OLG München SchiedsVZ 2006, 111, 112.

[55] Vgl. auch *Schwab/Walter* Kap. 30 Rn. 28 (mündliche Verhandlung empfehle sich wegen der Anwendung fremden Rechts).

[56] *Schwab/Walter* Kap. 30 Rn. 27; zum alten Recht: BGHZ 34, 274, 277 = NJW 1961, 1067; BGH NJW 1965, 1138f.; *Geimer* (Fn. 28) S. 205; nicht aber Änderbarkeit nach § 323: BGH NJW 1990, 1419.

[57] *Schwab/Walter* Kap. 30 Rn. 27 (Entscheidung des ausländischen Gerichts über Einwendungen bindet nur bei Anerkennungsfähigkeit nach § 328).

[58] *Schwab/Walter* Kap. 30 Rn. 27.

[59] AA *Lachmann* Rn. 2771.

[60] OLG Karlsruhe SchiedsVZ 2006, 281, 283; kritisch hins. der Präklusion materiellrechtlicher Unwirksamkeitsgründe *Schwab/Walter* Kap. 30 Rn. 19; wie hier zum alten Recht: BGH NJW 1984, 2763, 2764 = KTS 1984, 733; NJW-RR 1988, 572 (theoretisch zulässiger, jedoch praktisch sicher erfolgloser, unbefristeter weiterer Rechtsbehelf hindert den Eintritt der Präklusion nicht).

[61] Kritisch zu dieser Einschränkung *Solomon* (Fn. 1), S. 642, 700 (für eine Anknüpfung der Aufhebungsgründe wegen Mängeln im Schiedsverfahren an das Schiedsverfahrensstatut).

[62] Vgl. *Schwab/Walter* Kap. 30 Rn. 18.

[63] OLG Frankfurt 26. 6. 2006 26 Sch 28/05 Tz. 14 = IHR 2007, 42; BayObLG NJW-RR 2003, 719; aA *Kröll* ZZP 117 (2004), 453, 464ff. (Beweislast des Antraggegners); *St/J/Schlosser* Anh. § 1061 Rn. 74.

b) **Art. V Abs. 1 Buchst. b.** Die Versagung nach Art. V Abs. 1 Buchst. b UNÜbkSchdG betrifft die gehörige **Information** der Parteien über die **Bestellung** der Schiedsrichter und darüber hinaus auch die erforderliche **Beteiligung** der Partei an der Besetzung des Schiedsgerichts. Insoweit kann sich der Aufhebungsgrund nach Art. V Abs. 1 Buchst. b UNÜbkSchdG mit dem des Abs. 2 Buchst. b überschneiden, welcher unabhängig von der Geltendmachung einer Partei von Amts wegen zu beachten ist (vgl. § 1059 Rn. 27).[64] Weiterhin gewährt Art. V Abs. 1 Buchst. b UNÜbkSchdG einen gewissen Mindeststandard bezüglich des **rechtlichen Gehörs.** Darunter fallen insbesondere die Information der Partei von der Einleitung des Verfahrens[65] und dem Vorbringen der Gegenpartei[66] (vgl. auch § 1059 Rn. 13) sowie die Bekanntgabe der Namen der Schiedsrichter (vgl. auch § 1059 Rn. 12).[67] Soweit das **maßgebende Schiedsverfahrensrecht** über diesen Standard **hinausgehende Anforderungen** aufstellt und diese nicht eingehalten sind, ist dies nicht im Rahmen des Art. V Abs. 1 Buchst. b UNÜbkSchdG, sondern als Verstoß nach Buchst. d geltend zu machen[68] (zur Möglichkeit der Heilung sogleich). Die Nichtgewährung des rechtlichen Gehörs muss sich zumindest **möglicherweise auf das Ergebnis des Schiedsverfahrens** zu Lasten der der Vollstreckbarerklärung entgegentretenden Partei **ausgewirkt** haben (vgl. § 1059 Rn. 13).[69] Da sich der Versagungsgrund des Buchst. b allein auf die Information der Partei und die Geltendmachung von Angriffs- und Verteidigungsmitteln bezieht, kann nach hL nicht gerügt werden, das Schiedsgericht habe Beweismittel nicht berücksichtigt und sei deshalb von einem unzutreffenden Sachverhalt ausgegangen (vgl. aber § 1059 Rn. 13).[70] Ergibt sich, dass wesentliches Vorbringen vom Schiedsgericht nicht zur Kenntnis genommen oder nicht in die Entscheidung einbezogen wurde, so kann in gravierenden Fällen die Versagung der Vollstreckbarerklärung nach Buchst. b in Betracht kommen.[71] 15

c) **Art. V Abs. 1 Buchst. c.** Der Versagungsgrund des Art. V Abs. 1 Buchst. c UNÜbkSchdG entspricht dem des § 1059 Abs. 2 Nr. 1 Buchst. c, so dass das Überschreiten der Schiedsabrede zur Versagung der Vollstreckbarerklärung führt. Ebenso wie bei § 1059 ist ein Hinausgehen über die im Schiedsverfahren gestellten Anträge nach richtiger Ansicht nicht nach Buchst. c, sondern nach Buchst. d zu behandeln (ne ultra petita; vgl. § 1059 Rn. 14).[72] Bleibt der Schiedsspruch hinter dem Beantragten zurück, ohne im Übrigen abzuweisen, so steht dies der Vollstreckbarerklärung nicht entgegen. Zur Aufhebung kann es führen, wenn die Parteien den Gegenstand des Verfahrens einvernehmlich festgelegt haben und das Schiedsgericht eine einseitige Änderung der Schiedsklage zugelassen hat.[73] Entscheiden die Schiedsrichter ohne Ermächtigung nach Billigkeit, so rechtfertigt dies die Aufhebung nach Buchst. d oder auch nach Abs. 2 Buchst. b (vgl. auch § 1051 Rn. 5).[74] Die Überschreitung einer **zeitlichen Begrenzung** für den Erlass eines Schiedsspruchs kann die Versagung rechtfertigen, wenn die zeitliche Grenze die Kompetenz des Schiedsgerichts beschränken und nicht nur auf eine zügige Erledigung der Sache hinwirken sollte.[75] 16

d) **Art. V Abs. 1 Buchst. d.** Nach Art. V Abs. 1 Buchst. d UNÜbkSchdG ist die Vollstreckbarerklärung zu versagen, wenn die **Bildung des Schiedsgerichts** nicht den **Vereinbarungen der Parteien** bzw. den Bestimmungen des **Landes, in welchem das Schiedsverfahren stattfindet,** entspricht (vgl. § 1059 Rn. 16). Insoweit kommt auch ein nach Abs. 2 Buchst. b von Amts wegen zu berücksichtigender Versagungsgrund in Betracht. Weiterhin sieht Art. V Abs. 1 Buchst. d UNÜbkSchdG die Versagung vor, wenn das **Verfahren** nicht den **Parteivereinbarungen** bzw. dem **Schiedsverfahrensrecht am Schiedsort** entsprochen hat. Dabei kommt der Parteivereinbarung Vorrang vor der Regelung des Schiedsverfahrensrechts zu.[76] Dies entspricht zum einem dem Wortlaut der Bestimmung, zum anderen aber auch dem Charakter des Schiedsgerichtsverfahrens als Form privater Gerichtsbarkeit. Als verletzte Vorschrift kommt grundsätzlich jede Bestimmung in Betracht, sofern es **möglich erscheint,** dass die Verletzung sich auf das **Ergebnis des Schiedsverfahrens ausgewirkt** hat (zur parallelen Frage bei § 1059 vgl. § 1059 Rn. 16).[77] 17

---

64 *Schwab/Walter* Kap. 57 Rn. 8.

65 BayObLG BB 2000, Beil. 12, S. 15f. = NJW-RR 2001, 431.

66 Zum alten Recht: LG Bremen YCA XII (1987), 486, 487.

67 Zum alten Recht: OLG Köln IPRspr. 1976, 529 = ZZP 91 (1978), 318ff. m. Anm. *Kornblum; St/J/Schlosser* Anh. § 1044 aF Rn. 63.

68 *Schwab/Walter* Kap. 57 Rn. 9; für eine autonome, vom Schiedsverfahrensrecht gelöste Bestimmung des erforderlichen rechtlichen Gehörs *St/J/Schlosser* Anh. § 1061 Rn. 81ff.; für eine Einbeziehung der Anforderungen des Verfahrensrechts in den Aufhebungsgrund des Buchst. b MK/*Gottwald* Art. V UNÜ Rn. 16.

69 *Schwab/Walter* Kap. 57 Rn. 10; zum alten Recht: BGH RIW 1986, 816, 818; OLG Hamburg RIW 1991, 154; wohl aA MK/*Münch* § 1059 Rn. 12 (zur parallelen Frage bei § 1059).

70 *Schwab/Walter* Kap. 57 Rn. 11; zum alten Recht: OGH IPRax 1992, 331.

71 Zum alten Recht: *St/J/Schlosser* Anh. § 1061 Rn. 95.

72 Vgl. auch *Eberl* SchiedsVZ 2003, 109, 112ff. (kein Fall des Buchst. c, weite Auslegung der Anträge; bei Überraschungsentscheidungen Aufhebung nach Buchst. b); aA *Schwab/Walter* Kap. 57 Rn. 4; wobei die Regelungen des anwendbaren Schiedsverfahrensrechts zu beachten sind, so dass zB Zinsen zT ohne Antrag zugesprochen werden dürfen, vgl. OLG Hamburg BB 1999, Beil. 4, S. 13, 16.

73 *St/J/Schlosser* Anh. § 1061 Rn. 115.

74 AA (Aufhebung nach Buchst. c) MK/*Gottwald* Art. V UNÜ Rn. 23; *St/J/Schlosser* Anh. § 1061 Rn. 119.

75 *St/J/Schlosser* Anh. § 1061 Rn. 120; vgl. auch BGH RIW 1976, 449, 450 (zum alten Recht); krit. (Versagung nach Buchst. a) *Schwab/Walter* Kap. 57 Rn. 5.

76 Zum alten Recht: *Schlosser* (Fn. 17) Rn. 818.

77 *St/J/Schlosser* Anh. § 1061 Rn. 121; aA (nur Verstöße gegen wesentliche Verfahrensvorschriften) *Schwab/Walter* Kap. 57 Rn. 13.

18 e) **Art. V Abs. 1 Buchst. e.** Nach Art. V Abs. 1 Buchst. e UNÜbkSchdG ist die Vollstreckbarerklärung zu versagen (vgl. aber auch Rn. 5), wenn der Schiedsspruch noch **nicht verbindlich** geworden ist (soweit das EuÜ anwendbar ist, ist die Einschränkung des Buchst. e durch Art. IX EuÜ zu beachten, vgl. Rn. 7). Dieses Kriterium ist mit der in Deutschland hL nach dem anzuwendenden Schiedsverfahrensrecht, nicht dagegen autonom nach dem UNÜbkSchdG zu beurteilen.[78] Soweit das maßgebende Recht zwischen der Verbindlichkeit eines Schiedsspruchs und den Voraussetzungen für eine Vollstreckbarerklärung unterscheidet (so wie es das frühere deutsche Recht mit dem Erfordernis der Niederlegung tat), fordert das UNÜbkSchdG nicht mehr als die Verbindlichkeit.[79] Weiterhin ermöglicht Buchst. e die Versagung der Anerkennung, wenn der Schiedsspruch in dem Land, in welchem er ergangen ist, oder in dem Land, dessen Verfahrensrecht er untersteht, **aufgehoben** oder in **seiner Wirksamkeit gehemmt** wurde (vgl. Rn. 5). Auch hier ist die anerkennungsfreundlichere Regelung des Art. IX EuÜ zu beachten (vgl. Rn. 7).

19 Ist der Schiedsspruch zwischen den Parteien verbindlich, kann er aber im **Heimatstaat nicht mehr für vollstreckbar** erklärt werden, weil nach dortigem Recht angeordnete Fristen verstrichen sind, so berechtigt dies das deutsche Gericht nicht zur Versagung der Vollstreckbarerklärung nach Buchst. e,[80] denn gefordert ist nur die Verbindlichkeit zwischen den Parteien, nicht die Vollstreckungsmöglichkeit innerhalb des Landes, dessen Recht der Schiedsspruch untersteht. Aus diesem Grund kann die **Einstellung der Zwangsvollstreckung im Heimatland** des Schiedsspruchs nicht als Versagungsgrund iSd. Art. V Abs. 1 Buchst. e UNÜbkSchdG angesehen werden, solange der Schiedsspruch unter den Parteien verbindlich ist.[81] Zur Vollstreckbarerklärung von Schiedssprüchen, deren Inhalt in ein staatliches Exequaturuteil aufgenommen wurde, vgl. Rn. 6.

20 f) **Heilung; Präklusion.** Die Versagungsgründe nach Art. V Abs. 1 UNÜbkSchdG können nur geltend gemacht werden, soweit sie **nicht** nach dem anwendbaren Schiedsverfahrensrecht **geheilt** sind.[82] Ob die Rüge ausgeschlossen ist, wenn der Betroffene von einer **fristgebundenen Möglichkeit der Anrufung staatlicher Gerichte** des Landes, in welchem der Schiedsspruch ergangen ist oder dessen Recht er unterstellt ist, keinen Gebrauch gemacht hat, lässt sich dem Übereinkommen nicht abschließend entnehmen, so dass dem nationalen Gesetzgeber ein Gestaltungsspielraum zukommt. Der deutsche Gesetzgeber hat von dieser Möglichkeit nicht ausdrücklich Gebrauch gemacht. Gegen eine Auslegung, die die Geltendmachung präkludierter Gründe ausschließt, spricht, dass der ausländische nationale Normgeber durch die Einführung eines befristeten Rechtsbehelfs mit präkludierender Wirkung die Prüfung eines Versagungsgrundes in Deutschland einschränken könnte.[83] Auf der anderen Seite werden auch nach § 1060 Abs. 2 S. 3 die Aufhebungsgründe des § 1059 Abs. 2 Nr. 1 nicht berücksichtigt, wenn die Frist für einen Aufhebungsantrag abgelaufen ist. Im Interesse einer einheitlichen Beurteilung sollte man deshalb auch die Präklusion derartiger Gründe nach einem anderen als dem deutschen Recht anerkennen, denn der deutsche Gesetzgeber hat mit § 1059 einerseits und der Einbeziehung des UNÜbkSchdG in das deutsche Recht durch § 1061 andererseits parallele Regelungen getroffen.[84] Soweit ein Aufhebungsverfahren im Ausland durchgeführt wurde, dieses jedoch keinen Erfolg hatte, präkludiert es regelmäßig die Geltendmachung des Versagungsgrundes.[85] Anderes gilt nur in extremen Fällen, wenn das ausländische Gericht den Antragsteller völlig rechtlos gestellt hat.[86]

21 **2. Von Amts wegen zu berücksichtigende Aufhebungsgründe.** Die Versagungsgründe nach Art. V Abs. 2 UNÜbkSchdG sind vom deutschen Richter von Amts wegen zu beachten (vgl. Rn. 28) und die notwendigen Tatsachen von Amts wegen zu ermitteln.

22 a) **Art. V Abs. 2 Buchst. a.** Der Versagungsgrund nach Art. V Abs. 2 Buchst. a UNÜbkSchdG knüpft an die **Schiedsfähigkeit** nach dem Recht des Landes an, in welchem die Vollstreckbarerklärung begehrt wird. Für Deutschland ist damit § 1030 maßgebend, wobei eine Erweiterung der Schiedsfähigkeit auf den Be-

---

[78] *Schwab/Walter* Kap. 57 Rn. 20; differenzierend *Solomon* (Fn. 1) S. 98ff., 374 (Begriff der Verbindlichkeit autonom zu bestimmen; Voraussetzungen dafür national); für eine Kombination *St/J/Schlosser* Anh. § 1061 Rn. 126f.

[79] *Solomon* (Fn. 1) S. 93ff.; vgl. auch *ders.* S. 374 (Verbindlichkeit setzt eine nach den anwendbaren Regeln das Verfahren abschließende Entscheidung des Schiedsgerichts voraus; Voraussetzungen, die nach der jeweiligen Rechtsordnung erfüllt sein müssen, damit Rechtswirkungen eintreten, unterliegen nicht dem Schiedsverfahrensstatut); *St/J/Schlosser* Anh. § 1061 Rn. 129; *Sandrock* RIW 1987, Beil. 2 zu Heft 5, S. 1, 14.

[80] *St/J/Schlosser* Anh. 1061 Rn. 131.

[81] *St/J/Schlosser* Anh. 1061 Rn. 130 m. Nachw. auch zur Gegenauffassung.

[82] Das gilt auch für Verstöße gegen vereinbarte Verfahrensregeln, vgl. *Schlosser,* Recht der internationalen privaten Schiedsgerichtsbarkeit, 2. Aufl. 1989, Rn. 848; für den Fall der Formunwirksamkeit wird eine vom jeweiligen staatlichen Schiedsverfahrensrecht gelöste Heilungsmöglichkeit erwogen, vgl. *St/J/Schlosser* Anh. 1061 Rn. 55.

[83] *Schwab/Walter* Kap. 30 Rn. 19 (nur bezüglich der Unwirksamkeit der Schiedsabrede); zum alten Recht: *Schlosser* (Fn. 17) Rn. 849 (bezogen auf Versagungsgründe nach § 1044 aF Abs. 1 Buchst. b, c, d und Abs. 2 Buchst. b).

[84] So iE auch OLG München BauR 2006, 1360; OLG Karlsruhe SchiedsVZ 2006 281, 282f. m. zust. Anm. *Gruber* (unter Hinweis auf die Beschleunigung des Verfahrens, die mit der Schiedsabrede angestrebt werde); OLG Karlsruhe SchiedsVZ 2006, 335, 336; vgl. auch OLG Hamm SchiedsVZ 2006, 106, 108f. (Lösung über Gedanken der unredlichen Prozessführung); *Solomon* (Fn. 1), S. 693, 700 (wegen der Maßgeblichkeit des Schiedsverfahrensstatuts für die Beurteilung der materiellen Wirksamkeit des Schiedsspruchs); *Lachmann* Rn. 2546; BGH WM 2001, 787, 789; OLG Hamburg BB 1999, Beil. 4, S. 13, 16; aA (keine Präklusion bei Nichtergreifen von Rechtsbehelfen) BayObLG BB 2000, Beil. 12, S. 15, 16 = NJW-RR 2001, 431, 432; OLG Schleswig RIW 2000, 706, 708; *Mallmann* SchiedsVZ 2004, 152, 157f. (dort auch zu einer Überlagerung durch das EuÜ); *St/J/Schlosser* Anh. § 1061 Rn. 75; *Zö/Geimer* Rn. 28f. (Präklusion aber für solche Gründe, die in einem durchgeführten Rechtsbehelfsverfahren nicht geltend gemacht wurden).

[85] BGH WM 2001, 787, 789 (zum alten Recht); *Harbst* SchiedsVZ 2007, 22, 30 (im Rahmen von § 328).

[86] BGHZ 52, 184, 190; 55, 162, 171.

reich zu erwägen ist, der in Deutschland durch § 101 Abs. 2 ArbGG der Schiedsgerichtsbarkeit verschlossen bleibt, solange sich diese Erweiterung auf solche Fälle beschränkt, in denen deutsche Gerichte international nicht zuständig sind oder durch Parteivereinbarung ausgeschlossen werden können.[87]

b) Art. V Abs. 2 Buchst. b. Nach Art. V Abs. 2 Buchst. b UNÜbkSchdG ist die Vollstreckbarerklärung zu versagen, wenn diese gegen die **öffentliche Ordnung** des mit der Vollstreckbarerklärung befassten Landes verstieße, wobei der Verstoß sowohl in der Anerkennung des Ergebnisses des Schiedsspruchs liegen kann als auch darin, dass der Schiedsspruch in einem Verfahren gefällt wurde, das gravierende Fehler aufweist (vgl. auch § 1059 Rn. 25). Insofern ergänzt Art. V Abs. 2 Buchst. b UNÜbkSchdG die Versagungsgründe nach Abs. 1 Buchst. b und d um einen **von Amts wegen** zu prüfenden und **nicht präkludierbaren** Aufhebungsgrund. Ein solcher Verstoß der Anerkennung oder Vollstreckung gegen die öffentliche Ordnung ist in Deutschland anzunehmen, wenn der Schiedsspruch im Zeitpunkt der Entscheidung durch das staatliche Gericht zu den Grundlagen des staatlichen oder wirtschaftlichen Lebens oder zu deutschen Gerechtigkeitsvorstellungen in einem untragbaren Widerspruch steht.[88] Dabei ist der Prüfungsmaßstab nach der Rechtsprechung bei der Beurteilung ausländischer Schiedssprüche jedoch **weniger streng** als der nach § 1059 Abs. 2 Nr. 2 Buchst. b.[89] 23

Ein Verstoß gegen den sog. **ordre public international** soll nach der Rechtsprechung nur dann anzunehmen sein, wenn das **Verfahren** nicht mehr den **Anforderungen an ein rechtsstaatliches Verfahren** entspricht,[90] wobei in diese Beurteilung auch die Rechtsbehelfsmöglichkeiten des anzuwendenden Verfahrensrechts einzubeziehen sind. So muss bei einem Schiedsgericht, bei dem der konkrete Verdacht einer **nicht neutralen Besetzung** begründet ist,[91] auch berücksichtigt werden, ob das anwendbare Recht eine Ablehnung des Schiedsrichters zulässt.[92] Ein Alleinbenennungsrecht einer Partei für den Fall, dass die andere Partei nicht fristgerecht einen Schiedsrichter bestimmt, verstößt nicht ohne weiteres gegen Abs. 2 Buchst. b,[93] ebenso wenig die aktive und tragende Beteiligung eines juristischen Beraters am Schiedsverfahren.[94] Ist nicht sichergestellt,[95] dass sich der **Betroffene freiwillig dem Schiedsgericht unterworfen** hat (etwa weil dieses seine Zuständigkeit willkürlich bejaht hat),[96] so liegt darin nur dann ein Verstoß gegen die öffentliche Ordnung, wenn die anwendbare Rechtsordnung keine Möglichkeit vorsieht, sich gegen ein derart aufgezwungenes Verfahren zu wehren.[97] Sieht das angewendete Verfahrensrecht **keine Möglichkeit** vor, sich gegen die **Entscheidung des Schiedsgerichts zur Wehr zu setzen,** so begründet dies allein noch keinen Verstoß gegen den ordre public international.[98] Dagegen wird ein Restitutionsgrund nach § 580 in aller Regel einen Verstoß gegen den ordre public international begründen (vgl. auch § 1059 Rn. 28).[99] Ein Verstoß gegen den ordre public international wird auch bei grober Fehldeutung von Schriftstücken durch das Schiedsgericht erwogen.[100] Das **Fehlen einer Begründung** hindert die Vollstreckbarerklärung nicht,[101] sofern die Parteien auf sie verzichten oder sie nach dem Schiedsverfahrensrecht entbehrlich war. Sie ist dagegen erforderlich, wenn die Vermutung des Art. VIII EuÜ eingreift.[102] 24

Ist eine Partei nach **dem anwendbaren Verfahrensrecht nicht ordnungsgemäß vertreten,** so kann dies einen Aufhebungsgrund nach Abs. 1 Buchst. d begründen.[103] Bei der Beurteilung eines Verstoßes gegen die 25

---

[87] Zum alten Recht: *St/J/Schlosser,* 21. Aufl. 1994, Anh. 1044 aF Rn. 84.

[88] Zum alten Recht vgl. BGHZ 39, 173, 176f. = NJW 1963, 1200; BGHZ 48, 327, 331 = NJW 1968, 354; BGH NJW-RR 1991, 757, 758; NJW 1993, 1801, 1802; 1998, 2358.

[89] Zum alten Recht vgl. BGH NJW 1998, 2358; vgl. auch BGHZ 48, 327, 332 = NJW 1968, 354; BGHZ 98, 70, 73f. = NJW 1986, 3027; BGHZ 110, 104, 108 = NJW 1990, 2199; dem folgt *St/J/Schlosser* Anh. § 1061 Rn. 135 (zum neuen Recht); gegen einen solchen „Rabatt" bei Fällen mit Auslandsbezug *Schwab/Walter* Kap. 30 Rn. 21 (zum geltenden Recht); *Kornblum,* Festschr. f. Nagel, 1987, S. 140, 149f.; *Wiecz/Sch/Schütze* § 1044 aF Rn. 24; kritisch auch *Ebbing,* Private Zivilgerichte, 2003, S. 292ff. (zum geltenden Recht).

[90] Zum alten Recht vgl. BGHZ 98, 70, 73 = NJW 1986, 3027; BGHZ 110, 104, 107 = NJW 1990, 2199; BGH NJW 1978, 1114, 1115; WM 1990, 1766; vgl. auch BGHZ 104, 178, 184 = NJW 1988, 3090, 3092; zahlreiche Beispiele bei *Haas* (Fn. 9) S. 223ff.

[91] Die bloße Möglichkeit reicht nicht aus (zum alten Recht): BGHZ 98, 70, 75 = NJW 1986, 3027; krit. *Kornblum* NJW 1987, 1105, 1107; sehr restriktiv OLG Celle 31. 5. 2007 8 Sch 6/06 Tz. 41 OLGR Celle 2007, 665.

[92] *St/J/Schlosser* Anh. § 1061 Rn. 151ff.; zum alten Recht: BGH NJW-RR 2001, 1059, 1060; *Sandrock* IPrax 2001, 550, 555; *Kröll* EWiR Art. 5 UnÜ 1/01, S. 395; vgl. auch OLG Köln ZZP 91 (1978), 318, 320ff. (Ausschaltung des Ablehnungsrechts durch Geheimhaltung der Namen der Schiedsrichter).

[93] Zum alten Recht: BGHZ 98, 70, 75 = NJW 1986, 3027; BGH NJW-RR 2001, 1059, 1060; *Walter* JZ 1987, 156, 157 (weiter gehend, Geltung auch für nationale Schiedssprüche); *Engelhardt* JZ 1987, 232; aA *Kornblum* NJW 1987, 1105, 1106ff.

[94] Zum alten Recht: BGHZ 110, 104, 107f. = NJW 1990, 2199.

[95] Die Formvorschrift des § 1031 ist nicht maßgebend (zum alten Recht): BGHZ 71, 131, 136 = NJW 1978, 1744.

[96] Zum alten Recht: BGHZ 52, 184, 190 = NJW 1969, 2093; BGHZ 71, 131, 136 = NJW 1978, 1744.

[97] Vgl. *Zö/Geimer* Rn. 35; zum alten Recht: BGHZ 71, 131 = NJW 1978, 1744.

[98] *Schwab/Walter* Kap. 30 Rn. 23; vgl. auch BGH NJW 2007, 772, 773.

[99] Zum alten Recht: BGH NJW 1990, 2199, 2200 (insoweit nicht abgedruckt in BGHZ 110, 104); *Engelhardt* JZ 1987, 227, 230f.; *Wiecz/Sch/Schütze* § 1044 aF Rn. 26.

[100] *St/J/Schlosser* § 1061 Rn. 143.

[101] *St/J/Schlosser* Anh. § 1061 Rn. 201; zum alten Recht: OLG Düsseldorf 3. 7. 1997 6 U 67/96 (zum deutsch-amerikanischen Freundschaftsvertrag); *Haas* (Fn. 9) S. 224.

[102] *St/J/Schlosser* Anh. § 1061 Rn. 201f.; soweit das UNÜbkSchdG zwischen den beteiligten Staaten später als das EuÜ in Kraft getreten ist, gelten die weniger strengen Regeln des UNÜbkSchdG, vgl. *Schwab/Walter* Kap. 42 Rn. 36.

[103] *Schwab/Walter* Kap. 30 Rn. 24.

öffentliche Ordnung geht es demgegenüber um die Frage, ob die Partei auch **aus Sicht des deutschen Rechts** (einschließlich des deutschen Kollisionsrechts) als ordnungsgemäß vertreten angesehen werden kann. Ein Verstoß dagegen kann unabhängig davon, ob die Vertretung dem angewendeten Verfahrensrecht entspricht,[104] in gravierenden Fällen, in denen die **Mindestanforderungen an ein rechtsstaatliches Verfahren unterschritten** werden, zur Aufhebung wegen Unvereinbarkeit mit dem verfahrensrechtlichen ordre public führen.[105] Hinsichtlich der Frage, ob die Vertretung ordnungsgemäß ist, ist das ausländische Recht nur maßgebend, soweit das deutsche Recht auf dieses verweist.[106] Ob dies der Fall ist, hängt von der zu beurteilenden Frage ab: Soweit es um die **Bevollmächtigung des Vertreters im Schiedsverfahren** geht,[107] entscheidet das Verfahrensrecht, das auf das Schiedsverfahren anwendbar ist, auch über die Anforderungen, die an die Vertretung im Schiedsverfahren zu stellen sind.[108] Dabei wird bei einem Mangel der Vertretung im Schiedsverfahren die Vollstreckbarerklärung auch dann versagt, wenn die Prozessvertretung nach dem anwendbaren ausländischen Verfahrensrecht zwar fehlerhaft ist, dies jedoch nach der ausländischen Rechtsordnung nicht zur Unwirksamkeit des Schiedsspruchs führt.[109] Nicht verfahrensrechtlich ist dagegen anzuknüpfen, wenn es darum geht, ob eine nicht prozessfähige Person – das ist auch eine juristische Person – durch ihren **gesetzlichen Vertreter** ordnungsgemäß vertreten ist. Dies ist keine Frage des Verfahrensrechts, so dass unser Kollisionsrecht nicht auf das Recht des Schiedsverfahrens, sondern auf das Personalstatut verweist.[110]

26 Zur Aufhebung wegen Unvereinbarkeit mit dem verfahrensrechtlichen ordre public international kann weiterhin die **Nichtgewährung rechtlichen Gehörs** führen. Der Maßstab dessen, was zur Gewährung rechtlichen Gehörs erforderlich ist, unterscheidet sich im Grundsatz von dem des deutschen Rechts nicht,[111] so dass auf § 1059 Rn. 27 verwiesen werden kann. Die nähere Ausgestaltung der Gewährung rechtlichen Gehörs bestimmt sich dagegen immer auch nach der besonderen Verfahrenssituation. So kann die Frage, ob die Gelegenheit zur Stellungnahme, die der Partei gegeben wurde, ausreichend war, nicht ohne Blick auf das ausländische Verfahrensrecht (zB Beschränkung der Zahl von Schriftsätzen oder Regelungen über den Zeitpunkt von Beweisanträgen oder über die zulässigen Beweismittel) beantwortet werden, denn aus dieser Rechtsordnung ergibt sich, inwieweit die Partei mit einer über die Mindestanforderungen des rechtlichen Gehörs hinausgehenden Möglichkeit, noch Stellung nehmen zu können, rechnen konnte.[112]

27 Gegen den **materiellrechtlichen ordre public** verstößt ein Schiedsspruch beispielsweise, wenn er sich über die nach deutschem Recht[113] zu bestimmende Sittenwidrigkeit des Vertrags[114] oder über zwingendes deutsches Wirtschaftsrecht[115] oder zwingende Normen des Europäischen Gemeinschaftsrechts[116] hinwegsetzt, wenn er zu Strafschadensersatz verpflichtet[117] oder durch eine vorsätzliche sittenwidrige Handlung herbeigeführt wurde[118] (vgl. auch § 1059 Rn. 29ff.).

---

[104] *Schwab/Walter* Kap. 30 Rn. 24; aA *Zö/Geimer* Rn. 52 (stets Schiedsverfahrensstatut); vgl. BGH ZZP 86 (1973), 46, 48f. (zum alten Recht).

[105] *Schwab/Walter* Kap. 30 Rn. 24; zum alten Recht: BGH ZZP 86 (1973), 46, 48f.

[106] *Schwab/Walter* Kap. 30 Rn. 24; *St/J/Schlosser* Anh. § 1061 Rn. 88; zum alten Recht: vgl. auch *Wiecz/Sch/Schütze* § 1044 aF Rn. 29.

[107] Anders bei der Bevollmächtigung zum Abschluss des Schiedsvertrags, vgl. (zum alten Recht): *Schlosser* ZZP 86 (1973), 49, 53f.

[108] *St/J/Schlosser* Anh. § 1061 Rn. 88; zum alten Recht: *Schlosser* ZZP 86 (1973), 49, 54.

[109] Zum alten Recht: *St/J/Schlosser*, 21. Aufl. 1994, § 1044 aF Rn. 43.

[110] *St/J/Schlosser* Anh. § 1061 Rn. 88.

[111] OLG München SchiedsVZ 2006, 111, 112; zum alten Recht: *Wiecz/Sch/Schütze* § 1044 aF Rn. 30; vgl. auch *Haas* (Fn. 9) S. 212 m. umf. Nachw. auch aus der Rechtspraxis anderer Staaten zu den Anforderungen an die Gewährung rechtlichen Gehörs; vgl. auch BGHZ 110, 104, 108 = NJW 1990, 2199.

[112] *St/J/Schlosser* Anh. § 1061 Rn. 108ff.

[113] Zu der Frage, ob ein Verstoß gegen zwingendes ausländisches Wirtschaftsrecht auch außerhalb des Vertragsstatuts in die Beurteilung einzubeziehen ist, vgl. *Drobnig*, Festschr. f. Kegel, 1987, S. 95, 114f.

[114] Zum alten Recht: *MK/Maier*, 1. Aufl. 1992, § 1044 aF Rn. 13.

[115] *St/J/Schlosser* Anh. § 1061 Rn. 145, 147; zum alten Recht: BGHZ 46, 365, 367f. = NJW 1967, 1178; BGH NJW 1969, 978 (Kartellrecht; aber jeweils inländischer Schiedsspruch); BGHZ 59, 82 = NJW 1972, 1575 (Vertrag über Ausfuhr geschützten nationalen Kulturguts); BGH NJW-RR 1991, 757, 758; NJW 1998, 2358, 2359 (kein Verstoß bei Börsentermingeschäften; vgl. auch *Samtleben* IPRax 1992, 362); OLG Hamburg RIW 1992, 939, 940 (kein Verstoß bei Zinseszins); zu Devisengeschäften vgl. auch BGH WM 1970, 785; *Wiecz/Sch/Schütze* § 1044 aF Rn. 27.

[116] *Zö/Geimer* Rn. 51; vgl. (zu Art. 81 EG [früher Art. 85 EGV], zur Frage des Binnenmarktsbezugs) EuGH EuZW 1999, 565, 567 = NJW 1999, 3549 (LS); *Michaels* ZfRV 1999, 5, 7; zum alten Recht: BGH NJW 1969, 978, 980; 1972, 2180.

[117] *Schwab/Walter* Kap. 30 Rn. 22; zum alten Recht: BGHZ 118, 312, 334ff. = NJW 1992, 3096 (zur Entscheidung eines staatlichen Gerichts); *Stein* EuZW 1994, 18, 21f.; *Kühn*, Festschr. f. Glossner, 1994, S. 193ff. (mit der – richtigerweise aber abzulehnenden – Möglichkeit einer summenmäßigen Teilanerkennung, S. 207); *Lüke*, Punitive Damages in der Schiedsgerichtsbarkeit, 2003, S. 251, 301ff. (im Grundsatz nicht ordre-public-widrig, aber Verstoß wegen der Höhe im Einzelfall möglich; dann sei ggf. die Summe zu reduzieren); *Wiecz/Sch/Schütze* § 1044 aF Rn. 27; zum ordre-public-Verstoß bei US-amerikanischen Antitrust-Treble-Damages-Entscheidungen vgl. *Zekoll/Rahlfs* JZ 1999, 384, 387ff. (iE Verstoß ablehnend; bei unverhältnismäßig hohen Summen Reduktion [zu § 328 Abs. 1 Nr. 4]); für die Vereinbarkeit mit dem ordre public, sofern der Sachverhalt nur einen geringen Inlandsbezug aufweist, *Hauenstein*, Punitive Damages im internationalen Zivilprozessrecht und der internationalen Schiedsgerichtsbarkeit, 2006, S. 31ff.

[118] Zum alten Recht: BGH NJW 1993, 1270, 1272; 1993, 1801, 1802; vgl. auch BayObLG NJOZ 2004, 997ff. (massiver Verstoß gegen Grundprinzipien der Fairness; Weiterbetreiben des Schiedsverfahrens trotz gegenteiligen Vergleichs; Antrag auf Vollstreckbarerklärung unter Verschweigen der Zahlung).

VI. Entscheidung bei Bestehen eines Versagungsgrundes

Obwohl Art. V UNÜbkSchdG es seinem Wortlaut nach nur erlaubt, die Vollstreckbarkeit zu versagen, ist der deutsche Richter verpflichtet, von dieser Möglichkeit Gebrauch zu machen.[119] Denn während es im eigentlichen Anwendungsbereich dieser Norm darum geht, einem Mitgliedsstaat zu gestatten, einen entsprechenden Anerkennungsversagungsgrund für einen Schiedsspruch vorzusehen, der unter die Regelungen des UNÜbkSchdG fällt, hat der Gesetzgeber durch die Inkorporation der Regelungen des UNÜbkSchdG in § 1061 zum Ausdruck gebracht, dass der staatliche Richter unter den im Übereinkommen zugelassenen Voraussetzungen die Vollstreckung und Anerkennung zu versagen hat. Dies ergibt sich nicht zuletzt daraus, dass ein Ermessen des Richters bezüglich der Geltung eines Versagungsgrundes dem deutschen Recht fremd wäre. Soweit ein Versagungsgrund durchgreift, lehnt das Gericht die Vollstreckbarerklärung ab, **hebt** den ausländischen Schiedsspruch jedoch **nicht auf.** An die Stelle der Aufhebung tritt nach Abs. 2 die **Feststellung,** dass der Schiedsspruch **im Inland nicht anzuerkennen** ist. 28

VII. Aufhebungsantrag nach Abs. 3

Die nachträgliche Aufhebung des Schiedsspruchs im Ausland hat zunächst keine unmittelbaren Folgen für eine bereits bestehende Vollstreckbarerklärung in Deutschland. Wenn aber die Aufhebung des Schiedsspruchs im Ausland rechtskräftig ist,[120] so wird seine Vollstreckbarerklärung nach Abs. 3 durch rechtsgestaltenden Akt auf Antrag aufgehoben. In Übertragung der Regelung des Art. V Abs. 1 Buchst. e UNÜbkSchdG ist dabei die Aufhebung in dem Land erforderlich, in dem der Schiedsspruch ergangen ist oder dessen Recht er untersteht.[121] Ohne Bedeutung für die Aufhebung der Vollstreckbarerklärung nach Abs. 3 ist es, aus welchem Grund der Schiedsspruch aufgehoben wurde.[122] Wegen der Parallelität dieses Aufhebungsgrundes zur Versagung der Anerkennung wegen Fehlens eines verbindlichen Schiedsspruchs (vgl. Rn. 14) sollte es nicht darauf ankommen, ob das aufhebende ausländische Urteil in Deutschland nach § 328 anerkennungsfähig ist.[123] 29

Der **Antrag** ist **nicht fristgebunden.** Er kann sich nur gegen die Vollstreckbarerklärung durch ein deutsches Gericht richten, die rechtskräftig geworden ist. Solange die Aufhebung durch **Rechtsbeschwerde** geltend gemacht werden kann, geht dieser Weg dem Verfahren nach Abs. 3 vor.[124] Die **Zuständigkeit des Gerichts** bestimmt sich nach § 1062 Abs. 2 iVm. Abs. 1 Nr. 4, Abs. 5. Im Aufhebungsverfahren nach Abs. 3 ist die **vorläufige Einstellung der Zwangsvollstreckung** in entsprechender Anwendung des § 707 möglich,[125] **Schadensersatz** analog § 717 Abs. 2 wird nicht geschuldet, wohl aber Herausgabe des im Hinblick auf die Wirksamkeit des Schiedsspruchs Geleisteten (vgl. § 1059 Rn. 40). 30

VIII. Gebühren und Kosten

Der **Rechtsanwalt** erhält die Gebühren aus Nrn. 3100, 3104 VV RVG; s. auch § 1059 Rn. 44. **Gerichtskosten** entstehen nach KV Nr. 1620 in Höhe von zwei Gebühren. 31

Anhang: Text des EuÜ

Der Text des Europäischen Übereinkommens über die internationale Handelsschiedsgerichtsbarkeit vom 21. 4. 1961[126] lautet: 32

DIE UNTERZEICHNETEN,
GEHÖRIG BEVOLLMÄCHTIGT,
DIE UNTER den Auspizien der Wirtschaftskommission für Europa der Vereinten Nationen zusammengetreten sind, haben

IN KENNTNIS, dass am Schluss der Konferenz der Vereinten Nationen über die internationale Handelsschiedsgerichtsbarkeit am 10. Juni 1958 in New York ein Übereinkommen über die Anerkennung und Vollstreckung ausländischer Schiedssprüche unterzeichnet worden ist,

IN DEM WUNSCH, zu der Entwicklung des europäischen Handels dadurch beizutragen, dass soweit wie möglich gewisse Schwierigkeiten behoben werden, welche die Gestaltung und die Durchführung der internationalen Handelsschiedsgerichtsbarkeit in den Beziehungen zwischen natürlichen oder juristischen Personen verschiedener Staaten Europas beeinträchtigen können,

---

[119] MK/*Münch* Rn. 6; so iE auch *Schwab/Walter* Kap. 56 Rn. 3, die aber dieses Ergebnis aus dem UNÜbkSchdG selbst ableiten; aA (Anerkennung richterlichen Ermessens) *Schlosser,* in: Revision des EuGVÜ – Neues Schiedsverfahrensrecht, 2000, S. 163, 197; *St/J/Schlosser* Anh. § 1061 Rn. 73.

[120] *Schwab/Walter* Kap. 30 Rn. 33; die Möglichkeit, ein Aufhebungsverfahren nach dem nationalen Recht durchführen zu können, ist nicht zwingend erforderlich, vgl. *Solomon* (Fn. 71) S. 512 f.

[121] *Borges* ZZP 111 (1998), 487, 510 f.; MK/*Münch* Rn. 12; vgl. *T/P/Reichold* Rn. 14 (Ursprungsland); auf das Land abstellend, dessen Recht der Schiedsspruch untersteht, *Schwab/Walter* Kap. 30 Rn. 34.

[122] *Schwab/Walter* Kap. 30 Rn. 34.

[123] *Solomon* (Fn. 1) S. 570 (sofern Urteil gleichwertig); MK/*Münch* Rn. 12; aA zum alten Recht: *Wiecz/Sch/Schütze* § 1044 aF Rn. 36.

[124] *Schwab/Walter* Kap. 30 Rn. 33.

[125] *Schwab/Walter* Kap. 30 Rn. 35.

[126] BGBl. 1964 II S. 427 ff.; abgedruckt ist die im BGBl. veröffentlichte Übersetzung, die deutsche Fassung ist nicht amtlich (vgl. Schlussformel nach Art. X); zu den Mitgliedstaaten vgl. Fn. 33.

FOLGENDES VEREINBART:

Artikel I
Anwendungsbereich des Übereinkommens[127]

(1) Dieses Übereinkommen ist anzuwenden:
a) auf Schiedsvereinbarungen, die zum Zwecke der Regelung von bereits entstandenen oder künftig entstehenden Streitigkeiten aus internationalen Handelsgeschäften zwischen natürlichen oder juristischen Personen geschlossen werden, sofern diese bei Abschluss der Vereinbarung ihren gewöhnlichen Aufenthalt oder ihren Sitz in verschiedenen Vertragsstaaten haben;
b) auf schiedsrichterliche Verfahren und auf Schiedssprüche, die sich auf die in Absatz 1 Buchstabe a bezeichneten Vereinbarungen gründen.
(2) Im Sinne dieses Übereinkommens bedeutet
a) „Schiedsvereinbarung" eine Schiedsklausel in einem Vertrag oder eine Schiedsabrede, sofern der Vertrag oder die Schiedsabrede von den Parteien unterzeichnet oder in Briefen, Telegrammen oder Fernschreiben, die sie gewechselt haben, enthalten ist und, im Verhältnis zwischen Staaten, die in ihrem Recht für Schiedsvereinbarungen nicht die Schriftform fordern, jede Vereinbarung, die in den nach diesen Rechtsordnungen zulässigen Formen geschlossen ist;
b) „Regelung durch ein Schiedsgericht" die Regelung von Streitigkeiten nicht nur durch Schiedsrichter, die für eine bestimmte Sache bestellt werden (ad hoc-Schiedsgericht), sondern auch durch ein ständiges Schiedsgericht;
c) „Sitz" den Ort, an dem sich die Niederlassung befindet, welche die Schiedsvereinbarung geschlossen hat.

Artikel II
Schiedsfähigkeit der juristischen Personen des öffentlichen Rechts

(1) In den Fällen des Artikels I Abs. 1 haben die juristischen Personen, die nach dem für sie maßgebenden Recht „juristische Personen des öffentlichen Rechts" sind, die Fähigkeit, wirksam Schiedsvereinbarungen zu schließen.
(2) Jeder Staat kann bei der Unterzeichnung oder Ratifizierung des Übereinkommens oder beim Beitritt erklären, dass er diese Fähigkeit in dem Ausmaße beschränkt, das in seiner Erklärung bestimmt ist.

Artikel III
Fähigkeit der Ausländer zum Schiedsrichteramt

Ausländer können in schiedsrichterlichen Verfahren, auf die dieses Übereinkommen anzuwenden ist, zu Schiedsrichtern bestellt werden.

Artikel IV
Gestaltung des schiedsrichterlichen Verfahrens[128]

(1) Den Parteien einer Schiedsvereinbarung steht es frei zu bestimmen,
a) dass ihre Streitigkeiten einem ständigen Schiedsgericht unterworfen werden; in diesem Fall wird das Verfahren nach der Schiedsgerichtsordnung des bezeichneten Schiedsgerichts durchgeführt; oder
b) dass ihre Streitigkeiten einem ad hoc-Schiedsgericht unterworfen werden; in diesem Fall können die Parteien insbesondere
   1. die Schiedsrichter bestellen oder im Einzelnen bestimmen, wie die Schiedsrichter bei Entstehen einer Streitigkeit bestellt werden;
   2. den Ort bestimmen, an dem das schiedsrichterliche Verfahren durchgeführt werden soll;
   3. die von den Schiedsrichtern einzuhaltenden Verfahrensregeln festlegen.

(2) Haben die Parteien vereinbart, die Regelung ihrer Streitigkeiten einem ad hoc-Schiedsgericht zu unterwerfen, und hat eine der Parteien innerhalb von 30 Tagen, nachdem der Antrag, mit dem das Schiedsgericht angerufen wird, dem Beklagten zugestellt worden ist, ihren Schiedsrichter nicht bestellt, so wird dieser Schiedsrichter, sofern nichts anderes vereinbart ist, auf Antrag der anderen Partei von dem Präsidenten der zuständigen Handelskammer des Staates bestellt, in dem die säumige Partei bei Stellung des Antrags, mit dem das Schiedsgericht angerufen wird, ihren gewöhnlichen Aufenthalt oder ihren Sitz hat. Dieser Absatz gilt auch für die Ersetzung von Schiedsrichtern, die von einer Partei oder von dem Präsidenten der obenbezeichneten Handelskammer bestellt worden sind.
(3) Haben die Parteien vereinbart, die Regelung ihrer Streitigkeiten einem ad hoc-Schiedsgericht, das aus einem Schiedsrichter oder aus mehreren Schiedsrichtern besteht, zu unterwerfen, und enthält die Schiedsvereinbarung keine Angaben über die Maßnahmen der in Absatz 1 bezeichneten Art, die zur Gestaltung des schiedsrichterlichen Verfahrens erforderlich sind, so werden diese Maßnahmen, wenn die Parteien sich hierüber nicht einigen und wenn nicht ein Fall des Absatzes 2 vorliegt, von dem Schiedsrichter oder von den Schiedsrichtern getroffen, die bereits bestellt sind. Kommt zwischen den Parteien über die Bestellung des Einzelschiedsrichters oder zwischen den

---

[127] Die Überschriften sind Teil des Übereinkommens.

[128] Eine abweichende Zuständigkeit für die in Art. IV Abs. 2 bis 7 EuÜ genannten Maßnahmen ergibt sich aus der Vereinbarung vom 17. 12. 1962 über die Anwendung des EuÜ (BGBl. 1964 II S. 449). Diese Vereinbarung ist ggü. folgenden Ländern an dem jeweils genannten Datum mit Wirkung für und gegen die Bundesrepublik Deutschland wirksam geworden: Belgien, 1. 7. 1976, BGBl. II S. 139; Dänemark, 22. 3. 1973, BGBl. II S. 171; Frankreich, 16. 3. 1967, BGBl. II, S. 2329; Italien, 9. 6. 1976, BGBl. II S. 1016; Luxemburg, 24. 6. 1982, BGBl. II S. 671; Moldau, Republik, 3. 6. 1998, BGBl. II S. 1175 sowie Österreich, 25. 1. 1965, BGBl. II S. 271. Art. 1 des Übereinkommens lautet: Für die Beziehungen zwischen natürlichen oder juristischen Personen, die ihren gewöhnlichen Aufenthalt oder ihren Sitz in den Vertragsstaaten dieser Vereinbarung haben, werden die Absätze 2 bis 7 des Artikels IV des Europäischen Übereinkommens über die internationale Handelsschiedsgerichtsbarkeit, das am 21. April 1961 in Genf zur Unterzeichnung aufgelegt worden ist, durch die folgende Vorschrift ersetzt: „Enthält die Schiedsvereinbarung keine Angaben über die Gesamtheit oder einen Teil der in Artikel IV Abs. 1 des Europäischen Übereinkommens über die internationale Handelsschiedsgerichtsbarkeit bezeichneten Maßnahmen, so werden die bei der Bildung oder der Tätigkeit des Schiedsgerichts etwa entstehenden Schwierigkeiten auf Antrag einer Partei durch das zuständige staatliche Gericht behoben."

Schiedsrichtern über die zu treffenden Maßnahmen eine Einigung nicht zustande, so kann der Kläger, wenn die Parteien den Ort bestimmt haben, an dem das schiedsrichterliche Verfahren durchgeführt werden soll, sich zu dem Zweck, dass diese Maßnahmen getroffen werden, nach seiner Wahl entweder an den Präsidenten der zuständigen Handelskammer des Staates, in dem der von den Parteien bestimmte Ort liegt, oder an den Präsidenten der zuständigen Handelskammer des Staates wenden, in dem der Beklagte bei Stellung des Antrags, mit dem das Schiedsgericht angerufen wird, seinen gewöhnlichen Aufenthalt oder seinen Sitz hat; haben die Parteien den Ort, an dem das schiedsrichterliche Verfahren durchgeführt werden soll, nicht bestimmt, so kann sich der Kläger nach seiner Wahl entweder an den Präsidenten der zuständigen Handelskammer des Staates, in dem der Beklagte bei Stellung des Antrags, mit dem das Schiedsgericht angerufen wird, seinen gewöhnlichen Aufenthalt oder seinen Sitz hat, oder an das Besondere Komitee wenden, dessen Zusammensetzung und dessen Verfahren in der Anlage zu diesem Übereinkommen geregelt sind. Übt der Kläger die ihm in diesem Absatz eingeräumten Rechte nicht aus, so können sie von dem Beklagten oder von den Schiedsrichtern ausgeübt werden.
(4) Der Präsident oder das Besondere Komitee kann, je nach den Umständen des ihm vorgelegten Falles, folgende Maßnahmen treffen:
a) den Einzelschiedsrichter, den Obmann des Schiedsgerichts, den Oberschiedsrichter oder den dritten Schiedsrichter bestellen;
b) einen oder mehrere Schiedsrichter ersetzen, die nach einem anderen als dem in Absatz 2 vorgesehenen Verfahren bestellt worden sind;
c) den Ort bestimmen, an dem das schiedsrichterliche Verfahren durchgeführt werden soll, jedoch können die Schiedsrichter einen anderen Ort wählen;
d) unmittelbar oder durch Verweisung auf die Schiedsgerichtsordnung eines ständigen Schiedsgerichts die von den Schiedsrichtern einzuhaltenden Verfahrensregeln festlegen, wenn nicht mangels einer Vereinbarung der Parteien über das Verfahren die Schiedsrichter dieses selbst festgelegt haben.
(5) Haben die Parteien vereinbart, die Regelung ihrer Streitigkeiten einem ständigen Schiedsgericht zu unterwerfen, ohne dass sie das ständige Schiedsgericht bestimmt haben, und einigen sie sich nicht über die Bestimmung des Schiedsgerichts, so kann der Kläger diese Bestimmung gemäß dem in Absatz 3 vorgesehenen Verfahren beantragen.
(6) Enthält die Schiedsvereinbarung keine Angaben über die Art des Schiedsgerichts (ständiges Schiedsgericht oder ad hoc-Schiedsgericht), dem die Parteien ihre Streitigkeit zu unterwerfen beabsichtigt haben, und einigen sich die Parteien nicht über diese Frage, so kann der Kläger von dem in Absatz 3 vorgesehenen Verfahren Gebrauch machen. Der Präsident der zuständigen Handelskammer oder das Besondere Komitee kann die Parteien entweder an ein ständiges Schiedsgericht verweisen oder sie auffordern, ihre Schiedsrichter innerhalb einer von ihm festgesetzten Frist zu bestellen und sich innerhalb derselben Frist über die Maßnahmen zu einigen, die zur Durchführung des schiedsrichterlichen Verfahrens erforderlich sind. In diesem letzten Falle sind die Absätze 2, 3 und 4 anzuwenden.
(7) Ist ein Antrag der in den Absätzen 2, 3, 4, 5 und 6 vorgesehenen Art von dem Präsidenten der in diesen Absätzen bezeichneten Handelskammer innerhalb von 60 Tagen nach Eingang des Antrags nicht erledigt worden, so kann sich der Antragsteller an das Besondere Komitee wenden, damit dieses die Aufgaben übernimmt, die nicht erfüllt worden sind.

Artikel V
Einrede der Unzuständigkeit des Schiedsgerichts

(1) Will eine Partei die Einrede der Unzuständigkeit des Schiedsgerichts erheben, so hat sie die Einrede, wenn diese damit begründet wird, die Schiedsvereinbarung bestehe nicht, sei nichtig oder sei hinfällig geworden, in dem schiedsrichterlichen Verfahren spätestens gleichzeitig mit ihrer Einlassung zur Hauptsache vorzubringen; wird die Einrede damit begründet, der Streitpunkt überschreite die Befugnisse des Schiedsgerichts, so hat die Partei die Einrede vorzubringen, sobald der Streitpunkt, der die Befugnisse des Schiedsgerichts überschreiten soll, in dem schiedsrichterlichen Verfahren zur Erörterung kommt. Wird eine Einrede von den Parteien verspätet erhoben, so hat das Schiedsgericht die Einrede dennoch zuzulassen, wenn die Verspätung auf einem von dem Schiedsgericht für gerechtfertigt erachteten Grund beruht.
(2) Werden die in Absatz 1 bezeichneten Einreden der Unzuständigkeit nicht in den dort bestimmten zeitlichen Grenzen erhoben, so können sie, sofern es sich um Einreden handelt, die zu erheben den Parteien nach dem von dem Schiedsgericht anzuwendenden Recht überlassen ist, im weiteren Verlauf des schiedsrichterlichen Verfahrens nicht mehr erhoben werden; sie können auch später vor einem staatlichen Gericht in einem Verfahren in der Hauptsache oder über die Vollstreckung des Schiedsspruches nicht mehr geltend gemacht werden, sofern es sich um Einreden handelt, die zu erheben den Parteien nach dem Recht überlassen ist, welches das mit der Hauptsache oder mit der Vollstreckung des Schiedsspruches befasste staatliche Gericht nach seinen Kollisionsnormen anzuwenden hat. Das staatliche Gericht kann jedoch die Entscheidung, mit der das Schiedsgericht die Verspätung der Einrede festgestellt hat, überprüfen.
(3) Vorbehaltlich einer dem staatlichen Gericht nach seinem Recht zustehenden späteren Überprüfung kann das Schiedsgericht, dessen Zuständigkeit bestritten wird, das Verfahren fortsetzen; es ist befugt, über seine eigene Zuständigkeit und über das Bestehen oder die Gültigkeit der Schiedsvereinbarung oder des Vertrages, in dem diese Vereinbarung enthalten ist, zu entscheiden.

Artikel VI
Zuständigkeit der staatlichen Gerichte

(1) Der Beklagte kann die Einrede der Unzuständigkeit, die damit begründet wird, es liege eine Schiedsvereinbarung vor, in einem Verfahren vor einem staatlichen Gericht, das eine Partei der Schiedsvereinbarung angerufen hat, nur vor oder gleichzeitig mit seiner Einlassung zur Hauptsache erheben, je nachdem, ob die Einrede der Unzuständigkeit nach dem Recht des angerufenen staatlichen Gerichts verfahrensrechtlicher oder materiellrechtlicher Natur ist; anderenfalls ist die Einrede ausgeschlossen.
(2) Hat ein Gericht eines Vertragsstaates über das Bestehen oder die Gültigkeit einer Schiedsvereinbarung zu entscheiden, so hat es dabei die Fähigkeit der Parteien nach dem Recht, das für sie persönlich maßgebend ist, und sonstige Fragen wie folgt zu beurteilen:
a) nach dem Recht, dem die Parteien die Schiedsvereinbarung unterstellt haben;

b) falls die Parteien hierüber nichts bestimmt haben, nach dem Recht des Staates, in dem der Schiedsspruch ergehen soll;
c) falls die Parteien nichts darüber bestimmt haben, welchem Recht die Schiedsvereinbarung unterstellt wird, und falls im Zeitpunkt, in dem das staatliche Gericht mit der Frage befasst wird, nicht vorausgesehen werden kann, in welchem Staat der Schiedsspruch ergehen wird, nach dem Recht, welches das angerufene Gericht nach seinen Kollisionsnormen anzuwenden hat.

Das angerufene Gericht kann einer Schiedsvereinbarung die Anerkennung versagen, wenn die Streitigkeit nach seinem Recht der Regelung durch ein Schiedsgericht nicht unterworfen werden kann.

(3) Ist ein schiedsrichterliches Verfahren vor der Anrufung eines staatlichen Gerichts eingeleitet worden, so hat das Gericht eines Vertragsstaates, das später mit einer Klage wegen derselben Streitigkeit zwischen denselben Parteien oder mit einer Klage auf Feststellung, dass die Schiedsvereinbarung nicht bestehe, nichtig oder hinfällig geworden sei, befasst wird, die Entscheidung über die Zuständigkeit des Schiedsgerichts auszusetzen, bis der Schiedsspruch ergangen ist, es sei denn, dass ein wichtiger Grund dem entgegensteht.

(4) Wird bei einem staatlichen Gericht ein Antrag gestellt, einstweilige Maßnahmen, einschließlich solcher, die auf eine Sicherung gerichtet sind, anzuordnen, so gilt dies weder als unvereinbar mit der Schiedsvereinbarung noch als Unterwerfung der Hauptsache unter die staatliche Gerichtsbarkeit.

Artikel VII
Anwendbares Recht

(1) Den Parteien steht es frei, das Recht zu vereinbaren, welches das Schiedsgericht in der Hauptsache anzuwenden hat. Haben die Parteien das anzuwendende Recht nicht bestimmt, so hat das Schiedsgericht das Recht anzuwenden, auf das die Kollisionsnormen hinweisen, von denen auszugehen das Schiedsgericht jeweils für richtig erachtet. In beiden Fällen hat das Schiedsgericht die Bestimmungen des Vertrages und die Handelsbräuche zu berücksichtigen.

(2) Das Schiedsgericht entscheidet nach Billigkeit, wenn dies dem Willen der Parteien entspricht und wenn das für das schiedsrichterliche Verfahren maßgebende Recht es gestattet.

Artikel VIII
Begründung des Schiedsspruches

Es wird vermutet, dass die Parteien davon ausgegangen sind, der Schiedsspruch werde begründet werden, es sei denn

a) dass die Parteien ausdrücklich erklärt haben, der Schiedsspruch bedürfe keiner Begründung, oder
b) dass sie sich einem schiedsrichterlichen Verfahrensrecht unterworfen haben, nach welchem es nicht üblich ist, Schiedssprüche zu begründen, sofern nicht in diesem Fall von den Parteien oder von einer Partei vor Schluss der mündlichen Verhandlung oder, wenn eine mündliche Verhandlung nicht stattgefunden hat, vor der schriftlichen Abfassung des Schiedsspruches eine Begründung ausdrücklich verlangt worden ist.

Artikel IX
Aufhebung des Schiedsspruches

(1) Ist ein unter dieses Übereinkommen fallender Schiedsspruch in einem Vertragsstaat aufgehoben worden, so bildet dies in einem anderen Vertragsstaat nur dann einen Grund für die Versagung der Anerkennung oder der Vollstreckung, wenn die Aufhebung in dem Staat, in dem oder nach dessen Recht der Schiedsspruch ergangen ist, ausgesprochen worden ist, und wenn sie auf einem der folgenden Gründe beruht:

a) die Parteien, die eine Schiedsvereinbarung geschlossen haben, waren nach dem Recht, das für sie persönlich maßgebend ist, in irgendeiner Hinsicht hierzu nicht fähig, oder die Vereinbarung ist nach dem Recht, dem die Parteien sie unterworfen haben, oder, falls die Parteien hierüber nichts bestimmt haben, nach dem Recht des Staates, in dem der Schiedsspruch ergangen ist, ungültig; oder
b) die Partei, welche die Aufhebung des Schiedsspruches begehrt, ist von der Bestellung des Schiedsrichters oder von dem schiedsrichterlichen Verfahren nicht gehörig in Kenntnis gesetzt worden, oder sie hat aus einem anderen Grund ihre Angriffs- oder Verteidigungsmittel nicht geltend machen können; oder
c) der Schiedsspruch betrifft eine Streitigkeit, die in der Schiedsabrede nicht erwähnt ist oder nicht unter die Bestimmungen der Schiedsklausel fällt, oder er enthält Entscheidungen, welche die Grenzen der Schiedsabrede oder der Schiedsklausel überschreiten; kann jedoch der Teil des Schiedsspruches, der sich auf Streitpunkte bezieht, die dem schiedsrichterlichen Verfahren unterworfen waren, von dem Teil, der Streitpunkte betrifft, die ihm nicht unterworfen waren, getrennt werden, so muss der erstgenannte Teil des Schiedsspruches nicht aufgenommen werden; oder
d) die Bildung des Schiedsgerichts oder das schiedsrichterliche Verfahren hat der Vereinbarung der Parteien oder, mangels einer solchen Vereinbarung, den Bestimmungen des Artikels IV nicht entsprochen.

(2) Im Verhältnis zwischen Vertragsstaaten, die auch Vertragsparteien des New Yorker Übereinkommens vom 10. Juni 1958 über die Anerkennung und Vollstreckung ausländischer Schiedssprüche sind, hat Absatz 1 die Wirkung, die Anwendung des Artikels V Abs. 1 Buchstabe e des New Yorker Übereinkommens auf die Aufhebungsgründe zu beschränken, die in Absatz 1 dieses Artikels aufgezählt sind.

Artikel X
Schlussbestimmung

(nicht abgedruckt)

Abschnitt 9. Gerichtliches Verfahren

1062 *Zuständigkeit* **(1) Das Oberlandesgericht, das in der Schiedsvereinbarung bezeichnet ist oder, wenn eine solche Bezeichnung fehlt, in dessen Bezirk der Ort des schiedsrichterlichen Verfahrens liegt, ist zuständig für Entscheidungen über Anträge betreffend**

1. die Bestellung eines Schiedsrichters (§§ 1034, 1035), die Ablehnung eines Schiedsrichters (§ 1037) oder die Beendigung des Schiedsrichteramtes (§ 1038);
2. die Feststellung der Zulässigkeit oder Unzulässigkeit eines schiedsrichterlichen Verfahrens (§ 1032) oder die Entscheidung eines Schiedsgerichts, in der dieses seine Zuständigkeit in einem Zwischenentscheid bejaht hat (§ 1040);
3. die Vollziehung, Aufhebung oder Änderung der Anordnung vorläufiger oder sichernder Maßnahmen des Schiedsgerichts (§ 1041);
4. die Aufhebung (§ 1059) oder die Vollstreckbarerklärung des Schiedsspruchs (§§ 1060 ff.) oder die Aufhebung der Vollstreckbarerklärung (§ 1061).

(2) Besteht in den Fällen des Absatzes 1 Nr. 2 erste Alternative, Nr. 3 oder Nr. 4 kein deutscher Schiedsort, so ist für die Entscheidungen das Oberlandesgericht zuständig, in dessen Bezirk der Antragsgegner seinen Sitz oder gewöhnlichen Aufenthalt hat oder sich Vermögen des Antragsgegners oder der mit der Schiedsklage in Anspruch genommene oder von der Maßnahme betroffene Gegenstand befindet, hilfsweise das Kammergericht.

(3) In den Fällen des § 1025 Abs. 3 ist für die Entscheidung das Oberlandesgericht zuständig, in dessen Bezirk der Kläger oder der Beklagte seinen Sitz oder seinen gewöhnlichen Aufenthalt hat.

(4) Für die Unterstützung bei der Beweisaufnahme und sonstige richterliche Handlungen (§ 1050) ist das Amtsgericht zuständig, in dessen Bezirk die richterliche Handlung vorzunehmen ist.

(5) [1]Sind in einem Land mehrere Oberlandesgerichte errichtet, so kann die Zuständigkeit von der Landesregierung durch Rechtsverordnung einem Oberlandesgericht oder dem obersten Landesgericht übertragen werden; die Landesregierung kann die Ermächtigung durch Rechtsverordnung auf die Landesjustizverwaltung übertragen. [2]Mehrere Länder können die Zuständigkeit eines Oberlandesgerichts über die Ländergrenzen hinaus vereinbaren.

I. Normzweck

Die Bestimmung regelt die sachliche und örtliche Zuständigkeit des staatlichen Gerichts, soweit dieses anlässlich eines Schiedsverfahrens tätig wird. Die internationale Zuständigkeit deutscher Gerichte ergibt sich nicht aus dieser Bestimmung, sondern aus § 1025. 1

II. Sachliche Zuständigkeit

Im Interesse der Verfahrensbeschleunigung wird die **Zuständigkeit des OLG** begründet, soweit es sich nicht um unterstützende Tätigkeiten des staatlichen Gerichts nach § 1050 handelt, Abs. 4. Eine Sonderzuständigkeit des Kartellsenats innerhalb des OLG besteht nicht.[1] Dieser Zuweisung an das OLG liegt die Vorstellung zu Grunde, dass die Funktion des staatlichen Gerichts der eines Rechtsmittelgerichts ähnelt (zur Zuständigkeit der AG und LG bei Vollstreckungsgegenklagen vgl. § 1060 Rn. 13).[2] Im Unterschied zu dieser Zuständigkeitsbestimmung ist in Fällen, in denen das staatliche Gericht weniger eine kontrollierende als eine unterstützende Aufgabe wahrnimmt, nicht das OLG, sondern – in Anlehnung an die Zuständigkeit bei der Rechtshilfe, § 157 Abs. 1 GVG – nach Abs. 4 das **Amtsgericht** zuständig. Die Zuständigkeit für **Maßnahmen des einstweiligen Rechtsschutzes** durch das staatliche Gericht selbst bestimmt sich nach den allgemeinen Regeln, vgl. § 1033 Rn. 3, während das OLG nach § 1062 Abs. 1 Nr. 3 für die Vollziehbarerklärung vorläufiger und sichernder Maßnahmen des Schiedsgerichts zuständig ist. Bei Schiedssprüchen mit vereinbartem Wortlaut ist für die Vollstreckbarerklärung auch der **Notar** zuständig, § 1053 Abs. 4. Die sachliche Zuständigkeit steht nicht zur Disposition der Parteien.[3] Sonderzuständigkeiten – etwa des Landwirtschaftsgerichts – für den dem Schiedsverfahren zu Grunde liegenden Anspruch bleiben außer Betracht.[4] 2

III. Örtliche Zuständigkeit

1. Inländischer Schiedsort. Die örtliche Zuständigkeit kann durch die **Schiedsvereinbarung** festgelegt werden (Abs. 1 S. 1). Da die Parteien nicht gehindert sind, ihre Schiedsvereinbarung insoweit zu ergänzen, kann auch nachträglich und auch noch nach Erlass des Schiedsspruchs die Zuständigkeit vereinbart werden.[5] Die örtliche Zuständigkeit des staatlichen Gerichts kann auch durch rügeloses Einlassen nach § 39 begründet werden.[6] Die Formvorschrift des § 1031 ist auf eine solche Ergänzung nicht anzuwen- 3

---

[1] *Zö/Geimer* Rn. 6; aA OLG Düsseldorf BB 2002, IDR-Beil. (Beil. 7), S. 44.
[2] Kritisch MK/*Münch* Rn. 3.
[3] AA MK/*Münch* Rn. 14.
[4] *Schwab/Walter* Kap. 31 Rn. 2; aA (zum alten Recht) BGHZ 6, 248, 257.
[5] MK/*Münch* Rn. 16 (alternativ zur Möglichkeit einer Gerichtsstandsvereinbarung); für die Möglichkeit einer Gerichtsstandsvereinbarung nach §§ 38 f. *Schwab/Walter* Kap. 31 Rn. 2.
[6] OLG Stuttgart NJW-RR 2003, 495, 496 = SchiedsVZ 2003, 84, 86 m. zust. Anm. *Nacimiento/Geimer.*

den,[7] da sie den Justizgewährungsanspruch nicht beschneidet. Fehlt eine Vereinbarung über die örtliche Zuständigkeit, so bestimmt sich die örtliche Zuständigkeit nach dem **Schiedsort** iSd. § 1043. Wenn ein Schiedsspruch bereits ergangen ist, so muss in diesem nach § 1054 Abs. 3 der Ort des schiedsrichterlichen Verfahrens angegeben werden. Dieser Ort ist – obwohl § 1054 Abs. 3 S. 2 den Ort des Erlasses des Schiedsspruchs, nicht aber den Ort des Schiedsverfahrens fingiert – für die Bestimmung der Zuständigkeit maßgebend, und zwar aus Gründen der Rechtsklarheit auch dann, wenn der im Schiedsspruch angegebene Ort von einem von den Parteien vereinbarten Schiedsort abweicht.

4 **2. Örtliche Zuständigkeit bei internationaler Zuständigkeit deutscher Gerichte nach § 1025 Abs. 2.** Liegt der Schiedsort im Ausland oder ist er noch nicht bestimmt, so sind deutsche Gerichte nach § 1025 Abs. 2 für die in §§ 1032, 1033 genannten Verfahren zuständig.[8] Dies sind neben den vorläufigen und sichernden Maßnahmen auch Klagen auf Feststellung der Zulässigkeit oder Unzulässigkeit des schiedsrichterlichen Verfahrens, sofern das Schiedsgericht noch nicht gebildet ist. Besteht kein deutscher Schiedsort, so enthält Abs. 2 die maßgebenden Regeln. Ist der Schiedsort noch unbestimmt und kommt deshalb ein inländischer Schiedsort in Betracht, so ist das KG nach Abs. 2 aE zur Entscheidung berufen.[9] In der Literatur wird eine einschränkende Auslegung der Regelung des Abs. 2 gefordert. So soll für die Feststellungsklage nach Abs. 1 Nr. 2 die Zuständigkeit des OLG nur gegeben sein, wenn der Antragsgegner seinen gewöhnlichen Aufenthalt oder Sitz im Inland hat.[10] Dabei wird jedoch das Interesse desjenigen Antragsgegners zu wenig berücksichtigt, der diese Voraussetzung zwar nicht erfüllt, der aber über Vermögen im Inland verfügt und deshalb die Vollstreckung in dieses Vermögen bereits im Vorfeld vermeiden will. Eine Reduktion des § 1062 – die ohnehin richtigerweise nicht bei § 1062, sondern bei § 1025 Abs. 2 und 3 ansetzen müsste – ist deshalb nicht geboten. Dem berechtigten Anliegen dieser Auffassung, eine Allzuständigkeit deutscher Gerichte für ausländische Verfahren zu vermeiden, ist vielmehr bei der Beurteilung des Rechtsschutzbedürfnisses des Antrags Rechnung zu tragen.[11] Weiterhin wird vorgeschlagen, die Zuständigkeit deutscher Gerichte in den Fällen des Abs. 1 Nr. 3 durch Ausschluss der Auffangzuständigkeit des KG zu beschränken.[12] Auch insoweit bestehen Bedenken, denn § 1025 eröffnet keine internationale Zuständigkeit für die Anordnung der Vollziehung vorläufiger und sichernder Maßnahmen eines Schiedsgerichts mit Schiedsort außerhalb Deutschlands (vgl. auch § 1041 Rn. 6; § 1061 Rn. 3), so dass sich die Frage nach der Zuständigkeit des KG nicht stellt. Weiterhin besteht die internationale Zuständigkeit deutscher Gerichte für unterstützende Tätigkeiten nach § 1050 (§ 1025 Abs. 2). Sachlich ist das Amtsgericht zuständig, die örtliche Zuständigkeit bestimmt sich nach Abs. 4.

5 **3. Örtliche Zuständigkeit bei internationaler Zuständigkeit deutscher Gerichte nach § 1025 Abs. 3.** Steht der Schiedsort noch nicht fest, so sind deutsche Gerichte weiterhin nach § 1025 Abs. 3 für die in §§ 1034, 1035, 1037 und 1038 genannten Aufgaben im Zusammenhang mit der Bildung des Schiedsgerichts zuständig, sofern der Beklagte oder der Kläger seinen Sitz oder gewöhnlichen Aufenthalt in Deutschland hat. Die örtliche Zuständigkeit ergibt sich dann aus Abs. 3. Schließlich besteht eine internationale Zuständigkeit für die Anerkennung und Vollstreckung ausländischer Schiedssprüche (vgl. § 1025 Rn. 7). Die örtliche Zuständigkeit bestimmt sich dann nach Abs. 2.[13]

6 **4. Zuständigkeitskonzentration nach Landesrecht.** Von der Konzentrationsermächtigung in Abs. 5 hat **Bayern** Gebrauch gemacht und die Zuständigkeit dem OLG München zugewiesen.[14] In **Rheinland-Pfalz** ist das OLG Koblenz für die Bezirke der OLG Koblenz und Zweibrücken zuständig.[15]

7 **5. Zuständigkeit in den Fällen des § 1050.** Für die **unterstützenden Aufgaben** der staatlichen Gerichte nach § 1050 erklärt Abs. 4 das **Amtsgericht** für zuständig, in dessen **Bezirk** die **richterliche Handlung vorzunehmen** ist. Dies gilt auch dann, wenn der Schiedsort im Ausland liegt oder noch nicht bestimmt ist. Die Konzentrationsermächtigung in Abs. 5 betrifft diese Zuständigkeitsregelung nicht.

1063 *Allgemeine Vorschriften*

(1) [1]Das Gericht entscheidet durch Beschluss. [2]Vor der Entscheidung ist der Gegner zu hören.

(2) Das Gericht hat die mündliche Verhandlung anzuordnen, wenn die Aufhebung des Schiedsspruchs beantragt wird oder wenn bei einem Antrag auf Anerkennung oder Vollstreckbarerklärung des Schiedsspruchs Aufhebungsgründe nach § 1059 Abs. 2 in Betracht kommen.

---

[7] *T/P/Reichold* Rn. 2.

[8] Weiter gehend (auch für Vollziehbarerklärung nach § 1041, soweit das ausländische Schiedsgericht deutsches Schiedsverfahrensrecht anwendet) *Schütze* BB 1998, 1650, 1652.

[9] OLG Köln SchiedsVZ 2003, 238 f.; MK/*Münch* Rn. 12.

[10] *Schwab/Walter* Kap. 31 Rn. 7; *St/J/Schlosser* Rn. 3.

[11] KG SchiedsVZ 2007, 108, 112 (Vollstreckung im Inland muss in Betracht kommen); MK/*Münch* Rn. 13 Fn. 27 a; aA (Frage der Zulässigkeit, nicht des Rechtsschutzbedürfnisses) *Escher/Reichert* SchiedsVZ 2007, 71, 76 (es fehle an der internationalen Zuständigkeit, da diese völkerrechtlich einen minimalen Bezug voraussetze).

[12] *Schwab/Walter* Kap. 31 Rn. 7 (bei Nr. 3 sei hilfsweise allein auf das Vermögen des Antragsgegners und auf die Belegenheit des in Anspruch genommenen oder von der Maßnahme betroffenen Gegenstands abzustellen).

[13] AA MK/*Münch* Rn. 11 (maßgebend der allgemeine Gerichtsstand des Antragsgegners, sofern nicht Fall des § 1035 Abs. 3 S. 3 Fall 1 oder § 1034 Abs. 2).

[14] VO 15. 6. 1998 GVBl. 1998, S. 356; vgl. Gerichtsauflösungsgesetz – BayObLGAuflG vom 25. 10. 2004 GVBl S. 400, wodurch das Bayerische Oberste Landesgericht aufgelöst worden ist.

[15] VO 28. 4. 1998 GVBl. 1998, S. 134.

(3) [1]Der Vorsitzende des Zivilsenats kann ohne vorherige Anhörung des Gegners anordnen, dass der Antragsteller bis zur Entscheidung über den Antrag die Zwangsvollstreckung aus dem Schiedsspruch betreiben oder die vorläufige oder sichernde Maßnahme des Schiedsgerichts nach § 1041 vollziehen darf. [2]Die Zwangsvollstreckung aus dem Schiedsspruch darf nicht über Maßnahmen zur Sicherung hinausgehen. [3]Der Antragsgegner ist befugt, die Zwangsvollstreckung durch Leistung einer Sicherheit in Höhe des Betrages, wegen dessen der Antragsteller vollstrecken kann, abzuwenden.

(4) Solange eine mündliche Verhandlung nicht angeordnet ist, können zu Protokoll der Geschäftsstelle Anträge gestellt und Erklärungen abgegeben werden.

I. Normzweck

1 Die Bestimmung regelt das Verfahren vor dem staatlichen Gericht. Dabei handelt es sich um ein **Beschlussverfahren mit freigestellter mündlicher Verhandlung** (vgl. § 128 Abs. 4), soweit nicht nach **Abs. 2** die mündliche Verhandlung **zwingend** anzuordnen ist. Durch Abs. 4 wird wegen § 78 Abs. 3 der **Anwaltszwang** auf die Fälle reduziert, in denen die **mündliche Verhandlung** angeordnet wird. Die Regelungen sind auf das Verfahren vor dem OLG zugeschnitten (vgl. § 1062 Rn. 2), die Abs. 1 und 4 sind aber auch anzuwenden, wenn das AG nach § 1062 Abs. 4 zuständig ist.

II. Verfahrensfragen

2 **1. Antrag.** Das Verfahren beginnt auf **Antrag,** wobei dieser Antrag wegen Abs. 4 iVm. § 78 Abs. 3 auch bei Zuständigkeit des OLG **nicht dem Anwaltszwang** unterliegt, wenn die Partei den Antrag zu Protokoll der Geschäftsstelle erklärt. Erst wenn das OLG eine mündliche Verhandlung anordnet, endet die Möglichkeit, zu Protokoll der Geschäftsstelle und damit auch ohne anwaltliche Vertretung Anträge zu stellen und Erklärungen abzugeben. Zur **Beifügung des Schiedsspruchs** bei dem Antrag auf Vollstreckbarerklärung vgl. § 1064. Wird der Antrag zurückgenommen, so gilt § 269 Abs. 3 entsprechend (vgl. § 1060 Rn. 6).

3 **2. Entscheidung über die Anordnung einer mündlichen Verhandlung.** Die Entscheidung, ob **mündlich verhandelt** werden soll, liegt beim Gericht, nicht beim Vorsitzenden. Nach Abs. 2 **muss mündlich verhandelt** werden, wenn die **Aufhebung** des Schiedsspruchs beantragt oder in einem Anerkennungs- oder Vollstreckbarerklärungsverfahren ein **Aufhebungsgrund in Betracht** kommt. Dies gilt uneingeschränkt für die von Amts wegen zu berücksichtigenden Aufhebungsgründe des § 1059 Abs. 2 Nr. 2. Bei den Aufhebungsgründen nach § 1059 Abs. 2 Nr. 1 hält die hM[1] eine mündliche Verhandlung nur dann für zwingend geboten, wenn der Antragsteller die Gründe substaniiert geltend macht. Das erscheint jedoch zu weitgehend. Nach der Formulierung des § 1063 Abs. 2 ist entscheidend, ob ein Aufhebungsgrund in Betracht kommt. Dazu reicht es aber aus, wenn nach dem bisher Vorgebrachten eine gewisse Wahrscheinlichkeit dafür besteht, dass in einer mündlichen Verhandlung ein Aufhebungsgrund begründet geltend gemacht wird. Für diese Auslegung spricht auch die Überlegung, dass der Antragsgegner in einem Vollstreckbarerklärungsverfahren regelmäßig weniger Zeit zur Verfügung hat, etwaige Aufhebungsgründe begründet darzulegen, als dies in einem von ihm selbst initiierten Aufhebungsverfahren der Fall ist. Bedenkt man weiterhin, dass die Vollstreckbarerklärung die Möglichkeit des Aufhebungsantrags ausschließt (§ 1059 Abs. 3 S. 4), dürfen die Anforderungen an die Geltendmachung jedenfalls nicht hoch angesetzt werden. Auf die Geltendmachung eines Aufhebungsgrundes kann nicht ganz verzichtet werden. Wäre das Gericht zur Anordnung der mündlichen Verhandlung schon dann gezwungen, wenn nach dem Akteninhalt ein Aufhebungsgrund in Betracht kommt, ohne dass es auf eine Geltendmachung ankäme, so würde die Entlastungsfunktion, die § 1059 Abs. 2 Nr. 1 mit der Voraussetzung der begründeten Geltendmachung verbindet, weitgehend aufgegeben. Richtigerweise wird man deshalb ein Geltendmachen des Aufhebungsgrundes verlangen müssen.[2] Erkennt das Gericht nach der Aktenlage einen Aufhebungsgrund nach § 1059 Abs. 2 Nr. 1, der jedoch nicht geltend gemacht wurde, so kann es mündliche Verhandlung anordnen oder schriftlich auf die Notwendigkeit der Geltendmachung eines derartigen Aufhebungsgrundes hinweisen. Wird in einem Vollstreckbarerklärungsverfahren vom Antragsgegner ein **Aufhebungsantrag** gestellt, so kann nach Ansicht des BGH dennoch ohne mündliche Verhandlung entschieden werden, wenn der Antrag nicht durch begründet geltend gemachte Aufhebungsgründe untermauert wird.[3] Dies ist ebenfalls nicht unbedenklich, weil dem Antragsgegner die Möglichkeit eines Aufhebungsantrags versagt wird, wenn der Antrag auf Vollstreckbarerklärung anhängig ist (vgl. § 1059 Rn. 33). Da aber im Fall des Aufhebungsverfahrens stets mündlich zu verhandeln ist (Abs. 2), nimmt man ihm diese Möglichkeit, wenn bei einem Aufhebungsantrag in einem Vollstreckbarerklärungsverfahren mehr verlangt wird als die bloße Antragstellung.

4 Sind die Voraussetzungen des Abs. 2 nicht erfüllt, so steht es dem Gericht frei, eine mündliche Verhandlung anzuordnen. Dabei ist die Anordnung angezeigt, wenn der Eintritt der **Rechtsnachfolge** behauptet, dieser aber nicht urkundlich nachgewiesen und nicht zugestanden wird (Wertung der §§ 727, 731),[4] oder

---

[1] BGHZ 142, 204, 207 = NJW 1999, 2974; *Ehricke* ZZP 113 (2000), 453, 464; *Schwab/Walter* Kap. 27 Rn. 18.

[2] BayObLGZ 1999, 55ff. = NJW-RR 2000, 807f. (ausreichend, wenn Aufhebungsgrund durch Schriftsatz geltend gemacht ist und Aktenlage in Betracht kommt); für das Erfordernis einer Geltendmachung auch BGHZ 142, 204, 206f. = NJW 1999, 2974; *Schwab/Walter* Kap. 27 Rn. 18 Fn. 37; aA MK/*Münch* Rn. 5 (Tatsachenvortrag reicht aus).

[3] BGHZ 142, 204, 207 = NJW 1999, 2974; zustimmend *Schlosser* LM § 1065 Nr. 1/2 Bl. 2 R; *St/J/Schlosser* Rn. 2.

[4] Weiter gehend (bei Rechtsnachfolge stets erforderlich) *Wiecz/Sch/Schütze* § 1042a aF Rn. 14 (zum alten Recht).

wenn zwar keine Aufhebungsgründe geltend gemacht werden, wohl aber **Einwendungen,** die sich **gegen den zu vollstreckenden Anspruch** selbst richten und deshalb an sich in den Bereich der Vollstreckungsgegenklage gehören (zu der Berücksichtigung solcher Gründe vgl. § 1060 Rn. 12).[5] In dem zuletzt genannten Fall stellt sich ein Sonderproblem, wenn man entgegen der hier vertretenen Auffassung (vgl. § 1060 Rn. 12) der Entscheidung über die Vollstreckbarerklärung präkludierende Wirkung für ein nachfolgendes Vollstreckungsgegenklageverfahren zuerkennt. Eine derartige Präklusion kann jedenfalls dann nicht eintreten, wenn nicht mündlich verhandelt wurde, denn die Klage nach § 767 erfordert eine mündliche Verhandlung und erst daran knüpft die Präklusion nach § 767 Abs. 3 an.[6] Bei Anträgen, die die **Feststellung der Zulässigkeit oder Unzulässigkeit des schiedsrichterlichen Verfahrens** betreffen, wird die mündliche Verhandlung auch dann anzuordnen sein, wenn eine Partei dies **beantragt.**[7] Die Anordnung der mündlichen Verhandlung ist nach § 166 Abs. 2 von Amts wegen zuzustellen.[8] Die Ladungsfrist ist einzuhalten und ein Hinweis nach § 215 ist erforderlich.

5 Wird mündlich verhandelt, ohne dass die mündliche Verhandlung zwingend anzuordnen war, so kann das gesamte **schriftliche Vorbringen** der Parteien ohne Bezugnahme in der mündlichen Verhandlung **verwertet** werden, denn es handelt sich um ein Beschlussverfahren mit mündlicher Verhandlung und nicht um ein Urteilsverfahren.[9] Deshalb sind auch die Regeln des **Versäumnisverfahrens** bei Säumnis einer Partei in der mündlichen Verhandlung grundsätzlich nicht anwendbar.[10] In den Fällen des **Abs. 2** handelt es sich um eine **notwendige mündliche Verhandlung.**[11] Ist der Antragsteller in der Verhandlung säumig, so ist dennoch eine Sachentscheidung zu treffen, so dass als Rechsbehelf der Einspruch nicht gegeben ist.[12] Im **Aufhebungsverfahren** ist bei Säumnis des Antragstellers der Antrag selbst dann zurückzuweisen, wenn ein Aufhebungsgrund nach § 1059 Abs. 2 Nr. 2 in Betracht kommt. Dies ist sachgerecht, weil der Schiedsspruch auch dann Bestand hätte, wenn das Verfahren nicht eingeleitet worden wäre. Bei Säumnis des Antragsgegners im **Vollstreckbarerklärungsverfahren** sind die Aufhebungsgründe des § 1059 Abs. 2 Nr. 2 zu berücksichtigen, während die der Nr. 1 angesichts der Säumnis außer Betracht bleiben.[13] Bei Säumnis des Antragstellers ist der Antrag auf Vollstreckbarerklärung durch Beschluss abzuweisen. Sofern die Beschlüsse auf der Säumnis beruhen, ergehen sie als Versäumnisbeschlüsse, gegen die Einspruch statthaft ist.[14]

6 **3. Rechtliches Gehör, Abs. 1 S. 2.** Vor der Entscheidung über den gestellten Antrag ist dem Antragsgegner rechtliches Gehör zu gewähren (Abs. 1 S. 2). Das gilt **auch** dann, wenn das Gericht den Antrag **ohnehin für abweisungsreif** hält (vgl. § 1060 Rn. 6).[15] Wird **nicht mündlich verhandelt,** so wird das rechtliche Gehör gewährt, indem dem Gegner – idR unter Fristsetzung – Gelegenheit gegeben wird, zu dem Antrag Stellung zu nehmen. Dazu ist die Mitteilung des Antrags erforderlich; eine förmliche Zustellung empfiehlt sich.[16] Sie ist, wenn ein Prozessbevollmächtigter benannt wurde, an diesen zu richten;[17] eine Bevollmächtigung im Schiedsverfahren wirkt nicht fort.[18] Die Anhörung im Beschlussverfahren ist mit einem schriftlichen Vorverfahren nach § 277 nicht vergleichbar, so dass eine entsprechende Anwendung dieser Regelung ausscheidet.[19] Die Frist zur Stellungnahme muss deshalb zwar angemessen sein, aber nicht zwingend mindestens zwei Wochen betragen. Der Fristversäumung kommt keine präkludierende Wirkung zu, da § 296 nicht anwendbar ist.[20]

7 **4. Antragshäufung und Gegenanträge.** Die Erhebung einer **Widerklage** ist angesichts der Ausgestaltung des Verfahrens als Beschlussverfahren **nicht möglich.**[21] Dagegen ist ein Inzidentantrag auf Erstattung des auf Grund des für vollstreckbar erklärten Schiedsspruchs Geleisteten im Rechtsbeschwerdeverfahren wegen § 1065 Abs. 2 S. 2 iVm. § 717 Abs. 3 S. 2 zulässig. Grundsätzlich zulässig ist es auch, innerhalb eines Verfahrens **Anträge** zu **häufen** oder auch **Gegenanträge** zu stellen (vgl. [zu Verfahren des einstweiligen Rechtsschutzes] § 33 Rn. 13; vgl. auch § 1035 Rn. 12). So kann in einem Verfahren zur Ablehnung eines

---

[5] *Schwab/Walter* Kap. 27 Rn. 19; zum alten Recht: BGHZ 38, 259, 261 = NJW 1963, 538; *Wiecz/Sch/Schütze* § 1042 a aF Rn. 15.

[6] *Schwab/Walter* Kap. 27 Rn. 13 f., 19 (der deshalb die mündliche Verhandlung in diesen Fällen als zwingend erforderlich ansieht); vgl. auch (für die Geltendmachung von Vollstreckungsgegeneinwänden durch Gegenantrag gilt § 767 Abs. 3 entsprechend – offenbar auch ohne mündliche Verhandlung) *St/J/Schlosser* Rn. 12, 4.

[7] BT-Drucks. 13/5274 S. 65 unter Hinweis auf Art. 6 Abs. 1 S. 1 EMRK.

[8] MK/*Münch* Rn. 4 (in Analogie zu §§ 270, 271 Abs. 1).

[9] OLG Hamm MDR 2007, 483, 484; *T/P/Reichold* Rn. 1 iVm. *T/P/Reichold* § 128 Rn. 17; aA *Schwab/Walter* Kap. 27 Rn. 21.

[10] BGH NJW 2007, 772; aA (ohne Differenzierung nach notwendiger oder nicht notwendiger mündlicher Verhandlung stets Versäumnisentscheid zulassend) *Schwab/Walter* Kap. 28 Rn. 10.

[11] OLG Hamm MDR 2007, 483, 484; BayObLGZ 1999, 55 ff. = NJW-RR 2000, 807 f. = BB 2000, Beil. 12, S. 24; wohl aA MK/*Münch* Rn. 6.

[12] BGH NJW 2007, 772, 773; MK/*Münch* Rn. 6; aA BayObLG NJW-RR 2000, 807 f. (Zurückweisung des Antrags).

[13] OLG Hamm MDR 2007, 483, 484.

[14] OLG Hamm MDR 2007, 483, 484.

[15] AA MK/*Münch* Rn. 3.

[16] *Schwab/Walter* Kap. 27 Rn. 22.

[17] *Schwab/Walter* Kap. 27 Rn. 22.

[18] AA (zum alten Recht) *Wiecz/Sch/Schütze* § 1042 a aF Rn. 17.

[19] AA (zum alten Recht) *Wiecz/Sch/Schütze* § 1042 a aF Rn. 17.

[20] AA (zum alten Recht) *Wiecz/Sch/Schütze* § 1042 a aF Rn. 17.

[21] MK/*Münch* § 1064 Rn. 3; wohl großzügiger *St/J/Schlosser* Rn. 3 (Widerklagen zulässig, soweit Verfahrensgegenstand in gleiche Verfahrensart verwiesen, zB bei Verfahren wegen mehrerer Schiedssprüche aus dem selben Grundkonflikt).

Schiedsrichters der Antrag gestellt werden, die Zulässigkeit oder die Unzulässigkeit des schiedsrichterlichen Verfahrens festzustellen. Dabei muss jedoch beachtet werden, dass für derartige Anträge zT vorrangig das Schiedsgericht zur Entscheidung berufen ist (für das genannte Beispiel besteht die vorrangige Zuständigkeit von der Bildung des Schiedsgerichts an, vgl. § 1032 Abs. 2, § 1040 Abs. 1, 3) und diese Entscheidungskompetenz nicht unterlaufen werden darf. In dem genannten Beispiel ist das staatliche Gericht deshalb grundsätzlich erst dann zur Entscheidung berufen, wenn das Schiedsgericht einen Zwischenentscheid nach § 1040 Abs. 3 erlassen hat.

5. Entscheidung. Die **Entscheidungsformel** muss die Identifizierung des Schiedsspruchs durch Angabe des Datums ermöglichen. Die Wiederholung der Spruchformel des Schiedsspruchs empfiehlt sich (vgl. § 1060 Rn. 14). Abweichungen in der Entscheidungsformel von der Formel im Schiedsspruch sind zum Zweck der Klarstellung zulässig, dürfen aber den Schiedsspruch weder verändern noch ergänzen (vgl. § 1060 Rn. 14); zu Schiedssprüchen mit unklarem Inhalt vgl. § 1055 Rn. 10. Der die **Vollstreckbarkeit anordnende Beschluss** ist wegen § 329 Abs. 3 von Amts wegen **zuzustellen.** Gleiches gilt wegen § 329 Abs. 3 für einen Beschluss, der der Rechtsbeschwerde nach § 1065 Abs. 1 S. 1 unterliegt. Die **Änderung des Beschlusses** durch das erlassende Gericht ist, soweit er dem fristgebundenen Rechtsmittel der Rechtsbeschwerde unterliegt, aus diesem Grund ausgeschlossen; soweit er unanfechtbar ist, ergibt sich seine Unabänderlichkeit aus dem Gedanken der Rechtssicherheit (vgl. auch § 329 Rn. 13, 17).[22] Zur entsprechenden Anwendung der Bestimmungen über das Urteil auf den Beschluss vgl. § 329 Rn. 18ff. Auch Beschlüsse, die nach § 1065 Abs. 1 S. 2 unanfechtbar sind, sollten **begründet** werden (§ 329 Rn. 5).[23] Eine strenge Trennung zwischen Tatbestand und Gründen ist sinnvoll, ihr Fehlen begründet aber keinen Aufhebungsgrund (vgl. § 329 Rn. 2).[24] Das **Wiederaufnahmeverfahren** ist möglich, obwohl durch Beschluss entschieden wird (§ 578 Rn. 13).[25] Zur vorläufigen Vollstreckbarkeit vgl. § 1064 Abs. 2. Über die **Kosten** des Vollstreckbarerklärungsverfahrens entscheidet das Gericht unabhängig von einer eventuellen Kostenentscheidung im Schiedsspruch (vgl. § 91 Rn. 3).[26] Wenn im Falle der Ablehnung des Antrags der Schiedsspruch aufzuheben ist (§ 1060 Abs. 2), dies aber versehentlich unterbleibt, kann die Entscheidung nach § 319 berichtigt werden.[27] 8

III. Anordnung der Vollstreckungsmöglichkeit, Abs. 3

Nach Abs. 3 kann die Vollstreckung bereits während des gerichtlichen Verfahrens vom Vorsitzenden zugelassen werden.[28] Dies gilt für die **Vollstreckung eines inländischen** oder **ausländischen Schiedsspruchs**[29] und für die **Vollziehung einer vorläufigen oder sichernden Maßnahme** (nicht bei ausländischem Schiedsort, vgl. § 1061 Rn. 3). Die Entscheidung kann **ohne Anhörung** des Antragsgegners ergehen.[30] Da die Anordnung nach Abs. 3 Grundlage der Zwangsvollstreckung ist,[31] sollte der Inhalt des Schiedsspruchs bzw. der vorläufigen oder sichernden Maßnahme in die Anordnung aufgenommen werden (vgl. § 1060 Rn. 14; dort auch zur Zulässigkeit von Umformulierungen). 9

Die Vollstreckung der Anordnung der Zwangsvollstreckung darf über **Maßnahmen zur Sicherung** nicht hinausgehen; zur Abgrenzung können die zu § 720a entwickelten Grundsätze herangezogen werden. Eine **Wartefrist** vor Beginn der Zwangsvollstreckung ist nicht einzuhalten.[32] Die Anordnung einer **Sicherheitsleistung** sieht § 1063 nicht vor; sie ist auch der Sache nach **nicht geboten,** da es sich um eine Sicherungsvollstreckung handelt. Auf die Anordnung der Vollziehung einer vorläufigen oder sichernden Maßnahme ist die Einschränkung des Abs. 3 S. 2 nicht anzuwenden.[33] Dafür spricht neben dem Wortlaut dieses Satzes auch die besondere Eilbedürftigkeit derartiger Maßnahmen, auch wenn sie nicht allein sichernden Charakter haben. Wird in einem solchen Fall durch die Anordnung des Vorsitzenden das Rechtsschutzziel des Antragstellers bereits erreicht, so setzt das Gericht in entsprechender Anwendung des § 924 Abs. 2 das Verfahren nur noch dann fort, wenn der Antragsgegner dies beantragt.[34] 10

Der Antragsgegner hat kraft Gesetzes, also **auch ohne ausdrücklichen Ausspruch** seitens des Gerichts, die Möglichkeit, die Vollstreckung durch **Sicherheitsleistung abzuwenden** (Abs. 3 S. 3). Das Gericht sollte dies aber in der Anordnung noch einmal aussprechen und dabei die als Sicherheit zu leistende Summe festlegen. Zu den Rechtsbehelfen vgl. § 1065 Rn. 2ff. 11

---

22 Vgl. *Ro/S/Go* § 61 Rn. 56f.

23 Weiter gehend (Begründungspflicht) *Schwab/Walter* Kap. 28 Rn. 9; *St/J/Schlosser* Rn. 12; zur Begründungspflicht bei Beschlüssen, die der Rechtsbeschwerde unterliegen, BGH BB 1999, 1948.

24 *Ehricke* ZZP 113 (2000), 453, 454ff.

25 *Schwab/Walter* Kap. 28 Rn. 23.

26 Zum alten Recht: RGZ 99, 129, 131.

27 *Schwab/Walter* Kap. 28 Rn. 4.

28 Näher *Sessler/Schreiber* SchiedsVZ 2006, 119, 121ff.; kritisch zu dieser Kompetenz MK/*Münch* Rn. 13.

29 Zur Zulassung der Vollstreckung ausländischer Schiedssprüche vgl. *Borges* ZZP 111 (1998), 487, 509.

30 Ein Antrag auf Entscheidung ohne Anhörung ist nicht erforderlich; aA *Sessler/Schreiber* SchiedsVZ 2006, 119, 123.

31 *Sessler/Schreiber* SchiedsVZ 2006, 119, 124; vgl. (zum Schiedsspruch selbst) BT-Drucks. 13/5274 S. 61; *Lachmann* Rn. 2397; MK/*Münch* Rn. 14.

32 *Sessler/Schreiber* SchiedsVZ 2006, 119, 126.

33 *Bandel,* Einstweiliger Rechtsschutz im Schiedsverfahren, 2000, S. 208 (Ausnahme: wenn die Anordnung des Schiedsgerichts nicht auf Grund Dringlichkeit ergangen ist).

34 *Bandel* (Fn. 33) S. 204.

IV. Gebühren und Kosten

12 Zu den Rechtsanwaltsgebühren s. § 1059 Rn. 44. Zu den Gerichtskosten vgl. KV Nr. 1620ff.

1064 *Besonderheiten bei der Vollstreckbarerklärung von Schiedssprüchen*

(1) [1]Mit dem Antrag auf Vollstreckbarerklärung eines Schiedsspruchs ist der Schiedsspruch oder eine beglaubigte Abschrift des Schiedsspruchs vorzulegen. [2]Die Beglaubigung kann auch von dem für das gerichtliche Verfahren bevollmächtigten Rechtsanwalt vorgenommen werden.

(2) Der Beschluss, durch den ein Schiedsspruch für vollstreckbar erklärt wird, ist für vorläufig vollstreckbar zu erklären.

(3) Auf ausländische Schiedssprüche sind die Absätze 1 und 2 anzuwenden, soweit Staatsverträge nicht ein anderes bestimmen.

I. Normzweck

1 Die Bestimmung enthält besondere Regelungen über das Verfahren der Vollstreckbarerklärung eines Schiedsspruchs. Dabei zieht sie in Abs. 1 die Konsequenz daraus, dass die Niederlegung des Schiedsspruchs beim staatlichen Gericht nicht mehr erforderlich ist.

II. Einzelerläuterungen

2 Zum **Antrag auf Vollstreckbarerklärung** vgl. § 1060, § 1063 Rn. 2. Der **Schiedsspruch** ist diesem Antrag im Original oder in einer beglaubigten Abschrift beizufügen. Eine besondere Form der Beglaubigung ist nicht erforderlich. Sie kann durch den für das gerichtliche Verfahren bevollmächtigten Rechtsanwalt des Antragstellers erfolgen (vgl. § 169 Abs. 2 S. 2). Die **Vorlage der Schiedsvereinbarung** ist nicht zwingend erforderlich, sie kann aber vom Gericht verlangt werden (zum Prüfungsmaßstab vgl. § 1060 Rn. 9). Zur Frage der Ausländersicherheit nach § 110 vgl. § 1060 Rn. 6.

3 Der den Schiedsspruch für vollstreckbar erklärende Beschluss, nicht der Schiedsspruch selbst, ist der **Vollstreckungstitel,** vgl. § 794 Abs. 1 Nr. 4a (zur Zustellung vgl. § 1063 Rn. 8). In dem Beschluss wird der Schiedsspruch uneingeschränkt für vollstreckbar erklärt, während der Beschluss selbst nach Abs. 2 für **vorläufig vollstreckbar** zu erklären ist.[1] Unterbleibt dies, so sind §§ 321, 716 anzuwenden.[2] Das Gesetz sieht **weder** eine **Sicherheitsleistung noch** eine **Abwendungsbefugnis** vor; zur einstweiligen Einstellung durch das Beschwerdegericht vgl. § 1065 Abs. 2 S. 2 iVm. § 707 (vgl. dazu § 1065 Rn. 2).

4 Bei **ausländischen Schiedssprüchen** gelten die Regelungen entsprechend (zu den Einzelheiten vgl. § 1061 Rn. 9ff.). Soweit Staatsverträge anwendbar sind (vgl. § 1061 Rn. 7), ist das Günstigkeitsprinzip zu beachten (vgl. § 1061 Rn. 11).[3]

1065 *Rechtsmittel*

(1) [1]Gegen die in § 1062 Abs. 1 Nr. 2 und 4 genannten Entscheidungen findet die Rechtsbeschwerde statt. [2]Im Übrigen sind die Entscheidungen in den in § 1062 Abs. 1 bezeichneten Verfahren unanfechtbar.

(2) [1]Die Rechtsbeschwerde kann auch darauf gestützt werden, dass die Entscheidung auf einer Verletzung eines Staatsvertrages beruht. [2]Die §§ 707, 717 sind entsprechend anzuwenden.

I. Normzweck

1 Im Interesse einer raschen und endgültigen Entscheidung über die Fragen, die anlässlich eines Schiedsverfahrens das staatliche Gericht zu entscheiden hat, werden die Rechtsbehelfe ganz weitgehend eingeschränkt, soweit das OLG die Entscheidung getroffen hat.

II. Einzelerläuterungen

2 Bei Entscheidungen nach § 1062 Abs. 1 Nr. 2 (betr. Zulässigkeit oder Unzulässigkeit des schiedsrichterlichen Verfahrens) und Nr. 4 (betr. Aufhebung und Vollstreckbarerklärung des Schiedsspruchs) ist die **Rechtsbeschwerde** zum BGH statthaft, wobei diese nach § 574 Abs. 2 nur dann zulässig ist, wenn die Rechtssache grundsätzliche Bedeutung hat oder die Fortbildung des Rechts oder die Sicherung einer einheitlichen Rechtsprechung die Entscheidung des BGH erfordert (zu Entscheidungen über die Zulässigkeit des Aufhebungsantrags nach abgesonderter Verhandlung vgl. § 1059 Rn. 40). Einer Wertgrenze unterliegt die Rechtsbeschwerde nicht. Der **Prüfungsumfang** des Rechtsbeschwerdegerichts ergibt sich aus §§ 576, 577 sowie aus § 1065 Abs. 2 S. 1. Er beschränkt sich damit auf die Prüfung der Verletzung von Gesetzen oder Staatsverträgen. Das Verfahren bestimmt sich nach den §§ 574ff. Tatsachenvortrag zu Umständen, die von Amts wegen zu berücksichtigen sind oder zu einer Veränderung der prozessualen Lage führen, kann auch im Rechtsbeschwerdeverfahren berücksichtigt werden (vgl. auch § 1061 Rn. 5).[1] Nach Abs. 2 S. 2 sind die §§ 707, 717 entsprechend anzuwenden. Diese Regelung ist auf alle Fälle der Rechtsbeschwerde anzuwenden, nicht nur

---

[1] BGH 28. 10. 1999 III ZB 43/99; *Zö/Gömer* § 1060 Rn. 12.
[2] *Schwab/Walter* Kap. 28 Rn. 11.
[3] BGH NJW-RR 2004, 1504, 1505.
[1] BGH NJW 2001, 1730f. (Aufhebung des ausländischen Schiedsspruchs im Erlassstaat während des Rechtsbeschwerdeverfahrens); vgl. auch *Zö/Geimer* Rn. 4.

auf die des Abs. 2 S. 1. Die scheinbar entgegenstehende Systematik der Bestimmung beruht darauf, dass der frühere Abs. 2 S. 1 neben der Verletzung eines Staatsvertrags auch die Gesetzesverletzung als Maßstab der Prüfung nannte. Durch das ZPO-RG wurde letzteres bereits in der allgemeinen Bestimmung des § 576 geregelt, so dass in Abs. 2 S. 1 nunmehr allein die Staatsverträge einer Nennung bedurften. Es ist nicht anzunehmen, dass damit auch der Anwendungsbereich des Abs. 2 S. 2 reduziert werden sollte.

Keinem Rechtsmittel unterliegen die Entscheidungen des OLG nach § 1062 Abs. 1 Nr. 1 (Bestellung oder Ablehnung eines Schiedsrichters; Beendigung des Schiedsrichteramts) und Nr. 3 (Vollziehbarerklärung vorläufiger oder sichernder Maßnahmen des Schiedsgerichts). Anordnungen zur Durchführung der Zwangsvollstreckung nach § 1063 Abs. 3 S. 1 unterliegen der Rechtsbeschwerde, wenn sie in einem Verfahren zur Vollstreckbarerklärung (§ 1062 Abs. 1 Nr. 4),[2] nicht aber, wenn sie in einem solchen nach § 1062 Abs. 1 Nr. 3 (vorläufige Maßnahmen des Schiedsgerichts) ergangen sind. 3

Für die **Entscheidungen des Amtsgerichts** nach § 1050 iVm. § 1062 Abs. 4 enthält § 1065 keine Regelung. Die allgemeinen Rechtsbehelfe sind uneingeschränkt statthaft. 4

Gebühren und Kosten. Der **Rechtsanwalt** erhält für das Rechtsbeschwerdeverfahren die Gebühren der Nrn. 3100ff. VV RVG (vgl. Vorbem. 3.1 Abs. 2 VV RVG). **Gerichtskosten** entstehen nach KV Nr. 1628 in Höhe von drei Gebühren. Endet das gesamte Verfahren durch Zurücknahme der Rechtsbeschwerde, ermäßigt sich die Gebühr auf 1,0 (KV Nr. 1629). 5

Abschnitt 10. Außervertragliche Schiedsgerichte

1066 *Entsprechende Anwendung der Vorschriften des Buches 10* **Für Schiedsgerichte, die in gesetzlich statthafter Weise durch letztwillige oder andere nicht auf Vereinbarung beruhende Verfügungen angeordnet werden, gelten die Vorschriften dieses Buches entsprechend.**

I. Normzweck

Die Bestimmung betrifft Schiedsgerichte, die nicht auf einer Vereinbarung der Parteien beruhen, sondern durch Verfügung und damit durch einen **einseitigen privatrechtlichen Akt** angeordnet wurden. Die Frage der Wirksamkeit eines solchen Aktes ist eine Frage des materiellen Rechts. Soweit anderes als deutsches Recht anwendbar ist, entscheidet dieses über die Wirksamkeit der Schiedsklausel.[1] Nicht erfasst werden Schiedsgerichte, die auf einem staatlichen Normsetzungsakt beruhen.[2] Das gilt auch für Schiedsgerichte, die von öffentlichrechtlichen Anstalten eingesetzt werden.[3] Bei der entsprechenden Anwendung der Bestimmungen über vertraglich vereinbarte Schiedsgerichte ist stets zu berücksichtigen, dass die Gefahr des Übergewichts einer Partei bei solchen angeordneten Schiedsgerichten nicht unerheblich ist. Die Regelungen, die dem entgegenwirken sollen, sind deshalb gerade bei außervertraglich begründeten Schiedsgerichten streng zu handhaben. 1

II. Einzelne Formen nichtvertraglich begründeter Schiedsgerichte

1. Letztwillige Verfügung. § 1066 begründet zwar nicht die Zulässigkeit eines durch letztwillige Verfügung (Testament; zum Erbvertrag vgl. Rn. 5) eingesetzten Schiedsgerichts, zeigt aber, dass ein solches Schiedsgericht zulässig sein muss, obwohl das Recht der letztwilligen Verfügung eine solche Möglichkeit nicht ausdrücklich vorsieht.[4] Die **Formwirksamkeit** bestimmt sich nach den Formvorschriften des Erbrechts.[5] Die Entscheidung des Schiedsgerichts ist auch für das Nachlassgericht bindend. Die Schiedsklausel verlangt auch dann Beachtung, wenn ein Erbschein beantragt wird und das Nachlassgericht die Auslegung oder die Wirksamkeit des Testaments nach § 2359 BGB als Vorfrage zu beurteilen hat. Beruft sich in einem solchen Fall ein den Erbscheinsantrag widersprechender Erbprätendent auf die Schiedsklausel, so darf entgegen der hM kein Erbschein erteilt werden. Es muss vielmehr dem Antragsteller aufgegeben werden, eine Entscheidung durch das Schiedsgericht herbeizuführen, um sein Erbrecht glaubhaft zu machen.[6] 2

---

[2] AA MK/*Münch* § 1063 Rn. 13 (nur Endentscheidungen seien einer Rechtsbeschwerde zugänglich); *Sessler/Schreiber* SchiedsVZ 2006, 119, 124ff. (Erst-Recht-Schluss aus § 1062 Abs. 1 Nr. 3).

[1] AA *Geimer*, Festschr. f. Schlosser, 2005, S. 197, 203 (lex fori).

[2] *Schwab/Walter* Kap. 32 Rn. 1; vgl. auch BGHZ 128, 380, 383 = DtZ 1995, 246 (Kammer für Außenhandel der ehemaligen DDR; dennoch Anwendung der die Schiedsgerichte betreffenden Überleitungsvorschriften; zum alten Recht).

[3] *Schwab/Walter* Kap. 32 Rn. 1; *St/J/Schlosser* Rn. 1; zum alten Recht: BGHZ 48, 35, 39ff. = NJW 1967, 2057 (Versorgungsanstalt des Bundes und der Länder).

[4] IE allgM, vgl. nur *Schwab/Walter* Kap. 32 Rn. 25, dort auch zum Meinungsstand zur Frage der Einordnung als Auflage oder als Vermächtnis.

[5] Vgl. *Haas* ZEV 2007, 49, 50; *Harder*, Das Schiedsverfahren im Erbrecht, 2007, S. 155ff.; *Schulze* MDR 2000, 314f.; die dort (S. 315) vorgeschlagene Aufhebung der Schiedsklausel durch die später streitenden Parteien ist nicht ganz unproblematisch, weil sie nur im Verhältnis untereinander Wirkung entfalten könnte, während die Anordnung des Schiedsgerichts anderen Beteiligten ggü. noch wirksam wäre. Es steht den Beteiligten aber ohne weiteres frei, einer Klage vor dem staatlichen Gericht die Rüge der Unzuständigkeit nicht entgegenzusetzen. Dadurch kann je nach den Umständen des Einzelfalls die Anordnung des Schiedsgerichts für andere Beteiligte undurchführbar werden.

[6] AA BayObLG NJWE-FER 2001, 50f. = FamRZ 2001, 873, 874 (sofern Sache noch nicht schiedshängig ist); LG Hechingen FamRZ 2001, 721, 723; *Harder* (Fn. 5) S. 138f.

3 Als **Schiedsrichter** kann **nicht** wirksam eingesetzt werden, **wer selbst betroffen** ist. Der **Testamentsvollstrecker** kann deshalb als Schiedsrichter nicht eingesetzt werden, wenn er Erbe ist oder wenn sich der Gegenstand des Verfahrens auf seine Stellung als Testamentsvollstrecker bezieht. Ist er zugleich Vermächtnisnehmer oder durch eine Auflage Begünstigter, so ist seine Einsetzung nur wirksam, wenn der zu entscheidende Streit von dieser Position unabhängig ist.[7] Bei der Besetzung des Schiedsgerichts sind § 1034 Abs. 2 und die Regelungen über die gebotene Neutralität der Schiedsrichter zu beachten.[8] Die Gegenauffassung verweist darauf, dass der Gegenstand des Schiedsverfahrens auf Freigebigkeit beruhe und deshalb an die Neutralität der Schiedsrichter geringere Anforderungen zu stellen seien. Erst der ordre-public-Verstoß bilde die Grenze.[9] Da aber das Schiedsgericht auch über Ausgleichsansprüche zwischen den Erbprätendenten entscheiden kann, ist schon im Interesse der damit mittelbar betroffenen Pflichtteilsberechtigten die Neutralität der Schiedsrichter geboten. Über den **Pflichtteilsanspruch** selbst kann das Schiedsgericht auf der Grundlage einer testamentarisch verfügten Schiedsklausel nicht ohne weiteres entscheiden. Es fehlt dabei nicht an der Schiedsfähigkeit des Streitgegenstands; dennoch ist die Entscheidungskompetenz des Schiedsgerichts mit Rücksicht auf die Position des Pflichtteilsberechtigten zu beschneiden, denn der Gesetzgeber hat diesem einen bestimmten Anteil als Mindestanspruch gewährt und diese Position darf nicht durch zusätzliche Verfahrensregelungen beeinträchtigt werden. Auch wenn man das Schiedsgericht als grundsätzlich gleichwertige Alternative zum staatlichen Rechtsschutz ansieht, bleibt doch zu bedenken, dass der Erblasser hier nicht das Schiedsgericht im Rahmen einer freien Zuordnung seines Vermögens an seine Erben anordnet. Es handelt sich in diesen Fällen nicht um einen „glücklichen" Vermögenszuwachs, der vom Erblasser auch der Schiedsbindung einseitig unterworfen werden kann, sondern um einen gesetzlich ausgestalteten Mindestanspruch, der nur nach den allgemeinen Regeln des § 1029 einem Schiedsgericht zugeordnet werden kann.[10] Seine Zuständigkeit ist zu bejahen, wenn dem Pflichtteilsberechtigten ein seinen Pflichtteilsanspruch übersteigender Erbteil zugewendet wurde und er die Erbschaft nicht ausgeschlagen hat.[11] Im Fall der Ausschlagung ist der Pflichtteilsberechtigte der Schiedsklausel nicht unterworfen, wobei die Frage, ob wegen § 2306 Abs. 1 S. 2 BGB trotz der Ausschlagung der Pflichtteil beansprucht werden kann, richtigerweise zu bejahen ist,[12] denn dem Pflichtteilsberechtigten wird durch die Schiedsklausel der Rechtsschutz durch staatliche Gerichte entzogen und damit ist sein Pflichtteil beschwert. Wird der Pflichtteilsberechtigte nicht oder nur in Höhe seines Pflichtteils als Erbe eingesetzt, so ist er der Schiedsklausel wegen der zwingenden Ausgestaltung des Pflichtteilsrechts analog § 2306 Abs. 1 S. 1 BGB nicht unterworfen. Eine Unterwerfung des Pflichtteilsberechtigten im Wege eines beschränkten Pflichtteilsverzichts sollte zugelassen werden,[13] weil nur so eine umfassende Entscheidung durch das Schiedsgericht möglich ist und dies der Zielrichtung des § 1066 entspricht.

4 Dem Schiedsrichter kann zwar die **Auslegung** der letztwilligen Verfügung, nicht aber die Festlegung der Erbenstellung selbst überlassen werden, § 2065 BGB.[14] Der Erblasser muss deshalb die Kriterien zur Bestimmung des Dritten festlegen.[15] Dem Schiedsgericht kann auch die Entscheidung über die **Wirksamkeit der letztwilligen Verfügung** übertragen werden.[16] Hängt allerdings die Einsetzung des Schiedsgerichts von der Wirksamkeit der letztwilligen Verfügung ab, so unterliegt das Schiedsgericht der Kontrolle des staatlichen Gerichts nach § 1040 Abs. 3 S. 2, soweit das Schiedsgericht seine Zuständigkeit in einem Zwischenentscheid bejaht hat. Erlässt es einen Schiedsspruch, so kann dieser nach § 1059 Abs. 2 Nr. 1 Buchst. a aufgehoben werden, wenn das staatliche Gericht die letztwillige Verfügung und damit die Einsetzung des Schiedsgerichts als unwirksam ansieht. Bedenklich erscheint es, dem Schiedsgericht auch die Entscheidung über die **Abberufung eines Testamentsvollstreckers** zuzuweisen,[17] denn seine starke Position gegenüber den Erben, deren verfassungsrechtlich verbürgtes Recht aus Art. 14 GG in Rede steht und die sich einer Zuständigkeit des Schiedsgerichts nicht unterworfen haben, erfordert eine entsprechende gerichtliche Kontrolle,

---

[7] Zum alten Recht: RGZ 100, 76, 78; *Schiffer,* in: Schiedsgerichtsbarkeit in gesellschaftsrechtlichen und erbrechtlichen Angelegenheiten, DIS Bd. 11, 1996, S. 65, 75 f.; *ders.* BB 1995, Beil. 5, S. 2, 4; *Kohler* DNotZ 1962, 125, 129 f.

[8] Zum alten Recht: MK/*Maier,* 1. Aufl. 1992, § 1048 aF Rn. 2; aA RGZ 153, 267, 269; *St/J/Schlosser* Rn. 4 (zum neuen Recht).

[9] *St/J/Schlosser* Rn. 4.

[10] So iE auch *Schulze,* Grenzen der objektiven Schiedsfähigkeit im Rahmen des § 1030 ZPO, S. 90; *Haas* ZEV 2007, 49, 51; aA *Geimer,* Festschr. f. Schlosser, 2005, S. 197, 201, 206 f.; *Meyer* ZEV 2000, 263, 268 (wegen Gleichwertigkeit des schiedsgerichtlichen Rechtsschutzes); *Harder* (Fn. 5) S. 110 f., 113; *Wegmann* ZEV 2003, 20, 21; *Pawlytta* ZEV 2003, 89 ff.; *Zö/Geimer* Rn. 18.

[11] *Haas* ZEV 2007, 49, 51 (der die Zulässigkeit auf den den Pflichtteil übersteigenden Erbteil beschränkt).

[12] AA *Mayer* ZEV 2000, 263, 268; *Haas* ZEV 2007, 49, 51 (Gleichwertigkeit des Rechtsschutzes durch das Schiedsgericht, Grenze § 138 BGB).

[13] So auch *Meyer* ZEV 2000, 263, 267 f.

[14] *Schwab/Walter* Kap. 32 Rn. 26; *Geimer,* Festschr. f. Schlosser, 2005, S. 197, 205 f.; *Otte* FamRZ 2006, 309, 312; *Schulze* MDR 2000, 314, 315, 317 (zur ergänzenden Testamentsauslegung); *Dittmann/Reimann/Bengel/Voit,* Testament und Erbvertrag, 5. Aufl. 2006, Vor § 2229 Rn. 21; MK/*Münch* Rn. 3; *Harder* (Fn. 5) S. 79 (kein Problem fehlender Schiedsfähigkeit; aber Bindung an § 2065 BGB, so dass Überlassung der Bestimmung durch Schiedsgericht unwirksam ist), und S. 95 (zur Auslegung des Testaments).

[15] *Schulze* (Fn. 10) S. 88 f. (keine Erweiterung über diese Grenzen hinaus durch Festlegung einer Entscheidung nach Billigkeit iSv. § 1051 Abs. 3); *Dittmann/Reimann/Bengel/Voit* (Fn. 14) Vor § 2229 Rn. 27; vgl. *St/J/Schlosser* Rn. 3.

[16] *Schulze* (Fn. 10) S. 91 ff.; *Harder* (Fn. 5) S. 96 ff., 113 ff.; *Schwab/Walter* Kap. 32 Rn. 26; *St/J/Schlosser* Rn. 3.

[17] *B/L/H* Rn. 2; MK/*Münch* Rn. 3; *Harder* (Fn. 5) S. 145 f.; aA *Geimer,* Festschr. f. Schlosser, 2005, S. 197, 207; *Schulze* (Fn. 10) S. 93 f.; *ders.* MDR 2000, 315, 318; *Schwab/Walter* Kap. 32 Rn. 26; *St/J/Schlosser* Rn. 3; zum alten Recht: wie hier RGZ 133, 128, 134 ff. (Entscheidung über die Frage, ob die Erben den Antrag auf Entlassung zurücknehmen müssen).

die vom Erblasser nicht einseitig auf ein Schiedsgericht verlagert werden darf. Insoweit ist das Schiedsgericht aus erbrechtlicher Sicht nicht in gesetzlich statthafter Weise angeordnet.

Wurde das Schiedsgericht in einem **Erbvertrag** vereinbart, so sind zwischen den Vertragschließenden die 5
Bestimmungen der §§ 1025ff. unmittelbar anwendbar, während im Verhältnis zu Dritten, denen nach § 2299 BGB durch einseitige letztwillige Verfügung im Erbvertrag etwas zugewendet wird, § 1066 Anwendung findet. Das hat zur Folge, dass die Schiedsvereinbarung **zwischen den Parteien des Erbvertrags** nur bei Einhaltung der **Form des § 1031** wirksam ist.[18]

2. Stiftung, Auslobung. Die einseitige Anordnung eines Schiedsgerichts wird auch beim Stiftungsge- 6
schäft und bei der Auslobung (§ 657 BGB) für statthaft gehalten; zu letzterer zählt auch das Preisausschreiben (§ 661 BGB). Bei einem Leistungswettbewerb können die Preisrichter eine den Schiedsrichtern angenäherte Stellung einnehmen, obwohl sie lediglich eine Leistung beurteilen und keinen Rechtsstreit entscheiden.[19]

3. Durch Satzung bestimmte Schiedsgerichte. a) Anwendungsbereich. § 1066 ist nach hM[20] auch auf 7
ein Schiedsgericht (zur Abgrenzung vgl. § 1029 Rn. 19f.) anzuwenden, das in der **Satzung einer juristischen Person** oder eines **nicht rechtsfähigen Vereins** festgelegt ist. Damit ist die Formvorschrift des § 1031 unanwendbar,[21] da § 1066 die Anordnung des Schiedsgerichts voraussetzt und nur hinsichtlich des in statthafter Weise angeordneten Schiedsgerichts die allgemeinen Vorschriften für anwendbar erklärt. Die Gegenauffassung[22] verweist darauf, dass die Schutzfunktion dieser Formvorschrift für Mitglieder juristischer Personen in gleicher Weise Beachtung verdiene. Damit wird jedoch dem Umstand zu wenig Beachtung geschenkt, dass bei juristischen Personen, bei denen der Mitgliederbestand wechseln kann, ein besonderes Interesse an der Einheitlichkeit der Rechtsbeziehungen zwischen juristischer Person und allen Mitgliedern besteht. Hinzu kommt, dass insbesondere bei Idealvereinen ein Interesse daran besteht, interne Streitigkeiten auf der Grundlage der den Vereinen grundgesetzlich garantierten Autonomie auch unter weitgehender Ausschaltung staatlicher Gerichtsbarkeit zu entscheiden. Die Situation unterscheidet sich also von der einer Schiedsvereinbarung, so dass eine Gleichbehandlung hinsichtlich der Zuständigkeitsbegründung (anders hinsichtlich der Besetzung und des Verfahrens, vgl. Rn. 10) nicht geboten ist. **Vereine mit Aufnahmezwang** sind zwar nicht generell von § 1066 ausgenommen;[23] je nach Ausgestaltung kann aber die die Schiedsklausel enthaltende Satzung einer Inhaltskontrolle nicht standhalten (vgl. Rn. 8).[24] Eine Ausdehnung des § 1066 auf **Personengesellschaften** ist wegen deren vertraglicher Grundlage abzulehnen.[25] Dies gilt auch dann, wenn der Gesellschaftsvertrag Mehrheitsentscheidungen vorsieht.[26] Die §§ 1025ff. – einschließlich des § 1031 – sind auf diese Schiedsvereinbarungen unmittelbar anwendbar (vgl. auch § 1031 Rn. 9). Dies gilt auch für die Wohnungseigentümergemeinschaft,[27] denn auch diese beruht auf Vertrag.

---

[18] *Schulze* MDR 2000, 314; *Haas* ZEV 2007, 49, 52; *Harder* (Fn. 5) S. 88, 89; *B/L/H* Rn. 2; MK/*Münch* Rn. 2; aA *St/J/Schlosser* Rn. 4 (Formvorschrift der letztwilligen Verfügung).

[19] Zum alten Recht: BGHZ 17, 366, 372 = NJW 1955, 1473; OLG Nürnberg BauR 1998, 360 (Spruch des Preisgerichts bei Architektenwettbewerb; Kontrolle nach dem Maßstab des § 1041 aF); *St/J/Schlosser* Rn. 3 (zum neuen Recht).

[20] BGH NJW 2004, 2226 = SchiedsVZ 2004, 205, 207 (Verein); OLG Hamm BB 1999, Beil. 11, S. 10, 12; OLG München NZG 1999, 780, 781 (zum alten Recht); *Ebbing* NZG 1999, 754; *Reichert/Harbarth* NZG 2003, 379, 380; *B/L/H* Rn. 3; *T/P/Reichold* Rn. 1; MK/*Münch* Rn. 4; differenzierend *Zö/Geimer* Rn. 2; *Haas* SchiedsVZ 2007, 1, 4f. (Klausel im Gründungsvertrag nach § 1029, Satzungsänderung nach § 1066); zum alten Recht wie hier: BGHZ 88, 314, 316 = NJW 1984, 1355; BGHZ 47, 172, 174 = NJW 1967, 1268; OLG Hamm OLGZ 1990, 453, 454; im Ansatz auch (aber mit besonderer Auslegung des Merkmals „in statthafter Weise angeordnet") *K. Schmidt* JZ 1989, 1077, 1079; die Begründung des Gesetzentwurfs lässt diese Frage ausdrücklich offen, vgl. BT-Drucks. 13/5274 S. 66.

[21] OLG Hamburg SpuRt 2001, 247, 248; OLG Hamm BB 1999, Beil. 11, S. 10, 12; *Lüttmann/Breyer* ZZP 119 (2006), 475, 479f.; *Schröder*, Schiedsgerichtliche Konfliktbeilegung bei aktienrechtlichen Beschlussmängelklagen, 1999, S. 120ff., 131; MK/*Münch* Rn. 6; zum alten Recht: BGH NJW 1963, 203, 204; LM AktG § 199 aF Nr. 1 = MDR 1951, 674; so im Grundsatz auch (aber Ausdehnung auf Publikums-KG ablehnend) BGH NJW 1980, 1049; LG Mönchengladbach NJW-RR 1987, 224 (zur GmbH); für die Anwendung des § 1027 aF auch im Rahmen des § 1048 aF *de Lousanoff*, in: Schiedsgerichtsbarkeit in gesellschaftsrechtlichen und erbrechtlichen Angelegenheiten, DIS Bd. 11, 1996, S. 7, 13ff.

[22] *Schwab/Walter* Kap. 32 Rn. 5; *Schlosser,* in: Revision des EuGVÜ – Neues Schiedsverfahrensrecht, 2000, S. 163, 205; vgl. auch *St/J/Schlosser* Rn. 10ff. (Anwendung des § 1031 nicht sachgerecht, Schutz nach eigenständigen Kriterien).

[23] So aber zum alten Recht MK/*Reuter,* 3. Aufl. 1993, § 25 BGB Rn. 17, aufgegeben in der 4. Aufl. 2001, § 25 BGB Rn. 58; *Vollmer,* Satzungsmäßige Schiedsklauseln, 1970, S. 124ff.; *K. Schmidt* JZ 1989, 1077, 1082.

[24] Zur Inhaltskontrolle der Satzung von Vereinen mit Aufnahmezwang vgl. BGHZ 105, 306, 316ff. = NJW 1989, 1724; zum Meinungsstand MK/*Reuter* Vor § 21 BGB Rn. 110ff.

[25] Vgl. *St/J/Schlosser* Rn. 5; *Ebbing* NZG 1998, 281, 282; aA *ders.* NZG 1999, 754, 755f. (unter Aufgabe der bisher vertretenen Ansicht); *ders.*, Private Zivilgerichte, 2003, S. 138f.; *Zö/Geimer* Rn. 1, 13; zum alten Recht: wie hier BGHZ 45, 282ff. = NJW 1966, 1960; BGH NJW 1980, 1049 (Publikums-KG); OLG Oldenburg 31. 5. 2001 1 U 21/01; *Schütze* BB 1992, 1877, 1880; aA *Habersack* SchiedsVZ 2003, 241, 243 (in Fortentwicklung der Rechtssubjektivität der Personengesellschaften; bei PublikumsKG führe Inhaltskontrolle regelmäßig zur Unwirksamkeit, S. 245); *Roth,* Festschr. f. Nagel, 1977, S. 318, 325, 327f.; vgl. auch (Vereinbarung ist auch bei Personengesellschaften an § 1048 aF zu messen, es fehlt aber bei der Publikums-KG daran, dass das Schiedsgericht „in statthafter Weise angeordnet" iSd. § 1048 aF ist) *K. Schmidt* JZ 1989, 1077, 1082f.; *dens.* DB 1989, 2315, 2316f.; zum neuen Recht: *dens.* ZHR 162 (1998), 265, 277ff.; *dens.* BB 2001, 1857, 1863.

[26] AA *Haas* SchiedsVZ 2007, 1, 7.

[27] AA *Zö/Geimer* Rn. 23 (§ 1066 sei anwendbar).

8 b) **Anordnung in der Satzung.** Die Schiedsklausel muss in der **Satzung selbst** und nicht in einer Nebenabrede verankert sein.[28] Bei Aktiengesellschaften stößt eine derartige Klausel wegen § 23 Abs. 5 AktG auf Bedenken.[29] Entsprechendes gilt für § 18 S. 2 GenG. Die Klausel muss die **wesentlichen Punkte,** insbesondere die **Modalitäten der Besetzung** des Schiedsgerichts selbst enthalten.[30] Sie kann durch Mehrheitsentscheidung über eine **Satzungsänderung eingeführt,** verändert oder aufgehoben werden,[31] jedoch nur für künftig entstehende Streitigkeiten.[32] Denn nur für diese kann sich ein überstimmtes Mitglied durch Austritt aus dem Verein der Unterwerfung unter das Schiedsgericht entziehen, während für bereits entstandene Streitigkeiten der Justizgewährungsanspruch beschnitten würde, ohne dass dies dem Mitglied zurechenbar wäre. Für künftig entstehende Streitigkeiten ist das Interesse des einzelnen Mitglieds am Fortbestand seiner Mitgliedschaft in der bisherigen Form nicht höher einzuschätzen als das, die Rechtsbeziehungen zwischen der juristischen Person und ihren Mitgliedern einheitlich zu gestalten. Anders verhält es sich bei **Vereinen mit Aufnahmezwang,** denn dem überstimmten Mitglied wird sonst der Zugang zum staatlichen Gericht versperrt, ohne dass es sich durch Austritt entziehen kann.[33] Auf der anderen Seite ist zu bedenken, dass der schiedsgerichtliche Rechtsschutz nach der Vorstellung des Gesetzgebers dem durch staatliche Gerichte gleichwertig ist. Wägt man das Interesse des Vereins an einer vereinsschiedsgerichtlichen Entscheidung gegen die fehlende oder eingeschränkte Austrittsfreiheit der Mitglieder ab, so ist eine Mehrheitsentscheidung über die Einführung einer Schiedsklausel nur dann ausgeschlossen, wenn die Ausgestaltung des Schiedsverfahrens vom gesetzlichen Leitbild zum Nachteil des Mitglieds unangemessen abweicht.[34] So wird es jedenfalls bedenklich sein, wenn es sich um ein Schiedsgericht handelt, das nicht mit Externen, sondern mit Vereinsmitgliedern besetzt ist.[35] Findet ein **neuaufgenommenes Mitglied** in einem Verein, der einem Aufnahmezwang unterliegt, eine Schiedsklausel bereits vor, so wird man diese ebenfalls nicht ohne weiteres als wirksam ansehen können, denn das Mitglied hat in einem solchen Fall einen Anspruch auf Aufnahme zu angemessenen Bedingungen. Maßgebend ist also auch hier die Ausgestaltung des Verfahrens, denn die Vereinbarung einer schiedsgerichtlichen Entscheidung ist als solche noch nicht unangemessen.[36]

---

[28] *Schwab/Walter* Kap. 32 Rn. 16; *Bayer* ZIP 2003, 881, 886 (dort auch zur Bindung der Gesellschaft durch Aufnahme einer Klausel in die Satzung); zum alten Recht: BGHZ 88, 314, 316 = NJW 1984, 1355; aA OLG Hamm NJW-RR 1993, 1535, 1536.

[29] *K. Schmidt* ZHR 162 (1998), 265, 282; vgl. auch *dens.* BB 2001, 1857, 1861 (unter Hinweis auf die Möglichkeit einer satzungsbegleitenden Nebenabrede zwischen allen Aktionären einer nicht börsennotierten AG); *Raeschke-Kessler* SchiedsVZ 2003, 145, 152 (Gesetzesänderung für nicht börsennotierte AG fordernd, Nebenabrede zwischen den Aktionären möglich); *Reichert,* Festschr. f. Ulmer, 2003, S. 511, 530f.; aA *Bender* DB 1998, 1900, 1901; *Ebbing* (Fn. 25) 137; *Geimer,* Festschr. f. Schlosser, 2005, S. 197, 212; *Korff,* Beschlussmängelstreitigkeiten der Kapitalgesellschaft im Schiedsverfahren, 2004, S. 172ff.; *Zö/Geimer* Rn. 5; *Lüke/Blenske* ZGR 1998, 253, 257ff.; *Zöllner* AG 2000, 145, 150 (letztlich zu einer Gesetzesänderung ratend); *Schröder* (Fn. 21) S. 134ff., 142 (soweit Ausgestaltung des Schiedsverfahrens dort näher dargelegten Anforderungen genügt, zB keine Ermächtigung zur Billigkeitsentscheidung, vgl. dort S. 147); *Papmehl,* Die Schiedsfähigkeit gesellschaftsrechtlicher Streitigkeiten, 2001, S. 102ff.

[30] *Schwab/Walter* Kap. 32 Rn. 16; *B/L/H* Rn. 4; zum alten Recht: BGHZ 88, 314, 316 = NJW 1984, 1355; BGHZ 47, 172, 177f. = NJW 1967, 1268; OLG Hamm NJW-RR 1993, 1535, 1536; aA OLG Hamburg SchiedsVZ 2004, 266, 268 (Regelung in Nebenordnung); vgl. (allgemein zu den Anforderungen einer Regelung in Satzung oder in Nebenordnung) BGHZ 105, 306, 313ff. = NJW 1989, 1724.

[31] Ausführlich zur Aufnahme von Schiedsklauseln durch Mehrheitsentscheidungen *Kölbl,* Schiedsklauseln in Vereinssatzungen, 2004, S. 87ff.; *B/L/H* Rn. 4; *Haas* ZGR 2001, 325, 342 (soweit reale Freiwilligkeit der Mitgliedschaft; bei Verbänden mit Aufnahmezwang sei ebenfalls eine entsprechende Satzungsänderung möglich, die Mitglieder seien durch die Inhaltskontrolle der Satzung und die Kontrolle nach § 138 BGB geschützt, vgl. S. 344ff.); *Raeschke-Kessler* SchiedsVZ 2003, 145, 154; aA *Schwab/Walter* Kap. 32 Rn. 16; *Zö/Geimer* Rn. 7; *Bayer* ZIP 2003, 881, 890 (anders bei Nachbesserung bestehender Klauseln); *Schneider* GmbHR 2005, 86, 87; *Reichert/Harbarth* NZG 2003, 379, 380f. (Mehrheitsentscheidungen möglich, wenn prägende Merkmale der Schiedsklausel bereits im Gesellschaftsvertrag aufgenommen sind; dort auch zu Auswirkungen auf Umwandlungsbeschlüsse); wie hier zum alten Recht: OLG München NZG 1999, 780, 781; *K. Schmidt* JZ 1989, 1077, 1082 m. weit. Nachw. (anders bei Vereinen mit Aufnahmezwang); zurückhaltender BGH NJW 2000, 1713 (jedenfalls nicht, wenn Austrittsfreiheit nicht gewährleistet); krit. dazu *Kröll* NJW 2001, 1173, 1176; ablehnend *Ebbing* NZG 2000, 898f.; dem BGH folgend OLG München SpuRt 2001, 64, 65 = NJW-RR 2001, 711f.; zu den Anforderungen an einen Mehrheitsbeschluss bei einer Aktiengesellschaft (sofern man dies mit § 23 Abs. 5 AktG für vereinbar hält) vgl. *Schröder* (Fn. 21) S. 177ff. (Sperrminorität von 10%); vgl. dort auch S. 212ff. (zur Mehrheitsentscheidung über singuläre Schiedsgerichte).

[32] Weiter gehend (zum alten Recht) RGZ 144, 96, 103ff. (nur soweit Änderung der Satzung nach Entstehen des Streits sittenwidrig); so auch *Ebbing* NZG 1999, 754, 755 (zum neuen Recht); zum alten Recht OLG München NZG 1999, 780, 781f.

[33] Vgl. BGH NJW 2000, 1713 = LM GG Art. 2 Nr. 74 (*Prinz von Sachsen Gessaphe*); *Kölbl* (Fn. 28) S. 93ff.

[34] *Kölbl* (Fn. 28) S. 102ff., 142ff. (mit weiteren Beispielen möglicherweise unangemessener Verfahrensgestaltung, zB ausländischer Schiedsort, beschränkte Zahl der Schriftsätze, Beschränkung der Beweismittel, Ausschluss der mündlichen Verhandlung, Anwaltszwang, Kostenregelung); *Oschütz,* Sportschiedsgerichtsbarkeit, 2004, 224; weiter gehend *Stommel,* Die Vereins- und Verbandsgerichtsbarkeit unter besonderer Berücksichtigung der Berufsverbände, 2002, S. 61f. (Mehrheitsentscheidungen auch bei Monopolverbänden zulässig, solange rechtsstaatliches Verfahren gewahrt); für eingehende Inhaltskontrolle der Verfahrensordnung auch *Haas/Hauptmann* SchiedsVZ 2004, 175, 180.

[35] BGH NJW 2000, 1713 (Zuchtbuch führender Rassezuchtverein; zum alten Recht); *Kölbl* (Fn. 28) S. 151ff.

[36] *Kölbl* (Fn. 31) S. 102ff.; MK/*Reuter* § 25 BGB Rn. 58; *Haas* SpuRt 2000, 139, 141 (der aber eine Änderung der Satzung zur Verwirklichung des Anspruchs auf Aufnahme zu zumutbaren Bedingungen ablehnt und stattdessen allein auf die Inhaltskontrolle verweist); *ders.* ZGR 2001, 325, 347f.

c) **Gegenstand der Schiedsklausel.** Gegenstand können nur Rechtsbeziehungen zwischen der **juristischen Person und ihren Mitgliedern** sein, nicht aber solche der **Mitglieder untereinander,**[37] soweit diese nicht gerade um **Fragen der Mitgliedschaft** streiten.[38] Zugelassen werden Schiedsklauseln betreffend Stimmrechte, Mitwirkungsrechte, Sonderrechte, Gewinnbeteiligungen, Beitragspflichten sowie bezüglich des Ausschlusses und der Vereinsstrafen (vgl. dazu auch § 1029 Rn. 19);[39] nicht ohne weiteres erfasst werden durch derartige satzungsmäßige Klauseln auch Streitigkeiten zwischen dem Verein und seinen gesetzlichen Vertretern.[40] Zu der Frage, ob die durch Anfechtungs- und Nichtigkeitsklage iSd. §§ 241 ff. AktG geltend zu machenden Fragen als schiedsfähig anzusehen sind, vgl. § 1030 Rn. 2. Soweit es um Fragen geht, die die Mitglieder in ihren **Individualansprüchen außerhalb des Mitgliedschaftsverhältnisses**[41] betreffen, müssen für Streitigkeiten zwischen den Mitgliedern rechtsgeschäftliche Schiedsvereinbarungen in der Form des § 1031 getroffen werden. Stets ist es erforderlich, dass die Schiedsklausel **hinreichend bestimmt** ist, wobei die Formulierung „für alle Streitigkeiten aus dem Vereinsverhältnis" als ausreichend angesehen wird[42] (vgl. im Einzelnen § 1029 Rn. 16). Unterworfen sind derartigen Schiedsklauseln **nur Vereinsmitglieder** (auch zwischenzeitlich ausgeschiedene, soweit es um Nachwirkungen der Mitgliedschaft geht),[43] nicht aber Dritte,[44] mögen sie sich auch vertraglich der Vereinsgewalt unterworfen haben. Derartige Vereinbarungen sind nach §§ 1029 ff. zu behandeln. Diese Unterscheidung rechtfertigt sich, weil dieser Personenkreis auch keine mitgliedschaftlichen Rechte hat und deshalb auf das Handeln keinen Einfluss nehmen kann.[45] 9

Das in der Satzung bestimmte Schiedsgericht unterliegt in seiner **Besetzung** und in seinem **Verfahren** den allgemeinen Regeln, was auch bedeutet, dass die **Schiedsrichter nicht als Richter in eigener Sache** entscheiden dürfen (vgl. § 1036 Rn. 4 f.);[46] die zu § 1034 Abs. 2 entwickelten Grundsätze sind entsprechend heranzuziehen.[47] In diesem Rahmen ist auch dem Gedanken der **Monopolstellung** eines Vereins mit der Folge des Aufnahmezwanges zu zumutbaren Bedingungen Rechnung zu tragen.[48] 10

4. Tarifvertraglich begründete Schiedsgerichte. Besondere Probleme stellen sich im Arbeitsrecht, wenn Tarifverträge für allgemeinverbindlich erklärt werden, die eine Schiedsgerichtsklausel enthalten. In Anbetracht des Justizgewährungsanspruchs bestehen gegen die Wirksamkeit derartiger Schiedsklauseln Bedenken, soweit Personen nur infolge der Allgemeinverbindlicherklärung betroffen werden, denn diesen Personen wird die Möglichkeit, Rechtsschutz vor staatlichen Gerichten zu suchen, staatlicherseits entzogen.[49] 11

---

37 Vgl. *Zö/Geimer* Rn. 4; zum alten Recht: BGHZ 38, 155, 162 = NJW 1963, 203 (Ankaufsrecht der Gesellschafter einer GmbH hins. Gesellschaftsanteilen).

38 *Schwab/Walter* Kap. 32 Rn. 9.

39 Vgl. *Schwab/Walter* Kap. 32 Rn. 23.

40 BayObLG EWiR § 1034 ZPO 1/2000, S. 359, 360 (*Rabe*).

41 So zB (zum alten Recht): BGH NJW 1961, 507 (Bestellung und Abberufung als Geschäftsführer); 1955, 1716 (Geschäftsführervergütung); zur Abgrenzung vgl. BGH NJW 1963, 203: zustimmend (zum geltenden Recht) MK/*Münch* Rn. 9; vgl. auch BayObLG EWiR § 1034 ZPO 1/2000, S. 359, 360 (*Rabe*).

42 *Schwab/Walter* Kap. 32 Rn. 20; *St/J/Schlosser* Rn. 14.

43 *Schwab/Walter* Kap. 32 Rn. 12; MK/*Münch* Rn. 8; *St/J/Schlosser* Rn. 9; zum alten Recht: RGZ 113, 321, 323.

44 *Schwab/Walter* Kap. 32 Rn. 11; zum alten Recht: OLG Düsseldorf NJW 1950, 876 f.

45 AA *Haas/Hauptmann* SchiedsVZ 2004, 175, 184.

46 *Schwab/Walter* Kap. 32 Rn. 15; *Lachmann* Rn. 30; zum alten Recht: OLG Frankfurt NJW 1973, 2208, 2210 (DFB-„Schiedsgericht"); *Westermann* JZ 1972, 538, 541 ff.; *Habscheid* KTS 1976, 1, 3 f.

47 *Schwab/Walter* Kap. 32 Rn. 15; *Zö/Geimer* Rn. 3; *St/J/Schlosser* Rn. 10 ff.

48 Vgl. *Schwab/Walter* Kap. 32 Rn. 13 ff.

49 Vgl. zum alten Recht: *St/J/Schlosser*, 21. Aufl. 1994, Vor § 1025 aF Rn. 4.

BUCH 11. JUSTIZIELLE ZUSAMMENARBEIT IN DER EUROPÄISCHEN UNION

Abschnitt 1. Zustellung nach der Verordnung (EG) Nr. 1348/2000[1]

1067 *Zustellung durch diplomatische oder konsularische Vertretungen* **Eine Zustellung nach Artikel 13 Abs. 1 der Verordnung (EG) Nr. 1348/2000 des Rates vom 29. Mai 2000 über die Zustellung gerichtlicher und außergerichtlicher Schriftstücke in Zivil- oder Handelssachen in den Mitgliedstaaten (ABl. EG Nr. L 160 S. 37), die in der Bundesrepublik Deutschland bewirkt werden soll, ist nur zulässig, wenn der Adressat des zuzustellenden Schriftstücks Staatsangehöriger des Übermittlungsmitgliedstaats ist.**

I. Normzweck

1 Die Vorschrift dient der Rechtsklarheit. Sie bringt die (nunmehr) aufgehobene Regelung nach § 1 des EG-Zustellungsdurchführungsgesetzes vom 9. Juni 2001 in die ZPO ein.

II. Regelung

2 Die Vorschrift hat Bedeutung für **Zustellungen aus dem Ausland in Deutschland.** Nach Artikel 13 Abs. 1 der Verordnung (EG) Nr. 1348/2000 steht es zB der Bundesrepublik Deutschland als Mitgliedstaat der Europäischen Union frei, gerichtliche Zustellungen in einem anderen Mitgliedstaat (außer Dänemark!) unmittelbar durch dortige deutsche diplomatische oder konsularische Vertretungen (ohne Anwendung von Zwang) zustellen zu lassen. Nach Absatz 2 dieser Vorschrift kann jeder Mitgliedstaat mitteilen, dass er in seinem Hoheitsgebiet solche Zustellungen nicht zulässt, außer wenn das Schriftstück einem Staatsangehörigen des Übermittlungsstaates zuzustellen ist. Die Bundesrepublik hat von der Möglichkeit nach Absatz 2 der Verordnung Gebrauch gemacht. Damit dürfen zB italienische diplomatische oder konsularische Vertretungen in Deutschland Zustellungen nur an italienische Staatsbürger vornehmen, auch nicht etwa an hiesige staatenlose Personen.

1068 *Zustellung durch die Post* **(1) [1]Eine Zustellung nach Artikel 14 Abs. 1 der Verordnung (EG) Nr. 1348/2000 in einem anderen Mitgliedstaat der Europäischen Union ist unbeschadet weiterer Bedingungen des jeweiligen Empfangsmitgliedstaats nur in der Versandform des Einschreibens mit Rückschein zulässig. [2]Zum Nachweis der Zustellung genügt der Rückschein.**

(2) [1]Eine Zustellung nach Artikel 14 Abs. 1 der Verordnung (EG) Nr. 1348/2000, die in der Bundesrepublik Deutschland bewirkt werden soll, ist nur in der Versandform des Einschreibens mit Rückschein zulässig. [2]Hierbei muss das zuzustellende Schriftstück in einer der folgenden Sprachen abgefasst oder es muss ihm eine Übersetzung in eine dieser Sprachen beigefügt sein:

1. Deutsch oder

2. die Amtssprache oder eine der Amtssprachen des Übermittlungsmitgliedstaats, sofern der Adressat Staatsangehöriger dieses Mitgliedstaats ist.

(3) Ein Schriftstück, dessen Zustellung eine deutsche Empfangsstelle im Rahmen von Artikel 7 der Verordnung (EG) Nr. 1348/2000 zu bewirken oder zu veranlassen hat, kann ebenfalls durch Einschreiben mit Rückschein zugestellt werden.

I. Normzweck

1 Die Vorschrift regelt Zustellungen durch die Post, die aus der Bundesrepublik Deutschland in das EU-Ausland (außer Dänemark) gehen oder aus dem EU-Ausland (ohne Dänemark) in Deutschland eingehen. Diese wohl einfachste und billigste Art der Zustellung wird an bestimmte Bedingungen gebunden bzw. Einschränkungen unterworfen.[1] Nach Artikel 14 Abs. 1 der Verordnung (EG) Nr. 1348/2000 wird es EU-Mitgliedstaaten freigestellt, gerichtliche Schriftstücke unmittelbar durch die Post in einem anderen Mitgliedstaat (außer Dänemark) zuzustellen. Absatz 2 dieser Vorschrift erlaubt es Mitgliedstaaten, Einschränkungen für ein- oder ausgehende Zustellungen dieser Art vorzuschreiben.[2] Die von der Bundesrepublik gemachten Einschränkungen ergeben sich aus § 1068. Nach richtiger Ansicht erlaubt die Vorschrift durch ihren Bezug auf Art. 14 Abs. 1 der VO (EG) Nr. 1348/2000 keine Parteizustellungen, sondern lediglich Zustellungen von Amts wegen.[3]

II. Absatz 1

2 Die Regelung betrifft **ausgehende** Zustellungen. Im Ergebnis werden drei Voraussetzungen gemacht: Einschreiben; Einhaltung der Vorschriften im Empfangsstaat; Rückschein. Einschreiben ist nach deutschem

---

[1] ABl. EG Nr. L 160 S. 37.

[1] Vgl. *Heß* NJW 2002, 2417 ff.

[2] Siehe hierzu die Übersicht von *Heß/Müller* NJW 2002, 2451 f.

[3] So auch LG Trier NJW 2003, 287 f.; *Emde* NJW 2004, 1830 ff.; aA OLG Köln EwiR Art. 14 EuZVO, 1/04 m. abl. Anm. von *Emde;* wie OLG Köln auch *Hess* NJW 2004, 3301 ff.

Recht zu verstehen. Sie ist die vom Empfänger oder einem andere Empfangsberechtigten dokumentierte Übergabe der Sendung. Die Einhaltung der Vorschriften im Empfangsstaat ist vor dem Hintergrund von Artikel 14 Abs. 2 der Verordnung (EG) Nr. 1348/2000 zu verstehen. Danach kann jeder Mitgliedstaat Bedingungen stellen, unter denen er diese Zustellung durch die Post zulässt. Dies zwingt zur Beachtung des ausländischen Rechts. Bei einer Klage gegen eine ausländische juristische Person mit Sitz in Großbritannien ist die Übersetzung der Klage in die englische Sprache kein Erfordernis für eine wirksame Zustellung mittels Einschreiben mit Rückschein.[4] Mit dem Rückschein wird dem Absender auf einem vorbereitetem Dokument die Ablieferung bestätigt. Mit ihm wird für diese Zustellungsart der Nachweis der Zustellung geführt. Doch kann der Nachweis auch mit jedem anderen nach deutschem Recht zulässigen Beweismittel erbracht werden.

III. Absatz 2

Aus dem EU-Ausland in Deutschland **eingehende** Zustellungen durch die Post werden an bestimmte Voraussetzungen gebunden. Artikel 14 Abs. 2 der Verordnung (EG) Nr. 1348/2000 räumt ausdrücklich jedem Mitgliedstaat die Befugnis ein, für diese Zustellungsart Einschränkungen vorzunehmen. Danach kann diese Zustellung durch die Post wirksam nur durch Einschreiben mit Rückschein und einer beigefügten Übersetzung nach Satz 2 erfolgen. Die Beifügung ist nicht erforderlich, wenn bereits die zuzustellenden Schriftstücke selbst eine der Bedingungen erfüllen. 3

IV. Absatz 3

Auch dieser Absatz gilt für aus dem EU-Ausland **eingehende** Zustellungen. Ist die entsprechende Sendung nicht als Zustellung durch die Post eingegangen, sondern bei der nach Artikel 2 Abs. 2 der Verordnung (EG) Nr. 1348/2000 eingerichteten Empfangsstelle, so ist dieser Empfangsstelle die Befugnis eingeräumt, die Zustellung in der Bundesrepublik Deutschland auf dem Postweg zu veranlassen. Auch hierbei ist durch Einschreiben mit Rückschein zuzustellen. Hat allerdings die Übermittlungsstelle im EU-Ausland eine „besondere Form“ im Ersuchen geäußert, wird eine förmliche Zustellungsurkunde nach § 182 erforderlich sein. 4

1069 *Zuständigkeiten nach der Verordnung (EG) Nr. 1348/2000* **(1) Für Zustellungen im Ausland sind als deutsche Übermittlungsstelle im Sinne von Artikel 2 Abs. 1 der Verordnung (EG) Nr. 1348/2000 zuständig:**

1. für gerichtliche Schriftstücke das die Zustellung betreibende Gericht und

2. für außergerichtliche Schriftstücke dasjenige Amtsgericht, in dessen Bezirk die Person, welche die Zustellung betreibt, ihren Wohnsitz oder gewöhnlichen Aufenthalt hat; bei notariellen Urkunden auch dasjenige Amtsgericht, in dessen Bezirk der beurkundende Notar seinen Amtssitz hat; bei juristischen Personen tritt an die Stelle des Wohnsitzes oder des gewöhnlichen Aufenthalts der Sitz; die Landesregierungen können die Aufgaben der Übermittlungsstelle einem Amtsgericht für die Bezirke mehrerer Amtsgerichte durch Rechtsverordnung zuweisen.

(2) [1]Für Zustellungen in der Bundesrepublik Deutschland ist als deutsche Empfangsstelle im Sinne von Artikel 2 Abs. 2 der Verordnung (EG) Nr. 1348/2000 dasjenige Amtsgericht zuständig, in dessen Bezirk das Schriftstück zugestellt werden soll. [2]Die Landesregierungen können die Aufgaben der Empfangsstelle einem Amtsgericht für die Bezirke mehrerer Amtsgerichte durch Rechtsverordnung zuweisen.

(3) [1]Die Landesregierungen bestimmen durch Rechtsverordnung die Stelle, die in dem jeweiligen Land als deutsche Zentralstelle im Sinne von Artikel 3 Satz 1 der Verordnung (EG) Nr. 1348/2000 zuständig ist. [2]Die Aufgaben der Zentralstelle können in jedem Land nur einer Stelle zugewiesen werden.

(4) Die Landesregierungen können die Befugnis zum Erlass einer Rechtsverordnung nach Absatz 1 Nr. 2, Absatz 2 Satz 2 und Absatz 3 Satz 1 einer obersten Landesbehörde übertragen.

Die Vorschrift ersetzt § 4 EG-Zustellungsdurchführungsgesetz. Sie benennt die örtlich und sachlich zuständigen deutschen Stellen nach Artikel 2 und 3 der Verordnung (EG) Nr. 1348/2000. 1

1070 *Annahmeverweigerung auf Grund der verwendeten Sprache* **[1]Für Zustellungen im Ausland beträgt die Frist zur Erklärung der Annahmeverweigerung durch den Adressaten nach Artikel 8 Abs. 1 der Verordnung (EG) Nr. 1348/2000 zwei Wochen. [2]Sie ist eine Notfrist und beginnt mit der Zustellung des Schriftstücks. [3]Der Adressat ist auf diese Frist hinzuweisen.**

I. Normzweck

Die Vorschrift schützt den Empfänger einer aus der Bundesrepublik Deutschland ausgehenden Sendung, die im EU-Ausland zuzustellen ist, vor möglichen Nachteilen, die sich aus Sprachschwierigkeiten wegen fehlender Übersetzungen der zuzustellenden Schriftstücke in die Sprache des Empfängers ergeben können. 1

[4] OLG Celle NJW 2004, 2315.

Dabei soll allerdings auch durch die (knappe) Frist von zwei Wochen relativ zeitig Rechtssicherheit geschaffen werden. Nach Artikel 8 Abs. 1 der oben genannten Verordnung ist der Empfänger durch die Empfangsstelle davon in Kenntnis zu setzen, dass er die Annahme der zuzustellenden Schriftstücke verweigern darf, wenn diese nicht der (oder einer) Amtssprache des Empfangsmitgliedstaats oder in einer Sprache des Übermittlungsmitgliedstaats, die der Empfänger versteht, abgefasst ist. Die Vorschrift begrenzt die Frist, die dem Empfänger zur Verfügung steht, die Annahme zu verweigern. Sie soll auch den Verzicht auf Übersetzungen fördern, um die Kosten zu verringern und Verfahren zu beschleunigen.

II. Sätze 1 bis 3

2 Die zum Schutz des Adressaten geschaffene Frist ist als Notfrist (§ 224) ausgestaltet; sie ist weder abkürzbar noch verlängerbar, allerdings ist Wiedereinsetzung in den vorigen Stand (§ 233 Abs. 1) möglich. Die Erklärung ist gegenüber der ausländischen Empfangsstelle abzugeben. Erfolgt die Zustellung allerdings unmittelbar durch Einschreiben mit Rückschein, ohne dass die ausländische Empfangsstelle eingeschaltet wurde, ist die Erklärung gegenüber der deutschen Übermittlungsstelle abzugeben. Der Hinweis nach Satz 3 ist zwingend; er wird formularmäßig in allen Amtssprachen der EU in die ZRHO aufgenommen. Hat der Empfänger das Schriftstück mit der Begründung zurückgewiesen, es sei nicht in einer Amtssprache des Empfangsmitgliedsstaates oder in einer Sprache des Übermittlungsstaates, die er verstehe, abgefasst, kann der Absender diesen Mangel dadurch heilen, dass die geforderte Übersetzung nach den in der EG-Verordnung vorgesehenen Modalitäten so schnell wie möglich übersandt wird.[1]

1071 *Parteizustellung aus dem Ausland* **Eine Zustellung nach Artikel 15 Abs. 1 der Verordnung (EG) Nr. 1348/2000 ist in der Bundesrepublik Deutschland unzulässig.**

1 Nach Artikel 15 Abs. 1 der genannten Verordnung ist nach EU-Recht nicht ausgeschlossen, dass Beteiligte eines gerichtlichen Verfahrens gerichtliche Schriftstücke unmittelbar durch zuständige Stellen oder zuständige Personen im Ausland zustellen lassen. Allerdings hat nach Artikel 15 Abs. 2 der Verordnung jeder Mitgliedstaat die Möglichkeit, solche Zustellungen in seinem Hoheitsgebiet nicht zuzulassen. Von dieser Befugnis hat die Bundesrepublik Deutschland Gebrauch gemacht. Die Vorschrift untersagt **Parteizustellungen aus dem Ausland** im Inland.

Abschnitt 2. Beweisaufnahme nach der Verordnung (EG) Nr. 1206/2001

1072 *Beweisaufnahme in den Mitgliedstaaten der Europäischen Union* **Soll die Beweisaufnahme nach der Verordnung (EG) Nr. 1206/2001 des Rates vom 28. Mai 2001 über die Zusammenarbeit zwischen den Gerichten der Mitgliedstaaten auf dem Gebiet der Beweisaufnahme in Zivil- oder Handelssachen (ABl. EG Nr. L 174 S. 1) erfolgen, so kann das Gericht**

1. unmittelbar das zuständige Gericht eines anderen Mitgliedstaats um Aufnahme des Beweises ersuchen oder

2. unter den Voraussetzungen des Artikels 17 der Verordnung (EG) Nr. 1206/2001 eine unmittelbare Beweisaufnahme in einem anderen Mitgliedstaat beantragen.

I. Anwendungsbereich und Systematik

1 Seit dem 1. Januar 2004 gilt für grenzüberschreitende Beweisaufnahmen in Zivil- und Handelssachen innerhalb der Europäischen Union (mit Ausnahme Dänemarks) die Verordnung (EG) Nr. 1206/2001.[1] Sie hat Vorrang vor allen bi- und multilateralen Übereinkünften der Mitgliedstaaten (Art. 21 Abs. 1 BeweisVO). Die Verordnung soll die grenzüberschreitende Beweiserhebung vereinfachen und beschleunigen; sie sieht daher unter Abkehr vom System Zentraler Behörden, wie es das Haager Beweishilfeübereinkommen kennt, die in Nr. 1 und 2 genannten Möglichkeiten der Erlangung von Beweismitteln vor. § 1072 hat insoweit neben der unmittelbar geltenden Verordnung keine konstitutive Funktion, sondern Hinweischarakter.[2] Die Verordnung gilt für **alle Formen der Beweiserhebung,** Art. 4 erwähnt davon ausdrücklich die Vernehmung von Personen sowie den Beweis durch Urkunden oder andere Gegenstände (Augenschein). Unproblematisch ist es, wenn das ausländische Gericht nach Ziff. 1 um die Benennung eines Sachverständigen ersucht wird, der dann die vom ersuchenden Gericht genannten Fragen aufklärt (zur unmittelbaren Entsendung eines vom deutschen Gericht ernannten Sachverständigen s. § 1073 Abs. 2 und dort Rn. 4). Anwendbar sind die Verordnung und die sie betreffenden Vorschriften des 11. Buches auch für selbständige Beweisverfahren nach §§ 485 ff. (s. Art. 1 Abs. 2 BeweisVO).[3] §§ 1072–1073 betreffen die Durchführung von Maßnahmen zur Beweiserhebung **im Ausland** für ein in Deutschland anhängiges oder zu eröffnendes gerichtliches Verfahren, §§ 1074–1075 die Beweishilfe in Deutschland für ausländische Gerichte.

[1] EuGH NJW 2006, 491 ff.

[1] Die Verordnung ist abgedruckt im Anhang 3.

[2] So auch ausdrücklich die Begründung BR-Drucks. 239/03 S. 16 f., missverständlich allerdings, wenn für Nr. 2 dort darauf verwiesen wird, § 1072 Abs. 2 verleihe dem deutschen Gericht erst eine entsprechende Antragsberechtigung.

[3] *B/L/H* Rn. 3.

II. Rechtshilfeersuchen

Gemäß Ziff. 1 kann sich das deutsche Gericht nun unmittelbar an das zuständige Gericht in einem anderen Mitgliedstaat wenden. Zentralstellen spielen nach Art. 3 BeweisVO nur noch eine sehr eingeschränkte Rolle und sollen nur im Ausnahmefall konsultiert werden. Die Mitgliedstaaten benennen nach Art. 22 BeweisVO die jeweils örtlich und gegebenenfalls fachlich zuständigen Gerichte, an die das Ersuchen direkt zu richten ist. Auf der Internetseite der Europäischen Kommission ist ein „European Judicial Atlas in Civil Matters" eingerichtet, auf dem die jeweils aktualisierten Mitteilungen der Mitgliedstaaten abgerufen werden können: http://europa.eu.int/comm/justice_home/judicialatlascivil/html/takingevdocuments_en.htm. Die Übermittlung des Ersuchens richtet sich in **Form, Inhalt und Sprache** nach Art. 4–6 BeweisVO. Da die gesamte BeweisVO auf Beschleunigung der Verfahren angelegt ist, sollte von der in Art. 6 vorgesehenen Möglichkeit, „jeden geeigneten" Übermittlungsweg (ggf. Fax oder E-Mail) zu nutzen, Gebrauch gemacht werden. Art. 4 Abs. 2 BeweisVO verzichtet insoweit auch ausdrücklich auf Beglaubigungen und sonstige Formalitäten. Die zum 1. Januar 2004 ebenfalls überarbeitete ZRHO verweist in § 36 Abs. 6 auf die Sprachregelung der Art. 4 Abs. 3, 5 BeweisVO, im Übrigen sind §§ 37, 37a ZRHO zu beachten. Die Erledigung des Rechtshilfeersuchens erfolgt – vorbehaltlich der Beantragung einer speziellen Form durch das deutsche Gericht – nach dem **Recht des ersuchten Mitgliedstaates** (Art. 10 Abs. 2, 3 BeweisVO). Im Einzelfall sollte das ersuchende Gericht überlegen, ob es nicht in geeigneten Fällen eine besondere Form der Durchführung in Form einer **Video- oder Telekonferenz** beantragt (Art. 10 Abs. 4 BeweisVO), soweit dies auch § 128a gestattet (§ 37b ZRHO). Hierdurch kann sich das Prozessgericht wenigstens teilweise einen eigenen audiovisuellen Eindruck von Beweispersonen verschaffen, ohne dass es der Entsendung eines Beauftragten nach Art. 12 BeweisVO bedürfte (hierzu § 1073 Rn. 3). Art. 10 Abs. 1 BeweisVO gibt erstmals auch eine konkrete Frist von 90 Tagen für die Erledigung von Rechtshilfeersuchen vor, deren Nichteinhaltung freilich sanktionslos bleibt. 2

III. Unmittelbare Beweisaufnahmen nach Art. 17 BeweisVO

Mit der Möglichkeit unmittelbarer Beweisaufnahmen durch das Prozessgericht in einem anderen Mitgliedstaat betritt die BeweisVO Neuland und stellt herkömmliche Souveränitätsvorbehalte gegen die Betätigung ausländischer Hoheitsträger auf fremdem Territorium zurück. Allerdings erlaubt Art. 17 BeweisVO ein solches Tätigwerden nicht völlig uneingeschränkt, insbesondere bedarf es nach wie vor eines **vorhergehenden Ersuchens,** das allerdings nur unter den engen Voraussetzungen von Art. 17 Abs. 5 BeweisVO abgelehnt werden kann. Die Mitwirkung der betroffenen Beweispersonen erfolgt auf **freiwilliger Basis,** Zwangsmaßnahmen sind auch nicht auf Bitten des Prozessgerichts durch die Gerichte vor Ort möglich.[4] Ist daher absehbar, dass die Beweisperson nicht kooperieren wird, sollte das deutsche Gericht sofort nach Ziff. 1 verfahren. Unvollständig ist die Regelung in Art. 17 Abs. 2 BeweisVO, die nur im Fall der Vernehmung einer Person eine Belehrung durch das ersuchende Gericht über die Freiwilligkeit ihrer Mitwirkung vorsieht. Selbstverständlich sollte ein solcher Hinweis auch beim Urkunden- oder Augenscheinsbeweis oder der Erhebung von Befundtatsachen durch einen Sachverständigen erfolgen – leider wiederholt auch § 40a ZRHO hier nur die Regelung der Verordnung. Vorteile gegenüber einem Rechtshilfeersuchen nach Ziff. 1 können – außer in der Gewinnung des unmittelbaren Eindrucks – in der Anwendung des Verfahrensrechts des ersuchenden Prozessgerichts liegen (Art. 17 Abs. 6 BeweisVO). S. hierzu auch § 1073 Rn. 4. 3

IV. Kosten

S. hierzu Art. 18 BeweisVO. 4

1073

Teilnahmerechte (1) [1]**Das ersuchende deutsche Gericht oder ein von diesem beauftragtes Mitglied darf im Geltungsbereich der Verordnung (EG) Nr. 1206/2001 bei der Erledigung des Ersuchens auf Beweisaufnahme durch das ersuchte ausländische Gericht anwesend und beteiligt sein.** [2]**Parteien, deren Vertreter sowie Sachverständige können sich hierbei in dem Umfang beteiligen, in dem sie in dem betreffenden Verfahren an einer inländischen Beweisaufnahme beteiligt werden dürfen.**

(2) **Eine unmittelbare Beweisaufnahme im Ausland nach Artikel 17 Abs. 3 der Verordnung (EG) Nr. 1206/2001 dürfen Mitglieder des Gerichts sowie von diesem beauftragte Sachverständige durchführen.**

I. Anwesenheits- und Teilnahmerechte

1. Grundsatz. Für **Rechtshilfeersuchen** nach Art. 4ff. BeweisVO, § 1072 Nr. 1 ZPO regeln Art. 11, 12 BeweisVO die Anwesenheits- und Teilnahmerechte von Parteien und Gerichtspersonen. Zu unterscheiden ist zwischen dem rein passiven **Recht auf Anwesenheit** bei der Durchführung des Ersuchens und **aktiven Teilnahmerechten** (zB Ausübung von Fragerechten).[1] Die BeweisVO räumt Vertretern des Gerichts, Sachverständigen und Parteien sowie deren Vertretern grundsätzlich ein Recht auf Anwesenheit nach Maßgabe des Rechts des **ersuchenden** Staates ein (anders das Haager Beweisübereinkommen, nach dem sich das An- 1

---

[4] Krit. hierzu schon *Stadler,* Festschr. Geimer 2002, 1281ff., 1301.

[1] So auch Begründung BR-Drucks. 239/03 S. 17; *Zö/Geimer* Rn. 1.

wesenheitsrecht nach dem Recht des ersuchten Staates richtet). Der ersuchte Mitgliedstaat darf das Anwesenheitsrecht nicht grundsätzlich ausschließen oder beschränken, wohl aber für die aktive Teilnahme, die vorab zu beantragen ist, nach Art. 11 Abs. 3, 4; Art. 12 Abs. 4, 5 BeweisVO Bedingungen festlegen. Denkbar wäre etwa, dass Fragen nicht direkt an die Beweisperson, sondern über das Gericht zu stellen sind, dass das Gericht vorab über die Zulässigkeit von Fragen entscheiden darf oder dass den Beteiligten hinsichtlich bestimmter Punkte der Befragung, des Urkundeninhalts oder Erkenntnissen eines Augenscheins (Betriebs- und Geschäftsgeheimnisse) eine Verschwiegenheitspflicht auferlegt wird.

2 **2. Parteien.** Abs. 1 S. 2 hat für Parteien und ihre Vertreter neben § 357, der sich nach seinem Wortlaut nicht auf Beweisaufnahmen durch das erkennende Gericht beschränkt, an sich klarstellende Funktion. Eine erweiternde Auslegung schlägt *Hartmann*[2] vor, der – vertretbar – auch Parteisachverständige unter den Vertreterbegriff des Abs. 1 S. 2 fassen möchte. Mit dem Verweis auf inländische Beweisaufnahmen gilt auch das Fragerecht der Parteien gemäß §§ 397, 402 bei Zeugen- und Sachverständigenvernehmungen auf Grund Rechtshilfeersuchens. Der ersuchte Staat kann hierfür allerdings Bedingungen formulieren (s. Rn. 1). Mitteilungen über Ort und Zeit der Beweisaufnahme erfolgen durch das **ersuchte** Gericht. Gemäß § 38 Abs. 2 ZRHO soll das ersuchende Gericht die Parteien entsprechend über ihre Rechte aufklären und ihre Teilnahmeabsicht erfragen. Keine ausdrückliche Regelung enthält die BeweisVO für die Anwesenheit und Teilnahme von Parteien bei **unmittelbaren Beweisaufnahmen** nach Art. 17 BeweisVO. Hier folgt jedoch schon aus der grundsätzlichen Anwendung des Verfahrensrechts des ersuchenden Gerichts (Art. 17 Abs. 6 BeweisVO), dass sich auch Anwesenheit und Mitwirkung der Parteien nach diesen Vorschriften richten.

3 **2. Gerichtspersonen und Sachverständige.** Art. 12 Abs. 2 BeweisVO lässt es ausdrücklich zu, dass das ersuchende Gericht nicht nur ein Mitglied des Gerichts bzw. Spruchkörpers als Beauftragte entsendet, sondern nach Maßgabe seines Rechts auch andere Personen „wie etwa Sachverständige". Demgegenüber scheint der Wortlaut von Abs. 1 S. 1 zu eng, der nur Gerichtsmitgliedern die Anwesenheit gestattet (anders § 38a ZRHO), wohingegen Abs. 1 S. 2 die Beteiligung dann wieder auf Sachverständige erstreckt – aktive Teilnahme kommt aber nur bei Anwesenheit in Betracht! Ausweislich der Begründung[3] soll der Begriff der Beteiligung hier als Oberbegriff Anwesenheit und aktive Teilnahme umfassen, man hätte sich jedoch besser an der Terminologie der BeweisVO orientiert, welche „Beteiligung" nur im letzteren Sinne verwendet. Eine Zuziehung des Sachverständigen zu Beweiserhebungen wie beispielsweise Zeugenvernehmungen oder einem Augenschein soll nach Abs. 1 S. 2 auch bei der Beweiserhebung im Ausland in dem Maße zulässig sein, wie dies im Inland möglich wäre. **„Beauftragtes Mitglied"** des Gerichts im Sinne von Abs. 1 S. 1 ist jedes Mitglied des ersuchenden Gerichts (zB der Berichterstatter),[4] nicht jedoch ein ersuchter Richter im Sinne von § 362. Das komplette Prozessgericht kann als „das ersuchende Gericht" (Abs. 1 S. 1, 1. Var.) ebenfalls teilnehmen. Die beabsichtigte Anwesenheit ist anzuzeigen, die Beteiligung zu beantragen, s. Formblatt A.

II. Durchführung unmittelbarer Beweisaufnahmen (Abs. 2)

4 Abs. 2 wiederholt bzw. konkretisiert die Regelung des Art. 17 Abs. 3 BeweisVO. Sie verzichtet darauf, außer Sachverständigen auch „andere Personen" für die Beweisaufnahme benennen zu können. Damit kommen von den Parteien privat beauftragte Sachverständige – zu Recht – in Betracht.[5] Eine Durchführung von Beweiserhebungen durch Sachverständige wird insbesondere bei einem Augenschein beweglicher oder unbeweglicher Sachen zur Feststellung von Anknüpfungs- oder Befundtatsachen in Frage kommen. Im Hinblick auf Art. 17 Abs. 6 sind wie bei einer solchen Tatsachenerhebung im Inland durch den Sachverständigen die **Beteiligungsrechte der Parteien** zu beachten (§ 404a Abs. 4). Mit der Regelung in Art. 17 BeweisVO, § 1073 dürfte auch die bislang streitige Frage **gutachterlicher Auslandstätigkeit** entschieden sein. Konkret geht es darum, inwieweit das deutsche Prozessgericht im Inland einen Sachverständigen bestellen und dieser ohne Genehmigung oder Beteiligung ausländischer Behörden im Ausland für sein Gutachten Recherchen anstellen darf. Entgegen teilweise vertretener Ansicht (s. die Nachw. zum Streitstand § 373 Rn. 14) kommt ein solches Vorgehen im Anwendungsbereich der BeweisVO trotz des gelockerten Souveränitätsverständnisses (und damit erst Recht außerhalb ihres Anwendungsbereichs) nicht in Betracht. Die unmittelbare Durchführung von Beweisaufnahmen durch einen von einem deutschen Prozessgericht bestellten Sachverständigen ist nur nach Art. 17 BeweisVO vorgesehen und bedarf danach eines vorhergehenden Ersuchens an den betroffenen Mitgliedstaat (ebenso §§ 38a Abs. 5, 40a Abs. 1 ZRHO). Wer bislang die Sachverständigentätigkeit im Vorfeld als bloße nicht hoheitliche Vorbereitung seiner mündlichen Befragung oder seines schriftlichen Gutachtens einordnete und als zulässig ansah, müsste begründen, warum die BeweisVO Sachverständige ausdrücklich mehrfach für Fälle der Beweiserhebung erwähnt und regelt, obwohl diese im Regelfall für eine förmliche Beweisaufnahme ohnehin nicht zuständig sind. Es steht daher zu vermuten, dass der Verordnungsgeber gerade auch die Grauzone vorbereitender Gutachtertätigkeit erfassen wollte.

[2] *B/L/H* Rn. 11.
[3] BR-Drucks. 239/03 S. 18.
[4] *B/L/H* Rn. 5.
[5] *B/L/H* Rn. 14.

1074 *Zuständigkeiten nach der Verordnung (EG) Nr. 1206/2001* **(1) Für Beweisaufnahmen in der Bundesrepublik Deutschland ist als ersuchtes Gericht im Sinne von Artikel 2 Abs. 1 der Verordnung (EG) Nr. 1206/2001 dasjenige Amtsgericht zuständig, in dessen Bezirk die Verfahrenshandlung durchgeführt werden soll.**

(2) Die Landesregierungen können die Aufgaben des ersuchten Gerichts einem Amtsgericht für die Bezirke mehrerer Amtsgerichte durch Rechtsverordnung zuweisen.

(3) [1]Die Landesregierungen bestimmen durch Rechtsverordnung die Stelle, die in dem jeweiligen Land
1. als deutsche Zentralstelle im Sinne von Artikel 3 Abs. 1 der Verordnung (EG) Nr. 1206/2001 zuständig ist,
2. als zuständige Stelle Ersuchen auf unmittelbare Beweisaufnahme im Sinne von Artikel 17 Abs. 1 der Verordnung (EG) Nr. 1206/2001 entgegennimmt.

[2]Die Aufgaben nach den Nummern 1 und 2 können in jedem Land nur jeweils einer Stelle zugewiesen werden.

(4) Die Landesregierungen können die Befugnis zum Erlass einer Rechtsverordnung nach den Absätzen 2 und 3 Satz 1 einer obersten Landesbehörde übertragen.

§§ 1074, 1075 treffen Ausführungsregelungen für **eingehende Ersuchen,** dh. die Durchführung von Beweisaufnahmen in Deutschland. Abs. 1 erfüllt die Festlegungspflicht nach Art. 22 Nr. 1, 2 Abs. 2 BeweisVO und bestimmt die Amtsgerichte am Ort der Verfahrenshandlung als zuständig für die unmittelbare Entgegennahme von Ersuchen nach Art. 4ff. BeweisVO. Rechtsverordnungen der Länder nach Abs. 2 sind, soweit ersichtlich, bislang nicht ergangen. Gemäß Art. 17 Abs. 1 BeweisVO sind die nach Art. 3 Abs. 3 BeweisVO zu bestimmenden Zentralstellen vorbehaltlich einer anderen Regelung des Mitgliedstaates gleichzeitig auch zuständig für die Entgegennahme von Ersuchen nach Art. 17 BeweisVO. Die Liste der von den Ländern benannten Zentralstellen, die gleichzeitig auch die Zuständigkeit nach Art. 17 Abs. 1 BeweisVO innehaben (anders nur in Bayern), kann wiederum in jeweils aktueller Version auf der Internet-Seite der Europäischen Kommission unter http://europa.eu.int/comm/justice_home/judicialatlascivil/html/pdf/manual_tev_ger.pdf abgerufen werden. 1

1075 *Sprache eingehender Ersuchen* **Aus dem Ausland eingehende Ersuchen auf Beweisaufnahme sowie Mitteilungen nach der Verordnung (EG) Nr. 1206/2001 müssen in deutscher Sprache abgefasst oder von einer Übersetzung in die deutsche Sprache begleitet sein.**

Die Vorschrift konkretisiert Art. 5 BeweisVO. Für die Durchführung eines Ersuchens gilt nach Art. 10 Abs. 2 BeweisVO, § 184 GVG Deutsch als Gerichts- und Verfahrenssprache; wenn alle Beteiligten einverstanden und der Fremdsprache mächtig sind, kann die Beweisaufnahme auch in der Sprache des ersuchenden Staates oder einer allen gemeinsamen Sprache durchgeführt werden.[1] 1

Abschnitt 3. Prozesskostenhilfe nach der Richtlinie 2003/8/EG

1076 *Anwendbare Vorschriften* **Für die grenzüberschreitende Prozesskostenhilfe innerhalb der Europäischen Union nach der Richtlinie 2003/8/EG des Rates vom 27. Januar 2003 zur Verbesserung des Zugangs zum Recht bei Streitsachen mit grenzüberschreitendem Bezug durch Festlegung gemeinsamer Mindestvorschriften für die Prozesskostenhilfe in derartigen Streitsachen (ABl. EG Nr. L 26 S. 41, ABl. EU Nr. L 32 S. 15) gelten die §§ 114 bis 127a, soweit nachfolgend nichts Abweichendes bestimmt ist.**

I. Normzweck

Die Vorschrift weist zunächst darauf hin, dass die grenzüberschreitende Prozesskostenhilfe innerhalb der EU durch die erwähnte Richtlinie[1] geregelt ist. In Verbindung mit § 114 S. 2 ist soll dadurch sichergestellt werden, dass die **einschlägigen Vorschriften in der Praxis nicht übersehen werden.** Dies stellt offenbar einen neuen Service des Gesetzgebers dar. Der Verweis auf die deutschen Vorschriften bedeutet, dass auch bei Anträgen aus dem EU-Ausland die „normalen" Vorschriften der PKH (§§ 114–127a) unbeschränkt anzuwenden sind. Der EU-Ausländer, der zB hier einen PKH-Antrag stellt, ist also grundsätzlich (vorbehaltlich natürlich der §§ 1077 und 1078!) genauso nach den §§ 114ff. zu behandeln, wie eine hier lebende Person. Vgl. aber auch Rn. 6 und ergänzend vor § 114 Rn. 8ff. 1

---

[1] *B/L/H* Rn. 2, der dies sogar für ein Gebot der Höflichkeit erachtet; vorsichtiger, ja sogar die Berechtigung des Gerichts in einer Fremdsprache zu agieren bezweifelnd *B/L/H,* § 185 GVG Rn. 3.

[1] Leicht zugänglich abgedruckt in NJW 2003, 1101ff.; vgl. dazu *Fischer* ZAP F 13, 1287f.

II. Grenzüberschreitender Bezug

2 Ein Fall für die §§ 1076 ff. liegt nur vor, wenn die Richtlinie überhaupt anwendbar ist. Dies ist bei einem grenzüberschreitenden Bezug mit einem Mitgliedstaat der EU außer Dänemark der Fall. Für diesen Mitgliedstaat gilt die Richtlinie nicht. Notwendig ist dazu, dass die PKH beantragende Partei zum Zeitpunkt der Antragseinreichung ihren **Wohnsitz oder ihren gewöhnlichen Aufenthalt in einem anderen Mitgliedstaat als dem (uU erst geplanten) Gerichtsstands- oder Vollstreckungsstaat hat.** Gleichgültig ist dabei, ob der Antragsteller Kläger oder Beklagter ist. Liegt ein solcher Fall nicht vor, ist die Richtlinie nicht anwendbar und die §§ 1076 ff. sind nicht einschlägig. In derartigen Fällen ist entsprechend den vor § 114 Rn. 8 ff. geschilderten Grundsätzen zu verfahren, wenn ein sonstiger Auslandsbezug besteht. Der Antragsteller **ist nicht dazu verpflichtet, nach der Richtlinie bzw. den nationalen Umsetzungsvorschriften vorzugehen.** In Deutschland kann zB auch ein (EU-)Ausländer ohne Bezugnahme auf die Richtlinie direkt PKH beantragen (vgl. vor § 114 Rn. 8 f. und § 114 Rn. 2).

III. Zweck der Richtlinie

3 Der Zweck der Richtlinie ist Folgender: „Dem Unionsbürger soll es im Ergebnis ermöglicht werden, in dem Mitgliedstaat, in welchem er seinen Wohnsitz hat, **in seiner Muttersprache Prozesskostenhilfe für einen in einem anderen Mitgliedstaat durchzuführenden Rechtsstreit …** zu beantragen.“.[2] Denn: „Unzureichende finanzielle Mittel einer Partei, die als Kläger oder Beklagter an einer Streitsache beteiligt ist, dürfen den effektiven Zugang zum Recht ebenso wenig behindern wie Schwierigkeiten auf Grund des grenzüberschreitenden Bezugs einer Streitsache.“[3] Es kann also zB ein Prozesskostenhilfeantrag für einen Prozess in Frankreich hier in Deutschland und in deutscher Sprache gestellt werden. Darüber hinaus soll der Zugang zu den Gerichten für Personen, die über nicht ausreichende finanzielle Mittel verfügen, europaweit erleichtert werden.

IV. Richtlinie und Umsetzung

4 Die in der Überschrift erwähnte Richtlinie[4] wurde Anfang 2003 veröffentlicht.[5] Sie wurde zunächst als zu weit gehend kritisiert.[6] Dies aber – wie bei Richtlinien üblich – vergeblich. Sie wurde – wie gleichfalls üblich – verspätet umgesetzt, und zwar durch das Gesetz zur Umsetzung gemeinschaftsrechtlicher Vorschriften über die grenzüberschreitende Prozesskostenhilfe in Zivil- und Handelssachen in den Mitgliedstaaten (**EG-Prozesskostenhilfegesetz**) vom 15. 12. 2004.[7] Hinsichtlich der maßgeblichen Formulare ist die Verordnung zur Einführung eines Vordrucks für die Erklärung über die persönlichen und wirtschaftlichen Verhältnisse bei Prozesskostenhilfe sowie eines Vordrucks für die Übermittlung der Anträge auf Bewilligung von Prozesskostenhilfe im grenzüberschreitenden Verkehr (EG-Prozesskostenhilfevordruckverordnung – **EG-PKHVV**)[8] vom 21. 12. 2004 einschlägig, s. a. § 1077 Abs. 2. Außer der ZPO wurden durch das erwähnte Gesetz noch folgende Gesetze geändert: **BerHG, RPflG, ArbGG, GKG, KostO und RVG.**

V. Richtlinienkonforme Umsetzung

5 Der Gesetzgeber geht uneingeschränkt davon aus, dass die **deutschen PKH-Vorschriften vollständig der Richtlinie entsprechen.** Da gemäß § 10 BerHG die Möglichkeit der vorprozessualen Rechtsberatung gegeben ist, ist es nach Art. 6 Abs. 2 der Richtlinie zulässig, die Gewährung der PKH von der Erfolgsaussicht abhängig zu machen, wie dies § 114 S. 1 vorsieht. Auch das weitere Erfordernis der mangelnden Mutwilligkeit in § 114 S. 1 steht mit der Richtlinie im Einklang, weil Art. 6 Abs. 3 der Richtlinie es zulässt, die Bedeutung der Rechtssache für den Antragsteller bei der Entscheidung zu berücksichtigen.[9] Diese Begründungen erscheinen vertretbar. Ob sie wirklich tragfähig sind, wird letztlich möglicherweise eines Tages der Europäische Gerichtshof entscheiden müssen.

VI. Abweichende Bestimmungen

6 Eine ausdrückliche (und problematische) Abweichung findet sich in § 1078 Abs. 2, vgl. dort. Eine konkludente abweichende Bestimmung liegt zB vor bezüglich des § 117. Dessen Anwendbarkeit wird durch § 1078 weitgehend ausgeschlossen. Durch § 1078 Abs. 4 wird auch § 119 weitgehend ausgehebelt.

---

[2] BR-Drucks. 267/04 v. 2. 4. 2004 S. 15.
[3] 6. Erwägungsgrund der Richtlinie, NJW 2003, 1101.
[4] Leicht zugänglicher Abdruck in NJW 2003, 1101 ff.
[5] Erste Stellungnahmen: *Jastrow* MDR 2003, 75 ff.; *Büttner,* Festschr. f. Groß, 2004, S. 35 ff.; *Rellermeyer* Rpfleger 2005, 61 ff.
[6] Vgl. zB *Kalthoener/Büttner/Wrobel-Sachs,* PKH, Rn. 7a; DRriZ 2002, 281.
[7] BGBl. I 2004 S. 3392 ff.; die wichtigsten Gesetzesmaterialien finden sich in BR-Drucks. 267/04 v. 2. 4. 2004.
[8] BGBl. I 2004 S. 3538 ff.
[9] Zum gesamten Absatz vgl. BR-Drucks. 267/04 S. 16 (Begr. der Bundesreg.).

VII. Auslegung

7 Bei konkreten Fällen zu diesem Problemkomplex müssen zunächst die §§ 1076 ff. zu Rate gezogen werden und, wenn die Lösung darin nicht gefunden werden kann, die Richtlinie selbst. In Zweifelsfällen ist **richtlinienkonform** auszulegen.

VIII. Verhältnis zu anderen Bestimmungen

8 In ihrem Anwendungsbereich hat die Richtlinie und haben damit die §§ 1076 ff. Vorrang vor anderen Vorschriften, insbesondere dem Haager und dem Straßburger Abkommen (vor § 114 Rn. 13 f.). Diese Abkommen bleiben für Drittstaaten maßgeblich, die Vertragsstaaten dieser Abkommen sind. Dennoch darf die Richtlinie keiner Person aufgezwungen werden (Rn. 2). Wenn sich ein Antragsteller zB dazu entscheidet, entsprechend dem AUG (vor § 114 Rn. 12) vorzugehen, so ist dies zulässig. Er darf dann nicht auf die Richtlinie verwiesen werden.

1077 ***Ausgehende Ersuchen*** **(1) [1]Für die Entgegennahme und Übermittlung von Anträgen natürlicher Personen auf grenzüberschreitende Prozesskostenhilfe ist das Amtsgericht zuständig, in dessen Bezirk der Antragsteller seinen Wohnsitz oder gewöhnlichen Aufenthalt hat (Übermittlungsstelle). [2]Die Landesregierungen können die Aufgaben der Übermittlungsstelle einem Amtsgericht für die Bezirke mehrerer Amtsgerichte durch Rechtsverordnung zuweisen. [3]Sie können die Ermächtigung durch Rechtsverordnung auf die Landesjustizverwaltungen übertragen.**

(2) [1]Das Bundesministerium der Justiz wird ermächtigt, durch Rechtsverordnung mit Zustimmung des Bundesrates die in Artikel 16 Abs. 1 der Richtlinie 2003/8/EG vorgesehenen Standardformulare für Anträge auf grenzüberschreitende Prozesskostenhilfe und für deren Übermittlung einzuführen. [2]Soweit Standardformulare für Anträge auf grenzüberschreitende Prozesskostenhilfe und für deren Übermittlung eingeführt sind, müssen sich der Antragsteller und die Übermittlungsstelle ihrer bedienen.

(3) [1]Die Übermittlungsstelle kann die Übermittlung durch Beschluss vollständig oder teilweise ablehnen, wenn der Antrag offensichtlich unbegründet ist oder offensichtlich nicht in den Anwendungsbereich der Richtlinie 2003/8/EG fällt. [2]Sie kann von Amts wegen Übersetzungen von dem Antrag beigefügten fremdsprachigen Anlagen fertigen, soweit dies zur Vorbereitung einer Entscheidung nach Satz 1 erforderlich ist. [3]Gegen die ablehnende Entscheidung findet die sofortige Beschwerde nach Maßgabe des § 127 Abs. 2 Satz 2 und 3 statt.

(4) [1]Die Übermittlungsstelle fertigt von Amts wegen Übersetzungen der Eintragungen im Standardformular für Anträge auf Prozesskostenhilfe sowie der beizufügenden Anlagen

a) in eine der Amtssprachen des Mitgliedstaats der zuständigen Empfangsstelle, die zugleich einer der Amtssprachen der Europäischen Union entspricht, oder

b) in eine andere von diesem Mitgliedstaat zugelassene Sprache.

[2]Die Übermittlungsstelle prüft die Vollständigkeit des Antrags und wirkt darauf hin, dass Anlagen, die nach ihrer Kenntnis zur Entscheidung über den Antrag erforderlich sind, beigefügt werden.

(5) [1]Die Übermittlungsstelle übersendet den Antrag und die beizufügenden Anlagen ohne Legalisation oder gleichwertige Förmlichkeiten an die zuständige Empfangsstelle des Mitgliedstaats des Gerichtsstands oder des Vollstreckungsmitgliedstaats. [2]Die Übermittlung erfolgt innerhalb von 14 Tagen nach Vorliegen der gemäß Absatz 4 zu fertigenden Übersetzungen.

(6) [1]Hat die zuständige Stelle des anderen Mitgliedstaats das Ersuchen um Prozesskostenhilfe aufgrund der persönlichen und wirtschaftlichen Verhältnisse des Antragstellers abgelehnt oder eine Ablehnung angekündigt, so stellt die Übermittlungsstelle auf Antrag eine Bescheinigung der Bedürftigkeit aus, wenn der Antragsteller in einem entsprechenden deutschen Verfahren nach § 115 Abs. 1 und 2 als bedürftig anzusehen wäre. [2]Absatz 4 Satz 1 gilt für die Übersetzung der Bescheinigung entsprechend. [3]Die Übermittlungsstelle übersendet der Empfangsstelle des anderen Mitgliedstaats die Bescheinigung der Bedürftigkeit zwecks Ergänzung des ursprünglichen Ersuchens um grenzüberschreitende Prozesskostenhilfe.

I. Normzweck

1 § 1077 regelt die Verfahrensweise und die Übermittlung bei Anträgen in das EU-Ausland. Vgl. ergänzend § 1076. **Rechtliches Gehör** für den Gegner ist nicht vorgesehen. Da das Ersuchen selbst noch nicht in die Rechte des Gegners eingreift und dieser sich im Ausland befindet, dürfte dies akzeptabel sein.

II. Übermittlungsstelle (Abs. 1)

2 Wie von der Richtlinie gefordert, wird eine Übermittlungsstelle eingerichtet. Dabei wird der Einfachheit halber an den Wohnsitz des Antragstellers angeknüpft. Zuständig als Übermittlungsstelle ist der **Rechtspfleger** (§ 20 Nr. 5 RPflG), der diese Tätigkeit nicht als Justizverwaltungsaufgabe, sondern selbständig und weisungsfrei nach § 9 RPflG bearbeitet.[1] Zur Not muss der Rechtspfleger auch bei der Antragsaufnahme

[1] Ebenso *Rellermeyer* Rpfleger 2005, 61, 62.

behilflich sein.[2] Sonst könnte der Zweck der Richtlinie nicht verwirklicht werden, wenn der Antragsteller nicht in der Lage ist, das Formular selbst auszufüllen. Abs. 1 S. 2 soll den Ländern die Möglichkeit geben, kleinere Gerichte von schwierigeren Auslandssachverhalten zu entlasten und notwendige fachliche Kompetenz bei einem größeren Gericht zu bündeln.[3]

III. Formular (Abs. 2)

3 Nach Art. 16 der Richtlinie sollen **einheitliche Formulare** geschaffen werden. Dies ist zwischenzeitlich durch die Entscheidung der Kommission vom 9. 11. 2004 (ABl. EU v. 10. 12. 2004 (DE) L 365/27) geschehen. Das Bundesministerium der Justiz hat dementsprechend gemäß § 1077 II ZPO die „Verordnung zur Einführung eines Vordrucks für die Erklärung über die persönlichen und wirtschaftlichen Verhältnisse bei Prozesskostenhilfe sowie eines Vordrucks für die Übermittlung der Anträge auf Bewilligung von Prozesskostenhilfe im grenzüberschreitenden Verkehr" (EG-PKHVV, vgl. § 1076 Rn. 4) erlassen.[4] Es handelt sich dabei um ein EU-weites Standardformular. Hierdurch wird auch gewährleistet, dass sich der Antragsteller auf Folgendes verlassen kann: Sein Antrag enthält alle erforderlichen Angaben, Rückfragen werden in der Regel nicht erforderlich sein; außerdem wird hierdurch die Prüfung erleichtert.[5] Gemäß Abs. 2 S. 2 ist die Benutzung des Formulars zwingend vorgeschrieben.[6] Wird das Formular nicht benutzt, kann die Übermittlungsstelle den Antrag nach Abs. 3 S. 1 als offensichtlich unbegründet zurückweisen.

IV. Ablehnung, Übersetzung, Rechtsmittel (Abs. 3)

4 Die Übermittlungsstelle hat nach S. 1 eine **eingeschränkte Ablehnungskompetenz,** vgl. zB Rn. 3 aE. Die erforderliche offensichtliche Unbegründetheit kann nicht grundsätzlich mit Mutwilligkeit gleichgestellt werden. Zwar kann in einzelnen Fällen der Mutwilligkeit auch eine offensichtliche Unbegründetheit gegeben sein, jedoch gilt dies überwiegend nicht. An die offensichtliche Unbegründetheit sind damit höhere Anforderungen zu stellen als an die Mutwilligkeit. Eine Ablehnung ist zu begründen. Hat der Antrag fremdsprachliche Anlagen und kann die Übermittlungsstelle deswegen nicht die Evidenzprüfung nach Abs. 3 S. 1 vornehmen, kann sie gemäß Abs. 2 S. 2 von Amts wegen **Übersetzungen** dieser Schriftstück anfertigen lassen. Gemäß Abs. 3 S. 3 sind die Beschwerdevorschriften des § 127 Abs. 2 S. 2 und 3 auch hier anzuwenden. Da der Rechtspfleger zuständig ist, gelten die §§ 567ff. ZPO und § 11 RPflG. Mithin ist im Normalfall die **sofortige Beschwerde** an das Landgericht bzw. Oberlandesgericht (Familiensachen!) gegeben, ausnahmsweise die Erinnerung an den Richter bei dem Amtsgericht, wenn ein Rechtsmittel in der Hauptsache nicht zulässig wäre, zB nach § 511 Abs. 2 Nr. 1.[7] Die Frage, ob ein Rechtsmittel in der Hauptsache zulässig wäre, ist nach deutschem Recht zu beurteilen.

V. Prüfung, Übersetzung (Abs. 4)

5 Die Übermittlungsstelle hat dafür zu sorgen, dass der Antrag vollständig und ordnungsgemäß vorliegt und nur so an die zuständige ausländische Stelle weitergeleitet wird. Die Übermittlungsstelle wird damit schon fast zum Anwalt des Antragstellers. Durch die Übersetzungspflicht soll dem Antragsteller das gravierendste Erschwernis im Umgang mit Behörden anderer Mitgliedstaaten, die **Sprachbarriere,** abgenommen werden.[8] Auch wenn ein Mitgliedstaat noch eine weitere Sprache nach Abs. 4 S. 1 b) zugelassen hat, dürfte es sich empfehlen, den Antrag in die in dem betroffenen Mitgliedstaat maßgebliche Sprache übersetzen zu lassen. Übersendet die ausländische Empfangsstelle eine Abschrift der dortigen Entscheidung (vgl. § 1078 Abs. 2 S. 2), so ist die Übermittlungsstelle nicht analog Abs. 4 S. 1 berechtigt, diese gleichfalls von Amts wegen übersetzen zu lassen, weil ihre Tätigkeit bereits beendet ist.

VI. Weiterleitung (Abs. 5)

6 Entsprechend der Richtlinie soll sich das Verfahren so zügig und formlos wie möglich gestalten. Der Antrag ist deswegen nach abschließender Bearbeitung direkt ohne weitere Förmlichkeiten der zuständigen Stelle zu übersenden. Dies bedeutet, dass der Antrag lediglich zu unterschreiben und das Dienstsiegel beizudrücken ist. Die zuständige Stelle im Ausland wird in aller Regel über das Internet ermittelt werden können.[9] In der deutschen Fassung der Richtlinie ist von einer Frist von 15 Tagen die Rede. Dies beruht jedoch auf der unrichtigen Übersetzung eines französischen Rechtsbegriffs, deswegen sind 14 Tage die zutreffende Frist.[10] Die Anträge sollten daher so schnell wie möglich weitergeleitet werden.

---

[2] AA *Rellermeyer* Rpfleger 2005, 61, 62.
[3] Zum gesamten Absatz vgl. BR-Drucks. 267/04 S. 17 (Begr. der Bundesreg.).
[4] BGBl. 2004 I S. 3538 ff.
[5] Zum gesamten Absatz vgl. BR-Drucks. 267/04 S. 18 (Begr. der Bundesreg.).
[6] Zur praktischen Abwicklung: *Fischer* ZAP F 13, 1287, 1288.
[7] Ebenso *Rellermeyer* Rpfleger 2005, 62, 62.
[8] BR-Drucks. 267/04 S. 18 f. (Begr. der Bundesreg.).
[9] Ansatzpunkt: Europäisches Justizielles Netz für Zivil- und Handelssachen (http://europa.eu.int/comm/justice_home/ejn).
[10] BR-Drucks. 267/04 S. 20 (Begr. der Bundesreg.).

VII. Bedürftigkeitsbescheinigung (Abs. 6)

Durch diese Vorschrift soll richtlinienkonform sichergestellt werden, dass die unterschiedlichen Schwellenwerte hinsichtlich der persönlichen und wirtschaftlichen Verhältnisse sich nicht gegen den Antragsteller auswirken. Vor allem soll eine Benachteiligung von Bürgern vermieden werden, die in Mitgliedstaaten mit recht hohem Einkommensniveau leben. Beispiel: In einem Mitgliedstaat mit niedrigerem Einkommensniveau als hier wird ein von einem deutschen Antragsteller gestellter Antrag abgelehnt; und zwar mit der Begründung, sein Einkommen sei viel zu hoch. Der Antragsteller hat dann die Möglichkeit, sich hier eine Bedürftigkeitsbescheinigung ausstellen zu lassen. Hierfür muss der Rechtspfleger (§ 20 Nr. 6 RPflG) prüfen, ob dem Antragsteller hier PKH zu gewähren wäre. Dabei kommt es nur auf die Einkommens- und Vermögensverhältnisse an (§ 115 Abs. 1 und 2), die Vierratengrenze (§ 115 Abs. 3) spielt keine Rolle. Wenn der andere Mitgliedstaat richtlinienkonform umgesetzt hat, muss dem Antragsteller dann PKH bewilligt werden (hier gilt dann zB § 1078 Abs. 3). Lehnt der Rechtspfleger die Erteilung der Bescheinigung ab, ist die sofortige PKH-Beschwerde das zulässige Rechtsmittel (§§ 1076, 127).[11] Abs. 6 S. 2 und 3 wollen dem Antragsteller wiederum die Erleichterungen der Richtlinie auch für die Bedürftigkeitsbescheinigung zukommen lassen. Auch hier hat deswegen die Übermittlungsstelle von Amts wegen zu übersetzen und zu übersenden. 7

VIII. Kosten und Gebühren

Gemäß § 28 Abs. 3 GKG, der durch das EG-PKHG (§ 1076 Rn. 4) eingeführt wurde, hat nunmehr der Antragsteller die gerichtlichen Auslagen zu tragen, wenn der Antrag zurückgenommen wird oder wenn die Übermittlung des Antrags von der Übermittlungsstelle oder das Ersuchen um Prozesskostenhilfe von der Empfangsstelle abgelehnt wird. Dies gilt nur bei vollständiger Rücknahme oder vollständiger Ablehnung.[12] Der Antrag ist daher nicht ohne Kostenrisiko. Für ein Verfahren nach § 1077 kann keine PKH bewilligt werden, sondern nur Beratungshilfe, § 10 Abs. 1 Nr. 2 BerHG. Falls keine Beratungshilfe gewährt wird, ist ein besonderer Gebührentatbestand nicht geschaffen worden, so dass der Anwalt die Beratung nach den allgemeinen Vorschriften abrechnen kann. Bezüglich eventueller Übersetzungskosten ist auf § 46 Abs. 2 S. 3 RVG hinzuweisen, der gleichfalls durch das EG-PKHG (§ 1076 Rn. 4) eingeführt wurde. 8

1078

Eingehende Ersuchen **(1) [1]Für eingehende Ersuchen um grenzüberschreitende Prozesskostenhilfe ist das Prozessgericht oder das Vollstreckungsgericht zuständig. [2]Die Anträge müssen in deutscher Sprache ausgefüllt und die Anlagen von einer Übersetzung in die deutsche Sprache begleitet sein. [3]Eine Legalisation oder gleichwertige Förmlichkeiten dürfen nicht verlangt werden.**

(2) [1]Das Gericht entscheidet über das Ersuchen nach Maßgabe der §§ 114 bis 116. [2]Es übersendet der übermittelnden Stelle eine Abschrift seiner Entscheidung.

(3) Der Antragsteller erhält auch dann grenzüberschreitende Prozesskostenhilfe, wenn er nachweist, dass er wegen unterschiedlich hoher Lebenshaltungskosten im Mitgliedstaat seines Wohnsitzes oder gewöhnlichen Aufenthalts einerseits und im Geltungsbereich dieses Gesetzes andererseits die Kosten der Prozessführung nicht, nur zum Teil oder nur in Raten aufbringen kann.

(4) [1]Wurde grenzüberschreitende Prozesskostenhilfe bewilligt, so gilt für jeden weiteren Rechtszug, der von dem Antragsteller oder dem Gegner eingeleitet wird, ein neuerliches Ersuchen um grenzüberschreitende Prozesskostenhilfe als gestellt. [2]Das Gericht hat dahin zu wirken, dass der Antragsteller die Voraussetzungen für die Bewilligung der grenzüberschreitenden Prozesskostenhilfe für den jeweiligen Rechtszug darlegt.

I. Normzweck

§ 1078 betrifft dem umgekehrten Fall des § 1077. Die Vorschrift stellt sicher, dass aus dem EU-Ausland eingehende Ersuchen hier im Inland richtlinienkonform einer sachgerechten Behandlung zugeführt werden. 1

II. Zuständigkeit, Sprache (Abs. 1)

Wie bei der allgemeinen Prozesskostenhilfe auch richtet sich die Zuständigkeit für das eingehende Ersuchen nach den allgemeinen Vorschriften. Die **Zuständigkeit für die Bewilligung der PKH folgt derjenigen der Hauptsache** (§ 117 Rn. 4), dies gilt auch für die PKH nach der Richtlinie, s. a. § 20 Nr. 6 RPflG. Um unnötigen Verwaltungsaufwand zu vermeiden, wurde eine Zentralstelle nicht eingerichtet.[1] Dies bedeutet allerdings, dass für die richtige Weiterleitung des Ersuchens uU Spezialkenntnisse im Zivilprozessrecht erforderlich sind. Dementsprechend wird es häufiger zu Fehlleitungen vom Ausland her kommen. Auf derartige Fälle wird § 281 entsprechend angewendet werden können. Ein unzuständiges Gericht hat daher das **Ersuchen baldmöglichst an das zuständige Gericht zu verweisen.** Spätestens ab diesem Zeitpunkt ist dem Gegner im Übrigen – in aller Regel das erste Mal (!) – rechtliches Gehör zu gewähren. Spiegelbildlich zu 2

---

[11] Ebenso *Rellermeyer* Rpfleger 2005, 61, 63.
[12] BR-Drucks. 267/04 S. 29 (Begr. der Bundesreg.).
[1] BR-Drucks. 267/04 v. 2. 4. 2004 S. 21 (Begr. der Bundesreg.).

§ 1077 Abs. 4 S. 1 verlangt § 1078 Abs. 1 S. 2 die Vorlage des Antrages entsprechend § 184 GVG in deutscher Sprache. Wiederum spiegelbildlich zu § 1077 Abs. 5 S. 1 werden keine besonderen Förmlichkeiten verlangt.

III. Entscheidung (Abs. 2)

3 Abs. 2 S. 1 ist missverständlich und steht im Widerspruch zu § 1076. In den Materialien heißt es dazu diese Vorschrift solle „für eingehende Ersuchen nochmals den bereits in § 1076 S. 2 enthaltenen Grundsatz in Erinnerung rufen, dass über das Ersuchen nach Maßgabe der §§ 114 bis 116 zu entscheiden ist. Der deutsche Rechtsanwender kann somit den innerstaatlich vertrauten Prüfungsmaßstab anlegen."[2] Zunächst fällt auf, dass § 1076 keinen S. 2 hat. Wahrscheinlich ist § 1076 aE gemeint. Dort wird aber auf die §§ 114–127a verwiesen, nicht nur auf die §§ 114–116. **Die Verweisung in Abs. 2 S. 1 kann damit nur die „engen" Voraussetzungen der PKH-Entscheidung meinen.** Außer den §§ 114–116 müssen auch die weiteren Vorschriften der PKH überwiegend anzuwenden sein, da sonst eine sachgerechte Entscheidung gar nicht getroffen werden kann und ein ordnungsgemäßes Verfahren überhaupt nicht möglich wäre. Dem Gegner muss zB spätestens jetzt gemäß § 118 rechtliches Gehör gewährt werden, die Bewilligung bezieht sich nur auf eine Instanz nach § 119 (vgl. a. Abs. 4!), es können Zahlungen nach § 120 angeordnet werden und dem Antragsteller kann nach § 121 ein Anwalt beigeordnet werden usw. Die **Übersendung der Entscheidung an die Übermittlungsstelle** des Mitgliedstaates ist – im Gegensatz zur Übersetzung der Entscheidung[3] – erforderlich. Zum einen kann der Mitgliedstaat eine dem § 38 Abs. 3 GKG (§ 1077 Rn. 8) entsprechende Regelung haben. Zum anderen muss die ausländische Übermittlungsstelle in der Lage sein, Sachstandsanfragen zu beantworten. Dafür muss dort die Entscheidung bekannt sein. Im Übrigen dürfte es sich allerdings empfehlen, nicht mehr mit der Übermittlungsstelle, sondern mit dem Antragsteller direkt zu korrespondieren. Die Zuständigkeit der Übermittlungsstelle endet mit dem Eingang des Vorgangs bei Gericht. Eine zu bewilligende PKH muss dann eventuell notwendige Dolmetscherkosten umfassen, s. a. § 48 Abs. 2 S. 3 RVG. Ein beigeordneter Anwalt muss mit dem ausländischen Mandanten korrespondieren können.

IV. Unterschiedliche Lebenshaltungskosten (Abs. 3)

4 Vgl. zunächst § 1077 Rn. 7. Falls das Recht des Wohnsitzstaates des Antragstellers gleichfalls die **Bedürftigkeitsbescheinigung** kennt, wird der Antragsteller eine solche Bescheinigung übersenden können. Kennt das maßgeblich Recht eine solche Bescheinigung nicht, liegt es an dem Antragsteller, seine Bedürftigkeit irgendwie glaubhaft zu machen. Denkbar wäre zB die Vorlage von Unterlagen, woraus sich ergibt, dass er eine öffentliche Fürsorgleistung ähnlich der Sozialhilfe bezieht o. ä. Auch könnte die Vorlage von Einkommensstatistiken o. ä. hilfreich sein.

V. Automatik (Abs. 4)

5 Die Regelung stellt eine **Ausnahme zu § 119** dar. Die Regelungen zur Antragstellung weichen in den Mitgliedstaaten voneinander ab. Teilweise ist ein einziger Antrag für das gesamte Verfahren ausreichend. Hier gilt jede Bewilligung immer nur für eine Instanz (§ 119). Nach Art. 9 Abs. 4 der Richtlinie ist eine Überprüfung der Voraussetzungen zulässig. Deswegen kann auch im Anwendungsbereich der Richtlinie grundsätzlich an der Instanzbewilligung festgehalten werden. Da jedoch die ausländischen Antragsteller anderes aus ihrer Heimat gewöhnt sein können, wird ein jeweiliger neuer Antrag fingiert, damit die Antragstellung nicht versehentlich unterlassen wird. Ein neuer Rechtszug ist dann nicht eingeleitet, wenn der neue Rechtszug von der vorherigen Bewilligung von PKH abhängig gemacht wird.[4] Damit es im weiteren Verfahren der Bewilligung keine Probleme gibt, wird dem Gericht nach **Abs. 2 S. 2** die Arbeit auferlegt, die Sache adäquat zu fördern. Werden die erforderlichen Angaben nicht ohnehin unterbreitet, muss das Gericht bei dem Antragsteller nachfragen. Diese Vorschrift könnte im Bereich der überaus komplexen Wiedereinsetzungsfragen bei Rechtsmitteln große Probleme mit sich bringen. – Diese Vorschrift ist auf die Zwangsvollstreckung entsprechend anzuwenden.[5]

VI. Kosten und Gebühren

6 Nachdem § 1076 auf die allgemeinen Vorschriften verweist, bestehen für eingehende Ersuchen keine Besonderheiten. Der ausländische Mandant wird wie eine hier wohnhafte Person behandelt. Entstehen für den beigeordneten Rechtsanwalt bei der Korrespondenz mit dem Mandanten Übersetzungskosten, so ist § 46 Abs. 2 S. 3 RVG zu beachten.

---

[2] BR-Drucks. 267/04 v. 2. 4. 2004 S. 22 (Begr. der Bundesreg.).
[3] BR-Drucks. 267/04 v. 2. 4. 2004 S. 22 (Begr. der Bundesreg.).
[4] BR-Drucks. 267/04 v. 2. 4. 2004 S. 23 (Begr. der Bundesreg.), zu dem ganzen Absatz.
[5] *Rellermeyer* Rpfleger 2005, 61, 63.

Abschnitt 4. Europäische Vollstreckungstitel nach der Verordnung (EG) Nr. 805/2004

Vorbemerkung

1 Der Abschnitt enthält die **Durchführungsbestimmungen** zur VO (EG) Nr. 805/2004 über einen Europäischen Vollstreckungstitel für unbestrittene Forderungen (EuVTVO). Er ist durch das EG-Vollstreckungstitel-Durchführungsgesetz vom 18. 8. 2005[1] eingefügt worden. Die Vorschriften (§§ 1079–1086) sind am 21. 10. 05 in Kraft getreten. **Titel 1** regelt die Bestätigung deutscher Titel, die in anderen Mitgliedstaaten ohne Vollstreckbarerklärung vollstreckt werden sollen. **Titel 2** enthält Regelungen zu ausländischen Titeln, die in einem Mitgliedstaat (Art. 2 Abs. 3 EuVTVO) als EuVT bestätigt worden sind und in Deutschland vollstreckt werden sollen. Die **Voraussetzungen der Bestätigung** als EuVT sind der EuVTVO zu entnehmen (s. den Überblick vor Art. 1 EuVTVO Rn. 3 f.).

Titel 1. Bestätigung inländischer Titel als Europäische Vollstreckungstitel

1079 *Zuständigkeit* **Für die Ausstellung der Bestätigungen nach**
1. Artikel 9 Abs. 1, Artikel 24 Abs. 1, Artikel 25 Abs. 1 und
2. Artikel 6 Abs. 2 und 3
der Verordnung (EG) Nr. 805/2004 des Europäischen Parlaments und des Rates vom 21. April 2004 zur Einführung eines Europäischen Vollstreckungstitels für unbestrittene Forderungen (ABl. EU Nr. L 143 S. 15) sind die Gerichte, Behörden oder Notare zuständig, denen die Erteilung einer vollstreckbaren Ausfertigung des Titels obliegt.

1. Normzweck. Die Vorschrift regelt die Zuständigkeit zur Ausstellung der in der EuVTVO vorgesehenen Bestätigungen. Dabei wird an die Zuständigkeit zur Klauselerteilung angeknüpft (§§ 724, 797). 1

2. Zuständigkeit. Die Bestätigung einer in Deutschland ergangenen Entscheidung als EuVT ist den Stellen übertragen, die die Klausel zu erteilen haben. Für **gerichtliche Entscheidungen** und Prozessvergleiche ist das Gericht des ersten Rechtszugs oder, solange der Rechtsstreit bei einem höheren Gericht anhängig ist, dieses Gericht zuständig (§§ 724, 797 Abs. 1). Abweichend von §§ 724, 797 Abs. 1 ist funktionell der Rechtspfleger zuständig (§ 20 Nr. 11 RPflG). Sonst sind die Notare (§ 797) und Behörden (§ 60 S. 3 Nr. 1 SGB VIII) zuständig, die den Titel geschaffen haben. 2

3. Art der Bestätigung. Die Bestätigung nach Art. 9 Abs. 1 (gerichtliche Entscheidungen), 24 Abs. 1 (Prozessvergleiche) und 25 Abs. 1 (Urkunden) EuVTVO ist die nach § 1080 Abs. 1 zu erteilende Bestätigung. Dies gilt auch für die Bestätigung nach Art. 6 Abs. 3 EuVTVO, die nach der Entscheidung über die Anfechtung der Grundentscheidung auf Antrag auszustellen ist. Bzgl. der Bestätigung nach **Art. 6 Abs. 2 EuVTVO** gilt § 1080 Abs. 1 nicht. 3

1080 *Entscheidung* (1) [1]**Bestätigungen nach Artikel 9 Abs. 1, Artikel 24 Abs. 1, Artikel 25 Abs. 1 und Artikel 6 Abs. 3 der Verordnung (EG) Nr. 805/2004 sind ohne Anhörung des Schuldners auszustellen.** [2]**Eine Ausfertigung der Bestätigung ist dem Schuldner von Amts wegen zuzustellen.**

(2) **Wird der Antrag auf Ausstellung einer Bestätigung zurückgewiesen, so sind die Vorschriften über die Anfechtung der Entscheidung über die Erteilung einer Vollstreckungsklausel entsprechend anzuwenden.**

I. Normzweck, Anwendungsbereich

Eine Anhörung des Schuldners zu der Ausstellung der vom Gläubiger beantragten Bestätigung würde dem Zweck der EuVTVO widersprechen. Der Schuldner soll erst durch Mitteilung der Bestätigung (Abs. 1 S. 2) und die Möglichkeit eines Berichtigungs- und Widerrufsantrags (§ 1081) rechtliches Gehör erhalten. Dies entspricht dem Verfahren der Erteilung einer vollstreckbaren Ausfertigung nach § 724. **Abs. 1** gilt für alle Bestätigungen nach der EuVTVO außer der nach Art. 6 Abs. 2 EuVTVO, **Abs. 2** gilt auch für letztere. 1

II. Bestätigungen nach Art. 6 Abs. 3, 9 Abs. 1, 24 Abs. 1 und 25 Abs. 1 EuVTVO

1. Voraussetzungen, Entscheidung. Die EuVTVO kennt mehrere Bestätigungen: Eine Entscheidung wird nach Art. 9 EuVTVO (auf einem Formblatt) als EuVT bestätigt; Regelungen für Vergleiche und öffentliche Urkunden enthalten Art. 24 bzw. Art. 25 EuVTVO. Ein Wegfall bzw. die Einschränkung der Vollstreckung wird nach Art. 6 Abs. 2 EuVTVO bestätigt (dazu Rn. 4 f.). Art. 6 Abs. 3 EuVTVO regelt eine Bestätigung nach einer Anfechtung des Ursprungstitels. In jedem Fall ist ein **Antrag** erforderlich, für den nur dann kein **Anwaltszwang** besteht, wenn die Bescheinigung nach § 1079 vom Amtsgericht, Notar 2

[1] BGBl. I S. 2477.

oder Jugendamt ausgestellt wird. Eine § 6 Abs. 3 AVAG entsprechende Vorschrift fehlt. Zu den **weiteren Voraussetzungen** s. vor Art. 1 EuVTVO Rn. 3f. sowie die Anmerkungen zu den Einzelvorschriften der EuVTVO. Eine **Anhörung** des Schuldners erfolgt nicht, Abs. 1 S. 1. Die **Entscheidung** besteht positiv in der Erteilung der Bestätigung, negativ in einem ablehnenden Beschluss. Die Bestätigung wird unter Verwendung des Formblatts in Anhang I – III bzw. Anhang V der EuVTVO erteilt. Eine **Kostenentscheidung** ist (auch im Fall der Zurückweisung) entbehrlich, weil der Schuldner nicht beteiligt ist und § 22 Abs. 3 GKG die Kostenhaftung des Antragstellers vorsieht.

3 **2. Zustellung, Rechtsmittel.** Die Bestätigung ist dem Schuldner **förmlich zuzustellen,** dem Gläubiger mangels Regelung formlos mitzuteilen. Wird der **Antrag zurückgewiesen,** sollen gem. Abs. 2 die Vorschriften über die Anfechtung der Entscheidung über die Erteilung einer Klausel Anwendung finden. Wenn damit die positive Entscheidung gemeint sein sollte, wäre das die (unbefristete) Erinnerung nach § 732.[1] Wenn die negative Entscheidung gemeint sein sollte, kommt wegen der Zuständigkeit des Rechtspflegers für gerichtliche Titel die sofortige Beschwerde nach § 11 Abs. 1 RPflG, § 567 in Betracht, bei der Verweigerung durch den Notar (Jugendamt in den Fällen des § 60 SGB VIII) die Beschwerde nach § 54 BeurkG. Die Gesetzesbegründung zu § 1080 schweigt, bei den Kostenvorschriften wird auf § 732,[2] aber auch dem widersprechend auf § 54 BeurkG[3] hingewiesen. Weil es in § 1080 um die Nichterteilung der Bestätigung geht, ist Abs. 2 so auslegen, dass der Rechtsbehelf gegen die Nichterteilung der Klausel (§ 11 Abs. 1 RPflG, § 567 bei gerichtlichen Titeln, § 54 BeurkG bei notariellen Urkunden und solchen des Jugendamtes) gemeint ist.[4] Die Rechtsmittelentscheidung muss sich wegen Nr. 1521 KV-GKG über die **Kosten** verhalten, wenn die sofortige Beschwerde keinen Erfolg hat. **Dem Schuldner** steht gegen die Ausstellung einer Bestätigung kein Rechtsbehelf zu (Art. 10 Abs. 4 EuVTVO); er kann nur Berichtigung oder Widerruf der Bestätigung verlangen (s. § 1081).

III. Bestätigungen nach Art. 6 Abs. 2 EuVTVO

4 **1. Grundlagen.** Die Bestätigung als EuVT kann gem. Art. 6 Abs. 1 a) ergehen, wenn die Entscheidung vollstreckbar ist. Sie muss noch nicht rechtskräftig sein, unterliegt also evtl. einer Abänderung auf einen Rechtsbehelf hin. Im Rechtsbehelfsverfahren kann auch die Zwangsvollstreckung aus der Entscheidung einstweilen eingestellt werden (in Deutschland etwa nach § 719). Im Fall einer Titelaufhebung oder Einstellung der Zwangsvollstreckung kann gem. Art. 6 Abs. 2 EuVTVO eine Gegenbestätigung beantragt werden. Diese wiederum kann nach der Entscheidung über den Rechtsbehelf durch die Bestätigung nach Art. 6 Abs. 3 EuVTVO ersetzt werden.

5 **2. Verfahren, Entscheidung, Rechtsmittel.** Die Voraussetzungen des Art. 6 Abs. 2 EuVTVO müssen vorliegen, also eine Aufhebung des Titels bzw. seiner Vollstreckbarkeit oder die Einstellung der Zwangsvollstreckung. Zu **Antrag** und **Anwaltszwang** s. Rn. 2. Eine **Anhörung** ist nach allgemeinen Grundsätzen geboten, Abs. 1 S. 1 gilt nicht. Die **Entscheidung** besteht positiv in der Erteilung der Bestätigung durch das Formblatt in Anhang IV der EuVTVO, negativ in einem ablehnenden Beschluss. Zur Kostenentscheidung gelten die Ausführungen Rn. 2 entsprechend. **Rechtsmittel** gegen die Erteilung oder ihre Ablehnung ist nach den Ausführungen Rn. 3 die sofortige Beschwerde nach § 11 Abs. 1 RPflG, § 567, bzw. die Beschwerde nach § 54 BeurkG.

1081 *Berichtigung und Widerruf*

(1) [1]Ein Antrag nach Artikel 10 Abs. 1 der Verordnung (EG) Nr. 805/2004 auf Berichtigung oder Widerruf einer gerichtlichen Bestätigung ist bei dem Gericht zu stellen, das die Bestätigung ausgestellt hat. [2]Über den Antrag entscheidet dieses Gericht. [3]Ein Antrag auf Berichtigung oder Widerruf einer notariellen oder behördlichen Bestätigung ist an die Stelle zu richten, die die Bestätigung ausgestellt hat. [4]Die Notare oder Behörden leiten den Antrag unverzüglich dem Amtsgericht, in dessen Bezirk sie ihren Sitz haben, zur Entscheidung zu.

(2) [1]Der Antrag auf Widerruf durch den Schuldner ist nur binnen einer Frist von einem Monat zulässig. [2]Ist die Bestätigung im Ausland zuzustellen, beträgt die Frist zwei Monate. [3]Sie ist eine Notfrist und beginnt mit der Zustellung der Bestätigung, jedoch frühestens mit der Zustellung des Titels, auf den sich die Bestätigung bezieht. [4]In dem Antrag auf Widerruf sind die Gründe darzulegen, weshalb die Bestätigung eindeutig zu Unrecht erteilt worden ist.

(3) § 319 Abs. 2 und 3 ist auf die Berichtigung und den Widerruf entsprechend anzuwenden.

1 **1. Normzweck.** Die Vorschrift regelt (gem. Art. 10 Abs. 2 EuVTVO) das Verfahren für eine Berichtigung und einen Widerruf der Bestätigung nach Art. 10 EuVTVO. Sie bestimmt Zuständigkeit, Frist und Form des Rechtsbehelfs sowie Entscheidungsform und Rechtsmittel (Abs. 3 iVm. § 319 Abs. 2, 3).

2 **2. Berichtigung, Widerruf. Berichtigung** ist gem. Art. 10 Abs. 1 a) EuVTVO möglich, wenn Entscheidung und Bestätigung wegen eines **materiellen Fehlers** voneinander abweichen. **Ein Widerruf** kann auf Antrag gem. Art. 10 Abs. 1 b) EuVTVO erfolgen, wenn die Bestätigung **eindeutig** zu Unrecht erteilt wurde. S. im Einzelnen die Anmerkungen zu Art. 10 EuVTVO.

---

[1] So wohl *T/P/Hüßtege* Rn. 3.
[2] BR-Drucks. 88/05 S. 32f.
[3] BR-Drucks. 88/05 S. 34.
[4] So auch *Zö/Geimer* Rn. 4; wohl auch *B/L/H* Rn. 6 (unzutreffend aber der Verweis auf § 731 ZPO).

3. Zuständigkeit. Bei **gerichtlichen** Bestätigungen ist der Antrag an das Gericht zu richten, das die Bestätigung ausgestellt hat (Abs. 1 S. 1). Dieses Gericht entscheidet auch gem. Abs. 1 S. 2. Bei **notariellen oder behördlichen** Bestätigungen ist der Antrag gem. Abs. 1 S. 3 an die bestätigende Stelle zu richten. Es entscheidet nach unverzüglicher Weiterleitung gem. Abs. 1 S. 4 das Amtsgericht, in dessen Bezirk die Stelle, die die Bestätigung ausgestellt hat, ihren Sitz hat. Funktionell zuständig ist der Rechtspfleger (§ 20 Nr. 11 RPflG). 3

4. Frist. Abs. 2 befristet die Möglichkeit des Widerrufs. Da Art. 10 EuVTVO keine Frist vorsieht und die Fristsetzung über eine Verfahrensregelung hinausgeht, da sie das Recht teilweise einschränkt, ist die Wirksamkeit der Norm, da verordnungswidrig, zweifelhaft.[1] Die Frist (gem. Abs. 2 S. 3 Notfrist) beträgt einen Monat, bei Auslandszustellung zwei Monate. Sie **beginnt** gem. Abs. 2 S. 3 mit der Zustellung der Bestätigung, frühestens jedoch mit der Zustellung des zugrunde liegenden Titels. 4

5. Form, Entscheidung, Rechtsbehelf. Art. 10 Abs. 3 EuVTVO stellt für den erforderlichen **Antrag** auf Berichtigung oder Widerruf die Verwendung des Formblattes gem. Anhang VI zur EuVTVO frei. **Anwaltszwang** besteht nach Maßgabe der Ausführungen § 1080 Rn. 2. Die **Gründe** für den Widerruf sind gem. Abs. 2 S. 4 (ggf. unter Verwendung des Formblatts) darzulegen. Zu **entscheiden** ist durch Beschluss (Abs. 3 iVm. § 319 Abs. 2). Eine **Kostenentscheidung** nach §§ 91 f. ist erforderlich. Im Fall der Berichtigung und des Widerrufs ist ein Vermerk gem. § 319 Abs. 2 auf dem Titel vorzunehmen. Gegen die Ablehnung der Berichtigung oder des Widerrufs durch den Rechtspfleger ist gem. Abs. 3, § 319 Abs. 3 1. HS die befristete Erinnerung gegeben (§ 11 Abs. 2 RPflG), gegen die erfolgte Berichtigung (den Widerruf) findet die sofortige Beschwerde statt (Abs. 3 iVm. § 319 Abs. 3 2. HS). 5

Titel 2. Zwangsvollstreckung aus Europäischen Vollstreckungstiteln im Inland

1082 *Vollstreckungstitel* **Aus einem Titel, der in einem anderen Mitgliedstaat der Europäischen Union nach der Verordnung (EG) Nr. 805/2004 als Europäischer Vollstreckungstitel bestätigt worden ist, findet die Zwangsvollstreckung im Inland statt, ohne dass es einer Vollstreckungsklausel bedarf.**

1. Normzweck. Die Vorschrift stellt klar, was sich schon unmittelbar aus Art. 5 EuVTVO ergibt, dass eine Vollstreckungsklausel nicht erforderlich ist. Sie wird durch die Bestätigung ersetzt, an die das Vollstreckungsorgan in gleichem Umfang gebunden ist wie an eine Vollstreckungsklausel. 1

2. Zwangsvollstreckung. Nur das Erfordernis der Klausel entfällt. Die weiteren Voraussetzungen der Zwangsvollstreckung (zB Zustellung, nach dem Titel erforderliche Sicherheitsleistung) müssen vorliegen (s. Art. 20 Abs. 1 EuVTVO). Das Vollstreckungsorgan hat auch zu prüfen, ob die nach Art. 20 Abs. 2 EuVTVO erforderlichen Unterlagen (Titelausfertigung, Vollstreckungsbestätigung, Übersetzung, s. a. § 1083) für die Zwangsvollstreckung vollständig vorgelegt wurden. Es gelten die Rechtsbehelfe des Vollstreckungsrechts der ZPO (s. Art. 20 EuVTVO Rn. 3). 2

1083 *Übersetzung* **Hat der Gläubiger nach Artikel 20 Abs. 2 Buchstabe c der Verordnung (EG) Nr. 805/2004 eine Übersetzung vorzulegen, so ist diese in deutscher Sprache zu verfassen und von einer hierzu in einem der Mitgliedstaaten der Europäischen Union befugten Person zu beglaubigen.**

Die Norm setzt Art. 20 Abs. 2c) EuVTVO um, der ggf. die Vorlage einer Übersetzung der Bestätigung als EuVT in die Sprache des Vollstreckungsstaats verlangt (nicht die Übersetzung der vorzulegenden Titelausfertigung). Notwendig ist die Vorlage dann, wenn in der vorzulegenden Bestätigung eines Mitgliedstaates Angaben enthalten sind, die einer Übersetzung bedürfen. Zur Vorlage der Übersetzung hat das Vollstreckungsorgan den Gläubiger ggf. aufzufordern. 1

1084 *Anträge nach den Artikeln 21 und 23 der Verordnung (EG) Nr. 805/2004* **(1) [1]Für Anträge auf Verweigerung, Aussetzung oder Beschränkung der Zwangsvollstreckung nach den Artikeln 21 und 23 der Verordnung (EG) Nr. 805/2004 ist das Amtsgericht als Vollstreckungsgericht zuständig. [2]Die Vorschriften des Buches 8 über die örtliche Zuständigkeit des Vollstreckungsgerichts sind entsprechend anzuwenden. [3]Die Zuständigkeit nach den Sätzen 1 und 2 ist ausschließlich.**

(2) [1]Die Entscheidung über den Antrag nach Artikel 21 der Verordnung (EG) Nr. 805/2004 ergeht durch Beschluss. [2]Auf die Einstellung der Zwangsvollstreckung und die Aufhebung der bereits getroffenen Vollstreckungsmaßregeln sind § 769 Abs. 1 und 3 sowie § 770 entsprechend anzuwenden. [3]Die Aufhebung einer Vollstreckungsmaßregel ist auch ohne Sicherheitsleistung zulässig.

(3) [1]Über den Antrag auf Aussetzung oder Beschränkung der Vollstreckung nach Artikel 23 der Verordnung (EG) Nr. 805/2004 wird durch einstweilige Anordnung entschieden. [2]Die Entscheidung ist unanfechtbar.

---

[1] *T/P/Hüßtege* Rn. 3.

1 **1. Normzweck.** Unter bestimmten Voraussetzungen kann das zuständige Gericht gem. Art. 21 EuVTVO die Vollstreckung verweigern oder gem. Art. 23 EuVTVO die Vollstreckung aussetzen oder beschränken. § 1084 regelt Zuständigkeit (Abs. 1) und Verfahren (Abs. 2, 3) für derartige Entscheidungen. Zu den Voraussetzungen s. die Anmerkungen zu Art. 21, 23 EuVTVO. Die Zuständigkeit ist dem Vollstreckungsgericht übertragen, weil materielle Einwendungen iSd. § 767 nicht zu prüfen sind. Da Entscheidungen über einen Antrag nach Art. 23 EuVTVO schnell ergehen müssen, ordnet Abs. 3 die Entscheidung durch einstweilige Anordnung an, die entsprechend § 707 Abs. 2 S. 1 unanfechtbar ist.

2 **2. Zuständigkeit.** Ausschließlich (Abs. 1 S. 3) **sachlich** zuständig ist gem. Abs. 1 S. 1 das Amtsgericht als Vollstreckungsgericht. Die Regelung der **örtlichen** Zuständigkeit in Abs. 1 S. 2 ist ungenau. In Betracht kommen §§ 764 Abs. 2, 828 Abs. 2 und damit das Gericht des (beabsichtigten) Vollstreckungsverfahrens (§ 764 Abs. 2), das Gericht des allgemeinen Gerichtsstands sowie evtl. des Vermögens (§ 828 Abs. 2, § 23). Allerdings werden die Gerichtsstände des § 764 Abs. 2 und des § 828 Abs. 2 meist zusammenfallen, weil allgemeiner Gerichtsstand und Ort der Vollstreckungshandlung oft identisch sein werden. Kommen mehrere örtlich zuständige Gerichte in Frage, steht dem Schuldner ein Wahlrecht zu (§ 35). Ein Vorrang des Gerichts, in dessen Bezirk bereits vollstreckt wurde, ist Abs. 1 S. 2 nicht zu entnehmen. **Funktionell** soll nach der Gesetzesbegründung der Richter „wegen der auf Antrag nach Art. 21 EuVTVO zu prüfenden Titelkollision" zuständig sein.[1] Dies ist wegen Abs. 1 S. 1, § 20 Nr. 17 RPflG problematisch. Es lässt sich aber damit begründen, dass in dem gleichzeitig geänderten § 20 Nr. 11 RPflG eine Übertragung auf den Rechtspfleger nicht vorgenommen wurde und die Entscheidung einer Erinnerungsentscheidung nach § 766 ähnelt.

3 **3. Entscheidung nach Abs. 2.** Die Entscheidung über den Antrag nach Art. 21 EuVTVO (zu den Voraussetzungen s. dort) ergeht durch Beschluss. Nach allgemeinen Grundsätzen ist dem Gläubiger zuvor rechtliches Gehör zu gewähren. Eine mündliche Verhandlung ist fakultativ (§ 128 Abs. 4). Vor der Entscheidung sind **einstweilige Anordnungen** zulässig (Abs. 2 S. 2). Insoweit gilt § 769 Abs. 1, 3 (s. die Anmerkungen dort). Abs. 1 S. 3 lässt über § 769 Abs. 1 hinaus auch die Aufhebung einer Vollstreckungsmaßregel ohne Sicherheitsleistung zu. Hiervon darf wegen des Untergangs des Pfändungspfandrechts ohne Sicherheit aber nur bei großer Wahrscheinlichkeit des Erfolgs des Antrags nach Art. 21 EuVTVO Gebrauch gemacht werden. In der abschließenden Entscheidung können Maßnahmen nach § 770 angeordnet werden. Wegen § 18 Nr. 8 RVG ist eine **Kostenentscheidung** erforderlich; Gerichtskosten fallen nicht an. **Rechtsmittel** gegen die Entscheidung ist § 793.

4 **4. Einstweilige Anordnung nach Abs. 3.** Die Entscheidung über den Antrag nach Art. 23 EuVTVO (zu den Voraussetzungen s. dort) ergeht durch einstweilige Anordnung. Nach allgemeinen Grundsätzen ist dem Gläubiger zuvor rechtliches Gehör zu gewähren. Die Vollstreckung kann gem. Art. 23 EuVTVO auf Sicherungsmaßnahmen beschränkt, von einer Sicherheitsleistung abhängig gemacht und in Ausnahmefällen ausgesetzt werden. Wegen § 18 Nr. 8 RVG ist eine **Kostenentscheidung** erforderlich; Gerichtskosten fallen nicht an. Ein **Rechtsmittel** ist nicht statthaft (S. 2). Mit der Entscheidung in der Hauptsache im Ursprungsmitgliedstaat werden die gem. § 1084 getroffenen einstweiligen Anordnungen hinfällig.

1085 *Einstellung der Zwangsvollstreckung* **Die Zwangsvollstreckung ist entsprechend den §§ 775 und 776 auch dann einzustellen oder zu beschränken, wenn die Ausfertigung einer Bestätigung über die Nichtvollstreckbarkeit oder über die Beschränkung der Vollstreckbarkeit nach Artikel 6 Abs. 2 der Verordnung (EG) Nr. 805/2004 vorgelegt wird.**

1 **1. Normzweck.** Die Zwangsvollstreckung kann nach Erteilung der Bestätigung bereits beginnen, bevor der Titel rechtskräftig ist. Nachträgliche Abänderungen des Titels oder der Vollstreckbarkeit sowie die Einstellung der Zwangsvollstreckung werden auf Antrag nach Art. 6 Abs. 2 EuVTVO bestätigt. § 1085 regelt den Einfluss der Vorlage dieser Bestätigung auf die Zwangsvollstreckung durch Verweis auf §§ 775f. recht ungenau. Es ist jeweils im Einzelfall zu ermitteln, welche der Alternativen der §§ 775f. der in der Bestätigung erklärten Einstellung oder Beschränkung entspricht. Unberührt („auch dann") bleibt die Einstellung/Beschränkung der Zwangsvollstreckung nach deutschem Recht, wenn die Voraussetzungen des § 775 vorliegen.

2 **2. Einzelfälle.** **§ 775 Nr. 1** mit der Folge des § 776 S. 1 greift ein, wenn die Bestätigung erklärt, dass der Titel aufgehoben oder nicht mehr vollstreckbar ist. **§ 775 Nr. 2** mit der Folge des § 776 S. 2 findet Anwendung, wenn die Bestätigung erklärt, dass die Vollstreckung einstweilig ausgesetzt oder von einer noch ausstehenden Sicherheitsleistung abhängig gemacht ist. Ist die Beschränkung auf **Sicherungsmaßnahmen** bestätigt, greift § 776 S. 2 ein. Die Bestätigung nach Anhang IV EuVTVO sieht noch **„Sonstiges"** vor. Hier muss geprüft werden, welcher der Fälle der §§ 775, 776 entsprechend anwendbar ist.

3 **3. Fortsetzung der Zwangsvollstreckung.** Die Vollstreckung kann fortgesetzt werden, wenn eine Bestätigung nach Anhang V EuVTVO vorgelegt wird oder die Leistung der Sicherheit iSv. § 751 Abs. 2 nachgewiesen wird.

---

[1] BR-Drucks. 88/05 S. 28.

1086 *Vollstreckungsabwehrklage* (1) [1]**Für Klagen nach § 767 ist das Gericht ausschließlich örtlich zuständig, in dessen Bezirk der Schuldner seinen Wohnsitz hat, oder, wenn er im Inland keinen Wohnsitz hat, das Gericht, in dessen Bezirk die Zwangsvollstreckung stattfinden soll oder stattgefunden hat.** [2]**Der Sitz von Gesellschaften oder juristischen Personen steht dem Wohnsitz gleich.**

(2) **§ 767 Abs. 2 ist entsprechend auf gerichtliche Vergleiche und öffentliche Urkunden anzuwenden.**

1 **1. Normzweck.** Die Vorschrift setzt voraus, dass eine Vollstreckungsabwehrklage gegen die im Mitgliedstaat titulierten Ansprüche statthaft ist und die internationale Zuständigkeit in Deutschland liegt (vgl. Art. 22 Nr. 5 EuGVVO). Sie regelt in Abs. 1 die örtliche Zuständigkeit und erklärt in Abs. 2 abweichend vom Normalfall der Vollstreckungsabwehrklage die Anwendbarkeit des § 767 Abs. 2 auf Prozessvergleiche und öffentliche Urkunden. Letzteres soll verhindern, dass durch die Möglichkeit der Geltendmachung von vor Titelerlass entstandenen Einwendungen in den Titel des Mitgliedstaats eingegriffen wird (s. Art. 24 Abs. 2 und 25 Abs. 2 EuVTVO).

2 **2. Zuständigkeit. Örtlich ausschließlich** zuständig ist das Gericht des Wohnsitzes, ersatzweise das der Zwangsvollstreckung. Die sachliche Zuständigkeit ist nicht geregelt. Sie richtet sich nach §§ 23, 71 GVG und ist mangels Regelung nicht ausschließlich. In Familiensachen ist wegen des Sachzusammenhangs das Familiengericht ausschließlich zuständig.

3 **3. Präklusion.** Bei deutschen Titeln ist § 767 Abs. 2 nicht anwendbar auf Titel, die nicht der Rechtskraft fähig sind, u. a. auf Prozessvergleiche und notarielle Urkunden (s. § 797 Abs. 4 und § 767 Rn. 31). Für Prozessvergleiche und öffentliche Urkunden eines Mitgliedstaats ordnet Abs. 2 die Geltung des § 767 Abs. 2 an (zum Zweck s. Rn. 1). Auf deutsche Kostenfestsetzungsbeschlüsse ist § 767 Abs. 2 allerdings auch nicht anwendbar (s. § 767 Rn. 31). Auf eine dem deutschen Kostenfestsetzungsbeschluss entsprechende Entscheidung eines Mitgliedstaats und dann, wenn die Bestätigung gem. Art. 7 EuVTVO auch die Vollstreckung wegen Kosten zulässt, dürfte Abs. 2 entsprechend anwendbar sein. Anderenfalls würde unzulässig in die Entscheidung des Mitgliedstaats eingegriffen.

GESETZ, BETREFFEND DIE EINFÜHRUNG DER ZIVILPROZESSORDNUNG

Vom 30. Januar 1877 (RBGl. S. 244)
Zuletzt geändert durch Gesetz vom 21. 12. 2007 (BGBl. I S. 3189)

1–2 *(aufgehoben)*

3 *Geltungsbereich der ZPO* (1) Die Zivilprozessordnung findet auf alle bürgerlichen Rechtsstreitigkeiten Anwendung, welche vor die ordentlichen Gerichte gehören.

(2) Insoweit die Gerichtsbarkeit in bürgerlichen Rechtsstreitigkeiten, für welche besondere Gerichte zugelassen sind, durch die Landesgesetzgebung den ordentlichen Gerichten übertragen wird, kann dieselbe ein abweichendes Verfahren gestatten.

4 *Kein Ausschluss des Rechtsweges* Für bürgerliche Rechtsstreitigkeiten, für welche nach dem Gegenstand oder der Art des Anspruchs der Rechtsweg zulässig ist, darf aus dem Grunde, weil als Partei der Fiskus, eine Gemeinde oder eine andere öffentliche Korporation beteiligt ist, der Rechtsweg durch die Landesgesetzgebung nicht ausgeschlossen werden.

5–6 *(gegenstandslos)*

7 *Entscheidung über die Verhandlungszuständigkeit durch Berufungsgericht im Falle des § 8 EGGVG* (1) [1]Ist in einem Land auf Grund des § 8 des Einführungsgesetzes zum Gerichtsverfassungsgesetz für bürgerliche Rechtsstreitigkeiten ein oberstes Landesgericht eingerichtet, so entscheidet das Berufungsgericht, wenn es die Revision zulässt, oder das Gericht, das die Rechtsbeschwerde zulässt, gleichzeitig über die Zuständigkeit für die Verhandlung und Entscheidung über das Rechtsmittel. [2]Die Entscheidung ist für das oberste Landesgericht und den Bundesgerichtshof bindend.

(2) [1]Die Nichtzulassungsbeschwerde, der Antrag auf Zulassung der Sprungrevision oder die Rechtsbeschwerde im Falle des § 574 Abs. 1 Nr. 1 der Zivilprozessordnung ist bei dem Bundesgerichtshof einzureichen. [2]Betreffen die Gründe für die Zulassung der Revision oder der Rechtsbeschwerde im Wesentlichen Rechtsnormen, die in den Landesgesetzen enthalten sind, so erklärt sich der Bundesgerichtshof durch Beschluss zur Entscheidung über die Beschwerde oder den Antrag für unzuständig und übersendet dem obersten Landesgericht die Prozessakten. [3]Das oberste Landesgericht ist an die Entscheidung des Bundesgerichtshofes über die Zuständigkeit gebunden. [4]Es gibt Gelegenheit zu einer Änderung oder Ergänzung der Begründung der Beschwerde oder des Antrags.

8 *(aufgehoben)*

9 *Bestimmung des zuständigen Gerichts* Das oberste Landesgericht für bürgerliche Rechtsstreitigkeiten bestimmt das zuständige Gericht auch dann, wenn nach § 36 Abs. 2 der Zivilprozessordnung ein in seinem Bezirk gelegenes Oberlandesgericht zu entscheiden hätte.

10 *(gegenstandslos)*

11 *Landesrechtliche Aufgebotsverfahren* Die Landesgesetze können bei Aufgeboten, deren Zulässigkeit auf landesgesetzlichen Vorschriften beruht, die Anwendung der Bestimmungen der Zivilprozessordnung über das Aufgebotsverfahren ausschließen oder diese Bestimmungen durch andere Vorschriften ersetzen.

12 *Gesetz im Sinne der ZPO* Gesetz im Sinne der Zivilprozessordnung und dieses Gesetzes ist jede Rechtsnorm.

13 *(aufgehoben)*

14 *Verhältnis zu den Landesgesetzen* (1) Die prozessrechtlichen Vorschriften der Landesgesetze treten für alle bürgerlichen Rechtsstreitigkeiten, deren Entscheidung in Gemäßheit des § 3 nach den Vorschriften der Zivilprozessordnung zu erfolgen hat, außer Kraft, soweit nicht in der Zivilprozessordnung auf sie verwiesen oder soweit nicht bestimmt ist, daß sie nicht berührt werden.

(2) *(gegenstandslos)*

15 *Landesrechtliche Vorbehalte* Unberührt bleiben:

1. die landesgesetzlichen Vorschriften über die Einstellung des Verfahrens für den Fall, dass ein Kompetenzkonflikt zwischen den Gerichten und den Verwaltungsbehörden oder Verwaltungsgerichten entsteht;
2. die landesgesetzlichen Vorschriften über das Verfahren bei Streitigkeiten, welche die Zwangsenteignung und die Entschädigung wegen derselben betreffen;
3. die landesgesetzlichen Vorschriften über die Zwangsvollstreckung wegen Geldforderungen gegen einen Gemeindeverband oder eine Gemeinde, soweit nicht dingliche Rechte verfolgt werden;
4. die landesgesetzlichen Vorschriften, nach welchen auf die Zwangsvollstreckung gegen einen Rechtsnachfolger des Schuldners, soweit sie in das zu einem Lehen, mit Einschluss eines allodifizierten Lehens, zu einem Stammgute, Familienfideikommiss oder Anerbengute gehörende Vermögen stattfinden soll, die Vorschriften über die Zwangsvollstreckung gegen einen Erben des Schuldners entsprechende Anwendung finden.

15a *Einigungsversuch vor Gütestelle* (1) [1]Durch Landesgesetz[1] kann bestimmt werden, dass die Erhebung der Klage zulässig ist, nachdem von einer durch die Landesjustizverwaltung eingerichteten oder anerkannten Gütestelle versucht worden ist, die Streitigkeit einvernehmlich beizulegen

1. in vermögensrechtlichen Streitigkeiten vor dem Amtsgericht über Ansprüche, deren Gegenstand an Geld oder Geldeswert die Summe von 750 Euro nicht übersteigt,
2. in Streitigkeiten über Ansprüche aus dem Nachbarrecht nach den §§ 910, 911, 923 des Bürgerlichen Gesetzbuchs und nach § 906 des Bürgerlichen Gesetzbuchs sowie nach den landesgesetzlichen Vorschriften im Sinne des Artikels 124 des Einführungsgesetzes zum Bürgerlichen Gesetzbuche, sofern es sich nicht um Einwirkungen von einem gewerblichen Betrieb handelt,
3. in Streitigkeiten über Ansprüche wegen Verletzung der persönlichen Ehre, die nicht in Presse oder Rundfunk begangen worden sind,
4. in Streitigkeiten über Ansprüche nach Abschnitt 3 des Allgemeinen Gleichbehandlungsgesetzes.

[2]Der Kläger hat eine von der Gütestelle ausgestellte Bescheinigung über einen erfolglosen Einigungsversuch mit der Klage einzureichen. [3]Diese Bescheinigung ist ihm auf Antrag auch auszustellen, wenn binnen einer Frist von drei Monaten das von ihm beantragte Einigungsverfahren nicht durchgeführt worden ist.

(2) [1]Absatz 1 findet keine Anwendung auf

1. Klagen nach den §§ 323, 324, 328 der Zivilprozessordnung, Widerklagen und Klagen, die binnen einer gesetzlichen oder gerichtlich angeordneten Frist zu erheben sind,
2. Streitigkeiten in Familiensachen,
3. Wiederaufnahmeverfahren,
4. Ansprüche, die im Urkunden- oder Wechselprozess geltend gemacht werden,
5. die Durchführung des streitigen Verfahrens, wenn ein Anspruch im Mahnverfahren geltend gemacht worden ist,
6. Klagen wegen vollstreckungsrechtlicher Maßnahmen, insbesondere nach dem Achten Buch der Zivilprozessordnung.

[2]Das Gleiche gilt, wenn die Parteien nicht in demselben Land wohnen oder ihren Sitz oder eine Niederlassung haben.

(3) [1]Das Erfordernis eines Einigungsversuchs vor einer von der Landesjustizverwaltung eingerichteten oder anerkannten Gütestelle entfällt, wenn die Parteien einvernehmlich einen Einigungsversuch vor einer sonstigen Gütestelle, die Streitbeilegungen betreibt, unternommen haben. [2]Das Einvernehmen nach Satz 1 wird unwiderleglich vermutet, wenn der Verbraucher eine branchengebundene Gütestelle, eine Gütestelle der Industrie- und Handelskammer, der Handwerkskammer oder der Innung angerufen hat. [3]Absatz 1 Satz 2 gilt entsprechend.

(4) Zu den Kosten des Rechtsstreits im Sinne des § 91 Abs. 1, 2 der Zivilprozessordnung gehören die Kosten der Gütestelle, die durch das Einigungsverfahren nach Absatz 1 entstanden sind.

(5) Das Nähere regelt das Landesrecht; es kann auch den Anwendungsbereich des Absatzes 1 einschränken, die Anschlussgründe des Absatzes 2 erweitern und bestimmen, dass die Gütestelle ihre Tätigkeit von der Einzahlung eines angemessenen Kostenvorschusses abhängig machen und gegen eine im Gütetermin nicht erschienene Partei ein Ordnungsgeld festsetzen darf.

---

[1] Das obligatorische außergerichtliche (Streit-) Schlichtungsverfahren ist zurzeit in den Fällen des § 15a Abs. 1 S. 1 Nr. 1 in den Ländern Baden-Württemberg, ‚Saarland, Sachsen-Anhalt und Schleswig-Holstein eingeführt; s. dazu im Einzelnen § 495a ZPO Rn. 12.

(6) [1]Gütestellen im Sinne dieser Bestimmung können auch durch Landesrecht anerkannt werden. [2]Die vor diesen Gütestellen geschlossenen Vergleiche gelten als Vergleiche im Sinne des § 794 Abs. 1 Nr. 1 der Zivilprozessordnung.

16–17 *(aufgehoben)*

18 *(gegenstandslos)*

19 *Begriff der Rechtskraft*

(1) Rechtskräftig im Sinne dieses Gesetzes sind Endurteile, welche mit einem ordentlichen Rechtsmittel nicht mehr angefochten werden können.

(2) Als ordentliche Rechtsmittel im Sinne des vorstehenden Absatzes sind diejenigen Rechtsmittel anzusehen, welche an eine von dem Tage der Verkündung oder Zustellung des Urteils laufende Notfrist gebunden sind.

20 *Übergangsvorschriften zum Sechsten Gesetz zur Änderung der Pfändungsfreigrenzen*

(1) [1]Eine vor dem Inkrafttreten des Sechsten Gesetzes zur Änderung der Pfändungsfreigrenzen vom 1. April 1992 (BGBl. I S. 745) am 1. Juli 1992 ausgebrachte Pfändung, die nach den Pfändungsfreigrenzen des bis zu diesem Zeitpunkt geltenden Rechts bemessen worden ist, richtet sich hinsichtlich der Leistungen, die nach dem 1. Juli 1992 fällig werden, nach den seit diesem Zeitpunkt geltenden Vorschriften. [2]Auf Antrag des Gläubigers, des Schuldners oder des Drittschuldners hat das Vollstreckungsgericht den Pfändungsbeschluss entsprechend zu berichtigen. [3]Der Drittschuldner kann nach dem Inhalt des früheren Pfändungsbeschlusses mit befreiender Wirkung leisten, bis ihm der Berichtigungsbeschluss zugestellt wird.

(2) [1]Soweit die Wirksamkeit einer Verfügung über Arbeitseinkommen davon abhängt, dass die Forderung der Pfändung unterworfen ist, sind die Vorschriften des Artikels 1 des Sechsten Gesetzes zur Änderung der Pfändungsfreigrenzen vom 1. April 1992 (BGBl. I S. 745) auch dann anzuwenden, wenn die Verfügung vor dem 1. Juli 1992 erfolgt ist. [2]Der Schuldner der Forderung kann nach Maßgabe der bis zu diesem Zeitpunkt geltenden Vorschriften so lange mit befreiender Wirkung leisten, bis ihm eine entgegenstehende vollstreckbare gerichtliche Entscheidung zugestellt wird oder eine Verzichtserklärung desjenigen zugeht, an den der Schuldner auf Grund dieses Gesetzes weniger als bisher zu leisten hat.

21 *Übergangsvorschrift zum Siebten Gesetz zur Änderung der Pfändungsfreigrenzen*

(1) [1]Für eine vor dem 1. Januar 2002 ausgebrachte Pfändung sind hinsichtlich der nach diesem Zeitpunkt fälligen Leistungen die Vorschriften des § 850a Nr. 4, § 850b Abs. 1 Nr. 4, § 850c und § 850f Abs. 3 der Zivilprozessordnung in der ab diesem Zeitpunkt geltenden Fassung anzuwenden. [2]Auf Antrag des Gläubigers, des Schuldners oder des Drittschuldners hat das Vollstreckungsgericht den Pfändungsbeschluss entsprechend zu berichtigen. [3]Der Drittschuldner kann nach dem Inhalt des früheren Pfändungsbeschlusses mit befreiender Wirkung leisten, bis ihm der Berichtigungsbeschluss zugestellt wird.

(2) [1]Soweit die Wirksamkeit einer Verfügung über Arbeitseinkommen davon abhängt, dass die Forderung der Pfändung unterworfen ist, sind die Vorschriften des § 850a Nr. 4, § 850b Abs. 1 Nr. 4, § 850c und § 850f Abs. 3 der Zivilprozessordnung in der ab dem 1. Januar 2002 geltenden Fassung hinsichtlich der Leistungen, die nach diesem Zeitpunkt fällig werden, auch anzuwenden, wenn die Verfügung vor diesem Zeitpunkt erfolgt ist. [2]Der Drittschuldner kann nach den bis zum 1. Januar 2002 geltenden Vorschriften so lange mit befreiender Wirkung leisten, bis ihm eine entgegenstehende vollstreckbare gerichtliche Entscheidung zugestellt wird oder eine Verzichtserklärung desjenigen zugeht, an den der Schuldner nach den ab diesem Zeitpunkt geltenden Vorschriften weniger zu leisten hat.

22 *Überleitungsvorschriften zum Zweiten Gesetz zur Änderung zwangsvollstreckungsrechtlicher Vorschriften (2. Zwangsvollstreckungsnovelle)*

(1) [1]§ 708 Nr. 11 der Zivilprozessordnung ist in seiner bis zum 1. Januar 1999 geltenden Fassung (Inkrafttreten der 2. Zwangsvollstreckungsnovelle vom 17. Dezember 1997 (BGBl. I S. 3039, 1998 I S. 583), die durch Artikel 8 des Gesetzes vom 19. Dezember 1998 (BGBl. I S. 3836) geändert worden ist) anzuwenden, wenn die mündliche Verhandlung, auf die das Urteil ergeht, vor dem 1. Januar 1999 geschlossen worden ist. [2]Im schriftlichen Verfahren tritt an die Stelle des Schlusses der mündlichen Verhandlung der Zeitpunkt, bis zu dem Schriftsätze eingereicht werden können.

(2) § 765a Abs. 3 der Zivilprozessordnung in der Fassung des Artikels 1 Nr. 9 Buchstabe c der 2. Zwangsvollstreckungsnovelle gilt nicht, wenn die Räumung binnen einem Monat seit Inkrafttreten der 2. Zwangsvollstreckungsnovelle am 1. Januar 1999 stattfinden soll.

(3) § 788 Abs. 1 Satz 3 der Zivilprozessordnung in der Fassung des Artikels 1 Nr. 11 Buchstabe a der 2. Zwangsvollstreckungsnovelle gilt nur für Kosten, die nach Inkrafttreten der 2. Zwangsvollstreckungsnovelle am 1. Januar 1999 entstehen.

(4) § 794 Abs. 1 Nr. 5 der Zivilprozessordnung ist in seiner bis zum 1. Januar 1999 geltenden Fassung anzuwenden, wenn die Urkunde vor dem Inkrafttreten der 2. Zwangsvollstreckungsnovelle am 1. Januar 1999 errichtet wurde.

(5) § 807 Abs. 1 Nr. 3 und 4 der Zivilprozessordnung in der Fassung des Artikels 1 Nr. 14 Buchstabe a der 2. Zwangsvollstreckungsnovelle gilt nicht für die Verfahren, in denen der Gerichtsvollzieher die Vollstreckung vor dem Inkrafttreten der 2. Zwangsvollstreckungsnovelle am 1. Januar 1999 versucht hatte.

(6) § 833 Abs. 2 der Zivilprozessordnung in der Fassung des Artikels 1 Nr. 23 Buchstabe a der 2. Zwangsvollstreckungsnovelle gilt nicht für Arbeits- oder Dienstverhältnisses, die vor dem Inkrafttreten der 2. Zwangsvollstreckungsnovelle am 1. Januar 1999 beendet waren.

(7) § 866 Abs. 1 Satz 1 und § 867 Abs. 2 der Zivilprozessordnung in der Fassung des Artikels 1 Nr. 26 und 27 Buchstabe a der 2. Zwangsvollstreckungsnovelle gelten nicht für Eintragungen, die vor dem Inkrafttreten der 2. Zwangsvollstreckungsnovelle am 1. Januar 1999 beantragt worden sind.

(8) Die Frist des § 885 Abs. 4 Satz 1 der Zivilprozessordnung in der Fassung des Artikels 1 Nr. 28 Buchstabe b der 2. Zwangsvollstreckungsnovelle beginnt nicht vor dem Tage des Inkrafttretens der 2. Zwangsvollstreckungsnovelle am 1. Januar 1999.

(9) Auf Anträge auf Bestimmung eines Termins zur Abnahme der eidesstattlichen Versicherung, die vor dem 1. Januar 1999 gestellt worden sind, finden die §§ 807, 899, 900 der Zivilprozessordnung und § 20 Nr. 17 des Rechtspflegergesetzes in der jeweils bis zum 1. Januar 1999 geltenden Fassung Anwendung.

23 *(gegenstandslos)*

24 *Übergangsvorschrift zum Gesetz zur Neugliederung, Vereinfachung und Reform des Mietrechts vom 19. Juni 2001* Auf einen Räumungsrechtsstreit, der vor dem 1. September 2001 rechthängig geworden ist, finden § 93b Abs. 1 und 2, § 721 Abs. 7 sowie § 794a Abs. 5 der Zivilprozessordnung in der bis zu diesem Zeitpunkt geltenden Fassung Anwendung.

24a *(gegenstandslos)*

25 *Erlaubnisinhaber nach dem Rechtsberatungsgesetz* Der in die Rechtsanwaltskammer gemäß § 209 der Bundesrechtsanwaltsordnung aufgenommene Erlaubnisinhaber steht im Sinne der § 88 Abs. 2, § 121 Abs. 2, § 133 Abs. 2, §§ 135, 157 Abs. 1 Satz 1 und Abs. 2 Satz 1, § 169 Abs. 2, §§ 174, 178 Abs. 1 Nr. 2, §§ 195, 317 Abs. 4 Satz 2, § 397 Abs. 2, § 811 Nr. 7 der Zivilprozessordnung einem Rechtsanwalt gleich.

26 *Übergangsvorschriften zum ZPO-RG* Für das Gesetz zur Reform des Zivilprozesses vom 27. Juli 2001 gelten folgende Übergangsvorschriften:

1. (aufgehoben)
2. Für am 1. Januar 2002 anhängige Verfahren finden die §§ 23, 105 Abs. 3 des Gerichtsverfassungsgesetzes und § 92 Abs. 2, §§ 128, 269 Abs. 3, §§ 278, 313a, 495a der Zivilprozessordnung sowie die Vorschriften über das Verfahren im ersten Rechtszug vor dem Einzelrichter in der am 31. Dezember 2001 geltenden Fassung weiter Anwendung. Für das Ordnungsgeld gilt § 178 des Gerichtsverfassungsgesetzes in der am 31. Dezember 2001 geltenden Fassung, wenn der Beschluss, der es festsetzt, vor dem 1. Januar 2002 verkündet oder, soweit eine Verkündung nicht stattgefunden hat, der Geschäftsstelle übergeben worden ist.
3. Das Bundesministerium der Justiz gibt die nach § 115 Abs. 3 Nr. 2 Satz 1 vom Einkommen abzusetzenden Beträge für die Zeit vom 1. Januar 2002 bis zum 30. Juni 2002 neu bekannt. Die Prozesskostenhilfebekanntmachung 2001 ist insoweit nicht mehr anzuwenden.
4. Ist die Prozesskostenhilfe vor dem 1. Januar 2002 bewilligt worden, gilt § 115 Abs. 1 Satz 4 der Zivilprozessordnung für den Rechtszug in der im Zeitpunkt der Bewilligung geltenden Fassung weiter.
5. Für die Berufung gelten die am 31. Dezember 2001 geltenden Vorschriften weiter, wenn die mündliche Verhandlung, auf die das anzufechtende Urteil ergeht, vor dem 1. Januar 2002 ge-

schlossen worden ist. In schriftlichen Verfahren tritt an die Stelle des Schlusses der mündlichen Verhandlung der Zeitpunkt, bis zu dem Schriftsätze eingereicht werden können.

6. § 541 der Zivilprozessordnung in der am 31. Dezember 2001 geltenden Fassung ist nur noch anzuwenden, soweit nach Nummer 5 Satz 1 über die Berufung nach den bisherigen Vorschriften zu entscheiden ist, am 1. Januar 2002 Rechtsfragen zur Vorabentscheidung dem übergeordneten Oberlandesgericht oder dem Bundesgerichtshof vorliegen oder nach diesem Zeitpunkt noch vorzulegen sind.
7. Für die Revision gelten die am 31. Dezember 2001 geltenden Vorschriften weiter, wenn die mündliche Verhandlung auf die das anzufechtende Urteil ergeht, vor dem 1. Januar 2002 geschlossen worden ist. In schriftlichen Verfahren tritt an die Stelle des Schlusses der mündlichen Verhandlung der Zeitpunkt, bis zu dem Schriftsätze eingereicht werden können.
8. § 544 der Zivilprozessordnung in der Fassung des Gesetzes zur Reform des Zivilprozesses vom 27. Juli 2001 (BGBl. I S. 1887) ist bis einschließlich 31. Dezember 2011 mit der Maßgabe anzuwenden, dass die Beschwerde gegen die Nichtzulassung der Revision durch das Berufungsgericht nur zulässig ist, wenn der Wert der mit der Revision geltend zu machenden Beschwer zwanzigtausend Euro übersteigt. Dies gilt nicht, wenn das Berufungsgericht die Berufung verworfen hat.
9. In Familiensachen finden die Bestimmungen über die Nichtzulassungsbeschwerde (§ 543 Abs. 1 Nr. 2, §§ 544, 621e Abs. 2 Satz 1 Nr. 2 der Zivilprozessordnung, in der Fassung des Gesetzes zur Reform des Zivilprozesses vom 27. Juli 2001, BGBl. I S. 1887) keine Anwendung, soweit die anzufechtende Entscheidung vor dem 1. Januar 2010 verkündet oder einem Beteiligten zugestellt oder sonst bekannt gemacht worden ist. Dies gilt nicht, wenn das Berufungsgericht die Berufung verworfen hat.
10. Für Beschwerden und für die Erinnerung finden die am 31. Dezember 2001 geltenden Vorschriften weiter Anwendung, wenn die anzufechtende Entscheidung vor dem 1. Januar 2002 verkündet oder, soweit eine Verkündung nicht stattgefunden hat, der Geschäftsstelle übergeben worden ist.
11. Soweit nach den Nummern 2 bis 5, 7 und 9 in der vor dem 1. Januar 2002 geltenden Fassung Vorschriften weiter anzuwenden sind, die auf Geldbeträge in Deutscher Mark Bezug nehmen, sind diese Vorschriften vom 1. Januar 2002 an mit der Maßgabe anzuwenden, dass die Beträge nach dem Umrechnungskurs 1 Euro = 1,95583 Deutsche Mark und den Rundungsregeln der Verordnung (EG) Nr. 1103/97 des Rates vom 17. Juni 1997 über bestimmte Vorschriften im Zusammenhang mit der Einführung des Euro (ABl. EG Nr. L 162 S. 1) in die Euro-Einheit umgerechnet werden.

27 *Vereinfachtes Verfahren über den Unterhalt Minderjähriger* Auf vereinfachte Verfahren über den Unterhalt Minderjähriger (§§ 645 bis 660 der Zivilprozessordnung), in denen der Antrag auf Festsetzung von Unterhalt vor dem 1. Januar 2002 eingereicht wurde, finden die Vorschriften über das vereinfachte Verfahren über den Unterhalt Minderjähriger in der am 31. Dezember 2001 geltenden Fassung weiter Anwendung.

28 *Mahnverfahren im Geltungsbereich des Verbraucherkreditgesetzes* (1) Das Mahnverfahren findet nicht statt für Ansprüche eines Unternehmers aus einem Vertrag, für den das Verbraucherkreditgesetz gilt, wenn der nach dem Verbraucherkreditgesetz anzugebende effektive oder anfängliche effektive Jahreszins den bei Vertragsschluss geltenden Basiszinssatz nach § 247 des Bürgerlichen Gesetzbuchs um mehr als zwölf Prozentpunkte übersteigt.

(2) § 690 Abs. 1 Nr. 3 der Zivilprozessordnung findet auf Verträge, für die das Verbraucherkreditgesetz gilt, mit der Maßgabe Anwendung, dass an die Stelle der Angabe des nach den §§ 492, 502 des Bürgerlichen Gesetzbuchs anzugebenden effektiven oder anfänglichen effektiven Jahreszinses die Angabe des nach dem Verbraucherkreditgesetz anzugebenden effektiven oder anfänglichen effektiven Jahreszinses tritt.

29 *Übergangsvorschriften zum JuMoG* Für das Erste Gesetz zur Modernisierung der Justiz vom 24. August 2004 (BGBl. I S. 2198) gelten folgende Übergangsvorschriften:

1. Auf Verfahren, die am 1. September 2004 anhängig sind, findet § 91a der Zivilprozessordnung in der vor dem 1. September 2004 geltenden Fassung Anwendung.
2. § 91 in der seit dem 1. September 2004 geltenden Fassung ist auch auf Verfahren anzuwenden, die zu diesem Zeitpunkt anhängig oder rechtskräftig abgeschlossen worden sind; einer Kostenrückfestsetzung steht nicht entgegen, dass sie vor dem 1. September 2004 abgelehnt worden ist. Haben die Parteien etwas anderes vereinbart, bleibt es dabei.
3. Auf Verfahren, die am 1. September 2004 anhängig sind, findet § 411a der Zivilprozessordnung keine Anwendung.

30 *Übergangsvorschrift zum JKomG* Für Artikel 1 Nr. 2a und 3a des Justizkommunikationsgesetzes vom 22. März 2005 (BGBl. I S. 837) gilt folgende Übergangsvorschrift:
[1]Ist einer Partei vor dem Inkrafttreten dieses Gesetzes für einen Rechtszug Prozesskostenhilfe bewilligt worden, so ist für diesen Rechtszug insoweit das bisherige Recht anzuwenden. [2]Maßgeben ist das Datum des Bewilligungsbeschlusses. [3]Eine Maßnahme der Zwangsvollstreckung gilt als besonderer Rechtszug.

31 *Übergangsvorschrift zum KapMuG* Für das Gesetz zur Einführung von Kapitalanleger-Musterverfahren vom 16. August 2005 (BGBl. I S. 2437) gilt folgende Übergangsvorschrift:
[1]Auf Verfahren, die nach dem 31. Oktober 2005 anhängig werden, findet § 32b der Zivilprozessordnung keine Anwendung, wenn zu diesem Zeitpunkt bereits bei einem anderen Gericht mindestens zehn Verfahren anhängig sind, in denen die Voraussetzungen für ein Musterverfahren ebenso wie bei einem neu anhängig werdenden Verfahren vorliegen. [2]In den Verfahren nach Satz 1 richtet sich die Zuständigkeit der Gerichte nach den bisher geltenden Vorschriften.

32 *Überleitungsvorschriften zum Gesetz zur Entlastung der Rechtspflege* (1) [1]Wenn vor dem Inkrafttreten des Gesetzes zur Entlastung der Rechtspflege vom 11. Januar 1993 (BGBl. I S. 50) am 1. März 1993 die mündliche Verhandlung, auf die das anzufechtende Urteil ergeht, geschlossen worden ist, gelten für die Zulässigkeit der Berufungen die bis dahin gelten Vorschriften. [2]Im schriftlichen Verfahren tritt an die stelle des Schlusses der mündlichen Verhandlung in den Fällen des § 128 Abs. 2 der Zivilprozessordnung der Zeitpunkt, bis zu dem Schriftsätze eingereicht werden können, im Übrigen der Zeitpunkt, zu dem die Geschäftsstelle zum Zwecke der Zustellung die anzufechtende Entscheidung an die Parteien hinausgegeben hat.

(2) Für anhängige Verfahren in der Zivilgerichtsbarkeit gelten die Vorschriften über das Verfahren vor dem Einzelrichter, die §§ 9, 29a Abs. 1, § 128 Abs. 3 Satz 1 und § 495a Abs. 1 Satz 1 der Zivilprozessordnung, § 23 Nr. 1 und 2 Buchstabe a und § 23b Abs. 3 Satz 2 des Gerichtsverfassungsgesetzes in der bis zum 1. März 1993 geltenden Fassung.

33 *Überleitungsvorschriften zum Schiedsverfahrens-Neuregelungsgesetz* (1) Die Wirksamkeit von Schiedsvereinbarungen, die vor dem Inkrafttreten des Schiedsverfahrens-Neuregelungsgesetzes vom 22. Dezember 1997 (BGBl. I S. 3224) am 1. Januar 1998 geschlossen worden sind, beurteilt sich nach dem bis zu diesem Zeitpunkt geltenden Recht.

(2) [1]Für schiedsrichterliche Verfahren, die am 1. Januar 1998 nocht nicht beendet waren, ist das bis zu diesem Zeitpunkt geltende Recht mit der Maßgabe anzuwenden, dass an die Stelle des schiedsrichterlichen Vergleichs der Schiedsspruch mit vereinbartem Wortlaut tritt. [2]Die Parteien können jedoch die Anwendung des neuen Rechts vereinbaren.

(3) Für gerichtliche Verfahren, die bis zum 1. Januar 1998 anhängig geworden sind, ist das bis zu diesem Zeitpunkt geltende Recht weiter anzuwenden.

(4) [1]Aus für vollstreckbar erklärten schiedsrichterlichen Vergleichen, die vor dem 1. Januar 1998 geschlossen worden sind, findet die Zwangsvollstreckung statt, sofern die Entscheidung über die Vollstreckbarkeit rechtskräftig oder für vorläufig vollstreckbar erklärt worden ist. [2]Für die Entscheidung über die Vollstreckbarkeit gilt das bis zum Inkrafttreten des Schiedsverfahrens-Neuregelungsgesetzes vom 22. Dezember 1997 (BGBl. I S. 3224) geltende Recht.

34 *Überleitungsvorschriften zum Gesetz zur Vereinfachung und Beschleunigung gerichtlicher Verfahren* In ihrer bis zum Krafttreten des Gesetzes zur Vereinfachung und Beschleunigung gerichtlicher Verfahren vom 3. Dezember 1976 (BGBl. I S. 3281) geltenden Fassung sind weiter anzuwenden:

1. Vorschriften über die Aufforderung an den Beklagten, es dem Gericht anzuzeigen, wenn er sich gegen die Klage verteidigen wolle, über die Fristen zur schriftlichen Klageerwiderung, zur schriftlichen Berufungserwiderung und zur schriftlichen Stellungnahme auf diese, über die Begründung des Einspruchs gegen ein Versäumnisurteil sowie über die Folgen einer Verletzung dieser Vorschriften durch die Parteien, wenn vor dem 1. Juli 1977 die Klage oder das Versäumnisurteil zugestellt oder die Berufung eingelegt wurde;
2. sonstige Vorschriften, über die Nichtzulassung nicht rechtzeitig vorgebrachter Angriffs- und Verteidigungsmittel, wenn das Angriffs- oder Verteidigungsmittel in einer vor dem 1. Juli 1977 abgehaltenen mündlichen Verhandlung vorgebracht wurde;
3. Vorschriften über die Nichtzulassung neuer Angriffs- und Verteidigungsmittel im Berufungsrechtszug, die bereits in der ersten Instanz vorzubringen waren, wenn die mündliche Verhandlung im ersten Rechtszug vor dem 1. Juli 1977 geschlossen wurde;
4. Vorschriften über das Urteil, wenn der Termin, in dem die mündliche Verhandlung geschlossen wurde, vor dem 1. Juli 1977 stattgefunden hat;

5. Vorschriften über die Zustellung und Ausfertigung der Urteile, wenn das Urteil vor dem 1. Juli 1977 verkündet worden ist oder, wenn es ohne mündliche Verhandlung ergangen ist, der Geschäftsstelle übergeben wurde;
6. Vorschriften über die Fristen zur Einlegung von Rechtsmitteln und des Einspruchs, wenn die anzufechtende Entscheidung vor dem 1. Juli 1977 verkündet oder statt einer Verkündung zugestellt worden ist;
7. Vorschriften über das Mahnverfahren, wenn der Mahnantrag vor dem 1. Juli 1977 gestellt wurde.

35 *Übergangsvorschrift zum 2. JuMoG* Auf Verfahren, die vor dem 31. Dezember 2006 rechtskräftig abgeschlossen worden sind, ist § 580 Nr. 8 der Zivilprozessordnung nicht anzuwenden.

36 Für das Gesetz zur Änderung des Unterhaltsrechts vom 21. Dezember 2007 (BGBl. I S. 3189) gelten folgende Übergangsvorschriften:

1. Ist über den Unterhaltsanspruch vor dem 1. Januar 2008 rechtskräftig entschieden, ein vollstreckbarer Titel errichtet oder eine Unterhaltsvereinbarung getroffen worden, sind Umstände, die vor diesem Tag entstanden und durch das Gesetz zur Änderung des Unterhaltsrechts erheblich geworden sind, nur zu berücksichtigen, soweit eine wesentliche Änderung der Unterhaltsverpflichtung eintritt und die Änderung dem anderen Teil unter Berücksichtigung seines Vertrauens in die getroffene Regelung zumutbar ist.
2. Die in Nummer 1 genannten Umstände können bei der erstmaligen Änderung eines vollstreckbaren Unterhaltstitels nach dem 1. Januar 2008 ohne die Beschränkungen des § 323 Abs. 2 und des § 767 Abs. 2 der Zivilprozessordnung geltend gemacht werden.
3. Ist einem Kind der Unterhalt aufgrund eines vollstreckbaren Titels oder einer Unterhaltsvereinbarung als Prozentsatz des jeweiligen Regelbetrags nach der Regelbetrag-Verordnung zu leisten, gilt der Titel oder die Unterhaltsvereinbarung fort. An die Stelle des Regelbetrags tritt der Mindestunterhalt. An die Stelle des bisherigen Prozentsatzes tritt ein neuer Prozentsatz. Hierbei gilt:
   a) Sieht der Titel oder die Vereinbarung die Anrechnung des hälftigen oder eines Teils des hälftigen Kindergelds vor, ergibt sich der neue Prozentsatz, indem dem bisher zu zahlenden Unterhaltsbetrag das hälftige Kindergeld hinzugerechnet wird und der sich so ergebende Betrag in Verhältnis zu dem bei Inkrafttreten des Gesetzes zur Änderung des Unterhaltsrechts geltenden Mindestunterhalt gesetzt wird; der zukünftig zu zahlende Unterhaltsbetrag ergibt sich, indem der neue Prozentsatz mit dem Mindestunterhalt vervielfältigt und von dem Ergebnis das hälftige Kindergeld abgezogen wird.
   b) Sieht der Titel oder die Vereinbarung die Hinzurechnung des hälftigen Kindergelds vor, ergibt sich der neue Prozentsatz, indem vom bisher zu zahlenden Unterhaltsbetrag das hälftige Kindergeld abgezogen wird und der sich so ergebende Betrag in Verhältnis zu dem bei Inkrafttreten des Gesetzes zur Änderung des Unterhaltsrechts geltenden Mindestunterhalt gesetzt wird; der zukünftig zu zahlende Unterhaltsbetrag ergibt sich, indem der neue Prozentsatz mit dem Mindestunterhalt vervielfältigt und dem Ergebnis das hälftige Kindergeld hinzugerechnet wird.
   c) Sieht der Titel oder die Vereinbarung die Anrechnung des vollen Kindergelds vor, ist Buchstabe a anzuwenden, wobei an die Stelle des hälftigen Kindergelds das volle Kindergeld tritt.
   d) Sieht der Titel oder die Vereinbarung weder eine Anrechnung noch eine Hinzurechnung des Kindergelds oder eines Teils des Kindergelds vor, ist Buchstabe a anzuwenden.

   Der sich ergebende Prozentsatz ist auf eine Dezimalstelle zu begrenzen. Die Nummern 1 und 2 bleiben unberührt.
4. Der Mindestunterhalt minderjähriger Kinder im Sinne des § 1612a Abs. 1 des Bürgerlichen Gesetzbuchs beträgt
   a) für die Zeit bis zur Vollendung des sechsten Lebensjahrs (erste Altersstufe) 279 Euro,
   b) für die Zeit vom siebten bis zur Vollendung des zwölften Lebensjahrs (zweite Altersstufe) 322 Euro,
   c) für die Zeit vom 13. Lebensjahr an (dritte Altersstufe) 365 Euro

   jeweils bis zu dem Zeitpunkt, in dem der Mindestunterhalt nach Maßgabe des § 1612a Abs. 1 des Bürgerlichen Gesetzbuchs den hier festgelegten Betrag übersteigt.
5. In einem Verfahren nach § 621 Abs. 1 Nr. 4, 5 oder Nr. 11 der Zivilprozessordnung können die in Nummer 1 genannten Umstände noch in der Revisionsinstanz vorgebracht werden. Das Revisionsgericht kann die Sache an das Berufungsgericht zurückverweisen, wenn bezüglich der neuen Tatsachen eine Beweisaufnahme erforderlich wird.
6. In den in Nummer 5 genannten Verfahren ist eine vor dem 1. Januar 2008 geschlossene mündliche Verhandlung auf Antrag wieder zu eröffnen.
7. Unterhaltsleistungen, die vor dem 1. Januar 2008 fällig geworden sind oder den Unterhalt für Ehegatten betreffen, die nach dem bis zum 30. Juni 1977 geltenden Recht geschieden worden sind, bleiben unberührt.

GERICHTSVERFASSUNGSGESETZ

Vom 27. Januar 1877 (RGBl. S. 41),
In der Fassung der Bekanntmachung vom 9. Mai 1975 (BGBl. I S. 1077)
Zuletzt geändert durch Gesetz vom 21. 12. 2007 (BGBl. I S. 3198)[1]

– Auszug –

Erster Titel. Gerichtsbarkeit

1 *Richterliche Unabhängigkeit* **Die richterliche Gewalt wird durch unabhängige, nur dem Gesetz unterworfene Gerichte ausgeübt.**

2–9 *(weggefallen)*

10 *Referendare* **[1]Unter Aufsicht des Richters können Referendare Rechtshilfeersuchen erledigen und außer in Strafsachen Verfahrensbeteiligte anhören, Beweise erheben und die mündliche Verhandlung leiten. [2]Referendare sind nicht befugt, eine Beeidigung anzuordnen oder einen Eid abzunehmen.**

I. Normzweck

1 Die Vorschrift ermöglicht den in **Ausbildung** befindlichen Rechtsreferendaren das frühzeitige, möglichst selbständige Einüben in die **praktische richterliche Tätigkeit.**[1] Wegen des auf Art. 92 GG beruhenden Richtermonopols für Rechtsprechungsaufgaben und des Verbots der Entziehung des gesetzlichen Richters (Art. 101 Abs. 1 S. 2 GG, § 16 Abs. 2) kann und darf dem Referendar nicht die alleinige Zuständigkeit zur Entscheidung eines Rechtsstreits übertragen werden.[2] Neben der Erledigung von Rechtshilfeersuchen in bürgerlichen Rechtsstreitigkeiten und Strafsachen eröffnet § 10 S. 1 dem Referendar daher die Möglichkeit, in Zivilsachen Verfahrensbeteiligte anzuhören, Beweise zu erheben und die mündliche Verhandlung zu leiten. Gegen die Übertragung dieser in § 10 S. 1 aufgeführten Tätigkeiten auf den Referendar bestehen nach allgemeiner Meinung – im Gegensatz zu früheren Fassungen des § 10[3] – keine verfassungsrechtlichen Bedenken, da die Tätigkeit des Referendars seit dem Gesetz zur Änderung des DRiG vom 10. 9. 1971[4] **unter der Aufsicht des Richters** stattzufinden hat.

2 Da gemäß § 2 EGGVG die Vorschriften des GVG nur auf die ordentliche streitige Gerichtsbarkeit und deren Ausübung Anwendung finden, gilt auch die Bestimmung des § 10 **unmittelbar** nur für die ordentliche streitige Gerichtsbarkeit.[5] Gemäß § 9 Abs. 2 ArbGG gilt die Vorschrift des GVG über die Wahrnehmung richterlicher Geschäfte durch Referendare (§ 10) in allen Rechtszügen **entsprechend.** Über die Generalklausel des § 173 VwGO findet § 10 auch in der Verwaltungsgerichtsbarkeit **entsprechende** Anwendung.

II. Adressaten

3 **1. Referendare.** Adressaten des § 10 sind Referendare, dh. alle Personen, die den juristischen Vorbereitungsdienst gemäß § 5 b DRiG ableisten. Für die Wahrnehmung der richterlichen Geschäfte durch Referendare ist im Gegensatz zum früheren Recht (Mindestausbildungszeit von zwölf Monaten)[6] die Dauer des bereits abgeleisteten Vorbereitungsdienstes unbeachtlich. Die Erledigung der in § 10 S. 1 aufgeführten Tätigkeiten kann **jedem Rechtsreferendar** übertragen werden; es ist insbesondere nicht erforderlich, dass er gerade bei dem zuständigen Gericht bzw. Richter seinen juristischen Vorbereitungsdienst planmäßig als Stationsreferendar ableistet.[7]

4 **2. Referendaren gleichgestellte Personen.** Auf andere Ausbildungsverhältnisse ist § 10 ohne ausdrückliche gesetzliche Bestimmung nicht anwendbar.[8] So fand gemäß § 8 Abs. 1 des Rechtspflegeanpassungsgesetzes vom 26. 6. 1992[9] auf **Rechtspraktikanten** aus dem in Art. 3 des Einigungsvertrages genannten Gebiet die für Referendare geltende Vorschrift in § 10 entsprechende Anwendung. Und nach § 8 Abs. 2 desselben Gesetzes konnten **Richterassistenten, Staatsanwaltassistenten und Diplomjuristen,** die nach Anl. I zum Ei-

---

[1] §§ ohne Gesetzesangaben sind die des GVG.
[1] *Kissel/Mayer* Rn. 1.
[2] MK/*Wolf* Rn. 1.
[3] S. insoweit *Kissel/Mayer* Rn. 2 m. weit. Nachw.
[4] Art. II Nr. 4 a, BGBl. I S. 1557, 1559.
[5] *Kissel/Mayer* Rn. 17.
[6] § 85 Nr. 2 DRiG vom 8. 9. 1961, BGBl. I S. 1665, 1677.
[7] *Kissel/Mayer* Rn. 3; *L/R/Schäfer* Rn. 9.
[8] *Kissel/Mayer* Rn. 1.
[9] BGBl. I S. 1147, 1148.

nigsV III A III Nr. 8yff. iVm. Art. 1 des Gesetzes vom 23. September 1990 (BGBl. 1990 II S. 885, 931) bei einem Gericht oder bei einer Staatsanwaltschaft eingearbeitet wurden, Aufgaben nach § 10 übertragen werden, wenn sie den Ausbildungsstand erreicht hatten, der für die jeweilige Tätigkeit erforderlich war. In Beziehung auf diese Tätigkeit hatten sie die Rechte und Pflichten eines Referendars.

III. Übertragbare Aufgaben

Der Gesetzgeber hat an verschiedenen Stellen die Übertragung von Aufgaben innerhalb der Rechtspflege auf Referendare vorgesehen. So können Referendare mit folgenden **nichtrichterlichen** Aufgaben betraut werden: Wahrnehmung der Aufgaben eines Amtsanwalts und im Einzelfall Wahrnehmung der Aufgaben eines Staatsanwalts unter dessen Aufsicht (§ 142 Abs. 3), Wahrnehmung der Aufgaben eines Urkundsbeamten der Geschäftsstelle (§ 153 Abs. 5), zeitweilige Wahrnehmung der Geschäfte eines Rechtspflegers (§ 2 Abs. 5 RPflG), Wahrnehmung gerichtlicher und außergerichtlicher Anwaltstätigkeit (§ 59 Abs. 1 S. 3 BRAO)[10], Bestellung zum allgemeinen Vertreter für einen Rechtsanwalt nach einer Mindestausbildungszeit von zwölf Monaten (§ 53 Abs. 4 S. 2 BRAO)[11] und Bestellung zum Verteidiger nach einer Mindestausbildungszeit von einem Jahr und drei Monaten (§§ 139, 142 Abs. 2 StPO). Die Übertragung **richterlicher** Aufgaben ist in § 10 **abschließend** geregelt. Die Juristischen Ausbildungs- und Prüfungsordnungen der Länder bestimmen unter Hinweis auf § 10, dass der Rechtsreferendar am Arbeitsplatz des Richters in Zivilsachen, soweit es ihm Ausbildungsstand und Befähigung erlauben, damit betraut werden soll, unter Aufsicht und Anleitung des ausbildenden Richters Verfahrensbeteiligte bzw. Parteien anzuhören, Beweise zu erheben und die mündliche Verhandlung zu leiten. Im Einzelnen gilt Folgendes: 5

1. Erledigung von Rechtshilfeersuchen. Übertragbar ist gemäß § 10 S. 1 zunächst die Erledigung von Rechtshilfeersuchen in bürgerlichen Rechtsstreitigkeiten und in Strafsachen. Nach allgemeiner Meinung ist der **Begriff der Rechtshilfe** weit auszulegen und umfasst alle Rechtshilfeersuchen unter den Gerichten im Sinne der §§ 156ff. sowie alle Amtshilfeersuchen zwischen Gerichten und Behörden.[12] Zulässig ist nur die Erledigung von **eingehenden** Rechtshilfeersuchen durch den Referendar. Die **Ablehnung** eines Ersuchens gemäß § 158 Abs. 2 und der **Erlass** eines Rechtshilfeersuchens an ein anderes Gericht obliegen **allein dem Richter.**[13] Die Erledigungsmöglichkeit von Rechtshilfeersuchen durch Referendare wird gemäß § 10 S. 2 dadurch eingeschränkt, dass der Referendar **nicht** befugt ist, eine Beeidigung anzuordnen oder einen Eid abzunehmen. Ist – insbesondere von ausländischen Gerichten – um eidliche Vernehmung ersucht oder ist sie erforderlich, dann kann der Referendar zwar die Vernehmung durchführen; im Anschluss daran muss aber der Richter die protokollierte Aussage nochmals verlesen bzw. verlesen lassen und die Beeidigung selbst vornehmen.[14] 6

2. Anhörung von Verfahrensbeteiligten. Ferner kann dem Rechtsreferendar die Anhörung von Verfahrensbeteiligten übertragen werden. Das betrifft in der zivilprozessualen Praxis sowohl die Parteianhörung gemäß § 141 ZPO wie auch die Anhörung der Parteien gemäß den §§ 360 S. 4, 1063 Abs. 1 S. 2 ZPO, wenn sie ausnahmsweise in mündlicher Verhandlung erfolgt. Auch die Anhörung der Beteiligten im Verfahren der freiwilligen Gerichtsbarkeit durch Referendare ist zulässig.[15] 7

3. Beweiserhebung. Der Rechtsreferendar kann auch mit jeglicher Art der Erhebung von Beweisen betraut werden. Dies umfasst die Durchführung der Beweisaufnahme, **nicht** jedoch die **Beweisanordnung,** soweit ein formeller Beweisbeschluss (zB § 450 Abs. 1 S. 1 ZPO) erforderlich ist.[16] Dementsprechend erhält der Rechtsreferendar in der Zivilstation in der Regel die Gelegenheit zur Durchführung einer Zeugenvernehmung.[17] Jedoch ist gemäß § 10 S. 2 sowohl die Anordnung einer Beeidigung als auch die Abnahme eines Eides durch den Referendar ausdrücklich **verboten.** Gleiches gilt für die Anordnung und Abnahme einer eidesstattlichen Versicherung.[18] 8

4. Leitung der mündlichen Verhandlung.[19] Schließlich kann dem Rechtsreferendar auch die Leitung der mündlichen Verhandlung übertragen werden. Dabei obliegt ihm grundsätzlich sowohl die formelle wie auch die materielle Prozessleitung im Sinne von § 136 ZPO. Dem Rechtsreferendar steht allerdings **nicht** die **sitzungspolizeiliche** und die **Ordnungsgewalt** gemäß den §§ 176ff. zu[20], und zwar selbst dann nicht, wenn es sich nicht um eine rechtsmittelfähige Entscheidung gemäß § 181 handelt.[21] Dies deshalb, weil der Referendar im Gegensatz zum früheren Recht nur unter Aufsicht des ausbildenden Richters handeln darf – weshalb die Handlungen des Referendars als solche des Richters gelten (Rn. 13) – und dieser daher jederzeit in der Lage ist, die erforderlichen Maßnahmen selbst anzuordnen.[22] Da die mündliche Verhandlung 9

---

10 Zur Tätigkeit des Referendars als Terminvertreters im Zivilprozess s. *Breßler* JuS 2004, 307ff.

11 Zu den anwaltlichen Befugnissen eines Rechtsreferendars BGH NJW 1975, 2351; OLG Düsseldorf NJW 1994, 1296.

12 OLG Celle, NJW 1967, 993, 994f. mit teilweise abl. Anm. *Booss* NJW 1967, 1869.

13 MK/*Wolf* Rn. 6; *Kissel/Mayer* Rn. 7.

14 BGHSt 12, 92, 94 = NJW 1958, 2075, 2076; *Kissel/Mayer* Rn. 8.

15 MK/*Wolf* Rn. 7; Zö/*Gummer* Rn. 2.

16 Zö/*Gummer* Rn. 3; aA MK/*Wolf* Rn. 8; vgl. auch *Hahn* NJW 1973, 1782, 1783.

17 S. im Einzelnen *Oexmann* JuS 1976, 36ff.

18 *Kissel/Mayer* Rn. 10 und 16; Zö/*Gummer* Rn. 4.

19 S. im Einzelnen *Emde* Jura 1995, 205ff.

20 *Kissel/Mayer* Rn. 16; *L/R/Schäfer* Rn. 11; aA *Hahn* NJW 1973, 1782, 1783; *Oexmann* JuS 1976, 36, 37; *B/L/H* Rn. 1.

21 AA. MK/*Wolf* Rn. 9.

22 *L/R/Schäfer* Rn. 11.

gemäß § 136 Abs. 4 ZPO vor der Verkündung von Urteilen und Beschlüssen des Gerichts geschlossen wird, darf der Referendar im Zivilprozess weder die **Urteilsformel** noch die **Entscheidungsgründe** gemäß § 311 ZPO verkünden.[23] Der Rechtsreferendar hat – ebenso wie der Rechtsstudent – auch keinen Anspruch auf Teilnahme an **Beratung** und **Abstimmung**[24], weil auch diese erst nach Schluss der mündlichen Verhandlung erfolgen. Gemäß § 193 dürfen aber bei der Beratung und Abstimmung außer den zur Entscheidung berufenen Richtern – im Gegensatz zu den Rechtsstudenten[25] – die im Vorbereitungsdienst gemäß § 5 b DRiG stehenden Referendare als bei **demselben** Gericht zu ihrer juristischen Ausbildung beschäftigte Personen zugegen sein, soweit der Vorsitzende deren Anwesenheit gestattet.

10 Unter Hinweis auf § 28 Abs. 2 S. 2 DRiG, wonach ein Richter auf Lebenszeit den Vorsitz führen muss, wenn ein Gericht in einer Besetzung mit mehreren Richtern tätig wird, vertritt die herrschende Meinung[26] die Auffassung, dass dem Referendar die Verhandlungsleitung nur vor dem Amtsrichter (§ 495 ZPO), dem Einzelrichter (§§ 348, 348 a, 349, 526, 527 ZPO) oder dem beauftragten Richter (§ 361 ZPO), nicht jedoch vor dem **Kollegialgericht** übertragen werden darf. Berücksichtigt man jedoch, dass die richterliche Verantwortung für die Tätigkeit des Referendars beim ausbildenden Richter verbleibt und die Handlungen des Referendars als solche des Richters gelten (Rn. 13), dann zwingt auch die Forderung nach höchstmöglicher Richtigkeitsgarantie nicht zu einem Verbot der Verhandlungsleitung eines Rechtsreferendars bei Kollegialgerichten.[27]

IV. Aufsicht des Richters

11 Seit dem Gesetz zur Änderung des DRiG vom 10. 9. 1971 hat die Wahrnehmung der gemäß § 10 S. 1 auf den Rechtsreferendar übertragbaren Aufgaben, nämlich die Erledigung von Rechtshilfeersuchen, die Anhörung von Verfahrensbeteiligten, die Erhebung von Beweisen und die Leitung der mündlichen Verhandlung unter Aufsicht des Richters stattzufinden. Der Richter, der nach der Geschäftsverteilung **konkret** für die von dem Referendar zu erledigende Aufgabe zuständig ist, hat die Übertragung anzuordnen und die Aufsicht auszuüben.[28] Die Übertragung, die jederzeit widerruflich ist, darf nur erfolgen, soweit es Ausbildungsstand und Befähigung des Referendars erlauben (Rn. 6). Mit der Übertragung wird der Rechtsreferendar an Stelle des funktionell zuständigen Richters tätig.

12 **Aufsicht** im Sinne des § 10 S. 1 bedeutet, dass der ausbildende Richter auf eine sachgerechte Erledigung der Aufgabe durch den Referendar hinzuwirken und dessen Tätigkeit zu überwachen hat; dazu gehört insbesondere das Achtgeben darauf, dass die Zeugen ordnungsgemäß belehrt, ihre Aussagen vollständig und richtig erfasst sowie zutreffend protokolliert werden.[29] Nach allgemeiner Meinung kann der Richter diese ihm obliegenden Aufgaben nur erfüllen, wenn er während der Tätigkeit des Referendars **ständig anwesend**[30] ist, da er andernfalls nicht sofort korrigierend eingreifen kann. Keinesfalls genügt eine gelegentliche bzw. nur zeitweise Anwesenheit[31], die nachträgliche Durchsicht des Protokolls[32] oder ein umfassendes Abschlussgespräch.[33] Wegen des auf Art. 92 GG beruhenden Richtermonopols für Rechtsprechungsaufgaben und des Verbots der Entziehung des gesetzlichen Richters (Art. 101 Abs. 1 S. 2 GG, § 16 Abs. 2) darf dem Rechtsreferendar nämlich weder die alleinige Zuständigkeit zur Entscheidung eines Rechtsstreits (Rn. 1) noch die Erledigung der in § 10 S. 1 aufgeführten richterlichen Tätigkeiten zur alleinigen Verantwortung übertragen werden.[34] Der **ausbildende Richter** ist und bleibt vielmehr für die vollständige Erledigung **allein voll verantwortlich**[35], weshalb die Handlungen des Referendars rechtlich als solche des Richters gelten.[36]

V. Verfahrensfehler

13 Erledigt der Referendar andere als in § 10 S. 1 für auf ihn übertragbar erklärte oder für ihn nach § 10 S. 2 verbotene richterliche Aufgaben, so ist die betreffende Prozesshandlung nicht nur wegen eines wesentlichen Verfahrensmangels anfechtbar[37], sondern **unwirksam** bzw. **nichtig** (Einl. Rn. 53 f.).[38] Dies gilt für das von einem Rechtsreferendar verkündete Zivilurteil[39] ebenso wie für den von einem Referendar entgegen § 10 S. 2 abgenommenen Eid, der auch im Falle einer bewussten Falschaussage nicht als Meineid bestraft werden kann.[40] Soweit die in § 10 S. 1 aufgeführten richterlichen Tätigkeiten vom Rechtsreferendar zwar im Auftrag

---

[23] MK/*Wolf* Rn. 9; *Kissel/Mayer* Rn. 19; *Zö/Gummer* Rn. 3; aA OLG Oldenburg NJW 1952, 1310.
[24] *Kissel/Mayer* § 193 Rn. 22.
[25] BGHSt 41, 119 = NJW 1995, 2645; aA *Zö/Gummer* § 193 Rn. 4; *Kissel/Mayer* § 193 Rn. 22.
[26] *B/L/H* Rn. 1; *Zö/Gummer* Rn. 3; *Kissel/Mayer* Rn. 11; aA MK/*Wolf* Rn. 10; *Franzki* JuS 1972, 615 ff.
[27] MK/*Wolf* Rn. 10.
[28] *Kissel/Mayer* Rn. 14.
[29] OLG Köln JMBlNRW 1973, 282; KG NJW 1974, 2094, 2095; *T/P/Hüßtege* Rn. 2; *Kissel/Mayer* Rn. 12.
[30] OLG Köln JMBlNRW 1973, 282; KG NJW 1974, 2094; aA *Hahn* NJW 1973, 1782, 1783; *L/R/Schäfer* Rn. 7.
[31] *Kissel/Mayer* Rn. 12; MK/*Wolf* Rn. 12; aA *Hahn* NJW 1973, 1782, 1783; *L/R/Schäfer* Rn. 7.
[32] OLG Köln JMBlNRW 1973, 282; *T/P/Hüßtege* Rn. 3; *Kissel/Mayer* Rn. 12.
[33] *Kissel/Mayer* Rn. 12.
[34] *Kissel/Mayer* Rn. 12
[35] OLG Köln JMBlNRW 1973, 282; *Kissel/Mayer* Rn. 12.
[36] MK/*Wolf* Rn. 13; *Kissel/Mayer* Rn. 12.
[37] So aber OLG Frankfurt NJW 1954, 207, 208; OLG Hamm JMBlNRW 1964, 31.
[38] *B/L/H* Rn. 1; *Kissel/Mayer* Rn. 18; *T/P/Hüßtege* Rn. 3.
[39] AA OLG Oldenburg NJW 1952, 1310.
[40] BGHSt 10, 142, 143 = NJW 1957, 756, 757; RGSt 65, 206, 207; *Kissel/Mayer* Rn. 18.

des ausbildenden Richters, aber **ohne** dessen Beaufsichtigung vorgenommen werden, sind sie **voll wirksam**[41] und können lediglich mit den allgemeinen Rechtsmitteln angefochten werden.[42] Ebenso sind Verfahrensfehler, die im Rahmen der nach § 10 S. 1 zulässigen Erledigung unter ordnungsgemäßer Aufsicht durch den ausbildenden Richter entstehen, nach den allgemeinen Regeln zu beurteilen.[43]

11 *(weggefallen)*

12 *Ordentliche Gerichte* **Die ordentliche streitige Gerichtsbarkeit wird durch Amtsgerichte, Landgerichte, Oberlandesgerichte und durch den Bundesgerichtshof (den obersten Gerichtshof des Bundes für das Gebiet der ordentlichen Gerichtsbarkeit) ausgeübt.**

I. Normzweck

Die Vorschrift, die den **sog. vierstufigen Gerichtsaufbau** enthält, bestimmt, welche Gerichte der Länder (AG, LG, OLG) und des Bundes (BGH) **organisatorisch** und **funktional ausschließlich** die ordentliche streitige Gerichtsbarkeit ausüben[1] (zur ordentlichen Gerichtsbarkeit s. Einl. Rn. 17–19). 1

Über die von den einzelnen Bundesländern **obligatorisch** – mindestens je 1 AG, LG und OLG – zu errichtenden Gerichte hinaus ermöglicht § 8 EGGVG dem Landesgesetzgeber, **„Oberste Landesgerichte"** zu errichten (s. Einl. Rn. 18 und § 119 Rn. 6). Diese entscheiden an Stelle des BGH über Revisionen in bürgerlichen Rechtsstreitigkeiten, in denen für die Entscheidung kein Bundesrecht in Betracht kommt oder in denen im Wesentlichen Rechtsnormen angewendet werden, die in den Landesgesetzen enthalten sind (§ 8 Abs. 2 EGGVG). 2

II. Rechtstatsachen

Aus dem Handbuch der Justiz 2006/7 ergibt sich, dass am **1. 3. 2006** im **gesamten Bundesgebiet** folgende **ordentlichen Gerichte** errichtet waren: 673 Amtsgerichte mit 25 Zweigstellen, 116 Landgerichte, 24 Oberlandesgerichte, das Bayerische Oberste Landesgericht[2] mit Sitz in München und der Bundesgerichtshof mit Sitz in Karlsruhe. 3

III. Ordentliche streitige Gerichtsbarkeit

1. AG, LG, OLG, BGH. Die Gerichte der ordentlichen streitigen Gerichtsbarkeit (s. zum Begriff der ordentlichen Gerichtsbarkeit Einl. Rn. 17) sind die Amtsgerichte, die Landgerichte, die Oberlandesgerichte und der Bundesgerichtshof. Die Zuständigkeit ergibt sich im Einzelnen für die Amtsgerichte aus den §§ 22ff., für die Landgerichte aus den §§ 59ff., für die Oberlandesgerichte aus den §§ 115ff. und für den Bundesgerichtshof aus den §§ 123ff. 4

2. BVerfG. Das Bundesverfassungsgericht mit Sitz in Karlsruhe ist nach dem GVG **kein** Gericht der ordentlichen streitigen Gerichtsbarkeit. Es besteht jedoch die Möglichkeit, das BVerfG auch gegen Entscheidungen der ordentlichen Gerichte anzurufen. Gemäß Art. 93 Abs. 1 Nr. 4a GG kann nämlich **jedermann Verfassungsbeschwerde** mit der Behauptung erheben, durch die öffentliche Gewalt – insbesondere eine Entscheidung der ordentlichen streitigen Gerichtsbarkeit – in einem seiner Grundrechte oder in einem seiner in Art. 20 Abs. 4, 33, 38, 101, 103 und 104 GG enthaltenen Rechte verletzt zu sein. Außerdem hat ein Gericht der ordentlichen streitigen Gerichtsbarkeit, das ein Gesetz, auf dessen Gültigkeit es bei der Entscheidung ankommt, für **verfassungswidrig** hält, das Verfahren auszusetzen und bei Verletzung des Grundgesetzes die **Entscheidung des Bundesverfassungsgerichtes einzuholen** (Art. 100 Abs. 1 GG). 5

3. Besondere streitige Gerichtsbarkeit. Neben der ordentlichen streitigen Zivilgerichtsbarkeit gibt es noch eine besondere streitige Zivilgerichtsbarkeit, die durch die **Schifffahrtsgerichte** (§ 14) und das **Bundespatentgericht** (Art. 96 Abs. 1 GG, § 65 PatG) ausgeübt werden (s. Einl. Rn. 19). 6

IV. Errichtung der Gerichte

1. BGH. Die Errichtung des **Bundesgerichtshofes** als oberster Gerichtshof des Bundes für das Gebiet der ordentlichen Gerichtsbarkeit ist in den Art. 92, 95 Abs. 1 GG verfassungsrechtlich **zwingend** vorgeschrieben. 7

2. Sonstige Gerichte. Die Existenz anderer Gerichte iSd. § 12 (= AG, LG, OLG) ist dagegen verfassungsrechtlich **nicht** verankert. Das Grundgesetz sieht nämlich lediglich vor, dass überhaupt „Gerichte der Länder" bestehen (Art. 92 GG). Folglich unterliegen die anderen Instanzen der Dispositionsbefugnis des Bundesgesetzgebers, so dass ohne weiteres die Möglichkeit der Einführung des **sog. dreistufigen Gerichtsaufbaus** besteht, wie er vor dem 1. 12. 1993 in den neuen Bundesländern (= Kreisgericht/Bezirksgericht/Oberster Gerichtshof der DDR bzw. BGH) existierte. Die Diskussion hat insoweit bereits im Dezember 8

[41] AA *T/P/Hüßtege* Rn. 3.
[42] *Kissel/Mayer* Rn. 18.
[43] *Kissel/Mayer* Rn. 18.
[1] *Kissel/Mayer* Rn. 1–3; MK/*Wolf* Rn. 1, 2.
[2] Das Bayerische Oberste Landesgericht wurde zum 30. 6. 2006 aufgelöst.

1971 begonnen[3] und bei der Suche nach weiteren – über die im RpflEntlG enthaltenen hinaus – Entlastungsmöglichkeiten der Rechtspflege (insbesondere die Einrichtung eines streitwertunabhängigen einheitlichen Eingangsgerichts in Zivilsachen, verstärkter Einsatz des Einzelrichters beim Landgericht sowie von Schiedsgerichten) neuen Nährboden gefunden. Der Versuch der Bundesregierung im Entwurf eines Gesetzes zur Reform des Zivilprozesses (Stand: 6. September 2000)[4], das Oberlandesgericht zum alleinigen Rechtsmittelgericht der zweiten Instanz zu machen – und der damit durch die Hintertür verfolgte Traum von der Einführung der Dreistufigkeit –, ist am Widerstand der Länder und der Praxis gescheitert.[5] Gleiches gilt für das mit dem ZPO-RG verfolgte Bestreben, in der Zivilgerichtsbarkeit die bestehende Vierstufigkeit auf eine Dreistufigkeit (Amtsgericht/Landgericht; Oberlandesgericht; Bundesgerichtshof) zurückzuführen, da keines der Länder von der Experimentierklausel des § 119 Abs. 3 GVG nF Gebrauch gemacht hat und die Oberlandesgerichte generell für zuständig erklärt hat, über Berufungen und Beschwerden gegen amtsgerichtliche Entscheidungen zu befinden (s. auch § 119 GVG Rn. 28).[6]

9 Gemäß den Art. 30, 92 GG ist die Organisation der Gerichte Aufgabe der Länder und speziell die Errichtung der Gerichte in den Ländern sowie die Veränderung ihrer Bezirke wegen des Gesetzesvorbehalts Sache des Landesgesetzgebers.[7] Die Organisationsgewalt der Länder wird durch § 12 in der Weise beschränkt, dass zumindest 1 Gericht jeder Art bestehen und die namentliche Bezeichnung Amtsgericht, Landgericht bzw. Oberlandesgericht führen muss; Ausnahmen hinsichtlich der Namensführung gelten nur für **traditionelle Zusatzbezeichnungen** (zB Hanseatisches OLG Bremen bzw. Hamburg) und für das OLG Berlin, das traditionell die Bezeichnung **„Kammergericht“** führt.[8]

10 Für die **Errichtung, Aufhebung, Sitzverlegung** und **Änderung der Bezirksgrenzen**[9] der Gerichte in den einzelnen Bundesländern gilt die „Verordnung zur einheitlichen Regelung der Gerichtsverfassung vom 20. 3. 1935“[10], soweit nicht an ihre Stelle die Gerichtsorganisationsgesetze[11] der Länder getreten sind.

13 *Zuständigkeit der ordentlichen Gerichte* **Vor die ordentlichen Gerichte gehören alle bürgerlichen Rechtsstreitigkeiten und Strafsachen, für die nicht entweder die Zuständigkeit von Verwaltungsbehörden oder Verwaltungsgerichten begründet ist oder auf Grund von Vorschriften des Bundesrechts besondere Gerichte bestellt oder zugelassen sind.**

Übersicht

I. Normzweck

1 Die Vorschrift des § 13, die der Abgrenzung der ordentlichen streitigen Zivilgerichtsbarkeit (s. insoweit Einl. Rn. 17–19 und § 12 Rn. 4–6) von der Verwaltungs-, Finanz-, Arbeits- und Sozialgerichtsbarkeit im Sinne einer **Rechtswegzuständigkeit** dient, bestimmt, dass alle bürgerlichen Rechtsstreitigkeiten vor die Zivilgerichte gehören. Sie wird ergänzt durch eine Reihe anderer Vorschriften (zB Art. 14 Abs. 3 S. 4, 19 Abs. 4 S. 2, 34 S. 3 GG, § 40 Abs. 2 VwGO), die ausdrücklich die **Zuständigkeit der Zivilgerichte** begründen. Darüber hinaus erlaubt § 13 die spezialgesetzliche Zuweisung von Zivilsachen an Verwaltungsbehörden oder Verwaltungsgerichte sowie an besondere Gerichte (zB Schifffahrtsgerichte gemäß § 14; Arbeitsge-

---

[3] S. im Einzelnen *Kissel/Mayer* § 23 Rn. 10; *Faupel* DRiZ 1997, 69 ff.

[4] BT-Drucks. 14/4722, S. 4, 72

[5] Busse NJW 2001, 1545, 1547.

[6] BT-Drucks. 15/999, S. 20.

[7] BVerfGE 24, 155, 167 = NJW 1969, 1291, 1293.

[8] *Kissel/Mayer* Rn. 5; MK/*Wolf* Rn. 1.

[9] S. insoweit BVerfGE 2, 307 = NJW 1953, 1177.

[10] RGBl. I S. 403 ff.

[11] ZB in Rheinland-Pfalz: Landesgesetz über die Gliederung und die Bezirke der Gerichte (Gerichtsorganisationsgesetz – GerOrgG. –) vom 5. 10. 1977 (GVBl. S. 333).

richte gemäß den §§ 2, 2a ArbGG). Außerdem ist gemäß § 17a Abs. 2 S. 3 auch der fehlerhafte Verweisungsbeschluss eines Verwaltungs-, Finanz-, Arbeits- oder Sozialgerichts für das Zivilgericht, an das der Rechtsstreit verwiesen worden ist, hinsichtlich des Rechtsweges bindend (§ 17a Rn. 8–10).

Die Rechtswegzuständigkeit ist als **Prozessvoraussetzung** seit der Neufassung der §§ 17–17b zum 1. 1. 1991 (§ 17 Rn. 1) vom **erstinstanzlichen Gericht** stets **von Amts wegen**[1] zu prüfen. Gemäß § 17a Abs. 5 muss das mit der Hauptsache befasste **Rechtsmittelgericht** es hinnehmen, wenn das Gericht des ersten Rechtszuges „ausdrücklich oder unausgesprochen“[2] die Zulässigkeit des Rechtsweges bejaht hat (zur Prüfungskompetenz des Rechtsmittelgerichts s. § 17a Rn. 19–21). 2

Die Vorschrift des § 13 stellt **zwingendes** Recht dar. Ist der Zivilrechtsweg nicht gegeben, so kann er folglich auch durch **Parteivereinbarung** nicht eröffnet werden.[3] Ein vertraglicher Ausschluss des Zivilrechtsweges und überhaupt jedes Rechtsweges ist dagegen nach allgM[4] zulässig, soweit die Vertragsparteien berechtigt sind, über den Anspruch einen Vergleich zu schließen (vgl. § 1025 Abs. 1 ZPO). 3

II. Bürgerliche Rechtsstreitigkeiten

Während § 13 für alle bürgerlichen Rechtsstreitigkeiten den Zivilrechtsweg eröffnet, bestimmt § 40 Abs. 1 S. 1 VwGO, dass der Verwaltungsrechtsweg in allen öffentlich – rechtlichen Streitigkeiten nichtverfassungsrechtlicher Art gegeben ist. Bei beiden Vorschriften, die einen ausdrücklichen Vorbehalt einer anderweitigen gesetzlichen Zuweisung in einen anderen Rechtsweg enthalten, hat der Gesetzgeber als Abgrenzungskriterium auf die **materiellrechtliche** Einordnung der Rechtsstreitigkeiten zurückgegriffen. Da die Arbeitsgerichte (zur Abgrenzung zwischen Arbeitsgerichtsbarkeit und ordentlicher Gerichtsbarkeit s. § 17 Rn. 1 und 2 sowie § 17a Rn. 13) für spezielle bürgerliche Rechtsstreitigkeiten ausschließlich zuständig sind und die Finanz- und Sozialgerichte besondere Formen der Verwaltungsgerichtsbarkeit darstellen, geht es bei der Frage der Rechtswegzuständigkeit in erster Linie darum, den **Zivilrechtsweg** vom **Verwaltungsrechtsweg** und damit **bürgerlich-rechtliche** Streitigkeiten von **öffentlich-rechtlichen** Streitigkeiten abzugrenzen. 4

1. Abgrenzungskriterien. In vier Entscheidungen hat der **Gemeinsame Senat der Obersten Gerichtshöfe des Bundes**[5] folgende Abgrenzungskriterien entwickelt: Ob eine Streitigkeit öffentlich- oder bürgerlichrechtlich ist, richtet sich, wenn eine ausdrückliche Rechtswegzuweisung des Gesetzgebers fehlt, nach der **Natur des Rechtsverhältnisses,** aus dem der Klageanspruch hergeleitet wird. Dabei kommt es regelmäßig darauf an, ob die an der Streitigkeit Beteiligten zueinander in einem hoheitlichen Verhältnis der **Über- und Unterordnung** stehen **und** ob sich der Träger der hoheitlichen Gewalt der besonderen, ihm zugeordneten Rechtssätze des öffentlichen Rechts bedient, oder ob er sich den für jedermann geltenden zivilrechtlichen Regelungen unterstellt. Aus einem **Gleichordnungsverhältnis** kann allerdings noch nicht ohne weiteres auf eine bürgerlich-rechtliche Streitigkeit geschlossen werden, weil auch dem öffentlichen Recht eine gleichgeordnete Beziehung zwischen Berechtigtem und Verpflichtetem nicht fremd ist. So liegt es im Wesen – auch des öffentlich-rechtlichen – **Vertrages,** dass sich die Vertragsparteien grundsätzlich gleichberechtigt gegenüberstehen. Für die Abgrenzung von öffentlich-rechtlichem und privatrechtlichem Vertrag kommt es daher auf dessen Gegenstand und Zweck an. Die Rechtsnatur des Vertrages bestimmt sich danach, ob der Vertragsgegenstand dem öffentlichen oder dem bürgerlichen Recht zuzurechnen ist. Dabei ist für den öffentlichen-rechtlichen Vertrag zwischen einem Träger öffentlicher Verwaltung und einer Privatperson typisch, dass er an die Stelle eines sonst möglichen Regelung durch Verwaltungsakt tritt (vgl. § 54 Abs. 2 VwVfG). Über diese Zuordnung des Vertragsgegenstandes entscheidet nach der Rechtsprechung des Bundesgerichtshofes[6] aber auch, ob die Vertragsabmachungen mit ihrem **Schwerpunkt** öffentlich-rechtlich oder privatrechtlich ausgestaltet sind und welcher Teil dem Vertrag das entscheidende Gepräge gibt. 5

2. Beurteilungsgrundlagen. a) Klageanspruch. Maßgebend für die Beurteilung der Frage, ob eine bürgerlich-rechtliche oder eine öffentlich-rechtliche Streitigkeit vorliegt, ist im Regelfall die **Rechtsnatur** des mit der **Klage geltend gemachten Anspruchs,** wie er sich aus dem Klageantrag in Verbindung mit den vom Kläger zur Begründung vorgetragenen Tatsachenbehauptungen ergibt, wobei es auf die Rechtsauffassungen der Parteien nicht ankommt[7] (§ 17 Rn. 7). Bei der **negativen Feststellungsklage,** die sich gegen die entsprechende positive Berühmung des Beklagten richtet und darin ihren Gegenstand findet, muss dagegen auch der Vortrag des Beklagten herangezogen werden, um zu klären, welcher Natur die von ihm beanspruchten Rechte sind.[8] Nach der Auffassung des Gemeinsamen Senats der Obersten Gerichtshöfe des Bundes[9] ist es dabei für die Annahme einer bürgerlich-rechtlichen Streitigkeit noch nicht ausreichend, dass sich der Kläger – oder im Falle der negativen Feststellungsklage der Beklagte – auf eine zivilrechtliche Anspruchsgrundlage beruft. Auf 6

---

1 BVerfG NJW 1992, 359, 360.
2 OLG Düsseldorf NVwZ 1993, 405.
3 *Zö/Gummer* Rn. 5.
4 *KisselMayer* Rn. 211ff.; *Zö/Gummer* Rn. 5ff.; RG JW 1930, 1062; OLG Celle NJW 1971, 288; aA BAG NJW 1962, 1885; OLG Celle OLGZ 1969,1,2; MK/*Wolf* Rn. 3; offen gelassen in: BGH NJW 1953, 825, 826; 1953, 1260, 1261f.
5 GmS-OBG NJW 1986, 2359; 1988, 2295, 2296; 1988, 2297; 1990, 1527; dem folgend: BGH NJW 1992, 1237, 1238; 2001, 3537; BVerwG NJW 2007, 2275, 2276.
6 BGHZ 116, 339, 342 = NJW 1992, 1237, 1238.
7 BGHZ 67, 81, 84 = NJW 1976, 1941, 1942; GmS-OBG BGHZ 102, 280, 283 = NJW 1988, 2295, 2296.
8 GmS-OGB NJW 1988, 2295, 2296; OLG Hamm NJW-RR 1993, 64; OLG Köln OLGZ 1994, 475.
9 GmS-OGB BGHZ 102,280,284 = NJW 1988,2295, 2296; ebenso: BGH NJW 1996, 3012; 1997, 328; OLG Hamm NJW-RR 1993, 64.

der anderen Seite ist es aber nicht erforderlich, dass ein zivilrechtlicher Klageanspruch schlüssig dargetan ist. Maßgebend ist vielmehr, dass der Parteivortrag – seine Richtigkeit unterstellt – Rechtsbeziehungen oder Rechtsfolgen ergibt, für die die Zuständigkeit der Zivilgerichte besteht. Das gilt insbesondere auch dann, wenn die zuständigkeits- und die anspruchsbegründenden Tatsachen zusammenfallen.[10]

7 **b) Anspruchskonkurrenz.** Aus dem Sachvortrag des Klägers – oder im Falle der negativen Feststellungsklage aus dem Vortrag des Beklagten – können sich **mehrere Ansprüche mit unterschiedlicher Rechtswegzuständigkeit** ergeben. Handelt es sich dabei um einen **einheitlichen prozessualen Anspruch,** der auf mehrere, verschiedenen Rechtswegen zugeordnete (auch tatsächlich und rechtlich selbständige) Anspruchsgrundlagen gestützt wird, so ist gemäß § 13 der Zivilrechtsweg gegeben, wenn wenigstens ein Klagegrund eine bürgerlich-rechtliche Streitigkeit darstellt (§ 17 Rn. 7). Bei einer **Mehrheit prozessualer Ansprüche** muss dagegen die Voraussetzung der Zulässigkeit des Rechtsweges und damit das Vorliegen einer bürgerlichrechtlichen Streitigkeit für jeden Anspruch getrennt geprüft werden (§ 17 Rn. 9).

8 **3. Sach- bzw. Entscheidungskompetenz.** Ist der Zivilrechtsweg gemäß § 13 eröffnet, so kommt dem zuständigen Gericht gemäß § 17 Abs. 2 S. 1 eine **rechtswegüberschreitende** Sach- bzw. Entscheidungskompetenz zu (§ 17 Rn. 6–10). Das bedeutet, dass das angerufene Gericht im Falle eines **einheitlichen prozessualen Anspruchs** über sämtliche Klagegründe – ohne Rücksicht darauf, welchem Rechtsgebiet sie angehören – entscheidet (§ 17 Rn. 7–8).

9 **a) Entscheidung über öffentlich-rechtliche Vorfragen.** Im Rahmen des § 17 Abs. 2 S. 1 müssen die Zivilgerichte auch selbständig über öffentlich-rechtliche Vorfragen – soweit sie nicht bereits rechtskräftig entschieden sind – befinden.[11] Sie dürfen insoweit nur prüfen, ob der Verwaltungsakt besteht (dh. erlassen und nicht aufgehoben ist) oder nicht besteht (dh. nicht erlassen, nichtig oder aufgehoben ist).[12] Die Zivilgerichte sind allerdings grundsätzlich – ausgenommen sind Entschädigungsansprüche[13] (s. aber Rn. 20) – nicht befugt, zu prüfen, ob der Verwaltungsakt rechtmäßig ist und mit oder ohne Erfolg angefochten werden kann.[14] Ist über die Vorfrage ein Verfahren vor dem Verwaltungsgericht anhängig oder bei der Verwaltungsbehörde ein Rechtsbehelf eingelegt, so hat das Zivilgericht das Verfahren gemäß § 148 ZPO auszusetzen und die Entscheidung abzuwarten.[15]

10 **b) Bindung an Entscheidungen anderer Gerichte oder Behörden.** Bei ihrer Entscheidung sind die Zivilgerichte an die Entscheidungen von Verwaltungs-, Arbeits-, Finanz- und Sozialgerichten sowie von Verwaltungsbehörden gebunden, soweit das **gesetzlich** ausdrücklich **normiert** ist. Eine Bindung besteht darüber hinaus an **rechtsgestaltende Verwaltungsakte**[16] und an die **Tatbestandswirkung**[17] des Bestehens oder Nichtbestehens eines Verwaltungsaktes. Außerdem sind die Zivilgerichte an die Entscheidungen von Gerichten anderer Gerichtsbarkeiten im Rahmen der **materiellen Rechtskraft** (§§ 322, 325 ZPO) gebunden, sofern es sich um einen Rechtsstreit zwischen denselben Beteiligten handelt.[18] **Keine Bindung** besteht dagegen an **nichtige Entscheidungen,** dh. wenn ein Verwaltungsakt oder Urteil auf so grobe Weise fehlerhaft ist, dass es gesetzlich überhaupt nicht gerechtfertigt werden kann und von jedermann als rechtsunwirksam zu erkennen ist.[19]

11 **c) Entscheidung über Aufrechnung mit öffentlich-rechtlicher Gegenforderung.** Die Zivilgerichte sind im Rahmen des § 17 Abs. 2 S. 1 zu einer rechtswegüberschreitenden Entscheidung über eine im Wege der Prozessaufrechnung geltend gemachte rechtswegfremde – insbesondere öffentlich-rechtliche – Gegenforderung **nur** berechtigt, wenn die Forderung **rechtskräftig oder bestandskräftig festgestellt oder unbestritten ist** (s. insoweit § 17 Rn. 10 und 12).

III. Zuweisung von Zivilsachen an Behörden und besondere Gerichte

12 Gemäß § 13 dürfen die ordentlichen Gerichte nicht über bürgerliche Rechtsstreitigkeiten entscheiden, für die entweder die Zuständigkeit von Verwaltungsbehörden oder Verwaltungsgerichten begründet ist oder auf Grund von Vorschriften des Bundesrechts besondere Gerichte bestellt oder zugelassen sind.

13 **1. Zuweisung an besondere Gerichte.** Die **besondere streitige Zivilgerichtsbarkeit** wird kraft Bundesrechts durch die **Schifffahrtsgerichte** (§ 14) und das **Bundespatentgericht** (Art. 96 Abs. 1 GG, § 65 PatG) ausgeübt (s. Einl. Rn. 19 und § 12 Rn. 6). Besondere Gerichte im Sinne von § 13 sind daneben aber auch die **Arbeitsgerichte** (§§ 2, 2a ArbGG; zur Zuständigkeitsabgrenzung zwischen Arbeitsgerichtsbarkeit und ordentlicher Gerichtsbarkeit s. § 17 Rn. 2).

14 **2. Zuweisung an Verwaltungsgerichte.** Bundesgesetzliche Zuweisungen bürgerlicher Rechtsstreitigkeiten an Verwaltungsgerichte sind bisher – soweit ersichtlich – nicht getroffen worden. § 13 gestattet aber auch landesrechtliche Zuweisungen, soweit bundesrechtliche Vorschriften nicht getroffen sind.[20] Hierbei ist jedoch § 4 EGZPO zu beachten, wonach für bürgerliche Rechtsstreitigkeiten, für welche nach dem Ge-

---

[10] BGH NJW 1996, 3012.
[11] BGHZ 117, 159 = NJW 1992, 1384.
[12] *T/P/Hüßtege* Rn. 25.
[13] BGH NJW 1991, 700, 701; 1991, 1168 mit abl. Anm. *Jeromin* NVwZ 1991, 543ff.; 1993, 1580, 1581.
[14] BGHZ 4, 68, 71; 24, 386 = NJW 1957, 1402.
[15] BGH NJW-RR 1988, 339, 341.
[16] BGHZ 122, 1, 5 = NJW 1993, 1580, 1581.
[17] BGHZ 112, 363, 365 = NJW 1991, 700, 701.
[18] BGHZ 117, 159, 166 = NJW 1992, 1384, 1386; BGH NJW 1994, 1950.
[19] BGHZ 24, 386, 391 = NJW 1957, 1402, 1403; 73, 114, 117 = NJW 1979, 597.
[20] BGHZ 21, 214, 217 = NJW 1956, 1399; *Zö/Gummer* Rn. 52.

genstand oder der Art des Anspruchs der Rechtsweg zulässig ist, der Rechtsweg durch die Landesgesetzgebung nicht aus dem Grunde ausgeschlossen werden darf, weil als Partei der Fiskus, eine Gemeinde oder eine andere öffentliche Korporation beteiligt ist.

3. Zuweisung an Verwaltungsbehörden. Wegen des in Art. 92 GG normierten Rechtsprechungsmonopols ist die Übertragung von Rechtsprechungsangelegenheiten in Zivilsachen auf Verwaltungsbehörden verfassungswidrig.[21] Verfassungsrechtlich unbedenklich ist jedoch die Zuweisung sog. **Vorschaltverfahren**[22] (zB Vorverfahren in Wildschadenssachen gemäß § 35 BJagdG iVm. den entsprechenden landesrechtlichen Vorschriften; s. § 23 Rn. 13) an Verwaltungsbehörden, die vor Anrufung der ordentlichen Gerichte durchgeführt werden müssen. 15

IV. Zuständigkeit der Zivilgerichte kraft Zuweisung

§ 13 wird durch eine Reihe von Vorschriften ergänzt, die für andere als bürgerliche Rechtsstreitigkeiten ausdrücklich die Zuständigkeit der Zivilgerichte begründen. Den ordentlichen Gerichten sind insbesondere folgende **öffentlich-rechtliche Streitigkeiten** zur Entscheidung zugewiesen: 16

1. Vermögensrechtliche Aufopferungsansprüche (§ 40 Abs. 2 S. 1 VwGO). Dazu zählen auch Ausgleichsansprüche im Rahmen der Sozialbindung des Eigentums, insbesondere Klagen wegen der Entschädigung nach Art. 36 Abs. 1 BayNatSchG.[23] 17

2. Ansprüche aus öffentlich-rechtlicher Verwahrung (§ 40 Abs. 2 S. 1 VwGO). Hierunter fallen jedoch nur Ansprüche des Bürgers **gegen** den Staat.[24] 18

3. Schadensersatzansprüche aus der Verletzung öffentlich-rechtlicher Pflichten. Hierher gehören alle Ansprüche aus Amtspflichtverletzung (Art. 34 S. 3 GG, § 839 BGB; zur ausschließlichen sachlichen Zuständigkeit der Landgerichte s. § 71 Rn. 7–8) einschließlich der Rückgriffsansprüche sowie sonstige Schadensersatzansprüche aus der Verletzung öffentlich-rechtlicher Pflichten, die nicht auf einem öffentlich-rechtlichen Vertrag beruhen (§ 40 Abs. 2 S. 1 VwGO). Gleiches gilt für Ansprüche wegen Verschuldens bei der Anbahnung oder dem Abschluss eines öffentlich-rechtlichen Vertrages (culpa in contrahendo).[25] Die Zivilgerichte sind **nicht zuständig** für Ansprüche des Staates gegen den Bürger[26], Folgenbeseitigungsansprüche und Ansprüche, für die ein besonderer Rechtsweg vorgesehen ist (zB § 51 SGG).[27] 19

4. Ansprüche auf Enteignungsentschädigung (Art. 14 Abs. 3 S. 4 GG). Die Zuständigkeit der Zivilgerichte bezieht sich nicht nur auf die Höhe der Enteignungsentschädigung, sondern auch auf deren Grund[28] und Art[29]. Außerdem werden alle Entschädigungsansprüche wegen **enteignendem** (rechtmäßigen)[30] und **enteignungsgleichem** (rechtswidrigen)[31] Eingriff von dieser Vorschrift erfasst (zur ausschließlichen sachlichen Zuständigkeit der Landgerichte in Entschädigungssachen s. § 71 Rn. 12). Von der Zuweisung an die ordentlichen Gerichte sind **isolierte** (s. aber Rn. 9) Ansprüche über die **Rechtmäßigkeit** der Enteignung **nicht** betroffen; über die Frage, ob die Enteignung zulässig ist und welche Rechtsgüter der Enteignete zum Wohl der Allgemeinheit aufgeben muss, kann daher nur durch Anrufung der übergeordneten Verwaltungsbehörden oder Verwaltungsgerichte nachgeprüft werden.[32] 20

5. Entscheidung über die Rechtmäßigkeit von Verwaltungsakten. In besonderen Fällen (zB §§ 217ff. BauGB; § 223 BRAO; §§ 23ff. EGGVG; § 62 Abs. 4 GWB) sind die Zivilgerichte auch zur Entscheidung über die Rechtmäßigkeit von Verwaltungsakten berufen. 21

6. Ersatzzuweisung gemäß Art. 19 Abs. 4 S. 2 GG. Wird jemand durch die öffentliche Gewalt in seinen Rechten verletzt, so ist gemäß Art. 19 Abs. 4 S. 2 GG der ordentliche Rechtsweg gegeben, soweit eine andere Zuständigkeit nicht begründet ist. Die Vorschrift, die nach allgM[33] praktisch nicht zur Anwendung kommt, bewirkt jedoch in Amtshaftungsprozessen keine Zuständigkeitserweiterung der Zivilgerichte dahingehend, dass diese berechtigt sind, den Verwaltungsakt aufzuheben oder seine Vollziehung zu untersagen.[34] Sie schafft insbesondere auch keine Ersatzzuständigkeit der ordentlichen Gerichte für den Fall, dass sich der durch die öffentliche Gewalt in seinen Rechten Verletzte einen ursprünglich vorhandenen anderen Rechtsweg – etwa durch Versäumung der Klagefrist – selbst verschlossen hat.[35] 22

---

[21] BGHZ 14, 294, 295f. = NJW 1954, 1483; vgl. auch BVerfGE 10, 200, 216f. = NJW 1960, 187, 188.

[22] BVerfGE 4, 387,409 = NJW 1956, 625ff.; 8, 240, 246; BGHZ 85, 100, 106; zweifelnd: *Hüttenhofer* NJW 1989, 699f.

[23] BGHZ 128, 204 = NJW 1995, 964 mit krit. Anm. *Schoch* JZ 1995, 768ff. u. Anm. *Osterloh* JuS 1996, 466; *Rinne* DVBl. 1994, 23ff.; *Schenke* NJW 1995, 3145ff.; *Schlette* JuS 1996, 204, 208; aA BVerwGE 94, 1,6ff. = NJW 1993, 2949f.; *Lege* NJW 1995, 2745ff.

[24] LG Köln NJW 1965, 1440, 1441.

[25] BGH NJW 1986, 1109; *Lüke* JuS 1980, 644, 647; *T/P/Hüßtege* Rn. 21; *Zö/Gummer* Rn. 56; aA BVerwG NJW 1973, 2172 (LS); *Scherer* NVwZ 1986, 540f.; *Kissel/Mayer* Rn. 68; MK/*Wolf* Rn. 23.

[26] BGHZ 43, 269 = NJW 1965, 1179.

[27] BSG NJW 1984, 1422, 1424.

[28] BVerwG NJW 1954, 525.

[29] BGHZ 9, 242, 250.

[30] BGH NJW 1984, 1876, 1877; 1993, 1700, 1701; BVerwGE 94, 1, 8 = NJW 1993, 2949, 2951; *Papier* NVwZ 1983, 258ff.; aA *Schwerdtfeger* JuS 1983, 104, 110.

[31] BGH NJW 1984, 1169, 1171f.; 1995, 964, 965; *Papier* NVwZ 1983, 258ff.; *Schwerdtfeger* JuS 1983, 104, 110.

[32] BVerfGE 58, 300 = NJW 1982, 745; BGHZ 9, 242, 249f.

[33] Für viele: *Redeker/von Oertzen* § 40 VwGO Rn. 2.

[34] BGHZ 14, 222, 229 = NJW 1954, 1486, 1487; OLG Hamburg MDR 1951, 51.

[35] BGHZ 22, 32 = NJW 1956, 1873; OLG Hamburg MDR 1954, 51, 52.

V. Zuständigkeit der Zivilgerichte im Einzelnen

23 Die Wahl des Rechtsweges bestimmt sich in erster Linie danach, welchem **Rechtsgebiet** die materiellrechtlichen Vorschriften angehören, aus dem sich nach dem Tatsachenvortrag des Klägers (möglicherweise) die erstrebte Rechtsfolge ergibt.[36] **Bürgerliche Rechtsstreitigkeiten** sind demnach nicht nur alle Streitigkeiten aus Rechtsverhältnissen des BGB, sondern auch solche aus folgenden zivilrechtlichen Gesetzen: AktG, AnfG, GenG, GmbHG, GWB, HGB, InsO, PatG, ProdHaftG, ScheckG, StVG, UrhG, UWG, VglO, VVG, WEG, WG und ZVG. Darüber hinaus sind die ordentlichen Gerichte – soweit nicht bereits eine Zuständigkeit der Zivilgerichte kraft Zuweisung (Rn. 16–22) vorliegt – auf Grund der oben geschilderten Abgrenzungskriterien (Rn. 5) insbesondere für folgende Rechtsstreitigkeiten zuständig:

24 Entscheidung über Klage auf Zahlung der **Abschleppkosten,** wenn die Polizei den Unternehmer beauftragt hat, ein verbotswidrig geparktes Fahrzeug abzuschleppen[37]; Entscheidung über Streitigkeiten zwischen dem Abwickler und dem bisherigen Inhaber einer **Anwaltspraxis**[38]; Entscheidung über Klage eines ehemaligen **Arbeitnehmers** gegen seinen früheren Arbeitgeber auf Herausgabe eines Computerprogramms, das der Arbeitnehmer geschaffen oder eingebracht hat[39]; Entscheidung über Unterlassungsanspruch eines früheren **Arbeitnehmers** gegen seinen früheren Arbeitgeber bei Streit um Erfinderrecht[40]; Entscheidung des Amtsgerichts in **Arrestsachen** neben dem Gericht der Hauptsache, soweit arbeitsrechtliche Streitigkeiten betroffen sind (§§ 48 Abs. 1 ArbGG, 916 ZPO)[41]; Entscheidung von Streitigkeiten aus einer Rahmenvereinbarung über die Belieferung von Patienten mit **Arzneimitteln,** die zwischen einem Verein von Apothekern und Trägern der Sozialhilfe, die Krankenhilfe nach § 37 BSHG zu gewähren haben, geschlossen ist[42]; Entscheidung über Ansprüche wegen **ärztlicher** Kunst- bzw. Behandlungsfehler[43]; Entscheidung über Honorarklagen eines **Arztes** gegen einen Kassenpatienten[44]; Entscheidung über Streitigkeiten betr. die Vergabe von **öffentlichen Aufträgen** mit einem Auftragswert unterhalb der in der Vergabeordnung genannten Schwellenwerte[45]; Entscheidung über Streitigkeiten, die die **Auftragsvergabe** durch öffentlich-rechtliche Gebietskörperschaften auf Grund einer Ausschreibung nach der Verdingungsordnung für Leistungen (Teil A) betreffen[46]; Entscheidung von **äußerungsrechtlichen** Streitigkeiten[47]; Entscheidung von Streitigkeiten über die Benutzung der **Bahn**[48]; Entscheidung über Immissionsabwehrklagen gegen die **Deutsche Bahn AG**[49]; Entscheidung über Klage einer Gemeinde gegen die **Deutsche Bahn AG** auf Unterlassung von Castor-Transporten durch ihr Gemeindegebiet[50]; Entscheidung über Herausgabeansprüche **nach strafprozessualer Beschlagnahme**[51]; Entscheidung über Streitigkeiten über vorzeitige **Besitzeinweisungen** (Kammer für Handelssachen)[52]; Entscheidung über Streitigkeiten aus zwischen der Bundesanstalt für Arbeit und Trägern der beruflichen Bildung geschlossenen Verträgen über die Durchführung beruflicher **Bildungsmaßnahmen**[53]; Entscheidung über Ansprüche aus öffentlichrechtlicher **culpa in contrahendo**[54]; Entscheidung über Klagen, die sich auf das Recht der früheren **DDR** beziehen: s. 3. Auflage; Entscheidung über Streit auf Erlass einer **Entgeltregelung** für Friedhof, dessen Benutzung bürgerlich-rechtlich geregelt ist[55]; Entscheidung von **Folgekostenstreitigkeiten** zwischen Träger der Straßenbaulast und Energieversorgungsunternehmen[56]; Entscheidung über Rechtstreitigkeiten im Zusammenhang mit dem Beschäftigungsvertrag zwischen einem **Frachtführer** und einem Spediteur[57]; Entscheidung über Ansprüche eines **Franchisegebers** gegen eine auf Provisionsbasis als Franchisenehmerin tätige Marktleiterin[58]; Entscheidung über Streit um Zustimmung der **Gemeinde** zur Wohnungsvermietung[59]; Entscheidung über Streitigkeiten aus einer in einem mit der **Gemeinde** abgeschlossenen notariellen Grundstückskaufvertrag übernommenen Bau- bzw. Rückbauverpflich-

---

[36] AGH Sachsen-Anhalt NJW-RR 1995, 1206, 1207.
[37] BGH NJW 1977, 629; BVerwG DÖV 1973, 244f.
[38] AGH Sachsen-Anhalt NJW-RR 1995, 1206.
[39] BAG NJW 1997, 1025.
[40] BAG NZA 1997, 1181 = NJW 1998, 404 (LS).
[41] LG Fulda NJW 1996, 265.
[42] BGH NJW 2000, 872.
[43] *Tiemann* NJW 1985, 2169ff.
[44] AG Köln NJW 1995, 789; aA AG Köln NJW 1990, 2939.
[45] BVerwG NJW 2007, 2275 m. weit. Nachw. und Anm. *Ennuschat/Ulrich* NJW 2007, 2224ff.
[46] OVG Schleswig NZBau 2000, 216 (LS); VG Chemnitz NVwZ-RR 1997, 198.
[47] BGH NJW 2000, 2358; 2003, 1192; OLG Köln NVwZ 2000, 351.
[48] Vgl. Art. 2 ENeuOG v. 27. 12. 1993, BGBl. S. 2378, 2386ff.
[49] BGH NJW 1997, 744.
[50] VG Darmstadt NJW 1998, 771; LG Darmstadt NJW 1998, 763.
[51] OLG Stuttgart NStZ-RR 2002, 111, 112 m. weit. Nachw.; OLG Koblenz OLGReport 2005, 883.
[52] BVerwG NVwZ-RR 1999, 485; OVG Bautzen VIZ 1998, 702 = NJW 1999, 517 (LS); VGH München NVwZ 1999, 1015.
[53] BSG NZS 1999, 56 (LS).
[54] BGH NJW 1986, 1109; BVerwG NJW 2002, 2894 mit abl. Anm. *Dötsch* NJW 2003, 1430ff.; VGH Mannheim NJW 2005, 2636; vgl. auch BGH NJW 1991, 97 (LS) = NVwZ 1990, 1103; aA OVG Weimar NJW 2002, 386; OVG Koblenz NJW 2003, 3724.
[55] VGH München NVwZ-RR 1995, 59.
[56] BGH NJW 2001, 3059 (LS) = LKV 2001, 335.
[57] BGH NJW 1999, 648; OLG Naumburg OLG-NL 1998, 209.
[58] BGH NJW-RR 2000, 1436.
[59] VGH München NVwZ-RR 2000, 121.

tung[60]; Entscheidung über Streitigkeiten aus sog. **gemischten Verträgen,** wenn das einschlägige Vertragselement zivilrechtlicher Natur ist[61]; Entscheidung über Kündigungsschutzklage eines Dienstnehmers, der zum **Geschäftsführer** einer GmbH bestellt werden soll und dessen Bestellung unterbleibt[62]; Entscheidung über Klage des **Geschäftsführers** einer GmbH gegen die Kündigung seines Anstellungsvertrages[63]; Entscheidung von Streitigkeiten zwischen dem **Geschäftsführer** einer Komplementär-GmbH und der KG[64]; Entscheidung über ein von der Sparkasse gegen einen Benutzer ausgesprochenes **Hausverbot**[65]; Entscheidung über Rückforderung von **„Hermes"-Bürgschaften** durch die Bundesrepublik Deutschland[66]; Entscheidung über **Insolvenzanfechtung** einer Steuerzahlung des Schuldners an die Finanzbehörden[67]; Entscheidung über Rechtsstreitigkeiten um den Abschluss eines **Jagdpachtvertrages,** auch wenn eine Körperschaft des öffentlichen Rechts Verpächter ist[68]; Entscheidung über unterhaltsrechtliche Feststellungsklage gegen **Jugendamt** als Beistand[69]; Entscheidung über Ansprüche aus der Vereinbarung eines Grundstückseigentümers mit einer Gemeinde über die Verlegung eines **gemeindlichen Kanals** in einem privaten Grundstück[70]; Entscheidung über Nachbarklage gegen das Zeitschlagen von **Kirchenglocken**[71]; Entscheidung über die Klage eines Kindes auf Aufnahme in einen **kirchlichen Kindergarten,** wenn die Kirchengemeinde als kirchlicher Träger des Kindergartens verklagt wird[72]; Entscheidung über Klage eines privaten Unternehmens gegen eine **Körperschaft des öffentlichen Rechts** wegen wettbewerbswidrigen Verhaltens.[73]

Vor den ordentlichen Gerichten sind weiterhin folgende Rechtsstreitigkeiten auszutragen: Entscheidung 25
von Streitigkeiten zwischen privaten Krankentransportunternehmen und **gesetzlichen Krankenkassen** wegen Abrechnung von Krankentransporten[74]; Entscheidung über Klage eines Verbraucherschutzverbandes gegen eine **gesetzliche Krankenkasse** auf Unterlassung von Telefonwerbung[75]; Entscheidung über Unterlassungsklage gegen Presseerklärung einer **Krankenkasse**[76]; Entscheidung über wettbewerbsrechtliche Ansprüche gegen eine **gesetzliche Krankenkasse,** die ausschließlich auf wettberwerbsrechtliche Normen gestützt werden[77]; Entscheidung über Klage einer **gesetzlichen Krankenkasse** wegen nicht entrichteter Gesamtsozialversicherungsbeiträge[78]; Entscheidung von Streitigkeiten zwischen dem Fachhandel und den Trägern der **gesetzlichen Krankenversicherung** über die Zulässigkeit der Wiederverwendung der den Krankenkassen gehörenden Hilfsmittel[79]; Entscheidung von Streitigkeiten zwischen nichtärztlichen Leistungserbringern und Trägern der **gesetzlichen Krankenversicherung** über die Vergütung medizinischer Badeleistungen[80]; Entscheidung von Klagen auf Zulassung zur Belieferung von Versicherten mit Heil- und Hilfsmitteln auf Grund eines Vertrages zwischen Trägern der **gesetzlichen Krankenversicherung** oder ihren Verbänden mit Leistungserbringern[81]; Entscheidung über Rechtsstreitigkeiten zwischen der **Krankenversorgung der Bundesbahnbeamten** und ihren Mitgliedern über tarifliche Leistungen[82]; Entscheidung von Streitigkeiten zwischen **ausländischem Kreditinstitut** und ihrem früheren gesetzlichen Vertreter nach § 53 Abs. 2 Nr. 1 KWG[83]; Entscheidung über Rückzahlungsansprüche eines **Kreditinstituts,** das im Rahmen eines staatlichen Förderprogramms im eigenen Namen Gelder an Private ausgezahlt hat[84]; Entscheidung über Klage eines **Psychiatrischen Landeskrankenhauses** gegen einen Patienten auf Zahlung der Behandlungskosten, wenn sich der Patient – nach anfänglicher Zwangsunterbringung – freiwillig weiterbehandeln lässt[85]; Entscheidung von Streitigkeiten über Entsendung von Delegierten der **Landeskrankenhausgesellschaft**[86]; Entscheidung über Schadenersatzansprüche der **LPG** gegen ein geschäftsführendes Vorstandsmit-

---

60 BGH NJW-RR 2004, 142.
61 BAG NJW 1969, 1192; BGH NJW 1998, 909; BVerwG DÖV 1981, 879; aA (Schwerpunkt der gesamten Vereinbarung): BGH NJW 1980, 826; 1985, 1892, 1893; 1987, 773; 1992, 1237, 1238; OLG Schleswig NJW 2004, 1052; offen gelassen in BGH NJW-RR 2004, 142, 143.
62 BAG NJW 1998, 260.
63 BAG NJW 1999, 3069.
64 BAG NJW 2003, 3290 unter Aufgabe von NJW 1983, 2405 und NJW 3338; OLG Hamm NZA-RR 1998, 372, OLG München DB 2003, 1503, 1504; LG Braunschweig NJW 1976, 1748; ArbG Jena NZA-RR 1999, 438.
65 OVG Münster NJW 1995, 1573.
66 BGH NJW 1997, 328.
67 OLG Hamm NJW-RR 2003, 1692.
68 VGH Kassel NJW 1996, 474.
69 OVG Münster NJW 2002, 458.
70 VGH München NVwZ-RR 1996, 343.
71 BVerwG NJW 1994, 956; weiter gehend: *Lorenz* JuS 1995, 492ff. u. NJW 1996, 1855ff.
72 OVG Münster NVwZ 1996, 812 = NJW 1996, 2809 (LS).
73 BGHZ 67, 81 = NJW 1976, 1941.
74 BGH NJW 1991, 2963, 2964f.; OLG Hamburg NJW-RR 1998, 404; aA OLG Naumburg NJW 1998, 1289.
75 BGH NJW 1998, 3418; OLG Hamm WRP 2002, 753.
76 BGH NJW 2003, 1192.
77 BGH NJW 2007, 1819.
78 OLG Frankfurt/M OLGReport 2007, 637.
79 GmS-OGB BGHZ 102, 280 = NJW 1988, 2295.
80 GmS-OGB NJW 1988, 2297.
81 GmS-OGB BGHZ 97, 312 = NJW 1986, 2359.
82 BGH NJW 1981, 2005; BVerwG NVwZ-RR 1997, 194.
83 BAG NZA 1998, 51 = NJW 1998, 1014 (LS).
84 BGH NJW 2000, 1042; 2003, 2451, 2452; BVerwG NJW 2006, 2568.
85 SchlHOLG SchlHA 1994, 171.
86 BVerwG NJW 1995, 1628 (LS) = DVBl 1995, 1087.

glied aus pflichtwidrigem Verhalten vor und nach dem 7. 7. 1991[87]; Entscheidung einer auf einen privatrechtlichen Vertrag gestützten Klage gegen den **Nachbarn,** auf die Einhaltung öffentlich-rechtlicher Abstandsflächen zu verzichten[88]; Entscheidung über Ansprüche des **Notarverwalters** gegen den früheren Amtsinhaber auf Herausgabe von Gebührenvorschüssen[89]; Entscheidung über Streitigkeiten auf Grund von **Nutzungsverträgen** mit dem Rat der Stadt/des Kreises über landwirtschaftlichen Grundbesitz[90]; Entscheidung von Streitigkeiten zwischen zwei **politischen Parteien** wegen Unterlassung oder Widerruf[91]; Entscheidung von Rechtsstreit zwischen zwei **politischen Parteien** über die Verteilung von bereits ausgezahlter und hinterlegter Wahlkampfkostenerstattung[92]; Entscheidung von Streitigkeit zwischen einer **politischen Partei** und einer Sparkasse über den Abschluss eines Kontoführungsvertrages und die Einrichtung eines Girokontos[93]; Entscheidung über Klagen von **Pharmaunternehmen** gegen Festbetragsregelungen, die auf deliktsrechtliche oder wettbewerbsrechtliche Anspruchsgrundlagen iVm der Verletzung europäischen Kartellrechts (Art. 85, 86 EGV) gestützt werden[94].

26 Bürgerliche Rechtsstreitigkeiten, die nach § 13 vor die ordentlichen Gerichte gehören, liegen schließlich auch in folgenden Fällen vor: Entscheidung über wettbewerbsrechtliche Klagen der **Deutschen Post AG** gegen andere Unternehmen wegen Unterlassung der Remailing-Tätigkeit und der darauf gerichteten Werbung[95]; Entscheidung von Streitigkeiten über die Zulassung zur Benutzung von Einrichtungen des **Postwesens**[96]; Entscheidung über Altforderungen der **Postbank,** bei denen das Konto vor dem 1. 7. 1991 gelöscht wurde und über die bereits ein öffentlich-rechtlicher Leistungsbescheid besteht[97]; Entscheidung über die Rechtmäßigkeit von Prüfungsentscheidungen (staatlich nicht anerkannter) **privater Ergänzungsschulen**[98]; Entscheidung über Streitigkeiten, die sich aus der Entlassung eines Schülers von einer **privaten Ersatzschule** ergeben[99]; Entscheidung über Honorarklage eines **Rechtsanwaltes,** der seinen Mandanten in einem Arbeitsgerichtsprozess vertreten hat[100]; Entscheidung über Rückforderungsansprüche nach strafrechtlicher **Rehabilitierung**[101]; Entscheidung über Unterlassungsansprüche der von Sendungen einer **öffentlich-rechtlichen Rundfunkanstalt** in ihrem Persönlichkeitsrecht betroffenen Bürger[102]; Entscheidung über wettbewerbsrechtliche Klage eines privaten Rundfunkveranstalters gegen eine **öffentlich-rechtliche Rundfunkanstalt**[103]; Entscheidung über **Schadensersatzansprüche** wegen Verletzung öffentlich-rechtlicher Pflichten, die nicht auf einem öffentlich-rechtlichen Vertrag beruhen[104]; Entscheidung über Anspruch auf Herausgabe einer **schenkweisen Zuwendung nach § 822 BGB,** auch wenn im Wege der Vorfrage das Bestehen eines öffentlich-rechtlichen Rückerstattungsanspruchs gegen den Schenker zu klären ist[105]; Entscheidung über eine Klage, mit der sich ein Grundstücksnachbar gegen die außerschulische Nutzung eines **Schulhofes** zu Spiel- und Kommunikationszwecken wendet[106]; Entscheidung über Streit um Nutzungsentgelt für Parken auf **Schulhof** durch Lehrer[107]; Entscheidung über Klage des Vermieters gegen den **Sozialhilfeträger** auf Grund einer Verpflichtungserklärung nach § 554 Abs. 2 Nr. 2 S. 1 Alt. 2 BGB[108]; Entscheidung über Streitigkeiten zwischen Hinterbliebenen eines Verstorbenen über Bestattungsart, Grabanlage und Grabpflege (**Totenfürsorge**)[109]; Entscheidung über **städtebauliche Verträge** von Gemeinden mit Grundstückseigentümern[110]; Entscheidung über Rückzahlungsansprüche eines Kreditinstituts gegen den **Steuerfiskus**[111]; Entscheidung von Klagen gegen Veräußerungen von Geschäftsanteilen einer GmbH durch die **Treuhandanstalt**[112]; Entscheidung über Zahlungsansprüche der **Treuhandanstalt** aus dem Gesichtspunkt der ungerechtfertigten Bereicherung wegen rechtsgrundloser Gewinnausschüttungen und Tantiemenzahlungen eines Treuhandunternehmens[113];

---

87 Brandenburgisches OLG OLG-NL 1996, 259.
88 AG Cham NJW 1995, 1228.
89 BGH NJW 2000, 2428.
90 BGH DtZ 1995, 130 = LM Nr. 201; OLG Rostock DtZ 1994, 217.
91 OLG Karlsruhe NJW 1972, 1810; OLG München NJW-RR 1989, 1191.
92 OLG Brandenburg NJW 1998, 910.
93 VG Hannover NJW 2001, 3354.
94 OLG Düsseldorf NZW 1998, 290.
95 BGHZ 130, 13 = NJW 1995, 2295; BGH NJWE-WettbR 1996, 25; s. insoweit auch *Gramlich* NJW 1996, 617ff.
96 OLG Frankfurt/M NJW 1993, 2945; 1994, 1226; *Gramlich* NJW 1994, 985f.
97 OLG Stuttgart OLGR 1998, 282; LG Köln NJW-RR 1999, 1372; aA *Meyer-Abich* MDR 2002, 67f.
98 BVerwGE 45, 117; OLG Dresden OLG-NL 2001, 31.
99 OVG Münster NJW 1998, 1579.
100 BAG NJW 1998, 1092; aA LAG Hamm DB 1984, 2256 (LS); LAG Hamburg MDR 1995, 213.
101 BGH NStZ-RR 1996, 204 = DtZ 1997, 60.
102 BVerwG NJW 1994, 2500.
103 OLG Dresden NJW 1998, 558.
104 BVerwG NVwZ 2003, 1383 = NJW 2004, 1680 (LS).
105 KG NJW-RR 2007, 144 mit Anm. *Deubner* JuS 2007, 528f.
106 LG Lüneburg NdsVBl. 1997, 66.
107 OVG Koblenz NVwZ-RR 1999, 582.
108 BVerwG NJW 1994, 1169.
109 BVerwG NJW 1993, 2695, 2696 mit krit. Anm. *Grziwotz* NJW 1997, 237f.
110 KG FamRZ 1969, 414, 415; OLG Frankfurt/M. NJW-RR 1989, 1159, 1160; LG München FamRZ 1982, 849; AG Grevenbroich NJW 1998, 2063.
111 BGH NJW 2003, 433.
112 KG DtZ 1994, 219.
113 KG NJW 1994, 2701.

Entscheidung über Ansprüche aus einem (Landbeschaffungs-) **Überlassungsvertrag**[114]; Entscheidung über Entgeltansprüche für Dienstleistungen in einem **Verein**[115]; Entscheidung über Ansprüche auf Erfüllung eines **Vergleichsvertrages**[116]; Entscheidung über Unterlassungsanspruch des privaten Krankenversicherers gegen unlautere Werbung eines öffentlich-rechtlichen **Versicherungsträgers**[117]; Entscheidung über Ansprüche nach dem **VermG:** s. Vorauflage; Entscheidung über Vergütungsanspruch eines öffentlich bestellten **Vermessungsingenieurs**[118]; Entscheidung über Klage eines Anspruchsberechtigten auf Herausgabe angeblich zugeordneter **Vermögenswerte** auf der Grundlage eines nach § 2 VZOG ergangenen Zuordnungsbescheides[119]; Entscheidung über **wettbewerbsrechtlichen** Streit um die Vergütung für Heilbehandlungen[120]; Entscheidung über **wettbewerbsrechtlichen** Streit um die Zuschussgewährung einer Gemeinde beim Kauf einer wassersparenden Waschmaschine[121]; Entscheidung über Klage eines Bürgermeisters auf **Widerruf** persönlicher Vorwürfe, welche ein Mitglied des Gemeinderates ihm gegenüber in einer Gemeinderatssitzung erhoben hat[122]; Entscheidung über internen Streit von **Wohnungsmiteigentümern**[123]; Entscheidung über **Zusammenhangsklage,** wenn die Zuständigkeit allein aus der Verbindung mit einem sic-non-Antrag folgen kann[124]; Entscheidung über Streitigkeiten zwischen einer **Zusatzversorgungskasse** und ihren Versicherten bzw. Versorgungsempfängern[125]; Entscheidung über Entschädigungsansprüche eines ehemaligen **Zwangsarbeiters**[126].

VI. Zuständigkeit von Gerichten anderer Gerichtsbarkeiten

Ist für eine Rechtsstreitigkeit der ordentliche Rechtsweg nicht eröffnet, so sind entweder die Verwaltungs- (**VG**), Finanz- (**FG**), Arbeits- (**ArbG**) oder Sozialgerichte (**SG**) zuständig. Das ist insbesondere bei folgenden Rechtsstreitigkeiten der Fall: Entscheidung über Ansprüche des Fahrzeugeigentümers gegen die Polizei auf Rückzahlung von **Abschleppkosten**[127] **(VG);** Entscheidung von Streitigkeiten zwischen **Arbeitnehmern,** die nicht bei demselben Arbeitgeber beschäftigt sind, aus unerlaubter Handlung[128] **(ArbG);** Entscheidung über arbeitsvertragliche Ansprüche eines **Arbeitnehmers** gegenüber der Konzernobergesellschaft seiner Arbeitgeberin[129] **(ArbG);** Entscheidung über Klage eines **Arbeitnehmer-Gesellschafters** gegen nachvertragliches Wettbewerbsverbot[130] **(ArbG);** Entscheidung über Klage eines **Arbeitnehmers,** mit der er jemanden als Vertreter ohne Vertretungsmacht auf die Erfüllung von Ansprüchen aus dem Arbeitsverhältnis oder auf Schadenersatz für solche Forderungen in Anspruch (§ 179 BGB) nimmt[131] **(ArbG);** Entscheidung über Klage eines Medikamentenherstellers gegen AOK wegen Rundschreibens zu umstrittenen **Arzneimitteln**[132] **(SG);** Entscheidung über Klage von **Arzneimittelherstellern** gegen **Verordnungsempfehlungen**[133] **(SG);** Entscheidung von Streitigkeiten zwischen Arzneimittelherstellern und Apothekenvereinigung[134] (SG); Entscheidung über Klage eines **Arztes,** mit der er sich gegen einen militärischen Befehl wendet, durch den Soldaten verboten wird, ihn bei Überweisungen in die freie ärztliche Behandlung aufzusuchen[135] **(SG);** Entscheidung von Streitigkeiten über die Rückzahlung **staatlicher Ausbildungsbeihilfen,** auch wenn die Rückzahlungspflicht in notarieller Urkunde anerkannt ist[136] **(VG);** Entscheidung über Streitigkeiten zwischen **Auszubildenden** bzw. **Umschülern** und sonstigen Bildungseinrichtungen iSv. § 1 Abs. 5 BBiG, wenn das Rechtsverhältnis auf einem privatrechtlichen Vertrag beruht[137] **(ArbG);** Entscheidung von Streitigkeiten in **bahnrechtlichen** Planfeststellungsverfahren[138] (VG); Entscheidung über Kündigungsschutzklage des **besonderen Vertreters** eines Vereins nach § 30 BGB, soweit seine Vertretungsmacht nicht auf der Satzung 27

---

[114] OLG Düsseldorf NVwZ 1998, 773.
[115] BAG NJW 2003, 161.
[116] VGH Mannheim NJW 2005, 2636.
[117] OLG Hamburg OLGZ 1994, 366.
[118] OLG Dresden NZBau 2000, 84 = NJW-RR 2000, 1042; vgl. auch BGHZ 121, 126, 129ff. = NJW 1993, 1659; aA OLG Hamm MDR 1984, 677; KG NVwZ-RR 1998, 102; LG Kiel BauR 1991, 372; LG Mühlhausen DtZ 1997, 327.
[119] LG Berlin VIZ 1999, 288.
[120] OLG Schleswig NJW-RR 1996, 1068; zur Abgrenzung von Sozial- und Kartellgerichtsbarkeit s. BSG NJW 1995, 1575.
[121] OLG Frankfurt/M NJW 1997, 2391.
[122] OLG Frankfurt aM NVwZ-RR 1999, 814.
[123] BayObLG NJW-RR 1995, 588.
[124] BAG NJW 2003, 3365; aA LAG München NZA-RR 1999, 438; LAG Hessen NZA 2000, 1304.
[125] BVerfG NZA 1999, 321; BGHZ 48,35 = NJW 1967, 2057; LAG Hamm ZTR 1987, 151; OLG Karlsruhe Urt. v. 28. 9. 1989 – 12 U 60/89 u. Urt. v. 2. 5. 2002 – 12 U 272/01; Stürmer NJW 2004, 2480ff.; aA LAG Niedersachsen Beschl. v. 6. 1. 2003 – 6 Ta 272/02; LAG Bremen Beschl. v. 28. 4. 2003 – 3 Ta 19/03 u. Beschl. v. 2. 5. 2003 – 1 Ta 17/03.
[126] BAG NJW 2000, 1438.
[127] OVG Münster DAR 1980, 223; aA VG Gelsenkirchen DAR 1980, 94.
[128] OLG Karlsruhe NJW-RR 1995, 64.
[129] BAG NJW 2000, 2690.
[130] BAG NJW 1998, 1091.
[131] BAG NJW 2003, 2554.
[132] BGH NJW 2000, 874.
[133] OLG Hamburg NJW 2003, 1506 (LS).
[134] BGH NJW-RR 2004, 1119.
[135] BGHZ 67, 92 = NJW 1976, 2303.
[136] BGH NJW 1994, 2620.
[137] BAG NJW 1998, 402; NZA 1999, 557 = NJW 2000, 687 (LS).
[138] BVerwG NVwZ 1994, 371; offen gelassen in: BVerwG NVwZ 1994, 370.

beruht[139] (**ArbG**); Entscheidung über Rechtsstreitigkeit zwischen **Chefärzten** von Krankenhausabteilungen über die Liquidation von Leistungen[140] (**ArbG**); Entscheidung über Klagen, die sich auf das Recht der früheren **DDR** beziehen (**VG**): s. 3. Auflage; Entscheidung über Vergütungsansprüche eines **Dozenten** als arbeitnehmerähnliche Person[141] (**ArbG**); Entscheidung über Klage gegen Geltendmachung eines Rückgewähranspruchs nach dem AnfG durch **Duldungsbescheid** der Finanzbehörde[142] (**FG**); Entscheidung über Ansprüche, die auf die Unwirksamkeit von besatzungsrechtlichen oder besatzungshoheitlichen **Enteignungen** gestützt werden[143] (**VG**); Entscheidung über Erstattungsansprüche aus **Erschließungsverträgen**[144] (**VG**); Entscheidung über Unterlassungsklage gegen **Fachhochschule** wegen Verleihung des Grades „Wirtschaftsjurist"[145] (**VG**); Entscheidung über Zulässigkeit von krankenhausrechtlichen **Fehlbelegungsprüfungen**[146] (**VG**); Entscheidung über Rückzahlungsansprüche des **Fiskus** gegen den Steuerpflichtigen wegen zu Unrecht erstatteter Steuern[147] (**FG**); Entscheidung über **Forderungserlass** nach § 76 Abs. 2 Nr. 3 SGB IV[148] (**SG**); Entscheidung über Ansprüche eines **Franchisenehmers** als arbeitnehmerähnliche Person gegen Franchisegeber[149] (**ArbG**); Entscheidung von Streitigkeiten über das Recht des **Gefangenen,** für ihn verwahrte Sachen abzusenden[150] (**StVK**); Entscheidung über Streitigkeiten bei Auswahlentscheidung einer **Gemeinde** über Kauf eines Gemeindegrundstücks[151] (**VG**); Entscheidung über Rechtsstreitigkeiten zwischen einem Bieter und einer **Gemeinde** um die Vergabe einer Dienstleistungskonzession[152] (**VG**); Entscheidung über Streitigkeit aus sog. **gemischten Verträgen,** wenn das einschlägige Vertragselement arbeitsrechtlicher Natur ist[153] (**ArbG**); Entscheidung über Klage eines **Arbeitnehmers** einer juristischen Person gegen deren **Geschäftsführer** aus unerlaubter Handlung[154] (**ArbG**); Entscheidung über Kündigungsschutzklage eines **Geschäftsführers** einer Betriebskrankenkasse[155] (**ArbG**); Entscheidung über Klage eines Arbeitnehmers, mit der er die **Gesellschafter** seiner Arbeitgeberin (GmbH) im Wege des Durchgriffs in Anspruch nimmt[156] (**ArbG**); Entscheidung über Streitigkeiten aus „scheinselbständigem" **Handelsvertretervertrag**[157] (**ArbG**); Entscheidung über ein von der Universitätsverwaltung im Zusammenhang mit einer arbeitsrechtlichen Kündigung gegen einen Angestellten ausgesprochenes **Hausverbot**[158] (**ArbG**); Entscheidung über ein von der Universität gegen einen Studenten und Doktoranden ausgesprochenes **Hausverbot**[159] (**VG**); Entscheidung über Klage gegen **Hilfsmittellieferungsvertrag** zwischen Krankenkassen- und Apothekerverband[160] (**SG**); Entscheidung über Schadensersatzklage gegen den **Insolvenzverwalter** wegen pflichtwidriger Begründung einer arbeitsrechtlichen Masseverbindlichkeit[161] (**ArbG**); Entscheidung über Klage einer Therapeutin gegen die **Kassenärztliche Vereinigung** bei Streitigkeiten über die Abrechnung der Attestierung eines Therapieerfordernisses[162] (**SG**); Entscheidung über Unterlassungsklage eines Vertragsarztes gegen **kassenärztliche Vereinigung**[163] (**SG**); Entscheidung über Klage eines privaten **Kfz-Schilderprägebetriebes** gegen die Vergabe von Räumen im Gebäude einer Kfz-Zulassungsstelle durch den Landkreis an ein (gemeinnütziges) Konkurrenzunternehmen[164] (**VG**); Entscheidung über Klage gegen eine **Kirche** auf Unterlassung von Äußerungen über andere Religionsgemeinschaften[165] (**VR**); Entscheidung über Streitigkeiten aus sog. **Kommissionärsverträgen**[166] (**ArbG**); Entscheidung über Rechtsstreitigkeiten im Abrechnungsverhältnis zwischen Krankenhausträger und **gesetzlicher Krankenkasse** über die stationäre Behandlung von Kassenpatienten[167] (**SG**); Entscheidung über Ansprüche eines Krankenhausträgers gegen eine **gesetzliche Krankenkasse** aus (öffentlich-

---

[139] BAG NJW 1997, 3261.
[140] BGH NJW 1998, 2745.
[141] BAG NJW 1997, 2404; aA OLG Schleswig NJW-RR 1987, 220.
[142] BGH BGHReport 2006, 1377.
[143] BGH NJW 1996, 591; 1996, 3012; OLG Dresden NJW 1996, 1146, 1147.
[144] OLG Naumburg NJW-RR 2002, 791; OLG Rostock NJW 2006, 2563.
[145] BGH NJW 1998, 546.
[146] OVG Münster NJW 1998, 2761 (LS).
[147] OLG Hamm NJW-RR 1993, 64.
[148] BSG NJW 1990, 342.
[149] BGH NJW 1999, 218, 219 ff.; BAG NJW 1997, 2973; aA OLG Düsseldorf NJW 1998, 2978; *Bumiller* NJW 1998, 2953 ff.
[150] OLG Brandenburg NJW 2001, 3351.
[151] OVG Münster NJW 2001, 698.
[152] OVG Münster NVwZ 2006, 1083 = NJW 2006, 3450 (LS).
[153] BAG NJW 1969, 1192; BGH NJW 1998, 909.
[154] BAG NJW 1996, 2886; 1998, 261, 262.
[155] BAG NJW 1996, 3293.
[156] BAG NJW 1998, 261.
[157] BGH NJW 1998, 2057; OLG Düsseldorf NZA-RR 1998, 145 = NJW-RR 1998, 682 (LS).
[158] VGH Mannheim NJW 1994, 2500.
[159] OVG Münster NJW 1998, 1425.
[160] BGH NJW 1998, 825; OLG Zweibrücken NJW 1999, 875.
[161] BGH BGHReport 2007, 275.
[162] BGH NJW 1998, 826.
[163] BGH NJW 1999, 1786.
[164] VGH Kassel NVwZ 2003, 238 = NJW 2003, 1068 (LS).
[165] BGH NJW 2001, 3537; VGH München NVwZ 1994, 787; aA OVG Bremen NVwZ 1995, 793; OLG Bremen NVwZ 2001, 957.
[166] BAG NJW 1998, 701.
[167] BGHZ 89, 250 = NJW 1984, 1820.

rechtlicher) Geschäftsführung ohne Auftrag wegen der stationären Behandlung eines Kassenpatienten[168] (SG); Entscheidung von Streitigkeiten zwischen einer **Krankenkasse** und einem Leistungsträger ab 1.1. 2000 – auch soweit kartellrechtliche Ansprüche in Rede stehen –[169] (SG); Entscheidung über Klage wegen eigener Sachleistung durch **Krankenkasse**[170] (SG); Entscheidung über Klage einer **Krankenkasse** gegen herabsetzende Äußerungen durch Vertragsärzte, auch wenn die Äußerungen als wettbewerbswidrig beanstandet werden[171] (SG); Entscheidung über Klage gegen **Krankenkasse** wegen Werbung für Arzneimittelversandhandel[172] (SG); Entscheidung von Streitigkeiten zwischen Trägern der **gesetzlichen Krankenversicherung** über Mitgliederwerbung[173] (SG); Entscheidung über Klage gegen Träger der **gesetzlichen Krankenversicherung** auf Widerruf bzw. Unterlassung von ehrverletzenden oder sonstigen unzulässigen Äußerungen[174] (SG); Entscheidung über Streit um die Beseitigung eines von der Gemeinde aufgestellten **Kunstwerks**[175] (VG); Entscheidung über Klage einer **politischen Partei,** mit der die Unterlassung oder der Widerruf von Äußerungen einer Behörde verlangt wird[176] (VG); Entscheidung über Klage, mit der ein **ambulanter Pflegedienst** von dem Betreiber eines Krankenhauses eine Zusammenarbeit bei der Vermittlung von Patienten in die ambulante häusliche Pflege sowie wegen entstandener Einnahmeausfälle Schadensersatz begehrt[177] (SG); Entscheidung von Streitigkeiten über **Pflegesatzvereinbarungen** iSv. § 93 Abs. 2 BSHG[178] (VG); Entscheidung von Streitigkeiten in Angelegenheiten der **privaten Pflegeversicherung**[179] (SG); Entscheidung über Honorarklage eines **Rechtsanwaltes,** der seinen Mandanten in einem Sozialgerichtsprozess vertreten hat[180] (SG); Entscheidung über Klage gegen **Rechtsanwalt** als Arbeitnehmer auf Herausgabe von Mandantenakten[181] (ArbG); Entscheidung über Klage von Mitgliedern des Redaktionsrates eines Zeitungsverlages gegen die Kündigung des **Redaktionsstatuts** durch den Verlag[182] (ArbG); Entscheidung über die Klage eines vorzeitig aus dem Amt ausgeschiedenen **Richters,** der hinsichtlich der Altersversorgung die Gleichstellung mit Arbeitnehmern des öffentlichen Dienstes verlangt (Bewilligung einer Zusatzversorgung)[183] (VG); Entscheidung über **Schadensersatzansprüche** wegen Verletzung der Drittschuldnerpflichten gemäß § 840 ZPO nach Pfändung einer sozialrechtlichen Forderung[184] (SG); Entscheidung über **sic-non-Fall**[185] (ArbG); Entscheidung über Anspruch auf Rückzahlung eines **Sozialhilfedarlehens** bei fehlendem Bewilligungsverwaltungsakt[186] (VG); Entscheidung über Zahlungsanspruch eines Vermieters gegen **Sozialhilfeträger** aus Kostenübernahmeerklärung[187] (VG); Entscheidung über Regressansprüche des **Sozialversicherungsträgers** gem. § 116 VII SGB X – anders als der zivilrechtliche Erstattungsanspruch wegen Nichtbeachtung des Forderungsübergangs nach dem früheren § 1542 RVO –[188] (SG); Entscheidung über Rückforderung von **Subventionen**[189] (VR); Entscheidung über Kostentragung für Änderung von **Telekommunikationslinien** in öffentlichen Straßenverkehrswegen[190] (VG); Entscheidung über Klage entsprechend § 1004 BGB gegen öffentliche Rechtsträger bzw. deren Organe auf **Unterlassung** bzw. **Widerruf** von ehrverletzenden oder sonstigen unzulässigen Äußerungen[191] (VG); Entscheidung über Restitutionsansprüche gemäß den §§ 1 Abs. 1 lit. D, 6 **VermG**[192] (VG).

13a *Zuweisung durch Landesrecht* **Durch Landesrecht können einem Gericht für die Bezirke mehrerer Gerichte Sachen aller Art ganz oder teilweis zugewiesen sowie auswärtige Spruchkörper von Gerichten eingerichtet werden.**

14 *Besondere Gerichte* **Als besondere Gerichte werden Gerichte der Schifffahrt für die in den Staatsverträgen bezeichneten Angelegenheiten zugelassen.**

168 BGH NJW 1997, 1636.
169 BGH NJW 2000, 2749.
170 BGH NJW 2001, 1796.
171 KG NJW 2002, 1504.
172 BGH NJW 2003, 1194.
173 GmS-OGB BGHZ 108, 284 = NJW 1990, 1527; BGH NJW 1998, 3418, 3419.
174 OLG Zweibrücken NJW-RR 1999, 1739.
175 VG Sigmaringen NJW 2000, 91.
176 OLG München NJW-RR 1989, 1191.
177 OLG Düsseldorf NJW-RR 2007, 501 mit Anm. *Deubner* JuS 2007, 817f.
178 BGHZ 116, 339 = NJW 1992, 1237.
179 BSG NZS 1996, 588.
180 LSG SchlH NZS 1999, 56 (LS).
181 OLG Brandenburg NJW 2002, 1659.
182 BAG NZA 1999, 837.
183 BAG NJW 1996, 413.
184 BSG NJW 1999, 895 = NZS 1999, 54.
185 BAG NJW 1997, 2973; 2003, 3365.
186 LG München NJW-RR 2003, 356.
187 LG Berlin NJW-RR 2001, 372.
188 OLG Frankfurt/M NJW-RR 1997, 1087.
189 OLG Naumburg NVwZ 2001, 354.
190 BGH NVwZ 2006, 243 = NJW 2006, 850 (LS).
191 OLG Dresden OLG-NL 1997, 257.
192 Thüringer OLG OLG-NL 1996, 62.

15 *(weggefallen)*

16 *Ausnahmegerichte* **Ausnahmegerichte sind unstatthaft. Niemand darf seinem gesetzlichen Richter entzogen werden.**

17 *Rechtshängigkeit; Entscheidung des Rechtsstreits* **(1) [1]Die Zulässigkeit des beschrittenen Rechtsweges wird durch eine nach Rechtshängigkeit eintretende Veränderung der sie begründenden Umstände nicht berührt. [2]Während der Rechtshängigkeit kann die Sache von keiner Partei anderweitig anhängig gemacht werden.**

(2) [1]Das Gericht des zulässigen Rechtsweges entscheidet den Rechtsstreit unter allen in Betracht kommenden rechtlichen Gesichtspunkten. [2]Artikel 14 Abs. 3 Satz 4 und Artikel 34 Satz 3 des Grundgesetzes bleiben unberührt.

I. Normzweck

1 Seit der Neufassung der Vorschriften über die Rechtswegentscheidung und -verweisung durch das 4. VwGOÄndG gelten die §§ 17, 17a und 17b mit Wirkung vom 1. 1. 1991 einheitlich für **alle Gerichtszweige (§§ 2 EGGVG, 173 VwGO, 155 FGO, 48 Abs. 1 ArbGG, 202 SGG). In der Verwaltungs-, Finanz-, Arbeits- und Sozialgerichtsbarkeit** gelten diese Vorschriften kraft ausdrücklicher gesetzlicher Bestimmung (§§ 83 S. 1 VwGO, 70 S. 1 FGO, 48 Abs. 1 ArbGG, 98 S. 1 SGG) auch für die **sachliche und örtliche Zuständigkeit** entsprechend. Neben der Dokumentation der Gleichwertigkeit aller Gerichtszweige ist es Sinn und Zweck der §§ 17, 17a und 17b, die Rechtswegfrage in erster Instanz mit bindender Wirkung für die Rechtsmittelinstanzen zu klären.[1] Dabei schreibt § 17 Abs. 1 S. 1 den Grundsatz der **perpetuatio fori** für den Rechtsweg fest. § 17 Abs. 1 S. 2 stellt darüber hinaus klar, dass das Prozesshindernis der **anderweitigen Rechtshängigkeit** über den jeweiligen Rechtsweg hinauswirkt. Und § 17 Abs. 2 S. 1 eröffnet dem jeweiligen Gericht eine **rechtswegüberschreitende Sachkompetenz,** die durch § 17 Abs. 2 S. 2 lediglich hinsichtlich der verfassungsrechtlichen Gewährleistung des ordentlichen Rechtsweges eingeschränkt wird.

2 Seit dem 1. 1. 1991 ist die Zuständigkeitsabgrenzung zwischen **Arbeitsgerichtsbarkeit** und **ordentlicher Gerichtsbarkeit** (s. § 17a Rn. 13) eine Frage des Rechtsweges.[2] Nach allgM[3] sind die §§ 17–17b im Verhältnis zwischen **ordentlicher streitiger** und **freiwilliger Gerichtsbarkeit** entsprechend anwendbar. Gleiches gilt für das Verhältnis zwischen Wiedergutmachungsgerichten und Gerichten der ordentlichen streitigen Gerichtsbarkeit[4], im Verfahren nach §§ 23 ff. EGGVG[5], im Normenkontrollverfahren[6], im Verhältnis zwischen ordentlicher streitiger Gerichtsbarkeit und dem Beschwerdeverfahren nach § 15 Abs. 2 BNotO[7], im Verhältnis des Verfahrens gemäß § 111 BNotO und der ordentlichen streitigen Gerichtsbarkeit[8], im Verhältnis zwischen dem Verfahren auf gerichtliche Entscheidung nach den §§ 23 ff. EGGVG und dem Verfahren entsprechend § 111 BNotO[9], im Verhältnis zwischen dem Verfahren vor dem Anwaltsgerichtshof und der ordentlichen streitigen Gerichtsbarkeit[10], im Verfahren nach den §§ 109 ff. StVollzG[11] sowie im Verhältnis zwischen der ordentlich streitigen Gerichtsbarkeit und dem Landwirtschaftsgericht in den nichtstreitigen Landwirtschaftssachen.[12] Die §§ 17–17b gelten auch für den **vorläufigen Rechtsschutz** (zB Arrest und einstweilige Verfügung)[13]. Hier sind sie jedoch wenig praktikabel, da es der besonderen Eilbedürftigkeit zuwider läuft, dass die Versendung der Akten durch das abgebende Gericht erst nach Eintritt der formellen Rechtskraft des Verweisungsbeschlusses zulässig ist (§ 17b Rn. 2).[14] Wer die formelle Rechtskraft des Verweisungsbeschlusses wegen drohenden Rechtsverlustes nicht abwarten kann, sollte daher zB den Antrag auf Erlass der einstweiligen Verfügung – mit der Kostenfolge analog § 269 Abs. 3 ZPO – zurücknehmen und sofort vorläufigen Rechtsschutz bei dem im Beschluss bezeichneten Gericht beantragen. Dort läuft er allerdings Gefahr, dass dieses Gericht den zunächst beschrittenen Rechtsweg für zulässig erachtet.

3 **Keine** Anwendung finden die §§ 17–17b im Verhältnis zum **BVerfG**[15] und – wegen fehlender Rechtshängigkeit der Hauptsache und mangelnder Bindungswirkung der Rechtswegentscheidung im Hauptsachever-

---

[1] BT-Drucks. 11/7030 S. 36, 37.
[2] BGH NJW 1998, 909; BAG NZA 1993, 522, 524; NJW 1998, 1092, 1093; aA *Schwab* NZA 1991, 657, 663.
[3] Für viele: BGH NJW 1995, 2851, 2852; NJW-RR 2005, 721, 722;; OLG Frankfurt/M OLGReport 2005, 374, 375.
[4] BGH NJW 1999, 1007.
[5] OLG Karlsruhe NJW 1988, 84, 85; OLG Hamm NJW 1992, 2643, 2644; 2003, 768; OLG Karlsruhe MDR 1995, 88; OLG Dresden NJW 2000, 1505, 1506; OLG Frankfurt/M NStZ-RR 2001, 44; offen gelassen: BGH NJW-RR 2005, 142.
[6] OVG Weimar NJW 2003, 1339.
[7] BGH NJW 2001, 2181.
[8] BGHZ 115, 275, 284 f. = NJW 1992, 2423, 2426; OLG Dresden NJW 2000, 1505, 1506.
[9] OLG Dresden NJW 2000, 1505.
[10] AGH Sachsen-Anhalt NJW-RR 1995, 1206, 1207; OLG Dresden NJW 2000, 1505, 1506.
[11] OLG Saarbrücken NJW 1994, 1423, 1424 f.
[12] BGH MDR 1996, 1290 = VIZ 1996, 347; BGH NJW-RR 2002, 1651; OLG Koblenz OLGReport 2006, 255.
[13] BGH NJW 2001, 2181, 2182; 2003, 1194; NJW-RR 2005, 142; BAG NJW 2000, 2524; offen gelassen in: OVG Münster NJW 2001, 698; VG Köln NVwZ 1998, 315; *Fischer* DB 1998, 1182, 1183; aA OVG Koblenz NVwZ 1993, 381, VGH Kassel NJW 1994, 145; NVwZ-RR 1994, 511; *Sennekamp* NVwZ 1997, 642, 643 ff.
[14] AA *Kissel* NZA 1995, 345, 352.
[15] *Kissel/Mayer* Rn. 5.

fahren – im **Prozesskostenhilfeverfahren.**[16] Gleiches gilt grundsätzlich (Ausnahme s. Rn. 2) **innerhalb der ordentlichen Gerichtsbarkeit**[17] (zB im Verhältnis zwischen Familiengerichten desselben Amtsgerichts; s. § 23b Rn. 5; zwischen Familiengericht und allgemeiner Zivilabteilung; bei Wahl der unzutreffenden Verfahrensart im Insolvenzverfahren[18]; zwischen den Gerichten verschiedener Instanzen[19], insbesondere zwischen Landgericht und Oberlandesgericht als Berufungsgericht[20], sowie hinsichtlich der örtlichen[21] und sachlichen Zuständigkeit), da die Vorschriften der §§ 17–17b nur anwendbar sind, wenn ohne eine Verweisung die Klage wegen Unzulässigkeit des Rechtsweges abzuweisen wäre.[22] Die §§ 17–17b finden auch keine Anwendung auf das Verhältnis von staatlicher und kirchlicher bzw. nichtstaatlicher Gerichtsbarkeit.[23]

II. Wirkungen der Rechtshängigkeit (Absatz 1)

§ 17 Abs. 1 S. 1 entspricht für die Zulässigkeit des beschrittenen Rechtsweges wörtlich dem Grundsatz 4
der Fortgeltung der bei Rechtshängigkeit begründeten Zuständigkeit (**perpetuatio fori**) des § 261 Abs. 3 Nr. 2 ZPO. Die dortigen Ausführungen (§ 261 ZPO Rn. 13–15) geltend entsprechend. Insbesondere gilt der Grundsatz der perpetuatio fori aus prozessökonomischen Gründen nur **rechtswegerhaltend.**[24] Es bleiben daher nach Rechtshängigkeit eintretende Änderungen der den Rechtsweg regelnden Vorschriften außer Betracht, wenn eine gesetzliche Übergangsvorschrift nichts anderes bestimmt.[25] Ergeben sich umgekehrt erst nach Rechtshängigkeit Umstände, die die Zulässigkeit des beschrittenen Rechtsweges begründen, so können sie noch zu Gunsten der Zulässigkeit des Rechtsweges Berücksichtigung finden, sofern sie vor Schluss der letzten mündlichen Verhandlung erster Instanz eingetreten sind.[26]

Die Vorschrift des § 17 Abs. 1 S. 2 entspricht wörtlich dem **Verbot anderweitiger Rechtshängigkeit** des 5
§ 261 Abs. 3 Nr. 1 ZPO. Die dortigen Ausführungen (§ 261 ZPO Rn. 9–12) gelten ebenfalls entsprechend. Insbesondere führt die Anhängigkeit eines Mahnverfahrens gemäß den §§ 688 ff. ZPO vor Durchführung des streitigen Verfahrens nicht zu dem Prozesshindernis der anderweitigen Rechtshängigkeit des § 17 Abs. 1 S. 2.[27]

III. Rechtswegüberschreitende Sachkompetenz (Absatz 2 S. 1)

Nach § 17 Abs. 2 S. 1 entscheidet das Gericht des zulässigen Rechtsweges den Rechtsstreit unter allen in 6
Betracht kommenden rechtlichen Gesichtspunkten. Das bedeutet nach der Vorstellung des Gesetzgebers, „dass das angerufene Gericht den Rechtsstreit **umfassend** entscheidet, sofern der zu ihm beschrittene Rechtsweg für einen Klagegrund zulässig ist".[28] Die Vorschrift eröffnet somit für das Gericht erster Instanz des vom Kläger beschrittenen – gegebenenfalls gemäß § 17a Abs. 1 für zulässig erklärten – oder nach § 17a Abs. 2 festgestellten Rechtsweges eine **rechtswegüberschreitende Sach- bzw. Entscheidungskompetenz.**[29]

Ziel der gesetzlichen Regelung ist es, in den Fällen, in denen ein **einheitlicher prozessualer Anspruch** auf 7
mehrere, verschiedenen Rechtswegen zugeordnete (auch tatsächlich und rechtlich selbständige) Anspruchsgrundlagen gestützt wird, das angerufene Gericht zur Entscheidung über sämtliche Klagegründe – ohne Rücksicht darauf, welchem Rechtsgebiet sie angehören – zu verpflichten, sofern nur der Rechtsweg für einen von ihnen gegeben ist,[30] wobei jedoch offensichtlich nicht gegebene Anspruchsgrundlagen außer Betracht bleiben.[31] Ob für das Klagebegehren eine Anspruchsgrundlage in Betracht kommt, die in dem beschrittenen Rechtsweg zu verfolgen ist, ist auf der Grundlage des Klageantrages und des zu seiner Begründung vorgetragenen Sachverhalts zu prüfen.[32] Bei **Haupt- und Hilfsbegründung** ist allein die Hauptbegrün-

---

[16] OVG Münster NJW 1993, 2766; OVG Bautzen NJW 1994, 1020; VGH Mannheim NJW 1995, 1915 (für isoliertes Prozesskostenhilfeverfahren); *Sennekamp* NVwZ 1997, 642, 645 f.; offen gelassen in: BAG NJW 1993, 751, 752; aA BGH NJW 2001, 3633; VGH Mannheim NJW 1992, 707; OVG Bautzen VIZ 1998, 702 = NJW 1999, 517 (LS); *Kissel/Mayer* Rn. 6a; *Gsell/Mehring* NJW 2002, 1991 ff.; einschränkend: *Kissel* NZA 1995, 345, 352; vgl. auch BGH NJW-RR 1991, 1342.

[17] S. insoweit BGH NJW-RR 2005, 142.

[18] OLG Schleswig NJW-RR 2000, 865, 866; OLG Köln NJW-RR 2001, 700, 701; AG Köln NZI 1999, 241, 242; aA AG Frankfurt/M InVo 1999, 313.

[19] AA VGH Kassel NJW 1997, 211.

[20] BGH NJW 2003, 2687; aA MK/*Wolf* (AB) § 119 GVG Rn. 7 u. 11.

[21] AA OLG Frankfurt/M NJW-RR 1996, 1341.

[22] BGH NJW 1991, 231, 232; OLG Hamburg NStZ 1995, 252; *Kissel/Mayer* Rn. 5 und 6/6a; *B/L/H* § 17a Rn. 4; vgl. auch OLG München NJW 1964, 1282, 1283.

[23] BVerwG NJW 1994, 3367, 3368; VGH München NJW 1999, 378; VerfVerwEv. Hannover NVwZ-RR 2001, 348.

[24] *Kissel/Mayer* Rn. 9 und NJW 1991, 945, 948; *Zö/Gummer* Rn. 2.

[25] BGH NJW 1991, 2963, 2964; 2002, 1351; OVG Hamburg NJW 1993, 277, 278; *Kissel/Mayer* Rn. 9 und NJW 1991, 945, 948; *Piekenbrock* NJW 2000, 3476.

[26] BGH NJW 1992, 1757; *Kissel/Mayer* Rn. 9 und NJW 1991, 945, 948; *Zö/Gummer* Rn. 2.

[27] VGH Kassel NVwZ-RR 1999, 102 (LS).

[28] BT-Drucks. 11/7030 S. 37; vgl. auch BGHZ 114, 1,2 = NJW 1991, 1686.

[29] VGH Kassel NJW 1995, 1107; OLG Düsseldorf NVwZ 2001, 594.

[30] BGHZ 114, 1, 2 = NJW 1991, 1686; BGH NJW 2004, 1119, 1121; BVerwG NJW 1994, 2500; BSG NJW 1995, 1575, 1576; BAG NZA 2001, 1158; NJW 2002, 317.

[31] BGH NVwZ 1990, 1103, 1104; BVerwG NVwZ 1993, 358, 359; BSG NJW 1995, 1575, 1576; LAG München NZA-RR 2000, 155, 156.

[32] BGH NJW 1985, 2756; NVwZ 1990, 1103, 1104; BVerwG NVwZ 1993, 358, 359.

dung maßgeblich.[33] Zur Entscheidung über sämtliche Anspruchsgrundlagen ist das Gericht des zuerst angerufenen Rechtsweges berufen.[34]

8 Konsequenz dieser rechtswegüberschreitenden Sachkompetenz ist, dass zB die ordentlichen Gerichte als Gerichte des zulässigen Rechtsweges einen öffentlichrechtlichen Folgenbeseitigungsanspruch zu prüfen[35] oder – unter dem Gesichtspunkt des enteignungsgleichen (rechtswidrigen) Eingriffs – auch über den Anspruch aus Art. 36 Abs. 1 BayNatSchG zu entscheiden haben.[36] Aus § 17 Abs. 2 S. 1 lässt sich jedoch ein entsprechender **einheitlicher, rechtswegübergreifender Gerichtsstand des Sachzusammenhangs** nicht begründen.[37]

9 Die umfassende Sachkompetenz gilt jedoch nach allgM[38] nur für **gemischte Rechtsverhältnisse, nicht** aber bei einer **Mehrheit prozessualer Ansprüche.** Werden also im Wege der **objektiven Klagenhäufung** (§ 260 ZPO) mehrere selbständige Ansprüche gemeinsam geltend gemacht, so muss die Voraussetzung der Zulässigkeit des Rechtsweges für jeden Anspruch getrennt geprüft werden.[39] Dies gilt auch bei der **Widerklage**[40] und wenn mehrere Beklagte gemeinsam verklagt werden, zwischen denen keine notwendige (§ 62 ZPO), sondern **einfache Streitgenossenschaft** (§ 61 ZPO) besteht.[41] Bei **notwendiger Streitgenossenschaft** ist dagegen eine einheitliche Gesamtzuständigkeit im Sinne von § 17 Abs. 2 S. 1 gegeben.[42]

10 Das Gericht des zulässigen Rechtsweges ist im Rahmen des § 17 Abs. 2 S. 1 auch **nicht** zu einer rechtswegübergreifenden Entscheidung über eine im Wege der **Prozessaufrechnung** geltend gemachte **streitige rechtswegfremde** Gegenforderung berechtigt[43], und zwar selbst dann nicht, wenn es sich um eine Forderung aus einem sog. **„artverwandten Rechtsweg"** handelt[44] (so auch § 322 ZPO Rn. 87 (Musielak); aA § 145 ZPO Rn. 30ff. (Stadler)). Die zur Aufrechnung gestellte Gegenforderung des Beklagten stellt nämlich einen **selbständigen Anspruch** dar, der dem durch die Klage bestimmten Streitgegenstand einen weiteren Streitgegenstand hinzufügt, und ähnelt somit eher der Situation bei der objektiven Klagenhäufung als der Anspruchsgrundlagenhäufung.[45] Nach allgM[46] kann jedoch in allen **Fachgerichtsbarkeiten** die im Wege der Prozessaufrechnung geltend gemachte Gegenforderung des Beklagten bei einer Entscheidung über das Klagebegehren berücksichtigt werden, wenn diese Forderung **rechtskräftig oder bestandskräftig festgestellt oder unbestritten** ist (s. auch Rn. 12).

IV. Vorrang des ordentlichen Rechtsweges (Absatz 2 S. 2)

11 § 17 Abs. 2 S. 2 schränkt die rechtswegüberschreitende Sachkompetenz des Gerichts des zulässigen Rechtsweges nach § 17 Abs. 2 S. 1 in den Fällen ein, in denen der ordentliche Rechtsweg von Verfassungs wegen **zwingend vorgeschrieben** ist. Die Vorschrift stellt nämlich klar, dass über die Höhe der Enteignungsentschädigung (Art. 14 Abs. 3 S. 4 GG) sowie den Anspruch auf Schadensersatz und den Rückgriff bei Amtspflichtverletzungen (Art. 34 S. 3 GG) **ausschließlich** die Zivilgerichte (zur sachlichen Zuständigkeit s. § 71 Rn. 7–8) entscheiden; dies gilt insbesondere auch in den Fällen fehlerhafter, aber bindender (§ 17a Abs. 2 S. 3) Verweisung.

12 Im **Verwaltungs-, Finanz-, Arbeits- und Sozialrechtsstreit** kann die **Aufrechnung** mit einer unter § 17 Abs. 2 S. 2 fallenden Forderung bei einer Entscheidung über das Klagebegehren nur berücksichtigt werden, wenn diese Forderung rechtskräftig oder bestandskräftig festgestellt oder unbestritten ist.[47] Andernfalls ist das Verfahren (zB analog § 94 VwGO) bis zur Entscheidung über das Bestehen der Gegenforde-

---

[33] *T/P/Hüßtege* Rn. 8; *Zö/Gummer* Rn. 7.

[34] BAG NJW 1996, 1076, 1077; OLG Köln VersR 1994, 835, 836.

[35] OLG Düsseldorf NVwZ 2001, 594.

[36] BGH NJW 1995, 964, 965.

[37] OLG Frankfurt/M NJW-RR 1995, 319, 320; OLG Karlsruhe TransportR 1997, 166; OLG Hamm NJW-RR 2002, 1291; *Musielak* JuS 1994, 817, 823; *Spickhoff* ZZP 109 (1996), 493ff.; *T/P/Hüßtege* Rn. 6; aA *Hoffmann* ZZP 107 (1994), 3ff.

[38] Für viele: BGHZ 114, 1,2 = NJW 1991, 1686; *Kissel* NJW 1991, 945, 951.

[39] BGH NJW 1998, 826; BVerwG NJW 1994, 2500; OLG Frankfurt/M NJW-RR 1995, 319; KG NJW-RR 2001, 1509, 1510; *Fischer* DB 1998, 1182, 1185.

[40] *Schwab* NZA 1991, 657, 663; *Schenke/Ruthig* NJW 1992, 2505, 2510; *Kissel* NZA 1995, 345, 354; *Fischer* DB 1998, 1182, 1185.

[41] BGH NJW 1998, 826; BVerwG NJW 1994, 2500; OLG Frankfurt/M NJW-RR 1995, 319; KG NJW-RR 2001, 1509; *Fischer* DB 1998, 1182, 1185.

[42] MK/*Wolf* Rn. 13; offen gelassen in: OLG Frankfurt/M NJW-RR 1995, 319.

[43] BAG NZA 2001, 1158; NJW 2002, 317; BFH NJW 2002, 3126; BVerwG NJW 1999, 160, 161; vgl. auch BGH NJW 1993, 2753ff.; offen gelassen in: BVerwG NJW 1993, 2255; BGH NJW 2000, 2428; NJW-RR 2005, 1138, 1139; aA VGH Kassel NJW 1995, 1107; LAG München MDR 1998, 783; ArbG Passau NZA 1992, 428 (LS); *Kissel/Mayer* Rn. 52; *Schenke/Ruthig* NJW 1992, 2505, 2510ff.; NJW 1993, 1374f.; *Kissel* NZA 1995, 345, 354ff.; *Hager,* Festschr. für Kissel, 1994, S. 327ff.; Gaa NJW 1997, 3343ff.; *B/L/H* Rn. 6.

[44] *Windel* ZZP 111 (1998), 3, 31ff.; aA *Mayerhofer* NJW 1992, 1602, 1604; *Lüke,* Festschr. für Kissel. 1994, S. 709, 721ff.; *Vollkommer,* Festschr. für Kissel. 1994, S. 1183, 1201ff.

[45] OVG Lüneburg NVwZ 2004, 1513, 1515 = NJW 2005, 1004 (LS); FG Baden-Württemberg NVwZ-RR 1993, 61, 63; *Leipold* ZZP 107 (1994), 216, 219f.

[46] Für viele: BVerwG NJW 1993, 2255; 1999, 160, 161; OVG Lüneburg NVwZ 2004, 1513, 1515 = NJW 2005, 1004 (LS).

[47] BVerwG NJW 1993, 2255; 1999, 160, 161; VGH Mannheim NJW 1997, 3394; OLG Dresden ViZ 2001, 54; VG Gießen NVwZ 2001, 464, 465, *B/L/H* Rn. 7; *B/L/H* § 302 ZPO Rn. 19; einschränkend bzgl. unbestrittener Forderungen: *Schenke/Ruthig* NJW 1992, 2505, 2513f.

rung durch die ordentlichen Gerichte auszusetzen und gegebenenfalls zugleich ein Vorbehaltsurteil zu erlassen.[48]

17a *Rechtsweg* **(1) Hat ein Gericht den zu ihm beschrittenen Rechtsweg rechtskräftig für zulässig erklärt, sind andere Gerichte an diese Entscheidung gebunden.**

(2) [1]Ist der beschrittene Rechtsweg unzulässig, spricht das Gericht dies nach Anhörung der Parteien von Amts wegen aus und verweist den Rechtsstreit zugleich an das zuständige Gericht des zulässigen Rechtsweges. [2]Sind mehrere Gerichte zuständig, wird an das vom Kläger oder Antragsteller auszuwählende Gericht verwiesen oder, wenn die Wahl unterbleibt, an das vom Gericht bestimmte. [3]Der Beschluss ist für das Gericht, an das der Rechtsstreit verwiesen worden ist, hinsichtlich des Rechtsweges bindend.

(3) [1]Ist der beschrittene Rechtsweg zulässig, kann das Gericht dies vorab aussprechen. [2]Es hat vorab zu entscheiden, wenn eine Partei die Zulässigkeit des Rechtsweges rügt.

(4) [1]Der Beschluss nach den Absätzen 2 und 3 kann ohne mündliche Verhandlung ergehen. [2]Er ist zu begründen. [3]Gegen den Beschluss ist die sofortige Beschwerde nach den Vorschriften der jeweils anzuwendenden Verfahrensordnung gegeben. [4]Den Beteiligten steht die Beschwerde gegen einen Beschluss des oberen Landesgerichts an den obersten Gerichtshof des Bundes nur zu, wenn sie in dem Beschluss zugelassen worden ist. [5]Die Beschwerde ist zuzulassen, wenn die Rechtsfrage grundsätzliche Bedeutung hat oder wenn das Gericht von der Entscheidung eines obersten Gerichtshofes des Bundes oder des Gemeinsamen Senats der obersten Gerichtshöfe des Bundes abweicht. [6]Der oberste Gerichtshof des Bundes ist an die Zulassung der Beschwerde gebunden.

(5) Das Gericht, das über ein Rechtsmittel gegen eine Entscheidung in der Hauptsache entscheidet, prüft nicht, ob der beschrittene Rechtsweg zulässig ist.

I. Normzweck

Normzweck und Anwendungsbereich dieser Vorschrift entsprechen denen von § 17 (s. im Einzelnen 1
§ 17 Rn. 1–3). Zur **Vereinfachung** und **Beschleunigung** von Rechtswegstreitigkeiten sind in § 17a insbesondere folgende Prinzipien festgeschrieben: der Grundsatz der **Kompetenzautonomie** (Absatz 1), die **Verweisung von Amts wegen** (Absatz 2 S. 1, 2), die **Bindungswirkung** des Verweisungsbeschlusses (Absatz 2 S. 3), die **Vorabentscheidung** über die Zulässigkeit des beschrittenen Rechtsweges (Absatz 3), die in einem besonderen **Beschwerdeverfahren** überprüft werden kann (Absatz 4), und die **Beschränkung der Prüfungskompetenz** des Rechtsmittelgerichts (Absatz 5).

II. Kompetenzautonomie (Absatz 1)

§ 17a Abs. 1 enthält den Grundsatz der Kompetenzautonomie, wonach jedes Gericht über die Zulässig- 2
keit seines eigenen Rechtsweges **endgültig** und mit **Bindungswirkung** für **alle Gerichte aller Gerichtsbarkeiten** entscheidet (s. auch Einl. Rn. 20). Die Bindungswirkung tritt unabhängig davon ein, ob die Entscheidung inhaltlich richtig oder falsch ist[1], und bewirkt, dass eine in einem anderen Rechtsweg erhobene Klage, die denselben Streitgegenstand betrifft, als unzulässig abzuweisen ist.

Die Bindungswirkung setzt die **formelle Rechtskraft** (§ 705 ZPO) der positiven Rechtswegentscheidung 3
voraus. Hat das Gericht im Wege der Vorabentscheidung (§ 17a Abs. 3) durch **Beschluss** den zu ihm beschrittenen Rechtsweg für zulässig erklärt, so tritt die Rechtskraft mit Ablauf der Beschwerdefrist des § 17a Abs. 4 S. 3 oder mit der Unanfechtbarkeit der diese Entscheidung bestätigenden Beschwerdeentscheidung ein. Wird die Zulässigkeit des Rechtsweges ausdrücklich oder konkludent[2] in einem **Sachurteil**[3] **bejaht, tritt die Bindungswirkung grundsätzlich schon mit Erlass** der erstinstanzlichen Entscheidung ein, da die Entscheidung gemäß § 17a Abs. 5 vom Rechtsmittelgericht hingenommen werden muss.[4] Eine Ausnahme gilt jedoch in den Fällen, in denen das erstinstanzliche Gericht verfahrensfehlerhaft entgegen § 17a Abs. 3 S. 2 über die Zulässigkeit des zu ihm beschrittenen Rechtsweges nicht vorab durch Beschluss, sondern erst im angefochtenen Urteil entschieden hat (Rn. 21); hier tritt die Bindungswirkung erst mit **Rechtskraft des Urteils** ein. Die die Bindungswirkung ausschließende Rechtsprechung zum Verweisungsbeschluss nach § 281 ZPO (§ 281 ZPO Rn. 17 sowie § 102 Rn. 3 und 5) kommt wegen des in § 17a Abs. 4 geregelten besonderen Beschwerdeverfahrens (Rn. 14–18) **nicht** zum Tragen; es gelten nur die allgemeinen Regeln über die **Nichtigkeit von Urteilen** (§ 300 ZPO Rn. 4–7).[5]

Der Grundsatz der Kompetenzautonomie **geht** dem Prozesshindernis der anderweitigen Rechtshängig- 4
keit des § 17 Abs. 1 S. 2 (§ 17 Rn. 5 und § 261 ZPO Rn. 9–12) vor; das bedeutet, dass die in einem späteren Prozess ergangene, den beschrittenen Rechtsweg für zulässig erklärte Entscheidung den Fortgang des zunächst zulässigen früheren Prozesses, der denselben Streitgegenstand betrifft, sperrt.[6] **Eingeschränkt** wird

[48] BVerwG NJW 1993, 2255; NJW 1999, 160, 161; VGH Mannheim NJW 1997, 3394; OLG Dresden ViZ 2001, 54; *Schenke/Ruthig* NJW 1992, 2505, 2513 f.; offen gelassen in; BGH NJW 2000, 2428.
[1] *Kissel/Mayer* § 17 Rn. 46; *T/P/Hüßtege* Rn. 5.
[2] OLG Düsseldorf NVwZ 1993, 405.
[3] BGHZ 120, 204, 206 = NJW 1993, 389, 390.
[4] *Kissel/Mayer* § 17 Rn. 46.
[5] *Kissel/Mayer* § 17 Rn. 46.
[6] *Zö/Gummer* Rn. 3.

der Grundsatz der Kompetenzautonomie durch den in § 17a Abs. 2 S. 3 enthaltenen **Prioritätsgrundsatz,** wonach das Gericht, das zuerst über den Rechtsweg befindet, durch seine Verweisung an das zuständige Gericht des zulässigen Rechtsweges (§ 17a Abs. 2 S. 1, 2) dessen Zuständigkeit **verbindlich festlegt** (s. auch Einl. Rn. 20).

III. Unzulässigkeit des Rechtsweges (Absatz 2)

5 Hält das Gericht des ersten Rechtszuges den zu ihm beschrittenen Rechtsweg für **unzulässig,** so **hat** es dies gemäß § 17a Abs. 2 S. 1 nach Anhörung der Parteien **von Amts wegen** auszusprechen und den Rechtsstreit an das zuständige Gericht des zulässigen Rechtsweges zu verweisen (zur Frage der Notwendigkeit einer **vorherigen Beweisaufnahme** über die Rechtswegzuständigkeit s. Rn. 13). Im Gegensatz zum früheren, vor dem 1. 1. 1991 geltenden Recht darf die Klage grundsätzlich **nicht** mehr als **unzulässig abgewiesen** werden, sondern der Rechtsstreit **muss** verwiesen werden.[7] Sind die Arbeitsgerichte unzuständig, so kommt es für die Frage, ob an das Amtsgericht oder das Landgericht zu verweisen ist, auf die Höhe der Klageforderung im Zeitpunkt der Verweisungsentscheidung an.[8] Ist der Rechtsweg zu den Zivilgerichten nicht gegeben, dann ist der Rechtsstreit insbesondere auch dann zu verweisen, wenn die übrigen prozessualen Voraussetzungen für ein Verfahren vor diesem Gericht nicht gegeben sind.[9] **Ausnahmsweise** ist jedoch auch nach geltendem Recht eine **Klageabweisung zulässig.** An das Verwaltungsgericht darf nämlich nicht verwiesen werden, wenn ein besonderes Verwaltungsverfahren noch nicht abgeschlossen ist bzw. ein vor den Verwaltungsgerichten durchzusetzender Anspruch weder im bisherigen Verwaltungsverfahren noch vor den Zivilgerichten erörtert worden ist und die Beklagte des Zivilprozesses im Verwaltungsrechtsstreit als Beklagte nicht in Betracht kommt.[10] Außerdem geht das Prozesshindernis anderweitiger Rechtshängigkeit (§ 17 Abs. 1 S. 2), das zur Klageabweisung als unzulässig führt, der Prüfung der Zulässigkeit des Rechtsweges vor.[11] Eine vorangegangene unanfechtbare Verweisung innerhalb des Rechtsweges gemäß den §§ 97ff. oder nach § 281 ZPO steht der Verweisung in einen anderen Rechtsweg nicht entgegen.[12] Ist in den **sog. sic-non-Fällen** der Rechtsweg zu den Gerichten für Arbeitssachen gegeben, so muss die Klage als unbegründet abgewiesen werden, wenn der Kläger nicht Arbeitnehmer ist; eine Verweisung des Rechtsstreits an das Gericht eines anderen Rechtsweges kommt dann **nicht mehr** in Betracht.[13]

6 **1. Entscheidung.** Grundsätzlich ist der **gesamte Rechtsstreit** zu verweisen. Eine **Teilverweisung** kommt nur ausnahmsweise, nämlich bei der objektiven Klagenhäufung und der Widerklage in Betracht und setzt eine vorherige Trennung gemäß § 145 ZPO voraus.[14] Wenn das erstinstanzliche Gericht im Falle objektiver Klagenhäufung verfahrensfehlerhaft nur über eines von mehreren Klagebegehren entscheidet, also kein Teilurteil, sondern ein Vollendurteil erlässt, beschränkt sich die Bindungswirkung des § 17a Abs. 5 allein auf das entschiedene Begehren und steht auch § 17 Abs. 2 S. 1 hinsichtlich des „übersehenen" Klagebegehrens einer Rechtswegverweisung durch das Rechtsmittelgericht im Wege des sog. Vorabverfahrens gemäß § 17a Abs. 2 nicht entgegen[15] Die Verweisungsentscheidung ergeht durch **Beschluss** (§ 17a Abs. 4 S. 1), der in jedem Fall zu **begründen** ist (§ 17a Abs. 4 S. 2). Der Beschluss, der wegen § 17b Abs. 2 keine Kostenentscheidung enthält (§ 17b Rn. 5), ist gemäß § 329 Abs. 3 ZPO zuzustellen, da er nach § 17a Abs. 4 S. 2 mit der sofortigen Beschwerde (zum Beschwerdeverfahren s. Rn. 14–18) angefochten werden kann.[16]

7 **2. Mehrere zuständige Gerichte (Satz 2).** Unter mehreren örtlich zuständigen Gerichten innerhalb der Gerichtsbarkeit hat der Antragsteller entsprechend dem Grundsatz des § 35 ZPO ein Wahlrecht. Die getroffene Wahl ist – als **Bewirkungshandlung** (s. Einl. Rn. 58ff., insbesondere Rn. 61 und 63) – für den Prozess endgültig und **unwiderruflich.**[17] Hat der Antragsteller von seinem Wahlrecht keinen Gebrauch gemacht, wird an das vom verweisenden Gericht bestimmte Gericht des zulässigen Rechtsweges verwiesen (zur Beschwerde bei Verletzung des Wahlrechts s. Rn. 14).

8 **3. Bindungswirkung (Satz 3).** Gemäß § 17a Abs. 2 S. 3 ist der Verweisungsbeschluss für das Gericht, an das der Rechtsstreit verwiesen worden ist, nur **hinsichtlich des Rechtsweges bindend;** alle sonstigen Sachentscheidungsvoraussetzungen muss es in eigener Kompetenz prüfen.[18] Der Bindung, die nach der formellen Rechtskraft (§ 705 ZPO) des Beschlusses eintritt, kommt sowohl **aufdrängende** wie auch **abdrängende** Wirkung zu, da sie sowohl die Zurückverweisung wie auch die Weiterverweisung in einen dritten Rechtsweg ausschließt.[19] Die abdrängende Bindungswirkung tritt auch dann ein, wenn das Zivilgericht seine Zustän-

---

[7] BGH NJW 1998, 909, 910; NJW-RR 2005, 721, 722.
[8] LAG Nürnberg NZA-RR 1996, 1.
[9] BVerwG NJW 2001, 1513; VGH Mannheim NJW 1991, 1905; 1996, 1298; vgl. auch VG Berlin NVwZ 1995, 512.
[10] BGH NJW 1993, 332; DtZ 1995, 404, 406; *Thüringer* OLG OLG-NL 1997, 238; vgl. auch VGH München NVwZ-RR 1995, 121f.; offen gelassen in: BSG NVwZ-RR 2000, 648; aA KG OLG-NL 1994, 236.
[11] VGH Mannheim NJW 1996, 1298;; VGH Kassel NVwZ-RR 1999, 102 (LS).
[12] BAG NJW 1993, 1878.
[13] BAG NJW 1996, 2948; 2003, 3365; LAG Hessen NZA 1999, 616 (LS).
[14] *B/L/H* Rn. 7; *Zö/Gummer* Rn. 11; vgl. auch BGH NVwZ 1990, 1103, 1104.
[15] VGH Kassel NVwZ-RR 1999, 4 (LS).
[16] BAGE 71, 374 = AP ZPO § 36 Nr. 39.
[17] Vgl. BayObLG NJW-RR 1991, 187, 188.
[18] BGH NJW 2001, 2181; BAG NJW 1996, 2948, 2950; OLG Köln NJW-RR 2003, 429.
[19] BT-Drucks. 11/7030 S. 37; OVG Münster NVwZ 1994, 795, 797; OLG Karlsruhe MDR 1995, 88; *Kissel* NJW 1991, 945, 949; Leifer JuS 2004, 956, 957.

digkeit zuvor verneint hat, ohne den Rechtsstreit zu verweisen.[20] Die bindende Wirkung des Verweisungsbeschlusses ist auch im Bestimmungsverfahren des § 36 Nr. 3 ZPO[21] bzw. des § 36 Nr. 6 ZPO[22] zu beachten. Sie darf nicht dadurch umgangen werden, dass das Verwaltungsgericht, an welches der Rechtsstreit verwiesen worden ist, sich seinerseits für unzuständig erklärt und das BVerwG zur Bestimmung des örtlich zuständigen Gerichtes anruft.[23]

Die Bindungswirkung tritt auch bei **fehlerhaftem** bzw. **gesetzwidrigem – aber rechtskräftigem** – Verweisungsbeschluss ein.[24] Die die Bindungswirkung ausschließende Rechtsprechung zum Verweisungsbeschluss nach § 281 ZPO (§ 281 ZPO Rn. 17 sowie § 102 Rn. 3 und 5) kommt wegen des in § 17a Abs. 4 geregelten besonderen Beschwerdeverfahrens (Rn. 14–18) **nicht** zum Tragen; es gelten nur die allgemeinen Regeln über die **Nichtigkeit von Urteilen** (§ 300 ZPO Rn. 4–7) entsprechend.[25] 9

Bindungswirkung im Sinne von § 17a Abs. 2 S. 3 bedeutet aber **nicht**, dass innerhalb des nunmehr bindend festgestellten Rechtsweges eine Weiterverweisung aus Gründen, die sich aus der **örtlichen, sachlichen** oder **funktionellen Zuständigkeit** ergeben, nicht mehr möglich wäre.[26] Außerdem erstreckt sich die Bindungswirkung des Verweisungsbeschlusses nur auf den **Hauptantrag;** der Beschluss hindert also nicht die Rückverweisung des **Hilfsantrages.**[27] Und schließlich lässt das Vorliegen **neuer Umstände** (zB Klageänderung[28]) die Bindungswirkung des Verweisungsbeschlusses **entfallen.** 10

IV. Zulässigkeit des Rechtsweges (Absatz 3)

Hält das erstinstanzliche Gericht[29] den zu ihm beschrittenen Rechtsweg – bei ordentlichen Gerichten gemäß § 13 – für **zulässig,** so **kann** es dies **von Amts wegen vorab** aussprechen (§ 17a Abs. 3 S. 1). Ob das Gericht vorab über die Zulässigkeit des Rechtsweges entscheidet, steht in seinem **pflichtgemäßen Ermessen**[30]. **Es sollte**[31] von Amts wegen vorab entscheiden, wenn die **Rechtslage unklar** ist bzw. **begründete Zweifel** an der Zulässigkeit des Rechtsweges bestehen sowie in den Fällen des § 17a Abs. 4 S. 3 (Rn. 17 und § 543 ZPO Rn. 5–8). Eine Vorabentscheidung des Landwirtschaftsgerichts über den Rechtsweg ist in ZPO-Verfahren unzulässig.[32] 11

Das Gericht **hat** gemäß § 17a Abs. 3 S. 2 **vorab** zu entscheiden, wenn eine Partei die Zulässigkeit des Rechtsweges **rügt**[33]. Die Rüge muss ausdrücklich und innerhalb der Frist des § 282 Abs. 3 ZPO erhoben werden.[34] Das Unterlassen der rechtzeitigen Rüge führt nicht zu einem Rügeverzicht nach § 295 ZPO, sondern hat vielmehr zur Folge, dass das Gericht nicht vorab zu entscheiden braucht, aber nach pflichtgemäßem Ermessen gemäß § 17a Abs. 3 S. 1 vorab entscheiden kann.[35] Ist das Oberlandesgericht als Berufungsgericht mit der Rechtswegfrage befasst, hat es unter den Voraussetzungen des § 17a Abs. 2 und 3 grundsätzlich (s. aber Rn. 21) selbst in das Vorabverfahren einzutreten.[36] Einer **Vorabentscheidung** des OLG über den Rechtsweg bedarf es allerdings **nicht,** wenn sich das Gericht für zuständig erachtet **und** im Falle der Vorabentscheidung keinen Anlass hätte, die Beschwerde nach § 17a Abs. 4 S. 5 an den BGH zuzulassen.[37] Unzulässig ist es aber, nur deshalb von einer Vorabentscheidung abzusehen, weil das Urteil des OLG ohnehin revisibel ist.[38] Wenn trotz rechtzeitiger Rüge keine Vorabentscheidung durch Beschluss ergeht, sondern erst in den Urteilsgründen die Zulässigkeit des Rechtsweges bejaht wird, ist das Rechtsmittelgericht in seiner Prüfungskompetenz nicht beschränkt (Rn. 21). 12

Vorabentscheidung bedeutet, dass isoliert von den Fragen der Zulässigkeit im Übrigen und den Fragen der Begründetheit und vor der Entscheidung in der Hauptsache entschieden wird[39], nicht notwendig vor 13

---

20 VGH München NJW 1999, 3211.
21 BAG NZA 1994, 479.
22 BAG NJW 1993, 751, 752; 1996, 413; 1997, 1091.
23 BVerwG NJW 1995, 1692 (LS) = NVwZ 1995, 372.
24 BGH NJW 2000, 1343, 1344; NJW-RR 2004, 645, 646; s. auch Fn. 21 und 22.
25 BGH NJW 2000, 1343, 1344, *Kissel* § 17 Rn. 37 und 46; *B/L/H* Rn. 8; aA BAG NJW 1993, 751, 752; NZA 2000, 503, 504; NJW 2006, 1371; 2006, 1372; 2006, 2798; BayObLG NJW-RR 1992, 597, 598; OLG Naumburg OLG-NL 1995, 84, 85; LAG Köln NZA 1996, 280 (LS); OLG Koblenz OLGReport 2006, 255, 256; *Zö/Gummer* Rn. 13; offen gelassen in: BGH NJW-RR 2002, 713; NJW 2003, 2990, 2991.
26 BT-Drucks 11/7030 S. 37; BAG NZA 1994, 478 mit Anm. *Jauernig* NZA 1995, 12ff.; NJW 1996, 742; OLG Hamburg NVwZ-RR 2001, 203.
27 OVG Münster NVwZ 1994, 795; *Zö/Gummer* Rn. 13a.
28 Vgl. BGH NJW 1990, 53, 54.
29 BT-Drucks. 11/7030 S. 38; BGHZ 114, 1,3 = NJW 1991, 1686.
30 BGHZ 120, 204, 206 = NJW 1993, 389, 390; NJW-RR 2005, 142, 143.
31 Nach aA (Boin NJW 1998, 3747, 3748 mit weit. Nachw.) besteht insoweit eine Vorabentscheidungspflicht.
32 OLG Koblenz OLGReport 2006, 255.
33 Zu den Voraussetzungen unter denen eine Rüge des Rechtswegs iSd § 17a Abs. 3 S. 2 vorliegt, s. OVG Münster NZA-RR 1998, 431; Boin NJW 1998, 3747ff.
34 BGH NJW 1999, 651; OLG Köln NJW 1995, 3319; *Zö/Gummer* Rn. 6; *B/L/H* Rn. 11; Boin NJW 1998, 3747, 3748; aA *Brückner* NJW 2006, 13ff.
35 LAG Sachsen NZA-RR 2001; 604; MK/*Wolf* Rn. 12.
36 BGH NJW 1996, 591; 2003, 433, 434; Thüringer OLG OLG-NL 1995, 42; OLG Frankfurt/M NJW-RR 1997, 1564; OLG Brandenburg OLG_NL 2000, 1, 2.
37 BGH NJW 1996, 591; 1999, 651; OLG Frankfurt/M NJW 1997, 2391; NJW-RR 1997, 1564.
38 BGH NJW 1996, 1890; 1999, 651; aA Thüringer OLG OLG-NL 1995, 42.
39 BAG NZA 1992, 954, 956.

Beginn der Verhandlung zur Hauptsache.[40] Nach allgM ist vor jeder Entscheidung über die Zulässigkeit des Rechtsweges den Parteien gemäß Art. 103 Abs. 1 GG **rechtliches Gehör** zu gewähren, auch wenn eine ausdrückliche Regelung wie in § 17a Abs. 2 S. 1 fehlt. Ergibt sich zB aus dem Klagevorbringen, dass für eine Klage nicht nur eine Zuständigkeit der ordentlichen Gerichte, sondern auch eine solche der Arbeitsgerichte in Betracht kommt, so dürfen die ordentlichen Gerichte ihre Zuständigkeit auf Grund einer einseitigen Schlüssigkeitsprüfung annehmen (vgl. § 13 Rn. 6–8 und § 17 Rn. 6–8), **ohne** vorher über die Frage des Bestehens eines Arbeitsverhältnisses **Beweis erheben** zu müssen.[41] Die Vorabentscheidung, die zu **allen Streitgegenständen** herbeizuführen ist[42], ergeht durch **Beschluss** (§ 17a Abs. 4 S. 1), der in jedem Fall zu **begründen** ist (§ 17a Abs. 4 S. 2). Der Beschluss ist gemäß § 329 Abs. 3 ZPO zuzustellen[43], da er nach § 17a Abs. 4 S. 2 mit der sofortigen Beschwerde (zum Beschwerdeverfahren s. Rn. 14–18) angefochten werden kann. Das Gericht hat vor der Entscheidung in der Hauptsache die Unanfechtbarkeit der Vorabentscheidung abzuwarten.[44]

V. Beschwerdeverfahren (Absatz 4)

14 Gegen **Beschlüsse,** die die Zulässigkeit des Rechtsweges verneinen (§ 17a Abs. 2) oder bejahen (§ 17a Abs. 3) ist gemäß § 17a Abs. 4 S. 3 die **sofortige** Beschwerde nach den Vorschriften der jeweils anzuwendenden Verfahrensordnung gegeben. Im Zivilprozess richtet sich das Verfahren folglich nach den §§ 567ff. ZPO[45]. Die Erläuterungen zu diesen Vorschriften geltend daher entsprechend. Gegenstand des Beschwerdeverfahrens ist nur die Frage der Zulässigkeit des Rechtsweges.[46] Die sofortige Beschwerde gegen einen Verweisungsbeschluss nach § 17a Abs. 2 kann daher nicht darauf gestützt werden, dass an ein anderes Gericht des zulässigen Rechtsweges hätte verwiesen werden müssen (s. auch Rn. 10).[47] Etwas anderes gilt jedoch dann, wenn das erstinstanzliche Gericht das dem Kläger in § 17a Abs. 2 S. 2 eingeräumte Wahlrecht verletzt hat; der Kläger kann dann im Wege der Beschwerde die Verweisung des Rechtsstreits an das von ihn ausgewählte Gericht herbeiführen.[48] Bis zur endgültigen Erledigung des Beschwerdeverfahrens ist die Aussetzung des Verfahrens in der Hauptsache geboten.[49] Den Gerichten ist es verwehrt, eine zusätzliche Möglichkeit zur Bestimmung des Rechtsweges über eine entsprechende Anwendung des § 36 Abs. 1 Nr. 3 ZPO zu eröffnen.[50] Im Interesse einer funktionierenden Rechtspflege und der Rechtssicherheit ist es allerdings geboten, ausnahmsweise die sich aus § 17a ergebende Rechtswegzuständigkeit in entsprechender Anwendung von § 36 Abs. 1 Nr. 6 ZPO ausdrücklich auszusprechen.[51]

15 **1. Sofortige Beschwerde (Absatz 4 S. 3)**[52]. In der ordentlichen Gerichtsbarkeit ist die sofortige Beschwerde gemäß § 567 ZPO gegen Beschlüsse nach § 17a Abs. 2 und 3 des **Amtsgerichts** und des **Landgerichts** gegeben. Hat das **Oberlandesgericht als Berufungsgericht** – anders als nach § 17a vorgesehen – eine Vorabentscheidung getroffen und die sofortige Beschwerde, nicht die weitere Beschwerde zugelassen, ist der Bundesgerichtshof daran gebunden.[53] Die sofortige Beschwerde ist binnen einer Notfrist von zwei Wochen einzulegen (§ 569 Abs. 1 S. 1 ZPO). Werden die Verweisungsbeschlüsse ordentlicher Gerichte entgegen § 329 Abs. 3 ZPO **nicht zugestellt,** so sind die §§ 517, 548 ZPO entsprechend anwendbar; die Frist zur Einlegung der sofortigen Beschwerde beginnt dann 5 Monate nach der Verkündung oder – bei nicht verkündeten Beschlüssen – 5 Monate nach der formlosen Mitteilung des Verweisungsbeschlusses.[54] Ist streitig, ob gegen einen von mehreren als Streitgenossen in Anspruch genommenen Beklagten der Zivilrechtsweg gegeben ist, so steht dem anderen Streitgenossen gegen den nach § 17a Abs. 3 ergangenen – die Zulässigkeit des Rechtsweges bejahenden – Beschluss die sofortige Beschwerde mangels Beschwer nicht zu.[55] Der Beschwerdeführer kann mit der Begründung, der Rechtsweg zu dem angerufenen Gericht sei nachträglich begründet worden, die gegen die Vorabentscheidung eingelegte sofortige Beschwerde in der Hauptsache für erledigt erklären.[56] Wird der Rechtsstreit – und nicht nur die Beschwerde (s. auch § 91a ZPO Rn. 7f.)

---

40 *Kissel* NJW 1991, 945, 948.

41 BAG NJW 1996, 2948ff. mit Überblick zum Meinungsstand und krit. Anm. *Lüke* JuS 1997, 215ff. und Kluth NJW 1999, 342ff.; 2003, 2554; OLG Köln NJW 1997, 470; KG NJW-RR 2001, 1509; 2002, 1296 (LS); vgl. auch BVerfG NZA 1999, 1234; BGH NJW 1996, 3012; aA BAG NJW 1994, 604; 1994, 1172; *T/P/Hüßtege* Rn. 9.

42 LAG Sachsen NZA-RR 2001, 604.

43 Vgl. BAGE 71, 374 = AP ZPO § 36 Nr. 39 bzgl. Verweisungsbeschluss nach § 17a Abs. 2.

44 OLG Oldenburg NJW-RR 1993, 255; *Zö/Gummer* Rn. 8; *Kissel* NJW 1991, 945, 949.

45 Zur Frage, ob die sof. Beschwerde dem Anwaltszwang unterliegt, s. OLG Saarbrücken NJW-RR 1998, 1611, 1612; OVG Münster NVwZ 1998, 204; VGH München NJW 1999, 378; OVG Hamburg NVwZ-RR 2001, 203, 204.

46 BGHZ 119, 246, 251 = NJW 1993, 470, 471; NJW 2001, 2182.

47 BAG NJW 1996, 742; OVG Hamburg NVwZ-RR 2001, 203; 2001, 203, 204.

48 OVG Hamburg NVwZ-RR 2001, 203, 204.

49 BAG NZA 1992, 954.

50 BGH NJW 1994, 2032; offen gelassen in: BayObLG NJW-RR 2000, 1310.

51 BGH NJW-RR 2002, 713; NJW 2002, 2474, 2475; BAG NJW 2003, 1068, 1069; 2006, 1371; 2006, 1372.

52 Nach Ansicht des BayObLG (NZM 1998, 238) ist bei einem negativen Kompetenzkonflikt zwischen einem Amtsgericht als Wohnungseigentumsgericht und einem Landgericht als Prozessgericht auch der Zurückverweisungsbeschluss des Landgerichts an das Amtsgericht in entsprechender Anwendung von § 17a Abs. 4 S. 3 mit der sofortigen Beschwerde anfechtbar.

53 BGHZ 119, 246, 248; BGH NJW 1996, 591.

54 BAGE 71, 374 = AP ZPO § 36 Nr. 39; BAG NJW 1997, 343; BayObLG NJW-RR 1992, 597; 2002, 1024.

55 OLG Köln NJW-RR 1996, 60; vgl. auch BGH BGHReport 2006, 189.

56 BGH NJW-RR 2001, 1007.

– während des Beschwerdeverfahrens in der Hauptsache übereinstimmend für erledigt erklärt, so ist eine Entscheidung über die Rechtswegfrage im Hinblick auf die zu treffende Kostenentscheidung auch nicht durch Art. 101 Abs. 1 S. 2 GG geboten.[57] Das Beschwerdegericht entscheidet in diesem Fall gem. § 91a Abs. 1 ZPO durch Beschluss nur noch über die Kosten auch des Hauptsacheverfahrens; eine nur auf das Beschwerdeverfahren bezogene Kostenentscheidung durch das Beschwerdegericht (mit nachfolgender Kostenentscheidung des Hauptsacheverfahrens durch das erstinstanzliche Gericht) kommt nicht in Betracht.[58]

2. Weitere Beschwerde (Absatz 4 S. 4–6). In der ordentlichen Gerichtsbarkeit steht den Beteiligten die **weitere – sofortige – Beschwerde** gegen einen Beschluss des oberen Landesgerichts (OLG) als **Beschwerdegericht**[59] an den obersten Gerichtshof des Bundes (BGH) nur zu, wenn sie in dem Beschluss **zugelassen** (zur nachträglichen Zulassung in einem Ergänzungsbeschluss s. Rn. 17) worden ist (§ 17a Abs. 4 S. 4). Das gilt insbes. auch im **einstweiligen Verfügungsverfahren.**[60] Seit dem Inkrafttreten des ZPO-RG am 1. 1. 2002 stellt die nach § 17a Abs. 4 S. 4 zum BGH führende Beschwerde keinen eigenständigen, von der Beschwerde der ZPO unabhängigen Rechtsbehelf mehr dar, sondern ist vielmehr als **Rechtsbeschwerde iSd. §§ 574ff. ZPO** zu behandeln.[61] Da im ZPO-RG auch das Rechtsmittelrecht neu geordnet wurde, können seit dem 1. 1. 2002 trotz des unveränderten Wortlauts des § 17a Abs. 4 S. 4 auch die **Landgerichte** als Beschwerdegerichte im zivilprozessualen Verfahren die (Rechts-)Beschwerde an den BGH aus den Gründen des § 17a Abs. 4 S. 5 zulassen.[62] Die Zulassung der (Rechts-)Beschwerde nach § 17a Abs. 4 S. 4 und 5 an den BGH wegen grundsätzlicher Bedeutung der Rechtsfrage ist dem Spruchkörper in der im GVG vorgeschriebenen Besetzung vorbehalten; eine Zulassung durch den Einzelrichter unterliegt wegen fehlerhafter Besetzung der Aufhebung von Amts wegen.[63] 16

Die weitere sofortige Beschwerde ist zuzulassen, wenn – entsprechend § 543 Abs. 2 S. 1 und § 574 Abs. 2 ZPO – die Rechtsfrage grundsätzliche Bedeutung hat oder wenn das Gericht von einer Entscheidung des BGH oder des GemS abweicht (§ 17a Abs. 4 S. 5). Insoweit gelten die Ausführungen zu § 543 Abs 2 S. 1 und § 574 Abs. 2 ZPO (§ 543 ZPO Rn. 5–8 und § 574 Rn. 6) entsprechend. Der BGH ist gemäß § 17a Abs. 4 S. 6 an die Zulassung der Beschwerde gebunden (siehe aber Rn. 16). Die nachträgliche Zulassung der weiteren Beschwerde in einem Ergänzungsbeschluss bindet den BGH allerdings nicht.[64] Eine **Nichtzulassungsbeschwerde** ist nicht vorgesehen,[65] und zwar selbst dann nicht, wenn die Entscheidung des Beschwerdegerichts gegen ein Verfahrensgrundrecht verstößt. Im Verfahren der weiteren sofortigen Beschwerde gemäß § 17a Abs. 4 S. 4–6 ist § 545 Abs. 1 ZPO entsprechend anwendbar, weshalb Landesrecht nur zur Überprüfung durch den BGH steht, soweit es sich über den Bezirk eines OLG hinaus erstreckt[66] (s. § 545 ZPO Rn. 4 und 7). 17

3. Urteile. Hat das Gericht erster Instanz die Klage durch Urteil als unzulässig abgewiesen statt den Rechtsstreit gemäß § 17a Abs. 2 an das Gericht des zulässigen Rechtsweges zu verweisen, so kann dieses Urteil – soweit die Berufungssumme erreicht ist – mit dem Rechtsmittel der Berufung angefochten werden.[67] Gleiches gilt in den Fällen, in denen das erstinstanzliche Gericht verfahrensfehlerhaft entgegen § 17a Abs. 3 S. 2 über die Zulässigkeit des zu ihm beschrittenen Rechtsweges trotz entsprechender Rüge nicht vorab durch Beschluss, sondern erst in den Gründen des Endurteils entschieden hat[68]. Ein solches Urteil kann insbesondere **nicht** im Wege der **Meistbegünstigung** (s. insoweit vor § 511 ZPO Rn. 31–34) **wahlweise** auch mit der **sofortigen Beschwerde** angefochten werden, da es sich um eine sachlich falsche, nicht aber um eine der Form nach inkorrekte Entscheidung handelt.[69] Das Berufungsgericht kann das erstinstanzliche Urteil durch Beschluss aufheben und den Rechtsstreit aus dem Berufungsverfahren heraus an das erstinstanzliche Gericht des nach seiner Auffassung eröffneten anderen Rechtsweges verweisen[70] (s. aber Rn. 21). Hat dagegen das erstinstanzliche Gericht die Verweisungsentscheidung in der falschen Form (zB Urteil statt Beschluss) getroffen, so eröffnet der Grundsatz des **Meistbegünstigungsgebots** dem durch die Verweisung Beschwerten die Möglichkeit, die Entscheidung **wahlweise** mit der **Berufung** oder der **sofortigen Beschwerde** anzufechten.[71] Der Meistbegünstigungsgrundsatz ermöglicht es aber nicht, die Vor- 18

---

[57] OVG Weimar NVwZ-RR 1999, 278.

[58] OVG Weimar NVwZ-RR 1999, 278.

[59] BT-Drucks. 11/7030 S. 38; BGHZ 120, 198, 199 = NJW 1993, 388.

[60] BGH NJW 1999, 3785; 2007, 1819; *Kissel/Mayer* § 17 Rn. 26; *B/L/H* Rn. 13; *Jestaedt* NJW 1995, 1527, 1528; aA BVerwG NVwZ 2006, 1291; OVG Berlin NJW 1991, 715, 716; OLG Hamburg OLGZ 1994, 366; OVG Münster NJW 2001, 3803; NVwZ 1994, 178; OLG Greifswald NVwZ 2001, 446; VGH Kassel NJW 2003, 1068.

[61] BT-Drucks. 14/4722, S. 116; BGH NJW 2003, 433; NJW-RR 2005, 142; BGHReport 2006, 189, 190; NVwZ 2006, 243 = NJW 2006, 850 (LS); BAG NJW 2002, 3725; 2003, 1069; *Seiber/Wunsch* NJW 2003, 1840, 1842.

[62] BGH NJW 2003, 2913.

[63] BGH BGHReport 2006, 189 = NJW-RR 2006, 286.

[64] BSG NZS 1998, 206.

[65] BT-Drucks. 11/7030 S. 38; BGH NJW 1999, 651, 652; BAG NJW 1994, 2110; 2003, 1069; BVerwG NVwZ 1994, 782; BSG NZA 1994, 191, 192; NZS 1998, 206.

[66] BGH NJW 1996, 3012f.

[67] LG Trier NJW-RR 1992, 1533.

[68] OLG Düsseldorf NZA-RR 1998, 145.

[69] BGH NJW 1993, 332, 333; OLG Oldenburg NJW-RR 1993, 255; *Zö/Gummer* Rn. 17; aA BAG NZA 1992, 954; NJW 1995, 2310, 2311; LAG Hamm NZA 1992, 136; OVG Koblenz NVwZ-RR 1993, 668; OLG Naumburg NJW-RR 2002, 791 mit krit. Anm. *Deubner* JuS 2002, 267ff.

[70] BGH NJW 1998, 2057, 2058 m. weit. Nachw.; OLG Brandenburg ViZ 2000, 180.

[71] BGH NJW 1987, 442, 443; NJW-RR 2003, 277, 279.

teile des einen Rechtsmittels (= kein Begründungszwang bei der sofortigen Beschwerde) mit denen des anderen (= längere Rechtsmittelfrist bei der Berufung) zu verbinden.[72]

VI. Prüfungskompetenz des Rechtsmittelgerichts (Absatz 5)

19 § 17a Abs. 5 bestimmt, dass das Gericht, das über ein Rechtsmittel gegen eine Entscheidung in der Hauptsache entscheidet, **nicht prüft,** ob der beschrittene Rechtsweg zulässig ist. Das bedeutet nach allgM[73], dass das mit der Hauptsache befasste Rechtsmittelgericht es **hinnehmen muss,** wenn das Gericht des ersten Rechtszuges **„ausdrücklich oder unausgesprochen**[74] **(= konkludent durch Entscheidung in der Hauptsache)"** die Zulässigkeit des Rechtsweges bejaht hat. Dies gilt auch für das Revisionsgericht, wenn das Berufungsgericht zu Unrecht die Zulässigkeit des Rechtsweges geprüft und in einem Sachurteil positiv beschieden hat.[75] Auch prüft das Beschwerdegericht entsprechend § 17a Abs. 5 eine vom Erstgericht in einer Endentscheidung bejahte Zulässigkeit des Rechtsweges nicht mehr nach, wenn der Rechtsmittelführer seine Rechtswegrüge in der Beschwerdeinstanz nicht mehr aufrecht erhält.[76] Und im Falle der Zurückverweisung des Rechtsstreits an die erste Instanz ist auch diese auf Grund der dann entsprechend anwendbaren Regelung von § 17a Abs. 5 an die schlüssig getroffene eigene Rechtswegentscheidung gebunden.[77]

20 Eine **Entscheidung in der Hauptsache** im Sinne von § 17a Abs. 5 ist nicht nur eine Entscheidung in der Sache selbst, also über die Begründetheit der Klage, sondern auch eine Entscheidung über die Unzulässigkeit des Verfahrens, sofern sie auf andere Gründe als die Unzulässigkeit des Rechtsweges gestützt ist.[78] Sie ergeht in der Regel durch Urteil, im Einzelfall auch durch Beschluss (zB Beschlüsse in Familiensachen gemäß den §§ 620ff. ZPO und nach § 621a ZPO iVm. § 621e ZPO).[79] **Nicht** unter § 17a Abs. 5 fallen der Mahnbescheid (§ 692 ZPO) und Beschlüsse, durch die ein Arrest oder eine einstweilige Verfügung angeordnet werden (§§ 922, 924, 936 ZPO), da der Widerspruch nicht zu den Rechtsmitteln zählt.[80]

21 Die Beschränkung der Prüfungskompetenz des Rechtsmittelgerichts, die verfassungsrechtlich nicht zu beanstanden ist[81], rechtfertigt sich daraus, dass die Rechtswegfrage vorab im Beschwerdeverfahren zu prüfen ist.[82] § 17a Abs. 5 findet deshalb **keine** Anwendung, wenn das Gericht erster Instanz die Klage als **unzulässig abgewiesen** hat statt den Rechtsstreit gemäß § 17a Abs. 2 an das Gericht des zulässigen Rechtsweges zu verweisen.[83] Und hat das erstinstanzliche Gericht **verfahrensfehlerhaft** entgegen § 17a Abs. 3 S. 2 über die Zulässigkeit des zu ihm beschrittenen Rechtsweges nicht vorab durch Beschluss, sondern **erst im angefochtenen Urteil** entschieden, so hat das Berufungsgericht trotz § 17a Abs. 5 zu prüfen, ob der beschrittene Rechtsweg zulässig ist.[84] Für die Zuständigkeitsprüfung durch das Berufungsgericht (= LG oder OLG, wenn es die sofortige Beschwerde nicht gemäß § 17a Abs. 3 S. 4 zulässt) braucht das Vorabentscheidungsverfahren gemäß § 17a Abs. 3 nicht stattzufinden (s. aber Rn. 12); das Berufungsgericht hat vielmehr in seiner Entscheidung (= Urteil) auch die Rechtswegentscheidung (= entweder Verweisung an das Gericht des zuständigen Rechtsweges oder Entscheidung in der Sache selbst oder Aufhebung des erstinstanzlichen Urteils und Zurückverweisung der Sache gemäß § 538 Abs. 2 ZPO an das Gericht des ersten Rechtszuges unter Entscheidung der Rechtswegfrage) zu treffen[85] (s. aber Rn. 18). Hat dagegen das OLG als Berufungsgericht verfahrensfehlerhaft über die Zulässigkeit des Rechtsweges erst im Berufungsurteil entschieden (ohne sich dabei zur Frage der Zulässigkeit der sofortigen Beschwerde zu äußern), so hat das Revisionsgericht grds. das Berufungsurteil aufzuheben und den Rechtsstreit zur Nachholung der Vorabentscheidung an das Berufungsgericht zurückzuverweisen.[86] Von der Aufhebung und Zurückweisung kann nur dann ausnahmsweise abgesehen werden, wenn die Bejahung des Rechtsweges zu den Zivilgerichten die rechtlich einzig mögliche Entscheidung darstellt.[87]

---

[72] BGH NJW-RR 2002, 1651.
[73] Für viele: BT-Drucks. 11/7030 S. 38; BGHZ 114, 1, 3 = NJW 1991, 1686; BAG NJW 1996, 3430; 1997, 1025; OLG Düsseldorf NJW-RR 2002, 1512 (LS); aA für das Verfahren des einstweiligen Rechtsschutzes: VGH Kassel NJW 1995, 1170, 1171.
[74] OLG Düsseldorf (Fn. 2); aA OLG Rostock NJW 2006, 2563.
[75] BGHZ 120, 204, 206f. = NJW 1993, 389, 390; *Kissel* § 17 Rn. 34.
[76] VGH München NJW 1997, 1251f.
[77] ArbG Hanau NJW-RR 1997, 766.
[78] BGHZ 119, 246, 249f. = NJW 1993, 470, 471; OVG Münster NJW 1994, 1020 (LS) = NVwZ 1994, 179.
[79] MK/*Wolf* Rn. 26.
[80] MK/*Wolf* Rn. 27.
[81] MK/*Wolf* Rn. 11 und 28.
[82] BT-Drucks. 11/7030 S. 38; BGHZ 119, 246, 250 = NJW 1993, 470, 471.
[83] BGH DtZ 1993, 249, 250 = LM ZGB-DDR § 66 Nr. 1 mit Anm. *Weber;* BSG NVwZ-RR 2000, 648; OVG Koblenz NVwZ-RR 1993, 668, 669; VGH Kassel NVwZ-RR 1994, 700, 701; OLG Köln NJW-RR 1995, 910, 911; OLG Saarbrücken NJW 1995, 1562; OLG Dresden NJW 1996, 1146, 1147; LG Trier NJW-RR 1992, 1533, 1534; zur Zulässigkeit der Klageabweisung in einem Ausnahmefall s. BGH NJW 1993, 332, 333.
[84] BGHZ 119, 246, 250 = NJW 1993, 470, 471; NJW-RR 2005, 142, 143; BAG NZA 1992, 954, 956f.; BVerwG NJW 1994, 956; offen gelassen in VGH Kassel NJW 1995, 1170, 1171.
[85] VGH Mannheim NVwZ-RR 1993, 515; OLG Saarbrücken NJW 1995, 1562; LSG Nordrhein-Westfalen NZS 1997, 197; LG Fulda NJW 1996, 265, 266; LG Gießen NJW-RR 1996, 188; *B/L/H* Rn. 16; aA (in jedem Fall Vorabentscheidung durch Beschluss) BAG NJW 1993, 2458, 2459; OLG Frankfurt/M NJW-RR 1997, 1564; LSG SchlH NZS 1999, 56 (LS).
[86] BGH NJW 1999, 651.
[87] BGHZ 132, 245 (249) = NJW 1996, 1890; NJW 1999, 651, 652; BSG NVwZ-RR 2000, 648.

Die Bindungswirkung des § 17a Abs. 5 entfällt aber auch noch in weiteren Fällen. So ist zB das Berufungsgericht an der Prüfung der Rechtswegfrage nicht durch ein erstinstanzliches Urteil gehindert, mit dem die Klage wegen anderweitiger Rechtshängigkeit (s. insoweit Rn. 5) abgewiesen worden ist.[88] Gleiches gilt im Falle einer objektiven Klagenhäufung hinsichtlich des „übersehenen" Klagebegehrens (s. Rn. 6)[89] und dann, wenn dem Gegner vor der erstinstanzlichen Sachentscheidung kein rechtliches Gehör gewährt worden ist.[90] 22

17b ***Anhängigkeit nach Verweisung; Kosten*** (1) **[1]Nach Eintritt der Rechtskraft des Verweisungsbeschlusses wird der Rechtsstreit mit Eingang der Akten bei dem im Beschluss bezeichneten Gericht anhängig. [2]Die Wirkungen der Rechtshängigkeit bleiben bestehen.**

(2) **[1]Wird ein Rechtsstreit an ein anderes Gericht verwiesen, so werden die Kosten im Verfahren vor dem angegangenen Gericht als Teil der Kosten behandelt, die bei dem Gericht erwachsen, an das der Rechtsstreit verwiesen wurde. [2]Dem Kläger sind die entstandenen Mehrkosten auch dann aufzuerlegen, wenn er in der Hauptsache obsiegt.**

I. Normzweck

Die Vorschrift des § 17b befasst sich mit den **Folgen** einer nach § 17a Abs. 2 erfolgten **Verweisung** in einen anderen Rechtsweg. Während § 17b Abs. 1 S. 1 den Zeitpunkt der **Anhängigkeit** bei dem Gericht, an das der Rechtsstreit verwiesen wurde, präzisiert, bestimmt § 17b Abs. 1 S. 2, dass die Wirkungen der **Rechtshängigkeit** bestehen bleiben. Schließlich verlangt § 17b Abs. 2 eine **einheitliche Kostenentscheidung.** 1

II. Anhängigkeit (Absatz 1 S. 1)

Gemäß § 17b Abs. 1 S. 1 wird der Rechtsstreit **erst** nach Eintritt der Rechtskraft des Verweisungsbeschlusses mit Eingang der Akten bei dem Gericht, an das verwiesen wurde, anhängig. Das **„Anhängigwerden"** bedeutet keine neue Rechtshängigkeit, sondern nur die formelle prozessuale Zuordnung des Rechtsstreits zu dem im Beschluss bezeichneten Gericht.[1] Die **Versendung der Akten** durch das abgebende Gericht ist **nicht** vor Eintritt der formellen Rechtskraft (§ 705 ZPO) des Verweisungsbeschlusses zulässig.[2] 2

Das **weitere Verfahren** richtet sich grundsätzlich nach den Verfahrensvorschriften, die für das im Verweisungsbeschluss bezeichnete Gericht gelten, und zwar auch in den Fällen fehlerhafter, aber bindender Verweisung.[3] Rechtsfolge einer **sachlich zu Unrecht** erfolgten Verweisung ist deshalb eine **Erweiterung der Prüfungskompetenz** des Adressatgerichts; dieses übernimmt die Rechtsschutzfunktion, die an sich das verweisende Gericht wahrzunehmen gehabt hätte.[4] Das hat zur Folge, dass zB das Zivilgericht nicht nur zivilrechtliche, sondern gegebenenfalls auch öffentlich-rechtliche Anspruchsgrundlagen prüfen muss.[5] 3

III. Wirkungen der Rechtshängigkeit (Absatz 1 S. 2)

§ 17b Abs. 1 S. 2 bestimmt, dass die Wirkungen der Rechtshängigkeit bestehen bleiben. Das gilt sowohl für die **prozessualen** Wirkungen nach § 261 Abs. 3 ZPO (§ 261 ZPO Rn. 9–15) wie auch für die **materiellrechtlichen** Wirkungen im Sinne von § 262 ZPO (§ 262 ZPO Rn. 1, 4). Insbesondere ist die Klageerhebung in einem anderen Rechtsweg (zB Verwaltungsrechtsweg) **nicht rechtsmissbräuchlich** (s. auch § 261 ZPO Rn. 4), da dem Bedürfnis, bei einer Fristwahrung (zB wegen den §§ 90 Abs. 1, 81 Abs. 1 VwGO) nicht auf die Zustellung der Klage angewiesen zu sein, bereits § 270 Abs. 3 ZPO Rechnung trägt.[6] 4

IV. Kosten (Absatz 2)[7]

§ 17b Abs. 2 entspricht – abgesehen von der vorausgesetzten Verweisung – fast wörtlich dem § 281 Abs. 3 ZPO. Die dortigen Ausführungen (§ 281 ZPO Rn. 20, 21 u. 23) gelten deshalb entsprechend. Insbesondere ist auch hier **allein** das Gericht, an das der Rechtsstreit verwiesen worden ist, zur Entscheidung über die Kosten berufen[8], so dass der Verweisungsbeschluss weder eine Kostenentscheidung noch eine Streitwertfestsetzung enthält.[9] Wird der Verweisungsbeschluss im Beschwerdeweg angefochten (§ 17a Abs. 4), so findet § 17b Abs. 2 **keine** Anwendung; das Beschwerdegericht hat vielmehr gemäß den §§ 91 ff. 5

---

[88] VGH Kassel NVwZ-RR 1999, 102 (LS).
[89] VGH Kassel NVwZ-RR 1999, 4 (LS).
[90] BGH NJW-RR 2005, 142, 143; OLG Frankfurt/M OLGReport 1995, 247, 248; MK/*Wolf* Rn. 27.
[1] BT-Drucks. 11/7030 S. 38.
[2] BAGE 71, 374 = AP ZPO § 36 Nr. 39; *Kissel* NJW 1991, 945, 950.
[3] BGH NJW 1990, 1794, 1795; OLG Hamm OLGZ 1990, 291, 297.
[4] BVerwG NJW 1967, 2128, 2130; OLG Hamm OLGZ 1990, 291, 296.
[5] Vgl. BVerwG NJW 1967, 2128, 2130.
[6] LG Lüneburg NJW 1985, 2279, 2280; *Jauernig* NJW 1986, 34, 35; MK/*Wolf* Rn. 8; aA LG Marburg NJW 1985, 2280; *Schneider/Schneider* MDR 1986, 459, 461.
[7] Zur entsprechenden Anwendung von § 17b Abs. 2 S. 2 nach Verweisung des Rechtsstreits vom Prozessgericht an das Gericht der freiwilligen Gerichtsbarkeit s. BayObLG FGPrax 1995, 211, 212.
[8] BGH NJW 1993, 2541, 2542; VGH Mannheim NVwZ-RR 1992, 165; OVG Münster NVwZ-RR 1993, 670.
[9] VGH Mannheim NVwZ-RR 1992, 165; *Zö/Gummer* Rn. 4.

ZPO über die Kosten des Beschwerdeverfahrens zu entscheiden.[10] Dabei entspricht der Beschwerdewert einem Bruchteil (1/3–1/5) des Hauptsachewerts.[11]

18 *Exterritorialität von Mitgliedern der diplomatischen Missionen* **[1]Die Mitglieder der im Geltungsbereich dieses Gesetzes errichteten diplomatischen Missionen, ihre Familienmitglieder und ihre privaten Hausangestellten sind nach Maßgabe des Wiener Übereinkommens über diplomatische Beziehungen vom 18. April 1961 (Bundesgesetzbl. 1964 II S. 957ff.) von der deutschen Gerichtsbarkeit befreit. [2]Dies gilt auch, wenn ihr Entsendestaat nicht Vertragspartei dieses Übereinkommens ist; in diesem Falle findet Artikel 2 des Gesetzes vom 6. August 1964 zu dem Wiener Übereinkommen vom 18. April 1961 über diplomatische Beziehungen (Bundesgesetzbl. 1964 II S. 957) entsprechende Anwendung.**

19 *Exterritorialität von Mitgliedern der konsularischen Vertretungen* **(1) [1]Die Mitglieder der im Geltungsbereich dieses Gesetzes errichteten konsularischen Vertretungen einschließlich der Wahlkonsularbeamten sind nach Maßgabe des Wiener Übereinkommens über konsularische Beziehungen vom 24. April 1963 (Bundesgesetzbl. 1969 II S. 1585ff.) von der deutschen Gerichtsbarkeit befreit. [2]Dies gilt auch, wenn ihr Entsendestaat nicht Vertragspartei dieses Übereinkommens ist; in diesem Falle findet Artikel 2 des Gesetzes vom 26. August 1969 zu dem Wiener Übereinkommen vom 24. April 1963 über konsularische Beziehungen (Bundesgesetzbl. 1969 II S. 1585) entsprechende Anwendung.**

(2) Besondere völkerrechtliche Vereinbarungen über die Befreiung der in Absatz 1 genannten Personen von der deutschen Gerichtsbarkeit bleiben unberührt.

20 *Weitere Exterritoriale* **(1) Die deutsche Gerichtsbarkeit erstreckt sich auch nicht auf Repräsentanten anderer Staaten und deren Begleitung, die sich auf amtliche Einladung der Bundesrepublik Deutschland im Geltungsbereich dieses Gesetzes aufhalten.**

(2) Im übrigen erstreckt sich die deutsche Gerichtsbarkeit auch nicht auf andere als die in Absatz 1 und in den §§ 18 und 19 genannten Personen, soweit sie nach den allgemeinen Regeln des Völkerrechts, auf Grund völkerrechtlicher Vereinbarungen oder sonstiger Rechtsvorschriften von ihr befreit sind.

21 *Ersuchen eines internationalen Strafgerichtshofes* **Die §§ 18 bis 20 stehen der Erledigung eines Ersuchens um Überstellung und Rechtshilfe eines internationalen Strafgerichtshofes, der durch einen für die Bundesrepublik Deutschland verbindlichen Rechtsakt errichtet wurde, nicht entgegen.**

Zweiter Titel. Allgemeine Vorschriften über das Präsidium und die Geschäftsverteilung

21a *Präsidium* **(1) Bei jedem Gericht wird ein Präsidium gebildet.**

(2) Das Präsidium besteht aus dem Präsidenten oder Aufsicht führenden Richter als Vorsitzenden und
1. bei Gerichten mit mindestens achtzig Richterplanstellen aus zehn gewählten Richtern,
2. bei Gerichten mit mindestens vierzig Richterplanstellen aus acht gewählten Richtern,
3. bei Gerichten mit mindestens zwanzig Richterplanstellen aus sechs gewählten Richtern,
4. bei Gerichten mit mindestens acht Richterplanstellen aus vier gewählten Richtern,
5. bei den anderen Gerichten aus den nach § 21b Abs. 1 wählbaren Richtern.

21b *Wahl zum Präsidium* **(1) [1]Wahlberechtigt sind die Richter auf Lebenszeit und die Richter auf Zeit, denen bei dem Gericht ein Richteramt übertragen ist, sowie die bei dem Gericht tätigen Richter auf Probe, die Richter kraft Auftrags und die für eine Dauer von mindestens drei Monaten abgeordneten Richter, die Aufgaben der Rechtsprechung wahrnehmen. [2]Wählbar sind die Richter auf Lebenszeit und die Richter auf Zeit, denen bei dem Gericht ein Richteramt übertragen ist. [3]Nicht wahlberechtigt und nicht wählbar sind Richter, die für mehr als drei Monate an ein**

---

[10] BGH NJW 1993, 2541, 2542; NJW-RR 2001, 1007, 1008; BVerwGE 103, 26, 32; aA BSG NZS 2000, 523 (für sozialgerichtliche Verfahren); BezG Dresden ZIP 1992, 281, 283; OLG Köln NJW-RR 1993, 639, 640; VGH Mannheim NJW 1994, 2500, 2501.

[11] BGH NJW 1998, 909; 2000, 3476f.; BAG NJW 2000, 2690, 2692; OLG Frankfurt/M OLGR 1994, 119; OLG Köln VersR 1994, 498, 499f.; OLG Naumburg NJW 1998, 1289, 1290; OLG Dresden NZBau 2000, 88; KG NJW-RR 2001, 1509, 1511; OLG Schleswig NJW 2004, 1052, 1053; LG Berlin NZA-RR 1999, 212; *Zö/Gummer* Rn. 4; aA OLG Köln NJW-RR 1993, 639; LAG Köln MDR 1993, 915; *B/L/H* Rn. 6 (Hauptsachestreitwert); OLG Braunschweig NJW-RR 1994, 64; OLG Karlsruhe MDR 1994, 415 (Orientierung am Kosteninteresse).

anderes Gericht abgeordnet, für mehr als drei Monate beurlaubt oder an eine Verwaltungsbehörde abgeordnet sind.

(2) Jeder Wahlberechtigte wählt höchstens die vorgeschriebene Zahl von Richtern.

(3) [1]Die Wahl ist unmittelbar und geheim. [2]Gewählt ist, wer die meisten Stimmen auf sich vereint. [3]Durch Landesgesetz können andere Wahlverfahren für die Wahl zum Präsidium bestimmt werden; in diesem Fall erlässt die Landesregierung durch Rechtsverordnung die erforderlichen Wahlordnungsvorschriften; sie kann die Ermächtigung hierzu auf die Landesjustizverwaltung übertragen. [4]Bei Stimmengleichheit entscheidet das Los.

(4) [1]Die Mitglieder werden für vier Jahre gewählt. [2]Alle zwei Jahre scheidet die Hälfte aus. [3]Die zum ersten Mal ausscheidenden Mitglieder werden durch das Los bestimmt.

(5) Das Wahlverfahren wird durch eine Rechtsverordnung geregelt, die von der Bundesregierung mit Zustimmung des Bundesrates erlassen wird.

(6) [1]Ist bei der Wahl ein Gesetz verletzt worden, so kann die Wahl von den in Absatz 1 Satz 1 bezeichneten Richtern angefochten werden. [2]Über die Wahlanfechtung entscheidet ein Senat des zuständigen Oberlandesgerichts, bei dem Bundesgerichtshof ein Senat dieses Gerichts. [3]Wird die Anfechtung für begründet erklärt, so kann ein Rechtsmittel gegen eine gerichtliche Entscheidung nicht darauf gestützt werden, das Präsidium sei deswegen nicht ordnungsgemäß zusammengesetzt gewesen. [4]Im übrigen sind auf das Verfahren die Vorschriften des Gesetzes über die Angelegenheiten der freiwilligen Gerichtsbarkeit sinngemäß anzuwenden.

21c *Vertretung der Mitglieder des Präsidiums* (1) [1]Bei einer Verhinderung des Präsidenten oder Aufsicht führenden Richters tritt sein Vertreter (§ 21h) an seine Stelle. [2]Ist der Präsident oder Aufsicht führende Richter anwesend, so kann sein Vertreter, wenn er nicht selbst gewählt ist, an den Sitzungen des Präsidiums mit beratender Stimme teilnehmen. [3]Die gewählten Mitglieder des Präsidiums werden nicht vertreten.

(2) Scheidet ein gewähltes Mitglied des Präsidiums aus dem Gericht aus, wird es für mehr als drei Monate an ein anderes Gericht abgeordnet oder für mehr als drei Monate beurlaubt, wird es an eine Verwaltungsbehörde abgeordnet oder wird es kraft Gesetzes Mitglied des Präsidiums, so tritt an seine Stelle der durch die letzte Wahl Nächstberufene.

21d *Größe des Präsidiums* (1) Für die Größe des Präsidiums ist die Zahl der Richterplanstellen am Ablauf des Tages maßgebend, der dem Tage, an dem das Geschäftsjahr beginnt, um sechs Monate vorhergeht.

(2) [1]Ist die Zahl der Richterplanstellen bei einem Gericht mit einem Präsidium nach § 21a Abs. 2 Nr. 1 bis 3 unter die jeweils genannte Mindestzahl gefallen, so ist bei der nächsten Wahl, die nach § 21b Abs. 4 stattfindet, die folgende Zahl von Richtern zu wählen:
1. bei einem Gericht mit einem Präsidium nach § 21a Abs. 2 Nr. 1 vier Richter,
2. bei einem Gericht mit einem Präsidium nach § 21a Abs. 2 Nr. 2 drei Richter,
3. bei einem Gericht mit einem Präsidium nach § 21a Abs. 2 Nr. 3 zwei Richter.

[2]Neben den nach § 21b Abs. 4 ausscheidenden Mitgliedern scheidet jeweils ein weiteres Mitglied, das durch Los bestimmt wird, aus.

(3) [1]Ist die Zahl der Richterplanstellen bei einem Gericht mit einem Präsidium nach § 21a Abs. 2 Nr. 2 bis 4 über die für die bisherige Größe des Präsidiums maßgebende Höchstzahl gestiegen, so ist bei der nächsten Wahl, die nach § 21b Abs. 4 stattfindet, die folgende Zahl von Richtern zu wählen:
1. bei einem Gericht mit einem Präsidium nach § 21a Abs. 2 Nr. 2 sechs Richter,
2. bei einem Gericht mit einem Präsidium nach § 21a Abs. 2 Nr. 3 fünf Richter,
3. bei einem Gericht mit einem Präsidium nach § 21a Abs. 2 Nr. 4 vier Richter.

[2]Hiervon scheidet jeweils ein Mitglied, das durch das Los bestimmt wird, nach zwei Jahren aus.

21e *Aufgaben und Befugnisse des Präsidiums; Geschäftsverteilung* (1) [1]Das Präsidium bestimmt die Besetzung der Spruchkörper, bestellt die Ermittlungsrichter, regelt die Vertretung und verteilt die Geschäfte. [2]Es trifft diese Anordnungen vor dem Beginn des Geschäftsjahres für dessen Dauer. [3]Der Präsident bestimmt, welche richterlichen Aufgaben er wahrnimmt. [4]Jeder Richter kann mehreren Spruchkörpern angehören.

(2) Vor der Geschäftsverteilung ist den Richtern, die nicht Mitglied des Präsidiums sind, Gelegenheit zur Äußerung zu geben.

(3) [1]Die Anordnungen nach Absatz 1 dürfen im Laufe des Geschäftsjahres nur geändert werden, wenn dies wegen Überlastung oder ungenügender Auslastung eines Richters oder Spruchkörpers oder infolge Wechsels oder dauernder Verhinderung einzelner Richter nötig wird. [2]Vor der Änderung ist den Vorsitzenden Richtern, deren Spruchkörper von der Änderung der Geschäftsverteilung berührt wird, Gelegenheit zu einer Äußerung zu geben.

(4) Das Präsidium kann anordnen, dass ein Richter oder Spruchkörper, der in einer Sache tätig geworden ist, für diese nach einer Änderung der Geschäftsverteilung zuständig bleibt.

(5) Soll ein Richter einem anderen Spruchkörper zugeteilt oder soll sein Zuständigkeitsbereich geändert werden, so ist ihm, außer in Eilfällen, vorher Gelegenheit zu einer Äußerung zu geben.

(6) Soll ein Richter für Aufgaben der Justizverwaltung ganz oder teilweise freigestellt werden, so ist das Präsidium vorher zu hören.

(7) Das Präsidium entscheidet mit Stimmenmehrheit. § 21i Abs. 2 gilt entsprechend.

(8) [1]Das Präsidium kann beschließen, dass Richter des Gerichts bei den Beratungen und Abstimmungen des Präsidiums für die gesamte Dauer oder zeitweise zugegen sein können. [2]§ 171b gilt entsprechend.

(9) Der Geschäftsverteilungsplan des Gerichts ist in der von dem Präsidenten oder Aufsicht führenden Richter bestimmten Geschäftsstelle des Gerichts zur Einsichtnahme aufzulegen; einer Veröffentlichung bedarf es nicht.

21f *Vorsitz in den Spruchkörpern* (1) Den Vorsitz in den Spruchkörpern bei den Landgerichten, bei den Oberlandesgerichten sowie bei dem Bundesgerichtshof führen der Präsident und die Vorsitzenden Richter.

(2) [1]Bei Verhinderung des Vorsitzenden führt den Vorsitz das vom Präsidium bestimmte Mitglied des Spruchkörpers. [2]Ist auch dieser Vertreter verhindert, führt das dienstälteste, bei gleichem Dienstalter das lebensälteste Mitglied des Spruchkörpers den Vorsitz.

21g *Geschäftsverteilung innerhalb der Spruchkörper* (1) [1]Innerhalb des mit mehreren Richtern besetzten Spruchkörpers werden die Geschäfte durch Beschluss aller dem Spruchkörper angehörenden Berufsrichter auf die Mitglieder verteilt. [2]Bei Stimmengleichheit entscheidet das Präsidium.

(2) Der Beschluss bestimmt vor Beginn des Geschäftsjahres für dessen Dauer, nach welchen Grundsätzen die Mitglieder an den Verfahren mitwirken; er kann nur geändert werden, wenn dies wegen Überlastung, ungenügender Auslastung, Wechsels oder dauernder Verhinderung einzelner Mitglieder des Spruchkörpers nötig wird.

(3) Absatz 2 gilt entsprechend, soweit nach den Vorschriften der Prozessordnungen die Verfahren durch den Spruchkörper einem seiner Mitglieder zur Entscheidung als Einzelrichter übertragen werden können.

(4) Ist ein Berufsrichter an der Beschlussfassung verhindert, tritt der durch den Geschäftsverteilungsplan bestimmte Vertreter an seine Stelle.

(5) § 21i Abs. 2 findet mit der Maßgabe entsprechende Anwendung, dass die Bestimmung durch den Vorsitzenden getroffen wird.

(6) Vor der Beschlussfassung ist den Berufsrichtern, die von dem Beschluss betroffen werden, Gelegenheit zur Äußerung zu geben.

(7) § 21e Abs. 9 findet entsprechende Anwendung.

21h *Vertretung des Präsidenten und des Aufsicht führenden Richters* [1]Der Präsident oder Aufsicht führende Richter wird in seinen durch dieses Gesetz bestimmten Geschäften, die nicht durch das Präsidium zu verteilen sind, durch seinen ständigen Vertreter, bei mehreren ständigen Vertretern durch den dienstältesten, bei gleichem Dienstalter durch den lebensältesten von ihnen vertreten. [2]Ist ein ständiger Vertreter nicht bestellt oder ist er verhindert, wird der Präsident oder Aufsicht führende Richter durch den dienstältesten, bei gleichem Dienstalter durch den lebensältesten Richter vertreten.

21i *Beschlussfähigkeit des Präsidiums* (1) Das Präsidium ist beschlussfähig, wenn mindestens die Hälfte seiner gewählten Mitglieder anwesend ist.

(2) [1]Sofern eine Entscheidung des Präsidiums nicht rechtzeitig ergehen kann, werden die in § 21e bezeichneten Anordnungen von dem Präsidenten oder Aufsicht führenden Richter getroffen. [2]Die Gründe für die getroffene Anordnung sind schriftlich niederzulegen. [3]Die Anordnung ist dem Präsidium unverzüglich zur Genehmigung vorzulegen. [4]Sie bleibt in Kraft, solange das Präsidium nicht anderweit beschließt.

21j *Anordnungen durch den Präsidenten; Frist zur Bildung des Präsidiums* (1) [1]Wird das Gericht errichtet und ist das Präsidium nach § 21a Abs. 2 Nr. 1 bis 4 zu bilden, so werden die in § 21e bezeichneten Anordnungen bis zur Bildung des Präsidiums von dem Präsidenten oder aufsichtführenden Richter getroffen. [2]§ 21i Abs. 2 Satz 2 bis 4 gilt entsprechend.

(2) [1]Ein Präsidium nach § 21a Abs. 2 Nr. 1 bis 4 ist innerhalb von drei Monaten nach der Errichtung des Gerichts zu bilden. [2]Die in § 21b Abs. 4 Satz 1 bestimmte Frist beginnt mit dem auf die Bildung des Präsidiums folgenden Geschäftsjahr, wenn das Präsidium nicht zu Beginn eines Geschäftsjahres gebildet wird.

(3) An die Stelle des in § 21d Abs. 1 bezeichneten Zeitpunkts tritt der Tag der Errichtung des Gerichts.

(4) [1]Die Aufgaben nach § 1 Abs. 2 Satz 2 und 3 und Abs. 3 der Wahlordnung für die Präsidien der Gerichte vom 19. September 1972 (BGBl. I S. 1821) nimmt bei der erstmaligen Bestellung des Wahl-

vorstandes der Präsident oder aufsichtführende Richter wahr. [2]Als Ablauf des Geschäftsjahres in § 1 Abs. 2 Satz 2 und § 3 Satz 1 der Wahlordnung für die Präsidien der Gerichte gilt der Ablauf der in Absatz 2 Satz 1 genannten Frist.

Dritter Titel. Amtsgerichte

22 *Richter beim Amtsgericht* (1) Den Amtsgerichten stehen Einzelrichter vor.

(2) Einem Richter beim Amtsgericht kann zugleich ein weiteres Richteramt bei einem anderen Amtsgericht oder bei einem Landgericht übertragen werden.

(3) [1]Die allgemeine Dienstaufsicht kann von der Landesjustizverwaltung dem Präsidenten des übergeordneten Landgerichts übertragen werden. [2]Geschieht dies nicht, so ist, wenn das Amtsgericht mit mehreren Richtern besetzt ist, einem von ihnen von der Landesjustizverwaltung die allgemeine Dienstaufsicht zu übertragen.

(4) Jeder Richter beim Amtsgericht erledigt die ihm obliegenden Geschäfte, soweit dieses Gesetz nichts anderes bestimmt, als Einzelrichter.

(5) [1]Es können Richter kraft Auftrags verwendet werden. [2]Richter auf Probe können verwendet werden, soweit sich aus Absatz 6, § 23b Abs. 3 Satz 2 oder § 29 Abs. 1 Satz 2 nichts anderes ergibt.

(6) Ein Richter auf Probe darf im ersten Jahr nach seiner Ernennung Geschäfte in Insolvenzsachen nicht wahrnehmen.

22a *Präsident des LG oder AG als Vorsitzender des Präsidiums* Bei Amtsgerichten mit einem aus allen wählbaren Richtern bestehenden Präsidium (§ 21a Abs. 2 Satz 1 Nr. 5) gehört der Präsident des übergeordneten Landgerichts oder, wenn der Präsident eines anderen Amtsgerichts die Dienstaufsicht ausübt, dieser Präsident dem Präsidium als Vorsitzender an.

22b *Vertretung von Richtern* (1) Ist ein Amtsgericht nur mit einem Richter besetzt, so beauftragt das Präsidium des Landgerichts einen Richter seines Bezirks mit der ständigen Vertretung dieses Richters.

(2) Wird an einem Amtsgericht die vorübergehende Vertretung durch einen Richter eines anderen Gerichts nötig, so beauftragt das Präsidium des Landgerichts einen Richter seines Bezirks längstens für zwei Monate mit der Vertretung.

(3) [1]In Eilfällen kann der Präsident des Landgerichts einen zeitweiligen Vertreter bestellen. [2]Die Gründe für die getroffene Anordnung sind schriftlich niederzulegen.

(4) Bei Amtsgerichten, über die der Präsident eines anderen Amtsgerichts die Dienstaufsicht ausübt, ist in den Fällen der Absätze 1 und 2 das Präsidium des anderen Amtsgerichts und im Falle des Absatzes 3 dessen Präsident zuständig.

22c *Bereitschaftsdienst* (1) [1]Die Landesregierungen werden ermächtigt, durch Rechtsverordnung zu bestimmen, dass für mehrere Amtsgerichte im Bezirk eines Landgerichts ein gemeinsamer Bereitschaftsdienstplan aufgestellt wird oder ein Amtsgericht Geschäfte des Bereitschaftsdienstes ganz oder teilweise wahrnimmt, wenn dies zur Sicherstellung einer gleichmäßigeren Belastung der Richter mit Bereitschaftsdiensten angezeigt ist. [2]Zu dem Bereitschaftsdienst sind die Richter der in Satz 1 bezeichneten Amtsgerichte heranzuziehen. [3]In der Verordnung nach Satz 1 kann bestimmt werden, dass auch die Richter des Landgerichts heranzuziehen sind. [4]Über die Verteilung der Geschäfte des Bereitschaftsdienstes beschließt nach Maßgabe des § 21e das Präsidium des Landgerichts im Einvernehmen mit den Präsidien der betroffenen Amtsgerichte. [5]Kommt eine Einigung nicht zustande, obliegt die Beschlussfassung dem Präsidium des Oberlandesgerichts, zu dessen Bezirk das Landgericht gehört.

(2) Die Landesregierungen können die Ermächtigung nach Absatz 1 auf die Landesjustizverwaltungen übertragen.

22d *Handlungen eines unzuständigen Richters* Die Gültigkeit der Handlung eines Richters beim Amtsgericht wird nicht dadurch berührt, dass die Handlung nach der Geschäftsverteilung von einem anderen Richter wahrzunehmen gewesen wäre.

23 *Zuständigkeit in Zivilsachen* Die Zuständigkeit der Amtsgerichte umfasst in bürgerlichen Rechtsstreitigkeiten, soweit sie nicht ohne Rücksicht auf den Wert des Streitgegenstandes den Landgerichten zugewiesen sind:

1. Streitigkeiten über Ansprüche, deren Gegenstand an Geld oder Geldeswert die Summe von fünftausend Euro nicht übersteigt;
2. ohne Rücksicht auf den Wert des Streitgegenstandes:
   a) Streitigkeiten über Ansprüche aus einem Mietverhältnis über Wohnraum oder über den Bestand eines solchen Mietverhältnisses; diese Zuständigkeit ist ausschließlich;

b) Streitigkeiten zwischen Reisenden und Wirten, Fuhrleuten, Schiffern oder Auswanderungsexpedienten in den Einschiffungshäfen, die über Wirtszechen, Fuhrlohn, Überfahrtsgelder, Beförderung der Reisenden und ihrer Habe und über Verlust und Beschädigung der letzteren, sowie Streitigkeiten zwischen Reisenden und Handwerkern, die aus Anlass der Reise entstanden sind;
c) Streitigkeiten nach § 43 Nr. 1 bis 4 und 6 des Wohnungseigentumsgesetzes; diese Zuständigkeit ist ausschließlich;
d) Streitigkeiten wegen Wildschadens;
e) (weggefallen)
f) (weggefallen)
g) Ansprüche aus einem mit der Überlassung eines Grundstücks in Verbindung stehenden Leibgedings-, Leibzuchts-, Altenteils- oder Auszugsvertrag;
h) das Aufgebotsverfahren.

I. Normzweck

1 Die Vorschrift, die **keine abschließende** (s. im Einzelnen §§ 23a, 23b, 27 und Rn. 15–16) amtsgerichtliche Zuständigkeit in Zivilsachen enthält, befasst sich mit der **sachlichen** Zuständigkeit der Amtsgerichte als erstinstanzliche Gerichte in bürgerlichen Rechtsstreitigkeiten. § 23 Nr. 1 grenzt iVm. § 71 Abs. 1 (§ 71 Rn. 1) die **streitwertabhängige** Zuständigkeit der Amtsgerichte zu der der Landgerichte in der Weise ab, dass die Amtsgerichte für alle **vermögensrechtlichen** und **nichtvermögensrechtlichen** Streitigkeiten über Ansprüche, deren Gegenstand an Geld oder Geldeswert 5000,– Euro nicht übersteigt, zuständig sind. Darüber hinaus können die Parteien in **vermögensrechtlichen** und **nichtvermögensrechtlichen** (bei denen die gerichtliche Zuständigkeit vom Streitwert abhängt: § 40 Abs. 2 S. 1 Nr. 1 ZPO) Streitigkeiten über 5000,– Euro, für die **kein ausschließlicher** Gerichtsstand besteht (§ 40 Abs. 2 S. 1 Nr. 2 ZPO), die sachliche Zuständigkeit des Amtsgerichts durch **Prorogationsvereinbarung** (§ 38 ZPO) oder durch **rügeloses Einlassen** zur Hauptsache (§ 39 ZPO) begründen, im letzteren Fall jedoch nur nach vorheriger Belehrung gemäß § 504 ZPO. § 23 Nr. 2 sieht für enumerativ aufgezählte **vermögensrechtliche** Streitigkeiten eine **streitwertunabhängige** Zuständigkeit der Amtsgerichte vor, die **nur** in den Fällen der Nr. 2a, 2c und 2h eine **ausschließliche** ist.[1]

II. Streitwertabhängige Zuständigkeit (Nr. 1)

2 **1. Beurteilungsgrundlagen.** Maßgebend für die Beurteilung der Frage, ob in Zivilsachen die erstinstanzliche Zuständigkeit der Amtsgerichte oder der Landgerichte gegeben ist, ist – ebenso wie bei § 71 Abs. 1 – die Rechtsnatur des mit der **Klage** geltend gemachten Anspruchs, wie er sich aus dem **Klageantrag** in Verbindung mit den zur Begründung vorgetragenen **Tatsachenbehauptungen** ergibt, wobei es auf die Rechtsauffassung der Parteien nicht ankommt (§ 71 Rn. 3); zum Streitgegenstandsbegriff s. Einl. Rn. 68ff.).

3 **2. Streitwertgrenze.** (s. auch § 71 Rn. 4) Aufgrund der Änderung von § 23 Nr. 1 durch das RpflEntlG vom 11. 1. 1993 hat die streitwertabhängige erstinstanzliche Zuständigkeit der Amtsgerichte eine wesentliche Änderung erfahren. Hierdurch wurde nämlich die Unterscheidung zwischen vermögensrechtlichen und nichtvermögensrechtlichen Ansprüchen aufgegeben und die Streitwertgrenze von 6000,– DM auf 10 000,– DM erhöht. Seit dem **1. 1. 2002** gilt als **Streitwertgrenze,** bis zu der die Zuständigkeit des Amtsgerichts besteht, **5000,– Euro,** und zwar unabhängig davon, ob die Streitigkeit **vermögensrechtlicher** oder **nichtvermögensrechtlicher** Art ist.

4 Somit ist das Amtsgericht bei einem Streitwert bis zu 5000,– Euro auch für die vermögensrechtlichen Streitigkeiten aus Miet- oder Pachtverhältnissen über gewerblich genutzte Räume (§ 29a ZPO Rn. 1) und für die nichtvermögensrechtlichen Ansprüche auf Abdruck einer presserechtlichen **Gegendarstellung** (zur Frage nach der Rechtsgrundlage für eine solche presserechtliche Gegendarstellung s. § 936 ZPO Rn. 3 und § 940 ZPO Rn. 22) zuständig.[2] In der zivilprozessualen Praxis wird die Zuständigkeit des Amtsgerichts in **nichtvermögensrechtlichen** Streitigkeiten vor allen Dingen bei Klagen auf **Unterlassung** von unwahren und/oder beleidigenden Äußerungen und auf **Widerruf** von unwahren Tatsachenbehauptungen vermehrt zum Tragen kommen.[3] Denn es geht hierbei im Allgemeinen um Äußerungen im kleinen Kreis (Verwandte, Nachbarn), die häufig im Affekt, bei akuten Spannungen oder unter Alkoholeinfluss gemacht wurden.[4] Der Streitwert liegt in diesen Fällen meistens weit unter 5000,– Euro. Da seit dem 1. 1. 2002 gemäß § 40 Abs. 2 S. 1 Nr. 2 ZPO bei nichtvermögensrechtlichen Streitigkeiten, bei denen die gerichtliche Zuständigkeit vom Streitwert abhängt, die Möglichkeit der Prorogation (§ 71 Rn. 1 und § 40 ZPO Rn. 3) besteht, ist die Streitwertgrenze in diesen Fällen jedoch nicht mehr – wie im Falle ausschließlicher Zuständigkeit – **verbindlich.**[5]

5 Die Zuständigkeit des Amtsgerichts besteht insbesondere auch dann, wenn der Kläger aus einem an sich zur landgerichtlichen Zuständigkeit gehörenden (teilbaren) Anspruch eine **Teilklage** mit einem Streitwert

---

[1] *Kissel/Mayer* Rn. 35.
[2] *Soehring* NJW 1994, 16, 22.
[3] BT-Drucks. 12/1207 S. 44; *B/L/H* Rn. 3.
[4] BT-Drucks. 12/1207 S. 44.
[5] AA zum Rechtszustand vor dem 1. 1. 2002: Zö/*Gummer* § 71 Rn. 3.

bis 5000,– Euro vor dem Amtsgericht erhebt.[6] Ein Fall **rechtsmissbräuchlicher Zuständigkeitserschleichung** mit der Folge, dass die Klage als unzulässig abzuweisen wäre, liegt in der Regel nur vor, wenn **mehrere gleichzeitige Teilklagen bis zur Höhe des Gesamtanspruchs** erhoben werden.[7]

III. Streitwertunabhängige Zuständigkeit (Nr. 2 a–g)

§ 23 Nr. 2 betrifft die streitwertunabhängige erstinstanzliche Zuständigkeit der Amtsgerichte. Diese Zuständigkeit ist in der Regel **keine ausschließliche**[8], so dass außer in Wohnraummietstreitigkeiten (§ 23 Nr. 2 a), in Wohnungseigentumssachen (§ 23 Nr. 2 c) und in Aufgebotsverfahren (§ 23 Nr. 2 h) die Möglichkeit der Prorogation (§ 38 ZPO) oder der rügelosen Einlassung (§ 39 ZPO) beim Landgericht besteht (s. insoweit auch § 38 ZPO Rn. 2, § 39 ZPO Rn. 2 und § 504 ZPO Rn. 3). 6

Grundlage für die zivilgerichtliche Prüfung, ob eine streitwertunabhänigige Zuständigkeit der Amtsgerichte gegeben ist, bilden – ebenso wie bei § 71 Abs. 2 und 3 – allein die Parteibehauptungen, jedoch auch diese nur insofern, als Tatsachen behauptet werden; hinsichtlich der rechtlichen Beurteilung des Klageanspruchs kommt es jedoch entscheidend nicht auf die Auffassung der Parteien, sondern auf die wahre Natur des Anspruchs an (§ 71 Rn. 5). Werden in einer Klage Ansprüche nach § 23 Nr. 1 mit Ansprüchen nach § 23 Nr. 2 verbunden, ändert das an der Zuständigkeit des Amtsgerichts nichts. Bei der Verbindung von vermögensrechtlichen Ansprüchen iSv. § 23 Nr. 1 über 5000,– Euro mit solchen nach § 23 Nr. 2 kann die **alleinige** Zuständigkeit des Amtsgerichts nur durch Prorogation oder rügelose Einlassung begründet werden, im letzteren Fall jedoch nur nach vorheriger Belehrung gemäß § 504 ZPO. Andernfalls ist die Klage teilweise als unzulässig abzuweisen oder die vermögensrechtlichen Ansprüche über 5000,– Euro sind abzutrennen (§ 145 ZPO) und auf Antrag des Klägers gemäß § 281 ZPO an das zuständige Landgericht zu verweisen. 7

1. Wohnraummietstreitigkeiten (Nr. 2 a). Auf Grund der Änderung von § 23 Nr. 2 a durch das RpflEntlG vom 11. 1. 1993 hat die streitwertunabhängige erstinstanzliche Zuständigkeit der Amtsgerichte in **Mietsachen** eine wesentliche Änderung erfahren. Seit dem **1. 3. 1993** ist das Amtsgericht **sachlich** (s. zur örtlich ausschließlichen Zuständigkeit § 29 a ZPO Rn. 2) **ausschließlich in allen** (s. im Einzelnen § 29 a ZPO Rn. 4–6) Streitigkeiten über Ansprüche aus einem **Mietverhältnis über Wohnraum** einschließlich der Feststellungsklagen über das Bestehen oder Nichtbestehen eines solchen Mietverhältnisses zuständig. 8

Nach allgemeiner Meinung[9] ist **Wohnraum** jeder zum Wohnen (insbesondere zum Schlafen, Essen, Kochen und zur dauernden privaten Benutzung) bestimmte Raum, der Innenteil eines Gebäudes, nicht jedoch notwendigerweise auch wesentlicher Bestandteil eines Grundstücks ist (zum Begriff der Wohnung in der Zwangsvollstreckung s. § 758 ZPO Rn. 3). Bei Entscheidung der Frage, ob ein Mietverhältnis über Wohnraum vorliegt, ist auf den **Zweck** abzustellen, den der Mieter mit der Anmietung des Mietobjektes vertragsgemäß verfolgt.[10] Die sachliche Zuständigkeit des Amtsgerichts ist also nur gegeben, wenn ein zu Wohnzwecken dienendes Mietverhältnis vom Kläger wenigstens **schlüssig** behauptet worden ist.[11] Unerheblich ist in diesem Zusammenhang, ob im Falle der **Anspruchskonkurrenz** (zB Anspruch auf Räumung und Herausgabe von Wohnraum, der nach dem Vorbringen des Klägers in der Klageschrift sowohl nach § 556 Abs. 1 BGB als auch nach den §§ 812, 985 und 1004 BGB begründet sein kann) der **eine** prozessuale Klageanspruch auf eine bestimmte – egal welche – Anspruchsgrundlage beschränkt wird.[12] § 23 Nr. 2 a erfasst auch Ansprüche aus Wohnraummietverhältnissen, die kraft Gesetzes oder im Wege der Abtretung auf Dritte übergehen bzw. übergegangen sind sowie solche, die auf Grund Überweisung einem Gläubiger des Vermieters zur Einziehung zustehen und die dieser im Wege der Drittschuldnerklage gegen den Mieter geltend macht[13], **nicht** aber Ansprüche gegen den **Wohnraum-Mietbürgen.**[14] 9

Unter § 23 Nr. 2 a, der kraft ausdrücklicher gesetzlicher Bestimmung eine **ausschließliche** Zuständigkeit des Amtsgerichts begründet, fallen im Gegensatz zu § 29 a Abs. 2 ZPO auch Wohnungen der in § 556 a Abs. 8 BGB genannten Art, also Wohnraum, der zu nur vorübergehendem Gebrauch vermietet ist (§ 564 b Abs. 7 Nr. 1 BGB), möblierte Zimmer für Einzelmieter (§ 564 b Abs. 7 Nr. 2 BGB) sowie Häuser und Räume für Ferienzwecke (§ 564 b Abs. 7 Nr. 4 BGB) oder öffentliche Aufgaben (§ 564 b Abs. 7 Nr. 5 BGB). **Nicht** von § 23 Nr. 2 a erfasst werden gewerblich genutzte Räume (Rn. 4), die gewerbliche Zwischenmiete[15], Räume des Beherbergungsgewerbes (Rn. 11), Mietverhältnisse über bewegliche Sachen und Pachtstreitigkeiten (s. insoweit zur örtlich ausschließlichen Zuständigkeit § 29 a ZPO Rn. 1). Gleiches gilt für auf § 985 BGB gestützte Klagen auf Räumung und Herausgabe von Wohnraum, wenn keine mietvertragliche Beziehung zwischen den Parteien besteht[16] oder wenn der Beklagte sich auf das Bestehen eines 10

---

[6] LG Gießen MDR 1996, 527 m. weit. Nachw.; *T/P/Hüßtege* Rn. 5.
[7] LG Gießen MDR 1996, 527 m. weit. Nachw.; *T/P/Hüßtege* Rn. 5.
[8] *Kissel/Mayer* Rn. 34; MK/*Wolf* Rn. 6.
[9] Für viele: *Palandt/Weidenkaff* vor § 535 Rn. 89.
[10] BGHZ 94, 11,14 = NJW 1985, 1772.
[11] OLG München MDR 1977, 497; MDR 1979, 939.
[12] OLG Celle NJW 1954, 1370; OLG Hamburg MDR 1968, 846, 847; *Kissel/Mayer* Rn. 27.
[13] OLG Karlsruhe NJW-RR 2002, 1167, 1168.
[14] BGH NJW 2004, 1239 m. weit. Nachw.; BayObLG NJW-RR 2000, 1734; OLG Karlsruhe NJW-RR 2002, 1167, 1168; aA LG Berlin GE 1988, 627; LG Hamburg WuM 2003, 38; AG Tempelhof-Kreuzberg GE 1985, 419; AG Neukölln MM 1994, 210.
[15] BGH NJW 1981, 1377; 1985, 1772.
[16] OLG Braunschweig NdsRpfl 1983, 225; *Schneider* MDR 1992, 433, 434.

Mietverhältnisses beruft, das vom Kläger geleugnet wird.[17] Für **Mischmietverhältnisse** gilt die so genannte **Übergewichtstheorie.**[18] Danach ist das Amtsgericht nur dann sachlich zuständig, wenn der Schwerpunkt des Vertrages bei der Wohnraummiete liegt. Folglich ist nach allgemeiner Meinung[19] das Amtsgericht für Streitigkeiten über Werkmietwohnungen (§ 565 b BGB) und das Arbeitsgericht für Streitigkeiten über Werkdienstwohnungen (§ 565 e BGB) zuständig.

11 **2. Reisestreitigkeiten (Nr. 2 b).** Die Vorschrift ist veraltet und hat daher nur sehr geringe praktische Bedeutung.[20] In erster Linie geht es um Zechschulden. Die Klage braucht nicht während der Reise erhoben zu werden.[21] § 23 Nr. 2 b, der **keine ausschließliche** Zuständigkeit des Amtsgerichts begründet[22], findet keine Anwendung bei Klagen auf Ersatz von entgangenem Gewinn nach abgesagter Zimmerbestellung[23] und auf Streitigkeiten aus Reisevertrag gemäß den §§ 651 a–651 l BGB.[24]

11a **3. Wohnungseigentumssachen (Nr. 2 c).** Die Vorschrift begründet die vom Streitwert unabhängige **ausschließliche sachliche** Zuständigkeit der Amtsgerichte für Streitigkeiten nach § 43 Nr. 1 bis 4 und 6 WEG (= sog. Binnenstreitigkeiten).[25] Für Klagen Dritter gem. § 43 Nr. 5 WEG (früher § 29 b ZPO) richtet sich die sachliche Zuständigkeit dagegen nach wie vor nach den allgemeinen Vorschriften (§§ 23 Nr. 1, 71 Abs. 1) und damit nach dem Streitwert.[26]

12 **4. Wildschadenssachen (Nr. 2 d).** Inhalt und Umfang des Anspruchs sind in den §§ 29–32 BJagdG geregelt. Die Länder können gemäß § 35 BJagdG das Beschreiten des ordentlichen Rechtsweges davon abhängig machen, dass zuvor ein Feststellungsverfahren vor einer Verwaltungsbehörde (**Vorverfahren**) stattfindet, in dem über den Anspruch eine vollstreckbare Verpflichtungserklärung (Anerkenntnis, Vergleich) aufzunehmen oder eine nach Eintritt der Rechtskraft vollstreckbare Entscheidung (**Vorbescheid**) zu erlassen ist. Von dieser Möglichkeit haben die meisten Länder Gebrauch gemacht.[27] **Nicht** von der Zuständigkeit des Amtsgerichts gemäß § 23 Nr. 2 h, die **keine ausschließliche** ist[28], erfasst werden Jagdschäden gemäß § 33 BJagdG.[29]

13 **5. Leibgedingsverträge,** usw. **(Nr. 2 g).** Es handelt sich hierbei um die in Art. 96 EGBGB aufrechterhaltenen landesrechtlichen Rechtsinstitute, bei denen der Übergeber bei Überlassung eines Grundstücks sich oder Dritten Nutzungen oder wiederkehrende Leistungen ausbedingt.[30] Unter § 23 Nr. 2 g, der **keine ausschließliche** Zuständigkeit des Amtsgerichts begründet[31], fallen aber nur Erfüllungsansprüche, **nicht** jedoch Schadensersatz- oder Rücktrittsansprüche.[32]

14 **6. Aufgebotsverfahren (Nr. 2 h).** Das ist das in den §§ 946–1024 ZPO geregelte Verfahren zum Zwecke der **Ausschließung** von Grundstücks- und Schiffseigentümern, von Grundpfand-, Nachlass- und Schiffsgläubigern sowie der **Kraftloserklärung** von Urkunden (zB Sparbücher, Hypotheken- und Grundschuldbriefe). Der Landesgesetzgeber kann zwar gemäß § 11 EGZPO bei Aufgeboten, deren Zulässigkeit auf landesgesetzlichen Vorschriften beruht, die Anwendung der Bestimmungen der ZPO über das Aufgebotsverfahren ausschließen oder diese Bestimmungen durch andere ersetzen. Dadurch ändert sich aber an der Zuständigkeit des Amtsgerichts, die eine **ausschließliche**[33] **ist, nichts, da der Vorbehalt nur das Verfahren betrifft.**[34] **Das Landgericht ist jedoch ausschließlich**[35] zur Entscheidung über die Anfechtungsklage im Aufgebotsverfahren zuständig (§ 957 Abs. 2 ZPO; s. auch § 957 ZPO Rn. 3).

IV. Weitere Zuständigkeiten

15 § 23 enthält **keine abschließende** Zuständigkeit der Amtsgerichte als erstinstanzliche Gerichte in bürgerlichen Rechtsstreitigkeiten. Über die in dieser Vorschrift und in den §§ 23 a undb geregelten Fälle hinaus ist das Amtsgericht auf Grund von Spezialzuweisungen durch die Vorschriften dieses Gesetzes und der Prozessordnungen (§ 27) sowie anderer Gesetze in folgenden weiteren Sachen zuständig:

---

[17] Zö/*Gummer* § 29 a ZPO Rn. 13; vgl. auch OLG München MDR 1977, 497; MDR 1979, 939; offen gelassen in: KG NJW-RR 2000, 801; aA. offensichtlich OLG Hamburg WoM 1990, 393; OLG Bremen WoM 1990, 526.

[18] OLG Schleswig NJW 1983, 49 m. weit. Nachw.; OLG Hamm ZMR 1986, 11; OLG Karlsruhe NJW-RR 1988, 401; vgl. auch BGH NJW 1977, 1394.

[19] Für viele: BAGE 64, 75, 78 f. = AP § 2 ArbGG 1979 Nr. 16; *Kissel/Mayer* Rn. 16; aA für Werkdienstwohnungen: LG Augsburg ZMR 1994, 333; *B/L/H* Rn. 7.

[20] *Lange* DRiZ 1989, 41, 47.

[21] *B/L/H* Rn. 9; *Zö/Gummer* Rn. 13; MK/*Wolf* Rn. 11; aA *Kissel/Mayer* Rn. 30.

[22] *Kissel/Mayer* Rn. 34; MK/*Wolf* Rn. 6; aA LG Frankfurt BB 1965, 268.

[23] LG Frankfurt BB 1965, 268.

[24] MK/*Wolf* Rn. 11.

[25] *Niedenführ* NJW 2007, 1841, 1844.

[26] TP/*Hüßtege* Rn. 13; *Niedenführ* NJW 2007, 1841, 1844.

[27] So zB Bayern (Art. 47 BayJG vom 13. 10. 1978, BayGVBl. S. 678, 688) und Rheinland-Pfalz (§ 61 LJGDVO vom 25. 2. 1981, GVBl. S. 27, 41).

[28] *Kissel/Mayer* Rn. 34; MK/*Wolf* Rn. 6.

[29] *Zö/Gummer* Rn. 15.

[30] BGHZ 53, 41, 42 f.= NJW 1970, 282, 283; BayObLGZ 1993, 192, 194 f. = NJW-RR 1993, 984, 985; 1994, 13, 19 f.; OLG Zweibrücken NJW-RR 1994, 209.

[31] *Kissel/Mayer* Rn. 34; MK/*Wolf* Rn. 6.

[32] *Zö/Gummer* Rn. 17; *Kissel/Mayer* Rn. 32.

[33] *Kissel/Mayer* Rn. 34.

[34] MK/*Wolf* Rn. 18; *Kissel/Mayer* Rn. 18.

[35] RGZ 78, 377, 378 f.

Entscheidung in **Arrestsachen** neben dem Gericht der Hauptsache (§ 919 ZPO), auch soweit arbeitsrechtliche Streitigkeiten betroffen sind (§ 48 Abs. 1 ArbGG)[36]; Entscheidung in **Betreuungssachen** (§ 65 FGG); Entscheidung in **Beurkundungssachen** (§ 62 Abs. 1 BeurkG); Entscheidung in **Binnenschifffahrts- und Rheinschifffahrtssachen** (§§ 2, 14ff. des Gesetzes über das gerichtliche Verfahren in Binnenschifffahrts- und Rheinschifffahrtssachen); Entscheidung in **einstweiligen Verfügungssachen** neben dem Gericht der Hauptsache in dringenden Fällen (§ 942 Abs. 1 ZPO) und bei Eintragung einer Vormerkung oder eines Widerspruchs (§ 942 Abs. 2 ZPO); Entscheidung über das im Gesetz nicht vorgesehene Rechtsinstitut der **Gegenvorstellung;** Entscheidung über Anfechtungsklagen nach § 111 GenG gegen die für vollstreckbar erklärte Berechnung des Konkursverwalters im Konkurs der **Genossenschaft** (§ 112 Abs. 1 S. 1 GenG), jedoch mit der Pflicht zur Verweisung an das Landgericht bei einem Streitwert von über 10 000,– DM, wenn eine Partei vor der Verhandlung zur Hauptsache darauf anträgt (§ 112 Abs. 2 S. 1 GenG); Entscheidung in **Hinterlegungssachen** (§ 1 Abs. 2 HintO); Entscheidung in **Insolvenzsachen** (§ 2 Abs. 1 InsO); Entscheidung in **Landwirtschaftssachen** (§ 2 Abs. 1 LwVG); Entscheidung in **Mahnsachen** (§ 689 ZPO); Entscheidung in **Nachlasssachen** (§ 72 FGG); Entscheidung in **Rechtshilfesachen** (§ 157, § 2 FGG); Entscheidung in **Registersachen** (§ 1558 BGB, § 125 Abs. 1 FGG, § 10 Abs. 2 GenG, § 1 GBO, § 1 SchiffsRegO); Entscheidung im **selbständigen Beweisverfahren** neben dem Gericht der Hauptsache in Fällen dringender Gefahr (§ 486 Abs. 3 ZPO); Entscheidung in **Unterbringungssachen** (§ 70 FGG); Entscheidung in **Vereinssachen** (§§ 29, 37, 55 BGB); Entscheidung in **Vergleichssachen** (§ 2 Abs. 1 S. 1 VerglO iVm. § 71 KO); Entscheidung in **Vormundschaftssachen** (§ 35 FGG); Entscheidung in **Zwangsversteigerungs- und Zwangsverwaltungssachen** (§§ 1, 163 Abs. 1 ZVG); Entscheidung in **Zwangsvollstreckungssachen** (§ 764 Abs. 1 ZPO). 16

23a *Zuständigkeit in Kindschafts-, Unterhalts- und Ehesachen* **Die Amtsgerichte sind in bürgerlichen Rechtsstreitigkeiten ferner zuständig für**

1. Streitigkeiten in Kindschaftssachen;
2. Streitigkeiten, die eine durch Ehe oder Verwandtschaft begründete gesetzliche Unterhaltspflicht betreffen;
3. Ansprüche nach den §§ 1615 l, 1615 m des Bürgerlichen Gesetzbuchs;
4. Ehesachen;
5. Streitigkeiten über Ansprüche aus dem ehelichen Güterrecht, auch wenn Dritte am Verfahren beteiligt sind;
6. Lebenspartnerschaftssachen;
7. Streitigkeiten nach dem Gewaltschutzgesetz, wenn die Parteien einen auf Dauer angelegten gemeinsamen Haushalt führen oder innerhalb von sechs Monaten vor der Antragstellung geführt haben.

I. Normzweck

Die Vorschrift enthält eine Erweiterung der in § 23 Nr. 2 normierten Fälle einer **streitwertunabhängigen sachlichen** Zuständigkeit der Amtsgerichte. In diese Zuständigkeit fallen nicht nur die Hauptsacheentscheidungen der enumerativ aufgezählten Streitigkeiten gemäß § 23a Nr. 1–7, sondern auch alle die Hauptentscheidung **vorbereitenden** oder **ergänzenden Nebenentscheidungen** (§ 119 Rn. 15). Dazu zählen insbesondere das Prozesskostenhilfeverfahren (§§ 114ff. ZPO)[1], die Streitwertbestimmung, die Zeugen- und Sachverständigenentschädigung, das Kostenfestsetzungsverfahren nach § 104 ZPO[2] und Auskunftsansprüche hinsichtlich der in § 23a Nr. 1–7 normierten Streitigkeiten[3]. **Nicht** von § 23a erfasst werden jedoch selbständige Gebührenklagen von Rechtsanwälten gegen ihre Mandanten wegen der Vertretung in einer der in § 23a Nr. 1–7 aufgeführten Streitigkeiten.[4] 1

II. Kindschaftssachen (Nr. 1)

Zu den Kindschaftssachen (§ 119 Rn. 4–7, 14 und 16; § 640 ZPO Rn. 1–7), für die die Amtsgerichte nach § 23a Nr. 1 **sachlich** (zur örtlichen Zuständigkeit s. §§ 640a, 641a ZPO) zuständig sind, gehören seit dem 1. 7. 1998 alle Verfahren, welche die Feststellung des Bestehens oder Nichtbestehens eines Eltern-Kindes-Verhältnisses einschließlich der Feststellung der Wirksamkeit oder Unwirksamkeit einer Anerkennung der Vaterschaft, die Anfechtung der Vaterschaft oder die Feststellung des Bestehens oder Nichtbestehens der elterlichen Sorge der einen Partei für die andere zum Gegenstand haben (§ 640 Abs. 2 Nr. 1–3 ZPO). Damit fallen auch die **FG-Abstammungssachen** (§ 1600e Abs. 2 BGB) unter den Begriff der Kindschaftssachen.[5] Für die Kindschaftssachen besteht kraft ausdrücklicher gesetzlicher Regelung (§ 621 Abs. 1 Nr. 10 ZPO) eine **ausschließliche**[6] **sachliche** Zuständigkeit des Familiengerichts. 2

---

36 LG Fulda NJW 1996, 265.
1 *Kissel/Mayer* Rn. 59; MK/*Wolf* Rn. 12; vgl. auch *Walter* FamRZ 1979, 259, 272.
2 Vgl. BGH NJW 1981, 346; *Walter* FamRZ 1979, 259, 272.
3 Vgl. SchlHOLG SchlHA 1979, 37; OLG Bamberg FRES 3, 114, 115f.; *Walter* FamRZ 1979, 259, 272.
4 Vgl. OLG Hamm MDR 1981, 1027; OLG Zweibrücken FamRZ 1982, 85; aA OLG Hamburg FamRZ 1979, 1036.
5 BT-Drucks. 13/4899, S. 117, 124.
6 So schon für den Rechtszustand bis zum 30. 6. 1998: *Kissel/Mayer* Rn. 2; MünchKomm Wolf Rn. 3.

III. Unterhaltssachen[77] (Nr. 2)

3 § 23a Nr. 2 erfasst alle Streitigkeiten, die eine durch – bestehende, geschiedene, aufgehobene oder für nichtig erklärte – **Ehe** (§§ 1360, 1361, 1569ff. BGB, §§ 26, 37 EheG) oder Verwandtschaft (§§ 1601ff., 1615aff. BGB) begründete gesetzliche Unterhaltspflicht betreffen (zur Rechtsmittelzuständigkeit s. § 72 Rn. 9 sowie § 119 Rn. 2). Dazu gehören insbesondere auch Ansprüche gemäß § 1615 o Abs. 1 BGB, der **Prozesskostenvorschussanspruch** (zB §§ 1360a Abs. 4, 1361 Abs. 4 BGB)[8], **Schadensersatzansprüche** auf Erstattung außergerichtlicher Anwaltskosten für die Geltendmachung von Unterhalt (§§ 280, 286 BGB)[9]; **Auskunftsansprüche** (zB §§ 1580, 1605 BGB[10]; s. auch Rn. 1; § 836 Abs. 3 ZPO[11]), auf Dritte kraft Gesetzes (zB § 1615b BGB, §§ 90, 91 BSHG, § 37 BAFöG) übergegangene gesetzliche Unterhaltsansprüche[12] sowie **vertragliche Unterhaltsansprüche,** wenn darin lediglich die gesetzliche Unterhaltspflicht festgelegt oder ausgestaltet wird.[13] Gleiches gilt für **Bereicherungsansprüche** auf Rückgewähr von Leistungen, die zur Erfüllung einer gesetzlichen Unterhaltspflicht erbracht worden sind,[14] und bei Streitigkeiten um den internen Ausgleich wegen an einen Unterhaltspflichtigen ausbezahlten staatlichen **Kindergeldes.**[15] **Nicht** von § 23a Nr. 2 erfasst werden Ansprüche aus einer **nichtehelichen Lebensgemeinschaft**[16] **und Rückgewähransprüche des Scheinvaters** nach erfolgreicher Anfechtung der Vaterschaft wegen des geleisteten Unterhalts für das während der Ehe geborene Kind.[17] Für alle gesetzlichen Unterhaltsansprüche liegt gemäß § 621 Abs. 1 Nr. 4 + 5 ZPO **ein** Fall **ausschließlicher sachlicher Zuständigkeit** des Familiengerichts vor.

IV. Ansprüche nach den §§ 1615l, 1615m BGB (Nr. 3)

4 § 23a Nr. 3 betrifft die Ansprüche gegen den Vater eines Kindes auf Erstattung von Entbindungskosten (§ 1615l Abs. 1 S. 2 BGB), auf Unterhalt der Mutter aus Anlass der Geburt (§ 1615l BGB) und auf Zahlung der Beerdigungskosten für die Mutter (§ 1615m BGB). Hierzu zählt auch das Verfahren gemäß § 1615o Abs. 2 BGB.[18] Die Zuständigkeit der Amtsgerichte, die gemäß § 621 Abs. 1 Nr. 11 ZPO **sachlich ausschließlich** ist, bleibt auch dann bestehen, wenn die Ansprüche gemäß den §§ 1615l, 1615m BGB (zur Zuständigkeit der Familiengerichte ab 1. 7. 1998 s. § 23b Rn. 31) nach dem Tod des Vaters auf Grund von § 1615n BGB gegen dessen Rechtsnachfolger geltend gemacht werden.[19]

V. Ehesachen (Nr. 4)

5 Ehesachen (s. im Einzelnen § 606 ZPO Rn. 2–13) sind nach der Legaldefinition des § 606 Abs. 1 S. 1 ZPO alle Verfahren auf Scheidung, Aufhebung oder Nichtigerklärung einer Ehe, auf Feststellung des Bestehens oder Nichtbestehens einer Ehe zwischen den Parteien oder auf Herstellung des ehelichen Lebens. Für sie besteht gemäß § 23b Abs. 1 Nr. 1 iVm. § 606 ZPO eine **ausschließliche sachliche Zuständigkeit** des **Familiengerichts.**[20]

VI. Güterrechtssachen (Nr. 5)

6 § 23a Nr. 5 erfasst alle **zivilprozessualen**[21] Streitigkeiten über Ansprüche aus dem ehelichen Güterrecht zwischen Ehegatten sowie zwischen einem Ehegatten und einem Dritten (§ 621 ZPO Rn. 66–69). Darunter sind Ansprüche zu verstehen, die sich aus den gesetzlichen Vorschriften über das eheliche Güterrecht (§§ 1363–1518 BGB) oder aus Vereinbarungen der Ehegatten ergeben, durch die güterrechtliche Verhältnisse abweichend von einer gesetzlichen Ausgestaltung geregelt, güterrechtliche Ansprüche modifiziert oder die Auseinandersetzung güterrechtlicher Beziehungen geregelt werden.[22] Der Anspruch selbst muss also güterrechtlicher Art sein; es genügt nicht, dass Fragen des ehelichen Güterrechts von vorgreiflicher Bedeutung für einen sonstigen vermögensrechtlichen Anspruch sind (zB Herausgabeanspruch von Haushaltsgegenständen, deren Übergang nach § 1369 BGB unwirksam ist).[23] **Nicht** unter § 23a Nr. 5 fallen alle nichtvermögensrechtlichen Streitigkeiten, auch wenn sie vermögensrechtliche Auswirkungen haben (zB die Geltendmachung des Anspruchs auf Mitwirkung bei der Abgabe einer Steuererklärung).[24] Für Güter-

---

[7] Zur Entwicklung des Unterhaltsrechts seit Mitte 2006 s. *Büttner*/Niepmann NJW 2007, 2375ff.
[8] BGHZ 56, 92, 94 = NJW 1971, 1262, 1263; BAG FamRZ 1967, 149; OLG Celle NJW 1963, 960.
[9] OLG München NJW-RR 2006, 650 m. weit. Nachw. = NJW 2006, 2050 (LS); OLG Dresden NJW 2006, 2128.
[10] BGHZ 71, 264, 274 = NJW 1978, 1531, 1533; OLG Zweibrücken FamRZ 1996, 1288.
[11] *Kissel/Mayer* Rn. 16; aA OLG Nürnberg FamRZ 1979, 524.
[12] OLG Stuttgart NJW 1978, 57; OLG Bremen FamRZ 1984, 511.
[13] BGH NJW 1979, 2517, 2518; 1991, 2709, 2710; OLG Nürnberg FamRZ 1967, 157, 158.
[14] BGHZ 71, 264, 266 = NJW 1978, 1531, 1533.
[15] BGHZ 70, 151, 154 = NJW 1978, 753, 754; FamRZ 1980, 345, 346; aA KG FamRZ 1978, 794.
[16] MK/*Wolf* Rn. 5.
[17] BayObLG NJW 1979, 1050.
[18] *Büdenbender* FamRZ 1983, 306, 307; *B/L/H* Rn. 5; *Kissel/Mayer* Rn. 28.
[19] MK/*Wolf* Rn. 8; *Kissel/Mayer* Rn. 28.
[20] *MK/Wolf* Rn. 9; *T/P/Hüßtege* § 606 ZPO Rn. 1.
[21] BGH NJW 1982, 2556.
[22] BGH NJW 1978, 1923; 1980, 1626, 1627; OLG Köln NJW-RR 1996, 1347.
[23] *Zö/Gummer* Rn. 5.
[24] *Kissel/Mayer* Rn. 46.

rechtsstreitigkeiten, auch wenn Dritte am Verfahren beteiligt sind (zB §§ 1390, 1437, 1480[25] BGB), ist gemäß § 621 Abs. 1 Nr. 8 ZPO **sachlich ausschließlich** das **Familiengericht** zuständig.

VII. Lebenspartnerschaftssachen[26] (Nr. 6)

Lebenpartnerschaftssachen sind gemäß § 661 Abs. 1 Nr. 1–7 ZPO alle Verfahren, welche die Aufhebung der Lebenspartnerschaft auf Grund des Lebenspartnerschaftsgesetzes, die Feststellung des Bestehens oder Nichtbestehens einer Lebenspartnerschaft, die Verpflichtung zur Fürsorge und Unterstützung in der partnerschaftlichen Lebensgemeinschaft, die durch die Lebenspartnerschaft begründetet gesetzliche Unterhaltspflicht, die Regelung der Rechtsverhältnisse an der gemeinsamen Wohnung und am Hausrat der Lebenspartner, Ansprüche aus dem lebenspartnerschaftlichen Güterrecht – auch wenn Dritte an dem Verfahren beteiligt sind – und Entscheidungen nach § 6 Abs. 2 S. 4 des LPartG iV m. §§ 1382 und 1383 BGB zum Gegenstand haben. 7

VIII. Streitigkeiten nach dem Gewaltschutzgesetz[27] (Nr. 7)

Die zum 1. 1. 2002 neu eingefügte Vorschrift des § 23a Nr. 7 sieht eine Erweiterung der sachlichen Zuständigkeit der Amtsgerichte in Angelegenheiten des vorbeugenden Opferschutzes nach dem Gewaltschutzgesetz vor, soweit der soziale Nahbereich betroffen ist, dh. wenn die Parteien in häuslicher Gemeinschaft leben (= einen auf Dauer angelegten gemeinsamen Haushalt führen) oder zwischen ihnen früher einmal (= innerhalb von sechs Monaten vor Antragstellung) eine Lebensgemeinschaft bestanden hat.[28] 8

23b *Familiengerichte* **(1) [1]Bei den Amtsgerichten werden Abteilungen für Familiensachen (Familiengerichte) gebildet. [2]Familiensachen sind:**

1. Ehesachen;
2. Verfahren betreffend die elterliche Sorge für ein Kind, soweit nach den Vorschriften des Bürgerlichen Gesetzbuchs hierfür das Familiengericht zuständig ist;
3. Verfahren über die Regelung des Umgangs mit einem Kind, soweit nach den Vorschriften des Bürgerlichen Gesetzbuchs hierfür das Familiengericht zuständig ist;
4. Verfahren über die Herausgabe eines Kindes, für das die elterliche Sorge besteht;
5. Streitigkeiten, die die durch Verwandtschaft begründete gesetzliche Unterhaltspflicht betreffen;
6. Streitigkeiten, die die durch Ehe begründete gesetzliche Unterhaltspflicht betreffen;
7. Verfahren, die den Versorgungsausgleich betreffen;
8. Verfahren über Regelungen nach der Verordnung über die Behandlung der Ehewohnung und des Hausrates;
8a. Verfahren nach dem Gewaltschutzgesetz, wenn die Beteiligten einen auf Dauer angelegten gemeinsamen Haushalt führen oder innerhalb von sechs Monaten vor der Antragstellung geführt haben;
9. Streitigkeiten über Ansprüche aus dem ehelichen Güterrecht, auch wenn Dritte am Verfahren beteiligt sind;
10. Verfahren nach den §§ 1382 und 1383 des Bürgerlichen Gesetzbuchs;
11. Verfahren nach den §§ 10 bis 12 sowie nach § 47 des Internationalen Familienrechtsverfahrensgesetzes vom 26. Januar 2005 (BGBl. I S. 162);
12. Kindschaftssachen;
13. Streitigkeiten über Ansprüche nach den §§ 1615l, 1615m des Bürgerlichen Gesetzbuchs;
14. Verfahren nach § 1303 Abs. 2 bis 4, § 1308 Abs. 2 und § 1315 Abs. 1 Satz 1 Nr. 1, Satz 3 des Bürgerlichen Gesetzbuchs;
15. Lebenspartnerschaftssachen.

(2) [1]Sind wegen des Umfangs der Geschäfte oder wegen der Zuweisung von Vormundschafts-, Betreuungs- und Unterbringungssachen mehrere Abteilungen für Familiensachen zu bilden, so sollen alle Familiensachen, die denselben Personenkreis betreffen, derselben Abteilung zugewiesen werden. [2]Wird eine Ehesache rechtshängig, während eine andere Familiensache nach Absatz 1 Satz 2 Nr. 6 bis 10 bei einer anderen Abteilung im ersten Rechtszug anhängig ist, so ist diese von Amts wegen an die Abteilung der Ehesache abzugeben; für andere Familiensachen nach Absatz 1 Satz 2 Nr. 2 bis 5 gilt dies nur, soweit sie betreffen

1. in den Fällen der Nummer 2 die elterliche Sorge für ein gemeinschaftliches Kind einschließlich der Übertragung der elterlichen Sorge oder eines Teils der elterlichen Sorge wegen Gefährdung des Kindeswohls auf einen Elternteil, Vormund oder Pfleger,
2. in den Fällen der Nummer 3 die Regelung des Umgangs mit einem gemeinschaftlichen Kind der Ehegatten nach den §§ 1684 und 1685 des Bürgerlichen Gesetzbuchs oder des Umgangs des Ehegatten mit einem Kind des anderen Ehegatten nach § 1685 Abs. 2 des Bürgerlichen Gesetzbuchs,

---

[25] S. dazu insbesondere BGHZ 76, 305ff. = NJW 1980, 1626.

[26] S. dazu: *Dethloff* NJW 2001, 2598ff.; *Schwab* FamRZ 2001, 385ff.; *Stüber* NJW 2003, 2721ff.; Wellenhofer NJW 2005, 705ff.

[27] S. dazu *Schumacher* FamRZ 2002, 645ff.; *Grziwotz* NJW 2002, 872ff.; *Hermann* NJW 2002, 3062ff.

[28] BT-Drucks. 14/5429, S. 34.

3. in den Fällen der Nummer 4 die Herausgabe eines Kindes an den anderen Elternteil,
4. in den Fällen der Nummer 5 die Unterhaltspflicht gegenüber einem gemeinschaftlichen Kind.

[3]Wird bei einer Abteilung ein Antrag in einem Verfahren nach den §§ 10 bis 12 des Internationalen Familienrechtsverfahrensgesetzes vom 26. Januar 2005 (BGBl. I S. 162) anhängig, während eine Familiensache nach Absatz 1 Satz 2 Nr. 2 bis 4 bei einer anderen Abteilung im ersten Rechtszug anhängig ist, so ist diese von Amts wegen an die erstgenannte Abteilung abzugeben; dies gilt nicht, wenn der Antrag offensichtlich unzulässig ist. [4]Auf übereinstimmenden Antrag beider Elternteile sind die Regelungen des Satzes 3 auch auf andere Familiensachen anzuwenden, an denen diese beteiligt sind.

(3) **[1]Die Abteilungen für Familiensachen werden mit Familienrichtern besetzt. [2]Ein Richter auf Probe darf im ersten Jahr nach seiner Ernennung Geschäfte des Familienrichters nicht wahrnehmen.**

I. Normzweck

1 Im Gegensatz zu den §§ 23, 23a befasst sich die Vorschrift des § 23b, die verfassungsrechtlich nicht zu beanstanden ist[1], **nicht** mit der **sachlichen** Zuständigkeit der Amtsgerichte, sondern setzt diese in anderen Vorschriften getroffene Regelung (zB in § 23a Nr. 2, 4 und 5, 6 für zivilprozessuale Familiensachen und in den §§ 64 Abs. 1 FGG, 11 Abs. 1 HausratsVO für FGG-Familiensachen) voraus.[2] Auf dieser Grundlage der sachlichen Zuständigkeit der Amtsgerichte ordnet die **gerichtsorganisatorische** Vorschrift des § 23b Abs. 1 S. 1 an, dass bei allen Amtsgerichten – vorbehaltlich der Konzentrationsermächtigung in § 23c – **mindestens eine** Abteilung für Familiensachen einzurichten ist, die die in anderen Vorschriften dem Familiengericht zugewiesenen Aufgaben wahrzunehmen hat. Diese gerichtsinterne Zuweisung der Familiensachen an **Spezialspruchkörper,** nämlich die Abteilungen für Familiensachen (**Familiengerichte**), die gemäß § 23b Abs. 3 mit Familienrichtern zu besetzen sind, ist gesetzlich **zwingend** vorgeschrieben und damit der Regelungsbefugnis des Präsidiums im Geschäftsverteilungsplan gemäß § 21e entzogen.[3]

2 Das am 1. 7. 1998 in Kraft getretene Kindschaftsrechtsreformgesetz verfolgt unter anderem auch das Ziel, rechtliche Unterschiede zwischen ehelichen und nichtehelichen Kindern, die in Teilbereichen noch bestehen, so weit wie möglich abzubauen. Zur Verwirklichung dieses Ziels wird in § 23b Abs. 1 Satz 2 Nr. 2, 3, 4 und 5 eine **Unterscheidung** zwischen ehelichen und nichtehelichen Kindern **nicht mehr vorgenommen.** Außerdem wird der Katalog der Familiensachen um die Kindschaftssachen (= § 23b Abs. 1 Satz 2 Nr. 12) und die Streitigkeiten über die Ansprüche nach den §§ 1615l, 1615m BGB (§ 23b Abs. 1 Satz 2 Nr. 13) erweitert. Eine zusätzliche Erweiterung des Katalogs der Familiensachen (§ 23b Abs. 1 Satz 2 Nr. 14) ist dadurch bedingt, dass auf Grund des Eheschließungsrechtsgesetzes und des Betreuungsrechtsänderungsgesetzes die Betreuungszuständigkeit im Eheschließungsrecht vom Vormundschaftsgericht auf das Familiengericht übertragen wurde. Auf Grund des am 1. 8. 2001 in kraft getretenen LPartG zählen schließlich auch die Lebenspartnerschaftssachen zu den Familiensachen (§ 23b Abs. 1 S. 2 Nr. 15). Seit dem 1. 1. 2002 sind auch Streitigkeiten nach dem Gewaltschutzgesetz Familiensachen (§ 23b Abs. 1 S. 2 Nr. 8a).

II. Familiengerichte (Absatz 1 S. 1, Absatz 2)

3 § 23b Abs. 1 S. 1 bestimmt, dass bei **jedem** Amtsgericht – abgesehen vom Fall der Konzentration gemäß § 23c – **eine Abteilung für Familiensachen (Familiengericht) kraft Gesetzes** besteht, die über die in anderen Vorschriften dem Familiengericht zugewiesenen Sachen zu befinden hat. Im Bedarfsfalle können vom Präsidium **weitere Abteilungen für Familiensachen** gebildet werden, wobei alle Familiensachen, die denselben Personenkreis betreffen, derselben Abteilung zugewiesen werden sollen (§ 23b Abs. 2 S. 1).

4 Einer Abteilung für Familiensachen können – ebenso wie einem Familiensenat (§ 119 Rn. 26) – vom **Präsidium** auch allgemeine Zivilsachen zugewiesen werden.[4]

5 **1. Verhältnis zu Familiengerichten desselben Amtsgerichts.** § 23b Abs. 2 S. 2–4 enthält eine Sonderregelung für das Verhältnis aller Abteilungen für Familiensachen desselben Amtsgerichts untereinander. Die seit dem 1. 7. 1998 geltende Neufassung stellt sicher, dass auch künftig alle die Eltern und Kinder betreffenden Familiensachen, soweit sie einen Zusammenhang mit der Ehesache aufweisen, derselben Abteilung zugewiesen werden.[5] Die Vorschrift des § 23b Abs. 2 S. 2 bestimmt, dass, wenn eine Ehesache rechtshängig wird, während eine andere Familiensache bei einer anderen Abteilung im ersten Rechtszug anhängig ist, diese **von Amts wegen** an die Abteilung der Ehesache **abzugeben** ist, damit der Verfahrensverbund (§ 623 ZPO) durchgeführt werden kann. Eine Abgabe an die Abteilung der Ehesache **hat** kraft ausdrücklicher gesetzlicher Bestimung (§ 23b Abs. 2 Satz 2 Halbs. 1) in den Fällen des § 23b Abs. 1 Satz 2 Nr. 6 bis 10 (s. Rn. 24–28) **immer zu erfolgen.** In den Fällen der §§ 23b Abs. 1 Satz 2 Nr. 2–5 gilt dies nur teilweise, und zwar nur unter **eingeschränkten** – in § 23b Abs. 2 Satz 2 Halbs. 2 abschließend aufgezählten – Voraussetzungen. Da § 23b Abs. 2 Satz 2 Halbs. 2 fast wörtlich mit § 621 Abs. 2 Satz 1 Halbs. 2 ZPO übereinstimmt, wird hinsichtlich der einzelnen Voraussetzungen auf die Erläuterungen zu § 621 ZPO Rn. 11–15 verwie-

---

[1] BVerfGE 53, 257, 312 = NJW 1980, 692, 697.

[2] HM seit BGHZ 71, 264, 267 = NJW 1978, 1531 mit abl. Anm. *Jauernig* FamRZ 1978, 675; aA OLG Oldenburg FamRZ 1978, 344; *Jauernig* FamRZ 1977, 681 f.; 1977, 761, 762.

[3] BGHZ 71, 264, 268 f. = NJW 1978, 1531, 1532.

[4] *Vogel* FamRZ 1976, 488; *Zö/Gummer* Rn. 11; *B/L/H* Rn. 8; aA *Kissel/Mayer* Rn. 19/20 und DRiZ 1977, 113 f.

[5] BT-Drucks. 13/4899, S. 117.

sen. § 23b Abs. 2 Satz 2 ist kraft ausdrücklicher gesetzlicher Bestimmung (§ 661 Abs. 2 ZPO) auf Lebenspartnerschaftssachen iSv. § 23b Abs. 2 S. 1 Nr. 15 entsprechend anwendbar. § 23b Abs. 2 S. 3 ordnet an, dass, wenn bei einer Abteilung ein Antrag in einer internationalen Ehe- oder Sorgerechtssache iSv. § 23b Abs. 1 S. 2 Nr. 11 anhängig wird, während eine Familiensache nach Abs. 1 S. 2 Nr. 2–4 bei einer anderen Abteilung im ersten Rechtszug anhängig ist, diese **von Amts wegen** an die erstgenannte Abteilung – außer bei offensichtlich unzulässigem Antrag – **abzugeben ist.** Gemäß § 23b Abs. 2 S. 4 sind die Regelungen des Satzes 3 auf übereinstimmenden Antrag beider Elterteile auch auf andere Familiensachen anzuwenden, an denen diese beteiligt sind. Die Abgabe geschieht in jeder Verfahrensart formlos und ist für die Abteilung, die für die Ehesache zuständig ist, **bindend.**[6]

Ansonsten – soweit die Voraussetzungen des § 23b Abs. 2 S. 2–4 nicht vorliegen – ist die **formlose Abgabe** von einer Abteilung für Familiensachen an die andere nach der Geschäftsverteilung zuständige Abteilung für Familiensachen desselben Gerichts uneingeschränkt zulässig.[7] Insbesondere finden insoweit weder die §§ 17–17b[8] noch § 281 ZPO Anwendung, da § 23b nicht die Zulässigkeit des Rechtsweges zwischen verschiedenen Gerichtsbarkeiten betrifft und eine Verweisung nach § 281 ZPO erfordert, dass ein **anderes** Gericht zuständig ist. Die formlose Abgabe hat nach allgemeiner Meinung **keine Bindungswirkung,** so dass im Streitfall das **Präsidium** zu entscheiden hat, welche Abteilung für Familiensachen im konkreten Einzelfall nach dem Geschäftsverteilungsplan zuständig ist. 6

2. Verhältnis zur allgemeinen Zivilabteilung. Die Abgrenzung zwischen Familiengericht und allgemeiner Zivilabteilung ist weder eine Frage der sachlichen Zuständigkeit (Rn. 1) noch der Geschäftsverteilung, sondern vielmehr eine solche der **funktionellen**[9] Zuständigkeit (s. auch § 119 Rn. 23). Abgaben oder „Verweisungen" zwischen dem Familiengericht und einem anderen Spruchkörper desselben Gerichts sind **nicht bindend;** § 281 ZPO findet wegen Fehlens einer dem § 102 entsprechenden Vorschrift keine Anwendung[10] (s. auch § 281 ZPO Rn. 4). Bei Zuständigkeitsstreitigkeiten zwischen dem Familiengericht und der allgemeinen Zivilabteilung gilt § 36 Nr. 6 ZPO entsprechend[11], dh. das Oberlandesgericht[12] als das im Rechtszuge zunächst höhere Gericht bestimmt die zuständige Abteilung. 7

Entscheidet eine allgemeine Zivilabteilung des Amtsgerichts fälschlicherweise in einer Familiensache, so ist die Entscheidung wirksam und nicht anfechtbar. Seit dem 1. 1. 2002 kann nämlich die Berufung nicht mehr darauf gestützt werden, dass das Gericht des ersten Rechtszuges seine Zuständigkeit zu Unrecht angenommen hat (§ 513 Abs. 2 ZPO). 8

3. Verhältnis zur allgemeinen FGG-Abteilung. Bindende Verweisungen zwischen einem Familiengericht und einem Gericht der allgemeinen freiwilligen Gerichtsbarkeit sind mangels gesetzlicher Grundlage nicht möglich; vielmehr kommen insoweit nur formlose Abgaben **ohne bindende Wirkung** in Betracht.[13] Ein Zuständigkeitsstreit zwischen dem Familiengericht und dem Gericht der allgemeinen FGG-Abteilung ist entsprechend § 36 Nr. 6 ZPO zu entscheiden.[14] 9

4. Verhältnis zu anderen Gerichten. Die Verweisung einer Familiensache wegen örtlicher Unzuständigkeit an die Abteilung für Familiensachen eines anderen Amtsgerichts sowie einer Nichtfamiliensache an das Landgericht oder ein anderes Amtsgericht erfolgt nach allgemeiner Meinung[15] gemäß § 281 ZPO. Die Verweisung ist grundsätzlich – und nicht nur in den gesetzlich ausdrücklich normierten Fällen der §§ 621 Abs. 3 ZPO, 64 Abs. 2 FGG, 11 Abs. 3 HausratsVO – nach § 281 Abs. 2 S. 4 ZPO **bindend.**[16] 10

Verweist das Landgericht wirksam eine Nichtfamiliensache an das Familiengericht, so ist das **Amtsgericht als solches, nicht** jedoch das **Familiengericht** an die Verweisung gebunden.[17] Umgekehrt bindet ein verfahrensrechtlich wirksamer Verweisungsbeschluss des Amtsgerichts (Prozessabteilung oder Familiengericht) das Landgericht nach § 281 Abs. 2 S. 4 ZPO, so dass das Landgericht gehindert ist, die Sache an eine andere Abteilung des Amtsgerichts zurückzuverweisen.[18] 11

Der Zuständigkeitsstreit zwischen Familiengerichten verschiedener Amtsgerichte[19] sowie dem Familiengericht und dem Landgericht[20] ist nach § 36 Nr. 6 ZPO zu entscheiden. 12

---

[6] *Kissel/Mayer* Rn. 26.

[7] BGHZ 63, 214, 217 = NJW 1975, 450, 451.

[8] *T/P/Hüßtege* Rn. 6.

[9] AA *Zö/Gummer* Rn. 3

[10] BGH NJW 1978, 1531; NJW-RR 1993, 1282; OLG Bamberg FamRZ 1990, 179; aA OLG Stuttgart FamRZ 1977, 720; OLG Oldenburg FamRZ 1978, 344; *Jauernig* FamRZ 1977, 681, 682; 1977, 761, 762; 1989, 1, 5; *Bergerfurth* DRiZ 1978, 230, 232; MK/*Wolf* Rn. 13.

[11] BGH NJW 1978, 1531; NJW-RR 1990, 1026; aA (unmittelbare Anwendung): *Jauernig* FamRZ 1978, 675.

[12] OLG Koblenz FamRZ 1977, 648; OLG Bamberg FamRZ 1990, 179, 180; *Bergerfurth* DRiZ 1978, 230, 232; aA (Landgericht) OLG Zweibrücken FamRZ 1978, 345, 346.

[13] BGH NJW 1981, 126; NJW-RR 1990, 707.

[14] BGH NJW 1981, 126; NJW-RR 1990, 707; BayObLG FamRZ 1994, 1597.

[15] BGHZ 71, 15 = NJW 1978, 888.

[16] BGHZ 71, 15 = NJW 1978, 888; BGH NJW-RR 1990, 1026.

[17] BGH NJW 1980, 1282; BayObLG FamRZ 1980, 1034; OLG Düsseldorf Rpfleger 1981, 239; BayObLGZ 1991, 387, 389f. = NJW-RR 1993, 10, 11; aA OLG Karlsruhe FamRZ 1980, 139; OLG Köln FamRZ 1982, 944; *Kissel/Mayer* Rn. 32.

[18] OLG Frankfurt NJW-RR 1988, 772, 773; vgl. auch BGH NJW-RR 1989, 1343.

[19] OLG Stuttgart FamRZ 1984, 716.

[20] OLG Frankfurt NJW-RR 1988, 772, 773.

III. Familiensachen kraft Gesetzes (Absatz 1 S. 2)

13 In § 23b Abs. 1 S. 2 ist der Kreis der Familiensachen gesetzlich **abschließend** normiert.[21] Er kann weder durch Parteivereinbarung noch durch den Geschäftsverteilungsplan erweitert werden.[22] Ebenso kann den Familiensachen die Eigenschaft als Familiensachen kraft Gesetzes weder durch Gerichtsbeschluss noch durch Parteivereinbarung genommen werden. Folglich sind alle anderen nicht in dem Katalog des § 23b Abs. 1 S. 2 aufgeführten sonstigen ehe- und familienbezogenen Angelegenheiten[23] allgemeine zivilprozessuale Streitigkeiten oder Angelegenheiten der freiwilligen Gerichtsbarkeit mit den sich daraus ergebenden gerichtsverfassungsrechtlichen und verfahrensrechtlichen Konsequenzen.[24]

14 **1. Umfang der Familiensachen.** Nach allgemeiner Meinung erstreckt sich die Qualifizierung als Familiensache kraft Gesetzes nicht nur auf die Hauptsacheentscheidungen der enumerativ aufgezählten Streitigkeiten gemäß § 23b Abs. 1 S. 2 Nr. 1–15, sondern auch auf alle die Hauptentscheidung **vorbereitenden** oder **ergänzenden Nebenentscheidungen** (§ 621 ZPO Rn. 5–7 und § 119 Rn. 16).

15 **2. Beurteilungsgrundlagen.** Für die Frage, ob ein Rechtsstreit eine Familiensache darstellt, ist die Begründung des geltend gemachten Anspruchs maßgebend (**sog. materielle Anknüpfung;** s. auch § 119 Rn. 9).[25] Dass bei der Entscheidung auf Grund des Verteidigungsvorbringens familienrechtliche Fragen eine Rolle spielen, macht das Verfahren nicht zur Familiensache.[26]

16 Wird ein **einheitlicher prozessualer Anspruch** auf verschiedene materiellrechtliche Anspruchsgrundlagen gestützt, von denen – für sich betrachtet – nur eine das Verfahren zur Familiensache machen würde, so kommt nach dem Zweck der familienrechtlichen Spezialzuweisung dem Familiengericht grundsätzlich der Vorrang zu.[27] **Mehrere Ansprüche,** die teils Familiensache, teils Nichtfamiliensache sind, können dagegen in einer Klage nicht verbunden werden, auch nicht im Verhältnis von Haupt- und Hilfsantrag[28] (s. insoweit § 260 ZPO Rn. 4 und 10).

17 Es ist auch unzulässig, gegenüber der auf einen familienrechtlichen Anspruch gestützten Klage eine **Widerklage** auf Grund eines nicht-familienrechtlichen Anspruchs zu erheben.[29]

18 Schließlich hat die zur **Aufrechnung** gestellte Gegenforderung trotz der Rechtskraftwirkung gemäß § 322 Abs. 2 ZPO keinen Einfluss auf die Einordnung des klageweise geltend gemachten Anspruchs als Familiensache. Das Familiengericht kann also auch über die Aufrechnung mit einer Gegenforderung, die vor dem allgemeinen Zivilgericht einzuklagen wäre, entscheiden.[30] Und umgekehrt ist die in einem Rechtsstreit vor einem Gericht für allgemeine Zivilsachen erklärte Aufrechnung nicht deshalb unwirksam, weil für die Entscheidung über die zur Aufrechnung gestellte Gegenforderung, würde sie eingeklagt, das Familiengericht zuständig wäre.[31]

19 **3. Familiensachen im Einzelnen: a) Ehesachen (Nr. 1).** Ehesachen (§ 606 ZPO Rn. 2–13 und § 23a Rn. 5) sind nach der Legaldefinition des § 606 Abs. 1 S. 1 ZPO alle Verfahren auf Scheidung, Aufhebung oder Nichtigerklärung einer Ehe, auf Feststellung des Bestehens oder Nichtbestehens einer Ehe zwischen den Parteien oder auf Herstellung des ehelichen Lebens. Für sie gelten insbesondere die allgemeinen Vorschriften über Ehesachen (§§ 606–620g ZPO).

20 **b) Elterliche Sorge (Nr. 2).** Das sind die Fälle der §§ 1671, 1672, 1678 Abs. 2, 1680 Abs. 2 und 3, 1681 Abs. 2, 1696 BGB (s. im Einzelnen § 621 ZPO Rn. 43). Die Vorschrift findet insbesondere auch dann noch Anwendung, wenn nur noch ein Elternteil des Kindes lebt. Nach § 1680 Abs. 2 Satz 1 BGB, der dem früheren § 1681 Abs. 1 Satz 2 BGB entspricht, hat nämlich nicht mehr das Vormundschaftsgericht, sondern das Familiengericht bei Versterben des Elternteils, dem die elterliche Sorge gemäß § 1671 BGB oder § 1672 Abs. 1 BGB allein zustand, die elterliche Sorge dem überlebenden Elternteil zu übertragen, wenn dies dem Wohl des Kindes nicht widerspricht. Damit hat der Gesetzgeber zu erkennen gegeben, dass selbst die Nachwirkungen des Ehebandes auf die elterliche Sorge nicht durch den Tod eines Elternteils begrenzt werden.[32]

21 **c) Umgangsrecht (Nr. 3).** Familiensache im Sinne dieser Vorschrift ist das in den §§ 1684, 1696 BGB geregelte Recht zum persönlichen Umgang eines **jeden** Elternteils mit dem **Kind** (s. im Einzelnen § 621 ZPO Rn. 44, 45). Hierunter fallen aber auch Verfahren nach § 1685 BGB, die den Umgang der Großeltern und anderer Bezugspersonen mit dem Kind betreffen, sowie Verfahren nach § 1632 Abs. 2 und 3 BGB, in denen es um das Recht der Eltern geht, den Umgang des Kindes für und gegen Dritte zu bestimmen.[33]

22 **d) Herausgabe eines Kindes (Nr. 4).** Hierbei handelt es sich um das Verlangen auf Herausgabe eines Kindes gemäß § 1632 Abs. 1 BGB (s. im Einzelnen § 621 ZPO Rn. 46). Familiensachen iSv. § 23b Abs. 1 Satz 2 Nr. 4 sind seit dem 1. 7. 1998 nicht nur Herausgabeverlangen zwischen den Eltern, sondern **alle** He-

[21] OLG München FamRZ 1978, 51; OLG Oldenburg FamRZ 1978, 130; OLG Hamm OLGZ 1986, 142.
[22] MK/*Wolf* Rn. 8.
[23] S. insoweit die Aufzählung bei *Wever* FamRZ 2001, 268.
[24] *Kissel/Mayer* Rn. 35; vgl. auch BayObLG DRiZ 1977, 375, 376.
[25] BGH NJW 1980, 2476; 1983, 1913; OLG Bamberg NJW-RR 1989, 517.
[26] BGH NJW 1980, 2476; OLG Bamberg NJW-RR 1989, 517, 518.
[27] BGH NJW 1983, 1913f.; OLG Bamberg NJW-RR 1989, 517.
[28] BGH NJW 1981, 2417, 2418.
[29] OLG Düsseldorf FamRZ 1982, 511.
[30] OLG Köln FamRZ 1992, 450.
[31] BGH NJW-RR 1989, 173; OLG Stuttgart FamRZ 1979, 717.
[32] AA zur Regelung des bisherigen § 1681 Abs. 1 Satz 2 BGB: OLG Hamm OLGZ 1986, 142, 143f.
[33] BT-Drucks. 13/4899, S. 117.

rausgabeverlangen betreffend Kinder, für die die elterliche Sorge besteht, einschließlich Herausgabeverlangen der Eltern gegenüber Dritten.[34]

e) **Verwandtenunterhalt** (Nr. 5). Damit sind **alle** gesetzlichen Unterhaltsansprüche gemäß den §§ 1601 ff.; 1615aff. BGB gemeint (s. im Einzelnen § 621 ZPO Rn. 61–66 und § 23a Rn. 3). Seit dem 1. 7. 1998 gehören zu den Familiensachen iSv. § 23b Abs. 1 Satz 2 Nr. 5 also auch Unterhaltsansprüche der Mütter nichtehelicher Kinder, Unterhaltsansprüche von Kinden gegen die Großeltern und Unterhaltsansprüche der Eltern gegen ihre Kinder[35] (zur Rechtsmittelzuständigkeit gegen amtsgerichtliche Entscheidungen über diese Unterhaltsansprüche s. § 72 Rn. 9 und § 119 Rn. 2). 23

f) **Ehegattenunterhalt** (Nr. 6). Darunter fallen alle Streitigkeiten, die eine durch bestehende (§§ 1360, 1361 BGB), geschiedene (§§ 1569–1586b BGB), aufgehobene (§ 37 EheG iVm. §§ 1569ff. BGB) oder für nichtig erklärte (§ 26 EheG iVm. §§ 1569ff. BGB) Ehe begründete gesetzliche Unterhaltspflicht betreffen (s. im Einzelnen § 621 ZPO Rn. 61, 62, § 23a Rn. 3). 24

g) **Versorgungsausgleich** (Nr. 7). Dazu gehören alle unmittelbaren Streitigkeiten zwischen Ehegatten über den Versorgungsausgleich (§§ 1587–1587p BGB). Das Verfahren richtet sich nach den §§ 53b–g FGG. (s. im Einzelnen § 621 ZPO Rn. 72–74). Die Übertragung der Durchführung des Versorgungsausgleichs einschließlich der damit verbundenen Berechnungen auf die Familiengerichte (§ 621 Abs. 1 Nr. 6 ZPO) verstößt nicht gegen das Grundgesetz.[36] 25

h) **Ehewohnung und Hausrat** (Nr. 8). Die Vorschrift umfasst alle Streitigkeiten aus dem Regelungsbereich der deutschen HausratsVO (Ehewohnung, Wohnungseinrichtung und sonstiger Hausrat[37]; s. im Einzelnen § 621 ZPO Rn. 75–80). Sie findet **keine** Anwendung, wenn lediglich **Gegenstände des persönlichen Bedarfs** herausverlangt werden[38]; dies gilt auf Grund der Entstehungsgeschichte des § 23b und der Tatsache, dass die Familiensachen in § 23b Abs. 1 S. 2 abschließend aufgezählt sind (Rn. 12), auch in den Fällen gemischten Herausgabebegehrens.[39] **Keine Familiensachen** iSv. § 23b Abs. 1 S. 2 Nr. 8 sind auch zivilprozessuale Streitigkeiten, in denen Ansprüche aus Verträgen oder die Auseinandersetzung von Ehewohnung und Hausrat geltend gemacht werden.[40] 26

i) **Streitigkeiten nach dem Gewaltschutzgesetz** (Nr. 8a). § 23b Abs. 1 Satz 2 Nr. 8a begründet die familiengerichtliche Zuständigkeit in Angelegenheiten des vorbeugenden Opferschutzes nach dem Gewaltschutzgesetz[41] (s. im Einzelnen § 23a Rn. 8). 26a

j) **Güterrechtssachen**[42] (Nr. 9). § 23b Abs. 1 S. 2 Nr. 9 erfasst alle **zivilprozessualen** Streitigkeiten über Ansprüche aus dem ehelichen Güterrecht (§§ 1363–1518 BGB) zwischen Ehegatten sowie zwischen einem Ehegatten und einem Dritten (zB §§ 1390, 1437, 1480 BGB; s. im Einzelnen § 621 ZPO Rn. 81–84 und § 23a Rn. 6). 27

k) **Verfahren nach den §§ 1382 und 1383 BGB** (Nr. 10). Bei den Anträgen auf Stundung der Ausgleichsforderung (§ 1382 BGB) und auf Übertragung von Vermögensgegenständen (§ 1383 BGB) handelt es sich um Streitigkeiten aus dem ehelichen Güterrecht (s. im Einzelnen § 621 ZPO Rn. 85), nicht jedoch um **Ansprüche** gemäß § 23b Abs. 1 S. 2 Nr. 9 (Rn. 26), so dass eine ausdrückliche Regelung erforderlich war.[43] 28

l) **Verfahren nach den §§ 10 bis 12 und nach § 47 IntFamRVG** (Nr. 11). Das IntFamRVG enthält Regelungen über die Zuständigkeit und die Anerkennung und Vollstreckung von Entscheidungen in Ehesachen und in Verfahren betreffend die elterliche Verantwortung, über die zivilrechtlichen Aspekte internationaler Kindesentführung und über die Anerkennung und Vollstreckung von Entscheidungen über das Sorgerecht für Kinder und die Wiederherstellung des Sorgerechtsverhältnisses (s. auch vor § 621 ZPO Rn. 3). 29

m) **Kindschaftssachen** (Nr. 12). Ab dem 1. 7. 1998 sind auch die Kindschaftssachen Familiensachen. Zu den Kindschaftssachen gehören dann alle **Verfahren**, welche die Feststellung des Bestehens oder Nichtsbestehens eines Eltern-Kindes-Verhältnisses einschließlich der Feststellung der Wirksamkeit oder Unwirksamkeit einer Anerkennung der Vaterschaft, die Anfechtung der Vaterschaft oder die Feststellung des Bestehens oder Nichtbestehens der elterlichen Sorge der einen Partei für die andere zum Gegenstand haben (§ 640 Abs. 2 Nr. 1–3 ZPO). Damit fallen auch die **FG-Abstammungssachen** (§ 1600e Abs. 2 BGB) unter den Begriff der Kindschaftssachen.[44] 30

n) **Ansprüche nach den §§ 1615l, 1615m BGB** (Nr. 13). Nach dieser Bestimmung sind seit dem 1. 7. 1998 auch die Streitigkeiten über die Ansprüche nach den §§ 1615l, 1615m BGB (s. im Einzelnen § 23a Rn. 4) Familiensachen. Über die in § 23a Rn. 4 genannten Ansprüche der Mutter hinaus fallen hierunter künftig auch die Unterhaltsansprüche des Vaters gemäß § 1615l Abs. 5 BGB.[45] 31

---

[34] BT-Drucks. 13/4899, S. 96, 117 und 120.
[35] BT-Drucks. 13/4899, S. 35, 48 und 72.
[36] BVerfGE 64, 175ff. = NJW 1983, 2812.
[37] Zu den Begriffen Wohnungseinrichtung und Hausrat s. OLG Bamberg NJW-RR 1996, 1413.
[38] BayObLG FamRZ 1982, 399f.; OLG Bamberg NJW-RR 1996, 1413.
[39] OLG Düsseldorf FamRZ 1978, 358; OLG Karlsruhe FamRZ 1979, 609f.; aA OLG Düsseldorf FamRZ 1978, 523; *Kissel/Mayer* Rn. 80; MK/*Walter* § 621 ZPO Rn. 79.
[40] BGH NJW 1979, 2156; OLG Karlsruhe NJW-RR 1995, 1473; 2003, 796; OLG Dresden FamRZ 2001, 173.
[41] BT-Drucks. 14/5429, S. 34.
[42] Zur Rückforderung von Schenkungen unter türkischen Eheleuten s. OLG Köln NJW-RR 1995, 135f.
[43] MK/*Walter* § 621 ZPO Rn. 102.
[44] BT-Drucks. 13/4899, S. 117, 124.
[45] BT-Drucks. 13/4899, S. 72.

32 **o) Verfahren nach den §§ 1303, 1308 und 1315 BGB (Nr. 14).** Zum 1. 7. 1998 wurde die Befreiungszuständigkeit im Eheschließungsrecht vom Vormundschaftsgericht auf das Familiengericht verlagert[46] (Rn. 2). Damit sind ab diesem Zeitpunkt die Verfahren nach § 1303 Abs. 2–4 (Befreiung vom Erfordernis der Volljährigkeit), § 1308 Abs. 2 (Befreiung vom Eheverbot) und § 1315 Abs. 1 Satz 1 Nr. 1, Satz 3 BGB (Heilung der mangelnden Ehefähigkeit durch Bestätigung) Familiensachen iSv. § 23 b Abs. 1 Satz 2 Nr. 14 (zur Rechtsmittelzuständigkeit s. § 72 Rn. 12 und § 119 Rn. 2).

33 **p) Lebenspartnerschaftssachen (Nr. 15).** § 23 b Abs. 1 Satz 2 Nr. 15 erfasst alle Streitigkeiten aus dem Regelungsbereich des LPartG (s. im Einzelnen § 23 a Rn. 7).

IV. Familienrichter (Absatz 3)

34 Gemäß § 23 b Abs. 3 S. 1 werden die Abteilungen für Familiensachen (Familiengerichte) mit Familienrichtern besetzt. Die **Funktionsbezeichnung „Familienrichter"** erhalten alle Richter, die durch das Präsidium im Geschäftsverteilungsplan einer Abteilung des Familiengerichts zugewiesen sind.

35 Ein **Richter auf Probe** darf in Abweichung von § 22 Abs. 5, wonach beim Amtsgericht grundsätzlich Richter auf Probe verwendet werden können, erst im **zweiten** Jahr nach seiner Ernennung Geschäfte des Familienrichters wahrnehmen (§ 23 b Abs. 3 S. 2). Das gilt seit dem **1. 1. 1996** auch in den neuen Bundesländern.[47] Richter auf Probe sind gemäß § 12 Abs. 1 DRiG Richter, die nicht Richter auf Lebenszeit bei dem Gericht sind, bei dem sie tätig werden. Familienrichter kann im Übrigen nur ein Richter auf Lebenszeit (§ 10 DRiG), ein Richter auf Zeit (§ 11 DRiG)[48] und ein Richter kraft Auftrags (§ 14 DRiG)[49] werden. Das Verbot für Richter auf Probe gilt sowohl für die Tätigkeit als **Vertreter** (allgM) als auch – da die Familienrichter die Rechtshilfesachen in Familiensachen erledigen – für den **ersuchten Richter** (§ 362 ZPO, §§ 156 ff.).[50] Die vorschriftswidrige Tätigkeit durch einen Richter auf Probe stellt einen Verstoß gegen das Verbot der Entziehung des gesetzlichen Richters (Art. 101 Abs. 1 S. 2 GG, § 16 Abs. 2) und damit einen wesentlichen Verfahrensmangel iSv. § 538 Abs. 2 S. 1 Nr. 1 ZPO (s. insoweit § 538 ZPO Rn. 7 ff.) dar.[51]

23c

Gemeinsames Amtsgericht in Familien-, Vormundschafts-, Betreuungs- und Unterbringungssachen **[1]Die Landesregierungen werden ermächtigt, durch Rechtsverordnung einem Amtsgericht für die Bezirke mehrerer Amtsgerichte die Familiensachen sowie ganz oder teilweise die Vormundschafts-, Betreuungs-, Unterbringungs- und Handelssachen zuzuweisen, sofern die Zusammenfassung der sachlichen Förderung der Verfahren dient oder zur Sicherung einer einheitlichen Rechtsprechung geboten erscheint. [2]Die Landesregierungen können die Ermächtigungen auf die Landesjustizverwaltungen übertragen.**

24–26

(betreffen Strafsachen)

26a

(weggefallen)

27

Sonstige Zuständigkeit und Geschäftskreis **Im Übrigen wird die Zuständigkeit und der Geschäftskreis der Amtsgerichte durch die Vorschriften dieses Gesetzes und der Prozessordnungen bestimmt.**

Vierter Titel. Schöffengerichte

28–58

(betreffen Strafsachen)

Fünfter Titel. Landgerichte

59

Besetzung **(1) Die Landgerichte werden mit einem Präsidenten sowie mit Vorsitzenden Richtern und weiteren Richtern besetzt.**

(2) Den Richtern kann gleichzeitig ein weiteres Richteramt bei einem Amtsgericht übertragen werden.

(3) Es können Richter auf Probe und Richter kraft Auftrags verwendet werden.

---

[46] BT-Drucks. 13/10331, S. 28.

[47] § 3 RpflAnpG vom 26. 6. 1992, BGBl. I S. 1147.

[48] AA *Diederichsen* NJW 1977, 601, 605 Fn. 50.

[49] Fn. 48.

[50] OLG Stuttgart FamRZ 1984, 716; *Bergerfurth* FamRZ 1982, 563, 564 f.; *Kissel/Mayer* Rn. 89; *T/P/Hüßtege* Rn. 4; aA *Diederichsen* NJW 1977, 601, 605; *MK/Wolf* Rn. 18; *B/L/H* Rn. 10.

[51] OLG Frankfurt FamRZ 1978, 520; *Bergerfurth* DRiZ 1978, 230, 232.

60 *Zivil- und Strafkammern* **Bei den Landgerichten werden Zivil- und Strafkammern gebildet.**

61–69 *(weggefallen)*

70 *Vertretung der Kammermitglieder* **(1) Soweit die Vertretung eines Mitgliedes nicht durch ein Mitglied desselben Gerichts möglich ist, wird sie auf den Antrag des Präsidiums durch die Landesjustizverwaltung geordnet.**

(2) Die Beiordnung eines Richters auf Probe oder eines Richters kraft Auftrags ist auf eine bestimmte Zeit auszusprechen und darf vor Ablauf dieser Zeit nicht widerrufen werden.

(3) Unberührt bleiben die landesgesetzlichen Vorschriften, nach denen richterliche Geschäfte nur von auf Lebenszeit ernannten Richtern wahrgenommen werden können, sowie die, welche die Vertretung durch auf Lebenszeit ernannte Richter regeln.

71 *Zuständigkeit in Zivilsachen in 1. Instanz* **(1) Vor die Zivilkammern, einschließlich der Kammern für Handelssachen, gehören alle bürgerlichen Rechtsstreitigkeiten, die nicht den Amtsgerichten zugewiesen sind.**

(2) Die Landgerichte sind ohne Rücksicht auf den Wert des Streitgegenstandes ausschließlich zuständig
1. für die Ansprüche, die auf Grund der Beamtengesetze gegen den Fiskus erhoben werden;
2. für die Ansprüche gegen Richter und Beamte wegen Überschreitung ihrer amtlichen Befugnisse oder wegen pflichtwidriger Unterlassung von Amtshandlungen;
3. für Schadensersatzansprüche auf Grund falscher, irreführender oder unterlassener öffentlicher Kapitalmarktinformationen.

(3) Der Landesgesetzgebung bleibt überlassen, Ansprüche gegen den Staat oder eine Körperschaft des öffentlichen Rechts wegen Verfügungen der Verwaltungsbehörden sowie Ansprüche wegen öffentlicher Abgaben ohne Rücksicht auf den Wert des Streitgegenstandes den Landgerichten ausschließlich zuzuweisen.

I. Normzweck

Die Vorschrift, die **keine abschließende** (Rn. 12, 13) landgerichtliche Zuständigkeit in Zivilsachen enthält, befasst sich mit der **sachlichen** Zuständigkeit der Landgerichte als **erstinstanzliche** Gerichte in bürgerlichen Rechtsstreitigkeiten. § 71 Abs. 1 grenzt die **streitwertabhängige** Zuständigkeit der Landgerichte zu der der Amtsgerichte in der Weise ab, dass eine **grundsätzliche** Zuständigkeit der Landgerichte in allen erstinstanzlichen Zivilsachen besteht, sofern diese nicht ausdrücklich den Amtsgerichten zugewiesen sind. Geregelt wird jedoch nur die **interne Zuständigkeitsverteilung,** nicht ob der Rechtsweg zu den ordentlichen Gerichten überhaupt gegeben ist; dies ergibt sich vielmehr aus § 13.[1] Eine **Ausnahme** von der durch § 71 Abs. 1 vorgeschriebenen Zuständigkeit der Landgerichte gilt nur für die Fälle der „Vereinbarung über die Zuständigkeit der Gerichte" gemäß den §§ 38–40 ZPO. Danach können die Parteien in **vermögensrechtlichen** und **nichtvermögensrechtlichen** (bei denen die gesetzliche Zuständigkeit vom Streitwert abhängt: § 40 Abs. 2 S. 1 Nr. 1 ZPO) Streitigkeiten, für die **kein ausschließlicher** Gerichtsstand begründet ist (§ 40 Abs. 2 S. 1 Nr. 2 ZPO), die sachliche Zuständigkeit durch **Prorogationsvereinbarung** (§ 38 ZPO) oder durch **rügeloses Einlassen** zur Hauptsache (§ 39 ZPO) vom Amtsgericht auf das Landgericht und umgekehrt verlagern. Im Falle der rügelosen Einlassung kann jedoch die Zuständigkeit des **Amtsgerichts** nur **wirksam** begründet werden, wenn das Gericht den Beklagten vor der Verhandlung zur Hauptsache auf die sachliche Unzuständigkeit und auf die Folgen einer rügelosen Einlassung zur Hauptsache **hingewiesen** hat (§ 504 ZPO). § 71 Abs. 2 sieht für enumerativ aufgezählte vermögensrechtliche Streitigkeiten eine **ausschließliche streitwertunabhängige** Zuständigkeit der Landgerichte vor, und § 71 Abs. 3 räumt dem Landesgesetzgeber die Möglichkeit zur Erweiterung dieser Zuständigkeit ein.[2] 1

II. Streitwertabhängige Zuständigkeit (Absatz 1)

Die in § 71 Abs. 1 geregelte **streitwertabhängige Auffangzuständigkeit** der Landgerichte in erstinstanzlichen Zivilsachen (zu Reformvorhaben s. § 23 Rn. 18) greift immer dann ein, wenn eine Zuständigkeit der Amtsgerichte gemäß den §§ 23, 23 a, 23 b, 27 nicht gegeben ist. 2

1. Beurteilungsgrundlagen. Maßgebend für die Beurteilung der Frage, ob in bürgerlichen Rechtsstreitigkeiten die erstinstanzliche Zuständigkeit der Landgerichte oder der Amtsgerichte gegeben ist, ist die Rechtsnatur des mit der **Klage** geltend gemachten Anspruchs, wie er sich aus dem **Klageantrag** in Verbindung mit den zur Begründung vorgetragenen **Tatsachenbehauptungen** ergibt, wobei es auf die Rechtsauffassung der Parteien nicht ankommt.[3] Die Zuständigkeit ist für die **Widerklage** selbständig zu beurteilen.[4] Wird in einem 3

[1] BGHZ 9, 322, 323 = NJW 1953, 1064.
[2] MK/*Wolf* Rn. 1.
[3] MK/*Wolf* Rn. 3; *KisselMayer* Rn. 8; *B/L/H* Rn. 1; vgl. auch BGH NJW 1955, 707.
[4] MK/*Wolf* Rn. 3.

Rechtsstreit vor dem Amtsgericht Widerklage wegen eines Anspruchs erhoben, der zur Zuständigkeit der Landgerichte gehört, so muss der gesamte Rechtsstreit im Falle einer **ausschließlichen** Zuständigkeit des Landgerichts gemäß § 506 ZPO auf Antrag einer Partei an das Landgericht verwiesen werden; andernfalls ist die Widerklage als unzulässig abzuweisen.[5] Liegt **kein** Fall ausschließlicher Zuständigkeit des Landgerichts vor, so kann darüber hinaus die Zuständigkeit des Amtsgerichts – nach vorherigem Hinweis auf die Unzuständigkeit gemäß § 504 ZPO – durch rügeloses Einlassen begründet werden (Rn. 1). Wird in einem Rechtsstreit vor dem Amtsgericht eine Forderung zur **Aufrechnung** gestellt, die in die – gegebenenfalls ausschließliche – Zuständigkeit des Landgerichts fällt, so ändert dies an der amtsgerichtlichen Zuständigkeit nichts.[6]

4 **2. Streitwertgrenze.** Auf Grund der Änderung von § 23 Nr. 1 durch das RpflEntlG vom 11. 1. 1993 hat die streitwertabhängige erstinstanzliche Zuständigkeit der Landgerichte eine wesentliche Änderung erfahren. Hierdurch wurde nämlich die Unterscheidung zwischen vermögensrechtlichen und nichtvermögensrechtlichen Ansprüchen aufgegeben und die Streitwertgrenze von 6000,– DM auf 10 000,– DM erhöht. Seit dem **1. 1. 2002** gilt als **Streitwertgrenze,** über der die Zuständigkeit des Landgerichts besteht, **5000,– Euro** in allen **vermögensrechtlichen** und **nichtvermögensrechtlichen** Streitigkeiten (s. auch § 23 Nr. 3–4).

III. Streitwertunabhängige Zuständigkeit (Absatz 2 und 3)

5 § 71 Abs. 2 und 3 betrifft die streitwertunabhängige erstinstanzliche Zuständigkeit der Landgerichte. Da es sich um einen Fall **ausschließlicher** Zuständigkeit handelt, ist das Landgericht insbesondere auch bei einem Streitwert unter 5000,– Euro zuständig. Das bedeutet nach allgemeinen verfahrensrechtlichen Grundsätzen zugleich, dass sich die Parteien auch bei einem Streitwert unter 5000,– Euro, wie es § 78 Abs. 1 ZPO vorschreibt, durch einen bei dem Prozessgericht zugelassenen Rechtsanwalt als Bevollmächtigten vertreten lassen müssen (**Anwaltsprozess**).[7] Voraussetzung für die ausschließliche Zuständigkeit der Landgerichte ist, dass die Ansprüche überhaupt dem Zivilrechtsweg zugewiesen sind.[8] Grundlage für die zivilgerichtliche Prüfung, ob eine ausschließliche Zuständigkeit der Landgerichte gegeben ist, bilden allein die Parteibehauptungen, jedoch auch diese nur insofern, als Tatsachen behauptet werden; hinsichtlich der rechtlichen Beurteilung des Klageanspruchs kommt es jedoch entscheidend nicht auf die Auffassung der Parteien, sondern auf die wahre Natur des Anspruchs an.[9]

6 **1. Ansprüche von Beamten (Absatz 2 Nr. 1).** § 71 Abs. 2 Nr. 1 ist praktisch gegenstandslos, weil für alle Klagen von Beamten, Richtern und Hinterbliebenen aus dem Beamten- oder Richterverhältnis der **Verwaltungsrechtsweg** gegeben ist (§§ 126 BRRG, 172 BBG, 46, 71 Abs. 3 DRiG).

7 **2. Amtspflichtverletzungen[10] (Absatz 2 Nr. 2).** Nach allgemeiner Meinung umfasst die Vorschrift des § 71 Abs. 2 Nr. 2alle Ansprüche aus Amtspflichtverletzungen (§ 839 BGB iVm. Art. 34 GG) von Richtern, Beamten aller Art – einschließlich Gemeindebeamten[11] – und Soldaten, und zwar unabhängig davon, ob diese selbst im Rückgriffswege – soweit nicht der Verwaltungsrechtsweg oder die Zuständigkeit der Arbeitsgerichte gegeben ist – oder der Staat bzw. die öffentlich-rechtliche Körperschaft in Anspruch genommen werden. Von § 71 Abs. 2 Nr. 2 werden insbesondere Streitigkeiten wegen Verletzung der **Straßenverkehrssicherungspflicht**[12] erfasst, da in den meisten Landesstraßengesetzen[13] diese Pflicht als „Amtspflicht in Ausübung öffentlicher Gewalt" ausgestaltet ist und es sich folglich bei dem Vorwurf der Verletzung der Verkehrssicherungspflicht um eine solche „wegen pflichtwidriger Unterlassung von Amtshandlungen" handelt.[14] Die **Verkehrssicherungspflicht** in einer **gemeindlichen Einrichtung** fällt – auch bei einer Benutzungsordnung durch Gemeindesatzung – nur dann unter § 71 Abs. 2 Nr. 2 und ist **nicht** nach allgemeinem Deliktsrecht zu beurteilen, wenn sie ausdrücklich als **Amtspflicht** deklariert ist.[15] Ebenso ist die **Vergabe öffentlicher Aufträge** nur dann dem hoheitlichen Bereich und damit § 71 Abs. 2 Nr. 2 zuzuordnen, wenn und soweit in diesen Verfahren von der Behörde Entscheidungen auf Grund Anweisung einer vorgesetzten Dienststelle oder sonst in Wahrnehmung und zur Erfüllung besonderer öffentlicher Aufgaben und Pflichten (zB § 68 BEG) getroffen werden.[16]

8 **Nicht** unter § 71 Abs. 2 Nr. 2 fallen Streitigkeiten wegen Verletzung der **allgemeinen Verkehrssicherungspflicht** der Kommunen[17] und der seit dem 1. 1. 1995 bestehenden Unternehmen der Deutschen Bun-

---

[5] *Kissel/Mayer* Rn. 8.
[6] RG HRR 1927, 1476.
[7] BGH NJW-RR 1993, 1021, 1022; *T/P* § 71 Rn. 2.
[8] BGHZ 9, 322, 323 = NJW 1953, 1064.
[9] BGHZ 16, 275, 281 = NJW 1955, 707.
[10] Zur Zuständigkeit der Landgerichte bei Anspruchskonkurrenz zwischen § 839 BGB, Art. 34 GG und polizeirechtlichen Entschädigungsnormen s. BGH NJW 1996, 3151, 3152; *Baldus/Böhr* NWVBl. 1996, 95f.
[11] RGZ 152, 1, 2ff.; 154, 257, 265; OGH-BrZ NJW 1950, 261, 262.
[12] Zur Haftung der öffentlichen Hand bei Verletzung der Räum- und Streupflicht auf öffentlichen Verkehrsflächen s. *Rinne* NJW 1996, 3303ff.
[13] ZB § 10 Abs. 2 StrWG Mecklenburg-Vorpommern vom 13. 1. 1993, GVOBl. S. 42; § 48 Abs. 2 LStrG Rheinland-Pfalz vom 1. 8. 1977, GVBl. S. 273, 278; § 10 Abs. 1 StrG Sachsen-Anhalt vom 6. 7. 1993, GVBl. S. 334.
[14] Für die neuen Bundesländer: OLG Dresden DtZ 1997, 96f.; OLG Brandenburg DtZ 1997, 97f.; *Bergmann/Schumacher* DtZ 1994, 2, 7.
[15] BGHZ 34, 206, 209 = NJW 1961, 868; OLG München VersR 1972, 472.
[16] BGHZ 49, 77, 79f. = NJW 1968, 547, 548.
[17] Für die neuen Bundesländer: OLG Dresden DtZ 1997, 96f.; OLG Brandenburg DtZ 1997, 97f.; *Bergmann/Schumacher* DtZ 1994, 2, 7.

despost[18] (zur Kaufmannseigenschaft dieser Unternehmen s. § 95 Rn. 6) sowie Ansprüche gegen den Fiskus, für die dieser nur auf Grund der **Gefährdungshaftung** als Kfz-Halter (§ 7 StVG) haftet.[19] Die Zuständigkeit für solche Ansprüche ergibt sich aus den §§ 23 Nr. 1, 71 Abs. 1, falls der Klageanspruch nicht gleichzeitig auch auf Amtspflichtverletzung gestützt, sondern vielmehr wirksam auf diese eine Anspruchsgrundlage beschränkt wird.[20] Seit dem Inkrafttreten des Postumwandlungsgesetzes am 1. 1. 1995 stellt die **Dienstfahrt** eines Bediensteten der Deutschen Post AG zum Zwecke der Brief- und Paketbeförderung und eines Bediensteten der Deutschen Telekom AG im Telekommunikationsbaudienst keine hoheitliche Tätigkeit mehr dar.[21] **Nicht** von § 71 Abs. 2 Nr. 2 erfasst werden auch Schadensersatzansprüche wegen Amtspflichtverletzung eines **Notars** bzw. **Notarassessors** (§ 19 Abs. 1 und 2 BNotO; s. aber Rn. 13), weil der Notar kein Beamter, sondern unabhängiger Träger eines öffentlichen Amtes ist (§ 1 BNotO).

3. Kapitalanlager-Musterverfahren (Absatz 2 Nr. 3). Der am 1. 11. 2005 in kraft getretene § 71 Abs. 2 Nr. 3 sieht die – ausschließliche – streitwertunabhängige erstinstanzliche Zuständigkeit der Landgerichte für Schadensersatzansprüche gegen Emittenten auf Grund falscher oder irreführender öffentlicher Kapitalmarktinformationen vor. Dadurch soll eine Bündelung bei einem Eingangsgericht erreicht werden, soweit sich die Schadensersatzansprüche gegen einen inländischen Emittenten richten.[22] 8a

4. Landesgesetzgebung (Absatz 3). § 71 Abs. 3 räumt dem Landesgesetzgeber die Möglichkeit zur Erweiterung der streitwertunabhängigen ausschließlichen erstinstanzlichen Zuständigkeit der Landgerichte ein. Von dieser Möglichkeit, die stets die Zulässigkeit des ordentlichen Rechtswegs gemäß § 13 voraussetzt (Rn. 1 und 5), haben die meisten Bundesländer in den Ausführungsgesetzen zum Gerichtsverfassungsgesetz Gebrauch gemacht.[23] 9

a) Verfügungen der Verwaltungsbehörden. Ansprüche gegen den Staat oder eine Körperschaft des öffentlichen Rechts wegen Verfügungen der Verwaltungsbehörden betreffen insbesondere Ansprüche wegen **Enteignungsentschädigung**[24], für die im Streitfalle kraft ausdrücklicher grundgesetzlicher Bestimmung (Art. 14 Abs. 3 S. 4 GG) der Rechtsweg vor den ordentlichen Gerichten offen steht. Der Klagegrund muss sich **unmittelbar** gegen die Verfügung der Verwaltungsbehörde selbst wenden, sie angreifen und daraus Ansprüche gegen den Staat oder eine Körperschaft des öffentlichen Rechts ableiten.[25] **Nicht** ausreichend ist dagegen, wenn der Klagegrund ein sonstiges zwischen dem Kläger und dem Staat oder der Körperschaft des öffentlichen Rechts bestehendes Rechtsverhältnis betrifft, auf das sich die Verwaltungsverfügung nur bezieht.[26] Ansprüche gegen Körperschaften des öffentlichen Rechts fallen **nicht** unter die ausschließliche Zuständigkeit der Landgerichte gemäß § 71 Abs. 3, wenn auf Grund der entsprechenden landesrechtlichen Vorschriften lediglich Ansprüche gegen den Staat wegen Verfügungen der Verwaltungsbehörden ohne Rücksicht auf den Wert des Streitgegenstandes den Landgerichten ausschließlich zugewiesen sind.[27] 10

b) Öffentliche Abgaben. Das sind die an den Staat oder die sonstigen öffentlichen Verbände zu entrichtenden Steuern, Gebühren und Beiträge.[28] Der Begriff ist nach allgemeiner Meinung weit auszulegen, so dass darunter insbesondere auch Leistungen an gewerbliche Innungen, Zinsen auf Abgaben, Gerichtsgebühren und Rückgewähransprüche fallen. 11

IV. Weitere Zuständigkeiten

§ 71 enthält **keine abschließende** Zuständigkeit der Landgerichte als erstinstanzliche Gerichte in bürgerlichen Rechtsstreitigkeiten. Über die in dieser Vorschrift geregelten Fälle hinaus ist das Landgericht insbesondere in folgenden weiteren Sachen **ohne Rücksicht auf den Wert des Streitgegenstandes ausschließlich** zuständig: Entscheidung über **aktienrechtliche Streitigkeiten** (zB §§ 98 Abs. 1 S. 1, 132 Abs. 1 S. 1, 246 Abs. 3 S. 1, 249 Abs. 1 S. 1, 250 Abs. 3 S. 1, 251 Abs. 3, 253 Abs. 2, 254 Abs. 2 S. 1, 255 Abs. 3, 256 Abs. 7, 257 Abs. 2 S. 1, 275 Abs. 4 S. 1 AktG); Entscheidung von Rechtsstreitigkeiten über Erfindungen eines **Arbeitnehmers** mit Ausnahme von Ansprüchen auf Leistung einer festgestellten oder festgesetzten Vergütung (§ 39 ArbnErfG iVm. § 143 PatG); Entscheidung über Anfechtungsklage im **Aufgebotsverfahren** (§ 957 Abs. 2 ZPO); Entscheidung in **Baulandsachen** (§§ 217 Abs. 1, 219 Abs. 1, 232 BauGB); Entscheidung über Ersatzansprüche wegen unrichtiger Angaben in Prospekten, auf Grund dessen Wertpapiere zum **Börsenhandel** zugelassen sind (§ 49 BörsG); Entscheidung über Klage auf Feststellung der Rechtsunwirksamkeit des Ausspruchs einer nachträglichen **Eheschließung** (§ 4 Abs. 3 S. 1 des Gesetzes über die Rechtswirkungen des Ausspruchs einer nachträglichen Eheschließung); Entscheidung über Streitigkeiten, 12

---

[18] OLG Karlsruhe NJW 1994, 1291 (bereits für die Zeit vor dem 1. 1. 1995); *Palandt/Sprau* § 839 Rn. 132.

[19] *Schneider* NJW 1965, 1470; *Zö/Gummer* Rn. 5; *B/L/H* Rn. 3.

[20] *Schneider* NJW 1965, 1470, 1471; MK/*Wolf* Rn. 8.

[21] *Palandt/Sprau* § 839 Rn. 132; aA (für die Zeit vor dem 1. 1. 1995) BGH NJW 1997, 1985; OLG München NJW-RR 1994, 1442; OLG Nürnberg NJW 1994, 2032; OLG Karlsruhe NJW 1994, 2033.

[22] S. Begründung des Referentenentwurfers eines Gesetzes zur Einführung von Kapitalanlager-Musterverfahren (Stand: 19. Juli 2004), S. 76.

[23] ZB. Art. 9 AGGVG Bayern vom 23. 6. 1981, BayGVBl. S. 188, 189; § 5 AGGVG Rheinland-Pfalz vom 6. 11. 1989, GVBl. S. 225; § 6 AGGVG Sachsen-Anhalt vom 24. 8. 1992, GVBl. S. 648; § 6 AGGVG Thüringen vom 30. 6. 1992, GVBl. S. 303.

[24] MK/*Wolf* Rn. 10; *Zö/Gummer* Rn. 6; s. zum Hessischen Aufbaugesetz BGHZ 22, 79 = NJW 1956, 1876.

[25] RGZ 92, 172, 175; 139, 278, 281.

[26] RGZ 139, 278, 281.

[27] BGHZ 15, 221 = NJW 1955, 181.

[28] RGZ 92, 172, 176.

die sich aus dem Gesetz über die **Elektrizitäts- und Gasversorgung** ergeben (§ 102 EnWG[28a]); Entscheidung in **Entschädigungssachen** (§ 208 Abs. 1 BEG, § 58 Abs. 2 BLeistG, § 39 Abs. 2 WaStrG, § 59 LandbeschG, § 25 Abs. 3 SchutzbereichG, § 13 Abs. 1 S. 2 StrEG).

13 **Ohne Rücksicht auf den Wert des Streitgegenstandes** sind die **Landgerichte** weiterhin in folgenden Rechtsstreitigkeiten **ausschließlich zuständig:** Entscheidung über **Gebrauchsmusterstreitsachen** (§ 27 Abs. 1 GebrMG); Entscheidung über das im Gesetz nicht vorgesehene Rechtsinstitut der **Gegenvorstellung;** Entscheidung über Anfechtung von Beschlüssen der Generalversammlung einer **Genossenschaft** (§ 51 Abs. 3 S. 3 GenG) und Klage auf Nichtigerklärung (§ 96 GenG); Entscheidung über **Geschmacksmusterstreitsachen** (§ 15 Abs. 1 GeschmMG); Entscheidung über Auflösung (§ 61 Abs. 3 GmbHG) und Nichtigkeit einer **GmbH** (§ 75 Abs. 2 GmbHG iVm. § 246 Abs. 3 S. 1 AktG) sowie über Auskunfts- und Einsichtsrecht eines **GmbH**-Gesellschafters (§ 51b Abs. 1 GmbHG iVm. § 132 Abs. 1 S. 1 AktG), aber **nicht** über Anfechtungsklagen gegen Gesellschafterbeschlüsse[29]; Entscheidung über bürgerliche Rechtsstreitigkeiten, die sich aus dem **GWB** oder aus Kartellverträgen und Kartellbeschlüssen ergeben (§ 87 GWB); Entscheidung über Ansprüche nach dem Gesetz über die **Haftung** des Reiches für seine Beamten (§ 3 Abs. 1 dieses Gesetzes); Entscheidung über Klagen auf Herausgabe **hinterlegter** Gegenstände (§ 3 Abs. 3 S. 2 HintO); Entscheidung über **Kennzeichenstreitsachen** (§ 140 Abs. 1 MarkenG und § 140 Abs. 2 MarkenG[30]); Entscheidung über Schadensersatzansprüche wegen Amtspflichtverletzung des **Notars** oder Notarassessors (§ 19 Abs. 3 BNotO) und über Streitigkeiten zwischen Notar und Notarvertreter (§ 42 BNotO) bzw. zwischen Notarkammer und Notariatsverweser (§ 62 BNotO); Entscheidung über **Patentstreitsachen** (§ 143 Abs. 1 PatG); Entscheidung über **Sortenschutzstreitsachen** (§ 38 Abs. 1 SortschutzG); Entscheidung über die Höhe der angemessenen Abfindung bei **Umwandlung** von Rechtsträgern sowie bei Beherrschungs- und Gewinnabführungsverträgen (§ 2 SpruchG); Entscheidung über **Unterlassungs- und Widerrufsanspruch** nach dem UKlaG (§ 6 Abs. 1 UKlaG); Entscheidung über alle bürgerlichen Rechtsstreitigkeiten, mit denen ein Anspruch auf Grund des **UWG** geltend gemacht wird (§ 13 Abs. 1 S. 1 UWG).

72 *Zuständigkeit in Zivilsachen in 2. Instanz*

(1) Die Zivilkammern, einschließlich der Kammern für Handelssachen, sind die Berufungs- und Beschwerdegerichte in den vor den Amtsgerichten verhandelten bürgerlichen Rechtsstreitigkeiten, soweit nicht die Zuständigkeit der Oberlandesgerichte begründet ist.

(2) [1]In Streitigkeiten nach § 43 Nr. 1 bis 4 und 6 des Wohnungseigentumsgesetzes ist das für den Sitz des Oberlandesgerichts zuständige Landgericht gemeinsames Berufungs- und Beschwerdegericht für den Bezirk des Oberlandesgerichts, in dem das Amtsgericht seinen Sitz hat. [2]Dies gilt auch für die in § 119 Abs. 1 Nr. 1 Buchstabe b und c genannten Sachen. [3]Die Landesregierungen werden ermächtigt, durch Rechtsverordnung anstelle dieses Gerichts ein anderes Landgericht im Bezirk des Oberlandesgerichts zu bestimmen. [4]Sie können die Ermächtigung auf die Landesjustizverwaltungen übertragen.

I. Normzweck

1 Die Vorschrift des Abs. 1, die **keine abschließende** (Rn. 7) landgerichtliche Zuständigkeit in Zivilsachen enthält, befasst sich mit der **funktionellen** Zuständigkeit der Landgerichte als **Berufungs- und Beschwerdegerichte** in bürgerlichen Rechtsstreitigkeiten. Im Gegensatz zum früheren Recht[1] sind die Zivilkammern, einschließlich der Kammern für Handelssachen, der Landgerichte nicht mehr Berufungs- und Beschwerdeinstanz gegen alle **Endurteile** (§§ 300, 301 ZPO und ihnen **gleichstehende Urteile** gemäß den §§ 280 Abs. 2, 302 Abs. 3, 304 Abs. 2, 599 Abs. 3 ZPO) und Entscheidungen der Amtsgerichte. Seit dem 1. Juli 1970 sind vielmehr die **Oberlandesgerichte** Rechtsmittelgerichte gegen die erstinstanzlichen Entscheidungen der Amtsgerichte in **Kindschaftssachen** (§ 119 Rn. 4–7, 13–14 und 16) und seit dem 1. Juli 1977 bzw. 1. April 1986 Rechtsmittelinstanz in den von den **Familiengerichten** (§ 119 Rn. 8–13 und 15–17) entschiedenen Sachen, zu denen ab dem 1. 7. 1998 auch die Kindschaftssachen (23b Abs. 1 Satz 2 Nr. 2), Unterhaltsansprüche gemäß den §§ 1615l, 1615m BGB (§ 23b Abs. 1 Satz 2 Nr. 13) und Verfahren nach den §§ 1303, 1308 und 1315 BGB (§ 23b Abs. 1 Satz 2 Nr. 14) zählen. Seit dem 1. 1. 2002 weist § 119 den **Oberlandesgerichten** die Zuständigkeit für die Verhandlung und Entscheidung über die Rechtsmittel der Berufung und der Beschwerde gegen amtsgerichtliche Entscheidungen in Sachen mit Auslandsberührung zu (§ 119 Abs. 1 Nr. 1b + c) und eröffnet darüber hinaus den Ländern im Wege einer befristeten Experimentierklausel die Möglichkeit weiterer Verlagerungen der landgerichtlichen Berufungs- und Beschwerdezuständigkeit auf die Oberlandesgerichte (§ 119 Abs. 3–6).[2] Seit dem 1. 7. 2007 sind die Landgerichte auch Berufungs- und Beschwerdegerichte in Wohnungseigentumssachen (Abs. 2).

[28a] Klagen auf Duldung von Gas- und Stromsperrung fallen nicht unter die ausschließliche Zuständigkeit der Landgerichte (LG Kassel NJW-RR 2007, 1651).

[29] RG JW 1934, 3129; LG München NJW-RR 1997, 251; aA RGZ 172, 76; BGHZ 22, 101, 105 = NJW 1959, 1873.

[30] Auch die Zuständigkeitskonzentration von Kennzeichenstreitsachen bei einem bestimmten Landgericht nach § 140 Abs. 2 MarkenG begründet eine ausschließliche sachliche Zuständigkeit dieses Gerichts (*Fezer* NJW 1997, 2915ff.; aA OLG Dresden WRP 1997, 577ff.).

[1] Zur rechtsgeschichtlichen Entwicklung s. *Kissel/Mayer* § 119 Rn. 1–6.

[2] BT-Drucks. 14/6036, S. 118.

II. Landgericht als Rechtsmittelinstanz in Zivilsachen (Abs. 1)

Das Landgericht ist **grundsätzlich** die **Rechtsmittelinstanz** in allen bürgerlichen Rechtsstreitigkeiten gegen **rechtsmittelfähige Entscheidungen** des Amtsgerichts, sofern nicht auf Grund ausdrücklicher gesetzlicher Bestimmung die Zuständigkeit der Oberlandesgerichte begründet ist. Es ist folglich **Berufungsgericht** im Sinne von § 519 Abs. 1 ZPO. Das Landgericht ist auch **Beschwerdegericht** im Sinne von §§ 567ff. ZPO und insbesondere für Entscheidungen über Beschwerden in Kostensachen (§§ 5,6,25 Abs. 3 GKG, §§ 9 Abs. 2, 10 Abs. 3, 128 Abs. 4 BRAGO, § 9 GVKostG, § 16 ZSEG), in Insolvenzsachen (§ 6 InsO), in Vergleichssachen (§ 121 VerglO) und in der Zwangsversteigerung und Zwangsverwaltung (§§ 95, 96, 146 ZVG) zuständig. 2

Eine **anderweitige Zuständigkeit,** nämlich die des **Oberlandesgerichts,** besteht kraft ausdrücklicher gesetzlicher Bestimmung insbesondere für Berufungen und Beschwerden gegen Entscheidungen des Amtsgerichts in Kindschaftssachen und in den sonstigen von den Familiengerichten entschiedenen Sachen (§ 119 Abs. 1 Nr. 1a), für Berufungen und Beschwerden gegen amtsgerichtliche Entscheidungen in Sachen mit Auslandsberührung (§ 119 Abs. 1 Nr. 1b + c), für Berufungen und Beschwerden gegen Entscheidungen der Amtsgerichte infolge weiterer Zuständigkeitsverlagerungen (§ 119 Abs. 3–6), für Beschwerden gegen die Ablehnung eines Rechtshilfeersuchens durch das Amtsgericht als Rechtshilfegericht (§ 159 Abs. 1, § 2 FGG), für Beschwerden gegen die Festsetzung von Ordnungsmitteln durch das Amtsgericht (§ 181 Abs. 3, § 8 FGG) und für die Entscheidung über die sofortige Beschwerde gegen die in der Hauptsache erlassenen Beschlüsse des Amtsgerichts als Landwirtschaftsgericht (§ 22 Abs. 1 LwVG). 3

1. Zuständigkeit. a) Zivilkammer oder Kammer für Handelssachen. Zuständig zur Entscheidung über die Berufungen und Beschwerden gegen die vor den Amtsgerichten verhandelten Zivilsachen ist grundsätzlich die Zivilkammer. Ist bei einem Landgericht eine Kammer für Handelssachen gebildet, so tritt gemäß § 94 für Handelssachen im Sinne von § 95 diese Kammer an die Stelle der Zivilkammern. Stellt das Landgericht fest, dass die vor dem Amtsgericht verhandelte Sache nach § 71 zur Zuständigkeit des Landgerichts gehört hätte, so hat es das Urteil aufzuheben und in erstinstanzlicher Zuständigkeit neu zu entscheiden.[3] 4

b) Formelle Anknüpfung. Für die Rechtsmittelzuständigkeit in **Familiensachen** gilt auf Grund des Unterhaltsrechtsänderungsgesetzes seit dem 1. 4. 1986 (für Kindschaftssachen ab dem 1. 7. 1998; s. § 119 Rn. 6) das Prinzip der **formellen Anknüpfung** (§ 119 Rn. 6, 8–12). Danach ist das Landgericht als Berufungs- und Beschwerdegericht **allein** zuständig, wenn die allgemeine Prozessabteilung des Amtsgerichts fälschlicherweise über eine Familiensache entschieden hat.[4] In einem solchen Fall wahrt folglich auch nur eine beim Landgericht eingelegte Berufung die Rechtsmittelfrist; ist Berufung beim Oberlandesgericht eingelegt worden, kommt eine Verweisung weder an das Landgericht noch an das Familiengericht in Betracht.[5] Die abweichende frühere BGH-Rechtsprechung[6], wonach die Entscheidung wahlweise mit dem Rechtsmittel zum Landgericht oder zum Oberlandesgericht wirksam angefochten werden konnte (**Prinzip der Meistbegünstigung**), ist durch die Neufassung der §§ 72, 119 Abs. 1 Nr. 1 a überholt.[7] Versagt jedoch die formelle Anknüpfung deshalb, weil anhand äußerer Merkmale (zB unterschiedliche Kennzeichnung des Gerichts und des Verfahrensgegenstandes) nicht zweifelsfrei festgestellt werden kann, ob das Amtsgericht als Familiengericht oder als allgemeines Prozessgericht entschieden hat und welches Rechtsmittelgericht daher sachlich zuständig ist, so kann die Partei das Urteil nach dem Meistbegünstigungsgrundsatz sowohl beim Landgericht als auch beim Oberlandesgericht anfechten (s. insoweit auch vor § 511 ZPO Rn. 31–34, insbesondere 32).[8] Ist die Zuständigkeitsrüge (= Vorliegen einer Familiensache) bereits im ersten Rechtszug erhoben worden und wird sie in zweiter Instanz fortgesetzt, so darf der Rechtsstreit nicht mehr unter **Aufhebung** des angefochtenen Urteils an das Familiengericht **zurückzuverweisen** werden.[9] Denn seit dem 1. 1. 2002 kann gemäß § 513 Abs. 2 ZPO die Berufung nicht mehr darauf gestützt werden, dass das Gericht des ersten Rechtszuges seine Zuständigkeit zu Unrecht angenommen hat. Die Möglichkeit der Verweisung des Berufungsrechtsstreits an den Familiensenat des Oberlandesgerichts bleibt weiterhin mangels einer Entscheidung des Familiengerichts unzulässig. 5

2. Anfechtbarkeit. a) Urteile. Die **zweitinstanzlichen Endurteile** der Landgerichte (Berufungsurteile) sind seit dem 1. 1. 2002 nur dann **nicht mehr anfechtbar,** wenn durch sie entweder über die Anordnung, Abänderung oder Aufhebung eines Arrestes oder einer einstweiligen Verfügung (§ 542 Abs. 2 S. 1 ZPO) oder über die vorzeitige Besitzeinweisung im Enteignungsverfahren oder im Umlegungsverfahren (§ 542 Abs. 2 S. 2 ZPO) entschieden worden ist. Im Übrigen findet nunmehr gegen die in der Berufungsinstanz von den Landgerichten erlassenen Endurteile das Rechtsmittel der **Revision** statt, wenn sie das Berufungsgericht in dem Urteil (§ 543 Abs. 1 Nr. 1 ZPO) oder das Revisionsgericht auf Beschwerde gegen die Nichtzulassung (§ 543 Abs. 1 Nr. 2 ZPO) **zugelassen** hat. Die Revision ist zuzulassen, wenn die Rechtssache grds. Bedeutung hat (§ 543 Abs. 2 Satz 1 Nr. 1 ZPO) oder die Fortbildung des Rechts oder die Sicherung einer einheitlichen Rechtsprechung eine Entscheidung des Revisionsgerichts erfordert (§ 543 Abs. 2 Satz 1 Nr. 2 ZPO). 6

---

[3] Zö/*Gummer* Rn. 3.

[4] BGH NJW 1991, 231, 232; *T/P/Hüßtege* § 119 Rn. 5.

[5] BGH NJW 1991, 231.

[6] Insbesondere BGHZ 72, 182ff. = NJW 1979, 43.

[7] BGH NJW 1991, 231; einschränkend: NJW-RR 1995, 379, 380.

[8] BGH NJW-RR 1995, 379, 380; 1997, 55; SchlHOLG SchlHA 1997, 112; *Kalthoener/Büttner* NJW 1995, 1788, 1795.

[9] AA zum Rechtszustand vor dem 1. 1. 2002; *Diederichsen* NJW 1986, 1462; *B/L/H* § 119 Rn. 6.

7 **b) Beschlüsse.** Gegen **Beschwerdeentscheidungen** des Landgerichts ist seit dem 1. 1. 2002 gemäß § 574 Abs. 1 ZPO die **Rechtsbeschwerde** statthaft, wenn sie **im Gesetz vorgesehen** (zB § 522 Abs. 1 S. 4 ZPO; § 7 InsO) oder vom Beschwerde- oder Berufungsgericht in dem Beschluss **zugelassen** worden ist. In den Fällen der im Gesetz ausdrücklich vorgesehenen Rechtsbeschwerde (§ 574 Abs. 1 Nr. 1 ZPO) hängt die **Zulässigkeit** davon ab, dass entweder die Rechtssache grds. Bedeutung hat (§ 574 Abs. 2 Nr. 1 ZPO) oder die Fortbildung des Rechts oder die Sicherung einer einheitlichen Rechtsprechung eine Entscheidung des Rechtsbeschwerdegerichts erfordert (§ 574 Abs. 2 Nr. 2 ZPO). Unter denselben Voraussetzungen ist gemäß § 574 Abs. 3 S. 1 ZPO auch die Rechtsbeschwerde vom Beschwerde- oder Berufungsgericht **zuzulassen.**

III. Landgericht als Rechtsmittelinstanz in Wohnungseigentumssachen (Abs. 2)

7a Seit dem 1. 7. 2007 sind die Landgerichte auch in Wohnungseigentumssachen Berufungs- und Beschwerdegerichte, und zwar in den Streitigkeiten nach § 43 Nr. 1 bis 4 und 6 WEG (= sog. Binnenstreitigkeiten). Dies gilt gem. § 72 Abs. 2 S. 2 auch für die in § 119 Abs. 1 Nr. 1 b und c genannten Sachen mit Auslandsberührung. Für Berufungen und Beschwerden in Klagen Dritter gem. § 43 Nr. 5 WEG (früher § 29 b ZPO) richtet sich die Rechtsmittelzuständigkeit dagegen nach wie vor nach den allgemeinen Vorschriften (§§ 71 Abs. 1, 119 Abs. 1 Nr. 2).[10]

IV. Weitere Zuständigkeiten

8 § 72 enthält **keine abschließende** Zuständigkeit der Landgerichte als Berufungs- und Beschwerdegerichte in bürgerlichen Rechtsstreitigkeiten. Über die in dieser Vorschrift geregelten Fälle hinaus ist das Landgericht insbesondere in folgenden weiteren Sachen zuständig: Bestimmung des **zuständigen Gerichts** (§ 36 ZPO, §§ 5, 46, 194 FGG, § 1 Abs. 2 GBO, § 2 Abs. 1 ZVG); Entscheidung über die **Befangenheitsablehnung** eines Richters beim Amtsgericht (§§ 45 Abs. 2 S. 1, 48 Abs. 1 ZPO); Entscheidung über Beschwerden in **FGG-Sachen** (§§ 19 Abs. 2, 30 Abs. 1 FGG, § 54 BeurkG, §§ 72, 81 GBO, § 76 SchiffsRegO, § 58 WEG); Entscheidung über das im Gesetz nicht vorgesehene Rechtsinstitut der **Gegenvorstellung.**

V. Änderungen durch das Kindschaftsrechtsreformgesetz

9 **1. Streichung der Wörter „der Kindschaftssachen und".** Durch das am 1. 7. 1998 in Kraft getretene Kindschaftsrechtsreformgesetz wurden in § 72 die Wörter „der Kindschaftssachen und" gestrichen. Dies bedeutet in der Sache **keine Veränderung des Instanzenzuges in Kindschaftssachen** (= AG/OLG/BGH).[11] Die Streichung berücksichtigt vielmehr nur, dass Kindschaftssachen künftig gemäß § 23 b Abs. 1 Satz 2 Nr. 12 Familiensachen sind und daher nicht mehr gesondert aufgeführt werden müssen.[12]

10 **2. Eingeschränkte Rechtsmittelzuständigkeit des Landgerichts. a) Unterhaltssachen.** Ab dem 1. 7. 1998 ist **nicht** mehr das Landgericht, sondern vielmehr das Oberlandesgericht Berufungsgericht gegen Urteile des Amtsgerichts im Verfahren über den Unterhalt (§§ 642–660 ZPO) und nach § 1615 o Abs. 1 BGB. Diese Unterhaltsansprüche iSv. § 23 a Nr. 2 (s. § 23 a Rn. 3) sind nämlich ab dem 1. 7. 1998 gemäß § 23 b Abs. 1 Satz 2 Nr. 5 Familiensachen. Damit hat der Gesetzgeber für den Bereich der Unterhaltsansprüche der nichtehelichen Kinder der Forderung des Bundesverfassungsgerichts im Beschluss vom 5. November 1991[13] nach einem einheitlichen Instanzenzug (= AG/OLG/BGH) für die Unterhaltsklagen ehelicher und nichtehelicher Kinder entsprochen.[14] Da ab dem 1. 7. 1998 **alle** Streitigkeiten, die die durch **Verwandtschaft** begründete gesetzliche Unterhaltspflicht betreffen, gemäß § 23 b Abs. 1 Satz 2 Nr. 5 Familiensachen sind, **entfällt** ab diesem Zeitpunkt auch die Rechtsmittelzuständigkeit der Landgerichte gegen amtsgerichtliche Entscheidungen über Unterhaltsansprüche der Mütter nichtehelicher Kinder, über Unterhaltsansprüche von Kindern gegen die Großeltern und über Unterhaltsansprüche der Eltern gegen ihre Kinder.[15] Gleiches gilt für die amtsgerichtlichen Entscheidungen über Unterhaltsansprüche gemäß den §§ 1615 l, 1615 m BGB[16] (s. insoweit § 23 a Rn. 4 und § 23 b Rn. 31), die künftig gemäß § 23 b Abs. 1 Satz 2 Nr. 13 Familiensachen sind.

11 **b) FG-Abstammungssachen.** Ab dem 1. 7. 1998 gehören zu den Kindschaftssachen alle Verfahren, welche die Feststellung des Bestehens oder Nichtbestehens eines Eltern-Kindes-Verhältnisses einschließlich der Feststellung der Wirksamkeit oder Unwirksamkeit einer Anerkennung der Vaterschaft, die Anfechtung der Vaterschaft oder die Feststellung des Bestehens oder Nichtbestehens der elterlichen Sorge der einen Partei für die andere zum Gegenstand haben (§ 640 Abs. 2 Nr. 1–3 ZPO. Damit fallen künftig auch die FG-Abstammungssachen (§ 1600 e Abs. 2 BGB) unter den Begriff der Kindschaftssachen.[17] Dies wiederum hat zur Folge, dass das Landgericht in diesen Sachen **nicht** mehr als zweite Instanz über die sofortige Beschwerde (§§ 19, 60 Abs. 1 Nr. 6 FGG) zu entscheiden hat (zur zweitinstanzlichen Zuständigkeit des OLG in FG-Abstammungssachen ab dem 1. 7. 1998 s. § 119 Rn. 14).

---

[10] TP/*Hüßtege* Rn. 1 a; *Niedenführ* NJW 2007, 1841, 1844.
[11] BT-Drucks. 13/4899, S. 73.
[12] BT-Drucks. 13/4899, S. 118.
[13] BVerfGE 85, 80, 91 ff. = NJW 1992, 1747.
[14] BT-Drucks. 13/4899, S. 48 und 73.
[15] BT-Drucks. 13/4899, S. 35, 48 und 73.
[16] BT-Drucks. 13/4899, S. 73.
[17] BT-Drucks. 13/4899, S. 117, 120 und 124.

c) **Verfahren nach den §§ 1303, 1308 und 1315 BGB.** Mit Wirkung vom 1. 7. 1998 an wurde die Befreiungszuständigkeit im Eheschließungsrecht vom Vormundschaftsgericht auf das Familiengericht verlagert[18] (§ 23 b Rn. 2 und 32). Damit fallen in Zukunft die Verfahren nach § 1303 Abs. 2–4, § 1308 Abs. 2 und § 1315 Abs. 1 Satz 1 Nr. 1, Satz 3 BGB unter die Familiensachen (§ 23 b Abs. 1 Satz 2 Nr. 14). Dies wiederum hat zur Folge, dass das Landgericht in diesen Sachen **nicht** mehr als Beschwerdegericht zu entscheiden hat. 12

73 *(betrifft Strafsachen)*

73a *(weggefallen)*

74–74f *(betreffen Strafsachen)*

75 *Besetzung der Zivilkammern* **Die Zivilkammern sind, soweit nicht nach den Vorschriften der Prozessgesetze an Stelle der Kammer der Einzelrichter zu entscheiden hat, mit drei Mitgliedern einschließlich des Vorsitzenden besetzt.**

76–78 *(betreffen Strafsachen)*

5 a. Titel. Strafvollstreckungskammern

78 a, 78b *(betreffen Strafsachen)*

Sechster Titel. Schwurgerichte

79–92 *(weggefallen)*

Siebenter Titel. Kammern für Handelssachen

93 *Bildung* **(1) [1]Die Landesregierungen werden ermächtigt, durch Rechtsverordnung bei den Landgerichten für deren Bezirke oder für örtlich abgegrenzte Teile davon Kammern für Handelssachen zu bilden. [2]Solche Kammern können ihren Sitz innerhalb des Landgerichtsbezirks auch an Orten haben, denen das Landgericht seinen Sitz nicht hat.**

(2) Die Landesregierungen können die Ermächtigung nach Absatz 1 auf die Landesjustizverwaltungen übertragen.

94 *Zuständigkeit* **Ist bei einem Landgericht eine Kammer für Handelssachen gebildet, so tritt für Handelssachen diese Kammer an die Stelle der Zivilkammern nach Maßgabe der folgenden Vorschriften.**

95 *Begriff der Handelssachen* **(1) Handelssachen im Sinne dieses Gesetzes sind die bürgerlichen Rechtsstreitigkeiten, in denen durch die Klage ein Anspruch geltend gemacht wird:**

1. gegen einen Kaufmann im Sinne des Handelsgesetzbuches, sofern er in das Handelsregister oder Genossenschaftsregister eingetragen ist oder auf Grund einer gesetzlichen Sonderregelung für juristische Personen des öffentlichen Rechts nicht eingetragen zu werden braucht, aus Geschäften, die für beide Teile Handelsgeschäfte sind;

2. aus einem Wechsel im Sinne des Wechselgesetzes oder aus einer der im § 363 des Handelsgesetzbuchs bezeichneten Urkunden;

3. auf Grund des Scheckgesetzes;

4. aus einem der nachstehend bezeichneten Rechtsverhältnisse:

a) aus dem Rechtsverhältnis zwischen den Mitgliedern einer Handelsgesellschaft oder Genossenschaft oder zwischen dieser und ihren Mitgliedern oder zwischen dem stillen Gesellschafter und dem Inhaber des Handelsgeschäfts, sowohl während des Bestehens als auch nach Auflö-

[18] BT-Drucks. 13/10331, S. 28.

sung des Gesellschaftsverhältnisses, und aus dem Rechtsverhältnis zwischen den Vorstehern oder den Liquidatoren einer Handelsgesellschaft oder Genossenschaft und der Gesellschaft oder deren Mitgliedern;
b) aus dem Rechtsverhältnis, welches das Recht zum Gebrauch der Handelsfirma betrifft;
c) aus den Rechtsverhältnissen, die sich auf den Schutz der Marken und sonstigen Kennzeichen sowie der Geschmacksmuster beziehen;
d) aus dem Rechtsverhältnis, das durch den Erwerb eines bestehenden Handelsgeschäfts unter Lebenden zwischen dem bisherigen Inhaber und dem Erwerber entsteht;
e) aus dem Rechtsverhältnis zwischen einem Dritten und dem, der wegen mangelnden Nachweises der Prokura oder Handlungsvollmacht haftet;
f) aus den Rechtsverhältnissen des Seerechts, insbesondere aus denen, die sich auf die Reederei, auf die Rechte und Pflichten des Reeders oder Schiffseigners, des Korrespondentreeders und der Schiffsbesatzung, auf die Haverei, auf den Schadensersatz im Falle des Zusammenstoßes von Schiffen, auf die Bergung und auf die Ansprüche der Schiffsgläubiger beziehen;
5. auf Grund des Gesetzes gegen den unlauteren Wettbewerb;
6. aus den §§ 44 bis 47 des Börsengesetzes.

(2) Handelssachen im Sinne dieses Gesetzes sind ferner die Rechtsstreitigkeiten, in denen sich die Zuständigkeit des Landgerichts nach § 246 Abs. 3 Satz 1 oder § 396 Abs. 1 Satz 2 des Aktiengesetzes, nach § 51 Abs. 3 Satz 3 oder § 81 Abs. 1 Satz 2 des Genossenschaftsgesetzes sowie nach § 10 des Umwandlungsgesetzes, § 2 des Spruchverfahrensgesetzes, § 87 des Gesetzes gegen Wettbewerbsbeschränkungen und § 13 Abs. 4 des EG-Verbraucherschutzdurchsetzungsgesetzes richtet.

I. Normzweck

1 Die Vorschrift des § 95 bestimmt, welche bürgerlichen Rechtsstreitigkeiten „Handelssachen im Sinne dieses Gesetzes“ sind und regelt damit die **sachliche Zuständigkeit** der Kammer für Handelssachen. Nach allgM kann diese sachliche Zuständigkeit in einer Nichthandelssache auf Grund der abschließenden Regelung der §§ 96–99 **nicht** durch **Prorogationsvereinbarung** (§ 38 ZPO) begründet werden.

II. Handelssachen im Sinne dieses Gesetzes

2 Das sind neben den in § 95 Abs. 1 Nr. 1–6 und in § 95 Abs. 2 genannten auch diejenigen, die außerhalb des Gerichtsverfassungsgesetzes kraft ausdrücklicher gesetzlicher Bestimmung (§ 87 Abs. 2 GWB) als Handelssachen im Sinne der §§ 93–114 bezeichnet werden. Diesen Handelssachen, die gesetzlich abschließend normiert sind, kann die Eigenschaft als Handelssache kraft Gesetzes weder durch Gerichtsbeschluss noch durch Parteivereinbarung genommen werden.

3 **1. Umfang der Handelssachen.** Nach allgM erstreckt sich die Qualifizierung als Handelssache kraft Gesetzes nicht nur auf die Hauptsacheentscheidungen der enumerativ aufgezählten Streitigkeiten, sondern ebenso wie bei den Familiensachen auch auf alle die Hauptentscheidung **vorbereitenden** oder **ergänzenden Nebenentscheidungen** (§ 23b Rn. 15). Handelssachen sind insbesondere auch **Arreste** und **einstweilige Verfügungen,** auch wenn die Hauptsache noch nicht anhängig ist, aber der Antrag gemäß § 96 bzw. § 98 gestellt ist.[1] **Vollstreckungsgegenklagen** gemäß § 767 ZPO sind dann Handelssachen, wenn der titulierte Anspruch aus einem Verfahren vor der Kammer für Handelssachen herrührt.[2] Die Kammer für Handelssachen ist dagegen **nicht** zuständig für **Honorarklagen von Rechtsanwälten** nach § 34 ZPO, weil dort der Gerichtsstand und nicht die sachliche oder funktionelle (§ 96 Rn. 8) Zuständigkeit betroffen ist.[3] Ist die Zuständigkeit der Kammer für Handelssachen nur für eine von mehreren **Streitgenossen** gegeben, so ist grds. die Zivilkammer für die Klage gegen beide Streitgenossen das zuständige Gericht.[4]

4 **2. Beurteilungsgrundlagen. a) Klageanspruch.** Maßgeblich für die Beurteilung der Frage, ob eine Handelssache kraft Gesetzes vorliegt, ist die **Rechtsnatur des mit der Klage geltend gemachten Anspruchs,** wie er sich aus dem Klageantrag in Verbindung mit den zur Begründung vorgetragenen Tatsachenbehauptungen ergibt, wobei es auf die Rechtsauffassung der Parteien nicht ankommt.[5]

5 **b) Gesamtbeurteilung.** Nach allgM kann grundsätzlich der **gesamte** Rechtsstreit nur **einheitlich** Handelssache sein oder nicht. Deshalb muss die Zuständigkeit der Kammer für Handelssachen insbesondere in den Fällen der subjektiven Klagenhäufung (§§ 59–63 ZPO) für alle Beklagten, bei objektiver Klagenhäufung (§ 260 ZPO) für jeden Anspruch und ansonsten grundsätzlich (Ausnahme s. Rn. 15) für jede materiellrechtliche Anspruchsgrundlage[6], auch wenn ein einheitlicher prozessualer Anspruch auf verschiedene Anspruchsgrundlagen gestützt wird, gegeben sein[7] (zur Frage der Prozesstrennung s. § 97 Rn. 7).

6 **3. Handelssachen im Einzelnen. a) Beiderseitiges Handelsgeschäft (Absatz 1 Nr. 1).** Eine Handelssache gemäß § 95 Abs. 1 Nr. 1 liegt vor, wenn mit der Klage ein Anspruch **gegen** einen eingetragenen Kaufmann

[1] LG Oldenburg NJW-RR 2002, 1724; *Kissel/Mayer* Rn. 25 m. weit. Nachw.
[2] *Zö/Gummer* Rn. 17; *Kissel/Mayer* Rn. 25; vgl. auch BGH NJW 1975, 829.
[3] *Zö/Gummer* Rn. 17; offen gelassen in BGH NJW 1986, 1178, 1179; aA *B/L/H* Rn. 2; MK/*Wolf* Rn. 3.
[4] OLG Frankfurt/M NJW 1992, 2900; OLG Düsseldorf MDR 1996, 524; OLG Schleswig NJW-RR 2003, 1650.
[5] *Kissel/Mayer* Rn. 1; vgl. auch BGHZ 16, 275, 281 = NJW 1955, 707.
[6] AA *Brandi-Dohrn* NJW 1981, 2453, 2454; *T/P/Hüßtege* Rn. 1.
[7] MK/*Wolf* Rn. 2.

(oder einen kraft besonderer gesetzlicher Bestimmung von der Eintragung ausgenommenen Kaufmann)[8] aus einem Geschäft geltend gemacht wird, das für beide Teile ein Handelsgeschäft darstellt. Nach allgM[9] muss der **Beklagte** nicht nur bei Entstehung des Anspruchs[10], sondern auch zum Zeitpunkt der Klageerhebung (§ 261 Abs. 1 ZPO) **Kaufmann** sein. Die Kaufmannseigenschaft ergibt sich aus den §§ 1–7 HGB. Kaufmann sind zB die **Handelsgesellschaften** (OHG, KG, AG, KGaA und GmbH), die eG (§ 17 Abs. 2 GenG), die **Deutsche Bundesbahn**[11] **und ehemalige oder noch existierende Landwirtschaftliche Produktionsgenossenschaften** (**LPG's**) in den neuen Bundesländern[12], **nicht** jedoch Minderkaufleute – ab dem 1. 7. 1998 entsprechend § 98 Abs. 1 Satz 2[13] (§ 98 Rn. 3) –, die „Stille Gesellschaft", die VVaG (§ 16 VAG) und der Insolvenzverwalter. Letzterer **gilt** aber **als Kaufmann,** wenn er aus einem beiderseitigen Handelsgeschäft in Anspruch genommen wird, das der Schuldner als Kaufmann abgeschlossen hat[14], **nicht** jedoch bei Geschäften, die der Verwertung der Insolvenzmasse dienen.[15] Auch die infolge des Postumwandlungsgesetzes (PostUmwG) seit dem 1. 1. 1995 bestehenden neuen Unternehmen der **Deutschen Bundespost** (Deutsche Post AG, Deutsche Postbank AG und Deutsche Telekom AG) sind als Handelsgesellschaften Kaufleute (§ 3 AktG). § 452 S. 2 HGB, wonach die Postverwaltungen des Reichs und der Bundesstaaten nicht als Kaufleute im Sinne des HGB gelten, ist auf Grund des Poststrukturgesetzes (PostStruktG) und des PostUmwG überholt.[16] Für Klagen gegen den **Gesellschafter einer OHG** oder den **Komplementär** einer KG, die die persönliche Haftung betreffen, ist nur die Kaufmannseigenschaft der Gesellschaft maßgebend, da die persönliche Haftung die Rechtsnatur des haftungsbegründenden Anspruchs teilt.[17]

Gegenstand des Rechtsstreits muss ein **beiderseitiges Handelsgeschäft** im Sinne der §§ 343, 344 HGB zum Zeitpunkt des Vertragsschlusses sein. Für den Rechtsstreit ist es daher unerheblich, ob der **Kläger** bei Klageerhebung Kaufmann ist oder nicht.[18] Ansprüche, die dem Materialverkäufer gemäß Vereinbarung mit dem Käufer auf Grund von verlängertem Eigentumsvorbehalt und von Verarbeitungsklauseln gegen Dritte zustehen, beruhen nicht auf einem beiderseitigen Handelsgeschäft und gehören als Bereicherungsansprüche nicht vor die Kammer für Handelssachen.[19] Etwas anderes gilt jedoch, wenn der Rechtsnachfolger gegen einen Kaufmann aus einer Vereinbarung (verlängerter Eigentumsvorbehalt) klagt, die für seinen Vorgänger im Verhältnis zu dessen Kontrahenten ein beiderseitiges Handelsgeschäft war.[20] 7

b) Wechsel und Urkunden nach § 363 HGB (Absatz 1 Nr. 2). Hierher gehören alle im WG geregelten Ansprüche einschließlich des Wechselbereicherungsanspruchs nach Art. 89 WG[21], und zwar unabhängig von der Prozessart und der Kaufmannseigenschaft, sowie alle Ansprüche aus den in § 363 HGB genannten kaufmännischen Orderpapieren (Anweisungen, Verpflichtungsscheine, Konnossemente, Ladescheine, Lagerscheine und Transportversicherungspolicen). 8

c) **Scheck (Absatz 1 Nr. 3).** Die Ausführungen zum Wechsel (s. Rn. 8) gelten entsprechend. 9

d) Gesellschaftsprozesse (Absatz 1 Nr. 4a). Hierunter fallen gesellschaftsrechtliche Ansprüche von Handelsgesellschaften (OHG, KG, AG, KGaA und GmbH), Genossenschaften[22] und „Stillen Gesellschaften", **nicht** jedoch von VVaG (§ 16 VAG) und Vereinigungen zum Betrieb eines Kleingewerbes (§ 4 Abs. 2 HGB). Gemäß § 95 Abs. 1 Nr. 4a sind die Kammern für Handelssachen insbesondere zuständig für Klagen einer Handelsgesellschaft gegen ihren früheren Geschäftsführer auf Rückzahlung von Tantiemen[23], für Klagen des Gesellschafters einer Handelsgesellschaft gegen einen Mitgesellschafter aus einem der Gesellschaft gewährten Darlehen[24] und für Klagen der Handelsgesellschaft gegen den faktischen Geschäftsführer.[25] 10

e) **Firmenstreit (Absatz 1 Nr. 4b).** Die Vorschrift umfasst alle gesetzlichen (zB § 37 Abs. 2 HGB) und vertraglichen Ansprüche, die das Recht zum Gebrauch einer Handelsfirma (§§ 17–37 HGB) betreffen. 11

f) Zeichen- und Musterschutz (Absatz 1 Nr. 4c). Unter § 95 Abs. 1 Nr. 4c fallen alle Geschmacksmuster- (§ 15 Abs. 1 GeschmMG) und Kennzeichenstreitsachen (§§ 1, 140 MarkenG), **nicht** jedoch Gebrauchsmuster- (§ 27 Abs. 1 GebrMG) und Patentstreitsachen (§ 143 Abs. 1 PatG), da für diese ausdrücklich die ausschließliche Zuständigkeit der Zivilkammern begründet ist. 12

---

[8] BT Drucks. 13/8444, S. 83.
[9] Für viele BGH DtZ 1993, 246, 247.
[10] So aber *Müller* NJW 1970, 846f.
[11] BGHZ 95, 155 = NJW 1985, 3063; LG Osnabrück MDR 1983, 589; *Becker* NJW 1977, 1674f.
[12] BGH NJW-RR 2006, 1267; BezG Frankfurt/O DtZ 1992, 58.
[13] BT-Drucks. 13/8444, S. 49 und 83.
[14] So bzgl. Konkursverwalter: LG Tübingen MDR 1954, 302; LG Hamburg MDR 1973, 507; LG Köln ZIP 1980, 1071.
[15] So bzgl. Konkursverwalter: LG Hamburg MDR 1973, 507; LG Köln ZIP 1980, 1071.
[16] Vgl. *Kissel/Mayer* Rn. 2; aA *B/L/H* Rn. 3; *Zö/Gummer* Rn. 3; *Baumbach/Hopt* § 452 HGB Rn. 3; *Staub/Helm* § 452 HGB Rn. 2.
[17] MK/*Wolf* Rn. 5; *Zö/Gummer* Rn. 2; *Berkenbrock* JZ 1980, 21, 22.
[18] LG Bielefeld NJW 1968, 2384.
[19] LG Hannover NJW 1977, 1246 (LS) = MDR 1977, 677.
[20] LG Bremen MDR 1980, 97.
[21] *T/P/Hüßtege* Rn. 3; *Kissel/Mayer* Rn. 7; aA MK/*Wolf* Rn. 7.
[22] Vgl. Art. 5 Nr. 2a Gesetz v. 14. 8. 2006 (BGBl. I S. 1911).
[23] LG Düsseldorf DB 1975, 1019.
[24] LG Osnabrück MDR 1983, 588.
[25] OLG Stuttgart NJW-RR 2005, 699.

13 **g) Erwerb eines Handelsgeschäfts (Absatz 1 Nr. 4d).** Hierbei handelt es sich um Ansprüche nach den §§ 22, 25 HGB. Erfasst werden jedoch nur solche zwischen Veräußerer und Erwerber eines Handelsgeschäftes, **nicht** aber Ansprüche Dritter gegen den Veräußerer oder Erwerber aus § 25 HGB.

14 **h) Fehlende Prokura oder Handlungsvollmacht (Absatz 1 Nr. 4e).** Darunter fallen alle Ansprüche Dritter gemäß § 179 BGB gegen denjenigen, der ohne Prokura (§ 48 HGB) oder Handlungsvollmacht (§ 54 HGB) einen Vertrag geschlossen hat. **Nicht** anwendbar ist die Vorschrift auf den Streit zwischen dem Vertreter und dem (angeblich) Vertretenen über die Wirksamkeit der Vertretungsmacht.[26] Nach allgM[27] ist aber eine **analoge Anwendung** von § 95 Abs. 1 Nr. 4e auf Klagen gegen die vor Eintragung der GmbH Handelnden gemäß § 11 Abs. 2 GmbHG geboten. Entsprechendes muss für Klagen gegen die vor Eintragung der AG Handelnden gemäß § 41 Abs. 1 S. 2 AktG gelten.[28]

15 **i) Seerecht (Absatz 1 Nr. 4f).** Handelssachen im Sinne von § 95 Abs. 1 Nr. 4f. sind insbesondere seehandelsrechtliche Ansprüche (§§ 474–905 HGB), **nicht** jedoch arbeitsrechtliche Streitigkeiten und Binnenschifffahrts- und Rheinschifffahrtssachen, für die die Arbeitsgerichte (§ 2 ArbGG) bzw. die Amtsgerichte (§ 23 Rn. 16) und Oberlandesgerichte (§ 119 Rn. 25) zuständig sind.

16 **j) Unlauterer Wettbewerb[29] (Absatz 1 Nr. 5).** Gemäß § 13 Abs. 1 S. 2 UWG, der § 95 Abs. 1 Nr. 5 für anwendbar erklärt, sind die Kammern für Handelssachen für alle bürgerlichen Rechtsstreitigkeiten sachlich zuständig, in denen Ansprüche auf Grund des UWG geltend gemacht werden. Der Begriff „Ansprüche auf Grund des UWG" ist weit auszulegen, so dass – in Abweichung des unter Rn. 5 dargelegten Grundsatzes – eine Handelssache im Sinne von § 95 Abs. 1 Nr. 5 auch dann vorliegt, wenn ein einheitlicher prozessualer Anspruch sowohl auf wettbewerbsrechtliche wie auch auf andere Anspruchsgrundlagen (zB Vertrag oder Delikt) gestützt wird.[30]

17 **k) Börsenstreit (Absatz 1 Nr. 6).** Das sind die Fälle der so genannten **„Prospekthaftung"** (zur Zuständigkeit s. § 71 Rn. 12).

18 **l) Aktienrecht (Absatz 2).** Handelssachen im Sinne dieses Gesetzes sind ferner die Anfechtungsklage (§ 246 AktG) und die Auflösungsklage (§ 396 AktG) sowie alle aktienrechtlichen Klagen, die auf § 246 Abs. 3 S. 1 verweisen (§§ 249 Abs. 1 S. 1, 250 Abs. 3 S. 1, 251 Abs. 3, 254 Abs. 2 S. 1, 255 Abs. 3, 256 Abs. 7, 257 Abs. 2 S. 1, 275 Abs. 4 S. 1 und 278 Abs. 3). Gleiches gilt in den Fällen der §§ 51 GenG (Anfechtung von Beschlüssen der Gesellschaftsversammlung), 81 GenG (Auflösung einer Genossenschaft), 10 UmwG[31] (Bestellung der Verschmelzungsprüfer), 2 SpruchG (Anträge auf gerichtliche Entscheidung nach den §§ 304, 305, 320b, 327f AktG sowie 15, 34, 176–181, 184, 186, 196 und 212 UmwG), 87 GWB (bürgerliche Rechtsstreitigkeiten, die sich aus dem GWB oder aus Kartellverträgen und aus Kartellbeschlüssen ergeben; zur Zuständigkeit s. § 71 Rn. 13) und § 13 Abs. 4 VSchDG (Beschwerden gegen Entscheidungen der zuständigen Behörde gemäß den §§ 5 Abs. 1 Satz 2 Nr. 1, Abs. 4 oder 5, 10, 11).

96 *Antrag auf Verhandlung vor der Kammer für Handelssachen* **(1) Der Rechtsstreit wird vor der Kammer für Handelssachen verhandelt, wenn der Kläger dies in der Klageschrift beantragt hat.**

(2) Ist ein Rechtsstreit nach den Vorschriften der §§ 281, 506 der Zivilprozessordnung vom Amtsgericht an das Landgericht zu verweisen, so hat der Kläger den Antrag auf Verhandlung vor der Kammer für Handelssachen vor dem Amtsgericht zu stellen.

I. Normzweck

1 Die Vorschrift des § 96 bekräftigt die grundsätzliche Zuständigkeitsvermutung der Zivilkammern innerhalb der sachlichen Zuständigkeit der Landgerichte gemäß den §§ 71, 72. Sie bestimmt nämlich, dass ein Rechtsstreit nur dann vor der Kammer für Handelssachen verhandelt wird, wenn der **Kläger** dies **ausdrücklich beantragt.** Der Antrag auf Verhandlung vor der Kammer für Handelssachen muss **in der Klageschrift** (§ 96 Abs. 1) oder in den Fällen, in denen der Rechtsstreit nach den Vorschriften der §§ 281, 506 ZPO vom Amtsgericht an das Landgericht zu verweisen ist, **vor dem Amtsgericht** (§ 96 Abs. 2) gestellt werden. Gemäß § 98 Abs. 3 findet eine Verweisung von der Zivilkammer an die Kammer für Handelssachen **von Amts wegen** im Gegensatz zu § 97 Abs. 2 **nicht** statt.

II. Rechtstatsachen

2 Nach den Angaben des Statistischen Bundesamtes in Wiesbaden vom 29. März 2007[1] sind im Jahre **2005** von den Landgerichten im **gesamten Bundesgebiet** 430 236 erstinstanzliche Zivilsachen erledigt worden, hiervon 50 755 (11,80 %) von den Kammern für Handelssachen.

3 unbesetzt

---

[26] *Kissel/Mayer* Rn. 19.

[27] Für viele LG Hannover NJW 1968, 56; aA *Berkenbrock* JZ 1980, 21ff. (analoge Anwendung von § 95 Abs. 1 Nr. 1).

[28] *Kissel/Mayer* Rn. 19; MK/*Wolf* Rn. 16; offen gelassen in LG Hannover NJW 1968, 56, 57.

[29] S. insoweit auch *Engler* NJW 1995, 2185ff.

[30] MK/*Wolf* Rn. 19; *Kissel/Mayer* Rn. 21; *B/L/H* Rn. 7.

[31] Zum neuen Umwandlungsgesetz s. *Kallmeyer* ZIP 1994, 1746ff.

[1] Fachserie 10 (Rechtspflege) Reihe 2.1 (Zivilgerichte) S. 41.

III. Antragstellung in der Klageschrift (Absatz 1)

4 Der Antrag auf Verhandlung vor der Kammer für Handelssachen, der auf Wunsch des Klägers gestellt werden kann, ist eine Prozesshandlung, die nicht der Vorschrift des § 297 ZPO unterliegt. Er muss – auch im **schriftlichen Verfahren** nach § 128 Abs. 2 ZPO[2] – gemäß § 96 Abs. 1 bereits **in der Klageschrift** gestellt werden, wobei die Adressierung[3] der Klageschrift an die Kammer für Handelssachen als ausreichend angesehen wird. Nach allgM[4] ist eine räumliche Verbindung des Antrages mit der Klageschrift nicht erforderlich, so dass der Antrag auch in einem gleichzeitig mit der Klageschrift eingereichten Schriftsatz gestellt werden kann. Wird der Klageanspruch im **Mahnverfahren** geltend gemacht, so ist der Antrag – wenn er nicht bereits im Mahnantrag (§ 690 Abs. 1 Nr. 5 ZPO) oder mit dem Antrag auf Durchführung des streitigen Verfahrens (§ 696 Abs. 1 ZPO) gestellt worden ist – nach allgM[5] spätestens in der **Klagebegründungsschrift** unter Einhaltung der Frist des § 697 Abs. 1 ZPO zu stellen.

5 Der Antrag ist – im Gegensatz zum Verweisungsantrag nach § 101 Abs. 1 (§ 101 Rn. 2) – als **Bewirkungshandlung** (s. Einl. Rn. 58 ff., insbesondere Rn. 61 und 63) **unwiderruflich**[6] und nach Eingang der Klageschrift beim Landgericht **nicht nachholbar**[7]. Insbesondere kann auch nach Anhängigkeit der Hauptsache bei der Zivilkammer ein Antrag auf Erlass einer einstweiligen Verfügung zulässigerweise nicht mehr bei der Kammer für Handelssachen angebracht werden.[8] Eine spätere Antragstellung ist **ausnahmsweise** dann zulässig, wenn die Klage zunächst bei einem Landgericht eingereicht wird, bei der keine Kammer für Handelssachen besteht, und der Rechtsstreit anschließend wegen örtlicher Unzuständigkeit gemäß § 281 ZPO an ein Landgericht mit Kammer für Handelssachen verwiesen wird. In einem solchen Fall muss der Antrag entsprechend § 96 Abs. 2 spätestens mit dem Antrag auf Verweisung gestellt werden.[9]

IV. Antragstellung vor dem Amtsgericht (Absatz 2)

6 Ist ein Rechtsstreit bereits vor dem Amtsgericht anhängig und ist er nach den Vorschriften der §§ 281, 506 ZPO wegen Unzuständigkeit vom Amtsgericht an das Landgericht zu verweisen, so kann die Klageschrift nicht der geeignete Bezugspunkt für das Wahlrecht des Klägers sein.[10] Der Kläger kann in einem solchen Fall vielmehr die Zuständigkeit der Kammer für Handelssachen dadurch herbeiführen, dass er den Verweisungsantrag **vor dem Amtsgericht** stellt (§ 96 Abs. 2), und zwar nach allgM **bis zum Schluss der mündlichen Verhandlung.** Im **schriftlichen Verfahren** gemäß § 128 Abs. 2 ZPO muss der Antrag bis zu dem Zeitpunkt gestellt sein, bis zu dem Schriftsätze eingereicht werden können.[11]

7 Liegen die Voraussetzungen der §§ 281, 506 ZPO und der rechtzeitige Antrag des Klägers vor, so muss das Amtsgericht den Rechtsstreit nach allgM[12] – in Abweichung vom allgemeinen Grundsatz (s. § 281 ZPO Rn. 10) – an die Kammer für Handelssachen des zuständigen Landgerichts verweisen, ohne jedoch die sachlichen Voraussetzungen des § 95 zu prüfen.

8 Der Verweisungsbeschluss entfaltet nach allgM Bindungswirkung nur für das **Landgericht als solches,** nicht jedoch zwischen der Kammer für Handelssachen und der Zivilkammer. Dies deshalb, weil die Abgrenzung zwischen Kammer für Handelssachen und Zivilkammer ebenso wie die zwischen Familiengericht und allgemeiner Zivilabteilung (§ 23b Rn. 6) weder eine Frage der sachlichen Zuständigkeit noch der gesetzlich geregelten Geschäftsverteilung[13], sondern eine solche der **funktionellen Zuständigkeit**[14] **ist. Ausnahmsweise** tritt jedoch bei konkreter örtlicher Verweisung durch das Amtsgericht an eine örtlich begrenzt zuständige Kammer für Handelssachen im Sinne von § 93 Abs. 2 Bindungswirkung ein.[15]

97 *Verweisung an Zivilkammer wegen ursprünglicher Unzuständigkeit* **(1) Wird vor der Kammer für Handelssachen eine nicht vor sie gehörige Klage zur Verhandlung gebracht, so ist der Rechtsstreit auf Antrag des Beklagten an die Zivilkammer zu verweisen.**

---

[2] *Kissel/Mayer* Rn. 3; MK/*Wolf* Rn. 5.

[3] AllgM; für viele OLG Brandenburg NJW-RR 2001, 429, 430; *Bergerfurth* NJW 1974, 221.

[4] Für viele: OLG Brandenburg NJW-RR 2001, 429, 430.

[5] Für viele OLG Düsseldorf NJW-RR 1988, 1471; OLG Nürnberg Rpfleger 1995, 369; *Bergerfurth* JZ 1979, 145, 146; aA LG Offenburg Justiz 1995, 224.

[6] OLG Karlsruhe NJW-RR 1995, 1536.

[7] OLG Frankfurt Rpfleger 1980, 231; OLG Brandenburg NJW-RR 2001, 429, 430.

[8] OLG Zweibrücken JZ 1989, 103; *B/L/H* Rn. 2.

[9] *Bergerfurth* NJW 1974, 221 Fn. 5; *Zö/Gummer* Rn. 1; *Kissel* Rn. 5; MK/*Wolf* Rn. 3; aA LG Freiburg NJW 1972, 1902; *B/L/H* Rn. 2 (bis Schluss der mündlichen Verhandlung vor der Verweisung); *T/P/Hüßtege* Rn. 1 (auch noch nach Verweisung).

[10] MK/*Wolf* Rn. 7.

[11] *Bergerfurth* JZ 1979, 145; MK/*Wolf* Rn. 9; *B/L/H* Rn. 3; aA *Bergerfurth* NJW 1974, 221, 222 (bis zur Herausgabe des Verweisungsbeschlusses); *Kissel/Mayer* Rn. 8 (gleichzeitig mit Verweisungsantrag).

[12] *Kissel/Mayer* Rn. 9; *Zö/Gummer* Rn. 4; *B/L/HH* Rn. 4; aA KG OLGRspr. 33, 78, 79; *Bergerfurth* NJW 1974, 221, 222; *T/P/Hüßtege* Rn. 2 (Verweisung nur an das Landgericht an sich).

[13] So aber: OLG München NJW 1967, 2165; LG Berlin NJW 1987, 139; *Gaul* JZ 1984, 57, 58; *Mertins* DRiZ 1985, 344, 348.

[14] OLG Bremen MDR 1980, 410; OLG Frankfurt/M NJW 1992, 2900; OLG Nürnberg NJW-RR 1997, 379; aA BGHZ 63, 214, 217 = NJW 1975, 450, 451 (keine Frage der sachlichen Zuständigkeit im üblichen Sinne der ZPO).

[15] *B/L/H* Rn. 4; MK/*Wolf* Rn. 8; *Kissel/Mayer* Rn. 9.

(2) [1]Gehört die Klage oder die im Falle des § 506 der Zivilprozessordnung erhobene Widerklage als Klage nicht vor die Kammer für Handelssachen, so ist diese auch von Amts wegen befugt, den Rechtsstreit an die Zivilkammer zu verweisen, solange nicht eine Verhandlung zur Hauptsache erfolgt und darauf ein Beschluss verkündet ist. [2]Die Verweisung von Amts wegen kann nicht aus dem Grund erfolgen, dass der Beklagte nicht Kaufmann ist.

I. Normzweck

1 Die Bestimmung befasst sich mit der Verweisungsmöglichkeit eines Rechtsstreits von der Kammer für Handelssachen an die Zivilkammer, und zwar in den Fällen **ursprünglicher Unzuständigkeit.** Da die Kammer für Handelssachen als Spezialspruchkammer grundsätzlich – vom Ausnahmefall des § 104 Abs. 2 abgesehen – nur Handelssachen entscheiden soll, ist sowohl eine Verweisung **auf Antrag** (§ 97 Abs. 1) wie auch eine Verweisung **von Amts wegen** (§ 97 Abs. 2) vorgesehen.

II. Verweisung auf Antrag (Absatz 1)

2 Wird eine Nichthandelssache vor der Kammer für Handelssachen zur Verhandlung gebracht, so ist der Rechtsstreit **auf Antrag des Beklagten** an die Zivilkammer zu verweisen (§ 97 Abs. 1). Der Antrag muss gemäß § 101 Abs. 1 S. 1 grundsätzlich **vor der Verhandlung des Beklagten zur Sache** gestellt werden (zu den Einzelheiten des Verweisungsantrages s. § 101 Rn. 2). Auf Grund der Bindungswirkung des Verweisungsbeschlusses gemäß § 102 S. 2 **entfällt** das **Antragsrecht des Beklagten,** soweit die Sache auf seinen Antrag nach § 98 hin vor die Kammer für Handelssachen gelangt ist.[1] Nach allgM ist der **Kläger** – da er an seinen nach § 96 gestellten Antrag für das gesamte Verfahren gebunden ist[2] (§ 96 Rn. 3) – **nicht antragsberechtigt,** und zwar selbst dann nicht, wenn die Sache keine Handelssache und der Antrag daher sachlich unrichtig ist. **„Zur Verhandlung gebracht“** ist der Rechtsstreit, sobald die Klageschrift (§ 271 ZPO) oder nach vorausgegangenem Mahnverfahren die Klagebegründungsschrift (§ 697 ZPO) zugestellt ist.[3] **Vorher** ist eine **formlose Abgabe** an die nach der Geschäftsverteilung zuständige Zivilkammer jederzeit möglich.

III. Verweisung von Amts wegen (Absatz 2)

3 Gemäß § 97 Abs. 2 S. 1 ist die Kammer für Handelssachen auch von Amts wegen befugt, den Rechtsstreit an die Zivilkammer zu verweisen, wenn die Klage oder die im Falle des § 506 ZPO erhobene Widerklage eine Nichthandelssache ist. Die Verweisung von Amts wegen, die nach allgM[4] im **pflichtgemäßen Ermessen** des Gerichts steht, ist jedoch **befristet.** Die Verweisung ist nämlich nur möglich, **solange nicht eine Verhandlung zur Hauptsache erfolgt und darauf ein Beschluss verkündet ist.** Das bedeutet, dass die Verweisung immer dann ausgeschlossen ist, wenn ein Beschluss in der Hauptsache **als Folge** der Verhandlung verkündet wurde. Dies wiederum ist zB bei Beweisbeschlüssen, Aufklärungsbeschlüssen, Vertagungsbeschlüssen und Beschlüssen, in denen Termin zur Verkündung einer Entscheidung bestimmt wurde, der Fall, **nicht** jedoch bei Streitwertbeschlüssen, Prozesskostenhilfebeschlüssen oder Beschlüssen nach § 273 Abs. 2 ZPO. Die Präklusionswirkung des § 295 ZPO findet auf die Befristung keine Anwendung.[5]

4 Die Verweisung von Amts wegen ist kraft Gesetzes **ausgeschlossen,** wenn die Unzuständigkeit in den Fällen des § 95 Abs. 1 Nr. 1 auf der fehlenden Kaufmannseigenschaft des **Beklagten** beruht (§ 97 Abs. 2 S. 2). Zulässig ist die Verweisung dagegen, wenn die Unzuständigkeit **auch** auf der fehlenden Kaufmannseigenschaft des **Klägers** beruht[6] oder auf die fehlende Eintragung des Beklagten im Handelsregister gestützt wird.[7]

IV. Umfang und Wirkung der Verweisung

5 Liegen die Voraussetzungen des § 97 Abs. 1 oder Abs. 2 vor, so ist nach allgM der gesamte Rechtsstreit an die Zivilkammer zu verweisen. Eine Teilverweisung kommt nur dann in Betracht, wenn die Prozesstrennung gemäß § 145 ZPO zulässig ist und die Kammer für Handelssachen von dieser Trennungsmöglichkeit Gebrauch gemacht hat. Eine Prozesstrennung ist nach allgM[8] insbesondere in den Fällen der subjektiven (§§ 59–63 ZPO) und der objektiven Klagenhäufung (§ 260 ZPO) möglich, **nicht** jedoch – sowohl auf Grund der enumerativen Zuweisungsnorm des § 95 als auch wegen der vorrangigen Allzuständigkeit der Zivilkammer – wenn ein einheitlicher prozessualer Anspruch auf verschiedene Anspruchsgrundlagen gestützt wird, von denen – für sich betrachtet – nur eine Handelssache ist[9] (§ 95 Rn. 5). Die Verweisung ist unabhängig davon, ob sie auf Antrag oder von Amts wegen erfolgt, **unanfechtbar** (§ 102 Rn. 2, 3) und **bindend** (§ 102 Rn. 4–6).

---

1 MK/*Wolf* Rn. 4; Zö/*Gummer* Rn. 2.

2 OLG Frankfurt/M NJW 1992, 2900, 2901.

3 *Kissel/Mayer* Rn. 1; MK/*Wolf* Rn. 2.

4 AA Zö/*Gummer* Rn. 5.

5 MK/*Wolf* Rn. 9; *Kissel/Mayer* Rn. 6.

6 *Kissel/Mayer* Rn. 7; MK/*Wolf* Rn. 10.

7 OLG Hamburg TransportR 1999, 127; OLG Nürnberg NJW-RR 2000, 568; *T/P/Hüßtege* Rn. 4; *B/L/H* Rn. 6; aA OLG Düsseldorf NJW-RR 2001, 1220; *Zö/Gummer* Rn. 4.

8 Für viele OLG Frankfurt/M NJW 1992, 2900, 2901; aA *Ro/S/Go* § 33 II 2b.

9 *Gaul* JZ 1984, 57, 59ff.; MK/*Wolf* Rn. 5; *B/L/H* Rn. 4; aA *Brandi-Dohrn* NJW 1981, 2453, 2454; *T/P/Hüßtege* § 95 Rn. 1.

V. Gebühren und Kosten

1. Anwaltsgebühren. Der Antrag auf Verweisung an die Zivilkammer löst eine 1,3 Verfahrensgebühr nach Nr. 3100 VV RVG aus, wenn diese nicht bereits vorher schon entstanden war. Erfolgt der Antrag in mündlicher Verhandlung, fällt auch die 1,2 Terminsgebühr gemäß Nr. 3104 VV RVG an. Auf die Unterscheidung zwischen streitiger und nichtstreitiger Verhandlung kommt es im RVG nicht an. Auch der Anwalt des Antragsgegners erhält dann die Terminsgebühr. Die Terminsgebühr reduziert sich auf 0,5 bei Säumnis einer Partei (Nr. 3105 VV RVG). Die Gebühr bemisst sich aus dem Wert der Hauptsache. Die Verfahren vor dem verweisenden und dem übernehmenden Gericht bilden einen Rechtszug (§ 20 RVG). 6

2. Gerichtskosten. Gerichtsgebühren werden nicht erhoben. 7

98 *Verweisung an Kammer für Handelssachen* **(1) [1]Wird vor der Zivilkammer eine vor die Kammer für Handelssachen gehörige Klage zur Verhandlung gebracht, so ist der Rechtsstreit auf Antrag des Beklagten an die Kammer für Handelssachen zu verweisen. [2]Ein Beklagter, der nicht in das Handelsregister oder Genossenschaftsregister eingetragen ist, kann den Antrag nicht darauf stützen, dass er Kaufmann ist.**

(2) Der Antrag ist zurückzuweisen, wenn die im Falle des § 506 der Zivilprozessordnung erhobene Widerklage als Klage vor die Kammer für Handelssachen nicht gehören würde.

(3) Zu einer Verweisung von Amts wegen ist die Zivilkammer nicht befugt.

(4) Die Zivilkammer ist zur Verwerfung des Antrags auch dann befugt, wenn der Kläger ihm zugestimmt hat.

I. Normzweck

Die Vorschrift des § 98, die eine Ergänzung von § 96 darstellt[1], befasst sich mit der Möglichkeit des **Beklagten,** eine Verweisung des eine Handelssache im Sinne von § 95 betreffenden Rechtsstreits von der Zivilkammer an die Kammer für Handelssachen zu erreichen (§ 98 Abs. 1 und 2). Gleichzeitig bekräftigt die Bestimmung in § 98 Abs. 3 und 4 die grundsätzliche Zuständigkeit der Zivilkammern innerhalb der sachlichen Zuständigkeit der Landgerichte gemäß den §§ 71, 72. 1

II. Antrag des Beklagten (Absatz 1)

Eine Verweisung des Rechtsstreits von der Zivilkammer an die Kammer für Handelssachen ist, da ein Antrag des Klägers gemäß § 96 Abs. 1 verspätet wäre, **nur auf Antrag des Beklagten** möglich. Insbesondere findet eine Verweisung von der Zivilkammer an die Kammer für Handelssachen **von Amts wegen** im Gegensatz zu § 97 Abs. 2 **nicht** statt (§ 98 Abs. 3). Der Antrag muss gemäß § 101 Abs. 1 S. 1 grundsätzlich **vor der Verhandlung des Beklagten zur Sache** gestellt werden (zu den Einzelheiten des Verweisungsantrages s. § 101 Rn. 2). 2

Das **Antragsrecht des Beklagten** wird gemäß § 98 Abs. 1 S. 2 **beschränkt.** Wenn sich die Qualifizierung als Handelssache aus der Kaufmannseigenschaft des Beklagten nach § 95 Abs. 1 Nr. 1 ergibt, kann der Antrag nur gestellt werden, wenn der Beklagte im **Handelsregister oder Genossenschaftsregister eingetragen** ist. Dabei kann der Nachweis der Registereintragung durch Vorlage eines Registerauszuges oder durch telefonische Auskunft beim Registergericht geführt werden.[2] 3

III. Entscheidung über den Verweisungsantrag

1. Positive Entscheidung. Liegen ein rechtzeitiger Antrag des Beklagten und eine Handelssache im Sinne von § 95 vor, so **muss** die Zivilkammer den Rechtsstreit an die Kammer für Handelssachen verweisen. Zum **Umfang der Verweisung** gelten die Ausführungen zu § 97 Rn. 5 entsprechend.[3] 4

2. Negative Entscheidung. In folgenden Fällen **hat** die Zivilkammer den Verweisungsantrag – entsprechend dem Wortlaut des § 98 Abs. 2 und entgegen dem Wortlaut des § 98 Abs. 4 – **zurückzuweisen:** 5

a) wenn zwar die Voraussetzungen des § 98 Abs. 1 S. 1 vorliegen, der Beklagte jedoch in den Fällen des § 95 Abs. 1 Nr. 1 weder im Handelsregister noch im Genossenschaftsregister als Kaufmann eingetragen ist (§ 98 Abs. 1 S. 2);

b) wenn der Verweisungsantrag verspätet gestellt wurde, und zwar selbst dann, wenn der Kläger dem Verweisungsantrag zustimmt (§ 98 Abs. 4);

c) wenn keine Handelssache vorliegt, und zwar selbst dann, wenn der Kläger dem Verweisungsantrag zustimmt (§ 98 Abs. 4);

d) und wenn die im Falle des § 506 ZPO erhobene Widerklage als Klage nicht vor die Kammer für Handelssachen gehören würde (§ 98 Abs. 2), was auch für eine zu diesem Zwecke beantragte Trennung gemäß § 145 Abs. 2 ZPO gilt.[4]

---

[1] *Zö/Gummer* Rn. 1.
[2] MK/*Wolf* Rn. 3; *B/L/H* Rn. 3.
[3] Zur Teilabtrennung s. nicht veröffentlichter Beschluss des LG Hagen vom 29. 11. 2003 – 9 O 312/03 –.
[4] *Gaul* JZ 1984, 57, 62; *B/L/H* Rn. 3; aA MK/*Wolf* Rn. 5; *Zö/Gummer* Rn. 3.

6 **3. Wirkung der Verweisung.** Die Verweisung ist in jedem Falle – ob positiv oder negativ – **unanfechtbar** (§ 102 Rn. 2–3) und **bindend** (§ 102 Rn. 4–6). Zur kostenrechtlichen Folge der Verweisung s. § 93 ZPO Rn. 34.

IV. Gebühren und Kosten

7 **1. Anwaltsgebühren.** Vgl. § 97 Rn. 6.

8 **2. Gerichtskosten.** Gerichtsgebühren werden nicht erhoben.

99 *Verweisung an Zivilkammer wegen nachträglicher Unzuständigkeit* **(1) Wird in einem bei der Kammer für Handelssachen anhängigen Rechtsstreit die Klage nach § 256 Abs. 2 der Zivilprozessordnung durch den Antrag auf Feststellung eines Rechtsverhältnisses erweitert oder eine Widerklage erhoben und gehört die erweiterte Klage oder die Widerklage als Klage nicht vor die Kammer für Handelssachen, so ist der Rechtsstreit auf Antrag des Gegners an die Zivilkammer zu verweisen.**

(2) Unter der Beschränkung des § 97 Abs. 2 ist die Kammer zu der Verweisung auch von Amts wegen befugt. Diese Befugnis tritt auch dann ein, wenn durch eine Klageänderung ein Anspruch geltend gemacht wird, der nicht vor die Kammer für Handelssachen gehört.

I. Normzweck

1 Die Vorschrift enthält eine Erweiterung der in § 97 normierten Verweisungsmöglichkeit von der Kammer für Handelssachen an die Zivilkammer, und zwar in den Fällen der **nachträglichen Unzuständigkeit** infolge **Klageänderung,** Klageerweiterung mittels **Zwischenfeststellungsklage** oder Erhebung einer **Widerklage.** Ebenso wie bei § 97 (§ 97 Rn. 1) ist sowohl die Verweisung auf Antrag (§ 99 Abs. 1) wie auch die Verweisung von Amts wegen (§ 99 Abs. 2) vorgesehen. Die Vorschrift findet **keine** Anwendung, wenn der Beklagte in einem bei der Kammer für Handelssachen anhängigen Rechtsstreit gegenüber dem Klageanspruch mit einer Forderung, die keine Handelssache ist, die **Aufrechnung** erklärt.[1]

II. Verweisung auf Antrag (Absatz 1)

2 Der **Kläger** kann durch **Klageänderung** gemäß § 263 ZPO – abgesehen von den Fällen des § 264 ZPO – oder durch Klageerweiterung mittels **Zwischenfeststellungsklage** (§ 256 Abs. 2 ZPO) und der **Beklagte** durch Erhebung einer **Widerklage** (§ 33 ZPO) oder einer **Zwischenfeststellungswiderklage** (§ 256 Abs. 2 ZPO) die nachträgliche Unzuständigkeit der Kammer für Handelssachen herbeiführen. In einem solchen Fall ist der Rechtsstreit gemäß § 99 Abs. 1 **auf Antrag des Gegners** an die Zivilkammer zu verweisen (zu Umfang und Wirkung der Verweisung s. § 97 Rn. 5). Nach allgM ist die Verweisung auf Antrag auch in den Fällen der Klageänderung gemäß § 263 ZPO möglich, auch wenn dieser Fall nur bei der Verweisung von Amts wegen in § 99 Abs. 2 S. 2 erwähnt ist. **Gegner** im Sinne von § 99 Abs. 1 und damit **antragsberechtigt** ist die Partei, die die nachträgliche Unzuständigkeit der Kammer für Handelssachen nicht herbeigeführt hat. Das ist in den Fällen der Klageänderung (§ 263 ZPO) und der Klageerweiterung (§ 256 Abs. 2 ZPO) der **Beklagte** und bei der Widerklage (§ 33 ZPO) bzw. Zwischenfeststellungswiderklage (§ 256 Abs. 2 ZPO) der **Kläger.** Letzterer kann die Verweisung des Rechtsstreits an die Zivilkammer auch dann erreichen, wenn die Sache vorher auf seinen Antrag (§ 96) hin an die Kammer für Handelssachen gelangt ist.[2] Der Antrag muss gemäß § 101 Abs. 1 S. 1 grundsätzlich **vor der Verhandlung des Beklagten bzw. Berufungsbeklagten zur Sache** gestellt werden (zu den Einzelheiten des Verweisungsantrages s. § 101 Rn. 2).

III. Verweisung von Amts wegen (Absatz 2)

3 Liegen die Voraussetzungen von § 99 Abs. 1 – mit Ausnahme des Antrages des Gegners – vor, so ist die Kammer für Handelssachen gemäß § 99 Abs. 2 S. 1 unter den Beschränkungen des § 97 Abs. 2 (§ 97 Rn. 3–4) auch **von Amts wegen** zur Verweisung (zu Umfang und Wirkung der Verweisung s. § 97 Rn. 5) an die Zivilkammer befugt. Die Verweisung steht im **pflichtgemäßen Ermessen** des Gerichts.

100 *Zuständigkeit in 2. Instanz* **Die §§ 96 bis 99 sind auf das Verfahren im zweiten Rechtszuge vor den Kammern für Handelssachen entsprechend anzuwenden.**

I. Normzweck

1 Da die Kammern für Handelssachen seit dem 1. 4. 1910 an Stelle der Zivilkammern auch zur Entscheidung über die Berufungen und Beschwerden gegen die vor den Amtsgerichten verhandelten Handelssachen im Sinne von § 95 zuständig sind, erklärt die Vorschrift des § 100 auf das Verfahren in der **Berufungsinstanz** (für das Beschwerdeverfahren s. § 104) vor den Kammern für Handelssachen die für das erstinstanzliche Verfahren geltenden §§ 96–99 für entsprechend anwendbar (zur Berufungszuständigkeit des Landgerichts s. insbesondere § 72 Rn. 2 und 4). Nach allgM ergibt sich aber aus der **Natur der Sache,** dass auch

[1] *Kissel/Mayer* Rn. 11; MK/*Wolf* Rn. 6.
[2] *Kissel/Mayer* Rn. 6.

die §§ 101, 102 – auch wenn sie in § 100 nicht ausdrücklich erwähnt sind – entsprechende Anwendung finden.

II. Rechtstatsachen

Nach den Angaben des Statistischen Bundesamtes in Wiesbaden vom 29. März 2007[1] sind im Jahre **2005** von den Landgerichten im **gesamten Bundesgebiet** 66 725 zweitinstanzliche Zivilsachen erledigt worden, hiervon 327 (0,49 %) von den Kammern für Handelssachen. 2

unbesetzt 3

III. Entsprechende Anwendung der §§ 96–99 und 101, 102

Analoge Anwendung der §§ 96–99 und 101, 102 auf das Verfahren im zweiten Rechtszuge vor den Kammern für Handelssachen bedeutet, dass diese in der ersten Instanz geltenden Vorschriften grundsätzlich auch in der zweiten Instanz Geltung haben. Bei der Anwendung dieser Vorschriften treten jedoch an die Stelle der Klageschrift die **Berufungsschrift**[2] (zum notwendigen Inhalt der Berufungsschrift s. § 519 ZPO Rn. 2–9), an die Stelle der Klage die **Berufung,** an die Stelle des erstinstanzlichen Klägers der **Berufungskläger** und an die Stelle des erstinstanzlichen Beklagten der **Berufungsbeklagte.** 4

Soweit es jedoch bei der entsprechenden Anwendung der **§§ 97** Abs. 2 S. 2, 98 Abs. 1 S. 2, 99 Abs. 2 S. 1 um die **Kaufmannseigenschaft** geht, sind diese Vorschriften nach allgM auch in der Berufungsinstanz **nur** auf den **erstinstanzlichen Beklagten** anzuwenden, und zwar unabhängig von seiner Parteistellung im Berufungsverfahren. Ist also in einem vom Amtsgericht erstinstanzlich entschiedenen, gemäß § 95 zur Zuständigkeit der Kammer für Handelssachen gehörenden Rechtsstreit Berufung eingelegt, ohne dass der **Berufungskläger** – sei es der Beklagte oder der Kläger – in der Berufungsschrift einen Antrag auf Verhandlung vor der Kammer für Handelssachen gestellt hat, kann der **Beklagte als Berufungsbeklagter** den Antrag auf Verweisung an die Kammer für Handelssachen nur dann stellen, wenn er im Handelsregister als Kaufmann eingetragen ist[3]; der **Kläger als Berufungsbeklagter** kann den Verweisungsantrag dagegen auch dann stellen, wenn der Beklagte **nicht** im Handelsregister als Kaufmann eingetragen ist.[4] 5

Wird in einem vom Amtsgericht erstinstanzlich entschiedenen, gemäß § 95 zur Zuständigkeit der Kammer für Handelssachen gehörenden Rechtsstreit von der einen Partei Berufung zur Zivilkammer und von der anderen Partei Berufung zur Kammer für Handelssachen eingelegt, so hat nicht die zuerst angegangene Kammer[5], sondern die **Kammer für Handelssachen** über **beide Berufungen** zu entscheiden.[6] Denn wenn die Berufung bei der Zivilkammer zuerst eingegangen ist, kann der Berufungsbeklagte dieses Verfahrens gemäß den §§ 100, 98 durch nachträgliche Antragstellung ohnehin die Verweisung des gesamten Rechtsstreits an die Kammer für Handelssachen erreichen.[7] 6

101

Antrag auf Verweisung (1) **[1]Der Antrag auf Verweisung des Rechtsstreits an eine andere Kammer ist nur vor der Verhandlung des Antragstellers zur Sache zulässig. [2]Ist dem Antragsteller vor der mündlichen Verhandlung eine Frist zur Klageerwiderung oder Berufungserwiderung gesetzt, so hat er den Antrag innerhalb der Frist zu stellen. [3]§ 296 Abs. 3 der Zivilprozessordnung gilt entsprechend; der Entschuldigungsgrund ist auf Verlangen des Gerichts glaubhaft zu machen.**

(2) **[1]Über den Antrag ist vorab zu entscheiden. [2]Die Entscheidung kann ohne mündliche Verhandlung ergehen.**

I. Normzweck

Da der **Kläger** seinen Antrag auf Verhandlung vor der Kammer für Handelssachen bereits in der **Klageschrift** (§ 96 Abs. 1) bzw. in der **Berufungsschrift** (§§ 96 Abs. 1, 100) und in den Fällen, in denen der Rechtsstreit nach den Vorschriften der §§ 281, 506 ZPO vom Amtsgericht an das Landgericht zu verweisen ist, vor dem Amtsgericht stellen muss (§ 96 Abs. 2), befristet die Vorschrift des § 101 auch die Möglichkeit des **Beklagten bzw. Berufungsbeklagten,** einen Antrag auf Verweisung des Rechtsstreits von der Kammer für Handelssachen an die Zivilkammer oder umgekehrt zu stellen. So ist gemäß § 101 Abs. 1 S. 1 der Antrag des Beklagten nach den §§ 97, 98, 99 bzw. des Berufungsbeklagten nach den §§ 97, 98, 99, 100 auf Verweisung des Rechtsstreits an eine andere Kammer nur **vor der Verhandlung zur Sache** zulässig. Ist dem Beklagten bzw. Berufungsbeklagten vor der mündlichen Verhandlung eine Frist zur Klageerwiderung oder Berufungserwiderung gesetzt worden, so hat er den Verweisungsantrag **innerhalb der Frist** zu stellen (§ 101 Abs. 1 S. 2). 1

---

[1] Fachserie 10 (Rechtspflege) Reihe 2.1 (Zivilgerichte) S. 41.
[2] HM; aA LG Köln NJW 1996, 2737 (Berufungsbegründung) mit abl. Anm. *Schneider* NJW 1997, 992 f.
[3] LG Bielefeld NJW 1968, 2384; LG Hamburg NJW 1969, 1259; LG Tübingen MDR 1979, 238, 239.
[4] LG Hamburg, NJW 1969, 1259; LG Tübingen, MDR 1979, 238; aA LG Bielefeld NJW 1968, 2384.
[5] AA *T/P/Hüßtege* Rn. 3; *B/L/H* Rn. 2.
[6] *Zö/Gummer* Rn. 3; *Kissel/Mayer* Rn. 4; MK/*Wolf* Rn. 3; für den Fall gleichzeitigen Eingangs auch *B/L/H* Rn. 2.
[7] *Zö/Gummer* Rn. 3; MK/*Wolf* Rn. 3.

II. Verweisungsantrag (Absatz 1)

2 Der Antrag auf Verweisung des Rechtsstreits an eine andere Kammer ist gemäß § 101 Abs. 1 S. 1 nur **vor der Verhandlung des Beklagten bzw. Berufungsbeklagten zur Sache** zulässig. Mit Verhandeln zur Sache ist nach allgM nicht nur das Verhandeln zur Hauptsache (§ 97 Rn. 5 und § 39 ZPO Rn. 3) gemeint, sondern jede Verhandlung, die sich nicht nur auf Prozessförmlichkeiten und prozessuale Vorfragen bezieht, sondern die geeignet ist, die Prozesserledigung in irgendeiner Weise zu fördern, wie zB Erklärungen zur Zulässigkeit von Klage und Berufung, zur geschäftsplanmäßigen Zuständigkeit des Gerichts[1] und zur Richterablehnung[2], nicht jedoch Vertagungsanträge. Der Verweisungsantrag ist eine **prozessuale Willenserklärung,** die als Prozessantrag nicht der Vorschrift des § 297 ZPO unterliegt. Er kann daher **mündlich** gestellt werden und ist als **Erwirkungshandlung** (Einl. Rn. 58ff., insbesondere Rn. 61 und 63) – im Gegensatz zum Verweisungsantrag nach § 96 Abs. 1 (§ 96 Rn. 3) – **widerruflich,** solange über ihn noch nicht entschieden ist. In der Rüge auf Unzuständigkeit der Zivilkammer ist zugleich ein **konkludent** gestellter Antrag auf Verweisung des Rechtsstreits an die Kammer für Handelssachen zu sehen.[3] Ist vor der mündlichen Verhandlung eine Frist zur **Klageerwiderung** (§§ 275 Abs. 1 S. 1, 275 Abs. 3, 276 Abs. 1 S. 2 ZPO) oder **Berufungserwiderung** (§ 521 Abs. 2 S. 1 ZPO) gesetzt worden, so kann der Beklagte bzw. Berufungsbeklagte den Antrag nach den §§ 97, 98, 99, 100 nicht mehr in der mündlichen Verhandlung, sondern nur noch **innerhalb** der Frist stellen (§ 101 Abs. 1 S. 2). Ein Antrag **nach Fristablauf** ist verspätet und daher **unbeachtlich,** es sei denn, dass der Beklagte bzw. Berufungsbeklagte die Verspätung entsprechend § 296 Abs. 3 ZPO (§ 296 ZPO Rn. 30–31) genügend entschuldigt, wobei der Entschuldigungsgrund auf Verlangen des Gerichts gemäß § 294 ZPO glaubhaft zu machen ist (§ 101 Abs. 1 S. 3).

III. Entscheidung über den Verweisungsantrag (Absatz 2)

3 Gemäß § 101 Abs. 2 S. 1 ist über den Verweisungsantrag vorab, dh. im Falle mündlicher Verhandlung **vor** jeder Verhandlung zur Sache, insbesondere auch vor der – abgesonderten – Verhandlung über die Zulässigkeit der Klage (§ 280 ZPO)[4] zu entscheiden. Die Entscheidung kann zur Verfahrensbeschleunigung auch **ohne mündliche Verhandlung** ergehen (§ 102 Abs. 2 S. 2). Über den Verweisungsantrag ist entsprechend den §§ 281, 506 ZPO immer – auch im Falle mündlicher Verhandlung – durch **Beschluss** zu entscheiden. Diesen hat der **Vorsitzende** der Kammer für Handelssachen allein zu erlassen (§ 349 Abs. 2 Nr. 1 ZPO), wenn ohne mündliche Verhandlung entschieden wird, und die **Kammer**[5], wenn vor ihr verhandelt wird. Die Entscheidung ist grundsätzlich unanfechtbar (§ 102 Rn. 2, 3). Das Berufungsgericht ist daher nicht befugt, die Sache an die andere Kammer über § 538 Abs 2 ZPO zurückzuverweisen.[6]

102 *Unanfechtbarkeit der Verweisung* **[1]Die Entscheidung über Verweisung eines Rechtsstreits an die Zivilkammer oder an die Kammer für Handelssachen ist nicht anfechtbar. [2]Erfolgt die Verweisung an eine andere Kammer, so ist diese Entscheidung für die Kammer, an die der Rechtsstreit verwiesen wird, bindend. [3]Der Termin zur weiteren mündlichen Verhandlung wird von Amts wegen bestimmt und den Parteien bekannt gemacht.**

I. Normzweck

1 Die Vorschrift des § 102 bestimmt – ebenso wie die der §§ 281 Abs. 2 S. 2 und 4, 506 Abs. 2 ZPO –, dass zur Vorbeugung gegen die „Verzögerung und Verteuerung der Prozesse durch unfruchtbare Zuständigkeitsstreitigkeiten"[1] die Entscheidung über die Verweisung eines Rechtsstreits an die Zivilkammer oder an die Kammer für Handelssachen **desselben Gerichts**[2] **unanfechtbar** und für die Kammer, an die der Rechtsstreit verwiesen wird, **bindend** ist. Erfasst werden alle Verweisungsbeschlüsse der Zivilkammer und der Kammer für Handelssachen gemäß den §§ 97–100 und 104, und zwar unabhängig davon, ob die Verweisung **auf Antrag** (§§ 97 Abs. 1, 98 Abs. 1, 99 Abs. 1, 100) oder **von Amts wegen** (§§ 97 Abs. 2, 99 Abs. 2, 100) erfolgt. Die Vorschrift, gegen deren grundsätzliche Wirksamkeit keine verfassungsrechtlichen Bedenken bestehen[3], findet **keine** Anwendung im Verhältnis mehrerer Kammern für Handelssachen untereinander[4], in den Fällen, in denen ein Rechtsstreit nach den Vorschriften der §§ 281, 506 ZPO vom Amtsgericht an die Kammer für Handelssachen bzw. die Zivilkammer zu verweisen ist (§ 96 Abs. 2)[5] und bei der Abgabe der Sache durch den Vorsitzenden der jeweiligen Kammer ohne Beschluss[6].

---

[1] BGHZ 63, 214, 218 = NJW 1975, 450, 451; OLG Bremen MDR 1980, 410.
[2] AA *B/L/H* Rn. 2; *Kissel/Mayer* Rn. 5.
[3] LG Bochum NJW 2001, 345, 346 Fn. 14; *van den Hövel* NJW 2001, 345f.; aA *Zö/Gummer* § 98 Rn. 2; *Gaul* JZ 1984, 57, 60.
[4] LG Karlsruhe ZZP 38 (1909), 424, 425; *Gaul* JZ 1984, 57, 59.
[5] *Kissel/Mayer* Rn. 8; MK/*Wolf* Rn. 5.
[6] *Herr* JZ 1984, 318f.; *T/P/Hüßtege* Rn. 5; aA *Gaul* JZ 1984, 57, 65.
[1] BGHZ 63, 214, 217 = NJW 1975, 450, 451.
[2] *BGH* (Fn. 1).
[3] OLG Hamburg MDR 1970, 1019; *Gaul* JZ 1984, 57, 64; *Kissel/Mayer* Rn. 1; *B/L/H* Rn. 3.
[4] *Zö/Gummer* Rn. 1.
[5] KG OLGRspr 33, 78, 79.
[6] *T/P/ Hüßtege* Rn. 1.

II. Unanfechtbarkeit der Verweisung (Satz 1)

2 Die Entscheidung über die Verweisung eines Rechtsstreits an die Zivilkammer oder an die Kammer für Handelssachen ist **nicht anfechtbar** (§ 102 S. 1). Die Unanfechtbarkeit, die für alle Verweisungsfälle der §§ 97–100 und 104 (Rn. 1) gilt, betrifft nicht nur die **stattgebenden,** sondern auch die **ablehnenden**[7] sowie die eine Verweisung wieder aufhebenden[8] Entscheidungen. Ein Beschluss, durch den die Zivilkammer die durch vorangegangenen Beschluss erfolgte Verweisung an die Kammer für Handelssachen wieder aufhebt, ist nämlich allein schon deshalb nicht mit der Beschwerde anfechtbar, weil er in seiner praktischen Auswirkung letztlich einer Ablehnung des Antrages auf Verweisung des Rechtsstreits gleichkommt.[9]

3 Nach allgM wird die **Anfechtbarkeit** der Verweisung – und insbesondere auch der Haupt- bzw. Endentscheidung – **ausnahmsweise** – ebenso wie bei § 281 Abs. 2 S. 2 ZPO (§ 281 ZPO Rn. 11 und 17) – **bejaht,** wenn die Verweisung von der Zivilkammer an die Kammer für Handelssachen oder umgekehrt **„jeder gesetzlichen Grundlage"** entbehrt[10], auf einer **Verletzung rechtlichen Gehörs** (Einl. Rn. 28) beruht[11] oder **willkürlich** im Sinne der Rechtsprechung des BGH[12] zum Verstoß gegen das Verbot der Entziehung des gesetzlichen Richters (Art. 101 Abs. 1 S. 2 GG, § 16 Abs. 2) ist. **Willkür** liegt zB dann vor, wenn die Zivilkammer den Rechtsstreit gemäß § 98 Abs. 1 an die Kammer für Handelssachen verweist, obwohl kein Antrag des Beklagten vorliegt[13], **nicht** jedoch bei Verweisung eines Rechtsstreits auf Grund eines nach § 101 Abs. 1 S. 2 verspäteten Antrages,[14] es sei denn, die Zivilkammer ist seitens der Parteien auf die Fristüberschreitung hingewiesen worden oder es ist sonst ein Anhaltspunkt dafür gegeben, dass sich die Zivilkammer leichtfertig der Erkenntnis verschlossen hat, dass die Antragsfrist nach § 101 Abs. 1 S. 2 unentschuldigt versäumt worden ist.[15] Als argumentum e contrario aus § 101 Abs. 1 S. 1 ergibt sich jedoch, dass das **Anfechtungsrecht erlischt,** sobald der Anfechtende nach der Verweisungsentscheidung rügelos zur Sache verhandelt hat.[16]

III. Bindungswirkung (Satz 2)

4 Im Verhältnis von der Zivilkammer zur Kammer für Handelssachen ist die Verweisung für die **konkrete Kammer**[17], an die der Rechtsstreit verwiesen wird, bindend, so dass eine Abgabe der Zivilkammer an eine andere Zivilkammer desselben Gerichts und der Kammer für Handelssachen an eine andere Kammer für Handelssachen desselben Gerichts nicht mehr in Betracht kommt. Der Verweisungsbeschluss ist auch insoweit bindend, als die verweisende Kammer in den Gründen des Beschlusses einen anderen **Rechtsweg** verneint hat[18]; andernfalls bleibt die Weiterverweisung in einen anderen Rechtsweg möglich.[19] Die Bindungswirkung setzt **keine Rechtshängigkeit** voraus, so dass auch ein Verweisungsbeschluss im Prozesskostenhilfeverfahren bindend ist.[20]

5 Da die Voraussetzungen für die ausnahmsweise Anfechtbarkeit des Verweisungsbeschlusses (Rn. 3) und für die Versagung seiner Bindungswirkung identisch sind[21], tritt nach allgM[22] in den Fällen, in denen die Verweisung ausnahmsweise anfechtbar ist, auch **keine Bindungswirkung** des Verweisungsbeschlusses ein. Außerdem lässt auch das Vorliegen **neuer Umstände** (zB Klageänderung) die Bindungswirkung entfallen.[23]

6 Bei **Zuständigkeitsstreitigkeiten** zwischen Zivilkammer und Kammer für Handelssachen gilt § 36 Abs. 1 Nr. 6 ZPO entsprechend[24], dh. das Oberlandesgericht bestimmt die zuständige Kammer. Bei seiner Entscheidung hat das Oberlandesgericht insbesondere die Bindungswirkung des Verweisungsbeschlusses gemäß § 102 S. 2 zu berücksichtigen.[25] Ein gemäß § 36 Abs. 1 Nr. 6 ZPO als funktionell (s. § 96 Rn. 8) zuständig bestimmtes Gericht (hier: Kompetenzkonflikt zwischen Zivilkammer und Kammer für Handelssachen) ist jedoch grds. (vgl. aber § 96 Rn. 8) nicht gehindert, nachfolgend seine örtliche Unzuständigkeit anzuneh-

---

[7] RG JW 1886, 225; OLG Hamburg MDR 1970, 1019; OLG Nürnberg MDR 1973, 507.
[8] OLG Nürnberg MDR 1973, 507; OLG Karlsruhe NJW-RR 1995, 1536.
[9] OLG Nürnberg (Fn. 8); OLG Karlsruhe (Fn. 8).
[10] OLG Braunschweig NJW-RR 1995, 1535; OLG Karlsruhe NJW-RR 1995, 1536.
[11] BGH DtZ 1992, 83; OLG Nürnberg NJW 1993, 3208; OLG Düsseldorf NJW-RR 2001, 1220; OLG Stuttgart NJW-RR 2005, 699; aA OLG Bremen OLGZ 1975, 475.
[12] BGH NJW 1993, 1273; 1993, 2810; OLG Nürnberg NJW 1993, 3208; OLG Düsseldorf NJW-RR 2001, 1220; OLG Stuttgart NJW-RR 2005, 699.
[13] *Gaul* JZ 1984, 57, 64; *Zö/Gummer* Rn. 4; MK/*Wolf* Rn. 4.
[14] OLG Braunschweig NJW-RR 1995, 1535; OLG Brandenburg NJW-RR 2001, 63; *Zö/Gummer* Rn. 4; *B/L/H* Rn. 3; aA OLG Nürnberg NJW 1993, 3208.
[15] OLG Brandenburg NJW-RR 2001, 63.
[16] *B/L/H* Rn. 3.
[17] MK/*Wolf* Rn. 9; aA *T/P/Hüßtege* Rn. 3; *Kissel/Mayer* Rn. 8.
[18] BGHZ 63, 214, 216ff. = NJW 1975, 450f.
[19] BAG NJW 1993, 1878.
[20] OLG Hamburg MDR 1967, 409; *Kissel/Mayer* Rn. 10.
[21] *T/P/Hüßtege* § 281 ZPO Rn. 12; aA KG MDR 1988, 417.
[22] BGH DtZ 1992, 83; OLG Braunschweig NJW-RR 1995, 1535; OLG Köln NJW-RR 2002, 426; offen gelassen für den Fall der Willkür in OLG Karlsruhe NJW-RR 1995, 1536.
[23] *Kissel/Mayer* Rn. 12; MK/*Wolf* Rn. 10.
[24] OLG Nürnberg NJW 1993, 3208; NJW-RR 2000, 568; OLG Braunschweig NJW-RR 1995, 1535; OLG Brandenburg NJW-RR 2001, 63; 2001, 429, 430; BayObLG NJW-RR 2003, 356; OLG Stuttgart NJW-RR 2005, 699.
[25] OLG Nürnberg NJW 1975, 2345; NJW-RR 2000, 568; *Zö/Gummer* Rn. 5.

men.[26] Etwas anderes gilt nur dann, wenn das verweisende Gericht die Zuständigkeit auch in dieser Hinsicht geprüft und bejaht hat.[27]

IV. Fortsetzung des Rechtsstreits (Satz 3)

7 Gemäß § 102 S. 3 wird Termin zur weiteren mündlichen Verhandlung **von Amts wegen** bestimmt und den Parteien bekannt gemacht. Folglich bedarf es zur Fortsetzung des Rechtsstreits bei der Kammer, an die die Sache verwiesen wird, nicht der Stellung eines neuen Antrages auf Terminsbestimmung iSv. § 216 ZPO. Bisherige Prozesshandlungen bleiben wirksam.[28] Von der verweisenden Kammer bzw. von dessen Vorsitzenden wirksam gesetzte Fristen gelten fort.[29]

103 *Hauptintervention* **Bei der Kammer für Handelssachen kann ein Anspruch nach § 64 der Zivilprozessordnung nur dann geltend gemacht werden, wenn der Rechtsstreit nach den Vorschriften der §§ 94, 95 vor die Kammer für Handelssachen gehört.**

I. Normzweck

1 Gemäß § 64 ZPO ist derjenige, der die Sache oder das Recht, worüber zwischen anderen Personen ein Rechtsstreit anhängig geworden ist, ganz oder teilweise für sich in Anspruch nimmt, bis zur rechtskräftigen Entscheidung dieses Rechtsstreits berechtigt, seinen Anspruch durch eine gegen beide Parteien gerichtete Klage bei dem Gericht geltend zu machen, vor dem der Rechtsstreit im ersten Rechtszuge anhängig wurde. § 103 beschränkt die **örtlich** und **sachlich ausschließliche** Zuständigkeit[1] des Gerichts des Erstprozesses erster Instanz für die **Einmischklage (Hauptintervention)** des § 64 ZPO vor der Kammer für Handelssachen in der Weise, dass auch der **Erstrechtsstreit** nach den Vorschriften der §§ 94, 95 eine Handelssache sein muss.

II. Zuständigkeit der Kammer für Handelssachen für die Hauptintervention

2 **1. Erstprozess vor der Kammer für Handelssachen.** Schwebt oder schwebte – falls schon im Rechtsmittelzug – der Erstprozess vor der Kammer für Handelssachen, so ist die Kammer für Handelssachen auch für den Interventionsprozess örtlich und sachlich ausschließlich zuständig, wenn die Einmischklage auch für den Hauptintervenienten eine Handelssache ist **und** dieser gemäß § 96 Abs. 1 in der Klageschrift beantragt hat, dass der Rechtsstreit vor der Kammer für Handelssachen verhandelt wird. Ansonsten, insbesondere wenn der Anspruch des Hauptintervenienten keine Handelssache ist, ist die Zivilkammer für die Einmischklage zuständig.

3 **2. Erstprozess vor der Zivilkammer.** Ist oder war – falls schon im Rechtsmittelzug – der Erstprozess vor der Zivilkammer anhängig, so ist die Zivilkammer selbst dann für die Hauptintervention örtlich und sachlich ausschließlich zuständig, wenn der Anspruch des Hauptintervenienten eine Handelssache ist und der Erstprozess vor die Kammer für Handelssachen hätte gebracht werden können.[2] Ist der Anspruch nach § 64 ZPO eine Handelssache, dann kann die Einmischklage nur dann noch vor die Kammer für Handelssachen kommen, wenn der Erstprozess – und auch der Einmischungsrechtsstreit – nachträglich gemäß § 98 zulässigerweise an die Kammer für Handelssachen verwiesen wird.[3]

104 *Verweisung in Beschwerdesachen* (1) **[1]Wird die Kammer für Handelssachen als Beschwerdegericht mit einer vor sie nicht gehörenden Beschwerde befasst, so ist die Beschwerde von Amts wegen an die Zivilkammer zu verweisen. [2]Ebenso hat die Zivilkammer, wenn sie als Beschwerdegericht in einer Handelssache mit einer Beschwerde befasst wird, diese von Amts wegen an die Kammer für Handelssachen zu verweisen. [3]Die Vorschriften des § 102 Satz 1, 2 sind entsprechend anzuwenden.**

(2) **Eine Beschwerde kann nicht an eine andere Kammer verwiesen werden, wenn bei der Kammer, die mit der Beschwerde befasst wird, die Hauptsache anhängig ist oder diese Kammer bereits eine Entscheidung in der Hauptsache erlassen hat.**

I. Normzweck

1 Entsprechend § 100 für die Berufungsinstanz (§ 100 Rn. 1) befasst sich die Vorschrift des § 104 mit der Zuständigkeit der Kammer für Handelssachen im **Beschwerdeverfahren.** Die Bestimmung macht die Zuständigkeit entweder vom Vorliegen einer Handelssache (§ 104 Abs. 1) oder von der Anhängigkeit der Hauptsache bzw. dem Erlass einer Entscheidung in der Hauptsache (§ 104 Abs. 2) abhängig, wobei Verweisungen von der Kammer für Handelssachen an die Zivilkammer und umgekehrt grundsätzlich **von Amts**

---

[26] OLG Nürnberg NJW-RR 1997, 379.
[27] BayObLG NJW-RR 2003, 356; MK/*Wolf* Rn. 10; vgl. auch BGH NJW-RR 1998, 1219.
[28] *Zö/Gummer* Rn. 8.
[29] OLG Frankfurt NJW-RR 1993, 1084, 1085.
[1] HM; für viele *Ro/S/Go* (Vorauflage) § 51 II 1a; aA *Wieczorek* § 64 ZPO Anm. B (Wahlgerichtsstand).
[2] *Kissel/Mayer* Rn. 3.
[3] LG München NJW 1967, 787; *Kissel/Mayer* Rn. 3; MK/*Wolf* Rn. 3; *B/L/H* Rn. 2; aA *St/J/Bork* § 64 ZPO Rn. 15 (Verweisung unzulässig).

wegen zu erfolgen haben. Da die Vorschrift nur das Verhältnis von funktionell verschiedenen Spruchkörpern eines gemeinsamen Gerichts (§ 94) regelt, findet sie weder auf die Verweisung zwischen selbständigen Gerichten[1] noch auf das Verhältnis mehrerer Kammern für Handelssachen untereinander[2] Anwendung. Sie findet auch keine analoge Anwendung auf Beschwerdeverfahren, die bei den **Oberlandesgerichten** in Handelssachen anhängig sind, dh. sie gilt **nicht** für Verweisungen in Beschwerdesachen vom Oberlandesgericht – Senat für Zivilsachen – an das Oberlandesgericht – Senat für Handelssachen – und umgekehrt.[3] § 104 ist insbesondere nur anwendbar auf bürgerliche Rechtsstreitigkeiten als Handelssachen im Sinne von § 13, **nicht** jedoch in FGG-Sachen[4] und in Insolvenzsachen.[5]

II. Verweisungsgebot (Absatz 1)

Die Kammer für Handelssachen hat an die Zivilkammer (§ 104 Abs. 1 S. 1) oder umgekehrt (§ 104 Abs. 1 S. 2) von Amts wegen zu verweisen, wenn sie **unzuständigerweise** als Beschwerdegericht mit einer Beschwerde befasst wird. Maßgeblich für die Zuständigkeit der Kammer für Handelssachen ist, ob sich die Beschwerde gegen eine vor den Amtsgerichten verhandelte Handelssache im Sinne von § 95 richtet. Der Begriff **„der vor die Kammer für Handelssachen gehörenden Beschwerde"** ist weit auszulegen. Er umfasst insbesondere Beschwerden im selbständigen Beweisverfahren (§§ 485 ff. ZPO) und in Kostensachen, **nicht** jedoch Beschwerden anlässlich der Zwangsvollstreckung in einer Handelssache, da die Vollstreckung ein selbständiges Verfahren darstellt, in der handelsrechtliche Gesichtspunkte keine Rolle spielen.[6] 2

„Befasst" ist die jeweilige Kammer, wenn ihr die Sache im Falle der Beschwerdeeinlegung beim Amtsgericht (§ 569 Abs. 1 S. 1 ZPO) gemäß § 572 Abs. 1 S. 1 Halbs. 2 ZPO **vom Amtsgericht** und im Falle der Beschwerdeeinlegung beim Landgericht (§ 569 Abs. 1 S. 1 ZPO) **von der Geschäftsstelle** vorgelegt wird. Im Beschwerdeverfahren hat die jeweilige Kammer ihre Zuständigkeit von Amts wegen zu prüfen. Im Falle der Unzuständigkeit hat die Verweisung stets **von Amts wegen** zu erfolgen, und zwar unabhängig von einem Parteiantrag. Über den Verweisungsantrag wird durch **Beschluss** entschieden, den der Vorsitzende der Kammer für Handelssachen gemäß § 349 Abs. 2 Nr. 1 ZPO allein erlassen kann. Die Verweisung unterliegt nicht den Beschränkungen der §§ 97 Abs. 2, 99 Abs. 2 S. 1. 3

§ 104 Abs. 1 S. 3 bestimmt, dass § 102 S. 1, 2 entsprechend gilt. Das bedeutet, dass auch im Beschwerdeverfahren die Verweisung von der Kammer für Handelssachen an die Zivilkammer und umgekehrt **unanfechtbar** (§ 102 Rn. 2, 3) und **bindend** (§ 102 Rn. 4–6) ist. 4

III. Verweisungsverbot (Absatz 2)

Im Interesse der Wahrung einer einheitlichen Entscheidung enthält § 104 Abs. 2 ein **Verweisungsverbot** für den Fall, dass bei der nach § 104 Abs. 1 **unzuständigen** Kammer für Handelssachen oder Zivilkammer die **Hauptsache anhängig** ist oder diese Kammer bereits eine **Entscheidung in der Hauptsache erlassen** hat. Der Begriff der **„Hauptsache"** ist weit auszulegen, so dass er nicht nur eine Entscheidung über den Klageanspruch selbst umfasst, sondern auch Entscheidungen über Prozessvoraussetzungen oder über die Zulässigkeit eines Rechtsmittels, **nicht** jedoch die Bestimmung des zuständigen Gerichts nach § 36 ZPO oder einen Verweisungsbeschluss.[7] 5

Aus dem Verweisungsverbot des § 104 Abs. 2 und dem diesen innewohnenden Grundsatz der Wahrung einer einheitlichen Entscheidung wird in den Fällen des Auseinanderfallens von Beschwerdegericht und Gericht der Hauptsache ein **generelles Verweisungsgebot** dergestalt hergeleitet, dass das Beschwerdeverfahren an die Kammer zu verweisen ist, bei der die Hauptsache anhängig ist oder die bereits in der Hauptsache eine Entscheidung getroffen hat.[8] 6

105 *Besetzung* **(1) Die Kammern für Handelssachen entscheiden in der Besetzung mit einem Mitglied des Landgerichts als Vorsitzenden und zwei ehrenamtlichen Richtern, soweit nicht nach den Vorschriften der Prozessgesetze an Stelle der Kammer der Vorsitzende zu entscheiden hat.**

(2) Sämtliche Mitglieder der Kammer für Handelssachen haben gleiches Stimmrecht.

106 *Auswärtige Kammer für Handelssachen* **Im Falle des § 93 Abs. 1 Satz 2 kann ein Richter beim Amtsgericht Vorsitzender der Kammer für Handelssachen sein.**

107 *Entschädigung* **(1) Die ehrenamtlichen Richter, die weder ihren Wohnsitz noch ihre gewerbliche Niederlassung am Sitz der Kammer für Handelssachen haben, erhalten Tage- und Übernachtungsgelder nach den für Richter am Landgericht geltenden Vorschriften.**

---

[1] BGH DtZ 1992, 83; *Zö/Gummer* Rn. 1 a.
[2] *Kissel/Mayer* Rn. 6; *T/P/Hüßtege* Rn. 3; aA MK/*Wolf* Rn. 3.
[3] Für die früheren Bezirksgerichte in den alten Bundesländern: BGH DtZ 1992, 83.
[4] RGZ 48, 27; KGJ 49, 242, 243; *Kissel/Mayer* Rn. 19.
[5] Bzgl. Konkursverwalter: OLG Stuttgart Justiz 1966, 253; *Kissel/Mayer* Rn. 1.
[6] *Kann* JW 1910, 699, 700; MK/*Wolf* Rn. 2; *Kissel/Mayer* Rn. 2.
[7] *Kann* JW 1910, 699, 700; *Kissel/Mayer* Rn. 5; MK/*Wolf* Rn. 4.
[8] *T/P/Hüßtege* Rn. 3; MK/*Wolf* Rn. 5; *Zö/Gummer* Rn. 2; *B/L/H* Rn. 3; aA *Kissel/Mayer* Rn. 5.

(2) Den ehrenamtlichen Richtern werden die Fahrtkosten in entsprechender Anwendung des § 5 des Justizvergütungs- und -entschädigungsgesetzes ersetzt.

108 *Dauer der Ernennung* Die ehrenamtlichen Richter werden auf gutachtlichen Vorschlag der Industrie- und Handelskammern für die Dauer von fünf Jahren ernannt; eine wiederholte Ernennung ist nicht ausgeschlossen.

109 *Voraussetzungen der Ernennung* (1) Zum ehrenamtlichen Richter kann ernannt werden, wer
1. Deutscher ist,
2. das dreißigste Lebensjahr vollendet hat und
3. als Kaufmann, Vorstandsmitglied oder Geschäftsführer einer juristischen Person oder als Prokurist in das Handelsregister oder das Genossenschaftsregister eingetragen ist oder eingetragen war oder als Vorstandsmitglied einer juristischen Person des öffentlichen Rechts aufgrund einer gesetzlichen Sonderregelung für diese juristische Person nicht eingetragen zu werden braucht.

(2) [1]Wer diese Voraussetzungen erfüllt, soll nur ernannt werden, wenn er
1. in dem Bezirk der Kammer für Handelssachen wohnt oder
2. in diesem Bezirk eine Handelsniederlassung hat oder
3. einem Unternehmen angehört, das in diesem Bezirk seinen Sitz oder seine Niederlassung hat.

[2]Darüber hinaus soll nur ernannt werden
1. ein Prokurist, wenn er im Unternehmen eine der eigenverantwortlichen Tätigkeit des Unternehmers vergleichbare selbständige Stellung einnimmt,
2. ein Vorstandsmitglied einer Genossenschaft, wenn es hauptberuflich in einer Genossenschaft tätig ist, die in ähnlicher Weise wie eine Handelsgesellschaft am Handelsverkehr teilnimmt.

(3) [1]Zum ehrenamtlichen Richter kann nicht ernannt werden, wer zu dem Amt eines Schöffen unfähig ist oder nach § 33 Nr. 4 zu dem Amt eines Schöffen nicht berufen werden soll. [2]Zum ehrenamtlichen Richter soll nicht ernannt werden, wer nach § 33 Nr. 5 zu dem Amt eines Schöffen nicht berufen werden soll.

110 *Ehrenamtliche Richter an Seeplätzen* An Seeplätzen können ehrenamtliche Richter auch aus dem Kreis der Schifffahrtskundigen ernannt werden.

111 *(weggefallen)*

112 *Rechte und Pflichten* Die ehrenamtlichen Richter haben während der Dauer ihres Amts in Beziehung auf dasselbe alle Rechte und Pflichten eines Richters.

113 *Amtsenthebung* (1) Ein ehrenamtlicher Richter ist seines Amtes zu entheben, wenn er
1. eine der für seine Ernennung erforderlichen Eigenschaften verliert oder Umstände eintreten oder nachträglich bekannt werden, die einer Ernennung nach § 109 entgegenstehen, oder
2. seine Amtspflichten gröblich verletzt hat.

(2) Ein ehrenamtlicher Richter soll seines Amtes enthoben werden, wenn Umstände eintreten oder bekannt werden, bei deren Vorhandensein eine Ernennung nach § 109 Abs. 3 Satz 2 nicht erfolgen soll.

(3) [1]Die Entscheidung trifft der erste Zivilsenat des Oberlandesgerichts durch Beschluss nach Anhörung des Beteiligten. [2]Sie ist unanfechtbar.

(4) Beantragt der ehrenamtliche Richter selbst die Entbindung von seinem Amt, so trifft die Entscheidung die Landesjustizverwaltung.

114 *Entscheidung auf Grund eigener Sachkunde* Über Gegenstände, zu deren Beurteilung eine kaufmännische Begutachtung genügt, sowie über das Bestehen von Handelsgebräuchen kann die Kammer für Handelssachen auf Grund eigener Sachkunde und Wissenschaft entscheiden.

Achter Titel. Oberlandesgerichte

115 *Besetzung* Die Oberlandesgerichte werden mit einem Präsidenten sowie mit Vorsitzenden Richtern und weiteren Richtern besetzt.

115a *(weggefallen)*

116 *Zivil- und Strafsenate, Ermittlungsrichter* (1) [1]Bei den Oberlandesgerichten werden Zivil- und Strafsenate gebildet. [2]Bei den nach § 120 zuständigen Oberlandesgerichten werden Ermittlungsrichter bestellt; zum Ermittlungsrichter kann auch jedes Mitglied eines anderen Oberlandesgerichts, das in dem in § 120 bezeichneten Gebiet seinen Sitz hat, bestellt werden.

(2) [1]Die Landesregierungen werden ermächtigt, durch Rechtsverordnung außerhalb des Sitzes des Oberlandesgerichts für den Bezirk eines oder mehrerer Landgerichte Zivil- oder Strafsenate zu bilden und ihnen für diesen Bezirk die gesamte Tätigkeit des Zivil- oder Strafsenats des Oberlandesgerichts oder einen Teil dieser Tätigkeit zuzuweisen. [2]Ein auswärtiger Senat für Familiensachen kann für die Bezirke mehrerer Familiengerichte gebildet werden.

(3) Die Landesregierungen können die Ermächtigung nach Absatz 2 auf die Landesjustizverwaltungen übertragen.

117 *Vertretung der Senatsmitglieder* Die Vorschrift des § 70 Abs. 1 ist entsprechend anzuwenden.

118 *Zuständigkeit in Musterverfahren* Die Oberlandesgerichte sind in bürgerlichen Rechtsstreitigkeiten im ersten Rechtszug zuständig für die Verhandlung und Entscheidung über Musterverfahren nach dem Kapitalanleger-Musterverfahrensgesetz.

119 *Zuständigkeit in Zivilsachen* (1) Die Oberlandesgerichte sind in bürgerlichen Rechtsstreitigkeiten ferner zuständig für die Verhandlung und Entscheidung über die Rechtsmittel:

1. der Berufung und der Beschwerde gegen Entscheidungen der Amtsgerichte
   a) in den von den Familiengerichten entschiedenen Sachen;
   b) in Streitigkeiten über Ansprüche, die von einer oder gegen eine Partei erhoben werden, die ihren allgemeinen Gerichtsstand im Zeitpunkt der Rechtshängigkeit in erster Instanz außerhalb des Geltungsbereiches dieses Gesetzes hatte;
   c) in denen das Amtsgericht ausländisches Recht angewendet und dies in den Entscheidungsgründen ausdrücklich festgestellt hat;
2. der Berufung und Beschwerde gegen Entscheidungen der Landgerichte.

(2) § 23 Abs. 1 und 2 gilt entsprechend.

(3) [1]Durch Landesgesetz kann bestimmt werden, dass die Oberlandesgerichte über Absatz 1 hinaus für alle Berufungen und Beschwerden gegen amtsgerichtliche Entscheidungen zuständig sind. [2]Das Nähere regelt das Landesrecht; es kann von der Befugnis nach Satz 1 in beschränktem Umfang Gebrauch machen, insbesonderer die Bestimmung auf die Entscheidungen einzelner Amtsgerichte oder bestimmter Sachen beschränken.

(4) Soweit eine Bestimmung nach Absatz 3 Satz 1 getroffen wird, hat das Landesgesetz zugleich Regelungen zu treffen, die eine Belehrung über das zuständige Rechtsmittelgericht in der angefochtenen Entscheidung sicherstellen.

(5) Bestimmungen nach Absatz 3 gelten nur für Berufungen und Beschwerden, die vor dem 1. Januar 2008 eingelegt werden.

(6) [1]Die Bundesregierung unterrichtet den Deutschen Bundestag zum 1. Januar 2004 und zum 1. Januar 2006 über Erfahrungen und wissenschaftliche Erkenntnisse, welche die Länder, die von der Ermächtigung nach Absatz 3 Gebrauch gemacht haben, gewonnen haben. [2]Die Unterrichtung dient dem Zweck, dem Deutschen Bundestag die Prüfung und Entscheidung zu ermöglichen, welche bundeseinheitliche Gerichtsstruktur die insgesamt sachgerechteste ist, weil sie den Berdürfnissen und Anforderungen des Rechtsverkehrs am besten entspricht.

Übersicht

I. Normzweck

1 Die Vorschrift, die **keine abschließende** (Rn. 31, 32) oberlandesgerichtliche Zuständigkeit in Zivilsachen enthält, befasst sich mit der **funktionellen** Zuständigkeit der Oberlandesgerichte als **Berufungs-** und **Beschwerdegerichte** in bürgerlichen Rechtsstreitigkeiten. Im Gegensatz zum früheren Recht[1] sind die Oberlandesgerichte nicht nur Berufungs- und Beschwerdeinstanz gegen die **Endurteile** (§§ 300, 301 ZPO und ihnen **gleichstehende Urteile** gemäß den §§ 280 Abs. 2, 302 Abs. 3, 304 Abs. 2, 599 Abs. 3 ZPO) und Entscheidungen der Landgerichte, sondern seit dem 1. Juli 1970 auch Rechtsmittelgerichte gegen die erstinstanzlichen Entscheidungen der Amtsgerichte in Kindschaftssachen und seit dem 1. Juli 1977 bzw. 1. April 1986 Rechtsmittelinstanz in den von den Familiengerichten erstinstanzlich entschiedenen Sachen, zu denen ab dem 1. 7. 1998 auch die Kindschaftssachen (23b Abs. 1 Satz 2 Nr. 12), Unterhaltsansprüche gemäß den §§ 1615l, 1615m BGB (§ 23b Abs. 1 Satz 2 Nr. 13) und Verfahren nach den §§ 1303, 1308 und 1315 BGB (§ 23b Abs. 1 Satz 2 Nr. 14) zählen.

2 Auf Grund des am 1. 7. 1998 in Kraft getretenen Kindschaftsrechtsreformgesetz ist nunmehr das Oberlandesgericht Berufungsgericht gegen Urteile des Amtsgerichts im Verfahren über den Unterhalt (§§ 642–660 ZPO) und nach § 1615o Abs. 1 BGB. Diese Unterhaltsansprüche iSv. § 23a Nr. 2 (s. § 23a Rn. 3) sind nämlich ab dem 1. 7. 1998 gemäß § 23b Abs. 1 Satz 2 Nr. 5 Familiensachen. Damit hat der Gesetzgeber für den Bereich der Unterhaltsansprüche der nichtehelichen Kinder der Forderung des Bundesverfassungsgerichts im Beschluss vom 5. November 1991[2] nach einem einheitlichen Instanzenzug (= AG/OLG/BGH) für die Unterhaltsklagen ehelicher und nichtehelicher Kinder entsprochen.[3] Da ab dem 1. 7. 1998 **alle** Streitigkeiten, die die durch **Verwandtschaft** begründete gesetzliche Unterhaltspflicht betreffen, gemäß § 23b Abs. 1 Satz 2 Nr. 5 Familiensachen sind, ist ab diesem Zeitpunkt das Oberlandesgericht auch die Rechtsmittelinstanz gegen amtsgerichtliche Entscheidungen über Unterhaltsansprüche der Mütter nichtehelicher Kinder, über Unterhaltsansprüche von Kindern gegen die Großeltern und über Unterhaltsansprüche der Eltern gegen ihre Kinder.[4] Gleiches gilt für die amtsgerichtlichen Entscheidungen über Unterhaltsansprüche gemäß den §§ 1615l, 1615m BGB[5] (s. insoweit § 23a Rn. 4 und § 23b Rn. 31), die künftig gemäß § 23b Abs. 1 Satz 2 Nr. 13 Familiensachen sind. Ab dem 1. 7. 1998 ist das Oberlandesgericht auch Beschwerdegericht gegen Beschlüsse der Familiengerichte in Verfahren nach den §§ 1303, 1308 und 1315 BGB, die ab diesem Zeitpunkt auch zu den Familiensachen (§ 23b Abs. 1 Satz 2 Nr. 14) zählen.[6]

3 Seit dem 1. 1. 2002 weist § 119 den **Oberlandesgerichten** die Zuständigkeit für die Verhandlung und Entscheidung über die Rechtsmittel der Berufung und der Beschwerde gegen amtsgerichtliche Entscheidungen in Sachen mit Auslandsberührung zu (§ 119 Abs. 1 Nr. 1b + c) und eröffnet darüber hinaus den Ländern im Wege einer befristeten Experimentierklausel die Möglichkeit weiterer Verlagerungen der landgerichtlichen Berufungs- und Beschwerdezuständigkeit auf die Oberlandesgerichte (§ 119 Abs. 3–6).[7]

II. Berufung gegen Endurteile der Amtsgerichte in Kindschaftsachen (Absatz 1 Nr. 1a)

4 Die Oberlandesgerichte haben gemäß § 119 Abs. 1 Nr. 1 über die Berufungen gegen die Endurteile und ihnen gleichstehende Urteile (Rn. 1) der Amtsgerichte in Kindschaftssachen zu entscheiden. Zu den **Kindschaftssachen,** für die die Amtsgerichte nach § 23a Nr. 1 **sachlich ausschließlich** zuständig sind, gehören seit dem 1. 7. 1998 alle Verfahren, welche die Feststellung des Bestehens oder Nichtbestehens eines Eltern-Kindes-Verhältnisses einschließlich der Feststellung der Wirksamkeit oder Unwirksamkeit einer Anerkennung der Vaterschaft, die Anfechtung der Vaterschaft oder die Feststellung des Bestehens oder Nichtbestehens der elterlichen Sorge der einen Partei für die andere zum Gegenstand haben (§ 640 Abs. 2 Nr. 1–3 ZPO). Damit fallen auch die FG-Abstammungssachen (§ 1600e Abs. 2 BGB nF) unter den Begriff der Kindschaftssachen.[8]

5 **1. Streichung der Wörter „in Kindschaftssachen und".** Durch das am 1. 7. 1998 in Kraft getretene Kindschaftsrechtsreformgesetz wurden in § 119 Abs. 1 Nr. 1 und 2 aF jeweils die Wörter „in Kindschaftssachen und" gestrichen. Dies bedeutet in der Sache **keine Veränderung des Instanzenzuges in Kindschaftssachen** (= AG/OLG/BGH).[9] Die Streichung trägt vielmehr nur dem Umstand Rechnung, dass die Kindschafts-

---

[1] Zur rechtsgeschichtlichen Entwicklung s. *Kissel/Mayer* Rn. 1–6.
[2] BVerfGE 85, 80, 91ff. = NJW 1992, 1747, 1748f.
[3] BT-Drucks. 13/4899, S. 48 und 73.
[4] BT-Drucks. 13/4899, S. 35, 48 und 72.
[5] BT-Drucks. 13/4899, S. 73.
[6] BT-Drucks. 13/10331, S. 28.
[7] BT-Drucks. 14/6036, S. 118.
[8] BT-Drucks. 13/4899, S. 117, 124.
[9] BT-Drucks. 13/4899, S. 73.

sachen in Zukunft gemäß § 23b Abs. 1 Satz 2 Nr. 12 zu den von den Familiengerichten zu entscheidenden Sachen zählen sollen.[10]

2. Rechtsmittelzuständigkeit. Für die Rechtsmittelzuständigkeit in Kindschaftssachen galt bis zum 30. 6. 1998 die **materielle Anknüpfung,** da der Gesetzgeber die formelle Anknüpfung in § 119 Abs. 1 Nr. 1 nur für die von den Familiengerichten entschiedenen Sachen, nicht aber für die Kindschaftssachen eingeführt hatte.[11] Handelte es sich also materiellrechtlich nicht um eine Kindschaftssache, so war die beim Oberlandesgericht eingelegte Berufung auf Antrag des Berufungsklägers mit Bindungswirkung an das zuständige Landgericht zu verweisen.[12] Im umgekehrten Fall, wenn nämlich die beim Landgericht eingelegte Berufung eine Kindschaftssache betraf, war entsprechend zu verfahren.[13] Da die Kindschaftssachen ab dem 1. 7. 1998 zu den Familiensachen zählen (s. Rn. 5), gilt auch ab diesem Zeitpunkt in Kindschaftssachen das Prinzip der **formellen Anknüpfung** (s. Rn. 8) 6

3. Zulassung der Revision. Soweit das Oberlandesgericht Berufungsinstanz ist, kann auch in Kindschaftssachen, die nichtvermögensrechtliche Streitigkeiten sind, gemäß § 543 Abs. 1 ZPO die Revision zum Bundesgerichtshof zugelassen werden. 7

III. Berufung gegen sonstige Endurteile in den von den Familiengerichten entschiedenen Sachen (Absatz 1 Nr. 1 a)

1. Formelle Anknüpfung. Nach der durch das Gesetz zur Änderung unterhaltsrechtlicher, verfahrensrechtlicher und anderer Vorschriften (UÄndG) mit Wirkung vom **1. 4. 1986** eingeführten so genannten **formellen Anknüpfung** (§ 72 Rn. 5) sind die Oberlandesgerichte weiter zuständig zur Entscheidung über die Rechtsmittel der Berufung gegen Endurteile und ihnen gleichstehende Urteile (Rn. 1) in den von den **Familiengerichten** entschiedenen Sachen (§ 119 Abs. 1 Nr. 1 a), zu denen ab dem 1. 7. 1998 gemäß § 23b Abs. 1 Satz 2 Nr. 12 auch die Kindschaftssachen zählen. Maßgebend für die Bestimmung des zuständigen Berufungsgerichtes in Fällen, in denen in erster Instanz fälschlicherweise die allgemeine Prozessabteilung des Amtsgerichts über eine Familiensache oder ein Familiengericht über eine allgemeine Streitsache entschieden hat, ist danach allein, welcher **Spruchkörper** in erster Instanz entschieden hat bzw. tatsächlich tätig geworden ist, **ohne** dass es auf die materiellrechtliche Qualifikation einer Sache als Familiensache oder Nichtfamiliensache ankommt.[14] Das Oberlandesgericht prüft daher konsequenterweise als Berufungsgericht **nicht von Amts wegen,** ob eine **Familiensache** im Sinne von § 23b Abs. 1 S. 2 Nr. 1–13 tatsächlich vorliegt[15], sondern nur, ob das Amtsgericht als **Familiengericht** entschieden hat. Versagt jedoch die formelle Anknüpfung deshalb, weil anhand äußerer Merkmale (zB unterschiedliche Kennzeichnung des Gerichts und des Verfahrensgegenstandes) nicht zweifelsfrei festgestellt werden kann, ob das Amtsgericht als Familiengericht oder als allgemeines Prozessgericht entschieden hat und welches Rechtsmittelgericht daher sachlich zuständig ist, so kann die Partei das Urteil nach dem **Meistbegünstigungsgrundsatz** (s. insoweit vor § 511 ZPO Rn. 31–34) sowohl beim Landgericht als auch beim Oberlandesgericht anfechten.[16] 8

2. Zuständiger Senat. Formelle Anknüpfung bedeutet über die Darstellung in Rn. 8 hinaus, dass sich auch innerhalb des zuständigen Oberlandesgerichts die Frage, ob mit der Berufung ein allgemeiner Zivilsenat oder ein Familiensenat zu befassen ist – **jedenfalls zunächst** –, nach dieser formellen Anknüpfung richtet, dh. der **Familiensenat** befasst ist, wenn die angefochtene Entscheidung vom Familiengericht stammt.[17] 9

a) **Fehlende Zuständigkeitsrüge.** Nach **zutreffender Ansicht**[18] greift der Gesichtspunkt der formellen Anknüpfung ohne weiteres auch auf die Senatszuständigkeit dergestalt durch, dass innerhalb des Oberlandesgerichts nur ein allgemeiner Zivilsenat funktionell zuständig ist, wenn das Landgericht fälschlicherweise eine Familiensache entschieden hat, und der Familiensenat, wenn das Familiengericht fälschlicherweise in einer Nichtfamiliensache entschieden hat (s. auch § 621 d ZPO Rn. 8 am Anfang). Die **gegenteilige Auffassung** des Bundesgerichtshofes[19], wonach die Zuständigkeit des Familiensenats nach der in § 119 Abs. 2 unverändert gebliebenen Verweisung auf § 23b Abs. 1 davon abhängt, ob es sich um eine Familiensache handelt (**materielle Anknüpfung**), vermag nicht zu überzeugen. Denn nach allgemeiner Meinung – insbesondere auch der des Bundesgerichtshofes[20] – **muss** das Oberlandesgericht die von der Vorinstanz angenommene Qualifizierung als Familiensache oder Nichtfamiliensache hinnehmen, so dass etwa bei einer Entscheidung des Landgerichts der allgemeine Zivilsenat seine Zuständigkeit nicht mehr in Frage stellen kann, auch wenn tatsächlich eine Familiensache gegeben ist, und umgekehrt. 10

b) **Zuständigkeitsrüge.** Auch in den **seltenen Ausnahmefällen**[21], in denen die Zuständigkeitsrüge (= Vorliegen einer Familiensache) bereits im ersten Rechtszug erhoben worden ist und in zweiter Instanz fortge- 11

---

[10] BT-Drucks. 13/4899, S. 118.
[11] OLG Saarbrücken FamRZ 1990, 1371; *B/L/H* Rn. 3.
[12] OLG Saarbrücken FamRZ 1990, 1371, 1372.
[13] *B/L/H* Rn. 3; aA BGH FamRZ 1984, 36.
[14] BGH NJW-RR 1988, 1221; 1995, 380, 381.
[15] So auch BGH NJW 1993, 1399, 1400.
[16] BGH NJW-RR 1995, 379, 380; 1997, 55; SchlHOLG SchlHA 1997, 112; *Kalthoener/Büttner* NJW 1995, 1788, 1795.
[17] *Zö/Gummer* Rn. 6.
[18] *Jauernig* FamRZ 1988, 1258f.; 1989, 1, 3; *Bergerfurth* FamRZ 1994, 372; *B/L/H* Rn. 5.
[19] BGH NJW-RR 1988, 1221, 1222; 1993, 1282.
[20] BGH NJW-RR 1988, 1221, 1222; NJW 1993, 1399, 1400; NJW-RR 1993, 1282.
[21] BT-Drucks. 10/2888 S. 24.

setzt wird, kann nichts anderes gelten (aA § 621d ZPO Rn. 8), auch wenn der Bundesgerichtshof[22] meint, dass der Vorteil darin liegt, dass nach Abgabe – gegebenenfalls über eine Zuständigkeitsbestimmung analog § 36 Nr. 6 ZPO (Rn. 27) – an den Familiensenat bzw. allgemeinen Zivilsenat zumindest in der Berufung der nach der Natur der Sache materiell richtige Spruchkörper entscheidet und eine Zurückverweisung an das richtige Gericht der ersten Instanz vermieden werden kann. Denn seit dem 1. 1. 2002 kann gemäß § 513 Abs. 2 ZPO die Berufung nicht mehr darauf gestützt werden, dass das Gericht des ersten Rechtszuges seine Zuständigkeit zu Unrecht angenommen hat.

12 c) **Keine formlose Abgabe.** Es gibt daher keine formlose Abgabe vom Familiensenat an den allgemeinen Zivilsenat oder umgekehrt, wenn dem Familiensenat eine vom Amtsgericht entschiedene Nichtfamiliensache oder dem Zivilsenat eine vom Landgericht entschiedene Familiensache vorliegt, gleichgültig, ob eine Zuständigkeitsrüge bereits im ersten Rechtszug erhoben worden ist oder nicht.[23]

IV. Beschwerden in Kindschaftssachen und in den sonstigen von den Familiengerichten entschiedenen Sachen (Absatz 1 Nr. 1 a)

13 Die Oberlandesgerichte haben ferner nach § 119 Abs. 1 Nr. 1 a über die Rechtsmittel der Beschwerde gegen die Entscheidungen der Amtsgerichte in Kindschaftssachen und in den sonstigen von den Familiengerichten entschiedenen Sachen zu befinden. Welche Entscheidungen im Einzelnen mit der Beschwerde anfechtbar sind, ergibt sich aus den jeweiligen Verfahrensgesetzen.

14 1. **Kindschaftssachen.** Bezüglich der Kindschaftssachen gelten die Ausführungen zur Berufung gegen die Endurteile der Amtsgerichte in Kindschaftssachen (Rn. 4–6) entsprechend. Die Tatsache, dass ab dem 1. 7. 1998 auch die FG-Abstammungssachen (§ 1600e Abs. 2 BGB) unter den Begriff der Kindschaftssachen fallen (s. Rn. 4), hat zur Folge, dass das Oberlandesgericht in diesen Sachen nicht mehr als dritte Instanz über die sofortige weitere Beschwerde (§§ 27, 28, 63 FGG), sondern als zweite Instanz über die sofortige Beschwerde (§ 64 Abs. 3 Satz 1 FGG iVm. § 119 Abs. 1 Nr. 1 a) zu entscheiden hat.

15 2. **Sonstige Entscheidungen der Familiengerichte.** Für Beschwerden in den sonstigen von den Familiengerichten entschiedenen Sachen gelten die Ausführungen zur Berufung gegen sonstige Endurteile in den von den Familiengerichten entschiedenen Sachen (Rn. 8–12) entsprechend. Insbesondere geht der Beschwerderechtszug in allen Beschlüssen, die das Familiengericht erlassen hat, zum Oberlandesgericht ohne Rücksicht darauf, ob es sich um eine Familiensache handelt.[24]

16 3. **Nebenentscheidungen.** In die Zuständigkeit des Oberlandesgerichts fallen insbesondere Beschwerden gegen Nebenentscheidungen auf dem Gebiet der Kindschaftssachen und der von den Familiengerichten entschiedenen Sachen, die die Hauptentscheidung **vorbereiten** oder **ergänzen.**[25] Das sind zB Beschwerden gegen Streitwertbeschlüsse und gegen Prozesskostenhilfe zurückweisende Beschlüsse in Kindschaftssachen bzw. der Familiengerichte, Beschwerden gegen Kostenentscheidungen in Kindschaftssachen[26], Beschwerden gegen Kostenentscheidungen der Familiengerichte[27], Beschwerden gegen die richterliche Festsetzung der einem Zeugen oder Sachverständigen zu gewährenden Entschädigung gemäß § 16 ZSEG[28] und Beschwerden gegen die gerichtliche Festsetzung der Vergütung eines Rechtsanwaltes nach § 11 RVG.[29] Zur Entscheidung über Beschwerden gegen die Festsetzung der Vergütung für die **Beratungshilfe** in Kindschaftssachen oder in den von den Familiengerichten entschiedenen Sachen ist dagegen gemäß § 72 das **Landgericht** zuständig, da die Beratungshilfe gemäß § 1 Abs. 1 BerHG nur für die Wahrnehmung von Rechten **außerhalb** eines gerichtlichen Verfahrens gewährt wird.[30] Gleiches gilt für eine Beschwerde gegen den Pfändungs- und Überweisungsbeschluss in einer Zwangsvollstreckungssache.[31]

17 4. **Zuständige Beschwerdeinstanz.** Zuständig für die Beschwerden gegen Entscheidungen in den von den Familiengerichten entschiedenen Sachen ist der **Familiensenat** (Rn. 25–27) des jeweiligen Oberlandesgerichts. Hat in einer Familiensache an Stelle des Oberlandesgerichts ein Landgericht über die Beschwerde entschieden, so ist auf die weitere Beschwerde gemäß § 621e ZPO die Entscheidung aufzuheben und das Verfahren auf Antrag des Beschwerdeführers an den Familiensenat des Oberlandesgerichts zu verweisen.[32]

V. Berufung und Beschwerden in Sachen mit Auslandsberührung (Abs. 1 Nr. 1 b + c)[33]

18 Da durch die Internationalisierung des Rechts und den zunehmenden grenzüberschreitenden Rechtsverkehr ein großes Bedürfnis nach Rechtssicherheit durch eine obergerichtliche Rechtssprechung besteht, hat der Gesetzgeber im ZPO-RG den Oberlandesgerichten ab 1. 1. 2002 die Zuständigkeit für die Verhand-

---

[22] BGH NJW-RR 1993, 1282, 1283; *Kissel/Mayer* Rn. 14; MK/*Wolf* Rn. 4.
[23] *Jauernig* FamRZ 1988, 1260, 1261; aA BGH NJW-RR 1993, 1282, 1283; *Kissel/Mayer* Rn. 14; MK/*Wolf* Rn. 4.
[24] *Kissel/Mayer* Rn. 19.
[25] OLG Düsseldorf FamRZ 1977, 725 und FamRZ 1977, 725, 726.
[26] OLG München NJW 1971, 1321; OLG Hamm FamRZ 1972, 150; OLG Stuttgart Justiz 1974, 182; OLG Koblenz JurBüro 1978, 549.
[27] BGH NJW 1978, 1633; OLG Koblenz JurBüro 1978, 549; *Bischof* MDR 1978, 716.
[28] OLG Koblenz NJW 1974, 2055; OLG Düsseldorf FamRZ 1977, 725.
[29] KG FamRZ 1978, 428.
[30] BGH NJW 1985, 2537; *T/P/Hüßtege* Rn. 7; *Zö/Gummer* Rn. 8.
[31] OLG Düsseldorf FamRZ 1977, 725, 726.
[32] BGH FamRZ 1983, 1102, 1104; MK/*Wolf* Rn. 9.
[33] Zu Unklarheiten in § 119 Abs. 1 Nr. 1 b s. *Heidemann* NJW 2002, 494f.

lung und Entscheidung über die Rechtsmittel der Berufung und Beschwerde gegen amtsgerichtliche Entscheidungen in Sachen mit Auslandsberührung (§ 119 Abs. 1 Nr. 1b + c) zugewiesen.[34]

1. Allgemeiner Gerichtsstand im Ausland (Abs. 1 Nr. 1b). Diese Vorschrift bestimmt, dass die Oberlan- 19
desgerichte für die Verhandlung und Entscheidung über die Rechtsmittel der Berufung und Beschwerde gegen Entscheidungen der Amtsgerichte in Streitigkeiten über Ansprüche, die von einer oder gegen eine Partei erhoben werden, die ihren allgemeinen Gerichtsstand im Zeitpunkt der Rechtshängigkeit in erster Instanz außerhalb des Geltungsbereiches dieses Gesetzes hatte, zuständig sind. Die Anknüpfung an den allgemeinen Gerichtsstand im Ausland rechtfertigt sich daraus, dass das Gericht in diesen Fällen regelmäßig die Bestimmungen des Internationalen Privatrechts anzuwenden hat, um zu entscheiden, welches materielle Recht es seiner Entscheidung zu Grunde legt.[35] Dabei gewährleistet das Gerichtsstandskriterium eine hinreichende Bestimmtheit und damit Rechtssicherheit für die Abgrenzung der Berufszuständigkeit zwischen Landgericht und Oberlandesgericht.[36] Maßgeblich ist nach dem ausdrücklichen Gesetzeswortlaut der allgemeine Gerichtsstand **im Zeitpunkt der Rechtshängigkeit,** also regelmäßig der Gerichtsstand, der im Zeitpunkt der Zustellung der Klageschrift an die beklagte Partei begründet ist (§§ 253 Abs. 1, 261 Abs. 1 und 2 ZPO)[37]. Der Zeitpunkt des Eintritts der Rechtshängigkeit der Klage ist auch dann für die Rechtsmittelzuständigkeit maßgebend, wenn eine Partei später im Laufe des Verfahrens ihren Wohnsitz in das Ausland verlegt; an der so begründeten Rechtsmittelzuständigkeit ändert auch die Erhebung einer Widerklage nach der Wohnsitzverlegung einer Partei nichts.[38] Die **Berufungszuständigkeit des Oberlandesgerichts** nach § 119 Abs. 1 Nr. 1b ist insbesondere auch dann begründet,

– wenn Streitgegenstand **Mietstreitigkeiten** sind[39]. Eine Berufungszuständigkeit des OLG in einem Wohnraummietprozess ist allerdings nicht gegeben, wenn der beklagte Mieter bei Eintritt der Rechtshängigkeit zwar seinen Wohnsitz im Ausland hatte, dort jedoch das Recht der Exterritorialität genoss und demzufolge gem. § 15 Abs. 1 S. 1 ZPO den Gerichtsstand seines letzten inländischen Wohnsitzes behalten hat.[40]
– wenn sich im Einzelfall keine besonderen Fragen des Internationalen Privatrechts stellen[41],
– wenn mehrere Personen, von denen einer seinen allgemeinen Gerichtsstand im Ausland hat, als – einfache oder notwendige – **Streitgenossen** klagen (z. B. Erbengemeinschaft)[42]
– wenn eine Klage gegen verschiedene – einfache – **Streitgenossen** gerichtet ist, und nur einer von ihnen seinen allgemeinen Gerichtsstand im Ausland hat.[43] Die Rücknahme der Berufung gegen den einzigen einfachen Streitgenossen mit Wohnsitz im Ausland hat jedenfalls keinen Einfluss auf die Berufungszuständigkeit des Oberlandesgerichts, wenn sie erst nach Ablauf der Berufungsfrist erfolgt[44]. Legt der Kläger, der nicht sicher abschätzen kann, ob die tatsächlichen Voraussetzungen des § 119 Abs. 1 Nr. 1b vorliegen – insbesondere weil Streitgenossen zu einer Gesellschaft bürgerlichen Rechts verbunden sein können –, Berufung sowohl zum Landgericht als auch zum Oberlandesgericht ein und teilt das Oberlandesgericht auf Nachfrage mit, es sei zuständig, woraufhin das Rechtsmittel zum Landgericht zurückgenommen wird, so ist die Berufung – auch unter Berücksichtigung des **Meistbegünstigungsprinzips** – in jedem Falle zulässig[45],
– wenn die Klageschrift einer ständig im Ausland wohnenden Partei im **Inland** anlässlich eines Besuches zulässigerweise zugestellt werden konnte.[46]

Dagegen sind **sofortige Beschwerden in Zwangsvollstreckungssachen** den Oberlandesgerichten **nicht** gemäß § 119 Abs. 1 Nr. 1b zur Entscheidung übertragen, auch wenn eine Partei ihren allgemeinen Gerichtsstand im Ausland hat.[47] Gleiches gilt in **Wohnungseigentumssachen,** die eine Beschlussanfechtung zum Gegenstand haben (= Verfahren der Freiwilligen Gerichtsbarkeit), auch wenn einzelne Wohnungseigentümer ihren Wohnsitz im Ausland haben[48].

Im Berufungsverfahren ist regelmäßig der im Verfahren vor dem Amtsgericht **unangegriffen gebliebene** (inländische bzw.) ausländische Gerichtsstand einer Partei zu Grunde zu legen und einer Nachprüfung durch das Rechtsmittelgericht grds. entzogen;[49] das gilt auch dann, wenn der Rechtsmittelführer in der Berufungs-

---

[34] BT-Drucks. 14/6036, S. 118, 119.
[35] BGH NJW-RR 2004, 1073, 1074; BT-Drucks. 14/6036, S. 119.
[36] BGH (Fn. 35); BT-Drucks. (Fn. 35).
[37] BVerfG NJW 2006, 1579, 1580; BGH NJW-RR 2004, 1505 = NJW 2004, 3637 (LS); NJW 2006, 2782.
[38] BGH NJW 2006, 2782.
[39] BGH NJW 2003, 3278; 2004, 1049; 2006, 1808, 1809; OLG Stuttgart NJW 2005, 3649; OLG Düsseldof NJW 2006, 1143.
[40] BGH NJW 2006, 1810.
[41] BGH NJW 2003, 1672; NJW-RR 2004, 1073, 1074; NJW-RR 2007, 1436; OLG Düsseldof NJW 2006, 1143.
[42] BGH NJW 2006, 3715, 3716 mit Anm. *Wellenhofer* JuS 2007, 288.
[43] BGH NJW 2003, 2686; 2004, 1049; OLG Köln NJW-RR 2003, 283; OLG Stuttgart NJW 2005, 3649; OLG Düsseldorf NJW 2006, 1143; *Zö/Gummer* Rn. 14; aA MK/*Wolf* (AB) Rn. 6; *Heidemann* NJW 2002, 494.
[44] BGH NJW 2003, 2686; 2003, 3278, 3279.
[45] BGH NJW 2004, 1049; NJW 2007, 1211 mit Anm. *Wittschier* BGHReport 2007, 356f.
[46] OLG Köln NJW-RR 2003, 864.
[47] BGH NJW-RR 2007, 574; OLG Oldenburg NJW-RR 2004, 499; OLG Stuttgart MDR 2005, 1253; *Kissel/Mayer* Rn. 27a; *Zö/Gummer* Rn. 15; vgl. auch Becker JuS 2004, 574; aA OLG Frankfurt/M DGVZ 2004,92; OLG Braunschweig Rpfleger 2005, 150; *TP/Hüßtege* Rn. 10; *Sae/Rathmann,* ZPO Rn. 8.
[48] OLG Düsseldorf NJW 2006, 1143; NZM 2006, 826 =NJW-RR 2006, 1676 (LS); OLG Stuttgart NJW 2006, 1144.
[49] BGH NJW-RR 2004, 1073; 2004, 1505 = NJW 2004, 3637 (LS); NJW 2006, 1808; 2006, 1810; BGHReport 2007, 1135.

instanz einen anderen (zusätzlichen) eigenen Wohnsitz angibt als im Verfahren vor dem Amtsgericht.[49a] Der nach dem Inhalt der Klageschrift gegebene inländische Gerichtsstand einer Prozesspartei ist im Verfahren vor dem AG auch dann „unangegriffen geblieben", wenn die eine Partei die dazu vorgetragenen Tatsachen zwar bestritten hat, sich bei Zugrundelegung ihrer Darstellung aber gleichfalls ein inländischer Gerichtsstand der anderen Partei ergäbe.[50] Ist in erster Instanz **streitig** geblieben, ob eine Partei im Zeitpunkt des Eintritts der Rechtshängigkeit ihren allgemeinen Gerichtsstand im Ausland hatte, ohne dass das erstinstanzliche Gericht Feststellungen dazu getroffen hat, obliegt dem Berufungsführer, der an seinem bestrittenen Vorbringen dazu festhält, die Beweislast für die funktionelle Zuständigkeit des von ihm angerufenen Berufungsgerichts.[51] Schließt sich allerdings der Berufungsführer dem erstinstanzlich bestrittenen Vorbringen seines Gegners zu einem Gerichtsstand im Inland oder Ausland an und legt er – gestützt darauf – Berufung zum LG oder zum OLG ein, ist es dem Gegner verwehrt, diesen Vortrag in der Berufungsinstanz zu ändern.[52]

20 **2. Anwendung ausländischen Rechts (Abs. 1 Nr. 1 c).** § 119 Abs. 1 Nr. 1 c begründet die Berufungs- und Beschwerdezuständigkeit des Oberlandesgerichts, wenn das Amtsgericht ausländisches Recht angewendet hat. Die Bestimmung, die im Interesse des Rechtssicherheit bewusst eng gefasst ist, kommt nur dann zur Anwendung, wenn das Amtsgericht ausländisches Recht angewandt **und** dies in seiner Entscheidung **ausdrücklich festgestellt** hat.[53] Erfasst sind damit aber **nicht** die Fälle, in denen das Amtsgericht ausländisches Recht nach Auffassung des Berufungsgerichts hätte anwenden müssen, aber nicht angewandt hat, oder die Fälle, in denen das Amtsgericht möglicherweise ausländisches Recht angewandt, die Anwendung in den Entscheidungsgründen aber nicht ausdrücklich festgestellt hat.[54] Die Beschränkung des Anwendungsbereiches der Bestimmung auf ausländisches Recht hat insbesondere zur Folge, dass etwa die Anwendung europäischen Gescheinschaftsrechts, des Völkerrechts oder des sonstigen internationalen Rechts der Bundesrepublik Deutschland eine Berufungs- oder Beschwerdezuständigkeit des Oberlandesgerichtes **nicht** begründet.[55] Gleiches gilt für die Anwendung ausländischen internationalen Privatrechts (= Anwendung deutschen materiellen Rechts kraft Rückverweisung gem. Art. 4 Abs. 1 Satz 2 EGBGB).[56] Eine Zuständigkeit des Oberlandesgerichts ist folglich **nur** dann gegeben, wenn das Amtsgericht ausländisches Recht bei einer Haupt- oder Vorfrage[57] angewendet **und** die Anwendung im Urteil entweder förmlich festgestellt oder die angewendeten Vorschriften oder Rechtssätze des zugrunde gelegten ausländischen Rechts ausdrücklich bezeichnet hat.[58]

VI. Berufung gegen Endurteile der Landgerichte (Absatz 1 Nr. 2)

21 Gemäß § 119 Abs. 1 Nr. 2 sind die Oberlandesgerichte auch **sachlich** zuständig zur Verhandlung und Entscheidung über die Rechtsmittel der Berufung (§ 511 ZPO) gegen die **erstinstanzlichen** Endurteile und ihnen gleichstehende Urteile (Rn. 1) der Landgerichte. Dazu gehören kraft ausdrücklicher gesetzlicher Bestimmung auch die Berufungen gegen die erstinstanzlichen Endurteile der Landgerichte in Baulandsachen (§ 229 Abs. 1 BauGB), in Entschädigungssachen (§ 218 Abs. 1 BEG) und in Kartellsachen (§ 91 S. 2 GWB). Zur Anfechtbarkeit der **zweitinstanzlichen** Endurteile der Landgerichte (Berufungsurteile) s. § 72 Rn. 6.

22 Für die Frage der **Rechtsmittelzuständigkeit** gilt – ebenso wie bei der Berufung in den von den Familiengerichten entschiedenen Sachen (Rn. 8–12) – grds. das Prinzip der **formellen Anknüpfung.**[59] So ist also für die Frage, ob der Zivilsenat oder der Senat für Landwirtschaftssachen über eine Berufung zu befinden hat, allein ausschlaggebend, ob das Urteil eines Landgerichts oder eines Landwirtschaftsgerichtes angefochten wird, nicht dagegen ob es sich materiellrechtlich um eine Landwirtschaftssache handelt.[60] Und auch in Fällen, bei denen eine Kammer für Handelssachen in einer allgemeinen Zivilsache oder eine allgemeine Zivilkammer in einer Handelssache entschieden hat, richtet sich die Rechtsmittelzuständigkeit danach, welcher Spruchkörper die Entscheidung erlassen hat (formelle Anknüpfung); es kommt nicht darauf an, welcher Spruchkörper zu der Entscheidung berufen gewesen wäre (materielle Anknüpfung).[61] In **Kartellrechtssachen** gilt allerdings seit dem 1. 1. 1999 das Prinzip der **materiellen Anknüpfung,** dh. für die Berufung in Kartellrechtssachen ist ausschließlich das Kartell-Oberlandesgericht zuständig, unabhängig davon, ob das Landgericht als Kartellgericht oder als Nicht-Kartellgericht entschieden hat.[62] Mit der am 1. 1. 1999 in

---

[49a] BGH BGHReport 2007, 1135.
[50] BGH NJW 2006, 1810.
[51] BGH NJW 2006, 1808.
[52] BGH NJW 2006, 1808.
[53] BT-Drucks. (Fn. 35).
[54] BT-Drucks. (Fn. 35).
[55] BT-Drucks. (Fn. 35).
[56] TP/*Hüßtege* Rn. 15; *B/L/H* Rn. 10; Sae/*Rathmann* Rn. 9; *Schwartze,* in: *Meyer-Seitz/Hannich,* ZPO-Reform 2002, S. 6 Rn. 12; aA (für Berufungszuständigkeit des OLG): *Brand/Karpenstein* NJW 2005, 1319,1320; *Kroiß,* Das neue Zivilprozessrecht, 2001, S. 58 Rn. 9; offen gelassen: BGH NJW 2007, 1211 mit Anm. *Wittschier* BGHReport 2007, 356f.
[57] BGH NJW 2007, 1211 mit Anm. *Wittschier* BGHReport 2007, 356f.; Zö/*Gummer* Rn. 16; aA OLG Hamm OLGR 2002, 426f; *Kissel/Mayer* Rn. 27e; TP/*Hüßtege* Rn. 16.
[58] BGH NJW 2007, 1211 mit Anm. *Wittschier* BGHReport 2007, 356f.; TP/*Hüßtege* Rn. 17; aA (= ausländischen Rechtssatz als entscheidungserheblich erkennen lassen): MK/*Wolf* (AB) Rn. 10; Zö/*Gummer* Rn. 16; *Kissel/Mayer* Rn. 27e; (nur ausdrückliche Feststellung): *Schwartze,* in: *Meyer-Seitz/Hannich,* ZPO-Reform 2002, S. 7 Rn. 14.
[59] BGH NJW-RR 1993, 1282; *Zö/Gummer* Rn. 17; MK/*Wolf* Rn. 8.
[60] BGH NJW-RR 1992, 1152; *Zö/Gummer* Rn. 17; *T/P/Hüßtege* Rn. 18.
[61] BGH DtZ 1993, 246.
[62] *Immenga/Mestmäcker/Karsten Schmidt* § 91 GWB Rn. 8ff. u. § 93 GWB Rn. 6ff. mit weit. Nachw.

Kraft getretenen Änderung des § 91 GWB sollte nämlich sichergestellt werden, „dass Rechtsmittel in kartellrechtlichen Streitigkeiten von den (fachlich besonders geeigneten) Kartellsenaten entschieden werden können."[63]

Hat das Landgericht erstinstanzlich fälschlicherweise in einer Familiensache entschieden, so darf seit dem 1. 1. 2002 der mit der Berufung befasste Zivilsenat des Oberlandesgerichts das Urteil nicht mehr aufheben und die Sache auf Antrag des Berufungsklägers gemäß den §§ 525, 281 ZPO an das zuständige Amtsgericht – Familiengericht – verweisen.[64] Gemäß § 513 Abs. 2 ZPO kann die Berufung nämlich nicht mehr darauf gestützt werden, dass das Gericht des ersten Rechtszuges seine Zuständigkeit zu Unrecht angenommen hat. Wird die Berufung gegen ein landgerichtliches Urteil bei dem nach § 119 allgemein zuständigen Oberlandesgericht, das jedoch auf Grund einer besonderen Rechtsvorschrift unzuständig ist, eingelegt, so verbietet es der aus Art. 19 Abs. 4 GG folgende Grundsatz, dass der Zugang zu den Gerichten nicht unnötig erschwert werden darf, die Berufung als unzulässig zu verwerfen; in diesem Falle hat vielmehr in entsprechender Anwendung des § 281 ZPO eine Verweisung an das zuständige Rechtsmittelgericht zu erfolgen.[65] 23

VII. Beschwerden gegen Entscheidungen der Landgerichte (Absatz 1 Nr. 2)

Nach § 119 Abs. 1 Nr. 2 entscheidet das Oberlandesgericht schließlich über Beschwerden gegen Entscheidungen der Landgerichte. Dazu gehören kraft ausdrücklicher gesetzlicher Bestimmung auch die Beschwerden gegen Entscheidungen der Landgerichte in Baulandsachen (§ 229 Abs. 1 BauGB) und in Kartellsachen (§ 92 S. 1 GWB). Welche Entscheidungen im Einzelnen mit der Beschwerde anfechtbar sind, ergibt sich aus den jeweiligen Verfahrensgesetzen. 24

VIII. Familiensenate (Absatz 2)

§ 119 Abs. 2 bestimmt, dass § 23b Abs. 1 und 2 entsprechend gilt. Das bedeutet zum einen im Hinblick auf § 23b Abs. 1, dass bei **jedem** Oberlandesgericht **ein Senat für Familiensachen bzw. Familiensenat kraft Gesetzes** besteht, der gemäß § 119 Abs. 1 Nr. 1a über die Berufungen und Beschwerden in den von den Familiengerichten entschiedenen Sachen zu befinden hat. Zum anderen bedeutet die Verweisung auf § 23b Abs. 2, dass im Bedarfsfalle **weitere Familiensenate** gebildet werden können, wobei alle Familiensachen, die denselben Personenkreis betreffen, demselben Familiensenat zugewiesen werden sollen. 25

Einem Familiensenat können vom **Präsidium** auch allgemeine Zivilsachen zugewiesen werden[66] und umgekehrt. Werden zB Kostensachen in Familienstreitigkeiten zulässigerweise[67] einem besonderen „Kostensenat" zugewiesen, so muss dieser Senat allerdings auch als Familiensenat ausgewiesen werden.[68] 26

Die Frage der Zuständigkeit zwischen Familiensenat und Zivilsenat ist keine Frage der Geschäftsverteilung[69], sondern eine solche der **funktionellen** Zuständigkeit.[70] Bei Zuständigkeitsstreitigkeiten zwischen Familiensenat und Zivilsenat gilt § 36 Nr. 6 ZPO entsprechend, dh. der Bundesgerichtshof[71] bestimmt den zuständigen Senat. 27

IX. Experimentierklausel

1. Zuständigkeitsverlagerung (Abs. 3). Der durch das ZPO-RG neu eingefügte § 119 Abs. 3 eröffnet den Ländern seit dem 1. 1. 2002 im Wege einer bis zum 31. 12. 2007 **befristeten** (§ 119 Abs. 5) **Experimentier- bzw. Öffnungsklausel** die Möglichkeit weiterer – über die Fälle des § 119 Abs. 1 hinaus – Verlagerungen der landgerichtlichen Berufungs- und Beschwerdezuständigkeit auf die **Oberlandesgerichte.**[72] Gemäß § 119 Abs. 3 Satz 2 Halbs. 2 können die Länder von dieser Befugnis auch in beschränktem Umfang Gebrauch machen, insbesondere die Bestimmung auf die Entscheidung einzelner Amtsgerichte oder bestimmter Sachen (zB Mietsachen, Arzthaftungssachen) beschränken. Bisher wollten **Hamburg, Sachsen-Anhalt** und **Niedersachsen** (nur im Bezirk des OLG Oldenburg) landesrechtliche Bestimmungen zur OLG-Konzentration gemäß § 119 Abs. 3 schaffen.[73] Da sie jedoch zwischenzeitlich auf Grund der Kritik aus den Reihen der Richter- und Anwaltschaft wieder von dieser Absicht abgekommen sind, ist derzeit fraglich, inwieweit diese Bestimmung überhaupt zum Tragen kommt.[74] 28

2. Belehrung und Bestandsschutz (Abs. 4 iVm. § 26 Nr. 1 EGZPO). Soweit ein Land von der Ermächtigung nach Absatz 3 Gebrauch gemacht hat, hat das Landesgesetz eine **Belehrung** vorzusehen, die sicherstellt, dass der Bürger in der angefochtenen Entscheidung über das zuständige Rechtsmittelgericht infor- 29

---

63 BT-Drucks. 13/10633, S. 73.

64 AA zum Rechtszustand vor dem 1. 1. 2002: *Jauernig* FamRZ 1989, 1, 3; *Kissel* Rn. 12; vgl. auch BGH MDR 1989, 41; OLG Köln OLGZ 1989, 83, 86f.

65 OLG Köln NJW-RR 1997, 1351.

66 *T/P/Hüßtege* Rn. 8; *Zö/Gummer* Rn. 10; aA *Kissel/Mayer* Rn. 29.

67 AA *Bischof* MDR 1978, 716.

68 *Zö/Gummer* Rn. 10.

69 So aber die hM, insbesondere *Bergerfurth* FamRZ 1994, 372; MK/*Wolf* Rn. 7; offen gelassen in BGHZ 71, 264, 268 = NJW 1978, 1531, 1532.

70 *Jauernig* FamRZ 1978, 675; 1989, 1, 7; *T/P/Hüßtege* Rn. 20.

71 BGHZ 71, 264, 266 = NJW 1978, 1531; BGH NJW-RR 1993, 1282.

72 BT-Drucks. 14/6036, S. 118–119.

73 *Menne* JuS 2003, 2631 mit weit. Nachw.

74 *Menne* JuS 2003, 26, 31 mit weit. Nachw.; vgl. auch BT-Drucks. 15/999, S. 20.

miert wird (§ 119 Abs. 4). Außerdem gewährt § 26 Nr. 1 EGZPO den Rechtsanwälten, die bisher in Berufungsverfahren gegen Urteile der Amtsgerichte vor den Landgerichten postulationsfähig waren, **Bestandsschutz** für diesen bisherigen Tätigkeitsbereich. Soweit diese Rechtsmittelverfahren also auf Grund landesrechtlicher Regelungen künftig vom Oberlandesgericht verhandelt und entschieden werden, sieht die Bestimmung die Postulationsfähigkeit des bisher vor dem Landgericht zugelassenen Rechtsanwalts für die Berufungsverfahren gegen amtsgerichtliche Entscheidungen vor dem übergeordneten Oberlandesgericht vor. **Nicht** erfasst sind hiervon Rechtsmittelverfahren gegen familiengerichtliche Entscheidungen der Amtsgerichte, da diese auch bislang schon zur Zuständigkeit der Oberlandesgerichte gehören und damit nur durch einen beim Oberlandesgericht zugelassenen Rechtsanwalt vertreten werden können.

30 **3. Berichtspflicht (Abs. 6).** § 119 Abs. 6 begründet eine Berichtspflicht der Bundesregierung gegenüber dem Deutschen Bundestag hinsichtlich der Erfahrungen und wissenschaftlichen Erkenntnisse, die die Länder mit landesrechtlichen Bestimmungen zur OLG-Konzentration nach Absatz 3 gewinnen.[75]

X. Weitere Zuständigkeiten

31 § 119 enthält **keine abschließende** oberlandesgerichtliche Zuständigkeit in bürgerlichen Rechtsstreitigkeiten. Gemäß § 3 EGGVG können den Oberlandesgerichten vielmehr auch durch die **Landesgesetzgebung** weitere Zuständigkeiten übertragen werden. Außerdem sind in einer Vielzahl von **bundesrechtlichen** Vorschriften weitere Zuständigkeiten der Oberlandesgerichte begründet. Über die in § 119 Abs. 1 Nr. 1–2 geregelten Fälle hinaus ist das Oberlandesgericht insbesondere in folgenden weiteren Sachen zuständig:

32 Entscheidung über Anfechtung der Wahl zum **Präsidium** (§ 21b Abs. 6 S. 2); Entscheidung über **Amtsenthebung** eines ehrenamtlichen Richters (§ 113 Abs. 2 S. 1, § 7 Abs. 2 S. 1 LwVG); Beschwerde in **Rechtshilfesachen** (§ 159 Abs. 1, § 2 FGG); Beschwerde gegen Festsetzung von **Ordnungsmitteln** (§ 181 Abs. 3, § 8 FGG); Bestimmung des **zuständigen Gerichts** (§ 36 ZPO, §§ 5, 46, 194 FGG, § 1 Abs. 2 GBO); Entscheidung über die **Befangenheitsablehnung** von Richtern (§§ 45 Abs. 1 Halbs. 2 und Abs. 2 S. 1, 48 Abs. 1 ZPO); Entscheidung in **Wiederaufnahmeverfahren** (§ 584 ZPO); Entscheidung über Rechtmäßigkeit von **Justizverwaltungsakten** (§ 25 EGGVG); Entscheidung über sofortige weitere Beschwerde in **Insolvenzsachen** (§§ 4, 7 InsO); Entscheidung über weitere Beschwerde in **Zwangsversteigerungssachen** (§§ 101, 102 ZVG); Entscheidung über weitere Beschwerde in **FGG-Sachen** (§ 28 FGG, § 79 GBO); Entscheidung über sofortige Beschwerde gegen die in der Hauptsache erlassenen Beschlüsse des **Landwirtschaftsgerichts** (§ 22 Abs. 1 LwVG); Berufung und Beschwerde gegen Entscheidungen der Amtsgerichte in **Binnenschifffahrts- und Rheinschifffahrtssachen** (§§ 11, 14ff. des Gesetzes über das gerichtliche Verfahren in Binnenschifffahrts- und Rheinschifffahrtssachen); Berufung und Beschwerde in **Entschädigungssachen** (§ 218 Abs. 1 BEG); Berufung und Beschwerde in **Baulandsachen** (§ 229 Abs. 1 BauGB); Berufung und Beschwerde in **Kartellsachen** (§ 91 S. 2 GWB); Entscheidung über das im Gesetz nicht vorgesehene Rechtsinstitut der **Gegenvorstellung;** Entscheidung über Anträge auf Anerkennung ausländischer Entscheidungen in **Ehesachen** (Art. 7 § 1 FamRÄndG); Rechtsmittelgericht 2. Instanz im berufsgerichtlichen Verfahren in **Steuerberater- und Steuerbevollmächtigtensachen** (§ 96 StBerG); Disziplinargericht 1. Instanz in **Notarsachen** (§§ 99, 111 BNotO); Berufung und Beschwerde gegen Entscheidungen des Ehrengerichts für **Rechtsanwälte** (§§ 100, 142, 143 BRAO).

120, 120a, 121 *(betreffen Strafsachen)*

122 *Besetzung der Senate* **(1) Die Senate der Oberlandesgerichte entscheiden, soweit nicht nach den Vorschriften der Prozessgesetze an Stelle des Senats der Einzelrichter zu entscheiden hat, in der Besetzung von drei Mitgliedern mit Einschluss des Vorsitzenden.**

(2) (betrifft Strafsachen)

Neunter Titel. Bundesgerichtshof

123 *Sitz* **Sitz des Bundesgerichtshofes ist Karlsruhe.**

124 *Besetzung* **Der Bundesgerichtshof wird mit einem Präsidenten sowie mit Vorsitzenden Richtern und weiteren Richtern besetzt.**

125 *Ernennung der Mitglieder* **(1) Die Mitglieder des Bundesgerichtshofes werden durch den Bundesminister der Justiz gemeinsam mit dem Richterwahlausschuss gemäß dem Richterwahlgesetz berufen und vom Bundespräsidenten ernannt.**

(2) Zum Mitglied des Bundesgerichtshofes kann nur berufen werden, wer das fünfunddreißigste Lebensjahr vollendet hat.

[75] BT-Drucks. 14/6036, S. 119.

126–129 *(weggefallen)*

130

Zivil- und Strafsenate; Ermittlungsrichter (1) [1]Bei dem Bundesgerichtshof werden Zivil- und Strafsenate gebildet und Ermittlungsrichter bestellt. [2]Ihre Zahl bestimmt der Bundesminister der Justiz.

(2) Der Bundesminister der Justiz wird ermächtigt, Zivil- und Strafsenate auch außerhalb des Sitzes des Bundesgerichtshofes zu bilden und die Dienstsitze für Ermittlungsrichter des Bundesgerichtshofes zu bestimmen.

131, 131a *(weggefallen)*

132

Große Senate; Vereinigte Große Senate (1) [1]Beim Bundesgerichtshof werden ein Großer Senat für Zivilsachen und ein Großer Senat für Strafsachen gebildet. [2]Die Großen Senate bilden die Vereinigten Großen Senate.

(2) Will ein Senat in einer Rechtsfrage von der Entscheidung eines anderen Senats abweichen, so entscheiden der Große Senat für Zivilsachen, wenn ein Zivilsenat von einem anderen Zivilsenat oder von dem Großen Zivilsenat, der Große Senat für Strafsachen, wenn ein Strafsenat von einem anderen Strafsenat oder von dem Großen Senat für Strafsachen, die Vereinigten Großen Senate, wenn ein Zivilsenat von einem Strafsenat oder von dem Großen Senat für Strafsachen oder ein Strafsenat von einem Zivilsenat oder von dem Großen Senat für Zivilsachen oder ein Senat von den Vereinigten Großen Senaten abweichen will.

(3) [1]Eine Vorlage an den Großen Senat oder die Vereinigten Großen Senate ist nur zulässig, wenn der Senat, von dessen Entscheidung abgewichen werden soll, auf Anfrage des erkennenden Senats erklärt hat, dass er an seiner Rechtsauffassung festhält. [2]Kann der Senat, von dessen Entscheidung abgewichen werden soll, wegen einer Änderung des Geschäftsverteilungsplanes mit der Rechtsfrage nicht mehr befasst werden, tritt der Senat an seine Stelle, der nach dem Geschäftsverteilungsplan für den Fall, in dem abweichend entschieden wurde, zuständig wäre. [3]Über die Anfrage und die Antwort entscheidet der jeweilige Senat durch Beschluss in der für Urteile erforderlichen Besetzung; § 97 Abs. 2 Satz 1 des Steuerberatungsgesetzes und § 74 Abs. 2 Satz 1 der Wirtschaftsprüferordnung bleiben unberührt.

(4) Der erkennende Senat kann eine Frage von grundsätzlicher Bedeutung dem Großen Senat zur Entscheidung vorlegen, wenn das nach seiner Auffassung zur Fortbildung des Rechts oder zur Sicherung einer einheitlichen Rechtsprechung erforderlich ist.

(5) [1]Der Große Senat für Zivilsachen besteht aus dem Präsidenten und je einem Mitglied der Zivilsenate, der Große Senat für Strafsachen aus dem Präsidenten und je zwei Mitgliedern der Strafsenate. [2]Legt ein anderer Senat vor oder soll von dessen Entscheidung abgewichen werden, ist auch ein Mitglied dieses Senats im Großen Senat vertreten. [3]Die Vereinigten Großen Senate bestehen aus dem Präsidenten und den Mitgliedern der Großen Senate.

(6) [1]Die Mitglieder und die Vertreter werden durch das Präsidium für ein Geschäftsjahr bestellt. [2]Dies gilt auch für das Mitglied eines anderen Senats nach Absatz 5 Satz 2 und für seinen Vertreter. [3]Den Vorsitz in den Großen Senaten und den Vereinigten Großen Senaten führt der Präsident, bei Verhinderung das dienstälteste Mitglied. [4]Bei Stimmengleichheit gibt die Stimme des Vorsitzenden den Ausschlag.

133

Zuständigkeit in Zivilsachen In bürgerlichen Rechtsstreitigkeiten ist der Bundesgerichtshof zuständig für die Verhandlung und Entscheidung über die Rechtsmittel der Revision, der Sprungrevision und der Rechtsbeschwerde.

134, 134 a *(weggefallen)*

135 *(betrifft Strafsachen)*

136, 137 *(aufgehoben)*

138

Verfahren vor den Großen Senaten (1) [1]Die Großen Senate und die Vereinigten Großen Senate entscheiden nur über die Rechtsfrage. [2]Sie können ohne mündliche Verhandlung entscheiden. [3]Die Entscheidung ist in der vorliegenden Sache für den erkennenden Senat bindend.

(2) [1]Vor der Entscheidung des Großen Senats für Strafsachen oder der Vereinigten Großen Senate und in Rechtsstreitigkeiten, welche die Anfechtung einer Todeserklärung zum Gegenstand haben, ist

der Generalbundesanwalt zu hören. [2]Der Generalbundesanwalt kann auch in der Sitzung seine Auffassung darlegen.

(3) Erfordert die Entscheidung der Sache eine erneute mündliche Verhandlung vor dem erkennenden Senat, so sind die Beteiligten unter Mitteilung der ergangenen Entscheidung der Rechtsfrage zu der Verhandlung zu laden.

139 *Besetzung der Senate* (1) Die Senate des Bundesgerichtshofes entscheiden in der Besetzung von fünf Mitgliedern einschließlich des Vorsitzenden.

(2) (betrifft Strafsachen)

140 *Geschäftsordnung* Der Geschäftsgang wird durch eine Geschäftsordnung geregelt, die das Plenum beschließt; sie bedarf der Bestätigung durch den Bundesrat.

9a. Titel. Zuständigkeit für Wiederaufnahmeverfahren in Strafsachen

140a *(betrifft Strafsachen)*

Zehnter Titel. Staatsanwaltschaft

141–152 *(betreffen Strafsachen)*

Elfter Titel. Geschäftsstelle

153 (1) Bei jedem Gericht und jeder Staatsanwaltschaft wird eine Geschäftsstelle eingerichtet, die mit der erforderlichen Zahl von Urkundsbeamten besetzt wird.

(2) [1]Mit den Aufgaben eines Urkundsbeamten der Geschäftsstelle kann betraut werden, wer einen Vorbereitungsdienst von zwei Jahren abgeleistet und die Prüfung für den mittleren Justizdienst oder für den mittleren Dienst bei der Arbeitsgerichtsbarkeit bestanden hat. [2]Sechs Monate des Vorbereitungsdienstes sollen auf einen Fachlehrgang entfallen.

(3) Mit den Aufgaben eines Urkundsbeamten der Geschäftsstelle kann auch betraut werden,
1. wer die Rechtspflegerprüfung oder die Prüfung für den gehobenen Dienst bei der Arbeitsgerichtsbarkeit bestanden hat,
2. wer nach den Vorschriften über den Laufbahnwechsel die Befähigung für die Laufbahn des mittleren Justizdienstes erhalten hat,
3. wer als anderer Bewerber (§ 4 Abs. 3 des Rahmengesetzes zur Vereinheitlichung des Beamtenrechts) nach den landesrechtlichen Vorschriften in die Laufbahn des mittleren Justizdienstes übernommen worden ist.

(4) [1]Die näheren Vorschriften zur Ausführung der Absätze 1 bis 3 erlassen der Bund und die Länder für ihren Bereich. [2]Sie können auch bestimmen, ob und inwieweit Zeiten einer dem Ausbildungsziel förderlichen sonstigen Ausbildung oder Tätigkeit auf den Vorbereitungsdienst angerechnet werden können.

(5) [1]Der Bund und die Länder können ferner bestimmen, dass mit Aufgaben eines Urkundsbeamten der Geschäftsstelle auch betraut werden kann, wer auf dem Sachgebiet, das ihm übertragen werden soll, einen Wissens- und Leistungsstand aufweist, der dem durch die Ausbildung nach Absatz 2 vermittelten Stand gleichwertig ist. [2]In den Ländern Brandenburg, Mecklenburg-Vorpommern, Sachsen, Sachsen-Anhalt und Thüringen dürfen solche Personen weiterhin mit den Aufgaben eines Urkundsbeamten der Geschäftsstelle betraut werden, die bis zum 25. April 2006 gemäß Anlage I Kapitel III Sachgebiet A Abschnitt III Nr. 1 Buchstabe q Abs. 1 zum Einigungsvertrag vom 31. August 1990 (BGBl. 1990 II S. 889, 922) mit diesen Aufgaben betraut worden sind.

Zwölfter Titel. Zustellungs- und Vollstreckungsbeamte

154 *Gerichtsvollzieher* Die Dienst- und Geschäftsverhältnisse der mit den Zustellungen, Ladungen und Vollstreckungen zu betrauenden Beamten (Gerichtsvollzieher) werden bei dem Bundesgerichtshof durch den Bundesminister der Justiz, bei den Landesgerichten durch die Landesjustizverwaltung bestimmt.

155 *Ausschließung des Gerichtsvollziehers* Der Gerichtsvollzieher ist von der Ausübung seines Amts kraft Gesetzes ausgeschlossen:

I. in bürgerlichen Rechtsstreitigkeiten:
1. wenn er selbst Partei oder gesetzlicher Vertreter einer Partei ist oder zu einer Partei in dem Verhältnis eines Mitberechtigten, Mitverpflichteten oder Schadensersatzpflichtigen steht;
2. wenn sein Ehegatte oder Lebenspartner Partei ist, auch wenn die Ehe oder Lebenspartnerschaft nicht mehr besteht;
3. wenn eine Person Partei ist, mit der er in gerader Linie verwandt oder verschwägert, in der Seitenlinie bis zum dritten Grad verwandt oder bis zum zweiten Grad verschwägert ist oder war;

II. (betrifft Strafsachen)

Dreizehnter Titel. Rechtshilfe

156 *Rechtshilfepflicht* Die Gerichte haben sich in bürgerlichen Rechtsstreitigkeiten und in Strafsachen Rechtshilfe zu leisten.

157 *Rechtshilfegericht* (1) Das Ersuchen um Rechtshilfe ist an das Amtsgericht zu richten, in dessen Bezirk die Amtshandlung vorgenommen werden soll.

(2) [1]Die Landesregierungen werden ermächtigt, durch Rechtsverordnung die Erledigung von Rechtshilfeersuchen für die Bezirke mehrerer Amtsgerichte einem von ihnen ganz oder teilweise zuzuweisen, sofern dadurch der Rechtshilfeverkehr erleichtert oder beschleunigt wird. [2]Die Landesregierungen können diese Ermächtigung durch Rechtsverordnung auf die Landesjustizverwaltungen übertragen.

158 *Ablehnung der Rechtshilfe* (1) Das Ersuchen darf nicht abgelehnt werden.

(2) [1]Das Ersuchen eines nicht im Rechtszuge vorgesetzten Gerichts ist jedoch abzulehnen, wenn die vorzunehmende Handlung nach dem Recht des ersuchten Gerichts verboten ist. [2]Ist das ersuchte Gericht örtlich nicht zuständig, so gibt es das Ersuchen an das zuständige Gericht ab.

159 *Entscheidung des Oberlandesgerichts* (1) [1]Wird das Ersuchen abgelehnt oder wird der Vorschrift des § 158 Abs. 2 zuwider dem Ersuchen stattgegeben, so entscheidet das Oberlandesgericht, zu dessen Bezirk das ersuchte Gericht gehört. [2]Die Entscheidung ist nur anfechtbar, wenn sie die Rechtshilfe für unzulässig erklärt und das ersuchende und das ersuchte Gericht den Bezirken verschiedener Oberlandesgerichte angehören. [3]Über die Beschwerde entscheidet der Bundesgerichtshof.

(2) Die Entscheidungen ergehen auf Antrag der Beteiligten oder des ersuchenden Gerichts ohne mündliche Verhandlung.

160 *Vollstreckungen, Ladungen, Zustellungen* Vollstreckungen, Ladungen und Zustellungen werden nach Vorschrift der Prozessordnungen bewirkt ohne Rücksicht darauf, ob sie in dem Land, dem das Prozessgericht angehört, oder in einem anderen deutschen Land vorzunehmen sind.

161 *Vermittlung bei Beauftragung eines Gerichtsvollziehers* [1]Gerichte, Staatsanwaltschaften und Geschäftsstellen der Gerichte können wegen Erteilung eines Auftrags an einen Gerichtsvollzieher die Mitwirkung der Geschäftsstelle des Amtsgerichts in Anspruch nehmen, in dessen Bezirk der Auftrag ausgeführt werden soll. [2]Der von der Geschäftsstelle beauftragte Gerichtsvollzieher gilt als unmittelbar beauftragt.

162, 163 *(betreffen Strafsachen)*

164 *Kostenersatz* (1) Kosten und Auslagen der Rechtshilfe werden von der ersuchenden Behörde nicht erstattet.

(2) Gebühren oder andere öffentliche Abgaben, denen die von der ersuchenden Behörde übersendeten Schriftstücke (Urkunden, Protokolle) nach dem Recht der ersuchten Behörde unterliegen, bleiben außer Ansatz.

165 *(weggefallen)*

166 *Gerichtliche Amtshandlungen außerhalb des Gerichtsbezirks* Ein Gericht darf Amtshandlungen im Geltungsbereich dieses Gesetzes auch außerhalb seines Bezirks vornehmen.

167 *(betrifft Strafsachen)*

168 *Mitteilung von Akten* Die in einem deutschen Land bestehenden Vorschriften über die Mitteilung von Akten einer öffentlichen Behörde an ein Gericht dieses Landes sind auch dann anzuwenden, wenn das ersuchende Gericht einem anderen deutschen Land angehört.

Vierzehnter Titel. Öffentlichkeit und Sitzungspolizei

169 *Öffentlichkeit* [1]Die Verhandlung vor dem erkennenden Gericht einschließlich der Verkündung der Urteile und Beschlüsse ist öffentlich. [2]Ton- und Fernseh-Rundfunkaufnahmen sowie Ton- und Filmaufnahmen zum Zwecke der öffentlichen Vorführung oder Veröffentlichung ihres Inhalts sind unzulässig.

170 *Nicht öffentliche Verhandlung in Familiensachen* [1]Die Verhandlung in Familiensachen ist nicht öffentlich. [2]Dies gilt nicht für die Familiensachen des § 23b Abs. 1 Satz 2 Nr. 13 und für die Familiensachen des § 23b Abs. 1 Satz 2 Nr. 5, 6, 9 nur, wenn sie mit einer der anderen Familiensachen verhandelt werden.

171 *(aufgehoben)*

171a *(betrifft Strafsachen)*

171b *Ausschluss der Öffentlichkeit zum Schutz der Privatsphäre* (1) [1]Die Öffentlichkeit kann ausgeschlossen werden, soweit Umstände aus dem persönlichen Lebensbereich eines Prozessbeteiligten, Zeugen oder durch eine rechtswidrige Tat (§ 11 Abs. 1 Nr. 5 des Strafgesetzbuches) Verletzten zur Sprache kommen, deren öffentliche Erörterung schutzwürdige Interessen verletzten würde, soweit nicht das Interesse an der öffentlichen Erörterung dieser Umstände überwiegt. [2]Dies gilt nicht, soweit die Personen, deren Lebensbereiche betroffen sind, in der Hauptverhandlung dem Ausschluss der Öffentlichkeit widersprechen.

(2) Die Öffentlichkeit ist auszuschließen, wenn die Voraussetzungen des Absatzes 1 Satz 1 vorliegen und der Ausschluss von der Person, deren Lebensbereich betroffen ist, beantragt wird.

(3) Die Entscheidungen nach den Absätzen 1 und 2 sind unanfechtbar.

172 *Gründe für Ausschluss der Öffentlichkeit* Das Gericht kann für die Verhandlung oder für einen Teil davon die Öffentlichkeit ausschließen, wenn

1. eine Gefährdung der Staatssicherheit, der öffentlichen Ordnung oder der Sittlichkeit zu besorgen ist,

1a. eine Gefährdung des Lebens, des Leibes oder der Freiheit eines Zeugen oder einer anderen Person zu besorgen ist,

2. ein wichtiges Geschäfts-, Betriebs-, Erfindungs- oder Steuergeheimnis zur Sprache kommt, durch dessen öffentliche Erörterung überwiegende schutzwürdige Interessen verletzt würden,

3. ein privates Geheimnis erörtert wird, dessen unbefugte Offenbarung durch den Zeugen oder Sachverständigen mit Strafe bedroht ist,

4. eine Person unter sechzehn Jahren vernommen wird.

173 *Öffentliche Urteilsverkündung* (1) Die Verkündung des Urteils erfolgt in jedem Falle öffentlich.

(2) Durch einen besonderen Beschluss des Gerichts kann unter den Voraussetzungen der §§ 171b und 172 auch für die Verkündung der Urteilsgründe oder eines Teiles davon die Öffentlichkeit ausgeschlossen werden.

174 *Verhandlung über Ausschluss der Öffentlichkeit; Schweigepflicht* (1) [1]Über die Ausschließung der Öffentlichkeit ist in nicht öffentlicher Sitzung zu verhandeln, wenn ein Beteiligter es beantragt oder das Gericht es für angemessen erachtet. [2]Der Beschluss, der die Öffentlichkeit ausschließt, muss öffentlich verkündet werden; er kann in nicht öffentlicher Sitzung verkündet werden, wenn zu befürchten ist, dass seine öffentliche Verkündung eine erhebliche Störung der Ordnung in der Sitzung zur Folge haben würde. [3]Bei der Verkündung ist in den Fällen der §§ 171b, 172 und 173 anzugeben, aus welchem Grund die Öffentlichkeit ausgeschlossen worden ist.

(2) Soweit die Öffentlichkeit wegen Gefährdung der Staatssicherheit ausgeschlossen wird, dürfen Presse, Rundfunk und Fernsehen keine Berichte über die Verhandlung und den Inhalt eines die Sache betreffenden amtlichen Schriftstücks veröffentlichen.

(3) [1]Ist die Öffentlichkeit wegen Gefährdung der Staatssicherheit oder aus den in §§ 171b und 172 Nr. 2 und 3 bezeichneten Gründen ausgeschlossen, so kann das Gericht den anwesenden Personen die Geheimhaltung von Tatsachen, die durch die Verhandlung oder durch ein die Sache betreffendes amtliches Schriftstück zu ihrer Kenntnis gelangen, zur Pflicht machen. [2]Der Beschluss ist in das Sitzungsprotokoll aufzunehmen. [3]Er ist anfechtbar. [4]Die Beschwerde hat keine aufschiebende Wirkung.

175 *Versagung des Zutritts* (1) Der Zutritt zu öffentlichen Verhandlungen kann unerwachsenen und solchen Personen versagt werden, die in einer der Würde des Gerichts nicht entsprechenden Weise erscheinen.

(2) [1]Zu nicht öffentlichen Verhandlungen kann der Zutritt einzelnen Personen vom Gericht gestattet werden. [2]In Strafsachen soll dem Verletzten der Zutritt gestattet werden. [3]Einer Anhörung der Beteiligten bedarf es nicht.

(3) Die Ausschließung der Öffentlichkeit steht der Anwesenheit der die Dienstaufsicht führenden Beamten der Justizverwaltung bei den Verhandlungen vor dem erkennenden Gericht nicht entgegen.

176 *Sitzungspolizei* Die Aufrechterhaltung der Ordnung in der Sitzung obliegt dem Vorsitzenden.

177 *Maßnahmen zur Aufrechterhaltung der Ordnung* [1]Parteien, Beschuldigte, Zeugen, Sachverständige oder bei der Verhandlung nicht beteiligte Personen, die den zur Aufrechterhaltung der Ordnung getroffenen Anordnungen nicht Folge leisten, können aus dem Sitzungszimmer entfernt sowie zur Ordnungshaft abgeführt und während einer zu bestimmenden Zeit, die vierundzwanzig Stunden nicht übersteigen darf, festgehalten werden. [2]Über Maßnahmen nach Satz 1 entscheidet gegenüber Personen, die bei der Verhandlung nicht beteiligt sind, der Vorsitzende, in den übrigen Fällen das Gericht.

178 *Ordnungsmittel wegen Ungebühr* (1) [1]Gegen Parteien, Beschuldigte, Zeugen, Sachverständige oder bei der Verhandlung nicht beteiligte Personen, die sich in der Sitzung einer Ungebühr schuldig machen, kann vorbehaltlich der strafgerichtlichen Verfolgung ein Ordnungsgeld bis zu eintausend Euro oder Ordnungshaft bis zu einer Woche festgesetzt und sofort vollstreckt werden. [2]Bei der Festsetzung von Ordnungsgeld ist zugleich für den Fall, dass dieses nicht beigetrieben werden kann, zu bestimmen, in welchem Maße Ordnungshaft an seine Stelle tritt.

(2) Über die Festsetzung von Ordnungsmitteln entscheidet gegenüber Personen, die bei der Verhandlung nicht beteiligt sind, der Vorsitzende, in den übrigen Fällen das Gericht.

(3) Wird wegen derselben Tat später auf Strafe erkannt, so sind das Ordnungsgeld oder die Ordnungshaft auf die Strafe anzurechnen.

179 *Vollstreckung der Ordnungsmittel* Die Vollstreckung der vorstehend bezeichneten Ordnungsmittel hat der Vorsitzende unmittelbar zu veranlassen.

180 *Befugnisse außerhalb der Sitzung* Die in den §§ 176 bis 179 bezeichneten Befugnisse stehen auch einem einzelnen Richter bei der Vornahme von Amtshandlungen außerhalb der Sitzung zu.

181 *Beschwerde gegen Ordnungsmittel* (1) Ist in den Fällen der §§ 178, 180 ein Ordnungsmittel festgesetzt, so kann gegen die Entscheidung binnen der Frist von einer Woche nach ihrer Bekanntmachung Beschwerde eingelegt werden, sofern sie nicht von dem Bundesgerichtshof oder einem Oberlandesgericht getroffen ist.

(2) Die Beschwerde hat in dem Falle des § 178 keine aufschiebende Wirkung, in dem Falle des § 180 aufschiebende Wirkung.

(3) Über die Beschwerde entscheidet das Oberlandesgericht.

182 *Protokollierung* Ist ein Ordnungsmittel wegen Ungebühr festgesetzt oder eine Person zur Ordnungshaft abgeführt oder eine bei der Verhandlung beteiligte Person entfernt worden, so ist der Beschluss des Gerichts und dessen Veranlassung in das Protokoll aufzunehmen.

183 *Straftaten in der Sitzung* [1]Wird eine Straftat in der Sitzung begangen, so hat das Gericht den Tatbestand festzustellen und der zuständigen Behörde das darüber aufgenommene Protokoll mitzuteilen. [2]In geeigneten Fällen ist die vorläufige Festnahme des Täters zu verfügen.

Fünfzehnter Titel. Gerichtssprache

184 *Gerichtssprache* [1]Die Gerichtssprache ist deutsch. [2]Das Recht der Sorben, in den Heimatkreisen der sorbischen Bevölkerung vor Gericht sorbisch zu sprechen, ist gewährleistet.

185 *Dolmetscher* (1) [1]Wird unter Beteiligung von Personen verhandelt, die der deutschen Sprache nicht mächtig sind, so ist ein Dolmetscher zuzuziehen. [2]Ein Nebenprotokoll in der fremden Sprache wird nicht geführt; jedoch sollen Aussagen und Erklärungen in fremder Sprache, wenn und soweit der Richter dies mit Rücksicht auf die Wichtigkeit der Sache für erforderlich erachtet, auch in der fremden Sprache in das Protokoll oder in eine Anlage niedergeschrieben werden. [3]In den dazu geeigneten Fällen soll dem Protokoll eine durch den Dolmetscher zu beglaubigende Übersetzung beigefügt werden.

(2) Die Zuziehung eines Dolmetschers kann unterbleiben, wenn die beteiligten Personen sämtlich der fremden Sprache mächtig sind.

186 *Verständigung mit hör- oder sprachbehinderter Person* (1) [1]Die Verständigung mit einer hör- oder sprachbehinderten Person in der Verhandlung erfolgt nach ihrer Wahl mündlich, schriftlich oder mit Hilfe einer die Verständigung ermöglichenden Personen, die vom Gericht hinzuzuziehen ist. [2]Für die mündliche und schriftliche Verständigung hat das Gericht die geeigneten technischen Hilfsmittel bereitzustellen. [3]Die hör- oder sprachbehinderte Person ist auf ihr Wahlrecht hinzuweisen.

(2) Das Gericht kann eine schriftliche Verständigung verlangen oder die Hinzuziehung einer Person als Dolmetscher anordnen, wenn die hör- oder sprachbehinderte Person von ihrem Wahlrecht nach Absatz 1 keinen Gebrauch gemacht hat oder eine ausreichende Verständigung in der nach Absatz 1 gewählten Form nicht oder nur mit unverhältnismäßigem Aufwand möglich ist.

187 *Dolmetscher oder Übersetzer für Beschuldigten oder Verurteilten* (1) Das Gericht zieht für den Beschuldigten oder Verurteilten, der der deutschen Sprache nicht mächtig, hör- oder sprachbehindert ist, einen Dolmetscher oder Übersetzer heran, soweit dies zur Ausübung seiner strafprozessualen Rechte erforderlich ist.

(2) Absatz 1 gilt auch für die Personen, die nach § 395 der Strafprozessordnung zum Anschluss mit der Nebenklage berechtigt sind.

188 *Eide Fremdsprachiger* Personen, die der deutschen Sprache nicht mächtig sind, leisten Eide in der ihnen geläufigen Sprache.

189 *Dolmetschereid* (1) [1]Der Dolmetscher hat einen Eid dahin zu leisten: dass er treu und gewissenhaft übertragen werde. [2]Gibt der Dolmetscher an, dass er aus Glaubens- oder Gewissensgründen keinen Eid leisten wolle, so hat er eine Bekräftigung abzugeben. [3]Diese Bekräftigung steht dem Eid gleich; hierauf ist der Dolmetscher hinzuweisen.

(2) Ist der Dolmetscher für Übertragungen der betreffenden Art im Allgemeinen beeidigt, so genügt die Berufung auf den geleisteten Eid.

190 *Urkundsbeamter als Dolmetscher* [1]Der Dienst des Dolmetschers kann von dem Urkundsbeamten der Geschäftsstelle wahrgenommen werden. [2]Einer besonderen Beeidigung bedarf es nicht.

191 *Ausschließung und Ablehnung des Dolmetschers* [1]Auf den Dolmetscher sind die Vorschriften über Ausschließung und Ablehnung der Sachverständigen entsprechend anzuwenden. [2]Es entscheidet das Gericht oder der Richter, von dem der Dolmetscher zugezogen ist.

191a *Zugänglichmachung von Schriftstücken für blinde oder sehbehinderte Person* (1) [1]Eine blinde oder sehbehinderte Person kann nach Maßgabe der Rechtsverordnung nach Absatz 2 verlangen, dass ihr die für sie bestimmten gerichtlichen Dokumente auch in einer für sie wahrnehmbaren Form zugänglich gemacht werden, soweit dies zur Wahrnehmung ihrer Rechte im Verfahren erforderlich ist. [2]Hierfür werden Auslagen nicht erhoben.

(2) Das Bundesministerium der Justiz bestimmt durch Rechtsverordnung, die der Zustimmung des Bundesrates bedarf, unter welchen Voraussetzungen und in welcher Weise die in Absatz 1 genannten Dokumente und Dokumente, die von den Parteien zur Akte gereicht werden, einer blinden oder sehbehinderten Person zugänglich gemacht werden, sowie ob und wie diese Person bei der Wahrnehmung ihrer Rechte mitzuwirken hat.

Sechszehnter Titel. Beratung und Sprache

192 *Mitwirkende Richter und Schöffen* (1) Bei Entscheidungen dürfen Richter nur in der gesetzlich bestimmten Anzahl mitwirken.

(2) Bei Verhandlungen von längerer Dauer kann der Vorsitzende die Zuziehung von Ergänzungsrichtern anordnen, die der Verhandlung beizuwohnen und im Falle der Verhinderung eines Richters für ihn einzutreten haben.

(3) (betrifft Strafsachen)

193 *Anwesenheit von auszubildenden Personen und ausländischen Juristen; Verpflichtung zur Geheimhaltung* (1) Bei der Beratung und Abstimmung dürfen außer den zur Entscheidung berufenen Richtern nur die bei demselben Gericht zu ihrer juristischen Ausbildung beschäftigten Personen und die dort beschäftigten wissenschaftlichen Hilfskräfte zugegen sein, soweit der Vorsitzende deren Anwesenheit gestattet.

(2) [1]Ausländische Berufsrichter, Staatsanwälte und Anwälte, die einem Gericht zur Ableistung eines Studienaufenthaltes zugewiesen worden sind, können bei demselben Gericht bei der Beratung und Abstimmung zugegen sein, soweit der Vorsitzende deren Anwesenheit gestattet und sie gemäß den Absätzen 3 und 4 verpflichtet sind. [2]Satz 1 gilt entsprechend für ausländische Juristen, die im Entsendestaat in einem Ausbildungsverhältnis stehen.

(3) [1]Die in Absatz 2 genannten Personen sind auf ihren Antrag zur Geheimhaltung besonders zu verpflichten. [2]§ 1 Abs. 2 und 3 des Verpflichtungsgesetzes vom 2. März 1974 (BGBl. I S. 469, 547 – Artikel 42) gilt entsprechend. [3]Personen, die nach Satz 1 besonders verpflichtet worden sind, stehen für die Anwendung der Vorschriften des Strafgesetzbuches über die Verletzung von Privatgeheimnissen (§ 203 Abs. 2 Satz 1 Nr. 2, Satz 2, Abs. 4 und 5, § 205), Verwertung fremder Geheimnisse (§§ 204, 205), Verletzung des Dienstgeheimnisses (§ 353b Abs. 1 Satz 1 Nr. 2, Satz 2, Abs. 3 und 4) sowie Verletzung des Steuergeheimnisses (§ 355) den für den öffentlichen Dienst besonders Verpflichteten gleich.

(4) [1]Die Verpflichtung wird vom Präsidenten oder vom aufsichtsführenden Richter des Gerichts vorgenommen. [2]Er kann diese Befugnis auf den Vorsitzenden des Spruchkörpers oder auf den Richter übertragen, dem die in Absatz 2 genannten Personen zugewiesen sind. [3]Einer erneuten Verpflichtung bedarf es während der Dauer des Studienaufenthaltes nicht. [4]In den Fällen des § 355 des Strafgesetzbuches ist der Richter, der die Verpflichtung vorgenommen hat, neben dem Verletzten antragsberechtigt.

194 *Gang der Beratung* (1) Der Vorsitzende leitet die Beratung, stellt die Fragen und sammelt die Stimmen.

(2) Meinungsverschiedenheiten über den Gegenstand, die Fassung und die Reihenfolge der Fragen oder über das Ergebnis der Abstimmung entscheidet das Gericht.

195 *Keine Verweigerung der Abstimmung* Kein Richter oder Schöffe darf die Abstimmung über eine Frage verweigern, weil er bei der Abstimmung über eine vorhergegangene Frage in der Minderheit geblieben ist.

196 *Absolute Mehrheit; Meinungsmehrheit* (1) Das Gericht entscheidet, soweit das Gesetz nicht ein anderes bestimmt, mit der absoluten Mehrheit der Stimmen.

(2) Bilden sich in Beziehung auf Summen, über die zu entscheiden ist, mehr als zwei Meinungen, deren keine die Mehrheit für sich hat, so werden die für die größte Summe abgegebenen Stimmen den für die zunächst geringere abgegebenen so lange hinzugerechnet, bis sich eine Mehrheit ergibt.

(3) (betrifft Strafsachen)

(4) (betrifft Strafsachen)

197 *Reihenfolge der Stimmabgabe* [1]Die Richter stimmen nach dem Dienstalter, bei gleichem Dienstalter nach dem Lebensalter, ehrenamtliche Richter und Schöffen nach dem Lebensalter; der jüngere stimmt vor dem älteren. [2]Die Schöffen stimmen vor den Richtern. [3]Wenn ein Berichterstatter ernannt ist, so stimmt er zuerst. [4]Zuletzt stimmt der Vorsitzende.

198 *(weggefallen)*

Siebzehnter Titel. Gerichtsferien

199–202 *(aufgehoben)*

EINFÜHRUNGSGESETZ ZUM GERICHTSVERFASSUNGSGESETZ

Vom 27. Januar 1877 (RGBl. S. 77),
Zuletzt geändert durch Gesetz vom 13. Dezember 2007 (BGBl. I S. 2894)

Erster Abschnitt. Allgemeine Vorschriften

1 *(aufgehoben)*

2 *Anwendungsbereich* Die Vorschriften des Gerichtsverfassungsgesetzes finden nur auf die ordentliche streitige Gerichtsbarkeit und deren Ausübung Anwendung.

3 *Übertragung der Gerichtsbarkeit* (1) [1]Die Gerichtsbarkeit in bürgerlichen Rechtsstreitigkeiten und Strafsachen, für welche besondere Gerichte zugelassen sind, kann den ordentlichen Landesgerichten durch die Landesgesetzgebung übertragen werden. [2]Die Übertragung darf nach anderen als den durch das Gerichtsverfassungsgesetz vorgeschriebenen Zuständigkeitsnormen erfolgen.

(2) *(aufgehoben)*

(3) Insoweit für bürgerliche Rechtsstreitigkeiten ein von den Vorschriften der Zivilprozessordnung abweichendes Verfahren gestattet ist, kann die Zuständigkeit der ordentlichen Landesgerichte durch die Landesgesetzgebung nach anderen als den durch das Gerichtsverfassungsgesetz vorgeschriebenen Normen bestimmt werden.

4 *(aufgehoben)*

4a *Ermächtigung der Länder Berlin und Hamburg* (1) [1]Die Länder Berlin und Hamburg bestimmen, welche Stellen die Aufgaben erfüllen, die im Gerichtsverfassungsgesetz den Landesbehörden, den Gemeinden oder den unteren Verwaltungsbezirken sowie deren Vertretungen zugewiesen sind. [2]Das Land Berlin kann bestimmen, dass die Wahl der Schöffen und Jugendschöffen bei einem gemeinsamen Amtsgericht stattfindet, bei diesem mehrere Schöffenwahlausschüsse gebildet werden und deren Zuständigkeit sich nach den Grenzen der Verwaltungsbezirke bestimmt.

(2) *(aufgehoben)*

5 *(gegenstandslos)*

6 *Wahl, Ernennung und Amtsperiode ehrenamtlicher Richter* (1) Vorschriften über die Wahl oder Ernennung ehrenamtlicher Richter in der ordentlichen Gerichtsbarkeit einschließlich ihrer Vorbereitung, über die Voraussetzung hierfür, die Zuständigkeit und das dabei einzuschlagende Verfahren sowie über die allgemeinen Regeln über Auswahl und Zuziehung dieser ehrenamtlichen Richter zu den einzelnen Sitzungen sind erstmals auf die erste Amtsperiode der ehrenamtlichen Richter anzuwenden, die nicht früher als am ersten Tag des auf ihr Inkrafttreten folgenden zwölften Kalendermonats beginnt.

(2) Vorschriften über die Dauer der Amtsperiode ehrenamtlicher Richter in der ordentlichen Gerichtsbarkeit sind erstmals auf die erste nach ihrem Inkrafttreten beginnende Amtsperiode anzuwenden.

7 *(gegenstandslos)*

8 *Oberstes Landesgericht* (1) Durch die Gesetzgebung eines Landes, in dem mehrere Oberlandesgerichte errichtet werden, kann die Verhandlung und Entscheidung der zur Zuständigkeit des Bundesgerichtshofes gehörenden Revisionen und Rechtsbeschwerden in bürgerlichen Rechtsstreitigkeiten einem obersten Landesgericht zugewiesen werden.

(2) Diese Vorschrift findet jedoch auf bürgerliche Rechtsstreitigkeiten, in denen für die Entscheidung Bundesrecht in Betracht kommt, keine Anwendung, es sei denn, dass es sich im wesentlichen um Rechtsnormen handelt, die in den Landesgesetzen enthalten sind.

9 *(betrifft Strafsachen)*

10 *Besetzung und Verfassung des obersten Landesgerichts* (1) Die allgemeinen sowie die in § 116 Abs. 1 Satz 2, §§ 124, 130 Abs. 1 und § 181 Abs. 1 enthaltenen besonderen Vorschriften des Gerichtsverfassungsgesetzes finden auf die obersten Landesgerichte der ordentlichen Gerichtsbarkeit entsprechende Anwendung; ferner sind die Vorschriften der §§ 132, 138 des Gerichtsverfassungsgesetzes mit der Maßgabe entsprechend anzuwenden, dass durch Landesgesetz die Zahl der Mitglieder der Großen Senate anderweitig geregelt oder die Bildung eines einzigen Großen Senats angeordnet werden kann, der aus dem Präsidenten und mindestens acht Mitgliedern zu bestehen hat und an die Stelle der Großen Senate für Zivilsachen und für Strafsachen sowie der Vereinigten Großen Senate tritt.

(2) Die Besetzung der Senate bestimmt sich in Strafsachen, in Grundbuchsachen und in Angelegenheiten der freiwilligen Gerichtsbarkeit nach den Vorschriften über die Oberlandesgerichte, im Übrigen nach den Vorschriften über den Bundesgerichtshof.

11 *(aufgehoben)*

Zweiter Abschnitt. Verfahrensübergreifende Mitteilungen von Amts wegen

12 *Geltungsbereich, Verantwortung; Erlass von Verwaltungsvorschriften* (1) [1]Die Vorschriften dieses Abschnitts gelten für die Übermittlung personenbezogener Daten von Amts wegen durch Gerichte der ordentlichen Gerichtsbarkeit und Staatsanwaltschaften an öffentliche Stellen des Bundes oder eines Landes für andere Zwecke als die des Verfahrens, für die die Daten erhoben worden sind. [2]Besondere Rechtsvorschriften des Bundes oder, wenn die Daten aus einem landesrechtlich geregelten Verfahren übermittelt werden, eines Landes, die von den §§ 18 bis 22 abweichen, gehen diesen Vorschriften vor.

(2) Absatz 1 gilt entsprechend für die Übermittlung personenbezogener Daten an Stellen der öffentlich-rechtlichen Religionsgesellschaften, sofern sichergestellt ist, dass bei dem Empfänger ausreichende Datenschutzmaßnahmen getroffen werden.

(3) Eine Übermittlung unterbleibt, wenn ihr eine besondere bundes- oder entsprechende landesgesetzliche Verwendungsregelung entgegensteht.

(4) Die Verantwortung für die Zulässigkeit der Übermittlung trägt die übermittelnde Stelle.

(5) [1]Das Bundesministerium der Justiz kann mit Zustimmung des Bundesrates allgemeine Verwaltungsvorschriften zu den nach diesem Abschnitt zulässigen Mitteilungen erlassen. [2]Ermächtigungen zum Erlass von Verwaltungsvorschriften über Mitteilungen in besonderen Rechtsvorschriften bleiben unberührt.

13 *Übermittlung personenbezogener Daten durch Gerichte und Staatsanwaltschaften* (1) Gerichte und Staatsanwaltschaften dürfen personenbezogene Daten zur Erfüllung der in der Zuständigkeit des Empfängers liegenden Aufgaben übermitteln, wenn

1. eine besondere Rechtsvorschrift dies vorsieht oder zwingend voraussetzt,
2. der Betroffene eingewilligt hat,
3. offensichtlich ist, dass die Übermittlung im Interesse des Betroffenen liegt, und kein Grund zu der Annahme besteht, dass er in Kenntnis dieses Zwecks seine Einwilligung verweigern würde,
4. die Daten auf Grund einer Rechtsvorschrift von Amts wegen öffentlich bekannt zu machen sind oder in ein von einem Gericht geführtes, für jedermann unbeschränkt einsehbares öffentliches Register einzutragen sind oder es sich um die Abweisung des Antrags auf Eröffnung des Insolvenzverfahrens mangels Masse handelt oder
5. auf Grund einer Entscheidung
   a) bestimmte Rechtsfolgen eingetreten sind, insbesondere der Verlust der Rechtsstellung aus einem öffentlich-rechtlichen Amts- oder Dienstverhältnis, der Ausschluss vom Wehr- oder Zivildienst, der Verlust des Wahlrechts oder der Wählbarkeit oder der Wegfall von Leistungen aus öffentlichen Kassen, und
   b) die Kenntnis der Daten aus der Sicht der übermittelnden Stelle für die Verwirklichung der Rechtsfolgen erforderlich ist;dies gilt auch, wenn auf Grund der Entscheidung der Erlass eines Verwaltungsaktes vorgeschrieben ist, ein Verwaltungsakt nicht erlassen werden darf oder wenn der Betroffene ihm durch Verwaltungsakt gewährte Rechte auch nur vorläufig nicht wahrnehmen darf.

(2) [1]In anderen als in den in Absatz 1 genannten Fällen dürfen Gerichte und Staatsanwaltschaften personenbezogene Daten zur Erfüllung der in der Zuständigkeit des Empfängers liegenden Aufgaben einschließlich der Wahrnehmung personalrechtlicher Befugnisse übermitteln, wenn eine Übermittlung nach den §§ 14 bis 17 zulässig ist und soweit nicht für die übermittelnde Stelle offensichtlich ist, dass schutzwürdige Interessen des Betroffenen an dem Ausschluss der Übermittlung überwiegen. [2]Übermittelte Daten dürfen auch für die Wahrnehmung der Aufgaben nach dem Sicherheitsüberprüfungsgesetz oder einem entsprechenden Landesgesetz verwendet werden.

14 *(betrifft Strafsachen)*

15 *Datenübermittlung in Zivilsachen* In Zivilsachen einschließlich der Angelegenheiten der freiwilligen Gerichtsbarkeit ist die Übermittlung personenbezogener Daten zulässig, wenn die Kenntnis der Daten aus der Sicht der übermittelnden Stelle erforderlich ist
1. zur Berichtigung oder Ergänzung des Grundbuchs oder eines von einem Gericht geführten Registers oder Verzeichnisses, dessen Führung durch eine Rechtsvorschrift angeordnet ist, und wenn die Daten Gegenstand des Verfahrens sind, oder
2. zur Führung des in § 2 Abs. 2 der Grundbuchordnung bezeichneten amtlichen Verzeichnisses und wenn Grenzstreitigkeiten Gegenstand eines Urteils, eines Vergleichs oder eines dem Gericht mitgeteilten außergerichtlichen Vergleichs sind.

16 *Datenübermittlung an ausländische öffentliche Stellen* Werden personenbezogene Daten an ausländische öffentliche Stellen oder an über- oder zwischenstaatliche Stellen nach den hierfür geltenden Rechtsvorschriften übermittelt, so ist eine Übermittlung dieser Daten auch zulässig
1. an das Bundesministerium der Justiz und das Auswärtige Amt,
2. in Strafsachen gegen Mitglieder einer ausländischen konsularischen Vertretung zusätzlich an die Staats- oder Senatskanzlei des Landes, in dem die konsularische Vertretung ihren Sitz hat.

16a *Kontaktstellen* (1) Das Bundesamt für Justiz nach Maßgabe des Absatzes 2 und die von den Landesregierungen durch Rechtsverordnung bestimmten weiteren Stellen nehmen die Aufgaben der Kontaktstellen im Sinne des Artikels 2 der Entscheidung 2001/470/EG des Rates vom 28. Mai 2001 über die Einrichtung eines Europäischen Justiziellen Netzes für Zivil- und Handelssachen (Abl. EG Nr. L 174 S. 25) wahr.

(2) Das Bundesamt für Justiz stellt die Koordinierung zwischen den Kontaktstellen sicher.

(3) [1]Die Landesregierungen werden ermächtigt, durch Rechtsverordnung die Aufgaben der Kontaktstellen einer Landesbehörde zuzuweisen. [2]Sie können die Befugnis zum Erlass einer Rechtsverordnung nach Absatz 1 einer obersten Landesbehörde übertragen.

17 *Datenübermittlung in anderen Fällen* Die Übermittlung personenbezogener Daten ist ferner zulässig, wenn die Kenntnis der Daten aus der Sicht der übermittelnden Stelle
1. zur Verfolgung von Straftaten oder Ordnungswidrigkeiten,
2. für ein Verfahren der internationalen Rechtshilfe,
3. zur Abwehr erheblicher Nachteile für das Gemeinwohl oder einer Gefahr für die öffentliche Sicherheit,
4. zur Abwehr einer schwerwiegenden Beeinträchtigung der Rechte einer anderen Person oder
5. zur Abwehr einer erheblichen Gefährdung Minderjähriger erforderlich ist.

18 *Verbindung mit weiteren Daten des Betroffenen oder Dritter, Ermessen* (1) [1]Sind mit personenbezogenen Daten, die nach diesem Abschnitt übermittelt werden dürfen, weitere personenbezogene Daten des Betroffenen oder eines Dritten so verbunden, dass eine Trennung nicht oder nur mit unvertretbarem Aufwand möglich ist, so ist die Übermittlung auch dieser Daten zulässig, soweit nicht berechtigte Interessen des Betroffenen oder eines Dritten an deren Geheimhaltung offensichtlich überwiegen. [2]Eine Verwendung der Daten durch den Empfänger ist unzulässig; für Daten des Betroffenen gilt § 19 Abs. 1 Satz 2 entsprechend.

(2) [1]Die übermittelnde Stelle bestimmt die Form der Übermittlung nach pflichtgemäßem Ermessen. [2]Soweit dies nach der Art der zu übermittelnden Daten und der Organisation des Empfängers geboten ist, trifft sie angemessene Vorkehrungen, um sicherzustellen, dass die Daten unmittelbar den beim Empfänger funktionell zuständigen Bediensteten erreichen.

19 *Zweckgebundenheit, Erforderlichkeit* (1) [1]Die übermittelten Daten dürfen nur zu dem Zweck verwendet werden, zu dessen Erfüllung sie übermittelt worden sind. [2]Eine Verwendung für andere Zwecke ist zulässig, soweit die Daten auch dafür hätten übermittelt werden dürfen.

(2) [1]Der Empfänger prüft, ob die übermittelten Daten für die in Absatz 1 genannten Zwecke erforderlich sind. [2]Sind die Daten hierfür nicht erforderlich, so schickt er die Unterlagen an die übermittelnde Stelle zurück. [3]Ist der Empfänger nicht zuständig und ist ihm die für die Verwendung der Daten zuständige Stelle bekannt, so leitet er die übermittelten Unterlagen dorthin weiter und benachrichtigt hiervon die übermittelnde Stelle.

20 *Unterrichtung des Empfängers* (1) [1]Betreffen Daten, die vor Beendigung eines Verfahrens übermittelt worden sind, den Gegenstand dieses Verfahrens, so ist der Empfänger vom Ausgang des Verfahrens zu unterrichten; das Gleiche gilt, wenn eine übermittelte Entscheidung abgeändert oder aufgehoben wird, das Verfahren, außer in den Fällen des § 153 a der Strafprozessordnung, auch nur vorläufig eingestellt worden ist oder nach den Umständen angenommen werden kann, dass das Verfahren auch nur vorläufig nicht weiter betrieben wird. [2]Der Empfänger ist über neue Erkenntnisse unverzüglich zu unterrichten, wenn dies erforderlich erscheint, um bis zu einer Unterrichtung nach Satz 1 drohende Nachteile für den Betroffenen zu vermeiden.

(2) [1]Erweist sich, dass unrichtige Daten übermittelt worden sind, so ist der Empfänger unverzüglich zu unterrichten. [2]Der Empfänger berichtigt die Daten oder vermerkt ihre Unrichtigkeit in den Akten.

(3) Die Unterrichtung nach Absatz 1 oder 2 Satz 1 kann unterbleiben, wenn sie erkennbar weder zur Wahrung der schutzwürdigen Interessen des Betroffenen noch zur Erfüllung der Aufgaben des Empfängers erforderlich ist.

21 *Auskunftserteilung und Unterrichtung; Antrag; Ablehnung* (1) [1]Dem Betroffenen ist auf Antrag Auskunft über die übermittelten Daten und deren Empfänger zu erteilen. [2]Der Antrag ist schriftlich zu stellen. [3]Die Auskunft wird nur erteilt, soweit der Betroffene Angaben macht, die das Auffinden der Daten ermöglichen, und der für die Erteilung der Auskunft erforderliche Aufwand nicht außer Verhältnis zu dem geltend gemachten Informationsinteresse steht. [4]Die übermittelnde Stelle bestimmt das Verfahren, insbesondere die Form der Auskunftserteilung, nach pflichtgemäßem Ermessen.

(2) [1]Ist der Betroffene bei Mitteilungen in Strafsachen nicht zugleich der Beschuldigte oder in Zivilsachen nicht zugleich Partei oder Beteiligter, ist er gleichzeitig mit der Übermittlung personenbezogener Daten über den Inhalt und den Empfänger zu unterrichten. [2]Die Unterrichtung des gesetzlichen Vertreters eines Minderjährigen, des Bevollmächtigten oder Verteidigers reicht aus. [3]Die übermittelnde Stelle bestimmt die Form der Unterrichtung nach pflichtgemäßem Ermessen. [4]Eine Pflicht zur Unterrichtung besteht nicht, wenn die Anschrift des zu Unterrichtenden nur mit unvertretbarem Aufwand festgestellt werden kann.

(3) Bezieht sich die Auskunftserteilung oder die Unterrichtung auf die Übermittlung personenbezogener Daten an Verfassungsschutzbehörden, den Bundesnachrichtendienst, den Militärischen Abschirmdienst oder, soweit die Sicherheit des Bundes berührt wird, andere Behörden des Bundesministers der Verteidigung, ist sie nur mit Zustimmung dieser Stellen zulässig.

(4) [1]Die Auskunftserteilung und die Unterrichtung unterbleiben, soweit

1. sie die ordnungsgemäße Erfüllung der Aufgaben der übermittelnden Stelle oder des Empfängers gefährden würden,
2. sie die öffentliche Sicherheit oder Ordnung gefährden oder sonst dem Wohle des Bundes oder eines Landes Nachteile bereiten würden oder
3. die Daten oder die Tatsache ihrer Übermittlung nach einer Rechtsvorschrift oder ihrem Wesen nach, insbesondere wegen der überwiegenden berechtigten Interessen eines Dritten, geheim gehalten werden müssenund deswegen das Interesse des Betroffenen an der Auskunftserteilung oder Unterrichtung zurücktreten muss.

[2]Die Unterrichtung des Betroffenen unterbleibt ferner, wenn erhebliche Nachteile für seine Gesundheit zu befürchten sind.

(5) Die Ablehnung der Auskunftserteilung bedarf keiner Begründung, soweit durch die Mitteilung der tatsächlichen und rechtlichen Gründe, auf die die Entscheidung gestützt wird, der mit der Auskunftsverweigerung verfolgte Zweck gefährdet würde.

22 *Überprüfung der Rechtmäßigkeit der Datenübermittlung* (1) [1]Ist die Rechtsgrundlage für die Übermittlung personenbezogener Daten nicht in den Vorschriften enthalten, die das Verfahren der übermittelnden Stelle regeln, sind für die Überprüfung der Rechtmäßigkeit der Übermittlung die §§ 23 bis 30 nach Maßgabe der Absätze 2 und 3 anzuwenden. [2]Hat der Empfänger auf Grund der übermittelten Daten eine Entscheidung oder andere Maßnahme getroffen und dies dem Betroffenen bekannt gegeben, bevor ein Antrag auf gerichtliche Entscheidung gestellt worden ist, so wird die Rechtmäßigkeit der Übermittlung ausschließlich von dem Gericht, das gegen die Entscheidung oder Maßnahme des Empfängers angerufen werden kann, in der dafür vorgesehenen Verfahrensart überprüft.

(2) [1]Wird ein Antrag auf gerichtliche Entscheidung gestellt, ist der Empfänger zu unterrichten. [2]Dieser teilt dem nach § 25 zuständigen Gericht mit, ob die Voraussetzungen des Absatzes 1 oder 2 vorliegen.

(3) [1]War die Übermittlung rechtswidrig, so spricht das Gericht dies aus. [2]Die Entscheidung ist auch für den Empfänger bindend und ist ihm bekannt zu machen. [3]Die Verwendung der übermittelten Daten ist unzulässig, wenn die Rechtswidrigkeit der Übermittlung festgestellt worden ist.

Dritter Abschnitt. Anfechtung von Justizverwaltungsakten

23 *Rechtsweg bei Justizverwaltungsakten* (1) [1]Über die Rechtmäßigkeit der Anordnungen, Verfügungen oder sonstigen Maßnahmen, die von den Justizbehörden zur Regelung einzelner Angelegenheiten auf den Gebieten des bürgerlichen Rechts einschließlich des Handelsrechts, des Zivilprozesses, der freiwilligen Gerichtsbarkeit und der Strafrechtspflege getroffen werden, entscheiden auf Antrag die ordentlichen Gerichte. [2]Das gleiche gilt für Anordnungen, Verfügungen oder sonstige Maßnahmen der Vollzugsbehörden im Vollzug der Untersuchungshaft sowie derjenigen Freiheitsstrafen und Maßregeln der Besserung und Sicherung, die außerhalb des Justizvollzuges vollzogen werden.

(2) Mit dem Antrag auf gerichtliche Entscheidung kann auch die Verpflichtung der Justiz- oder Vollzugsbehörde zum Erlass eines abgelehnten oder unterlassenen Verwaltungsaktes begehrt werden.

(3) Soweit die ordentlichen Gerichte bereits auf Grund anderer Vorschriften angerufen werden können, behält es hierbei sein Bewenden.

24 *Zulässigkeit des Antrages* (1) Der Antrag auf gerichtliche Entscheidung ist nur zulässig, wenn der Antragsteller geltend macht, durch die Maßnahme oder ihre Ablehnung oder Unterlassung in seinen Rechten verletzt zu sein.

(2) Soweit Maßnahmen der Justiz- oder Vollzugsbehörden der Beschwerde oder einem anderen förmlichen Rechtsbehelf im Verwaltungsverfahren unterliegen, kann der Antrag auf gerichtliche Entscheidung erst nach vorausgegangenem Beschwerdeverfahren gestellt werden.

25 *Zuständigkeit des OLG oder des Obersten Landesgerichts* (1) [1]Über den Antrag entscheidet ein Zivilsenat oder, wenn der Antrag eine Angelegenheit der Strafrechtspflege oder des Vollzugs betrifft, ein Strafsenat des Oberlandesgerichts, in dessen Bezirk die Justiz- oder Vollzugsbehörde ihren Sitz hat. [2]Ist ein Beschwerdeverfahren (§ 24 Abs. 2) vorausgegangen, so ist das Oberlandesgericht zuständig, in dessen Bezirk die Beschwerdebehörde ihren Sitz hat.

(2) Ein Land, in dem mehrere Oberlandesgerichte errichtet sind, kann durch Gesetz die nach Absatz 1 zur Zuständigkeit des Zivilsenats oder des Strafsenats gehörenden Entscheidungen ausschließlich einem der Oberlandesgerichte oder dem Obersten Landesgericht zuweisen.

26 *Antragsfrist* (1) Der Antrag auf gerichtliche Entscheidung muss innerhalb eines Monats nach Zustellung oder schriftlicher Bekanntgabe des Bescheides oder, soweit ein Beschwerdeverfahren (§ 24 Abs. 2) vorausgegangen ist, nach Zustellung des Beschwerdebescheides schriftlich oder zur Niederschrift der Geschäftsstelle des Oberlandesgerichts oder eines Amtsgerichts gestellt werden.

(2) War der Antragsteller ohne Verschulden verhindert, die Frist einzuhalten, so ist ihm auf Antrag Wiedereinsetzung in den vorigen Stand zu gewähren.

(3) [1]Der Antrag auf Wiedereinsetzung ist binnen zwei Wochen nach Wegfall des Hindernisses zu stellen. [2]Die Tatsachen zur Begründung des Antrags sind bei der Antragstellung oder im Verfahren über den Antrag glaubhaft zu machen. [3]Innerhalb der Antragsfrist ist die versäumte Rechtshandlung nachzuholen. [4]Ist dies geschehen, so kann die Wiedereinsetzung auch ohne Antrag gewährt werden.

(4) Nach einem Jahr seit dem Ende der versäumten Frist ist der Antrag auf Wiedereinsetzung unzulässig, außer wenn der Antrag vor Ablauf der Jahresfrist infolge höherer Gewalt unmöglich war.

27 *Antragstellung bei Untätigkeit der Behörde* (1) [1]Ein Antrag auf gerichtliche Entscheidung kann auch gestellt werden, wenn über einen Antrag, eine Maßnahme zu treffen, oder über eine Beschwerde oder einen anderen förmlichen Rechtsbehelf ohne zureichenden Grund nicht innerhalb von drei Monaten entschieden ist. [2]Das Gericht kann vor Ablauf dieser Frist angerufen werden, wenn dies wegen besonderer Umstände des Falles geboten ist.

(2) [1]Liegt ein zureichender Grund dafür vor, dass über die Beschwerde oder den förmlichen Rechtsbehelf noch nicht entschieden oder die beantragte Maßnahme noch nicht erlassen ist, so setzt das Gericht das Verfahren bis zum Ablauf einer von ihm bestimmten Frist, die verlängert werden kann, aus. [2]Wird der Beschwerde innerhalb der vom Gericht gesetzten Frist stattgegeben oder der Verwaltungsakt innerhalb dieser Frist erlassen, so ist die Hauptsache für erledigt zu erklären.

(3) Der Antrag nach Absatz 1 ist nur bis zum Ablauf eines Jahres seit der Einlegung der Beschwerde oder seit der Stellung des Antrags auf Vornahme der Maßnahme zulässig, außer wenn die Antragstellung vor Ablauf der Jahresfrist infolge höherer Gewalt unmöglich war oder unter den besonderen Verhältnissen des Einzelfalles unterblieben ist.

28 *Entscheidung über den Antrag* (1) [1]Soweit die Maßnahme rechtswidrig und der Antragsteller dadurch in seinen Rechten verletzt ist, hebt das Gericht die Maßnahme und, soweit ein Beschwerdeverfahren (§ 24 Abs. 2) vorausgegangen ist, den Beschwerdebescheid auf. [2]Ist die Maßnahme schon vollzogen, so kann das Gericht auf Antrag auch aussprechen, dass und wie die Justiz- oder Vollzugsbehörde die Vollziehung rückgängig zu machen hat. [3]Dieser Ausspruch ist nur zulässig, wenn die Behörde dazu in der Lage und diese Frage spruchreif ist. [4]Hat sich die Maßnahme vorher durch Zurücknahme oder anders erledigt, so spricht das Gericht auf Antrag aus, dass die Maßnahme rechtswidrig gewesen ist, wenn der Antragsteller ein berechtigtes Interesse an dieser Feststellung hat.

(2) [1]Soweit die Ablehnung oder Unterlassung der Maßnahme rechtswidrig und der Antragsteller dadurch in seinen Rechten verletzt ist, spricht das Gericht die Verpflichtung der Justiz- oder Vollzugsbehörde aus, die beantragte Amtshandlung vorzunehmen, wenn die Sache spruchreif ist. [2]Andernfalls spricht es die Verpflichtung aus, den Antragsteller unter Beachtung der Rechtsauffassung des Gerichts zu bescheiden.

(3) Soweit die Justiz- oder Vollzugsbehörde ermächtigt ist, nach ihrem Ermessen zu handeln, prüft das Gericht auch, ob die Maßnahme oder ihre Ablehnung oder Unterlassung rechtswidrig ist, weil die gesetzlichen Grenzen des Ermessens überschritten sind oder von dem Ermessen in einer dem Zweck der Ermächtigung nicht entsprechenden Weise Gebrauch gemacht ist.

29 *Unanfechtbarkeit der Entscheidung; Verfahren; Prozesskostenhilfe* (1) [1]Die Entscheidung des Oberlandesgerichts ist endgültig. [2]Will ein Oberlandesgericht jedoch von einer auf Grund des § 23 ergangenen Entscheidung eines anderen Oberlandesgerichts oder des Bundesgerichtshofes abweichen, so legt es die Sache diesem vor. [3]Der Bundesgerichtshof entscheidet an Stelle des Oberlandesgerichts.

(2) Im übrigen sind auf das Verfahren vor dem Zivilsenat die Vorschriften des Gesetzes über die Angelegenheiten der freiwilligen Gerichtsbarkeit über das Beschwerdeverfahren, auf das Verfahren vor dem Strafsenat die Vorschriften der Strafprozessordnung über das Beschwerdeverfahren sinngemäß anzuwenden.

(3) Auf die Bewilligung der Prozesskostenhilfe sind die Vorschriften der Zivilprozessordnung entsprechend anzuwenden.

30 *Kosten* (1) [1]Für die Kosten des Verfahrens vor dem Oberlandesgericht gelten die Vorschriften der Kostenordnung entsprechend. [2]Abweichend von § 130 der Kostenordnung wird jedoch ohne Begrenzung durch einen Höchstbetrag bei Zurückweisung das Doppelte der vollen Gebühr, bei Zurücknahme des Antrags eine volle Gebühr erhoben.

(2) [1]Das Oberlandesgericht kann nach billigem Ermessen bestimmen, dass die außergerichtlichen Kosten des Antragstellers, die zur zweckentsprechenden Rechtsverfolgung notwendig waren, ganz oder teilweise aus der Staatskasse zu erstatten sind. [2]Die Vorschriften des § 91 Abs. 1 Satz 2 und der §§ 102 bis 107 der Zivilprozessordnung gelten entsprechend. [3]Die Entscheidung des Oberlandesgerichts kann nicht angefochten werden.

(3) [1]Der Geschäftswert bestimmt sich nach § 30 der Kostenordnung. [2]Er wird von dem Oberlandesgericht durch unanfechtbaren Beschluss festgesetzt.

30a *Verwaltungsakt im Bereich von Kostenvorschriften* (1) [1]Verwaltungsakte, die im Bereich der Justizverwaltung beim Vollzug des Gerichtskostengesetzes, der Kostenordnung, des Gerichtsvollzieherkostengesetzes, des Justizvergütungs- und -entschädigungsgesetzes oder sonstiger für gerichtliche Verfahren oder Verfahren der Justizverwaltung geltender Kostenvorschriften, insbesondere hinsichtlich der Einforderung oder Zurückzahlung ergehen, können durch einen Antrag auf gerichtliche Entscheidung auch dann angefochten werden, wenn es nicht ausdrücklich bestimmt ist. [2]Der Antrag kann nur darauf gestützt werden, dass der Verwaltungsakt den Antragsteller in seinen Rechten beeinträchtige, weil er rechtswidrig sei. [3]Soweit die Verwaltungsbehörde ermächtigt ist, nach ihrem Ermessen zu befinden, kann der Antrag nur darauf gestützt werden, dass die gesetzlichen Grenzen des Ermessens überschritten seien, oder dass vom dem Ermessen in einer dem Zweck der Ermächtigung nicht entsprechenden Weise Gebrauch gemacht worden sei.

(2) [1]Über den Antrag entscheidet das Amtsgericht, in dessen Bezirk die für die Einziehung oder Befriedigung des Anspruchs zuständige Kasse ihren Sitz hat. [2]In dem Verfahren ist die Staatskasse zu hören. [3]§ 14 Abs. 3 bis 9 und § 157a der Kostenordnung gelten entsprechend.

(3) [1]Durch die Gesetzgebung eines Landes, in dem mehrere Oberlandesgerichte errichtet sind, kann die Entscheidung über das Rechtsmittel der weiteren Beschwerde nach Absatz 1 und 2 sowie nach §§ 14, 156 der Kostenordnung, der Beschwerde nach § 66 des Gerichtskostengesetzes, nach § 14 der Kostenordnung und nach § 4 des Justizvergütungs- und -entschädigungsgesetzes einem der mehreren Oberlandesgerichte oder anstelle eines solchen Oberlandesgerichts einem obersten Landesgericht zugewiesen werden. [2]Dies gilt auch für die Entscheidung über das Rechtsmittel der weiteren Beschwerde nach § 33 des Rechtsanwaltsvergütungsgesetzes, soweit nach dieser Vorschrift das Oberlandesgericht zuständig ist.

(4) Für die Beschwerde finden die vor dem Inkrafttreten des Kostenrechtsmodernisierungsgesetzes vom 5. Mai 2004 (BGBl. I S. 718) am 1. Juli 2004 geltenden Vorschriften weiter Anwendung, wenn die anzufechtende Entscheidung vor dem 1. Juli 2004 der Geschäftsstelle übermittelt worden ist.

Vierter Abschnitt. Kontaktsperre

31–38a *(betreffen Strafsachen)*

Fünfter Abschnitt. Insolvenzstatistik

39 (1) Über Insolvenzverfahren werden monatliche Erhebungen als Bundesstatistik durchgeführt.

(2) Erhebungsmerkmale sind:

1. bei Eröffnung des Insolvenzverfahrens oder dessen Abweisung mangels Masse
   a) Art des Verfahrens,
   b) Antragsteller,
   c) Art des Rechtsträgers oder der Vermögensmasse (Schuldner); bei Unternehmen zusätzlich Rechtsform, Geschäftszweig, Jahr der Gründung, Zahl der betroffenen Arbeitnehmer und die Eintragung in das Handels-, Genossenschafts-, Vereins- oder Partnerschaftsregister,
   d) Eröffnungsgrund,
   e) Anordnung der Eigenverwaltung,
   f) voraussichtliche Summe der Forderungen;
2. bei Annahme eines Schuldenbereinigungsplans, bei Eröffnung eines vereinfachten Insolvenzverfahrens oder bei der Abweisung des Antrags auf Eröffnung eins solchen Verfahrens mangels Masse
   a) Summe der Forderungen,
   b) geschätzte Summe der zu erbringenden Leistungen,
   c) bei Personen, die eine geringfügige selbständige wirtschaftliche Tätigkeit ausüben, zusätzlich Geschäftszweig;
3. bei Einstellung des Insolvenzverfahrens
   a) Einstellungsgrund,
   b) bei Einstellung mangels Masse oder nach Anzeige der Masseunzulänglichkeit zusätzlich Summe der Forderungen,
4. bei Aufhebung des Insolvenzverfahrens nach Schlussverteilung nach dem Schlusstermin, spätestens jedoch nach Ablauf des zweiten dem Eröffnungsjahr folgenden Jahres
   a) Summe der Forderungen,
   b) für die Verteilung verfügbarer Betrag,
   c) nachträgliche Anordnung oder Aufhebung der Eigenverwaltung;
5. bei Aufhebung des Insolvenzverfahrens nach Bestätigung eines Insolvenzplans
   a) Summe der Forderungen,
   b) Anteil des erlassenen Betrags an der Summe der Forderungen,
   c) nachträgliche Anordnung oder Aufhebung der Eigenverwaltung;
6. bei Restschuldbefreiung
   a) Ankündigung der Restschuldbefreiung,
   b) Entscheidung über die Restschuldbefreiung.

(3) Hilfsmerkmale der Erhebungen sind:

1. Datum der Verfahrenshandlungen nach Absatz 2,
2. Name oder Firma und Anschrift oder Mittelpunkt der selbständigen wirtschaftlichen Tätigkeit des Schuldners,
3. Name und Aktenzeichen des Amtsgerichts,
4. Namen und Telekommunkationsanschlussnummern der für eventuelle Rückfragen zur Verfügung stehenden Personen sowie Bearbeitungsdatum,
5. bei Schuldnern, die im Handels-, Genossenschafts-, Vereins- oder Partnerschaftsregister eingetragen sind, für die Erhebungen nach Absatz 2 Nr. 1 im Fall der Abweisung mangels Masse und nach den Nummern 3 und 4: Art und Ort des Registers sowie Nummer der Eintragung.

(4) [1]Für die Erhebung besteht Auskunftspflicht. [2]Die Angaben zu Absatz 3 Nr. 4 sind freiwillig. [3]Auskunftspflichtig sind die zuständigen Amtsgerichte. [4]Die Angaben werden aus den vorhandenen Unterlagen jeweils für den abgelaufenen Kalendermonat erteilt. [5]Die Angaben zu Absatz 2 Nr. 1, 2, 3, 5 und 6 sind innerhalb von zwei Wochen nach Ablauf des Kalendermonats, indem die jeweilige gerichtliche Entscheidung erlassen wurde, die Angaben zu Absatz 2 Nr. 4 nach dem Schlusstermin, spätestens jedoch nach Ablauf des zweiten dem Eröffnungsjahr folgenden Jahres zu übermitteln.

(5) Für die Verwendung gegenüber den gesetzgebenden Körperschaften und für Zwecke der Planung, jedoch nicht für die Regelung von Einzelfällen, dürfen Tabellen mit statistischen Ergebnissen, auch soweit Tabellenfelder nur einen einzigen Fall ausweisen, vom Statistischen Bundesamt und den statistischen Ämtern der Länder an die fachlich zuständigen obersten Bundes- und Landesbehörden übermittelt werden.

EUROPÄISCHES ZIVILPROZESSRECHT

Vorbemerkung

Übersicht

I. Begriff

1 Das Internationale Zivilprozessrecht umfasst die Gesamtheit der Normen, die in Zivilrechtsfällen mit Auslandsbezug die sich daraus ergebenden Verfahrensfragen regeln. Die Teile des internationalen Zivilprozessrechts, die durch EG-Verordnungen[1] (sowie wenigen Richtlinien[2]) und deren Umsetzungs- bzw. Ausführungsbestimmungen geregelt sind, fallen unter den Begriff **Europäisches Zivilprozessrecht.** Die folgenden Ausführungen befassen sich ausschließlich mit den Teilen des internationalen Zivilprozessrechts, die auf EG-Verordnungen beruhen.

II. Die Grundlagen im EG-Vertrag und Entwicklung

2 Der Amsterdamer Vertrag vom 2. Oktober 1997 (in Kraft getreten am 1. Mai 1999) hat der Europäischen Gemeinschaft die Kompetenz zur Vereinheitlichung des internationalen Zivilprozessrechts übertragen. Er hat einen neuen Titel IV (Art. 61–69 EG) in den EG-Vertrag eingeführt, der den schrittweisen Aufbau eines Raums der Freiheit, der Sicherheit und des Rechts zum Ziel hat (vgl. Art. 61 EG). Von zentraler Bedeutung ist Art. 65 EG. Diese Vorschrift begründet eine eigenständige Handlungsbefugnis der Gemeinschaft, die es ihr erlaubt, Maßnahmen im Bereich der juristischen Zusammenarbeit in Zivilsachen mit grenzüberschreitendem Bezug zu treffen, soweit diese für das reibungslose Funktionieren des Binnenmarktes erforderlich sind. Art. 65 lit. a nennt dabei ausdrücklich die Verbesserung und Vereinfachung der Anerkennung und Vollstreckung gerichtlicher und außergerichtlicher Entscheidungen in Zivil- und Handelssachen (3. Spiegelstrich). Die justizielle Zusammenarbeit in Zivilsachen ist damit aus der zwischenstaatlichen Zusammenarbeit in die Kompetenz der Gemeinschaft überführt und dabei zugleich näher konkretisiert worden.[3] Es besteht nunmehr die Möglichkeit einer echten Gemeinschaftspolitik im internationalen Zivilverfahrensrecht.[4] Die Regelung in Art. 293 4. Spiegelstrich EG, die lediglich eine Koordinierung der nationalen Prozessrechte ermöglichte, tritt jetzt hinter Art. 65 lit. a EG zurück. Von der neu geschaffenen Kompetenz hat die Gemeinschaft alsbald und sehr umfangreich Gebrauch gemacht und u. a. die in den folgenden Anhängen kommentierten Verordnungen erlassen. Die Flut von europäischen Regelungen erschwert es für den Praktiker, den Überblick zu wahren. Die neueren Verordnungen sind von einem politisch motivierten „Vertrauensdogma“[5] in die völlige Gleichwertigkeit der Justizgewährleistung in Mitgliedstaaten getragen und nehmen auf die Besonderheiten der grenzüberschreitenden Prozessführung und den damit verbundenen Problemen – wie etwa das Sprachproblem – teilweise höchst unzureichend Rücksicht. Problematisch erscheint hier vor allem die mitunter sehr einseitig am Gläubigerinteresse ausgerichtete Beschleunigungstendenz, die in es in bemerkenswerter Weise in Kauf nimmt, die Beklagteninteressen hintanzustellen. Besonders gravierend ist dabei die sukzessive Abschaffung des Exequaturverfahrens und damit jeder Kontrollmöglichkeit mitgliedstaatlicher Entscheidungen im Vollstreckungsstaat (vgl. als „Pilotprojekt“ die EuVTVO, sowie die entspre-

---

1 Dies sind die EuGVVO (Brüssel I-VO), die Brüssel IIa-VO (Verordnung EG Nr. 2116/2004), welche die Brüssel II-VO abgelöst hat (Verordnung EG Nr. 1347/2000), die EuZustVO (Verordnung EG Nr. 1348/2000), die EuBewVO (Verordnung EG Nr. 1206/2001), die EuInsVO (Verordnung EG Nr. 1346/2000), die EuVTVO über den Europäischen Vollstreckungstitel (Verordnung EG Nr. 805/2004) sowie künftig die Verordnung über den Europäischen Mahnbescheid – EuMahnVO – (Verordnung EG Nr. 1896/2006 – sie tritt am 12. 12. 2008 in Kraft) sowie die Verordnung über Europäische Verfahren für geringfügige Forderungen, die am 1. 1. 2009 in Kraft treten wird.

2 Im Insolvenzrecht sind dies die Bereichsausnahmen der EuInsVO für Finanzdienstleister und Versicherer: Richtlinie 2001/24/EG über die Sanierung und Liquidation von Kreditinstituten (zur Umsetzung s. §§ 46 d–f KWG; hierzu u. a. *Stürner* KTS 2005, 269) sowie die Richtlinie 2001/17/EG zur Sanierung und Liquidation von Versicherungsunternehmen (zur Umsetzung vgl. *Heiss/Gölz* NJW 2006, 1 ff). Die PKH-Richtlinie (RL 2002/8/EG) ist in §§ 1076–1078 ZPO umgesetzt durch das EG-Prozesskostenhilfegesetz vom 15. 12. 2004 (BGBl. I 3392).

3 *Calliess/Ruffert* EUV/EGV, 3. Aufl. 2007, Art. 65 EG Rn. 1.

4 Vgl. *Besse* ZEuP 1999, 107, 108 ff.; krit. hingegen *Schack* ZEuP 1999, 805.

5 Krit. hierzu *Stadler* RIW 2004, 801; *Mankowski* RIW 2004, 587, 588; *Rauscher/Pabst,* Einl. EuVTVO Rn. 15 ff.

chenden Folgeregelungen in der EuMahnVO, der Verordnung über Bagatellforderungen sowie die geplante Verordnung über Unterhaltsforderungen).[6]

III. Verordnung (EG) Nr. 44/2001 (EuGVVO – Brüssel I-VO)

3 **1. Allgemeines.** Die Verordnung (EG) Nr. 44/2001 des Rates vom 22. 12. 2000 über die gerichtliche Zuständigkeit und die Anerkennung und Vollstreckung von Entscheidungen in Zivil- und Handelssachen (Brüssel I-VO = EuGVVO)[7] ist am 1. 3. 2002 in Kraft getreten. Sie vereinheitlicht die einzelstaatlichen Vorschriften über die internationale Zuständigkeit und vereinfacht die Formalitäten für die Anerkennung und Vollstreckung von Entscheidungen, um den freien Verkehr der Entscheidungen in Zivil- und Handelssachen zu gewährleisten.[8]

4 **2. Anwendungsbereich. a) Territorialer.** Die EuGVVO galt zunächst für Belgien, Deutschland, Griechenland, Spanien, Frankreich, Irland, Italien, Luxemburg, Niederlande, Österreich, Portugal, Finnland, Schweden, Vereinigtes Königreich. Seit dem 1. Mai 2004 sind auch Tschechien, Estland, Zypern, Lettland, Litauen, Ungarn, Malta, Polen, Slowenien und Slowakei Mitglieder der Europäischen Union.[9] Für diese Staaten sind ab dem Tag des Beitritts die ursprünglichen Verträge und die vor dem Beitritt erlassenen Rechtsakte der Organe verbindlich und gelten in diesen Staaten nach Maßgabe der genannten Verträge und der Akte über die Bedingungen des Beitritts (Art. 2 der Akte).[10] Damit gilt in diesen Staaten mit gewissen Änderungen auch die EuGVVO.[11] Seit dem 1. Januar 2007 sind auch die beiden neuen EU-Mitgliedsstaaten Bulgarien und Rumänien in den Anwendungsbereich der EuGVVO miteinbezogen.[12]

Bis zum 30. 6. 2007 galt im Verhältnis zwischen **Dänemark** und den übrigen Mitgliedstaaten das EuGVÜ (die staatsvertragliche Vorgängerregelung der EuGVVO).[13] Am 1. 7. 2007 ist das Abkommen zwischen der Europäischen Gemeinschaft und dem Königreich Dänemark über die gerichtliche Zuständigkeit und die Anerkennung und Vollstreckung von Entscheidungen in Zivil- und Handelssachen vom 19. 10. 2005[14] in Kraft getreten.[15] Seitdem ist die EuGVVO auch auf die Beziehungen zwischen Dänemark und den übrigen Mitgliedsstaaten anwendbar.[16] Die Auslegungskompetenz für das Abkommen liegt beim EuGH.[17]

b) Der **sachliche Anwendungsbereich** der Verordnung erstreckt sich, „von einigen genau festgelegten Rechtsgebieten abgesehen, auf den wesentlichen Teil des Zivil- und Handelsrechts" (s. Art. 1 Rn. 3 ff.).[18] Zur Erforderlichkeit eines grenzüberschreitenden Bezugs für die Zuständigkeitsregelungen der VO s. Art. 2 Rn. 2).

5 **3. Verhältnis zum nationalen Recht.** Die Verordnung ist in allen ihren Teilen verbindlich und gilt unmittelbar in jedem Mitgliedstaat (Art. 249 Abs. 2 EG). Sie geht nationalem Recht im Rang vor. Soweit nationale Bestimmungen der Verordnung widersprechen, werden sie durch die Verordnung verdrängt und dürfen von den nationalen Gerichten nicht angewandt werden.

6 **4. Auslegung.** Bei der Interpretation des EuGVÜ wurde die Frage erörtert, ob die dort verwendeten Rechtsbegriffe **vertragsautonom**, dh. für alle Mitgliedsstaaten gleich, auszulegen sind oder ob die jeweilige Auslegung nach dem nationalen Recht des Forumstaates maßgeblich ist. Der EuGH hatte insoweit ausgesprochen, dass keiner der beiden Möglichkeiten ein absoluter Vorrang einzuräumen sei; vielmehr könne die Entscheidung nur für jede einzelne Bestimmung gesondert getroffen werden.[19] Allerdings zeigt ein Blick in die Judikatur, dass der Gerichtshof sich in zunehmendem Maße der autonomen Auslegung bedient. In neueren Entscheidungen spricht er davon, dass die autonome Auslegung „grundsätzlich"[20] bzw. „im Rahmen des Möglichen"[21] zu befürworten sei. Diese zutreffende Auffassung muss auch für die Verordnung gelten,[22] zu deren Zielen es – ebenso wie zu den Zielen des EuGVÜ – gehört, die Zuständigkeitsregeln für die Gerichte zu vereinheitlichen und die Freizügigkeit gerichtlicher Entscheidungen zu gewährleisten.

---

6 S. *Stadler* RIW 2004, 801 ff.

7 ABl. (EG) L 12 vom 16. 1. 2001, S. 1; vgl. dazu *Hausmann* EuLF 2001/01 (D), 40; *Heß* JZ 2001, 573; *Micklitz/Rott* EuZW 2001, 325.

8 Erwägungsgründe Nr. 2, 6, ABl. (EG) L 12 vom 16. 1. 2001, S. 1.

9 Vertrag über den Beitritt der Tschechischen Republik, der Republik Estland, der Republik Zypern, der Republik Lettland, der Republik Litauen, der Republik Ungarn, der Republik Malta, der Republik Polen, der Republik Slowenien und der Slowakischen Republik zur Europäischen Union, ABl. (EG), L 236 vom 23. 9. 2003, S. 17.

10 ABl. (EG) L 236 vom 23. 9. 2003, S. 33.

11 ABl. (EG) L 236 vom 23. 9. 2003, S. 715 ff.

12 Art. 2 der Akte über den Betritt Bulgariens und Rumäniens, ABl. (EG) L 157 vom 21. 6. 2005, S. 203.

13 Vgl. Erwägungsgrund Nr. 22, ABl. (EG) L 12 vom 16. 1. 2001, S. 3.

14 ABl. (EG) L 299 vom 16. 11. 2005, S. 62.

15 Mitteilung in ABl. (EG) L 94 vom 4. 4. 2007, S. 70.

16 Art. 2 Abs. 1 des Abkommens, ABl. (EG) L 299 vom 16. 11. 2005, S. 64.

17 Art. 6 des Abkommens, ABl. (EG) L 299 vom 16. 11. 2005, S. 66.

18 Erwägungsgrund Nr. 7, ABl. (EG) L 12 vom 16. 1. 2001, S. 1.

19 EuGH („Tessili"), EuGHE 1976, 1473, Nr. 11 = NJW 1977, 491; EuGH („Groupe Concorde"), EuGHE 1999, I 6307 Nr. 12 = NJW 2000, 719.

20 EuGH („Rutten/Cross Medical") EuGHE 1997, I 57, Nr. 12 = NJW 1997, 2668.

21 EuGH („Mulox/Geels") EuGHE 1993, I 4075, Nr. 10; EuGH („Groupe Concorde") EuGHE 1999, I 6307 Nr. 11 = NJW 2000, 719.

22 *Kropholler,* Festschr. MPI (2001), 583, 590.

Für die Auslegung der Verordnung hat der **EuGH das Letztentscheidungsrecht** (vgl. Art. 68 Abs. 1 iVm. 234 EG). Stellt sich die Frage der Gültigkeit der Verordnung oder eine Frage der Auslegung, muss das nationale Gericht die Frage dem EuGH vorlegen, wenn es eine Entscheidung darüber zum Erlass seines Urteils für erforderlich hält. Abweichend von Art. 234 EG steht die Vorlagemöglichkeit nicht allen nationalen Gerichten, sondern nur dem letztinstanzlich entscheidenden Gericht zu (Art. 68 Abs. 1 EG). Das letztinstanzliche Gericht trifft in den genannten Fällen eine **Vorlagepflicht.**[23] Dabei ist der Begriff des „letztinstanzlichen" Gerichts konkret anhand des Einzelfalls zu bestimmen; es ist nicht abstrakt auf die Instanzenhierarchie im Mitgliedstaat abzustellen (str.).[24] 7

5. Durchführung der Verordnung. Die EuGVVO regelt „das Verfahren der Vollstreckbarerklärung nicht bis in jedes Detail, sondern lässt den Mitgliedstaaten Spielräume, Einzelheiten so auszugestalten, dass sich das Verfahren der Vollstreckbarerklärung nahtlos in das System des jeweiligen innerstaatlichen Prozessrechts einfügt"[25]. Das Gesetz zur Ausführung zwischenstaatlicher Verträge und zur Durchführung von Verordnungen der Europäischen Gemeinschaft auf dem Gebiet der Anerkennung und Vollstreckung in Zivil- und Handelssachen (**Anerkennungs- und Vollstreckungsausführungsgesetz – AVAG**)[26] enthält die erforderlichen Durchführungsbestimmungen zu der EG-Verordnung. 8

IV. Das Verhältnis von EuGVVO, EuGVÜ und LugÜ[27]

Das Brüsseler Übereinkommen über die gerichtliche Zusammenarbeit (EuGVÜ) wurde durch die EuGVVO abgelöst. Sie enthält inhaltlich nur wenige Änderungen gegenüber dem EuGVÜ.[28] Neben gewissen Korrekturen im Bereich der Zuständigkeitsregelungen betraf die Hauptänderung die Prüfung der Anerkennungsversagungsgründe im Exequaturverfahren. Während unter dem EuGVÜ diese Gründe bereits vor Vollstreckbarerklärung geprüft werden konnten, wenn das Gericht entsprechende Anhaltspunkte hatte, kommt nach der EuGVVO eine Prüfung erst im Beschwerdeverfahren durch das OLG in Betracht (Art. 41, 43, 45). Eine weitgehende Übernahme des EuGVÜ im Übrigen war auch das Ziel des Verordnungsgebers.[29] Die Verordnung tritt im Verhältnis zwischen den Mitgliedstaaten der EU an die Stelle des EuGVÜ (Art. 68 Abs. 1).[30] Die Urteile des EuGH sowie der überwiegende Teil der Literatur zu den Vorschriften des EuGVÜ sind durch die Verordnung nicht überholt, sondern wegen der inhaltlichen Ähnlichkeit von Verordnung und EuGVÜ weiterhin von Bedeutung.[31] Sie werden deshalb im Folgenden ohne besondere Kennzeichnung aufgeführt.[32] 9

Da das EuGVÜ wegen seiner besonderen Gemeinschaftsbezogenheit und der Auslegungskompetenz des EuGH nur für EG-Mitgliedstaaten offen stand, wurde auf Initiative der Schweiz Anfang der 80er Jahre im Hinblick auf die Intensivierung der Zusammenarbeit zwischen den EG- und EFTA-Staaten ein inhaltlich nahezu identisches Parallel-Übereinkommen erarbeitet, das **Luganer Übereinkommen** über die gerichtliche Zuständigkeit und die Vollstreckung gerichtlicher Entscheidungen in Zivil- und Handelssachen (LugÜ).[33] Während die EuGVVO im Verhältnis der EG-Staaten untereinander gilt, ist das LugÜ im Verhältnis der EFTA-Staaten Island, Norwegen und Schweiz (nicht jedoch Liechtenstein) untereinander und im Verhältnis zwischen den EG- und den genannten EFTA-Staaten anwendbar (Art. 54b LugÜ).[34] 10

V. LugÜ

1. Vertragsstaaten. Vertragsstaaten des Luganer Übereinkommens sind Belgien, Dänemark, Deutschland, Finnland, Frankreich, Griechenland, Irland, Island, Italien, Luxemburg, Niederlande, Norwegen, Österreich, Polen,[35] Portugal, Schweden, Schweiz, Spanien, Vereinigtes Königreich. 11

2. Zeitlicher Anwendungsbereich. Das Lugano-Abkommen ist für Frankreich, die Niederlande und die Schweiz am 1. 1. 1992, für Luxemburg am 1. 2. 1992, für das Vereinigte Königreich am 1. 5. 1992, für Portugal am 1. 7. 1992, für Italien am 1. 12. 1992, für Schweden am 1. 1. 1993, für Norwegen am 1. 5. 1993, für Finnland am 1. 7. 1993, für Irland am 1. 12. 1993, für Spanien am 1. 11. 1994, für Deutschland am 1. 3. 1995, für Island am 1. 12. 1995, für Dänemark am 1. 3. 1996, für Österreich am 1. 9. 1996, für Griechenland am 1. 9. 1997, für Belgien am 1. 10. 1997 und für Polen am 1. 2. 2000 in Kraft getreten. 12

---

[23] *Rauscher/Staudinger* Einl. Brüssel I-VO Rn. 43 m. weit. Nachw.

[24] Hierzu *Röben* in *Grabitz/Hilf,* Das Recht der Europäischen Union II, Art. 68 Rn. 5.

[25] BT-Drucks. 14/7207, S. 7.

[26] Vom 19. 2. 2001, BGBl. I, S. 288 i. d. F. des Gesetzes vom 17. 4. 2007, BGBl. I, S. 529.

[27] Vgl. *Junker* RIW 2002, 569; *Piltz* NJW 2002, 789.

[28] *Hess* JZ 2001, 573, 577; *Stadler,* Die Revision des Brüsseler und des Lugano-Übereinkommens über die gerichtliche Zuständigkeit und die Vollstreckung gerichtlicher Entscheidungen in Zivil- und Handelssachen – Vollstreckbarerklärung und internationale Vollstreckung, in: *Gottwald,* Revision des EuGVÜ und Neues Schiedsverfahrensrecht, Gieseking 2000, S. 37–74.

[29] Vgl. Nr. 5 der Erwägungsgründe, ABl. (EG) L 12 vom 16. 1. 2001, S. 1.

[30] Die Ausnahmestellung Dänemarks gem. Art. 1 Abs. 3 der Verordnung ist seit 1. 7. 2007 weggefallen, s. o. Rn. 4.

[31] *Kropholler,* Festschr. MPI (2001), 583, 589.

[32] Für eine Konkordanztabelle über die den Vorschriften der EuGVVO entsprechenden Parallelvorschriften des EuGVÜ siehe die Vorauflage, Vorbem. EG-Verordnungen Rn. 15.

[33] Vom 16. 9. 1988, BGBl. II 1994, S. 2660.

[34] *Geimer* Rn. 247b.

[35] Vgl. dazu *Martiny/Ernst* IPRax 2001, 29.

13 **3. Umsetzung in nationales Recht und Verhältnis zum nationalen Recht.** Das Luganer Übereinkommen ist ein völkerrechtlicher Vertrag.[36] Der deutsche Gesetzgeber hat mit dem Zustimmungsgesetz[37] das LugÜ in innerstaatliches Recht transformiert. Die Vorschriften des Übereinkommens müssen daher von den Gerichten der Vertragsstaaten unmittelbar angewandt werden und verdrängen in ihrem Anwendungsbereich als leges speciales die Regeln des autonomen deutschen Rechts. Wegen der inzwischen aufgetretenen Diskrepanzen zwischen EuGVVO und LugÜ bedarf es einer Revision des LugÜ zur erneuten Angleichung, die inzwischen vorbereitet ist.[38]

VI. Das Verhältnis von EuGVVO und der Verordnung zur Einführung eines Europäischen Vollstreckungstitels für unbestrittene Forderungen (EuVTVO)

14 Die Verordnung (EG) Nr. 805/2004 des Europäischen Parlaments und des Rates vom 21. 4. 2004 zur Einführung eines europäischen Vollstreckungstitels für **unbestrittene (Geld-)Forderungen** (EuVTVO)[39] ist am 21. 10. 2005 in Kraft getreten (s. die Kommentierung im Anschluss an die EuGVVO). Mit Wirkung ab dem 21. 10. 2005 ermöglicht sie Gläubigern, die einen Vollstreckungstitel über unbestrittene Geldforderungen in Zivil- und Handelssachen aus einem EU-Mitgliedsstaat (mit Ausnahme Dänemarks, das vom Anwendungsbereich der EuVTVO ausgenommen ist)[40] haben, Vollstreckungsmaßnahmen in einem anderen Mitgliedsstaat vorzunehmen. Ein **Vollstreckbarerklärungsverfahren,** das bisher der Vollstreckung ausländischer Titel vorgeschaltet war (Art. 32 ff. EuGVVO), muss dabei **nicht durchgeführt** werden (Art. 5 EuVTVO). Die Regelungen der EuVTVO sind unmittelbar anwendbar und werden durch §§ 1079 ff. ZPO ergänzt. Damit entfällt vor allem eine Kontrolle der Entscheidung unter ordre public-Gesichtspunkten und hinsichtlich der Rechtzeitigkeit der Zustellung bei Versäumnisentscheidungen im Interesse einer schnellen und effektiven Zwangsvollstreckung[41]. Gem. Art. 27 EuVTVO berührt diese VO nicht die Möglichkeit, die Anerkennung und Vollstreckung einer Entscheidung über eine unbestrittene Forderung, eines gerichtlichen Vergleichs oder einer öffentlichen Urkunde gem. der EuGVVO zu betreiben. Die EuVTVO beansprucht also **keine Ausschließlichkeit.** Vielmehr hat der Gläubiger bei unbestrittenen Forderungen die Wahl, entweder nach dem Vollstreckungssystem der EuVTVO oder dem der EuGVVO vorzugehen.[42] Grundsätzlich ist aber auch ein paralleles Vorgehen nach beiden Verordnungen nicht ausgeschlossen[43], soweit sich der Gläubiger nicht durch die Kosten hiervon abhalten lässt. Er kann dann abwarten, welches Verfahren tatsächlich schneller ist. Eine doppelte Vollstreckung kann nur durch das jeweilige Vollstreckungsrecht der Mitgliedstaaten verhindert werden.[44]

---

36 MK/*Gottwald* Vorb. EuGVÜ Rn. 23.

37 Vom 30. 9. 1994, BGBl. II, S. 2658.

38 Hierzu *Wagner* EuZW 2006, 425, 427.

39 ABl. (EG) L 143 vom 30. 4. 2004, S. 15; vgl. dazu *Coester-Waltjen* Jura 2005, 394; *Hök* ZAP Fach 25, S. 159; *Riedel* ProzRB 2005, 324; *Stein* EuZW 2004, 679; *Stein* IPRax 2004, 181.

40 Art. 2 Abs. 3 EuVTVO; Erwägungsgrund 25, ABl. (EG) L 143 vom 30. 4. 2004, S. 17.

41 *Hess* JZ 2005, 540, 545; eher krit. hierzu *Stadler* RIW 2004, 801 ff.; *Kohler* in *Baur/Mansel* (Hrsg.), Systemwechsel im europäischen Kollisionsrecht (2002), S. 147, 158 ff.

42 *Kropholler* Art. 27 EuVTVO Rn. 1; *Rauscher/Pabst,* Art. 27 EG-VollstrTitelVO Rn. 1; *Wagner* NJW 2004, 1835, 1836.

43 *Leible/Lehmann* NotBZ 2004, 453, 454. Auch die bereits erfolgte Bestätigung als Europäischer Vollstreckungstitel schließt es – entgegen einer ursprünglich vorgesehenen Vorrangklausel in der EuVTVO (vgl. KOM [2002] 159, 34) – nicht aus, nach der EuGVVO vorzugehen. Man könnte hier jedoch das Rechtsschutzbedürfnis für einen Antrag nach Art. 39 ff. EuGVVO verneinen.

44 *Rauscher/Staudinger,* Einl. Brüssel I-VO, Rn. 6 a.

Verordnung (EG) Nr. 44/2001 des Rates

vom 22. Dezember 2000

über die gerichtliche Zuständigkeit und die Anerkennung und Vollstreckung von Entscheidungen in Zivil- und Handelssachen – EuGVVO

ABl. (EG) L 12 vom 16. 1. 2001, S. 1

DER RAT DER EUROPÄISCHEN UNION –

gestützt auf den Vertrag zur Gründung der Europäischen Gemeinschaft, insbesondere auf Artikel 61 Buchstabe c und Artikel 67 Absatz 1,

auf Vorschlag der Kommission,

nach Stellungnahme des Europäischen Parlaments,

nach Stellungnahme des Wirtschafts- und Sozialausschusses,

in Erwägung nachstehender Gründe:

(1) Die Gemeinschaft hat sich zum Ziel gesetzt, einen Raum der Freiheit, der Sicherheit und des Rechts, in dem der freie Personenverkehr gewährleistet ist, zu erhalten und weiterzuentwickeln. Zum schrittweisen Aufbau dieses Raums hat die Gemeinschaft unter anderem im Bereich der justiziellen Zusammenarbeit in Zivilsachen die für das reibungslose Funktionieren des Binnenmarkts erforderlichen Maßnahmen zu erlassen.

(2) Die Unterschiede zwischen bestimmten einzelstaatlichen Vorschriften über die gerichtliche Zuständigkeit und die Anerkennung von Entscheidungen erschweren das reibungslose Funktionieren des Binnenmarkts. Es ist daher unerlässlich, Bestimmungen zu erlassen, um die Vorschriften über die internationale Zuständigkeit in Zivil- und Handelssachen zu vereinheitlichen und die Formalitäten im Hinblick auf eine rasche und unkomplizierte Anerkennung und Vollstreckung von Entscheidungen aus den durch diese Verordnung gebundenen Mitgliedstaaten zu vereinfachen.

(3) Dieser Bereich fällt unter die justizielle Zusammenarbeit in Zivilsachen im Sinne von Artikel 65 des Vertrags.

(4) Nach dem in Artikel 5 des Vertrags niedergelegten Subsidiaritäts- und Verhältnismäßigkeitsprinzip können die Ziele dieser Verordnung auf der Ebene der Mitgliedstaaten nicht ausreichend erreicht werden; sie können daher besser auf Gemeinschaftsebene erreicht werden. Diese Verordnung beschränkt sich auf das zur Erreichung dieser Ziele notwendige Mindestmaß und geht nicht über das dazu Erforderliche hinaus.

(5) Am 27. September 1968 schlossen die Mitgliedstaaten auf der Grundlage von Artikel 293 vierter Gedankenstrich des Vertrags das Übereinkommen von Brüssel über die gerichtliche Zuständigkeit und die Vollstreckung gerichtlicher Entscheidungen in Zivil- und Handelssachen, dessen Fassung durch die Übereinkommen über den Beitritt der neuen Mitgliedstaaten zu diesem Übereinkommen geändert wurde (nachstehend „Brüsseler Übereinkommen" genannt). Am 16. September 1988 schlossen die Mitgliedstaaten und die EFTA-Staaten das Übereinkommen von Lugano über die gerichtliche Zuständigkeit und die Vollstreckung gerichtlicher Entscheidungen in Zivil- und Handelssachen, das ein Parallelübereinkommen zu dem Brüsseler Übereinkommen von 1968 darstellt. Diese Übereinkommen waren inzwischen Gegenstand einer Revision; der Rat hat dem Inhalt des überarbeiteten Textes zugestimmt. Die bei dieser Revision erzielten Ergebnisse sollten gewahrt werden.

(6) Um den freien Verkehr der Entscheidungen in Zivil- und Handelssachen zu gewährleisten, ist es erforderlich und angemessen, dass die Vorschriften über die gerichtliche Zuständigkeit und die Anerkennung und Vollstreckung von Entscheidungen im Wege eines Gemeinschaftsrechtsakts festgelegt werden, der verbindlich und unmittelbar anwendbar ist.

(7) Der sachliche Anwendungsbereich dieser Verordnung sollte sich, von einigen genau festgelegten Rechtsgebieten abgesehen, auf den wesentlichen Teil des Zivil- und Handelsrechts erstrecken.

(8) Rechtsstreitigkeiten, die unter diese Verordnung fallen, müssen einen Anknüpfungspunkt an das Hoheitsgebiet eines der Mitgliedstaaten aufweisen, die durch diese Verordnung gebunden sind. Gemeinsame Zuständigkeitsvorschriften sollten demnach grundsätzlich dann Anwendung finden, wenn der Beklagte seinen Wohnsitz in einem dieser Mitgliedstaaten hat.

(9) Beklagte ohne Wohnsitz in einem Mitgliedstaat unterliegen im Allgemeinen den nationalen Zuständigkeitvorschriften, die im Hoheitsgebiet des Mitgliedstaats gelten, in dem sich das angerufene Gericht befindet, während Beklagte mit Wohnsitz in einem Mitgliedstaat, der durch diese Verordnung nicht gebunden ist, weiterhin dem Brüsseler Übereinkommen unterliegen.

(10) Um den freien Verkehr gerichtlicher Entscheidungen zu gewährleisten, sollten die in einem durch diese Verordnung gebundenen Mitgliedstaat ergangenen Entscheidungen in einem anderen durch

diese Verordnung gebundenen Mitgliedstaat anerkannt und vollstreckt werden, und zwar auch dann, wenn der Vollstreckungsschuldner seinen Wohnsitz in einem Drittstaat hat.

(11) Die Zuständigkeitsvorschriften müssen in hohem Maße vorhersehbar sein und sich grundsätzlich nach dem Wohnsitz des Beklagten richten, und diese Zuständigkeit muss stets gegeben sein außer in einigen genau festgelegten Fällen, in denen aufgrund des Streitgegenstands oder der Vertragsfreiheit der Parteien ein anderes Anknüpfungskriterium gerechtfertigt ist. Der Sitz juristischer Personen muss in der Verordnung selbst definiert sein, um die Transparenz der gemeinsamen Vorschriften zu stärken und Kompetenzkonflikte zu vermeiden.

(12) Der Gerichtsstand des Wohnsitzes des Beklagten muss durch alternative Gerichtsstände ergänzt werden, die entweder aufgrund der engen Verbindung zwischen Gericht und Rechtsstreit oder im Interesse einer geordneten Rechtspflege zuzulassen sind.

(13) Bei Versicherungs-, Verbraucher- und Arbeitssachen sollte die schwächere Partei durch Zuständigkeitsvorschriften geschützt werden, die für sie günstiger sind als die allgemeine Regelung.

(14) Vorbehaltlich der in dieser Verordnung festgelegten ausschließlichen Zuständigkeiten muss die Vertragsfreiheit der Parteien hinsichtlich der Wahl des Gerichtsstands, außer bei Versicherungs-, Verbraucher- und Arbeitssachen, wo nur eine begrenztere Vertragsfreiheit zulässig ist, gewahrt werden.

(15) Im Interesse einer abgestimmten Rechtspflege müssen Parallelverfahren so weit wie möglich vermieden werden, damit nicht in zwei Mitgliedstaaten miteinander unvereinbare Entscheidungen ergehen. Es sollte eine klare und wirksame Regelung zur Klärung von Fragen der Rechtshängigkeit und der im Zusammenhang stehenden Verfahren sowie zur Verhinderung von Problemen vorgesehen werden, die sich aus der einzelstaatlich unterschiedlichen Festlegung des Zeitpunkts ergeben, von dem an ein Verfahren als rechtshängig gilt. Für die Zwecke dieser Verordnung sollte dieser Zeitpunkt autonom festgelegt werden.

(16) Das gegenseitige Vertrauen in die Justiz im Rahmen der Gemeinschaft rechtfertigt, dass die in einem Mitgliedstaat ergangenen Entscheidungen, außer im Falle der Anfechtung, von Rechts wegen, ohne ein besonderes Verfahren, anerkannt werden.

(17) Aufgrund dieses gegenseitigen Vertrauens ist es auch gerechtfertigt, dass das Verfahren, mit dem eine in einem anderen Mitgliedstaat ergangene Entscheidung für vollstreckbar erklärt wird, rasch und effizient vonstatten geht. Die Vollstreckbarerklärung einer Entscheidung muss daher fast automatisch nach einer einfachen formalen Prüfung der vorgelegten Schriftstücke erfolgen, ohne dass das Gericht die Möglichkeit hat, von Amts wegen eines der in dieser Verordnung vorgesehenen Vollstreckungshindernisse aufzugreifen.

(18) Zur Wahrung seiner Verteidigungsrechte muss der Schuldner jedoch gegen die Vollstreckbarerklärung einen Rechtsbehelf im Wege eines Verfahrens mit beiderseitigem rechtlichen Gehör einlegen können, wenn er der Ansicht ist, dass einer der Gründe für die Versagung der Vollstreckung vorliegt. Die Möglichkeit eines Rechtsbehelfs muss auch für den Antragsteller gegeben sein, falls sein Antrag auf Vollstreckbarerklärung abgelehnt worden ist.

(19) Um die Kontinuität zwischen dem Brüsseler Übereinkommen und dieser Verordnung zu wahren, sollten Übergangsvorschriften vorgesehen werden. Dies gilt auch für die Auslegung der Bestimmungen des Brüsseler Übereinkommens durch den Gerichtshof der Europäischen Gemeinschaften. Ebenso sollte das Protokoll von 1971 auf Verfahren, die zum Zeitpunkt des Inkrafttretens dieser Verordnung bereits anhängig sind, anwendbar bleiben.

(20) Das Vereinigte Königreich und Irland haben gemäß Artikel 3 des dem Vertrag über die Europäische Union und dem Vertrag zur Gründung der Europäischen Gemeinschaft beigefügten Protokolls über die Position des Vereinigten Königreichs und Irlands schriftlich mitgeteilt, dass sie sich an der Annahme und Anwendung dieser Verordnung beteiligen möchten.

(21) Dänemark beteiligt sich gemäß den Artikeln 1 und 2 des dem Vertrag über die Europäische Union und dem Vertrag zur Gründung der Europäischen Gemeinschaft beigefügten Protokolls über die Position Dänemarks nicht an der Annahme dieser Verordnung, die daher für Dänemark nicht bindend und ihm gegenüber nicht anwendbar ist.

(22) Da in den Beziehungen zwischen Dänemark und den durch diese Verordnung gebundenen Mitgliedstaaten das Brüsseler Übereinkommen in Geltung ist, ist dieses sowie das Protokoll von 1971 im Verhältnis zwischen Dänemark und den durch diese Verordnung gebundenen Mitgliedstaaten weiterhin anzuwenden.

(23) Das Brüsseler Übereinkommen gilt auch weiter hinsichtlich der Hoheitsgebiete der Mitgliedstaaten, die in seinen territorialen Anwendungsbereich fallen und die aufgrund der Anwendung von Artikel 299 des Vertrags von der vorliegenden Verordnung ausgeschlossen sind.

(24) Im Interesse der Kohärenz ist ferner vorzusehen, dass die in spezifischen Gemeinschaftsrechtsakten enthaltenen Vorschriften über die Zuständigkeit und die Anerkennung von Entscheidungen durch diese Verordnung nicht berührt werden.

(25) Um die internationalen Verpflichtungen, die die Mitgliedstaaten eingegangen sind, zu wahren, darf sich diese Verordnung nicht auf von den Mitgliedstaaten geschlossene Übereinkommen in besonderen Rechtsgebieten auswirken.

(26) Um den verfahrensrechtlichen Besonderheiten einiger Mitgliedstaaten Rechnung zu tragen, sollten die in dieser Verordnung vorgesehenen Grundregeln, soweit erforderlich, gelockert werden. Hierzu

sollten bestimmte Vorschriften aus dem Protokoll zum Brüsseler Übereinkommen in die Verordnung übernommen werden.

(27) Um in einigen Bereichen, für die in dem Protokoll zum Brüsseler Übereinkommen Sonderbestimmungen enthalten waren, einen reibungslosen Übergang zu ermöglichen, sind in dieser Verordnung für einen Übergangszeitraum Bestimmungen vorgesehen, die der besonderen Situation in einigen Mitgliedstaaten Rechnung tragen.

(28) Spätestens fünf Jahre nach dem Inkrafttreten dieser Verordnung unterbreitet die Kommission einen Bericht über deren Anwendung. Dabei kann sie erforderlichenfalls auch Anpassungsvorschläge vorlegen.

(29) Die Anhänge I bis IV betreffend die innerstaatlichen Zuständigkeitsvorschriften, die Gerichte oder sonst befugten Stellen und die Rechtsbehelfe sind von der Kommission anhand der von dem betreffenden Mitgliedstaat mitgeteilten Änderungen zu ändern. Änderungen der Anhänge V und VI sind gemäß dem Beschluss 1999/468/EG des Rates vom 28. Juni 1999 zur Festlegung der Modalitäten für die Ausübung der der Kommission übertragenen Durchführungsbefugnisse zu beschließen –

HAT FOLGENDE VERORDNUNG ERLASSEN:

Kapitel I. Anwendungsbereich

Artikel 1

(1) Diese Verordnung ist in Zivil- und Handelssachen anzuwenden, ohne dass es auf die Art der Gerichtsbarkeit ankommt. Sie erfasst insbesondere nicht Steuer- und Zollsachen sowie verwaltungsrechtliche Angelegenheiten.

(2) Sie ist nicht anzuwenden auf:

a) den Personenstand, die Rechts- und Handlungsfähigkeit sowie die gesetzliche Vertretung von natürlichen Personen, die ehelichen Güterstände, das Gebiet des Erbrechts einschließlich des Testamentsrechts;

b) Konkurse, Vergleiche und ähnliche Verfahren;

c) die soziale Sicherheit;

d) die Schiedsgerichtsbarkeit.

(3) In dieser Verordnung bedeutet der Begriff „Mitgliedstaat“ jeden Mitgliedstaat mit Ausnahme des Königreichs Dänemark.

I. Verordnung

1. Zivil- und Handelssachen (Abs. 1 S. 1). Art. 1 regelt den sachlichen Anwendungsbereich der Verordnung. Nach dieser Vorschrift ist die Verordnung in Zivil- und Handelssachen anwendbar, soweit keine nach Art. 1 Abs. 2 ausgeschlossenen Gebiete betroffen sind oder andere Übereinkommen für besondere Rechtsgebiete vorgehen (vgl. Art. 71). Der Begriff „Zivil- und Handelssachen“ ist nicht nach nationalem Recht, sondern **autonom auszulegen.**[1] Dabei sind die Zielsetzung und Systematik der Verordnung sowie die allgemeinen Rechtsgrundsätze, die sich aus der Gesamtheit der innerstaatlichen Rechtsordnungen ergeben, zu berücksichtigen.[2] Der Streitgegenstand muss in den sachlichen Anwendungsbereich der Verordnung fallen.[3] Art. 1 erfasst zB gesellschaftsrechtliche Streitigkeiten, Ansprüche aus Konzernhaftung, Kartellsachen, Streitigkeiten des gewerblichen Rechtsschutzes und des Urheberrechts[4] sowie Patentverletzungsstreitigkeiten.[5] Für die Einordnung unerheblich ist die Gerichtsbarkeit, vor der der Rechtsstreit geführt wird.[6] 1

2. Abgrenzung zu öffentlich-rechtlichen Streitigkeiten (Abs. 1 S. 2). Vom Anwendungsbereich nicht umfasst sind öffentlich-rechtliche Streitigkeiten. Rechtsstreitigkeiten zwischen Behörden und Privatpersonen sind grundsätzlich nicht ausgeschlossen, es sei denn die Streitigkeit steht im Zusammenhang mit der Ausübung **hoheitlicher Befugnisse.**[7] Eine Klage aus einem Anspruch, der seinen Ursprung in einem hoheitlichen Akt hat, fällt nicht in den sachlichen Anwendungsbereich der EuGVVO.[8] Eine Wahrnehmung hoheitlicher Befugnisse ist zB gegeben, wenn ein Rechtsstreit die Beitreibung von Gebühren betrifft, die eine Privatperson einer öffentlichen Stelle für die Inanspruchnahme von deren Diensten und Einrichtungen schuldet, insbesondere wenn diese Inanspruchnahme zwingend und ausschließlich ist.[9] Von einer Wahrnehmung hoheitlicher 2

---

[1] EuGH („Eurocontrol“) EuGHE 1976, 1541, Nr. 3 = NJW 1977, 489; EuGH („Préservatrice foncière TIARD“) EuGHE 2003, I 4867, Nr. 20 = IPRax 2003, 528, 529.

[2] EuGH („Eurocontrol“) EuGHE 1976, 1541, Nr. 3 = NJW 1977, 489; EuGH („Préservatrice foncière TIARD“) EuGHE 2003, I 4867, Nr. 20 = IPRax 2003, 528, 529.

[3] EuGH („Bavaria Flug“) EuGHE 1977, 1517, Nr. 5 = NJW 1978, 483 m. Anm. *Geimer.*

[4] *T/P/Hüßtege* Rn. 2.

[5] *Grabinski* GRUR Int. 2001, 199.

[6] EuGH („Sonntag“) EuGHE 1993, I 1963, Nr. 16 = NJW 1993, 2091.

[7] EuGH („Eurocontrol“) EuGHE 1976, 1541, Nr. 4 = NJW 1977, 489; EuGH („Préservatrice foncière TIARD“) EuGHE 2003, I 4867, Nr. 22 = IPRax 2003, 528.

[8] EuGH („Rüffer“) EuGHE 1980, 3807, Nr. 15 = IPrax 1981, 169.

[9] EuGH („Euro control“) EuGHE 1976, 1541, Nr. 4 = NJW 1977, 489.

Befugnisse kann auch gesprochen werden, wenn eine Behörde besondere Befugnisse in Anspruch nimmt, die von den allgemeinen, im Verhältnis zwischen Privatpersonen geltenden Regeln abweichen.[10] Es ist daher etwa Zivilsache eine Rückgriffsklage, mit der eine öffentliche Stelle gegenüber einer Privatperson die Rückzahlung von Beträgen verfolgt, die sie als Sozialhilfe an gegenüber dieser Person Unterhaltsberechtigte gezahlt hat, soweit für die Grundlage dieser Klage die allgemeinen Vorschriften über Unterhaltsverpflichtungen gelten. Ist hingegen die Rückgriffsklage auf Bestimmungen gestützt, mit denen der Gesetzgeber der öffentlichen Stelle eine eigene, besondere Befugnis verliehen hat, kann diese Klage nicht als Zivilsache angesehen werden.[11] Eine vorbeugende Klage eines privaten Verbraucherschutzvereins auf Untersagung der Verwendung angeblich missbräuchlicher Klauseln durch einen Gewerbetreibenden in Verträgen mit Privatpersonen ist nicht vom Anwendungsbereich der Verordnung ausgenommen, sondern Zivilsache.[12]

3 **3. Ausgeschlossene Rechtsgebiete (Abs. 2).** Liegt eine Zivil- oder Handelssache vor, ist die Anwendung der Verordnung nur dann ausgeschlossen, wenn der Streitgegenstand unmittelbar einer der im Ausnahmekatalog des Art. 1 Abs. 2 genannten Rechtsmaterien entstammt. Diese Ausnahmebereiche sind grundsätzlich autonom zu bestimmen und eng auszulegen, um eine möglichst weitgehende Vereinheitlichung des Zuständigkeits- und Anerkennungsrechts zu erreichen.[13]

4 **a) Buchst. a. aa) Personenstand, Rechts- und Handlungsfähigkeit, gesetzliche Vertretung.** Unter Personenstandssachen fallen vor allem Ehesachen (vgl. §§ 606 ff. ZPO)[14] und Kindschaftssachen (vgl. §§ 640 ff. ZPO).[15] Auch ist die Verordnung auf Sorgerechtsstreitigkeiten nicht anwendbar.[16] Vgl. zum Anwendungsbereich der Brüssel IIa-VO dort Vorbem. und Art. 1.

5 **bb) Eheliche Güterstände.** Der Begriff umfasst alle vermögensrechtlichen Streitigkeiten, die sich unmittelbar aus der Ehe oder ihrer Auflösung ergeben,[17] auch Versorgungsausgleichsverfahren.[18] Unterhaltsstreitigkeiten fallen nicht unter Art. 1 Abs. 2 Buchst. a (vgl. Art. 5 Nr. 2). Die Verordnung ist daher auch anwendbar, wenn der Zweck der Eigentumsübertragung an bestimmten ehelichen Gegenständen in der Sicherung des Unterhaltsanspruchs liegt.[19] Güterrechtliche Vorfragen lösen den Anwendungsvorbehalt des Art. 1 Abs. 2 Buchst. a nicht aus.[20]

6 **cc) Erbrecht einschließlich Testamentsrecht.** Alle unmittelbar auf das Erbrecht gestützten Ansprüche fallen aus dem Anwendungsbereich der Verordnung heraus, so etwa Streitigkeiten über die Errichtung eines für den Kläger günstigen Testaments und Gültigkeit oder Auslegung eines Testaments.

7 **b) Buchst. b – Konkurse, Vergleiche und ähnliche Verfahren.**[21] Für Gesamtverfahren, welche die Insolvenz des Schuldners voraussetzen und den vollständigen oder teilweisen Vermögensbeschlag gegen den Schuldner sowie die Bestellung eines Verwalters zur Folge haben, gilt nach deren Art. 1 Abs. 1 die Verordnung (EG) Nr. 1346/2000 des Rates vom 29. 5. 2000 über Insolvenzverfahren.[22] Leider ist ein lückenloses Ineinandergreifen der beiden Verordnungen infolge eines nicht exakt umrissenen Insolvenzbegriffs nicht gelungen.[23] Es lässt sich jedoch mit Hilfe von Art. 4 EuInsVO klarstellen, dass jedenfalls alle von der EuInsVO erfassten Streitigkeiten von der Bereichsausnahme Abs. 2 lit b der EuGVVO erfasst sind. Dies sind alle Verfahren, die nach den verschiedenen Rechtsordnungen der Vertragsstaaten auf der Zahlungseinstellung, der Zahlungsunfähigkeit oder der Erschütterung des Kredits des Schuldners beruhen und ein Eingreifen der Gerichte beinhalten, das in eine zwangsweise **kollektive Liquidation** der Vermögenswerte des Schuldners oder zumindest in eine Kontrolle durch die Gerichte mündet.[24] **Einzelne Streitigkeiten,** die sich auf ein Insolvenzverfahren beziehen, sind von der Anwendung der Verordnung ausgeschlossen, wenn sie unmittelbar aus diesem Verfahren hervorgehen und sich eng innerhalb seines Rahmens halten[25] sowie unmittelbar der Verwirklichung der Ziele des Insolvenzverfahrens dienen. **Haftungsklagen** gegen den Insolvenzverwalter[26] sowie **Anfechtungsklagen des Insolvenzverwalters** fallen zB unter Art. 1 Abs. 2 Buchst. b (str.)[27]; hingegen wird für

---

[10] EuGH („Baten") EuGHE 2002, I 10489, Nr. 36 = IPRax 2003, 528.
[11] EuGH („Baten") EuGHE 2002, I 10489, Nr. 37 = IPRax 2003, 528.
[12] EuGH („Henkel") EuGHE 2002, I 8111, Nr. 30 = NJW 2002, 3617.
[13] *Jenard*-Bericht 10; *Geimer/Schütze* EuZVR Rn. 49 m. weit. Nachw.
[14] BGH FamRZ 1992, 1058, 1059 = NJW-RR 1992, 642 = IPRax 1994, 40.
[15] BGH NJW 1985, 552.
[16] BGH FamRZ 1992, 1058, 1059 = NJW-RR 1992, 642; vgl. dazu die EuEheVO (u. Anhang 1); zu den von dieser Verordnung erfassten Verfahren *T/P/Hüßtege* EheVO Art. 1 Rn. 2f.
[17] OLGR München 1999, 146; IPRax 1999, 14.
[18] *Rauscher/Mankowski* Rn. 12 m. weit. Nachw.
[19] EuGH („von den Boogaard"), EuGHE 1997 I 1147 = IPRax 1999, 35 = EuZW 97, 242 m. Anm. *Weller* IPRax 1999, 14.
[20] OLG Stuttgart IPRax 2001, 152.
[21] Vgl. dazu *Haubold* IPRax 2002, 157.
[22] ABl. (EG) L 160 vom 30. 6. 2000, S. 1.
[23] *Rauscher/Mankowski,* Rn. 18, der zutreffend darauf hinweist, dass sich im Bereich der Annexentscheidungen des Art. 25 EuInsVO eine Regelungslücke in der Zuständigkeit ergibt, da diese Verfahren zwar von der EuInsVO erfasst sind, dort jedoch keine Zuständigkeitsregelung besteht. Hierzu auch *Schlosser,* EuZPR, Art. 1 EuGVVO Rn. 21 b–e.
[24] So auch EuGH („Gourdain/Nadler") EuGHE 1979, 733, 744 = NJW 1979, 1772.
[25] OLG Koblenz NZA 2001, 759.
[26] *Lüke,* Festschr. Schütze (1999), 467, 483; *Rauscher/Mankowski,* Rn. 19b; *Schlosser,* EuZPR Rn. 21e.
[27] BGH WM 1990, 326 = NJW 1990, 990; OLG Köln VersR 1998, 1305 (beide zur KO und vor Inkrafttreten der EuInsVO); *Rauscher/Mankowski* Rn. 19 mit Nachw. zur ausländischen Rspr.; vgl. dazu auch *Haubold* IPRax 2000, 375; aA *Schlosser,* EuZPR Rn. 21e; *Schwarz* NZI 2002, 290, 294; OLG Frankfurt ZIP 2006, 769, 770; der BGH hat die Frage nunmehr unter umfassender Darstellung des Streitstandes dem EuGH vorgelegt, BGH ZIP 2007, 1415.

Gläubigeranfechtungsklagen der insolvenzrechtliche Charakter verneint.[28] Unter die EuGVVO fallen als gewöhnliche Zivilsache auch alle Aktivprozesse des Insolvenzverwalters[29], welche auf Ansprüchen des Gemeinschuldners beruhen, sowie Masseforderungen[30]. Str. ist die Behandlung von **Aussonderungs- und Absonderungsklagen.** Da sie regelmäßig auf außerinsolvenzrechtlich begründeten Rechtspositionen beruhen und Art. 22 Nr. 1 EuGVVO sowie Art. 5, 7 EuInsVO das Recht des Inhabers von Sicherungsrechten auf eine selbständige Geltendmachung in gewisser Weise schützen, sollten sie nicht vom Ausschluss nach Buchst. b erfasst werden.[31] Soweit Annexverfahren insolvenzrechtlich zu qualifizieren sind und damit unter die EuInsVO fallen, fehlt es an einer europarechtlichen Regelung der **internationalen Zuständigkeit** (Art. 25 EuInsVO enthält nur eine Anerkennungsregelung). Außer einem Ausweichen auf die EuGVVO[32] wird in der Lit. vorgeschlagen, entweder Art. 3 EuInsVO entsprechend anzuwenden oder nationale Zuständigkeitsregelungen in Ermangelung einer klar artikulierten Regelung in der EuInsVO und der Unanwendbarkeit der EuGVVO. Letzteres dürfte methodisch derzeit der richtige Weg sein.[33] Eine **Vorlage** des BGH[34] **an den EuGH** im Zusammenhang mit einer Insolvenzanfechtungsklage wird für Rechtsklarheit sorgen.

c) Buchst. c – Soziale Sicherheit. Dieser Begriff ist angelehnt an Art. 42 EG und umfasst denselben Anwendungsbereich wie Art. 4 der VO Nr. 1408/71.[35] Er betrifft Leistungen bei Krankheit und Mutterschaft, bei Invalidität, bei Alter, Leistungen an Hinterbliebene, Leistungen bei Arbeits- und Berufskrankheiten, Sterbegeld, Leistungen bei Arbeitslosigkeit und Familienleistungen.[36] Der Ausschluss der Sozialen Sicherheit vom Anwendungsbereich gilt nur für die Rechtsstreitigkeiten, die unmittelbar dieses Gebiet betreffen, nämlich solche, die sich aus den Beziehungen zwischen der Verwaltung und den ihr angeschlossenen Arbeitnehmern und Arbeitgebern ergeben.[37] 8

d) Buchst. d – Schiedsgerichtsbarkeit. Die Ausnahme für Schiedsverfahren beruht auf der Existenz schiedsgerichtlicher Übereinkommen, insbesondere dem UN-Übereinkommen über die Anerkennung und Vollstreckung von Schiedssprüchen. Buchst. d wird vom EuGH weit ausgelegt. Der Ausschluss erstreckt sich auf einen bei einem staatlichen Gericht anhängigen Rechtsstreit, der einer Schiedsabrede unterliegt, sowie aller Hilfsverfahren, etwa die über die Feststellung der Wirksamkeit eines Schiedsvertrages[38], der Benennung oder Abberufung von Schiedsrichtern[39], aber auch Rechtsstreitigkeiten über die Aufhebung, Bestätigung oder Anerkennung von Schiedssprüchen[40]. Auf **Mediationsverfahren** findet die Regelung keine Anwendung. Soweit es jedoch aufgrund der Mediation oder Schlichtung zu einem gerichtlichen Vergleich (Art. 58) oder einer notariellen Urkunde (Art. 57) kommt, findet die EuGVVO für die Vollstreckbarerklärung Anwendung. Der Anwaltsvergleich (§§ 796a ff. ZPO) fällt bei wortlautgetreuer Auslegung von Art. 58 mangels gerichtlicher Mitwirkung nicht unter die EuGVVO.[41] 9

4. Mitgliedstaat (Abs. 3). Die Verordnung gilt für die Mitgliedstaaten der EU (s. Vorbem. Rn. 4). Mit Inkrafttreten des Abkommens zwischen der EU und Dänemark[42] am 1. 7. 2007 gilt auch Dänemark als Mitgliedsstaat iSd. EuGVVO. Art. 1 Abs. 3 EuGVVO findet gem. Art. 2 Abs. 2 Buchst. a) des Abkommens keine Anwendung mehr. 10

II. EuGVÜ/LugÜ

Art. 1 der Verordnung entspricht Art. 1. EuGVÜ und LugÜ. Diese weisen hier keine Besonderheiten auf. 11

---

[28] EuGH („Reichert"), EuGHE 1992, I 2149 = IPRax 1993, 128.
[29] OLG Koblenz ZIP 1989, 1328; OLG Düsseldorf ZIP 1993, 1019.
[30] *Haubold* IPRax 2002, 157, 162; *Schlosser*, EuZPR Rn. 21; *Rauscher/Mankowski* Rn. 20a; krit. OLG Zweibrücken EuZW 1993, 165.
[31] So auch die wohl hM, vgl. *Rauscher/Mankowski*, Rn. 21; *Haubold* IPRax 2002, 157, 163; *Schlosser*, EuZPR Rn. 21.
[32] So *Klumb*, Kollisionsrecht und Insolvenzanfechtung, 2005, S. 192
[33] So im Erg. auch *Rauscher/Mankowski*, Rn. 22a–c; *Lüke*, Festschr. Schütze (1999), 467, 482; *Oberhammer* ÖBA 2002, 698, 706; *Schack*, Rn. 1083; *Herchen* ZInsO 2004, 761, 765.
[34] BGH ZIP 2007, 1415 mit umfassender Darstellung des Streitstandes.
[35] EuGH („Baten"), EuGHE 2002, I 10489, Nr. 45 = EuZW 2003, 30, 32 = IPRax 2004, 237.
[36] Vgl. nur *Calliess/Ruffert* EUV/EGV, 3. Aufl. 2007, Art. 42 EG Rn. 11.
[37] EuGH („Baten"), EuGHE 2002, I 10489, Nr. 48 = EuZW 2003, 30, 32 = IPRax 2004, 237.
[38] *Rauscher/Mankowski* Rn. 28 mit Nachw. vor allem zur englischen Rspr.
[39] EuGH („Marc Rich"), EuGHE 1997, I 3855, Nr. 29 = NJW 1993, 189.
[40] BGH WM 1988, 1179; OLG Stuttgart RIW 1988, 480; *Gómez Jene* IPRax 2005, 84, 90; s. aber OLG Hamburg RIW 1992, 939.
[41] Str., wie hier *Rauscher/Mankowski* Rn. 31g; aA *Koch*, Festschr. Schlosser (2005), 399ff.; s. auch *Geimer* DNotZ 1991, 266, 285.
[42] Abkommen zwischen der Europäischen Gemeinschaft und dem Königreich Dänemark über die gerichtliche Zuständigkeit und die Anerkennung und Vollstreckung von Entscheidungen in Zivil- und Handelssachen vom 19. 10. 2005, ABl. (EG) L 299 vom 16. 11. 2005, S. 62.

Kapitel II. Zuständigkeit

Das Kapitel II der Verordnung (Art. 2–31) befasst sich mit der internationalen Zuständigkeit; es enthält eine für alle Vertragsstaaten verbindliche, einheitliche Regelung der internationalen Entscheidungszuständigkeit.

Abschnitt 1. Allgemeine Vorschriften

Artikel 2

(1) Vorbehaltlich der Vorschriften dieser Verordnung sind Personen, die ihren Wohnsitz in dem Hoheitsgebiet eines Mitgliedstaats haben, ohne Rücksicht auf ihre Staatsangehörigkeit vor den Gerichten dieses Mitgliedstaats zu verklagen.

(2) Auf Personen, die nicht dem Mitgliedstaat, in dem sie ihren Wohnsitz haben, angehören, sind die für Inländer maßgebenden Zuständigkeitsvorschriften anzuwenden.

I. Verordnung

1 **1. Zuständigkeitssystem der EuGVVO. a) Art. 2 Abs. 1 als Grundtatbestand zur Bestimmung der internationalen Zuständigkeit.** Gem. Art. 2 Abs. 1 bestimmt sich die internationale Zuständigkeit der Gerichte grundsätzlich nach dem Wohnsitz des Beklagten („actor sequitur forum rei“).[1] Diese Regel begünstigt den Beklagten,[2] da er sich in seiner Heimatsprache in einem ihm vertrauten Gerichtssystem verteidigen kann und keine weiten Wege auf sich nehmen muss. Die Verordnung stellt für die Bestimmung der internationalen Zuständigkeit nur ganz ausnahmsweise auf den Wohnsitz des Klägers ab.[3] Neben dem allgemeinen Gerichtsstand des Art. 2 Abs. 1 kennt die Verordnung besondere und ausschließliche Gerichtsstände (Art. 3 ff.). Ist ein **ausschließlicher** Gerichtsstand eröffnet, kann nur an diesem geklagt werden. Insoweit dienen die Regelungen in Art. 8–14, 15–17 und 18–21 dem Schutz der schwächeren Partei. Bei **besonderen** Gerichtsständen hat der Kläger die Wahl, ob er an diesem oder am allgemeinen Gerichtsstand des Wohnsitzes nach Art. 2 Abs. 1 klagt. Hierdurch ist dem Kläger durchaus ein gewisses *forum shopping* eröffnet. Im Übrigen ist Art. 2 zwingend. Von ihm kann nur in den von der VO ausdrücklich vorgesehenen Fällen der Art. 3 ff. abgewichen werden.[4] So wird gewährleistet, dass ein informierter, verständiger Beklagter vorhersehen kann, vor welchem anderen Gericht als dem des Wohnsitzstaats er verklagt werden könnte.[5] Die Zuständigkeitsregeln, die vom allgemeinen Grundsatz des Beklagtenwohnsitzes nach Art. 2 Abs. 1 abweichen, sind keiner Auslegung zugänglich, die über die in dem Übereinkommen ausdrücklich vorgesehenen Fälle hinausgeht.[6] Damit soll verhindert werden, dass der Kläger einen Gerichtsstand wählt, der für den in einem Vertragsstaat ansässigen Beklagten unvorhersehbar ist.[7] Aus diesem Grund ist auch die in manchen mitgliedsstaatlichen Rechtsordnungen anerkannte Doktrin des **„forum non conveniens“**, nach der ein Gericht seine Zuständigkeit nach Ermessensgrundsätzen verneinen kann, wenn es ein ausländisches Gericht für geeigneter hält, über den Rechtsstreit zu entscheiden, im Rahmen der EuGVVO nicht anwendbar.[8]

2 **b) Auslandsbezug als Anwendungsvoraussetzung.** Die Anwendbarkeit der EuGVVO setzt einen Auslandsbezug voraus.[9] Reine Inlandssachverhalte, bei denen die Parteien ihren Sitz in demselben Mitgliedstaat haben und der Sachverhalt keinen sonstigen grenzüberschreitenden Anknüpfungspunkt aufweist, fallen nicht unter die VO.[10] Umgekehrt ist sie bei Sachverhalten mit Berührung zu mehreren Mitgliedstaaten unproblematisch anwendbar.[11] Die Verordnung findet aber grds. auch dann Anwendung, wenn der Beklagte seinen Wohnsitz oder Sitz im Hoheitsgebiet eines Mitgliedstaates hat und der Kläger in einem Drittland ansässig ist.[12] Etwas anderes gilt ausnahmsweise dort, wo die Verordnung die Anwendung einer ihrer Zuständigkeitsregeln ausdrücklich davon abhängig macht, dass der Wohnsitz des Klägers in einem Mitgliedstaat liegt (zB Art. 5 Nr. 2).[13] Selbst in der Konstellation, dass sowohl Beklagter als auch Kläger ihren Wohnsitz in demselben Mitgliedstaat haben und das streitige Ereignis in einem Drittstaat stattgefunden

---

[1] Vgl. Erwägungsgrund Nr. 11, ABl. (EG) L 12 vom 16. 1. 2001, S. 2.

[2] EuGH („Group Josi“) EuGHE 2000, I 5925, Nr. 35 = NJW 2000, 3121; EuGH („Besix“) EuGHE 2002, I 1699, Nr. 52 = NJW 2002, 1407.

[3] EuGH („Group Josi“) EuGHE 2000, I 5925, Nr. 47 = NJW 2000, 3121.

[4] EuGH („Owusu“) EuGHE 2005, I 1383, Nr. 37 = JZ 2005, 887, 888.

[5] EuGH („Groupe Concorde“) EuGHE 1999, I 6307, Nr. 24 = NJW 2000, 719; EuGH („Besix“) EuGHE 2002, I 1699, Nr. 26 = NJW 2002, 1407.

[6] EuGH („Group Josi“) EuGHE 2000, I 5925, Nr. 49 m. weit. Nachw. = NJW 2000, 3121.

[7] EuGH („Besix“) EuGHE 2002, I 1699, Nr. 54 = NJW 2002, 1407.

[8] EuGH („Owusu“) EuGHE 2005, I 1383, Nr. 41 ff. = JZ 2005, 887; hierzu ausführlich u. a. *Hare,* 2006 Journal of Business Law, 157; *Rauscher/Fehre* ZEuP 2006, 463; *Bruns* JZ 2005, 890 ff.; *Dohmann/Briggs,* Festschr. Schlosser (2005), 161; *Huber* RIW 1993, 977; *Kohler,* Festschr. Matscher (1993), 251.

[9] *Jenard*-Bericht 8; EuGH („Owusu“) EuGHE 2005, I 1383, Nr. 25 = JZ 2005, 887.

[10] HM, statt vieler: *Jenard*-Bericht, Art. 1 Anm. 1; OGH JBl. 2000, 603 f.; *Schack* Rn. 239; *Rauscher/Fehre* ZEuP 2006, 463, 464; aA *Geimer* IPRax 1991, 31; *Coester-Waltjen,* Festschr. Nakamura (1996), 89, 110.

[11] EuGH („Owusu“) EuGHE 2005, I 1383, Nr. 24 = JZ 2005, 887.

[12] EuGH („Group Josi“), EuGHE 2000, I 5925, Nr. 61 = NJW 2000, 3121.

[13] EuGH a.a.O Fn. 12.

hat, liegt ein ausreichender Auslandsbezug vor.[14] Im Gegensatz zur internationalen Zuständigkeit bestimmt sich die örtliche Zuständigkeit, soweit die Verordnung nicht ausnahmsweise Regelungen enthält (zB Art. 5 Nr. 3), nach dem autonomen Recht des zur Entscheidung berufenen Gerichts, dh. in Deutschland nach den §§ 12ff. ZPO. Im Anwendungsbereich der EuGVVO sind die Mitgliedstaaten jedoch verpflichtet, dem Kläger Zugang zu Gericht zu gewähren und ein Forum zur Verfügung zu stellen.[15]

c) **Prüfungsreihenfolge der internationalen Zuständigkeit.** Steht fest, dass die Verordnung sachlich anwendbar ist, ist innerhalb der Zuständigkeitsfrage wie folgt zu prüfen: 3

(1) Liegt ein ausschließlicher Gerichtsstand gem. Art. 22 vor?

(2) Verneinendenfalls ist zu fragen, ob sich die internationale Zuständigkeit aus den Sonderregelungen für Versicherungs- (Art. 8ff.), Verbraucher- (Art. 15ff.) oder Arbeitssachen (Art. 18ff.) ergibt.

(3) Ist dies nicht gegeben, ist zu fragen, ob eine rügelose Einlassung (Art. 24) vorliegt oder sich die internationale Zuständigkeit aus einer Gerichtsstandsvereinbarung (Art. 23) ergibt.

(4) Schließlich ist zu prüfen, ob die Klage an einem besonderen (Art. 5–7) oder am allgemeinen (Art. 2) Gerichtsstand erhoben werden kann.

2. Wohnsitz. Die Verordnung definiert den Wohnsitz nicht, stellt aber in Art. 59 Abs. 1 klar, dass das angerufene Gericht bei der Bestimmung des Wohnsitzes sein eigenes Sachrecht zugrunde legt. In Deutschland beurteilt sich die Frage demnach gemäß §§ 7ff. BGB.[16] Im Falle eines **Doppelwohnsitzes** ist es ausreichend, dass einer der Wohnsitze sich in einem Mitgliedstaat befindet.[17] Zum Sitz von Gesellschaften und **juristischen Personen** vgl. Art. 60. Einen Gerichtsstand des gewöhnlichen Aufenthaltes kennt die Verordnung nicht. Auch die Staatsangehörigkeit des Beklagten ist für die internationale Zuständigkeit eines Gerichts nach der Verordnung irrelevant. Das gilt auch für die Staatsangehörigkeit des Klägers (Argument aus Art. 4 Abs. 2). Art. 2 erfasst auch Rechtsstreitigkeiten zwischen zwei **Angehörigen von Drittstaaten,** die jeweils ihren Wohnsitz in einem durch die Verordnung gebundenen Mitgliedstaat haben. 4

3. Maßgeblicher Zeitpunkt. Dieser ist für die Verordnung einheitlich zu bestimmen und richtet sich nicht nach dem jeweiligen autonomen Recht des angerufenen Gerichts.[18] Für die Bestimmung des relevanten Zeitpunktes der Klageerhebung ist auf Art. 30 zurückzugreifen.[19] Maßgebend ist demnach die **Anhängigkeit,** nicht die Rechtshängigkeit[20] der Klage mithin die Einreichung der Klage-/Antragsschrift bei der zuständigen Stelle,[21] in Deutschland der Zeitpunkt der Klageeinreichung bei Gericht. Eine ausdrückliche Regelung für den Fall der Wohnsitzverlegung nach Klageeinreichung trifft die Verordnung nicht. Nach dem Grundsatz der **perpetuatio fori** bleibt die einmal gegebene internationale Zuständigkeit auch bei nachträglicher Wohnsitzverlegung in einen Nicht-Mitgliedstaat bestehen.[22] Dies setzt allerdings voraus, dass die Klage rechtzeitig vor dem damals international zuständigen Gericht erhoben wurde. Im umgekehrten Fall einer Wohnsitzverlegung des Beklagten aus einem Nicht-Mitgliedstaat in einen durch die Verordnung gebundenen Mitgliedstaat nach Klageerhebung vor dem Gericht eines Mitgliedstaates, kann die Zuständigkeit nach hM auf Art. 2 gestützt werden.[23] Ist nach der nunmehr zur Anwendung kommenden Verordnung das angerufene Gericht zuständig, so ist das Verfahren fortzusetzen; ist das angerufene Gericht unzuständig, ist die Klage abzuweisen. 5

4. Örtliche Zuständigkeit. Nach dieser Vorschrift werden Ausländer und auch Staatenlose mit Wohnsitz in einem Mitgliedstaat Inländern im Hinblick auf die örtliche und sachliche Zuständigkeit – die internationale Zuständigkeit ist in Abs. 1 geregelt – gleichgestellt.[24] Da die relevanten Regelungen der ZPO nicht zwischen In- und Ausländern unterscheiden, hat diese Vorschrift keine Bedeutung. 6

II. EuGVÜ/LugÜ

Art. 2 der Verordnung entspricht Art. 2 EuGVÜ und LugÜ. Diese weisen hier keine Besonderheiten auf. 7

Artikel 3

(1) Personen, die ihren Wohnsitz im Hoheitsgebiet eines Mitgliedstaats haben, können vor den Gerichten eines anderen Mitgliedstaats nur gemäß den Vorschriften der Abschnitte 2 bis 7 dieses Kapitels verklagt werden.

(2) Gegen diese Personen können insbesondere nicht die in Anhang I aufgeführten innerstaatlichen Zuständigkeitsvorschriften geltend gemacht werden.

---

[14] EuGH („Owusu") EuGHE 2005, I 1383, Nr. 26 = JZ 2005, 887.

[15] *Kropholler* Rn. 2.

[16] OLG Hamm FamRZ 1989, 1331.

[17] *Kropholler,* Art. 3 Rn. 2; *Rauscher/Mankowski,* Rn. 5 (keine Gewichtung nach „effektivem" Wohnsitz).

[18] *Geimer/Schütze* EuZVerf., Art. 2 Rn. 137; *Kropholler,* Vor Art. 2 Rn. 12, 15; *Stadler,* JZ 1999, 1089, 1098.

[19] *Rauscher/Mankowski,* Rn. 3; Zö/*Geimer,* Rn. 27.

[20] So noch *Geimer,* Festschr. Schütze (1999), 205, 208; *Jayme/Kohler* IPRax 2001, 501, 510; *Schlosser,* EuZPR, Vorbem. Art. 2 Rn. 7.

[21] *Kropholler,* Vor Art. 2 Rn. 15; *Rauscher/Mankowski* Rn. 3; i. E. auch *Geimer/Schütze* EuZVerf Rn. 137.

[22] HM, statt vieler: EuGH („Danmarks Rederiforening"), EuGHE 2004, I 1417, Nr. 37 = JPRax 2006, 161; *Kropholler* Rn. 14; *Schack* Rn. 392; *Rauscher/Mankowski* Rn. 4.

[23] *Mankowski,* Festschr. Heldrich (2005), 867, 875.

[24] *Kropholler* Rn. 3.

ANHANG I

Innerstaatliche Zuständigkeitsvorschriften im Sinne von Artikel 3 Absatz 2 und Artikel 4 Absatz 2

Die innerstaatlichen Zuständigkeitsvorschriften im Sinne von Artikel 3 Absatz 2 und Artikel 4 Absatz 2 sind die folgenden:

(...)

– in Deutschland: § 23 der Zivilprozessordnung;

(...)

I. Verordnung

1 **1. Zuständigkeitsregime.** Art. 3 enthält Abweichungen von der Grundregel des Art. 2 Abs. 1, wonach der Beklagte in seinem Wohnsitzstaat zu verklagen ist. Art. 3 sieht vor, dass der Kläger den Beklagten wahlweise, aber nur dann in einem anderen Mitgliedsstaat verklagen kann, wenn einer der in Art. 5 ff. genannten Gerichtsstände eröffnet ist. Diese in Abschnitt 2–7 eröffneten Zuständigkeiten dürfen nicht über die in der EuGVVO ausdrücklich vorgesehenen Fälle hinaus ausgelegt werden.[1]

2 Im Anwendungsbereich des Art. 3 Abs. 1 in Verbindung mit Art. 5 ff. wird zT auch die örtliche Zuständigkeit geregelt, so dass in diesen Fällen – anders als im Falle des Art. 2 Abs. 1 – insoweit ein Rückgriff auf autonome Regelungen (in Deutschland §§ 12 ff. ZPO) ausscheidet.

3 Die Vorschrift des Art. 3 Abs. 1 kann durch **staatsvertragliche** Regelungen, die nach Art. 71 Vorrang genießen, außer Kraft gesetzt werden. Sie erstreckt sich auch nicht auf den **einstweiligen Rechtsschutz.** Hier ist vielmehr gem. Art. 31 der Rückgriff auf autonome Zuständigkeitsregelungen gem. Art. 4 grundsätzlich möglich. Einstweilige Maßnahmen können folglich auch dann nach Maßgabe des nationalen Rechts beantragt werden, wenn nach der Zuständigkeitsordnung der Verordnung für die Entscheidung in der Hauptsache das Gericht eines anderen Vertragsstaates zuständig wäre. Dies eröffnet den Rückgriff auf exorbitante Zuständigkeiten (s. Abs. 2) nach autonomem Recht. Da dies das Zuständigkeitssystem der EuGVVO jedenfalls dann gefährden kann, wenn Maßnahmen des einstweiligen Rechtsschutzes de facto den Rechtsstreit abschließend regeln, wie dies insbesondere bei bestimmten Leistungsverfügungen im romanischen Rechtskreis der Fall sein kann, begrenzt der EuGH die Befugnisse der Gerichte im Eilverfahren soweit sie nicht gleichzeitig in der Hauptsache zuständig sind (hierzu Art. 31 Rn. 3).

4 **2. Exorbitante Gerichtsstände nationalen Rechts.** Bereits Abs. 1 verbietet den Rückgriff auf jegliche Zuständigkeitsvorschriften des nationalen Rechts. Abs. 2 hebt i. V.m mit Anhang I verdeutlichend hervor, dass insbesondere auch sog. exorbitante Gerichtsstände ausgeschlossen sind. Das sind weitgefasste nationale Gerichtsstandsregelungen, welche die Rechtsverfolgung gegen im Ausland ansässige Schuldner erleichtern sollen und die keine ausgeprägte Verbindung persönlicher oder sachlicher Art zum Forumstaat erfordern.[2] Diese Bestimmungen führen zu einer Ausdehnung der Rechtsprechungshoheit eines Staates und sind daher von dritten Staaten regelmäßig unerwünscht. Betroffen sind hiervon insbesondere Zuständigkeitsregelungen, welche lediglich an die Staatsangehörigkeit des Klägers, an die bloße Belegenheit von Vermögen des Beklagten im Forumstaat oder an die Zustellung der Klage während eines vorübergehenden Aufenthaltes des Beklagten im Forumstaat anknüpfen. Neben den in Abs. 2 iVm. mit Anhang I ausdrücklich genannten exorbitanten Gerichtsständen sind aber schon durch Abs. 1 auch alle anderen nationalen Gerichtsstände ausgeschlossen. **Gegenüber Personen, die ihren Wohnsitz nicht in einem Vertragsstaat haben,** bleiben die exorbitanten – wie auch alle anderen im jeweiligen nationalen Recht vorgesehenen – Gerichtsstände gem. Art. 4 bestehen (zu den Ausnahmen vgl. Art. 72). Sie behalten darüber hinaus ihre Bedeutung, soweit sie im Rahmen einer nach der Verordnung begründeten internationalen Zuständigkeit eines Mitgliedstaates nur zur Bestimmung der örtlichen Zuständigkeit herangezogen werden.[3]

II. EuGVÜ/LugÜ

5 Art. 3 der Verordnung entspricht Art. 3 EuGVÜ und LugÜ. Diese weisen hier keine Besonderheiten auf.

Artikel 4

(1) Hat der Beklagte keinen Wohnsitz im Hoheitsgebiet eines Mitgliedstaats, so bestimmt sich vorbehaltlich der Artikel 22 und 23 die Zuständigkeit der Gerichte eines jeden Mitgliedstaats nach dessen eigenen Gesetzen.

(2) Gegenüber einem Beklagten, der keinen Wohnsitz im Hoheitsgebiet eines Mitgliedstaats hat, kann sich jede Person, die ihren Wohnsitz im Hoheitsgebiet eines Mitgliedstaats hat, in diesem Staat auf die dort geltenden Zuständigkeitsvorschriften, insbesondere auf die in Anhang I aufgeführten Vorschriften, wie ein Inländer berufen, ohne dass es auf ihre Staatsangehörigkeit ankommt.

Anhang I ist auszugsweise bei Art. 3 abgedruckt.

---

[1] EuGH („Frahuil") EuGHE 2004, I 1543, Nr. 23 = NJW-RR 2004, 1291; EuGH („Group Josi") EuGHE 2000, I 5925 Nr. 49 m. weit. Nachw. = NJW 2000, 3121.

[2] *Grothe,* Exorbitante Gerichtszuständigkeiten – Konfliktquelle im deutsch-amerikanischen Rechts- und Wirtschaftsverkehr, in: Heldrich/Kono (Hrsg.), Herausforderungen des Internationalen Zivilverfahrensrechts, 1994, S. 210.

[3] *Rauscher/Mankowski* Rn. 4; *T/P/Hüßtege* Rn. 1; aA *Schack* Rn. 332.

I. Verordnung

1. Drittstaatenfälle. Hat der Beklagte keinen Wohnsitz/Sitz in einem der durch diese Verordnung gebundenen Mitgliedstaaten, bleibt es bei der Anwendung des nationalen Zuständigkeitsrechts (in Deutschland §§ 12ff. ZPO). Damit haben die Mitgliedstaaten (im Rahmen von Art. 6 EMRK bzw. nationalem Verfassungsrecht[1]) freien Gestaltungsspielraum für ihr Zuständigkeitsrecht, soweit in einem Drittstaat ansässige Beklagte betroffen sind. Diesem Personenkreis kommt insbesondere nicht der Schutz der einschränkenden Regelungen der Verordnung zu Gute. Das autonome Zuständigkeitsrecht wird gleichwohl verdrängt, wenn eine ausschließliche Zuständigkeit nach Art. 22 gegeben oder eine Gerichtsstandsvereinbarung nach Art. 23 getroffen ist. Durch **rügelose Einlassung** gem. Art. 24 kann das Gericht eines Vertragsstaats ebenfalls zuständig werden.[2] Schließlich kann sich die Zuständigkeit ausnahmsweise auch aus Art. 9 Abs. 2, Art. 15 Abs. 2 oder Art. 18 Abs. 2 ergeben. Hat der Beklagte mehrere Wohnsitze, von denen einer in einem Mitgliedstaat, ein anderer in einem Drittstaat liegt, so sperrt der Wohnsitz im Mitgliedstaat den Rückgriff auf das nationale Zuständigkeitsrecht zugunsten der Zuständigkeitsvorschriften der EuGVVO.[3] Soweit autonome Zuständigkeitsregelungen zur Anwendung kommen, ist auch der Rückgriff auf die im nationalen Verfahrensrecht geltende „forum non conveniens"-Lehre zulässig (hierzu bereits Art. 2 Rn. 1).[4] 1

Da die Regelung des Art. 4 allein auf den Wohnsitz und nicht etwa auf die Staatsangehörigkeit abstellt, kommt sie auch gegen Staatsangehörige von Mitgliedstaaten zur Anwendung, wenn diese keinen Wohnsitz im Gebiet eines Mitgliedstaates besitzen. In solchen Fällen ist Art. 4 ein Einfallstor für die Anwendung der exorbitanten Gerichtsstände.

Abs. 1 trifft nur eine Regelung für die Zuständigkeit. Auch im Fall eines in einem Drittstaat ansässigen Beklagten bleibt es daher bei der Anwendung der **Art. 27–30** der Verordnung.[5] Die Vorschriften über die **Anerkennung und Vollstreckung** stellen allein darauf ab, dass es sich um eine Entscheidung aus einem anderen Mitgliedstaat handelt. 2

2. Inländergleichbehandlung. Nach Abs. 2 kann ein Kläger, der seinen Wohnsitz in einem Mitgliedstaat hat, sich unabhängig von seiner Staatsangehörigkeit auf die gleichen Zuständigkeitsvorschriften berufen wie ein Inländer, wenn er an seinem Wohnsitz eine Person ohne Wohnsitz im Hoheitsgebiet eines Mitgliedstaats verklagt. Abs. 2 ist nur von Bedeutung, wenn das nationale Recht zwischen inländischen und ausländischen Klägern unterscheidet (wie etwa das französische Recht, Art. 14 Code Civil)[6]. Da das deutsche Recht eine solche Differenzierung nicht trifft, ist Abs. 2 in Deutschland ohne Bedeutung. 3

II. EuGVÜ/LugÜ

Art. 4 der Verordnung entspricht Art. 4 EuGVÜ und LugÜ. Diese weisen hier keine Besonderheiten auf. 4

Abschnitt 2. Besondere Zuständigkeiten

Der zweite Abschnitt der Verordnung enthält besondere, mit der Wohnsitzzuständigkeit nach Art. 2 konkurrierende Zuständigkeitsvorschriften. Die besonderen Zuständigkeiten sind abschließend in Art. 5 bis 7 aufgeführt. Diese Vorschriften sind als Ausnahmeregelungen restriktiv auszulegen.[7] Der Kläger hat hier, ohne Einflussmöglichkeit des Beklagten, die Wahl, ob er seine Klage am allgemeinen Gerichtsstand nach Art. 2 oder am besonderen Gerichtsstand erheben möchte. Fällt die Wahl zugunsten des besonderen Gerichtsstandes aus, ist jedoch zu bedenken, dass die Bestimmungen über den besonderen Gerichtsstand in aller Regel auch die örtliche Zuständigkeit abschließend bestimmen und in diesen Fällen ein Rückgriff auf autonome nationale Zuständigkeitsvorschriften ausgeschlossen ist. Die Wahlmöglichkeit ist nicht gegeben, soweit eine ausschließliche Zuständigkeit nach Art. 22 oder eine abweichende Gerichtsstandsvereinbarung besteht.

Artikel 5

Eine Person, die ihren Wohnsitz in dem Hoheitsgebiet eines Mitgliedstaats hat, kann in einem anderen Mitgliedstaat verklagt werden:

1. a) wenn ein Vertrag oder Ansprüche aus einem Vertrag den Gegenstand des Verfahrens bilden, vor dem Gericht des Ortes, an dem die Verpflichtung erfüllt worden ist oder zu erfüllen wäre;

b) im Sinne dieser Vorschrift – und sofern nichts anderes vereinbart worden ist – ist der Erfüllungsort der Verpflichtung

---

[1] Hierzu *Schlosser,* Festschr. Heldrich (2005), 1007, 1009.

[2] Dies folgt aus der Systematik der Verordnung, soweit man die rügelose Einlassung als stillschweigende Gerichtsstandsvereinbarung betrachtet (Art. 24 Rn. 1). Sieht man in ihr eine Präklusionsregelung (zB *Mankowski* ZZP 109 [1996], 376, 379), wird man ihr keinen Sonderstatus nach Art. 4 zubilligen.

[3] OLG Stuttgart OLGR 2007, 632 zu Art. 4 LugÜ; *Kropholler* Rn 1; *Geimer/Schütze/Auer* Rn. 3.

[4] So für das englische Recht *Dohmann/Briggs,* Festschr. Schlosser (2005), 161, 163; *Rauscher/Mankowksi* Vorbem. Art. 2 Brüssel I-VO Art. 16; zurückhaltender nunmehr *Briggs,* 121 Law Quarterly Review, 535, 538 (2005).

[5] *Kropholler* Rn. 3; *Rauscher/Mankowski* Rn. 4, *T/P/Hüßtege* Rn. 1.

[6] Vgl. zu den Auswirkungen dort *Rauscher/Mankowski,* Rn. 5.

[7] EuGH („Kalfelis") EuGHE 1988, 5565, Nr. 19 = NJW 1988, 3088.

– **für den Verkauf beweglicher Sachen der Ort in einem Mitgliedstaat, an dem sie nach dem Vertrag geliefert worden sind oder hätten geliefert werden müssen;**
– **für die Erbringung von Dienstleistungen der Ort in einem Mitgliedstaat, an dem sie nach dem Vertrag erbracht worden sind oder hätten erbracht werden müssen;**

c) ist Buchstabe b) nicht anwendbar, gilt Buchstabe a);

2. wenn es sich um eine Unterhaltssache handelt, vor dem Gericht des Ortes, an dem der Unterhaltsberechtigte seinen Wohnsitz oder seinen gewöhnlichen Aufenthalt hat, oder im Falle einer Unterhaltssache, über die im Zusammenhang mit einem Verfahren in Bezug auf den Personenstand zu entscheiden ist, vor dem nach seinem Recht für dieses Verfahren zuständigen Gericht, es sei denn, diese Zuständigkeit beruht lediglich auf der Staatsangehörigkeit einer der Parteien;

3. wenn eine unerlaubte Handlung oder eine Handlung, die einer unerlaubten Handlung gleichgestellt ist, oder wenn Ansprüche aus einer solchen Handlung den Gegenstand des Verfahrens bilden, vor dem Gericht des Ortes, an dem das schädigende Ereignis eingetreten ist oder einzutreten droht;

4. wenn es sich um eine Klage auf Schadenersatz oder auf Wiederherstellung des früheren Zustands handelt, die auf eine mit Strafe bedrohte Handlung gestützt wird, vor dem Strafgericht, bei dem die öffentliche Klage erhoben ist, soweit dieses Gericht nach seinem Recht über zivilrechtliche Ansprüche erkennen kann;

5. wenn es sich um Streitigkeiten aus dem Betrieb einer Zweigniederlassung, einer Agentur oder einer sonstigen Niederlassung handelt, vor dem Gericht des Ortes, an dem sich diese befindet;

6. wenn sie in ihrer Eigenschaft als Begründer, trustee oder Begünstigter eines trust in Anspruch genommen wird, der aufgrund eines Gesetzes oder durch schriftlich vorgenommenes oder schriftlich bestätigtes Rechtsgeschäft errichtet worden ist, vor den Gerichten des Mitgliedstaats, in dessen Hoheitsgebiet der trust seinen Sitz hat;

7. wenn es sich um eine Streitigkeit wegen einer Zahlung von Berge- und Hilfslohn handelt, der für Bergungs- oder Hilfeleistungsarbeiten gefordert wird, die zugunsten einer Ladung oder einer Frachtforderung erbracht worden sind, vor dem Gericht, in dessen Zuständigkeitsbereich diese Ladung oder die entsprechende Frachtforderung

a) mit Arrest belegt worden ist, um die Zahlung zu gewährleisten, oder

b) mit Arrest hätte belegt werden können, jedoch dafür eine Bürgschaft oder eine andere Sicherheit geleistet worden ist; diese Vorschrift ist nur anzuwenden, wenn behauptet wird, dass der Beklagte Rechte an der Ladung oder an der Frachtforderung hat oder zur Zeit der Bergungs- oder Hilfeleistungsarbeiten hatte.

I. Verordnung

1 **1. Besonderer Gerichtsstand des Erfüllungsortes – Art. 5 Nr. 1.** Der Gerichtsstand des Erfüllungsortes stellt wohl den wichtigsten Gerichtsstand der Verordnung dar. Nach der Ratio des Art. 5 Nr. 1 soll der Schuldner sich bei Rechtsstreitigkeiten dorthin begeben und verantworten, wo er auch seine Leistung nach materiellem Recht erbringen muss oder hätte erbringen müssen. Ob damit wirklich eine zuständigkeitsrechtfertigende Sach- oder Beweisnähe verbunden ist, hängt eher vom Zufall und den Gegebenheiten des Einzelfalls ab.[1] Zweifelhaft erscheint angesichts der vielfältigen Streitigkeiten zu Nr. 1 auch, ob sich der Vertragsgerichtsstand aus der leichten Lokalisierbarkeit des Erfüllungsortes heraus legitimieren lässt.[2] Nr. 1 regelt **auch** die **örtliche** Zuständigkeit (vgl. Wortlaut: „Gericht des Ortes") und verwehrt so einen Rückgriff auf §§ 12ff. ZPO. Nr. 1 bezieht sich allgemein auf Klagen aus Vertrag. Als leges speciales vorrangig sind Art. 8ff. für Versicherungs-, Art. 15ff. für Verbraucher- und Art. 18ff. für Arbeitssachen. Für Klagen aus Miet- oder Pachtverträgen über unbewegliche Sachen geht die ausschließliche Zuständigkeit des Art. 22 Nr. 1 vor. Bei Beförderungsverträgen genießen die jeweiligen Spezialabkommen gem. Art. 71 Vorrang.

2 **a) Vertrag oder Anspruch aus einem Vertrag.** Die Begriffe „Vertrag" und „Ansprüche aus einem Vertrag" sind nicht nach dem nationalen Recht des jeweiligen Forumstaates, sondern **autonom auszulegen,** um die einheitliche Anwendung des Übereinkommens in allen Vertragsstaaten zu gewährleisten.[3] Eine Qualifikation nach der **lex fori** oder der **lex causae**[4] wird demgegenüber von EuGH und hM[5] abgelehnt, obwohl die verordnungsautonome Auslegung auf nahezu unüberwindliche Schwierigkeiten stößt. Einen einheitlichen Vertragsbegriff kennt weder das materielle Recht der Mitgliedstaaten[6] und noch viel weniger lässt er sich

---

[1] S. hierzu krit. bereits *Stadler,* Festschr. Musielak (2004), 569ff.; ähnlich *Droz* Recueil Dalloz 1997, Chronique 351 et seq.; für die Unverzichtbarkeit eines Vertragsgerichtsstandes *Rauscher/Leible* Rn. 6. Die Sach- und Beweisnähe wird auch in der Rspr. des EuGH regelmäßig betont: zB EuGH („Zelger") EuGHE 1980, 89 = RIW 1980, 726; EuGH („Besix"), EuGHE 2002, I 1699 = NJW 2002, 1407.

[2] So aber *Rauscher/Leible* Rn. 8.

[3] St. Rspr. seit EuGH („Peters") EuGHE 1983, 987, Nr. 9f. = IPRax 1984, 85; EuGH („Arcado"), EuGHE 1988 I 1539; EuGH („Réunion européenne") EuGHE 1998, I 6511, Nr. 15 m. weit. Nachw. = IPRax 2000, 210; EuGH („Tacconi"), EuGHE 2002, I 7357 = NJW 2002, 3159; EuGH („Frahuil"), EuGHE 2004, I 1543 = NJW-RR 2004, 1291.

[4] Sie wird regelmäßig abgelehnt, weil die Gefahr einer Aufspaltung in einen prozessualen und einen materiellrechtlichen Vertragsbegriff bestehe, vgl. nur *Schlosser,* EuZPR, Einl. Rn. 29.

[5] Vgl. zum Streitstand ausführlich *Rauscher/Leible* Rn. 12–17.

[6] Hier ist insbesondere auf die unterschiedliche Einordnung von Ansprüchen aus c.i.c. und Verträgen mit Schutzwirkung für Dritte hinzuweisen, ausführlich hierzu *Martiny,* Festschr. Geimer (2002), 641ff.; *Stadler,* Festschr. Musielak (2004), 569ff.

aus einem prozessualen Normgefüge wie der EuGVVO entnehmen. Dementsprechend kasuistisch fällt die Rechtsprechung des EuGH aus. Voraussetzung ist eine von einer Partei gegenüber einer anderen **freiwillig** eingegangene Verpflichtung.[7] Die Begriffe sind **weit auszulegen.**[8] Das Gericht muss zur Feststellung seiner Zuständigkeit nicht überprüfen, ob tatsächlich ein Vertrag zustande gekommen ist.[9] Es ist vielmehr ausreichend, dass der Kläger dessen Abschluss schlüssig dartut. Ob der Beklagte den Vertragsabschluss bestreitet oder nicht, ist insoweit ohne Belang. Andernfalls könnte sich der Beklagte durch sein Bestreiten dem Gerichtsstand des Art. 5 Nr. 1 entziehen.[10] Nr. 1 setzt nicht den Abschluss eines Vertrages voraus. Es muss aber gleichwohl eine freiwillig eingegangene Verpflichtung festgestellt werden können, da sich die Zuständigkeit des nationalen Gerichts nach dem Ort bestimmt, an dem die Verpflichtung erfüllt worden ist oder zu erfüllen wäre.[11]

Unter den Begriff Vertrag im Sinne dieser Vorschrift fällt auch die **organschaftliche Sonderrechtsbeziehung** zwischen einer deutschen GmbH und ihrem Geschäftsführer.[12] Ebenso sind Ansprüche, die ihre Grundlage in dem zwischen einem **Verein** und seinen Mitgliedern bestehenden Mitgliedschaftsverhältnis haben, als vertraglich zu qualifizieren.[13] **Gewinnzusagen** fallen jedenfalls dann, wenn der Adressat die Auszahlung seines Gewinns verlangt, unter Art. 5 Nr. 1 (s. auch Art. 15 Rn. 2).[14] Neben vertraglichen Primäransprüchen auf Erfüllung fallen unter den Gerichtsstand des Erfüllungsortes etwa auch Rückabwicklungsansprüche aus Rücktritt oder Leistungskondiktion und (Sekundär-)Ansprüche auf Schadensersatz wegen Nicht- oder Schlechtleistung oder sonstiger Vertragsverletzung (etwa Ansprüche aus §§ 280 Abs. 1, 241 Abs. 2 BGB).[15]

3 Abzugrenzen ist hierbei allerdings von **deliktischen Ansprüchen** (Art. 5 Nr. 3). Bei Ansprüchen aus §§ 280 Abs. 1, 311 Abs. 2, 241 Abs. 2 (c. i. c.) ist nach EuGH darauf abzustellen, ob die Verletzung einer im Vorfeld des Vertrages freiwillig eingegangenen Verpflichtung vorliegt. Dann ist die Zuständigkeit nach Nr. 1 gegeben. Sind lediglich gesetzliche Vorschriften, insbesondere solche über Treu und Glauben, verletzt, ist Art. 5 Nr. 3 einschlägig.[16] Richtiger erschiene eine Differenzierung danach, ob vertragliche Aufklärungs- und Beratungspflichten verletzt wurden (dann Nr. 1) oder allgemeine Schutz- und Obhutspflichten (dann Art. 5 Nr. 3).[17]

4 Von Art. 5 Nr. 1 werden **nicht erfasst** Ansprüche aus Geschäftsführung ohne Auftrag[18] und anderen gesetzlichen Schuldverhältnissen oder Streitigkeiten über verfügende Verträge (wie zB nach § 398 BGB oder § 929 BGB).

5 **b) Konkurrenz von vertraglichen und deliktischen Ansprüchen.** Ein Gericht, das nach Art. 5 Nr. 3 für die Entscheidung einer Klage unter einem auf deliktischer Grundlage beruhenden Gesichtspunkt zuständig ist, darf über diese Klage nicht unter anderen, nichtdeliktischen Gesichtspunkten entscheiden.[19] Dies soll sich aus dem Vorrang des allgemeinen Gerichtsstandes ergeben. Wenn der Kläger in einem solchen Fall vermeiden will, dass über einzelne Aspekte des Rechtsstreits von verschiedenen Gerichten entschieden wird, kann er seine Klage unter sämtlichen Gesichtspunkten nur vor das Gericht des Beklagtenwohnsitzes gem. Art. 2 bringen. Auch im hier fraglichen, umgekehrten Fall wird eine Annexkompetenz im Vertragsgerichtsstand teilweise abgelehnt, obwohl der EuGH sich hierzu nicht explizit geäußert hat.[20] Das Gericht des Erfüllungsortes dürfte danach also nicht aufgrund seiner Zuständigkeit nach Nr. 1 kraft Sachzusammenhangs über deliktische Ansprüche mitentscheiden, obwohl Prozessökonomie und effektiver Rechtsschutz hierfür sprechen.[21]

6 **c) Erfüllungsort. aa) Rechtslage nach dem EuGVÜ.** Nach der Rechtsprechung des EuGH war der Begriff des Erfüllungsortes in Art. 5 Nr. 1 Halbs. 1 EuGVÜ nicht vertragsautonom zu definieren, sondern bestimmte sich nach dem Recht, das nach dem Kollisionsrecht des angerufenen Gerichts auf den Vertrag an-

---

[7] EuGH („Handte“) EuGHE 1992, I 3967, Nr. 15 = JZ 1995, 90. Die Freiwilligkeit ist letztlich kein Ausschlusskriterium für Nr. 1 und eher irreführend. Einigkeit besteht nämlich, dass auch Vertragsstreitigkeiten, die auf einem Kontrahierungszwang beruhen, erfasst werden sollen, jedenfalls soweit die Parteien selbst noch Willenserklärungen abgeben, s. *Martiny,* Festschr. Geimer (2002), 641, 650; *Rauscher/Leible,* Rn. 20a, 29 mit Nachw.

[8] EuGH („Engler“) EuGHE 2005, I 481, Nr. 48 = NJW 2005, 811, 813: es genügt, wenn der Empfänger das Verhalten des anderen Teils vernünftigerweise als Erklärung mit rechtsgeschäftlicher Bindungswirkung auffassen durfte. BGH NJW-RR 2005, 1090 will das Verlöbnis hingegen offenbar nicht vertraglich qualifizieren.

[9] EuGH („Effer“) EuGHE 1982, 825, Nr. 8 = IPRax 1983, 31.

[10] EuGH („Effer“) EuGHE 1982, 825, Nr. 7 = IPRax 1983, 31.

[11] EuGH („Tacconi“) EuGHE 2002, I 7357, Nr. 22 = NJW 2002, 3159.

[12] OLG München IPRax 2000, 416.

[13] EuGH („Peters“) EuGHE 1983, 987, Nr. 15 = IPRax 1984, 85.

[14] EuGH („Engler“) EuGHE 2005, I 481, Nr. 56 = NJW 2005, 811; BGH NJW 2006, 230, 231; *Leible* NJW 2005, 796; *Lorenz/Unberath* IPRax 2005, 219.

[15] Ganz hM, vgl. nur MK/*Gottwald* Rn. 4; *Schlosser,* EuZPR, Rn. 5; *Wiecz/Sch/Hausmann* Rn. 6; *Rauscher/Leible,* Rn. 23, 30 mit zahlr. Nachw.; s. auch OLG Hamburg NJW 1990, 652 (für Vertragsstrafe).

[16] EuGH („Tacconi“) EuGHE 2002, I 7357, Nr. 27 = NJW 2002, 3159; abl. u. a. *Mankowski* IPRax 2003, 135.

[17] So etwa *Lorenz* NJW 2000, 3309 und IPRax 2002, 194; MK/*Gottwald* Rn. 5; *Martiny,* Festschr. Geimer (2002), 641, 654; LG Braunschweig IPRax 2002, 214 (für Nr. 1 muss Vertrag geschlossen sein); zum Streitstand s. ausführlich *Rauscher/Leible* Rn. 27.

[18] *Stadler,* Festschr. Musielak (2004), 569, 581.

[19] EuGH („Kalfelis“) EuGHE 1988, 5565, Nr. 19 = NJW 1988, 3088.

[20] MK/*Gottwald* Rn. 8; *Looschelders* IPRax 2006, 16.

[21] Für eine Annexkompetenz im Vertragsgerichtsstand daher u. a. *Rauscher/Leible* Rn. 59; *Schack* Rn. 349; *Kropholler* Rn. 79; *Mansel* IPrax 1989, 85; *Schlosser,* EuZPR, Vorbem. Art. 5 Rn. 2.

zuwenden war (lex causae).[22] Weiterhin war der Erfüllungsort für jede streitige Vertragspflicht gesondert zu bestimmen.[23] Dies führte zu einem unerfreulichen Zuständigkeitssplitting für die verschiedenen, aus demselben Vertrag entstammenden Ansprüche und konnte im Einzelfall (etwa bei Geldforderungen unter dem CISG[24]) Erfüllungsklagen im Klägergerichtsstand ermöglichen. Hierin lag daher ein wesentliches Reformanliegen der EuGVVO. Allerdings gilt diese Rechtsprechung für den wortgetreu übereinstimmenden Art. 5 Nr. 1 Buchst. a EuGVVO fort.[25]

7 **bb) Art. 5 Nr. 1 Buchst. a.** Sind die **Ansprüche beider Vertragsparteien** streitig, muss der Erfüllungsort im Anwendungsbereich von Buchst. a weiterhin für **jeden Anspruch** (also etwa für Leistung und Gegenleistung) **gesondert** bestimmt werden. Dies wird im Regelfall zu unterschiedlichen Gerichtsständen für Klagen auf etwa die vertragscharakteristische Lieferungspflicht einerseits und die Zahlungspflicht andererseits führen;[26] es müssen ggf. mehrere Klagen an verschiedenen Orten erhoben werden. Es kommt daher bei Buchst. a nicht darauf an, an welchem Ort die das Vertragsverhältnis prägende, charakteristische Leistung zu erbringen ist.[27] Betrifft der Rechtsstreit mehrere Hauptpflichten, ist der Erfüllungsort für jeden Anspruch gesondert zu bestimmen.[28] Für vertragliche **Nebenpflichten**[29] und **Sekundärpflichten** (etwa durch Leistungsstörung entstandene Schadensersatzpflichten[30] oder sonstige anstelle der primären Erfüllungsverpflichtung getretene Pflichten) ist Erfüllungsort der Ort der primären Hauptleistungspflicht.[31] Die Bestimmung des Erfüllungsortes erfolgt anhand des materiellen Rechts, welches nach dem Kollisionsrecht des angegangenen Gerichts für die streitige Verpflichtung maßgeblich ist (lex causae)[32] – vgl. für Deutschland Art. 27f., 30 EGBGB, §§ 269f. BGB. Damit werden weiterhin komplizierte Rechtsfragen in die Zuständigkeitsprüfung verlagert, obwohl die Rechtssicherheit eine einfache und zügige Feststellung des Gerichtsstandes gebietet. Dies lässt sich auch nicht aus der dienenden Funktion des Verfahrensrechts gegenüber dem materiellen Recht rechtfertigen.[33]

8 Ist die vertragliche Verpflichtung tatsächlich an einem anderen als dem im Vertrag vorgesehenen Ort erfüllt worden, ist dieser als zuständigkeitsbegründender Erfüllungsort anzusehen, wenn der Gläubiger die Leistung an diesem Ort als vertragsgemäß angenommen hat.[34] In einem Fall, in dem die fragliche vertragliche Verpflichtung an verschiedenen Orten erfüllt worden ist oder zu erfüllen wäre, kann die Zuständigkeit einem Gericht nicht deshalb zuerkannt werden, weil in seiner örtlichen Zuständigkeit ein beliebiger dieser Erfüllungsorte liegt. Vielmehr ist in einem Fall, der durch eine Vielzahl von Erfüllungsorten der fraglichen Vertragspflicht gekennzeichnet ist (zB bei Unterlassungsansprüchen), ein einziger Erfüllungsort zu bestimmen. Das ist grundsätzlich der Ort, zu dessen Gericht der Streitgegenstand die engste Verknüpfung aufweist.[35] Ist es nicht möglich, das Gericht, das die engste Verknüpfung mit dem Streitgegenstand aufweist, zu ermitteln, ist Art. 5 Nr. 1 nicht anwendbar. In einem solchen Fall lässt sich die Zuständigkeit nur gem. Art. 2 bestimmen, der einen sicheren und verlässlichen Anknüpfungspunkt bietet. Letzteres ist etwa der Fall, wenn der Erfüllungsort nicht bestimmt werden kann, weil die streitige Verpflichtung eine geografisch unbegrenzt geltende Unterlassungspflicht ist und damit durch eine Vielzahl von Orten gekennzeichnet ist, an denen sie erfüllt worden ist oder zu erfüllen wäre.[36]

9 **cc) Erfüllungsort bei Warenkauf und Dienstleistungsverträgen (Nr. 1 Buchst. b). (1) Kauf- und Dienstleistungsvertrag.** Der Begriff des Kaufvertrages ist autonom unter Heranziehung der VerbrGük-RiL sowie im Einklang mit Art. 15 Abs. 1 lit. a zu bestimmen. Darunter fallen alle Verträge über die Lieferung und Übereignung beweglicher[37] Sachen (nicht Rechte) gegen Zahlung eines Entgeltes. **Miet- und Leasingverträge,** bei denen die Gebrauchsüberlassung im Vordergrund steht, sind daher ebensowenig erfasst[38] wie reine Vertriebsrahmenverträge ohne bereits konkrete kaufvertragliche Verpflichtung; bei Werklieferungsverträgen kommt es wie bei allen gemischten Verträgen darauf an, ob der Schwerpunkt in der Leistung des Lieferanten liegt[39]. **Dienstleistungsverträge** iSv. Buchst. b sind autonom und unter Rückgriff auf

[22] EuGH („Tessili") EuGHE 1976, 1473, Nr. 13ff. = NJW 1977, 491; seither st. Rspr. trotz Kritik auch seitens der nationalen Gerichte, vgl. Cour de Cassation, Revue critique 87 (1998), 117; BGH IPRax 1992, 373.

[23] EuGH („De Bloos") EuGHE 1976, 1497, Nr. 13 = NJW 1977, 490.

[24] Vgl. EuGH („Custom M. Commercial Ltd"), EuGHE 1994, I 2913 = NJW 1995, 183; BGH NJW 1997, 870; *Piltz* NJW 2002, 789, 793.

[25] *Kropholler* Rn. 34.

[26] *Hausmann* EuLF (D) 2000/01, 40, 44.

[27] EuGH („Shenavai") EuGHE 1987, 239, Nr. 17f. = NJW 1987, 1131.

[28] EuGH („Leathertex") EuGHE 1999, I 6747, Nr. 42 = NJW 2000, 721; BGH NJW-RR 2003, 1582 m. weit. Nachw.

[29] BGH NJW 2004, 1456.

[30] OLG Stuttgart IPRax 2006, 472 m. Anm. *M. Stürner* ebenda 450.

[31] EuGH („Shenavai") EuGHE 1987, 239, Nr. 19 = NJW 1987, 1131; BGH NJW-RR 2003, 1582 m. weit. Nachw.

[32] EuGH („Tessili") EuGHE 1976, 1473, Nr. 13ff. = NJW 1977, 491.

[33] So aber zur Verteidigung der Tessili-Rspr. *Schlosser,* Gedächtnisschr. Bruns (1980), 56.

[34] BayObLG RIW 2001, 862; *Rauscher/Leible* Rn. 42.

[35] EuGH („Besix") EuGHE 2002, I 1699, Nr. 32 = NJW 2002, 1407.

[36] EuGH („Besix") EuGHE 2002, I 1699, Nr. 50 = NJW 2002, 1407.

[37] Str. ob Qualifikation nach der lex fori, der lex rei sitae oder gemeinschaftsrechtlich autonom, für Letzteres mit Überblick zum Streitstand *Rauscher/Leible* Rn. 48. Angesichts der damit verbundenen Schwierigkeiten und der ggf. höchst unterschiedlichen Regelungen der Mitgliedstaaten (etwa zu Zubehörgegenständen), dürfte der Rückgriff auf die lex rei sitae für mehr Rechtssicherheit und Vorhersehbarkeit sorgen (so im Erg. *T/P/Hüßtege* Rn. 6).

[38] *Rauscher/Leible* Rn. 46 mit Nachw.

[39] OLG Köln IHR 2007, 164.

Art. 50 EG[40] weit auszulegen[41]. Sie umfassen entgeltliche kaufmännische, handwerkliche, gewerbliche, aber auch freiberufliche Leistungen, Werk- und Werklieferungsverträge[42], Makler-[43], Franchise-[44] und Vertriebsverträge[45], Finanzdienstleistungen (Argument aus Art. 63 Abs. 3) und Kreditverträge (str.).[46] Für Versicherungs- und Verbraucherverträge gelten die besonderen Regeln der Art. 8 ff. bzw. 15 ff.; Arbeitsverträge sind von Art. 18 ff. erfasst (s. dort Rn. 2).

(2) **Autonom zu bestimmender Erfüllungsort.** Anders als bei Nr. 1 Buchst. a ist bei Verträgen über den Verkauf beweglicher Sachen und für die Verträge über die Erbringung von Dienstleistungen der Erfüllungsort in der Verordnung nunmehr **autonom** definiert.[47] Er gilt für alle Ansprüche aus dem Vertrag und damit nicht nur für die Lieferung bzw. die Erbringung der Dienste, sondern zB auch für die Zahlungsverpflichtungen des Käufers oder Dienstleistungsgläubigers.[48] Es wird also für alle Klagen aus dem Vertrag ein einziger Wahlgerichtsstand am Erfüllungsort der vertragstypischen Verpflichtung des Verkäufers bzw. Dienstverpflichteten begründet.[49] Man erreicht damit die Konzentration aller Streitigkeiten aus einem Vertrag bei einem Gericht. 10

Erfüllungsort ist bei **Kaufverträgen** der Ort in einem Mitgliedstaat, an dem die beweglichen Sachen nach dem Vertrag geliefert worden sind oder hätten geliefert werden müssen. Liegen in einem Mitgliedsstaat mehrere Lieferorte, ist das Gericht zuständig, in dessen Sprengel sich der Ort der nach wirtschaftlichen Kriterien zu bestimmenden Hauptlieferung befindet. Lässt sich der Ort der Hauptlieferung nicht feststellen, so kann der Kläger den Beklagten vor dem Gericht des Lieferorts seiner Wahl verklagen.[50] Sofern keine klare vertragliche Absprache besteht, kann es insbesondere beim **Versendungskauf** schwierig sein, den Erfüllungsort zu ermitteln (Versendungs-[51] oder Zielort?). Bis eine Klärung durch den EuGH erfolgt, spricht das Argument der zuständigkeitslegitimierenden Beweisnähe[52] hier letztlich dafür, den Ort, an dem der Käufer die Ware übernimmt, als Erfüllungsort anzusehen.[53] Nach anderer Ansicht sollen hier doch wieder materiellrechtliche Kriterien zum Zuge kommen, sei es im Sinne eines Rückgriffs auf die lex causae[54] oder im Sinne eines Versuch, einen Schwerpunkt der Verkäuferleistung (nur Übergabe an Transportperson geschuldet oder Bringschuld ggf. mit zusätzlicher Montageleistung oder dergleichen) zu bestimmen und den Lieferort dort zu verorten.[55] Die Versuche zeigen, dass der Verordnungsgeber insoweit der Praxis leider keineswegs eine klar und einfach zu handhabende Neuregelung an die Hand gegeben hat. 11

Für die **Erbringung von Dienstleistungen** ist Erfüllungsort der Ort in einem Mitgliedstaat, an dem sie nach dem Vertragung erbracht worden sind oder hätten erbracht werden müssen. Ist die Dienstleistung in verschiedenen Mitgliedsstaaten erbracht worden, ist maßgebend, wo der örtliche Schwerpunkt der Dienstleistung war.[56] 12

Wie bei Buchst. a ist auch bei Buchst. b vor Lieferung der Ware der vertraglich vorgesehene Erfüllungsort zuständigkeitsbegründend, nach Lieferung der Ware der **tatsächliche Erfüllungsort.**[57] Weicht der tatsächliche Erfüllungsort vom vertraglich vorgesehenen ab, ist er dann zuständigkeitsbegründend, wenn die Erfüllung an diesem Ort von der anderen Vertragspartei als vertragsgemäß akzeptiert wurde.[58] Enthält der Vertrag keine klare Absprache, ist der Erfüllungsort durch Vertragsauslegung unter Berücksichtigung der Umstände des Einzelfalls und etwaiger Handelsbräuche zu ermitteln.[59] 13

dd) Erfüllungsort gem. Nr. 1 Buchst. c. Für alle Vertragstypen, die nicht von Nr. 1 Buchst. b erfasst werden, bleibt es bei Buchst. a und dabei, dass der Erfüllungsort, wenn die Ansprüche beider Vertragsparteien streitig sind, für jeden Anspruch gesondert anhand des materiellen Rechts bestimmt werden muss, welches nach dem Kollisionsrecht des angegangenen Gerichts für die streitige Verpflichtung maßgebend 14

---

40 BGH NJW 2006, 1806 m.w.N; *Micklitz/Rott* EuZW 2001, 325, 328; krit. *Berg* NJW 2006, 3035.

41 OGH ZfRV 2004, 76 (Beherbergungsvertrag, der über bloße Raumüberlassung hinausgeht).

42 OLG Düsseldorf OLGR 2004, 208; *Gsell* IPRax 2002, 484.

43 OGH IPRax 2006, 608.

44 *Emde* RIW 2003, 512.

45 *Bajons,* Festschr. Geimer (2002), 52.

46 *Micklitz/Rott* EuZW 2001, 325, 328; *Reich* ZIP 1999, 1210; *Hau* IPRax 2000, 354, 359; *T/P/Hüßtege* Rn. 8.

47 BGH NJW 2006, 1806, 1807; *Micklitz/Rott* EuZW 2001, 325, 328.

48 BGH NJW 2006, 1806, 1807 m. weit. Nachw.; *Micklitz/Rott* EuZW 2001, 325, 328.

49 *Hausmann* EuLF (D) 2000/01, 40, 44.

50 EuGH („Color Drack"), NJW 2007, 1799, 1801.

51 Für einen Verkäufergerichtsstand *Geimer/Schütze* IZVR, Rn. 86.

52 Dies gilt freilich nur dann, wenn die Ware nicht bis zum Rechtsstreit an einen anderen Ort verbracht wurde, was bei Handelsketten die Regel sein dürfte. Insoweit kann aber eine Sach- und Beweisnähe des Erfüllungsortes immer nur mehr oder weniger zufällig gegeben sein.

53 OLG Hamm IHR 2006, 84, 86; OLG Köln IHR 2006, 86 = IPRspr 2005 Nr. 132; OGH EuLF 2005, II-82; *Hager/Bentele* IPRax 2004, 73; ausführlich hierzu *Ignatova,* Art. 5 Nr. 1 EuGVO – Chancen und Perspektiven der Reform des Gerichtsstandes am Erfüllungsort, 2005, S. 261 ff.

54 *T/P/Hüßtege* Rn. 7 (Nr. 1 Buchst. a); s. auch *Kropholler* Rn. 48; *Kienle* IPRax 2005, 114; *Junker* RIW 2002, 572; *Piltz* NJW 2002, 793; *Rauscher,* Festschr. Heldrich (2005), 944; weit. Nachw. bei *Rauscher/Leible* Rn. 52.

55 *Rauscher/Leible* Rn. 53; *Bajons,* Festschr. Geimer (2005), 52.

56 BGH NJW 2006, 1806, 1807 m. Anm. *Berg* NJW 2006, 3035.

57 So auch *Rauscher/Leible* Rn. 42; *Klemm,* Erfüllungsortvereinbarungen im Europäischen Zivilverfahrensrecht, 2005, S. 51 f.; für ein freies Wahlrecht des Klägers hingegen *Geimer/Schütze/Geimer,* EuZVR, Rn. 143.

58 *Rauscher/Leible* Rn. 51.

59 *Kropholler* Rn. 48.

ist[60] (s. Rn. 7). Es bleibt gem. Buchst. c auch dann bei der Anwendung des Buchst. a (also für jeden Anspruch gesonderte Bestimmung des Erfüllungsortes nach der lex causae), wenn bei den in Buchst. b genannten Fällen der Erfüllungsort in einem Drittstaat liegen würde.[61]

15 **d) Vereinbarungen über den Erfüllungsort.** Sie sind in Nr. 1 Buchst. b ausdrücklich erwähnt, jedoch auch in Fällen des Buchst. a[62] zulässig. Sie haben nach dem Wortlaut von Nr. 1 Buchst. b Vorrang vor der Bestimmung nach der Verordnung.[63] Die zuständigkeitsbegründende Wirkung erfordert aufgrund der unterschiedlichen Funktion von Gerichtsstands- und Erfüllungsortvereinbarungen nicht die Beachtung der Formerfordernisse des Art. 23;[64] die Wirksamkeit richtet sich allein nach der lex causae.[65] Um eine Umgehung der Erfordernisse des Art. 23 zu vermeiden, muss der vereinbarte Erfüllungsort allerdings dem von den Parteien tatsächlich gewollten Erfüllungsort entsprechen. Sog. **abstrakte Erfüllungsortvereinbarungen,** die in keinem Zusammenhang mit der Vertragswirklichkeit stehen, sondern lediglich den Gerichtsstand festlegen sollen, sind unzulässig.[66] Der Erfüllungsort kann nur insgesamt, nicht für einzelne vertragliche Verpflichtungen, vereinbart werden. Eine andere Lösung würde dem Ziel der Verordnung, eine Konzentration der verschiedenen Ansprüche bei den Gerichten eines einzigen Mitgliedstaats zu erreichen, entgegenstehen.[67]

16 **Erfüllungsortvereinbarungen zu Lasten von Personen mit Wohnsitz in Luxemburg.** Bei solchen Vereinbarungen bleibt Personen, die ihren Wohnsitz in Luxemburg haben, die Möglichkeit, die Unzuständigkeit des nach der Vereinbarung zuständigen Gerichts geltend zu machen, wenn sich der Bestimmungsort für die Lieferung beweglicher Sachen oder die Erbringung von Dienstleistungen in Luxemburg befindet (Art. 63 Abs. 1). Ist der Bestimmungsort in Luxemburg, sind auch Gerichtsstandsvereinbarungen nur eingeschränkt möglich (Art. 63 Abs. 2). Art. 63 gilt allerdings nicht für Verträge über Finanzdienstleistungen (Art. 63 Abs. 3). Es ist zu beachten, dass Art. 63 gem. Art. 63 Abs. 4 iVm. Art. 76 am 1. 3. 2008 außer Kraft tritt.

17 **2. Unterhaltssachen – Art. 5 Nr. 2. a) Begriff der Unterhaltssache.** Die Auslegung erfolgt autonom und großzügig.[68] Nr. 2 erfasst die Ansprüche des Unterhaltsberechtigten, der ein Wahlrecht dahin hat, dass er eine von ihm zu erhebende Klage auch an seinem Wohnsitz oder am Sitz seines gewöhnlichen Aufenthalts erheben kann. Für den Unterhaltsverpflichteten besteht ein solches Wahlrecht nicht; für ihn gilt Art. 2 Abs. 1.[69] Er bezieht sich neben ehe- und nachehelichem Unterhalt auch auf Kindesunterhalt, Abänderungsklagen und vertragliche Unterhaltsansprüche.[70] Erfasst werden sollen nach einem Teil der Literatur auch deliktische Unterhaltsansprüche.[71] Dem ist wohl nicht zu folgen, da ein aufgrund Delikts Unterhaltsberechtigter nicht zur typischerweise nach Art. 5 Nr. 2 schutzbedürftigen Personengruppe gehören dürfte. Insbesondere sind deliktische Ansprüche nicht auf ein familienrechtliches Band zurückzuführen, welches nach der Ratio der Verordnung gerade als Abgrenzungskriterium für Unterhaltsansprüche dienen soll.[72] Der Begriff des Unterhaltes setzt allerdings nicht voraus, dass dieser Anspruch auf die Leistung periodischer Zahlungen gerichtet ist.[73]

18 Auf Nr. 2 kann sich auch derjenige berufen, dessen Unterhaltsberechtigung noch nicht dem Grunde nach festgestellt worden ist. Die Anwendbarkeit dieses Gerichtsstandes auf die erstmalige Unterhaltsklage wird vom EuGH u. a. damit begründet, dass diejenige Partei, welche auf Unterhalt klagt, regelmäßig die schwächere ist, und zwar auch dann, wenn die Unterhaltsberechtigung überhaupt noch festzustellen ist.[74] Eine öffentliche Einrichtung, die im Wege einer **Regressklage** aus übergegangenem Recht die Rückzahlung von Beträgen verlangt, welche sie nach öffentlichen Recht einem Unterhaltsberechtigten als Ausbildungsförderung gezahlt hat, kann sich nicht auf Nr. 2 berufen.[75]

19 **b) Verbundsachen.** Nr. 2 gilt für Verbundsachen (vgl. § 623 Abs. 1 ZPO) und hat insoweit Vorrang vor der Zuständigkeitsregeln der ZPO.[76] Sie erfasst sowohl Trennungsunterhalt wie nachehelichen Unterhalt. Folgt die Zuständigkeit für die Statussache allein aus der Staatsangehörigkeit *einer* Partei (§§ 606 a Abs. 1 Nr. 1, 640 a Abs. 2 Nr. 1 ZPO), so ist eine Verbundzuständigkeit nicht anzunehmen, da es sich in diesem Fall um einen exorbitanten und damit von der Verordnung unerwünschten Gerichtsstand handelt. Die Ver-

---

[60] *Hausmann* EuLF (D) 2000/01, 40, 44; EuGH („Groupe Concorde“), EuGHE 1999, I 6307 = NJW 2000, 719; BGH NJW-RR 2003, 1582.

[61] *Hausmann* EuLF (D) 2000/01, 40, 44.

[62] *Klemm,* Erfüllungsortvereinbarungen im Europäischen Zivilverfahrensrecht, 2005, S. 65 f.; *Micklitz/Rott* EuZW 2001, 325, 328; *Rauscher/Leible* Rn. 43; eher abl. *T/P/Hüßtege* Rn. 5.

[63] BGH NJW-RR 2005, 1518 m. Anm. *Leible/Sommer* IPRax 2006, 568.

[64] EuGH („Zelger“) EuGHE 1980, 89, Nr. 6 = NJW 1980, 1218; BGH NJW 1996, 1819.

[65] BGH NJW-RR 2005, 1518; *T/P/Hüßtege* Rn. 5.

[66] EuGH („Mainschifffahrts-Genossenschaft“) EuGHE 1997, I 911 Nr. 35 = NJW 1997, 1431; BGH NJW-RR 1998, 755; hierzu *Koch* JZ 1997, 841; *Leible/Sommer* IPRax 2006, 568.

[67] *Micklitz/Rott* EuZW 2001, 325, 328.

[68] EuGH („de Cavel“), EuGHE 1980, 731 = NJW 1980, 1218 = IPRax 1981, 19.

[69] OLG Nürnberg NJW 2005, 1054.

[70] *T/P/Hüßtege* Rn. 13.

[71] *T/P/Hütege* Rn. 13; *Wiecz/Sch/Hausmann* Rn. 38.

[72] Vgl. EuGH („de Cavel“), EuGHE 1980, 731 = NJW 1980, 1218.

[73] *Schlosser*-Bericht in: Bülow/Böckstiegel B I 1 a, S. 140 (Nr. 93).

[74] EuGH („Jackie Farell“), EuGHE 1997, I 1683 = IPRax 1998, 354.

[75] EuGH („Blijdenstein“), EuGHE 2004, I 981 = JZ 2004, 407 m. Anm. *Schlosser;* OLG Dresden NJW 2007, 446; krit. hierzu *Martiny* IPRax 2004, 195.

[76] *T/P/Hüßtege* Rn. 14; *Piltz* NJW 2002, 789.

bundzuständigkeit soll jedoch nach überwiegender Meinung bestehen bleiben, wenn beide Parteien Deutsche sind.[77]

c) **Wohnsitz und gewöhnlicher Aufenthalt des Unterhaltsgläubigers.** Der Wohnsitz ist nach der lex fori zu ermitteln (Art. 59). Im Gegensatz zu Art. 2 (und auch weiter gehend als § 23a ZPO) stellt Nr. 2 alternativ auf den gewöhnlichen Aufenthaltsort ab, um die Verordnung insoweit mit den Haager Unterhaltsübereinkommen[78] zu harmonisieren.[79] Der gewöhnliche Aufenthalt einer Person liegt an dem Ort, an dem sie ihren Daseinsmittelpunkt hat, dh. den Schwerpunkt ihrer familiären oder beruflichen Bindungen.[80] Als Faustregel wird in der Praxis häufig ab einer sechsmonatigen Verweildauer die Begründung eines gewöhnlichen Aufenthalts angenommen.[81] 20

3. Unerlaubte Handlungen – Art. 5 Nr. 3. Art. 5 Nr. 3 enthält den aus verschiedenen mitgliedstaatlichen Regelungen übernommenen Grundgedanken, dass der durch eine unerlaubte Handlung Verletzte seine Schadensersatzansprüche dort geltend machen darf, wo das Unrecht begangen wurde, sich ausgewirkt hat oder sich auszuwirken droht, ohne sein Recht am allgemeinen Gerichtsstand des Schädigers geltend machen zu müssen. Das Gericht des Ortes, an dem das schädigende Ereignis eingetreten ist, eignet sich wegen der Nähe zum Streitgegenstand und der leichteren Beweisaufnahme in der Regel am besten, den Rechtsstreit zu entscheiden.[82] Nr. 3 enthält gleichzeitig eine Festlegung der **örtlichen** Zuständigkeit. Spezialabkommen, insbesondere aus dem Transportrecht, können vorgehen (s. etwa Art. 31 CMR).[83] 21

a) **Begriff der unerlaubten Handlung.** Dieser unterliegt einer autonomen Auslegung.[84] Unter Art. 5 Nr. 3 fallen alle Klagen, mit denen eine Schadenshaftung[85] geltend gemacht wird, welche nicht aus einem Vertrag iSd. Art. 5 Nr. 1 hergeleitet wird.[86] Erfasst werden zB auch Ansprüche aus Gefährdungshaftung (wie der Produkthaftung), aus Kartell[87]- und Wettbewerbsverstößen[88], aus der Verletzung von Urheber[89]- und Immaterialgüterrechten[90], sowie die (deliktische) Haftung für Kapitalanlegerschäden[91] und Umweltschäden. Die Gerichtsstände aus Nr. 1 und Nr. 3 sollen möglichst klar voneinander getrennt werden; **konkurrierende vertragliche Ansprüche** können am Gerichtsstand der unerlaubten Handlung nicht geltend gemacht werden (s. oben Rn. 3).[92] Für die Vorfrage, ob die Rechtswidrigkeit deliktischer Handlungen durch vertragliche Vereinbarung ausgeschlossen wird, ist jedoch die Zuständigkeit aus Art. 5. Nr. 3 eröffnet.[93] Will der Kläger vertragliche und deliktische Ansprüche vor ein und demselben Gericht geltend machen, kann er den Beklagten an dessen allgemeinem Gerichtsstand verklagen. 22

Nicht erfasst vom Anwendungsbereich des Art. 5 Nr. 3 werden Schadensersatzansprüche wegen Nichterfüllung des Vertrages sowie die außervertraglichen, aber nicht auf Schadensersatz gerichteten Ansprüche wie diejenigen aus ungerechtfertigter Bereicherung. Zu Ansprüchen aus c. i. c. vgl. oben Rn. 3. Der Wortlaut stellt nunmehr auch klar, dass Art. 5 Nr. 3 vorbeugende **Unterlassungsklagen** und **einstweiligen Rechtsschutz** umfasst.[94] Sie können auch von einem Verbraucherschutzverband geltend gemacht werden.[95] 23

---

[77] *Kropholler* Rn. 61, MK/*Gottwald* Rn. 29; *T/P/Hüßtege* Rn. 14.

[78] Haager Übereinkommen über die Anerkennung und Vollstreckung von Entscheidungen auf dem Gebiet der Unterhaltspflicht gegenüber Kindern vom 15. 4. 1958 (BGBl. 1961 II, 1006) und Haager Übereinkommen über die Anerkennung und Vollstreckung von Unterhaltsentscheidungen vom 2. 10. 1973 (BGBl. II 1986, 826).

[79] *Jenard*-Bericht 25.

[80] BGH NJW 1975, 1068; 1993, 2047, 2048; weiterführend *Palandt/Heldrich,* Art. 5 EGBGB Rn. 10f. m. weit. Nachw.; *von Hoffmann/Thorn* § 5 Rn. 72ff. m. weit. Nachw.

[81] *Palandt/Heldrich,* Art. 5 EGBGB Rn. 10 m. weit. Nachw.

[82] EuGH („Henkel") EuGHE 2002, I 8111, Nr. 46 = NJW 2002, 3617, 3619 = IPRax 2003, 341; *Rauscher/Leible* Rn. 74 hält dies gegenüber der fehlenden Manipulierbarkeit nach Eintritt des schädigenden Ereignisses und der Zuständigkeitssicherheit für einen nur untergeordneten Gesichtspunkt.

[83] Einzelheiten bei *Rauscher/Leible* Rn. 75.

[84] BGHZ 153, 82, 90; EuGH („Henkel"), EuGHE 2002, I 8111 = NJW 2002, 3617.

[85] Str. ist, ob eine negative Feststellungsklage im Gerichtsstand des Art. 5 Nr. 3 erhoben werden kann. Nach dem Wortlaut ist dies möglich; zum Ganzen *Rauscher/Leible* Rn. 82 mit Nachw.; abl. OLG München OLGR 2002, 147; *T/P/Hüßtege* Rn. 17.

[86] EuGH („Engler") EuGHE 2005, I 481 = NJW 2005, 811, 812; EuGH („Henkel") EuGHE 2002, I 8111 = NJW 2002, 3617, 3618; EuGH („Réunion Européenne") EuGHE 1998, 6511 = EuZW 1999, 59; EuGH, („Reichert") EuGHE 1992, I 2149 = EuZW 1992, 447; BGH RIW 1987, 623; EuGH („Kalfelis") EuGHE 1988, 5565 = NJW 1988, 3088. Isolierte Gewinnzusagen (§ 661a BGB), die den Verbraucher nicht zu einem Vertragsschluss auffordern, fallen unter Nr. 3, nicht unter Nr. 1, BGH NJW 2004, 3039; NJW 2003, 426; *Staudinger* ZEuP 2004, 767.

[87] BGH RIW 1988, 379; LG Dortmund IPRax 2005, 542 m. Anm. *Mäsch* ebenda 544; *Bulst* EWS 2004, 404.

[88] BGH GRUR 2006, 513; GRUR 1988, 485; BGHZ 153, 91; OLG München NJW-RR 1994, 190.

[89] OGH GRUR Int 2000, 795; *Reber* ZUM 2005, 194.

[90] BGH WM 2006, 350; OLG Hamburg IPRax 2004, 125; OLG München OLGR 2002, 148; OLG Düsseldorf IPRax 2001, 336; OGH IPRax 2002, 131; ausführlich *Hye-Knudsen,* Marken-, Patent- und Urheberrechtsverletzungen im europäischen Internationalen Zivilprozessrecht, 2005; *Kubis,* Internationale Zuständigkeit bei Persönlichkeitsrechts- und Immaterialgüterrechtsverletzungen, 1999; *Dossena* EuLF 2003, 292; *Hausmann* EuLF 2003, 278.

[91] OLG Köln IPRax 2006, 479 m. Anm. *Hein* ebenda 460.

[92] EuGH („Kalfelis"), EuGHE 1988, 5565, Nr. 19 = NJW 1988, 3088; siehe aber *Wiecz/Sch/Hausmann* Anh. I § 40 Art. 5 Rn. 55f.; BGH RIW 1993, 671 = EuZW 1993, 518.

[93] BGH NJW 1988, 1466, 1467.

[94] EuGH („Henkel"), EuGHE 2002, I 8111 = IPRax 2003, 341; BGH NJW 2006, 689 m. Anm. *Jayme* IPRax 2006, 502; *Micklitz/Rott* EuZW 2001, 325, 328; zum Streitstand unter dem EuGVÜ s. *Rauscher/Leible* Rn. 81.

[95] EuGH („Henkel"), EuGHE 2002, I 8111 = IPRax 2003, 341 m. Anm. *Michailidou* ebenda 223; ausführlich *Lindacher,* Festschr. Lüke (1997), 377; *Ahrens* WRP 1994, 649.

24 **b) Ort des schädigenden Ereignisses.** Er liegt nach verordnungsautonomer Auslegung des EuGH sowohl am Ort des Schadenseintritts als auch an demjenigen des ursächlichen Handelns bzw. Unterlassens („Ubiquitätsprinzip").[96] Diese Alternative eröffnet dem Kläger insbesondere bei **Distanz- und Streudelikten** die Wahl, ob er seine Klage am Gericht des Ortes erheben will, an welchem in seine Rechtsgüter durch die Verwirklichung des Schadenserfolges eingegriffen worden ist (Erfolgsort), oder vor demjenigen, an welchem der Schädiger gehandelt hat (Handlungsort). Der Begriff des schädigenden Ereignisses ist weit zu verstehen. Es wird aber nicht jeder Ort erfasst, an dem die nachteiligen Folgen eines Umstands spürbar werden können, der bereits einen tatsächlich an einem anderen Ort entstandenen Schaden verursacht hat. Vergleichbar der dem deutschen Recht geläufigen Trennung zwischen Rechtsgutsverletzung und Schaden, ergibt sich keine Deliktszuständigkeit, wo nur der Vermögensschaden als **Folgeschaden** eingetreten ist (zB Behandlungskosten fallen nach Körperverletzung in Frankreich erst in Deutschland an), sondern nur am Ort des „Erstschadens".[97] Hingegen können reine Vermögensschäden einen „Schadensort" begründen, wenn es materiellrechtlich auch nicht der Verletzung eines bestimmten Rechtsguts bedarf (zB in den Fällen des § 826 BGB). Hierbei kann es im Einzelfall schwierig sein, den Ort des Schadenseintritts zu lokalisieren. Die Wendung „Ort, an dem das schädigende Ereignis eingetreten ist" bezieht sich nicht schon deshalb auf den Ort des Klägerwohnsitzes, weil dieser dort den Mittelpunkt seines Vermögens oder die Vermögensverwaltung hat, dem Kläger aber durch Verlust von Vermögensbestandteilen in einem anderen Mitgliedstaat ein finanzieller Schaden entstanden ist.[98] Hier muss der Tendenz zu einem Klägergerichtsstand vorgebeugt werden.[99] Dies schließt aber nicht grundsätzlich aus, auf die Zentrale der Vermögensverwaltung abzustellen. Problematisch ist die Bestimmung des Handlungs- und Erfolgsortes auch bei der Verletzung von **Immaterialgüter- und Persönlichkeitsrechten.** Teilweise wird vertreten, dass beide auch bei grenzüberschreitenden Sachverhalten zusammenfallen.[100] Für Persönlichkeitsrechtsverletzungen durch Medien (regelmäßig Streudelikte)[101] beugt der EuGH einer inflationären Erweiterung von Handlungsorten dadurch vertretbar vor, dass er nur den Niederlassungsort des Herausgebers als zuständigkeitsbegründenden Handlungsort anerkennt.[102] Problematisch ist allerdings, dass er Klagen am jeweiligen Erfolgsort eines solchen Streudeliktes (der bei Persönlichkeitsrechten wiederum schwer zu lokalisieren ist; es kann auf den gewöhnlichen Aufenthalt des Betroffenen, seinen Wohnsitz, aber auch auf das gesamte Verbreitungsgebiet der persönlichkeitsrechtsverletzenden Publikation abgestellt werden) aus Gründen der Sachnähe auf die Geltendmachung des Schadens beschränkt, der in diesem Mitgliedstaat eingetreten ist (sog. **Shevill-Doktrin** oder **Mosaiktheorie**).[103] Dies zwingt den Verletzten, zur Durchsetzung seines gesamten Schadens entweder in vielen Mitgliedstaaten parallel zu klagen oder den Gesamtschaden am Handlungsort einzuklagen, der aber ohnehin häufig mit dem allgemeinen Gerichtsstand (Art. 2, 60) zusammenfallen dürfte. Dies entwertet nicht nur den deliktischen Gerichtsstand als Privileg des Geschädigten, sondern bereitet auch bei der Geltendmachung von Unterlassung- oder Gegendarstellungsansprüchen Schwierigkeiten, da hier widersprüchliche Entscheidungen bei einer Aufspaltung drohen bzw. eine Teilbarkeit häufig gar nicht möglich erscheint.

25 Am Deliktsgerichtsstand kann statt des Verletzten **auch sein Rechtsnachfolger oder ein Rückgriffsberechtigter** (zB der Versicherer) klagen. Ebenso kann statt des Haupttäters ein Gehilfe oder Mittäter verklagt werden. Das Gericht muss zur Feststellung seiner Zuständigkeit nicht überprüfen, ob eine unerlaubte Handlung vorliegt. Ausreichend ist, dass sich aus dem Klägervortrag schlüssig ergibt, dass die Handlung des Beklagten als Delikt oder Quasi-Delikt zu qualifizieren ist und dass sich der behauptete Deliktsort im Bezirk des angerufenen Gerichts befindet.[104]

26 **4. Gerichtsstand des Sachzusammenhangs – Art. 5 Nr. 4.** Beim Gerichtsstand des Sachzusammenhanges nach Nr. 4 wird eine internationale und örtliche Zuständigkeit für solche Zivilklagen, welche nach autonomem nationalem Recht zusammen mit einem Strafverfahren vor dem Strafgericht eines Mitgliedstaates verfolgt werden können, begründet (s. auch Art. 61 zum Mindeststandard von Verteidigungsrechten des Beklagten in diesem Fall). Im Gegensatz zu anderen Mitgliedstaaten wie etwa Frankreich besitzt diese Verfahrensart in Deutschland (Adhäsionsverfahren, §§ 403 ff. StPO) nur eine untergeordnete Bedeutung. Der **Ort des Strafverfahrens** bestimmt sich für diese Annexzuständigkeit nicht nach dem Übereinkommen, sondern nach dem nationalen Strafverfahrensrecht.

27 Anwendbar ist die Bestimmung der Nr. 4 nur auf die bei Strafgerichten geltend gemachten zivilrechtlichen Ansprüche, und zwar nur hinsichtlich Schadensersatzes oder Wiederherstellung des ursprünglichen

---

[96] EuGH („Mines de Potasse"), EuGHE 1976, 1735 = NJW 1977, 493.

[97] EuGH („Marinari"), EuGHE 1995, I 2719; EuGH („Kronhofer") EuGHE 2004, I 6009; *Kropholler* Rn. 87; MK/*Gottwald* 43; *Schack* Rn. 304; *Schlosser,* EuZPR, Rn. 19. Einzelheiten sind str.

[98] EuGH („Kronhofer"), EuGHE 2004, I 6009 = NJW 2004, 4770.

[99] *Rauscher/Leible* Rn. 86.

[100] S. zB *Kubis,* Internationale Zuständigkeit bei Persönlichkeitsrechts- und Immaterialgüterrechtsverletzungen, 1999, 248; *Schack* Rn. 303 und MMR 2000, 137; weit. Nachw. bei *Rauscher/Leible* Rn. 85 a.

[101] Die Rspr. soll nach vielfach vertretener Ansicht auf andere Streudelikte, etwa im Urheber- oder Wettbewerbsrecht übertragen werden, s. *Berger* GRUR Int 2005, 468; *Kropholler* Rn. 85; *Rauscher/Leible* Rn. 92.

[102] Alle anderen im Laufe von Herstellung und Vertrieb in Betracht kommenden Orte (Druck, Auslieferung etc.) bleiben außer Betracht. *Rauscher/Leible* Rn. 88 a möchte dies zu Recht auf Kartellrechtsverletzungen übertragen.

[103] EuGH („Shevill"), EuGHE 1995, I 415 = NJW 1995, 1881; hierzu u. a. *Wagner* RabelsZ 62 (1998), 279; *Coester-Waltjen,* Festschr. Schütze (1999), 175; *Rauscher* ZZPInt 1 (1996), 145.

[104] BGHZ 98, 263, 273; s. auch EuGH („DFDS Torline"), EuGHE 2004, I 1417 = IPRax 2006, 161 m. Anm. *Franzen* ebenda 127.

Zustandes. Diese Ansprüche müssen weiterhin gerade auf eine mit Strafe bewehrte Handlung gestützt werden. Nach einer vertragsautonom zu erfolgenden Auslegung dieser Begriffe[105] eröffnet Nr. 4 daher nur eine Zuständigkeit für deliktische Ansprüche. Einen zusätzlichen Gerichtsstand (neben demjenigen aus Art. 2 bzw. Art. 5 Nr. 3) für unerlaubte Handlungen gewährt Nr. 4 jedoch nur, wenn das Strafverfahren weder am Beklagtenwohnsitz noch am Ort des schädigenden Ereignisses stattfindet.

5. Niederlassungsort – Art. 5 Nr. 5. Der Gerichtsstand der Niederlassung ermöglicht, dass ein Unternehmen bzw. der Inhaber einer Niederlassung am Ort seiner ständigen Niederlassung verklagt werden kann.[106] Der autonom auszulegende[107] **Begriff der Niederlassung** ist hauptsächlich dadurch gekennzeichnet, dass diese der Aufsicht und Leitung des Stammhauses unterliegt,[108] dabei eine hinreichende personelle und materielle Ausstattung aufweisen kann, um mit Dritten Geschäfte betreiben zu können[109] und als die Außenstelle eines ausländischen Stammhauses für den Geschäftsverkehr erkennbar ist. Nicht ausschlaggebend ist, ob die Außenstelle tatsächlich von einer ausländischen Gesellschaft beherrscht wird. Ein entsprechender Rechtsschein, aufgrund dessen für einen **unbefangenen Dritten** gerade dieser Eindruck entsteht, genügt.[110] Dieser Rechtsschein muss gerade auch dem Stammhaus zurechenbar sein.[111] Die Berechtigung zum eigenständigen Vertragsschluss wird man von der Niederlassung nicht verlangen dürfen. **Zweigniederlassung** und **Agentur** sind im Übrigen lediglich Unterbegriffe der Niederlassung. Entscheidend ist jedoch stets, dass sich die Niederlassung über einen gewissen Zeitraum hin an einem Ort betätigt, kurzfristige Arbeiten, das Ausrichten einer Messe oder der bloße Unterhalt eines Warenlagers bzw. eine bloße Kontakt- oder Anlaufadresse im Ausland[112] genügen genauso wenig wie die Abrufbarkeit einer interaktiven Webseite (als virtuelle Niederlassung).[113] Hingegen sind infolge ihrer Selbständigkeit regelmäßig **nicht** als Niederlassung anzusehen **Tochtergesellschaften**[114], **Alleinvertriebshändler**[115] und **Handelsvertreter**[116]. 28

Zur Begründung des besonderen Gerichtsstandes müssen die geltend gemachten Ansprüche **niederlassungsbezogen** sein,[117] und die Niederlassung selbst muss spätestens zum Schluss der letzten mündlichen Verhandlung bestehen.[118] Für **Aktivprozesse des Niederlassungsinhabers** begründet Nr. 5 keinen besonderen Gerichtsstand.[119] Zur Ausnahme für Klagen gegen den Versicherer mit Niederlassung in einem Vertragsstaat siehe Art. 9 Abs. 2. 29

6. Trust-Klagen – Art. 5 Nr. 6. Die aus den Rechtsordnungen des Vereinigten Königreiches und Irlands stammende Rechtsfigur des trust[120], der funktional einer verdeckten Treuhand entspricht, bedurfte einer eigenen Gerichtsstandsregelung, da der trust ein Zweckvermögen ohne eigene Rechtspersönlichkeit darstellt und deshalb eine Klage an seinem Sitz nach Art. 2 Abs. 1 nicht möglich ist. Der Wohnsitz des Treuhänders (trustee) wäre als alleinige Zuständigkeitsanknüpfung ebenfalls unbefriedigend, da dieser durch den Wechsel des Wohnsitzes die Rechtsverfolgung erschweren könnte. Die Regelung der Nr. 6 gilt nur für Klagen im Hinblick auf das Innenverhältnis des trust. Aus diesem Grunde soll der trust an seinem **örtlichem Schwerpunkt** verklagt werden können, welcher gem. Art. 60 Abs. 3 nach dem IPR des Forums zu ermitteln ist. Allerdings regelt Nr. 6 lediglich die internationale Zuständigkeit, während sich die örtliche aus dem nationalen Recht ergibt. Vgl. zu Gerichtsstandsvereinbarungen Art. 23 Abs. 4. 30

7. Arrestgerichtsstand nach Art. 5 Nr. 7. Art. 5 Nr. 7 eröffnet einen internationalen und zugleich auch örtlichen Gerichtsstand für bestimmte Streitigkeiten über die Zahlung von Berge- und Hilfslohn aufgrund der Beschlagnahme von Fracht bzw. Ladung und ergänzt das Brüsseler Seerechts-Übereinkommen von 1952 über den Arrest in Seeschiffe. Gegenstand der Klage müssen Ansprüche aus Berge- und Hilfeleistungen sein, welche zugunsten einer Ladung oder Frachtforderung erbracht worden sind. Diese Begriffe sind autonom auszulegen. **Zuständig** ist das Gericht, in dessen Zuständigkeitsbereich die Ladung bzw. Frachtforderung zur Sicherung der Zahlung mit Arrest belegt worden ist (Buchst. a) oder im Falle einer entsprechend erfolgten Sicherheitsleistung hätte belegt werden können (Buchst. b). 31

---

[105] EuGH („Rinkau"), EuGHE 1981, I 1391, 1400 = RIW 1981, 715.

[106] *MK/Gottwald* Rn. 49. Der Vorschrift kommt nur Bedeutung zu, wenn der Inhaber der Niederlassung seinen allgemeinen Gerichtsstand in einem anderen Mitgliedstaat hat, s. *Rauscher/Leible* Rn. 100. Hat er seinen Sitz in einem Drittstaat, bestimmt sich die internationale Zuständigkeit nach autonomem innerstaatlichem Recht (Art. 4), dh. in Deutschland nach § 21 ZPO.

[107] EuGH („de Bloos"), EuGHE 1974, 1497 = NJW 1977, 490; EuGH („Trost"), EuGHE 1981, 819, 828 = NJW 1982, 507; *Thorn* IPRax 1997, 98.

[108] EuGH („de Bloos"), EuGHE 1974, 1497 = NJW 1977, 490.

[109] OLG Düsseldorf IPRax 1998, 210 = DStR 1997, 503.

[110] EuGH („SAR Schotte"), EuGHE 1989, 4905 = RIW 1988, 136 = NJW 1988, 625; ähnlich OLG Düsseldorf IPRax 1997, 115.

[111] Richtig OLG Koblenz RIW 2006, 312; *Rauscher/Leible* Rn. 104.

[112] OLG Saarbrücken OLGR 2003, 55; eher zu großzügig hingegen OLG Rostock NJW-RR 2006, 209.

[113] OLG Düsseldorf IPRax 1998, 210 = DStR 1997, 503; *T/P/Hüßtege* Rn. 22.

[114] MK/*Gottwald* Rn. 54; *Kropholler* Rn. 107.

[115] EuGH („de Bloos"), EuGHE 1976, 1497 = NJW 1977, 490.

[116] EuGH („Blankaert"), EuGHE 1981, 819.

[117] EuGH („Somafer"), EuGHE 1978, 2183 = RIW 1979, 56; Einzelheiten bei *Rauscher/Leible* Rn. 108.

[118] OLG Saarbrücken RIW 1980, 796.

[119] HM, s. *Kropholler* Rn. 101; MK/*Gottwald* Rn. 57; *T/P/Hüßtege* Rn. 24; *Rauscher/Leible* Rn. 101.

[120] Wegen des klaren Bezugs zum angelsächsischen Recht muss dieses auch Grundlage der Qualifikation sein, eine autonome Auslegung kommt nicht in Betracht; *Schlosser*, EuZPR, Rn. 25. Trusts aus dem Bereich des Insolvenz- oder Erbrechts sind im Hinblick auf Art. 1 Abs. 2 der Verordnung auch von Art. 5 Nr. 6 nicht erfasst, *Rauscher/Leible* Rn. 112 aE.

II. EuGVÜ/LugÜ

32 Art. 5 der Verordnung entspricht weitgehend Art. 5 EuGVÜ/LugÜ. Die Verordnung hat allerdings die Zuständigkeit für individuelle Arbeitsverträge, die im EuGVÜ in Art. 5 geregelt waren, in einen eigenen Abschnitt 5 (Art. 18–21) überführt. Anders als das EuGVÜ definiert die Verordnung den Erfüllungsort vertragsautonom (vgl. oben Rn. 9–13).

33 Die Fassung des Übereinkommens von Lugano ist in Nr. 1 Halbs. 3 insoweit weiter als diejenige des Brüsseler Übereinkommens, als der Gerichtsstand im Staat der einstellenden Niederlassung nicht nur für Klagen des Arbeitnehmers, sondern **auch** für **Klagen des Arbeitgebers** eröffnet ist. Verrichtet der Arbeitnehmer seine Arbeit gewöhnlich nicht in ein und demselben Staat, besteht gem. Halbs. 3 eine generelle Zuständigkeit am Ort der einstellenden Niederlassung. Das LugÜ ist **insoweit enger** gefasst, als es den Gerichtsstand der Niederlassung nur eröffnet, soweit die **Niederlassung noch besteht.** Nach EuGVÜ ist es ausreichend, dass sie bei Einstellung bestand.

Artikel 6

Eine Person, die ihren Wohnsitz im Hoheitsgebiet eines Mitgliedstaats hat, kann auch verklagt werden:

1. **wenn mehrere Personen zusammen verklagt werden, vor dem Gericht des Ortes, an dem einer der Beklagten seinen Wohnsitz hat, sofern zwischen den Klagen eine so enge Beziehung gegeben ist, dass eine gemeinsame Verhandlung und Entscheidung geboten erscheint, um zu vermeiden, dass in getrennten Verfahren widersprechende Entscheidungen ergehen könnten;**
2. **wenn es sich um eine Klage auf Gewährleistung oder um eine Interventionsklage handelt, vor dem Gericht des Hauptprozesses, es sei denn, dass die Klage nur erhoben worden ist, um diese Person dem für sie zuständigen Gericht zu entziehen;**
3. **wenn es sich um eine Widerklage handelt, die auf denselben Vertrag oder Sachverhalt wie die Klage selbst gestützt wird, vor dem Gericht, bei dem die Klage selbst anhängig ist;**
4. **wenn ein Vertrag oder Ansprüche aus einem Vertrag den Gegenstand des Verfahrens bilden und die Klage mit einer Klage wegen dinglicher Rechte an unbeweglichen Sachen gegen denselben Beklagten verbunden werden kann, vor dem Gericht des Mitgliedstaats, in dessen Hoheitsgebiet die unbewegliche Sache belegen ist.**

I. Verordnung

1 **1. Normzweck.** Die Vorschrift enthält eine abschließende[1] Aufzählung weiterer besonderer Gerichtsstände, aufgrund derer ein Beklagter kraft Sachzusammenhangs ausnahmsweise in einem anderen Mitgliedstaat als seinem Wohnsitzstaat[2] verklagt werden kann. Dem Sachzusammenhang wird in dieser Vorschrift eine weit gehende kompetenzbegründende Wirkung beigemessen. Eine über diese Regelung hinausgehende Zuständigkeit der Konnexität ergibt sich weder aus Art. 28[3], noch darf in anderen Fällen ohne weiteres kraft Sachzusammenhangs die internationale Zuständigkeit erweitert werden (s. zur Entscheidung über vertragliche und deliktische Ansprüche nach Art. 5 Nr. 1 bzw. 3 dort Rn. 3).

2 **2. Streitgenossenschaft – Art. 6 Nr. 1.** Die dem deutschen Recht nur in Sonderfällen bekannte Zuständigkeit für den Fall der Streitgenossenschaft (vgl. zB § 35a ZPO; §§ 603 Abs. 2, 605a ZPO, ansonsten nur § 36 Nr. 3 ZPO), welche in den romanischen Rechtsgebieten allerdings verbreitet ist, erlaubt eine Klage gegen mehrere Personen auch dann, wenn nur eine von ihnen ihren Wohnsitz im Gerichtsstaat hat (Hauptbeklagter). Zulässig ist auch eine nachträgliche subjektive Klagehäufung. Nr. 1 gilt jedoch nur für die Streitgenossenschaft auf **Beklagten-, nicht auf Klägerseite**[4]. Es muss zwischen den verfolgten Klageansprüchen ein gewisser Zusammenhang bestehen, der eine gemeinsame Entscheidung geboten erscheinen lässt, um so widersprechende Entscheidungen in getrennten Verfahren zu vermeiden (vgl. auch Art. 28 Abs. 3).[5] Ob diese **Konnexität** besteht, ist vom nationalen Gericht in jedem Einzelfall zu prüfen. Allerdings ist ein Rückgriff auf die Grundsätze des nationalen Zuständigkeitsrechts den Gerichten dadurch verwehrt, dass der EuGH für diesen erforderlichen Zusammenhang eine **autonome Bestimmung** vorschreibt.[6] Zumindest kann die Umschreibung der einfachen Streitgenossenschaft in § 60 ZPO einen Anhaltspunkt geben.[7] Der nach Nr. 1 erforderliche Zusammenhang ist nicht gegeben, wenn die im Rahmen einer einzigen (Schadens-)Ersatzklage gegen verschiedene Beklagte gerichteten Klagebegehren auf unterschiedliche Rechtsgrundlagen gestützt werden (Vertrag/Delikt oder Delikt/Bereicherungsrecht)[8] oder auf unterschiedlichen Sachverhalten beruhen. Angesichts des Ausnahmecharakters sind eher strenge Maßstäbe für den erforderlichen Zusammen-

---

[1] *Wiecz/Sch/Hausmann* Anh. I § 40 Art. 6 Rn. 1; *Rauscher/Leible* Rn. 1; *T/P/Hüßtege* Rn. 1.

[2] Art. 6 kommt nicht zur Anwendung, wenn Gerichts- und (Wohn)Sitzstaat identisch sind, s. *Rauscher/Leible* Rn. 3 mit Nachw.

[3] EuGH („Elefanten Schuh"), EuGHE 1981, 1671, 1687 = RIW 1981, 709; MK/*Gottwald* Rn. 1; *Kropholler* Rn. 1.

[4] Sie richtet sich allein nach nationalem Recht, s. §§ 59ff. ZPO.

[5] Die EuGVVO-Fassung stellt dies nun klar, es entsprach jedoch bereits zuvor der Auslegung durch den EuGH, s. („Kalfelis"), EuGHE 1988, 5565 = NJW 1988, 3088.

[6] EuGH („Kalfelis"), EuGHE 1988, 5565 = NJW 1988, 3088.

[7] So *Gottwald* IPRax 1989, 272; MK/*Gottwald* Rn. 6; *Rauscher/Leible* Rn. 8; *Wiecz/Sch/Hausmann* Rn. 60; krit. *Schurig*, Festschr. Musielak (2004), 511.

[8] EuGH („Réunion européenne"), EuGHE 1998, I 6511 = EuZW 1999, 59; BGH NJW-RR 2002, 1149, 1150; *Koch* IPrax 2000, 186; krit. *Rauscher/Leible* Rn 8.

hang anzulegen.[9] Unproblematisch von Nr. 1 erfasst werden Fälle der Gesamtschuldnerschaft[10], der akzessorischen Haftung[11] sowie Ansprüche gegen Miteigentümer- oder Gesamthandsgemeinschaften[12].[13]

Problematisch ist, ob Nr. 1 auch Anwendung finden kann, wenn ein Teil der **Streitgenossen** seinen **Wohnsitz** nicht im Hoheitsgebiet eines Mitgliedstaats hat. Aus dem Wortlaut von Art. 6 und Art. 4 Abs. 1 lässt sich allerdings ableiten, dass Art. 6 Nr. 1 keine Zuständigkeit zulasten nicht in einem Mitgliedstaat wohnender Streitgenossen begründen will.[14] Die Klage gegen den Hauptbeklagten muss für die Zuständigkeitsbegründung nach Nr. 1 **nicht begründet**, aber schlüssig sein.[15] Der EuGH hält Nr. 1 auch für anwendbar, wenn bei Einbeziehung eines Streitgenossen bereits feststeht, dass die Klage gegen den im Gerichtsstaat ansässigen Beklagten von vorne herein **unzulässig** ist (im konkreten Fall wegen Eröffnung des Insolvenzverfahrens).[16] Dies ist auch unter dem vom EuGH angeführten Aspekt der Rechtssicherheit nicht überzeugend.[17] Eine nachträgliche Wohnsitzverlegung des Beklagten oder eine Klagerücknahme lassen Nr. 1 hingegen wegen der perpetuatio fori unberührt.[18] 3

3. Gewährleistungs- und Interventionsklage – Art. 6 Nr. 2.[19] Nach dieser Vorschrift kann ein Drittbeteiligter vor dem Gericht eines Vertragsstaates verklagt werden, wenn eine der Parteien des Hauptprozesses meint, gegen jenen einen Anspruch auf Gewährleistung, Schadloshaltung oder Freistellung zu haben. Einigen Ländern, so der Bundesrepublik, sind die in Nr. 2 aufgeführten Klagen fremd; sie kennen lediglich die Möglichkeit der Streitverkündung (vgl. §§ 72ff. ZPO). Für Deutschland, Österreich und Ungarn ist daher in Art. 65 festgelegt, dass die in Art. 6 Nr. 2 vorgesehene Zuständigkeit nicht geltend gemacht werden kann. Entsprechend ergangene Urteile aus anderen Vertragsstaaten sind jedoch trotzdem anzuerkennen und für vollstreckbar zu erklären.[20] Im Gegenzug werden die Wirkungen der Streitverkündung in denjenigen Staaten, welche eine solche nicht kennen, ebenfalls anerkannt.[21] Der letzte Halbsatz enthält ein **Missbrauchsverbot.**[22] 4

4. Widerklage – Art. 6 Nr. 3. Nr. 3 eröffnet einen besonderen Gerichtsstand für konnexe Widerklagen, soweit nicht eine ausschließliche Zuständigkeit besteht (zB nach Art. 16). Die Konnexitätserfordernisse sind vertragsautonom und enger auszulegen als § 33 Abs. 1 ZPO. Wird die Widerklage auf einen anderen Vertrag gestützt als die Klage, ist Nr. 3 nicht anwendbar, es sei denn, es würde Klage und Widerklage ein einheitlicher Sachverhalt zugrunde liegen.[23] Es reicht für die Konnexität auch nicht aus, wenn Klage und Widerklage auf jeweils verschiedene Kaufverträge im Rahmen laufender Geschäftsbeziehungen zwischen den Parteien gestützt werden, ohne dass ein Rahmen- oder Sukzessivlieferungsvertrag besteht.[24] Nach anderer Ansicht soll die Konnexität weit interpretiert und immer dann bejaht werden, wenn bei Parteiidentität auch eine Aussetzung nach Art. 28 in Betracht kommt.[25] Str. ist, ob die Widerklagezuständigkeit nach Nr. 2 nicht nur voraussetzt, das die Widerklage selbst unter die EuGVVO fällt,[26] sondern darüber hinaus auch die internationale Zuständigkeit der Hauptklage sich aus der EuGVVO, nicht aus nationalem Recht ergeben muss. Ausgehend vom Normzweck, einander widersprechende Entscheidungen zu vermeiden, sollte man eine Zuständigkeit für die Hauptklage nach autonomem Recht genügen lassen.[27] 5

Eine Widerklage mit einer **inkonnexen** Forderung kann zulässig sein, wenn sich die Zuständigkeit des Gerichts aus anderen Vorschriften der Verordnung ergibt (Art. 2) oder sich der Beklagte rügelos einlässt. 6

Der **Begriff der Widerklage** ist autonom zu qualifizieren; er ist den Rechtsordnungen aller Mitgliedstaaten bekannt. Art. 6 Nr. 3 regelt auch die örtliche Zuständigkeit, die sonstigen Zulässigkeitsvoraussetzungen der Widerklage bestimmen sich hingegen nach dem nationalen Prozessrecht, das allerdings der praktischen 7

---

9 Vgl. auch *Mäsch* IPRax 2005, 509; *Knöfel* IPRax 2006, 503 (zur englischen Rspr.); *Schurig,* Festschr. Musielak (2004), 505ff.

10 *Jenard*-Bericht 26; EuGH („Reisch Montage AG"), EuGHE 2006, I 6827 = NJW-RR 2006, 1568= IPRax 2006, 589.

11 *Kropholler* Rn. 9; *Geimer/Schütze/Auer* Rn. 23; ausführlich zur Problematik *Brandes,* Der gemeinsame Gerichtstand: Die Zuständigkeit im europäischen Mehrparteienprozess nach Art. 6 Nr. 1 EuGVÜ/LÜ, 1998.

12 *Brandes,* aaO Fn. 11, S. 128; *Rauscher/Leible* Rn. 8a.

13 Str. ist die Anwendung bei der Verletzung von Patentrechten in verschiedenen Mitgliedstaaten, verneinend EuGH („Roche Nederland"), EuGHE 2006, I 6535 = EuZW 2006, 573; zum Ganzen *Hölder,* Grenzüberschreitende Durchsetzung Europäischer Patente, 2004, 150ff.

14 Ausführlich zur Drittstaatenproblematik *Rauscher/Leible* Rn. 6–7.

15 HM, statt vieler: *Geier,* Die Streitgenossenschaft im internationalen Verhältnis, 2005, 90 mit Nachw.; demgegenüber fordert *Althammer* IPrax 2006, 558, 562 zusätzlich eine Wahrscheinlichkeitsprüfung, um Missbrauch auszuschließen.

16 EuGH („Reisch Montage AG") EuGHE 2006, I 6827 = NJW-RR 2006, 1568 = IPRax 2006, 589.

17 Abl. auch *Althammer* IPRax 2006, 558; *Würdinger* ZZP Int 11 (2006), 180ff.; *Rauscher/Leible* Rn. 10b–10c, sowie das Votum des Generalanwalts *Colomer.*

18 Schlussanträge Generalanwalt *Colomer* in „Reisch Montage AG", Rs C-103/05; *Kropholler* Rn. 13; *Geier,* aaO Fn. 15, S. 91.

19 Vgl. *Rüfner* IPRax 2005, 500.

20 OLG Düsseldorf RIW 1997, 330; *Geimer* IPRax 1998, 175; *T/P/Hüßtege* Rn. 3.

21 Bedenken hinsichtlich dieses Ungleichgewichts hegt wegen Art. 12 EG *Geimer* IPRax 2002, 74.

22 Hierzu EuGH („Réunion européenne"), EuGHE 2005, I 4509 = IPRax 2005, 535.

23 S. *Jenard*-Bericht 28.

24 AG Trier NJW 2005, 3434; krit. hierzu *M. Stürner* IPRax 2007, 21, 23.

25 M. *Stürner* IPrax 2007, 21, 23; ähnlich *Geimer* IPRax 1986, 208, 212.

26 Voraufl.; *Kropholler* Rn. 36; *T/P/Hüßtege* Rn. 4.

27 So im Erg. auch *M. Stürner* IPRax 2007, 21 Fn. 3; *Wiecz/Sch/Hausmann* Rn. 31; *Rauscher/Leible* Rn. 24.

Wirksamkeit des Übereinkommens nicht entgegenstehen darf. Nr. 3 gilt nicht für die **parteierweiternde Widerklage (Drittwiderklage)** durch die eine oder mehrere neue Parteien in den anhängigen Rechtsstreit hineingezogen werden.[28]

8 **5. Gerichtsstand nach Nr. 3 und Aufrechnung.** Der EuGH entschied 1995 die streitige Frage, ob die Voraussetzungen nach Art. 6 Nr. 3 auch für eine Prozessaufrechnung vorliegen müssen, negativ.[29] Art. 6 Nr. 3 gilt danach nur für eine Klage des Beklagten auf besondere Verurteilung, nicht für das bloße Verteidigungsmittel der Aufrechnung. Die Verteidigungsmittel, die geltend gemacht werden können, und die Voraussetzungen, unter denen dies geschehen kann, bestimmen sich nach nationalem Recht.[30] Wie der Hinweis des EuGH auf das nationale Recht zu verstehen ist, ob damit auf das nationale Prozessrecht oder auf das nationale materielle Recht verwiesen wird, ist umstritten.[31] Anders formuliert: Es ist streitig, ob im internationalen Rechtsstreit das inländische Prozessgericht für die Entscheidung über die Gegenforderung international zuständig sein muss[32] oder ob die Aufrechnung generell zulässig ist.[33] Hierzu ausführlich auch § 145 Rn. 33, 34.[34]

9 **6. Dinglicher Gerichtsstand des Sachzusammenhangs – Art. 6 Nr. 4.** Diese Bestimmung ermöglicht es, ähnlich § 25 ZPO, vor dem Gericht der belegenen Sache auch mit der dinglichen Hauptklage in Zusammenhang stehende schuldrechtliche Ansprüche gegen denselben Beklagten geltend zu machen. Allerdings überlässt es die Vorschrift der lex fori des Belegenheitsstaates, die weiteren Voraussetzungen der Klageverbindung zu bestimmen. Praktische Bedeutung hat die Vorschrift insbesondere für die Verbindung von Klagen aus dinglichen Sicherungsrechten auf Duldung der Zwangsvollstreckung in Grundstücke mit der schuldrechtlichen Rückzahlungsklage bezüglich der gesicherten Forderung.

II. EuGVÜ/LugÜ

10 Art. 6 der Verordnung entspricht Art. 6 EuGVÜ und LugÜ. Diese weisen hier keine Besonderheiten auf.

Artikel 7

Ist ein Gericht eines Mitgliedstaats nach dieser Verordnung zur Entscheidung in Verfahren wegen einer Haftpflicht aufgrund der Verwendung oder des Betriebs eines Schiffes zuständig, so entscheidet dieses oder ein anderes an seiner Stelle durch das Recht dieses Mitgliedstaats bestimmte Gericht auch über Klagen auf Beschränkung dieser Haftung.

1 **1. Normzweck.** Art. 7 begründet einen Gerichtsstand kraft Sachzusammenhangs für Klagen des Reeders auf Haftungsbeschränkung (vgl. §§ 305a, 786a ZPO). Zweck der Regelung ist es, dem Schiffseigner die Möglichkeit zu geben, die ihm nach den jeweiligen nationalen Prozessrechten zur Verfügung stehenden Klagemöglichkeiten auf Beschränkung der Haftung oder auf deren Feststellung konzentriert vor einem Gericht zu erheben. Zuständig ist jedes Gericht, welches auch für die Beurteilung der Haftpflicht aus Verwendung oder Betrieb eines Schiffes zuständig ist. Art. 7 eröffnet dem Schiffseigentümer daher auch die Möglichkeit, Klage am Gericht seines Wohnsitzes zu erheben, was ihm allein aufgrund der Art. 2 bis 6 ansonsten verwehrt wäre. Wenn auch Art. 7 neben der internationalen die örtliche Zuständigkeit regelt, bleibt dem nationalen Verfahrensrecht des Forumstaates dennoch ausdrücklich vorbehalten, eine abweichende örtliche Zuständigkeit zu bestimmen.

2 **2. Drittstaatenbezug.** Wird der Geschädigte i. d. R. seinen (Wohn-)Sitz in einem der Mitgliedstaaten haben, ist dennoch nicht notwendige Voraussetzung des Art. 7, dass dies für alle Geschädigten zutreffen muss. Angesichts der Vielzahl denkbarer Geschädigter muss es ausreichen, wenn einer der Geschädigten seinen (Wohn-)Sitz in einem der Mitgliedstaaten hat. Ansonsten wäre der in einem der Mitgliedstaaten ansässige Schiffseigner gezwungen, gegen weitere, nicht in einem Mitgliedstaat ansässige Geschädigte seine Haftungsbeschränkungsklage uU an mehreren fremden Gerichtsständen zu erheben. Dies ist von der Regelung des Art. 7, die den Interessen des Reeders an einer prozessökonomischen Feststellung der Haftungsbeschränkung dient, nicht gewollt.

3 **3. EuGVÜ/LuGÜ.** Art. 7 der Verordnung entspricht Art. 6a EuGVÜ/LugÜ.

---

[28] BayObLG JPRspr. 2004, 280.

[29] EuGH („Danvern Prod."), EuGHE 1995, I 2053 = NJW 1996, 42; aA BGH NJW 1993, 2753.

[30] EuGH („Danvern Prod."), EuGHE 1995, I 2053 = NJW 1996, 42.

[31] Vgl. *Busse* MDR 2001, 729, 731; BGH NJW 2002, 2182, 2184 m. weit. Nachw.

[32] So formuliert *Vollkommer* MDR 2002, 412 die Frage.

[33] *Rauscher/Leible* Rn. 32 interpretieren den EuGH dahingehend, das der Verweis auf das nationale Recht nur die materiellen Zulässigkeitsvoraussetzungen der Aufrechnung betreffe und es auf die internationale Zuständigkeit nicht ankomme; ebenso LG Köln RIW 1997, 956; *Bacher* NJW 1996, 2141; *Busse* MDR 2001, 729; *Kannengießer*, Die Aufrechung im internationalen Privat- und Verfahrensrecht, 1998, 181ff.; *Leipold* ZZP 107 (1994), 216; aA OLG *Hamm* IPRspr 1997 Nr. 160A; LG Berlin RIW 1996, 960; *Coester-Waltjen*, Festschr. Lüke (1997), 46; *Wagner* IPRax 1999, 71; *Mansel* ZZP 109 (1996), 75. BGHZ 149, 120 = IPRax 2002, 299 hat die Frage offen gelassen.

[34] Bejahend: *Vollkommer* MDR 2002, 412; verneinend: *Busse* MDR 2001, 729, 731.

Abschnitt 3. Zuständigkeit für Versicherungssachen

Vorbemerkungen zu Artikel 8 bis 14

Die Regelungen im 3., 4. und 5. Abschnitt beruhen auf **sozialpolitischen Erwägungen**[1]. Der 3. Abschnitt dient dem Schutz des Versicherungsnehmers, der aufgrund des detailliert vorformulierten Standardvertrages regelmäßig keinen Verhandlungsspielraum hat und auch wirtschaftlich die schwächere Partei ist. Die Regelungen dieses Abschnitts sind abschließend und zwingend. Insbesondere ist ein Rückgriff auf den allgemeinen Gerichtsstand (Art. 2) und den Gerichtsstand in Verbrauchersachen (Art. 15, 16) ausgeschlossen. Eine Gerichtsstandsvereinbarung nach Art. 23 ist nur eingeschränkt möglich (Art. 23 Abs. 5 iVm. 13). Eine Zuständigkeitsbegründung durch rügelose Einlassung (Art. 24) ist zulässig (s. Art. 24 Rn. 4). Urteile, die unter Verletzung der Zuständigkeitsvorschriften des 3. Abschnitts ergangen sind, sind nicht anzuerkennen (Art. 35 Abs. 1). Neben dem Versicherer werden im 3. Abschnitt als mögliche Verfahrensbeteiligte der Versicherungsnehmer, der Versicherte, der Begünstigte und der Verletzte erwähnt. **Versicherer** sind die Versicherungsunternehmen aller zugelassenen Rechtsformen des In- und Auslandes. Verfahrensgegner der Versicherer können die **Verletzten** und alle Personen sein, für die der Versicherungsvertrag Rechte oder Pflichten begründet, also **Versicherungsnehmer** (Vertragspartner des Versicherers[2]), **Versicherte, Begünstigte** (s. etwa §§ 159, 166; 179, 180 VVG) oder **sonstige Berechtigte.** Die Art. 8ff. gelten auch für Rechtsnachfolger der vorgenannten Personen mit Ausnahme des Zessionars.[3]

Artikel 8

Für Klagen in Versicherungssachen bestimmt sich die Zuständigkeit unbeschadet des Artikels 4 und des Artikels 5 Nummer 5 nach diesem Abschnitt.

I. Verordnung

1. Versicherungssachen. Der Begriff der Versicherungssachen ist autonom auszulegen; erfasst werden alle Streitigkeiten, die ihren **Grund im (privaten) Versicherungsverhältnis** haben.[1] Aus dem Schutzzweck der Norm – Schutz des Schwächeren – folgt, dass **Rückversicherungs**verträge[2] nicht unter den 3. Abschnitt fallen, da es insoweit nicht des Schutzes einer Partei bedarf. Ebenfalls vom Anwendungsbereich nicht erfasst ist der Rückgriff des Versicherers gegen den Schädiger[3]. Aus Art. 1 ist zu schließen, dass unter Versicherungssachen **nur** die **Privatversicherung** verstanden werden kann, in Abgrenzung zur Sozialversicherung oder anderen öffentlich-rechtlich geprägten Versicherungsverhältnissen.[4] 1

2. Zuständigkeitsvorbehalte. a) Wohnsitz im Vertragsstaat. Durch die Verweisung auf Art. 4 wird klargestellt, dass der **Beklagte** seinen Wohnsitz in einem Mitgliedstaat haben muss, damit die Schutzrechte der Art. 8ff. eingreifen; ansonsten kommt das autonome Zivilprozessrecht zur Anwendung. Etwas anderes gilt gem. Art. 9 Abs. 2 bei Klagen gegen den Versicherer. 2

b) Niederlassung. Die besondere Zuständigkeitsregelung des Art. 5 Nr. 5 ist neben Art. 8ff. anwendbar.[5] Art. 5 Nr. 5 ist nicht nur auf Klagen gegen den Versicherer, sondern auch auf Klagen gegen den Versicherten anwendbar, wenn auf ihn die Voraussetzungen des Art. 5 Nr. 5 zutreffen. 3

II. EuGVÜ/LugÜ

Art. 8 der Verordnung entspricht Art. 7 EuGVÜ und LugÜ. Diese weisen hier keine Besonderheiten auf. 4

Artikel 9

(1) Ein Versicherer, der seinen Wohnsitz im Hoheitsgebiet eines Mitgliedstaats hat, kann verklagt werden

a) vor den Gerichten des Mitgliedstaats, in dem er seinen Wohnsitz hat,

b) in einem anderen Mitgliedstaat bei Klagen des Versicherungsnehmers, des Versicherten oder des Begünstigten vor dem Gericht des Ortes, an dem der Kläger seinen Wohnsitz hat, oder

c) falls es sich um einen Mitversicherer handelt, vor dem Gericht eines Mitgliedstaats, bei dem der federführende Versicherer verklagt wird.

---

1 *Jenard*-Bericht 29.

2 *Jenard*-Bericht 31.

3 So etwa LG Bremen VersR 2001, 782; *MK/Gottwald*, Art. 7 EuGVÜ Rn. 11; anders jedoch *Schlosser*, EuZPR, Art. 9 Rn. 1, der Einzelrechtsnachfolger und Erben des Versicherungsnehmers ausnimmt.

1 EuGH („Aydinli"), EuGHE 2005, I 6181 = EuZW 2005, 594.

2 EuGH („Group Josi"), EuGHE 2000, I 5825 = NJW 2000, 3121; hierzu *Koch* NVersZ 2001, 60. Auf Großversicherungen lässt sich dies allerdings nicht ohne weiteres übertragen.

3 *Geimer/Schütze/Auer* Rn. 22, 23; *Rauscher/Staudinger* Rn. 17; *T/P/Hüßtege* Rn. 1.

4 *Schlosser*, EuZPR, Rn. 6; *Wiecz/Sch/Hausmann* Vor Art. 7 EuGVÜ Rn. 6.

5 LG Stuttgart IPRax 1998, 100.

(2) Hat der Versicherer im Hoheitsgebiet eines Mitgliedstaats keinen Wohnsitz, besitzt er aber in einem Mitgliedstaat eine Zweigniederlassung, Agentur oder sonstige Niederlassung, so wird er für Streitigkeiten aus ihrem Betrieb so behandelt, wie wenn er seinen Wohnsitz im Hoheitsgebiet dieses Mitgliedstaats hätte.

I. Verordnung

1 **1. Wahlgerichtsstände bei Klagen gegen den Versicherer (Abs. 1). a) Buchst. a.** Die Vorschrift stellt drei Gerichtsstände zur Wahl. Nach Buchst. a kann der Versicherer an seinem (Wohn-)Sitz (s. Art. 59, 60) verklagt werden. Art. 9 regelt die **internationale** Zuständigkeit. Für die **örtliche** Zuständigkeit gilt autonomes Recht (§§ 12ff. ZPO, 48 VVG).

2 **b) Buchst. b.** Für den Versicherungsnehmer, den Versicherten oder den Begünstigten (zur Begrifflichkeit oben Vorbem.) besteht die Möglichkeit, den Versicherer am **Klägerwohnsitz** zu verklagen, wenn sie in einem anderen Staat als der Versicherer residieren.[1] Durch Eröffnung eines Klägergerichtsstandes soll dem Versicherungsnehmer, dem Versicherten und dem Begünstigten besonderer Schutz gewährt werden. Die Zuständigkeit gem. Buchst. b setzt voraus, dass der beklagte Versicherer entweder seinen Wohnsitz in einem Mitgliedstaat hat oder zumindest gem. Art. 9 Abs. 2 so zu behandeln ist. Maßgebend ist der Wohnsitz **im Zeitpunkt der Klageerhebung** (s. Art. 2 Rn. 5). Der Klägergerichtsstand legt die örtliche und die internationale Zuständigkeit fest. Daneben bleibt Art. 8 iVm. Art. 5 Nr. 5 anwendbar. Der Versicherer, der seinen Wohnsitz in einem Mitgliedstaat hat, kann demnach auch vor den Gerichten des Staates, in dem sich eine Zweigniederlassung, eine Agentur oder eine sonstige Niederlassung des Versicherers befindet, verklagt werden (zum Begriff s. Art. 5 Rn. 28).

3 **c) Buchst. c.** Danach können im Interesse der Verfahrenskonzentration alle Verfahren gegen Mitversicherer im Gerichtsstand des federführenden Versicherers in einem Mitgliedstaat geführt werden. Daneben bleibt die Möglichkeit bestehen, die verschiedenen Mitversicherer an den Gerichtsständen zu verklagen, die Abs. 1 im Übrigen vorsieht. Für den Versicherungsnehmer bzw. den sonstigen begünstigten Personenkreis besteht somit kein Zwang, alle Mitversicherer an einem Forum zu verklagen.[2]

4 **2. Wohnsitzfiktion (Abs. 2).** Abs. 2 erweitert abweichend von Art. 4 Abs. 1 die Gerichtsstände des gesamten 3. Abschnitts für Versicherer, die keinen (Wohn-)Sitz, aber eine Zweigniederlassung, Agentur oder sonstige Niederlassung in einem Mitgliedstaat haben. Voraussetzung hierfür ist, dass die Streitigkeit aus dem Betrieb dieser Agentur oder Niederlassung resultiert. Beklagter bleibt der Versicherer selbst.

II. EuGVÜ/LugÜ

5 Anders als EuGVÜ und LugÜ in Art. 8 sieht die Verordnung in Art. 9 Abs. 1 Buchst. b vor, dass nicht nur der Versicherungsnehmer, sondern auch der Versicherte und der Begünstigte den Versicherer am Klägerwohnsitz verklagen kann.

Artikel 10

Bei der Haftpflichtversicherung oder bei der Versicherung von unbeweglichen Sachen kann der Versicherer außerdem vor dem Gericht des Ortes, an dem das schädigende Ereignis eingetreten ist, verklagt werden. Das Gleiche gilt, wenn sowohl bewegliche als auch unbewegliche Sachen in ein und demselben Versicherungsvertrag versichert und von demselben Schadensfall betroffen sind.

I. Verordnung

1 Durch Art. 10 wird für Klagen gegen den Versicherer wahlweise ein weiterer internationaler und örtlicher Gerichtsstand geschaffen. Dies gilt für Klagen in Haftpflichtfällen und bzgl. Versicherungen von unbeweglichen Sachen. Bewegliche Sachen werden ebenfalls erfasst, soweit sie mit den unbeweglichen Sachen in demselben Versicherungsvertrag versichert sind, wobei ein separater Zusatzvertrag ausreicht. Der Ort des schädigenden Ereignisses ist hier ebenso zu bestimmen wie in Art. 5 Nr. 3.[1] Voraussetzung für die Anwendung des Art. 10 ist, dass beide Parteien des Rechtsstreits ihren Sitz in Mitgliedstaaten haben[2] und der Ort des schädigenden Ereignisses in einem anderen Mitgliedstaat liegt als dem (Wohn-)Sitzstaat des Versicherers, da ein zusätzlicher Gerichtsstand zur Verfügung gestellt werden soll („außerdem")[3]. Nach Art. 13 Nr. 3 kann der Gerichtsstand nach Art. 10 abbedungen werden.

II. EuGVÜ/LugÜ

2 Art. 10 der Verordnung entspricht Art. 9 EuGVÜ und LugÜ. Diese weisen hier keine Besonderheiten auf.

---

[1] *Looschelders* IPRax 1998, 86, 88.
[2] *Kropholler* RIW 1986, 929.
[1] So auch *Rauscher/Staudinger* Rn. 3; *T/P/Hüßtege* Rn. 1.
[2] Ebenso *T/P/Hüßtege* Rn. 1; aA *Rauscher/Staudinger* Rn. 2.
[3] Str., wie hier *Rauscher/Staudinger* Rn. 2; *Fricke* VersR 1997, 399, 402; *Wiecz/Sch/Hausmann* Art. 9 EuGVÜ Rn. 1; aA *Geimer/Schütze/Auer* Rn. 4, 5.

Artikel 11

(1) Bei der Haftpflichtversicherung kann der Versicherer auch vor das Gericht, bei dem die Klage des Geschädigten gegen den Versicherten anhängig ist, geladen werden, sofern dies nach dem Recht des angerufenen Gerichts zulässig ist.

(2) Auf eine Klage, die der Geschädigte unmittelbar gegen den Versicherer erhebt, sind die Artikel 8, 9 und 10 anzuwenden, sofern eine solche unmittelbare Klage zulässig ist.

(3) Sieht das für die unmittelbare Klage maßgebliche Recht die Streitverkündung gegen den Versicherungsnehmer oder den Versicherten vor, so ist dasselbe Gericht auch für diese Personen zuständig.

I. Verordnung

1. Interventionsklage (Abs. 1). Abs. 1 behandelt mit der Interventionsklage gegen den Haftpflichtversicherer ein Institut, das im deutschen Recht unbekannt ist. Abs. 1 ist daher durch Art. 65 für Deutschland (sowie Österreich und Ungarn) ausgeschlossen worden. Statt der Interventionsklage kann dem Versicherer aber der Streit verkündet werden (§§ 72ff. ZPO, vgl. dazu Art. 65 Abs. 1)[1]. Abs. 1 regelt die internationale sowie die örtliche Zuständigkeit.[2] 1

2. Direktklage (Abs. 2). Gegen den Haftpflichtversicherer stehen dem Verletzten bei einer Klage unmittelbar gegen den Versicherer die Gerichtsstände der Art. 9 und 10 zur Verfügung. Dies gilt aber nur, sofern das jeweilige vom IPR des Forums (in Deutschland Art. 40 Abs. 4 EGBGB[3]) berufene[4] materielle Recht eine Direktklage des Verletzten zulässt (in Deutschland § 3 Nr. 1 PflVG und § 6 Abs. 1 AuslandspflichtVersG). Dies gibt dem Geschädigten die Möglichkeit, in entsprechender Anwendung von Art. 9 Abs. 1 Buchst. b an seinem Wohnsitz zu klagen.[5] 2

3. Streitverkündung (Abs. 3). Im Falle einer Streitverkündung (in Deutschland nach §§ 72f. ZPO), begründet Abs. 3 die Zuständigkeit des Direktklagegerichtes auch für die Streitverkündungsempfänger. Der Versicherer kann damit gem. Abs. 3 in dem Verfahren, das der Verletzte gem. Abs. 2 anhängig gemacht hat, dem Versicherungsnehmer oder dem Versicherten den Streit verkünden. 3

II. EuGVÜ/LugÜ

Art. 11 der Verordnung entspricht Art. 10 EuGVÜ/LugÜ. Das EuGVÜ und das LugÜ weisen hier keine Besonderheiten auf. 4

Artikel 12

(1) Vorbehaltlich der Bestimmungen des Artikels 11 Absatz 3 kann der Versicherer nur vor den Gerichten des Mitgliedstaats klagen, in dessen Hoheitsgebiet der Beklagte seinen Wohnsitz hat, ohne Rücksicht darauf, ob dieser Versicherungsnehmer, Versicherter oder Begünstigter ist.

(2) Die Vorschriften dieses Abschnitts lassen das Recht unberührt, eine Widerklage vor dem Gericht zu erheben, bei dem die Klage selbst gemäß den Bestimmungen dieses Abschnitts anhängig ist.

I. Verordnung

1. Klage des Versicherers (Abs. 1). Grundsätzlich steht dem Versicherer nach Abs. 1 als Kläger nur der Gerichtsstand vor den Gerichten des Staates des Beklagtenwohnsitzes zur Verfügung. Abs. 1 regelt **nur** die **internationale** Zuständigkeit; die örtliche richtet sich nach dem nationalen Recht. Ausnahmsweise kann der Versicherer am Ort einer Zweigniederlassung, Agentur oder sonstigen Niederlassung des Beklagten klagen, wenn der Streit aus dem Betrieb einer Zweigniederlassung, Agentur oder sonstigen Niederlassung des Beklagten herrührt. Insoweit gilt Art. 8 iVm. Art. 5 Nr. 5 (vgl. oben Art. 8 Rn. 3). Voraussetzung für die Anwendung des Art. 12 ist in diesem Fall, dass der Beklagte seinen Wohnsitz in einem Mitgliedstaat hat. Andernfalls gilt nationales Recht (Art. 8 iVm. Art. 4). 1

2. Widerklage (Abs. 2). Gem. Abs. 2 hat der Versicherer die Möglichkeit einer konnexen Widerklage iSd. Art. 6 Nr. 3. Eine solche Widerklage steht trotz der systematischen Stellung des Abs. 2 nicht nur dem Versicherer, sondern allen Beteiligten offen.[1] 2

II. EuGVÜ/LugÜ

Art. 12 der Verordnung entspricht Art. 11 EuGVÜ/LugÜ. Das EuGVÜ und das LugÜ weisen hier keine Besonderheiten auf. 3

---

[1] Vgl. *Geimer*, Festschr. Heldrich (2005), 627, 636; s. bereits Art. 6 Rn. 4.

[2] Str. ist, ob die Zuständigkeit der Hauptklage auf der Verordnung beruhen muss, bejahend *Geimer/Schütze/Auer* Rn. 4; verneinend *Wiecz/Sch/Hausmann* Art. 10 EuGVÜ Rn. 1.

[3] Zur deliktischen Qualifikation des Direktanspruchs BGH NJW 1993, 1007; künftig gilt Art. 14 der Rom II-VO.

[4] OLG Köln (DE), 16 U 034/06, 13. 11. 2006.

[5] Der BGH hat die lange streitige Frage dem EuGH vorgelegt, NJW 2007, 71 mit zust. Anm. *Staudinger;* wie hier OLG Köln NJW-RR 2006, 70; *Rauscher/Staudinger* Rn. 6; *T/P/Hüßtege* Rn. 2; aA bislang LG Saarbrücken VersR 1977, 1164; LG Hamburg NJW-RR 2006, 1655; *Looschelders* NZV 1999, 57, 58; MK/*Gottwald* Art. 10 Rn. 2; *Wiecz/Sch/Hausmann* Art. 10 EuGVÜ Rn. 4.

[1] So auch *Rauscher/Staudinger* Rn. 5; *Wiecz/Sch/Hausmann* Art. 11 EuGVÜ Rn. 4; anders wohl *T/P/Hüßtege* Rn. 2.

Artikel 13

Von den Vorschriften dieses Abschnitts kann im Wege der Vereinbarung nur abgewichen werden:

1. **wenn die Vereinbarung nach der Entstehung der Streitigkeit getroffen wird,**
2. **wenn sie dem Versicherungsnehmer, Versicherten oder Begünstigten die Befugnis einräumt, andere als die in diesem Abschnitt angeführten Gerichte anzurufen,**
3. **wenn sie zwischen einem Versicherungsnehmer und einem Versicherer, die zum Zeitpunkt des Vertragsschlusses ihren Wohnsitz oder gewöhnlichen Aufenthalt in demselben Mitgliedstaat haben, getroffen worden ist, um die Zuständigkeit der Gerichte dieses Staates auch für den Fall zu begründen, dass das schädigende Ereignis im Ausland eintritt, es sei denn, dass eine solche Vereinbarung nach dem Recht dieses Staates nicht zulässig ist,**
4. **wenn sie von einem Versicherungsnehmer geschlossen ist, der seinen Wohnsitz nicht in einem Mitgliedstaat hat, ausgenommen soweit sie eine Versicherung, zu deren Abschluss eine gesetzliche Verpflichtung besteht, oder die Versicherung von unbeweglichen Sachen in einem Mitgliedstaat betrifft, oder**
5. **wenn sie einen Versicherungsvertrag betrifft, soweit dieser eines oder mehrere der in Artikel 14 aufgeführten Risiken deckt.**

I. Verordnung

1 **1. Allgemeines.** Gerichtsstandsvereinbarungen sind vor Entstehung einer Streitigkeit nur beschränkt (Art. 13 Nr. 2 bis 5) zulässig, um eine Umgehung des Schutzzwecks durch Prorogation zu vermeiden, danach allerdings uneingeschränkt (Art. 13 Nr. 1) möglich. Ihre Form richtet sich nach Art. 23.

2 **2. Gerichtsstandsvereinbarung nach Entstehung der Streitigkeit (Nr. 1).** Nr. 1 kommt zur Anwendung, sobald die Parteien über einen bestimmten Punkt uneins sind und ein gerichtliches Verfahren unmittelbar oder in Kürze bevorsteht.[1] Erst dann erlaubt der Schutzzweck eine Prorogation, weil der Versicherungsnehmer in Anbetracht des begonnenen oder bevorstehenden Rechtsstreits die Tragweite seiner Zustimmung besser einschätzen kann.

3 **3. Gerichtsstandsvereinbarung des Versicherungsnehmers und anderer (Nr. 2).** Nr. 2 lässt generell Gerichtsstandsvereinbarungen zugunsten des Versicherungsnehmers, des davon verschiedenen Versicherten und des Begünstigen zu. Sollen andere Personen als der Versicherungsnehmer begünstigt werden, müssen diese am Zustandekommen der Vereinbarung nicht mitwirken. Die Regelung betrifft nur Aktivprozesse des Versicherungsnehmers und gleich gestellter Personen.

4 **4. Ausschluss des Ortes des schädigenden Ereignisses (Nr. 3).** Die Vereinbarung muss nach dem Recht des Staates, in dem der Versicherungsnehmer und der Versicherer zum Zeitpunkt des Vertragsschlusses ihren Wohnsitz oder gewöhnlichen Aufenthalt hatten, zulässig sein. In der Bundesrepublik Deutschland sind die §§ 38, 40 ZPO maßgeblich. Auch darf die Vereinbarung den Agenturgerichtsstand nach § 48 VVG nicht ausschließen. Zu Lasten eines Geschädigten können keine Gerichtsstandsvereinbarungen geschlossen werden; Art. 11 Abs. 2 und 3 bleiben unberührt und können nicht zwischen dem Versicherten und dem Versicherer abbedungen werden. Eine Gerichtsstandsvereinbarung, die nach Art. 12 Nr. 3 EuGVÜ (jetzt Art. 13 Nr. 3 EuGVVO) vereinbart ist, kann dem aus dem Versicherungsvertrag begünstigten Versicherten, der dieser Klausel nicht ausdrücklich zugestimmt hat und seinen Sitz in einem anderen Mitgliedstaat hat, nicht entgegengehalten werden. Mit einer solchen Auslegung würde nämlich eine Zuständigkeitsvereinbarung zu Gunsten eines Versicherers anerkannt und das Ziel missachtet, den wirtschaftlich Schwächeren, hier den begünstigten Versicherten, zu schützen, der die Möglichkeit haben muss, vor den Gerichten an seinem eigenen Wohnsitz Klage zu erheben und sich zu verteidigen.[2] Nach Auffassung von *Heiss*[3] soll dies auch für Nr. 3 gelten, soweit nicht Großrisiken betroffen seien.

5 **5. Gerichtsstandsvereinbarung mit Versicherungsnehmern aus Nichtmitgliedstaaten (Nr. 4).** Aufgrund der Nr. 4 sind Gerichtsstandsvereinbarungen auch mit Versicherungsnehmern möglich, die keinen Wohnsitz in einem Mitgliedstaat haben. Nr. 4 nennt aber zwei Ausnahmen, bei denen Gerichtsstandsvereinbarungen mit einem nicht in einem Mitgliedstaat ansässigen Versicherungsnehmer unzulässig sind. Zum einen, wenn der Versicherungsnehmer zum Abschluss der Versicherung gesetzlich verpflichtet ist, und zum anderen, wenn die Versicherung eine im Mitgliedstaat belegene Immobilie betrifft. In diesen Fällen sollen die Zuständigkeitsregeln der Art. 9 bis 11 gelten.

6 **6. Gerichtsstandsvereinbarung bei See- und Luftfahrtversicherungen (Nr. 5).** Aus der Aufzählung in Art. 14 ergibt sich im Einzelnen, welche Versicherungsverträge vom Prorogationsverbot freigestellt sind.

II. EuGVÜ/LugÜ

7 Art. 13 der Verordnung entspricht Art. 12 EuGVÜ/LugÜ. Das EuGVÜ und das LugÜ weisen hier keine Besonderheiten auf.

---

[1] *Jenard*-Bericht 33; großzügiger *Geimer/Schütze*, EuVZR, Rn. 5 (Meinungsverschiedenheiten ohne anstehenden Rechtsstreit genügen).

[2] EuGH(„Axa“), EuGHE 2005, I 3707 = NJW 2005, 2135, 2136.

[3] *Heiss* IPRax 2005, 497.

Artikel 14

Die in Artikel 13 Nummer 5 erwähnten Risiken sind die folgenden:

1. sämtliche Schäden

a) an Seeschiffen, Anlagen vor der Küste und auf hoher See oder Luftfahrzeugen aus Gefahren, die mit ihrer Verwendung zu gewerblichen Zwecken verbunden sind,

b) an Transportgütern, ausgenommen Reisegepäck der Passagiere, wenn diese Güter ausschließlich oder zum Teil mit diesen Schiffen oder Luftfahrzeugen befördert werden;

2. Haftpflicht aller Art, mit Ausnahme der Haftung für Personenschäden an Passagieren oder Schäden an deren Reisegepäck,

a) aus der Verwendung oder dem Betrieb von Seeschiffen, Anlagen oder Luftfahrzeugen gemäß Nummer 1 Buchstabe a), es sei denn, dass – was die letztgenannten betrifft – nach den Rechtsvorschriften des Mitgliedstaats, in dem das Luftfahrzeug eingetragen ist, Gerichtsstandsvereinbarungen für die Versicherung solcher Risiken untersagt sind,

b) für Schäden, die durch Transportgüter während einer Beförderung im Sinne von Nummer 1 Buchstabe b) verursacht werden;

3. finanzielle Verluste in Zusammenhang mit der Verwendung oder dem Betrieb von Seeschiffen, Anlagen oder Luftfahrzeugen gemäß Nummer 1 Buchstabe a), insbesondere Fracht- oder Charterverlust;

4. irgendein zusätzliches Risiko, das mit einem der unter den Nummern 1 bis 3 genannten Risiken in Zusammenhang steht;

5. unbeschadet der Nummern 1 bis 4 alle „Großrisiken" entsprechend der Begriffsbestimmung in der Richtlinie 73/239/EWG des Rates, geändert durch die Richtlinie 88/357/EWG und die Richtlinie 90/618/EWG, in der jeweils geltenden Fassung.

Art. 14 nennt die See- und Luftfahrtversicherungen, für die gem. Art. 13 Nr. 5 Gerichtsstandsvereinbarungen zulässig sind. 1

Abschnitt 4. Zuständigkeit bei Verbrauchersachen

Vorbemerkung

Die Art. 15–17 sind zwingende und abschließende Sonderregelungen zum Schutze der Verbraucher.[1] Für Versicherungsverträge gehen Art. 8–14 vor. Art. 16 regelt für Aktiv- und Passivprozesse des Verbrauchers die internationale – teilweise auch die örtliche – Zuständigkeit (Art. 16 Rn. 3, 4). **Gerichtsstandsvereinbarungen** sind nur unter den engen Voraussetzungen des Art. 17, 23 Abs. 5 statthaft. Allerdings kann nach hM auch bei Verbrauchern durch **rügelose Einlassung** eine Zuständigkeit gem. Art. 24 begründet werden (dort Rn. 4). Nach Art. 35 Abs. 1 hat die Nichtbeachtung der Vorschriften des 4. Abschnitts die Nichtanerkennung einer Entscheidung zur Folge. Dies wird allerdings nicht mehr bei Erteilung der Vollstreckungsklausel geprüft, sondern nur im Rechtsbehelfsverfahren (in Deutschland auf Beschwerde des Beklagten durch das OLG), Art. 41, 43, 45. Die in den Art. 15 und 16 verwendeten Begriffe sind autonom auszulegen, wobei in erster Linie die Systematik und die Zielsetzung der Verordnung zu berücksichtigen sind.[2] Art. 15–17 finden – mit Ausnahme der Sonderregelung des Art. 15 Abs. 2 – nur Anwendung, wenn der **Beklagte** seinen **(Wohn-)Sitz in einem Mitgliedstaat** hat. **Konkurrierende deliktische Ansprüche** werden von den Art. 15–17 nicht erfasst, da Art. 15 Abs. 1 nur „Klagen aus einem Vertrag" regelt.[3]

Artikel 15

(1) Bilden ein Vertrag oder Ansprüche aus einem Vertrag, den eine Person, der Verbraucher, zu einem Zweck geschlossen hat, der nicht der beruflichen oder gewerblichen Tätigkeit dieser Person zugerechnet werden kann, den Gegenstand des Verfahrens, so bestimmt sich die Zuständigkeit unbeschadet des Artikels 4 und des Artikels 5 Nummer 5 nach diesem Abschnitt,

a) wenn es sich um den Kauf beweglicher Sachen auf Teilzahlung handelt,

b) wenn es sich um ein in Raten zurückzuzahlendes Darlehen oder ein anderes Kreditgeschäft handelt, das zur Finanzierung eines Kaufs derartiger Sachen bestimmt ist, oder

c) in allen anderen Fällen, wenn der andere Vertragspartner in dem Mitgliedstaat, in dessen Hoheitsgebiet der Verbraucher seinen Wohnsitz hat, eine berufliche oder gewerbliche Tätigkeit ausübt oder eine solche auf irgend einem Wege auf diesen Mitgliedstaat oder auf mehrere Staaten, einschließlich dieses Mitgliedstaats, ausrichtet und der Vertrag in den Bereich dieser Tätigkeit fällt.

(2) Hat der Vertragspartner des Verbrauchers im Hoheitsgebiet eines Mitgliedstaats keinen Wohnsitz, besitzt er aber in einem Mitgliedstaat eine Zweigniederlassung, Agentur oder sonstige Niederlassung, so

---

[1] *Schlosser*-Bericht Nr. 153.

[2] EuGH („Mietz") EuGHE 1999, I 2277, Nr. 26 = IPRax 2000, 411, 413 mit Anm. *Hess* IPRax 2000, 370.

[3] Der EuGH lehnt es in st. Rspr. ab, vertragliche Ansprüche im Gerichtstand der unerlaubten Handlung zuzulassen. Für den umgekehrten – hier relevanten – Fall fehlt eine Aussage; zum Streitstand s. Art. 5 Rn. 5.

wird er für Streitigkeiten aus ihrem Betrieb so behandelt, wie wenn er seinen Wohnsitz im Hoheitsgebiet dieses Staates hätte.

(3) Dieser Abschnitt ist nicht auf Beförderungsverträge mit Ausnahme von Reiseverträgen, die für einen Pauschalpreis kombinierte Beförderungs- und Unterbringungsleistungen vorsehen, anzuwenden.

I. Verordnung

1 **1. Begriff des Verbrauchervertrages. a) Grundsatz.** Art. 15 ist lex specialis zu Art. 5 Nr. 1. Letztere Vorschrift bezieht sich allgemein auf Klagen aus Vertrag, während Art. 15 bestimmte Arten von Verträgen erfasst, die von einem Verbraucher geschlossen wurden.[1] Der Begriff des Verbrauchervertrages wird in Abs. 1 definiert und ist **autonom** auszulegen.[2] Da Art. 15–17 weitreichende Ausnahmen vom Prinzip des actor sequitur forum rei-Grundsatzes (Art. 2) zulassen, ist grundsätzlich eine **restriktive Handhabung** angezeigt.[3] Maßgeblich für die Feststellung der Verbrauchereigenschaft einer Person ist der konkrete Vertrag.[4] Verbraucher iSd. Art. 15 sind nur nicht berufs- oder gewerbebezogen handelnde **private Endverbraucher**[5] und damit lediglich natürliche Personen.[6] Erforderlich ist, dass die **Verbrauchereigenschaft** beim Kläger oder Beklagten **persönlich** vorliegt.[7] Forderungen aus **abgetretenem Recht** werden daher ebenso wenig von Art. 15 erfasst,[8] wie **Verbandsklagen**[9].[10] Das folgt daraus, dass Art. 15ff. Sonderregelungen enthalten, die dem Verbraucher als dem gegenüber seinem beruflich oder gewerblich handelnden Kontrahenten wirtschaftlich schwächeren und rechtlich weniger erfahrenen Vertragspartner einen angemessenen Schutz sichern sollen.[11] Bezieht sich ein Vertrag auf einen Gegenstand, der für einen teils beruflich-gewerblichen, teils privaten Zweck des Vertragschließenden bestimmt ist **(gemischter Vertrag)**, handelt es sich nur dann um einen Verbrauchervertrag, wenn der nach außen dem Vertragspartner erkennbare[12] beruflich-gewerbliche Zweck derart nebensächlich ist, dass er im Gesamtzusammenhang des betreffenden Geschäfts nur eine ganz untergeordnete Rolle spielt.[13] Wenig stimmig ist es, wenn der EuGH – ausgehend von der Beweislast des Verbrauchers für das Vorliegen eines Verbrauchervertrages – im Falle eines *non liquet*, im Zweifel dann doch einen solchen annehmen möchte.[14] Selbst wenn ein Vertrag zum Zweck der Ausübung einer erst **zukünftigen** beruflichen oder gewerblichen Betätigung geschlossen wurde, was zB bei einem Existenzgründungsgeschäft der Fall sein kann, ist er kein Verbrauchervertrag.[15] Gegenstand einer Klage müssen Streitigkeiten aus einem der in Art. 15 Abs. 1 Buchst. a–c genannten **Vertragstypen** sein. Unter Art. 15ff. fallen nicht nur bestimmte Ansprüche aus einem Verbrauchervertrag, sondern alle Klagen, die zu diesem Vertrag eine so enge Bindung aufweisen, dass sie von ihm nicht getrennt werden können.[16] Dazu gehören insbes. alle Streitigkeiten aus einem Vertrag, zu dessen Abschluss der Verbraucher durch Formulierungen des Gewerbetreibenden veranlasst wurde, die ihn in die Irre führen können.[17]

2 **b) Gewinnzusagen.** Für die auf eine Gewinnzusage (s. zB § 661a BGB) gestützte Klage gegen eine Person, die in einem Mitgliedstaat der EU ansässig ist, besteht am Wohnsitz des klagenden Verbrauchers die Zuständigkeit aus Art. 15 Abs. 1 Buchst. c, wenn der Kläger auf Aufforderung des Beklagten tatsächlich

---

[1] EuGH („Gabriel“) EuGHE 2002, I 6367, Nr. 35 = NJW 2002, 2697 m. Anm. *Staudinger* ZEuP 2004, 767.

[2] EuGH („Gabriel“) EuGHE 2002, I 6367, Nr. 37 = NJW 2002, 2697 m. Anm. *Staudinger* ZEuP 2004, 767; EuGH („Mietz“) EuGHE 1999, I 2277, 2310, Nr. 26; *Mankowski* RIW 1997, 990ff.

[3] EuGH („Gruber“), EuGHE 2005, I 439 = NJW 2005, 653 mit Anm. *Mankowski* IPRax 2005, 503; *Rauscher/Staudinger* Rn. 1.

[4] EuGH („Benincasa“) EuGHE 1997, I 3767, Nr. 16 = JZ 1998, 896 m. Anm. *Mankowski;* OLG Nürnberg IPRax 2005, 248.

[5] EuGH („Shearson Lehmann Hutton“) EuGHE 1993, I 139, Nr. 22 = NJW 1993, 1251 m. Anm. *Koch* IPRax 1995, 71; OLG Nürnberg IPRax 2005, 248, 250; ein Handelsvertreter ist nicht Verbraucher, OLG Hamburg NJW 2004, 3126, 3128; vgl. zum Verbraucherbegriff *Heiderhoff* IPRax 2005, 230.

[6] EuGH („Shearson Lehmann Hutton“) EuGHE 1993, I 139, Nr. 22 = NJW 1993, 1251.

[7] EuGH („Shearson Lehmann Hutton“) EuGHE 1993, I 139, Nr. 23 = NJW 1993, 1251 m. Anm. *Koch* IPRax 1995, 71.

[8] BGH NJW 1993, 2684 m. Anm. *Koch* IPRax 1995, 71; BayObLG NJW 2006, 924.

[9] EuGH („Henkel“) EuGHE 2002, I 8111, Nr. 33 = NJW 2002, 3617 m. Anm. *Stadler* ZZPInt 2002, 284; EuGH („Shearson Lehmann Hutton“) EuGHE 1993, I 139, Nr. 23; *Neumann/Rosch* IPRax 2001, 257, 259; *Tonner* VuR 1993, 49.

[10] Anders für Fälle der gesetzlichen Vertretung durch einen Verbraucherverband *Kropholler* Rn. 12; *Geimer/Schütze/Geimer,* EuZVR, Rn. 20; *Rauscher/Staudinger* Rn. 2 jeweils mit Nachw. – im Hinblick auf den Schutzzweck scheint dies jedoch fraglich.

[11] EuGH („Gabriel“) EuGHE 2002, I 6367, Nr. 39 = NJW 2002, 2697 m. Anm. *Staudinger* ZEuP 2004, 767.

[12] Die bloße innere Willensrichtung soll für die Zweckbestimmung nicht genügen, *Schlosser*, EuZPR, Rn. 3.

[13] EuGH („Gruber“) EuGHE 2005, I 439, Nr. 44 = NJW 2005, 653 m. krit. Anm. *Mankowski* IPRax 2005, 503; bislang hatte die hM großzügiger – und leichter handhabbar – nur danach gefragt, worin die überwiegende Zwecksetzung des Vertrages liegt (Schwerpunkt), s. *Wiecz/Sch/Hausmann* Art. 13 EuGVÜ Rn. 3; *Schlosser,* EuZPR, Rn. 3; Cour de cassation, Revue critique 2001, 135; so auch die Regelung in Art. 2 lit 1 CISG; zu den verschiedenen Lösungsansätzen *Mankoswki* aaO S. 504.

[14] EuGH („Gruber“) EuGHE 2005, I 439, Nr. 50; krit. hierzu *Reich* EuZW 2005, 244; generell zu Vorgaben des EuGH bezüglich des Beweisrechts *Mankowski* IPRax 2005, 503, 508.

[15] EuGH („Benincasa“) EuGHE 1997, I 3767, Nr. 18f. = JZ 1998, 896 m. Anm. *Mankowski;* BGH NJW 2005, 1273, 1274; OLG Düsseldorf NJW 2004, 3192, 3193.

[16] EuGH („Gabriel“) EuGHE 2002, I 6367, Nr. 56 = NJW 2002, 2697 m. Anm. *Staudinger* ZEuP 2004, 767.

[17] EuGH („Gabriel“) EuGHE 2002, I 6367, Nr. 58 = NJW 2002, 2697 m. Anm. *Staudinger* ZEuP 2004, 767.

Waren bestellt hat, um dadurch in den Genuss des versprochenen Gewinns zu kommen.[18] Str. ist jedoch, wie **isolierte Gewinnzusagen** einzuordnen sind, bei denen keine gleichzeitige Warenbestellung und damit kein Vertragsschluss vorliegt. Zur Vorgängerregelung in Art. 13 Nr. 3 EuGVÜ hatte der EuGH entschieden[19], dass nur Art. 5 Nr. 1 (der keinen Vertrag voraussetzt) anwendbar ist, nicht der eng auszulegende Verbrauchergerichtsstand. Dies kann man auf die enumerative und enge Aufzählung gegenseitiger Verträge in Art. 13 EuGVÜ zurückführen, welche die VO in Art. 15 (Abs. 1 lit c) zugunsten einer allgemeinen, mit Art. 5 Nr. 1 übereinstimmenden Formulierung aufgegeben hat.[20] Daher darf angenommen werden, dass die Rspr. zu Art. 13 EuGVÜ nicht auf die VO übertragbar ist und die Klage aus einer solchen Gewinnzusage im Gerichtsstand des Verbrauchers nach Art. 15 Abs. 1 Buchst. c erhoben werden kann.[21] Der BGH hat sich freilich inzwischen dem EuGH angeschlossen.[22]

Die Vorbehalte zugunsten von Art. 4 und Art. 5 Nr. 5 entsprechen der für Versicherungssachen getroffe- 3
nen Regelung in Art. 8. Auf die dortigen Erläuterungen kann verwiesen werden.

2. Teilzahlungskauf über bewegliche Sachen (Buchst. a). Der Begriff des Teilzahlungskaufes ist gemein- 4
schaftsrechtlich autonom auszulegen.[23] Ein Kaufvertrag ist ein Kauf beweglicher Sachen[24] auf Teilzahlung, wenn der **Kaufpreis in mehreren Teilzahlungen** geleistet wird **oder** wenn der Kaufvertrag **mit** einem **Finanzierungsvertrag verbunden** ist.[25] Hierher gehören auch Leasing- und Mietverträge mit Kaufoption.[26] Ein Teilzahlungskauf liegt nur dann vor, wenn der Verkäufer dem Käufer bereits vor Zahlung des gesamten Kaufpreises den Besitz an der Kaufsache überträgt, ihm also den Restkaufpreis kreditiert. Wird dem Käufer der Besitz an der Sache hingegen erst nach vollständiger Kaufpreiszahlung übertragen, liegt kein Vertrag mit den typischen Risiken eines Teilzahlungsgeschäfts iSd. Art. 15 Abs. 1 Buchst. a vor – auch dann nicht, wenn der Kaufpreis in mehreren Teilbeträgen beglichen wurde.[27] Üblicherweise werden drei Raten als Indiz für einen Teilzahlungskauf angesehen.[28]

3. Anschaffungsdarlehen für den Kauf beweglicher Sachen (Buchst. b). Erfasst werden von Buchst. b 5
alle Verträge, die ein Verbraucher zur Finanzierung eines Kaufs beweglicher Sachen abgeschlossen hat (zB Finanzierungsleasing). Entscheidend ist die Zweckgebundenheit des zur Verfügung gestellten Darlehens für die von Buchst. a erfassten beweglichen Sachen. Wird der kreditierte Kaufpreis in einem Betrag und nicht ratenweise bezahlt, so fällt nur das Finanzierungsgeschäft unter Buchst. b, nicht der Kaufvertrag unter Buchst. a.[29]

4. Sonstige Verbraucherverträge (Buchst. c). a) Vertragstypen. Während die Regelungen in den Buch- 6
st. a und b den Regelungen im EuGVÜ entsprechen (dort Art. 13 Abs. 1 Nr. 1 und 2), hat die Regelung des Art. 13 Abs. 1 Nr. 3 EuGVÜ durch Buchst. c eine erhebliche Erweiterung erfahren. Die Beschränkung des EuGVÜ auf die Erbringung von Dienstleistungen und die Lieferung beweglicher Sachen ist damit entfallen. Nr. 1 Buchst. c gilt für **alle** nicht in Buchst. a oder b genannten **Verbraucherverträge.** Es werden etwa auch reine Kreditverträge[30], Treuhandverträge[31] und Timesharingverträge erfasst.[32] Für Gewinnzusagen s. oben Rn. 2.

b) Umstände des Vertragsabschlusses. Die in Art. 13 Abs. 1 Nr. 3 des EuGVÜ aufgeführten Kriterien 7
wurden in Art. 15 Abs. 1 Buchst. c der Verordnung neu gefasst, um der Entwicklung der Vermarktungstechniken Rechnung zu tragen. Die Streichung der Voraussetzung aus Art. 13 EuGVÜ, dass der Verbraucher in seinem Staat die zum Abschluss des Vertrages erforderlichen Rechtshandlungen vorgenommen haben musste, bringt mit sich, dass Art. 15 Abs. 1 Buchst. c auf **Verträge, die in einem anderen Mitgliedstaat geschlossen** wurden **als jenem, in dem** der **Verbraucher** seinen **Wohnsitz hat,** grundsätzlich anwendbar ist. Dies beseitigt das Problem, dass die Regeln der Schutzzuständigkeit des Art. 13 EuGVÜ auf den Verbraucher nicht anwendbar waren, wenn der Verbraucher vom Vertragspartner veranlasst worden war,

---

[18] EuGH („Gabriel") EuGHE 2002, I 6367, Nr. 60 = NJW 2002, 2697 m. Anm. *Staudinger* ZEuP 2004, 767.

[19] EuGH („Engler") EuGHE 2005, I 481, Nr. 36ff. = NJW 2005, 811 m. Anm. *Lorenz/Unberath* IPRax 2005, 219; anders noch BGH NJW 2003, 426, 427ff. mit zust. Anm. *Mörsdorf-Schulte* ZZPInt. 8 (2003), 407ff.; *Dörner,* Festschr. Kollhosser (2004), 75, 83; *Häcker* ZVerglRWiss 103 (2004)464, 491.

[20] Die Begründung des EuGH bleibt hier sehr allgmein, s. auch *Lorenz/Unberath* IPRax 2005, 219, 222.

[21] OLG Rostock NJW-RR 2006, 209; OLG Dresden NJW-RR 2006, 209; OLG Hamm OLGR Hamm 2005, 409; OLG Stuttgart MDR 2003, 350; ebenso *Lorenz/Unberath* IPRax 2005, 219, 222; *Leible* NJW 2005, 796, 798; *Mankowski* RIW 2005, 561, 563.

[22] BGH NJW 2006, 230 (nur Art. 5 Nr. 1 anwendbar, offen lassend, ob Nr. 1a, so aber OLG Braunschweig NJW 2006, 161) mit Anm. *Schäfer* JZ 2006, 522; krit. *Lorenz* NJW 2006, 472; dem BGH folgend *T/P/Hüßtege* Rn. 5.

[23] EuGH („Bertrand") EuGHE 1978, 1431, Nr. 12ff. = RIW 1978, 685; EuGH („Mietz") EuGHE 1999, I 2277, Nr. 26ff.

[24] Keine Anwendung findet die Vorschrift daher auf Wertpapiere und Immaterialgüter, s. LG Darmstadt IPRax 1995, 318; *Rauscher/Staudinger* Rn. 4.

[25] EuGH („Bertrand") EuGHE 1978, 1431 = RIW 1978, 685.

[26] *Schlosser*-Bericht Nr. 157; ders., EuZPR Rn. 5; *Kropholler* Rn. 18; s. aber *Geimer/Schütze/Geimer,* EuZVR Rn. 48.

[27] EuGH („Mietz") EuGHE 1999, I 2277, Nr. 31ff. = IPRax 2000, 411, 414 mit Anm. *Hess* IPRax 2000, 370; *Wolf* EuZW 2000, 11; *Schlosser,* EuZPR, Rn. 5; *Rauscher/Staudinger* Rn. 5; *T/P/Hüßtege* Rn. 2.

[28] *Rauscher/Staudinger* Rn. 5 mit Nachw.

[29] *Schlosser*-Bericht Nr. 157; *Wiecz/Sch/Hausmann,* Art. 13 EuGVÜ Rn. 13; *Rauscher/Staudinger* Rn. 6; *T/P/Hüßtege* Rn. 3.

[30] *Piltz* NJW 2002, 789, 791; *T/P/Hüßtege* Rn. 5.

[31] BayObLG NJW 2006, 924; *Rauscher/Staudinger* Rn. 8; *T/P/Hüßtege* Rn. 5.

[32] *Micklitz/Rott* EuZW 2001, 325, 330; *Hausmann* EuLF 2000/01, 40, 45.

seinen Staat zu verlassen, um den Vertrag abzuschließen. Für die Anwendung des 4. Abschnitts reicht es nunmehr aus, dass der andere Vertragspartner in dem Staat, in dem der Verbraucher seinen Wohnsitz hat, eine berufliche oder gewerbliche Tätigkeit ausübt oder eine solche auf diesen Staat ausrichtet und der Vertrag in den Bereich dieser Tätigkeit fällt. Voraussetzung ist jedoch, dass der Vertragspartner bereits vor dem Vertragsschluss mit dem Verbraucher und unabhängig von diesem eine berufliche oder gewerbliche Tätigkeit im Wohnsitzstaat des Verbrauchers ausgeübt oder auf diesen Staat ausgerichtet hat. Hingegen genügt es nicht, wenn der Vertragspartner erst aufgrund eines mit dem Verbraucher geschlossenen Vertrags eine Tätigkeit im Wohnsitzstaat des Verbrauchers entfaltet.[33] Grundsätzlich ist es für die **Ausübung** ausreichend, wenn der Vertragspartner – auch ohne Niederlassung oder Zweigstelle – sich aktiv am Wirtschaftsleben im Verbraucherstaat, zB durch das Erbringen von Leistungen, beteiligt.[34]

8 Ein **Ausrichten** gewerblicher oder beruflicher Tätigkeit auf den Verbraucherstaaat liegt aber auch schon vor, wenn der Vertragspartner dort in irgendeiner Form für seine Leistungen **Werbung** betreibt.[35] Dabei genügt es, wenn in mehreren Mitgliedstaaten *und u. a.* im Wohnsitzstaat des Verbrauchers geworben wird. Der Vertragspartner muss dabei allgemein Kunden ansprechen wollen, nicht nur gezielt bestimmte Einzelpersonen.[36] Mit diesem Konzept wollte die Kommission verdeutlichen, dass auch Verbraucherverträge, die via einer **aktiven Website** geschlossen wurden, die im Wohnsitzstaat des Verbrauchers zugänglich ist, unter Buchst. c fallen.[37] Einzelheiten hierzu sind nach wie vor str. Nach zutreffender Meinung soll genügen, wenn auf der Website der Kunde aufgefordert wird, eine Bestellung zB per Fax aufzugeben[38], nicht notwendig ist ein Online-Vertragsabschluss[39] (str.). Wollte man dies verlangen, wäre die notwendige Gleichbehandlung mit anderen Formen der Werbung nicht mehr gewährleistet. Letztlich wird man, um eine solche Gleichbehandlung zu erreichen, nur reine Informations-Webseiten, bei denen eine persönliche Kontaktaufnahme und ein Vertragsabschluss doch noch mit einem Vertreter vor Ort oder im Ausland stattfinden muss, von lit c ausnehmen dürfen.[40] Str. ist, ob eine „Ausrichtung" auf den Wohnsitzstaat des Verbrauchers durch sog. *disclaimer* vermieden werden kann und welche Anforderungen insoweit zu stellen sind. Eine derartige Einschränkung allein an der auf der Website verwendeten Sprache festzumachen, wird nicht möglich sein, hingegen wird man einen ausdrücklich erklärten Ausschluss des geschäftlichen Kontaktes mit Verbrauchern aus einem bestimmten Staat zulassen müssen.[41]

9 **5. Niederlassung des Vertragspartners (Abs. 2).** Hat der Vertragspartner des Verbrauchers keinen Wohnsitz in einem Mitgliedstaat, wohl aber zum **Zeitpunkt der Klageerhebung** eine Zweigniederlassung, Agentur oder sonstige Niederlassung, so kann er dort verklagt werden.[42] Voraussetzung ist allerdings, dass die Niederlassung am Vertragsabschluss beteiligt war. Abs. 2 ist nicht anwendbar, wenn die Niederlassung bereits vor Einreichung der Klage aufgelöst worden ist.[43]

10 **6. Beförderungsverträge (Abs. 3).** Beförderungsverträge sind aus dem Anwendungsbereich der Art. 15ff. ausgenommen, um Kollisionen mit völkervertraglichen Regelungen zu vermeiden.[44] Für sie gelten die allgemeinen Zuständigkeitsregelungen (Abs. 2ff.). Die Ausnahmeregelung des Abs. 3 greift allerdings nicht, wenn es sich um **Pauschalreiseverträge**[45] handelt, die für einen Pauschalpreis kombinierte Beförderungs- und Unterbringungsleistungen vorsehen.[46]

II. EuGVÜ/LugÜ

11 Zu den Abweichungen der VO vom EuGVÜ s. Rn. 6ff.

---

33 BGH NJW 2006, 1672.

34 *T/P/Hüßtege* Rn. 7; *Rauscher/Staudinger* Rn. 12.

35 *Rauscher/Staudinger* Rn. 13 mit zahlr. Nachw.

36 Vgl. OLG München NJW-RR 1993, 701; OLG Köln WM 2004, 1324; für eine weite Auslegung OLG Dresden IPRax 2006, 44, 45 mit krit. Anm. *von Hein* ebenda 16ff.

37 KOM (1999) 348, S. 1, 17. Nach anfänglichen Auslegungsproblemen gaben Rat und Kommission eine gemeinsame Erklärung ab, die sich dafür ausspricht, die bloße Abrufbarkeit einer Webseite (passive Webseite) nicht als ein „Ausrichten" anzusehen, s. die in IPRax 2001, 259 abgedruckte Erklärung. *Jayme/Kohler* IPRax 2001, 501, 505 weisen zu Recht darauf hin, dass solche Erklärungen den EuGH in seiner Auslegung nicht binden.

38 S. zu entsprechenden weiteren Äußerungen der Kommission (KOM [2000] 654, 1, 38); *Looschelders,* Festschr. Lorenz (2004), 441; *Roth,* Festschr. Sonnenberger (2004), 591; *Mankowski* ZEuP 2003, 483 und RIW 2005, 481, 483; *Jayme/Kohler* IPRax 2004, 481, 492.

39 So aber *Hausmann* EuLF 2000/01, 40, 45; ähnlich *Jayme/Kohler* IPRax 2001, 501, 505 unter Berufung auf die Stellungnahme von Kommission und Rat; großzügiger wie hier Zö/*Geimer* Rn. 21.

40 Zu Recht wenden sich daher immer mehr Stimmen gegen die Unterscheidung in aktive und passive Webseiten, s. *Micklitz/Rott* EuZW 2001, 325, 331; *Rauscher/Staudinger* Rn. 15.

41 S. jedoch OLG Dresden IPRax 2006, 44, 46, das der Sprache große Bedeutung beimisst und auch einen konkludenten Ausschluss zulässt.

42 BayObLG NJW 2006, 924.

43 BGH WM 2007, 1586.

44 Hierzu *Rauscher/Staudinger* Rn. 19.

45 Zum Begriff EuGH („Club Tour Viagens"), EuGHE 2002, I 4051, 4071, Nr. 13ff.; *Tonner* EuZW 2002, 403; *Führich* RRa 2006, 50ff.

46 Richtlinie 90/314/EWG des Rates vom 13. Juni 1990 über Pauschalreisen, ABl. L (EG) Nr. 158 vom 23. 6. 1990, S. 59.

Artikel 16

(1) Die Klage eines Verbrauchers gegen den anderen Vertragspartner kann entweder vor den Gerichten des Mitgliedstaats erhoben werden, in dessen Hoheitsgebiet dieser Vertragspartner seinen Wohnsitz hat, oder vor dem Gericht des Ortes, an dem der Verbraucher seinen Wohnsitz hat.

(2) Die Klage des anderen Vertragspartners gegen den Verbraucher kann nur vor den Gerichten des Mitgliedstaats erhoben werden, in dessen Hoheitsgebiet der Verbraucher seinen Wohnsitz hat.

(3) Die Vorschriften der Absätze 1 und 2 lassen das Recht unberührt, eine Widerklage vor dem Gericht zu erheben, bei dem die Klage selbst gemäß den Bestimmungen dieses Abschnitts anhängig ist.

I. Verordnung

1. Normzweck. Art. 16 regelt abschließend die **internationale** Zuständigkeit in Verbrauchersachen. Der Rückgriff auf autonome Zuständigkeitsregelungen ist nur zulässig, soweit dies zur Ausfüllung der örtlichen Zuständigkeit (§§ 12ff. ZPO[1]) notwendig ist. 1

2. Klage des Verbrauchers (Abs. 1). Dem Verbraucher werden zwei Gerichtsstände zur Wahl gestellt. Bei der Wahl sollte er die Ortsnähe des Verfahrens abwägen gegen eine gegebenenfalls schnellere und einfachere Auslandsvollstreckung gegen den Vertragspartner: 2

a) **Wohnsitz der anderen Partei,** wobei diesem eine in einem Mitgliedstaat befindliche Zweigniederlassung, Agentur oder sonstige Niederlassung durch Art. 15 Abs. 2 gleichgestellt wird. Die örtliche Zuständigkeit folgt aus der lex fori.[2]

b) **Wohnsitz des Verbrauchers.** Die Verordnung enthält hier eine Ausnahme von der Regel, dass sie nur die internationale und nicht die innerstaatliche gerichtliche Zuständigkeit der Mitgliedstaaten festlegt. Hier wird auch die **örtliche Zuständigkeit** geregelt, um dem Verbraucher die Möglichkeit zu geben, seinen Vertragspartner möglichst nahe an seinem Wohnsitz zu belangen.[3] Entscheidend ist nicht der Wohnsitz bei Vertragsabschluss, sondern im **Zeitpunkt der Klagerhebung.**[4] Der Vertragspartner kann nur dann nach Abs. 1 Var. 2 am Verbraucherwohnsitz verklagt werden, wenn er einen Wohnsitz in einem Mitgliedsstaat hat oder gem. Art. 15 Abs. 2 so zu behandeln ist, als sei dies der Fall, ansonsten ist nationales Recht anzuwenden (vgl. Art. 15 Abs. 1, Art. 4 Abs. 1).[5] 3

3. Klage gegen den Verbraucher (Abs. 2). Zuständig sind ausschließlich die Gerichte des Mitgliedsstaates, in dem der Wohnsitz des Verbrauchers liegt. Maßgeblich ist auch hier der Zeitpunkt der Klageerhebung.[6] Das nationale Recht bestimmt die **örtliche** Zuständigkeit. Im deutschen Recht ist das Gericht am Wohnsitz des Verbrauchers zuständig.[7] 4

4. Widerklage (Abs. 3). Sofern der Verbraucher die andere Vertragspartei vor dem Gericht ihres Wohnsitzes oder dem Ort ihrer Zweigniederlassung verklagt hat, kann gem. Abs. 3 die andere Vertragspartei in diesem Verfahren eine **konnexe** Widerklage erheben (vgl. Art. 6 Nr. 3). Gegenstand der Widerklage muss keine Verbrauchersache sein.[8] 5

II. EuGVÜ/LuGÜ

Art. 16 Abs. 1 2. Var. regelt abweichend von Art. 14 EuGVÜ/LuGÜ auch die örtliche, nicht nur die internationale Zuständigkeit.[9] 6

Artikel 17

Von den Vorschriften dieses Abschnitts kann im Wege der Vereinbarung nur abgewichen werden:

1. wenn die Vereinbarung nach der Entstehung der Streitigkeit getroffen wird,

2. wenn sie dem Verbraucher die Befugnis einräumt, andere als die in diesem Abschnitt angeführten Gerichte anzurufen, oder

3. wenn sie zwischen einem Verbraucher und seinem Vertragspartner, die zum Zeitpunkt des Vertragsabschlusses ihren Wohnsitz oder gewöhnlichen Aufenthalt in demselben Mitgliedstaat haben, getroffen ist und die Zuständigkeit der Gerichte dieses Mitgliedstaats begründet, es sei denn, dass eine solche Vereinbarung nach dem Recht dieses Staates nicht zulässig ist.

Art. 17 schützt den Verbraucher vor ungünstigen Zuständigkeitsvereinbarungen. Eine nach Art. 17 zulässige Gerichtsstandsvereinbarung muss den **Formerfordernissen** des Art. 23 Abs. 1 genügen. Die alterna- 1

---

[1] Zö/*Geimer* Rn. 19.

[2] *Rauscher/Staudinger* Rn. 3; *Geimer/Schütze/Geimer,* EuZVR Rn. 7; *T/P/Hüßtege* Rn. 2.

[3] Vgl. dazu die Begründung zum Vorschlag für eine Verordnung (EG) des Rates über die gerichtliche Zuständigkeit in Zivil- und Handelssachen (KOM (1999) 348 endg.), Gliederungspunkt 4.5, betr. Art. 16; BayObLG NJW 2006, 924; *Geimer/Schütze/Geimer,* EuZVR Rn. 8; *Rauscher/Staudinger* Rn. 4; *T/P/Hüßtege* Rn. 5.

[4] MK/*Gottwald* Art. 14 EuGVÜ Rn. 5; *Geimer/Schütze/Geimer,* EuZVR, Rn. 6.

[5] EuGH („Brenner") EuGHE 1994, I 4275, Nr. 20 = IPRax 1995, 315 m. Anm. *Rauscher* IPRax 1995, 289.

[6] *Rauscher/Staudinger* Rn. 7 mit Nachw.

[7] KG NJW 2000, 2283; Zö/*Geimer* Rn. 19; *Rauscher/Staudinger* Rn. 7; ausführlich *Wagner* WM 2003, 116, 120; krit. *Schoibl* JBl. 2003, 149, 163.

[8] MK/*Gottwald* Art. 14 EuGVÜ (AB) Rn. 7; *Rauscher/Staudinger* Rn. 8.

[9] Hierzu *Geimer/Schütze/Geimer,* EuZVR Rn. 8.

tiven Zulässigkeitsvoraussetzungen des Art. 17 Nr. 1–2 entsprechen denen des Art. 13 Nr. 1–2 für Versicherungssachen (s. dort Rn. 2, 3).

2 Aus Billigkeitsgründen ermöglicht Nr. 3 die Vereinbarung der internationalen Zuständigkeit des Staates, in dem der Verbraucher und sein Vertragspartner zur Zeit des Vertragsschlusses ihren Wohnsitz oder gewöhnlichen Aufenthalt haben, sofern das Recht dieses Staates eine solche Vereinbarung zulässt. Diese Regelung beruht auf dem Umstand, dass der Verbraucher nach Art. 16 Abs. 1 seinen Vertragspartner nicht nur vor den Gerichten des Staates verklagen kann, in dem der Vertragspartner seinen Wohnsitz hat, sondern auch in seinem eigenen Wohnsitzstaat. Der Verbraucher selbst kann hingegen nur nach Art. 16 Abs. 2 am Gerichtsstand seines Wohnsitzstaates verklagt werden. Wenn nun der Verbraucher seinen Wohnsitz nach Vertragsschluss ins Ausland verlegt, so kann er auch vor den Gerichten seines neuen Wohnsitzstaates nach Art. 16 Abs. 1 klagen. Zum Schutze des Vertragspartners des Verbrauchers soll diese Möglichkeit durch Art. 17 Nr. 3 ausgeschlossen werden können.[1] Für die Zulässigkeit nach deutschem Recht sind §§ 29c Abs. 3, 38, 40 ZPO heranzuziehen. Sollte der Verbraucher seinen Wohnsitz nach Vertragsschluss in einen Drittstaat verlegen, so bestimmt sich die Zuständigkeit gem. Art. 4 allein nach autonomem Recht.[2]

Abschnitt 5. Zuständigkeit für individuelle Arbeitsverträge[1]

In Arbeitssachen soll die schwächere Partei durch Zuständigkeitsvorschriften geschützt werden, die für sie günstiger sind als die allgemeine Regelung.[2] Dem tragen die Art. 18–21 Rechnung.

Artikel 18

(1) Bilden ein individueller Arbeitsvertrag oder Ansprüche aus einem individuellen Arbeitsvertrag den Gegenstand des Verfahrens, so bestimmt sich die Zuständigkeit unbeschadet des Artikels 4 und des Artikels 5 Nummer 5 nach diesem Abschnitt.

(2) Hat der Arbeitgeber, mit dem der Arbeitnehmer einen individuellen Arbeitsvertrag geschlossen hat, im Hoheitsgebiet eines Mitgliedstaats keinen Wohnsitz, besitzt er aber in einem Mitgliedstaat eine Zweigniederlassung, Agentur oder sonstige Niederlassung, so wird er für Streitigkeiten aus ihrem Betrieb so behandelt, wie wenn er seinen Wohnsitz im Hoheitsgebiet dieses Mitgliedstaats hätte.

1 **1. Systematik.** Das EuGVÜ sah – anders als für Versicherungsnehmer und Verbraucher – einen besonderen Schutz der Arbeitnehmer auf dem Gebiet des Zuständigkeitsrechts nicht vor.[1] Erst die Verordnung behandelt nun die Zuständigkeit für individuelle Arbeitsverträge in einem eigenen Abschnitt, der eine in sich geschlossene Regelung enthält. Die Vorschriften des 1. und 2. Abschnitts finden daher – mit Ausnahme der Art. 4 und 5 Nr. 5 – auf Arbeitssachen keine Anwendung.[2]

2 **2. Begriff des Arbeitsvertrages und Arbeitnehmers.** Ob ein Individualarbeitsvertrag den Gegenstand des Verfahrens darstellt, ist autonom unter Beachtung von Art. 39 EGV zu qualifizieren und dann zu bejahen, wenn es sich um Vereinbarungen zwischen Arbeitgeber und Arbeitnehmer handelt, welche eine abhängige, weisungsgebundene Tätigkeit für eine gewisse Dauer zum Inhalt haben[3], die gegen Vergütung erfolgt.[4] Der Dienstleistende darf dabei kein eigenes unternehmerisches Risiko tragen und seine Tätigkeit gerade nicht frei gestalten können[5]; ein soziale bzw. wirtschaftliche Abhängigkeit ist nicht zwingend erforderlich (s. auch Rn. 3).[6] Außer Betracht bleiben Tätigkeiten, die einen so geringen Umfang haben, dass sie sich als völlig untergeordnet und unwesentlich darstellen.

Nach teilweise vertretener Auffassung[7] kann in Grenzbereichen nicht autonom bestimmt werden, was ein Arbeitsvertrag ist. Es komme darauf an, ob nach dem auf den Beschäftigungsvertrag anwendbaren Recht, der für Arbeitnehmer typische Sozialschutz anwendbar sei. Dies übersieht, dass sich die Frage, ob der typische Sozialschutz eingreift, danach richtet, ob ein Arbeitsvertrag vorliegt. Sie kann also erst beantwortet werden, wenn feststeht, dass es sich überhaupt um einen Arbeitsvertrag handelt. Einer durchgehend autonomen Bestimmung ist daher Vorrang zu geben.[8] Art. 18 erfasst Ansprüche aller Art aus dem Arbeits-

---

[1] *Jenard*-Bericht zu Art. 15 EuGVÜ, 33.
[2] *T/P/Hüßtege* Rn. 4; *Rauscher/Staudinger* Rn. 3.
[1] Vgl. *Däubler* NZA 2003, 1297; *Maurer* FA 2002, 130.
[2] Erwägungsgrund 13, ABl. (EG) L 12 vom 16. 1. 2001, S. 2.
[1] *Hausmann* EuLF 2000/01, 40.46; *Micklitz/Rott* EuZW 2001, 325.
[2] *Hausmann* EuLF 2000/01, 40.46.
[3] Nach EuGH („Bernini"), EuGHE 1992, I 1071, 1104 = EuZW 1997, 313; EuGH („Kranemann"), EuGHE 2005, I 2421, 2438 = NJW 2005, 1481 können auch Auszubildende und Praktikanten Arbeitnehmer sein.
[4] BAG NZA 2004, 58 m. weit. Nachw.
[5] ArbG Münster TransportR 2001, 273; OLG Hamburg NJW 2004, 3126.
[6] Scheinselbstständige sind nach richtiger Ansicht Arbeitnehmer iSv. Art. 18, s. *Mankowski* BB 1997, 465, 469 ff.; *Rauscher/Mankowski* Rn. 4c.
[7] *Schlosser*, EuZPR, Art. 5 Rn. 8; OGH ecolex 2005, 311, 312.
[8] So im Erg. auch *Mankowski* RIW 2005, 481, 497; *Rauscher/Mankowski* Rn. 4a.

verhältnis, einschließlich Kündigungsschutz[9] und Ansprüchen aus bereits beendeten Arbeitsverhältnissen[10]. Nicht in den Anwendungsbereich fallen Ansprüche zwischen Tarif- und Betriebsparteien.[11]

3. Wohnsitzfiktion (Abs. 2). Abschnitt 5 der Verordnung differenziert danach, ob der Arbeitgeber seinen Wohnsitz in einem Mitgliedstaat hat oder nicht. Im letzten Fall muss sich der Arbeitgeber, wenn er in einem Mitgliedstaat eine Zweigniederlassung, Agentur oder sonstige Niederlassung unterhält, bei betriebsbezogenen Streitigkeiten gem. Abs. 2 so behandeln lassen, als habe er an jenem Ort seinen Wohnsitz. 3

Artikel 19

Ein Arbeitgeber, der seinen Wohnsitz im Hoheitsgebiet eines Mitgliedstaats hat, kann verklagt werden:

1. vor den Gerichten des Mitgliedstaats, in dem er seinen Wohnsitz hat, oder

2. in einem anderen Mitgliedstaat

a) vor dem Gericht des Ortes, an dem der Arbeitnehmer gewöhnlich seine Arbeit verrichtet oder zuletzt gewöhnlich verrichtet hat, oder

b) wenn der Arbeitnehmer seine Arbeit gewöhnlich nicht in ein und demselben Staat verrichtet oder verrichtet hat, vor dem Gericht des Ortes, an dem sich die Niederlassung, die den Arbeitnehmer eingestellt hat, befindet bzw. befand.

1. Systematik der Gerichtsstände. Nach dieser Vorschrift kann der Arbeitnehmer seinen Arbeitgeber nicht nur vor den Gerichten des Mitgliedstaats verklagen, in dem der Arbeitgeber seinen (Wohn-)Sitz hat (Nr. 1), sondern auch vor den Gerichten des Mitgliedstaats, in dem der Arbeitnehmer gewöhnlich seine Arbeit verrichtet oder verrichtet hat (Nr. 2 Buchst. a). Es wird also nicht auf die lex causae verwiesen, sondern vielmehr einheitlich auf denjenigen Ort abgestellt, an dem die tatsächlichen Vorgänge zur Erfüllung der maßgeblichen Verpflichtung stattgefunden haben.[1] Bei nur vorübergehender Arbeitnehmerentsendung ist der Herkunfts- und nicht der Empfangsstaat ausschlaggebend. Anders verhält es sich nach § 8 ArbeitnehmerentsendeG bzw. Art. 6 der EG-Richtlinie (RL 96/71/EG).[2] Nach Art. 6 dieser Richtlinie wird für Klagen zur Durchsetzung der durch die Richtlinie garantierten Rechte ein Gerichtsstand im Empfangsstaat begründet. Nach Art. 67 der EuGVVO hat die Regelung in § 6 der Entsenderichtlinie gegenüber dieser Verordnung Vorrang.[3] 1

2. Gewöhnlicher Arbeitsort (Nr. 2 Buchst. a). Die Klagemöglichkeit am gewöhnlichen Arbeitsort soll dem Arbeitnehmer eine kostengünstige Rechtsverfolgung ermöglichen. Im Hinblick auf Art. 6 EVÜ (Art. 30 Abs. 2 Nr. 1 EGBGB) ergibt sich außerdem ein bevorzugter Gleichlauf von Forum und anwendbarem Recht.[4] Verrichtet der Arbeitnehmer seine Arbeit gewöhnlich nicht an einem Ort, ist er vielmehr an unterschiedlichen Orten tätig, gilt es aus Gründen des Arbeitnehmerschutzes und der Vermeidung einer Gerichtsstandshäufung einen Ort zu bestimmen, mit welchem der Rechtsstreit die engste Verknüpfung aufweist. Es kommt dabei auf denjenigen Ort an, welchen der Arbeitnehmer unter Berücksichtigung aller Umstände als tatsächlichen Mittelpunkt seiner Berufstätigkeit gewählt hat bzw. von dem aus er den wesentlichen Teil seiner Verpflichtung gegenüber dem Arbeitgeber tatsächlich erfüllt bzw. erfüllen soll.[5] Dabei bedarf es nicht nur einer Quantifizierung, sondern auch wertender Elemente, die insbesondere nicht erst ex post die Festlegung des gewöhnlichen Arbeitsortes ermöglichen.[6] Ein Anhaltspunkt ist beispielsweise, wo der Arbeitnehmer sein Büro hat, zu dem er stets zurückkehrt. 2

3. Wechselnde Arbeitsorte (Nr. 2 Buchst. b). Verrichtet der Arbeitnehmer seine Arbeit gewöhnlich nicht in ein und demselben Staat, so dass ein gewöhnlicher Arbeitsort nicht bestimmt werden kann oder sogar mehrere gegeben sind[7], besteht gem. **Nr. 2 Buchst. b** eine Zuständigkeit des Gerichts am Ort der einstellenden Niederlassung. Der Begriff der **Niederlassung** ist nicht wie in Art. 5 Nr. 5 bezogen auf das unternehmerische Auftreten nach außen zu bestimmen, sondern auf die organisatorische Betriebseinheit.[8] Der **Ort der Einstellung** soll sich (vertretbar) nicht formal nach dem Vertragsabschluss bestimmen, sondern nach der Betreuung und organisatorischen Eingliederung durch den Arbeitgeber.[9] Liegt der gewöhnliche Arbeitsort in einem **Drittstaat,** erfasst dies weder Buchst. a noch b, es bleibt nur Nr. 1.[10]

---

[9] *Junker,* Festschr. Schlosser (2005), 299, 303.

[10] *Rauscher/Mankowski* Rn. 5.

[11] *Däubler* NZA 2003, 1297, 1299; *Rauscher/Mankowski* Rn. 7, 7a.

[1] Vgl. EuGH („Weber"), EuGHE 2002, I 2013, 2044 = NJW 2002, 1635; EuGH („Publiese"), EuGHE 2003, I 3573, 3600 = RIW 2003, 619.

[2] ABl. (EG) 1997 Nr. L 18, S. 1.

[3] *Micklitz/Rott* EuZW 2001, 325, 332; *Rauscher/Mankowski* Rn. 7.

[4] EuGH („Publiese"), EuGHE 2003, I 3573, 3600 = EuZW 2003, 413; EuGH („Petrus W. Rutten"), EuGHE 1997, I 57; EuGH („Mulox IBC Ltd"), EuGHE 1993, I 4075, 4104 = IPRax 1997, 110.

[5] EuGH („Petrus W. Rutten"), EuGHE 1997 I 57; 367; EuGH („Publiese"), EuGHE 2003 I 3573, 3600 = EuZW 2003, 413 m. Anm. *Krebber; Rauscher/Mankowski* Rn. 6 (Faustformel: 60 % der Arbeitszeit); eher quantitativ im Sinne einer Gesamtschau auch EuGH („Weber"), EuGHE 2002, I 2013, 2048 = NJW 2002, 1625.

[6] Ausführlich *Junker,* Festschr. Heldrich (2005), 719, 735; *Mankowski* IPRax 2003, 21 ff.

[7] Vgl. *Rauscher/Mankowski* Rn. 16 mit Nachw. Buchst. b greift auch ein, wenn sich der gewöhnliche Arbeitsplatz auf staatsfreiem Gebiet (Bohrinsel) befindet, *Giuliano/Lagarde*-Bericht Art. 6 EVÜ Anm. 4.

[8] Vgl. insoweit auch die abweichenden Textfassungen in Art. 5 Nr. 1 EuVÜ (1989) und Art. 5 Nr. 1 LuGÜ.

[9] *Rauscher/Mankowski* Rn. 19 mit Nachw. zum Streitstand.

[10] EuGH („Six Constructions Ltd"), EuGHE 1989, 341, 364; EuGH („Weber"), EuGHE 2002, I 2013, 2042 = NJW 2002, 1635.

3 **Erfüllungsortvereinbarungen** entfalten im Hinblick auf Art. 21 iVm. 23 Abs. 5 keine rechtliche Wirkung, weil sie dem Arbeitnehmer nicht weitere Gerichtsstände über Art. 19 hinaus einräumen, sondern ihn allenfalls in der Wahl des Gerichtsstandes einschränken würden.

Artikel 20

(1) Die Klage des Arbeitgebers kann nur vor den Gerichten des Mitgliedstaats erhoben werden, in dessen Hoheitsgebiet der Arbeitnehmer seinen Wohnsitz hat.

(2) Die Vorschriften dieses Abschnitts lassen das Recht unberührt, eine Widerklage vor dem Gericht zu erheben, bei dem die Klage selbst gemäß den Bestimmungen dieses Abschnitts anhängig ist.

1 Die Regelungen des Abschnitts 5 differenzieren danach, ob der Arbeitnehmer oder sein Arbeitgeber Klage erhoben haben. Der Arbeitnehmer kann nach Art. 20 nur in seinem Wohnsitzstaat verklagt werden, wenn nicht eine nach Art. 21 zulässige Gerichtsstandsvereinbarung vorliegt. Eine Verteidigung am gewöhnlichen Arbeitsort (Art. 19 Nr. 2 Buchst. a) wird ihm nicht zugemutet.[1] Die **Widerklage** des Arbeitgebers kann bei dem Gericht erhoben werden, bei dem die Klage des Arbeitnehmers anhängig ist. Die hM nimmt entsprechend der Regelung in Art. 16 Abs. 3 an, dass Abs. 2 eine allgemeine und selbständige Bedeutung hat und auch dem Arbeitnehmer grundsätzlich die Widerklage bei Klagen des Arbeitgebers gestattet.[2] Im Übrigen nimmt der Verordnungsgeber in Kauf, dass Klagen von Arbeitgeber und Arbeitnehmer an verschiedenen Orten zu erheben sind.

Artikel 21

Von den Vorschriften dieses Abschnitts kann im Wege der Vereinbarung nur abgewichen werden,

1. wenn die Vereinbarung nach der Entstehung der Streitigkeit getroffen wird oder

2. wenn sie dem Arbeitnehmer die Befugnis einräumt, andere als die in diesem Abschnitt angefügten Gerichte anzurufen.

1 Gerichtsstandsvereinbarungen sind nach dieser Vorschrift nur zulässig, wenn sie nach Entstehung der Streitigkeit (zum Begriff s. Art. 13 Rn. 2) oder zu Gunsten des Arbeitnehmers getroffen werden,[1] dh. wenn sie dem Arbeitnehmer über Art. 19 hinaus weitere Gerichtsstände eröffnen.[2] Für die Form der Gerichtsstandsvereinbarung gilt Art. 23. Gerichtsstandsvereinbarungen, die Art. 21 zuwiderlaufen, haben keine rechtliche Wirkung (Art. 23 Abs. 5).

Abschnitt 6. Ausschließliche Zuständigkeiten

Artikel 22

Ohne Rücksicht auf den Wohnsitz sind ausschließlich zuständig:

1. für Klagen, die dingliche Rechte an unbeweglichen Sachen sowie die Miete oder Pacht von unbeweglichen Sachen zum Gegenstand haben, die Gerichte des Mitgliedstaats, in dem die unbewegliche Sache belegen ist. Jedoch sind für Klagen betreffend die Miete oder Pacht unbeweglicher Sachen zum vorübergehenden privaten Gebrauch für höchstens sechs aufeinander folgende Monate auch die Gerichte des Mitgliedstaats zuständig, in dem der Beklagte seinen Wohnsitz hat, sofern es sich bei dem Mieter oder Pächter um eine natürliche Person handelt und der Eigentümer sowie der Mieter oder Pächter ihren Wohnsitz in demselben Mitgliedstaat haben;

2. für Klagen, welche die Gültigkeit, die Nichtigkeit oder die Auflösung einer Gesellschaft oder juristischen Person oder die Gültigkeit der Beschlüsse ihrer Organe zum Gegenstand haben, die Gerichte des Mitgliedstaats, in dessen Hoheitsgebiet die Gesellschaft oder juristische Person ihren Sitz hat. Bei der Entscheidung darüber, wo der Sitz sich befindet, wendet das Gericht die Vorschriften seines Internationalen Privatrechts an;

3. für Klagen, die die Gültigkeit von Eintragungen in öffentliche Register zum Gegenstand haben, die Gerichte des Mitgliedstaats, in dessen Hoheitsgebiet die Register geführt werden;

4. für Klagen, die die Eintragung oder die Gültigkeit von Patenten, Marken, Mustern und Modellen sowie ähnlicher Rechte, die einer Hinterlegung oder Registrierung bedürfen, zum Gegenstand haben, die Gerichte des Mitgliedstaats, in dessen Hoheitsgebiet die Hinterlegung oder Registrierung beantragt oder vorgenommen worden ist oder aufgrund eines Gemeinschaftsrechtsakts oder eines zwischenstaatlichen Übereinkommens als vorgenommen gilt. Unbeschadet der Zuständigkeit des Europäischen Patentamts nach dem am 5. Oktober 1973 in München unterzeichneten Übereinkommen über die Erteilung europäischer Patente sind die Gerichte eines jeden Mitgliedstaats ohne Rücksicht auf den Wohnsitz der Par-

---

[1] *MK/Gottwald* (AB) Rn. 1; *Schlosser* EuZPR, Rn. 1.

[2] *Kropholler* Rn. 2; *Behr,* Gedächtnisschr. Bloymeyer (2004), 15, 39; *Rauscher/Mankowski* Rn. 4; wohl aA *T/P/Hüßtege* Rn. 1.

[1] *Micklitz/Rott* EuZW 2001, 325, 332.

[2] *Hausmann* EuLF 2000/01, 40.47.

teien für alle Verfahren ausschließlich zuständig, welche die Erteilung oder die Gültigkeit eines europäischen Patents zum Gegenstand haben, das für diesen Staat erteilt wurde;

5. für Verfahren, welche die Zwangsvollstreckung aus Entscheidungen zum Gegenstand haben, die Gerichte des Mitgliedstaats, in dessen Hoheitsgebiet die Zwangsvollstreckung durchgeführt werden soll oder durchgeführt worden ist.

I. Verordnung

1 **1. Normzweck.** Durch Art. 22 wird die **internationale** Zuständigkeit bestimmt. Die **örtliche** Zuständigkeit richtet sich nach dem **autonomen Prozessrecht** des Mitgliedstaats, der durch Art. 22 als international ausschließlich zuständig bestimmt ist. In Art. 22 Nr. 1–5 werden die ausschließlichen Gerichtsstände **abschließend** aufgezählt, so dass die Vorschriften zum allgemeinen (Art. 2) und zu den besonderen Gerichtsständen (Art. 3 iVm Art. 5ff.) durch Art. 22 ebenso verdrängt werden, wie die autonomen ausschließlichen Zuständigkeitsregelungen des nationalen Rechts der Mitgliedstaaten. Die im Katalog des Art. 22 aufgezählten Streitsachen begründen eine ausschließliche Zuständigkeit aber grundsätzlich nur dann, wenn das Gericht über sie als Hauptsache zu entscheiden hat. Gem. Art. 22 Abs. 5 sind **Gerichtsstandsvereinbarungen unzulässig**, wenn eine ausschließliche Zuständigkeit nach Art. 22 gegeben ist. In diesem Fall ist auch die Begründung der Zuständigkeit durch **rügelose Einlassung nicht möglich** (Art. 24). Gem. Art. 25 muss sich ein unzuständiges Gericht in den Fällen des Art. 22 **von Amts wegen für unzuständig erklären.** Im Falle des Verstoßes gegen Art. 22 durch ein Gericht, darf keine Anerkennung der ergangenen Entscheidung (Art. 35) erfolgen. Für die internationale Zuständigkeit genügt, dass einer der in Art. 22 genannten Anknüpfungspunkte in einem Mitgliedstaat vorliegt. Ein weiterer Berührungspunkt zu einem anderen Mitgliedstaat ist nicht erforderlich.[1] Damit stellt Art. 22 **allein** auf den **Streitgegenstand** ab und gilt unabhängig vom Wohnsitz und der Staatsangehörigkeit der Parteien. Alle in Nr. 1–5 aufgezählten Gerichtsstände zeichnen sich durch eine **besondere Sachnähe** zum Streitgegenstand aus und führen regelmäßig zu einem Gleichlauf von Forum und anwendbarem Recht.[2] Der Charakter des Art. 22 als ausschließliche und nicht bloß konkurrierende Zuständigkeitsnorm legt im Zweifel eine **enge Auslegung** nahe, da den Parteien die ihnen sonst mögliche Wahl des Gerichtsstandes genommen wird.

2 **2. Gerichtsstand der belegenen Sachen (Nr. 1).** Die Gerichte am Belegenheitsort sind wegen ihrer Sach- und Beweisnähe häufig am besten in der Lage, über Grundstücksstreitigkeiten zu entscheiden.

3 **a) Dingliche Rechte.** Das Vorliegen eines dinglichen – im Gegensatz zum persönlichen – Recht ist vertragsautonom zu bestimmen.[3] Hingegen bestimmt sich die Frage, ob eine unbewegliche Sache betroffen ist, nach der lex rei sitae.[4] Das dingliche Recht wirkt **gegenüber jedermann.**[5] Klagen aufgrund dinglichen Rechts sind nach EuGH solche, „die in den Anwendungsbereich dieses Übereinkommens fallen und darauf gerichtet sind, Umfang oder Bestand einer unbeweglichen Sache, das Eigentum, den Besitz oder das Bestehen anderer dinglicher Rechte hieran zu bestimmen und den Inhabern dieser Rechte den Schutz der mit ihrer Rechtsstellung verbundenen Vorrechte zu sichern".[6] Klagen, welche „auf" ein dingliches Recht gerichtet sind (zB auf Übertragung), werden ebenso wenig erfasst,[7] wie eine Klage auf Auflösung eines Kaufvertrages über eine unbewegliche Sache oder auf Schadensersatz wegen dieser Auflösung.[8] Auch Klagen auf **Schadensersatz** wegen der Verletzung dinglicher Rechte sowie nachbarrechtliche Abwehrklagen fallen nicht unter Nr. 1. Der EuGH hat dies auch für eine grenzüberschreitende **Immissionsabwehrklage** verneint,[9] da das dingliche Recht nur mittelbar betroffen sei. Dies ist jedoch nicht völlig zweifelsfrei, da dergleichen Abwehransprüche immerhin im Eigentumsrecht wurzeln und der ungestörten Nutzung des dinglichen Rechts, also seiner Verwirklichung, dienen.[10] Für eine deliktische Zuordnung spricht die Aufnahme von Unterlassungsklagen in Art. 5 Nr. 3 aE.

4 **b) Miete und Pacht.** Der Begriff der Miete ist autonom[11] und so weit auszulegen, „wie es das Ziel erforderlich macht".[12] Die Gebrauchsüberlassung muss im Vordergrund des Vertrages stehen. Hintergrund der

---

[1] EuGH („Land Oberösterreich"), EuGHE 2006, I 4558 = IPRax 2006, 591; OLG Hamburg IPRax 1999, 168f.; OLG München MMR 2005, 608f.; *Knöfel* RIW 2006, 627; *Geimer* IPRax 1999, 152, 154.

[2] *Rauscher/Mankowski* Rn. 2.

[3] EuGH („Land Oberösterreich"), EuGHE 2006, I 4558 = IPRax 2006, 591; EuGH („Reichert u. Kockler"), EuGHE 1990 I 27, 41 = IPRax 1991, 45; *Schlosser*-Bericht Nr. 166; *Rauscher/Mankowski* Rn. 6; *T/P/Hüßtege* Rn. 3.

[4] *Schlosser*-Bericht S. 129; *Kropholler* Rn. 12; *Rauscher/Mankowski* Rn. 5; aA *T/P/Hüßtege* Rn. 1.

[5] EuGH („Lieber"), EuGHE 1994, 2535 = NJW 1995, 37 = EuZW 1994, 634.

[6] EuGH („Land Oberösterreich"), EuGHE 2006, I 4558 = IPRax 2006, 591; EuGH („Reichert u. Kockler"), EuGHE 1990, I 27, 41 = IPRax 1991, 45.

[7] BGH RIW 2004, 783; vgl. auch EuGH („Sanders"), EuGHE 1977, 2383 = NJW 1978, 1107.

[8] EuGH („Gaillard"), EuGHE 2001, I 2771 = EuLF (D) 2000/01, 362.

[9] EuGH („Land Oberösterreich"), EuGHE 2006, I 4558 = IPRax 2006, 591; aA OGH IPRax 2005, 256; s. auch *Schack* IPRax 2005, 262 (für Art. 5 Nr. 3); *Thole* IPRax 2006, 564.

[10] So auch *Hadeyer* ecolex 2004, 828f.; *Rauscher/Mankowski* Rn. 12b (im Erg. aber doch einer deliktischen Zuordnung zuneigend); im Sinne des EuGH aber *Musger,* Grenzüberschreitende Umweltbelastungen im internationalen Zivilprozessrecht, 1991, 48 et passim; *Hager/Hartmann* IPRax 2005, 266, 268f.; *Schack* IPRax 2005, 262ff.

[11] EuGH („Rösler"), EuGHE 1985, 99 = NJW 1985, 905; LG Berlin IPRax 1992, 243; *Ender* IPRax 1992, 212ff.; *Rauscher/Mankowski* Rn. 13.

[12] EuGH („Lieber"), EuGHE 1994, 2535 = NJW 1995, 37; EuGH („Dansommer"), EuGHE 2000, I 393 = NJW 2000, 2009, 2010.

ausschließlichen Zuständigkeit für Streitigkeiten aus Miete oder Pacht ist, dass Miet- und Pachtverhältnisse meist gesetzlichen Sonderregelungen unterliegen, so dass es sich empfiehlt, mit der Anwendung dieser meist komplizierten Bestimmungen ausschließlich die Gerichte des Landes zu betrauen, in dem sie gelten. Auch sind bei dieser Art von Rechtsstreitigkeiten häufig Nachprüfungen, Untersuchungen und Sachverständigengutachten an Ort und Stelle erforderlich. Von Nr. 1 werden alle Rechtsstreitigkeiten erfasst, welche die **Verpflichtungen des Vermieters und des Mieters** aus einem privaten oder gewerblichen Mietvertrag betreffen, zB auf Zahlung des Mietzinses, auf Instandhaltung sowie alle Mängelgewährleistungsansprüche.[13] Das gilt unabhängig davon, ob die Klage auf ein dingliches oder ein persönliches Recht gestützt wird.[14] Erfasst werden auch deliktische Ansprüche, soweit sie das Mietobjekt betreffen,[15] sowie Rechtsstreitigkeiten, die sich unmittelbar auf die Nutzung der Mietsache beziehen.[16] Gleichgültig ist, ob es sich nur um kurzfristige Verträge und solche, die sich etwa nur auf die Gebrauchsüberlassung einer Ferienwohnung beziehen, handelt.[17] Nicht von Art. 22 Nr. 1 erfasst werden **gemischte Verträge**, kraft derer gegen einen vom Kunden gezahlten Gesamtpreis eine Gesamtheit von Dienstleistungen zu erbringen ist,[18] also etwa ein Vertrag, der nicht nur Teilzeitnutzungsrechte an einem Wohngebäude sondern auch die Erbringung gesonderter Dienstleistungen zum Gegenstand hat, deren Wert den der Teilzeitnutzungsrechte übersteigt.[19] Steht beim vertraglich ausgestalteten Timesharing dagegen die Gebrauchsüberlassung ganz im Vordergrund, greift Nr. 1 S. 1, 2. Var.[20] Dies gilt als Faustregel auch für gesellschafts- oder vereinsrechtlich organisierte Timesharing-Verträge. Ein Vertrag über eine Clubmitgliedschaft, der als Gegenleistung zur Mitgliedschaftsgebühr, die den Hauptbestandteil des Gesamtpreises ausmacht, den Mitgliedern ermöglicht, das Teilnutzungsrecht an einer lediglich nach Typ und Lageort bezeichneten Immobilie zu erwerben, und der die Aufnahme der Mitglieder in eine Organisation vorsieht, die einen Tausch ihres Nutzungsrechts ermöglicht, fällt nicht unter Art. 22 Nr. 1.[21] Für die Anwendbarkeit der Nr. 1 ist der Wohnsitz der Parteien ohne Belang.[22] Nr. 1 ist auch anwendbar, wenn aus einem vom Eigentümer der Sache abgetretenen Recht geklagt wird.[23]

5 c) **Vorübergehender privater Gebrauch.** Nr. 1 S. 2 trifft eine Ausnahmeregelung für die sog. Ferienhaus(wohnungs)miete. Es ist ein zusätzlicher Gerichtsstand am Wohnsitz des Beklagten aber nur gegeben, wenn der Mieter oder Pächter eine **natürliche** Person ist und wenn der Eigentümer sowie der Mieter oder Pächter ihren **Wohnsitz in demselben Mitgliedstaat** haben.[24] Dagegen ist Nr. 1 von vorne herein nicht anwendbar auf Verträge, die nur Ferienhäuser vermitteln[25] oder neben der Ferienhausüberlassung noch zahlreiche Dienstleistungen des Anbieters umfassen.[26]

6 **3. Gerichtsstand in Gesellschaftssachen (Nr. 2).** Soweit eine Gesellschaft oder juristische Person nicht unter den Anwendungsbereich der Nr. 2 fällt, sind die allg. Vorschriften der Art. 2 ff. anwendbar. Begrenzt wird die ausschließliche Zuständigkeit der Nr. 2 zum einen dadurch, dass nur „Klagen" erfasst werden. Damit gilt Nr. 2 nur für **kontradiktorische** Verfahren[27], nicht aber für einseitige Verfahren, wie das Amtslöschungsverfahren (§ 144 FGG) oder die Auflösung einer AG oder GmbH durch das Registergericht (§ 144 a FGG). Zum anderen erfolgt eine Begrenzung dadurch, dass nur die drei in Nr. 2 erwähnten Bereiche erfasst werden, dh. die Gültigkeit oder **Nichtigkeit** einer Gesellschaft oder juristischen Person, die **Auflösung einer Gesellschaft** oder juristischen Person und die Gültigkeit oder Nichtigkeit von **Organbeschlüssen.** Hierher gehören etwa die Nichtigkeitsklagen nach §§ 275 AktG, 75 GmbHG, 94 GenG sowie die Auflösungsklagen nach §§ 61 GmbHG, 133 HGB. Unter den Begriff Auflösung fallen auch Verfahren, die die Liquidation zum Gegenstand haben. Wegen der weitreichenden Bedeutung solcher Klagen für Gesellschafter und ggf. Gläubiger bedarf es einer Zuständigkeitskonzentration. Der Sitz einer Gesellschaft bestimmt sich gem. Nr. 2 abweichend von Art. 60 Abs. 1 nach den Regeln des für das angerufene Gericht maßgebenden Internationalen Privatrechts. Im deutschen Recht beginnt hier jedoch infolge der EuGH-Rechtsprechung (Centros[28], Überseering[29], Inspire Art[30]) die Gründungstheorie (mit verschiedenen Sonderanknüpfungen)

---

[13] EuGH („Rösler"), EuGHE 1985, 99 = NJW 1985, 905; *Rauscher/Mankowski* Rn. 19 f.
[14] EuGH („Dansommer"), EuGHE 2000, I 393 = NJW 2000, 2009 = IPRax 2000, 41.
[15] OLGR Hamm 1995, 69.
[16] EuGH („Rösler"), EuGHE 1985, 99 = NJW 1985, 905.
[17] EuGH („Rösler"), EuGHE 1985, 99 = NJW 1985, 905; EuGH („Dansommer"), EuGHE 2000, I 393 = NJW 2000, 2009 = IPRax 2000, 41.
[18] EuGH („Hacker"), EuGHE 1992, I 1111 = NJW 1992, 1029; BGHZ 119, 152, 156 f.
[19] EuGH („Klein"), EuGHE 2005, I 8667 = IPRax 2006, 159 = EuZW 2005, 759, 760.
[20] *Micklitz/Rott* EuZW 2001, 325, 330 (Überwiegen der Nutzungsüberlassung gegenüber Dienstleistungen genügt).
[21] EuGH („Klein"), EuGHE 2005, I 8667 = IPRax 2006, 159 = EuZW 2005, 759, 760; hierzu ausführlich *Mankowski* EuZW 1996, 177 ff.; ders. VuR 2001, 259 ff. und VuR 2004, 217 ff.
[22] EuGH („Dansommer"), EuGHE 2000, I 393 = NJW 2000, 2009 = IPRax 2000, 41, 42.
[23] EuGH („Dansommer"), EuGHE 2000, I 393 = NJW 2000, 2009 = IPRax 2000, 41.
[24] Vgl. *Hüßtege* IPRax 2001, 31; *Teixeira de Sousa* IPRax 2003, 320.
[25] LG Berlin IPRax 1992, 243; *Jayme* IPRax 1993, 18, 19; *Rauscher* ZZPInt (2000), 245, 247.
[26] EuGH („Hacker"), EuGHE 1992, I 1111 = NJW 1992, 1029; BGHZ 119, 152, 157; *Lindacher* IPRax 1993, 228 f.
[27] Einzelheiten bei *Rauscher/Mankowski* Rn. 34.
[28] EuGH („Centros"), EuGHE 1999, I 1459 = NJW 1999, 2027.
[29] EuGH („Überseering"), EuGHE 2002, I 9919 = NJW 2002, 3614.
[30] EuGH („Inspire Art"), EuGHE 2003, I 10155 = NJW 2003, 2331.

die früher herrschende Sitztheorie abzulösen.[31] Man kommt daher zu ähnlichen Ergebnissen wie bei der Anwendung von Art. 60.[32]

4. Gerichtsstand in Registersachen (Nr. 3). Durch Art. 22 Nr. 3 wird die internationale Zuständigkeit der Gerichte des Landes begründet, in dem ein Register geführt wird, da hierfür regelmäßig nationales Verfahrensrecht gilt. Die Vorschrift betrifft die Gültigkeit der Eintragungen in Grund- und Hypothekenbücher, in Handelsregister, Vereinsregister und andere öffentliche Register. Personenstandsregister sind wegen Art. 1 Abs. 2 Buchst. a nicht erfasst. 7

5. Gerichtsstand für gewerbliche Schutzrechte (Nr. 4). Nr. 4 S. 1 begründet die ausschließliche internationale Zuständigkeit der Gerichte im Hinterlegungs- oder Registrierungsstaat. Nach dem Wortlaut der Nr. 4 greift die internationale Zuständigkeit bereits mit der Stellung des Antrages zur Hinterlegung oder Registrierung.[33] Die Klagegegenstände der Nr. 4 sind vertragsautonom auszulegen.[34] Sinn der ausschließlichen Zuständigkeit ist es hierbei, der besonderen Sachnähe der Gerichte im Hinterlegungs- oder Registrierungsstaat Rechnung zu tragen[35] und einen Gleichlauf von Zuständigkeit und materiellem Recht zu sichern.[36] Der Kreis der erfassten Klagearten ist eng zu ziehen.[37] Soweit Art. 22 von Klagen spricht, die die Eintragung zum Gegenstand haben, werden hiervon Klagen erfasst, die die **„Ordnungsmäßigkeit" der Eintragung** betreffen.[38] Zu den Klagen, welche die Gültigkeit von Patenten, Marken, Warenzeichen, Mustern und Modellen sowie ähnliche Rechte betreffen, gehören alle Streitigkeiten, in welchen es um die Gültigkeit des Rechtes oder das Bestehen der Hinterlegung oder Registrierung selbst geht. Erfasst werden also insbesondere Anmeldeverfahren, Einspruchs-, Nichtigkeits- und Löschungsverfahren, Prioritätsstreitigkeiten oder Klagen auf Feststellung der Unwirksamkeit.[39] Nicht erfasst sind Streitigkeiten der Parteien darüber, wem ein gewerbliches Schutzrecht zusteht.[40] Auch gelten die allgemeinen Bestimmungen der Verordnung (Art. 2ff.) und nicht Nr. 4 für alle Klagen wegen einer **Verletzung des gewerblichen Schutzrechts**[41], einschließlich Unterlassungsklagen.[42] Nach Ansicht des EuGH darf jedoch im Verletzungsprozess nicht inzident über den streitigen Bestand des Schutzrechts entschieden werden, da insoweit die ausschließliche Zuständigkeit nach Nr. 4 greift.[43] Er betont dabei besonders den territorialen Charakter der Schutzrechte und die Notwendigkeit einer Entscheidung im „Ursprungsland", welches auch über die Tragweite einer Nichtigerklärung entscheiden müsse (nur inter partes oder erga omnes). Dies übersieht jedoch, dass die ausschließliche Zuständigkeit nur dann eingreifen sollte, wenn die entsprechende Streitigkeit die **Hauptsache des Verfahrens** und nicht nur eine **Vorfrage** bildet.[44] Eine Kollision mit Nr. 4 darf darüber hinaus als eher unwahrscheinlich gelten, weil die Mitgliedstaaten mit erga omnes-Wirkung regelmäßig nur über die Nichtigkeit nationaler Schutzrechte entscheiden.[45] Offen lässt der EuGH die Auswirkungen auf den anhängigen Verletzungsprozess. Hier wird künftig nur eine **Aussetzung** (im deutschen Recht nach § 148 ZPO) bis zur Entscheidung des nach Nr. 4 zuständigen Gerichts in Betracht kommen.[46] 8

Die Fiktion des Art. 22 Nr. 4 S. 1 aE („oder … als vorgenommen gilt") bezieht sich auf das Madrider Markenabkommen von 1891 und auf das Haager Abkommen über die internationale Hinterlegung gewerblicher Muster oder Modelle von 1925.[47] Zu beachten ist, dass das Münchner Übereinkommen über die Erteilung europäischer Patente (EPÜ) vom 5. 10. 1973 und das Luxemburger Übereinkommen über das europäische Patent für den Gemeinsamen Markt vom 15. 12. 1975, das sog. Gemeinschaftspatentübereinkommen (GPÜ), für Teilbereiche besondere Zuständigkeits- und Anerkennungsbestimmungen enthalten. Diese Regelungen gehen ggf. der Verordnung gem. Art. 71 vor. Für **Gemeinschaftsmarken** haben die Regelungen über Zuständigkeit und Verfahren in der EG-Marken-Verordnung[48] nach Art. 67 Vorrang.[49] Nr. 4 S. 2 sieht für **europäische Patente** vor, dass die Gerichte des Mitgliedstaats ausschließlich für alle Ver- 9

[31] Vgl. BGHZ 154, 185, 190; BGH ZIP 2005, 805 und 1869; OLG Celle IPRax 2003, 245; OLG Frankfurt IPRax 2004, 56ff.; OLG Hamm DB 2005, 2292f.
[32] *Rauscher/Mankowski* Rn. 30 mit Nachw.
[33] *Rauscher/Mankowski* Rn. 48.
[34] EuGH („Duijnstee"), EuGHE 1983, 3663, 3676 = IPRax 1985, 92 = RIW 1984, 483.
[35] EuGH („Duijnstee"), EuGHE 1983, 3663, 3677 (s. Fn. 34).
[36] *Adolphsen* IPRax 2007, 15, 17.
[37] EuGH („Duijnstee"), EuGHE 1983, 3663, 3677 (s. Fn. 34).
[38] EuGH (Duijnstee"), EuGHE 1983, 3663, 3677 (s. Fn. 34).
[39] *Rauscher/Mankowski* Rn. 42.
[40] EuGH („Duijnstee") EuGHE 1983, 3663, 3677 (s. Fn. 34).
[41] *Jenard*-Bericht, 34; *Adolphsen* IPRax 2007, 15, 17; bestätigt im Prinzip von EuGH („GAT"), IPRax 2007, 36.
[42] Die Zuständigkeit etwa für Patentverletzungsklagen kann sich aus Art. 2 Abs. 1, Art. 5 Nr. 3 oder aus Art. 6 Nr. 1 ergeben.
[43] EuGH („GAT"), IPRax 2007, 36.
[44] So auch *Adolphsen* IPRax 2007, 15, 17 unter Berufung auf den *Jenard*-Bericht 34; MK/*Gottwald* Art. 16 EuGVÜ Rn. 1; *Kropholler* Rn. 1; *Schlosser,* EuZPR, vor Art. 22 Rn. 4.
[45] Hierzu ausführlich *Adolphsen* IPRax 2007, 15, 18f.
[46] Gegen eine nachträgliche Unzuständigkeit infolge des Nichtigkeitseinwands zutreffend *Adolphsen* IPRax 2007, 15, 19.
[47] OLG München IPRax 2004, 346, 348; hierzu auch *Kur* IPRax 2004, 331ff.; *Rauscher/Mankowski* Rn. 48a.
[48] VO (EG) 40/94 v. 20. 12. 1993, ABl (EG) 1994 L 11/1.
[49] *T/P/Hüßtege* Art. 67 Rn. 1; *Rauscher/Mankowski* Rn. 51.

fahren zuständig sind, welche die Erteilung oder die Gültigkeit eines europäischen Patents zum Gegenstand haben, das für diesen Staat erteilt wurde.[50]

10 **6. Zwangsvollstreckung** (Nr. 5). Nr. 5 regelt eine ausschließliche Kompetenz der Gerichte im Vollstreckungsstaat und gehört systematisch eher in Kapitel III. Es setzt eine klare Trennung von titelschaffendem Erkenntnisverfahren und Vollstreckung voraus.[51] Erfasst werden nur Verfahren, die unmittelbar in Zusammenhang stehen mit der Inanspruchnahme von Zwangsmitteln (Ablauf und Durchführung der Zwangsvollstreckung), insbesondere bei der Herausgabe oder Pfändung von beweglichen oder unbeweglichen Sachen aufgrund bestehender Vollstreckungstitel. Im deutschen Recht gehören hierzu Anträge auf Vollstreckungsschutz[52], aber auch die Vollstreckungserinnerung (§ 766 ZPO)[53], die Drittwiderspruchsklage (§ 771 ZPO)[54] und die Vollstreckungsabwehrklage (§ 767 ZPO)[55], **nicht** aber die Abänderungsklage (§ 323 ZPO)[56], Klagen auf Ersatz wegen unberechtigter Zwangsvollstreckung[57] oder Gläubigeranfechtungen[58]. Diese Klagen dienen nämlich nicht der Zwangsvollstreckung von Entscheidungen, sondern sollen deren Folgen abändern bzw. rückgängig machen.

11 Der **Ort der Zwangsvollstreckung** bestimmt sich wie in Art. 39 Abs. 2 (s. dort Rn. 4).

II. EuGVÜ/LugÜ

12 Art. 22 der Verordnung entspricht weitgehend Art. 16 EuGVÜ/LugÜ. Was Nr. 1 betrifft, weichen die Voraussetzungen von EuGVÜ, LugÜ und Verordnung voneinander ab. Nach dem EuGVÜ müssen anders als nach LugÜ und Verordnung beide Parteien natürliche Personen sein. Nach EuGVÜ und Verordnung müssen beide Parteien ihren Wohnsitz in demselben Mitgliedstaat haben. Das ist nach dem LugÜ nicht erforderlich.

Abschnitt 7. Vereinbarung über die Zuständigkeit

Der 6. Abschnitt enthält Regelungen zu Pro- und Derogation von Gerichten der Mitgliedsstaaten sowie Bestimmungen zur rügelosen Einlassung. Ausweislich des Erwägungsgrundes Nr. 14 muss – vorbehaltlich der in der Verordnung festgelegten ausschließlichen Zuständigkeit – die Vertragsfreiheit der Parteien hinsichtlich der Wahl des Gerichtsstands, außer bei Versicherungs-, Verbraucher- und Arbeitssachen, wo nur eine begrenzte Vertragsfreiheit zulässig ist, gewahrt werden.

Artikel 23

(1) Haben die Parteien, von denen mindestens eine ihren Wohnsitz im Hoheitsgebiet eines Mitgliedstaats hat, vereinbart, dass ein Gericht oder die Gerichte eines Mitgliedstaats über eine bereits entstandene Rechtsstreitigkeit oder über eine künftige aus einem bestimmten Rechtsverhältnis entspringende Rechtsstreitigkeit entscheiden sollen, so sind dieses Gericht oder die Gerichte dieses Mitgliedstaates zuständig. Dieses Gericht oder die Gerichte dieses Mitgliedsstaats sind ausschließlich zuständig, sofern die Parteien nichts anderes vereinbart haben. Eine solche Gerichtsstandsvereinbarung muss geschlossen werden

a) schriftlich oder mündlich mit schriftlicher Bestätigung,

b) in einer Form, welche den Gepflogenheiten entspricht, die zwischen den Parteien entstanden sind, oder

c) im internationalen Handel in einer Form, die einem Handelsbrauch entspricht, den die Parteien kannten oder kennen mussten und den Parteien von Verträgen dieser Art in dem betreffenden Geschäftszweig allgemein kennen und regelmäßig beachten.

(2) Elektronische Übermittlungen, die eine dauerhafte Aufzeichnung der Vereinbarung ermöglichen, sind der Schriftform gleichgestellt.

(3) Wenn eine solche Vereinbarung von Parteien geschlossen wurde, die beide ihren Wohnsitz nicht im Hoheitsgebiet eines Mitgliedstaats haben, so können die Gerichte der anderen Mitgliedstaaten nicht entscheiden, es sei denn, das vereinbarte Gericht oder die vereinbarten Gerichte haben sich rechtskräftig für unzuständig erklärt.

---

[50] Hierzu *Rauscher/Mankowski* Rn. 49, 50.

[51] Dies ist bspw. nicht gegeben in Verfahren nach dem Schweizer Schuldbetreibungs- und Konkursgesetz. Dort ist insbes. für die provisiorische Rechtsöffnung und die Aberkennungsklage str., ob sie unter Nr. 5 fallen, hierzu ausführlich *Oberhammer* ZZPInt 9 (2004), 219ff.; *Meier/Sogo,* Festschr. Schlosser (2005), 579ff.; *Rauscher/Mankowski* Rn. 60–60c. Zur Frage der Durchsetzung von Zwangsgeldern des romanischen Rechtskreises (astreinte) *Bruns* ZZP 118 (2005), 3 mit Nachw.

[52] *Kropholler* Rn. 61.

[53] *Rauscher/Mankowski* Rn. 55; *T/P/Hüßtege* Rn. 15; Zö/*Geimer* Rn. 26.

[54] OLG Hamm IPRax 2001, 339 mit Anm. *Roth* IPRaX 2001, 323; Zö/*Geimer* Rn. 27.

[55] EuGH („AS-Autoteile"), EuGHE 1985, 2267, 2277 Nr. 12; OLG Hamburg IPRax 1999, 168f.; Zö/*Geimer* Rn. 26, 27; *Wagner* IPRax 2005, 401, 405ff.; *Roth* RabelsZ 68 (2004), 379, 382ff.; *Hüßtege,* Festschr. Jayme (2004), 371, 384; hingegen eher krit. *Hau* ZVglRWiss 100 (2000), 495ff.; *Heß* IPRax 2004, 493, 494; *Schlosser,* EuZPR, Rn. 25.

[56] MK/*Gottwald* Art. 16 EuGVÜ Rn. 37; *T/P/Hüßtege* Rn. 15.

[57] OLG Hamm IPRax 2001, 339; Zö/*Geimer* Rn. 29.

[58] EuGH („Reichert"), EuGHE 1992, I 2149, 2183 = IPRax 1993, 28; OLG Düsseldorf IPRax 2000, 534, 539; Zö/*Geimer* Rn. 15; *T/P/Hüßtege* Rn. 15.

(4) Ist in schriftlich niedergelegten trust-Bedingungen bestimmt, dass über Klagen gegen einen Begründer, trustee oder Begünstigten eines trust ein Gericht oder die Gerichte eines Mitgliedstaats entscheiden sollen, so ist dieses Gericht oder sind diese Gerichte ausschließlich zuständig, wenn es sich um Beziehungen zwischen diesen Personen oder ihre Rechte oder Pflichten im Rahmen des trust handelt.

(5) Gerichtsvereinbarungen und entsprechende Bestimmungen in trust-Bedingungen haben keine rechtliche Wirkung, wenn sie den Vorschriften der Artikel 13, 17 und 21 zuwiderlaufen oder wenn die Gerichte, deren Zuständigkeit abbedungen wird, aufgrund des Artikels 22 ausschließlich zuständig sind.

I. Verordnung

1. Grundsatz und Anwendungsbereich. Die Vorschrift des Art. 23 erfasst sowohl **Prorogation** (s. Wortlaut) als auch **Derogation** der Gerichte eines Mitgliedstaates (s. Rn. 2). Sie unterscheidet im Gegensatz zu § 38 ZPO nicht zwischen Kaufleuten und Privaten, auch wenn ihr praktischer Anwendungsbereich hauptsächlich im Handelsverkehr liegt. Wenigstens eine der Parteien[1] muss ihren **(Wohn-)Sitz** iSv. Art. 59, 60 **in einem Mitgliedstaat** haben. Art. 23 steht einer nachträglichen Aufhebung der Zuständigkeitsvereinbarung, die auch in einem **rügelosen Einlassen** bestehen kann, nicht entgegen (vgl. Art. 24).[2] §§ 38, 40 ZPO werden durch Art. 23 vollständig verdrängt.[3] Bei der durch eine Gerichtsstandsklausel vereinbarten Zuständigkeit handelt es sich, wie Abs. 1 S. 2 deutlich macht, um eine **ausschließliche Zuständigkeit,** wenn die Parteien nichts anderes vereinbart haben. Im Gegensatz zur Erfüllungsortvereinbarung nach Art. 5 Nr. 1 erfordert eine Gerichtsstandsvereinbarung nach Art. 23 keinen objektiven Zusammenhang zwischen dem streitigen Rechtsverhältnis und dem vereinbarten Gericht.[4] Eine Gerichtsstandsvereinbarung kann auch lediglich die internationale Zuständigkeit der Gerichte eines bestimmten Mitgliedsstaates festlegen. In diesem Fall ergibt sich die **örtliche** Zuständigkeit nach dem Prozessrecht des prorogierten Staates.[5] Das Gericht prüft nicht von Amts wegen, ob eine Gerichtsstandsvereinbarung vorliegt.[6] Derjenige, der sich auf eine solche beruft, trägt die **Beweislast** für das Vorliegen der Voraussetzungen nach Art. 23.[7] 1

2. Voraussetzungen. a) Wohnsitz im Hoheitsgebiet eines Mitgliedstaats. Für den Wohnsitz in einem Mitgliedsstaat, den gem. Abs. 1 S. 1 mindestens eine der Parteien haben muss (Rn. 1), ist auf den Zeitpunkt der Klageerhebung, nicht der des Abschlusses der Gerichtsstandsvereinbarung abzustellen.[8] Weiterhin muss die Zuständigkeit eines Gerichts oder mehrerer Gerichte eines Mitgliedsstaats vereinbart worden sein (Prorogation). Nach hM soll auch bei Progrogation eines drittstaatlichen Gerichts, die nicht von Art. 23 erfasst wird, aber gleichzeitiger Derogation eines mitgliedstaatlichen Gerichts Art. 23 zur Anwendung kommen, um eine einheitliche Beurteilung der Derogation in den Mitgliedstaaten zu gewährleisten[9].[10] Es ist aber über den Wortlaut („eines Mitgliedstaats") hinaus auch eine Vereinbarung möglich, nach der jede der in verschiedenen Mitgliedstaaten wohnhaften Parteien nur vor den Gerichten ihres jeweiligen Heimatstaats verklagt werden kann[11] oder dem Kläger mehrere Gerichte zur Wahl stehen.[12] Eine Vereinbarung, die selbst keine Kriterien für das international zuständige Gericht enthält, sondern nur festlegt, dass eine Partei einseitig und beliebig das zuständige Gericht bestimmen kann, ist unwirksam.[13] Str. ist die Frage, ob sich ein **weiterer Bezug zur EU** ergeben muss. Entgegen der Rspr. in einigen Mitgliedstaaten[14] verneint die hM[15] eine solche weitere ungeschriebene Voraussetzung zu Recht. Art. 23 erfasst auch Fälle, die nur zu einem Mitgliedstaat einen Bezug haben,[16] nicht jedoch **reine Inlandssachverhalte**[17]. **Besitzen beide Parteien keinen Wohnsitz in einem Mitgliedstaat,** haben jedoch eine Prorogation zugunsten eines Gerichts in einem Mitgliedstaat getroffen, so ist Art. 23 Abs. 1 S. 1 nicht anwendbar. Allerdings dürfen die Gerichte der anderen Mitgliedstaaten, selbst wenn sie nach ihrem autonomen Verfahrensrecht international zuständig wären, gem. **Abs. 3** keine Sachent- 2

---

[1] Da die späteren Parteirollen noch nicht feststehen, spielt es keine Rolle, ob gerade der spätere Beklagte seinen Sitz in einem Mitgliedstaat hat; vgl. EuGH („Group Josi Reinsurance"), EuGHE 2000, I 5925, 5954, Nr. 42.

[2] EuGH („Sommer"), EuGHE 1985, 787 Nr. 24 = NJW 1985, 2893; EuGH („Elefanten Schuh"), EuGHE 1981, 1671, 1700, Nr. 10.

[3] EuGH („Sanicentral") EuGHE 1979, 3423, Nr. 5 = RIW 1980, 285; BGH NJW 1980, 2022, 2023; OLGR Karlsruhe 2006, 829.

[4] EuGH („Zelger") EuGHE 1980, 89, Nr. 4 = WM 1980, 720 m. Anm. *Schütze.*

[5] LG Mainz WM 2005, 2319.

[6] *Rauscher/Mankowski* Rn. 1a.

[7] So auch OGH JBl. 2001, 327; OGH ZfRV 2006, 70, 71.

[8] EuGH („Sanicentral"), EuGHE 1979, 3423, Nr. 6 = RIW 1980, 285; OGH ZfRV 2007, 156, 159; anders LG Berlin IPRspr. 2004 Nr. 124.

[9] Str., ausführlich mit Nachw. *Rauscher/Mankowski* Rn. 3b; wie hier *Schack* Rn. 467; anders BGH NJW 1986, 1438; NJW 1989, 1431; sowie u. a. *Franzen* RIW 2000, 81; *Schlosser,* Festschr. Kralik (1986), 287, 297; *T/P/Hüßtege* Rn. 2.

[10] Bloße Derogationsvereinbarungen, die keine Progrogation enthalten, können allenfalls in entsprechender Anwendung von Art. 23 erfasst werden, s. *Rauscher/Mankowski* Rn. 7.

[11] EuGH („Meeth"), EuGHE 1978, 2133 = RIW 1978, 814.

[12] OLG Hamm IPRax 2007, 125 m. Anm. *Spellenberg* IPRax 2007, 98.

[13] OLG Hamm IPRax 2007, 125 m. Anm. *Spellenberg* IPRax 2007, 98.

[14] BGH NJW 1986, 1438, 1439; OGH JBl. 1998, 726, 727; Corte di Cassazione, Foro italiano 1994 I 2158.

[15] OLG München RIW 1989, 901; *Kropholler* Rn. 9; *Geimer* NJW 1986, 2991; *Bajons* ZfRV 1993, 45, 49; *Staudinger* IPRax 2000, 483, 484; *Rauscher/Mankowski* Rn. 5, 5a mit Nachw., *T/P/Hüßtege* Rn. 2; zurückhaltend auch EuGH („Group Josi Insurance"), EuGHE 2000, I 5925, 5952ff., Rn. 33–61.

[16] So auch EuGH („Owusu") EuGHE 2005, 1383, Nr. 28 = IPRax 2005, 244.

[17] *Rauscher/Mankowski* Rn. 6–6b mit Nachw.; aA *Geimer/Schütze/Geimer,* EuZVR Rn. 36–39.

scheidung treffen, solange sich das angerufene Gericht nicht nach seinem eigenen Prozessrecht für unzuständig erklärt hat. Im Hinblick auf den Vorrang der rügelosen Einlassung gegenüber der Prorogation kann Abs. 3 seine Bindungswirkung allerdings nur auf Rüge des Beklagten hin entfalten. Wird, wenn als zuständiges Gericht das Gericht eines Drittstaats bezeichnet ist, dennoch ein mitgliedsstaatliches Gericht angerufen, so muss es die Wirkung der Gerichtsstandsvereinbarung nach dem Recht – einschließlich dem Kollisionsrecht – beurteilen, das an seinem Sitz gilt.[18]

3 b) **Einigung der Parteien.** Die Parteien müssen gem. Abs. 1 eine Gerichtsstandsvereinbarung getroffen haben. Sie beurteilt sich in ihrer Wirksamkeit grundsätzlich **unabhängig vom Hauptvertrag,**[19] dies schließt aber nicht aus, dass für Einzelfragen (zB Behandlung von Willensmängelns), zu denen die VO keine Regelung getroffen hat, auf das Vertragsstatut zurückgegriffen werden kann.[20] Erforderlich ist eine tatsächliche **Willenseinigung.**[21] Der Begriff der Vereinbarung ist autonom auszulegen.[22] Auch eine Gerichtsstandsklausel in der Satzung einer AG ist eine Vereinbarung iSd. Art. 23.[23] Im Fall des Abs. 1 S. 2 Buchst. c wird die Willenseinigung der Vertragsparteien und eine Gerichtsstandsvereinbarung **vermutet,** wenn in dem betreffenden Geschäftszweig des internationalen Handelsverkehrs entsprechende Handelsbräuche bestehen, die den Parteien bekannt sind oder als von ihnen bekannt angesehen werden müssen.[24] Eine Gerichtsstandsklausel muss nicht so formuliert sein, dass sich das zuständige Gericht schon allein aufgrund ihres Wortlauts bestimmen lässt. Es genügt, wenn sie **objektive Kriterien** (zB das Land, in dem der Verfrachter seinen Hauptsitz hat) nennt, die so genau sind, dass das angerufene Gericht feststellen kann, ob es zuständig ist. Diese Kriterien können ggf. durch die besonderen Umstände des jeweiligen Falles konkretisiert werden.[25] Eine Gerichtsstandsklausel, die zwischen einem Verfrachter und einem Befrachter vereinbart und in ein Konnossement eingefügt wurde, ist gegenüber dem Drittinhaber des **Konnossements** wirksam, wenn dieser mit Erwerb des Konnossements nach dem anwendbaren nationalen Recht in die Rechte und Pflichten des Befrachters eingetreten ist.[26] Ist das nicht der Fall, muss er der Klausel unter Beachtung der Erfordernisse des Abs. 1 zugestimmt haben.[27] Da Gerichtsstandsklauseln in Konnossementen im internationalen Seerecht als handelsüblich iSd. Abs. 1 S. 3 Buchst. c gelten, ist von einer Zustimmung auszugehen, wenn der Drittinhaber Rechte aus dem Konnossement geltend macht.[28] Bei Rechtsnachfolge durch **Schuldübernahme** ist zu differenzieren: Bei der kumulativen Schuldübernahme (Schuldbeitritt) wirkt eine zwischen Gläubiger und Erstschuldner vereinbarte Gerichtsstandsklausel zu Lasten des Übernehmenden nur dann, wenn er in der Form des Art. 23 zustimmt, bei der privativen Schuldübernahme ist dies nicht erforderlich.[29]

4 c) **Rechtsstreitigkeit.** Die Vereinbarung muss sich auf eine bestehende oder künftige Rechtsstreitigkeit beziehen; bei **Arbeitsverträgen** muss diese allerdings bereits entstanden sein (Art. 21); für Verbraucherverträge s. Art. 13. Bezieht sich die Vereinbarung auf künftige Rechtsstreitigkeiten, müssen diese „aus einem bestimmten Rechtsverhältnis" entspringen. Dadurch wird die Geltung einer Gerichtsstandsvereinbarung auf diejenigen Rechtsstreitigkeiten beschränkt, die ihren Ursprung in dem Rechtsverhältnis haben, anlässlich dessen die Vereinbarung geschlossen wurde. Das soll vermeiden, dass eine Partei dadurch überrascht wird, dass die Zuständigkeit eines bestimmten Gerichts für sämtliche Rechtsstreitigkeiten begründet wird, die sich eventuell aus den Beziehungen mit ihrem Vertragspartner ergeben und ihren Ursprung in einer anderen Beziehung als derjenigen haben, anlässlich derer die Gerichtsstandsvereinbarung getroffen wurde.[30] Ein Gericht, das in einer nach Abs. 1 wirksamen Gerichtsstandsvereinbarung als zuständiges Gericht bestimmt ist, ist auch dann ausschließlich zuständig, wenn mit der Klage u. a. die Feststellung der Unwirksamkeit des Vertrages begehrt wird, in dem ebendiese Vereinbarung enthalten ist.[31]

5 d) **Nichtbestehen eines Prorogationsverbots.** Art. 23 Abs. 5 verbietet solche Gerichtsstandsvereinbarungen, mittels derer eine nach Art. 22 bestehende ausschließliche Zuständigkeit abbedungen werden soll oder welche Art. 13, 17 und 21 zuwiderlaufen. Gerichtsstandvereinbarungen mit einem Handelsvertreter sind dadurch nicht ausgeschlossen, da er nicht vom Schutzregime dieser Vorschriften erfasst wird.[32]

---

[18] EuGH („Coreck Maritime"), EuGHE 2000, I 9337, Nr. 19 = NJW 2001, 501.

[19] EuGH („Benincasa"), EuGHE 1997, I 3767, 3788 Nr. 28ff.; LG Berlin IPRspr. 2004 Nr. 124; *Mankowski* JZ 1998, 898.

[20] S. ausführlich *Rauscher/Mankowski* Rn. 41; *T/P/Hüßtege* Rn. 4a. E.

[21] EuGH („Estasis Salotti"), EuGHE 1976, 1831, Nr. 7 = NJW 1977, 494; s. auch BGH IPRax 2005, 338; OLG Köln IPRspr. 2005, Nr. 132.

[22] EuGH („Petereit"), EuGHE 1992, I 1745, Nr. 14 = NJW 1992, 1671.

[23] EuGH („Petereit"), EuGHE 1992, I 1745, Nr. 17 = NJW 1992, 1671.

[24] EuGH („Mainschiffahrts-Genossenschaft") EuGHE 1997, I 911, Nr. 17ff. = NJW 1997, 1431; BGH WM 1997, 1552; str. ist, ob dies auch für Buchst. a und b gilt oder ob hier nach der lex fori und deren IPR die Vereinbarung zu beurteilen ist, vgl. *T/P/Hüßtege* Rn. 4 mit Nachw.

[25] EuGH („Coreck Maritime"), EuGHE 2000, I 9337, Nr. 15 = NJW 2001, 501; OLG Celle IPRspr. 2003, Nr. 133.

[26] OLG Stuttgart IPRspr. 2003, Nr. 153.

[27] EuGH („Coreck Maritime"), EuGHE 2000, I 9337, Nr. 27 = NJW 2001, 501; BGH NJW 2007, 2036, 2037.

[28] BGH NJW 2007, 2036, 2037.

[29] OGH ZfRV 2007, 156, 160; s. auch *Schlosser,* EuZPR, Rn. 43; ausführlich *Jungermann,* Die Drittwirkung internationaler Gerichtsstandsvereinbarungen nach EuGVÜ/EuGVVO und LugÜ, 2006; für die Anwendung des auf den Schuldbeitritt anwendbaren Rechts *Rauscher/Mankowski* Rn. 43d.

[30] EuGH („Petereit"), EuGHE 1992, I 1745, Nr. 31 = NJW 1992, 1671.

[31] EuGH („Benincasa"), EuGHE 1997, I 3767, Nr. 32 = JZ 1998, 896 m. Anm. *Mankowski.*

[32] OLG Hamburg NJW 2004, 3126, 3127.

e) **Formerfordernisse.** Die Formerfordernisse der Buchst. a bis c sind Wirksamkeitsvoraussetzung und unterliegen der autonomen Interpretation.[33] Sie sind eng auszulegen.[34] Sie sollen gewährleisten, dass die Einigung zwischen den Parteien zweifelsfrei feststeht[35] und sie somit vor überraschenden Gerichtsständen schützen.[36] Aufgrund des Gebots der autonomen Interpretation dürfen die Mitgliedsstaaten im Bereich des Art. 23 keine zusätzlichen Formvorschriften aufstellen.[37] So darf zB das Recht eines Mitgliedsstaats die Unwirksamkeit einer Gerichtsstandsvereinbarung nicht allein deshalb anordnen, weil eine andere als die nach diesem Recht vorgeschriebene Sprache verwendet worden ist.[38] Auch die Kontrolle einer in AGB enthaltenen Gerichtsstandsvereinbarung nach nationalem AGB-Recht scheidet aus.[39] Allerdings ähneln die Anforderungen des EuGH sehr den §§ 305 ff. BGB (s. Rn. 7). 6

aa) Buchst. a 1. Alt. Eine **schriftliche Vereinbarung** im Sinne dieser Vorschrift liegt dann vor, wenn die Parteien beide ihren Willen schriftlich kundgegeben haben, wobei im Gegensatz zu § 126 Abs. 2 BGB dies auch in getrennten Schriftstücken erfolgen kann, sofern aus ihnen die inhaltliche Übereinstimmung beider Erklärungen hinreichend deutlich hervorgeht.[40] Briefwechsel oder Austausch von Fernschreiben ist ausreichend.[41] Erforderlich ist die Unterschrift jedes Vertragsteils, soweit nicht besondere Kommunikationstechniken einen Verzicht darauf erfordern und ein Verzicht üblich ist, etwa beim Telegramm, Telex, Telefax oder Teletext (s. **Abs. 2**).[42] Der österreichische OGH lässt auch eine Paraphierung genügen.[43] Ein Verweis auf **Allgemeine Geschäftsbedingungen,** die auf der Rückseite der Vertragsurkunde abgedruckt sind und eine Gerichtsstandsklausel enthalten, ist nur dann genügend, wenn der von beiden unterzeichnete Vertragstext ausdrücklich auf die AGB Bezug nimmt.[44] Bloße **Aushändigung bzw. Beigabe** der AGB genügt nicht.[45] Der **Hinweis** auf die AGB muss dabei nicht ausdrücklich darauf aufmerksam machen, dass die AGB eine Gerichtsstandsvereinbarungsklausel enthalten.[46] Er muss jedoch so deutlich sein, dass eine Partei ihm bei Anwendung normaler Sorgfalt nachgehen kann.[47] Die Schriftform ist auch gewahrt, wenn die Parteien im Vertrag ausdrücklich auf ein vorangegangenes Angebotsschreiben Bezug nehmen, das seinerseits auf AGB hinweist, die eine Gerichtsstandsklausel enthalten. Das Schriftformerfordernis ist nicht schon dann erfüllt, wenn die Partei, zu deren Lasten die vorgesehene Gerichtsstandsvereinbarung geht, eine schriftliche Erklärung abgibt, dass sie vom Inhalt der von der anderen Partei verwendeten, den Gerichtsstand regelnden Formularklausel Kenntnis erhalten hat.[48] Eine wirksame schriftliche Vereinbarung soll nach der Rspr. vorliegen, obwohl die Klausel in einer **Sprache** abgefasst ist, derer der Vertragspartner des Verwenders nicht mächtig ist, wenn die AGB-Klausel in der Vertragssprache abgefasst ist[49], zumindest der Hinweis auf die fremdsprachige AGB-Klausel in der Vertragssprache erfolgte[50] oder wenn die Gegenpartei des Verwenders sie unterzeichnet.[51] Das Sprachrisiko wird damit sehr weitgehend auf den Vertragspartner des Verwenders überwälzt, der insoweit wachsam sein und sich ggf. zur Wehr setzen muss. Eine Klärung der str. Frage durch den EuGH steht noch aus. Eine Gerichtsstandsklausel in einem Versicherungsvertrag, die zugunsten eines am Vertrag nicht beteiligten und vom Versicherungsnehmer verschiedenen Versicherten vereinbart worden ist, ist auch ohne schriftliche Zustimmung dieses Dritten gültig, wenn im Verhältnis zwischen Versicherer und Versicherungsnehmer die Schriftform eingehalten worden ist und die Zustimmung des Versicherers zu dieser Klausel klar zum Ausdruck gekommen ist.[52] Miteinander **kollidierende Gerichtsstandsvereinbarung** in AGB führen in Regel dazu, dass mangels Konsens keine von beiden Wirksamkeit entfaltet.[53] 7

---

33 EuGH („Elefanten Schuh"), EuGHE 1981, 1671, Nr. 25 = IPRax 1982, 234 m. Anm. *Leipold* IPRax 1982, 222.

34 EuGH („Estasis Salotti"), EuGHE 1976, 1831, Nr. 7 = NJW 1977, 494; BGH NJW 1996, 1819.

35 EuGH („Estasis Salotti"), EuGHE 1976, 1831, Nr. 7 = NJW 1977, 494; BGH NJW 2001, 1731; BGHZ 116, 77, 82 = EuZW 1992, 123.

36 OGH ZfRV 2007, 38.

37 EuGH („Elefanten Schuh"), EuGHE 1981, 1671, Nr. 26 = IPRax 1982, 234 m. Anm. *Leipold* IPRax 1982, 222.

38 EuGH („Elefanten Schuh"), EuGHE 1981, 1671, Nr. 27 = IPRax 1982, 234 m. Anm. *Leipold* IPRax 1982, 222.

39 BGH NJW 1980, 2022; OLG Hamm IPRax 2007, 125, 127; Zö/*Geimer* Rn. 32.

40 BGH NJW 2001, 1731.

41 OLG Düsseldorf OLGR 2004, 208; OLG Köln RIW 1988, 555, 556; LG Siegen NJW 1978, 2456.

42 BGH NJW 2001, 1731.

43 OGH ZfRV 2007, 38, 40.

44 EuGH („Estasis Salotti"), EuGHE 1976, 1831, Nr. 10 = NJW 1977, 494; OLG Frankfurt NJW-RR 2003, 704, 705; OLG Düsseldorf OLGR 2004, 208.

45 EuGH („Estasis Salotti"), EuGHE 1976, 1831, Nr. 9; EuGH („Trasporti Castelletti"), EuGHE 1999 I 1597, 1646 Nr. 13; OGH ZfRV 2006, 70, 71.

46 EuGH („Estasis Salotti"), EuGHE 1976, 1831, Nr. 9; OLG Frankfurt NJW-RR 2003, 704, 705; OLG Düsseldorf RIW 2001, 63, 64; OLG Karlsruhe RIW 2001, 621; OLG Dresden RIW 1999, 968, 969.

47 EuGH („Estasis Salotti") EuGHE 1976, 1831, Nr. 12 = NJW 1977, 494; BGH NJW 1996, 1819; OLG Düsseldorf OLGR 2004, 208.

48 BGH WM 2005, 1049.

49 OLG Hamm IPRax 2007, 125 m. insoweit krit. Anm. *Spellenberg* IPRax 2007, 98, 103.

50 BGH IPRax 1991, 326.

51 OLG Hamm IPRax 2007, 125 m. Anm. *Spellenberg* IPRax 2007, 98; ähnlich, im Erg. aber offen lassend OLG Köln OLGR 2006, 661; zust. auch *Rauscher/Mankowski* Rn. 40 m. weit. Nachw.

52 EuGH („Gerling") EuGHE 1983, 2503 = NJW 1984, 2760 m. Anm. *Hübner* IPRax 1984, 237.

53 *Rauscher/Mankowski* Rn. 19.

8 **bb) Buchst. a 2. Alt.** Es genügt für eine Gerichtsstandsvereinbarung auch eine **„halbe Schriftlichkeit"**.[54] Voraussetzung dafür ist, dass die Gerichtsstandsklausel ausdrücklich[55] **mündlich vereinbart** worden ist, eine der beiden Parteien der anderen diese Vereinbarung schriftlich bestätigt und letztere keine Einwendungen erhoben hat.[56] Zwischen Vereinbarung und Bestätigung muss ein angemessener **zeitlicher Zusammenhang** bestehen.[57] Der Umstand, dass eine Vertragspartei einer einseitigen Bestätigung durch die andere Vertragspartei nicht widerspricht, ist in Bezug auf eine Gerichtsstandsklausel nicht als Annahme zu werten, es sei denn, der mündlich geschlossene Vertrag fügt sich in laufende Geschäftsbeziehungen ein, die zwischen den Parteien auf der Grundlage der AGB einer Partei bestehen, die eine Gerichtsstandsklausel enthalten.[58] Ist ein schriftlicher Vertrag abgelaufen, der eine Gerichtsstandsklausel enthält und für eine Vertragsverlängerung Schriftform vorsieht, und dient dieser Vertrag gleichwohl weiterhin als rechtliche Grundlage für die Vertragsbeziehungen, ist zu unterscheiden: Konnten die Parteien den Vertrag nach dem anwendbaren Recht ohne Einhaltung der Schriftform verlängern, ist das Formerfordernis nach Art. 23 Abs. 1 Buchst. a 2. Alt. erfüllt. Kann dagegen nach dem anwendbaren Recht der ursprüngliche Vertrag nicht ohne schriftliche Erneuerung verlängert werden, ist das Formerfordernis nach Art. 23 dann erfüllt, wenn eine der Parteien die Gerichtsstandsvereinbarung schriftlich bestätigt und die andere Partei keine Einwendungen erhoben hat.[59] Nach hA muss sich die schriftliche Bestätigung voll inhaltlich mit der vorherigen Willenseinigung decken. An den Inhalt der Bestätigung sind die gleichen Anforderungen zu stellen wie an eine schriftliche Vereinbarung (oben Rn. 7). Die Beweislast für die Übereinstimmung zwischen vorheriger Einigung und nachträglicher Bestätigung trägt diejenige Vertragspartei, die sich auf die Gerichtsstandsvereinbarung beruft (s. auch Rn. 1).

9 **cc) Elektronische Übermitttlung.** Die VO berücksichtigt in **Abs. 2** die Entwicklung moderner Kommunikationstechniken. Betroffen sind hier vor allem Gerichtsstandsvereinbarungen in Verträgen, die in elektronischer Form geschlossen wurden.[60] Nach Abs. 2 muss allerdings eine dauerhafte Aufzeichnung der Vereinbarung möglich sein (zB durch elektronisches Abspeichern). Vereinbarungen per **E-Mail** genügen;[61] eine elektronische Signatur oder eine Verschlüsselung ist nicht notwendig.[62]

10 **dd) Gepflogenheiten (Buchst. b).** Ausreichend nach Buchst. b ist bereits jede Form, welche den zwischen den Parteien entstandenen Gepflogenheiten entspricht, wobei der Anwendungsbereich dieser Vorschrift nicht allein auf Handels- und Geschäftsbeziehungen beschränkt ist. Gepflogenheiten setzen eine **tatsächliche Übung** voraus[63], die auf der Einigung der Vertragsparteien beruht; sie können die Form ersetzen, nicht jedoch die Einigung.[64] Buchst. b ist daher etwa anwendbar, wenn sich die Parteien früher darauf geeinigt haben, ihren gesamten Vertragsbeziehungen die Lieferbedingungen der Klägerin einschließlich der Gerichtsstandsklauseln zugrunde zu legen.[65]

11 **ee) Internationaler Handelsbrauch (Buchst. c).** Diese Regelung lässt auch Gerichtsstandsvereinbarungen in der Form internationaler **Handelsbräuche** zu. Diese nur für den internationalen Handelsverkehr geltende Vorschrift regelt formelle als auch materielle Voraussetzungen einer Willenseinigung der Parteien.[66] Die erforderliche Willenseinigung wird vermutet, wenn in dem betreffenden Geschäftszweig des internationalen Handelsverkehrs entsprechende Handelsbräuche bestehen, die den Parteien bekannt sind oder als ihnen bekannt angesehen werden müssen.[67] Wenn eine Partei auf ein **kaufmännisches Bestätigungsschreiben** der anderen Partei, das eine Gerichtsstandsklausel enthält, nicht reagiert oder wenn sie wiederholt Rechnungen der anderen Partei, die einen solchen Hinweis enthalten, widerspruchslos bezahlt, gilt dies daher als Zustimmung zu dieser Klausel, wenn ein solches Verhalten einem internationalen Handelsbrauch im Geschäftszweig der Parteien entspricht und wenn ihnen dieser Brauch bekannt ist oder als ihnen bekannt angesehen werden muss.[68] Das Bestehen und der konkrete Inhalt eines Handelsbrauchs sind autonom, ohne Berücksichtigung etwaiger besonderer Voraussetzungen nationaler Vorschriften und **für jede**

---

[54] BGH NJW 1995, 2700.

[55] Konkludente Vereinbarung genügt nach OLG Hamburg EWS 1996, 365; *Rauscher/Mankowski* Rn. 22; *T/P/Hüßtege* Rn. 9.

[56] EuGH („Berghöfer"), EuGHE 1985, 2699 = NJW 1985, 2893; BGH NJW 1986, 2196.

[57] OLG Düsseldorf IPRax 1999, 39 m. Anm. *Hau* ebenda 24; *Rauscher/Mankowski* Rn. 24.

[58] EuGH („Segoura"), EuGHE 1976, 1851 = NJW 1977, 495.

[59] EuGH („Iveco Fiat"), EuGHE 1986, 3337 = NJW 1987, 2155 m. Anm. *Jayme* IPRax 1989, 361.

[60] Telefonische Vereinbarungen oder solche in Videokonferenzen genügt nicht, *Rauscher/Mankowski* Rn. 38 mit Nachw.

[61] Vgl. BR-Drucks. 534/99, S. 19; MK/*Gottwald* (AB)Rn. 5; *Geimer/Schütze/Geimer,* EuZVR Rn. 109; *Rauscher/Mankowski* Rn. 24a.

[62] *Rauscher/Mankowski* Rn. 38.

[63] Ob eine Anwendung schon beim zweiten konkreten Geschäft der Parteien in Frage kommt, erscheint daher fraglich, so *Rauscher/Mankowski* Rn. 26a; strenger OLG Köln RIW 1988, 557.

[64] BGH NJW-RR 2005, 150; EuLF 2004, 230, 231; *T/P/Hüßtege* Rn. 10; *Hau* IPRax 2005, 301; großzügiger *Rauscher/Mankowski* Rn. 27 mit Nachw., der aber letztlich auch am Anfang der Geschäftsbeziehung eine Vereinbarung über AGB mit Gerichtsstandsklausel verlangt (Rn. 27a).

[65] OLG Düsseldorf OLGR 2004, 208; BGH IPRax 2005, 338, 339 lässt den laufenden Abdruck auf Rechnungen etc. nicht genügen.

[66] EuGH („Mainschifffahrts-Genossenschaft"), EuGHE 1997, I 911 = NJW 1997, 1431.

[67] EuGH („Mainschifffahrts-Genossenschaft"), EuGHE 1997, I 911, Nr. 17ff. = NJW 1997, 1431.

[68] EuGH („Mainschifffahrts-Genossenschaft"), EuGHE 1997, I 911, Nr. 20 = NJW 1997, 1431; s. ferner BGH NJW-RR 1998, 755; OLG Hamburg IPRax 1997, 420; OLG Köln RIW 1988, 555.

Branche einzeln zu bestimmen.[69] Der Begriff des Handelsbrauchs knüpft im Gegensatz zu § 346 HGB nicht an eine formelle Kaufmannseigenschaft an,[70] die **Teilnahme am Handelsverkehr** genügt.[71] Ein Handelsbrauch besteht in einem bestimmten Geschäftszweig dann, wenn die dort tätigen Kaufleute bei Abschluss einer bestimmten Art von Verträgen allgemein oder regelmäßig ein bestimmtes Verhalten befolgen.[72] Ein solches Verhalten muss nicht in allen Ländern, insbes. nicht in allen Mitgliedsstaaten, bestehen.[73] Eine bestimmte Form der Publizität, etwa durch entsprechende Standardformulare mit Gerichtsstandsklausel von Branchenverbänden, kann zum Nachweis eines Handelsbrauchs nicht verlangt werden.[74] **Kenntnis bzw. Kennenmüssen der Parteien** vom Handelsbrauch wird vermutet, wenn sie untereinander oder mit anderen im betreffenden Geschäftszweig tätigen Vertragspartnern schon früher Geschäftsbeziehungen hatten oder wenn in diesem Geschäftszweig ein bestimmtes Verhalten bei Abschluss einer bestimmten Art von Verträgen allgemein und regelmäßig befolgt wird und daher hinreichend bekannt ist, um als ständige Übung angesehen werden zu können.[75] Gleiches muss gelten, wenn ein entsprechender Handelsbrauch zumindest in ihren beiden Wohnsitzstaaten anerkannt ist. Ausreichend dürfte auch die Kenntnis derjenigen Partei sein, welcher eine Zuständigkeitsvereinbarung entgegengehalten wird.

3. Trust-Bedingungen (Abs. 4, 5). Betroffen sind nur trusts nach englischem und irischen Recht (s. auch Art. 5 Rn. 30), die u. a. auch durch ein einseitiges Rechtsgeschäft des Begründers errichtet werden können. Abs. 4 erstreckt daher einseitig festgelegte Gerichtsstandsbestimmungen auf Dritte.[76] Auch hier sind jedoch die Grenzen einer Gerichtsstandsvereinbarung zu beachten (Abs. 5). 12

4. Wirkungen. a) Grundsatz. Das prorogierte Gericht ist ausschließlich zuständig, sofern die Parteien nichts anderes vereinbart haben. Wird ein derogiertes Gericht angerufen, so hat dieses die Wirksamkeit der Vereinbarung zu überprüfen, wenn sich der Beklagte nicht rügelos auf das Verfahren einlässt (Art. 24). Gegen eine wirksame Gerichtsstandsvereinbarung kann nicht der Einwand des **Rechtsmissbrauchs** erhoben werden.[77] Eine Gerichtsstandsvereinbarung, nach der jede Vertragspartei nur vor den Gerichten ihres Mitgliedsstaats verklagt werden kann, hindert das demgemäß angerufene Gericht grundsätzlich nicht, im Prozess eine **Aufrechnung** durch den Beklagten zu berücksichtigen.[78] 13

b) Parteien mit Wohnsitz in Luxemburg. Befindet sich der Bestimmungsort für die Lieferung beweglicher Sachen oder die Erbringung von Dienstleistungen nach Abs. 1 in Luxemburg, so ist eine Gerichtsstandsvereinbarung nur wirksam, wenn sie schriftlich oder mündlich mit schriftlicher Bestätigung im Sinne von Art. 23 Abs. 1 Buchst. a angenommen wurde (Art. 63 Abs. 2). Diese Regelung gilt gem. Art. 63 Abs. 4 iVm. Art. 76 bis zum 1. 3. 2008. 14

II. EuGVÜ/LugÜ

Art. 23 der Verordnung entspricht weitgehend Art. 17 EuGVÜ/LugÜ. Das in Abs. 5 EuGVÜ/LugÜ vorgesehene **Prorogationsverbot zum Schutze des Arbeitnehmers** war in der Verordnung wegen Art. 18–21 entbehrlich. Abs. 2 wurde neu eingefügt, um modernen Kommunikationsformen Rechnung zu tragen. 15

Artikel 24

Sofern das Gericht eines Mitgliedstaats nicht bereits nach anderen Vorschriften dieser Verordnung zuständig ist, wird es zuständig, wenn sich der Beklagte vor ihm auf das Verfahren einlässt. Dies gilt nicht, wenn der Beklagte sich einlässt, um den Mangel der Zuständigkeit geltend zu machen oder wenn ein anderes Gericht aufgrund des Artikels 22 ausschließlich zuständig ist.

I. Verordnung

1. Allgemeines. Die rügelose Einlassung des Beklagten vor dem Gericht eines Mitgliedstaates begründet dessen Zuständigkeit. Sie ist als eine stillschweigende Prorogation zu verstehen.[1] Voraussetzung ist nach st. Rspr. des **BGH** zum EuGVÜ, dass der **Beklagte** seinen **Wohnsitz** in einem **Vertragsstaat** hat; es genüge nicht, wenn allein der Kläger in einem Vertragsstaat wohne und ein Auslandsbezug nur zu Nichtvertragsstaaten 1

---

[69] EuGH („Mainschifffahrts-Genossenschaft"), EuGHE 1997, I 911, Nr. 23 = NJW 1997, 1431; EuGH („Trasporti Castelletti"), EuGHE 1999, I 1597, Nr. 39 = IPRax 2000, 119 m. Anm. *Girsberger* IPRax 2000, 87.

[70] LG Essen RIW 1992, 227, 228.

[71] *Rauscher/Mankowski* Rn. 30 mit Nachw.

[72] EuGH („Mainschifffahrts-Genossenschaft"), EuGHE 1997, I 911, Nr. 23 = NJW 1997, 1431.

[73] EuGH („Trasporti Castelletti"), EuGHE 1999, I 1597, Nr. 27 = IPRax 2000, 119 m. Anm. *Girsberger* IPRax 2000, 87.

[74] EuGH („Trasporti Castelletti"), EuGHE 1999, I 1597, Nr. 28, 44 = IPRax 2000, 119 m. Anm. *Girsberger* IPRax 2000, 87. Ein Verhalten, das einen Handelsbrauch darstellt, verliert diese Eigenschaft nicht allein deswegen, weil es vor den Gerichten in Frage gestellt wird.

[75] EuGH („Mainschifffahrts-Genossenschaft"), EuGHE 1997, I 911, Nr. 24 = NJW 1997, 1431.

[76] *Schlosser*-Bericht, Nr. 178; *Kropholler* Rn. 29; *Wiecz/Schl/Hausmann* Art. 17 EuGVÜ Rn. 29; *Geimer/Schütze/Geimer*, EuZVR Rn. 129.

[77] OLG Hamburg NJW 2004, 3126, 3128; LG Mainz WM 2005, 2319; *Horn* IPRax 2006, 2.

[78] EuGH („Meeth"), EuGHE 1978, 2133, Nr. 8 = RIW 1978, 814.

[1] Str., wie hier die hM, vgl. *Rauscher/Staudinger* Rn. 2 mit Nachw.

bestehe.[2] In diesen Fällen seien die Folgen der rügelosen Einlassung nach nationalem Prozessrecht zu würdigen. Der **Wortlaut** des Art. 18 EuGVÜ stützt die Auffassung des BGH ebenso wenig, wie der Wortlaut des Art. 24. Die systematische Auslegung spricht für die Ansicht *Gottwalds*, dass aufgrund des Sachzusammenhangs zwischen Art. 23 und 24 der Anwendungsbereich des Art. 18 EuGVÜ und des Art. 24 in gleicher Weise bestimmt werden sollte.[3] Voraussetzung des Art. 24 ist demnach, dass zumindest eine Partei ihren Wohnsitz in einem der Mitgliedstaaten hat.[4] Hat hingegen **keine** der **Parteien** einen **Wohnsitz** in einem der **Mitgliedsstaaten,** so beurteilt sich die rügelose Einlassung nach nationalem Prozessrecht (vgl. Art. 4 Abs. 1).

2 Die internationale Zuständigkeit wird nicht durch rügelose Einlassung begründet, wenn eine ausschließliche Zuständigkeit gem. Art. 22 gegeben ist oder wenn der Beklagte am Verfahren nicht teilnimmt (Art. 26, dort Rn. 1). In den übrigen Fällen hat die zuständigkeitsbegründende Wirkung des Art. 24 Vorrang vor den Zuständigkeitsregeln der Art. 8ff., 15ff. und 18ff. (Rn. 4), ebenso wie gegenüber einer abweichenden Gerichtsstandsvereinbarung nach Art. 23 (dort Rn. 1).[5]

3 **2. Rügelose Einlassung.** Der Begriff der rügelosen Einlassung darf nicht nach der lex fori, sondern muss autonom interpretiert werden.[6] Ein Belehrungserfordernis, das nach nationalem Recht erforderlich sein kann (§§ 39 S. 2, 504 ZPO), gilt bei Art. 24 nicht. Im Gegensatz zu Art. 39 ZPO ist **keine Einlassung zur Hauptsache** erforderlich; es genügt jede Verteidigungshandlung, die auf eine Klageabweisung zielt.[7] Spätestens ab dem ersten Verteidigungsvorbringen nach dem für das angerufene Gericht geltenden Prozessrecht ist eine nachträgliche Rüge der fehlenden Zuständigkeit ausgeschlossen.[8] Auch wenn der Beklagte **verfahrensrechtliche Einwände** erhebt, ohne den Mangel der internationalen Zuständigkeit zu rügen, so hat er sich rügelos iSd. Art. 24 eingelassen.[9] Der Beklagte kann den Mangel der Zuständigkeit geltend machen und sich gleichzeitig **hilfsweise** zur Sache einlassen, ohne die Einrede der Unzuständigkeit zu verlieren.[10] Im Zweifel ist in der Rüge der örtlichen Zuständigkeit auch die Rüge der internationalen Zuständigkeit enthalten.[11] Ist dem Beklagten eine Frist zur Klageerwiderung gesetzt worden, bedeutet die Tatsache, dass der Beklagte diese Frist hat verstreichen lassen, ohne die internationale Unzuständigkeit des angerufenen Gerichts geltend zu machen, keine rügelose Einlassung.[12] Der Beklagte darf grundsätzlich **bis zur mündlichen Verhandlung** mit der Geltendmachung der Unzuständigkeit warten.[13] Das kann aber nur gelten, wenn sich der Beklagte bis zur mündlichen Verhandlung überhaupt nicht äußert. Hat er sich vor der mündlichen Verhandlung schriftsätzlich geäußert und nicht zur internationalen Zuständigkeit Stellung genommen, hat er sich rügelos eingelassen.[14] Geht man davon aus, dass im Falle der Aufrechung das Gericht auch für die Gegenforderung international zuständig sein muss (zum Streitstand § 145 Rn. 33, 34; Art. 6 Rn. 8), so ist Art. 24 auf die Einlassung des Klägers ebenfalls anzuwenden.[15] Eine rügelose Einlassung liegt auch dann vor, wenn sich der Beklagte in der Berufungsinstanz zur Sache einlässt, ohne eine in erster Instanz erhobene Zuständigkeitsrüge zu wiederholen.[16]

4 **3. Rügelose Einlassung bei Verstoß gegen Schutzgerichtsstände.** Str. ist, ob eine rügelose Einlassung auch dann zuständigkeitsbegründend sein kann, wenn vor einem Gericht geklagt wird, welches nach den Art. 8–14, 15–17 oder 18–21 nicht zuständig ist. Obwohl rechtspolitisch regelmäßig Bedenken vorgetragen werden, ist der Wortlaut von Art. 24, der lediglich die ausschließlichen Gerichtsstände des Art. 22 nennt, insoweit eindeutig.[17] Unterstützt wird dies durch Art. 13 Nr. 1 und Art. 17 Nr. 1, die jeweils nach Entstehen der Streitigkeit auch eine ausdrückliche Gerichtsstandsvereinbarung zulassen[18]. Eine vermittelnde Meinung hält

---

[2] Vgl. BGH NJW 1986, 1438, 1439; NJW 1989, 1431; NJW 1993, 1070; NJW 1997, 397, 398; IPRax 1999, 367; vorsichtiger BGH NJW-RR 2005, 1593, 1594.

[3] MK/*Gottwald* Art. 18 EuGVÜ Rn. 4; für einen Verzicht auf einen Gemeinschaftsbezug als Schranke auch *Rauscher/Staudinger* Rn. 3 unter Bezugnahme auf EuGH („Owusu") EuGHE 2005, 1383, = IPRax 2005, 244; EuGH („Group Josi Reinsurance"), EuGHE 2000, I 5925 = IPRax 2000, 520; *Jayme/Kohler* IPRax 2005, 481; *T/P/Hüßtege* Rn. 1.

[4] Ebenso *Schack* Rn. 486; *Rauscher/Staudinger* Rn. 2; *T/P/Hüßtege* Rn. 1.

[5] EuGH („Elefanten Schuh"), EuGHE 1981, 1671, Nr. 11 = IPRax 1982, 234 m. Anm. *Leipold* IPRax 1982, 222; OLG Saarbrücken RIW 1984, 478; *Rauscher/Staudinger* Rn. 12 m. weit. Nachw.

[6] OLG Koblenz IPRax 2001, 334, 336; *Leible/Sommer* IPRax 2006, 568.

[7] *Kropholler* Rn. 7; *T/P/Hüßtege* Rn. 3.

[8] EuGH („Elefanten Schuh") EuGHE 1981, 1671, Nr. 16 = IPRax 1982, 234 m. Anm. *Leipold* IPRax 1982, 222; BGH NJW-RR 2002, 1357, 1358.

[9] OLG Frankfurt NJW-RR 2005, 935; *T/P/Hüßtege* Rn. 3.

[10] EuGH („Rohr"), EuGHE 1981, 2431, Nr. 8 = IPRax 1982, 238 m. Anm. *Leipold* IPRax 1982, 222; BGH NJW-RR 2005, 1518, 1520 m. weit. Nachw.

[11] BGH NJW-RR 2005, 1518, 1519 m. weit. Nachw.; deutlich zurückhaltender OLG Frankfurt NJW-RR 2005, 935.

[12] BGH NJW 1997, 397. Die Anzeige der Verteidigungsbereitschaft gem. § 276 Abs. 1 ZPO ist noch keine Einlassung, LG Frankfurt EuZW 1990, 581; *Rauscher/Staudinger* Rn. 4.

[13] BGH NJW 1997, 397.

[14] OLG Frankfurt IPRax 2000, 525; *Kropholler* Rn. 15; aA BGH NJW 1997, 397, 389; f. das arbeitsgerichtliche Verfahren s. LAG Hessen 16 Sa 11366/06 – juris.

[15] EuGH („Sommer"), EuGHE 1985, 787 = NJW 1985, 2893; BGH NJW 1993, 1399.

[16] BGH WM 2007, 1716.

[17] So auch die hM, OLG Koblenz IPRax 2001, 534; *Geimer/Schütze/Geimer,* EuZVR, Rn. 36ff.; *Kropholler* Rn. 16; *Rauscher/Staudinger* Rn. 11; MK/*Gottwald* Art. 18 EuGVÜ Rn. 3; abweichend *Mankowski* IPRax 2001, 310, 311.

[18] Nach *Mankowski* IPRax 2001, 310, 312 fehlt der rügelosen Einlassung jedoch die Warnfunktion einer ausdrücklichen Gerichtsstandsvereinbarung.

zumindest gegenüber dem Verbraucher – unabhängig von seiner anwaltlichen Vertretung – eine Belehrung über die Folgen seiner rügenlosen Einlassung für erforderlich.[19]

II. EuGVÜ/LugÜ

Art. 24 der Verordnung entspricht Art. 18 EuGVÜ/LugÜ. Diese weisen hier keine Besonderheiten auf. 5

Abschnitt 8. Prüfung der Zuständigkeit und der Zulässigkeit des Verfahrens

Artikel 25

Das Gericht eines Mitgliedstaats hat sich von Amts wegen für unzuständig zu erklären, wenn es wegen einer Streitigkeit angerufen wird, für die das Gericht eines anderen Mitgliedstaats aufgrund des Artikels 22 ausschließlich zuständig ist.

I. Verordnung

1 Das angerufene Gericht hat sich von Amts wegen für unzuständig zu erklären, wenn eine ausschließliche Zuständigkeit gem. Art. 22 gegeben ist. Insoweit erfolgt die Überprüfung der Zuständigkeit von Amts wegen in jeder Lage des Verfahrens und in allen Instanzen,[1] selbst wenn nationales Recht eine Rüge verlangt.[2] Das Gericht ermittelt aber aufgrund von Art. 25 nicht von Amts wegen, ob ein Fall des Art. 22 vorliegt. Dies richtet sich vielmehr allein nach nationalem Prozessrecht. Ist der Beklagte säumig, gilt Art. 26. Die **rügelose Einlassung** des Beklagten kann in den Fällen des Art. 22 gem. Art. 24 keine Zuständigkeit begründen (dort Rn. 2). Die Vorschrift erlaubt nur die Prüfung einer anderweitigen ausschließlichen Zuständigkeit nach Art. 22. Zuständigkeiten, die sich für das Gericht eines anderen Mitgliedstaates aus Art. 23 oder aus den Schutzvorschriften der Art. 8–20 ergeben, sind vom Prüfungsauftrag **nicht umfasst**, obwohl auch sie ausschließliche Gerichtsstände begründen.[3] Im Falle der internationalen Unzuständigkeit ist die Klage durch **Prozessurteil** als unzulässig abzuweisen, da es für eine Verweisung an das zuständige Gericht im anderen Mitgliedstaat keine Grundlage gibt.[4] Eine Abweisung unmittelbar nach Eingang der Klage, wie teilweise vorgeschlagen[5], verletzt den Anspruch auf rechtliches Gehör.

II. EuGVÜ/LugÜ

Art. 25 der Verordnung entspricht Art. 19 EuGVÜ/LugÜ. 2

Artikel 26

(1) Lässt sich der Beklagte, der seinen Wohnsitz im Hoheitsgebiet eines Mitgliedstaats hat und der vor den Gerichten eines anderen Mitgliedstaats verklagt wird, auf das Verfahren nicht ein, so hat sich das Gericht von Amts wegen für unzuständig zu erklären, wenn seine Zuständigkeit nicht nach dieser Verordnung begründet ist.

(2) Das Gericht hat das Verfahren so lange auszusetzen, bis festgestellt ist, dass es dem Beklagten möglich war, das verfahrenseinleitende Schriftstück oder ein gleichwertiges Schriftstück so rechtzeitig zu empfangen, dass er sich verteidigen konnte oder dass alle hierzu erforderlichen Maßnahmen getroffen worden sind.

(3) An die Stelle von Absatz 2 tritt Artikel 19 der Verordnung (EG) Nr. 1348/2000 des Rates vom 29. Mai 2000 über die Zustellung gerichtlicher und außergerichtlicher Schriftstücke in Zivil- oder Handelssachen in den Mitgliedstaaten, wenn das verfahrenseinleitende Schriftstück oder ein gleichwertiges Schriftstück nach der genannten Verordnung von einem Mitgliedstaat in einen anderen zu übermitteln war.

(4) Sind die Bestimmungen der Verordnung (EG) Nr. 1348/2000 nicht anwendbar, so gilt Artikel 15 des Haager Übereinkommens vom 15. November 1965 über die Zustellung gerichtlicher und außergerichtlicher Schriftstücke im Ausland in Zivil- und Handelssachen, wenn das verfahrenseinleitende Schriftstück oder ein gleichwertiges Schriftstück nach dem genannten Übereinkommen zu übermitteln war.

1 **1. Zuständigkeitsprüfung.** Abs. 1 dient dem Schutz des Beklagten, der nicht im Wohnsitzstaat verklagt wird und setzt damit einen Bezug zu mehreren Mitgliedstaaten voraus.[1] Der Beklagte, der in einem Mitgliedstaat wohnt (Art. 26 gewährt daher keinen Schutz für Drittstaater), wird dadurch geschützt, dass die

---

[19] *Rauscher/Staudinger* Rn. 13 ff. (gestützt auf die RiL über missbräuchliche Klauseln).

[1] Hierzu *Matscher,* Festschr. Schlosser (2005), 561, 573.

[2] EuGH („Duijnstee"), EuGHE 1983, 3663, 3674; BGHZ 109, 27, 31 = NJW 1990, 318.

[3] EuGH („Gasser"), EuGHE 2003, I 14693, 14741 Nr. 52; *Kropholler* Rn. 1; *Geimer/Schütze/Försterling* Rn. 5.

[4] OLG Rostock OLG-NL 2004, 72; OLG Düsseldorf RIW 2001, 63; OLG Koblenz VuR 2001, 257, 258; *Weller* IPRax 2000, 203; *McGuire* ZfRV 2005, 83 f.; *Mankowski* NZI 2006, 487, 488; für Verweisung aber *Burgstaller/Neumayr* RZ 2003, 242; Tribunal de commerce Bruxelles, RIW 1977/78, 1701, 1704.

[5] *Rauscher/Mankowski* Rn. 4; *Czernich/Tiefenthaler/Kodek/Czernich* Rn. 2.

[1] Vgl. auch *Coester-Waltjen,* Festschr. Nakamura (1996), 89, 108.

Zuständigkeit von Amts wegen in allen Instanzen geprüft wird,[2] wenn er nicht am Verfahren teilnimmt. Die Prüfung bezieht sich auf die Gerichtsstände der Verordnung, nicht auf eine **Schiedsabrede.**[3] Lässt sich der Beklagte auf das Verfahren ein, muss er die internationale Zuständigkeit rügen, ansonsten wird sie gem. Art. 24 durch **rügelose Einlassung** begründet, soweit nicht eine ausschließliche Zuständigkeit gegeben ist (Art. 22).[4] Obwohl Abs. 1 es dem Beklagten ermöglichen soll, sich bei Unzuständigkeit nicht vor dem ausländischen Gericht verteidigen zu müssen, ist Vorsicht mit einer solchen Passivität geboten. Ohne Einlassung des Beklagten kann das Gericht nämlich häufig seine Unzuständigkeit gar nicht erkennen, etwa wenn es auf die nicht ohne weiteres ersichtliche Verbrauchereigenschaft des Beklagten ankommt. Eine Pflicht zur Amtsermittlung besteht nicht. Richtigerweise kann nach Art. 26 auch verfahren werden, wenn der Beklagte, ohne sich zur Sache einzulassen, nur die Zuständigkeit rügt.[5] Dies ist noch nicht als Fall des Art. 24 zu werten. Im Falle der internationalen Unzuständigkeit ist die Klage durch **Prozessurteil** abzuweisen. Ein **Verstoß** gegen Art. 26 hindert für sich genommen nicht die Anerkennung und Vollstreckung der Entscheidung nach der Verordnung.[6]

2 **2. Rechtzeitige Zustellung (Abs. 2).** Die Klage soll nicht abgewiesen werden, wenn nicht feststeht, ob das verfahrenseinleitende Schriftstück den Beklagten erreicht hat. Das Gericht hat von Amts wegen zu überprüfen, ob die Zustellung so rechtzeitig erfolgte, dass der Beklagte sich verteidigen konnte. Auf die Ordnungsmäßigkeit der Zustellung kommt es dabei wie bei Art. 34 Nr. 2 nur indirekt an (s. dort Rn. 8, 9).[7] Für die Rechtzeitigkeit sind auch Heilungsmöglichkeiten nach dem jeweiligen Zustellungsregime zu beachten. So kann im Rahmen der EuZustVO die nachträgliche Übersendung einer Übersetzung in Betracht kommen (vgl. Art. 8 EuZustVO Rn. 2).

3 **3. Vorrang anderer Vorschriften (Abs. 3–4).** Abs. 3 und 4 tragen den unterschiedlichen Zustellungsregimes Rechnung, die für eine Zustellung an den Beklagten in Betracht kommen können. Ist Art. 19 EuZustVO anwendbar, hat diese Vorschrift Vorrang vor Abs. 2. Ist die EuZustVO nicht einschlägig, ist zu prüfen, ob Art. 15 HZÜ anwendbar ist, dem dann Vorrang gebührt.

Abschnitt 9. Rechtshängigkeit und im Zusammenhang stehende Verfahren

Bezüglich des 9. Abschnitts heißt es im Erwägungsgrund 15: „Im Interesse einer abgestimmten Rechtspflege müssen **Parallelverfahren** so weit wie möglich vermieden werden, damit nicht in zwei Mitgliedstaaten miteinander unvereinbare Entscheidungen ergehen. Es sollte eine klare und wirksame Regelung zur Klärung von Fragen der Rechtshängigkeit und der im Zusammenhang stehenden Verfahren sowie zur Verhinderung von Problemen vorgesehen werden, die sich aus der einzelstaatlich unterschiedlichen Festlegung des Zeitpunkts ergeben, von dem an ein Verfahren als rechtshängig gilt. Für die Zwecke dieser Verordnung sollte dieser Zeitpunkt autonom festgelegt werden." Um Verfahrensdoppelungen zu vermeiden, folgt die Verordnung dem **Prioritätsgrundsatz** und nutzt das Mittel der **Aussetzung.** Die Verhängung eines **Prozessführungsverbots** (insbes. sog. *anti-suit injunctions* nach englischem Recht), mit dem das Gericht eines Mitgliedsstaats einer Partei untersagt, eine Klage bei einem Gericht eines anderen Mitgliedstaats einzureichen oder ein dortiges Verfahren weiter zu betreiben, ist mit der VO nicht vereinbar und nicht anzuerkennen.[1] Das gilt selbst dann, wenn diese Partei wider Treu und Glauben zu dem Zweck handelt, das bereits anhängige Verfahren zu behindern. Es muss darauf vertraut werden können, dass die Zuständigkeitsvorschriften der VO von allen Gerichten der Mitgliedstaaten selbstständig und mit gleicher Sachkenntnis angewandt werden können.

Artikel 27

(1) Werden bei Gerichten verschiedener Mitgliedstaaten Klagen wegen desselben Anspruchs zwischen denselben Parteien anhängig gemacht, so setzt das später angerufene Gericht das Verfahren von Amts wegen aus, bis die Zuständigkeit des zuerst angerufenen Gerichts feststeht.

(2) Sobald die Zuständigkeit des zuerst angerufenen Gerichts feststeht, erklärt sich das später angerufene Gericht zugunsten dieses Gerichts für unzuständig.

---

[2] OLG Düsseldorf IHR 2003, 181.
[3] *T/P/Hüßtege* Rn. 4; *Rauscher/Mankowski* Rn. 8.
[4] Eine Entscheidung nach Art. 26 darf daher erst nach Zustellung der Klage ergehen.
[5] EuGH („Nürnberger Allgemeine VersichungsAG"), EuGHE 2004, I 10327, 10336, Nr. 19 = NJW 2005, 44.
[6] *T/P/Hüßtege* Rn. 7; *Rauscher/Mankowski* Rn. 3.
[7] Anders offenbar *Zö/Geimer* Rn. 9.
[1] EuGH („Gasser"), EuGHE 2003, I 14693, Nr. 72; EuGH („Turner"), EuGHE 2004, I 3565, Nr. 24 = EuZW 2004, 468 m. Anm. *Schroeder* = RIW 2004, 541 = IPRax 2004, 425 m. Anm. *Rauscher* IPRax 2004, 405; OLG Düsseldorf IPRax 1997, 260; *Mankowski* RIW 2004, 481, 497; *Dutta/Heinze* ZEuP 2005, 428; *Rauscher/Leible* Art. 27 Rn. 17–17c; diff. *Schlosser,* EuZPR, Art. 34–36 Rn. 5 und IPRax 1999, 117 (zulässig bei klarem Bruch von Gerichtstands- oder Schiedsvereinbarung, sog. *obligation based anti-suit injunctions*), ablehnend zu Recht auch insoweit (mit Nachw. zur gegenläufigen englischen Rechtsprechung) *Rauscher/Leible* Art. 27 Rn. 17b.

I. Verordnung

1. Normzweck. Eine Unzuständigkeitserklärung bei doppelter Rechtshängigkeit erfolgt erst, wenn die Zuständigkeit des zuerst angerufenen Gerichtes aufgrund einer Entscheidung dieses Gerichtes feststeht (Abs. 2). Bis zu diesem Zeitpunkt wird das Verfahren lediglich **ausgesetzt.** Durch Art. 27ff. sollen Parallelverfahren und einander widersprechende Entscheidungen vermieden werden (vgl. Erwägungsgrund Nr. 15). Angesichts dieses Normzwecks ist die Vorschrift weit auszulegen und erfasst dem Grundsatz nach alle Fälle der Rechtshängigkeit vor den Gerichten der Mitgliedstaaten, unabhängig vom Wohnsitz der Parteien.[1] Die Vorschrift findet nur auf „Klagen" Anwendung, nicht auf Anträge, **einstweiligen Rechtsschutz** zu gewähren (s. Art. 31), da insoweit kaum eine Kollisionsgefahr der Entscheidungen besteht bzw. im Rahmen von Art. 34 Nr. 3 gelöst werden kann.[2]Ist das spätere angerufene Gericht gar nicht zuständig, kann es die Klage jederzeit abweisen.[2a] 1

2. Anwendungsbereich und Voraussetzungen. a) Parallelklagen. Art. 27 betrifft Klagen und sonstige gerichtliche Verfahren[3] im Anwendungsbereich der Verordnung, bei denen eine Parteiidentität[4] vorliegt. Schiedsverfahren und Rechtshängigkeiten in Drittstaaten werden durch Art. 27ff. nicht erfasst. 2

b) Parteiidentität. Der Begriff der **Parteiidentität** ist wie alle Voraussetzungen der Aussetzung autonom auszulegen.[5] Ein formales Abstellen auf die Parteiidentität gewährleistet Rechtssicherheit und sollte nicht ausgedehnt werden auf Fälle der Rechtskrafterstreckung.[6] Die Parteirolle in den jeweils betroffenen Verfahren spielt keine Rolle. Bei **Teilidentität** der Parteien ist nur teilweise auszusetzen; soweit keine Parteiidentität zum Parallelverfahren besteht, kann das Verfahren bei Teilbarkeit fortgesetzt werden.[7] 3

c) Anhängigkeit. Es gilt das **Prioritätsprinzip:** das spätere wird durch das frühere Verfahren blockiert. Anhängigkeit iSd. Abs. 1 war für das EuGVÜ als **Rechtshängigkeit** nach nationalem Verfahrensrecht zu verstehen.[8] Nach Inkrafttreten der Verordnung bestimmt sich der Zeitpunkt der Anhängigkeit **autonom** nach Art. 30. 4

d) Derselbe Anspruch. Für die Frage, ob zwei Klagen, die zwischen denselben Parteien bei Gerichten verschiedener Vertragsstaaten anhängig gemacht werden, denselben Gegenstand haben, sind nur die Klageansprüche des jeweiligen Klägers und nicht auch die vom Beklagten erhobenen Einwendungen (etwa **Prozessaufrechnung**) zu berücksichtigen.[9] Eine Gleichsetzung mit dem Streitgegenstandsbegriff der ZPO scheidet aus.[10] Mit dem Ziel der Vermeidung paralleler Gerichtsverfahren in verschiedenen Vertragsstaaten mit konträren Entscheidungen[11] hat der EuGH einen weiten Streitgegenstandbegriff für Art. 27, 28 gewählt, der auf die gemeinsame Grundlage bzw. denselben Gegenstand der Verfahren abstellt. Entscheidend ist dabei, ob der **„Kernpunkt"** der Verfahren **der gleiche** ist.[12] Dabei berücksichtigt der EuGH nicht das jeweilige Klageziel. Art. 27 kennt daher keinen Vorrang einer – später erhobenen – Leistungsklage unter dem Gesichtspunkt des Wegfalls des Rechtsschutzinteresses für eine – zuvor erhobene – negative Feststellungsklage. Der Grundsatz der zeitlichen Priorität darf nicht unter Rückgriff auf die innerstaatliche prozessuale Regel des Vorrangs der Leistungsklage überspielt werden.[13] Dies ist weniger wegen einer möglichen drohenden Verjährung des durch eine Feststellungsklage gesperrten Leistungsanspruchs problematisch[14], da insoweit im Forum der Feststellungsklage Widerklage erhoben werden kann.[15] Der Verzicht auf eine Einbeziehung des Klageantrags in den europäischen Streitgegenstandsbegriff gefährdet jedoch den Justizgewährungsanspruch des Inhabers eines Leistungsanspruchs[16]. Er ermöglicht nämlich – wie die Praxis zeigt – sog. **Torpedoklagen,** bei denen durch eine Feststellungsklage vor einem international häufig gar nicht zuständigen, aber erfahrungsgemäß langsam arbeitenden Gericht eine Leistungsklage des Gegner ge- 5

---

[1] EuGH („de Boer"), EuGHE 2004, I 9657, Nr. 31; EuGH („Gasser"), EuGHE 2003, I 14693, Nr. 41; EuGH („Overseas Union Insurance"), EuGHE 1991, 3317, Nr. 13; für enge Auslegung *Kondring* IPRax 2007, 138, 144.

[2] Vgl. EuGH („Italian Leather"), EuGHE 2002, I 4995, Nr. 41; ausführlich *Rauscher/Leible* Rn. 13; *Jayme* IPRax 2000, 547, wie hier auch *T/P/Hüßtege* Rn. 6.

[2a] *Schlosser,* EuZPR, Rn. 10; OLG Bremen RIW 1992, 231.

[3] BGH NJW 1986, 662.

[4] Vgl. hierzu EuGH („Dronot assurances"), EuGHE 1998, I 3075 = EuZW 1998, 443.

[5] EuGH („Gubisch"), EuGHE 1987, 4861, Nr. 11.

[6] So – obiter dictum – EuGH („Drouot"), EuGHE 1998, I 3075, Nr. 19; dem folgend *T/P/Hüßtege* Rn. 7; Voraufl. Rn. 5; abl. *Jayme/Kohler* IPRax 1998, 421; Zö/*Geimer* Rn. 8a; *Rauscher/Leible* Rn. 6a. Auch bei Beteiligung von je Zedent und Zessionar in einem Verfahren ist besser Art. 28 anzuwenden.

[7] EuGH („Tatry"), EuGHE 1995, I 5439, Nr. 34; *Kropholler* Rn. 5; *T/P/Hüßtege* Rn. 7.

[8] EuGH („Zelger"), EuGHE 1984, 2397, Nr. 15 = NJW 1984, 2759.

[9] EuGH („Gantner"), EuGHE 2003, I 4207, Nr. 32 = ZZPInt 2003, 499 m. Anm. *Hau* = und Anm. *Reischl* IPRax 2003, 426; ebenso OLG München RIW 1997, 872; OLG Hamm IPRax 1986, 233; anders noch OLG Hamburg IPRax 1999, 171; ausführlich zum Ganzen *Rauscher/Leible* Rn. 11.

[10] S. bereits *Rüssmann* ZZP 111 (1998), 399; *Walker* ZZP 111 (1998), 429.

[11] EuGH („Gubisch"), EuGHE 1987, 4861 = NJW 1989, 665.

[12] EuGH („Gubisch"), EuGHE 1987, 4861, Nr. 14, 16; EuGH („Tatry"), EuGHE 1995, I 5439, Nr. 38; ihm folgend BGH NJW 1995, 1758; NJW 2002, 2795.

[13] EuGH („Tatry"), EuGHE 1995, I 5439, Nr. 43; ebenso BGHZ 134, 210; BGH NJW 2002, 2795f.; NJW 1997, 870.

[14] So aber *Wolf,* Festschr. Schwab (1990), 573; ausführlich *McGuire,* Verfahrenskoordination und Verjährungsunterbrechung im europäischen Prozessrecht, 2004.

[15] Zutreffend der Hinweis von *Rauscher/Leible* Rn. 9; *Schack* IPRax 1989, 140; BGHZ 134, 212.

[16] Zutreffend Zö/*Geimer* Rn. 21 mit Nachw.

zielt blockiert wird.[17] Das Dogma von der Gleichwertigkeit der Justizgewährung erweist sich einmal mehr als verfehlt. Vorzuziehen wäre daher eine Regelung für parallele Klagen, wie sie Principle 2.6 der UNIDROIT/ALI Principles of Transnational Civil Procedure[18], wonach das Zweitgericht berücksichtigen kann, ob das zuerst angerufene Gericht voraussichtlich effektiv und zügig verfahren wird.[19] In Ausnahmefällen (Verstoß gegen Art. 6 EMRK) wird man schon jetzt die blockierende Wirkung des Art. 27 bei überlanger Verfahrensdauer im Erstverfahren verneinen dürfen.[20]

6 **Anspruchsidentität** aufgrund der EuGH-Rspr. ist zB in folgenden Fällen zu **bejahen:** Zahlungsklage und Verfahren, in dem ein für den Zahlungsanspruch vorgreifliches Rechtsverhältnis Gegenstand ist;[21] Klage auf Vertragsunwirksamkeit und Klage auf Rückgewähr erbrachter vertraglicher Leistungen.[22] Hingegen ist bei parallelen Leistungsklagen (Erfüllungsklage einer-, Rückgewährklage andererseits) genau zu prüfen, inwieweit ihnen präjudizielle Rechtskraft zukommt. Nur insoweit besteht nämlich die Gefahr einander widersprechender Entscheidungen iSv. Art. 34 Nr. 3.[23] Die Klage auf Feststellung, dass für die Kündigung des Handelsvertretervertrages ein wichtiger Grund bestand, betrifft ein für die Klage auf Schadensersatz wegen entgangener Provision vorgreifliches Rechtsverhältnis.[24]

7 **3. Verfahrensaussetzung.** Sie hat von Amts wegen zu erfolgen (§ 148 analog)[25]. Dem später angerufenen Gericht ist es nach der Systematik der Verordnung verwehrt, die Zuständigkeit des zuerst angerufenen Gerichts zu prüfen.[26] Das Zweitgericht, dessen Zuständigkeit auf Grund einer **Gerichtsstandsvereinbarung** geltend gemacht wird, muss das Verfahren gleichwohl aussetzen, bis sich das zuerst angerufene Gericht für unzuständig erklärt hat, um einander widersprechende Entscheidungen zu vermeiden.[27] Str. ist, ob dies auch gilt, wenn das Zweitgericht seine Zuständigkeit auf **Art. 22** stützt. Hier wird teilweise eine Ausnahme vom Aussetzungsgebot angenommen (arg. ex Art. 29).[28] Der EuGH hat sich hierzu noch nicht eindeutig geäußert.[29] Aufgrund des bislang streng gehandhabten Prioritätsprinzips ist nicht davon auszugehen, dass für den Fall des Art. 22 Ausnahmen zulässig sind. Dies würde die Gefahr einander widersprechender Entscheidungen erhöhen.[30]

II. EuGVÜ/LugÜ

8 Art. 27 der Verordnung entspricht Art. 21 EuGVÜ/LugÜ.

Artikel 28

(1) Sind bei Gerichten verschiedener Mitgliedstaaten Klagen, die im Zusammenhang stehen, anhängig, so kann jedes später angerufene Gericht das Verfahren aussetzen.

(2) Sind diese Klagen in erster Instanz anhängig, so kann sich jedes später angerufene Gericht auf Antrag einer Partei auch für unzuständig erklären, wenn das zuerst angerufene Gericht für die betreffenden Klagen zuständig ist und die Verbindung der Klagen nach seinem Recht zulässig ist.

(3) Klagen stehen im Sinne dieses Artikels im Zusammenhang, wenn zwischen ihnen eine so enge Beziehung gegeben ist, dass eine gemeinsame Verhandlung und Entscheidung geboten erscheint, um zu vermeiden, dass in getrennten Verfahren widersprechende Entscheidungen ergehen könnten.

I. Verordnung

1 **1. Normzweck.** Art. 28 bezweckt über den Fall des Art. 27 hinaus die Vermeidung von Parallelverfahren und einander widersprechende Entscheidungen.[1] Sind die Voraussetzungen des Art. 27 nicht gegeben, ist die

---

[17] So ist gerade in Patentrechtsstreitigkeiten Italien ein beliebtes Forum für Feststellungsklagen, vgl. *Leitzen* GRUR 2004, 1011; *Stauder* GRURInt 1999, 191; OLG Düsseldorf GRURInt 2000, 776; LG Düsseldorf GRURInt 1998, 803 u. 804; zu Recht krit. daher MK/*Gottwald* Art. 21 EuGVÜ Rn. 9; *Leipold,* Gedächtnisschr. Arens (1993), 227; *Chr. Wolf* EuZW 1995, 366; Zö/*Geimer* Rn. 21–25.

[18] *Stürner,* RabelsZ 69 (2005), 201ff.

[19] Vgl. *Stadler,* Festschr. Kerameus (2007), (im Druck).

[20] Zö/*Geimer* Rn. 33; *T/P/Hüßtege* Rn. 10; *Rauscher/Leible* Rn. 18 mit zahlr. Nachw. *Mankowski* EWiR 2004, 439, 440; s. auch BGH NJW 2002, 2795; abl. jedoch EuGH („Gasser"), EuGHE 2003, I 14693; *Thiele* RIW 2004, 285ff.

[21] BGH NJW 2002, 2795, 2796; vgl. auch OLG Stuttgart IPRax 2002, 125; *Goebel* JZ 2002, 951.

[22] BGH IPRax 1996, 912 m. Anm. *Hau.*

[23] Insoweit wendet OGH öJZ 2005, 21 Art. 27 zu großzügig an; zu Recht abl. *Kondring* IPRax 2007, 138, 144ff. (gemeins. Vorfrage genügt nicht).

[24] BGH NJW 2002, 2795, 2796; vgl. auch OLG Stuttgart IPRax 2002, 125; *Goebel* JZ 2002, 951.

[25] OLG Frankfurt IPRax 2002, 523; OLG München RIW 1997, 872.

[26] *Rauscher/Leible* Rn. 16; *T/P/Hüßtege* Rn. 9; *McGuire,* aaO Fn. 14, S. 120; LG Bonn IPRax 2003, 543; aA OLG Stuttgart IPRspr. 2003 Nr. 174.

[27] EuGH („Gasser"), EuGHE 2003, I 14693, Nr. 49.

[28] So *Lüke,* Gedächtnisschr. Arens (1993), 281; *Rauscher/Gutknecht* IPRax 1993, 24; *Schack* IPRax 1991, 272; *Thiele* EWS 2004, 496.

[29] S. EuGH („Overseas Union Insurance"), EuGHE 1991, I 3317, Nr. 26, einschränkend jedoch EuGH („Gasser"), EuGHE 2003, I 14693, Nr. 45.

[30] So im Erg. auch *Rauscher/Leible* Rn. 16b.

[1] EuGH („Tatry"), EuGHE 1995, I 5439 = NJW 1995, 1863; EuGH („Gubisch"), EuGHE 1987, 4861 = NJW 1989, 665.

Anwendung des Art. 28 eröffnet, wenn vor Gerichten zweier oder mehrerer Vertragsstaaten Klagen erhoben worden sind. Zum Regelungsinhalt des **Abs. 1** gehören die Voraussetzungen, unter denen eine **Verfahrensaussetzung** (§ 148 ZPO) möglich ist. **Abs. 2** betrifft hingegen die Möglichkeit einer **Verfahrensverbindung.** Ist das später angerufene Gericht ohnehin unzuständig, so weist es die Klage ab.

2. Begriff des Zusammenhangs. Abs. 3 enthält eine Legaldefinition; er ist vertragsautonom[2] und unter Berücksichtigung seiner Funktion auszulegen[3]. Für das Vorliegen eines Zusammenhangs zwischen den Klagen ist es ausreichend, dass **bei getrennter Verhandlung** und Entscheidung die **Gefahr einander widersprechender Entscheidungen** besteht; nicht erforderlich ist die Gefahr sich gegenseitig ausschließender Rechtsfolgen.[4] Ein Zusammenhang kann sich aus zulässigen Einwendungen des Beklagten ergeben, wenn dieser etwa Zurückbehaltungsrechte oder Aufrechnung geltend macht. Er ist auch dann gegeben, wenn das Ergebnis des ersten Verfahrens im zweiten Verfahren verwertet werden kann. Die Voraussetzungen des Art. 28 können regelmäßig leichter erfüllt werden als die des Art. 27, da weder Parteiidentität erforderlich ist, noch dass derselbe Anspruch Gegenstand der unterschiedlichen Verfahren ist. 2

3. Ermessensgesichtspunkte für Aussetzung. Das Zweitgericht muss zwar von Amts wegen prüfen, ob überhaupt eine Aussetzung in Betracht kommt, die Entscheidung darüber steht jedoch in seinem Ermessen. Streitig ist, ob das Gericht, wenn es das Verfahren nach **Abs. 1** aussetzen will, eine **Anerkennungsprognose** vornehmen muss. Richtig dürfte es sein, nur eine negative Anerkennungsprognose im Rahmen des Ermessens zu berücksichtigen und gegebenenfalls auf eine Aussetzung zu verzichten.[5] Anders als bei Art. 27 kann das Zweitgericht bei seiner Ermessensausübung einbeziehen, dass es selbst eine **ausschließliche Zuständigkeit** nach Art. 22 besitzt. In diesem Fall wäre das ausländische Urteil ohnehin gem. Art. 35 Abs. 1 nicht anzuerkennen. Eine Rolle spielen können u. a. auch Überlegungen zur **Prozessökonomie** oder **Sach- und Beweisnähe.** Teilaussetzung ist grundsätzlich möglich. 3

4. Unzuständigkeitserklärung (Abs. 2). Sind beide Parallelverfahren noch in erster Instanz anhängig, so liegt auch die Entscheidung des später angerufenen Gerichtes für eine Unzuständigkeitserklärung in dessen Ermessen, um eine Prozessverbindung konnexer Verfahren zu ermöglichen (Parteiantrag erforderlich). Bereits aus dem Wortlaut folgt, dass eine Prozessverbindung nach dem Recht des **Erststaates** zulässig sein muss. Damit sollen negative Kompetenzkonflikte vermieden werden. Eine Zuständigkeit kraft Sachzusammenhang lässt sich aus Art. 28 nicht ableiten.[6] Für deutsche Gerichte erlaubt § 147 nur die Verbindung von Verfahren, die vor demselben Gericht anhängig sind.[7] 4

II. EuGVÜ/LugÜ

Art. 28 der Verordnung entspricht weitgehend Art. 22 EuGVÜ/LugÜ. Allerdings sind durch die Verordnung Irrtümer korrigiert worden, die ihren Ursprung in den Verhandlungen zum Brüsseler Übereinkommen von 1968 hatten. Damit ein Gericht ein Verfahren, das mit einem anderen Verfahren zusammenhängt, aussetzen kann, ist es nicht erforderlich, dass die Verfahren im ersten Rechtszug anhängig sind (vgl. Abs. 1 EuGVÜ). Beabsichtigt das später angerufene Gericht hingegen, sich zugunsten des ersten Gerichts für unzuständig zu erklären, müssen die Verfahren im ersten Rechtszug anhängig sein, damit die Parteien nicht eine Instanz verlieren. Außerdem muss das zuerst angerufene Gericht für die betreffenden Klagen zuständig und die Verbindung der Klagen nach seinem Recht, nicht nach dem Recht des Zweitstaates (so aber Art. 22 Abs. 2 EuGVÜ/LugÜ) zulässig sein.[8] 5

Artikel 29

Ist für die Klagen die ausschließliche Zuständigkeit mehrerer Gerichte gegeben, so hat sich das zuletzt angerufene Gericht zugunsten des zuerst angerufenen Gerichts für unzuständig zu erklären.

I. Verordnung

Art. 29 regelt den in der Praxis äußerst seltenen Fall der ausschließlichen Zuständigkeit mehrerer Gerichte und folgt strikt dem Prioritätsprinzip. Die Vorschrift meine – so *Schlosser* – wirklich das logische Monstrum, von dem sie spreche.[1] Sie ist von Amts wegen anzuwenden. Fraglich ist, ob Art. 29 den gleichen Voraussetzungen wie Art. 27 unterliegt, also eine **Partei- und Streitgegenstandsidentität** erforderlich ist, 1

[2] EuGH („Tatry"), EuGHE 1995, I 5439, Nr. 52 = NJW 1995, 1863; umfassend *Lüpfert,* Konnexität im EuGVÜ, 1997.

[3] *Chr. Wolf* EuZW 1995, 367.

[4] EuGH („Tatry"), EuGHE 1995, I 5439, Nr. 53 = NJW 1995, 1863 = m. Anm. *Schack* IPRax 1996, 80; ebenso *Kropholler* Rn. 3; *Schlosser,* EuZPR, Rn. 1; enger *Roth,* Festschr. Jayme (2004), 755.

[5] OLG Frankfurt IPRax 2001, 227 m. Anm. *Geimer* ebenda S. 191; *Rauscher/Leible* Rn. 5; *Kropholler* Rn. 10; *T/P/Hüßtege* Rn. 6; aA *Schütze/Kratzsch* RIW 2000, 939.

[6] EuGH („Leathertex"), EuGHE 1999, I 6747, Nr. 38; EuGH („Réunion européenne"), EuGHE 1998, I 6511, Nr. 3; EuGH („Elefantenschuh"), EuGHE 1981, 1671, Nr. 19.

[7] *Schlosser,* EuZPR, Rn. 2 will hingegen darauf abstellen, ob Klageerweiterung oder Widerklage im Erststaat möglich sind; die Neufassung der EuGVVO missachtend *Geimer/Schütze* EuZVerf Rn. 33, 34.

[8] Begründung der Kommission zum Vorschlag für eine Verordnung (EG) des Rates über die gerichtliche Zuständigkeit und die Anerkennung und Vollstreckung von Entscheidungen in Zivil- und Handelssachen (KOM (1999) 348 endg.), Gliederungspunkt 4.5, betr. Art. 28; missverständlich Zö/*Geimer* Rn. 8.

[1] *Schlosser,* EuZPR, Art. 29.

oder ob der bloße Zusammenhang iSv. Art. 28 genügt. Sinn und Zweck des 9. Abschnitts (Art. 27–30), einander widersprechende Entscheidungen möglichst zu vermeiden, sowie die systematische Stellung sprechen dafür, dass die Vorschrift schon dann gilt, wenn ein Zusammenhang iSd. Art. 28 vorliegt.[2] Insoweit kommt bei ausschließlicher Zuständigkeit Art. 29 Vorrang vor dem Antragserfordernis des Art. 28 Abs. 2 zu. Eine Verfahrensaussetzung sieht die Vorschrift nicht vor.

II. EuGVÜ/LugÜ

2 Art. 29 der Verordnung entspricht Art. 23 EuGVÜ/LugÜ.

Artikel 30

Für die Zwecke dieses Abschnitts gilt ein Gericht als angerufen:

1. **zu dem Zeitpunkt, zu dem das verfahrenseinleitende Schriftstück oder ein gleichwertiges Schriftstück bei Gericht eingereicht worden ist, vorausgesetzt, dass der Kläger es in der Folge nicht versäumt hat, die ihm obliegenden Maßnahmen zu treffen, um die Zustellung des Schriftstücks an den Beklagten zu bewirken, oder**
2. **falls die Zustellung an den Beklagten vor Einreichung des Schriftstücks bei Gericht zu bewirken ist, zu dem Zeitpunkt, zu dem die für die Zustellung verantwortliche Stelle das Schriftstück erhalten hat, vorausgesetzt, dass der Kläger es in der Folge nicht versäumt hat, die ihm obliegenden Maßnahmen zu treffen, um das Schriftstück bei Gericht einzureichen.**

1 Weder das EuGVÜ noch das LugÜ enthalten eine Vorschrift über die Frage, wann ein Verfahren rechtshängig ist.[1] Diese Rechtslücke schließt Art. 30 der Verordnung. Die Vorschrift legt den Zeitpunkt der Rechtshängigkeit nun autonom fest (vgl. Erwägungsgrund Nr. 15); sie nimmt einen Mittelweg, der die verschiedenen Verfahrensordnungen miteinander in Einklang bringt und gleichzeitig die Waffengleichheit sowie den Schutz vor einem Verfahrensmissbrauch gewährleistet. Die Rechtshängigkeit tritt je nach der geltenden Verfahrensordnung zu einem unterschiedlichen, aber möglichst frühen Zeitpunkt ein: In den Mitgliedstaaten, in denen das verfahrenseinleitende Schriftstück **vor** dessen **Zustellung** an den Beklagten **bei Gericht** einzureichen ist, ist das Verfahren ab dem Zeitpunkt der Einreichung dieses Schriftstücks bei Gericht anhängig, sofern der Kläger alle notwendigen Schritte unternommen hat, um die Zustellung der Klage an den Beklagten zu bewirken (Nr. 1). Diese Maßnahmen sind von Rechtssystem zu Rechtssystem durchaus unterschiedlich (vgl. § 167 ZPO), daher ist die lex fori maßgebend.[2] In den Mitgliedstaaten, in denen die **Zustellung vor Einreichung** des verfahrenseinleitenden Schriftstücks erfolgt, wird das Verfahren mit Übergabe des Schriftstücks an die für die Zustellung zuständige Behörde anhängig (und nicht zum Zeitpunkt der Zustellung selbst), sofern der Kläger das Schriftstück fristgerecht nach Maßgabe des am Gerichtsstand geltenden Rechts einreicht (Nr. 2).[3]

Abschnitt 10. Einstweilige Maßnahmen einschließlich solcher, die auf eine Sicherung gerichtet sind

Artikel 31

Die im Recht eines Mitgliedstaats vorgesehenen einstweiligen Maßnahmen einschließlich solcher, die auf eine Sicherung gerichtet sind, können bei den Gerichten dieses Staates auch dann beantragt werden, wenn für die Entscheidung in der Hauptsache das Gericht eines anderen Mitgliedstaats aufgrund dieser Verordnung zuständig ist.

I. Verordnung

1 **1. Normzweck.** Art. 31 enthält eine, über die Art. 2 und 5 bis 24 hinausgehende, Zuständigkeitsvorschrift, wonach einstweilige oder sichernde Maßnahmen auch von einem Gericht angeordnet werden können, das in der Hauptsache unzuständig ist. Damit können solche Maßnahmen zwar auch bei den nach der VO für die Hauptsache zuständigen Gerichten erwirkt werden. Außerdem steht es jeder Partei aber frei, die **nach nationalem Recht** begründete Zuständigkeit für einstweilige Maßnahmen in Anspruch zunehmen und zwar einschließlich **exorbitanter** Gerichtsstände, die nach Art. 3 im Anwendungsbereich der VO sonst ausgeschlossen sind (zB § 23 ZPO).[1] Die Funktion des Art. 31 liegt darin, dass „der örtlich zuständige

---

[2] *Geimer/Schütze/Försterling,* Rn. 6; aA die wohl hM, s. MK/*Gottwald* Art. 23 EuGVÜ Rn. 2; *Kropholler* Rn. 1; *Rauscher/Leible* Rn. 2.

[1] Nach EuGH („Zelger"), EuGHE 1984, 2397, Nr. 15 f. richtete sich dies nach nationalem Verfahrensrecht.

[2] OLG Karlsruhe OLGR 2006, 714; *T/P/Hüßtege* Rn. 4; s. auch *Heß* JZ 2001, 573, 578.

[3] Begründung der Kommission zum Vorschlag für eine Verordnung des Rates über die gerichtliche Zuständigkeit und die Anerkennung und Vollstreckung von Entscheidungen in Zivil- und Handelssachen (KOM (1999) 348 endg.), Gliederungspunkt 4.5, betr. Art. 30.

[1] Vgl. etwa OLG Düsseldorf RIW 1999, 874; OLG Köln NJW-RR 1997, 80; OLG Düsseldorf NJW 1977, 2034; *Geimer/Schütze/Geimer,* EuZVR, Rn. 1 mit weit. Nachw.; abw. *Schlosser,* EuZPR Rn. 17.

Richter oder jedenfalls der Richter des Vertragsstaates, in dem sich die von der beantragten Maßnahme betroffenen Vermögensgegenstände befinden, am besten in der Lage ist, die Umstände zu beurteilen, auf die es für die Bewilligung oder Versagung der begehrten Maßnahmen oder für die Bestimmung der vom Antragsteller zu beachtenden Modalitäten und Voraussetzungen ankommt, durch die sichergestellt werden soll, dass die Maßnahme ihren einstweiligen und auf eine Sicherung gerichteten Charakter behält."[2] Art. 31 gilt hierbei für alle einstweiligen Maßnahmen, sofern sie in den **sachlichen Anwendungsbereich** der Verordnung fallen.[3] Der Antragsgegner muss seinen Wohnsitz in einem Mitgliedstaat haben.

2. Einstweilige Maßnahmen. a) Begriff. Unter „einstweiligen Maßnahmen einschließlich solcher, die auf eine Sicherung gerichtet sind", sind nach **autonomer** Auslegung Maßnahmen zu verstehen, die in den Anwendungsbereich der Verordnung fallenden Rechtsgebieten ergehen und Rechte sichern sollen, deren Anerkennung im Übrigen bei dem in der Hauptsache zuständigen Gericht beantragt wird.[4] Die Zugehörigkeit zum Anwendungsbereich bestimmt sich nach dem Streitgegenstand in der Hauptsache.[5] Der Begriff ist weit auszulegen. Hierunter fallen im deutschen Recht der Arrest (§§ 916ff. ZPO), die einstweilige Verfügung (§§ 935ff. ZPO) einschließlich der Leistungsverfügung (§ 940 ZPO) und die einstweilige Anordnung in Ehe- und Kindschaftssachen (§§ 620, 621f., 641d ZPO). Das **selbstständige Beweisverfahren** fällt nicht darunter.[6] 2

b) Internationale Zuständigkeit und Beschränkungen der Anordnungsbefugnis. Der EuGH hat den Spielraum für Leistungsverfügungen nach Art. 24 EuGVÜ mehrfach **eingeengt**,[7] worauf der Verordnungsgeber leider auf eine entsprechende Klarstellung im Verordnungstext verzichtete. Den Hintergrund der Rspr. bilden dabei Leistungsverfügungen im romanischen Rechtskreis, die in einem nur auf nationalem Recht beruhenden Klägergerichtsstand beantragt wurden und de facto häufig abschließende Wirkung hatten, weil ein Hauptsacheverfahren nicht nachfolgte. Damit droht die Zuständigkeitsordnung der Verordnung über Art. 31 unterlaufen zu werden. Die EuGH-Urteile enthalten eine geographische und gegenständliche Beschränkung der Anordnungsbefugnis durch Gerichte, die nicht in der Hauptsache zuständig sind. Sie sind vor allem in ihrer Anwendung auf Anordnungen, die auf Geldzahlungen gerichtet sind, nicht sehr klar formuliert.[8] Wird die Zuständigkeit für die einstweilige Maßnahme auf Art. 31 gestützt, muss zwischen dem Gegenstand der beantragten Maßnahme und der gebietsbezogenen Zuständigkeit des Mitgliedsstaates eine **reale Verknüpfung** bestehen.[9] Dies dürfte so zu interpretieren sein, dass sich der Vollstreckungsgegenstand im Hoheitsgebiet des Staates[10] befinden muss; für die Sicherung von Geldzahlungsansprüchen kann darauf abgestellt werden, ob vollstreckbares Vermögen vorhanden ist.[11] Bei Unterlassungsverfügungen genügt die Vollstreckbarkeit des Zwangsgeldes im Anordnungsstaat.[12] Eine gewisse Wahrscheinlichkeit für das Vorhandensein vollstreckbaren Vermögens soll nach EuGH („befinden müsste") offenbar genügen.[13] Wird hingegen bei einem in der **Hauptsache zuständigen Gericht** eine einstweilige Maßnahme beantragt, gelten diese Beschränkungen nicht. Dabei kommt es nicht darauf an, ob und wo bei ggf. mehreren zuständigen Gerichten die Hauptsache anhängig ist.[14] Jedes nach der VO zuständige Gericht der Hauptsache kann einschränkungslos Maßnahmen des einstweiligen Rechtsschutzes anordnen. Haben die Parteien eine **Schiedsabrede** getroffen, gibt es nach EuGH kein „Hauptsachegericht" in diesem Sinne, es ist über Art. 31 auf die nationalen Gerichtsstände zurück zu greifen.[15] Es ist außerdem zu beachten, dass bei einem die vorläufige Erbringung einer vertraglichen Gegenleistung anordnenden Urteil nur dann eine einstweilige Maßnahme iSd. Art. 31 erlassen werden kann, „wenn die **Rückzahlung** des zugesprochenen Betrages an den Antragsgegner für den Fall, dass der Antragsteller nicht in der Hauptsache obsiegt, **gewährleistet** ist.[16] Welcher Art die Ge- 3

---

[2] EuGH („Reichert"), EuGHE 1992, I 2149 = EuZW 1992, 447.

[3] Vgl. EuGH („De Cavel"), EuGHE 1979, 1055, Nr. 9; EuGH („C.H.W."), EuGHE 1982, 1189, Nr. 11; EuGH („Van Uden"), EuGHE 1998, 7091, Nr. 30.

[4] Vgl. EuGH („Reichert"), EuGHE 1992, I 2149.

[5] Vgl. EuGH („Reichert"), EuGHE 1992, I 2149; EuGH („Van Uden"), EuGHE 1998, 7091; EuGH („St. Paul Dairy Indus."), EuGHE 2005, I 3481, Nr. 13 = RIW 2005, 538.

[6] Str., wie hier *Rauscher/Leible* Rn. 13; *Schack* Rn. 429; *Stadler,* Festschr. Geimer (2002), 1302; aA *Mankowski* JZ 2005, 1144; MK/*Gottwald* Art. 24 EuGVÜ (AB) Rn. 3; *Ahrens,* Festschr. Schütze (1999), 9; OLG Hamburg IPRax 2000, 530; abl. für vorgezogene Zeugenvernehmung auch EuGH („St. Paul Dairy Indus."), EuGHE 2005, I 3481, Nr. 17ff.

[7] EuGH („Van Uden"), EuGHE 1998, 7091; EuGH („Mietz"), EuGHE 1999, I 2277.

[8] S. die Interpretationsversuche von *Spellenberg/Leible* ZZPInt 4 (1999), 230; *Stadler* JZ 1999, 1098; *Heß/Vollkommer* IPRax 1999, 220; *Maher/Rodger* Internat. Comparative Law Quarterly 1999, 302; *Schulz* ZEuP 2001, 805. Ausführlich zum Ganzen *Willeiter,* Vermögensgerichtsstand und einstweiliger Rechtsschutz im deutschen, niederländischen und europäischen Internationalen Zivilverfahrensrecht, 2003.

[9] Dies gilt auch bei Zuständigkeit kraft rügeloser Einlassung, EuGH („Mietz"), EuGHE 1999, I 2277, Nr. 55.

[10] Eine beim EuGH anklingende Beschränkung auf den Gerichtsbezirk dürfte zu eng sein, so auch *Heß/Vollkommer* IPrax 1999, 220, 224. In diesem engen Sinne aber *T/P/Hüßtege* Rn. 3.

[11] Nicht vertretbar erscheint es, Geldleistungsverfügungen von den Beschränkungen auszunehmen und sie nur auf Sachleistungen zu beziehen (so *Heß/Vollkommer* IPRax 1999, 220, 224), da sich der EuGH gerade mit ersteren zu befassen hatte.

[12] Zö/*Geimer* Rn. 7.

[13] So auch *Rauscher/Leible* Rn. 25a; *Stadler* JZ 1999, 1089, 1098.

[14] *Stadler* JZ 1999, 1089, 1094, 1099; ebenso *Rauscher/Leible* Rn. 17.

[15] EuGH („Van Uden"), EuGHE 1998, 7091, Nr. 24f.; OGH IPRax 2003, 64; dagegen *Rauscher/Leible* Rn. 20.

[16] EuGH („Van Uden"), EuGHE 1998, 7091, Nr. 47; EuGH („Mietz"), EuGHE 1999, I 2277, Nr. 42.

währleistung sein muss, bleibt offen. Vom Erstgericht[17] angeordnete **Sicherheitsleistungen** des Gläubigers dürften ausreichen, kaum jedoch die bloße Gewährung eines Schadensersatzanspruchs wie im deutschen Recht nach § 945 ZPO.[18] Wenig überzeugend ist die Beschränkung auf vertragliche Leistungsansprüche, sie sollte für alle Leistungsanordnungen gelten.

4 **3. Rechtliches Gehör.** Einstweilige Maßnahmen im Sinne von Art. 31 sind grundsätzlich anerkennungs- und vollstreckungsfähig (Art. 32)[19]. Zu beachten ist jedoch, dass dies nach umstrittener, aber gültiger EuGH-Rspr. nur gilt, wenn dem Gegner rechtliches Gehör gewährt wurde bzw. er geladen wurde.[20] Voraussetzung ist mit anderen Worten ein **kontradiktorisches Verfahren.**[21] Bei grenzüberschreitender Vollstreckung nimmt man dem Gläubiger damit das Überraschungsmoment.[22] Von der Fortgeltung dieser Rspr. wird auch unter der Verordnung ausgegangen, obwohl das Erfordernis nicht Eingang in den Text von Art. 31 bzw. 32 gefunden hat.[23] Zu Recht wird daher eine erneute Vorlage an den EuGH gefordert.[24]

II. EuGVÜ/LugÜ

5 Art. 31 der Verordnung entspricht Art. 24 EuGVÜ/LugÜ. Die vom EuGH (s. Rn. 3) vorgenommenen Beschränkungen haben im Text keinen Niederschlag gefunden.

Kapitel III. Anerkennung und Vollstreckung

Vorbemerkung

1 **1. Grundsatz.** Durch die Verordnung soll so weit wie möglich die Urteilsfreizügigkeit im Europäischen Justizraum hergestellt werden (vgl. Erwägungsgründe 1–6). Das Kapitel III enthält Bestimmungen für die Anerkennung und Vollstreckung von Entscheidungen, die das nationale Recht verdrängen. Art. 33 legt den Grundsatz fest, dass die in anderen Mitgliedstaaten ergangenen Entscheidungen ipso iure **anzuerkennen** sind. Zur Vollstreckung bedarf es allerdings eines Exequaturverfahrens.

2 **2. Europäischer Vollstreckungstitel.** Bei **unbestrittenen Geldforderungen** ist seit 21. Oktober 2005 die Verordnung (EG) Nr. 805/2004 des Europäischen Parlaments und des Rates vom 21. April 2004 zur Einführung eines europäischen Vollstreckungstitels für unbestrittene Forderungen[1] zu beachten (s. Komm. im Anschluss an die EuGVVO). Europäische Vollstreckungstitel nach dieser Verordnung sind ohne Exequatur unionsweit vollstreckbar (Ausnahme: Dänemark). Die Verordnung verdrängt allerdings die EuGVVO nicht, sondern ermöglicht ein alternatives oder sogar paralleles Vorgehen des Inhabers eines Europäischen Vollstreckungstitels (s. hierzu Vorbem. VO Rn. 14).

3 **3. Erneute Klagen.** Erneute Leistungsklagen im Vollstreckungsstaat sind regelmäßig wegen der entgegenstehenden, anzuerkennenden Rechtskraft nicht möglich. Sie sollen das Anerkennungs- und Vollstreckungsregime der VO nicht unterlaufen.[2]

Artikel 32

Unter „Entscheidung" im Sinne dieser Verordnung ist jede von einem Gericht eines Mitgliedstaats erlassene Entscheidung zu verstehen, ohne Rücksicht auf ihre Bezeichnung wie Urteil, Beschluss, Zahlungsbefehl oder Vollstreckungsbescheid, einschließlich des Kostenfestsetzungsbeschlusses eines Gerichtsbediensteten.

I. Verordnung

1 **1. Anerkennungsfähige Entscheidungen. a) Begriff.** Kapitel III der Verordnung erfasst alle Entscheidungen aus Mitgliedstaaten in Abgrenzung zu Entscheidungen aus Drittstaaten. Unter Art. 32 fallen allerdings nur solche Entscheidungen, die im sachlichen und zeitlichen Anwendungsbereich der Verordnung ergangen sind. Der Begriff der „Entscheidung" ist autonom auszulegen[1]; er umfasst unhängig von der **Form und Bezeichnung** alle Entscheidungen mit Außenwirkung. Nicht erfasst sind daher bloße verfahrensrechtliche **Zwischenentscheidungen** wie Beweisbeschlüsse[2]. Zur Anerkennungsfähigkeit von Entscheidungen im **einstweiligen Rechtsschutz** s. Art. 31 Rn. 4. Die Aufzählung in Art. 32 hat lediglich beispielhaften Charak-

---

[17] Nicht ausreichend sind dergleichen Anordnung im Exequaturverfahren.
[18] So aber Voraufl. Rn. 2; *T/P/Hüßtege* Rn. 3; wie hier wohl Zö/*Geimer* Rn. 12; *Rauscher/Leible* Rn. 11.
[19] BGH ZIP 2007, 396.
[20] EuGH („Denilauler"), EuGHE 1980, 1553 = IPRax 1981, 95 m. Anm. *Hausmann.*
[21] Vgl. OLG München RIW 2000, 464; OLG Karlsruhe FamRZ 2001, 1623; OLG Hamm NJW-RR 1995, 189.
[22] Zur Kritik vgl. *Schack* Rn. 825; *Remien* WRP 1994, 27.
[23] So aber OLG Schleswig OLGR 2005, 520; *Geimer/Schütze/Geimer,* EuZVR Art. 32 Rn. 35; Zö/*Geimer* Rn. 8 (unklar ob de lege lata oder de lege ferenda); ausführlich zum Ganzen *Rauscher/Leible* Rn. 36a.
[24] *Heinze* ZZP 120 (2007), 303ff.
[1] ABl. (EG) L 143 vom 30. 4. 2004, S. 15.
[2] EuGH („De Wolf"), EuGHE 1976, 1759 Nr. 9f.; MK/*Gottwald* Art. 25 EuGVÜ Rn. 6.
[1] BGH NJW-RR 2006, 144.
[2] OLG Hamm RIW 1989, 566; OLG Hamburg IPRax 2000, 530.

ter. Auch Entscheidungen in abgekürzter Form[3] und Prozessurteile[4] gehören zu den anerkennungsfähigen Entscheidungen.

b) **Nebenentscheidungen.** Nicht nur Entscheidungen zur Hauptsache werden durch Art. 32 erfasst, sondern auch verselbstständigte Nebenentscheidungen und insbesondere Kostenfestsetzungen[5], vorausgesetzt die Hauptsache fällt in den Anwendungsbereich der Verordnung. Sofern die Verordnung nur hinsichtlich eines Teilbereiches der Hauptsacheentscheidung anwendbar ist, wie etwa im Fall eines deutschen Verbundurteils hinsichtlich des Unterhaltes, fällt zur Erleichterung des Rechtsverkehrs die gesamte Kostenentscheidung unter Art. 32. Es ist darauf zu achten, dass es sich um eine Entscheidung handelt und nicht um einen Akt der Justizverwaltung, wie etwa im Falle einer Gerichtskostenrechnung.[6] 2

c) **Rechtskräftige Entscheidungen.** Die Rechtskraft ist **nicht Voraussetzung** für die Anerkennung und Vollstreckung von Entscheidungen.[7] Zur Vermeidung von Nachteilen des Schuldners werden dessen Interessen durch die Art. 37 und 46 berücksichtigt. Unter Art. 32 fallen grundsätzlich auch Mahnbescheide, daher etwa auch der rechtskräftige österreichische Zahlungsbefehl[8] und die italienische *ordinanza ingiuntiva di pagamento*[9] sowie das *decreto ingiuntivo*[10]. Die EG-MahnVO wird für den darin geregelten Europäischen Zahlungsbefehl eine eigenständige Regelung treffen. 3

d) **Prozessvergleiche.** Da diese keine gerichtlichen Entscheidungen darstellen, fallen sie nicht unter Art. 32. Anerkennung und Vollstreckung sind gleichwohl möglich, richten sich aber aufgrund ihrer eher vertraglichen Natur nach Art. 58.[11] Fließt eine vergleichsweise Einigung hingegen in ein richterliches Urteil ein und wird das Gericht nicht nur beurkundend tätig, kann eine Entscheidung iSv. Art. 32ff. vorliegen.[12] 4

e) **Doppelexequatur.** Entscheidungen, die die Anerkennung oder Vollstreckbarerklärung einer drittstaatlichen Entscheidung feststellen, werden nicht von Art. 32 erfasst. Exequaturentscheidungen haben keinen anerkennungsfähigen Inhalt, sondern ordnen die Vollstreckbarkeit beschränkt auf den Vollstreckungsstaat an. Im Übrigen gilt es zu verhindern, dass durch die Exequaturentscheidung eines Mitgliedstaates für eine drittstaatliche Entscheidung deren Anerkennung in allen Mitgliedstaaten sich nach der VO richtet und ggf. autonomes Anerkennungsrecht unterläuft. 5

2. Gericht. Unter diesen – autonom zu interpretierenden – Begriff fallen alle Rechtsprechungsorgane eines Mitgliedstaates, sofern unter ihnen die selbstständigen Entscheidungen in einem justizförmigen Verfahren unter Wahrung des rechtlichen Gehörs ergehen.[13] Nicht erforderlich ist die Entscheidung durch einen Richter. Insbesondere werden auch Entscheidungen des Rechtspflegers oder Urkundsbeamten erfasst. **Nichtstaatliche Organe** wie Schiedsgerichte, Vereins- oder Kirchengerichte fallen nicht unter Art. 32; ebensowenig Verwaltungsbehörden.[14] 6

II. EuGVÜ/LugÜ

Art. 32 der Verordnung entspricht Art. 25 EuGVÜ/LugÜ. Der Begriff des Vollstreckungsbefehls wurde jedoch ersetzt durch „Zahlungsbefehl oder Vollstreckungsbescheid". 7

Abschnitt 1. Anerkennung

Artikel 33

(1) Die in einem Mitgliedstaat ergangenen Entscheidungen werden in den anderen Mitgliedstaaten anerkannt, ohne dass es hierfür eines besonderen Verfahrens bedarf.

(2) Bildet die Frage, ob eine Entscheidung anzuerkennen ist, als solche den Gegenstand eines Streites, so kann jede Partei, welche die Anerkennung geltend macht, in dem Verfahren nach den Abschnitten 2 und 3 dieses Kapitels die Feststellung beantragen, dass die Entscheidung anerkannt wird.

(3) Wird die Anerkennung in einem Rechtsstreit vor dem Gericht eines Mitgliedstaats, dessen Entscheidung von der Anerkennung abhängt, verlangt, so kann dieses Gericht über die Anerkennung entscheiden.

---

3 Wegen der kaum möglichen Prüfung von Anerkennungsversagungsgründen schließen allerdings §§ 313a Abs. 4 Nr. 5, 313b Abs. 3 ZPO ein abgekürztes Urteil aus, wenn mit der Vollstreckung im Ausland zu rechnen ist. § 30 AVAG gibt einen Anspruch auf nachträgliche Ergänzung.

4 Str., wie hier *Schlosser,* EuZPR, Rn. 2; *Rauscher/Leible* Rn. 5; *Kropholler* Rn. 14; MK/*Gottwald* Art. 25 EuGVÜ Rn. 8; aA Zö/*Geimer* Rn. 11; *Geimer/Schütze/Geimer,* EuZVR, Rn. 17.

5 OLG Saarbrücken IPRax 1990, 232.

6 OLG Schleswig RIW 1997, 513.

7 *Jenard*-Bericht 44 (Art. 26 EuGVÜ).

8 *T/P/Hüßtege* Rn. 3.

9 ZB OLG Stuttgart NJW-RR 1998, 280; OGH ZfRV 2000, 231.

10 OLG Zweibrücken RIW 2006, 709; OLG Frankfurt OLGR 2005, 96.

11 EuGH („Solo Kleinmotoren"), EuGHE 1994, I 2237, Nr. 18 = JZ 1994, 1007 = NJW 1995, 38.

12 *von Hoffmann/Hau* IPrax 1995, 218; *Rauscher/Leible* Rn. 10.

13 S. auch EuGH („Solo Kleinmotoren"), EuGHE 1994, I 2237, Nr. 17; EuGH („Mærsk Olie"), EuGHE 2004, I 9657, Nr. 45.

14 Eine Ausnahme für das schwedische Betreibungsamt regelt Art. 62.

I. Verordnung

1 **1. Normzweck und Systematik.** Der 1. Abschnitt des Kapitels III enthält Regelungen über Verfahren und Versagungsgründe für eine Anerkennung. Kernvorschrift ist Art. 33. Nach seinem **Abs. 1** werden die Entscheidungen, die in einem Mitgliedstaat ergangen sind, grundsätzlich **ipso iure,** dh. ohne besonderes Verfahren automatisch anerkannt. Mit **Abs. 2** stellt die Verordnung ein selbstständiges Anerkennungsfeststellungsverfahren zur Verfügung. Die **Gründe für eine Versagung** der Anerkennung sind in den Art. 34 und 35 abschließend aufgeführt. Systematisch etwas versteckt enthält Art. 36 den wichtigen Grundsatz des Verbotes einer *révision au fond.* Da das anzuerkennende und zu vollstreckende Urteil nicht rechtskräftig sein muss, trifft Art. 37 eine **Aussetzungsregelung** für den Fall, dass gegen die anzuerkennende Entscheidung im Ursprungsstaat ein Rechtsbehelf eingelegt worden ist. Zur Neuregelung durch die Einführung eines Europäischen Vollstreckungstitels s. bereits Vorbem. Rn. 13 und vor Art. 32 Rn. 2.

2 **2. Anerkennung ipso iure (Abs. 1).** Entscheidungen eines Mitgliedstaates werden in jedem anderen Mitgliedstaat automatisch anerkannt. Der Begriff der Anerkennung wird in der Verordnung nicht definiert.[1] Es gilt der Grundsatz der **Wirkungserstreckung** der Anerkennung, dh. dem fraglichen Akt werden im Inland die gleichen rechtlichen Wirkungen zugeschrieben wie im Entscheidungsstaat.[2] Mit Eintreten der Wirkungen des erststaatlichen Urteils im Erststaat erstrecken sich diese Wirkungen gleichzeitig auch auf den Zweitstaat. Die Anerkennung erstreckt sich auf alle prozessualen Entscheidungswirkungen. Anerkannt werden demnach die materielle **Rechtskraft**[3], die **Präklusionswirkung**[4], die **Gestaltungswirkung**[5] und prozessuale Drittwirkungen, die Interventions- und Streitverkündungswirkung (s. auch Art. 65). Die **Vollstreckungswirkung** wird hingegen **nicht** anerkannt, insoweit gelten Art. 38–52. **Prozessurteile** sind zwar anerkennungsfähig, eine Bindung zur Hauptsache kann von ihnen aber nicht ausgehen[6]. Teilanerkennungen sind möglich.

3 **3. Selbstständiges Anerkennungsverfahren (Abs. 2).** Zu Recht wird darauf hingewiesen, als Folge des Grundsatzes der automatischen Anerkennung könne über die Anerkennungsfähigkeit als Vorfrage jeweils neu und divergierend befunden werden.[7] Durch Abs. 2 eröffnet die VO die Möglichkeit, in einem besonderen Verfahren (entspr. Art. 38–52) Klarheit über die Anerkennungsfähigkeit zu schaffen und die Feststellung zu beantragen, dass die Entscheidung anzuerkennen ist. Für eine solche bindende selbstständige Klärung kann im Einzelfall ein besonderes Bedürfnis bestehen, etwa im Fall von nicht vollstreckungsfähigen Entscheidungen wie Gestaltungsurteilen. Abs. 2 verdrängt in seinem Anwendungsbereich das autonome Recht (§ 256 ZPO im deutschen Recht). Er sieht nach seinem Wortlaut nur einen positiven Feststellungsantrag vor. Ein negativer Feststellungsantrag ist nicht zulässig[8].

4 **Antragsberechtigt** im Verfahren gem. Abs. 2 sind die Parteien des Ausgangsverfahrens, ihre Rechtsnachfolger oder Dritte. Erforderlich, aber auch ausreichend für die Zulässigkeit des Antrages ist ein allgemeines Rechtsschutzinteresse, dh. es bedarf nicht eines besonderen **Feststellungsinteresses** (wie etwa bei § 256 Abs. 1 ZPO).[9] Ein Streit über die Anerkennung ist nicht Zulässigkeitsvoraussetzung für den Antrag. Zu verfolgen ist der Feststellungsantrag nach dem Verfahren des 2. und 3. Abschnitts, also den Art. 38–52. Hierbei sind die §§ 25 f. AVAG zu beachten. Die Zuständigkeit bestimmt sich nach Art. 39 Abs. 2. Der Feststellungsantrag kann selbstständig und auch neben dem Antrag auf Vollstreckbarerklärung (Art. 38 ff.) gestellt werden. Das Anerkennungsverfahren ist in erster Instanz ein einseitiges Verfahren (vgl. Art. 41).

5 **4. Inzidentanerkennung (Abs. 3).** Abs. 3 regelt den Fall, dass die Anerkennung einer Entscheidung als Vorfrage geltend gemacht wird. Jedes Gericht eines Mitgliedstaats, dessen Entscheidung von der Anerkennung abhängt, kann inzident über die Anerkennung mitentscheiden, solange eine förmliche unanfechtbare Anerkennung gem. Abs. 2 nicht vorliegt. Eine solche inzidente Anerkennung ermöglicht indessen bereits Abs. 1. Richtiger Ansicht zur Folge eröffnet Abs. 3 daher darüber – und über Abs. 2 und unabhängig von der dort festgelegten Zuständigkeit – hinaus die Möglichkeit, dass auch ein Gericht iSv. Abs. 3 in einem **selbstständigen** Anerkennungsverfahren entscheidet.[10] Die Pflicht zur Vorlage von Urkunden gem. Art. 53, 55 und 56 besteht auch bei der begehrten inzidenten Anerkennung. Die Entscheidung nach Abs. 3 entfaltet in der Regel **keine Rechtskraft,** weshalb in einem Verfahren nach Abs. 2 grundsätzlich auch eine abweichende Entscheidung getroffen werden kann.

II. EuGVÜ/LugÜ

6 Art. 33 der Verordnung entspricht Art. 26 EuGVÜ/LugÜ.

---

[1] Nachw. zum Theorienstreit bei *Rauscher/Leible* Rn. 3.
[2] EuGH („Hoffmann"), EuGHE 1988, 645 Nr. 11 = NJW 1989, 663.
[3] Die Grenzen der Rechtskraft ergeben sich aus dem Recht des Urteilsstaates.
[4] HM, MK/*Gottwald,* Art. 26 EuGVÜ Rn. 3; *Kropholler* vor Art. 33 Rn. 14; *Rauscher/Leible* Rn. 6.
[5] *Kropholler* vor Art. 33 Rn. 15; *T/P/Hüßtege* Rn. 3.
[6] OLG Celle IPRax 1997, 418.
[7] MK/*Gottwald* Art. 26 EuGVÜ Rn. 5.
[8] AA *Schlosser,* EuZPR, Rn. 4; *Geimer/Schütze/Geimer,* EuZVR, Rn. 85 ff.
[9] MK/*Gottwald* Art. 26 EuGVÜ Rn. 7; *Rauscher/Leible* Rn. 14; *Kropholler* Rn. 4.
[10] *Schlosser,* EuZPR Rn. 5; *Rauscher/Leible* Rn. 17; *T/P/Hüßtege* Rn. 6.

Artikel 34

Eine Entscheidung wird nicht anerkannt, wenn

1. die Anerkennung der öffentlichen Ordnung (ordre public) des Mitgliedstaats, in dem sie geltend gemacht wird, offensichtlich widersprechen würde;

2. dem Beklagten, der sich auf das Verfahren nicht eingelassen hat, das verfahrenseinleitende Schriftstück oder ein gleichwertiges Schriftstück nicht so rechtzeitig und in einer Weise zugestellt worden ist, dass er sich verteidigen konnte, es sei denn, der Beklagte hat gegen die Entscheidung keinen Rechtsbehelf eingelegt, obwohl er die Möglichkeit dazu hatte;

3. sie mit einer Entscheidung unvereinbar ist, die zwischen denselben Parteien in dem Mitgliedstaat, in dem die Anerkennung geltend gemacht wird, ergangen ist;

4. sie mit einer früheren Entscheidung unvereinbar ist, die in einem anderen Mitgliedstaat oder in einem Drittstaat zwischen denselben Parteien in einem Rechtsstreit wegen desselben Anspruchs ergangen ist, sofern die frühere Entscheidung die notwendigen Voraussetzungen für ihre Anerkennung in dem Mitgliedstaat erfüllt, in dem die Anerkennung geltend gemacht wird.

I. Verordnung

1. Allgemeine Anerkennungsvoraussetzungen. Zu den Anerkennungsvoraussetzungen gehört, dass nur Entscheidungen eines Mitgliedstaats im sachlichen und zeitlichen Anwendungsbereich der VO anerkannt werden können (zum Begriff Art. 32 Rn. 1–7). Es muss sich um eine nach dem Recht des Erststaates **wirksame,** nicht notwendig rechtskräftige Entscheidung handeln. Der Entscheidungsstaat muss die (völkerrechtlich zu bestimmende) Gerichtsbarkeit[1] über die Parteien oder den Streitgegenstand besessen haben (hingegen darf seine internationale Zuständigkeit nur ausnahmsweise nach Art. 35 geprüft werden). Des Weiteren dürfen **keine Versagungsgründe** nach den Art. 34 (und Art. 35) gegeben sein. Das Vorliegen sämtlicher Anerkennungsvoraussetzungen ist durch das Gericht **von Amts wegen** zu prüfen; Anerkennungsversagungsgründe werden jedoch – insoweit abweichend von EuGVÜ/LugÜ erst in der Beschwerdeinstanz geprüft (Art. 41). Das Gericht fordert ggf. die Beteiligten zur Beibringung der erforderlichen Nachweise auf. Die **Beweislast** für das Vorliegen eines **Versagungsgrundes** nach den Art. 34, 35 **trägt der Antragsgegner,** da nach Art. 33 Abs. 1 eine Vermutung zu Gunsten der Anerkennung besteht. Art. 34 stellt ein Hindernis für die Verwirklichung eines der grundlegenden Ziele der Verordnung dar, nämlich durch ein einfaches und schnelles Vollstreckungsverfahren soweit wie möglich die Freizügigkeit der Urteile herzustellen, weshalb er eng auszulegen ist.[2] 1

2. Verstoß gegen den ordre public (Nr. 1). a) **Grundsatz.** Maßgebend ist die öffentliche Ordnung des Anerkennungsstaates. Im Falle eines Anerkennungsverfahrens in der Bundesrepublik ist damit auf den deutschen ordre public abzustellen. Die Mitgliedstaaten können grds. selbst festlegen, welche Anforderungen sich nach ihren innerstaatlichen Anschauungen aus ihrer öffentlichen Ordnung ergeben. Der EuGH kann zwar nicht den Inhalt des ordre public eines Mitgliedstaates definieren, er wacht im Rahmen seiner Auslegungskompetenz für die VO jedoch über die Grenzen, innerhalb derer sich ein Mitgliedstaat auf diesen Begriff stützen darf.[3] Das Anerkennungshindernis der Nr. 1 setzt voraus, dass eine Anerkennung der ausländischen Entscheidung mit den Wertungen der deutschen Rechtsordnung **offensichtlich** unvereinbar ist und indiziert damit eine besonders enge Auslegung.[4] Eine solche entsprach jedoch auch schon unter Geltung des EuGVÜ allgemeiner Praxis. Der ordre public umfasst daher nicht sämtliche Abweichungen vom eigenen Verfahrens- oder materiellen Recht des Anerkennungsstaates, sondern enthält eine Grenzziehung für Fällen, in denen die Anerkennung **offensichtlich untragbar** wäre.[5] Er darf nur in Ausnahmefällen eine Rolle spielen, wenn die Anerkennung oder Vollstreckung der Entscheidung gegen einen wesentlichen Rechtsgrundsatz des Anerkennungsstaates verstößt und deshalb in einem nicht hinnehmbaren Gegensatz zur Rechtsordnung des Vollstreckungsstaats stünde. Damit das Verbot der Nachprüfung der ausländischen Entscheidung auf ihre Gesetzmäßigkeit gewahrt bleibt (Art. 36), muss es sich bei diesem Verstoß um eine offensichtliche Verletzung einer in der Rechtsordnung des Vollstreckungsstaats als wesentlich geltende Rechtsnorm oder eines dort als grundlegend anerkannten Rechts handeln.[6] Besondere Bedeutung haben dabei **Grundrechtsverletzungen** und die Garantien des **Art. 6 EMRK.** Der deutsche Richter kann im Wesentlichen auf die Auslegungsgrundsätze, welche die Parallelvorschrift des autonomen Rechts (**§ 328 Abs. 1 Nr. 4 ZPO**) betreffen, verwiesen werden (s. § 328 ZPO Rn. 23 ff.). 2

b) Einzelfälle. Die Anerkennung darf nicht aufgrund eines Verstoßes gegen die internationale Zuständigkeit unter Berufung auf Art. 27 Nr. 1 versagt werden (Art. 35 Abs. 3).[7] Ein Urteil im französischen Adhäsionsverfahren, das darauf beruht, dass dem Schuldner die **Vertretung** durch einen in der Verhandlung anwesenden, zugelassenen Anwalt nur deswegen **versagt** werde, weil der Schuldner nicht persönlich 3

---

[1] Zutreffend *Kropholler* vor Art. 33 Rn. 5 u. Art. 35 Rn. 1; *Rauscher/Leible* Art. 35 Rn. 2.

[2] EuGH („Solo Kleinmotoren"), EuGHE 1994 I 1717 Nr. 20; EuGH („Krombach"), EuGHE 2000 I 1935 Nr. 21; EuGH („Renault"), EuGHE 2000 I 2973 Nr. 26.

[3] EuGH („Krombach"), EuGHE 2000 I 1935 Nr. 23; EuGH („Renault"), EuGHE 2000 I 2973 Nr. 28.

[4] BGHZ 140, 399; 123, 268, 270; die restriktive Auslegung betont der EuGH s. Nachw. Fn. 1.

[5] BGHZ 140, 399.

[6] EuGH aaO Fn. 2.

[7] EuGH („Krombach"), EuGHE 2000, I 1935, Nr. 33; BGH IHR 2006, 259; OLG Frankfurt IPRax 2002, 523; OLG Köln OLGR 2004, 222.

erschienen sei, muss in Deutschland nicht anerkannt werden.[8] Dies gilt auch für Urteile, die auf einem **Prozessbetrug** beruhen.[9] Entscheidungen, die **ohne Begründung**[10] ergangen sind, nur von **Laienrichtern** gefällt wurden[11] oder gegen die **kein Rechtsmittel** im Urteilsstaat möglich ist[12], verstoßen nicht gegen den deutschen **verfahrensrechtlichen ordre public.** Das gilt auch, wenn die ausländische Entscheidung in einem Verfahren ergangen ist, das von zwingenden Vorschriften des deutschen Prozessrechts (zB Beweisrecht) abweicht.[13] Der BGH hat auch in einer gegen §§ 636, 637 RVO verstoßenden Verurteilung einen ordre public-Verstoß gesehen.[14] Keinen Verstoß gegen den **materiell-rechtlichen** ordre public bedeuten zB die Nichtbeachtung des Termin- und Differenzeinwands[15], die Gewährung pauschalierten Schadensersatzes[16] oder eine Verurteilung zum nachehelichen Unterhalt, die auf dem Schuldprinzip basiert.[17]

4 c) **Rechtsbelf im Erststaat.** Str. ist, ob Nr. 1 nur dann angewandt werden darf, wenn der Beklagte im Entscheidungsstaat in zumutbarer Weise Rechtsmittel gegen die Entscheidung eingelegt und den **Verstoß gerügt** hat.[18] Begründet wird dies mit der Systematik von EuGVÜ und VO.[19] Der BGH verlangt dies in Fällen des Prozessbetruges zumindest dann, wenn der Beklagte sich überhaupt auf das ausländische Verfahren eingelassen, nicht jedoch wenn er dies unterlassen hatte.[20] Die hM mutet dem Beklagten damit zu, sich trotz wesentlicher Rechtsverstöße weiterhin der Justiz des Erststaates anzuvertrauen, er kann sich nicht nur auf einen entsprechenden Einwand im Vollstreckbarerklärungsverfahren zurückziehen. Da der Verordnungsgeber in Nr. 2 für die Säumnisfälle dies nun abweichend vom EuGVÜ ausdrücklich festgelegt hat, ohne diesen Grundsatz zu verallgemeinern, erscheint diese Anforderung für Nr. 1 nicht unproblematisch.

5 **3. Nichteinlassung des Beklagten (Nr. 2). a) Regelungszweck.** Art. 34 Nr. 2 bezweckt den Schutz der Rechte des Beklagten für den Fall, dass ihm das rechtliche Gehör dadurch versagt worden ist, dass ihm ein **verfahrenseinleitendes** oder ein gleichwertiges Schriftstück nicht rechtzeitig zugestellt worden ist (s. auch § 328 Abs. 1 Nr. 2 ZPO, dort Rn. 14ff.). Für den Fall der Vorenthaltung des rechtlichen Gehörs **nach Verfahrenseinleitung** (zB bei einer Klageänderung) ist Nr. 1 einschlägig.[21] Art. 34 Nr. 2 ist auf alle Verfahren anwendbar, die infolge der fehlenden Mitwirkung des Beklagten (zB auch bei vollmachtloser Vertretung[22]) einseitig geblieben sind. Erfasst werden vor allem **Versäumnisentscheidungen,** aber auch Vollstreckungsbescheide und **einseitige Verfahren** zur Kosten- und Gebührenfestsetzung. Die Neufassung durch die VO dient in gewisser Weise als „Korrektur" der Rechtsprechung des EuGH zu Art. 27 Nr. 2 EuGVÜ. Der EuGH hatte für das EuGVÜ – dem Wortlaut entsprechend – auf einer formalen Kontrolle der Ordnungsgemäßheit der Zustellung neben deren Rechtzeitigkeit bestanden[23] und den Beklagten nicht für verpflichtet gehalten, im Entscheidungsstaat Rechtsmittel gegen die Säumnisentscheidung einzulegen.[24] Zu den Änderungen unten Rn. 8, 10. Die Prüfung nach Nr. 2 erfolgt trotz der Verlagerung in das Beschwerdeverfahren durch die VO (Art. 41, 45) **von Amts wegen** und nicht nur auf Rüge des Beklagten.[25]

6 b) **Nichteinlassung auf das Verfahren.** Unter Berücksichtigung des von Art. 27 Nr. 2 verfolgten Zwecks ist die Anerkennung immer dann möglich, wenn der Beklagte von dem gegen ihn eingeleiteten Verfahren rechtzeitig Kenntnis erlangt und die **Möglichkeit einer Verteidigung** hatte.[26] Nr. 2 geht dabei von der Vorstellung eines im Prinzip kontradiktorischen Verfahrens aus. Entscheidungen aus Verfahren, die von vorne herein einseitig ausgestaltet sein können, wie Arrest und einstweilig Verfügung, werden bei fehlender Gehörsgewährung nach der Rspr. des EuGH schon gar nicht von Kapitel III der VO erfasst (s. Art. 32 Rn. 1, 31

---

[8] EuGH („Krombach"), EuGHE 2000, I 1935, Nr. 41ff.; BGHZ 144, 390 = NJW 2000, 3289 = IPRax 2001, 50.

[9] BGHZ 141, 286, 304 = IPRax 2001, 230 (zu § 328 Abs. 1 Nr. 4); BGH WM 1986, 1370, 1371.

[10] OLG Düsseldorf RIW 1991, 594; Zö/*Geimer* Rn. 15; die französische Rspr. ist hier strenger, vgl. die Nachw. bei *Schlosser,* EuZPR, Rn. 4.

[11] OLG Saarbrücken IPRax 1989, 37 m. Anm. *Roth* ebenda S. 14.

[12] OLG Stuttgart RIW 1997, 685; OLG Düsseldorf RIW 2001, 620; OLG Düsseldorf IPRspr. 1994 Nr. 171.

[13] OLG Köln IPRax 1998, 116; OLG Frankfurt IPRax 1999, 460.

[14] BGHZ 123, 268 = NJW 1993, 3269 m. krit. Anm. *Stürner,* Festschr. BGH (2000), 691.

[15] BGHZ 138, 331; s. auch BGH RIW 2005, 463.

[16] BGHZ 75, 167.

[17] OLG Frankfurt NJW-RR 2005, 1375.

[18] So BGH NJW 1990, 2201; OLG Hamm RIW 1994, 243; *Schlosser,* EuZPR, Rn. 4; MK/*Gottwald* Art. 27 EuGVÜ Rn. 12; *Rauscher/Leible* Rn. 18, 18a.

[19] *Hau* IPRax 1996, 322, 323ff.

[20] BGH NJW 2004, 2388 = IPRax 2006, 47 m. Anm. *Hau,* für Säumnisfälle sieht Nr. 2 nun aber auch die Obliegenheit, Rechtsmittel einzulegen, vor.

[21] BGHZ 141, 295; BGH IPRax 1987, 237; IPRax 2002, 395; OLG Köln EuZW 1995, 381; krit. *Heß* IPRax 1994, 16f.; *Stürner* JZ 1992, 333;.

[22] EuGH („Hendrikman"), EuGHE 1996, I 4943, Nr. 18; hierzu *Rauscher* IPRax 1997, 314; krit. hierzu *Kohler* ZEuP 1997, 1052; *Rauscher/Leible* Rn. 37.

[23] EuGH („Lancray"), EuGHE 1990, I 2725, Nr. 15.

[24] EuGH („Minalmet"), EuGHE 1992, I 5561, Nr. 19; EuGH („Hendrikman"), EuGHE 1996, I 4943, Nr. 20.

[25] Str., wie hier *Kropholler* Rn. 45; *Rauscher/Rauscher,* Art. 22 Brüssel IIa-VO Rn. 10; *T/P/Hüßtege* Rn. 4; aA *Rauscher/Leible* Rn. 41; *Schlosser,* EuZPR, Rn. 21.

[26] BGH NJW 2006, 701. Verhindert werden soll damit ein missbräuchliches Vereiteln der Vollstreckung, Begründung der Kommission zum Vorschlag für eine Verordnung (EG) des Rates über die gerichtliche Zuständigkeit und die Anerkennung und Vollstreckung von Entscheidungen in Zivil- und Handelssachen (KOM (1999) 348 endg.) Gliederungspunkt 4.5, betr. Art. 41.

Nr. 4). Die bloße **Zuständigkeitsrüge** begründet keine Einlassung[27], wohl aber die Rüge nicht rechtzeitiger Zustellung[28] (arg. ex Nr. 2 letzter Halbs., Obliegenheit, Rechtsmittel einzulegen).

c) **Verfahrenseinleitendes Schriftstück.** Welches Schriftstück dem Beklagten zur Einleitung des Verfahrens zugestellt wird, bestimmt das Recht des Urteilsstaates. Inhaltlich muss es so konkret sein, dass der Beklagte über die wesentlichen Elemente des Rechtsstreits in Kenntnis gesetzt worden ist[29] und entscheiden kann, ob er sich verteidigen möchte oder nicht.[30] Der Zusatz „oder ein gleichwertiges Schriftstück" soll klarstellen, dass auch eine Mitteilung über die Ausstellung einer Klageladung genügt. So kann verfahrenseinleitendes Schriftstück ggf. **auch der Mahnbescheid**[31] (§§ 692, 693 ZPO) sein, nicht aber im deutschen Recht das vorbereitende **Beweissicherungsverfahren.** 7

d) **Rechtzeitige Zustellung.** Während nach Art. 27 EuGVÜ die Ordnungsmäßigkeit der Zustellung und ihre Rechtzeitigkeit zwei gesonderte und kumulative Garantien für den Beklagten darstellten, spricht Art. 34 Nr. 2 davon, dass die Entscheidung nicht anerkannt wird, wenn das verfahrenseinleitende Schriftstück nicht so rechtzeitig und in einer Weise zugestellt worden ist, dass der Beklagte sich verteidigen konnte. Die Kommission hat dazu ausgeführt: „Ein formaler Zustellungsfehler reicht demnach nicht aus, um die Anerkennung oder Vollstreckung zurückzuweisen, wenn der Schuldner dadurch nicht an seiner Verteidigung gehindert wurde."[32] Gleichwohl kommt der ordnungsgemäßen Zustellung inzident weiterhin Bedeutung zu, denn vor allem schwerwiegende Verstöße gegen die einschlägigen Zustellungsvorschriften, zB die notwendige, aber fehlende Übersetzung des zuzustellenden Schriftstückes oder rein fiktive Zustellungsformen, können die Annahme begründen, dass sich der Beklagte nicht angemessen und rechtzeitig verteidigen konnte.[33] Umgekehrt lässt sich sagen, dass eine ordnungsgemäße Zustellung[34] bei hinreichender Einlassungsfrist ausreichend Verteidigungsmöglichkeit einräumt.[35] Während unter dem Regime des EuGVÜ der streitigen Frage der **Heilung von Zustellungsmängeln** für die ordnungsgemäße Zustellung Bedeutung zukam, kommt es hierauf im Rahmen von Nr. 2 nur noch im Rahmen dieser Inzidenzbedeutung an (s. hierzu Art. 8 EuZustVO Rn. 2).[36] 8

Das **Erfordernis** der Rechtzeitigkeit der Zustellung soll gewährleisten, dass der Beklagte nach der Zustellung ausreichend Zeit hat, um einen Anwalt mit seiner Vertretung zu beauftragen und seine Verteidigung vorzubereiten. Ausschlaggebend für die Rechtzeitigkeit ist, ob der Beklagte **im Einzelfall** tatsächlich genügend **Zeit** hatte, um eine sachgerechte **Verteidigung vorzubereiten.**[37] Das Gericht des Vollstreckungsstaats kann bei der Prüfung, ob die Zustellung rechtzeitig erfolgt ist, auch außergewöhnliche Tatsachen oder Umstände berücksichtigen, die nach der ordnungsgemäßen Zustellung eingetreten sind.[38] Es muss weiterhin die durch eine Prozessführung im Ausland auftretenden Schwierigkeiten für die Verteidigung (Sprache, fremdes Verfahrensrecht etc.) in Rechnung stellen. Es darf daher nicht nur auf die formale Einhaltung von Ladungs- und Einlassungsfristen nach dem Recht des Erst- oder Zweitstaates geurteilt werden.[39] Dabei kann es ein wesentliches Indiz für die fehlende Rechtzeitigkeit sein, wenn die vom Recht des Zweitstaates für Parallelfälle vorgesehene Einlassungsfrist nicht gewahrt ist.[40] Allerdings treffen die Parteien Mitwirkungsobliegenheiten. So muss sich etwa eine Partei, die eine Terminsladung erhält, in der ein so nicht existierender Tag als Verhandlungstermin bezeichnet ist, beim (ausländischen) Gericht nach dem richtigen Verhandlungstag erkundigen.[41] Hat das Schriftstück den Beklagten nicht tatsächlich erreicht, wird man nur in seltenen Ausnahmefällen (wie einer zurechenbaren Zugangsvereitelung seitens des Beklagten) Rechtzeitigkeit annehmen dürfen.[42] Ganz ohne fiktive Zustellungsformen kommt man im Interesse der Justizgewährung nicht aus, etwa wenn der Aufenthaltsort des Beklagten unbekannt ist.[43] 9

---

27 EuGH („Mærsk Olie"), EuGHE 2004 I 9657 Nr. 57 = IPRax 2006, 262 m. Anm. *Smeele* ebenda S. 229.

28 Str., wie hier OLG Düsseldorf RIW 1996, 1043; *Linke* IPRax 1991, 93; *Geimer* IPRax 1998, 272; MK/*Gottwald* Art. 27 EuGVÜ Rn. 29; *Rauscher/Leible* Rn. 37 m. weit. Nachw.; *Schlosser*, EuZPR Rn. 20; aA OLG Köln IPRax 1991, 114; OLG Stuttgart IPRspr. 1983 Nr. 173; *Kropholler* Rn. 27, 28.

29 EuGH („Sonntag"), EuGHE 1993, 1963, Nr. 39 = NJW 1993, 2091, 2092.

30 BGHZ 141, 296; OLG Saarbrücken OLGR 2001, 474.

31 EuGH („Klomps"), EuGHE 1981, 1593 Nr. 9. Nicht erfasst ist der Vollstreckungsbescheid, da er nicht verfahrenseinleitend ist.

32 Begründung der Kommission zum Vorschlag für eine Verordnung (EG) des Rates über die gerichtliche Zuständigkeit und die Anerkennung und Vollstreckung von Entscheidungen in Zivil- und Handelssachen (KOM (1999) 348 endg.) Gliederungspunkt 4.5, betr. Art. 41.

33 *Rauscher/Leible* Rn. 33; *T/P/Hüßtege* Rn. 11.

34 Maßgebend war und ist, ob die Zustellung nach dem Recht des Urteilsstaates einschließlich der für ihn verbindlichen völkerrechtlichen Übereinkommen (insbes. Haager Zustellungsübereinkommen) und einschlägiger europarechtlicher Regelungen (EuZustVO) ordnungsgemäß war, s. EuGH („Lancray"), EuGHE 1990 I 2725; OLG Köln IPRax 1995, 256; OLG Karlsruhe IPRax 1996, 426.

35 So auch *Rauscher/Leible* Rn. 31.

36 Vgl. etwa OLG Bamberg RIW 1987, 543.

37 EuGH („Klomps"), EuGHE 1981, 1593, Nr. 18; s. auch BGH NJW 2006, 701; NJW-RR 2002, 1151.

38 EuGH („Debaecker"), EuGHE 1985, 1779 Nr. 27.

39 BGH NJW 2004, 2386 (2 ½ Monate ausreichend); OLG Hamm IPRax 1988, 289 (20 Tage zu kurz); OLG Köln OLGR 1994, 10 (3 Wochen ausreichend); OLG Düsseldorf NJW 2000, 3290 u. RIW 2001, 230 sowie OLG Zweibrücken OLGR 1997, 32 (8 bzw. 9 Tage zu kurz).

40 Umgekehrt bedeutet die Einhaltung jedoch nicht automatisch „Rechtzeitigkeit", so aber LG Köln IPRax 2000, 528.

41 BGH NJW-RR 2002, 1151.

42 Ähnlich EuGH („Debaecker"), EuGHE 1985, 1779, Nr. 31; *Rauscher/Leible* Rn. 36.

43 Vgl. BGH IPRax 1993, 324; *Micklitz/Rott* EuZW 2002, 15, 20; *T/P/Hüßtege* Rn. 9.

10 e) **Rechtsbehelf im Erststaat.** Die Obliegenheit des Beklagten, im Erststaat einen Rechtsbehelf gegen die Säumnisentscheidung einzulegen, hat die VO entgegen vorher hM und Rspr. eingefügt (s. Rn. 3)[44]. Die versäumte Rechtsbehelfsmöglichkeit **heilt** also gleichsam den **Zustellungsmangel.**[45] Um die Obliegenheit nicht zu weit auszudehnen, sollte man als Rechtsbehelf idS. nur solche ansehen, die im Ursprungsstaat gerade gegen Säumnisentscheidungen gegeben sind, nicht aber solche, die der Beklagte aus anderen Gründen hätte einlegen können.[46]

11 **4. Kollision unvereinbarer Entscheidungen (Nr. 3). a) Grundsatz.** Nr. 3 begründet für kollidierende Entscheidungen – die sie sich trotz aller Vorkehrungen der VO (s. Art. 27–30) nicht immer vermeiden lassen – einen uneingeschränkten Vorrang der inländischen Entscheidung unhängig von der zeitlichen Reihenfolge.[47] Von Nr. 3 **ungeregelt** ist der Fall der Konkurrenz von Entscheidungen aus mehreren Vertragsstaaten, wenn also beispielsweise einander widerstreitende Entscheidungen zweier Vertragsstaaten in einem dritten Vertragsstaat zur Anerkennung vorgelegt werden. In diesen Fällen ist nach dem **Prioritätsprinzip** vorzugehen. Maßgebend ist demnach die Entscheidung, die zeitlich früher ergangen ist. Bei Unvereinbarkeit iSv. Nr. 3 muss die Anerkennung versagt werden.[48]

12 b) **Entscheidungen.** Der Begriff der Entscheidung entspricht dem des Art. 32.[49] Die Entscheidungen müssen vor einem Rechtsprechungsorgan eines Vertragsstaats erlassen worden sein, das kraft seines Auftrags selbst über zwischen den Parteien bestehende Streitpunkte entscheidet.[50] Als Beschränkung der Urteilsfreizügigkeit ist diese Ausnahmebestimmung eng auszulegen. Ein Anerkennungsversagungsgrund nach Nr. 3 kann nur bejaht werden, wenn die fremde Entscheidung einer Entscheidung eines Gerichtes im Anerkennungsstaat widerspricht, das selbst über einen Streitpunkt entschieden hat.[51]

13 c) **Unvereinbarkeit.** Als unvereinbar können Entscheidungen dann bezeichnet werden, wenn sie in ihren **Rechtsfolgen einander widersprechen.**[52] Es muss sich **nicht** um **denselben Streitgegenstand** handeln, so dass zB ein Urteil, das einen Vertrag für nichtig erklärt, mit einem anderen Urteil unvereinbar ist, das zum Schadensersatz wegen Nichterfüllung desselben Vertrages verurteilt. Es ist autonom zu bestimmen, wann eine hinreichende Unvereinbarkeit nach Nr. 3 vorliegt. Hierbei sind die Wirkungen der konkurrierenden Entscheidungen zu berücksichtigen, die sich grundsätzlich nach dem Recht des Staates richten, in dem die Entscheidung ergangen ist.[53] Miteinander unvereinbar sind dabei auch Unterlassungsverfügungen im einstweiligen Rechtsschutz und eine Entscheidung im Anerkennungsstaat, die eine solche Anordnung ablehnt.[54] Unvereinbarkeit liegt auch vor bei der Verurteilung zu Ehegattenunterhalt einerseits und der Ehescheidung andererseits.[55] Der Begriff „zwischen **denselben Parteien"** ist wie bei Art. 27 vertragsautonom zu bestimmen, Teilidentität ist ausreichend.

14 **5. Unvereinbarkeit mit einer früheren Entscheidung aus einem anderen Mitgliedstaat oder einem Drittstaat (Nr. 4).** Nr. 4 findet seine Anwendung, wenn in einem Drittstaat oder einem anderen Mitgliedstaat (also nicht dem Anerkennungsstaat) eine Entscheidung ergeht und anerkannt werden soll, die mit einer zeitlich später ergangenen Entscheidung aus einem Mitgliedstaat unvereinbar ist. Hier gilt das **Prioritätsprinzip,** so dass die zuerst erlassene Entscheidung Vorrang genießt. Das Prioritätsprinzip gilt aber nur für Entscheidungen über einen „Rechtsstreit wegen **desselben Anspruches".** Diesbezüglich sollen sich jedoch trotz des abweichenden Wortlautes nach hM keine sachlichen Unterschiede zum Begriff der Unvereinbarkeit in Nr. 3 ergeben.[56]

II. EuGVÜ/LugÜ

15 Art. 34 der Verordnung entspricht nur teilweise Art. 27 EuGVÜ/LugÜ. Die Verordnung hat die in Art. 27 Nr. 4 vorgesehene Möglichkeit aufgehoben, sich auf die Verletzung einer Bestimmung des Internationalen Privatrechts des Vollstreckungsmitgliedstaats im Bereich des Personenstands und der Rechts- und Geschäftsfähigkeit natürlicher Personen zu stützen, um auf diese Weise das Internationale Privatrecht der Mitgliedstaaten schrittweise anzunähern. In Art. 34 Nr. 1 wurde zusätzlich eingefügt, dass der ordre public-Verstoß „offensichtlich" sein muss. In der Sache bedeutet dies keine Änderung, da eine enge Auslegung ohnehin Rspr. und Lehre entsprach. Zu weiteren Unterschieden zwischen der VO und EuGVÜ/LugÜ hinsichtlich Art. 34 Nr. 2 siehe oben Rn. 5, 8, 10. In Art. 34 Nr. 4 wurden anerkennungsfähige Entscheidungen aus anderen Mitgliedstaaten nunmehr einbezogen.

---

[44] Dagegen hatte sich vor allem seit jeher *Geimer* gewandt, s. JZ 1969, 13; IPRax 2002, 379; Zö/*Geimer* Rn. 22.
[45] OLG Köln ProzRB 2003, 178, 179.
[46] So auch *Kropholler* Rn. 43; *Rauscher/Leible* Rn. 40; *T/P/Hüßtege* Rn 13. Bei Fristversäumnis schließt dies Wiedereinsetzungsantrag ein, s. OLG Zweibrücken IPRax 2006, 486; MK/*Gottwald* Art. 26 EuGVÜ (AB) Rn. 5; krit. hingegen zu dieser Einschränkung *Roth* IRPrax 2005, 438.
[47] Dies ist rechtspolitisch fragwürdig, s. nur die Kritik von *Schack* Rn. 855 u. IPRax 1986, 219.
[48] EuGH („Italian Leather"), EuGHE 2002, I 4995, Nr. 52.
[49] EuGH („Solo Kleinmotoren"), EuGHE 1994, I 2237, Nr. 15, 20 = NJW 1995, 38.
[50] EuGH („Solo Kleinmotoren"), EuGHE 1994, I 2237, Nr. 17 = NJW 1995, 38.
[51] EuGH („Solo Kleinmotoren"), EuGHE 1994, I 2237, Nr. 21 = NJW 1995, 38.
[52] EuGH („Italian Leather"), EuGHE 2002, I 4995.
[53] *Schlosser,* EuZPR Rn. 22; *Rauscher/Leible* Rn. 45.
[54] EuGH („Italian Leather"), EuGHE 2002, I 4995, Nr. 47. Von einander abweichende Entscheidungen im vorläufigen Rechtsschutz und im Hauptsacheverfahren müssen hingegen nicht unvereinbar sein.
[55] EuGH („Hoffmann"), EuGHE 1988, 645, Nr. 25.
[56] *Kropholler* Rn. 58; *Rauscher/Leible* Rn. 49; aA *T/P/Hüßtege* Rn. 20.

Artikel 35

(1) Eine Entscheidung wird ferner nicht anerkannt, wenn die Vorschriften der Abschnitte 3, 4 und 6 des Kapitels II verletzt worden sind oder wenn ein Fall des Artikels 72 vorliegt.

(2) Das Gericht oder die sonst befugte Stelle des Mitgliedstaats, in dem die Anerkennung geltend gemacht wird, ist bei der Prüfung, ob eine der in Absatz 1 angeführten Zuständigkeiten gegeben ist, an die tatsächlichen Feststellungen gebunden, aufgrund deren das Gericht des Ursprungsmitgliedstaats seine Zuständigkeit angenommen hat.

(3) Die Zuständigkeit der Gerichte des Ursprungsmitgliedstaats darf, unbeschadet der Bestimmungen des Absatzes 1, nicht nachgeprüft werden. Die Vorschriften über die Zuständigkeit gehören nicht zur öffentliche Ordnung (ordre public) im Sinne des Artikels 34 Nummer 1.

I. Verordnung

1 **1. Normzweck und Grundsatz.** Wie Art. 35 **Abs. 3** klarstellt, darf die Zuständigkeit des Gerichtes des Urteilsstaates grundsätzlich nicht vom Zweitgericht überprüft werden. Es muss auf die richtige Anwendung der Zuständigkeitsregelunge im Urteilsstaat vertrauen, eventuell unterlaufende Fehler des Erstgerichtes sind hinzunehmen. Da diese besonders gravierend bei Gerichtsständen zum Schutz der schwächeren Partei und bei ausschließlichen Zuständigkeiten ins Gewicht fallen würden, macht **Abs. 1** eine Ausnahme von diesem Prüfungsverbot für mögliche Zuständigkeitsverletzungen in Versicherungs- (Art. 8 ff.) oder in Verbrauchersachen (Art. 15 ff.), für eine Verletzung der ausschließlichen Zuständigkeit (Art. 22) oder wenn ein Fall des Art. 72 vorliegt. Das Nachprüfungsverbot wird durch Art. 35 Abs. 3 Halbs. 2 noch verstärkt, der einen Rückgriff auf den ordre public untersagt. Eine **Nachprüfung** ist selbst in den Fällen **untersagt,** in denen die **Anwendbarkeit der Verordnung** gem. Art. 1 **übersehen** und autonomes nationales Recht angewandt wurde oder in denen ein Gericht seine internationale Zuständigkeit, entgegen Art. 3 Abs. 2, bei der Klage gegen den Bewohner eines Mitgliedstaates auf eine **exorbitante Zuständigkeit** des autonomen Rechts gestützt hat. Hingegen darf im Vollstreckungsstaat geprüft werden, ob das Erstgericht die Verordnung zu Unrecht angewandt hat und ob es überhaupt Gerichtsbarkeit besaß[1]. Kein Fall der Zuständigkeitsprüfung liegt vor, wenn im Vollstreckungsstaat bei Maßnahmen des **einstweiligen Rechtsschutzes** geprüft wird, ob das Erstgericht die vom EuGH aufgestellten Begrenzungen beachtet hat (s. Art. 31 Rn. 4). Diese gehören nach der Logik der EuGH-Rspr. nicht zur internationalen Zuständigkeit, sondern zur Frage, ob überhaupt eine „Entscheidung" iSv. Art. 32 vorliegt.

2 **2. Ausnahme: Nachprüfung der Zuständigkeit (Abs. 1 und 2). a) Versicherungs- und Verbrauchersachen.** Ein Anerkennungsversagungsgrund ist nach Art. 35 Abs. 1 gegeben, wenn die Vorschriften des 3. und 4. Abschnitts des Kapitels II, also die Vorschriften zu den Versicherungssachen (Art. 8–14) bzw. den Verbrauchersachen (Art. 15–17), verletzt worden sind. Hinter dieser Regelung steht die Überlegung, dass es sich bei dem Versicherungsnehmer, Versicherten, Begünstigen, Verletzten bzw. bei dem Verbraucher um die typischerweise schwächere Partei handelt, deren Schutz auch noch im Anerkennungsstadium gewährleistet werden soll. Teilweise wird bezweifelt, ob die Ausnahme rechtspolitisch gerechtfertigt sei.[2] Sie differenziert allein nach der Eigenschaft einer beteiligten Partei, nicht nach Streitwert oder Bedeutung des Streites. Deshalb wird die Ansicht vertreten, dass Abs. 1 im Wege **teleologischer Reduktion** restriktiv dahingehend auszulegen sei, dass eine Überprüfung nur erfolgen dürfe, wenn die Zuständigkeitsentscheidung zum Nachteil der geschützten Partei ausgefallen ist.[3] Dies ist jedoch angesichts des klaren Wortlauts höchst zweifelhaft. Bedauerlich ist dagegen, dass **Arbeitnehmer,** wiewohl sie nach Art. 17 ff. einen vergleichbaren Schutz wie Verbraucher und Versicherungsnehmer etc. erfahren, im Vollstreckungsstadium von Art. 35 nicht mehr durch eine Prüfung der Zuständigkeit geschützt werden. Das Argument der Kommission, dies ginge regelmäßig zu Lasten der Arbeitnehmer, die selbst die Vollstreckung beantragen[4], überzeugt als Differenzierungskriterium in keiner Weise.[5] Nicht überprüft werden darf vom Zweitrichter, ob der Zuständigkeit des Urteilsstaates eine **Schiedsabrede** entgegengestanden hätte.[6]

3 **b) Ausschließliche Zuständigkeit nach Art. 22.** Der Zweitrichter muss prüfen, ob der Erstrichter die Regelungen zu den ausschließlichen Zuständigkeiten des Art. 22 beachtet hat. Art. 22 begründet eine ausschließliche Zuständigkeit nur für Mitgliedstaaten, nicht aber für Drittstaaten. Daher ist es die Aufgabe des Zweitrichters, entweder die auf Art. 22 gegründete Zuständigkeit seines Staates (des **Anerkennungsstaates**) oder eines **anderen Mitgliedstaates** zu verteidigen. Beansprucht ein **Drittstaat** für sich ausschließliche Zuständigkeit, so ist dies für den Zweitrichter des Anerkennungsstaates unerheblich und kann nicht zu einer Versagung der Anerkennung führen.[7] Hinsichtlich der ausschließlichen Zuständigkeit bei Klagen betr. **Gesellschaften** oder **juristischer Personen** gem. Art. 22 Nr. 2 kann sich der Fall ergeben, dass der **Sitz** vom Erststaat **anders bestimmt** wird als vom Zweitstaat. Hierin liegt keine Verletzung des Art. 22 Nr. 2

---

[1] OLG Frankfurt IPRax 2002, 515.

[2] *Kropholler* Rn. 7; MK/*Gottwald* (AB) Rn. 9 f.; *Schack* Rn. 840.

[3] *Rauscher/Leible* Rn. 6; *Schlosser,* EuZPR, Rn. 23; Zö/*Geimer* Rn. 16; aA MK/*Gottwald* Art. 28 Rn. 10 ff.; *T/P/Hüßtege* Rn. 3; gegen jede Privilegierung *Schack* Rn. 840.

[4] KOM (1999) 348, 25.

[5] So auch *Rauscher/Leible* Rn. 12; *Junker* RIW 2002, 577.

[6] OLG Hamburg IPRax 1995, 393; OLG Celle NJW 1979, 132;Zö/*Geimer* Rn. 20; *Rauscher/Leible* Rn. 14.

[7] AllgM, s. MK/*Gottwald* Art. 28 EuGVÜ Rn. 14; *Kropholler* Rn. 11; Zö/*Geimer* Rn. 12; *Rauscher/Leible* Rn. 8; *T/P/Hüßtege* Rn. 4; aA *Grundmann* IPRax 1985, 253.

durch den Erststaat, da das Erstgericht seine internationale Zuständigkeit aufgrund seines abweichenden Sitzbegriffes aus seiner Sicht zutreffend bejaht hat.[8]

4 c) **Ausschluss exorbitanter Zuständigkeiten gegenüber Drittstaaten (Art. 72).** Art. 72 eröffnet Mitgliedstaaten die Möglichkeit, völkerrechtliche Verpflichtungen gegenüber einem Drittstaat einzugehen, mit dem Inhalt, dass solche Entscheidungen nicht anerkannt werden, die in einem anderen Vertragsstaat nur aufgrund einer exorbitanten Zuständigkeit gem. Art. 3 Abs. 2 gegenüber einem Angehörigen des Drittstaates ergangen sind. Um diese Regelung auch umsetzen zu können, ist die Ausnahme der Nachprüfung nach Art. 35 Abs. 1 eine logische Konsequenz.

5 **d) Bindung an die tatsächlichen Feststellungen des Erstgerichtes (Abs. 2).** Der Zweitrichter des Anerkennungsstaates ist an die tatsächlichen Feststellungen des Erstrichters gebunden, soweit er die internationale Zuständigkeit überprüfen darf.[9] Eine Differenzierung nach anerkennungsfreundlichen und -feindlichen Tatsachen, ist abzulehnen.[10] Nach dem Wortlaut tritt die Bindung für alle Tatsachen ein, auf welche das Erstgericht seine Zuständigkeit gestützt hat. Durch diese Regelungen sollen Verschleppungsversuche verhindert werden.[11] **Keine Bindung** besteht hinsichtlich der aus den tatsächlichen Feststellungen gezogenen Folgerungen und damit an rechtliche **Subsumtion** oder Würdigung des Erstgerichtes[12]. Hat das Erstgericht zB die Verbrauchereigenschaft des Beklagten – und damit einen Gerichtstand in einem anderen Mitgliedstaat nach Art. 15 ff. – verneint, so ist das Zweitgericht nicht an diese Schlussfolgergung gebunden, sondern allenfalls an die Feststellung, dass der betreffende Vertrag für gewerbliche und nicht für private Zwecke geschlossen worden sei.

II. EuGVÜ/LugÜ

6 Art. 35 der Verordnung entspricht Art. 28 EuGVÜ/LugÜ. Das EuGVÜ weist hier im Bezug zur Verordnung keine Besonderheiten auf. Zu den Abweichungen des LugÜ vom EuGVÜ vgl. die 2. Aufl. dieses Kommentars.

Artikel 36

Die ausländische Entscheidung darf keinesfalls in der Sache selbst nachgeprüft werden.

1 Art. 36 verbietet die Überprüfung in der Sache selbst (**Verbot der révision au fond**). Der Anerkennungs- bzw. Vollstreckungsrichter darf grundsätzlich weder das Verfahren noch die Entscheidung des Erstgerichtes auf die tatsächliche oder rechtliche Richtigkeit hin überprüfen, auch nicht auf die richtige Anwendung von Kollisions-[1] oder Gemeinschaftsrecht.[2] Hierin kommt einmal mehr das Prinzip des wechselseitigen Vertrauens in die Rechtspflege in den Mitgliedstaaten zum Ausdruck. Eine Nachprüfung ist nur insoweit ausnahmsweise zulässig, als Fehler vorliegen, die zu einem Anerkennungshindernis iSd. Art. 34 oder 35 führen. Art. 36 verbietet, ebenso wie Art. 45 Abs. 2, die Anerkennung oder Vollstreckung einer Entscheidung nur deshalb abzulehnen, weil die vom Gericht des Ursprungsstaats angewandten Rechtsvorschriften von denen abweichen, die das Gericht des Vollstreckungsstaats im Fall seiner eigenen Befassung mit dem Rechtsstreit angewandt hätte. Dies entspricht auch der strengen Auslegung zum ordre public-Begriff (Art. 34 Rn. 2).

Artikel 37

(1) Das Gericht eines Mitgliedstaats, vor dem die Anerkennung einer in einem anderen Mitgliedstaat ergangenen Entscheidung geltend gemacht wird, kann das Verfahren aussetzen, wenn gegen die Entscheidung ein ordentlicher Rechtsbehelf eingelegt worden ist.

(2) Das Gericht eines Mitgliedstaats, vor dem die Anerkennung einer in Irland oder im Vereinigten Königreich ergangenen Entscheidung geltend gemacht wird, kann das Verfahren aussetzen, wenn die Vollstreckung der Entscheidung im Ursprungsmitgliedstaat wegen der Einlegung eines Rechtsbehelfs einstweilen eingestellt ist.

I. Verordnung

1 **1. Normzweck.** Eine dem Art. 37 entsprechende Regelung findet sich für das Vollstreckungsverfahren in Art. 46. Durch Art. 37 und 46 soll verhindert werden, dass Entscheidungen eines anderen Mitgliedstaats bereits zu einem Zeitpunkt vollstreckt werden, in dem noch die Möglichkeit besteht, dass sie im Urteilsstaat aufgehoben oder abgeändert werden. Art. 37 ist der Ausgleich für den nach **Art. 33 Abs. 1** geltenden Grundsatz der automatischen Anerkennung und die nach **Art. 33 Abs. 3** bestehende Möglichkeit der Inzi-

---

[8] *Kropholler* Rn. 13; MK/*Gottwald* Art. 28 EuGVÜ Rn 16; *T/P/Hüßtege* Rn. 4.
[9] OLG Stuttgart NJW-RR 2001, 858.
[10] So aber Zö/*Geimer* Rn. 30; wie hier *Kropholler* Rn. 23; MK/*Gottwald* Art. 28 EuGVÜ Rn. 22; *Rauscher/Leible* Rn. 15; *T/P/Hüßtege* Rn. 6.
[11] *Jenard*-Bericht 46.
[12] Einzelheiten hierzu bei *Rauscher/Leible* Rn. 17.
[1] OLG Köln IPRspr. 2002 Nr. 194.
[2] EuGH („Krombach"), EuGHE 2000, I 1935, Nr. 36; EuGH („Renault"), EuGHE 2000, I 2973, Nr. 29; BGH IPRax 1984, 202, 203 m. Anm. *Roth* ebenda S. 183.

dentanerkennung. Da die Inzidentanerkennung keine rechtskräftige Entscheidung voraussetzt (vgl. Art. 32 Rn. 4), besitzt das Gericht des Anerkennungsstaates gem. Art. 37 Abs. 1 die Befugnis zur Aussetzung des Verfahrens, um widersprüchliche Entscheidungen und Nachteile für den Beklagten zu vermeiden. Die Prüfung erfolgt **von Amts wegen.**

2. Anwendungsbereich. Art. 37 kommt nur im Fall der Inzidentanerkennung nach Art. 33 Abs. 3 in Betracht, wenn die Anerkennung einer vorläufigen und nicht rechtskräftigen Entscheidung in einem anderen Mitgliedstaat geltend gemacht und gegen die Entscheidung im Urteilsstaat ein Rechtsbehelf eingelegt worden ist. Der Fall, dass ein Rechtsmittel zwar noch nicht eingelegt ist, wohl aber noch eingelegt werden kann, ist nicht geregelt. Das legt den Schluss nahe, dass im Fall des Art. 37 die Einlegung Voraussetzung der Aussetzung ist. Für das selbstständige Anerkennungsverfahren iSd. **Art. 33 Abs. 2** gilt nicht Art. 37, sondern aufgrund der Verweisung in Art. 26 Abs. 2 auf die Vorschriften des 2. und 3. Abschnitts, **Art. 46.** Die Aussetzung nach **Art. 37** setzt im Gegensatz zu Art. 46 **keinen Antrag** voraus und steht im **Ermessen** des Anerkennungsgerichtes. Es kann, bevor es die Entscheidung aussetzt, nachprüfen, ob diese überhaupt anzuerkennungsfähig wäre oder ob möglicherweise ein Versagungsgrund vorliegt.[1] Liegt ein solcher vor, ist eine Aussetzung abzulehnen. Das Verfahren der **Aussetzung** bestimmt sich **nach nationalem Prozessrecht,** in Deutschland nach den **§§ 148 ff. ZPO.** Mit der Entscheidung über den ordentlichen Rechtsbehelf im Urteilsstaat endet auch die Aussetzung. 2

3. Ordentlicher Rechtsbehelf. Der Begriff des ordentlichen Rechtsbehelfes ist **autonom** auszulegen[2] und nicht nach dem Recht des Urteilsstaates oder des Staates zu bestimmen, in dem die Anerkennung verlangt oder die Vollstreckung betrieben wird.[3] Erfasst wird jeder „Rechtsbehelf, der zur Aufhebung oder Abänderung der dem Anerkennungs- oder Klauselerteilungsverfahren nach dem Übereinkommen zugrunde liegenden Entscheidung führen kann und für dessen Einlegung im Urteilsstaat eine gesetzliche Frist bestimmt ist, die durch die Entscheidung selbst in Lauf gesetzt wird."[4] Eine weite Auslegung ist geboten.[5] Ordentlicher Rechtsbehelf iSd. Art. 37 sind der Einspruch gegen ein Versäumnisurteil, die Kassation sowie die außerordentliche Revision in Österreich.[6] Ist im Falle einer unbefristet möglichen Beschwerde eine solche schon eingelegt, ist Aussetzung ebenfalls möglich.[7] Hingegen ist das **Wiederaufnahmeverfahren** kein ordentlicher Rechtsbehelf iSd. Art. 30;[8] ebenso wenig die **Vollstreckungsgegenklage.**[9] 3

4. Sonderregelung für common law-Staaten (Abs. 2). Abs. 2 verlangt für Entscheidungen aus Irland oder dem Vereinigten Königreich lediglich die Einlegung eines Rechtsbehelfes und nicht – wie in Abs. 1 – eines „ordentlichen" Rechtsbehelfes, da es dort eine solche klare Unterscheidung nicht gibt.[10] Abzustellen ist hier nicht allein auf die Einlegung des Rechtsbehelfes, sondern zusätzlich darauf, ob die Vollstreckung wegen des Rechtsbehelfes einstweilen eingestellt wurde. Die Aussetzungsbefugnis nach Abs. 1 gilt an sich aber auch für Irland und das Vereinigte Königreich, wenn die Merkmale eines ordentlichen Rechtsbehelfes erfüllt sind. Insoweit ist nur auf das Vorliegen der Voraussetzungen des Abs. 1 abzustellen. Das Anerkennungsgericht kann bei der Ausübung seines Aussetzungsermessens nach Abs. 2 berücksichtigen, dass der Rechtsbehelf erst nach langer Zeit eingelegt worden ist oder nur der Abhilfe spezieller Mängel dient und deshalb eine Aussetzung verweigern.[11] 4

II. EuGVÜ/LugÜ

Art. 37 der Verordnung entspricht Art. 30 EuGVÜ/LugÜ. 5

Abschnitt 2. Vollstreckung

Vorbemerkung

1. Grundlagen. Der 2. Abschnitt (Art. 38–52) enthält Regelungen zur Vollstreckbarerklärung von Entscheidungen eines Mitgliedstaats. Zum Zweck der Regelungen s. Erwägungsgründe 16–18. 1

Die **EuGVVO geht dem nationalen Recht vor,** soweit sie anwendbar ist (s. Vorbemerkung Europäisches Zivilprozessrecht Rn. 5); auf nationale Vorschriften darf nicht mehr zurückgegriffen werden.[1] Deshalb sind auch Vorschriften des AVAG dann nicht anzuwenden, wenn sie der EuGVVO widersprechen. 2

---

[1] *Jenard*-Bericht 47.

[2] EuGH („Industrial Diamant Suppl."), EuGHE 1997, I 2175, Nr. 28; EuGH („Sanders"), EuGHE 1977, 2383 = NJW 1978, 1107 (LS).

[3] EuGH („Industrial Diamant Suppl."), EuGHE 1997, I 2175, Nr. 42.

[4] EuGH („Sanders"), EuGHE 1977, 2383.

[5] MK/*Gottwald* Art. 30 EuGVÜ Rn. 4; *Kropholler* Rn. 4; *Geimer/Schütze/Geimer,* EuZVR Rn. 12; *T/P/Hüßtege* Rn. 3.

[6] Einen Überblick gibt *Rauscher/Leible* Rn. 4.

[7] MK/*Gottwald* Art. 30 EuGVÜ Rn. 5; *Rauscher/Leible* Rn. 4.

[8] OLG Karlsruhe RIW 1986, 467; *T/P/Hüßtege* Rn. 3.

[9] *Rauscher/Leible* Rn. 4; MK/*Gottwald* Art. 30 Rn. 4; aA *Schlosser,* EuZPR, Art. 46 Rn. 2.

[10] *Schlosser*-Bericht Nr. 204.

[11] AllgM, vgl. u. a. MK/*Gottwald* Art. 30 EuGVÜ Rn. 6; *Kropholler* Rn. 7.

[1] *Piltz* NJW 2002, 789, 791; *T/P/Hüßtege* Rn. 5.

3 **2. Neue Leistungsklage, Vollstreckungsurteil.** Die Vollstreckbarerklärung nach Art. 38 ff. ist, wenn es sich nicht um einen der VO über den Europäischen Vollstreckungstitel unterfallenden Titel handelt, der einzige zulässige Weg, um aus einem in einem Mitgliedstaat ergangenen Urteil in einem anderen Mitgliedstaat vollstrecken zu können; es darf in dem Vollstreckungsstaat nicht aus dem erststaatlichen Urteil oder neu auf Leistung geklagt werden.[2] Insbesondere ist auch das Vorgehen nach § 722 ZPO ausgeschlossen. Dagegen besteht dann, wenn auch die Voraussetzungen der EuVTVO vorliegen, für den Gläubiger ein Wahlrecht, ob er nach der EuVTVO oder der EuGVVO vorgehen will (Art. 27 EuVTVO).

3 **3. Vollstreckbarerklärung in mehreren Staaten.** Der Gläubiger kann seinen Titel gleichzeitig in mehreren Mitgliedstaaten für vollstreckbar erklären lassen, sofern in mehreren Staaten die Voraussetzungen hierfür vorliegen.[3] Die Entscheidung über gleiche Einwendungen des Schuldners in einem anderen Staat bindet den weiteren Vollstreckungsstaat nicht, weil Streitgegenstand die Vollstreckbarerklärung in einem bestimmten Staat ist.[4]

Artikel 38

(1) Die in einem Mitgliedstaat ergangenen Entscheidungen, die in diesem Staat vollstreckbar sind, werden in einem anderen Mitgliedstaat vollstreckt, wenn sie dort auf Antrag eines Berechtigten für vollstreckbar erklärt worden sind.

(2) Im Vereinigten Königreich jedoch wird eine derartige Entscheidung in England und Wales, in Schottland oder in Nordirland vollstreckt, wenn sie auf Antrag eines Berechtigten zur Vollstreckung in dem betreffenden Teil des Vereinigten Königreichs registriert worden ist.

I. Vollstreckbarerklärung

1 **1. Voraussetzungen der Vollstreckbarerklärung. a) Vollstreckbare Entscheidung.** Das Gericht kann nur dann die Vollstreckbarkeit erklären, wenn eine Entscheidung (Art. 32), eine vollstreckbare Urkunde (Art. 57) oder ein Prozessvergleich (Art. 58) vorgelegt wird, die **im Erststaat vollstreckbar** ist (Art. 54). Die **Vollstreckungswirkung** des Titels, der vollstreckt werden soll, muss nach dem **Recht des Urteilsstaates** gegeben sein. Es entscheidet also das Prozessrecht des Urteilsstaates, welche Titel vollstreckbar sind. Es entscheidet weiter über die Art und den Umfang der Vollstreckbarkeit.[1] Es kommt nur auf die Vollstreckbarkeit in **formeller Hinsicht** an, nicht aber darauf, ob die Entscheidung im Urteilsstaat noch vollstreckt werden kann. Dies ist ggf. im Rechtsbehelfsverfahren zu prüfen.[2] Gleichgültig ist, ob es sich um den Fall der vorläufigen oder der endgültigen Vollstreckbarkeit handelt; auch eine vorläufige Verurteilung zur Zahlung nach italienischem Recht (ordinanza d'ingiunzione) ist ausreichend.[3] Da nach niederländischem Recht (im Gegensatz zum französischen Recht oder § 888 ZPO) die Androhung eines Zwangsgeldes („dwangsom") als Festsetzung wirkt, ist ein solches ein „dwangsom" enthaltendes Urteil für vollstreckbar zu erklären.[4] Ein Garantieurteil französischen Rechts ist wie ein Zahlungstitel des Garantieberechtigten gegen den Garantieverpflichteten zu vollstrecken, wenn die Hauptverurteilung einen Zahlungsanspruch tituliert. Deshalb ist ein solches Urteil in Deutschland für vollstreckbar zu erklären.[5] Der **Nachweis** der Vollstreckbarkeit wird durch eine Bescheinigung nach Art. 54/Anh. V geführt.

1a **b) Zu prüfende Umstände.** Die die Vollstreckbarkeit erklärende Stelle (in Deutschland der Vorsitzende einer Zivilkammer) hat nur Folgendes zu untersuchen: Die Zuständigkeit (Art. 39), den Antrag des nach dem Titel Berechtigten (Rn. 3), die Vollstreckbarkeit des Titels (Nachweis durch die Bescheinigung nach Art. 54 oder eine andere Urkunde, Art. 55 Abs. 1), die Vorlage der in Art. 53 genannten Urkunden sowie ggf. die Bestimmtheit des ausländischen Titels (s. Rn. 2). Versagungsgründe nach Art. 34 f. oder die nachträgliche Erfüllung der titulierten Schuld dürfen erst im Rechtsbehelfsverfahren untersucht werden.

2 **c) Vollstreckungsgrundlage.** Für die Vollstreckung einer ausländischen Entscheidung in Deutschland ist nicht der ausländische Titel, sondern allein die **inländische** Entscheidung über die **Vollstreckbarerklärung** maßgebliche Grundlage.[6] Sie hat daher auch grundsätzlich den inländischen **Bestimmtheitsanforderungen** zu entsprechen (s. auch § 722 ZPO Rn. 5, § 4 AVAG Rn. 5).[7] Der deutsche Richter hat den ausländischen Titel bei der Klauselerteilung ergänzend auszulegen und an die deutsche Übung anzupassen. Unbestimmt ist ein Titel, der nur die Verpflichtung zum Tragen der Prozesskosten ausspricht (Kostengrundentscheidung).[8] Die ergänzende Auslegung setzt die zumindest mittelbare Eindeutigkeit des ausländischen Titels über die Höhe eines Anspruches voraus. Entspricht eine ausländische Entscheidung diesen Anforderungen nicht, muss das deutsche Gericht darauf hinwirken, dass diese im Anerkennungsverfahren konkretisiert wird. Die

---

[2] *Kropholler* Art. 32 Rn. 7; *Zö/Geimer* Art. 38 Rn. 11.
[3] *T/P/Hüßtege* Art. 38 Rn. 3.
[4] *Zö/Geimer* Art. 38 Rn. 12.
[1] Vgl. OLG Oldenburg NJOZ 2003, 3201 f.; OLG Düsseldorf IPRax 1998, 478 f., Leitsatz zu Art. 31 EuGVÜ.
[2] *Kropholler* Rn. 9.
[3] OLG Düsseldorf NJW-RR 2001, 1575, 1576.
[4] OLG Oldenburg (Fn. 1).
[5] OLG Düsseldorf RIW 1997, 330.
[6] BGHZ 122, 16, 18 = NJW 1993, 1801; BGH NJW 1986, 1440, 1441 zu Art. 31 EuGVÜ.
[7] BGHZ 122, 16, 18 = NJW 1993, 1801 zu Art. 31 EuGVÜ.
[8] OLG Zweibrücken NJOZ 2004, 785, 787.

Verurteilung zu „gesetzlichen" Zinsen in einem ausländischen Titel ist nicht hinreichend bestimmt und vollstreckbar. Es bedarf es vor der Vollstreckung einer (zulässigen) Konkretisierung[9], die schon bei der erstinstanzlichen Vollstreckbarerklärung vorzunehmen ist. Das Gericht muss gem. § 139 Abs. 1 ZPO auf sachdienliche **Anträge** achten. Ihm obliegt darüber hinaus gem. § 293 ZPO die Feststellung und Anwendung ausländischen Rechts zur Entscheidung der Frage, ob die ausländische Entscheidung eindeutig ist. Das Gericht kann dazu die Mitwirkung der ausländischen Partei in Anspruch nehmen.[10] Nur wenn den Bestimmtheitsanforderungen trotz der Bemühungen des Gerichts, insbesondere wegen des Verbotes der Überprüfung der ausländischen Entscheidung (Art. 41), nicht genügt werden kann, darf der Antrag auf Vollstreckbarerklärung zurückgewiesen werden, weil es der deutschen öffentlichen Ordnung widersprechen würde, eine vollstreckbare Anordnung zu erlassen, die von dem Vollstreckungsorgan nicht sinngerecht ausgeführt werden kann.[11] Sofern ein ausländischer Titel teilweise bestimmbar ist, so kann gem. Art. 48 die Klausel auch nur für die bestimmbaren Teile des Titels erteilt werden.[12]

2. Verfahren der Vollstreckbarerklärung. Das jeweilige nationale Recht entscheidet, in welcher Form die ausländische Entscheidung für vollstreckbar erklärt wird; in Deutschland erfolgt sie in einem **Klauselerteilungsverfahren.** Eröffnet wird das Verfahren mit einem – schriftlichen oder mündlich zu Protokoll der Geschäftsstelle gestellten – **Antrag** eines Berechtigten, Art. 38 Abs. 1, für den kein Anwaltszwang besteht. Berechtigter ist jeder, der sich in dem Urteilsstaat auf die Entscheidung berufen kann, regelmäßig der Titelgläubiger oder dessen Rechtsnachfolger. Das Gericht darf, von den genannten Ausnahmen hinsichtlich des Bestimmtheitserfordernisses abgesehen, den Titel des Urteilsstaates nicht inhaltlich abändern oder ergänzen. Wird eine Entscheidung für vollstreckbar erklärt, ist sie für die Vollstreckung in vollem Umfang einem inländischen Vollstreckungstitel gleichgestellt. Eine **Insolvenz** im Erst- oder Drittstaat hindert die Vollstreckbarerklärung nicht, sofern die insolvenzrechtlichen Wirkungen nicht nach der Verordnung (EG) über Insolvenzverfahren (Nr. 1346/2000) auf das Inland erstreckt werden.[13] 3

3. Sonderregelungen für das Vereinigte Königreich (Abs. 2). Der Gläubiger hat gem. Abs. 2 einen Antrag auf Registrierung der Entscheidung in dem jeweiligen Gerichtsbezirk zu stellen. Die Vollstreckung erfolgt im Vereinigten Königreich damit nicht aufgrund einer Klauselerteilung, sondern aufgrund einer Registrierung der ausländischen Entscheidung. 4

II. Vollstreckung

Die Durchführung der Zwangsvollstreckung richtet sich nach dem 8. Buch der ZPO, soweit die EuGVVO oder das AVAG keine Sondervorschriften enthalten. Die Vollstreckbarerklärung führt zur Gleichstellung mit einem deutschen Titel. 5

III. EuGVÜ/LugÜ

Maßgebliche Vorschrift ist insoweit jeweils Art. 31. Besonderheiten ergeben sich gegenüber Art. 38 EuGVVO nicht. 6

Artikel 39

(1) Der Antrag ist an das Gericht oder die sonst befugte Stelle zu richten, die in Anhang II aufgeführt ist.

(2) Die örtliche Zuständigkeit wird durch den Wohnsitz der Schuldner oder durch den Ort, an dem die Zwangsvollstreckung durchgeführt werden soll, bestimmt.

ANHANG II[1]

Anträge nach Artikel 39 sind bei folgenden Gerichten oder sonst befugten Stellen einzubringen:

– …
– in Deutschland beim Vorsitzenden einer Kammer des Landgerichts;
– …

1. Allgemeines. Die Zuweisung an den Vorsitzenden anstelle der Kammer in Anhang II **bezweckt** die Vereinfachung und die Beschleunigung und entspricht der Konzeption vom einseitigen erstinstanzlichen Verfahren gem. Art. 41 des Vollstreckbarerklärungsverfahrens. Geregelt sind sachliche (Rn. 2) und örtliche Zuständigkeit (Rn. 3f.). Der Schuldner kann mit der Beschwerde die Unzuständigkeit rügen; § 513 Abs. 2 ZPO findet keine Anwendung.[2] Fällt der Titel, der für vollstreckbar erklärt werden soll, nicht in den Bereich der EuGVVO oder anderer Abkommen, für die das AVAG gilt, erfolgt Abgabe an die Kammer, wenn diese zB nach § 722 ZPO zuständig ist, ggf. Verweisung.[3] S. auch § 3 AVAG (Anhang 4). Dem Art. 39 EuGVVO entsprechen **Art. 32 EuGVÜ/LugÜ.** Dort ist die örtliche Zuständigkeit teilweise anders geregelt. 1

---

9 OLG Zweibrücken NJOZ 2005, 2044, 2045; OLG Köln NJOZ 2005, 1181f.
10 BGHZ 122, 16, 19 = NJW 1993, 1801 zu Art. 31 EuGVÜ.
11 BGH (Fn. 10).
12 OLG Saarbrücken NJW 1988, 3100 zu Art. 31 EuGVÜ.
13 *Zö/Geimer* Rn. 2; vgl. auch EuGH Slg. 1999, 2543.
1 Nur teilweise abgedruckt; s. im Übrigen http://eur-lex.europa.eu.
2 OLG Köln OLGZ 1993, 370ff.
3 *Zö/Geimer* Art. 41 Rn. 4.

2 **2. Sachliche Zuständigkeit (Abs. 1).** Anhang II zu Art. 39 Abs. 1 enthält eine Aufführung der in den einzelnen Vertragsstaaten sachlich zuständigen Gerichte. In der Bundesrepublik Deutschland ist der Vorsitzende einer Zivilkammer des Landgerichts zuständig. Die sachliche Zuständigkeit besteht hierbei für alle Entscheidungen, die von Art. 32 erfasst werden, auch wenn arbeits- oder unterhaltsrechtliche Entscheidungen für vollstreckbar erklärt werden sollen.

3 **3. Örtliche Zuständigkeit (Abs. 2). a) Wohnsitz.** Die örtliche Zuständigkeit bestimmt sich nach der Wahl des Gläubigers, nach dem **Wohnsitz** (Art. 59) bzw. **Sitz** (Art. 60) **des Schuldners** oder nach dem Ort der Vollstreckung. Entscheidend ist der Zeitpunkt der Antragstellung. Ist ein Titel gegen mehrere Schuldner mit verschiedenen inländischen Wohnsitzen gegeben, so kann der Gläubiger analog Art. 6 Nr. 1 unter den mehreren örtlich zuständigen Gerichten wählen. **Nachträgliche Veränderungen** der tatsächlichen Verhältnisse dürfen allenfalls bewirken, dass eine zunächst fehlende Zuständigkeit bis zum Zeitpunkt der Entscheidung herbeigeführt wird.[4] Ist beim zuständigen Gericht ein Antrag gestellt worden, wird dieser nicht dadurch unzulässig, dass der Schuldner während der Anhängigkeit des Beschwerdeverfahrens aus dem Vollstreckungsstaat verzieht und sein neuer Aufenthaltsort unbekannt ist.[5] Andernfalls könnte sich der Schuldner leicht einer Vollstreckbarerklärung des Titels durch Verlassen des Gerichtsortes entziehen.

4 **b) Zwangsvollstreckungsort.** Beim Ort, „an dem die Zwangsvollstreckung durchgeführt werden soll", handelt es sich regelmäßig um das Gericht des Ortes, an dem das Vermögen des Schuldners belegen ist. Es genügt die **Absicht** des Antragstellers (Gläubigers), an diesem Ort die Zwangsvollstreckung durchzuführen, sodass der Schuldner in diesem Bezirk gegenwärtig (noch) kein Vermögen haben muss.[6] Ausreichend ist die **schlüssige Behauptung** des Gläubigers, dort vollstrecken zu wollen.[7]

Artikel 40

(1) Für die Stellung des Antrags ist das Recht des Vollstreckungsmitgliedstaats maßgebend.

(2) [1]Der Antragsteller hat im Bezirk des angerufenen Gerichts ein Wahldomizil zu begründen. [2]Ist das Wahldomizil im Recht des Vollstreckungsmitgliedstaats nicht vorgesehen, so hat der Antragsteller einen Zustellungsbevollmächtigten zu benennen.

(3) Dem Antrag sind die in Artikel 53 angeführten Urkunden beizufügen.

1 **1. Antragsstellung (Abs. 1, 3).** Die Anforderungen, die an den Antrag zu stellen sind, insbesondere hinsichtlich Form, Inhalt und Sprache, richten sich nach dem Recht des jeweiligen Vollstreckungsstaates. Es gehört zum notwendigen Inhalt eines Antrages, dass der Antragsteller, der Schuldner und das Gericht der Vollstreckbarerklärung bezeichnet sind, ebenso wie die ausländische Entscheidung benannt und ein Antrag auf Vollstreckbarerklärung enthalten sein muss. Nach Abs. 3 hat der Antragsteller die in Artikel 53 angeführten Urkunden beizufügen, ebenso wie deren Übersetzung, soweit das Gericht dies verlangt (Art. 55 Abs. 2). Der Antrag kann ohne Einwilligung des Antragsgegners zurückgenommen werden. Der Nachweis einer **Rechtsnachfolge** ist nach § 7 Abs. 1 S. 1 AVAG zu führen. S. im Übrigen § 4 AVAG.

2 **2. Wahldomizil, Zustellungsbevollmächtigter (Abs. 2). a) Zweck.** Die Begründung eines Wahldomizils oder die Benennung eines Zustellungsbevollmächtigten ermöglicht die Zustellung innerhalb eines Vollstreckungsstaates. In Deutschland ist ein Zustellungsbevollmächtigter zu benennen. S. im Übrigen § 5 AVAG.

3 **b) Einzelheiten.** Abs. 2 ist dahingehend auszulegen, dass die in dieser Bestimmung vorgeschriebene Begründung eines Wahldomizils bzw. in Deutschland die Benennung eines Zustellungsbevollmächtigten spätestens bei der Zustellung der Entscheidung zu erfolgen hat, mit der die Zwangsvollstreckung zugelassen wird.[1] Die **Folgen einer Verletzung** der Vorschriften über die Begründung/Benennung richten sich vorbehaltlich der Beachtung der Ziele der Verordnung nach dem Recht des Vollstreckungsstaates.[2] In der Bundesrepublik Deutschland darf ein Antrag auf Vollstreckbarerklärung nicht zurückgewiesen oder abgelehnt werden, wenn ein Zustellungsbevollmächtigter nicht benannt wird. Der Vorsitzende der Zivilkammer darf keinen Zustellungsbevollmächtigten von Amts wegen ernennen. Der Antragsteller muss dann nur hinnehmen, dass durch Aufgabe zur Post zugestellt wird (§ 5 Abs. 1 AVAG).

4 **3. EuGVÜ/LugÜ.** Die Regelung ist dort in Art. 33 enthalten; sie unterscheidet sich nicht von Art. 40 EuGVVO.

Artikel 41

[1]Sobald die in Artikel 53 vorgesehenen Förmlichkeiten erfüllt sind, wird die Entscheidung unverzüglich für vollstreckbar erklärt, ohne dass eine Prüfung nach den Artikeln 34 und 35 erfolgt. [2]Der Schuldner erhält in diesem Abschnitt des Verfahrens keine Gelegenheit, eine Erklärung abzugeben.

---

[4] OLG Zweibrücken, Rpfleger 2000, 77; BGH WM 1997, 1521 zu Art. 39 EuGVÜ.
[5] BGH WM 1997, 1521 = EuZW 1999, 224.
[6] BGH WM 1997, 1521 = EuZW 1999, 224 zu Art. 39 EuGVÜ.
[7] OLG Saarbrücken NJW-RR 1993, 190 zu Art. 39 EuGVÜ.
[1] EuGH Slg. 1986, 2437 zu Art. 33 EuGVÜ.
[2] EuGH Slg. 1986, 2437 zu Art. 33 EuGVÜ.

1. Das einseitige Verfahren der Vollstreckbarerklärung. Art. 41 enthält zwingende Vorschriften für die Gerichte oder Behörden, die nach Art. 39 die Anträge entgegennehmen, mit dem Ziel, die Fristen für das Exequaturverfahren deutlich zu verkürzen.[1] Das für die Vollstreckbarerklärung zuständige Gericht ist selbst in Ausnahmefällen nicht befugt, den Schuldner zur Stellungnahme bezüglich des Antrags auf Erteilung einer Vollstreckbarkeitserklärung aufzufordern. Deshalb muss auch eine Schutzschrift des Schuldners unbeachtet bleiben.[2] Die Nichtanhörung in diesem Stadium des Verfahrens stellt **keinen Verstoß gegen das Recht auf rechtliches Gehör** (Art. 103 Abs. 1 GG) dar, da der Schuldner gem. Art. 43 die Möglichkeit hat, einen Rechtsbehelf einzulegen, wodurch ein streitiges Verfahren eingeleitet wird, in dem er Gelegenheit zur Äußerung hat. Bis zur Entscheidung über den Rechtsbehelf ist der Schuldner durch Art. 47 Abs. 3 geschützt. Es darf nämlich bis zu diesem Zeitpunkt die Zwangsvollstreckung in das Vermögen des Schuldners nicht über Maßnahmen zur Sicherung hinausgehen. Zum Verfahren im Einzelnen s. §§ 6ff. AVAG. 1

2. Ablehnungsgründe. a) Nicht zu berücksichtigen. Das Gericht darf nicht prüfen, ob eines der in Art. 34 oder 35 genannten Anerkennungs- oder Vollstreckungshindernisse (zB dem deutschen ordre public, Art. 34 Nr. 1[3]) vorliegt. Anders als nach dem EuGVÜ kann daher der Antrag auf Erteilung der Vollstreckungserklärung nicht aus einem der in Art. 34, 35 genannten Gründe abgelehnt werden. Diese Versagensgründe können (vom Beschwerdegericht) geprüft werden, wenn die Partei, gegen die sich die Vollstreckung richtet, gem. Art. 43 einen Rechtsbehelf eingelegt hat (vgl. Art. 45 Abs. 1).[4] 2

b) Zu berücksichtigen. Ablehnungsgründe ergeben sich allerdings aus Art. 38–40. Das für die Vollstreckbarerklärung zuständige Gericht muss von Amts wegen prüfen, ob die Entscheidung im Urteilsstaat vollstreckbar ist (s. auch die Bescheinigung nach Art. 54). Es muss weiter prüfen, ob seine Zuständigkeit nach Art. 39 gegeben ist und die nach Art. 40 Abs. 3 iVm. Art. 55 erforderlichen Urkunden dem Antrag beigefügt sind. Werden die erforderlichen Urkunden trotz Fristsetzung (Art. 48) nicht vorgelegt, ist der Antrag abzulehnen. 3

3. EuGVÜ/LugÜ. Entsprechende (sich nicht unterscheidende) Vorschrift dort ist jeweils Art. 34. 4

Artikel 42

(1) Die Entscheidung über den Antrag auf Vollstreckbarerklärung wird dem Antragsteller unverzüglich in der Form mitgeteilt, die das Recht des Vollstreckungsmitgliedstaats vorsieht.

(2) Die Vollstreckbarerklärung und, soweit dies noch nicht geschehen ist, die Entscheidung werden dem Schuldner zugestellt.

1. Allgemeines. Die Entscheidung über den Antrag auf Vollstreckbarerklärung (Art. 38) lässt die Zwangsvollstreckung teilweise oder in vollem Umfang zu (vgl. Art. 48) oder sie weist den Antrag zurück. Sie ist nach Art. 42 dem Antragsteller **von Amts wegen** mitzuteilen. Gleichgültig, ob die Entscheidung die Vollstreckbarkeit erklärt oder den Antrag auf Vollstreckbarerklärung ablehnt, die Form der Mitteilung an den Antragsteller richtet sich immer nach dem Recht des Vollstreckungsstaates. S. im Übrigen § 10 AVAG. Entsprechende (sich nicht unterscheidende) Regelungen finden sich in Art. 35 **EuGVÜ/LugÜ.** 1

2. Vollstreckbarerklärung. Im Falle der Vollstreckbarerklärung genügt in der Bundesrepublik Deutschland die einfache Mitteilung der Entscheidung an den Antragsteller. Es wird ihm die mit der Vollstreckungsklausel versehene Ausfertigung des Schuldtitels und eine Bescheinigung über die Zustellung übersandt. In der Regel erfolgt eine Übersendung an die Adresse des Zustellungsbevollmächtigten bzw. Bevollmächtigten (Art. 40 Abs. 2). Sind diese nicht bestellt worden, wird formlos per Post an den Antragsteller übermittelt. Nach Abs. 2 wird die Entscheidung dem **Schuldner zugestellt.** Ziel der Verordnung ist eine zügige Zwangsvollstreckung; es soll möglichst verhindert werden, dass der Schuldner sein Vermögen der Zwangsvollstreckung entziehen kann. Die Zustellung an den Schuldner ist daher **weder Voraussetzung der Übersendung** der mit der Vollstreckungsklausel versehenen Ausfertigung des Schuldtitels an den Gläubiger, **noch** Voraussetzung **der Sicherungsvollstreckung** gem. Art. 47 Abs. 3. 2

3. Ablehnung des Antrags. Im Falle der Antragsablehnung sollte in der Bundesrepublik an den Antragsteller trotz § 10 Abs. 3 S. 1 AVAG eine förmliche Zustellung iSd. § 329 Abs. 3 ZPO durchgeführt werden (s. § 8 AVAG Rn. 3).[1] Die Zustellung erfolgt an den Verfahrens- bzw. Zustellungsbevollmächtigten. Die **Ablehnung** der Vollstreckbarerklärung ist **mit Gründen** zu versehen. Dem Antragsteller steht der **Rechtsbehelf** nach Art. 43 gegen den ablehnenden Beschluss zur Verfügung. 3

---

[1] Vgl. die Begründung der Kommission zum Vorschlag für eine VERORDNUNG (EG) DES RATES über die gerichtliche Zuständigkeit und die Vollstreckung von Entscheidungen in Zivil- und Handelssachen (KOM (1999) 248 endg.), Gliederungspunkt 4.5., betr. Art. 35.

[2] *T/P/Hüßtege* Rn. 1.

[3] OLG Oldenburg NJOZ 2003, 3201, 3202.

[4] Vgl. OLG Oldenburg (Fn. 3).

[1] *Kropholler* Rn. 2; MK/*Gottwald* (AB) Rn. 4.

Abschnitt 3. Gemeinsame Vorschriften

Artikel 43

(1) Gegen die Entscheidung über den Antrag auf Vollstreckbarerklärung kann jede Partei einen Rechtsbehelf einlegen.

(2) Der Rechtsbehelf wird bei dem in Anhang III aufgeführten Gericht eingelegt.

(3) Über den Rechtsbehelf wird nach den Vorschriften entschieden, die für Verfahren mit beiderseitigem rechtlichen Gehör maßgebend sind.

(4) Lässt sich der Schuldner auf das Verfahren vor dem mit dem Rechtsbehelf des Antragstellers befassten Gericht nicht ein, so ist Artikel 26 Absätze 2 bis 4 auch dann anzuwenden, wenn der Schuldner seinen Wohnsitz nicht im Hoheitsgebiet eines Mitgliedstaats hat.

(5) [1]Der Rechtsbehelf gegen die Vollstreckbarerklärung ist innerhalb eines Monats nach ihrer Zustellung einzulegen. [2]Hat der Schuldner seinen Wohnsitz im Hoheitsgebiet eines anderen Mitgliedstaats als dem, in dem die Vollstreckbarerklärung ergangen ist, so beträgt die Frist für den Rechtsbehelf zwei Monate und beginnt von dem Tage an zu laufen, an dem die Vollstreckbarerklärung ihm entweder in Person oder in seiner Wohnung zugestellt worden ist. [3]Eine Verlängerung dieser Frist wegen weiter Entfernung ist ausgeschlossen.

ANHANG III[1]

Die Rechtsbehelfe nach Artikel 43 Absatz 2 sind bei folgenden Gerichten der Mitgliedstaaten einzulegen:
– …
– in Deutschland beim Oberlandesgericht;
– …

1 **1. Normzweck.** Nach dem EuGVÜ und dem LugÜ waren die den Parteien zustehenden Rechtsbehelfe in unterschiedlichen Vorschriften geregelt. Der Rechtsbehelf des Schuldners gegen die Zulassung der Zwangsvollstreckung war in **Art. 36–39 EuGVÜ/LugÜ** geregelt. Der Rechtsbehelf des Gläubigers war in den **Art. 40 und 41 EuGVÜ/LugÜ** geregelt. Die Verordnung hat nun die beiden Parteien zur Verfügung stehenden Rechtsbehelfe in Art. 43 bis 45 zusammengefasst. S. im Übrigen §§ 11ff. AVAG.

2 **2. Rechtsbehelfsverfahren.** Nach **Abs. 1** kann jede Partei gegen die Entscheidung über den Antrag auf Vollstreckbarerklärung bei einem nach der Anlage III zuständigen Rechtsbehelfsgericht einen Rechtsbehelf einlegen. Durch die Einlegung eines Rechtsbehelfs wird ein streitiges Verfahren eingeleitet. Über den Rechtsbehelf wird nach den Vorschriften entschieden, die für Verfahren mit beiderseitigem rechtlichem Gehör maßgebend sind (Abs. 3). Der in Art. 43ff. geregelte Bereich der Rechtsschutzmöglichkeiten stellt ein eigenständiges und geschlossenes System dar.[2] Vorschriften des nationalen Rechtes, die einem interessierten Dritten Rechtsbehelfe gegen die Zulassung der Zwangsvollstreckung gewähren, sind daher ausgeschlossen.[3] Nach Abs. 5 **beginnt die Rechtsbehelfsfrist** mit der Zustellung der Entscheidung.

3 **3. Rechtsbehelfsfrist (Abs. 5).** Für die Frist und den Fristbeginn ist zwischen 3 verschiedenen Fällen zu unterscheiden. Grundsätzlich wird die Rechtsbehelfsfrist durch jede ordnungsgemäße, nicht aber eine fehlerhafte oder unterbliebene – trotz Kenntniserlangung durch den Schuldner –,[4] Zustellung in Gang gesetzt. Für die Berechnung der Fristen ist das Recht des Vollstreckungsstaates maßgeblich. Hat der Schuldner seinen **Wohnsitz im Vollstreckungsstaat,** beträgt die Frist gem. Abs. 5 S. 1 einen Monat. Hat der Schuldner seinen **Wohnsitz in einem anderen Mitgliedstaat,** gilt die zweimonatige Rechtsbehelfsfrist; er wird er durch die Vorschrift des Abs. 5 S. 2 besonders geschützt. Die Rechtsbehelfsfrist von 2 Monaten ist unabänderlich (Abs. 5 letzter Satz). Hat der Schuldner seinen **Wohnsitz in einem Nichtvertragsstaat,** gilt regelmäßig die Frist des S. 1, dh., der Schuldner mit Wohnsitz in einem Nichtvertragsstaat kann innerhalb eines Monats nach Entscheidungszustellung den Rechtsbehelf einlegen. Das **Rechtsmittel des Gläubigers** gegen die (teilweise) Ablehnung seines Antrags ist **unbefristet.**

4 **4. Abs. 4.** Lässt sich der Schuldner auf das Verfahren vor dem mit dem Rechtsbehelf des Antragstellers befassten Gerichts nicht ein, so setzt das Gericht gem. Art. 26 Abs. 2–4 das Verfahren aus, um festzustellen, ob dem Schuldner die Beschwerdeschrift so rechtszeitig zugestellt worden ist, dass er sich verteidigen konnte. Das gilt auch, wenn der Schuldner seinen Wohnsitz nicht im Hoheitsgebiet eines Mitgliedstaats hat. Die **Entscheidung** über den Rechtsbehelf erfolgt durch Beschluss.

---

[1] Nur teilweise abgedruckt; s. im Übrigen http://eur-lex.europa.eu.
[2] EuGH Slg. 1995, 1981, Rn. 17 zu Art. 36 EuGVÜ.
[3] EuGH IPRax 1994, 37, 38 = EuZW 1993, 417 zu Art. 36 EuGVÜ.
[4] EuGH NJW 2006, 1114ff.

Artikel 44

Gegen die Entscheidung, die über den Rechtsbehelf ergangen ist, kann nur ein Rechtsbehelf nach Anhang IV eingelegt werden.

ANHANG IV[1]

Nach Artikel 44 können folgende Rechtsbehelfe eingelegt werden:

- …
- in Deutschland: die Rechtsbeschwerde,
- …

Die gem. Art. 43 ergangene Entscheidung des Oberlandesgerichts kann mit der Rechtsbeschwerde angefochten werden. Den Prüfungsumfang des Rechtsbeschwerdegerichts legt Art. 45 fest. Das Gericht hat die Rechtsbeschwerdeentscheidung unverzüglich zu erlassen (Art. 45 Abs. 1). S. im Übrigen §§ 15ff. AVAG. 1

Artikel 45

(1) [1]Die Vollstreckbarerklärung darf von dem mit einem Rechtsbehelf nach Artikel 43 oder Artikel 44 befassten Gericht nur aus einem der in den Artikeln 34 und 35 aufgeführten Gründe versagt oder aufgehoben werden. [2]Das Gericht erlässt seine Entscheidung unverzüglich.

(2) Die ausländische Entscheidung darf keinesfalls in der Sache selbst nachgeprüft werden.

1. Allgemeines. Gem. Art. 45 hat das Rechtsbehelfsgericht nur eine sehr eingeschränkte Prüfungskompetenz. Der Schuldner kann einwenden, es liege keine Entscheidung iSd. Art. 25 vor oder Versagensgründe nach den Art. 34, 35 würden vorliegen. Auch das Fehlen der Zuständigkeit kann gerügt werden, § 513 Abs. 2 ZPO findet keine Anwendung (s. Art. 39 Rn. 1). Der Schuldner kann weiter einwenden, der Titel sei nicht vollstreckbar oder aufgehoben.[1] Eine Beschwerde kann außerdem damit begründet werden, dass eine Person in der Vollstreckbarerklärung fälschlicherweise als Schuldner bezeichnet worden ist und diese Person geltend macht, mit dem Schuldner des Titels nicht identisch zu sein. Zu beachten ist, dass die Entscheidung des Urteilsstaates nicht in der Sache selbst nachgeprüft werden darf (vgl. auch Art. 36). Eine Überprüfung ist aber dann ausnahmsweise zulässig, wenn Fehler vorliegen, die zu einem Anerkennungshindernis iSd. Art. 34 oder 35 führen. 1

2. Nachträglich entstandene Einwendungen. Der Schuldner kann darüber hinaus den Rechtsbehelf auf Tatsachen stützen, die nach dem Erlass des ausländischen Urteils eingetreten sind, etwa dass die Urteilsforderung bereits erfüllt sei (s. §§ 12, 14 AVAG).[2] Zu berücksichtigen sind allerdings nur liquide Einwendungen (s. § 12 AVAG Rn. 2). Nach Erlass der ausländischen Entscheidung entstandene Einwendungen können sowohl im Erststaat mit den dort zulässigen Rechtsbehelfen geltend gemacht werden als auch mit der Beschwerde gegen die Vollstreckbarerklärung. Einwendungen, die vor dem Erlass der ausländischen Entscheidung entstanden sind, können im Rechtsbehelfsverfahren zur Vollstreckbarerklärung nicht geltend gemacht werden, sondern nur durch Rechtsmittel gegen die ausländische Entscheidung. 2

Artikel 46

(1) Das nach Artikel 43 oder Artikel 44 mit dem Rechtsbehelf befasste Gericht kann auf Antrag des Schuldners das Verfahren aussetzen, wenn gegen die Entscheidung im Ursprungsmitgliedstaat ein ordentlicher Rechtsbehelf eingelegt oder die Frist für einen solchen Rechtsbehelf noch nicht verstrichen ist; in letzterem Fall kann das Gericht eine Frist bestimmen, innerhalb deren der Rechtsbehelf einzulegen ist.

(2) Ist die Entscheidung in Irland oder im Vereinigten Königreich ergangen, so gilt jeder im Ursprungsmitgliedstaat statthafte Rechtsbehelf als ordentlicher Rechtsbehelf im Sinne von Absatz 1.

(3) Das Gericht kann auch die Zwangsvollstreckung von der Leistung einer Sicherheit, die es bestimmt, abhängig machen.

1. Überblick. Parallelvorschrift des Art. 46 ist Art. 37 zum Anerkennungsverfahren. Beide Vorschriften dienen dem Schutz des Schuldners und der Verhinderung von widersprüchlichen Entscheidungen. Es steht im **Ermessen** des Rechtsbehelfsgerichts, ob es die Zwangsvollstreckung zulässt, das Verfahren aussetzt (Abs. 1), die Zwangsvollstreckung von einer Sicherheitsleistung abhängig macht (Abs. 3) oder aber dem Schuldner eine Frist zur Einlegung des Rechtsbehelfs setzt. Es kann ein Rechtsmittel mit dem ausschließlichen Ziel eingelegt werden, eine Aussetzung (Abs. 1) bzw. eine Sicherheitsleistung (Abs. 3) zu erreichen.[1] 1

2. Voraussetzungen. Eine Aussetzung des Verfahrens erfolgt nur auf **Antrag** des Schuldners. Im Urteilsstaat muss ein ordentlicher **Rechtsbehelf eingelegt** worden oder die Frist für einen solchen darf noch nicht verstrichen sein. Wie im Falle des Art. 37 ist der Begriff des ordentlichen Rechtsbehelfes unabhängig von 2

---

[1] Nur teilweise abgedruckt; s. im Übrigen http://eur-lex.europa.eu.

[1] BGH NJW 2007, 3432, 3434.

[2] BGH EuZW 2007, 445, 447f.; OLG Düsseldorf NJW-RR 2005, 933, 934f.; zweifelnd MK/*Gottwald* (AB) Rn. 4; Art. 43 Rn. 7; aA OLG Oldenburg NJW-RR 2007, 418f.; *T/P/Hüßtege* Rn. 3.

[1] OLG Hamm, Beschluss vom 19. 8. 2003, 29 W 29/03.

der gewählten Bezeichnung autonom und weit auszulegen.[2] Es reicht, dass eine Überprüfung des Titels nicht auf einen Rechtsbehelf hin, sondern von Amts wegen erfolgt;[3] Abs. 3 kann sogar dann anwendbar sein, wenn es keinen Rechtsbehelf gibt.[4]

3 **3. Aussetzung (Abs. 1).** Eine Aussetzung des Verfahrens kommt nur dann in Betracht, wenn die Entscheidung des Urteilsstaates **erkennbar fehlerhaft** ist und mit ihrer **Aufhebung** im erststaatlichen Rechtsmittelverfahren **zu rechnen** ist.[5] Deshalb ist es notwendig, dass der Schuldner seine Einwendungen gegen das Urteil des Erststaates durch Einreichung einer Abschrift der Rechtsmittelschrift darlegt.[6] Es dürfen vom Beschwerdegericht nur die Gründe beachtet werden, die der Schuldner **vor Erlass** der zu vollstreckenden Entscheidung im Urteilsstaat **nicht** geltend machen konnte.[7] Es würde sonst die von der Verordnung erstrebte grenzüberschreitende Urteilsvollstreckung zu stark eingeschränkt.[8] Zur Wahrung dieser Intention können auch die Gründe, die im Urteilsstaat nicht vorgebracht wurden, aber hätten vorgebracht werden können, nicht berücksichtigt werden. Gründe, die der Schuldner vor dem Gericht des Urteilsstaates geltend gemacht hat, können bereits aufgrund des Verbots der révision au fond (Art. 45 Abs. 2) keine Berücksichtigung finden. Es liegt im **Ermessen** des Beschwerdegerichtes, welche der Maßnahmen es ergreift. Seine Weigerung stellt keine beschwerdefähige Entscheidung iSd. Art. 44 dar.[9] **Folge einer Aussetzung** ist, dass der Gläubiger während ihrer Dauer auf die Sicherungsvollstreckung beschränkt ist.

4 **4. Sicherheitsleistung (Abs. 3).** Eine Anordnung kommt nur in Betracht, sofern ein Sicherungsbedürfnis für den Schuldner besteht,[10] vor allem bei der Vollstreckbarerklärung von Titeln des **einstweiligen Rechtsschutzes** oder dann, wenn eine Sicherheitsleistung im erststaatlichen Titel nicht angeordnet ist.[11] Bevor über die Beschwerde des Schuldners entschieden ist, ist die Anordnung einer Sicherheitsleistung nicht zulässig.[12] Der Schuldner wird bis dahin durch Art. 47 geschützt,[13] indem dem Gläubiger nur das Recht eingeräumt ist, Maßregeln zur Sicherung zu betreiben. Zur **Abwendungsbefugnis** des Schuldners bei der Sicherungsvollstreckung s. § 20 AVAG. Mit Entscheidung über den Rechtsbehelf sind Vollstreckungen gegen den Schuldner möglich, obgleich die Entscheidung über den Rechtsbehelf noch Gegenstand des weiteren Rechtsbehelfs iSd. Art. 44 und der Titel im Erststaat noch anfechtbar ist.[14] Für die **Art und Höhe der Sicherheitsleistung** gilt in Deutschland § 108 ZPO. Anders als bei der begrenzten Prüfungsbefugnis des Rechtsbehelfsgerichtes hinsichtlich der Aussetzung können als Prüfungsmaßstab alle **Umstände des Einzelfalls** berücksichtigt werden. So kann etwa der Vortrag, dass im Falle der Zwangsvollstreckung ein nicht zu ersetzender Nachteil drohe, ein erheblicher sein.[15] Die **Anordnung der Sicherheitsleistung ist entbehrlich,** wenn der Titel bereits eine Sicherheitsleistung vorschreibt; sie kommt aber gleichwohl in Betracht, wenn die bereits angeordnete Sicherheitsleistung voraussichtlich nicht zur Abdeckung eines etwaigen Schadens im Vollstreckungsstaat ausreicht.[16]

Artikel 47

(1) Ist eine Entscheidung nach dieser Verordnung anzuerkennen, so ist der Antragsteller nicht daran gehindert, einstweilige Maßnahmen einschließlich solcher, die auf eine Sicherung gerichtet sind, nach dem Recht des Vollstreckungsmitgliedstaats in Anspruch zu nehmen, ohne dass es einer Vollstreckbarerklärung nach Artikel 41 bedarf.

(2) Die Vollstreckbarerklärung gibt die Befugnis, solche Maßnahmen zu veranlassen.

(3) Solange die in Artikel 43 Absatz 5 vorgesehene Frist für den Rechtsbehelf gegen die Vollstreckbarerklärung läuft und solange über den Rechtsbehelf nicht entschieden ist, darf die Zwangsvollstreckung in das Vermögen des Schuldners nicht über Maßnahmen zur Sicherung hinausgehen.

1 **1. Normzweck.** Die Kommission hatte in ihrer Begründung zu der vorliegenden Vorschrift ausgeführt: „Gegenstand dieses Artikels sind die für einstweilige Maßnahmen und Sicherungsmaßnahmen im Vollstreckungsstaat geltenden Vorschriften, wenn eine ausländische Entscheidung auf der Grundlage der Verordnung anerkannt werden muss. Die Vollstreckbarerklärung berechtigt dazu, Sicherungsmaßnahmen in das Vermögen des Schuldners zu veranlassen. Liegt eine Entscheidung in der Hauptsache vor, so können die nach dem Recht des Vollstreckungsstaats geltenden einstweiligen Maßnahmen einschließlich Sicherungsmaßnahmen beantragt werden, bevor diese Entscheidung in der Hauptsache von dem zuständigen Gericht

[2] EuGH Slg. 1979, 2175, Leitsatz = NJW 1978, 1107; vgl. auch BGH NJW 1986, 3026 zu Art. 38 EuGVÜ.
[3] BGH NJW 1986, 3026.
[4] OLG Stuttgart NJW-RR 1998, 280, 282 = RIW 1997, 684 zu Art. 38 EuGVÜ.
[5] OLG Stuttgart (Fn. 4).
[6] OLG Hamm, Beschluss vom 19. 8. 2003, 29 W 29/03.
[7] EuGH Slg. 1991, 4743; BGH NJW 1994, 2156, 2157 zu Art. 38 EuGVÜ.
[8] EuGH Slg. 1991, 4743 zu Art. 38 EuGVÜ.
[9] BGH NJW 1994, 2156, 2157 m. weit. Nachw. zu Art. 38 EuGVÜ.
[10] OLG Stuttgart NJW-RR 1998, 280 = EWS 1997, 250 zu Art. 38 EuGVÜ.
[11] Vgl. OLG Celle NJW-RR 2007, 718, 719.
[12] EuGH Slg. 1984, 3971 zu Art. 38 EuGVÜ.
[13] BGH NJW 1983, 1979 zu Art. 38 EuGVÜ.
[14] BGH NJW 1983, 1979 zu Art. 38 EuGVÜ.
[15] BGH NJW 1994, 2156, 2157 zu Art. 38 EuGVÜ.
[16] *Kropholler* Rn. 7.

oder der zuständigen Behörde des Vollstreckungsstaats für vollstreckbar erklärt worden ist. Artikel 44 stellt in gewisser Weise die Fortsetzung zu Artikel 31 dar. In den meisten Mitgliedstaaten begründet die ausländische Entscheidung das Vorliegen einer Schuld, die die Veranlassung von Sicherungsmaßnahmen rechtfertigt. In allen Fällen berechtigt die Vollstreckbarerklärung dazu, Sicherungsmaßnahmen zu veranlassen, ohne dass der Antragsteller hierzu ein eigenes Verfahren anstrengen muss."[1]

2. Wahlmöglichkeit. Der Gläubiger hat also gem. Art. 47 zwei Möglichkeiten: Er kann gem. **Abs. 1 einstweilige Maßnahmen** in Anspruch nehmen, die nach dem Recht des Vollstreckungsstaats zulässig sind. Dazu bedarf es einer Vollstreckbarerklärung nach Art. 41 nicht. Möglich sind eine Vorpfändung, Arrest oder einstweilige Verfügung. Bei Letzteren ergibt sich das Bestehen eines Anspruchs aus der Entscheidung des Erststaates, er darf im Gegensatz zum Arrest-/ Verfügungsgrund nicht geprüft werden.[2] Der ausländische Titel ist vor der Vollstreckbarerklärung in Deutschland auch ein zur Sicherungsvollstreckung nach § 720a ZPO berechtigender Titel,[3] denn diese ist eine auf Sicherung gerichtete einstweilige Maßnahme. Dem Vollstreckungsorgan müssen die nach Art. 53 erforderlichen Urkunden vorgelegt werden. Liegt eine **Vollstreckbarerklärung** vor, so gibt diese dem Gläubiger die Befugnis, in das Vermögen des Schuldners zu vollstrecken (Abs. 2). Solange die in Art. 43 Abs. 5 vorgesehen Frist für den Rechtsbehelf läuft und solange über den Rechtsbehelf nach Art. 43 noch nicht entschieden ist, darf allerdings die Vollstreckung in das Vermögen des Schuldners nicht über Maßnahmen zur Sicherung hinausgehen (Abs. 3). 2

3. Zulässige Maßnahmen. Welche Maßregeln zur Sicherung zulässig sind und ob sie entweder mit oder ohne Beteiligung eines Gerichts durchgeführt werden können, bestimmt das Recht des Vollstreckungsstaats. Einzelheiten hierzu (s. auch Rn. 2) sehen die §§ 18 bis 24 AVAG vor; s. die Anmerkungen dort. Die Befugnis zur Sicherungsvollstreckung folgt unmittelbar aus der Vollstreckbarerklärung, also der Entscheidung, durch welche die Zwangsvollstreckung zugelassen wird. Einer besonderen gerichtlichen Entscheidung über die Zulassung der Sicherungsmaßnahmen bedarf es nicht, auch wenn das nationale Verfahrensrecht des Vollstreckungsstaates eine solche verlangt. In dem in Art. 43 Abs. 5 festgelegten Zeitraum lässt die Verordnung eine über die Sicherungsvollstreckung hinausgehende Vollstreckbarkeit nicht zu, da die Vollstreckbarerklärung erstinstanzlich regelmäßig in einem einseitigen Verfahren erfolgt und zu verhindern ist, dass aufgrund der in diesem Verfahrensstadium erreichten Vollstreckbarkeit vollendete Tatsachen geschaffen werden, bevor der Schuldner gehört worden ist. 3

Artikel 48

(1) Ist durch die ausländische Entscheidung über mehrere mit der Klage geltend gemachte Ansprüche erkannt und kann die Vollstreckbarerklärung nicht für alle Ansprüche erteilt werden, so erteilt das Gericht oder die sonst befugte Stelle sie für einen oder mehrere dieser Ansprüche.

(2) Der Antragsteller kann beantragen, dass die Vollstreckbarerklärung nur für einen Teil des Gegenstands der Verurteilung erteilt wird.

Ohne dass es eines besonderen, zusätzlichen oder hilfsweisen Antrages bedarf, ermöglicht die Regelung des Art. 48 dem Gericht, eine Teilvollstreckungsklausel zu erteilen, wenn der Antrag auf Vollstreckbarerklärung partiell abzuweisen ist, hinsichtlich eines abgrenzbaren anderen Teils des erststaatlichen Titels die Voraussetzungen der Vollstreckbarerklärung nach Art. 41 jedoch gegeben sind. Dem Gläubiger steht es allerdings auch frei, beispielsweise zur Begrenzung des Kostenrisikos lediglich einen Antrag auf Teilexequatur zu stellen. Ein solcher Antrag ist sowohl möglich im Falle einer einheitlichen, teilbaren Forderung als auch im Falle einer Anspruchshäufung. S. im Übrigen § 9 Abs. 2 AVAG (Anhang 4). Entsprechende (sich nicht unterscheidende) Regelungen finden sich in Art. 42 **EuGVÜ/LugÜ.** 1

Artikel 49

Ausländische Entscheidungen, die auf Zahlung eines Zwangsgelds lauten, sind im Vollstreckungsmitgliedstaat nur vollstreckbar, wenn die Höhe des Zwangsgelds durch die Gerichte des Ursprungsmitgliedstaats endgültig festgesetzt ist.

1. Zwangsgeldzahlung. Ist dem Schuldner im Urteil ein Zwangsgeld auferlegt, bedarf es für die Vollstreckbarkeit des ausländischen Titels auf Zahlung des Zwangsgeldes der Festsetzung von dessen endgültiger Höhe durch das Erstgericht. Die **Gesamthöhe des Zwangsgeldes** muss eindeutig aus dem Urteil hervorgehen; eine Konkretisierung des erststaatlichen Titels durch das Zweitgericht ist abweichend von Art. 38 nicht möglich. An einer eindeutigen Bestimmung fehlt es, wenn ein Titel ein Zwangsgeld für jeden Fall der Zuwiderhandlung festlegt, aber nicht ausgeurteilt ist, ob und wie viele Zuwiderhandlungen erfolgt sind. Dies gilt auch dann, wenn das ausländische Recht (wie in den Niederlanden) eine Vollstreckung ohne eine solche Festlegung zulässt.[1] 1

---

[1] Vgl. die Begründung der Kommission zum Vorschlag für eine VERORDNUNG DES RATES über die gerichtliche Zuständigkeit und die Vollstreckung von Entscheidungen in Zivil- und Handelssachen (KOM 1999, 348 endg.) Gliederungspunkt 4.5., betr. Art. 44.

[2] *Rauscher/Mankowski* Rn. 6.

[3] *Kropholler* Rn. 4; *Rauscher/Mankowski* Rn. 4; *T/P/Hüßtege* Rn. 2; aA MK/*Gottwald* (AB) Rn. 2.

[1] OLG Köln GRUR-RR 2005, 34, 36.

2 **2. Entscheidung.** Bei der Entscheidung muss es sich um eine solche im Sinne des Art. 32 handeln. Es werden nicht nur die in anderen Ländern üblichen **Zahlungen direkt an den Gläubiger,** sondern auch Zwangsgeldentscheidungen des deutschen Rechts nach §§ 888, 890 ZPO erfasst, obwohl das Zwangsgeld hier der Staatskasse zufließt und damit ebenso als öffentlich-rechtlich qualifiziert werden könnte.

3 **3. EuGVÜ/LugÜ.** Entsprechende (sich nicht unterscheidende) Vorschrift ist dort jeweils Art. 43.

Artikel 50

Ist dem Antragsteller im Ursprungsmitgliedstaat ganz oder teilweise Prozesskostenhilfe oder Kosten- und Gebührenbefreiung gewährt worden, so genießt er in den Verfahren nach diesem Abschnitt hinsichtlich der Prozesskostenhilfe oder der Kosten- und Gebührenbefreiung die günstigste Behandlung, die das Recht des Vollstreckungsmitgliedstaats vorsieht.

1 Diese Vorschrift erstreckt die erststaatliche Bewilligung von **Prozesskostenhilfe** auf das Verfahren nach dem 2. Abschnitt (Art. 38 ff.). Eines zweiten Bewilligungsaktes bedarf es daher nicht, auch findet keine Nachprüfung durch das Zweitgericht statt, ob die Prozesskostenhilfe im Urteilsstaat berechtigterweise bewilligt worden ist. Wurde der Partei im Erststaat **lediglich teilweise** Kostenhilfe gewährt, ermöglicht Art. 50, dass ihm im Vollstreckbarerklärungs- oder selbstständigen Anerkennungsverfahren volle Unterstützung gewährt wird. Inhaltlich ist der Partei stets die **günstigste Behandlung** nach dem Recht des Vollstreckungsstaates zu gewähren, in Deutschland also Prozesskostenhilfe ohne Eigenbeteiligung unter Beiordnung eines Rechtsanwaltes mit der Wirkung des § 122 ZPO. Unabhängig von Art. 51 ist darüber hinaus die Gewährung von Prozesskostenhilfe auch stets **nach autonomem Recht** oder dem Recht anderer Staatsverträge möglich, dh. auch, wenn dem Gläubiger im Urteilsstaat keine Prozesskostenhilfe gewährt wurde oder Abs. 1 aus sonstigen Gründen nicht einschlägig sein sollte. **Art. 44 EuGVÜ/LugÜ** enthalten Sondervorschriften für Island, unterscheiden sich aber sonst nicht.

Artikel 51

Der Partei, die in einem Mitgliedstaat eine in einem anderen Mitgliedstaat ergangene Entscheidung vollstrecken will, darf wegen ihrer Eigenschaft als Ausländer oder wegen Fehlens eines inländischen Wohnsitzes oder Aufenthalts eine Sicherheitsleistung oder Hinterlegung, unter welcher Bezeichnung es auch sei, nicht auferlegt werden.

1 Art. 51 befreit den Antragsteller im Vollstreckbarerklärungsverfahren von der Sicherheitsleistung für die Kosten des Verfahrens. Diese Regelung gilt auch für Antragsteller, die nicht Staatsangehörige eines Mitgliedstaats sind, setzt aber voraus, dass die Sicherheitsleistung gerade auf der Eigenschaft der Partei als Ausländer oder auf ihrem fehlenden Wohnsitz bzw. Aufenthalt im Zweitstaat beruht. In seinem Anwendungsbereich verdrängt Art. 51 die §§ 110 ff. ZPO. Gegenüber EU-Bürgern wäre die Auferlegung einer Ausländersicherheit allerdings ohnehin unzulässig.[1] Art. 51 befreit jedoch nicht von den Kosten des Urteilsverfahrens oder von einer aus anderen Gründen als der Ausländereigenschaft zu leistenden Sicherheit. Hier gilt § 110 ZPO bzw. Art. 17 des Haager Zivilprozessübereinkommens.[2] Entsprechende (sich nicht unterscheidende) Regelungen finden sich in Art. 45 **EuGVÜ/LugÜ.**

Artikel 52

In dem Vollstreckungsmitgliedstaat dürfen im Vollstreckbarerklärungsverfahren keine nach dem Streitwert abgestuften Stempelabgaben oder Gebühren erhoben werden.

1 Ziel dieser Bestimmung ist es, die Verfahrenskosten, die mit der Vollstreckbarerklärung einer Entscheidung verbunden sind, zu reduzieren. An **Gerichtskosten** werden in Deutschland streitwertunabhängig für die Vollstreckbarerklärung erster Instanz 200 EUR verlangt (GKG-KV Nr. 1510); für das Rechtsmittelverfahren 300 EUR (GKG-KV Nr. 1520). Art. 52 bezieht sich nicht auf die **Anwaltsgebühren;** hier ist der Gegenstandswert maßgeblich.

Artikel 53

(1) Die Partei, die die Anerkennung einer Entscheidung geltend macht oder eine Vollstreckbarerklärung beantragt, hat eine Ausfertigung der Entscheidung vorzulegen, die die für ihre Beweiskraft erforderlichen Voraussetzungen erfüllt.

(2) Unbeschadet des Artikels 55 hat die Partei, die eine Vollstreckbarerklärung beantragt, ferner die Bescheinigung nach Artikel 54 vorzulegen.

[1] EuGH EuZW 1993, 514; EuGH NJW 1997, 3299 zu Art. 45 EuGVÜ.
[2] Haager Übereinkommen über den Zivilprozess v. 1. 3. 1954, (BGBl. II 1958 S. 577).

Artikel 54

Das Gericht oder die sonst befugte Stelle des Mitgliedstaats, in dem die Entscheidung ergangen ist, stellt auf Antrag die Bescheinigung unter Verwendung des Formblatts in Anhang V dieser Verordnung aus.

1. Im Anerkennungs- und Vollstreckbarerklärungsverfahren vorzulegende Urkunden. Art. 53 führt diejenigen Urkunden auf, welche sowohl im Rahmen des Anerkennungsverfahrens als auch im Rahmen des Verfahrens der Vollstreckbarerklärung vorzulegen sind. Vorzulegen ist nach Art. 53 Abs. 1 zunächst die **Ausfertigung der Entscheidung.** Unter Entscheidung ist jede gemeint. Wie die Ausfertigung gestaltet sein muss, richtet sich nach dem Recht des Urteilsstaates, in Deutschland also nach § 317 Abs. 3 ZPO. Sie muss den vollen Beweis für Echtheit und Inhalt der Entscheidung bringen, weshalb die Vorlage einer bloßen unbeglaubigten Abschrift oder Fotokopie nicht ausreichend ist. Die Ausfertigung kann nach Vollstreckbarerklärung dem Antragsteller zurückgegeben werden.[1] S. auch § 4 Abs. 4 AVAG (Anhang 4). Zur erforderlichen Übersetzung s. Art. 55 Abs. 2. Zum Teil unterschiedliche Regelungen finden sich in Art. 46 f. **EuGVÜ/LugÜ.** 1

2. Formblatt (Art. 53 Abs. 2, Art. 54). Um die Verfahrensförmlichkeiten für den Antragsteller zu erleichtern, sind lediglich eine Ausfertigung der Entscheidung (Art. 53 Abs. 1) sowie eine Bescheinigung des Gerichts oder der zuständigen Behörde des Ursprungsmitgliedstaats vorzulegen. Dieser Bescheinigung entsprechend dem Formblatt gem. Anhang V der Verordnung (s. http://eur-lex.europa.eu) entnimmt das Gericht oder die zuständige Behörde des Vollstreckungsstaats die für die Vollstreckbarerklärung der Entscheidung erforderlichen Angaben. 2

Artikel 55

(1) Wird die Bescheinigung nach Artikel 54 nicht vorgelegt, so kann das Gericht oder die sonst befugte Stelle eine Frist bestimmen, innerhalb deren die Bescheinigung vorzulegen ist, oder sich mit einer gleichwertigen Urkunde begnügen oder von der Vorlage der Bescheinigung befreien, wenn es oder sie eine weitere Klärung nicht für erforderlich hält.

(2) [1]Auf Verlangen des Gerichts oder der sonst befugten Stelle ist eine Übersetzung der Urkunden vorzulegen. [2]Die Übersetzung ist von einer hierzu in einem der Mitgliedstaaten befugten Person zu beglaubigen.

1. Absatz 1. Diese Vorschrift sieht eine Auflockerung der Urkundenvorlagepflicht vor, um nicht auf Kosten eines übertriebenen Formalismus die Verwirklichung eines vereinfachten europäischen Rechtsschutzes zu verhindern. Das Gericht kann bei Nichtvorlage erforderlicher Urkunden eine Frist bestimmen, innerhalb derer diese nachgereicht werden können. Ebenso kann das Gericht die Vorlage gleichwertiger Urkunden als ausreichend erachten bzw. den Antragsteller von der Vorlagepflicht gänzlich befreien, wenn es eine weitere Klärung nicht für erforderlich hält. Ein vollständiger Vorlageverzicht ist jedoch nur dann zulässig, wenn der Nachweis entweder anderweitig erbracht oder eine Ersatzbeschaffung fehlender Urkunden unzumutbar ist.[1] S. auch § 7 Abs. 2 AVAG (Anhang 4). 1

2. Art. 55 Abs. 2. Sämtliche der in Art. 53 aufgeführten Urkunden sind gemäß Art. 55 Abs. 2 vom Antragsteller auf gerichtliches Verlangen hin in beglaubigter Übersetzung vorzulegen. Zunächst ist jedoch eine Vorlage in Originalsprache ohne Übersetzung möglich; das Exequaturgericht kann auch gänzlich von einer Übersetzung absehen.[2] Die Beglaubigung selbst kann, abweichend von § 142 Abs. 3 ZPO, von jeder im Erststaat oder in einem anderen Mitgliedstaat autorisierten Person vorgenommen werden. 2

3. EuGVÜ/LugÜ. Entsprechende (sich nicht unterscheidende) Vorschriften finden sich jeweils in Art. 48. 3

Artikel 56

Die in Artikel 53 und in Artikel 55 Absatz 2 angeführten Urkunden sowie die Urkunde über die Prozessvollmacht, falls eine solche erteilt wird, bedürfen weder der Legalisation noch einer ähnlichen Förmlichkeit.

Kapitel IV. Öffentliche Urkunden und Prozessvergleiche

Artikel 57

(1) [1]Öffentliche Urkunden, die in einem Mitgliedstaat aufgenommen und vollstreckbar sind, werden in einem anderen Mitgliedstaat auf Antrag in den Verfahren nach den Artikeln 34 ff. für vollstreckbar erklärt. [2]Die Vollstreckbarerklärung ist von dem mit einem Rechtsbehelf nach Artikel 43 oder Artikel 44 befassten Gericht nur zu versagen oder aufzuheben, wenn die Zwangsvollstreckung aus der Urkunde der öffentlichen Ordnung (ordre public) des Vollstreckungsmitgliedstaats offensichtlich widersprechen würde.

[1] BGH NJW 1980, 527.

[1] OLG Koblenz EuZW 1990, 468 zu Art. 48 EuGVÜ.

[2] BGHZ 75, 167 = NJW 1980, 527 zu Art. 48 EuGVÜ.

(2) Als öffentliche Urkunden im Sinne von Absatz 1 werden auch vor Verwaltungsbehörden geschlossene oder von ihnen beurkundete Unterhaltsvereinbarungen oder -verpflichtungen angesehen.

(3) Die vorgelegte Urkunde muss die Voraussetzungen für ihre Beweiskraft erfüllen, die in dem Mitgliedstaat, in dem sie aufgenommen wurde, erforderlich sind.

(4) [1]Die Vorschriften des Abschnitts 3 des Kapitels III sind sinngemäß anzuwenden. [2]Die befugte Stelle des Mitgliedstaats, in dem eine öffentliche Urkunde aufgenommen worden ist, stellt auf Antrag die Bescheinigung unter Verwendung des Formblatts in Anhang VI dieser Verordnung aus.

Artikel 58

[1]Vergleiche, die vor einem Gericht im Laufe eines Verfahrens geschlossen und in dem Mitgliedstaat, in dem sie errichtet wurden, vollstreckbar sind, werden in dem Vollstreckungsmitgliedstaat unter denselben Bedingungen wie öffentliche Urkunden vollstreckt. [2]Das Gericht oder die sonst befugte Stelle des Mitgliedstaats, in dem ein Prozessvergleich geschlossen worden ist, stellt auf Antrag die Bescheinigung unter Verwendung des Formblatts in Anhang V[1] dieser Verordnung aus.

1 **1. Voraussetzungen.** Die in Art. 57 und 58 geregelte Vollstreckbarerklärung von öffentlichen Urkunden und Prozessvergleichen setzt zunächst voraus, dass die Urkunde oder der Vergleich **aus einem Mitgliedstaat** stammt. Es kommt auf den Ausstellungsort und nicht auf den Wohnsitz oder die Staatsangehörigkeit der Beteiligten an. Der **sachliche Anwendungsbereich** der Verordnung nach Art. 1 muss eröffnet sein. Die Urkunde muss weiterhin eine **öffentliche** und demnach von einer Behörde aufgenommen worden sein. Dies ist kein (nach italienischem Recht vollstreckbarer) **Wechsel.**[2] Nach Art. 57 Abs. 2 werden als öffentliche Urkunden im Sinne von Abs. 1 auch vor Verwaltungsbehörden geschlossene oder von ihnen beurkundete Unterhaltsvereinbarungen oder -verpflichtungen angesehen. Sowohl Urkunde als auch Prozessvergleich müssen darüber hinaus echt und im Erststaat **vollstreckbar** sein. Dies ist bei öffentlichen Urkunden gegeben, wenn mit der Urkunde im Ausstellungsstaat ohne weiteres die Zwangsvollstreckung durchgeführt werden könnte. Ein vollstreckbarer Anwaltsvergleich muss vom Gericht oder Notar für vollstreckbar erklärt werden (§§ 796aff. ZPO), weshalb er nicht als vollstreckbare Urkunde anzusehen ist.[3] Gem. **Art. 57 Abs. 4** sind die Art. 53 bis 56 sinngemäß anzuwenden. Die Urkunden oder Prozessvergleiche müssen daher mit der in Anhang VI[4] (öffentliche Urkunden) oder in Anhang V (Prozessvergleiche) vorgesehenen Bescheinigung versehen sein. Diese Bescheinigung enthält sämtliche für die Unterrichtung des Gerichts oder der zuständigen Behörde wesentlichen und ausreichenden Angaben. Entsprechende, sich zum Teil unterscheidende Regelungen finden sich in Art. 50f. **EuGVÜ/LugÜ.**

2 **2. Verfahren.** Die Vollstreckbarerklärung von öffentlichen Urkunden und Vergleichen erfolgt nach den Art. 38ff. Geprüft werden durch den **Zweitrichter** in diesem Rahmen die Echtheit der Urkunde sowie gem. Art. 57 Abs. 1 S. 2, ob die Zwangsvollstreckung gegen den ordre public des Zweitstaates verstoßen würde. Ein Verstoß gegen die öffentliche Ordnung des Vollstreckungsstaates kann sich in diesem Rahmen daraus ergeben, dass entweder der zu vollstreckende Anspruch selbst, das ihm zugrunde liegende Rechtsverhältnis oder das zugrunde liegende Beurkundungsverfahren gegen den ordre public des Zweitstaates verstößt. Eine Nachprüfung der internationalen Zuständigkeit des Erststaates erfolgt nicht.

3 **3. Einwendungen.** Der Schuldner kann gegen die Vollstreckbarerklärung einen Rechtsbehelf nach Art. 43ff. einlegen. Gerügt werden kann hier neben einem Verstoß gegen die öffentliche Ordnung des Zweitstaates, dass keine öffentliche Urkunde vorliege oder diese im Erststaat nicht vollstreckbar sei. Weiterhin kann der Schuldner gegen den Antrag auf Vollstreckbarerklärung auch (im Beschwerdeverfahren, § 12 AVAG) einwenden, dass der der Urkunde zugrunde liegende materielle Anspruch erloschen sei oder aus anderen Gründen nicht bestehe.[5]

Kapitel V. Allgemeine Vorschriften

Artikel 59

(1) Ist zu entscheiden, ob eine Partei im Hoheitsgebiet des Mitgliedstaats, dessen Gerichte angerufen sind, einen Wohnsitz hat, so wendet das Gericht sein Recht an.

(2) Hat eine Partei keinen Wohnsitz in dem Mitgliedstaat, dessen Gerichte angerufen sind, so wendet das Gericht, wenn es zu entscheiden hat, ob die Partei einen Wohnsitz in einem anderen Mitgliedstaat hat, das Recht dieses Mitgliedstaates an.

1 **1. Bedeutung.** Die Grundanknüpfung der Übereinkommen ist nach Art. 2 der Beklagtenwohnsitz. Der Wohnsitz ist weiterhin relevant für die Anwendung der Art. 5, 12, 15, 16, 17, 26 und 39. Der Begriff des Wohnsitzes wird in der Verordnung nicht definiert, sondern ist kollisionsrechtlich zu bestimmen. Art. 59

---

[1] http://eur-lex.europa.eu.
[2] *Zö/Geimer* Art. 57 Rn. 2
[3] AA *T/P/Hüßtege* Art. 57 Rn. 2.
[4] http://eur-lex.europa.eu.
[5] Zweifelnd MK/*Gottwald* (AB) Art. 57 Rn. 7.

verweist daher auf das Sachrecht der beteiligten Staaten, und zwar sowohl auf das Verfahrens- als auch das materielle Recht. Entsprechende (sich nicht unterscheidende) Regelungen finden sich in Art. 52 **EuGVÜ/LugÜ**.

2. Maßgebliches Recht. Hinsichtlich der Frage, ob eine Partei ihren Wohnsitz im Gerichtsstaat hat, entscheidet das Gericht gem. Abs. 1 nach seiner lex fori. In Deutschland sind die §§ 7ff. BGB maßgeblich. Hat eine Person tatsächlich (vgl. § 7 Abs. 2 BGB) oder aufgrund Divergenzen zwischen den Rechten mehrerer Vertragsstaaten mehrere Wohnsitze, hat der Kläger die Wahl, wo er klagen möchte (vgl. § 35 ZPO) und kann insoweit das an sich unerwünschte „forum shopping" betreiben. Während die Fälle mehrerer Zuständigkeiten (**positiver Kompetenzkonflikte**) nach Art. 27 zu lösen sind, sieht die Verordnung für den Fall eines **negativen Kompetenzkonfliktes** keine ausdrückliche Ersatzanknüpfung vor. Ergibt sich nach dem Recht des Mitgliedstaats kein Wohnsitz bzw. sieht das Recht jedes Gerichtsstaates diesen nur in einem anderen Staat als gegeben, kann nach hM behelfsweise auf den gewöhnlichen Aufenthalt abgestellt werden. 2

Artikel 60

(1) Gesellschaften und juristische Personen haben für die Anwendung dieser Verordnung ihren Wohnsitz an dem Ort, an dem sich ihr satzungsmäßiger Sitz, ihre Hauptverwaltung oder ihre Hauptniederlassung befindet.

(2) [1]Im Falle des Vereinigten Königreichs und Irlands ist unter dem Ausdruck „satzungsmäßiger Sitz" das registered office oder, wenn ein solches nirgendwo besteht, der place of incorporation (Ort der Erlangung der Rechtsfähigkeit) oder, wenn ein solcher nirgendwo besteht, der Ort, nach dessen Recht die formation (Gründung) erfolgt ist, zu verstehen. [2]Um zu bestimmen, ob ein trust seinen Sitz in dem Vertragsstaat hat, bei dessen Gerichten die Klage anhängig ist, wendet das Gericht sein Internationales Privatrecht an.

Nach Art. 60 muss – anders als nach Art. 53 **EuGVÜ/LugÜ** – um den Sitzort einer Gesellschaft oder juristischen Person zu bestimmen, nicht mehr das Internationale Privatrecht bemüht werden. Vielmehr gibt Art. 60 eine Begriffsbestimmung des Sitzes; auf diese Weise sollen negative oder positive Zuständigkeitskonflikte vermieden und die Transparenz der gemeinsamen Vorschriften gestärkt werden (siehe auch Erwägungsgrund 11). Der Sitz von Gesellschaften und juristischen Personen bestimmt sich nach drei Kriterien: Ort des satzungsmäßigen Sitzes, Ort der Hauptniederlassung oder Ort der Hauptverwaltung. Diese drei Anknüpfungspunkte entsprechen jenen in Art. 48 EG. 1

Artikel 61

[1]Unbeschadet günstigerer innerstaatlicher Vorschriften können Personen, die ihren Wohnsitz im Hoheitsgebiet eines Mitgliedstaats haben und die vor den Strafgerichten eines anderen Mitgliedstaats, dessen Staatsangehörigkeit sie nicht besitzen, wegen einer fahrlässig begangenen Straftat verfolgt werden, sich von hierzu befugten Personen vertreten lassen, selbst wenn sie persönlich nicht erscheinen. [2]Das Gericht kann jedoch das persönliche Erscheinen anordnen; wird diese Anordnung nicht befolgt, so braucht die Entscheidung, die über den Anspruch aus einem Rechtsverhältnis des Zivilrechts ergangen ist, ohne dass sich der Angeklagte verteidigen konnte, in den anderen Mitgliedstaaten weder anerkannt noch vollstreckt zu werden.[1]

Artikel 62

Bei den summarischen Verfahren betalningsföreläggande (Mahnverfahren) und handräckning (Beistandsverfahren) in Schweden umfasst der Begriff „Gericht" auch die schwedische kronofogdemyndighet (Amt für Beitreibung).[1]

Artikel 63

(1) Eine Person, die ihren Wohnsitz im Hoheitsgebiet Luxemburgs hat und vor dem Gericht eines anderen Mitgliedstaats aufgrund des Artikels 5 Nummer 1 verklagt wird, hat die Möglichkeit, die Unzuständigkeit dieses Gerichts geltend zu machen, wenn sich der Bestimmungsort für die Lieferung beweglicher Sachen oder die Erbringung von Dienstleistungen in Luxemburg befindet.

(2) [1]Befindet sich der Bestimmungsort für die Lieferung beweglicher Sachen oder die Erbringung von Dienstleistungen nach Absatz 1 in Luxemburg, so ist eine Gerichtsstandsvereinbarung nur rechtswirksam, wenn sie schriftlich oder mündlich mit schriftlicher Bestätigung im Sinne von Artikel 23 Absatz 1 Buchstabe a) angenommen wurde. [2]Der vorliegende Artikel ist nicht anwendbar auf Verträge über Finanzdienstleistungen. [3]Dieser Artikel gilt für die Dauer von sechs Jahren ab Inkrafttreten dieser Verordnung.[1]

---

[1] Vgl. hierzu Art. 5 Rn. 21.
[1] Vgl. hierzu Art. 32 Rn. 8.
[1] Vgl. hierzu Art. 5 Rn. 9.

Artikel 64

(1) [1]Bei Streitigkeiten zwischen dem Kapitän und einem Mitglied der Mannschaft eines in Griechenland oder in Portugal eingetragenen Seeschiffs über die Heuer oder sonstige Bedingungen des Dienstverhältnisses haben die Gerichte eines Mitgliedstaats zu überprüfen, ob der für das Schiff zuständige diplomatische oder konsularische Vertreter von der Streitigkeit unterrichtet worden ist. [2]Sie können entscheiden, sobald dieser Vertreter unterrichtet ist.

(2) Dieser Artikel gilt für die Dauer von sechs Jahren ab Inkrafttreten dieser Verordnung.

Artikel 65

(1) [1]Die in Artikel 6 Nummer 2 und Artikel 11 für eine Gewährleistungs- oder Interventionsklage vorgesehene Zuständigkeit kann in Deutschland, Österreich und Ungarn nicht geltend gemacht werden. [2]Jede Person, die ihren Wohnsitz in einem anderen Mitgliedstaat hat, kann vor Gericht geladen werden

a) in Deutschland nach den §§ 68 und 72 bis 74 der Zivilprozessordnung, die für die Streitverkündung gelten,
b) in Österreich nach § 21 der Zivilprozessordnung, der für die Streitverkündung gilt,
c) in Ungarn nach den §§ 58 bis 60 der Zivilprozessordnung (Polgári perrendtartás), die für die Streitverkündung gelten.

(2) [1]Entscheidungen, die in den anderen Mitgliedstaaten aufgrund des Artikels 6 Nummer 2 und des Artikels 11 ergangen sind, werden in Deutschland, Österreich und Ungarn nach Kapitel III anerkannt und vollstreckt. [2]Die Wirkungen, welche die in diesen Staaten ergangenen Entscheidungen nach Absatz 1 gegenüber Dritten haben, werden auch in den anderen Mitgliedstaaten anerkannt.[1]

Kapitel VI. Übergangsvorschriften

Artikel 66

(1) Die Vorschriften dieser Verordnung sind nur auf solche Klagen und öffentliche Urkunden anzuwenden, die erhoben bzw. aufgenommen worden sind, nachdem diese Verordnung in Kraft getreten ist.

(2) Ist die Klage im Ursprungsmitgliedstaat vor dem Inkrafttreten dieser Verordnung erhoben worden, so werden nach diesem Zeitpunkt erlassene Entscheidungen nach Maßgabe des Kapitels III anerkannt und zur Vollstreckung zugelassen,

a) wenn die Klage im Ursprungsmitgliedstaat erhoben wurde, nachdem das Brüsseler Übereinkommen oder das Übereinkommen von Lugano sowohl im Ursprungsmitgliedstaat als auch in dem Mitgliedstaat, in dem die Entscheidung geltend gemacht wird, in Kraft getreten war;
b) in allen anderen Fällen, wenn das Gericht aufgrund von Vorschriften zuständig war, die mit den Zuständigkeitsvorschriften des Kapitels II oder eines Abkommens übereinstimmen, das im Zeitpunkt der Klageerhebung zwischen dem Ursprungsmitgliedstaat und dem Mitgliedstaat, in dem die Entscheidung geltend gemacht wird, in Kraft war.

Kapitel VII. Verhältnis zu anderen Rechtsinstrumenten

Artikel 67

Diese Verordnung berührt nicht die Anwendung der Bestimmungen, die für besondere Rechtsgebiete die gerichtliche Zuständigkeit oder die Anerkennung und Vollstreckung von Entscheidungen regeln und in gemeinschaftlichen Rechtsakten oder in dem in Ausführung dieser Akte harmonisierten einzelstaatlichen Recht enthalten sind.

Artikel 68

(1) Diese Verordnung tritt im Verhältnis zwischen den Mitgliedstaaten an die Stelle des Brüsseler Übereinkommens, außer hinsichtlich der Hoheitsgebiete der Mitgliedstaaten, die in den territorialen Anwendungsbereich dieses Übereinkommens fallen und aufgrund der Anwendung von Artikel 299 des Vertrags zur Gründung der Europäischen Gemeinschaft von der vorliegenden Verordnung ausgeschlossen sind.

(2) Soweit diese Verordnung die Bestimmungen des Brüsseler Übereinkommens zwischen den Mitgliedstaaten ersetzt, gelten Verweise auf dieses Übereinkommen als Verweise auf die vorliegende Verordnung.

1 Die Verordnung soll das Brüsseler Übereinkommen in den Beziehungen zu den Mitgliedstaaten mit Ausnahme Dänemarks ersetzen. Das Anwendungskriterium der Verordnung bleibt der Wohnsitz des Beklagten in einem der Mitgliedstaaten, in welchem die Verordnung anwendbar ist, sodass ein Beklagter mit Wohnsitz in einem dieser Mitgliedstaaten vor einem nach Maßgabe dieser Verordnung zuständigen Gericht belangt werden muss.

---

[1] Vgl. dazu Art. 6 Rn. 6 und Art. 11 Rn. 1.

Artikel 69[1]

Diese Verordnung ersetzt unbeschadet des Artikels 66 Absatz 2 und des Artikels 70 im Verhältnis zwischen den Mitgliedstaaten die nachstehenden Abkommen und Verträge:

– …

– das am 9. März 1936 in Rom unterzeichnete deutsch-italienische Abkommen über die Anerkennung und Vollsteckung gerichtlicher Entscheidungen in Zivil- und Handelssachen;

– …

– das am 30. Juni 1958 in Bonn unterzeichnete deutsch-belgische Abkommen über die gegenseitige Anerkennung und Vollstreckung von gerichtlichen Entscheidungen, Schiedssprüchen und öffentlichen Urkunden in Zivil- und Handelssachen;

– …

– den am 6. Juni 1959 in Wien unterzeichneten deutsch-österreichischen Vertrag über die gegenseitige Anerkennung und Vollstreckung von gerichtlichen Entscheidungen, Vergleichen und öffentlichen Urkunden in Zivil- und Handelssachen;

– …

– den am 4. November 1961 in Athen unterzeichneten Vertrag zwischen der Bundesrepublik Deutschland und dem Königreich Griechenland über die gegenseitige Anerkennung und Vollstreckung von gerichtlichen Entscheidungen, Vergleichen und öffentlichen Urkunden in Zivil- und Handelssachen;

– …

– den am 30. August 1962 in Den Haag unterzeichneten deutsch-niederländischen Vertrag über gegenseitige Anerkennung und Vollstreckung gerichtlicher Entscheidungen und anderer Schuldtitel in Zivil- und Handelssachen;

– …

– den am 14. November 1983 in Bonn unterzeichneten deutsch-spanischen Vertrag über die Anerkennung und Vollstreckung von gerichtlichen Entscheidungen und Vergleichen sowie vollstreckbaren öffentlichen Urkunden in Zivil- und Handelssachen;

– …

Artikel 70

(1) Die in Artikel 69 angeführten Abkommen und Verträge behalten ihre Wirksamkeit für die Rechtsgebiete, auf die diese Verordnung nicht anzuwenden ist.

(2) Sie bleiben auch weiterhin für die Entscheidungen und die öffentlichen Urkunden wirksam, die vor Inkrafttreten dieser Verordnung ergangen oder aufgenommen sind.

Artikel 71

(1) Diese Verordnung lässt Übereinkommen unberührt, denen die Mitgliedstaaten angehören und die für besondere Rechtsgebiete die gerichtliche Zuständigkeit, die Anerkennung oder die Vollstreckung von Entscheidungen regeln.

(2) [1]Um eine einheitliche Auslegung des Absatzes 1 zu sichern, wird dieser Absatz in folgender Weise angewandt:

a) Diese Verordnung schließt nicht aus, dass ein Gericht eines Mitgliedstaats, der Vertragspartei eines Übereinkommens über ein besonderes Rechtsgebiet ist, seine Zuständigkeit auf ein solches Übereinkommen stützt, und zwar auch dann, wenn der Beklagte seinen Wohnsitz im Hoheitsgebiet eines Mitgliedstaats hat, der nicht Vertragspartei eines solchen Übereinkommens ist. In jedem Fall wendet dieses Gericht Artikel 26 dieser Verordnung an.

b) Entscheidungen, die in einem Mitgliedstaat von einem Gericht erlassen worden sind, das seine Zuständigkeit auf ein Übereinkommen über ein besonderes Rechtsgebiet gestützt hat, werden in den anderen Mitgliedstaaten nach dieser Verordnung anerkannt und vollstreckt.

[2]Sind der Ursprungsmitgliedstaat und der ersuchte Mitgliedstaat Vertragsparteien eines Übereinkommens über ein besonderes Rechtsgebiet, welches die Voraussetzungen für die Anerkennung und Vollstreckung von Entscheidungen regelt, so gelten diese Voraussetzungen. In jedem Fall können die Bestimmungen dieser Verordnung über das Verfahren zur Anerkennung und Vollstreckung von Entscheidungen angewandt werden.

1. Normzweck. Dieser Artikel regelt das Verhältnis der Verordnung zu Übereinkommen für besondere Rechtsgebiete. Unberührt von der EuGVVO bleiben zahlreiche Übereinkommen für besondere Rechtsgebiete. 1

2. Regelungsgehalt. Nach Art. 71 gilt grundsätzlich ein Anwendungsvorrang für das jeweilige Spezialabkommen. Dieser Vorrang gilt auch, wenn der Wohnsitzstaat des Beklagten nicht Vertragsstaat des Spezialabkommens ist (Art. 2 Buchstabe a). Voraussetzung ist allerdings, dass der Beklagte sich auf das Verfahren einlässt (Abs. 2 Buchstabe a iVm. Art. 26). Erfasst das Spezialabkommen einen konkreten Sachverhalt nicht oder schweigt es in Bezug auf die internationale Zuständigkeit, muss auf die Verordnung zurückgegriffen 2

[1] Abgedruckt sind nur Abkommen/Verträge, die die Bundesrepublik Deutschland betreffen.

werden.[1] Letzteres gilt auch, wenn das Spezialabkommen hinsichtlich der Anerkennung und Vollstreckung von Entscheidungen keine Regelung enthält. Enthält das Spezialabkommen insoweit eine Regelung, hat der Gläubiger die Wahl, ob er nach dem Spezialabkommen oder nach der Verordnung vorgehen will.

Artikel 72

Diese Verordnung lässt die Vereinbarungen unberührt, durch die sich die Mitgliedstaaten vor Inkrafttreten dieser Verordnung nach Artikel 59 des Brüsseler Übereinkommens verpflichtet haben, Entscheidungen der Gerichte eines anderen Vertragsstaats des genannten Übereinkommens gegen Beklagte, die ihren Wohnsitz oder gewöhnlichen Aufenthalt in dem Hoheitsgebiet eines dritten Staates haben, nicht anzuerkennen, wenn die Entscheidungen in den Fällen des Artikels 4 des genannten Übereinkommens nur in einem der in Artikel 3 Absatz 2 des genannten Übereinkommens angeführten Gerichtstände ergehen können.

1 Abkommen eines Mitgliedstaates mit einem Drittland, welche von den Bestimmungen der Verordnung abweichen, sind ausgeschlossen. Die zwischen einem Mitgliedstaat und einem Drittland nach Art. 59 EuGVÜ bereits geschlossenen Abkommen müssen allerdings berücksichtigt und können weiterhin im Rahmen der vorliegenden Verordnung angewandt werden. Nach dem Inkrafttreten der EuGVVO am 1. 3. 2002 ist die Befugnis zum Abschluss solcher Vereinbarungen entfallen.

Kapitel VIII. Schlussvorschriften

Artikel 73–75 *(nicht abgedruckt)*

Artikel 76

Diese Verordnung tritt am 1. März 2002 in Kraft.

[1] EuGH EuZW 1995, 309 zum EuGVÜ.

VERORDNUNG (EG) Nr. 805/2004 DES EUROPÄISCHEN PARLAMENTS UND DES RATES

vom 21. April 2004

zur Einführung eines Europäischen Vollstreckungstitels für unbestrittene Forderungen

Vorbemerkung

I. Zweck der Verordnung

Die Verordnung (EG) Nr. 805/2004 ist die Umsetzung der ersten Phase des Programms des Rats der EU über Maßnahmen zur Umsetzung des Grundsatzes der gegenseitigen Anerkennung gerichtlicher Entscheidungen in Zivil- und Handelssachen. Sie schafft für unbestrittene Forderungen das Verfahren der Vollstreckbarerklärung ab. Titel, die die Voraussetzungen erfüllen, können als Europäische Vollstreckungstitel (EuVT) bestätigt werden (der Gläubiger kann aber auch nach der EuGVVO vorgehen). Nach der Bestätigung können sie in den Mitgliedstaaten vollstreckt werden. Eine inhaltliche Kontrolle der Entscheidung (des Vergleichs, der öffentlichen Urkunde) findet im Vollstreckungsstaat nicht statt. 1

II. Verfahren aus deutscher Sicht

1. Überblick. Es ist zu unterscheiden zwischen der Bestätigung eines deutschen Titels als EuVT zur Vollstreckung in einem Mitgliedstaat und der Vollstreckung eines in einem Mitgliedstaat als EuVT bestätigten Titels in Deutschland. Für die erste Alternative gelten im Wesentlichen Art. 1–19, für die zweite Art. 20–23. Sondervorschriften für Vergleiche und öffentliche Urkunden enthalten Art. 24f. Die Verfahrensvorschriften für Deutschland sind in §§ 1079ff. ZPO enthalten, die wiederum zwischen den beiden genannten Alternativen unterscheiden (s. vor § 1079 ZPO Rn. 1). 2

2. Voraussetzungen der Bestätigung eines Titels. a) Entscheidungen. Es muss eine Entscheidung in einer Zivil- oder Handelssache (Art. 2) vorliegen, die eine unbestrittene (Art. 3) Forderung (Art. 4 Nr. 2) betrifft. Die Voraussetzungen des Art. 6 (evtl. Art. 7f.) müssen vorliegen. Die Entscheidung muss unter Beachtung der Vorschriften der Art. 12–17, 19 ergangen oder evtl. Fehler müssen nach Art. 18 geheilt sein. Da die Vorschriften der ZPO den Art. 12ff. entsprechen, muss nur geprüft werden, ob die Zustellung des verfahrenseinleitenden Schriftstücks und die Unterrichtung des Schuldners über die Forderung und die Verfahrensschritte zu deren Bestreiten den Vorschriften der ZPO entsprechend erfolgt sind. Schließlich muss die Entscheidung nach dem 20. 1. 2005 ergangen sein. 3

b) Vergleiche, öffentliche Urkunden. Die in Rn. 3 genannten Voraussetzungen gelten im Wesentlichen auch für Vergleiche und öffentliche Urkunden. Sondervorschriften enthalten Art. 24f. Danach bedarf es u. a. nicht der Voraussetzungen des Art. 6 Abs. 1. 4

3. Vollstreckung eines EuVT in Deutschland. Soll ein als EuVT bestätigter Titel in Deutschland vollstreckt werden, bedarf es keines Akts der Anerkennung oder Vollstreckbarerklärung, nicht einmal einer Klausel. Die weiteren Voraussetzungen der Zwangsvollstreckung deutschen Rechts müssen allerdings vorliegen. Grundsätzlich darf der EuVT nicht auf seine inhaltliche Richtigkeit überprüft werden. Eine Ausnahme enthält nur die auf Antrag ergehende Überprüfung nach Art. 21 Abs. 1. Das Vollstreckungsorgan hat die Vollstreckung aufgrund der vorgelegten Bestätigung zu betreiben, bis ihm eine Gegenbestätigung nach Art. 6 Abs. 2 vorgelegt wird. Zu beachten sind von ihm auch Entscheidungen über eine Berichtigung der Bestätigung. Wird eine Entscheidung über deren Widerruf vorgelegt, ist entsprechend §§ 775 Nr. 1, 776 ZPO zu verfahren. Entsprechendes gilt bei Vorlage einer Entscheidung über die Aussetzung bzw. Beschränkung der Vollstreckung nach Art. 23, die im Vollstreckungsstaat ergeht und deshalb nicht nach Art. 6 Abs. 2 bestätigt wird. 5

4. Rechtsbehelfe. Die **Erteilung einer Bestätigung** kann nicht durch „normale Rechtsbehelfe“ angefochten worden; möglich ist nur eine Berichtigung oder ein Widerruf nach Art. 10. Zu Rechtsbehelfen gegen die Verweigerung einer Bestätigung s. § 1080 Abs. 2 ZPO. Im Vollstreckungsstaat kann eine Entscheidung über die Verweigerung der Vollstreckung nach Art. 21 Abs. 1 ergehen. Außerdem kann die Vollstreckung ausgesetzt oder beschränkt werden (Art. 23). Die ZPO sieht weitere Rechtsbehelfe vor (s. § 1081 Abs. 3, § 1086 ZPO). Soweit die Art und Weise der Zwangsvollstreckung betroffen ist, gelten die Rechtsbehelfe des 8. Buchs der ZPO. 6

DAS EUROPÄISCHE PARLAMENT UND DER RAT DER EUROPÄISCHEN UNION –

gestützt auf den Vertrag zur Gründung der Europäischen Gemeinschaft, insbesondere auf Artikel 61 Buchstabe c) und Artikel 67 Absatz 5 zweiter Gedankenstrich,

auf Vorschlag der Kommission,

nach Stellungnahme des Europäischen Wirtschafts- und Sozialausschusses,

gemäß dem Verfahren des Artikels 251 des Vertrags,

in Erwägung nachstehender Gründe:

(1) Die Gemeinschaft hat sich zum Ziel gesetzt, einen Raum der Freiheit, der Sicherheit und des Rechts, in dem der freie Personenverkehr gewährleistet ist, zu erhalten und weiterzuentwickeln. Dazu erlässt die Gemeinschaft unter anderem im Bereich der justiziellen Zusammenarbeit in Zivilsachen die für das reibungslose Funktionieren des Binnenmarkts erforderlichen Maßnahmen.

(2) Am 3. Dezember 1998 nahm der Rat den Aktionsplan des Rates und der Kommission zur bestmöglichen Umsetzung der Bestimmungen des Amsterdamer Vertrags über den Aufbau eines Raums der Freiheit, der Sicherheit und des Rechts an (Wiener Aktionsplan).

(3) Auf seiner Tagung vom 15. und 16. Oktober 1999 in Tampere bekräftigte der Europäische Rat den Grundsatz der gegenseitigen Anerkennung gerichtlicher Entscheidungen als Eckpfeiler für die Schaffung eines echten europäischen Rechtsraums.

(4) Am 30. November 2000 verabschiedete der Rat ein Programm über Maßnahmen zur Umsetzung des Grundsatzes der gegenseitigen Anerkennung gerichtlicher Entscheidungen in Zivil- und Handelssachen. Dieses Programm sieht in seiner ersten Phase die Abschaffung des Vollstreckbarerklärungsverfahrens, dh. die Einführung eines Europäischen Vollstreckungstitels für unbestrittene Forderungen vor.

(5) Der Begriff „unbestrittene Forderung" sollte alle Situationen erfassen, in denen der Schuldner Art oder Höhe einer Geldforderung nachweislich nicht bestritten hat und der Gläubiger gegen den Schuldner entweder eine gerichtliche Entscheidung oder einen vollstreckbaren Titel, der die ausdrückliche Zustimmung des Schuldners erfordert, wie einen gerichtlichen Vergleich oder eine öffentliche Urkunde, erwirkt hat.

(6) Ein fehlender Widerspruch seitens des Schuldners im Sinne von Artikel 3 Absatz 1 Buchstabe b) liegt auch dann vor, wenn dieser nicht zur Gerichtsverhandlung erscheint oder einer Aufforderung des Gerichts, schriftlich mitzuteilen, ob er sich zu verteidigen beabsichtigt, nicht nachkommt.

(7) Diese Verordnung sollte auch für Entscheidungen, gerichtliche Vergleiche und öffentliche Urkunden über unbestrittene Forderungen und solche Entscheidungen gelten, die nach Anfechtung von als Europäischer Vollstreckungstitel bestätigten Entscheidungen, gerichtlichen Vergleichen und öffentlichen Urkunden ergangen sind.

(8) Der Europäische Rat hat in seinen Schlussfolgerungen von Tampere die Auffassung vertreten, dass der Zugang zur Vollstreckung einer Entscheidung in einem anderen Mitgliedstaat als dem, in dem die Entscheidung ergangen ist, durch den Verzicht auf die dort als Voraussetzung einer Vollstreckung erforderlichen Zwischenmaßnahmen beschleunigt und vereinfacht werden sollte. Eine Entscheidung, die vom Gericht des Ursprungsmitgliedstaats als Europäischer Vollstreckungstitel bestätigt worden ist, sollte im Hinblick auf die Vollstreckung so behandelt werden, als wäre sie im Vollstreckungsmitgliedstaat ergangen. So erfolgt beispielsweise im Vereinigten Königreich die Registrierung einer bestätigten ausländischen Entscheidung nach den gleichen Vorschriften wie die Registrierung einer Entscheidung aus einem anderen Teil des Vereinigten Königreichs und darf nicht mit einer inhaltlichen Überprüfung der ausländischen Entscheidung verbunden sein. Die Umstände der Vollstreckung dieser Entscheidung sollten sich weiterhin nach innerstaatlichem Recht richten.

(9) Dieses Verfahren sollte gegenüber dem Vollstreckbarerklärungsverfahren der Verordnung (EG) Nr. 44/2001 des Rates vom 22. Dezember 2000 über die gerichtliche Zuständigkeit und die Anerkennung und Vollstreckung von Entscheidungen in Zivil- und Handelssachen einen erheblichen Vorteil bieten, der darin besteht, dass auf die Zustimmung des Gerichts eines zweiten Mitgliedstaats mit den daraus entstehenden Verzögerungen und Kosten verzichtet werden kann.

(10) Auf die Nachprüfung einer gerichtlichen Entscheidung, die in einem anderen Mitgliedstaat über eine unbestrittene Forderung in einem Verfahren ergangen ist, auf das sich der Schuldner nicht eingelassen hat, kann nur dann verzichtet werden, wenn eine hinreichende Gewähr besteht, dass die Verteidigungsrechte beachtet worden sind.

(11) Diese Verordnung soll der Förderung der Grundrechte dienen und berücksichtigt die Grundsätze, die insbesondere mit der Charta der Grundrechte der Europäischen Union anerkannt wurden. Sie zielt insbesondere darauf ab, die uneingeschränkte Wahrung des Rechts auf ein faires Verfahren, wie es in Artikel 47 der Charta verankert ist, zu gewährleisten.

(12) Für das gerichtliche Verfahren sollten Mindestvorschriften festgelegt werden, um sicherzustellen, dass der Schuldner so rechtzeitig und in einer Weise über das gegen ihn eingeleitete Verfahren, die Notwendigkeit seiner aktiven Teilnahme am Verfahren, wenn er die Forderung bestreiten will, und über die Folgen seiner Nichtteilnahme unterrichtet wird, dass er Vorkehrungen für seine Verteidigung treffen kann.

(13) Wegen der Unterschiede im Zivilprozessrecht der Mitgliedstaaten, insbesondere bei den Zustellungsvorschriften, müssen die Mindestvorschriften präzise und detailliert definiert sein. So kann insbesondere eine Zustellungsform, die auf einer juristischen Fiktion beruht, im Hinblick auf die Einhaltung der Mindestvorschriften nicht als ausreichend für die Bestätigung einer Entscheidung als Europäischer Vollstreckungstitel angesehen werden.

(14) Alle in den Artikeln 13 und 14 aufgeführten Zustellungsformen sind entweder durch eine absolute Gewissheit (Artikel 13) oder ein hohes Maß an Wahrscheinlichkeit (Artikel 14) dafür gekennzeichnet, dass das zugestellte Schriftstück dem Empfänger zugegangen ist. In der zweiten Kategorie sollte eine Entscheidung nur dann als Europäischer Vollstreckungstitel bestätigt werden, wenn der Ursprungsmitgliedstaat über einen geeigneten Mechanismus verfügt, der es dem Schuldner unter bestimmten Voraussetzungen ermöglicht, eine vollständige Überprüfung der Entscheidung gemäß Artikel 19 zu verlangen, und zwar dann, wenn das Schriftstück dem Empfänger trotz Einhaltung des Artikels 14 ausnahmsweise nicht zugegangen ist.

(15) Die persönliche Zustellung an bestimmte andere Personen als den Schuldner selbst gemäß Artikel 14 Absatz 1 Buchstabe n a) und b) sollte die Anforderungen der genannten Vorschriften nur dann erfüllen, wenn diese Personen das betreffende Schriftstück auch tatsächlich erhalten haben.

(16) Artikel 15 sollte auf Situationen Anwendung finden, in denen der Schuldner sich nicht selbst vor Gericht vertreten kann, etwa weil er eine juristische Person ist, und in denen er durch eine gesetzlich bestimmte Person vertreten wird, sowie auf Situationen, in denen der Schuldner eine andere Person, insbesondere einen Rechtsanwalt, ermächtigt hat, ihn in dem betreffenden gerichtlichen Verfahren zu vertreten.

(17) Die für die Nachprüfung der Einhaltung der prozessualen Mindestvorschriften zuständigen Gerichte sollten gegebenenfalls eine einheitliche Bestätigung als Europäischer Vollstreckungstitel ausstellen, aus der die Nachprüfung und deren Ergebnis hervorgeht.

(18) Gegenseitiges Vertrauen in die ordnungsgemäße Rechtspflege in den Mitgliedstaaten rechtfertigt es, dass das Gericht nur eines Mitgliedstaats beurteilt, ob alle Voraussetzungen für die Bestätigung der Entscheidung als Europäischer Vollstreckungstitel vorliegen, so dass die Vollstreckung der Entscheidung in allen anderen Mitgliedstaaten möglich ist, ohne dass im Vollstreckungsmitgliedstaat zusätzlich von einem Gericht nachgeprüft werden muss, ob die prozessualen Mindestvorschriften eingehalten worden sind.

(19) Diese Verordnung begründet keine Verpflichtung für die Mitgliedstaaten, ihr innerstaatliches Recht an die prozessualen Mindestvorschriften in dieser Verordnung anzupassen. Entscheidungen werden in anderen Mitgliedstaaten jedoch nur dann effizienter und schneller vollstreckt, wenn diese Mindestvorschriften beachtet werden, so dass hier ein entsprechender Anreiz für die Mitgliedstaaten besteht, ihr Recht dieser Verordnung anzupassen.

(20) Dem Gläubiger sollte es frei stehen, eine Bestätigung als Europäischer Vollstreckungstitel für unbestrittene Forderungen zu beantragen oder sich für das Anerkennungs- und Vollstreckungsverfahren nach der Verordnung (EG) Nr. 44/2001 oder für andere Gemeinschaftsrechtsakte zu entscheiden.

(21) Ist ein Schriftstück zum Zwecke der Zustellung von einem Mitgliedstaat in einen anderen Mitgliedstaat zu versenden, so sollte diese Verordnung, insbesondere die darin enthaltenen Zustellungsvorschriften, zusammen mit der Verordnung (EG) Nr. 1348/2000 des Rates vom 29. Mai 2000 über die Zustellung gerichtlicher und außergerichtlicher Schriftstücke in Zivil- oder Handelssachen in den Mitgliedstaaten, und insbesondere mit deren Artikel 14 in Verbindung mit den Erklärungen der Mitgliedstaaten nach deren Artikel 23, gelten.

(22) Da die Ziele der beabsichtigten Maßnahmen auf Ebene der Mitgliedstaaten nicht ausreichend erreicht werden können und daher wegen ihres Umfangs und ihrer Wirkungen besser auf Gemeinschaftsebene zu erreichen sind, kann die Gemeinschaft im Einklang mit dem in Artikel 5 des Vertrags niedergelegten Subsidiaritätsprinzip tätig werden. Entsprechend dem in demselben Artikel genannten Verhältnismäßigkeitsprinzip geht diese Verordnung nicht über das zur Erreichung dieser Ziele erforderliche Maß hinaus.

(23) Die zur Durchführung dieser Verordnung erforderlichen Maßnahmen sollten gemäß dem Beschluss 1999/468/EG des Rates vom 28. Juni 1999 zur Festlegung der Modalitäten für die Ausübung der der Kommission übertragenen Durchführungsbefugnisse erlassen werden.

(24) Gemäß Artikel 3 des dem Vertrag über die Europäische Union und dem Vertrag zur Gründung der Europäischen Gemeinschaft beigefügten Protokolls über die Position des Vereinigten Königreichs und Irlands haben diese Mitgliedstaaten mitgeteilt, dass sie sich an der Annahme und Anwendung dieser Verordnung beteiligen möchten.

(25) Dänemark beteiligt sich gemäß den Artikeln 1 und 2 des dem Vertrag über die Europäische Union und dem Vertrag zur Gründung der Europäischen Gemeinschaft beigefügten Protokolls über die Position Dänemarks nicht an der Annahme dieser Verordnung, die für Dänemark somit nicht bindend oder anwendbar ist.

(26) Gemäß Artikel 67 Absatz 5 zweiter Gedankenstrich des Vertrags ist für die in dieser Verordnung geregelten Maßnahmen ab dem 1. Februar 2003 das Mitentscheidungsverfahren anzuwenden –

HABEN FOLGENDE VERORDNUNG ERLASSEN:

Kapitel I. Gegenstand, Anwendungsbereich und Begriffsbestimmungen

Artikel 1 Gegenstand

Mit dieser Verordnung wird ein Europäischer Vollstreckungstitel für unbestrittene Forderungen eingeführt, um durch die Festlegung von Mindestvorschriften den freien Verkehr von Entscheidungen, gerichtlichen Vergleichen und öffentlichen Urkunden in allen Mitgliedstaaten zu ermöglichen, ohne dass im Vollstreckungsmitgliedstaat ein Zwischenverfahren vor der Anerkennung und Vollstreckung angestrengt werden muss.

Artikel 2 Anwendungsbereich

(1) [1]Diese Verordnung ist in Zivil- und Handelssachen anzuwenden, ohne dass es auf die Art der Gerichtsbarkeit ankommt. [2]Sie erfasst insbesondere nicht Steuer- und Zollsachen, verwaltungsrechtliche Angelegenheiten sowie die Haftung des Staates für Handlungen oder Unterlassungen im Rahmen der Ausübung hoheitlicher Rechte („acta jure imperii").

(2) Diese Verordnung ist nicht anzuwenden auf

a) den Personenstand, die Rechts- und Handlungsfähigkeit sowie die gesetzliche Vertretung von natürlichen Personen, die ehelichen Güterstände, das Gebiet des Erbrechts einschließlich des Testamentsrechts;

b) Konkurse, Vergleiche und ähnliche Verfahren;

c) die soziale Sicherheit;

d) die Schiedsgerichtsbarkeit.

(3) In dieser Verordnung bedeutet der Begriff „Mitgliedstaaten" die Mitgliedstaaten mit Ausnahme Dänemarks.

1 **Normzweck, Anwendungsbereich.** Die Norm regelt den sachlichen und räumlichen Anwendungsbereich der EuVTVO (Zivil- und Handelssachen, Mitgliedsstaaten außer Dänemark). Sie entspricht sachlich Art. 1 EuGVVO, s. deshalb die Anmerkungen dort. **Zeitlich** gilt sie für ab dem 21. 1. 2005 geschaffene Titel (s. Art. 26, 33). Zu den **Mitgliedsstaaten** s. Art. 1 EuGVVO Rn. 9. Zum **Verhältnis zur EuGVVO** (Wahlrecht bei Vorliegen der Voraussetzungen der EuVTVO) s. Art. 27.

Artikel 3 Vollstreckungstitel, die als Europäischer Vollstreckungstitel bestätigt werden

(1) [1]Diese Verordnung gilt für Entscheidungen, gerichtliche Vergleiche und öffentliche Urkunden über unbestrittene Forderungen. [2]Eine Forderung gilt als „unbestritten", wenn

a) der Schuldner ihr im gerichtlichen Verfahren ausdrücklich durch Anerkenntnis oder durch einen von einem Gericht gebilligten oder vor einem Gericht im Laufe eines Verfahrens geschlossenen Vergleich zugestimmt hat oder

b) der Schuldner ihr im gerichtlichen Verfahren zu keiner Zeit nach den maßgeblichen Verfahrensvorschriften des Rechts des Ursprungsmitgliedstaats widersprochen hat oder

c) der Schuldner zu einer Gerichtsverhandlung über die Forderung nicht erschienen oder dabei nicht vertreten worden ist, nachdem er zuvor im gerichtlichen Verfahren der Forderung widersprochen hatte, sofern ein solches Verhalten nach dem Recht des Ursprungsmitgliedstaats als stillschweigendes Zugeständnis der Forderung oder des vom Gläubiger behaupteten Sachverhalts anzusehen ist oder

d) der Schuldner die Forderung ausdrücklich in einer öffentlichen Urkunde anerkannt hat.

(2) Diese Verordnung gilt auch für Entscheidungen, die nach Anfechtung von als Europäischer Vollstreckungstitel bestätigten Entscheidungen, gerichtlichen Vergleichen oder öffentlichen Urkunden ergangen sind.

I. Erforderliche Titel

1 Zur Bestätigung als EuVT geeignet sind **Entscheidungen** (Art. 4 Nr. 1), **Vergleiche** (Art. 24) und **öffentliche Urkunden** (Art. 4 Nr. 3), sofern sie Zivil- oder Handelssachen betreffen (s. Art. 2). Rechtskraft ist nicht erforderlich, **(vorläufige) Vollstreckbarkeit** reicht aus (Art. 6 Abs. 1 a), ist aber auch **notwendig.** Auf den Wohnsitz und die Staatsangehörigkeit der Parteien kommt es mangels Differenzierung in der EuVTVO nicht an; auch kann sich der Titel gegen Bewohner von Drittstaaten richten.[1]

II. Titulierte Forderung

2 **1. Forderungsart.** Die titulierte Forderung muss auf Zahlung einer **bestimmten Geldsumme** gerichtet und **fällig** iSd. Art. 4 Nr. 2 sein (s. Art. 4 Rn. 1).

3 **2. Unbestrittene Forderung. a) Überblick.** Die Forderung muss unbestritten iSd. Abs. 1 S. 2 sein. Dies ist sie gem. **Abs. 1 S. 2 a,** wenn sie in einem Vergleich iSd. Art. 24 Abs. 1 oder in einem Anerkenntnisurteil enthalten ist. Unter **Abs. 1 S. 2 b** fallen Urteile, sofern der Schuldner die Forderung zugestanden (§ 288) oder nicht bestritten hat (§ 138 Abs. 3),[2] sowie Versäumnisurteile und Vollstreckungsbescheide, sofern der

---

[1] *Kropholler* Rn. 1.

[2] *T/P/Hüßtege* Rn. 1.

Schuldner nicht zuvor widersprochen hat (dann Abs. 1 S. 2c). **Abs. 1 S. 2 c** erfasst Versäumnisurteile und Vollstreckungsbescheide, die ergangen sind, nachdem der Schuldner zuvor der Forderung widersprochen hatte. **Abs. 1 S. 2 d** erfasst Anerkenntnisse in einer öffentlichen Urkunde (s. Art. 4 Nr. 3).

b) Widerspruch des Schuldners. Der Widerspruch muss in einem **gerichtlichen Verfahren** (in Deutschland ist das auch das Mahnverfahren) erfolgt sein; ein vorprozessuales Bestreiten der Forderung reicht nicht. Keinen Widerspruch gegen die Forderung stellt es dar, wenn der Schuldner im gerichtlichen Verfahren nur Zulässigkeitsrügen erhoben, anders, wenn er hilfsweise auch die Forderung bestritten hat. Die Berufung auf wirtschaftliche Leistungsunfähigkeit ist kein Widerspruch gegen die Berechtigung der Forderung.[3] Der Widerspruch muss nach den **Verfahrensvorschriften beachtlich** sein; dies ist im Anwaltsprozess ein Widerspruch des Schuldners selbst nicht. 4

c) Nichtbestreiten nach Widerspruch. Auch nach einem Widerspruch kann es sich um eine „unbestrittene" Forderung handeln, wenn die Voraussetzungen von Abs. 1 S. 2c vorliegen. Dies ist der Fall bei einer Säumnis nach vorherigem schriftlichen Bestreiten oder bei einer Säumnis nach Einspruch gegen ein Versäumnisurteil (zweites Versäumnisurteil, § 345 ZPO) sowie beim Versäumnisurteil nach § 539 Abs. 2 ZPO gegen den Berufungsbeklagten. Dagegen liegen die Voraussetzungen von Abs. 1 S. 2c beim Versäumnisurteil gegen den Berufungskläger nach § 539 Abs. 1 ZPO nicht vor, weil der Sachverhalt nicht als zugestanden gilt. 5

III. Anfechtung nach der Bestätigung als EuVT, Absatz 2

1. Folgen der Anfechtung. Rechtskraft ist für die Erteilung einer Bestätigung als EuVT nicht erforderlich (Rn. 1). Auch die Einlegung eines Rechtsbehelfs (zB Einspruch, Berufung) gegen die **schon bestätigte** Entscheidung hat keinen Einfluss auf die Bestätigung als EuVT. Vielmehr ist dann, wenn aufgrund des Rechtsbehelfs die Vollstreckbarkeit entfällt oder eingeschränkt wird, auf Antrag eine Bestätigung nach Art. 6 Abs. 2 auszustellen. Der Rechtsbehelf kann darüber hinaus zu den Folgen des Art. 23 (Aussetzung, Beschränkung der Vollstreckung) führen. 6

2. Bestätigung der Rechtsbehelfsentscheidung. Die Entscheidung, die aufgrund des Rechtsbehelfs gegen eine **schon bestätigte Entscheidung** ergeht, kann ihrerseits als EuVT bestätigt werden (Abs. 2, Art. 6 Abs. 3), selbst wenn sie jetzt aufgrund einer streitigen Verhandlung ergeht.[4] Wird die Entscheidung über eine zunächst unbestrittene Forderung **vor der Bestätigung** angefochten, kommt eine Bestätigung nicht mehr in Betracht, weil die Forderung nicht mehr unbestritten ist und die Voraussetzungen des Abs. 2 („bestätigte Entscheidung") nicht vorliegen. 7

Artikel 4 Begriffsbestimmungen

Im Sinne dieser Verordnung gelten folgende Begriffsbestimmungen:

1. **„Entscheidung": jede von einem Gericht eines Mitgliedstaats erlassene Entscheidung ohne Rücksicht auf ihre Bezeichnung wie Urteil, Beschluss, Zahlungsbefehl oder Vollstreckungsbescheid, einschließlich des Kostenfestsetzungsbeschlusses eines Gerichtsbediensteten.**
2. **„Forderung": eine Forderung auf Zahlung einer bestimmten Geldsumme, die fällig ist oder deren Fälligkeitsdatum in der Entscheidung, dem gerichtlichen Vergleich oder der öffentlichen Urkunde angegeben ist.**
3. **„Öffentliche Urkunde":**
   a) ein Schriftstück, das als öffentliche Urkunde aufgenommen oder registriert worden ist, wobei die Beurkundung
      i) sich auf die Unterschrift und den Inhalt der Urkunde bezieht und
      ii) von einer Behörde oder einer anderen von dem Ursprungsmitgliedstaat hierzu ermächtigten Stelle vorgenommen worden ist;

   oder

   b) eine vor einer Verwaltungsbehörde geschlossene oder von ihr beurkundete Unterhaltsvereinbarung oder -verpflichtung.
4. **„Ursprungsmitgliedstaat": der Mitgliedstaat, in dem eine Entscheidung ergangen ist, ein gerichtlicher Vergleich gebilligt oder geschlossen oder eine öffentliche Urkunde ausgestellt wurde und in dem diese als Europäischer Vollstreckungstitel zu bestätigen sind.**
5. **„Vollstreckungsmitgliedstaat": der Mitgliedstaat, in dem die Vollstreckung der/des als Europäischer Vollstreckungstitel bestätigten Entscheidung, gerichtlichen Vergleichs oder öffentlichen Urkunde betrieben wird.**
6. **„Ursprungsgericht": das Gericht, das mit dem Verfahren zum Zeitpunkt der Erfüllung der Voraussetzungen nach Artikel 3 Absatz 1 Buchstabe n a), b), und c) befasst war.**
7. **Bei den summarischen Mahnverfahren in Schweden (betalningsföreläggande) umfasst der Begriff „Gericht" auch die schwedische kronofogdemyndighet (Amt für Beitreibung).**

---

[3] *Kropholler* Rn. 5.

[4] *Kropholler* Art. 6 Rn. 18; *Wagner* NJW 2005, 1157, 1158.

1 **1. Entscheidung** (Nr. 1), **Forderung** (Nr. 2). Zum Begriff der **Entscheidung,** der mit dem in Art. 32 EuGVVO identisch ist, s. Art. 32 EuGVVO Rn. 1ff. Die Forderung muss auf Zahlung einer **bestimmten Geldsumme** gerichtet sein. Sie muss **fällig** sein. Dies ist der Fall, wenn die Verurteilung keine Einschränkung der Fälligkeit enthält oder ein Fälligkeitsdatum nennt. Eine Zug- um Zug-Verurteilung reicht nicht, wohl aber die Verurteilung zu regelmäßig wiederkehrenden Zahlungen (zB Unterhaltszahlungen).

2 **2. Öffentliche Urkunde.** Hierunter fallen nach deutschem Recht vor allem notarielle Urkunden sowie von den Jugendämtern aufgenommene vollstreckbare Urkunden über eine Unterhaltsverpflichtung.

Kapitel II. Der Europäische Vollstreckungstitel

Artikel 5 Abschaffung des Vollstreckbarerklärungsverfahrens

Eine Entscheidung, die im Ursprungsmitgliedstaat als Europäischer Vollstreckungstitel bestätigt worden ist, wird in den anderen Mitgliedstaaten anerkannt und vollstreckt, ohne dass es einer Vollstreckbarerklärung bedarf und ohne dass die Anerkennung angefochten werden kann.

Artikel 6 Voraussetzungen für die Bestätigung als Europäischer Vollstreckungstitel

(1) Eine in einem Mitgliedstaat über eine unbestrittene Forderung ergangene Entscheidung wird auf jederzeitigen Antrag an das Ursprungsgericht als Europäischer Vollstreckungstitel bestätigt, wenn

a) die Entscheidung im Ursprungsmitgliedstaat vollstreckbar ist, und

b) die Entscheidung nicht im Widerspruch zu den Zuständigkeitsregeln in Kapitel II Abschnitte 3 und 6 der Verordnung (EG) Nr. 44/2001 steht, und

c) das gerichtliche Verfahren im Ursprungsmitgliedstaat im Fall einer unbestrittenen Forderung im Sinne von Artikel 3 Absatz 1 Buchstabe b) oder c) den Voraussetzungen des Kapitels III entsprochen hat, und

d) die Entscheidung in dem Mitgliedstaat ergangen ist, in dem der Schuldner seinen Wohnsitz im Sinne von Artikel 59 der Verordnung (EG) Nr. 44/2001 hat, sofern

- **die Forderung unbestritten im Sinne von Artikel 3 Absatz 1 Buchstabe b) oder c) ist,**
- **sie einen Vertrag betrifft, den eine Person, der Verbraucher, zu einem Zweck geschlossen hat, der nicht der beruflichen oder gewerblichen Tätigkeit dieser Person zugerechnet werden kann und**
- **der Schuldner der Verbraucher ist.**

(2) Ist eine als Europäischer Vollstreckungstitel bestätigte Entscheidung nicht mehr vollstreckbar oder wurde ihre Vollstreckbarkeit ausgesetzt oder eingeschränkt, so wird auf jederzeitigen Antrag an das Ursprungsgericht unter Verwendung des Formblatts in Anhang IV eine Bestätigung der Nichtvollstreckbarkeit bzw. der Beschränkung der Vollstreckbarkeit ausgestellt.

(3) Ist nach Anfechtung einer Entscheidung, die als Europäischer Vollstreckungstitel gemäß Absatz 1 bestätigt worden ist, eine Entscheidung ergangen, so wird auf jederzeitigen Antrag unter Verwendung des Formblatts in Anhang V eine Ersatzbestätigung ausgestellt, wenn diese Entscheidung im Ursprungsmitgliedstaat vollstreckbar ist; Artikel 12 Absatz 2 bleibt davon unberührt.

I. Normzweck, Anwendungsbereich

1 **1. Normzweck.** Die Vorschrift benennt die Voraussetzungen der Bestätigung einer Entscheidung als EuVT (Abs. 1), einer Gegenbestätigung (Abs. 2) und einer Ersatzbestätigung (Abs. 3). Sie setzt voraus, dass die Voraussetzungen des Kapitels I vorliegen. Das sind der sachliche Anwendungsbereich der EuVTVO (Art. 2) und eine Entscheidung (Art. 4 Nr. 2) über eine unbestrittene Forderung (Art. 3 Rn. 2ff., Art. 4 Rn. 1), die in einem Mitgliedsstaat (Art. 2 Abs. 3) ergangen ist. Zum **Verfahren in Deutschland** s. § 1079f. ZPO.

2 **2. Absatz 1** nennt die Voraussetzungen, unter denen eine **Entscheidung** (s. Art. 4 Rn. 1) als EuVT zu bestätigen ist. Zur **Ausstellung der Bestätigung** bzw. ihre Ablehnung s. Art. 9. Die in **lit. a) und b)** genannten Voraussetzungen gelten für alle Entscheidungen, die in **lit. c) und d)** nur für solche iSd. Art. 3 Abs. 1 b), c). **Absatz 2** regelt die Gegenbestätigung zu einer erteilten Bestätigung, wenn die Entscheidung (der Vergleich, die öffentliche Urkunde) im Ursprungsland nicht mehr vollstreckbar oder nicht mehr uneingeschränkt vollstreckbar ist. **Absatz 3** regelt die Ersatzbescheinigung, die im Fall einer Anfechtung der Entscheidung im Ursprungsland die Erstbescheinigung ersetzt. Zu bezifferten **Verfahrenskosten** s. Art. 7, zu **Teilbestätigungen** Art. 8.

3 **3. Anwendungsbereich.** Absatz 1 ist nicht auf gerichtliche Vergleiche (Art. 24 Abs. 3) und öffentliche Urkunden (Art. 25 Abs. 3) anwendbar; die Voraussetzungen der Bestätigung sind insoweit in Art. 24f. genannt. Absatz 2 und Absatz 3 finden auch auf Vergleiche und öffentliche Urkunden Anwendung.

II. Voraussetzungen der Bestätigung einer Entscheidung nach Absatz 1

4 Neben den in **Rn. 1 genannten Voraussetzungen** sind nach Abs. 1 erforderlich:

1. Antrag. Erforderlich ist ein Antrag. Dieser kann ohne zeitliche Begrenzung („jederzeitig"), also auch bereits mit Einleitung des Ursprungsverfahrens gestellt werden. Formvorschriften für den Antrag stellt Absatz 1 nicht auf; insoweit gilt das Recht des Ursprungsgerichts, bei dem der Antrag zu stellen ist. In Deutschland dürfte, da §§ 1079ff. ZPO keine Regelung enthalten, § 78 ZPO Anwendung finden.

2. Vollstreckbarkeit im Ursprungsstaat (Abs. 1 a). Die Entscheidung muss vollstreckbar sein, was sich nach der lex fori des Ursprungsgerichts beurteilt. In Deutschland müssen die Voraussetzungen des § 704 ZPO oder des § 794 ZPO vorliegen. Rechtskraft ist nicht nötig. 5

3. Beachtung der internationalen Zuständigkeit (Abs. 1 b). Das Gericht des Ursprungsmitgliedstaats darf seine internationale Zuständigkeit nicht unter Verletzung der Zuständigkeitsregeln in Kapitel II Abschnitte 3 und 6 EuGVVO (Art. 8–14 EuGVVO, Versicherungssachen; Art. 22 EuGVVO, ausschließlicher Gerichtsstand für bestimmte Rechtsstreitigkeiten) angenommen haben. Die Vorschrift entspricht im Wesentlichen Art. 35 Abs. 1 EuGVVO. S. deshalb dort und Art. 8–14, 22 EuGVVO. Fehlt es in einer Versicherungssache an einer Zuständigkeit nach Art. 8–14 EuGVVO, hat sich der Beklagte aber rügelos eingelassen (Art. 24 EuGVVO), kann eine Bestätigung als EuVT erfolgen.[1] 6

4. Beachtung der Vorschriften des Kapitels III (Abs. 1 c). Hat der Schuldner im gerichtlichen Verfahren nicht widersprochen (Art. 3 Abs. 1 S. 2 b) oder ist ein Versäumnisurteil ergangen (Art. 3 Abs. 1 S. 2 c), darf eine Bestätigung als EuVT nur erteilt werden, wenn die Mindestvorschriften der Art. 12–19 beachtet worden sind. Zu den Voraussetzungen der Normen s. dort. 7

5. Europäischer Vollstreckungstitel gegen Verbraucher (Abs. 1 d). Unter den im Folgenden genannten Voraussetzungen darf eine Bestätigung als EuVT nur erfolgen, wenn der Titel (Rn. 9) im **Wohnsitzstaat** (Art. 59 EuGVVO; s. dort) **des Verbrauchers** geschaffen wurde **a) Verbraucher.** Abs. 1 d) definiert den Verbraucherbegriff wie Art. 15 Abs. 1 EuGVVO, allerdings ohne Beschränkung auf die in Art. 15 Abs. 1 a)–c) EuGVVO genannten speziellen Verträge. Mit dieser Maßgabe wird die Anmerkungen Art. 15 EuGVVO Rn. 1 verwiesen. 8

b) Verbrauchervertrag, Titelart. Die Entscheidung muss einen **Verbrauchervertrag** betreffen, muss also von einem Verbraucher (Rn. 8) zu einem nicht beruflichen und nicht gewerblichen Zweck abgeschlossen worden sein. Dem **Titel** muss eine unbestrittene Forderung iSd. Art. 3 Abs. 1 S. 2 b) oder c) zugrunde liegen. In Betracht kommen also Urteile, wenn der Schuldner nicht bestritten oder zugestanden hat, Vollstreckungsbescheide und Versäumnisurteile, nicht aber Anerkenntnisurteile, die unter Art. 3 Abs. 1 S. 2 a) fallen. 9

III. Gegenbestätigung, Absatz 2

Ist nach Ausstellung einer Bestätigung als EuVT die Vollstreckbarkeit der Entscheidung (des Vergleichs, der öffentlichen Urkunde, s. Art. 24 Abs. 3, 25 Abs. 3) entfallen oder ausgesetzt bzw. eingeschränkt worden, ist auf **jederzeitigen Antrag** (Rn. 4) eine Bestätigung der Nichtvollstreckbarkeit bzw. der Beschränkung der Vollstreckbarkeit auf dem Formblatt in Anhang IV auszustellen. Nach deutschem Recht kommen etwa in Betracht die Aufhebung des Titels im Rechtsmittelverfahren, eine Einstellung der Zwangsvollstreckung zB nach §§ 719, 769 ZPO oder die nachträgliche Anordnung einer Sicherheitsleistung zB nach § 709 S. 3 ZPO. Zur Zuständigkeit nach deutschem Recht s. § 1079 ZPO. 10

IV. Ersatzbestätigung, Absatz 3

1. Überblick. Zum Anwendungsbereich s. Rn. 3. Unter den Voraussetzungen des Abs. 3 (s. Rn. 12) wird eine **Ersatzbestätigung** ausgestellt. Aus dem Wortlaut „Ersatzbestätigung", insbesondere aber auch aus dem Formblatt Anhang V wird deutlich, dass diese Bestätigung an die Stelle der zunächst ausgestellten tritt, diese also hinfällig wird. 11

2. Voraussetzungen. Eine Entscheidung (oder Vergleich, öffentliche Urkunde, s. Art. 24 Abs. 3, 25 Abs. 3), die als EuVT bestätigt wurde, muss **angefochten** worden sein. Aufgrund der Anfechtung muss eine vollstreckbare Entscheidung ergangen sein. Nicht Voraussetzung ist, dass die Forderung im Anfechtungsverfahren unbestritten geblieben ist. Allerdings müssen gem. Abs. 3 aE, Art. 12 Abs. 2 die Voraussetzungen der Art. 13–19 beachtet worden sein, wenn die Forderung **im Anfechtungsverfahren unbestritten** iSd. Art. 3 Abs. 1 S. 2 b) oder c) war und deshalb bestätigt werden soll. Erforderlich ist ein „jederzeitiger" **Antrag** (Rn. 4). 12

3. Ersatzbestätigung. Die Zuständigkeit in Deutschland richtet sich nach § 1079 ZPO. Die Ersatzbestätigung ist unter Verwendung des Formblatts Anhang V auszustellen. Sie und die neue Entscheidung ersetzen den ursprünglich bestätigten Titel. 13

Artikel 7 Kosten in Verbindung mit dem gerichtlichen Verfahren

Umfasst eine Entscheidung eine vollstreckbare Entscheidung über die Höhe der mit dem gerichtlichen Verfahren verbundenen Kosten, einschließlich Zinsen, wird sie auch hinsichtlich dieser Kosten als Europäischer Vollstreckungstitel bestätigt, es sei denn, der Schuldner hat im gerichtlichen Verfahren nach den Rechtsvorschriften des Ursprungsmitgliedstaats der Verpflichtung zum Kostenersatz ausdrücklich widersprochen.

Die Vorschrift setzt voraus, dass eine Entscheidung eine **bezifferte** Kostenentscheidung (einschließlich Zinsen auf die Kosten) mit umfasst. Sie gilt daher **weder für isolierte Kostenentscheidungen** (zB nach §§ 91 a, 269 ZPO) **noch für die Kostengrundentscheidung** in einer deutschen Entscheidung. Ihre Anwendung in Deutschland kommt in Betracht, wenn Kosten **beziffert tenoriert** sind (zB vorgerichtliche Mahnkos- 1

[1] *Kropholler* Rn. 8; *T/P/Hüßtege* Rn. 4.

ten, Inkassokosten), oder wenn der Kostenfestsetzungsbeschluss auf das Urteil gesetzt ist (§ 105 ZPO). Selbstständige Kostenfestsetzungsbeschlüsse sind Entscheidungen, die (nur) selbstständig als EuVT bestätigt werden können. Ist ein Widerspruch (nur) gegen die genannten bezifferten Kosten erfolgt, kann für sie keine Bestätigung erfolgen, wohl aber für die Hauptforderung (s. Art. 8).

Artikel 8 Teilbarkeit der Bestätigung als Europäischer Vollstreckungstitel

Wenn die Entscheidung die Voraussetzungen dieser Verordnung nur in Teilen erfüllt, so wird die Bestätigung als Europäischer Vollstreckungstitel nur für diese Teile ausgestellt.

1 Teilerfüllung der Voraussetzungen iSd. Vorschrift kann bedeuten, dass nur eine von mehreren titulierten Forderungen die Voraussetzungen als EuVT erfüllt, oder aber dass nur ein Teil der titulierten Forderung „unbestritten" iSd. Art. 3 Abs. 1 oder fällig iSd. Art. 4 Nr. 2 ist. In diesem Fall kann die Bestätigung nur wegen des Teils erteilt werden, der alle Voraussetzung der Bestätigung erfüllt.

Artikel 9 Ausstellung der Bestätigung als Europäischer Vollstreckungstitel

(1) Die Bestätigung als Europäischer Vollstreckungstitel wird unter Verwendung des Formblatts in Anhang I ausgestellt.

(2) Die Bestätigung als Europäischer Vollstreckungstitel wird in der Sprache ausgestellt, in der die Entscheidung abgefasst ist.

1 Dem Antrag auf Erteilung einer Bestätigung wird durch die Erteilung auf dem Formblatt Anhang I der EuVTVO stattgegeben. Die Bestätigung wird in Deutschland in deutscher Sprache erteilt. Ist eine Übersetzung erforderlich, weil die Bestätigung individuelle Angaben enthält, ist es Sache des Gläubigers, die Übersetzung erstellen zu lassen und vorzulegen (s. Art. 20 Abs. 2c). Zur Ablehnung der Erteilung der Bestätigung s. § 1080 Rn. 2, 5.

Artikel 10 Berichtigung oder Widerruf der Bestätigung als Europäischer Vollstreckungstitel

(1) Die Bestätigung als Europäischer Vollstreckungstitel wird auf Antrag an das Ursprungsgericht

a) berichtigt, wenn die Entscheidung und die Bestätigung aufgrund eines materiellen Fehlers voneinander abweichen;

b) widerrufen, wenn sie hinsichtlich der in dieser Verordnung festgelegten Voraussetzungen eindeutig zu Unrecht erteilt wurde.

(2) Für die Berichtigung oder den Widerruf der Bestätigung als Europäischer Vollstreckungstitel ist das Recht des Ursprungsmitgliedstaats maßgebend.

(3) Die Berichtigung oder der Widerruf der Bestätigung als Europäischer Vollstreckungstitel können unter Verwendung des Formblatts in Anhang VI beantragt werden.

(4) Gegen die Ausstellung einer Bestätigung als Europäischer Vollstreckungstitel ist kein Rechtsbehelf möglich.

1 **1. Überblick, Anwendungsbereich.** Gegen die Ausstellung einer Bestätigung als EuVT ist gem. Abs. 4 kein Rechtsbehelf statthaft. Es kann nur, jeweils **auf Antrag** an das Ursprungsgericht (Art. 4 Nr. 6), eine Berichtigung (Abs. 1 a) oder ein Widerruf (Abs. 1 b) beantragt werden und erfolgen. Maßgeblich ist das Recht des Ursprungsmitgliedstaates (Abs. 2). Die Norm findet auch auf andere bestätigte Titel als Entscheidungen **Anwendung** (Vergleiche, Art. 24 Abs. 3; öffentliche Urkunden, Art. 25 Abs. 3).

2 **2. Berichtigung.** Eine Berichtigung hat gem. Abs. 1 a) auf Antrag zu erfolgen, wenn Entscheidung und Bestätigung wegen eines **materiellen Fehlers** voneinander abweichen. Unklar ist, was unter „materiell" zu verstehen sein soll. Gemeint ist eine Diskrepanz zwischen dem Inhalt der Bestätigung und dem des Titels.[1] Eine solche liegt zB vor, wenn die Angaben im Titel über die Parteinamen oder die Forderungshöhe inhaltlich von denen in der Bestätigung abweichen.[2]

3 **3. Widerruf.** Ein Widerruf hat gem. Abs. 1 b) auf Antrag zu erfolgen, wenn die Bestätigung **eindeutig** zu Unrecht erteilt wurde. In Betracht kommen Verstöße gegen die Art. 2 (Anwendungsbereich der EuVTVO), 3 (Forderung nicht unbestritten), 6 Abs. 1 (Verletzung der Zuständigkeitsregeln) oder die Bestimmungen des Kapitels III (Art. 12 ff.).[3] Was unter „eindeutig" zu verstehen ist, ist unklar. Da der Widerruf die einzige Möglichkeit für den Schuldner ist, eine fehlerhaft erteilte Bestätigung als EuVT zu beseitigen, sollten die Hürden nicht zu hoch angesetzt werden. Fehlt eine der Voraussetzungen der zuvor genannten Normen, dürfte eine Ablehnung des Widerrufs kaum denkbar sein.[4]

4 **4. Verfahren, Rechtsmittel.** Der erforderliche **Antrag** (s. Art. 3 Rn. 2) kann unter Verwendung des **Formblatts** in Anhang VI gestellt werden. Wird das Formblatt nicht verwandt, muss jedenfalls dargelegt werden,

---

1 *Kropholler* Rn. 4.
2 *Wagner* NJW 2005, 1157, 1159.
3 *Kropholler* Rn. 6; *T/P/Hüßtege* Rn. 1.
4 *Kropholler* Rn. 7 m. weit. Nachw.

warum die Bestätigung „eindeutig" zu Unrecht erteilt wurde. Ein **Rechtbehelf** gegen die Bestätigung ist nicht statthaft. Keine Aussage trifft die Vorschrift über einen Rechtsbehelf gegen die Ablehnung eines Antrags auf Berichtigung oder Widerruf. S. dazu und zum weiteren Verfahren § 1081 ZPO.

Artikel 11 Wirkung der Bestätigung als Europäischer Vollstreckungstitel

Die Bestätigung als Europäischer Vollstreckungstitel entfaltet Wirkung nur im Rahmen der Vollstreckbarkeit der Entscheidung.

Kapitel III. Mindestvorschriften für Verfahren über unbestrittene Forderungen

Artikel 12 Anwendungsbereich der Mindestvorschriften

(1) Eine Entscheidung über eine unbestrittene Forderung im Sinne von Artikel 3 Absatz 1 Buchstabe b) oder c) kann nur dann als Europäischer Vollstreckungstitel bestätigt werden, wenn das gerichtliche Verfahren im Ursprungsmitgliedstaat den verfahrensrechtlichen Erfordernissen nach diesem Kapitel genügt hat.

(2) Dieselben Erfordernisse gelten auch für die Ausstellung der Bestätigung als Europäischer Vollstreckungstitel oder einer Ersatzbestätigung im Sinne des Artikels 6 Absatz 3 für eine Entscheidung, die nach Anfechtung einer Entscheidung ergangen ist, wenn zum Zeitpunkt dieser Entscheidung die Bedingungen nach Artikel 3 Absatz 1 Buchstabe b) oder c) erfüllt sind.

1. Anwendungsbereich. Die folgenden Vorschriften des Kapitels (Art. 13–19) gelten nur für die in Abs. 1 aufgeführten Titel, gem. Abs. 2 insoweit auch für Titel, die in einem Rechtsbehelfsverfahren ergangen sind. Es sind dies Titel nach Art. 3 Abs. 1 S. 2 b) oder c). S. im Einzelnen dort. 1

2. Einhaltung der Mindestvorschriften im deutschen Recht. Die Vorschriften der ZPO erfüllen die Mindestanforderungen nach Art. 13 ff.[1] Soweit dies vor Inkrafttreten der EuVTVO nicht der Fall war, ist die ZPO gleichzeitig geändert worden (zB §§ 215 Abs. 1, 276 Abs. 2, 338 ZPO). Es ist daher vor Erteilung einer Bestätigung als EuVT nur zu prüfen, ob die Vorschriften der ZPO über die Zustellung und die Belehrung des Schuldners beachtet worden oder die Voraussetzungen einer Heilung nach Art. 18 (s. dort) gegeben sind. 2

Artikel 13 Zustellung mit Nachweis des Empfangs durch den Schuldner

(1) Das verfahrenseinleitende Schriftstück oder ein gleichwertiges Schriftstück kann dem Schuldner wie folgt zugestellt worden sein:

a) durch persönliche Zustellung, bei der der Schuldner eine Empfangsbestätigung unter Angabe des Empfangsdatums unterzeichnet, oder

b) durch persönliche Zustellung, bei der die zuständige Person, die die Zustellung vorgenommen hat, ein Dokument unterzeichnet, in dem angegeben ist, dass der Schuldner das Schriftstück erhalten hat oder dessen Annahme unberechtigt verweigert hat und an welchem Datum die Zustellung erfolgt ist, oder

c) durch postalische Zustellung, bei der der Schuldner die Empfangsbestätigung unter Angabe des Empfangsdatums unterzeichnet und zurückschickt, oder

d) durch elektronische Zustellung wie beispielsweise per Fax oder E-Mail, bei der der Schuldner eine Empfangsbestätigung unter Angabe des Empfangsdatums unterzeichnet und zurückschickt.

(2) Eine Ladung zu einer Gerichtsverhandlung kann dem Schuldner gemäß Absatz 1 zugestellt oder mündlich in einer vorausgehenden Verhandlung über dieselbe Forderung bekannt gemacht worden sein, wobei dies im Protokoll dieser Verhandlung festgehalten sein muss.

Artikel 14 Zustellung ohne Nachweis des Empfangs durch den Schuldner

(1) Das verfahrenseinleitende Schriftstück oder ein gleichwertiges Schriftstück sowie eine Ladung zu einer Gerichtsverhandlung kann dem Schuldner auch in einer der folgenden Formen zugestellt worden sein:

a) persönliche Zustellung unter der Privatanschrift des Schuldners an eine in derselben Wohnung wie der Schuldner lebende Person oder an eine dort beschäftigte Person;

b) wenn der Schuldner Selbstständiger oder eine juristische Person ist, persönliche Zustellung in den Geschäftsräumen des Schuldners an eine Person, die vom Schuldner beschäftigt wird;

c) Hinterlegung des Schriftstücks im Briefkasten des Schuldners;

d) Hinterlegung des Schriftstücks beim Postamt oder bei den zuständigen Behörden mit entsprechender schriftlicher Benachrichtigung im Briefkasten des Schuldners, sofern in der schriftlichen Benachrichtigung das Schriftstück eindeutig als gerichtliches Schriftstück bei zeichnet oder darauf hingewiesen wird, dass die Zustellung durch die Benachrichtigung als erfolgt gilt und damit Fristen zu laufen beginnen;

---

[1] Zweifelnd, soweit es um Titel nach Art. 3 Abs. 1 S. 2 b) geht, *T/P/Hüßtege* Art. 17 Rn. 1.

e) postalisch ohne Nachweis gemäß Absatz 3, wenn der Schuldner seine Anschrift im Ursprungsmitgliedstaat hat;
f) elektronisch, mit automatisch erstellter Sendebestätigung, sofern sich der Schuldner vorab ausdrücklich mit dieser Art der Zustellung einverstanden erklärt hat.

(2) Für die Zwecke dieser Verordnung ist eine Zustellung gemäß Absatz 1 nicht zulässig, wenn die Anschrift des Schuldners nicht mit Sicherheit ermittelt werden kann.

(3) Die Zustellung nach Absatz 1 Buchstabe n a) bis d) wird bescheinigt durch
a) ein von der zuständigen Person, die die Zustellung vorgenommen hat, unterzeichnetes Schriftstück mit den folgenden Angaben:
   i) die gewählte Form der Zustellung und
   ii) das Datum der Zustellung sowie,
   iii) falls das Schriftstück einer anderen Person als dem Schuldner zugestellt wurde, der Name dieser Person und die Angabe ihres Verhältnisses zum Schuldner,

oder
b) eine Empfangsbestätigung der Person, der das Schriftstück zugestellt wurde, für die Zwecke von Absatz 1 Buchstabe n a) und b).

Artikel 15 Zustellung an die Vertreter des Schuldners

Die Zustellung gemäß Artikel 13 oder Artikel 14 kann auch an den Vertreter des Schuldners bewirkt worden sein.

Artikel 16 Ordnungsgemäße Unterrichtung des Schuldners über die Forderung

Um sicherzustellen, dass der Schuldner ordnungsgemäß über die Forderung unterrichtet worden ist, muss das verfahrenseinleitende Schriftstück oder das gleichwertige Schriftstück folgende Angaben enthalten haben:
a) den Namen und die Anschrift der Parteien;
b) die Höhe der Forderung;
c) wenn Zinsen gefordert werden, den Zinssatz und den Zeitraum, für den Zinsen gefordert werden, es sei denn, die Rechtsvorschriften des Ursprungsmitgliedstaats sehen vor, dass auf die Hauptforderung automatisch ein gesetzlicher Zinssatz angerechnet wird;
d) die Bezeichnung des Forderungsgrundes.

Artikel 17 Ordnungsgemäße Unterrichtung des Schuldners über die Verfahrensschritte zum Bestreiten der Forderung

In dem verfahrenseinleitenden Schriftstück, einem gleichwertigen Schriftstück oder einer Ladung zu einer Gerichtsverhandlung oder in einer zusammen mit diesem Schriftstück oder dieser Ladung zugestellten Belehrung muss deutlich auf Folgendes hingewiesen worden sein:
a) auf die verfahrensrechtlichen Erfordernisse für das Bestreiten der Forderung; dazu gehören insbesondere die Frist, innerhalb deren die Forderung schriftlich bestritten werden kann bzw. gegebenenfalls der Termin der Gerichtsverhandlung, die Bezeichnung und die Anschrift der Stelle, an die die Antwort zu richten bzw. vor der gegebenenfalls zu erscheinen ist, sowie die Information darüber, ob die Vertretung durch einen Rechtsanwalt vorgeschrieben ist;
b) auf die Konsequenzen des Nichtbestreitens oder des Nichterscheinens, insbesondere die etwaige Möglichkeit einer Entscheidung oder ihrer Vollstreckung gegen den Schuldner und der Verpflichtung zum Kostenersatz.

Artikel 18 Heilung der Nichteinhaltung von Mindestvorschriften

(1) Genügte das Verfahren im Ursprungsmitgliedstaat nicht den in den Artikeln 13 bis 17 festgelegten verfahrensrechtlichen Erfordernissen, so sind eine Heilung der Verfahrensmängel und eine Bestätigung der Entscheidung als Europäischer Vollstreckungstitel möglich, wenn
a) die Entscheidung dem Schuldner unter Einhaltung der verfahrensrechtlichen Erfordernisse nach Artikel 13 oder Artikel 14 zugestellt worden ist, und
b) der Schuldner die Möglichkeit hatte, einen eine uneingeschränkte Überprüfung umfassenden Rechtsbehelf gegen die Entscheidung einzulegen, und er in oder zusammen mit der Entscheidung ordnungsgemäß über die verfahrensrechtlichen Erfordernisse für die Einlegung eines solchen Rechtsbehelfs, einschließlich der Bezeichnung und der Anschrift der Stelle, bei der der Rechtsbehelf einzulegen ist, und gegebenenfalls der Frist unterrichtet wurde, und
c) der Schuldner es versäumt hat, einen Rechtsbehelf gegen die Entscheidung gemäß den einschlägigen verfahrensrechtlichen Erfordernissen einzulegen.

(2) Genügte das Verfahren im Ursprungsmitgliedstaat nicht den verfahrensrechtlichen Erfordernissen nach Artikel 13 oder Artikel 14, so ist eine Heilung dieser Verfahrensmängel möglich, wenn durch das Verhalten des Schuldners im gerichtlichen Verfahren nachgewiesen ist, dass er das zuzustellende Schriftstück so rechtzeitig persönlich bekommen hat, dass er Vorkehrungen für seine Verteidigung treffen konnte.

1. Heilung von Zustellungs- und Unterrichtungsmängeln nach Abs. 1. Unter den in Abs. 1 kumulativ aufgeführten Voraussetzungen ist eine Heilung von Mängeln und trotz der Mängel eine Bestätigung als EuVT möglich. Dann muss die Entscheidung mit einer **Rechtsbehelfsbelehrung** (Abs. 1 b) **ordnungsgemäß zugestellt** (Abs. 1 a) worden sein. Eine solche Rechtsbehelfsbelehrung ist in § 338 ZPO für das Versäumnisurteil vorgesehen, nicht aber für andere Entscheidungen. Für diese anderen Entscheidungen kommt eine Heilung von Zustellungsmängeln nur nach Abs. 2 in Betracht. 1

2. Heilung von Zustellungsmängeln nach Abs. 2. Einen Auffangheilungstatbestand enthält Abs. 2 für den Fall, dass zweifelsfrei nachgewiesen ist, dass der Schuldner die betreffenden Schriftstücke selbst in Empfang genommen hat, um rechtzeitig Vorkehrungen für seine Verteidigung treffen zu können. 2

Artikel 19 Mindestvorschriften für eine Überprüfung in Ausnahmefällen

(1) Ergänzend zu den Artikeln 13 bis 18 kann eine Entscheidung nur dann als Europäischer Vollstreckungstitel bestätigt werden, wenn der Schuldner nach dem Recht des Ursprungsmitgliedstaats berechtigt ist, eine Überprüfung der Entscheidung zu beantragen, falls

a) i) das verfahrenseinleitende oder ein gleichwertiges Schriftstück oder gegebenenfalls die Ladung zu einer Gerichtsverhandlung in einer der in Artikel 14 genannten Formen zugestellt wurden, und

ii) die Zustellung ohne Verschulden des Schuldners nicht so rechtzeitig erfolgt ist, dass er Vorkehrungen für seine Verteidigung hätte treffen können, oder

b) der Schuldner aufgrund höherer Gewalt oder aufgrund außergewöhnlicher Umstände ohne eigenes Verschulden der Forderung nicht widersprechen konnte,

wobei in beiden Fällen jeweils vorausgesetzt wird, dass er unverzüglich tätig wird.

(2) Dieser Artikel berührt nicht die Möglichkeit der Mitgliedstaaten, eine Überprüfung der Entscheidung unter großzügigeren Bedingungen als nach Absatz 1 zu ermöglichen.

Kapitel IV. Vollstreckung

Artikel 20 Vollstreckungsverfahren

(1) [1]Unbeschadet der Bestimmungen dieses Kapitels gilt für das Vollstreckungsverfahren das Recht des Vollstreckungsmitgliedstaats. [2]Eine als Europäischer Vollstreckungstitel bestätigte Entscheidung wird unter den gleichen Bedingungen vollstreckt wie eine im Vollstreckungsmitgliedstaat ergangene Entscheidung.

(2) Der Gläubiger ist verpflichtet, den zuständigen Vollstreckungsbehörden des Vollstreckungsmitgliedstaats Folgendes zu übermitteln:

a) eine Ausfertigung der Entscheidung, die die für ihre Beweiskraft erforderlichen Voraussetzungen erfüllt, und

b) eine Ausfertigung der Bestätigung als Europäischer Vollstreckungstitel, die die für ihre Beweiskraft erforderlichen Voraussetzungen erfüllt, und

c) gegebenenfalls eine Transkription der Bestätigung als Europäischer Vollstreckungstitel oder eine Übersetzung dieser Bestätigung in die Amtssprache des Vollstreckungsmitgliedstaats oder – falls es in diesem Mitgliedstaat mehrere Amtssprachen gibt – nach Maßgabe der Rechtsvorschriften dieses Mitgliedstaats in die Verfahrenssprache oder eine der Verfahrenssprachen des Ortes, an dem die Vollstreckung betrieben wird, oder in eine sonstige Sprache, die der Vollstreckungsmitgliedstaat zulässt. Jeder Mitgliedstaat kann angeben, welche Amtssprache oder Amtssprachen der Organe der Europäischen Gemeinschaft er neben seiner oder seinen eigenen für die Ausstellung der Bestätigung zulässt. Die Übersetzung ist von einer hierzu in einem der Mitgliedstaaten befugten Person zu beglaubigen.

(3) Der Partei, die in einem Mitgliedstaat eine Entscheidung vollstrecken will, die in einem anderen Mitgliedstaat als Europäischer Vollstreckungstitel bestätigt wurde, darf wegen ihrer Eigenschaft als Ausländer oder wegen Fehlens eines inländischen Wohnsitzes oder Aufenthaltsorts eine Sicherheitsleistung oder Hinterlegung, unter welcher Bezeichnung es auch sei, nicht auferlegt werden.

1. Normzweck. Die Vorschrift regelt in **Abs. 1** das anzuwendende Recht sowie die vollstreckungsrechtliche Gleichstellung des EuVT mit einem Inlandstitel. **Abs. 2** benennt die Urkunden, die der Gläubiger dem Vollstreckungsorgan vorzulegen hat. **Abs. 3** verbietet es, dem Gläubiger wegen seiner Eigenschaft als Ausländer oder Fehlens eines inländischen Wohnsitzes eine Sicherheitsleistung aufzuerlegen. Jedenfalls deshalb sind die §§ 110ff. ZPO nicht anzuwenden. 1

2. Anwendbares Recht (Abs. 1 S. 1). Das Vollstreckungsverfahren richtet sich grundsätzlich nach den Vorschriften des Vollstreckungsstaats. Vorrangig gelten allerdings die Vorschriften der EuVTVO über das Vollstreckungsverfahren, also Art. 20 Abs. 2 und Art. 21–23. 2

3. Zwangsvollstreckung in Deutschland. Soll ein EuVT in Deutschland vollstreckt werden, gilt, soweit nicht vorrangig die EuVTVO Anwendung findet (Rn. 2), gem. Abs. 1 S. 1 deutsches Recht. Zunächst sind die Ausführungsvorschriften zur EuVTVO in §§ 1082ff. ZPO zu beachten; im Übrigen gelten die Vorschriften des 8. Buches der ZPO. Eine **Vollstreckungsklausel** ist gem. § 1082 ZPO genauso entbehrlich wie gem. Art. 5 eine Vollstreckbarerklärung; beides wird durch die Bestätigung als EuVT ersetzt. Es gelten auch, soweit es um das Vollstreckungsverfahren, nicht die Erteilung der Bestätigung als EuVT geht, die **Rechtsbe-** 3 helfe des 8. Buches der ZPO. Gegen die Art u Weise der Zwangsvollstreckung findet die Erinnerung gem. § 766 ZPO statt, gegen Entscheidungen im Vollstreckungsverfahren (s. § 766 ZPO Rn. 11f.) die sofortige Beschwerde nach § 793 ZPO. Auch Vollstreckungsabwehrklagen[1] (§ 767 ZPO, s. § 1086 ZPO) und Drittwiderspruchsklagen nach § 771 ZPO sind möglich; die internationale Zuständigkeit ergibt sich aus Art. 22 Nr. 5 EuGVVO (s. Art. 22 EuGVVO Rn. 9).

4 **4. Vorzulegende Urkunden (Abs. 2).** Es müssen eine **Titelausfertigung** (Abs. 2a) und eine Ausfertigung der **Bestätigung** als EuVT (Abs. 2b) vorgelegt werden, die die für ihre Beweiskraft erforderlichen Voraussetzungen erfüllen. Welches Letztere sind, richtet sich nach dem Recht des Gerichts, das die Entscheidung erlassen hat.[2] Zur Vorlage einer **Übersetzung** bzw. Transkription (aus der griechischen oder anderen Schrift in die lateinische und umgekehrt) s. § 1083 ZPO Rn. 1. Nur die Bestätigung, nicht die Entscheidung, ist ggf. zu übersetzen.

Artikel 21 Verweigerung der Vollstreckung

(1) Auf Antrag des Schuldners wird die Vollstreckung vom zuständigen Gericht im Vollstreckungsmitgliedstaat verweigert, wenn die als Europäischer Vollstreckungstitel bestätigte Entscheidung mit einer früheren Entscheidung unvereinbar ist, die in einem Mitgliedstaat oder einem Drittland ergangen ist, sofern

a) die frühere Entscheidung zwischen denselben Parteien wegen desselben Streitgegenstands ergangen ist und

b) die frühere Entscheidung im Vollstreckungsmitgliedstaat ergangen ist oder die notwendigen Voraussetzungen für ihre Anerkennung im Vollstreckungsmitgliedstaat erfüllt und

c) die Unvereinbarkeit im gerichtlichen Verfahren des Ursprungsmitgliedstaats nicht geltend gemacht worden ist und nicht geltend gemacht werden konnte.

(2) Weder die Entscheidung noch ihre Bestätigung als Europäischer Vollstreckungstitel dürfen im Vollstreckungsmitgliedstaat in der Sache selbst nachgeprüft werden.

1 **1. Normzweck, Anwendungsbereich.** Die Art. 34 EuGVVO nachgebildete, aber im Detail unterschiedliche Norm regelt, in welchen Fällen die Vollstreckung aus einem EuVT verweigert werden darf. Dies ist nur unter den Voraussetzungen des Abs. 1 der Fall. Andere Gründe (auch die Schranken des ordre public) schließt Abs. 2 aus. **Absatz 1 ist nicht anwendbar** auf Vergleiche und öffentliche Urkunden (s. Art. 24 Abs. 3, 25 Abs. 3). Das **Verfahren** in Deutschland richtet sich nach § 1084 ZPO.

2 **2. Voraussetzungen des Absatzes 1.** Erforderlich ist ein **Antrag** (s. Art. 6 Rn. 2) des Schuldners (an das in § 1084 Abs. 1 ZPO bezeichnete Gericht) sowie **kumulativ:**

3 **a) Unvereinbarkeit** (s. Art. 34 EuGVVO Rn. 8f.) der als EuVT bestätigten Entscheidung mit einer früheren Entscheidung, die in einem Mitgliedstaat oder Drittland ergangen ist. Im Gegensatz zu Art. 34 EuGVVO wird zwischen der Unvereinbarkeit mit einer inländischen Entscheidung (Art. 34 Nr. 3 EuGVVO) und einer anzuerkennenden ausländischen Entscheidung (Art. 34 Nr. 4 EuGVVO) nicht unterschieden. Es gilt das Prioritätsprinzip; in welchem Land die Entscheidung ergangen ist, ist zunächst gleichgültig; sie muss aber im Vollstreckungsstaat anzuerkennen sein (Abs. 1b), s. Rn. 5).

4 **b) Parteien und Streitgegenstand (Abs. 1a).** Die frühere Entscheidung muss zwischen denselben Parteien und wegen desselben Streitgegenstands ergangen sein. Diese Begriffe decken sich mit denen in Art. 34 Nr. 4 EuGVVO, wenn es in dieser Norm auch statt Streitgegenstand Anspruch heißt.[1] Sie sind gemeinschaftsrechtlich autonom auszulegen. S. hierzu Art. 34 EuGVVO Rn. 9ff.

5 **c) Herkunftsland der früheren Entscheidung (Abs. 1b).** Die frühere Entscheidung muss im Vollstreckungsstaat ergangen oder in ihm anzuerkennen sein. Ist die Entscheidung in einem Mitgliedstaat ergangen, richten sich die Voraussetzungen der Anerkennung nach der EuGVVO, anderenfalls nach entsprechenden Staatsverträgen bzw. dem autonomen Recht des Vollstreckungsstaats.[2]

6 **d) Nichtgeltendmachung der Unvereinbarkeit (Abs. 1c).** Die Unvereinbarkeit darf kumulativ im gerichtlichen Verfahren des Ursprungsstaats nicht geltend gemacht worden sein und durfte nicht geltend gemacht werden können. Es darf dem Schuldner also im Ursprungsverfahren ohne eigenes Verschulden nicht möglich gewesen sein, die Unvereinbarkeit geltend zu machen.

7 **3. Absatz 2** stellt klar, dass im Vollstreckungsstaat weder die Bestätigung einer Entscheidung als EuVT noch die hierüber ausgestellte Bescheinigung inhaltlich nachgeprüft werden dürfen. Einwendungen können nur nach Abs. 1 (nicht zB nach Art. 34f. EuGVVO) erhoben werden.

Artikel 22 Vereinbarungen mit Drittländern

Diese Verordnung lässt Vereinbarungen unberührt, durch die sich die Mitgliedstaaten vor Inkrafttreten der Verordnung (EG) Nr. 44/2001 im Einklang mit Artikel 59 des Brüsseler Übereinkommens über die gerichtliche Zuständigkeit und die Vollstreckung gerichtlicher Entscheidungen in Zivil- und Handelssachen verpflichtet haben, Entscheidungen insbesondere der Gerichte eines anderen Vertragsstaats des genannten

---

[1] S. ausführlich (auch zur Gegenauffassung) *Kropholler* Rn. 12f.
[2] *Kropholler* Art. 53 EuGVVO Rn. 2.
[1] *Kropholler* Rn. 4.
[2] *Kropholler* Rn. 5.

Übereinkommens gegen Beklagte, die ihren Wohnsitz oder gewöhnlichen Aufenthalt im Hoheitsgebiet eines Drittlands haben, nicht anzuerkennen, wenn die Entscheidungen in den Fällen des Artikels 4 des genannten Übereinkommens nur in einem der in Artikel 3 Absatz 2 des genannten Übereinkommens angeführten Gerichtsstände ergehen können.

Deutschland hat ein einschlägiges Abkommen mit einem Drittstaat nicht getroffen.[1] 1

Artikel 23 **Aussetzung oder Beschränkung der Vollstreckung**

Hat der Schuldner

- **einen Rechtsbehelf gegen eine als Europäischer Vollstreckungstitel bestätigte Entscheidung eingelegt, wozu auch ein Antrag auf Überprüfung im Sinne des Artikels 19 gehört, oder**
- **die Berichtigung oder den Widerruf einer Bestätigung als Europäischer Vollstreckungstitel gemäß Artikel 10 beantragt,**

so kann das zuständige Gericht oder die befugte Stelle im Vollstreckungsmitgliedstaat auf Antrag des Schuldners

a) **das Vollstreckungsverfahren auf Sicherungsmaßnahmen beschränken oder**
b) **die Vollstreckung von der Leistung einer von dem Gericht oder der befugten Stelle zu bestimmenden Sicherheit abhängig machen oder**
c) **unter außergewöhnlichen Umständen das Vollstreckungsverfahren aussetzen.**

1. Normzweck, Anwendungsbereich. Aufgrund eines Rechtsbehelfs gegen eine als EuVT bestätigte Entscheidung kann der Schuldner im **Ursprungsland** eine Bestätigung der Nichtvollstreckbarkeit bzw. über deren Beschränkung erlangen. Außerdem kann er bei Vorliegen der Voraussetzungen dort eine Berichtigung oder einen Widerruf der Bestätigung erhalten. Ist ein solcher Rechtsbehelf eingelegt oder die Berichtigung bzw. der Widerruf beantragt, kann der Schuldner im **Vollstreckungsstaat** die Aussetzung oder Beschränkung der Vollstreckung nach Art. 23 beantragen (wenn sie nicht bereits im Ursprungsland erfolgt und nach Art. 6 Abs. 2 bestätigt ist). Die Vorschrift findet auch auf Vergleiche und öffentliche Urkunden **Anwendung** (Art. 24 Abs. 3, 25 Abs. 3). 1

2. Rechtsbehelfe. Eine Beschränkung auf „ordentliche" Rechtsbehelfe **gegen die Entscheidung,** wie sie Art. 37 Abs. 1 EuGVVO vorsieht, enthält Art. 23 nicht. Damit kommen auch außerordentliche Rechtsbehelfe in Betracht. Zweifelhaft ist, ob die Verfassungsbeschwerde nach deutschem Recht oder eine Beschwerde zum EGMR nach Art. 34 EMRK davon erfasst ist.[1] Die Rechtsbehelfe **gegen die Bestätigung** (Berichtigung, Widerruf) ergeben sich aus Art. 10. 2

3. Ermessensentscheidung, mögliche Maßnahmen. Erforderlich ist neben dem Rechtsbehelf (Rn. 2) ein Antrag des Schuldners. **Ob** das Gericht eine der in lit. a – c vorgesehenen Maßnahmen anordnet, steht in seinem Ermessen. Zu berücksichtigen sind die Erfolgsaussichten des Rechtsbehelfs sowie die Wahrscheinlichkeit eines endgültigen Schadens durch die Vollstreckung.[2] Die **möglichen Maßnahmen** sind in lit. a–c aufgeführt. Welche **Sicherungsmaßnahmen** (lit. a) möglich sind, entscheidet sich nach dem Recht des Vollstreckungsstaats (zum deutschen Recht s. § 720a ZPO). Eine **Sicherheitsleistung** (lit. b) dürfte nur in Betracht kommen, wenn der Gläubiger nicht schon im Ursprungsland hinreichende Sicherheit geleistet hat. Eine Aussetzung (lit. c) der Vollstreckung ist nur im Ausnahmefall zulässig. 3

4. Verfahren in Deutschland. S. § 1084 ZPO. 4

Kapitel V. Gerichtliche Vergleiche und öffentliche Urkunden

Artikel 24 **Gerichtliche Vergleiche**

(1) Ein Vergleich über eine Forderung im Sinne von Artikel 4 Nummer 2, der von einem Gericht gebilligt oder vor einem Gericht im Laufe eines Verfahrens geschlossen wurde, und der in dem Mitgliedstaat, in dem er gebilligt oder geschlossen wurde, vollstreckbar ist, wird auf Antrag an das Gericht, das ihn gebilligt hat oder vor dem er geschlossen wurde, unter Verwendung des Formblatts in Anhang II als Europäischer Vollstreckungstitel bestätigt.

(2) Ein Vergleich, der im Ursprungsmitgliedstaat als Europäischer Vollstreckungstitel bestätigt worden ist, wird in den anderen Mitgliedstaaten vollstreckt, ohne dass es einer Vollstreckbarerklärung bedarf und ohne dass seine Vollstreckbarkeit angefochten werden kann.

(3) Die Bestimmungen von Kapitel II (mit Ausnahme von Artikel 5, Artikel 6 Absatz 1 und Artikel 9 Absatz 1) sowie von Kapitel IV (mit Ausnahme von Artikel 21 Absatz 1 und Artikel 22) finden entsprechende Anwendung.

---

[1] *Kropholler* Rn. 1.

[1] Verneinend im Hinblick auf die Entstehungsgeschichte *Kropholler* Rn. 3f.

[2] *Kropholler* Rn. 6.

Artikel 25 Öffentliche Urkunden

(1) Eine öffentliche Urkunde über eine Forderung im Sinne von Artikel 4 Absatz 2, die in einem Mitgliedstaat vollstreckbar ist, wird auf Antrag an die vom Ursprungsmitgliedstaat bestimmte Stelle unter Verwendung des Formblatts in Anhang III als Europäischer Vollstreckungstitel bestätigt.

(2) Eine öffentliche Urkunde, die im Ursprungsmitgliedstaat als Europäischer Vollstreckungstitel bestätigt worden ist, wird in den anderen Mitgliedstaaten vollstreckt, ohne dass es einer Vollstreckbarerklärung bedarf und ohne dass ihre Vollstreckbarkeit angefochten werden kann.

(3) Die Bestimmungen von Kapitel II (mit Ausnahme von Artikel 5, Artikel 6 Absatz 1 und Artikel 9 Absatz 1) sowie von Kapitel IV (mit Ausnahme von Artikel 21 Absatz 1 und Artikel 22) finden entsprechende Anwendung.

1 **1. Vergleich (Art. 24), öffentliche Urkunde (Art. 25).** Nach deutschem Recht fallen unter Vergleiche iSd. Art. 24 Abs. 1 Prozessvergleiche und für vollstreckbar erklärte Anwaltsvergleiche (§§ 796a f. ZPO); nur ein für vollstreckbar erklärter Anwaltsvergleich ist „durch das Gericht gebilligt“. Allein die Niederlegung beim Amtsgericht (s. § 796a Abs. 1) kann nicht als **Billigung** angesehen werden.[1] Eine rein formale Beteiligung bei der Niederlegung kann keine Billigung bedeuten. Zum Begriff der **öffentlichen Urkunde** s. Art. 4 Nr. 3. Der Verweis in Art. 25 Abs. 1 auf Art. 4 Abs. 2 ist ein Redaktionsversehen, gemeint ist Art. 4 Nr. 2.

2 **2. Anwendbare Vorschriften.** Auf Vergleiche und öffentliche Urkunden sind die für gerichtliche Entscheidungen geltenden Vorschriften der EuVTVO anwendbar (mit Ausnahme der in Art. 24 Abs. 3 und Art. 25 Abs. 3 identisch genannten).

Kapitel VI. Übergangsbestimmungen

Artikel 26 Übergangsbestimmung

Diese Verordnung gilt nur für nach ihrem Inkrafttreten ergangene Entscheidungen, gerichtlich gebilligte oder geschlossene Vergleiche und aufgenommene oder registrierte öffentliche Urkunden.

1 Die Verordnung ist gem. Art. 33 S. 1 am 21. 1. 05 in Kraft getreten. Sie ist nach Art. 33 S. 2 (mit Ausnahme der Art. 30ff.) aber erst seit dem 21. 10. 05 anzuwenden. Nach dem Inkrafttreten am 21. 1. 05 ergangene Entscheidungen (Vergleiche, öffentliche Urkunden) unterfallen damit der EuVTVO. Sie können aber erst nach dem Zeitpunkt ihrer Anwendbarkeit (21. 10. 05) als EuVT bestätigt und in den Mitgliedstaaten vollstreckt werden.

Kapitel VII. Verhältnis zu anderen Rechtsakten der Gemeinschaft

Artikel 27 Verhältnis zur Verordnung (EG) Nr. 44/2001

Diese Verordnung berührt nicht die Möglichkeit, die Anerkennung und Vollstreckung einer Entscheidung über eine unbestrittene Forderung, eines gerichtlichen Vergleichs oder einer öffentlichen Urkunde gemäß der Verordnung (EG) Nr. 44/2001 zu betreiben.

1 Der Gläubiger kann nach seiner Wahl das Verfahren der EuVTVO oder das der EuGVVO betreiben. Er kann die Verfahren auch parallel betreiben und den Weg fortsetzen, den das zuerst ausgestellte Dokument zulässt.[1]

Artikel 28 Verhältnis zur Verordnung (EG) Nr. 1348/2000

Diese Verordnung lässt die Anwendung der Verordnung (EG) Nr. 1348/ 2000 unberührt.

Kapitel VIII. Allgemeine und Schlussbestimmungen

Artikel 29 Informationen über Vollstreckungsverfahren und -behörden (nicht abgedruckt)

Artikel 30 Angaben zu den Rechtsbehelfen, Sprachen und Stellen (nicht abgedruckt)

Artikel 31 Änderungen der Anhänge (nicht abgedruckt)

---

[1] AA *Kropholler* Rn. 2.

[1] *Kropholler* Rn. 1.

Artikel 32 Ausschuss (nicht abgedruckt)

Artikel 33 Inkrafttreten

[1]Diese Verordnung tritt am 21. Januar 2005 in Kraft. [2]Sie gilt ab dem 21. Oktober 2005 mit Ausnahme der Artikel 30, 31 und 32, die ab dem 21. Januar 2005 gelten.

Anhang I–VI (Formblätter)

(nicht abgedruckt; vgl. http://eur-lex.europa.eu)

VERORDNUNG (EG) Nr. 2201/2003 DES RATES

vom 27. November 2003

über die Zuständigkeit und die Anerkennung und Vollstreckung von Entscheidungen in Ehesachen und in Verfahren betreffend die elterliche Verantwortung und zur Aufhebung der Verordnung (EG) Nr. 1347/2000

HAT FOLGENDE VERORDNUNG ERLASSEN:

Vorbemerkung

I. Zweck der Verordnung

1 Die Verordnung (EG) Nr. 1347/2000 des Rates vom 29. Mai 2000 (EheVO I; inoffiziell Brüssel II-Verordnung) enthält lediglich Vorschriften über die Zuständigkeit und die Anerkennung und Vollstreckung von Entscheidungen in Ehesachen sowie von aus Anlass von Ehesachen ergangenen Entscheidungen über die elterliche Verantwortung für die gemeinsamen Kinder der Ehegatten. Dieser Anwendungsbereich hat sich in mehrfacher Hinsicht als zu eng erwiesen. Die neue EG-Verordnung (EheVO II; inoffiziell Brüssel IIa-Verordnung) vom 27. 11. 2003[1] erweitert den Anwendungsbereich der EheVO I. Sie übernimmt zunächst die Regelungen in Ehesachen. In Verfahren zur elterlichen Verantwortung erfasst sie ferner diejenigen Verfahren, die nicht im Zusammenhang mit einer Ehesache stehen und bezieht nicht nur gemeinsame Kinder von Ehegatten, sondern auch Kinder nicht verheirateter Kinder ein, um eine **Gleichstellung aller Kinder** zu erreichen.[2]

2 Darüber hinaus wird für bestimmte Entscheidungen über das Umgangsrecht und der Rückgabe von Kindern das Vollstreckungserklärungsverfahren (Exequaturverfahren)abgeschafft, so dass solche zukünftig ohne vorausgehende Vollstreckungserklärung vollstreckt werden können (Art. 40ff.). Gesichert wird dies durch die Festlegung besonderer verfahrensrechtlicher Regelungen, die in Bescheinigungen aufgenommen und von den Gerichten des Ursprungsmitgliedstaates ausgestellt werden. Ansonsten verbleibt es für die Entscheidung über die elterliche Verantwortung für deren Vollstreckbarkeit in einem anderen Mitgliedstaat, dass sie auf Antrag für vollstreckbar erklärt werden (Art. 28).

3 Zu Kindesentführungen aus einem Mitgliedstaat in einen anderen enthält die EheVO II Regelungen, welche die Bestimmung über das HaagKindEÜbk. ergänzen, jedoch nicht ersetzen. Ziel der EheVO II ist es insoweit, diese Verfahren noch schneller und effektiver zu gestalten. Im Übrigen übernimmt die EheVO II im Wesentlichen die Konzeption der EheVO I.

II. Zeitlicher und räumlicher Regelungsbereich

4 Die EheVO II trat am 1. 8. 2004 in Kraft; die Bestimmungen sind gemäss Art. 72 mit Ausnahme der Art. 67 bis 70, die ab 1. 8. 2004 gelten, ab 1. 3. 2005 anzuwenden und ersetzen ab diesem Zeitpunkt die EheVO I,[3] die durch die EheVO II (Art. 71 Abs. 1) ausdrücklich aufgehoben wird. Wie die EuGVO und die EheVO I ist auch die EheVO II in allen ihren Regelungsbereichen verbindlich[4] und gilt unmittelbar in allen Mitgliedstaaten mit Ausnahme von Dänemark, Art 2 Nr. 3 EheVO II.

III. Umsetzung der EheVO II in nationales Verfahrensrecht durch die Einführung des Internationalen Familienrechtsverfahrensgesetzes zum 1. 3. 2005

5 Trotz der unmittelbaren Geltung der EheVO II in den Mitgliedstaaten sind Regelungen der EheVO II in einzelnen Punkten durch innerstaatliches Verfahrensrecht zu ergänzen, um die dort geregelten Verfahren nahtlos dem innerdeutschen Recht anzupassen. Dies erfolgt aber nicht durch eine Anpassung des AVAG, sondern durch ein **neu geschaffenen Gesetz** zur Aus- und Durchführung bestimmter Rechtsinstrumente auf dem Gebiet des internationalen Familienrechts (Internationales Familienrechtsverfahrensgesetzes[5]), das parallel mit der EheVO II seit 1. 3. 2005 anzuwenden ist. Entsprechend werden in diesem Gesetz die Bestimmungen zur Durchführung der EheVO I im Besonderen Teil des AVAG aufgehoben; soweit in der Übergangszeit noch die EheVO I anzuwenden ist, gelten zu deren Durchführung bereits die neuen Bestimmungen des IntFamRVG, § 55 IntFamRVG.

---

[1] *ABl. L. 338*, S. 1, geändert durch VO (EG) Nr. 2116/2004 des Rates vom 2. 12. 2004, ABl. L 367, S. 1. Nr. 2116/20
[2] S. Erwägungsgrund (5).
[3] S. § 606a Rn. 26ff.
[4] Zum Verhältnis zu nationalen Verfahrensregelungen s. § 606a Rn. 26ff.
[5] Gesetz vom 26. 1. 2005; BGBl. I S. 162.

IV. Verhältnis zu Staatsverträgen und dem nationalen Recht

Die Verordnung geht innerhalb ihres Anwendungsbereiches (Art. 1) den in den Art. 59, 60 genannten Verträgen vor. Dies gilt für Deutschland insbesondere in Bezug auf das MSA[6] und das Europäische Übereinkommen vom 20. 5. 1980 über die Anerkennung und Vollstreckung von Entscheidungen über das Sorgerecht für Kinder und die Wiederherstellung des Sorgeverhältnisses.[7] 6

Im Verhältnis zum nationalen Recht verdrängt die Verordnung die Regelungen der ZPO und des FGG zur Bestimmung der internationalen Zuständigkeit.[8] Zur Frage der **Anerkennung und Vollstreckung** enthält die Verordnung in Art. 21–27 (Anerkennung) und Art. 28–36 (Vollstreckung) jeweils in Verbindung mit Art. 38, 39 Regelungen, die dem nationalen Recht vorgehen (§§ 328, 722, 723; 16a FGG). Auch das Anerkennungsverfahren nach Art. 7 § 1 FamÄndG entfällt. 7

V. Auslegung

Die Verordnung ist unter Berücksichtigung der Erwägungsgründe autonom auszulegen.[9] Ergeben sich Zweifel zur Auslegung, hat das jeweils entscheidende deutsche Gericht, soweit es letztinstanzlich entscheidet, die Rechtsfrage dem EuGH vorzulegen (Art. 68 Abs. 1, 234 Abs. 1 lit b EG). Da nach Art. 33, 34 in Verbindung mit § 28 IntFamRVG die Rechtsbeschwerde kraft Gesetzes nach Maßgabe des § 574 Abs. 1, Nr. 1, Abs. 2 stattfindet, also keine Zulassung durch das OLG erfolgt, entscheidet dieses insoweit nicht letztinstanzlich. 8

Kapitel I. Anwendungsbereich und Begriffsbestimmungen

Artikel 1 Anwendungsbereich

(1) Diese Verordnung gilt, ungeachtet der Art der Gerichtsbarkeit, für Zivilsachen mit folgendem Gegenstand:

a) die Ehescheidung, die Trennung ohne Auflösung des Ehebandes und die Ungültigerklärung einer Ehe,

b) die Zuweisung, die Ausübung, die Übertragung sowie die vollständige oder teilweise Entziehung der elterlichen Verantwortung.

(2) Die in Absatz 1 Buchstabe b) genannten Zivilsachen betreffen insbesondere:

a) das Sorgerecht und das Umgangsrecht,

b) die Vormundschaft, die Pflegschaft und entsprechende Rechtsinstitute,

c) die Bestimmung und den Aufgabenbereich jeder Person oder Stelle, die für die Person oder das Vermögen des Kindes verantwortlich ist, es vertritt oder ihm beisteht,

d) die Unterbringung des Kindes in einer Pflegefamilie oder einem Heim,

e) die Maßnahmen zum Schutz des Kindes im Zusammenhang mit der Verwaltung und Erhaltung seines Vermögens oder der Verfügung darüber.

(3) Diese Verordnung gilt nicht für

a) die Feststellung und die Anfechtung des Eltern-Kind-Verhältnisses,

b) Adoptionsentscheidungen und Maßnahmen zur Vorbereitung einer Adoption sowie die Ungültigerklärung und den Widerruf der Adoption,

c) Namen und Vornamen des Kindes,

d) die Volljährigkeitserklärung,

e) Unterhaltspflichten,

f) Trusts und Erbschaften,

g) Maßnahmen infolge von Straftaten, die von Kindern begangen wurden.

I. Regelungsbereich

Art. 1 regelt den sachlichen Anwendungsbereich der EheVO II. Er erfasst nach Abs. 1 alle Verfahren, die den ehelichen Status betreffen, so vor allem die Scheidung, die (gerichtliche) Trennung ohne Auflösung des Ehebandes[1] und die Ungültigerklärung einer Ehe, also die Aufhebung der Ehe und die Feststellung des Bestehens einer Ehe nach § 632, dagegen nicht die Klage auf Herstellung des ehelichen Lebens. Ferner unterliegen dem Anwendungsbereich die Zuweisung, Ausübung, Übertragung sowie die teilweise oder vollständige Entziehung der elterlichen Sorge. Abs. 2 erwähnt die wichtigsten Verfahren zur elterlichen Verantwortung, vor allem die Sorge- und Umgangsrechtssachen, die Vormundschaft und Pflegschaft,[2] die Unterbringung des Kindes in einer Pflegefamilie oder einem Heim sowie die Maßnahmen zum Schutz des Vermögens des Kindes;[3] der Katalog ist jedoch nicht abschließend, so dass auch Verfahren nach § 1628 BGB (Meinungsver- 1

---

[6] Eingehend § 621 Rn. 92.

[7] BGBl. II S. 220.

[8] § 606a Rn. 26ff.; § 621 Rn. 92.

[9] S. auch *Helms* FamRZ 2002, 1593, 1595 – zur EheVO I.

[1] Eingehend § 606a Rn. 28; s. auch zutreffend *Gottwald* zur Gleichstellung mit Scheidungsverfahren zu OLG Karlsruhe FamRZ 2007, 839; AG Leverkusen FamRZ 2007, 565.

[2] Insoweit wird § 35b FGG verdrängt; eingehend *Solomon* FamRZ 2004, 1409.

[3] Zur Unterbringung in Pflegefamilie s. EuGH FamRZ 2008, 125.

schiedenheiten der Eltern) oder nach § 1632 Abs. 3 BGB (Verbleibensanordnungen) erfasst werden. Diese Verfahren müssen nicht im Zusammenhang mit einem Verfahren nach Art. 1 Abs. 1 lit. a stehen, gelten also auch für Kinder, deren Eltern nicht verheiratet sind.

II. Ausnahmen

2 In Art 1 Abs. 3 werden aus dem Bereich der elterlichen Verantwortung, aber auch aus sonstigen Rechtsbeziehungen zwischen einem Kind und Eltern die dort aufgeführten Verfahren ausdrücklich aus dem Regelungsbereich der EheVO II herausgenommen, so vor allem die Feststellung und Anfechtung der Vaterschaft,[4] Verfahren zur Adoption[5] und Verfahren zur Bestimmung einer Unterhaltspflicht.[6] Für diese gelten die allgemeinen Bestimmungen zur internationalen Zuständigkeit, also § 640a Abs. 2 (lit. a), § 43b Abs. 1 (lit. b), für Unterhaltspflichten (lit. e) gilt Art. 2, 5 Nr. 2 EuGVO.

Artikel 2 Begriffsbestimmungen

Für die Zwecke dieser Verordnung bezeichnet der Ausdruck

1. **„Gericht" alle Behörden der Mitgliedstaaten, die für Rechtssachen zuständig sind, die gemäß Artikel 1 in den Anwendungsbereich dieser Verordnung fallen;**
2. **„Richter" einen Richter oder Amtsträger, dessen Zuständigkeiten denen eines Richters in Rechtssachen entsprechen, die in den Anwendungsbereich dieser Verordnung fallen;**
3. **„Mitgliedstaat" jeden Mitgliedstaat mit Ausnahme Dänemarks;**
4. **„Entscheidung" jede von einem Gericht eines Mitgliedstaats erlassene Entscheidung über die Ehescheidung, die Trennung ohne Auflösung des Ehebandes oder die Ungültigerklärung einer Ehe sowie jede Entscheidung über die elterliche Verantwortung, ohne Rücksicht auf die Bezeichnung der jeweiligen Entscheidung, wie Urteil oder Beschluss;**
5. **„Ursprungsmitgliedstaat" den Mitgliedstaat, in dem die zu vollstreckende Entscheidung ergangen ist;**
6. **„Vollstreckungsmitgliedstaat" den Mitgliedstaat, in dem die Entscheidung vollstreckt werden soll;**
7. **„elterliche Verantwortung" die gesamten Rechte und Pflichten, die einer natürlichen oder juristischen Person durch Entscheidung oder kraft Gesetzes oder durch eine rechtlich verbindliche Vereinbarung betreffend die Person oder das Vermögen eines Kindes übertragen wurden. Elterliche Verantwortung umfasst insbesondere das Sorge- und das Umgangsrecht;**
8. **„Träger der elterlichen Verantwortung" jede Person, die die elterliche Verantwortung für ein Kind ausübt;**
9. **„Sorgerecht" die Rechte und Pflichten, die mit der Sorge für die Person eines Kindes verbunden sind, insbesondere das Recht auf die Bestimmung des Aufenthaltsortes des Kindes;**
10. **„Umgangsrecht" insbesondere auch das Recht, das Kind für eine begrenzte Zeit an einen anderen Ort als seinen gewöhnlichen Aufenthaltsort zu bringen;**
11. **„widerrechtliches Verbringen oder Zurückhalten eines Kindes" das Verbringen oder Zurückhalten eines Kindes, wenn**
    a) dadurch das Sorgerecht verletzt wird, das aufgrund einer Entscheidung oder kraft Gesetzes oder aufgrund einer rechtlich verbindlichen Vereinbarung nach dem Recht des Mitgliedstaats besteht, in dem das Kind unmittelbar vor dem Verbringen oder Zurückhalten seinen gewöhnlichen Aufenthalt hatte, und
    b) das Sorgerecht zum Zeitpunkt des Verbringens oder Zurückhaltens allein oder gemeinsam tatsächlich ausgeübt wurde oder ausgeübt worden wäre, wenn das Verbringen oder Zurückhalten nicht stattgefunden hätte. Von einer gemeinsamen Ausübung des Sorgerechts ist auszugehen, wenn einer der Träger der elterlichen Verantwortung aufgrund einer Entscheidung oder kraft Gesetzes nicht ohne die Zustimmung des anderen Trägers der elterlichen Verantwortung über den Aufenthaltsort des Kindes bestimmen kann.

Diese Regelung vereinheitlicht die begrifflichen Unterschiede zu den wichtigsten Regelungsbereichen; hierbei wird nicht streng an den Begriffen selbst festgehalten, sondern eine Umschreibung der Funktion eines Regelungsbereiches vorgenommen, so zum Begriff des Gerichts,[1] des Richters, einer Entscheidung, der elterlichen Verantwortung, Sorgerecht, Umgangsrecht und widerrechtliche Verbringung. Ausdrücklich bestimmt wird, dass die EheVO II für Dänemark nicht gilt. Der Begriff „Entscheidung" (Nr. 4) erfasst nur einem Sachantrag stattgebende, nicht aber antragsabweisende Entscheidungen.

---

[4] Zur internationalen Zuständigkeit s. § 640 Rn. 4; s. a. Art 19, 20 EGBGB.

[5] Zur internationalen Zuständigkeit s. § 43b FGG; zur Konzentrationszuständigkeit beim Amtsgericht am Sitz des OLG s. § 5 Abs. 1 S. 1, Abs. 2 AdWirkG.

[6] Zur internationalen Zuständigkeit s. § 621 Rn. 93.

[1] S. OLG Frankfurt/M FamRBint 2006, 79.

Kapitel II. Zuständigkeit

Abschnitt 1. Ehescheidung, Trennung ohne Auflösung des Ehebandes und Ungültigerklärung einer Ehe

Artikel 3 Allgemeine Zuständigkeit

(1) Für Entscheidungen über die Ehescheidung, die Trennung ohne Auflösung des Ehebandes oder die Ungültigerklärung einer Ehe, sind die Gerichte des Mitgliedstaats zuständig,

a) in dessen Hoheitsgebiet

– beide Ehegatten ihren gewöhnlichen Aufenthalt haben

oder

– die Ehegatten zuletzt beide ihren gewöhnlichen Aufenthalt hatten, sofern einer von ihnen dort noch seinen gewöhnlichen Aufenthalt hat, oder

– der Antragsgegner seinen gewöhnlichen Aufenthalt hat

oder

– im Fall eines gemeinsamen Antrags einer der Ehegatten seinen gewöhnlichen Aufenthalt hat oder

– der Antragsteller seinen gewöhnlichen Aufenthalt hat, wenn er sich dort seit mindestens einem Jahr unmittelbar vor der Antragstellung aufgehalten hat, oder

– der Antragsteller seinen gewöhnlichen Aufenthalt hat, wenn er sich dort seit mindestens sechs Monaten unmittelbar vor der Antragstellung aufgehalten hat und entweder Staatsangehöriger des betreffenden Mitgliedstaats ist oder, im Fall des Vereinigten Königreichs und Irlands, dort sein „domicile" hat;

b) dessen Staatsangehörigkeit beide Ehegatten besitzen, oder, im Fall des Vereinigten Königreichs und Irlands, in dem sie ihr gemeinsames „domicile" haben.

(2) Der Begriff „domicile" im Sinne dieser Verordnung bestimmt sich nach dem Recht des Vereinigten Königreichs und Irlands.

Diese Vorschrift regelt die internationale Zuständigkeit bei Anträgen auf Scheidung der Ehe, auf gerichtliche Trennung ohne Auflösung des Ehebandes[1] oder die Ungültigerklärung einer Ehe;[2] sie verdrängt in ihrem Regelungsbereich § 606a.[3] Art. 3 Abs. 1 übernimmt insoweit die in Art. 2 Abs. 1 EheVO I enthaltenen Regelungen, auch den als Verstoß gegen das Diskriminierungsverbot nach Art. 12 EGV kritisierten Art. 3 Abs. 1 (letzter Spiegelstrich). Die örtliche Zuständigkeit richtet sich nach nationalem Recht. Zentraler Anknüpfungspunkt der internationalen Zuständigkeit ist der Begriff des gewöhnlichen Aufenthalts.[4] Nicht erheblich ist die Staatsangehörigkeit eines Beteiligten (Ausnahme in den Fällen des 5. und 6. Spiegelstriches).

Artikel 4 Gegenantrag

Das Gericht, bei dem ein Antrag gemäß Artikel 3 anhängig ist, ist auch für einen Gegenantrag zuständig, sofern dieser in den Anwendungsbereich dieser Verordnung fällt.

Diese Bestimmung dehnt den Anwendungsbereich auf den Gegenantrag eines in Art 3 bezeichneten Verfahrens aus.[1]

Artikel 5 Umwandlung einer Trennung ohne Auflösung des Ehebandes in eine Ehescheidung

Unbeschadet des Artikels 3 ist das Gericht eines Mitgliedstaats, das eine Entscheidung über eine Trennung ohne Auflösung des Ehebandes erlassen hat, auch für die Umwandlung dieser Entscheidung in eine Ehescheidung zuständig, sofern dies im Recht dieses Mitgliedstaats vorgesehen ist.

Diese Bestimmung weitet die Zuständigkeit des über eine gerichtliche Trennung ohne Auflösung des Ehebandes entscheidendes Gerichts auf die daran materiell-rechtliche anknüpfende Scheidung aus. Nach Wortlaut und Zweck gilt diese Zuständigkeitsbestimmung auch dann, wenn ein gewöhnlicher Aufenthalt im Sinne des Art. 3 Abs. 1 im Zeitpunkt der Scheidung nicht mehr in dem Mitgliedstaat besteht, dessen Gericht die Trennung ausgesprochen hat. Wechselt der gewöhnliche Aufenthalt innerhalb eines Mitgliedstaates, so ist nach dem Wortlaut weiterhin das die Trennung aussprechende Gericht zuständig. Da es sich insoweit nur um die örtliche Zuständigkeit handelt, ist davon auszugehen, dass sich an den innerstaatlichen (deutschen) Regelungen nicht ändert, insoweit also auch Art. 5 nicht eingreift.

---

[1] S. Art. 1 Rn. 1

[2] Zu den Einzelheiten s. Art. 1 Rn. 1; § 606a Rn. 36.

[3] S. § 606a Rn. 8; zur Abgrenzung von anderen Ehesachen s. § 606a Rn. 28.

[4] Eingehend § 606 Rn. 17ff.

[1] Zur Problematik der Rechtshängigkeit bei mehreren Anträgen S. Art. 19 EheVO II.

Artikel 6 Ausschließliche Zuständigkeit nach den Artikeln 3, 4 und 5

Gegen einen Ehegatten, der

a) seinen gewöhnlichen Aufenthalt im Hoheitsgebiet eines Mitgliedstaats hat oder

b) Staatsangehöriger eines Mitgliedstaats ist oder im Fall des Vereinigten Königreichs und Irlands sein „domicile“ im Hoheitsgebiet eines dieser Mitgliedstaaten hat,

darf ein Verfahren vor den Gerichten eines anderen Mitgliedstaats nur nach Maßgabe der Artikel 3, 4 und 5 geführt werden.

Diese Vorschrift legt die ausschließliche internationale Zuständigkeit nach den Art. 3 bis 5 fest.

Artikel 7 Restzuständigkeit

(1) Soweit sich aus den Artikeln 3, 4 und 5 keine Zuständigkeit eines Gerichts eines Mitgliedstaats ergibt, bestimmt sich die Zuständigkeit in jedem Mitgliedstaat nach dem Recht dieses Staates.

(2) Jeder Staatsangehörige eines Mitgliedstaats, der seinen gewöhnlichen Aufenthalt im Hoheitsgebiet eines anderen Mitgliedstaats hat, kann die in diesem Staat geltenden Zuständigkeitsvorschriften wie ein Inländer gegenüber einem Antragsgegner geltend machen, der seinen gewöhnlichen Aufenthalt nicht im Hoheitsgebiet eines Mitgliedstaats hat oder die Staatsangehörigkeit eines Mitgliedstaats b sitzt oder im Fall des Vereinigten Königreichs und Irlands sein „domicile“ nicht im Hoheitsgebiet eines dieser Mitgliedstaaten hat.

Abs. 1 hat die Funktion einer Auffangbestimmung, wenn Art. 3 bis 5 EheVO II nicht eingreifen. Folge dieser Regelung ist, dass auf das nationale Recht zurückzugreifen ist, also vor allem auf § 606 a,[1] aber auch auf Staatsverträge, soweit diese Bestimmungen zur internationalen Zuständigkeit enthalten. Abs. 2 stärkt die Zuständigkeitsanknüpfung an den gewöhnlichen Aufenthalt im Sinne des Art. 3 Abs. 1 EheVO II.

Abschnitt 2. Elterliche Verantwortung

Artikel 8 Allgemeine Zuständigkeit

(1) Für Entscheidungen, die die elterliche Verantwortung betreffen, sind die Gerichte des Mitgliedstaats zuständig, in dem das Kind zum Zeitpunkt der Antragstellung seinen gewöhnlichen Aufenthalt hat.

(2) Absatz 1 findet vorbehaltlich der Artikel 9, 10 und 12 Anwendung.

Diese Regelung legt ausdrücklich fest, dass der Begriff der elterlichen Verantwortung sich nicht nur auf eheliche Kinder bezieht, sondern alle Kinder erfasst,[1] unabhängig davon, ob deren Eltern verheiratet sind. Die EheVO II sieht hierfür einen selbständigen Abschnitt zur Zuständigkeit für Entscheidungen zur elterlichen Verantwortung vor; das Anhängigsein einer Ehesache ist deshalb nicht erforderlich. Ferner wird die Regelungszuständigkeit den Gerichten des Mitgliedstaates des gewöhnlichen Aufenthalts **zur Zeit der Antragstellung** zugewiesen.

Artikel 9 Aufrechterhaltung der Zuständigkeit des früheren gewöhnlichen Aufenthaltsortes des Kindes

(1) Beim rechtmäßigen Umzug eines Kindes von einem Mitgliedstaat in einen anderen, durch den es dort einen neuen gewöhnlichen Aufenthalt erlangt, verbleibt abweichend von Artikel 8 die Zuständigkeit für eine Änderung einer vor dem Umzug des Kindes in diesem Mitgliedstaat ergangenen Entscheidung über das Umgangsrecht während einer Dauer von drei Monaten nach dem Umzug bei den Gerichten des früheren gewöhnlichen Aufenthalts des Kindes, wenn sich der laut der Entscheidung über das Umgangsrecht umgangsberechtigte Elternteil weiterhin gewöhnlich in dem Mitgliedstaat des früheren gewöhnlichen Aufenthalts des Kindes aufhält.

(2) Absatz 1 findet keine Anwendung, wenn der umgangsberechtigte Elternteil im Sinne des Absatzes 1 die Zuständigkeit der Gerichte des Mitgliedstaats des neuen gewöhnlichen Aufenthalts des Kindes dadurch anerkannt hat, dass er sich an Verfahren vor diesen Gerichten beteiligt, ohne ihre Zuständigkeit anzufechten.

Diese Bestimmung dehnt die internationale Zuständigkeit über einen Antrag zur Regelung des persönlichen Umgangs, der grundsätzlich zu einer Zuständigkeitsveränderung nach Art. 8 EheVO II führt, für die Dauer von drei Monaten aus, falls nicht der umgangsberechtigte Elternteil mit einem Verfahren am Gericht des neuen gewöhnlichen Aufenthalts einverstanden ist.[1]

---

[1] S. auch *Meyer-Götz/Noltemeier* FPR 2004, 282, 285.

[1] S. auch § 621 Rn. 90.

[1] S. Rn. § 621 Rn. 90ff.; *Coester-Waltjen* FamRZ 2005, 241, 244; *Gruber* IPRax 2005, 293, 297.

Artikel 10 Zuständigkeit in Fällen von Kindesentführung

Bei widerrechtlichem Verbringen oder Zurückhalten eines Kindes bleiben die Gerichte des Mitgliedstaats, in dem das Kind unmittelbar vor dem widerrechtlichen Verbringen oder Zurückhalten seinen gewöhnlichen Aufenthalt hatte, so lange zuständig, bis das Kind einen gewöhnlichen Aufenthalt in einem anderen Mitgliedstaat erlangt hat und

a) jede sorgeberechtigte Person, Behörde oder sonstige Stelle dem Verbringen oder Zurückhalten zugestimmt hat oder

b) das Kind sich in diesem anderen Mitgliedstaat mindestens ein Jahr aufgehalten hat, nachdem die sorgeberechtigte Person, Behörde oder sonstige Stelle seinen Aufenthaltsort kannte oder hätte kennen müssen und sich das Kind in seiner neuen Umgebung eingelebt hat, sofern eine der folgenden Bedingungen erfüllt ist:

i) Innerhalb eines Jahres, nachdem der Sorgeberechtigte den Aufenthaltsort des Kindes kannte oder hätte kennen müssen, wurde kein Antrag auf Rückgabe des Kindes bei den zuständigen Behörden des Mitgliedstaats gestellt, in den das Kind verbracht wurde oder in dem es zurückgehalten wird;

ii) ein von dem Sorgeberechtigten gestellter Antrag auf Rückgabe wurde zurückgezogen, und innerhalb der in Ziffer i) genannten Frist wurde kein neuer Antrag gestellt;

iii) ein Verfahren vor dem Gericht des Mitgliedstaats, in dem das Kind unmittelbar vor dem widerrechtlichen Verbringen oder Zurückhalten seinen gewöhnlichen Aufenthalt hatte, wurde gemäß Artikel 11 Absatz 7 abgeschlossen;

iv) von den Gerichten des Mitgliedstaats, in dem das Kind unmittelbar vor dem widerrechtlichen Verbringen oder Zurückhalten seinen gewöhnlichen Aufenthalt hatte, wurde eine Sorgerechtsentscheidung erlassen, in der die Rückgabe des Kindes nicht angeordnet wird.

Die Regelung bestimmt die Zuständigkeit im Falle eines widerrechtlichen Verbringens oder dem Zurückbehalten eines Kindes. Die internationale Zuständigkeit des Gerichts des Mitgliedstaates des gewöhnlichen Aufenthalts bleibt so lange bestehen, bis das Kind einen neuen gewöhnlichen Aufenthalt in einem anderen Mitgliedstaat hat.[1] Letzteres kann **in Form einer Übereinkunft** beider Elternteile erfolgen, wenn der Wohnsitz einvernehmlich verändert wird, aber auch durch Zeitablauf (ein Jahr) eintreten, wenn der betroffene Elternteil trotz Kenntnis den Zustand des widerrechtlichen Verbringens oder Zurückbehaltens mehr als ein Jahr bestehen lässt und nicht die Rückführung des Kindes betreibt.[2] Entsprechendes gilt, wenn das Gericht des Mitgliedstaates, in dem das Kind seinen gewöhnlichen Aufenthalt ursprünglich hatte, eine Sorgerechtsentscheidung zu Gunsten des den Aufenthalt wechselnden Elternteils getroffen hat. Die Regelung erschwert danach das **Entstehen einer internationalen Zuständigkeit des Zufluchtstaates**, wenn das Kind widerrechtlich in einen anderen Mitgliedstaat verbracht wird.

Artikel 11 Rückgabe des Kindes

(1) Beantragt eine sorgeberechtigte Person, Behörde oder sonstige Stelle bei den zuständigen Behörden eines Mitgliedstaats eine Entscheidung auf der Grundlage des Haager Übereinkommens vom 25. Oktober 1980 über die zivilrechtlichen Aspekte internationaler Kindesentführung (nachstehend „Haager Übereinkommen von 1980" genannt), um die Rückgabe eines Kindes zu erwirken, das widerrechtlich in einen anderen als den Mitgliedstaat verbracht wurde oder dort zurückgehalten wird, in dem das Kind unmittelbar vor dem widerrechtlichen Verbringen oder Zurückhalten seinen gewöhnlichen Aufenthalt hatte, so gelten die Absätze 2 bis 8.

(2) Bei Anwendung der Artikel 12 und 13 des Haager Übereinkommens von 1980 ist sicherzustellen, dass das Kind die Möglichkeit hat, während des Verfahrens gehört zu werden, sofern dies nicht aufgrund seines Alters oder seines Reifegrads unangebracht erscheint.

(3) Das Gericht, bei dem die Rückgabe eines Kindes nach Absatz 1 beantragt wird, befasst sich mit gebotener Eile mit dem Antrag und bedient sich dabei der zügigsten Verfahren des nationalen Rechts. Unbeschadet des Unterabsatzes 1 erlässt das Gericht seine Anordnung spätestens sechs Wochen nach seiner Befassung mit dem Antrag, es sei denn, dass dies aufgrund außergewöhnlicher Umstände nicht möglich ist.

(4) Ein Gericht kann die Rückgabe eines Kindes aufgrund des Artikels 13 Buchstabe b) des Haager Übereinkommens von 1980 nicht verweigern, wenn nachgewiesen ist, dass angemessene Vorkehrungen getroffen wurden, um den Schutz des Kindes nach seiner Rückkehr zu gewährleisten.

(5) Ein Gericht kann die Rückgabe eines Kindes nicht verweigern, wenn der Person, die die Rückgabe des Kindes beantragt hat, nicht die Gelegenheit gegeben wurde, gehört zu werden.

(6) Hat ein Gericht entschieden, die Rückgabe des Kindes gemäß Artikel 13 des Haager Übereinkommens von 1980 abzulehnen, so muss es nach dem nationalen Recht dem zuständigen Gericht oder der Zentralen Behörde des Mitgliedstaats, in dem das Kind unmittelbar vor dem widerrechtlichen Verbringen oder Zurückhalten seinen gewöhnlichen Aufenthalt hatte, unverzüglich entweder direkt oder über seine Zentrale Behörde eine Abschrift der gerichtlichen Entscheidung, die Rückgabe abzulehnen, und die entsprechenden Unterlagen, insbesondere eine Niederschrift der Anhörung, übermitteln. Alle genannten Un-

[1] S. § 621 Rn. 90.
[2] S. auch *Solomon* FamRZ 2004, 1409, 1417; eingehend *Dutta/Scherpe* FamRZ 2006, 901.

terlagen müssen dem Gericht binnen einem Monat ab dem Datum der Entscheidung, die Rückgabe abzulehnen, vorgelegt werden.

(7) Sofern die Gerichte des Mitgliedstaats, in dem das Kind unmittelbar vor dem widerrechtlichen Verbringen oder Zurückhalten seinen gewöhnlichen Aufenthalt hatte, nicht bereits von einer der Parteien befasst wurden, muss das Gericht oder die Zentrale Behörde, das/die die Mitteilung gemäß Absatz 6 erhält, die Parteien hiervon unterrichten und sie einladen, binnen drei Monaten ab Zustellung der Mitteilung Anträge gemäß dem nationalen Recht beim Gericht einzureichen, damit das Gericht die Frage des Sorgerechts prüfen kann. Unbeschadet der in dieser Verordnung festgelegten Zuständigkeitsregeln schließt das Gericht den Fall ab, wenn innerhalb dieser Frist keine Anträge bei dem Gericht eingegangen sind.

(8) Ungeachtet einer nach Artikel 13 des Haager Übereinkommens von 1980 ergangenen Entscheidung, mit der die Rückgabe des Kindes verweigert wird, ist eine spätere Entscheidung, mit der die Rückgabe des Kindes angeordnet wird und die von einem nach dieser Verordnung zuständigen Gericht erlassen wird, im Einklang mit Kapitel III Abschnitt 4 vollstreckbar, um die Rückgabe des Kindes sicherzustellen.

1 Die Bestimmung enthält keine eigenständige Rechtsgrundlage zur Rückführung eines entzogenen Kindes. Das **HaagKindEÜbk. bleibt Rechtsgrundlage** für die Rückführung des Kindes, so dass auch in Bezug auf die Rückführung aus und in Nichtmitgliedstaaten eine einheitliche Rechtsgrundlage besteht. Abs. 2 enthält eine flexible Regelung zur Kindesanhörung, die nicht generell zwingend ist, aber in Bezug auf das Kind als Rechtssubjekt verlangt, dass dessen Vorstellungen in das Verfahren einfließen. Abs. 3 bestimmt eine **beschleunigte Bearbeitung und Erledigung;** er gibt eine Bearbeitungsdauer von sechs Wochen vor. Das Verfahren zum HaagKindEÜbk., das bis 28. 2005 im SorgeRÜbkAG geregelt war, ist seit 1. 3. 2005 in das IntFamRVG übernommen (§§ 37 bis 43). Ausdrücklich bestimmt wird in § 38 Abs. 2 IntFamRVG, dass das Gericht in jeder Lage zu prüfen hat, ob das Recht zum persönlichen Umgang mit dem Kind gewährleistet werden kann. Zur Verwirklichung des Beschleunigungsgebots kann nach § 40 Abs. 2 IntFamRVG nur die sofortige Beschwerde zum OLG nach § 22 FGG statt (Frist von zwei Wochen) erhoben werden Auch soll vom OLG die sofortige Vollziehung nach § 40 Abs. 3 S. 2 IntFamRVG angeordnet werden, wenn die Beschwerde offensichtlich unbegründet ist.

2 Die nach Art. 13b HaagKindEÜbk. mögliche Verweigerung der Herausgabe eines widerrechtlich in einen anderen Staat verbrachten Kindes bei einer schwerwiegenden Gefährdung des körperlichen oder seelischen Wohles des Kindes ist nach Abs. 4 nicht zulässig, wenn nachgewiesen wird, dass in dem Rückführungsstaat zum Schutz des Kindes **angemessene Vorkehrungen** getroffen wurden.[1] Lag etwa hinsichtlich des entführenden Elternteils häusliche Gewalt vor, so kann das angerufene Gericht den entführenden Elternteils auffordern, entsprechende Schutzmassnahmen im bisherigen Aufenthaltsstaat einzuleiten.

Artikel 12 Vereinbarung über die Zuständigkeit

(1) Die Gerichte des Mitgliedstaats, in dem nach Artikel 3 über einen Antrag auf Ehescheidung, Trennung ohne Auflösung des Ehebandes oder Ungültigerklärung einer Ehe zu entscheiden ist, sind für alle Entscheidungen zuständig, die die mit diesem Antrag verbundene elterliche Verantwortung betreffen, wenn

a) zumindest einer der Ehegatten die elterliche Verantwortung für das Kind hat und

b) die Zuständigkeit der betreffenden Gerichte von den Ehegatten oder von den Trägern der elterlichen Verantwortung zum Zeitpunkt der Anrufung des Gerichts ausdrücklich oder auf andere eindeutige Weise anerkannt wurde und im Einklang mit dem Wohl des Kindes steht.

(2) Die Zuständigkeit gemäß Absatz 1 endet,

a) sobald die stattgebende oder abweisende Entscheidung über den Antrag auf Ehescheidung, Trennung ohne Auflösung des Ehebandes oder Ungültigerklärung einer Ehe rechtskräftig geworden ist,

b) oder in den Fällen, in denen zu dem unter Buchstabe a) genannten Zeitpunkt noch ein Verfahren betreffend die elterliche Verantwortung anhängig ist, sobald die Entscheidung in diesem Verfahren rechtskräftig geworden ist,

c) oder sobald die unter den Buchstabe n a) und b) genannten Verfahren aus einem anderen Grund beendet worden sind.

(3) Die Gerichte eines Mitgliedstaats sind ebenfalls zuständig in Bezug auf die elterliche Verantwortung in anderen als den in Absatz 1 genannten Verfahren, wenn

a) eine wesentliche Bindung des Kindes zu diesem Mitgliedstaat besteht, insbesondere weil einer der Träger der elterlichen Verantwortung in diesem Mitgliedstaat seinen gewöhnlichen Aufenthalt hat oder das Kind die Staatsangehörigkeit dieses Mitgliedstaats besitzt, und

b) alle Parteien des Verfahrens zum Zeitpunkt der Anrufung des Gerichts die Zuständigkeit ausdrücklich oder auf andere eindeutige Weise anerkannt haben und die Zuständigkeit in Einklang mit dem Wohl des Kindes steht.

(4) Hat das Kind seinen gewöhnlichen Aufenthalt in einem Drittstaat, der nicht Vertragspartei des Haager Übereinkommens vom 19. Oktober 1996 über die Zuständigkeit, das anzuwendende Recht, die Anerkennung, Vollstreckung und Zusammenarbeit auf dem Gebiet der elterlichen Verantwortung und der Maßnahmen zum Schutz von Kindern ist, so ist davon auszugehen, dass die auf diesen Artikel gestützte

[1] S. auch OLG Naumburg FamRZ 2007, 1586; OLG Celle FamRZ 2007, 1587.

Zuständigkeit insbesondere dann in Einklang mit dem Wohl des Kindes steht, wenn sich ein Verfahren in dem betreffenden Drittstaat als unmöglich erweist.

Im Rahmen des selbständigen Abschnittes dieser Verordnung zur elterlichen Verantwortung in den Art. 8 ff. regelt Art. 12 – neben Art. 8 als Grundnorm – die **Annexzuständigkeit des Scheidungsstaates** für Entscheidungen über die mit dem Antrag in der Ehesache verbundene elterliche Verantwortung, in erster Linie also zur elterlichen Sorge (eingehend § 623 Rn. 7). Voraussetzung ist, dass zumindest einer der Ehegatten die elterliche Verantwortung (elterliche Sorge) für das Kind hat und diese Zuständigkeit vom anderen Elternteil oder einem anderen Träger der elterlichen Verantwortung bei Verfahrensbeginn eindeutig anerkannt wurde und im Einklang mit dem Kindeswohl steht.[1] Nicht geregelt ist, ob zur Begründung der Zuständigkeit in der Sorgerechtssache die Ehesache bereits anhängig sein muss, wenn das Kind seinen gewöhnlichen Aufenthalt nicht dort hat.[2] Dies ist zu bejahen, was sich aus dem Umkehrschluss zu Abs. 2 ergibt. Anhängigkeit im Sinne dieser Bestimmung ist nach Sinn und Zweck dieser Regelung bereits bei einem eingereichten Prozesskostenhilfegesuch gegeben. 1

Die Annexzuständigkeit bezieht sich nicht nur auf Kinder, die ihren gewöhnlichen Aufenthalt in einem EU-Staat haben, sondern **auch in einem Drittstaat** (Abs. 4); insoweit geht Art. 12 über Art. 3 Abs. 2 EheVO I hinaus. Die Zuständigkeit endet jedoch, sobald die Ehesache rechtskräftig angeschlossen ist, oder wenn im Zeitpunkt des Eintritts der Rechtskraft der Ehesache noch ein Verfahren zur elterlichen Verantwortung anhängig ist, die Entscheidung hierzu rechtskräftig geworden ist. Hieraus folgt, dass das Sorgerechtsverfahren in dem Staat der Ehesache bis zu dessen rechtskräftigem Abschluss fortgesetzt werden kann, auch wenn die Ehesache bereits abgeschlossen ist. Ist eine Abänderungsentscheidung (im Sinne des § 1696 BGB) zu treffen, ist das Gericht, das die Erstentscheidung getroffen hat, nicht (mehr) zuständig. Zu welchem Zeitpunkt eine Entscheidung rechtskräftig wird, bestimmt sich nach den nationalen Bestimmungen.[3] 2

Aus dem Verhältnis des Art. 8 zu Art. 12 folgt, dass das Gericht der Ehesache auch dann zuständig wird, wenn in einem anderen Staat bereits ein Verfahren zur elterlichen Verantwortung anhängig ist. Der **Grundsatz der perpetuatio fori** greift insoweit nicht ein. Falls die Ehegatten sich nicht über die Zuständigkeit des Gerichts der Ehesache hinsichtlich des Verfahrens zur elterlichen Verantwortung einigen, fehlt es regelmäßig an den Voraussetzungen des Abs. 1 lit b. 3

Auch wenn keine Ehesache anhängig ist, kann nach Abs. 3 eine **Zuständigkeitsvereinbarung** in Verfahren zur elterlichen Verantwortung zu Gunsten eines Mitgliedstaates getroffen werden, in denen das Kind nicht seinen gewöhnlichen Aufenthalt hat. Dies ist regelmäßig gegeben, wenn es diesem Staat angehört oder eines bzw. beide Elternteile ihren gewöhnlichen Aufenthalt in diesem Staat haben oder hatten. Weitere Voraussetzung ist, dass die Eltern bei Verfahrenseinleitung diese **Zuständigkeit eindeutig anerkannt** haben und sie im Einklang mit dem Kindeswohl steht. 4

Artikel 13 Zuständigkeit aufgrund der Anwesenheit des Kindes

(1) Kann der gewöhnliche Aufenthalt des Kindes nicht festgestellt werden und kann die Zuständigkeit nicht gemäß Artikel 12 bestimmt werden, so sind die Gerichte des Mitgliedstaats zuständig, in dem sich das Kind befindet.

(2) Absatz 1 gilt auch für Kinder, die Flüchtlinge oder, aufgrund von Unruhen in ihrem Land, ihres Landes Vertriebene sind.

Diese Bestimmung greift ein, wenn weder der gewöhnliche Aufenthalt des Kindes nach Art. 8 festgestellt werden kann noch Art. 12 zur Zuständigkeit führt. Abs. 2 stellt klar, dass dies auch für Kinder gilt, die Flüchtlinge oder Vertriebene sind.[1]

Artikel 14 Restzuständigkeit

Soweit sich aus den Artikeln 8 bis 13 keine Zuständigkeit eines Gerichts eines Mitgliedstaats ergibt, bestimmt sich die Zuständigkeit in jedem Mitgliedstaat nach dem Recht dieses Staates.

Diese Bestimmung stellt eine Auffangregelung dar, wenn die Art. 8 bis 13 nicht eingreifen. Insoweit gelten die nationalen Zuständigkeitsregelungen zur internationalen Zuständigkeit.[1]

Artikel 15 Verweisung an ein Gericht, das den Fall besser beurteilen kann

(1) In Ausnahmefällen und sofern dies dem Wohl des Kindes entspricht, kann das Gericht eines Mitgliedstaats, das für die Entscheidung in der Hauptsache zuständig ist, in dem Fall, dass seines Erachtens ein Gericht eines anderen Mitgliedstaats, zu dem das Kind eine besondere Bindung hat, den Fall oder einen bestimmten Teil des Falls besser beurteilen kann,

---

[1] S. auch *Coester-Waltjen* FamRZ 2005, 241, 243.
[2] Unklar auch in Art. 13 EheVO I.
[3] S. hierzu § 629 a Abs. 3.
[1] S. auch § 606 Rn. 18; § 606 a Rn. 13.
[1] S. hierzu § 621 Rn. 90 ff.

a) die Prüfung des Falls oder des betreffenden Teils des Falls aussetzen und die Parteien einladen, beim Gericht dieses anderen Mitgliedstaats einen Antrag gemäß Absatz 4 zu stellen, oder
b) ein Gericht eines anderen Mitgliedstaats ersuchen, sich gemäß Absatz 5 für zuständig zu erklären.

(2) Absatz 1 findet Anwendung
a) auf Antrag einer der Parteien oder
b) von Amts wegen oder
c) auf Antrag des Gerichts eines anderen Mitgliedstaats, zu dem das Kind eine besondere Bindung gemäß Absatz 3 hat. Die Verweisung von Amts wegen oder auf Antrag des Gerichts eines anderen Mitgliedstaats erfolgt jedoch nur, wenn mindestens eine der Parteien ihr zustimmt.

(3) Es wird davon ausgegangen, dass das Kind eine besondere Bindung im Sinne des Absatzes 1 zu dem Mitgliedstaat hat, wenn
a) nach Anrufung des Gerichts im Sinne des Absatzes 1 das Kind seinen gewöhnlichen Aufenthalt in diesem Mitgliedstaat erworben hat oder
b) das Kind seinen gewöhnlichen Aufenthalt in diesem Mitgliedstaat hatte oder
c) das Kind die Staatsangehörigkeit dieses Mitgliedstaats besitzt oder
d) ein Träger der elterlichen Verantwortung seinen gewöhnlichen Aufenthalt in diesem Mitgliedstaat hat oder
e) die Streitsache Maßnahmen zum Schutz des Kindes im Zusammenhang mit der Verwaltung oder der Erhaltung des Vermögens des Kindes oder der Verfügung über dieses Vermögen betrifft und sich dieses Vermögen im Hoheitsgebiet dieses Mitgliedstaats befindet.

(4) Das Gericht des Mitgliedstaats, das für die Entscheidung in der Hauptsache zuständig ist, setzt eine Frist, innerhalb deren die Gerichte des anderen Mitgliedstaats gemäß Absatz 1 angerufen werden müssen. Werden die Gerichte innerhalb dieser Frist nicht angerufen, so ist das befasste Gericht weiterhin nach den Artikeln 8 bis 14 zuständig.

(5) Diese Gerichte dieses anderen Mitgliedstaats können sich, wenn dies aufgrund der besonderen Umstände des Falls dem Wohl des Kindes entspricht, innerhalb von sechs Wochen nach ihrer Anrufung gemäß Absatz 1 Buchstabe a) oder b) für zuständig erklären. In diesem Fall erklärt sich das zuerst angerufene Gericht für unzuständig. Anderenfalls ist das zuerst angerufene Gericht weiterhin nach den Artikeln 8 bis 14 zuständig.

(6) Die Gerichte arbeiten für die Zwecke dieses Artikels entweder direkt oder über die nach Artikel 53 bestimmten Zentralen Behörden zusammen.

Diese Bestimmung ermöglicht es, dass sich **Gerichte verschiedener Mitgliedstaaten** über die Übertragung eines Verfahrens an ein Gericht **verständigen**; insoweit besteht für diese ein Ermessenspielraum.[1] Eingeleitet werden kann diese Prüfung nach Abs. 2 auf Antrag einer Partei, von Amts wegen durch das angerufene Gericht oder durch Antrag des Gerichts eines anderen Mitgliedstaates. Stets ist aber die Zustimmung mindestens eines Elternteils notwendig. Abs. 5 regelt das Einigungsverfahren der angerufenen Gerichte. Gelingt keine Einigung, verbleibt es bei der allgemeinen Zuständigkeit des zuerst angerufenen Gerichts (sofern diese besteht). Die Verweisung an ein anderes Gericht ist nach § 19 FGG anfechtbar, nicht nach § 621 e Abs. 1.[2]

Abschnitt 3. Gemeinsame Bestimmungen

Artikel 16 Anrufung eines Gerichts

(1) Ein Gericht gilt als angerufen
a) zu dem Zeitpunkt, zu dem das verfahrenseinleitende Schriftstück oder ein gleichwertiges Schriftstück bei Gericht eingereicht wurde, vorausgesetzt, dass der Antragsteller es in der Folge nicht versäumt hat, die ihm obliegenden Maßnahmen zu treffen, um die Zustellung des Schriftstücks an den Antragsgegner zu bewirken,
oder
b) falls die Zustellung an den Antragsgegner vor Einreichung des Schriftstücks bei Gericht zu bewirken ist, zu dem Zeitpunkt, zu dem die für die Zustellung verantwortliche Stelle das Schriftstück erhalten hat, vorausgesetzt, dass der Antragsteller es in der Folge nicht versäumt hat, die ihm obliegenden Maßnahmen zu treffen, um das Schriftstück bei Gericht einzureichen.

Die Regelung definiert die Voraussetzungen, unter denen ein Gericht als angerufen gilt und bezieht sich auf Art. 19; sie entspricht Art. 30 EuGVO (Brüssel I-Verordnung; s. dort Rn. 1)[1].

---

[1] Vergleichbar mit dem forum non conveniens; s. hierzu *Tödter* FamRZ 2005, 1687, 1690; *Heinze/Dutta* IPRax 2005, 224; *Klinkhammer* FamRBint 2006, 78, 88.
[2] KG FamRZ 2006, 1618.
[1] Zu den Einzelheiten *Wagner* FPR 2004, 286, 289; s. auch OLG Köln NJW-RR 2005, 881.

Artikel 17 Prüfung der Zuständigkeit

Das Gericht eines Mitgliedstaats hat sich von Amts wegen für unzuständig zu erklären, wenn es in einer Sache angerufen wird, für die es nach dieser Verordnung keine Zuständigkeit hat und für die das Gericht eines anderen Mitgliedstaats aufgrund dieser Verordnung zuständig ist.

Diese Bestimmung verlangt von dem angerufenen Gericht die ausdrückliche Feststellung seiner Unzuständigkeit, wenn es das Gericht eines anderen Mitgliedstaates für zuständig hält. Da es sich bei dieser Entscheidung um eine Endentscheidung im Sinne des § 621e Abs. 1 handelt, kann das Rechtsmittel der Beschwerde zum OLG eingelegt werden. Die Regelung entspricht Art. 25 EuGVO.

Artikel 18 Prüfung der Zulässigkeit

(1) Lässt sich ein Antragsgegner, der seinen gewöhnlichen Aufenthalt nicht in dem Mitgliedstaat hat, in dem das Verfahren eingeleitet wurde, auf das Verfahren nicht ein, so hat das zuständige Gericht das Verfahren so lange auszusetzen, bis festgestellt ist, dass es dem Antragsgegner möglich war, das verfahrenseinleitende Schriftstück oder ein gleichwertiges Schriftstück so rechtzeitig zu empfangen, dass er sich verteidigen konnte, oder dass alle hierzu erforderlichen Maßnahmen getroffen wurden.

(2) Artikel 19 der Verordnung (EG) Nr. 1348/2000 findet statt Absatz 1 Anwendung, wenn das verfahrenseinleitende Schriftstück oder ein gleichwertiges Schriftstück nach Maßgabe jener Verordnung von einem Mitgliedstaat in einen anderen zu übermitteln war.

(3) Sind die Bestimmungen der Verordnung (EG) Nr. 1348/2000 nicht anwendbar, so gilt Artikel 15 des Haager Übereinkommens vom 15. November 1965 über die Zustellung gerichtlicher und außergerichtlicher Schriftstücke im Ausland in Zivil- und Handelssachen, wenn das verfahrenseinleitende Schriftstück oder ein gleichwertiges Schriftstück nach Maßgabe des genannten Übereinkommens ins Ausland zu übermitteln war.

Abs. 1 trifft eine Regelung in Fällen, in denen der Antragsgegner seinen gewöhnlichen Aufenthalt nicht in einem Mitgliedstaat hat, in dem das Verfahren eingeleitet wird. Sie dient der Klärung, ob das rechtliche Gehör (im Sinne des Art. 103 GG) gewahrt wurde. Die Regelung entspricht Art. 26 Abs. 2–4 EuGVO.

Artikel 19 Rechtshängigkeit und abhängige Verfahren

(1) Werden bei Gerichten verschiedener Mitgliedstaaten Anträge auf Ehescheidung, Trennung ohne Auflösung des Ehebandes oder Ungültigerklärung einer Ehe zwischen denselben Parteien gestellt, so setzt das später angerufene Gericht das Verfahren von Amts wegen aus, bis die Zuständigkeit des zuerst angerufenen Gerichts geklärt ist.

(2) Werden bei Gerichten verschiedener Mitgliedstaaten Verfahren bezüglich der elterlichen Verantwortung für ein Kind wegen desselben Anspruchs anhängig gemacht, so setzt das später angerufene Gericht das Verfahren von Amts wegen aus, bis die Zuständigkeit des zuerst angerufenen Gerichts geklärt ist.

(3) Sobald die Zuständigkeit des zuerst angerufenen Gerichts feststeht, erklärt sich das später angerufene Gericht zugunsten dieses Gerichts für unzuständig. In diesem Fall kann der Antragsteller, der den Antrag bei dem später angerufenen Gericht gestellt hat, diesen Antrag dem zuerst angerufenen Gericht vorlegen.

Diese Regelung bestimmt in Abs. 1 die Behandlung mehrerer gleichzeitig anhängiger Ehesachen im Sinne des Art. 1 Abs. 1 lit a. Wegen den Einzelheiten wird auf § 606a Rn. 37 verwiesen. Der maßgebliche Zeitpunkt bestimmt sich nach Art. 16.[1] Abs. 2 enthält eine entsprechende Regelung zur elterlichen Verantwortung, schränkt diesen Begriff aber auf den selben Anspruch ein. Der Kernpunkt der beiderseitigen Streitigkeiten muss identisch sein, so dass der Streitgegenstandsbegriff der ZPO nicht eingreift. Identität liegt vor, wenn ein Elternteil die gesamte elterliche Sorge begehrt, der andere dagegen lediglich einen Teil hiervon (Aufenthaltsbestimmung), ferner bei einem Antrag zur elterlichen Sorge und zur Herausgabe eines Kindes, schließlich bei einem Antrag zum Umgang und zur elterlichen Sorge.[2]

Artikel 20 Einstweilige Maßnahmen einschließlich Schutzmaßnahmen

(1) Die Gerichte eines Mitgliedstaats können in dringenden Fällen ungeachtet der Bestimmungen dieser Verordnung die nach dem Recht dieses Mitgliedstaats vorgesehenen einstweiligen Maßnahmen einschließlich Schutzmaßnahmen in Bezug auf in diesem Staat befindliche Personen oder Vermögensgegenstände auch dann anordnen, wenn für die Entscheidung in der Hauptsache gemäß dieser Verordnung ein Gericht eines anderen Mitgliedstaats zuständig ist.

(2) Die zur Durchführung des Absatzes 1 ergriffenen Maßnahmen treten außer Kraft, wenn das Gericht des Mitgliedstaats, das gemäß dieser Verordnung für die Entscheidung in der Hauptsache zuständig ist, die Maßnahmen getroffen hat, die es für angemessen hält.

---

[1] S. auch Wagner FPR 2004, 286.
[2] S. auch *Gruber* FamRZ 2000, 1129; *Coester-Waltjen* FamRZ 2005, 241, 246.

1 Diese Regelung lässt Maßnahmen des einstweiligen Rechtsschutzes in Bezug auf **Personen und Vermögensgegenstände** auch dann zu, wenn in einem anderen Mitgliedstaat ein Hauptsacheverfahren des jeweiligen Regelungsbereiches anhängig ist; sie geht damit weiter als der Zuständigkeitskatalog des Art. 1. Die Maßnahmen des einstweiligen Rechtsschutzes richten sich nach den nationalen Bestimmungen, vor allem nach den §§ 620 Nr. 1bis 3, 621g, 641d sowie nach den §§ 916ff. (Arrest), 935, 940. Das IntFamRVG setzt diese Bestimmung in § 15 nur für die Fälle um, in denen Gefahr von einem Kind abzuwenden oder das Interesse eines Beteiligten zu sichern ist, so vor allem, den **Aufenthalt des Kindes** während eines laufenden Verfahrens zu sichern.

2 Abweichend von den §§ 620a Abs. 2, 621g S. 1 kann eine Maßnahme des einstweiligen Rechtsschutzes auch ergehen, **ohne** dass das **Hauptsacheverfahren anhängig** ist, weil im Falle einer anderweitigen Rechtshängigkeit ein weiteres Verfahren nicht zulässig ist; insoweit gilt das Verfahren des einstweiligen Rechtsschutzes als Hauptsacheverfahren, dem aber nur eine vorläufige Bindungswirkung bis zum Inkrafttreten der Hauptsacheentscheidung zukommt. Soweit danach zum einstweiligen Rechtsschutz eine Entscheidung ergeht, muss diese abweichend von § 620g eine Entscheidung zu den Kosten enthalten, weil kein Hauptsacheverfahren vorliegt.

3 Abs. 2 enthält eine § 620f. Abs. 1 nachempfundene Regelung; danach tritt die Maßnahme des **einstweiligen Rechtsschutzes außer Kraft**, wenn eine Entscheidung in der Hauptsache getroffen wurde. Allerdings besagt Abs. 2 nichts zur Frage, ob dies erst mit Eintritt der Rechtskraft der Hauptsacheentscheidung gilt. Nach dem Wortlaut reicht der Eintritt der Wirksamkeit einer Entscheidung aus, so dass Rechtskraft nicht eingetreten sein muss. Dies ist aber konkret festzustellen, weil ansonsten unklar bleibt, welche Regelung gilt, falls unterschiedliche Anordnungen getroffen wurden.

Kapitel III. Anerkennung und Vollstreckung

Abschnitt 1. Anerkennung

Artikel 21 Anerkennung einer Entscheidung

(1) Die in einem Mitgliedstaat ergangenen Entscheidungen werden in den anderen Mitgliedstaaten anerkannt, ohne dass es hierfür eines besonderen Verfahrens bedarf.

(2) Unbeschadet des Absatzes 3 bedarf es insbesondere keines besonderen Verfahrens für die Beschreibung in den Personenstandsbüchern eines Mitgliedstaats auf der Grundlage einer in einem anderen Mitgliedstaat ergangenen Entscheidung über Ehescheidung, Trennung ohne Auflösung des Ehebandes oder Ungültigerklärung einer Ehe, gegen die nach dem Recht dieses Mitgliedstaats keine weiteren Rechtsbehelfe eingelegt werden können.

(3) Unbeschadet des Abschnitts 4 kann jede Partei, die ein Interesse hat, gemäß den Verfahren des Abschnitts 2 eine Entscheidung über die Anerkennung oder Nichtanerkennung der Entscheidung beantragen. Das örtlich zuständige Gericht, das in der Liste aufgeführt ist, die jeder Mitgliedstaat der Kommission gemäß Artikel 68 mitteilt, wird durch das nationale Recht des Mitgliedstaats bestimmt, in dem der Antrag auf Anerkennung oder Nichtanerkennung gestellt wird.

(4) Ist in einem Rechtsstreit vor einem Gericht eines Mitgliedstaats die Frage der Anerkennung einer Entscheidung als Vorfrage zu klären, so kann dieses Gericht hierüber befinden.

Grundsätzlich werden die in einem Mitgliedstaat ergangenen Entscheidungen in den anderen Mitgliedstaaten anerkannt, **ohne dass es eines besonderen Verfahrens** bedarf. Die Reglung verdrängt damit Art. 7 § 1 FamRÄndG für den Bereich der Mitgliedstaaten; sie geht in ihrem Anwendungsbereich auch Staatsverträgen vor (s. Art. 60ff.). Ferner werden die nationalen Bestimmungen (§§ 722, 723; § 16a FGG) durch die Art. 21–27 und Art. 28–36 verdrängt. Ausländischen Entscheidungen sind ab dem Zeitpunkt anzuerkennen, in dem sie nach dem Recht des Ursprungslandes wirksam werden. Hinsichtlich der Wirksamkeit einer Entscheidung nur zwischen den Parteien oder auch gegenüber Dritten trifft diese Regelung keine Bestimmung, so dass insoweit die nationalen Regelungen maßgebend sind. In Bezug auf das selbständige Anerkennungsverfahren nach Abs. 3 sind die §§ 10, 12, 32 IntFamRVG zu berücksichtigen.[1] Die nach Abs. 4 zulässige **Inzidentanerkennung** erwächst nicht in Rechtskraft; ein Zwischenfeststellungsantrag iSd. § 256 Abs. 2 ist zur Vermeidung eines selbständigen Anerkennungsverfahrens zulässig.

Artikel 22 Gründe für die Nichtanerkennung einer Entscheidung über eine Ehescheidung, Trennung ohne Auflösung des Ehebandes oder Ungültigerklärung einer Ehe

Eine Entscheidung, die die Ehescheidung, die Trennung ohne Auflösung des Ehebandes oder die Ungültigerklärung einer Ehe betrifft, wird nicht anerkannt,

a) wenn die Anerkennung der öffentlichen Ordnung des Mitgliedstaats, in dem sie beantragt wird, offensichtlich widerspricht;

[1] Zum Begriff des rechtlichen Interesses s. *Helms* FamRZ 2001, 257, 261; *Hub* NJW 2001, 3145, 3149.

b) wenn dem Antragsgegner, der sich auf das Verfahren nicht eingelassen hat, das verfahrenseinleitende Schriftstück oder ein gleichwertiges Schriftstück nicht so rechtzeitig und in einer Weise zugestellt wurde, dass er sich verteidigen konnte, es sei denn, es wird festgestellt, dass er mit der Entscheidung eindeutig einverstanden ist;
c) wenn die Entscheidung mit einer Entscheidung unvereinbar ist, die in einem Verfahren zwischen denselben Parteien in dem Mitgliedstaat, in dem die Anerkennung beantragt wird, ergangen ist; oder
d) wenn die Entscheidung mit einer früheren Entscheidung unvereinbar ist, die in einem anderen Mitgliedstaat oder in einem Drittstaat zwischen denselben Parteien ergangen ist, sofern die frühere Entscheidung die notwendigen Voraussetzungen für ihre Anerkennung in dem Mitgliedstaat erfüllt, in dem die Anerkennung beantragt wird.

Die Fälle der Nichtanerkennung decken sich teilweise mit der Regelung des § 328 Abs. 1 Nr. 4, weitgehend mit Art 34 bis 36 EuGVO. Insoweit wird auf diese Ausführungen verwiesen.[1]

Artikel 23 Gründe für die Nichtanerkennung einer Entscheidung über die elterliche Verantwortung
Eine Entscheidung über die elterliche Verantwortung wird nicht anerkannt,
a) wenn die Anerkennung der öffentlichen Ordnung des Mitgliedstaats, in dem sie beantragt wird, offensichtlich widerspricht, wobei das Wohl des Kindes zu berücksichtigen ist;
b) wenn die Entscheidung – ausgenommen in dringenden Fällen – ergangen ist, ohne dass das Kind die Möglichkeit hatte, gehört zu werden, und damit wesentliche verfahrensrechtliche Grundsätze des Mitgliedstaats, in dem die Anerkennung beantragt wird, verletzt werden;
c) wenn der betreffenden Person, die sich auf das Verfahren nicht eingelassen hat, das verfahrenseinleitende Schriftstück oder ein gleichwertiges Schriftstück nicht so rechtzeitig und in einer Weise zugestellt wurde, dass sie sich verteidigen konnte, es sei denn, es wird festgestellt, dass sie mit der Entscheidung eindeutig einverstanden ist;
d) wenn eine Person dies mit der Begründung beantragt, dass die Entscheidung in ihre elterliche Verantwortung eingreift, falls die Entscheidung ergangen ist, ohne dass diese Person die Möglichkeit hatte, gehört zu werden;
e) wenn die Entscheidung mit einer späteren Entscheidung über die elterliche Verantwortung unvereinbar ist, die in dem Mitgliedstaat, in dem die Anerkennung beantragt wird, ergangen ist;
f) wenn die Entscheidung mit einer späteren Entscheidung über die elterliche Verantwortung unvereinbar ist, die in einem anderen Mitgliedstaat oder in dem Drittstaat, in dem das Kind seinen gewöhnlichen Aufenthalt hat, ergangen ist, sofern die spätere Entscheidung die notwendigen Voraussetzungen für ihre Anerkennung in dem Mitgliedstaat erfüllt, in dem die Anerkennung beantragt wird; oder
g) wenn das Verfahren des Artikels 56 nicht eingehalten wurde.

Auch insoweit kann hinsichtlich der einzelnen Gründe der Nichtanerkennung einer Entscheidung auf die Art. 34 bis 36 EuGVO verwiesen werden.

Artikel 24 Verbot der Nachprüfung der Zuständigkeit des Gerichts des Ursprungsmitgliedstaats
Die Zuständigkeit des Gerichts des Ursprungsmitgliedstaats darf nicht überprüft werden. Die Überprüfung der Vereinbarkeit mit der öffentlichen Ordnung gemäß Artikel 22 Buchstabe a) und Artikel 23 Buchstabe a) darf sich nicht auf die Zuständigkeitsvorschriften der Artikel 3 bis 14 erstrecken.

Diese Regelung bestimmt den Umfang der Prüfung bei Anerkennung einer Entscheidung; sie entspricht Art. 35 Abs. 3 EuGVO.[1]

Artikel 25 Unterschiede beim anzuwendenden Recht
Die Anerkennung einer Entscheidung darf nicht deshalb abgelehnt werden, weil eine Ehescheidung, Trennung ohne Auflösung des Ehebandes oder Ungültigerklärung einer Ehe nach dem Recht des Mitgliedstaats, in dem die Anerkennung beantragt wird, unter Zugrundelegung desselben Sachverhalts nicht zulässig wäre.

Diese Regelung untersagt eine materiell-rechtliche Prüfung der Entscheidung eines Mitgliedstaates nach dem eigenen nationalen Recht in Bezug auf die Anerkennung, wenn diese nach diesem Recht nicht zulässig gewesen wäre. Besteht beispielsweise in einem Mitgliedstaat erst nach Ausspruch der gerichtlichen Trennung die Möglichkeit zur Scheidung der Ehe, so kann die Entscheidung eines anderen Mitgliedstaates, der ein gerichtliches Trennungsverfahren für die Scheidung nicht voraussetzt, deshalb nicht versagt werden.

---

[1] S. auch *Solomon* FamRZ 2004, 1408; 1418; ferner *Helms* FamRZ 2001, 257, 264; *Kohler* NJW 2001, 10, 13.
[1] S. *Helms* FamRZ 2001, 257, 262.

Artikel 26 Ausschluss einer Nachprüfung in der Sache

Die Entscheidung darf keinesfalls in der Sache selbst nachgeprüft werden.

Diese Regelung untersagt generell eine Prüfung der materiell-rechtlichen Grundlagen der ergangenen Entscheidung eines Mitgliedstaates; dies bezieht sich auf die Bestimmungen des internationalen Privatrechts und die materiell-rechtlichen Regelungen.

Artikel 27 Aussetzung des Verfahrens

(1) Das Gericht eines Mitgliedstaats, vor dem die Anerkennung einer in einem anderen Mitgliedstaat ergangenen Entscheidung beantragt wird, kann das Verfahren aussetzen, wenn gegen die Entscheidung ein ordentlicher Rechtsbehelf eingelegt wurde.

(2) Das Gericht eines Mitgliedstaats, bei dem die Anerkennung einer in Irland oder im Vereinigten Königreich ergangenen Entscheidung beantragt wird, kann das Verfahren aussetzen, wenn die Vollstreckung der Entscheidung im Ursprungsmitgliedstaat wegen der Einlegung eines Rechtsbehelfs einstweilen eingestellt ist.

Wird die Anerkennung einer Entscheidung beantragt, gegen die ein ordentlicher Rechtsbehelf eingelegt wurde, so ist in der Regel bis zum Abschluss des Rechtsbehelfverfahrens das Anerkennungsverfahren auszusetzen. Lässt die noch nicht rechtskräftige Entscheidung eine vorläufige Vollstreckbarkeit zu, kann deren Anerkennung auch vor Abschluss des Rechtsbehelfverfahrens erfolgen.

Abschnitt 2. Antrag auf Vollstreckbarerklärung

Artikel 28 Vollstreckbare Entscheidungen

(1) Die in einem Mitgliedstaat ergangenen Entscheidungen über die elterliche Verantwortung für ein Kind, die in diesem Mitgliedstaat vollstreckbar sind und die zugestellt worden sind, werden in einem anderen Mitgliedstaat vollstreckt, wenn sie dort auf Antrag einer berechtigten Partei für vollstreckbar erklärt wurden.

(2) Im Vereinigten Königreich wird eine derartige Entscheidung jedoch in England und Wales, in Schottland oder in Nordirland erst vollstreckt, wenn sie auf Antrag einer berechtigten Partei zur Vollstreckung in dem betreffenden Teil des Vereinigten Königreichs registriert worden ist.

1 Die Regelung entspricht Art. 21 EheVO I; beide Bestimmungen unterscheiden sich von Art. 38 EuGVO nur dadurch, dass in diesen die vorherige Zustellung des Titels erforderlich ist. Hinsichtlich der Grundlagen zur Vollstreckbarkeitserklärung wird auf die Ausführungen zu Art. 38 EuGVO verwiesen. Art. 28 betrifft im Grundsatz alle die elterliche Verantwortung betreffenden Verfahren. Die Art. 40 bis 45, die die Vollstreckung bestimmter Entscheidungen zum Umgangsrecht und zur Rückgabe des Kindes betreffen, sehen jedoch eine vereinfachte Vollstreckung vor und stellen deshalb die speziellere Bestimmung für diese Verfahren dar.

2 Eine Art. 47 EuGVO entsprechende Regelung, die im Rahmen der Vollstreckung einstweilige Maßnahmen vor Wirksamkeit der Vollstreckbarkeitserteilung vorsieht, enthalten die Art. 28 ff. nicht.[1] Entsprechend bestimmt § 22 IntFamRVG, dass ein Beschluss im Sinne des § 20 IntFamRVG, mit der die Zwangsvollstreckung zugelassen wird, erst mit Rechtskraft wirksam wird. Entsprechendes gilt für die Beschwerdeentscheidung des OLG, § 27 Abs. 1 IntFamRVG. Gegen den Beschluss kann nach § 24 Abs. 1 IntFamRVG Beschwerde zum OLG und nach § 28 IntFamRVG Rechtsbeschwerde zum BGH eingelegt werden. Die Beschwerdefrist beträgt ein Monat bei Zustellung der Entscheidung der verpflichteten Person im Inland und zwei Monate bei Zustellung im Ausland. Das OLG kann nach § 27 Abs. 2 IntFamRVG die die sofortige Wirksamkeit eines Beschlusses anordnen; der BGH kann nach § 31 IntFamRVG eine Anordnung des OLG gemäß § 27 Abs. 2 IntFamRVG aufheben oder eine solche erlassen.

3 Für das Verfahren nach Art. 28 sieht § 12 IntFamRVG die Zuständigkeitskonzentration aller Verfahren eines OLG-Bezirkes beim Familiengericht vor, in dessen Bezirk ein OLG seinen Sitz hat. Die in § 64a FGG enthaltene Zuständigkeitskonzentration wurde ab 1. 3. 2005 aufgehoben.

Artikel 29 Örtlich zuständiges Gericht

(1) Ein Antrag auf Vollstreckbarerklärung ist bei dem Gericht zu stellen, das in der Liste aufgeführt ist, die jeder Mitgliedstaat der Kommission gemäß Artikel 68 mitteilt.

(2) Das örtlich zuständige Gericht wird durch den gewöhnlichen Aufenthalt der Person, gegen die die Vollstreckung erwirkt werden soll, oder durch den gewöhnlichen Aufenthalt eines Kindes, auf das sich der Antrag bezieht, bestimmt. Befindet sich keiner der in Unterabsatz 1 angegebenen Orte im Vollstreckungsmitgliedstaat, so wird das örtlich zuständige Gericht durch den Ort der Vollstreckung bestimmt.

---

[1] Zu Art. 43 EuGVO s. BGH FamRZ 2007, 989; OLG Zweibrücken FamRZ 2007, 1582.

Diese Bestimmung legt die örtliche Zuständigkeit auf der Grundlage des gewöhnlichen Aufenthalts fest, soweit es um die Vollstreckbarkeitserklärung geht.[1] § 12 IntFamRVG regelt hierzu die Konzentrationszuständigkeit des Familiengerichts, in dessen Bezirk ein OLG seinen Sitz hat, für den Bezirk dieses OLG.

Artikel 30 Verfahren

(1) Für die Stellung des Antrags ist das Recht des Vollstreckungsmitgliedstaats maßgebend.

(2) Der Antragsteller hat für die Zustellung im Bezirk des angerufenen Gerichts ein Wahldomizil zu begründen. Ist das Wahldomizil im Recht des Vollstreckungsmitgliedstaats nicht vorgesehen, so hat der Antragsteller einen Zustellungsbevollmächtigten zu benennen.

(3) Dem Antrag sind die in den Artikeln 37 und 39 aufgeführten Urkunden beizufügen.

Das Verfahren zur Vollstreckbarkeitserklärung wird in den seit 1. 3. 2005 geltenden §§ 16ff. IntFamRVG geregelt.[1]

Artikel 31 Entscheidung des Gerichts

(1) Das mit dem Antrag befasste Gericht erlässt seine Entscheidung ohne Verzug und ohne dass die Person, gegen die die Vollstreckung erwirkt werden soll, noch das Kind in diesem Abschnitt des Verfahrens Gelegenheit erhalten, eine Erklärung abzugeben.

(2) Der Antrag darf nur aus einem der in den Artikeln 22, 23 und 24 aufgeführten Gründe abgelehnt werden.

(3) Die Entscheidung darf keinesfalls in der Sache selbst nachgeprüft werden.

Diese Regelung legt das **Beschleunigungsgebot** ausdrücklich in der EheVO II fest und untersagt eine Sachprüfung. Die näheren Einzelheiten regelt § 20 IntFamRVG (vor allem die Kosten nach § 13a Abs. 1 FGG sowie nach § 788 für Ehesachen).

Artikel 32 Mitteilung der Entscheidung

Die über den Antrag ergangene Entscheidung wird dem Antragsteller vom Urkundsbeamten der Geschäftsstelle unverzüglich in der Form mitgeteilt, die das Recht des Vollstreckungsmitgliedstaats vorsieht.

Diese Regelung sieht die Mitteilung der Entscheidung zur Vollstreckbarkeitserklärung vor; insoweit wird auf den Überraschungseffekt der Vollstreckung verzichtet. Die Einzelheiten werden in § 21 IntFamRVG geregelt. Der nach Art. 31 zu erlassende Beschluss wird nach § 22 IntFamRVG erst mit seiner Rechtskraft wirksam. Die Formulierung der Vollstreckungsklausel regelt § 23 IntFamRVG.

Artikel 33 Rechtsbehelf

(1) Gegen die Entscheidung über den Antrag auf Vollstreckbarerklärung kann jede Partei einen Rechtsbehelf einlegen.

(2) Der Rechtsbehelf wird bei dem Gericht eingelegt, das in der Liste aufgeführt ist, die jeder Mitgliedstaat der Kommission gemäß Artikel 68 mitteilt.

(3) Über den Rechtsbehelf wird nach den Vorschriften entschieden, die für Verfahren mit beiderseitigem rechtlichem Gehör maßgebend sind.

(4) Wird der Rechtsbehelf von der Person eingelegt, die den Antrag auf Vollstreckbarerklärung gestellt hat, so wird die Partei, gegen die die Vollstreckung erwirkt werden soll, aufgefordert, sich auf das Verfahren einzulassen, das bei dem mit dem Rechtsbehelf befassten Gericht anhängig ist. Lässt sich die betreffende Person auf das Verfahren nicht ein, so gelten die Bestimmungen des Artikels 18.

(5) Der Rechtsbehelf gegen die Vollstreckbarerklärung ist innerhalb eines Monats nach ihrer Zustellung einzulegen. Hat die Partei, gegen die die Vollstreckung erwirkt werden soll, ihren gewöhnlichen Aufenthalt in einem anderen Mitgliedstaat als dem, in dem die Vollstreckbarerklärung erteilt worden ist, so beträgt die Frist für den Rechtsbehelf zwei Monate und beginnt mit dem Tag, an dem die Vollstreckbarerklärung ihr entweder persönlich oder in ihrer Wohnung zugestellt worden ist. Eine Verlängerung dieser Frist wegen weiter Entfernung ist ausgeschlossen.

Die in Art. 33 enthaltenen Regelungen werden in § 24 IntFamRVG übernommen. Die **Beschwerde der verpflichteten Person** ist danach befristet (ein Monat bei Zustellung im Inland; zwei Monate bei Zustellung im Ausland). Wird der Antrag auf Vollstreckbarkeitserklärung abgewiesen, gilt entsprechend § 16 FGG die unbefristete Beschwerde. Partei im Sinne des Abs. 1 ist auch das Kind.[1] Abweichend von Art. 31 Abs. 2 lässt § 25 IntFamRVG bei für vollstreckbar erklärten Kostentiteln Einwendungen gegen den Anspruch

[1] Zur Zuständigkeitskonzentration s. Art. 28 Rn. 3.
[1] Für die Verfahren nach der EheVO I greift nach § 55 IntFamRVG dieses Gesetz und nicht mehr das AVAG ein.
[1] S. auch *Wagner* IPrax 2001, 73, 80; *Hub* NJW 2001, 31 45, 3148 Fn. 43.

selbst insoweit zu, als die Gründe erst nach Erlass des Titels entstanden sind. Hierdurch wird ein Verfahren nach § 767 vermieden (s. § 36 IntFamRVG). Treten in Fragen zur elterlichen Verantwortung nachträglich Änderungen ein, sind diese in einem selbständigen Abänderungsverfahren (§ 1696 Abs. 1 BGB) geltend zu machen.

Artikel 34 Für den Rechtsbehelf zuständiges Gericht und Anfechtung der Entscheidung über den Rechtsbehelf

Die Entscheidung, die über den Rechtsbehelf ergangen ist, kann nur im Wege der Verfahren angefochten werden, die in der Liste genannt sind, die jeder Mitgliedstaat der Kommission gemäß Artikel 68 mitteilt.

Gegen die Entscheidung nach Art. 33 findet nach § 28 IntFamRVG die Rechtsbeschwerde kraft Gesetzes nach Maßgabe des § 574 Abs. 1 Nr. 1, Abs. 2 statt, so dass keine Zulassung durch das OLG erforderlich ist.[1]

Artikel 35 Aussetzung des Verfahrens

(1) Das nach Artikel 33 oder Artikel 34 mit dem Rechtsbehelf befasste Gericht kann auf Antrag der Partei, gegen die die Vollstreckung erwirkt werden soll, das Verfahren aussetzen, wenn im Ursprungsmitgliedstaat ein ordentlicher Rechtsbehelf gegen die Entscheidung eingelegt wurde oder die Frist für einen solchen Rechtsbehelf noch nicht verstrichen ist. In letzterem Fall kann das Gericht eine Frist bestimmen, innerhalb deren der Rechtsbehelf einzulegen ist.

(2) Ist die Entscheidung in Irland oder im Vereinigten Königreich ergangen, so gilt jeder im Ursprungsmitgliedstaat statthafte Rechtsbehelf als ordentlicher Rechtsbehelf im Sinne des Absatzes 1.

Artikel 36 Teilvollstreckung

(1) Ist mit der Entscheidung über mehrere geltend gemachte Ansprüche entschieden worden und kann die Entscheidung nicht in vollem Umfang zur Vollstreckung zugelassen werden, so lässt das Gericht sie für einen oder mehrere Ansprüche zu.

(2) Der Antragsteller kann eine teilweise Vollstreckung beantragen.

Große Bedeutung wird diese Regelung in der Praxis kaum erlangen (allenfalls bei Vollstreckung einer Sorgerechtsentscheidung zu mehreren Kindern). Die Regelung entspricht Art. 48 EuGVO.

Abschnitt 3. Gemeinsame Bestimmungen für die Abschnitte 1 und 2

Artikel 37 Urkunden

(1) Die Partei, die die Anerkennung oder Nichtanerkennung einer Entscheidung oder deren Vollstreckbarerklärung erwirken will, hat Folgendes vorzulegen:

a) eine Ausfertigung der Entscheidung, die die für ihre Beweiskraft erforderlichen Voraussetzungen erfüllt, und

b) die Bescheinigung nach Artikel 39.

(2) Bei einer im Versäumnisverfahren ergangenen Entscheidung hat die Partei, die die Anerkennung einer Entscheidung oder deren Vollstreckbarerklärung erwirken will, ferner Folgendes vorzulegen:

a) die Urschrift oder eine beglaubigte Abschrift der Urkunde, aus der sich ergibt, dass das verfahrenseinleitende Schriftstück oder ein gleichwertiges Schriftstück der Partei, die sich nicht auf das Verfahren eingelassen hat, zugestellt wurde, oder

b) eine Urkunde, aus der hervorgeht, dass der Antragsgegner mit der Entscheidung eindeutig einverstanden ist.

Diese Bestimmung regelt die Vorlage der für den Nachweis der ergangenen Entscheidung erforderlichen Urkunden; sie gilt für das Anerkennungs- und Vollstreckungsverfahren

Artikel 38 Fehlen von Urkunden

(1) Werden die in Artikel 37 Absatz 1 Buchstabe b) oder Absatz 2 aufgeführten Urkunden nicht vorgelegt, so kann das Gericht eine Frist setzen, innerhalb deren die Urkunden vorzulegen sind, oder sich mit gleichwertigen Urkunden begnügen oder von der Vorlage der Urkunden befreien, wenn es eine weitere Klärung nicht für erforderlich hält.

(2) Auf Verlangen des Gerichts ist eine Übersetzung der Urkunden vorzulegen. Die Übersetzung ist von einer hierzu in einem der Mitgliedstaaten befugten Person zu beglaubigen.

[1] S. auch Vorbem. Rn. 8.

Artikel 39 Bescheinigung bei Entscheidungen in Ehesachen und bei Entscheidungen über die elterliche Verantwortung

Das zuständige Gericht oder die Zuständige Behörde des Ursprungsmitgliedstaats stellt auf Antrag einer berechtigten Partei eine Bescheinigung unter Verwendung des Formblatts in Anhang I (Entscheidungen in Ehesachen) oder Anhang II (Entscheidungen über die elterliche Verantwortung) aus.

Nach § 48 Abs. 1 IntFamRVG wird die Bescheinigung vom Urkundsbeamten der Geschäftsstelle des jeweils zuständigen Gerichts (auch OLG, BGH) ausgestellt.

Abschnitt 4. Vollstreckbarkeit bestimmter Entscheidungen über das Umgangsrecht und bestimmter Entscheidungen, mit denen die Rückgabe des Kindes angeordnet wird

Artikel 40 Anwendungsbereich

(1) Dieser Abschnitt gilt für

a) das Umgangsrecht und

b) die Rückgabe eines Kindes infolge einer die Rückgabe des Kindes anordnenden Entscheidung gemäß Artikel 11 Absatz 8.

(2) Der Träger der elterlichen Verantwortung kann ungeachtet der Bestimmungen dieses Abschnitts die Anerkennung und Vollstreckung nach Maßgabe der Abschnitte 1 und 2 dieses Kapitels beantragen.

In Art. 40 bis 45 wird die vereinfachte Vollstreckbarkeit von Entscheidungen zum Umgangsrecht und zur Kindesherausgabe gem. Art. 11 Abs. 8 ermöglicht. Wird eine Bescheinigung des Ursprungsmitgliedstaates nach Art 41 Abs. 1 oder Art 42 Abs. 1 vorgelegt, so sind diese Entscheidungen wie im Ursprungsstaat vollstreckbar, ohne dass es einer Vollstreckbarkeitserklärung bedarf und ohne dass die Anerkennung angefochten werden kann. 1

Liegt im Falle einer Umgangsregelung bereits bei Erlass der Entscheidung ein **grenzübergreifender Fall** vor, ist die Bescheinigung vom Amts wegen auszustellen, sobald die Entscheidung vollstreckbar ist. Gleiches gilt für eine Herausgabeanordnung. Das Ursprungsgericht kann die Entscheidung auch für vollstreckbar erklären, wenn das nationale Recht keine vorläufige Vollstreckbarkeit kennt. Jedoch ist es erforderlich, dass Eltern und Kind, soweit nach dessen geistigen Reife möglich, rechtliches Gehör gewährt wurde. Im Fall der Rückführung des Kindes sind zusätzlich die in Art 42 Abs. 2 lit c genannten Voraussetzungen zu erfüllen. 2

Artikel 41 Umgangsrecht

(1) Eine in einem Mitgliedstaat ergangene vollstreckbare Entscheidung über das Umgangsrecht im Sinne des Artikels 40 Absatz 1 Buchstabe a), für die eine Bescheinigung nach Absatz 2 im Ursprungsmitgliedstaat ausgestellt wurde, wird in einem anderen Mitgliedstaat anerkannt und kann dort vollstreckt werden, ohne dass es einer Vollstreckbarerklärung bedarf und ohne dass die Anerkennung angefochten werden kann. Auch wenn das nationale Recht nicht vorsieht, dass eine Entscheidung über das Umgangsrecht ungeachtet der Einlegung eines Rechtsbehelfs von Rechts wegen vollstreckbar ist, kann das Gericht des Ursprungsmitgliedstaats die Entscheidung für vollstreckbar erklären.

(2) Der Richter des Ursprungsmitgliedstaats stellt die Bescheinigung nach Absatz 1 unter Verwendung des Formblatts in Anhang III (Bescheinigung über das Umgangsrecht) nur aus, wenn

a) im Fall eines Versäumnisverfahrens das verfahrenseinleitende Schriftstück oder ein gleichwertiges Schriftstück der Partei, die sich nicht auf das Verfahren eingelassen hat, so rechtzeitig und in einer Weise zugestellt wurde, dass sie sich verteidigen konnte, oder wenn in Fällen, in denen bei der Zustellung des betreffenden Schriftstücks diese Bedingungen nicht eingehalten wurden, dennoch festgestellt wird, dass sie mit der Entscheidung eindeutig einverstanden ist;

b) alle betroffenen Parteien Gelegenheit hatten, gehört zu werden, und

c) das Kind die Möglichkeit hatte, gehört zu werden, sofern eine Anhörung nicht aufgrund seines Alters oder seines Reifegrads unangebracht erschien. Das Formblatt wird in der Sprache ausgefüllt, in der die Entscheidung abgefasst ist.

(3) Betrifft das Umgangsrecht einen Fall, der bei der Verkündung der Entscheidung einen grenzüberschreitenden Bezug aufweist, so wird die Bescheinigung von Amts wegen ausgestellt, sobald die Entscheidung vollstreckbar oder vorläufig vollstreckbar wird. Wird der Fall erst später zu einem Fall mit grenzüberschreitendem Bezug, so wird die Bescheinigung auf Antrag einer der Parteien ausgestellt.

Nach § 48 IntFamRVG wird die Bescheinigung vom Familienrichter, beim OLG und dem BGH dem jeweiligen Vorsitzenden des Familiensenats ausgestellt. Nach Art. 43 Abs. 2 ist die Bescheinigung nicht anfechtbar.

Artikel 42 Rückgabe des Kindes

(1) Eine in einem Mitgliedstaat ergangene vollstreckbare Entscheidung über die Rückgabe des Kindes im Sinne des Artikels 40 Absatz 1 Buchstabe b), für die eine Bescheinigung nach Absatz 2 im Ursprungsmitgliedstaat ausgestellt wurde, wird in einem anderen Mitgliedstaat anerkannt und kann dort vollstreckt werden, ohne dass es einer Vollstreckbarerklärung bedarf und ohne dass die Anerkennung angefochten werden kann. Auch wenn das nationale Recht nicht vorsieht, dass eine in Artikel 11 Absatz 8 genannte Entscheidung über die Rückgabe des Kindes ungeachtet der Einlegung eines Rechtsbehelfs von Rechts wegen vollstreckbar ist, kann das Gericht des Ursprungsmitgliedstaats die Entscheidung für vollstreckbar erklären.

(2) Der Richter des Ursprungsmitgliedstaats, der die Entscheidung nach Artikel 40 Absatz 1 Buchstabe b) erlassen hat, stellt die Bescheinigung nach Absatz 1 nur aus, wenn

a) das Kind die Möglichkeit hatte, gehört zu werden, sofern eine Anhörung nicht aufgrund seines Alters oder seines Reifegrads unangebracht erschien,

b) die Parteien die Gelegenheit hatten, gehört zu werden, und

c) das Gericht beim Erlass seiner Entscheidung die Gründe und Beweismittel berücksichtigt hat, die der nach Artikel 13 des Haager Übereinkommens von 1980 ergangenen Entscheidung zugrunde liegen. Ergreift das Gericht oder eine andere Behörde Maßnahmen, um den Schutz des Kindes nach seiner Rückkehr in den Staat des gewöhnlichen Aufenthalts sicherzustellen, so sind diese Maßnahmen in der Bescheinigung anzugeben. Der Richter des Ursprungsmitgliedstaats stellt die Bescheinigung von Amts wegen unter Verwendung des Formblatts in Anhang IV (Bescheinigung über die Rückgabe des Kindes) aus. Das Formblatt wird in der Sprache ausgefüllt, in der die Entscheidung abgefasst ist.

Zur Ausstellung der Bescheinigung gilt § 48 IntFamRVG (s. Art. 41).[1]

Artikel 43 Klage auf Berichtigung

(1) Für Berichtigungen der Bescheinigung ist das Recht des Ursprungsmitgliedstaats maßgebend.

(2) Gegen die Ausstellung einer Bescheinigung gemäß Artikel 41 Absatz 1 oder Artikel 42 Absatz 1 sind keine Rechtsbehelfe möglich.

§ 49 IntFamRVG verweist zur Berichtigung der Bescheinigung auf § 319.

Artikel 44 Wirksamkeit der Bescheinigung

Die Bescheinigung ist nur im Rahmen der Vollstreckbarkeit des Urteils wirksam.

Artikel 45 Urkunden

(1) Die Partei, die die Vollstreckung einer Entscheidung erwirken will, hat Folgendes vorzulegen:

a) eine Ausfertigung der Entscheidung, die die für ihre Beweiskraft erforderlichen Voraussetzungen erfüllt, und

b) die Bescheinigung nach Artikel 41 Absatz 1 oder Artikel 42 Absatz 1.

(2) Für die Zwecke dieses Artikels

– wird der Bescheinigung gemäß Artikel 41 Absatz 1 eine Übersetzung der Nummer 12 betreffend die Modalitäten der Ausübung des Umgangsrechts beigefügt;

– wird der Bescheinigung gemäß Artikel 42 Absatz 1 eine Übersetzung der Nummer 14 betreffend die Einzelheiten der Maßnahmen, die ergriffen wurden, um die Rückgabe des Kindes sicherzustellen, beigefügt. Die Übersetzung erfolgt in die oder in eine der Amtssprachen des Vollstreckungsmitgliedstaats oder in eine andere von ihm ausdrücklich zugelassene Sprache. Die Übersetzung ist von einer hierzu in einem der Mitgliedstaaten befugten Person zu beglaubigen.

Die Bestimmung regelt iVm. Art. 47 die Vollstreckung der in Art. 40 genannten Entscheidungen, für die nach Art. 41, 42 eine Bescheinigung im Ursprungsland ausgestellt wurde. Die örtliche Zuständigkeit ist in §§ 10 1. Spiegelstrich, 12 IntFamRVG geregelt.

Abschnitt 5. Öffentliche Urkunden und Vereinbarungen

Artikel 46

Öffentliche Urkunden, die in einem Mitgliedstaat aufgenommen und vollstreckbar sind, sowie Vereinbarungen zwischen den Parteien, die in dem Ursprungsmitgliedstaat vollstreckbar sind, werden unter denselben Bedingungen wie Entscheidungen anerkannt und für vollstreckbar erklärt.

Die Bestimmung sieht ausdrücklich vor, dass Vereinbarungen zwischen den Parteien nach Art. 28 ff. für vollstreckbar erklärt werden können.

[1] S. auch OLG Celle FamRZ 2007, 1587.

Abschnitt 6. Sonstige Bestimmungen

Artikel 47 Vollstreckungsverfahren

(1) Für das Vollstreckungsverfahren ist das Recht des Vollstreckungsmitgliedstaats maßgebend.

(2) Die Vollstreckung einer von einem Gericht eines anderen Mitgliedstaats erlassenen Entscheidung, die gemäß Abschnitt 2 für vollstreckbar erklärt wurde oder für die eine Bescheinigung nach Artikel 41 Absatz 1 oder Artikel 42 Absatz 1 ausgestellt wurde, erfolgt im Vollstreckungsmitgliedstaat unter denselben Bedingungen, die für in diesem Mitgliedstaat ergangene Entscheidungen gelten. Insbesondere darf eine Entscheidung, für die eine Bescheinigung nach Artikel 41 Absatz 1 oder Artikel 42 Absatz 1 ausgestellt wurde, nicht vollstreckt werden, wenn sie mit einer später ergangenen vollstreckbaren Entscheidung unvereinbar ist.

Das IntFamRVG regelt nicht nur das Verfahren zur Vollstreckbarkeitserklärung (§§ 16 ff.), sondern auch die Vollstreckung selbst für die in Kapitel III der EheVO II angesprochenen inländischen und ausländischen Titel. Dies erfolgt in § 44 IntFamRVG, der die Zwangsmittel des § 33 FGG durch Ordnungsmittel ersetzt.[1] Die Zuständigkeit ist in §§ 10, 12 IntFamRVG geregelt. § 14 IntFamRVG legt die jeweils geltende Verfahrensordnung fest (die ZPO für Ehesachen, das FGG für die sonstigen Verfahren).

Artikel 48 Praktische Modalitäten der Ausübung des Umgangsrechts

(1) Die Gerichte des Vollstreckungsmitgliedstaats können die praktischen Modalitäten der Ausübung des Umgangsrechts regeln, wenn die notwendigen Vorkehrungen nicht oder nicht in ausreichendem Maße bereits in der Entscheidung der für die Entscheidung der in der Hauptsache zuständigen Gerichte des Mitgliedstaats getroffen wurden und sofern der Wesensgehalt der Entscheidung unberührt bleibt.

(2) Die nach Absatz 1 festgelegten praktischen Modalitäten treten außer Kraft, nachdem die für die Entscheidung in der Hauptsache zuständigen Gerichte des Mitgliedstaats eine Entscheidung erlassen haben.

Die Zuständigkeit ist in §§ 10, 12 IntFamRVG geregelt.

Artikel 49 Kosten

Die Bestimmungen dieses Kapitels mit Ausnahme der Bestimmungen des Abschnitts 4 gelten auch für die Festsetzung der Kosten für die nach dieser Verordnung eingeleiteten Verfahren und die Vollstreckung eines Kostenfestsetzungsbeschlusses.

In den §§ 50 ff. IntFamRVG sind besondere Regelungen zur Grundentscheidung sowie zur Höhe der Kosten enthalten.

Artikel 50 Prozesskostenhilfe

Wurde dem Antragsteller im Ursprungsmitgliedstaat ganz oder teilweise Prozesskostenhilfe oder Kostenbefreiung gewährt, so genießt er in dem Verfahren nach den Artikeln 21, 28, 41, 42 und 48 hinsichtlich der Prozesskostenhilfe oder der Kostenbefreiung die günstigste Behandlung, die das Recht des Vollstreckungsmitgliedstaats vorsieht.

Diese Regelung entspricht Art. 50 EuGVO.

Artikel 51 Sicherheitsleistung, Hinterlegung

Der Partei, die in einem Mitgliedstaat die Vollstreckung einer in einem anderen Mitgliedstaat ergangenen Entscheidung beantragt, darf eine Sicherheitsleistung oder Hinterlegung, unter welcher Bezeichnung es auch sei, nicht aus einem der folgenden Gründe auferlegt werden:

a) weil sie in dem Mitgliedstaat, in dem die Vollstreckung erwirkt werden soll, nicht ihren gewöhnlichen Aufenthalt hat, oder

b) weil sie nicht die Staatsangehörigkeit dieses Staates besitzt oder, wenn die Vollstreckung im Vereinigten Königreich oder in Irland erwirkt werden soll, ihr „domicile" nicht in einem dieser Mitgliedstaaten hat.

Diese Regelung entspricht Art. 51 EuGVO.

[1] S. § 606a Rn. 35.

Artikel 52 Legalisation oder ähnliche Förmlichkeit

Die in den Artikeln 37, 38 und 45 aufgeführten Urkunden sowie die Urkunde über die Prozessvollmacht, falls eine solche erteilt wird, bedürfen weder der Legalisation noch einer ähnlichen Förmlichkeit.

Diese Regelung ist eine Sonderbestimmung zu § 428 Abs. 2; sie entspricht Art. 56 EuGVO.

Kapitel IV. Zusammenarbeit zwischen den zentralen Behörden bei Verfahren betreffend die elterliche Verantwortung

Artikel 53 Bestimmung der Zentralen Behörden

Jeder Mitgliedstaat bestimmt eine oder mehrere Zentrale Behörden, die ihn bei der Anwendung dieser Verordnung unterstützen, und legt ihre räumliche oder sachliche Zuständigkeit fest. Hat ein Mitgliedstaat mehrere Zentrale Behörden bestimmt, so sind die Mitteilungen grundsätzlich direkt an die zuständige Zentrale Behörde zu richten. Wurde eine Mitteilung an eine nicht zuständige Zentrale Behörde gerichtet, so hat diese die Mitteilung an die zuständige Zentrale Behörde weiterzuleiten und den Absender davon in Kenntnis zu setzen.

Zuständige Behörde in Deutschland ist nach § 3 IntFamRVG das Bundesamt für Justiz (Sitz in Bonn). §§ 4–8 IntFamRVG enthalten hierzu weitere Bestimmungen.

Artikel 54 Allgemeine Aufgaben

Die Zentralen Behörden stellen Informationen über nationale Rechtsvorschriften und Verfahren zur Verfügung und ergreifen Maßnahmen, um die Durchführung dieser Verordnung zu verbessern und die Zusammenarbeit untereinander zu stärken. Hierzu wird das mit der Entscheidung 2001/470/EG eingerichtete Europäische Justizielle Netz für Zivil- und Handelssachen genutzt.

Informationen können über www.eurocivil.info abgerufen werden.

Artikel 55 Zusammenarbeit in Fällen, die speziell die elterliche Verantwortung betreffen

Die Zentralen Behörden arbeiten in bestimmten Fällen auf Antrag der Zentralen Behörde eines anderen Mitgliedstaats oder des Trägers der elterlichen Verantwortung zusammen, um die Ziele dieser Verordnung zu verwirklichen. Hierzu treffen sie folgende Maßnahmen im Einklang mit den Rechtsvorschriften dieses Mitgliedstaats, die den Schutz personenbezogener Daten regeln, direkt oder durch Einschaltung anderer Behörden oder Einrichtungen:

a) Sie holen Informationen ein und tauschen sie aus über
   i) die Situation des Kindes,
   ii) laufende Verfahren oder
   iii) das Kind betreffende Entscheidungen.
b) Sie informieren und unterstützen die Träger der elterlichen Verantwortung, die die Anerkennung und Vollstreckung einer Entscheidung, insbesondere über das Umgangsrecht und die Rückgabe des Kindes, in ihrem Gebiet erwirken wollen.
c) Sie erleichtern die Verständigung zwischen den Gerichten, insbesondere zur Anwendung des Artikels 11 Absätze 6 und 7 und des Artikels 15.
d) Sie stellen alle Informationen und Hilfen zur Verfügung, die für die Gerichte für die Anwendung des Artikels 56 von Nutzen sind.
e) Sie erleichtern eine gütliche Einigung zwischen den Trägern der elterlichen Verantwortung durch Mediation oder auf ähnlichem Wege und fördern hierzu die grenzüberschreitende Zusammenarbeit.

Weitere Regelungen enthalten die §§ 4–7 IntFamRVG.

Artikel 56 Unterbringung des Kindes in einem anderen Mitgliedstaat

(1) Erwägt das nach den Artikeln 8 bis 15 zuständige Gericht die Unterbringung des Kindes in einem Heim oder in einer Pflegefamilie und soll das Kind in einem anderen Mitgliedstaat untergebracht werden, so zieht das Gericht vorher die Zentrale Behörde oder eine andere zuständige Behörde dieses Mitgliedstaats zurate, sofern in diesem Mitgliedstaat für die innerstaatlichen Fälle der Unterbringung von Kindern die Einschaltung einer Behörde vorgesehen ist.

(2) Die Entscheidung über die Unterbringung nach Absatz 1 kann im ersuchenden Mitgliedstaat nur getroffen werden, wenn die zuständige Behörde des ersuchten Staates dieser Unterbringung zugestimmt hat.

(3) Für die Einzelheiten der Konsultation bzw. der Zustimmung nach den Absätzen 1 und 2 gilt das nationale Recht des ersuchten Staates.

(4) Beschließt das nach den Artikeln 8 bis 15 zuständige Gericht die Unterbringung des Kindes in einer Pflegefamilie und soll das Kind in einem anderen Mitgliedstaat untergebracht werden und ist in diesem Mitgliedstaat für die innerstaatlichen Fälle der Unterbringung von Kindern die Einschaltung einer Behörde nicht vorgesehen, so setzt das Gericht die Zentrale Behörde oder eine zuständige Behörde dieses Mitgliedstaats davon in Kenntnis.

Zur Sicherung der Anerkennung ist das zu dieser Bestimmung beschriebene Verfahren zu beachten; 23 lit. g. Die §§ 45–47 IntFamRVG regeln die Zuständigkeit für die Zustimmung zu einer Unterbringung, das Konsultationsverfahren und die zusätzliche Genehmigung.

Artikel 57 Arbeitsweise

(1) Jeder Träger der elterlichen Verantwortung kann bei der Zentralen Behörde des Mitgliedstaats, in dem er seinen gewöhnlichen Aufenthalt hat, oder bei der Zentralen Behörde des Mitgliedstaats, in dem das Kind seinen gewöhnlichen Aufenthalt hat oder in dem es sich befindet, einen Antrag auf Unterstützung gemäß Artikel 55 stellen. Dem Antrag werden grundsätzlich alle verfügbaren Informationen beigefügt, die die Ausführung des Antrags erleichtern können. Betrifft dieser Antrag die Anerkennung oder Vollstreckung einer Entscheidung über die elterliche Verantwortung, die in den Anwendungsbereich dieser Verordnung fällt, so muss der Träger der elterlichen Verantwortung dem Antrag die betreffenden Bescheinigungen nach Artikel 39, Artikel 41 Absatz 1 oder Artikel 42 Absatz 1 beifügen.

(2) Jeder Mitgliedstaat teilt der Kommission die Amtssprache(n) der Organe der Gemeinschaft mit, die er außer seiner/seinen eigenen Sprache(n) für Mitteilungen an die Zentralen Behörden zulässt.

(3) Die Unterstützung der Zentralen Behörden gemäß Artikel 55 erfolgt unentgeltlich.

(4) Jede Zentrale Behörde trägt ihre eigenen Kosten.

Artikel 58 Zusammenkünfte

(1) Zur leichteren Anwendung dieser Verordnung werden regelmäßig Zusammenkünfte der Zentralen Behörden einberufen.

(2) Die Einberufung dieser Zusammenkünfte erfolgt im Einklang mit der Entscheidung 2001/470/EG über die Einrichtung eines Europäischen Justiziellen Netzes für Zivil- und Handelssachen.

Kapitel V. Verhältnis zu anderen Rechtsinstrumenten

Artikel 59 Verhältnis zu anderen Rechtsinstrumenten

(1) Unbeschadet der Artikel 60, 61, 62 und des Absatzes 2 des vorliegenden Artikels ersetzt diese Verordnung die zum Zeitpunkt des Inkrafttretens dieser Verordnung bestehenden, zwischen zwei oder mehr Mitgliedstaaten geschlossenen Übereinkünfte, die in dieser Verordnung geregelte Bereiche betreffen.

(2)

a) Finnland und Schweden können erklären, dass das Übereinkommen vom 6. Februar 1931 zwischen Dänemark, Finnland, Island, Norwegen und Schweden mit Bestimmungen des internationalen Verfahrensrechts über Ehe, Adoption und Vormundschaft einschließlich des Schlussprotokolls anstelle dieser Verordnung ganz oder teilweise auf ihre gegenseitigen Beziehungen anwendbar ist. Diese Erklärungen werden dieser Verordnung als Anhang beigefügt und im Amtsblatt der Europäischen Union veröffentlicht. Die betreffenden Mitgliedstaaten können ihre Erklärung jederzeit ganz oder teilweise widerrufen.
b) Der Grundsatz der Nichtdiskriminierung von Bürgern der Union aus Gründen der Staatsangehörigkeit wird eingehalten.
c) Die Zuständigkeitskriterien in künftigen Übereinkünften zwischen den in Buchstabe a) genannten Mitgliedstaaten, die in dieser Verordnung geregelte Bereiche betreffen, müssen mit den Kriterien dieser Verordnung im Einklang stehen.
d) Entscheidungen, die in einem der nordischen Staaten, der eine Erklärung nach Buchstabe a) abgegeben hat, aufgrund eines Zuständigkeitskriteriums erlassen werden, das einem der in Kapitel II vorgesehenen Zuständigkeitskriterien entspricht, werden in den anderen Mitgliedstaaten gemäß den Bestimmungen des Kapitels III anerkannt und vollstreckt.

(3) Die Mitgliedstaaten übermitteln der Kommission

a) eine Abschrift der Übereinkünfte sowie der einheitlichen Gesetze zur Durchführung dieser Übereinkünfte gemäß Absatz 2 Buchstabe n a) und c),
b) jede Kündigung oder Änderung dieser Übereinkünfte oder dieser einheitlichen Gesetze.

Artikel 60 Verhältnis zu bestimmten multilateralen Übereinkommen

Im Verhältnis zwischen den Mitgliedstaaten hat diese Verordnung vor den nachstehenden Übereinkommen insoweit Vorrang, als diese Bereiche betreffen, die in dieser Verordnung geregelt sind:

a) Haager Übereinkommen vom 5. Oktober 1961 über die Zuständigkeit der Behörden und das anzuwendende Recht auf dem Gebiet des Schutzes von Minderjährigen,

b) Luxemburger Übereinkommen vom 8. September 1967 über die Anerkennung von Entscheidungen in Ehesachen,
c) Haager Übereinkommen vom 1. Juni 1970 über die Anerkennung von Ehescheidungen und der Trennung von Tisch und Bett,
d) Europäisches Übereinkommen vom 20. Mai 1980 über die Anerkennung und Vollstreckung von Entscheidungen über das Sorgerecht für Kinder und die Wiederherstellung des Sorgeverhältnisses und
e) Haager Übereinkommen vom 25. Oktober 1980 über die zivilrechtlichen Aspekte internationaler Kindesentführung.

Die aufgeführten Übereinkommen gelten, soweit sie von Deutschland ratifiziert wurden, insoweit weiter, als die EheVO II nach Art. 1, 62, 64 nicht eingreift.[1] Das MSA gilt vor allem hinsichtlich der Türkei und der Schweiz.

Artikel 61 Verhältnis zum Haager Übereinkommen vom 19. Oktober 1996 über die Zuständigkeit, das anzuwendende Recht, die Anerkennung, Vollstreckung und Zusammenarbeit auf dem Gebiet der elterlichen Verantwortung und der Maßnahmen zum Schutz von Kindern

Im Verhältnis zum Haager Übereinkommen vom 19. Oktober 1996 über die Zuständigkeit, das anzuwendende Recht, die Anerkennung, Vollstreckung und Zusammenarbeit auf dem Gebiet der elterlichen Verantwortung und der Maßnahmen zum Schutz von Kindern ist diese Verordnung anwendbar,
a) wenn das betreffende Kind seinen gewöhnlichen Aufenthalt im Hoheitsgebiet eines Mitgliedstaats hat;
b) in Fragen der Anerkennung und der Vollstreckung einer von dem zuständigen Gericht eines Mitgliedstaats ergangenen Entscheidung im Hoheitsgebiet eines anderen Mitgliedstaats, auch wenn das betreffende Kind seinen gewöhnlichen Aufenthalt im Hoheitsgebiet eines Drittstaats hat, der Vertragspartei des genannten Übereinkommens ist.

Die EheVO II verdrängt den Anwendungsbereich im Verhältnis der EU-Staaten vollständig (Ausnahme Dänemark, Art 2 Nr. 3). Im Verhältnis zu Drittstaaten bleibt das MSA noch wirksam, wird aber durch das von Deutschland am 1. 3. 2003 gezeichnete Haager Übereinkommen vom 19. Oktober 1996 über die Zuständigkeit, das anzuwendende Recht, die Anerkennung, Vollstreckung und Zusammenarbeit auf dem Gebiet der elterlichen Verantwortung und der Maßnahmen zum Schutz von Kindern (Kinder-Schutzabkommen), das noch nicht von allen Staaten gemeinsam ratifiziert wurde, abgelöst.[1] Ansonsten gelten für die Anerkennung und Vollstreckung von Entscheidungen die §§ 16a, 33 FGG.

Artikel 62 Fortbestand der Wirksamkeit

(1) Die in Artikel 59 Absatz 1 und den Artikeln 60 und 61 genannten Übereinkünfte behalten ihre Wirksamkeit für die Rechtsgebiete, die durch diese Verordnung nicht geregelt werden.

(2) Die in Artikel 60 genannten Übereinkommen, insbesondere das Haager Übereinkommen von 1980, behalten vorbehaltlich des Artikels 60 ihre Wirksamkeit zwischen den ihnen angehörenden Mitgliedstaaten.

Die EheVO II regelt in Kapitel II lediglich die Zuständigkeit; die Frage des anwendbaren Rechts ist weiterhin aus den in Art. 59–61 benannten Übereinkommen zu entnehmen.

Artikel 63 Verträge mit dem Heiligen Stuhl

Nicht abgedruckt; geändert durch Verordnung (EG) Nr. 2116/2004 des Rates vom 2. 12. 2004 (Abl L 367 S. 1).

Kapitel VI. Übergangsvorschriften

Artikel 64

(1) Diese Verordnung gilt nur für gerichtliche Verfahren, öffentliche Urkunden und Vereinbarungen zwischen den Parteien, die nach Beginn der Anwendung dieser Verordnung gemäß Artikel 72 eingeleitet, aufgenommen oder getroffen wurden.

(2) Entscheidungen, die nach Beginn der Anwendung dieser Verordnung in Verfahren ergangen sind, die vor Beginn der Anwendung dieser Verordnung, aber nach Inkrafttreten der Verordnung (EG) Nr. 1347/2000 eingeleitet wurden, werden nach Maßgabe des Kapitels III der vorliegenden Verordnung anerkannt und vollstreckt, sofern das Gericht aufgrund von Vorschriften zuständig war, die mit den Zuständigkeitsvorschriften des Kapitels II der vorliegenden Verordnung oder der Verordnung (EG) Nr. 1347/2000 oder eines

[1] S. hierzu *Solomon* FamRZ 2004, 1409, 1414 f.; *Rauscher* FuR 2005, 53, 55.
[1] S. auch *Schulz* FamRZ 2003, 1351; FPR 2004, 301; *Solomon* FamRZ 2004, 1409, 1414 f.

Abkommens übereinstimmen, das zum Zeitpunkt der Einleitung des Verfahrens zwischen dem Ursprungsmitgliedstaat und dem ersuchten Mitgliedstaat in Kraft war.

(3) Entscheidungen, die vor Beginn der Anwendung dieser Verordnung in Verfahren ergangen sind, die nach Inkrafttreten der Verordnung (EG) Nr. 1347/2000 eingeleitet wurden, werden nach Maßgabe des Kapitels III der vorliegenden Verordnung anerkannt und vollstreckt, sofern sie eine Ehescheidung, Trennung ohne Auflösung des Ehebandes oder Ungültigerklärung einer Ehe oder eine aus Anlass eines solchen Verfahrens in Ehesachen ergangene Entscheidung über die elterliche Verantwortung für die gemeinsamen Kinder zum Gegenstand haben.

(4) Entscheidungen, die vor Beginn der Anwendung dieser Verordnung, aber nach Inkrafttreten der Verordnung (EG) Nr. 1347/2000 in Verfahren ergangen sind, die vor Inkrafttreten der Verordnung (EG) Nr. 1347/2000 eingeleitet wurden, werden nach Maßgabe des Kapitels III der vorliegenden Verordnung anerkannt und vollstreckt, sofern sie eine Ehescheidung, Trennung ohne Auflösung des Ehebandes oder Ungültigerklärung einer Ehe oder eine aus Anlass eines solchen Verfahrens in Ehesachen ergangene Entscheidung über die elterliche Verantwortung für die gemeinsamen Kinder zum Gegenstand haben und Zuständigkeitsvorschriften angewandt wurden, die mit denen des Kapitels II der vorliegenden Verordnung oder der Verordnung (EG) Nr. 1347/2000 oder eines Abkommens übereinstimmen, das zum Zeitpunkt der Einleitung des Verfahrens zwischen dem Ursprungsmitgliedstaat und dem ersuchten Mitgliedstaat in Kraft war.

Diese Bestimmung regelt die Anwendung der EheVO II zur internationalen Zuständigkeit, zur Anerkennung und Vollstreckbarkeitserklärung sowie Vollstreckung von Entscheidungen, die vor Beginn der Anwendung dieser Verordnung eingeleitet wurden. Hierzu wird auch auf § 606a Rn. 40 Bezug genommen. Das IntFamRVG enthält in § 56 entsprechende Regelungen für das HaagKindEÜbk und das Europäische Sorgerechtsübereinkommen.[1]

Kapitel VII. Schlussbestimmungen

Artikel 65 Überprüfung

Die Kommission unterbreitet dem Europäischen Parlament, dem Rat und dem Europäischen Wirtschafts- und Sozialausschuss spätestens am 1. Januar 2012 und anschließend alle fünf Jahre auf der Grundlage der von den Mitgliedstaaten vorgelegten Informationen einen Bericht über die Anwendung dieser Verordnung, dem sie gegebenenfalls Vorschläge zu deren Anpassung beifügt.

Artikel 66 Mitgliedstaaten mit zwei oder mehr Rechtssystemen

Für einen Mitgliedstaat, in dem die in dieser Verordnung behandelten Fragen in verschiedenen Gebietseinheiten durch zwei oder mehr Rechtssysteme oder Regelwerke geregelt werden, gilt Folgendes:

a) Jede Bezugnahme auf den gewöhnlichen Aufenthalt in diesem Mitgliedstaat betrifft den gewöhnlichen Aufenthalt in einer Gebietseinheit.
b) Jede Bezugnahme auf die Staatsangehörigkeit oder, im Fall des Vereinigten Königreichs, auf das „domicile" betrifft die durch die Rechtsvorschriften dieses Staates bezeichnete Gebietseinheit.
c) Jede Bezugnahme auf die Behörde eines Mitgliedstaats betrifft die zuständige Behörde der Gebietseinheit innerhalb dieses Staates.
d) Jede Bezugnahme auf die Vorschriften des ersuchten Mitgliedstaats betrifft die Vorschriften der Gebietseinheit, in der die Zuständigkeit geltend gemacht oder die Anerkennung oder Vollstreckung beantragt wird.

Artikel 67 Angaben zu den Zentralen Behörden und zugelassenen Sprachen

Die Mitgliedstaaten teilen der Kommission binnen drei Monaten nach Inkrafttreten dieser Verordnung Folgendes mit:

a) die Namen und Anschriften der Zentralen Behörden gemäß Artikel 53 sowie die technischen Kommunikationsmittel,
b) die Sprachen, die gemäß Artikel 57 Absatz 2 für Mitteilungen an die Zentralen Behörden zugelassen sind, und
c) die Sprachen, die gemäß Artikel 45 Absatz 2 für die Bescheinigung über das Umgangsrecht zugelassen sind. Die Mitgliedstaaten teilen der Kommission jede Änderung dieser Angaben mit. Die Angaben werden von der Kommission veröffentlicht.

---

1 Zum Begriff „Verfahrenseinleitung" s. *Hau* IPRax 2003, 461; *Wagner* FPR 2004, 286, 287; s. auch Art. 16.

Artikel 68 Angaben zu den Gerichten und den Rechtsbehelfen

Die Mitgliedstaaten teilen der Kommission die in den Artikeln 21, 29, 33 und 34 genannten Listen mit den zuständigen Gerichten und den Rechtsbehelfen sowie die Änderungen dieser Listen mit. Die Kommission aktualisiert diese Angaben und gibt sie durch Veröffentlichung im Amtsblatt der Europäischen Union und auf andere geeignete Weise bekannt.

Artikel 69 Änderungen der Anhänge

Änderungen der in den Anhängen I bis IV wiedergegebenen Formblätter werden nach dem in Artikel 70 Absatz 2 genannten Verfahren beschlossen.

Artikel 70 Ausschuss

(1) Die Kommission wird von einem Ausschuss (nachstehend „Ausschuss" genannt) unterstützt.

(2) Wird auf diesen Absatz Bezug genommen, so gelten die Artikel 3 und 7 des Beschlusses 1999/468/ EG.

(3) Der Ausschuss gibt sich eine Geschäftsordnung.

Artikel 71/Artikel 72 Aufhebung der Verordnung (EG) Nr. 1347/2000
In-Kraft-Treten

(1) Die Verordnung (EG) Nr. 1347/2000 wird mit Beginn der Geltung dieser Verordnung aufgehoben. Diese Verordnung tritt am 1. August 2004 in Kraft.

(2) Jede Bezugnahme auf die Verordnung (EG) Nr. 1347/2000 gilt als Bezugnahme auf diese Verordnung nach Sie gilt ab 1. März 2005 mit Ausnahme der Artikel 67, 68, 69Maßgabe der Entsprechungstabelle in Anhang VI. und 70, die ab dem 1. August 2004 gelten. Diese Verordnung ist in allen ihren Teilen verbindlich und gilt gemäß dem Vertrag zur Gründung der Europäischen Gemeinschaft unmittelbar in den Mitgliedstaaten.

Geschehen zu Brüssel am 27. November 2003.
Im Namen des Rates
Der Präsident
R. CASTELLI

Vom Abdruck der Anhänge I–VI wurde aus Platzgründen abgesehen.

Anhang 1. Verordnung (EG) Nr. 1348/2000 des Rates vom 29. Mai 2000 über die Zustellung gerichtlicher und außergerichtlicher Schriftstücke in Zivil- oder Handelssachen in den Mitgliedstaaten[1]

Vorbemerkungen

Die EuZustVO tritt unter den Mitgliedstaaten der Europäischen Union an die Stelle des Haager Zustellungsübereinkommens (HZÜ) aus dem Jahre 1965[2] bzw. des Haager Übereinkommens über den Zivilprozess von 1954[3]. Dies galt nicht für Dänemark, das sich an Rechtsakten, die wie die EuZustVO auf Grundlage von Art. 65 EGV ergehen, nicht beteiligt (Art. 69 EGV). Ein entsprechendes Erstreckungsabkommen zwischen der Gemeinschaft und Dänemark vom Oktober 2005[4] ist jedoch am 1. 7. 2007 in Kraft getreten.[5] Die Verordnung lehnt sich nahezu wortgleich an das **Europäische Zustellungsübereinkommen** aus dem Jahre 1997[6] an, das aber nicht mehr in Kraft getreten ist. Sie bleibt konzeptionell auch dem HZÜ weitgehend verhaftet. Neu ist der direkte Behördenverkehr nach Art. 4ff., sowie die Möglichkeit der Zustellung direkt im Postwege (Art. 14). Die Verordnung baut frühere **Souveränitätsschranken** innerhalb der Union ab. So ist ein ordre public-Vorbehalt für Zustellungen im Behördenwege nicht mehr vorgesehen. Trotz des Bestrebens nach einer Harmonisierung des internationalen Zustellungsrechts enthält die Verordnung eine Vielzahl von Optionsmöglichkeiten für die Mitgliedstaaten, die wieder zur **Rechtszersplitterung** führen. Die einzelnen Optionserklärungen der Mitgliedstaaten gem. Art. 23 EuZustVO sind in ihrer aktuellen Fassung abzurufen im **Europäischen Justizatlas der EU-Kommission** unter http://europa.eu.int/comm/justice_-home/judicidalatlascivil/html/ds_information_de.htm; für Deutschland ergeben sich die entsprechenden Erklärungen aus §§ 1067–1071 ZPO.

Reform: Die EuZustVO hat teils vehemente Kritik im Schrifttum erfahren.[7] Insbesondere Art. 8, 14 der Verordnung sind im Hinblick auf Übersetzungsanforderungen und Annahmeverweigerungsrechte des Empfängers problematisch, wie eine von der Kommission in Auftrag gegebene rechtstatsächliche Studie[8] bestätigte. Die Europäische Kommission plant angesichts dessen eine Reform der Verordnung.[9] Sie soll eine einheitliche Frist zur Annahmeverweigerung vorsehen, eine Heilungsmöglichkeit der Zustellung bei Annahmeverweigerung sowie eine Aufhebung des Rechts der Mitgliedstaaten Einzelheiten der Postzustellung zu bestimmen (Art. 14 neu). Damit soll die eingetretene Rechtszersplitterung wieder zurückgenommen werden.

DER RAT DER EUROPÄISCHEN UNION –

gestützt auf den Vertrag zur Gründung der Europäischen Gemeinschaft, insbesondere auf Artikel 61 Buchstabe c) und Artikel 67 Absatz 1,

auf Vorschlag der Kommission[10],

nach Stellungnahme des Europäischen Parlaments[11],

nach Stellungnahme des Wirtschafts- und Sozialausschusses[12],

in Erwägung nachstehender Gründe:

(1) Die Union hat sich zum Ziel gesetzt, einen Raum der Freiheit, der Sicherheit und des Rechts, in dem der freie Personenverkehr gewährleistet ist, zu erhalten und weiterzuentwickeln. Zum schrittweisen Aufbau dieses Raums erlässt die Gemeinschaft unter anderem im Bereich der justitiellen Zusammenarbeit in Zivilsachen die für das reibungslose Funktionieren des Binnenmarkts erforderlichen Maßnahmen.

---

1 ABl. EG L 160 vom 30. 6. 2000, S. 37.

2 BGBl. 1977 II, S. 1453.

3 BGBl. 1958 II, S. 577.

4 KOM (2005) 0146; Beschluss des Rates v. 27. 4. 2006, ABl EG L 120.

5 ABl EG v. 4. 4. 2007 L 94/70.

6 ABl. EG C 261 vom 27. 8. 1997, S. 1; vgl. auch den erläuternden Bericht im ABl. EG C 261 vom 27. 8. 1997, S. 26.

7 Vgl. nur *Lindacher* ZZP 114 (2001), 179ff.; *Stadler* IPRax 2001, 514ff.; *Schack,* Festschr. Geimer 2002, 931ff.; *Schmidt* IPRax 2004, 13, 18f.; *Bajons,* Festschr. Schütze, 1999, 49ff.; ausführlich jüngst *Becker,* Grundrechtsschutz bei der Anerkennung und Vollstreckbarerklärung im europäischen Zivilverfahrensrecht, Diss. Köln 2004, S. 209ff.

8 S. http://europa.eu. int/comm/justice_home/doc_centre/civil/studies/doc/study_ec1348_2000_en.pdf.

9 S. Bericht der Kommission an den Rat, das europ. Parlament und den europ. Wirtschafts- und Sozialausschuss über die Anwendung der Verordnung (EG) 1348/2000, KOM(2004) 603 endg; Vorschlag für eine Verordnung zur Änderung der Verordnung 1348/2000, KOM (2005)305 endg/2 vom 11. 7. 2005.; hierzu *Rösler/Siepmann* RIW 2006, 512; *Sujecki* EuZW 2006, 1ff. geänderter Vorschlag für eine Verordnung über die Zustellung gerichtlicher und außergerichtlicher Schriftsücke in Zivil- und Handelssachen in den Mitgliedstaaten, KOM (2006) 751 endg.; Mitteilung der Komm. an das Europäische Parlament zum gemeinsamen Standpunkt im Hinblick auf die Annahme der Verordnung, KOM (2007) 400 endg.

10 ABl. EG C 247 vom 31. 8. 1999, S. 11.

11 ABl. EG C 189 vom 7. 7. 2000, S. 91.

12 ABl. EG C 368 vom 20. 12. 1999, S. 47.

(2) Für das reibungslose Funktionieren des Binnenmarkts muss die Übermittlung gerichtlicher und außergerichtlicher Schriftstücke in Zivil- oder Handelssachen, die in einem anderen Mitgliedstaat zugestellt werden sollen, zwischen den Mitgliedstaaten verbessert und beschleunigt werden.

(3) Dieser Bereich unterliegt nunmehr Artikel 65 des Vertrags.

(4) Nach dem in Artikel 5 des Vertrags niedergelegten Subsidiaritäts- und Verhältnismäßigkeitsprinzip können die Ziele dieser Verordnung auf der Ebene der Mitgliedstaaten nicht ausreichend erreicht werden; sie können daher besser auf Gemeinschaftsebene erreicht werden. Diese Verordnung geht nicht über das für die Erreichung dieser Ziele erforderliche Maß hinaus.

(5) Der Rat hat mit Rechtsakt vom 26. Mai 1997[13] ein Übereinkommen über die Zustellung gerichtlicher und außergerichtlicher Schriftstücke in Zivil- oder Handelssachen in den Mitgliedstaaten der Europäischen Union erstellt und das Übereinkommen den Mitgliedstaaten zur Annahme gemäß ihren verfassungsrechtlichen Vorschriften empfohlen. Dieses Übereinkommen ist nicht in Kraft getreten. Die bei der Aushandlung diese Übereinkommens erzielten Ergebnisse sind zu wahren. Daher übernimmt die Verordnung weitgehend den wesentlichen Inhalt des Übereinkommens.

(6) Die Wirksamkeit und Schnelligkeit der gerichtlichen Verfahren in Zivilsachen setzt voraus, dass die Übermittlung gerichtlicher und außergerichtlicher Schriftstücke unmittelbar und auf schnellstmöglichem Wege zwischen den von den Mitgliedstaaten benannten örtlichen Stellen erfolgt. Die Mitgliedstaaten müssen jedoch erklären können, dass sie nur eine Übermittlungs- oder Empfangsstelle oder eine Stelle, die beide Funktionen zugleich wahrnimmt, für einen Zeitraum von fünf Jahren benennen wollen. Diese Benennung kann jedoch alle fünf Jahre erneuert werden.

(7) Eine schnelle Übermittlung erfordert den Einsatz aller geeigneten Mittel, wobei bestimmte Anforderungen an die Lesbarkeit und die Übereinstimmung des empfangenen Schriftstücks mit dem Inhalt des versandten Schriftstücks zu beachten sind. Aus Sicherheitsgründen muss das zu übermittelnde Schriftstück mit einem Formblatt versehen sein, das in der Sprache des Ortes auszufüllen ist, an dem die Zustellung erfolgen soll, oder in einer anderen vom Empfängerstaat anerkannten Sprache.

(8) Um die Wirksamkeit dieser Verordnung zu gewährleisten, ist die Möglichkeit, die Zustellung von Schriftstücken zu verweigern, auf Ausnahmefälle beschränkt.

(9) Auf eine schnelle Übermittlung muss auch eine schnelle Zustellung des Schriftstücks in den Tagen nach seinem Eingang folgen. Konnte das Schriftstück nach Ablauf eines Monats nicht zugestellt werden, so setzt die Empfangsstelle die Übermittlungsstelle davon in Kenntnis. Der Ablauf dieser Frist bedeutet nicht, dass der Antrag an die Übermittlungsstelle zurückgesandt werden muss, wenn feststeht, dass die Zustellung innerhalb einer angemessenen Frist möglich ist.

(10) Um die Interessen des Empfängers zu wahren, erfolgt die Zustellung in der Amtssprache oder einer der Amtssprachen des Orts, an dem sie vorgenommen wird, oder in einer anderen Sprache des Übermittlungsmitgliedstaats, die der Empfänger versteht.

(11) Aufgrund der verfahrensrechtlichen Unterschiede zwischen den Mitgliedstaaten bestimmt sich der Zustellungszeitpunkt in den einzelnen Mitgliedstaaten nach unterschiedlichen Kriterien. Unter diesen Umständen und in Anbetracht der möglicherweise daraus entstehenden Schwierigkeiten sollte diese Verordnung deshalb eine Regelung vorsehen, bei der sich der Zustellungszeitpunkt nach dem Recht des Empfangsmitgliedstaats bestimmt. Müssen jedoch die betreffenden Schriftstücke im Rahmen von Verfahren, die im Übermittlungsmitgliedstaat eingeleitet werden sollen oder schon anhängig sind, innerhalb einer bestimmte Frist zugestellt werden, so bestimmt sich der Zustellungszeitpunkt im Verhältnis zum Antragsteller nach dem Recht des Übermittlungsmitgliedstaats. Ein Mitgliedstaat kann jedoch aus angemessenen Gründen während eines Übergangszeitraums von fünf Jahren von den vorgenannten Bestimmungen abweichen. Er kann diese Abweichung aus Gründen, die sich aus seinem Rechtssystem ergeben, in Abständen von fünf Jahren erneuern.

(12) In den Beziehungen zwischen den Mitgliedstaaten, die Vertragsparteien der von den Mitgliedstaaten geschlossenen bilateralen oder multilateralen Übereinkünfte oder Vereinbarungen sind, insbesondere des Protokolls zum Brüsseler Übereinkommen vom 27. September 1968[14] und des Haager Übereinkommens vom 15. November 1965, hat diese Verordnung in ihrem Anwendungsbereich Vorrang vor den Bestimmungen der Übereinkünfte oder Vereinbarungen mit demselben Anwendungsbereich. Es steht den Mitgliedstaaten frei, Übereinkünfte oder Vereinbarungen zur Beschleunigung oder Vereinfachung der Übermittlung von Schriftstücken beizubehalten oder zu schließen, sofern diese Übereinkünfte oder Vereinbarungen mit dieser Verordnung vereinbar sind.

(13) Die nach dieser Verordnung übermittelten Daten müssen angemessen geschützt werden. Diese Frage wird durch die Richtlinie 95/46/EG des Europäischen Parlaments und des Rates vom 24. Oktober 1995 zum Schutz natürlicher Personen bei der Verarbeitung personenbezogener Daten und zum freien Datenverkehr[15] und die Richtlinie 97/66/EG des Europäischen Parlaments und des Rates vom 15. Dezember

---

[13] ABl. EG C 261 vom 27. 8. 1997, S. 1.

[14] Brüsseler Übereinkommen vom 27. September 1968 über die gerichtliche Zuständigkeit und die Vollstreckbarkeit gerichtlicher Entscheidungen in Zivil- und Handelssachen (ABl. L 299 vom 31. 12. 1972, S. 32; konsolidierte Fassung in ABl. C 27 vom 26. 1. 1998, S. 1).

[15] ABl. L 281 vom 23. 11. 1995, S. 31.

1997 über die Verarbeitung personenbezogener Daten und den Schutz der Privatsphäre im Bereich der Telekommunikation[16] geregelt.

(14) Die zur Durchführung dieser Verordnung erforderlichen Maßnahmen sollten gemäß dem Beschluss 1999/468/EG des Rates vom 28. Juni 1999 zur Festlegung der Modalitäten für die Ausübung der der Kommission übertragenen Durchführungsbefugnisse[17] erlassen werden.

(15) Diese Maßnahmen umfassen auch die Erstellung und Aktualisierung eines Handbuchs unter Verwendung geeigneter moderner Mittel.

(16) Spätestens drei Jahre nach Inkrafttreten dieser Verordnung hat die Kommission die Anwendung der Verordnung zu prüfen und gegebenenfalls erforderliche Änderungen vorzuschlagen.

(17) Das Vereinigte Königreich und Irland haben gemäß Artikel 3 des dem Vertrag über die Europäische Union und dem Vertrag zur Gründung der Europäischen Gemeinschaft beigefügten Protokolls über die Position des Vereinigten Königreichs und Irlands mitgeteilt, dass sie sich an der Annahme und Anwendung dieser Verordnung beteiligen möchten.

(18) Dänemark wirkt gemäß den Artikeln 1 und 2 des dem Vertrag über die Europäische Union und dem Vertrag zur Gründung der Europäischen Gemeinschaft beigefügten Protokolls über die Position Dänemarks an der Annahme dieser Verordnung nicht mit. Diese Verordnung ist daher für diesen Staat nicht verbindlich und ihm gegenüber nicht anwendbar –

HAT FOLGENDE VERORDNUNG ERLASSEN:

Kapitel I. Allgemeine Bestimmungen

Art. 1 Anwendungsbereich

(1) Diese Verordnung ist in Zivil- oder Handelssachen anzuwenden, in denen ein gerichtliches oder außergerichtliches Schriftstück von einem in einen anderen Mitgliedstaat zum Zwecke der Zustellung zu übermitteln ist.

(2) Diese Verordnung gilt nicht, wenn die Anschrift des Empfängers des Schriftstücks unbekannt ist.

Am Wortlaut des Art. 1 entzündete sich lange der Streit, ob die Verordnung auch anwendbar ist auf Zustellungen nach dem System der ***remise au parquet*** der Benelux-Staaten (ähnlich, aber mit teilweise schon mit entscheidenden Abweichungen auch Italien und Griechenland[18]), bei denen eine fristauslösende Inlandszustellung durch Übergabe des Schriftstücks an eine Amtsperson erfolgt *(signification)* und der ausländische Adressat nur noch durch ein an ihn gerichtetes Benachrichtigungsschreiben über die bereits erfolgte Zustellung informiert wird *(notification)*. Hierfür galt nach nationalem Prozessrecht teilweise kein Übersetzungserfordernis. Eine Übermittelung „zum Zwecke der Zustellung" liegt gerade nicht vor. Die Anwendbarkeit von EuZustVO und HZÜ wurde überwiegend bejaht, jedoch mehrten sich in der Vergangenheit die Stimmen, die diese Zustellungsform mit guten Gründen für **europarechtswidrig** hielten, da sie typischerweise ausländische Beklagte benachteiligt.[19] Der EuGH ließ die Frage eines Verstoßes gegen Art. 12 EG oder Art. 6 EMRK in der unlängst noch zu Art. 27 EuGVÜ[20] ergangenen *Scania*-Entscheidung ausdrücklich offen. Er verlagerte dabei aber, die Prüfung der Einhaltung des HZÜ bei einer französischen *remise au parquet* (die EuZustVO war im Vorlagefall noch nicht anwendbar) entgegen bisher hM im Hinblick auf Art. VI des Protokolls zum EuGVÜ ausdrücklich in die Ordnungsmäßigkeit iSv Art. 27 Nr. 1 EuGV. Die Entscheidung lässt dank einiger Ungereimtheiten Intepretationsspielraum, ob sie diese Zustellungsform damit als unzulässig verwerfen und dem HZÜ (jetzt der EuZustVO) generell der Vorrang einräumen wollte[21]. Praktisch hat die *remise au parquet* keine große Bedeutung mehr. Schon mit Inkrafttreten der EuZustVO kann ohnehin die *notification* nach Art. 14 im Postwege zugestellt werden und es müssen dessen Übersetzungsanforderungen beachten werden. Gesetzesänderungen in Frankreich, Belgien, Luxemburg und den Niederlanden haben inzwischen die Problematik erheblich entschärft und die der *remise au parquet* im Anwendungsbereich der EuZustVO abgeschafft.[22]

---

16 ABl. L 24 vom 30. 1. 1998, S. 2.

17 ABl. L 184 vom 17. 7. 1999, S. 23.

18 S. *Bajons,* Festschrift Schütze 1999, 49 ff.

19 OLG Karlsruhe RIW 1999, 539: Verstoß gegen Art. 12 EGV; ähnlich *Roth* IPRax 2000, 487, 498; *Bajons,* Festschrift Schütze 1999, 49 ff., 60; *Lindacher* ZZP 114 (2001), 179, 189.

20 Rs. Scania Finance France SA v. Rocking Spezialfabrik für Anhängerkupplungen GmbH & Co, Urt. v. 13. 10. 2005, C-522/03, IPRax 2006, 157 mit Anm. *Stadler* IPRax 2006, 116 ff; hierzu auch *Heiderhoff* EuZW 2006, 235 ff, *Jayme/Kohler* IPRax 2006, 537, 545; *Roth* IPRax 2006, 466 f.

21 Das Ende der *remise au parquet* im europäischen Justizraum sehen darin etwa *Heiderhoff* EuZW 2006, 235 ff, *Jayme/Kohler* IPRax 2006, 537, 545.

22 Frankreich: Änderung von Art. 684 des Nouveau Code de Procédure Civil zum 1. 3. 2006, Décret no. 2005–1678, vom 28. 12. 2005, Journal Officiel, 29. 12. 2005; hierzu und zur Rechtslage in den Niederlanden, Luxemburg und Belgien ausführlich *Kondring* RIW 2007, 330.

Art. 2 Übermittlungs- und Empfangsstellen

(1) Jeder Mitgliedstaat benennt die Behörden, Amtspersonen oder sonstigen Personen, die für die Übermittlung gerichtlicher und außergerichtlicher Schriftstücke, die in einem anderen Mitgliedstaat zuzustellen sind, zuständig sind, im Folgenden „Übermittlungsstellen" genannt.

(2) Jeder Mitgliedstaat benennt die Behörden, Amtspersonen oder sonstigen Personen, die für die Entgegennahme gerichtlicher und außergerichtlicher Schriftstücke aus einem anderen Mitgliedstaat zuständig sind, im Folgenden „Empfangsstellen" genannt.

(3) [1]Die Mitgliedstaaten können entweder eine Übermittlungsstelle und eine Empfangsstelle oder eine Stelle für beide Aufgaben benennen. [2]Bundesstaaten, Staaten mit mehreren Rechtssystemen oder Staaten mit autonomen Gebietskörperschaften können mehrere derartige Stellen benennen. [3]Diese Benennung ist für einen Zeitraum von fünf Jahren gültig und kann alle fünf Jahre erneuert werden.

(4) [1]Jeder Mitgliedstaat teilt der Kommission folgende Angaben mit:
a) die Namen und Anschriften der Empfangsstellen nach den Absätzen 2 und 3,
b) den Bereich, für den diese örtlich zuständig sind,
c) die ihnen zur Verfügung stehenden Möglichkeiten für den Empfang von Schriftstücken und
d) die Sprachen, in denen das Formblatt im Anhang ausgefüllt werden darf.
[2]Die Mitgliedstaaten teilen der Kommission jede Änderung dieser Angaben mit.

Abweichend vom HZÜ wird der Rechtshilfeverkehr nicht mehr über zentrale Behörden abgewickelt. Jeder Mitgliedsstaat benennt für den unmittelbaren Behördenverkehr Übermittlungs- und Empfangsbehörden. Für Deutschland ist dies in § 1069 ZPO geregelt.

Art. 3 Zentralstelle

[1]Jeder Mitgliedstaat benennt eine Zentralstelle, die
a) den Übermittlungsstellen Auskünfte erteilt;
b) nach Lösungswegen sucht, wenn bei der Übermittlung von Schriftstücken zum Zweck der Zustellung Schwierigkeiten auftreten;
c) in Ausnahmefällen auf Ersuchen einer Übermittlungsstelle einen Zustellungsantrag an die zuständige Empfangsstelle weiterleitet.
[2]Bundesstaaten, Staaten mit mehreren Rechtssystemen oder Staaten mit autonomen Gebietskörperschaften können mehrere Zentralstellen benennen.

Zentralstellen haben nur noch Informationsaufgaben und übernehmen in Ausnahmefällen die Übermittlung. Zu den einzelstaatlichen Angaben s. die Veröffentlichung im Europäischen Justizatlas (s. Vorbemerkung).

Kapitel II. Gerichtliche Schriftstücke

Abschnitt 1. Übermittlung und Zustellung von gerichtlichen Schriftstücken

Art. 4 Übermittlung von Schriftstücken

(1) Gerichtliche Schriftstücke sind zwischen den nach Artikel 2 benannten Stellen unmittelbar und so schnell wie möglich zu übermitteln.

(2) Die Übermittlung von Schriftstücken, Anträgen, Zeugnissen, Empfangsbestätigungen, Bescheinigungen und sonstigen Dokumenten zwischen den Übermittlungs- und Empfangsstellen kann auf jedem geeigneten Übermittlungsweg erfolgen, sofern das empfangene Dokument mit dem versandten Dokument inhaltlich genau übereinstimmt und alle darin enthaltenen Angaben mühelos lesbar sind.

(3) [1]Dem zu übermittelnden Schriftstück ist ein Antrag beizufügen, der nach dem Formblatt im Anhang erstellt wird. [2]Das Formblatt ist in der Amtssprache des Empfangsmitgliedstaats oder, wenn es in diesem Mitgliedstaat mehrere Amtssprachen gibt, der Amtssprache oder einer der Amtssprachen des Ortes, an dem die Zustellung erfolgen soll, oder in einer sonstigen Sprache, die der Empfangsmitgliedstaat zugelassen hat, auszufüllen. [3]Jeder Mitgliedstaat hat die Amtssprache oder die Amtssprachen der Europäischen Union anzugeben, die er außer seiner oder seinen eigenen für die Ausfüllung des Formblatts zulässt.

(4) Die Schriftstücke sowie alle Dokumente, die übermittelt werden, bedürfen weder der Beglaubigung noch einer anderen gleichwertigen Formalität.

(5) Wünscht die Übermittlungsstelle die Rücksendung einer Abschrift des Schriftstücks zusammen mit der Bescheinigung nach Artikel 10, so übermittelt sie das betreffende Schriftstück in zweifacher Ausfertigung.

Nach Abs. 2 kann die Übermittlung im Interesse der Beschleunigung auch per Telefax oder E-Mail erfolgen. Die zusätzlichen **zulässigen Sprachen** nach Abs. 3 S. 3 für das Ausfüllen des Formblattes sind nach den einzelstaatlichen Optionen unterschiedlich. Einzelheiten sind im Europäischen Justizatlas abzurufen (s. Vorbemerkung).

Art. 5 Übersetzung der Schriftstücke

(1) Der Verfahrensbeteiligte wird von der Übermittlungsstelle, der er das Schriftstück zum Zweck der Übermittlung übergibt, davon in Kenntnis gesetzt, dass der Empfänger die Annahme des Schriftstücks verweigern darf, wenn es nicht in einer der in Artikel 8 genannten Sprachen abgefasst ist.

(2) Der Verfahrensbeteiligte trägt etwaige vor der Übermittlung des Schriftstücks anfallende Übersetzungskosten unbeschadet einer etwaigen späteren Kostenentscheidung des zuständigen Gerichts oder der zuständigen Behörde.

Zu Annahmeverweigerungsrecht und Belehrung des Empfängers s. Art. 8.

Art. 6 Entgegennahme der Schriftstücke durch die Empfangsstelle

(1) Nach Erhalt des Schriftstücks übersendet die Empfangsstelle der Übermittlungsstelle auf schnellstmöglichem Wege und so bald wie möglich, auf jeden Fall aber innerhalb von sieben Tagen nach Erhalt des Schriftstücks, eine Empfangsbestätigung unter Verwendung des Formblatts im Anhang.

(2) Kann der Zustellungsantrag aufgrund der übermittelten Angaben oder Dokumente nicht erledigt werden, so nimmt die Empfangsstelle auf schnellstmöglichem Wege Verbindung zu der Übermittlungsstelle auf, um die fehlenden Angaben oder Schriftstücke zu beschaffen.

(3) Fällt der Zustellungsantrag offenkundig nicht in den Anwendungsbereich dieser Verordnung oder ist die Zustellung wegen Nichtbeachtung der erforderlichen Formvorschriften nicht möglich, sind der Zustellungsantrag und die übermittelten Schriftstücke sofort nach Erhalt zusammen mit dem Formblatt im Anhang für die Benachrichtigung über die Rücksendung an die Übermittlungsstelle zurückzusenden.

(4) [1]Eine Empfangsstelle, die ein Schriftstück erhält, für dessen Zustellung sie örtlich nicht zuständig ist, leitet dieses Schriftstück zusammen mit dem Zustellungsantrag an die örtlich zuständige Empfangsstelle in demselben Mitgliedstaat weiter, sofern der Antrag den Voraussetzungen in Artikel 4 Absatz 3 entspricht; sie setzt die Übermittlungsstelle unter Verwendung des Formblatts im Anhang davon in Kenntnis. [2]Die örtlich zuständige Empfangsstelle teilt der Übermittlungsstelle gemäß Absatz 1 den Eingang des Schriftstücks mit.

Die Aufforderung in Absatz 1 ist leider nicht mehr als Programmsatz.[23] Verstöße bleiben ungeahndet. Die Rücksendung nach Absatz 3 muss auf Ausnahmefälle beschränkt bleiben, wenn etwa eine Nachbesserung des Ersuchens nicht möglich ist. Die Kommissionsstudie der EU identifizierte allerdings auch viele Fälle unleserlicher oder unverständlicher Ersuchen,[24] in denen nur eine sofortige Rücksendung in Betracht kommt. Eine analoge Anwendung von Absatz 4 für den Fall, dass das Ersuchen in einen anderen Mitgliedstaat weiterzuleiten wäre[25], kommt wegen dort gegebenenfalls anderer Anforderungen an das Ersuchen und an die Übersetzung des zuzustellenden Schriftstückes nicht in Betracht.[26]

Art. 7 Zustellung der Schriftstücke

(1) Die Zustellung des Schriftstücks wird von der Empfangsstelle bewirkt oder veranlasst, und zwar entweder nach dem Recht des Empfangsmitgliedstaats oder in einer von der Übermittlungsstelle gewünschten besonderen Form, sofern dieses Verfahren mit dem Recht des Empfangsmitgliedstaats vereinbar ist.

(2) [1]Alle für die Zustellung erforderlichen Schritte sind so bald wie möglich vorzunehmen. [2]Konnte die Zustellung nicht binnen einem Monat nach Eingang des Schriftstücks vorgenommen werden, teilt die Empfangsstelle dies der Übermittlungsstelle unter Verwendung der Bescheinigung mit, die in dem Formblatt im Anhang vorgesehen und gemäß Artikel 10 Absatz 2 auszustellen ist. [3]Die Frist wird nach dem Recht des Empfangsmitgliedstaats berechnet.

Die Zustellung richtet sich grundsätzlich nach dem **Recht des Empfangsmitgliedstaates,**[26a] soweit nicht eine besondere Form ausdrücklich gewünscht wird (Art. 7 Abs. 1). Dies entspricht Art. 5 Abs. 1 S. 1 lit. a HZÜ. Eine von einer deutschen Empfangsstelle im Rahmen von Art. 7 zu bewirkende Zustellung kann durch **Einschreiben mit Rückschein** (§ 175 ZPO) zugestellt werden (§ 1068 Abs. 2). Dabei ist zu beachten, dass der Adressat nach Art. 8 der Verordnung über sein Verweigerungsrecht **belehrt** werden muss (hierzu Erl. zu Art. 8).

Art. 8 Verweigerung der Annahme eines Schriftstücks

(1) Die Empfangsstelle setzt den Empfänger davon in Kenntnis, dass er die Annahme des zuzustellenden Schriftstücks verweigern darf, wenn dieses in einer anderen als den folgenden Sprachen abgefasst ist:

a) der Amtssprache des Empfangsmitgliedstaats oder, wenn es im Empfangsmitgliedstaat mehrere Amtssprachen gibt, der Amtssprache oder einer der Amtssprachen des Ortes, an dem die Zustellung erfolgen soll, oder

b) einer Sprache des Übermittlungsmitgliedstaats, die der Empfänger versteht.

---

[23] *Rauscher/Heiderhoff*, Art. 6 EG-ZustellVO Rn. 1.

[24] http://europa.eu. int/comm/justice_home/doc_centre/civil/studies/doc/study_ec1348_2000_en.pdf, S. 39.

[25] So der Vorschlag von *Schlosser*, EuZPR, Art. 6 EuZustVO Rn. 4.

[26] So auch *Rauscher/Heiderhoff*, Art. 6 EG-ZustellVO Rn. 3.

[26a] OGH IPRax 2007, 134 m. Anm. *Kondring* ebenda 138ff.

(2) Wird der Empfangsstelle mitgeteilt, dass der Empfänger die Annahme des Schriftstücks gemäß Absatz 1 verweigert, setzt sie die Übermittlungsstelle unter Verwendung der Bescheinigung nach Artikel 10 unverzüglich davon in Kenntnis und sendet den Antrag sowie die Schriftstücke, um deren Übersetzung ersucht wird, zurück.

1 **1. Ablehnungsrecht und Belehrung. a) Grundsatz.** Während das HZÜ bei **förmlicher Zustellung** nach Art. 5 Abs. 3 iVm. § 3 des deutschen Durchführungsgesetzes jedenfalls eine Übersetzung des zuzustellenden Schriftstückes in deutscher Sprache verlangt, ist bei Zustellungen nach Art. 4 ff. grundsätzlich eine Übersetzung des zuzustellenden Schriftstücks **nicht** notwendig. Der Adressat hat aber unter den in Art. 8 genannten Voraussetzungen (zur Sprachkenntnis Rn. 2) ein **Ablehnungsrecht.** Indirekt folgt daraus ein Übersetzungserfordernis, wenn das Schriftstück in keiner der in Absatz 1 genannten Sprachen abgefasst ist. Über das Ablehnungsrecht ist der Adressat zu **belehren.** Bislang musste dies in einer Weise geschehen, die ihm vor Unterzeichnen des Rückscheins zumindest ermöglicht, zur Kenntnis zu nehmen, in welcher Sprache das Schriftstück abgefasst ist, denn die Empfangsstelle wird im Regelfall nicht selbst prüfen können, über welche Sprachkenntnisse (Art. 8 Abs. 1 lit b) der Adressat verfügt. Dieses praktische Problem[27] ist nur für Zustellungen im Ausland, nicht für solche in Deutschland durch die zu Recht großzügige Fristregelung für die Annahmeverweigerung in § 1070 ZPO gelöst.[28] Die anstehende Reform der EuZustVO sieht vor, dass in Anlehnung an die österreichische Regelung[29] und § 1070 ZPO dem Empfänger die Möglichkeit **nachträglicher Annahmeverweigerung** eingeräumt wird. Art. 8 Abs. 1 EuZustVO soll der Empfänger das Schriftstück binnen einer Woche nach Zustellung an die Empfangsstelle zurück schicken können, wenn es nicht den Sprachanforderungen der Norm entspricht.[30] Darüber hinaus soll die reformierte EuZustVO im Anhang endlich ein in allen Amtssprachen verfügbares Formblatt für die Belehrung des Empfängers nach Art. 8 Abs. 1 der Verordnung enthalten, das die Empfangsstelle gemäß der Neufassung von Art. 8 Abs. 1 verwenden soll. Die Neuregelung des Art. 8 soll auch für die Postzustellung gem. Art. 14 gelten (Art. 8 Abs. 4 des Entwurfs).

b) Ablehnungsgründe. Welche Schriftstücke zu übersetzen sind, um ein Weigerungsrecht auszuschließen, beurteilt sich nach der **lex fori** im Ursprungsstaat. Nach § 253 ZPO sind zur Wahrung des rechtlichen Gehörs Anlagen zur Klageschrift mit zuzustellen.[31] Daher sind sie ggf. auch mit zu übersetzen bzw. bei fehlender Übersetzung der **Anlagen** folgt aus Art. 8 ein Ablehnungsrecht.[32] Grundsätzlich problematisch und sehr umstritten ist die Regelung in lit b, die für das Übersetzungserfordernis auf **Sprachkenntnisse des Empfängers** abstellt, ohne die Anforderungen zu präzisieren. Hier sieht auch die EuZustVO-Reform keine Änderung vor. **Indizien** für hinreichende Sprachkenntnisse bei **natürlichen Personen** können berufliche Qualifikationen des Empfängers sein (zB Dolmetscherausbildung, Sprachlehrer). Ebenso wird man prima facie davon ausgehen dürfen, dass eine Partei, die sich für Verhandlung und Abfassung des streitgegenständlichen Vertrages auf eine bestimmte Fremdsprache eingelassen hat, diese auch hinreichend beherrscht. Zurechnungskriterien **für juristische Personen** fehlen im Übrigen völlig. Der BGH zeigt sich hier grundsätzlich sehr skeptisch gegenüber Vermutungen und Indizien, aus denen auf Sprachkenntnisse rückgeschlossen wird und will auf das tatsächliche Verstehen abstellen.[33] Nimmt aber man ganz formaljuristisch die Sprachkenntnisse der vertretungsberechtigten Organwalter zum Maßstab, so führt dies zu eher zufälligen Ergebnissen und würde nicht der Tatsache Rechnung tragen, dass innerhalb der juristischen Person durchaus anderweitig hinreichende Sprachkenntnisse gegeben sein können. Der Rückgriff auf solche internen Quellen erscheint dem Empfänger durchaus zumutbar. Nach teilweise vertretener Ansicht soll man sogar davon ausgehen dürfen, dass die Amtssprache des satzungsgemäßen bzw. tatsächlichen Verwaltungssitzes grundsätzlich beherrscht wird[34] bzw. die englische Sprache.[35] In jedem Fall scheint es vertretbar, wenn ein Unternehmen sich zur Vertragsabwicklung in einer bestimmten Sprache verpflichtet hat, widerleglich zu vermuten, dass auch in einem Rechtsstreit mit dem Vertragspartner Zustellungen in dieser Sprache vorgenommen werden dürfen und verstanden werden.[36] Der BGH hat diese Frage dem EuGH zur Entscheidung vorgelegt.[37]

c) Entscheidung über Ablehnungsrecht. Ob eine Verweigerung nach Art. 8 zu Recht erfolgt, ist nicht von der Empfangsstelle zu entscheiden, sondern vom **Prozessgericht** im Erststaat, gegebenenfalls bei späterer grenzüberschreitender Vollstreckung des ergangenen Urteils im Rahmen von Art. 45, 34 Nr. 2 EuGVO im Vollstreckbarerklärungsverfahren (soweit nicht die Verordnung über den Europäischen Vollstreckungstitel zur Anwendung kommt). Die **Rechtsunsicherheit** über eine wirksame Zustellung kann daher das

[27] *Schmidt* IPRax 2004, 13, 18 f.; *Stadler* IPRax 2001, 514 ff.

[28] *Jastrow* IPRax 2004, 11, 12.

[29] Vgl. Erklärung Österreichs gem. Art. 23 EuZustVO zu Art. 14 EuZustVO. Dort ist auch ausdrücklich festgelegt, dass bei erfolgter Annahmeverweigerung die Zustellung als nicht bewirkt anzusehen ist.

[30] § 1070 ZPO ist derzeit mit 2 Wochen großzügiger, strenger die österreichische Regelung zu Art. 14, 23 EuZustVO, die einen Widerspruch binnen drei Tagen vorsieht.

[31] BGH NJW 2007, 775.

[32] Unnötig daher insoweit die Vorlagefrage an den EuGH durch BGH NJW 2007, 775, 777 mit Anm. *Stadler* ZZPInt. 2006, 220.

[33] BGH NJW 2007, 775, 778.

[34] *Lindacher* ZZP 114 (2001), 187.

[35] *Schlosser*, EuZPR, Art. 8 EuZustVO Rn. 2 – dies dürfte zu weit gehen; so auch *Rauscher/Heiderhoff*, Art. 8 EG-ZustellVO Rn. 5.

[36] *Stadler* ZZPInt. 2006, 220.

[37] BGH NJW 2007, 775.

gesamte Verfahren beträchtlich belasten. Das Bestreben der Verordnung, die internationale Zustellung zu beschleunigen und zu vereinfachen, indem überflüssige Übersetzungen erspart bleiben, ist zwar begrüßenswert. Knüpft man jedoch die Wirksamkeit der Zustellung an so diffuse und kaum überprüfbare Kriterien wie vorhandene Sprachkenntnisse, geht die resultierende Unsicherheit zu Lasten beider Parteien.[38] Immerhin gibt die künftig vorgesehene Heilungsmöglichkeit durch nachträgliches Übersenden einer Übersetzung bei Annahmeverweigerung dem Kläger die Möglichkeit, dass er es nicht auf einen Streit über die Rechtmäßigkeit der Verweigerung ankommen lassen muss. Im Interesse des Beklagten wäre es jedoch wünschenswert für die Nachsendung der Übersetzung eine konkrete Frist festzulegen und nach Art. 19 vorzugehen[39], zumal er nach Zurückweisung der Zustellung das Schriftstück nicht mehr in Händen hält, um sich ggf. selbst eine Übersetzung anfertigen zu lassen.

2. Heilung von Zustellungsfehlern. Wird die Annahme gem. Art. 8 zu Recht verweigert, so ist die Zustellung unwirksam, wenn eine Heilung nicht Betracht kommt.[40] Die Frage, ob eine nachträgliche Heilung von Zustellungsmängeln möglich ist, war bislang sehr str. (s. § 328 Rn. 15 m. Nachw. zum Streitstand). In der Rs. *Leffler*[41] entschied der EuGH unlängst, dass im Falle berechtigter Annahmeverweigerung **wegen fehlender Übersetzung** die Zustellung nicht unwirksam sei, sondern der Fehler durch Nachreichen einer Übersetzung **korrigiert** werden kann. Um eine Heilung im engeren Sinne soll es sich dabei nicht handeln, da die fehlende Übersetzung nach EuGH kein Zustellungsfehler ist; sie wird lediglich nachgeholt.[41a] Zum Interessenausgleich beider Parteien soll in diesem Fall das Prinzip des doppelten Datums wie in Art. 9 gelten: Soweit der Zeitpunkt der Zustellung für den Kläger von Bedeutung (etwa bei drohender Verjährung der Klageforderung) ist, ist auf den Zeitpunkt der ursprünglichen Zustellung (ohne Übersetzung) abzustellen. Für den Beklagten darf jedoch von einer wirksamen Zustellung erst ab dem Zeitpunkt ausgegangen werden, zu dem er die Übersetzung des Schriftstückes erhalten hat.[42] Dies entspricht der Regelung, welche die Kommission für Art. 8 Abs. 3 neu EuZustVO vorsieht. 2

Art. 9 Datum der Zustellung

(1) Unbeschadet des Artikels 8 ist für das Datum der nach Artikel 7 erfolgten Zustellung eines Schriftstücks das Recht des Empfangsmitgliedstaats maßgeblich.

(2) Wenn jedoch die Zustellung eines Schriftstücks im Rahmen eines im Übermittlungsmitgliedstaat einzuleitenden oder anhängigen Verfahrens innerhalb einer bestimmten Frist zu erfolgen hat, ist im Verhältnis zum Antragsteller als Datum der Zustellung der Tag maßgeblich, der sich aus dem Recht des Übermittlungsmitgliedstaats ergibt.

(3) [1]Ein Mitgliedstaat kann aus angemessenen Gründen während eines Übergangszeitraums von fünf Jahren von den Absätzen 1 und 2 abweichen.
[2]Dieser Übergangszeitraum kann von einem Mitgliedstaat aus Gründen, die sich aus seinem Rechtssystem ergeben, in Abständen von fünf Jahren erneuert werden. [3]Der Mitgliedstaat teilt der Kommission den Inhalt der Abweichung und die konkreten Einzelheiten mit.

Die Vorschrift ermöglicht es, den Zeitpunkt der Zustellung **unterschiedlich** nach Abs. 1 und 2 festzulegen. Anwendungsfälle für Abs. 2 sind etwa die **Hemmung der Verjährung** durch Klageerhebung.[43] Für die Priorität verschiedener Klagen in unterschiedlichen Mitgliedstaaten trifft Art. 30 EuGVVO eine autonome Regelung, die von Art. 20, 21 EuGVÜ abweicht und nunmehr einheitlich im Grundsatz auf das Einreichen des verfahrenseinleitenden Schriftstückes beim jeweiligen Prozessgericht abstellt (s. dort Rn. 1). Die Mitgliedstaaten haben in großem Ausmaß von der Optionsmöglichkeit nach Abs. 3 Gebrauch gemacht. Die **Nichtanwendung bzw. Abweichung** haben erklärt Belgien, Finnland, Frankreich, Großbritannien, Irland, Portugal, Spanien, Schweden.

Art. 10 Bescheinigung über die Zustellung und Abschrift des zugestellten Schriftstücks

(1) [1]Nach Erledigung der für die Zustellung des Schriftstücks vorzunehmenden Schritte wird nach dem Formblatt im Anhang eine entsprechende Bescheinigung ausgestellt, die der Übermittlungsstelle übersandt wird. [2]Bei Anwendung von Artikel 4 Absatz 5 wird der Bescheinigung eine Abschrift des zugestellten Schriftstücks beigefügt.

(2) [1]Die Bescheinigung ist in der Amtssprache oder in einer der Amtssprachen des Übermittlungsmitgliedstaats oder in einer sonstigen Sprache, die der Übermittlungsmitgliedstaat zugelassen hat, auszufüllen. [2]Jeder Mitgliedstaat hat die Amtssprache oder die Amtssprachen der Europäischen Union anzugeben, die er außer seiner oder seinen eigenen für die Ausfüllung des Formblatts zulässt.

---

[38] *Stadler* IPRax 2001, 514ff.
[39] So auch *Rauscher/Heiderhoff*, Art. 8 EG-ZustellVO Rn. 13.
[40] So zutreffend für das deutsche Recht BGH NJW 2007, 775, 779 mit Anm. *Stadler* ZZPInt 2006, 220.
[41] Rs. Götz Leffler v. Berlin Chemie AG, Urt. v. 8. 11. 2005, C-443/03, IPRax 2006, 151 mit Anm. *Stadler* IPRax 2006, 116ff.
[41a] So auch *Kondring* IPRax 2007, 138, 142.
[42] AaO n. 65–67.
[43] Allg. zu verjährungsrechtlichen Implikationen der EuZustVO *Kuntze-Kaufhold/Beichel-Benedetti* NJW 2003, 1998.

Art. 11 Kosten der Zustellung

(1) Für die Zustellung gerichtlicher Schriftstücke aus einem anderen Mitgliedstaat darf keine Zahlung oder Erstattung von Gebühren und Auslagen für die Tätigkeit des Empfangsmitgliedstaats verlangt werden.

(2) Der Verfahrensbeteiligte hat jedoch die Auslagen zu zahlen oder zu erstatten, die dadurch entstehen,
a) dass bei der Zustellung eine Amtsperson oder eine andere nach dem Recht des Empfangsmitgliedstaats zuständige Person mitwirkt;
b) dass eine besondere Form der Zustellung eingehalten wird.

Abs. 2 Nr. 2a lässt die Erhebung von Gerichtsvollziehergebühren (zB in Frankreich, Belgien, Luxemburg, Niederlanden) zu; der Erlass durch Zusatzvereinbarung zum HZÜ gilt nicht mehr.[44]

Abschnitt 2. Andere Arten der Übermittlung und Zustellung gerichtlicher Schriftstücke

Die Zustellungsmöglichkeiten des zweiten Abschnitts sind nach dem Erläuternden Bericht zu dem nahezu identischen Europäischen Zustellungsübereinkommen (s. Vorbemerkung) subsidiär. Dies lässt sich allerdings weder aus Wortlaut noch Systematik der EuZustVO entnehmen. Daher ist etwa die Postzustellung nach Art. 14 eine der Zustellung im Behördenverkehr **gleichwertige Zustellungsmodalität.**[45] Erfolgt eine Zustellung sowohl nach Art. 4–11 also auch nach Art. 14 der Verordnung, so ist für den Beginn einer Verfahrensfrist der Zeitpunkt der zuerst wirksam bewirkten Zustellung maßgeblich.[46]

Art. 12 Übermittlung auf konsularischem oder diplomatischem Weg

Jedem Mitgliedstaat steht es in Ausnahmefällen frei, den nach Artikel 2 oder Artikel 3 benannten Stellen eines anderen Mitgliedstaats gerichtliche Schriftstücke zum Zweck der Zustellung auf konsularischem oder diplomatischem Weg zu übermitteln.

Art. 13 Zustellung von Schriftstücken durch die diplomatischen oder konsularischen Vertretungen

(1) Jedem Mitgliedstaat steht es frei, Personen, die ihren Wohnsitz in einem anderen Mitgliedstaat haben, gerichtliche Schriftstücke unmittelbar durch seine diplomatischen oder konsularischen Vertretungen ohne Anwendung von Zwang zustellen zu lassen.

(2) Jeder Mitgliedstaat kann nach Artikel 23 Absatz 1 mitteilen, dass er eine solche Zustellung in seinem Hoheitsgebiet nicht zulässt, außer wenn das Schriftstück einem Staatsangehörigen des Übermittlungsmitgliedstaats zuzustellen ist.

S. hierzu § 1067 ZPO.

Art. 14 Zustellung durch die Post

(1) Jedem Mitgliedstaat steht es frei, Personen, die ihren Wohnsitz in einem anderen Mitgliedstaat haben, gerichtliche Schriftstücke unmittelbar durch die Post zustellen zu lassen.

(2) Jeder Mitgliedstaat kann nach Artikel 23 Absatz 1 die Bedingungen bekannt geben, unter denen er eine Zustellung gerichtlicher Schriftstücke durch die Post zulässt.

Die Vorschrift lässt es im Gegensatz zur Parallelvorschrift im HZÜ (Art. 10) nicht mehr zu, dass die Mitgliedstaaten diese Zustellungsart völlig ausschließen. Postzustellung ist sowohl im Amts- wie im Parteibetrieb möglich.[47] Die Staaten haben in großem Umfang von der Optionsmöglichkeit nach Abs. 2 Gebrauch gemacht. Überwiegend ist danach Voraussetzung der Postzustellung eine Versendung per **Einschreiben mit Rückschein,** s. zu Einzelheiten den Europäischen Justizatlas (vgl. Vorbem.). Der Rückschein ist zwar keine öffentliche Urkunde, aber international als Zustellungsnachweis anerkannt; s. auch § 183 Abs. 1 Nr. 1 ZPO. Auch die geplante Reform der EuZustVO sieht vor, dass die Postzustellung grundsätzlich durch Postdienste per Einschreiben mit Rückschein oder gleichwertigem Beleg erfolgen soll. Weitere Optionsmöglichkenkeiten sollen die Mitgliedstaaten dann nicht mehr haben. Derzeit bestehen noch **zusätzliche Übersetzungserfordernisse** für das zuzustellende Schriftstück nach den Mitteilungen zahlreicher Mitgliedstaaten. Einzelheiten sind für jedes Land im konkreten Fall sorgfältig zu prüfen, da die Nichteinhaltung der Op-

---

[44] *Heß* NJW 2002, 2417, 2422; *Jastrow* NJW 2002, 3382, 3383.

[45] So jetzt ausdrücklich EuGH („Plumex"), EuGHE 2006, I 1417 = NJW 2006, 975; zuvor bereits *Jastrow* IPRax 2004, 11,12; *Stadler* IPrax 2001, 514, 519f. *Lindacher* ZZP 114 (2001), 185; aA *Heß* NJW 2001, 15, 19; *Kondring* IPRax 2007, 138, 139.

[46] EuGH („Plumex"), EuGHE 2006, I 1417 = NJW 2006, 975; m. zust. Anm. *Sujecki* EuZW 2007, 44; *Heiderhoff* IPRax 2007, 293.

[47] AA *Ende* NJW 2004, 1830, hiergegen zu Recht *Heß* NJW 2004, 3301.

tionsvorgaben die Zustellung – vorbehaltlich einer Heilung – unwirksam macht.[47a] Die deutsche Regelung ergibt sich aus § 1068 ZPO. Darüber hinaus stellt § 1070 ZPO für **ausgehende Schriftstücke** klar, dass ein zweiwöchiges Annahmeverweigerungsrecht auf Grund der verwendeten Sprache auch bei der Postzustellung besteht, auf die Art. 8 EuZustVO anwendbar ist.[48] Belehrungstexte in verschiedenen Sprachen stellt die neu gefasste ZRHO zur Verfügung.

Nach der geplanten **Reform** der EuZustVO sollen die derzeit unterschiedlichen Sprach- und Übersetzungsregelungen bei der Postzustellung erfreulicherweise ebenfalls wegfallen. Ein neu einzufügender Art. 8 Abs. 4 EuZustVO soll klarstellen, dass für die Postzustellung dieselbe Annahmeverweigerungs- und Sprachregelung gilt wie im Rahmen von Art. 8 EuZustVO.

Art. 15 Unmittelbare Zustellung

(1) Diese Verordnung schließt nicht aus, dass jeder an einem gerichtlichen Verfahren Beteiligte gerichtliche Schriftstücke unmittelbar durch Amtspersonen, Beamte oder sonstige zuständige Personen des Empfangsmitgliedstaats zustellen lassen kann.

(2) Jeder Mitgliedstaat kann nach Artikel 23 Absatz 1 erklären, dass er die Zustellung gerichtlicher Schriftstücke nach Absatz 1 in seinem Hoheitsgebiet nicht zulässt.

Eine **parteibetriebene** Zustellung nach Abs. 1 spielt für Auslandszustellungen in deutschen Zivilverfahren keine Rolle, da das Zustellungsreformgesetz dem Grundsatz der **Amtszustellung** verpflichtet bleibt (§§ 166 ff., s. aber §§ 829 Abs. 2, 922 Abs. 2)[49]. Einen **Vorbehalt** nach Abs. 2 hat Deutschland in § 1071 ZPO erklärt. Das deutsch-britische Abkommen von 1928[50] lässt die parteibetriebene Zustellung zu (Art. 5).

Kapitel III. Außergerichtliche Schriftstücke

Art. 16 Übermittlung

Außergerichtliche Schriftstücke können zum Zweck der Zustellung in einem anderen Mitgliedstaat nach Maßgabe dieser Verordnung übermittelt werden.

Kapitel IV. Schlussbestimmungen

Art. 17 Durchführungsbestimmungen

Die zur Durchführung dieser Verordnung erforderlichen Maßnahmen in Bezug auf die nachstehenden Sachbereiche sind nach dem Beratungsverfahren des Artikels 18 Absatz 2 zu erlassen:

a) die Erstellung und jährliche Aktualisierung eines Handbuchs mit den von den Mitgliedstaaten nach Artikel 2 Absatz 4 mitgeteilten Angaben,

b) die Erstellung eines Glossars in den Amtssprachen der Europäischen Union über die Schriftstücke, die nach Maßgabe dieser Verordnung zugestellt werden können,

c) die Aktualisierung oder technischen Anpassungen des Formblatts im Anhang.

Art. 18 Ausschuss

(1) Die Kommission wird von einem Ausschuss unterstützt.

(2) Wird auf diesen Absatz Bezug genommen, so gelten die Artikel 3 und 7 des Beschlusses 1999/468/EG.

(3) Der Ausschuss gibt sich eine Geschäftsordnung.

Art. 19 Nichteinlassung des Beklagten

(1) War ein verfahrenseinleitendes Schriftstück oder ein gleichwertiges Schriftstück nach dieser Verordnung zum Zweck der Zustellung in einen anderen Mitgliedstaat zu übermitteln und hat sich der Beklagte nicht auf das Verfahren eingelassen, so hat das Gericht das Verfahren auszusetzen, bis festgestellt ist,

a) dass das Schriftstück in einer Form zugestellt worden ist, die das Recht des Empfangsmitgliedstaats für die Zustellung der in seinem Hoheitsgebiet ausgestellten Schriftstücke an dort befindliche Personen vorschreibt, oder

b) dass das Schriftstück tatsächlich entweder dem Beklagten persönlich ausgehändigt oder nach einem anderen in dieser Verordnung vorgesehenen Verfahren in seiner Wohnung abgegeben worden ist,

---

[47a] Anders als bei Art. 8 bedeutet eine fehlende Übersetzung hier einen echten Zustellungsfehler, vgl. *Kondring* IPRax 2007, 138, 142.

[48] *Jastrow* IPRax 2004, 11, 12 m. Nachw., aA *Heß* NJW 2002, 2417, 2422 f.

[49] S. aber insbes. für die Zwangsvollstreckung, *Schmidt* IPRax 2004, 13, 15 ff.

[50] Vom 4. 3. 1929, RGBl. II, 133; wieder in Kraft gesetzt nach dem zweiten Weltkrieg s. BGBl. 1953 II, 116.

und dass in jedem dieser Fälle das Schriftstück so rechtzeitig ausgehändigt bzw. abgegeben worden ist, dass der Beklagte sich hätte verteidigen können.

(2) Jeder Mitgliedstaat kann nach Artikel 23 Abs. 1 mitteilen, dass seine Gerichte ungeachtet des Absatzes 1 den Rechtsstreit entscheiden können, auch wenn keine Bescheinigung über die Zustellung oder die Aushändigung bzw. Abgabe eingegangen ist, sofern folgende Voraussetzungen gegeben sind:

a) Das Schriftstück ist nach einem in dieser Verordnung vorgesehenen Verfahren übermittelt worden.

b) Seit der Absendung des Schriftstücks ist eine Frist von mindestens sechs Monaten verstrichen, die das Gericht nach den Umständen des Falles als angemessen erachtet.

c) Trotz aller zumutbaren Schritte bei den zuständigen Behörden oder Stellen des Empfangsmitgliedstaats war eine Bescheinigung nicht zu erlangen.

(3) Unbeschadet der Absätze 1 und 2 kann das Gericht in dringenden Fällen einstweilige Maßnahmen oder Sicherungsmaßnahmen anordnen.

(4) [1]War ein verfahrenseinleitendes Schriftstück oder ein gleichwertiges Schriftstück nach dieser Verordnung zum Zweck der Zustellung in einen anderen Mitgliedstaat zu übermitteln und ist eine Entscheidung gegen einen Beklagten ergangen, der sich nicht auf das Verfahren eingelassen hat, so kann ihm das Gericht in Bezug auf Rechtsmittelfristen die Wiedereinsetzung in den vorigen Stand bewilligen, sofern

a) der Beklagte ohne sein Verschulden nicht so rechtzeitig Kenntnis von dem Schriftstück erlangt hat, dass er sich hätte verteidigen können, und nicht so rechtzeitig Kenntnis von der Entscheidung erlangt hat, dass er sie hätte anfechten können, und

b) die Verteidigung des Beklagten nicht von vornherein aussichtslos scheint.

[2]Ein Antrag auf Wiedereinsetzung in den vorigen Stand kann nur innerhalb einer angemessenen Frist, nachdem der Beklagte von der Entscheidung Kenntnis erhalten hat, gestellt werden.

[3]Jeder Mitgliedstaat kann nach Artikel 23 Absatz 1 erklären, dass dieser Antrag nach Ablauf einer in seiner Mitteilung anzugebenden Frist unzulässig ist; diese Frist muss jedoch mindestens ein Jahr ab Erlass der Entscheidung betragen.

(5) Absatz 4 gilt nicht für Entscheidungen, die den Personenstand betreffen.

Die Vorschrift übernimmt im Wesentlichen die Regelungen der Art. 15, 16 HZÜ und versucht, die Folgen der Zustellung nach dem System der *remise au parquet* zu mildern (zu deren Bedeutungsverlust im Anwendungsbereich der EuZustVO s. Anm. zu Art. 1). Für den Exequaturrichter spielte die Vorschrift für Art. 27 Nr. 2 EuGVÜ nur im Rahmen der Rechtzeitigkeit der Zustellung eine Rolle – anders der EuGH, der die Prüfung in die Ordnungsgemäßheit vorverlagert.[51] Nach Art. 34 Nr. 2 EuGVO kommt es ohnehin nur noch auf die Rechtzeitigkeit der Zustellung an.

Art. 20 Verhältnis zu Übereinkünften oder Vereinbarungen, die die Mitgliedstaaten abgeschlossen haben

(1) Die Verordnung hat in ihrem Anwendungsbereich Vorrang vor den Bestimmungen, die in den von den Mitgliedstaaten geschlossenen bilateralen oder multilateralen Übereinkünften oder Vereinbarungen enthalten sind, insbesondere vor Artikel IV des Protokolls zum Brüsseler Übereinkommen von 1968 und vor dem Haager Übereinkommen vom 15. November 1965.

(2) Die Verordnung hindert einzelne Mitgliedstaaten nicht daran, Übereinkünfte oder Vereinbarungen zur weiteren Beschleunigung oder Vereinfachung der Übermittlung von Schriftstücken beizubehalten oder zu schließen, sofern sie mit dieser Verordnung vereinbar sind.

(3) Die Mitgliedstaaten übermitteln der Kommission

a) eine Abschrift der zwischen den Mitgliedstaaten geschlossenen Übereinkünfte oder Vereinbarungen nach Absatz 2 sowie Entwürfe dieser von ihnen geplanten Übereinkünfte oder Vereinbarungen sowie

b) jede Kündigung oder Änderung dieser Übereinkünfte oder Vereinbarungen.

Art. 21 Prozesskostenhilfe

Artikel 23 des Abkommens über den Zivilprozess vom 17. Juli 1905, Artikel 24 des Übereinkommens über den Zivilprozess vom 1. März 1954 und Artikel 13 des Abkommens über die Erleichterung des internationalen Zu- gangs zu den Gerichten vom 25. Oktober 1980 bleiben im Verhältnis zwischen den Mitgliedstaaten, die Vertragspartei dieser Übereinkünfte sind, von dieser Verordnung unberührt.

Art. 22 Datenschutz

(1) Die Empfangsstelle darf die nach dieser Verordnung übermittelten Informationen – einschließlich personenbezogener Daten – nur zu dem Zweck verwenden, zu dem sie übermittelt wurden.

(2) Die Empfangsstelle stellt die Vertraulichkeit derartiger Informationen nach Maßgabe ihres nationalen Rechts sicher.

(3) Die Absätze 1 und 2 berühren nicht das Auskunftsrecht von Betroffenen über die Verwendung der nach dieser Verordnung übermittelten Informationen, das ihnen nach dem einschlägigen nationalen Recht zusteht.

(4) Die Richtlinien 95/46/EG und 97/66/EG bleiben von dieser Verordnung unberührt.

[51] Rs. Scania Finance France SA v. Rockinger Gmbh & Co., Urt. v. 13. 10. 2005, C-522/03 = IPRax 2006, 157.

Art. 23 Mitteilung und Veröffentlichung

(1) Die Mitgliedstaaten teilen der Kommission die Angaben nach den Artikeln 2, 3, 4, 9, 10, 13, 14 und 15, Artikel 17 Buchstabe a) und Artikel 19 mit.

(2) Die Kommission veröffentlicht die Angaben nach Absatz 1 im *Amtsblatt der Europäischen Gemeinschaften.*

Art. 24 Überprüfung

[1]Die Kommission legt dem Europäischen Parlament, dem Rat und dem Wirtschafts- und Sozialausschuss spätestens am 1. Juni 2004 und danach alle fünf Jahre einen Bericht über die Anwendung dieser Verordnung vor, wobei sie insbesondere auf die Effizienz der in Artikel 2 benannten Stellen und auf die praktische Anwendung von Artikel 3 Buchstabe c) und Artikel 9 achtet. [2]Diesem Bericht werden erforderlichenfalls Vorschläge zur Anpassung dieser Verordnung an die Entwicklung der Zustellungssysteme beigefügt.

Art. 25 Inkrafttreten

(1) Diese Verordnung tritt am 31. Mai 2001 in Kraft.

(2) Diese Verordnung ist in allen ihren Teilen verbindlich und gilt gemäß dem Vertrag zur Gründung der Europäischen Gemeinschaft unmittelbar in den Mitgliedstaaten.

Vom Abdruck des Anhanges wurde aus Platzgründen abgesehen.

Anhang 2. Verordnung (EG) Nr. 1206/2001 des Rates vom 28. Mai 2001

über die Zusammenarbeit zwischen den Gerichten der Mitgliedstaaten auf dem Gebiet der Beweisaufnahme in Zivil- oder Handelssachen[1]

DER RAT DER EUROPÄISCHEN UNION –
gestützt auf den Vertrag zur Gründung der Europäischen Gemeinschaft, insbesondere auf Artikel 61 Buchstabe c) und Artikel 67 Absatz 1,
auf Initiative der Bundesrepublik Deutschland[2],
nach Stellungnahme des Europäischen Parlaments[3],
nach Stellungnahme des Wirtschafts- und Sozialausschusses[4],
in Erwägung nachstehender Gründe:

(1) Die Union hat sich zum Ziel gesetzt, einen Raum der Freiheit, der Sicherheit und des Rechts, in dem die Freizügigkeit gewährleistet ist, zu erhalten und weiterzuentwickeln. Zum schrittweisen Aufbau dieses Raums erlässt die Gemeinschaft unter anderem im Bereich der justiziellen Zusammenarbeit in Zivilsachen die für das reibungslose Funktionieren des Binnenmarkts erforderlichen Maßnahmen.

(2) Für das reibungslose Funktionieren des Binnenmarkts sollte die Zusammenarbeit zwischen den Gerichten auf dem Gebiet der Beweisaufnahme verbessert, insbesondere vereinfacht und beschleunigt werden.

(3) Der Europäische Rat hat auf seiner Tagung vom 15. und 16. Oktober 1999 in Tampere daran erinnert, dass neue verfahrensrechtliche Vorschriften für grenzüberschreitende Fälle, insbesondere im Bereich der Beweisaufnahme, auszuarbeiten sind.

(4) Dieser Bereich fällt unter Artikel 65 des Vertrags.

(5) Da die Ziele dieser Verordnung – die Verbesserung der Zusammenarbeit zwischen den Gerichten auf dem Gebiet der Beweisaufnahme in Zivil- oder Handelssachen – auf der Ebene der Mitgliedstaaten nicht ausreichend erreicht werden können und daher besser auf Gemeinschaftsebene erreicht werden können, kann die Gemeinschaft diese Maßnahmen im Einklang mit dem in Artikel 5 des Vertrags niedergelegten Grundsatz der Subsidiarität annehmen. Entsprechend dem in demselben Artikel niedergelegten Verhältnismäßigkeitsprinzip geht diese Verordnung nicht über das für die Erreichung dieser Ziele erforderliche Maß hinaus

(6) Bislang gibt es auf dem Gebiet der Beweisaufnahme keine alle Mitgliedstaaten bindende Übereinkunft. Das Haager Übereinkommen vom 18. März 1970 über die Beweisaufnahme im Ausland in Zivil- oder Handelssachen gilt nur zwischen elf Mitgliedstaaten der Europäischen Union.

(7) Da es für eine Entscheidung in einem bei einem Gericht eines Mitgliedstaats anhängigen zivil- oder handelsrechtlichen Verfahren oft erforderlich ist, in einem anderen Mitgliedstaat Beweis erheben zu lassen, darf sich die Tätigkeit der Gemeinschaft nicht auf den unter die Verordnung (EG) Nr. 1348/2000 des Rates vom 29. Mai 2000 über die Zustellung gerichtlicher und außergerichtlicher Schriftstücke in Zivil- oder Handelssachen in den Mitgliedstaaten[5] fallenden Bereich der Übermittlung gerichtlicher und außergerichtlicher Schriftstücke in Zivil- und Handelssachen beschränken. Daher muss die Zusammenarbeit der Gerichte der Mitgliedstaaten auf dem Gebiet der Beweisaufnahme weiter verbessert werden.

(8) Eine effiziente Abwicklung gerichtlicher Verfahren in Zivil- oder Handelssachen setzt voraus, dass die Übermittlung der Ersuchen um Beweisaufnahme und deren Erledigung direkt und auf schnellstmöglichem Wege zwischen den Gerichten der Mitgliedstaaten erfolgt.

(9) Eine schnelle Übermittlung der Ersuchen um Beweisaufnahme erfordert den Einsatz aller geeigneten Mittel, wobei bestimmte Bedingungen hinsichtlich der Lesbarkeit und der Zuverlässigkeit des eingegangenen Dokuments zu beachten sind. Damit ein Höchstmaß an Klarheit und Rechtssicherheit gewährleistet ist, müssen die Ersuchen um Beweisaufnahme anhand eines Formblatts übermittelt werden, das in der Sprache des Mitgliedstaats des ersuchten Gerichts oder in einer anderen von diesem Staat anerkannten Sprache auszufüllen ist. Aus denselben Gründen empfiehlt es sich, auch für die weitere Kommunikation zwischen den betreffenden Gerichten nach Möglichkeit Formblätter zu verwenden.

(10) Ein Ersuchen um Beweisaufnahme sollte rasch erledigt werden. Kann das Ersuchen innerhalb von 90 Tagen nach Eingang bei dem ersuchten Gericht nicht erledigt werden, so sollte dieses das ersuchende Gericht hiervon unter Angabe der Gründe, die einer zügigen Erledigung des Ersuchens entgegenstehen, in Kenntnis zu setzen.

(11) Um die Wirksamkeit dieser Verordnung zu gewährleisten, ist die Möglichkeit, die Erledigung eines Ersuchens um Beweisaufnahme abzulehnen, auf eng begrenzte Ausnahmefälle zu beschränken.

(12) Das ersuchte Gericht sollte das Ersuchen nach Maßgabe des Rechts seines Mitgliedstaats erledigen.

(13) Die Parteien und gegebenenfalls ihre Vertreter sollten der Beweisaufnahme beiwohnen können, wenn dies im Recht des Mitgliedstaats des ersuchenden Gerichts vorgesehen ist, damit sie die Verhandlungen wie im Falle einer Beweisaufnahme im Mitgliedstaat des ersuchenden Gerichts verfolgen können. Sie

---

[1] ABl. EG L 174 vom 28. 5. 2001, S. 1.
[2] ABl. EG C 314 vom 3. 11. 2000, S. 2.
[3] Stellungnahme vom 14. März 2001.
[4] Stellungnahme vom 28. Februar 2001.
[5] ABl. L 160 vom 30. 6. 2000, S. 37.

sollten auch das Recht haben, die Beteiligung an den Verhandlungen zu beantragen, damit sie an der Beweisaufnahme aktiver mitwirken können. Die Bedingungen jedoch, unter denen sie teilnehmen dürfen, sollten vom ersuchten Gericht nach Maßgabe des Rechts seines Mitgliedstaats festgelegt werden.

(14) Die Beauftragten des ersuchenden Gerichts sollten der Beweisaufnahme beiwohnen können, wenn dies mit dem Recht des Mitgliedstaats des ersuchenden Gerichts vereinbar ist, damit eine bessere Beweiswürdigung erfolgen kann. Sie sollten ebenfalls das Recht haben, die Beteiligung an den Verhandlungen zu beantragen – wobei die vom ersuchten Gericht nach Maßgabe des Rechts seines Mitgliedstaats festgelegten Bedingungen zu beachten sind –, damit sie an der Beweisaufnahme aktiver mitwirken können.

(15) Damit die Beweisaufnahme erleichtert wird, sollte es einem Gericht in einem Mitgliedstaat möglich sein, nach seinem Recht in einem anderen Mitgliedstaat mit dessen Zustimmung unmittelbar Beweis zu erheben, wobei die von der Zentralstelle oder der zuständigen Behörde des ersuchten Mitgliedstaats festgelegten Bedingungen zu beachten sind.

(16) Für die Erledigung des Ersuchens nach Artikel 10 sollte keine Erstattung von Gebühren und Auslagen verlangt werden dürfen. Falls jedoch das ersuchte Gericht die Erstattung verlangt, sollten die Aufwendungen für Sachverständige und Dolmetscher sowie die aus der Anwendung von Artikel 10 Absätze 3 und 4 entstehenden Auslagen nicht von jenem Gericht getragen werden. In einem solchen Fall hat das ersuchende Gericht die erforderlichen Maßnahmen zu ergreifen, um die unverzügliche Erstattung sicherzustellen. Wird die Stellungnahme eines Sachverständigen verlangt, kann das ersuchte Gericht vor der Erledigung des Ersuchens das ersuchende Gericht um eine angemessene Kaution oder einen angemessenen Vorschuss für die Sachverständigenkosten bitten.

(17) Diese Verordnung sollte in ihrem Anwendungsbereich Vorrang vor den Bestimmungen zwischen den Mitgliedstaaten geschlossener internationaler Übereinkommen haben. Es sollte den Mitgliedstaaten freistehen, untereinander Übereinkünfte oder Vereinbarungen zur weiteren Vereinfachung der Zusammenarbeit auf dem Gebiet der Beweisaufnahme zu treffen, sofern diese Übereinkünfte oder Vereinbarungen mit dieser Verordnung vereinbar sind.

(18) Die nach dieser Verordnung übermittelten Daten müssen geschützt werden. Da die Richtlinie 95/46/EG des Europäischen Parlaments und des Rates vom 24. Oktober 1995 zum Schutz natürlicher Personen bei der Verarbeitung personenbezogener Daten und zum freien Datenverkehr[6] und die Richtlinie 97/66/EG des Europäischen Parlaments und des Rates vom 15. Dezember 1997 über die Verarbeitung personenbezogener Daten und den Schutz der Privatsphäre im Bereich der Telekommunikation[7] Anwendung finden, sind entsprechende spezielle Bestimmungen in dieser Verordnung über Datenschutz nicht erforderlich.

(19) Die zur Durchführung dieser Verordnung erforderlichen Maßnahmen sollten gemäß dem Beschluss 99/468/EG des Rates vom 28. Juni 1999 zur Festlegung der Modalitäten für die Ausübung der der Kommission übertragenen Durchführungsbefugnisse[8] erlassen werden.

(20) Um eine einwandfreie Anwendung dieser Verordnung sicherzustellen, sollte die Kommission deren Durchführung prüfen und gegebenenfalls die notwendigen Änderungen vorschlagen.

(21) Das Vereinigte Königreich und Irland haben gemäß Artikel 3 des dem Vertrag über die Europäische Union und dem Vertrag zur Gründung der Europäischen Gemeinschaft beigefügten Protokolls über die Position des Vereinigten Königreichs und Irlands mitgeteilt, dass sie sich an der Annahme und Anwendung dieser Verordnung beteiligen möchten.

(22) Dänemark beteiligt sich gemäß den Artikeln 1 und 2 des dem Vertrag über die Europäische Union und dem Vertrag zur Gründung der Europäischen Gemeinschaft beigefügten Protokolls über die Position Dänemarks nicht an der Annahme dieser Verordnung, die daher für Dänemark nicht bindend und Dänemark gegenüber nicht anwendbar ist –

HAT FOLGENDE VERORDNUNG ERLASSEN:

KAPITEL I. ALLGEMEINE BESTIMMUNGEN

Art. 1 Anwendungsbereich

(1) Diese Verordnung ist in Zivil- oder Handelssachen anzuwenden, wenn das Gericht eines Mitgliedstaats nach seinen innerstaatlichen Rechtsvorschriften

a) das zuständige Gericht eines anderen Mitgliedstaats um Beweisaufnahme ersucht, oder

b) darum ersucht, in einem anderen Mitgliedstaat unmittelbar Beweis erheben zu dürfen.

(2) Um Beweisaufnahme darf nicht ersucht werden, wenn die Beweise nicht zur Verwendung in einem bereits eingeleiteten oder zu eröffnenden gerichtlichen Verfahren bestimmt sind.

(3) Im Sinne dieser Verordnung bezeichnet der Ausdruck „Mitgliedstaat" die Mitgliedstaaten mit Ausnahme Dänemarks.

---

[6] ABl. L 281 vom 23. 11. 1995, S. 31.
[7] ABl. L 24 vom 30. 1. 1998, S. 1.
[8] ABl. L 184 vom 17. 7. 1999, S. 23.

Art. 2 Unmittelbarer Geschäftsverkehr zwischen den Gerichten

(1) Ersuchen nach Artikel 1 Absatz 1 Buchstabe a) (nachstehend „Ersuchen“ genannt) sind von dem Gericht, bei dem das Verfahren eingeleitet wurde oder eröffnet werden soll (nachstehend „ersuchendes Gericht“ genannt), unmittelbar dem zuständigen Gericht eines anderen Mitgliedstaats (nachstehend „ersuchtes Gericht“ genannt) zur Durchführung der Beweisaufnahme zu übersenden.

(2) Jeder Mitgliedstaat erstellt eine Liste der für die Durchführung von Beweisaufnahmen nach dieser Verordnung zuständigen Gerichte. In dieser Liste ist auch der örtliche Zuständigkeitsbereich und gegebenenfalls die besondere fachliche Zuständigkeit dieser Gerichte anzugeben.

Art. 3 Zentralstelle

(1) Jeder Mitgliedstaat bestimmt eine Zentralstelle, die

a) den Gerichten Auskünfte erteilt;
b) nach Lösungswegen sucht, wenn bei einem Ersuchen Schwierigkeiten auftreten;
c) in Ausnahmefällen auf Ersuchen eines ersuchenden Gerichts ein Ersuchen an das zuständige Gericht weiterleitet;

(2) Bundesstaaten, Staaten mit mehreren Rechtssystemen oder Staaten mit autonomen Gebietskörperschaften können mehrere Zentralstellen bestimmen.

(3) Jeder Mitgliedstaat benennt ferner die in Absatz 1 genannte Zentralstelle oder eine oder mehrere zuständige Behörden als verantwortliche Stellen für Entscheidungen über Ersuchen nach Artikel 17.

KAPITEL II. ÜBERMITTLUNG UND ERLEDIGUNG DER ERSUCHEN

Abschnitt 1. Übermittlung des Ersuchens

Art. 4 Form und Inhalt des Ersuchens

(1) Das Ersuchen wird unter Verwendung des im Anhang enthaltenen Formblattes A oder gegebenenfalls des Formblattes I gestellt. Es enthält folgende Angaben:

a) das ersuchende und gegebenenfalls das ersuchte Gericht;
b) den Namen und die Anschrift der Parteien und gegebenenfalls ihrer Vertreter;
c) die Art und den Gegenstand der Rechtssache sowie eine gedrängte Darstellung des Sachverhalts;
d) die Bezeichnung der durchzuführenden Beweisaufnahme;
e) bei einem Ersuchen um Vernehmung einer Person:
   - Name und Anschrift der zu vernehmenden Personen;
   - die Fragen, welche an die zu vernehmenden Personen gerichtet werden sollen, oder den Sachverhalt, über den sie vernommen werden sollen;
   - gegebenenfalls einen Hinweis auf ein nach dem Recht des Mitgliedstaats des ersuchenden Gerichts bestehendes Zeugnisverweigerungsrecht;
   - gegebenenfalls den Antrag, die Vernehmung unter Eid oder eidesstattlicher Versicherung durchzuführen, und gegebenenfalls die dabei zu verwendende Formel;
   - gegebenenfalls alle anderen Informationen, die das ersuchende Gericht für erforderlich hält;
f) bei einem Ersuchen um eine sonstige Beweisaufnahme die Urkunden oder die anderen Gegenstände, die geprüft werden sollen;
g) gegebenenfalls Anträge nach Artikel 10 Absätze 3 und 4, Artikel 11 und Artikel 12 und für die Anwendung dieser Bestimmungen erforderliche Erläuterungen.

(2) Die Ersuchen sowie alle dem Ersuchen beigefügten Unterlagen bedürfen weder der Beglaubigung noch einer anderen gleichwertigen Formalität.

(3) Schriftstücke, deren Beifügung das ersuchende Gericht für die Erledigung des Ersuchens für notwendig hält, sind mit einer Übersetzung in die Sprache zu versehen, in der das Ersuchen abgefasst wurde.

Art. 5 Sprachen

Das Ersuchen und die aufgrund dieser Verordnung gemachten Mitteilungen sind in der Amtssprache des ersuchten Mitgliedstaats oder, wenn es in diesem Mitgliedstaat mehrere Amtssprachen gibt, in der Amtssprache oder einer der Amtssprachen des Ortes, an dem die beantragte Beweisaufnahme durchgeführt werden soll, oder in einer anderen Sprache, die der ersuchte Mitgliedstaat zugelassen hat, abzufassen. Jeder Mitgliedstaat hat die Amtssprache bzw. die Amtssprachen der Organe der Europäischen Gemeinschaft anzugeben, die er außer seiner bzw. seinen eigenen für die Ausfüllung des Formblatts zulässt.

Art. 6 Übermittlung der Ersuchen und der sonstigen Mitteilungen

Ersuchen und Mitteilungen nach dieser Verordnung werden auf dem schnellstmöglichen Wege übermittelt, mit dem der ersuchte Mitgliedstaat sich einverstanden erklärt hat. Die Übermittlung kann auf jedem geeigneten Übermittlungsweg erfolgen, sofern das empfangene Dokument mit dem versandten Dokument inhaltlich genau übereinstimmt und alle darin enthaltenen Angaben lesbar sind.

Abschnitt 2. Entgegennahme des Ersuchens

Art. 7 Entgegennahme des Ersuchens

(1) Das ersuchte zuständige Gericht übersendet dem ersuchenden Gericht innerhalb von sieben Tagen nach Eingang des Ersuchens eine Empfangsbestätigung unter Verwendung des Formblatts B im Anhang; entspricht das Ersuchen nicht den Bedingungen der Artikel 5 und 6, so bringt das ersuchte Gericht einen entsprechenden Vermerk in der Empfangsbestätigung an.

(2) Fällt die Erledigung eines unter Verwendung des Formblatts A im Anhang gestellten Ersuchens, das die Bedingungen nach Artikel 5 erfüllt, nicht in die Zuständigkeit des Gerichts, an das es übermittelt wurde, so leitet dieses das Ersuchen an das zuständige Gericht seines Mitgliedstaats weiter und unterrichtet das ersuchende Gericht unter Verwendung des Formblatts A im Anhang hiervon.

Art. 8 Unvollständiges Ersuchen

(1) Kann ein Ersuchen nicht erledigt werden, weil es nicht alle erforderlichen Angaben gemäß Artikel 4 enthält, so setzt das ersuchte Gericht unverzüglich, spätestens aber innerhalb von 30 Tagen nach Eingang des Ersuchens das ersuchende Gericht unter Verwendung des Formblatts C im Anhang davon in Kenntnis und ersucht es, ihm die fehlenden Angaben, die in möglichst genauer Weise zu bezeichnen sind, zu übermitteln.

(2) Kann ein Ersuchen nicht erledigt werden, weil eine Kaution oder ein Vorschuss nach Artikel 18 Absatz 3 erforderlich ist, teilt das ersuchte Gericht dem ersuchenden Gericht dies unverzüglich, spätestens 30 Tage nach Eingang des Ersuchens unter Verwendung des Formblatts C im Anhang mit; es teilt dem ersuchenden Gericht ferner mit, wie die Kaution oder der Vorschuss geleistet werden sollten. Das ersuchte Gericht bestätigt den Eingang der Kaution oder des Vorschusses unverzüglich, spätestens innerhalb von 10 Tagen nach Erhalt der Kaution oder des Vorschusses unter Verwendung des Formblatts D.

Art. 9 Vervollständigung des Ersuchens

(1) Hat das ersuchte Gericht gemäß Artikel 7 Absatz 1 auf der Empfangsbestätigung vermerkt, dass das Ersuchen nicht die Bedingungen der Artikel 5 und Artikel 6 erfüllt, oder hat es das ersuchende Gericht gemäß Artikel 8 davon unterrichtet, dass das Ersuchen nicht erledigt werden kann, weil es nicht alle erforderlichen Angaben nach Artikel 4 enthält, beginnt die Frist nach Artikel 10 Absatz 1 erst mit dem Eingang des ordnungsgemäß ausgefüllten Ersuchens beim ersuchten Gericht zu laufen.

(2) Sofern das ersuchte Gericht gemäß Artikel 18 Absatz 3 um eine Kaution oder einen Vorschuss gebeten hat, beginnt diese Frist erst mit der Hinterlegung der Kaution oder dem Eingang des Vorschusses.

Abschnitt 3. Beweisaufnahme durch das ersuchte Gericht

Art. 10 Allgemeine Bestimmungen über die Erledigung des Ersuchens

(1) Das ersuchte Gericht erledigt das Ersuchen unverzüglich, spätestens aber innerhalb von 90 Tagen nach Eingang des Ersuchens.

(2) Das ersuchte Gericht erledigt das Ersuchen nach Maßgabe des Rechts seines Mitgliedstaats.

(3) Das ersuchende Gericht kann unter Verwendung des Formblatts A im Anhang beantragen, dass das Ersuchen nach einer besonderen Form erledigt wird, die das Recht seines Mitgliedstaats vorsieht. Das ersuchte Gericht entspricht einem solchen Antrag, es sei denn, dass diese Form mit dem Recht des Mitgliedstaats des ersuchten Gerichts unvereinbar oder wegen erheblicher tatsächlicher Schwierigkeiten unmöglich ist. Entspricht das ersuchte Gericht aus einem der oben genannten Gründe nicht dem Antrag, so unterrichtet es das ersuchende Gericht unter Verwendung des Formblatts E im Anhang hiervon.

(4) Das ersuchende Gericht kann das ersuchte Gericht bitten, die Beweisaufnahme unter Verwendung von Kommunikationstechnologien, insbesondere im Wege der Videokonferenz und der Telekonferenz, durchzuführen.

Das ersuchte Gericht entspricht einem solchen Antrag, es sei denn, dass dies mit dem Recht des Mitgliedstaats des ersuchten Gerichts unvereinbar oder wegen erheblicher tatsächlicher Schwierigkeiten unmöglich ist.

Entspricht das ersuchte Gericht aus einem dieser Gründe dem Antrag nicht, so unterrichtet es das ersuchende Gericht unter Verwendung des Formblatts E im Anhang hiervon.

Hat das ersuchende oder das ersuchte Gericht keinen Zugang zu den oben genannten technischen Mitteln, können diese von den Gerichten im gegenseitigen Einvernehmen zur Verfügung gestellt werden.

Art. 11 Erledigung in Anwesenheit und unter Beteiligung der Parteien

(1) Sofern im Recht des Mitgliedstaats des ersuchenden Gerichts vorgesehen, haben die Parteien und gegebenenfalls ihre Vertreter das Recht, bei der Beweisaufnahme durch das ersuchte Gericht zugegen zu sein.

(2) Das ersuchende Gericht teilt in seinem Ersuchen unter Verwendung des Formblatts A im Anhang dem ersuchten Gericht mit, dass die Parteien und gegebenenfalls ihre Vertreter zugegen sein werden und dass gegebenenfalls ihre Beteiligung beantragt wird. Diese Mitteilung kann auch zu jedem anderen geeigneten Zeitpunkt erfolgen.

(3) Wird die Beteiligung der Parteien und gegebenenfalls ihrer Vertreter an der Durchführung der Beweisaufnahme beantragt, so legt das ersuchte Gericht nach Artikel 10 die Bedingungen für ihre Teilnahme fest.

(4) Das ersuchte Gericht teilt den Parteien und gegebenenfalls ihren Vertretern unter Verwendung des Formblatts F im Anhang Ort und Zeitpunkt der Verhandlung und gegebenenfalls die Bedingungen mit, unter denen sie teilnehmen können.

(5) Die Absätze 1 bis 4 lassen die Möglichkeit des ersuchten Gerichts unberührt, die Parteien und gegebenenfalls ihre Vertreter zu bitten, der Beweisaufnahme beizuwohnen oder sich daran zu beteiligen, wenn das Recht des Mitgliedstaats des ersuchenden Gerichts dies vorsieht.

Art. 12 Erledigung in Anwesenheit und unter Beteiligung von Beauftragten des ersuchenden Gerichts

(1) Sofern mit dem Recht des Mitgliedstaats des ersuchenden Gerichts vereinbar, haben die Beauftragten des ersuchenden Gerichts das Recht, bei der Beweisaufnahme durch das ersuchte Gericht zugegen zu sein.

(2) Der Begriff „Beauftragte" im Sinne dieses Artikels umfasst vom ersuchenden Gericht nach Maßgabe des Rechts seines Mitgliedstaats bestimmte Gerichtsangehörige. Das ersuchende Gericht kann nach Maßgabe des Rechts seines Mitgliedstaats auch andere Personen wie etwa Sachverständige bestimmen.

(3) Das ersuchende Gericht teilt in seinem Ersuchen unter Verwendung des Formblatts A im Anhang dem ersuchten Gericht mit, dass seine Beauftragten zugegen sein werden und gegebenenfalls, dass ihre Beteiligung beantragt wird. Diese Mitteilung kann auch zu jedem anderen geeigneten Zeitpunkt erfolgen.

(4) Wird die Beteiligung der Beauftragten des ersuchenden Gerichts an der Beweisaufnahme beantragt, legt das ersuchte Gericht nach Artikel 10 die Bedingungen für ihre Teilnahme fest.

(5) Das ersuchte Gericht teilt dem ersuchenden Gericht unter Verwendung des Formblatts F im Anhang Ort und Zeitpunkt der Verhandlung und gegebenenfalls die Bedingungen mit, unter denen die Beauftragten daran teilnehmen können.

Art. 13 Zwangsmaßnahmen

Soweit erforderlich, wendet das ersuchte Gericht bei der Erledigung des Ersuchens geeignete Zwangsmaßnahmen in den Fällen und in dem Umfang an, wie sie das Recht des Mitgliedstaats des ersuchten Gerichts für die Erledigung eines zum gleichen Zweck gestellten Ersuchens inländischer Behörden oder einer beteiligten Partei vorsieht.

Art. 14 Ablehnung der Erledigung

(1) Ein Ersuchen um Vernehmung einer Person wird nicht erledigt, wenn sich die betreffende Person auf ein Recht zur Aussageverweigerung oder auf ein Aussageverbot beruft,

a) das nach dem Recht des Mitgliedstaats des ersuchten Gerichts vorgesehen ist oder
b) das nach dem Recht des Mitgliedstaats des ersuchenden Gerichts vorgesehen und im Ersuchen bezeichnet oder erforderlichenfalls auf Verlangen des ersuchten Gerichts von dem ersuchenden Gericht bestätigt worden ist.

(2) Die Erledigung eines Ersuchens kann über die in Absatz 1 genannten Gründe hinaus nur insoweit abgelehnt werden, als

a) das Ersuchen nicht in den Anwendungsbereich dieser Verordnung nach Artikel 1 fällt oder
b) die Erledigung des Ersuchens nach dem Recht des Mitgliedstaats des ersuchten Gerichts nicht in den Bereich der Gerichtsgewalt fällt oder
c) das ersuchende Gericht der Aufforderung des ersuchten Gerichts auf Ergänzung des Ersuchens gemäß Artikel 8 nicht innerhalb von 30 Tagen, nachdem das ersuchte Gericht das ersuchende Gericht um Ergänzung des Ersuchens gebeten hat, nachkommt oder
d) eine Kaution oder ein Vorschuss, die gemäß Artikel 18 Absatz 3 verlangt wurden, nicht innerhalb von 60 Tagen nach dem entsprechenden Verlangen des ersuchenden Gerichts hinterlegt bzw. einbezahlt werden.

(3) Die Erledigung darf durch das ersuchte Gericht nicht allein aus dem Grund abgelehnt werden, dass nach dem Recht seines Mitgliedstaats ein Gericht dieses Mitgliedstaats eine ausschließliche Zuständigkeit für die Sache in Anspruch nimmt oder das Recht jenes Mitgliedstaats ein Verfahren nicht kennt, das dem entspricht, für welches das Ersuchen gestellt wird.

(4) Wird die Erledigung des Ersuchens aus einem der in Absatz 2 genannten Gründe abgelehnt, so setzt das ersuchte Gericht unter Verwendung des Formblatts H im Anhang das ersuchende Gericht innerhalb von 60 Tagen nach Eingang des Ersuchens bei dem ersuchten Gericht davon in Kenntnis.

Art. 15 Mitteilung über Verzögerungen

Ist das ersuchte Gericht nicht in der Lage, das Ersuchen innerhalb von 90 Tagen nach Eingang zu erledigen, setzt es das ersuchende Gericht unter Verwendung des Formblatts G im Anhang hiervon in Kenntnis. Dabei sind die Gründe für die Verzögerung anzugeben sowie der Zeitraum, der nach Einschätzung des ersuchten Gerichts für die Erledigung des Ersuchens voraussichtlich benötigt wird.

Art. 16 Verfahren nach Erledigung des Ersuchens

Das ersuchte Gericht übermittelt dem ersuchenden Gericht unverzüglich die Schriftstücke, aus denen sich die Erledigung des Ersuchens ergibt, und sendet gegebenenfalls die Schriftstücke, die ihm von dem ersuchenden Gericht zugegangen sind, zurück. Den Schriftstücken ist eine Erledigungsbestätigung unter Verwendung des Formblatts H im Anhang beizufügen.

Abschnitt 4. Unmittelbare Beweisaufnahme durch das ersuchende Gericht

Art. 17

(1) Beauftragt ein Gericht eine unmittelbare Beweisaufnahme in einem anderen Mitgliedstaat, so übermittelt es der nach Artikel 3 Absatz 3 bestimmten Zentralstelle oder zuständigen Behörde in diesem Staat unter Verwendung des Formblatts I im Anhang ein entsprechendes Ersuchen.

(2) Die unmittelbare Beweisaufnahme ist nur statthaft, wenn sie auf freiwilliger Grundlage und ohne Zwangsmaßnahmen erfolgen kann.

Macht die unmittelbare Beweisaufnahme die Vernehmung einer Person erforderlich, so teilt das ersuchende Gericht dieser Person mit, dass die Vernehmung auf freiwilliger Grundlage erfolgt.

(3) Die Beweisaufnahme wird von einem nach Maßgabe des Rechts des Mitgliedstaats des ersuchenden Gerichts bestimmten Gerichtsangehörigen oder von einer anderen Person wie etwa einem Sachverständigen durchgeführt.

(4) Die genannte Zentralstelle oder die zuständige Behörde des ersuchten Mitgliedstaats teilt dem ersuchenden Gericht unter Verwendung des Formblatts J im Anhang innerhalb von 30 Tagen nach Eingang des Ersuchens mit, ob dem Ersuchen stattgegeben werden kann und, soweit erforderlich, unter welchen Bedingungen nach Maßgabe des Rechts ihres Mitgliedstaats die betreffende Handlung vorzunehmen ist.

Die Zentralstelle oder die zuständige Behörde kann insbesondere ein Gericht ihres Mitgliedstaats bestimmen, das an der Beweisaufnahme teilnimmt, um sicherzustellen, dass dieser Artikel ordnungsgemäß angewandt wird und die festgelegten Bedingungen eingehalten werden.

Die Zentralstelle oder die zuständige Behörde fördert den Einsatz von Kommunikationstechnologie, wie Video- und Telekonferenzen.

(5) Die Zentralstelle oder die zuständige Stelle kann die unmittelbare Beweisaufnahme nur insoweit ablehnen, als

a) das Ersuchen nicht in den Anwendungsbereich dieser Verordnung nach Artikel 1 fällt,
b) das Ersuchen nicht alle nach Artikel 4 erforderlichen Angaben enthält oder
c) die beantragte unmittelbare Beweisaufnahme wesentlichen Rechtsgrundsätzen ihres Mitgliedstaats zuwiderläuft.

(6) Unbeschadet der nach Absatz 4 festgelegten Bedingungen erledigt das ersuchende Gericht das Ersuchen nach Maßgabe des Rechts seines Mitgliedstaats.

Abschnitt 5. Kosten

Art. 18

(1) Für die Erledigung des Ersuchens nach Artikel 10 darf die Erstattung von Gebühren oder Auslagen nicht verlangt werden.

(2) Falls jedoch das ersuchte Gericht dies verlangt, stellt das ersuchende Gericht unverzüglich die Erstattung folgender Beträge sicher:

- der Aufwendungen für Sachverständige und Dolmetscher und
- der Auslagen, die durch die Anwendung von Artikel 10 Absätze 3 und 4 entstanden sind.

Die Pflicht der Parteien, diese Aufwendungen und Auslagen zu tragen, unterliegt dem Recht des Mitgliedstaats des ersuchenden Gerichts.

(3) Wird die Stellungnahme eines Sachverständigen verlangt, kann das ersuchte Gericht vor der Erledigung des Ersuchens das ersuchende Gericht um eine angemessene Kaution oder einen angemessenen Vorschuss für die Sachverständigenkosten bitten. In allen übrigen Fällen darf die Erledigung eines Ersuchens nicht von einer Kaution oder einem Vorschuss abhängig gemacht werden.

Die Kaution oder der Vorschuss wird von den Parteien hinterlegt bzw. einbezahlt, falls dies im Recht des Mitgliedstaats des ersuchenden Gerichts vorgesehen ist.

KAPITEL III. SCHLUSSBESTIMMUNGEN

Art. 19–23 *(nicht abgedruckt)*

Art. 24 Inkrafttreten

(1) Diese Verordnung tritt am 1. Juli 2001 in Kraft.

(2) Diese Verordnung gilt ab dem 1. Januar 2004, mit Ausnahme der Artikel 19, 21 und 22, die ab dem 1. Juli 2001 gelten.

Diese Verordnung ist in allen ihren Teilen verbindlich und gilt gemäß dem Vertrag zur Gründung der Europäischen Gemeinschaft unmittelbar in den Mitgliedstaaten.

Anhang 3. Gesetz zur Ausführung zwischenstaatlicher Verträge und zur Durchführung von Verordnungen und Abkommen der Europäischen Gemeinschaft auf dem Gebiet der Anerkennung und Vollstreckung in Zivil- und Handelssachen

(Anerkennungs- und Vollstreckungsausführungsgesetz – AVAG)

Vorbemerkung

1. Zweck des AVAG. Das AVAG wurde ursprünglich 1988 als allgemeines Ausführungsgesetz für die dem EuGVÜ und den noch geltenden Anerkennungsverträgen unterfallenden Entscheidungen geschaffen. Die Neufassung von 2001 (und die Einbeziehung der EuGVVO durch die Änderung 2002) hält an dieser Konzeption fest. Das Gesetz enthält Regelungen zur Ausführung der maßgeblichen EG-Verordnungen und noch relevanter Staatsverträge. Vorrang haben allerdings divergierende Regelungen in den EG-Verordnungen bzw. Staatsverträgen selbst (§ 1 Abs. 2). Die **letzte Änderung** erfolgte durch Gesetz vom 17. 4. 2007.[1] Sie berücksichtigt das **Abkommen zwischen der EG und Dänemark** vom 19. 10. 2005,[2] durch das Dänemark der EuGVVO zwar nicht beigetreten ist, die Anwendung ihrer Vorschriften aber völkerrechtlich vereinbart hat. Die Änderungen des AVAG sind mit Inkrafttreten des Abkommens mit Dänemark **am 1. 7. 2007 in Kraft getreten.**[3] 1

2. Anwendungsbereich. Das Gesetz ist anwendbar auf die praktisch wichtige EuGVVO (§ 1 Abs. 1 Nr. 2a). Es gilt aber auch für das Abkommen der EG mit Dänemark vom 19. 10. 2005 (§ 1 Abs. 1 Nr. 2b) und für alte Regelungen, die noch anwendbar sein können, nämlich das EuGVÜ (§ 1 Abs. 1 Nr. 1a), das LugÜ (§ 1 Abs. 1 Nr. 1b) und das HUVÜ 1973 (§ 1 Abs. 1 Nr. 1c) sowie für bilaterale Abkommen mit Norwegen, Israel und Spanien (§ 1 Abs. 1 Nr. 1d – e). Es **gilt nicht für europäische Vollstreckungstitel** für unbestrittene Forderungen (vielmehr 1079ff. ZPO) und die **EheVO II** (vielmehr IntFamRVG). 2

3. Gesetzessystematik. a) 1. Teil. Das Gesetz regelt im 1. Abschnitt den Anwendungsbereich und definiert bestimmte Begriffe. Abschnitt 2 enthält die wesentlichen Verfahrensvorschriften über die Zulassung der Vollstreckung aus ausländischen Titeln, die Abschnitte 3 und 4 regeln die Rechtsbehelfe, die Abschnitte 5 bis 9 Besonderheiten wie die Beschränkung der Zwangsvollstreckung, das Anerkennungsverfahren oder die Aufhebung oder Änderung ergangener Beschlüsse. 3

b) 2. Teil. Der zweite Teil des Gesetzes regelt Besonderheiten bei den verschiedenen maßgeblichen Verordnungen bzw. Abkommen. Diese verunglückte Systematik[4] führt dazu, dass nicht der Regelfall (die EG-Verordnungen) im Vordergrund steht, sondern dieser erst über §§ 55f. (EuGVVO) quasi als Ausnahme ermittelt werden muss. 4

Teil 1. Allgemeines

Abschnitt 1. Anwendungsbereich; Begriffsbestimmungen

§ 1 Anwendungsbereich

(1) Diesem Gesetz unterliegen

1. die Ausführung folgender zwischenstaatlicher Verträge (Anerkennungs- und Vollstreckungsverträge):

a) Übereinkommen vom 27. September 1968 über die gerichtliche Zuständigkeit und die Vollstreckung gerichtlicher Entscheidungen in Zivil- und Handelssachen (BGBl. 1972 II S. 773);

b) Übereinkommen vom 16. September 1988 über die gerichtliche Zuständigkeit und die Vollstreckung gerichtlicher Entscheidungen in Zivil- und Handelssachen (BGBl. 1994 II S. 2658);

c) Haager Übereinkommen vom 2. Oktober 1973 über die Anerkennung und Vollstreckung von Unterhaltsentscheidungen (BGBl. 1986 II S. 825);

d) Vertrag vom 17. Juni 1977 zwischen der Bundesrepublik Deutschland und dem Königreich Norwegen über die gegenseitige Anerkennung und Vollstreckung gerichtlicher Entscheidungen und anderer Schuldtitel in Zivil- und Handelssachen (BGBl. 1981 II S. 341);

e) Vertrag vom 20. Juli 1977 zwischen der Bundesrepublik Deutschland und dem Staat Israel über die gegenseitige Anerkennung und Vollstreckung gerichtlicher Entscheidungen in Zivil- und Handelssachen (BGBl. 1980 II S. 925);

f) Vertrag vom 14. November 1983 zwischen der Bundesrepublik Deutschland und Spanien über die Anerkennung und Vollstreckung von gerichtlichen Entscheidungen und Vergleichen sowie vollstreckbaren öffentlichen Urkunden in Zivil- und Handelssachen (BGBl. 1987 II S. 34);

2. die Durchführung folgender Verordnungen und Abkommen der Europäischen Gemeinschaft:

---

[1] BGBl. I S. 529.
[2] ABl. EU Nr. L 299 S. 62.
[3] Art. 4 des Änderungsgesetzes; BGBl. I 2007 S. 1058.
[4] MK/*Gottwald* (AB) Rn. 3; *Hub* NJW 2001, 3145, 3150.

a) der Verordnung (EG) Nr. 44/2001 des Rates vom 22. Dezember 2000 über die gerichtliche Zuständigkeit und die Anerkennung und Vollstreckung von Entscheidungen in Zivil- und Handelssachen (ABl. EG Nr. L 12 S. 1);
b) des Abkommens vom 19. Oktober 2005 zwischen der Europäischen Gemeinschaft und dem Königreich Dänemark über die gerichtliche Zuständigkeit und die Anerkennung und Vollstreckung von Entscheidungen in Zivil- und Handelssachen (ABl. EU Nr. L 299 S. 62).

(2) [1]Die Regelungen der in Absatz 1 Nr. 2 genannten Verordnungen und Abkommen werden als unmittelbar geltendes Recht der Europäischen Gemeinschaft durch die Durchführungsbestimmungen dieses Gesetzes nicht berührt. [2]Unberührt bleiben auch die Regelungen der zwischenstaatlichen Verträge; dies gilt insbesondere für die Regelungen über
1. den sachlichen Anwendungsbereich,
2. die Art der Entscheidungen und sonstigen Titel, die im Inland anerkannt oder zur Zwangsvollstreckung zugelassen werden können,
3. das Erfordernis der Rechtskraft der Entscheidungen,
4. die Art der Urkunden, die im Verfahren vorzulegen sind, und
5. die Gründe, die zur Versagung der Anerkennung oder Zulassung der Zwangsvollstreckung führen.

1 **1. Anwendungsbereich, Abs. 1.** Das Gesetz ist anwendbar auf die praktisch wichtige EuGVVO (Abs. 1 Nr. 2a). Es gilt aber auch für das Abkommen mit Dänemark vom 19. 10. 2005 (Abs. 1 Nr. 2b) und für alte Regelungen, die noch anwendbar sein können, nämlich das EuGVÜ (Abs. 1 Nr. 1a), das LugÜ (Abs. 1 Nr. 1b) und das HUVÜ 1973 (Abs. 1 Nr. 1c) sowie für bilaterale Abkommen mit Norwegen, Israel und Spanien (Abs. 1 Nr. 1d – e). **Abs. 1 Nr. 2** und **Abs. 2** (Letzterer rein redaktionell) sind durch Gesetz vom 17. 4. 2007[5] geändert worden. Die Änderung berücksichtigt das Abkommen zwischen der EG und Dänemark vom 19. 10. 2005 (s. vor § 1 AVAG Rn. 1). Sie ist mit Inkrafttreten des Abkommens mit Dänemark **am 1. 7. 2007 in Kraft getreten** (s. vor § 1 AVAG Rn. 1).

2 **2. Vorrang der Verordnungen und Verträge, Abs. 2.** Der nationale Gesetzgeber darf den Inhalt von unmittelbar geltenden EG-Vorschriften nicht wiederholen.[6] Deshalb schließt **Satz 1** Bestimmungen von der Anwendung aus, die eine Doppelregelung mit den EG-Verordnungen bedeuten würden. Vorrang haben nach **Satz 2** auch Regelungen der zwischenstaatlichen Verträge des Abs. 1 Nr. 1, wobei die Aufzählung des Abs. 2 S. 2 nur beispielhaft ist. Soweit weder das Übereinkommen noch das AVAG Vorschriften enthalten, kann auf die Vorschriften der ZPO zurückgegriffen werden.[7]

3 **3. Teilanwendung.** Unterfällt eine Entscheidung nur teilweise dem Anwendungsbereich nach Abs. 1, kann nur dieser Teil nach dem AVAG für vollstreckbar erklärt werden, der andere Teil nach dem dafür anwendbaren Gesetz, ggf. den §§ 722, 723 ZPO.

§ 2 Begriffsbestimmungen

Im Sinne dieses Gesetzes sind
1. unter Mitgliedstaaten die Mitgliedstaaten der Europäischen Unionund
2. unter Titeln Entscheidungen, gerichtliche Vergleiche und öffentliche Urkunden, auf welche der jeweils auszuführende Anerkennungs- und Vollstreckungsvertrag, die jeweils durchzuführende Verordnung oder das jeweils durchzuführende Abkommen Anwendung finden,
zu verstehen.

1 **1. Nummer 1** trägt der Tatsache Rechnung, dass die EG-Verordnungen nicht in allen Mitgliedsstaaten der EU gelten; derzeit nicht in Dänemark. Damit musste der Begriff des Mitgliedsstaates für das AVAG anders definiert werden. Die Vorschrift ist redaktionell der Tatsache angepasst worden, dass durch das Abkommen mit Dänemark (s. vor § 1 AVAG Rn. 1) den Vorschriften der EuGVVO entsprechende Regelungen auch im Verhältnis der sonstigen Mitgliedsstaaten zu Dänemark Anwendung finden.

2 **2. Nummer 2** definiert als Titel Entscheidungen, gerichtliche Vergleiche und öffentliche Urkunden. Die EG-Verordnungen enthalten insoweit Regelungen in Art. 1 (Zivil- und Handelssachen) und 31 EuGVVO (Titelarten). Die Vorschrift ist redaktionell durch Gesetz vom 17. 4. 2007 geändert worden (s. vor § 1 AVAG Rn. 1).

Abschnitt 2. Zulassung der Zwangsvollstreckung aus ausländischen Titeln

§ 3 Zuständigkeit

(1) Für die Vollstreckbarerklärung von Titeln aus einem anderen Staat ist das Landgericht ausschließlich zuständig.

(2) [1]Örtlich zuständig ist ausschließlich das Gericht, in dessen Bezirk der Verpflichtete seinen Wohnsitz hat, oder, wenn er im Inland keinen Wohnsitz hat, das Gericht, in dessen Bezirk die Zwangsvollstreckung

[5] BGBl. I S. 529.
[6] EuGH, Urteil vom 28. 3. 1985, 272/83.
[7] *Zö/Geimer* Rn. 3.

durchgeführt werden soll. [2]Der Sitz von Gesellschaften und juristischen Personen steht dem Wohnsitz gleich.

(3) Über den Antrag auf Erteilung der Vollstreckungsklausel entscheidet der Vorsitzende einer Zivilkammer.

1. Anwendungsbereich. Die Vorschrift findet in Verfahren nach der **EuGVVO keine Anwendung** (§ 55 Abs. 1). Allerdings findet sich in Art. 39 EuGVVO (iVm. Anhang II) eine entsprechende Regelung. Sonderregelungen gibt es für die Abkommen mit Norwegen (§ 44 Abs. 1) und Israel (§ 49 Abs. 1). Gem. § 1 Abs. 2 S. 2 sind vorrangig auch die Bestimmungen in Art. 32 EuGVÜ und Art. 32 LugÜ; sie entsprechen Art. 39 EuGVVO. 1

2. Zuständigkeit. Örtlich zuständig ist das Wohn-(Firmen-)sitzgericht, in Ermangelung dessen das Gericht, in dessen Bezirk die Zwangsvollstreckung durchgeführt werden soll. **Sachlich** zuständig ist das Landgericht. Die Zuständigkeit ist **ausschließlich.** Maßgeblich ist der Zeitpunkt der Antragstellung.[8] Die Unzuständigkeit kann auch im Beschwerdeverfahren (nicht im Rechtsbeschwerdeverfahren, § 17 Abs. 1 S. 2) gerügt werden; § 513 Abs. 2 ZPO findet keine Anwendung.[9] Bei **mehreren Antragsgegnern** ist Art. 6 Nr. 1 EuGVVO entsprechend anwendbar, sodass jedes Landgericht zuständig ist, in dessen Bezirk einer der Antragsgegner seinen Wohnsitz hat.[10] **Es entscheidet** der Kammervorsitzende und (nur) im Fall dessen Verhinderung der geschäftsplanmäßige Vertreter, nicht die Kammer selbst.[11] 2

§ 4 Antragstellung

(1) Der in einem anderen Staat vollstreckbare Titel wird dadurch zur Zwangsvollstreckung zugelassen, dass er auf Antrag mit der Vollstreckungsklausel versehen wird.

(2) Der Antrag auf Erteilung der Vollstreckungsklausel kann bei dem zuständigen Gericht schriftlich eingereicht oder mündlich zu Protokoll der Geschäftsstelle erklärt werden.

(3) Ist der Antrag entgegen § 184 des Gerichtsverfassungsgesetzes nicht in deutscher Sprache abgefasst, so kann das Gericht dem Antragsteller aufgeben, eine Übersetzung des Antrags beizubringen, deren Richtigkeit von einer

1. in einem Mitgliedstaat der Europäischen Union oder in einem anderen Vertragsstaat des Abkommens über den Europäischen Wirtschaftsraum oder

2. in einem Vertragsstaat des jeweils auszuführenden Anerkennungs- und Vollstreckungsvertrags

hierzu befugten Person bestätigt worden ist.

(4) Der Ausfertigung des Titels, der mit der Vollstreckungsklausel versehen werden soll, und seiner Übersetzung, soweit eine solche vorgelegt wird, sollen zwei Abschriften beigefügt werden.

1. Anwendungsbereich, Rechtsnatur der Vollstreckbarerklärung. Im Hinblick auf **Abs. 3** ist Art. 55 Abs. 2 **EuGVVO** vorrangig. Aus dem Wortlaut des Abs. 1 ergibt sich, dass die Vollstreckbarerklärung **rechtsgestaltenden Charakter** hat; es wird die Vollstreckbarkeit für das Hoheitsgebiet der BRD verliehen.[12] 1

2. Antrag, Sprache. Der **Antrag** kann gem. **Abs. 2** schriftlich eingereicht oder zu Protokoll der Geschäftsstelle erklärt werden; deshalb besteht kein Anwaltszwang (§ 78 Abs. 5 ZPO). Er muss, wenn dies nicht nach den Umständen klar ist und insbesondere dann, wenn mehrere Verordnungen/Abkommen anwendbar sind, mitteilen, nach welcher VO (welchem Abkommen) die Vollstreckbarerklärung erfolgen soll. Eine Umdeutung eines Antrags nach dem AVAG in eine Klage nach § 722 ist unzulässig.[13] Ein nicht in **deutscher Sprache** eingereichter Antrag ist gem. **Abs. 3** (zum Anwendungsbereich s. Rn. 1) nicht unzulässig; das Gericht kann dem Antragsteller aber die Vorlage einer den Anforderungen des Abs. 3 entsprechenden Übersetzung aufgeben. Da das Gericht ganz von einer Übersetzung absehen kann (Ermessensvorschrift), kann es sich auch mit einer unbeglaubigten Übersetzung begnügen.[14] 2

3. Titelausfertigung, Abschriften. Vorzulegen sind eine Titelausfertigung (s. auch Rn. 4 für die vorrangigen Verordnungen bzw. Abkommen) und zwei Abschriften (Letztere auch von vorgelegten Übersetzungen) davon. Das Gericht kann fehlende Abschriften beim Antragsteller anfordern oder auf dessen Kosten (§ 28 Abs. 1 S. 2 GKG, KV Nr. 9000) erstellen lassen. Zum Anwendungsbereich s. Rn. 1. 3

4. Weitere Urkunden. Bei Verfahren nach der **EuGVVO** sind weiter die in Art. 53f. EuGVVO genannten Urkunden, bei Verfahren nach dem **EuGVÜ** die in Art. 46f. EuGVÜ und bei Verfahren nach dem **LugÜ** die in Art. 46f. LugÜ genannten beizufügen. 4

5. Bestimmtheit des Titels. Der Titel muss wie jeder Vollstreckungstitel inhaltlich bestimmt sein (s. hierzu § 704 ZPO Rn. 5ff.; Art. 38 EuGVVO Rn. 2). Zu möglichen Konkretisierungen s. § 722 ZPO Rn. 5. Ein nicht hinreichend konkretisierter Titel darf nicht für vollstreckbar erklärt werden.[15] 5

---

[8] OLG Zweibrücken NJW-RR 2001, 144.
[9] OLG Köln OLGR 1993, 172f.
[10] *Zö/Geimer* Rn. 2.
[11] OLG Köln NJOZ 2004, 3367, 3368.
[12] *Zö/Geimer* Rn. 1.
[13] BGH NJW 1995, 264.
[14] BGH NJW 1980, 527f.
[15] BGH NJW 1993, 1801, 1802f.

§ 5 Zustellungsempfänger

(1) Hat die antragstellende Person in dem Antrag keinen Zustellungsbevollmächtigten im Sinn des § 184 Abs. 1 Satz 1 der Zivilprozessordnung benannt, so können bis zur nachträglichen Benennung alle Zustellungen an sie durch Aufgabe zur Post (§ 184 Abs. 1 Satz 2 und Abs. 2 der Zivilprozessordnung) bewirkt werden.

(2) Absatz 1 gilt nicht, wenn die antragstellende Person einen Verfahrensbevollmächtigten für das Verfahren bestellt hat, an den im Inland zugestellt werden kann.

1 **1. Normzweck.** Art. 40 Abs. 2 S. 2 EuGVVO und Art. 33 EuGVÜ bzw. LugÜ schreiben die Benennung eines Zustellungsbeauftragten vor. Für die zwischenstaatlichen Verträge folgt die Verpflichtung inzident aus Abs. 1.[16] § 5 regelt das Verfahren, wenn kein Zustellungsbevollmächtigter benannt ist. Die Vorschrift ist durch **Gesetz vom 17. 4. 2007 geändert** worden (s. vor § 1 AVAG Rn. 1). Die Änderung passt sie an § 17 Abs. 1 des Gesetzes zum internationalen Familienrecht an. Das bisherige – eingeschränkte – Erfordernis des Wohnsitzes des Zustellungsbevollmächtigten im Bezirk des angerufenen Gerichts ist aufgegeben worden; es muss nur die Möglichkeit der Zustellung im Inland gewährleistet sein.

2 **2. Regelungsgehalt.** Hat der Antragsteller keinen Zustellungsbevollmächtigten benannt und wird er nicht durch Verfahrensbevollmächtigten (nicht nur Rechtsanwalt, s. § 6 Abs. 3) vertreten, an den im Inland zugestellt werden kann (Abs. 2), so kann gem. Abs. 1 die Zustellung an ihn durch Aufgabe zur Post (§ 184 ZPO; s. die Anmerkungen dort) erfolgen. Das Gericht ist nicht befugt, von sich aus einen Zustellungsbevollmächtigten zu benennen.[17]

§ 6 Verfahren

(1) Das Gericht entscheidet ohne Anhörung des Verpflichteten.

(2) [1]Die Entscheidung ergeht ohne mündliche Verhandlung. [2]Jedoch kann eine mündliche Erörterung mit dem Antragsteller oder seinem Bevollmächtigten stattfinden, wenn der Antragsteller oder der Bevollmächtigte hiermit einverstanden ist und die Erörterung der Beschleunigung dient.

(3) Im ersten Rechtszug ist die Vertretung durch einen Rechtsanwalt nicht erforderlich.

1 **1. Anwendungsbereich. Abs. 1** ist auf die **EuGVVO** nicht anwendbar (§ 55 Abs. 1). Dort gilt allerdings eine inhaltsgleiche Regelung (Art. 41 S. 2 EuGVVO).

2 **2. Regelungsgehalt.** Dem Schuldner ist **kein rechtliches Gehör** zu gewähren (Abs. 1). Eine **mündliche Verhandlung** findet nicht statt (Abs. 2 S. 1). Im Einverständnis mit dem Antragsteller bzw. seinem Bevollmächtigten kann nach Abs. 2 S. 2 zur Verfahrensbeschleunigung ein Erörterungstermin mit dem Antragsteller/seinem Bevollmächtigten (nicht etwa mit dem Antragsgegner) anberaumt werden. Im ersten Rechtszug besteht **kein Anwaltszwang** (Abs. 3).

§ 7 Vollstreckbarkeit ausländischer Titel in Sonderfällen

(1) [1]Hängt die Zwangsvollstreckung nach dem Inhalt des Titels von einer dem Berechtigten obliegenden Sicherheitsleistung, dem Ablauf einer Frist oder dem Eintritt einer anderen Tatsache ab oder wird die Vollstreckungsklausel zugunsten eines anderen als des in dem Titel bezeichneten Berechtigten oder gegen einen anderen als den darin bezeichneten Verpflichteten beantragt, so ist die Frage, inwieweit die Zulassung der Zwangsvollstreckung von dem Nachweis besonderer Voraussetzungen abhängig oder ob der Titel für oder gegen den anderen vollstreckbar ist, nach dem Recht des Staates zu entscheiden, in dem der Titel errichtet ist. [2]Der Nachweis ist durch Urkunden zu führen, es sei denn, dass die Tatsachen bei dem Gericht offenkundig sind.

(2) [1]Kann der Nachweis durch Urkunden nicht geführt werden, so ist auf Antrag des Berechtigten der Verpflichtete zu hören. [2]In diesem Falle sind alle Beweismittel zulässig. [3]Das Gericht kann auch die mündliche Verhandlung anordnen.

1 **1. Anwendungsbereich.** Abs. 1. S. 2, Abs. 3 S. 1 erster Halbsatz sowie Abs. 3 S. 2 findet keine Anwendung im Bereich der **EuGVVO.** Die sachlich vergleichbare Regelung des **Abs. 1 S. 2** findet sich in Art. 40 Abs. 3, 53 und 55 EuGVVO. Gem. § 1 Abs. 2 S. 2 sind vorrangig auch die Bestimmungen in Art. 33 Abs. 2, 46, 47 **EuGVÜ** bzw. **LugÜ;** sie entsprechen sachlich denen in der EuGVVO. Die Regelung des **Abs. 2** dagegen gilt im Bereich der EuGVVO nicht, weil diese eine Beteiligung des Antragsgegners in erster Instanz generell ausschließt (Art. 41 S. 2 EuGVVO). Gem. § 1 Abs. 2 S. 2 dürfte Abs. 2 wegen Art. 34 Abs. 1 EuGVÜ bzw. LugÜ auch im Bereich dieser Vorschriften keine Anwendung finden; dass hier ein Sonderfall geregelt und deshalb Art 34 EuGVÜ bzw. LugÜ nicht anwendbar sein soll,[18] lässt sich dem Wortlaut der Normen nicht entnehmen.

2 **2. Regelungsgehalt.** Abs. 1 S. 1 unterwirft die Fragen, ob besondere Vollstreckungsvoraussetzungen erfüllt sind oder eine Vollstreckung gegen Rechtsnachfolger möglich ist, dem Recht des titelerrichtenden

---

[16] MK/*Gottwald* (AB) Rn. 2.

[17] *Zö/Geimer* Rn. 1.

[18] So Zö/*Geimer* Rn. 3 unter Hinweis auf die Materialien.

Staates. Urkunden sind, da Abs. 1 S. 2 keine Einschränkung enthält, nicht nur wie im deutschen Recht (vgl. zB § 726 Abs. 1 ZPO) öffentliche Urkunden; der Nachweis kann auch durch Privaturkunden geführt werden.[19]

§ 8 Entscheidung

(1) [1]Ist die Zwangsvollstreckung aus dem Titel zuzulassen, so beschließt das Gericht, dass der Titel mit der Vollstreckungsklausel zu versehen ist. [2]In dem Beschluss ist die zu vollstreckende Verpflichtung in deutscher Sprache wiederzugeben. [3]Zur Begründung des Beschlusses genügt in der Regel die Bezugnahme auf die durchzuführende Verordnung der Europäischen Gemeinschaft oder den auszuführenden Anerkennungs- und Vollstreckungsvertrag sowie auf von dem Antragsteller vorgelegte Urkunden. [4]Auf die Kosten des Verfahrens ist § 788 der Zivilprozessordnung entsprechend anzuwenden.

(2) [1]Ist der Antrag nicht zulässig oder nicht begründet, so lehnt ihn das Gericht durch mit Gründen versehenen Beschluss ab. [2]Die Kosten sind dem Antragsteller aufzuerlegen.

1. Anwendungsbereich. Die Vorschrift findet auf alle erfassten Verordnungen/Abkommen Anwendung. 1

2. Richterliche Entscheidung. a) Stattgebend. Die Entscheidung ergeht durch **Beschluss** (Abs. 1 S. 1). In 2
der **stattgebenden Entscheidung** ist ggf. der Titelinhalt zu konkretisieren (s. § 4 Rn. 5; § 722 ZPO Rn. 5). Die Entscheidung kann unter Beachtung von Abs. 1 S. 2 etwa lauten: „Das Urteil des Bezirksgerichts … vom …, Az:…, durch das der Antragsgegner verurteilt worden ist, an die Antragstellerin … zu zahlen, ist mit der Vollstreckungsklausel zu versehen." Die Umrechnung des auf eine Fremdwährung lautenden Titels erfolgt nicht im Verfahren auf Vollstreckbarerklärung, sondern im Vollstreckungsverfahren (s. § 722 ZPO Rn. 9). Zur Begründung des Beschlusses reicht in der Regel die Bezugnahme auf die VO bzw. den Vertrag, der/die Grundlage des Verfahrens ist, sowie auf die vorgelegten Urkunden (Abs. 1 S. 2). Die **Kosten des Vollstreckbarerklärungsverfahrens** können unmittelbar nach § 788 ZPO vollstreckt werden (Abs. 1 S. 4), sodass eine Kostenentscheidung entfällt. Zur Festsetzung der Kosten nach § 788 Abs. 2 S. 1 ZPO ist das Vollstreckungsgericht zuständig.[20] Wegen § 9 Abs. 1 aE sollte bei Zahlungstiteln auch angegeben werden, wie hoch die Sicherheit für die Abwendung der Zwangsvollstreckung ist. Ggf. ist auch die Beschwerdefrist festzusetzen, s. § 10 Abs. 2 S. 1. Zur Bekanntgabe der Entscheidung s. § 10.

b) Eine ablehnende Entscheidung ist gem. Abs. 2 zu begründen; in ihr sind die Kosten dem Antragsteller 3
aufzuerlegen. Sie sollte trotz § 10 Abs. 3 S. 1 dem Antragsteller wegen § 329 Abs. 2 S. 2 ZPO förmlich zugestellt werden.

§ 9 Vollstreckungsklausel

(1) [1]Auf Grund des Beschlusses nach § 8 Abs. 1 erteilt der Urkundsbeamte der Geschäftsstelle die Vollstreckungsklausel in folgender Form: „Vollstreckungsklausel nach § 4 des Anerkennungs- und Vollstreckungsausführungsgesetzes vom 19. Februar 2001 (BGBl. I S. 288). Gemäß dem Beschluss des … … (Bezeichnung des Gerichts und des Beschlusses) ist die Zwangsvollstreckung aus … … (Bezeichnung des Titels) zugunsten …… (Bezeichnung des Berechtigten) gegen … … (Bezeichnung des Verpflichteten) zulässig. Die zu vollstreckende Verpflichtung lautet: …… (Angabe der dem Verpflichteten aus dem ausländischen Titel obliegenden Verpflichtung in deutscher Sprache; aus dem Beschluss nach § 8 Abs. 1 zu übernehmen). Die Zwangsvollstreckung darf über Maßregeln zur Sicherung nicht hinausgehen, bis der Gläubiger eine gerichtliche Anordnung oder ein Zeugnis vorlegt, dass die Zwangsvollstreckung unbeschränkt stattfinden darf." [2]Lautet der Titel auf Leistung von Geld, so ist der Vollstreckungsklausel folgender Zusatz anzufügen: „Solange die Zwangsvollstreckung über Maßregeln zur Sicherung nicht hinausgehen darf, kann der Schuldner die Zwangsvollstreckung durch Leistung einer Sicherheit in Höhe von …… (Angabe des Betrages, wegen dessen der Berechtigte vollstrecken darf) abwenden."

(2) Wird die Zwangsvollstreckung nur für einen oder mehrere der durch die ausländische Entscheidung zuerkannten oder in einem anderen ausländischen Titel niedergelegten Ansprüche oder nur für einen Teil des Gegenstands der Verpflichtung zugelassen, so ist die Vollstreckungsklausel als „Teil-Vollstreckungsklausel nach § 4 des Anerkennungs- und Vollstreckungsausführungsgesetzes vom 19. Februar 2001 (BGBl. I S. 288)" zu bezeichnen.

(3) [1]Die Vollstreckungsklausel ist von dem Urkundsbeamten der Geschäftsstelle zu unterschreiben und mit dem Gerichtssiegel zu versehen. [2]Sie ist entweder auf die Ausfertigung des Titels oder auf ein damit zu verbindendes Blatt zu setzen. [3]Falls eine Übersetzung des Titels vorliegt, ist sie mit der Ausfertigung zu verbinden.

1. Anwendungsbereich. Die Vorschrift findet auf alle erfassten Verordnungen/Abkommen Anwendung. 1
Zur Zuständigkeit des Urkundsbeamten des Beschwerdegerichts s. § 13 Abs. 4 S. 1.

2. Regelungsgehalt. Abs. 1 schreibt den Wortlaut der Klausel vor, die im Fall des **Abs. 2** als Teilklausel 2
zu bezeichnen ist. Die Zwangsvollstreckung darf zunächst über Maßnahmen der Sicherung nicht hinausgehen; dies ist in der Klausel zu vermerken. Fehlt der Vermerk, kann der Antragsgegner dies mit der Klausel-

[19] *Zö/Geimer* Rn. 2.
[20] OLG München NJW-RR 2002, 431.

erinnerung (§ 732 ZPO) rügen.[21] Zur unbeschränkten Vollstreckung s. §§ 23f. **Abs. 3** schreibt die Form der Ausfertigung vor.

§ 10 Bekanntgabe der Entscheidung

(1) Im Falle des § 8 Abs. 1 sind dem Verpflichteten eine beglaubigte Abschrift des Beschlusses, eine beglaubigte Abschrift des mit der Vollstreckungsklausel versehenen Titels und gegebenenfalls seiner Übersetzung sowie der gemäß § 8 Abs. 1 Satz 3 in Bezug genommenen Urkunden von Amts wegen zuzustellen.

(2) [1]Muss die Zustellung an den Verpflichteten im Ausland oder durch öffentliche Bekanntmachung erfolgen und hält das Gericht die Beschwerdefrist nach § 11 Abs. 3 Satz 1 nicht für ausreichend, so bestimmt es in dem Beschluss nach § 8 Abs. 1 oder nachträglich durch besonderen Beschluss, der ohne mündliche Verhandlung ergeht, eine längere Beschwerdefrist. [2]Die Bestimmungen über den Beginn der Beschwerdefrist bleiben auch im Falle der nachträglichen Festsetzung unberührt.

(3) [1]Dem Antragsteller sind eine beglaubigte Abschrift des Beschlusses nach § 8, im Falle des § 8 Abs. 1 ferner die mit der Vollstreckungsklausel versehene Ausfertigung des Titels und eine Bescheinigung über die bewirkte Zustellung, zu übersenden. [2]In den Fällen des Absatzes 2 ist die festgesetzte Frist für die Einlegung der Beschwerde auf der Bescheinigung über die bewirkte Zustellung zu vermerken.

1 **1. Anwendungsbereich. a) EuGVVO.** Art. 43 Abs. 5 S. 2 EuGVVO schreibt die Beschwerdefrist dann auf 2 Monate fest, wenn der Schuldner seinen Wohnsitz in einem anderen Mitgliedsstaat hat als dem, in dem die Vollstreckbarerklärung ergangen ist. Entsprechend bestimmt § 55 Abs. 2 Nr. 2, dass die Beschwerdefrist 2 Monate beträgt. Sie kann nicht verlängert werden. Abs. 2 und Abs. 3 S. 2 finden keine Anwendung.

2 **b) EuGVÜ, HUVÜ.** S. hierzu § 35 (EuGVÜ) und § 38 (HUVÜ 1973).

3 **2. Regelungsgehalt.** Im Fall des § 8 Abs. 1 ist zunächst die Zustellung an den Verpflichteten nach Maßgabe des **Abs. 1** durchzuführen, danach erhält der Antragsteller den Beschluss nach § 8 und die vollstreckbare Ausfertigung mit Zustellungsbescheinigung (**Abs. 3**). Ob damit im Regelfall ein Verstoß gegen Art. 42 Abs. 1 EuGVVO vorliegt,[22] ist zu bezweifeln; im Fall des Abs. 2 allerdings in der Tat anzunehmen. Deshalb ist im Fall des Abs. 2 zur Ermöglichung der Sicherungsvollstreckung die Übersendung an den Antragsteller nach Abs. 3 sofort vorzunehmen; die Zustellungsbescheinigung kann dann nachgesandt werden. Zur **Auslandszustellung** und **öffentlichen Zustellung** s. Abs. 2, Abs. 3 S. 2.

Abschnitt 3. Beschwerde, Vollstreckungsgegenklage

§ 11 Einlegung der Beschwerde; Beschwerdefrist

(1) [1]Die Beschwerde gegen die im ersten Rechtszug ergangene Entscheidung über den Antrag auf Erteilung der Vollstreckungsklausel wird bei dem Beschwerdegericht durch Einreichen einer Beschwerdeschrift oder durch Erklärung zu Protokoll der Geschäftsstelle eingelegt. [2]Beschwerdegericht ist das Oberlandesgericht. [3]Der Beschwerdeschrift soll die für ihre Zustellung erforderliche Zahl von Abschriften beigefügt werden.

(2) Die Zulässigkeit der Beschwerde wird nicht dadurch berührt, dass sie statt bei dem Beschwerdegericht bei dem Gericht des ersten Rechtszuges eingelegt wird; die Beschwerde ist unverzüglich von Amts wegen an das Beschwerdegericht abzugeben.

(3) [1]Die Beschwerde des Verpflichteten gegen die Zulassung der Zwangsvollstreckung ist innerhalb eines Monats, im Falle des § 10 Abs. 2 Satz 1 innerhalb der nach dieser Vorschrift bestimmten längeren Frist einzulegen. [2]Die Beschwerdefrist beginnt mit der Zustellung nach § 10 Abs. 1. [3]Sie ist eine Notfrist.

(4) Die Beschwerde ist dem Beschwerdegegner von Amts wegen zuzustellen.

1 **1. Anwendungsbereich.** Abs. 1 S. 2 und 3 sowie Abs. 3 S. 1 erster Halbsatz und S. 2 gelten für die **EuGVVO** nicht (§ 55 Abs. 1). Sachlich gleiche Regelungen enthalten Art. 43 Abs. 2 (iVm. Anh. III), Art. 43 Abs. 5 S. 1 EuGVVO. Nach § 55 Abs. 2 S. 4 gilt Abs. 3 S. 1 zweiter Halbsatz nicht, wenn der Verpflichtete seinen Wohnsitz im Ausland hat. Dies gilt auch im Anwendungsbereich der **EuGVÜ, HUVÜ.** S. hierzu § 35 (EuGVÜ) und § 38 (HUVÜ 1973).

2 **2. Einlegung der Beschwerde.** Die Beschwerde kann nach Abs. 1, Abs. 2 sowohl beim erstinstanzlichen als auch beim Oberlandesgericht eingelegt werden. Das Landgericht kann, wie aus Abs. 2 folgt, nicht abhelfen.[23] **Anwaltszwang besteht** wegen Abs. 1 S. 1, § 13 Abs. 2 S. 1, § 78 Abs. 5 ZPO außerhalb einer mündlichen Verhandlung **nicht.** Die Bevollmächtigung eines Vertreters ist nach Maßgabe der ZPO nachzuweisen.[24]

3 **3. Beschwerdefrist.** Die Beschwerdefrist gilt **für den Antragsgegner**, nicht für den Antragsteller; sie ist gem. Abs. 3 S. 3 eine Notfrist, die mit der Zustellung nach § 10 Abs. 1 beginnt. Sie beträgt in der Regel einen Monat; s. aber § 10 Abs. 2, §§ 35 Abs. 1, 37 Abs. 1.

---

[21] Anders (§ 766 ZPO) *Zö/Geimer* Rn. 1.
[22] So *Zö/Geimer* Rn. 2.
[23] OLG Köln NJOZ 2004, 3367, 3368.
[24] S. zum Nachweis BGH NJW 1992, 627f.

§ 12 Einwendungen gegen den zu vollstreckenden Anspruch im Beschwerdeverfahren

(1) Der Verpflichtete kann mit der Beschwerde, die sich gegen die Zulassung der Zwangsvollstreckung aus einer Entscheidung richtet, auch Einwendungen gegen den Anspruch selbst insoweit geltend machen, als die Gründe, auf denen sie beruhen, erst nach dem Erlass der Entscheidung entstanden sind.

(2) Mit der Beschwerde, die sich gegen die Zulassung der Zwangsvollstreckung aus einem gerichtlichen Vergleich oder einer öffentlichen Urkunde richtet, kann der Verpflichtete die Einwendungen gegen den Anspruch selbst ungeachtet der in Absatz 1 enthaltenen Beschränkung geltend machen.

1. Anwendungsbereich. Für die Verträge mit Norwegen und Israel gelten Abs. 2 nicht und Abs. 1 nur eingeschränkt (s. §§ 44 Abs. 3 und 49 Abs. 2). Zur nachträglichen Vollstreckungsabwehrklage s. § 14. An der Wirksamkeit der Vorschrift wird teilweise wegen Art. 43, 45 EuGVVO gezweifelt.[25] 1

2. Regelungsgehalt. a) Absatz 1. Die Vorschrift erlaubt die Geltendmachung von den Anspruch selbst betreffenden Einwendungen im Beschwerdeverfahren, sofern die Gründe erst nach Erlass der Entscheidung entstanden sind. Das sind grundsätzlich mit der **Vollstreckungsabwehrklage** geltend zu machende Einwendungen (s. § 767 Abs. 1 ZPO). Allerdings ist die Vorschrift **weit auszulegen.** So kann auch die nachträglich aus tatsächlichen Gründen entstandene fehlende Rechts- und Parteifähigkeit geltend gemacht werden.[26] Für die Frage, ob die Einwendung **nach Erlass der Entscheidung entstanden** ist (im deutschen Recht etwa § 767 Abs. 2 ZPO entsprechend), ist das Recht des Urteilsstaats maßgeblich. Es kommt darauf an, ob die Einwendung im ausländischen Erkenntnisverfahren nicht mehr vorgebracht werden konnte. Jedenfalls im Anwendungsbereich der EuGVVO muss der Erfüllungseinwand **unstreitig oder liquide belegt** sein, weil sonst gegen Art. 45 EuGVVO verstoßen würde.[27] 2

b) Absatz 2. Den Anspruch selbst betreffende Einwendungen (s. Rn. 2) können gegen Prozessvergleiche und öffentliche Urkunden nach Abs. 2 zeitlich uneingeschränkt geltend gemacht werden. Dies entspricht dem deutschen Recht bei der Vollstreckungsabwehrklage (s. § 767 ZPO Rn. 33). Es dürfte aber nicht gelten, wenn das ausländische Recht auch insoweit eine Präklusionswirkung vorsieht.[28] 3

c) Abänderungsgründe. Nicht geregelt ist in § 12 das Verfahren auf **Abänderung** eines Titels ausländischen Rechts; zur Abänderung berechtigende Gründe können deshalb nicht vorgebracht werden. Insoweit ist eine selbstständige Abänderungsklage (§ 323 ZPO) zu erheben.[29] 4

§ 13 Verfahren und Entscheidung über die Beschwerde

(1) [1]Das Beschwerdegericht entscheidet durch Beschluss, der mit Gründen zu versehen ist und ohne mündliche Verhandlung ergehen kann. [2]Der Beschwerdegegner ist vor der Entscheidung zu hören.

(2) [1]Solange eine mündliche Verhandlung nicht angeordnet ist, können zu Protokoll der Geschäftsstelle Anträge gestellt und Erklärungen abgegeben werden. [2]Wird die mündliche Verhandlung angeordnet, so gilt für die Ladung § 215 der Zivilprozessordnung.

(3) Eine vollständige Ausfertigung des Beschlusses ist dem Berechtigten und dem Verpflichteten auch dann von Amts wegen zuzustellen, wenn der Beschluss verkündet worden ist.

(4) [1]Soweit nach dem Beschluss des Beschwerdegerichts die Zwangsvollstreckung aus dem Titel erstmals zuzulassen ist, erteilt der Urkundsbeamte der Geschäftsstelle des Beschwerdegerichts die Vollstreckungsklausel. [2]§ 8 Abs. 1 Satz 2 und 4, §§ 9 und 10 Abs. 1 und 3 Satz 1 sind entsprechend anzuwenden. [3]Ein Zusatz, dass die Zwangsvollstreckung über Maßregeln zur Sicherung nicht hinausgehen darf, ist nur aufzunehmen, wenn das Beschwerdegericht eine Anordnung nach diesem Gesetz (§ 22 Abs. 2, § 40 Abs. 1 Nr. 1 oder § 45 Abs. 1 Nr. 1) erlassen hat. [4]Der Inhalt des Zusatzes bestimmt sich nach dem Inhalt der Anordnung.

1. Anwendungsbereich. Im Bereich des **EuGVÜ** gilt zusätzlich § 36; eine entsprechende Regelung enthält Art. 38 **LugÜ.** 1

2. Verfahren. Anwaltszwang herrscht nur, wenn eine mündliche Verhandlung anberaumt wird (Abs. 2 iVm. § 78 Abs. 5). Dann muss die Ladung mit Aufforderung zur Anwaltsbestellung erfolgen (Abs. 2 S. 2 iVm. § 215 ZPO). Der Beschwerdegegner ist **zu hören** (Abs. 1 S. 2). Im Bereich der **EuGVVO** gibt es eine Aussetzungsmöglichkeit nach Art. 46 EuGVVO, im Bereich des **EuGVÜ** ist nach § 36 eine Aussetzung des Verfahrens möglich. Zur Zustellung und evtl. Klauselerteilung s. Abs. 3, 4. 2

3. Entscheidung. Die Entscheidung erfolgt, auch wenn eine mündliche Verhandlung stattgefunden hat, durch Beschluss (Abs. 1 S. 1). Es entscheidet der volle Spruchkörper, weil der Vorsitzende beim LG nicht Einzelrichter iSd. § 568 ZPO ist.[30] Die Beschwerdeentscheidung muss den maßgeblichen Sachverhalt, über den entschieden wird, wiedergeben.[31] 3

---

[25] OLG Oldenburg NJW-RR 2007, 418f. m. weit. Nachw.; OLG Koblenz OLGR 2005, 276, 277; MK/*Gottwald* (AB) Art. 46 EuGVVO Rn. 4; Art. 43 EuGVVO Rn. 7; *T/P/Hüßtege* Art. 45 EuGVVO Rn. 3; aA zutreffend BGH EuZW 2007, 445, 447f.

[26] BGH NJW 1992, 627, 628.

[27] OLG Dresden NJW-RR 2007, 82, 83; OLG Düsseldorf NJW-RR 2005, 933, 934f.; wohl auch BGH EuZW 2007, 445, 447.

[28] *Zö/Geimer* Rn. 3.

[29] BGH EuZW 2007, 445, 446f.; NJW 1990, 1490f.

[30] OLG Zweibrücken NJOZ 2004, 785, 786 m. weit. Nachw.

[31] BGH NJW 2002, 2648f.

§ 14 Vollstreckungsgegenklage

(1) Ist die Zwangsvollstreckung aus einem Titel zugelassen, so kann der Verpflichtete Einwendungen gegen den Anspruch selbst in einem Verfahren nach § 767 der Zivilprozessordnung nur geltend machen, wenn die Gründe, auf denen seine Einwendungen beruhen, erst

1. nach Ablauf der Frist, innerhalb deren er die Beschwerde hätte einlegen können, oder

2. falls die Beschwerde eingelegt worden ist, nach Beendigung dieses Verfahrens

entstanden sind.

(2) [1]Die Klage nach § 767 der Zivilprozessordnung ist bei dem Gericht zu erheben, das über den Antrag auf Erteilung der Vollstreckungsklausel entschieden hat. [2]Soweit die Klage einen Unterhaltstitel zum Gegenstand hat, ist das Familiengericht zuständig; für die örtliche Zuständigkeit gelten die Vorschriften der Zivilprozessordnung für Unterhaltssachen.

1 **1. Anwendungsbereich.** Die Vorschrift findet auf alle erfassten Verordnungen/Abkommen Anwendung.

2 **2. Zuständigkeit.** Eine Vollstreckungsabwehrklage ist bei dem Gericht zu erheben, das erstinstanzlich über die Vollstreckbarerklärung entschieden hat (Abs. 1 S. 1). Bei Unterhaltstiteln dagegen ist gem. Abs. 2 S. 2 das Familiengericht zuständig; die örtliche Zuständigkeit richtet sich nach den Vorschriften der ZPO für Unterhaltssachen. Die Zuständigkeit dürfte gem. Abs. 1 S. 1 „ist zu erheben" und entsprechend § 802 ZPO **ausschließlich** sein.

3 **3. Präklusion.** Der Schuldner ist mit Einwendungen, die er nach § 12 im Beschwerdeverfahren hätte geltend machen können, bei einer folgenden Vollstreckungsabwehrklage präkludiert. Abs. 2 verbietet es nicht, nach dieser Norm präkludierte Einwendungen im Urteilsstaat nach dem dortigen Recht geltend zu machen. Erfolgt dort eine Aufhebung oder Abänderung, kann sie nach § 27 eingewandt werden. Maßgeblicher Zeitpunkt ist der Ablauf der Beschwerdefrist, wenn keine Beschwerde eingelegt wurde (Abs. 1 Nr. 1), bzw. der Abschluss des Beschwerdeverfahrens (nicht des Rechtsbeschwerdeverfahrens, weil keine Tatsacheninstanz). Unabhängig von Abs. 1 kann der Schuldner Einwendungen gelten machen, die im Beschwerdeverfahren nicht berücksichtigt wurden, weil sie nicht liquide belegt (s. § 12 Rn. 2) waren.

Abschnitt 4. Rechtsbeschwerde

§ 15 Statthaftigkeit und Frist

(1) Gegen den Beschluss des Beschwerdegerichts findet die Rechtsbeschwerde nach Maßgabe des § 574 Abs. 1 Nr. 1, Abs. 2 der Zivilprozessordnung statt.

(2) Die Rechtsbeschwerde ist innerhalb eines Monats einzulegen.

(3) Die Rechtsbeschwerdefrist ist eine Notfrist und beginnt mit der Zustellung des Beschlusses (§ 13 Abs. 3).

1 Die Vorschrift verweist auf § 574 Abs. 1 Nr. 1, Abs. 2 ZPO. Die Voraussetzungen des § 574 Abs. 2 ZPO müssen also vorliegen; eine Zulassung der Rechtsbeschwerde ist nicht Voraussetzung. Die Weigerung des Beschwerdegerichts, Maßnahmen nach Art. 38 EuGVÜ zu treffen, ist nicht rechtsbeschwerdefähig.[32]

§ 16 Einlegung und Begründung

(1) Die Rechtsbeschwerde wird durch Einreichen der Beschwerdeschrift bei dem Bundesgerichtshof eingelegt.

(2) [1]Die Rechtsbeschwerde ist zu begründen. [2]§ 575 Abs. 2 bis 4 der Zivilprozessordnung ist entsprechend anzuwenden. [3]Soweit die Rechtsbeschwerde darauf gestützt wird, dass das Beschwerdegericht von einer Entscheidung des Gerichtshofs der Europäischen Gemeinschaften abgewichen sei, muss die Entscheidung, von der der angefochtene Beschluss abweicht, bezeichnet werden.

(3) Mit der Beschwerdeschrift soll eine Ausfertigung oder beglaubigte Abschrift des Beschlusses, gegen den sich die Rechtsbeschwerde richtet, vorgelegt werden.

1 **1. Anwendungsbereich.** Die Vorschrift findet auf alle erfassten Verordnungen/Abkommen Anwendung.

2 **2. Regelungsgehalt.** Die Rechtsbeschwerde muss **beim BGH eingereicht werden** (Abs. 1); eine § 11 Abs. 2 entsprechende Regelung fehlt. Allerdings hat das Gericht, bei der die Rechtsbeschwerde fälschlich eingelegt wird, diese dem BGH weiterzuleiten. Für die Fristwahrung gilt der Eingang dort. Die Rechtsbeschwerde ist durch einen beim **BGH zugelassenen Anwalt** einzulegen.[33] Ein ausdrücklich formulierter **Antrag** ist weder in Beschwerdeschrift noch -begründung erforderlich.[34] Zur Begründung der Beschwerde und weiteren Formalien s. im Übrigen Abs. 2 S. 2, § 575 Abs. 2 bis 4 sowie Abs. 3.

[32] BGH NJW 1994, 2156, 2157 m. weit. Nachw.
[33] BGH NJW 2002, 2181 f.
[34] BGH NJW 1999, 2372.

§ 17 Verfahren und Entscheidung

(1) [1]Der Bundesgerichtshof kann nur überprüfen, ob der Beschluss auf einer Verletzung des Rechts der Europäischen Gemeinschaft, eines Anerkennungs- und Vollstreckungsvertrags, sonstigen Bundesrechts oder einer anderen Vorschrift beruht, deren Geltungsbereich sich über den Bezirk eines Oberlandesgerichts hinaus erstreckt. [2]Er darf nicht prüfen, ob das Gericht seine örtliche Zuständigkeit zu Unrecht angenommen hat.

(2) [1]Der Bundesgerichtshof kann über die Rechtsbeschwerde ohne mündliche Verhandlung entscheiden. [2]Auf das Verfahren über die Rechtsbeschwerde sind § 574 Abs. 4, § 576 Abs. 3 und § 577 der Zivilprozessordnung entsprechend anzuwenden.

(3) [1]Soweit die Zwangsvollstreckung aus dem Titel erstmals durch den Bundesgerichtshof zugelassen wird, erteilt der Urkundsbeamte der Geschäftsstelle dieses Gerichts die Vollstreckungsklausel. [2]§ 8 Abs. 1 Satz 2 und 4, §§ 9 und 10 Abs. 1 und 3 Satz 1 gelten entsprechend. [3]Ein Zusatz über die Beschränkung der Zwangsvollstreckung entfällt.

1. Anwendungsbereich. Im Bereich der **EuGVVO** gibt es eine Aussetzungsmöglichkeit nach Art. 46 EuGVVO. Im Bereich der **EuGVÜ/LugÜ** ist in Rechtsbehelfsverfahren Art. 38 der Abkommen zu berücksichtigen. Bei den Verträgen mit **Norwegen und Israel** sind § 43 Abs. 1 bzw. § 48 Abs. 1 zu beachten. 1

2. Regelungsgehalt. Gem. Abs. 1, 2 ist der BGH an die tatsächlichen Feststellungen des Beschwerdegerichts gebunden und kann nur überprüfen, ob der Beschluss auf einer Rechtsverletzung beruht. Notwendige Feststellungen dazu, ob die Sachurteilsvoraussetzungen vorliegen, kann der BGH selbst treffen.[35] Eine nachträgliche Änderung der ausländischen Entscheidung ist zu berücksichtigen.[36] S. im Übrigen Abs. 2 mit den entsprechend anwendbaren Vorschriften sowie Abs. 3. 2

Abschnitt 5. Beschränkung der Zwangsvollstreckung auf Sicherungsmaßregeln und unbeschränkte Fortsetzung der Zwangsvollstreckung

§ 18 Beschränkung kraft Gesetzes

Die Zwangsvollstreckung ist auf Sicherungsmaßregeln beschränkt, solange die Frist zur Einlegung der Beschwerde noch läuft und solange über die Beschwerde noch nicht entschieden ist.

1. Anwendungsbereich. Die Vorschrift gilt nicht im Anwendungsbereich der **EuGVVO** (§ 55 Abs. 1). Es kann aber gem. Art. 47 EuGVVO die Sicherungsvollstreckung betrieben werden. Letzteres gilt auch für **EuGVÜ/LugÜ** (dort Art. 39). 1

2. Regelungsgehalt. Die erstinstanzlich zugelassene Zwangsvollstreckung ist während des Laufs der Beschwerdefrist und bis zur Entscheidung über eine eingelegte Beschwerde auf Sicherungsmaßregeln beschränkt; s. dazu § 720 a ZPO und die Anmerkungen dort. Nicht ausdrücklich geregelt ist die Frage der Vollstreckung aus anderen als Zahlungstiteln; sie dürfte, ggf. gegen Sicherheitsleistung analog Art. 46 Abs. 3 EuGVVO, zulässig sein.[37] 2

§ 19 Prüfung der Beschränkung

Einwendungen des Verpflichteten, dass bei der Zwangsvollstreckung die Beschränkung auf Sicherungsmaßregeln nach der durchzuführenden Verordnung der Europäischen Gemeinschaft, nach dem auszuführenden Anerkennungs- und Vollstreckungsvertrag, nach § 18 dieses Gesetzes oder auf Grund einer auf diesem Gesetz beruhenden Anordnung (§ 22 Abs. 2, §§ 40, 45) nicht eingehalten werde, oder Einwendungen des Berechtigten, dass eine bestimmte Maßnahme der Zwangsvollstreckung mit dieser Beschränkung vereinbar sei, sind im Wege der Erinnerung nach § 766 der Zivilprozessordnung bei dem Vollstreckungsgericht (§ 764 der Zivilprozessordnung) geltend zu machen.

Die Vorschrift ordnet an, dass Einwendungen dahin, dass die Vollstreckung nicht auf Sicherungsmaßregeln beschränkt wurde, immer mit der Vollstreckungserinnerung (§ 766 ZPO) geltend zu machen sind, also auch dann, wenn nach der ZPO ein anderer Rechtsbehelf gegeben wäre (etwa § 793 ZPO). 1

§ 20 Sicherheitsleistung durch den Verpflichteten

(1) Solange die Zwangsvollstreckung aus einem Titel, der auf Leistung von Geld lautet, nicht über Maßregeln der Sicherung hinausgehen darf, ist der Verpflichtete befugt, die Zwangsvollstreckung durch Leistung einer Sicherheit in Höhe des Betrages abzuwenden, wegen dessen der Berechtigte vollstrecken darf.

---

[35] BGH NJW 1992, 627.
[36] BGH NJW 2001, 1730 f. (zum Schiedsspruch).
[37] S. näher *Zö/Geimer* Rn. 2.

(2) Die Zwangsvollstreckung ist einzustellen und bereits getroffene Vollstreckungsmaßregeln sind aufzuheben, wenn der Verpflichtete durch eine öffentliche Urkunde die zur Abwendung der Zwangsvollstreckung erforderliche Sicherheitsleistung nachweist.

1 S. die Anmerkungen zu § 720a Abs. 3 ZPO.

§ 21 Versteigerung beweglicher Sachen
Ist eine bewegliche Sache gepfändet und darf die Zwangsvollstreckung nicht über Maßregeln zur Sicherung hinausgehen, so kann das Vollstreckungsgericht auf Antrag anordnen, dass die Sache versteigert und der Erlös hinterlegt werde, wenn sie der Gefahr einer beträchtlichen Wertminderung ausgesetzt ist oder wenn ihre Aufbewahrung unverhältnismäßige Kosten verursachen würde.

1 S. die Anmerkungen zu § 720a Abs. 2, § 930 Abs. 3 ZPO.

§ 22 Unbeschränkte Fortsetzung der Zwangsvollstreckung; besondere gerichtliche Anordnungen
(1) Weist das Beschwerdegericht die Beschwerde des Verpflichteten gegen die Zulassung der Zwangsvollstreckung zurück oder lässt es auf die Beschwerde des Berechtigten die Zwangsvollstreckung aus dem Titel zu, so kann die Zwangsvollstreckung über Maßregeln zur Sicherung hinaus fortgesetzt werden.
(2) [1]Auf Antrag des Verpflichteten kann das Beschwerdegericht anordnen, dass bis zum Ablauf der Frist zur Einlegung der Rechtsbeschwerde (§ 15) oder bis zur Entscheidung über diese Beschwerde die Zwangsvollstreckung nicht oder nur gegen Sicherheitsleistung über Maßregeln zur Sicherung hinausgehen darf. [2]Die Anordnung darf nur erlassen werden, wenn glaubhaft gemacht wird, dass die weiter gehende Vollstreckung dem Verpflichteten einen nicht zu ersetzenden Nachteil bringen würde. [3]§ 713 der Zivilprozessordnung ist entsprechend anzuwenden.
(3) [1]Wird Rechtsbeschwerde eingelegt, so kann der Bundesgerichtshof auf Antrag des Verpflichteten eine Anordnung nach Absatz 2 erlassen. [2]Der Bundesgerichtshof kann auf Antrag des Berechtigten eine nach Absatz 2 erlassene Anordnung des Beschwerdegerichts abändern oder aufheben.

1 Sondervorschriften gibt es für die Verträge mit Norwegen (§ 40) und Israel (§ 45). Eine Anordnung nach Abs. 2 steht der Verpflichtung des Schuldners zur Abgabe einer beantragten eidesstattlichen Versicherung nicht entgegen.[38]

§ 23 Unbeschränkte Fortsetzung der durch das Gericht des ersten Rechtszuges zugelassenen Zwangsvollstreckung
(1) Die Zwangsvollstreckung aus dem Titel, den der Urkundsbeamte der Geschäftsstelle des Gerichts des ersten Rechtszuges mit der Vollstreckungsklausel versehen hat, ist auf Antrag des Berechtigten über Maßregeln zur Sicherung hinaus fortzusetzen, wenn das Zeugnis des Urkundsbeamten der Geschäftsstelle dieses Gerichts vorgelegt wird, dass die Zwangsvollstreckung unbeschränkt stattfinden darf.
(2) Das Zeugnis ist dem Berechtigten auf seinen Antrag zu erteilen,
1. wenn der Verpflichtete bis zum Ablauf der Beschwerdefrist keine Beschwerdeschrift eingereicht hat,
2. wenn das Beschwerdegericht die Beschwerde des Verpflichteten zurückgewiesen und keine Anordnung nach § 22 Abs. 2 erlassen hat,
3. wenn der Bundesgerichtshof die Anordnung des Beschwerdegerichts nach § 22 Abs. 2 aufgehoben hat (§ 22 Abs. 3 Satz 2) oder
4. wenn der Bundesgerichtshof den Titel zur Zwangsvollstreckung zugelassen hat.
(3) Aus dem Titel darf die Zwangsvollstreckung, selbst wenn sie auf Maßregeln der Sicherung beschränkt ist, nicht mehr stattfinden, sobald ein Beschluss des Beschwerdegerichts, dass der Titel zur Zwangsvollstreckung nicht zugelassen werde, verkündet oder zugestellt ist.

1 Sondervorschriften gibt es für die Verträge mit Norwegen (§ 41) und Israel (§ 46). Abs. 3 gilt unabhängig davon, ob der Antragsteller noch Rechtsbeschwerde einlegen kann.[39]

§ 24 Unbeschränkte Fortsetzung der durch das Beschwerdegericht zugelassenen Zwangsvollstreckung
(1) Die Zwangsvollstreckung aus dem Titel, zu dem der Urkundsbeamte der Geschäftsstelle des Beschwerdegerichts die Vollstreckungsklausel mit dem Zusatz erteilt hat, dass die Zwangsvollstreckung auf Grund der Anordnung des Gerichts nicht über Maßregeln zur Sicherung hinausgehen darf (§ 13 Abs. 4 Satz 3), ist auf Antrag des Berechtigten über Maßregeln zur Sicherung hinaus fortzusetzen, wenn das Zeugnis des Urkundsbeamten der Geschäftsstelle dieses Gerichts vorgelegt wird, dass die Zwangsvollstreckung unbeschränkt stattfinden darf.

[38] BGH NJW-RR 2006, 996f.
[39] *Zö/Geimer* Rn. 1.

(2) Das Zeugnis ist dem Berechtigten auf seinen Antrag zu erteilen,

1. wenn der Verpflichtete bis zum Ablauf der Frist zur Einlegung der Rechtsbeschwerde (§ 15 Abs. 2) keine Beschwerdeschrift eingereicht hat,

2. wenn der Bundesgerichtshof die Anordnung des Beschwerdegerichts nach § 22 Abs. 2 aufgehoben hat (§ 22 Abs. 3 Satz 2) oder

3. wenn der Bundesgerichtshof die Rechtsbeschwerde des Verpflichteten zurückgewiesen hat.

Sondervorschriften gibt es für die Verträge mit Norwegen (§ 42) und Israel (§ 47). 1

Abschnitt 6. Feststellung der Anerkennung einer ausländischen Entscheidung

§ 25 Verfahren und Entscheidung in der Hauptsache

(1) Auf das Verfahren, das die Feststellung zum Gegenstand hat, ob eine Entscheidung aus einem anderen Staat anzuerkennen ist, sind die §§ 3 bis 6, 8 Abs. 2, die §§ 10 bis 12, § 13 Abs. 1 bis 3, die §§ 15 und 16 sowie § 17 Abs. 1 bis 3 entsprechend anzuwenden.

(2) Ist der Antrag auf Feststellung begründet, so beschließt das Gericht, dass die Entscheidung anzuerkennen ist.

Im Bereich des **EuGVÜ** gilt zusätzlich § 36 Abs. 1. Im Bereich des **HUVÜ 1973** gilt die Vorschrift gem. § 39 nicht. Eine Beschwerdefrist für den Antragsteller, dessen Antrag zurückgewiesen wurde, ist nicht vorgesehen.[40] Zugelassen werden sollte auch ein negativer Feststellungsantrag.[41] 1

§ 26 Kostenentscheidung

[1]In den Fällen des § 25 Abs. 2 sind die Kosten dem Antragsgegner aufzuerlegen. [2]Dieser kann die Beschwerde (§ 11) auf die Entscheidung über den Kostenpunkt beschränken. [3]In diesem Falle sind die Kosten dem Antragsteller aufzuerlegen, wenn der Antragsgegner nicht durch sein Verhalten zu dem Antrag auf Feststellung Veranlassung gegeben hat.

Im Bereich des **HUVÜ 1973** gilt die Vorschrift gem. § 39 nicht. 1

Abschnitt 7. Aufhebung oder Änderung der Beschlüsse über die Zulassung der Zwangsvollstreckung oder die Anerkennung

§ 27 Verfahren nach Aufhebung oder Änderung des für vollstreckbar erklärten ausländischen Titels im Ursprungsstaat

(1) Wird der Titel in dem Staat, in dem er errichtet worden ist, aufgehoben oder geändert und kann der Verpflichtete diese Tatsache in dem Verfahren der Zulassung der Zwangsvollstreckung nicht mehr geltend machen, so kann er die Aufhebung oder Änderung der Zulassung in einem besonderen Verfahren beantragen.

(2) Für die Entscheidung über den Antrag ist das Gericht ausschließlich zuständig, das im ersten Rechtszug über den Antrag auf Erteilung der Vollstreckungsklausel entschieden hat.

(3) [1]Der Antrag kann bei dem Gericht schriftlich oder durch Erklärung zu Protokoll der Geschäftsstelle gestellt werden. [2]Über den Antrag kann ohne mündliche Verhandlung entschieden werden. [3]Vor der Entscheidung, die durch Beschluss ergeht, ist der Berechtigte zu hören. [4]§ 13 Abs. 2 und 3 gilt entsprechend.

(4) [1]Der Beschluss unterliegt der Beschwerde nach den §§ 567 bis 577 der Zivilprozessordnung. [2]Die Notfrist für die Einlegung der sofortigen Beschwerde beträgt einen Monat.

(5) [1]Für die Einstellung der Zwangsvollstreckung und die Aufhebung bereits getroffener Vollstreckungsmaßregeln sind die §§ 769 und 770 der Zivilprozessordnung entsprechend anzuwenden. [2]Die Aufhebung einer Vollstreckungsmaßregel ist auch ohne Sicherheitsleistung zulässig.

1. Anwendungsbereich. Im Bereich des **HUVÜ 1973** gilt die Vorschrift gem. § 39 nicht. 1

2. Regelungsgehalt. Ausländische Titel können bereits vor Rechtskraft anerkannt oder aus ihnen nach Vollstreckbarerklärung vollstreckt werden; vgl. zB Art. 32 EuGVVO. Ist ein Rechtsbehelf im Ursprungsland eingelegt, besteht nur die Möglichkeit der Verfahrensaussetzung (zB nach Art. 37, 46 EuGVVO). So kann es dazu kommen, dass noch nach Rechtskraft der Vollstreckbarerklärung der ausländische Titel wegfällt oder geändert wird. § 27 regelt das Verfahren, das der Schuldner in diesem Fall zur Abänderung der Vollstreckbarerklärung einschlagen kann. 2

[40] Kritisch dazu *Zö/Geimer* Rn. 2.

[41] *Zö/Geimer* Rn. 3.

§ 28 Schadensersatz wegen ungerechtfertigter Vollstreckung

(1) [1]Wird die Zulassung der Zwangsvollstreckung auf die Beschwerde (§ 11) oder die Rechtsbeschwerde (§ 15) aufgehoben oder abgeändert, so ist der Berechtigte zum Ersatz des Schadens verpflichtet, der dem Verpflichteten durch die Vollstreckung des Titels oder durch eine Leistung zur Abwendung der Vollstreckung entstanden ist. [2]Das Gleiche gilt, wenn die Zulassung der Zwangsvollstreckung nach § 27 aufgehoben oder abgeändert wird, sofern die zur Zwangsvollstreckung zugelassene Entscheidung zum Zeitpunkt der Zulassung nach dem Recht des Staats, in dem sie ergangen ist, noch mit einem ordentlichen Rechtsmittel angefochten werden konnte.

(2) Für die Geltendmachung des Anspruchs ist das Gericht ausschließlich zuständig, das im ersten Rechtszug über den Antrag, den Titel mit der Vollstreckungsklausel zu versehen, entschieden hat.

1 **1. Anwendungsbereich.** Die Vorschrift findet auf alle erfassten Verordnungen/Abkommen Anwendung.

2 **2. Regelungsgehalt.** Die Vorschrift ist § 717 Abs. 2 ZPO nachempfunden; s. deshalb die Anmerkungen dort. Allerdings ist die Geltendmachung des Schadensersatzanspruchs im Rechtsmittelverfahren nicht zugelassen. Abs. 2 regelt (ebenso abweichend von § 717 ZPO) die ausschließliche Zuständigkeit für den Schadensersatzprozess.

§ 29 Aufhebung oder Änderung ausländischer Entscheidungen, deren Anerkennung festgestellt ist

Wird die Entscheidung in dem Staat, in dem sie ergangen ist, aufgehoben oder abgeändert und kann die davon begünstigte Partei diese Tatsache nicht mehr in dem Verfahren über den Antrag auf Feststellung der Anerkennung (§ 25) geltend machen, so ist § 27 Abs. 1 bis 4 entsprechend anzuwenden.

1 **1. Anwendungsbereich.** Im Bereich des **HUVÜ 1973** gilt die Vorschrift gem. § 39 nicht.

2 **2. Regelungsgehalt.** Wird eine Entscheidung nach ihrer Anerkennung abgeändert, ohne dass dies noch im Anerkennungsverfahren geltend gemacht werden kann, gilt § 27 außer Abs. 5 entsprechend. Eine dem § 28 entsprechende Schadensersatznorm fehlt allerdings.

Abschnitt 8. Vorschriften für Entscheidungen deutscher Gerichte und für das Mahnverfahren

§ 30 Vervollständigung inländischer Entscheidungen zur Verwendung im Ausland

(1) [1]Will eine Partei ein Versäumnis- oder Anerkenntnisurteil, das nach § 313b der Zivilprozessordnung in verkürzter Form abgefasst worden ist, in einem anderen Vertrags- oder Mitgliedstaat geltend machen, so ist das Urteil auf ihren Antrag zu vervollständigen. [2]Der Antrag kann bei dem Gericht schriftlich oder durch Erklärung zu Protokoll der Geschäftsstelle gestellt werden. [3]Über den Antrag wird ohne mündliche Verhandlung entschieden.

(2) Zur Vervollständigung des Urteils sind der Tatbestand und die Entscheidungsgründe nachträglich abzufassen, von den Richtern besonders zu unterschreiben und der Geschäftsstelle zu übergeben; der Tatbestand und die Entscheidungsgründe können auch von Richtern unterschrieben werden, die bei dem Urteil nicht mitgewirkt haben.

(3) [1]Für die Berichtigung des nachträglich abgefassten Tatbestands gilt § 320 der Zivilprozessordnung entsprechend. [2]Jedoch können bei der Entscheidung über einen Antrag auf Berichtigung auch solche Richter mitwirken, die bei dem Urteil oder der nachträglichen Anfertigung des Tatbestands nicht mitgewirkt haben.

(4) Die vorstehenden Absätze gelten entsprechend für die Vervollständigung von Arrestbefehlen, einstweiligen Anordnungen und einstweiligen Verfügungen, die in einem anderen Vertrags- oder Mitgliedstaat geltend gemacht werden sollen und nicht mit einer Begründung versehen sind.

1 **1. Normzweck.** Gem. § 313b Abs. 3 ZPO sollen Versäumnis- oder Anerkenntnisurteile dann mit Gründen versehen ist, wenn eine Auslandsvollstreckung zu erwarten ist. Dies kann freilich nicht immer vorhergesehen werden. § 30 eröffnet die Möglichkeit, Versäumnis- oder Anerkenntnisurteile (sowie Arrestbefehle, einstweilige Anordnungen und Verfügungen, Abs. 4) nachträglich mit Tatbestand und Entscheidungsgründen zu versehen.

2 **2. Voraussetzungen.** Es muss ein Antrag gestellt und geltend gemacht werden, dass ein nicht mit Gründen versehenes Versäumnis- oder Anerkenntnisurteil in einem anderen Vertrags- (§ 1 Abs. 1 Nr. 1) oder Mitgliedsstaat (§ 2 Nr. 1) geltend gemacht werden soll (Abs. 1 S. 1). Anwaltszwang besteht für den schriftlichen oder zu Protokoll zu erklärenden Antrag nicht (Abs. 1 S. 2 iVm. § 78 Abs. 5 ZPO).

3 **3. Verfahren.** Das Urteil ist iSd. Abs. 1 zu vervollständigen, zu unterschreiben und der Geschäftsstelle zu übergeben. Zuständig ist das Gericht, das die zu vervollständigende Entscheidung erlassen hat in der damaligen Besetzungsform (Einzelrichter bzw. Kammer/Senat). (Nur) Tatbestand und Entscheidungsgründe können bei Richterwechsel auch von Richtern unterschrieben werden, die an der Entscheidung nicht mitgewirkt haben (Abs. 2). Zur evtl. Berichtigung des nachträglich abgefassten Tatbestandes s. Abs. 3.

§ 31 Vollstreckungsklausel zur Verwendung im Ausland

Vollstreckungsbescheide, Arrestbefehle und einstweilige Verfügungen, deren Zwangsvollstreckung in einem anderen Vertrags- oder Mitgliedstaat betrieben werden soll, sind auch dann mit der Vollstreckungsklausel zu versehen, wenn dies für eine Zwangsvollstreckung im Inland nach § 796 Abs. 1, § 929 Abs. 1 und § 936 der Zivilprozessordnung nicht erforderlich wäre.

§ 32 Mahnverfahren mit Zustellung im Ausland

(1) [1]Das Mahnverfahren findet auch statt, wenn die Zustellung des Mahnbescheids in einem anderen Vertrags- oder Mitgliedstaat erfolgen muss. [2]In diesem Falle kann der Anspruch auch die Zahlung einer bestimmten Geldsumme in ausländischer Währung zum Gegenstand haben.

(2) Macht der Antragsteller geltend, dass das Gericht auf Grund einer Gerichtsstandsvereinbarung zuständig sei, so hat er dem Mahnantrag die erforderlichen Schriftstücke über die Vereinbarung beizufügen.

(3) Die Widerspruchsfrist (§ 692 Abs. 1 Nr. 3 der Zivilprozessordnung) beträgt einen Monat.

Im Bereich des HUVÜ 1973 gilt die Vorschrift gem. § 39 nicht. Sie erweitert die Statthaftigkeit des Mahnverfahrens für den Fall der Zustellung in einem Vertrags- (§ 1 Abs. 1 Nr. 1) oder Mitgliedsstaat (§ 2 Nr. 1), s. § 688 Abs. 3 ZPO. 1

Abschnitt 9. Verhältnis zu besonderen Anerkennungsverfahren; Konzentrationsermächtigung

§ 33 Verhältnis zu besonderen Anerkennungsverfahren

Soweit nicht anders bestimmt, bleibt Artikel 7 des Familienrechtsänderungsgesetzes vom 11. August 1961 (BGBl. I S. 1221), zuletzt geändert durch Artikel 3 § 5 des Gesetzes vom 25. Juni 1998 (BGBl. I S. 1580), unberührt.

§ 34 Konzentrationsermächtigung

(1) [1]Die Landesregierungen werden für die Ausführung von Anerkennungs- und Vollstreckungsverträgen nach diesem Gesetz und für die Durchführung der in § 1 Abs. 1 Nr. 2 genannten Verordnungen und Abkommen ermächtigt, durch Rechtsverordnung die Entscheidung über Anträge auf Erteilung der Vollstreckungsklausel zu ausländischen Titeln in Zivil- und Handelssachen, über Anträge auf Aufhebung oder Abänderung dieser Vollstreckungsklausel und über Anträge auf Feststellung der Anerkennung einer ausländischen Entscheidung für die Bezirke mehrerer Landgerichte einem von ihnen zuzuweisen, sofern dies der sachlichen Förderung oder schnelleren Erledigung der Verfahren dient. [2]Die Ermächtigung kann für die Übereinkommen über die gerichtliche Zuständigkeit und die Vollstreckung gerichtlicher Entscheidungen in Zivil- und Handelssachen vom 27. September 1968 (BGBl. 1972 II S. 773) und vom 16. September 1988 (BGBl. 1994 II S. 2658) und die Verordnung (EG) Nr. 44/2001 sowie das Abkommen vom 19. Oktober 2005 zwischen der Europäischen Gemeinschaft und dem Königreich Dänemark über die gerichtliche Zuständigkeit und die Anerkennung und Vollstreckung von Entscheidungen in Zivil- und Handelssachen jeweils allein ausgeübt werden.

(2) Die Landesregierungen können die Ermächtigung durch Rechtsverordnung auf die Landesjustizverwaltungen übertragen.

Teil 2. Besonderes

Abschnitt 1. Übereinkommen über die gerichtliche Zuständigkeit und die Vollstreckung gerichtlicher Entscheidungen in Zivil- und Handelssachen vom 27. September 1968 und vom 16. September1988

§ 35 Sonderregelungen über die Beschwerdefrist

[1]Die Frist für die Beschwerde des Verpflichteten gegen die Entscheidung über die Zulassung der Zwangsvollstreckung beträgt zwei Monate und beginnt von dem Tage an zu laufen, an dem die Entscheidung dem Verpflichteten entweder in Person oder in seiner Wohnung zugestellt worden ist, wenn der Verpflichtete seinen Wohnsitz oder seinen Sitz in einem anderen Vertragsstaat dieser Übereinkommen hat. [2]Eine Verlängerung dieser Frist wegen weiter Entfernung ist ausgeschlossen. [3]§ 10 Abs. 2 und 3 Satz 2 sowie § 11 Abs. 3 Satz 1 und 2 finden in diesen Fällen keine Anwendung.

Die Vorschrift ist wegen Art. 36 Abs. 2 EuGVÜ erforderlich. 1

§ 36 Aussetzung des Beschwerdeverfahrens

(1) [1]Das Oberlandesgericht kann auf Antrag des Verpflichteten seine Entscheidung über die Beschwerde gegen die Zulassung der Zwangsvollstreckung aussetzen, wenn gegen die Entscheidung im Ursprungsstaat ein ordentliches Rechtsmittel eingelegt oder die Frist hierfür noch nicht verstrichen ist; im letzteren Falle kann das Oberlandesgericht eine Frist bestimmen, innerhalb deren das Rechtsmittel einzulegen ist. [2]Das Gericht kann die Zwangsvollstreckung auch von einer Sicherheitsleistung abhängig machen.

(2) Absatz 1 ist im Verfahren auf Feststellung der Anerkennung einer Entscheidung (§§ 25 und 26) entsprechend anzuwenden.

1 Die Vorschrift ist wegen Art. 38 EuGVÜ erforderlich. Bei der Frage, ob die Zwangsvollstreckung mit oder ohne Sicherheitsleistung eingestellt werden soll, sind alle Umstände, nicht nur die Aussichten des Rechtsmittels, und auch Gründe zu berücksichtigen, die der Schuldner vor dem Gericht des Urteilsstaates hätte geltend machen können.[42]

Abschnitt 2. Haager Übereinkommen vom 2. Oktober 1973 über die Anerkennung und Vollstreckung von Unterhaltsentscheidungen

§ 37 Einschränkungen der Anerkennung und Vollstreckung

(1) Die Anerkennung und Vollstreckung von öffentlichen Urkunden aus einem anderen Vertragsstaat findet nur statt, wenn der andere Vertragsstaat die Erklärung nach Artikel 25 des Übereinkommens abgegeben hat.

(2) Die Anerkennung und Vollstreckung von Entscheidungen aus einem anderen Vertragsstaat in Unterhaltssachen zwischen Verwandten in der Seitenlinie und zwischen Verschwägerten ist auf Verlangen des Verpflichteten zu versagen, wenn nach den Sachvorschriften des Rechts des Staates, dem der Verpflichtete und der Berechtigte angehören, eine Unterhaltspflicht nicht besteht; dasselbe gilt, wenn sie keine gemeinsame Staatsangehörigkeit haben und nach dem am gewöhnlichen Aufenthaltsort des Verpflichteten geltenden Recht eine Unterhaltspflicht nicht besteht.

§ 38 Sonderregelungen für das Beschwerdeverfahren

(1) Die Frist für die Beschwerde des Verpflichteten gegen die Zulassung der Zwangsvollstreckung beträgt zwei Monate, wenn die Zustellung an den Verpflichteten im Ausland erfolgen muss.

(2) § 10 Abs. 2 Satz 1 ist nur auf die Zustellung durch öffentliche Bekanntmachung anzuwenden.

(3) Die Vorschriften über die Aussetzung des Verfahrens vor dem Oberlandesgericht und die Zulassung der Zwangsvollstreckung gegen Sicherheitsleistung (§ 36 Abs. 1) sind entsprechend anzuwenden.

§ 39 Weitere Sonderregelungen

Die Vorschriften über die Feststellung der Anerkennung einer Entscheidung (§§ 25 und 26), über die Aufhebung oder Änderung dieser Feststellung (§ 29 in Verbindung mit § 27) sowie über das Mahnverfahren (§ 32) finden keine Anwendung.

Abschnitt 3. Vertrag vom 17. Juni 1977 zwischen der Bundesrepublik Deutschland und dem Königreich Norwegen über die gegenseitige Anerkennung und Vollstreckung gerichtlicher Entscheidungen und anderer Schuldtitel in Zivil- und Handelssachen

§ 40 Abweichungen von § 22

(1) Weist das Oberlandesgericht die Beschwerde des Verpflichteten gegen die Zulassung der Zwangsvollstreckung zurück oder lässt es auf die Beschwerde des Berechtigten die Zwangsvollstreckung aus dem Titel zu, so entscheidet es abweichend von § 22 Abs. 1 zugleich darüber, ob die Zwangsvollstreckung über Maßregeln zur Sicherung hinaus fortgesetzt werden kann:

1. Ist bei einer auf eine bestimmte Geldsumme lautenden Entscheidung der Nachweis, dass die Entscheidung rechtskräftig ist, nicht geführt, so ordnet das Oberlandesgericht an, dass die Vollstreckung erst nach Vorlage einer norwegischen Rechtskraftbescheinigung nebst Übersetzung (Artikel 14 Abs. 1 Nr. 2 und 6 und Abs. 2 des Vertrags) unbeschränkt stattfinden kann.
2. Ist der Nachweis, dass die Entscheidung rechtskräftig ist, geführt oder ist der Titel ein gerichtlicher Vergleich, so ordnet das Oberlandesgericht an, dass die Zwangsvollstreckung unbeschränkt stattfinden darf.

(2) § 22 Abs. 2 und 3 bleibt unberührt.

[42] BGH NJW 1994, 2156.

§ 41 Abweichungen von § 23

(1) Die Zwangsvollstreckung aus dem Titel, den der Urkundsbeamte der Geschäftsstelle des Landgerichts mit der Vollstreckungsklausel versehen hat, ist auf Antrag des Berechtigten auch dann über Maßregeln zur Sicherung hinaus fortzusetzen (§ 23 Abs. 1), wenn eine gerichtliche Anordnung nach § 40 Abs. 1 Nr. 1 oder § 22 Abs. 2 und 3 vorgelegt wird und die darin bestimmten Voraussetzungen erfüllt sind.

(2) [1]Ein Zeugnis gemäß § 23 Abs. 1 ist dem Berechtigten auf seinen Antrag abweichend von § 23 Abs. 2 Nr. 1 nur zu erteilen, wenn der Verpflichtete bis zum Ablauf der Beschwerdefrist keine Beschwerdeschrift eingereicht hat und wenn

1. der Berechtigte bei einer auf eine bestimmte Geldsumme lautenden Entscheidung nachweist, dass die Entscheidung rechtskräftig ist (Artikel 14 Abs. 1 Nr. 2 und 6 und Abs. 2 des Vertrags),
2. die Entscheidung nicht auf eine bestimmte Geldsumme lautet oder
3. der Titel ein gerichtlicher Vergleich ist.

[2]§ 23 Abs. 2 Nr. 2 bis 4 findet keine Anwendung.

(3) § 23 Abs. 3 bleibt unberührt.

§ 42 Abweichungen von § 24

[1]Die Zwangsvollstreckung aus dem Titel, zu dem der Urkundsbeamte der Geschäftsstelle des Oberlandesgerichts die Vollstreckungsklausel erteilt hat, ist abweichend von § 24 Abs. 1 auf Antrag des Berechtigten nur im Rahmen einer gerichtlichen Anordnung nach § 40 oder § 22 Abs. 2 und 3 fortzusetzen. [2]Eines besonderen Zeugnisses des Urkundsbeamten der Geschäftsstelle bedarf es nicht.

§ 43 Folgeregelungen für das Rechtsbeschwerdeverfahren

(1) Auf das Verfahren über die Rechtsbeschwerde sind neben den in § 17 Abs. 2 Satz 2 aufgeführten Vorschriften auch die §§ 40 und 42 sinngemäß anzuwenden.

(2) [1]Hat der Bundesgerichtshof eine Anordnung nach Absatz 1 in Verbindung mit § 40 Abs. 1 Nr. 1 erlassen, so ist in Abweichung von § 17 Abs. 3 Satz 3 ein Zusatz aufzunehmen, dass die Zwangsvollstreckung über Maßregeln zur Sicherung nicht hinausgehen darf. [2]Der Inhalt des Zusatzes bestimmt sich nach dem Inhalt der Anordnung.

§ 44 Weitere Sonderregelungen

(1) Hat der Verpflichtete keinen Wohnsitz im Inland, so ist für die Vollstreckbarerklärung von Entscheidungen und gerichtlichen Vergleichen auch das Landgericht örtlich zuständig, in dessen Bezirk der Verpflichtete Vermögen hat.

(2) Ist die Entscheidung auf die Leistung einer bestimmten Geldsumme gerichtet, so bedarf es für die Zulassung zur Zwangsvollstreckung nicht des Nachweises, dass die Entscheidung rechtskräftig ist (Artikel 10 Abs. 2 und Artikel 17 Abs. 1 Satz 2 des Vertrags).

(3) [1]Auf das Verfahren über die Beschwerde des Verpflichteten gegen die Zulassung der Zwangsvollstreckung findet § 12 Abs. 2 keine Anwendung. [2]§ 12 Abs. 1 gilt für die Beschwerde, die sich gegen die Zulassung der Zwangsvollstreckung aus einem gerichtlichen Vergleich richtet, sinngemäß.

(4) Die Vorschriften über die Feststellung der Anerkennung einer Entscheidung (§§ 25 und 26) und über die Aufhebung oder Änderung dieser Feststellung (§ 29 in Verbindung mit § 27) finden keine Anwendung.

Abschnitt 4. Vertrag vom 20. Juli 1977 zwischen der Bundesrepublik Deutschland und dem Staat Israel über die gegenseitige Anerkennung und Vollstreckung gerichtlicher Entscheidungen in Zivil- und Handelssachen

§ 45 Abweichungen von § 22

(1) Weist das Oberlandesgericht die Beschwerde des Verpflichteten gegen die Zulassung der Zwangsvollstreckung zurück oder lässt es auf die Beschwerde des Berechtigten die Zwangsvollstreckung aus dem Titel zu, so entscheidet es abweichend von § 22 Abs. 1 zugleich darüber, ob die Zwangsvollstreckung über Maßregeln zur Sicherung hinaus fortgesetzt werden kann:

1. Ist der Nachweis, dass die Entscheidung rechtskräftig ist, nicht geführt, so ordnet das Oberlandesgericht an, dass die Vollstreckung erst nach Vorlage einer israelischen Rechtskraftbescheinigung nebst Übersetzung (Artikel 15 Abs. 1 Nr. 2 und 7 des Vertrags) unbeschränkt stattfinden darf.
2. Ist der Nachweis, dass die Entscheidung rechtskräftig ist, erbracht oder hat die Entscheidung eine Unterhaltspflicht zum Gegenstand oder ist der Titel ein gerichtlicher Vergleich, so ordnet das Oberlandesgericht an, dass die Zwangsvollstreckung unbeschränkt stattfinden darf.

(2) § 22 Abs. 2 und 3 bleibt unberührt.

§ 46 Abweichungen von § 23

(1) Die Zwangsvollstreckung aus dem Titel, den der Urkundsbeamte der Geschäftsstelle des Landgerichts mit der Vollstreckungsklausel versehen hat, ist auf Antrag des Berechtigten auch dann über Maßregeln zur Sicherung hinaus fortzusetzen (§ 23 Abs. 1), wenn eine gerichtliche Anordnung nach § 45 Abs. 1 Nr. 1 oder § 22 Abs. 2 und 3 vorgelegt wird und die darin bestimmten Voraussetzungen erfüllt sind.

(2) [1]Ein Zeugnis gemäß § 23 Abs. 1 ist dem Berechtigten auf seinen Antrag abweichend von § 23 Abs. 2 Nr. 1 nur zu erteilen, wenn der Verpflichtete bis zum Ablauf der Beschwerdefrist keine Beschwerdeschrift eingereicht hat und wenn
1. der Berechtigte den Nachweis führt, dass die Entscheidung rechtskräftig ist (Artikel 21 des Vertrags),
2. die Entscheidung eine Unterhaltspflicht zum Gegenstand hat (Artikel 20 des Vertrags) oder
3. der Titel ein gerichtlicher Vergleich ist.

[2]§ 23 Abs. 2 Nr. 2 bis 4 findet keine Anwendung.

(3) § 23 Abs. 3 bleibt unberührt.

§ 47 Abweichungen von § 24

[1]Die Zwangsvollstreckung aus dem Titel, zu dem der Urkundsbeamte der Geschäftsstelle des Oberlandesgerichts die Vollstreckungsklausel erteilt hat, ist abweichend von § 24 Abs. 1 auf Antrag des Berechtigten nur im Rahmen einer gerichtlichen Anordnung nach § 45 oder § 22 Abs. 2 und 3 fortzusetzen. [2]Eines besonderen Zeugnisses des Urkundsbeamten der Geschäftsstelle bedarf es nicht.

§ 48 Folgeregelungen für das Rechtsbeschwerdeverfahren

(1) Auf das Verfahren über die Rechtsbeschwerde sind neben den in § 17 Abs. 2 Satz 2 aufgeführten Vorschriften auch die §§ 45 und 47 sinngemäß anzuwenden.

(2) [1]Hat der Bundesgerichtshof eine Anordnung nach Absatz 1 in Verbindung mit § 45 Abs. 1 Nr. 1 erlassen, so ist in Abweichung von § 17 Abs. 3 Satz 3 ein Zusatz aufzunehmen, dass die Zwangsvollstreckung über Maßregeln zur Sicherung nicht hinausgehen darf. [2]Der Inhalt des Zusatzes bestimmt sich nach dem Inhalt der Anordnung.

§ 49 Weitere Sonderregelungen

(1) Hat der Verpflichtete keinen Wohnsitz im Inland, so ist für die Vollstreckbarerklärung von Entscheidungen und gerichtlichen Vergleichen auch das Landgericht örtlich zuständig, in dessen Bezirk der Verpflichtete Vermögen hat.

(2) [1]Auf das Verfahren über die Beschwerde des Verpflichteten gegen die Zulassung der Zwangsvollstreckung findet § 12 Abs. 2 keine Anwendung. [2]§ 12 Abs. 1 gilt für die Beschwerde, die sich gegen die Zulassung der Zwangsvollstreckung aus einem gerichtlichen Vergleich richtet, sinngemäß.

Abschnitt 5. *(aufgehoben)*

§§ 50–54 *(aufgehoben)*

Abschnitt 6. Verordnung (EG) Nr. 44/2001 des Rates vom 22. Dezember 2000 über die gerichtliche Zuständigkeit und die Anerkennung und Vollstreckung von Entscheidungen in Zivil- und Handelssachen und Abkommen vom 19. Oktober 2005 zwischen der Europäischen Gemeinschaft und dem Königreich Dänemark über die gerichtliche Zuständigkeit und die Anerkennung und Vollstreckung von Entscheidungen in Zivil- und Handelssachen

§ 55 Abweichungen von Vorschriften des Allgemeinen Teils; ergänzende Regelungen

(1) Die §§ 3, 6 Abs. 1, § 7 Abs. 1 Satz 2 und Abs. 3 Satz 1 erster Halbsatz und Satz 2 sowie § 18 finden keine Anwendung.

(2) [1]Die Beschwerde gegen die Zulassung der Zwangsvollstreckung ist einzulegen
1. innerhalb eines Monats nach Zustellung, wenn der Verpflichtete seinen Wohnsitz im Inland hat;
2. innerhalb von zwei Monaten nach Zustellung, wenn der Verpflichtete seinen Wohnsitz im Ausland hat.

[2]Die Frist beginnt mit dem Tag, an dem die Vollstreckbarerklärung dem Verpflichteten entweder persönlich oder in seiner Wohnung zugestellt worden ist. [3]Eine Verlängerung dieser Frist wegen weiter Entfernung ist ausgeschlossen. [4]Dementsprechend finden § 10 Abs. 2 und 3 Satz 2 sowie § 11 Abs. 3 Satz 1 zweiter Halbsatz keine Anwendung, wenn der Verpflichtete seinen Wohnsitz im Ausland hat.

(3) [1]In einem Verfahren, das die Vollstreckbarerklärung einer notariellen Urkunde zum Gegenstand hat, kann diese Urkunde auch von einem Notar für vollstreckbar erklärt werden. [2]Die Vorschriften für das Verfahren der Vollstreckbarerklärung durch ein Gericht gelten sinngemäß.

1. Normzweck. Die Vorschrift erklärt bestimmte Regelungen des Teil 1 für den Bereich der **EuGVVO** **für nicht anwendbar**, um Doppeldefinitionen zu vermeiden (s. § 1 Rn. 2) und mit der EuGVVO nicht kongruente Vorschriften auszunehmen. Auf die Besonderheiten ist bei den Einzelvorschriften hingewiesen. **Abs. 2** ist durch Gesetz vom 17. 4. 2007 (s. vor § 1 AVAG Rn. 1) geändert worden. 1

2. Notarzuständigkeit, Abs. 3. Abs. 3 macht von der Ermächtigung des Art. 3 (Anh. II) EuGVVO Gebrauch, auch den Notar für das Verfahren bzgl. notarieller Urkunden für zuständig zu erklären. Insoweit gelten alle Vorschriften des Teils 1 entsprechend, auch die über die Rechtsmittelverfahren. Für die Kosten des Notars gilt § 148a KostO. 2

§ 56 Bescheinigungen zu inländischen Titeln

[1]Die Bescheinigungen nach den Artikel 54, 57 und 58 der Verordnung werden von dem Gericht, der Behörde oder der mit öffentlichem Glauben versehenen Person ausgestellt, der die Erteilung einer vollstreckbaren Ausfertigung des Titels obliegt. [2]Soweit danach die Gerichte für die Ausstellung der Bescheinigung zuständig sind, wird diese von dem Gericht des ersten Rechtszuges und, wenn das Verfahren bei einem höheren Gericht anhängig ist, von diesem Gericht ausgestellt. [3]Funktionell zuständig ist die Stelle, der die Erteilung einer vollstreckbaren Ausfertigung des Titels obliegt. [4]Für die Anfechtbarkeit der Entscheidung über die Ausstellung der Bescheinigung gelten die Vorschriften über die Anfechtbarkeit der Entscheidung über die Erteilung der Vollstreckungsklausel sinngemäß.

Anhang 4. Gesetz zur Aus- und Durchführung bestimmter Rechtsinstrumente auf dem Gebiet des internationalen Familienrechts

(Internationales Familienrechtsverfahrensgesetz – IntFamRVG)

Vom 26. Januar 2005 (BGBl. I S. 162)

Vorbemerkung

Zweck des IntFamRVG

1 Das Gesetz dient der Umsetzung der seit dem 1. 3. 2005 anzuwendenden EheVO II, die durch innerstaatliche Verfahrensvorschriften zu ergänzen war. Ferner wurden zur Rechtsvereinheitlichung andere bereits in Kraft getretene international- familienrechtliche Übereinkommen aufgenommen. Schließlich wurde die Durchsetzung von Entscheidungen zum internationalen Sorge- und Umgangsrecht wirksamer ausgestaltet. Das Gesetz beinhaltet damit eigenständige Regelungen neben dem AVAG.[1]

II. Anwendungsbereich

2 Das Gesetz regelt die Durchführung der EheVO II über die Zuständigkeit von Entscheidungen in Ehesachen (Art. 3ff. EheVO II) und zur elterlichen Verantwortung (Art. 8ff. EheVO II) sowie deren Anerkennung (Art. 21ff. EheVO II) und Vollstreckung von Entscheidungen über die elterliche Verantwortung (Art. 28ff. EheVO II). Ferner enthält es Ausführungsbestimmungen zum HaaagKindEÜbk sowie dem Europäischen Sorgerechtsübereinkommen. Hierzu werden die Bestimmungen zur Vollstreckung solcher Entscheidungen effektiver gestaltet (§ 44), in denen die Verhängung eines Ordnungsgeldes und Ordnungshaft als Mittel der Zwangsvollstreckung vorgesehen wird.

Abschnitt 1. Anwendungsbereich; Begriffsbestimmungen

Art. 1 Anwendungsbereich

Dieses Gesetz dient

1. **der Durchführung der Verordnung (EG) Nr. 2201/2003 des Rates vom 27. November 2003 über die Zuständigkeit und die Anerkennung und Vollstreckung von Entscheidungen in Ehesachen und in Verfahren betreffend die elterliche Verantwortung und zur Aufhebung der Verordnung (EG) Nr. 1347/2000 (ABl. EU Nr. L 338 S. 1);**
2. **der Ausführung des Haager Übereinkommens vom 25. Oktober 1980 über die zivilrechtlichen Aspekte internationaler Kindesentführung (BGBl. 1990 II S. 207) – im Folgenden: Haager Kindesentführungsübereinkommen;**
3. **der Ausführung des Luxemburger Europäischen Übereinkommens vom 20. Mai 1980 über die Anerkennung und Vollstreckung von Entscheidungen über das Sorgerecht für Kinder und die Wiederherstellung des Sorgeverhältnisses (BGBl. 1990 II S. 220) – im Folgenden: Europäisches Sorgerechtsübereinkommen.**

Art. 2 Begriffsbestimmungen

Im Sinne dieses Gesetzes sind „Titel“ Entscheidungen, Vereinbarungen und öffentliche Urkunden, auf welche die durchzuführende EG-Verordnung oder das jeweils auszuführende Übereinkommen Anwendung findet.

Abschnitt 2. Zentrale Behörde; Jugendamt

Art. 3 Bestimmung der Zentralen Behörde

(1) Zentrale Behörde nach

1. **Artikel 53 der Verordnung (EG) Nr. 2201/2003,**
2. **Artikel 6 des Haager Kindesentführungsübereinkommens,**
3. **Artikel 2 des Europäischen Sorgerechtsübereinkommens**

ist das Bundesamt für Justiz.

(2) Das Verfahren der Zentralen Behörde gilt als Justizverwaltungsverfahren.

---

[1] Grundlegend *Gruber* IPRax 2005, 293; FamRZ 2005, 1603; *Schlauß* FPR 2004, 279; s. auch *Dötsch* NJW-Spezial 2005, 247.

Die Bestimmung wurde durch das Gesetz zur Errichtung und Regelung der Aufgaben des Bundesamtes für Justiz vom 17. 12. 2006 (BGBl I 3171) geändert.

Art. 4 Übersetzungen bei eingehenden Ersuchen

(1) Die Zentrale Behörde, bei der ein Antrag aus einem anderen Staat nach der Verordnung (EG) Nr. 2201/2003 oder nach dem Europäischen Sorgerechtsübereinkommen eingeht, kann es ablehnen, tätig zu werden, solange Mitteilungen oder beizufügende Schriftstücke nicht in deutscher Sprache abgefasst oder von einer Übersetzung in diese Sprache begleitet sind.

(2) Ist ein Schriftstück nach Artikel 24 Abs. 1 des Haager Kindesentführungsübereinkommens ausnahmsweise nicht von einer deutschen Übersetzung begleitet, so veranlasst die Zentrale Behörde die Übersetzung.

Art. 5 Übersetzungen bei ausgehenden Ersuchen

(1) Beschafft die antragstellende Person erforderliche Übersetzungen für Anträge, die in einem anderen Staat zu erledigen sind, nicht selbst, veranlasst die Zentrale Behörde die Übersetzungen auf Kosten der antragstellenden Person.

(2) Das Amtsgericht, in dessen Bezirk die antragstellende Person ihren gewöhnlichen Aufenthalt oder bei Fehlen eines gewöhnlichen Aufenthalts im Inland ihren tatsächlichen Aufenthalt hat, befreit die antragstellende Person auf Antrag von einer Erstattungspflicht, wenn diese die persönlichen und wirtschaftlichen Voraussetzungen für die Gewährung von Prozesskostenhilfe ohne einen eigenen Beitrag zu den Kosten nach den Vorschriften der Zivilprozessordnung erfüllt.

Art. 6 Aufgabenerfüllung durch die Zentrale Behörde

(1) Zur Erfüllung der ihr obliegenden Aufgaben veranlasst die Zentrale Behörde mit Hilfe der zuständigen Stellen alle erforderlichen Maßnahmen. Sie verkehrt unmittelbar mit allen zuständigen Stellen im In- und Ausland. Mitteilungen leitet sie unverzüglich an die zuständigen Stellen weiter.

(2) Zum Zweck der Ausführung des Haager Kindesentführungsübereinkommens und des Europäischen Sorgerechtsübereinkommens leitet die Zentrale Behörde erforderlichenfalls gerichtliche Verfahren ein. Im Rahmen dieser Übereinkommen gilt sie zum Zweck der Rückgabe des Kindes als bevollmächtigt, im Namen der antragstellenden Person selbst oder im Weg der Untervollmacht durch Vertreter gerichtlich oder außergerichtlich tätig zu werden. Ihre Befugnis, zur Sicherung der Einhaltung der Übereinkommen im eigenen Namen entsprechend zu handeln, bleibt unberührt.

Art. 7 Aufenthaltsermittlung

(1) Die Zentrale Behörde trifft alle erforderlichen Maßnahmen einschließlich der Einschaltung von Polizeivollzugsbehörden, um den Aufenthaltsort des Kindes zu ermitteln, wenn dieser unbekannt ist und Anhaltspunkte dafür vorliegen, dass sich das Kind im Inland befindet.

(2) Soweit zur Ermittlung des Aufenthalts des Kindes erforderlich, darf die Zentrale Behörde bei dem Kraftfahrt-Bundesamt erforderliche Halterdaten nach § 33 Abs. 1 Satz 1 Nr. 2 des Straßenverkehrsgesetzes erheben und die Leistungsträger im Sinne der §§ 18 bis 29 des Ersten Buches Sozialgesetzbuch um Mitteilung des derzeitigen Aufenthalts einer Person ersuchen.

(3) Unter den Voraussetzungen des Absatzes 1 kann die Zentrale Behörde die Ausschreibung zur Aufenthaltsermittlung durch das Bundeskriminalamt veranlassen. Sie kann auch die Speicherung eines Suchvermerks im Zentralregister veranlassen.

(4) Soweit andere Stellen eingeschaltet werden, übermittelt sie ihnen die zur Durchführung der Maßnahmen erforderlichen personenbezogenen Daten; diese dürfen nur für den Zweck verwendet werden, für den sie übermittelt worden sind.

Art. 8 Anrufung des Oberlandesgerichts

(1) Nimmt die Zentrale Behörde einen Antrag nicht an oder lehnt sie es ab, tätig zu werden, so kann die Entscheidung des Oberlandesgerichts beantragt werden.

(2) Zuständig ist das Oberlandesgericht, in dessen Bezirk die Zentrale Behörde ihren Sitz hat.

(3) Das Oberlandesgericht entscheidet im Verfahren der freiwilligen Gerichtsbarkeit. § 21 Abs. 2 und 3, die §§ 23 und 24 Abs. 3, die §§ 25 und 28 Abs. 2 und 3, § 30 Abs. 1 Satz 1 sowie § 199 Abs. 1 des Gesetzes über die Angelegenheiten der freiwilligen Gerichtsbarkeit gelten sinngemäß. Die Entscheidung des Oberlandesgerichts ist unanfechtbar.

Art. 9 Mitwirkung des Jugendamts an Verfahren

(1) Unbeschadet der Aufgaben des Jugendamts bei der grenzüberschreitenden Zusammenarbeit unterstützt das Jugendamt die Gerichte und die Zentrale Behörde bei allen Maßnahmen nach diesem Gesetz. Insbesondere

1. gibt es auf Anfrage Auskunft über die soziale Lage des Kindes und seines Umfelds,

2. unterstützt es in jeder Lage eine gütliche Einigung,

3. leistet es in geeigneten Fällen Unterstützung bei der Durchführung des Verfahrens, auch bei der Sicherung des Aufenthalts des Kindes,

4. leistet es in geeigneten Fällen Unterstützung bei der Ausübung des Rechts zum persönlichen Umgang, der Heraus- oder Rückgabe des Kindes sowie der Vollstreckung gerichtlicher Entscheidungen.

(2) Zuständig ist das Jugendamt, in dessen Bereich sich das Kind gewöhnlich aufhält. Solange die Zentrale Behörde oder ein Gericht mit einem Herausgabe- oder Rückgabeantrag oder dessen Vollstreckung befasst ist, oder wenn das Kind keinen gewöhnlichen Aufenthalt im Inland hat, oder das zuständige Jugendamt nicht tätig wird, ist das Jugendamt zuständig, in dessen Bereich sich das Kind tatsächlich aufhält.

(3) Das Gericht unterrichtet das zuständige Jugendamt über Entscheidungen nach diesem Gesetz auch dann, wenn das Jugendamt am Verfahren nicht beteiligt war.

1 Die Vorschrift übernimmt die Regelung der § 50 Abs. 4 AVAG, § 14 SorgeRÜbkAG und legt eine weiter gehende Unterstützungspflicht fest, als in § 50 Abs. 1 S. 1 SGB VIII geregelt.

Abschnitt 3. Gerichtliche Zuständigkeit und Zuständigkeitskonzentration

Art. 10 Örtliche Zuständigkeit für die Anerkennung und Vollstreckung

Örtlich ausschließlich zuständig für Verfahren nach

– Artikel 21 Abs. 3 und Artikel 48 Abs. 1 der Verordnung (EG) Nr. 2201/2003 sowie für die Zwangsvollstreckung nach den Artikeln 41 und 42 der Verordnung (EG) Nr. 2201/2003,

– dem Europäischen Sorgerechtsübereinkommen ist das Familiengericht, in dessen Zuständigkeitsbereich zum Zeitpunkt der Antragstellung

1. die Person, gegen die sich der Antrag richtet, oder das Kind, auf das sich die Entscheidung bezieht, sich gewöhnlich aufhält oder

2. bei Fehlen einer Zuständigkeit nach Nummer 1 das Interesse an der Feststellung hervortritt oder das Bedürfnis der Fürsorge besteht,

3. sonst das im Bezirk des Kammergerichts zur Entscheidung berufene Gericht.

Art. 11 Örtliche Zuständigkeit nach dem Haager Kindesentführungsübereinkommen

Örtlich zuständig für Verfahren nach dem Haager Kindesentführungsübereinkommen ist das Familiengericht, in dessen Zuständigkeitsbereich

1. sich das Kind beim Eingang des Antrags bei der Zentralen Behörde aufgehalten hat oder

2. bei Fehlen einer Zuständigkeit nach Nummer 1 das Bedürfnis der Fürsorge besteht.

Art. 12 Zuständigkeitskonzentration

(1) In Verfahren über eine in den §§ 10 und 11 bezeichnete Sache sowie in Verfahren über die Vollstreckbarerklärung nach Artikel 28 der Verordnung (EG) Nr. 2201/2003 entscheidet das Familiengericht, in dessen Bezirk ein Oberlandesgericht seinen Sitz hat, für den Bezirk dieses Oberlandesgerichts.

(2) Im Bezirk des Kammergerichts entscheidet das Familiengericht Pankow/Weißensee.

(3) Die Landesregierungen werden ermächtigt, diese Zuständigkeit durch Rechtsverordnung einem anderen Familiengericht des Oberlandesgerichtsbezirks oder, wenn in einem Land mehrere Oberlandesgerichte errichtet sind, einem Familiengericht für die Bezirke aller oder mehrerer Oberlandesgerichte zuzuweisen. Sie können die Ermächtigung auf die Landesjustizverwaltungen übertragen.

1 Mit dieser Regelung, die § 5 SorgeRÜbkAG entspricht, soll eine besondere Sachkunde und praktische Erfahrung bei dem zentralisierten Familiengericht gefördert werden. Derzeit sind 22 FamG als Eingangsgericht zuständig.[2]

Art. 13 Zuständigkeitskonzentration für andere Familiensachen

(1) Das Familiengericht, bei dem eine in den §§ 10 bis 12 bezeichnete Sache anhängig wird, ist von diesem Zeitpunkt an ungeachtet des § 621 Abs. 2 der Zivilprozessordnung für alle dasselbe Kind betreffenden Familiensachen nach § 621 Abs. 1 Nr. 1 bis 3 der Zivilprozessordnung einschließlich der Verfügungen nach § 44 dieses Gesetzes und nach § 33 des Gesetzes über die Angelegenheiten der freiwilligen Gerichtsbarkeit

[2] S. auch *Dutta/Scherpe* FamRZ 2006, 901, 903.

zuständig. Die Zuständigkeit nach Absatz 1 Satz 1 tritt nicht ein, wenn der Antrag offensichtlich unzulässig ist. Sie entfällt, sobald das angegangene Gericht auf Grund unanfechtbarer Entscheidung unzuständig ist; Verfahren, für die dieses Gericht hiernach seine Zuständigkeit verliert, sind nach näherer Maßgabe des § 281 Abs. 2 und 3 Satz 1 der Zivilprozessordnung von Amts wegen an das zuständige Gericht abzugeben.

(2) Bei dem Familiengericht, das in dem Oberlandesgerichtsbezirk, in dem sich das Kind gewöhnlich aufhält, für Anträge der in Absatz 1 Satz 1 genannten Art zuständig ist, kann auch eine andere Familiensache nach § 621 Abs. 1 Nr. 1 bis 3 der Zivilprozessordnung anhängig gemacht werden, wenn ein Elternteil seinen gewöhnlichen Aufenthalt in einem anderen Mitgliedstaat der Europäischen Union oder in einem anderen Vertragsstaat des Europäischen Sorgerechtsübereinkommens oder des Haager Kindesentführungsübereinkommens hat.

(3) Im Falle des Absatzes 1 Satz 1 hat ein anderes Familiengericht, bei dem eine dasselbe Kind betreffende Familiensache nach § 621 Abs. 1 Nr. 1 bis 3 der Zivilprozessordnung im ersten Rechtszug anhängig ist oder anhängig wird, dieses Verfahren von Amts wegen an das nach Absatz 1 Satz 1 zuständige Gericht abzugeben. Auf übereinstimmenden Antrag beider Elternteile sind andere Familiensachen, an denen diese beteiligt sind, an das nach Absatz 1 oder Absatz 2 zuständige Gericht abzugeben. § 281 Abs. 2 Satz 1 bis 3 und Abs. 3 Satz 1 der Zivilprozessordnung gilt entsprechend.

(4) Das Familiengericht, das gemäß Absatz 1 oder Absatz 2 zuständig oder an das die Sache gemäß Absatz 3 abgegeben worden ist, kann diese aus wichtigen Gründen an das nach den allgemeinen Vorschriften zuständige Familiengericht abgeben oder zurückgeben, soweit dies nicht zu einer erheblichen Verzögerung des Verfahrens führt. Als wichtiger Grund ist es in der Regel anzusehen, wenn die besondere Sachkunde des erstgenannten Gerichts für das Verfahren nicht oder nicht mehr benötigt wird. § 281 Abs. 2 und 3 Satz 1 der Zivilprozessordnung gilt entsprechend. Die Ablehnung einer Abgabe nach Satz 1 ist unanfechtbar.

(5) § 46 des Gesetzes über die Angelegenheiten der freiwilligen Gerichtsbarkeit bleibt unberührt.

Die Regelung entspricht dem aufgehobenen § 64a FGG. Abs. 1 sieht in den Verfahren der §§ 10–12 ab deren Anhängigkeit eine Zuständigkeit auch für andere sorge- und umgangsrechtliche Verfahren einschließlich Vollstreckungsmaßnahmen vor. Abs. 3 ergänzt die Zuständigkeitskonzentration des Familiengerichts, wenn im Zeitpunkt der erstmaligen Befassung bereits ein Verfahren bei dem Gericht am Wohnsitz des Kindes anhängig war. 1

Abschnitt 4. Allgemeine gerichtliche Verfahrensvorschriften

Art. 14 Familiengerichtliches Verfahren

Soweit nicht anders bestimmt, entscheidet das Gericht

1. **über eine in den §§ 10 und 12 bezeichnete Ehesache nach den hierfür geltenden Vorschriften der Zivilprozessordnung,**
2. **über die übrigen in den §§ 10, 11, 12 und 47 bezeichneten Angelegenheiten als Familiensachen im Verfahren der freiwilligen Gerichtsbarkeit; § 621a Abs. 1, §§ 621c und 621f der Zivilprozessordnung gelten entsprechend.**

In Bezug auf Ehesachen verweist diese Bestimmung auf die maßgeblichern Vorschriften der ZPO.[3] Alle 1
sonstigen Verfahren werden, auch soweit sie Vormundschaftssachen betreffen, als Familiensache nach dem FGG geführt (Kapitel III EheVO II).

Art. 15 Einstweilige Anordnungen

Das Gericht kann auf Antrag oder von Amts wegen einstweilige Anordnungen treffen, um Gefahren von dem Kind abzuwenden oder eine Beeinträchtigung der Interessen der Beteiligten zu vermeiden, insbesondere um den Aufenthaltsort des Kindes während des Verfahrens zu sichern oder eine Vereitelung oder Erschwerung der Rückgabe zu verhindern; § 621g der Zivilprozessordnung gilt entsprechend.

Die Gestaltung von Sicherungsmaßnahmen zu Gunsten eines Kindes steht im Ermessen des Familiengerichts und richtet sich nach dem jeweils zu sichernden Schutzgut des Kindes oder eines Elternteils. Es können räumliche Beschränkungen verhängt, die Hinterlegung von Ausweispapieren sowie eine Meldepflicht angeordnet und ein begleiteter oder betreuter Umgang mit dem Kind festgelegt werden. Auf Grund der Verweisung auf § 621g ist ein Hauptsacheverfahren erforderlich.[4] Zu den weiteren Einzelheiten wird auf die Ausführungen zu Art. 20 EheVO II verwiesen. 1

[3] Zum Vorrang der EhevO II vor §§ 606, 606a s. § 606 Rn. 1, § 606a Rn. 1.
[4] S. § 621g Rn. 2.

Abschnitt 5. Zulassung der Zwangsvollstreckung, Anerkennungsfeststellung und Wiederherstellung des Sorgeverhältnisses

Unterabschnitt 1. Zulassung der Zwangsvollstreckung im ersten Rechtszug

Art. 16 Antragstellung

(1) Mit Ausnahme der in den Artikeln 41 und 42 der Verordnung (EG) Nr. 2201/2003 aufgeführten Titel wird der in einem anderen Staat vollstreckbare Titel dadurch zur Zwangsvollstreckung zugelassen, dass er auf Antrag mit der Vollstreckungsklausel versehen wird.

(2) Der Antrag auf Erteilung der Vollstreckungsklausel kann bei dem zuständigen Familiengericht schriftlich eingereicht oder mündlich zu Protokoll der Geschäftsstelle erklärt werden.

(3) Ist der Antrag entgegen § 184 des Gerichtsverfassungsgesetzes nicht in deutscher Sprache abgefasst, so kann das Gericht der antragstellenden Person aufgeben, eine Übersetzung des Antrags beizubringen, deren Richtigkeit von einer

1. in einem Mitgliedstaat der Europäischen Union oder

2. in einem anderen Vertragsstaat eines auszuführenden Übereinkommens hierzu befugten Person bestätigt worden ist.

1 Die in dieser Bestimmung genannten Entscheidungen bedürfen keiner Vollstreckbarkeitserklärung mehr. Sie werden nach Vorlage einer durch das Gericht des Ursprungmitgliedstaates ausgestellten Bescheinigung nach den innerstaatlichen Regelungen vollstreckt. Die Zuständigkeit ergibt sich §§ 10, 12.

Art. 17 Zustellungsbevollmächtigter

(1) Hat die antragstellende Person in dem Antrag keinen Zustellungsbevollmächtigten im Sinne des § 184 Abs. 1 Satz 1 der Zivilprozessordnung benannt, so können bis zur nachträglichen Benennung alle Zustellungen an sie durch Aufgabe zur Post (§ 184 Abs. 1 Satz 2, Abs. 2 der Zivilprozessordnung) bewirkt werden.

(2) Absatz 1 gilt nicht, wenn die antragstellende Person einen Rechtsanwalt oder eine andere Person, die im Inland wohnt oder dort einen Geschäftsraum hat, zu ihrem Bevollmächtigten für das Verfahren bestellt hat.

Abs. 2 wurde mit Wirkung ab 1. 6. 2007 durch Art. 7 Abs. 2 des Gesetzes zur Stärkung der Selbstverwaltung der Rechtsanwaltschaft vom 26. 3. 2007 (BGBl. I 358) geändert

Art. 18 Einseitiges Verfahren

(1) Im Anwendungsbereich der Verordnung (EG) Nr. 2201/2003 erhält im erstinstanzlichen Verfahren auf Zulassung der Zwangsvollstreckung nur die antragstellende Person Gelegenheit, sich zu äußern. Die Entscheidung ergeht ohne mündliche Verhandlung. Jedoch kann eine mündliche Erörterung mit der antragstellenden oder einer von ihr bevollmächtigten Person stattfinden, wenn diese hiermit einverstanden ist und die Erörterung der Beschleunigung dient.

(2) Abweichend von § 78 Abs. 2 der Zivilprozessordnung ist in Ehesachen im ersten Rechtszug eine anwaltliche Vertretung nicht erforderlich.

Art. 19 Besondere Regelungen zum Europäischen Sorgerechtsübereinkommen

Die Vollstreckbarerklärung eines Titels aus einem anderen Vertragsstaat des Europäischen Sorgerechtsübereinkommens ist auch in den Fällen der Artikel 8 und 9 des Übereinkommens ausgeschlossen, wenn die Voraussetzungen des Artikels 10 Abs. 1 Buchstabe a oder b des Übereinkommens vorliegen, insbesondere wenn die Wirkungen des Titels mit den Grundrechten des Kindes oder eines Sorgeberechtigten unvereinbar wären.

Art. 20 Entscheidung

(1) Ist die Zwangsvollstreckung aus dem Titel zuzulassen, so beschließt das Gericht, dass der Titel mit der Vollstrekkungsklausel zu versehen ist. In dem Beschluss ist die zu vollstreckende Verpflichtung in deutscher Sprache wiederzugeben. Zur Begründung des Beschlusses genügt in der Regel die Bezugnahme auf die Verordnung (EG) Nr. 2201/2003 oder den auszuführenden Anerkennungs- und Vollstreckungsvertrag sowie auf die von der antragstellenden Person vorgelegten Urkunden.

(2) Auf die Kosten des Verfahrens ist § 13a Abs. 1 und 3 des Gesetzes über die Angelegenheiten der freiwilligen Gerichtsbarkeit entsprechend anzuwenden; in Ehesachen gilt § 788 der Zivilprozessordnung entsprechend.

(3) Ist der Antrag nicht zulässig oder nicht begründet, so lehnt ihn das Gericht durch mit Gründen versehenen Beschluss ab. Für die Kosten gilt Absatz 2; in Ehesachen sind die Kosten dem Antragsteller aufzuerlegen.

Art. 21 Bekanntmachung der Entscheidung

(1) Im Falle des § 20 Abs. 1 sind der verpflichteten Person eine beglaubigte Abschrift des Beschlusses, eine beglaubigte Abschrift des noch nicht mit der Vollstreckungsklausel versehenen Titels und gegebenenfalls seiner Übersetzung sowie der gemäß § 20 Abs. 1 Satz 3 in Bezug genommenen Urkunden von Amts wegen zuzustellen. Ein Beschluss nach § 20 Abs. 3 ist der verpflichteten Person formlos mitzuteilen.

(2) Der antragstellenden Person sind eine beglaubigte Abschrift des Beschlusses nach § 20, im Falle des § 20 Abs. 1 ferner eine Bescheinigung über die bewirkte Zustellung zu übersenden. Die mit der Vollstreckungsklausel versehene Ausfertigung des Titels ist der antragstellenden Person erst dann zu übersenden, wenn der Beschluss nach § 20 Abs. 1 wirksam geworden und die Vollstreckungsklausel erteilt ist.

(3) In einem Verfahren, das die Vollstreckbarerklärung einer die elterliche Verantwortung betreffenden Entscheidung zum Gegenstand hat, sind Zustellungen auch an den gesetzlichen Vertreter des Kindes, an den Vertreter des Kindes im Verfahren, an das Kind selbst, soweit es das 14. Lebensjahr vollendet hat, an einen Elternteil, der nicht am Verfahren beteiligt war, sowie an das Jugendamt zu bewirken.

(4) Handelt es sich bei der für vollstreckbar erklärten Maßnahme um eine Unterbringung, so ist der Beschluss auch dem Leiter der Einrichtung oder der Pflegefamilie bekannt zu machen, in der das Kind untergebracht werden soll.

Art. 22 Wirksamwerden der Entscheidung

Der Beschluss nach § 20 wird erst mit seiner Rechtskraft wirksam. Hierauf ist in dem Beschluss hinzuweisen.

Die Regelung, die § 53 Abs. 1 AVAG ablöst und § 8 Abs. 1 S. 1 SorgeÜbkAG entspricht, berücksichtigt, 1
dass die EheVO II keine auf Sicherungsmaßnahmen beschränkte Zwangsvollstreckung vorsieht. Eine nicht rechtskräftige Entscheidung kann deshalb nicht vollstreckt werden. Nach § 15 sind jedoch Sicherungsmaßnahmen möglich.

Art. 23 Vollstreckungsklausel

(1) Auf Grund eines wirksamen Beschlusses nach § 20 Abs. 1 erteilt der Urkundsbeamte der Geschäftsstelle die Vollstreckungsklausel in folgender Form:
„Vollstreckungsklausel nach § 23 des Internationalen Familienrechtsverfahrensgesetzes vom 26. Januar 2005 (BGBl. I S. 162). Gemäß dem Beschluss des … (Bezeichnung des Gerichts und des Beschlusses) ist die Zwangsvollstreckung aus … (Bezeichnung des Titels) zu Gunsten … (Bezeichnung der berechtigten Person) gegen … (Bezeichnung der verpflichteten Person) zulässig. Die zu vollstreckende Verpflichtung lautet:
… (Angabe der aus dem ausländischen Titel der verpflichteten Person obliegenden Verpflichtung in deutscher Sprache; aus dem Beschluss nach § 20 Abs. 1 zu übernehmen)."

(2) Wird die Zwangsvollstreckung nur für einen oder mehrere der durch den ausländischen Titel zuerkannten oder in einem anderen ausländischen Titel niedergelegten Ansprüche oder nur für einen Teil des Gegenstands der Verpflichtung zugelassen, so ist die Vollstreckungsklausel als „Teil-Vollstreckungsklausel nach § 23 des Internationalen Familienrechtsverfahrensgesetzes vom 26. Januar 2005 (BGBl. I S. 162)" zu bezeichnen.

(3) Die Vollstreckungsklausel ist von dem Urkundsbeamten der Geschäftsstelle zu unterschreiben und mit dem Gerichtssiegel zu versehen. Sie ist entweder auf die Ausfertigung des Titels oder auf ein damit zu verbindendes Blatt zu setzen. Falls eine Übersetzung des Titels vorliegt, ist sie mit der Ausfertigung zu verbinden.

Unterabschnitt 2. Beschwerde

Art. 24 Einlegung der Beschwerde; Beschwerdefrist

(1) Gegen die im ersten Rechtszug ergangene Entscheidung findet die Beschwerde zum Oberlandesgericht statt. Die Beschwerde wird bei dem Oberlandesgericht durch Einreichen einer Beschwerdeschrift oder durch Erklärung zu Protokoll der Geschäftsstelle eingelegt.

(2) Die Zulässigkeit der Beschwerde wird nicht dadurch berührt, dass sie statt bei dem Oberlandesgericht bei dem Gericht des ersten Rechtszugs eingelegt wird; die Beschwerde ist unverzüglich von Amts wegen an das Oberlandesgericht abzugeben.

(3) Die Beschwerde gegen die Zulassung der Zwangsvollstreckung ist einzulegen

1. innerhalb eines Monats nach Zustellung, wenn die beschwerdeberechtigte Person ihren gewöhnlichen Aufenthalt im Inland hat;
2. innerhalb von zwei Monaten nach Zustellung, wenn die beschwerdeberechtigte Person ihren gewöhnlichen Aufenthalt im Ausland hat. Die Frist beginnt mit dem Tag, an dem die Vollstreckbarerklärung der beschwerdeberechtigten Person entweder persönlich oder in ihrer Wohnung zugestellt worden ist. Eine Verlängerung dieser Frist wegen weiter Entfernung ist ausgeschlossen.

(4) Die Beschwerdefrist ist eine Notfrist.

(5) Die Beschwerde ist dem Beschwerdegegner von Amts wegen zuzustellen.

Art. 25 Einwendungen gegen den zu vollstreckenden Anspruch

Die verpflichtete Person kann mit der Beschwerde gegen die Zulassung der Zwangsvollstreckung aus einem Titel über die Erstattung von Verfahrenskosten auch Einwendungen gegen den Anspruch selbst insoweit geltend machen, als die Gründe, auf denen sie beruhen, erst nach Erlass des Titels entstanden sind.

Art. 26 Verfahren und Entscheidung über die Beschwerde

(1) Der Senat des Oberlandesgerichts entscheidet durch Beschluss, der mit Gründen zu versehen ist und ohne mündliche Verhandlung ergehen kann.

(2) Solange eine mündliche Verhandlung nicht angeordnet ist, können zu Protokoll der Geschäftsstelle Anträge gestellt und Erklärungen abgegeben werden. Wird in einer Ehesache die mündliche Verhandlung angeordnet, so gilt für die Ladung § 215 der Zivilprozessordnung.

(3) Eine vollständige Ausfertigung des Beschlusses ist den Beteiligten auch dann von Amts wegen zuzustellen, wenn der Beschluss verkündet worden ist. (4) § 20 Abs. 1 Satz 2, Abs. 2 und 3, § 21 Abs. 1, 2 und 4 sowie § 23 gelten entsprechend.

Art. 27 Anordnung der sofortigen Wirksamkeit

(1) Der Beschluss des Oberlandesgerichts nach § 26 wird erst mit seiner Rechtskraft wirksam. Hierauf ist in dem Beschluss hinzuweisen.

(2) Das Oberlandesgericht kann in Verbindung mit der Entscheidung über die Beschwerde die sofortige Wirksamkeit eines Beschlusses anordnen.

Unterabschnitt 3. Rechtsbeschwerde

Art. 28 Statthaftigkeit der Rechtsbeschwerde

Gegen den Beschluss des Oberlandesgerichts findet die Rechtsbeschwerde zum Bundesgerichtshof nach Maßgabe des § 574 Abs. 1 Nr. 1, Abs. 2 der Zivilprozessordnung statt.

1 Die Regelung bezieht sich auf Art. 34 EheVO II; auf die Ausführungen hierzu wird verwiesen.

Art. 29 Einlegung und Begründung der Rechtsbeschwerde

§ 575 Abs. 1 bis 4 der Zivilprozessordnung ist entsprechend anzuwenden. Soweit die Rechtsbeschwerde darauf gestützt wird, dass das Oberlandesgericht von einer Entscheidung des Gerichtshofs der Europäischen Gemeinschaften abgewichen sei, muss die Entscheidung, von der der angefochtene Beschluss abweicht, bezeichnet werden.

Art. 30 Verfahren und Entscheidung über die Rechtsbeschwerde

(1) Der Bundesgerichtshof kann nur überprüfen, ob der Beschluss auf einer Verletzung des Rechts der Europäischen Gemeinschaft, eines Anerkennungs- und Vollstreckungsvertrags, sonstigen Bundesrechts oder einer anderen Vorschrift beruht, deren Geltungsbereich sich über den Bezirk eines Oberlandesgerichts hinaus erstreckt.
Er darf nicht prüfen, ob das Gericht seine örtliche Zuständigkeit zu Unrecht angenommen hat.

(2) Der Bundesgerichtshof kann über die Rechtsbeschwerde ohne mündliche Verhandlung entscheiden. § 574 Abs. 4, § 576 Abs. 3 und § 577 der Zivilprozessordnung sind entsprechend anzuwenden; in Angelegenheiten der freiwilligen Gerichtsbarkeit bleiben § 574 Abs. 4 und § 577 Abs. 2 Satz 1 bis 3 der Zivilprozessordnung sowie die Verweisung auf § 556 in § 576 Abs. 3 der Zivilprozessordnung außer Betracht.

(3) § 20 Abs. 1 Satz 2, Abs. 2 und 3, § 21 Abs. 1, 2 und 4 sowie § 23 gelten entsprechend.

Art. 31 Anordnung der sofortigen Wirksamkeit

Der Bundesgerichtshof kann auf Antrag der verpflichteten Person eine Anordnung nach § 27 Abs. 2 aufheben oder auf Antrag der berechtigten Person erstmals eine Anordnung nach § 27 Abs. 2 treffen.

Unterabschnitt 4. Feststellung der Anerkennung

Art. 32 Anerkennungsfeststellung

Auf das Verfahren über einen gesonderten Feststellungsantrag nach Artikel 21 Abs. 3 er Verordnung (EG) Nr. 2201/2003 oder nach dem Europäischen Sorgerechtsübereinkommen, eine Entscheidung, eine Vereinbarung oder eine öffentliche Urkunde aus einem anderen Staat anzuerkennen oder nicht anzuerkennen, sind die Unterabschnitte 1 bis 3 entsprechend anzuwenden.

Unterabschnitt 5. Wiederherstellung des Sorgeverhältnisses

Art. 33 Anordnung auf Herausgabe des Kindes

Liegt im Anwendungsbereich des Europäischen Sorgerechtsübereinkommens ein vollstreckungsfähiger Titel auf Herausgabe des Kindes nicht vor, so stellt das Gericht nach § 32 fest, dass die Sorgerechtsentscheidung oder die von der zuständigen Behörde genehmigte Sorgerechtsvereinbarung aus dem anderen Vertragsstaat anzuerkennen ist, und ordnet zur Wiederherstellung des Sorgeverhältnisses auf Antrag an, dass die verpflichtete Person das Kind herauszugeben hat.

Unterabschnitt 6. Aufhebung oder Änderung von Beschlüssen

Art. 34 Verfahren auf Aufhebung oder Änderung

(1) Wird der Titel in dem Staat, in dem er errichtet worden ist, aufgehoben oder abgeändert und kann die verpflichtete Person diese Tatsache in dem Verfahren der Zulassung der Zwangsvollstreckung nicht mehr geltend machen, so kann sie die Aufhebung oder Änderung der Zulassung in einem besonderen Verfahren beantragen. Das Gleiche gilt für den Fall der Aufhebung oder Änderung von Entscheidungen, Vereinbarungen oder öffentlichen Urkunden, deren Anerkennung festgestellt ist.

(2) Für die Entscheidung über den Antrag ist das Familiengericht ausschließlich zuständig, das im ersten Rechtszug über den Antrag auf Erteilung der Vollstreckungsklausel oder auf Feststellung der Anerkennung entschieden hat.

(3) Der Antrag kann bei dem Gericht schriftlich oder durch Erklärung zu Protokoll der Geschäftsstelle gestellt werden. Die Entscheidung ergeht durch Beschluss.

(4) Auf die Beschwerde finden die Unterabschnitte 2 und 3 entsprechend Anwendung.

(5) Im Falle eines Titels über die Erstattung von Verfahrenskosten sind für die Einstellung der Zwangsvollstreckung und die Aufhebung bereits getroffener Vollstreckungsmaßregeln die §§ 769 und 770 der Zivilprozessordnung entsprechend anzuwenden. Die Aufhebung einer Vollstreckungsmaßregel ist auch ohne Sicherheitsleistung zulässig.

Art. 35 Schadensersatz wegen ungerechtfertigter Vollstreckung

(1) Wird die Zulassung der Zwangsvollstreckung aus einem Titel über die Erstattung von Verfahrenskosten auf die Rechtsbeschwerde aufgehoben oder abgeändert, so ist die berechtigte Person zum Ersatz des Schadens verpflichtet, welcher der verpflichteten Person durch die Vollstreckung des Titels oder durch eine Leistung zur Abwendung der Vollstreckung entstanden ist. Das Gleiche gilt, wenn die Zulassung der Zwangsvollstreckung nach § 34 aufgehoben oder abgeändert wird, sofern der zur Zwangsvollstreckung zugelassene Titel zum Zeitpunkt der Zulassung nach dem Recht des Staates, in dem er ergangen ist, noch mit einem ordentlichen Rechtsbehelf angefochten werden konnte.

(2) Für die Geltendmachung des Anspruchs ist das Gericht ausschließlich zuständig, das im ersten Rechtszug über den Antrag, den Titel mit der Vollstreckungsklausel zu versehen, entschieden hat.

Unterabschnitt 7. Vollstreckungsgegenklage

Art. 36 Vollstreckungsgegenklage bei Titeln über Verfahrenskosten

(1) Ist die Zwangsvollstreckung aus einem Titel über die Erstattung von Verfahrenskosten zugelassen, so kann die verpflichtete Person Einwendungen gegen den Anspruch selbst in einem Verfahren nach § 767 der Zivilprozessordnung nur geltend machen, wenn die Gründe, auf denen ihre Einwendungen beruhen, erst

1. nach Ablauf der Frist, innerhalb deren sie die Beschwerde hätte einlegen können, oder
2. falls die Beschwerde eingelegt worden ist, nach Beendigung dieses Verfahrens entstanden sind.

(2) Die Klage nach § 767 der Zivilprozessordnung ist bei dem Gericht zu erheben, das über den Antrag auf Erteilung der Vollstreckungsklausel entschieden hat.

Abschnitt 6. Verfahren nach dem Haager Kindesentführungsübereinkommen

Art. 37 Anwendbarkeit

Kommt im Einzelfall die Rückgabe des Kindes nach dem Haager Kindesentführungsübereinkommen und dem Europäischen Sorgerechtsübereinkommen in Betracht, so sind zunächst die Bestimmungen des Haager Kindesentführungsübereinkommens anzuwenden, sofern die antragstellende Person nicht ausdrücklich die Anwendung des Europäischen Sorgerechtsübereinkommens begehrt.

Art. 38 Beschleunigtes Verfahren

(1) Das Gericht hat das Verfahren auf Rückgabe eines Kindes in allen Rechtszügen vorrangig zu behandeln. Mit Ausnahme von Artikel 12 Abs. 3 des Haager Kindesentführungsübereinkommens findet eine Aussetzung des Verfahrens nicht statt. Das Gericht hat alle erforderlichen Maßnahmen zur Beschleunigung des Verfahrens zu treffen, insbesondere auch damit die Entscheidung in der Hauptsache binnen der in Artikel 11 Abs. 3 der Verordnung (EG) Nr. 2201/2003 genannten Frist ergehen kann.

(2) Das Gericht prüft in jeder Lage des Verfahrens, ob das Recht zum persönlichen Umgang mit dem Kind gewährleistet werden kann.

(3) Die Beteiligten haben an der Aufklärung des Sachverhalts mitzuwirken, wie es einem auf Förderung und Beschleunigung des Verfahrens bedachten Vorgehen entspricht.

1 Das Familiengericht soll das Verfahren auf Rückgabe des Kindes binnen sechs Wochen (Art 11 Abs. 3 EheVO) erledigen. Gegebenenfalls sind nach § 15 einstwAnO zur Sicherung der Rückführung des Kindes zu erlassen.

Art. 39 Übermittlung von Entscheidungen

Wird eine inländische Entscheidung nach Artikel 11 Abs. 6 der Verordnung (EG) Nr. 2201/2003 unmittelbar dem zuständigen Gericht oder der Zentralen Behörde im Ausland übermittelt, ist der Zentralen Behörde zur Erfüllung ihrer Aufgaben nach Artikel 7 des Haager Kindesentführungsübereinkommens eine Abschrift zu übersenden.

Art. 40 Wirksamkeit der Entscheidung; Rechtsmittel

(1) Eine Entscheidung, die zur Rückgabe des Kindes in einen anderen Vertragsstaat verpflichtet, wird erst mit deren Rechtskraft wirksam.

(2) Gegen eine im ersten Rechtszug ergangene Entscheidung findet nur das Rechtsmittel der sofortigen Beschwerde zum Oberlandesgericht nach § 22 des Gesetzes über die Angelegenheiten der freiwilligen Gerichtsbarkeit statt; § 28 Abs. 2 und 3 jenes Gesetzes gilt sinngemäß. Ein Rechtsmittel gegen eine Entscheidung, die zur Rückgabe des Kindes verpflichtet, steht nur dem Antragsgegner, dem Kind, soweit es das 14. Lebensjahr vollendet hat, und dem beteiligten Jugendamt zu. Eine weitere Beschwerde findet nicht statt.

(3) Das Beschwerdegericht hat nach Eingang der Beschwerdeschrift unverzüglich zu prüfen, ob die sofortige Vollziehung der angefochtenen Entscheidung über die Rückgabe des Kindes anzuordnen ist. Die sofortige Vollziehung soll angeordnet werden, wenn die Beschwerde offensichtlich unbegründet ist oder die Rückgabe des Kindes vor der Entscheidung über die Beschwerde unter Berücksichtigung der berechtigten Interessen der Beteiligten mit dem Wohl des Kindes zu vereinbaren ist. Die Entscheidung über die sofortige Vollziehung kann während des Beschwerdeverfahrens abgeändert werden.

1 Abs. 2 lässt gegen alle Entscheidungen nach dem HaagKindEÜbk nur die sofortige Beschwerde zum OLG nach § 22 FGG zu. Nach § 28 Abs. 2, 3 FGG ist zur Sicherung der Einheitlichkeit der Rechtsprechung die Divergenzvorlage zum BGH zugelassen.[5]

Art. 41 Bescheinigung über Widerrechtlichkeit

Über einen Antrag, die Widerrechtlichkeit des Verbringens oder des Zurückhaltens eines Kindes nach Artikel 15 Satz 1 des Haager Kindesentführungsübereinkommens festzustellen, entscheidet das Familiengericht,

1. bei dem die Sorgerechtsangelegenheit oder Ehesache im ersten Rechtszug anhängig ist oder war, sonst

[5] S. hierzu *Dutta/Scherpe* FamRZ 2006, 901, 903; *Schulz* IPRAx 2005, 529, 530; s. a. OLG Naumburg FamRZ 2007, 1586; OLG Celle FamRZ 2007, 1587.

2. in dessen Bezirk das Kind seinen letzten gewöhnlichen Aufenthalt im Geltungsbereich dieses Gesetzes hatte, hilfsweise
3. in dessen Bezirk das Bedürfnis der Fürsorge auftritt.

Die Entscheidung ist zu begründen.

Art. 42 Einreichung von Anträgen bei dem Amtsgericht

(1) Ein Antrag, der in einem anderen Vertragsstaat zu erledigen ist, kann auch bei dem Amtsgericht als Justizverwaltungsbehörde eingereicht werden, in dessen Bezirk die antragstellende Person ihren gewöhnlichen Aufenthalt oder, mangels eines solchen im Geltungsbereich dieses Gesetzes, ihren tatsächlichen Aufenthalt hat. Das Gericht übermittelt den Antrag nach Prüfung der förmlichen Voraussetzungen unverzüglich der Zentralen Behörde, die ihn an den anderen Vertragsstaat weiterleitet.

(2) Für die Tätigkeit des Amtsgerichts und der Zentralen Behörde bei der Entgegennahme und Weiterleitung von Anträgen werden mit Ausnahme der Fälle nach § 5 Abs. 1 Kosten nicht erhoben.

Art. 43 Prozesskosten- und Beratungshilfe

Abweichend von Artikel 26 Abs. 2 des Haager Kindesentführungsübereinkommens findet eine Befreiung von gerichtlichen und außergerichtlichen Kosten bei Verfahren nach diesem Übereinkommen nur nach Maßgabe der Vorschriften über die Beratungshilfe und Prozesskostenhilfe statt.

Abschnitt 7. Vollstreckung

Art. 44 Ordnungsmittel; unmittelbarer Zwang

(1) Ein im Inland zu vollstreckender Titel nach Kapitel III der Verordnung (EG) Nr. 2201/2003, dem Haager Kindesentführungsübereinkommen oder dem Europäischen Sorgerechtsübereinkommen wird, sofern er nicht auf die Erstattung von Verfahrenskosten lautet, durch Festsetzung eines Ordnungsmittels nach Maßgabe dieses Abschnitts vollstreckt. Bei Zuwiderhandlung gegen die Anordnung soll das Gericht ein Ordnungsgeld festsetzen. Verspricht die Festsetzung eines Ordnungsgelds keinen Erfolg, soll das Gericht Ordnungshaft anordnen. Das Ordnungsmittel kann ohne vorherige Durchführung eines Verfahrens nach § 52 a des Gesetzes über die Angelegenheiten der freiwilligen Gerichtsbarkeit festgesetzt werden. Bei Festsetzung des Ordnungsmittels sind der verpflichteten Person zugleich die Kosten des Verfahrens aufzuerlegen.

(2) Das Ordnungsgeld muss, bevor es festgesetzt wird, angedroht werden. Es soll zugleich mit der inländischen Entscheidung angedroht werden. Das einzelne Ordnungsgeld darf den Betrag von fünfundzwanzigtausend Euro nicht übersteigen. Die Festsetzung der Ordnungshaft soll angedroht werden, wenn nicht die Durchsetzung der Entscheidung besonders eilbedürftig ist oder die Befürchtung besteht, dass die Vollziehung der Haft vereitelt wird. Für den Vollzug der Haft gelten die §§ 901, 904 bis 906, 909, 910, 913 der Zivilprozessordnung entsprechend.

(3) Auf Grund einer besonderen Verfügung des Gerichts kann unabhängig von dem festgesetzten Ordnungsmittel auch Gewalt gebraucht werden. Eine Gewaltanwendung gegen ein Kind darf nicht zugelassen werden, wenn das Kind herausgegeben werden soll, um das Umgangsrecht auszuüben. Der Vollstreckungsbeamte ist befugt, erforderlichenfalls die Unterstützung der polizeilichen Vollzugsorgane nachzusuchen. Die Kosten fallen der verpflichteten Person zur Last. Wird das Kind nicht vorgefunden, so kann das Gericht die verpflichtete Person anhalten, eine eidesstattliche Versicherung über dessen Verbleib abzugeben. § 883 Abs. 2 bis 4, § 900 Abs. 1 und §§ 901, 902, 904 bis 910 sowie 913 der Zivilprozessordnung sind entsprechend anzuwenden.

(4) Die Androhung eines Ordnungsmittels ist nicht isoliert anfechtbar. Die Beschwerde gegen die Festsetzung von Ordnungshaft hat keine aufschiebende Wirkung.

(5) Für Verfügungen nach den Absätzen 1 bis 4 ist das Oberlandesgericht zuständig, sofern es die Anordnung für vollstreckbar erklärt, erlassen oder bestätigt hat.

(6) Ist ein Kind heraus- oder zurückzugeben, so hat das Gericht die Vollstreckung von Amts wegen durchzuführen, es sei denn, die Anordnung ist auf Herausgabe des Kindes zum Zweck des Umgangs gerichtet. Auf Antrag der berechtigten Person kann das Gericht hiervon absehen.

Diese Bestimmung ersetzt im Anwendungsbereich des IntFamRVG § 33 FGG; sie soll durch die Einführung von Ordnungsmitteln die Durchsetzung gerichtlicher Anordnungen verbessern. Die Ordnungsmittel sollen nicht nur auf dem Willen der pflichtigen Person einwirken, sondern haben auch Sanktionscharakter. Sie sind deshalb, anders als nach § 33 FGG, auch dann zulässig, wenn die zu vollstreckende Handlung, Duldung oder Unterlassung wegen Zeitablauf nicht mehr vorgenommen werden kann. Die verschärften Bestimmungen gelten auch für Verfahren, die vor dem 1. 3. 2005 eingeleitet wurden (s. § 56).[6] 1

[6] S. auch OLG Naumburg FamRZ 2007, 1588, 1592; zu weiteren Einzelheiten *Dutta/Scherpe* FamRZ 2006, 901, 909 f.

Abschnitt 8. Grenzüberschreitende Unterbringung

Art. 45 Zuständigkeit für die Zustimmung zu einer Unterbringung

Zuständig für die Erteilung der Zustimmung zu einer Unterbringung eines Kindes nach Artikel 56 der Verordnung (EG) Nr. 2201/2003 im Inland ist der überörtliche Träger der öffentlichen Jugendhilfe, in dessen Bereich das Kind nach dem Vorschlag der ersuchenden Stelle untergebracht werden soll, andernfalls der überörtliche Träger, zu dessen Bereich die Zentrale Behörde den engsten Bezug festgestellt hat. Hilfsweise ist das Land Berlin zuständig.

Art. 46 Konsultationsverfahren

(1) Dem Ersuchen soll in der Regel zugestimmt werden, wenn

1. die Durchführung der beabsichtigten Unterbringung im Inland dem Wohl des Kindes entspricht, insbesondere weil es eine besondere Bindung zum Inland hat,
2. die ausländische Stelle einen Bericht und, soweit erforderlich, ärztliche Zeugnisse oder Gutachten vorgelegt hat, aus denen sich die Gründe der beabsichtigten Unterbringung ergeben,
3. das Kind im ausländischen Verfahren angehört wurde, sofern eine Anhörung nicht auf Grund des Alters oder des Reifegrades des Kindes unangebracht erschien,
4. die Zustimmung der geeigneten Einrichtung oder Pflegefamilie vorliegt und der Vermittlung des Kindes dorthin keine Gründe entgegenstehen,
5. eine erforderliche ausländerrechtliche Genehmigung erteilt oder zugesagt wurde,
6. die Übernahme der Kosten geregelt ist.

(2) Im Falle einer Unterbringung, die mit Freiheitsentziehung verbunden ist, ist das Ersuchen ungeachtet der Voraussetzungen des Absatzes 1 abzulehnen, wenn

1. im ersuchenden Staat über die Unterbringung kein Gericht entscheidet oder
2. bei Zugrundelegung des mitgeteilten Sachverhalts nach innerstaatlichem Recht eine Unterbringung, die mit Freiheitsentziehung verbunden ist, nicht zulässig wäre.

(3) Die ausländische Stelle kann um ergänzende Informationen ersucht werden.

(4) Wird um die Unterbringung eines ausländischen Kindes ersucht, ist die Stellungnahme der Ausländerbehörde einzuholen.

(5) Die zu begründende Entscheidung ist auch der Zentralen Behörde und der Einrichtung oder der Pflegefamilie, in der das Kind untergebracht werden soll, mitzuteilen. Sie ist unanfechtbar.

Art. 47 Genehmigung des Familiengerichts

(1) Die Zustimmung des überörtlichen Trägers der öffentlichen Jugendhilfe nach den §§ 45 und 46 ist nur mit Genehmigung des Familiengerichts zulässig. Das Gericht soll die Genehmigung in der Regel erteilen, wenn

1. die in § 46 Abs. 1 Nr. 1 bis 3 bezeichneten Voraussetzungen vorliegen und
2. kein Hindernis für die Anerkennung der beabsichtigten Unterbringung erkennbar ist. § 46 Abs. 2 und 3 gilt entsprechend.

(2) Örtlich zuständig ist das Familiengericht am Sitz des Oberlandesgerichts, in dessen Zuständigkeitsbereich das Kind untergebracht werden soll, für den Bezirk dieses Oberlandesgerichts. § 12 Abs. 2 und 3 gilt entsprechend.

(3) Der zu begründende Beschluss ist unanfechtbar.

Abschnitt 9. Bescheinigungen zu inländischen Entscheidungen nach der Verordnung (EG) Nr. 2201/2003

Art. 48 Ausstellung von Bescheinigungen

(1) Die Bescheinigung nach Artikel 39 der Verordnung (EG) Nr. 2201/2003 wird von dem Urkundsbeamten der Geschäftsstelle des Gerichts des ersten Rechtszugs und, wenn das Verfahren bei einem höheren Gericht anhängig ist, von dem Urkundsbeamten der Geschäftsstelle dieses Gerichts ausgestellt.

(2) Die Bescheinigung nach den Artikeln 41 und 42 der Verordnung (EG) Nr. 2201/2003 wird beim Gericht des ersten Rechtszugs von dem Familienrichter, in Verfahren vor dem Oberlandesgericht oder dem Bundesgerichtshof von dem Vorsitzenden des Senats für Familiensachen ausgestellt.

Art. 49 Berichtigung von Bescheinigungen

Für die Berichtigung der Bescheinigung nach Artikel 43 Abs. 1 der Verordnung (EG) Nr. 2201/2003 gilt § 319 der Zivilprozessordnung entsprechend.

Abschnitt 10. Kosten

Art. 50 Anzuwendende Vorschriften

Für die Gerichtskosten sind die Vorschriften der Kostenordnung anzuwenden, soweit in diesem Abschnitt nichts anderes bestimmt ist. Bei der Anordnung von Ordnungshaft gilt § 119 Abs. 6 der Kostenordnung entsprechend.

Art. 51 Gerichtsgebühren

(1) Für ein erstinstanzliches Verfahren nach diesem Gesetz über Anträge auf
1. Erlass einer gerichtlichen Anordnung auf Rückgabe des Kindes oder über das Recht zum persönlichen Umgang,
2. Erteilung der Vollstreckungsklausel zu ausländischen Titeln,
3. Feststellung, ob Entscheidungen aus einem anderen Staat anzuerkennen sind, einschließlich der Anordnungen nach § 33 zur Wiederherstellung des Sorgeverhältnisses,
4. Aufhebung oder Änderung einer Entscheidung in den in den Nummern 2 und 3 genannten Verfahren

wird eine Gebühr von 200 Euro erhoben.

(2) Für ein Verfahren über ein Rechtsmittel in der Hauptsache wird eine Gebühr von 300 Euro erhoben.

(3) Für das Verfahren über den Antrag auf Ausstellung einer Bescheinigung nach § 48 wird eine Gebühr von 10 Euro erhoben.

Art. 52 Kostenschuldner

Im Falle des § 44 Abs. 6 Satz 1 ist eine Haftung des Kindes für die Kosten der Vollstreckung ausgeschlossen. In Verfahren nach § 51 Abs. 1 Nr. 1 ist abweichend von § 2 der Kostenordnung nur der Beteiligte zur Zahlung der Gerichtskosten verpflichtet, den das Gericht nach billigem Ermessen bestimmt; das Kind darf nicht zur Zahlung der Kosten verpflichtet werden.

Art. 53 Ausschluss der Kostenerhebung; Vorschuss

(1) Gerichtskosten werden nicht erhoben, soweit deren Erhebung nach dem Europäischen Sorgerechtsübereinkommen oder dem Haager Kindesentführungsübereinkommen ausgeschlossen ist.

(2) § 8 der Kostenordnung ist nicht anzuwenden.

Art. 54 Übersetzungen

Die Höhe der Vergütung für die von der Zentralen Behörde veranlassten Übersetzungen richtet sich nach dem Justizvergütungs- und -entschädigungsgesetz.

Abschnitt 11. Übergangsvorschriften

Art. 55 Übergangsvorschriften zu der Verordnung (EG) Nr. 2201/2003

Dieses Gesetz findet sinngemäß auch auf Verfahren nach der Verordnung (EG) Nr. 1347/2000 des Rates vom 29. Mai 2000 über die Zuständigkeit und die Anerkennung und Vollstreckung von Entscheidungen in Ehesachen und in Verfahren betreffend die elterliche Verantwortung für die gemeinsamen Kinder der Ehegatten (ABl. EG Nr. L 160 S. 19) mit folgender Maßgabe Anwendung:

Ist ein Beschluss nach § 21 an die verpflichtete Person in einem weder der Europäischen Union noch dem Übereinkommen vom 16. September 1988 über die gerichtliche Zuständigkeit und die Vollstreckung gerichtlicher Entscheidungen in Zivil- und Handelssachen (BGBl. 1994 II S. 2658) angehörenden Staat zuzustellen und hat das Familiengericht eine Beschwerdefrist nach § 10 Abs. 2 und § 50 Abs. 2 Satz 4 und 5 des Anerkennungs- und Vollstreckungsausführungsgesetzes bestimmt, so ist die Beschwerde der verpflichteten Person gegen die Zulassung der Zwangsvollstreckung innerhalb der vom Gericht bestimmten Frist einzulegen.

Art. 56 Übergangsvorschriften zum Sorgerechtsübereinkommens-Ausführungsgesetz

Für Verfahren nach dem Haager Kindesentführungsübereinkommen und dem Europäischen Sorgerechtsübereinkommen, die vor Inkrafttreten dieses Gesetzes eingeleitet wurden, finden die Vorschriften des Sorgerechtsübereinkommens-Ausführungsgesetzes vom 5. April 1990 (BGBl. I S. 701), zuletzt geändert durch Artikel 2 Abs. 6 des Gesetzes vom 19. Februar 2001 (BGBl. I S. 288, 436), weiter Anwendung. Für die Zwangsvollstreckung sind jedoch die Vorschriften dieses Gesetzes anzuwenden. Hat ein Gericht die Zwangsvollstreckung bereits eingeleitet, so bleibt seine funktionelle Zuständigkeit unberührt.

Anhang 5. Verordnung (EG) Nr. 1896/2006 des Europäischen Parlaments und des Rates vom 12. Dezember 2006

zur Einführung eines Europäischen Mahnverfahrens

DAS EUROPÄISCHE PARLAMENT UND DER RAT DER EUROPÄISCHEN UNION –

gestützt auf den Vertrag zur Gründung der Europäischen Gemeinschaft, insbesondere auf Artikel 61 Buchstabe c,

auf Vorschlag der Kommission,

nach Stellungnahme des Europäischen Wirtschafts- und Sozialausschusses[1],

gemäß dem Verfahren des Artikels 251 des Vertrages[2],

in Erwägung nachstehender Gründe:

(1) Die Gemeinschaft hat sich zum Ziel gesetzt, einen Raum der Freiheit, der Sicherheit und des Rechts, in dem der freie Personenverkehr gewährleistet ist, zu erhalten und weiterzuentwickeln. Zur schrittweisen Schaffung eines solchen Raums erlässt die Gemeinschaft unter anderem im Bereich der justiziellen Zusammenarbeit in Zivilsachen mit grenzüberschreitendem Bezug die für das reibungslose Funktionieren des Binnenmarkts erforderlichen Maßnahmen.

(2) Gemäß Artikel 65 Buchstabe c des Vertrags schließen diese Maßnahmen die Beseitigung der Hindernisse für eine reibungslose Abwicklung von Zivilverfahren ein, erforderlichenfalls durch Förderung der Vereinbarkeit der in den Mitgliedstaaten geltenden zivilrechtlichen Verfahrensvorschriften.

(3) Auf seiner Tagung am 15. und 16. Oktober 1999 in Tampere forderte der Europäische Rat den Rat und die Kommission auf, neue Vorschriften zu jenen Aspekten auszuarbeiten, die unabdingbar für eine reibungslose justizielle Zusammenarbeit und einen verbesserten Zugang zum Recht sind, und nannte in diesem Zusammenhang ausdrücklich auch das Mahnverfahren.

(4) Am 30. November 2000 verabschiedete der Rat ein gemeinsames Programm der Kommission und des Rates über Maßnahmen zur Umsetzung des Grundsatzes der gegenseitigen Anerkennung gerichtlicher Entscheidungen in Zivil- und Handelssachen[3]. Darin wird die Schaffung eines besonderen, gemeinschaftsweit einheitlichen oder harmonisierten Verfahrens zur Erwirkung einer gerichtlichen Entscheidung in speziellen Bereichen, darunter die Beitreibung unbestrittener Forderungen, in Erwägung gezogen. Dies wurde durch das vom Europäischen Rat am 5. November 2004 angenommene Haager Programm, in dem eine zügige Durchführung der Arbeiten am Europäischen Zahlungsbefehl gefordert wird, weiter vorangebracht.

(5) Am 20. Dezember 2002 nahm die Kommission ein Grünbuch über ein Europäisches Mahnverfahren und über Maßnahmen zur einfacheren und schnelleren Beilegung von Streitigkeiten mit geringem Streitwert an. Mit dem Grünbuch wurde eine Anhörung zu den möglichen Zielen und Merkmalen eines einheitlichen oder harmonisierten Europäischen Mahnverfahrens zur Beitreibung unbestrittener Forderungen eingeleitet.

(6) Für die Wirtschaftsbeteiligten der Europäischen Union ist die rasche und effiziente Beitreibung ausstehender Forderungen, die nicht Gegenstand eines Rechtsstreits sind, von größter Bedeutung, da Zahlungsverzug eine der Hauptursachen für Zahlungsunfähigkeit ist, die vor allem die Existenz von kleinen und mittleren Unternehmen bedroht und für den Verlust zahlreicher Arbeitsplätze verantwortlich ist.

(7) Alle Mitgliedstaaten versuchen, dem Problem der Beitreibung unzähliger unbestrittener Forderungen beizukommen, die meisten Mitgliedstaaten im Wege eines vereinfachten Mahnverfahrens, doch gibt es bei der inhaltlichen Ausgestaltung der einzelstaatlichen Vorschriften und der Effizienz der Verfahren erhebliche Unterschiede. Überdies sind die derzeitigen Verfahren in grenzüberschreitenden Rechtssachen häufig entweder unzulässig oder praktisch undurchführbar.

(8) Der daraus resultierende erschwerte Zugang zu einer effizienten Rechtsprechung bei grenzüberschreitenden Rechtssachen und die Verfälschung des Wettbewerbs im Binnenmarkt aufgrund des unterschiedlichen Funktionierens der verfahrensrechtlichen Instrumente, die den Gläubigern in den einzelnen Mitgliedstaaten zur Verfügung stehen, machen eine Gemeinschaftsregelung erforderlich, die für Gläubiger und Schuldner in der gesamten Europäischen Union gleiche Bedingungen gewährleistet.

(9) Diese Verordnung hat Folgendes zum Ziel: die Vereinfachung und Beschleunigung grenzüberschreitender Verfahren im Zusammenhang mit unbestrittenen Geldforderungen und die Verringerung der Verfahrenskosten durch Einführung eines Europäischen Mahnverfahrens sowie die Ermöglichung des freien Verkehrs Europäischer Zahlungsbefehle in den Mitgliedstaaten durch Festlegung von Mindestvorschriften, bei deren Einhaltung die Zwischenverfahren im Vollstreckungsmitgliedstaat, die bisher für die Anerkennung und Vollstreckung erforderlich waren, entfallen.

(10) Das durch diese Verordnung geschaffene Verfahren sollte eine zusätzliche und fakultative Alternative für den Antragsteller darstellen, dem es nach wie vor freisteht, sich für die im nationalen Recht vorgesehenen Verfahren zu entscheiden. Durch diese Verordnung sollen mithin die nach nationalem Recht vor-

---

[1] ABl. C 221 vom 8. 9. 2005, S. 77.

[2] Stellungnahme des Europäischen Parlaments vom 13. Dezember 2005 (noch nicht im Amtsblatt veröffentlicht), Gemeinsamer Standpunkt des Rates vom 30. Juni 2006 (noch nicht im Amtsblatt veröffentlicht), Standpunkt des Europäischen Parlaments vom 25. Oktober 2006. Beschluss des Rates vom 11. Dezember 2006.

[3] ABl. C 12 vom 15. 1. 2001, S. 1.

gesehenen Mechanismen zur Beitreibung unbestrittener Forderungen weder ersetzt noch harmonisiert werden.

(11) Der Schriftverkehr zwischen dem Gericht und den Parteien sollte soweit wie möglich mit Hilfe von Formblättern abgewickelt werden, um die Abwicklung der Verfahren zu erleichtern und eine automatisierte Verarbeitung der Daten zu ermöglichen.

(12) Bei der Entscheidung darüber, welche Gerichte dafür zuständig sind, einen Europäischen Zahlungsbefehl zu erlassen, sollten die Mitgliedstaaten dem Erfordernis, den Zugang der Bürger zur Justiz zu gewährleisten, gebührend Rechnung tragen.

(13) Der Antragsteller sollte verpflichtet sein, in dem Antrag auf Erlass eines Europäischen Zahlungsbefehls Angaben zu machen, aus denen die geltend gemachte Forderung und ihre Begründung klar zu entnehmen sind, damit der Antragsgegner anhand fundierter Informationen entscheiden kann, ob er Einspruch einlegen oder die Forderung nicht bestreiten will.

(14) Dabei muss der Antragsteller auch eine Bezeichnung der Beweise, der zum Nachweis der Forderung herangezogen wird, beifügen. Zu diesem Zweck sollte in dem Antragsformular eine möglichst erschöpfende Liste der Arten von Beweisen enthalten sein, die üblicherweise zur Geltendmachung von Geldforderungen angeboten werden.

(15) Die Einreichung eines Antrags auf Erlass eines Europäischen Zahlungsbefehls sollte mit der Entrichtung der gegebenenfalls fälligen Gerichtsgebühren verbunden sein.

(16) Das Gericht sollte den Antrag, einschließlich der Frage der gerichtlichen Zuständigkeit und der Bezeichnung der Beweise, auf der Grundlage der im Antragsformular enthaltenen Angaben prüfen. Dies ermöglicht es dem Gericht, schlüssig zu prüfen, ob die Forderung begründet ist, und unter anderem offensichtlich unbegründete Forderungen oder unzulässige Anträge auszuschließen. Die Prüfung muss nicht von einem Richter durchgeführt werden.

(17) Gegen die Zurückweisung des Antrags kann kein Rechtsmittel eingelegt werden. Dies schließt allerdings eine mögliche Überprüfung der zurückweisenden Entscheidung in derselben Instanz im Einklang mit dem nationalen Recht nicht aus.

(18) Der Europäische Zahlungsbefehl sollte den Antragsgegner darüber aufklären, dass er entweder den zuerkannten Betrag an den Antragsteller zu zahlen hat oder, wenn er die Forderung bestreiten will, innerhalb von 30 Tagen eine Einspruchsschrift versenden muss. Neben der vollen Aufklärung über die vom Antragsteller geltend gemachte Forderung sollte der Antragsgegner auf die rechtliche Bedeutung des Europäischen Zahlungsbefehls und die Folgen eines Verzichts auf Einspruch hingewiesen werden.

(19) Wegen der Unterschiede im Zivilprozessrecht der Mitgliedstaaten, insbesondere bei den Zustellungsvorschriften, ist es notwendig, die im Rahmen des Europäischen Mahnverfahrens anzuwendenden Mindestvorschriften präzise und detailliert zu definieren. So sollte insbesondere eine Zustellungsform, die auf einer juristischen Fiktion beruht, im Hinblick auf die Einhaltung der Mindestvorschriften nicht als ausreichend für die Zustellung eines Europäischen Zahlungsbefehls angesehen werden.

(20) Alle in den Artikeln 13 und 14 aufgeführten Zustellungsformen gewähren entweder eine absolute Gewissheit (Artikel 13) oder ein hohes Maß an Wahrscheinlichkeit (Artikel 14) dafür, dass das zugestellte Schriftstück dem Empfänger zugegangen ist.

(21) Die persönliche Zustellung an bestimmte andere Personen als den Antragsgegner selbst gemäß Artikel 14 Absatz 1 Buchstabe n a und b sollte die Anforderungen der genannten Vorschriften nur dann erfüllen, wenn diese Personen den Europäischen Zahlungsbefehl auch tatsächlich erhalten haben.

(22) Artikel 15 sollte auf Situationen Anwendung finden, in denen der Antragsgegner sich nicht selbst vor Gericht vertreten kann, etwa weil er eine juristische Person ist, und in denen er durch einen gesetzlichen Vertreter vertreten wird, sowie auf Situationen, in denen der Antragsgegner eine andere Person, insbesondere einen Rechtsanwalt, ermächtigt hat, ihn in dem betreffenden gerichtlichen Verfahren zu vertreten.

(23) Der Antragsgegner kann seinen Einspruch unter Verwendung des in dieser Verordnung enthaltenen Formblatts einreichen. Die Gerichte sollten allerdings auch einen in anderer Form eingereichten schriftlichen Einspruch berücksichtigen, sofern dieser klar erklärt ist.

(24) Ein fristgerecht eingereichter Einspruch sollte das Europäische Mahnverfahren beenden und zur automatischen Überleitung der Sache in einen ordentlichen Zivilprozess führen, es sei denn, der Antragsteller hat ausdrücklich erklärt, dass das Verfahren in diesem Fall beendet sein soll. Für die Zwecke dieser Verordnung sollte der Begriff „ordentlicher Zivilprozess“ nicht notwendigerweise im Sinne des nationalen Rechts ausgelegt werden.

(25) Nach Ablauf der Frist für die Einreichung des Einspruchs sollte der Antragsgegner in bestimmten Ausnahmefällen berechtigt sein, eine Überprüfung des Europäischen Zahlungsbefehls zu beantragen. Die Überprüfung in Ausnahmefällen sollte nicht bedeuten, dass der Antragsgegner eine zweite Möglichkeit hat, Einspruch gegen die Forderung einzulegen. Während des Überprüfungsverfahrens sollte die Frage, ob die Forderung begründet ist, nur im Rahmen der sich aus den vom Antragsgegner angeführten außergewöhnlichen Umständen ergebenden Begründungen geprüft werden. Zu den anderen außergewöhnlichen Umständen könnte auch der Fall zählen, dass der Europäische Zahlungsbefehl auf falschen Angaben im Antragsformular beruht.

(26) Gerichtsgebühren nach Artikel 25 sollten beispielsweise keine Anwaltshonorare oder Zustellungskosten einer außergerichtlichen Stelle enthalten.

(27) Ein Europäischer Zahlungsbefehl, der in einem Mitgliedstaat ausgestellt wurde und der vollstreckbar geworden ist, sollte für die Zwecke der Vollstreckung so behandelt werden, als ob er in dem Mitglied-

staat ausgestellt worden wäre, in dem die Vollstreckung betrieben wird. Gegenseitiges Vertrauen in die ordnungsgemäße Rechtspflege in den Mitgliedstaaten rechtfertigt es, dass das Gericht nur eines Mitgliedstaats beurteilt, ob alle Voraussetzungen für den Erlass eines Europäischen Zahlungsbefehls vorliegen und der Zahlungsbefehl in allen anderen Mitgliedstaaten vollstreckbar ist, ohne dass im Vollstreckungsmitgliedstaat zusätzlich von einem Gericht geprüft werden muss, ob die prozessualen Mindestvorschriften eingehalten worden sind. Unbeschadet der in dieser Verordnung enthaltenen Vorschriften, insbesondere der in Artikel 22 Absätze 1 und 2 und in Artikel 23 enthaltenen Mindestvorschriften, sollte das Verfahren der Vollstreckung des Europäischen Zahlungsbefehls nach wie vor im nationalen Recht geregelt bleiben.

(28) Die Berechnung der Fristen sollte nach Maßgabe der Verordnung (EWG, Euratom) Nr. 1182/71 des Rates vom 3. Juni 1971 zur Festlegung der Regeln für die Fristen, Daten und Termine[4] erfolgen. Der Antragsgegner sollte darüber unterrichtet sowie darauf hingewiesen werden, dass dabei die gesetzlichen Feiertage in dem Mitgliedstaat des Gerichts, das den Europäischen Zahlungsbefehl erlässt, berücksichtigt werden.

(29) Da die Ziele dieser Verordnung, nämlich die Schaffung eines einheitlichen, zeitsparenden und effizienten Instruments zur Beitreibung unbestrittener Geldforderungen in der Europäischen Union, auf Ebene der Mitgliedstaaten nicht ausreichend verwirklicht werden können und wegen ihres Umfangs und ihrer Wirkung daher besser auf Gemeinschaftsebene zu verwirklichen sind, kann die Gemeinschaft im Einklang mit dem in Artikel 5 des Vertrags niedergelegten Subsidiaritätsprinzip tätig werden. Entsprechend dem in demselben Artikel genannten Grundsatz der Verhältnismäßigkeit geht diese Verordnung nicht über das für die Erreichung dieser Ziele erforderliche Maß hinaus.

(30) Die zur Durchführung dieser Verordnung erforderlichen Maßnahmen sind nach Maßgabe des Beschlusses 1999/468/EG des Rates vom 28. Juni 1999 zur Festlegung der Modalitäten für die Ausübung der der Kommission übertragenen Durchführungsbefugnisse[5] zu erlassen.

(31) Das Vereinigte Königreich und Irland haben gemäß Artikel 3 des dem Vertrag über die Europäische Union und dem Vertrag zur Gründung der Europäischen Gemeinschaft beigefügten Protokolls über die Position des Vereinigten Königreichs und Irlands mitgeteilt, dass sie sich an der Annahme und Anwendung der vorliegenden Verordnung beteiligen möchten.

(32) Gemäß den Artikeln 1 und 2 des dem Vertrag über die Europäische Union und dem Vertrag zur Gründung der Europäischen Gemeinschaft beigefügten Protokolls über die Position Dänemarks beteiligt sich Dänemark nicht an der Annahme dieses Beschlusses, der für Dänemark nicht bindend und nicht auf Dänemark anwendbar ist –

HABEN FOLGENDE VERORDNUNG ERLASSEN:

Art. 1 Gegenstand

(1) Diese Verordnung hat Folgendes zum Ziel:

a) Vereinfachung und Beschleunigung der grenzüberschreitenden Verfahren im Zusammenhang mit unbestrittenen Geldforderungen und Verringerung der Verfahrenskosten durch Einführung eines Europäischen Mahnverfahrens,
und

b) Ermöglichung des freien Verkehrs Europäischer Zahlungsbefehle in den Mitgliedstaaten durch Festlegung von Mindestvorschriften, bei deren Einhaltung die Zwischenverfahren im Vollstreckungsmitgliedstaat, die bisher für die Anerkennung und Vollstreckung erforderlich waren, entfallen.

(2) Diese Verordnung stellt es dem Antragsteller frei, eine Forderung im Sinne von Artikel 4 im Wege eines anderen Verfahrens nach dem Recht eines Mitgliedstaats oder nach Gemeinschaftsrecht durchzusetzen.

Art. 2 Anwendungsbereich

(1) Diese Verordnung ist in grenzüberschreitenden Rechtssachen in Zivil- und Handelssachen anzuwenden, ohne dass es auf die Art der Gerichtsbarkeit.ankommt. Sie erfasst insbesondere nicht Steuer- und Zollsachen, verwaltungsrechtliche Angelegenheiten sowie die Haftung des Staates für Handlungen oder Unterlassungen im Rahmen der Ausübung hoheitlicher Rechte („acta jure imperii").

(2) Diese Verordnung ist nicht anzuwenden auf

a) die ehelichen Güterstände, das Gebiet des Erbrechts einschließlich des Testamentsrechts,

b) Konkurse, Verfahren im Zusammenhang mit dem Abwickeln zahlungsunfähiger Unternehmen oder anderer juristischer Personen, gerichtliche Vergleiche, Vergleiche und ähnliche Verfahren,

c) die soziale Sicherheit,

d) Ansprüche aus außervertraglichen Schuldverhältnissen, soweit

i) diese nicht Gegenstand einer Vereinbarung zwischen den Parteien oder eines Schuldanerkenntnisses sind,

---

[4] ABl. L 124 vom 8. 6. 1971, S. 1.

[5] **ABl. L 184 vom 17. 7. 1999, S. 23. Geändert durch den Beschluss 2006/512/EG (ABl. L 200 vom 22. 7. 2006, S. 11).**

oder

ii) diese sich nicht auf bezifferte Schuldbeträge beziehen, die sich aus gemeinsamem Eigentum an unbeweglichen Sachen ergeben.

(3) In dieser Verordnung bedeutet der Begriff „Mitgliedstaat“ die Mitgliedstaaten mit Ausnahme Dänemarks.

Art. 3 Grenzüberschreitende Rechtssachen

(1) Eine grenzüberschreitende Rechtssache im Sinne dieser Verordnung liegt vor, wenn mindestens eine der Parteien ihren Wohnsitz oder gewöhnlichen Aufenthalt in einem anderen Mitgliedstaat als dem des befassten Gerichts hat.

(2) Der Wohnsitz wird nach den Artikeln 59 und 60 der Verordnung (EG) Nr. 44/2001 des Rates vom 22. Dezember 2000 über die gerichtliche Zuständigkeit und die Anerkennung und Vollstreckung von Entscheidungen in Zivil- und Handelssachen[6] bestimmt.

(3) Der maßgebliche Augenblick zur Feststellung, ob eine grenzüberschreitende Rechtssache vorliegt, ist der Zeitpunkt, zu dem der Antrag auf Erlass eines Europäischen Zahlungsbefehls nach dieser Verordnung eingereicht wird.

Art. 4 Europäisches Mahnverfahren

Das Europäische Mahnverfahren gilt für die Beitreibung bezifferter Geldforderungen, die zum Zeitpunkt der Einreichung des Antrags auf Erlass eines Europäischen Zahlungsbefehls fällig sind.

Art. 5 Begriffsbestimmungen

Im Sinne dieser Verordnung bezeichnet der Ausdruck

1. „Ursprungsmitgliedstaat“ den Mitgliedstaat, in dem ein Europäischer Zahlungsbefehl erlassen wird,
2. „Vollstreckungsmitgliedstaat“ den Mitgliedstaat, in dem die Vollstreckung eines Europäischen Zahlungsbefehls betrieben wird,
3. „Gericht“ alle Behörden der Mitgliedstaaten, die für einen Europäischen Zahlungsbefehl oder jede andere damit zusammenhängende Angelegenheit zuständig sind,
4. „Ursprungsgericht“ das Gericht, das einen Europäischen Zahlungsbefehl erlässt.

Art. 6 Zuständigkeit

(1) Für die Zwecke der Anwendung dieser Verordnung wird die Zuständigkeit nach den hierfür geltenden Vorschriften des Gemeinschaftsrechts bestimmt, insbesondere der Verordnung (EG) Nr. 44/2001.

(2) Betrifft die Forderung jedoch einen Vertrag, den eine Person, der Verbraucher, zu einem Zweck geschlossen hat, der nicht der beruflichen oder gewerblichen Tätigkeit dieser Person zugerechnet werden kann, und ist der Verbraucher Antragsgegner, so sind nur die Gerichte des Mitgliedstaats zuständig, in welchem der Antragsgegner seinen Wohnsitz im Sinne des Artikels 59 der Verordnung (EG) Nr. 44/2001 hat.

Art. 7 Antrag auf Erlass eines Europäischen Zahlungsbefehls

(1) Der Antrag auf Erlass eines Europäischen Zahlungsbefehls ist unter Verwendung des Formblatts A gemäß Anhang I zu stellen.

(2) Der Antrag muss Folgendes beinhalten:

a) die Namen und Anschriften der Verfahrensbeteiligten und gegebenenfalls ihrer Vertreter sowie des Gerichts, bei dem der Antrag eingereicht wird;
b) die Höhe der Forderung einschließlich der Hauptforderung und gegebenenfalls der Zinsen, Vertragsstrafen und Kosten;
c) bei Geltendmachung von Zinsen der Zinssatz und der Zeitraum, für den Zinsen verlangt werden, es sei denn, gesetzliche Zinsen werden nach dem Recht des Ursprungsmitgliedstaats automatisch zur Hauptforderung hinzugerechnet;
d) den Streitgegenstand einschließlich einer Beschreibung des Sachverhalts, der der Hauptforderung und gegebenenfalls der Zinsforderung zugrunde liegt;
e) eine Bezeichnung der Beweise, die zur Begründung der Forderung herangezogen werden;
f) die Gründe für die Zuständigkeit,
und
g) den grenzüberschreitenden Charakter der Rechtssache im Sinne von Artikel 3.

(3) In dem Antrag hat der Antragsteller zu erklären, dass er die Angaben nach bestem Wissen und Gewissen gemacht hat, und anerkannt, dass jede vorsätzliche falsche Auskunft angemessene Sanktionen nach dem Recht des Ursprungsmitgliedstaats nach sich ziehen kann.

[6] ABl. L 12 vom 16. 1. 2001, S. 1. Zuletzt geändert durch die Verordnung (EG) Nr. 2245/2004 der Kommission (ABl. L 381 vom 28. 12. 2004, S. 10).

(4) Der Antragsteller kann in einer Anlage zu dem Antrag dem Gericht gegenüber erklären, dass er die Überleitung in ein ordentliches Verfahren im Sinne des Artikels 17 für den Fall ablehnt, dass der Antragsgegner Einspruch einlegt. Dies hindert den Antragsteller nicht daran, das Gericht zu einem späteren Zeitpunkt, in jedem Fall aber vor Erlass des Zahlungsbefehls, hierüber zu informieren.

(5) Die Einreichung des Antrags erfolgt in Papierform oder durch andere – auch elektronische – Kommunikationsmittel, die im Ursprungsmitgliedstaat zulässig sind und dem Ursprungsgericht zur Verfügung stehen.

(6) Der Antrag ist vom Antragsteller oder gegebenenfalls von seinem Vertreter zu unterzeichnen. Wird der Antrag gemäß Absatz 5 auf elektronischem Weg eingereicht, so ist er nach Artikel 2 Nummer 2 der Richtlinie 1999/93/EG des Europäischen Parlaments und des Rates vom 13. Dezember 1999 über gemeinschaftliche Rahmenbedingungen für elektronische Signaturen[7] zu unterzeichnen. Diese Signatur wird im Ursprungsmitgliedstaat anerkannt, ohne dass weitere Bedingungen festgelegt werden können.

Eine solche elektronische Signatur ist jedoch nicht erforderlich, wenn und insoweit es bei den Gerichten des Ursprungsmitgliedstaats ein alternatives elektronisches Kommunikationssystem gibt, das einer bestimmten Gruppe von vorab registrierten und authentifizierten Nutzern zur Verfügung steht und die sichere Identifizierung dieser Nutzer ermöglicht. Die Mitgliedstaaten unterrichten die Kommission über derartige Kommunikationssysteme.

Art. 8 Prüfung des Antrags

Das mit einem Antrag auf Erlass eines Europäischen Zahlungsbefehls befasste Gericht prüft so bald wie möglich anhand des Antragsformulars, ob die in den Artikeln 2, 3, 4, 6 und 7 genannten Voraussetzungen erfüllt sind und ob die Forderung begründet erscheint. Diese Prüfung kann im Rahmen eines automatisierten Verfahrens erfolgen.

Art. 9 Vervollständigung und Berichtigung des Antrags

(1) Das Gericht räumt dem Antragsteller die Möglichkeit ein, den Antrag zu vervollständigen oder zu berichtigen, wenn die in Artikel 7 genannten Voraussetzungen nicht erfüllt sind und die Forderung nicht offensichtlich unbegründet oder der Antrag unzulässig ist. Das Gericht verwendet dazu das Formblatt B gemäß Anhang II.

(2) Fordert das Gericht den Antragsteller auf, den Antrag zu vervollständigen oder zu berichtigen, so legt es dafür eine Frist fest, die ihm den Umständen nach angemessen erscheint. Das Gericht kann diese Frist nach eigenem Ermessen verlängern.

Art. 10 Änderung des Antrags

(1) Sind die in Artikel 8 genannten Voraussetzungen nur für einen Teil der Forderung erfüllt, so unterrichtet das Gericht den Antragsteller hiervon unter Verwendung des Formblatts C gemäß Anhang III. Der Antragsteller wird aufgefordert, den Europäischen Zahlungsbefehl über den von dem Gericht angegebenen Betrag anzunehmen oder abzulehnen; er wird zugleich über die Folgen seiner Entscheidung belehrt. Die Antwort des Antragstellers erfolgt durch Rücksendung des von dem Gericht übermittelten Formblatts C innerhalb der von dem Gericht gemäß Artikel 9 Absatz 2 festgelegten Frist.

(2) Nimmt der Antragsteller den Vorschlag des Gerichts an, so erlässt das Gericht gemäß Artikel 12 einen Europäischen Zahlungsbefehl für den Teil der Forderung, dem der Antragesteller zugestimmt hat. Die Folgen hinsichtlich des verbleibenden Teils der ursprünglichen Forderung unterliegen nationalem Recht.

(3) Antwortet der Antragsteller nicht innerhalb der von dem Gericht festgelegten Frist oder lehnt er den Vorschlag des Gerichts ab, so weist das Gericht den Antrag auf Erlass eines Europäischen Zahlungsbefehls insgesamt zurück.

Art. 11 Zurückweisung des Antrags

(1) Das Gericht weist den Antrag zurück,

a) wenn die in den Artikeln 2, 3, 4, 6 und 7 genannten Voraussetzungen nicht erfüllt sind,
oder
b) wenn die Forderung offensichtlich unbegründet ist,
oder
c) wenn der Antragsteller nicht innerhalb der von dem Gericht gemäß Artikel 9 Absatz 2 gesetzten Frist seine Antwort übermittelt,
oder
d) wenn der Antragsteller gemäß Artikel 10 nicht innerhalb der von dem Gericht gesetzten Frist antwortet oder den Vorschlag des Gerichts ablehnt.

---

7 ABl. L 13 vom 19. 1. 2000, S. 12.

Der Antragsteller wird anhand des Formblatts D gemäß Anhang IV von den Gründen der Zurückweisung in Kenntnis gesetzt.

(2) Gegen die Zurückweisung des Antrags kann kein Rechtsmittel eingelegt werden.

(3) Die Zurückweisung des Antrags hindert den Antragsteller nicht, die Forderung mittels eines neuen Antrags auf Erlass eines Europäischen Zahlungsbefehls oder eines anderen Verfahrens nach dem Recht eines Mitgliedstaats geltend zu machen.

Art. 12 Erlass eines Europäischen Zahlungsbefehls

(1) Sind die in Artikel 8 genannten Voraussetzungen erfüllt, so erlässt das Gericht so bald wie möglich und in der Regel binnen 30 Tagen nach Einreichung eines entsprechenden Antrags einen Europäischen Zahlungsbefehl unter Verwendung des Formblatts E gemäß Anhang V.

Bei der Berechnung der 30-tägigen Frist wird die Zeit, die der Antragsteller zur Vervollständigung, Berichtigung oder Änderung des Antrags benötigt, nicht berücksichtigt.

(2) Der Europäische Zahlungsbefehl wird zusammen mit einer Abschrift des Antragsformulars ausgestellt. Er enthält nicht die vom Antragsteller in den Anlagen 1 und 2 des Formblatts A gemachten Angaben.

(3) In dem Europäischen Zahlungsbefehl wird der Antragsgegner davon in Kenntnis gesetzt, dass er

a) entweder den im Zahlungsbefehl aufgeführten Betrag an den Antragsteller zahlen kann,
oder
b) gegen den Europäischen Zahlungsbefehl bei dem Ursprungsgericht Einspruch einlegen kann, indem er innerhalb von 30 Tagen ab dem Zeitpunkt der Zustellung des Zahlungsbefehls an ihn seinen Einspruch versendet.

(4) In dem Europäischen Zahlungsbefehl wird der Antragsgegner davon unterrichtet, dass

a) der Zahlungsbefehl ausschließlich auf der Grundlage der Angaben des Antragstellers erlassen und vom Gericht nicht nachgeprüft wurde,
b) der Zahlungsbefehl vollstreckbar wird, wenn nicht bei dem Gericht nach Artikel 16 Einspruch eingelegt wird,
c) im Falle eines Einspruchs das Verfahren von den zuständigen Gerichten des Ursprungsmitgliedstaats gemäß den Regeln eines ordentlichen Zivilprozesses weitergeführt wird, es sei denn, der Antragsteller hat ausdrücklich beantragt, das Verfahren in diesem Fall zu beenden.

(5) Das Gericht stellt sicher, dass der Zahlungsbefehl dem Antragsgegner gemäß den nationalen Rechtsvorschriften in einer Weise zugestellt wird, die den Mindestvorschriften der Artikel 13, 14 und 15 genügen muss.

Art. 13 Zustellung mit Nachweis des Empfangs durch den Antragsgegner

Der Europäische Zahlungsbefehl kann nach dem Recht des Staats, in dem die Zustellung erfolgen soll, dem Antragsgegner in einer der folgenden Formen zugestellt werden:

a) durch persönliche Zustellung, bei der der Antragsgegner eine Empfangsbestätigung unter Angabe des Empfangsdatums unterzeichnet,
b) durch persönliche Zustellung, bei der die zuständige Person, die die Zustellung vorgenommen hat, ein Dokument unterzeichnet, in dem angegeben ist, dass der Antragsgegner das Schriftstück erhalten hat oder dessen Annahme unberechtigt verweigert hat und an welchem Datum die Zustellung erfolgt ist,
c) durch postalische Zustellung, bei der der Antragsgegner die Empfangsbestätigung unter Angabe des Empfangsdatums unterzeichnet und zurückschickt,
d) durch elektronische Zustellung wie beispielsweise per Fax oder E-Mail, bei der der Antragsgegner eine Empfangsbestätigung unter Angabe des Empfangsdatums unterzeichnet und zurückschickt.

Art. 14 Zustellung ohne Nachweis des Empfangs durch den Antragsgegner

(1) Der Europäische Zahlungsbefehl kann nach dem Recht des Staats, in dem die Zustellung erfolgen soll, dem Antragsgegner auch in einer der folgenden Formen zugestellt werden:

a) persönliche Zustellung unter der Privatanschrift des Antragsgegners an eine in derselben Wohnung wie der Antragsgegner lebende Person oder an eine dort beschäftigte Person;
b) wenn der Antragsgegner Selbstständiger oder eine juristische Person ist, persönliche Zustellung in den Geschäftsräumen des Antragsgegners an eine Person, die vom Antragsgegner beschäftigt wird;
c) Hinterlegung des Zahlungsbefehls im Briefkasten des Antragsgegners;
d) Hinterlegung des Zahlungsbefehls beim Postamt oder bei den zuständigen Behörden mit entsprechender schriftlicher Benachrichtigung im Briefkasten des Antragsgegners, sofern in der schriftlichen Benachrichtigung das Schriftstück eindeutig als gerichtliches Schriftstück bezeichnet oder darauf hingewiesen wird, dass die Zustellung durch die Benachrichtigung als erfolgt gilt und damit Fristen zu laufen beginnen;
e) postalisch ohne Nachweis gemäß Absatz 3, wenn der Antragsgegner seine Anschrift im Ursprungsmitgliedstaat hat;
f) elektronisch, mit automatisch erstellter Sendebestätigung, sofern sich der Antragsgegner vorab ausdrücklich mit dieser Art der Zustellung einverstanden erklärt hat.

(2) Für die Zwecke dieser Verordnung ist eine Zustellung nach Absatz 1 nicht zulässig, wenn die Anschrift des Antragsgegners nicht mit Sicherheit ermittelt werden kann.

(3) Die Zustellung nach Absatz 1 Buchstabe n a, b, c und d wird bescheinigt durch

a) ein von der zuständigen Person, die die Zustellung vorgenommen hat, unterzeichnetes Schriftstück mit den folgenden Angaben:
   i) die gewählte Form der Zustellung,
   und
   ii) das Datum der Zustellung sowie,
   und
   iii) falls der Zahlungsbefehl einer anderen Person als dem Antragsgegner zugestellt wurde, der Name dieser Person und die Angabe ihres Verhältnisses zum Antragsgegner,

   oder

b) eine Empfangsbestätigung der Person, der der Zahlungsbefehl zugestellt wurde, für die Zwecke von Absatz 1 Buchstabe n a und b.

Art. 15 Zustellung an einen Vertreter

Die Zustellung nach den Artikeln 13 oder 14 kann auch an den Vertreter des Antragsgegners bewirkt werden.

Art. 16 Einspruch gegen den Europäischen Zahlungsbefehl

(1) Der Antragsgegner kann beim Ursprungsgericht Einspruch gegen den Europäischen Zahlungsbefehl unter Verwendung des Formblatts F gemäß Anhang VI einlegen, das dem Antragsgegner zusammen mit dem Europäischen Zahlungsbefehl zugestellt wird.

(2) Der Einspruch muss innerhalb von 30 Tagen ab dem Tag der Zustellung des Zahlungsbefehls an den Antragsgegner versandt werden.

(3) Der Antragsgegner gibt in dem Einspruch an, dass er die Forderung bestreitet, ohne dass er dafür eine Begründung liefern muss.

(4) Der Einspruch ist in Papierform oder durch andere – auch elektronische – Kommunikationsmittel, die im Ursprungsmitgliedstaat zulässig sind und dem Ursprungsgericht zur Verfügung stehen, einzulegen.

(5) Der Einspruch ist vom Antragsgegner oder gegebenenfalls von seinem Vertreter zu unterzeichnen. Wird der Einspruch gemäß Absatz 4 auf elektronischem Weg eingelegt, so ist er nach Artikel 2 Nummer 2 der Richtlinie 1999/93/EG zu unterzeichnen. Diese Signatur wird im Ursprungsmitgliedstaat anerkannt, ohne dass weitere Bedingungen festgelegt werden können.

Eine solche elektronische Signatur ist jedoch nicht erforderlich, wenn und insoweit es bei den Gerichten des Ursprungsmitgliedstaats ein alternatives elektronisches Kommunikationssystem gibt, das einer bestimmten Gruppe von vorab registrierten und authentifizierten Nutzern zur Verfügung steht und die sichere Identifizierung dieser Nutzer ermöglicht. Die Mitgliedstaaten unterrichten die Kommission über derartige Kommunikationssysteme.

Art. 17 Wirkungen der Einlegung eines Einspruchs

(1) Wird innerhalb der in Artikel 16 Absatz 2 genannten Frist Einspruch eingelegt, so wird das Verfahren vor den zuständigen Gerichten des Ursprungsmitgliedstaats gemäß den Regeln eines ordentlichen Zivilprozesses weitergeführt, es sei denn, der Antragsteller hat ausdrücklich beantragt, das Verfahren in einem solchen Fall zu beenden.

Hat der Antragsteller seine Forderung im Wege des Europäischen Mahnverfahrens geltend gemacht, so wird seine Stellung in nachfolgenden ordentlichen Zivilprozessen durch keine Maßnahme nach nationalem Recht präjudiziert.

(2) Die Überleitung in ein ordentliches Zivilverfahren im Sinne des Absatzes 1 erfolgt nach dem Recht des Ursprungsmitgliedstaats.

(3) Dem Antragsteller wird mitgeteilt, ob der Antragsgegner Einspruch eingelegt hat und ob das Verfahren als ordentlicher Zivilprozess weitergeführt wird.

Art. 18 Vollstreckbarkeit

(1) Wurde innerhalb der Frist des Artikels 16 Absatz 2 unter Berücksichtigung eines angemessenen Zeitraums für die Übermittlung kein Einspruch beim Ursprungsgericht eingelegt, so erklärt das Gericht den Europäischen Zahlungsbefehl unter Verwendung des Formblatts G gemäß Anhang VII unverzüglich für vollstreckbar. Das Ursprungsgericht überprüft das Zustellungsdatum des Europäischen Zahlungsbefehls.

(2) Unbeschadet des Absatzes 1 richten sich die Voraussetzungen der Zwangsvollstreckung für die Vollstreckbarkeit nach den Rechtsvorschriften des Ursprungsmitgliedstaats.

(3) Das Gericht übersendet dem Antragsteller den vollstreckbaren Europäischen Zahlungsbefehl.

Art. 19 Abschaffung des Exequaturverfahrens

Der im Ursprungsmitgliedstaat vollstreckbar gewordene Europäische Zahlungsbefehl wird in den anderen Mitgliedstaaten anerkannt und vollstreckt, ohne dass es einer Vollstreckbarerklärung bedarf und ohne dass seine Anerkennung angefochten werden kann.

Art. 20 Überprüfung in Ausnahmefällen

(1) Nach Ablauf der in Artikel 16 Absatz 2 genannten Frist ist der Antragsgegner berechtigt, bei dem zuständigen Gericht des Ursprungsmitgliedstaats eine Überprüfung des Europäischen Zahlungsbefehls zu beantragen, falls

a) i) der Zahlungsbefehl in einer der in Artikel 14 genannten Formen zugestellt wurde,
und
ii) die Zustellung ohne Verschulden des Antragsgegners nicht so rechtzeitig erfolgt ist, dass er Vorkehrungen für seine Verteidigung hätte treffen können,
oder

b) der Antragsgegner aufgrund höherer Gewalt oder aufgrund außergewöhnlicher Umstände ohne eigenes Verschulden keinen Einspruch gegen die Forderung einlegen konnte,

wobei in beiden Fällen vorausgesetzt wird, dass er unverzüglich tätig wird.

(2) Ferner ist der Antragsgegner nach Ablauf der in Artikel 16 Absatz 2 genannten Frist berechtigt, bei dem zuständigen Gericht des Ursprungsmitgliedstaats eine Überprüfung des Europäischen Zahlungsbefehls zu beantragen, falls der Europäische Zahlungsbefehl gemessen an den in dieser Verordnung festgelegten Voraussetzungen oder aufgrund von anderen außergewöhnlichen Umständen offensichtlich zu Unrecht erlassen worden ist.

(3) Weist das Gericht den Antrag des Antragsgegners mit der Begründung zurück, dass keine der Voraussetzungen für die Überprüfung nach den Absätzen 1 und 2 gegeben ist, bleibt der Europäische Zahlungsbefehl in Kraft.

Entscheidet das Gericht, dass die Überprüfung aus einem der in den Absätzen 1 und 2 genannten Gründe gerechtfertigt ist, wird der Europäische Zahlungsbefehl für nichtig erklärt.

Art. 21 Vollstreckung

(1) Unbeschadet der Bestimmungen dieser Verordnung gilt für das Vollstreckungsverfahren das Recht des Vollstreckungsmitgliedstaats.

Ein vollstreckbar gewordener Europäischer Zahlungsbefehl wird unter den gleichen Bedingungen vollstreckt wie eine im Vollstreckungsmitgliedstaat vollstreckbar gewordene Entscheidung.

(2) Zur Vollstreckung in einem anderen Mitgliedstaat legt der Antragsteller den zuständigen Vollstreckungsbehörden dieses Mitgliedstaats folgende Dokumente vor:

a) eine Ausfertigung des von dem Ursprungsgericht für vollstreckbar erklärten Europäischen Zahlungsbefehls, die die für seine Beweiskraft erforderlichen Voraussetzungen erfüllt,
und

b) gegebenenfalls eine Übersetzung des Europäischen Zahlungsbefehls in die Amtssprache des Vollstreckungsmitgliedstaats oder – falls es in diesem Mitgliedstaat mehrere Amtssprachen gibt – nach Maßgabe der Rechtsvorschriften dieses Mitgliedstaats in die Verfahrenssprache oder eine der Verfahrenssprachen des Ortes, an dem die Vollstreckung betrieben wird, oder in eine sonstige Sprache, die der Vollstreckungsmitgliedstaat zulässt. Jeder Mitgliedstaat kann angeben, welche Amtssprache oder Amtssprachen der Organe der Europäischen Union er neben seiner oder seinen eigenen für den Europäischen Zahlungsbefehl zulässt. Die Übersetzung ist von einer hierzu in einem der Mitgliedstaaten befugten Person zu beglaubigen.

(3) Einem Antragsteller, der in einem Mitgliedstaat die Vollstreckung eines in einem anderen Mitgliedstaat erlassenen Europäischen Zahlungsbefehls beantragt, darf wegen seiner Eigenschaft als Ausländer oder wegen Fehlens eines inländischen Wohnsitzes oder Aufenthaltsorts im Vollstreckungsmitgliedstaat eine Sicherheitsleistung oder Hinterlegung, unter welcher Bezeichnung es auch sei, nicht auferlegt werden.

Art. 22 Verweigerung der Vollstreckung

(1) Auf Antrag des Antragsgegners wird die Vollstreckung vom zuständigen Gericht im Vollstreckungsmitgliedstaat verweigert, wenn der Europäische Zahlungsbefehl mit einer früheren Entscheidung oder einem früheren Zahlungsbefehl unvereinbar ist, die bzw. der in einem Mitgliedstaat oder einem Drittland ergangen ist, sofern

a) die frühere Entscheidung oder der frühere Zahlungsbefehl zwischen denselben Parteien wegen desselben Streitgegenstands ergangen ist,
und

b) die frühere Entscheidung oder der frühere Zahlungsbefehl die notwendigen Voraussetzungen für die Anerkennung im Vollstreckungsmitgliedstaat erfüllt,
und

c) die Unvereinbarkeit im gerichtlichen Verfahren des Ursprungsmitgliedstaats nicht geltend gemacht werden konnte.

(2) Auf Antrag wird die Vollstreckung ebenfalls verweigert, sofern und insoweit der Antragsgegner den Betrag, der dem Antragsteller in einem Europäischen Zahlungsbefehl zuerkannt worden ist, an diesen entrichtet hat.

(3) Ein Europäischer Zahlungsbefehl darf im Vollstreckungsmitgliedstaat in der Sache selbst nicht nachgeprüft werden.

Art. 23 Aussetzung oder Beschränkung der Vollstreckung

Hat der Antragsgegner eine Überprüfung nach Artikel 20 beantragt, so kann das zuständige Gericht im Vollstreckungsmitgliedstaat auf Antrag des Antragsgegners

a) das Vollstreckungsverfahren auf Sicherungsmaßnahmen beschränken,
oder

b) die Vollstreckung von der Leistung einer von dem Gericht zu bestimmenden Sicherheit abhängig machen,
oder

c) unter außergewöhnlichen Umständen das Vollstreckungsverfahren aussetzen.

Art. 24 Rechtliche Vertretung

Die Vertretung durch einen Rechtsanwalt oder sonstigen Rechtsbeistand ist nicht zwingend

a) für den Antragsteller im Hinblick auf die Beantragung eines Europäischen Zahlungsbefehls,

b) für den Antragsgegner bei Einlegung des Einspruchs gegen einen Europäischen Zahlungsbefehl.

Art. 25 Gerichtsgebühren

(1) Die Gerichtsgebühren eines Europäischen Mahnverfahrens und eines ordentlichen Zivilprozesses, der sich an die Einlegung eines Einspruchs gegen den Europäischen Zahlungsbefehl in einem Mitgliedstaat anschließt, dürfen insgesamt nicht höher sein als die Gerichtsgebühren eines ordentlichen Zivilprozesses ohne vorausgehendes Europäisches Mahnverfahren in diesem Mitgliedstaat.

(2) Für die Zwecke dieser Verordnung umfassen die Gerichtsgebühren die dem Gericht zu entrichtenden Gebühren und Abgaben, deren Höhe nach dem nationalen Recht festgelegt wird.

Art. 26 Verhältnis zum nationalen Prozessrecht

Sämtliche verfahrensrechtlichen Fragen, die in dieser Verordnung nicht ausdrücklich geregelt sind, richten sich nach den nationalen Rechtsvorschriften.

Art. 27 Verhältnis zur Verordnung (EG) Nr. 1348/2000

Diese Verordnung berührt nicht die Anwendung der Verordnung (EG) Nr. 1348/2000 des Rates vom 29. Mai 2000 über die Zustellung gerichtlicher und außergerichtlicher Schriftstücke in Zivil- und Handelssachen in den Mitgliedstaaten[8].

Art. 28 Informationen zu den Zustellungskosten und zur Vollstreckung

Die Mitgliedstaaten arbeiten zusammen, um der Öffentlichkeit und den Fachkreisen folgende Informationen zur Verfügung zu stellen:

a) Informationen zu den Zustellungskosten,
und

b) Information darüber, welche Behörden im Zusammenhang mit der Vollstreckung für die Anwendung der Artikel 21, 22 und 23 zuständig sind,

insbesondere über das mit der Entscheidung 2001/470/EG des Rates[9] eingerichtete Europäische Justizielle Netz für Zivil- und Handelssachen.

Art. 29 Angaben zu den zuständigen Gerichten, den Überprüfungsverfahren, den Kommunikationsmitteln und den Sprachen

(1) Die Mitgliedstaaten teilen der Kommission bis zum 12. Juni 2008 Folgendes mit:

a) die Gerichte, die dafür zuständig sind, einen Europäischen Zahlungsbefehl zu erlassen;

b) Informationen über das Überprüfungsverfahren und die für die Anwendung des Artikels 20 zuständigen Gerichte;

c) die Kommunikationsmittel, die im Hinblick auf das Europäische Mahnverfahren zulässig sind und den Gerichten zur Verfügung stehen;

---

[8] ABl. L 160 vom 30. 6. 2000, S. 37.

[9] ABl. L 174 vom 27. 6. 2001, S. 25.

d) die nach Artikel 21 Absatz 2 Buchstabe b zulässigen Sprachen.
Die Mitgliedstaaten unterrichten die Kommission über alle späteren Änderungen dieser Angaben.
(2) Die Kommission macht die nach Absatz 1 mitgeteilten Angaben durch Veröffentlichung im Amtsblatt der Europäischen Union und durch andere geeignete Mittel öffentlich zugänglich.

Art. 30 Änderung der Anhänge

Die Formblätter in den Anhängen werden nach dem in Artikel 31 Absatz 2 vorgesehenen Verfahren aktualisiert oder in technischer Hinsicht angepasst; solche Änderungen müssen den Vorschriften dieser Verordnung vollständig entsprechen.

Art. 31 Ausschuss

(1) Die Kommission wird von dem nach Artikel 75 der Verordnung (EG) Nr. 44/2001 eingesetzten Ausschuss unterstützt.
(2) Wird auf diesen Absatz Bezug genommen, so gelten Artikel 5a Absätze 1 bis 4 und Artikel 7 des Beschlusses 1999/468/EG, unter Beachtung von dessen Artikel 8.
(3) Der Ausschuss gibt sich eine Geschäftsordnung.

Art. 32 Überprüfung

Die Kommission legt dem Europäischen Parlament, dem Rat und dem Europäischen Wirtschafts- und Sozialausschuss bis zum 12. Dezember 2013 einen detaillierten Bericht über die Überprüfung des Funktionierens des Europäischen Mahnverfahrens vor. Dieser Bericht enthält eine Bewertung des Funktionierens des Verfahrens und eine erweiterte Folgenabschätzung für jeden Mitgliedstaat.
Zu diesem Zweck und damit gewährleistet ist, dass die vorbildliche Praxis in der Europäischen Union gebührend berücksichtigt wird und die Grundsätze der besseren Rechtsetzung zum Tragen kommen, stellen die Mitgliedstaaten der Kommission Angaben zum grenzüberschreitenden Funktionieren des Europäischen Zahlungsbefehls zur Verfügung. Diese Angaben beziehen sich auf die Gerichtsgebühren, die Schnelligkeit des Verfahrens, die Effizienz, die Benutzerfreundlichkeit und die internen Mahnverfahren der Mitgliedstaaten.
Dem Bericht der Kommission werden gegebenenfalls Vorschläge zur Anpassung der Verordnung beigefügt.

Art. 33 Inkrafttreten

Diese Verordnung tritt am Tag nach ihrer Veröffentlichung im Amtsblatt der Europäischen Union in Kraft.
Sie gilt ab dem 12. Dezember 2008 mit Ausnahme der Artikel 28, 29, 30 und 31, die ab dem 12. Juni 2008 gelten.
Diese Verordnung ist in allen ihren Teilen verbindlich und gilt gemäß dem Vertrag zur Gründung der Europäischen Gemeinschaft unmittelbar in den Mitgliedstaaten.

I. Vorteile und Nachteile des Europäischen Mahnverfahrens

Grundlage des Europäischen Mahnverfahrens ist die VO 1896/2006. Sie gibt dem Antragsteller bei einer grenzüberschreitenden Forderungsdurchsetzung ab dem **12. 12. 2008** die Möglichkeit, einen **ohne weiteres in allen Mitgliedsstaaten** mit Ausnahme von Dänemark **durchsetzbaren Titel**, den Europäischen Zahlungsbefehl, zu schaffen. Die Besonderheit des Verfahrens besteht darin, dass im Vollstreckungsstaat auf eine Prüfung der Anerkennungsvoraussetzungen verzichtet wird, vgl. Art. 19. Das Verfahren steht **neben den nationalen Mahnverfahren,** schließt diese also nicht aus, Art. 1 Abs. 2. Die Verordnung schafft unmittelbar geltendes Recht. Die noch ausstehenden ergänzenden nationalen Bestimmungen werden nach Auskunft des Bundesministeriums der Justiz voraussichtlich im 11. Buch der ZPO aufgenommen werden. 1

Aus Sicht des **Gläubigers** kann das Verfahren erhebliche **Vorteile** bieten. Das Verfahren ist anders als das Mahnverfahren nach deutschem Recht mit seinen doppelten Rechtsbehelfen des Widerspruchs und des Einspruchs nur **einstufig ausgestaltet.** Damit verkürzt sich nicht nur die Zeit bis zum Erreichen eines Titels, sondern es verringern sich auch zugleich mögliche Schwierigkeiten insbesondere bei der Zustellung. **Nachteilig** für den Gläubiger sind die formalen Anforderungen an den Antrag, die deutlich höher sind als die im Mahnverfahren (näher Rn. 11), weil Sachverhalt und Beweismittel anzugeben sind. Eine wichtige **Einschränkung** der Zulässigkeit des Verfahrens besteht in der Ausnahme für **außervertragliche Schuldverhältnisse** (vgl. Rn. 6). Weiterhin ist aus Gläubigersicht problematisch, dass das Verfahren im derzeitigen Stand noch mit einigen Unsicherheiten verbunden ist. So ist noch nicht abschließend geklärt, in welchem Umfang die Verjährung gehemmt wird und nach welchen Maßstäben das Gericht prüft, ob eine Forderung begründet erscheint (vgl. Rn. 17f.). 2

Die **Zuständigkeit** des Mahngerichts liegt nicht wie in Deutschland beim allgemeinen Gerichtsstand des Antragstellers, sondern wird eigenständig geregelt (vgl. Rn. 14f.). Für den Gläubiger ist zu beachten, dass 3 der **Einspruch** ohne weiteres zum Übergang in das Streitverfahren führt, sofern dies nicht bei Antragstellung ausgeschlossen wird. Anders als nach dem Widerspruch beim Mahnbescheid ist also ein Antrag auf Durchführung des streitigen Verfahrens nicht erforderlich.

4 Der Zahlungsbefehl erwächst in **Rechtskraft,** unterliegt aber nach Art. 20 Abs. 2 noch einer Überprüfungsmöglichkeit, wenn er gemessen an den in der Verordnung festgelegten Voraussetzungen oder aufgrund von anderen außergewöhnlichen Umständen offensichtlich zu Unrecht erlassen worden ist. Damit wird ein Korrektiv eröffnet, das über die Korrektur des Vollstreckungsbescheids nach § 826 BGB (vgl. § 700 Rn. 3) noch hinausgeht, weil es von subjektiven Voraussetzungen wie dem arglistigen Erschleichen des Titels oder der Vollstreckungsmöglichkeit frei ist (näher Rn. 32).

5 Die **Vollstreckung** des Europäischen Zahlungsbefehls **im außereuropäischen Ausland** kann sich im Augenblick noch schwierig gestalten, da die bilateralen und multilateralen Vollstreckungsübereinkommen für nationale Vollstreckungstitel geschlossen wurden und nicht zwingend auch für Europäische Vollstreckungstitel Gültigkeit besitzen. Dabei liegt aus deutscher Sicht eine Gleichbehandlung mit nationalen Titeln sehr nahe, zumal die nationalen Gerichte den Zahlungsbefehl erlassen. Dennoch bleibt ein Restrisiko, denn der Titel wird gerade nicht auf nationaler, sondern auf gemeinschaftsrechtlicher Grundlage errichtet.[10] Die Notwendigkeit einer Anerkennungsentscheidung im Vollstreckungsstaat bestimmt sich nach den Vollstreckungsübereinkommen; Art. 19 gilt gegenüber Nichtmitgliedsstaaten nicht.

II. Anwendungsbereich

6 **1. Art des durchzusetzenden Anspruchs.** Es muss sich um eine im Antragszeitpunkt **fällige, bezifferte Geldforderung** handeln (vgl. Art. 4), die sich aus einer Zivil- oder Handelssache ableitet (vgl. dazu VO 44/2001 Art. 1 Rn. 1). Art. 2 Abs. 2 nimmt Forderungen vom Europäischen Mahnverfahren aus und schränkt damit unter anderem die Durchsetzung von **Forderungen aus außervertraglichen Schuldverhältnissen** ein. Damit sind nach dem deutschen Verständnis des Begriffs „außervertragliche Schuldverhältnisse" insbesondere Ansprüche aus Delikt, Bereicherungsrecht, Geschäftsführung ohne Auftrag oder dem Eigentümer-Besitzer-Verhältnis im Grundsatz ausgenommen, während Rückabwicklungsansprüche nach dem Rücktrittsrecht eingeschlossen sind. Angesichts der gebotenen autonomen Auslegung der Verordnung ist dieses deutsche Verständnis aber nicht zwingend. Wegen des engen Zusammenhangs mit den vertraglichen Beziehungen spricht die Sachgerechtigkeit dafür, auch auf eine Geldleistung gerichtete **Bereicherungsansprüche aus einem nichtigen Vertrag** oder Ansprüche aus **auftragloser Geschäftsführung** einzubeziehen, soweit diese an ein vertragliches Schuldverhältnis anknüpfen. Auf der anderen Seite zeigt der Vorschlag für eine Verordnung über das auf außervertragliche Schuldverhältnisse anzuwendende Recht (Rom II), dass dem Zusammenhang solcher Schuldverhältnisse mit vertraglichen Vereinbarungen zwar durch Sonderanknüpfungen Rechnung getragen werden soll, dass diese Ansprüche aber von der Kommission den außervertraglichen Schuldverhältnissen zugerechnet werden. Diese Ansprüche sind also im europäischen Mahnverfahren nicht durchzusetzen. Deshalb ist es auch davon auszugehen, dass Ansprüche aus einer vorvertraglichen Sonderverbindung nach § 311 Abs. 2 BGB[11], die Eigenhaftung eines Dritten nach § 311 Abs. 3 BGB oder die Ansprüche aus einem Vertrag mit Schutzwirkung für Dritte nicht auf diesem Wege mahnfähig sind.

7 Ansprüche aus der Verletzung einer vertraglichen Schutzpflicht sind auch dann mahnfähig, wenn der Anspruch zugleich auf Delikt gestützt wird. Ausgenommen sind nach Art. 2 Abs. 2b auch Forderungen aus gerichtlichen **Vergleichen** und anderen Vergleichen. Wie die Systematik zeigt, sind damit nur Vergleiche bei der Bewältigung der Zahlungsunfähigkeit gemeint, nicht etwa alle Formen von Vergleichen. Andernfalls wäre Art. 2 Buchst. d (i) der Verordnung sinnlos. Werden **Forderungen, die einer Schiedsabrede unterliegen,** im Europäischen Mahnverfahren geltend gemacht, so muss der Antragsgegner die Schiedsbindung durch Einspruch und Erheben der Einrede des § 1032 ZPO geltend machen.[12] Geschieht dies nicht, so wird der Zahlungsbefehl rechtskräftig und kann auch nicht wegen der Schiedsabrede im Überprüfungsverfahren aufgehoben werden.

8 **2. Auslandsbezug.** Die Verordnung ist bei **innerstaatlichen Verfahren nicht** anwendbar.[13] Die Anforderungen an den erforderlichen Auslandsbezug ergeben sich aus Art. 3; zu den Einzelheiten bei der Bestimmung des Wohnsitzes vgl. die Kommentierung der Art. 59 und 60 EuGVVO. Dänemark gilt insoweit nicht als Mitgliedsstaat im Sinne der Verordnung, Art. 2 Abs. 3. Nach Art. 3 Abs. 1 reicht es aus, wenn eine der Parteien ihren Wohnsitz oder gewöhnlichen Aufenthalt in einem anderen Mitgliedsstaat als dem des befassten Gerichts hat. Sollen mit dem Verfahren Ansprüche gegen eine Person aus einem anderen Mitgliedsstaat und **zugleich** gegen eine **Person mit einem Wohnsitz im außereuropäischen Ausland** geltend gemacht werden, ist von dem Europäischen Mahnverfahren abzuraten, da mangels entsprechender Übereinkommen die Vollstreckungsmöglichkeit zumindest gegen diese andere Person im außereuropäischen Ausland nicht sichergestellt ist (zur Vollstreckung des Zahlungsbefehls im außereuropäischen Ausland vgl. auch Rn. 5). Ein Verfahren gegen mehrere Antragsgegner mit Wohnsitz in unterschiedlichen Staaten kann nur dann durchgeführt werden, wenn ein gemeinsamer Gerichtsstand eröffnet ist. Dies ist bei Verbrauchern wegen Art. 6 Abs. 2 ausgeschlossen.

---

[10] *Rauscher* in Europäisches Zivilprozessrecht, 2. Aufl., 2006, Einf. EGMahnVO Rn. 7.
[11] Sujecki EuZW 2006, 330 f.; *ders.* NJW 2007, 1622, 1623.
[12] Wohl aA *Rauscher* Einf.EG MahnVO Rn. 9 (Ansprüche seien dem Mahnverfahren nicht zugänglich).
[13] Anders noch der erste Entwurf; zur Änderung vgl. KOM (2006) 57 endg. 11 f.; vgl. *Sujecki* EuZW 2006, 330 f.

III. Anforderungen an den Antrag

Die Anforderungen an den Antrag ergeben sich aus Art. 7. Diese Bestimmung ordnet die Verwendung der **Vordrucke zwingend** an. **Anwaltliche Vertretung** ist möglich, wird aber nicht verlangt, Art. 24. Eine Antragstellung zu Protokoll der Geschäftsstelle ist nicht vorgesehen.[14] Die Übermittlung des Antrags über **Telekommunikationsmittel** richtet sich nach dem nationalen Recht des Lands der Antragstellung, Art. 7 Abs. 5. Die Mitgliedsstaaten teilen der Kommission bis zum 12. 6. 2008 mit, welche Mittel zugelassen sind (Art. 29 Abs. 1 Buchst. c). Es ist davon auszugehen, dass in Deutschland eine elektronische Kommunikation zugelassen werden wird. Hinsichtlich der elektronischen Signatur ist Art. 7 Abs. 6 zu beachten. 9

Zinsen müssen im Grundsatz im Antrag geltend gemacht werden. Dazu reicht die Angabe von Zinssatz, Forderung und Zeitraum aus, eine Bezifferung ist nicht erforderlich. Werden die Zinsen im Ursprungsmitgliedsstaat – also dem Staat, in welchem der Titel erlassen wurde – automatisch der Hauptforderung hinzugerechnet, sind diese Angaben nur dann erforderlich, wenn höhere als die gesetzlichen Zinsen verlangt werden. In Deutschland findet eine solche Zurechnung zur Hauptforderung nicht statt, § 308 Abs. 1 S. 2 ZPO, so dass die Zinsen mit den erforderlichen Angaben zum Zinssatz und dem entsprechenden Zeitraum geltend gemacht werden müssen (Art. 7 Abs. 2 Buchst. c). Hinsichtlich der Kosten ist auch der Betrag anzugeben. 10

Beim **Anspruchsgrund** verlangt Art. 7 Abs. 2 Buchst. d eine Beschreibung des Sachverhalts und damit **mehr als nur eine Individualisierung.** Der Erwägungsgrund 13 konkretisiert die Anforderungen, indem er fundierte Informationen verlangt, die dem Antragsgegner eine Entscheidung ermöglichen, ob er Einspruch einlegen möchte oder nicht. Die genaue Bestimmung dieser Anforderung ist nicht einfach und sie wird bis zu einer Entscheidung des EuGH kaum für alle Mitgliedsstaaten einheitlich möglich sein, da die Mitgliedsstaaten die Anforderungen in Anlehnung an die ihnen bekannten Modelle konkretisieren werden. Angesichts der Möglichkeit einer automatisierten Prüfung, wird man aus deutscher Sicht das Prüfungsrecht auf eine Plausibilitätsprüfung reduzieren (vgl. Rn. 18), so dass auch die Anforderungen an die Angaben im Antrag nicht überspannt werden dürfen. Dies gilt auch für die **Angabe von Beweisen** und die **Gründe für die Zuständigkeit.**[15] Kurze Stichworte müssen genügen, wenn nicht das Verfahren als Vereinfachung sinnlos werden soll. Die Beweismittel sind anzugeben, eine Beifügung der Beweismittel in Kopie ist nicht vorgesehen. Zulässig ist es auch, andere Beweismittel als Urkunden anzugeben. Da damit auch der für das Gericht nicht prüfbare **Zeugenbeweis** in Betracht kommt, kann eine Schlüssigkeitsprüfung auf dieser Grundlage nicht stattfinden. 11

Die **Versicherung der Richtigkeit der Abgaben** nach Art. 7 Abs. 3 ist zwingende Voraussetzung, wobei dem Antragsteller die konkreten Sanktionen im Ursprungsland und damit in einem für ihn fremden Staat nicht notwendig bekannt sein werden.[16] Fraglich ist, ob das versehentliche Fehlen dieser Versicherung die Aufhebung des Zahlungsbefehls in dem zeitlich nicht befristeten Überprüfungsverfahren nach Art. 20 Abs. 2 rechtfertigt. Auch wenn der Wortlaut der Bestimmung dieses Ergebnis nahezulegen scheint, spricht doch die Rechtssicherheit gegen eine solche zeitlich nicht befristete Aufhebungsmöglichkeit. Die Anforderungen an die Wahrheitspflicht werden nach deutschem Recht relativ großzügig bemessen. Dieser nationale Maßstab gilt für die Auslegung der Verordnung nicht. Auch wenn die deutschen Gerichte dazu neigen werden, diesen Maßstab zu übernehmen,[17] wird man sich auf eine Verschärfung der Anforderungen einstellen müssen. 12

In dem Antrag kann der Antragsteller **erklären,** dass das Verfahren im Fall eines Einspruchs **nicht automatisch in ein Streitverfahren** übergeleitet werden soll, Art. 7 Abs. 4. Dem Antragsgegner wird diese Angabe nach der Anleitung auf dem amtlichen Vordruck nicht mitgeteilt. Die Erklärung bietet für den Gläubiger den Vorteil, dass möglicherweise unnötige Gerichtsgebühren vermieden werden. Nachteilig ist es aber, dass derzeit noch nicht geklärt ist, ob die verjährungshemmende Wirkung des Mahnantrags beim Verzicht auf die Durchführung des Streitverfahrens gefährdet ist (vgl. Rn. 17). 13

Die **internationale Zuständigkeit** bestimmt sich nach Art. 6 und damit in erster Linie nach der EGVVO. Zuständig sind in der Regel die Gerichte des **Mitgliedsstaats,** in welchem der **Antragsgegner seinen Wohnsitz** hat (zu besonderen Zuständigkeiten vgl. Artt. 5 ff. EGVVO). Im Antrag ist die Zuständigkeit nach Art. 7 Abs. 2 Buchst. f zu begründen, etwa durch Hinweis auf eine Gerichtsstandsvereinbarung. Zu beachten ist, dass bei Ansprüchen gegen **Verbraucher** die Gerichte des Wohnsitzstaats ausschließlich zuständig sind, Art. 6 Abs. 2. Damit ist sichergestellt, dass Zahlungsbefehle gegen Verbraucher immer nur im Wohnsitzmitgliedsstaat erlassen werden können und die Überleitung in das Streitverfahren stets in diesem Staat stattfindet. 14

Die Zuständigkeitsbestimmung nach Art. 6 bezieht sich nicht auf die **örtliche** oder **sachliche Zuständigkeit** eines Gerichts innerhalb des Mitgliedsstaates (vgl. auch Erwägungsgrund 12).[18] Diese Zuweisung richtet sich nach den nationalen Regeln, wobei die Mitgliedsstaaten bis zum 12. 6. 2008 der Kommission die Zuständigkeitsregeln mitteilen (Art. 29 Abs. 1). Sind Gerichte mehrerer Staaten international zuständig, so 15

---

[14] Dies fordert Meyer-Berger Mahnverfahren und Vollstreckung, 2007, S. 154.

[15] Hintergrund dieser Anforderung sind unterschiedliche Traditionen in den Mitgliedsstaaten, vgl. Meyer-Berger Mahnverfahren und Vollstreckung, 2007, S. 138 f.; vgl. auch Grünbuch der Kommission Kom (2002) 746 endg. S. 17.

[16] Kritisch deshalb *Sujecki* EuZW 2006, 330, 331.

[17] *Rauscher* Einf.EG MahnVO Rn. 20.

[18] *Sujecki* NJW 2007, 1622, 1623 (auch zu möglichen Problemen wegen der Vorgaben der EGVVO für die örtliche Zuständigkeit).

wird durch die Wahl des Mahngerichts auch die Einleitung des Streitverfahrens präjudiziert, denn das Streitverfahren wird bei dem Gericht des Zahlungsbefehls eingeleitet. Ein Abgabeverfahren ist nicht vorgesehen. Wegen Art. 17 Abs. 1 S. 2 wird man aber dem Antragstellers zugestehen müssen, sein Wahlrecht zwischen mehreren international zuständigen Gerichten auch in diesem Stadium noch auszuüben.

16 Die **Gerichtsgebühren** sollen nach dem Erwägungsgrund 15 bei der Einreichung des Antrags entrichtet werden. Die Schaffung ausführender Regelungen im deutschen Recht steht noch aus.

IV. Auswirkungen auf die Verjährung

17 Eine ausdrückliche Regelung der Frage, ob der Antrag zur Verjährungshemmung führt, enthält die VO nicht. Der Verweis auf das nationale Prozessrecht in Art. 26 ist ein Indiz, aber keine abschließende Antwort, weil die Verjährung auch materiellrechtlich qualifiziert werden kann. Dennoch wird man die Zustellung des Zahlungsbefehls nach deutschem Recht als Hemmungstatbestand einordnen müssen. Da das nationale Verfahrensrecht nach Art. 26 ergänzend heranzuziehen ist, findet auch § 696 Abs. 3 ZPO mit § 167 ZPO Anwendung, so dass eine Rückbeziehung auf den Zeitpunkt der Antragstellung stattfindet. Richtigerweise sollte man auch § 203 BGB analog anwenden, so dass für den Fall der Zurückweisung des Antrags die verjährungshemmende Wirkung nicht verloren geht. Widerspricht der Antragsteller der Abgabe des Verfahren an das Streitgericht für den Fall des Einspruchs (Art. 7 Abs. 4 S. 1), so ist § 703 ZPO entsprechend heranzuziehen, so dass auch in diesem Fall dem Antragsteller eine Frist von sechs Monaten verbleibt, während der die Verjährung der Forderung nicht eintreten kann.

V. Entscheidung über den Erlass eines Zahlungsbefehls und Zustellung

18 Der Zahlungsbefehl wird nach Art. 8 erlassen, wenn die **formalen Voraussetzungen** erfüllt sind und die **Forderung dem Gericht begründet erscheint.** Dabei beschränkt sich die Prüfung auf die Angaben im Antrag, so dass eine wirkliche Sachprüfung kaum möglich ist, zumal die angegebenen Beweismittel dem Gericht nicht zur Verfügung stehen. Aus deutscher Sicht spricht deshalb viel dafür, diese Prüfung darauf zu beschränken, ob die geltend gemachte Forderung aus Rechtsgründen nicht bestehen kann. Zwingend ist dieses Verständnis aber nicht.[19] Ein Zurückweisung des Antrags sieht die Verordnung in Art. 11 Abs. 1 Buchst b nur bei einer offensichtlich unbegründeten Forderungen vor, so dass auch eine Auslegung nahe liegt, die oberhalb dieser Schwelle das Gericht zu Nachfragen nach Art. 9 berechtigt. Da diese Fragen sich in der Regel erst durch eine Prüfung ergeben, kann daraus auch ein Argument für eine stärkere Ausgestaltung der Prüfungspflicht abgeleitet werden. Da aber eine solche Prüfung zu erheblichen Verfahrensverzögerungen führen kann und zugleich ihr Ertrag angesichts der geringen Möglichkeiten einer Verifizierung der Angaben gering ist, spricht mehr für enge Auslegung der Prüfung des Antrags durch das Gericht.[20]

19 Nach Art. 9 ist dem Antragsteller **vor der Zurückweisung** seines Antrags die **Möglichkeit der Vervollständigung oder Berichtigung** zu geben. Dies entspricht der Regelung in § 691 Abs. 1 S. 2 ZPO. Im Unterschied zur deutschen Regelung ist aber keine **Gewährung des rechtlichen Gehörs** vorgesehen, wenn der Antrag unzulässig oder offensichtlich unbegründet ist. Diese Regelung ist erweiternd auszulegen, so dass bei behebbaren Mängeln auch in diesen Fällen ein Hinweisbeschluss ergehen muss.

20 Ist der Antrag nach Auffassung des Gerichts zum Teil nicht begründet oder unzulässig, so wird dem Antragsteller die **Reduktion auf den verbleibenden Teilbetrag** vorgeschlagen (Art. 10). Bei anwaltlicher Vertretung des Antragstellers ist die Zustellung an den Anwalt erforderlich, § 172 Abs. 1 ZPO. Stimmt der Antragsteller dem gerichtlichen Vorschlag nicht zu, so wird der Antrag insgesamt zurückgewiesen. Stimmt er zu, so regeln sich die Folgen für die verbleibende Forderung nach dem nationalen Recht, Art. 10 Abs. 2 S. 2. Nach deutschem Recht liegt in dieser Zustimmung eine Verfahrenshandlung, die den materiellrechtlichen Anspruch unberührt lässt. Sie ähnelt der Rücknahme des Mahnantrags und enthält ebenso wie die Klagerücknahme keine Stundung und auch keinen Verzicht auf die Forderung. Verjährungshemmung tritt aber nur für den Teilbetrag ein, dessentwegen der Antrag aufrechterhalten wurde. Auch hier sind die zu § 691 ZPO entwickelten Grundsätze entsprechend heranzuziehen, so dass dem Antragsteller eine Monatsfrist zur Klageerhebung bleibt (vgl. § 691 ZPO Rn. 6). Dies gilt aber nicht zwingend in anderen Mitgliedsstaaten, wenn dort ein Europäisches Mahnverfahren eingeleitet wurde.

21 Die **Zurückweisung des Antrags** – auch wegen offensichtlicher Unbegründetheit der Forderung – steht weder einem Mahnverfahren nach dem deutschen Recht noch einer Klage entgegen, Art. 11 Abs. 3.

22 Die **Zustellung** des Zahlungsbefehls wird in den Artt. 13ff. zwar eigenständig geregelt, diese Bestimmungen bilden aber nach Art. 12 Abs. 5 nur den Mindeststandard des Zustellungsrechts. Grundlage der Zustellung bleibt deshalb das nationale Recht.[21] Damit können Verstöße gegen nationale Bestimmungen die Wirksamkeit der Zustellung gefährden, auch wenn der Mindeststandard eingehalten ist. So wird man die in Art. 13 Buchst. d vorgesehene Zustellung per E-Mail nach deutschem Recht jedenfalls bei anderen Adressaten als Rechtsanwälten nicht als ausreichend ansehen können.

---

[19] *Sujecki* EuZW 2006, 330, 331.

[20] *Sujecki* NJW 2007, 1622, 1624 (keine Schlüssigkeitsprüfung, aber offensichtlich nicht begründete Forderungen zurückweisen).

[21] *Rauscher* Einf.EG MahnVO Rn. 25.

VI. Einspruch

23 Dem Antragsgegner steht der Einspruch gegen den Zahlungsbefehl offen. Anwaltliche Vertretung ist nicht erforderlich, Art. 24. Die Frist beträgt **30 Tage** ab dem Tag der Zustellung (Art. 16 Abs. 2). Die **Fristberechnung** erfolgt **nicht nach dem nationalen Recht,** sondern nach der VO 1182/71 (Erwägungsgrund 28). Gesetzliche Feiertage im Mitgliedsstaat, dessen Gericht den Zahlungsbefehl erlässt, werden berücksichtigt. Zur **Fristwahrung** reicht die **Absendung** des Einspruchs aus. Die Verordnung führt ein **Formular** für den Einspruch ein. Obwohl der Verordnungstext für eine zwingende Formvorschrift spricht, zeigt der Erwägungsgrund 23, dass auch ein in anderer Form schriftlich eingelegter Einspruch ausreicht. Die **Unterschrift** auf dem Einspruch ist zwingend vorgesehen. Einen **Nachweis der Bevollmächtigung** bei Einspruch durch einen Vertreter sieht die Verordnung nicht vor.

24 Der Einspruch leitet das Verfahren in ein **streitiges Verfahren** vor dem entsprechenden **Gericht des Ursprungsmitgliedsstaats** über (zum abweichenden Antrag vgl. Rn. 25). Nicht vorgesehen und auch nicht möglich ist es, das Streitverfahren vor dem Gericht eines anderen Mitgliedsstaates zu führen.

25 Das Verfahren wird nach Art. 17 Abs. 2 als ordentliches geführt. Die **Überleitung in ein Urkunds-, Scheck- oder Wechselverfahren** sieht die Verordnung nicht vor. Der Antragsteller hat aber wegen Art. 17 Abs. 1 S. 2 die Möglichkeit, zusammen mit der Anspruchsbegründung auch den Übergang in einen Urkundenprozess zu verlangen. Dem steht die Anordnung in Art. 17 Abs. 2 nicht entgegen, weil der Begriff des ordentlichen Zivilverfahrens nicht im Sinne des nationalen Rechts der Mitgliedstaaten zu verstehen ist (Erwägungsgrund 24).

VII. Vollstreckbar erklärter Zahlungsbefehl und Vollstreckung

26 Grundlage der Vollstreckung ist der nach Art. 18 **für vollstreckbar erklärte Zahlungsbefehl.** Die Vollstreckbarerklärung erfolgt, wenn der Antragsgegner keinen oder keinen fristgerechten Einspruch eingelegt hat. Da die Einhaltung der Einspruchsfrist durch die Absendung des Einspruchs gewahrt wird, ist nicht ganz klar bestimmbar, von welchem **Zeitpunkt** an das Gericht den Zahlungsbefehl für vollstreckbar erklären kann. In Deutschland wird man in Anlehnung an § 41 Abs. 2 VwVfG eine Postlaufzeit von höchstens drei Tagen annehmen können. Ein Einspruch, der nach Ablauf der Einspruchsfrist abgesendet wurde, ist verfristet, auch wenn er noch innerhalb dieser Übermittlungsfrist von drei Tagen bei Gericht eingeht. Geht ein fristgerecht eingelegter Einspruch erst nach Erlass des für vollstreckbar erklärten Zahlungsbefehls ein, so unterliegt dieser der Aufhebung in einem Überprüfungsverfahren nach Art. 20 Abs. 2.[22]

27 Die Vollstreckung richtet sich nach den Rechtsvorschriften des **Ursprungsstaats,** Art. 18 Abs. 2, soweit die Vollstreckung in diesem Staat in Rede steht. Nach deutschem Recht setzt die Vollstreckung grundsätzlich neben der Zustellung auch eine Vollstreckungsklausel voraus. **Zuzustellen** ist der für vollstreckbar erklärte Zahlungsbefehl. Die bereits erfolgte Zustellung des Zahlungsbefehls kann diese vollstreckungsrechtliche Voraussetzung nicht ersetzen. Hinsichtlich der **Vollstreckungsklausel** wird man die Ausnahme für den Vollstreckungsbescheid in § 700 Abs. 1 ZPO entsprechend anwenden können, so dass sie nur dann erforderlich ist, wenn die Vollstreckung für oder gegen eine andere als die im Titel genannte Partei erfolgen soll.

28 In **anderen Mitgliedsstaaten** wird der Vollstreckungstitel ohne weiteres Verfahren anerkannt, Art. 19. Es ist also weder eine besondere Vollstreckungsklausel nach Artt. 38 ff. EGVVO noch eine Bestätigung im jeweiligen Vollstreckungsstaat nach Artt. 5 ff. EG-VollstrTVO erforderlich. Es ist aber eine **Übersetzung** in die Amtssprache vorzulegen, Art. 21 Abs. 2 Buchst. b. Die **Verweigerung der Vollstreckung** durch andere Mitgliedsstaaten ist nur unter den Voraussetzungen des Art. 22 zulässig, wobei diese Bestimmung eine Prüfung in der Sache ausschließt. Nicht ausdrücklich genannt, aber angesichts der Systematik der Bestimmung eindeutig ist, dass der Vollstreckungsstaat die Vollstreckung nicht wegen eines Verstoßes gegen den **ordre public** im Mitgliedsstaat versagen darf. Die Verordnung vertraut diese bislang genuine Kontrolle durch den Vollstreckungsstaat (vgl. Art. 34 EuGVVO) nun allein den Gerichten des Ursprungsstaats an, die aber andere Vorstellungen über den ordre public haben mögen als deutsche Gerichte. Damit wird dem Modell der EuVTVO gefolgt, das bereits auf heftige Kritik gestoßen ist.[23] Diese setzt sich an dieser Regelung im Mahnverfahren fort.[24]

29 Verweigert wird die Vollstreckung, wenn eine **früher ergangene Entscheidung** oder ein früher erlassener Zahlungsbefehl besteht und dieser Umstand im Ursprungsmitgliedsstaat nicht geltend gemacht werden konnte, Art. 22 Abs. 1. Damit führt die Rechtskraftkollision anders als im deutschen Recht bislang üblich nicht mehr ohne weiteres dazu, dass die später ergehende Entscheidung nichtig ist.

30 Die Vollstreckung wird weiterhin verweigert, wenn **die Zahlung erfolgt** ist, Art. 22 Abs. 2. Obwohl die Verordnung keine ausdrückliche Präklusionsregel enthält, kann man diese Einwendung nur nach Maßgabe des § 767 Abs. 2 ZPO zulassen.[25] Entschiede man anders, so fände letztlich eine Nachprüfung des Zahlungsbefehls in der Sache selbst statt, die durch Art. 22 Abs. 3 ausgeschlossen ist.

---

22 *Rauscher* Einf.EG MahnVO Rn. 30.

23 Wagner IPrax 2002, 75, 89 ff.; Hüßtege, FS Jayme, 371; Gundel EWS 2000, 442 (Bitte alle kopieren); Meyer-Berger Mahnverfahren und Vollstreckung, 2007, S. 129 f.

24 *Rauscher* Einf.EG MahnVO Rn. 46 ff.

25 So auch *Rauscher* Einf.EG MahnVO Rn. 40 f.

31 Die Vollstreckung darf Art. 21 Abs. 3 nicht wegen der Eigenschaft des Antragstellers als Ausländer von einer **Sicherheitsleistung** abhängig gemacht werden; dies schließt eine Sicherheitsleistung nach anderen Grundsätzen nicht aus.

Eine Nichtigerklärung oder eine Anfechtung der Anerkennung ist in anderen Mitgliedsstaaten als dem Ursprungsstaat nicht möglich. Art. 20 der Verordnung beschränkt vielmehr die Überprüfungsmöglichkeit auf den Ursprungsmitgliedsstaat.

VIII. Überprüfung des Zahlungsbefehls

32 Art. 20 Abs. 2 lässt eine Überprüfung und damit auch eine Nichtigerklärung des Zahlungsbefehls zu, wenn der **Zahlungsbefehl offensichtlich zu Unrecht** erlassen wurde. Damit steht die Rechtskraft dieser Entscheidung auf tönernen Füßen, denn es werden nicht nur die sehr engen Fälle des § 826 BGB erfasst, in denen nach deutschem Recht die Rechtskraft des Vollstreckungsbescheids zwar nicht beseitigt, aber wirtschaftlich neutralisiert wird, sondern im Grundsatz können auch Fehler im Verfahren dazu führen, dass der Zahlungsbefehl wieder aufgehoben wird.[26] Auch unrichtige Angaben im Antrag sollen nach dem Erwägungsgrund 25 eine Überprüfung und Aufhebung rechtfertigen.

33 Als weiterer Grund für die Aufhebung des Zahlungsbefehls nach Ablauf der Einspruchsfrist wird in Art. 20 Abs. 1 Buchst. b die unverschuldete Fristversäumung genannt, wobei an das Fehlen des Verschuldens sehr strenge Anforderungen zu stellen sind. Weitere Voraussetzung ist es in diesem Fall, dass der Antragsgegner unverzüglich tätig wird, also nach Entdecken der Fristversäumung ohne schuldhaftes Zögern das Überprüfungsverfahren einleitet.

34 Wurde die Forderung bereits beglichen, so können die Überprüfungsgründe auch **inzident in einem Rückforderungsprozess** geltend gemacht werden. Noch ungewiss ist, ob dies auch dann zulässig ist, wenn der Rückforderungsprozess vor dem Gericht eines anderen Mitgliedsstaats geführt wird. Nach dem Grundgedanken der Verordnung darf dieses Gericht keine Überprüfung des Zahlungsbefehls vornehmen, so dass das Verfahren auszusetzen ist, um eine Klage vor dem Gericht des Ursprungsstaats zu ermöglichen.

35 Die **Zuständigkeit** des Gerichte im Ursprungsmitgliedsstaat und die Verfahrengrundsätze werden von den Mitgliedsstaaten bis zum 12. 6. 2008 der Kommission die Zuständigkeitsregeln mitgeteilt (Art. 29 Abs. 1).

---

[26] Kritsch auch Sujecki EuZW 2006, 330, 333.

Anhang 6. Verordnung (EG) Nr. 861/2007 des Europäischen Parlaments und des Rates vom 11. Juli 2007

zur Einführung eines europäischen Verfahrens für geringfügige Forderungen

DAS EUROPÄISCHE PARLAMENT UND DER RAT DER EUROPÄISCHEN UNION –

gestützt auf den Vertrag zur Gründung der Europäischen Gemeinschaft, insbesondere auf Artikel 61 Buchstabe c und Artikel 67,

auf Vorschlag der Kommission,

nach Stellungnahme des Europäischen Wirtschafts- und Sozialausschusses[1],

gemäß dem Verfahren des Artikels 251 des Vertrags[2],

in Erwägung nachstehender Gründe:

(1) Die Gemeinschaft hat sich zum Ziel gesetzt, einen Raum der Freiheit, der Sicherheit und des Rechts, in dem der freie Personenverkehr gewährleistet ist, zu erhalten und weiterzuentwickeln. Zur schrittweisen Schaffung eines solchen Raums erlässt die Gemeinschaft unter anderem im Bereich der justiziellen Zusammenarbeit in Zivilsachen mit grenzüberschreitendem Bezug die für das reibungslose Funktionieren des Binnenmarkts erforderlichen Maßnahmen.

(2) Gemäß Artikel 65 Buchstabe c des Vertrags schließen diese Maßnahmen die Beseitigung der Hindernisse für eine reibungslose Abwicklung von Zivilverfahren ein, erforderlichenfalls durch Förderung der Vereinbarkeit der in den Mitgliedstaaten geltenden zivilrechtlichen Verfahrensvorschriften.

(3) Bisher hat die Gemeinschaft in diesem Bereich unter anderem bereits folgende Maßnahmen erlassen: Verordnung (EG) Nr. 1348/2000 des Rates vom 29. Mai 2000 über die Zustellung gerichtlicher und außergerichtlicher Schriftstücke in Zivil- oder Handelssachen in den Mitgliedstaaten[3], Verordnung (EG) Nr. 44/2001 des Rates vom 22. Dezember 2000 über die gerichtliche Zuständigkeit und die Anerkennung und Vollstreckung von Entscheidungen in Zivil- und Handelssachen[4], Entscheidung 2001/470/EG des Rates vom 28. Mai 2001 über die Einrichtung eines Europäischen Justiziellen Netzes für Zivil- und Handelssachen[5], Verordnung (EG) Nr. 805/2004 des Europäischen Parlaments und des Rates vom 21. April 2004 zur Einführung eines europäischen Vollstreckungstitels für unbestrittene Forderungen[6] und Verordnung (EG) Nr. 1896/2006 des Europäischen Parlaments und des Rates vom 12. Dezember 2006 zur Einführung eines Europäischen Mahnverfahrens[7].

(4) Der Europäische Rat forderte auf seiner Tagung vom 15. und 16. Oktober 1999 in Tampere den Rat und die Kommission auf, gemeinsame Verfahrensregeln für vereinfachte und beschleunigte grenzüberschreitende Gerichtsverfahren bei verbraucher- und handelsrechtlichen Ansprüchen mit geringem Streitwert zu verabschieden.

(5) Am 30. November 2000 verabschiedete der Rat ein gemeinsames Programm der Kommission und des Rates über Maßnahmen zur Umsetzung des Grundsatzes der gegenseitigen Anerkennung gerichtlicher Entscheidungen in Zivil- und Handelssachen[8]. In dem Programm wird auf die Vereinfachung und Beschleunigung der Beilegung grenzüberschreitender Streitigkeiten Bezug genommen. Dies wurde durch das vom Europäischen Rat am 5. November 2004 angenommene Haager Programm[9], in dem eine aktive Durchführung der Arbeiten zu geringfügigen Forderungen gefordert wird, weiter vorangebracht.

(6) Am 20. Dezember 2002 nahm die Kommission ein Grünbuch über ein Europäisches Mahnverfahren und über Maßnahmen zur einfacheren und schnelleren Beilegung von Streitigkeiten mit geringem Streitwert an. Mit dem Grünbuch wurde eine Konsultation über Maßnahmen zur Vereinfachung und Beschleunigung von Streitigkeiten mit geringem Streitwert eingeleitet.

(7) Viele Mitgliedstaaten haben vereinfachte zivilrechtliche Verfahren für Bagatellsachen eingeführt, da der Zeit-/Kostenaufwand und die Schwierigkeiten, die mit der Rechtsverfolgung verbunden sind, nicht unbedingt proportional zum Wert der Forderung abnehmen. Die Hindernisse für ein schnelles Urteil mit geringen Kosten verschärfen sich in grenzüberschreitenden Fällen. Es ist daher erforderlich, ein europäisches Verfahren für geringfügige Forderungen einzuführen. Ziel eines solchen europäischen Verfahrens sollte der erleichterte Zugang zur Justiz sein. Die Verzerrung des Wettbewerbs im Binnenmarkt aufgrund des unterschiedlichen Funktionierens der verfahrensrechtlichen Instrumente, die den Gläubigern in den

---

[1] ABl. C 88 vom 11. 4. 2006, S. 61.

[2] Stellungnahme des Europäischen Parlaments vom 14. Dezember 2006 (noch nicht im Amtsblatt veröffentlicht) und Beschluss des Rates vom 13. Juni 2007.

[3] ABl. L 160 vom 30. 6. 2000, S. 37.

[4] ABl. L 12 vom 16. 1. 2001, S. 1. Geändert durch die Verordnung (EG) Nr. 1791/2006 (ABl. L 363 vom 20. 12. 2006, S. 1).

[5] ABl. L 174 vom 27. 6. 2001, S. 25.

[6] ABl. L 143 vom 30. 4. 2004, S. 15. Geändert durch die Verordnung (EG) Nr. 1869/2005 der Kommission (ABl. L 300 vom 17. 11. 2005, S. 6).

[7] ABl. L 399 vom 30. 12. 2006, S. 1.

[8] ABl. C 12 vom 15. 1. 2001, S. 1.

[9] ABl. C 53 vom 3. 3. 2005, S. 1.

einzelnen Mitgliedstaaten zur Verfügung stehen, machen eine Gemeinschaftsregelung erforderlich, die für Gläubiger und Schuldner in der gesamten Europäischen Union gleiche Bedingungen gewährleistet. Bei der Festsetzung der Kosten für die Behandlung von Klagen im Rahmen des europäischen Verfahrens für geringfügige Forderungen sollten die Grundsätze der Einfachheit, der Schnelligkeit und der Verhältnismäßigkeit berücksichtigt werden müssen. Zweckdienlicherweise sollten die Einzelheiten zu den zu erhebenden Gebühren veröffentlicht werden und die Modalitäten zur Festsetzung dieser Gebühren transparent sein.

(8) Mit dem europäischen Verfahren für geringfügige Forderungen sollten Streitigkeiten mit geringem Streitwert in grenzüberschreitenden Fällen vereinfacht und beschleunigt und die Kosten verringert werden, indem ein fakultatives Instrument zusätzlich zu den Möglichkeiten geboten wird, die nach dem Recht der Mitgliedstaaten bestehen und unberührt bleiben. Mit dieser Verordnung sollte es außerdem einfacher werden, die Anerkennung und Vollstreckung eines Urteils zu erwirken, das im europäischen Verfahren für geringfügige Forderungen in einem anderen Mitgliedstaat ergangen ist.

(9) Diese Verordnung soll der Förderung der Grundrechte dienen und berücksichtigt insbesondere die Grundsätze, die mit der Charta der Grundrechte der Europäischen Union anerkannt wurden. Das Gericht sollte das Recht auf ein faires Verfahren sowie den Grundsatz des kontradiktorischen Verfahrens wahren, insbesondere wenn es über das Erfordernis einer mündlichen Verhandlung und über die Erhebung von Beweisen und den Umfang der Beweisaufnahme entscheidet.

(10) Zur Vereinfachung der Berechnung des Streitwertes sollten dabei Zinsen, Ausgaben und Auslagen unberücksichtigt bleiben. Dies sollte weder die Befugnis des Gerichts, diese in seinem Urteil zuzusprechen, noch die nationalen Zinsberechnungsvorschriften berühren.

(11) Zur Erleichterung der Einleitung des europäischen Verfahrens für geringfügige Forderungen sollte der Kläger ein Klageformblatt ausfüllen und beim zuständigen Gericht einreichen. Das Klageformblatt sollte nur bei einem zuständigen Gericht eingereicht werden.

(12) Dem Klageformblatt sollten gegebenenfalls zweckdienliche Beweisunterlagen beigefügt werden. Dies steht der Einreichung weiterer Beweisstücke durch den Kläger während des Verfahrens jedoch nicht entgegen. Der gleiche Grundsatz sollte für die Antwort des Beklagten gelten.

(13) Die Begriffe „offensichtlich unbegründet“ im Zusammenhang mit der Zurückweisung einer Forderung und „unzulässig“ im Zusammenhang mit der Abweisung einer Klage sollten nach Maßgabe des nationalen Rechts bestimmt werden.

(14) Das europäische Verfahren für geringfügige Forderungen sollte schriftlich durchgeführt werden, sofern nicht das Gericht eine mündliche Verhandlung für erforderlich hält oder eine der Parteien einen entsprechenden Antrag stellt. Das Gericht kann einen solchen Antrag ablehnen. Diese Ablehnung kann nicht separat angefochten werden.

(15) Die Parteien sollten nicht verpflichtet sein, sich durch einen Rechtsanwalt oder sonstigen Rechtsbeistand vertreten zu lassen.

(16) Der Begriff der „Widerklage“ sollte im Sinne des Artikels 6 Absatz 3 der Verordnung (EG) Nr. 44/2001als Widerklage verstanden werden, die auf denselben Vertrag oder Sachverhalt wie die Klage selbst gestützt wird. Die Artikel 2 und 4 sowie Artikel 5 Absätze 3, 4 und 5 sollten entsprechend für Widerklagen gelten.

(17) Macht der Beklagte während des Verfahrens ein Recht auf Aufrechnung geltend, so sollte diese Forderung nicht als Widerklage im Sinne dieser Verordnung gelten. Daher sollte der Beklagte nicht verpflichtet sein, das in Anhang I vorgegebene Klageformblatt A für die Inanspruchnahme eines solchen Rechts zu verwenden.

(18) Der Empfangsmitgliedstaat für die Zwecke der Anwendung des Artikels 6 sollte der Mitgliedstaat sein, in dem die Zustellung oder in den die Versendung eines Schriftstücks erfolgt. Damit die Kosten verringert und die Fristen verkürzt werden, sollten Unterlagen den Parteien vorzugsweise durch Postdienste mit Empfangsbestätigung zugestellt werden, aus der das Datum des Empfangs hervorgeht.

(19) Eine Partei kann die Annahme eines Schriftstücks zum Zeitpunkt der Zustellung oder durch Rücksendung innerhalb einer Woche verweigern, wenn dieses nicht in einer Sprache abgefasst ist, die die Partei versteht oder die Amtssprache des Empfangsmitgliedstaates ist, (wenn es in diesem Mitgliedstaat mehrere Amtssprachen gibt, der Amtssprache oder einer der Amtssprachen des Ortes, an dem die Zustellung erfolgen soll oder an den das Schriftstück gesandt werden soll) und ihm auch keine Übersetzung in diese Sprache beiliegt.

(20) Bei der mündlichen Verhandlung und der Beweisaufnahme sollten die Mitgliedstaaten vorbehaltlich der nationalen Rechtsvorschriften des Mitgliedstaats, in dem das Gericht seinen Sitz hat ist, den Einsatz moderner Kommunikationsmittel fördern. Das Gericht sollte sich für die einfachste und kostengünstigste Art und Weise der Beweisaufnahme entscheiden.

(21) Die praktische Hilfestellung, die die Parteien beim Ausfüllen der Formblätter erhalten sollen, sollte Informationen zur technischen Verfügbarkeit und zum Ausfüllen der Formblätter umfassen.

(22) Informationen zu Verfahrensfragen können auch vom Gerichtspersonal nach Maßgabe des einzelstaatlichen Rechts erteilt werden.

(23) Angesichts des Ziels dieser Verordnung, Streitigkeiten mit geringem Streitwert in grenzüberschreitenden Rechtssachen zu vereinfachen und zu beschleunigen, sollte das Gericht auch in den Fällen, in denen diese Verordnung keine Frist für einen bestimmten Verfahrensabschnitt vorsieht, so schnell wie möglich tätig werden.

(24) Die Berechnung der in dieser Verordnung vorgesehenen Fristen sollte nach Maßgabe der Verordnung (EWG, Euratom) Nr. 1182/71 des Rates vom 3. Juni 1971 zur Festlegung der Regeln für die Fristen, Daten und Termine[10] erfolgen.

(25) Zur schnelleren Durchsetzung geringfügiger Forderungen sollte das Urteil ohne Rücksicht auf seine Anfechtbarkeit und ohne Sicherheitsleistung vollstreckbar sein, sofern in dieser Verordnung nichts anderes bestimmt ist.

(26) Immer wenn in dieser Verordnung auf Rechtsmittel Bezug genommen wird, sollten alle nach dem einzelstaatlichen Recht möglichen Rechtsmittel umfasst sein.

(27) Dem Gericht muss eine Person angehören, die nach nationalem Recht dazu ermächtigt ist, als Richter tätig zu sein.

(28) Wenn das Gericht eine Frist setzt, sollte es die betroffene Partei über die Folgen der Nichtbeachtung dieser Frist informieren.

(29) Die unterlegene Partei sollte die Kosten des Verfahrens tragen. Die Kosten des Verfahrens sollten nach einzelstaatlichem Recht festgesetzt werden. Angesichts der Ziele der Einfachheit und der Kosteneffizienz sollte das Gericht anordnen, dass eine unterlegene Partei lediglich die Kosten des Verfahrens tragen muss, einschließlich beispielsweise sämtlicher Kosten, die aufgrund der Tatsache anfallen, dass sich die Gegenpartei durch einen Rechtsanwalt oder sonstigen Rechtsbeistand hat vertreten lassen, oder sämtlicher Kosten für die Zustellung oder Übersetzung von Dokumenten, die im Verhältnis zum Streitwert stehen oder die notwendig waren.

(30) Um die Anerkennung und Vollstreckung zu erleichtern, sollte ein im europäischen Verfahren für geringfügige Forderungen ergangenes Urteil in einem anderen Mitgliedstaat anerkannt werden und vollstreckbar sein, ohne dass es einer Vollstreckbarerklärung bedarf und ohne dass die Anerkennung angefochten werden kann.

(31) Es sollte Mindeststandards für die Überprüfung eines Urteils in den Fällen geben, in denen der Beklagte nicht imstande war, die Forderung zu bestreiten.

(32) Im Hinblick auf die Ziele der Einfachheit und Kosteneffizienz sollte die Partei, die ein Urteil vollstrecken lassen will, in dem Vollstreckungsmitgliedstaat – außer bei den Stellen, die gemäß dem einzelstaatlichen Recht dieses Mitgliedstaats für das Vollstreckungsverfahren zuständig sind – keine Postanschrift nachweisen und auch keinen bevollmächtigten Vertreter haben müssen.

(33) Kapitel III dieser Verordnung sollte auch auf die Kostenfestsetzungsbeschlüsse durch Gerichtsbedienstete aufgrund eines im Verfahren nach dieser Verordnung ergangenen Urteils Anwendung finden.

(34) Die zur Durchführung dieser Verordnung erforderlichen Maßnahmen sollten gemäß dem Beschluss 1999/468/EG des Rates vom 28. Juni 1999 zur Festlegung der Modalitäten für die Ausübung der der Kommission übertragenen Durchführungsbefugnisse[11] erlassen werden.

(35) Insbesondere sollte die Kommission die Befugnis erhalten, die zur Durchführung dieser Verordnung erforderlichen Maßnahmen im Zusammenhang mit Aktualisierungen oder technischen Änderungen der in den Anhängen vorgegebenen Formblätter zu erlassen. Da es sich hierbei um Maßnahmen von allgemeiner Tragweite handelt, die eine Änderung bzw. Streichung von nicht wesentlichen Bestimmungen und eine Hinzufügung neuer nicht wesentlicher Bestimmungen der vorliegenden Verordnung bewirken, sind diese Maßnahmen gemäß dem Regelungsverfahren mit Kontrolle des Artikels 5 a des Beschlusses 1999/468/EG zu erlassen.

(36) Da die Ziele dieser Verordnung, nämlich die Schaffung eines Verfahrens zur Vereinfachung und Beschleunigung von Streitigkeiten mit geringem Streitwert in grenzüberschreitenden Rechtssachen und die Reduzierung der Kosten, auf Ebene der Mitgliedstaaten nicht ausreichend verwirklicht werden können und daher wegen ihres Umfangs und ihrer Wirkung besser auf Gemeinschaftsebene zu verwirklichen sind, kann die Gemeinschaft im Einklang mit dem in Artikel 5 des Vertrags niedergelegten Subsidiaritätsprinzip tätig werden. Entsprechend dem in demselben Artikel genannten Grundsatz der Verhältnismäßigkeit geht diese Verordnung nicht über das zur Erreichung dieser Ziele erforderliche Maß hinaus.

(37) Das Vereinigte Königreich und Irland haben gemäß Artikel 3 des dem Vertrag über die Europäische Union und dem Vertrag zur Gründung der Europäischen Gemeinschaft beigefügten Protokolls über die Position des Vereinigten Königreichs und Irlands mitgeteilt, dass sie sich an der Annahme und Anwendung dieser Verordnung beteiligen möchten.

(38) Gemäß den Artikeln 1 und 2 des dem Vertrag über die Europäische Union und dem Vertrag zur Gründung der Europäischen Gemeinschaft beigefügten Protokolls über die Position Dänemarks beteiligt sich Dänemark nicht an der Annahme dieser Verordnung, die für Dänemark nicht bindend und nicht auf Dänemark anwendbar ist –

HABEN FOLGENDE VERORDNUNG ERLASSEN:

---

10 ABl. L 124 vom 8. 6. 1971, S. 1.

11 ABl. L 184 vom 17. 7. 1999, S. 23. Geändert durch den Beschluss 2006/512/EG (ABl. L 200 vom 22. 7. 2006, S. 11).

Kapitel I. Gegenstand und Anwendungsbereich

Art. 1 Gegenstand

Mit dieser Verordnung wird ein europäisches Verfahren für geringfügige Forderungen eingeführt, damit Streitigkeiten in grenzüberschreitenden Rechtssachen mit geringem Streitwert einfacher und schneller beigelegt und die Kosten hierfür reduziert werden können. Das europäische Verfahren für geringfügige Forderungen steht den Rechtssuchenden als eine Alternative zu den in den Mitgliedstaaten bestehenden innerstaatlichen Verfahren zur Verfügung.

Mit dieser Verordnung wird außerdem die Notwendigkeit von Zwischenverfahren zur Anerkennung und Vollstreckung der in anderen Mitgliedstaaten im Verfahren für geringfügige Forderungen ergangenen Urteile beseitigt.

Art. 2 Anwendungsbereich

(1) Diese Verordnung gilt für grenzüberschreitende Rechtssachen in Zivil- und Handelssachen, ohne dass es auf die Art der Gerichtsbarkeit ankommt, wenn der Streitwert der Klage ohne Zinsen, Kosten und Auslagen zum Zeitpunkt des Eingangs beim zuständigen Gericht 2000 EUR nicht überschreitet. Sie erfasst insbesondere nicht Steuer- und Zollsachen, verwaltungsrechtliche Angelegenheiten sowie die Haftung des Staates für Handlungen oder Unterlassungen im Rahmen der Ausübung hoheitlicher Rechte („acta iure imperii").

(2) Diese Verordnung ist nicht anzuwenden auf:

a) den Personenstand, die Rechts- und Handlungsfähigkeit sowie die gesetzliche Vertretung von natürlichen Personen,
b) die ehelichen Güterstände, das Unterhaltsrecht und das Gebiet des Erbrechts einschließlich des Testamentsrechts,
c) Konkurse, Verfahren im Zusammenhang mit der Abwicklung zahlungsunfähiger Unternehmen oder anderer juristischer Personen, gerichtliche Vergleiche, Vergleiche und ähnliche Verfahren,
d) die soziale Sicherheit,
e) die Schiedsgerichtsbarkeit,
f) das Arbeitsrecht,
g) die Miete oder Pacht unbeweglicher Sachen, mit Ausnahme von Klagen wegen Geldforderungen, oder
h) die Verletzung der Privatsphäre oder der Persönlichkeitsrechte, einschließlich der Verletzung der Ehre.

(3) In dieser Verordnung bedeutet der Begriff „Mitgliedstaat" die Mitgliedstaaten mit Ausnahme Dänemarks.

Art. 3 Grenzüberschreitende Rechtssachen

(1) Eine grenzüberschreitende Rechtssache im Sinne dieser Verordnung liegt vor, wenn mindestens eine der Parteien ihren Wohnsitz oder gewöhnlichen Aufenthalt in einem anderen Mitgliedstaat als dem des angerufenen Gerichts hat.

(2) Der Wohnsitz bestimmt sich nach den Artikeln 59 und 60 der Verordnung (EG) Nr. 44/2001.

(3) Maßgeblicher Augenblick zur Feststellung, ob eine grenzüberschreitende Rechtssache vorliegt, ist der Zeitpunkt, zu dem das Klageformblatt beim zuständigen Gericht eingeht.

Kapitel II. Das europäische Verfahren für geringfügige Forderungen

Art. 4 Einleitung des Verfahrens

(1) Der Kläger leitet das europäische Verfahren für geringfügige Forderungen ein, indem er das in Anhang I vorgegebene Klageformblatt A ausgefüllt direkt beim zuständigen Gericht einreicht oder diesem auf dem Postweg übersendet oder auf anderem Wege übermittelt, der in dem Mitgliedstaat, in dem das Verfahren eingeleitet wird, zulässig ist, beispielsweise per Fax oder e-Mail. Das Klageformblatt muss eine Beschreibung der Beweise zur Begründung der Forderung enthalten; gegebenenfalls können ihm als Beweismittel geeignete Unterlagen beigefügt werden.

(2) Die Mitgliedstaaten teilen der Kommission mit, welche Übermittlungsarten sie zulassen. Diese Mitteilung wird von der Kommission bekannt gemacht.

(3) Fällt die erhobene Klage nicht in den Anwendungsbereich dieser Verordnung, so unterrichtet das Gericht den Kläger darüber. Nimmt der Kläger die Klage daraufhin nicht zurück, so verfährt das Gericht mit ihr nach Maßgabe des Verfahrensrechts des Mitgliedstaats, in dem das Verfahren durchgeführt wird.

(4) Sind die Angaben des Klägers nach Ansicht des Gerichts unzureichend oder nicht klar genug, oder ist das Klageformblatt nicht ordnungsgemäß ausgefüllt und ist die Klage nicht offensichtlich unbegründet oder nicht offensichtlich unzulässig, so gibt das Gericht dem Kläger Gelegenheit, das Klageformblatt zu vervollständigen oder zu berichtigen oder ergänzende Angaben zu machen oder Unterlagen vorzulegen oder die Klage zurückzunehmen, und setzt hierfür eine Frist fest. Das Gericht verwendet dafür das in Anhang II vorgegebene Formblatt B.

Ist die Klage offensichtlich unbegründet oder offensichtlich unzulässig oder versäumt es der Kläger, das Klageformblatt fristgerecht zu vervollständigen oder zu berichtigen, so wird die Klagezurück- bzw. abgewiesen.

(5) Die Mitgliedstaaten sorgen dafür, dass das Klageformblatt bei allen Gerichten, in denen das europäische Verfahren für geringfügige Forderungen eingeleitet werden kann, erhältlich ist.

Art. 5 Durchführung des Verfahrens

(1) Das europäische Verfahren für geringfügige Forderungen wird schriftlich durchgeführt. Das Gericht hält eine mündliche Verhandlung ab, wenn es diese für erforderlich hält oder wenn eine der Parteien einen entsprechenden Antrag stellt. Das Gericht kann einen solchen Antrag ablehnen, wenn es der Auffassung ist, dass in Anbetracht der Umstände des Falles ein faires Verfahren offensichtlich auch ohne mündliche Verhandlung sichergestellt werden kann. Die Ablehnung ist schriftlich zu begründen. Gegen die Abweisung des Antrags ist kein gesondertes Rechtsmittel zulässig.

(2) Nach Eingang des ordnungsgemäß ausgefüllten Klageformblatts füllt das Gericht Teil I des in Anhang III vorgegebenen Standardantwortformblatts C aus.

Es stellt dem Beklagten gemäß Artikel 13 eine Kopie des Klageformblatts und gegebenenfalls der Beweisunterlagen zusammen mit dem entsprechend ausgefüllte n Antwortformblatt zu. Diese Unterlagen sind innerhalb von 14 Tagen nach Eingang des ordnungsgemäß ausgefüllten Klageformblatts abzusenden.

(3) Der Beklagte hat innerhalb von 30 Tagen nach Zustellung des Klageformblatts und des Antwortformblatts zu antworten, indem er Teil II des Formblatts C ausfüllt und es gegebenenfalls mit als Beweismittel geeigneten Unterlagen an das Gericht zurücksendet oder indem er auf andere geeignete Weise ohne Verwendung des Antwortformblatts antwortet.

(4) Innerhalb von 14 Tagen nach Eingang der Antwort des Beklagten ist eine Kopie der Antwort gegebenenfalls zusammen mit etwaigen als Beweismittel geeigneten Unterlagen an den Kläger abzusenden.

(5) Macht der Beklagte in seiner Antwort geltend, dass der Wert einer nicht lediglich auf eine Geldzahlung gerichteten Klage die in Artikel 2 Absatz 1 festgesetzten Wertgrenze übersteigt, so entscheidet das Gericht innerhalb von 30 Tagen nach Absendung der Antwort an den Kläger, ob die Forderung in den Anwendungsbereich dieser Verordnung fällt. Gegen diese Entscheidung ist ein gesondertes Rechtsmittel nicht zulässig.

(6) Etwaige Widerklagen, die mittels Formblatt A zu erheben sind, sowie etwaige Beweisunterlagen werden dem Kläger gemäß Artikel 13 zugestellt. Die Unterlagen sind innerhalb von 14 Tagen nach deren Eingang bei Gericht abzusenden.

Der Kläger hat auf eine etwaige Widerklage innerhalb von 30 Tagen nach Zustellung zu antworten.

(7) Überschreitet die Widerklage die in Artikel 2 Absatz 1 festgesetzte Wertgrenze, so werden die Klage und die Widerklage nicht nach dem europäischen Verfahren für geringfügige Forderungen, sondern nach Maßgabe des Verfahrensrechts des Mitgliedstaats, in dem das Verfahren durchgeführt wird, behandelt.

Artikel 2 und Artikel 4 sowie die Absätze 3, 4 und 5 des vorliegenden Artikels gelten entsprechend für Widerklagen.

Art. 6 Sprachen

(1) Das Klageformblatt, die Antwort, etwaige Widerklagen, die etwaige Antwort auf eine Widerklage und eine etwaige Beschreibung etwaiger Beweisunterlagen sind in der Sprache oder einer der Sprachen des Gerichts vorzulegen.

(2) Werden dem Gericht weitere Unterlagen nicht in der Verfahrenssprache vorgelegt, so kann das Gericht eine Übersetzung der betreffenden Unterlagen nur dann anfordern, wenn die Übersetzung für den Erlass des Urteils erforderlich erscheint.

(3) Hat eine Partei die Annahme eines Schriftstücks abgelehnt, weil es nicht in

a) der Amtssprache des Empfangsmitgliedstaats oder – wenn es in diesem Mitgliedstaat mehrere Amtssprachen gibt – der Amtssprache oder einer der Amtssprachen des Ortes, an dem die Zustellung erfolgen soll oder an den das Schriftstück gesandt werden soll, oder
b) einer Sprache, die der Empfänger versteht,

abgefasst ist, so setzt das Gericht die andere Partei davon in Kenntnis, damit diese eine Übersetzung des Schriftstücks vorlegt.

Art. 7 Abschluss des Verfahrens

(1) Innerhalb von 30 Tagen, nachdem die Antworten des Beklagten oder des Klägers unter Einhaltung der Frist des Artikels 5 Absatz 3 oder Absatz 6 eingegangen sind, erlässt das Gericht ein Urteil oder verfährt wie folgt:

a) Es fordert die Parteien innerhalb einer bestimmten Frist, die 30 Tage nicht überschreiten darf, zu weiteren die Klage betreffenden Angaben auf,
b) es führt eine Beweisaufnahme nach Artikel 9 durch,
c) es lädt die Parteien zu einer mündlichen Verhandlung vor, die innerhalb von 30 Tagen nach der Vorladung stattzufinden hat.

(2) Das Gericht erlässt sein Urteil entweder innerhalb von 30 Tagen nach einer etwaigen mündlichen Verhandlung oder nach Vorliegen sämtlicher Entscheidungsgrundlagen. Das Urteil wird den Parteien gemäß Artikel 13 zugestellt.

(3) Ist bei dem Gericht innerhalb der in Artikel 5 Absatz 3 oder Absatz 6 gesetzten Frist keine Antwort der betreffenden Partei eingegangen, so erlässt das Gericht zu der Klage oder der Widerklage ein Urteil.

Art. 8 Mündliche Verhandlung

Das Gericht kann eine mündliche Verhandlung über Video-Konferenz oder unter Zuhilfenahme anderer Mittel der Kommunikationstechnologie abhalten, wenn die entsprechenden technischen Mittel verfügbar sind.

Art. 9 Beweisaufnahme

(1) Das Gericht bestimmt die Beweismittel und den Umfang der Beweisaufnahme, die im Rahmen der für die Zulässigkeit von Beweisen geltenden Bestimmungen für sein Urteil erforderlich sind. Es kann die Beweisaufnahme mittels schriftlicher Aussagen von Zeugen oder Sachverständigen oder schriftlicher Parteivernehmung zulassen. Des Weiteren kann es die Beweisaufnahme über Video-Konferenz oder mit anderen Mitteln der Kommunikationstechnologie zulassen, wenn die entsprechenden technischen Mittel verfügbar sind.

(2) Das Gericht kann Sachverständigenbeweise oder mündliche Aussagen nur dann zulassen, wenn dies für sein Urteil erforderlich ist. Dabei trägt es den Kosten Rechnung.

(3) Das Gericht wählt das einfachste und am wenigsten aufwändige Beweismittel.

Art. 10 Vertretung der Parteien

Die Vertretung durch einen Rechtsanwalt oder einen sonstigen Rechtsbeistand ist nicht verpflichtend.

Art. 11 Hilfestellung für die Parteien

Die Mitgliedstaaten gewährleisten, dass die Parteien beim Ausfüllen der Formblätter praktische Hilfestellung erhalten können.

Art. 12 Aufgaben des Gerichts

(1) Das Gericht verpflichtet die Parteien nicht zu einer rechtlichen Würdigung der Klage.

(2) Das Gericht unterrichtet die Parteien erforderlichenfalls über Verfahrensfragen.

(3) Soweit angemessen, bemüht sich das Gericht um eine gütliche Einigung der Parteien.

Art. 13 Zustellung von Unterlagen

(1) Unterlagen werden durch Postdienste mit Empfangsbestätigung zugestellt, aus der das Datum des Empfangs hervorgeht.

(2) Ist eine Zustellung gemäß Absatz 1 nicht möglich, so kann die Zustellung auf eine der Arten bewirkt werden, die in den Artikeln 13 und 14 der Verordnung (EG) Nr. 805/2004 festgelegt sind.

Art. 14 Fristen

(1) Setzt das Gericht eine Frist fest, so ist die betroffene Partei über die Folgen der Nichteinhaltung dieser Frist zu informieren.

(2) Das Gericht kann die Fristen nach Artikel 4 Absatz 4, Artikel 5 Absätze 3 und 6 und Artikel 7 Absatz 1 ausnahmsweise verlängern, wenn dies notwendig ist, um die Rechte der Parteien zu wahren.

(3) Kann das Gericht die Fristen nach Artikel 5 Absätze 2 bis 6 sowie Artikel 7 ausnahmsweise nicht einhalten, veranlasst es so bald wie möglich die nach diesen Vorschriften erforderlichen Verfahrensschritte.

Art. 15 Vollstreckbarkeit des Urteils

(1) Das Urteil ist ungeachtet eines möglichen Rechtsmittelsvollstreckbar. Es darf keine Sicherheitsleistung verlangt werden.

(2) Artikel 23 ist auch anzuwenden, wenn das Urteil in dem Mitgliedstaat zu vollstrecken ist, in dem es ergangen ist.

Art. 16 Kosten

Die unterlegene Partei trägt die Kosten des Verfahrens. Das Gericht spricht der obsiegenden Partei jedoch keine Erstattung für Kosten zu, soweit sie nicht notwendig waren oder in keinem Verhältnis zu der Klage stehen.

Art. 17 Rechtsmittel

(1) Die Mitgliedstaaten teilen der Kommission mit, ob ihr Verfahrensrecht ein Rechtsmittel gegen ein im europäischen Verfahren für geringfügige Forderungen ergangenes Urteil zulässt und innerhalb welcher Frist das Rechtsmittel einzulegen ist. Diese Mitteilung wird von der Kommission bekannt gemacht.

(2) Artikel 16 gilt auch für das Rechtsmittelverfahren.

Art. 18 Mindeststandards für die Überprüfung des Urteils

(1) Der Beklagte ist berechtigt, beim zuständigen Gericht des Mitgliedstaats, in dem das Urteil im europäischen Verfahren für geringfügige Forderungen ergangen ist, eine Überprüfung des Urteils zu beantragen, sofern

a) i) ihm das Klageformblatt oder die Ladung zur Verhandlung ohne persönliche Empfangsbestätigung gemäß Artikel 14 der Verordnung (EG) Nr. 805/2004 zugestellt wurde und

ii) die Zustellung ohne sein Verschulden nicht so rechtzeitig erfolgt ist, dass er Vorkehrungen für seine Verteidigung hätte treffen können,

oder

b) der Beklagte aufgrund höherer Gewalt oder aufgrund außergewöhnlicher Umstände ohne eigenes Verschulden daran gehindert war, das Bestehen der Forderung zu bestreiten,

wobei in beiden Fällen vorausgesetzt wird, dass er unverzüglich tätig wird.

(2) Lehnt das Gericht die Überprüfung mit der Begründung ab, dass keiner der in Absatz 1 genannten Gründe zutrifft, so bleibt das Urteil in Kraft.

Entscheidet das Gericht, dass die Überprüfung aus einem der in Absatz 1 genannten Gründe gerechtfertigt ist, so ist das im europäischen Verfahren für geringfügige Forderungen ergangene Urteil nichtig.

Art. 19 Anwendbares Verfahrensrecht

Sofern diese Verordnung nichts anderes bestimmt, gilt für das europäische Verfahren für geringfügige Forderungen das Verfahrensrecht des Mitgliedstaats, in dem das Verfahren durchgeführt wird.

Kapitel III. Anerkennung und Vollstreckung in einem anderen Mitgliedstaat

Art. 20 Anerkennung und Vollstreckung

(1) Ein im europäischen Verfahren für geringfügige Forderungen ergangenes Urteil wird in einem anderen Mitgliedstaat anerkannt und vollstreckt, ohne dass es einer Vollstreckbarerklärung bedarf und ohne dass die Anerkennung angefochten werden kann.

(2) Auf Antrag einer Partei fertigt das Gericht eine Bestätigung unter Verwendung des in Anhang IV vorgegebenen Formblatts D zu einem im europäischen Verfahren für geringfügige Forderungen ergangenen Urteil ohne zusätzliche Kosten aus.

Art. 21 Vollstreckungsverfahren

(1) Unbeschadet der Bestimmungen dieses Kapitels gilt für das Vollstreckungsverfahren das Recht des Vollstreckungsmitgliedstaats.

Jedes im europäischen Verfahren für geringfügige Forderungen ergangene Urteil wird unter den gleichen Bedingungen vollstreckt wie ein im Vollstreckungsmitgliedstaat ergangenes Urteil.

(2) Die Partei, die die Vollstreckung beantragt, muss Folgendes vorlegen:

a) eine Ausfertigung des Urteils, die die Voraussetzungen für den Nachweis seiner Echtheit erfüllt; und

b) eine Ausfertigung der Bestätigung im Sinne des Artikels 20 Absatz 2 sowie, falls erforderlich, eine Übersetzung davon in die Amtssprache des Vollstreckungsmitgliedstaats oder – falls es in diesem Mitgliedstaat mehrere Amtssprachen gibt – nach Maßgabe der Rechtsvorschriften dieses Mitgliedstaats in die Verfahrenssprache oder eine der Verfahrenssprachen des Ortes, an dem die Vollstreckung betrieben wird, oder in eine sonstige Sprache, die der Vollstreckungsmitgliedstaat zulässt. Jeder Mitgliedstaat kann angeben, welche Amtssprache oder Amtssprachen der Organe der Europäischen Union er neben seiner oder seinen eigenen für das europäische Verfahren für geringfügige Forderungen zulässt. Der Inhalt des Formblatts D ist von einer Person zu übersetzen, die zur Anfertigung von Übersetzungen in einem der Mitgliedstaaten befugt ist.

(3) Für die Vollstreckung eines Urteils, das in dem europäischen Verfahren für geringfügige Forderungen in einem anderen Mitgliedstaat erlassen worden ist, darf von der Partei, die die Vollstreckung beantragt, nicht verlangt werden, dass sie im Vollstreckungsstaat über

a) einen bevollmächtigten Vertreter oder
b) eine Postanschrift
außer bei den Vollstreckungsagenten verfügt.

(4) Von einer Partei, die in einem Mitgliedstaat die Vollstreckung eines im europäischen Verfahren für geringfügige Forderungen in einem anderen Mitgliedstaat ergangenen Urteils beantragt, darf weder wegen ihrer Eigenschaft als Ausländer noch wegen Fehlens eines inländischen Wohnsitzes oder Aufenthaltsorts im Vollstreckungsmitgliedstaat eine Sicherheitsleistung oder Hinterlegung, unter welcher Bezeichnung auch immer, verlangt werden.

Art. 22 Ablehnung der Vollstreckung

(1) Auf Antrag der Person, gegen die die Vollstreckung gerichtet ist, wird die Vollstreckung vom zuständigen Gericht im Vollstreckungsmitgliedstaat abgelehnt, wenn das im europäischen Verfahren für geringfügige Forderungen ergangene Urteil mit einem früheren in einem Mitgliedstaat oder einem Drittland ergangenen Urteil unvereinbar ist, sofern
a) das frühere Urteil zwischen denselben Parteien wegen desselben Streitgegenstandes ergangen ist,
b) das frühere Urteil im Vollstreckungsmitgliedstaat ergangen ist oder die Voraussetzungen für die Anerkennung im Vollstreckungsmitgliedstaat erfüllt und
c) die Unvereinbarkeit im gerichtlichen Verfahren des Mitgliedstaats, in dem das Urteil im europäischen Verfahren für geringfügige Forderungen ergangen ist, nicht geltend gemacht wurde und nicht geltend gemacht werden konnte.

(2) Keinesfalls darf ein im europäischen Verfahren für geringfügige Forderungen ergangenes Urteil im Vollstreckungsmitgliedstaat in der Sache selbst nachgeprüft werden.

Art. 23 Aussetzung oder Beschränkung der Vollstreckung

Hat eine Partei ein im europäischen Verfahren für geringfügige Forderungen ergangenes Urteil angefochten oder ist eine solche Anfechtung noch möglich oder hat eine Partei eine Überprüfung nach Artikel 18 beantragt, so kann das zuständige Gericht oder die zuständige Behörde im Vollstreckungsmitgliedstaat auf Antrag der Partei, gegen die sich die Vollstreckung richtet,
a) das Vollstreckungsverfahren auf Sicherungsmaßnahmen beschränken
b) die Vollstreckung von der Leistung einer von dem Gericht zu bestimmenden Sicherheit abhängig machen oder
c) unter außergewöhnlichen Umständen das Vollstreckungsverfahren aussetzen.

Kapitel IV. Schlussbestimmungen

Art. 24 Information

Die Mitgliedstaaten arbeiten insbesondere im Rahmen des gemäß der Entscheidung 2001/470/EG eingerichteten Europäischen Justiziellen Netzes für Zivil- und Handelssachen zusammen, um die Öffentlichkeit und die Fachwelt über das europäische Verfahren für geringfügige Forderungen, einschließlich der Kosten, zu informieren.

Art. 25 Angaben zu den zuständigen Gerichten, den Kommunikationsmitteln und den Rechtsmitteln

(1) Die Mitgliedstaaten teilen der Kommission bis zum 1. Januar 2008 mit,
a) welche Gerichte dafür zuständig sind, ein Urteil im europäischen Verfahren für geringfügige Forderungen zu erlassen;
b) welche Kommunikationsmittel für die Zwecke des europäischen Verfahrens für geringfügige Forderungen zulässig sind und den Gerichten nach Artikel 4 Absatz 1 zur Verfügung stehen;
c) ob nach ihrem Verfahrensrecht Rechtsmittel im Sinne des Artikels 17 eingelegt werden können, und bei welchem Gericht sie eingelegt werden können;
d) welche Sprachen nach Artikel 21 Absatz 2 Buchstabe b zugelassen sind; und
e) welche Behörden für die Vollstreckung zuständig sind und welche Behörden für die Zwecke der Anwendung des Artikels 23 zuständig sind.

Die Mitgliedstaaten unterrichten die Kommission über alle späteren Änderungen dieser Angaben.

(2) Die Kommission macht die nach Absatz 1 mitgeteilten Angaben durch Veröffentlichung im Amtsblatt der Europäischen Union und durch alle anderen geeigneten Mittel öffentlich zugänglich.

Art. 26 Durchführungsmaßnahmen

Die Maßnahmen zur Änderung nicht wesentlicher Bestimmungen dieser Verordnung, einschließlich durch Hinzufügung neuer nicht wesentlicher Bestimmungen, die eine Aktualisierung oder eine technische

Änderung der Formblätter in den Anhängen bewirken, werden nach dem in Artikel 27 Absatz 2 genannten Regelungsverfahren mit Kontrolle erlassen.

Art. 27 Ausschuss

(1) Die Kommission wird von einem Ausschuss unterstützt.

(2) Wird auf diesen Absatz Bezug genommen, so gelten Artikel 5 a Absätze 1 bis 4 und Artikel 7 des Beschlusses 1999/468/EG unter Beachtung von dessen Artikel 8.

Art. 28 Überprüfung

Die Kommission legt dem Europäischen Parlament, dem Rat und dem Europäischen Wirtschafts- und Sozialausschuss bis zum 1. Januar 2014 einen detaillierten Bericht über die Überprüfung des Funktionierens des europäischen Verfahrens für geringfügige Forderungen, einschließlich der Wertgrenze einer Klage gemäß Artikel 2 Absatz 1, vor. Dieser Bericht enthält eine Bewertung des Funktionierens des Verfahrens und eine erweiterte Folgenabschätzung für jeden Mitgliedstaat.

Zu diesem Zweck, und damit gewährleistet ist, dass die vorbildliche Praxis in der Europäischen Union gebührend berücksichtigt wird und die Grundsätze der besseren Rechtsetzung zum Tragen kommen, stellen die Mitgliedstaaten der Kommission Angaben zum grenzüberschreitenden Funktionieren des europäischen Verfahrens für geringfügige Forderungen zur Verfügung. Diese Angaben beziehen sich auf die Gerichtsgebühren, die Schnelligkeit des Verfahrens, die Effizienz, die Benutzerfreundlichkeit und die internen Verfahren für geringfügige Forderungen der Mitgliedstaaten.

Dem Bericht der Kommission werden gegebenenfalls Vorschläge zur Anpassung der Verordnung beigefügt.

Art. 29 Inkrafttreten

Diese Verordnung tritt am Tag nach ihrer Veröffentlichung im Amtsblatt der Europäischen Union in Kraft.

Sie gilt ab dem 1. Januar 2009, mit Ausnahme des Artikels 25, der ab dem 1. Januar 2008 gilt.

Diese Verordnung ist in allen ihren Teilen verbindlich und gilt gemäß dem Vertrag zur Gründung der Europäischen Gemeinschaft unmittelbar in den Mitgliedstaaten.

I. Vorteile und Nachteile des Verfahrens

Das ab dem 1. 1. 2009 zur Verfügung stehende Verfahren geht zusammen mit der EuMahnVO auf das Grünbuch der Kommission vom 20. 12. 2002 (Kom (2002) 746) zurück.[12] Es tritt neben die nationalen Regelungen über das Klageverfahren einerseits sowie die gemeinschaftsrechtlichen Bestimmungen in der EuMahnVO, EuVTVO und die EuGVVO andererseits. Innerhalb ihres Anwendungsbereichs (vgl. Rn. 4 ff.) erlaubt die Verordnung zur Einführung eines europäischen Verfahrens für geringfügige Forderungen (EuGFVO) eine relativ **einfache und kostengünstige,** vor allem aber **schnelle Titulierung** geringfügiger Forderungen. Zur Beschleunigung werden dem Gericht knappe Fristen eingeräumt, deren Überschreitung aber sanktionslos bleibt (vgl. Art. 14 Abs. 3). Vorteile durch die Wahl dieses Verfahrens ergeben sich bei der **Vollstreckung,** die **ohne Sicherheitsleistung** im Inland und in den Mitgliedsstaaten möglich ist, ohne dass dort ein Anerkennungsverfahren zu durchlaufen ist (vgl. Rn. 35 f.). 1

Die Beschleunigung wird durch Vereinfachungen erreicht, die über das in Deutschland bislang bekannte Maß deutlich hinausgehen. So kann eine **mündliche Verhandlung** auch dann **unterbleiben,** wenn eine Partei oder sogar beide Parteien eine solche Verhandlung wünschen. Die Durchführung der **Beweisaufnahme** wird an **wirtschaftlichen Erwägungen** ausgerichtet, zugleich lässt die EuGFVO im Interesse der Kostenersparnis auch die **Ersetzung von Zeugenaussagen** durch schriftliche Erklärungen zu. Es ist anzunehmen, dass diese Neuerungen auf das deutsche Verfahrensrecht, insbesondere im Verfahren nach § 495 a ZPO, bei Berufungen gegen Titel, die nach dieser Verordnung ergangen sind, und auch bei der Bestimmung des verfahrensrechtlichen ordre public nicht ohne Folgen bleiben werden. Deshalb wird in der Literatur mit Recht kritisiert, dass die Verordnung verfahrensrechtliche Grundsätze ohne ausreichende Diskussion modifiziert.[13] 2

Den Vorteilen des Verfahrens nach der EuGFVO stehen auch aus der Sicht des Klägers **Nachteile** gegenüber. Diese liegen in der wegen der Überprüfungsmöglichkeit **eingeschränkten Rechtskraft** der Entscheidung (Rn. 32) und vor allem in dem Risiko, **unverhältnismäßig hohe Verfahrenskosten** auch dann **nicht in vollem Umfang erstattet** zu bekommen, wenn diese zur Rechtsverfolgung notwendig waren (Rn. 29). 3

II. Anwendungsbereich

Das Verfahren für geringfügige Forderungen setzt – entgegen den ursprünglichen Plänen der Kommission – einen **grenzüberschreitenden** Streit voraus, Art. 2 Abs. 1 iVm. Art. 3, so dass sein Anwendungsbe- 4

[12] Näher *Rauscher* in Europäisches Zivilprozessrecht, 2. Aufl., 2006, Einf. EG-BagatellVO-E, Rn. 1; *Jahn* NJW 2007, 2890.

[13] *Rauscher* in Europäisches Zivilprozessrecht, 2. Aufl., 2006, Einf. EG-BagatellVO-E, Rn. 13.

reich beschränkt ist.[14] Zur Beurteilung des Auslandsbezugs kann auf die Kommentierung der EuMahnVO (vgl. dort Rn. 8) verwiesen werden. Bei einer Parteienhäufung wird es ausreichen, wenn bei einer der Parteien die Voraussetzung einer grenzüberschreitenden Rechtssache erfüllt ist.

5 Der Begriff der **Zivil- und Handelssachen** sowie die Ausnahmen in Art. 2 Abs. 2 entsprechen den Regelungen der EuGVVO (vgl. dort Art. 1 Rn. 1). Jedoch schränken insbesondere die Regelungen in Art. 2 Abs. 1 S. 2 (acta iure imperii) und in Art. 2 Abs. 2 Buchst. f (Arbeitsrecht), g (Miete und Pacht, sofern nicht Geldforderungen geltend gemacht werden) und h (Verletzung der Privatsphäre/Persönlichkeitsrechte) den Anwendungsbereich weiter ein.

6 Das Verfahren eignet sich nicht nur für **Geldforderungen**, sondern auch für **andere Leistungsinhalte**, solange die **Wertgrenze von 2000 €** nicht überschritten wird (vgl. Art. 5 Abs. 5). Bei dieser Grenze sind Zinsen (soweit sie nicht als Hauptforderung geltend gemacht werden) und Gebühren nicht mitzurechnen, Art. 2 Abs. 1 S. 1. Der Wert von Klage und Widerklage (vgl. Rn. 20) wird nicht zusammengerechnet; übersteigt jedoch die **Widerklage die Wertgrenze**, so wird das Verfahren insgesamt in ein Verfahren nach dem nationalen Recht überführt (Art. 5 Abs. 7). Wird eine **Klage außerhalb des Anwendungsbereichs** der Verordnung erhoben, so geht diese in ein ordentliches Verfahren nach dem nationalen Recht über (Art. 4 Abs. 3, § 1097 Abs. 2 ZPO-RefE[15]).

III. Anforderungen an die Verfahrenseinleitung

7 Für die Klageerhebung herrscht **Vordruckzwang**, so dass Anträge in anderer Form unzulässig sind. Parteienmehrheit ist möglich (zum Auslandsbezug vgl. Rn. 4). Die **Übermittlung** kann nach Maßgabe des nationalen Rechts auch auf elektronischem Wege erfolgen. Der Referentenentwurf sieht für Gerichte in Deutschland die Übermittlung per Fax oder nach den Regeln des § 130a ZPO vor, schließt aber die Übermittlung per Telegramm aus (§ 1097 Abs. 1 ZPO-RefE). Die in anderen Mitgliedsstaaten zugelassenen Übermittlungsformen werden von der Kommission im Amtsblatt und per Internet veröffentlicht (vgl. Art. 25 Abs. 2).

8 Die Klage muss in der **Sprache des Gerichts** verfasst sein (Art. 6 Abs. 1). Zweifelhaft ist, ob anderssprachige Klagen ohne weiteres als unzulässig zurückzuweisen sind, oder ob der Kläger zur Einreichung einer Übersetzung aufgefordert wird. Art. 6 Abs. 2 sieht eine derartige Aufforderung nur bei anderen Unterlagen als der Klageschrift vor. Dennoch muss das Gericht zur Wahrung des rechtlichen Gehörs vor der Abweisung auf Bedenken aufmerksam machen (vgl. § 703c ZPO Rn. 2). Ratsam kann es sein, bereits dem Antrag eine Übersetzung der Klage und der weiteren Unterlagen beizufügen, um eine Verweigerung der Annahme durch den Beklagten zu vermeiden (vgl. Rn. 10).

9 Die Klage muss die **Beweismittel bezeichnen**, die vom Gericht bei der Begründetheitsprüfung der Klage benötigt werden. Dabei ist der Kläger **nicht** auf die **Beweismittel der ZPO beschränkt** (vgl. auch § 1101 ZPO-RefE). Eine **Beifügung** von Urkunden oder schriftlichen Zeugenaussagen etc. ist **nicht zwingend erforderlich**, denn Art. 4 Abs. 1 ist nur als Kannbestimmung ausgestaltet. Werden die Beweismittel nicht oder nicht vollständig bezeichnet, so sieht die Verordnung **keine Präklusion** vor. Dies wird durch den Erwägungsgrund 12 unterstrichen. Nach dem nationalen Recht wird eine Präklusion allenfalls nach den Grundsätzen des § 282, § 296 Abs. 2 ZPO, nicht aber nach der strengeren Bestimmung des § 296 Abs. 1 ZPO in Betracht kommen.[16]

10 Eine **Übersetzung** der Beweismittel in die Sprache des Gerichts ist nicht zwingend; sie kann aber vom Gericht angefordert werden, wenn dies für den Erlass des Urteils erforderlich ist, Art. 6 Abs. 2. Eine Übersetzung in die Sprache des Klagegegners kann zur Vermeidung von Verzögerungen ratsam sein, weil der **Empfänger** die **Annahme** eines Schriftstücks unter den Voraussetzungen des Art. 6 Abs. 3 **ablehnen** kann. Obwohl diese Norm selbst keine Frist für die Ablehnung enthält, ergibt sich aus Erwägungsgrund 19, dass an eine **Wochenfrist** gedacht ist. Dies wird vom Referentenentwurf übernommen, vgl. § 1098 ZPO-RefE.

IV. Zuständigkeit

11 Die **internationale Zuständigkeit** des Gerichts bestimmt sich nach den allgemeinen Regeln und damit vorrangig nach der EuGVVO. Soweit ihre Regelungen auch die örtliche Zuständigkeit festlegen (vgl. Art. 5 EuGVVO Rn. 1),[17] sind diese für das Verfahren nach der EuGFVO maßgebend. Die **sachliche Zuständigkeit** bestimmt sich nach den Regeln des nationalen Rechts.[18] Soweit **Gerichtsstandsvereinbarungen** geschlossen wurden, ist Art. 23 EuGVVO, bei Verbraucherbeteiligung auch Art. 17 EuGVVO zu beachten.

V. Auswirkungen auf die Verjährung

12 Über die Hemmung der Verjährung enthält die EuGFVO selbst keine Regelung. Da es sich bei dem Verfahren um eine modifizierte Form der Klageerhebung handelt, führt die Zustellung bei **Anwendung deutschen materiellen Rechts** zur **Hemmung der Verjährung** (vgl. Art. 32 Abs. 1 Nr. 4 EGBGB). Für die Frage

---

[14] Gegenwärtig geht man von 0,25 % aller Fälle des Amtsgerichts aus, vgl. *Jahn* NJW 2007, 2890, 2892.

[15] Referentenentwurf – Entwurf eines Gesetzes zur Verbesserung der grenzüberschreitenden Forderungsdurchsetzung und Zustellung, s. **Anh.** 7 auf S. 2886 ff.

[16] Vgl. *Jahn* NJW 2007, 2890, 2893.

[17] EuGH NJW 2007, 1799, 1800.

[18] *Jahn* NJW 2007, 2890, 2893.

der Rückbeziehung gilt § 167 ZPO, sofern die Klage vor einem deutschen Gericht erhoben wurde und deshalb deutsches Zivilverfahrensrecht ergänzend Anwendung findet.

VI. Prüfung der Klage; Überleitung in nationales Klageverfahren; Klagerücknahme

Die Verordnung sieht ein dem deutschen Recht sonst nicht geläufiges **Vorprüfungsverfahren** vor. Fällt 13 die **Forderung nicht in den Anwendungsbereich** der Verordnung, so wird das Verfahren nach den nationalen Regeln fortgeführt, Art. 4 Abs. 3, sofern der Kläger die Klage trotz eines entsprechenden Hinweises des Gerichts nicht zurückgenommen hat. Dies gilt auch dann, wenn das Gericht zum Ergebnis kommt, dass eine nicht in den Anwendungsbereich fallende Klage zudem offensichtlich unzulässig oder unbegründet ist, denn Art. 4 Abs. 4 gibt keine Rechtsgrundlage für die Abweisung einer Klage, die von der Regelung in der Verordnung nicht erfasst wird.

Ist die Klage **offensichtlich unzulässig** oder **unbegründet,** so ist diese nach Art. 4 Abs. 4 zurückzuweisen 14 oder abzuweisen. Bei Unzuständigkeit des Gerichts ist eine **Verweisung** an das zuständige Gericht in der Verordnung nicht vorgesehen. Ein Rückgriff auf die Regelung des § 281 ZPO dürfte damit trotz Art. 19 EuGFVO ausgeschlossen sein.

Wird die Klage als **unbegründet abgewiesen,** so erwächst diese Entscheidung in Rechtskraft. Schon des- 15 halb ist es geboten, dem **Kläger Gelegenheit zur Stellungnahme** zu geben, und zwar auch dann, wenn das Gericht die Klage für offensichtlich unbegründet hält.[19] Der Wortlaut des Art. 4 Abs. 4 S. 1 ist aus verfassungsrechtlichen Gründen entsprechend erweiternd auszulegen. Den Maßstab für die Ausfüllung der Offensichtlichkeit überlässt die Verordnung dem nationalen Recht (Erwägungsgrund 13). Nach einer Formel des BVerfG setzt die Offensichtlichkeit nicht voraus, dass die Unbegründetheit auf der Hand liegt; vielmehr kann sie auch erst nach einer gründlichen rechtlichen Prüfung zu bejahen sein, wenn diese ergibt, dass der geltend gemachte Anspruch über das bereits Vorgetragene hinaus unter keinem rechtlichen Gesichtspunkt in Betracht kommt.[20]

Fordert das Gericht den Kläger zu einer **Ergänzung** auf, so ist über die Folgen der Fristversäumung zu 16 belehren, Art. 14 Abs. 1. Nur wenn dies erfolgt ist, darf die Klage nach fruchtlosem Fristablauf abgewiesen werden.

Die **Rücknahme der Klage** ist in diesem Verfahrensstadium ohne Zustimmung des Beklagten möglich. 17 Für das Verfahren nach der Klagezustellung enthält die VO keine Regelung, so dass sich die Zulässigkeit nach dem nationalen Verfahrensrecht bestimmt (Art. 19), d. h. vor deutschen Gerichten nach § 269 ZPO.

VII. Klagezustellung, Klageerwiderung

Die **Zustellung** der Klage wird durch Art. 13 vereinfacht, indem die Übermittlung durch **Postdienste mit** 18 **Empfangsbestätigung** als ausreichend angesehen wird. Ergänzend verweist Art. 13 Abs. 2 auf Art. 13, 14 VO (EG) 805/2004.

Die **Klageerwiderung** unterliegt **keinem Formularzwang** (Art. 5 Abs. 3).[21] Sie muss in der **Sprache des** 19 **Gerichts** erfolgen (Art. 6 Abs. 1). Ist dies nicht der Fall, so muss das Gericht den Beklagten auf diesen Fehler hinweisen, darf aber nicht ohne Berücksichtigung der Antwort entscheiden. Dem Beklagten steht nach Art. 5 Abs. 3 eine **Frist** von 30 Tagen nach Zustellung zur Verfügung. Für die Fristwahrung stellt Art. 5 Abs. 3 auf die Antwort und die Zurücksendung der Unterlagen an das Gericht ab. Dabei lässt der Wortlaut nicht eindeutig erkennen, ob zur Fristwahrung die Absendung ausreicht oder ob die Unterlagen innerhalb der Frist bei Gericht eingehen müssen. Da gerade bei der Übersendung im internationalen Bereich die Postlaufzeit schwer abzuschätzen ist, spricht einiges für die Auffassung, dass die Zuweisung des Verzögerungsrisikos auf den Beklagten in der Verordnung klarer hätte zum Ausdruck kommen müssen. Für ein Abstellen auf den Eingang bei Gericht spricht jedoch Art. 7 Abs. 3, der das Gericht zu einer Entscheidung über die Klage verpflichtet, wenn die Klageerwiderung nicht innerhalb der Frist des Art. 5 Abs. 3 eingegangen ist. Ein Vergleich mit der ganz anders formulierten Regelung in Art. 18 EuMahnVO bestätigt dieses Ergebnis. Außerdem wird zur Wahrung gerichtlicher Fristen zumindest nach dem deutschen Recht zur Vermeidung einer Rechtsunsicherheit regelmäßig auf den Eingang bei Gericht abgestellt, so dass dieser auch hier als maßgebend anzusehen ist. Kommt es zu unvorhersehbaren Verzögerungen, so ist der Beklagte auf das Überprüfungsverfahren zu verweisen. Die 30-Tage-Frist kann nach Art. 14 Abs. 2 verlängert werden.

VIII. Widerklage, Aufrechnung

Widerklagen sind nach Art. 5 Abs. 6 zulässig, jedoch – wie sich aus dem Erwägungsgrund 16 ergibt – 20 nur unter den Voraussetzungen des Art. 6 Nr. 3 EuGVVO, also **bei innerem Zusammenhang** mit der Klage. Damit wird dieser Zusammenhang zur Zulässigkeitsvoraussetzung der Widerklage erhoben und dient nicht nur als Grundlage für einen besonderen Gerichtsstand (vgl. Art. 6 Rn. 7 EuGVVO). **Nicht zulässige** Widerklagen werden nicht in ein ordentliches Verfahren überführt, sondern nach § 1099 Abs. 1 ZPO-RefE als **unzulässig abgewiesen** (anders bei Überschreitung der Wertgrenze, vgl. Rn. 6). Auch die Widerklage unterliegt dem Vorprüfungsverfahren nach Art. 4 einschließlich der Möglichkeit der Zurück- oder Abweisung bei offensichtlicher Unzulässigkeit bzw. Unbegründetheit, Art. 5 Abs. 7 S. 2.

---

[19] Enger *Jahn* NJW 2007, 2890, 2894 (in Zweifelsfällen erst rechtliches Gehör).
[20] BVerfGE 82, 316, 319f.
[21] AA *Jahn* NJW 2007, 2890, 2893.

21 Die **Aufrechnung** unterliegt keinen derartigen Einschränkungen, wie der Erwägungsgrund 17 klarstellt.

IX. Mündliche Verhandlung

22 Das Verfahren wird **schriftlich** geführt. Eine **mündliche Verhandlung** kann das Gericht nach Art. 5 Abs. 1 selbst dann ablehnen, wenn sie von einer Partei beantragt wird. Ob dies mit Art. 6 Abs. 1 EMRK vereinbar ist, erscheint zweifelhaft, denn dieser verlangt Gewährung des Gehörs in öffentlicher Verhandlung.[22] Auch die Ausgestaltung des § 495 a ZPO zeigt, dass bei der **Ablehnung einer mündlichen Verhandlung Zurückhaltung** geboten ist. Gemeinschaftsrechtlich rechtfertigt Erwägungsgrund 9 eine solche restriktive Haltung bei der Ablehnung einer mündlichen Verhandlung. Die Verhandlung im Wege einer **Videokonferenz** wird nach Maßgabe des nationalen Rechts[23] ausdrücklich zugelassen. Dabei kann die Öffentlichkeit der Verhandlung nur dann hergestellt werden, wenn über den Zeitpunkt öffentlich informiert und Interessierten die Möglichkeit zur Teilnahme geboten wird, etwa durch Übertragung in einen Sitzungssaal (vgl. § 128 a Abs. 1 S. 2 ZPO). Anders als bei § 128 a ZPO sieht der deutsche Referentenentwurf eine solche Konferenz unabhängig vom Einverständnis der Parteien vor.

X. Beweisaufnahme

23 Das Gericht ist an die Regeln des **Strengbeweises nicht gebunden.** Die Beweise können vom Gericht **außerhalb eines Termins zur mündlichen Verhandlung** erhoben werden. Im Unterschied zur ZPO (vgl. § 128 a ZPO Rn. 5) ist auch ein Beweis durch einen „Tele"-Augenschein zulässig. Nach dem Wortlaut des Art. 9 hat das Gericht zwischen unterschiedlichen Beweismitteln nach **Kostengesichtspunkten** auszuwählen und ist dabei gehalten, mündliche Aussagen von Zeugen oder Sachverständigengutachten nur dann anzuordnen, wenn dies auch unter Berücksichtigung der Kosten erforderlich ist (Art. 9 Abs. 2). Dies ist auch vor dem Hintergrund der nur eingeschränkten Kostenerstattung zu verstehen.

24 Bei der Auslegung dieser Bestimmung ist zunächst der Grundsatz des **rechtlichen Gehörs** zu beachten, vgl. Erwägungsgrund 9. Erlaubt nur eine bestimmte Form der Beweisaufnahme den Parteien, zu dem Beweisergebnis adäquat Stellung zu nehmen, so muss die Beweisaufnahme in dieser Form erfolgen. Weiterhin ist zu beachten, dass die Regelung in Art. 9 Abs. 2 keine Absenkung des Beweismaßes rechtfertigt. Setzt die Überzeugungsbildung des Gerichts eine persönliche Anhörung eines Zeugen voraus, so darf diese nicht unter Berufung auf Art. 9 Abs. 2 unterbleiben. Als Auslegungshilfe können bis zu einer Klärung auf Gemeinschaftsebene die Grundsätze zu § 495 a ZPO herangezogen werden. Eine Videokonferenz ist nach Art. 9 Abs. 1 zulässig. Zu den Ergebnissen der Beweisaufnahme (nicht zur Würdigung der Beweise) ist **rechtliches Gehör** zu gewähren.

XI. Entscheidung

25 Die Entscheidung ergeht durch **Urteil,** das zugestellt, aber nicht verkündet wird. Auch insoweit bestehen Zweifel an der Vereinbarkeit mit Art. 6 Abs. 1 EMRK. Da die nähere Regelung zum Inhalt des Urteils dem nationalen Recht überlassen bleibt, kann bei dem Urteil in den Wertgrenzen des § 495 a ZPO auf einen Tatbestand verzichtet werden. Der Verzicht auf Entscheidungsgründe ist nach § 495 a Abs. 2 ZPO nur dann zulässig, wenn diese in das Protokoll aufgenommen wurden, also mündlich verhandelt wurde.

26 Ein **Säumnisurteil** sieht die Verordnung **nicht** vor. Antwortet der Beklagte auf die Klage oder der Kläger auf die Widerklage nicht fristgerecht, so kann nach Lage der Akten entschieden werden, Art. 7 Abs. 3. Dabei ist der nach Art. 14 Abs. 1 erforderliche Hinweis auf die Folgen der Fristversäumung Voraussetzung für eine solche Entscheidung.

27 Nach Art. 7 Abs. 1 hat das Gericht **innerhalb von 30 Tagen** nachdem die Antwort des Beklagten eingegangen ist, das Urteil zu erlassen oder eine Anordnung nach den Buchstabe n a bis c zu erlassen. Bei der Anwendung dieser Bestimmung ist zu beachten, dass der Kläger die Klageerwiderung nach Art. 5 Abs. 4 möglicherweise erst 14 Tage nach Eingang beim Gericht übersandt bekommen hat. Will das Gericht dem Kläger die Möglichkeit einer Stellungnahme zum Vorbringen der Klageerwiderung nicht nehmen, so wird unter Berücksichtigung der Postlaufzeiten einer Auslandszustellung bei streitigem Sachverhalt eine Entscheidung innerhalb der Regelfrist meist nicht möglich sein. Das Gericht kann die Zusendung der Klageerwiderung mit der Aufforderung zur Einreichung ergänzender Angaben verbinden. Eine **Überschreitung** der Entscheidungsfristen ist sanktionslos, sofern nicht die derzeit diskutierte Untätigkeitsbeschwerde im Bereich der Zivilgerichtsbarkeit eingeführt wird.

28 Die Entscheidung ist **ohne Sicherheitsleistung vollstreckbar.** Ein entsprechender Ausspruch erübrigt sich damit. Wenn § 1105 ZPO-RefE dennoch einen Ausspruch der Vollstreckbarkeit verlangt, so ist dieser nur als deklaratorisch anzusehen. Zur Einstellung der Vollstreckung vgl. Rn. 35.

29 Bei der **Kostenentscheidung** ist nach Art. 16 auch darüber zu befinden, ob Kosten einer Beweisaufnahme unverhältnismäßig hoch sind und deshalb nicht erstattet werden.

---

[22] AA *Jahn* NJW 2007, 2890, 2892 unter Berufung auf EGMR, Urt. v. 24. 6. 1993 – 14518/89, S. 14 – Schuler-Zgraggen/Schweiz, EuGRZ 1996, 604 = ÖJZ 1994, 138 (in dieser Entscheidung wird aber das Fehlen eines Antrags auf mündliche Verhandlung als Verzicht ausgelegt, so dass sie keine Aussage für die Verweigerung einer beantragten mündlichen Verhandlung enthält).

[23] Vgl. Erwägungsgrund 20.

XII. Rechtsmittel

Hat ein deutsches Gericht ein Urteil auf der Grundlage der VO erlassen, so unterliegt dies den Rechtsmitteln des deutschen Rechts, dh. im Bereich der ordentlichen Gerichtsbarkeit der **Berufung** zum Landgericht. Dabei gilt auch die Wertgrenze von 600 € nach § 511 ZPO.[24] Obwohl das Berufungsverfahren den nationalen Regeln folgt, schließt Art. 17 Abs. 2 durch seine Verweisung auf Art. 16 S. 2 eine **Erstattung unverhältnismäßig hoher Kosten** aus. Dabei ist derzeit noch unklar, ob auf diesem Weg auch eine Veränderung der Beweisaufnahme in der Berufungsinstanz erzwungen wird. Richtigerweise wird man dies verneinen müssen, denn das deutsche Berufungsgericht unterliegt den Regeln des nationalen Verfahrensrechts und kann deshalb bei der Frage der Beweiserhebung Wirtschaftlichkeitsgesichtspunkte nur im Rahmen des deutschen Zivilverfahrensrechts berücksichtigen. Entstehen auf diese Weise hohe Kosten, so können sie nach der Verordnung dem unterlegenen Teil nicht ohne weiteres auferlegt werden. 30

Bei Urteilen aus **anderen Mitgliedsstaaten** besteht die Möglichkeit eines Rechtsmittels nach dem dort geltenden Recht. Die Kommission veröffentlicht die entsprechenden Angaben im Amtsblatt und im Internet, Art. 25. 31

XIII. Überprüfungsverfahren

Das Überprüfungsverfahren nach Art. 18 ist kein Rechtsmittel, sondern eine **zeitlich** grundsätzlich **nicht beschränkte** Möglichkeit, das Urteil für nichtig erklären zu lassen. Zuständig ist ein Gericht des Landes, in welchem der Titel erlassen wurde. Dies wird in § 1104 ZPO-RefE klargestellt. Entscheidet das Gericht, dass die Voraussetzungen des Art. 18 Abs. 1 erfüllt sind, so wird das Verfahren fortgesetzt; auf Antrag wird die Nichtigkeit des ergangenen Urteils festgestellt, § 1104 Abs. 1 RefE. Auf ein Berufungsurteil ist das Überprüfungsverfahren nicht anwendbar, da dies nicht nach den Regeln der Verordnung ergeht. 32

Der Überprüfungsantrag hat **keinen Suspensiveffekt.** Der Antrag kann nur auf die in Art. 18 Abs. 1 genannten Gründe gestützt werden. Auch wenn dieser Begriff autonom auszulegen ist, wird man bis zu einer Konkretisierung im Gemeinschaftsrecht aus deutscher Sicht eine Parallele zu den Wiedereinsetzungsgründen ziehen. 33

Obwohl Art. 18 selbst keine zeitlichen Grenzen enthält, ist in § 1104 iVm. § 1098 ZPO-RefE eine **Befristung** der Möglichkeit vorgesehen, sich auf die Verweigerung der Annahme eines Schriftstücks in fremder Sprache zu berufen. Diese Einschränkung des Art. 18 durch das deutsche Recht kann sich auf den Erwägungsgrund 19 stützen, der eine solche Befristung zulässt. 34

XIV. Vollstreckbarkeit

Das Urteil ist im Inland und in anderen Mitgliedsstaaten **ohne Sicherheitsleistung** vollstreckbar (vgl. Rn. 28). Dabei wird der europäische Titel angesichts der Wertgrenze von 2000 € gegenüber dem nationalen Titel in § 708 Nr. 11 ZPO privilegiert. Allerdings gehen auch die Möglichkeiten der **Einstellung** oder **Beschränkung der Vollstreckung** über die nach dem deutschen Recht hinaus. Dabei gilt die Regelung des Art. 23 auch für das Mitgliedsland, in welchem der Titel erlassen wurde. Damit kann die **Vollstreckung** auf Sicherungsmaßnahmen **beschränkt,** von einer Sicherheitsleistung abhängig gemacht oder auch eingestellt werden, wenn die **Rechtsmittelfrist noch nicht abgelaufen** ist, also auch dann, wenn ein Rechtsmittel noch nicht eingelegt wurde. Die nationalen Regelungen über eine Abwendungsbefugnis sind nicht ergänzend anwendbar, vgl. § 1105 ZPO-RefE. 35

Eine **Vollstreckungsklausel** ist nicht erforderlich. Auch bei der Vollstreckung in einem anderen Mitgliedsstaat als dem des Gerichts sind kein Anerkennungsverfahren und keine besondere Klausel erforderlich. Die in Art. 20 Abs. 2 genannte Bestätigung wird vom Gericht erteilt, das den Titel erlassen hat (vgl. § 1106 ZPO-RefE). Für eine Vollstreckung ist nach Art. 21 Abs. 2 Buchst. b die Ausfertigung dieser Bestätigung vorzulegen. Diese Bestimmung steht im Kapitel III der Verordnung und betrifft nur die Vollstreckung in einem anderen Mitgliedsstaat. Deshalb sieht der RefE laut seiner Begründung vor, dass eine solche Bestätigung nicht erforderlich ist, wenn ein deutsches Gericht das Urteil gefällt hat und dieses im Inland vollstreckt werden soll. 36

Der Vollstreckungsstaat darf die Vollstreckung nur unter den **engen Voraussetzungen** des Art. 22 **ablehnen.** Die Verordnung unterbindet damit – ebenso wie die EuMahnVO – auch eine ordre-public-Prüfung im Vollstreckungsstaat[25] und ist damit denselben Bedenken ausgesetzt (vgl. EuMahnVO Rn. 28). 37

---

[24] *Jahn* NJW 2007, 2890, 2894.
[25] *Jahn* NJW 2007, 2890, 2894.

Anhang 7. Auszug aus dem Entwurf eines Gesetzes zur Verbesserung der grenzüberschreitenden Forderungsdurchsetzung und Zustellung

(Entwurf der BReg v. 30. Januar 2008)

I. Vorbemerkung

Durch die Verordnung (EG) Nr. 1896/2006 zur Einführung eines Europäischen Mahnverfahrens (abgedruckt in Anhang 5) und durch die Verordnung (EG) Nr. 861/2007 zur Einführung eines Europäischen Verfahrens für geringfügige Forderungen (abgedruckt in Anhang 6) wird bezweckt, die Durchsetzung von Forderungen innerhalb der Europäischen Union zu verbessern. Beide Verordnungen, die nur grenzüberschreitende Fälle betreffen, gelten zwar unmittelbar in Deutschland, jedoch sind nationale Durchführungsvorschriften erforderlich. Diese Durchführungsvorschriften werden durch das Gesetz zur Verbesserung der grenzüberschreitenden Forderungsdurchsetzung und Zustellung geschaffen, dessen Entwurf am 30. Januar 2008 vom Bundeskabinett beschlossen worden ist. Das geplante Gesetz soll am 12. Dezember 2008 in Kraft treten, soweit nicht für einzelne Teile durch Artikel 7 Abs. 2 etwas anderes bestimmt wird.

Außerdem werden durch das geplante Gesetz Vorschriften der Zivilprozessordnung über die Zustellung im Ausland geändert, um diese Vorschriften an die am 13. November 2008 in Kraft tretende Verordnung (EG) Nr. 1393/2007 über die Zustellung gerichtlicher und außergerichtlicher Schriftstücke in den Zivil- oder Handelssachen in den Mitgliedstaaten anzupassen.

Im Folgenden werden die Regelungen des Gesetzentwurfs wiedergegeben, die eine Änderung und Ergänzung der ZPO bewirken sollen.

II. Gesetzentwurf der Bundesregierung für ein Gesetz zur Verbesserung der grenzüberschreitenden Forderungsdurchsetzung und Zustellung

Vom [Datum der Ausfertigung]

Der Bundestag hat das folgende Gesetz beschlossen:

Artikel 1. Änderung der Zivilprozessordnung

1. Die Inhaltsübersicht wird wie folgt geändert:

   a) Die Angabe zu Abschnitt 1 des Buches 11 wird wie folgt gefasst:

   „Abschnitt 1. Zustellung nach der Verordnung (EG) Nr. 1393/2007“.

   b) Die Angaben zu den §§ 1069 bis 1071 werden wie folgt gefasst:

   „§ 1069 Zuständigkeiten
   § 1070 (weggefallen)
   § 1071 (weggefallen)“.

   c) Nach Abschnitt 4 werden folgende Angaben angefügt:

   „Abschnitt 5. Europäisches Mahnverfahren nach der Verordnung (EG) Nr. 1896/2006

   Titel 1. Allgemeine Vorschriften

   § 1087 Zuständigkeit
   § 1088 Maschinelle Bearbeitung
   § 1089 Zustellung

   Titel 2. Einspruch gegen den Europäischen Zahlungsbefehl

   § 1090 Verfahren nach Einspruch
   § 1091 Einleitung des Streitverfahrens

   Titel 3. Überprüfung des Europäischen Zahlungsbefehls in Ausnahmefällen

   § 1092 Verfahren

   Titel 4. Zwangsvollstreckung aus dem Europäischen Zahlungsbefehl

   § 1093 Vollstreckungsklausel
   § 1094 Übersetzung
   § 1095 Vollstreckungsschutz und Vollstreckungsabwehrklage gegen den im Inland erlassenen Europäischen Zahlungsbefehl
   § 1096 Anträge nach den Artikeln 22 und 23 der Verordnung (EG) Nr. 1896/2006; Vollstreckungsabwehrklage“

d) Nach Abschnitt 5 werden folgende Angaben angefügt:

„Abschnitt 6. Europäisches Verfahren für geringfügige Forderungen nach der Verordnung (EG) Nr. 861/2007

Titel 1. Erkenntnisverfahren

§ 1097 Einleitung und Durchführung des Verfahrens
§ 1098 Annahmeverweigerung auf Grund der verwendeten Sprache
§ 1099 Widerklage
§ 1100 Mündliche Verhandlung
§ 1101 Beweisaufnahme
§ 1102 Urteil
§ 1103 Säumnis
§ 1104 Abhilfe bei unverschuldeter Säumnis des Beklagten

Titel 2. Zwangsvollstreckung

§ 1105 Zwangsvollstreckung inländischer Titel
§ 1106 Bestätigung inländischer Titel
§ 1107 Ausländische Vollstreckungstitel
§ 1108 Übersetzung
§ 1109 Anträge nach den Artikeln 22 und 23 der Verordnung (EG) Nr. 861/2007; Vollstreckungsabwehrklage“.

2. § 183 wird wie folgt gefasst:

„§ 183 Zustellung im Ausland. (1) Eine Zustellung im Ausland ist nach den bestehenden völkerrechtlichen Vereinbarungen vorzunehmen. Wenn Schriftstücke auf Grund völkerrechtlicher Vereinbarungen unmittelbar durch die Post übersandt werden dürfen, so soll durch Einschreiben mit Rückschein zugestellt werden, anderenfalls die Zustellung auf Ersuchen des Vorsitzenden des Prozessgerichts unmittelbar durch die Behörden des fremden Staates erfolgen.

(2) Ist eine Zustellung nach Absatz 1 nicht möglich, ist durch die zuständige diplomatische oder konsularische Vertretung des Bundes zuzustellen. Nach Satz 1 ist insbesondere zu verfahren, wenn völkerrechtliche Vereinbarungen nicht bestehen, die zuständigen Stellen des betreffenden Staates zur Rechtshilfe nicht bereit sind oder besondere Gründe eine solche Zustellung rechtfertigen.

(3) An einen Deutschen, der das Recht der Immunität genießt und zu einer Vertretung der Bundesrepublik Deutschland im Ausland gehört, erfolgt die Zustellung auf Ersuchen des Vorsitzenden des Prozessgerichts durch die zuständige Auslandsvertretung.

(4) Zum Nachweis der Zustellung nach Absatz 1 Satz 2 Halbsatz 1 genügt der Rückschein. Die Zustellung nach Absatz 1 Satz 2 Halbsatz 2, Absatz 2 und 3 wird durch das Zeugnis der ersuchten Behörde nachgewiesen.

(5) Die Vorschriften der Verordnung (EG) Nr. 1393/2007 des Europäischen Parlaments und des Rates vom 13. November 2007 über die Zustellung gerichtlicher und außergerichtlicher Schriftstücke in Zivil-oder Handelssachen in den Mitgliedstaaten und zur Aufhebung der Verordnung (EG) Nr. 1348/2000 (ABl. EU Nr. L 324 S. 79) bleiben unberührt. Für die Durchführung gelten § 1068 Abs. 1 und § 1069 Abs. 1.“

3. § 184 Abs. 1 wird wie folgt gefasst:

„(1) Das Gericht kann bei der Zustellung nach § 183 anordnen, dass die Partei innerhalb einer angemessenen Frist einen Zustellungsbevollmächtigten benennt, der im Inland wohnt oder dort einen Geschäftsraum hat, falls sie nicht einen Prozessbevollmächtigten bestellt hat. Wird kein Zustellungsbevollmächtigter benannt, so können spätere Zustellungen bis zur nachträglichen Benennung dadurch bewirkt werden, dass das Schriftstück unter der Anschrift der Partei zur Post gegeben wird.“

4. Dem § 688 wird folgender Absatz 4 angefügt:

„(4) Die Vorschriften der Verordnung (EG) Nr. 1896/2006 des Europäischen Parlaments und des Rates vom 12. Dezember 2006 zur Einführung eines Europäischen Mahnverfahrens (ABl. EU Nr. L 399 S. 1) bleiben unberührt. Für die Durchführung gelten die §§ 1087 bis 1096.“

5. § 689 Abs. 2 Satz 2 wird wie folgt gefasst:

„Hat der Antragsteller im Inland keinen allgemeinen Gerichtsstand, so ist das Amtsgericht Wedding in Berlin ausschließlich zuständig.“

6. § 794 Abs. 1 wird wie folgt geändert:

a) In Nummer 5 wird der Punkt durch ein Semikolon ersetzt.

b) Nach Nummer 5 wird folgende Nummer 6 angefügt:

„6. aus für vollstreckbar erklärten Europäischen Zahlungsbefehlen.“.

7. Dem § 795 wird folgender Satz angefügt:

„Für die Zwangsvollstreckung aus für vollstreckbar erklärten Europäischen Zahlungsbefehlen gelten ergänzend die §§ 1093 bis 1096."

8. Die Überschrift von Abschnitt 1 des Buches 11 wird wie folgt gefasst:

„Abschnitt 1. Zustellung nach der Verordnung (EG) Nr. 1393/2007".

9. Die §§ 1067 und 1068 werden wie folgt gefasst:

„§ 1067 Zustellung durch diplomatische oder konsularische Vertretungen. Eine Zustellung nach Artikel 13 der Verordnung (EG) Nr. 1393/2007 des Europäischen Parlaments und des Rates vom 13. November 2007 über die Zustellung gerichtlicher und außergerichtlicher Schriftstücke in Zivil- oder Handelssachen in den Mitgliedstaaten und zur Aufhebung der Verordnung (EG) Nr. 1348/2000 (ABl. EU Nr. L 324 S. 79), die in der Bundesrepublik Deutschland bewirkt werden soll, ist nur zulässig, wenn der Adressat des zuzustellenden Schriftstücks Staatsangehöriger des Übermittlungsstaats ist.

§ 1068 Zustellung durch die Post. (1) Zum Nachweis der Zustellung nach Artikel 14 der Verordnung (EG) Nr. 1393/2007 genügen der Rückschein oder der gleichwertige Beleg.

(2) Ein Schriftstück, dessen Zustellung eine deutsche Empfangsstelle im Rahmen von Artikel 7 Abs. 1 der Verordnung (EG) Nr. 1393/2007 zu bewirken oder zu veranlassen hat, kann ebenfalls durch Einschreiben mit Rückschein zugestellt werden."

10. § 1069 wird wie folgt geändert:

a) In der Überschrift werden die Wörter „nach der Verordnung (EG) Nr. 1348/2000" gestrichen.

b) In den Absätzen 1 bis 3 wird jeweils die Angabe „1348/2000" durch die Angabe „1393/2007" ersetzt.

11. Die §§ 1070 und 1071 werden aufgehoben.

12. Dem Buch 11 wird folgender Abschnitt 5 angefügt:

„Abschnitt 5 Europäisches Mahnverfahren nach der Verordnung (EG) Nr. 1896/2006

Titel 1. Allgemeine Vorschriften

§ 1087 Zuständigkeit. Für die Bearbeitung von Anträgen auf Erlass und Überprüfung sowie die Vollstreckbarerklärung eines Europäischen Zahlungsbefehls nach der Verordnung (EG) Nr. 1896/2006 des Europäischen Parlaments und des Rates vom 12. Dezember 2006 zur Einführung eines Europäischen Mahnverfahrens (ABl. EU Nr. L 399 S. 1) ist das Amtsgericht Wedding in Berlin ausschließlich zuständig.

§ 1088 Maschinelle Bearbeitung. (1) Der Antrag auf Erlass des Europäischen Zahlungsbefehls und der Einspruch können in einer nur maschinell lesbaren Form bei Gericht eingereicht werden, wenn diese dem Gericht für seine maschinelle Bearbeitung geeignet erscheint. § 130 a Abs. 3 gilt entsprechend.

(2) Der Senat des Landes Berlin bestimmt durch Rechtsverordnung, die nicht der Zustimmung des Bundesrates bedarf, den Zeitpunkt, in dem beim Amtsgericht Wedding die maschinelle Bearbeitung der Mahnverfahren eingeführt wird; er kann die Ermächtigung durch Rechtsverordnung auf die Senatsverwaltung für Justiz des Landes Berlin übertragen.

§ 1089 Zustellung. (1) Ist der Europäische Zahlungsbefehl im Inland zuzustellen, gelten die Vorschriften über das Verfahren bei Zustellungen von Amts wegen entsprechend. Die §§ 185 bis 188 sind nicht anzuwenden.

(2) Ist der Europäische Zahlungsbefehl in einem anderen Mitgliedstaat der Europäischen Union zuzustellen, gelten die Vorschriften der Verordnung (EG) Nr. 1393/2007 sowie für die Durchführung § 1068 Abs. 1 und § 1069 Abs. 1 entsprechend.

Titel 2. Einspruch gegen den Europäischen Zahlungsbefehl

§ 1090 Verfahren nach Einspruch. (1) Im Fall des Artikels 17 Abs. 1 der Verordnung (EG) Nr. 1896/2006 fordert das Gericht den Antragsteller mit der Mitteilung nach Artikel 17 Abs. 3 der Verordnung (EG) Nr. 1896/2006 auf, das Gericht zu bezeichnen, das für die Durchführung des streitigen Verfahrens zuständig ist. Das Gericht setzt dem Antragsteller hierfür eine nach den Umständen angemessene Frist und weist ihn darauf hin, dass dem für die Durchführung des streitigen Verfahrens bezeichneten Gericht die Prüfung seiner Zuständigkeit vorbehalten bleibt. Die Aufforderung ist dem Antragsgegner mitzuteilen.

(2) Nach Eingang der Mitteilung des Antragstellers nach Absatz 1 Satz 1 gibt das Gericht, das den Europäischen Zahlungsbefehl erlassen hat, das Verfahren von Amts wegen an das vom Antragsteller bezeichnete Gericht ab. § 696 Abs. 1 Satz 3 bis 5, Abs. 2, 4 und 5 sowie § 698 gelten entsprechend.

(3) Die Streitsache gilt als mit Zustellung des Europäischen Zahlungsbefehls rechtshängig geworden, wenn sie nach Übersendung der Aufforderung nach Absatz 1 Satz 1 und unter Berücksichtigung der Frist nach Absatz 1 Satz 2 alsbald abgegeben wird.

§ 1091 Einleitung des Streitverfahrens. § 697 Abs. 1 bis 3 gilt entsprechend.

Titel 3. Überprüfung des Europäischen Zahlungsbefehls in Ausnahmefällen

§ 1092 Verfahren. (1) Die Entscheidung über einen Antrag auf Überprüfung des Europäischen Zahlungsbefehls nach Artikel 20 Abs. 1 oder Abs. 2 der Verordnung (EG) Nr. 1896/2006 ergeht durch Beschluss. Der Beschluss ist unanfechtbar.

(2) Der Antragsgegner hat die Tatsachen, die eine Aufhebung des Europäischen Zahlungsbefehls begründen, glaubhaft zu machen.

(3) Erklärt das Gericht den Europäischen Zahlungsbefehl für nichtig, endet das Verfahren nach der Verordnung (EG) Nr. 1896/2006.

(4) Eine Wiedereinsetzung in die Frist nach Artikel 16 Abs. 2 der Verordnung (EG) Nr. 1896/2006 findet nicht statt.

Titel 4. Zwangsvollstreckung aus dem Europäischen Zahlungsbefehl

§ 1093 Vollstreckungsklausel. Aus einem nach der Verordnung (EG) Nr. 1896/2006 erlassenen und für vollstreckbar erklärten Europäischen Zahlungsbefehl findet die Zwangsvollstreckung im Inland statt, ohne dass es einer Vollstreckungsklausel bedarf.

§ 1094 Übersetzung. Hat der Gläubiger nach Artikel 21 Abs. 2 Buchstabe b der Verordnung (EG) Nr. 1896/2006 eine Übersetzung vorzulegen, so ist diese in deutscher Sprache zu verfassen und von einer in einem der Mitgliedstaaten der Europäischen Union hierzu befugten Person zu beglaubigen.

§ 1095 Vollstreckungsschutz und Vollstreckungsabwehrklage gegen den im Inland erlassenen Europäischen Zahlungsbefehl. (1) Wird die Überprüfung eines im Inland erlassenen Europäischen Zahlungsbefehls nach Artikel 20 der Verordnung (EG) Nr. 1896/2006 beantragt, gilt § 707 entsprechend. Für die Entscheidung über den Antrag nach § 707 ist das Gericht zuständig, das über den Antrag nach Artikel 20 der Verordnung (EG) Nr. 1896/2006 entscheidet.

(2) Einwendungen, die den Anspruch selbst betreffen, sind nur insoweit zulässig, als die Gründe, auf denen sie beruhen, nach Zustellung des Europäischen Zahlungsbefehls entstanden sind und durch Einspruch nach Artikel 16 der Verordnung (EG) Nr. 1896/2006 nicht mehr geltend gemacht werden können.

§ 1096 Anträge nach den Artikeln 22 und 23 der Verordnung (EG) Nr. 1896/2006; Vollstreckungsabwehrklage. (1) Für Anträge auf Verweigerung der Zwangsvollstreckung nach Artikel 22 Abs. 1 der Verordnung (EG) Nr. 1896/2006 gilt § 1084 Abs. 1 und 2 entsprechend. Für Anträge auf Aussetzung oder Beschränkung der Zwangsvollstreckung nach Artikel 23 der Verordnung (EG) Nr. 1896/2006 ist § 1084 Abs. 1 und 3 entsprechend anzuwenden.

(2) Für Anträge auf Verweigerung der Zwangsvollstreckung nach Artikel 22 Abs. 2 der Verordnung (EG) Nr. 1896/2006 gilt § 1086 Abs. 1 entsprechend. Für Klagen nach § 767 sind § 1086 Abs. 1 und § 1095 Abs. 2 entsprechend anzuwenden."

13. Dem Buch 11 wird folgender Abschnitt 6 angefügt:

„Abschnitt 6. Europäisches Verfahren für geringfügige Forderungen nach der Verordnung (EG) Nr. 861/2007

Titel 1. Erkenntnisverfahren

§ 1097 Einleitung und Durchführung des Verfahrens. (1) Die Formblätter gemäß der Verordnung (EG) Nr. 861/2007 des Europäischen Parlaments und des Rates vom 11. Juli 2007 zur Einführung eines europäischen Verfahrens für geringfügige Forderungen (ABl. EU Nr. L 199 S. 1) und andere Anträge oder Erklärungen können als Schriftsatz, als Telekopie oder nach Maßgabe des § 130a als elektronisches Dokument bei Gericht eingereicht werden.

(2) Im Falle des Artikels 4 Abs. 3 der Verordnung (EG) Nr. 861/2007 wird das Verfahren über die Klage ohne Anwendung der Vorschriften der Verordnung (EG) Nr. 861/2007 fortgeführt.

§ 1098 Annahmeverweigerung auf Grund der verwendeten Sprache. Die Frist zur Erklärung der Annahmeverweigerung nach Artikel 6 Abs. 3 der Verordnung (EG) Nr. 861/2007 beträgt eine Woche. Sie ist eine Notfrist und beginnt mit der Zustellung des Schriftstücks. Der Empfänger ist über die Folgen einer Versäumung der Frist zu belehren.

§ 1099 Widerklage. (1) Eine Widerklage, die nicht den Vorschriften der Verordnung (EG) Nr. 861/2007 entspricht, ist außer im Fall des Artikels 5 Abs. 7 Satz 1 der Verordnung (EG) Nr. 861/2007 als unzulässig abzuweisen.

(2) Im Fall des Artikels 5 Abs. 7 Satz 1 der Verordnung (EG) Nr. 861/2007 wird das Verfahren über die Klage und die Widerklage ohne Anwendung der Vorschriften der Verordnung (EG) Nr. 861/2007 fortgeführt. Das Verfahren wird in der Lage übernommen, in der es sich zur Zeit der Erhebung der Widerklage befunden hat.

§ 1100 Mündliche Verhandlung. (1) Das Gericht kann den Parteien sowie ihren Bevollmächtigten und Beiständen gestatten, sich während einer Verhandlung an einem anderen Ort aufzuhalten und dort Verfahrenshandlungen vorzunehmen. § 128 a Abs. 1 Satz 2 und Abs. 3 bleibt unberührt.

(2) Die Bestimmung eines frühen ersten Termins zur mündlichen Verhandlung (§ 275) ist ausgeschlossen.

§ 1101 Beweisaufnahme. (1) Das Gericht kann die Beweise in der ihm geeignet erscheinenden Art aufnehmen, soweit Artikel 9 Abs. 2 und 3 der Verordnung (EG) Nr. 861/2007 nichts anderes bestimmt.

(2) Das Gericht kann einem Zeugen, Sachverständigen oder einer Partei gestatten, sich während einer Vernehmung an einem anderen Ort aufzuhalten. § 128 a Abs. 2 Satz 2, 3 und Abs. 3 bleibt unberührt.

§ 1102 Urteil. Urteile bedürfen keiner Verkündung. Die Verkündung eines Urteils wird durch die Zustellung ersetzt.

§ 1103 Säumnis. Äußert sich eine Partei binnen der für sie geltenden Frist nicht oder erscheint sie nicht zur mündlichen Verhandlung, kann das Gericht eine Entscheidung nach Lage der Akten erlassen. § 251 a ist nicht anzuwenden.

§ 1104 Abhilfe bei unverschuldeter Säumnis des Beklagten. (1) Liegen die Voraussetzungen des Artikels 18 Abs. 1 der Verordnung (EG) Nr. 861/2007 vor, wird das Verfahren fortgeführt; es wird in die Lage zurückversetzt, in der es sich vor Erlass des Urteils befand. Auf Antrag stellt das Gericht die Nichtigkeit des Urteils durch Beschluss fest.

(2) Der Beklagte hat die tatsächlichen Voraussetzungen des Artikels 18 Abs. 1 der Verordnung (EG) Nr. 861/2007 glaubhaft zu machen.

Titel 2. Zwangsvollstreckung

§ 1105 Zwangsvollstreckung inländischer Titel. (1) Urteile sind für vorläufig vollstreckbar ohne Sicherheitsleistung zu erklären. § 712 und § 719 Abs. 1 Satz 1 in Verbindung mit § 707 sind nicht anzuwenden.

(2) Für Anträge auf Beschränkung der Zwangsvollstreckung nach Artikel 15 Abs. 2 in Verbindung mit Artikel 23 der Verordnung (EG) Nr. 861/2007 ist das Gericht der Hauptsache zuständig. Die Entscheidung ergeht im Wege einstweiliger Anordnung. Sie ist unanfechtbar. Die tatsächlichen Voraussetzungen des Artikels 23 der Verordnung (EG) Nr. 861/2007 sind glaubhaft zu machen.

§ 1106 Bestätigung inländischer Titel. (1) Für die Ausstellung der Bestätigung nach Artikel 20 Abs. 2 der Verordnung (EG) Nr. 861/2007 ist das Gericht zuständig, dem die Erteilung einer vollstreckbaren Ausfertigung des Titels obliegt.

(2) Vor Ausfertigung der Bestätigung ist der Schuldner anzuhören. Wird der Antrag auf Ausstellung einer Bestätigung zurückgewiesen, so sind die Vorschriften über die Anfechtung der Entscheidung über die Erteilung einer Vollstreckungsklausel entsprechend anzuwenden.

§ 1107 Ausländische Vollstreckungstitel. Aus einem Titel, der in einem Mitgliedstaat der Europäischen Union nach der Verordnung (EG) Nr. 861/2007 ergangen ist, findet die Zwangsvollstreckung im Inland statt, ohne dass es einer Vollstreckungsklausel bedarf.

§ 1108 Übersetzung. Hat der Gläubiger nach Artikel 21 Abs. 2 Buchstabe b der Verordnung (EG) Nr. 861/2007 eine Übersetzung vorzulegen, so ist diese in deutscher Sprache zu verfassen und von einer in einem der Mitgliedstaaten der Europäischen Union hierzu befugten Person zu erstellen.

§ 1109 Anträge nach den Artikeln 22 und 23 der Verordnung (EG) Nr. 861/2007; Vollstreckungsabwehrklage. (1) Auf Anträge nach Artikel 22 der Verordnung (EG) Nr. 861/2007 ist § 1084 Abs. 1 und 2 entsprechend anzuwenden. Auf Anträge nach Artikel 23 der Verordnung (EG) Nr. 861/2007 ist § 1084 Abs. 1 und 3 entsprechend anzuwenden.

(2) § 1086 gilt entsprechend.“

Artikel 7. Inkrafttreten

(1) Dieses Gesetz tritt am 12. Dezember 2008 in Kraft, soweit in Absatz 2 nichts Abweichendes bestimmt ist.

(2) Artikel 1 Nr. 1 Buchstabe a und b und Nr. 2, 3 und 8 bis 11 tritt am 13. November 2008 in Kraft. Artikel 1 Nr. 1 Buchstabe d und Nr. 13 tritt am 1. Januar 2009 in Kraft.

Sachregister

Fette arabische Zahlen ohne Zusatz bezeichnen die Paragraphen der ZPO, solche mit Zusatz beziehen sich auf das jeweils angegebene Gesetz. Magere Zahlen bezeichnen die Randnummern

E

J

K

V

W

Z

Buchanzeigen

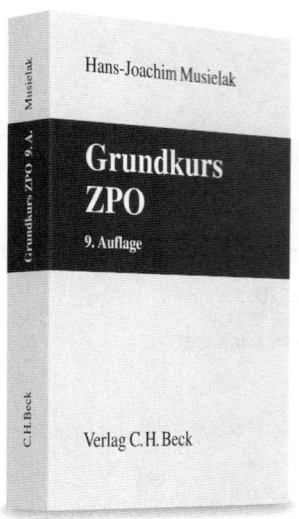